Pourquoi activer r

Selon mon édition, l'activation de mon Code me permet d'accéder aux enrichissements suivants, sur ordinateur, tablette et smartphone :

	CODE ÉDITION LIMITÉE*	CODE ÉDITION CLASSIQUE
Lettre d'actualité du Code	✓*	✓*
Accès aux codes officiels secs	✓	✓
Mise à jour en continu		✓
Liens vers la jurisprudence		✓
Accès aux commentaires et textes complémentaires		✓
Accès aux articles des revues Dalloz		✓

www.activation-dalloz.fr

La clé d'activation se trouve sous l'étiquette de couverture

* Disponible pour les titres suivants :
Code civil, Code de procédure civile, Code pénal, Code de procédure pénale, Code de commerce et Code du travail.

11e édition

CODE CONSTITUTIONNEL ET DES DROITS FONDAMENTAUX

Annoté
Commenté en ligne

Seule la version imprimée et non commentée est autorisée à l'examen du CRFPA

Papier & numérique

11e édition

Commentaires rédigés par

Michel LASCOMBE
Agrégé des universités
Ancien professeur à Sciences Po Lille
Centre de recherches Droits et Perspectives du droit (EA n° 4487)

Pour les parties « Constitution du 4 octobre 1958 » et « Gouvernance financière »

Aymeric POTTEAU
Professeur de droit public à l'Université de Lille
Centre de recherches Droits et Perspectives du droit (EA n° 4487)

Pour la partie « Droit européen et international »

Annotations jurisprudentielles et bibliographiques établies par

Michel LASCOMBE
Pour les parties « Constitution du 4 octobre 1958 » et « Gouvernance financière »

Aymeric POTTEAU
Pour la partie « Droit européen et international »

avec la participation, en ce qui concerne la LOLF, de

Xavier VANDENDRIESSCHE
Ancien Président de l'Université de Lille 2
Professeur à Sciences Po Lille
Centre de recherches Droits et Perspectives du droit - EA 4487 (CRDP)

avec le concours de

Christelle de GAUDEMONT
Rédactrice aux Éditions DALLOZ

ÉDITIONS DALLOZ

31-35, rue Froidevaux, 75685 Paris Cedex 14

ISBN 978-2-247-20502-8

Avant-propos

Le Code constitutionnel et des droits fondamentaux rassemble en un seul volume des textes, nationaux et internationaux, qui constituent les bases essentielles des libertés protégeant les personnes vivant en France. Il reproduit, en premier lieu, la Constitution de 1958, dont tous les articles, y compris ceux relatifs au fonctionnement des institutions politiques (Présidence de la République, Gouvernement, Parlement et Conseil constitutionnel, pour l'essentiel), sont commentés et annotés. Il en va de même des articles ou alinéas des trois textes mentionnés dans le Préambule de la Constitution : Déclaration des droits de l'homme et du citoyen de 1789, Préambule de la Constitution de 1946 et Charte de l'environnement.

Avec le développement de la question prioritaire de constitutionnalité, les dispositions contenues dans ces textes sont devenues le fondement même de la protection des droits fondamentaux en droit interne. Mais, dans ce domaine, la France est également liée par des conventions internationales auxquelles l'article 55 de la Constitution donne une autorité supérieure à celle des lois. Parmi ces conventions, la Convention européenne des droits de l'homme tient, tant par son ancienneté, l'importance de son mécanisme de protection et de la jurisprudence qui en découle, que par les garanties qu'elle apporte, une place particulière justifiant qu'elle fasse l'objet, elle aussi, de commentaires et d'annotations dans l'appendice.

Il va de soi que, compte tenu des interactions entre la jurisprudence du Conseil constitutionnel et celle de la Cour européenne des droits de l'homme, seule la lecture conjointe des deux éléments peut donner un éclairage complet sur l'état du droit applicable en France sur une liberté particulière.

Le Code contient également une partie consacrée à la gouvernance financière dans laquelle sont annotés, d'une part, le traité sur la stabilité, la coordination et la gouvernance (TSCG) et la loi organique du 17 décembre 2012 qui le met en œuvre en droit français et, d'autre part, la loi organique relative aux lois de finances du 1er août 2001 (LOLF).

Pour permettre au lecteur de suivre certains commentaires ou annotations, les règlements des assemblées parlementaires sont également reproduits dans l'appendice.

Michel Lascombe

Liste des abréviations

- Hyperlien vers la décision intégrale accessible sur le Code en ligne

- Hyperlien vers un texte complémentaire accessible sur le Code en ligne

- Hyperlien vers l'article de revue accessible sur le Code en ligne

A Décision du Conseil d'État publiée au *Lebon (Dalloz)*
a. Autre(s)
AFDI Annuaire français de droit international
AIJC Annuaire international de justice constitutionnelle
AJ Actualité jurisprudentielle du Recueil Dalloz
AJCA Actualité juridique contrats d'affaires (Dalloz)
AJCT Actualité juridique collectivités territoriales (Dalloz)
AJDA Actualité juridique Droit administratif (Dalloz)
AJDI Actualité juridique Droit immobilier (Dalloz)
AJ fam. Actualité juridique famille (Dalloz)
AJFP Actualité juridique Fonctions publiques (Dalloz)
AJ pénal Actualité juridique pénal (Dalloz)
al. Alinéa
AMF Autorités des marchés financiers
AN Élections à l'Assemblée nationale (Décis. Cons. const.)
anc. Ancien
App. Appendice
Archives Phil. dr. Archives de la Philosophie du droit (Dalloz)
arg. Argument
Arr. Arrêté
art. Article
Ass. Assemblée
Ass. nat. Assemblée nationale
Assoc. Association
ass. plén. Assemblée plénière de la Cour de cassation
AUTR Autres textes et décisions (Cons. const.)

B Décision du Conseil d'État mentionnée aux Tables du *Lebon (Dalloz)*
BDEI Bulletin du droit de l'environnement industriel
BIBL. Bibliographie
BIBL. GÉN. Bibliographie générale
BICC Bulletin d'information de la Cour de cassation
BJB Bulletin Joly Bourse et produits financiers
BJE Bulletin Joly Entreprises en difficulté
BJS Bulletin mensuel Joly Sociétés

BO	Bulletin officiel
BRDA	Bulletin rapide de droit des affaires
BTL	Bulletin des transports et de la logistique
Bull. ass. plén.	Bulletin de l'Assemblée plénière de la Cour de cassation
Bull. civ.	Bulletin des arrêts des chambres civiles de la Cour de cassation
Bull. crim.	Bulletin des arrêts de la chambre criminelle de la Cour de cassation

C.	Code
c/	Contre
CAA	Cour administrative d'appel
Cah. Cons. const.	Les Cahiers du Conseil constitutionnel Dalloz
Cah. fonct. publ.	Les Cahiers de la fonction publique et de l'administration
Cah. justice	Les Cahiers de la justice Dalloz
CAPC CE	Commission d'admission des pourvois en cassation (Conseil d'État)
CASF	Code de l'action sociale et des familles Dalloz
Cass.	Cour de cassation
C. assur.	Code des assurances Dalloz
C. baux	Code des baux Dalloz
CCC	Contrats Concurrence Consommation
CCE	Communication Commerce électronique
CCH	Code de la construction et de l'habitation Dalloz
CCIA	Code du cinéma et de l'image animée
C. civ.	Code civil Dalloz
C. com.	Code de commerce Dalloz
C. communic.	Code de la communication Dalloz
C. consom.	Code de la consommation Dalloz
C. const.	Code constitutionnel et des droits fondamentaux Dalloz
C. copr.	Code de la copropriété Dalloz
CDE	Cahiers de droit européen
C. défense	Code de la défense
CDJA	Collège de déontologie de la juridiction administrative
CDMJ	Collège de déontologie des magistrats judiciaires
C. douanes	Code des douanes Dalloz
CE	Conseil d'État
CE, plén.	Conseil d'État – Plénière fiscale
CEDH	Cour européenne des droits de l'homme
C. éduc.	Code de l'éducation Dalloz
C. élect.	Code électoral Dalloz
C. envir.	Code de l'environnement Dalloz
CESEDA	Code de l'entrée et du séjour des étrangers et du droit d'asile Dalloz
C. expr.	Code de l'expropriation pour cause d'utilité publique Dalloz
C. for.	Code forestier
CGCT	Code général des collectivités territoriales Dalloz
CGI	Code général des impôts Dalloz
CGLPL	Contrôleur général des lieux de privation de liberté

CGPPP Code général de la propriété des personnes publiques Dalloz
ch. Chambre
chap. Chapitre
Charte envir. Charte de l'environnement de 2004
Charte UE Charte des droits fondamentaux de l'Union européenne
Ch. mixte Chambre mixte de la Cour de cassation
Ch. réun. Chambres réunies de la Cour de cassation
Chron. Chronique
CIDE Convention internationale sur les droits de l'enfant
Cie Compagnie
CIJ Cour internationale de justice
Circ. Circulaire
Civ. Chambre civile de la Cour de cassation
CJA Code de justice administrative Dalloz
CJCE Cour de justice des Communautés européennes
CJEG Cahiers juridiques de l'électricité et du gaz
CJFI Le courrier juridique de finances et de l'industrie
CJI Cour de justice internationale
CJM Code de justice militaire
CJUE Cour de justice de l'Union européenne
C. mon. fin. Code monétaire et financier Dalloz
CMP Commission mixte paritaire
Cne Commune
CNIL Commission nationale de l'informatique et des libertés
COB Commission des opérations de bourse
COJ Code de l'organisation judiciaire
Com. Chambre commerciale de la Cour de cassation
COM Collectivités d'outre-mer
Comm. Commentaire
Comm. EDH Commission européenne des droits de l'homme
Comp. Comparer
concl. Conclusions
Cons. const. Conseil constitutionnel
Const. Constitution
Constitutions Constitutions. Revue de droit constitutionnel appliqué (Dalloz)
Contra Solution contraire
Conv. EDH Convention européenne de sauvegarde des droits de l'homme et des libertés fondamentales
Courrier jur. fin. Le Courrier juridique et financier
C. patr. Code du patrimoine Dalloz
CPCE Code des postes et communications électroniques
C. pén. Code pénal Dalloz
CPI Code de la propriété intellectuelle Dalloz
CPJI Cour permanente de justice internationale
C. pr. civ. Code de procédure civile Dalloz
C. pr. fisc. Code de procédure fiscale Dalloz
C. pr. pén. Code de procédure pénale Dalloz
Crim. Chambre criminelle de la Cour de cassation
C. route Code de la route Dalloz

CRPA	Code des relations entre le public et l'administration Dalloz
C. rur.	Code rural et de la pêche maritime Dalloz
CSE	Charte sociale européenne révisée
C. sociétés	Code des sociétés Dalloz
CSP	Code de la santé publique Dalloz
CSS	Code de la sécurité sociale Dalloz
C. trav.	Code du travail Dalloz
Cts	Consorts
C. urb.	Code de l'urbanisme Dalloz
C. voirie rout.	Code de la voirie routière

D	Déchéance de parlementaires (Décis. Cons. const.)
DAE	Dalloz Actu Étudiant
D.	Recueil Dalloz
D. actu.	Dalloz actualité sur dalloz.fr
Dalloz IP/IT	Dalloz IP/IT – Droit de la propriété intellectuelle et du numérique
Dalloz jurisprudence	Base de jurisprudence sur dalloz.fr
DC	Contrôle de constitutionnalité des lois ordinaires, des lois organiques, des traités, des règlements des Assemblées (Décis. Cons. const.)
DDH	Déclaration des droits de l'homme et du citoyen de 1789
Décis.	Décision
Décr.	Décret
Décr.-L.	Décret-loi
Dir.	Directive
Doctr.	Doctrine
DP	Recueil périodique et critique mensuel Dalloz (années antérieures à 1941)
Dpt	Département
Dr. adm.	Droit administratif
Dr. envir.	Droit de l'environnement (Annales de la voirie et de l'environnement)
Dr. et pr.	Droit et procédures (ancienne Revue des huissiers)
Dr. fam.	Droit de la famille
Dr. fisc.	Droit fiscal
Dr. ouvrier	Droit ouvrier
Dr. pénal	Droit pénal
Dr. rur.	Droit rural
Dr. soc.	Droit social (Dalloz)
Dr. sociétés	Droit des sociétés
Dr. voirie	Droit de la voirie et du domaine public (anciennement les Annales de la voirie)
DUDH	Déclaration universelle des droits de l'homme du 10 décembre 1948

EDCE	Études et documents du Conseil d'État
ELEC	Divers élections (Décis. Cons. const.)
Envir.	Environnement (devenue Environnement et développement durable depuis janvier 2010)

Épx Époux
esp. Espèce
Établ. Établissement
Europe Revue Europe

FNR Fin de non-recevoir (Décis. Cons. const.)

GADPG Les Grands arrêts du droit pénal général (Dalloz)
GADT Les Grands arrêts du droit du travail (Dalloz)
GAJA Les Grands arrêts de la jurisprudence administrative (Dalloz)
GAJC Les Grands arrêts de la jurisprudence civile, par F. Terré et Y. Lequette (Dalloz)
GAPP Les Grands arrêts de la procédure pénale (Dalloz)
Gaz. Pal. Gazette du Palais
GDCC Les grandes décisions du Conseil constitutionnel (Dalloz)
Gén. Général(e)
Gestion et fin. publ. Gestion et finances publiques (anciennement Revue du Trésor)
Gr. délib. Cons. const. Les grandes délibérations du Conseil constitutionnel (Dalloz)

HATVP Haute Autorité pour la Transparence de la Vie Publique
HCFP Haut Conseil des finances publiques

I Incompatibilités parlementaires (Décis. Cons. const.)
ibid. Au même endroit
IGBAN Instruction générale Bureau de l'Assemblée nationale
infra Ci-dessous
Instr. Instruction

J.-Cl. Adm. Juris-Classeur Administratif
J.-Cl. Pénal Juris-Classeur Pénal
JCP Juris-Classeur périodique (Semaine juridique), édition générale
JCP Adm. Juris-Classeur périodique, édition Administrations et Collectivités territoriales
JCP E Juris-Classeur périodique, édition Entreprise et Affaires
JCP N Juris-Classeur périodique, édition Notariale
JCP S Juris-Classeur périodique, édition Sociale
JDI Journal de droit international (Clunet)
JLD Juge des libertés et de la détention. Juge de la mise en état
JO Journal officiel
JOCE Journal officiel des Communautés européennes
JOUE Journal officiel de l'Union européenne
JTDE Journal des tribunaux de droit européen (Larcier)

L Déclassement de textes législatifs au rang réglementaire (Décis. Cons. const.)

L. Loi
Lebon Recueil des décisions du Conseil d'État (Dalloz)
Lebon T. Recueil des décisions du Conseil d'État (Dalloz), Tables
LF Loi de finances
LFI Loi de finances initiale
LFR Loi de finances rectificative
LFSS Loi de financement de la sécurité sociale
Liaisons soc. Liaisons sociales
Liv. Livre
L.O. Article de la loi organique
LOLF Loi organique relative aux lois de finances
LOLFSS Loi organique relative aux lois de financement de la sécurité sociale
LOM Répartitions des compétences entre l'État et certaines collectivités d'outre-mer (Décis. Cons. const.)
LOPGFP Loi organique relative à la programmation et à la gouvernance des finances publiques
L. org. Loi organique
LP Contrôle de constitutionnalité des lois du pays de Nouvelle-Calédonie (Décis. Cons. const.)
Lp. Loi du pays
LPA Les Petites Affiches
LPF Livre des procédures fiscales
LPFP Loi de programmation des finances publiques

Min. Ministre ou ministère
Mod. Modifié

---

n° Numéro
Nat. National(e)
NCCC Les Nouveaux Cahiers du Conseil constitutionnel (Dalloz)
Nouv. Nouveau

---

obs. Observations
OF Obligations fiscales des parlementaires (Décis. Cons. const.)
Ord. Ordonnance
ORGA Décision concernant le fonctionnement du Conseil constitutionnel

---

P Arrêt publié au bulletin civil ou au bulletin criminel de la Cour de cassation
p. Page
Pan. Panorama
PDR Élection présidentielle (Décis. Cons. const.)
PFRLR Principe fondamental reconnu par les lois de la République
PIDCP Pacte international relatif aux droits civils et politiques du 16 décembre 1966

PIDESC Pacte international relatif aux droits économiques, sociaux et culturels du 16 décembre 1966

Préamb. Préambule

préc. Précité

Procédures Revue Procédures

Prot. add. Protocole additionnel

QPC Question prioritaire de constitutionnalité

RAN Règlement de l'Assemblée nationale

Rapp. Rapport

Rappr. Rapprocher

RC Règlement du Congrès

RD fisc. Revue de droit fiscal

RDI Revue de droit immobilier (Dalloz)

RDLC Revue des droits de la concurrence - Concurrences

RD pén. crim. Revue de droit pénal et de criminologie

RD publ. Revue du droit public et de la science politique en France et à l'étranger

RD rur. Revue de droit rural

RDSS Revue de droit sanitaire et social (Dalloz)

RDT Revue de droit du travail (Dalloz)

RD transp. Revue de droit des transports

Rec. CJCE Recueil des arrêts de la Cour de justice et du tribunal de première instance des Communautés européennes

Rec. CJI Recueil des arrêts de la Cour de justice internationale

Rec. CJUE Recueil des arrêts de la Cour de justice de l'Union européenne

Rec. Cons. const. Recueil des décisions du Conseil constitutionnel

Recomm. Recommandation

Rect. Rectificatif

REF Référendum (Décis. Cons. const.)

Réf. Référé

Règl. Règlement

Rép. Réponse

RÉP. CIV. Répertoire de droit civil Dalloz

RÉP. COM. Répertoire de droit commercial Dalloz

RÉP. INTERNAT. Répertoire de droit international Dalloz

Rép. min. Réponse ministérielle

RÉP. PÉN. Répertoire de droit pénal et de procédure pénale Dalloz

RÉP. PR. CIV. Répertoire de procédure civile Dalloz

RÉP. SOCIÉTÉS Répertoire de droit des sociétés Dalloz

RÉP. TRAV. Répertoire de droit du travail Dalloz

Req. Chambre des requêtes de la Cour de cassation

req. Requête

Rev. adm. Revue administrative

Rev. CMP Revue Contrats et Marchés publics

Rev. crit. DIP Revue critique de droit international privé (Dalloz)

Rev. dr. local Revue du droit local

Rev. pénit. Revue pénitentiaire

Rev. pol. parl. Revue politique et parlementaire

Rev. sociétés Revue des sociétés (Dalloz)
Rev. Trésor Revue du Trésor (jusqu'en 2009, devenue Gestion fin. publ.)
RFDA Revue française de droit administratif (Dalloz)
RFDC Revue française de droit constitutionnel
RGDIP Revue générale de droit international public
RIP Référendum d'initiative partagée (Décis. Cons. const.)
RJC Recueil de jurisprudence constitutionnelle
RJ envir. Revue juridique de l'environnement
RJEP Revue juridique de l'économie publique (depuis 2002) (anciennement Cahiers juridiques de l'électricité et du gaz)
RJF Revue de jurisprudence fiscale
RJPF Revue juridique personnes et famille
RJS Revue de jurisprudence sociale
RLC Revue Lamy de la concurrence
RLCT Revue Lamy des collectivités territoriales
RLDA Revue Lamy droit des affaires
RLDC Revue Lamy droit civil
RLDI Revue Lamy droit de l'immatériel
RMCUE Revue du Marché commun et de l'Union européenne (anc. Rev. Marché commun)
RPDA Revue pratique de droit administratif
RPDP Revue pénitentiaire et de droit pénal
RRJ Revue de recherche juridique – Droit prospectif
RS Règlement du Sénat
RSC Revue de science criminelle et de droit comparé (Dalloz)
RSDA Revue semestrielle de droit animalier
RTD civ. Revue trimestrielle de droit civil (Dalloz)
RTD com. Revue trimestrielle de droit commercial (Dalloz)
RTD eur. Revue trimestrielle de droit européen (Dalloz)
RTDH Revue trimestrielle des droits de l'homme
RUDH Revue universelle des droits de l'homme

---

s. Et suivants
S. Recueil Sirey
Sect. Section
SEN Élections au Sénat (Décis. Cons. const.)
Soc. Chambre sociale de la Cour de cassation
sol. impl. Solution implicite
Somm. Sommaire
ss. Sous
SSL Semaine sociale Lamy
Sté Société
supra Ci-dessus
Synd. Syndicat

---

t. Tome
TA Tribunal administratif
TASS Tribunal des affaires de sécurité sociale
T. com. Tribunal de commerce

T. confl.	Tribunal des conflits
T. corr.	Tribunal, chambre correctionnelle
TFUE	Traité sur le fonctionnement de l'Union européenne
TGI	Tribunal de grande instance
TI	Tribunal d'instance
Titre VII	Revue numérique du Conseil constitutionnel
TSCG	Traité sur la stabilité, la coordination et la gouvernance
TUE	Traité sur l'Union européenne

UE	Union européenne
Univ.	Université

V.	Voir
Vve	Veuve
v° ou v^{is}	Mot ou mots

TABLE DES MATIÈRES

CODE CONSTITUTIONNEL ET DES DROITS FONDAMENTAUX

CONSTITUTION DU 4 OCTOBRE 1958

APPENDICE

CODE CONSTITUTIONNEL ET DES DROITS FONDAMENTAUX

CONSTITUTION DE 1958

COMMENTAIRE

V. sur le Code en ligne.

Préambule de la Constitution du 4 octobre 1958

(D. 1958. 324 ; BLD 1958. 661).

COMMENTAIRE

V. sur le Code en ligne.

BIBL. ▸ DOLLAT, Le principe d'indivisibilité et la loi constitutionnelle relative à l'organisation de la République française : de l'État unitaire à l'État uni ?, *RFDA 2003. 670* ; La citoyenneté française : une superposition de citoyennetés, *RFDA 2005. 69*. – GRÜNDLER, La République française, une et indivisible ?, *RD publ. 2007. 446.* – HENNETTE-VAUCHER, Nouvelle modifications de la Constitution ? Redécouvrir le préambule de la Constitution, ou l'éthique minimale appliquée à l'expertise constitutionnelle, *RFDA 2009. 397*. – LEMAIRE, Le principe de non-discrimination : la notion de non-discrimination dans le droit français, un principe constitutionnel qui nous manque ?, *RFDA 2010. 301*. – MARCOU, Le principe d'indivisibilité de la République, *Pouvoirs n° 100. 45.*

Le peuple français proclame solennellement son attachement aux Droits de l'homme et aux principes de la souveraineté nationale tels qu'ils ont été définis par la Déclaration de 1789, confirmée et complétée par le préambule de la Constitution de 1946 *(L. const. n° 2005-205 du 1er mars 2005, art. 1er)* **« , ainsi qu'aux droits et devoirs définis dans la Charte de l'environnement de 2004 »** *[V. ces textes ci-dessous].*

En vertu de ces principes et de celui de la libre détermination des peuples, la République offre aux territoires d'outre-mer qui manifestent la volonté d'y adhérer des institutions nouvelles fondées sur l'idéal commun de liberté, d'égalité et de fraternité et conçues en vue de leur évolution démocratique.

[V. références des décisions du Conseil constitutionnel dans le tableau DC]

A. VALEUR CONSTITUTIONNELLE DU PRÉAMBULE

1. V. note ss. Const. 58, art. 61.

B. PEUPLES ET PRÉAMBULE

2. Peuple français. La référence au « peuple français » figurant depuis 2 siècles dans de nombreux textes constitutionnels, le concept juridique de « peuple français » a valeur constitutionnelle.
• Cons. const. 9 mai 1991, n° 91-290 DC § 12
• Cons. const. 15 juin 1999, n° 99-412 DC § 5.

3. Dès lors la mention faite par le législateur du « peuple corse, composante du peuple français » est contraire à la Constitution, laquelle ne connaît que le peuple français, composé de tous les citoyens français sans distinction d'origine, de race ou de religion. • Cons. const. 9 mai 1991, n° 91-290 DC § 13.

4. Peuple des territoires d'outre-mer et populations d'outre-mer. La Constitution de 1958 distingue le peuple français des peuples des territoires d'outre-mer auxquels est reconnu, en vertu de l'al. 2 préamb. Const. 58, le droit à la libre détermination. • Cons. const. 9 mai 1991, n° 91-290 DC § 12. ♦ Justifiant, avant la révision constitutionnelle du 28 mars 2003 (V. notes ss. Const. 58, art. 72-1), que des référendums sur l'évolution statutaire de leur collectivité à l'intérieur de la République puissent y être organisés par le législateur. Cependant, pour admettre cette possibilité de référendum plus largement qu'aux seuls TOM, le Conseil avait préféré retenir la formule « populations d'outre-mer », anticipant ainsi sur la révision du 28 mars 2003 (Const. 58, art. 72-3) qui a rangé ces populations « au sein du peuple français ». • Cons. const. 4 mai 2000, n° 2000-428 DC § 6 • Cons. const. 7 déc. 2000, n° 2000-435 DC § 43.

5. Traité établissant une Constitution pour l'Europe. La dénomination de ce nouveau traité n'appelle aucune remarque de constitutionnalité. En effet, conformément à l'art. I.5, cette dénomination est sans incidence sur l'existence de la Constitution française et se place au sommet de l'ordre juridique interne. • Cons. const. 19 nov. 2004, n° 2004-505 DC § 10. ♦ Par ailleurs, la « Charte des droits fondamentaux de l'Union », qui constitue la deuxième partie de ce traité, ne s'adresse, à l'exception de ses art. II-101 et II-104, concernant les « institutions, organes et organismes de l'Union », qu'aux États membres « lorsqu'ils mettent en œuvre le droit de l'Union » et « uniquement » dans ce cas. Dès lors, elle est sans incidence sur les compétences de l'Union et ne comporte, à côté de « droits » directement invocables devant les juridictions, que des « principes » qui constituent des objectifs ne pouvant être invoqués qu'à l'encontre des actes de portée générale relatifs à leur mise en œuvre. • Cons. const. 19 nov. 2004, n° 2004-505 DC § 15.

Déclaration des droits de l'homme et du citoyen du 26 août 1789

COMMENTAIRE

V. sur le Code en ligne 🏛. ❑

Les Représentants du Peuple français, constitués en Assemblée nationale, considérant que l'ignorance, l'oubli ou le mépris des droits de l'homme sont les seules causes des malheurs publics et de la corruption des Gouvernements, ont résolu d'exposer, dans une déclaration solennelle, les droits naturels, inaliénables et sacrés de l'homme, afin que cette déclaration, constamment présente à tous les membres du corps social, leur rappelle sans cesse leurs droits et leurs devoirs ; afin que les actes du pouvoir législatif et ceux du pouvoir exécutif, pouvant être à chaque instant comparés avec le but de toute institution politique, en soient plus respectés ; afin que les réclamations des citoyens, fondées désormais sur des principes simples et incontestables, tournent toujours au maintien de la Constitution et au bonheur de tous. En conséquence, l'Assemblée nationale reconnaît et déclare, en présence et sous les auspices de l'Être Suprême, les droits suivants de l'Homme et du Citoyen.

Art. 1er Les hommes naissent et demeurent libres et égaux en droits. Les distinctions sociales ne peuvent être fondées que sur l'utilité commune.

COMMENTAIRE

V. sur le Code en ligne 🏛. ❑

[V. références des décisions du Conseil constitutionnel dans les tableaux DC et QPC]

I. LE PRINCIPE D'ÉGALITÉ

1. Sur le principe d'égalité devant la loi, V. notes ss. DDH, art. 6.

2. Sur le principe d'égalité devant la loi fiscale, V. notes ss. DDH, art. 13.

3. Sur le principe d'égalité devant les charges publiques, V. notes ss. DDH, art. 13.

A. GÉNÉRALITÉS

4. L'égalité devant la loi est une exigence de valeur constitutionnelle prévue au présent art. • Cons. const. 16 mars 2006, n° 2006-533 DC § 12 • Cons. const. 15 nov. 2007, n° 2007-557 DC § 7. ♦ S'y appliquent les mêmes principes généraux que ceux développés pour les autres articles renvoyant aux autres mises en œuvre du principe d'égalité, savoir qu'il ne s'oppose ni à ce que le législateur règle de façon différente des situations différentes, ni à ce qu'il déroge à l'égalité pour des raisons d'intérêt général pourvu que, dans l'un et l'autre cas, la différence de traitement qui en résulte soit en rapport direct avec l'objet de la loi qui l'établit. • Cons. const. 15 nov. 2007, n° 2007-557 DC § 6. ♦ V. notes 62 s. ss. DDH, art. 6.

B. HYPOTHÈSES D'APPLICATION DE L'ARTICLE 1ER

5. **Avant la révision de juill. 2008**, imposer le respect de proportions déterminées entre les femmes et les hommes au sein des conseils d'administration et de surveillance des sociétés privées et des entreprises du secteur public, au sein des comités d'entreprise, parmi les délégués du personnel, dans les listes de candidats aux conseils de prud'hommes et aux organismes paritaires de la fonction publique, est contraire au principe d'égalité devant la loi. • Cons. const. 16 mars 2006, n° 2006-533 DC § 16.

6. Dès lors que les ressortissants d'États dont l'état civil présente des carences en raison de la défaillance des registres ou de l'importance des comportements frauduleux ne se trouvent pas, au regard des actes de l'état civil, dans la même situation que les ressortissants des autres États, les conditions de vérification de ces actes peuvent être considérées comme différentes. • Cons. const. 15 nov. 2007, n° 2007-557 DC § 12.

7. En revanche, le principe d'égalité proclamé par le présent art. restreint la possibilité de reconnaître des différences de situation pertinentes pour fonder des distinctions touchant à l'état des personnes, les étrangers n'étant pas dans une situation différente à cet égard. Le législateur ne saurait, dès lors, sans violer le principe d'égalité, soumettre certaines personnes à des règles spéciales et dérogatoires d'état civil. Les dispositions déférées ne violent pas le présent art. dès lors qu'elles n'ont pas pour objet et ne sauraient avoir pour effet d'instituer, à l'égard des enfants demandeurs de visa, des règles particulières de filiation qui pourraient conduire à ne pas reconnaître un lien de filiation légalement établi au sens de la loi qui leur est applicable. Dès lors, la preuve de la filiation au moyen de « la possession d'état telle que définie à l'article 311-1 du code civil » ne pourra être accueillie que si, en vertu de la loi applicable, un mode de preuve comparable est admis. En outre, ces dispositions ne pourront priver l'étranger de la possibilité de justifier du lien de filiation selon d'autres modes de preuve admis en vertu de la loi applicable. • Cons. const. 15 nov. 2007, n° 2007-557 DC § 9.

8. Une distinction fondée, par la combinaison des dispositions des L. n° 2000-614 du 5 juill. 2000 et n° 69-3 du 3 janv. 1969, sur le caractère de l'habitat traditionnel constitué de résidences mobiles de personnes qui, quelle que soit leur origine, ont choisi un mode de vie itinérant et n'ont ni domicile ni résidence fixes de plus de six mois dans un État membre de l'Union européenne, repose sur des critères objectifs et rationnels en rapport direct avec le but que s'est assigné le législateur en vue d'accueillir les gens du voyage dans des conditions compatibles avec l'ordre public et les droits des tiers et n'instituent aucune discrimination fondée sur une origine ethnique. • Cons. const. 9 juill. 2010, *M. Orient O. et a.*, n° 2010-13 QPC § 6.

II. LA LIBERTÉ INDIVIDUELLE

9. Si la liberté individuelle est proclamée par le présent art. et les art. 2 et 4 DDH, elle doit toutefois être conciliée avec les autres principes de valeur constitutionnelle. • Cons. const. 27 juill. 1994, n° 94-343/344 DC § 1.

Art. 2 **Le but de toute association politique est la conservation des droits naturels et imprescriptibles de l'homme. Ces droits sont la liberté, la propriété, la sûreté et la résistance à l'oppression.**

COMMENTAIRE

V. sur le Code en ligne.

Plan des annotations

[V. références des décisions du Conseil constitutionnel dans les tableaux DC et QPC]

I. LIBERTÉ

A. LIBERTÉ D'ALLER ET DE VENIR

BIBL. Faberon, Le juge administratif : gardien de la liberté d'aller et de venir : un marqueur d'efficacité, *JCP Adm. 2019. 2083.*

1. Évolution du rattachement. Parmi les droits et libertés reconnus à tous ceux qui résident sur le territoire de la République figure la liberté d'aller et de venir, composante de la liberté personnelle protégée par les art. 2 et 4 DDH. • Cons. const. 9 oct. 2014, *Maurice L.*, n° 2014-420/421 QPC § 9 • Cons. const. 11 déc. 2015, *Amir F.*, n° 2015-508 QPC § 8 • Cons. const. 22 déc. 2015, *Cédric D.*, n° 2015-527 QPC § 8. – V. déjà affirmant simplement la valeur constitutionnelle de cette liberté sans préciser le rattachement. • Cons. const. 12 juill. 1979, n° 79-107 DC § 3 • Cons. const.16 juin 1999, n° 99-411 DC § 2. ♦ Pour le CE, il s'agit d'une liberté fondamentale. • CE, réf., 9 janv. 2001, n° 228928 A. ♦ Cette liberté n'entre pas dans le champ de la liberté individuelle au sens de l'art. 66 Const. et dès lors une atteinte n'est plus susceptible de caractériser une voie de fait. • T. confl. 12 févr. 2018, n° C4110 : *AJDA 2018. 307* ; *JCP Adm. 2018. 177.*

2. Il appartient au législateur d'assurer la conciliation entre, d'une part, la prévention des atteintes à l'ordre public et la recherche des auteurs d'infractions, toutes deux nécessaires à la sauvegarde de droits et de principes de valeur constitutionnelle, et, d'autre part, l'exercice des libertés constitutionnellement garanties, au nombre desquelles figurent la liberté d'aller et de venir et le respect de la vie privée, protégés par les art. 2 et 4 DDH, ainsi que la liberté individuelle, que l'art. 66 Const. 58 place sous la surveillance de l'autorité judiciaire. • Cons. const. 13 mars 2003, n° 2003-467 DC § 8 • Cons. const. 2 mars 2004, n° 2004-492 DC § 4.

3. Rattachement particulier. S'agissant de l'activité professionnelle de transports de personnes, la liberté de stationner et de circuler s'analyse dans le cadre de la liberté d'entreprendre (DDH, art. 6). • Cons. const. 7 juin 2013, *Mohamed T.*, n° 2013-318 QPC § 15 • Cons. const. 22 mai 2015, *Sté UBER France SAS et a.*, n° 2015-468/469/472 QPC § 23.

1° LIBERTÉ DE CIRCULER (ET DE STATIONNER) SUR LE TERRITOIRE NATIONAL

4. La faculté de se déplacer en utilisant un moyen de locomotion dont l'usage est autorisé constitue, au titre de la liberté d'aller et venir et du droit de chacun au respect de sa liberté personnelle, une liberté fondamentale. Dès lors, il appartient au Gouvernement de lever l'incertitude sur l'usage de la bicyclette pendant la période de confinement pour des déplacements autorisés. • CE, ord., 30 avr. 2020, *Féd. fçaise des usagers de la Bicyclette*, n° 440179 B : *AJDA 2020. 919* ; *ibid. 2438, note Cottereau* ; *JCP 2020. 284.*

5. Les mesures de police administrative susceptibles d'affecter l'exercice des libertés constitutionnellement garanties, au nombre desquelles figure la liberté d'aller et de venir, composante de la liberté personnelle protégée par les art. 2 et 4 DDH, doivent être justifiées par la nécessité de sauvegarder l'ordre public et proportionnées à cet objectif. • Cons. const. 9 juill. 2010, *M. Orient O. et a.*, n° 2010-13 QPC § 8 • Cons. const. 10 mars 2011, n° 2011-625 DC § 53 • Cons. const. 5 oct. 2012, *Jean-Claude P.*, n° 2012-279 QPC § 15 • Cons. const. 16 févr. 2018, *Farouk B.*, n° 2017-691 QPC § 12. ♦ La liberté d'aller et venir a le caractère d'une liberté fondamentale ; les restrictions que les autorités de police peuvent édicter, afin de concilier leur exercice avec les exigences de l'ordre public, doivent être strictement nécessaires et proportionnées à ces exigences. • TA Nice, 3 mars 2015, n° 1304383 : *JCP Adm. 2015. 659.* ♦ V. également. • TA Guyane, 28 mai 2019, n° 1900382 : *AJDA 2019. 1973* .

6. Crise du covid-19. Le Premier ministre peut, en vertu de ses pouvoirs propres, édicter des mesures de police applicables à l'ensemble du territoire, en particulier en cas d'épidémie, comme celle de covid-19 que traversait la France à la date des décisions attaquées. Ces mesures, qui peuvent limiter l'exercice des droits et libertés fondamentaux, comme la liberté d'aller et venir, la liberté de réunion ou encore la liberté d'exercer une profession, doivent, dans cette mesure, être nécessaires, adaptées et proportionnées à l'objectif de sauvegarde de la santé publique qu'elles poursuivent. • CE 22 déc. 2020, n° 439800 B : *AJDA 2021. 5* • CE 22 déc. 2020, n° 439804 B § 4 : *AJDA 2021. 6 ; JCP Adm. 2021. 14 ; ibid. 2055, note Touzeil-Divina.* ♦ Tel est en particulier le cas d'une mesure d'interdiction aux personnes de sortir de leur domicile durant certaines heures qui, par nature, porte atteinte à la liberté personnelle. • CE, ord., 23 oct. 2020, n° 445430 : *AJDA 2020. 2055*. ♦ L'interdiction de sortir comme l'obligation de se munir, pour tout déplacement, d'un document justifiant que celui-ci relevait des exceptions prévues ne présentaient pas, à la date à laquelle elles ont été édictées et au regard de l'objectif de protection de la santé publique poursuivi, un caractère disproportionné, malgré la gravité de l'atteinte ainsi portée à la liberté d'aller et venir. Pourtant l'obligation, pour les personnes souhaitant bénéficier des exceptions à l'interdiction de sortir, de se munir d'un document leur permettant de justifier que leur déplacement entrait bien dans le champ de ces exceptions ne prévoit aucun formalisme particulier, de sorte que tout document apportant des justifications équivalentes peut être produit à cette fin. • CE 22 déc. 2020, n° 439956 B : *AJDA 2021. 4 ; JCP Adm. 2021. 26.* ♦ Sur la période de confinement consécutive à la crise du covid-19, V. également notes ss. Const. 58, art. 36.

7. S'il est vraisemblable, en l'état, que la vaccination assure une protection efficace des bénéficiaires, même si l'impact des évolutions de l'épidémie dues aux variants demeure incertain, les personnes vaccinées peuvent cependant demeurer porteuses du virus et ainsi contribuer à la diffusion de l'épidémie dans une mesure à ce stade difficile à quantifier, ce qui ne permet donc pas d'affirmer que seule la pratique des gestes barrières limiterait suffisamment ce risque. En conséquence, l'atteinte à la liberté individuelle résultant des mesures de couvre-feu et de confinement ne peut, en l'état, au regard des objectifs poursuivis, être regardée comme disproportionnée, en tant qu'elles s'appliquent aux personnes vaccinées. • CE, ord., 1er avr. 2021, n° 450956 : *AJDA 2021. 766 ; AJ fam. 2021. 204 ; JCP Adm. 2021. 235.*

8. Il en va de même des mesures d'admission en soins psychiatriques sans consentement de la personne. • Cons. const. 26 nov. 2010, *Mlle Danielle S.*, n° 2010-71 QPC § 16 • Cons. const. 9 juin 2011, *Abdellatif B. et a.*, n° 2011-135/140 QPC § 7 • Cons. const. 6 oct. 2011, *Oriette P.*, n° 2011-174 QPC § 6. ♦ V., s'agissant des mesures administratives interdisant le déplacement individuel ou collectif de supporters de clubs sportifs. • CE, ord., 29 mars 2013, n° 367274 • CE, ord., 8 nov. 2013, n° 676129 • CE, ord., 12 sept. 2014, *Assoc. « Tigers » (RC Lens)*, n° 384405 : *JCP Adm. 783, obs. Touzeil-Divina ; Dr. adm. 2014. 75, note Tabeau* • Cons. const. 16 juin 2017, *Assoc. nat. supporters*, n° 2017-637 QPC • CE, ord. 18 janv. 2020, *Assoc. nat. des supporters*, n° 437733 : *JS 2020, n° 205, p. 9, obs. Mondou ; ibid., n° 206, p. 10 ; ibid., n° 211, p. 36, note Otero ; JCP Adm. 2020. 2242, note Simonneaux.*

9. En permettant au préfet d'instituer des périmètres au sein desquels l'accès et la circulation des personnes sont réglementés et des mesures de contrôle mises en œuvre, les dispositions contestées portent atteinte à la liberté d'aller et de venir. • Cons. const. 29 mars 2018, *Rouchdi B. et a.*, n° 2017-695 QPC § 30. ♦ Il en va de même de l'interdiction qui peut être faite de se trouver en relation directe ou indirecte avec certaines personnes, nommément désignées. V. ss. Préamb. Const. 1946, al. 10.

a. Absence d'entrave

10. Ne porte pas atteinte à la liberté d'aller et de venir la mise en œuvre d'un péage sur certains ouvrages publics. • Cons. const. 12 juill. 1979, n° 79-107 DC § 3 • Cons. const. 24 mai 2017, *Assoc. pour la gratuité du pont de l'île d'Oléron*, n° 2017-631 QPC § 10 s. ♦ Le principe de la gratuité de la circulation sur ces voies publiques ne doit pas être regardé comme un principe fondamental reconnu par les lois de la République. • Même affaire. ♦ Les tarifs des péages ne sont pas des impositions dont l'institution relève du Parlement. • CE, ass., 14 févr. 1974, *Épx Merlin et Assoc. défense des habitants des quartiers de Super-La-Ciotat et de Ceyreste : Lebon 109 ; RD publ. 1975. 1705, note Waline ; CJEG 1975. 128, note Virole* • CE 2 oct. 1985, *Jeissou : Lebon T. 544.* ♦ L'autorité administrative peut moduler les tarifs selon les diverses catégories d'usagers, pour tenir compte soit d'une nécessité d'intérêt général en rapport avec les conditions d'exploitation de l'ouvrage d'art, soit de la situation particulière de certains usagers, et notamment de ceux qui ont leur domicile ou leur lieu de travail dans le ou les départements concernés. • Cons. const. 12 juill. 1979, n° 79-107 DC § 4. ♦ Rappr. • CE 10 mai 1974, *Denoyez et Chorques : Lebon 274 ; D. 1975. 393, note Tedeschi ; AJDA 1974. 298, chron. Franc et Boyon : RD publ. 1974. 467, note Waline ; Rev. adm. 1974. 440, note Moderne.* ♦ V. également sur la possibilité de moduler le tarif en matière de stationnement payant. • CE 4 mai 1994, *Ville de Toulon*, n° 143992 : *Lebon 221*.

11. Il en va de même : de la faculté d'interdire le port ou le transport d'objets pouvant constituer une arme dans les cas où les circonstances font craindre des troubles graves à l'ordre public. • Cons. const. 18 janv. 1995, n° 94-352 DC § 16. ♦ ... De l'inscription de la récidive de délit de grand excès de vitesse dans la liste des infractions entraînant, lorsqu'est établie leur réalité par le paiement d'une amende forfaitaire ou par une condamnation définitive, la réduction de plein droit du nombre de points affectés au permis de conduire. • Cons. const. 16 juin 1999, n° 99-411 DC § 20. ♦ ... De la sanction de l'occupation en réunion, en vue d'y établir une habitation, même temporaire, sur un terrain appartenant soit à une commune qui s'est conformée aux obligations lui incombant en vertu de la loi soit à tout autre propriétaire autre qu'une commune. • Cons. const. 13 mars 2003, n° 2003-467 DC § 70. ♦ ... De la mise en œuvre « de dispositifs fixes ou mobiles de contrôle automatisé des données signalétiques des véhicules prenant la photographie de leurs occupants, en tous points appropriés du territoire » et de la détermination des conditions d'exploitation et de conservation des données ainsi collectées, en fonction du résultat du rapprochement effectué avec les traitements automatisés de données relatifs aux véhicules volés ou signalés. • Cons. const. 19 janv. 2006, n° 2005-532 DC § 16. ♦ ... De l'obligation de rattachement à une commune imposé aux personnes dépourvues de domicile ou de résidence fixe depuis plus de six mois qui, destinée à remédier à l'impossibilité, pour elles, de satisfaire aux conditions requises pour jouir de certains droits ou remplir certains devoirs, ne restreint ni la liberté de déplacement des intéressés, ni leur liberté de choisir un mode de logement fixe ou mobile, ni celle de décider du lieu de leur installation temporaire ; elle ne restreint pas leur faculté de déterminer un domicile ou un lieu de résidence fixe pendant plus de six mois et n'emporte pas davantage obligation de résider dans la commune de rattachement. • Cons. const. 5 oct. 2012, *Jean-Claude P.*, n° 2012-279 QPC § 27. ♦ ... De l'inscription d'un sportif dans le groupe cible des contrôles antidopage. • CE, QPC, 18 déc. 2013, *Mme Longo-Ciprelli*, n° 364839 B § 6 : *AJDA 2014. 960* ; *D. 2014. 396, obs. Centre de droit et d'économie du sport, Université de Limoges*. ♦ ... De l'interdiction d'accès à l'enceinte d'une manifestation sportive à but lucratif. • Cons. const. 16 juin 2017, *Assoc. nat. supporters*, n° 2017-637 QPC § 6. ♦ ... De l'interdiction d'accès à des locaux universitaires faite à un étudiant. • CE, ord., 18 janv. 2019, n° 426884 : *AJDA 2019. 144* ; *JCP Adm. 2019. 80.* ♦ ... De l'interdiction faite à la personne mise en quarantaine ou en isolement dans le cadre de la crise sanitaire du covid-19 de fréquenter certains lieux ou catégories de lieux. • Cons. const. 11 mai 2020, n° 2020-800 DC § 45 s.

b. Contrôle de l'équilibre dans l'intervention

12. Si aucun principe ou aucune règle de valeur constitutionnelle n'interdit l'exécution d'office, le législateur ne peut autoriser l'administration à y procéder qu'en cas de nécessité et dans le respect des droits et libertés garantis par la Const. • Cons. const. 9 juill. 2010, *Orient O. et a.*, n° 2010-13 QPC § 9 (sol. impl.) • Cons. const. 10 mars 2011, n° 2011-625 DC § 55 (sol impl.). ♦ Rappr. les concl. ss. • T. confl. 2 déc. 1902, *Sté immobilière de Saint-Just : Lebon 713, concl. Romieu ; D ; 1903. 3. 41, concl. Romieu.*

1. Équilibre dans l'interdiction

13. Évacuation. Ne font pas montre d'un déséquilibre manifeste entre la liberté d'aller et de venir et la sauvegarde de l'ordre public l'évacuation forcée des résidences mobiles qui ne peut être mise en œuvre par le représentant de l'État qu'en cas de stationnement irrégulier de nature à porter une atteinte à la salubrité, à la sécurité ou à la tranquillité publiques, qui ne peut être diligentée que sur demande du maire, du propriétaire ou du titulaire du droit d'usage du terrain, ne peut survenir qu'après mise en demeure des occupants de quitter les lieux et qui peut être contestée par un recours suspensif devant le tribunal administratif. • Cons. const. 9 juill. 2010, *M. Orient O. et a.*, n° 2010-13 QPC § 9. ♦ ... La possibilité donnée au représentant de l'État dans le département ou, à Paris, au préfet de police de mettre les personnes occupant le terrain d'autrui de façon illicite en demeure de quitter les lieux dès lors qu'elles se sont installées en réunion en vue d'y établir des habitations et que cette installation comporte de graves risques pour la salubrité, la sécurité ou la tranquillité publiques. • Cons. const. 10 mars 2011, n° 2011-625 DC § 54. ♦ V. également, s'agissant d'expulsion du fait d'occupation sans titre du domaine public. • CE 17 janv. 2014, n° 369671 : *AJDA 2014. 959* ; *AJCT 2014. 211, obs. J.-F. Giacuzzo*. ♦ La France a néanmoins été condamnée par la CEDH pour violation de l'art. 8 (respect du domicile) dans ce cadre estimant que l'appartenance des requérants à un groupe socialement défavorisé et leurs besoins particuliers à ce titre doivent être pris en compte dans l'examen de proportionnalité que les autorités nationales sont tenues d'effectuer, non seulement lorsqu'elles envisagent des solutions à l'occupation illégale des lieux, mais encore, si l'expulsion est nécessaire, lorsqu'elles décident de sa date, de ses modalités et, si possible, d'offres de relogement. • CEDH 14 mai 2020, *Hirtu c/ France*, n° 24720/13 § 75 : *AJDA 2020. 1030* ; *ibid. 2165, note Aubin et Aumond*.

14. Assignation à résidence et état d'urgence. Dès lors que, d'abord, l'assignation à résidence ne peut être prononcée que lorsque l'état d'urgence a été déclaré, que celui-ci ne peut être déclaré qu'« en cas de péril imminent résultant d'atteintes graves à l'ordre public » ou « en cas d'événements présentant, par leur nature et leur gravité, le caractère de calamité publique » et que ne peut être soumise à une telle assignation que la personne résidant dans la zone couverte par l'état d'urgence et à l'égard de laquelle « il existe des raisons sérieuses de penser que son comportement constitue une menace pour la sécurité et l'ordre publics » et qu'ensuite, que tant la mesure d'assignation à résidence que sa durée, ses conditions d'application et les obligations complémentaires dont elle peut être assortie doivent être justifiées et proportionnées aux raisons ayant motivé la mesure dans les circonstances particulières ayant conduit à la déclaration de l'état d'urgence et que le juge administratif est chargé de s'assurer que cette mesure est adaptée, nécessaire et proportionnée à la finalité qu'elle poursuit, et qu'enfin la mesure d'assignation à résidence prise en application de cette loi cesse au plus tard en même temps que prend fin l'état d'urgence, que cette durée ne saurait être excessive au regard du péril imminent ou de la calamité publique ayant conduit à la déclaration de l'état d'urgence et que, si le législateur prolonge l'état d'urgence par une nouvelle loi, les mesures d'assignation à résidence prises antérieurement ne peuvent être prolongées sans être renouvelées, les dispositions contestées ne portent pas une atteinte disproportionnée à la liberté d'aller et de venir. • Cons. const. 22 déc. 2015, *Cédric D.*, n° 2015-527 QPC § 11 à 14. ♦ V. déjà : une telle mesure, placée sous le contrôle du juge administratif qui en apprécie la nécessité, ne porte pas d'atteinte disproportionnée à la liberté d'aller et de venir. • Cons. const. 9 juin 2011, n° 2011-631 DC § 79. ♦ La durée d'une mesure d'assignation à résidence ne peut en principe excéder douze mois, consécutifs ou non. Au-delà de cette durée, une telle mesure ne peut être renouvelée que par périodes de trois mois. Par ailleurs, au-delà de douze mois, une mesure d'assignation à résidence ne saurait, sans porter une atteinte excessive à la liberté d'aller et de venir, être renouvelée que sous réserve, d'une part, que le comportement de la personne en cause constitue une menace d'une particulière gravité pour la sécurité et l'ordre publics, d'autre part, que l'autorité administrative produise des éléments nouveaux ou complémentaires, et enfin que soient prises en compte dans l'examen de la situation de l'intéressé la durée totale de son placement sous assignation à résidence, les conditions de celle-ci et les obligations complémentaires dont cette mesure a été assortie. • Cons. const. 16 mars 2017, *Sofiyan I.*, n° 2017-624 QPC § 17. ♦ Pour un contrôle des conditions fixées par cette réserve, V. : • CE, ord., 25 avr. 2017, n° 409677 A : *AJDA 2017. 840* ; *JCP Adm. 2017. 342.*

15. Le ministre de l'intérieur, tant que l'état d'urgence demeure en vigueur, peut décider, sous l'entier contrôle du juge, l'assignation à résidence de toute personne résidant dans la zone couverte par l'état d'urgence, dès lors que des raisons sérieuses donnent à penser que le comportement de cette personne constitue, compte tenu du péril imminent ou de la calamité publique ayant conduit à la déclaration de l'état d'urgence, une menace pour la sécurité et l'ordre publics. • CE, sect., ord., 11 déc. 2015, n° 395009 § 24 A (concl. Domino) : *AJDA 2016. 247, chron. Dutheillet de Lamothe et Odinet* ; *AJCT 2016. 202, étude Jobart* ; *RFDA 2016. 105, concl. Domino* ; *ibid. 123, note Roblot-Troizier*. ♦ Le juge s'assure que cette mesure est adaptée, nécessaire et proportionnée à la finalité qu'elle poursuit, compte tenu des circonstances particulières ayant conduit à la déclaration de l'état d'urgence. • CAA Marseille, 18 avr. 2017, n° 16MA04320 : *JCP Adm. 2017. 326.*

16. Il incombe au juge répressif, compétent pour apprécier la légalité des arrêtés d'assignation à résidence, de répondre aux griefs invoqués par le prévenu à l'encontre de cet acte administratif, sans faire peser la charge de la preuve sur le seul intéressé et en sollicitant, le cas échéant, le ministère public afin d'obtenir de l'autorité administrative les éléments factuels sur lesquels celle-ci s'était fondée pour prendre sa décision. • Crim. 3 mai 2017, n° 16-86.155 P : *RSC 2017. 337, note Cordier* ; *D. 2017. 1175, note Beaussonie* ; *AJDA 2017. 910*. ♦ Rappr. en matière de perquisition note 193.

BIBL. Deschamps, L'assignation à résidence des demandeurs d'asile, *AJDA 2019. 212*.

17. Assignation à résidence hors état d'urgence. L'assignation à résidence poursuit l'objectif de lutte contre le terrorisme, qui participe de l'objectif de valeur constitutionnelle de prévention des atteintes à l'ordre public. Les conditions de recours à cette mesure sont prévues et son champ d'application limité à des personnes soupçonnées de présenter une menace d'une particulière gravité pour l'ordre public. Cependant, compte tenu de sa rigueur, la mesure d'assignation à résidence ne saurait, sans méconnaître les exigences constitutionnelles précitées, excéder, de manière continue ou non, une durée totale cumulée de douze mois. • Cons. const. 16 févr. 2018, *Farouk B.*, n° 2017-691 QPC § 17.

18. Eu égard à son objet et à ses effets, notamment aux restrictions apportées à la liberté d'aller et venir, une assignation à résidence prise en application de l'art. L. 228-2 CSI, porte, en principe et par elle-même, sauf à ce que l'administration fasse valoir des circonstances particulières, une atteinte grave et immédiate à la situation de cette personne, de nature à créer une situation d'urgence justifiant que le juge administratif des référés, saisi sur le fondement de l'art. L. 521-2 CJA, puisse prononcer dans de très brefs délais, si les autres conditions posées par cet article sont remplies, une mesure provisoire et conservatoire de sauvegarde. • CE, ord., 14 mars 2018, n° 418689 : *AJDA 2018. 599* ; *JCP Adm. 2018. 306.*

19. Une assignation à résidence prise en application de l'art. L. 228-2 CSI ne répond pas aux mêmes conditions que celle prévue dans le cadre de l'état d'urgence. Il n'y a pas lieu, dès lors, d'exiger de l'administration qu'elle justifie les mesures individuelles de contrôle administratif et de surveillance qui sont prises sur le fondement de l'article L. 228-2 CSI, après la fin de l'état d'urgence et pendant une durée cumulée pouvant aller jusqu'à six mois, à l'égard de personnes qui ont été assignées à résidence en application de l'art. 6 L. du 3 avr. 1955, par l'existence de faits nouveaux ou complémentaires par rapport à ceux qui avaient alors été pris en compte. En revanche, il appartient au juge d'apprécier, au regard des faits déjà pris en compte ainsi que de l'ensemble des circonstances intervenues depuis lors, si les conditions posées par l'art. L. 228-1 CSI étaient remplies ou continuaient à l'être, lorsqu'ont été appliqués, respectivement, les premières mesures pendant une durée maximale de trois mois, ou leur éventuel renouvellement pendant la même durée maximale. • CE, ord., 14 mars 2018, n° 418689 : *préc. note 18.*

20. Assignation à résidence et étrangers faisant l'objet d'une mesure d'éloignement. En prévoyant que sont susceptibles d'être placés sous le régime d'assignation à résidence sans limite de temps, les étrangers faisant l'objet d'un arrêté d'expulsion ou d'une peine d'interdiction du territoire, le législateur a plus particulièrement entendu éviter que puisse librement circuler sur le territoire national une personne non seulement dépourvue de droit au séjour, mais qui s'est également rendue coupable d'une infraction ou dont la présence constitue une menace grave pour l'ordre public. Cette mesure est ainsi motivée, à un double titre, par la sauvegarde de l'ordre public. Il était loisible au législateur de ne pas fixer de durée maximale à l'assignation à résidence afin de permettre à l'autorité administrative d'exercer un contrôle sur l'étranger compte tenu de la menace à l'ordre public qu'il représente ou afin d'assurer l'exécution d'une décision de justice. Le maintien d'un arrêté d'expulsion, en l'absence de son abrogation, atteste de la persistance de la menace à l'ordre public constituée par l'étranger. En revanche, si le placement sous assignation à résidence après la condamnation à l'interdiction du territoire français peut toujours être justifié par la volonté d'exécuter la condamnation dont l'étranger a fait l'objet, le législateur n'a pas prévu qu'au-delà d'une certaine durée, l'administration doive justifier de circonstances particulières imposant le maintien de l'assignation aux fins d'exécution de la décision d'interdiction du territoire portant ainsi une atteinte disproportionnée à la liberté d'aller et de venir. • Cons. const. 30 nov. 2017, *Kamel D.*, n° 2017-674 QPC § 8 à 12.

21. La durée indéfinie de la mesure d'assignation à résidence en accroît la rigueur. Dès lors, il appartient à l'autorité administrative de retenir des conditions et des lieux d'assignation à résidence tenant compte, dans la contrainte qu'ils imposent à l'intéressé, du temps passé sous ce régime et des liens familiaux et personnels noués par ce dernier. • Cons. const. 30 nov. 2017, *Kamel D.*, n° 2017-674 QPC § 13 (réserve d'interprétation).

22. L'assignation à résidence n'est pas un enfermement à domicile. • CE, avis, 11 avr. 2018, n° 415174 B : *AJDA 2018. 828* .

23. Couvre-feu et état d'urgence sanitaire. Eu égard à la nette aggravation de la crise sanitaire, tout particulièrement dans certaines zones à forte densité de population, et alors que les mesures instituées sur le fondement de la L. du 9 juill. 2020 n'ont pas été en mesure d'empêcher la reprise de l'épidémie et que, à l'inverse, l'adoption en mars dernier, dans le département de la Guyane, d'une mesure analogue de couvre-feu semble avoir montré son efficacité pour freiner la transmission de l'épidémie, le prononcé d'une mesure d'interdiction des déplacements des personnes hors de leur lieu de résidence entre 21 h et 6 h du matin, rendu possible par l'art. 51 du Décr. du 16 oct. 2020 uniquement aux fins de lutter contre la propagation du virus et dans des zones préalablement identifiées par les autorités préfectorales dont le département est mentionné en annexe 2 du Décr., est une mesure qui, en l'état de l'instruction, n'est pas manifestement injustifiée par la situation sanitaire spécifique qui prévaut dans le champ géographique délimité où elle est rendue possible. Une telle mesure, qui est en outre assortie de nombreuses dérogations, correspondant à des déplacements indispensables notamment aux besoins familiaux ou de santé, qui est nécessairement limitée dans le temps, ne pouvant être instituée que pendant l'état d'urgence sanitaire, qui ne peut être prononcée par décret que pour une durée d'un mois et ne peut être prorogée au-delà de cette durée que par la loi, et qui, en tout état de cause, revêt un caractère moins restrictif qu'un confinement, est une mesure qui, en l'état de l'instruction, ne peut être regardée comme étant manifestement dépourvue de caractère nécessaire. Le caractère proportionné d'une mesure de police s'apprécie nécessairement en tenant compte de ses conséquences pour les personnes concernées et de son caractère approprié pour atteindre le but d'intérêt général poursuivi. Sa simplicité et sa lisibilité, nécessaires à sa bonne connaissance et à sa correcte application par les personnes auxquelles elle s'adresse, sont un élément de son effectivité qui doivent, à ce titre, être prises en considération. Eu égard à la difficulté, en l'état de l'instruction, de moduler les horaires d'interdiction de déplacement des personnes en dehors de leur résidence selon les zones géographiques concernées et aux risques que ferait courir une extension des motifs de dérogation, il n'est pas manifeste, en l'état de l'instruction, que, contrairement à ce qui est soutenu, puissent être mises en œuvre efficacement des mesures moins contraignantes que celles prévues par l'art. 51 du Décr. préc. Il appartiendra en tout état de cause au Premier ministre et aux autorités préfectorales d'y mettre fin sans délai dès qu'elles ne seront plus strictement nécessaires. • CE, ord., 23 oct. 2020, n° 445430 : *préc. note 6.* ♦ Comp. • CE 6 sept. 2020, n° 443750 : *AJDA 2020. 1638* ; *D. 2020. 1725* ; *AJCT 2020. 385, obs. Necib* ; *JCP Adm. 2020. 508.*

BIBL. Veron, Les contrôles d'identité dans la jurisprudence du Conseil constitutionnel, *RFDC 2018. 579.*

24. Contrôle d'identité. Ne fait pas montre d'un déséquilibre manifeste entre la liberté d'aller et venir et la sauvegarde de l'ordre public, la gêne occasionnée par les vérifications d'identité nécessaires à la recherche des auteurs d'infractions et la prévention d'atteintes à l'ordre public, notamment d'atteintes à la sécurité des personnes et des biens. • Cons. const. 19-20 janv. 1981, n° 80-127 DC § 56. ♦ Rappr. • Cons. const. 5 août 1993, n° 93-323 DC. ♦ Dès lors que les personnes interpellées peuvent justifier de leur identité par tout moyen et que, comme le texte l'exige, les conditions relatives à la légalité, à la réalité et à la pertinence des raisons motivant l'opération sont, en fait, réunies. • Cons. const. 19-20 janv. 1981, n° 80-127 DC § 56. ♦ Les personnes contrôlées doivent pouvoir justifier de leur identité sur place et par le moyen de leur choix s'il est approprié. Elles ne doivent être conduites dans un local de police qu'en cas de nécessité et limité au temps permettant aux personnes qui n'ont pas pu ou pas voulu justifier sur place de leur identité de le faire. • Cons. const. 19 janv. 1981, n° 80-127 DC § 58. ♦ Ne portent pas non plus atteinte à la liberté d'aller et venir les contrôles d'identité dans les ports, aéroports, gares et trains internationaux. • CE 23 juin 2016, n° 372721 B : *AJDA 2016. 1210* ; *JCP Adm. 2016. 540.*

25. Les dispositions contestées n'instituent par elles-mêmes aucune différence de traitement dès lors que toute personne se trouvant sur les lieux et pendant la période déterminés par la réquisition du procureur de la République peut être soumise à un contrôle d'identité. • Cons. const. 24 janv. 2016, *Ahmed M. et a.*, n° 2016-606/607 QPC § 26. ♦ Il appartient à l'autorité judiciaire de veiller au respect de l'ensemble des conditions de forme et de fond posées par le législateur pour l'application des dispositions contestées. En particulier, il incombe aux tribunaux compétents de censurer et de réprimer les illégalités qui seraient commises et de pourvoir éventuellement à la réparation de leurs conséquences dommageables. • Cons. const. 24 janv. 2016, *Ahmed M. et a.*, n° 2016-606/607 QPC § 29. ♦ Il appartient à celui qui se prétend victime d'un « contrôle au faciès » d'apporter des éléments de fait de nature à traduire une différence de traitement et laissant présumer l'existence d'une discrimination, et, le cas échéant, à l'administration de démontrer, soit l'absence de différence de traitement, soit que celle-ci est justifiée par des éléments objectifs étrangers à toute discrimination. • Civ. 1re, 9 nov. 2016, n° 15-24.210 P : *AJ pénal 2017. 89* .

26. S'il est loisible au législateur de prévoir que les contrôles mis en œuvre dans ce cadre peuvent ne pas être liés au comportement de la personne, la pratique de contrôles d'identité généralisés et discrétionnaires serait incompatible avec le respect de la liberté personnelle, en particulier avec la liberté d'aller et de venir. • Cons. const. 24 janv. 2016, *Ahmed M. et a.*, n° 2016-606/607 QPC § 17. ♦ V. déjà : Même si le contrôle peut ne pas être lié au comportement de la personne, l'autorité concernée doit toujours pouvoir justifier des circonstances particulières établissant le risque d'atteinte à l'ordre public qui a motivé le contrôle. Il revient à l'autorité judiciaire de contrôler les conditions relatives à la légalité, la réalité et la pertinence des raisons qui ont motivé le contrôle d'identité et d'apprécier, s'il y a lieu, le comportement des personnes concernées. • Cons. const. 5 août 1993, n° 93-323 DC § 9 et 10. ♦ Comp. pour que des réquisitions successives du Parquet ne soient pas considérées comme un « contrôle unique généralisé. • Civ. 1re, 5 sept. 2018, n° 17-22.507 P : *AJDA 2018. 1702* ; *D. 2018. 1758* ; *JCP Adm. 2018. 737.*

27. Les étrangers peuvent être tenus de détenir, de porter et de produire des documents attestant la régularité de leur entrée et de leur séjour. Ces contrôles ainsi opérés doivent se fonder exclusivement sur des critères objectifs évitant toute discrimination de quelque nature qu'elle soit entre les personnes. • Cons. const. 24 janv. 2016, *Ahmed M. et a.*, n° 2016-606/607 QPC § 33. ♦ V. déjà • Cons. const. 13 août 1993, n° 93-325 DC § 14 et 16. ♦ Un contrôle d'identité doit s'opérer en se fondant exclusivement sur des critères excluant toute discrimination et le respect de cette prescription est assuré, en particulier en cas de procédure de rétention administrative faisant suite à ce contrôle, par le juge judiciaire. Le contrôle qui s'ensuit des documents relatifs à la régularité du séjour ne peut être effectué que si des éléments objectifs déduits de circonstances extérieures à la personne même de l'intéressé sont de nature à faire apparaître sa qualité d'étranger. Il en résulte que le recours à des contrôles d'identité aux seules fins de contrôler la régularité du séjour des personnes contrôlées ne saurait être autorisé. • Cons. const. 24 janv. 2016, *Ahmed M. et a.*, n° 2016-606/607 QPC § 34 à 36.

28. Les dispositions contestées autorisent les services de police judiciaire à contrôler l'identité des personnes quel que soit leur comportement, en tout lieu visé par les réquisitions écrites du procureur de la République. Toutefois, en premier lieu, le législateur a confié au procureur de la République, magistrat de l'ordre judiciaire, le pouvoir d'autoriser de tels contrôles. Ces derniers ne peuvent être ordonnés qu'aux fins de recherche et de poursuite d'infractions. En second lieu, il ressort de ces dispositions que les réquisitions du procureur de la République ne peuvent viser que des lieux et des périodes de temps déterminés. Ces dispositions ne sauraient, sans méconnaître la liberté d'aller et de venir, autoriser le procureur de la République à retenir des lieux et périodes sans lien avec la recherche des infractions visées dans ses réquisitions. Elles ne sauraient non plus autoriser, en particulier par un cumul de réquisitions portant sur des lieux ou des périodes différents, la pratique de contrôles d'identité généralisés dans le temps ou dans l'espace (réserve d'interprétation). • Cons. const. 24 janv. 2016, *Ahmed M. et a.*, n° 2016-606/607 QPC § 21 à 23.

29. Périmètre de protection. S'il est loisible au législateur de ne pas fixer les critères en fonction desquels sont mises en œuvre, au sein des périmètres de protection, les opérations de contrôle de l'accès et de la circulation, de palpations de sécurité, d'inspection et de fouille des bagages et de visite de véhicules, la mise en œuvre de ces vérifications confiées par la loi à des autorités de police judiciaire ou sous leur responsabilité ne saurait s'opérer, qu'en se fondant sur des critères excluant toute discrimination de quelque nature que ce soit entre les personnes. Le législateur a assuré une conciliation qui n'est pas manifestement déséquilibrée entre, d'une part, l'objectif de valeur constitutionnelle de prévention des atteintes à l'ordre public et, d'autre part, la liberté d'aller et de venir et le droit au respect de la vie privée. Par ailleurs, l'arrêté préfectoral fixant le périmètre, valable un mois, ne peut être renouvelé que si les conditions justifiant l'institution du périmètre de protection continuent d'être réunies. Sous ces réserves, le législateur qui poursuit l'objectif de lutte contre le terrorisme, a opéré une conciliation qui n'est pas manifestement déséquilibrée entre, d'une part, l'objectif de valeur constitutionnelle de prévention des atteintes à l'ordre public et, d'autre part, la liberté d'aller et de venir et le droit au respect de la vie privée. • Cons. const. 29 mars 2018, *Rouchdi B. et a.*, n° 2017-695 QPC § 31 s.

30. État d'urgence sanitaire (covid-19). Opèrent une conciliation équilibrée entre la liberté d'aller et de venir et la protection de la santé les mesures autorisant le Gouvernement à réglementer ou interdire la circulation des personnes et des véhicules et à réglementer l'accès aux moyens de transport et les conditions de leur usage dès lors que ces mesures ne peuvent être prononcées que lorsque l'état d'urgence sanitaire a été déclaré et qu'elles cessent d'avoir effet au plus tard en même temps que prend fin l'état d'urgence sanitaire. Elles ne peuvent être prises qu'aux seules fins de garantir la santé publique et doivent être strictement proportionnées aux risques sanitaires encourus et appropriées aux circonstances de temps et de lieu. Il y est mis fin sans délai lorsqu'elles ne sont plus nécessaires et que le juge est chargé de s'assurer que ces mesures sont adaptées, nécessaires et proportionnées à la finalité qu'elles poursuivent. • Cons. const. 11 mai 2020, n° 2020-800 DC § 18, 21 et 24. ♦ De même, la circulation des personnes et des véhicules étant un vecteur de propagation de l'épidémie de covid-19, le législateur a pu permettre aux pouvoirs publics de prendre des mesures visant à restreindre les déplacements, en particulier dans les zones de circulation active du virus, pour limiter les risques sanitaires liés à cette épidémie. En effet, ces mesures ne peuvent être prononcées que pour la période allant du 11 juill. au 30 oct. 2020, durant laquelle le législateur a estimé qu'un risque important de propagation de l'épidémie persistait et que dans l'intérêt de la santé publique et aux seules fins de lutter contre la propagation de l'épidémie de covid-19. Enfin, l'interdiction de circulation des personnes et des véhicules ainsi que l'interdiction d'accès aux moyens de transport collectif de voyageurs ne peut être édictée que dans les territoires où une circulation active du virus a été constatée, ne peut conduire à leur interdire de sortir de leur domicile ou de ses alentours et sont édictées sous réserve des déplacements strictement indispensables aux besoins familiaux, professionnels et de santé. • Cons. const. 9 juill. 2020, n° 2020-803 DC § 12 à 15.

31. Port du masque (covid-19). Le caractère proportionné d'une mesure de police s'apprécie nécessairement en tenant compte de ses conséquences pour les personnes concernées et de son caractère approprié pour atteindre le but d'intérêt général poursuivi. Sa simplicité et sa lisibilité, nécessaires à sa bonne connaissance et à sa correcte application par les personnes auxquelles elle s'adresse, sont un élément de son effectivité qui doivent, à ce titre, être prises en considération. Il en résulte que le préfet, lorsqu'il détermine les lieux dans lesquels il rend obligatoire le port du masque, est en droit de délimiter des zones suffisamment larges pour englober de façon cohérente les points du territoire caractérisés par une forte densité de personnes ou une difficulté à assurer le respect de la distance physique, de sorte que les personnes qui s'y rendent puissent avoir aisément connaissance de la règle applicable et ne soient pas incitées à enlever puis remettre leur masque à plusieurs reprises au cours d'une même sortie. Il peut, de même, définir les horaires d'application de cette règle de façon uniforme dans l'ensemble d'une même commune, voire d'un même département, en considération des risques encourus dans les différentes zones couvertes par la mesure qu'il adopte. Il doit, toutefois, tenir compte de la contrainte que représente, même si elle reste mesurée, le port d'un masque par les habitants des communes concernées, qui doivent également respecter cette obligation dans les transports en commun et, le plus souvent, dans leur établissement scolaire ou universitaire ou sur leur lieu de travail. Eu égard à la densité particulière des communes de Lyon et de Villeurbanne, de plus de 10 000 habitants par km², et à leurs caractéristiques, il serait manifeste que certaines zones au moins de leur territoire pourraient être exceptées de l'obligation de port du masque édictée, tout en respectant le souci de cohérence nécessaire à l'effectivité de la mesure prise. Il n'y aurait pas une atteinte manifestement illégale à une liberté fondamentale en n'excluant pas certaines périodes horaires, qui ne pourraient être qu'une période nocturne d'un intérêt très limité, de cette obligation. En revanche, eu égard à l'étendue du territoire concerné, l'association requérante est fondée à soutenir qu'une telle obligation ne peut manifestement pas être imposée aux personnes pratiquant des activités physiques ou sportives. • CE, ord., 6 sept. 2020, n° 443751 : *AJDA 2020. 1638 ; JA 2020, n° 626, p. 3, édito. Clavagnier ; AJCT 2020. 385, obs. Necib*. ♦ En revanche encore, si la préfète du Bas-Rhin ne peut être regardée comme ayant porté une atteinte manifestement illégale à une liberté fondamentale en n'excluant pas de l'obligation du port du masque certaines périodes horaires, qui ne pourraient être qu'une période nocturne d'un intérêt très limité, il est manifeste que certaines zones au moins de plusieurs des communes considérées, notamment lorsqu'un centre-ville peut être plus aisément identifié, pourraient, eu égard à leurs caractéristiques, être exceptées de l'obligation de port du masque édictée, tout en respectant le souci de cohérence nécessaire à l'effectivité de la mesure prise. • CE, ord., 6 sept. 2020, n° 443750 : *AJDA 2020. 1638 ; D. 2020. 1725 ; AJCT 2020. 385, obs. Necib ; JCP Adm. 2020. 508*. ♦ Comp. • TA Strasbourg, ord., 2 sept. 2020, n° 20055349 : *AJDA 2020. 1575*.

32. Un arrêté préfectoral n'a pas à prévoir de dérogation pour toutes les situations particulières qui seraient susceptibles de survenir de manière occasionnelle ou contingente sur la voie publique ou dans des lieux ouverts au public. Il n'est pas fait obstacle aux gestes de la vie quotidienne pouvant impliquer, dans le respect des mesures barrière et dans les lieux de faible concentration de personnes, d'enlever temporairement le masque en particulier pour les besoins d'une communication avec des personnes sourdes ou malentendantes ou pour la consommation d'aliments ou de boissons. Il appartient aux agents verbalisateurs d'apprécier, le cas échant, dans un contexte donné, si l'infraction d'absence de port du masque est constituée. • CE, ord., 14 sept. 2020, n° 443904 : *AJDA 2020. 1687*.

33. Autres. Ne fait pas montre d'un déséquilibre manifeste entre la liberté d'aller et venir et la sauvegarde de l'ordre public, l'interdiction de déplacement individuel ou collectif de personnes se prévalant de la qualité de supporter ou se comportant comme tels et dont la présence est susceptible d'occasionner des troubles graves pour l'ordre public. • Cons. const. 10 mars 2011, n° 2011-625 DC § 50.

34. En prévoyant l'octroi d'un titre d'entrée ou de séjour spécifique à la collectivité de Mayotte, ne dispensant pas son titulaire de solliciter un titre d'entrée ou de séjour en application du CESEDA pour accéder à la métropole, le législateur n'a pas porté à la liberté d'aller et venir reconnue aux étrangers séjournant régulièrement sur le territoire une atteinte disproportionnée. • CE 4 avr. 2011, n° 345661 A : *AJDA 2011. 757 ; JCP Adm. 2011. 2376*.

35. La légalité de mesures restreignant la liberté de circulation des mineurs est subordonnée à la condition qu'elles soient justifiées par l'existence de risques particuliers de troubles à l'ordre public auxquels ces mineurs seraient exposés ou dont ils seraient les auteurs dans les secteurs pour lesquels elles sont édictées, adaptées à l'objectif pris en compte et proportionnées. • CE 6 juin 2018, n° 410774 B : *AJDA 2018. 1189*.

2. Déséquilibre dans l'interdiction

36. Évacuation. Fait montre d'un déséquilibre manifeste entre la liberté d'aller et de venir et la sauvegarde de l'ordre public la possibilité donnée au représentant de l'État dans le département ou, à Paris, au préfet de police de procéder (lorsque la mise en demeure de quitter les lieux dans le délai de 48 h minimum n'a pas été suivie d'effet), dans l'urgence, à toute époque de l'année, à l'évacuation forcée des personnes occupant le terrain d'autrui de façon illicite, sans considération de la situation personnelle ou familiale, de personnes défavorisées et ne disposant pas d'un logement décent. La faculté donnée à ces personnes de saisir le tribunal administratif d'un recours suspensif ne saurait, en l'espèce, constituer une garantie suffisante pour assurer l'équilibre. • Cons. const. 10 mars 2011, n° 2011-625 DC § 55.

BIBL. Aumond, Le statut des gens du voyage saisi par la loi « égalité et citoyenneté », *AJDA 2017. 991*. – Muller-Quoy, L'accueil des gens du voyage et la lutte contre les installations illicites, *JCP Adm. 2019. 2054*.

37. Gens du voyage. En imposant aux gens du voyage un « carnet de circulation » (et non le simple « livret spécial de circulation ») visé tous les trois mois par l'autorité administrative et en punissant d'une peine d'un an d'emprisonnement les personnes circulant sans ce carnet, les dispositions contestées portent à l'exercice de la liberté d'aller et de venir une atteinte disproportionnée au regard du but poursuivi (permettre, à des fins civiles, sociales, administratives ou judiciaires, l'identification et la recherche de ceux qui ne peuvent être trouvés à un domicile ou à une résidence fixe d'une certaine durée, tout en assurant, aux mêmes fins, un moyen de communiquer avec ceux-ci). • Cons. const. 5 oct. 2012, *Jean-Claude P.*, n° 2012-279 QPC § 23. ♦ Cependant, les dispositions qui punissent d'une amende les personnes qui circuleraient sans s'être fait délivrer un livret spécial de circulation portent atteinte à l'exercice de la liberté de circulation, garantie par l'art. 2 Prot. n° 4 Conv. EDH. • CE 19 nov. 2014, n° 359223 : *AJDA 2014. 2280*.

38. La possibilité donnée aux communes et EPCI qui ont créé des aires et terrains destinés à accueillir les gens du voyage, « dont l'habitat traditionnel est constitué de résidences mobiles », d'interdire, en dehors de tels aires et terrains, le stationnement des gens du voyage sur leur territoire et, en cas de stationnement irrégulier, au préfet de procéder à une évacuation forcée, possibilité étendue de prononcer la même interdiction éventuellement suivie d'une évacuation forcée lorsque les EPCI ou communes bénéficient d'un délai supplémentaire pour remplir leurs obligations d'accueil, lorsque, sans y être tenus, ils se sont dotés d'une aire permanente d'accueil ou lorsque, sans non plus y être tenus, ils ont décidé de contribuer au financement d'une aire permanente d'accueil, d'une aire de grand passage ou de terrains familiaux locatifs sur le territoire d'un autre établissement ou d'une autre commune, ne porte pas atteinte à la liberté d'aller et de venir. • Cons. const. 27 sept. 2019, *Union de défense active des forains*, n° 2019-805 QPC § 8 s. ♦ Sur la mise en demeure des personnes concernées d'avoir à quitter les lieux, V. • Cons. const. 27 sept. 2019, *Union de défense active des forains*, n° 2019-805 QPC § 18 s.

39. Assignation à résidence. Les personnes à l'encontre desquelles est prononcée une assignation à résidence ont le droit de contester devant le juge administratif, y compris par la voie du référé, cette mesure ; il appartient à ce dernier d'apprécier, au regard des éléments débattus contradictoirement devant lui, l'existence de raisons sérieuses permettant de penser que le comportement de la personne assignée à résidence constitue une menace pour la sécurité et l'ordre publics. • Cons. const. 22 déc. 2015, *Cédric D.*, n° 2015-527 QPC § 16.

40. Si, à la date à laquelle il a été pris, il pouvait exister des raisons sérieuses de penser que le comportement de M. C. était de nature à justifier une mesure d'assignation à résidence, l'arrêté porte, à la date de la présente ordonnance, une atteinte grave et manifestement illégale à la liberté d'aller et venir de M. C. • CE, ord., 9 févr. 2016, n° 396570 : *AJDA 2016. 229*. ♦ V. également. • CAA Paris, 20 juin 2016, n°s 16PA01209 et 16PA01210 : *AJDA 2016. 2102, chron. M. Romnicianu* • CAA Paris, 8 juill. 2016, n° 16PA01153 : *AJDA 2016. 2102, chron. Romnicianu*.

41. Résidents des EHPAD (covid-19). La prescription d'interdiction de sortie des résidents des EHPAD, qui présente un caractère général et absolu, ne peut manifestement pas être regardée comme une mesure nécessaire et adaptée et, ainsi, proportionnée à l'objectif de prévention de la diffusion du virus. En effet, apparaissent désormais compatibles avec la sécurité de l'ensemble des résidents et du personnel de l'établissement, selon la décision du responsable de celui-ci et dans les conditions qu'il définit, notamment des sorties de résidents ayant été vaccinés, ce en fonction de la taille de l'établissement, de la nature de la sortie envisagée, du taux de vaccination des résidents et des personnels ou encore de la proportion constatée des nouveaux variants au niveau départemental ou infradépartemental et accompagnées de l'application de mesures de protection renforcée lors du retour dans l'établissement. • CE, ord., 3 mars 2021, n° 449759 : *AJDA 2021. 481*.

42. Terrorisme. La « mesure de sûreté » applicable aux auteurs d'infractions terroristes à l'issue de leur peine qui vise à soumettre des auteurs d'infractions terroristes, dès leur sortie de détention, à des obligations et interdictions n'est ni une peine ni une sanction ayant le caractère d'une punition (V. notes ss. DDH, art. 8). Elle doit respecter le principe, résultant du présent art. et des art. 4 et 9 DDH, selon lequel la liberté personnelle ne saurait être entravée par une rigueur qui ne soit nécessaire. En l'espèce, tel n'est pas le cas. En effet, la mesure contestée permet d'imposer diverses obligations ou interdictions, le cas échéant de manière cumulative, qui portent atteinte à la liberté d'aller et de venir, au droit au respect de la vie privée et au droit de mener une vie familiale normale. Tel est ainsi le cas de l'obligation d'établir sa résidence dans un lieu déterminé, de l'obligation de se présenter périodiquement aux services de police ou aux unités de gendarmerie, jusqu'à trois fois par semaine, de l'interdiction de se livrer à certaines activités, de l'interdiction d'entrer en relation avec certaines personnes ou de paraître dans certains lieux, catégories de lieux ou zones et de l'obligation de respecter les conditions d'une prise en charge sanitaire, sociale, éducative ou psychologique. Par ailleurs, si la mesure contestée peut être ordonnée pour une période d'un an, elle peut être renouvelée et durer jusqu'à cinq ans voire, dans certains cas, dix ans. Or, les durées maximales s'appliquent en considération de la peine encourue, quel que soit le quantum de la peine prononcée. De plus, d'une part, si la mesure contestée ne peut être prononcée qu'à l'encontre d'une personne condamnée pour une infraction terroriste, elle peut être appliquée dès lors que la personne a été condamnée à une peine privative de liberté supérieure ou égale à cinq ans ou à trois ans si l'infraction a été commise en état de récidive légale. D'autre part, la mesure de sûreté peut être prononcée encore, dès lors que la partie ferme de la peine est au moins égale à trois mois d'emprisonnement, et ce alors même que, en prononçant un sursis simple, la juridiction de jugement n'a pas jugé utile de prévoir que la partie de la peine assortie du sursis s'exécuterait sous la forme d'une mise à l'épreuve ou d'un sursis probatoire, mesures pourtant de nature à assurer un suivi de la personne après son emprisonnement. Enfin, si la mesure ne peut être prononcée qu'en raison de la dangerosité de la personne caractérisée notamment par la probabilité très élevée qu'elle récidive, il n'est pas exigé que la personne ait pu, pendant l'exécution de cette peine, bénéficier de mesures de nature à favoriser sa réinsertion et les renouvellements peuvent être décidés aux mêmes conditions que la décision initiale, sans qu'il soit exigé que la dangerosité de la personne soit corroborée par des éléments nouveaux ou complémentaires. • Cons. const. 7 août 2020, ♱ n° 2020-805 DC § 9, 14 et 20.

43. Autres. L'interdiction posée par l'arrêté « anti-bivouac » du maire de Nice ne constitue pas, compte tenu de son imprécision, de l'amplitude horaire de 13 heures par jour et de l'étendue des secteurs géographiques concernés, une mesure nécessaire et proportionnée à la sauvegarde de l'ordre public ni de la tranquillité et de la santé publiques ; au surplus, la rédaction de l'article 1er, qui permet d'interdire toute « occupation abusive et prolongée » sans atteinte, ni même menace à l'ordre et la tranquillité publics est insusceptible de se rattacher à l'exercice par le maire de ses pouvoirs de police. • TA Nice, 3 mars 2015, *Ligue des droits de l'homme,* n° 1304383 : *préc. note 5.* ♦ Eu égard aux risques de débordements lors de certains matchs de football de la coupe de monde de football, si l'autorité de police est fondée à prendre les dispositions permettant de prévenir de tels débordements, elle ne peut, toutefois, prendre une mesure comme l'interdiction de drapeaux étrangers qui n'est pas, en elle-même, nécessaire ni proportionnée à la sauvegarde de l'ordre public et de la tranquillité publique. • TA Nice, 3 mars 2015, *Ligue des droits de l'homme,* n° 1402823 : *préc. note 5.* ♦ Le législateur n'ayant soumis la création d'une zone de protection ou de sécurité à aucune autre condition et n'ayant pas défini la nature des mesures susceptibles d'être prises par le préfet pour réglementer le séjour des personnes à l'intérieur d'une telle zone ou encadré leur mise en œuvre d'aucune garantie, il n'a pas assuré une conciliation équilibrée entre l'objectif de valeur constitutionnelle de sauvegarde de l'ordre public et la liberté d'aller et de venir. • Cons. const. 11 janv. 2018, ♱ *Assoc. La cabane juridique,* n° 2017-684 QPC § 5 et 6.

c. Contrôle du caractère général et absolu de l'intervention

1. Interdiction ne présentant pas un caractère général et absolu

44. Est régulière l'interdiction de circulation sur le territoire de la commune aux seuls véhicules transportant des matières dangereuses et prévoyant une exception s'agissant des véhicules qui ont à charger ou décharger ces matières sur le territoire communal, en raison des dangers et des inconvénients que présente leur circulation. • CE 1er févr. 1978, *Coing : Lebon 41 ; AJDA 1978. 397.* ♦ Il importe peu que de ce fait les transporteurs soient obligés d'emprunter une déviation routière soumise à péage. • CE 5 nov. 1980, *Féd. nat. transports routiers : Lebon T. 817.* ♦ ... Sont également régulières les interdictions de circulation des véhicules de plus de 2 tonnes sur un pont et sur certaines des routes y compris nationales traversant la ville compte tenu des dangers présentés par la circulation. • CE 17 mars 1982, *Guillemot et a. : Lebon T. 695.* ♦ ... Des poids lourds le lundi de Pentecôte. • CE 16 mai 2007, ♱ *Synd. transporteurs de marchandises de la Ré-*

gion Nord et Féd. nat. transporteurs routiers, n° 293842 B. ♦ ... Des poids lourds excédant un certain tonnage dans des rues étroites. • CE 22 oct. 1975, *Sté Solimat et Morlon : Lebon T. 1173.* ♦ Enfin, sont régulières les interdictions de circulation le samedi dans la journée, de tout véhicule, dans une rue de la ville pour assurer la sécurité et la commodité des piétons. • CE, sect., 8 déc. 1972, *Ville de Dieppe : Lebon 794.* ♦ ... La nuit sur certaines promenades de bord de mer, de tout véhicule, pour assurer la tranquillité des riverains et des usagers des hôtels de tourisme. • CE 16 juin 1976, *Ville de Menton : Lebon T. 1032.*

45. Est irrégulier l'arrêté qui interdit l'accès et le stationnement, en dehors de plages horaires restreintes, aux riverains d'une rue dès lors qu'ils ne disposent pas d'un garage, et qu'aucune circonstance ne le justifie. • CE 3 juin 1994, *Cne de Coulommiers,* n° 122655 : *Lebon 287.* ♦ Est irrégulière la circulation des engins blindés dans la commune, dès lors que cette circulation est indispensable pour les besoins de l'entraînement des troupes et constitue une sujétion imposée par la défense nationale. • CE 15 mars 1996, *Cne de Busy,* n° 113884 : *Lebon 81.*

46. Est également irrégulier un arrêté délimitant des zones de stationnement payant sans prévoir de mesure particulière visant les conditions d'accès des riverains et de desserte des immeubles. • CE 30 juill. 1997, *Cne de Dunkerque,* n° 168695 B. ♦ V. déjà, *a contrario,* dès lors qu'il prévoit ces dérogations. • CE 26 févr. 1969, *Féd. nat. clubs automobiles de France : Lebon 121.*

2. Interdiction générale et absolue

47. Régularité. Sont réguliers : l'interdiction de toute circulation et de toute navigation dans la zone d'une éruption volcanique. • CE 18 mai 1983, *Rodes : Lebon 169 ; AJDA 1984. 44, note Moreau.* ♦ ... L'interdiction totale de la circulation dans une rue étroite et sans trottoirs empruntée par les enfants. • CE 16 avr. 1958, *Cne de Roquefort-sur-Garonne : Lebon 209.* ♦ ... Le stationnement dans une rue étroite au trafic très dense. • CE 14 mars 1973, *Almela : Lebon 213.* ♦ ... Le stationnement des caravanes et du camping sur l'ensemble du territoire de la commune, pendant l'été pour préserver le site, en dehors des zones aménagées ou des terrains où est implantée la résidence de l'utilisateur. • CE, sect., 13 mai 1994, *Cne de La Tranche-sur-Mer,* n° 112758 : *Lebon 240 ; AJDA 1994. 626.*

48. Irrégularité. Sont irrégulières : l'interdiction faite à un malade incapable de se déplacer sans assistance mécanique d'utiliser une voiturette sur une petite île. • CE 10 déc. 1993, *Maes,* n° 107309 B. ♦ ... La mise en œuvre du mécanisme de circulation alternée en cas de pollution qui ne prévoit pas de dérogation pour certaines catégories d'usagers pour qui la conduite est indispensable à l'exercice de l'activité professionnelle. • CE 28 févr. 2000, *Union nat. intersynd. enseignants de la conduite,* n° 195033 : *Lebon 104 ; AJDA 2000. 661, concl. Chauvaux.*

49. Le ministre doit refuser d'interdire de façon générale et absolue la mise en circulation de tout véhicule, quel que soit son type, dont la vitesse maximale par construction dépasserait la vitesse maximale autorisée sur le réseau français. • CE 16 juill. 2006, *Assoc. interdiction des véhicules inutilement rapides,* n° 271835 : *Lebon 336 ; AJDA 2006. 2061, concl. Prada-Bordenave.*

2° ENTRÉE ET SORTIE DU TERRITOIRE NATIONAL

a. Sortie du territoire

50. Principes. La liberté fondamentale d'aller et de venir n'est pas limitée au territoire national, mais comporte également le droit de le quitter. • CE, ass., 8 avr. 1987, *Min. de l'intérieur et de la décentralisation c/ Peltier : Lebon 128, concl. Massot ; AJDA 1987. 362, chron. Azibert et de Boisdeffre* • Civ. 1re, 28 nov. 1984, n° 83-14.046 P • CE 22 mai 1992, *GISTI,* n° 87043 B • Cons. const. 22 avr. 1997, n° 97-389 DC § 10. ♦ V. aussi, précisant que ce droit est garanti par la DDH. • T. confl. 9 juin 1986, *Commissaire de la République de la région Alsace : Lebon 301 ; RFDA 1987. 53, concl. Latournerie ; AJDA 1986. 456, chron. Azibert et de Boisdeffre* • CE 4 mai 1988, *Plante : Lebon T. 695 ; RFDA 1989. 194, note Pacteau* • CE 8 déc. 2000, *Rahal,* n° 208583 : *Lebon 587 ; Dr. adm. 2001. 47, note C. M.*

51. Il est possible de contester le refus de délivrance d'un passeport par la voie du référé-liberté, la liberté d'aller et de venir, comprenant la liberté de se déplacer hors du territoire national, étant une liberté fondamentale au sens de l'art. L. 521-2 CJA. • CE, réf., 9 janv. 2001, *Deperthes,* n° 228928 : *Lebon 1.*

52. Compte tenu des doutes qu'avaient fait naître sur l'identité du demandeur les déclarations contradictoires de ce dernier, l'existence d'une réclamation émanant d'une personne distincte se présentant sous la même identité, ainsi que les informations dont disposait l'administration quant aux agissements frauduleux de celui que M. X. présentait comme son père, le consul général de France à Londres n'a pas fait une inexacte application des dispositions précitées en estimant que l'intéressé n'avait pas justifié de son identité et en décidant, en conséquence, à l'expiration du délai dont il disposait pour prendre une décision expresse, de ne pas renouveler le passeport avant d'avoir les résultats de l'enquête administrative qu'il avait demandée. • CE 3 mars 2003, *Bossa,* n° 242515 : *Lebon 73* .

53. Garantie internationale. Le droit de libre circulation, tel que reconnu aux paragraphes 1 et 2 de l'art. 2 Prot. n° 4 Conv. EDH, a pour but d'assurer le droit dans l'espace, garanti à toute personne, de circuler à l'intérieur du territoire dans lequel elle se trouve ainsi que de le quitter ; ce qui implique le droit de se rendre dans un pays de son choix dans lequel elle pourrait être autorisée à entrer. Il en résulte que la liberté de circulation commande l'interdiction de toute mesure susceptible de porter atteinte à ce droit ou d'en restreindre l'exercice dès lors qu'elle ne répond pas à l'exigence d'une mesure pouvant passer pour « nécessaire dans une société démocratique » à la poursuite des objectifs légitimes visés au troisième paragraphe de l'art. susmentionné. La Cour considère que la mesure au moyen de laquelle un individu se trouve dépossédé d'un document d'identification tel que, par exemple, un passeport, s'analyse, à n'en pas douter, comme une ingérence dans l'exercice de la liberté de circuler. • CEDH 22 mai 2001, *Baumann c/ France,* n° 33592/96 § 61 et 62.

54. Le droit de quitter le territoire ne peut être restreint que par l'effet d'une loi répondant à la nécessité de protéger la sécurité nationale, l'ordre public, la sûreté, la santé ou la morale publique, ou les droits et libertés d'autrui, ou encore de prévenir les infractions pénales. • Civ. 1re, 28 nov. 1984, n° 83-14.046 P : *RFDA 1985. 760, concl. Sadon ; JCP 1986. 20600, note Lombard.* ♦ Le décret de la convention nationale du 7 déc. 1792 a le caractère d'une loi au sens de ces stipulations. • CE, ass., 8 avr. 1987, *Min. de l'intérieur et de la décentralisation c/ Peltier : préc. note 50* • CE 9 juin 1999, n° 191036.

55. Voie de fait. Constitue une voie de fait le retrait ou le refus de délivrance d'un passeport à un débiteur d'impôts directs à raison de la dette dont il est recevable vis-à-vis du trésor public ; la décision refusant le passeport ne découlant ni de poursuites pénales ni de la mise à exécution d'une contrainte par corps, elle est insusceptible de se rattacher à l'exercice d'un pouvoir confié par la loi à l'administration. • T. confl. 9 juin 1986, *Commissaire de la République de la région Alsace : préc. note 50* • CE 4 mai 1988, *Plante : préc. note 50.* ♦ Il en va de même lorsque la décision de retrait est fondée des suspicions de fraude. • T. confl. 19 nov. 2001, *Mlle Mohamed c/ Min. de l'intérieur,* n° 3272 : *Lebon 755.*

56. Limitations possibles. En imposant une déclaration préalable à la sortie du territoire à certaines catégories d'étrangers pour les besoins de la protection de la sécurité nationale, le législateur n'a pas subordonné le fait de quitter le territoire français à une exigence d'autorisation préalable. La délivrance du visa de sortie par l'autorité administrative ne permet pas à celle-ci d'exercer une appréciation quant à l'opportunité du déplacement envisagé et n'apporte pas à la liberté d'aller et venir une gêne excessive dès lors que la déclaration préalable effectuée entraîne la délivrance du visa justifiant de l'accomplissement de la formalité exigible. • Cons. const. 13 août 1993, n° 93-325 DC § 104. ♦ L'habilitation reconnue aux services de police et de gendarmerie de retenir le passeport ou le document de voyage des personnes de nationalité étrangère en situation irrégulière a pour seul objet de garantir que l'étranger en situation irrégulière sera en possession du document permettant d'assurer son départ effectif du territoire national et ne fait en aucune façon obstacle à l'exercice par l'étranger du droit de quitter le territoire national. • Cons. const. 22 avr. 1997, n° 97-389 DC § 11. ♦ En donnant au ministre de l'intérieur le pouvoir d'interdire à tout Français de sortir du territoire de la République dès lors qu'il existe des raisons sérieuses de penser qu'il projette des déplacements à l'étranger en vue de participer à des activités terroristes ou de se rendre sur un théâtre d'opérations de groupements terroristes, dans des conditions susceptibles de le conduire à porter atteinte à la sécurité publique lors de son retour sur le territoire français, le législateur a entendu renforcer les pouvoirs de police administrative de l'État en matière de lutte contre le terrorisme. En adoptant les dispositions contestées, le législateur a poursuivi l'objectif de prévention des atteintes à l'ordre public et, eu égard à l'ensemble des garanties qu'il a prévues, le législateur a adopté des mesures assurant une conciliation qui n'est pas manifestement déséquilibrée entre la liberté d'aller et de venir et cet objectif. • Cons. const. 14 oct. 2015, *Omar K.,* n° 2015-490 QPC § 6 à 11.

57. Lorsque le passeport est retiré suite à une condamnation pénale, assortie de la contrainte par corps pour le recouvrement d'impositions dues au Trésor public, la compétence, s'agissant de l'action en restitution, relève des tribunaux administratifs dès lors qu'il n'y a pas voie de fait. • T. confl. 12 janv. 1987, *Grizivatz : Lebon 442.* ♦ ... De même s'agissant d'un refus de délivrer un nouveau passeport. • CE 6 juin 2001, n° 222973.

58. Pour confirmer l'ordonnance du juge d'instruction, ayant rejeté la demande de Vanni X., tendant à la restitution de son passeport et à la main-levée de l'interdiction de quitter le territoire national, assortissant le contrôle judiciaire auquel il est soumis, l'arrêt indique suffisamment que l'intéressé a été amené précédemment à s'éloigner de l'Italie en raison d'activités douteuses, que sa liberté permanente d'aller et de venir, même si elle était limitée à certains pays européens, ferait prendre le risque considérable que l'intéressé, au regard de la peine qu'il encourt, ne cherche à se soustraire à la justice, qu'un document récent, découvert au domicile du demandeur, révèle son intention de quitter la France, et qu'il s'est rendu à Monaco, en violation de l'obligation dont il sollicite la mainlevée. • Crim. 13 févr. 2002, n° 01-88.007.

59. Le passeport peut être refusé à une personne refusant de satisfaire à l'exigence de justifier de son état civil. • CE 8 déc. 2000, *Rahal*, n° 208583 : *préc. note 50.*

60. Terrorisme. Si une interdiction de sortie du territoire peut être prononcée à l'égard d'un Français qui projette un déplacement à l'étranger ayant pour objet la participation à des activités terroristes, il appartient aux autorités administratives d'apporter une preuve non équivoque de cet élément au delà des seuls convictions et engagements politiques de la personne concernée, y compris lorsqu'il s'agit d'éviter des atteintes à la sécurité publique lors du retour de l'intéressé sur le territoire français. • TA Paris, 31 mars 2017, n° 1701210 : *AJDA 2017. 1345, note Doré.*

b. Entrée et déplacement des nationaux

61. Il ne peut être porté atteinte au droit fondamental qu'a tout Français de rejoindre le territoire national qu'en cas de nécessité impérieuse pour la sauvegarde de l'ordre public, notamment pour prévenir, de façon temporaire, un péril grave et imminent. La seule circonstance que l'état d'urgence sanitaire ait été déclenché pour protéger d'une pandémie mondiale la population résidant sur le territoire français ne peut, par elle-même, justifier une telle atteinte. Les restrictions de toute nature mises à l'embarquement de Français depuis l'étranger dans un moyen de transport à destination de la France, en vue de préserver la situation sanitaire sur le territoire national, ne peuvent être légalement prises que si le bénéfice, pour la protection de la santé publique excède manifestement l'atteinte ainsi portée au droit fondamental en cause. L'exigence d'un test PCR de moins de 72 h ne peut faire obstacle à l'embarquement lorsque la réalisation d'un test préalable s'avère impossible, que ce soit en raison de l'indisponibilité du test dans le pays de départ ou d'une urgence impérieuse à rejoindre le territoire national, tenant à la santé ou la sécurité de la personne. • CE, ord., 12 mars 2021, n° 449743 : *AJDA 2021. 591 ; AJ fam. 2021. 204.*

62. Sans qu'il y ait lieu de comparer la situation des Antilles avec celle d'autres collectivités d'outre-mer, et au vu du risque élevé de saturation des lits de réanimation en cas de remontée rapide du taux d'incidence, l'obligation de justifier d'un motif impérieux pour tout déplacement entre le territoire métropolitain et les Antilles, ainsi qu'entre la Guadeloupe, la Martinique, Saint-Martin et Saint Barthélemy, à l'exception des déplacements entre Saint-Martin et Saint-Barthélemy, et dont l'effet principal est d'interdire l'arrivée des touristes sur ces territoires, présente en l'état de l'instruction un caractère nécessaire, adapté et proportionné. • CE, ord., 12 mars 2021, n° 449908 : *AJDA 2021. 591 ; AJ fam. 2021. 204.*

c. Entrée et séjour des étrangers

63. Aucun principe non plus qu'aucune règle de valeur constitutionnelle n'assure aux étrangers des droits de caractère général et absolu d'accès et de séjour sur le territoire national. • Cons. const. 20 juill. 2006, n° 2006-539 DC § 6. ♦ Les conditions de leur entrée et de leur séjour peuvent être restreintes par des mesures de police administrative conférant à l'autorité publique des pouvoirs étendus et reposant sur des règles spécifiques. • Cons. const. 30 nov. 2017, *Kamel D.*, n° 2017-674 QPC § 4 • Cons. const. 15 mars 2018, n° 2018-762 DC § 9. ♦ ... Que le législateur peut ainsi mettre en œuvre les objectifs d'intérêt général qu'il s'assigne. Ainsi, dans ce cadre juridique, les étrangers se trouvent placés dans une situation différente de celle des nationaux. • Cons. const. 13 août 1993, n° 93-325 DC § 2 • Cons. const. 20 juill. 2006, n° 2006-539 DC § 6 • Cons. const. 30 nov. 2017, *Kamel D.*, n° 2017-674 QPC § 4. ♦ V. également annotations au **CESEDA**. ♦ La liberté d'aller et venir n'ouvre pas aux étrangers un droit général et absolu d'accès sur le territoire français. Celui-ci est en effet subordonné au respect tant de la législation et de la réglementation en vigueur que des règles qui résultent des engagements européens et internationaux de la France. • CE 11 avr. 2018, n° 413349 : *AJDA 2018. 821.*

64. En cas de flagrant délit, le placement en garde à vue n'est possible, en vertu des art. 63 et 67 C. pr. pén., qu'à l'occasion d'enquêtes sur les délits punis d'emprisonnement ; il s'ensuit que le ressortissant d'un pays tiers, entré en France irrégulièrement, par une frontière intérieure à l'espace Schengen, qui n'encourt pas l'emprisonnement prévu à l'art. L. 621-2 CESEDA dès lors que la procédure de retour organisée par la directive 2008/115/CE n'a pas encore été menée à son terme, ne peut être placé en garde à vue à l'occasion d'une procédure de flagrant délit diligentée du seul chef d'entrée irrégulière. • Civ. 1re, 7 févr. 2018, n° 17-10.338. ♦ Rappr. • CJUE 7 juin 2016, *Sélina Affum c/ Préfet du Pas-de-Calais*, n° C-47/15 : *AJDA 2016. 1681, chron. Boussy, Cassagnabère et Gänser.* ♦ Les autorités nationales peuvent opposer refus aux demandeurs ayant été impliqués dans la commission de crimes graves contre les personnes et dont la venue en France, eu égard aux principes qu'elle mettrait en cause ou au retentissement de leur présence sur le territoire national, serait de nature à porter atteinte à l'ordre public. • CE 11 avr. 2018, n° 409512 : *AJDA 2018. 1813*.

B. RESPECT DE LA VIE PRIVÉE

65. Souvent invoqué, il faut constater que, dans bien des cas, le juge constitutionnel estimait que le moyen manquait en droit. Ainsi, ne constituaient pas une atteinte à la vie privée : la communication, en vue de l'établissement des listes électorales pour les élections aux caisses de sécurité sociales par chaque employeur aux organismes compétents des éléments de l'état civil et du lieu de résidence des salariés qu'il emploie. • Cons. const. 14 déc. 1982, n° 82-148 DC § 12 s. ♦ ... La consultation, par des créanciers d'aliments, dans des conditions bien définies, de documents détenus par les services fiscaux du ressort dans lequel le débiteur est établi. • Cons. const. 29 déc. 1983, n° 83-164 DC § 34 s. ♦ ... La consultation par les actionnaires des sociétés de presse du compte des valeurs nominatives tenu par ces sociétés. • Cons. const. 10 oct. 1984, n° 84-181 DC § 24 s. ♦ ... La communication des fichiers de la mutualité sociale agricole des renseignements nécessaires au contrôle des exploitations. • Cons. const. 26 juill. 1984, n° 84-172 DC § 14 s. ♦ ... La mise en place de dispositions assurant une protection aux salariés qui, en raison de leur orientation sexuelle, auraient refusé une mutation géographique dans un État incriminant l'homosexualité, dès lors qu'il appartient au salarié de décider de se prévaloir d'une telle protection. • Cons. const. 17 mai 2013, n° 2013-69 DC § 73.

66. Principe général. La liberté proclamée par le présent art. implique le respect (la protection) de la vie privée. • Cons. const. 23 juill. 1999, n° 99-416 DC § 45 • Cons. const. 9 nov. 1999, n° 99-419 DC § 73 • Cons. const. 21 déc. 1999, n° 99-422 DC § 52 • Cons. const. 13 mars 2003, n° 2003-467 DC § 19 et 70 • Cons. const. 2 mars 2004, n° 2004-492 DC § 75 • Cons. const. 21 févr. 2008, n° 2008-562 DC § 31 • Cons. const. 25 févr. 2010, n° 2010-604 DC § 21 • Cons. const. 30 mars 2012, *Omar S.*, n° 2012-227 QPC § 6 • CE 2 juill. 2008, *Devulder*, n° 309647 : *Lebon 259* ; *AJDA 2008. 1365* ; *Dr. adm. 2008. 108, note Melleray.* ♦ Rappr. • Crim. 4 avr. 2007, n° 07-80.267. ♦ ... Le droit au respect de la vie privée. • Cons. const. 21 déc. 1999, n° 99-422 DC § 52 • Cons. const. 20 nov. 2003, n° 2003-484 DC § 22 • Cons. const. 12 août 2004, n° 2004-504 DC § 5 • Cons. const. 3 mars 2007, n° 2007-553 DC § 4 • Cons. const. 15 nov. 2007, n° 2007-557 DC § 11 • CE 19 mai 2008, *Assoc. SOS Racisme*, n° 305670 B : *AJDA 2008. 1027*. ♦ ... Et, en particulier, l'inviolabilité du domicile. • Cons. const. 29 nov. 2013, *Sté Wesgate Charters Ltd*, n° 2013-357 QPC § 6 • Cons. const. 4 déc. 2013, n° 2013-679 DC § 38 • Cons. const. 9 avr. 2015, *Marc A.*, n° 2015-464 QPC § 3.

67. Ce droit au respect de la vie privée peut être invoqué en matière de QPC. • Cons. const. 16 sept. 2010, *Jean-Victor C.*, n° 2010-25 QPC § 6 • Cons. const. 30 sept. 2011, *Louis C. et a.*, n° 2011-173 QPC § 4 • Cons. const. 5 oct. 2012, *Jean-Claude P.*, n° 2012-279 QPC § 27.

68. Si les personnes morales disposent, notamment, d'un droit à la protection de leur nom, de leur domicile, de leur correspondance et de leur réputation, seules les personnes physiques peuvent se prévaloir d'une atteinte à leur vie privée. • Civ. 1re, 17 mars 2016, n° 15-14.072 : *D. 2016. 1116, note Loiseau* ; *ibid. 2365, obs. Hallouin, Lamazerolles et Rabreau* ; *ibid. 2017. 181, obs. Dreyer* ; *Rev. sociétés 2016. 594, note Dumoulin* ; *Dalloz IP/IT 2016. 309, obs. Gisclard* ; *RTD civ. 2016. 321, obs. Hauser*. ♦ Comp. dans un cadre particulier (L. du 17 juill. 1978 : V. désormais **CRPA**) : le Conseil d'État a admis que des personnes morales puissent disposer d'une « protection de la vie privée ». • CE 17 avr. 2013, *Cabinet de la Taille*, n° 344924 : *AJDA 2013. 825* ; *ibid. 1920, note Delaunay*. ♦ Le droit au respect de la vie privée s'éteint au décès de la personne concernée, seule titulaire de ce droit. • Civ. 1re, 14 déc. 1999, n° 97-15.756 : *D. 2000. 372, note Beignier* ; *ibid. 266, obs. Caron* ; *RTD civ. 2000. 291, obs. Hauser* ; *ibid. 342, obs. Jourdain* • CE 27 avr. 2011, n° 314577 : *Lebon* ; *AJDA 2011. 873* ; *D. 2011. 1945, note Lécuyer* ; *AJCT 2011. 520, obs. Chéron*. ♦ *Contra* • Crim. 21 oct. 1980, n° 80-90.146.

69. Application aux étrangers. Le respect de la vie privée s'adresse aux étrangers comme aux nationaux. • Cons. const. 22 avr. 1997, n° 97-389 DC § 44 • Cons. const. 9 juin 2011, n° 2011-631 DC • Cons. const. 11 oct. 2013, *Karamoko F.*, n° 2013-347 QPC. ♦ Rappr. • Cons. const. 27 déc. 1990, n° 90-281 DC § 8. ♦ Ainsi, dès lors que, au moment où il formule une demande de renouvellement de sa carte de résident, l'étranger peut se prévaloir d'une présence régulière sur le territoire français d'une durée de dix ans au moins, une telle stabilité fait naître entre l'étranger et le pays d'accueil des liens multiples conduisant à ce qu'une simple menace pour l'ordre public ne puisse suffire à fonder un refus de renouvellement de ce titre de séjour sans porter une atteinte excessive au droit de l'intéressé au respect de sa vie familiale et privée, et ce d'autant plus qu'à tout moment la préservation de l'ordre public permet à l'autorité administrative, en cas de menace grave, de prononcer son expulsion. • Cons. const. 22 avr. 1997, n° 97-389 DC § 45.

70. Les possibilités d'élection de domicile aux seuls étrangers sans domicile fixe en situation régulière ne privent pas ceux-ci de la possibilité de faire adresser du courrier chez la personne de leur choix. • Cons. const. 11 oct. 2013, *Karamoko F.*, n° 2013-347 QPC §7.

BIBL. Schwartz, Constitution et nationalité, *NCCC, 2013, n° 39, p. 43.* – Monéger, Le Conseil constitutionnel et l'état des personnes, *NCCC, 2013, n° 39, p. 51.* – Gouttenoire, Cohérence des contrôles de conventionnalité et de constitutionnalité en matière de droit des personnes et de la famille, *NCCC, 2013, n° 39, p. 63.*

71. Acquisition de la nationalité. Les droits des étrangers ne comprennent aucun droit de caractère général et absolu d'acquérir la nationalité française ou de voir renouveler leur titre de séjour. • Cons. const. 13 mars 2003, n° 2003-467 DC § 35. ♦ Rappr. : Ne met pas en cause son droit au respect de la vie privée : la contestation de la nationalité d'une personne. • Cons. const. 22 nov. 2013, *Charly K.*, n° 2013-354 QPC § 10. ♦ ... La déchéance de la nationalité : V. note 75. – Sur la délivrance des titres de séjour et le droit à une vie familiale normale, V. notes ss. DDH, art. 10.

72. Ni le respect de la vie privée, ni aucune autre exigence constitutionnelle n'imposent que le conjoint d'une personne de nationalité française puisse acquérir la nationalité française à ce titre. • Cons. const. 30 mars 2012, *Omar S.*, n° 2012-227 QPC § 8 • Cons. const. 13 juill. 2012, *Saïd K.*, n° 2012-264 QPC § 6.

73. N'ont pas porté atteinte au droit au respect de la vie privée : la disposition qui subordonne l'acquisition de la nationalité par le conjoint d'un ressortissant français à une durée d'une année de mariage sans cessation de la communauté de vie. • Cons. const. 30 mars 2012, *Omar S.*, n° 2012-227 QPC § 8. ♦ ... Qui subordonne l'acquisition de la nationalité à une maîtrise suffisante de la langue française et à la capacité de répondre correctement à plusieurs questions relatives aux grands repères de l'histoire de France. • TA Nantes, 12 mars 2020, n° 170643 : *AJDA 2020. 1628, concl. Labouysse*. ♦ ♦ Rappr., s'agissant de la délivrance de titre de séjour, • Cons. const. 20 nov. 2003, n° 2003-484 DC § 35 à 39 et 44 à 46. ♦ ... La disposition permet que la déclaration aux fins d'acquisition de la nationalité française puisse être contestée par le ministère public si les conditions légales ne sont pas satisfaites ou en cas de mensonge ou de fraude. • Cons. const. 30 mars 2012, *Omar S.*, n° 2012-227 QPC § 8. ♦ ... Qui fixe à deux ans la durée de mariage sans cessation de la communauté de vie nécessaire pour que le conjoint d'un Français puisse obtenir la nationalité française à raison du mariage, institue un délai de trois ans lorsque l'étranger ne justifie pas avoir résidé de manière ininterrompue pendant au moins un an en France à compter du mariage, en supprimant la dérogation à ces conditions de délai prévue en cas de naissance d'un enfant, précise le contenu de l'obligation de vie commune et exige que le conjoint étranger justifie d'une connaissance suffisante de la langue française dès qu'elle n'empêche pas l'étranger de vivre dans les liens du mariage avec un ressortissant français et de constituer avec lui une famille. • Cons. const. 13 juill. 2012, *Saïd K.*, n° 2012-264 QPC § 6.

74. Compte tenu des objectifs d'intérêt général qu'il s'est assignés, le législateur n'a pas opéré une conciliation qui soit déséquilibrée entre les exigences de la sauvegarde de l'ordre public et le droit au respect de la vie privée en instituant, en cas de cessation de la communauté de vie entre les époux dans les 12 mois suivant l'enregistrement de la déclaration, la présomption selon laquelle il y a fraude, faisant obstacle à l'acquisition de la nationalité, protégeant ainsi le mariage contre un détournement des fins de l'union matrimoniale. • Cons. const. 30 mars 2012, *Omar S.*, n° 2012-227 QPC § 8. ♦ Toutefois, la présomption de fraude au mariage en cas de cessation de la vie commune dans l'année qui suit l'enregistrement de la déclaration de nationalité ne saurait s'appliquer que dans les instances engagées dans les deux années de la date de l'enregistrement de la déclaration sauf à porter atteinte aux droits de la défense. • Cons. const. 30 mars 2012, *Omar S.*, n° 2012-227 QPC § 14.

75. Déchéance de la nationalité. La déchéance de la nationalité ne remet pas en cause le respect de la vie privée. • Cons. const. 23 janv. 2015, *Ahmed S.*, n° 2014-439 QPC § 22. ♦ Cependant, si un décret portant déchéance de la nationalité française est par lui-même dépourvu d'effet sur la présence sur le territoire français de celui qu'il vise, comme sur ses liens avec les membres de sa famille, et n'affecte pas, dès lors, le droit au respect de sa vie familiale, il affecte un élément constitutif de l'identité de la personne concernée et est ainsi susceptible de porter atteinte au droit au respect de sa vie privée. • CE 6 juin 2016, n° 394348 § 15 : *Lebon ; AJDA 2016. 1758, concl. Domino ; D. 2016. 1310, obs. Pastor*. ♦ La CEDH admet que la déchéance de nationalité puisse avoir un impact sur la vie privée. Ainsi, en l'espèce, ce n'est pas le cas, les requérants ayant tous une autre nationalité et la déchéance n'entrainant pas automatiquement l'éloignement du territoire. • CEDH 25 juin 2020, *Ghoumid c/ France*, n° 52273/16 : *AJDA 2020. 1323*.

76. Sur le lien entre déchéance de nationalité et principe d'égalité, V. notes ss. DDH, art. 6. ♦ Sur le lien entre déchéance de nationalité et principe de proportionnalité, V. notes ss. DDH, art. 8.

77. Principe en matière de sûreté. Il appartient au législateur d'assurer la conciliation entre, d'une part, la prévention des atteintes à l'ordre public et la recherche des auteurs d'infractions, toutes deux nécessaires à la sauvegarde de droits et de principes de valeur constitutionnelle, et, d'autre part, l'exercice des libertés constitutionnellement garanties, au nombre desquelles figurent la liberté d'aller et venir et le respect de la vie privée, protégés par les art. 2 et 4 DDH, ainsi que la liberté individuelle, que l'art. 66 Const. 58 place sous la surveillance de l'autorité judiciaire. • Cons. const. 13 mars 2003, n° 2003-467 DC § 8 • Cons. const. 2 mars 2004, n° 2004-492 DC § 4 • Cons. const. 21 févr. 2008, n° 2008-562 DC § 13. ♦ Rappr. • Cons. const. 19 janv. 2006, n° 2005-532 DC § 9 et 18 • Cons. const. 21 févr. 2008, n° 2008-562 DC § 30 • Cons. const. 25 févr. 2010, n° 2010-604 DC § 22. ♦ V. s'agissant des mesures d'admission en soins psychiatriques sans consentement de la personne les décisions mentionnées note 3.

78. Les atteintes portées au respect de la vie privée doivent être adaptées, nécessaires et proportionnées à l'objectif de prévention poursuivi. • Cons. const. 21 févr. 2008, n° 2008-562 DC § 13. ♦ Ainsi, la révocation d'un agent SNCF du seul fait qu'il a subi une condamnation dans les conditions et pour les infractions que le statut, n'étant pas, dans son caractère automatique, justifiée par les nécessités du service public confié à l'entreprise, elle est contraire au respect de la vie privée dans la mesure où elle impose de mettre fin au contrat de travail d'un agent pour une cause tirée de sa vie personnelle sans qu'il ait été apprécié si le comportement incriminé de l'intéressé, compte tenu de ses fonctions et de la finalité propre de l'entreprise, a constitué une faute, ou a créé un trouble caractérisé au sein de cette dernière ou lui a porté un discrédit. • CE 2 juill. 2008, *Devulder*, n° 309647 : *préc. note 66.*

79. Les procédures spéciales définies par la loi (V. notes 209 s.) étant de nature à affecter gravement l'exercice de droits et libertés constitutionnellement protégés, tels que la liberté individuelle, l'inviolabilité du domicile et le secret de la vie privée, l'autorité judiciaire, gardienne de la liberté individuelle, ne saurait dès lors autoriser leur utilisation que dans la mesure nécessaire à la recherche des auteurs d'infractions particulièrement graves et complexes, elle-même indispensable à la sauvegarde de principes et droits de valeur constitutionnelle. Il en résulte que si le législateur pouvait exonérer de nullité les actes d'enquête ou d'instruction dès lors que la circonstance aggravante de bande organisée paraissait caractérisée à la date où ces procédures ont été autorisées, il ne pouvait exonérer, de façon générale, des actes qui auraient été autorisés en méconnaissance des exigences susmentionnées. • Cons. const. 2 mars 2004, n° 2004-492 DC § 67 à 71.

80. Rétention de sûreté et surveillance de sûreté. V. ss. DDH, art. 8, note 233.

81. Référé-liberté. Le droit au respect de la vie privée constitue une liberté fondamentale au sens de l'art. L. 521-2 CJA. • CE, réf., 25 oct. 2007, n° 310125 B : *RFDA 2008. 328, note Le Bot* .

82. Prise en charge de frais de séjour. Ne porte pas au respect de la vie privée une atteinte de nature à méconnaître les dispositions du présent art., la prise en charge éventuelle par l'hébergeant des frais de séjour de la personne qu'il reçoit dans le cadre d'une visite familiale et privée, dans la limite du montant des ressources exigées d'un étranger pour une entrée sur le territoire en l'absence d'attestation d'accueil. • Cons. const. 20 nov. 2003, n° 2003-484 DC § 11.

83. Détermination d'une commune de rattachement pour les gens du voyage. Ne porte pas atteinte à la vie privée l'obligation de rattachement à une commune imposé aux personnes dépourvues de domicile ou de résidence fixe depuis plus de six mois qui, destinée à remédier à l'impossibilité, pour elles, de satisfaire aux conditions requises pour jouir de certains droits ou remplir certains devoirs, ne restreint ni la liberté de déplacement des intéressés, ni leur liberté de choisir un mode de logement fixe ou mobile, ni celle de décider du lieu de leur installation temporaire ; elle ne restreint pas leur faculté de déterminer un domicile ou un lieu de résidence fixe pendant plus de six mois et n'emporte pas davantage obligation de résider dans la commune de rattachement. • Cons. const. 5 oct. 2012, *Jean-Claude P.*, n° 2012-279 QPC § 27.

84. Ne relève pas du respect de la vie privée. Le droit à la connaissance de ses origines : • Cons. const. 30 sept. 2011, *Louis C. et a.*, n° 2011-173 QPC § 6 • Cons. const. 16 mai 2012, *Mathieu E.*, n° 2012-248 QPC (sol. impl.). ♦ Comp. • CEDH, gr. ch., 13 févr. 2003, *Odièvre c/ France*, n° 42326/98 § 29 : *AJDA 2003. 603, chron. Flauss* ; *D. 2003. 739* ; *ibid. 1240, chron. Mallet-Bricout* ; *RDSS 2003. 219, note Monéger* ; *RTD civ. 2003. 276, obs. Hauser* ; *ibid. 375, obs. J. P. Marguénaud* ; *JCP 2003. 10049, note Gouttenoire-Cornut et Sudre* • CEDH 16 juin 2011, *Pascaud c/ France*, n° 19535/08 § 48 : *D. 2011. 1758* ; *ibid. 2012. 1228, obs. Gaudemet-Tallon et Jault-Seseke* ; *ibid. 1432, obs. Granet-Lambrechts* ; *AJ fam. 2011. 429, obs. Chénedé*

; *RTD civ. 2011. 526, obs. Hauser* . ♦ V. annotations ss. Conv. EDH, art. 8.

85. Aucune exigence constitutionnelle n'impose ni que le caractère adoptif de la filiation soit dissimulé ni que les liens de parenté établis par la filiation adoptive imitent ceux de la filiation biologique. • Cons. const. 17 mai 2013, n° 2013-669 DC § 51.

1° COLLECTE ET COMMUNICATION DE DONNÉES OU D'INFORMATIONS

BIBL. Oberdorff, Les droits fondamentaux au service du numérique, *Mélanges Lascombe, Dalloz 2020. 101.*

86. Ne porte pas atteinte au respect de la vie privée le droit donné à la direction générale de la comptabilité publique, à la direction générale des impôts et à la direction générale des douanes et des droits indirects d'utiliser, en vue d'éviter les erreurs d'identité et de vérifier les adresses des personnes, le numéro d'inscription au répertoire national d'identification des personnes physiques, dans le cadre des missions respectives de ces directions, ainsi qu'à l'occasion des transferts de données dès lors que ces directions ne peuvent collecter, conserver ou échanger entre elles ces numéros que pour mettre en œuvre des traitements de données relatifs à l'assiette, au contrôle et au recouvrement de tous impôts, droits, taxes, redevances ou amendes, opérations soumises à l'obligation de secret professionnel et que la CNIL a la faculté d'intervenir lorsque la mise en œuvre de cette communication s'avère susceptible de porter une atteinte grave et immédiate aux droits et libertés. Si, en vertu des nouvelles dispositions, les directions précitées mentionnent le numéro d'identification des personnes physiques lorsqu'elles communiquent des informations nominatives aux organismes et services chargés de la gestion d'un régime obligatoire de base de sécurité sociale, ces communications doivent être strictement nécessaires et exclusivement destinées à l'appréciation des conditions d'ouverture et de maintien des droits aux prestations, au calcul de celles-ci, à l'appréciation des conditions d'assujettissement aux cotisations et contributions, à la détermination de l'assiette et du montant des cotisations et contributions, ainsi qu'à leur recouvrement. • Cons. const. 29 déc. 1998, n° 98-405 DC § 60.

87. Recueil de renseignements. Le recueil de renseignements au moyen des mesures de surveillance par les services spécialisés de renseignement pour l'exercice de leurs missions respectives relève de la seule police administrative. • Cons. const. 23 juill. 2015, n° 2015-713 DC § 9 et 11 • Cons. const. 26 nov. 2015, n° 2015-722 DC §10. ♦ Sur la nécessaire distinction en cette matière des mesures de police administrative et de police judicaire dans le cadre de la séparation des pouvoirs, V. ss. notes ss. DDH, art. 16, pt II. « Séparation des pouvoirs ».

88. Sur les conditions dans lesquelles une telle collecte est possible s'agissant de la surveillance des communications qui sont émises ou reçues à l'étranger et des communications électroniques internationales, V. • Cons. const. 26 nov. 2015, n° 2015-722 DC § 11 s.

89. Cas particuliers de certains mandats et de certaines fonctions... Membres du Parlement. L'obligation de dépôt, auprès d'une autorité administrative indépendante, de déclarations d'intérêts (et d'activités) et de déclarations de situation patrimoniale par les membres du Parlement (V. ss. Const. 58, art. 25), certains élus et les titulaires de certaines fonctions publiques ou de certains emplois publics a pour objectif de renforcer les garanties de probité et d'intégrité de ces personnes, de prévention des conflits d'intérêts et de lutte contre ceux-ci et est ainsi justifiée par un motif d'intérêt général. • Cons. const. 9 oct. 2013, n° 2013-675 DC § 28 • Cons. const. 9 oct. 2013, n° 2013-676 DC § 14. ♦ Cependant, l'une des rubriques des déclarations d'intérêts (et d'activités) obligeant à déclarer les activités professionnelles exercées par les enfants et les parents du déclarant porte une atteinte disproportionnée au droit au respect de la vie privée. • Cons. const. 9 oct. 2013, n° 2013-675 DC § 29 • Cons. const. 9 oct. 2013, n° 2013-676 DC § 15.

90. L'obligation faite aux membres du Parlement de déposer auprès d'une autorité administrative indépendante une déclaration d'intérêts et d'activités a pour objectif de renforcer les garanties de probité et d'intégrité de ces personnes, de prévenir des conflits d'intérêts et de lutter contre ceux-ci. En prévoyant l'obligation de mentionner dans cette déclaration les « participations directes ou indirectes qui confèrent le contrôle d'une société, d'une entreprise, ou d'un organisme dont l'activité consiste principalement dans la fourniture de prestations de conseil », le législateur organique a ainsi poursuivi un motif d'intérêt général. • Cons. const. 8 sept. 2017, n° 2017-753 DC § 24.

91. Eu égard à la situation particulière (Const. 58, art. 3) et aux prérogatives (Const. 58, art. 24) des membres du Parlement, le législateur, en prévoyant une publication des déclarations d'intérêts et d'activités des membres du Parlement et une publicité de leurs déclarations de situation patrimoniale sous la forme d'une consultation par les électeurs, a ainsi poursuivi un motif d'intérêt général et n'a pas porté au droit au respect de la vie privée une atteinte qui revêt un caractère disproportionné au regard de l'objectif poursuivi.

• Cons. const. 9 oct. 2013, ♖ n° 2013-675 DC § 33. ♦ Il en va de même et pour les même raisons de l'obligation faite aux membres du Parlement de déposer auprès d'une autorité administrative indépendante une déclaration d'intérêts et d'activités mentionnant les « participations directes ou indirectes qui confèrent le contrôle d'une société, d'une entreprise, ou d'un organisme dont l'activité consiste principalement dans la fourniture de prestations de conseil », qui a pour objectif de renforcer les garanties de probité et d'intégrité de ces personnes, de prévenir des conflits d'intérêts et de lutter contre ceux-ci. • Cons. const. 8 sept. 2017, ♖ n° 2017-753 DC § 24.

92. Président de la République. Il en va de même, eu égard à la place du Président de la République dans les institutions et à la nature particulière de son élection, de la disposition prévoyant que sont rendues publiques, non seulement la déclaration de situation patrimoniale du Président de la République élu, mais aussi la déclaration de situation patrimoniale de tous les candidats à l'élection présidentielle. • Cons. const. 9 oct. 2013, ♖ n° 2013-675 DC § 7. ♦ ... De l'instauration d'une obligation de dépôt auprès d'une autorité administrative indépendante, aux fins de publication avant l'élection, de déclarations d'intérêts et d'activités, par les candidats à l'élection présidentielle qui a pour objectif d'éclairer le choix des électeurs, de renforcer les garanties de probité et d'intégrité de ces candidats, de prévenir les conflits d'intérêts et de lutter contre ceux-ci. • Cons. const. 8 sept. 2017, ♖ n° 2017-753 DC § 6.

93. De même encore, en prévoyant que le Président de la République remet sa déclaration de situation patrimoniale entre cinq et six mois avant l'expiration de son mandat et que sa publication comporte un avis de la Haute Autorité appréciant la variation de la situation patrimoniale en cours de mandat, le législateur organique n'a pas porté une atteinte disproportionnée au droit au respect de la vie privée du Président élu. Compte tenu des délais qu'il a retenus, le législateur organique n'a pas non plus conféré à cette autorité le pouvoir d'intervenir dans la campagne électorale dans des conditions qui pourraient porter atteinte à l'égalité devant le suffrage. • Cons. const. 8 sept. 2017, ♖ n° 2017-753 DC § 7.

94. L'obligation de rendre publics, sur un site internet public unique, l'objet précis, la date, l'identité du bénéficiaire direct, l'identité du bénéficiaire final, le montant, y compris les rémunérations et les avantages en nature ou en espèces, des conventions conclues par les entreprises produisant ou commercialisant des produits à finalité sanitaire destinés à l'homme ou assurant des prestations associées à ces produits avec les autres acteurs du secteur de la santé porte atteinte au droit au respect de la vie privée ; pourtant, cette atteinte, destinée à garantir l'exhaustivité des informations relatives à l'existence et à la nature des liens d'intérêts entre les professionnels de santé et ces entreprises, est justifiée par l'exigence constitutionnelle de protection de la santé et par l'objectif d'intérêt général de prévention des conflits d'intérêts ; dès lors, eu égard aux exigences particulières qui pèsent sur les acteurs du secteur de la santé et à la gravité des conséquences des conflits d'intérêts dans ce secteur, le législateur a opéré une conciliation qui n'est pas manifestement déséquilibrée entre les principes constitutionnels en cause. • Cons. const. 21 janv. 2016, ♖ n° 2015-727 DC § 92.

95. Si la publicité donnée à ces déclarations et, selon le cas, la publicité donnée aux appréciations de la Haute Autorité pour la transparence de la vie publique jointes à ces déclarations ne portent pas une atteinte disproportionnée au respect de la vie privée s'agissant des parlementaires, des membres du Gouvernement et d'autres élus, il n'en va pas de même de la publicité des déclarations d'intérêts des titulaires d'autres emplois ou fonctions ; en effet, ces personnes n'exerçant pas de fonctions électives ou ministérielles mais des responsabilités de nature administrative, la publication de cette déclaration (la seule exigée d'eux) est sans lien direct avec l'objectif poursuivi et porte une atteinte disproportionnée au droit au respect de la vie privée de ces personnes. • Cons. const. 9 oct. 2013, ♖ n° 2013-675 DC § 33 • Cons. const. 9 oct. 2013, ♖ n° 2013-676 DC § 17, 19, 20 et 22.

96. Le droit reconnu aux agents habilités d'exiger la communication d'informations et de documents permet uniquement la communication des livres, factures et autres documents professionnels. Il n'est pas relatif à l'entrée dans un lieu à usage d'habitation et ne permet pas d'exiger la communication de documents protégés par le droit au respect de la vie privée ou par le secret professionnel. • Cons. const. 8 juill. 2016, ♖ *Sté Brenntag*, n° 2016-552 QPC § 14.

a. Données de nature médicale

97. Principe. Le droit au respect de la vie privée requiert que soit observée une particulière vigilance dans la collecte et le traitement de données à caractère personnel de nature médicale. • Cons. const. 21 déc. 1999, n° 99-422 DC § 52 • Cons. const. 12 août 2004, n° 2004-504 DC § 5 • Cons. const. 11 mai 2020, ♖ n° 2020-800 DC § 61 • Cons. const. 13 nov. 2020, ♖ n° 2020-808 DC § 18. ♦ Il appartient au législateur de le concilier avec les exigences de valeur constitutionnelle qui s'attachent tant à la protection de la santé, qui implique la coordination des soins et la prévention des prescriptions inutiles ou dangereuses, qu'à l'équilibre financier de la sécurité sociale. • Cons. const. 21 déc. 1999, n° 99-422 DC § 52 • Cons. const. 12 août 2004, n° 2004-504 DC § 5.

98. Absence d'atteinte à la vie privée. Ne porte pas au respect de la vie privée une atteinte de nature à méconnaître les dispositions du présent art. la carte électronique individuelle interrégimes de sécurité sociale dès lors que, entre autre contraintes, son titulaire ou son représentant légal doit clairement donner son accord pour faire apparaître les éléments nécessaires non seulement à la coordination des soins mais aussi à un suivi sanitaire et qu'il n'est pas dérogé aux pouvoirs de surveillance et de contrôle de la CNIL. • Cons. const. 23 juill. 1999, n° 99-416 DC § 45. ♦ Eu égard à sa finalité, qui est de remédier à l'augmentation excessive des dépenses en cause et à leur caractère éventuellement injustifié, l'indication, sur les documents produits pour un arrêt de travail donnant lieu à l'octroi d'indemnités journalières par l'assurance maladie, des éléments d'ordre médical justifiant l'interruption de travail dès lors que ces informations d'ordre médical sont destinées au seul « service du contrôle médical », les médecins-conseils composant ce service sont astreints au secret sur les renseignements médicaux directement ou indirectement nominatifs qui leur sont transmis, y compris envers l'organisme qui fait appel à leurs services et sous réserve toutefois que soient mises en place des modalités d'acheminement de ces documents aux médecins-conseils de nature à assurer la stricte confidentialité de la transmission des informations qu'ils contiennent. • Cons. const. 21 déc. 1999, n° 99-422 DC § 53. ♦ Ne portent pas atteinte au respect de la vie privée, les dispositions contestées qui, eu égard à leur finalité, sont, d'une part, d'améliorer la qualité des soins, d'autre part, de réduire le déséquilibre financier de l'assurance maladie, le dossier médical personnel institué afin de favoriser la coordination, la qualité et la continuité des soins, gages d'un bon niveau de santé sur lequel chaque professionnel de santé inscrira au dossier les éléments diagnostiques et thérapeutiques nécessaires à la coordination des soins de la personne prise en charge dès lors que c'est le patient qui autorise les professionnels de santé d'accéder à son dossier et de le compléter, que sera respecté le secret médical, que l'accès au dossier par un professionnel de santé sera soumis à l'observation des règles déontologiques ainsi que des dispositions qui imposent notamment le respect de la vie privée et du secret des informations concernant le patient et que le traitement des données sera soumis au respect des dispositions de la loi relative à l'informatique et aux libertés. • Cons. const. 12 août 2004, n° 2004-504 DC § 6 et 7 • Cons. const. 3 mars 2007, n° 2007553 DC § 4.

99. Les traitements « HOPSYWEB » ont pour première finalité le suivi administratif des personnes ayant fait l'objet de soins psychiatriques sans consentement. Les données personnelles collectées sont adéquates, pertinentes et non excessives au regard des finalités pour lesquelles elles sont collectées et de leurs traitements ultérieurs. En revanche, le décret attaqué ne pouvait légalement permettre la consultation nationale des données collectées dans chaque département par les services centraux du ministre chargé de la santé aux fins de statistiques, ni l'exploitation statistique des données collectées au niveau départemental pour la confection du rapport d'activité annuel des commissions départementales des soins psychiatriques sans prévoir la pseudonymisation des données utilisées. • CE 4 oct. 2019, *Assoc. Cercle de réflexion et de proposition d'actions sur la psychiatrie,* n° 421329 : *JCP Adm. 2019. 641.*

100. Crise sanitaire du covid-19. La collecte, le traitement et le partage d'informations portent donc non seulement sur les données médicales personnelles des intéressés, mais aussi sur certains éléments d'identification et sur les contacts qu'ils ont noués avec d'autres personnes. • Cons. const. 11 mai 2020, n° 2020-800 DC § 62. ♦ V. *infra* ss. notes 102 s.

101. Lorsqu'une caméra thermique, installée à la disposition d'un public donné, a pour seule fonction de donner aux personnes qui le souhaitent une information instantanée, sans intervention d'un tiers ou d'une personne manipulant l'équipement, sans aucune conséquence quant à l'accès à un lieu, un bien ou un service, et sans enregistrement ou communication de la donnée autrement qu'à l'intéressé, de sorte que l'information instantanée saisie par l'équipement n'est pas accessible ni utilisable par son responsable, qui ne pratique ainsi avec cet équipement aucune collecte de données, cette caméra ne peut être regardée comme donnant lieu à un traitement au sens et pour l'application du RGPD. En revanche, alors même que des caméras thermiques utilisées ne procèdent pas à l'enregistrement de données, si elles permettent la saisie d'une information, par une personne agissant au nom de celle qui en a décidé l'emploi, et que cette dernière, sur le fondement de cette donnée, décide d'une action, elles doivent être regardées comme donnant lieu à des opérations de collecte et d'utilisation de données, donc à un traitement au sens de l'art. 4 du RGPD. • CE, ord., 26 juin 2020, n° 441065 : *AJDA 2020. 1319 ; ibid. 2568, note Bioy ; AJCT 2020. 594, obs. Perray et Adda ; Dalloz IP/IT 2020. 636, obs. Haas et Goutorbe ; JCP Adm. 2020. 399.*

b. Données de nature personnelle

BIBL. Grossholz, L'avenir incertain d'un instrument de lutte contre le terrorisme : l'exploitation des données de connexion, *JCP Adm. 2017. 2177.* – Da Palma, La mise en conformité du traitement des données personnelles dans l'*Open data* au regard du règlement général sur la protection des données, *JCP Adm. 2017. 2213.*

1. Principe

102. Généralités. La collecte, l'enregistrement, la conservation, la consultation et la communication de données à caractère personnel doivent être justifiés par un motif d'intérêt général et mis en œuvre de manière adéquate et proportionnée à cet objectif. • Cons. const. 22 mars 2012, n° 2012-652 DC § 8 • Cons. const. 16 juin 2017, *Assoc. nat. supporters,* n° 2017-637 QPC § 12 • Cons. const. 27 déc. 2019, n° 2019-796 DC § 79 • Cons. const. 11 mai 2020, n° 2020-800 DC § 61. ♦ V. déjà. • Cons. const. 13 mars 2003, n° 2003-467 DC § 32. ♦ L'ingérence dans l'exercice du droit de toute personne au respect de sa vie privée que constituent la collecte, la conservation et le traitement, par une autorité publique, d'informations personnelles nominatives, ne peut être légalement autorisée que si elle répond à des finalités légitimes et que le choix, la collecte et le traitement des données sont effectués de manière adéquate et proportionnée au regard de ces finalités. • CE 11 avr. 2014, n° 355624 : *AJ pénal 2014. 255, obs. Herzog-Evans ; JCP Adm. 2014. 373* • CE 18 oct. 2018, n° 404996 § 11 : *AJDA 2018. 2049 ; Dalloz IP/IT 2019. 175, obs. de Maison Rouge ; JCP Adm. 2018. 2304, note Koubi.*

103. Le droit de l'Union s'oppose à une réglementation nationale telle que celle en cause au principal prévoyant, à des fins de lutte contre la criminalité, une conservation généralisée et indifférenciée de l'ensemble des données relatives au trafic et des données de localisation de tous les abonnés et utilisateurs inscrits concernant tous les moyens de communication électronique. • CJUE 21 déc. 2016, *Tele2 Sverige AB c/ Post-och telestyrelsen,* n° C-203/15 § 62 : *AJDA 2016. 2466 ; ibid. 2017. 1106, chron. Broussy, Cassagnabère, Gänser et Bonneville ; D. 2017. 8 ; ibid. 2018. 1033, obs. Fauvarque-Cosson et Maxwell ; Dalloz IP/IT 2017. 230, obs. Forest ; JAC 2017, n° 43, p. 13, obs. Scaramozzino ; RTD eur. 2017. 884, obs. Benlolo-Carabot ; ibid. 2018. 461, obs. Benoît-Rohmer ; Rev. UE 2017. 178, étude Bréchot*

104. Utilisation d'algorithmes. La mise en œuvre des traitements de données, tant lors de leur création que lors de leur utilisation, doit être proportionnée aux finalités poursuivies. Il appartiendra notamment, à ce titre, au pouvoir réglementaire, sous le contrôle du juge, de veiller à ce que les algorithmes utilisés par ces traitements ne permettent de collecter, d'exploiter et de conserver que les données strictement nécessaires à ces finalités. • Cons. const. 27 déc. 2019, n° 2019-796 DC § 79. ♦ Rappr. • Cons. const. 12 juin 2018, n° 2018-765 DC § 69 • Cons. const. 13 mars 2003, n° 2003-467 DC § 36. ♦ Les dispositions permettant la collecte et l'exploitation automatisées de données pour la recherche du défaut ou du retard de production d'une déclaration fiscale dans les trente jours suivant la réception d'une mise en demeure (sanctionné d'une majoration de 40 %) interviennent dans une situation où l'administration a déjà connaissance d'une infraction à la loi fiscale, sans avoir besoin de recourir au dispositif automatisé de collecte de données personnelles. Dès lors, en permettant la mise en œuvre d'un tel dispositif pour la simple recherche de ce manquement, les dispositions contestées portent au droit au respect de la vie privée et la liberté d'expression et de communication une atteinte qui ne peut être regardée comme proportionnée au but poursuivi. • Cons. const. 27 déc. 2019, n° 2019-796 DC 94. ♦ En revanche, pour la recherche des manquements et infractions, le législateur a, compte tenu de l'ensemble des conditions mises en œuvre, assorti le dispositif critiqué de garanties propres à assurer, entre le droit au respect de la vie privée et l'objectif de valeur constitutionnelle de lutte contre la fraude et l'évasion fiscales, une conciliation qui n'est pas déséquilibrée. • Cons. const. 27 déc. 2019, n° 2019-796 DC § 84 s.

105. Sur le lien entre utilisation d'algorithmes et droit à la communication des documents administratifs, V. notes ss. DDH, art. 15.

2. Mise en œuvre

106. Ne portent pas au respect de la vie privée une atteinte de nature à méconnaître les dispositions du présent art. (ou, avant 1998, à l'art. 66 Const. 58) : la consultation des fichiers des organismes chargés de la distribution de l'eau, du gaz, de l'électricité et du téléphone, ainsi que des fichiers tenus par les professionnels de l'immobilier, limitée aux renseignements nécessaires à la recherche des locaux vacants depuis plus de 18 mois et à l'identification du titulaire du droit d'usage sur ces locaux dès lors que les agents habilités à consulter ces fichiers seront assermentés et astreints aux règles concernant le secret professionnel. • Cons. const. 29 juill. 1998, n° 98-403 DC § 36. ♦ ... Les règles d'enregistrement des PACS qui visent à assurer le respect des règles d'ordre public régissant le droit des personnes, au nombre desquelles figure, en particulier, la prohibition de l'inceste, tendent à conférer une date certaine au PACS pour le rendre opposable aux tiers dès lors que l'enregistrement n'a pas pour objet de révéler les préférences sexuelles des personnes liées par le pacte et sous réserve que s'appliquent les garanties résultant de la législation relative à l'informatique et aux libertés. • Cons. const. 9 nov. 1999, n° 99-419 DC § 73. ♦ ... La possibilité donnée aux étrangers, sur leur demande, de prouver la filiation des personnes dont ils souhaitent obtenir le regroupement familial par leurs empreintes génétiques dès lors que le législateur n'a pas entendu autoriser le traitement des données à caractère personnel recueillies à l'occasion de la mise en œuvre de ce dispositif et n'a pas dérogé aux dispositions protectrices de la vie privée prévues par la loi relative à l'informatique et aux libertés. • Cons. const. 15 nov. 2007, n° 2007-557 DC § 17. ♦ ... La décision de déclaration d'irresponsabilité pénale pour cause de trouble mental dès lors qu'elle n'est mentionnée au bulletin n° 1 du casier judiciaire que lorsque des mesures de sûreté ont été prononcées et tant que ces mesures n'ont pas cessé leurs effets ; à défaut, cette inscription sur ce bulletin porterait une atteinte non nécessaire à la protection de la vie privée. • Cons. const. 21 févr. 2008, n° 2008-562 DC § 31. ♦ ... La prise en compte du comportement sexuel (non de l'orientation sexuelle) pour interdire aux hommes ayant eu des rapports sexuels avec un autre homme un don de sang pendant les douze mois suivants ce rapport. • CE 28 déc. 2017, n° 400580 B : *AJDA 2018. 14*. ♦ ... Le fichier électronique des titres sécurisés (TES) dont la finalité est de permettre l'instruction des demandes relatives à ces titres et de prévenir et détecter leur falsification et leur contrefaçon. La création d'un tel traitement, destiné à préserver l'intégrité des données à caractère personnel nécessaires à la délivrance des titres d'identité et de voyage aux fins de sécuriser la délivrance de ces titres et d'améliorer l'efficacité de la lutte contre la fraude et qui, au surplus, facilite, par la centralisation des données recueillies, les démarches des usagers, est ainsi justifiée par un motif d'intérêt général. Les finalités ainsi poursuivies, qui excluent toute possibilité d'identifier une personne à partir de ses données biométriques, sont au nombre de celles qui justifient qu'il puisse être porté, par la création de ce traitement centralisé de données à caractère personnel, atteinte au droit des individus au respect de leur vie privée. • CE 18 oct. 2018, n° 404996 § 12 : *préc. note 102.*

107. C'est également le respect dû à la vie privée qui justifie la modification de l'état civil des transsexuels. • CEDH 25 mars 1992, *B. c/ France : JCP 1992. 21955, note Garé ; D. 1993. 101, note Marguénaud* • Cass., ass. plén., 11 déc. 1992, *René X,* n° 91-11.900 : *Bull. ass. plén., n° 13 ; JCP 1993. 21991, concl. Jéol, note Mémeteau.* ♦ V. déjà • Montpellier, 19 mars 1992, *X. : JCP n° 573, p. 66.* ♦ ... L'anonymat des donneurs de gamètes. • CE 28 déc. 2017, n° 396571 : *AJDA 2018. 5 ; ibid. 497, chron. Roussel et Nicolas ; JCP Adm. 2018. 53.* ♦ En revanche, la dualité des énonciations relatives au sexe dans les actes d'état civil poursuivant un but légitime en ce qu'elle est nécessaire à l'organisation sociale et juridique dont elle constitue un élément fondateur, la mention du sexe « neutre » ne peut, en l'absence de disposition législative, y être inscrite. • Civ. 1re, 4 mai 2017, n° 16-17.189 : *D. 2017. 1399, note Vauthier et Vialla ; ibid. 1404, note Moron-Puech ; AJ fam. 2017. 354, obs. Houssier ; ibid. 329, obs. Dionisi-Peyrusse ; RTD civ. 2017. 607, obs. Hauser ; JCP Adm. 2017. 349.* ♦ S'agissant des données identifiantes, la règle de l'anonymat répond à l'objectif de préservation de la vie privée du donneur et de sa famille ; si cette règle, applicable à tous les dons d'un élément ou d'un produit du corps, s'oppose à la satisfaction de certaines demandes d'information, elle n'implique par elle-même aucune atteinte à la vie privée et familiale de la personne ainsi conçue, d'autant qu'il appartient aux seuls parents de décider de lever ou non le secret sur sa conception. • CE 12 nov. 2015, n° 373121 : *JCP Adm. 2015. 933.*

108. La collecte des images numérisées du visage et des empreintes digitales des titulaires de passeport âgés d'au moins six ans et la centralisation de leur traitement informatisé, compte tenu des restrictions et précautions dont ce traitement est assorti, sont en adéquation avec les finalités légitimes du traitement ainsi institué et ne portent pas au droit des individus au respect de leur vie privée (sur la base de l'art. 8 Conv. EDH) une atteinte disproportionnée aux buts de protection de l'ordre public en vue desquels il a été créé. • CE, ass., 26 oct. 2011, *Assoc. promotion de l'image et a.,* n° 317827 A (concl. Boucher) : *AJDA 2012. 35, chron. Guyomar et Domino ; D. 2011. 2602 ; Dr. adm. 2012. 1, note Tchen.* ♦ Faute de dispositions expresses la régissant, la durée de conservation des empreintes digitales relevées lors de l'établissement d'une CNI est illimitée ; une telle durée de conservation ne peut être regardée comme nécessaire aux finalités du fichier, eu égard à la durée de validité de la CNI et au délai dans lequel tout détenteur d'une CNI périmée peut en solliciter le renouvellement. • CE 18 nov. 2015, n° 372111 B : *AJDA 2016. 677, note Sztulman ; ibid. 2015. 2239.*

109. A l'inverse, l'administration ne faisant état, dans ses écritures, d'aucune nécessité ou utilité quant au recueil des informations relatives au sexe et à la nationalité des conjoints ou partenaires des agents, la collecte de ces informations ne peut, en l'espèce, qu'être regardée comme excessive. • CE 28 mars 2014, *SNES,* n° 361042 § 11 : *AJDA 2014. 2197, note Salen et Perray* .

110. Sont des données à caractère personnel : les adresses IP. • Civ. 1re, 3 nov. 2016, *Sté Cabinet Paterson,* n° 15-22.595 P : *AJDA 2017. 23* ; *D. 2016. 2285* ; *Dalloz IP/IT 2017. 120, obs. Péronne et Daoud* ; *RTD civ. 2017. 94, obs. Hauser* . ♦ ... Les adresses MAC (*Media Access Control*). • CE 8 févr. 2017, *Sté JCDecaux France,* n° 393714 : *Lebon* ; *AJDA 2017. 325* ; *JCP Adm. 2017. 125.*

111. Les données personnelles ne sont communicables qu'à la personne concernée. • CE 8 juin 2016, n° 386525 A : *AJDA 2016. 1208* ; *AJ fam. 2016. 396, obs. Levillain* . ♦ Toutefois, lorsque la victime d'un dommage décède, son droit à la réparation de ce dommage, entré dans son patrimoine, est transmis à ses héritiers, saisis de plein droit des biens, droits et actions du défunt, en application du 1er al. de l'art. 724 C. civ. Par suite, lorsque la victime a engagé une action en réparation avant son décès ou lorsque ses héritiers ont ultérieurement eux-mêmes engagé une telle action, ces derniers doivent être regardés comme des « personnes concernées », au sens des art. 2 et 39 de la L. du 6 janv. 1978, pour l'exercice de leur droit d'accès aux données à caractère personnel concernant le défunt, dans la mesure nécessaire à l'établissement du préjudice que ce dernier a subi en vue de sa réparation et pour les seuls besoins de l'instance engagée. • CE 7 juin 2017, n° 399446 B : *AJDA 2017. 1697* ; *AJ fam. 2017. 497, obs. Levillain* ; *JCP Adm. 2017. 2238, note Virot-Landais.* ♦ Un détenu peut demander en urgence l'accès à sa messagerie électronique pour conserver ses données personnelles. • CE 5 mars 2018, n° 414859 B : *AJDA 2018. 801, concl. Bretonneau* ; *JCP Adm. 2018. 258.*

112. Reconnaissance faciale. Pour créer un compte *Alicem*, l'usager doit, entre autres démarches, consentir à un traitement de données biométriques collectées à travers un système de reconnaissance faciale. Il ne ressort pas des pièces du dossier que, pour la création d'identifiants électroniques, il existait à la date du décret attaqué d'autres moyens d'authentifier l'identité de l'usager de manière entièrement dématérialisée en présentant le même niveau de garantie que le système de reconnaissance faciale. Il s'ensuit que le recours au traitement de données biométriques autorisé par le décret attaqué doit être regardé comme exigé par la finalité de ce traitement. Dès lors que les usagers qui ne consentiraient pas au traitement prévu dans le cadre de la création d'un compte *Alicem* peuvent accéder en ligne, grâce à un identifiant unique, à l'ensemble des téléservices proposés, ils ne sauraient être regardés comme subissant un préjudice au sens du RGPD. Il s'ensuit que l'association requérante n'est pas fondée à soutenir que le consentement des utilisateurs de l'application *Alicem* ne serait pas librement recueilli ni, par suite, que le décret attaqué méconnaîtrait pour ce motif les dispositions du RGPD et de la L. du 6 janv. 1978. • CE 4 nov. 2020, n° 432656 : *AJDA 2021. 346, note Debaets* .

113. Crise sanitaire du covid-19... Traçage. En adoptant les dispositions permettant le recueil des données à caractère personnel relatives à la santé des personnes atteintes par le covid-19 et des personnes en contact avec celles-ci, elles peuvent être traitées et partagées, sans le consentement des intéressés, dans le cadre d'un système d'information ad hoc ainsi que dans le cadre d'une adaptation des systèmes d'information relatifs aux données de santé déjà existants, le législateur a entendu renforcer les moyens de la lutte contre l'épidémie, par l'identification des chaînes de contamination. Il a ainsi poursuivi l'objectif de valeur constitutionnelle de protection de la santé. • Cons. const. 11 mai 2020, n° 2020-800 DC § 62 et 63. ♦ Le législateur, qui a estimé qu'un risque important de propagation de l'épidémie persistait jusqu'au 1er avr. 2021, a pu prévoir que le dispositif instauré à l'art. 11 de la loi du 11 mai 2020 pourra être appliqué au plus tard jusqu'à cette date, sans que, en l'état des connaissances, cette appréciation soit manifestement inadéquate au regard de la situation présente. • Cons. const. 13 nov. 2020, n° 2020-808 DC § 23.

114. Si le champ des personnes susceptibles d'avoir accès à ces données à caractère personnel, sans le consentement de l'intéressé, est particulièrement étendu, cette extension est rendue nécessaire par la masse des démarches à entreprendre pour organiser la collecte des informations nécessaires à la lutte contre le développement de l'épidémie. En revanche, sont également inclus dans ce champ, pour le partage des données, les organismes qui assurent l'accompagnement social des intéressés. Or, s'agissant d'un accompagnement social, qui ne relève donc pas directement de la lutte contre l'épidémie, rien ne justifie que la communication des données à caractère personnel traitées dans le système d'information ne soit pas subordonnée au recueil du consentement des intéressés. • Cons. const. 11 mai 2020, n° 2020-800 DC § 70. ♦ En ouvrant l'accès à ces données aux professionnels de santé figurant sur une liste prévue par décret et habilités à la réalisation des examens de dépistage virologique ou sérologique, le législateur a visé les personnels qui participent à l'établissement du diagnostic et à l'identification des chaînes de contamination. • Cons. const. 13 nov. 2020, n° 2020-808 DC § 21.

115. Pour ce qui concerne la surveillance épidémiologique et la recherche contre le virus, il est prévu que les nom et prénoms des intéressés, leur numéro d'inscription au répertoire national d'identification des personnes physiques et leur adresse soient supprimés. Sauf à méconnaître le droit au respect de la vie privée, cette exigence de suppression doit également s'étendre aux coordonnées de contact téléphonique ou électronique des intéressés. • Cons. const. 11 mai 2020, n° 2020-800 DC § 67.

116. Il appartient au pouvoir réglementaire de définir des modalités de collecte, de traitement et de partage des informations assurant leur stricte confidentialité et, notamment, l'habilitation spécifique des agents chargés, au sein de chaque organisme, de participer à la mise en œuvre du système d'information ainsi que la traçabilité des accès à ce système d'information (réserve d'interprétation). • Cons. const. 11 mai 2020, n° 2020-800 DC § 73 • Cons. const. 13 nov. 2020, n° 2020-808 DC § 23.

117. ... Surveillance par drone. Même s'il est soutenu que les données collectées par les drones utilisés par la préfecture de police ne revêtent pas un caractère personnel dès lors, d'une part, que l'usage qui est fait de ces appareils ne conduit pas, en pratique, à l'identification des personnes filmées et, d'autre part, qu'en l'absence de toute conservation d'images, le visionnage en temps réel des personnes filmées fait en tout état de cause obstacle à ce qu'elles puissent être identifiées, il résulte de l'instruction que les appareils en cause qui sont dotés d'un zoom optique et qui peuvent voler à une distance inférieure à celle fixée (...) sont susceptibles de collecter des données identifiantes et ne comportent aucun dispositif technique de nature à éviter, dans tous les cas, que les informations collectées puissent conduire, au bénéfice d'un autre usage que celui actuellement pratiqué, à rendre les personnes auxquelles elles se rapportent identifiables. Dans ces conditions, les données susceptibles d'être ainsi collectées doivent être regardées comme revêtant un caractère personnel. Compte tenu des risques d'un usage contraire aux règles de protection des données personnelles qu'elle comporte, la mise en œuvre, pour le compte de l'État, de ce traitement de données à caractère personnel sans l'intervention préalable d'un texte réglementaire en autorisant la création et en fixant les modalités d'utilisation devant obligatoirement être respectées ainsi que les garanties dont il doit être entouré caractérise une atteinte grave et manifestement illégale au droit au respect de la vie privée. • CE, ord., 18 mai 2020, n° 440442: *AJDA 2020. 1031 ; ibid. 1552, note Bioy ; D. 2020. 1336, obs. Dupont , note Audit ; ibid. 1262, obs. Maxwell et Zolynski ; AJCT 2020. 530, obs. Perray et Adda ; Dalloz IP/IT 2020. 573, obs. Rotily et Archambault ; RTD eur. 2020. 956, obs. Bouveresse .* ♦ L'intervention d'un acte réglementaire autorisant le traitement des données personnelles collectées par une caméra aéroportée employée dans des missions de police générale ou à des fins de police judiciaire ne peut fournir une base légale suffisante à la captation d'images voire de sons par les autorités publiques au moyen de ce procédé. • CE, avis, 20 sept. 2020, n° 401214 § 4. ♦ Si le dispositif permet de ne renvoyer à la direction opérationnelle que des images ayant fait l'objet d'un floutage, il ne constitue que l'une des opérations d'un traitement d'ensemble des données, qui va de la collecte des images par le drone à leur envoi vers la salle de commandement, après transmission des flux vers le serveur de floutage, décomposition de ces flux image par image aux fins d'identifier celles qui correspondent à des données à caractère personnel pour procéder à l'opération de floutage, puis à la recomposition du flux vidéo comportant les éléments floutés. Dès lors que les images collectées par les appareils sont susceptibles de comporter des données identifiantes, la circonstance que seules les données traitées par le logiciel de floutage parviennent au centre de commandement n'est pas de nature à modifier la nature des données faisant l'objet du traitement, qui doivent être regardées comme des données à caractère personnel. • CE, ord., 22 déc. 2020, n° 446155 B: *AJDA 2020. 2531 ; AJCT 2021. 159, obs. Adda et Perray ; JCP Adm. 2021. 24.*

118. Protection de la propriété intellectuelle. Les dispositions qui confèrent aux agents de la Haute Autorité le droit d'obtenir communication, par les opérateurs de communication électronique, de l'identité, de l'adresse postale, de l'adresse électronique et des coordonnées téléphoniques de l'abonné dont l'accès à des services de communication au public en ligne a été utilisé en violation du droit de la propriété intellectuelle sont conforme à la Const. dès lors que ce droit, qui n'est pas assorti d'un pouvoir d'exécution forcée, n'est ouvert qu'aux agents publics de la Haute Autorité, dûment habilités et assermentés, qui sont soumis, dans l'utilisation de ces données, au secret professionnel et que ces informations sont nécessaires pour que leur soit adressée la recommandation de l'HADOPI. • Cons. const. 20 mai 2020, *La quadrature du net,* n° 2020-841 QPC § 10 et 11.

119. Communication de documents administratifs. Le risque d'atteinte à la vie privée que comporte la communication de tels documents s'apprécie au regard du seul contenu de ceux-ci. En revanche, les motifs pour lesquels une personne demande la communication d'un tel document sont sans incidence sur sa communicabilité. • CE 8 nov. 2017, n° 375704 A : *AJDA 2017. 2221* ; *JCP Adm. 2017. 551.*

120. Données de connexion. La communication des données de connexion est de nature à porter atteinte au droit au respect de la vie privée de la personne intéressée. • Cons. const. 5 août 2015, n° 2015-715 DC § 137 • 21 juill. 2017, *Alexis K. et a.*, n° 2017-646/647 QPC § 9 • Cons. const. 15 févr. 2019, *Paulo M.*, n° 2018-764 QPC § 8 • Cons. const. 14 juin 2019, *Hanen S.*, n° 2019-789 QPC § 15. – V. note 216 sur le secret des correspondances. ♦ La notion de « données de connexion » et les conditions de leur collecte sont suffisamment définies par le législateur (CSI, art. L. 246-1). • Cons. const. 24 juill. 2015, *Assoc. French Data Network et a.*, n° 2015-478 QPC § 12 et 13.

121. Compte tenu encore des garanties apportées (limitation aux seules finalités énumérées à l'art. L. 811-3 CSI ; autorisation du Premier ministre, après avis de la CNCTR ; mise en œuvre par des agents habilités ; contrôle de la CNCTR et du Conseil d'État ; limitation dans le temps des réquisitions ; restriction aux données de connexion, à l'exclusion du contenu des conversations ou de la correspondance ; durée de conservation limitée), le législateur a assorti la procédure de réquisition de données techniques de garanties propres à assurer entre, d'une part, le respect de la vie privée des personnes et, d'autre part, la prévention des atteintes à l'ordre public et celle des infractions, une conciliation qui n'est pas manifestement déséquilibrée. • Cons. const. 23 juill. 2015, n° 2015-713 DC § 57. ♦ V. déjà : • Cons. const. 19 janv. 2006, n° 2005-532 DC § 2 et 10. ♦ Le recueil en temps réel des données de connexion n'est possible que pour les personnes en lien direct avec une menace terroriste et non celle appartenant à l'entourage desdites personnes. • Cons. const. 4 août 2017, *La Quadrature du Net*, n° 2017-648 QPC § 10 et 11 • Cons. const. 8 sept. 2017, n° 2017-752 DC § 81 • Cons. const. 8 sept. 2017, n° 2017-753 DC § 57 à 60.

122. Si le législateur a réservé à des agents habilités et soumis au respect du secret professionnel le pouvoir d'obtenir les données de connexion et ne leur a pas conféré un pouvoir d'exécution forcée, il n'a assorti la procédure contestée d'aucune autre garantie. • Cons. const. 5 août 2015, n° 2015-715 DC § 137. ♦ Rappr. • Cons. const. 21 juill. 2017, *Alexis K. et a.*, n° 2017-646/647 QPC § 9 • Cons. const. 15 févr. 2019, *Paulo M.*, n° 2018-764 QPC § 8. ♦ Comp. ab. jur., partiellement, • Cons. const. 27 déc. 2001, n° 2001-457 DC § 4 s. • Cons. const. 10 juin 2009, n° 2009-580 DC § 26 s. • Cons. const. 27 janv. 2012, *Sté Coved SA*, n° 2011-214 QPC § 7. ♦ Le législateur, en faisant porter le droit de communication sur « tous documents, quel qu'en soit le support », en ne précisant pas les personnes auprès desquelles il est susceptible de s'exercer et en permettant qu'il soit exercé sur toutes les données de connexion détenues par les opérateurs de communication électronique, n'a pas entouré la procédure prévue par les dispositions contestées de garanties propres à assurer une conciliation qui ne soit pas manifestement déséquilibrée entre le droit au respect de la vie privée et l'objectif de sauvegarde de la propriété intellectuelle. • Cons. const. 20 mai 2020, *Emmanuel W.*, n° 2020-840 QPC § 16 et 17.

123. Activités de renseignement – lutte contre le terrorisme. En cas d'urgence absolue, il est possible de se dispenser de l'avis de la Commission dès lors qu'est en jeu la prévention d'atteintes particulièrement graves à l'ordre public, que la Commission est informée sans délai, que seules certaines techniques sont exclues, ainsi que l'introduction dans un véhicule ou un lieu privé et que la procédure est placée sous le contrôle juridictionnel du Conseil d'État. • Cons. const. 23 juill. 2015, n° 2015-713 DC § 23 à 26. ♦ Compte tenu encore des garanties apportées, les dispositions concernant un membre du Parlement, un magistrat, un avocat ou un journaliste (et non des enseignants-chercheurs) ou leurs véhicules, bureaux ou domiciles ne portent pas une atteinte manifestement disproportionnée au droit au respect de la vie privée, à l'inviolabilité du domicile et au secret des correspondances. • Cons. const. 23 juill. 2015, n° 2015-713 DC § 34 et 36. ♦ Il en va de même, du fait des garanties mises en place : du recueil des informations ou documents traités ou conservés par les opérateurs de communications électroniques. • Cons. const. 23 juill. 2015, n° 2015-713 DC § 56 • 24 juill. 2015, *Assoc. French Data Network et a.*, n° 2015-478 QPC § 19. ♦ ... Des traitements automatisés destinés à détecter des connexions susceptibles de révéler une menace terroriste. • Cons. const. 23 juill. 2015, n° 2015-713 DC § 60. ♦ ... De la transmission, en temps réel, de données techniques relatives à la localisation des équipements terminaux, de l'utilisation d'un dispositif technique permettant la localisation en temps réel et le recueil de données de connexion au moyen d'un appareil ou d'un dispositif technique. • Cons. const. 23 juill. 2015, n° 2015-713 DC § 63. ♦ ... Des interceptions de sécurité. • Cons. const. 23 juill. 2015, n° 2015-713 DC § 67. ♦ ... De la sonorisation de certains lieux et véhicules et de la captation d'images et de données informatiques. • Cons. const. 23 juill. 2015, n° 2015-713 DC § 74 et 75. – V. égal. note 213.

124. A l'inverse, la procédure prévue en cas

d'urgence opérationnelle, qui permet de déroger à la délivrance préalable d'une autorisation par le Premier ministre ainsi qu'à la délivrance d'un avis préalable de la Commission nationale de contrôle des techniques de renseignement, ne prévoit pas que le Premier ministre et le ministre concerné doivent être informés au préalable de la mise en œuvre d'une technique dans ce cadre et, par suite, porte une atteinte manifestement disproportionnée au droit au respect de la vie privée et au secret des correspondances. • Cons. const. 23 juill. 2015, n° 2015-713 DC § 29.

125. Dans le cas où des informations relatives au requérant figurent dans un fichier et apparaissent entachées d'illégalité, soit que ces données soient inexactes, incomplètes, équivoques ou périmées, soit que leur collecte ou leur utilisation, leur communication ou leur conservation soit interdite, la formation spécialisée en informe le requérant sans faire état d'aucun élément protégé par le secret de la défense nationale. L'autorité gestionnaire du fichier doit rétablir la légalité en effaçant ou rectifiant, dans la mesure du nécessaire, les données litigieuses. • CE 5 mai 2017, n° 396669 A : *JCP Adm. 2017. 337.* – Rappr. • CE 16 oct. 2016, n° 400688 A : *AJDA 2017. 581, note Gottot ; Dr. adm. 2016. 145.* ♦ Cette circonstance, le cas échéant relevée d'office par le juge, implique nécessairement que l'autorité gestionnaire du fichier rétablisse la légalité en effaçant ou en rectifiant, dans la mesure du nécessaire, les données illégales. Dans pareil cas, doit être annulée la décision implicite refusant de procéder à un tel effacement ou à une telle rectification. • CE, form. spéc., 31 juill. 2019, n° 417109 B : *AJDA 2019. 1672*.

126. Prélèvement de l'impôt à la source. En prévoyant, en principe, la communication par l'administration au débiteur des revenus salariaux et de remplacement d'un taux applicable au prélèvement, le législateur a porté une atteinte au droit au respect de la vie privée du contribuable. Toutefois, d'une part, cette atteinte est justifiée par l'intérêt général qui s'attache à la mise en place du prélèvement à la source pour éviter que les contribuables subissent un décalage d'un an entre la perception des revenus et le paiement de l'impôt. D'autre part, le contribuable titulaire de revenus salariaux ou de remplacement peut opter pour le taux par défaut, lequel ne révèle pas le taux d'imposition de son foyer. • Cons. const. 29 déc. 2016, n° 2016-744 DC § 63.

127. Déréférencement. Il appartient en principe à la CNIL, saisie par une personne d'une demande tendant à ce qu'elle mette l'exploitant d'un moteur de recherche en demeure de procéder au déréférencement de liens renvoyant vers des pages web publiées par des tiers et contenant des données personnelles ne relevant pas de catégories particulières la concernant, d'y faire droit. Toutefois, il revient à la CNIL d'apprécier, compte tenu du droit à la liberté d'information, s'il existe un intérêt prépondérant du public à avoir accès à une telle information à partir d'une recherche portant sur le nom de cette personne de nature à faire obstacle au droit au déréférencement. Il appartient en principe à la CNIL, saisie par une personne d'une demande tendant à ce qu'elle mette l'exploitant d'un moteur de recherche en demeure de procéder au déréférencement de liens renvoyant vers des pages web, publiées par des tiers et contenant des données personnelles relevant de catégories particulières la concernant, de faire droit à cette demande. Il n'en va autrement que s'il apparaît, compte tenu du droit à la liberté d'information, que l'accès à une telle information à partir d'une recherche portant sur le nom de cette personne est strictement nécessaire à l'information du public. • CE 6 déc. 2019, n° 395335 A : *AJDA 2020. 1115, note Cottereau ; ibid. 2019. 2516 ; RFDA 2020. 93, concl. Lallet*.

128. V. aussi, *infra*, Fichiers automatisés.

c. Informations à caractère social

129. Principe. Il appartient au législateur d'assurer la conciliation entre, d'une part, l'exercice des libertés constitutionnellement garanties, au nombre desquelles figure le droit au respect de la vie privée et, d'autre part, les exigences de solidarité découlant des al. 10 et 11 du Préamb. Const. 1946. • Cons. const. 3 mars 2007, n° 2007-553 DC § 5.

130. Absence d'atteinte à la vie privée. Ne portent pas au respect de la vie privée : une atteinte de nature à méconnaître les dispositions du présent art., afin de mieux prendre en compte l'ensemble des difficultés sociales, éducatives ou matérielles d'une personne ou d'une famille et de renforcer l'efficacité de l'action sociale, le fait de délier d'une part l'intervenant de ce secteur du secret professionnel uniquement lorsque l'aggravation des difficultés sociales, éducatives ou matérielles de cette personne ou de cette famille appelle l'intervention de plusieurs professionnels ou, d'autre part, les professionnels ainsi que le coordonnateur éventuellement désigné parmi eux à partager entre eux des informations à caractère secret uniquement afin d'évaluer leur situation, de déterminer les mesures d'action sociale nécessaires et de les mettre en œuvre et seulement dans la mesure strictement nécessaire à l'accomplissement de la mission d'action sociale. • Cons. const. 3 mars 2007, n° 2007-553 DC § 6. ♦ ... La possibilité donnée par ailleurs à un professionnel, agissant seul ou en tant que coordonnateur, de délivrer ces informations confidentielles au maire ou au Président du conseil général, qui disposent déjà, à d'autres titres, d'informations de cette nature, que si elles sont strictement nécessaires à l'exercice des compétences de ceux-ci. • Même affaire.

d. Fichiers et traitements automatisés

BIBL. Bourgeois et Bounedjoum, Les apports de la loi pour une République numérique en matière d'accès et de réutilisation d'informations publiques, *JCP Adm. 2016. 2307.* – Cluzel-Métayer, La loi pour une République numérique : l'écosystème de la donnée saisi par le droit, *AJDA 2017. 340* .

131. Aucune norme constitutionnelle ne s'oppose par principe à ce qu'un traitement automatisé poursuive plusieurs finalités. • Cons. const. 26 juill. 2019, *Unicef France,* n° 2019-797 QPC § 8.

1. Fichiers et traitements automatisés de police et de justice

132. Principes. La protection des données à caractère personnel joue un rôle fondamental pour l'exercice du droit au respect de la vie privée et familiale. La législation interne doit donc ménager des garanties appropriées pour empêcher toute utilisation de données à caractère personnel qui ne serait pas conforme aux garanties prévues à l'art. 8 Conv. EDH. La nécessité de disposer de telles garanties se fait d'autant plus sentir lorsqu'il s'agit de protéger les données à caractère personnel soumises à un traitement automatique, en particulier lorsque ces données sont utilisées à des fins policières. Le droit interne doit notamment assurer que ces données sont pertinentes et non excessives par rapport aux finalités pour lesquelles elles sont enregistrées, et qu'elles sont conservées sous une forme permettant l'identification des personnes concernées pendant une durée n'excédant pas celle nécessaire aux finalités pour lesquelles elles sont enregistrées. Le droit interne doit aussi contenir des garanties aptes à protéger efficacement les données à caractère personnel enregistrées contre les usages impropres et abusifs. Les considérations qui précèdent valent tout spécialement lorsqu'est en jeu la protection de catégories particulières de données plus sensibles, notamment des données ADN, qui, dans la mesure où elles contiennent le patrimoine génétique de la personne, revêtent une grande importance tant pour elle-même que pour sa famille. L'intérêt des personnes concernées et de la collectivité dans son ensemble à voir protéger les données à caractère personnel, et notamment les données relatives aux empreintes digitales et génétiques, peut s'effacer devant l'intérêt légitime que constitue la prévention des infractions pénales. Compte tenu du caractère intrinsèquement privé de ces informations, la juridiction se doit de procéder à un examen rigoureux de toute mesure prise pour autoriser leur conservation et leur utilisation par les autorités sans le consentement de la personne concernée. • CEDH 4 déc. 2008, *S. et Marper c/ Royaume-Uni,* n° 30562/04 § 103 et 104 : *AJDA 2009. 872, chron. Flauss ; D. 2010. 604, obs. Galloux et Gaumont-Prat ; AJ pénal 2009. 81, obs. Roussel ; RFDA 2009. 741, étude Peyrou-Pistouley ; RSC 2009. 182, obs. Marguénaud .* ♦ S'agissant de la durée de conservation des données, la directive 2006/24 impose, à son art. 6, la conservation de celles-ci pendant une période d'au moins six mois sans que soit opérée une quelconque distinction entre les catégories de données en fonction de leur utilité éventuelle aux fins de l'objectif poursuivi ou selon les personnes concernées. • CJUE 8 avr. 2014, *Digital Rights Ireland Ltd,* n° C-293/12 § 63 : *AJDA 2014. 773 ; ibid. 1147, chron. Aubert, Broussy et Cassagnabère ; D. 2014. 1355, note Castets-Renard ; ibid. 2317, obs. Larrieu, Le Stanc et Tréfigny ; Légipresse 2014. 265 ; RTD eur. 2015. 117, étude Peyrou ; ibid. 168, obs. Benoît-Rohmer ; ibid. 786, obs. Benlolo-Carabot .* ♦ V. pour une mise en œuvre de ces principes. • CE 11 juill. 2018, *Ligue des droits de l'homme,* n° 414827 : *AJDA 2019. 1879, note Cottereau .*

133. Fichiers d'infractions. Sont de nature à assurer, entre le respect de la vie privée et la sauvegarde de l'ordre public, une conciliation qui n'est pas manifestement déséquilibrée, la possibilité donnée aux services de la police nationale et de la gendarmerie nationale (fichiers d'antécédents judiciaires : STIC et JUDEX) de mettre en œuvre des applications automatisées d'informations nominatives recueillies au cours des enquêtes préliminaires ou de flagrance ou des investigations exécutées sur commission rogatoire et concernant tout crime ou délit ainsi que les contraventions de la cinquième classe sanctionnant un trouble à la sécurité ou à la tranquillité publiques ou une atteinte aux personnes, aux biens ou à l'autorité de l'État, afin de faciliter la constatation des infractions à la loi pénale, le rassemblement des preuves de ces infractions et la recherche de leurs auteurs dès lors que la loi du 6 janv. 1978 relative à la CNIL s'applique à ces traitements. • Cons. const. 13 mars 2003, n° 2003-467 DC § 36. ♦ ... Toute personne bénéficie d'un droit d'accès direct auprès du responsable du fichier qui est soumis au contrôle de la CNIL. • Cons. const. 13 mars 2003, n° 2003-467 DC § 43. ♦ Le traitement des informations nominatives est sous le contrôle du procureur de la République compétent qui peut demander qu'elles soient effacées, complétées ou rectifiées, notamment en cas de requalification judiciaire, la rectification pour requalification judiciaire est de droit lorsque la personne concernée la demande et en cas de décision de relaxe ou d'acquittement devenue définitive, les données personnelles concernant les personnes mises en cause sont effacées sauf si le procureur de la République en prescrit le maintien pour des raisons liées à la finalité du fichier, cette décision faisant l'objet d'une mention. • Cons. const. 13 mars 2003, n° 2003-467 DC § 21 à 27 • Cons. const. 16 sept. 2010, *Jean-Victor C.*, n° 2010-25 QPC § 16. ♦ Les victimes des infractions peuvent s'opposer à ce que les informations nominatives les concernant soient conservées dans le fichier dès lors que l'auteur des faits a été définitivement condamné. • Cons. const. 13 mars 2003, n° 2003-467 DC § 21. ♦ Lorsque les données sont consultées dans le cadre d'enquêtes administratives (vérification du comportement des candidats à des emplois publics participant à la souveraineté de l'État), elles ne peuvent constituer qu'un élément de la décision prise par l'autorité administrative, sous le contrôle du juge. • Cons. const. 13 mars 2003, n° 2003-467 DC § 34 ♦ L'utilisation des ces données ne saurait ni permettre la remise en cause de l'acquisition de la nationalité française lorsque celle-ci est, en vertu de la loi, de plein droit, ni interdire le renouvellement d'un titre de séjour lorsque celui-ci est, en vertu de la loi, de plein droit, ou lorsqu'il est commandé par le respect du droit de chacun à mener une vie familiale normale. • Cons. const. 13 mars 2003, n° 2003-467 DC § 35. ♦ L'ensemble de ces points est confirmé par le Cons. const. • Cons. const. 10 mars 2011, n° 2011-625 DC § 11. ♦ La consultation irrégulière du STIC entache la légalité de la décision du préfet fondée sur les informations ainsi recueillies. • CAA Marseille, 10 déc. 2013, *E.*, n° 12MA00228 : *AJDA 2014. 597*.

134. Ne sont ni obscures, ni ambiguës des dispositions qui renforcent le contrôle de l'autorité judiciaire sur les données enregistrées dans les fichiers d'antécédents, prévoient que le procureur de la République ou le magistrat chargé de suivre la mise en œuvre et la mise à jour des traitements se prononce, dans un délai d'un mois, sur les suites qu'il convient de donner aux demandes d'effacement ou de rectification et que toutes les données relatives à des personnes mises en cause et maintenues dans les fichiers d'antécédents en dépit d'une décision de relaxe, d'acquittement, de non-lieu ou de classement sans suite, quel qu'en soit le motif, font l'objet d'une mention qui interdit l'accès à ces données dans le cadre d'une enquête administrative et qui prévoient que le procureur de la République puisse ordonner l'effacement lorsque le classement sans suite de la procédure est motivé par une insuffisance de charges, du fait de l'absence d'intérêt de conserver, dans ce cas, de telles données dans le fichier. • Cons. const. 10 mars 2011, n° 2011-625 DC § 12.

135. Sont de nature à assurer, entre le respect de la vie privée et la sauvegarde de l'ordre public, une conciliation qui n'est pas manifestement déséquilibrée, les dispositions relatives au fichier des auteurs d'infractions sexuelles eu égard, d'une part, aux garanties apportées par les conditions d'utilisation et de consultation de ce fichier et par l'attribution à l'autorité judiciaire du pouvoir d'inscription et de retrait des données nominatives, d'autre part, à la gravité des infractions justifiant l'inscription des données nominatives dans le fichier et au taux de récidive qui caractérise ce type d'infractions. • Cons. const. 2 mars 2004, n° 2004-492 DC § 87. ♦ Il en va de même en raison du motif assigné aux consultations du fichier des auteurs d'infractions sexuelles par des autorités administratives, compte tenu des restrictions et prescriptions dont elles sont assorties. • Même affaire, § 88.

136. La consultation des empreintes digitales contenues dans le traitement informatisé ne pouvant servir qu'à confirmer que la personne présentant une demande de renouvellement d'un passeport est bien celle à laquelle le passeport a été initialement délivré ou à s'assurer de l'absence de falsification des données contenues dans le composant électronique du passeport, une telle finalité peut être atteinte de manière suffisamment efficace en comparant les empreintes figurant dans le composant électronique du passeport avec celles conservées dans le traitement, sans qu'il soit nécessaire que ce dernier en contienne davantage. Par suite, l'utilité du recueil des empreintes de huit doigts et non des deux seuls figurant sur le passeport n'étant pas établie, la collecte et la conservation d'un plus grand nombre d'empreintes digitales que celles figurant dans le composant électronique ne sont ni adéquates, ni pertinentes et apparaissent excessives au regard des finalités du traitement informatisé. • CE, ass., 26 oct. 2011, *Assoc. promotion de l'image et a.*, n° 317827 A : *préc. note 108.*

137. Si l'art. contesté n'autorise le traitement de données à caractère personnel en matière pénale (...) que dans certaines hypothèses, parmi lesquelles figure la mise en œuvre de tels traitements « sous le contrôle de l'autorité publique », le législateur n'a déterminé lui-même ni les catégories de personnes susceptibles d'agir sous le contrôle de l'autorité publique, ni quelles finalités devraient être poursuivies par la mise en œuvre d'un tel traitement de données (incompétence négative). • Cons. const. 12 juin 2018, n° 2018-765 DC § 45. ♦ Comp. • Même affaire § 48 à 53.

138. Sur l'effacement des données. La procédure d'effacement n'existe que pour les personnes soupçonnées, et non pour les personnes condamnées qui devraient également se voir offrir une possibilité concrète de présenter une requête en effacement des données mémorisées (*B. B. c/ France*, préc., § 68, et *Brunet*, préc., § 41 à 43) afin que la durée de conservation soit proportionnée à la nature des infractions et aux buts des restrictions. Le régime actuel de conservation des profils ADN dans le FNAEG, auquel le requérant s'est opposé en refusant le prélèvement, n'offre pas, en raison tant de sa durée que de l'absence de possibilité d'effacement, une protection suffisante à l'intéressé. Il ne traduit donc pas un juste équilibre entre les intérêts publics et privés concurrents en jeu. • CEDH 22 juin 2017, *Aycaguer c/ France*, n° 8806/12 § 44 et 45 : *AJDA 2017. 1311* ; *D. 2017. 1363* ; *AJ pénal 2017. 391, note Gautron* . ♦ Comp. • CEDH 17 déc. 2009, *France*, n° 5335/06 § 68 et 69 : *D. 2010. 93, obs. Gachi* ; *ibid. 2732, obs. Roujou de Boubée, Garé et Mirabail* ; *RSC 2010. 239, obs. Roets* ; *JCP 2010. Actu. 62, obs. Sudre* • Cons. const. 16 sept. 2010, *Jean-Victor C.*, n° 2010-25 QPC.

139. Les demandes d'effacement de données du fichier STIC [et du fichier « traitement des antécédents judiciaires » (TAJ) qui doit lui succéder] relèvent de la compétence du juge administratif. • CE 17 juill. 2013, *Elkaim*, n° 359417 : *Lebon 217* ; *AJDA 2013. 2032, concl. Crépey* • 11 avr. 2014, *Ligue des droits de l'homme*, n° 360759 : *AJDA 2014. 823* . ♦ Si la procédure a abouti à une décision de relaxe ou d'acquittement, le principe est l'effacement des données et l'exception, le maintien pour des raisons tenant à la finalité du fichier TAJ. Lorsque les faits à l'origine de l'enregistrement des données dont l'effacement est demandé ont fait l'objet d'une ordonnance de non-lieu rendue par le juge d'instruction ou d'un classement sans suite pour insuffisance de charges par le procureur de la République, les données sont conservées dans le fichier mais sont assorties d'une mention qui fait obstacle à la consultation dans le cadre des enquêtes administratives. Le procureur de la République a toutefois la possibilité d'ordonner leur effacement. Lorsque les faits à l'origine de l'enregistrement des données dont l'effacement est demandé ont fait l'objet d'un classement sans suite pour un autre motif que l'insuffisance de charges, les données sont assorties d'une mention et les dispositions de l'art. 230-8 C. pr. pén., si elles ne le prévoient pas expressément, ne font pas obstacle à ce que le procureur de la République ou le magistrat référent décide d'accueillir une demande d'effacement. • CE, avis, 30 mars 2016, n° 395119 : *Lebon* ; *AJDA 2016. 633* ; *JCP Adm. 2016. 309.*

140. En privant les personnes mises en cause dans une procédure pénale, autres que celles ayant fait l'objet d'une décision d'acquittement, de relaxe, de non-lieu ou de classement sans suite, de toute possibilité d'obtenir l'effacement de leurs données personnelles inscrites dans le fichier des antécédents judiciaires, les dispositions contestées portent une atteinte disproportionnée au droit au respect de la vie privée. • Cons. const. 27 oct. 2017, *Mikhail P.*, n° 2017-670 QPC § 14. ♦ Sur les possibilités d'effacement des données du « traitement des antécédents judiciaires » (TAJ qui fusionne les fichiers STIC et JUDEX), en particulier à la lumière des exigences de l'art. 8 Conv. EDH, V. égal. • CE, avis, 30 mars 2016, n° 395119 A : *AJDA 2016. 633* ; *ibid. 1696* .

141. Sur la rectification des données. V. les pouvoirs dont la CNIL est investie et par ex. • CE 3 oct. 2018, n° 405939 B : *AJDA 2018. 1937* ; *JCP Adm. 2018. 786.*

142. Fichiers d'application des peines, probations et insertion (APPI). La conservation de données relatives aux personnes ne faisant finalement l'objet d'aucune peine ou mesure de sûreté, pour laquelle aucune justification n'a été fournie par le ministre de la justice en défense, est, eu égard notamment au point de départ fixé par le décret attaqué pour la conservation de telles données, dépourvue de lien avec les finalités du traitement APPI, qui a principalement pour objet de faciliter la gestion et la mise en œuvre des mesures d'application des peines, de probation et d'insertion ; la conservation de ces données n'est, par suite, ni adaptée, ni nécessaire pour atteindre les objectifs qu'il poursuit. • CE 11 avr. 2014, *Union gén. synd. pénitentiaires CGT*, n° 355624 : *préc. note 102.*

143. Logiciels de rapprochement judiciaire. Ces logiciels (actuellement CORAIL et LUPIN) permettant la mise en œuvre de traitements de données à caractère personnel recueillies à l'occasion d'enquêtes judiciaires ouvertes pour toutes les catégories d'infractions quelle que soit leur gravité, il appartient au législateur d'adopter les garanties de nature à assurer la conciliation entre les objectifs et principes constitutionnels précités en tenant compte de la généralité de l'application de ces logiciels. • Cons. const. 10 mars 2011, n° 2011-625 DC § 70.

144. Ces fichiers n'ont pas pour objet et ne sauraient avoir pour effet de permettre la mise en œuvre d'un traitement général des données recueillies à l'occasion des diverses enquêtes. Sans préjudice des pouvoirs de contrôle attribués à la CNIL, le traitement de données à caractère personnel au moyen des logiciels de rapprochement judiciaire est opéré sous le contrôle du procureur de la République ou de la juridiction d'instruction compétent. Ainsi, ces logiciels ne pourront conduire qu'à la mise en œuvre, autorisée par ces autorités judiciaires, de traitements de données à caractère personnel particuliers, dans le cadre d'une enquête ou d'une procédure déterminée portant sur une série de faits et pour les seuls besoins de ces investigations et non à un grand fichier global de toutes les informations en provenance de tous les services d'enquête. • Cons. const. 10 mars 2011, n° 2011-625 DC § 71.

145. La possibilité ouverte d'un enregistrement de données même liées à des faits de faible gravité conduit à ce que la conservation de ces données ne puisse être prolongée à l'initiative de l'enquêteur au-delà de trois ans après leur enregistrement et non après le dernier acte d'enregistrement, ce qui aurait pour conséquence de permettre à chaque nouvel enregistrement de reporter indéfiniment le point de départ du délai de trois ans. • Cons. const. 10 mars 2011, n° 2011-625 DC § 72.

146. Ni le fait que le décret mettant en place le fichier « Cristina » créé au profit de la Direction centrale du renseignement intérieur et intéressant la sûreté de l'État ait été dispensé de publication en application de la loi « Informatique et liberté », ni les conditions de collectes et les restrictions d'accès de ce fichier ne portent à la vie privée et familiale une atteinte disproportionnée au but de protection de la sécurité publique poursuivi. • CE 16 avr. 2010, *Assoc. Aides*, n° 320196 : *Lebon ; AJDA 2010. 812 ; ibid. 1878, note Delabie*.

147. Fichiers de détenus. V. notes ss. Préamb. Const. 1946, al. 1er.

148. Autres fichiers. Fichier « ACCReD ». • CE 11 juill. 2018, *Ligue des droits de l'homme*, n° 414827 : *préc. note 132.*

2. Autres fichiers

BIBL. Marthinet, Contentieux de l'accès indirect aux fichiers : la sortie de l'impasse ?, *AJDA 2016. 1733*.

149. Fichiers dits « de souveraineté ». Il appartient au juge de l'excès de pouvoir, saisi de conclusions dirigées contre le refus de communiquer les données relatives à une personne qui allègue être mentionnée dans un fichier intéressant la sûreté de l'État, la défense ou la sécurité publique, de vérifier, au vu des éléments qui lui ont été communiqués hors la procédure contradictoire et dans la limite des secrets qui lui sont opposables, si le requérant figure ou non dans le fichier litigieux. Dans l'affirmative, il lui appartient d'apprécier si les données y figurant sont pertinentes au regard des finalités poursuivies par ce fichier, adéquates et proportionnées. Lorsqu'il apparaît soit que le requérant n'est pas mentionné dans le fichier litigieux, soit que les données à caractère personnel le concernant qui y figurent ne sont entachées d'aucune illégalité, le juge rejette les conclusions du requérant sans autre précision. Dans le cas où des informations relatives au requérant figurent dans le fichier litigieux et apparaissent entachées d'illégalité soit que les données à caractère personnel soient inexactes, incomplètes ou périmées, soit que leur collecte, leur utilisation, leur communication ou leur conservation soit interdite, cette circonstance, le cas échéant relevée d'office par le juge, implique nécessairement que l'autorité gestionnaire du fichier rétablisse la légalité en effaçant ou en rectifiant, dans la mesure du nécessaire, les données litigieuses. Dans pareil cas, la décision implicite refusant de procéder à un tel effacement ou à une telle rectification doit être annulée. • CE 11 juill. 2016, n° 375977 A : *AJDA 2016. 1425 ; Dr. adm. 2016. 56, note Boullay.* ♦ V. également les décisions rendues par la formation spécialisée créée par l'art. L. 773-2 CJA. • CE 19 oct. 2016, nos 396503, 398356 et 397623 (3 esp.) : *AJDA 2016. 1950 ; ibid. 2017. 581, note Gottot* • CE 19 oct. 2016, nos 396958 et 400688 (2 esp.) A : *JCP Adm. 2016. 830 ; ibid. 831* • CE 6 nov. 2017, nos 409075 et 409422 (2 esp.) B : *JCP A 2017. 532.* ♦ Comp. • CE, ass., 6 nov. 2002, *Moon*, n° 194296 : *AJDA 2002. 1337, chron. Donnat et Casas ; Dr. adm. 2003. 43, note C. M.* ♦ V. également notes ss. DDH, art. 16.

150. Dans le cadre du droit d'accès indirect aux données à caractère personnel contenues dans l'un des fichiers intéressant la sûreté de l'État, la défense ou la sécurité publique, le responsable du traitement communique les informations sollicitées à la personne concernée selon les modalités qu'il définit. Il s'ensuit que le ministre de l'intérieur, qui n'était pas tenu de remettre à M. B. une copie des documents consultés, a pu valablement exécuter l'injonction qui lui était faite en s'assurant que le requérant puisse consulter les données sollicitées sur place. • CE 24 oct. 2019, n° 427204 B : *AJDA 2019. 2153 ; JCP Adm. 2019. 690.*

151. Fichiers d'empreintes digitales des demandeurs du statut de réfugié. V. notes ss. Préamb. Const. 46, al. 4 et spéc. • Cons. const. 22 avr. 1997, n° 97-389 DC § 26.

152. Traitement automatisé des demandes de validation des attestations d'accueil d'étrangers. Ne porte pas au respect de la vie privée une atteinte de nature à méconnaître les dispositions du présent art., afin de lutter contre les détournements de procédure, la mise en place d'un traitement automatisé des demandes de validation des attestations d'accueil d'étrangers dès lors qu'est respectée la loi relative à l'informatique et aux libertés. • Cons. const. 20 nov. 2003, n° 2003-484 DC § 23.

153. Fichiers d'infractions. La disposition permettant à une personne morale de droit privé, mandatée par plusieurs autres personnes morales estimant avoir été victimes ou être susceptibles d'être victimes d'agissements passibles de sanctions pénales, de rassembler un grand nombre d'informations nominatives portant sur des infractions, condamnations et mesures de sûreté pourrait, en raison de l'ampleur que pourraient revêtir les traitements de données personnelles ainsi mis en œuvre et de la nature des informations traitées, affecter, par ses conséquences, le droit au respect de la vie privée et les garanties fondamentales accordées aux citoyens pour l'exercice des libertés publiques et doit dès lors comporter les garanties appropriées et spécifiques répondant aux exigences de l'art. 34 Const. En l'espèce, la disposition critiquée n'apporte pas ces précisions et celles-ci ne sauraient ni être apportées par les seules autorisations délivrées par la Commission nationale de l'informatique et des libertés ni être renvoyées intégralement à des lois futures fixant les modalités d'application. • Cons. const. 29 juill. 2004, n° 2004-499 DC § 11 et 12.

154. Participation à un mouvement de grève. Les informations issues des déclarations individuelles ne pouvant être utilisées que pour « l'organisation du service durant la grève », étant couvertes par le secret professionnel, leur utilisation à d'autres fins ou leur communication à toute personne autre que celles désignées par l'employeur comme étant chargées de l'organisation du service étant passible de sanctions pénales et, dans le silence de la loi déférée, les dispositions de la L. du 6 janv. 1978 s'appliquant de plein droit aux traitements de données à caractère personnel qui pourraient éventuellement être mis en œuvre à partir de ces déclarations, il n'y a pas d'atteinte au présent art. • Cons. const. 16 août 2007, n° 2007-556 DC § 31.

BIBL. Koubi, Le « méga-fichier » des titres électroniques sécurisés, *JCP Adm. 2016. 2300*.

155. « Fichier des gens honnêtes ». La création d'un traitement de données à caractère personnel destiné à préserver l'intégrité des données nécessaires à la délivrance des titres d'identité et de voyage permet de sécuriser la délivrance de ces titres et d'améliorer l'efficacité de la lutte contre la fraude et est ainsi justifiée par un motif d'intérêt général. • Cons. const. 22 mars 2012, n° 2012-652 DC § 9. ♦ V. Décr. n° 2016-1460 du 28 oct. 2016 autorisant la création d'un traitement de données à caractère personnel relatif aux passeports et aux cartes nationales d'identité dénommé « titres électroniques sécurisés » (TES).

156. Compte tenu de son objet, ce traitement de données à caractère personnel est destiné à recueillir les données relatives à la quasi-totalité de la population de nationalité française. Par ailleurs, les données biométriques enregistrées dans ce fichier, notamment les empreintes digitales, étant par elles-mêmes susceptibles d'être rapprochées de traces physiques laissées involontairement par la personne ou collectées à son insu, étant particulièrement sensibles, les caractéristiques techniques de ce fichier définies par les dispositions contestées permettant son interrogation à d'autres fins que la vérification de l'identité d'une personne et les dispositions de la loi déférée autorisant la consultation ou l'interrogation de ce fichier non seulement aux fins de délivrance ou de renouvellement des titres d'identité et de voyage et de vérification de l'identité du possesseur d'un tel titre, mais également à d'autres fins de police administrative ou judiciaire, il y a violation du présent art. • Cons. const. 22 mars 2012, n° 2012-652 DC § 9.

157. Fichier des étrangers se déclarant mineurs. Les données recueillies sont celles nécessaires à l'identification de la personne et à la vérification de ce qu'elle n'a pas déjà fait l'objet d'une évaluation de son âge et leur conservation est limitée à la durée strictement nécessaire à sa prise en charge et à son orientation, en tenant compte de sa situation personnelle. Ce traitement ne porte pas atteinte aux présent art. • Cons. const. 26 juill. 2019, *Unicef France*, n° 2019-797 QPC. ♦ V. aussi ss. Préamb. Const. 1946, art. 10.

158. Fichier des contrats d'assurance vie. En renforçant les obligations de déclaration en matière d'assurance vie et en permettant que soit mis en place un fichier national des contrats d'assurance vie, le législateur a entendu favoriser la connaissance par l'administration de ces contrats afin de mieux prendre en compte la matière imposable et de faciliter la lutte contre la fraude fiscale. Il appartiendra aux autorités compétentes, dans le respect de ces garanties et sous le contrôle de la juridiction compétente, de s'assurer que la collecte, l'enregistrement, la conservation, la consultation, la communication, la contestation et la rectification des données de ce fichier des contrats d'assurance vie seront mis en œuvre de manière adéquate et proportionnée à l'objectif poursuivi. • Cons. const. 29 déc. 2013, n° 2013-684 DC § 11 et 13.

159. Registre national des crédits aux particuliers. Même s'il vise à prévenir plus efficacement et plus précocement les situations de surendettement en fournissant aux établissements et organismes financiers des éléments leur permettant d'apprécier, au moment de l'octroi du prêt, la solvabilité des personnes physiques qui sollicitent un crédit ou se portent caution et en conséquence de mieux évaluer le risque, ce fichier porte une atteinte disproportionnée à la vie privée dès lors qu'il est destiné à recueillir et à conserver pendant plusieurs années des données précises et détaillées relatives à un grand nombre de personnes physiques débitrices et peut être consulté à de très nombreuses reprises et dans des circonstances très diverses. Par ailleurs, les établissements et organismes financiers sont autorisés à utiliser les informations collectées lors de la consultation du registre dans des systèmes de traitement automatisé de données et le législateur n'a pas limité le nombre de personnes employées par ces établissements et organismes susceptibles d'être autorisées à consulter le registre. • Cons. const. 13 mars 2014, n° 2014-690 DC § 52 à 56.

160. Registre public des trusts. La mention, dans un registre accessible au public, des noms du constituant, des bénéficiaires et de l'administrateur d'un trust fournit des informations sur la manière dont une personne entend disposer de son patrimoine. Il en résulte une atteinte au droit au respect de la vie privée. L'intérêt général que constitue la volonté d'éviter l'utilisation des trusts à des fins d'évasion fiscale et de blanchiment des capitaux ne justifie pas que le législateur ne précise ni la qualité ni les motifs justifiant la consultation du registre ni ne limite le cercle des personnes ayant accès aux données de ce registre, placé sous la responsabilité de l'administration fiscale. • Cons. const. 21 oct. 2016, *Helen S.*, n° 2016-591 QPC § 6.

161. Fichiers de l'éducation nationale. Les traitements litigieux ont pour objet de permettre une meilleure gestion administrative, comptable et pédagogique des écoles et des établissements d'enseignement secondaire des secteurs public et privé ; au regard de cet objectif, la collecte des données personnelles qu'ils prévoient est pertinente ; en effet, les données relatives aux absences et aux sanctions disciplinaires, ainsi qu'aux vœux d'orientation se rapportent à la scolarité des élèves ; celles qui concernent les remises et réductions tarifaires permettent d'appréhender la situation financière du foyer auquel appartiennent les élèves ; la collecte des données relatives à la catégorie socioprofessionnelle du ou des responsables légaux de l'élève permet quant à elle l'établissement, par le ministère de l'éducation nationale, de statistiques anonymes ; dans ces conditions et alors même que les données collectées concernent principalement des personnes mineures, la CNIL a fait une exacte application des dispositions précitées en décidant d'exonérer de déclaration les traitements en cause. • CE 16 févr. 2015, n° 362781 : *AJDA 2015. 374*.

BIBL. Prokopiak, Les interdictions de stade, *RD publ. 2016. 1451*.

162. Fichier de supporters. Le juge des référés a estimé que, compte tenu de l'atteinte grave et immédiate au droit au respect de la vie privée des personnes concernées, portée tant par la nature des données collectées et traitées et leur possible utilisation pour l'exercice des compétences dévolues à l'autorité préfectorale, il y avait lieu de suspendre le fichier assurant un traitement automatisé de données à caractère personnel visant à prévenir les troubles à l'ordre public, les atteintes à la sécurité des personnes et des biens ainsi que les infractions susceptibles d'être commises à l'occasion de manifestations sportives et de rassemblements en lien avec ces manifestations. • CE, ord., 13 mai 2015, *Assoc. défense et assistance juridique des intérêts des supporters*, n° 389816 : *AJDA 2015. 1894* ; *D. 2016. 510, obs. Centre de droit et d'économie du sport*. ♦ Le juge du fond a ensuite, sur les mêmes bases, annulé certaines dispositions divisibles du reste de l'arrêté créant ce fichier. • CE 21 sept. 2015 : *Assoc. défense et assistance juridique des intérêts des supporters*, n° 389815 : *AJDA 2016. 180* ; *D. 2016. 510, obs. Centre de droit et d'économie du sport*. ♦ A l'inverse le fichier recensant les personnes qui ont contrevenu ou contreviennent aux dispositions des conditions générales de vente ou du règlement intérieur, relatives à la sécurité des manifestations sportives à but lucratif, est mis en œuvre de manière adéquate et proportionnée à l'objectif d'intérêt général poursuivi. • Cons. const. 16 juin 2017, *Assoc. nat. supporters*, n° 2017-637 QPC § 14.

163. Soins psychiatriques sans consentement et terrorisme. La mise en relation des traitements HOPSYWEB et FSPRT a pour objectif de prévenir le passage à l'acte terroriste des personnes radicalisées qui présentent des troubles psychiatriques. Dès lors que ne sont mises en relation que les données strictement nécessaires à l'identification des personnes inscrites dans ces deux traitements, que seul le représentant de l'État dans le département du lieu de l'admission en soins psychiatriques sans consentement et, le cas échéant, les agents placés sous son autorité désignés à cette fin sont informés de la correspondance révélée par cette mise en relation, le moyen tiré de ce que le traitement créé par le décret attaqué ne respecterait pas les exigences tenant à ce que les données traitées soient adéquates, pertinentes et non excessives au regard de la finalité poursuivie et que seules en soient destinataires les personnes ayant besoin d'en connaître pour contribuer à atteindre, dans l'exercice de leurs missions, l'objectif qu'il poursuit doit être écarté. Le traitement créé par le décret attaqué a pour finalité la prévention de la radicalisation à caractère terroriste et répond ainsi à l'intérêt public. • CE 27 mars 2020, n° 431350 B : *AJDA 2020. 1622, note Castaing* ; *D. 2020. 1262, obs. Maxwell et Zolynski*.

164. Fichiers « Gestion de l'information et prévention des atteintes à la sécurité publique », « Prévention des atteintes à la sécurité publique » et « Enquêtes adminis-

tratives liées à la sécurité publique » (GIPASP - PASP - EASP). Si la collecte, la conservation et le traitement de données relatives à des opinions politiques, à des convictions philosophiques ou religieuses, à une appartenance syndicale ou à des données de santé révélant une dangerosité particulière, sont autorisées, ces dispositions n'ont ni pour objet, ni pour effet de permettre de collecter d'autres données que celles prévues. Par ailleurs, les données ne peuvent être enregistrées que dans la stricte mesure où elles sont nécessaires à la poursuite des finalités du traitement. • CE 4 janv. 2021, n° 447868 : *JCP Adm. 2021. 33, note Koubi.*

165. *Fichier de mineurs isolés.* V. notes Preamb. Const. 1946, al. 10.

166. *Autre fichier.* Sur le fichier des permis de conduire. • CE 24 oct. 2019, n° 422583 : *AJDA 2020. 435* .

e. Autres données

BIBL. Grossholz, Exploitation des données de connexion : le cadre constitutionnel et l'horizon européen, *JCP Adm. 2016. 2301*.

167. *Techniques spéciales d'enquête.* Cette formulation désigne l'utilisation d'un dispositif technique permettant de recueillir les données de connexion d'un équipement terminal, les données relatives à sa localisation, mais également l'interception des correspondances émises ou reçues par cet équipement ; l'utilisation d'un dispositif technique, éventuellement installé dans un lieu privé, ayant pour objet, sans le consentement des intéressés, la captation, la fixation, la transmission et l'enregistrement de paroles dans des lieux privés ou publics, ou l'image des personnes se trouvant dans un lieu privé ; l'utilisation d'un dispositif technique ayant pour objet, sans le consentement des intéressés, d'accéder, en tous lieux, à des données informatiques, de les enregistrer, de les conserver et de les transmettre, telles qu'elles sont stockées dans un système informatique, telles qu'elles s'affichent sur un écran pour l'utilisateur d'un système de traitement automatisé de données, telles qu'il les y introduit par saisie de caractères ou telles qu'elles sont reçues et émises par des périphériques. • Cons. const. 21 mars 2019, n° 2019-778 DC § 161. ♦ Le législateur a autorisé le recours à ces techniques d'enquête particulièrement intrusives pour des infractions ne présentant pas nécessairement un caractère de particulière complexité, sans assortir ce recours des garanties permettant un contrôle suffisant par le juge du maintien du caractère nécessaire et proportionné de ces mesures durant leur déroulé. • Cons. const. 21 mars 2019, n° 2019-778 DC § 164.

168. *Prévention des évasions et maintien de la sécurité des établissements pénitentiaires.* La disposition permettant aux services du renseignement de sécurité pénitentiaire, d'une part, d'intercepter des correspondances échangées au sein d'un réseau de communications électroniques empruntant exclusivement la voie hertzienne et, d'autre part, de sonoriser des lieux privés et des véhicules et d'y capter des images, y compris en s'introduisant dans le lieu privé ou le véhicule, ne porte pas atteinte à la vie privée dès lors qu'elle ne peut viser que les personnes, détenues ou non selon le cas, qui présentent un risque particulièrement élevé d'évasion ou dont le comportement constitue une menace d'une particulière gravité pour la sécurité au sein des établissements en cause. Aucune de ces techniques ne peut être mise en œuvre à l'occasion des communications et des entretiens entre une personne détenue et son avocat mais seulement avec une autorisation préalable du Premier ministre, délivrée après avis de la commission nationale de contrôle des techniques de renseignement, et qui en limite la durée de mise en œuvre. Le Conseil d'État peut être saisi soit par toute personne souhaitant vérifier qu'aucune technique de recueil de renseignement n'est irrégulièrement mise en œuvre à son égard, soit par la commission nationale de contrôle des techniques de renseignement. • Cons. const. 21 mars 2019, n° 2019-778 DC § 342 s.

169. Si les dispositions contestées permettent aux personnels de surveillance de l'administration pénitentiaire affectés aux équipes de sécurité pénitentiaire et individuellement désignés par le chef d'établissement ou par le directeur interrégional des services pénitentiaires de retenir, le cas échéant par la force strictement nécessaire, une personne non détenue à des fins de contrôle de son identité, de palpation de sécurité, d'inspection visuelle de ses bagages et, avec son consentement, de fouille, ces dispositions ne peuvent être mises en œuvre que sur le domaine affecté à l'établissement pénitentiaire ou à ses abords immédiats et qu'à l'encontre des personnes non détenues que s'il existe des raisons sérieuses de penser qu'elles se préparent à commettre une infraction portant atteinte à la sécurité de l'établissement pénitentiaire. Par ailleurs, la retenue n'est possible qu'en cas de refus de la personne de se soumettre au contrôle ou d'impossibilité de justifier de son identité et le surveillant pénitentiaire procédant à une telle retenue doit en rendre compte immédiatement à tout officier de police judiciaire de la police nationale ou de la gendarmerie nationale territorialement compétent, qui peut alors lui ordonner sans délai de lui présenter sur-le-champ la personne ou de la retenir jusqu'à son arrivée ou celle d'un agent de police judiciaire placé sous son contrôle. La personne ne peut alors continuer à être retenue si aucun ordre n'est donné par l'officier de police judiciaire. Ces dispositions imposent que l'information, par le surveillant pénitentiaire, de l'officier de police judiciaire et la décision de ce dernier interviennent dans le plus bref délai possible. • Cons. const. 21 mars 2019, n° 2019-778 DC § 359 s.

170. Vidéosurveillance. La mise en place, après autorisation délivrée par l'administration, de système de vidéo surveillance tant sur la voie publique aux fins d'assurer la protection des bâtiments et installations publiques et de leurs abords, la sauvegarde des installations utiles à la défense nationale, la régulation du trafic routier, la constatation des infractions aux règles de la circulation ou la prévention des atteintes à la sécurité des personnes et des biens dans des lieux particulièrement exposés aux risques d'agression ou de vol que dans des lieux et établissements ouverts au public particulièrement exposés à des dangers d'agression ou de vol afin d'y assurer la sécurité des personnes et des biens est compatible avec le respect de la vie privée et l'inviolabilité du domicile dès lors que le public est informé et que les personnes intéressées ont un accès aux enregistrements et peuvent en vérifier la destruction dans le délai, que l'avis d'une commission indépendante est requis et peut être saisie des dysfonctionnements. • Cons. const. 18 janv. 1995, n° 94-352 DC § 4 à 13. ♦ Dans ce cadre, le silence de l'administration ne peut valoir autorisation. • Même affaire, § 12.

171. L'art. 10 de la L. du 21 janv. 1995, qui réserve expressément le cas des enregistrements utilisés dans des traitements automatisés ou contenus dans des fichiers structurés selon des critères permettant d'identifier, directement ou indirectement, des personnes physiques, lesquels sont soumis à la loi du 6 janv. 1978 relative à la CNIL, apporte des garanties de nature à sauvegarder l'exercice des libertés individuelles en assurant la conciliation entre le respect de la vie privée et d'autres exigences constitutionnelles, telles que la recherche des auteurs d'infractions et la prévention d'atteintes à l'ordre public, nécessaires, l'une et l'autre, à la sauvegarde de droits et principes de valeur constitutionnelle. • Cons. const. 18 janv. 1995, n° 94-352 DC.

172. La vidéoprotection des immatriculations des véhicules, autorisée par le CSI ne peut être mise en œuvre par la police municipale. • CE 27 juin 2016, *Cne de Gujan-Mestras,* n° 385091 : *Lebon ; AJDA 2016. 1319 ; AJCT 2016. 647, note Moreau.*

173. Les modalités de mise en œuvre de la vidéosurveillance, qui comportent notamment la mise en place de dispositifs permettant de respecter l'intimité de la personne, l'absence de transmission ou d'enregistrement sonore, l'usage, ainsi qu'il a été précisé à l'audience, de caméras à infrarouge pendant la nuit, l'absence de dispositif biométrique couplé, la limitation de la durée de conservation des images et l'encadrement de leurs droits d'accès, la mesure contestée ne porte pas au droit au respect de la vie privée du requérant une atteinte manifestement disproportionnée aux buts en vue desquels elle a été établie. • CE, ord., 28 juill. 2016, *Abdeslam,* n° 401800 : *AJDA 2016. 1602 ; ibid. 2052, note Sztulman ; JCP Adm. 2016. 691.* ♦ V. déjà. • TA Versailles, ord., 15 juill. 2016, *Abdeslam,* n° 1604905 : *AJDA 2016. 1480.*

174. Géolocalisation. La géolocalisation est une mesure de police judiciaire consistant à surveiller une personne au moyen de procédés techniques en suivant, en temps réel, la position géographique d'un véhicule que cette personne est supposée utiliser ou de tout autre objet, notamment un téléphone, qu'elle est supposée détenir ; la mise en œuvre de ce procédé n'implique pas d'acte de contrainte sur la personne visée ni d'atteinte à son intégrité corporelle, de saisie, d'interception de correspondance ou d'enregistrement d'image ou de son ; l'atteinte à la vie privée qui résulte de la mise en œuvre de ce dispositif consiste dans la surveillance par localisation continue et en temps réel d'une personne, le suivi de ses déplacements dans tous lieux publics ou privés ainsi que dans l'enregistrement et le traitement des données ainsi obtenues. • Cons. const. 25 mars 2014, n° 2014-693 DC § 13.

175. Le législateur a entouré la mise en œuvre de la géolocalisation de mesures de nature à garantir que, placées sous l'autorisation et le contrôle de l'autorité judiciaire (entre autre : lorsque la mise en place ou le retrait du moyen technique permettant la géolocalisation rend nécessaire l'introduction, y compris de nuit, dans un lieu privé, celle-ci doit être autorisée par décision écrite, selon le cas, du procureur de la République, du juge d'instruction ou du juge de la liberté et de la détention), les restrictions apportées aux droits constitutionnellement garantis soient nécessaires à la manifestation de la vérité et ne revêtent pas un caractère disproportionné au regard de la gravité et de la complexité des infractions commises. • Cons. const. 25 mars 2014, n° 2014-693 DC § 17. ♦ En prévoyant qu'il peut être recouru à la géolocalisation lorsque les nécessités de l'enquête concernant un crime ou un délit puni d'une peine d'emprisonnement d'au moins trois ans l'exigent, le législateur a opéré une conciliation équilibrée entre la prévention des atteintes à l'ordre public et la recherche des auteurs d'infractions, toutes deux nécessaires à la sauvegarde de droits et de principes de valeur constitutionnelle, et, d'autre part, l'exercice des droits et des libertés constitutionnellement garantis. • Cons. const. 21 mars 2019, n° 2019-778 DC § 150.

176. V. également notes ss. Conv. EDH, art. 8.

177. Attestation d'enregistrement des citoyens de l'Union. La communication aux préfets de l'attestation délivrée par le maire suite à l'enregistrement des citoyens de l'Union qui souhaitent établir en France leur résidence habituelle ne contenant aucune information touchant à la vie privée ou au secret médical, ne porte atteinte ni au droit au respect de la vie privée. • CE 19 mai 2008, *Assoc. SOS Racisme,* n° 305670 : *préc. note 66.*

178. Puce « eService ». La disposition qui, d'une part, permet que la carte nationale d'identité comprenne des « fonctions électroniques » permettant à son titulaire de s'identifier sur les réseaux de communication électroniques et de mettre en œuvre sa signature électronique et, d'autre part, garantit le caractère facultatif de ces fonctions ne précisant ni la nature des « données » au moyen desquelles ces fonctions peuvent être mises en œuvre ni les garanties assurant l'intégrité et la confidentialité de ces données et ne définissant pas davantage les conditions dans lesquelles s'opère l'authentification des personnes mettant en œuvre ces fonctions, notamment lorsqu'elles sont mineures ou bénéficient d'une mesure de protection juridique, est frappée d'incompétence négative. • Cons. const. 22 mars 2012, n° 2012-652 DC § 14.

179. Données économiques et bancaires. Le droit d'accès ainsi ouvert ne peut s'exercer que lorsque « les agents de l'administration des impôts vérifient sur place, [...], la comptabilité des contribuables astreints à tenir et à présenter des documents comptables » ; si les agents de l'administration, qui sont tenus au secret, peuvent prendre copie des documents, des modalités de sécurisation de ces copies sont prévues. • Cons. const. 29 déc. 2013, n° 2013-685 DC § 107. ♦ La communication de données bancaires permet à titre principal aux organismes sociaux d'avoir connaissance des revenus, des dépenses et de la situation familiale de la personne objet de l'investigation. Elle présente un lien direct avec l'évaluation de la situation de l'intéressé au regard du droit à prestation ou de l'obligation de cotisation. • Cons. const. 14 juin 2019, *Hanen S.,* n° 2019-789 QPC § 13.

180. Témoins de connexion (cookies). Les « cookies » sont un traitement de données au sens de la loi du 6 juill. 1978. Le fait que certains d'entre eux ayant une finalité publicitaire soient nécessaires à la viabilité économique d'un site ne saurait conduire à les regarder comme « strictement nécessaires à la fourniture » du service de communication en ligne. Il en résulte que les utilisateurs doivent être informés de leur finalité et des moyens de s'y opposer. • CE 6 juin 2018, n° 412589 A : *AJDA 2018. 1194 ; JCP Adm. 2018. 518.*

181. Anonymisation des décisions de justice. En imposant aux juridictions administratives et judiciaires, avant de délivrer aux tiers la copie d'une décision de justice, d'occulter les éléments permettant d'identifier les personnes physiques qui y sont mentionnées, lorsqu'elles sont parties ou tiers, si la divulgation est susceptible de porter atteinte à la sécurité ou au respect de la vie privée de ces personnes ou de leur entourage, le législateur, qui s'est fondé sur des critères suffisamment précis, a entendu assurer la protection des personnes et le respect de la vie privée. • Cons. const. 21 mars 2019, n° 2019-778 DC § 97.

182. Enquête sous pseudonyme. En autorisant le recours à l'enquête sous pseudonyme aux fins de constater les crimes et délits punis d'une peine d'emprisonnement commis par voie de communications électroniques, le législateur n'a pas opéré une conciliation déséquilibrée entre l'objectif de recherche des auteurs d'infractions et le droit au respect de la vie privée dès lors que les actes pouvant être effectués sous pseudonyme sont des actes d'enquête et non des actes de procédure. • Cons. const. 21 mars 2019, n° 2019-778 DC § 157.

183. Enquête de flagrance. Compte tenu des pouvoirs des officiers et agents de police judiciaire dans le cadre d'une enquête de flagrance, le législateur n'a, en adoptant les dispositions qui, d'une part, pour les crimes et les infractions relevant de la criminalité et de la délinquance organisées, portent le délai de l'enquête de flagrance de huit jours, renouvelable une fois sur autorisation du procureur de la République et à la condition que des investigations nécessaires à la manifestation de la vérité ne puissent être différées, à un délai initial de seize jours, non renouvelable et, d'autre part, permettent que, pour toutes les infractions punies de trois ans d'emprisonnement, l'enquête de flagrance puisse être prolongée de huit à seize jours sous les conditions précitées, pas prévu des garanties légales de nature à assurer une conciliation équilibrée entre, d'une part, l'objectif de valeur constitutionnelle de recherche des auteurs d'infractions et, d'autre part, le droit au respect de la vie privée et l'inviolabilité du domicile. • Cons. const. 21 mars 2019, n° 2019-778 DC § 191.

2° INVIOLABILITÉ DU DOMICILE ET DROIT AU DOMICILE

184. La liberté proclamée par le présent art. implique le droit au respect de la vie privée et, en particulier, de l'inviolabilité du domicile. • Cons. const. 9 juin 2011, n° 2011-631 DC § 78 • Cons. const. 19 févr. 2016, *Ligue des droits de l'homme,* n° 2016-536 QPC § 5. ♦ La prévention d'atteintes au droit de propriété et à l'ordre public, nécessaire à la sauvegarde de principes et de droits de valeur constitutionnelle, doit être conciliée avec l'exercice des libertés constitutionnellement garanties, au nombre desquelles figure l'inviolabilité du domicile. • Cons. const. 13 mars 2003, n° 2003-467 DC § 70 • Cons. const. 2 mars 2004, n° 2004-492 DC § 69. ♦ V. s'agissant de la conciliation avec les atteintes à l'ordre public et la recherche des auteurs d'infractions. • Cons. const. 29 nov. 2013, *Sté Westgate Charters Ltd,* n° 2013-357 QPC § 6. ♦ V. déjà : l'exigence que constitue l'inviolabilité du domicile. • Cons. const. 29 déc. 1983, n° 83-164 DC § 30. ♦ ... Ou encore rattachant l'inviolabilité du domicile à l'art. 66 Const. 58 : la protection de la liberté individuelle rend nécessaire l'intervention de l'autorité judiciaire lorsque peut être mise en cause l'inviolabilité du domicile de toute personne habitant le territoire de la République. • Cons. const. 27 déc. 1990, n° 90-281 DC § 8 • Cons. const. 18 janv. 1995, n° 94-352 DC § 3 • Cons. const. 16 juill. 1996, n° 96-377 DC § 16.

185. Le droit au domicile est une composante du droit à la vie privée. L'ingérence dans ce droit doit demeurer proportionnée au but légitime poursuivi ; pour apprécier la proportionnalité de la perte d'un logement, qui est l'une des atteintes les plus graves au droit au respect du domicile, il y a lieu de tenir compte notamment de l'ancienneté de l'occupation des lieux et de la situation particulière de la personne concernée, qui commande une attention spéciale si elle est vulnérable. • Civ 3e, 17 mai 2018, n° 16-15.792 P : *D. 2018. 1071 ; ibid. 1772, obs. Neyret et Reboul-Maupin ; RDI 2018. 446, obs. Bergel*. ♦ Sur le droit au logement, V. Préamb. Const. 1946, al. 1er.

a. Notion de domicile

186. Notion. Le domicile ne désigne pas seulement le lieu où une personne a son principal établissement, mais encore, comme en l'espèce, le lieu où, qu'elle y habite ou non, elle a le droit de se dire chez elle, quels que soient le titre juridique de son occupation et l'affectation donnée aux locaux. • Crim. 4 janv. 1977, n° 76-91.105 P • Crim. 24 avr. 1985, n° 84-92.673 P • Crim. 22 janv. 1997, n° 95-81.186 P. ♦ Il convient que les personnes qui invoquent le droit au domicile aient entretenu avec le lieu des liens suffisamment étroits et continus. • Civ. 3e, 7 avr. 2016, *SCI Les trois copains,* n° 15-15.011 : *AJDA 2016. 698* .

187. Constitue un domicile, un appartement meublé momentanément inoccupé en raison de travaux devant être effectués en vue d'une location. • Crim. 24 avr. 1985, n° 84-92.673 P. ♦ ... Un garage. • Crim. 29 mars 1994, n° 93-84.995 P. ♦ ... Un appartement vide de meubles et de toute occupation, entre deux locations. • Crim. 22 janv. 1997, n° 95-81.186 P. ♦ ... Une résidence ou un abri mobile s'agissant des gens du voyage. • Cons. const. 9 juill. 2010, *Orient O. et a.,* n° 2010-13 QPC (sol. impl.) • Cons. const. 5 oct. 2012, *Jean-Claude P.,* n° 2012-279 QPC (sol. impl.). ♦ V. déjà • Crim. 30 oct. 2006, n° 06-80.680 P (*a contrario*) et note 190. ♦ Sur le mode de vie des gens du voyage, V. note 231.

188. La protection du domicile qui s'applique également, dans certaines circonstances, aux locaux professionnels où des personnes morales exercent leurs activités, doit être conciliée avec les finalités légitimes du contrôle, par les autorités publiques, du respect des règles qui s'imposent à ces personnes morales dans l'exercice de leurs activités professionnelles. • CE, sect., 6 nov. 2009, *Sté Interconfort,* n° 304300 : *Lebon 448, concl. Burguburu ; AJDA 2010. 138, chron. Liéber et Botteghi ; ibid. 2009. 2093 ; D. 2009. 2754* • CAA Versailles, 2 sept. 2010, *Sté Le château de Lormoy,* n° 09VE02655. ♦ V. • CEDH 16 avr. 2002, *Sté Colas Est et a. c/ France,* n° 37971/97 § 41 : *AJDA 2002. 500, chron. Flauss ; D. 2003. 527, obs. Bîrsan ; ibid. 1541, obs. Lepage ; RD publ. 2003. 689, obs. Levinet.* ♦ V. déjà. • Crim. 23 mai 1955, n° 94-81.141 P : *Rev. sociétés 1996. 109, note Bouloc ; RTD civ. 1996. 130, obs. Hauser* • Cons. const. 11 oct. 1984, n° 84-181 DC § 89. ♦ ... Et implicitement. • Cons. const. 29 déc. 1983, n° 83-164 DC § 28 • Cons. const. 29 déc. 1984, n° 84-184 DC § 29.

189. Ne constituent pas un domicile : un cellier collectif. • Crim. 8 nov. 1979, n° 79-92.914 P. ♦ ... Une hutte de chasse. • Crim. 9 janv. 1992, n° 90-87.381 P.

190. Véhicules. L'inviolabilité du domicile ou du moins, le droit au respect de la vie privée s'étend au véhicule. • Cons. const. 18 janv. 1995, n° 94-352 DC § 14 à 20 • Cons. const. 13 mars 2003, n° 2003-467 DC § 7 et 8. ♦ V. déjà implicitement. • Cons. const. 12 janv. 1977, n° 76-75 DC. ♦ Pendant longtemps, pour la Cour de cass., un véhicule n'est pas un lieu assimilable à un domicile. • Crim. 8 nov. 1979, n° 79-92.914 P • Crim. 28 juin 2000, n° 00-80.926. ♦ Rappr. s'agissant d'une petite embarcation non aménagée. • Crim. 20 nov. 1984, n° 84-91.829 P. ♦ Il en allait autrement seulement si le véhicule était aménagé pour être habitable comme c'est le cas des voitures de nomades. • CE 2 déc. 1983, *Ville de Lille : Lebon 470 ; D. 1985. 388.*

191. Lieux d'hébergement. V. note 200.

b. Étendue de l'inviolabilité

192. Compétence de l'autorité juridictionnelle. La protection du domicile qui s'applique également, dans certaines circonstances, aux locaux professionnels où des personnes morales exercent leurs activités, doit être conciliée avec les finalités légitimes du contrôle, par les autorités publiques, du respect des règles qui s'imposent à ces personnes morales dans l'exercice de leurs activités professionnelles. • CE, sect., 6 nov. 2009, *Sté Interconfort*, n° 304300 : *préc. note 188.* • CAA Versailles, 2 sept. 2010, n° 09VE02655 : *préc. note 188.* ♦ V. • CEDH 16 avr. 2002, *Sté Colas Est et a. c/ France*, n° 37971/97 § 41 : *préc. note 188.* ♦ V. déjà, • Crim. 23 mai 1955, n° 94-81.141 : *préc. note 188* • Cons. const. 10 oct. 1984, n° 84-181 DC § 89. ♦ ... Et implicitement. • Cons. const. 29 déc. 1983, n° 83-164 DC § 28 • Cons. const. 29 déc. 1984, n° 84-184 DC § 29. ♦ Des mesures de perquisition qui, ne pouvant avoir d'autre but que de préserver l'ordre public et de prévenir les infractions, relèvent de la seule police administrative, y compris lorsqu'elles ont lieu dans un domicile, n'affectent pas la liberté individuelle au sens de l'art. 66 Const. et, par suite, n'ont pas à être placées sous la direction et le contrôle de l'autorité judiciaire. • Cons. const. 19 févr. 2016, *Ligue des droits de l'Homme*, n° 2016-536 QPC § 3. ♦ V. déjà, implicitement. • Cons. const. 25 mars 2014, n° 2014-693 DC § 11 • Cons. const. 23 juill. 2015, n° 2015-713 DC § 9. ♦ V. encore, s'agissant des véhicules, notes 205 s.

193. Les perquisitions sont donc des opérations de police administrative et les décisions qui ordonnent des perquisitions sur le fondement de l'art. 11 L. 3 avr. 1955 sont susceptibles de faire l'objet d'un recours pour excès de pouvoir. La circonstance qu'elles ont produit leurs effets avant la saisine du juge n'est pas de nature à priver d'objet le recours. L'introduction d'un tel recours ne saurait cependant constituer un préalable nécessaire à l'engagement d'une action indemnitaire recherchant la responsabilité de l'État à raison des conditions dans lesquelles les perquisitions ont été ordonnées et mises à exécution. Les décisions qui ordonnent de telles perquisitions présentent le caractère de décisions administratives individuelles défavorables qui constituent des mesures de police. Comme telles, et ainsi que l'a jugé le Cons. const. dans sa décision n° 2016-536 QPC du 19 févr. 2016, elles doivent être motivées en application de l'art. L. 211-2 C. relations entre le public et l'administration. • CE, ass., 6 juill. 2016, n° 398234 A § 2 et 3 : *AJDA 2016. 1364* ; *JCP Adm. 2016. 597* ; *AJDA 2016. 1635, chron. Dutheillet de Lamothe et Odinet* ; *Dr. adm. 2016. 58, note Eveillard.*

194. Les juridictions pénales sont néanmoins compétentes pour apprécier, en application de l'art. 111-5 C. pén., la légalité de l'ordre de perquisition, qui, sans constituer le fondement des poursuites, détermine la régularité de la procédure. • Crim. 13 déc. 2016, n°s 16-82.176 P et 16-84.794 P (2 espèces) : *AJ pénal 2017. 30, note Lacaze* ; *Dr. adm. 2017. 20, note Eveillard* • Crim. 28 mars 2017, n° 16-85.073 P : *D. 2017. 1169, note Cassia* . ♦ Rappr. En matière d'assignation à résidence. • Crim. 3 mai 2017, n° 16-86.155 P : *D. 2017. 1175, note Beaussonie* ; *RSC 2017. 337, note Cordier* .

1. Absence de violation du domicile

195. Généralités. Ne conduisent pas à une violation du domicile la mise en place de visites effectuées à la demande du maire avec l'accord des occupants, par des agents de l'office des migrations internationales permettant de s'assurer que l'étranger en visite privée est hébergé dans des conditions normales et que les mentions portées sur le certificat d'hébergement sont exactes. • Cons. const. 13 août 1993, n° 93-325 DC § 10. ♦ ... La possibilité d'opérer des visites, perquisitions et saisies de nuit dans le cas où un crime ou un délit susceptible d'être qualifié d'acte de terrorisme est en train de se commettre ou vient de se commettre, à condition que l'autorisation de procéder auxdites opérations émane de l'autorité judiciaire, que le déroulement des mesures autorisées soit assorti de garanties procédurales appropriées. • Cons. const. 16 juill. 1996, n° 96-377 DC § 17. ♦ ... Le fait que les attestations d'accueil d'étrangers puissent être refusées si les conditions normales de logement ne sont pas remplies, dès lors que la vérification de celles-ci s'opère par des agents habilités qui ne peuvent pénétrer chez l'hébergeant qu'après s'être assurés du consentement de celui-ci, donné par écrit. • Cons. const. 20 nov. 2003, n° 2003-484 DC § 14. ♦ ... Eu égard aux exigences de l'ordre public et de la poursuite des auteurs d'infractions, des perquisitions, visites domiciliaires et saisies de nuit dans le cas où un crime ou un délit relevant de la criminalité et de la délinquance organisées vient de se commettre, à condition que l'autorisation de procéder à ces opérations émane de l'autorité judiciaire (JLD), gardienne de la liberté individuelle, et que le déroulement des mesures autorisées soit assorti de garanties procédurales appropriées (décision écrite et motivée ; possibilité pour le juge de se déplacer sur les lieux pour veiller au respect des obligation légales). • Cons. const. 2 mars 2004, n° 2004-492 DC § 46. ♦ Eu égard au caractère spécifique et limité du droit de visite en matière d'urbanisme des constructions en cours ou achevées, cette incrimination n'est pas de nature à porter atteinte à l'inviolabilité du domicile. • Cons. const. 9 avr. 2015, *Marc A.*, n° 2015-464 QPC § 4. ♦ V. cependant • CEDH 16 mai 2019, *Halabi c/ France*, n° 66554/14 : *AJDA 2019. 1079* ; *D. 2019. 1172* . ♦ Sur la mise en place ou le retrait du moyen technique permettant la géolocalisation rendant nécessaire l'introduction, y compris de nuit, dans un lieu privé, V. notes 174 s. ♦ ... Sur la mise en place d'une « sonorisation », V. note 210.

BIBL. Verpeaux, L'état d'urgence et les perquisitions administratives : la leçon de droit du Conseil d'État, *JCP Adm. 2016. 2256.*

196. Perquisitions administratives. Dès lors que, en premier lieu, les perquisitions ne peuvent être ordonnées que lorsque l'état d'urgence a été déclaré et uniquement pour des lieux situés dans la zone couverte par cet état d'urgence, que l'état d'urgence ne peut être déclaré qu'« en cas de péril imminent résultant d'atteintes graves à l'ordre public » ou « en cas d'événements présentant, par leur nature et leur gravité, le caractère de calamité publique », que, en deuxième lieu, la décision ordonnant une perquisition en précise le lieu et le moment, que le procureur de la République est informé sans délai de cette décision, que la perquisition est conduite en présence d'un officier de police judiciaire et ne peut se dérouler qu'en présence de l'occupant ou, à défaut, de son représentant ou de deux témoins et qu'elle donne lieu à l'établissement d'un compte rendu communiqué sans délai au procureur de la République, que, en troisième lieu, la décision ordonnant une perquisition et les conditions de sa mise en œuvre doivent être justifiées et proportionnées aux raisons ayant motivé la mesure dans les circonstances particulières ayant conduit à la déclaration de l'état d'urgence, qu'en particulier, une perquisition se déroulant la nuit dans un domicile doit être justifiée par l'urgence ou l'impossibilité de l'effectuer le jour et que le juge administratif est chargé de s'assurer que cette mesure qui doit être motivée est adaptée, nécessaire et proportionnée à la finalité qu'elle poursuit et que, en quatrième lieu, si les voies de recours prévues à l'encontre d'une décision ordonnant une perquisition ne peuvent être mises en œuvre que postérieurement à l'intervention de la mesure, elles permettent à l'intéressé d'engager la responsabilité de l'État, qu'ainsi les personnes intéressées ne sont pas privées de voies de recours, lesquelles permettent un contrôle de la mise en œuvre de la mesure dans des conditions appropriées au regard des circonstances particulières ayant conduit à la déclaration de l'état d'urgence, ces perquisitions opèrent, s'agissant d'un régime de pouvoirs exceptionnels dont les effets doivent être limités dans le temps et l'espace et qui contribue à prévenir le péril imminent ou les conséquences de la calamité publique auxquels le pays est exposé, une conciliation qui n'est pas manifestement déséquilibrée entre les exigences du présent art. et l'objectif de valeur constitutionnelle de sauvegarde de l'ordre public. • Cons. const. 19 févr. 2016, *Ligue des droits de l'Homme,* n° 2016-536 QPC § 8 à 12. ♦ A l'inverse, avant réécriture de ces dispositions, en ne soumettant le recours aux perquisitions à aucune condition et en n'encadrant leur mise en œuvre d'aucune garantie, le législateur n'avait pas assuré une conciliation équilibrée entre l'objectif de valeur constitutionnelle de sauvegarde de l'ordre public et le droit au respect de la vie privée. • Cons. const. 23 sept. 2016, *Georges F. et a.,* n° 2016-567/568 QPC § 8.

197. La motivation exigée par l'art. L. 211-2 CRPA doit être écrite et comporter l'énoncé des considérations de droit ainsi que des motifs de fait faisant apparaître les raisons sérieuses qui ont conduit l'autorité administrative à penser que le lieu visé par la perquisition est fréquenté par une personne dont le comportement constitue une menace pour la sécurité et l'ordre publics. Dès lors que la perquisition est effectuée dans un cadre de police administrative, il n'est pas nécessaire que la motivation de la décision qui l'ordonne fasse état d'indices d'infraction pénale. Le caractère suffisant de la motivation doit être apprécié en tenant compte des conditions d'urgence dans lesquelles la perquisition a été ordonnée, dans les circonstances exceptionnelles ayant conduit à la déclaration de l'état d'urgence. Si les dispositions de l'art. L. 211-6 CRPA prévoient qu'une absence complète de motivation n'entache pas d'illégalité une décision lorsque l'urgence absolue a empêché qu'elle soit motivée, il appartient au juge administratif d'apprécier au cas par cas, en fonction des circonstances particulières de chaque espèce, si une urgence absolue a fait obstacle à ce que la décision comporte une motivation même succincte. • CE, ass., 6 juill. 2016, n° 398234 A § 2 et 3 : *préc. note 193.*

198. Les conditions matérielles d'exécution des perquisitions sont susceptibles d'engager la responsabilité de l'État à l'égard des personnes concernées par les perquisitions. Ainsi que l'a jugé le Cons. const. dans sa décision n° 2016-536 QPC du 19 févr. 2016, les conditions de mise en œuvre de telles perquisitions doivent être justifiées et proportionnées aux raisons ayant motivé la mesure, dans les circonstances particulières ayant conduit à la déclaration de l'état d'urgence. En particulier, la perquisition d'un domicile de nuit doit être justifiée par l'urgence ou l'impossibilité de l'effectuer de jour. Sauf s'il existe des raisons sérieuses de penser que le ou les occupants du lieu sont susceptibles de réagir à la perquisition par un comportement dangereux ou de détruire ou dissimuler des éléments matériels, l'ouverture volontaire du lieu faisant l'objet de la perquisition doit être recherchée et il ne peut être fait usage de la force pour pénétrer dans le lieu qu'à défaut d'autre possibilité. Lors de la perquisition, il importe de veiller au respect de la dignité des personnes et de prêter une attention toute particulière à la situation des enfants mineurs qui seraient présents. L'usage de la force ou de la contrainte doit être strictement limité à ce qui est nécessaire au déroulement de l'opération et à la protection des personnes. Lors de la perquisition, les atteintes aux biens doivent être strictement proportionnées à la finalité de l'opération ; aucune dégradation ne doit être commise qui ne serait justifiée par la recherche d'éléments en rapport avec l'objet de la perquisition. Toute faute commise dans l'exécution de telles perquisitions est susceptible d'engager la responsabilité de l'État. Il appartient au juge administratif, saisi d'une demande en ce sens, d'apprécier si une faute a été commise dans l'exécution d'une perquisition, au vu de l'ensemble des éléments débattus devant lui, en tenant compte du comportement des personnes présentes au moment de la perquisition et des difficultés de l'action administrative dans les circonstances particulières ayant conduit à la déclaration de l'état d'urgence. Les résultats de la perquisition sont par eux-mêmes dépourvus d'incidence sur la caractérisation d'une faute. • CE, ass., 6 juill. 2016, n° 398234 § 7 : *préc. note 197.* ♦ V. égal. • CAA Marseille, 18 avr. 2017, n° 16MA04207 : *JCP Adm 2017. 326.*

199. Les mesures de contrainte dont la personne suspectée ou poursuivie peut faire l'objet sont prises sur décision ou sous le contrôle effectif de l'autorité judiciaire. Selon l'art. 1142-1 C. pén., les juridictions pénales sont compétentes pour interpréter les actes administratifs, réglementaires ou individuels et pour en apprécier la légalité lorsque, de cet examen, dépend la solution du procès pénal qui leur est soumis ; il en va ainsi lorsque de la régularité de ces actes dépend celle de la procédure. • Crim. 13 déc. 2016, n° 16-84.794 P : *AJDA 2016. 2411 ; D. 2017. 275, note Pradel ; AJ pénal 2017. 30, note Herran et Lacaze.*

200. La circulaire qui se borne à prévoir l'intervention dans les structures d'hébergement d'urgence d'équipes constituées notamment d'agents de préfecture et de l'Office français de l'immigration et de l'intégration en vue de procéder à l'évaluation de la situation administrative des personnes hébergées, de les informer sur leurs droits et, le cas échéant, d'envisager de les réorienter ne confère, et ne saurait d'ailleurs légalement conférer, aucun pouvoir de contrainte aux agents appelés à se rendre dans les lieux d'hébergement, que ce soit à l'égard des personnes hébergées ou des gestionnaires des lieux d'hébergement. La circulaire ne saurait, en particulier, constituer un titre pour pénétrer dans des locaux privés hors le consentement des personnes intéressées ; dans ces conditions, les associations requérantes ne sont pas fondées à soutenir que les auteurs de la circulaire attaquée auraient méconnu le droit au respect de la vie privée, en particulier l'inviolabilité du domicile. • CE 11 avr. 2018, n° 417206 B : *AJDA 2018. 985, concl. Odinet.*

201. Si la mesure d'expulsion d'un occupant sans droit ni titre caractérise une ingérence dans le droit au respect du domicile de celui-ci, cette ingérence, fondée sur les art. 544 et 545 C. civ, vise à garantir au propriétaire du terrain le droit au respect de ses biens, protégé par l'art. 17 DDH. • Civ. 3e, 28 nov. 2019, n° 17-22.810 P : *D. 2019. 2350 ; Légipresse 2020. 64, étude Loiseau ; JCP Adm. 2019. 771.*

2. Présence de violation du domicile

202. Conduisent à une violation du domicile la possibilité de visites, perquisitions et saisies de nuit, pendant une période qui n'est pas déterminée par la loi, dans tout lieu, y compris dans les locaux servant exclusivement à l'habitation, en cas d'enquête préliminaire et au cours d'une instruction préparatoire, alors que d'une part le déroulement et les modalités de l'enquête préliminaire sont laissés à la discrétion du procureur de la République, ou sous son contrôle, des officiers et agents de police judiciaire, et que d'autre part, dans l'instruction préparatoire, l'autorité déjà investie de la charge de celle-ci se voit en outre attribuer les pouvoirs d'autoriser, de diriger et de contrôler les opérations en cause. • Cons. const. 16 juill. 1996, n° 96-377 DC § 18. ♦ ... L'autorisation donnée à des agents assermentés de visiter les locaux vacants susceptibles d'être réquisitionnés dont le titulaire du droit d'usage ne peut être qu'une personne morale exception faite des locaux détenus par des sociétés civiles à caractère familial dès lors que, au cas où le titulaire du droit d'usage s'opposerait à une telle visite, l'autorisation du juge judiciaire est expressément exigée. • Cons. const. 29 juill. 1998, n° 98-403 DC § 37. ♦ ... La transmission aux services de police et de gendarmerie nationales ainsi qu'à la police municipale d'images captées par des systèmes de vidéosurveillance dans des parties non ouvertes au public d'immeubles d'habitation sans prévoir les garanties nécessaires à la protection de la vie privée des personnes qui résident ou se rendent dans ces immeubles. • Cons. const. 25 févr. 2010, n° 2010-604 DC § 23. ♦ ... Des investigations comportant des perquisitions et des saisies pour la recherche des infractions en matière d'impôts directs et de taxes sur le chiffre d'affaires dès lors que, alors même que leur mise en œuvre est entourée de garanties, ces dispositions, d'une part, ne précisent pas l'acceptation du terme « infraction » qui peut être entendu en plusieurs sens et ne limitent donc pas clairement le domaine ouvert aux investigations en question et, d'autre part, qu'elles n'assignent pas de façon explicite au juge ayant le pouvoir d'autoriser les investigations des agents de l'administration la mission de vérifier de façon concrète le bien-fondé de la demande qui lui est soumise et n'interdisent pas une interprétation selon laquelle seules les visites effectuées dans des locaux servant exclusivement à l'habitation devraient être spécialement autorisées par le juge, de telle sorte que, a contrario, les visites opérées dans d'autres locaux pourraient donner lieu à des autorisations générales. • Cons. const. 29 déc. 1983, n° 83-164 DC § 30 • Cons. const. 29 déc. 1984, n° 84-184 DC § 29 (*a contrario*). ♦ ... La permission donnée au juge d'autoriser l'administration à procéder à des visites domiciliaires sur le fondement de documents, pièces ou informations de quelque origine que ce soit, y compris illégale. • Cons. const. 4 déc. 2013, n° 2013-679 DC § 39. ♦ ... La permission donnée aux agents du service municipal du logement de procéder à la visite des locaux à usage d'habitation situés dans leur ressort de compétence, aux fins de constater les conditions d'occupation de ces locaux et, notamment, le respect des autorisations d'affectation d'usage, sans l'accord de l'occupant du local ou de son gardien, et sans y avoir été préalablement autorisés par le juge. • Cons. const. 5 avr. 2019, *Sing Kwon C.*, n° 2019-772 QPC § 10.

203. En prévoyant que les dispositions permettant aux enquêteurs de procéder à des perquisitions, visites domiciliaires et saisies de pièces à conviction ou de biens dont la confiscation sans l'assentiment de la personne chez qui elles ont lieu – et alors même que celles-ci ne peuvent intervenir que sur autorisation du juge des libertés et de la détention à la suite d'une requête du procureur de la République – peuvent s'appliquer pour toute enquête relative à un crime ou à un délit puni d'une peine d'emprisonnement d'une durée égale ou supérieure à trois ans, le législateur n'a pas opéré une conciliation déséquilibrée entre, d'une part, l'objectif de valeur constitutionnelle de recherche des auteurs d'infractions et, d'autre part, le droit au respect de la vie privée et l'inviolabilité du domicile. • Cons. const. 21 mars 2019, n° 2019-778 DC § 192. ♦ Il en va de même des dispositions qui permettent au procureur de la République d'autoriser les agents chargés de procéder à la comparution d'une personne à pénétrer dans un domicile après six heures et avant vingt et une heures et ce, compte tenu du champ de l'autorisation contestée et de l'absence d'autorisation d'un magistrat du siège. • Cons. const. 21 mars 2019, n° 2019-778 DC § 194. ♦ ... Qui ne prévoient pas que l'officier de police judiciaire ou l'autorité judiciaire sous le contrôle de laquelle est réalisée la perquisition soit, en principe, tenu d'avertir le représentant d'un majeur protégé lorsque les éléments recueillis au cours de l'enquête préliminaire font apparaître que la personne fait l'objet d'une mesure de protection juridique révélant qu'elle n'est pas en mesure d'exercer seule son droit de s'opposer à la réalisation de cette opération. • Cons. const. 15 janv. 2021, *Mickaël M.*, n° 2020-873 QPC § 9.

204. Les visites prévues par l'art. L. 461-1 C. urb. peuvent être effectuées dans un domicile, à tout moment et hors la présence d'un officier de police judiciaire, sans que soit explicitement mentionnée la nécessité de l'accord de l'occupant, et sans avoir été préalablement autorisée par un juge. La Cour relève, certes, que l'absence de pouvoir coercitif des agents habilités leur interdit de pénétrer dans les lieux en cas de refus de l'occupant, sous peine de sanctions pénales. Néanmoins, elle observe que l'obligation de recueillir l'assentiment de l'occupant n'est pas inscrite dans l'art. L. 461-1 C. urb. L'absence d'autorisation préalable d'un juge ne pourrait être contrecarrée que par un contrôle judiciaire *ex post factum* efficace sur la légalité et la nécessité de cette mesure d'instruction. Or, en l'espèce, le recours devant la chambre de l'instruction tendant à l'annulation du procès-verbal de visite domiciliaire, dressé sans assentiment préalable de son occupant, est dépourvu de tout effet utile, les juridictions internes ayant refusé d'annuler ce procès-verbal sur le fondement de l'inviolabilité du domicile. • CEDH 16 mai 2019, *Halabi c/ France*, n° 66554/14 § 66 s. : *AJDA 2019. 1079 ; ibid. 1826, note Coleman ; D. 2019. 1172 ; RDI 2019. 403, obs. de Jacobet de Nombel ; AJ pénal 2019. 393, obs. Courcelle-Labrousse*. ♦ Comp. *a contrario*. • Cass., QPC, 18 mars 2014, n° 13-87.112.

c. Visites des véhicules

205. Visites possibles. Ne portent pas, au respect de la vie privée, une atteinte de nature à méconnaître les dispositions du présent art. la possibilité donnée aux officiers de police judiciaire, assistés, le cas échéant, des agents de police judiciaire et des agents de police judiciaire adjoints de procéder à la visite des véhicules circulant ou arrêtés sur la voie publique ou dans des lieux accessibles au public lorsque le conducteur donne son accord. • Cons. const. 13 mars 2003, n° 2003-467 DC § 15. ♦ ... Lorsqu'il existe à l'égard du conducteur ou d'un passager une ou plusieurs raisons plausibles de soupçonner qu'il a commis, comme auteur ou comme complice, un crime ou un délit flagrant ; ces dispositions s'appliquent également à la tentative. • Même affaire § 14.

206. De même, ne porte pas atteinte à la vie privée le dispositif fixe ou mobile de contrôle automatisé des données signalétiques des véhicules prenant la photographie de leurs occupants qui peut être utilisé tant pour des opérations de police administrative que pour des opérations de police judiciaire et qui est placé, à ce dernier titre, sous le contrôle de l'autorité judiciaire étant destiné d'une part à prévenir et réprimer le terrorisme et les infractions qui lui sont liées, d'autre part, à faciliter la constatation des crimes, des infractions liées à la criminalité organisée, du vol et recel de véhicules et de certains délits douaniers et la recherche des auteurs de ces infractions, dès lors que les enregistrements seront effacés au bout de huit jours si les caractéristiques permettant l'identification des véhicules, ainsi collectées, ne figurent ni dans le fichier national des véhicules volés ou signalés, ni dans la partie du système d'information Schengen relative aux véhicules et que les critères de cette recherche seront les caractéristiques des véhicules et non les images des passagers. • Cons. const. 19 janv. 2006, n° 2005-532 DC § 20. ♦ Il en va de même dès lors que seules les données ayant fait l'objet de ce rapprochement sont conservées au maximum un mois, sauf pour les besoins d'une procédure pénale ou douanière, que seuls auront accès au dispositif des agents des services de la police et de la gendarmerie nationales individuellement désignés et dûment habilités et que les traitements automatisés des données recueillies seront soumis aux dispositions de la loi relative à l'informatique et aux libertés. • Même affaire.

207. ***Visites prohibées.*** Portent au respect de la vie privée une atteinte de nature à méconnaître les dispositions du présent art. (ou à l'art. 66 Const. 58 avant 1999) : la possibilité donnée aux officiers de police judiciaire ou, sur ordre de ceux-ci, aux agents de police judiciaire de procéder, en présence du conducteur ou du propriétaire à la fouille d'un véhicule alors même qu'aucune infraction n'aura été commise et sans que la loi subordonne ces contrôles à l'existence d'une menace d'atteinte à l'ordre public. • Cons. const. 12 janv. 1977, n° 76-75 DC. ♦ ... La fouille de tout véhicule circulant sur la voie publique afin de s'assurer du respect de l'interdiction préfectorale de port ou de transport d'objets pouvant constituer une arme pendant les vingt-quatre heures qui précèdent une manifestation et jusqu'à sa dispersion sans prévoir l'autorisation préalable de ces opérations par l'autorité judiciaire, se bornant à indiquer que celle-ci est informée des instructions données par le préfet. • Cons. const. 18 janv. 1995, n° 94-352 DC § 19.

208. Les dispositions contestées, permettant, en toutes circonstances, la visite, y compris la nuit, par les agents des douanes de tout navire qu'il se trouve en mer, dans un port ou en rade ou le long des rivières et canaux sans que des voies de recours appropriées soient prévues afin que soit contrôlée la mise en œuvre, dans les conditions et selon les modalités prévues par la loi, de ces mesures, privent de garanties légales les exigences qui résultent de l'art. 2 DDH. • Cons. const. 29 nov. 2013, ⚖ *Sté Wesgate Charters Ltd,* n° 2013-357 QPC § 8.

d. Écoutes et enregistrements de conversations dans des lieux privés ou publics

209. Ne porte pas au respect de la vie privée une atteinte de nature à méconnaître les dispositions du présent art., si les nécessités de l'enquête de flagrance ou de l'enquête préliminaire relative à l'une des infractions entrant dans le champ d'application de l'art. 706-73 C. pr. pén. (crimes et délits particulièrement graves commis pour la plupart en bande organisée) l'exigent, la mise en place, éventuellement en s'introduisant dans un véhicule ou un lieu privé, y compris hors des heures légales, à l'insu ou sans le consentement du propriétaire ou du possesseur du véhicule ou de l'occupant des lieux ou de toute personne titulaire d'un droit sur ceux-ci, d'un dispositif technique ayant pour objet, sans le consentement des intéressés, la captation, la fixation, la transmission et l'enregistrement de paroles prononcées par une ou plusieurs personnes à titre privé ou confidentiel, dans des lieux ou véhicules privés ou publics, ou de l'image d'une ou plusieurs personnes se trouvant dans un lieu privé dès lors que ces mesures ne peuvent être mises en œuvre qu'après l'ouverture d'une information et sous réserve que les nécessités de celle-ci le justifient sur une décision écrite et motivée précisant la qualification de l'infraction dont la preuve est recherchée du juge d'instruction ou, le cas échéant, à sa requête, du juge des libertés et de la détention, pour une durée maximale de 4 mois et qu'elle ne serait renouvelable que dans les mêmes conditions de forme et de durée, dès lors que les séquences de la vie privée étrangères aux infractions en cause ne puissent en aucun cas être conservées dans le dossier de la procédure. • Cons. const. 2 mars 2004, n° 2004-492 DC § 62 à 66.

210. Dès lors que d'abord, les techniques de recueil de renseignement par l'utilisation de dispositifs techniques permettant la captation, la fixation, la transmission et l'enregistrement de paroles prononcées à titre privé ou confidentiel, ou d'images dans un lieu privé ou dans un véhicule ne constituant pas un lieu privé à usage d'habitation, dans les conditions où elles s'exercent ne peuvent être utilisées, sous le contrôle de la commission nationale de contrôle des techniques de renseignement, que pour les finalités précisément énumérées et si les renseignements recherchés ne peuvent être recueillis par un autre moyen légalement autorisé, que, ensuite, l'autorisation est délivrée pour une durée de deux mois ou de trente jours selon la technique utilisée et le service autorisé à recourir à la technique de recueil de renseignement rend compte à ladite commission de sa mise en œuvre, que, enfin, l'utilisation des dispositifs techniques et, le cas échéant, l'introduction dans un lieu privé ou un véhicule, ne peuvent être le fait que d'agents individuellement désignés et habilités appartenant à l'un des services mentionnés dont la liste est fixée par décret en Conseil d'État et que lorsque l'introduction dans un lieu privé ou dans un véhicule est nécessaire pour utiliser un dispositif technique permettant d'accéder à des données stockées dans un système informatique, l'autorisation ne peut être donnée qu'après avis exprès de la commission nationale de contrôle des techniques de renseignement, statuant en formation restreinte ou plénière, la mise en œuvre de ces techniques, le cas échéant lorsqu'elles imposent l'introduction dans un lieu privé ou un véhicule, qui n'est pas à usage d'habitation, est entourée de dispositions de nature à garantir que les restrictions apportées au droit au respect de la vie privée ne revêtent pas un caractère manifestement disproportionné. • Cons. const. 23 juill. 2015, ⛫ n° 2015-713 DC § 72.

211. Lorsque la mise en œuvre des techniques de recueil de renseignement par l'utilisation de dispositifs techniques permettant la captation, la fixation, la transmission et l'enregistrement de paroles prononcées à titre privé ou confidentiel, ou d'images impose l'introduction dans un lieu privé à usage d'habitation, l'autorisation, dès lors qu'elle ne peut être donnée qu'après avis exprès de la commission nationale de contrôle des techniques de renseignement, que l'exigence de cet avis exprès préalable exclut l'application de la procédure d'urgence et que, lorsque cette introduction est autorisée après avis défavorable de ladite commission, le Conseil d'État est immédiatement saisi par son président ou par l'un de ses membres, que, sauf si l'autorisation a été délivrée pour la prévention du terrorisme et que le Premier ministre a ordonné sa mise en œuvre immédiate, la décision d'autorisation ne peut être exécutée avant que le Conseil d'État ait statué, est entourée de dispositions de nature à garantir que les restrictions apportées au droit au respect de la vie privée et à l'inviolabilité du domicile ne revêtent pas un caractère manifestement disproportionné. • Cons. const. 23 juill. 2015, ⛫ n° 2015-713 DC § 72.

e. Saisies de données ou de matériels informatiques lors de perquisitions administratives en « état d'urgence »

212. Les dispositions qui permettent à l'autorité administrative de copier toutes les données informatiques auxquelles il aura été possible d'accéder au cours de la perquisition créent une mesure qui est assimilable à une saisie. Ni cette saisie ni l'exploitation des données ainsi collectées ne sont autorisées par un juge, y compris lorsque l'occupant du lieu perquisitionné ou le propriétaire des données s'y oppose et alors même qu'aucune infraction n'est constatée ; au demeurant peuvent être copiées des données dépourvues de lien avec la personne dont le comportement constitue une menace pour la sécurité et l'ordre publics ayant fréquenté le lieu où a été ordonnée la perquisition. Ces dispositions n'ont pas été entourées de garanties légales propres à assurer une conciliation équilibrée entre l'objectif de valeur constitutionnelle de sauvegarde de l'ordre public et le droit au respect de la vie privée. • Cons. const. 19 févr. 2016, ⛫ *Ligue des droits de l'homme*, n° 2016-536 QPC § 14. ♦ Lorsque l'exploitation des données est préalablement autorisée par un juge, la disposition est conforme. Implicitement, la saisie des données elle-même n'a pas à être préalablement autorisée. • Cons. const. 2 déc. 2016, ⛫ *Raïme A.*, n° 2016-600 QPC § 6.

f. Conservation de données recueillies selon les méthodes des points « d » ou « e » ci-dessus

213. Lorsque les données copiées caractérisent une menace sans conduire à la constatation d'une infraction, le législateur n'ayant prévu aucun délai, après la fin de l'état d'urgence, à l'issue duquel ces données sont détruites, n'a pas prévu de garanties légales propres à assurer une conciliation équilibrée entre le droit au respect de la vie privée et l'objectif de valeur constitutionnelle de sauvegarde de l'ordre public. • Cons. const. 2 déc. 2016, ⛫ *Raïme A.*, n° 2016-600 QPC § 6. ♦ En ne définissant pas dans la loi les conditions d'exploitation, de conservation et de destruction des renseignements collectés (…), le législateur n'a pas déterminé les règles concernant les garanties fondamentales accordées aux citoyens pour l'exercice des libertés publiques. • Cons. const. 23 juill. 2015, ⛫ n° 2015-713 DC § 78. ♦ Comp. • Cons. const. 23 juill. 2015, ⛫ n° 2015-713 DC § 38 et 39.

3° INVIOLABILITÉ DE LA CORRESPONDANCE

214. Le secret de la correspondance est une liberté constitutionnellement protégée. • Cons. const. 2 mars 2004, n° 2004-492 DC § 4. ♦ La réquisition des données de connexion ne peut en aucun cas porter sur le contenu des correspondances échangées ou des informations consultées. • Cons. const. 24 juill. 2015, ⛫ *Assoc. French Data Network et a.*, n° 2015-478 QPC § 12 • Cons. const. 4 août 2017, ⛫ *La Quadrature du Net*, n° 2017-648 QPC § 6.

215. Absence d'atteinte à la vie privée. Ne porte pas au respect de la vie privée une atteinte de nature à méconnaître les dispositions du présent art., si les nécessités de l'enquête de flagrance ou de l'enquête préliminaire relative à l'une des infractions entrant dans le champ d'application de l'art. 706-73 C. pr. pén. (crimes et délits particulièrement graves commis pour la plupart en bande organisée) l'exigent, l'interception, l'enregistrement et la transcription, sous le contrôle du juge des libertés et de la détention, de correspondances émises par la voie des télécommunications pour une durée maximum de quinze jours, renouvelable une fois. • Cons. const. 2 mars 2004, n° 2004-492 DC § 57 à 61.

216. Atteinte à la vie privée. La définition de la notion de « correspondance » que retient la circulaire excluant notamment les « lettres (...) dont le contenu ne concerne pas spécifiquement et exclusivement le destinataire » est incompatible avec le présent art., en ce qu'elle s'articule autour du contenu de la « correspondance » et conduit à exclure d'office du champ de protection de cette disposition une catégorie entière d'échanges épistolaires privés auxquels des détenus peuvent souhaiter participer. • CEDH 12 juin 2007, *Frérot c/ France*, n° 70204/01 § 59 : *D. 2007. 2632, obs. Roujou de Boubée et a.; ibid. 2008. 2015, obs. Céré et a.; RCS 2008. 140, obs. Marguénaud et Roets; RFDA 2008. 737, obs. Labayle et Sudre*. ♦ Dès lors qu'elles permettent aux pouvoirs publics de prendre des mesures de surveillance et de contrôle de toute transmission empruntant la voie hertzienne, sans exclure que puissent être interceptées des communications ou recueillies des données individualisables, les dispositions contestées portent atteinte au droit au respect de la vie privée et au secret des correspondances. En outre, elles n'interdisent pas que ces mesures puissent être utilisées à des fins plus larges que la seule mise en œuvre de ces exigences, ne définissent pas la nature des mesures de surveillance et de contrôle que les pouvoirs publics sont autorisés à prendre et ne soumettent le recours à ces mesures à aucune condition de fond ni de procédure et n'encadrent leur mise en œuvre d'aucune garantie. • Cons. const. 21 oct. 2016, *La Quadrature du Net et a.*, n° 2016-590 QPC § 6 s. ♦ V. pour une mise en œuvre, • CE 26 juill. 2018, *La Quadrature du Net*, n° 394922 B : *AJDA 2018. 1586; D. 2018. 1756, obs. de Montecler; JCP Adm. 2018. 682.* ♦ V. pour une mise en œuvre : • CE 26 juill. 2018, *Quadrature du net*, n° 394922 B : *AJDA 2018. 2027, note Bréchot; JCP Adm. 2018. 682.*

217. Un courrier adressé à un journal par un détenu ne peut être retenu s'il se borne à évoquer dans des termes mesurés assortis d'éléments objectifs, les conditions de fonctionnement de la cantine. Il ne peut être considéré comme étant de nature à compromettre gravement le maintien de l'ordre et la sécurité au sein de l'établissement, fut-il possible de regarder ce courrier comme un écrit adressé en vue de sa publication. • TA Marseille, 30 sept. 2020, n° 1900697 : *JCP Adm. 2020. 2296, concl. Guillaumont.*

218. Dès lors que le recours à des mesures d'interception de correspondances émises par voie de communications électroniques pour des infractions ne présentant pas nécessairement un caractère de particulière gravité et complexité, est autorisé sans être assorti des garanties permettant un contrôle suffisant par le juge du maintien du caractère nécessaire et proportionné de ces mesures durant leur déroulé, il y a violation du présent art. • Cons. const. 21 mars 2019, n° 2019-778 DC § 146.

4° VIE PRIVÉE DES PERSONNES PRIVÉES DE LIBERTÉ

219. Correspondance. V. note 216.

220. Transfèrement. Si la décision litigieuse de transfèrement du détenu est de nature à rendre plus difficile l'exercice de son droit à conserver une vie familiale en détention, elle a été motivée par la suspicion de son implication dans les préparatifs d'une évasion de la maison centrale de Saint-Maur et, dans ces circonstances, dès lors qu'elle n'a pas pour effet de rendre impossibles les visites de sa famille, les moyens tirés, d'une part, de ce qu'elle porterait une atteinte disproportionnée au droit qu'il tire de l'art. 8 Conv. EDH et, d'autre part, de ce qu'elle serait entachée d'erreur manifeste d'appréciation, ne sont pas de nature à créer, en l'état de l'instruction, un doute sérieux sur sa légalité. • CE 27 mai 2009, *Miloudi*, n° 322148 : *AJDA 2009. 1076; Gaz. Pal. 23 juin 2009, p. 12, note Guyomar.*

221. Organisation des visites. La décision par laquelle un chef d'établissement pénitentiaire fixe les modalités essentielles de l'organisation des visites aux détenus, et notamment le nombre de visiteurs admis simultanément à rencontrer le détenu, est indissociable de l'exercice effectif du droit de visite, affecte directement le maintien des liens des détenus avec leur environnement extérieur et, compte tenu de ses effets possibles sur la situation des détenus, et notamment sur leur vie privée et familiale, qui revêt le caractère d'un droit fondamental, est insusceptible d'être regardée comme une mesure d'ordre intérieur et constitue toujours un acte de nature à faire grief. • CE 26 nov. 2010, *Bompard*, n° 329564 : *Lebon 465; AJDA 2011. 678, note Poujol.*

222. Relations sexuelles des patients d'un hôpital psychiatrique. L'interdiction de toute relation sexuelle, qui s'impose à tous les patients de l'unité, quelle que soit la pathologie dont ils souffrent, son degré de gravité et pendant toute la durée de leur hospitalisation, présente un caractère général et absolu ; le CH n'invoquant aucun élément précis relatif à l'état de santé des patients de cette unité et à la mise en œuvre de traitements médicaux qui justifierait une interdiction d'une telle portée, celle-ci impose à l'ensemble des patients de cette unité une sujétion excessive au droit au respect de la vie privée (en l'espèce Conv. EDH, art. 8). • CAA Bordeaux, 6 nov. 2012, *M. B.*, n° 11BX01790 : *AJDA 2013. 115, concl. Katz* .

223. Compétence du juge des référés. Le droit au respect de la vie privée et familiale, rappelé notamment par l'art. 8 Conv. EDH, dont bénéficient, compte tenu des contraintes inhérentes à la détention, les personnes détenues revêt le caractère d'une liberté fondamentale au sens des dispositions de l'art. L. 521-2 CJA ; lorsque le fonctionnement d'un établissement pénitentiaire ou des mesures particulières prises à l'égard d'un détenu affectent, de manière caractérisée, son droit au respect de la vie privée et familiale dans des conditions qui excèdent les restrictions inhérentes à la détention, portant ainsi une atteinte grave et manifestement illégale à cette liberté fondamentale, et que la situation permet de prendre utilement des mesures de sauvegarde dans un délai de quarante-huit heures, le juge des référés peut, au titre de la procédure particulière prévue par l'art. L. 521-2 préc., prescrire toutes les mesures de nature à faire cesser l'atteinte excessive ainsi portée à ce droit. • CE, réf., 30 juill. 2015, *SFOIP*, n° 392043 : *Lebon ; AJDA 2015. 1567* ; *JCP Adm. 2015. 719.*

224. Exécution de la peine. En prévoyant que puisse être transmise à l'état-major de sécurité et à la cellule de coordination opérationnelle des forces de sécurité intérieure « toute information » que les juridictions de l'application des peines et le service pénitentiaire d'insertion et de probation « jugent utile » au bon déroulement du suivi et du contrôle des personnes condamnées, sans définir la nature des informations concernées, ni limiter leur champ, le législateur a porté une atteinte disproportionnée au droit au respect de la vie privée même s'il s'agissait d'améliorer le suivi et le contrôle des personnes condamnées, de favoriser l'exécution des peines et de prévenir la récidive, objectif d'intérêt général. • Cons. const. 23 sept. 2016, *Synd. de la magistrature et a.*, n° 2016-569 QPC § 25 et 26.

225. Communications téléphoniques. Eu égard à leur montant, et aux dispositifs mis en place par l'administration pénitentiaire pour garantir aux détenus dépourvus des ressources suffisantes un accès effectif au téléphone, les tarifs des communications téléphoniques, tels qu'ils sont fixés par les clauses litigieuses, ne méconnaissent, par eux-mêmes, ni le principe de dignité de la personne humaine, ni le droit au respect de la vie privée et familiale, ni la liberté d'information et de communication. • CE 14 nov. 2018, n° 418788 A : *AJDA 2019. 475, note Mouchette* ; *ibid. 2018. 2270* .

226. Détention à domicile sous surveillance électronique. Si la peine de détention à domicile sous surveillance électronique emporte l'obligation pour le condamné de demeurer dans son domicile ou tout autre lieu désigné par le juge et de porter un dispositif intégrant un émetteur permettant de vérifier le respect de cette obligation, une telle peine privative de liberté ne peut être prononcée qu'à la place de l'emprisonnement. Par ailleurs, sa durée maximale, limitée à six mois, ne peut excéder celle de l'emprisonnement encouru. Enfin, la juridiction ou le juge de l'application des peines peuvent autoriser le condamné à s'absenter de son domicile pendant des périodes déterminées pour le temps nécessaire « à l'exercice d'une activité professionnelle, au suivi d'un enseignement, d'un stage, d'une formation ou d'un traitement médical, à la recherche d'un emploi, à la participation à la vie de famille ou à tout projet d'insertion ou de réinsertion ». Dès lors, les dispositions contestées ne méconnaissent pas le droit au respect de la vie privée. • Cons. const. 21 mars 2019, n° 2019-778 DC § 326.

5° VIE PRIVÉE DES ENFANTS

227. La seule circonstance que la naissance d'un enfant à l'étranger ait pour origine un contrat qui est entaché de nullité au regard de l'ordre public français ne peut, sans porter une atteinte disproportionnée à ce qu'implique, en termes de nationalité, le droit de l'enfant au respect de sa vie privée, conduire à priver cet enfant de la nationalité française à laquelle il a droit. • CE 12 déc. 2014, *Assoc. Juristes pour l'enfance*, n° 365779 A : *AJDA 2015. 357, note Lepoutre* ; *RFDA 2015. 163, concl. Domino* . ♦ Rappr. • CEDH 26 juin 2014, *Mennesson c/ France*, n° 65192/11 § 46 : *AJDA 2014. 1763, chron. Burgorgue-Larsen* ; *D. 2014. 1797, note Chénedé* ; *ibid. 1773, chron. Fulchiron et C. Bidaud-Garon* ; *ibid. 1787, obs. Bonfils et Gouttenoire* ; *ibid. 1806, note d'Avout* ; *ibid. 2015. 702, obs. Granet-Lambrechts* ; *ibid. 755, obs. Galloux et Gaumont-Prat* ; *ibid. 1007, obs. Regine* ; *ibid. 1056, obs. Gaudemet-Tallon et Jault-Seseke* ; *AJ fam. 2014. 499, obs. Haftel* ; *ibid. 396, obs. Dionisi-Peyrusse* ; *RDSS 2014. 887, note Bergoignan Esper* ; *Rev. crit. DIP 2015. 1, note Fulchiron et Bidaud-Garon* ; *ibid. 144, note Bollée* ; *RTD civ. 2014. 616, obs. Hauser* ; *ibid. 835, obs. Marguénaud* ; *JCP 2014. 561.*

228. Si le ministre chargé des naturalisations pouvait, dans l'exercice du large pouvoir d'appréciation dont il dispose en la matière, refuser de faire droit à la demande de naturalisation de M. D. en prenant en considération la circonstance que celui-ci avait eu recours à la gestation pour le compte d'autrui, prohibée en France, une telle circonstance ne pouvait en revanche, alors qu'il n'est pas soutenu que les actes d'état civil des deux enfants, établis selon la loi applicable aux faits dans l'État du Colorado, seraient entachés de fraude ou ne seraient pas conformes à cette loi, conduire à priver ces enfants de l'effet qui s'attache en principe, en vertu de l'art. 22-1 C. civ., à la décision de naturaliser M. D., sans qu'il soit porté une atteinte disproportionnée à ce qu'implique, en termes de nationalité, le droit au respect de leur vie privée. • CE 31 juill. 2019, n° 411984 A : *AJDA 2019. 1672 ; ibid. 2246, concl. Odinet ; ibid. 2479. Chron. Malverti et Beaufils ; AJ fam. 2019. 433, obs. Dionisi-Peyrusse ; JCP Adm. 2019. 542.*

229. L'acte de naissance concernant un Français, dressé en pays étranger et rédigé dans les formes usitées dans ce pays est transcrit sur les registres de l'état civil sauf si d'autres actes ou pièces détenus, des données extérieures ou des éléments tirés de l'acte lui-même établissent, le cas échéant après toutes vérifications utiles, que cet acte est irrégulier, falsifié ou que les faits qui y sont déclarés ne correspondent pas à la réalité. • Cass., ass. plén., 3 juill. 2015, n° 14-21.323 P : *D. 2015. 1819, obs. Gallmeister , note Fulchiron et Bidaud-Garon ; ibid. 1481 , édito. Bollée ; ibid. 1773, point de vue Sindres ; ibid. 1919, obs. Bonfils et Gouttenoire ; AJ fam. 2015. 496 ; ibid. 364, obs. Dionisi-Peyrusse ; RTD civ. 2015. 581, obs. Hauser .* ♦ Ayant constaté que l'acte de naissance n'était ni irrégulier ni falsifié et que les faits qui y étaient déclarés correspondaient à la réalité, la cour d'appel en a déduit à bon droit que la convention de gestation pour autrui conclue entre M. X. et Mme Z. ne faisait pas obstacle à la transcription de l'acte de naissance. • Cass., ass. plén., 3 juill. 2015, n° 15-50.002 P : *D. 2015. 1819, note Fulchiron et Bidaud-Garon ; ibid. 1773 , point de vue Sindres ; ibid. 1919, obs. Bonfils et Gouttenoire ; AJ fam. 2015. 496, obs. Chénedé ; ibid. 364, obs. Dionisi-Peyrusse ; RTD civ. 2015. 581, obs. Hauser .* ♦ Le droit au respect de la vie privée de l'enfant requiert que le droit interne offre une possibilité de reconnaissance d'un lien de filiation entre l'enfant et la mère d'intention, désignée dans l'acte de naissance légalement établi à l'étranger comme étant la « mère légale », sans pour autant que cette reconnaissance se fasse par la transcription sur les registres d'état civil de l'acte de naissance légalement établi à l'étranger ; elle peut se faire par une autre voie, telle l'adoption par la mère d'intention. • CEDH, gr. ch., avis, 10 avr. 2019, n° P16-2018-001 : *AJDA 2019. 788 ; ibid. 1803, chron. Burgorgue-Larsen ; D. 2019. 759 ; JCP Adm. 2019. 258.* ♦ Si le ministre chargé des naturalisations pouvait, dans l'exercice du large pouvoir d'appréciation dont il dispose en la matière, refuser de faire droit à la demande de naturalisation de M. D. en prenant en considération la circonstance que celui-ci avait eu recours à la GPA, (...), une telle circonstance ne pouvait en revanche, alors qu'il n'est pas soutenu que les actes d'état civil des deux enfants, établis selon la loi applicable aux faits dans l'État du Colorado, seraient entachés de fraude ou ne seraient pas conformes à cette loi, conduire à priver ces enfants de l'effet qui s'attache en principe, en vertu de l'art. 22-1 C. civ., à la décision de naturaliser M. D., sans qu'il soit porté une atteinte disproportionnée à ce qu'implique, en termes de nationalité, le droit au respect de leur vie privée. • CE 31 juill. 2019, n° 411984 : *AJDA 2019. 1672 ; ibid. 2246, concl. Odinet ; AJ fam. 2019. 433, obs. Dionisi-Peyrusse ; JCP Adm. 2019. 542.*

6° AUTRES SITUATIONS

230. Sportifs. Ne porte pas atteinte à la vie privée l'inscription d'un sportif dans le groupe cible des contrôles antidopage. • CE, QPC, 18 déc. 2013, *Mme Longo-Ciprelli*, n° 364839 § 6 : *préc. note 11.* ♦ Même solution ss. l'angle de l'art. 8 Conv. EDH. • CEDH 18 janv. 2018, *Féd. nat. assoc. et synd. sportifs c/ France*, n° 48151/11 § 159, 169, 177 et 191 : *AJDA 2018. 135 .*

BIBL. Lohéac-Derboulle, La France, pays des droits de l'homme… même ceux des Roms ?, *JCP Adm. 2014. 2188.*

231. Sur le mode de vie des gens du voyage. Il convient que l'abri ou la résidence soit mobile pour que s'appliquent les dispositions relatives aux gens du voyage. • Cons. const. 9 juill. 2010, *Orient O. et a.*, n° 2010-13 QPC (sol. impl.) • Cons. const. 5 oct. 2012, *Jean-Claude P.*, n° 2012-279 QPC (sol. impl.). ♦ Sont des « gens du voyage », quelle que soit leur origine, les personnes dont l'habitat est constitué de résidences mobiles et qui ont choisi un mode de vie itinérant ; en revanche, n'entrent pas dans cette catégorie les personnes occupant sans titre une parcelle du domaine public dans des abris de fortune ou des caravanes délabrées qui ne constituent pas des résidences mobiles. • CE 17 janv. 2014, *Floréa*, n° 369671 : *AJDA 2014. 959 ; AJCT 2014. 211, obs. Giacuzzo* • CE 5 mars 2014, *X.*, n° 372422 : *AJDA 2014. 1280, note Aubin .* ♦ Comp., estimant que restent des gens du voyage ceux qui vivent en caravane même lorsqu'ils ne vivent plus de façon nomade. • CEDH, gr. ch., 18 janv. 2001, *Chapman c/ Royaume-Uni*, n° 27238/95 § 73 : *D. 2002. 2758, note Fiorina ; AJDA 2001. 1060, chron. Flauss ; RTD civ.*

2001. 448, obs. Marguénaud • CEDH 17 oct. 2013, *Winterstein et a. c/ France*, n° 27013/07 § 141 : *D. 2013. 2678, note Marguénaud et Mouly ; ibid. 2014. 238, obs. Renucci ; ibid. 445, obs. Boskovic, Corneloup, Jault-Sekeke, Joubert et Parrot ; AJCT 2014. 165, obs. Péchillon ; AJDA 2013. 2061 ; JCP Adm. 2014. 865.*

232. Possibilité de procréation. En ce qui concerne l'homme du couple, la condition relative à l'âge de procréer, qui revêt, pour le législateur, une dimension à la fois biologique et sociale, est justifiée par des considérations tenant à l'intérêt de l'enfant, à l'efficacité des techniques mises en œuvre et aux limites dans lesquelles la solidarité nationale doit prendre en charge le traitement médical de l'infertilité. Compte tenu de son âge au moment du prélèvement de ses gamètes par rapport à la limite d'âge fixée en principe à 59 ans sur la base du large consensus existant dans la communauté scientifique et médicale, eu égard aux risques d'anomalies à la naissance et de maladies génétiques, le refus d'exportation de gamètes opposé à M. C. ne peut être regardé, eu égard aux finalités d'intérêt général que ces dispositions poursuivent et en l'absence de circonstances particulières propres au cas d'espèce, comme constituant une ingérence excessive dans l'exercice de son droit au respect de sa vie privée. • CE 17 avr. 2019, n° 420468 A : *AJDA 2019. 901 ; D. 2019. 944 ; AJ fam. 2019. 309, obs. Dionisi-Peyrusse .*

233. Démolition. La remise en état des lieux consistant dans la démolition de la maison d'habitation du prévenu qui a édifié cette construction sans avoir sollicité de permis de construire ne pouvait être ordonnée sans répondre aux conclusions du prévenu selon lesquelles une démolition porterait une atteinte disproportionnée au droit au respect de sa vie privée et familiale et à son domicile. • Crim. 31 janv. 2017, n° 16-82.945 P : *AJDA 2017. 258 ; RSC 2017. 317, note Robert ; RDI 2017. 195, note Roujou de Boubée .* ♦ La disproportion manifeste entre l'atteinte à la vie privée et familiale et au domicile par rapport aux impératifs d'intérêt général des législations urbanistiques et environnementales qui résulterait de la démolition, ne saurait être utilement invoquée quand la construction litigieuse est située en zone inondable avec fort aléa. • Crim. 16 janv. 2018, n° 17-81.884 P : *AJDA 2018. 136 ; D. 2018. 170 .* ♦ Le juge, confronté à une demande de démolition d'une construction irrégulière, doit opérer un contrôle de proportionnalité au regard du respect de la vie privée et du domicile. • Civ. 3e, 16 janv. 2020, n° 19-13.645 P et 19-10.375 P (2 espèces) : *AJDA 2020. 143 ; D. 2020. 82 ; RDI 2020. 150, obs. Soler-Couteaux .*

234. Autres. En permettant au préfet d'instituer des périmètres au sein desquels l'accès et la circulation des personnes sont réglementés et des mesures de contrôle mises en œuvre, les dispositions contestées portent atteinte à la vie privée. • Cons. const. 29 mars 2018, *Rouchdi B. et a.*, n° 2017-695 QPC § 30. ♦ Pour la mise en œuvre, V. *supra* note 37. ♦ Il en va de même de l'interdiction qui peut être faite de se trouver en relation directe ou indirecte avec certaines personnes, nommément désignées. V. ss. Préamb. Const. 1946, al. 10.

235. Si une vaccination obligatoire constitue une atteinte à l'intégrité physique de la personne, elle peut se trouver justifiée par des considérations de santé publique dès lors qu'il existe un rapport suffisamment favorable entre, d'une part la contrainte et le risque présentés par la vaccination pour chaque personne vaccinée et, d'autre part, le bénéfice attendu tant pour cet individu que pour la collectivité dans son entier. • CE 6 mai 2019, n° 419242 A : *AJDA 2019. 964 ; D. 2019. 995 ; AJ fam. 2019. 309, obs. Dionisi-Peyrusse ; RDSS 2019. 558, obs. Peigné ; JCP Adm. 2019. 328.*

236. Si le Gouvernement n'était pas tenu de suivre l'avis du Haut Conseil de la santé publique selon lequel, dans la prise en charge des personnes décédées du covid-19, il convenait « de respecter la stricte observance des règles d'hygiène et de mesures de distance physique, mais aussi de respecter dans leur diversité les pratiques culturelles et sociales autour du corps d'une personne décédée, notamment en ce qui concerne la toilette rituelle du corps par les personnes désignées par les proches, ainsi que la possibilité pour ceux-ci de voir la personne décédée avant la fermeture définitive du cercueil », il n'a apporté, dans le cadre de la présente instance, aucun élément de nature à justifier de la nécessité d'imposer de façon générale et absolue, à la date où elles ont été édictées, les restrictions prévues par les dispositions attaquées selon lesquelles « les défunts atteints ou probablement atteints du covid-19 au moment de leur décès font l'objet d'une mise en bière immédiate. La pratique de la toilette mortuaire est interdite pour ces défunts ». • CE 22 déc. 2020, n° 439804 B § 21 : *préc. note 6.*

C. AUTRES ÉLÉMENTS RATTACHÉS À LA LIBERTÉ PERSONNELLE

237. Si une vaccination obligatoire constitue une atteinte à l'intégrité physique de la personne, elle peut se trouvée justifiée par des considérations de santé publique dès lors qu'il existe un rapport suffisamment favorable entre, d'une part la contrainte et le rsique présentés par la vaccination pour chaque personne vaccinée et, d'autre part, le bénéfice attendu tant pour cet individu que pour la collectivité dans son entier. • CE 6 mai 2019, n° 419242 A :

AJDA 2019. 964 ; *D. 2019. 995* ; *AJ fam. 2019. 309, obs. Dionisi-Peyrusse* ; *RDSS 2019. 558, obs. Peigné* ; *JCP A 2019. 328.*

238. Interruption volontaire de grossesse (IVG) – Liberté de la femme. La liberté de la femme découle du présent art. • Cons. const. 27 juin 2001, n° 2001-446 DC § 5 • Cons. const. 31 juill. 2014, n° 2014-700 DC § 4 • Cons. const. 21 janv. 2016, n° 2015-727 DC § 43 • Cons. const. 16 mars 2017, n° 2017-747 DC § 10.

239. La loi relative à l'interruption volontaire de grossesse respecte la liberté des personnes appelées à recourir ou à participer à une interruption de grossesse, qu'il s'agisse d'une situation de détresse ou d'un motif thérapeutique et, dès lors, ne porte pas atteinte au principe de liberté posé au présent art. • Cons. const. 15 janv. 1975, n° 74-54 DC § 7. ♦ Ne rompent pas l'équilibre que le respect de la Const. impose entre, d'une part, la sauvegarde de la dignité de la personne humaine contre toute forme de dégradation et, d'autre part, la liberté de la femme [...] une disposition : qui porte de dix à douze semaines le délai pendant lequel peut être pratiquée une interruption volontaire de grossesse lorsque la femme enceinte se trouve, du fait de son état, dans une situation de détresse (en l'état des connaissances et des techniques). • Cons. const. 27 juin 2001, n° 2001-446 DC § 5. ♦ ... Qui supprime le délai d'une semaine entre la demande de la femme d'interrompre sa grossesse et la confirmation écrite de cette demande. • Cons. const. 21 janv. 2016, n° 2015-727 DC § 43.

240. La loi de 1975 a autorisé une femme à demander l'interruption volontaire de sa grossesse lorsque « son état » la « place dans une situation de détresse » ; ces dispositions réservent à la femme le soin d'apprécier seule si elle se trouve dans cette situation ; dès lors, la modification qui prévoit que la femme enceinte qui ne veut pas poursuivre une grossesse peut en demander l'interruption à un médecin ne méconnaît aucune exigence constitutionnelle. • Cons. const. 31 juill. 2014, n° 2014-700 § 4. ♦ V. également, sous l'angle de la protection de la santé, notes ss. Préamb. Const. 1946, al. 11.

241. Environnement de travail. La réintégration dans l'entreprise, suite à une amnistie, de certains salariés peut affecter la liberté personnelle de l'employeur et des salariés de l'entreprise en leur imposant la fréquentation, sur les lieux de travail, des auteurs d'actes dont ils ont été victimes. • Cons. const. 20 juill. 1988, n° 88-244 DC § 22. ♦ A l'inverse, le fait que l'intéressé ait la possibilité de s'opposer à l'inclusion du « contrat insertion – revenu minimum d'activité » parmi les actions d'insertion qui lui sont proposées ne porte pas atteinte à la liberté personnelle. • Cons. const. 13 déc. 2003, n° 2003-487 DC § 27 et 28.

242. Droit syndical. V. annotations ss. Préamb. Const. 1946, al. 6.

243. Lutte contre la corruption. Des dispositions permettant à un service d'obtenir communication de tout document sans l'assortir d'une obligation de motivation et sans aucune restriction non seulement quant à la nature mais aussi quant à l'ancienneté de ces documents et ce sans qu'il s'agisse d'une prise de connaissance et, le cas échéant, de copie, pouvant autoriser des rétentions dont le terme n'est pas fixé, portent une atteinte excessive à la liberté personnelle. • Cons. const. 20 janv. 1993, n° 92-316 DC § 16.

244. Obligation de soins des malades mentaux. Le législateur a pris des mesures assurant, entre la protection de la santé et la protection de l'ordre public, d'une part, et la liberté personnelle protégée par le présent art., d'autre part, en estimant : qu'une personne atteinte de troubles mentaux qui soit rendent impossible son consentement alors que son état impose une surveillance constante en milieu hospitalier, soit font que cette personne compromet la sûreté des personnes ou porte atteinte de façon grave à l'ordre public, ne peut s'opposer aux soins médicaux que ces troubles requièrent dès lors que les garanties encadrant l'hospitalisation sans consentement permettent que l'avis de la personne sur son traitement soit pris en considération. • Cons. const. 26 nov. 2010, *Mlle Danielle S.*, n° 2010-71 QPC § 32. ♦ ... Qu'une personne atteinte de troubles mentaux peut être soumise sans son consentement à des soins dispensés par un établissement psychiatrique, même sans hospitalisation complète, dès lors que « ses troubles mentaux rendent impossible son consentement » à des soins alors que « son état mental impose des soins immédiats assortis d'une surveillance médicale constante » ou lorsque ces troubles « nécessitent des soins et compromettent la sûreté des personnes ou portent atteinte, de façon grave, à l'ordre public » et qu'en tout état de cause, le juge des libertés et de la détention peut être saisi à tout moment aux fins d'ordonner à bref délai la mainlevée immédiate d'une telle mesure. • Cons. const. 20 avr. 2012, *Assoc. Cercle de réflexion et de proposition d'actions sur la psychiatrie*, n° 2012-235 QPC § 12.

245. Usage du sang ou des cellules du cordon ou du placenta. Le choix du législateur de conditionner le prélèvement de ces cellules au recueil préalable du consentement écrit de la femme n'a pas eu pour objet ni pour effet de conférer des droits sur ces cellules ; par suite, le grief tiré de la méconnaissance de la liberté personnelle doit être écarté. • Cons. const. 16 mai 2012, *Sté Cryo Save France*, n° 2012-249 QPC § 7.

246. Liberté sexuelle. Pour accorder l'asile du fait des persécutions qu'il encourt du fait de son orientation sexuelle, la CNDA ne peut exiger de ce dernier qu'il apporte la preuve des faits qu'il avance et, en particulier, de son orientation sexuelle, mais elle peut écarter des allégations qu'elle jugerait insuffisamment étayées et rejeter, pour ce motif, le recours dont elle est saisie. • CE 8 févr. 2017, n° 395821 B : *AJDA 2017. 324* ; *JCP Adm. 2017. 129.* ♦ En pénalisant les acheteurs de services sexuels, le législateur a entendu, en privant le proxénétisme de sources de profits, lutter contre cette activité et contre la traite des êtres humains aux fins d'exploitation sexuelle, activités criminelles fondées sur la contrainte et l'asservissement de l'être humain, et a assuré une conciliation qui n'est pas manifestement déséquilibrée entre, d'une part, l'objectif de valeur constitutionnelle de sauvegarde de l'ordre public et de prévention des infractions et la sauvegarde de la dignité de la personne humaine et, d'autre part, la liberté personnelle. • Cons. const. 1er févr. 2019, *Assoc. Médecins du monde et a.*, n° 2018-761 QPC § 11 et 13.

247. Liberté vestimentaire. V. notes ss. DDH, art. 10.

248. Liberté du mariage. V. notes ss. DDH, art. 4.

249. Fin de vie. V. notes ss. Préamb. Const. 1946, al. 1er.

II. CONDITIONS D'EXERCICE DU DROIT DE PROPRIÉTÉ

BIBL. Noguellou, Le droit des propriétés publiques, aspects constitutionnels récents, *AJDA 2013. 986.*

250. Les présentes dispositions ne peuvent être invoquées que par des propriétaires. Les héritiers ne devenant propriétaires des biens du défunt qu'en vertu de la loi successorale, doit être rejeté comme inopérant le grief tiré de ce que la disposition contestée, qui définit les modalités selon lesquelles sont appréciés les droits respectifs des donataires ou légataires et des héritiers réservataires dans la succession, porterait atteinte au droit de propriété des héritiers. • Cons. const. 28 sept. 2012, *Cts G.*, n° 2012-274 QPC § 12.

251. Le présent art. est inopérant dans le cadre d'un contrôle des lois de validation. • Cons. const. 14 févr. 2014, *SELARL PJA, ès qualités de liquidateur de la Sté Maflow France*, n° 2013-366 QPC § 9 (sol. impl.).

252. S'il appartient aux juridictions compétentes de faire obstacle aux abus de majorité commis par un ou plusieurs copropriétaires, ni le droit de propriété ni aucun autre principe ou règle de valeur constitutionnelle n'interdit qu'un copropriétaire dont la quote-part dans les parties communes est majoritaire puisse disposer, en assemblée générale, d'un nombre de voix proportionnel à l'importance de ses droits dans l'immeuble. • Cons. const. 11 juill. 2014, *Clément B. et a.*, n° 2014-409 QPC § 6.

A. NOTION D'ATTEINTE AUX CONDITIONS D'EXERCICE DU DROIT DE PROPRIÉTÉ

253. Sur la privation du droit de propriété et sur le contenu et les titulaires du droit de propriété, V. Comm. ss. DDH, art. 17.

254. Principe. Le droit de propriété est garanti dans ses conditions d'exercice par les dispositions de l'art. 4 DDH et par les présentes dispositions. • Cons. const. 10 juin 2010, n° 2010-607 DC § 9 • Cons. const. 18 juin 2010, *SNC Kimberly Clark*, n° 2010-5 QPC § 5. ♦ En l'absence de privation du droit de propriété au sens de l'art. 17 DDH, il résulte néanmoins du présent art. que les atteintes portées à ce droit doivent être justifiées par un motif d'intérêt général et proportionnées à l'objectif poursuivi. • Cons. const. 13 janv. 2012, *Cts B.*, n° 2011-208 QPC § 4 • Cons. const. 11 juill. 2014, *Clément B. et a.*, n° 2014-409 QPC § 3 • Cons. const. 2 févr. 2018, *Assoc. Wikimédia France et a.*, n° 2017-687 QPC § 4.

255. Le droit de propriété constitue une liberté fondamentale au sens de l'art. L. 521-2 CJA. • CE, réf., 14 mars 2011, n° 347345 B : *AJDA 2011. 588* .

256. Il convient, pour pouvoir se prévaloir des présentes dispositions, d'être effectivement propriétaire du bien concerné par l'atteinte éventuelle portée. • Cons. const. 8 avr. 2011, *Lucien M.*, n° 2011-118 QPC § 4.

257. En accordant aux propriétaires de terrains grevés d'un emplacement réservé le droit d'imposer à la collectivité publique soit d'acquérir le terrain réservé, soit de renoncer à ce qu'il soit réservé, le législateur n'a porté aucune atteinte au présent art. • Cons. const. 21 juin 2013, *Jean-Sébastien C.*, n° 2013-325 QPC § 5. ♦ En ne prévoyant pas de droit de rétrocession pour les propriétaires dont les terrains grevés d'un emplacement réservé ont été acquis par le bénéficiaire de cet emplacement à la suite de l'exercice du droit de délaissement, le législateur n'a pas méconnu sa compétence... • Cons. const. 21 juin 2013, *Jean-Sébastien C.* : n° 2013-325 QPC § 6. ♦ Néanmoins, l'ancien propriétaire peut être indemnisé lorsque la collectivité revend le bien à un prix très supérieur au prix d'acquisition. • Civ. 3e, 18 avr. 2019, n° 18-11.414 P : *D. 2019. 890* ; *AJDA 2019. 903* ; *JCP Adm. 2019. 294.*

258. Application aux créances. L'affectation par un entrepreneur à son activité d'un patrimoine séparé de son patrimoine personnel soustrait le patrimoine affecté du gage des créanciers personnels de l'entrepreneur et le patrimoine personnel du gage de ses créanciers professionnels ; sous réserve que les créanciers dont les droits sont nés antérieurement à l'affectation soient personnellement informés de la déclaration d'affectation et de leur droit de former opposition, cette affectation, la disposition ne porte pas atteinte aux conditions d'exercice du droit de propriété de ces créanciers. • Cons. const. 10 juin 2010, n° 2010-607 DC § 9. ♦ Les dispositions contestées, en ce qu'elles prévoient l'extinction définitive de la créance non déclarée dans le délai légal, sont susceptibles d'entraîner une atteinte au droit de propriété des créanciers de la succession. • Cons. const. 5 oct. 2016, *Sté BNP Paribas SA,* n° 2016-574/575/576/577/578 QPC § 7.

259. Limites au droit de propriété. Constituent une limite aux conditions d'exercice du droit de propriété : le fait de priver les riverains d'accès à la voie publique, celui-ci constituant un accessoire du droit de propriété. • CE, réf., 14 mars 2011, n° 347345 B : *préc. note 255.* ♦ ... Le fait d'imposer que les coupes et produits des coupes des bois et forêts communaux soient mis en vente par l'Office national des forêts. • CE 1er févr. 2012, n° 353945 B : *AJDA 2012. 242.* ♦ ... La délimitation du domaine public maritime et donc de la propriété privée par le législateur, confirmant un critère physique objectif indépendant de la volonté de la puissance publique. • Cons. const. 24 mai 2013, *SCI Pascal et a.,* n° 2013-316 QPC § 6. ♦ ... Les dispositions qui permettent d'intégrer dans le passif du dirigeant de droit ou de fait de la personne morale le passif de cette dernière dès lors que si, dans ces circonstances particulières, elles ont pour effet de faire contribuer le dirigeant à l'apurement du passif de la personne morale, sans pour autant opérer une confusion du patrimoine du dirigeant et de celui de la personne morale. • Cons. const. 7 oct. 2015, *Patoarli R.,* n° 2015-487 QPC § 10. ♦ ... Les dispositions qui interdisent aux responsables et aux employés ou bénévoles des sociétés délivrant des services aux personnes âgées, aux personnes handicapées ou aux autres personnes qui ont besoin d'une aide personnelle à leur domicile ou d'une aide à la mobilité, ainsi qu'aux personnes directement employées par celles qu'elles assistent, de recevoir de ces dernières des donations ou des legs, limitant ces personnes dans leur capacité à disposer librement de leur patrimoine. • Cons. const. 12 mars 2021, *Fouzia L.,* n° 2020-888 QPC § 5.

260. V. également les hypothèses dans lesquelles la mesure ne constitue pas une privation du droit de propriété : DDH, art. 17, notes 29 s. ♦ Ne constitue ni une privation ni une atteinte l'effacement, qui permet de corriger les écarts entre la production et la consommation d'électricité, n'a pas pour effet de faire obstacle à la consommation effective d'électricité par les clients des fournisseurs d'électricité des sites concernés mais uniquement d'éviter une consommation plus importante en particulier en cas de déséquilibre. Dès lors, les dispositions contestées n'ont ni pour objet ni pour effet de priver un fournisseur d'électricité de rémunération au titre de l'électricité qu'il a injectée sur le réseau et qui a été consommée. • Cons. const. 11 avr. 2013, n° 2013-666 DC § 24.

261. Cessions forcées. Relèvent de la disposition relative au droit de propriété : la disposition qui conduit à rendre mitoyen en tout ou partie un mur sur lequel se joint un propriétaire et qui n'a pour effet que de rendre *indivis* le droit exclusif du maître du mur qui, dans les limites de l'usage en commun, continue à exercer sur son bien tous les attributs du droit de propriété. • Cons. const. 12 nov. 2010, *Pierre B.,* n° 2010-60 QPC § 5. ♦ ... Le régime d'extinction des servitudes qui n'ont pas été inscrites au livre foncier, en Alsace-Moselle. • Cons. const. 10 nov. 2011, *Jeannette R., épse D.,* n° 2011-193 QPC. ♦ ... La cession forcée d'un bien à titre de prestation compensatoire. • Cons. const. 13 juill. 2011, *Jean-Jacques C.,* n° 2011-151 QPC § 3. ♦ ... La suspension des droits attachés aux titres non inscrits puis leur vente. • Cons. const. 27 janv. 2012, *Régis J.,* n° 2011-215 QPC § 3. ♦ ... Les mesures de cession forcée s'appliquant au dirigeant qui détient des parts sociales, titres de capital ou valeurs mobilières donnant accès au capital et qui n'a pas renoncé à l'exercice de ses fonctions de direction. • Cons. const. 7 oct. 2015, *Gil L.,* n° 2015-486 QPC § 7. ♦ Rappr. d'une disposition imposant à une entreprise de ne refuser une offre de reprise sérieuse de l'un de ses établissements que pour un motif légitime. • Cons. const. 27 mars 2014, n° 2014-692 DC. ♦ Rappr. également, s'agissant des deux dispositifs de « dilution forcée » et de « cession forcée » institués par le législateur dans le but encourager la poursuite d'activité des entreprises. • Cons. const. 5 août 2015, n° 2015-715 DC § 142. ♦ *Contra* • Cons. const. 6 févr. 2015, *Sté Mutuelle des transports assurances,* n° 2014-449 QPC § 6.

262. Privation du droit de propriété, entrant dans le champ du présent art. Lorsque la privation du droit de propriété est une sanction ou est assimilable à une sanction, c'est le présent art. (et non l'art. 17 DDH) qui s'applique. • Cons. const. 13 janv. 2012, *Cts B.,* n° 2011-208 QPC § 4. ♦ Rappr. s'agissant d'une mesure conservatoire • Cons. const. 21 mars 2014, *Bertrand L. et a.,* n° 2014-375 QPC et a. § 14. ♦ Il en va de même de la procédure de dessaisissement d'armes. • Cons. const. 17 janv. 2012, *Jean-Claude G.,* n° 2011-209 QPC § 5. ♦ ... En matière d'alignement. • Cons. const. 2 déc. 2011, *Cts D.,* n° 2011-

201 QPC § 5. ♦ ... En matière de délimitation du domaine public maritime. • Cons. const. 24 mai 2013, *SCI Pascal et a.*, n° 2013-316 QPC § 6. ♦ ... Ou de prescription acquisitive au profit de l'État du fait du désintérêt du propriétaire. • Cons. const. 9 juill. 2014, *Franck I.*, n° 2014-406 QPC § 6. ♦ ... Ou quant à l'impossibilité d'exercer une voie de recours devant la chambre de l'instruction ou toute autre juridiction en l'absence de tout délai déterminé imparti au juge d'instruction pour statuer. • Cons. const. 16 oct. 2015, *Cts R.*, n° 2015-494 QPC § 7.

263. Si la mesure de saisie prévue par les dispositions contestées a pour effet de rendre indisponibles les biens ou droits incorporels saisis, elle est ordonnée par un magistrat du siège et ne peut porter que sur des biens ou droits dont la confiscation peut être prononcée à titre de peine complémentaire en cas de condamnation pénale. • Cons. const. 14 oct. 2016, *Sté Finestim SAS et a.*, n° 2016-583/584/585/586 QPC § 7.

264. N'affectent pas le droit de propriété : la méconnaissance, par le législateur, de l'étendue de sa compétence dans la détermination des modalités de recouvrement d'une imposition. • Cons. const. 8 oct. 2014, *Sté Praxair SAS*, n° 2014-419 QPC § 11. ♦ ... Des mesures visant à éviter la fraude et l'évasion fiscales. • Cons. const. 26 juin 2015, *Épx P.*, n° 2015-473 QPC § 9. ♦ La possibilité ouverte aux agents qui ne souhaitent pas utiliser ces jours conformément à leur finalité d'obtenir, sous certaines conditions, une contrepartie financière, constitue un régime indemnitaire spécifique. • CE, QPC, 22 juin 2016, n° 395913 : *AJDA 2016. 1960*. ♦ ... La désignation ou non d'un commissaire aux comptes, celle-ci n'ayant pas de conséquence sur les conditions d'exercice de leur droit de propriété par les actionnaires de la société en cause ou par ses co-contractants. • Cons. const. 16 mai 2019, n° 2019-781 DC § 24.

B. MISE EN ŒUVRE DES ATTEINTES AUX CONDITIONS D'EXERCICE DU DROIT DE PROPRIÉTÉ

265. Principe. Il appartient au législateur, compétent en application de l'art. 34 Const. pour déterminer les principes fondamentaux du régime de la propriété, des droits réels et des obligations civiles et commerciales, de définir les règles relatives à l'acquisition ou la conservation de la propriété. • Cons. const. 20 janv. 2012, *Khadija A., Épse M.*, n° 2011-212 QPC § 4.

266. Sans remettre en cause le droit de propriété, le législateur peut limiter l'exercice du droit de propriété dès lors que cette limitation : est justifiée par un intérêt général suffisant et proportionnée à l'objectif poursuivi. • Cons. const. 12 nov. 2010, *Pierre B.*, n° 2010-60 QPC § 3 • Cons. const. 13 juill. 2011, *Jean-Jacques C.*, n° 2011-151 QPC § 3 • Cons. const. 23 sept. 2011, *Épx L. et a.*, n° 2011-172 QPC § 8 • Cons. const. 10 nov. 2011, *Jeannette R., épse D.*, n° 2011-193 QPC § 3 • Cons. const. 2 déc. 2011, *Cts D.*, n° 2011-201 QPC § 4 • Cons. const. 16 déc. 2011, *Noël C.*, n° 2011-206 QPC § 3 • Cons. const. 16 déc. 2011, *Sté Grande Brasserie Patrie Schutzenberger*, n° 2011-207 QPC § 5 • Cons. const. 13 janv. 2012, *Cts B.*, n° 2011-208 QPC § 4 • Cons. const. 28 sept. 2012, *Cts G.*, n° 2012-274 QPC § 11 • Cons. const. 17 janv. 2013, n° 2012-660 DC § 5 • Cons. const. 7 mai 2020, *Société A.D-Trezel*, n° 2020-837 QPC § 3. ♦ V. déjà • Cons. const. 7 déc. 2000, n° 2000-436 DC § 20. ♦ ... Ne présente pas un caractère de gravité tel que l'atteinte qui en résulte en dénature le sens et la portée. • Cons. const. 4 juill. 1989, n° 89-254 DC § 10 • Cons. const. 9 avr. 1996, n° 96-373 DC § 22 • Cons. const. 20 juill. 2000, n° 2000-434 DC § 24 • Cons. const. 27 juill. 2006, n° 2006-540 DC § 71. ♦ V. déjà • Cons. const. 26 juill. 1984, n° 84-172 DC § 3 à 5. ♦ ... Ou est justifiée, sous les mêmes conditions, par la mise en œuvre d'un objectif de valeur constitutionnelle. • Cons. const. 29 juill. 1998, n° 98-403 DC § 7 et 31.

267. Il n'appartient pas au Cons. const. de statuer sur la question de savoir si une occupation d'un terrain sans droit ni titre doit toujours être regardée comme un trouble manifestement illicite au sens de l'art. 809, al. 1er, C. pr. civ. et doit toujours donner lieu à une expulsion en urgence. • Cons. const. 30 sept. 2011, *Cts M. et a.*, n° 2011-169 QPC § 9.

268. Règles de procédure. L'instauration d'une servitude n'est pas conforme à la Const. faute que soit prévue une procédure devant permettre aux intéressés, d'une part, d'être informés des motifs rendant nécessaire l'établissement de la servitude, d'autre part, de faire connaître leurs observations ; cette procédure d'information et de réclamation doit être assortie de délais raisonnables ou tout autre moyen destiné à écarter le risque d'arbitraire dans la détermination des immeubles désignés pour supporter la servitude. • Cons. const. 13 déc. 1985, n° 85-198 DC § 12 • Cons. const. 14 oct. 2011, *Pierre T.*, n° 2011-182 QPC § 8.

269. Motivation. Sauf pour les décisions prononçant une sanction ayant le caractère d'une punition, aucune règle ni aucun principe de valeur constitutionnelle n'imposent par eux-mêmes aux autorités administratives de motiver leurs décisions. Les décisions prises dans l'exercice des droits de préemption ne revêtent pas le caractère de sanctions et, par suite, les conditions de motivation de ces décisions, telles qu'elles sont fixées par l'art. législatif litigieux, ne sont pas susceptibles de porter atteinte au droit de propriété. • CE 8 févr. 2012, *Soppelsa*, n° 354080 : *AJDA 2012. 293*.

1° JUSTIFICATIONS DES LIMITATIONS AU DROIT DE PROPRIÉTÉ

a. Intérêt général

270. Patrimoine artistique et culturel. Répondent à un motif d'intérêt général : la préservation du patrimoine historique et artistique. • Cons. const. 16 déc. 2011, *Sté Grande Brasserie Patrie Schutzenberger*, n° 2011-207 QPC § 7. ♦ ... La préservation du pluralisme des entreprises de presse. • Cons. const. 10 oct. 1984, n° 84-181 DC § 54. ♦ ... La conservation et la mise en valeur du patrimoine audiovisuel national. • Cons. const. 27 juill. 2006, n° 2006-540 DC § 71. • Cons. const. 28 févr. 2014, *Marc S. et a.*, n° 2013-370 QPC § 14. ♦ ... La conservation et la préservation de lieux qui présentent un intérêt « au point de vue artistique, historique, scientifique, légendaire ou pittoresque ». • Cons. const. 23 nov. 2012, *Antoine de M.*, n° 2012-283 QPC § 16. ♦ ... La diversification de l'offre de programmes et la liberté de choix des utilisateurs. • Cons. const. 1er juill. 2004, n° 2004-497 DC § 20. ♦ ... La facilitation de l'accès des services de radio par internet aux catalogues des producteurs de phonogrammes qui ainsi favorise la diversification de l'offre culturelle proposée au public et améliore l'offre culturelle tant quantitativement (les webradios peuvent diffuser davantage de titres) que qualitativement (du fait de la diversité et du renouvellement rendu possibles par l'apparition d'artistes et de producteurs nouveaux). • Cons. const. 4 août 2017, *Sté civile des producteurs phonographiques et a.*, n° 2017-649 QPC § 10. ♦ ... La protection de l'image des domaines nationaux afin d'éviter qu'il soit porté atteinte au caractère de biens présentant un lien exceptionnel avec l'histoire de la Nation et détenus, au moins partiellement, par l'État. • Cons. const. 2 févr. 2018, *Assoc. Wikimédia France et a.*, n° 2017-687 QPC § 10. ♦ ... La valorisation économique du patrimoine que constituent ces domaines nationaux. • Cons. const. 2 févr. 2018, *Assoc. Wikimédia France et a.*, n° 2017-687 QPC § 10.

271. Droit civil et/ou commercial. Dès lors qu'il appartient au législateur de concilier les droits patrimoniaux des créanciers et des débiteurs pour permettre le paiement des obligations civiles et commerciales, répond à un motif d'intérêt général l'attribution forcée d'un bien à titre de prestation compensatoire consécutive à un divorce, l'objectif poursuivi étant la protection du conjoint dont la situation économique est la moins favorisée tout en limitant les difficultés et les contentieux postérieurs. • Cons. const. 13 juill. 2011, *Jean-Jacques C.*, n° 2011-151 QPC § 6. ♦ Rappr. s'agissant de la conformité du même mécanisme avec l'art. 1er Prot. n° 1 Conv. EDH. • Civ. 1re, 31 mars 2010, n° 09-13.811 P. ♦ Répond également à un motif d'intérêt général la disposition prévoyant que le montant de la mise à prix est fixé par le créancier poursuivant et disposant que, à défaut d'enchère, ce dernier est déclaré adjudicataire, l'objectif poursuivi étant d'éviter que la procédure de saisie immobilière demeure suspendue faute d'enchérisseur. • Cons. const. 16 déc. 2011, *Noël C.*, n° 2011-206 QPC § 6. ♦ Les dispositions contestées (C. civ., art. 918) non seulement tendent à protéger les droits des héritiers réservataires mais permettent également, dès lors que l'exécution de la contrepartie de l'aliénation peut se confondre avec celle d'autres obligations entre ascendants et descendants, d'éviter les difficultés liées à l'administration de la preuve de l'acquittement de cette contrepartie ; elles permettent aussi de favoriser des accords préalables entre les héritiers présomptifs sur ces aliénations. • Cons. const. 1er août 2013, *Didier M.*, n° 2013-337 QPC § 7. ♦ Rappr. implicitement : • Cons. const. 5 août 2011, *Elke B. et a.*, n° 2011-159 QPC. ♦ La suspension des droits de vote, frappant l'actionnaire n'ayant pas déclaré un franchissement de seuil à la hausse dans le délai prévu, a pour objet de faire obstacle aux prises de participation occultes dans les sociétés cotées afin de renforcer, d'une part, le respect des règles assurant la loyauté dans les relations entre la société et ses membres, ainsi qu'entre ses membres et, d'autre part, la transparence des marchés. • Cons. const. 28 févr. 2014, *Sté Madag*, n° 2013-369 QPC § 9. ♦ ... La fixation de la date d'évaluation des droits sociaux, en l'absence de dispositions statutaires sur ce point, à la date la plus proche du jour de leur remboursement et non à la date de la perte de la qualité d'associé afin de permettre une juste évaluation de la valeur litigieuse des droits sociaux cédés n'affecte pas le droit de propriété. • Cons. const. 16 sept. 2016, *Dominique B.*, n° 2016-563 QPC § 8. ♦ Il en est de même pour l'extinction définitive de la créance non déclarée dans le délai légal dans le but de faciliter la transmission des patrimoines. • Cons. const. 5 oct. 2016, *Sté BNP Paribas SA*, n° 2016-574/575/576/577/578 QPC § 7.

272. Constitue également un objectif d'intérêt général la volonté d'encourager la poursuite d'activité des entreprises et des commerces. • Cons. const. 17 juill. 2015, *SARL Holding Désile*, n° 2015-476 QPC § 8 • Cons. const. 5 août 2015, n° 2015-715 DC § 142 • Cons. const. 7 oct. 2015, *Gil L.*, n° 2015-486 QPC § 8 • Cons. const. 5 mars 2021, *Sté Cie du grand hôtel de Malte*, n° 2020-887 QPC § 9. ♦ ... Le désintéressement des créanciers en facilitant l'apurement du passif. • Cons. const. 7 oct. 2015, *Patoarli R.*, n° 2015-487

QPC § 11. ♦ … La volonté de ne pas compromettre la viabilité des entreprises commerciales et artisanales. • Cons. const. 7 mai 2020, *Sté A.D-Trezel*, n° 2020-837 QPC § 7 • Cons. const. 5 mars 2021, *Sté Cie du grand hôtel de Malte*, n° 2020-887 QPC § 9.

273. En instaurant l'interdiction des libéralités consenties pendant la période d'assistance du donateur, le législateur a ainsi poursuivi un but d'intérêt général en entendant assurer la protection de personnes dont il a estimé que, compte tenu de leur état et dans la mesure où elles doivent recevoir une assistance pour favoriser leur maintien à domicile, elles étaient placées dans une situation particulière de vulnérabilité vis-à-vis du risque de captation d'une partie de leurs biens par ceux qui leur apportaient cette assistance. • Cons. const. 12 mars 2021, *Fouzia L.*, n° 2020-888 QPC § 7.

274. Espace rural. De même, justifient une limitation au droit de propriété : l'intérêt général qui s'attache à la préservation des espaces boisés. Les restrictions apportées au droit de propriété ne concernent que les modes d'occupation du sol de nature à compromettre la conservation, la protection ou la création de boisements et sont accompagnées, sous le contrôle du juge de l'excès de pouvoir, de garanties de fond et de procédure prévues pour la procédure d'élaboration des plans locaux d'urbanisme. Elles sont proportionnées à l'objectif poursuivi : • CE, QPC, 17 févr. 2011, n° 344445 B : *AJDA 2011. 359* ; *JCP Adm. 2011. 2313.* ♦ … L'aménagement foncier agricole, applicable aux propriétés rurales non bâties, qui a principalement pour but, par une nouvelle distribution des parcelles morcelées et dispersées, la constitution d'exploitations rurales d'un seul tenant ou à grandes parcelles bien groupées, permettant d'améliorer l'exploitation agricole des biens qui y sont soumis. • CE, QPC, 14 sept. 2011, n° 348394 A : *AJDA 2011. 1764* . ♦ … La cohérence de la politique forestière nationale et de mise en valeur de la forêt et de ses produits dans des conditions économiques satisfaisantes pour ses propriétaires et, notamment, pour les communes. • CE 1er févr. 2012, n° 353945 B : *préc. note 259.* ♦ … L'installation, le maintien et la consolidation d'exploitations agricoles ou forestières afin que celles-ci atteignent une dimension économique viable au regard des critères du schéma directeur régional des exploitations agricoles, ainsi que l'amélioration de la répartition parcellaire des exploitations. • Cons. const. 9 oct. 2014, n° 2014-701 DC § 21. ♦ … L'efficacité du contrôle des structures agricoles. • Même affaire § 36. ♦ … A favoriser l'installation, la réinstallation ou le maintien des agriculteurs, la sauvegarde du caractère familial des exploitations agricoles, la lutte contre la spéculation foncière ainsi que certains objectifs de remembrement rural ou de mise en valeur et de protection des paysages. • Cons. const. 25 mai 2018, *Épx P.*, n° 2018-707 QPC § 7.

275. Urbanisme. Répond à un motif d'intérêt général la maîtrise, par les collectivités publiques, de l'occupation des sols et du développement urbain pour ne pas compromettre ou rendre plus onéreuse la réalisation du projet. • Cons. const. 7 déc. 2000, n° 2000-436 DC § 15 et 18. ♦ Le régime de la mitoyenneté des murs servant de séparation, détermine un mode économique de clôture et de construction des immeubles ainsi que d'utilisation rationnelle de l'espace, tout en répartissant les droits des voisins sur les limites de leurs fonds ; l'accès forcé à la mitoyenneté constitue un élément nécessaire de ce régime proportionné à l'objectif visé par le législateur. • Cons. const. 12 nov. 2010, *Pierre B.*, n° 2010-60 QPC § 6. ♦ Répondent également à un motif d'intérêt général : le plan d'alignement qui vise à améliorer la sécurité routière et à faciliter les conditions de circulation. • Cons. const. 2 déc. 2011, *Cts D.*, n° 2011-201 QPC § 5. ♦ … Une limitation au droit de propriété l'intérêt général qui s'attache à l'étude des projets de travaux publics, civils ou militaires, exécutés pour le compte de l'État, des collectivités territoriales et de leurs groupements, ainsi que des établissements publics. • Cons. const. 23 sept. 2011, *Épx L. et a.*, n° 2011-172 QPC § 10. ♦ … La qualification de travaux publics encore aujourd'hui subordonnée à l'existence d'un motif d'intérêt général est contrôlée par le juge administratif. • CE 24 avr. 1974, *Foulquier : Lebon 251.* ♦ … La maîtrise de l'occupation des sols justifiant la mise en place de la réglementation des lotissements d'inclure, dans un lotissement, une parcelle détachée d'une propriété, les dispositions contestées n'ont ni pour objet ni pour effet d'entraîner la privation du droit de propriété. • Cons. const. 7 oct. 2011, *Éric A.*, n° 2011-177 QPC § 5. ♦ … La sécurité des transactions immobilières justifie l'extinction des servitudes constituées, en Alsace-Moselle, antérieurement à 1900 mais non inscrites au livre foncier. • Cons. const. 10 nov. 2011, *Jeannette R., Épse D.*, n° 2011-193 QPC § 7. ♦ … La volonté de permettre aux intéressés d'être maintenus dans leur logement. • Cons. const. 9 janv. 2018, *François P.*, n° 2017-683 QPC § 6. ♦ … La volonté de faciliter l'évolution, dans le respect de la politique publique d'urbanisme, des règles propres aux lotissements contenues dans leurs cahiers des charges. • Cons. const. 19 oct. 2018, *Simone P. et a.*, n° 2018-740 QPC § 7. ♦ … Le respect des règles d'urbanisme permettant la maîtrise, par les collectivités publiques, de l'occupation des sols et du développement urbain. • Cons. const. 31 juill. 2020, *Antonio O.*, n° 2020-853 QPC § 8.

276. Intérêt économique. Constituent un intérêt général suffisant : la nécessité de faire face à la crise économique, de promouvoir la croissance et de combattre le chômage. • Cons. const. 16 janv. 1982, n° 81-132 DC § 19. ♦ ... Le souci d'assurer la sauvegarde de la diversité commerciale des quartiers. • Cons. const. 7 déc. 2000, n° 2000-436 DC § 20. ♦ ... La volonté de faciliter l'apurement du passif afin de permettre, selon le cas, la continuation de l'entreprise ou le désintéressement des créanciers. • Cons. const. 20 janv. 2012, *Khadija A., Épse M.*, n° 2011-212 QPC § 6. ♦ ... Le fait d'améliorer l'efficacité et la gestion du service public de la sécurité sociale. • Cons. const. 19 déc. 2013, n° 2013-682 DC § 81. ♦ ... La lutte contre le travail dissimulé. • Cons. const. 31 juill. 2015, *Sté Gecop*, n° 2015-479 QPC § 18. ♦ ... L'ordre public économique. • Cons. const. 5 août 2015, n° 2015-715 DC § 32. ♦ ... La réalisation des infrastructures de transport et de distribution d'électricité. • Cons. const. 2 févr. 2016, *Assoc. Avenir Haute Durance*, n° 2015-518 QPC § 15. ♦ ... Le fait de faire peser de nouvelles obligations de desserte par des voies et réseaux. • Cons. const. 10 mai 2016, *Sté civ. Groupement foncier rural Namin*, n° 2016-540 QPC § 7. ♦ ... La prévention de risques représentant une menace grave et caractérisée soit pour la stabilité du système financier, soit pour la situation financière de l'ensemble ou d'un sous-ensemble significatif des organismes du secteur de l'assurance. • Cons. const. 8 déc. 2016, n° 2016-741 DC § 56. ♦ ... L'exercice et le développement des sports de nature et de montagne. • CE 30 déc. 2016, n° 404348 § 4 : *JCP Adm. 2017. 88, obs. Yolka.*

277. Sécurité des personnes et des biens. Constituent un intérêt général suffisant : la sauvegarde de l'ordre public et la sécurité des personnes. • Cons. const. 17 janv. 2012, *Jean-Claude G.*, n° 2011-209 QPC § 6 • Cons. const. 10 mai 2016, *Sté civ. Groupement foncier rural Namin*, n° 2016-540 QPC § 7. ♦ ... Une limitation du droit de chasse afin d'assurer la sécurité des enfants d'âge scolaire et de leurs accompagnateurs le mercredi. • Cons. const. 20 juill. 2000, n° 2000-434 DC § 31. ♦ ... La lutte contre l'incendie. • Cons. const. 14 oct. 2011, *Pierre T.*, n° 2011-182 QPC § 6. ♦ ... Un danger grave pour les personnes et les biens. • CE 14 août 2012, *Cne du Rove*, n° 361700 : *AJDA 2012. 2360*. ♦ La prévention des risques naturels. • Cons. const. 9 sept. 2014, *Cne de Tarascon*, n° 2014-411 QPC § 14. ♦ ... La protection de la santé. • Cons. const. 8 janv. 1991, n° 90-283 DC § 8 • Cons. const. 21 janv. 2016, n° 2015-727 DC § 21. ♦ ... La loyauté des transactions commerciales et la promotion de la défense des intérêts des consommateurs. • Cons. const. 15 janv. 1992, n° 91-303 DC § 10. ♦ ... La protection du consommateur. • Cons. const. 5 août 2015, n° 2015-715 DC § 32. ♦ ... L'objectif de prévention des atteintes à l'ordre public (notamment lutte contre le terrorisme ou menace contre la paix, de rupture de la paix et d'acte d'agression). • Cons. const. 2 mars 2016, *Abdel Manane M. K.*, n° 2015-524 QPC § 15.

278. Lutte contre la fraude. Constituent un intérêt général suffisant : une privation/sanction du droit de propriété, la lutte contre la délinquance douanière et la volonté de garantir le recouvrement des créances du Trésor public. • Cons. const. 13 janv. 2012, *Cts B.*, n° 2011-208 QPC § 7. ♦ V. déjà, s'agissant de la confiscation de biens dangereux ou nuisibles. • Cons. const. 26 nov. 2010, *Thibaut G.*, n° 2010-66 QPC § 7 (sol. impl.). ♦ ... La lutte contre la fraude fiscale et la réduction du coût de la gestion de valeurs mobilières. • Cons. const. 27 janv. 2012, *Régis J.*, n° 2011-215 QPC § 6.

279. Autres. Constituent un intérêt général suffisant : le respect des exigences constitutionnelles relatives à la propriété des personnes publiques résultant du présent art. et des art. 6, 13 et 17 DDH. • Cons. const. 17 janv. 2013, n° 2012-660 DC § 7. ♦ ... La protection des personnes âgées disposant de faibles ressources. • Cons. const. 20 mars 2014, n° 2014-691 DC § 15. ♦ ... La lutte contre les difficultés d'accès au logement résultant d'un déséquilibre marqué entre l'offre et la demande. • Cons. const. 20 mars 2014, n° 2014-691 DC § 22 et 39. ♦ ... Les relations de bons voisinage et la prévention des litiges. • Cons. const. 7 mai 2014, *Sté Casuca*, n° 2014-394 QPC § 13. ♦ ... Éviter que les cimetières ne soient progressivement remplis de sépultures à l'abandon et de les maintenir dans un état de dignité compatible avec le respect dû aux morts et aux sépultures justifie le retour à la commune des concessions funéraires pour défaut de paiement de la redevance. • CE 11 mars 2020, n° 436693 B : *AJDA 2020. 601*.

280. Précisions. L'intérêt général qui justifie la limite n'est parfois pas expressément défini. • Cons. const. 7 déc. 2000, n° 2000-436 DC § 24 • Cons. const. 16 janv. 1991, n° 90-287 DC § 22. ♦ Ce qui peut conduire à rendre inconstitutionnelle la limitation mise en place. • Cons. const. 20 juill. 2000, n° 2000-434 DC § 31.

b. Objectif de valeur constitutionnelle

281. Constituent également une justification d'une limitation du droit de propriété : l'objectif de valeur constitutionnelle qui consacre le droit à un logement décent (découlant du Préamb. Const. 46). • Cons. const. 19 janv. 1995, n° 94-359 DC (sol. impl.) • Cons. const.

29 juill. 1998, n° 98-403 DC § 7 • Cons. const. 30 sept. 2011, *Cts M. et a.*, n° 2011-169 QPC § 8 • Cons. const. 5 oct. 2016, *Soreqa SPLA*, n° 2016-581 QPC § 11. ♦ ... La bonne administration de la justice (éviter l'encombrement excessif des greffes du fait des objets à conserver). • Cons. const. 9 juill. 2014, *Franck I.*, n° 2014-406 QPC § 7.

282. Constitue un objectif de valeur constitutionnelle l'objectif de prévention des infractions, nécessaire à la sauvegarde de droits et de principes de valeur constitutionnelle (notamment lutte contre le terrorisme ou menace contre la paix, de rupture de la paix et d'acte d'agression). • Cons. const. 2 mars 2016, *Abdel Manane M. K.*, n° 2015-524 QPC § 15.

2° PROPORTIONNALITÉ AVEC LE BUT POURSUIVI

a. Généralités

1. Proportionnalité assurée

283. Patrimoine artistique et culturel. Il en va de même de l'inscription d'un édifice au titre des monuments historiques dès lors que la décision d'inscription est prise, sous le contrôle du juge de l'excès de pouvoir, sur la seule considération des caractéristiques intrinsèques de l'immeuble qui en fait l'objet et que les contraintes imposées aux propriétaires s'agissant des travaux font l'objet d'un régime différencié selon leur importance sans qu'il soit possible à l'administration d'imposer des travaux, le propriétaire conservant également la liberté de faire réaliser les travaux envisagés par les entreprises de son choix sous la seule condition du respect des prescriptions fixées, sous le contrôle du juge, par l'autorité administrative et pouvant obtenir un financement pour une partie de ceux-ci. • Cons. const. 16 déc. 2011, *Sté Grande Brasserie Patrie Schutzenberger*, n° 2011-207 QPC § 9. ♦ Le classement d'un monument naturel ou d'un site vise à assurer la conservation et la préservation de lieux qui présentent un intérêt « au point de vue artistique, historique, scientifique, légendaire ou pittoresque » dès lors que la procédure de classement s'accompagne de garanties de procédure et de fond : décision prise par une autorité administrative et à ce titre susceptible de faire l'objet d'un recours pour excès de pouvoir ; indemnisation si le propriétaire ne consent pas au classement et que celui-ci entraîne une modification à l'état ou à l'utilisation des lieux déterminant un préjudice direct, matériel et certain. Certes l'indemnisation peut être remboursable mais là également des garanties sont accordées ; en particulier, cette disposition n'a ni pour objet ni pour effet d'imposer au propriétaire de restituer la partie de l'indemnité reçue correspondant au préjudice qu'il a effectivement subi pendant la période de ce classement. • Cons. const. 23 nov. 2012, *Antoine de M.*, n° 2012-283 QPC § 17. ♦ Par ailleurs, les obligations imposées au propriétaire du bien classé demeurent limitées. • Cons. const. 23 nov. 2012, *Antoine de M.*, n° 2012-283 QPC § 18 et 19. ♦ L'extension de la « licence légale » aux services de radio par internet, le législateur ayant limité ce régime aux seules radios sur internet dont les modalités d'offre et de diffusion sont comparables à celles de la radiodiffusion hertzienne, et une rémunération équitable sont assurées aux titulaires de droits voisins au titre de l'exploitation des phonogrammes. • Cons. const. 4 août 2017, *Sté civile des producteurs phonographiques et a.*, n° 2017-649 QPC § 9 et 11. ♦ ... L'autorisation préalable du gestionnaire requise pour l'utilisation à des fins commerciales de l'image des immeubles qui constituent les domaines nationaux dès lors que cette autorisation n'est pas requise lorsque l'image est utilisée à des fins commerciales et qu'est également poursuivie une finalité culturelle, artistique, pédagogique, d'enseignement, de recherche, d'information, d'illustration de l'actualité ou liée à l'exercice d'une mission de service public et qu'elle ne peut être refusée que si l'exploitation commerciale envisagée porte atteinte à l'image de ce bien présentant un lien exceptionnel avec l'histoire de la Nation. • Cons. const. 2 févr. 2018, *Assoc. Wikimédia France et a.*, n° 2017-687 QPC § 11 et 12.

284. La numérisation des livres indisponibles (c'est-à-dire des ouvrages qui ne font plus l'objet d'une diffusion commerciale par un éditeur et qui ne font « pas actuellement l'objet d'une publication sous forme imprimée ou numérique ») n'affecte ni le droit de l'auteur au respect de son nom, ni son droit de divulgation, lequel, selon la jurisprudence de la Cour de cassation, s'épuise par le premier usage qu'il en fait et est dépourvu d'effet sur le droit de l'auteur d'exploiter son œuvre sous d'autres formes que numérique. L'auteur et l'éditeur disposent d'un droit d'opposition et d'un droit de retrait. • Cons. const. 28 févr. 2014, *Marc S. et a.*, n° 2013-370 QPC § 13.

285. Droit civil et commercial. La proportionnalité est assurée dès lors que, l'attribution forcée du bien à l'époux le moins favorisé économiquement étant ordonnée par le juge qui fixe le montant de la prestation compensatoire et les parties ayant la possibilité de débattre contradictoirement devant le juge de la valeur du bien attribué, le bien ne sera pas attribué à vil prix ; par ailleurs, l'accord de l'époux débiteur est exigé pour l'attribution en propriété de biens qu'il a perçus par succession et donation. • Cons. const. 13 juill. 2011, *Jean-Jacques C.*, n° 2011-151 QPC § 7. ♦ Cependant, l'atteinte au droit de propriété qui résulte de l'attribution forcée ne peut être regardée comme une mesure proportionnée au but d'intérêt général poursuivi que si elle constitue une modalité subsidiaire d'exécution de la prestation compensatoire en capital. Elle ne saurait être ordonnée par le juge que dans le cas où, au regard des circonstances de l'espèce, la prestation compensatoire en capital sous forme de versement d'une somme d'argent avec constitution de garanties n'apparait pas suffisante pour garantir le versement de cette prestation. • Même affaire § 8.

286. Est proportionnée à l'objectif poursuivi la procédure d'adjudication d'office au créancier poursuivant au montant de la mise à prix initiale dès lors qu'elle n'intervient qu'à défaut de toute enchère et que le propriétaire du bien saisi dispose du droit d'obtenir l'autorisation judiciaire de vendre le bien à l'amiable afin de voir fixer une mise à prix en rapport avec la valeur vénale de l'immeuble et les conditions du marché. • Cons. const. 16 déc. 2011, ♔ *Noël C.*, n° 2011-206 QPC § 4. ♦ Le champ d'application des dispositions contestées est précisément défini et en adéquation avec leur objet, tant en ce qui concerne les contrats que leurs bénéficiaires ; la valeur du bien aliéné s'impute sur la quotité disponible et, lorsqu'il y a lieu à réduction, celle-ci s'opère en principe en valeur et non en nature. Il en résulte que l'héritier, qui est seulement tenu d'indemniser les autres héritiers réservataires, conserve la propriété du bien acquis. Enfin, les parties peuvent écarter l'application des dispositions contestées en obtenant le consentement, lors de l'aliénation ou postérieurement, des autres héritiers réservataires. • Cons. const. 1er août 2013, ♔ *Didier M.*, n° 2013-337 QPC § 8. ♦ Sont également proportionnées à l'objectif poursuivi : la suspension temporaire des droits de vote frappe l'actionnaire n'ayant pas déclaré un franchissement de seuil à la hausse dans le délai prévu, dès lors qu'il conserve notamment son droit au partage des bénéfices sociaux et qu'il peut librement céder ces actions sans que cette cession ait pour effet de transférer au cessionnaire la suspension temporaire de ces droits de vote. Par ailleurs, la suspension ne porte que sur la fraction des actions détenues par l'actionnaire intéressé qui dépasse le seuil non déclaré et l'actionnaire dispose d'un recours juridictionnel pour contester la décision le privant de ses droits de vote. • Cons. const. 28 févr. 2014, ♔ *Sté Madag*, n° 2013-369 QPC § 10 et 11. ♦ ... L'obligation d'information des salariés des entreprises de moins de deux cent cinquante salariés lorsqu'il est envisagé une cession de la majorité des parts sociales dès lors qu'elle n'interdit pas au propriétaire de céder librement sa participation dans la société à l'acquéreur de son choix et aux conditions qu'il estime les plus conformes à ses intérêts. • Cons. const. 17 juill. 2015, ♔ *SARL Holding Désile*, n° 2015-476 QPC § 10. ♦ ... L'obligation de cession forcée des parts sociales du dirigeant d'une entreprise faisant l'objet d'une procédure de redressement judiciaire, si le redressement de cette entreprise le requiert, dès lors qu'elle ne peut être prise qu'à la demande du ministère public et seulement à l'égard des dirigeants de droit ou de fait qui le sont encore à la date à laquelle le tribunal statue à un prix fixé à dire d'expert. • Cons. const. 7 oct. 2015, ♔ *Gil L.*, n° 2015-486 QPC §8. ♦ ... L'intégration dans le passif du dirigeant de droit ou de fait de la personne morale le passif de cette dernière pour préserver les droits de ses créanciers dès lors que cette procédure est subordonnée à la commission de faits qui sont par eux-mêmes de nature à avoir contribué à l'insuffisance d'actif. • Cons. const. 7 oct. 2015, ♔ *Patoarli R.*, n° 2015-487 QPC § 12. ♦ ... L'extinction définitive de la créance non déclarée dans le délai légal dans la mesure où, entre autres, ce délai est suffisamment long et court à compter d'une publicité nationale de la déclaration d'acceptation de la succession à concurrence de l'actif net. • Cons. const. 5 oct. 2016, ♔ *Sté BNP Paribas SA*, n° 2016-574/575/576/577/578 QPC § 7. ♦ ... La disposition empêchant le bailleur de percevoir, dès le renouvellement de son bail et le cas échéant jusqu'à son terme, un loyer correspondant à la valeur locative de son bien lorsque ce loyer est supérieur de 10 % au loyer acquitté lors de la dernière année du bail expiré dès lors que le bailleur bénéficie, chaque année, d'une augmentation de 10 % du loyer de l'année précédente jusqu'à ce qu'il atteigne, le cas échéant, la nouvelle valeur locative et que les dispositions contestées n'étant pas d'ordre public, les parties peuvent convenir de ne pas les appliquer, soit au moment de la conclusion du bail initial, soit au moment de son renouvellement. • Cons. const. 7 mai 2020, ♔ *Société A.D Trezel*, n° 2020-837 QPC § 8 et 9. ♦ ... Les dispositions restreignant le droit du bailleur de disposer librement de son bien à l'expiration du bail commercial dès lors que l'indemnité versée par le bailleur au locateur évincé ne comprend que la part de la valeur marchande du fonds de commerce perdue par le locataire et que l'indemnité d'éviction n'est due que lorsque le locataire a effectivement exploité son fonds de commerce dans des conditions conformes au bail au cours des trois années ayant précédé sa date d'expiration. • Cons. const. 5 mars 2021, ♔ *Sté Cie du grand hôtel de Malte*, n° 2020-887 QPC § 10.

287. Compte tenu de l'ensemble des garanties apportées par le législateur pour les dispositifs de « dilution forcée » et de « cession forcée » que le tribunal peut prononcer et du fait que ces dispositifs, s'ils portent atteinte au droit de propriété des associés et actionnaires, contribuent à préserver les droits des créanciers de l'entreprise, cette atteinte n'est pas manifestement disproportionnée. • Cons. const. 5 août 2015, n° 2015-715 DC § 142 à 145.

288. Intérêt économique. Les prérogatives attribuées au Haut Conseil de stabilité financière visent en particulier à parer aux risques, pour les épargnants et pour le système financier dans son ensemble, qui résulteraient d'une décollecte massive des fonds placés dans le cadre de contrats d'assurance-vie dès lors que ces mesures sont décidées pour une période maximale de trois mois. Elles ne peuvent être renouvelées que si les conditions ayant justifié leur mise en place n'ont pas disparu et après avoir recueilli l'avis du comité consultatif de la législation et de la réglementation financières. • Cons. const. 8 déc. 2016, n° 2016-741 DC § 58. ♦ Il en va de même des dispositions autorisant le passage, l'aménagement et l'équipement des pistes de ski et des sites nordiques destinés à accueillir des loisirs de neige non motorisés. • CE 30 déc. 2016, n° 404348 § 4 : *préc. note 276.*

289. Espace rural. Au regard de cet objectif qu'est la constitution d'exploitations rurales d'un seul tenant ou à grandes parcelles bien groupées, permettant d'améliorer l'exploitation agricole des biens qui y sont soumis, la nouvelle distribution des terres reçues par chaque propriétaire à l'instant où il perd la jouissance de ses apports devant être équivalente en superficie et en valeur de productivité réelle à ceux-ci dans chacune des natures de culture qui ont été déterminées et devant améliorer ses conditions d'exploitation, il n'y a pas d'atteinte au droit de propriété. • CE, QPC, 14 sept. 2011, *Pierre,* n° 348394 : *préc. note 274.*

290. Même si des terres exploitées selon un mode de culture biologique sont affectées à un usage agricole et ne présentent ni une particularité leur conférant le caractère de terrains à utilisation spéciale imposant qu'elles soient réattribuées à leur propriétaire et soustraites à l'objectif de regroupement des parcelles, ni une spécificité culturale justifiant la constitution d'une catégorie particulière de nature de culture en fonction de laquelle la nouvelle distribution doit être réalisée, il peut être tenu compte de ce mode d'exploitation et de la valeur culturale spécifique qui en résulte lors du classement des terres à l'intérieur de chaque nature de culture. Par ailleurs, dans l'hypothèse où l'équivalence en valeur de productivité réelle n'a pu être obtenue, la commission communale peut décider d'indemniser, par l'attribution d'une soulte en espèces, le propriétaire des terrains apportés dans lesquels sont incorporées des plus-values transitoires, lesquelles peuvent, le cas échéant, résulter des investissements réalisés pour convertir les terres à l'exploitation selon des méthodes biologiques. Enfin, les règles de fond applicables au remembrement imposent de tenir compte des particularités de l'exploitation en agriculture biologique pour apprécier le respect de l'objectif d'amélioration des conditions d'exploitation. Dès lors, les opérations d'aménagement foncier agricole se déroulant dans le cadre d'une procédure dont l'ensemble des étapes est placé sous le contrôle du juge, elles ne portent pas, au regard de l'ensemble de ces garanties, une atteinte excessive au droit de propriété. • CE, QPC, 14 sept. 2011, *Pierre,* n° 348394 : *préc. note 274.*

291. En autorisant les sociétés d'aménagement foncier et d'établissement rural à exercer leur droit de préemption sur l'usufruit des biens susmentionnés, le législateur a permis que l'accomplissement, par ces sociétés, de leurs missions d'intérêt général ne puisse être tenu en échec du seul fait que la propriété de ces biens est démembrée. • Cons. const. 9 oct. 2014, n° 2014-701 DC § 23. ♦ L'exercice, par une société d'aménagement foncier et d'établissement rural, de son droit de préemption sur la nue-propriété est possible soit lorsque cette société détient déjà l'usufruit du bien, soit lorsqu'elle est en mesure de l'acquérir concomitamment, soit lorsque la durée de l'usufruit restant à courir ne dépasse pas deux ans ; les dispositions encadrent précisément les conditions d'exercice de ce droit en fixant des conditions qui sont en adéquation avec l'objectif poursuivi. En revanche, eu égard à l'incidence de la durée de la détention de la nue-propriété sur la valeur de celle-ci et en l'absence de garantie légale faisant obstacle à ce que les sociétés d'aménagement foncier et d'établissement rural conservent la nue-propriété de biens au-delà du délai de cinq ans prévu par ces dispositions, la faculté donnée à ces sociétés d'exercer leur droit de préemption sur la nue-propriété dans le but de la rétrocéder à l'usufruitier porte aux conditions d'exercice du droit de propriété une atteinte disproportionnée au regard des missions qui leur sont confiées. • Même décision § 24. ♦ De même, en qualifiant d'agrandissement d'exploitation agricole toute prise de participation, quelle que soit son importance, sans réserver cette qualification aux prises de participation conduisant à une participation significative dans une autre exploitation agricole, le législateur a porté au droit de propriété une atteinte disproportionnée au regard de l'objectif de renforcement de l'efficacité du contrôle des structures agricoles. • Même décision § 37. ♦ Rappr. s'agissant de parts de sociétés. • Cons. const. 16 mars 2017, n° 2017-748 DC § 7 s.

292. Urbanisme. Dès lors que, d'une part, l'autorisation d'occuper la propriété privée pour la réalisation d'études présentant un intérêt général est accordée par le préfet et que l'autorisation de pénétrer dans des propriétés closes doit désigner spécialement les terrains auxquels elle s'applique et être notifiée préalablement à chacun de leur propriétaire et que, d'autre part, sont prévues les conditions dans lesquelles les éventuels dommages causés à l'occasion de la pénétration dans les propriétés ou de l'occupation de celles-ci sont contradictoirement constatés et indemnisé, l'ensemble étant soumis au contrôle de la juridiction administrative, les dispositions contestées sont proportionnées à l'objectif poursuivi. • Cons. const. 23 sept. 2011, *Épx L. et a.*, n° 2011-172 QPC § 11.

293. En permettant d'inclure dans un lotissement, à titre rétroactif, une parcelle qui a été antérieurement détachée d'une propriété, les dispositions contestées ont pour objet d'éviter que les divisions successives de parcelles n'échappent à ces règles et n'ont pas en elles-mêmes apporté à l'exercice du droit de propriété des limitations disproportionnées à l'objectif poursuivi. • Cons. const. 7 oct. 2011, *Éric A.*, n° 2011-177 QPC § 5.

294. Sont proportionnés à l'objectif poursuivi la disposition : permettant au propriétaire de faire valoir ses droits par l'inscription des servitudes dans un délai de 5 ans à compter de la promulgation de la loi avant qu'elles s'éteignent. • Cons. const. 10 nov. 2011, *Jeannette R., Épse D.*, n° 2011-193 QPC § 7. ♦ ... L'établissement d'une servitude interdisant l'usage des chalets d'alpage et des bâtiments d'estive en période hivernale. • Cons. const. 10 mai 2016, *Sté civ. Groupement foncier rural Namin*, n° 2016-540 QPC § 9. ♦ ... Le relogement des occupants évincés d'un immeuble affecté par une opération d'aménagement. • Cons. const. 5 oct. 2016, *Soreqa SPLA*, n° 2016-581 QPC § 14. ♦ ... La modification des clauses des cahiers des charges, approuvés ou non, qui contiennent des règles d'urbanisme. • Cons. const. 19 oct. 2018, *Simone P. et a.*, n° 2018-740 QPC § 8. ♦ ... L'action en démolition des ouvrages installés sans permis de construire ou d'aménager, ou sans déclaration préalable, en méconnaissance de ce permis ou en violation des règles de fond dont le respect s'impose, sous réserve que la démolition d'un tel ouvrage ne soit pas prononcée lorsque le juge ordonne à la place sa mise en conformité et que celle-ci spot acceptée par le propriétaire. • Cons. const. 31 juill. 2020, *Antonio O.*, n° 2020-853 QPC § 9.

295. La protection apportée par le législateur au locataire occupant au moment de la division ne saurait, sans méconnaître le droit de propriété, bénéficier à un locataire ou à un occupant de bonne foi dont le bail ou l'occupation sont postérieurs à la division ou la subdivision de l'immeuble et qui ne sont donc pas exposés au risque décrit précédemment. • Cons. const. 9 janv. 2018, *François P.*, n° 2017-683 QPC § 7 (réserve d'interprétation).

296. Sécurité des biens et des personnes. Il en va de même de l'inscription de l'obstruction par une barrière cadenassée de l'accès à l'unique allée desservant les propriétés riveraines dès lors qu'il s'agit de la seule mesure immédiate et possible de nature à prévenir le risque élevé d'atteinte aux personnes. • CE 14 août 2012, *Cne du Rove*, n° 361700 : *préc. note 277*. ♦ ... De l'opposabilité anticipée des dispositions du projet de plan de prévention des risques naturels prévisibles dès lors que ces dispositions cessent d'être opposables si elles ne sont pas reprises dans le plan approuvé et sont donc provisoires, qu'elles ont uniquement pour effet d'interdire ou de restreindre, dans l'attente de la publication du plan, des constructions, ouvrages, aménagements ou exploitations, que la décision du préfet prise en application des dispositions soumises au Conseil constitutionnel et justifiée par l'urgence peut être contestée devant la juridiction compétente et que le législateur n'a pas exclu toute indemnisation dans le cas exceptionnel où le propriétaire d'un bien supporterait une charge spéciale et exorbitante, hors de proportion avec l'objectif d'intérêt général poursuivi. • Cons. const. 9 sept. 2014, *Cne de Tarascon*, n° 2014-411 QPC § 14. ♦ ... De dispositions qui imposent une neutralité et une uniformisation des unités de conditionnement, emballages extérieurs et suremballages des cigarettes et du tabac à rouler ainsi que du papier à cigarette et du papier à rouler les cigarettes mais qui n'interdisent ni la production, ni la distribution, ni la vente du tabac ou des produits du tabac. • Cons. const. 21 janv. 2016, n° 2015-727 DC § 21. ♦ ... De mesures permettant le gel des avoirs appartenant à des personnes qui ont commis, commettent, incitent à la commission, facilitent ou participent à la commission d'actes de terrorisme ou d'actes sanctionnés ou prohibés par une résolution du Conseil de sécurité des Nations unies ou par un acte du Conseil européen. • Cons. const. 2 mars 2016, *Abdel Manane M. K.*, n° 2015-524 QPC § 20. ♦ ... De l'établissement d'une servitude interdisant l'usage des chalets d'alpage et des bâtiments d'estive en période hivernale. • Cons. const. 10 mai 2016, *Sté civ. Groupement foncier rural Namin*, n° 2016-540 QPC § 9. ♦ ... De dispositions qui prévoient, dans le cadre de l'état d'urgence, la saisie de systèmes informatiques ou d'équipements terminaux lorsque la copie des données qu'ils contiennent ne peut être réalisée ou achevée pendant le temps de la perquisition et que les systèmes et les équipements saisis sont restitués à leur propriétaire. • Cons. const. 2 déc. 2016, *Raïme A.*, n° 2016-600 QPC § 18 s.

297. Lutte contre la fraude. Le « dessaisissement » peut frapper le détenteur d'une arme soumise au régime de l'autorisation ou de la déclaration dès lors que cette décision peut faire l'objet d'un recours devant la juridiction administrative et qu'une procédure de saisie est engagée sous l'autorité et le contrôle du juge des libertés et de la détention uniquement lorsque l'intéressé ne s'est pas « dessaisi » de son arme dans les conditions fixées par le texte. • Cons. const. 17 janv. 2012, *Jean-Claude G.*, n° 2011-209 QPC § 6. ♦ La disposition qui prive le propriétaire des titres du plein exercice de ses droits, à défaut leur inscription en compte, et qui oblige à la vente de ces titres, dès lors que le produit de cette vente est consigné jusqu'à restitution aux ayants droit, n'est pas disproportionnée. • Cons. const. 27 janv. 2012, *Régis J.*, n° 2011-215 QPC § 7. ♦ Comme ne l'est pas la solidarité de paiement du donneur d'ordre des impôts, taxes et cotisations obligatoires ainsi que des pénalités et majorations y afférentes instituée en cas de travail dissimulé. • Cons. const. 31 juill. 2015, *Sté Gecop*, n° 2015-479 QPC § 17.

298. Protection de la propriété publique. Sont proportionnées au but de protection de la propriété publique les dispositions : qui imposent au primo-acquéreur d'un logement acquis en accession à la propriété, lorsque ces logements ont été construits sur des terrains qui étaient détenus par des personnes publiques et ont été aliénés à un prix inférieur à leur valeur vénale afin de faciliter la construction de logements sociaux, souhaitant le vendre dans un délai de dix ans suivant l'acquisition consécutive à la première mise en vente d'en informer le représentant de l'État dans le département, en conférant aux organismes d'habitation à loyer modéré un droit de priorité pour se porter acquéreur de ce logement et en imposant le reversement à l'État d'une somme égale à la différence entre le prix de vente et le prix d'acquisition du logement, dans la limite de la décote. • Cons. const. 17 janv. 2013, n° 2012-660 DC § 7. ♦ ... Qui limitent le montant des loyers pendant la même durée de dix ans lorsque le bien est donné en location. • Cons. const. 17 janv. 2013, n° 2012-660 DC § 7.

299. Divers. Il appartient au Décr. de déterminer, sous le contrôle de la juridiction compétente, le montant des réserves des groupements qui ont été constituées pour le compte des branches et qui seules peuvent être transférées. • Cons. const. 19 déc. 2013, n° 2013-682 DC § 81. ♦ Si le dispositif d'encadrement des loyers avec fixation du loyer de référence est conforme à l'objectif de lutte contre les difficultés d'accès au logement, c'est sous la réserve que l'autorité administrative définisse, sous le contrôle de la juridiction compétente, les catégories de logement et les secteurs géographiques avec une précision suffisante pour permettre que la définition du loyer de référence soit en adéquation avec l'ensemble des caractéristiques qui déterminent habituellement la fixation du montant du loyer. • Cons. const. 20 mars 2014, n° 2014-691 DC § 25.

300. Sont proportionnées au but poursuivi : les restrictions relatives aux possibilités de donner congé aux personnes âgées disposant de faibles ressources lorsqu'elles sont adaptées quant à l'âge et aux conditions de ressources retenus. • Cons. const. 20 mars 2014, n° 2014-691 DC § 15. ♦ ... La fixation de règles relatives à la distance et à la hauteur des végétaux plantés à proximité de la limite de fonds voisins. • Cons. const. 7 mai 2014, *Sté Casuca*, n° 2014-394 QPC § 14. ♦ ... L'attribution à l'État des biens placés sous main de justice et qui n'ont été réclamés ni pendant toute la durée de la procédure ou de l'enquête ni pendant un délai supplémentaire de six mois à l'issue de celle-ci. • Cons. const. 9 juill. 2014, *Franck I.*, n° 2014-406 QPC § 8.

301. N'excède pas les limites que le législateur peut apporter aux conditions d'exercice du droit de propriété l'interdiction d'un cumul intégral d'une pension de retraite et de revenus d'activité perçus d'un employeur public. • CE, QPC, 27 mars 2015, n° 387075 : *AJDA 2015. 1302* ; *AJFP 2015. 266*.

302. La servitude relative aux travaux nécessaires à l'établissement et à l'entretien des ouvrages de la concession de transport ou de distribution d'électricité qui ne peut grever que des terrains non bâtis sans faire obstacle au droit du propriétaire de se clore et d'opérer toutes modifications de sa propriété conformes à son utilisation normale. • Cons. const. 2 févr. 2016, *Asso. Avenir Haute Durance*, n° 2015-518 QPC § 15.

2. Proportionnalité non assurée

303. Droit civil et commercial. Ne sont pas proportionnés à l'objectif poursuivi : le fait de soumettre à une autorisation administrative tout changement de destination d'un local commercial ou artisanal entraînant une modification de la nature de l'activité. • Cons. const. 7 déc. 2000, n° 2000-436 DC § 20. ♦ ... La réunion à l'actif en nature de tous les biens acquis pendant la durée du mariage avec des valeurs fournies par le conjoint quelle que soit la cause de cet apport, son ancienneté, l'origine des valeurs ou encore l'activité qu'exerçait le conjoint à la date de l'apport, d'autant plus que ces dispositions ne prennent pas davantage en compte la proportion de cet apport dans le financement du bien réuni à l'actif. • Cons. const. 19 janv. 2012, *Khadija A., épse M.*, n° 2011-212 QPC § 7. ♦ ... Le fait de ne pas prendre en compte l'addition des ressources du locataire et de la personne qui est à sa charge conduisant le bailleur à supporter une charge telle que l'égalité devant les charges publiques se trouve méconnue. • Cons. const. 20 mars 2014, n° 2014-691 DC § 16. ♦ ... La détermination du supplément de loyer par le seul caractère exceptionnel de la localisation et du confort du logement. • Cons. const. 20 mars 2014, n° 2014-691 DC § 26. ♦ ... La possibilité donnée à l'assemblée générale des copropriétaires de soumettre discrétionnairement à son accord préalable, et sans préjudice des pouvoirs conférés à l'autorité administrative, « toute demande d'autorisation de changement d'usage d'un local destiné à l'habitation faisant partie de la copropriété par un copropriétaire aux fins de le louer pour de courtes durées à une clientèle de passage ». • Cons. const. 20 mars 2014, n° 2014-691 DC § 47. ♦ L'obligation d'accepter une offre de reprise sérieuse en l'absence de motif légitime et la compétence confiée à la juridiction commerciale pour réprimer la violation de cette obligation font peser sur les choix économiques de l'entreprise, notamment relatifs à l'aliénation de certains biens, et sur sa gestion des contraintes disproportionnées au regard de l'objectif poursuivi. • Cons. const. 27 mars 2014, n° 2014-692 DC § 8. ♦ ... L'intégration dans le passif du dirigeant de droit ou de fait de la personne morale du passif de cette dernière pour préserver les droits de ses créanciers sans que les irrégularités soient par elles-mêmes de nature à avoir contribué à l'insuffisance d'actif. • Cons. const. 7 oct. 2015, *Patoarli R.;* n° 2015-487 QPC § 13. ♦ ... Une possibilité d'injonction conduisant à l'interruption d'accords ou à la cession d'actifs, dès lors que le dispositif est applicable en l'absence d'abus, alors que la situation économique de l'entreprise est acquise de façon régulière, que ce dispositif est également applicable à l'ensemble du secteur du commerce de détail, et que l'intention du législateur est de remédier à des situations particulières dans le seul secteur du commerce de détail alimentaire. • Cons. const. 5 août 2015, n° 2015-715 DC § 32.

304. L'interdiction des libéralités consenties aux aidants salariés pendant la période d'assistance du donateur est disproportionnée dès lors que, d'abord, il ne peut se déduire du seul fait que les personnes auxquelles une assistance est apportée sont âgées, handicapées ou dans une autre situation nécessitant cette assistance pour favoriser leur maintien à domicile que leur capacité à consentir est altérée ; ensuite, que les services à la personne recouvrant une multitude de tâches susceptibles d'être mises en œuvre selon des durées ou des fréquences variables, le seul fait que ces tâches soient accomplies au domicile des intéressées et qu'elles contribuent à leur maintien à domicile ne suffit pas à caractériser, dans tous les cas, une situation de vulnérabilité des personnes assistées à l'égard de ceux qui leur apportent cette assistance ; enfin, que l'interdiction s'applique même dans le cas où pourrait être apportée la preuve de l'absence de vulnérabilité ou de dépendance du donateur à l'égard de la personne qui l'assiste. • Cons. const. 12 mars 2021, *Fouzia L.,* n° 2020-888 QPC § 8 s.

305. Urbanisme. Dès lors que, pour assurer le maintien dans les lieux du locataire, le législateur n'a imposé à la commune exerçant son droit de préemption aucune obligation d'y maintenir le locataire ou l'occupant de bonne foi à l'échéance du bail ou à l'expiration du titre d'occupation, l'atteinte portée au droit propriété est excessive. • Cons. const. 9 janv. 2018, *François P.,* n° 2017-683 QPC § 11. ♦ Les modifications permises des clauses des cahiers des charges, approuvés ou non, qui contiennent des règles d'urbanisme ne doivent pas aggraver les contraintes sur les colotis (par ex. en restreignant leur droit à construire) sans que cette aggravation soit commandée par le respect des documents d'urbanisme applicables dans la zone dans laquelle est situé le lotissement (réserve d'interprétation). • Cons. const. 19 oct. 2018, *Simone P. et a.,* n° 2018-740 QPC § 11.

306. Sécurité des biens et des personnes. N'est pas proportionnée à l'objectif poursuivi la disposition permettant le gel des avoirs appartenant à des personnes qui, de par leurs fonctions, sont susceptibles de commettre des actes de terrorisme sans qu'il soit nécessaire d'établir que celles-ci ont commis, commettent, incitent à la commission, facilitent ou participent à la commission de ces actes. • Cons. const. 2 mars 2016, *Abdel Manane M. K.,* n° 2015-524 QPC § 14.

307. Lutte contre la fraude. N'est pas proportionnée à l'objectif poursuivi l'interdiction faite aux propriétaires de revendiquer, en toute hypothèse, des objets saisis ou confisqués pour lutter contre la délinquance douanière et garantir le recouvrement des créances du Trésor public. • Cons. const. 13 janv. 2012, *Cts B.,* n° 2011-208 QPC § 7. ♦ V. *a contrario,* réservant la situation des propriétaires de bonne foi. • Cons. const. 26 nov. 2010, *Thibaut G.,* n° 2010-66 QPC § 7. ♦ Rappr. s'agissant d'une mesure conservatoire. • Cons. const. 21 mars 2014, *Bertrand L. et a.,* n° 2014-375 et a QPC § 14.

308. Divers. En permettant, sans aucun motif tiré notamment d'une atteinte à l'ordre public, qu'un propriétaire soit privé de la possibilité de stationner sur le terrain qu'il possède, les dispositions relatives aux interdictions de stationnement des gens du voyage, méconnaissent le droit de propriété. • Cons. const. 27 sept. 2019, *Union de défense active des forains,* n° 2019-805 QPC § 29.

b. Indemnisation des limitations au droit de propriété

309. Principe. L'indemnisation préalable de simples atteintes au droit de propriété n'est nullement imposée par la Const. • Cons. const. 20 juill. 1983, n° 83-162 DC • Cons. const. 30 déc. 1989, n° 89-133 DC.

310. Cependant, il résulte du présent art. (et de l'art. 13 DDH) que le prix d'un bien délaissé au profit d'une personne publique ne saurait être inférieur à sa valeur. • Cons. const. 22 janv. 1990, n° 89-267 DC § 18.

311. Charge spéciale et exorbitante. Dès lors que la limitation au droit de propriété, non assimilable à une « privation du droit de propriété », cause un « dommage anormal et spécial », une indemnisation sur la base du principe de l'égalité devant les charges publiques, y compris dans le silence de la loi, est possible. • Cons. const. 22 janv. 1990, n° 89-267 DC § 5. ♦ Est ainsi indemnisable une servitude d'intérêt public grevant un immeuble. • Cons. const. 13 déc. 1985, n° 85-198 DC. ♦ Il en est de même du transfert de propriété des biens d'une section de commune à la commune dès lors qu'il entraînerait pour les membres de la section (qui ne sont titulaires que d'un droit d'usage) une charge spéciale et exorbitante, hors de proportion avec l'objectif d'intérêt général poursuivi. • Cons. const. 8 avr. 2011, *Lucien M.*, n° 2011-118 QPC § 8.

312. Ainsi n'est-il pas utile de transmettre une QPC dès lors que la disposition contestée n'ayant pas pour effet de faire obstacle à ce que le propriétaire, dont le bien est frappé d'une servitude, prétende à une indemnisation dans le cas exceptionnel où il résulte de l'ensemble des conditions et circonstances dans lesquelles la servitude a été instituée et mise en œuvre, ainsi que de son contenu, que ce propriétaire supporte une charge spéciale et exorbitante, hors de proportion avec l'objectif d'intérêt général poursuivi, n'a, par conséquent, pour effet ni de priver le propriétaire, dont le bien serait frappé d'une telle servitude, de la propriété de son bien, ni de porter à cette propriété une atteinte d'une gravité telle que le sens et la portée de ce droit s'en trouvent dénaturés, ni d'exclure tout droit à réparation du préjudice résultant d'une telle servitude. • CE, QPC, 16 juill. 2010, *SCI La Saulaie*, n° 334665 : *AJDA 2010. 1453 ; RFDA 2010. 1257, chron. Roblot-Troisier et Rambaud.*

313. Indemnisation et proportionnalité. Il est néanmoins possible de prévoir une indemnisation, celle-ci pouvant encore plus facilement assurer la proportionnalité de la mesure. • Cons. const. 14 oct. 2011, *Pierre T.*, n° 2011-182 QPC § 7 • Cons. const. 2 déc. 2011, *Cts D.*, n° 2011-201 QPC § 7 • Cons. const. 19 déc. 2013, n° 2013-682 DC § 81.

314. Ainsi en est-il lorsque le législateur a prévu l'indemnisation des propriétaires des terrains grevés par la servitude en posant la règle qu'à défaut d'accord amiable, le juge fixait l'indemnité comme en matière d'expropriation. • Cons. const. 14 oct. 2011, *Pierre T.*, n° 2011-182 QPC § 7. ♦ ... Il en est de même lors du transfert de propriété résultant de l'alignement : l'indemnité est, à défaut d'accord amiable, fixée et payée comme en matière d'expropriation et dès lors que s'applique à la fixation de cette indemnité l'art. L. 13-13 C. expr. qui dispose que l'indemnité doit couvrir l'intégralité du préjudice direct, matériel et certain. • Cons. const. 2 déc. 2011, *Cts D.*, n° 2011-201 QPC § 7.

315. L'atteinte aux conditions d'exercice du droit de propriété serait disproportionnée au regard de l'objectif poursuivi si l'indemnité due à l'occasion du transfert de propriété ne réparait également le préjudice subi du fait de la servitude de reculement dès lors que cette servitude impose au propriétaire de supporter la dégradation progressive de l'immeuble bâti pendant une durée indéterminée. • Cons. const. 2 déc. 2011, *Cts D.*, n° 2011-201 QPC § 8.

3° DÉNATURATION DU SENS ET DE LA PORTÉE DU DROIT DE PROPRIÉTÉ

a. Constituent une dénaturation

316. Constituent des atteintes excessives au droit de propriété des dispositions : permettant à un service d'obtenir communication de tout document sans l'assortir d'une obligation de motivation et sans aucune restriction non seulement quant à la nature mais aussi quant à l'ancienneté de ces documents et ce sans qu'il s'agisse d'une prise de connaissance et, le cas échéant, de copie, pouvant autoriser des rétentions dont le terme n'est pas fixé. • Cons. const. 20 janv. 1993, n° 92-316 DC § 16. ♦ ... Créant un système discrétionnaire d'autorisations préalables à la session de biens immobiliers. • Cons. const. 9 avr. 1996, n° 96-373 DC § 22.

317. Le droit de propriété ayant pour corollaire la liberté de disposer d'un bien, le refus de prêter le concours de la force publique pour assurer l'exécution d'une décision de justice porte à cette liberté fondamentale, en l'absence de tout motif d'ordre public de nature à le justifier, une atteinte manifestement illégale. • CE 1er juin 2017, *SCI La Marne Fourmies*, n° 406103 : *Lebon ; AJDA 2017.1892, note Perrin.*

318. Droit à un logement décent. Dénature le sens et la portée du droit de propriété un dispositif qui contraint le créancier poursuivant à devenir propriétaire, au prix fixé par le juge, d'un bien immobilier sans qu'il ait entendu acquérir ce bien. • Cons. const. 29 juill.

1998, n° 98-403 DC § 40. ♦ Alors même qu'elle répond à un objectif de valeur constitutionnelle, la mise en œuvre d'une procédure de réquisition si elle n'emporte pas, par elle-même, privation du droit de propriété, limite néanmoins, pour une période de temps déterminée, le droit d'usage des locaux réquisitionnés ; elle ne saurait dès lors, au cas où le représentant de l'État dans le département n'aurait pas proposé, à son bénéficiaire, un logement correspondant à ses besoins et à ses possibilités, être comprise comme conférant audit bénéficiaire un titre d'occupation à l'expiration de la durée de la réquisition. • Cons. const. 29 juill. 1998, n° 98-403 DC § 32.

319. Maîtrise de l'occupation des sols. La période pendant laquelle la collectivité publique titulaire du droit de préemption ne peut utiliser ou aliéner un bien préempté, dans un but étranger aux fins précitées, sans avoir au préalable proposé sa rétrocession à l'ancien propriétaire ne saurait être réduite au point de remettre en cause le motif d'intérêt général qui a justifié l'exercice du droit de préemption. • Cons. const. 7 déc. 2000, n° 2000-436 DC § 25.

320. Occupation et protection du domaine public. Le fait qu'il soit possible d'accorder à l'occupant, qui aurait déjà bénéficié d'un titre pendant une période cumulée de 70 années au maximum, un nouveau titre d'occupation constitutif de droits réels sur des ouvrages publics et que ce renouvellement, qui emporte la reconnaissance de droits réels non seulement sur les ouvrages nouveaux à construire mais aussi sur les ouvrages anciens réhabilités ou modifiés, fait alors obstacle au retour de plein droit et gratuit desdits ouvrages à l'État à l'issue du titre d'occupation et porte une atteinte excessive à la propriété publique. • Cons. const. 21 juill. 1994, n° 94-346 DC § 16.♦ Les dispositions, qui autorisent, en vue de prévenir ou d'empêcher la construction illégale d'ouvrages ou d'aménagements sur le domaine public maritime, les autorités chargées de la conservation de ce domaine à confisquer des matériaux, n'ont pour objet ni de permettre la saisie d'objets tel du petit mobilier de plage ou du matériel de baignade, ni d'interdire à leur propriétaire d'en obtenir restitution quand ils ont été déplacés pour permettre la démolition de l'installation irrégulière et dès lors ne contreviennent pas aux présentes dispositions. • CE, QPC, 7 mars 2012, *Tomaselli*, n° 355009 B : *AJDA 2012. 517 ; ibid. 2013. 236, note Foulquier*. ♦ Les dispositions, qui interdisent en principe l'édification ou le maintien d'aménagements ou de constructions non compatibles avec l'affectation publique du rivage de la mer et exposent celui qui y procède ou en a la garde à la démolition de ses installations, ne portent pas d'atteinte excessive au droit de propriété, auquel le législateur a, lorsqu'il s'exerce sur le domaine public maritime naturel, fixé des bornes justifiées au regard de l'exigence constitutionnelle, résidant dans les droits et libertés des personnes à l'usage desquelles il est affecté, qui s'attache à la protection de ce domaine et que met en œuvre l'obligation faite aux autorités qui en sont chargées de poursuivre le propriétaire d'un ouvrage irrégulièrement édifié ou maintenu afin qu'il procède à sa démolition. • CE, QPC, 30 mai 2012, *B.*, n° 357694 B : *AJDA 2012. 2318, note Traoré*. ♦ V. déjà, implicitement, • CE, QPC, 6 oct. 2010, *Muntoni*, n° 341537 B : *AJDA 2010. 1913 ; AJCT 2010. 167, obs. Untermaier*.

b. Ne constituent pas une dénaturation

321. Ne constituent pas des atteintes : les autorisations données par la personne publique en application d'une convention de partenariat public privé, ainsi que les baux et droits réels qui en résultent et constituent des accessoires de ce contrat. Si la personne publique peut autoriser le partenaire privé à consentir des baux et à constituer des droits réels pour une durée excédant celle du partenariat, il n'en résulte pas que cela permette à ce partenaire de demeurer titulaire de tels baux ou de jouir de tels droits au-delà de la durée du partenariat, ces baux et ces droits étant, à l'issue de la durée du partenariat, transférés à la personne publique ; dès lors, contrairement à ce que soutiennent les requérants, ces dispositions ne permettent pas au partenaire privé d'exploiter le domaine privé de la personne publique au-delà de cette durée. • Cons. const. 24 juill. 2008, n° 2008-567 DC § 28. ♦ ... L'introduction de la publicité comparative (protection du consommateur). • Cons. const. 15 janv. 1992, n° 91-303 DC § 11 à 13. ♦ ... L'interdiction de certaines publicités pour le tabac (protection de la santé). • Cons. const. 8 janv. 1991, n° 90-283 DC § 9 à 11.

322. Est justifiée par la nécessité de ne pas compromettre ou de ne pas rendre plus onéreuse la réalisation d'un projet l'interdiction de construire à l'intérieur du périmètre d'un projet global d'aménagement, dans l'attente de l'approbation de ce projet par la commune dès lors que cette interdiction est limitée dans le temps, ne vise que les constructions supérieures à une superficie déterminée et ne s'applique pas aux travaux d'adaptation, de réfection ou d'extension limitée des constructions existantes et que, en outre, les propriétaires concernés peuvent mettre en demeure la commune de procéder à l'acquisition de leur terrain. • Cons. const. 7 déc. 2000, n° 2000-436 DC § 18.

323. De même, sont justifiés : l'extension du régime d'autorisation préalable d'installation en matière d'exploitation agricole. • Cons. const. 26 juill. 1984, n° 84-172 DC § 2 s. ♦ ... La possibilité donnée au ministre de s'opposer à l'augmentation de la participation d'un actionnaire au capital d'une entreprise privatisée. • Cons. const. 4 juill. 1989, n° 89-254 DC § 8. ♦ ... La constitution de réserves foncières en vue de la réalisation de logements répondant à une préoccupation de mixité sociale et que, en outre, les propriétaires concernés peuvent mettre en demeure la commune de procéder à l'acquisition de leur terrain. • Cons. const. 7 déc. 2000, n° 2000-436 DC § 18. ♦ ... Le pouvoir de préemption des collectivités publiques, qui trouve sa justification dans la réalisation, à des fins d'intérêt général, d'actions et d'opérations ayant pour objet « de mettre en œuvre une politique locale de l'habitat, d'organiser le maintien, l'extension ou l'accueil des activités économiques, de favoriser le développement des loisirs et du tourisme, de réaliser des équipements collectifs, de lutter contre l'insalubrité, de permettre la restructuration urbaine, de sauvegarder ou de mettre en valeur le patrimoine bâti ou non bâti et les espaces naturels ». • Cons. const. 7 déc. 2000, n° 2000-436 DC § 24. ♦ ... L'inclusion dans le territoire d'une association communale de chasse de terrains appartenant à des propriétaires privés dès lors que ceux-ci peuvent s'opposer à la pratique de la chasse sur leurs biens au nom ou à raison de leur convictions personnelles qui n'ont à faire l'objet d'aucune justification. • Cons. const. 20 juill. 2000, n° 2000-434 DC § 28 • CE 3 avr. 2014, n° 364315 B : *AJDA 2014. 770* ; *JCP Adm. 2014. 328.* ♦ ... Le dépassement du délai de rétrocession d'un bien préempté non utilisé conformément à l'une des finalités d'intérêt général qui justifiaient la préemption, l'éventualité d'un détournement de la loi ou d'un abus lors de son application n'entachant pas celle-ci d'inconstitutionnalité. • Cons. const. 25 mai 2018, *Épx P.*, n° 2018-707 QPC § 8.

324. N'a pas un caractère de gravité tel qu'elle dénature le sens et la portée de ce droit l'accès forcé à la mitoyenneté dès lors qu'il est réservé au propriétaire du fonds joignant le mur et subordonné au remboursement à son propriétaire initial de la moitié de la dépense qu'a coûté le mur ou la portion qu'il veut rendre mitoyenne et la moitié de la valeur du sol sur lequel le mur est bâti ou que, à défaut d'accord des parties, la juridiction judiciaire fixe le montant du remboursement. • Cons. const. 12 nov. 2010, *Pierre B.*, n° 2010-60 QPC § 6.

325. Le prononcé d'astreinte en matière de contravention de grande voirie n'est pas contraire à l'art. 6 § 1 Conv. EDH. • CE 6 mai 2015, *Torcheux*, n° 377487 : *JCP Adm. 2015. 2227, note Giacuzzo.*

III. SÛRETÉ

326. V. annotations ss. DDH, art. 8 et 9.

Art. 3 Le principe de toute souveraineté réside essentiellement dans la nation. Nul corps, nul individu ne peut exercer d'autorité qui n'en émane expressément.

COMMENTAIRE

V. sur le Code en ligne.

[V. références des décisions du Conseil constitutionnel dans les tableaux DC et QPC]

I. SOUVERAINETÉ INTERNE

1. La souveraineté qui est définie au présent art., tant dans son fondement que dans son exercice, ne peut être que nationale et seuls peuvent être regardés comme participant à l'exercice de cette souveraineté les représentants du peuple français élus dans le cadre des institutions de la République. • Cons. const. 30 déc. 1976, n° 76-71 DC § 6. ♦ Il en résulte que à la différence de l'Assemblée nationale et du Sénat. • Cons. const. 30 mars 2000, n° 2000-426 § 12. ♦ Le Parlement européen n'est pas l'émanation de la souveraineté nationale. • Cons. const. 19 nov. 2004, n° 2004-505 DC § 21. ♦ Il en résulte que le législateur peut décider que le cumul du mandat de parlementaire européen et d'une fonction exécutive locale ne permettrait pas à leur titulaire d'exercer l'un et l'autre de manière satisfaisante. • Cons. const. 30 mars 2000, n° 2000-426 DC § 12.

2. Il résulte de l'esprit de la Const. qui a fait du Cons. const. un organe régulateur de l'activité des pouvoirs publics que les lois que la Const. a entendu viser dans son art. 61 sont uniquement les lois votées par le Parlement et non point celles qui, adoptées par le peuple à la suite d'un référendum, constituent l'expression directe de la souveraineté nationale. • Cons. const. 6 nov. 1962, n° 62-20 DC § 2 • Cons. const. 23 sept. 1992, n° 92-313 DC § 2.

3. Le principe de la souveraineté nationale ne fait nullement obstacle à ce que le législateur, statuant dans le domaine de compétence qui lui est réservé par l'art. 34 Const. 58, modifie, complète ou abroge des dispositions législatives antérieures dont il importe peu qu'elles résultent d'une loi votée par le Parlement ou d'une loi adoptée par voie de référendum. • Cons. const. 9 janv. 1990, n° 89-265 DC § 8.

4. Libertés garantissant le respect ou

l'exercice de la souveraineté nationale. Garantit le respect de la souveraineté nationale la liberté de communication et partant le pluralisme des quotidiens d'informations. • Cons. const. 10 oct. 1984, n° 84-181 DC § 35 s. • 11 oct. 1984 : *ibid.*

5. Garantit l'exercice de la souveraineté nationale, la garantie des droits et libertés des citoyens. • Cons. const. 22 mai 1985, n° 85-188 DC • Cons. const. 9 avr. 1992, n° 92-308 DC § 17 et 18.

6. Fonctions inséparables de l'exercice de la souveraineté nationale. Dès lors que la loi n'autorise l'accès au profit des ressortissants des États membres de la Communauté économique européenne autres que la France qu'à ceux des corps, cadres d'emplois et emplois dont les attributions sont « séparables de l'exercice de la souveraineté », les dispositions du présent art. ne sont pas violées. • Cons. const. 23 juill. 1991, n° 91-293 DC § 11.

7. Les fonctions juridictionnelles sont inséparables de l'exercice de la souveraineté nationale dès lors que les juridictions, tant judiciaires qu'administratives, statuent « au nom du peuple français ». • Cons. const. 5 mai 1998, n° 98-399 DC § 15 • Cons. const. 22 janv. 1999, n° 99-408 DC (sol. impl.) • Cons. const. 19 nov. 2004, n° 2004-505 DC § 20 (sol. impl.) ♦ Il en résulte qu'en principe ces fonctions ne sauraient être confiées à des personnes de nationalité étrangère, ou représentant un organisme international, sauf dans la mesure nécessaire à la mise en œuvre d'un engagement international de la France et sous réserve qu'il ne soit pas porté atteinte aux conditions essentielles d'exercice de la souveraineté nationale. • Cons. const. 5 mai 1998, n° 98-399 DC § 15. ♦ La présence, dans la proportion d'un tiers de représentants du Haut Commissariat aux réfugiés des Nations unies dans chacune des sections de la commission de recours des réfugiés, ne porte pas atteinte, compte tenu du caractère minoritaire de cette présence, aux conditions essentielles d'exercice de la souveraineté nationale. • Même affaire, § 17.

II. SOUVERAINETÉ EXTERNE

8. Principe. Aucune disposition de nature constitutionnelle n'autorise des transferts de tout ou partie de la souveraineté nationale à quelque organisation internationale que ce soit. • Cons. const. 30 déc. 1976, n° 76-71 DC § 2. ♦ Cependant, le respect de la souveraineté nationale ne fait pas obstacle à ce que, sur le fondement des dispositions de l'al. 15 Préamb. Const. 1946, la France puisse conclure des engagements internationaux en vue de participer à la création ou au développement d'une organisation internationale (européenne) permanente, dotée de la personnalité juridique et investie de pouvoirs de décision par l'effet de transferts de compétences consentis par les États membres. • Cons. const. 9 avr. 1992, n° 92-308 DC § 13 • Cons. const. 22 janv. 1999, n° 99-408 DC § 12 • Cons. const. 19 nov. 2004, n° 2004-505 DC § 6.

9. Les mêmes règles s'appliquent à une convention qui limite ou supprime une compétence sans pour autant la transférer. • Cons. const. 22 mai 1985, n° 85-188 DC • Cons. const. 13 oct. 2005, n° 2005-524/525 DC § 6 et 7.

10. Absence de transfert de souveraineté. Ne constituent pas un transfert de souveraineté : le principe du libre franchissement par les personnes des frontières intérieures communes, dès lors que sont prévues des possibilités de dérogation pour des motifs d'ordre public ou de sécurité nationale et réservées expressémentles compétences de police de chaque partie contractante sur son territoire. • Cons. const. 25 juill. 1991, n° 91-294 DC § 14. ♦ ... Une procédure de poursuite transfrontalière qui n'est applicable qu'à des hypothèses où il y a soit des infractions flagrantes d'une particulière gravité, soit une volonté de la part de la personne poursuivie de se soustraire à la justice de son pays, dès lors que les agents poursuivants ne disposent en aucun cas du droit d'interpellation et que l'entrée dans les domiciles et les lieux non accessibles au public leur est interdite. • Cons. const. 25 juill. 1991, n° 91-294 DC § 38.

11. Transferts de compétences. Ces conventions ne peuvent être ratifiées sans une révision préalable de la Const. si elles portent atteinte aux conditions essentielles de l'exercice de la souveraineté nationale. • Cons. const. 22 mai 1985, n° 85-188 DC (a contrario) • Cons. const. 9 avr. 1992, n° 92-308 DC § 14 et 48 • Cons. const. 19 nov. 2004, n° 2004-505 DC § 7 • Cons. const. 20 déc. 2007, n° 2007-560 DC § 9 et 15.

12. Ne porte pas atteinte aux conditions essentielles d'exercice de la souveraineté nationale une convention prise dans le cadre de mesures d'exécution liées à l'établissement d'une politique commune du fait de sa nature et de sa faible importance. • Cons. const. 19 juin 1970, n° 70-39 DC. ♦ Il en est de même pour une convention qui donne à des agents d'une des parties contractantes, la possibilité, dans le cadre d'une enquête judiciaire, de continuer d'observer une personne présumée avoir participé à un fait punissable pouvant donner lieu à extradition, sur le territoire d'une autre partie contractante dès lors que cette possibilité suppose l'autorisation de l'État concerné sur la base d'une demande d'entraide judiciaire présentée au préalable. • Cons. const. 25 juill. 1991, n° 91-294 DC § 33. ♦ Il en va de même : si, lorsque, pour des raisons particulièrement urgentes, l'autorisation préalable de l'autre partie contractante ne peut être demandée, dès lors que les agents observateurs doivent cesser l'observation au-delà de la frontière d'une personne « présumée » avoir commis des faits punissables dès que l'État sur le territoire duquel se déroule l'observation le demande et au plus tard 5h après le franchissement de la frontière. • Cons. const. 25 juill. 1991, n° 91-294 DC § 35. ♦ ... Pour la détermination des pays tiers dont les ressortissants doivent être munis d'un visa lors du franchissement des frontières extérieures des États membres (sous réserve du respect de la règle d'unanimité). • Cons. const. 9 avr. 1992, n° 92-308 DC § 49. ♦ ... Pour la possibilité donnée à la à la Cour pénale internationale de se reconnaître compétente dans l'hypothèse ou la France viendrait à se soustraire délibérément aux obligations que lui impose la convention ou en cas d'effondrement ou d'indisponibilité de l'appareil judiciaire national. • Cons. const. 22 janv. 1999, n° 99-408 DC § 32 et 33. ♦ ... Pour l'accueil par la France de personnes condamnées par la Cour pénale internationale dès lors qu'elle peut assortir son acceptation de conditions pouvant modifier sensiblement les conditions ou la durée de la détention, même si celles-ci doivent être agréées par la Cour. • Cons. const. 22 janv. 1999, n° 99-408 DC § 39 s.

13. Il en va de même d'une convention qui : réserve les cas de nature à porter atteinte à la souveraineté, à la sécurité, à l'ordre public ou à d'autres intérêts essentiels de son pays. • Cons. const. 16 juill. 1980, n° 80-116 DC § 3. ♦ ... Préserve, pour les juridictions françaises, la possibilité de réprimer les crimes et délits portant atteinte aux intérêts fondamentaux de la Nation prévus au titre Ier du livre IV C. pén. • Cons. const. 19 nov. 2004, n° 2004-505 DC § 20. ♦ ... Respecte les fonctions essentielles de l'État, notamment celles qui ont pour objet d'assurer son intégrité territoriale, le fait de maintenir l'ordre public et de sauvegarder la sécurité nationale. • Cons. const. 19 nov. 2004, n° 2004-505 DC § 21.

14. Ne porte pas atteinte aux conditions essentielles d'exercice de la souveraineté nationale, une convention internationale qui abolit la peine de mort. • Cons. const. 22 mai 1985, n° 85-188 DC • Cons. const. 13 oct. 2005, n° 2005-524/525 DC § 6. ♦ ... A moins qu'elle ne lie la France de manière irrévocable. • Cons. const. 13 oct. 2005, n° 2005-524/525 DC § 7. ♦ Il en est de même pour une convention qui supprime le contrôle des personnes aux « frontières intérieures », lequel n'est au demeurant pas absolu, et le transfert aux « frontières externes » des États signataires. • Cons. const. 25 juill. 1991, n° 91-294 DC § 14.

15. Portent atteinte aux conditions essentielles d'exercice de la souveraineté nationale : le fait que la France, en dehors de tout manque de volonté ou d'indisponibilité de l'État, pourrait être conduite à arrêter et à remettre à la Cour une personne à raison de faits couverts, selon la loi française, par l'amnistie ou la prescription. • Cons. const. 22 janv. 1999, n° 99-408 DC § 34. ♦ ... La possibilité donnée au procureur, en dehors même du cas où l'appareil judiciaire national est indisponible, de procéder à certains actes d'enquête hors la présence des autorités de l'État et sur le territoire de ce dernier et en particulier de recueillir des dépositions de témoins et d'inspecter un site public ou un autre lieu public. • Cons. const. 22 janv. 1999, n° 99-408 DC § 38. ♦ ... La création d'un Parquet européen, organe habilité à poursuivre les auteurs d'infractions portant atteinte aux intérêts financiers de l'Union et à exercer devant les juridictions françaises l'action publique relative à ces infractions. • Cons. const. 20 déc. 2007, n° 2007-560 DC § 19.

16. Appelle une révision de la Constitution toute disposition du traité qui, dans une matière inhérente à l'exercice de la souveraineté nationale mais relevant déjà des compétences de l'Union ou de la Communauté, modifie les règles de décision applicables, soit en substituant la règle de la majorité qualifiée à celle de l'unanimité au sein du Conseil, privant ainsi la France de tout pouvoir d'opposition, soit en conférant un pouvoir de décision au Parlement européen, lequel n'est pas l'émanation de la souveraineté nationale, soit en privant la France de tout pouvoir propre d'initiative. • Cons. const. 20 déc. 2007, n° 2007-560 DC § 20. ♦ V. déjà, pour le passage dans certaines matières transférées de la règle de l'unanimité à celle de la majorité. • Cons. const. 9 avr. 1992, n° 92-308 DC § 49. ♦ ... Et ce quand bien même la convention préciserait que la disposition concernée ne porte pas atteinte à l'exercice des responsabilités qui incombent aux États membres pour le maintien de l'ordre public et la sauvegarde de la sécurité intérieure. • Même affaire.

Art. 4 **La liberté consiste à pouvoir faire tout ce qui ne nuit pas à autrui ; ainsi, l'exercice des droits naturels de chaque homme n'a de bornes que celles qui assurent aux autres membres de la société la jouissance de ces mêmes droits. Ces bornes ne peuvent être déterminées que par la loi.**

COMMENTAIRE

V. sur le Code en ligne.

PLAN DES ANNOTATIONS

[V. références des décisions du Conseil constitutionnel dans les tableaux DC et QPC]

I. LIBERTÉS ÉCONOMIQUES

A. LIBERTÉ D'ENTREPRENDRE

BIBL. Calmette, L'analyse économique dans les contentieux publics, *AJDA 2020. 925*.

1° GÉNÉRALITÉS

1. Principe. La liberté d'entreprendre est un principe constitutionnel découlant du présent art. • Cons. const. 16 janv. 1982, n° 81-132 DC § 16 • Cons. const. 2 févr. 2018, *Assoc. Wikimédia France et a.*, n° 2017-687 QPC § 3 • Cons. const. 31 janv. 2020, *Union des industries de la protection des plantes*, n° 2019-823 QPC § 3.

V. pour d'autres décisions dans le même sens :.

2. Absence d'atteinte à la liberté d'entreprendre. Le droit reconnu par les dispositions contestées aux voitures de tourisme avec chauffeur d'exercer l'activité de transport public de personnes sur réservation préalable ne porte aucune atteinte à la liberté d'entreprendre des taxis. • Cons. const. 17 oct. 2014, *Ch. synd. cochers chauffeurs CGT-Taxis*, n° 2014-422 QPC § 9.

a. Champ d'application

3. La liberté d'entreprendre comprend non seulement la liberté d'accéder à une profession ou à une activité économique mais également la liberté dans l'exercice de cette profession ou de cette activité. La circonstance que l'affiliation à une corporation obligatoire ne conditionne pas l'exercice d'une profession mais en découle n'a donc pas pour effet de rendre inopérant le grief tiré de l'atteinte à la liberté d'entreprendre. • Cons. const. 30 nov. 2012, *Christian S.*, n° 2012-285 QPC § 7. ♦ Ressortissent en particulier aux principes fondamentaux de ces obligations civiles et commerciales les dispositions qui mettent en cause les conditions essentielles de l'exercice d'une profession ou d'une activité économique. • Cons. const. 11 avr. 2014, *CGT-FO*, n° 2014-388 QPC § 5.

4. Accès à une profession ou une activité. Ne sauraient être regardées comme portant atteinte à la liberté d'entreprendre : la mise en place d'un régime d'autorisation préalable d'installation en matière d'exploitation agricole. • Cons. const. 26 juill. 1984, n° 84-172 DC § 2 s. (sol. impl.). ♦ ... L'exigence de qualifications professionnelles pour exercer certaines professions. • Cons. const. 24 juin 2011, *Assoc. pour le droit à l'initiative économique*, n° 2011-139 QPC § 6. ♦ V. également note 9.

5. Exercice d'une profession ou d'une activité. La liberté d'entreprendre peut être invoquée (souvent sans succès) à l'encontre d'une loi : supprimant un produit jusque-là distribué par les établissements financiers. • Cons. const. 29 déc. 1989, n° 89-268 DC § 40. ♦ ... Limitant le mode de financement possible de l'activité. • Cons. const. 27 juill. 1982, n° 82-141 DC § 13. ♦ ... Limitant les débouchés de certains opérateurs. • Cons. const. 19 mars 2003, n° 2003-467 DC § 67. ♦ ... Supprimant, pour les établissements financiers, une exonération fiscale qui est apparue comme une source d'évasion fiscale. • Cons. const. 29 déc. 1989, n° 89-268 DC § 40. ♦ ... Fixant certains tarifs. • Cons. const. 16 janv. 1991, n° 90-287 DC § 21 • Cons. const. 5 déc. 2014, *Sté laboratoires de biologie médicale Bio Dômes Unilabs SELAS,* n° 2014-434 QPC § 6. ♦ ... Limitant les possibilités de faire de la publicité commerciale. • Cons. const. 27 juill. 1982, n° 82-141 DC § 12 et 13 • Cons. const. 8 janv. 1991, n° 90-283 DC § 13 et 14 • Cons. const. 23 nov. 2012, *Assoc. France Nature Environnement et a.,* n° 2012-282 QPC § 25 • Cons. const. 31 janv. 2014, *Coop. GIPHAR-SOGIPHAR et a.,* n° 2013-364 QPC § 8. ♦ ... Supprimant les débouchés de certains opérateurs • Cons. const. 19 mars 2003, n° 2003-467 DC § 67. ♦ ... Supprimant le libre choix des collaborateurs. • Cons. const. 20 juill. 1988, n° 88-244 DC § 22 • Cons. const. 13 janv. 2005, n° 2004-509 DC § 26. ♦ Rappr. • Cons. const. 20 juill. 1988, n° 88-244 DC § 27. ♦ ... Posant une définition du licenciement économique. • Cons. const. 12 janv. 2002, n° 2001-455 DC § 50. ♦ ... Imposant la fourniture de certains matériels. • Cons. const. 1er juill. 2004, n° 2004-497 DC § 20. ♦ ... Instituant un monopole. • Cons. const. 22 juin 2012, *Ét. Bargibant SA,* n° 2012-258 QPC. ♦ ... Instituant une obligation d'affiliation à une corporation pour des activités relevant de l'artisanat. • Cons. const. 30 nov. 2012, *Christian S.,* n° 2012-285 QPC § 11.

b. Compétence législative

6. Principe. La liberté d'entreprendre s'exerce dans le cadre d'une réglementation instituée par la loi. • Cons. const. 16 janv. 1986, n° 85-200 DC § 4. ♦ ... Dès lors l'incompétence négative du législateur peut être sanctionnée. • Cons. const. 6 oct. 2010, *Mathieu Pitte,* n° 2010-45 QPC § 6. • Cons. const. 1er août 2013, *Sté Natixis Asset Management,* n° 2013-336 QPC § 19 • Cons. const. 17 janv. 2017, *Sté Alinéa,* n° 2016-604 QPC § 13 (*a contrario*).

7. Une disposition se bornant à prévoir que l'attribution d'un nom de domaine est assurée « dans l'intérêt général, selon des règles non discriminatoires rendues publiques et qui veillent au respect, par le demandeur, des droits de la propriété intellectuelle » et renvoyant, pour le surplus, à un décret en Conseil d'État le soin de préciser ses conditions d'application, si elle préserve les droits de la propriété intellectuelle, n'institue pas les garanties permettant qu'il ne soit pas porté atteinte à la liberté d'entreprendre, en délégant entièrement le pouvoir d'encadrer les conditions dans lesquelles les noms de domaine sont attribués ou peuvent être renouvelés, refusés ou retirés. • Cons. const. 6 oct. 2010, *Mathieu P.,* n° 2010-45 QPC § 5.

8. Possibilité de limitation. La liberté d'entreprendre n'est ni générale ni absolue. • Cons. const. 16 janv. 1982, n° 81-132 DC § 16 (sol impl.) • Cons. const. 27 juill. 1982, n° 82-141 DC § 13 • Cons. const. 4 janv. 1989, n° 89-254 DC § 5. ♦ Dès lors, il est loisible au législateur de lui apporter des limitations liées à des exigences constitutionnelles ou justifiées par l'intérêt général, à la condition qu'il n'en résulte pas d'atteintes disproportionnées au regard de l'objectif poursuivi. • Cons. const. 16 janv. 2001, n° 2000-439 DC § 13 • Cons. const. 21 sept. 2018, *Grand Port Maritime de la Guadeloupe,* n° 2018-732 QPC § 5 • Cons. const. 12 mars 2020, *Conseil nat. des centres commerciaux,* n° 2019-830 QPC § 5. ♦ Et sous réserve qu'elles soient énoncées de manière claire et précise. • Cons. const. 7 déc. 2000, n° 2000-435 DC § 53 • Cons. const. 13 janv. 2005, n° 2004-509 DC § 25 • Cons. const. 10 mars 2011, n° 2011-625 DC § 76 • Cons. const. 29 déc. 2013, n° 2013-685 DC § 91.

V. pour d'autres décisions dans le même sens : .

9. Étendue de la compétence. Il incombe au législateur, lorsqu'il fixe les conditions d'accès à la profession d'avocat, de déterminer les garanties fondamentales permettant d'assurer le respect des droits de la défense et de la liberté d'entreprendre. • Cons. const. 6 juill. 2016, *Éric B.,* n° 2016-551 QPC § 7. ♦ En prévoyant des dérogations à la condition de diplôme ainsi qu'à celle de détention du certificat d'aptitude à la profession d'avocat pour les personnes ayant exercé certaines fonctions ou activités en France, le législateur a entendu permettre l'accès à cette profession à des personnes ayant acquis par l'exercice de certaines fonctions ou activités de nature juridique, pendant une durée suffisante, sur le territoire national, des compétences professionnelles équivalentes à celles que garantit l'obtention de ces diplômes et a dès lors suffisamment défini les garanties encadrant l'accès à la profession d'avocat. • Cons. const. 6 juill. 2016, *Éric B.,* n° 2016-551 QPC § 9. ♦ Rappr. • CE 2 oct. 2017, n° 412234 B : *AJDA 2018. 82*.

10. Atteinte à la liberté d'entreprendre. La liberté d'entreprendre est affectée par : l'encadrement, tant pour les particuliers que pour les entreprises, du choix et de l'usage des noms de domaine sur internet. • Cons. const. 6 oct. 2010, *Mathieu P.,* n° 2010-45 QPC § 5. ♦ ... La détermination du champ d'application de l'obligation faite aux entreprises d'instituer un dispositif de participation des salariés à leurs résultats. • Cons. const. 1er août 2013, *Sté Natixis Asset Management,* n° 2013-336 QPC § 19.

11. Absence d'atteinte à la liberté d'entreprendre. Il n'y a pas d'atteinte à la liberté d'entreprendre pour : une disposition poursuivant un objectif d'adaptation de l'assiette de la taxe pour faire varier son produit en fonction de l'importance des marges commerciales rétrocédées • Cons. const. 19 déc. 2013, n° 2013-682 DC § 25. ♦ ... Le droit reconnu par les dispositions contestées aux voitures de tourisme avec chauffeur d'exercer l'activité de transport public de personnes sur réservation préalable. • Cons. const. 17 oct. 2014, *Ch. synd. cochers chauffeurs CGT-Taxis,* n° 2014-422 QPC § 9. ♦ Se borne à imposer à certaines sociétés de transmettre à l'administration des informations relatives à leur implantation et des indicateurs économiques, comptables et fiscaux de leur activité, éléments qui, s'ils peuvent être échangés avec les États ou territoires ayant conclu un accord en ce sens avec la France, ne peuvent être rendus publics. • Cons. const. 29 déc. 2015, n° 2015-725 DC § 33.

12. La liberté d'entreprendre n'impose pas que les dispositions permettant de réviser ou de mettre en œuvre, dans le respect des décisions d'autorisation ou d'interdiction d'une opération de concentration, les engagements, injonctions et prescriptions dont ces décisions peuvent être assorties soient prises par une autorité collégiale. • Cons. const. 20 avr. 2018, *Sté FNAC DARTY,* n° 2018-702 QPC § 10.

2° JUSTIFICATION DES LIMITATIONS

a. Notion d'intérêt général

1. Présence d'un intérêt général

13. Droit du travail et droit social. Constituent un intérêt général susceptible de justifier des limitations à la liberté d'entreprendre : la lutte contre le chômage entraînant par la mise en place d'une taxation incitant à la limitation du cumul emploi retraite. • Cons. const. 16 janv. 1986, n° 85-200 DC § 4. ♦ ... La volonté d'apaisement politique et social. • Cons. const. 20 juill. 1988, n° 88-244 DC § 24 (sol. impl.). ♦ ... La maîtrise de l'évolution des dépenses de santé supportées par la collectivité entrainant la définition de critères d'homologation des tarifs conventionnels pour les établissements privés d'hospitalisation. • Cons. const. 16 janv. 1991, n° 90-287 DC § 21. ♦ ... La préservation de la sécurité financière des salariés justifiant que la création des fonds d'épargne retraite soit soumise à un agrément administratif. • Cons. const. 20 mars 1997, n° 97-388 DC § 51. ♦ ... La prise en compte de la situation des entreprises de petite taille qui n'emploient pas de salariés dans le cadre de la mise en place du droit au repos hebdomadaire. • Cons. const. 5 août 2011, *Sté SOMODIA,* n° 2011-157 QPC § 7. ♦ Rappr. • Cons. const. 21 janv. 2011, *Sté Chaud Colatine,* n° 2010-89 QPC § 5. ♦ ... La préservation de l'indépendance dans l'exercice de leur mandat de membre du conseil ou d'administrateur d'une caisse de sécurité sociale en subordonnant leur licenciement à l'autorisation de l'inspecteur du travail. • Cons. const. 14 mai 2012, *Assoc. Temps de vie,* n° 2012-242 QPC § 7. ♦ ... La mise en place d'un contrôle, par les agents de l'État, des organismes prestataires d'activités de formation professionnelle continue, contrôle destiné à vérifier que les sommes versées par les personnes publiques en faveur de la formation professionnelle ou par les employeurs au titre de leur obligation de contribuer au financement de la formation professionnelle continue sont affectées à cette seule fin. • Cons. const. 21 sept. 2012, *Sté Egilia,* n° 2012-273 QPC § 8. ♦ Rappr. Des dispositions qui facilitent l'accès de toutes les entreprises d'une même branche à une protection complémentaire et assurent un régime de mutualisation des risques, en renvoyant aux accords professionnels et interprofessionnels le soin d'organiser la couverture de ces risques auprès d'un ou plusieurs organismes de prévoyance. • Cons. const. 13 juin 2013, n° 2013-672 DC § 10. ♦ ... Constitue également un intérêt général susceptible de justifier des limitations à la liberté d'entreprendre, la préservation de l'emploi agricole. • Cons. const. 9 oct. 2014, n° 2014-701 DC § 41.

14. Droit économique. Constituent un intérêt général susceptible de justifier des limitations à la liberté d'entreprendre : l'objectif général de transparence économique entraînant la mise en œuvre de modalités contraignantes à l'activité d'achat ou de prestations de l'intermédiaire et interdisant aux prestataires de services de conseil en plan média ou de préconisation de support d'espace publicitaire fournis aux annonceurs de recevoir des rémunérations ou avantages quelconques de la part des vendeurs d'espace. • Cons. const. 20 janv. 1993, n° 92-316 DC § 30. ♦ ... L'égalité entre les divers établissements au regard des conséquences économiques de la mise en œuvre du repos hebdomadaire qui protège en particulier les petits commerces qui n'ont pas suffisamment de salariés pour pouvoir être ouverts en continu. • Cons. const. 21 janv. 2011, *Sté Chaud Colatine,* n° 2010-89 QPC § 4. ♦ ... Le fait de faire cesser les pratiques restrictives de concurrence pour préserver l'ordre public économique. • Cons. const. 13 mai 2011, *Sté Sys-*

tème U Centrale nationale et a., n° 2011-126 QPC § 5. ♦ ... La possibilité de retirer la décision ayant autorisé la réalisation de l'opération de concentration et d'infliger une sanction pécuniaire aux personnes auxquelles incombait l'obligation non exécutée visant à assurer le respect effectif des injonctions, prescriptions ou engagements dont sont assorties les autorisations de concentration. Et ce d'autant plus que ces sanctions ne sont encourues que lorsqu'une opération de concentration est autorisée « en enjoignant aux parties de prendre toute mesure propre à assurer une concurrence suffisante ou en les obligeant à observer des prescriptions de nature à apporter au progrès économique une contribution suffisante pour compenser les atteintes à la concurrence » et qu'elles sont prononcées sous le contrôle du juge. • Cons. const. 12 oct. 2012, *Sté Groupe Canal Plus et a.*, n° 2012-280 QPC § 9 et 10. ♦ ... La volonté d'encourager, de façon générale et par tout moyen, la reprise des entreprises et leur poursuite d'activité. • Cons. const. 17 juill. 2015, *SARL Holding Désile*, n° 2015-476 QPC § 8. ♦ ... L'ordre public économique. • Cons. const. 5 août 2015, n° 2015-715 DC § 32. • Cons. const. 11 déc. 2015, *Synd. réunionnais des exploitants de stations-service*, n° 2015-507 QPC § 8. ♦ ... La transparence des relations entre les représentants d'intérêts et les pouvoirs publics. • Cons. const. 8 déc. 2016, n° 2016-741 DC § 44. ♦ ... Eu égard aux particularités économiques de la Nouvelle-Calédonie et aux insuffisances de la concurrence sur de nombreux marchés, la lutte contre la hausse des prix touchant certains produits et services afin de préserver le pouvoir d'achat des consommateurs. • Cons. const. 12 avr. 2019, *Sté Magenta*, n° 2019-774 QPC § 17. ♦ ... La volonté de parer aux risques inflationnistes liés à l'entrée en vigueur de la taxe générale sur la consommation, qui se substitue aux anciennes taxes à l'importation en Nouvelle-Calédonie. • Cons. const. 12 avr. 2019, *Sté Magenta*, n° 2019-774 QPC § 30. ♦ ... La volonté de favoriser un meilleur aménagement du territoire et, en particulier, de lutter contre le déclin des centres-villes. • Cons. const. 12 mars 2020, *Conseil nat. des centres commerciaux*, n° 2019-830 QPC § 8. ♦ ... La volonté de lutter contre certaines tarifications abusives en matière de commercialisation conduisant au détournement de l'avantage fiscal accordé au contribuable au titre de l'investissement locatif. • Cons. const. 15 oct. 2020, *Féd. nat. de l'immobilier*, n° 2020-861 QPC § 11. ♦ V. également certaines des décisions reprises sous la rubrique « Droit du travail et droit social ».

15. Il en va de même de la régulation du marché des viandes en Nouvelle-Calédonie pour protéger la production locale de viande et assurer le bon approvisionnement de la population du territoire. • Cons. const. 22 juin 2012, *Ét. Bargibant SA*, n° 2012-258 QPC § 8. ♦ ... De la volonté d'éviter que certains employeurs, intervenant dans le secteur concurrentiel, puissent révoquer leur adhésion au régime de l'assurance chômage afin d'optimiser le coût de la prise en charge de l'allocation due à leurs anciens agents ou salariés, le cas échéant au détriment de l'équilibre financier de ce régime et de la volonté de limiter l'avantage compétitif procuré à ces employeurs par le caractère facultatif de leur adhésion, par rapport à leurs concurrents pour lesquels cette adhésion est obligatoire. • Cons. const. 21 sept. 2018, *Grand Port Maritime de la Guadeloupe*, n° 2018-732 QPC § 6. ♦ ... De la volonté d'assurer un fonctionnement concurrentiel du marché de l'énergie et de garantir la stabilité des prix sur ce marché. • Cons. const. 7 nov. 2019, n° 2019-791 DC § 6.

16. Lutte contre la fraude. Constituent un intérêt général susceptible de justifier des limitations à la liberté d'entreprendre : la lutte contre des activités illicites ou contraires à l'ordre public. • Cons. const. 19 mars 2003, n° 2003-467 DC § 67. ♦ ... Le fait d'empêcher que l'exploitation d'un débit de boissons soit confiée à des personnes qui ne présentent pas les garanties de moralité suffisantes requises pour exercer cette profession. • Cons. const. 20 mai 2011, *Ion C.*, n° 2011-132 QPC § 6.

17. Sécurité des personnes et des biens. Constitue un intérêt général susceptible de justifier des limitations à la liberté d'entreprendre : la protection de la santé (V. aussi note 23) et de la sécurité des personnes. • Cons. const. 24 juin 2011, *Assoc pour le développement économique*, n° 2011-139 QPC § 6 et 7 • Cons. const. 21 janv. 2016, n° 2015-727 DC § 11. ♦ ... La garantie de la qualité des soins. • Cons. const. 21 oct. 2016, *Sté Eylau Unilabs et a.*, n° 2016-593 QPC § 9. ♦ Il en va de même de : la réglementation fixée pour l'activité de transport des personnes. • Cons. const. 7 juin 2013, *Mohamed T.*, n° 2013-318 QPC § 13 • Cons. const. 21 janv. 2016, n° 2015-727 DC § 11. ♦ ... La garantie de la qualité des soins. • Cons. const. 21 oct. 2016, *Sté Eylau Unilabs et a.*, n° 2016-593 QPC § 9. ♦ ... La garantie de la protection de la propriété foncière en réservant aux géomètres-experts, professionnels spécialement qualifiés et présentant des garanties d'indépendance et de probité, la réalisation des études et des travaux topographiques permettant la délimitation des biens fonciers. • CE 7 sept. 2012, n° 360032 : *AJDA 2012. 1663*. ♦ ... La protection du consommateur. • Cons. const. 5 août 2015, n° 2015-715 DC § 32. ♦ ... La protection de l'ordre public. • Cons. const. 19 févr. 2016, *Ligue des droits de l'homme*, n° 2016-535 QPC § 3. ♦ ... Le droit au respect de la vie. • CE 16 oct. 2020, n° 445102.

18. Patrimoine artistique et culturel. Constituent un intérêt général susceptible de justifier des limitations à la liberté d'entreprendre : la préservation du patrimoine archéologique entraînant la mise en place d'un droit exclusif au profit d'un établissement public. • Cons. const. 16 janv. 2001, n° 2000-439 DC § 16. ♦ ... La diversification de l'offre de programmes et la liberté de choix des utilisateurs de la télévision. • Cons. const. 1er juill. 2004, n° 2004-497 DC § 20. ♦ ... La conservation et la préservation de lieux qui présentent un intérêt « au point de vue artistique, historique, scientifique, légendaire ou pittoresque ». • Cons. const. 23 nov. 2012, *Antoine de M.*, n° 2012-283 QPC § 16. ♦ ... La conservation des plages comme espace naturel. • CE 22 mai 2013, *Assoc. synd. libre des résidences du port de Mandelieu-La Napoule*, n° 366750 : *AJDA 2013. 1976, note Chrestia* .

19. Divers. Constituent un intérêt général susceptible de justifier des limitations à la liberté d'entreprendre : l'amélioration des conditions de desserte des transports intérieurs entraînant une obligation de conventionnement. • Cons. const. 30 déc. 1982, n° 82-150 DC. ♦ ... La sauvegarde des intérêts nationaux justifiant la mise en place d'une procédure de déclaration pour l'acquisition d'actions d'entreprises privatisées. • Cons. const. 4 janv. 1989, n° 89-254 DC § 6. ♦ ... La protection du domaine public. • CE, QPC, 6 oct. 2010, *Muntoni*, n° 341537 B : *AJDA 2010. 1913* ; *AJCT 2010. 167, obs. Untermaier* . • CE 22 mai 2013, *Assoc. synd. libre des résidences du port de Mandelieu-La Napoule*, n° 366750 : *préc. note 18.* ♦ ... La protection du cadre de vie contre les atteintes susceptibles de résulter de dispositifs de publicité extérieure. • Cons. const. 23 nov. 2012, *Assoc. France Nature Environnement et a.*, n° 2012-282 QPC § 27. ♦ ... La protection de l'environnement. • Cons. const. 11 oct. 2013, *Sté Schuepbach Energy LLC*, n° 2013-346 QPC § 12 • Cons. const. 4 août 2016, n° 2016-737 DC § 39 • Cons. const. 25 oct. 2018, n° 2018-771 DC § 17. ♦ ... La protection de l'ordre public, notamment la police de la circulation et du stationnement sur la voie publique. • Cons. const. 7 juin 2013, *Mohamed T.*, n° 2013-318 QPC § 14 • Cons. const. 22 mai 2015, *Sté UBER France SAS et a.*, n° 2015-468/469/472 QPC § 13 et 23. ♦ ... Le maintien et la volonté de favoriser le développement de services publics locaux. • Cons. const. 23 mars 2016, *Iliade et a.*, n° 2015-529 QPC § 7. ♦ ... L'information éclairée des citoyens en période électorale et à la sincérité du scrutin. • Cons. const. 20 déc. 2018, n° 2018-773 DC § 8. ♦ ... La mise en œuvre des exigences constitutionnelles inhérentes à la sauvegarde des intérêts fondamentaux de la Nation. • Cons. const. 5 févr. 2021, *Sté Bouygues Telecom*, n° 2020-882 QPC § 21.

2. Absence d'intérêt général

20. La nature des activités relevant de l'artisanat ne justifie pas le maintien d'une réglementation professionnelle s'ajoutant à celle relative aux chambres de métiers et imposant à tous les chefs d'exploitations ou d'entreprises artisanales d'être regroupés par corporation en fonction de leur activité et soumis ainsi à de nombreuses sujétions (cotisations obligatoires, surveillance par des délégués, observation des prescriptions légales et statutaires, sanctions disciplinaires et amendes en cas de contravention aux dispositions statutaires). • Cons. const. 30 nov. 2012, *Christian S.*, n° 2012-285 QPC § 11. ♦ Ne sont pas justifiées par un motif d'intérêt général en lien direct avec l'objectif poursuivi : l'interdiction de certains modes de tarification pour la détermination du prix des prestations que les entreprises qui mettent à la disposition de leur clientèle une ou plusieurs voitures avec chauffeur proposent aux consommateurs lors de la réservation préalable. • Cons. const. 22 mai 2015, *Sté UBER France SAS et a.*, n° 2015-468/469/472 QPC § 20. ♦ ... L'incompatibilité entre l'activité de conducteur de taxi et l'exercice de l'activité de conducteur de VTC (dans le but de lutter contre la fraude à l'activité de taxi, notamment dans le secteur du transport de malades et d'assurer la pleine exploitation des autorisations de stationnement sur la voie publique). • Cons. const. 15 janv. 2016, *Robert M.*, n° 2015-516 QPC § 7.

21. Il y a également atteinte à la liberté d'entreprise : lorsque l'intérêt général poursuivi n'est pas clairement défini. • Cons. const. 10 mars 2011, n° 2011-625 DC § 76. ♦ ... Ou que le motif d'intérêt général est sans lien direct avec l'objectif poursuivi. • Cons. const. 24 mai 2013, *Synd. fr. de l'industrie cimentière et a.*, n° 2013-317 QPC § 10.

b. Autres dispositions constitutionnelles

22. Conciliation avec la DDH. La liberté d'entreprendre doit se concilier avec l'art. 11 DDH (liberté de communication) justifiant : la mise en œuvre de mesures anticoncentration dans la presse. • Cons. const. 10 oct. 1984, n° 84-181 DC § 53 • 11 oct. 1984 : *ibid.* ♦ ... L'adaptation aux nouvelles données techniques (numérique) des règles tendant à limiter la concentration des opérateurs, édictées auparavant pour la seule diffusion analogique. • Cons. const. 27 juill. 2000, n° 2000-433 DC § 42. ♦ ... Avec l'art. 4 DDH (principe de responsabilité), justifiant que l'indemnité de licenciement sans cause réelle et sérieuse puisse être fixée par le juge à un montant supérieur aux salaires des six derniers mois en fonction du préjudice subi. • Cons. const. 13 oct. 2016, Sté Goodyear Dunlop Tires France SA, n° 2016-582 QPC § 12.

23. Conciliation avec un objectif de valeur constitutionnelle. L'encadrement de l'organisation des courses de chevaux et des paris hippiques a été mis en place non seulement pour la préservation de la race chevaline et le financement de l'élevage mais également pour encadrer les abus liés au développement excessif des courses hippiques et prévenir le risque de dépendance au jeu relevant de la sauvegarde de l'ordre public, objectif à valeur constitutionnelle. • Cons. const. 3 déc. 2010, *Sté ZEturf limited,* n° 2010-73 QPC § 13. ♦ L'exigence de qualifications professionnelles pour exercer certaines professions répond à l'objectif de valeur constitutionnelle de prévention des atteintes à la sécurité des personnes. • Cons. const. 24 juin 2011, *Assoc. pour le développement économique,* n° 2011-139 QPC § 6. ♦ L'interdiction d'exportation de certains produits phytopharmaceutiques contenant des substances actives non approuvées par l'Union européenne répond à l'objectif de valeur constitutionnelle de protection de l'environnement et de protection de la santé. • Cons. const. 31 janv. 2020, *Union des industries de la protection des plantes,* n° 2019-823 QPC § 4 s.

24. L'interdiction de l'usage de certains produits phytosanitaires répond à l'objectif de valeur constitutionnelle de protection de la santé publique. • Cons. const. 4 août 2016, n° 2016-737 DC § 39. ♦ Il en va de même de l'autorisation donnée au Premier ministre d'ordonner la fermeture provisoire et de réglementer l'ouverture des établissements recevant du public ainsi que des lieux de réunion. • Cons. const. 11 mai 2020, n° 2020-800 DC § 16 et 19.

25. Conciliation avec le Préamb. Const. 1946. La liberté d'entreprendre doit se concilier avec : l'al. 8 Préamb. Const. 1946 (détermination collective des conditions de travail et gestion des entreprises). • Cons. const. 12 janv. 2002, n° 2001-455 DC § 44. ♦ ... L'al. 9 Préamb. Const. 1946 (nationalisation des entreprises dont l'exploitation a ou acquiert les caractères d'un service public national ou d'un monopole de fait). • Cons. const. 16 janv. 1982, n° 81-132 DC. ♦ ... A condition que soient déterminées les qualifications professionnelles exigées pour certaines activités en fonction de leur complexité et des risques qu'elles présentent pour la santé des personnes qui les exercent ou pour ceux qui y recourent. • Cons. const. 24 juin 2011, *Assoc. pour le développement économique,* n° 2011-139 QPC § 6. ♦ ... La liberté d'entreprendre doit également se concilier avec l'al. 10 Préamb. Const. 1946 (conditions nécessaires au développement de la famille et de l'individu). • Cons. const. 6 août 2009, n° 2009-588 DC § 3 • Cons. const. 5 août 2011, *Sté Somodia,* n° 2011-157 QPC § 8 • Cons. const. 4 avr. 2014, *Sté Séphora,* n° 2014-373 QPC § 17. ♦ ... L'al. 11 Préamb. Const. 1946 (protection de la santé) : justifiant la réglementation de la publicité pour le tabac et les boissons alcoolisées. • Cons. const. 8 janv. 1991, n° 90-283 DC § 15 • Cons. const. 25 janv. 2013, *Sté Distrivit et a.,* n°s 2012-290/291 QPC § 16. ♦ ... Justifiant les limites à la publicité pour les pharmacies et leurs groupements. • Cons. const. 31 janv. 2014, *Coop. Giphar-Sogiphar et a.,* n° 2013-364 QPC § 8. ♦ ... Justifiant la création d'une nouvelle branche de la sécurité sociale. • Cons. const. 27 nov. 2001, n° 2001-451 DC § 18. ♦ ... Justifiant la suspension de l'importation et de la mise sur le marché national à titre gratuit ou onéreux des conditionnements, contenants ou ustensiles comportant du bisphénol A et destinés à entrer en contact direct avec des denrées alimentaires. • Cons. const. 17 sept. 2015, *Assoc. Plastics Europe,* n° 2015-480 QPC § 7. ♦ ... Justifiant la peine complémentaire de fermeture temporaire du débit de boissons pour réprimer les violations de la réglementation dans ce domaine. • Cons. const. 16 oct. 2015, *Abdullah N.,* n° 2015-493 QPC §12. ♦ ... L'al. 11 Préamb. Const. 1946 (repos et loisirs) justifiant la réduction du temps de travail. • Cons. const. 13 janv. 2000, n° 99-423 DC § 27. ♦ ... L'al. 5 Préamb. Const. 1946 (droit d'obtenir un emploi) justifiant la réduction du temps de travail. • Cons. const. 10 juin 1998, n° 98-401 DC § 26. ♦ ... Justifiant l'octroi de l'allégement de cotisations sociales à cette réduction sous le contrôle de l'autorité administrative et des organismes de recouvrement des cotisations sociales • Cons. const. 13 janv. 2000, n° 99-423 DC § 27, 32 et 33. ♦ ... Justifiant la mise en œuvre d'un droit de réintégration. • Cons. const. 13 janv. 2005, n° 2004-509 DC § 26. ♦ ... Justifiant le versement d'une indemnité pour licenciement sans cause réelle et sérieuse. • Cons. const. 13 oct. 2016, *Sté Goodyear Dunlop Tires France SA,* n° 2016-582 QPC § 11. ♦ ... L'al. 12 Préamb. Const. 1946, justifiant la garantie accordée par l'État à la seule caisse centrale de réassurance s'agissant des risques de catastrophes naturelles. • Cons. const. 27 sept. 2013, *Sté Scor SE,* n° 2013-344 QPC § 3.

26. Absence de conciliation avec le Préamb. Const. 1946. Bien que l'al. 5 Préamb. Const. 1946 (Droit d'obtenir un emploi) et l'al. 8 Préamb. Const. 1946 (détermination collective des conditions de travail et à la gestion) puissent, pour qu'ils soient conciliés avec la liberté d'entreprendre, conduire à limiter cette dernière, la nouvelle définition du licenciement économique ne permettant à l'entreprise de licencier que si sa pérennité est en cause porte à la liberté d'entreprendre une atteinte manifestement excessive au regard de l'objectif poursuivi du maintien de l'emploi. • Cons. const. 12 janv. 2002, n° 2001-455 DC § 50. ♦ Rappr. s'agissant de l'obligation de céder un établissement à un repreneur. • Cons. const. 27 mars 2014, n° 2014-692 DC § 8. ♦ Dès lors que la commercialisation des conditionnements, contenants ou ustensiles comportant du bisphénol A et destinés à entrer en contact direct avec des denrées alimentaires est autorisée dans de nombreux pays, la suspension de la fabrication et de l'exportation de ces produits sur le territoire de la République ou à partir de ce territoire est sans effet sur la commercialisation de ces produits dans les pays étrangers ; par suite, en suspendant la fabrication et l'exportation de ces produits en France ou depuis la France, le législateur a apporté à la liberté d'entreprendre des restrictions qui ne sont pas en lien avec l'objectif de protection de la santé. • Cons. const. 17 sept. 2015, *Assoc. Plastics Europe,* n° 2015-480 QPC § 8.

27. La conciliation ne doit pas être entachée d'erreur manifeste. • Cons. const. 27 nov. 2001, 2001-451 DC § 21 • Cons. const. 13 janv. 2005, n° 2004-509 DC § 28 • Cons. const. 22 juill. 2005, n° 2005-521 DC (sol. impl.).

3° PROPORTIONNALITÉ AVEC LE BUT POURSUIVI

a. Présence de proportionnalité

28. Droit du travail et droit social. En prévoyant que le droit au repos hebdomadaire des salariés s'exerce en principe le dimanche, le législateur a entendu opérer une conciliation, qui lui incombe, entre le présent art. et l'al. 11 Préamb. Const. 1946 • Cons. const. 6 août 2009, n° 2009-588 DC § 3 • Cons. const. 5 août 2011, *Sté SOMODIA,* n° 2011-157 QPC § 8. ♦ Rappr. s'agissant du travail de nuit. • Cons. const. 4 avr. 2014, *Sté Séphora,* n° 2014-373 QPC § 17. ♦ L'obligation de fermeture hebdomadaire de certains commerces est proportionnée au but poursuivi dans la mesure où d'une part, les conditions de mise en œuvre de la disposition imposent l'accord des organisations syndicales de salariés et d'employeurs et concernent les établissements qui exercent une même profession dans une même zone géographique, mais elle peut être aisément levée. • Cons. const. 21 janv. 2011, *Sté Chaud Colatine,* n° 2010-89 QPC § 5. ♦ De même, organiser un plan de prévention des ruptures d'approvisionnement contenant une liste des détaillants du réseau de distribution de gros des produits pétroliers qui ne peuvent interrompre leur activité, est proportionné avec le présent art. • Cons. const. 11 déc. 2015, *Synd. réunionnais des exploitants de stations-service,* n° 2015-507 QPC § 7.

29. Droit économique. Il en est de même : pour le pouvoir donné au ministre de l'économie de demander au juge de faire cesser des pratiques restrictives de concurrence dans le but de préserver l'ordre public économique. • Cons. const. 13 mai 2011, *Sté Système U Centrale nationale et a.,* n° 2011-126 QPC § 5. ♦ ... Pour, eu égard à sa portée limitée, l'interdiction faite à l'exploitant d'un véhicule dépourvu d'une autorisation de stationnement, d'informer à la fois de sa localisation et de sa disponibilité lorsque son véhicule est situé sur la voie ouverte à la circulation publique. • Cons. const. 22 mai 2015, *Sté UBER France SAS et a.,* n° 2015-468/469/472 QPC § 13. ♦ ... Pour, eu égard aux objectifs d'ordre public poursuivis, l'obligation faite au conducteur d'une voiture de transport avec chauffeur, dès l'achèvement de la prestation commandée au moyen d'une réservation préalable, de retourner au lieu d'établissement de l'exploitant de cette voiture ou dans un lieu, hors de la chaussée, où le stationnement est autorisé. • Cons. const. 22 mai 2015, *Sté UBER France SAS et a.,* n° 2015-468/469/472 QPC § 23. ♦ ... Ou pour l'obligation d'information des salariés des entreprises de moins de deux cent cinquante salariés lorsqu'il est envisagé une cession de la majorité des parts sociales. • Cons. const. 17 juill. 2015, *SARL Holding Désile,* n° 2015-476 QPC § 9. ♦ ... Pour le pouvoir donné aux commissions d'aménagement commercial de prendre en considération « la contribution du projet à la préservation ou à la revitalisation du tissu commercial du centre-ville de la commune d'implantation, des communes limitrophes et de l'établissement public de coopération intercommunale à fiscalité propre dont la commune d'implantation est membre ». • Cons. const. 12 mars 2020, *Conseil nat. des centres commerciaux,* n° 2019-830 QPC § 10 s. ♦ V. également certaines des décisions reprises sous la rubrique « Droit du travail et droit social ».

30. Il en va de même : de l'instauration d'un monopole d'importation des viandes compte tenu de l'organisation de la production locale de viande en Nouvelle-Calédonie et de la nécessité d'assurer l'approvisionnement du territoire y compris dans les endroits les plus reculés. • Cons. const. 22 juin 2012, *Ét. Bargibant SA,* n° 2012-258 QPC § 8. ♦ ... De l'obligation faite au représentant d'intérêt de communiquer à la HATVP des données d'ensemble et des montants globaux sur l'année écoulée. • Cons. const. 8 déc. 2016, n° 2016-741 DC § 45. ♦ ... De la soumission de certaines entreprises néo-calédoniennes à l'obligation de déclarer auprès du gouvernement de la Nouvelle-Calédonie plusieurs informations commerciales. • Cons. const. 12 avr. 2019, *Sté Magenta,* n° 2019-774 QPC § 24 s. ♦ ... Du plafonnement des marges commerciales, constatées à une date donnée, de l'ensemble des entreprises et de la faculté d'imposer à certaines d'entre elles une réduction supplémentaire de leur marge dès lors qu'il s'agit d'une mesure limitée dans le temps. • Cons. const. 12 avr. 2019, *Sté Magenta,* n° 2019-774 QPC § 29 s. ♦ ... De l'obligation faite à EdF de céder aux autres fournisseurs d'électricité jusqu'à cent cinquante térawattheures par an d'électricité nucléaire historique à un prix déterminé par arrêté, sous réserve que la détermination du prix par les ministres chargés de l'énergie et de l'économie ne porte pas une atteinte disproportionnée à la liberté d'entreprendre en arrêtant un prix sans suffisamment tenir compte des conditions économiques de production d'électricité par les centrales nucléaires. • Cons. const. 7 nov. 2019, n° 2019-791 DC § 11.

31. Lutte contre la fraude. Il en est de même, pour assurer l'intégrité, la sécurité et la fiabilité des opérations de jeux, veiller à la transparence de leur exploitation, prévenir les risques d'une exploitation des appareils de jeux de hasard ou d'adresse à des fins frauduleuses ou criminelles, lutter contre le blanchiment d'argent et prévenir le risque d'accoutumance, des dispositions limitant strictement l'utilisation des « appareils à sous » à des événements et lieux eux-mêmes soumis à un régime d'autorisation préalable et organisant le contrôle de la fabrication, du commerce et de l'exploitation de ces appareils. • Cons. const. 18 oct. 2010, *Rachid M. et a.,* n° 2010-55 QPC § 6.

32. Sécurité des personnes et des biens. L'exigence de qualifications pour l'exercice de certaines professions est proportionnée au but poursuivi de protection de la santé et de la sécurité des personnes. • Cons. const. 24 juin 2011, *Assoc. pour le développement économique,* n° 2011-139 QPC § 6 et 7. ♦ ... Dès lors qu'il est possible d'en être relevé, la peine complémentaire de fermeture temporaire du débit de boissons. • Cons. const. 16 oct. 2015, *Abdullah N.,* n° 2015-493 QPC § 13. ♦ ... Dès lors qu'elle répond aux conditions fixées pour la liberté de réunion (V. notes ss. DDH, art. 11), une disposition permettant à l'autorité administrative, dans le cadre de l'état d'urgence et dans la zone couverte par cet état d'urgence, d'ordonner la fermeture provisoire des salles de spectacle, débits de boissons et lieux de réunion de toute nature. • Cons. const. 19 févr. 2016, *Ligue des droits de l'homme,* n° 2016-535 QPC § 12. ♦ ... Dans la mesure où les débits de tabac peuvent également assurer la vente d'autres produits et que leur clientèle comprend des personnes ne consommant pas de produits du tabac, l'interdiction de la publicité en faveur de ces produits dans leurs lieux de vente. • Cons. const. 21 janv. 2016, n° 2015-727 DC § 11. ♦ En autorisant l'implantation des différents sites d'un laboratoire, sans en limiter le nombre, sur trois territoires de santé limitrophes, le législateur a permis de retenir un bassin de population suffisant pour l'exercice de l'activité de biologie médicale. • Cons. const. 21 oct. 2016, *Sté Eylau Unilabs et a.,* n° 2016-593 QPC § 10. ♦ ... En n'excluant pas que, conformément aux règles de droit commun, l'exploitant d'un laboratoire de biologie médicale, qui subirait un préjudice anormal et spécial en raison de la modification des délimitations d'un territoire de santé ou de la révision d'un schéma régional d'organisation des soins, puisse en demander réparation sur le fondement du principe constitutionnel d'égalité devant les charges publiques. • Cons. const. 21 oct. 2016, *Sté Eylau Unilabs et a.,* n° 2016-593 QPC § 11.

33. Crise sanitaire du covid-19. De même opèrent une conciliation équilibrée entre la liberté d'entreprendre et la protection de la santé les mesures autorisant le Premier ministre à ordonner la fermeture provisoire et à réglementer l'ouverture des établissements recevant du public dès lors que ces mesures ne s'étendent pas aux locaux à usage d'habitation et se concilient avec la préservation de l'accès des personnes aux biens et services de première nécessité. Ces mesures ne peuvent être prononcées que lorsque l'état d'urgence sanitaire a été déclaré et qu'elles cessent d'avoir effet au plus tard en même temps que prend fin l'état d'urgence sanitaire. Elles ne peuvent être prises qu'aux seules fins de garantir la santé publique et doivent être strictement proportionnées aux risques sanitaires encourus et appropriées aux circonstances de temps et de lieu. Il y est mis fin sans délai lorsqu'elles ne sont plus nécessaires et que le juge est chargé de s'assurer que ces mesures sont adaptées, nécessaires et proportionnées à la finalité qu'elles poursuivent. • Cons. const. 11 mai 2020, n° 2020-800 DC § 18, 21, 22 et 24. ♦ V. s'agissant de la fermeture des salles de sport. • CE, ord., 16 oct. 2020, n° 445102 : *JCP Adm. 2020. 2276, note Morales.* ♦ V. s'agissant de la fermeture des remontées mécaniques. • CE, ord., 11 déc. 2020, n° 447208 : *AJDA 2020. 2471 ; ibid. 2457, tribune Melleray ; JS 2021, n° 215, p. 10, obs. Mondou ; JT 2021, n° 237, p. 11, obs. Devès.*

34. V. également ss. « Liberté du commerce et de l'industrie », note 57.

35. Patrimoine artistique et culturel. Le classement d'un monument naturel ou d'un site vise à assurer la conservation et la préservation de lieux qui présentent un intérêt « au point de vue artistique, historique, scientifique, légendaire ou pittoresque » dès lors que la procédure de classement s'accompagne de garanties de procédure et de fond : décision prise par une autorité administrative et à ce titre susceptible de faire l'objet d'un recours pour excès de pouvoir ; indemnisation si le propriétaire ne consent pas au classement et que celui-ci entraîne une modification de l'état ou de l'utilisation des lieux déterminant un préjudice direct, matériel et certain. Certes l'indemnisation peut être remboursable mais là également des garanties sont accordées ; en particulier, cette disposition n'a ni pour objet ni pour effet d'imposer au propriétaire de restituer la partie de l'indemnité reçue correspondant au préjudice qu'il a effectivement subi pendant la période de ce classement. • Cons. const. 23 nov. 2012, ♔ *Antoine de M.*, n° 2012-283 QPC § 17. ♦ Par ailleurs, les obligations imposées au propriétaire du bien classé demeurent limitées. • Cons. const. 23 nov. 2012, ♔ *Antoine de M.*, n° 2012-283 QPC § 18 et 19. ♦ La priorité des communes ou du groupement de communes sur les concessions de plage assure le protection du domaine public et la conservation des plages sans faire obstacle à ce que des exploitants privés puissent se porter candidats dans le cadre d'un sous-traité de concession. • CE 22 mai 2013, ♔ *Assoc. synd. libre des résidences du port de Mandelieu-La Napoule*, n° 366750 : *préc. note 18.*

36. Droit de l'environnement. Est proportionnée au but poursuivi une disposition qui : interdit le recours à des forages suivis de fracturation hydraulique de la roche pour l'ensemble des recherches et exploitations d'hydrocarbures, lesquelles sont soumises à un régime d'autorisation administrative. • Cons. const. 11 oct. 2013, ♔ *Sté Schuepbach Energy LLC*, n° 2013-346 QPC § 12. ♦ ...Interdit, même à bref délai, la mise à disposition et la vente d'ustensiles en plastique réutilisables ainsi que les ustensiles jetables qui sont « compostables en compostage domestique » et constitués, pour tout ou partie, de matières biosourcées. • Cons. const. 25 oct. 2018, ♔ n° 2018-771 DC § 18 et 19. ♦ ... Interdit l'exportation de certains produits phytopharmaceutiques contenant des substances actives non approuvées par l'Union européenne. • Cons. const. 31 janv. 2020, ♔ *Union des industries de la protection des plantes*, n° 2019-823 QPC § 4 s.

37. Droit des transports. Est proportionné au but poursuivi une disposition : qui oblige les véhicules motorisés à deux ou trois roues affectés à l'activité de transport de personnes à « disposer, dans des conditions fixées par voie réglementaire, de chauffeurs qualifiés et de véhicules adaptés ». • Cons. const. 7 juin 2013, ♔ *Mohamed T.*, n° 2013-318 QPC § 13. ♦ ... Qui réserve aux taxis le droit de stationner et de circuler sur la voie publique « en quête de clients ». • Cons. const. 7 juin 2013, ♔ *Mohamed T.*, n° 2013-318 QPC § 14 • Cons. const. 17 oct. 2014, ♔ *Ch. synd. Cochers chauffeurs CGT-Taxis*, n° 2014-422 QPC § 10. ♦ ... Qui interdit à l'exploitant d'un véhicule dépourvu d'une autorisation de stationnement, d'informer à la fois de sa localisation et de sa disponibilité lorsque son véhicule est situé sur la voie ouverte à la circulation publique. • Cons. const. 22 mai 2015, ♔ *Sté UBER France SAS et a.*, n° 2015-468/469/472 QPC § 13.

38. La majoration forfaitaire du prix de la prestation de transport routier de marchandises apporte à la liberté de fixation des prix de cette activité une atteinte qui ne revêt pas un caractère disproportionné au regard de l'objectif de politique économique poursuivi par le législateur à l'égard du secteur du transport routier de marchandises. • Cons. const. 23 mai 2013, ♔ n° 2013-670 DC § 14.

39. Divers. La soumission à autorisation des emplacements de bâches et de dispositifs de dimensions exceptionnelles ainsi que l'installation de dispositifs de publicité lumineuse imposent que la publicité soit conforme, notamment en matière d'emplacements, de densité, de surface, de hauteur, d'entretien et, pour la publicité lumineuse, d'économies d'énergie et de prévention des nuisances lumineuses, à des prescriptions fixées par décret en Conseil d'État en fonction des procédés, des dispositifs utilisés, des caractéristiques des supports et de l'importance des agglomérations concernées. • Cons. const. 23 nov. 2012, ♔ *Assoc. France Nature Environnement et a.*, n° 2012-282 QPC § 27. ♦ Ne portent pas atteinte à la liberté d'"entreprendre et à la liberté contractuelle : l'obligation faite aux distributeurs de services audiovisuels de reprise des services d'initiative publique locale destinés aux informations sur la vie locale. • Cons. const. 23 mars 2016, ♔ *Iliade et a.*, n° 2015-529 QPC § 9. ♦ ... La limitation aux seules personnes pouvant justifier de l'exercice d'une activité juridique pendant une durée suffisante sur le territoire national de la possibilité d'exercer la profession d'avocat en l'absence du diplôme de droit normalement requis. • Cons. const. 6 juill. 2016, ♔ *Éric B.*, n° 2016-551 QPC § 11. ♦ ... La disposition qui, dès lors qu'elle est limitée au temps de la campagne électorale et ne concerne que ceux dont l'activité dépasse un certain seuil, impose aux opérateurs de plateforme en ligne dont l'activité dépasse un seuil déterminé de nombre de connexions sur le territoire français de fournir à l'utilisateur une information loyale, claire et transparente sur certains éléments. Cette information doit porter, d'une part, sur l'identité des personnes physiques ou morales qui versent à cette plateforme des rémunérations en contrepartie de la promotion de contenus d'information se rattachant à un débat d'intérêt général, d'autre part, sur le montant de ces rémunérations, s'il est supérieur à un seuil fixé par décret, et, enfin, sur l'utilisation qui est faite, dans le cadre de cette promotion, des données personnelles des utilisateurs. • Cons. const. 20 déc. 2018, n° 2018-773 DC § 9.

40. Sont proportionnées des dispositions qui recommandent aux entreprises, lorsqu'elles sont couvertes par un accord professionnel ou interprofessionnel comportant une clause de recommandation, d'être assurées par l'organisme ou l'un des organismes assureurs recommandés. • Cons. const. 19 déc. 2013, n° 2013-682 DC § 44. ♦ ... Qui imposent une autorisation administrative préalable à l'exploitation des équipements de réseaux 5G dès lors que le champ de l'autorisation contestée est circonscrit et que l'autorisation ne peut être refusée que si le Premier ministre estime qu'il existe un risque sérieux d'atteinte aux intérêts de la défense et de la sécurité nationale. Le fait que le Premier ministre prenne notamment en considération le fait que l'opérateur ou son prestataire est sous le contrôle ou soumis à des actes d'ingérence d'un État étranger ne vise ni un opérateur ou un prestataire déterminé ni les appareils d'un fabricant déterminé. Enfin, le fait que la mise en œuvre des dispositions contestées est susceptible d'entraîner des charges pour les opérateurs, liées à la nécessité de remplacer certains anciens équipements afin de les rendre matériellement compatibles avec les appareils dont l'exploitation est subordonnée à l'autorisation contestée, résultant des seuls choix de matériels et de fournisseurs initialement effectués par les opérateurs, lesquels ne sont pas imputables à l'État. • Cons. const. 5 févr. 2021, *Sté Bouygues Telecom,* n° 2020-882 QPC § 22 s.

b. Absence de proportionnalité

41. Droit du travail et droit social. Portent une atteinte disproportionnée à la liberté d'entreprendre : les dispositions subordonnant le licenciement d'un salarié membre du conseil ou d'un administrateur d'une caisse de sécurité sociale à l'autorisation de l'inspecteur du travail dès lors qu'elles permettent au salarié protégé de se prévaloir d'une telle protection alors qu'il est établi qu'il n'en a pas informé son employeur au plus tard lors de l'entretien préalable au licenciement. • Cons. const. 14 mai 2012, *Assoc. Temps de vie,* n° 2012-242 QPC § 10 • Soc. 14 sept. 2012, n° 11-28.269 : *Dr. soc. 2013. 362, chron. Dumortier, Florès, Lallet et Struillou ; Constitutions 2012. 624, obs. Radé .* ♦ La Cour fait application de ce principe aux élus locaux qui bénéficient d'un régime protecteur contre le licenciement (L. n° 2015-366 du 31 mars 2015) : cette protection ne porte pas atteinte à la liberté d'entreprendre dès lors que l'élu se prévaut de sa qualité au plus tard lors de l'entretien préalable. • Soc. 14 sept. 2016, n° 16-40.223 : *AJDA 2016. 1720 ; D. 2016. 1864 .* ♦ ... Compte tenu des conséquences d'une nullité de la cession pour le cédant et le cessionnaire, les dispositions prévoyant la possibilité pour un seul salarié, même s'il a été informé du projet de cession, de demander l'annulation de la cession intervenue en méconnaissance de l'obligation d'informer les salariés des entreprises de moins de deux cent cinquante salariés lorsqu'il est envisagé une cession de la majorité des parts sociales. • Cons. const. 17 juill. 2015, *SARL Holding Désile,* n° 2015-476 QPC § 13. ♦ ... Compte tenu de l'objectif poursuivi par le législateur (permettre aux représentants des salariés des employeurs franchisés d'être informés des décisions du franchiseur), dont la portée ne peut qu'être limitée en raison de l'absence de communauté de travail existant entre les salariés de différents franchisés, les dispositions qui imputent l'intégralité des dépenses et des frais au seul franchiseur à l'exclusion des employeurs franchisés. • Cons. const. 4 août 2016, n° 2016-736 DC § 37.

42. Droit économique. Il y a absence de proportionnalité : par rapport à l'objectif de sauvegarde de la diversité commerciale, le fait de soumettre à une autorisation administrative tout changement de destination d'un local commercial ou artisanal entraînant une modification de la nature de l'activité. • Cons. const. 7 déc. 2000, n° 2000-436 DC § 20. ♦ ... Au regard de l'objectif de renforcement de l'efficacité du contrôle des structures agricoles, le fait de qualifier d'agrandissement d'exploitation agricole toute prise de participation, quelle que soit son importance, sans réserver cette qualification aux prises de participation conduisant à une participation significative dans une autre exploitation agricole. • Cons. const. 9 oct. 2014, n° 2014-701 DC § 37. ♦ ... Au regard de l'objectif de préservation de l'emploi agricole, des dispositions qui ont pour effet d'interdire aux sociétés d'exploitation agricole, pendant la période de cinq ans suivant l'attribution de leur autorisation d'exploiter, d'ajuster le volume de leur main-d'œuvre en fonction des besoins de leur exploitation compte tenu des fluctuations de l'activité économique, sauf à s'exposer au risque de voir leur autorisation d'exploiter remise en cause. • Cons. const. 9 oct. 2014, n° 2014-701 DC § 42 et 43. ♦ ... Au regard de l'objectif de préservation de l'ordre public économique, une possibilité d'injonction conduisant à l'interruption d'accords ou à la cession d'actifs, porte atteinte à la liberté d'entreprendre dès lors que le dispositif est applicable en l'absence d'abus, alors que la situation économique de l'entreprise est acquise de façon régulière, que ce dispositif est également applicable à l'ensemble du secteur du commerce de détail, alors que l'intention du législateur est de remédier à des situations particulières dans le seul secteur du commerce de détail alimentaire. • Cons. const. 5 août 2015, n° 2015-715 DC § 32. ♦ ... Au regard de l'objectif de transparence visant à éviter la délocalisation des taxes fiscales, l'obligation faite à certaines sociétés de rendre publics des indicateurs économiques et fiscaux correspondant à leur activité pays par pays, est de nature à permettre à l'ensemble des opérateurs qui interviennent sur les marchés où s'exercent ces activités, et en particulier à leurs concurrents, d'identifier des éléments essentiels de leur stratégie industrielle et commerciale. • Cons. const. 8 déc. 2016, n° 2016-741 DC § 103. ♦ ... Au regard de l'objectif de faire face à des situations d'inflation qui surviendraient à la suite de l'entrée en vigueur de la taxe générale sur la consommation, un mécanisme qui peut être mis en œuvre pour le seul motif que, sur un nombre significatif de produits, la marge en valeur ou le prix de vente constaté « excède » le niveau pratiqué avant l'entrée en vigueur de la taxe générale sur la consommation et permettant au gouvernement de la Nouvelle-Calédonie de fixer les prix des produits et services, dans les secteurs d'activités où les dérives sont constatées, au moyen de plusieurs mesures. • Cons. const. 12 avr. 2019, *Sté Magenta,* n° 2019-774 QPC § 34 s. ♦ V. les notes « Droit du travail et droit social ».

43. Droit de l'environnement. Est sans lien avec l'objectif poursuivi la disposition donnant la compétence, de façon générale, au Gouvernement pour fixer les conditions dans lesquelles « certaines constructions nouvelles doivent comporter une quantité minimale de matériaux en bois », dès lors que, rien ne garantissant que l'augmentation de la consommation de bois conduise à l'augmentation de la surface des forêts, l'exigence de telles normes techniques n'est, en elle-même, susceptible de n'avoir qu'une incidence indirecte sur l'environnement. • Cons. const. 24 mai 2013, *Synd. français industrie cimentière et a.,* n° 2013-317 QPC § 10.

44. Divers. Sont manifestement disproportionnées des dispositions qui imposent non seulement le prix et les modalités de la protection complémentaire mais également le choix de l'organisme de prévoyance chargé d'assurer cette protection parmi les entreprises régies par le code des assurances ou imposent que, dès l'entrée en vigueur d'un accord de branche, les entreprises de cette branche se trouvent liées avec l'organisme de prévoyance désigné par l'accord, alors même qu'antérieurement à celui-ci elles seraient liées par un contrat conclu avec un autre organisme. • Cons. const. 13 juin 2013, n° 2013-672 DC § 11 et 12.

B. LIBERTÉ DU COMMERCE ET DE L'INDUSTRIE

45. Le vocabulaire utilisé par le juge est varié. Il parle de libre accès à l'exercice de toute activité professionnelle. • CE, ass., 22 juin 1963, *Synd. personnel soignant de la Guadeloupe : Lebon 386 ; AJDA 1963. 460, chron. Gentot et Fourré* • CE, ass., 16 déc. 1988, *Assoc. pêcheurs aux filets et engins, Garonne, Isle et Dordogne maritimes : Lebon 448 ; RD publ. 1989. 521, concl. Guillaume ; AJDA 1989. 82, chron. Azibert et de Boisdeffre ; D. 1990. 201, note Llorens et Soler-Couteaux.* ♦ ... Liberté d'établissement. • Cons. const. 26 juill. 1984, n° 84-172 DC § 18. ♦ ... Ou réellement de « liberté du commerce et de l'industrie ». • CE, ass., 22 juin 1951, *Daudignac : Lebon 362 ; D. 1951. 589, concl. Gazier et note J. C. ; GAJA, 22ᵉ éd., n° 60.*

1° NATURE JURIDIQUE

46. La liberté de l'industrie et du commerce est garantie par la loi (visant le décret d'Allarde). • CE, ass., 22 juin 1951, *Daudignac : préc. note 45* • CE 9 nov. 1988, *Territoire de la Polynésie française : Lebon 406, RD publ. 1989. 242, concl. Guillaume ; D. 1990. 201, note Llorens et Soler-Couteaux.* ♦ Pour le Cons. const. elle découle de la liberté d'entreprendre. • Cons. const. 23 nov. 2012, *Assoc. France Nature Environnement et a.,* n° 2012-282 QPC § 25.

47. La liberté du commerce et de l'industrie est le plus souvent simplement qualifiée : de principe posé par la loi des 2 et 17 mars 1791. • CE 9 janv. 1981, *Sté Claude publicité : Lebon 1 ; D. 1981. IR 113, obs. Delvolvé.* ♦ ... De principe (sans plus de précision). • CE 30 juin 2004, *Dpt de la Vendée,* n° 250124 : *Lebon 277 ; BJCL 2004. 699, concl. Collin ; AJDA 2004. 2210, note Nicinski ; ibid. 2004. 2309, chron. Charbit ; Dr. adm. 2004. 161, note Bazex et Blazy* • CE, ass., 4 nov. 2005, *Sté Jean-Claude Decaux,* n° 247298 : *Lebon 478, concl. Casas ; RFDA 2005. 1083, concl. Cassas ; AJDA 2006. 120, note Ménémésis ; Rev. CMP déc. 2005, note Llorens et Soler-Couteaux.* ♦ ... Plus rarement de principe général du droit. • CE, sect. 13 mai 1994, *Pdt de l'assemblée territoriale de la Polynésie française : Lebon 234 ; AJDA 1994. 499, chron. Maugüé et Touvet ; RD publ. 1994. 1557, concl. Scanvic* • CE 29 sept. 2003, *Féd. nat. géomètres experts,* n° 221283.

48. La liberté du commerce et de l'industrie est une liberté publique au sens de l'art. 34 Const. 58. • CE, sect., 28 oct. 1960, *Martial de Laboulaye : Lebon 570 ; AJDA 1961. 20, concl. Heumann ; Dr. soc. 1961. 141, concl., note Teitgen* • CE, ass., 16 déc. 1988, *Assoc. pêcheurs aux filets et engins, Garonne, Isle et Dordogne maritimes : préc. note 45* • CE, réf., 17 mai 2006, *Cne de Wissous,* n° 293110 : *Lebon 253.* ♦ Sur la répartition des compétences entre le législateur et le pouvoir réglementaire : V. *infra* note 55 et notes ss. Const. 58, art. 34, *point II. B. 1°. A 2.*

49. Elle est également une « liberté fondamentale » dans le cadre de la procédure de référé-liberté (art. L. 521-2 CJA). • CE, réf., 12 nov. 2001, *Cne de Montreuil-Bellay*, n° 239840 : *Lebon 551 ; Dr. adm. 2002. 41, note Lombard* • CE 1er mars 2002, *Bonfils*, n° 243651 : *Lebon 69* • CE, réf., 17 déc. 2003, *EURL Écosphère et SARL Général Services Applications*, n° 262471 : *Lebon 519*. ♦ Rappr. • Civ. 1re 16 avr. 1991, *Guez : Bull. civ. I, n° 142* (à propos du droit d'exercer une activité professionnelle).

2° CHAMP D'APPLICATION

50. Généralités. La liberté du commerce et de l'industrie peut être invoquée par les professions libérales. • CE, ass., 22 juin 1963, *Synd. personnel soignant de la Guadeloupe : préc. note 45* • CE 16 juin 1976, *Conf. nat. auxiliaires médicaux et paramédicaux : Lebon 309* • CE, ass., 31 mai 2006, *Ordre des avocats au barreau de Paris*, n° 275531 : *Lebon 272*.

51. Elle peut également être invoquée à l'encontre de dispositions réglementaires régissant une profession réglementée. • CE, ass., 18 mai 2018, n° 400675 A : *AJDA 2018. 1011 ; ibid. 1212, chron. Roussel et Nicolas ; RFDA 2018. 728, concl. Dutheillet de Lamothe*.

52. Elle peut être invoquée dans le cadre : de toute restriction y compris en matière de refus d'importer ou d'exporter. • CE 7 juin 1985, *Sté ACOPASA : Lebon 177 ; RFDA 1986. 57, concl. Latournerie* • CE 11 mai 1994, *Synd. importateurs, négociants, commerçants, détaillants et autres activités de la Polynésie française : Lebon T. 763*. ♦ ... De refus d'autoriser l'ouverture d'un restaurant de restauration rapide. • TA Clermont-Ferrand, 9 sept. 2017, n° 1701643 : *AJDA 2017. 2287*. ♦ ... De la mise en œuvre de la législation relative à l'urbanisme commercial. • CE 23 nov. 1988, n° 88773 B. ♦ ... De la gestion du domaine public dès lors qu'il incombe à l'autorité administrative affectataire de ses dépendances de prendre en considération cette liberté, lorsque ces dépendances sont le siège d'activité de production, de distribution ou de service. • CAA Nantes, 4 mai 2010, n° 09NT00705 : *AJDA 2010. 1475, chron. Degommier*.

53. Les dispositions d'une loi du pays polynésienne ne doivent pas méconnaître cette liberté. • CE 16 oct. 2013, *Électricité de Tahiti*, n° 365067 : *AJDA 2014. 568, note Gohin ; JCP Adm. 2013. 860*.

54. Domaine public. La décision de délivrer ou non une telle autorisation d'occupation du domaine public, que l'administration n'est jamais tenue d'accorder, n'est pas susceptible, par elle-même, de porter atteinte à la liberté du commerce et de l'industrie, dont le respect implique, d'une part, que les personnes publiques n'apportent pas aux activités de production, de distribution ou de services exercées par des tiers des restrictions qui ne seraient pas justifiées par l'intérêt général et proportionnées à l'objectif poursuivi et, d'autre part, qu'elles ne puissent prendre elles-mêmes en charge une activité économique sans justifier d'un intérêt public. • CE 23 mai 2012, *RATP*, n° 348909 : *Lebon 231 ; AJDA 2012. 1037 ; ibid. 1129, tribune Braconnier ; ibid. 1146, chron. Lombard, Nicinski et Glaser ; RDI 2012. 566, obs. Foulquier ; AJCT 2012. 445, obs. Juilles ; Dr. adm. 2012, 89, note Brenet* • CE 29 oct. 2012, *Cne de Tours c/ EURL Photo Josse*, n° 341173 : *JCP Adm. 2012. 2391, note Vocanson*.

3° LIMITES À LA LIBERTÉ DU COMMERCE ET DE L'INDUSTRIE

55. Compétence. Le législateur peut seul : instituer un régime d'autorisation préalable conférant certaines prorogatives au pouvoir réglementaire. • CE, ass., 12 déc. 1953, *Synd. nat. transporteurs aériens*, n° 18046 A : *AJDA 1954. 325 ; ibid 2006. 1592, chron. Landais et Lenica ; RFDA 2006. 1048, concl. Casas ; Dr. adm. 2006. 129, note Bazex*. ♦ ... Porter certaines atteintes à cette liberté. • CE 28 juill. 1953, *Sté gén. des travaux cinématographiques : Lebon 430*. ♦ ... Qui ne s'exerce que dans les limites fixées par la loi. • CE, sect., 23 oct. 1981, *Sté Sagmar : Lebon 385 ; AJDA 1982, 162, concl. Pauti*.

56. Sécurité sociale. Le caractère libéral des professions médicales et paramédicales reste sauvegardé dès lors qu'il ne leur est en aucun cas obligatoire d'adhérer à la sécurité sociale dont la réglementation n'est dès lors pas une entrave à l'exercice de ces professions. • CE, ass., 20 déc. 1995, *Collectif nat. Kiné-France, Synd. nat. des masseurs-kinésithérapeutes rééducateurs : Lebon 441, concl. Maugüé ; AJDA 1996. 139, concl. Maugüé ; Dr. adm. 1996. 20, obs. C. M.*

57. Crise sanitaire du covid-19. Il résulte de l'instruction que l'interdiction de tenue des marchés repose sur le constat que l'insuffisance des mesures d'organisation rendait, dans une large mesure, difficile voire impossible le respect des règles de sécurité sanitaire, en particulier les règles de distance minimale entre les personnes, qu'impose la situation actuelle. Cette interdiction générale s'accompagne de la faculté pour le représentant de l'État d'autoriser, au terme d'un examen des circonstances locales, l'ouverture d'un marché alimentaire à la double condition que doive être satisfait un besoin d'approvisionnement de la population et que les conditions de son organisation ainsi que les contrôles mis en place permettent de garantir le respect des règles de sécurité sanitaire requises pour assurer la protection tant de la population que des personnes y travaillant. Eu égard à l'objectif de sauvegarde de la santé publique que poursuit l'interdiction contestée, à son caractère provisoire, à la perspective que se développent sur l'ensemble du territoire, dans le respect des règles de sécurité sanitaire, les autorisations d'ouverture des marchés alimentaires ainsi qu'aux mesures de soutien mises en place par l'État, notamment le fonds de solidarité à destination des entreprises particulièrement touchées par les conséquences économiques, financières et sociales de la propagation de l'épidémie de covid-19 et des mesures prises pour limiter cette propagation – créés par l'Ord. du 25 mars 2020 –, auxquelles sont éligibles les entreprises de commerce et d'artisanat non sédentaires, les dispositions litigieuses ne caractérisent, en l'état de l'instruction, aucune atteinte grave et manifestement illégale à la liberté d'entreprendre, à la liberté du commerce et de l'industrie qui en est une composante et à la liberté d'exercice d'une profession. • CE, ord., 1er avr. 2020, n° 439762 : *AJDA 2020. 756 ; AJCT 2020. 176, obs. Necib* .

58. Il ne résulte pas de l'instruction que, eu égard à la gravité actuelle de la situation sanitaire et à la tension très forte pesant sur le système de santé compte tenu des capacités de soins déjà mobilisées et susceptibles de l'être, la fermeture au public de la plupart des commerces au nombre desquels figurent les librairies porterait une atteinte grave et manifestement illégale à la liberté du commerce et de l'industrie, à la libre concurrence, au principe d'égalité et à l'interdiction des discriminations, la vente de livres dans les grandes surfaces ayant été, en tout état de cause, également interdite et les librairies ayant accès au commerces en ligne même si, cet accès peut, dans certains cas, notamment s'agissant de la vente de livres d'occasion, se heurter à des difficultés pratiques réelles. • CE, ord., 13 nov. 2020, n° 445883 § 13 : *AJDA 2020. 2231 ; Légipresse 2020. 586 ; JCP Adm. 2020. 658.*

59. Dès lors que les restaurants, bars et hôtels, présentent, avec les salles de sport, un risque significativement plus élevé de transmission du virus que les autres lieux de brassage de population, y compris les commerces, il ne résulte pas de l'instruction qu'une approche différenciée selon les territoires eut été de nature à permettre de casser la dynamique actuelle de progression du virus ; que des mesures moins drastiques que la fermeture – comme un couvre-feu ou une réduction significative de la jauge des restaurants – seraient susceptibles d'aboutir à un effet sanitaire comparable à celui attendu de la fermeture. Il en résulte que l'atteinte portée à la liberté du commerce et de l'industrie, aussi significative soit-elle, n'est pas excessive eu égard aux risques sanitaires encourus, pour la population générale, du fait du brassage de population dans les salles de consommation sur place de ces établissements. • CE, ord., 8 déc. 2020, n° 446715 : *AJDA 2020. 2402 ; JT 2021, n° 237, p. 11, obs. Devès.*

60. Même si l'on peut considérer, compte tenu de la baisse d'activité et de chiffre d'affaires du fait des mesures prises, dans le cadre de l'épidémie de covid, pour limiter le nombre de clients accueillis simultanément dans les commerces, que le repos simultané de l'ensemble du personnel compromet le fonctionnement normal de ces commerces, l'ouverture des commerces le dimanche risque d'augmenter les jours de circulation et donc de contamination de la population. • TA Clermont-Ferrand, ord., 9 janv. 2021, n° 2100023 : *AJDA 2021. 55 ; JT 2021, n° 238, p. 13, obs. Devès.*

61. Il ne résulte pas de l'instruction qu'il existerait un risque d'afflux significatif de touristes à Nice dans la période couverte par l'arrêté en litige, compte tenu notamment de la saison hivernale et du report des festivités liées aux carnavals. Il n'en résulte pas non plus que l'interdiction des locations touristiques serait susceptible d'avoir un impact notable sur la propagation du virus. En outre, en se bornant, pour l'essentiel, à faire valoir qu'une grande partie des hôtels est fermée et que la contenance des chambres de ceux-ci est moins importante que celle des logements touristiques, la commune ne justifie pas la différence de traitement entre les locations et les hôtels, dont l'ouverture demeure autorisée. Enfin, la commune ne justifie pas davantage que les spécificités de la situation sanitaire sur son territoire nécessiteraient l'interdiction des locations touristiques, alors, au demeurant, qu'une telle mesure n'a été jugée appropriée ni par le préfet des Alpes-Maritimes, ni par les maires des communes voisines. Dans ces conditions, la commune ne démontre pas l'existence de raisons impérieuses liées à des circonstances locales propres à la ville de Nice rendant indispensable l'édiction de l'arrêté. Il suit de là que cet arrêté porte une atteinte grave et manifestement illégale à la liberté du commerce et de l'industrie. • CE, ord., 16 févr. 2021, n° 449605 : *AJDA 2021. 365 ; JCP Adm. 2021. 141.* ♦ V. déjà : • TA Nice, ord., 8 févr. 2021, n° 2100601 : *AJDA 2021. 308* .

62. V. également ss. « Liberté d'entreprendre », note 33.

a. Intervention possible du pouvoir réglementaire

63. Principe. Lorsque la loi l'y autorise, l'administration peut prendre des mesures susceptibles de limiter la liberté du commerce et de l'industrie. • CE 2 mars 1973, *Synd. nat. com-*

merce en gros des équipements, pièces pour véhicules et outillages : Lebon 181 (réglementation des prix) • CE 19 nov. 1986, *Sté Smanor : Lebon 260 ; AJDA 1986. 681, Chron. Azibert et de Boisdeffre ; JCP 1987. 20822, concl. Lasserre* (dénomination de produits) • CE 9 janv. 1981, *Sté Claude publicité : préc. note 47* (limitation de la publicité). ♦ S'agissant de professions réglementées, il est possible à l'administration de fixer des prescriptions complémentaires à celles déterminées par la loi et les assortir de sanctions administratives. • CE, ass., 7 juill. 2004, *Benkerrou*, n° 255136 : *Lebon 298, concl. Guyomar ; RFDA 2004. 913, concl. Guyomar ; ibid. 2004. 1130, note Degoffe et Hacquet ; CJEG 2004. 543, note M.V. ; RD publ. 2005. 500, note Guettier.*

64. Des circonstances exceptionnelles peuvent justifier des entraves à la liberté du commerce et de l'industrie. • CE 28 févr. 1919, *Dames Dol et Laurent : Lebon 208 ; S. 1918-1919. 3. 33, note Hauriou ; RD publ. 1919. 338, note Jèze ; GAJA, 22e éd., n° 31.*

65. *Justifications.* Peuvent, de surcroît, justifier que des mesures limitant la liberté du commerce et de l'industrie soient prises : dans l'intérêt de la défense et de l'économie nationale (contrôle de l'activité d'importation de produits pétroliers). • CE, ass., 19 juin 1964, *Sté pétroles Shell-Berre : Lebon 344, RD publ. 1964. 1019, concl. Questiaux ; AJDA 1964. 438, note de Laubadère.* ♦ ... Pour la sécurité des travailleurs (montage d'échafaudages). • CE 20 déc. 2006, *Sté Perpignan échafaudage*, n° 273814. ♦ ... Pour le respect du bien être des travailleurs (repos hebdomadaire). • CE 15 mai 2006, *Sté Siega*, n° 270280. ♦ ... Pour la sécurité publique (fermeture des restaurants d'altitude en même temps que les remontées mécaniques). • CE 13 juin 1990, *SARL Chez Tantine*, n° 91257 • CE 2 juin 2006, *STRMN*, n° 293843. ♦ ... Pour la sécurité sanitaire (limitations des activités annexes dans les abattoirs pour éviter de contaminer la viande). • CE, sect., 2 nov. 1956, *Biberon : Lebon 403, concl. Mosset.* ♦ ... Pour la protection des consommateurs (dénomination de produits). • CE 19 nov. 1986, *Sté Smanor : préc. note 63.* ♦ ... (vente de produits sur les plages) • CE 21 févr. 1986, *Cne de Fleury-d'Aude : Lebon T. 406.* ♦ ... Pour la protection du cadre de vie (enseignes publicitaires). • CE 27 juill. 2005, *Sté PL Affichage*, n° 261949 B. ♦ ... Pour la sauvegarde du consommateur (lutte contre l'accaparement). • CE 22 févr. 1956, *Estorgues : Lebon 85.*

66. L'ordre public peut également justifier ces mesures : photographes filmeurs interdits à certaines heures dans les rues où la circulation est dense. • CE 26 févr. 1960, *Ville de Rouen : Lebon 15* (sol. impl.). ♦ ... Photographes filmeurs interdits sur la route nationale menant au Mont St-Michel durant la saison touristique. • CE 13 mars 1968, *Épx Leroy : Lebon 179 ; AJDA 1968. 221, chron. Massot et Dewost.* ♦ ... Circulation des véhicules publicitaires en ville. • CE, sect., 2 avr. 1954, *Pétronelli : Lebon 208 ; RPDA 1954. 98, concl. Laurent ; AJDA 1954. II bis. 9, chron. Long.* ♦ ... Réglementation de l'exercice de la profession de taxis pour garantir la commodité et la sécurité de la circulation. • CE 16 juin 1978, *Ville de Clermont-Ferrand c/ Tchernouchenko : Lebon 260.* ♦ ... Obligation pour les auto-écoles à Paris de disposer d'un parking pour garer leurs véhicules. • CE, sect., 5 janv. 1968, *Ch. synd. patronale des enseignants de la conduite de véhicules à moteur : Lebon 14 ; RD publ. 1968. 905, concl. Fournier ; AJDA 1968. 221, chron. Massot et Dewost.* ♦ ... Limitation des ventes ambulantes sur la voie publique et les plages. • Crim. 7 nov. 1956 : *Bull. crim. n° 721* • CE 14 janv. 1976, *Ollivron et Mauvais : Lebon 28 ; AJDA 1976. 433* • 21 févr. 1986, *Cne de Fleury-d'Aude : préc. note 65* • 28 mars 1979, *Ville de Strasbourg : Lebon T. 641* • CE, sect., 25 janv. 1980, *Gadiaga : Lebon 44, concl. Rougevin-Baville ; AJDA 1980. 283, chron. Robineau et Feffer ; D. 1980. 270, note Peiser* • CE 18 déc. 1985, *Legendre : Lebon. 380 ; AJDA 1986. 112, concl. Bonichot* • Crim. 30 janv. 1991 : *Bull. crim. n° 53.* ♦ ... Limitation à l'installation des terrasses de cafés et restaurants sur le domaine public. • CE, réf., 16 sept. 2002, *EURL La Cour des miracles : AJDA 2002. 833, obs. de Montecler.* ♦ ... Limitation des ventes de boissons alcoolisées. • CE 3 mars 1993, *SA Carmag : Lebon 52.* ♦ ... Limitation du racolage commercial sur la voie publique. • Crim. 8 avr. 1992 : *Bull. crim. n° 153.* ♦ ... Interdiction d'un sex-shop à proximité d'établissements scolaires. • CE, réf., 8 juin 2005, *Cne de Houilles*, n° 281084 B. ♦ ... Limitation de la commercialisation d'articles de pyrotechnie si elle est limitée dans le temps et aux non-professionnels. • CAA Paris, 13 févr. 2015, *Synd. fabricants d'explosifs, de pyrotechnie et d'artifices*, n° 13PA03564.

67. Le juge précise que lorsque l'exercice de pouvoirs de police administrative est susceptible d'affecter des activités de production, de distribution ou de services, la circonstance que les mesures envisagées aient pour objectif la protection de l'ordre ou de la sécurité publique n'exonère pas l'autorité compétente de l'obligation de prendre en compte également la liberté du commerce et de l'industrie et les règles de concurrence. • CE 27 mars 2017, *Synd. interprof. de la montagne*, n° 390574 : *AJDA 2017. 1237, note Yolka.*

68. A l'inverse, des considérations relatives à la protection contre la concurrence ou destinées à assurer le bon fonctionnement d'un marché ne peuvent limiter cette liberté. • CE, sect., 25 janv. 1991, *Brasseur : RFDA 1991. 372 ; JCP 1991. 21654, note Moreau.*

b. Intervention du pouvoir réglementaire prohibée

69. Limitations. En revanche, dans le cadre d'une activité non réglementée par la loi, une autorité administrative ne peut : subordonner l'exercice d'une profession à une autorisation. • CE, ass., 22 juin 1951, *Daudignac : préc. note 45* • CE 26 févr. 1960, *Ville de Rouen : préc. note 66* • CE 11 mai 1994, *Synd. importateurs, négociants, commerçants, détaillants et autres activités de la Polynésie française : préc. note 52* • CE 28 mars 1979, *Ville de Strasbourg : préc. note 66* • CE 31 juill. 1996, *Synd. prof. des pêches maritimes pour le renouveau des prud'hommes du Var : RFDA 1996. 1046* • CE 14 mars 2001, *Sté Rouge Petrus : req n° 196199.* ♦ ... Refuser l'ouverture d'un établissement. • CE 17 oct. 1952, *Synd. climatique de Briançon : Lebon 445, concl. Chardeau.* ♦ ... Imposer des conditions d'aptitude professionnelle. • CE, ass., 22 juin 1963, *Synd. personnel soignant de la Guadeloupe : préc. note 45.* ♦ ... Imposer des conditions de capacité professionnelle. • CE, ass., 16 déc. 1988, *Assoc. pêcheurs aux filets et engins, Garonne, Isle et Dordogne maritimes : préc. note 45.* ♦ ... Imposer des conditions d'âge. • CE 16 juin 1978, *Ville de Clermont-Ferrand c/ Tchernouchenko : Lebon 260* • TA Rennes, 21 févr. 1979, *Cts Martin : Lebon T. 641* • CE, ass., 16 déc. 1988, *Assoc. pêcheurs aux filets et engins, Garonne, Isle et Dordogne maritimes : préc. note 45.* ♦ ... Accorder un monopole. • CE 9 nov. 1988, *Territoire de la Polynésie française : préc. note 46.* ♦ ... Y compris un monopole d'utilisation du domaine public même à des entreprises chargées d'un service public. • CE, sect., 9 oct. 1981, *CCI de Toulon et du Var : Lebon 366 ; AJDA 1981. 579, chron. Tiberghien et Lasserre* • CE 30 juin 2004, ⚖ *Dpt de la Vendée,* n° 250124 : *préc. note 47.* ♦ ... Imposer une priorité d'accès des moniteurs de ski de l'ESF aux remontées mécaniques. • TA Grenoble, 28 nov. 1979, *Bonnet : Lebon T. 641.*

70. Dans le cadre d'une activité soumise à autorisation, l'exercice reste libre. • CE 29 juill. 1953, *Sté gén. des travaux cinématographiques : Lebon 430.* ♦ Ainsi n'est-il pas possible de réserver la licence de chauffeur de taxi aux seuls propriétaires de leurs véhicules. • CE, sect. 13 mai 1994, *Pdt de l'assemblée territoriale de la Polynésie française : préc. note 47.*

71. Interdictions générales et absolues. Sont prohibées les interdictions générales et absolues d'exercice d'une profession non réglementée. • CE, ass., 22 juin 1951, *Féd. nat. des photographes filmeurs : Lebon 362 ; D. 1951. 589, concl. Gazier et note J.C.* • Com. 15 juill. 1987, *Épx Brusquand c/ Guignet : JCP 1987. IV. 332* • CE 14 janv. 1976, *Ollivron et Mauvais : préc. note 66 (a contrario)* • CE 11 mai 1994, *Synd. importateurs, négociants, commerçants, détaillants et autres activités de la Polynésie française : préc. note 52* • CE, sect., 13 mai 1994, *Président de l'Assemblée territoriale de la Polynésie française : préc. note 47.* ♦ V. déjà • CE, sect., 29 juin 1932, *Sté autobus antibois : Lebon 117 ; D. 1932. 3. 60, concl. Latournerie, note Blavoët : S. 1932. 3. 65, note P.L.* ♦ ... Et plus généralement toute mesure à caractère général et absolu qui porterait une atteinte disproportionnée à la liberté du commerce et de l'industrie. • CE 27 juill. 2005, ⚖ *Sté PL Affichage,* n° 261949 : *préc. note 65* • CAA Paris, 1er juin 2015, ⚖ *Comité fr. du butane et du propane,* n° 13PA01166 • TA Toulon, 21 août 2019, n° 19029954 : *JCP Adm. 2019. 583.* ♦ V. déjà l'interdiction des photographes filmeurs dans les rues les plus favorables pour cette activité. • CE 26 févr. 1960, *Ville de Rouen : préc. note 69.*

72. Il va de même d'une mesure ayant le même effet compte tenu de sa durée et de l'époque de l'année retenue. • CE 23 avr. 1997, ⚖ *SA Pyragric,* n° 164956. ♦ ... D'une mesure d'interdiction d'ouverture au public en l'absence de tout risque pour la sécurité de celui-ci. • CE, ord., 27 août 2015, ⚖ n° 392814.

73. Conciliation avec l'intérêt général. L'autorité administrative peut néanmoins accorder aux entreprises chargées d'un service public des facilités particulières d'utilisation du domaine public. • CE 30 juin 2004, ⚖ *Dpt de la Vendée,* n° 250124 : *préc. note 47.* ♦ Comp. • CE, sect., 29 juin 1932, *Sté autobus antibois : Lebon 117 ; D. 1932. 3. 60, concl. Latournerie, note Blavoët : S. 1932. 3. 65, note P. L.* ♦ Le respect de la liberté du commerce et de l'industrie implique, notamment, que les personnes publiques n'apportent pas aux activités de production, de distribution ou de services exercées par des tiers des restrictions qui ne seraient pas justifiées par l'intérêt général et proportionnées à l'objectif poursuivi. • CE 16 oct. 2013, ⚖ *Électricité de Tahiti,* n° 365067 : *préc. note 53* • CE, ord., 5 févr. 2014, ⚖ *SAS Allocab et a.,* n° 374524 : *AJDA 2014. 661, chron. Lombard, Nicinski et Glaser* ✎.

C. LIBERTÉ DE LA CONCURRENCE

74. Principe. Dans le domaine de la gestion du fond de réserve des retraites, le principe d'égalité implique la libre concurrence. • Cons. const. 11 juill. 2001, n° 2001-450 DC § 10. ♦ De même, il appartient aux autorités administratives et juridictionnelles compétentes de veiller au respect du principe d'égalité et de la libre concurrence sur les marchés de l'assurance complémentaire. • Cons. const. 27 nov. 2001, n° 2001-451 DC § 34. ♦ Le respect des obligations de publicité et de mise en concurrence assure le respect du principe d'égalité d'accès à la commande publique. • Cons. const. 26 juin 2003, n° 2003-473 DC § 13 s.

75. Si la libre concurrence peut être une exigence, notamment pour garantir le respect du principe d'égalité ou de la liberté d'entreprendre, elle n'est pas, en elle-même, au nombre des droits et libertés garantis par la Const. pouvant être invoqués dans le cadre d'une QPC. • CE, QPC, 2 mars 2011, *Sté d'exploitation Manyris,* n° 345288 : *Dr. fisc. 2011. 340, concl. Geffray.* ♦ Sur l'absence de valeur constitutionnelle du principe de libre concurrence, V. implicitement : • Cons. const. 27 déc. 2001, n° 2001-487 DC § 2 et 3.

76. Pour le Conseil d'État la liberté de la concurrence est un principe. • CE 1er avr. 1998, *Union hospitalière privée et féd. intersynd. des éts d'hospitalisation privée,* n° 188529 : *Lebon 114 ; RFDA 1998. 665 ; RDSS 1998. 816 concl. Bonichot .* ♦ ... Qui découle notamment de l'Ord. du 1er déc. 1986 désormais codifiée aux art. L. 410-1 s. C. com. • CE, sect. avis, 8 nov. 2000, *Sté Jean-Louis Bernard consultants : Lebon 492 ; RFDA 2001. 58, concl. Bergeal AJDA 2000. 987, chron. Guyomar et Collin ; CJEG 2001. 58 note Degoffe et Dreyfus.* ♦ ... Et des stipulations des art. 101 s. TFUE. • CE 27 juill. 2001, *CAMIF,* n° 218067 : *Lebon 401 ; BJCP 2001. 497, concl. Bergeal.* ♦ ... Ou d'une règle. • CE 30 juin 2004, *Dpt de la Vendée,* n° 250124 : *préc. note 47.* ♦ Parfois, sans la qualifier, il parle de la « libre concurrence ». • CE, sect., 30 avr. 2003, *Synd. prof. des exploitants indépendants des réseaux d'eau et d'assainissement,* n° 230804 : *Lebon, 189 ; RJEP 2003. 410, concl. Stahl ; AJDA 2003. 1150, chron. Donnat et Casas ; ibid. 2003. 1849, note Subra de Bieusses ; Dr. adm. 2003. 123, note Bazex et Blazy ; D 2004. 1702, note Chelle et Prétot.*

77. Parfois, la liberté de concurrence n'est pas réellement distinguée de la liberté du commerce et de l'industrie. • CE, avis cont., 22 nov. 2000, *Sté L et P Publicité SARL,* n° 223645 : *Lebon 526, concl. Austry ; RFDA 2001. 872, concl. ; D. 2001. 2110, note Albert ; RD publ. 2001. 393, note Guettier* • CE 30 juin 2004, *Dpt de la Vendée,* n° 250124 : *préc. note 47.* ♦ Même la concurrence doit parfois être mise en balance avec la liberté du commerce et de l'industrie. • CE 16 oct. 2013, *Électricité de Tahiti,* n° 365067 : *préc. note 53.*

78. Concurrence et occupation du domaine public. La décision de délivrer ou non à une personne privée une autorisation d'occupation d'une dépendance du domaine public en vue d'y exercer une activité économique, à la condition que cette occupation soit compatible avec l'affectation et la conservation de ce domaine, autorisation que l'administration n'est jamais tenue d'accorder, n'est pas susceptible, par elle-même, de porter atteinte à la liberté du commerce et de l'industrie, dont le respect implique, d'une part, que les personnes publiques n'apportent pas aux activités de production, de distribution ou de services exercées par des tiers des restrictions qui ne seraient pas justifiées par l'intérêt général et proportionnées à l'objectif poursuivi et, d'autre part, qu'elles ne puissent prendre elles-mêmes en charge une activité économique sans justifier d'un intérêt public ; la personne publique ne peut toutefois délivrer légalement une telle autorisation lorsque sa décision aurait pour effet de méconnaître le droit de la concurrence, notamment en plaçant automatiquement l'occupant en situation d'abuser d'une position dominante, contrairement aux dispositions de l'art. L. 420-2 C. com. • CE 23 mai 2012, *RATP,* n° 348909 : *préc. note 54.*

1° CONCURRENCE ENTRE PERSONNES PUBLIQUES ET PRIVÉES

79. Les entreprises ayant un caractère commercial restent, en règle générale, réservées à l'initiative privée. • CE, sect., 30 mai 1930, *Ch. synd. du commerce en détail de Nevers : Lebon 583 ; S. 1931. 3. 73, concl. Josse, note Alibert ; GAJA, 22e éd., n° 40.* ♦ Ainsi est censurée la création d'un service municipal de vente au public de denrées. • CE, sect., 30 mai 1930, *Ch. synd. du commerce en détail de Nevers : préc.* ♦ ... D'une caisse d'assurance. • CE 11 juin 1958, *Ch. synd. agents généraux d'assurance de la Marne : Lebon 334* • CE 4 juill. 1984, *Poilera : RFDA 1985. 58, note Douence ; RD publ. 1985. 199, note de Soto.*

80. Si les personnes publiques entendent prendre en charge une activité économique, elles ne peuvent légalement le faire que dans le respect tant de la liberté du commerce et de l'industrie que du droit de la concurrence ; à cet égard, pour intervenir sur un marché, elles doivent, non seulement agir dans la limite de leurs compétences, mais également justifier d'un intérêt public, lequel peut résulter notamment de la carence de l'initiative privée ; une fois admise dans son principe, une telle intervention ne doit pas se réaliser suivant des modalités telles qu'en raison de la situation particulière dans laquelle se trouverait cette personne publique par rapport aux autres opérateurs agissant sur le même marché, elle fausserait le libre jeu de la concurrence sur celui-ci. • CE, ass., 31 mai 2006, *Ordre des avocats au barreau de Paris : Lebon 272 ; RFDA 2006. 1048, concl. Casas ; AJDA 2006. 1584, Chron. Landais et Lénica ; JCP Adm. 2006. 113, note Linditch ; Rev. CMP 2006, n° 202, note Eckert.* ♦ V. déjà • CE, sect., 30 mai 1930, *Ch. synd. du commerce en détail de Nevers : préc. note 79.*

a. Carence ou insuffisance de l'initiative privée

81. Il peut s'agir : de la constitution de sociétés de gestion immobilière pour pallier la crise du logement. • CE, sect. 22 nov. 1935, *Chouard : Lebon 1080 ; S. 1936. 3. 9, note Bonnard.* ♦ ... De la création d'un théâtre municipal pour assurer des spectacles de qualité faisant prévaloir l'intérêt artistique sur l'intérêt économique. • CE 21 janv. 1944, *Léoni : Lebon 26.* ♦ ... D'un théâtre en plein air dans l'intérêt de la population la plus large. • CE, sect., 12 juin 1959, *Synd. exploitants des cinématographes de l'Oranie : Lebon 363 ; D. 1960. 402, note Robert ; AJDA 1960. 85, concl. Mayras.* ♦ ... D'un terrain de camping municipal. • CE, sect., 17 avr. 1964, *Cne de Merville-Franceville : Lebon 231 ; AJDA 14964. 288, chron. Fourré et Puybasset.* ♦ ... D'un cabinet dentaire municipal. • CE, sect., 20 nov. 1964, *Ville de Nanterre : Lebon 563 ; AJDA 1964. 686, chron. Puybasset et Puissochet.*

82. Par la suite, la seule prise en compte des besoins de la population suffit à justifier la création : d'une piscine municipale en vue d'améliorer l'équipement en piscine de la ville. • CE, sect., 23 juin 1972, *Sté La plage de la forêt : Lebon 477 ; AJDA 1972. 452, chron. Labetoulle et Cabanes ; RD publ. 1972. 1259, concl. Bernard.* ♦ Rappr. pour le refus d'une autorisation de lotir accordée à la Commune. • CE 27 oct. 1971, *Delle Degraix : Lebon 632.* ♦ ... D'un service de consultations juridiques municipal. • CE 25 déc. 1970, *Cne de Montmagny : RD publ. 1971, concl. Kahn ; AJDA 1971. 153, chron. Labetoulle et Cabanes.*

b. Prolongement d'un service public existant

83. Peuvent ainsi être complétées par des prestations complémentaires, le service public de l'enseignement (création d'une cité universitaire). • CE, ass., 27 févr. 1942, *Mollet : Lebon 64 ; S. 1942. 3. 41, note P. L.* ♦ ... De la radio diffusion (concerts publics hors de la radio). • CE, sect., 14 oct. 1955, *Assoc. des concerts Colonne : Lebon 483 ; AJDA 1955. 426, concl. Heumann ; AJDA 1955. II bis. 23, chron. Long.* ♦ ... Du stationnement dans un parc (station service). • CE, sect., 18 déc. 1959, *Delansorme : Lebon 692 ; AJDA 1960, concl. Mayras ; D. 1960. 371, note Lesage.* ♦ ... De cartographie de l'IGN (location de matériel de photographie aérienne). • CE 23 juin 1965, *Sté aérienne de recherches minières : Lebon 380.* ♦ ... De la poste (transport d'objets hors monopole existant à l'époque). • CE 4 juill. 1973, *Synd. nat. entreprises de diffusion : Lebon 462 ; D. 1973. 743, note G.W. ; Gaz. Pal. 1974. I. 61, note Moderne.* ♦ ... Des pompes funèbres (thanatopraxie). • CE, sect., 10 févr. 1988, *Mezy : Lebon 52 ; D. 1988. Somm. 263, obs. Llorens.* ♦ ... D'entretien de l'assainissement collectif par un service facultatif d'entretien des installations autonome. • CE 23 mai 2003, ♔ *Cté de cnes Artois-Lys,* n° 249995 : *Lebon 234* ✐ *; BJCL 2003. 753, concl. Collin ; RFDA 2004. 299, note Faure* ✐.

c. Mise en œuvre ou prolongement des missions de service public ou de police de la personne publique

84. Les personnes publiques ont toujours la possibilité d'accomplir les missions de service public qui leur incombent par leurs propres moyens ; il leur appartient en conséquence de déterminer si la satisfaction des besoins résultant des missions qui leur sont confiées appellent le recours aux prestations et fournitures de tiers plutôt que la réalisation, par elles-mêmes, de celles-ci. Ni la liberté du commerce et de l'industrie, ni le droit de la concurrence ne font obstacle à ce qu'elles décident d'exercer elles-mêmes, dès lors qu'elles le font exclusivement à cette fin, les activités qui découlent de la satisfaction de ces besoins, alors même que cette décision est susceptible d'affecter les activités privées de même nature. • CE, ass., 26 oct. 2011, ♔ *Assoc. pour la promotion de l'image,* n° 317827 : *AJDA 2012. 35, chron. Guyomar et Domino* ✐ *; ibid. 2011. 2036* ✐ *; D. 2011. 2602* ✐ *; Dr. adm. 2012.1, note Tchen.*

85. Il en va ainsi : du service public de l'hygiène (création de bains douches et de lavoirs municipaux). • CE, ass., 19 mai 1933, *Blanc : Lebon 540 ; S. 1933. 3. 851, note Alibert* • CE, ass., 12 juill. 1939, *Ch. Synd. maîtres buandiers de Saint-Étienne : Lebon 478 ; D. 1940. 3. 1., note Josse.* ♦ ... De l'assistance aux indigents (création d'un restaurant économique). • CE, ass., 19 févr. 1943, *Ricordel : Lebon 43.* ♦ ... De la police de la circulation (création de parcs de stationnement). • CE, sect., 18 déc. 1959, *Delansorme : préc. note 83.* ♦ ... De la distribution du courrier (distribution de prospectus). • CE 4 juill. 1973, *Synd. nat. entreprises de diffusion : Lebon 462 ; D. 1973. 743, note G. W.* ♦ ... Du service public de la diffusion du droit (bases de données juridiques). • CE 17 déc. 1997, ♔ *Ordre des avocats à la Cour de Paris,* n° 181611 : *Lebon 491* ✐*; AJDA 198. 362, concl. Combrexelle, note Nouël ; D. 1998. 591, note Jorion* ✐. ♦ ... Du respect de la règle de droit et du principe d'égalité par les personnes publiques (mise en place d'une mission d'appui dans la préparation, la négociation et les suivis des contrats de partenariat). • CE, ass., 31 mai 2006, ♔ *Ordre des avocats au barreau de Paris,* n° 275531 : *préc. note 50.* ♦ ... De la prise directe par les agents chargés de l'instruction de la demande de passeport d'une image numérisée du visage du demandeur. • CE, ass., 26 oct. 2011, ♔ *Assoc. pour la promotion de l'image,* n° 317827 : *préc. note 84.*

d. Production pour soi-même par la personne publique

86. Par principe, les personnes publiques ne doivent pas commercialiser leur production auprès des particuliers. Ainsi, le service des essences de l'armée ne doit-il pas vendre ses surplus. • CE 6 mars 1936, *Ch. synd. de l'industrie de pétrole : Lebon 292.* ♦ Le service de ravitaillement du ministère de l'éducation ne peut vendre des articles de sport. • CE 29 févr. 1952, *Ch. synd. détaillants en articles de sport : Lebon 143.* ♦ Le service des poudres ne doit pas commercialiser des cartouches de chasse. • CE 13 nov. 1953, *Ch. synd. des industries et du commerce des armes : D. 1954. 553, note Reuter.*

87. En revanche, ces personnes peuvent produire pour elles-mêmes : création par une commune d'un service central d'achat et participation de ses employés aux travaux d'imprimerie nécessaires à ses services. • CE, sect., 27 juin 1930, *Bourrageas et Moullot : Lebon 659.* ♦ ... Fourniture de pain à un centre pénitentiaire par une boulangerie militaire. • CE 29 avr. 1970, *Sté Unipain : Lebon 280 ; AJDA 1970, concl. Braibant ; RD publ. 423, note Waline.* ♦ ... Création par l'État d'une mission d'appui dans la préparation, la négociation et les suivis des contrats de partenariat des services de l'État. • CE, ass., 31 mai 2006, *Ordre des avocats au barreau de Paris,* n° 275531 : *préc. note 50.* ♦ ... Création par l'État d'une base de donnée géographiques pour ses propres services. • CE 26 janv. 2007, *Synd. prof. de la géomatique,* n° 276928 : *Lebon 20 ; RJEP 2007. 265, concl. Boulouis ; AJDA 2007. 744, note Nicinski.*

88. Il en va de même si le service en question est géré par un organisme créé par la collectivité, qui réalise pour elle l'essentiel de son activité et sur lequel elle exerce un contrôle comparable à celui qu'elle exerce sur ses propres services. • CE, sect. 6 avr. 2007, *Cne d'Aix-en-Provence,* n° 284736 : *Lebon 155 ; RFDA 2007. 812, note Douence ; AJDA 2007. 1020, chron. Lénica et Boucher ; Rev. CMP 2007, n° 151, note Eckert ; JCP Adm. 2007. 2125, note Linditch* (pour le festival d'Aix-en-Provence). ♦ V. déjà. • CJCE 18 nov. 1999, *Teckal Sarl c/ Cne di Viano,* n° C-107/98 : *Rec. CJCE I. 8121 ; BJCP 2000. 43 concl. Cosmas ; AJDA 2000. 784, chron. Brenet ; Europe 2000. 28, note Kauff-Gazin.* ♦ Rappr. pour une coopérative intercommunale. • CJCE 13 nov. 2008, *Coditel Brabant,* n° C-324/07 : *Rec CJCE I-8457 ; AJDA 2008. 2336, chron. Broussy, Donnat et Lambert.* ♦ L'organisme peut-être un GIP. • CE 4 mars 2009, *Synd nat. industries d'information de santé,* n° 300481 : *Lebon 76 ; BJCP 2009. 237, concl. Courrèges ; RFDA 2009. 759, note Apollis.* ♦ Plusieurs collectivités peuvent du reste se regrouper pour ce faire. • CE, sect. 6 avr. 2007, *Cne d'Aix-en-Provence,* n° 284736 : *préc.* • CE 4 mars 2009, *Synd nat. industries d'information de santé,* n° 300481 : *préc.*

89. Les personnes publiques peuvent également agir en se portant candidat à l'attribution de contrats de marchés publics ou de partenariat. • CE, sect. avis, 8 nov. 2000, *Sté Jean-Louis Bernard consultants : préc. note 76* • CE 16 oct. 2000, *Cie méditerranéenne d'exploitation des services d'eau : Lebon 422 ; RFDA 2001. 106, concl. Bergeal ; AJDA 2001. 662, note Treppoz* • CE 24 sept. 2003, *CAMIF,* n° 240604 B.

2° OPPOSABILITÉ DU DROIT DE LA CONCURRENCE AUX ACTES ADMINISTRATIFS

90. Il appartient au juge administratif de s'assurer que les actes administratifs respectent bien les règles de la concurrence tant au sens des dispositions du C. com. que du TFUE. • CE, sect., 3 nov. 1997, *Sté Million et Marais,* n° 169907 : *Lebon 406, concl. Stahl ; RFDA 1997. 1228, concl. Stahl ; AJDA 1997. 945, chron. Girardot et Raynaud ; ibid. 1998. 247, note Guézou ; ibid. 2014. 110, note Lasserre ; RD publ. 1998. 256, note Gaudemet.* ♦ Au besoin, le juge peut consulter, à l'époque, le Conseil de la concurrence. • CE, sect., 26 mars 1999, *Sté Eda,* n° 202260 : *Lebon 107, concl. Stahl ; AJDA 1999. 427, concl. Stahl et note Bazex ; D. 2000. 204, note Marjus ; RD publ. 1999. 1545, note Masson ; BJCP 12999. 462, note Terneyre et Maugüé.* ♦ Partant, il appartient à toute autorité administrative détenant des pouvoirs dont l'exercice est susceptible d'affecter des activités de production, de distribution et de service de rechercher, dans le pouvoir d'agrément qui lui appartiennent si une opération soumise à son autorisation conduit nécessairement à l'exploitation abusive d'une position dominante. • CE, ass., 16 mai 2003, *Féd. employés et cadres CGT-FO,* n° 255482 : *Lebon 211 ; RFDA 2004. 109, concl. Goulard ; AJDA 2003. 1330, chron. Donnat et Casas ; Dr. adm. 2003. 141, note Bazex et Blazy.*

91. Sont concernées au premier chef : les contrats des personnes publiques comme les marchés publics. • CE, sect., 3 nov. 1997, *Sté Million et Marais,* n° 169907 : *préc. note 90* • CE 27 juill. 2001, *CAMIF,* n° 218067 : *préc. note 76.* ♦ ... Les concessions. • CE 17 déc. 1997, *Ordre des avocats à la Cour de Paris,* n° 181611 : *préc. note 84.*

92. Sont également soumis aux règles de la concurrence les décisions prises par les opérateurs publics définissant leur propre comportement sur le marché concurrentiel par la fixation de leurs tarifs. • CE 29 juill. 2002, *Sté Cegedim,* n° 200886 : *RJEP 2003. 16 concl. Maugüé ; AJDA 2002. 1072, note Nicinski ;*

Dr. adm. 2002. 173, note Bazex et Blazy. ♦ ... Du montant d'une redevance pour service rendu. • CE 29 sept. 2003, *Féd. nat. géomètres experts,* n° 221283. ♦ ... Par les autorités de tutelle des entreprises publiques (offre de prêt à un tarif avantageux du fait d'un partenariat EDF et Crédit foncier de France). • CE 25 nov. 2002, *Union féd. consommateurs Que Choisir de la Vienne,* n° 240821 B.

93. Sont ensuite concernées les décisions par lesquelles sont autorisées certaines activités ou délivrés certains agréments ou certaines autorisations en matière par ex. d'urbanisme commercial. • CE 5 mars 2003, *Sté Imaldi et Cie,* n° 225470 B : *AJDA 2004. 1508, chron. Charbit* • CE 30 juill. 2003, *SA Caen Distribution,* n° 227838 B : *AJDA 2003. 2036, concl. Schwartz*. ♦ ... Les règles de gestion du domaine public. • CE, sect., 26 mars 1999, *Sté Eda,* n° 202260 : *préc. note 90.* ♦ ... Les mesures de police administrative ayant pour objectif la protection de l'ordre public ou, dans certains cas, la sauvegarde des intérêts spécifiques que l'administration a pour mission de protéger ou de garantir. • CE, avis cont., 22 nov. 2000, *Sté L et P Publicité SARL,* n° 223645 : *préc. note 77* • CE, sect., 10 mars 2006, *Cne d'Houlgate et a.,* n° 264098 : *Lebon 138 ; AJDA 2006. 751, note Dreyfus ; BJCP 2006. 203, concl. Casas et obs. Maugüé* • CE 27 mars 2017, *Synd. interprof. de la montagne,* n° 390574 : *préc. note 67.* ♦ ... Les autorisations administratives s'agissant, en l'espèce, de la vente de pistolets à impulsion électrique. • CE 3 déc. 2010, *Sté SMP technologie, Assoc. de tireurs et a.,* n° 332540 : *AJDA 2010. 2345* . ♦ ... Les mesures d'extension de conventions collectives. • CE, sect., 30 avr. 2003, *Synd. prof. des exploitants indépendants des réseaux d'eau et d'assainissement,* n° 230804 : *préc. note 76.* ♦ ... Les autorisations d'occupation du domaine public qui ne peuvent être délivrées légalement lorsque la décision aurait pour effet de méconnaître le droit de la concurrence, not. en plaçant automatiquement l'occupant en situation d'abuser d'une position dominante, contrairement aux dispositions de l'art. L. 420-2 C. com. • CE 23 mai 2012, *RATP,* n° 348909 : *préc. note 54.*

94. Sont encore soumis à ces règles les décisions unilatérales d'organisation du service qui peuvent influencer le comportement des opérateurs. • CE 17 déc. 1997, *Ordre des avocats à la Cour de Paris,* n° 181611 : *préc. note 84* • CE 1er avr. 1998, *Union hospitalière privée et féd. intersynd. des établ. d'hospitalisation privée,* n° 188529 : *préc. note 76.* ♦ ... La composition d'une autorité administrative. • CE 2 oct. 2002, *SARL Even Médias et a.,* n° 231228 : *AJDA 2002. 1499, note Nicinski* .

II. LIBERTÉ CONTRACTUELLE

95. Nature juridique. La liberté contractuelle découle du présent art. • Cons. const. 19 déc. 2000, n° 2000-437 DC § 37 • Cons. const. 30 mars 2006, n° 2006-535 DC § 23 • Cons. const. 23 mars 2016, *Iliade et a.,* n° 2015-529 QPC § 4 • Cons. const. 1er août 2019, n° 2019-790 DC § 60. ♦ V. déjà, implicitement. • Cons. const. 10 juin 1998, n° 98-401 DC § 29 • Cons. const. 13 janv. 2000, n° 99-423 DC § 40 • Cons. const. 7 déc. 2000, n° 2000-436 DC § 40. ♦ Elle bénéficie aux collectivités territoriales et constitue un élément de leur libre administration. • Cons. const. 30 nov. 2006, n° 2006-543 DC § 28.

96. En matière de négociation collective, la liberté contractuelle découle du présent art. et des 6° et 8° al. du Préamb. Const. 1946. • Cons. const. 29 nov. 2019, *Féd. nat. des synd. du spectacle, du cinéma, de l'audiovisuel et de l'action culturelle CGT et a.,* n° 2019-816 QPC § 10.

97. La liberté contractuelle est à ranger parmi les principes fondamentaux du régime des obligations civiles et commerciales qu'il appartient au seul législateur de réglementer. • Cons. const. 4 juin 1984, n° 84-137 L • CE, sect., 3 oct. 1980, *Féd. française professions immobiliers et commerciaux : Lebon 348* • CE 27 avr. 1998, *Cornettes de Saint-Cyr,* n° 184473 A.

98. En revanche, il semble que le Conseil d'État ne classe pas la liberté contractuelle parmi les « libertés fondamentales » au sens de la procédure de référé-liberté (CJA, art. L. 521-2). • CE, réf., 12 nov. 2001, *Cne de Montreuil-Bellay,* n° 239840 : *préc. note 49.*

99. Intervention du législateur. Il est loisible au législateur d'apporter à la liberté contractuelle des limitations liées à des exigences constitutionnelles ou justifiées par l'intérêt général, à la condition qu'il n'en résulte pas des atteintes disproportionnées au regard de l'objectif poursuivi. • Cons. const. 13 juin 2013, n° 2013-672 DC § 6 • Cons. const. 29 mai 2015, *Sté Saur SAS,* n° 2015-470 QPC § 4 • Cons. const. 4 août 2016, n° 2016-736 DC § 21. ♦ Pourrait porter atteinte à la liberté contractuelle une remise en cause particulièrement grave de l'économie des conventions en cours. • Cons. const. 10 juin 1998, n° 98-401 DC § 29 • Cons. const. 12 janv. 2002, n° 2001-455 DC § 94. ♦ Ce principe est désormais, en plus du présent art., également examiné sous l'angle de l'art. 16 DDH dès lors qu'il y a atteinte aux contrats légalement conclus. • Cons. const. 13 janv. 2003, n° 2002-465 DC § 4 • Cons. const. 4 sept. 2018, n° 2018-769 DC § 54 • Cons. const. 28 déc. 2020, n° 2020-813 DC § 38. ♦ V. ss. DDH, art. 16, note 350.

100. Si le contrat est la loi commune des parties, la liberté qui découle du présent art. justifie qu'un contrat de droit privé à durée indéterminée puisse être rompu unilatéralement par l'un ou l'autre des contractants, l'information du cocontractant, ainsi que la réparation du préjudice éventuel résultant des conditions de la rupture, devant toutefois être garanties. • Cons. const. 9 nov. 1999, n° 99-419 DC § 61. ♦ Toutefois, la liberté contractuelle n'impose pas que la faculté pour l'employeur de mettre fin au « contrat première embauche » devrait être subordonnée à l'obligation d'en énoncer préalablement les motifs. • Cons. const. 30 mars 2006, n° 2006-535 DC § 23.

101. L'intérêt général tenant à la prohibition de l'inceste, justifie que le législateur interdise la conclusion d'un PACS, sous peine de nullité absolue, entre des personnes entre lesquelles existe l'un des liens de parenté ou d'alliance mentionnés par le 1° de l'art. 515-2 C. civ. • Cons. const. 9 nov. 1999, n° 99-419 DC § 55. ♦ De même, ne portent pas atteinte à la liberté contractuelle des dispositions qui, transformant certains contrat en CDI, si elles emportent une limitation, de portée restreinte, à la liberté de gestion de leur personnel par les collectivités territoriales et établissements publics concernés, répondent à l'objectif d'accorder des garanties communes à l'ensemble des agents publics contractuels et de lutter contre la précarité dans la fonction publique. • CE 17 juill. 2013, *Cne d'Aubagne,* n° 368943 : *AJDA 2013. 1547*.

102. En facilitant l'accès de toutes les entreprises d'une même branche à une protection complémentaire dans un but de mutualisation des risques, en renvoyant aux accords professionnels et interprofessionnels le soin d'organiser la couverture de ces risques auprès d'un ou plusieurs organismes de prévoyance, le législateur a poursuivi un but d'intérêt général ; toutefois, si le législateur peut porter atteinte à la liberté contractuelle dans un but de mutualisation des risques, notamment en prévoyant que soit recommandé au niveau de la branche un seul organisme de prévoyance proposant un contrat de référence y compris à un tarif d'assurance donné ou en offrant la possibilité que soient désignés au niveau de la branche plusieurs organismes de prévoyance proposant au moins de tels contrats de référence, il ne saurait porter à ces libertés une atteinte d'une nature telle que l'entreprise soit liée avec un cocontractant déjà désigné par un contrat négocié au niveau de la branche et au contenu totalement prédéfini. Il en va de même, sans qu'il soit besoin d'examiner le grief tiré de l'atteinte aux conventions légalement conclues, des dispositions qui imposent que, dès l'entrée en vigueur d'un accord de branche, les entreprises de cette branche se trouvent liées avec l'organisme de prévoyance désigné par l'accord, alors même qu'antérieurement à celui-ci elles seraient liées par un contrat conclu avec un autre organisme. • Cons. const. 13 juin 2013, n° 2013-672 DC § 11 et 12.

103. Les dispositions contestées prévoient qu'il appartient aux partenaires sociaux de définir, conventionnellement, de nouvelles règles relatives à l'assurance chômage sur la base d'un document de cadrage lui-même soumis préalablement à la concertation. Elles n'ont ni pour objet ni pour effet, par elles-mêmes, de remettre directement en cause la convention d'assurance chômage en vigueur. Elles ouvrent au Premier ministre la faculté de priver celle-ci d'effet en mettant fin à l'agrément dont elle fait l'objet, en cas d'échec de la négociation à venir ou si l'accord conclu par les partenaires sociaux n'est pas compatible avec les objectifs définis dans le document de cadrage du Gouvernement. • Cons. const. 4 sept. 2018, n° 2018-769 DC § 53.

104. Le détachement d'office d'un fonctionnaire lorsque l'activité de la personne morale de droit public qui l'emploie est transférée à une personne morale de droit privé ou à une personne publique gérant un service public industriel et commercial ne peut intervenir que si l'organisme d'accueil l'a accepté dans le cadre du contrat qui le lie à la personne publique dont l'activité lui a été transférée. Ce faisant, cet organisme consent bien à l'établissement d'un contrat de travail avec l'agent détaché et ce contrat constitue la conséquence nécessaire d'un tel détachement d'office puisqu'il convient d'organiser la relation de travail entre l'agent et l'organisme qui l'accueille, lequel est soumis, en cette matière, au droit privé et non au droit public. Le lien de service entre le fonctionnaire et la personne publique qui l'emploie ne relevant pas d'une relation contractuelle, le détachement d'office de l'intéressé ne saurait, en lui-même, méconnaître la liberté contractuelle. • Cons. const. 1er août 2019, n° 2019-790 DC § 62 à 64.

105. Contrôle de proportionnalité. Sous réserve que l'atteinte à cette liberté ne soit pas manifestement excessive, la mise en œuvre de l'objectif constitutionnel du droit à un logement décent (Préamb. Const. 1946, al. 1er) autorise le législateur à imposer des obligations particulières aux bailleurs. • Cons. const. 7 déc. 2000, n° 2000-436 DC § 56. ♦ ... Aux distributeurs d'eau, qui exercent leur activité sur un marché réglementé, en leur interdisant d'interrompre la fourniture du service pour défaut de paiement, même en dehors de la période hivernale. Si la disposition contestée est une dérogation à l'exception d'inexécution du contrat de fourniture d'eau, elle ne prive pas le fournisseur des moyens de recouvrer les créances correspondant aux factures impayées. • Cons. const. 29 mai 2015, *Sté Saur SAS,* n° 2015-470 QPC § 8. ♦ Des motifs d'intérêt général peuvent conduire le législateur à inciter des entreprises pharmaceutiques à conclure des conventions relatives à un ou à plusieurs médicaments, visant à la modération de l'évolution du prix de ces médicaments et à la maîtrise du coût de leur promotion. • Cons. const. 19 déc. 2000, n° 2000-437 DC § 37. ♦ Le maintien et la volonté de favoriser le développement de services publics locaux peuvent conduire le législateur à imposer aux distributeurs de services audiovisuels une obligation de reprise des services d'initiative publique locale destinés aux informations sur la vie locale. • Cons. const. 23 mars 2016, *Iliade et a.*, n° 2015-529 QPC § 9.

106. Ainsi, la préservation de l'indépendance dans l'exercice de leur mandat de membre du conseil ou d'administrateur d'une caisse de sécurité sociale en subordonnant leur licenciement à l'autorisation de l'inspecteur du travail. • Cons. const. 14 mai 2012, *Assoc. Temps de vie*, n° 2012-242 QPC § 7. ♦ Toutefois, ces dispositions ne sauraient, sans porter une atteinte disproportionnée à la liberté contractuelle, permettre au salarié protégé de se prévaloir d'une telle protection dès lors qu'il est établi qu'il n'en a pas informé son employeur au plus tard lors de l'entretien préalable au licenciement. • Cons. const. 14 mai 2012, *Assoc. Temps de vie*, n° 2012-242 QPC § 10. ♦ De même a-t-il, en autorisant une commission spécialisée composée d'éditeurs le soin de décider notamment des nominations et des mutations de dépositaires centraux de presse avec ou sans modification de la zone de chalandise, entendu préserver les équilibres économiques du système de distribution de la presse. • Cons. const. 7 janv. 2016, *Sté Carcassonne Presse Diffusion SAS*, n° 2015-511 QPC § 7. ♦ Toutefois, ces dispositions ne sauraient, sans porter une atteinte disproportionnée à la liberté contractuelle, être prises sans être subordonnées à aucune condition tenant à l'exécution ou à l'équilibre du contrat, ne faire l'objet d'aucune procédure d'examen contradictoire et être prises sans que la commission motive sa décision. • Cons. const. 7 janv. 2016, *Sté Carcassonne Presse Diffusion SAS*,n° 2015-511 QPC § 10.

107. La liberté contractuelle ne s'oppose pas à une règle selon laquelle la cession du support matériel de l'œuvre emporte cession du droit de reproduction, à moins que les parties décident d'y déroger par une stipulation contraire. • Cons. const. 21 nov. 2014, *Barbara D. et a.*, n° 2014-430 QPC § 7.

108. Il résulte, compte tenu de l'objectif poursuivi, des dispositions limitant la capacité des fournisseurs de produits du tabac à négocier librement leurs prix avec chacun des producteurs avec lesquels ils sont en relation contractuelle, une atteinte disproportionnée à la liberté contractuelle. • Cons. const. 22 déc. 2016, n° 2016-742 DC § 29.

109. Action introduite par l'autorité publique pour la défense de l'intérêt général. S'il est loisible au législateur de reconnaître à une autorité publique le pouvoir d'introduire, pour la défense d'un intérêt général, une action en justice visant à faire cesser une pratique contractuelle contraire à l'ordre public en poursuivant la nullité des conventions illicites, la restitution des sommes indûment perçues et la réparation des préjudices que ces pratiques ont causés, la liberté contractuelle implique que les parties au contrat soient informées de l'introduction d'une telle action. • Cons. const. 13 mai 2011, *Sté Système U Centrale nationale et a.*, n° 2011-126 QPC § 9.

110. Intervention du pouvoir réglementaire. Le pouvoir réglementaire peut agir dans les limites que lui fixe le législateur. • CE, sect., 3 oct. 1980, *Féd. française professions immobiliers et commerciaux : préc. note 97* • CE 20 janv. 1989, *SA GBA Berry-Loire : Lebon 26.* ♦ V. déjà • CE 12 déc. 1941, *SA Lanson, père et fils : Lebon 213.* ♦ Ainsi, portent atteinte au principe de la liberté contractuelle : une disposition réglementaire obligeant les médecins en chirurgie esthétique et leurs patients à respecter un délai minimum de 15 jours entre la remise du devis de l'opération et l'intervention éventuelle. • CE 27 avr. 1998, *Cornette de Saint-Cyr*, n° 184473 : *préc. note 97.* ♦ ... Une disposition interdisant, réglementant ou limitant des clauses contractuelle autres que celles limitativement énumérées par la loi par lesquelles le législateur lui a donnée cette compétence. • CE 3 déc. 1980, *Assurances du groupe de Paris : Lebon 457 ; D. 1981. 228, note Larroumet ; JCP 1981. 19502, concl. Hagelsteen.*

III. LIBERTÉ DU MARIAGE

BIBL. Murat, La Constitution et le mariage : regard d'un privatiste, *NCCC, 2013, n° 39, p. 51.* – Monéger, Le Conseil constitutionnel et l'état des personnes, *NCCC, 2013, n° 39, p. 51.* – Gouttenoire, Cohérence des contrôles de conventionnalité et de constitutionnalité en matière de droit des personnes et de la famille, *NCCC, 2013, n° 39, p. 63.*

A. PRINCIPES

111. Généralités. La liberté du mariage est un principe de valeur constitutionnelle. • Cons. const. 9 nov. 1999, n° 99-419 DC § 62 ; ♦ ... Qui, composante de la liberté personnelle, trouve son fondement dans le présent art. et l'art. 2 DDH. • Cons. const. 20 nov. 2003, n° 2003-484 DC § 94 • Cons. const. 9 nov. 2006, n° 2006-542 DC § 4 • Cons. const. 29 juin 2012, *Roger D.*, n° 2012-260 QPC § 4 • Cons. const. 17 mai 2013, n° 2013-669 DC § 23. ♦ V. déjà, parlant du mariage comme composante de la liberté individuelle. • Cons. const. 13 août 1993, n° 93-325 DC § 107.

112. La liberté du mariage est un droit fondamental de valeur constitutionnelle reconnu à tous ceux qui résident sur le territoire de la République. • Cons. const. 13 août 1993, n° 93-325 DC § 3. ♦ Dès lors, le caractère irrégulier du séjour d'un étranger ne peut faire obstacle, par lui-même, au mariage de l'intéressé et estimer que le fait pour un étranger de ne pouvoir justifier de la régularité de son séjour constitue, dans tous les cas, un indice sérieux de l'absence de consentement, porte atteinte au principe. • Cons. const. 20 nov. 2003, n° 2003-484 DC § 94.

113. Étendue du pouvoir du législateur. Les règles relatives au mariage relèvent de l'état des personnes ; par suite, le grief tiré de ce que l'art. 34 Const. ne confierait pas au législateur la compétence pour fixer les qualités et conditions requises pour pouvoir contracter mariage doit être écarté. • Cons. const. 17 mai 2013, n° 2013-669 DC § 20.

114. La liberté du mariage ne fait pas obstacle à ce que le législateur prenne des mesures de prévention ou de lutte contre les mariages contractés à des fins étrangères à l'union matrimoniale. • Cons. const. 9 nov. 2006, n° 2006-542 DC § 4. ♦ ... La liberté du mariage ne restreint pas la compétence que le législateur tient de l'art. 34 Const. pour fixer les conditions du mariage dès lors que, dans l'exercice de cette compétence, il ne prive pas de garanties légales des exigences de caractère constitutionnel. • Cons. const. 28 janv. 2011, *Corinne C. et a.*, n° 2010-92 QPC § 7 • Cons. const. 29 juin 2012, *Roger D.*, n° 2012-260 QPC § 4. ♦ Il est en outre loisible au législateur d'apporter à cette liberté des limitations liées à des exigences constitutionnelles ou justifiées par l'intérêt général, à la condition qu'il n'en résulte pas d'atteintes disproportionnées au regard de l'objectif poursuivi. • Cons. const. 29 juin 2012, *Roger D.*, n° 2012-260 QPC § 4. ♦ V. déjà la sauvegarde de l'ordre public peut néanmoins conduire à ce que cette liberté soit encadrée. • Cons. const. 13 août 1993, n° 93-325 DC § 3.

115. Viole le principe de la liberté du mariage une disposition qui subordonne le mariage à la décision du procureur de la République qui peut décider, sans que sa décision soit assortie d'une voie de recours, qu'il sera sursis à la célébration pour une durée pouvant aller jusqu'à 3 mois, lorsqu'il existe des indices sérieux laissant présumer que le mariage n'est envisagé que dans un but autre que l'union matrimoniale. • Cons. const. 13 août 1993, n° 93-325 DC § 107.

116. Eu égard aux obligations personnelles et patrimoniales qui en résultent, le mariage est « un acte important de la vie civile ». Dès lors, en subordonnant le mariage d'une personne en curatelle à l'autorisation du curateur ou à défaut à celle du juge, le législateur n'a pas privé la liberté du mariage de garanties légales ; les restrictions dont il a accompagné son exercice, afin de protéger les intérêts de la personne, n'ont pas porté à cette liberté une atteinte disproportionnée. • Cons. const. 29 juin 2012, *Roger D.*, n° 2012-260 QPC § 8.

117. En l'état de la législation française, les conjoints sont des personnes unies par les liens du mariage. • Civ. 1re, 19 déc. 2007, n° 06-21.369 P : *D. 2008. 2028, note Mauger-Vielpeau ; JCP 2008. 10046, note Favier.* ♦ Le PACS est un contrat étranger au mariage. • Cons. const. 9 nov. 1999, n° 99-419 DC § 67. ♦ Rappr. • CE 29 juill. 2002, *GISTI*, n° 231158 : *Lebon ; D. 2002. 2655 ; RTD civ. 2002. 785, obs. Hauser* • Cons. const. 29 juill. 2011, *Laurence L.*, n° 2011-155 QPC § 6 • Cons. const. 22 mai 2013, *Jory Orlando T.*, n° 2013-312 QPC. ♦ V. cependant : le partenaire d'un PACS doit être regardé comme assimilable conjoint d'un ressortissant d'un État membre de l'UE et non comme un concubin. • CAA Paris, 29 nov. 2016, *Préfet de police*, n° 16PA02340 : *AJDA 2017. 175, concl. Oriol*.

118. Liberté du divorce. Le présent art. (et l'art. 2 DDH) institue une liberté pour chacun de se marier ainsi qu'une liberté de mettre fin aux liens du mariage, composantes de la liberté personnelle. • Cons. const. 29 juill. 2016, *Bruno B.*, n° 2016-557 QPC § 5. ♦ Comp. la solution contraire. • CEDH 18 déc. 1986, *Johnston c/ Irlande*, n° 9697/82 § 52 à 54.

119. Il est loisible au législateur d'apporter à la liberté de mettre fin aux liens du mariage des limitations liées à des exigences constitutionnelles ou justifiées par l'intérêt général, à la condition qu'il n'en résulte pas d'atteintes disproportionnées au regard de l'objectif poursuivi. • Cons. const. 29 juill. 2016, *Bruno B.*, n° 2016-557 QPC § 5.

B. MISE EN ŒUVRE DES PRINCIPES

120. La sauvegarde de l'ordre public permet au législateur de prendre des mesures de prévention ou de lutte contre les mariages contractés à des fins étrangères à l'union matrimoniale. • Cons. const. 9 nov. 2006, n° 2006-542 DC § 4. ♦ Tel est le cas de la lutte contre l'accroissement des mariages contraints ou de complaisance. • Même affaire, § 6. ♦ La faculté donnée au procureur de la République de s'opposer à des mariages qui seraient célébrés en violation de règles d'ordre public ne peut être regardée comme portant une atteinte excessive à la liberté du mariage. • Cons. const. 22 juin 2012, *Thierry B.*, n° 2012-261 QPC § 9. ♦ ... Qui seraient célébrés sous la contrainte, loin de méconnaître le principe de la liberté du mariage, tend à en assurer la protection. • Cons. const. 22 juin 2012, *Thierry B.*, n° 2012-261 QPC § 11.

121. Il est loisible au législateur : de subordonner à une durée de mariage de un an (2 ans) sans cessation de la communauté de vie la délivrance au conjoint étranger d'un ressortissant français d'une carte de résident valable pour une durée de 10 ans. • Cons. const. 13 août 1993, n° 93-325 DC § 25 • Cons. const. 20 nov. 2003, n° 2003-484 DC § 35 à 39. ♦ ... Il en va de même du délai de 1 an pour la délivrance de plein droit d'une carte de séjour temporaire. • Cons. const. 22 avr. 1997, n° 97-389 DC § 38. ♦ ... De soumettre la délivrance de plein droit d'une carte de séjour temporaire au conjoint étranger d'un ressortissant français ne vivant pas en état de polygamie, à la condition que la communauté de vie n'ait pas cessé depuis le mariage, que le conjoint ait conservé la nationalité française et, lorsque le mariage a été célébré à l'étranger, qu'il ait été transcrit préalablement sur les registres de l'état civil français. • Cons. const. 22 mai 2013, *Jory Orlando T.*, n° 2013-312 QPC § 6. ♦ ... De permettre à l'officier de l'état civil, lorsqu'il existe des indices sérieux laissant présumer que le mariage n'est envisagé que dans un but autre que l'union matrimoniale, de saisir le procureur de la République qui dispose d'un délai de 15 jours durant lequel il peut, par décision motivée, autoriser le mariage, s'opposer à sa célébration ou décider qu'il y sera sursis pour une durée qui ne peut excéder 1 mois, renouvelable une fois par décision spécialement motivée dès lors que la décision du procureur peut être contestée devant le juge. • Cons. const. 20 nov. 2003, n° 2003-484 DC § 93. ♦ Rappr. à l'inverse, en l'absence de voie de recours et pour une durée de sursis plus longue. • Cons. const. 13 août 1993, n° 93-325 DC § 107 ♦ ... De fixer les différentes procédures destinées à vérifier la validité des mariages contractés par un Français et célébrés à l'étranger par une autorité étrangère dès lors qu'aucune de ces dispositions ne fait, par elle-même, obstacle à la célébration d'un mariage par l'autorité étrangère, que les délais prévus sont adaptés aux caractéristiques de chacune de ces situations, que des recours juridictionnels effectifs contre les décisions, explicites ou implicites, des autorités concernées sont garantis et que, la transcription ayant pour seul objet et pour seul effet l'opposabilité du mariage aux tiers dans l'ordre juridique français, son absence ne prive le mariage d'aucun de ses effets civils entre les époux eux-mêmes, ni entre ceux-ci et leurs enfants. • Cons. const. 9 nov. 2006, n° 2006-542 DC § 12.

122. Le mariage est nul lorsque les époux ne se sont prêtés à la cérémonie qu'en vue d'atteindre un but étranger à l'union matrimoniale. • Civ. 1re, 28 oct. 2003, n° 01-12.574 P : *D. 2004. 21, note Gridel ; Rev. Trésor civ. 2004. 66, obs. Hauser.* ♦ A statué à bon droit la cour qui annule un mariage, la preuve de l'absence d'intention matrimoniale résultant de l'enquête de police et notamment de l'audition de Mme Y... • Civ. 1re, 22 avr. 1997, n° 95-13.578 • Grenoble, 3 nov. 1998 : *D. 1999. 373, obs. Lemouland* .

123. En ouvrant l'accès à l'institution du mariage aux couples de personnes de même sexe, le législateur n'a porté aucune atteinte aux droits acquis nés de mariages antérieurs. Par suite, le grief tiré de l'atteinte à la liberté du mariage doit être écarté. • Cons. const. 17 mai 2013, n° 2013-669 DC § 23. ♦ *Ab. jur.* : Le mariage est uniquement possible entre individus de sexes différents. • Civ. 1re, 13 mars 2007, n° 05-16.627 P • CEDH 24 juin 2010, *Schalk et Kopf c/ Autriche*, n° 30141/04 • Cons. const. 28 janv. 2011, *Corinne C. et a.*, n° 2010-92 QPC. ♦ Sur la liberté de conscience des élus devant célébrer les mariages, V. notes ss. DDH, art. 10.

124. Le refus de délivrer un visa d'entrée et de court séjour à un étranger désireux d'épouser un ressortissant français dans le cadre de la loi relative au « mariage pour tous » porte une atteinte gravement illégale à la liberté fondamentale de se marier. • CE, ord., 9 juill. 2014, *X.*, n° 382145 : *AJDA 2014. 1418 ; ibid. 2141, note Aubin ; D. 2014. 1496 ; ibid. 2015. 450, obs. Boskovic, Corneloup, Jault-Seseke, Joubert et K. Parrot ; ibid. 1056, obs. Gaudemet-Tallon et Jault-Seseke ; ibid. 1408, obs. Lemouland et Vigneau ; AJ fam. 2014. 505, obs. De Boysson ; RTD civ. 2014. 861, obs. Hauser* . ♦ Si, selon la Convention franco-marocaine relative au statut des personnes et de la famille et à la coopération judiciaire, les conditions de fond du mariage telles que les empêchements, sont régies pour chacun des futurs époux par la loi de celui des deux États dont il a la nationalité, son art. 4 précise que la loi de l'un des deux États désignés par la Convention peut être écartée par les juridictions de l'autre État si elle est manifestement incompatible avec l'ordre public ; tel est le cas de la loi marocaine compétente qui s'oppose au mariage de personnes de même sexe dès lors que, pour au moins l'une d'elles, soit la loi personnelle, soit la loi de l'État sur le territoire duquel elle a son domicile ou sa résidence le permet. • Civ. 1re, 28 janv. 2015, n° 13-50.059 : *D. 2015. 464, obs. Gallmeister, note Fulchiron ; ibid. 481, édito. Libchaber ; ibid. 1056, obs. Gaudemet-Tallon et Jault-Seseke ; ibid. 1408, obs. Lemouland et Vigneau ; ibid. 2016. 674, obs. Douchy-Oudot ; AJ fam. 2015. 172, obs. Boiché ; ibid. 71, point de vue Haftel ; Rev. crit. DIP 2015. 400, note Boden, Bollée, Haftel, Hammje et de Vareilles-Sommières ; RTD civ. 2015. 91, obs. Puig ; ibid. 343, obs. Usunier ; ibid. 359, obs. Hauser ; JCP Adm. 2015. 111.*

125. La protection du conjoint créancier de la prestation compensatoire en garantissant le versement du capital alloué au titre de cette prestation poursuit un objectif d'intérêt général et ne peut avoir d'autre effet que de retarder le prononcé du divorce et non d'empêcher son prononcé. • Cons. const. 29 juill. 2016, *Bruno B.*, n° 2016-557 QPC §7.

IV. PRINCIPE DE RÉPARATION ET DE RESPONSABILITÉ

A. PRINCIPE

126. Principe. Nul n'ayant le droit de nuire à autrui, en principe tout fait quelconque de l'homme, qui cause à autrui un dommage, oblige celui par la faute duquel il est arrivé, à le réparer. • Cons. const. 22 oct. 1982, n° 82-144 DC § 3 • Cons. const. 9 nov. 1999, n° 99-419 DC § 70 • Cons. const. 26 sept. 2014, *François F.*, n° 2014-415 QPC § 5. ♦ V. également les décisions citées note 127. Rappr. • Cons. const. 19 nov. 1993, n° 93-327 DC § 13. ♦ Le droit français ne comporte, en aucune matière, de régime soustrayant à toute réparation les dommages résultant de fautes civiles imputables à des personnes physiques ou morales de droit privé, quelle que soit la gravité de ces fautes. • Cons. const. 22 oct. 1982, n° 82-144 DC § 5. ♦ Aucune personne, physique ou morale, publique ou privée, française ou étrangère, victime d'un dommage matériel ou moral imputable à la faute civile d'une personne de droit privé ne se heurte à une prohibition générale d'agir en justice pour obtenir réparation de ce dommage. • Même affaire, § 6. ♦ Dès lors le législateur, même pour réaliser les objectifs qui sont les siens (en l'espèce, respect du droit de grève et du droit syndical), dénier dans son principe même le droit des victimes d'actes fautifs, qui peuvent d'ailleurs être des salariés, des représentants du personnel ou des organisations syndicales, à l'égalité devant la loi et devant les charges publiques. • Même affaire, § 9. ♦ Par ex., peut être mise en jeu la responsabilité d'un syndicat qui a agi de concert avec les grévistes auxquels il a apporté un soutien inconditionnel de tous les instants, qui a été l'instigateur et l'organisateur de la grève, et qui au lieu de s'opposer à tout abus, a suscité les agissements illicites et en a favorisé le développement et la persistance. • Soc. 9 nov. 1982, *Dubigeon-Normandie et Traylor : D. 1983. 531, note Sinay ; Dr. soc. 1983. 175, note Savatier ; JCP 1983. 19995, concl. Gauthier.*

127. La faculté d'agir en responsabilité met en œuvre cette exigence constitutionnelle. • Cons. const. 22 juill. 2005, n° 2005-522 DC § 10 • Cons. const. 5 juill. 2019, *Cne de Sainte-Rose*, n° 2019-795 QPC § 5.

V. pour d'autres décisions dans le même sens :

128. Nul ne saurait, par une disposition générale de la loi, être exonéré de toute responsabilité personnelle quelle que soit la nature ou la gravité de l'acte qui lui est imputé. • Cons. const. 17 janv. 1989, n° 88-248 DC § 9 • Cons. const. 7 nov. 1989, n° 89-262 DC § 9 • Cons. const. 29 mars 2011, n° 2011-626 DC § 6 • Cons. const. 7 nov. 1989, n° 89-262 DC § 9 • Cons. const. 17 janv. 1989, n° 88-248 DC § 9. ♦ Au besoin, le Cons. const. interprète la disposition pour que ce principe soit respecté. • Cons. const. 29 mars 2011, n° 2011-626 DC § 6.

129. Ainsi, le législateur ne peut prévoir la rupture unilatérale du PACS que dans la mesure où les éventuels dommages causés par cette rupture peuvent être réparés. • Cons. const. 9 nov. 1999, n° 99-419 DC § 71. ♦ De même, si le législateur organique peut, pour garantir l'indépendance du Défenseur des droits et de ses adjoints, prévoir qu'ils bénéficient d'une immunité pénale, il doit, dans la définition de l'étendue de cette immunité, concilier le but ainsi poursuivi avec le respect des autres règles et principes de valeur constitutionnelle et, en particulier, le principe d'égalité ; dès lors, l'immunité pénale reconnue au Défenseur des droits et à ses adjoints ne saurait s'appliquer qu'aux opinions qu'ils émettent et aux actes qu'ils accomplissent pour l'exercice de leurs fonctions mais ne peut les exonérer des sanctions encourues en cas de méconnaissance des règles prévues sur les secrets protégés par la loi, et sur la protection des lieux privés. • Cons. const. 29 mars 2011, n° 2011-626 DC § 6.

130. En permettant au juge d'accorder, en cas de licenciement sans cause réelle et sérieuse, une indemnité d'un montant supérieur aux salaires des six derniers mois en fonction du préjudice subi, le législateur a mis en œuvre le présent principe. • Cons. const. 13 oct. 2016, *Sté Goodyear Dunlop Tires France SA*, n° 2016-582 QPC § 12.

131. Ce principe, du fait même qu'il est fondé sur le présent art., ne vaut qu'en matière de responsabilité pour faute. • Cons. const. 8 avr. 2011, *Michel Z. et a.*, n° 2011-116 QPC § 7 (sol. impl.).

132. Le principe selon lequel nul ne peut s'exonérer de sa responsabilité personnelle ni aucune autre disposition constitutionnelle ne fait obstacle à ce que les contrats conclus par une personne morale de droit public assortissent de pénalités contractuelles la méconnaissance, par le contractant, de ses obligations légales en matière de travail dissimulé. • Cons. const. 12 mai 2011, n° 2011-629 DC § 13.

B. AMÉNAGEMENT

133. Conditions. Ce principe ne fait pas obstacle à ce que le législateur aménage, pour un motif d'intérêt général, les conditions dans lesquelles la responsabilité peut être engagée et peut ainsi, pour un tel motif, apporter à ce principe des exclusions ou des limitations à condition qu'il n'en résulte pas une atteinte disproportionnée aux droits des victimes d'actes fautifs ainsi qu'au droit à un recours juridictionnel effectif qui découle de l'art. 16 DDH. • Cons. const. 11 juin 2010, *Vivianne L.*, n° 2010-2 QPC § 11 • Cons. const. 7 sept. 2017, n° 2017-751 DC § 32.

V. pour d'autres décisions dans le même sens : .

134. Intérêt général. Constituent un motif d'intérêt général justifiant l'aménagement du régime de responsabilité : les divers avantages dont bénéficient les victimes d'un accident du travail ou d'une maladie professionnelle par rapport à la situation de celles qui ne peuvent agir que sur le fondement du droit commun de la responsabilité civile d'une part et la nécessaire prise en compte de la charge que représentent les prestations servies d'autre part. • Cons. const. 18 juin 2010, *Épx L.*, n° 2010-8 QPC § 16. ♦ Sur l'application de ce principe en matière d'accident du travail, V. notes ss. Préamb. Const. 1946, al. 11. ♦ ... L'objectif de favoriser la création et le développement des entreprises. • Cons. const. 26 sept. 2014, *François F.*, n° 2014-415 QPC § 9. ♦ ... L'objectif d'assurer une plus grande sécurité juridique et de favoriser l'emploi en levant les freins à l'embauche. • Cons. const. 5 août 2015, n° 2015-715 DC § 151. ♦ ... La dignité de la personne humaine contre toute forme d'asservissement et de dégradation et l'objectif de valeur constitutionnelle que constitue la possibilité pour toute personne de disposer d'un logement décent. • Cons. const. 22 janv. 2016, *Féd. promoteurs immobiliers*, n° 2015-517 QPC § 10. ♦ ... L'objectif de réduire l'incertitude juridique pesant sur les projets de construction et de prévenir les recours abusifs susceptibles de décourager les investisseurs. • Cons. const. 10 nov. 2017, *Assoc. Entre Seine et Brotonne et a.*, n° 2017-672 QPC § 8. ♦ ... L'objectif de renforcer la prévisibilité des conséquences qui s'attachent à la rupture du contrat de travail. • Cons. const. 7 sept. 2017, n° 2017-751 DC § 33.

135. Conditions particulières. Eu égard aux conditions particulières dans lesquelles les marins exercent leurs fonctions et aux risques auxquels ils sont exposés, il est loisible au législateur de prévoir que l'indemnisation des marins victimes d'accidents du travail ou de maladie professionnelles serait soumise à des conditions particulières dérogeant aux dispositions de droit commun. • Cons. const. 6 mai 2011, *Cts. C.*, n° 2011-127 QPC § 8.

136. Dès lors que les collectivités publiques victimes d'une faute du comptable ont la possibilité, si le ministère public près les juridictions financières n'a pas entendu saisir la chambre régionale des comptes de cette faute et de toutes ses conséquences, d'agir en responsabilité, selon les voies du droit commun, contre l'État ou contre le comptable lui-même, il n'est pas contraire au présent art. que le législateur confie au ministère public près les juridictions financières un monopole des poursuites dans le cadre du régime spécial de responsabilité des comptables publics (L. 23 févr. 1963, art. 60 : V. CJA) qui, s'il peut conduire à l'indemnisation des préjudices subis par les collectivités publiques, a pour objet principal, dans l'intérêt de l'ordre public financier, de garantir la régularité des comptes publics. • Cons. const. 5 juill. 2019, *Cne de Sainte-Rose*, n° 2019-795 QPC § 7 et 8.

137. Mise en œuvre. L'aménagement peut se faire : en adjoignant ou en substituant à la responsabilité de l'auteur du dommage la responsabilité ou la garantie d'une autre personne physique ou morale. • Cons. const. 22 oct. 1982, n° 82-144 DC § 4. ♦ ... En prévoyant un régime d'indemnisation forfaitaire qui permet un prompt règlement de la situation des intéressés. • Cons. const. 30 déc. 1987, n° 87-237 DC § 23. ♦ ... En prévoyant le versement d'une somme forfaitaire à chaque porteur indemnisable, augmentée d'un montant proportionnel à la valeur totale du portefeuille dans la limite d'un plafond qui tient compte de l'ancienneté du préjudice, du caractère fini de la somme destinée à son indemnisation, de la disproportion entre cette somme et le montant des spoliations subies, de l'impossibilité qui en résulte de mettre en œuvre une indemnisation strictement proportionnelle au montant des créances sans que soit réduite à néant la réparation due aux titulaires de portefeuilles modestes, enfin des impératifs de simplicité de mise en œuvre des règles d'indemnisation et de prompt règlement des sommes concernées. • Cons. const. 29 déc. 1999, n° 99-425 DC § 23. ♦ ... En énonçant les cas dans lesquels la responsabilité des créanciers serait engagée du fait des concours consentis pour clarifier le cadre juridique de la mise en jeu de cette responsabilité et lever ainsi un obstacle à l'octroi des apports financiers nécessaires à la pérennité des entreprises en difficulté. • Cons. const. 22 juill. 2005, n° 2005-522 DC § 12. ♦ ... En instituant, pour concilier le principe de responsabilité avec les exigences de l'al. 11 Préamb. Const. 1946, un régime de sécurité sociale qui se substitue partiellement à la responsabilité de l'employeur ; ainsi la réparation forfaitaire de la perte de salaire ou de l'incapacité, l'exclusion de certains préjudices et l'impossibilité, pour la victime ou ses ayants droit, d'agir contre l'employeur n'instituent pas des restrictions disproportionnées par rapport aux objectifs d'intérêt général poursuivis. • Cons. const. 18 juin 2010, *Épx L.*, n° 2010-8 QPC § 10 à 16 • Cons. const. 23 sept. 2011,

Djamel B., n° 2011-167 QPC § 6. ♦ Par suite, en soumettant l'indemnisation du salarié victime d'un accident de la circulation survenu sur une voie non ouverte à la circulation publique au régime des accidents du travail prévu par le CSS, à l'exclusion des dispositions de la L. du 5 juill. 1985, les dispositions contestées ne portent pas davantage atteinte à ce principe. • Cons. const. 23 sept. 2011, *Djamel B.,* n° 2011-167 QPC. ♦ Même dans le cas où l'action en démolition n'est pas permise, la personne ayant subi un préjudice causé par une construction peut en obtenir la réparation sous forme indemnitaire, notamment en engageant la responsabilité du constructeur ; elle peut par ailleurs obtenir du juge administratif une indemnisation par la personne publique du préjudice causé par la délivrance fautive du permis de construire irrégulier. • Cons. const. 10 nov. 2017, *Assoc. Entre Seine et Brotonne et a.,* n° 2017-672 QPC § 11.

138. La loi peut prévoir l'engagement de la responsabilité d'une personne autre que celle par la faute de qui le dommage est arrivé à la condition que l'obligation qu'elle crée soit en rapport avec un motif d'intérêt général ou de valeur constitutionnelle et proportionnée à cet objectif. • Cons. const. 22 janv. 2016, *Féd. promoteurs immobiliers,* n° 2015-517 QPC § 9. ♦ Toutefois, l'obligation doit être exclusivement proportionnée à la relation avec les tiers. Sous cette réserve, n'est pas disproportionnée l'obligation de prise en charge de l'hébergement collectif, par le maître d'ouvrage ou le donneur d'ordre, de salariés soumis par leur cocontractant ou sous-traitant direct ou indirect à une situation incompatible avec la dignité humaine. • Cons. const. 22 janv. 2016, *Féd. promoteurs immobiliers,* n° 2015-517 QPC § 14 et 15.

139. De même, la loi peut instituer une solidarité de paiement dès lors que les conditions d'engagement de cette solidarité sont proportionnées à son étendue et en rapport avec l'objectif poursuivi par le législateur. • Cons. const. 31 juill. 2015, *Sté Gecop,* n° 2015-479 QPC § 9. ♦ Tel est le cas de la responsabilité solidaire des donneurs d'ordre portant sur les sommes dues au Trésor public et aux organismes de protection sociale. • Cons. const. 31 juill. 2015, *Sté Gecop,* n° 2015-479 QPC § 10. ♦ De même encore, si le législateur peut plafonner l'indemnité due au salarié licencié sans cause réelle et sérieuse, il devait retenir des critères présentant un lien avec le préjudice subi par le salarié. Si le critère de l'ancienneté dans l'entreprise est ainsi en adéquation avec l'objet de la loi, tel n'est pas le cas du critère des effectifs de l'entreprise (rupture d'égalité). • Cons. const. 5 août 2015, n° 2015-715 DC § 152.

140. Les dispositions contestées n'ayant pas pour effet de conférer à la juridiction saisie un pouvoir arbitraire dans la mise en œuvre de l'action en responsabilité pour insuffisance d'actif et les limitations qu'elles apportent au principe selon lequel « tout fait quelconque de l'homme qui cause à autrui un dommage oblige celui par la faute duquel il est arrivé à le réparer » étant en adéquation avec l'objectif d'intérêt général poursuivi et ne portant pas d'atteinte disproportionnée aux droits des victimes d'actes fautifs ni au droit à un recours juridictionnel effectif, les différences de traitement entre dirigeants qui en résultent sont en rapport direct avec l'objet de la loi. • Cons. const. 26 sept. 2014, *François F.,* n° 2014-415 QPC § 9. ♦ Les dispositions contestées écartant de l'obligation de réparation les atteintes aux bénéfices collectifs tirés par l'homme de l'environnement et aux éléments ou aux fonctions des écosystèmes n'ont ni pour objet ni pour effet de limiter la réparation qui peut être accordée aux personnes qui subissent un préjudice du fait d'une atteinte à l'environnement. Par conséquent, elles ne méconnaissent pas le principe, résultant de l'art. 4 DDH, selon lequel tout fait quelconque de l'homme qui cause à autrui un dommage oblige celui par la faute duquel il est arrivé à le réparer. • Cons. const. 5 févr. 2021, *Association Réseau sortir du nucléaire,* n° 2020-881 QPC § 9.

141. Limites. Cependant, ces dispositions ne sauraient, sans porter une atteinte disproportionnée au droit des victimes d'actes fautifs, faire obstacle : à ce que ces mêmes personnes, devant les mêmes juridictions, puissent demander à l'employeur réparation de l'ensemble des dommages non couverts. • Cons. const. 18 juin 2010, *Épx. L.,* n° 2010-8 § 11 QPC § 18 • Cons. const. 10 nov. 2017, *Assoc. Entre Seine et Brotonne et a.,* n° 2017-672 QPC § 13 (*a contrario*). ♦ ... A ce qu'un marin victime, au cours de l'exécution de son contrat d'engagement maritime, d'un accident du travail imputable à une faute inexcusable de son employeur puisse demander, devant les juridictions de la sécurité sociale, une indemnisation complémentaire dans les conditions prévues par le chapitre 2 du titre V du livre IV CSS interprété comme indiqué dans la décision n° 2010-8 QPC. • Cons. const. 6 mai 2011, *Cts C.,* n° 2011-127 QPC § 9.

V. RESPECT DE LA VIE PRIVÉE

142. V. notes ss. DDH, art. 2.

Art. 5 **La loi n'a le droit de défendre que les actions nuisibles à la société. Tout ce qui n'est pas défendu par la loi ne peut être empêché ; et nul ne peut être contraint à faire ce qu'elle n'ordonne pas.**

COMMENTAIRE

V. sur le Code en ligne 🏛.

❑

[V. références des décisions du Conseil constitutionnel dans les tableaux DC et QPC]

1. Principe. L'objectif de valeur constitutionnelle d'accessibilité et d'intelligibilité de la loi, qui découle du présent art. et des art. 4, 6 et 16 DDH, impose au législateur d'adopter des dispositions suffisamment précises et des formules non équivoques. Il doit en effet prémunir les sujets de droit contre une interprétation contraire à la Constitution ou contre le risque d'arbitraire, sans reporter sur des autorités administratives ou juridictionnelles le soin de fixer des règles dont la détermination n'a été confiée par la Const. qu'à la loi. • Cons. const. 15 mars 2018, n° 2018-762 DC § 4 • Cons. const. 21 juin 2018, n° 2018-766 DC § 5.

V. pour d'autres décisions dans le même sens avec des formulations légèrement différentes ou partielles 🏛.

2. Le principe de l'accessibilité et d'intelligibilité de la loi combiné avec l'exigence de clarté de la loi (qui découlait de l'art. 34 Const. 58. V. notes ss. Const. 58, art. 34), impose au législateur de prémunir les sujets de droit contre une interprétation contraire à la Constitution ou contre le risque d'arbitraire, d'adopter des dispositions suffisamment précises et des formules non équivoques. • Cons. const. 12 janv. 2002, n° 2001-455 DC § 9 • Cons. const. 24 juill. 2003, n° 2003-475 DC § 20. ♦ Ce principe de clarté de la loi découle désormais tout à la fois de l'obligation faite au législateur d'exercer pleinement sa compétence (incompétence négative : V. ss. Const. 58, art. 34) et du principe d'intelligibilité. • Cons. const. 27 juill. 2006, n° 2006-540 DC § 9 • Cons. const. 19 juin 2008, n° 2008-564 DC § 25.

3. Le Conseil constitutionnel peut trouver dans les travaux parlementaires des éléments permettant de conclure à l'intelligibilité du texte. • Cons. const. 13 déc. 2012, n° 2012-659 DC § 32.

4. Aucune exigence constitutionnelle n'impose que les dispositions d'un projet ou d'une proposition de loi présentent un objet analogue. • Cons. const. 12 mai 2011, n° 2011-629 DC § 6.

5. La complexité de la loi et l'hétérogénéité des dispositions de la loi ne sauraient, à elles seules, porter atteinte à l'objectif de valeur constitutionnelle d'accessibilité et d'intelligibilité de la loi. • Cons. const. 12 mai 2011, n° 2011629 DC § 6. ♦ De même, le fait que la législation nouvelle soit plus complexe que la disposition initiale n'est pas nécessairement contraire à l'objectif d'intelligibilité de la loi. • Cons. const. 29 avr. 2004, n° 2004-494 DC § 14.

6. Le législateur peut corriger les imperfections d'une loi par le vote d'une autre loi avant même que le Conseil Constitutionnel ne se prononce. Dans ce cas, il tient compte des corrections apportées. • Cons. const. 29 déc. 2009, n° 2009-599 DC § 57.

7. S'agissant de règles pénalement sanctionnées, le grief de l'imprécision de la loi est examiné au regard du principe de légalité des délits et des peines (DDH, art. 8). • Cons. const. 7 juin 2013, *Mohamed T.*, n° 2013-318 QPC § 17.

8. Le grief tiré de la méconnaissance de l'objectif de valeur constitutionnelle d'accessibilité et d'intelligibilité de la loi est en tout état de cause inopérant à l'égard des documents budgétaires joints au projet de loi de finances initiale. • Cons. const. 28 déc. 2018, n° 2018-777 DC § 20.

9. Le Conseil d'État admet de contrôler l'objectif : à valeur constitutionnelle d'accessibilité et d'intelligibilité de la norme. • CE 2 juill. 2007, n° 295685 • CE 11 déc. 2015, n° 378622 : *AJDA 2016. 1236, note Pastorel* ✎. ♦ ... De clarté et d'intelligibilité de la norme. • CE 23 déc. 2010, n° 337396 B. ♦ ... Et peut annuler certaines dispositions d'un décret qui ne répondraient pas à ce principe. • CE 29 oct. 2013, n° 360085 B : *AJDA 2013. 2184* ✎ *; JCP Adm. 2013. 885.* ♦ Ainsi, cet objectif n'est pas respecté si les normes rendues obligatoires ne sont pas accessibles gratuitement. • CE 10 févr. 2016, n° 383756 A : *AJDA 2016. 287* ✎ *; ibid. 857, concl. Decout-Paolini* ✎ *; JCP Adm. 2016. 138.* ♦ Rappr. • Cons. const. 17 déc. 2015, n° 2015-724 DC § 5. ♦ Pourtant, lorsque le texte est simplement affecté d'une erreur matérielle, le Conseil d'État n'annule pas mais confère aux dispositions attaquées leur exacte portée et prévoit que le texte ainsi rétabli sera rendu opposable par des mesures de publicité appropriées. • CE 4 déc. 2013, *Assoc. France Nature Environnement et a.*, n° 357839 B : *AJDA 2013. 2464* ✎. ♦ Il découle de ce principe qu'une norme rendue obligatoire doit être accessible gratuitement. • CE 10 févr. 2016, n° 383756 A : *préc.* • CE 20 nov. 2013, n° 354752 B : *AJDA 2013. 2341* ✎.

10. Objectif d'accessibilité et d'intelligibilité de la loi. Répondent à cet objectif : des dispositions qui, même si elles sont conçues comme évolutives, ne peuvent être modifiées que dans un cadre précis prévu par la loi qui par ailleurs prévoit des mesures permettant de garantir l'information des citoyens y compris en ce qui concerne leur situation individuelle. • Cons. Const. 14 août 2003, n° 2003-483 DC § 17. ♦ ... Une disposition électorale qui, même complexe, s'agissant en particulier de la répartition des sièges entre sections départementales, trouve son origine dans la conciliation que le législateur a voulu opérer entre la représentation proportionnelle dans le cadre d'un vote régional, la constitution d'une majorité politique au sein du conseil régional et la restauration d'un lien entre conseillers régionaux et départements, cette complexité répondant à des objectifs que le législateur a pu regarder comme d'intérêt général. • Cons. const. 3 avr. 2003, n° 2003-468 DC § 17. ♦ ... Une disposition qui peut avoir pour effet de faire varier de quelques unités l'effectif du collège électoral sénatorial de chaque département, d'une élection régionale à l'autre, mais dont les effets, si ils se produisent, ne portent que sur une faible fraction des conseillers régionaux appartenant à chaque section départementale, lesquels ne constituent eux-mêmes qu'une part réduite des collèges électoraux pour l'élection des sénateurs. • Même décision, § 31 et 32. ♦ ... Des dispositions qui répartissent dans divers codes des règles de droit du travail en fonction des professions concernées ; qui choisissent un plan didactique ou scindent des art. pour assurer une meilleure compréhension. • Cons. const. 17 janv. 2008, n° 2007-561 DC § 7 s. ♦ ... L'urgence et l'encombrement de l'ordre du jour parlementaire qui justifient de surcroît le recours aux ordonnances de l'art. 38 Const. 58. • Cons. const. 23 juin 2003, n° 2003-473 DC § 5. ♦ ... L'utilisation par le législateur de notions préexistantes fixées par l'INSEE et de notions ne revêtent pas un caractère équivoque et sont suffisamment précises pour garantir contre le risque d'arbitraire en particulier grâce au contrôle du juge sur l'appréciation qui en serait donnée par l'administration. • Cons. const. 6 août 2009, n° 2009-588 DC § 12. ♦ ... Une disposition qui, utilisant une formule se trouvant dans un autre texte en vigueur, ne peut avoir d'autre signification que celle donnée par ce texte. • Cons. const. 12 mai 2011, n° 2011-629 DC § 21. ♦ ... L'utilisation de l'expression « circonstance humanitaire exceptionnelle » pour garantir le maintien sur le territoire français d'un étranger malade alors que le traitement approprié existe dans son pays d'origine dès lors que cette formule permet de tenir compte de chaque situation dans sa singularité sans qu'il soit besoin d'apprécier les conditions socioéconomiques de l'accès au traitement dans le pays concerné. • Cons. const. 9 juin 2011, n° 2011-631 DC § 36. ♦ ... La catégorie nouvelle des « ventes à emporter ou à livrer de produits alimentaires préparés en vue d'une consommation immédiate », distincte des ventes des autres produits destinés à l'alimentation humaine, le législateur ayant entendu faire référence aux produits dont la nature, le conditionnement ou la présentation induisent leur consommation dès l'achat. • Cons. const. 28 déc. 2011, n° 2011-645 DC § 9. ♦ ... Une disposition prévoyant que « Le mariage et la filiation adoptive emportent les mêmes effets, droits et obligations reconnus par les lois, à l'exclusion de ceux prévus au titre VII du livre Ier du présent code, que les époux ou les parents soient de sexe différent ou de même sexe » dès lors que ledit titre est relatif à la filiation paternelle et maternelle. • Cons. const. 17 mai 2013, ♔ n° 2013-669 DC § 39 à 42. ♦ ... Une disposition qui permet l'autorisation de la recherche « fondamentale ou appliquée » qui « s'inscrit dans une finalité médicale », lorsque, « en l'état des connaissances scientifiques, cette recherche ne peut être menée sans recourir à ces embryons ou ces cellules souches embryonnaires ». • Cons. const. 1er août 2013, ♔ n° 2013-674 DC § 9. ♦ ... Une disposition par laquelle le législateur a entendu faire référence à une disposition législative précise. • Cons. const. 1er août 2013, ♔ n° 2013-674 DC § 10 • Cons. const. 13 juin 2014, ♔ *David V.*, n° 2014-401 QPC § 4. ♦ ... Une disposition prévoyant que, pour la mise en œuvre du dispositif de prévention des expositions au risque professionnels, il est fait référence aux conditions de pénibilité résultant des facteurs de risques professionnels auxquels le travailleur est exposé, à la période au cours de laquelle cette exposition est survenue ainsi qu'aux mesures de prévention mises en œuvre par l'employeur pour faire disparaître ou réduire l'exposition à ces facteurs durant cette période. • Cons. const. 16 janv. 2014, ♔ n° 2013-683 DC § 22. ♦ ... Une disposition qui, en l'état actuel des moyens de communication et eu égard au développement généralisé des services de communication au public en ligne, supprime la publication sur papier, au *Journal officiel*, des lois, des ordonnances, des décrets et, lorsqu'une loi ou un décret le prévoit, des autres actes administratifs dès lors que le *Journal officiel* de la République française est mis à la disposition du public sous forme électronique de manière permanente et gratuite. • Cons. const. 17 déc. 2015, ♔ n° 2015-724 DC § 5. ♦ Rappr. • Cons. const. 18 juill. 2013, ♔ n° 2013-673 DC § 3 s. ♦ ... Une disposition autorisant le pouvoir réglementaire, en cas de circonstances exceptionnelles, à mettre en œuvre des mesures dérogeant aux règles de passation et d'exécution des marchés publics et des contrats de concession afin de permettre la poursuite de ces procédures dès lors que ces circonstances exceptionnelles ne peuvent être que celles définies comme telles par les lois sur le fondement desquelles les prérogatives précitées sont mises en œuvre et que les circonstances exceptionnelles justifiant la mise en œuvre de ces règles dérogatoires doivent affecter les modalités de passation ou les conditions d'exécution d'un marché public ou d'un contrat de concession. • Cons. const. 3 déc. 2020, n° 2020-807 DC § 49 s.

11. Au besoin, le Cons. const. indique, pour valider la disposition, quelle était la volonté du législateur. En visant, sans autre précision, le prix d'acquisition du véhicule, s'agissant d'une taxe acquittée par l'acheteur du bien, le législateur a nécessairement visé le prix toutes taxes comprises, effectivement acquitté par cet acheteur. • Cons. const. 28 déc. 2020, n° 2020-813 DC § 6.

12. V. égal. pour des exemples de dispositions répondant à l'objectif de valeur constitutionnelle d'intelligibilité et d'accessibilité de la loi : • Cons. const. 29 déc. 2013, n° 2013-685 DC § 34 (déduction de certains intérêts de l'assiette de l'IS) • Cons. const. 8 déc. 2016, n° 2016-741 DC § 6 et 7 (définition du « lanceur d'alerte » et procédure de signalement ; définition des représentants d'intérêt) • Cons. const. 29 déc. 2016, n° 2016-744 DC § 59 et 60 (prélèvement de l'impôt à la source) • Cons. const. 12 juin 2018, n° 2018-765 DC § 7 (transposition d'un texte communautaire en introduisant des dispositions dont certaines sont formellement différentes de celles du texte à transposer) • Cons. const. 15 nov. 2018, n° 2018-772 DC § 38 s. (notion de « travaux simples » éclairée par les débats parlementaires pour des logements devant être accessibles aux personnes en situation de handicap). • Cons. const. 20 déc. 2019, n° 2019-795 DC § 29 (le seul renvoi à des règlements européens n'entraîne pas l'inintelligibilité d'un texte législatif).

13. Absence d'objectif d'accessibilité et d'intelligibilité de la loi. Ne répondent pas à cet objectif : des dispositions relatives aux mentions pouvant figurer sur des bulletins utilisant les notions ambiguës de « nom propre », « liste présentée dans une circonscription départementale », « représentant d'un groupement ou parti politique » ou qui autorisent que les bulletins comportent le nom de personnes qui ne sont pas candidates à l'élection. • Cons. const. 24 juill. 2003, n° 2003-475 DC § 24 s. ♦ ... Des dispositions excessivement complexes. • Cons. const. 29 déc. 2005, n° 2005-530 DC § 89. ♦ ... Des dispositions contradictoires dans la même loi. • Cons. const. 24 juill. 2008, n° 2008-567 DC § 40 • Cons. const. 29 déc. 2012, n° 2012-662 DC § 84. ♦ ... Des dispositions ne précisant pas suffisamment l'objet des règles qui doivent être prises par le pouvoir réglementaire pour assurer l'accessibilité aux bâtiments et parties de bâtiments nouveaux et ne pouvant pas être éclairées par les travaux parlementaires. • Cons. const. 28 juill. 2011, n° 2011-639 DC § 10. ♦ ... L'application de règles d'entrée en vigueur différentes à des dispositions partiellement redondantes. • Cons. const. 9 oct. 2013, n° 2013-675 DC § 67. ♦ ... La définition du « schéma d'optimisation fiscale » comme « toute combinaison de procédés et instruments juridiques, fiscaux, comptables ou financiers » ayant pour « objet principal » de « minorer la charge fiscale d'un contribuable, d'en reporter l'exigibilité ou le paiement ou d'obtenir le remboursement d'impôts, taxes ou contributions » et « qui remplit les critères prévus par décret en Conseil d'État » ; eu égard aux restrictions apportées par les dispositions contestées à la liberté d'entreprendre et, en particulier, aux conditions d'exercice de l'activité de conseil juridique et fiscal, et compte tenu de la gravité des sanctions encourues en cas de méconnaissance de ces dispositions, le législateur ne pouvait retenir une définition aussi générale et imprécise. • Cons. const. 29 déc. 2013, n° 2013-685 DC § 89 et 91. – Rappr. • Même affaire : § 118. ♦ ... L'absence de définition des notions de transfert de fonctions et de risques et l'absence de détermination de la période correspondant aux bénéfices « qui auraient dû être réalisés » et sont incorporés dans les résultats. • Même affaire : § 130. ♦ ... La référence, pour justifier du contenu de la loi, à une éventuelle modification de règles européennes dont la teneur n'est pas connue. • Cons. const. 21 juin 2018, n° 2018-766 DC § 7.

14. Utilisation de l'objectif. Cet objectif peut être invoqué devant le juge administratif qui l'examine. • CE 8 juill. 2005, *Féd. synd. généraux de l'éducation nationale*, n° 266900 B • CE, ass., 24 mars 2006, *Sté KPMG*, n° 288460 : *Lebon 154* ; *D. 2006. 1190, étude Cassia* ; *AJDA 2006. 1028, chron. Landais et Lénica* ; *ibid. 2214. Étude Tesoka* ; *JCP Adm. 2006. 1120, note Belorgey* ; *RFDA 2006. 463, concl. Aguila* ; *ibid. 2006. 483, note Moderne* ; *Dr. adm. 2006. 71* ; *RD publ. 2007. 285, note Woehrling* • CE 12 déc. 2007, *Section française Observatoire international des prisons*, n° 293993 B • CE 21 janv. 2008, *CCI de Bordeaux*, n° 296162 : *RFDA 2008. 605.*

15. Le juge administratif étend ce principe aux notifications des voies et délais de recours. • CE 4 déc. 2009, *Hammou*, n° 324284 B : *AJDA 2010. 555, note Caille*.

16. En revanche, la méconnaissance de l'objectif de valeur constitutionnelle d'intelligibilité et d'accessibilité de la loi ne peut, en elle-même, être invoquée à l'appui d'une QPC. • Cons. const. 22 juill. 2010, *Alain C.*, n°s 2010-4/17 QPC § 9 • CE 26 nov. 2010, n° 342958 B : *AJDA 2011. 349*. ♦ V. notes ss. Const. 58, art. 61-1. ♦ V. cependant l'hypothèse des textes non traduits de droit alsacien-mosellan, note ss. Const. 58, art. 2.

Art. 6 La loi est l'expression de la volonté générale. Tous les citoyens ont droit de concourir personnellement, ou par leurs représentants, à sa formation. Elle doit être la même pour tous, soit qu'elle protège, soit qu'elle punisse. Tous les citoyens étant égaux à ses yeux sont également admissibles à toutes dignités, places et emplois publics, selon leur capacité ; et sans autre distinction que celle de leurs vertus et de leurs talents.

COMMENTAIRE

V. sur le Code en ligne.

PLAN DES ANNOTATIONS

[V. références des décisions du Conseil constitutionnel dans les tableaux DC et QPC]

I. LA LOI EST L'EXPRESSION DE LA VOLONTÉ GÉNÉRALE

1. Formation de la loi. L'éligibilité constituant un droit dont jouit tout citoyen en vertu du présent art., il n'est pas possible au législateur organique d'en priver une autorité pour laquelle il n'a pas pu se prononcer en connaissance de cause, le statut, les pouvoirs et les missions de cette autorité (en l'espèce, la médiateur des enfants) étant en cours d'examen devant le Parlement et encore susceptibles d'être substantiellement modifiés. • Cons. const. 16 déc. 1999, n° 99-420 DC. ♦ Sur les conditions d'éligibilité en général, V. notes 401 s.

BIBL. Lefebvre-Rangeon, L'exigence de normativité de la loi, *AJDA 2015. 1028* .

2. Dispositions sans portée normative (neutron législatif). Il résulte du présent art. comme de l'ensemble des autres normes de valeur constitutionnelle relatives à l'objet de la loi que, sous réserve de dispositions particulières prévues par la Constitution, la loi a pour vocation d'énoncer des règles et doit par suite être revêtue d'une portée normative. • Cons. const. 29 juill. 2004, n° 2004-500 DC § 12 • Cons. const. 12 mai 2010, n° 2010-605 DC § 28 • Cons. const. 26 janv. 2016, n° 2016-745 DC § 136. ♦ ... Et ce d'autant plus lorsque ladite disposition a pour effet de nuire à l'intelligibilité du reste du texte. • Cons. const. 21 juin 2018, n° 2018-766 DC. ♦ V., à propos d'une loi mémorielle, • Cons. const. 28 févr. 2012, n° 2012-647 DC § 4. ♦ V. déjà. • Cons. const. 12 août 2004, n° 2004-503 DC § 29.

3. Une loi non normative ne peut faire l'objet d'une QPC dès lors qu'elle n'est pas applicable au litige. • CE 21 oct. 2015, *Assoc. neutralité de l'enseignement de l'histoire turque dans les programmes scolaires,* n° 392400 : *Lebon ; Constitutions 2015. 588, chron. Domingo ; JCP Adm. 2015. 892.*

4. Pour des ex. de dispositions sans portée normative, V. • Cons. const. 26 janv. 2016, n° 2016-745 DC § 167.

5. Combiné avec l'exigence de clarté de la loi prévue au présent art. et avec l'objectif de valeur constitutionnelle d'intelligibilité de la loi (V. notes ss. Const. 58, art. 61), un énoncé sans portée normative n'est pas une loi et ne peut pas figurer dans une loi, car, étant voté (voire amendé) en même temps que la loi qui le porte, il conduirait le Parlement à se prononcer par un vote sur un texte non prévu par la Constitution, dès lors que ce texte n'est pas conforme à celle-ci. • Cons. const. 21 avr. 2005, n° 2005-512 DC § 16 et 17. ♦ Cette attitude devrait mettre un terme à la jurisprudence considérant qu'il n'est pas possible de contester la constitutionnalité d'une disposition sans valeur normative. V. notes ss. Const. 58, art. 61.

6. L'interdiction de la commercialisation des espaces publicitaires dans les programmes nationaux des services de communication audiovisuelle de France Télévisions, ayant pour effet de priver cette société nationale de programmes d'une part significative de ses ressources, doit être regardée comme affectant la garantie de ses ressources, qui constitue un élément de son indépendance et n'est donc pas dépourvue de portée normative, relève du domaine de la loi. • Cons. const. 3 mars 2009, n° 2009-577 DC § 18. ♦ De même une loi, instituant une journée nationale du souvenir et fixant sa date en précisant qu'elle n'est ni fériée ni chômée, est normative. • Cons. const. 29 nov. 2012, n° 2012-657 DC § 3.

7. A l'inverse, les orientations contenues dans des rapports annexés à des lois qui ne constituent pas de véritable programmation de moyens au sens de l'ancien art. 1er de l'Ord. du 2 janv. 1959, n'ont donc pas de valeur normative. • Cons. const. 22 août 2002, n° 2002-460 DC § 20 et 21. ♦ Rappr. • Cons. const. 29 août 2002, n° 2002-461 DC § 90. ♦ Il n'est donc pas possible de tirer de ces rapports une base légale pour des dispositions réglementaires. • CE 15 févr. 2006, *Darphin,* n° 274997 : *Lebon 74 ; Gaz. Pal. 2006. 1874, concl. Guyomar.*

8. Tous les textes adoptés par le Parlement ne sont pas nécessairement des lois. Ainsi sont dépourvus de portée normative et ne peuvent être invoqués devant le juge administratif les rapports accompagnant les lois. • CE, ass., 5 mars 1999, *Rouquette,* n° 194658 : *Lebon 37 ; RFDA 1999. 357, concl. Maugüé , note de Béchillon et Terneyre ; AJDA 1999. 420, chron. Raynaud et Fombeur ; RD publ. 1999. 1223, note Camby ; LPA 1er nov. 1999, p. 13, note Matt ; Dr. adm. 1999. 138, obs. C. M.* • CE, ass., 5 mars 1999, *Conf. nat. des groupes autonomes de l'enseignement public,* n° 132023 : *Lebon 40 ; AJDA 1999. 420,* *chron. Raynaud et Fombeur* • CE 15 févr. 2006, *Jean-Louis A.*, n° 274997 : *Dr. adm. 2006. 62.* ♦ Rappr. • CE 5 déc. 1984, *Goulet : Lebon 39* ♦ Il en va de même : d'une disposition fixant pour objectif à la politique d'aménagement du territoire un développement équilibré de celui-ci. • CE 27 juill. 2005, *Région Nord-Pas-de-Calais*, n° 265001 : *Lebon 691* ; *BJCL 2005. 749, concl. de Silva, obs. M. D.* ♦ ... D'une disposition prévoyant que devront être supprimées, dans un délai fixé, certaines dispositions législatives. • CE 4 juill. 2012, *Conf. française pour la promotion sociale des aveugles et des amblyopes*, n° 341533 § 3 : *AJDA 2012. 1378* ; *RDSS 2012. 925, concl. Landais* ; *JCP Adm. 2013. 2064, note Pauliat.*

9. Cependant, dès lors qu'il est possible grâce aux travaux préparatoires de donner un sens à une disposition en apparence imprécise, le législateur a bien rempli son office. • Cons. const. 21 avr. 2005, n° 2005-512 DC § 19 et 21.

10. Combiné avec l'art. 3 Const. 58, le présent art. impose le respect des exigences de clarté et de sincérité du débat parlementaire. • Cons. const. 25 juin 2009, n° 2009-582 DC § 3 • Cons. const. 4 août 2016, n° 2016-736 DC § 6. ♦ V. ss. Const. 58, art. 44.

II. LE PRINCIPE D'ÉGALITÉ DEVANT LA LOI

BIBL. Lokiec, L'égalité devant la loi (droit du travail), *Dr. soc. 2014. 325* . – Boudjemal, L'égalité en matière sociale dans la jurisprudence du Conseil constitutionnel : mythe ou réalité ?, *Dr. adm. 2016. 8.* – Dossier : *Titre VII, avr. 2020.*

11. Une disposition qui tend à instituer une discrimination entre les citoyens est contraire à la Const. • Cons. const. 27 déc. 1973, n° 73-51 DC § 2.

12. Sources. V. comm. ss. DDH, art. 1er.

13. En matière fiscale et d'égalité devant les charges publiques, V. comm. ss. DDH, art. 13.

14. La méconnaissance du principe d'égalité ne révèle pas, par elle-même, une atteinte à une liberté fondamentale au sens de l'art. L. 521-2 CJA. • CE, ord., 1er sept. 2017, *Cne de Dannemarie*, n° 413607 B : *AJDA 2017. 1636* ; *ibid. 2076, note Carpentier* ; *D. 2017. 1711, obs. Maupin* ; *AJCT 2017. 413* , *tribune Dreyfus* ; *JCP Adm. 2017. 387* (en l'espèce, égalité homme-femme). ♦ V. Déjà. • CE, ord., 26 juin 2003, n° 257938 A.

15. Entrée en vigueur de la loi. Des différences de traitement dénoncées, de caractère provisoire et inhérentes à la succession de régimes juridiques dans le temps, ne sont pas contraires au principe d'égalité. • Cons. const. 14 août 2003, n° 2003-483 DC § 33. ♦ Rappr. • Cons. const. 4 févr. 2010, n° 2010-601 DC § 14 à 16. ♦ La différence de traitement entre les personnes découlant nécessairement de la date d'entrée en vigueur de la loi nouvelle ne méconnaît pas en elle-même le principe d'égalité. • Cons. const. 13 juill. 2011, *SAS VESTEL France et a.*, n° 2011-150 QPC § 7 • Cons. const. 21 oct. 2011, *Fazia C. et a.*, n° 2011-186/187/188/189 QPC § 6 • Cons. const. 12 févr. 2021, *Marguerite P.*, n° 2020-883 QPC § 7.

16. Cependant, le législateur ayant, en l'espèce, établi une différence de traitement entre les propriétaires de terrains situés à proximité de captages d'eau, selon qu'a ou non été publié, au jour de la publication de la loi, un arrêté d'ouverture d'une enquête publique en vue de l'éventuelle instauration d'un périmètre de protection, il a retenu un critère qui ne rend pas compte d'une différence de situation, au regard de l'objet de la loi, entre les propriétaires qui ne sont pas déjà soumis à un tel périmètre. Ce critère vise, non à éviter la remise en cause des périmètres existants, mais seulement à dispenser les personnes publiques ayant engagé une procédure d'instauration de périmètres avant la publication de la loi d'avoir à la reprendre pour la compléter. Compte tenu des conséquences limitées de l'application des nouvelles règles sur les procédures en cours, ce motif n'est pas de nature à justifier que les propriétaires en cause soient exclus du bénéfice de ces règles et, de ce fait, soient susceptibles de se voir imposer les servitudes afférentes à un périmètre de protection rapprochée. • Cons. const. 12 févr. 2021, *Marguerite P.*, n° 2020-883 QPC § 8.

17. Dispositions transitoires pour la mise en œuvre d'une réforme. Le principe d'égalité n'est pas violé par des dispositions qui, bien que créant une inégalité, ne sont que transitoires, inhérentes à la succession de régimes juridiques dans le temps et reposent sur des critères objectifs et rationnels. • Cons. const. 7 nov. 1997, n° 97-391 DC § 10 • Cons. const. 29 déc. 1998, n° 98-405 DC § 16 • Cons. const. 14 août 2003, n° 2003-4783 DC § 33. ♦ V. déjà. • Cons. const. 4 juill. 1989, n° 89-254 DC § 22. ♦ Ainsi ne viole pas la Const. : la coexistence temporaire de conseils régionaux élus selon des modes de scrutin différents. • Cons. const. 14 janv. 1999, n° 98-407 DC § 30. ♦ ... Une différence entre les fonctionnaires selon que leurs enfants sont nés avant ou après le 1er janv. 2004 et que leur pension est liquidée avant ou après le 28 mai 2003. • Cons. const. 14 août 2003, n° 2003-483 DC § 33. ♦ ... Une différence de traitement entre les collectivités territoriales pour la mise en œuvre de la réforme de la taxe professionnelle selon que ces collectivités ont ou non augmenté leur taxe dans l'année considérée. • Cons. const. 29 déc. 2009, n° 2009-599 DC § 26 s. ♦ ... La coexistence de « principes généraux de répartition des obligations de service » des enseignants-chercheurs variables d'une université à l'autre. • Cons. const. 6 août 2010, *Jean C. et a.*, n° 2010-20/21 QPC § 22. ♦ ... Le régime particulier des incompatibilités applicables aux fonctions de président de la métropole de Lyon. • Cons. const. 23 janv. 2014, n° 2013-687 DC § 64. ♦ V. également pour d'autres exemples : • Cons. const. 14 déc. 2006, n° 2006-544 DC § 32 et 33 • Cons. const. 19 avr. 2013, *Cne de Tourville-la-Rivière*, n°s 2013-305/306/307 QPC § 7. ♦ Encore faut-il que la différence de situations existe belle et bien au moment de l'entrée en vigueur de la loi nouvelle. • Cons. const. 18 juill. 2014, *Sté Roquette Frères*, n° 2014-410 QPC § 7.

18. Limite à l'utilisation. Il n'est pas possible de tirer argument de l'existence de dispositions dérogatoires à une règle générale pour justifier, sur la base du principe d'égalité, de l'inconstitutionnalité de la règle générale. • Cons. const. 12 nov. 2010, *Féd. nat. CFTC de synd. de la métallurgie*, n° 2010-63/64/65 QPC (sol. impl.). ♦ Le grief tiré de l'inégalité de traitement entre les justiciables soumis à l'expérimentation et ceux qui n'y sont pas soumis, laquelle est la conséquence nécessaire de la mise en œuvre de l'expérimentation, ne peut qu'être écarté (V. Const. 58, art. 37-1). • Cons. const. 21 mars 2019, n° 2019-778 DC § 313.

19. Preuve de la discrimination. S'il appartient au requérant qui s'estime lésé par une mesure de soumettre au juge des éléments de fait susceptibles de faire présumer une atteinte à ce dernier principe, il incombe au défendeur de produire tous ceux permettant d'établir que la décision attaquée repose sur des éléments objectifs étrangers à toute discrimination ; la conviction du juge se détermine au vu de ces échanges contradictoires ; en cas de doute, il lui appartient de compléter ces échanges en ordonnant toute mesure d'instruction utile. • CE, ass., 30 oct. 2009, *Perreux*, n° 298348 A (concl. Guyomar) : *AJDA 2009. 2028 ; ibid. 2391 ; ibid. 2010. 1412, étude Coutron ; ibid. 2014. 120, chron. Raynaud ; D. 2010. 553, note Calvès ; ibid. 351, note Chrestia ; AJFP 2010. 76 ; RFDA 2009. 1125, concl. Guyomar ; ibid. 1146, note Cassia ; ibid. 2010. 126, note Canedo-Paris ; ibid. 201, chron. Santulli ; RTD eur. 2010. 223, note Ritleng ; Dr. adm. 2009. Étude n° 21, note Gautier ; JCP Adm. 2010. 2036, note Dubos et Katz.* ♦ Le justiciable qui invoque une discrimination peut, dès lors, se borner à présenter des éléments statistiques. • CE 16 oct. 2017, n° 383459 B : *AJDA 2017. 1989 ; ibid. 2193, chron. Roussel et Nicolas.* ♦ Rappr. : acceptant d'examiner, avant d'apprécier si elles paraissent fiables, des statistiques « significatives ». • CJCE 27 oct. 1993, n° C-127/92 § 17 : *AJDA 1994. 698, chron. Chavrier, Honorat et Pouzoulet* • CEDH 20 juin 2006, n° 17209/02 § 77 : *AJDA 2006. 1709, chron. Flauss* • CEDH 13 nov. 2007, *n° 57325/00 § 188 : AJDA 2008. 978, chron. Flauss*. ♦ La Cour de cass. semble plus rétissante. • Civ. 1re, 9 nov. 2016, n° 15-24.212 : *AJDA 2016. 2137*.

20. Différence de traitement et QPC. S'il existe une différence de traitement entre les redevables de l'ISF selon la personne auprès de laquelle ils ont souscrit ou non une dette, cette différence ne résulte pas du 2° de l'art. 773 CGI, relatif aux droits de mutation à titre gratuit pour cause de décès, mais de l'art. 885 D du même code, selon lequel l'ISF est assis selon les mêmes règles que ces droits de mutation. Dès lors, il n'y a pas lieu pour le Cons. const. d'examiner l'argument tiré de cette différence de traitement, ni les autres arguments portant sur l'ISF développés par la requérante à l'appui de ses griefs dirigés contre le 2° de l'art. 773. • Cons. const. 1er déc. 2017, *Élise D.*, n° 2017-676 QPC § 8.

A. PERSONNES SUSCEPTIBLES D'INVOQUER LE PRINCIPE D'ÉGALITÉ

1° PERSONNES MORALES

21. Le principe d'égalité est applicable autant entre les personnes morales qu'entre les personnes physiques ; en effet, les personnes morales étant des groupements de personnes physiques, la méconnaissance du principe d'égalité entre celles-là équivaudrait nécessairement à une méconnaissance de l'égalité entre celles-ci. • Cons. const. 16 janv. 1982, n° 81-132 DC § 29. ♦ Il est ainsi admis que bénéficient du principe d'égalité les personnes morales qu'elles soient de droit privé comme : les syndicats. • Cons. const. 22 juill. 1980, n° 80-117 DC § 4. ♦ ... Les sociétés. • Cons. const. 16 janv. 1982, n° 81-132 DC • Cons. const. 13 janv. 2000, n° 99-423 DC § 51. ♦ ... Les établissements privés d'enseignement. • Cons. const. 13 janv. 1994, n° 93-329 DC. ♦ ... Les associations. • Cons. const. 28 mai 2010, *Union des familles en Europe*, n° 2010-3 QPC. ♦ Ou qu'elles soient de droit public comme : les établissements publics d'enseignement. • Cons. const. 13 janv. 1994, n° 93-329 DC. ♦ ... Les collectivités territoriales. • Cons. const. 25 févr. 1982, n° 82-138 DC • Cons. const. 6 août 2009, n° 2009-588 DC § 21 à 24 • Cons. const. 6 août 2009, n° 2009-588 DC § 21 à 24 • Cons. const. 24 juin 2016, *Ville de Paris*, n° 2016-547 QPC § 5. ♦ ... Les établissements publics de coopération intercommunale. • Cons. const. 5 août 2011, *SICOM de la Cté du Bruaysis*, n° 2011-158 QPC.

22. Les partis politiques bénéficient aussi de ce principe. • Cons. const. 11 janv. 1990, n° 89-271 DC § 12. ♦ ... Il en est de même pour les groupes parlementaires des assemblées. • Cons. const. 28 févr. 2013, ♖ n° 2013-664 DC.

23. Le principe est applicable entre personnes morales de droit français et de droit étranger. • Cons. const. 14 janv. 1983, n° 82-152 DC § 7 • Cons. const. 23 juill. 1999, n° 99-416 DC § 25 s.

24. Sur l'application du principe d'égalité entre collectivités territoriales, V. notes ss. Const. 58, art. 72.

2° ÉTRANGERS

25. Les étrangers ont vocation à invoquer le principe d'égalité. • Cons. const. 23 juill. 2010, *Lahcène A.*, n° 2010-18 QPC. ♦ Ainsi, l'exclusion des étrangers résidant régulièrement en France du bénéfice de l'allocation supplémentaire, dès lors qu'ils ne peuvent se prévaloir d'engagements internationaux ou de règlements pris sur leur fondement, méconnaît ce principe. • Cons. const. 22 janv. 1990, n° 89-269 DC § 35.

26. Il en résulte dès lors que, sauf à justifier les discriminations (V. notes 79 s.), les étrangers ont désormais les mêmes droits que les Français en matière sociale. • Cons. const. 22 janv. 1990, n° 89-269 DC § 35. ♦ De même, le législateur doit, à leur égard, respecter les libertés et droits fondamentaux de valeur constitutionnelle reconnus à tous ceux qui résident sur le territoire de la République parmi lesquels la liberté individuelle et la sûreté, notamment la liberté d'aller et venir, la liberté du mariage, le droit de mener une vie familiale normale même s'ils doivent être conciliés avec la sauvegarde de l'ordre public qui constitue un objectif de valeur constitutionnelle. • Cons. const. 13 août 1993, n° 93-325 DC § 3. ♦ ... Sous réserve pour les droits sociaux et le droit au regroupement familial qu'ils soient en situation régulière. • Cons. const. 13 août 1993, n° 93-325 DC § 3 et 70.

27. Sur l'accès des étrangers à la fonction publique, V. notes 252 s.

28. *Dispositions spécifiques pour les étrangers.* Cependant, le législateur peut, sans violer le principe d'égalité, prendre à l'égard des étrangers des « dispositions spécifiques ». • Cons. const. 22 janv. 1990, n° 89-269 DC § 33 • Cons. const. 13 août 1993, n° 93-325 DC § 3. ♦ Ainsi, s'agissant des mesures applicables à l'entrée des étrangers, il peut décider que les modalités de mise en œuvre des objectifs qu'il s'assigne notamment en matière d'ordre public reposeront soit sur des règles de police spécifiques aux étrangers, soit sur un régime de sanctions pénales, soit même sur une combinaison de ces deux régimes. • Cons. const. 13 août 1993, n° 93-325 DC § 7. ♦ De même, au regard des objectifs que le législateur s'est ainsi assigné, les étrangers et les nationaux sont placés dans une situation différente ; le législateur est en mesure d'exiger d'eux la détention, le port et la production des documents attestant la régularité de leur entrée et de leur séjour en France et peut à cette fin prévoir la possibilité de vérifier la mise en œuvre de ces prescriptions en dehors de la recherche d'auteurs d'infractions et en l'absence de circonstances particulières relatives à la prévention d'atteintes à l'ordre public. • Cons. const. 13 août 1993, n° 93-325 DC § 14 et 15. ♦ Rappr. sur les contrôles d'identité dans les zones accessibles au public des ports, aéroports et gares ferroviaires ou routières ouvertes au trafic international, et celles qui sont comprises entre les frontières terrestres de la France avec les États parties à la Convention de Schengen et une ligne tracée à 20 km en deçà (et non 40 km). • Cons. const. 5 août 1993, n° 93-323 DC. ♦ De même encore, l'obtention d'une carte de résident ne peut concerner qu'une personne étrangère rendant toute discrimination entre les nationaux et les étrangers impossible sur ce point. • Cons. const. 13 août 1993, n° 93-325 DC § 31. ♦ Le législateur peut encore fixer une condition de durée de résidence sur le territoire national pour que les étrangers puissent bénéficier de certaines prestations sociales. • Cons. const. 23 janv. 1987, n° 86-225 DC § 15 • Cons. const. 29 déc. 2003, n° 2003-488 DC § 20 • Cons. const. 17 juin 2011, *Zeljko S.*, n° 2011-137 QPC § 5. ♦ V. s'agissant du RSA. • CE 10 juill. 2015, ♖ n° 375887 : *AJDA 2015. 2243* ✐ ; *D. 2016. 336, obs. Boskovic, Corneloup, Jault-Seseke, Joubert et Parrot* ✐. ♦ V. s'agissant des contrôles d'identité, notes ss. DDH, art. 2.

29. Toutefois, ces différences ne peuvent se justifier qu'à la condition de respecter les engagements internationaux souscrits par la France et les libertés et droits fondamentaux de valeur constitutionnelle reconnus à tous ceux qui résident sur le territoire de la République. • Cons. const. 13 août 1993, n° 93-325 DC § 3 • Cons. const. 28 avr. 2005, n° 2005-514 DC § 33.

30. *Discrimination entre catégories d'étrangers.* De même, le législateur peut introduire des discriminations entre différentes catégories d'étrangers si celles-ci sont justifiées. Ainsi, s'il est possible de distinguer, au regard de leurs attaches avec la France, les étudiants qui ne sont pas dans la même situation que ceux qui y ont résidé pendant la même durée pour d'autres motifs. • Cons. const. 13 août 1993, n° 93-325 DC § 55. ♦ En revanche, l'exclusion de tout regroupement familial au bénéfice des étrangers qui, au moment où ils formulent leur demande, résident en France en qualité d'étudiant n'est pas justifiée, au regard du caractère général que le Préamb. Const. de 1946 confère au droit au regroupement familial, par une différence par rapport à la situation des autres demandeurs potentiels. • Cons.

const. 13 août 1993, n° 93-325 DC § 74. ♦ Les étrangers parents d'un enfant de nationalité française ne sont pas dans la même situation que ceux qui ne peuvent se prévaloir de ce lien de nature à favoriser l'appartenance nationale. • Cons. const. 20 juill. 1993, n° 93-321 DC § 4. ♦ Les enfants entrés en France dans le cadre de la procédure de regroupement familial ne sont pas dans la même situation que ceux qui y sont entrés en méconnaissance de cette procédure. • Cons. const. 15 déc. 2005, n° 2005-258 DC § 17.

31. De même, sont placés dans des situations différentes, en vue de mieux les protéger, les personnes remplissant les conditions pour se voir reconnaître la qualité de réfugié ou pour se voir accorder le bénéfice de la protection subsidiaire, en vue de traiter de façon appropriée les demandes d'asile des étrangers ayant la nationalité d'un pays pour lequel la Convention de Genève a cessé d'être applicable. • Cons. const. 4 déc. 2003, n° 2003-485 DC § 10. ♦ Pour les mêmes motifs, les demandeurs d'asile provenant de pays qui peuvent être considérés comme assurant le respect des principes de la liberté, de la démocratie et de l'État de droit, ainsi que des droits de l'homme et des libertés fondamentales, sont dans une situation différente de celle des demandeurs d'asile provenant d'autres pays. • Cons. const. 4 déc. 2003, n° 2003-485 DC § 39. ♦ V. aussi notes 123 et 239.

32. Les ressortissants de l'UE, d'un autre État partie à l'accord sur l'Espace économique européen ou de la Confédération suisse sont, au regard de l'objet de la loi relative au RSA, dans une situation différente de celle des autres étrangers. • Cons. const. 17 juin 2011, *Zeljko S.*, n° 2011-137 QPC § 5.

B. CONDITIONS DE MISE EN ŒUVRE DU PRINCIPE D'ÉGALITÉ

BIBL. Hourson, Quand le principe d'égalité limite l'exercice du pouvoir discrétionnaire : le précédent administratif, *RFDA 2013. 743*.

33. Évolution de la formulation. La formulation a évolué dans le temps mais certaines formules se sont chevauchées. On trouve : « Si le principe d'égalité ne fait pas obstacle à ce qu'une loi établisse des règles non identiques à l'égard de catégories de personnes se trouvant dans des situations différentes, il n'en est ainsi que lorsque cette non-identité est justifiée par la différence des situations et n'est pas incompatible avec la finalité de cette loi ». • Cons. const. 17 janv. 1979, n° 78-101 DC § 3 • Cons. const. 16 janv. 1982, n° 81-132 DC § 30 ♦ « Le principe d'égalité devant la loi (...) s'il implique qu'à situations semblables il soit fait application de règles semblables, n'interdit aucunement qu'à des situations différentes soient appliquées des règles différentes ». • Cons. const. 9 janv. 1980, n° 79-112 DC § 3. ♦ « Le principe d'égalité ne s'oppose pas à ce qu'à des situations différentes puissent être appliquées des règles différentes ». • Cons. const. 30 oct. 1981, n° 81-129 DC § 12 • Cons. const. 18 sept. 1986, n° 86-217 DC § 75. ♦ « Le principe d'égalité ne fait pas obstacle à ce qu'une loi établisse des règles non identiques à l'égard de catégories de personnes se trouvant dans des situations différentes ; mais qu'il ne peut en être ainsi que lorsque cette non-identité est justifiée, compte tenu de l'objet de la loi, par la différence de situation ». • Cons. const. 3 juill. 1986, n° 86-209 DC § 25. ♦ Le principe d'égalité ne s'oppose ni à ce que le législateur règle de façon différente des situations différentes ni à ce qu'il déroge à l'égalité pour des raisons d'intérêt général pourvu que, dans l'un et l'autre cas, la différence de traitement qui en résulte soit en rapport avec l'objet de la loi qui l'établit. • Cons. const. 7 janv. 1988, n° 87-232 DC § 8 • Cons. const. 30 déc. 1991, n° 91-302 DC § 6 • Cons. const. 15 janv. 1992, n° 91-304 DC § 14.

34. Formulation actuelle. Le principe d'égalité ne s'oppose ni à ce que le législateur règle de façon différente, de situations différentes ni à ce qu'il déroge à l'égalité pour des raisons d'intérêt général pourvu que, dans l'un et l'autre cas, la différence de traitement qui en résulte soit en rapport direct avec l'objet de la loi qu'il établit. • Cons. const. 9 avr. 1996, n° 96-375 DC § 8 • Cons. const. 21 déc. 2017, n° 2017-756 DC § 13. ♦ Reprise dans le cadre de la QPC : • Cons. const. 28 mai 2010, *Union des familles en Europe*, n° 2010-3 QPC § 3 • Cons. const. 21 sept. 2018, *Sté d'exploitation de moyens de carénage*, n° 2018-733 QPC § 4. ♦ ... Y compris par le Conseil d'État. • CE, QPC, 15 nov. 2010, *Cts Collet et a.*, n° 342947 : *AJDA 2010. 2241*. ♦ ... Ainsi n'est pas sérieux le moyen tiré de ce que le législateur doit traiter différemment des personnes se trouvant dans des situations différentes. • CE 5 févr. 2014, n° 373258 A § 6 : *AJDA 2014. 315* ; *JCP Adm. 2014. 145.*

V. pour d'autres décisions dans le même sens : .

35. La formulation par le Conseil d'État est légèrement différente. Le principe d'égalité auquel ces textes devront se conformer ne s'oppose pas à ce que l'autorité investie du pouvoir réglementaire règle de façon différente des situations différentes ni à ce qu'elle déroge à l'égalité pour des raisons d'intérêt général, pourvu que, dans l'un comme dans l'autre cas, la différence de traitement qui en résulte soit en rapport avec l'objet de la norme qui l'établit. • CE, ass., 28 juin 2002, *Villemain*, n° 220361 A : *RFDA 2002. 723, concl. Boissard* ; *AJDA 2002. 586, chron. Donnat et Casas* ;

RD publ. 2003. 447, note Guettier. ♦ ... Et ne soit pas manifestement disproportionnée au regard des motifs susceptibles de la justifier. • CE 20 nov. 2009, n° 324376 • CE 28 déc. 2018, n° 404792 : *AJDA 2019. 765, note Peyen*. ♦ V. pour les lois de pays : • CE 2 oct. 2020, n° 441297 B : *AJDA 2021. 159, note Verpeaux ; ibid. 2020. 1880 ; AJFP 2021. 36, comm. Calley*. ♦ Rappr. une discrimination consiste à traiter de manière différente sans justification objective et raisonnable des personnes placées dans des situations comparables et lorsqu'il existe un traitement différencié et dépourvu de « justification objective et raisonnable » lorsqu'il ne poursuit pas un « but légitime » ou qu'il n'existe pas « un rapport raisonnable de proportionnalité entre les moyens employés et le but visé ». • CEDH, gr. ch., 12 avr. 2006, *Royaume-Uni*, n° 65731/01 § 51. ♦ ... Lorsqu'il a à statuer au sens des stipulations de la Conv. EDH, le CE indique : une distinction entre des personnes placées dans une situation analogue est discriminatoire, au sens de ces stipulations, si elle n'est pas assortie de justifications objectives et raisonnables, c'est-à-dire si elle ne poursuit pas un objectif d'utilité publique ou si elle n'est pas fondée sur des critères objectifs et rationnels en rapport avec les buts de la loi. • CE 5 oct. 2018, *Assoc. Saint-Hubert*, n° 407715 A : *AJDA 2018. 1937 ; ibid. 2181, chron. Nicolas et Faure ; RFDA 2018. 1121, concl. Dutheillet de Lamothe ; JCP Adm. 2018. 778 ; Dr. adm. 2019. 5, note Brenet* • CE 10 avr. 2015, *Sté Red Bull on Premise*, n° 377207 B • CE 4 oct. 2019, n° 418521 B : *AJDA 2019. 1971 ; JCP Adm. 2019. 640.*

36. Le principe d'égalité ne fait pas obstacle à ce que l'application de dispositions législatives relatives aux élèves ou aux étudiants soit soumise à une limite d'âge. • Cons. const. 13 juin 2014, *David V.*, n° 2014-401 QPC § 4.

37. S'appliquant aux règlements la formule peut être légèrement différente mais évolue également : le principe d'égalité ne s'oppose pas à ce que l'autorité investie du pouvoir réglementaire règle de façon différente des situations différentes ni à ce qu'elle déroge à l'égalité pour des raisons d'intérêt général, pourvu que, dans l'un comme dans l'autre cas, la différence de traitement qui en résulte soit en rapport avec l'objet de la norme qui l'établit et ne soit pas manifestement disproportionnée au regard des différences de situations susceptibles de la justifier. • CE, sect., 18 déc. 2002, *Duvignères*, n° 233618 A : *GAJA, 22e éd., n° 101 ; GADLF, 2e éd., n° 58 ; RFDA 2003. 274, concl. Fombeur ; ibid. 510, note Petit ; AJDA 2003. 487, chron. Donnat et Casas ; JCP Adm. 2003, n° 1064, note Moreau ; LPA 23 juin 2003, note Combeau* • CE 8 juin 2011, n° 328631 A : *AJDA 2011. 1757, concl. Botteghi*. ♦ ... Au regard des motifs susceptibles de la justifier. • CE, ass., 11 avr. 2012, *GISTI*, n° 322326 A : *AJDA 2012. 729, obs. Aguila ; ibid. 936, chron. Domino et Bretonneau ; JCP Adm. 2012. 2171, note Minet.*

38. Une mesure, qui est favorable à ceux qui en bénéficient, ne constitue pas, pour eux, une discrimination au sens des stipulations combinées de l'art. 14 Conv. EDH et de l'art. 1er PA1. • CE 4 oct. 2019, n° 418521 B : *préc. note 35.*

39. Situation particulière des départements d'Alsace et de Moselle. Dès lors que la disposition contestée est au nombre des règles particulières antérieures à 1919 qui ont été maintenues en vigueur, le grief tiré de la violation du principe d'égalité entre les départements du Bas-Rhin, du Haut-Rhin et de la Moselle, d'une part, et les autres départements, d'autre part, doit être écarté. • Cons. const. 5 août 2011, *Sté SOMODIA*, n° 2011-157 QPC § 5.

40. Tradition locale. Le législateur ayant entendu que les dispositions contestées ne peuvent pas conduire à remettre en cause certaines pratiques traditionnelles qui ne portent atteinte à aucun droit constitutionnellement garanti et l'exclusion de responsabilité pénale instituée par les dispositions contestées n'étant applicable que dans les parties du territoire national où l'existence d'une telle tradition ininterrompue est établie et pour les seuls actes qui relèvent de cette tradition, il n'y a pas violation du présent art. • Cons. const. 21 sept. 2012, *Assoc. Comité radicalement anti-corrida Europe*, n° 2012-271 QPC § 5. • TA Paris, 3 avr. 2013, *Fond. Franz Weber et a.*, n° 1115219 § 25 : *Dr. adm. 2013. 55, note Duvigneau.*

41. Absence de risque d'arbitraire. Le législateur doit faire en sorte, en laissant au juge le soin d'apprécier les situations de fait répondant aux exceptions mises en place par des dispositions non équivoques et suffisamment précises, de se prémunir contre l'arbitraire. • Cons. const. 22 oct. 2009, n° 2009-590 DC § 29 • Cons. const. 21 sept. 2012, *Assoc. Comité radicalement anti-corrida Europe*, n° 2012-271 QPC § 5.

42. Outre-mer. Lorsqu'un grief est tiré de la différence de législation entre les départements d'outre-mer et la métropole, le Cons. const. l'examine en prenant en considération le premier al. de l'art. 73 Const. • Cons. const. 5 avr. 2013, *Annick D., épse L.*, n° 2013-301 QPC § 5. ♦ En effet, aux termes du 1er al. de l'art. 73 Const. : « Dans les départements et les régions d'outre-mer, les lois et règlements sont applicables de plein droit. Ils peuvent faire l'objet d'adaptations tenant aux caractéristiques et contraintes particulières de ces collectivités ».

• Cons. const. 25 janv. 2013, *Sté Distrivit et a.,* n° 2012-290/291 QPC § 6 • Cons. const. 22 mai 2013, *CCI de région des îles de Guadeloupe et a.,* n° 2013-313 QPC § 3. ♦ Rappr. s'agissant de la Polynésie française (Const. 58, art. 74). • Cons. const. 16 mai 2013, *Jérôme P.,* n° 2013-310 QPC § 6. ♦ Rappr. s'agissant de la Nouvelle-Calédonie. • Cons. const. 25 avr. 2014, *Province Sud de la Nouvelle-Calédonie,* n° 2014-392 QPC § 14. ♦ Rappr. s'agissant de Mayotte. • Cons. const. 3 juin 2016, *Mohamadi C.,* n° 2016-544 QPC § 7. ♦ V. comm. et notes ss. Const. 58, art. 73 et 74. ♦ V. également, s'agissant de différenciation positive, notes 66 s., et sur les incitations à s'installer outre-mer, notes 101, 187 et 201. ♦ V. également, notes 415 et 497.

43. Dématérialisation. Ne porte pas atteinte au principe d'égalité une disposition qui, en l'état actuel des moyens de communication et eu égard au développement généralisé des services de communication au public en ligne, supprime la publication sur papier, au *Journal officiel,* des lois, des ordonnances, des décrets et, lorsqu'une loi ou un décret le prévoit, des autres actes administratifs dès lors que le *Journal officiel* de la République française est mis à la disposition du public sous forme électronique de manière permanente et gratuite. • Cons. const. 17 déc. 2015, n° 2015-724 DC § 5. ♦ Rappr. • Cons. const. 18 juill. 2013, n° 2013-673 DC § 3 s.

44. Absence de discrimination. L'arrêté litigieux ne vise aucune catégorie de personnes. Le fait qu'il a été pris dans un contexte marqué par l'installation à proximité de la commune de personnes d'origine rom, non plus que la circonstance, à la supposer établie, qu'il aurait été traduit en roumain et en bulgare, ne sont pas de nature à établir qu'il revêtirait un caractère discriminatoire. • CE 15 nov. 2017, n° 403275 B : *AJDA 2018. 62, concl. Marion ; JCP Adm. 2017. 583.*

45. Crise sanitaire du covid-19. Il n'est pas établi qu'il y aurait une pratique générale de refus d'admission dans les établissements de santé des personnes résidant dans les EHPAD atteintes par une infection pouvant être attribuée au covid-19 ni que les décisions médicales d'admission en réanimation reposeraient de manière générale sur des critères qui auraient été rendus plus stricts du fait de l'anticipation d'une éventuelle saturation de l'offre de soins de réanimation en raison de l'épidémie de covid-19 ou qui, en isolant le critère de l'âge, discrimineraient, au sein des patients atteints d'une infection due au covid-19, ceux qui sont les plus âgés. • CE, ord., 15 avr. 2020, n° 439910 § 14 et 21 : *AJDA 2020. 817 ; JA 2020, n° 619, p. 12, obs. Autier .*

1° DIFFÉRENCE DE TRAITEMENT

46. Traitement identique. Dès lors qu'il n'y a pas de différence de traitement, il ne peut y avoir violation du principe d'égalité. • Cons. const. 30 oct. 1981, n° 81-129 DC § 18 • Cons. const. 20 avr. 2018, *Sté Fnac Darty,* n° 2018-702 QPC § 7. ♦ V. également. • CE 28 déc. 2018, n° 404792 : *préc. note 35.*

V. pour d'autres décisions dans le même sens :

47. Ne sont pas soumis à des traitements différents : les étrangers qui font l'objet d'une décision de refus d'entrée qui sont dûment informés, dans une langue qu'ils comprennent, de la possibilité qu'ils ont de demander à bénéficier d'un jour franc avant d'être rapatriés, dès lors que tous sont confrontés au même choix. • Cons. const. 20 nov. 2003, n° 2003-484 DC § 4. ♦ ... Les associations autorisées à assurer un service local de radiodiffusion sonore à modulation de fréquence dont la loi interdit la collecte de ressources provenant de la publicité, la même règle s'appliquant à toutes les personnes bénéficiant d'une autorisation de même nature. • Cons. const. 27 janv. 1982, n° 82-141 DC § 8. ♦ ... Les associations autorisées à qui il est interdit de cumuler des ressources de publicité et des aides. • Cons. const. 25 juill. 1984, n° 84-176 DC § 2. ♦ ... Les fonctionnaires handicapés des assemblées parlementaires dès lors que leur régime de retraite comporte des dispositions analogues à celles du code des pensions. • CE, QPC, 24 sept. 2010, *Patrick A.,* n° 341685 : *AJDA 2010. 1797 .* ♦ ... Les hommes et les femmes dès lors qu'ils peuvent bénéficier de la retraite à taux plein dès 65 ans, s'ils remplissent les mêmes conditions. • Cons. const. 9 nov. 2010, n° 2010-617 DC § 19. ♦ V. déjà : • CE 28 juin 2010, *Garcia,* n° 338537 : *AJDA 2010. 2013 .* ♦ En matière fiscale, V. note 412. ♦ ... Les professionnels libéraux et les autres au regard du régime de retraite anticipée pour les professionnels reconnus inaptes au travail, dès lors que le législateur retient une définition de l'inaptitude au travail analogue dans les 2 cas. Le fait que, dans le cas des professionnels libéraux, les dispositions contestées ne renvoient pas à un décret en Conseil d'État le soin de fixer le taux de l'inaptitude ne crée pas, en lui-même, une différence de traitement contraire au principe d'égalité devant la loi • Cons. const. 23 sept. 2011, *Odile B., épse P.,* n° 2011-170 QPC § 7.

48. De même, une contrainte pouvant être remplie par tous les intéressés ne constitue pas une violation du principe d'égalité. • Cons. const. 30 oct. 1981, n° 81-129 DC § 12. ♦ L'existence de 2 régimes juridiques applicables, sur option, aux services d'aide et d'accompagnement à domicile ne saurait, par elle-même, introduire une rupture d'égalité entre les structures concernées, cette dualité de régime juridique n'ayant ni pour objet ni pour effet de placer les services autorisés dans une position plus favorable sur le plan tarifaire que celle des services agréés. • CE, QPC, 21 oct. 2011, *Gpt des entreprises de services à la personne du Languedoc-Roussillon,* n° 351424 : *AJDA 2011. 2427, note Sabatakakis* .

49. Sur l'absence de discrimination fondée sur une origine ethnique s'agissant des règles de stationnement des gens du voyage dans les communes ou EPCI ayant la possibilité de prononcer une interdiction de stationnement, V. notes DDH, ss. art. 2 (liberté d'aller et de venir).

50. Il n'y a pas non plus d'atteinte au principe d'égalité, en matière fiscale, de la faculté reconnue à l'administration de réparer les insuffisances ou omissions d'imposition qui est susceptible de s'exercer à l'encontre de tout contribuable. • Cons. const. 29 déc. 1989, n° 89-268 DC § 73. ♦ Il en est de même : lorsqu'une exonération est accordée de manière uniforme à une catégorie spécifique de personnes morales quelle que soit la forme juridique sous laquelle elles sont constituées. • Cons. const. 20 mars 1997, n° 97-388 DC § 28. ♦ ... De l'assiette de la CRDS qui pèse sur les casinos et qui frappe les sommes engagées par les joueurs, justifiée qu'elle est par les données particulières tenant aux règles et modalités de jeux. • CE, QPC, 16 juill. 2010, *Sté de brasseries et casinos « Les flots bleus »,* n° 339292 B : *AJDA 2010. 1457* . ♦ Rappr. • CE 4 nov. 1996, *Assoc. défense des Stés de course,* n° 177162 : *Lebon 427* ; *RFDA 1996. 1099, concl. Maugüé* .

51. Quand bien même une disposition favorable ne s'appliquerait-elle pas à certains fonctionnaires disposant d'un statut particulier (fonctionnaires parlementaires), l'existence d'une disposition identique dans leur statut conduit à conclure qu'ils ne sont pas soumis à un traitement différent. • CE, QPC, 24 sept. 2010, *Decurey,* n° 341685 B : *AJDA 2010. 1797* .

52. Maintien d'une inégalité antérieure. Dès lors que le texte ne fait que maintenir une différence de traitement qui demeure justifiée à l'instar du régime antérieur, il ne crée donc pas de rupture caractérisée de l'égalité devant les charges publiques. • Cons. const. 23 juill. 2010, *Philippe E.,* n° 2010-16 QPC § 7.

53. Prise en compte des différences existantes. Le principe d'égalité ne saurait imposer au législateur, lorsqu'il s'efforce, comme en l'espèce, de réduire les disparités de traitement en matière de protection sociale, de remédier concomitamment à l'ensemble des disparités existantes. La différence de traitement dénoncée est inhérente aux modalités selon lesquelles s'est progressivement développée l'assurance maladie en France ainsi qu'à la diversité corrélative des régimes. • Cons. const. 23 juill. 1999, n° 99-416 DC § 9 • Cons. const. 26 mars 2015, *Cté de défense des travailleurs frontaliers du Haut-Rhin et a.,* n° 2015-460 § 14 (dans les deux cas, réserve injonctive au pouvoir réglementaire : V. ss. Const. 58, art. 62). ♦ Rappr. • Cons. const. 13 déc. 2012, n° 2012-659 DC § 13. ♦ Le principe d'égalité n'imposait pas que des personnes bénéficiant de droits politiques identiques soient soumises au même statut civil ni qu'elles soient soumises aux mêmes règles concernant la conservation de la nationalité française, dès lors les dispositions contestées n'ont pas pour effet de soumettre à un traitement différent des personnes placées dans une situation identique. • Cons. const. 29 juin 2012, *Mouloud A.,* n° 2012-259 QPC § 5.

2° ABSENCE D'OBLIGATION DE DISCRIMINER (TRAITEMENT IDENTIQUE DE PERSONNES DANS DES SITUATIONS DIFFÉRENTES)

54. Si, en règle générale, le principe d'égalité impose de traiter de la même façon des personnes qui se trouvent dans la même situation, il n'en résulte pas pour autant qu'il oblige à traiter différemment des personnes se trouvant dans des situations différentes. • Cons. const. 29 déc. 2003, n° 2003-489 DC § 37 • Cons. const. 17 oct. 2014, *Ch. synd. cochers chauffeurs CGT-taxis,* n° 2014-422 QPC § 7. ♦ Il en va ainsi notamment en matière fiscale : • Cons. const. 1er août 2013, *Sté Natixis Asset Management,* n° 2013-336 QPC § 13 • Cons. const. 16 juin 2017, *Gérard S.,* n° 2017-638 QPC § 8.

V. pour d'autres décisions dans le même sens : .

55. Dès lors, le législateur peut, sans méconnaître le principe d'égalité : prévoir que le fonds de financement de la protection complémentaire de la couverture universelle du risque maladie attribuera aux organismes de sécurité sociale et aux organismes de protection sociale complémentaire une dotation forfaitaire d'un montant identique par personne prise en charge. • Cons. const. 29 déc. 2003, n° 2003-489 DC § 38. ♦ ... Faire abstraction du fait que l'accord déféré, qui tend à réduire le coût des traductions des brevets européens, ne prenne pas en compte le degré de connaissance linguistique des personnes intéressées. • Cons. const. 28 sept. 2006, n° 2006-541 DC § 10. ♦ ... Laisser à la charge de la personne protégée, dans tous les cas, le coût de l'indemnité en complément susceptible d'être allouée au mandataire judiciaire à la protection des majeurs. • Cons. const. 17 juin 2011, *Féd. nat. assoc. tutélaires et a.,* n° 2011-136 QPC § 9. ♦ ... Désigner comme redevables de la contribution au Fonds de cessation anticipée d'activité des travailleurs de l'amiante les entreprises qui ont pris la succession de l'exploitant d'un établissement ayant exposé ses salariés au risque de l'amiante, sans opérer de distinction selon qu'elles ont ou non elles-mêmes exposé leurs salariés à ce risque, le législateur n'a pas méconnu le principe d'égalité. • Cons. const. 7 oct. 2011, *Sté travaux industriels maritimes et terrestres,* n° 2011-175 QPC § 4 et 8. ♦ ... Traiter de manière identique, s'agissant de l'activité de transport individuel de personnes sur réservation préalable, les taxis et les VTC. • Cons. const. 17 oct. 2014, *Ch. synd. cochers chauffeurs CGT-taxis,* n° 2014-422 QPC § 7. ♦ ... Prévoir les mêmes conséquences indemnitaires que la nullité du licenciement procède d'une méconnaissance par l'employeur de l'obligation de validation ou d'homologation du PSE par l'administration ou d'une annulation du PSE par le juge administratif. • Cons. const. 7 sept. 2018, *Sté Tel and Com,* n° 2018-729 QPC § 20.

56. En revanche, il n'est pas possible de traiter de manière indifférenciée des personnes dans des situations différentes. • Cons. const. 18 déc. 1998, n° 98-404 DC § 18.

3° DISCRIMINATION (DIFFÉRENCIATION) POSITIVE

BIBL. Geslot, Égalité devant la loi sociale et discriminations positives, *AJDA 2016. 1961*.

57. Aucune règle de valeur constitutionnelle n'interdit au législateur de prendre des mesures destinées à venir en aide à des catégories de personnes défavorisées. • Cons. const. 26 juin 1986, n° 86-207 DC § 31 • Cons. const. 30 mars 2006, n° 2006-535 DC § 17. ♦ ... Rencontrant des difficultés particulières. • Cons. const. 22 juill. 2005, n° 2005-521 DC § 13 • Cons. const. 29 avr. 2011, *Synd. CGT et a.,* n° 2011-122 QPC § 5. ♦ ... Dès lors que les différences de traitement qui en résultent répondent à des fins d'intérêt général qu'il appartient au législateur d'apprécier. • Cons. const. 24 oct. 2012, n° 2012-656 DC § 3.

a. Interdiction des différenciations positives

58. Les différenciations positives sont interdites en matière électorale. • Cons. const. 18 nov. 1982, n° 82-146 DC § 7 • Cons. const. 14 janv. 1999, n° 98-407 DC § 12. ♦ V. implicitement à propos des listes électorales. • Cons. const. 9 mai 1991, n° 91-290 DC § 40 et s. ♦ ... Sauf à être effectivement prévues par la Const. • Cons. const. 30 mai 2000, n° 2000-429 DC § 7 • Cons. const. 15 mars 1999, n° 99-410 DC § 29. ♦ Encore l'interprétation de ces dispositions autorisant une différenciation positive doit-elle être stricte. Celles-ci ne peuvent s'appliquer qu'au domaine pour lequel elles ont été conçues. • Cons. const. 21 juin 2001, n° 2001-445 DC • Cons. const. 12 janv. 2002, n° 2001-455 DC § 112 s. • Cons. const. 16 mars 2006, n° 2006-533 § 12 s.

59. La participation des délégués d'un conseil municipal au collège sénatorial doit conserver un caractère de correction démographique et ne pas constituer une part substantielle, voire majoritaire, du collège des électeurs sénatoriaux sauf à créer une inégalité entre les communes dont toutes les catégories doivent être représentées. • Cons. const. 6 juill. 2000, n° 2000-431 DC § 5.

b. Possibilité de différenciations positives

60. Mise en œuvre du principe de l'égalité hommes-femmes. V. Const. 58, art. 1er. ♦ Différenciations positives dans le cadre de l'égalité homme-femme : V. Comm. ss. Préamb. Const. 1946, al. 3.

61. Sur la jurisprudence de la CJUE en matière de différenciation positive, V. Comm. ss. Préamb. Const. 1946, al. 6.

1. Encadrement strict dans le cadre de l'accès à la fonction publique

62. Le principe de l'égal accès des citoyens aux emplois publics impose que, dans les nominations des fonctionnaires, il ne soit tenu compte que de la capacité, des vertus et des talents. • Cons. const. 16 janv. 1986, n° 85-204 DC § 7. ♦ Il en est de même pour le recrutement à ces emplois. • Cons. const. 24 oct. 2012, n° 2012-656 DC § 4. ♦ Mais le principe de l'égal accès des citoyens aux emplois publics ne s'oppose pas à ce que les règles de recrutement destinées à permettre l'appréciation des aptitudes et des qualités des candidats à l'entrée dans une école de formation ou dans un corps de fonctionnaires soient différenciées pour tenir compte tant de la variété des mérites à prendre en considération que de celle des besoins du service public. • Cons. const. 14 janv. 1983, n° 82-153 DC § 5 • Cons. const. 16 janv. 1986, n° 85-204 DC § 7. ♦ V. *infra* n° III. B.

63. Encore faut-il que les emplois dont il s'agit soient bien des emplois publics ; faute de quoi les principes relatifs aux politiques générales de différenciation positive s'appliquent. • Cons. const. 24 oct. 2012, n° 2012-656 DC § 8 et 16.

2. Politiques générales de différenciation positive

64. Différenciations positives dans le domaine social. La référence faite aux notions de « salariés âgés » ou de salariés présentant « des caractéristiques sociales » particulières, qui sont destinées à être précisées par les partenaires sociaux sous le contrôle des administrations et des juridictions compétentes, loin de méconnaître le principe d'égalité devant la loi, permet d'en assurer l'application à des situations diversifiées. • Cons. const. 25 juill. 1989, n° 89-257 DC § 12. ♦ De même, eu égard aux difficultés et aux handicaps qui peuvent affecter l'insertion professionnelle des personnes concernées, le législateur peut étendre le champ d'intervention des associations intermédiaires aux personnes sans emploi rencontrant des difficultés particulières d'insertion et mentionner explicitement que peuvent être embauchés par elles les bénéficiaires de l'allocation de solidarité spécifique, les jeunes en difficulté et les personnes prises en charge au titre de l'aide sociale. • Cons. const. 25 janv. 1995, n° 94-357 DC § 12. ♦ Le législateur peut, en vue d'améliorer l'emploi des jeunes, autoriser des mesures propres à cette catégorie de travailleurs. • Cons. const. 25 juin 1986, n° 86-207 DC § 31 • Cons. const. 26 juin 1986, n° 86-207 DC § 31 • Cons. const. 30 mars 2006, n° 2006-535 DC § 17. ♦ V. déjà • Cons. const. 5 juill. 1977, n° 77-79 DC § 1. ♦ (Ajoutant les travailleurs en difficultés). Il peut leur faire acquérir une qualification professionnelle et autoriser des mesures propres à ces catégories de travailleurs. • Cons. const. 22 juill. 2005, n° 2005-521 DC § 13 • Cons. const. 29 avr. 2011, *Synd. CGT et a.*, n° 2011-122 QPC § 5. ♦ Il peut également créer : des « emplois d'avenir professeurs » destinés à des boursiers de l'enseignement supérieur, sous certaines conditions d'âge et de niveau d'études. • Cons. const. 24 oct. 2012, n° 2012-656 DC § 9. ♦ ... Des emplois d'avenir réservés à des personnes jeunes dépourvues de qualification. • Cons. const. 24 oct. 2012, n° 2012-656 DC § 16.

65. Les difficultés particulières auxquelles se heurte leur insertion professionnelle, les bénéficiaires du « contrat insertion – revenu minimum d'activité », qui sont titulaires d'un contrat de travail tout en continuant à bénéficier de l'allocation de revenu minimum, justifient qu'une partie du salaire ne donne pas lieu à cotisations sociales et n'ouvre pas de droit différé aux prestations de l'assurance vieillesse et de l'assurance chômage. • Cons. const. 18 déc. 2003, n° 2003-487 DC § 26.

66. Différenciations positives d'ordre géographique... Généralités. Le principe d'égalité ne fait pas obstacle à ce que le législateur édicte, par l'octroi d'avantages fiscaux, des mesures d'incitation au développement et à l'aménagement de certaines parties du territoire national dans un but d'intérêt général ; que de telles mesures ne constituent pas en elles-mêmes une atteinte à la libre administration des collectivités locales. • Cons. const. 26 janv. 1995, n° 94-358 DC § 34. ♦ Ces différenciations géographiques peuvent être destinées : à faciliter la création d'emplois dans certaines zones où la situation de l'emploi est particulièrement grave et à consentir des dégrèvements fiscaux. • Cons. const. 26 juin 1986, n° 86-207 DC § 31. ♦ ... A compenser les contraintes de l'insularité et à promouvoir le développement économique et social d'une île, le législateur pouvant instaurer un statut fiscal particulier. • Cons. const. 20 déc. 1994, n° 94-350 DC. ♦ ... A corriger les déséquilibres les plus graves que connaît l'Île-de-France en matière d'accès de nombre de ses habitants à des logements locatifs, d'éloignement entre leur lieu de travail et leur lieu d'habitation et de saturation des infrastructures de transport par une taxe spécifique. • Cons. const. 29 déc. 1989, n° 89-270 DC § 5. ♦ ... A corriger les conséquences des traits spécifiques de la région Île-de-France (la masse de sa population, l'importance globale de ses ressources, la présence de la capitale, la répartition des emplois entre le centre et la périphérie) qui entraînent une distribution très inégale du potentiel fiscal des communes à population équivalente d'où découle d'importants écarts dans les niveaux d'équipements et de services que les communes sont en mesure d'offrir à leurs habitants. Ces discriminations géographiques justifient que le législateur institue pour la région d'Île-de-France, indépendamment de la création de la dotation de solidarité urbaine, un mécanisme intercommunal de redistribution de ressources ayant pour objet de contribuer à l'amélioration des conditions de vie dans celles des communes qui supportent des charges particulières sans disposer d'un potentiel fiscal par habitant élevé. • Cons. const. 6 mai 1991, n° 91-291 DC § 24 et 25.

67. Le législateur peut faire bénéficier d'une priorité d'accès au dispositif social d'aide instauré ceux des boursiers qui effectuent leurs études dans une académie ou une discipline connaissant des difficultés particulières de recrutement et qui, soit ont résidé dans une zone urbaine sensible, dans une zone de revitalisation rurale ou dans les départements d'outre-mer et dans certaines collectivités d'outre-mer, soit ont effectué, dans un établissement situé dans l'une de ces zones ou relevant de l'éducation prioritaire, une partie de leurs études secondaires. • Cons. const. 24 oct. 2012, n° 2012-656 DC § 9.

68. Eu égard aux caractéristiques géographiques et économiques de la Corse, à son statut particulier au sein de la République et au fait qu'aucune des compétences ainsi attribuées n'intéresse les conditions essentielles de mise en œuvre des libertés publiques, la Corse peut définir et mettre en œuvre la politique culturelle de l'île. Les dispositions relatives à la définition et à la mise en œuvre de cette politique culturelle ne peuvent être regardées comme portant atteinte à l'indivisibilité de la République, à l'intégrité du territoire ou à la souveraineté nationale ; elles ne touchent pas aux principes fondamentaux de la libre administration des collectivités locales ni à aucune des matières que l'art. 34 Const. 58 a placées dans le domaine de la loi. Aucune disposition ne méconnaît les compétences propres des communes et des départements ou n'établit de tutelle d'une collectivité territoriale sur une autre. • Cons. const. 17 janv. 2002, n° 2001-454 DC § 28 et 29.

69. La suppression de certains contrôles aux frontières qui découle de la mise en vigueur des accords de Schengen pouvait conduire le législateur à autoriser le contrôle de l'identité de toute personne en vue de vérifier le respect des obligations de détention, de port et de présentation des titres et documents prévues par la loi non seulement dans des zones de desserte de transports internationaux, mais encore dans une zone comprise entre la frontière terrestre de la France avec les États parties à la Convention signée à Schengen le 19 juin 1990 et une ligne tracée à 20 km en deçà. • Cons. const. 5 août 1993, n° 93-323 DC § 11 s. ♦ En revanche, en ménageant la possibilité de porter la limite de la zone frontalière concernée au-delà de 20 km, le législateur a porté, en l'absence de justifications appropriées tirées d'impératifs constants et particuliers de la sécurité publique et compte tenu des moyens de contrôle dont par ailleurs l'autorité publique dispose de façon générale, des atteintes excessives à la liberté individuelle. • Cons. const. 5 août 1993, n° 93-323 DC § 16.

70. Rappr. s'agissant du « critère géographique » justifiant la mise en place d'une procédure particulière de sélection à l'IEP de Paris réservée aux élèves des établissements classés en « ZEP ». • Cons. const. 11 juill. 2001, n° 2001-450 DC § 33.

71. Outre-mer. Compétences de la Polynésie française lui permettant de prendre des mesures particulières en faveur de sa population. • Cons. const. 12 févr. 2004, n° 2004-490 DC § 30 s.

72. De même, pour tenir compte des particularités insulaires des « territoires d'outre-mer », de leur dispersion sur de grandes étendues, de leur faible densité démographique et des difficultés de communication, l'organisation des juridictions pénales retenue par la loi diffère de celle de la métropole. • Cons. const. 22 juill. 1980, n° 80-122 DC § 2. ♦ En prévoyant des règles de composition spécifiques pour l'organe disciplinaire des avocats inscrits au barreau de Papeete, le législateur a entendu tenir compte de l'éloignement particulier de la Polynésie française des autres parties du territoire national et du fait que la cour d'appel de Papeete ne comprend qu'un seul barreau ; dès lors, en n'instituant pas un conseil de discipline des avocats au niveau de la cour d'appel, le législateur a instauré une différence de traitement qui tient compte de la situation particulière de la Polynésie française. • Cons. const. 16 mai 2013, *Jérôme P.*, n° 2013-310 QPC § 7. ♦ En prévoyant un tirage au sort des assesseurs-jurés de la cour d'assises de Mayotte sur une liste restreinte de citoyens établie par certaines autorités, le législateur a instauré une différence de traitement qui tient compte de la situation particulière de Mayotte et qui ne méconnaît pas le principe d'égalité devant la justice. • Cons. const. 3 juin 2016, *Mohamadi C.*, n° 2016-544 QPC § 8. ♦ En abaissant le nombre de jurés composant la cour d'assises de Mayotte tant en premier ressort qu'en appel, le législateur a institué une différence de traitement qui tient compte des caractéristiques et contraintes particulières propres au Département de Mayotte et qui est en rapport avec l'objet de la loi. • Cons. const. 3 juin 2016, *Mohamadi C.*, n° 2016-544 QPC § 20.

73. En revanche, l'exclusion de règles de droit commun en matière d'incapacité, d'incompatibilité et de récusation des assesseurs-jurés crée une différence de traitement sans rapport direct avec l'objet de la législation dérogatoire applicable à la cour d'assises de Mayotte, qui vise à tenir compte du nombre restreint de personnes inscrites sur les listes électorales et disposant d'une maîtrise suffisante de la langue et de l'écriture françaises pour exercer ces fonctions. • Cons. const. 3 juin 2016, *Mohamadi C.*, n° 2016-544 QPC § 14. ♦ De même, l'exercice des fonctions d'assesseur-juré à la cour d'assises de Mayotte étant identique à l'exercice des fonctions de juré d'une cour d'assises située dans une autre partie du territoire de la République, l'exclusion de l'incrimination d'un juré ne se présentant pas ou se retirant avant l'expiration de ses fonctions pour les assesseurs-jurés de la cour d'assises de Mayotte instaure une différence de traitement sans rapport direct avec l'objet de la législation dérogatoire applicable à la cour d'assises de Mayotte. • Cons. const. 3 juin 2016, *Mohamadi C.*, n° 2016-544 QPC § 17. ♦ De même encore, la modification des conditions de majorité pour conclure à la culpabilité (majorité des cinq septièmes exigée alors qu'une majorité des deux tiers des membres de la cour d'assises est requise dans le droit commun) crée une différence de traitement sans rapport avec l'objet de la loi et privant les justiciables de garanties égales. • Cons. const. 3 juin 2016, *Mohamadi C.*, n° 2016-544 QPC § 21.

74. Nature financière ou fiscale. Cette différenciation positive peut prendre l'aspect d'incitations financières, y compris fiscales. • Cons. const. 25 juin 1986, n° 86-207 DC § 31 • Cons. const. 26 juin 1986 : *ibid.* ♦ ... Y compris par la mise en œuvre de taxes frappant des situations que le législateur veut corriger. • Cons. const. 29 déc. 1989, n° 89-270 DC § 5.

♦ ... Ou par des mécanismes spécifiques de redistribution. • Cons. const. 6 mai 1991, n° 91-291 DC § 24 et 25.

75. Absence d'obligation à une différenciation positive. Si, en règle générale, le principe d'égalité impose de traiter de la même façon des personnes qui se trouvent dans la même situation, il n'en résulte pas pour autant qu'il oblige à traiter différemment des personnes qui se trouvent dans des situations différentes. • Cons. const. 12 juill. 1979, n° 79-107 DC § 4 • Cons. const. 16 janv. 1986, n° 85-200 DC § 11 • CE 20 avr. 2005, *Union des familles d'Europe,* n° 266572 B : *AJDA 2005. 2233, note Burgorgue-Larsen.* ♦ Dès lors, le législateur a pu, sans méconnaître le principe d'égalité, prévoir que le fonds de financement de la protection complémentaire de la couverture universelle du risque maladie attribuera aux organismes de sécurité sociale et aux organismes de protection sociale complémentaire une dotation forfaitaire d'un montant identique par personne prise en charge. • Cons. const. 29 déc. 2003, n° 2003-489 DC § 7.

76. Cependant, le législateur doit prendre en compte les inégalités de fait. C'est ainsi que, malgré l'égalité entre les hommes et les femmes, il doit tenir compte du fait que les femmes ont interrompu leur activité professionnelle bien davantage que les hommes afin d'assurer l'éducation de leurs enfants. En l'espèce (droit à pension), la mise en place d'une mesure analogue pour les hommes ne ferait, en l'état, qu'accroître encore les différences significatives déjà constatées entre les femmes et les hommes. • Cons. const. 14 août 2003, n° 2003-483 DC § 21 s.

77. Obligation de tenir compte des situations différentes. Cependant, la différence de traitement ne doit pas aboutir à créer une discrimination passive. Ainsi, en permettant aux collectivités territoriales d'accorder une aide pouvant aller jusqu'à la prise en charge totale des investissements aux établissements privés de leur choix, le législateur n'impose pas de garanties pour éviter que des établissements d'enseignement privés puissent se trouver placés dans une situation plus favorable que celle des établissements d'enseignement publics, compte tenu des charges et des contraintes de ces derniers. • Cons. const. 13 janv. 1994, n° 93-329 DC § 30. ♦ De même, qu'en mettant à la charge de tous les médecins conventionnés, généralistes et spécialistes, une contribution assise sur leurs revenus professionnels, et ce, quel qu'ait été leur comportement individuel en matière d'honoraires et de prescription pendant l'année au cours de laquelle le dépassement a été constaté, le législateur n'a pas fondé son appréciation sur des critères objectifs et rationnels en rapport avec l'objet de la loi. • Cons. const. 18 déc. 1998, n° 98-404 DC § 18.

4° *JUSTIFICATION DES DISCRIMINATIONS*

a. Différence de situations

78. Il ne peut pas être fait grief au législateur de prendre les mesures nécessaires au respect du principe d'égalité, même s'il devait en découler une atteinte raisonnable à une autre liberté. • Cons. const. 23 juill. 1999, n° 99-416 DC § 27.

1. Situations différentes

79. Sont dans des situations différentes : les salariés mis à disposition d'une entreprise selon qu'ils y sont présents depuis plus ou moins de 12 mois continus, quant à leur participation aux élections des délégués du personnel. • Cons. const. 7 août 2008, n° 2008-568 DC § 8. ♦ ... Plus généralement les salariés en fonction de leur ancienneté. • Cons. const. 13 avr. 2012, *Raymond S.,* n° 2012-232 QPC § 5. ♦ ... Les travailleurs indépendants et les travailleurs salariés pour l'assujettissement aux cotisations de sécurité sociale ; cette différence est inhérente aux modalités selon lesquelles se sont progressivement développées les assurances sociales en France, à la diversité corrélative des régimes ainsi qu'au choix du partage de l'obligation de versement des cotisations sociales entre employeurs et salariés. • Cons. const. 13 déc. 2012, n° 2012-659 DC § 13. ♦ Rappr. • Cons. const. 23 juill. 1999, n° 99-416 DC § 9.

80. Les salariés licenciés pour motif économique sont, au regard de l'objectif de la loi qui est de prévenir les licenciements économiques en renchérissant leur coût, dans une situation différente de celle des salariés qui sont licenciés pour un autre motif. • Cons. const. 12 janv. 2002, n° 2001-455 DC § 42. ♦ Les salariés dont la durée du travail est quantifiée en heures et ceux qui exercent une activité mesurée en jours sur l'année sont dans des situations différentes au regard de la définition et de l'organisation de leur temps de travail. • Cons. const. 26 févr. 2021, *Nadine F.,* n° 2020-885 QPC § 8.

81. Si la conclusion d'un congé de mobilité dispense l'employeur de proposer au salarié concerné le bénéfice du congé de reclassement, le congé de mobilité est destiné à éviter de prononcer un licenciement économique à un stade ultérieur et est subordonné à l'existence d'un accord collectif ainsi qu'à l'acceptation par le salarié de la proposition qui lui est faite ; dès lors, ce dernier ne se trouve pas dans la même situation que celui qui bénéficie d'un congé de reclassement. • Cons. const. 28 déc. 2006, n° 2006-545 DC § 17.

82. Fonctionnaires et assimilés par rapport aux salariés du privé. Sont dans une situation différentes : les fonctionnaires et les autres salariés au regard des protections accordées aux personnes investies de fonctions représentatives. • Cons. const. 17 juin 2011, *Union gén. féd. de fonctionnaires CGT et a.*, n° 2011-134 QPC § 21. ♦ ... Au regard des règles relatives à l'affiliation obligatoire à une mutuelle. • CE, QPC, 13 févr. 2012, *Mutuelle du personnel des hospices de Lyon*, n° 354078 : *AJDA 2012. 349*. ♦ Sont également dans une situation différente : les fonctionnaires en congé de maladie par rapport aux personnes qui perçoivent des indemnités journalières versées par les organismes de sécurité sociale et de la mutualité sociale agricole ou pour leur compte, les régimes respectifs des congés de maladie conduisent à des versements de nature, de montant et de durée différents. • Cons. const. 6 févr. 2014, *Épx M.*, n° 2013-365 QPC § 8. ♦ ... Les maîtres des établissements d'enseignement privés sous contrat et les autres personnels privés employés par ces établissements au regard de leur relation avec l'État et l'accomplissement de la mission de service public de l'enseignement. • Cons. const. 14 juin 2013, *Philippe W.*, n° 2013-322 QPC § 16. ♦ Les fonctionnaires en détachement dans un organisme ne sont pas dans la même situation que celle des autres employés de cet organisme même s'ils sont liés à celui-ci par un contrat de travail. • Soc. 13 déc. 2013 : *AJDA 2014. 959*.

83. Fonctionnaires et assimilés entre eux. Sont dans une situation différentes : les fonctionnaires de l'État et les fonctionnaires territoriaux, au regard des règles relatives aux conditions d'inscription à un concours. • Cons. const. 3 juill. 1986, n° 86-209 DC § 11. ♦ ... Les fonctionnaires qui ont fait le choix de changer de corps à l'occasion d'une évolution de leur carrière et ceux qui se trouvent intégrés dans un autre corps par l'effet d'une réforme statutaire sont dans des situations différentes au regard d'un texte qui a pour objet de compenser les inconvenances d'une réforme statuaire. Ainsi, les fonctionnaires ayant appartenu à des corps comportent des emplois classés dans la catégorie active et pouvent bénéficier à ce titre d'une retraite avant l'âge de soixante-cinq ans. • CE 27 mai 2011, *Bulot*, n° 347480 : *AJDA 2011. 1703*. ♦ ... Des fonctionnaires détachés dans les entreprises soumises aux dispositions du code du travail et celle des autres salariés de ces mêmes entreprises. • Soc., QPC, 11 juill. 2011, *Lambla : AJDA 2011. 2199* ; *D. 2011. 1975* ; *RDT 2011. 566, obs. Debord*. ♦ ... Les agents de la fonction publique hospitalière et ceux des autres fonctions publiques, pour la désignation de leurs représentants syndicaux eu égard, notamment, aux spécificités qui s'attachent à l'objectif de représentation des différents métiers de la fonction publique hospitalière au sein d'un grand nombre d'établissements de santé. • CE 18 janv. 2012, *Synd. féd. SUD santé sociaux*, n° 351266 : *AJDA 2012. 1011, concl. Landais*. ♦ ... Des agents de collectivités territoriales différentes. • CE, QPC, 22 juin 2016, n° 395913 : *AJDA 2016. 1960*. ♦ ... Les fonctionnaires territoriaux et les agents non titulaires de la fonction publique territoriale en matière de congés de grave maladie. • CE 4 mai 2016, n° 389688 : *AJDA 2016. 2079*. ♦ ... Les conjoints, concubins, partenaires pacsés, enfants et ascendants directs des fonctionnaires entrant dans les législations spéciales (corps préfectoral, cadre national des préfectures, agents des douanes, magistrats de l'ordre judiciaire, sapeurs-pompiers volontaires, volontaires civils de la sécurité civile et des militaires) s'agissant de la protection fonctionnelle. • CE, QPC, 17 févr. 2014, *B.*, n° 374227 § 3 et 4 : *AJDA 2014. 421* ; *Dr. adm. 2014. 40, note Froger*. ♦ L'appartenance d'enseignants à un même corps ne s'oppose pas à ce que, eu égard à la différence entre deux disciplines d'enseignement, les temps du service d'enseignement et des autres missions liées à ce service, auxquels ils sont soumis, soient répartis différemment selon la discipline enseignée, dans le cadre d'une même durée globale de travail. • CE 6 avr. 2016, *Assoc. PAGESTEC*, n° 385223 : *Lebon* ; *JCP Adm. 2016. 338*.

84. Il en va de même : d'une différence de traitement entre des fonctionnaires employés par des catégories de collectivités territoriales différentes. • CE 12 mars 2012, *d'Engremont*, n° 331373 B : *AJDA 2012. 572*. • CE, QPC, 22 juin 2016, n° 395913 : *AJDA 2016. 1960*. ♦ ... Des fonctionnaires territoriaux et des agents non titulaires de la fonction publique territoriale en matière de congés de grave maladie. • CE 4 mai 2016, n° 389688 : *AJDA 2016. 2079*. ♦ ... D'une différence de représentation syndicale entre fonctionnaires des différentes fonctions publiques. • CE 18 janv. 2012, *Synd. Féd. SUD santé sociaux*, n° 351266 : *AJDA 2012. 1011, concl. Landais*. ♦ ... Des fonctionnaires occupant un emploi à temps non complet, dont la durée de service hebdomadaire fait l'objet d'une modification mineure et sans que cette modification ait pour effet de leur faire perdre le bénéfice de l'affiliation à la Caisse nationale de retraites des agents des collectivités locales, et les fonctionnaires territoriaux occupant un emploi permanent à temps complet dont l'autorité territoriale décide la suppression ; ces fonctionnaires sont également placés dans une situation différente de celle des fonctionnaires occupant un emploi à temps non complet, pour lesquels l'autorité territoriale déciderait une modification de leur durée de service hebdomadaire qui ne serait pas mineure ou qui aurait pour effet de leur faire perdre leur affiliation à la même caisse. • CE, QPC, 20 juin 2012, *Lechner*, n° 358928 : *AJDA 2012. 1259*. ♦ ... Des enseignants-chercheurs membres d'un autre corps que celui des professeurs d'université et des professeurs d'université. • Cons. const. 24 avr. 2015, *Conf. présidents d'université,* n° 2015-465 QPC § 10.

85. Les conseillers prud'homaux exerçant leurs fonctions à temps partiel et pour une durée déterminée dans une juridiction spécialisée ne sont pas dans la même situation que les magistrats régis par le statut pris en application de l'art. 64 Const. 58. • Cons. const. 28 déc. 2006, n° 2006-545 DC § 21. ♦ Rappr. • Cons. const. 19 déc. 1996, *Gentien,* n° 96-16 I. ♦ Il en va de même des juges des tribunaux de commerce ; par suite, le grief tiré de ce que le régime de l'action disciplinaire applicable aux juges des tribunaux de commerce ne serait pas identique à celui applicable aux magistrats doit être écarté. • Cons. const. 4 mai 2012, *EURL David Ramirez,* n° 2012-241 QPC § 22 à 35.

86. La nature des relations qu'un agent entretient, en sa qualité de personne employée par une personne publique, avec la personne publique qui l'emploie, est différente de celle qu'il est susceptible d'entretenir en sa qualité de citoyen ou d'usager avec cette personne publique en tant qu'autorité administrative. • CE, QPC, 2 juill. 2012, *Azzano,* n° 355871 : *Lebon 964 ; AJDA 2012. 1903, concl. Landais.*

87. Les personnels agents des communes membres de l'EPCI, transférés à celui-ci, ne sont pas dans la même situation que les agents recrutés directement, en tant que de besoin, par les établissements publics de coopération intercommunale et peuvent donc bénéficier du maintien des compléments de rémunération acquis antérieurement dans le but de faciliter le transfert des personnels de ces communes lors des transferts de compétences aux établissements. • CE, QPC, 7 nov. 2012, *Cté d'agglom. du Calaisis,* n° 359929 § 5 : *AJDA 2013. 84.*

88. ... Fonctionnaires et responsables politiques. Les responsables politiques sont placés, du fait de l'existence d'un contrôle politique (d'une part, les membres du Gouvernement sont collectivement responsables devant le Parlement ; d'autre part, les élus locaux agissent sous le contrôle de l'organe délibérant de la collectivité ou du groupement au sein duquel ils ont été élus ou sur délégation de cet organe), dans une situation différente de celle des justiciables de la CDBF. • Cons. const. 2 déc. 2016, *Sandrine A.,* n° 2016-599 QPC § 6.

89. Professionnels. Sont dans une situation différente : les praticiens exerçant les fonctions de chef de service à titre intérimaire et ceux l'exerçant en qualité de titulaires. • Cons. const. 22 juill. 1987, n° 87-229 DC § 9. ♦ ... Les médecins conventionnés et les médecins non conventionnés. • Cons. const. 19 nov. 2010, *Synd. des médecins d'Aix et région,* n° 2010-68 QPC § 4. ♦ ... Les exploitants de réseaux distribuant par câble des services de communication audiovisuelle et les distributeurs de programmes audiovisuels par voie satellitaire. • Cons. const. 27 juill. 2000, n° 2000-433 DC § 33. ♦ ... Les avocats au Conseil d'État et à la Cour de cassation et les autres avocats. • Civ. 1re, 1er sept. 2015, n° 15-50.062 : *D. 2015. 1771 ; JCP Adm. 2015. 749.* ♦ ... Les personnes remplissant les conditions de nationalité, d'aptitude, d'honorabilité, d'expérience et d'assurance requises selon qu'elles demandent au ministre de la justice à être nommées titulaire d'un office de notaire, d'huissier de justice ou de commissaire-priseur judiciaire dans les conditions prévues par les dispositions contestées, ou qu'elles demandent à être présentées à l'agrément de ce ministre. • Cons. const. 5 août 2015, n° 2015-715 DC § 71. ♦ ... Les sages-femmes et les médecins, odontologistes ou pharmaciens en raison des missions, qualifications et responsabilités différentes. • CE, QPC, 9 mars 2016, *Org. synd. nat. sages-femmes,* n° 388194 : *AJDA 2016. 885.* ♦ ... Les distributeurs de matériaux de construction s'adressant principalement aux professionnels, étant les principaux fournisseurs de ces derniers et les distributeurs s'adressant aux mêmes professionnels à titre seulement accessoire, en raison de l'impact de l'activité des premiers dans la production des déchets objets de l'obligation de reprise. • Cons. const. 17 janv. 2017, *Sté Alinéa,* n° 2016-604 QPC § 16. ♦ ... La profession d'avocat n'est pas placée, au regard du droit disciplinaire, dans la même situation que les autres professions juridiques ou judiciaires réglementées. • Cons. const. 11 oct. 2018, *Pascal D.,* n° 2018-738 QPC § 12. ♦ ... Les avocats selon que la plaidoirie est ou non leur activité principale dès lors que les droits de plaidoirie pèsent sur le justiciable et non sur les avocats. • Cons. const. 29 juin 2018, *Sté Guillemin et Miska,* n° 2018-716 QPC § 8 et 9.

90. Sont également dans une situation différente : les personnes qui exercent des activités supposant des aptitudes créatrices particulières au regard de l'interdiction de cumuler un emploi et une retraite. • Cons. const. 28 mai 1983, n° 83-156 DC. ♦ ... Les personnes dont l'activité a un caractère accessoire ou temporaire au regard de la même interdiction. • Cons. const. 28 mai 1983, n° 83-156 DC. ♦ ... Les médecins selon qu'ils sont employés dans un établissement public de santé ou dans un établissement privé. • Cons. const. 21 juin 2019, *Clinique Saint Cœur,* n° 2019-792 QPC § 9.

91. Au regard de la prise en charge du coût du transport, les transporteurs en compte propre ne sont pas dans la même situation que les transporteurs pour compte d'autrui. • Cons.

const. 23 mai 2013, n° 2013-670 DC § 12. ♦ Aucune exigence constitutionnelle n'impose que les différentes catégories de professionnels du secteur de la santé soient soumises à des règles identiques pour l'adhésion aux conventions conclues avec les organismes de protection sociale complémentaire. • Cons. const. 23 janv. 2014, n° 2013-686 DC § 10.

92. En limitant le champ des nouvelles obligations (déclaration à la HATVP) aux seules personnes exerçant une activité principale ou régulière d'influence sur la décision publique, sans l'étendre à toute personne exerçant cette activité à titre accessoire et de manière peu fréquente, le législateur a traité différemment des personnes placées dans des situations différentes. • Cons. const. 8 déc. 2016, n° 2016-741 DC § 39.

93. En réservant le bénéfice de ces exonérations aux livraisons de biens effectuées par des producteurs locaux, le législateur a entendu tenir compte des difficultés particulières auxquelles ces régions ultramarines sont confrontées, qui grèvent la compétitivité des entreprises qui y sont établies, et ainsi préserver le tissu économique local. • Cons. const. 7 déc. 2018, *Sté Long Horn International,* n°s 2018-750/751 QPC § 28. ♦ Comp. • Même affaire § 32.

94. Si la restauration collective et la restauration au bénéfice exclusif des professionnels du transport routier ne sont pas, au regard du seul risque sanitaire, une situation différente de celle de la restauration traditionnelle, la restauration collective et l'accueil le soir et la nuit des seuls transporteurs routiers par certains restaurants spécifiquement désignés ont un objet différent de la restauration ordinaire et sont placés dans une situation différente au regard des nécessités liées à la poursuite de la vie du pays. Dès lors, la fermeture des seuls restaurants « traditionnels » n'a porté atteinte ni au principe d'égalité, ni à celui de libre concurrence. • CE, ord., 8 déc. 2020, n° 446715 : *AJDA 2020. 2402* ; *JT 2021, n° 237, p. 11, obs. Devès.*

95. Droit des pensions de retraite. Sont dans une situation différente : les titulaires des pensions civiles et militaires de l'État, qui ont fait le choix de venir s'installer sur le territoire des collectivités éligibles à l'indemnité temporaire de retraite, d'y revenir ou d'y rester après leur service outre-mer, et les fonctionnaires de l'État qui sont astreints à résider sur leur lieu d'affectation. • Cons. const. 22 juill. 2010, *Alain C.,* n°s 2010-4/17 QPC § 19. ♦ ... Les titulaires de pensions militaires d'invalidité et des victimes de guerre qui ont pour objet de réparer des dommages subis par des militaires, des victimes civiles de guerre ou des victimes d'actes de terrorisme et les titulaires de pensions civiles et militaires de retraite. • Cons. const. 22 juill. 2010, *Alain C.,* n°s 2010-4/17 QPC § 20. ♦ Rappr. pour une différence entre les pensions militaires d'invalidité et des victimes de la guerre et les pensions de retraite prévues tant par le code des pensions civiles et militaires de retraite que par le code de la sécurité sociale : elles ont principalement pour objet d'assurer, pour les premières, un droit à réparation et, pour les secondes, un revenu de substitution ou d'assistance. • Cons. const. 21 juin 2013, *Micheline L.,* n° 2013-324 QPC § 5. ♦ ... Les veuves de militaires ayant combattu pour la France quelle que soit leur nationalité et les veuves de militaires ayant combattu pour d'autres pays. • Cons. const. 9 juill. 2010, *Virginie M.,* n° 2010-11 QPC. ♦ ... Un fonctionnaire pensionné invalide et un pensionné valide au regard du plafonnement de la pension de retraite et de la rente viagère d'invalidité. • Cons. const. 13 janv. 2011, *Claude G.,* n° 2010-83 QPC § 6. ♦ ... Les fonctionnaires qui ont été contraints de prendre une retraite anticipée parce qu'ils étaient dans l'incapacité permanente de continuer leurs fonctions et ne pouvaient être reclassés et les fonctionnaires qui ont volontairement pris leur retraite, le cas échéant de façon anticipée. • Cons. const. 5 déc. 2014, *André D.,* n° 2014-433 QPC § 7. ♦ V. aussi note 79.

96. Il existe une différence de situation au regard de la protection des régimes de retraite, entre les salariés relevant du régime général de sécurité sociale et les salariés des entreprises et établissements relevant de manière générale, lorsqu'ils sont soumis à un statut législatif ou réglementaire particulier, de régimes spéciaux de sécurité sociale. • Cons. const. 20 mars 1997, n° 97-388 DC § 60. ♦ Les salariés liés par un contrat de travail de droit privé, d'une part, et les agents des collectivités publiques, d'autre part, relèvent de régimes juridiques différents au regard de la législation sur les retraites. • Cons. const. 12 janv. 2002, n° 2001-455 DC § 35. ♦ Pour les salariés liés par un contrat de travail de droit privé relevant, au regard de la législation sur les retraites, de régimes juridiques différents de celui, respectivement, des agents de droit public, des travailleurs indépendants et des non-salariés agricoles, il est loisible au législateur de mettre en place un mécanisme de prévention de la pénibilité différent d'autant que celui-ci est étendu au personnel des personnes publiques employé dans les conditions du droit privé ; de même il lui est loisible d'exclure, parmi les salariés de droit privé, ceux qui sont affiliés à un régime spécial de retraite comportant un dispositif spécifique de reconnaissance et de compensation de la pénibilité. • Cons. const. 16 janv. 2014, n° 2013-683 DC § 24.

97. Les règles différentes relatives au cumul entre pensions et revenus provenant d'une activité salariée et pensions et revenus provenant d'activités non salariées s'appliquent à des situations de nature différente auxquelles, d'ailleurs, correspondent des régimes de retraite distincts. • Cons. const. 16 janv. 1986, n° 85-200 DC § 13.

98. De même il y a une différence entre : le régime général et les régimes « alignés » de retraite par rapport aux autres régimes et en particulier celui des professions libérales. • Cons. const. 11 juill. 2001, n° 2001-450 DC § 8. ♦ ... Les personnes atteintes d'une incapacité de travail et ayant été exposées à des « facteurs de pénibilité » pendant l'accomplissement de leur travail au regard des règles de fixation de l'âge d'ouverture du droit à une pension de retraite. • Cons. const. 9 nov. 2010, n° 2010-617 DC § 14.

99. Le principe d'égalité ne s'oppose pas à ce que, pour l'attribution d'une aide en vue de l'assistance à tierce personne, le législateur réserve la majoration spéciale de la pension aux fonctionnaires retraités atteints d'une maladie professionnelle dont l'imputabilité au service est reconnue postérieurement à la date de radiation des cadres et prévoie ainsi que s'appliquent, pour les autres fonctionnaires retraités atteints d'un handicap, les règles de droit commun prévues par le code de l'action sociale et des familles. • Cons. const. 5 déc. 2014, *André D.*, n° 2014-433 QPC § 7.

100. Au regard de l'allocation de reconnaissance, les anciens harkis et membres des formations supplétives ayant servi en Algérie relevant du statut civil de droit local ne sont pas dans la même situation que les anciens harkis, moghaznis et personnels des formations supplétives ayant servi en Algérie relevant du statut civil de droit commun. • Cons. const. 4 déc. 2015, *Nicole B., vve B.*, n° 2015-504/505 QPC § 12. ♦ Comp. • Cons. const. 4 févr. 2011, *Comité Harkis et Vérité*, n° 2010-93 QPC § 10.

101. ... Droit des pensions de retraite (réversion). Aucun principe, ni aucune règle de valeur constitutionnelle n'impose que, lorsque la pension de réversion a donné lieu à un partage entre plusieurs lits, la part de la pension revenant à un lit qui cesse d'être représenté accroisse celle des autres lits. • Cons. const. 11 oct. 2013, *Henriette B.*, n° 2013-348 QPC § 5. ♦ Les couples mariés et les autres couples sont dans une situation différente au regard du droit à obtenir une pension de réversion du fonctionnaire civil. • Cons. const. 29 juill. 2011, *Laurence L.*, n° 2011-155 QPC § 5 et 6. ♦ V. déjà • CE 18 juin 2010, *Min. du budget, des comptes publics et de la fonction publique c/ Le Dortz*, n° 315076 B : *AJDA 2010. 1237* ; *D. 2011. 1040, obs. Lemouland et Vigneau* ; *AJ fam. 2010. 328* ; *AJFP 2010. 258, note Fortier* ; *RTD civ. 2010. 764, obs. Hauser*. ♦ Rappr., s'agissant d'un régime indemnitaire, • CE 13 juin 2012, *Gillotin et a.*, n° 357793 : *AJDA 2012. 1189* ; *AJFP 2012. 317* ; *JCP Adm. 2012. 430*. ♦ Il en va de même des conjoints survivants et des enfants dont le parent n'a pas de droit propre à réversion ; les enfants de moins de 21 ans dont le parent survivant bénéficie d'un droit propre à réversion et les enfants dont le parent ne bénéficie pas de ce droit. • CE, QPC, 13 juin 2012, *Mme A., Vve B.*, n° 358451 : *AJDA 2012. 1936* ; *Dr. adm. 2012. 75, note Martin et Batot*. ♦ Comp. • Cons. const. 25 mars 2001, *Marie-Christine D.*, n° 2010-108 QPC § 4.

102. Les fonctionnaires et les autres salariés au regard des dispositions en matière de réversion de retraite. • CE, QPC, 23 déc. 2011, *Bricaud-Léglise*, n° 353853 : *AJDA 2012. 615*.

103. Sociétés et entreprises. Il existe une différence de situation entre : des sociétés qui ont ou non redistribué des bénéfices au regard d'une législation sur le blocage des prix. • Cons. const. 30 juill. 1982, n° 82-43 DC § 8 • Cons. const. 30 oct. 1980, n° 81-130 DC § 10 et 11. ♦ ... Les banques ayant le statut de société immobilière pour le commerce et l'industrie ou le statut de maison de réescompte. • Cons. const. 16 janv. 1982, n° 81-132 DC § 31 • Cons. const. 16 janv. 1982, n° 81-132 DC § 33. ♦ ... Des membres des conseils d'administration ou de surveillance représentant les salariés et des membres élus par les actionnaires dès lors que, à l'inverse des seconds, les premiers exercent gratuitement leur mandat et n'ont pas part aux bénéfices sociaux. • Cons. const. 20 juill. 1983, n° 83-162 DC § 74. ♦ ... Les organismes d'assurance maladie qui ont l'obligation de prendre en charge, dans le cadre de leur mission de service public et pour le compte de l'État, la couverture complémentaire des bénéficiaires de la CMU qui leur en font la demande et les organismes de protection sociale complémentaire qui ont la simple faculté de participer à ce dispositif et la liberté de s'en retirer. • Cons. const. 23 juill. 1999, n° 99-416 DC § 14. ♦ Les entreprises en redressement ou en liquidation judiciaires diffèrent des entreprises qui licencient alors qu'elles ne sont pas encore dans l'une de ces situations juridiques. • Cons. const. 28 mars 2013, *Maïtena V.*, n° 2013-299 QPC (sol. impl). ♦ ... Le transport public de particuliers selon qu'il s'effectue au moyen de véhicules motorisés à deux ou trois roues ou de véhicules automobiles. • Cons. const. 7 juin 2013, *Mohamed T.*, n° 2013-318 QPC § 11 • Cons. const. 22 mai 2015, *Sté UBER France SAS et a.*, n° 2015-468/469/472 QPC § 24. ♦ ... Les distributeurs d'eau qui assurent l'objectif poursuivi par le législateur d'assurer la continuité de la distribution de cette ressource et les fournisseurs d'électricité, de gaz ou de chaleur. • Cons. const. 29 mai 2015, *Sté Saur SAS*, n° 2015-

470 QPC § 13. ♦ ... Les entreprises de plus de 50 salariés par rapport à celles de moins de 50 salariés au regard de la possibilité de recourir à la négociation collective. • Cons. const. 15 sept. 2017, *CGT-FO*, n° 2017-653 QPC § 31. ♦ ... L'entreprise dont l'effectif salarié dépasse cinq années consécutives un certain seuil par rapport à celle dont l'effectif salarié ne dépasse ce même seuil que quatre années consécutives avant d'y être inférieur la cinquième. • Cons. const. 16 mai 2019, n° 2019-781 DC § 10. ♦ ... Des entreprises qui, en fabriquant ou en important des produits du tabac, mettent ces produits sur le marché et celles qui distribuent ou commercialisent ces produits. • Cons. const. 24 janv. 2020, *Sté nat. d'exploitation industrielle des tabacs et allumettes*, n° 2019-821 QPC § 9.

104. Des personnes n'exerçant pas des fonctions comparables et dont les mandats n'avaient pas nécessairement la même durée sont dans une situation différente. • Cons. const. 17 juill. 1980, n° 80-120 DC § 5.

105. En prévoyant un délai suffisant à l'autorité administrative pour instruire des demandes d'une complexité particulière avant la mise en service pour les demandes d'autorisation d'exploiter une installation nucléaire, qui diffère de celui prévu pour les demandes d'autorisation d'exploiter d'autres installations de production d'électricité, le législateur a traité différemment des situations différentes. • Cons. const. 13 août 2015, n° 2015-178 DC § 61.

106. Si les groupements d'employeurs s'apparentent aux entreprises de travail temporaire en ce qu'ils fournissent de la main-d'œuvre à des entreprises utilisatrices, ils s'en distinguent en raison, d'une part, des liens juridiques entre le groupement et les employeurs qui y adhèrent et, d'autre part, de la répartition des responsabilités entre le groupement et ses membres, ceux-ci étant solidairement tenus des dettes du groupement à l'égard de ses salariés. • Cons. const. 20 nov. 2015, *Assoc. Groupement d'employeurs AGRIPLUS*, n° 2015-497 QPC § 11.

107. En tant qu'elles ne poursuivent pas un but lucratif et sont sanctionnées pour une activité qui n'est pas lucrative, les personnes qui se voient appliquer un *quantum* en valeur absolue ne sont pas dans la même situation que les entreprises au regard de la répression des pratiques anticoncurrentielles. • Cons. const. 7 janv. 2016, *Assoc. Expert-comptable média association*, n° 2015-510 QPC § 7.

108. Représentativité. Compte tenu de leurs règles de formation, de fonctionnement et de composition ainsi que des missions qui leur sont imparties, des associations créées par la loi dans le but d'assurer une représentation satisfaisante auprès des pouvoirs publics et les associations qui peuvent y adhérer sont dans une situation différente. • Cons. const. 28 mai 2010, *Union des familles en Europe*, n° 2010-3 QPC § 5 • CE 3 mars 2011, *Union des familles d'Europe*, n° 323830 : *AJDA 2011. 477*. ♦ Il en est de même pour les organisations syndicales qui, selon leurs statuts, ont vocation à représenter certaines catégories de travailleurs et qui sont affiliées à une confédération syndicale catégorielle interprofessionnelle nationale et les autres organisations syndicales. • Cons. const. 7 oct. 2010, *CGT-FO et a.*, n° 2010-42 QPC § 7.

109. Si les organisations syndicales de salariés et les organisations professionnelles d'employeurs ont pour objet la défense des droits et des intérêts matériels et moraux, tant collectifs qu'individuels, des salariés, pour les premières, et des employeurs, pour les secondes, la nature des intérêts que ces deux catégories d'organisations défendent les place dans une situation différente au regard des règles qui organisent le paritarisme. • Cons. const. 27 nov. 2015, *Synd. CGT*, n° 2015-502 QPC § 7.

110. Les organisations syndicales selon qu'elles sont représentatives ou non. Les dispositions contestées, qui réservent aux organisations syndicales représentatives la faculté de désigner un conseiller aux fins d'assister le fonctionnaire durant la procédure de rupture conventionnelle, établissent une différence de traitement entre ces organisations et les organisations syndicales non représentatives et méconnaissent le principe d'égalité devant la loi. • Cons. const. 15 oct. 2020, *Synd. des agrégés de l'enseignement supérieur*, n° 2020-860 QPC § 6.

111. Contribuables. V. notes 405 s.

112. Usagers du service public. Sont dans une situation différentes les usagers d'un ouvrage selon qu'ils sont ou non résidents dans la partie du territoire desservie par l'ouvrage. • Cons. const. 12 juill. 1979, n° 79-107 DC § 4. ♦ Eu égard aux objectifs poursuivis par le service public de l'enseignement supérieur, parmi lesquels figure celui de former les individus susceptibles de contribuer à la vie économique, sociale, scientifique et culturelle de la nation et à son développement, il était loisible aux ministres de fixer les montants des frais d'inscription applicables aux étudiants inscrits dans les établissements publics d'enseignement supérieur en vue de la préparation d'un diplôme national ou d'un titre d'ingénieur diplômé en distinguant la situation, d'une part, des étudiants ayant, quelle que soit leur origine géographique, vocation à être durablement établis sur le territoire national, et d'autre part, des étudiants venus en France spécialement pour s'y former. • CE 1er juill. 2010, n° 430121 A § 23 : *AJDA 2020. 1325* ; *ibid. 1783, chron. Malverti et Beaufils* ; *ibid. 2037, note Legrand*.

113. Mode de vie. Les personnes dont l'habitat est constitué de résidences mobiles et qui ont choisi un mode de vie itinérant et celles qui vivent de manière sédentaire ne sont pas dans la même situation. • Cons. const. 9 juill. 2010, *Orient M.*, n° 2010-13 QPC § 6. ♦ Il en est de même pour : les personnes, quelles que soient leurs nationalités et leurs origines, qui ont un domicile ou une résidence fixe de plus de six mois et celles qui en sont dépourvues. • Cons. const. 5 oct. 2012, *Jean-Claude P.*, n° 2012-279 QPC § 18. ♦ Les personnes n'ayant ni domicile ni résidence fixe depuis plus de six mois et celles qui pratiquent un mode de vie itinérant en logeant de façon permanente dans un abri mobile. • Cons. const. 5 oct. 2012, *Jean-Claude P.*, n° 2012-279 QPC § 19. ♦ ... Les personnes ayant choisi de résider dans des pays étrangers au regard des conditions de vie matérielle décente. • Cons. const. 28 avr. 2005, n° 2005-514 DC § 34 • Cons. const. 28 mai 2010, *Cts. L.*, n° 2010-1 QPC § 9 • Cons. const. 23 juill. 2010, *Lahcène A.*, n° 2010-18 QPC (*a contrario*).

114. Pendant un temps jugé que les célibataires homosexuels ne présentaient pas des garanties suffisantes sur les plans familial, éducatif et psychologique pour accueillir un enfant adopté. • CE 9 oct. 1996, *Fretté*, n° 168342 : *Lebon 391* ; *JCP 1997. 22766, concl. Maugüé.* ♦ Cette position a dans un premier temps été confirmée par la CEDH. • CEDH 26 févr. 2002, *Fretté c/ France*, n° 36515/97 § 42 : *D. 2002. 2024, obs. Grannet* ; *ibid. 2569, obs. Courtin* ; *AJDA 2002. 401, étude Poirot* ; *RDSS 2002. 377, obs. Monéger* ; *JCP 2002. 10074, note Gouttenoire et Sudre.* ♦ ... Mais elle n'est plus conforme à l'art. 8 Conv. EDH. • CEDH, gr. ch., 22 janv. 2008, *E. B. c/ France*, n° 43546/02 : *D. 2008. 2038, note Hennion-Jacquet* ; *AJDA 2008. 378, chron. Flauss* ; *JCP 2008. 10071, note Gouttenoire et Sudre.* ♦ Cela a donc conduit les juridictions administratives à annuler les refus d'agrément qui, sans se référer ouvertement à l'homosexualité des demandeurs, contournent la question. • TA Besançon, 10 nov. 2009, *Emmanuelle B.*, n° 0900299 : *AJDA 2010. 1772, note Rihal* • TA Toulouse, 27 oct. 2009, *Jean-Christian B.*, n° 0700636 : *AJDA 2010. 1772, note Rihal* .

115. Les couples formés d'un homme et d'une femme sont, au regard de la procréation, dans une situation différente de celle des couples de personnes de même sexe. Par suite, ni le principe d'égalité ni l'objectif de valeur constitutionnelle d'accessibilité et d'intelligibilité de la loi n'imposaient qu'en ouvrant le mariage et l'adoption aux couples de personnes de même sexe le législateur modifie la législation régissant la procréation médicalement assistée et la gestation pour autrui. • Cons. const. 17 mai 2013, n° 2013-669 DC § 44.

116. En ouvrant l'accès à l'institution du mariage aux couples de personnes de même sexe, le législateur a estimé que la différence entre les couples formés d'un homme et d'une femme et les couples de personnes de même sexe ne justifiait plus que ces derniers ne puissent accéder au statut et à la protection juridique attachés au mariage. Il n'appartient pas au Conseil constitutionnel de substituer son appréciation à celle du législateur sur la prise en compte, en matière de mariage, de cette différence de situation. • Cons. const. 17 mai 2013, n° 2013-669 DC § 22. ♦ V. pour la situation inverse avant 2013. • Cons. const. 28 janv. 2011, *Corinne C. et a.*, n° 2010-92 QPC § 9.

117. Couples mariés ou non. Sont encore dans des situations différentes les couples mariés et ceux qui ne le sont pas : au regard de l'adoption justifiant le maintien du principe, dans l'intérêt de l'enfant, selon lequel la faculté d'une adoption au sein du couple est réservée aux conjoints. • Cons. const. 6 oct. 2010, *Isabelle D. et Isabelle B.*, n° 2010-39 QPC § 2. ♦ ... Au regard des règles du droit de la famille et notamment du mariage. • Cons. const. 28 janv. 2011, *Corinne C. et a.*, n° 2010-92 QPC § 9. ♦ ... Au regard du droit à obtenir une pension de réversion du fonctionnaire civil, dès lors que les concubins ne sont tenus à aucune solidarité financière à l'égard des tiers ni à aucune obligation réciproque, que les partenaires liés par un PACS, s'ils sont, contrairement aux personnes vivant en concubinage, assujettis à des obligations financières réciproques et à l'égard des tiers, les dispositions du code civil ne conférant aucune compensation pour perte de revenus en cas de cessation du PACS au profit de l'un des partenaires, ni aucune vocation successorale au survivant en cas de décès d'un partenaire et que le régime du mariage a pour objet non seulement d'organiser les obligations personnelles, matérielles et patrimoniales des époux pendant la durée de leur union, mais également d'assurer la protection de la famille ainsi qu'une protection en cas de dissolution du mariage. • Cons. const. 29 juill. 2011, *Laurence L.*, n° 2011-155 QPC § 5 et 6. ♦ De même c'est légalement que pour le calcul de l'indemnité pour charges militaires, la situation des personnes pacsées n'est assimilée à celles des personnes mariées qu'au bout de deux ans. • CE 13 juin 2012, n° 357793 B : *préc. note 101.* ♦ Rappr. • CE 29 oct. 2012, *Peru et Ulvoas*, n°s 357822 B et 357624 B (2 espèces) : *AJDA 2012. 2336, concl. Pellissier* . ♦ Comp. • CEDH, gr. ch., 29 avr. 2008, *Burden c/ Royaume-Uni*, n° 13378/05 § 65. ♦ ... Au regard de l'examen d'une demande de naturalisation, les revenus de la personne avec qui vit le demandeur n'ayant pas à être pris en compte s'agissant de personnes pacsées. • CAA Nantes, 8 juin 2012, *Karanakova,* n° 11NT02695 : *AJDA 2012. 1887*. ♦ Rappr. s'agissant de l'affirmation de principe selon laquelle les liens juridiques qui unissent les personnes ayant conclu un pacte civil de solidarité ont été organisés par le législateur de manière différente, notamment du point de vue de leur intensité et de leur stabilité, de ceux qui existent entre deux conjoints ; dès lors ces deux catégories de personnes étant ainsi placées dans des situations juridiques différentes, le principe d'égalité n'impose pas qu'elles soient traitées, dans tous les cas, de manière identique. • CE, ass., 28 juin 2002, *Villemain,* n° 220361 A : *préc. note 35.*

118. Le conjoint survivant et le conjoint divorcé se trouvent dans des situations différentes. Ni le principe d'égalité, ni aucune autre exigence constitutionnelle n'imposent d'octroyer au conjoint divorcé le bénéfice d'une pension accordée au conjoint survivant. • Cons. const. 21 juin 2013, *Micheline L.,* n° 2013-324 § 5. ♦ Rappr. • Cons. const. 20 mars 1997, n° 97-388 DC § 11 et 16.

119. Divorce. Le débiteur d'une indemnité allouée à titre exceptionnel et celui de la prestation compensatoire sont dans une situation différente. • Cons. const. 7 oct. 2015, *Jean-Pierre E.,* n° 2015-488 QPC § 8. ♦ Les mineurs capables de discernement qui sont en mesure de s'exprimer sur la situation résultant pour eux du choix de leurs parents de divorcer sont dans une situation différente des autres enfants. • Cons. const. 17 nov. 2016, n° 2016-739 DC § 43. ♦ Les enfants dont les parents divorcent par consentement mutuel ne sont pas placés dans la même situation que ceux dont les parents divorcent selon une autre procédure. L'intervention judiciaire systématique dans le second cas est justifiée par le fait que les époux n'ont pas trouvé un accord sur le principe ou les effets de leur divorce. • Cons. const. 17 nov. 2016, n° 2016-739 DC § 44. ♦ Ne sont pas dans la même situation les créanciers de rentes viagères selon la loi sous l'empire de laquelle la rente a été fixée dès lors que la nouvelle loi limite les risques que, du fait de l'évolution de la situation respective des anciens époux, les rentes viagères prononcées dans ce nouveau cadre procurent aux créanciers un avantage manifestement excessif qui pouvait résulter de l'ancienne législation. • Cons. const. 15 janv. 2021, *Vered K.,* n° 2020-871 QPC § 12.

120. Régime matrimonial. Les époux dont le changement de régime matrimonial doit faire l'objet d'un acte notarié soumis à homologation par le juge, que ce soit en raison de l'opposition formée par les titulaires de ce droit ou de la présence d'enfants mineurs, ne se trouvent pas dans la même situation que les époux dont le changement de régime matrimonial n'est pas soumis à une telle procédure. • Cons. const. 8 sept. 2016, *Pierre D.,* n° 2016-560 QPC § 5.

121. Liens de parenté – filiation – succession. La recherche de maternité implique que l'enfant prouve qu'il est celui dont la mère prétendue a accouché. La circonstance que la preuve de la filiation par l'identification, au moyen des empreintes génétiques, trouve principalement à s'appliquer lorsque la filiation paternelle est en cause ne saurait être regardée comme une différence de traitement contraire au principe d'égalité devant la loi. • Cons. const. 30 sept. 2011, *Louis C. et a.,* n° 2011-173 QPC § 7. ♦ Au regard de la dévolution du nom de famille, il y a une situation différente d'une part, en cas de filiation et, d'autre part, en cas de filiation adoptive. • Cons. const. 17 mai 2013, n° 2013-669 DC § 68. ♦ En excluant, en principe, la prise en compte du lien de parenté résultant de l'adoption simple pour la perception des droits de mutation à titre gratuit, le législateur s'est fondé sur les différences établies dans le code civil entre l'adoption simple et l'adoption plénière. • Cons. const. 28 janv. 2014, *Cts P. de B.,* n° 2013-361 QPC § 10. ♦ De même, en réservant le cas des adoptés ayant reçu de l'adoptant des secours et des soins non interrompus dans les conditions prévues par le cinquième alinéa de l'art. 786 CGI, le législateur a entendu atténuer les effets de la différence de traitement résultant du premier alinéa du même article afin de prendre en compte les liens particuliers qui sont nés d'une prise en charge de l'adopté par l'adoptant. • Cons. const. 28 janv. 2014, *Cts P. de B.,* n° 2013-361 QPC § 10.

122. Les héritiers et les légataires sont dans des situations différentes. • Cons. const. 28 sept. 2012, *Fondation Hans Hartung et Anna Eva Bergman,* n° 2012-276 QPC § 7.

123. Nationalité. Les étrangers parents d'un enfant de nationalité française ne sont pas dans la même situation que ceux qui ne peuvent se prévaloir de ce lien de nature à favoriser l'appartenance nationale. • Cons. const. 20 juill. 1993, n° 93-321 DC § 4. ♦ Au regard des conditions d'acquisition de la nationalité française que le législateur a entendu déterminer, les personnes qui prétendent à cette acquisition ne peuvent être regardées comme étant dans la même situation que celles qui sont françaises. • Cons. const. 20 juill. 1993, n° 93-321 DC § 10. ♦ De même, eu égard à l'objectif que s'est fixé le législateur de prendre en compte une présomption d'intégration par la naissance de parents étrangers et de leurs enfants sur le sol français, sont placés dans des situations différentes les enfants nés de parents eux-mêmes nés sur un territoire demeuré français et ceux nés de parents nés sur un territoire ayant ultérieurement accédé à l'indépendance. • Cons. const. 20 juill. 1993, n° 93-321 DC § 19 et 22. ♦ Les Français et les étrangers au regard de l'application en France des lois étrangères sur les successions (conflit de lois). • Cons. const. 5 août 2011, *Elke B. et a.*, n° 2011-159 QPC § 5. ♦ Au regard de la protection des nationaux contre l'extradition pour des infractions commises à l'étranger, ne sont pas dans la même situation ceux qui ont commis l'infraction avant l'acquisition de la nationalité et les autres nationaux. • Cons. const. 14 nov. 2014, *Mario S.*, n° 2014-427 QPC § 6. ♦ Pour d'autres distinctions entre étrangers et nationaux, V. notes 27 s. ♦ Il en est de même pour les différentes catégories d'étrangers, V. notes 30 s. – V. égal. note 143.

124. Au regard du droit de la nationalité, pour assurer la stabilité de la nationalité des personnes à la date de leur majorité, il y a bien une différence de situations entre les personnes majeures et mineures. • Cons. const. 21 oct. 2011, *Fazia C. et a.*, n°s 2011-186/187/188/189 QPC § 5. ♦ L'action en négation de nationalité ayant pour objet de faire reconnaître qu'une personne n'a pas la qualité de Français, celui-ci est différent tant de l'action en contestation de la déclaration de nationalité, qui vise à contester l'acte ayant conféré à une personne la nationalité française, que de la déchéance de nationalité, qui vise à priver une personne, en raison des faits qu'elle a commis, de la nationalité française qu'elle avait régulièrement acquise ; dès lors en instaurant des règles de prescription différentes pour des actions ayant un objet différent, le législateur n'a pas méconnu le principe d'égalité. • Cons. const. 22 nov. 2013, *Charly K.*, n° 2013-354 QPC § 9. ♦ De même, sont dans des situations différentes les enfants d'une personne ayant acquis la nationalité française, selon qu'ils ont été reconnus par cette personne avant ou après l'acquisition de la nationalité. • CE, QPC, 24 janv. 2014, *X.*, n° 366733 : *AJDA 2014. 1188*.

125. Une différence de traitement entre, d'une part, les personnes de nationalité française et les ressortissants d'un État membre de l'Union européenne ou d'un État partie à l'accord sur l'Espace économique européen et, d'autre part, les personnes d'une autre nationalité pour l'exercice, soit en tant qu'exploitant individuel, soit en tant que dirigeant, gérant ou associé d'une personne morale, des activités privées de surveillance et de gardiennage, de transport de fonds, de protection physique des personnes et de protection des navires, lorsqu'elles ne sont pas assurées par un service public administratif, est justifiée pour assurer un strict contrôle des dirigeants des entreprises exerçant des activités privées de sécurité qui, du fait de leur autorisation d'exercice, sont associées aux missions de l'État en matière de sécurité publique. • Cons. const. 9 avr. 2015, *Kamel B. et a.*, n° 2015-463 QPC § 4 et 5.

126. Le traitement différencié réservé aux salariés de la SNCF qui ne remplissaient pas la condition de nationalité pour accéder au régime du cadre permanent est discriminatoire. • Paris, 31 janv. 2019, n° 161/2018 : *AJDA 2019. 352, note Belrhali*.

127. Droit de propriété. Il existe une situation différente entre des propriétés foncières régies par des plans locaux d'urbanisme différents ou situées dans des zones différentes d'un même plan dès lors que chaque plan local d'urbanisme fixe les règles applicables à chaque zone comprise dans son périmètre en fonction tant des caractéristiques propres de cette zone que des finalités assignées au plan par le code de l'urbanisme. • Cons. const. 7 déc. 2000, n° 2000-436 DC § 16.

128. Droit de l'information. Sont dans des situations différentes : les radios « locales » et les stations dites « périphériques ». • Cons. const. 27 janv. 1982, n° 82-141 DC § 9. ♦ ... Des quotidiens nationaux et des quotidiens régionaux. • Cons. const. 10 oct. 1984, n° 84-181 DC § 97 • 11 oct. 1984 : *ibid.* ♦ ... Les quotidiens nationaux d'information politique et générale et les autres quotidiens en particulier sportifs. • Cons. const. 27 déc. 2001, n° 2001-456 DC § 37. ♦ ... Le « support papier » et les « supports électroniques » au regard du droit de réponse des personnes visées par un article. • Cons. const. 10 juin 2004, n° 2004-496 DC § 14.

129. Prestations sociales. Régimes sociaux. Aide sociale. Le versement des prestations familiales étant subordonné par l'art. L. 552-4 CSS au respect de l'obligation scolaire, il en résulte que les familles bénéficiaires d'allocations familiales sont placées, au regard des avantages sociaux dont elles disposent du fait de leurs enfants, dans une situation différente de celles qui n'en bénéficient pas. • CE, QPC, 15 juin 2011, *Assoc. justice pour toutes les familles*, n° 347581 : *AJDA 2011. 1966, concl. Vialettes*. ♦ Sont également dans une situation différente : des employeurs selon qu'ils sont ou non affiliés à la caisse de congés payés. • Cons. const. 18 déc. 2014, n° 2014-706 DC § 13. ♦ ... Des particuliers qui procèdent à la location pour une courte durée d'un local meublé ou d'un bien meuble, afin de gérer leur patrimoine et ceux qui, compte tenu du montant des recettes perçues, peuvent être réputés exercer cette activité à titre régulier. • Cons. const. 22 déc. 2016, n° 2016-742 DC § 14. ♦ ... Le département, lorsqu'il verse une prestation d'aide sociale et d'autres tiers payeurs qui versent une prestation reposant sur une logique assurantielle. • Cons. const. 24 févr. 2017, *Dpt d'Ille-et-Vilaine*, n° 2016-613 QPC § 12.

130. La commission permanente pouvait légalement prévoir, pour la prise en charge par le service de l'aide sociale à l'enfance des jeunes majeurs de moins de vingt et un ans éprouvant des difficultés d'insertion sociale faute de ressources ou d'un soutien familial suffisants, sans entacher sa délibération d'erreur de droit ni méconnaître le principe d'égalité, des formes d'intervention diversifiées et des critères en fonction desquels les jeunes considérés seraient orientés vers une forme de prise en charge plutôt qu'une autre, en réservant les prises en charge les plus complètes, compte tenu de leur particulière vulnérabilité, aux jeunes pris en charge par l'aide sociale à l'enfance avant leur majorité, pour lesquels une rupture de prise en charge présente des risques particuliers, et aux jeunes ne pouvant accéder à l'autonomie en raison de difficultés spécifiques liées à la santé ou au handicap. • CE 15 juill. 2020, n° 429797 § 14 : *AJDA 2020. 2123*.

131. Personnes dans des situations défavorables. Aucun principe ni aucune règle de valeur constitutionnelle n'interdit au législateur de prendre des mesures propres à venir en aide à des catégories de personnes placées dans des situations défavorables. • CE 11 oct. 2012, *Barri-Loubeyre*, n° 349321 : *AJDA 2012. 2417*.

132. Environnement. Les éoliennes, soumises à autorisation au titre des installations classées, sont dans une situation différente des autres installations de production d'énergie renouvelable, en ce qui concerne les effets de ces installations pour la commodité de voisinage, la sécurité et la salubrité publique, la protection de l'environnement et des paysages. De même, les éoliennes terrestres sont dans une situation différente des éoliennes offshore soumises à d'autres autorisations. • CE 16 avr. 2012, *Sté Innovent et a.*, n° 353577 : *AJDA 2012. 853 ; Constitutions 2012. 657, obs. Foucher*. ♦ En l'état des techniques, les procédés de forage suivi de fracturation hydraulique de la roche appliqués pour la recherche et l'exploitation d'hydrocarbures diffèrent de ceux appliqués pour stimuler la circulation de l'eau dans les réservoirs géothermiques tant par le nombre de forages nécessaires que par la nature des roches soumises à la fracturation hydraulique, ainsi que par les caractéristiques et les conditions d'utilisation des produits ajoutés à l'eau sous pression pour la fracturation. • Cons. const. 11 oct. 2013, *Sté Schuepbach Energy LLC*, n° 2013-346 QPC § 8.

133. Santé. Au regard de la possibilité de prélever des cellules du sang de cordon ou placentaire ou des cellules du cordon ou du placenta pour un usage dans le cadre familial, les frères et sœurs ne sont pas dans des situations identiques selon leur état de santé et leur date de naissance. Il est dès lors possible de réserver cet usage aux seuls cas où une nécessité thérapeutique avérée et connue à la date du prélèvement le justifie. • Cons. const. 16 mai 2012, *Sté Cryo Save France*, n° 2012-249 QPC § 9. ♦ Au regard de la prescription de l'action, les personnes engageant une action tendant à la prise en charge par l'ONIAM, en lieu et place du fournisseur des produits sanguins, des dommages résultant d'une contamination d'origine transfusionnelle et celles qui recherchent la réparation d'un dommage imputable à un professionnel ou à un établissement de santé ne sont pas dans la même situation. • CE 23 juill. 2014, *Mme B.*, n° 375829 : *Lebon ; AJDA 2014. 2204, concl. Lambolez ; D. 2014. 2362, obs. Bacache, Guégan-Lécuyer et Porchy-Simon*.

134. Au regard des modalités de gestion de la prise en charge des frais de santé, ne sont pas dans une situation identique, d'une part, les mineurs et les autres assurés sociaux et, d'autre part, les mineurs de moins de seize ans et les autres mineurs. • Cons. const. 17 déc. 2015, n° 2015-723 DC § 27.

135. Les établissements de santé publics et les établissements de santé privés participant au service public hospitalier sont, compte tenu de leurs statuts, placés dans des situations différentes de celle des autres établissements de santé au regard des règles de tarification des soins. • Cons. const. 17 déc. 2015, n° 2015-723 DC § 42. ♦ De même les actes de prévention, de diagnostic ou de soins pratiqués dans un établissement, service ou organisme de santé se caractérisent par une prévalence des infections nosocomiales supérieure à celle constatée chez les professionnels de santé exerçant en ville, tant en raison des caractéristiques des patients accueillis et de la durée de leur séjour qu'en raison de la nature des actes pratiqués et de la spécificité des agents pathogènes de ces infections ; au surplus, les établissements, services et organismes de santé sont tenus de mettre en œuvre une politique d'amélioration de la qualité et de la sécurité des soins et d'organiser la lutte contre les événements indésirables, les infections associées aux soins et l'iatrogénie. Le législateur a entendu prendre en compte les conditions dans lesquelles les actes de prévention, de diagnostic ou de soins sont pratiqués dans les établissements, services et organismes de santé et la spécificité des risques en milieu hospitalier. • Cons. const. 1er avr. 2016, *Carlos C.*, n° 2016-531 QPC § 7. ♦ Rappr. • Cons. const. 23 sept. 2011, *Djamel B.*, n° 2011-167 QPC § 5.

136. Différences de traitement instituées entre les hommes et les femmes. Ces différences relèvent à la fois du présent art. et de l'al. 3 Préamb. Const. 46. • Cons. const. 9 janv. 2014, *Jalila K.*, n° 2013 QPC § 4 et 5.

137. Collectivités territoriales. Les communautés d'agglomération d'au moins trois ans d'existence ne sont pas placées dans la même situation que les établissements publics de coopération intercommunale nouvellement créés, qui n'ont jamais perçu une telle dotation. Elles ne sont pas davantage placées dans la même situation que les communautés d'agglomération issues de la fusion ou de la transformation d'établissements publics, dont l'attribution de dotation d'intercommunalité était, jusqu'alors, déterminée en fonction des règles et de la composition propres à la catégorie dont elles relevaient. • Cons. const. 8 juin 2018, ⚖ *Cté d'agglo. du Saint-Sénonais,* n° 2018-711 QPC § 14. ♦ V. pour une analyse de la décision de renvoi. • CE, QPC, 28 mars 2018, ⚖ *Cté d'agglo Grand Sénonais,* n° 417024 : *JCP Adm. 2018. 2154, note Martin.*

138. L'attribution au département des Hauts-de-Seine d'une majorité de droits de vote au sein du CA de l'EP Paris La Défense tient compte du fait que le périmètre des deux opérations d'intérêt national sur lesquelles s'exerce la compétence de cet EP, qui recouvre le territoire de plusieurs des communes qui y sont représentées, est en totalité situé à l'intérieur de ce département. La majoration des droits de vote éventuellement accordée aux représentants des collectivités territoriales et du groupement est fixée par la convention déterminant leur contribution aux dépenses de l'établissement public. Dans ce cadre, le département des Hauts-de-Seine ne peut conserver la majorité des droits de vote qu'à la condition de contribuer majoritairement aux dépenses de l'établissement public. Si, en l'absence d'une telle convention, le département des Hauts-de-Seine conserve une majorité de droits de vote, il est alors soumis à une contribution obligatoire aux dépenses de l'EP, déterminée selon des modalités fixées par décret en Conseil d'État, dont le montant rend compte du rôle qui lui est conféré au sein de cet EP. • Cons. const. 27 sept. 2018, ⚖ *Cté d'entreprise de l'EP d'aménagement de la Défense Seine Arche,* n° 2018-734 QPC § 12 à 14. ♦ Le dispositif créé par le législateur fait reposer la différence de traitement entre certaines communes et les autres sur une différence de situation au regard de leurs obligations contributives, étant entendu que lorsqu'une commune ne contribue pas, elle se trouve en principe privée de sa voix délibérative. Cette différence de situation est en rapport avec l'objet de la loi. • Cons. const. 27 sept. 2018, ⚖ *Cté d'entreprise de l'EP d'aménagement de la Défense Seine Arche,* n° 2018-734 QPC § 17 et 18. ♦ Les membres de la section de commune qui, jouissant de leurs droits civiques, sont électeurs de la commune participent, en cette qualité, aux affaires communales. Ils ne sont donc pas placés dans la même situation que les membres de la section qui n'ont pas cette qualité. • Cons. const. 10 mai 2019, ⚖ *Épx B.,* n° 2019-778 QPC § 9.

139. Les communes qui, au cours de l'année scolaire 2018-2019, avaient institué des classes maternelles ou écoles maternelles publiques ou approuvé des contrats d'association d'écoles maternelles privées, ont contribué à ce titre à leur financement, dans les conditions prévues par le code de l'éducation et ne sont, ainsi, pas placées dans une situation identique à celle des autres communes, qui n'exerçaient pas déjà les mêmes compétences et ne supportaient donc pas les charges correspondantes. • Cons. const. 25 juill. 2019, ⚖ n° 2019-787 DC § 7.

140. Enseignement. Sont dans une situation différente des autres établissements d'enseignement, soit en raison de leur mode de gestion, soit en raison de leurs obligations pédagogiques et des contrôles qui s'y rattachent, les établissements par les chambres consulaires, auxquelles le législateur a donné la faculté de créer et d'administrer des établissements d'enseignement, les établissements publics ou privés dispensant des formations conduisant aux diplômes professionnels délivrés par les ministères chargés de la santé, des affaires sociales, de la jeunesse et des sports, les établissements privés d'enseignement du second degré sous contrat d'association avec l'État, à ce titre soumis à des obligations et à un contrôle particuliers tant sur le programme que sur les règles d'enseignement, et les établissements privés relevant de l'enseignement supérieur gérés par des organismes à but non lucratif. • Cons. const. 21 oct. 2015, ⚖ *Assoc. Fondation pour l'école,* n° 2015-496 QPC § 7. ♦ Rappr. • Cons. const. 15 déc. 2017, ⚖ *Sté Marlin,* n° 2017-681 QPC (sol. impl.). ♦ ... Au regard des aides accordées par les collectivités territoriales aux élèves, ceux des écoles publiques et ceux des écoles privées. • CAA Versailles, 29 mars 2018, ⚖ n° 15VE03008 : *AJDA 2018. 1813* ✎.

141. Divers. De même, la responsabilité encourue par les établissements publics de santé à raison des conséquences dommageables d'actes de prévention, de diagnostic ou de soins, de nature extracontractuelle, ne procède pas du même fondement que celle encourue par les établissements et professionnels de santé privés, qui est de nature contractuelle ; dès lors, eu égard à cette différence de situation, l'application, aux créances indemnitaires détenues sur un établissement public de santé, d'un régime de prescription différent de celui prévalant pour les créances détenues sur un établissement ou professionnel de santé privé, tel que le régime particulier institué par l'art. 1er de la loi du 31 déc. 1968 pour l'ensemble des créances sur des collectivités et établissements publics, ne méconnaît pas le principe d'égalité. • CE, QPC, 15 nov. 2010, *Cts Collet et a.,* n° 34297 : *préc. note 34.* ♦ De même, au regard de la disposition allongeant la prescription de ces créances de 4 à 10 ans, ne sont pas dans la même situation les titulaires des créances dont la prescription était légalement acquise à la date de l'entrée en vigueur de la nouvelle loi et les titulaires des créances qui n'étaient pas encore prescrites. • Même affaire. ♦ Au regard du droit d'ester en justice contre une décision administrative individuelle relative à l'occupation ou à l'utilisation des sols, les associations qui se créent postérieurement à la demande d'occupation ou d'utilisation des sols ne sont pas dans une situation identique à celle des associations antérieurement créées. • Cons. const. 17 juin 2011, *Assoc. Vivraviry,* n° 2011-138 QPC § 8. ♦ ... De même au regard des indemnités pour l'exercice de fonctions, les adjoints chargés d'une délégation de fonctions et ceux disposant d'une délégation de signature. • CAA Douai, 29 nov. 2011, *Cne de Noyon,* n° 10 DA01567 : *AJDA 2012. 543, concl. Marjanovic* . ♦ ... Au regard des contrôles antidopage, les sportifs de haut niveau et « espoir », qui ne participent pas aux mêmes compétitions et doivent donc être plus contrôlés que les sportifs amateurs. Il en va de même de ceux qui ont déjà fait l'objet d'une sanction disciplinaire pour dopage. • CE 29 mai 2013, *B.,* n° 364839 : *AJDA 2013. 1720* . ♦ Les cautions simples et solidaires permettent au législateur de maintenir spécifiquement la portée de l'engagement de la caution solidaire dans le cadre d'un plan de redressement judiciaire. • Cons. const. 6 févr. 2015, *Épx R.,* n° 2014-447 QPC § 6.

142. Sont dans des situations différentes, les titulaires d'un permis de construire précaire et ceux titulaires d'un permis ou d'une autorisation d'urbanisme de droit commun. • CE, QPC, 18 févr. 2015, *Assoc. valorisation du quartier Paris Maillot Dauphine,* n° 385959 : *AJDA 2015. 373* . ♦ Les parties à un bail commercial sont dans une situation différente des parties à un contrat de location d'un local dans lequel n'est pas exploité un fonds de commerce. • Cons. const. 5 mars 2021, *Sté Cie du grand hôtel de Malte,* n° 2020-887 QPC § 15.

143. Dès lors qu'aucune exigence constitutionnelle n'impose que les créances sur les personnes publiques soient soumises aux mêmes règles que les créances civiles, le législateur pouvait, en instituant un régime particulier applicable aux créances contre certaines personnes publiques, prévoir des causes de suspension de la prescription différentes de celles applicables aux relations entre personnes privées. • Cons. const. 18 juin 2012, *Boualem M.,* n° 2012-256 QPC § 5. ♦ Rappr. des refus de transmission de QPC sur cette question. • CE, QPC, 15 nov. 2010, *Collet,* n° 342947 B • Civ. 3e, 16 mai 2012 : *D. 2012. 1407* .

144. Si le législateur a entendu, tant pour les courses de taureaux que pour les combats de coqs, fonder l'exclusion de responsabilité pénale sur l'existence d'une tradition ininterrompue, il s'agit toutefois de pratiques distinctes par leur nature. • Cons. const. 31 juill. 2015, *Jismy R.,* n° 2015-477 QPC § 4.

145. Sont dans des situations différentes au regard de l'objet de la loi, et peuvent donc se voir appliquer un taux de logements sociaux inférieur, les communes appartenant à une agglomération ou un EPCI, dans lesquels le parc de logements ne justifie pas un effort de production supplémentaire de logements sociaux, et les autres communes ; les communes isolées de plus de 15 000 habitants (n'appartenant ni à une agglomération ni à un EPCI de plus de 50 000 habitants), qui entrent nouvellement dans le dispositif, et les autres communes qui remplissaient déjà les critères prévus pour entrer dans le dispositif. • Cons. const. 17 janv. 2013, n° 2012-660 DC § 18.

146. Il résulte de la différence de situation dans laquelle sont placés les détenus que le requérant ne saurait utilement invoquer la méconnaissance de l'accès au service universel des communications électroniques, en tant qu'il garantit à chacun « un droit au raccordement » à un service téléphonique, ni les dispositions fixant les obligations contractuelles des opérateurs de téléphonie vocale à l'égard de leurs clients souscrivant à un service de communications électroniques. Si l'amortissement des fournitures et des prestations est réalisé à travers les ventes des communications téléphoniques effectuées par les détenus le tarif ne peut pas inclure le coût de l'écoute, de l'enregistrement et de l'archivage des conversations téléphoniques qui se rattachent aux missions générales de police incombant, par nature, à l'État. • CE 14 nov. 2018, n° 418788 A : *AJDA 2018. 2270* ; *JCP Adm. 2018. 872.*

147. Situations particulières. Sont dans des situations particulières par rapport à la généralité de la catégorie considérée : Les salariés, le personnel d'encadrement au regard du temps de travail. • Cons. const. 10 juin 1998, n° 98-401 DC § 37 • Cons. const. 13 janv. 2000, n° 99-423 DC § 75. ♦ ... Les travailleurs non salariés associés dans les sociétés d'exercice libéral au regard de l'assiette des cotisations sociales pesant sur les dividendes versés. • Cons. const. 6 août 2010, *Assoc. nat. stés d'exercice libéral,* n° 2010-24 QPC. ♦ ... Les personnes ayant effectué des carrières longues dans le secteur public comme dans le secteur privé. • Cons. const. 9 nov. 2010, n° 2010-617 DC § 12. ♦ Les journalistes qui, compte tenu de la nature particulière de leur travail, sont placés dans une situation différente de celle des autres salariés. • Cons. const. 14 mai 2012, *Sté Yonne Républicaine et a.,* nos 2012-243/244/245/246 QPC § 7. ♦ Il en est de même pour les salariés membres du conseil ou pour un administrateur d'une caisse de sécurité sociale. • Cons. const. 14 mai 2012, *Assoc. Temps de vie*, n° 2012-242 QPC §11.

148. Professionnels. Sont dans une situation particulière les professionnels de santé des activités concernées par l'augmentation excessive des dépenses. • Cons. const. 21 déc. 1999, n° 99-422 DC § 45 à 47. ♦ Les activités de location de locaux meublés ou de biens meubles peuvent, selon le volume d'activité en cause, constituer une simple gestion patrimoniale ou être assimilées à une activité de nature professionnelle. • Cons. const. 22 déc. 2016, n° 2016-742 DC § 15.

149. Entreprises. Des entreprises affectées par les mesures de blocage des prix en fonction de la date de référence de cette mesure sont dans une situation particulière. • Cons. const. 30 juill. 1982, n° 82-43 DC § 8. ♦ Il en est de même : des entreprises ayant bénéficié de prêts du fonds de développement économique et social. • Cons. const. 28 déc. 2000, n° 2000-441 DC § 18. ♦ ... Des entreprises qui, par convention collective, ont mis en place la possibilité de prononcer la mise à la retraite d'office de salariés de moins de 65 ans. • Cons. const. 14 déc. 2006, n° 2006-544 DC § 32. ♦ ... Des entreprises les plus utilisatrices de main-d'œuvre au regard de la loi sur la réduction du temps de travail. • Cons. const. 10 juin 1998, n° 98-401 DC § 34. ♦ ... Des entreprises exerçant des activités professionnelles libérales soumises à statut législatif ou règlementaire. • Cons. const. 7 oct. 2015, *Gil L.*, n° 2015-486 QPC § 12. ♦ ... Les candidats évincés d'un contrat privé de la commande publique sont dans une situation différente des candidats évincés d'un contrat administratif de la commande publique. • Cons. const. 2 oct. 2020, *Sté Bâtiment mayennais*, n° 2020-857 QPC § 26.

150. Les sociétaires agriculteurs du Crédit agricole sont dans une situation particulière. • Cons. const. 7 janv. 1988, n° 87-232 DC § 40 s.

151. Personnes publiques. Sont dans une situation particulière : les agents de l'État et des autres personnes morales de droit public. • Cons. const. 5 janv. 1982, n° 81-134 DC § 3. ♦ ... Les « métropoles », EPCI, hors de la région Île-de-France, qui forment, à la date de leur création, des communes constituant un ensemble de plus de 500 000 habitants et/ou les communautés urbaines de Lille, Lyon, Marseille et Strasbourg, constituées pour favoriser « un projet d'aménagement et de développement économique, écologique, éducatif, culturel et social de leur territoire », afin de répondre aux enjeux économiques et aux besoins sociaux qui s'attachent à ce type de zones urbaines. • Cons. const. 9 déc. 2010, n° 2010-618 DC § 50. ♦ ... Les communes de Guyane et celles des autres territoires ultra-marins s'agissant de la répartition de la fraction du produit de l'octroi de mer. • Cons. const. 21 oct. 2016, *Assoc. maires de Guyane*, n° 2016-589 QPC.

152. Représentativité. Des associations foncières agricoles à la constitution desquelles participent des collectivités territoriales sont dans une situation particulière. • Cons. const. 22 janv. 1990, n° 89-267 DC § 12.

153. Droit du travail. Les victimes d'accident du travail et de maladie professionnelle ne sont pas dans la même situation. • Cons. const. 18 juin 2010, *Épx L.*, n° 2010-8 QPC § 15. ♦ Les caractéristiques des contrats de franchise conduisent à ce que l'encadrement des modalités d'organisation et de fonctionnement des entreprises franchisées puisse avoir un impact sur les conditions de travail de leurs salariés et soient donc, dans ce cadre traités différemment des autres formes juridiques de réseaux commerciaux. • Cons. const. 4 août 2016, n° 2016-736 DC § 29. ♦ Les salariés, compte tenu de l'absence d'une convention ou d'un accord collectifs, voient leur situation réglée par la négociation entre eux et l'employeur. • Cons. const. 15 sept. 2017, *CGT-FO*, n° 2017-653 QPC § 26.

154. Au besoin, le Conseil constitutionnel soulève d'office la violation du principe d'égalité. • Cons. const. 7 déc. 2000, n° 2000-435 DC § 48.

155. Par ailleurs, si la différence de situation est le résultat même de la loi et de l'objectif qu'elle poursuit, il n'y a pas violation du principe d'égalité. • Cons. const. 13 janv. 1994, n° 93-331 DC § 11.

156. Nationalité. Au regard du droit commun d'acquisition de la nationalité française, un enfant né à Mayotte de parents étrangers, compte tenu de ce que l'immigration irrégulière, contre laquelle souhaite lutter le législateur, à Mayotte pouvait être favorisée par la perspective d'obtention de la nationalité française par un enfant né en France et par les conséquences qui en découlent sur le droit au séjour de sa famille. • Cons. const. 6 sept. 2018, n° 2018-770 DC § 43 et 47.

2. Situations identiques

157. Fonction publique. Ne sont pas dans une situation différente : au regard de la prise en compte, dans le calcul de la pension, des charges liées à une famille nombreuse, un fonctionnaire pensionné invalide et un pensionné valide. • Cons. const. 13 janv. 2011, *Claude G.*, n° 2010-83 QPC § 6. ♦ ... Au regard de la réversion de la pension d'un fonctionnaire défunt, les enfants issus de lits différents quel que soit le nombre d'orphelins composant chaque lit. • Cons. const. 25 mars 2001, *Marie-Christine D.*, n° 2010-108 QPC § 4. ♦ ... Les veuves des ministres du culte en Alsace-Moselle et ce quelque soit la religion du ministre considéré. • TA Strasbourg, 14 nov. 2012, ♗ *B.*, n° 1103360 : *AJFP 2013. 31* ✐ ; *Dr. adm. 2013. 26, note Chauvet.*

158. Professions. Sont encore dans des situations identiques : au regard des dérogations au principe de la circulation alternée, les professionnels de l'enseignement de la conduite automobile qui doivent alors pouvoir bénéficier, comme les autres professionnels pour qui l'usage d'un véhicule est indispensable à l'exercice de leur profession, d'une dérogation au principe de la circulation alternée. • CE 28 févr. 2000, ♗ *Union nat. intersynd. enseignants de la conduite*, n° 195033 : *Lebon 104* ✐ ; *AJDA 2000. 661, concl. Chauvaux* ✐. ♦ V. *a contrario*, pour des avocats. • CE 28 févr. 2000, ♗ *Petit-Perrin*, n° 189082 B. ♦ ... Au regard de l'objet de la loi, qui est de favoriser le rétablissement rapide des capacités de production après un cyclone, les marins-pêcheurs embarqués, selon qu'ils ont ou non acquitté leur rôle d'équipage. • Cons. const. 7 déc. 2000, n° 2000-435 DC § 48. ♦ ... Au regard d'un régime favorable de traitement des dettes en cas de difficultés financières, les professionnels libéraux, qu'ils exercent ou non à titre individuels. • Cons. const. 11 févr. 2011, *Monique P.*, n° 2010-101 QPC § 5. ♦ ... Des éleveurs ayant commis la même infraction aux règles zoosanitaires. • Cons. const. 20 juill. 2012, *Georges R.*, n° 2012-266 QPC § 12. ♦ ... Sur le marché de la réservation préalable, des exploitants de taxis situés dans le ressort de leur autorisation de stationnement et des autres personnes exerçant l'activité de transport individuel de personnes. • Cons. const. 22 mai 2015, ♗ *Sté UBER France SAS et a.*, n° 2015-468/469/472 QPC § 14. ♦ ... Les taxis et les voitures de transport avec chauffeur au regard de l'activité de transport individuel de personnes sur réservation préalable. • Cons. const. 22 mai 2015, ♗ *Sté UBER France SAS et a.*, n° 2015-468/469/472 QPC § 25. ♦ ... Au regard d'une contribution due par des professionnels du droit selon qu'ils exercent à titre individuel ou à titre collectif dès lors que le niveau d'activité peut être le même. • Cons. const. 29 déc. 2016, ♗ n° 2016-743 DC § 27.

159. Nationalité. Ont la nationalité française tous les enfants nés d'une mère française ou d'un père français, qu'ils soient ou non nés en France. • Cons. const. 5 oct. 2018, ♗ *M. Jaime Rodrigo F.*, n° 2018-737 QPC. ♦ Toutes les personnes ayant acquis la nationalité française et celles auxquelles la nationalité française a été attribuée à leur naissance sont dans la même situation. • Cons. const. 16 juill. 1996, ♗ n° 96-377 DC § 23 • Cons. const. 23 janv. 2015, *Ahmed S.*, n° 2014-439 QPC § 13. ♦... Il en est de même pour toutes les personnes, quelle que soit leur nationalité, au regard des conditions de vie en rapport avec la dignité des fonctions exercées au service de l'État. • Cons. const. 28 mai 2010, *Cts L.*, n° 2010-1 QPC § 9 et 10. ♦ ... Il en est également de même : au regard de la reconnaissance de la Nation par l'octroi de la carte de combattant. • Cons. const. 23 juill. 2010, *Lahcène A.*, n° 2010-18 QPC § 4. ♦ ... Au regard de la mise en œuvre du principe de participation (Préamb. Const. 1946, al. 8) aux élections des représentants du personnel au sein de l'agence France-Presse. • Cons. const. 6 mai 2011, *Synd. SUD-AFP*, n° 2011-128 QPC § 5. ♦ ... Pour tous les héritiers qui viennent à la succession, quelle que soit leur nationalité, au regard du droit de prélèvement sur la succession. • Cons. const. 5 août 2011, *Elke B. et a.*, n° 2011-159 QPC § 6. ♦ ... Pour toutes les personnes, quelles que soient leurs nationalités et leurs origines, qui n'ont pas un domicile ou une résidence fixe de plus de six mois. • Cons. const. 5 oct. 2012, *Jean-Claude P.*, n° 2012-279 QPC § 18. ♦ Dans le cadre de la poursuite de l'objectif de solidarité nationale et pour garantir le paiement de rentes aux personnes ayant souffert de préjudices résultant de dommages physiques subis en Algérie entre le 31 octobre 1954 et le 29 septembre 1962 du fait d'attentat ou de tout autre acte de violence, les personnes ne sont pas dans une situation différente selon qu'elles possédaient ou non la nationalité française à la date de promulgation de la loi créant le régime d'indemnisation, dès lors qu'elles satisfont aux autres conditions posées par le législateur. • Cons. const. 23 mars 2016, ♗ *Cherif Y.*, n° 2015-530 QPC § 5. ♦ ... Au regard de la mise en œuvre du régime d'indemnisation des personnes de nationalité française (et de leurs ayant-droit) victimes de dommages physiques subis en Algérie entre 1954 et 1962 du fait d'attentat ou de tout autre acte de violence. • Cons. const. 8 févr. 2018, ♗ *Abdelkader K.*, n° 2017-690 QPC § 5 et 6.

160. Le droit de l'Union interdit de réserver la profession de notaire aux nationaux. • CJUE 24 mai 2011, ♗ *Commission c/ France*, n° C-50/08 : *Dr. adm. 2011, note Froger.*

161. Droit du travail. Les personnels quelles que soient leurs nationalités peuvent participer, au regard de la mise en œuvre du principe de participation (Préamb. Const. 1946, al. 8), aux élections des représentants du personnel au sein de l'agence France-Presse. • Cons. const. 6 mai 2011, *Synd. SUD AFP*, n° 2011-128 QPC § 5. ♦ Les salariés qui n'ont pas encore bénéficié de l'ensemble des droits à congé qu'ils ont acquis lorsqu'ils sont licenciés se trouvent placés, au regard du droit à congé, dans la même situation ; par suite, en prévoyant qu'un salarié ayant travaillé pour un employeur affilié à une caisse de congés conserve son droit à indemnité compensatrice de congé payé en cas de licenciement pour faute lourde, alors que tout autre salarié licencié pour faute lourde est privé de ce droit, le législateur a traité différemment des personnes se trouvant dans la même situation. • Cons. const. 2 mars 2016, *Michel O.*, n° 2015-523 QPC § 7. ♦ Sont dans une situation identique les personnes titulaires d'une pension d'invalidité servie par le régime général de sécurité sociale quelle que soit la nature de l'activité professionnelle reprise. • Cons. const. 14 avr. 2016, *Francine E.*, n° 2016-534 QPC § 4. ♦ Les entreprises, quelle que soit leur taille, et leurs salariés, au regard des règles applicables à l'indemnisation du préjudice causé par un licenciement sans cause réelle et sérieuse. • Cons. const. 13 oct. 2016, *Sté Goodyear Dunlop Tires France SA*, n° 2016-582 QPC § 7.

162. Il découle du principe d'égalité que les biens faisant partie de patrimoines publics comme les biens appartenant à des personnes privées ne doivent pas être cédés à des personnes poursuivant des fins d'intérêt privé pour des prix inférieurs à leur valeur. • Cons. const. 18 sept. 1986, n° 86-217 DC § 47.

163. Au regard du plafonnement des indemnités de licenciement, les salariés licenciés sont dans la même situation quels ques soient les effectifs de l'entreprise. • Cons. const. 5 août 2015, n° 2015-715 DC § 152.

164. Les organisations syndicales sont dans la même situation, qu'elles aient ou non signé un accord d'entreprise ou d'établissement et souhaité le soumettre à la consultation des salariés pour conclure le protocole fixant les modalités d'organisation de cette consultation. • Cons. const. 20 oct. 2017, *CGT-FO*, n° 2017-664 QPC § 10.

165. Enseignement. De même si le principe d'égalité impose qu'élèves de l'enseignement privé et public bénéficient d'un égal accès aux formations dispensées dans le cadre du service public de l'enseignement, ainsi qu'aux divers examens et concours, en revanche il ne saurait exiger que toutes les formations dispensées dans les établissements de l'enseignement public le soient avec l'aide de l'État dans les établissements de l'enseignement privé. • Cons. const. 8 juill. 1999, n° 99-414 DC § 11. ♦ Ne sont pas dans la même situation : les nouveaux et les anciens bacheliers au regard de l'inscription à l'université. • TA Paris, 11 juin 2010, *Thine*, n° 0912446 : *AJDA 2010. 2227, concl. Le Broussois*. ♦ ... Les étudiants demandant au CROUS le bénéfice d'une chambre, selon l'âge qu'ils ont. • TA Lyon, 17 juin 2012, *Mohamed Abdallah*, n° 1003321 : *AJDA 2012. 1938*.

166. Contribuables. V. note 413.

167. Divers. Le législateur ne méconnaît pas le principe d'égalité lorsqu'il soumet aux mêmes garanties la responsabilité de personnes qui ont en commun la même qualité de mandataire de justice. • Cons. const. 18 janv. 1982, n° 84-182 DC § 13.

168. De même, ne sont pas dans des situations différentes les personnes morales selon qu'elles sont ou non à but lucratif dès lors que seules ces dernières se verraient interdire un droit de réponse dans le cas où les imputations susceptibles de porter atteinte à leur honneur ou à leur réputation auraient été diffusées dans le cadre d'une activité de communication audiovisuelle. • Cons. const. 27 janv. 1982, n° 82-141 DC § 11. ♦ Tous les pistolets à impulsion électrique aux caractéristiques similaires doivent être dans la même catégorie. • CE 3 déc. 2010, *Sté SMP technologie, Assoc. de tireurs et a.*, n° 332540 B : *AJDA 2010. 2345*. ♦ ... Ne sont pas dans des situations différentes : au regard de l'atteinte portée au domaine public maritime naturel, qui constitue une infraction matérielle à caractère continu, celui qui a édifié l'ouvrage irrégulier et celui qui, après en avoir acquis la propriété, l'a maintenu illégalement sur le domaine. • CE, QPC, 30 mai 2012, *Denis*, n° 357694 : *AJDA 2012. 1084*. ♦ ... Tous les orphelins au regard des dispositions qui excluent, à due concurrence du montant des prestations familiales auxquelles un orphelin est susceptible d'ouvrir droit, le versement d'une pension temporaire d'orphelin. • CE 17 sept. 2013, *Min. économie et finances*, n° 367396 : *AJDA 2013. 1775*. ♦ ... Au regard de la préservation de la biodiversité, les associations ne sont pas placées dans une situation différente de celles d'autres personnes morales ou physiques susceptibles, par la vente ou l'échange de ces mêmes semences ou matériels de reproduction, à titre commercial ou non, de favoriser également cette circulation des variétés végétales auprès des mêmes utilisateurs. • Cons. const. 4 août 2016, n° 2016-737 DC § 22. ♦ La différence de traitement entre les parents d'un enfant handicapé qui ont réduit ou interrompu leur activité avant que leur enfant ait atteint l'âge de trois ans et ceux qui ont réduit ou interrompu leur activité après que leur enfant a atteint cet âge alors qu'il est encore à leur charge, ne se justifie ni par une différence de situation au regard des préjudices de carrière liés à la charge supplémentaire qu'impose l'éducation d'un enfant handicapé, que la mesure vise à compenser, ni par un motif d'intérêt général. • CE 9 oct. 2019, n° 428634 B : *JCP Adm. 2019. 649*. ♦ Ne sont pas non plus dans des situations différentes les locataires d'un bien exproprié, que le transfert de propriété du bien loué procède d'une ordonnance d'expropriation ou d'une cession amiable consentie après déclaration d'utilité publique. • Cons. const. 16 avr. 2021, *Sté Robert Arnal et fils*, n° 2021-897 QPC § 8.

169. Absence de situation particulière par rapport à la généralité. Ne sont pas dans une situation particulière par rapport à la généralité : les banques dont la majorité du capital social appartient directement ou indirectement à des sociétés de caractère mutualiste ou coopératif dès lors que ni les caractères spécifiques de leurs statuts, ni la nature de leur activité, ni des difficultés éventuelles dans l'application de la loi propres à contrarier les buts d'intérêt général que le législateur a entendu poursuivre, ne les distinguent des autres banques. • Cons. const. 16 janv. 1982, n° 81-132 DC § 33. ♦ … Des exploitants agricoles qui sont installés en Corse au seul motif que les retards observés dans le paiement des cotisations sociales agricoles y sont plus importants qu'ailleurs. • Cons. const. 28 déc. 2000, n° 2000-441 DC § 46. ♦ … Au regard de l'atteinte portée au domaine public maritime naturel, qui constitue une infraction matérielle à caractère continu, celui qui a édifié l'ouvrage irrégulier et celui qui, après en avoir acquis la propriété, l'a maintenu illégalement sur le domaine. • CE, QPC, 30 mai 2012, *Bisogno*, n° 357694 : *AJDA 2012. 1084*. ♦ … Le président de la métropole de Lyon et les présidents de conseils généraux. • Cons. const. 23 janv. 2014, n° 2013-687 DC § 64. ♦ … Les départements d'Alsace et de Moselle ne sont pas dans une situation différente des autres départements s'agissant des omissions ou déclarations inexactes des assurés dans le cadre de leurs contrats. • Cons. const. 26 sept. 2014, *Sté Assurances du Crédit mutuel*, n° 2014-414 QPC § 9.

3. Situations quasi identiques

170. Il appartient au Conseil constitutionnel de rechercher si la distinction est suffisante pour être de nature à justifier une différence de régime juridique. • Cons. const. 20 juill. 1983, n° 82-162 DC § 63 • Cons. const. 29 juill. 1991, n° 91-297 DC § 12. ♦ Ainsi estime-t-il que sont dans des situations quasiment identiques ne justifiant pas une différence de traitement : les banques mutualistes ou coopératives que ni les caractères spécifiques de leurs statuts ni la nature de leur activité ne différencient des autres établissements bancaires, et ne peuvent donc pas être exclues du champ de la nationalisation. • Cons. const. 16 janv. 1982, n° 82-132 DC § 33. ♦ … Les contribuables qui n'ont pas d'autres revenus que des salaires, traitements et pensions qui sont eux en général déclarés par des tiers et ceux dont simplement une proportion infime serait pendant deux années composée d'autres revenus que des salaires, traitements et pensions. • Cons. const. 3 juill. 1986, n° 86-209 DC § 26. ♦ … Les chefs de service des hôpitaux et les chefs des départements au regard de leurs conditions de nomination. • Cons. const. 29 juill. 1991, n° 91-297 DC § 14. ♦ Rappr. : le principe d'égalité ne fait pas obstacle à ce que la loi soumette à des règles identiques des situations qui ne diffèrent qu'en ce qu'elles ont été régies par des législations antérieures pendant une durée plus ou moins longue. • Cons. const. 29 déc. 1983, n° 83-164 DC § 3.

171. Le mariage, le concubinage ou le pacte civil de solidarité sont les trois formes d'union sous lesquelles peut s'organiser, juridiquement, la vie commune d'un couple. Si l'intensité des droits et obligations qui s'imposent aux membres du couple diffèrent selon qu'ils choisissent l'une ou l'autre de ces unions, les concubins ou les partenaires liés par un pacte civil de solidarité ne sont pas moins exposés que les conjoints au dilemme moral dont le législateur a entendu préserver ces derniers lorsqu'ils sont appelés à témoigner au procès de leur conjoint accusé. • Cons. const. 28 févr. 2020, *Raphaël S. et a.*, n° 2019-828/829 QPC § 11.

4. Contraintes s'imposant au législateur

172. Contraintes constitutionnelles. Dès lors qu'en vertu de l'art. 21 L. org. du 19 mars 1999, prise sur le fondement de l'art. 77 Const. 58, l'État est compétent en matière de fonction publique de l'État, alors qu'en vertu de l'art. 22 du même texte, la Nouvelle-Calédonie est compétente en matière de fonction publique de la Nouvelle-Calédonie, le grief tiré de la rupture d'égalité entre les fonctionnaires retraités de l'État résidant en Nouvelle-Calédonie et ceux de la fonction publique territoriale de la Nouvelle-Calédonie doit être écarté. • Cons. const. 22 juill. 2010, *Alain C.*, n° 2010-4/17 QPC § 21.

173. Contraintes techniques. Le législateur peut, dans certains cadres, tenir compte de contraintes techniques. • Cons. const. 18 sept. 1986, n° 86-217 DC § 8 • Cons. const. 27 juill. 2000, n° 2000-433 DC § 10. ♦ S'agissant de l'audiovisuel, V. note 472.

174. Contraintes pratiques. Le délai octroyé aux entreprises employant 20 salariés au plus pour le passage aux 35 heures prend en compte les difficultés propres à la gestion du personnel. • Cons. const. 10 juin 1998, n° 98-401 DC § 35 • Cons. const. 13 janv. 2000, n° 99-423 DC § 56.

175. Caractère de la différence de traitement mise en œuvre. Il est possible que la différence de traitement porte atteinte au principe d'égalité du fait de son caractère général et absolu. • Cons. const. 7 janv. 1988, n° 87-232 DC § 40 s. ♦ Tel est le cas, lorsque la sous-représentation des sociétaires non agriculteurs du Crédit agricole est en tout état de cause minoritaire quelle que soit la proportion de ces sociétaires. • Cons. const. 7 janv. 1988, n° 87-232 DC § 40 s.

176. A l'inverse, la différence de traitement peut être admise du fait de sa durée limitée dans le temps. • Cons. const. 4 juill. 1989, n° 89-254 DC § 22.

177. Le législateur a voulu maintenir une différence de traitement préexistante. En effet, avant l'instauration des dispositions contestées, le conjoint ou le partenaire sans activité professionnelle d'une personne affiliée à un régime de sécurité sociale au titre de son activité professionnelle était affilié en tant qu'ayant-droit, sans avoir à acquitter de cotisation. Dès lors, la différence de traitement instituée entre les personnes bénéficiant des prestations en nature de la branche maladie et maternité de la sécurité sociale, selon les revenus de leur conjoint ou de leur partenaire, est inhérente aux modalités selon lesquelles s'est progressivement développée l'assurance maladie en France. • Cons. const. 27 sept. 2018, ♔ *Xavier B.*, n° 2018-735 QPC § 25 et 26.

b. Intérêt général permettant de déroger à l'égalité

178. Sur l'intérêt général pouvant justifier une différence de traitement en matière fiscale ou l'octroi d'avantages fiscaux ou pécuniaires pour inciter à tel ou tel comportement, V. notes 422 s.

179. Sur l'application du principe dans le cadre de l'intercommunalité, V. notes ss. Const. 58, art. 73.

1. Présence d'un intérêt général pouvant justifier une inégalité de traitement

180. Environnement. Peuvent encore justifier des inégalités de traitement : l'intérêt général que représente la protection de l'environnement. • Cons. const. 29 déc. 2003, n° 2003-488 DC § 8. ♦ ... La promotion de l'usage des énergies de réseau. • Cons. const. 11 avr. 2013, n° 2013-666 DC § 7 • Cons. const. 4 août 2016, ♔ n° 2016-737 DC § 30 • Cons. const. 23 janv. 2015, *Michèle C. et a.*, n° 2014-441/442/443 QPC § 8. ♦ Le législateur peut confier la mise en œuvre de la sauvegarde des sites et des milieux naturels à des autorités administratives locales, quitte à générer des différences affectant le droit de propriété, la sauvegarde des sites et des milieux naturels. • Cons. const. 17 juill. 1985, n° 85-189 DC § 15.

181. Médias. Peuvent encore justifier des inégalités de traitement : l'intérêt général que représentent les missions de service public qui leur sont confiées. • Cons. const. 27 juill. 2000, n° 2000-433 DC § 46. ♦ ... Des aides à un journal d'opinion, la volonté de préserver le pluralisme des quotidiens d'information politique et générale, lequel constitue un objectif de valeur constitutionnelle. • Cons. const. 28 déc. 2000, n° 2000-441 DC § 18. ♦ ... La volonté de permettre aux auteurs d'œuvres graphiques et plastiques originales de bénéficier de la valorisation de leurs œuvres après la première cession de celles-ci. • Cons. const. 28 sept. 2012, *Fondation Hans Hartung et Anna Eva Bergman*, n° 2012-276 QPC § 6. ♦ ... La préservation du pluralisme. • Cons. const. 27 juill. 2000, ♔ n° 2000-433 DC § 32. ♦ ... La prévention d'atteintes à l'ordre public résultant de la diffusion d'un service de radio ou de télévision contrôlé ou placé sous l'influence d'un État étranger. • Cons. const. 20 déc. 2018, ♔ n° 2018-773 DC § 41 et 63. ♦ ... La lutte contre le risque que les citoyens soient trompés ou manipulés dans l'exercice de leur vote par la diffusion de fausses informations sur des services de radio et de télévision contrôlés par un État étranger ou placés sous son influence. • Cons. const. 20 déc. 2018, ♔ n° 2018-773 DC § 49.

182. Droit civique. Peut encore justifier des inégalités de traitement la nécessité de protéger la liberté de choix de l'électeur, l'indépendance de l'élu ou l'indépendance des juridictions contre les risques de confusion ou de conflits d'intérêts. • Cons. const. 30 mars 2000, n° 2000-426 DC § 15. ♦ On peut encore indiquer, de manière apparemment contradictoire : la volonté de regrouper des consultations électorales. • Cons. const. 6 déc. 1990, n° 90-280 DC § 9 • Cons. const. 6 juill. 1994, n° 94-341 DC § 6. ♦ ... La volonté de ne pas concentrer les scrutins. • Cons. const. 15 déc. 2005, n° 2005-529 DC § 2.

183. Urbanisme. Peut encore justifier des inégalités de traitement l'intérêt général que représente la constitution de réserves foncières en vue de la réalisation de logements répondant à une préoccupation de mixité sociale. • Cons. const. 7 déc. 2000, n° 2000-436 DC § 16 • Cons. const. 17 janv. 2013, n° 2012-660 DC § 17. ♦ Le législateur peut interdire de construire à l'intérieur du périmètre d'un projet global d'aménagement, dans l'attente de l'approbation de ce projet par la commune, par la nécessité de ne pas compromettre ou de ne pas rendre plus onéreuse la réalisation dudit projet. • Cons. const. 7 déc. 2000, n° 2000-436 DC § 16. ♦ Le législateur peut vouloir inciter les collectivités territoriales à contribuer aux charges de l'EP, soit en leur donnant la possibilité d'obtenir, en échange, une majoration de leurs droits de vote, soit en les exposant au risque d'être privées de voix délibératives. • Cons. const. 27 sept. 2018, ♔ *Cté d'entreprise de l'EP d'aménagement de la Défense Seine Arche*, n° 2018-734 QPC §14 et 18.

184. Protection de la santé. Peut encore justifier des inégalités de traitement l'intérêt général que représente la lutte contre la consommation excessive de l'alcool. • Cons. const. 14 janv. 1983, n° 82-152 DC § 10 • CE 28 nov. 2014, n° 384324 : *AJDA 2015. 82* (dans les points de vente de carburant). ♦ ... Plus spécialement pour les jeunes. • Cons. const. 8 janv. 1991, n° 90-283 DC § 35. ♦ Peuvent également justifier des inégalités de traitement : le fait d'encourager les contrats de coopération entre les laboratoires de biologie médicale pour que ceux-ci, lorsqu'ils sont situés dans un même territoire médical infrarégional, mutualisent certains de leurs moyens. • Cons. const. 5 déc. 2014, *Sté laboratoires de biologie médicale Bio Dômes Unilabs SELAS,* n° 2014-434 QPC § 6. ♦ ... De ne pas bouleverser les projets de vie que les infirmiers maintenus sur leur demande dans le corps prévu par le Décr. du 30 nov. 1988 avaient pu légitimement faire en fonction de la possibilité de liquidation plus précoce de leur pension de retraite qui leur était ouverte par les dispositions qui leur étaient alors applicables. • CE, QPC, 27 juin 2012, *Féd. Santé et action sociale CGT,* n° 352387 : *AJDA 2012. 1309*. ♦ ... Au regard tant de la gravité du risque transfusionnel lié au VIH comme à d'autres infections sexuellement transmissibles, le ministre des affaires sociales et de la santé, qui s'est fondé non sur l'orientation sexuelle mais sur le comportement sexuel, mettant en place la contre-indication temporaire de 12 mois au don de sang total pour les hommes ayant eu des rapports sexuels avec un autre homme. • CE 28 déc. 2017, n° 400580 B : *AJDA 2018. 1281*. ♦ Au regard des circonstances exceptionnelles justifiant les mesures de confinement rappelées face à la pandémie de covid-19 et à la nécessité de permettre l'accès des personnes concernées par les règles de confinement aux produits de base, notamment aux denrées alimentaires, la dérogation à l'interdiction de recevoir du public accordée aux marchés alimentaires et aux établissements relevant des 48 secteurs d'activité listés en annexe, alors qu'aucune dérogation n'était prévue pour les marchés non alimentaires, n'était pas, à la date où elle a été édictée, manifestement disproportionnée. • CE 22 déc. 2020, n° 439804 B § 17 : *AJDA 2021. 6* ; *JCP Adm. 2021. 14.*

185. Droit du travail. Peut encore justifier des inégalités de traitement l'intérêt général que représentent : le développement économique et la création d'emplois. • Cons. const. 29 déc. 1998, n° 98-405 DC § 52. ♦ ... La lutte contre le chômage. • Cons. const. 18 déc. 2003, n° 2003-487 DC § 26. ♦ ... Ou la précarité de l'emploi. • CE 11 oct. 2012, *Barri-Loubeyre,* n° 349321 : *AJDA 2012. 2417*. ♦ ... L'amélioration de l'emploi des jeunes et des personnes en difficulté et l'acquisition pour elle d'une qualification professionnelle. • Cons. const. 29 avr. 2011, *Synd. CGT et a.,* n° 2011-122 QPC § 5. ♦ ... La représentation des salariés dans les conseils d'administration ou de surveillance d'une entreprise du secteur public. • Cons. const. 20 juill. 1983, n° 83-162 DC § 63. ♦ ... L'encouragement des jeunes travailleurs, qui commencent leur insertion dans la vie professionnelle au sortir de leurs études ou après une période de formation, à exercer durablement une activité professionnelle et à s'intégrer ainsi dans le monde du travail. • CE 27 oct. 2011, *CFDT,* n° 343943 B : *AJDA 2011. 2098* ; *JCP Adm. 2011. 705.* ♦ ... La participation, par l'intermédiaire de ses délégués, à la détermination collective des conditions de travail ainsi qu'à la gestion des entreprises (Préamb. Const. 1946, al. 8). • Cons. const. 7 août 2008, n° 2008-568 DC § 8. ♦ ... Des aides spécifiques à l'embauche dans certaines zones ou pour certaines catégories de personnes, la volonté de faciliter la création d'emploi. • Cons. const. 25-26 juin 1986, n° 86-207 DC § 31.

186. Il en va de même : de la volonté de préserver certains investissements particulièrement importants que les chambres réalisent en tant que délégataires ou concessionnaires de services publics ainsi que certains investissements en faveur de centres d'apprentissage ou de formation en alternance. • Cons. const. 29 déc. 2014, n° 2014-707 DC § 42. ♦ ... De la volonté de favoriser l'affectation de ressources publiques destinées à financer des formations technologiques et professionnelles dispensées hors du cadre de l'apprentissage. • Cons. const. 21 oct. 2015, *Assoc. fondation pour l'École,* n° 2015-496 QPC § 7. ♦ ... De la volonté d'éviter de faire peser une charge trop lourde sur les entreprises économiquement plus fragiles. • Cons. const. 13 oct. 2016, *Sté Goodyear Dunlop Tires France SA,* n° 2016-582 QPC § 8.

187. Qualité de fonctionnement des administrations et des services publics. Peut encore justifier des inégalités de traitement l'intérêt général que représentent : la bonne marche de la justice • Cons. const. 19-20 janv. 1981, n° 80-127 DC § 33. ♦ ... La continuité du service public : • Cons. const. 22 juill. 1987, n° 87-229 DC § 13 • Cons. const. 6 avr. 2018, *Épx L.,* n° 2018-697 QPC § 6. ♦ ... La volonté de concilier l'efficacité de la commande publique et l'égalité de traitement entre les candidats avec d'autres objectifs d'intérêt général inspirés notamment par des préoccupations sociales • Cons. const. 6 déc. 2001, n° 2001-452 DC § 6. ♦ ... La restructuration des services publics de l'État dans le cadre de la révision générale des politiques publiques. • Cons. const. 17 juin 2011, *Union gén. féd. de fonctionnaires CGT et a.,* n° 2011-134 QPC § 23. ♦ ... Ou la volonté d'encourager des fonctionnaires métropolitains à venir servir outre-mer. • Cons. const. 22 juill. 2010, *Alain C.,* n° 2010-

4/17 QPC § 19. ♦ ... La volonté de loger à proximité du lieu d'exercice de leur fonctions les agents des établissements publics de santé situés dans des zones où le marché du logement est particulièrement tendu. • Cons. const. 6 avr. 2018, *Épx L.*, n° 2018-697 QPC § 6.

188. Droit des femmes. Peut encore justifier des inégalités de traitement l'intérêt général qui s'attache à la prise en compte de la situation des femmes et à la prévention des conséquences qu'aurait sur le niveau des pensions servies aux assurées dans les années à venir la suppression des dispositions plus favorables pour elles en matière de droit à pension. • Cons. const. 14 août 2003, n° 2003-483 DC § 25.

189. Sécurité et ordre public. Peuvent encore justifier des inégalités de traitement: des impératifs constants et particuliers de la sécurité publique. • Cons. const. 5 août 1993, n° 93-323 DC § 11 s. ♦ ... La situation particulière de Paris au regard de la sécurité des personnes et des biens et du maintien de l'ordre public, conduisant à confier, par dérogation, la police de la circulation au préfet de police de Paris et non au maire. • CE QPC, 10 oct. 2013, *A.*, n° 370154: *AJDA 2014. 196*. ♦ ... La lutte contre le terrorisme. • Cons. const. 16 juill. 1996, n° 96-377 DC §23 • Cons. const. 23 janv. 2015, *Ahmed S.*, n° 2014-439 QPC § 13. ♦ ... L'objectif d'ordre public de police de la circulation et du stationnement sur la voie publique. • Cons. const. 22 mai 2015, *Sté UBER France SAS et a.*, n° 2015-468/469/472 QPC § 14 et 26. ♦ L'obligation imposant au conducteur d'une voiture de transport avec chauffeur, dès l'achèvement de la prestation commandée au moyen d'une réservation préalable, de retourner au lieu d'établissement de l'exploitant de cette voiture ou dans un lieu, hors de la chaussée, où le stationnement est autorisé et justifié par des objectifs d'ordre public, notamment de police de la circulation et du stationnement sur la voie publique, est en rapport direct avec l'objet de la loi sous réserve qu'elle s'applique aux taxis dès lors que le conducteur se trouve en dehors du ressort de son autorisation de stationnement. • Cons. const. 22 mai 2015, *Sté UBER France SAS et a.*, n° 2015-468/469/472 QPC § 26. ♦ Le maintien du bon ordre des établissements pénitentiaires peut justifier des inégalités de traitement. • CE 10 févr. 2016, n° 385929: *Lebon; AJDA 2016. 284; ibid. 1127, note Bioy; D. 2016. 426, obs. de Montecler*.

190. Droit pénal. Peuvent encore justifier des inégalités de traitement: la prohibition de l'inceste. • Cons. const. 9 nov. 1999, n° 99-419 DC § 55. ♦ ... La volonté de favoriser la coopération des auteurs d'infractions ou de leurs complices, la prévention des atteintes à l'ordre public et la recherche des auteurs d'infraction. • Cons. const. 4 déc. 2013, n° 2013-679 DC § 16.

191. Droit social et protection sociale. Peut également justifier des inégalités le fait: de favoriser le maintien chez elles de personnes dépendantes. • Cons. const. 16 déc. 2010, n° 2010-620 DC § 6. ♦ ... D'assurer auprès des pouvoirs publics une représentation officielle des familles au travers d'une association instituée par la loi regroupant toutes les associations familiales souhaitant y adhérer. • Cons. const. 28 mai 2010, *Union des familles en Europe*, n° 2010-3 QPC § 5 • CE 3 mars 2011, *Union des familles d'Europe*, n° 323830: *Lebon; AJDA 2011. 477; ibid. 964, concl. Landais*. ♦ ... D'assurer le respect de l'objectif annuel de dépenses d'assurance maladie. • Cons. const. 21 déc. 1999, n° 99-422 DC § 47. ♦ ... De maîtriser les dépenses liées à la prise en charge par l'assurance maladie des frais de transport des assurés sociaux. • Cons. const. 25 janv. 2019, *Sté Ambulances-taxis du Thoré*, n° 2018-757 QPC § 9. ♦ ... De garantir le financement de leur propre régime d'assurance vieillesse et éviter ainsi que les pensions de retraite versées à ceux qui ne justifient pas d'une durée d'assurance minimale ne grèvent trop lourdement les ressources de la Caisse nationale des barreaux français. • Cons. const. 20 mai 2020, *Emmanuel W.*, n° 2020-840 QPC § 9.

192. Droits économiques et financiers. Peut également justifier des inégalités l'intérêt général: qui s'attache aux objectifs poursuivis par la nationalisation. • Cons. const. 16 janv. 1982, n° 81-132 DC § 32. ♦ ... Qui postule le maintien d'un réseau bancaire homogène appelé, par sa structure, à préserver la vocation spécifique du Crédit agricole au service du monde agricole et rural. • Cons. const. 7 janv. 1988, n° 87-232 DC § 13. ♦ ... Qui facilite l'adoption des budgets régionaux. • Cons. const. 6 mars 1998, n° 98-397 DC § 15. ♦ ... Qui est en rapport avec l'exploitation d'un ouvrage permettant des différences de tarifs entre les diverses catégories d'usagers d'un ouvrage. • Cons. const. 12 juill. 1979, n° 79-107 DC § 4. ♦ ... Le double motif d'intérêt général tenant, d'un côté, à créer, de manière réciproque, un cadre protecteur pour les investisseurs français au Canada et, de l'autre, à attirer les investissements canadiens en France. • Cons. const. 31 juill. 2017, n° 2017-749 DC § 38. ♦ ... La volonté de lutter contre certaines tarifications abusives en matière de commercialisation conduisant au détournement de l'avantage fiscal accordé au contribuable au titre de l'investissement locatif. En effet, le législateur, ayant constaté, au vue de certains frais de commercialisation abusifs pratiqués par des intermédiaires, que les détournements étaient le plus souvent le fait de ces derniers, a pu considérer qu'ils étaient placés dans une situation différente des promoteurs qui procèdent eux-mêmes à la commercialisation de logements éligibles à la réduction d'impôt. • Cons. const. 15 oct. 2020, ⚖ *Féd. nat. de l'immobilier,* n° 2020-861 QPC § 18 et 19.

193. Fonctionnement de la justice. Peut également justifier des inégalités : l'intérêt général qui, en garantissant les compétences des personnes exerçant la profession d'avocat, garantit le respect des droits de la défense. • Cons. const. 6 juill. 2016, ⚖ *Éric B.,* n° 2016-551 QPC § 10. ♦ ... Une divergence de jurisprudence entre le juge administratif et le juge judiciaire. • Cons. const. 6 août 2010, ⚖ *Assoc. nat. Sté d'exercice libéral,* n° 2010-24 QPC. ♦ ... La recherche de la stabilité des situations juridiques. • Cons. const. 21 oct. 2011, ⚖ *Fazia C. et a.,* n° 2011-186/187/188/189 § 6.

194. Droit de la famille. L'intérêt de l'enfant permet de justifier le principe selon lequel la faculté d'une adoption au sein du couple est réservée aux conjoints et donc légitimer la différence de situation au regard de l'adoption entre les couples mariés et ceux qui ne le sont pas. • Cons. const. 6 oct. 2010, ⚖ *Isabelle D et Isabelle B.,* n° 2010-39 QPC § 9. ♦ Il en va de même d'une disposition tendant à protéger des personnes dont les intérêts pourraient être lésés par le changement de régime matrimonial. • Cons. const. 8 sept. 2016, ⚖ *Pierre D.,* n° 2016-560 QPC § 5.

195. Divers. De même en est-il de l'intérêt général qui prévient une pratique désordonnée de la chasse et vise à favoriser une gestion rationnelle du patrimoine cynégétique. • CE 16 avr. 2012, ⚖ n° 355919 B : *AJDA 2012. 859* ✎.

196. Des dispositions destinées à permettre aux joueuses formées sous l'égide de la fédération nationale, notamment dans les centres de formation professionnelle des clubs affiliés à cette fédération, de développer leur pratique de haut niveau et d'améliorer leurs chances de recrutement dans les clubs professionnels répondent à des objectifs de formation et de promotion des jeunes joueuses qui constituent des raisons impérieuses d'intérêt général. • CE 8 mars 2012, ⚖ n° 343273 A : *RFDA 2012. 500, concl. Botteghi* ✎. ♦ A l'inverse, des dispositions fondées sur la nationalité des joueuses ne répondent pas à cet intérêt général. • CE 8 mars 2012, ⚖ n° 343273 A : *préc.*

197. Il a été décidé : que le supplément de loyer de solidarité payé par les locataires remplissant les conditions financières prévues est justifié par l'intérêt général de justice sociale. • Civ. 3e, 11 janv. 2011, ⚖ *Henry : AJDA 2011. 639* ✎. ♦ ... Que limiter aux seules associations ayant pour but exclusif l'assistance, la bienfaisance ou la recherche scientifique ou médicale la capacité de recevoir des libéralités est justifié par l'intérêt général reconnu à leur objet et à la nature de leurs activités. • Cons. const. 29 janv. 2015, ⚖ *Assoc. recherche sur le diabète,* n° 2014-444 QPC § 9.

198. Plus curieusement les difficultés que pourrait rencontrer le législateur dans la mise en œuvre d'une stricte proportionnalité ont pu, entre autres : justifier des traitements inégaux. • Cons. const. 20 juill. 1983, n° 83-162 DC § 63.

199. La confiance des citoyens dans l'action publique en renforçant les garanties de probité des responsables publics et en limitant les situations de conflit d'intérêts et les risques de népotisme permet de justifier l'interdiction faite à un ministre de recruter comme collaborateur au sein de son cabinet les membres de sa famille proche et l'obligation de déclarer à la Haute Autorité l'emploi au sein de son cabinet d'autres membres de sa famille. • Cons. const. 8 sept. 2017, ⚖ n° 2017-752 § 35.

2. Absence d'un intérêt général pouvant justifier une inégalité de traitement

200. L'absence d'intérêt général peut venir au surplus de l'absence de véritable différence pour justifier qu'il n'y ait pas de distinction de traitement. • Cons. const. 29 juill. 1991, n° 91-297 DC § 14 • Cons. const. 26 sept. 2014, ⚖ *Sté Assurances du Crédit mutuel,* n° 2014-414 QPC § 9 • Cons. const. 16 avr. 2021, ⚖ *Sté Robert Arnal et fils,* n° 2021-897 QPC § 9.

201. En revanche, il n'y a pas d'intérêt général à encourager le maintien ou la venue outre-mer de fonctionnaires retraités. • Cons. const. 22 juill. 2010, *Alain C.,* n° 2010-4/17 QPC § 19. ♦ Il n'y a pas non plus d'intérêt général lorsque la différence de traitement trouve sa justification dans un texte par ailleurs illégal. Tel est le cas, par ex., du refus opposé, en Alsace-Moselle, aux veuves des ministres du culte catholique d'une pension de réversion, refus fondé sur le fait que le droit canon interdit le mariage des prêtres. • TA Strasbourg, 14 nov. 2012, ⚖ *B.,* n° 1103360 : *préc. note 157.*

202. Compte tenu des conséquences qui découleront de la nomination conjointe de deux présidents d'un groupe, les dispositions de la résolution modifiant le règlement de l'Assemblée nationale ont pour effet d'instaurer entre les groupes parlementaires une différence de traitement injustifiée au regard de leur participation à l'exercice par l'Assemblée de ses missions constitutionnelles et contraire aux exigences résultant du présent art. • Cons. const. 28 févr. 2013, ⚖ n° 2013-664 DC § 5.

203. Les motifs d'intérêt général d'efficacité énergétique et de sécurité des approvisionnements que permet la cogénération ne justifient pas la différence de traitement en cause dès lors que les installations d'une puissance supérieure à douze mégawatts sont susceptibles de concourir à la réalisation de ces objectifs, qu'elles aient ou non antérieurement bénéficié d'un contrat d'obligation d'achat. • Cons. const. 18 juill. 2014, *Sté Roquette Frères,* n° 2014-410 QPC § 7.

204. Les conditions requises pour l'octroi des aides des différentes collectivités territoriales, aides qui peuvent aller dans certains cas jusqu'à une prise en charge totale des investissements sous forme de subventions d'investissement aux établissements d'enseignement privés sous contrat, ne comportent pas les garanties nécessaires pour assurer le respect du principe d'égalité entre les établissements d'enseignement privés sous contrat se trouvant dans des situations comparables, ces aides aboutissant à des différences de traitement qui ne sont pas justifiées par l'objet de la loi. • Cons. const. 13 janv. 1994, n° 93-329 DC § 29.

205. De même, l'objectif transversal de réduction des dépenses des régimes de sécurité sociale ne constitue pas une raison d'intérêt général de nature à justifier la différence de traitement entre les personnes titulaires d'une pension d'invalidité qui reprennent une activité professionnelle. • Cons. const. 14 avr. 2016, *Francine E.,* n° 2016-534 QPC § 5.

206. Dès lors que l'existence du quotient conjugal est le corolaire de l'imposition commune des époux, une disposition visant à neutraliser ses effets n'est basée sur aucun intérêt général. • Cons. const. 10 mai 2016, *Ève G.,* n° 2016-539 QPC § 9.

c. Rapport avec le but ou l'objet de la loi

207. La différence de traitement induite par la différence de situation ou par l'intérêt général doit être, dans l'un et l'autre cas, en rapport (direct) avec l'objet ou le but que le législateur a assigné à la loi. • Cons. const. 15 janv. 1992, n° 91-304 DC § 15 • Cons. const. 30 déc. 1997, n° 97-395 DC § 23 • Cons. const. 18 mars 2009, n° 2009-578 DC § 19 • Cons. const. 16 juill. 2009, n° 2009-584 DC § 18 • Cons. const. 18 mars 2009, n° 2009-588 DC § 19 • Cons. const. 17 janv. 2012, n° 2012-660 DC § 14. ♦ ... Y compris s'il s'agit: d'une loi d'amnistie. • Cons. const. 20 juill. 1980, n° 88-244 DC § 6 • Cons. const. 8 juill. 1989, n° 89-258 DC § 17. ♦ ... D'une loi fiscale. V. note 67 ss. DDH, art. 13.

208. L'autorité administrative peut, sans méconnaître le principe d'égalité, modifier les critères, notamment géographiques, sur lesquels elle fonde son appréciation du besoin de conservation de la ressource en logements, lorsqu'un intérêt général en relation avec les objectifs de la législation en cause le justifie. • CE, sect., 30 déc. 2010, *Min. logement et ville,* n° 308067 : *Lebon 533, concl. Dumortier ; JCP Adm. 2011. 2141, note Pellissier.*

209. Le juge administratif applique les mêmes principes s'agissant des actes administratifs. • CE 9 déc. 2011, *Ordre des avocats au barreau de Strasbourg,* n° 334463 : *AJDA 2011. 2452* • TA Lyon, 2 févr. 2010, *Sté Siftas,* n° 0706944 : *AJDA 2010. 1711, note Meillier .*

210. Ce contrôle de l'adéquation entre le but poursuivi et la différence de traitement mise en œuvre débouche de plus en plus sur un contrôle de proportionnalité. Ainsi est contraire à la Const. une différence de traitement qui dépasse manifestement ce qui serait nécessaire pour prendre en compte la situation particulière retenue. • Cons. const. 10 juin 2004, n° 2004-496 DC § 14.

211. Quand bien même le ministre soutient qu'elle a été édictée dans le but d'assurer le respect du droit de propriété et de prévenir les atteintes à la salubrité, la sécurité et la tranquillité publiques, cette circonstance ne l'autorisait pas à mettre en œuvre, par une circulaire visant à faire évacuer de manière prioritaire les campements illicites de Roms, en méconnaissance du principe d'égalité devant la loi, une politique d'évacuation des campements illicites désignant spécialement certains de leurs occupants en raison de leur origine ethnique. • CE 7 avr. 2011, *Assoc. SOS Racisme,* n° 343387 : *Lebon 157 ; AJDA 2011. 1438, note Bailleul .*

1. En rapport (direct) avec l'objet ou le but poursuivi

212. Santé publique et protection sociale. L'objectif ou le but de lutter contre la consommation excessive d'alcool justifie la création d'une taxe touchant les alcools d'une teneur supérieure à 20 %. • Cons. const. 14 janv. 1983, n° 82-152 DC § 10. ♦ Dès lors qu'est visé l'alcoolisme des jeunes, est justifié que soit opérée une différence entre les divers supports publicitaires en prenant en compte la forme qu'ils revêtent et les différents publics susceptibles d'être visés. • Cons. const. 8 janv. 1991, n° 90-283 DC § 35. ♦ Le principe d'égalité justifie de réserver le droit de vote aux seuls professionnels conventionnés. • Cons. const. 19 nov. 2010, *Synd. des médecins d'Aix et région,* n° 2010-68 QPC § 4. ♦ ... Est également justifiée la valorisation des tarifs nationaux des prestations des établissements de santé selon les catégories d'établissements. • Cons. const. 13 déc. 2012, n° 2012-659 DC § 68. ♦ V. également le pt. E. Égalité devant les charges sociales (notes 444 s.). ♦ ... Sont en rapport avec l'objet ou le but poursuivi : le fait d'imposer, par la voie de la couverture maladie universelle, une affiliation obligatoire au régime général d'assurance maladie pour les résidents français qui ne sont affiliés à aucun autre titre à un régime d'assurance maladie pour assurer une protection contre le risque de maladie à l'ensemble des résidents français. • Cons. const. 26 mars 2015, *Cté de défense des travailleurs frontaliers du Haut-Rhin et a.*, n° 2015-460 QPC § 21. ♦ ... La prise en compte du fait que les mineurs n'ont pas encore débuté leur vie professionnelle ou entamé des études supérieures et qu'ils peuvent être rattachés à leurs parents ou aux personnes majeures disposant de l'autorité parentale dès lors qu'ils ne sont donc pas susceptibles de connaître, pendant la période au cours de laquelle ils demeurent des ayants droit, de changement de leur situation personnelle de nature à modifier leur rattachement à un organisme de gestion d'un régime obligatoire de sécurité sociale. • Cons. const. 17 déc. 2015, n° 2015-723 DC § 28.

213. Solidarité nationale. L'objectif ou le but d'inciter à l'exercice ou à la reprise d'une activité professionnelle justifie que le bénéfice du RSA soit réservé : aux jeunes de moins de 25 ans ayant exercé une activité professionnelle. • Cons. const. 29 déc. 2009, n° 2009-599 DC § 103. ♦ ... A ceux qui, parmi les étrangers, sont titulaires depuis au moins 5 ans d'un titre de séjour les autorisant à travailler. • Cons. const. 17 juin 2011, *Zeljko S.*, n° 2011-137 QPC § 5. ♦ ... L'aide aux personnes handicapées justifie de réserver le bénéfice de l'allocation adulte handicapé aux personnes affectées des incapacités les plus graves. • Cons. const. 29 déc. 1993, n° 93-330 DC § 9 et 14. ♦ ... La lutte contre la difficulté d'accéder au marché du travail justifie d'exclure du bénéfice de l'allocation adulte handicapé les personnes ayant occupé un emploi depuis une durée définie par décret. • Cons. const. 29 avr. 2011, *Mohamed T.*, n° 2011-123 QPC § 4.

214. Les ressortissants de l'UE, d'un autre État partie à l'accord sur l'Espace économique européen ou de la Confédération suisse sont, au regard de l'objet de la loi relative au RSA, dans une situation différente de celle des autres étrangers. • Cons. const. 17 juin 2011, *Zeljko S.*, n° 2011-137 QPC § 5.

215. Droit du travail. L'objectif d'assurer l'égalité des rémunérations, entre tous les salariés placés dans une situation identique, justifie de ne pas accorder le bénéfice du complément différentiel de salaire aux salariés à temps complet et aux salariés à temps partiel recrutés postérieurement à la réduction du temps de travail sur des postes qui ne sont pas équivalents à ceux occupés par des salariés bénéficiant de la garantie. • Cons. const. 13 janv. 2000, n° 99-423 DC § 61. ♦ ... La prévention des licenciements économiques justifie que soit majoré le taux de l'indemnité des salariés licenciés pour ce motif. • Cons. const. 12 janv. 2002, n° 2001-455 DC § 42. ♦ ... La participation des salariés au capital de l'entreprise justifie que les salariés actionnaires bénéficient d'une représentation spécifique. • Même affaire, § 107. ♦ Sont en rapport direct avec la finalité d'intérêt général, matière de lutte contre le chômage et l'exclusion, les mesures de nature à diminuer le coût induit par l'emploi des bénéficiaires du « contrat insertion-revenu minimum d'activité » et à inciter les employeurs à les recruter. • Cons. const. 18 déc. 2003, n° 2003-487 DC § 26. ♦ L'objectif d'assurer l'égalité des rémunérations justifie également de s'assurer que la négociation collective soit conduite par des organisations dont la représentativité est notamment fondée sur le résultat des élections professionnelles justifie de prévoir, pour les organisations syndicales catégorielles, un seuil de 10 % de représentativité calculé dans les seuls collèges dans lesquels elles ont vocation à présenter des candidats. • Cons. const. 7 oct. 2010, *CGT-FO et a.*, n° 2010-42 QPC § 7. ♦ L'établissement d'une différence de traitement entre les risques selon qu'ils sont essentiellement liés à l'exercice de la profession ou à la circulation automobile justifie une différence d'indemnisation selon que l'accident s'est ou non déroulé sur une voie ouverte à la circulation publique. • Cons. const. 23 sept. 2011, *Djamel B.*, n° 2011-167 QPC § 5. ♦ Le fait d'assurer une meilleure représentativité syndicale justifie les différences de traitement entre les organisations syndicales, selon qu'elles ont ou non des élus au comité d'entreprise ou selon qu'elles avaient ou non procédé à la désignation d'un représentant au comité d'entreprise avant la date d'entrée en vigueur de la loi. • Cons. const. 3 févr. 2012, *Franck S.*, n° 2011-216 QPC § 6. ♦ Le fait d'assurer le respect des exigences relatives au plan de reclassement des salariés, en cas de procédure de licenciement pour motif économique, a pour conséquence une poursuite du contrat de travail ou une nullité du licenciement des salariés et une réintégration de ceux-ci à leur demande, sauf si cette réintégration est devenue impossible et permet toutefois l'exclusion de l'application de cette disposition des salariés ayant moins de deux ans d'ancienneté dans l'entreprise. • Cons. const. 13 avr. 2012, *Raymond S.*, n° 2012-232 QPC § 5. ♦ Le fait de prendre en compte les conditions particulières dans lesquelles s'exerce la profession de journaliste justifie d'instaurer un mode de détermination de l'indemnité de rupture du contrat de travail applicable aux seuls journalistes à l'exclusion des autres salariés. • Cons. const. 14 mai 2012, *Sté Yonne Républicaine et a.*, n°s 2012-243/244/245/246 QPC § 7. ♦ Le fait de réserver, compte tenu de la précarité de la situation des salariés âgés de plus de cinquante ans sur le marché du travail, le bénéfice de la transformation des CDD en CDI aux agents contractuels des collectivités territoriales et de leurs établissements publics satisfaisant à cette condition justifie les différences de traitement qui en résultent qui sont en rapport direct avec la finalité d'intérêt général poursuivie par le législateur. • CE 11 oct. 2012, Barri-Loubeyre, n° 349321 : *AJDA 2012. 2417*. ♦ Le fait de ne pas appliquer le montant minimal des six derniers mois de salaire au licenciement sans cause réelle et sérieuse opéré dans une entreprise employant habituellement moins de onze salariés constitue une différence de traitement qui ne méconnaît pas le principe d'égalité devant la loi. • Cons. const. 13 oct. 2016, *Sté Goodyear Dunlop Tires France SA*, n° 2016-582 QPC § 9. ♦ LSur le fait de prévoir une période maximale pour l'aménagement du temps de travail plus longue pour les entreprises de moins de 50 salariés, en l'absence de convention ou d'accord collectifs, pour tenir compte de leur plus grande difficulté d'accès à la négociation collective, tout en limitant la durée sur laquelle l'aménagement du temps de travail est possible en l'absence d'une telle convention ou d'un tel accord : • Cons. const. 15 sept. 2017, *CGT-FO*, n° 2017-653 QPC § 32.

216. De même, sont en rapport direct avec l'objet ou le but poursuivi : la limitation des droits des salariés des entreprises visées à l'art. L. 1235-10 C. trav. en cas de nullité de la procédure de licenciement du fait de l'absence de présentation aux représentants du personnel du plan de reclassement des salariés, lorsque ces entreprises sont en redressement ou en liquidation judiciaires. • Cons. const. 28 mars 2013, *Maïtena V.*, n° 2013-299 QPC § 5. ♦ ... Le recours au CDD pour les emplois « à caractère saisonnier » ou qui présentent un caractère « par nature temporaire ». • Cons. const. 13 juin 2014, *David V.*, n° 2014-401 QPC § 7. ♦ ... L'exclusion du versement de l'indemnité de fin de contrat lorsque le contrat à durée déterminée est conclu avec un élève ou un étudiant employé pendant ses vacances scolaires ou universitaires et qui a vocation, à l'issue de ces vacances, à reprendre sa scolarité ou ses études. • Cons. const. 13 juin 2014, *David V.*, n° 2014-401 QPC § 4. ♦ ... La même exclusion s'agissant des contrats à durée déterminée résultant de la nature des emplois en cause en raison de leur caractère saisonnier ou, par nature, temporaire y compris selon l'usage et des contrats conclus au titre de dispositions légales destinées à favoriser le recrutement de certaines catégories de personnes sans emploi ou lorsque l'employeur s'engage à assurer un complément de formation professionnelle au salarié. • Cons. const. 13 juin 2014, *David V.*, n° 2014-401 QPC § 10.

217. Ordre public. L'objectif ou le but d'accueillir les gens du voyage dans des conditions compatibles avec l'ordre public et les droits des tiers justifie : la distinction entre les communes qui se sont conformées aux obligations que leur impose la loi en cette matière et les communes qui ont négligé de le faire. • Cons. const. 13 mars 2003, n° 2003-467 DC § 74. ♦ ... Que soient organisées des aires spécifiques pour l'installation de leur habitat mobile et mis en place un régime particulier d'évacuation des résidences mobiles installées hors de ces aires. • Cons. const. 9 juill. 2010, *Orient M.*, n° 2010-13 QPC § 6. ♦ Est justifié par des objectifs d'ordre public l'exercice par les seuls taxis de l'activité consistant à stationner et à circuler sur la voie publique en quête de leur clients en vue de leur transport. • Cons. const. 22 mai 2015, *Sté UBER France SAS et a.*, n° 2015-468/469/472 QPC § 14. ♦ L'obligation imposant au conducteur d'une voiture de transport avec chauffeur, dès l'achèvement de la prestation commandée au moyen d'une réservation préalable, de retourner au lieu d'établissement de l'exploitant de cette voiture ou dans un lieu, hors de la chaussée, où le stationnement est autorisé, est justifié par des objectifs d'ordre public, notamment de police de la circulation et du stationnement sur la voie publique et est en rapport direct avec l'objet de la loi sous réserve qu'elle s'applique aux taxis dès lors qu'il se trouve en dehors du ressort de son autorisation de stationnement. • Cons. const. 22 mai 2015, *Sté UBER France SAS et a.*, n° 2015-468/469/472 § 26. ♦ Les modalités d'organisation de l'offre journalière de menus dans le centre pénitentiaire n'impliquaient pas de discrimination entre les personnes détenues à raison de leur religion ou entre les personnes détenues pratiquant une même religion à raison de leurs ressources. • CE 10 févr. 2016, n° 385929 : *préc. note 189.*

218. Conditions matérielles de vie. L'objectif ou le but d'assurer des conditions de vie matérielle décentes justifie : qu'il soit tenu compte du lieu de résidence matérialisé par la prise en compte du pouvoir d'achat dans chaque État. • Cons. const. 28 avr. 2005, n° 2005-514 DC § 34 • Cons. const. 28 mai 2010, *Cts. L.*, n° 2010-1 QPC § 9 • Cons. const. 23 juill. 2010, *Lahcène A.*, n° 2010-18 QPC (a contrario) • Cons. const. 4 févr. 2011, *Comité Harkis et Vérité*, n° 2010-93 QPC § 10 ♦ ... De ne pas inciter un ressortissant étranger à faire venir ses enfants sans que soit vérifiée sa capacité à leur offrir des conditions de vie et de logement décentes, qui sont celles qui prévalent en France, pays d'accueil, justifie que soit évité l'attribution de prestations familiales au titre d'enfants entrés en France en méconnaissance des règles du regroupement familial. • Cons. const. 15 déc. 2005, n° 2005-258 DC § 16.

219. L'objectif ou le but de garantir aux personnes, dont les revenus sont les plus faibles, le droit à une protection complémentaire et à la dispense d'avance de frais, justifie, s'agissant de la couverture complémentaire, le choix d'un plafond de ressources, pour déterminer les bénéficiaires d'un tel régime. • Cons. const. 23 juill. 1999, n° 99-416 DC § 9.

220. Sont en rapport avec l'objet de la loi les dispositions : qui, instituant des titres de circulation applicables aux personnes circulant en France sans domicile ni résidence fixe, ont pour but de permettre, à des fins civiles, sociales, administratives ou judiciaires, l'identification et la recherche de ceux qui ne peuvent être trouvés à un domicile ou à une résidence fixe d'une certaine durée, tout en assurant, aux mêmes fins, un moyen de communiquer avec ceux-ci. • Cons. const. 5 oct. 2012, *Jean-Claude P.*, n° 2012-279 QPC § 18. ♦ ... Qui, pour les mêmes raisons, instituent des titres de circulation différents en distinguant, parmi les personnes n'ayant ni domicile ni résidence fixe depuis plus de six mois, celles qui pratiquent un mode de vie itinérant en logeant de façon permanente dans un abri mobile. • Cons. const. 5 oct. 2012, *Jean-Claude P.*, n° 2012-279 QPC § 19.

221. Il en va de même d'une interprétation jurisprudentielle qui considère que l'indemnité exceptionnelle versée à l'époux est non révisable dès lors que, si la prestation compensatoire, qui vise la situation à venir, doit aussi prendre en compte l'évolution de la situation des époux dans un avenir prévisible, l'indemnité exceptionnelle, quant à elle, tend à « indemniser » et s'évalue au regard d'une situation passée. • Cons. const. 7 oct. 2015, *Jean-Pierre E.*, n° 2015-488 QPC § 9.

222. Pluralisme. L'objectif ou le but de préserver le pluralisme des quotidiens d'information politique et générale justifie d'accorder une remise partielle de dettes à un journal d'opinion. • Cons. const. 28 déc. 2000, n° 2000-441 DC § 18. ♦ V. aussi note 31. ♦ La création d'une aide d'État est justifiée dans le but de compenser des surcoûts spécifiques de diffusion des seuls quotidiens nationaux d'information politique et générale. • Cons. const. 27 déc. 2001, n° 2001-456 DC § 37. ♦ Le pouvoir de suspension d'un service de radio ou de télévision ayant fait l'objet d'une convention conclue avec une personne morale contrôlée par un État étranger ou placée sous l'influence de cet État ne peut être exercé que si le service diffuse « de façon délibérée, de fausses informations de nature à altérer la sincérité du scrutin ». La notion de fausse information doit s'entendre comme visant des allégations ou imputations inexactes ou trompeuses d'un fait de nature à altérer la sincérité du scrutin à venir (V. ss. DDH, art. 11). • Cons. const. 20 déc. 2018, n° 2018-773 DC § 51.

223. Règlement d'un conflit de lois. L'objectif ou le but de faire obstacle à l'application de la loi étrangère permet de faire une distinction selon le critère de la nationalité et donc de protéger des héritiers français qui seraient privés de leurs droits dans la succession. • Cons. const. 5 août 2011, *Elke B. et a.*, n° 2011-159 QPC § 5. ♦ Il est loisible au législateur de permettre à deux personnes de même sexe de nationalité étrangère, dont la loi personnelle prohibe le mariage entre personnes de même sexe, de se marier en France dès lors que les autres conditions du mariage et notamment la condition de résidence sont remplies. Le législateur, qui n'était pas tenu de retenir les mêmes règles pour les mariages contractés entre personnes de sexe différent, n'a pas traité différemment des personnes se trouvant dans des situations semblables. • Cons. const. 17 mai 2013, n° 2013-669 DC § 29.

224. Droit civil. L'objectif d'intérêt général de stabilité des situations juridiques justifie le maintien résiduel d'une différence de traitement entre les enfants selon qu'ils sont nés en ou hors mariage ne portant pas sur le lien de filiation mais sur les effets de ce lien sur la nationalité. • Cons. const. 21 oct. 2011, *Fazia C. et a.*, n° 2011-186/187/188/189 QPC § 6. ♦ Une disposition prévoit que l'indemnité de réduction d'une libéralité excédant la quotité disponible, lorsqu'elle porte sur une exploitation agricole donnée à un successible en ligne directe, est calculée selon le revenu net moyen de l'exploitation à l'époque de l'ouverture de la succession, dont l'objet est d'éviter que le paiement de cette indemnité n'obère la viabilité économique de l'exploitation. • Cons. const. 28 sept. 2012, *Cts G.*, n° 2012-274 QPC § 10. ♦ Est en rapport direct avec l'objet de la loi la différence de traitement qui réserve la transmission du droit de suite au décès de l'auteur aux héritiers et, pour l'usufruit, au conjoint à l'exclusion des légataires et autres ayants cause. • Cons. const. 28 sept. 2012, *Fondation Hans Hartung et Anna Eva Bergman*, n° 2012-276 QPC § 7.

225. Collectivités territoriales et EPCI. Les dispositions contestées qui prescrivent à la commune ou à l'établissement public de coopération intercommunale d'arrêter, sous le contrôle du juge de l'excès de pouvoir, les règles selon lesquelles le maire décide le changement d'usage des locaux destinés à l'habitation, qui doivent être justifiées par les objectifs de mixité sociale que la commune ou l'établissement public se fixe en application de la législation de l'urbanisme, et, au regard de ces objectifs, par la situation des marchés de locaux d'habitation et l'éventuelle existence d'une pénurie de logements, soumettent l'acte réglementaire en cause au respect de considérations objectives, en rapport avec l'objet de la loi, qui sont de nature à prémunir les intéressés contre tout arbitraire dans l'appréciation de la situation propre à chaque commune ou groupement de communes. • CE, QPC, 8 juin 2012, *Cabinet d'avocats Cotty, Vivant, Marchisio et Lauzeral*, n° 357797 : *AJDA 2012. 1757*. ♦ En prévoyant que, dans les communes de moins de 1 000 habitants, les délégués communautaires sont les membres du conseil municipal désignés dans l'ordre du tableau, le législateur a entendu éviter, dans les communes où les conseillers municipaux sont élus au scrutin majoritaire, la complexité qui résulterait d'une procédure de désignation distinguant l'élection des conseillers municipaux et celle des conseillers communautaires. • Cons. const. 16 mai 2013, n° 2013-667 DC § 55. ♦ En prévoyant un régime transitoire pour le calcul du tarif maximal de la taxe locale sur la publicité extérieure applicable aux communes qui percevaient en 2008 la taxe sur la publicité extérieure frappant les affiches, réclames et enseignes lumineuses ou la taxe communale sur les emplacements publicitaires fixes, le législateur a entendu permettre un aménagement progressif, sur une période de cinq ans, des tarifs de la taxe locale sur la publicité extérieure et des recettes des communes qui percevaient auparavant les impositions auxquelles cette taxe a été substituée. • Cons. const. 19 avr. 2013, *Cne de Tourville-la-Rivière*, n°s 2013-305/306/307 QPC § 7. ♦ Le seuil de 10 000 habitants est fixé pour que soit obligatoire la création par la commune d'une commission consultative des services publics locaux. • CE 17 sept. 2013, *Assoc. collectif aletois « gestion publique de l'eau » et a.*, n° 369535 : *AJDA 2013. 2348*. ♦ En réservant aux seuls membres d'une section inscrits sur les listes électorales de la commune la possibilité de donner leur accord au changement d'usage ou à la vente de biens de cette section, le législateur a institué une différence de traitement en rapport avec l'objet de la loi. • Cons. const. 10 mai 2019, *Épx B.*, n° 2019-778 QPC § 9.

226. La différence de traitement entre les communes, selon qu'elles finançaient ou non des classes maternelles avant l'abaissement à trois ans de l'âge de l'instruction obligatoire, est en rapport direct avec l'objet de la loi qui l'établit, qui consiste, en application de l'art. 72-2 Const. (al. 4, 2° phrase), à accompagner de ressources financières une extension de compétence ayant pour conséquence d'augmenter les dépenses des collectivités territoriales. • Cons. const. 25 juill. 2019, n° 2019-787 DC § 8.

227. Protection de l'environnement – urbanisme. En interdisant tout recours à la fracturation hydraulique de la roche pour rechercher ou exploiter des hydrocarbures sur le territoire national, le législateur a entendu prévenir les risques que ce procédé de recherche et d'exploitation des hydrocarbures est susceptible de faire courir à l'environnement, risque qui n'est pas présent pour la fracturation hydraulique de la roche à laquelle il est recouru pour stimuler la circulation de l'eau dans les réservoirs géothermiques. • Cons. const. 11 oct. 2013, *Sté Schuepbach Energy LLC*, n° 2013-346 QPC § 9. ♦ La différence de traitement instituée entre les titulaires d'un permis de construire précaire et ceux titulaires d'un permis ou d'une autorisation d'urbanisme de droit commun est en rapport direct avec l'objet de la loi qui l'établit, qui est d'autoriser, à titre exceptionnel, des constructions temporaires qui, sans respecter l'ensemble de la règlementation d'urbanisme applicable, répondent à une nécessité caractérisée, tenant notamment à des motifs d'ordre économique, social, culturel ou d'aménagement, et ne dérogent pas de manière disproportionnée aux règles d'urbanisme applicables eu égard aux caractéristiques du terrain d'assiette, à la nature de la construction et aux motifs rendant nécessaire le projet. • CE, QPC, 18 févr. 2015, *Assoc. valorisation du quartier Paris Maillot Dauphine*, n° 385959 : *préc. note 142*.

228. Autres cas. L'objectif ou le but de maintenir le Crédit agricole au service du monde agricole et rural justifie de se fonder, pour déterminer les catégories de personnes susceptibles d'acquérir les actions de la société anonyme substituée à l'ancien établissement public, sur la différence de situation existant entre les caisses régionales de Crédit agricole, étroitement liées à la Caisse nationale du point de vue juridique, financier et économique et les autres personnes physiques ou morales extérieures au Crédit agricole qui auraient pu envisager de devenir actionnaires. • Cons. const. 7 janv. 1988, n° 87-232 DC § 13. ♦ L'objectif d'assurer le bon fonctionnement de la justice administrative justifie qu'il soit fait une différence entre les justiciables selon qu'il a été ou non possible de constituer une section disciplinaire au sein de l'université. • CE, QPC, 10 oct. 2011, *D.*, n° 350969 : *AJDA 2012. 664, note Roynier*. ♦ La volonté de garantir les droits de la défense justifie de réserver à des professionnels pouvant justifier de l'exercice d'une activité juridique pendant une durée suffisante sur le territoire national la possibilité d'exercer la profession d'avocat en l'absence du diplôme de droit normalement requis. • Cons. const. 6 juill. 2016, *Éric B.*, n° 2016-551 QPC § 10.

229. Sont en rapport direct avec l'objet de la loi : la différence de traitement instaurée par le législateur entre les créanciers mineurs non émancipés soumis aux dispositions du code civil et ceux qui se prévalent d'une créance à l'encontre d'une personne publique. • Cons. const. 18 juin 2012, *Boualem M.*, n° 2012-256 QPC § 5. ♦ ... Une disposition qui exonère de responsabilité pénale, pour ne pas à remettre en cause certaines pratiques traditionnelles, l'organisation de courses taurines. • Cons. const. 21 sept. 2012, *Assoc. Comité radicalement anti-corrida Europe*, n° 2012-271 QPC § 5. ♦ La différence de traitement dans l'application de la protection des nationaux contre l'extradition, selon que la personne avait ou non la nationalité française à l'époque de l'infraction pour laquelle l'extradition est requise, est fondée sur une différence de situation en rapport direct avec l'objet de la loi qui, par ailleurs, entend faire obstacle à l'utilisation des règles relatives à l'acquisition de la nationalité pour échapper à l'extradition. • Cons. const. 14 nov. 2014, *Mario S.*, n° 2014-427 QPC § 6. ♦ ... L'interdiction faite de créer des nouveaux gallodromes dès lors que l'exception créée par le législateur est bien conçue comme « momentanée » et devant déboucher à terme sur l'extinction des combats de coqs. • Cons. const. 31 juill. 2015, *Jismy R.*, n° 2015-477 QPC § 4. ♦ ... La distinction faite, compte tenu des risques de conflits d'intérêts pouvant naître de l'emploi, rémunéré sur des fonds publics, d'une personne présentant des liens très proches avec celle décidant de son recrutement, entre les membres de la famille proche, certains autres membres de la famille et les autres personnes. De la même manière, en imposant une obligation déclarative au membre de cabinet ministériel ayant un lien familial avec un membre du Gouvernement autre que celui dont il est le collaborateur, le législateur a entendu prendre en compte les risques de conflit d'intérêts résultant d'« emplois croisés ». • Cons. const. 8 sept. 2017, n° 2017-752 DC § 36.

230. La loi relative à la CDBF instaure des sanctions de nature disciplinaire pour les manquements aux règles des finances publiques. Il en résulte que la différence de traitement entre les fonctionnaires et les responsables politiques qui découle de l'art. L. 312-1 CJF est en rapport avec l'objet de la loi. • Cons. const. 2 déc. 2016, *Sandrine A.*, n° 2016-599 QPC § 9.

231. De même, le législateur qui, ayant entendu maintenir un niveau élevé de contrôle des sociétés, tout en prenant en compte la charge que ce contrôle représente pour elles, a pris en compte la différence de situation entre les entreprises dont le bilan, le chiffre d'affaires ou l'effectif salarié atteignent certains seuils et les autres, a justifié la différence de traitement instaurée. • Cons. const. 16 mai 2019, n° 2019-781 DC § 23.

2. Absence de rapport (direct) avec l'objet ou le but poursuivi

232. Solidarité nationale. L'objectif ou le but d'assurer le rétablissement rapide des capacités de production après un cyclone ne justifie pas de différencier selon qu'ils ont ou non acquitté leur rôle d'équipage les marins-pêcheurs embarqués, alors qu'ils sont dans la même situation. • Cons. const. 7 déc. 2000, n° 2000-435 DC § 48. ♦ La protection de la liberté de choix de l'électeur, l'indépendance de l'élu ou l'indépendance des juridictions contre les risques de confusion ou de conflit d'intérêts ne justifie pas la mise en œuvre d'incompatibilités électorales qui ne seraient pas justifiées géographiquement. • Cons. const. 30 mars 2000, n° 2000-426 DC § 15. ♦ La préservation de l'environnement ne justifie pas que soient exonérés de prendre en charge une partie du coût de la collecte les imprimés qui font l'objet d'une distribution nominative. • Cons. const. 29 déc. 2003, n° 2003-488 DC § 11. ♦ Le témoignage de la reconnaissance de la République française, en attribuant la carte du combattant aux membres des forces supplétives françaises qui ont servi pendant la guerre d'Algérie ou les combats en Tunisie et au Maroc, ne permet pas une différence de traitement selon la nationalité entre les membres des forces supplétives. • Cons. const. 23 juill. 2010, *Lahcène A*, n° 2010-18 QPC. ♦ La compensation de la perte de revenu subie par chacun des ayant cause en cas de décès d'un fonctionnaire ne justifie pas que les enfants issus de lits différents reçoivent une pension de réversion différente selon le nombre d'orphelins composant le lit. • Cons. const. 25 mars 2001, *Marie-Christine D.*, n° 2010-108 QPC § 4.

233. De même, ne justifie pas une différence selon la nationalité la loi qui a pour but d'accorder une allocation supplémentaire du fonds national de solidarité aux personnes âgées et notamment à celles devenues inaptes au travail, dans le cas où elles ne disposeraient pas d'un montant de ressources, quelle qu'en soit l'origine, leur assurant un minimum vital. • Cons. const. 22 janv. 1990, n° 89-269 DC § 35. ♦ Dès qu'il ne s'agit pas d'assurer des conditions de vie matérielle décentes mais de témoigner de la reconnaissance de la République française, en attribuant la carte du combattant aux membres des forces supplétives françaises qui ont servi pendant la guerre d'Algérie ou les combats en Tunisie et au Maroc, ne permet pas une différence de traitement le domicile entre les membres de forces supplétives. • Cons. const. 23 juill. 2010, *Lahcène A.*, n° 2010-18 QPC. ♦ La distinction opérée entre les militaires ayant accompli des services dans certains territoires et pays s'agissant du « bénéfice de campagne » n'est pas en rapport avec l'objet ou le but poursuivi. • CE 13 nov. 2013, n° 349767 B : *AJDA 2013. 2288*.

234. De même encore, sont sans rapport avec l'objet de la loi qui visait à réparer certains préjudices subis par les mineurs licenciés pour faits de grève en 1948 et 1952 et par leur famille, les différences de traitement instaurées entre les personnes admises à venir en représentation du mineur ou de son conjoint survivant selon que ces derniers ont pu solliciter ou non, de leur vivant, le bénéfice des prestations de chauffage et de logement, les précédents conjoints des mineurs ainsi que leurs enfants ne pouvant prétendre au bénéfice de l'allocation lorsque le mineur et son conjoint survivant sont décédés avant l'entrée en vigueur des dispositions contestées sans avoir demandé à bénéficier de ces prestations. Il en va de même pour le bénéfice de l'allocation spécifique réservée aux enfants des mineurs, selon que ces mineurs ou leurs conjoints survivants ont sollicité ou non pour eux-mêmes le bénéfice des prestations de chauffage et de logement. • Cons. const. 18 sept. 2020, *Suzanne A. et a.*, n° 2020-856 QPC § 8 et 9.

235. Droit du travail et de la sécurité sociale. Assurer l'exercice effectif du droit de grève et du droit syndical ne peut justifier que soit dénié dans son principe même le droit des victimes d'actes fautifs, qui peuvent d'ailleurs être des salariés, des représentants du personnel ou des organisations syndicales, à l'égalité devant la loi et devant les charges publiques. • Cons. const. 22 oct. 1982, n° 82-144 DC § 9. ♦ Ne peut se justifier d'exclure du bénéfice du complément différentiel les salariés employés à temps partiel à la date de la réduction du temps de travail et occupant des postes équivalents à ceux des salariés bénéficiant du complément différentiel de salaire, dès lors qu'ils ont choisi de maintenir ou d'accroître leur durée du travail dans une loi qui vise à assurer l'égalité des rémunérations entre tous les salariés placés dans une situation identique. • Cons. const. 13 janv. 2000, n° 99-423 DC § 61. ♦ N'est pas en rapport avec l'objet du but poursuivi le fait d'instituer pour les quatre premières heures supplémentaires une bonification différente au profit des salariés des entreprises où la durée collective du travail est inférieure ou égale à 35 h de celle accordée aux employés des autres entreprises dans une loi qui vise à assurer l'égalité des rémunérations entre tous les salariés placés dans une situation identique. • Cons. const. 13 janv. 2000, n° 99-423 DC § 69, 70 et 74. ♦ La différence de traitement entre les salariés licenciés pour faute lourde selon qu'ils travaillent ou non pour un employeur affilié à une caisse de congés est sans rapport tant avec l'objet de la législation relative aux caisses de congés qu'avec l'objet de la législation relative à la privation de l'indemnité compensatrice de congé payé. • Cons. const. 2 mars 2016, *Michel O.*, n° 2015-523 QPC § 9. ♦ Les entreprises disposant d'une flotte uniquement composée de véhicules sanitaires légers ou de taxis par rapport à celles disposant d'une flotte mixte ne sont pas placées dans une situation différente. • Cons. const. 25 janv. 2019, *Sté Ambulances-taxis du Thoré*, n° 2018-757 QPC § 9.

236. Si le législateur a entendu accorder une garantie au fonctionnaire durant la procédure de rupture conventionnelle en réservant aux organisations syndicales représentatives la possibilité de l'assister dans cette procédure, le caractère représentatif ou non d'un syndicat ne détermine pas la capacité du conseiller qu'il a désigné à assurer l'assistance du fonctionnaire dans ce cadre. • Cons. const. 15 oct. 2020, *Synd. des agrégés de l'enseignement supérieur*, n° 2020-860 QPC § 6.

237. Tenant compte des jours non travaillés au dénominateur du quotient servant à calculer le salaire journalier de référence, le pouvoir réglementaire a entendu éviter qu'un même nombre d'heures de travail aboutisse à un salaire journalier de référence plus élevé en cas de fractionnement des contrats de travail qu'en cas de travail à temps partiel et encourager ainsi la stabilité de l'emploi. Toutefois, du fait des règles qui ont été retenues, le montant du salaire journalier de référence peut désormais, pour un même nombre d'heures de travail, varier du simple au quadruple en fonction de la répartition des périodes d'emploi au cours de la période de référence d'affiliation de 24 mois. Il en résulte, dans certaines hypothèses, en dépit de la contrepartie tenant à la prise en compte des jours non travaillés pour la détermination de la durée d'indemnisation, une différence de traitement manifestement disproportionnée au regard du motif d'intérêt général poursuivi. Dès lors, les dispositions de l'art. 13 du règlement d'assurance chômage annexé au décret attaqué portent atteinte au principe d'égalité. • CE 25 nov. 2020, n° 434920 B : *AJDA 2020. 2346*.

238. V. également notes 473 s. et 480 s.

239. Retraites et pensions. Ne justifie pas une différence selon la nationalité la loi qui a pour but de garantir, par l'octroi d'une pension civile ou militaire à toutes les personnes qui avaient servi la France, des conditions de vie en rapport avec la dignité des fonctions exercées au service de l'État. • Cons. const. 28 mai 2010, *Cts L.*, n° 2010-1 QPC § 9. ♦ ... Une loi qui a pour effet d'établir une différence de traitement fondée sur la nationalité est injustifiée au regard de l'objet de la loi qui vise à rétablir l'égalité entre les prestations versées aux anciens combattants qu'ils soient français ou étrangers. • Cons. const. 28 mai 2010, *Cts L.*, n° 2010-1 QPC § 10. ♦ ... Le législateur ne peut sans méconnaître le principe d'égalité en tenant compte des charges entraînées par leur départ d'Algérie et leur réinstallation dans un État de l'Union européenne. • Cons. const. 4 févr. 2011, *Comité Harkis et Vérité*, n° 2010-93 QPC § 10. ♦ V. déjà, mais sur la base d'une violation de l'art. 14 Conv. EDH, pour l'octroi de pension d'ancien combattant : • CE, ass., 30 nov. 2001, Diop, n° 212179 A (concl. Courtial) : *GAJA, 22e éd., n° 99 ; AJDA 2001. 1039, chron. Guyomar et Collin ; RFDA 2002. 573, concl. Courtial*. ♦ S'agissant de l'octroi d'une pension militaire d'invalidité aux supplétifs algériens, V. • CE 11 juill. 2008, n° 295816. ♦ Le législateur ne peut distinguer entre les objecteurs de conscience et ceux qui ont effectué un service militaire « classique » s'agissant du droit à la reprise d'ancienneté dans le calcul du droit à pension. • Cons. const. 13 oct. 2011, *Antoine C.*, n° 2011-181 QPC § 5.

240. En instaurant la retraite progressive, le législateur a entendu permettre aux travailleurs exerçant une activité réduite de bénéficier d'une fraction de leur pension de retraite en vue d'organiser la cessation graduelle de leur activité. Or, les salariés ayant conclu avec leur employeur une convention de forfait en jours sur l'année fixant un nombre de jours travaillés inférieur au plafond légal ou conventionnel exercent, par rapport à cette durée maximale, une activité réduite. Dès lors, en privant ces salariés de toute possibilité d'accès à la retraite progressive, quel que soit le nombre de jours travaillés dans l'année, les dispositions contestées instituent une différence de traitement qui est sans rapport avec l'objet de la loi. • Cons. const. 26 févr. 2021, *Nadine F.*, n° 2020-885 QPC § 9 et 10.

241. Conditions matérielles de vie. Assurer des conditions de vie matérielle décentes ne justifie pas qu'il soit tenu compte de la nationalité. • Cons. const. 22 janv. 1990, n° 89-269 DC § 35 • Cons. const. 23 juill. 2010, *Lahcène A*, n° 2010-18 QPC. ♦ V. également note 233. ♦ Permettre, à des fins civiles, sociales, administratives ou judiciaires, l'identification et la recherche de ceux qui ne peuvent être trouvés à un domicile ou à une résidence fixe d'une certaine durée, tout en assurant, aux mêmes fins, un moyen de communiquer avec ceux-ci ne justifie pas de soumettre les personnes qui résident de façon permanente dans un véhicule, une remorque ou tout autre abri mobile à un titre de circulation différent selon qu'elles justifient ou non de ressources régulières. • Cons. const. 5 oct. 2012, *Jean-Claude P.*, n° 2012-279 QPC § 22. ♦ L'interdiction de prendre en considération, pour fixer le montant de la prestation compensatoire, les sommes versées à l'un des époux au titre de la réparation d'un accident du travail ou au titre de la compensation d'un handicap institue entre les époux des différences de traitement qui ne sont pas en rapport avec l'objet de la prestation compensatoire qui est de compenser la disparité que la rupture du mariage crée dans leurs conditions de vie respectives. • Cons. const. 2 juin 2014, *Alain D.*, n° 2014-398 QPC § 9.

242. Pluralisme. Protéger la liberté de choix de l'électeur, l'indépendance de l'élu ou l'indépendance des juridictions contre les risques de confusion ou de conflits d'intérêts ne justifie pas la mise en œuvre d'incompatibilités électorales qui ne seraient pas justifiées géographiquement. • Cons. const. 30 mars 2000, n° 2000-426 DC § 15.

243. Autres cas. De même encore, il n'est pas possible : d'exclure d'une loi de nationalisation les banques mutualistes ou coopératives que ni les caractères spécifiques de leurs statuts ni la nature de leur activité ne différencient des autres établissements bancaires. • Cons. const. 16 janv. 1982, n° 82-132 DC § 33. ♦ ... D'exonérer des principes de publicité et de mise en concurrence prévus par le code des marchés publics pour les contrats de travaux, d'études et de maîtrise d'œuvre, conclus pour l'exécution ou les besoins du service public par les sociétés d'économie mixte, en leur nom ou pour le compte de personnes publiques, les sociétés d'économie mixte d'intérêt national et des sociétés filiales cocontractantes dont le capital est contrôlé directement ou indirectement par l'État dans une loi de lutte contre la corruption. • Cons. const. 20 janv. 1993, n° 92-316 DC § 49 et 50.

244. De même, favoriser la transmission des patrimoines du vivant de leur détenteur ne justifie pas : une différenciation entre les donations faites devant notaire ou non. • Cons. const. 30 déc. 1991, n° 91-302 DC § 7. ♦ ... De prévoir un droit de prélèvement sur la succession au bénéfice des seuls héritiers français. • Cons. const. 5 août 2011, *Elke B. et a.*, n° 2011-159 QPC § 6. ♦ Préserver l'environnement ne justifie pas que soient exonérés de prendre en charge une partie du coût de la collecte les imprimés qui font l'objet d'une distribution nominative. • Cons. const. 29 déc. 2003, n° 2003-488 DC § 11. ♦ Permettre que les frais de constitution de garanties ne soient pas maintenu à la charge du contribuable lorsque ce dernier s'acquitte de sa dette fiscale ne justifie pas la différence de traitement selon les impositions contestées. • Cons. const. 6 juin 2014, *Sté orange SA*, n° 2014-400 QPC § 7 et 8. ♦ Favoriser la lutte contre le décrochage scolaire ne justifie pas que les candidats qui obtiennent leur bac en plusieurs sessions puissent se voir attribuer une mention, alors que ceux l'ayant obtenu en une seule session mais après le rattrapage ne peuvent pas se voir attribuer de mention. • CE 31 mars 2017, n° 395506 B : *AJDA 2017. 720 ; JCP Adm. 2017. 2205, note Otero*. ♦ ... Favoriser le logement à proximité du lieu d'exercice de leur fonctions aux agents des établissement publics de santé ne permet pas que le droit à résiliation des baux s'applique aux agents de ces établissements qui sont en activité. • Cons. const.

6 avr. 2018, Épx L., n° 2018-697 QPC § 7 (réserve d'interprétation). ♦ ... D'évaluer forfaitairement les ressources de certains ménages au regard de l'allocation de rentrée scolaire sans leur ouvrir aucune possibilité d'établir qu'ils ont disposé de revenus professionnels inférieurs à ce qui résulte de l'évaluation forfaitaire. • CE 26 déc. 2018, n° 420104 B : *AJDA 2019. 13*.

245. Aucune justification de différence de situation en rapport direct avec l'objet de la loi ne justifie qu'un même manquement puisse être sanctionné par une amende dont le montant est différent selon la disposition en vertu de laquelle elle est infligée. • Cons. const. 16 févr. 2018, *Épx F.,* n° 2017-692 QPC § 12. ♦ ... De réserver le recrutement d'un agent contractuel pour une durée indéterminée, à la condition que le candidat recruté ait précédemment exercé, sous un contrat à durée indéterminée, un emploi du secteur public ou du secteur privé relevant d'un domaine d'activité en rapport avec celui du poste à pourvoir. • Cons. const. 1er avr. 2021, n° 2021-7 LP § 20.

246. D'une part, comptent au nombre des professions de santé dont l'exercice est requis pour bénéficier du dispositif dérogatoire qui permet de déposer une telle demande d'autorisation d'exercice les professions médicales, pharmaceutiques, d'auxiliaire médical, d'aide-soignant, d'auxiliaire de puériculture, d'ambulancier ou d'assistant dentaire et que, d'autre part, l'objet de la procédure est d'obtenir une autorisation d'exercice de la profession de médecin, de chirurgien-dentiste, de sage-femme ou de pharmacien. Or, au regard de la diversité des professions de santé dont l'exercice est requis pour bénéficier de ce dispositif, la circonstance que l'une de ces professions soit exercée au sein d'un établissement de santé ou au sein d'un établissement social ou médico-social ne permet pas de rendre compte d'une différence de situation au regard de l'objet de la loi. • Cons. const. 19 mars 2021, *Assoc. SOS praticiens à diplôme hors Union européenne de France,* n° 2021-890 QPC § 9.

III. LES APPLICATIONS DU PRINCIPE D'ÉGALITÉ DEVANT LA LOI

247. Le principe selon lequel une assemblée élue au suffrage universel direct doit l'être sur des bases essentiellement démographiques découle notamment du présent art. • Cons. const. 10 janv. 2001, n° 2000-438 DC § 4. ♦ V. comm. et annotations ss. Const. 58, art. 3.

A. ÉGALITÉ DEVANT LA JUSTICE

BIBL. Barthélémy, Le principe constitutionnel d'égalité devant la justice depuis le 1er mars 2010, *Constitutions 2011. 339*.

248. Principe. Le principe d'égalité devant la justice est inclus dans le principe d'égalité devant la loi. • Cons. const. 23 juill. 1975, n° 75-56 DC § 4 • Cons. const. 19 janv. 1981, n° 80-127 DC § 72 • Cons. const. 20 janv. 1981 : *ibid.* • Cons. const. 18 janv. 1985, n° 84-183 DC § 15.

249. Le Conseil d'État a considéré que le principe d'égalité devant la justice constituait tantôt un principe général du droit. • CE, ass., 31 oct. 1980, *Féd. nat. unions de jeunes avocats et Féd. de l'éducation nat. : Lebon 394 ; D. 1981. IR 111, obs. Delvolvé ; RD publ. 1981. 499, concl. Franc.* ♦ ... Tantôt une garantie essentielle des justiciables. • CE, ass., 12 oct. 1979, *Rassemblement des nouveaux avocats de France : Lebon 370 ; AJDA 1980. 248, note Deboy ; D. 1979. 606, note Bénabent ; JCP 1980. 19288, concl. Franc, note Boré* • CE, ass., 5 juill. 1985, *CGT : Lebon 217 ; AJDA 1985. 626, obs. Richer ; JCP 1985. 20478, concl. Jeanneney.* ♦ ... Tantôt, mais de manière plus ancienne, un simple « principe ». • CE 26 févr. 1969, *Galante : Lebon 118.* ♦ ... Ou encore une « règle générale de procédure ». • CE 18 nov. 1964, *Rainaut : Lebon 559 ; AJDA 1965. 408, note Paulin.*

250. Ainsi n'est-il pas possible de limiter la possibilité donnée à la Cour de cassation de provoquer les observations des parties dans le seul cas où elle se propose de relever un moyen de cassation d'office et non dans celui où il s'agirait d'un moyen de rejet. • CE, ass., 5 juill. 1985, *CGT : préc. note 249.*

251. Dualité de juridictions. Eu égard à la valeur constitutionnelle de la compétence et de l'indépendance de la juridiction administrative, le fait qu'un agent public auquel est imputé un fait dommageable commis dans l'exercice de ses fonctions doive, en principe, être attrait devant elle pour en répondre à l'égard de la victime ne porte aucunement atteinte au principe d'égalité des citoyens devant la loi, en particulier devant la justice, l'accès aux juridictions des 2 ordres et les garanties offertes au justiciable étant équivalents. • Cass., QPC, 8 mars 2012 : *AJDA 2012. 525*.

252. Qualité du recrutement des magistrats, professionnels ou non. V. note 367.

1° PROCÉDURE

253. Possibilité de prévoir des règles de procédure différentes. Le législateur (compétent pour fixer les règles de procédure pénale en application de l'art. 34 Const. 58) peut prévoir des règles de procédure différentes (y compris en matière pénale ou administrative) selon les faits, les situations et les personnes auxquels elles s'appliquent. • Cons. const. 19 janv. 1981, n° 80-127 DC § 31 • Cons. const. 21 juill. 2017, *Gérard B.,* n° 2017-645 QPC § 6. ♦ Selon le Cons. const.

cette possibilité résulte du présent art. et de l'art. 16 DDH. • Cons. const. 28 févr. 2020, *Gérard F.*, n° 2019-827 QPC § 8.

V. pour d'autres décisions dans le même sens : .

254. Conditions à remplir. Ces différences ne doivent cependant pas conduire à des distinctions (différenciations, discriminations) injustifiées et que soient assurées aux justiciables des garanties égales. • Cons. const. 19 janv. 1981, n° 80-127 DC § 31 • Cons. const. 20 janv. 1981, n° 80-127 DC § 31 • Cons. const. 17 déc. 2010, *Boubakar B.*, n° 2010-81 QPC § 4 • Cons. const. 27 sept. 2019, *Fabienne V.*, n° 2019-803 QPC § 7 • Cons. const. 28 févr. 2020, *Gérard F.*, n° 2019-827 QPC § 8.

V. pour d'autres décisions dans le même sens : .

255. Distinctions justifiées. Des différences de procédure peuvent également trouver une justification du fait de spécificités tenant au territoire considéré. • Cons. const. 5 août 1993, n° 93-323 DC § 15 • Cons. const. 22 avr. 1997, n° 97-389 DC § 21 • Cons. const. 30 juin 2017, *Sté Horizon OI et a.*, n° 2017-641 QPC § 6 (*a contrario*). ♦ ... Du fait des contraintes inhérentes à l'exercice de leurs missions par les forces armées, le législateur a, en prévoyant que la partie lésée ne peut mettre en mouvement l'action publique que par la voie de la constitution de partie civile devant le juge d'instruction, entendu limiter, en matière délictuelle, le risque de poursuites pénales abusives exercées par la voie de la citation directe en imposant une phase d'instruction préparatoire destinée, d'une part, à vérifier si les faits constituent une infraction et la suffisance des charges à l'encontre de la personne poursuivie et, d'autre part, à établir les circonstances particulières de la commission des faits. • Cons. const. 24 avr. 2015, *Christine M., épse C.*, n° 2015-461 QPC § 7. ♦ Rappr. s'agissant de l'obligation faite au ministère public de solliciter avant tout acte de poursuite, en cas de crime ou de délit (visés par ...), l'avis du ministre chargé de la défense ou de l'autorité militaire habilitée par lui. • Cons. const. 24 avr. 2015, *Christine M., épse C.*, n° 2015-461 QPC § 8. ♦ ... Du fait de la spécificité des opérations militaires de la France à l'étranger eu égard aux contraintes inhérentes à l'exercice de leurs missions par les forces armées. • Cons. const. 27 sept. 2019, *Fabienne V.*, n° 2019-803 QPC § 8.

256. En imposant le respect d'un délai d'épreuve de cinq ans après l'exécution de la peine, le législateur a entendu subordonner le bénéfice de la réhabilitation à la conduite adoptée par le condamné une fois qu'il n'était plus soumis aux rigueurs de la peine prononcée à son encontre. A cet égard, il résulte de la jurisprudence constante de la Cour de cassation que la réhabilitation judiciaire ne peut être accordée qu'aux personnes qui, après avoir été condamnées et avoir subi leur peine, se sont rendues dignes, par les gages d'amendement qu'elles ont donnés pendant le délai d'épreuve, d'être replacées dans l'intégrité de leur état ancien. Dès lors, les personnes condamnées à la peine de mort et exécutées se trouvent dans l'impossibilité de remplir les conditions prévues par la loi et cette différence de traitement repose sur une différence de situation et est en rapport direct avec l'objet de la loi. • Cons. const. 28 févr. 2020, *Gérard F.*, n° 2019-827 QPC § 12 et 13.

257. La personne mise en examen n'est pas dans une situation identique à celle de la partie civile ou à celle du ministère public et, dès lors, les différences de traitement résultant de l'application de règles de procédure propres à chacune des parties privées et au ministère public ne sauraient, en elles-mêmes, méconnaître l'équilibre des droits des parties dans la procédure. • Cons. const. 30 juill. 2010, *Région Languedoc-Roussillon*, n° 2010-15/23 QPC § 8 • Cons. const. 13 juill. 2011, *Samir A.*, n° 2011-153 QPC § 5. ♦ V. déjà • Cons. const. 22 avr. 1997, n° 97-389 DC § 62 et 63. ♦ Le ministère public n'est pas dans une situation identique à celle de la personne poursuivie ou de la partie civile. • Cons. const. 21 oct. 2011, *Bruno L. et a.*, n° 2011-190 QPC § 9. ♦ Il en résulte que l'interdiction faite à la partie civile d'appeler seule d'un jugement correctionnel, dans ses dispositions statuant au fond sur l'action publique, ne méconnaît pas le principe d'égalité devant la justice. • Cons. const. 31 janv. 2014, *Michel P.*, n° 2013-363 QPC § 8. ♦ Sur l'incidence en matière d'équilibre des droits des parties sur les frais de procédures, V. notes ss. DDH, art. 16.

258. De même, eu égard aux différences de situation qui caractérisent les professions réglementées, le moyen tiré de ce qu'en prévoyant que la chambre disciplinaire nationale de l'ordre des sages-femmes est composée majoritairement de membres de l'ordre et non de magistrats professionnels, alors que l'appel des décisions des chambres disciplinaires de première instance d'autres professions réglementées serait jugé par des magistrats professionnels, les dispositions contestées n'ont pas méconnu le principe d'égalité devant la justice. • CE, QPC, 24 sept. 2010, *Mme Perarnaud*, n° 341548 : *AJDA 2010. 2390*. ♦ A l'inverse, les dispositions excluant du bénéfice de l'exercice des droits reconnus à la partie civile les associations qui se proposent de défendre les intérêts moraux et l'honneur des victimes de crimes de guerre ou de crimes contre l'humanité autres que ceux commis durant la Seconde Guerre mondiale méconnaissent le principe d'égalité devant la justice. • Cons. const.

16 oct. 2015, *Assoc. Cté rwandaise de France,* n° 2015-492 QPC § 7.

259. Une disposition peut prévoir que seuls les étrangers séjournant sur le sol métropolitain peuvent refuser d'être entendus par la Cour nationale du droit d'asile par des moyens de communication audiovisuel, les étrangers se trouvant hors du sol métropolitain étant dans une situation différente au regard du siège de cette Cour. • Cons. const. 9 juin 2011, n° 2011-631 DC § 94.

260. La personne résidant sur le territoire de la République et celle résidant hors de ce territoire ne sont pas placées dans la même situation au regard de la capacité des autorités judiciaires d'ordonner directement des mesures coercitives à leur encontre. En permettant au juge d'instruction de décerner un mandat d'arrêt à l'encontre d'une personne résidant hors du territoire de la République même si elle n'est pas en fuite, le législateur a institué une différence de traitement en rapport direct avec l'objet des dispositions contestées. • Cons. const. 27 févr. 2015, *Olivier J.,* n° 2014-452 QPC § 7 • Cons. const. 4 déc. 2013, n° 2013-679 DC § 64.

261. Dès lors que lorsque deux juges d'instruction ou deux tribunaux différents se trouvent simultanément saisis de la même infraction, il est procédé au « règlement des juges », le cas échéant par la chambre criminelle de la Cour de cassation, il n'y a pas de violation du principe d'égalité lorsque la législation conduit à une possibilité de pluralité de saisine. • Cons. const. 4 déc. 2013, n° 2013-679 DC § 64.

262. Assurance de garanties égales. Il en est ainsi notamment quant au respect : du principe du contradictoire. • Cons. const. 23 nov. 2012, *Maryse L.,* n° 2012-284 QPC § 3. ♦ ... Des droits de la défense. • Cons. const. 3 sept. 1986, n° 86-213 DC § 12 • Cons. const. 30 juin 2017, *Sté Horizon OI et a.,* n° 2017-641 QPC § 4 • Cons. const. 21 juill. 2017, *Gérard B.,* n° 2017-645 QPC § 6. ♦ ... Ce qui implique en particulier l'existence d'une procédure juste et équitable. • Cons. const. 29 août 2002, n° 2002-461 DC § 23 • Cons. const. 27 janv. 2012, *COFACE,* n° 2011-213 QPC § 3. ♦ ... Garantissant l'équilibre des droits des parties. • Cons. const. 5 août 2010, n° 2010-6123 DC § 13 • Cons. Const. 31 janv. 2019, *Suat A. et a.,* n°s 2018-758/759/760 QPC § 6. ♦ V. note ss. DDH, art. 16.

V. pour d'autres décisions dans le même sens des droits de la défense : .

263. Il en est ainsi également quant au respect des principes d'indépendance et d'impartialité des juridictions. • Cons. const. 9 sept. 2011, *Hovanes A.,* n° 2011-160 QPC § 4 • Cons. const. 17 janv. 2019, *Jean-Pierre F.,* n° 2018-756 QPC § 5.

V. pour d'autres décisions dans le même sens : .

264. Atteinte éventuelle au droit au recours. V. notes ss. DDH, art. 16.

265. Transposition de ces principes à la phase d'investigation. Le législateur peut prévoir des mesures d'investigation spéciales en vue de constater des crimes et délits d'une gravité et d'une complexité particulières, d'en rassembler les preuves et d'en rechercher les auteurs, c'est sous réserve que les restrictions qu'elles apportent aux droits constitutionnellement garantis soient nécessaires à la manifestation de la vérité, proportionnées à la gravité et à la complexité des infractions commises et qu'elles n'introduisent pas de discriminations injustifiées. • Cons. const. 6 avr. 2012, *Kiril Z.,* n° 2012-228/229 QPC § 6. ♦ V. déjà, sous réserve que ces mesures soient conduites dans le respect des prérogatives de l'autorité judiciaire, gardienne de la liberté individuelle, • Cons. const. 2 mars 2004, n° 2004-492 DC § 6. ♦ V. aussi • Cons. const. 30 juill. 2010, *Daniel Walbuger et a.,* n°s 2010-14/22 QPC § 13 • Cons. const. 4 déc. 2013, n° 2013-679 DC § 75. ♦ V. en matière de terrorisme, • Cons. const. 22 sept. 2010, *Bulent A. et a.,* n° 2010-31 QPC § 5 s.

a. Garde à vue

266. Dénier à une personne tout droit à s'entretenir avec un avocat pendant une garde à vue à raison de certaines infractions, alors que ce droit est reconnu à d'autres personnes dans le cadre d'enquêtes sur des infractions différentes punies de peines aussi graves et dont les éléments de fait peuvent se révéler aussi complexes, méconnaît, s'agissant d'un droit de la défense, l'égalité entre les justiciables. • Cons. const. 11 août 1993, n° 93-326 DC § 15.

267. La gravité et la complexité des infractions peuvent justifier la prolongation de la garde à vue... • Cons. const. 2 mars 2004, n° 2004-492 DC § 23 s. ♦ ... Sur laquelle il n'y a pas lieu de revenir dès lors qu'il n'y a pas de changement de circonstances. • Cons. const. 30 juill. 2010, *Daniel Walbuger et a.,* n°s 2010-14/22 QPC § 13 • Cons. const. 22 sept. 2010, *Bulent A. et a.,* n° 2010-31 QPC § 4. ♦ ... De même, dans ce cas, est justifié le report de l'arrivée de l'avocat en garde à vue. • Cons. const. 2 mars 2004, n° 2004-492 DC § 32.

268. En revanche, alors même qu'aucune exigence constitutionnelle n'impose l'enregistrement des auditions ou des interrogatoires des personnes suspectées d'avoir commis un crime, l'exception faite au principe d'enregistrement des interrogatoires en matière criminelle pour certaines infractions graves introduit une distinction injustifiée entre les personnes suspectées. Il en est ainsi d'autant plus qu'il est déjà prévu que le procureur de la République ou le juge d'instruction peut prévoir que les auditions ou les interrogatoires ne seront pas enregistrés en raison du nombre de personnes devant être simultanément interrogées et que l'obligation d'enregistrement ne s'applique pas en cas d'impossibilité technique mentionnée dans le procès-verbal. • Cons. const. 6 avr. 2012, *Kiril Z.*, n°s 2012-228/229 QPC § 8. ♦ De même, en permettant de recourir à la garde prolongée au cours des enquêtes ou des instructions portant sur des délits de fraude fiscale commis en bande organisée ou aggravés, le législateur a permis qu'il soit porté à la liberté individuelle et aux droits de la défense une atteinte qui ne peut être regardée comme proportionnée au but poursuivi. • Cons. const. 4 déc. 2013, n° 2013-679 DC § 77.

b. Détention provisoire

269. Est contraire au principe d'égalité devant la justice la réserve de compétence introduite en faveur de la chambre d'instruction qui prive la personne qui demande qu'il soit mis fin à sa détention provisoire des garanties accordées aux autres personnes en détention provisoire telles que la garantie que représente l'obligation pour le juge d'instruction ou le JLD de mettre fin à la détention provisoire à tout moment, même d'office s'agissant du juge d'instruction, s'ils estiment que les conditions de cette détention ne sont plus remplies, de la garantie que représente, pour la personne qui demande sa mise en liberté, le « double regard » des juges d'instruction et du JLD. • Cons. const. 17 déc. 2010, *David. M.*, n° 2010-62 QPC § 5. ♦ ... Et du droit à un double degré de juridiction. • Cons. const. 17 déc. 2010, *Boubakar B.*, n° 2010-81 QPC § 7.

c. Instruction, enquête et expertise

270. Dans la mesure où est reconnue aux parties la liberté d'être assistées d'un avocat ou de se défendre seules et, sauf à ce qu'une restriction d'accès soit jugée nécessaire au respect de la vie privée, à la sauvegarde de l'ordre public ou à l'objectif de recherche des auteurs d'infractions, toutes les parties à une instruction doivent pouvoir avoir connaissance de l'intégralité du rapport d'une expertise ordonnée par le juge d'instruction afin de leur permettre de présenter des observations ou de formuler *une demande de complément* d'expertise ou de contre-expertise. • Cons. const. 15 févr. 2019, *Charles-Henri M.*, n° 2018-765 QPC § 8.

271. Le procureur de la République peut, s'il estime qu'une information n'est pas nécessaire, procéder soit par voie de convocation du prévenu devant le tribunal par procès-verbal, soit par voie de saisine immédiate du tribunal, soit par voie de saisine préalable du Président du tribunal ou d'un juge délégué par lui. • Cons. const. 19 janv. 1981, n° 80-127 DC § 31 • Cons. const. 20 janv. 1981 : *ibid.* ♦ De même, peut-il discrétionnairement choisir entre une procédure comportant une information préalable par le juge d'instruction et une procédure ne comportant pas une telle information préalable, dès lors le tribunal peut, notamment, s'il lui semble que la complexité de l'affaire nécessite des investigations complémentaires qui ne peuvent être menées à bien que par un supplément d'information, rendre une décision qui implique un abandon de la procédure de comparution immédiate, obligation lui étant faite de statuer au préalable sur le maintien en détention provisoire du prévenu jusqu'à sa comparution devant le juge d'instruction. • Cons. const. 3 sept. 1986, n° 86-215 DC § 15 s. ♦ La circonstance que des faits identiques puissent donner lieu à plusieurs enquêtes placées sous la direction de différents procureurs de la République ne méconnaît pas, en elle-même, le principe d'égalité devant la justice. • Cons. const. 4 déc. 2013, n° 2013-679 DC § 63.

272. Si le texte permettant le dépaysement de l'enquête ne mentionne expressément que la personne intéressée, il ne porte en réalité pas atteinte aux droits des autres personnes intéressées dans la procédure qui souhaiteraient demander un renvoi d'en informer par elles-mêmes le procureur général pour qu'il y procède d'« office », ainsi que le prévoit le texte. La disposition contestée n'instaure pas de déséquilibre dans les droits des parties. • Cons. const. 22 juill. 2011, *Stéphane P.*, n° 2011-156 QPC § 4.

273. Eu égard à la gravité des infractions qu'il a retenues (fraude fiscale commise en bande organisée ou aggravée), le législateur a pu, à cette fin, fixer des règles spéciales de surveillance et d'investigation. • Cons. const. 4 déc. 2013, n° 2013-679 DC § 75.

d. Jugement

274. Procédure administrative. Il est loisible au législateur d'étendre l'obligation pour le tribunal administratif de la Polynésie française de consulter le Conseil d'État lorsqu'il est saisi d'un recours fondé sur un moyen sérieux, ou qu'il soulève lui-même ce moyen, invoquant l'inexacte application « des dispositions relatives aux attributions du gouvernement de la Polynésie française ou de l'assemblée de la Polynésie française ou de son Président ». • Cons. const. 6 déc. 2007, n° 2007-559 DC § 24.

275. A l'inverse, dès lors qu'elle n'est pas justifiée au regard de l'objectif de contrôle juridictionnel des actes administratifs, la différence de situation établie entre les représentants à l'assemblée de la Polynésie française et les autres justiciables, les premiers pouvant, à la différence des seconds obtenir la suspension d'un acte administratif sans qu'il soit justifié de la condition d'urgence. • Cons. const. 6 déc. 2007, n° 2007-559 DC § 25 et 26.

276. Identité des formations de jugement. Le respect de ce principe fait obstacle : à ce que des citoyens se trouvant dans des conditions semblables et poursuivis pour les mêmes infractions soient jugés par des juridictions composées selon des règles différentes. • Cons. const. 23 juill. 1975, n° 75-56 DC § 5. ♦ ... A ce que le législateur laisse au président du tribunal de grande instance la faculté, en toutes matières relevant de sa compétence, de décider de manière discrétionnaire et sans recours, statuant de sa propre initiative ou à la demande du magistrat désigné, de l'une des parties ou du ministère public, le soin de renvoyer l'affaire devant la juridiction collégiale ou devant un seul de ces magistrats exerçant les pouvoirs conférés au président. Des affaires de même nature pourraient ainsi être jugées ou par un tribunal collégial ou par un juge unique, selon la décision du président de la juridiction. • Cons. const. 23 juill. 1975, n° 75-56 DC § 2, 3 et 6. ♦ Rappr. • Cons. const. 17 déc. 2010, *Boubakar B.*, n° 2010-81 QPC § 7.

277. Il faut cependant que les faits soient identiques. Les actes de terrorisme peuvent être jugés par une cour d'assises ne comportant pas de jurés dès lors que cette cour présente les garanties requises d'indépendance et d'impartialité et que devant cette juridiction les droits de la défense sont sauvegardés. • Cons. const. 3 sept. 1986, n° 86-213 DC § 13.

278. Il est néanmoins possible : de laisser au juge de proximité, eu égard à la nature particulière de la juridiction de proximité et dans un souci de bonne administration de la justice (objectif de valeur constitutionnelle qui résulte des art. 12, 15 et 16 DDH ; V. ss. DDH, art. 16), lorsque celui-ci se heurte, en matière civile, « à une difficulté juridique sérieuse portant sur l'application d'une règle de droit ou sur l'interprétation du contrat liant les parties », la faculté de renvoyer l'affaire au tribunal d'instance, *à la demande* d'une partie ou d'office, après avoir recueilli l'avis, selon le cas, de l'autre ou des deux parties. • Cons. const. 29 août 2002, n° 2002-461 DC § 21 à 24. ♦ ... De laisser au Président du tribunal de grande instance une certaine latitude lui permettant, pour établir la liste des juges de proximité de son ressort susceptibles de siéger en qualité d'assesseur, de choisir les mieux à même de remplir cette fonction dès lors que les justiciables qui seront jugés par une formation collégiale du tribunal correctionnel, quelle que soit sa composition, se verront appliquer les mêmes règles de procédure et de fond. • Cons. const. 20 janv. 2005, n° 2004-510 DC § 24 et 25. ♦ ... De laisser au premier président de la Cour de cassation de renvoyer l'étude d'une demande de QPC devant une formation restreinte si la solution lui paraît s'imposer. • Cons. const. 3 déc. 2009, n° 2009-595 DC § 25 et 26. ♦ ... D'autoriser le pouvoir réglementaire à préciser les exceptions à la règle de la collégialité « tenant à l'objet du litige ou à la nature des questions à juger » dès lors que ce choix repose sur des critères objectifs. • Cons. const. 14 oct. 2010, *Union synd. magistrats administratifs*, n° 2010-54 QPC § 4. ♦ ... De laisser au juge d'instruction de procéder ou non au renvoi du mineur devant la cour d'assises des mineurs pour les faits qu'il lui est reproché d'avoir commis avant l'âge de 16 ans en même temps que pour les faits commis après cet âge, dès lors que l'ordonnance de renvoi est motivée, prise au regard des réquisitions du ministère public et des observations des parties et qu'elle est susceptible d'appel, l'arrêt d'appel étant susceptible de pourvoi. • Cons. const. 29 nov. 2013, *Christophe D.*, n° 2013-356 QPC § 10.

279. De même, en instituant un conseil de discipline unique dans le ressort de chaque cour d'appel, le législateur a entendu garantir l'impartialité de l'instance disciplinaire des avocats en remédiant aux risques de proximité entre les membres qui composent cette instance et les avocats qui en sont justiciables, alors que, en maintenant le conseil de l'ordre du barreau de Paris dans ses attributions disciplinaires, il a, d'une part, tenu compte de la situation particulière de ce barreau qui, au regard du nombre d'avocats inscrits, n'est pas exposé au même risque de proximité et, d'autre part, entendu assurer une représentation équilibrée des autres barreaux relevant de la cour d'appel de Paris au sein d'un conseil de discipline commun, faisant ainsi reposer la différence de traitement sur des critères objectifs et rationnels, poursuivant un but d'intérêt général et en rapport direct avec l'objet de la loi. • Cons. const. 29 sept. 2011, *Marie-Claude A.*, n° 2011-179 QPC § 4.

280. Les dispositions contestées établissent une différence de traitement entre les justiciables selon la qualité de militaire de la gendarmerie ou de membre de la police nationale de l'auteur de l'infraction commise dans le service du maintien de l'ordre ; elles trouvent leur justification dans les particularités de l'état militaire des gendarmes. • Cons. const. 17 janv. 2019, *Jean-Pierre F.*, n° 2018-756 QPC § 8. ♦ Ces juridictions spécialisées en matière militaire compétentes en cette matière pour les gendarmes sont désignées parmi les tribunaux de grande instance et les cours d'assises et ne présentent que trois spécificités par rapport à ces juridictions judiciaires ordinaires (étendue du ressort territorial des juridictions, affectation spécifique de magistrats de l'ordre judiciaire et absence de jury citoyen au sein des cours d'assises spécialisées lorsque ces dernières jugent un crime autre que de droit commun ou lorsqu'il existe un risque de divulgation d'un secret de la défense nationale) assurant, pour les justiciables, des garanties égales à celles des juridictions pénales de droit commun, notamment quant au respect des principes d'indépendance et d'impartialité des juridictions. • Cons. const. 17 janv. 2019, *Jean-Pierre F.*, n° 2018-756 QPC § 7.

281. Pourvoi en cassation. Ne garantit pas l'équilibre des droits de parties, alors même que la partie civile n'est pas dans une situation identique à celle de la personne mise en examen ou du ministère public, la disposition qui, en l'absence de pourvoi du ministère public, prive la partie civile de la possibilité de se pourvoir en cassation. • Cons. const. 30 juill. 2010, *Région Languedoc-Roussillon*, n° 2010-15/23 QPC § 8. ♦ Rappr. • Cons. const. 17 déc. 2010, *Boubakar B.*, n° 2010-81 QPC § 7.

282. Dispense du ministère d'avocat. Le fait que l'État soit dispensé devant les juridictions administratives du ministère d'avocat n'est contraire ni au principe d'égalité devant la loi, ni au principe d'égalité devant la justice, en raison tant de sa position de défendeur dans les instances où il est mis en cause que du fait qu'il dispose de services juridiques spécialisés, qui le place dans une situation différente de celle des autres justiciables. • CE 21 déc. 2001, *Hofmann*, n° 222862 : *Lebon 652* ; *RFDA 2002. 176 ; D. 2002, IR 697*.

283. Lecture des conclusions du rapporteur public. La disposition qui, dans des matières énumérées par décret en Conseil d'État, permet la dispense des conclusions du rapporteur public, dans certaines matières, n'habilite pas le pouvoir réglementaire à déterminer ces matières sans se fonder sur des critères objectifs. En autorisant, dans ces matières, le Président de la formation de jugement, sur la proposition du rapporteur public, à dispenser ce dernier d'exposer à l'audience ses conclusions en raison de « la nature des questions à juger », le législateur a entendu qu'une telle dispense peut être décidée lorsque la solution de l'affaire paraît s'imposer ou ne soulève aucune question de droit nouvelle. • Cons. const. 12 mai 2011, n° 2011-629 DC § 22. ♦ Rappr. • CE 28 mars 2013, *Union synd. magistrats administratifs et synd. juridiction administrative*, n° 357064 : *AJDA 2013. 719*.

284. Juridictions professionnelles spécialisées. En confiant l'évaluation de l'indemnité due à un journaliste salarié lorsque son ancienneté excède quinze années à la commission arbitrale des journalistes (également compétente pour réduire ou supprimer l'indemnité dans tous les cas de faute grave ou de fautes répétées d'un journaliste), juridiction spécialisée composée majoritairement de personnes désignées par des organisations professionnelles, le législateur a entendu prendre en compte la spécificité de cette profession pour l'évaluation, lors de la rupture du contrat de travail, des sommes dues aux journalistes les plus anciens ou à qui il est reproché une faute grave ou des fautes répétées. • Cons. const. 14 mai 2012, *Sté Yonne Républicaine et a.*, n°s 2012-243/244/245/246 QPC § 12.

285. Comparution sur reconnaissance préalable de culpabilité (« Plaider coupable »). Le code de procédure pénale garantit les droits de la victime, que celle-ci ait pu être identifiée ou non avant l'audience d'homologation ou qu'elle ait pu ou non comparaître lors de cette audience dès lors que ses droits à constitution de partie civile sont sauvegardés dans tous les cas, ses intérêts civils faisant l'objet soit d'une ordonnance du président du tribunal de grande instance lors de l'homologation, soit d'un jugement du tribunal correctionnel après celle-ci. • Cons. const. 2 mars 2004, n° 2004-492 DC § 115.

286. Double degré de juridiction. Sur le principe même du double degré de juridiction, V. annotations ss. DDH, art. 16, note 16.

287. Il n'est pas possible que les prévenus bénéficient ou non de ce double degré de juridiction selon l'attitude de la partie civile. • Cons. const. 20 janv. 1981, n° 80-127 DC § 72. ♦ Ainsi, si la faculté pour la victime s'étant constituée partie civile en première instance de présenter des demandes nouvelles en cause d'appel et celle pour la personne lésée de se constituer partie civile pour la première fois en appel ne sont ouvertes qu'autant que des motifs sérieux peuvent être invoqués par les intéressés, leur exercice n'en serait pas moins nécessairement générateur d'inégalités devant la justice, puisque, selon l'attitude de la personne qui demande réparation, les prévenus bénéficieraient ou ne bénéficieraient pas d'un double degré de juridiction en ce qui concerne les intérêts civils. • Cons. const. 20 janv. 1981, n° 80-127 DC § 72. ♦ De même, il n'est pas possible que le droit d'interjeter appel puisse dépendre du comportement des magistrats. • Cons. const. 18 janv. 1985, n° 84-183 DC § 15.

288. En revanche, ne viole pas le principe d'égalité le fait que, si la section régionale des assurances sociales de l'ordre des chirurgiens-dentistes ne s'est pas prononcée dans un délai de huit mois, la section nationale peut être directement saisie par les requérants. • CE 9 févr. 2000, *Comparois*, n° 185667 : *Lebon 38*.

e. Autres éléments de procédure

289. Dénonciation obligatoire au procureur de la République de certains faits de

fraude fiscale. Les dispositions qui imposent à l'administration de dénoncer au procureur de la République les faits qu'elle a examinés dans le cadre de son pouvoir de contrôle et qui l'ont conduite à appliquer, sur des droits d'un certain montant, une pénalité fiscale, concernent, compte tenu des critères objectifs et rationnels retenus, les faits de fraude fiscale les plus graves dont a connaissance l'administration et sont donc en lien avec le but poursuivi par le législateur. Elles ne créent pas de discrimination injustifiée entre les contribuables. • Cons. const. 27 sept. 2019, *Assoc. Française des entreprises privées,* n° 2019-804 QPC § 5 s.

290. Frais irrépétibles. Aucune exigence constitutionnelle n'impose qu'une partie au procès puisse obtenir du perdant le remboursement des frais qu'elle a exposés en vue de l'instance ; toutefois, la faculté d'un tel remboursement affecte l'exercice du droit d'agir en justice. • Cons. const. 1er avr. 2011, *Mme Marielle D.,* n° 2011-112 QPC § 4. ♦ ... Et les droits de la défense. • Cons. const. 21 oct. 2011, *Bruno L. et a.,* n° 2011-190 QPC § 5.

291. Ne viole pas le principe d'égalité ni aucune disposition constitutionnelle la disposition : qui prévoit que la partie civile peut obtenir de l'auteur de l'infraction une indemnité au titre des frais de procédure qu'elle a exposés pour sa défense. • Cons. const. 21 oct. 2011, *Bruno L. et a.,* n° 2011-190 QPC § 6. ♦ ... Qui permet à la juridiction d'instruction ou de jugement, statuant par une décision mettant fin à l'action publique, de faire supporter par l'État ou la partie civile, lorsque l'action publique a été mise en mouvement non par le ministère public mais par cette dernière (critère rationnel en lien direct avec la loi), une somme au titre des frais non pris en compte au titre des frais de justice que la personne poursuivie mais non condamnée a dû exposer pour sa défense. • Cons. const. 21 oct. 2011, *Bruno L. et a.,* n° 2011-190 QPC § 7. ♦ Le choix de faire supporter à la partie civile, par une décision mettant fin à l'action publique, les frais de justice que la personne poursuivie mais non condamnée a dû exposer pour sa défense, dans le seul cas où l'action publique a été mise en mouvement non par le ministère public mais par cette dernière ne méconnaît pas le principe d'égalité. • Cons. const. 21 oct. 2011, *Bruno L. et a.,* n° 2011-190 QPC § 7.

292. Viole le principe d'égalité la disposition qui prive, en toute circonstance, la personne dont la relaxe ou l'acquittement a acquis un caractère définitif de la faculté d'obtenir de la partie civile le remboursement des frais qu'elle a engagés devant la Cour de cassation. • Cons. const. 1er avr. 2011, *Mme Marielle D.,* n° 2011-112 QPC.

293. Porte atteinte à l'équilibre du droit des parties dans le procès pénal et partant au droit de la défense la disposition qui, lorsque l'action publique a été mise en mouvement par la partie civile, prive de la faculté d'obtenir le remboursement de frais de justice l'ensemble des parties appelées au procès pénal qui, pour un autre motif, n'ont fait l'objet d'aucune condamnation. • Cons. const. 21 oct. 2011, *Bruno L. et a.,* n° 2011-190 QPC § 11.

294. Présentation des recours. Les règles relatives aux formes dans lesquelles un recours doit être présenté sont d'application immédiate sauf dans l'hypothèse où le requérant n'était pas en mesure d'avoir connaissance de la règle nouvelle lors de l'introduction de sa requête. • CE 15 nov. 2010, *Cons. dptal ordre des médecins des Bouches-du-Rhône,* n° 314674 : *Dr. adm. 2011. 10, note Melleray.*

295. Délai de recours et notification. Les dispositions relatives aux conditions de déclenchement du délai de recours contentieux prévues dans les relations entre l'administration et les citoyens peuvent, sans violer le présent principe, ne pas s'appliquer dans les relations entre les administrations et leurs agents. • CE, QPC, 2 juill. 2012, *Azzano,* n° 355871 : *préc. note 86.*

296. Délai entre la citation et la comparution devant un tribunal correctionnel. Si la prise en compte, par l'instauration d'un délai spécifique, de la distance séparant le lieu de résidence de la personne poursuivie du lieu où elle est citée à comparaître n'est, par elle-même, pas contraire au principe d'égalité devant la justice, en raison de l'étendue du territoire de la République, les modalités de détermination de ce délai définies par les dispositions contestées sont susceptibles de conduire à des délais de distance très différents. Compte tenu des moyens actuels de transport, ces différences dépassent manifestement ce qui serait nécessaire pour prendre en compte les contraintes de déplacement, et ce, quelle que soit la distance séparant le lieu de résidence du prévenu de celui de sa comparution. Dès lors, les dispositions contestées procèdent à une distinction injustifiée entre les justiciables. • Cons. const. 24 mai 2019, *Assoc. Sea Shepherd,* n° 2019-786 QPC § 8. ♦ V. aussi ss. DDH, art. 11, s'agissant d'autres spécificités procédurales en matière de liberté de la presse.

297. Communication des pièces de procédure. Dès lors qu'est reconnue aux parties la liberté d'être assistées par un avocat ou de se défendre seules, le respect du principe du contradictoire et des droits de la défense : impose que la copie de la décision ordonnant l'expertise soit portée à la connaissance de toutes les parties. • Cons. const. 23 nov. 2012, *Maryse L.,* n° 2012-284 QPC § 3 et 4. ♦ ... Exige que toutes les parties à une instance devant la chambre de l'instruction puissent avoir connaissance des réquisitions du ministère public jointes au dossier de la procédure. • Cons. const. 16 sept. 2016, *Marie-Lou B.*, n° 2016-566 QPC § 9. ♦ V. déjà, interdisant que le juge d'instruction puisse statuer sur le règlement de l'instruction sans que les demandes formées par le ministère public à l'issue de celle-ci aient été portées à la connaissance de toutes les parties. • Cons. const. 9 sept. 2011, *Hovanes A.*, n° 2011-160 QPC § 5.

298. Publicité des audiences. Ne méconnaît pas le principe d'égalité devant la justice la différence de traitement instituée par la possibilité accordée à la victime partie civile ou à l'une des victimes parties civiles de demander le huis clos pour le jugement de certains crimes. Cette différence de traitement est justifiée par l'objectif d'assurer la protection de la vie privée des victimes de certains faits criminels et d'éviter que, faute d'une telle protection, celles-ci renoncent à dénoncer ces faits ; elle ne modifie pas l'équilibre des droits des parties pendant le déroulement de l'audience et ne porte pas atteinte au respect des droits de la défense. • Cons. const. 21 juill. 2017, *Gérard B.*, n° 2017-645 QPC § 7.

299. Amende forfaitaire délictuelle. La disposition qui prévoit que l'action publique peut être éteinte par le paiement d'une amende forfaitaire délictuelle établie par un agent verbalisateur a pour conséquence que, selon le choix de poursuite de l'infraction par le biais d'une amende forfaitaire ou d'une autre voie de poursuite pouvant le cas échéant mener à une condamnation à une peine d'emprisonnement, l'action publique relative à la commission d'un délit sera éteinte ou non, par le seul paiement de l'amende, sans l'intervention d'une autorité juridictionnelle. Si les exigences d'une bonne administration de la justice et d'une répression effective des infractions sont susceptibles de justifier le recours à de tels modes d'extinction de l'action publique en dehors de toute décision juridictionnelle, ce n'est qu'à la condition de ne porter que sur les délits les moins graves et de ne mettre en œuvre que des peines d'amende de faible montant. Dès lors, les dispositions contestées ne sauraient, sans méconnaître le principe d'égalité devant la justice, s'appliquer à des délits punis d'une peine d'emprisonnement supérieure à trois ans. • Cons. const. 21 mars 2019, n° 2019-778 DC § 252. ♦ De même, dès lors que deux personnes ayant commis la même infraction sont susceptibles d'être soumises à une règle différente quant au minimum de la peine d'amende applicable selon que l'autorité de poursuite aura choisi de prononcer une amende forfaitaire, qui a pour conséquence d'imposer un minimum d'amende, ou qu'elle aura choisi une autre voie de poursuite, qui laisse le juge libre de fixer la peine en considération des circonstances propres à chaque espèce, ces dispositions ne sauraient, sans méconnaître le principe d'égalité devant la loi pénale, s'appliquer à des délits dont le montant de l'amende forfaitaire est supérieur à la moitié du plafond prévu en matière d'amendes forfaitaires délictuelles. • Cons. const. 21 mars 2019, n° 2019-778 DC § 258.

300. Défenseur syndical. Si le défenseur syndical qui exerce des fonctions d'assistance et de représentation devant les conseils de prud'hommes et les cours d'appel en matière prud'homale ne peut exercer ses missions que sur le territoire d'une seule région, ces dispositions ne sauraient, sans méconnaître le principe d'égalité devant la justice, priver la partie ayant choisi de se faire assister par un défenseur syndical devant le conseil de prud'hommes de continuer à être représentée, dans tous les cas, par ce même défenseur devant la cour d'appel compétente. • Cons. const. 12 mars 2020, *Pierre V.*, n° 2019-831 QPC § 8.

2° SANCTION

301. La faculté laissée au juge de prononcer une peine qui peut comporter un emprisonnement dont la durée maximale est inférieure au maximum de la peine encourue pour les faits réprimés ne méconnaît pas le principe d'égalité devant la loi. • Cons. const. 7 août 2014, n° 2014-696 DC § 18. ♦ Il en va de même de l'exécution provisoire de la peine de contrainte pénale, applicable à toute condamnation à cette peine. • Même affaire.

302. En faisant ainsi dépendre la sanction encourue du choix de la partie civile de porter son action devant le juge pénal plutôt que devant le juge civil, les dispositions contestées créent, entre les défendeurs, une différence de traitement injustifiée. • Cons. const. 26 janv. 2017, n° 2016-745 DC § 133.

3° AMNISTIE

303. Le principe d'égalité ne s'oppose pas à ce que le législateur délimite le champ d'application d'une amnistie, à condition de définir de manière objective les catégories d'infractions amnistiées et de personnes en bénéficiant. • Cons. const. 11 janv. 1990, n° 89-271 DC § 21. ♦ Il appartient au législateur d'apprécier si, pour des raisons objectives en rapport avec les buts de la loi d'amnistie, il convient d'édicter des dispositions particulières visant les auteurs d'infractions commises en relation avec des événements déterminés et, par suite, de se référer aux dates et aux lieux caractérisant ces événements. • Cons. const. 20 juill. 1980, n° 88-244 DC § 6.

304. Respect du principe d'égalité. La loi d'amnistie qui exclut les parlementaires nationaux du bénéfice de l'amnistie dès lors qu'ils avaient cette qualité à la date du ... et se trouvaient par là même appelés à exercer les pouvoirs conférés au Parlement en matière d'amnistie respecte le principe d'égalité. En revanche, en retenant également la qualité des intéressés à la date des faits délictueux, alors qu'ils auraient cessé d'être parlementaires à la date du ..., le législateur a introduit une discrimination entre les auteurs d'agissements identiques au regard de l'amnistie, qui ne trouve aucun fondement dans l'objectif d'apaisement politique et social poursuivi par la loi. • Cons. const. 11 janv. 1990, n° 89-271 DC § 23. ♦ Respecte également le principe d'égalité la loi qui, pour éviter qu'un contribuable qui n'a pas acquitté l'impôt persévère dans un comportement irrégulier et susciter le rapatriement des avoirs détenus à l'étranger afin de faire bénéficier l'économie nationale d'un apport de ressources financières nouvelles, sera limitée aux résidents français détenant des avoirs irréguliers à l'étranger et à l'encontre desquels aucune procédure administrative ou judiciaire n'a été engagée avant la date de régularisation de leur situation au sujet des mêmes sommes, qui rapatrient avant le ... les avoirs dont il s'agit. • Cons. const. 3 juill. 1986, n° 86-209 DC § 17 et 18. ♦ Pour les mêmes raisons, la même mesure peut être limitée aux impôts dont le fait générateur est antérieur à la date d'entrée en vigueur de la loi. • Cons. const. 3 juill. 1986, n° 86-209 DC § 18.

305. Absence du principe d'égalité. La loi d'amnistie qui fait bénéficier d'un régime d'amnistie différent les auteurs d'infractions selon qu'elles ont été commises ou sanctionnées dans telle partie du territoire national alors qu'il s'agit d'infractions identiques ayant conduit à des condamnations elles-mêmes identiques que celles commises dans les autres parties du territoire national ne respecte pas le principe d'égalité. • Cons. const. 20 juill. 1980, n° 88-244 DC § 6.

B. ÉGALITÉ EN MATIÈRE DE FONCTION PUBLIQUE

BIBL. Garagnon, L'origine du principe d'égale admissibilité aux fonctions publiques *1956.* – Puisoye, Les divers aspects du principe d'égalité dans la fonction publique, *AJDA 1961. 406.* – Fabre-Alibert, Le principe d'égal accès aux emplois dans la jurisprudence constitutionnelle, *RD publ. 1992. 425.* – Colin, L'aptitude dans le droit de la fonction publique, *LGDJ 2000.* – Fitte-Duval, Mutation et paradoxes de l'égalité dans la fonction publique, *AJFP 2005. 4* .

306. Sur la mise en œuvre de l'égalité entre les sexes dans la fonction publique. V. comm. et annotations ss. Préamb. Const. 1946, al. 3.

307. Application aux magistrats. Le principe d'égalité d'accès. • Cons. const. 14 août 2003, n° 2003-483 DC § 40 • Cons. const. 19 févr. 1998, n° 98-396 DC § 3 et 17 • Cons. const. 19 juin 2001, n° 2001-445 DC § 39 s. ♦ ... Et de traitement dans le déroulement de la carrière s'applique aux magistrats. • Cons. const. 27 janv. 1994, n° 93-336 DC § 4 • Cons. const. 10 janv. 1995, n° 94-355 DC § 4 • Cons. const. 19 févr. 1998, n° 98-396 DC § 3. ♦ Ainsi, les règles de recrutement des magistrats de l'ordre judiciaire fixées par le législateur organique doivent, notamment en posant des exigences précises quant à la capacité des intéressés, assurer le respect du principe d'égal accès aux emplois publics et concourir à l'indépendance de l'autorité judiciaire. • Cons. const. 5 oct. 2012, *Élisabeth B.*, n° 2012-278 QPC § 4. ♦ ... Même s'il est reconnu que la spécificité de certaines des fonctions en cause par rapport aux autres fonctions judiciaires peut justifier de spécificités dans les conditions de recrutement. • Cons. const. 21 févr. 1992, n° 92-305 DC § 19 et 20. ♦ De même que les spécificités des conditions de recrutement peuvent justifier des spécificités dans les conditions de nomination. • Cons. const. 10 janv. 1995, n° 94-355 DC § 12. ♦ Sur les conditions de capacité des magistrats professionnels ou non, V. note 367.

308. Condition de « bonne moralité » et garanties requises pour l'exercice de certaines fonctions. Les dispositions contestées, qui prévoient que les personnes présentant une candidature à l'entrée à l'École nationale de la magistrature doivent notamment : « être de bonne moralité », ont pour objet de permettre à l'autorité administrative de s'assurer que les candidats présentent les garanties nécessaires pour exercer les fonctions des magistrats et, en particulier, respecter les devoirs qui s'attachent à leur état. Il appartient ainsi à l'autorité administrative d'apprécier, sous le contrôle du juge administratif, les faits de nature à mettre sérieusement en doute l'existence de ces garanties ; les exigences de l'art. 6 de la Déclaration de 1789 n'imposent pas que le législateur organique précise la nature de ces faits et les modalités selon lesquelles ils sont appréciés. • Cons. const. 5 oct. 2012, *Élisabeth B.*, n° 2012-278 QPC § 5. ♦ Rappr. • Cons. const. 1er avr. 2011, *Didier P.*, n° 2011-114 QPC.

BIBL. Maugüé et Schwartz, Compatibilité du principe d'égal accès de tous les citoyens aux emplois publics et du contrôle exercé par l'administration sur l'aptitude des candidats aux fonctions visées, *AJDA 1991. 504* .

309. Si les dispositions de la L. de 1983 ont implicitement abrogé la condition de moralité requise pour avoir la qualité de fonctionnaire, elles n'ont pas eu pour objet d'interdire à l'administration d'apprécier si un candidat à un concours présente les garanties nécessaires à l'exercice des fonctions auxquelles il postule. • CE 28 févr. 1995, *Casanovas,* n° 84734. ♦ V. déjà. • CE 10 juin 1991, *Vizier,* n° 107853 : *Lebon 229* .

310. Le contrôle du juge est un contrôle normal. • CE 18 mars 1983, *Mulsant,* n° 34782 : *Lebon 125* • CE 10 juin 1983, *Raoult,* n° 34832 : *Lebon 251* ; *AJDA 1983. 527, chron. Lasserre et Delarue ; ibid. 552, concl. Laroque ; RD publ. 1983. 1404, note Waline.* ♦ Ce contrôle s'exerce également pour l'entrée dans la magistrature. • CE 21 janv. 1998, *F.,* n° 176435.

1° ACCÈS AUX EMPLOIS PUBLICS

311. Pour que le principe d'égal accès aux emplois publics trouve à s'appliquer encore faut-il que les emplois dont s'agit soient bien des emplois publics. • Cons. const. 24 oct. 2012, n° 2012-656 DC § 8 et 16. ♦ Il s'applique aux fonctionnaires parlementaires. • CE 4 nov. 1987, *Cazes : Lebon 343 ; AJDA 1988. 298, obs. S.S.* ♦ Un dispositif social d'aide à l'accès aux emplois de l'enseignement venant en complément des bourses de l'enseignement supérieur et visant à faciliter l'insertion professionnelle et la promotion sociale d'étudiants qui se destinent au professorat ne constitue pas une création d'emplois publics. • Cons. const. 24 oct. 2012, n° 2012-656 DC § 8. ♦ Dès lors que les contrats de travail associés à un emploi d'avenir sont conclus par des personnes publiques pour une durée déterminée, ces emplois d'avenir ne constituent pas des emplois publics au sens du présent art. • Cons. const. 24 oct. 2012, n° 2012-656 DC § 16 et 19. ♦ La reprise de contrats de travail par une personne publique gérant un service public administratif, lorsqu'elle résulte du transfert à cette personne d'une entité économique employant des agents de droit privé, ne constitue pas, par elle-même, une opération de recrutement soumise au principe d'égal accès aux emplois publics. • CE, sect., 8 mars 2013, *Synd. cadres de la fonction publique,* n° 355788 A : *AJDA 2013. 551* ; *AJFP 2013. 212* ; *BJCL 2013. 345, concl. Crépey ; Dr. adm. 2013. 46, note Eveillard.* ♦ Rappr. • CE, sect., 22 oct. 2004, *Lamblin,* n° 245154 A : *RFDA 2005. 187, concl. Glaser* ; *AJDA 2004. 2153, chron. Landais et Lenica* .

312. En matière d'accès à la fonction publique, la jurisprudence du Conseil d'État, déjà sous la IVe République, se référait à « la Constitution de la République française du 27 octobre 1946 », c'est-à-dire implicitement au présent art. • *CE, ass., 28 mai 1954, Barel : Lebon 308, concl. Letourneur ; GAJA, 22e éd., n° 64 ; RD publ. 1954. 509, concl. note Waline ; RPDA 1954. 149, concl. note Eisenmann ; AJDA 1954. II. 396, note Long ; ibid. 2014. 88, note Stahl ; D. 1954. 594, note Morange ; S. 1954. 3. 97, note Mathiot.* ♦ Elle utilise ensuite explicitement la référence au présent art. • CE, ass., 22 janv. 1982, *Ah Won : Lebon 33 ; RD publ. 1982. 816, note Drago et concl. Bacquet* • CE, ass., 21 déc. 1990, *Amicales anciens élèves de l'ENS de Saint-Cloud et Assoc. anciens élèves de l'ENA,* n° 72834 : *Lebon 378* ; *Rev. adm. 1991. 34, note Ruiz-Fabri* • CAA Paris, 16 oct. 2007, n° 04PA0773 B. ♦ ... Tout comme le Conseil constitutionnel. • Cons. const. 14 janv. 1983, n° 82-153 DC § 7 s. ♦ ... Qui précise que le principe de l'égal accès des citoyens aux emplois publics impose que, dans les nominations de fonctionnaires, il ne soit tenu compte que de la capacité, des vertus et des talents. • Cons. const. 16 janv. 1986, n° 85-204 DC § 7. ♦ Il en est de même pour le recrutement à ces emplois. • Cons. const. 24 oct. 2012, n° 2012-656 DC § 4.

313. Principe. Seule la capacité des candidats peut constituer un critère de sélection à l'entrée dans la fonction publique, il n'est pas possible d'interdire la candidature de certaines personnes sur des critères politiques. • CE, ass., 28 mai 1954, *Barel : préc. note 312.* ♦ ... Ou religieux. • CE 7 juill. 1954, *Janinet : Lebon T. 811 ; AJDA 1954. II. 398.* ♦ ... Y compris pour l'accès à l'enseignement. • TA Paris, 7 juill. 1970, *Spagnol : Lebon 851* • CE, avis, 21 sept. 1972, n° 309354 : *EDCE n° 55, p. 422 ; GACE 2e éd., n° 6.* ♦ *Ab. jur.* • CE 10 mai 1912, *Abbé Bouteyre : Lebon 553, concl. Helbronner ; D. 1914. 3. 74, concl. ; S. 1912. 3. 145, note Hauriou ; RD publ. 1912. 453, concl. note Jèze ; GAJA, 22e éd., n° 22.* ♦ ... Ni d'utiliser des considérations d'ordre social. • CE 10 janv. 1986, *Féd. nat. travailleurs de l'État CGT : Lebon 5 : Rev. adm. 1986. 250, note Terneyre.* ♦ ... Ni de réserver des emplois à des personnes licenciées par des entreprises en difficulté. • CE 14 févr. 1990, *Féd. syndicaliste FO de la défense : Lebon T. 556.*

314. Même dans le cas où la loi réserve au Gouvernement un large pouvoir d'appréciation pour la nomination (par ex. au tour extérieur), ces nominations doivent être effectuées en fonction des capacités nécessaires à l'exercice des attributions qui seront confiées. • Cons. const. 12 sept. 1984, n° 84-179 DC § 17.

315. Le principe d'égal accès aux emplois publics ne s'oppose pas à ce que soient appliqués des traitements différents à des personnes se trouvant dans des situations différentes dès lors que cette différence de situation présente un caractère objectif et qu'elle est motivée par la nécessité d'éviter des conflits d'intérêts. • Cons. const. 8 sept. 2017, n° 2017-752 DC § 34.

316. Notion. Sont concernés par le principe d'égal accès aux emplois publics : les juges de proximité. • Cons. const. 20 févr. 2003, n° 2003-466 DC § 4. ♦ ... Les juges des tribunaux de commerce. • Cons. const. 4 mai 2012,

EURL David Ramirez, n° 2012-241 QPC § 28 à 32. ♦ ... Les assesseurs des tribunaux pour enfants. • Cons. const. 8 juill. 2011, *Tarek J.,* n° 2011-147 QPC § 5. ♦ ... Les assesseurs des TASS. • Cons. const. 3 déc. 2010, *Roger L.,* n° 2010-76 QPC § 7. ♦ ... Les citoyens assesseurs des tribunaux correctionnels et d'application des peines. • Cons. const. 4 août 2011, n° 2011-635 DC § 9 à 12. ♦ ... Les membres du CSM. • Cons. const. 19 juin 2011, n° 2001-445 DC § 58.

317. A l'inverse, les notaires, même s'ils participent à l'exercice de l'autorité publique et ont ainsi la qualité d'officier public, sont titulaires d'un office et exercent une profession libérale mais n'occupent pas des « dignités, places et emplois publics ». • Cons. const. 21 nov. 2014, *Pierre T.,* n° 2014-429 QPC § 8.

318. Élections. L'élection à des dignités, places et emplois publics autres que ceux ayant un caractère politique ne peuvent, au regard du principe d'égalité d'accès énoncé au présent art., comporter une distinction entre les candidats en raison de leur sexe. • Cons. const. 19 juin 2001, n° 2001-445 DC § 58.

319. Emplois à la décision du Gouvernement. V. notes ss. Const. 58, art. 13.

320. Tour extérieur. V. notes ss. Const. 58, art. 13.

321. Fonctionnaires et non-fonctionnaires. Le principe d'égal accès aux emplois publics n'interdit pas au législateur de prévoir que des personnes n'ayant pas la qualité de fonctionnaire puissent être nommées à des emplois permanents de direction d'établissement public qui sont en principe occupés par des fonctionnaires. • Cons. const. 16 juill. 2009, n° 2009-584 DC § 12 • Cons. const. 1er août 2019, n° 2019-790 DC § 30.

322. Il appartiendra dans ce cas au pouvoir réglementaire, chargé de prendre les mesures d'application, de fixer les règles de nature à garantir l'égal accès des candidats à ces emplois et de préciser les modalités selon lesquelles leurs aptitudes seront examinées (réserve d'interprétation). • Cons. const. 16 juill. 2009, n° 2009-584 DC § 12. ♦ A ce titre, l'autorité compétente assure la publicité de la vacance et de la création de ces emplois. • Cons. const. 1er août 2019, n° 2019-790 DC § 31.

323. Il appartiendra aux autorités compétentes de fonder leur décision de nomination sur la capacité des intéressés à remplir leur mission (réserve d'interprétation). • Cons. const. 16 juill. 2009, n° 2009-584 DC § 12 • Cons. const. 1er août 2019, n° 2019-790 DC § 32.

324. Est conforme aux présentes exigences la loi qui prévoit que le recrutement d'un agent contractuel occupant un emploi dont le niveau hiérarchique ou la nature des fonctions le justifient fait l'objet d'un contrôle déontologique et donne lieu, le cas échéant, à un avis de la HATVP. • Cons. const. 1er août 2019, n° 2019-790 DC § 33.

325. Reprise des agents d'un service public. La reprise de contrats de travail par une personne publique gérant un service public administratif, lorsqu'elle résulte du transfert à cette personne d'une entité économique employant des agents de droit privé, ne constitue pas, par elle-même, une opération de recrutement soumise au principe d'égal accès aux emplois publics en vertu du présent art. • CE, sect., 8 mars 2013, *Synd. cadres de la fonction publique,* n° 355788 : *AJDA 2013. 551 ; D. 2013. 772 ; AJFP 2013. 212 ; JCP Adm. 2013. 253 ; Dr. adm. 2013. 46, note Éveillard.*

326. Absence de condition de nationalité. Lorsque la condition de nationalité ne s'applique pas à certains corps comme dans l'enseignement supérieur. • CE 20 mars 1981, *CFDT : Lebon 157 ; AJDA 1981. 554, note V.S.* ♦ Il n'est pourtant pas possible de permettre aux candidats ayant une autre nationalité en plus de la nationalité française de concourir à titre étranger. • CE 8 juill. 1983, *Maouad et a. : Lebon 303.*

327. Accès des ressortissants des pays membres de l'Union. Sauf pour les emplois publics qui comportent une participation directe ou indirecte à l'exercice de la puissance publique ainsi (qu'aux) fonctions qui ont pour objet la sauvegarde des intérêts généraux de l'État et autres collectivités publiques, une condition de nationalité est contraire aux stipulations conventionnelles (TFUE, art. 45 § 4). • CJCE 17 déc. 1980, *Commission c/ Royaume de Belgique,* n° 149/79 : *Rec. CJCE 3881 ; AJDA 1981. 137, note Boulouis ; RTDE 1981. 286, note Druesne.* ♦ ... Et ce que l'employeur soit une administration centrale ou une collectivité décentralisée. • CJCE 26 mai 1982, *Commission c/ Royaume de Belgique,* n° 149/79 : *Rec. CJCE 1845.*

328. Un État ne saurait de façon générale soumettre la totalité des emplois d'un secteur à une condition de nationalité sans outrepasser ces stipulations conventionnelles. • CJCE 2 juill. 1996, *Commission c/ Grèce,* n° C-290/94 : *Rec. CJCE I-3285.*

329. Les dispositions du présent art. ne sauraient être interprétées comme réservant aux seuls citoyens l'application du principe qu'elles énoncent ; elles ne font dès lors pas obstacle à ce que le législateur compétent, en vertu de l'art. 34 Const. 58, édicte les conditions générales d'accès aux emplois publics pour les étrangers. • Cons. const. 23 juill. 1991, n° 91-293 DC § 8. ♦ Cependant, pour éviter toute atteinte aux conditions essentielles d'exercice de la souveraineté nationale garanties à l'art. 3 Const. 58, les fonctions qui intéressent la souveraineté de la Nation doivent être réservées aux nationaux. • Cons. const. 23 juill. 1991, n° 91-293 DC § 9 s.

330. L'obligation imposée que les concours aient lieu en français n'est contraire ni aux stipulations conventionnelles... • CJCE 28 nov. 1989, *Groener,* n° 379/87 : *Rec. CJCE 3967* • CE 22 nov. 1999, *Synd. personnels de recherche et éts d'enseignement supérieur,* n° 206127 B : *Rev. adm. 2000. 18 obs. R. S.* • CE 6 nov. 2002, *Djament,* n° 225222 : *AJDA 2002. 629, note Legrand ; Dr. adm. 2003. 48, note R.S.* ♦ ... Ni à la Const. 58. • Cons. const. 6 déc. 2001, n° 2001-452 DC § 15 et 16.

331. Accès des ressortissants de l'Union en cours de carrière. Il n'est pas possible de refuser l'accès en cours de carrière à un national d'un État membre à raison de sa nationalité, fût-ce par l'utilisation d'un critère indirect. • CE 18 oct. 2002, *Spaggiari,* n° 224804 : *AJDA 2003. 36, concl. Schwartz ; AJFP 2003. 12, note Slama ; JCP Adm. 2002. 1230, obs. Taillefait.* ♦ V. déjà • CJCE 12 févr. 1974, *Sotgiu,* n° 152/73 § 11 : *Rec., p. 153 ; D. 1975. 605, note Pacteau ; Dr. soc. 1974. 177, concl. Mayras, obs. Lyon-Caen.*

332. Cet accès se fait non seulement en fonction des diplômes mais aussi de l'expérience acquise. • CJCE 9 sept. 2003, *Burbaud,* n° C-285/01 : *Rec. CJCE I-8219 ; D. 2003. 2851, obs. Icard* • CE 4 févr. 2004, *Leseine et Mme Warnimont,* n° 225310 : *Lebon 23 ; AJDA 2004. 554, note Lemoyne de Forges ; AJFP 2004. 68, concl. Séners* • CJCE 7 oct. 2004, *Commission c/ France,* n° C-402/02 : *AJDA 2005. 1068, note Alberton* • CE 10 déc. 2004, *Mlle Barneaud,* n° 261974 B • CE 29 déc. 2004, *Mlle Personeni,* n° 265346 B • CE 16 mars 2005, *Burbaud,* n° 268718 : *Lebon 109 ; AJDA 2005. 1465, concl. Olson ; JCP Adm. 2005. 1253, note Ferri-Breeur.*

333. Le service accompli dans un pays membre de l'Union doit être pris en compte lors du recrutement. • CJCE 23 févr. 1994, *Scholz c/ Opera Universitaria di Cagliari,* n° C-419/92 : *Rec. CJCE I-505, D. 1994. IR 71* • CJCE 15 janv. 1998, *Schöning-Kougebetopoulou,* n° C-15/96 : *AJFP 1998. 19 ; D. 1998. IR 47* • CE 22 sept. 1997, *D'Iorio,* n° 171903 : *Lebon 322 ; AJFP janv. 1998, p. 21.* ♦ De même, l'expérience professionnelle acquise dans un autre État membre en qualité de fonctionnaire civil ou sous contrat de droit privé, y compris sous un régime de droit privé, doit être prise en compte pour le reclassement des personnes ainsi nommées dans la fonction publique française. • CE 13 mars 2002, *Courbage,* n° 209938 : *Lebon 98 ; AJDA 2002. 530, note de Montecler ; AJFP 2002. 21, obs. Moniolle.* ♦ Lorsque, à l'occasion du recrutement d'un fonctionnaire, les autorités administratives compétentes prennent en considération les activités professionnelles antérieures, exercées par les candidats au sein d'une administration publique, elles ne peuvent, à l'égard des ressortissants des États membres de l'Union européenne, opérer de distinction selon que ces activités ont été exercées dans une collectivité publique française ou dans celle d'un autre État membre. • CE 18 oct. 2002, *Spaggiari,* n° 224804 : *préc. note 331.*

334. Accès des handicapés. Le contrôle de l'aptitude des handicapés aux emplois pour lesquels ils concourent est opéré sous le contrôle du juge. • CE 29 juill. 2002, *Houana,* n° 238516 B. ♦ La commission doit convoquer la personne sur le cas de qui elle statue. • CE 20 janv. 1989, *Mlle Strickel : Lebon 27.* ♦ Si des aménagements du poste considéré mis en œuvre conformément à la réglementation en vigueur auraient pu permettre de compenser les conséquences du handicap, la décision conduisant à écarter le personne en question est illégale sur la base de l'erreur manifeste d'appréciation. • CE 30 avr. 2004, *Mlle Monnier,* n° 254106 B : *AJDA 2004. 1716, note Aubin ; JCP Adm. 2004. 1381, note Jean-Pierre.* ♦ Une fois l'accord ainsi obtenu, l'administration, si elle peut contester la décision d'aptitude, ne peut refuser de la mettre en œuvre. • CE 18 févr. 1994, *ONF,* n° 129167 B.

335. Conditions d'âge. Le principe d'égal accès aux emplois publics implique en principe qu'aucune distinction, directe ou indirecte, n'est faite pour l'accès à un emploi public en raison de l'âge des candidats ; des conditions d'âge peuvent cependant être fixées notamment lorsque les caractéristiques de l'emploi les rendent nécessaires et à condition qu'elles ne soient pas manifestement disproportionnées aux buts légitimes en vue desquels elles sont instituées. • CE 24 janv. 2011, *Mme X.,* n° 308753 : *AJDA 2011. 141.* ♦ En l'espèce, si les caractéristiques de certains postes dans certains pays étrangers peuvent présenter des dangers auxquels une personne âgée de plus de 55 ans serait particulièrement exposée, le pouvoir réglementaire ne pouvait légalement, sans méconnaître le principe d'égal accès aux emplois publics, fixer, en l'absence de toute autre raison de nature à la justifier, une telle condition d'âge pour l'ensemble des postes situés à l'étranger, sans aucune distinction selon les risques qu'ils présentent. • Même affaire. ♦ Rappr. S'agissant de la limite d'âge sans dérogation possible pour le corps des ingénieurs du contrôle de la navigation aérienne. • CAA Marseille, 17 juill. 2012, n° 10MA04633 : *AJDA 2012. 2450, concl. Vincent-Dominguez.*

336. Emplois familiaux. En interdisant à un ministre de recruter comme collaborateur au sein de son cabinet les membres de sa famille proche et en lui imposant de déclarer à la

Haute Autorité l'emploi au sein de son cabinet d'autres membres de sa famille, le législateur a souhaité accroître la confiance des citoyens dans l'action publique en renforçant les garanties de probité des responsables publics et en limitant les situations de conflit d'intérêts et les risques de népotisme. Il a poursuivi un objectif d'intérêt général en distinguant les membres de la famille proche, certains autres membres de la famille et les autres personnes ; le législateur a pris en compte les risques de conflits d'intérêts pouvant naître de l'emploi, rémunéré sur des fonds publics, d'une personne présentant des liens très proches avec celle décidant de son recrutement. De la même manière, il ressort des travaux parlementaires qu'en imposant une obligation déclarative au membre de cabinet ministériel ayant un lien familial avec un membre du Gouvernement autre que celui dont il est le collaborateur, le législateur a entendu prendre en compte les risques de conflit d'intérêts résultant d'« emplois croisés ». La distinction ainsi opérée repose sur des critères objectifs et rationnels en rapport direct avec l'objet de la loi. • Cons. const. 8 sept. 2017, n° 2017-752 DC § 35 et 36.

a. Concours de recrutement

1. Recrutement possible sans concours

337. Aucune règle ou principe de valeur constitutionnelle n'interdit au législateur de prévoir que les statuts particuliers de certains corps de fonctionnaires pourront autoriser le recrutement d'agents sans concours. • Cons. const. 30 août 1984, n° 84-178 DC § 10.

338. L'absence de concours n'empêche pas de devoir tenir compte de la capacité, des vertus et des talents des personnes recrutées comme fonctionnaires. • CE, sect., 8 mars 2013, *Synd. cadres de la fonction publique,* n° 355788 : *préc. note 325.*

2. Organisation du concours

339. Sur les concours d'accès aux écoles de la fonction publique. V. note 391.

340. Possibilité de concours ou recrutements différenciés. Le principe de l'égal accès des citoyens aux emplois publics qui impose que, dans les nominations de fonctionnaires, il ne soit tenu compte que de la capacité, des vertus et de talents (V. note 313), ne s'oppose pas à ce que les règles de recrutement destinées à permettre l'appréciation des aptitudes et des qualités des candidats à l'entrée dans une école de formation ou dans un corps de fonctionnaires soient différenciées pour tenir compte tant de la variété des mérites à prendre en considération que de celle des besoins du service public. • Cons. const. 14 janv. 1983, n° 82-153 DC § 5 • Cons. const. 16 janv. 1986, n° 85-204 DC § 7 • Cons. const. 21 déc. 2020, n° 2020-810 DC § 5. ♦ ... Y compris pour les magistrats. • Cons. const. 21 févr. 1992, n° 92-305 DC § 36 s. • Cons. const. 19 juin 2001, n° 2001-445 DC § 39 s. ♦ Si le principe d'égalité impose que, dans les concours d'accès aux emplois publics, il ne soit tenu compte que des mérites des candidats (V. note 313), il ne s'oppose pas à ce que les règles de recrutement destinées à permettre l'appréciation des aptitudes et des qualités de ceux-ci à l'entrée dans un corps de fonctionnaires soient différenciées pour tenir compte de la variété des situations, et en particulier des études suivies ou des expériences professionnelles antérieures, ainsi que des besoins du service public. • CE, ass., 12 déc. 2003, *Billiemaz,* n° 245607 A : *JCP Adm. 2004. 1071, note Jean-Pierre.* ♦ V. déjà. • CE 2 mars 1988, *Blet et Sabiani : Dr. adm. 1988. 205* • CE, ass., 21 déc. 1990, *Amicales anciens élèves de l'ENS de Saint-Cloud et Assoc. anciens élèves de l'ENA,* n° 72834 : *préc. note 312.* ♦ Rappr., s'agissant du maintien en fonction dérogatoire de personnels qui doit reposer sur des critères objectifs et l'intérêt qui s'attache au service, • Cons. const. 22 juill. 1987, n° 87-229 DC § 14. ♦ V. pour l'impact sur la retraite, note 383.

341. Ainsi le législateur a-t-il pu mettre en place des concours spécifiques pour certaines catégories de personnes. • Cons. const. 14 janv. 1983, n° 82-153 DC § 5 • Cons. const. 16 janv. 1986, n° 85-204 DC § 7. ♦ Le législateur a pu également mettre en place une priorité de recrutement pour le recrutement des « assistants d'éducation », en faveur des étudiants boursiers sous réserve que celle-ci s'applique à aptitudes égales. • Cons. const. 24 avr. 2003, n° 2003-471 DC § 10.

342. Ces règles différentes peuvent être décidées par le législateur pour prendre en compte la spécificité des fonctions exercées. • Cons. const. 12 sept. 1984, n° 84-179 DC § 17. ♦ ... L'intérêt qui s'attache à la continuité du service public. • Cons. const. 22 juill. 1987, n° 87-229 DC § 13.

343. Pourtant, dans le cadre d'un même concours, les différences de situation des candidats n'imposent cependant pas qu'ils soient soumis à des épreuves différentes, y compris en fonction de l'âge dans le cadre d'une prestation physique du concours interne de l'agrégation d'éducation physique et sportive. • CE 22 nov. 1999, *Rolland,* n° 196437 : *Dr. adm. 2000. 15, obs. R.S.*

344. La mise en œuvre de ces recrutements différenciés ne saurait conduire, dans la généralité des cas, à remettre au seul gouvernement l'appréciation des aptitudes et des qualités des candidats à la titularisation dans un corps de fonctionnaires. • Cons. const. 16 janv. 1986, n° 85-204 DC § 9. ♦ L'appréciation du législateur sur les qualités de compétence, d'expérience et de désintéressement des personnes définies par catégorie bénéficiant du recrutement particulier est soumise au contrôle de l'erreur manifeste. • Cons. const. 14 janv. 1983, n° 82-153 DC § 7.

345. Le fait de réserver aux agents recrutés par contrat, sans limitation de durée, la moitié des postes à pourvoir aux concours de recrutement dans la fonction publique est de nature à porter atteinte au principe d'égal accès aux emplois publics. • CE 18 juin 2014, *Synd. fonction publique*, n° 374370 : *AJDA 2014. 1953, note Pastorel*.

346. Lorsque les conditions mises à l'accès au concours ne permettent pas de s'assurer que les candidats disposent par leur diplôme des connaissances nécessaires à l'exercice de leur future fonction, les épreuves du concours doivent permettre de s'en assurer. • Cons. const. 19 juin 2001, n° 2001-445 DC § 42.

347. Droits d'inscription aux concours d'accès. Le principe de l'égal accès des citoyens aux emplois publics qui impose que, dans les nominations de fonctionnaires, il ne soit tenu compte que de la capacité, des vertus et des talents, ne s'oppose pas à ce que l'inscription à un concours administratif soit subordonnée au paiement d'un droit de timbre dès lors qu'un tel droit ne constitue pas une entrave au libre accès aux emplois publics. • Cons. const. 3 juill. 1986, n° 86-209 DC § 10. ♦ C'est le cas dès lors que son montant n'a pas un caractère excessif et que des exonérations sont prévues au profit de personnes sans emploi. • Cons. const. 3 juill. 1986, n° 86-209 DC § 10.

3. Déroulement des épreuves

348. Les candidats aux concours doivent être sur un strict plan d'égalité pendant les épreuves tant s'agissant du matériel que des documents autorisés. • CE 18 juin 1986, *Randon*, n° 41651 (type de calculatrice) • CE 4 févr. 1983, *Liffran : Lebon T. 731* (ouvrage autorisé).

4. Jury

BIBL. Zarca, L'égalité au service de l'indépendance. Retour prospectif sur les configurations du jury de recrutement des universitaires, *RD publ. 2012. 3.*

349. Impartialité du jury. Le principe d'égalité impose également le respect du principe d'impartialité du jury ou de certains de ses membres ; cependant, la seule circonstance *qu'un membre d'un jury d'examen* professionnel connaisse un candidat ne suffit pas à justifier qu'il s'abstienne de participer aux délibérations qui concernent ce candidat. • CE, sect., 18 juill. 2008, *Baysse*, n° 291997 : *Lebon 302 ; AJDA 2008. 2124, concl. Aguila ; Dr. adm. 2008. 136, note Melleray ; Rev. Trésor 2008. 963, note Pissaloux.* ♦ Rappr., s'agissant de l'examen d'entrée à l'école de formation des avocats. • CE, sect., 22 juin 2011, *Roche*, n° 336757 B : *JCP Adm. 2011. 477.* ♦ Cette impartialité des jurys s'apprécie à tous les stades de la procédure du concours. • CE 7 juin 2017, n° 382986 : *Lebon ; AJDA 2017. 1198 ; ibid. 1448, chron. Odinet et Roussel ; AJFP 2017. 259, concl. Dieu ; ibid. 263, obs. Zarca ; JCP Adm. 2017. 442.*

350. Des personnes, qui dans le cadre normal de leurs fonctions ont eu, en tant que supérieur hiérarchique du candidat, à porter une appréciation sur sa manière de servir, peuvent participer au jury. • CE 7 oct. 1983, *Mlle Limoge : Lebon 403* • CE 25 mars 1988, *Toutain*, n° 90324 • CE 20 oct. 1999, *Bailleul*, n° 181732 : *Lebon 323 ; Dr. adm. 2000. 13, note Moniolle.* ♦ Dans le cadre d'un examen professionnel, le respect du principe n'interdit pas que le jury comporte des chefs de service auprès desquels avaient été affectés les candidats ou le compagnon d'une candidate dès lors que les dossiers de ces candidats n'ont pas été examinés par les membres du jury avec lesquels ils avaient des liens. • CE 19 juill. 2010, *Thiébaut et Géhin*, n° 326383 : *AJDA 2010. 12996, note Peiser*. ♦ En revanche, il en va différemment si les liens sont plus étroits ; dès lors le principe d'impartialité exige qu'un membre du jury qui aurait avec un candidat des liens, tenant à la vie personnelle ou aux activités professionnelles, qui seraient de nature à influer sur son appréciation, s'abstienne de participer, de quelque manière que ce soit, aux interrogations et aux délibérations qui concernent ce candidat. • CE, sect., 18 juill. 2008, *Baysse*, n° 291997 : *préc. note 349.* ♦ V. de même, s'agissant de médecins hospitaliers dans le service desquels des candidats avaient effectué leurs travaux de recherche, • CE, sect., 18 mars 1983, *Spina : Lebon 124 ; AJDA 1983. 558 ; RDSS 1984. 86, concl. Labetoulle.*

351. La seule circonstance qu'un membre d'un jury d'examen universitaire connaisse un candidat ne suffit pas à justifier qu'il s'abstienne de participer aux délibérations qui concernent ce candidat. Ainsi le fait que Maître C., membre du jury qui a examiné A., ait représenté, en qualité d'avocat, une personne qui était engagée dans un litige avec les parents de A. et dans lequel A. n'était pas lui-même partie mais le représentant de ses parents n'est pas à lui seul de nature à faire regarder le principe d'impartialité du jury comme ayant été méconnu. • CE, sect., 22 juin 2011, *Roche*, n° 336757 : *préc. note 349.* ♦ V., s'agissant de la participation au jury du directeur d'un laboratoire au sein duquel un candidat exerçait ses fonctions : • TA Paris, 4 juill. 2018, n° 1713905/1-3 : *AJDA 2018. 2455, concl. Hanry*.

352. En outre un membre du jury, qui a des raisons de penser que son impartialité pourrait être mise en doute ou qui estime, en conscience, ne pas pouvoir participer aux délibérations avec l'impartialité requise, peut également s'abstenir de prendre part aux interrogations et aux délibérations qui concernent un candidat. • CE, sect., 18 juill. 2008, *Baysse*, n° 291997 : *préc. note 349.* ♦ Rappr. • CE, sect., 12 mai 2004, *Cne de Rogerville*, n° 265184 : *AJDA 2004. 1354, chron. Landais et Lénica* ; *D. 2004. 1561* ; *ibid. 2005. 26, obs. Frier* ; *ibid. 1182, chron. Cassia* ; *GACA, 5ᵉ éd. 2016, n° 4* ; *RFDA 2004. 723, concl. Glaser*.

353. Pour les concours, le jury doit rester le même durant l'ensemble du concours. • CE 17 juin 1927, *Bouvet : Lebon 676.* ♦ Dès lors, si un membre du jury ne peut participer à une épreuve, il ne peut participer ni à la suite du concours, ni à la notation des candidats. • CE 29 avr. 2002, *Mˡˡᵉ Marand*, n° 230159 B.

354. Les membres du jury doivent s'abstenir : de faire pression sur certains candidats pour qu'ils renoncent à poursuivre le concours. • CE 27 oct. 1965, *Saduka et Lamas : Lebon 557 ; D. 1966. 145, note Gilli.* ♦ ... D'être ouvertement hostiles à tel candidat. • CE, sect., 9 nov. 1966, *Cne de Clohars-Carnoët : Lebon 591 ; D. 1967. 92, concl. Braibant ; AJDA 1967. 34, note Lecat-Massot ; RD publ. 1967. 334, note Waline* (maire président du jury ayant fait savoir qu'il ne souhaitait pas recruter une femme). ♦ ... Ou d'être trop favorables à tel autre. • CE, sect., 18 mars 1983, *Spina : Lebon 124 ; AJDA 1983. 558 ; RDSS 1984. 86, concl. Labetoulle* (membre du jury des épreuves sur travaux, chefs de service où certains candidats avaient effectué leurs travaux) • CE 20 sept. 1991, *Blazsek*, n° 100225 B (même situation avec le président du jury). ♦ Il convient que la partialité soit prouvée ce qui n'est pas le cas du seul fait qu'un des candidats ait eu un différend avec l'un des membres du jury. • CE 8 mars 1996, *Bans*, n° 102010.

355. Jury et quotas par sexe. V. comm. et note 7 ss. Préamb. Const. 1946, al. 3.

b. Formation des fonctionnaires

356. Différenciation positive. Si les candidats admis au concours de sélection sur épreuves recevront, de la part de l'École nationale d'administration, une formation ne se confondant pas avec celle dispensée par l'école à ses élèves provenant des concours dits « externe » et « interne », cette différenciation est justifiée par le fait que les besoins de formation des intéressés ne sont pas les mêmes dans ces divers cas. • Cons. const. 14 janv. 1983, n° 82-153 DC § 23.

357. Classement à l'issue de la formation. Le législateur a pu prévoir que les candidats admis au concours de sélection sur épreuves feraient, à l'issue de la formation dispensée par l'École nationale d'administration, l'objet d'un classement particulier ; qu'en effet, il était loisible au législateur d'écarter, en ce qui concerne ces candidats, un classement commun avec des élèves ayant reçu une formation différente. • Cons. const. 14 janv. 1983, n° 82-153 DC § 24.

c. Qualités requises

358. Capacités des personnes recrutées. En toute hypothèse, le recrutement doit se faire en fonction de la capacité, des vertus et des talents des personnes recrutées. • Cons. const. 12 sept. 1984, n° 84-179 DC § 17 • CE, ass., 16 déc. 1988, *Bleton*, n° 77713 A (concl. Vigouroux) : *AJDA 1989. 102, chron. Azibert et de Boisdeffre* • CE, ass., 30 oct. 2009, *Perreux*, n° 298348 : *préc. note 19.* ♦ ... Y compris lorsqu'il s'agit de recruter des non-fonctionnaires. • Cons. const. 16 juill. 2009, n° 2009-584 DC § 12.

359. L'exigence d'aptitude peut s'apprécier différemment selon les besoins du service public et les mérites des intéressés. • Cons. const. 14 janv. 1983, n° 82-153 DC § 5 • Cons. const. 16 janv. 1986, n° 85-204 DC § 7. ♦ ... Et les attributions qui leur seront confiées. • Cons. const. 12 sept. 1984, n° 84-179 DC § 17. ♦ L'appréciation des capacités des candidats, à laquelle se livre l'autorité investie du pouvoir de nomination, doit s'effectuer en tenant compte des attributions confiées aux membres du corps dont il s'agit et des conditions dans lesquelles ils exercent leurs fonctions. • CE, ass., 16 déc. 1988, *Bleton : préc. note 358.* ♦ Comp. • CE, ass., 16 déc. 1988, *Assoc. gén. administrateurs civils c/ Dupavillon : Lebon 449.*

360. Aucune règle ou principe de valeur constitutionnelle n'impose que le recrutement des fonctionnaires de catégorie A s'effectue parmi les seuls titulaires de diplômes de l'enseignement supérieur. • Cons. const. 30 août 1984, n° 84-178 DC § 12.

361. Capacité des magistrats professionnels. Les connaissances juridiques constituent une condition nécessaire à l'exercice de fonctions judiciaires. • Cons. const. 20 févr. 2003, n° 2003-466 DC § 12. ♦ Il convient de veiller à ce que soit strictement appréciée, outre la compétence juridique des intéressés, leur aptitude à juger, afin de garantir, au second et dernier degré de juridiction, la qualité des décisions rendues, l'égalité devant la justice et le bon fonctionnement du service public de la justice. • Cons. const. 19 févr. 1998, n° 98-396 DC § 10. ♦ V. également, insistant sur les exigences précises quant à la capacité des intéressés. • Cons. const. 5 oct. 2012, *Élisabeth B.*, n° 2012-278 QPC § 4. ♦ Les nominations interviennent après avis conforme de la commission d'avancement qui a pour seule mission de vérifier l'aptitude des intéressés aux fonctions de magistrat. • Cons. const. 21 févr. 1992, n° 92-305 DC § 40 et 43. ♦ Rappr. • Cons. const. 10 janv. 1995, n° 94-355 DC § 12. ♦ Les intéressés doivent non seulement remplir les conditions générales auxquelles sont soumis les candidats à l'auditorat en justice mais également justifier de vingt-cinq années d'activité professionnelle qui doivent les qualifier « particulièrement pour l'exercice de fonctions judiciaires à la Cour de cassation ». • Cons. const. 21 févr. 1992, n° 92-305 DC § 66. ♦ V. pour les fonctions de juge de proximité. • Cons. const. 20 févr. 2003, n° 2003-466 DC § 12 à 14.

362. La capacité ainsi contrôlée est destinée également à assurer l'indépendance de la justice. • Cons. const. 19 juin 2001, n° 2001-445 DC § 41.

363. Dès lors, dans la mesure où ni les diplômes obtenus par les candidats, ni l'exercice professionnel antérieur des intéressés ne font présumer, dans tous les cas, la qualification juridique nécessaire à l'exercice des fonctions de magistrat de l'ordre judiciaire, les mesures réglementaires d'application de la loi devront prévoir des épreuves de concours de nature à permettre de vérifier, à cet effet, les connaissances juridiques des intéressés. • Cons. const. 19 févr. 1998, n° 98-396 DC § 9 • Cons. const. 19 juin 2001, n° 2001-445 DC § 42. ♦ Rappr. • Cons. const. 29 août 2002, n° 2002-461 DC § 15. ♦ De même, dès lors qu'en l'état de la législation relative à la carrière judiciaire, seuls les magistrats du second grade inscrits sur une liste d'aptitude spéciale et les magistrats du premier grade peuvent exercer les fonctions de conseiller de cour d'appel, la nomination à ces fonctions de personnes n'ayant jamais exercé de fonctions juridictionnelles au premier degré de juridiction, et eu égard notamment au fait que la compétence de l'autorité de nomination est liée quant au principe même de la nomination à l'issue de la formation suivie à l'École nationale de la magistrature, le pouvoir réglementaire devra, sous le contrôle du juge administratif, veiller à ce que soit strictement appréciée, outre la compétence juridique des intéressés, leur aptitude à juger. • Cons. const. 19 févr. 1998, n° 98-396 DC § 10 • Cons. const. 19 juin 2001, n° 2001-445 DC § 43. ♦ Ainsi, l'exercice antérieur de « fonctions impliquant des responsabilités... dans le domaine... *administratif, économique ou social* » ne révélant pas par lui-même, quelles que soient les qualités professionnelles antérieures des intéressés, leur aptitude à rendre la justice, le législateur en définissant de telles catégories de candidats aux fonctions de juge de proximité, sans préciser le niveau de connaissances ou d'expérience juridiques auquel ils doivent répondre, n'a pas respecté les présentes dispositions. • Cons. const. 20 févr. 2003, n° 2003-466 DC § 14.

364. Il en découle encore que le pouvoir pour le jury de ne pas pourvoir tous les postes offerts au concours devra être expressément prévu. • Cons. const. 19 juin 2001, n° 2001-445 DC § 44.

365. Capacité des magistrats non professionnels. Les personnes nommées pour siéger en tant qu'assesseur au tribunal des affaires de sécurité sociale ont vocation à apporter leur compétence et leur expérience professionnelle. • Cons. const. 3 déc. 2010, *Roger L.*, n° 2010-76 QPC § 7. ♦ Les assesseurs du tribunal pour enfants sont « choisis parmi les personnes âgées de plus de trente ans, de nationalité française et qui se sont signalées par l'intérêt qu'elles portent aux questions de l'enfance et par leurs compétences ». • Cons. const. 8 juill. 2011, *Tarek J.*, n° 2011-147 QPC § 7. ♦ Il est loisible au législateur de modifier les dispositions relatives aux conditions d'accès au mandat de juge des tribunaux de commerce afin de renforcer les exigences de capacités nécessaires à l'exercice de ces fonctions juridictionnelles en prévoyant que ces juges seront élus par leurs pairs parmi des personnes disposant d'une expérience professionnelle dans le domaine économique et commercial et en réservant les fonctions les plus importantes de ces tribunaux aux juges disposant d'une expérience juridictionnelle. • Cons. const. 4 mai 2012, *EURL David Ramirez*, n° 2012-241 QPC § 32. ♦ V. implicitement pour les citoyens assesseurs des tribunaux correctionnels. • Cons. const. 4 août 2011, n° 2011-635 DC § 15 et 16.

366. Capacité des citoyens assesseurs et des jurés. Dès lors que l'exercice des fonctions de citoyen assesseur n'est pas subordonné à des compétences juridiques ou à une expérience dans les questions susceptibles d'être soumises à leur jugement, le présent art. impose que la nature des questions de droit ou de fait sur lesquelles les citoyens assesseurs sont appelés à statuer, ainsi que les procédures selon lesquelles ils statuent soient définies de manière à ce qu'ils soient mis à même de se prononcer de façon éclairée sur les matières soumises à leur appréciation. • Cons. const. 4 août 2011, n° 2011-635 DC § 12. ♦ S'agissant de la procédure, le législateur en adaptant la procédure des cours d'assises et en limitant leur intervention aux décisions sur la qualification des faits, la culpabilité des prévenus et la peine, à l'exclusion de toute autre question, a satisfait à ces exigences. • Cons. const. 4 août 2011, n° 2011-635 DC § 14. ♦ V. *mutatis mutandis*. • Cons. const. 1er avr. 2011, *Xavier P. et a.*, n° 2011-113/115 QPC § 12.

♦ Même en l'absence de disposition expresse limitant cette participation aux seules questions de fond, la complexité juridique du régime de l'application des peines ne saurait permettre que les citoyens assesseurs participent au jugement de toute autre question sur laquelle le tribunal de l'application des peines ou la chambre de l'application des peines serait appelé à statuer, tel que l'appréciation des conditions de recevabilité des demandes ou l'examen des incidents de procédure. • Cons. const. 4 août 2011, n° 2011-635 DC § 16. ♦ De même, les infractions prévues au livre IV C. pén. et celles prévues au C. envir. sont d'une nature telle que leur examen nécessite des compétences juridiques spéciales qui font obstacle à ce que des personnes tirées au sort y participent. • Cons. const. 4 août 2011, n° 2011-635 DC § 14. ♦ V. s'agissant du choix de la liste dans laquelle seront tirés au sort les assesseurs-jurés à Mayotte. • Cons. const. 3 juin 2016, *Mohamadi C.*, n° 2016-544 QPC § 10.

2° DÉROULEMENT DE LA CARRIÈRE

367. Différenciations possibles. Le principe d'égalité de traitement dans le déroulement de la carrière ne s'applique qu'entre agents d'un même corps. • Cons. const. 15 juill. 1976, n° 76-67 DC § 2 • Cons. const. 12 sept. 1984, n° 84-179 DC § 8 et 13 • Cons. const. 6 août 2010, *Jean C. et a.*, n° 2010-20/21 QPC § 20 • Cons. const. 17 juin 2011, *Union gén. féd. de fonctionnaires CGT et a.*, n° 2011-134 QPC § 22. ♦ Le Conseil d'État se fonde lui aussi sur la notion de corps (cadre) pour appliquer le principe d'égalité. • CE, ass., 13 mai 1960, *Molina et Guidoux : Lebon 324* • CE 27 mai 2011, *Bulot*, n° 347480 : *préc. note 83* • CE, QPC, 5 mars 2012, *Martin Coruble*, n° 354718 B : *AJDA 2012. 518*. ♦ ... Et pour refuser la transmission d'une QPC. • CE, QPC, 15 avr. 2019, n° 401264 : *AJDA 2019. 1681*.

368. Certaines différences peuvent également être faites, au sein d'un même corps, en tenant des fonctions exercées par les intéressés. • Cons. const. 12 sept. 1984, n° 84-179 DC § 6. ♦ De même au sein d'un même corps, des considérations d'intérêt général peuvent justifier des différences. • Cons. const. 17 juin 2011, *Union gén. féd. de fonctionnaires CGT et a.*, n° 2011-134 QPC § 23. ♦ V. pour une application : l'intérêt général qui s'attache à la création de corps interministériels ou ministériels par la fusion de corps existants justifiant le maintien de régimes indemnitaires différents au sein du nouveau corps. • CE 6 nov. 2019, *Féd. Nat. de l'équipement CGT*, n° 424391 B : *AJDA 2019. 2274 ; JCP Adm. 2019. 713.*

369. Lors de la fusion de plusieurs corps, le principe d'égalité ne fait pas obstacle à ce que le régime indemnitaire spécifique des membres d'un des anciens corps soit maintenu pour une durée limitée. • CE 6 nov. 2019, n° 424391 B : *AJDA 2020. 181, concl. Roussel ; ibid. 2019. 2274 ; AJFP 2020. 121*.

370. Les différences de traitement entre fonctionnaires masculins et féminins ne peuvent s'expliquer que par des facteurs objectivement justifiés et étrangers à toute discrimination fondée sur le sexe. • CJUE 17 juill. 2014, *Leone*, n° C-173/13 : *AJDA 2014. 1519 ; ibid. 2295, chron. Broussy, Cassagnabère et Gänser ; AJFP 2015. 148, Commentaire Mayeur-Carpentier ; RDSS 2014. 1073, note Boutayeb*.

371. Dès lors que les dispositions du code prévoient l'octroi d'une pension militaire d'invalidité aux militaires, quel que soit leur corps d'appartenance, aux fins d'assurer une réparation des conséquences d'une infirmité résultant de blessures reçues par suite d'événements de guerre ou d'accidents dont ils ont été victimes à l'occasion du service ou de maladies contractées par le fait ou à l'occasion du service, il appartenait au ministre de la défense et des anciens combattants de justifier par des considérations d'intérêt général que le montant de la pension militaire d'invalidité concédée diffère, à grades équivalents, selon les corps d'appartenance des bénéficiaires des pensions. • CE 8 juin 2011, *Saumabère*, n° 328631 : *préc. note 36.*

372. Rapprochement des fonctionnaires et de leurs conjoints ou compagnons. Les obligations auxquelles sont assujettis les signataires d'un pacte civil de solidarité les placent dans une situation différente de celle des personnes vivant seule ou en concubinage au regard des règles d'affectation et de mutation dans la fonction publique, ce qui permet au législateur, sans méconnaître le principe d'égalité, de leur attribuer la priorité d'affectation dont bénéficient les fonctionnaires mariés pour se rapprocher de leur conjoint. • Cons. const. 9 nov. 1999, n° 99-419 DC § 57.

373. Obligation de service. Dès lors que les obligations de service sont fixées dans les limites prévues par la loi et dans le respect des dispositions statutaires applicables, le fait qu'il appartienne au conseil d'administration de l'université d'en définir les principes généraux de répartition pour les personnels enseignants et de recherche entre les activités d'enseignement, de recherche et les autres missions qui peuvent être confiées à ces personnels n'est pas contraire au principe d'égalité. • Cons. const. 6 août 2010, *Jean C. et a.*, n° 2010-20/21 QPC § 21.

374. Sujétions de service. Deux agents d'un même corps placés dans une situation semblable au regard des charges liées à l'allongement des trajets induits par la restructuration ne sauraient être traités de façon différente selon qu'ils ont ou non un conjoint bénéficiant de l'indemnité spéciale de mobilité, eu égard à l'objet de cette dernière ; ainsi, le décret et l'arrêté précités méconnaissent le principe d'égalité en tant qu'ils n'ont pas prévu de soustraire à l'application des règles d'écrêtement les couples concernés au titre de la même opération, mais affectés, comme en l'espèce, à deux résidences administratives différentes et éloignées, sans possibilité pour les agents de mutualiser tout ou partie du coût des trajets. • CE 22 mai 2012, *Denoit,* n° 336790 B : *AJDA 2012. 1039*.

375. Rémunération. S'agissant d'agents publics relevant de corps, cadres d'emploi ou même, comme en l'espèce, de fonctions publiques différentes, leur rémunération ne peut être appréciée que globalement ; dès lors les régimes indemnitaires, y compris ceux portant sur des remboursements de frais, peuvent nécessairement différer selon les corps, cadres d'emplois et fonctions publiques et ne peuvent être pris en considération isolément. Ainsi, que le requérant ne peut utilement invoquer une disproportion manifeste qui en résulterait entre la situation des fonctionnaires civils, qui bénéficient, au titre de cette indemnité, d'une prise en compte du partenaire de leur pacte civil de solidarité sans condition de durée, et celle des militaires pour qui ce remboursement est soumis à une telle condition. • CE 19 juill. 2010, *Montely,* n° 334478 B : *AJDA 2010. 1509*.

376. Accessoires au traitement. Les discriminations qui ne seraient pas fondées sur l'existence de conditions différentes d'exercice sont interdites s'agissant des indemnités. • CE 8 mars 1974, *Galloy : Lebon 171* • CE 9 mai 2001, *Synd. nat. CGT personnels du secrétariat d'État aux anciens combattants,* n° 221888 B : *AJFP janv. 2002, p. 37, concl. Mitjavile*. ♦ Il en va de même s'agissant de mesures de faveurs. • CE 18 nov. 2011, *Rousseaux,* n° 344563 : *Lebon 573 ; AJDA 2012. 502, note Lagrange*. ♦ Il est cependant possible, pour l'intérêt du service à ce que les agents soient répartis au mieux sur l'ensemble du territoire, de prévoir des indemnités incitatives pour compenser les déséquilibres constatés dans les demandes d'affectation et les vacances d'emploi dans certains départements. • CE, sect., 11 juill. 2001, *Synd. dptal. CFDT-DDE du Gard,* n° 220062 : *Lebon 339 ; AJFP nov. 2001, p. 27, note Moniolle*. ♦ V. à l'inverse, pour une prime de sujétions spéciales. • CE 31 janv. 2000, *Ajolet,* n° 201907 B.

377. Porte atteinte au principe d'égalité : l'*attribution d'une bonification d'ancienneté* aux seuls agents ayant bénéficié de certaines allocations attribuées en fonction du mérite et sous condition de ressources. • CE, ass., 5 mars 1999, *Conf. nat. groupes autonomes de l'enseignement public : Lebon 39 ; AJDA 1999. 420, chron. Raynaud et Fombeur*. ♦ ... Le retrait du bénéfice d'une bonification à certains agent, au seul motif de l'épuisement des crédits. • CE 26 mai 2010, *Duchateau,* n° 307786 B : *AJDA 2010. 1659, concl. Geffray*.

378. Le supplément familial de traitement doit être attribué de manière identique aux agents mariés et pacsés, sous réserve éventuellement d'une durée minimale pour ce dernier contrat. • CE, ass., 28 juin 2002, *Villemain,* n° 220361 A : *préc. note 35.* ♦ Il n'en va pas de même des concubins. • CAA Bordeaux, 23 juill. 2002, *Stegiani,* n° 99BX01749 : *AJFP 2002. 27 ; AJDA 2002. 976*.

3° AGENTS RETRAITÉS

379. Les personnels retraités ne sont pas dans la même situation que les personnels en activité. • Cons. const. 22 juill. 2010, *Alain C.,* n° 2010-4/17 QPC § 19 • CE, QPC, 5 mars 2012, *Martin Coruble,* n° 354718 : *préc. note 367.*

380. Âge de la retraite. Il est dès lors possible de prévoir, notamment pour l'âge de la retraite, des dispositions différentes pour chaque corps. • Cons. const. 12 sept. 1984, n° 84-179 DC § 8. ♦ Rappr. • CE, ass., 4 avr. 2014, *Lambois et a.,* n° 362785 : *AJDA 2014. 1029, chron. Bretonneau et Lessi*. ♦ ... Ou pour certaines fonctions. • Cons. const. 12 sept. 1984, n° 84-179 DC § 6. ♦ Le maintien en activité jusqu'à la fin de l'année scolaire des personnels appartenant aux corps des instituteurs et des professeurs des écoles, remplissant les conditions d'âge pour obtenir la jouissance immédiate de leur pension alors que les professeurs du second degré ne sont pas soumis à cette obligation, ne contrevient pas au principe d'égalité. • CE, QPC, 5 mars 2012, *Martin Coruble,* n° 354718 : *préc. note 367.* ♦ En revanche, dans un même corps, il n'est pas possible de fixer des limites d'âge différentes pour la mise à la retraite. • CE 16 oct. 1987, *Synd. autonome des enseignants de médecine : Lebon 311.*

381. Selon La HALDE, l'application d'une limite d'âge pour certaines fonctions pourrait constituer une discrimination si la situation des agents n'était pas appréciée *in concreto*. • La HALDE, 29 nov. 2010, Délib. n°s 2010-213 et 2010-217 : *AJDA 2011. 72*.

382. La mise en place de l'éméritat n'a pas pour conséquence de modifier l'âge de la retraite applicable à ceux qui en bénéficient. • Cons. const. 12 sept. 1984, n° 84-179 DC § 10.

383. La mise en œuvre de recrutements différenciés permise par le présent art. (V. notes 340 s.) ne doit pas déboucher pour ces personnels sur un avantage de carrière constituant un privilège par rapport à ceux entrés dans ce même corps avant eux. • Cons. const. 14 janv. 1983, n° 82-153 DC § 23 s • Cons. const. 16 janv. 1986, n° 85-204 DC § 11. ♦ Les mêmes bonifications doivent être accordées aux personnels dans des situations identiques dès lors que, même s'ils n'ont pas passé le même concours, ceux-ci sont jugés équivalents. • CE, sect., 11 juin 1999, *Sadin*, n° 167498 : *Lebon 174*.

384. Retraites. Les règles applicables au calcul de la pension sont celles en vigueur à la date à laquelle, dès lors que l'ensemble des conditions d'ouverture des droits est réuni, la pension peut être mise en paiement ; ce calcul dépend donc de la situation du fonctionnaire et non de la diligence des services de liquidation, ne créant ainsi aucune rupture dans l'égalité de traitement. • Cons. const. 14 août 2003, n° 2003-483 DC § 38 et 40.

385. Les pensions militaires d'invalidité et des victimes de guerre ont pour objet de réparer des dommages subis par des militaires, des victimes civiles de guerre ou des victimes d'actes de terrorisme ; dès lors, le législateur peut maintenir pour les titulaires de ces pensions un avantage qu'il a supprimé ou restreint pour les titulaires de pensions civiles et militaires de retraite. • Cons. const. 22 juill. 2010, *Alain C.*, n° 2010-4/17 QPC § 21.

386. La bonification pour enfant n'a pas pour objet et ne pouvait avoir pour effet de prévenir les inégalités sociales dont ont été l'objet les femmes mais de leur apporter, dans une mesure jugée possible, par un avantage de retraite assimilé à une rémunération différée au sens de l'art. 157 TFUE, une compensation partielle et forfaitaire des retards et préjudices de carrière manifestes qui les ont pénalisées. • CE, ass., 27 mars 2015, *Quintanel*, n° 372426 : *Lebon ; AJDA 2015. 663 ; D. 2015. 807, obs. Poissonnier ; AJFP 2015. 154*.

387. Les dispositions qui excluent toute prise en compte au titre de la catégorie active, pour les agents ayant terminé leur carrière au service de l'État après avoir relevé du régime de la CNRACL, des services classés en catégorie active qu'ils ont rendus auparavant alors qu'ils relevaient du régime de cette caisse, sans égard pour le risque particulier ou les fatigues exceptionnelles que ces services présentaient effectivement, ont institué une différence de traitement entre ces agents et les agents ayant effectué toute leur carrière au service de l'État. Cette différence de traitement est sans rapport avec l'objet de la norme qui établit la possibilité de liquidation anticipée de la pension en cas d'accomplissement de dix-sept années de services dans des emplois classés dans la catégorie active en raison du risque particulier ou des fatigues exceptionnelles que présentent ces emplois. En l'absence de considérations d'intérêt général de nature à justifier cette différence, elle porte atteinte au principe d'égalité de traitement des agents publics. • CE 9 oct. 2019, n° 416771 B : *AJDA 2019. 2027*.

C. ÉGALITÉ DEVANT LE SERVICE PUBLIC

388. L'égalité devant le service public résulte du présent art. • Cons. const. 16 juill. 2009, n° 2009-584 DC § 5. ♦ ... Et constitue un principe général du droit pour le Conseil d'État. • CE, sect., 9 mars 1951, *Sté des concerts du conservatoire*, n° 92004 A : *GAJA 22e éd., n° 59 ; Dr. soc. 1951. 168, concl. Letourneur, note Rivero ; S. 1951.3.81 note C.H.* ♦ ... Qui s'applique même aux services facultatifs dès lors que l'administration les a créés. • CE, sect., 27 janv. 1961, *Vannier* • CAA Nantes, 6 oct. 2017, n° 16NT00312.

389. Aucune exigence constitutionnelle n'impose aux établissements de santé privés exerçant des missions de service public d'assurer toutes les missions de service public susceptibles d'être confiées à un établissement de santé. • Cons. const. 16 juill. 2009, n° 2009-584 DC § 4.

390. La jurisprudence du Conseil d'État en la matière consacre les mêmes justifications pour les éventuelles discriminations (V. notes 78 s.) : le principe d'égalité devant le service public n'interdit pas à l'administration de traiter différemment des personnes à la condition que la différence de traitement soit en rapport avec la différence de situation ou qu'elle tienne à des considérations d'intérêt général liées au fonctionnement même du service. V. les arrêts mentionnés au commentaire du GAJA ss. : • CE, sect., 9 mars 1951, *Sté des concerts du conservatoire : préc.* n° 365. ♦ V. également, par ex. • CE 24 juill. 2019, *Fond. pour l'école*, n° 424260 B : *JCP Adm. 2019. 559.*

391. Égalité d'accès à l'enseignement. Les concours d'accès aux écoles publiques doivent respecter le principe d'égalité. Il est cependant possible de créer des voies d'accès destinées à un public spécifique. • Cons. const. 14 janv. 1983, n° 82-153 DC § 7 s. ♦ ... Dès lors que tous les candidats dans la même situation et en particulier disposant du même diplôme sont traités de manière identique. • CE 22 nov. 1999, *Synd. nat. personnels de recherche et d'éts d'enseignement supérieur*, n° 206127. ♦ En revanche, il n'est dès lors pas possible d'organiser un concours différent selon que le candidat se présente ou non pour la première fois audit concours. • CE 19 oct. 2001, *Rivière*, n° 209007 : *Lebon 473 ; Dr. adm. 2001. 258, note R.S. ; Cah. fonct. publ. 2002. 40, obs. Guyomar.*

392. Égal accès aux soins. Les établissements de santé privés exerçant des missions de service public étant tenus, pour l'accomplissement de ces missions, de garantir l'égal accès de tous à des soins de qualité et d'en assurer la prise en charge aux tarifs et honoraires réglementés, il était loisible au législateur d'intégrer ces établissements privés pour exercer certaines missions de service public. • Cons. const. 16 juill. 2009, n° 2009-584 DC § 5.

393. Égal accès à la commande publique. Si le législateur peut souhaiter concilier l'efficacité de la commande publique et l'égalité de traitement entre les candidats avec d'autres objectifs d'intérêt général inspirés notamment par des préoccupations sociales, il convient que les différenciations mises en œuvre pour réserver l'attribution d'une partie de certains marchés à des catégories d'organismes précisément déterminés comme des structures associatives ou coopératives visant notamment à « promouvoir l'esprit d'entreprise indépendante et collective » ne le soient que, pour une part réduite, pour des prestations définies et dans la mesure strictement nécessaire à la satisfaction des objectifs d'intérêt général ainsi poursuivis. • Cons. const. 6 déc. 2001, n° 2001-452 DC § 6 et 7. ♦ En revanche, des dispositions qui ont pour objet de faciliter et d'accélérer la construction des immeubles affectés à la gendarmerie nationale et à la police nationale en permettant à l'État de confier à un même titulaire les missions de conception, de construction, d'aménagement, de maintenance et d'entretien ne portent pas atteinte, par elles-mêmes, au principe d'égalité d'accès à la commande publique, en particulier dès lors qu'elles prévoient la possibilité, pour les petites et moyennes entreprises, de se grouper pour présenter une offre commune et qu'elles n'écartent pas la faculté pour l'État, maître d'ouvrage, d'allotir le marché et ne privent pas le titulaire du marché du droit de recourir à la sous-traitance, permettant aux petites et moyennes entreprises d'accéder par cette voie à la commande publique. • Cons. const. 22 août 2002, n° 2002-460 DC § 7 • Cons. const. 29 août 2002, n° 2002-461 DC § 5. ♦ Le fait que le législateur autorise temporairement, afin de contribuer à la reprise de l'activité dans le secteur des chantiers publics, touché par la crise économique consécutive à la crise sanitaire causée par l'épidémie de covid-19, les acheteurs à conclure un marché de travaux sans publicité ni mise en concurrence préalables, dès lors que la valeur estimée du besoin auquel répond ce marché est inférieure à un seuil de 100 000 euros hors taxes n'exonère pas les acheteurs publics du respect des exigences constitutionnelles d'égalité devant la commande publique et n'est donc pas contraire au présent art. • Cons. const. 3 déc. 2020, n° 2020-807 DC § 57.

394. Si aucune règle ni aucun principe de valeur constitutionnelle n'imposent de confier à des personnes distinctes la conception, la réalisation, la transformation, l'exploitation et le *financement d'équipements publics, ou la ges*tion et le financement de services • Cons. const. 26 juin 2003, n° 2003-473 DC § 18 ♦ ... Pour une période déterminée, la conception, la construction, l'aménagement ainsi que l'exploitation ou la maintenance d'équipements nécessaires au service public. • Cons. const. 22 mars 2012, n° 2012-651 DC § 4 ♦ ... Ou n'interdisent qu'en cas d'allotissement les offres portant simultanément sur plusieurs lots fassent l'objet d'un jugement commun en vue de déterminer l'offre la plus satisfaisante du point de vue de son équilibre global et si le recours au crédit-bail ou à l'option d'achat anticipé pour préfinancer un ouvrage public ne se heurte, dans son principe, à aucun impératif constitutionnel, la généralisation de ces dérogations au droit commun de la commande publique serait susceptible de priver de garanties légales les exigences constitutionnelles inhérentes à l'égalité devant la commande publique et impose donc de les réserver à des situations répondant à des motifs d'intérêt général tels que l'urgence qui s'attache, en raison de circonstances particulières ou locales, à rattraper un retard préjudiciable, ou bien la nécessité de tenir compte des caractéristiques techniques, fonctionnelles ou économiques d'un équipement ou d'un service déterminé. • Cons. const. 26 juin 2003, n° 2003-473 DC § 18.

395. De même, ne violent pas le principe d'égalité devant la commande publique les dispositions qui permettent de passer ces marchés selon la procédure du dialogue compétitif et dérogent, pour les marchés en cause, à la règle qui réserve la procédure du dialogue compétitif à des opérations limitées à la réhabilitation de bâtiments. En effet, le recours à cette procédure, d'une part, est réservé à des projets présentant une particulière complexité et destiné à permettre à l'administration de préciser l'expression de ses besoins et aux candidats de formuler une offre y répondant au mieux et, d'autre part, ouverte par un appel public à la concurrence. • Cons. const. 22 mars 2012, n° 2012-651 DC § 8 et 9.

396. Autres hypothèses. Les conditions d'exploitation de la ligne TGV Nord étant différentes notamment de celles des autres lignes ferroviaires, de même que le service rendu aux usagers, le moyen tiré de la méconnaissance du principe d'égalité entre les usagers du service public ne peut qu'être écarté. • CE 10 oct. 2014, *Région Nord-Pas-de-Calais,* n° 368206 : *Lebon ; AJDA 2014. 1976 ; JCP Adm. 2014. 803, obs. Touzeil-Divina.*

D. ÉGALITÉ DEVANT L'IMPÔT

BIBL. Barilari, Égalité devant l'impôt ou égalité par l'impôt ?, *Gestion et fin. publ. 2014, n° 3/4, p. 22.*

1° PERSONNES SUSCEPTIBLES D'INVOQUER LE PRINCIPE D'ÉGALITÉ

397. V. note 21.

2° PORTÉE DU PRINCIPE

398. Le Cons. const. fait parfois référence au seul « principe d'égalité contenu dans la Déclaration » sans préciser quel art. est expressément visé, en particulier s'agissant des règles de procédure relatives au contrôle fiscal ou aux redressements fiscaux. • Cons. const. 27 déc. 1973, n° 73-51 DC § 2. ♦ L'art. 6 DDH est également invoqué lorsque la disposition fiscale est peu claire. • Cons. const. 29 déc. 2005, n° 2005-530 DC § 77.

399. Le principe de l'égalité devant l'impôt joue pour : la fixation des impositions. • Cons. const. 29 déc. 1983, n° 83-164 DC § 10. ♦ ... La mise en place d'exonérations. • Cons. const. 31 juill. 2003, n° 2003-477 DC § 3 s. ♦ ... La détermination de leur modalité de recouvrement et les procédures contentieuses applicables en matière de recouvrement. • Cons. const. 28 déc. 1990, n° 90-285 DC § 50. ♦ ... L'octroi d'avantages fiscaux. • Cons. const. 21 juin 1993, n° 93-320 DC § 18. ♦ ... La suppression d'un avantage fiscal. • Cons. const. 29 déc. 1989, n° 89-268 DC § 42.

400. Le principe s'applique en matière de charges sociales. • Cons. const. 6 août 2010, *Assoc. nat. stés d'exercice libéral,* n° 2010-24 QPC § 8 • Cons. const. 5 août 2011, *SICOM de la Cté du Bruaysis,* n° 2011-158 QPC § 4. ♦ De même, une exonération de cotisation de sécurité sociale doit être examinée de la même façon qu'un avantage fiscal. • Cons. const. 11 févr. 2011, *Laurence N.,* n° 2010-99 QPC § 4.

401. En revanche, il ne joue pas dès lors que le prélèvement contesté n'est pas un impôt (ou une charge sociale). • Cons. const. 7 déc. 2000, n° 2000-436 DC § 43.

3° CONDITIONS DE MISE EN ŒUVRE DU PRINCIPE D'ÉGALITÉ EN MATIÈRE FISCALE

402. La situation des personnes redevables au regard principe d'égalité devant l'impôt s'apprécie au regard de chaque imposition prise isolément. • Cons. const. 28 déc. 1990, n° 90-285 DC § 28 • Cons. const. 19 nov. 1997, n° 97-390 DC § 7 • Cons. const. 18 déc. 1997, n° 97-393 DC § 10 • Cons. const. 17 sept. 2010, *Assoc. sportive Football Club de Metz,* n° 2010-28 QPC § 5 • Cons. const. 29 sept. 2010, *Épx M.,* n° 2010-44 QPC § 5 • Cons. const. 22 juill. 2011, *Bruno L. et a.,* n° 2011-148/154 QPC § 19.

403. Dans le cadre de l'impôt sur le revenu c'est par cédule que la situation des redevables est analysée : les revenus de capitaux mobiliers relèvent d'une catégorie de revenus différente de celles relatives aux salaires, aux bénéfices industriels et commerciaux, aux bénéfices non commerciaux ou aux bénéfices agricoles ; les contribuables ayant perçu de tels revenus sont placés dans une situation différente. • CE 17 sept. 2010, ♔ *Zanatta,* n° 341293.

404. Sur les liens entre les objectifs fiscaux de lutte contre la fraude fiscale (ou l'optimisation fiscale) et des différences de traitement, V. DDH, art. 13, annotations ss. Const. 58, Préamb.

a. Différence de situation

405. Le législateur peut toujours soumettre une catégorie particulière de contribuables se trouvant dans la même situation à un régime différent de celui des autres catégories dès lors qu'ils sont placés dans une situation différente. • Cons. const. 31 déc. 1981, n° 81-136 DC § 6 • Cons. const. 29 déc. 1983, n° 83-164 DC § 23 • Cons. const. 29 déc. 1984, n° 84-184 DC § 17.

406. Ainsi, ne viole pas le principe d'égalité, dès lors qu'elle s'adresse à des contribuables qui sont dans des situations différentes : une disposition qui réserve l'automaticité de l'octroi du sursis à paiement au profit des seuls contribuables dont la bonne foi n'est pas contestée par l'Administration. L'administration conserve pour les autres un pouvoir d'appréciation d'accorder ou non le sursis. • Cons. const. 31 déc. 1981, n° 81-136 DC § 5. ♦ ... Une disposition qui entraîne des variations d'une commune à une autre du fait d'abattements votés par la commune dès lors que ceux-ci soit revêtent un caractère obligatoire dans le cas des charges de famille, soit sont enserrés dans des limites fixées par la loi. • Cons. const. 29 déc. 1989, n° 89-268 DC § 32.

407. De même, ne viole pas le principe des dispositions qui imposent la même obligation déclarative à une société mère ayant son siège en France et répondant aux critères fixés et à une société établie en France contrôlée par une société ayant son siège à l'étranger et répondant aux mêmes critères ; elles assurent un même traitement pour tous les groupes multinationaux opérant en France. • Cons. const. 29 déc. 2015, ♔ n° 2015-725 DC § 31.

408. De même encore, ne viole pas le principe des dispositions qui traitent de la même manière toutes les sociétés, quels que soient leurs résultats : • Cons. const. 28 sept. 2017, ♔ *Sté BPCE,* n° 2017-654 QPC § 11. ♦ V. déjà : • Cons. const. 16 juin 2017, ♔ *Gérard S.,* n° 2017-638 QPC § 8.

409. Absence d'obligation de discriminer. V. note 54.

410. Situation identique. En revanche, viole le principe d'égalité en matière fiscale le fait de traiter de manière différente des contribuables qui sont dans la même situation. • Cons. const. 28 déc. 2000, n° 2000-441 DC § 46 • Cons. const. 4 févr. 2011, *Sté Laval Distribution,* n° 2010-97 QPC § 4 • Cons. const. 29 déc. 2015, ♔ n° 2015-725 DC § 28 • Cons. const. 28 déc. 2017, ♔ n° 2017-758 DC § 59.

411. Il en est ainsi par ex. si le législateur prévoit : d'imposer davantage, parmi les contribuables réalisant moins de 500 000 euros de chiffre d'affaires, ceux qui emploient moins de 5 salariés. • Cons. const. 29 déc. 2009, n° 2009-599 DC § 16. ♦ … De n'exonérer d'impôt que des contribuables ayant conclu une convention avant une certaine date. • Cons. const. 4 févr. 2011, *Sté Laval Distribution,* n° 2010-97 QPC § 4. ♦ … D'établir un dispositif conduisant à traiter de façon différente des contribuables se trouvant dans des situations identiques au regard de l'objet de la cotisation minimale. • Cons. const. 29 déc. 2013, n° 2013-685 DC § 143. ♦ … D'imposer différemment, selon le motif fondant, le rachat d'actions ou de parts sociales dont ils ont bénéficié. • Cons. const. 20 juin 2014, *Épx M.,* n° 2014-404 QPC § 10. ♦ … De n'accorder le bénéfice d'un mécanisme d'avance de prime qu'aux seuls travailleurs salariés ou agents publics, à l'exclusion des travailleurs non salariés, alors que les uns et les autres sont éligibles à cette prime. • Cons. const. 29 déc. 2015, n° 2015-725 DC § 28.

412. De même, ne peuvent être traités de manière différente : les contribuables qui n'ont pas d'autres revenus que des salaires, traitements et pensions, et ceux dont simplement une proportion infime serait pendant 2 années composée d'autres revenus que des salaires, traitements et pensions. • Cons. const. 3 juill. 1986, n° 86-209 DC § 26. ♦ … Les contribuables qui effectuent leur donation en passant par l'intermédiaire d'un notaire et ceux qui ne passent pas par cet intermédiaire. • Cons. const. 30 déc. 1991, n° 91-302 DC § 7.

413. Ne sont pas dans des situations différentes : au regard de la contribution sur les montants distribués en faveur des sociétés d'un groupe que celui-ci relève du régime de l'intégration fiscale ou non. • Cons. const. 30 sept. 2016, *Sté Layher SAS,* n° 2016-571 QPC § 8. ♦ … Au regard de l'égalité devant l'impôt, tous les couples mariés, sans qu'il y ait lieu de tenir compte du fait que les époux ne résident pas dans le même lieu. • Cons. const. 10 mai 2016, *Ève G.,* n° 2016-539 QPC § 8. ♦ … Au regard du versement destiné aux transports, les employeurs qui organisent le logement de leurs salariés sur le lieu de travail ou qui prennent en charge intégralement et à titre gratuit leur transport collectif et ceux qui ne supportent aucune de ces charges. • Cons. Const. 30 mars 2017, *Sté SNF,* n° 2016-622 *QPC § 8.* ♦ *… Au regard de la lutte contre* l'optimisation fiscale l'époux qui est contraint, par décision de justice, à s'acquitter de son obligation de contribuer aux charges du mariage et celui qui s'en acquitte spontanément. • Cons. const. 28 mai 2020, *Rémi V.,* n° 2020-842 QPC § 7. ♦ … Au regard du fait que la taxe forfaitaire a pour objet d'offrir aux contribuables une modalité d'imposition du revenu plus simple et plus adaptée à la nature du bien cédé que celles du régime général d'imposition des plus-values, il n'y a pas de différence de situation entre les contribuables imposés en France selon que la cession est réalisée au sein de l'Union européenne ou en dehors. • Cons. const. 27 nov. 2020, *Louis-Christophe L.,* n° 2020-868 QPC § 14.

414. S'il appartient à l'assemblée territoriale de fixer des modalités différentes de détermination du revenu imposable et de recouvrement pour des catégories de revenus de nature différente, elle ne pouvait, sous peine de méconnaître le principe d'égalité devant les charges publiques, exclure sans justification une catégorie de revenus professionnels du champ d'application de l'imposition qu'elle instituait. • CE, ass., 30 juin 1995, *Gouvernement du territoire de la Polynésie française,* n° 162329 : *Lebon 280 ; AJDA 1995. 655, chron. Stahl et Chauvaux ; RFDA 1995. 1240, note Favoreu et Philip .*

415. Situation différente. Sont en revanche dans des situations différentes : au regard de l'impôt de solidarité sur la fortune les entreprises individuelles et des entreprises familiales dont le capital est ouvert aux tiers. • Cons. const. 31 juill. 2003, n° 2003-477 DC § 15. ♦ … Au regard de l'assiette sur la valeur ajoutée des entreprises, les activités à forte intensité de main-d'œuvre. • Cons. const. 29 déc. 2009, n° 2009-599 DC § 42. ♦ … Au regard de différents impôts, les personnes pacsées et les personnes qui n'ont pas souscrit un tel contrat et vivent en concubinage d'une part et les personnes pacsées et les personnes mariées d'autre part. Il était donc loisible au législateur de distinguer ces 3 catégories au regard de l'application de la loi fiscale. • Cons. const. 6 déc. 1990, n° 99-419 DC § 43 et 50. ♦ … Au regard de la taxe d'aide au commerce et à l'artisanat (devenue « taxe sur les surfaces commerciales »), des établissements ayant une activité de vente au détail de carburant et ceux n'en ayant pas. • Cons. const. 30 déc. 1996, n° 96-385 DC § 30. ♦ … Au regard de la taxe sur les salaires, les entreprises du secteur d'activité considéré. • Cons. const. 17 sept. 2010, *Assoc. sportive Football Club de Metz,* n° 2010-28 QPC § 6. ♦ … Au regard de l'impôt sur le revenu, un contribuable dont le train de vie est en disproportion caractérisée avec les revenus déclarés et un contribuable dont le train de vie est en rapport avec ses revenus déclarés. • Cons. const. 21 janv. 2011, *Mme Danièle B.,* n° 2010-88 QPC § 4. ♦ … Au regard de la taxe sur les services de distribution de télévision, les distributeurs de services de télévision qui sont également éditeurs de tels services, eu égard à l'intégration de ces activités. • Cons. const.

28 déc. 2010, n° 2010-622 DC § 10. ♦ ... Au regard d'une mesure (journée de solidarité) destinée à assurer une contrepartie à une contribution payée par les employeurs, les salariés et les autres travailleurs et retraités. • Cons. const. 22 juill. 2011, *Bruno L. et a.,* n° 2011-148/154 § 21. ♦ ... Au regard du principe de solidarité fiscale et des possibilités de décharge de plein droit de l'obligation de paiement solidaire de l'impôt, le conjoint survivant et une personne divorcée ou séparée. • Cons. const. 28 juin 2013, *Nicole B.,* n° 2013-330 QPC § 4. ♦ ... Au regard de l'imposition des plus-values, les sociétés imposées à raison de plus-values latentes lors de l'exercice de l'option prévue à l'art. 208 C CGI, qui présente un caractère irrévocable et implique, pour la société, de décider de se soumettre à différentes obligations, ne sont pas dans la même situation que les sociétés imposées à raison de plus-values latentes postérieurement à l'exercice de l'option. • Cons. const. 26 juin 2015, *Sté ICADE,* n° 2015-474 QPC § 8. ♦ ... Au regard d'une taxe qui ne s'applique pas lors de la première livraison après fabrication ou de l'importation, dès lors que cet échange a lieu entre la métropole et l'outre-mer ou entre les différents outre-mer (sauf Guadeloupe et Martinique), compte tenu de la distance entre le territoire d'importation ou de fabrication et le territoire d'utilisation. • Cons. const. 22 avr. 2016, *Sté Sofadig Exploitation,* n° 2016-537 QPC § 8. ♦ ... Au regard d'une incitation fiscale pour la fabrication de nouvelles collections textiles, les entreprises industrielles et les entreprises commerciales. • Cons. const. 27 janv. 2017, *Sté Comptoir de Bonneterie Rafco,* n° 2016-609 QPC § 7. ♦ ... Au regard des règles d'imposition des revenus et en particulier du régime d'exonération des plus-values immobilières, les résidents fiscaux et certains non-résidents fiscaux. • Cons. const. 27 oct. 2017, *Épx B.,* n° 2017-668 QPC § 11. ♦ ... Au regard des règles relatives à la CSG, les personnes percevant certains revenus de remplacement et les autres. • Cons. const. 21 déc. 2017, n° 2017-756 DC § 15. ♦ ... Au regard des règles d'intégration fiscale, les groupes de sociétés dont les filiales sont établies dans un État membre et ceux dont les filiales sont établies dans un État tiers. • Cons. const. 13 avr. 2018, *Sté Life Sciences Holdings France,* n° 2018-699 QPC § 8. ♦ Rappr. Au regard du régime fiscal favorable des distributions consécutives à un apport partiel d'actif. • Cons. const. 15 nov. 2019, *Calogero G.,* n° 2019-813 QPC § 9. ♦ ... Au retard de l'IFI, selon que l'usufruit est soit constitué par détermination de la loi, soit procède d'une convention ou d'un testament. • Cons. const. 28 déc. 2017, n° 2017-758 DC § 55. ♦ ... Au regard de l'imposition des plus-values en cas d'indivision selon que celle-ci résulte du choix des indivisaires d'une succession et donc s'impose à eux par détermination de la loi. • Cons. const. 13 juill. 2018, *Estelle M.,* n° 2018-719 QPC § 11. ♦ ... Au regard de la volonté de faire bénéficier d'un régime fiscal favorable les personnes percevant une rente viagère visant à réparer un préjudice corporel ayant entraîné une incapacité permanente totale les rentes versées en exécution d'une décision de justice ou non. • Cons. const. 23 nov. 2018, *Kamel H.,* n° 2018-747 QPC § 7. ♦ ... Au regard d'un abattement sur la cession d'actions ou de part de société, les dirigeants de ces sociétés au moment de leur départ à la retraite et les autres cédants. • Cons. const. 15 nov. 2019, *Sébastien M.,* n° 2019-812 QPC § 13. ♦ ... Au regard d'un abattement de 30 % sur la valeur vénale réelle de l'immeuble aux redevables de l'ISF selon qu'ils occupent l'immeuble à titre de résidence principale ou que celui-ci appartient à une SCI. • Cons. const. 15 nov. 2019, 17 *janv. 2020, Épx K.,* n° 2019-820 QPC § 7. ♦ ... Au regard des régimes juridiques de report d'imposition applicables aux plus-values d'échange de titres, la différence de traitement instaurée par les dispositions contestées est fondée sur une différence de situation selon que cette opération a été réalisée dans le cadre de l'Union européenne ou qu'elle l'a été dans le cadre national ou en dehors de l'Union européenne. • Cons. const. 3 avr. 2020, *Marc S. et a.,* n° 2019-832/833 QPC § 12 s.

416. De même, l'attributaire d'un bien provenant d'une indivision successorale est seul en mesure d'en disposer à l'issue du partage et de réaliser une plus-value lors de la revente de ce bien. Par conséquent, il se trouve dans une situation différente de celle de ses co-indivisaires. • Cons. const. 13 juill. 2018, *Estelle M.,* n° 2018-719 QPC § 12.

417. De même encore, sont dans des situations différentes : des entreprises produisant de l'électricité qui, dès leur raccordement, sont assurées d'écouler leur production et peuvent dès lors être immédiatement taxées, à l'inverse des autres catégories d'entreprises pour lesquelles la taxation est différée d'1 an. • Cons. const. 9 janv. 1980, n° 79-112 DC § 4. ♦ ... Les contribuables dont la bonne foi est reconnue par l'administration fiscale au regard de l'octroi automatique du sursis à paiement. • Cons. const. 31 déc. 1981, n° 81-136 DC § 5. ♦ ...Les contribuables selon qu'ils sont ou non titulaires de revenus composés exclusivement des salaires, traitements et pensions par le fait que ces rémunérations sont généralement déclarées par des tiers, ce qui a pour conséquence de limiter les risques de sous déclaration et de faciliter les contrôles. • Cons. const. 3 juill. 1986, n° 86-209 DC § 16.

418. Ainsi est-il possible, dans les cas de contestation du bien-fondé ou du montant d'une imposition : de réserver l'automaticité au

profit des contribuables dont la bonne foi n'est pas contestée par l'administration et de laisser à celle-ci un pouvoir d'appréciation en ce qui concerne les autres contribuables. • Cons. const. 31 déc. 1981, n° 81-136 DC § 5. ♦ ... D'abaisser pour les seuls exploitants agricoles la limite des recettes au-dessous de laquelle l'impôt sur les bénéfices est établi d'après le régime du forfait. • Cons. const. 29 déc. 1983, n° 83-164 DC § 22. ♦ ... De soumettre les institutions financières à une contribution particulière, les diverses catégories d'établissements, bien que différentes les unes des autres, présentant toutes, en raison, notamment, de leur domaine d'activité ou de leur statut, des caractéristiques qui les différencient des autres entreprises industrielles, commerciales ou agricoles. • Cons. const. 29 déc. 1984, n° 84-184 DC § 17.

419. Sont des produits différents les contrats d'assurance vie qui sont des contrats d'assurance et les PEA, PEL, CEL et l'épargne salariale. Il en résulte que même si ces produits sont également exonérés d'impôts sur le revenu, ils peuvent être traités différemment au regard des prélèvements sociaux. • Cons. const. 19 déc. 2013, n° 2013-682 DC § 12. ♦ L'application de règles fiscales différentes à la plus-value brute résultant de la cession de terrains à bâtir et de droits s'y rapportant, d'une part, et à la plus-value brute résultant de la cession d'autres biens ou droits immobiliers, d'autre part, ne méconnaît pas, en elle-même, le principe d'égalité devant la loi. • Cons. const. 29 déc. 2013, n° 2013-685 DC § 45.

420. Le principe d'égalité devant l'impôt n'impose pas : que les personnes privées soient soumises à des règles d'assujettissement à l'impôt identiques à celles qui s'appliquent aux personnes morales de droit public. • Cons. const. 7 déc. 2018, *Fondation Ildys,* n° 2018-752 QPC § 10. ♦ ... Et ne fait pas davantage obstacle à ce que le législateur prévoie des taux d'imposition différents pour la taxe spéciale sur les contrats d'assurance selon que sont assurés les biens affectés de façon permanente et exclusive à une activité industrielle, commerciale, artisanale ou agricole ou d'autres biens. • Cons. const. 14 nov. 2014, *Sté Mutuelle Saint-Christophe,* n° 2014-425 QPC § 6. ♦ Les établissements privés d'enseignement hors contrat qui, par leurs obligations, le statut de leur personnel, leur mode de financement et le contrôle auquel ils sont soumis, sont dans une situation différente des établissements publics et des établissements privés sous contrat. • Cons. const. 15 déc. 2017, *Sté Marlin,* n° 2017-681 QPC § 7. ♦ ... De soumettre les créances à terme sur des débiteurs susceptibles de faire l'objet d'une procédure de surendettement, en application du code de la consommation, à des règles identiques à celles applicables lorsque le débiteur fait l'objet d'une procédure collective en application du code de commerce. • Cons. const. 15 janv. 2015, *Roxane S.,* n° 2014-436 QPC §11.

421. Sont encore dans des situations différentes les locaux d'habitation et les emplacements de stationnement au regard du dégrèvement de la taxe foncière en cas de la vacance de la maison à laquelle ils sont rattachés. • Cons. const. 24 févr. 2017, *SCI Hyéroise,* n° 2016-612 QPC § 14. ♦ Il en va de même pour le même dégrèvement des locaux d'habitation et des immeubles à usage industriel et commercial. • Cons. const. 24 févr. 2017, *SCI Hyéroise,* n° 2016-612 QPC § 16.

b. Mesures incitatives – Avantages fiscaux

BIBL. Cottin et Ribes, Fiscalité incitative et égalité devant l'impôt, *RRJ 2001, n° 2.*

422. Principe. Le principe d'égalité ne fait pas obstacle à ce que le législateur édicte pour des motifs d'intérêt général des mesures d'incitation par l'octroi d'avantages fiscaux sous la réserve qu'il applique des critères objectifs en fonction des buts recherchés. • Cons. const. 29 déc. 1989, n° 89-268 DC § 52 à 54 (sol impl.) • CE, QPC, 28 juill. 2011, *Sté Au verger de Provence,* n° 349382 : *AJDA 2011. 2200* • Cons. const. 27 déc. 2019, n° 2019-796 DC § 10. ♦ Rappr. • Cons. const. 11 oct. 2019, *Sté Total raffinage France,* n° 2019-808 QPC.

V. pour d'autres décisions dans le même sens :.

423. Dès lors que le législateur privilégie le rendement d'une contribution et non son effet incitatif, il n'y a pas lieu de recherche l'adéquation entre celui-ci et la contribution mise en place. • Cons. const. 28 déc. 2011, n° 2011-644 DC § 12.

424. Lorsqu'une même mesure fiscale est prise à la fois dans un objectif de rendement et dans un objectif comportemental, le Conseil constitutionnel recherche lequel de ces deux objectifs est privilégié par le législateur. • Cons. const. 28 déc. 2011, n° 2011-644 DC § 5.

425. Motif d'intérêt général. Il en va ainsi lorsque le législateur incite : au développement d'activités économiques. • Cons. const. 31 juill. 2003, n° 2003-477 DC § 2 et 14 • Cons. const. 29 avr. 2011, *Sté UNILEVER France,* n° 2011-121 QPC § 3. ♦ ... Au développement d'activités financières. • Cons. const. 21 juin 1993, n° 93-320 DC § 18. ♦ ... Au développement et à l'aménagement de certaines parties du territoire national. • Cons. const. 26 janv. 1995, n° 94-358 DC § 34. ♦ ... Au développement de l'accession à la propriété. • Cons. const. 16 août 2007, n° 2007-555 DC § 19. ♦ ... A la transmission de certains biens. • Cons. const. 28 déc. 1995, n° 95-369 DC

§ 9. ♦ ... Au soutien de la consommation et du pouvoir d'achat. • Cons. const. 16 août 2007, n° 2007-555 DC § 20. ♦ ... A une meilleure insertion des logements dans l'environnement. • Cons. const. 27 déc. 2001, n° 2001-456 DC § 40. ♦ ... A la promotion de l'accession à la propriété de la résidence principale. • Cons. const. 28 déc. 2017, n° 2017-758 DC § 69. ♦ ... A éviter le risque de hausse indirecte des émissions de gaz à effet de serre. • Cons. const. 11 oct. 2019, *Sté Total raffinage France,* n° 2019-808 QPC § 6. ♦ ... A diriger le subventionnement public des dépenses en faveur de la rénovation énergétique des logements vers les ménages les plus susceptibles de renoncer à de tels travaux pour des motifs financiers. • Cons. const. 27 déc. 2019, n° 2019-796 DC § 11.

426. Il en va de même lorsque la mesure : favorise, en raison du contexte démographique, la transmission d'entreprise dans des conditions permettant d'assurer la stabilité de l'actionnariat et la pérennité de l'entreprise. • Cons. const. 31 juill. 2003, n° 2003-477 DC § 5. ♦ ... Favorise le financement des jeunes entreprises innovantes par les personnes physiques susceptibles d'accompagner leur développement et de contribuer à leur croissance sans néanmoins déterminer leurs décisions. • Cons. const. 7 mai 2015, *Épx P.,* n° 2015-466 QPC § 5. ♦ ... Soutient l'activité du secteur immobilier locatif et développe les marchés financiers français. • Cons. const. 27 déc. 2002, n° 2002-464 DC § 27. ♦ ... Soutient l'industrie manufacturière en favorisant les systèmes économiques intégrés qui allient la conception et la fabrication de nouvelles collections textiles. • Cons. const. 27 janv. 2017, *Sté Comptoir de Bonneterie Rafco,* n° 2016-609 QPC § 7.

427. Il en va de même et sous les mêmes réserves : de mesures qui incitent à la création et au développement d'un secteur d'activité comme les déductions de dons faits à des fondations ou associations agréées d'intérêt général à caractère culturel. • Cons. const. 29 déc. 1984, n° 84-184 DC § 23 s. ♦ ... De l'institution d'un plafonnement qui tend à susciter le développement du marché boursier national, *notamment par* la réalisation d'opérations importantes intervenant jusqu'à présent à l'étranger en raison d'un régime d'imposition plus favorable. • Cons. const. 21 juin 1993, n° 93-320 DC § 19. ♦ ... De l'exonération accordée aux entreprises ayant signé et respecté une convention avec le comité économique du médicament ; le législateur entendant alors favoriser celles des entreprises exploitant des spécialités pharmaceutiques qui se sont contractuellement engagées dans une politique de modération des prix de vente des médicaments remboursables qu'elles exploitent et de maîtrise de leurs coûts de promotion. • Cons. const. 18 déc. 1998, n° 98-404 DC § 25. ♦ ... De l'institution d'un abattement sur certains revenus de capitaux mobiliers, en particulier ceux correspondant à des dividendes d'actions émises en France, le législateur ayant entendu encourager l'acquisition de valeurs mobilières par de nouveaux épargnants. • Cons. const. 28 déc. 2000, n° 2000-442 DC § 5. ♦ ... De la lutte contre le réchauffement climatique. • Cons. const. 29 déc. 2009, n° 2009-599 DC § 81. ♦ ... De la favorisation de la poursuite de l'activité exercée. • Cons. const. 14 oct. 2016, *Épx F.,* n° 2016-587 QPC § 6.

428. Le législateur peut également mettre en place un mécanisme destiné : à inciter les sociétés à opter pour le régime qu'il crée. • Cons. const. 26 juin 2015, *Sté ICADE,* n° 2015-474 QPC § 8. ♦ ... A adhérer à un centre de gestion agréé. • Cons. const. 29 déc. 1989, n° 89-268 DC § 52 à 54 (sol. impl.) • Cons. const. 30 déc. 1996, n° 96-385 DC § 9 à 11 • Cons. const. 23 juill. 2010, *Philippe E.,* n° 2010-16 QPC § 6.

429. Comportement. Il en va de même d'impositions spécifiques ayant pour objet d'inciter les redevables à adopter des comportements conformes à des objectifs d'intérêt général. • Cons. const. 28 déc. 2000, n° 2000-441 DC § 34 • Cons. const. 28 déc. 2000, n° 2000-442 DC § 4 • Cons. const. 29 déc. 2003, n° 2003-488 DC § 9 • Cons. const. 29 déc. 2009, n° 2009-599 DC § 80 • Cons. const. 28 juill. 2011, n° 2011-638 DC 17.

430. Ainsi, il peut créer : un impôt frappant les boissons alcoolisées d'une teneur supérieur à 25 % d'alcool pour lutter contre l'alcoolisme. • Cons. const. 14 janv. 1983, n° 82-152 DC § 10. ♦ ... Un impôt frappant la publicité pour l'alcool sur certains supports pour lutter contre l'alcoolisme des jeunes. • Cons. const. 8 janv. 1991, n° 90-283 DC § 35. ♦ ... Une « cotisation » sur les bières fortes et non sur les autres. • Cons. const. 12 déc. 2002, n° 2002-463 DC § 13. ♦ ... Une cotisation sur les boissons contenant un taux élevé de caféine pour protéger la santé publique. • Cons. const. 19 sept. 2014, *Sté Red Bull. On Premise et a.,* n° 2014-417 QPC § 11. ♦ ... Une cotisation sur le cumul d'un emploi et d'une retraite sauf pour les professions libérales et artistiques pour favoriser l'emploi. • Cons. const. 16 janv. 1986, n° 85-200 DC § 17.

431. Il en va de même de mesures destinées à favoriser, pour les salariés qui le souhaitent, la constitution d'une épargne en vue de la retraite propre à compléter les pensions servies par les régimes obligatoires de sécurité sociale et de nature à renforcer les fonds propres des entreprises. • Cons. const. 20 mars 1997, n° 97-388 DC § 25.

432. Mesures compensatrices. Il en va de

même encore d'impositions destinées à compenser certaines situations objectivement défavorables. • Cons. const. 20 déc. 1994, n° 94-350 DC.

433. Ainsi, pour compenser les contraintes de l'insularité et promouvoir le développement économique et social d'une île, le législateur peut instaurer un statut fiscal particulier. • Cons. const. 20 déc. 1994, n° 94-350 DC. ♦ En prévoyant un crédit d'impôt en cas de souscription, par une personne âgée de plus de soixante-cinq ans, d'un contrat d'assurance complémentaire en matière de santé ayant fait l'objet d'une labellisation, le législateur a voulu favoriser une offre de contrats à prix raisonnable et de qualité pour cette catégorie de contrats ; en limitant le bénéfice de ce crédit d'impôt aux seuls contrats d'assurance complémentaire santé individuels souscrits par les personnes âgées de plus de soixante-cinq ans, il a pris en compte le coût des cotisations de ces contrats pour ces personnes, notamment au regard des garanties offertes. • Cons. const. 17 déc. 2015, n° 2015-723 DC § 14.

434. Exonérations fiscales. Des dispositions ne sauraient, sans instituer une différence de traitement sans rapport avec l'objet de la loi, conduire à ce que le bénéfice des exonérations prévues varie selon que l'indemnité a été allouée en vertu d'un jugement, d'une sentence arbitrale ou d'une transaction ; en particulier, en cas de transaction, il appartient à l'administration et, lorsqu'il est saisi, au juge de l'impôt de rechercher la qualification à donner aux sommes objet de la transaction. • Cons. const. 20 sept. 2013, *Alain G.*, n° 2013-340 QPC § 6.

435. Proportionnalité ou rapport avec le but recherché. L'avantage fiscal consenti ne doit cependant pas être : hors de proportion avec l'effet incitatif attendu. • Cons. const. 27 déc. 2002, n° 2002-464 DC § 34 • Cons. const. 16 août 2007, n° 2007-555 DC § 3. ♦ ... Injustifié au regard des objectifs poursuivis. • Cons. const. 28 juill. 2011, n° 2011-638 DC § 17. ♦ Ainsi, en décidant d'accroître le pouvoir d'achat des seuls contribuables ayant acquis ou construit leur habitation principale depuis moins de 5 ans, le législateur a instauré, entre les contribuables, une différence de traitement injustifiée au regard de l'objectif qu'il s'est assigné. De plus, cet avantage fiscal fait supporter à l'État des charges manifestement hors de proportion avec l'effet incitatif attendu entraînant une rupture caractérisée de l'égalité des contribuables devant les charges publiques. • Cons. const. 16 août 2007, n° 2007-555 DC § 20. ♦ De même, dès lors que 93 % des émissions de dioxyde de carbone d'origine industrielle, hors carburant, sont totalement exonérées de contribution carbone, que les activités assujetties à la contribution carbone représentent moins de la moitié de la totalité des émissions de gaz à effet de serre, que la contribution carbone porte essentiellement sur les carburants et les produits de chauffage qui ne sont que l'une des sources d'émission de dioxyde de carbone, il en résulte que, par leur importance, les régimes d'exemption totale institués par l'art. 7 de la loi déférée sont contraires à l'objectif de lutte contre le réchauffement climatique et créent une rupture caractérisée de l'égalité devant les charges publiques. • Cons. const. 29 déc. 2009, n° 2009-599 DC § 82. ♦ L'objet de la taxation instituée par les dispositions critiquées étant d'inciter les personnes à mettre en location des logements susceptibles d'être loués, elle ne peut dès lors frapper que des logements habitables, vacants et dont la vacance tient à la seule volonté de leur détenteur (réserve d'interprétation). • Cons. const. 29 juill. 1998, n° 98-403 DC § 16. – Rappr., s'agissant de la majoration de la taxe d'habitation sur les résidences secondaires, • Cons. const. 29 déc. 2014, n° 2014-709 DC § 11 et 12.

436. L'exclusion de certaines catégories de contribuables du bénéfice d'une mesure incitative peut trouver sa justification dans le fait que, sans ces différences, le caractère incitatif de la mesure serait fortement réduit. • Cons. const. 31 juill. 2003, n° 2003-477 DC § 6. ♦ De même la suppression d'un avantage fiscal précédemment accordé à certaines catégories de contribuables peut être décidé pour faire échec à un risque d'évasion fiscale. • Cons. const. 29 déc. 1989, n° 89-268 DC § 42. ♦ V. pour l'exclusion des biocarburants à base d'huile de palme de la taxe incitative relative à l'incorporation de biocarburants. • Cons. const. 11 oct. 2019, *Sté Total raffinage France,* n° 2019-808 QPC § 9.

437. En permettant aux communes de maintenir ou de supprimer le versement pour dépassement du plafond légal de densité sur leur territoire, le législateur a entendu leur donner les moyens, adaptés aux nécessités locales, de maîtriser la densification des centres urbains. • CE, QPC, 28 juill. 2011, *Sté Au verger de Provence*, n° 349382 : *préc. note 427.*

438. Respect du principe d'égalité devant les charges publiques. Il ne doit pas résulter de l'avantage fiscal consenti une rupture caractérisée de l'égalité devant les charges publiques. • Cons. const. 28 juill. 2011, n° 2011-638 DC § 17 • CE, QPC, 28 juill. 2011, *Sté Au verger de Provence*, n° 349382 : *préc. note 427.* ♦ Les dispositions contestées ne sauraient, sans méconnaître le principe d'égalité devant les charges publiques, être interprétées comme permettant l'application du coefficient multiplicateur pour l'établissement des contributions sociales assises sur les rémunérations et avantages occultes. • Cons. const. 10 févr. 2016, *Épx*

G., n° 2016-610 QPC § 12. ♦ V. aussi ss. DDH, art. 13.

c. Autres mesures

439. Dès lors que les boissons faisant l'objet d'une commercialisation dans les mêmes formes et ayant une teneur en caféine supérieure à 220 mg pour 1 000 ml sont exclues du champ d'application de cette imposition lorsqu'elles ne sont pas des boissons « dites énergisantes », la différence ainsi instituée entraîne une différence de traitement qui est sans rapport avec l'objet de l'imposition (protection de la santé). • Cons. const. 19 sept. 2014, *Sté Red Bull. On Premise et a.*, n° 2014-417 QPC § 12.

440. En réservant les nouvelles règles de déduction aux titres de participation reçus en contrepartie d'apports réalisés à compter du « X », date à laquelle la disposition a été votée en première lecture à l'AN, le législateur a entendu maintenir, dans un souci de « loyauté » favorable au contribuable, le régime fiscal antérieurement applicable aux cessions de titres de participation émis en contrepartie d'apports intervenus avant que la nouvelle mesure soit connue. • Cons. const. 17 juill. 2015, *Sté Crédit Agricole SA*, n° 2015-475 QPC § 13.

d. Cas particulier des discriminations entre les situations intracommunautaires et les autres

441. Dès lors que la condition posée par les dispositions contestées, telles qu'interprétées par une jurisprudence constante, ne s'applique qu'aux dividendes distribués à des sociétés mères soit par des filiales françaises soit par des filiales extracommunautaires, à l'exclusion des filiales intracommunautaires, les critères retenus par le législateur ne sont pas en rapport avec l'objectif visant à favoriser l'implication des sociétés mères dans le développement économique de leurs filiales. Cette implication n'est pas révélée par l'existence de droits de vote attachés aux titres uniquement pour les premières de ces sociétés. • Cons. const. 3 févr. 2016, *Sté métro Holding France SA venant aux droits de la Sté CRFP Cash*, n° 2015-520 QPC § 10. ♦ Rappr. • Cons. const. 8 juill. 2016, *Sté Natixis SA*, n° 2016-553 QPC § 7 et 8.

442. Il résulte des dispositions contestées, telles qu'interprétées par la jurisprudence constante du Conseil d'État, une différence de traitement entre les sociétés mères, selon que les dividendes qu'elles redistribuent proviennent ou non de filiales établies dans un État membre de l'Union européenne autre que la France. Or, ces sociétés se trouvent dans la même situation au regard de l'objet de la contribution, qui consiste à imposer tous les montants distribués, indépendamment de leur localisation d'origine et y compris ceux relevant du régime mère-fille issu du droit de l'Union européenne. Le législateur ayant institué ces dispositions pour compenser la perte de recettes pérenne, provoquée par la suppression de la retenue à la source sur les organismes de placement collectif en valeurs mobilières, poursuivait un objectif de rendement qui ne constitue pas, en lui-même, une raison d'intérêt général de nature à justifier la différence de traitement. • Cons. const. 6 oct. 2017, *Sté de participations financières*, n° 2017-660 QPC § 6 à 8. ♦ Comp. note 451.

443. Il ne résulte pas de cette exigence découlant du droit de l'Union européenne une dénaturation de l'objet initial de la loi. Par ailleurs, au regard de l'objet de la loi, telle que désormais interprétée, il existe une différence de situation, tenant au lieu d'établissement de la société apporteuse, entre les associés des sociétés établies dans un État membre et ceux des autres sociétés étrangères. • Cons. const. 15 nov. 2019, *Calogéro G.*, n° 2019-813 QPC § 9.

E. ÉGALITÉ DEVANT LES CHARGES SOCIALES

444. **Principes.** Comme en matière d'imposition de toute nature, le Conseil constitutionnel a recours, en matière de cotisations sociales, tant à un contrôle au regard du principe d'égalité devant la loi. • Cons. const. 25 juin 1998, n° 98-402 DC § 15 • Cons. const. 16 déc. 2010, n° 2010-620 DC § 15. ♦ ... Qu'à un contrôle au regard du principe d'égalité devant les charges publiques, sans pour autant, à la différence de la matière fiscale, faire référence à la prise en compte des facultés contributives. • Cons. const. 16 janv. 1985, n° 85-200 DC § 17.

445. En l'absence de « principe contributif » (V. note ss. Const. 58, art. 34) interdisant l'attribution de prestations sans aucune contrepartie (Cons. const. 23 juill. 1999, n° 99-416 DC § 28 et 29), les dispositions supprimant l'ensemble des cotisations salariales, ne créent (...) aucune différence de traitement entre les salariés assurés du régime d'assurance chômage et le fait que les allocations servies par le régime d'assurance chômage, qui sont liées aux revenus antérieurement perçus, seront partiellement financées, non plus par les contributions salariales, mais par le produit d'impositions de toute nature, susceptible d'être affecté à l'organisme gestionnaire de ce régime par une LF ou une LFSS, n'emporte pas d'atteinte au principe d'égalité. • Cons. const. 4 sept. 2018, n° 2018-769 DC § 40 et 41.

446. En particulier, pour assurer le respect du principe d'égalité, le législateur doit fonder son appréciation sur des critères objectifs et rationnels en fonction des buts qu'il se propose ; l'appréciation ne doit cependant pas entraîner de rupture caractérisée de l'égalité devant les charges publiques. • Cons. const. 5 août 2011, *SICOM de la Cté du Bruaysis,* n° 2011-158 QPC § 3.

447. V. également notes ss. DDH, art. 13.

448. Différence de situation. Le législateur ayant entendu tenir compte du fait que la dissimulation porte alors, non sur l'activité en elle-même, qui a pu donner lieu à l'acquittement de cotisations sociales au titre de la prestation de service, mais sur la nature, en réalité salariée, du travail en cause, les différences de traitement instaurées par ces dispositions étant ainsi fondées sur une différence de situation et en rapport avec l'objet de la loi : • Cons. const. 21 déc. 2018, n° 2018-776 DC § 25.

449. Lien avec le but poursuivi. L'objectif ou le but de favoriser le maintien chez elles de personnes dépendantes justifie de réserver l'attribution du bénéfice d'une exonération en fonction du caractère privatif du domicile de la personne bénéficiaire de l'aide. • Cons. const. 16 déc. 2010, n° 2010-620 DC § 6 • Cons. const. 5 août 2011, *SICOM de la Cté du Bruaysis,* n° 2011-158 QPC § 4. ♦ La différence de traitement entre les travailleurs indépendants et les travailleurs salariés pour l'assujettissement aux cotisations de sécurité sociale est inhérente aux modalités selon lesquelles se sont progressivement développées les assurances sociales en France, à la diversité corrélative des régimes ainsi qu'au choix du partage de l'obligation de versement des cotisations sociales entre employeurs et salariés. • Cons. const. 13 déc. 2012, n° 2012-659 DC § 13. ♦ Le législateur peut prévoir des critères différents entre les frères et sœurs d'une part et les parents d'autre part, s'agissant du recours en récupération des frais d'hébergement et d'entretien des personnes handicapées. • Cons. const. 21 oct. 2016, *Françoise B.,* n° 2016-592 QPC § 10. ♦ De même, le législateur peut prévoir des modalités différentes de récupération de l'aide sociale entre les handicapés et les personnes âgées. • Cons. const. 21 oct. 2016, *Françoise B.,* n° 2016-592 QPC § 11.

450. Prise en compte de la solidarité. L'objectif d'intérêt général de solidarité tant au sein de chaque régime de base de sécurité sociale qu'entre régimes différents peut justifier des différences de traitement. Ainsi, se justifie, pour certains cotisants, la contribution au financement des prestations familiales sans bénéficier corrélativement desdites prestations. • Cons. const. 19 déc. 2000, n° 2000-437 DC § 24. ♦ La compensation généralisée entre régimes obligatoires de base d'assurance vieillesse instaurée par le législateur a principalement pour objet de neutraliser les déséquilibres financiers pouvant résulter, dans le cadre d'un système de retraite par répartition distinguant des régimes organisés sur une base socio-professionnelle, du rapport entre le nombre de cotisants et le nombre de pensionnés d'un même régime. • Cons. const. 20 oct. 2015, *Caisse autonome de retraite des médecins de France,* n° 2015-495 QPC § 8. ♦ V. déjà : les règles s'appliquant au calcul et au versement de pensions peuvent, tout comme celles relatives aux contributions des assujettis, avoir pour objet de permettre une contribution au financement de régimes défavorisés par la situation économique ou sociale. • Cons. const. 16 janv. 1986, n° 85-200 DC § 7.

451. Cas particulier des discriminations entre les situations intracommunautaires et les autres. Les dispositions ayant pour objet d'assurer le financement de la protection sociale dans le respect du droit de l'UE qui exclut leur application aux personnes relevant d'un régime de sécurité sociale d'un autre État membre de l'Union, il existe, au regard de cet objet, une différence de situation, qui découle notamment du lieu d'exercice de leur activité professionnelle, entre ces personnes et celles qui sont affiliées à un régime de sécurité sociale d'un État tiers. La différence de traitement établie par les dispositions contestées est ainsi en rapport direct avec l'objet de la loi. • Cons. const. 9 mars 2017, *Épx V.,* n° 2016-615 QPC § 12. ♦ Comp. avec note 442.

452. Absence de lien avec le but poursuivi. En soumettant à un régime dérogatoire de taux de cotisations certains des assurés d'un régime français d'assurance maladie, la disposition crée une rupture d'égalité entre les assurés d'un même régime qui ne repose pas sur une différence de situation en lien avec l'objet de la contribution sociale. • Cons. const. 13 déc. 2012, n° 2012-659 DC § 15. ♦ Aux fins d'augmenter le pouvoir d'achat des salariés dont la rémunération est modeste, le législateur a institué une réduction dégressive des cotisations salariales de sécurité sociale des salariés dont la rémunération « équivalent temps plein » est comprise entre 1 et 1,3 salaire minimum de croissance tout en maintenant inchangés, pour tous les salariés, l'assiette de ces cotisations ainsi que les prestations et avantages auxquels ces cotisations ouvrent droit. Ainsi, un même régime de sécurité sociale continuerait, en application des dispositions contestées, à financer, pour l'ensemble de ses assurés, les mêmes prestations malgré l'absence de versement, par près d'un tiers de ceux-ci, de la totalité des cotisations salariales ouvrant droit aux prestations servies par ce régime. Cette différence de traitement, qui ne repose pas sur une différence de situation entre les assurés d'un même régime de sécurité sociale, est sans rapport avec l'objet des cotisations salariales de sécurité sociale. • Cons. const. 6 août 2014, n° 2014-698 DC § 13. ♦ Comp. cependant dès lors qu'il s'agit de cotisations, comme les cotisations d'assurance maladie ou les cotisations familiales, dont le montant est sans lien avec le niveau de prestations reçues et la durée de cotisation. • Cons. const. 21 déc. 2017, n° 2017-756 DC § 17.

F. AUTRES DOMAINES D'APPLICATION

1° DROIT PÉNAL

453. Principe. Le principe d'égalité devant la loi pénale n'est applicable qu'en matière de sanction pénale et ne vaut pas pour les autres sanctions ayant le caractère d'une punition (sur cette notion, V. notes ss. DDH, art. 8). Dans ces cas, c'est le principe général d'égalité devant la loi qui s'applique. • Cons. const. 2 déc. 2016, *Sandrine A.*, n° 2016-599 QPC § 6 (sol. impl.).

454. Le principe d'égalité devant la loi pénale, tel qu'il résulte de l'art. 6 de la Déclaration de 1789, ne fait pas obstacle à ce qu'une différenciation soit opérée par la loi pénale entre agissements de nature différente. • Cons. const. 19 déc. 1980, n° 80-125 DC • Cons. const. 7 nov. 1989, n° 89-262 DC § 9 • Cons. const. 5 août 2010, n° 2010-612 DC § 6. • Cons. const. 28 juin 2013, *Assoc. Emmaüs Forbach*, n° 2013-328 QPC § 3. ♦ Dès lors, le législateur ne peut faire dépendre d'une décision administrative l'application de la loi pénale. • Cons. const. 5 mai 1998, n° 98-399 DC § 7.

455. Toutefois, la loi pénale ne saurait, pour une même infraction, instituer des peines de nature différente, sauf à ce que cette différence soit justifiée par une différence de situation en rapport direct avec l'objet de la loi. • Cons. const. 28 juin 2013, *Assoc. Emmaüs Forbach*, n° 2013-328 QPC § 3.

456. Individualisation des peines. L'individualisation des peines, si elle conduit à appliquer à certains condamnés des conditions de détention strictes et à d'autres un régime libéral, n'est pas contraire au présent art., tous les condamnés à une même peine pouvant accéder aux mêmes régimes dès lors qu'ils remplissent les conditions requises. • Cons. const. 27 juill. 1978, n° 78-97 DC § 4. ♦ V. comm. ss. DDH, art. 8.

457. Application des conventions collectives. Dès lors que le législateur peut ériger en infraction le manquement à des obligations qui ne résultent pas directement de la loi elle-même, il lui est loisible de prévoir que, lorsqu'en vertu d'une disposition législative expresse dans une matière déterminée, une convention ou un accord collectif étendu déroge à des dispositions législatives ou réglementaires, les infractions aux stipulations dérogatoires sont passibles des sanctions qu'entraînerait la violation des dispositions législatives ou réglementaires en cause. En effet, en l'absence de telles dispositions, les personnes valablement soustraites dans les conditions visées par la loi à l'application du droit commun par l'effet de clauses dérogatoires se verraient exemptées de toute répression pénale en cas de manquement aux obligations résultant desdites clauses et bénéficieraient ainsi, par rapport aux personnes soumises au droit commun, d'un privilège pénal dont on chercherait vainement la justification. • Cons. const. 10 nov. 1982, n° 82-145 DC.

458. Spécificité de l'outre-mer : V. notes 71 s.

a. Agissements distincts

459. La loi relative à la répression du viol et de certains attentats aux mœurs peut, sans méconnaître le principe d'égalité, distinguer, pour la protection des mineurs, les actes accomplis entre personnes du même sexe de ceux accomplis entre personnes de sexe différent. • Cons. const. 19 déc. 1980, n° 80-125 DC.

460. De même, il est possible, eu égard à l'objectif que s'est fixé le législateur tendant à concilier la prise en compte à titre humanitaire de situations juridiquement protégées et sa volonté de ne pas faciliter l'immigration clandestine, sans méconnaître le principe d'égalité, de faire bénéficier d'une immunité pénale les ascendants, descendants et conjoints sans l'étendre aux frères et sœurs ainsi qu'aux concubins. • Cons. const. 16 juill. 1996, n° 96-377 DC § 13. ♦ ... Sans méconnaître le principe d'égalité, il est également possible de : prévoir une aggravation des peines encourues pour la destruction du bien d'autrui dès lors qu'elle porte sur des cultures OMG. • Cons. const. 19 juin 2008, n° 2008-564 DC §33 et 36. ♦ ... Tenir compte d'une tradition locale interrompue pour introduire une différenciation territoriale s'agissant de la répression des sévices aux animaux. • Cons. const. 21 sept. 2012, *Assoc. Comité radicalement anti-corrida Europe et a.*, n° 2012-271 QPC § 5. ♦ Rappr. • Cons. const. 20 juill. 2000, n° 2000-434 DC § 41 et 42.

461. Si, au regard du droit de la nationalité, les personnes ayant acquis la nationalité française et celles auxquelles la nationalité française a été attribuée à leur naissance sont dans la même situation, le législateur a pu néanmoins, compte tenu de l'objectif tendant à renforcer la lutte contre le terrorisme, prévoir la possibilité, pendant une durée limitée, pour l'autorité administrative de déchoir de la nationalité française ceux qui l'ont acquise, sans que la différence de traitement qui en résulte viole le principe d'égalité. • Cons. const. 16 juill. 1996, n° 96-377 DC § 23 • Cons. const. 23 janv. 2015, *Ahmed S.*, n° 2014-439 QPC § 13. ♦ Il n'y a pas violation du principe d'égalité du fait de l'allongement de dix à quinze ans du délai séparant les faits reprochés à l'intéressé et l'acquisition de la nationalité française ;

ce délai de quinze ans, qui ne saurait être allongé sans porter une atteinte disproportionnée à l'égalité entre les personnes ayant acquis la nationalité française et celles auxquelles la nationalité française a été attribuée à leur naissance, ne concerne que des faits d'une gravité toute particulière. *Idem*, s'agissant du délai pendant lequel la déchéance peut être prononcée. • Cons. const. 23 janv. 2015, *Ahmed S.*, n° 2014-439 QPC § 15.

b. Agissements identiques

462. Pour des infractions identiques la loi pénale ne saurait, dans l'édiction des crimes ou des délits ainsi que des peines qui leur sont applicables, instituer au profit de quiconque une exonération de responsabilité à caractère absolu, sans par là-même porter atteinte au principe d'égalité. • Cons. const. 7 nov. 1989, n° 89-262 DC § 9. ♦ Dès lors, la loi, qui exonère de façon absolue de toute responsabilité pénale et civile un parlementaire pour des actes distincts de ceux accomplis par lui dans l'exercice de ses fonctions, méconnaît le principe constitutionnel d'égalité devant la loi. • Cons. const. 7 nov. 1989, n° 89-262 DC § 10.

463. Dès lors que des contrevenants commettent des infractions identiques, même si c'est au moyen de techniques différentes, il ne peut être prévu de peines différentes. • Cons. const. 27 juill. 2006, n° 2006-540 DC § 65 • Cons. const. 9 sept. 2011, *Catherine F., épse L.*, n° 2011-161 QPC § 6. ♦ Ainsi, au regard de l'atteinte portée au droit d'auteur ou aux droits voisins, les personnes qui se livrent, à des fins personnelles, à la reproduction non autorisée ou à la communication au public d'objets protégés au titre de ces droits sont placées dans la même situation, qu'elles utilisent un logiciel d'échange de pair à pair ou d'autres services de communication au public en ligne, les particularités des réseaux d'échange de pair à pair ne permettant pas de justifier la différence de traitement qu'instaure la disposition contestée. • Cons. const. 27 juill. 2006, n° 2006-540 DC § 65. ♦ De même, au regard des sanctions frappant la rétention indue des cotisations ouvrières précomptées, il ne peut être fait de différence entre les employeurs agricoles et les autres. • Cons. const. 9 sept. 2011, *Catherine F., épse L.*, n° 2011-161 QPC § 6.

464. Des faits qualifiés par la loi de façon identique pouvant, sans que cette différence de situation soit en rapport direct avec l'objet de la loi, selon le texte d'incrimination sur lequel se fondent les autorités de poursuite, faire encourir à leur auteur soit une peine de cinq ans d'emprisonnement et 375 000 euros d'amende, soit une peine de 5 000 euros d'amende et la différence entre les peines encourues impliquant également des différences relatives à la procédure applicable et aux conséquences d'une éventuelle condamnation, il y a violation du présent art. • Cons. const. 28 juin 2013, *Assoc. Emmaüs Forbach*, n° 2013-328 QPC § 6. ♦ Rappr. s'agissant d'amendes administratives. • Cons. const. 13 mars 2014, n° 2014-690 § 74.

c. Règles de prescription

465. La différence de régime instaurée, en matière de droit de réponse et de prescription, par les dispositions critiquées dépasse manifestement ce qui serait nécessaire pour prendre en compte la situation particulière des messages exclusivement disponibles sur un support informatique. • Cons. const. 10 juin 2004, n° 2004-496 DC § 14. ♦ Les crimes de guerre et les crimes contre l'humanité sont de nature différente ; par suite, en portant de dix à trente ans le délai de prescription de l'action publique pour les crimes de guerre, alors que les crimes contre l'humanité sont imprescriptibles en application de l'art. 213-5 C. pén., le législateur n'a pas méconnu le principe d'égalité. • Cons. const. 5 août 2010, n° 2010-612 DC § 7. ♦ En portant de trois mois à un an le délai de la prescription pour les délits de presse à raison de l'origine, l'ethnie, la nation, la race ou la religion, la loi a pour objet de faciliter la poursuite et la condamnation, dans les conditions prévues par cette loi, des auteurs de propos ou d'écrits provoquant à la discrimination, à la haine ou à la violence, diffamatoires ou injurieux, à caractère ethnique, national, racial, ou religieux ou contestant l'existence d'un crime contre l'humanité. La différence de traitement qui en résulte, selon la nature des infractions poursuivies, ne revêt pas un caractère disproportionné au regard de l'objectif poursuivi. • Cons. const. 12 avr. 2013, *Laurent A. et a.*, n° 2013-302 QPC § 6.

2° DROIT CIVIL

466. PACS. Le législateur, afin de prendre en compte l'intérêt général tenant à la prohibition de l'inceste, a pu interdire la conclusion d'un pacte civil de solidarité, sous peine de nullité absolue, entre des personnes entre lesquelles existe l'un des liens de parenté ou d'alliance mentionnés au 1° de l'art. 515-2 C. civ. • Cons. const. 9 nov. 1999, n° 99-419 DC § 55.

467. Il a pu par ailleurs ne pas autoriser la conclusion d'un pacte civil de solidarité par une personne mineure émancipée et une personne majeure placée sous tutelle. • Cons. const. 9 nov. 1999, n° 99-419 DC § 55.

468. Droit des successions. Si, afin de rétablir l'égalité entre les héritiers garantie par la loi française, le législateur pouvait fonder une différence de traitement sur la circonstance que la loi étrangère privilégie l'héritier étranger au détriment de l'héritier français, la disposition contestée qui prévoit que le droit de prélèvement sur la succession est réservé au seul héritier français établit ainsi une différence de traitement entre les héritiers venant également à la succession d'après la loi française et qui ne sont pas privilégiés par la loi étrangère, différence de traitement qui n'est pas en rapport direct avec l'objet de la loi qui tend, notamment, à protéger la réserve héréditaire et l'égalité entre héritiers garanties par la loi française. • Cons. const. 5 août 2011, *Elke B. et a.*, n° 2011-159 QPC § 6. ♦ Si le principe d'égalité devant la loi successorale impose que les héritiers placés dans une situation identique bénéficient de droits égaux dans la succession, il ne fait pas obstacle à ce que la loi autorise le donateur ou le testateur à avantager l'un de ses héritiers par un acte de volonté. Il peut y avoir des différences de traitement entre héritiers et légataires. • Cons. const. 28 sept. 2012, *Cts G.*, n° 2012-274 QPC § 9. ♦ En réservant la transmission du droit de suite au décès de l'auteur aux héritiers et, pour l'usufruit, au conjoint à l'exclusion des légataires et autres ayants cause, le législateur a instauré une différence de traitement entre des personnes placées dans des situations différentes; cette différence de traitement est en rapport direct avec l'objectif poursuivi par la loi. En effet, le législateur ayant entendu, par l'institution du droit de suite, permettre aux auteurs d'œuvres graphiques et plastiques originales de bénéficier de la valorisation de leurs œuvres après la première cession de celles-ci, il a pu, pour conforter cette protection et l'étendre à la famille de l'artiste après son décès, prévoir le caractère inaliénable de ce droit et assurer sa transmission aux héritiers de l'auteur. • Cons. const. 28 sept. 2012, *Fondation Hans Hartung et Anna Eva Bergman*, n° 2012-276 QPC § 6 et 7.

469. Liberté contractuelle. Si l'objectif de lutte contre les difficultés d'accès au logement peut conduire à la mise en œuvre de mécanisme de protection des locataires différenciés, il ne justifie pas que les conditions d'exercice de la liberté contractuelle varient sur le territoire national en fonction de la dispersion des niveaux de loyers observés, indépendant de celui des catégories de logement et des secteurs géographiques. • Cons. const. 20 mars 2014, ♔ n° 2014-691 DC § 27.

3° DROIT DE LA COMMUNICATION

470. Absence de violation de principe d'égalité. Le législateur peut, dans ce cadre, tenir compte de contraintes techniques. • Cons. const. 18 sept. 1986, n° 86-217 DC § 8 • Cons. const. 27 juill. 2000, n° 2000-433 DC § 28. ♦ ... Et dès lors réserver à certaines personnes (en l'espèce aux associations à but non lucratif) la possibilité d'utiliser ces outils. • Cons. const. 30 oct. 1981, n° 81-129 DC § 12. ♦ ... Donner une priorité d'accès des sociétés nationales de programmes aux ressources radioélectriques de diffusion et de transmission si celle-ci est, comme en l'espèce, strictement encadrée. • Cons. const. 27 juill. 2000, n° 2000-433 DC.

471. Le législateur peut : interdire le recours au financement par la publicité aux associations autorisées à assurer un service local de radiodiffusion sonore à modulation de fréquence et non aux stations dites « périphériques ». • Cons. const. 30 oct. 1981, n° 81-129 DC § 16 • Cons. const. 27 janv. 1982, n° 82-141 DC § 9. ♦ ... Maintenir un régime d'autorisation préalable pour l'exploitation d'un réseau distribuant par câble des services de radiodiffusion sonore ou de télévision et soumettre à un régime de déclaration, assorti d'un pouvoir d'opposition du Conseil supérieur de l'audiovisuel, la distribution de ces services par satellite dès lors que le raccordement du public à un réseau câblé est en l'état plus aisé, que les exploitants de réseaux câblés, qui utilisent le domaine public communal, peuvent adapter leur offre aux spécificités locales et ainsi proposer une programmation d'intérêt local, et qu'au surplus, ils sont en mesure d'offrir des services complémentaires de télécommunication, notamment sur un mode interactif. • Cons. const. 27 juill. 2000, n° 2000-433 DC § 31 et 33. ♦ ... Soustraire les filiales créées par la société France Télévision en vue d'éditer des services de télévision diffusés en mode numérique ne donnant pas lieu au paiement d'une rémunération de la part des usagers et répondant à des missions de service public sont soustraites à la règle de la limitation de la part du capital pouvant être détenue par une même personne physique ou morale. • Cons. const. 27 juill. 2000, n° 2000-433 DC § 46. ♦ ... Fixer un délai de prescription plus long pour les délits à raison de l'origine, l'ethnie, la nation, la race ou la religion afin de faciliter la poursuite et la condamnation, dans les conditions prévues par cette loi, des auteurs de propos ou d'écrits provoquant à la discrimination, à la haine ou à la violence, diffamatoires ou injurieux, à caractère ethnique, national, racial, ou religieux ou contestant l'existence d'un crime contre l'humanité. • Cons. const. 12 avr. 2013, ♔ *Laurent A. et a.*, n° 2013-302 QPC § 6.

472. Violation du principe. Le législateur ne peut limiter aux seules personnes morales à but non lucratif le droit de réponse dans le cas où les imputations susceptibles de porter atteinte à son honneur ou à sa réputation auraient été diffusées dans le cadre d'une activité de communication audiovisuelle. • Cons. const. 27 janv. 1982, n° 82-141 DC § 11. ♦ ... Viole le principe d'égalité la mise en œuvre de différences trop importantes s'agissant du « droit de réponse » ou des prescriptions selon que l'article visé est publié sur support papier ou sur support électronique. • Cons. const. 10 juin 2004, n° 2004-496 DC § 14.

4° PROTECTION SOCIALE, PRESTATIONS SOCIALES ET AIDES SOCIALES

473. V. également notes 64 et 212.

474. Sur les effets de seuil, V. note 51 ss. DDH, art. 13.

475. Mise en place d'un plafond de ressources. Le législateur peut, pour garantir aux personnes dont les revenus sont les plus faibles le droit à une protection complémentaire et à la dispense d'avance de frais : choisir un plafond de ressources, pour déterminer les bénéficiaires d'un tel régime. • Cons. const. 23 juill. 1999, n° 99-416 DC § 9. ♦ ... Prévoir que les allocations familiales, ainsi que les majorations pour âge, « sont attribuées au ménage ou à la personne dont les ressources n'excèdent pas un plafond qui varie en fonction du nombre des enfants à charge », en évitant certains effets de seuil liés à l'établissement du plafond par l'octroi d'allocations familiales différentielles dues lorsque les ressources excèdent le plafond d'un montant inférieur à une somme déterminée. • Cons. const. 18 déc. 1997, n° 97-393 DC § 37. ♦ ... Prévoir que le montant des allocations familiales varie en fonction du nombre des enfants à charge et des ressources du ménage ou de la personne qui a la charge des enfants. • Cons. const. 18 déc. 2014, n° 2014-706 DC § 34.

476. S'il est vrai que les conditions de compensation des dépenses engagées au titre de la protection complémentaire des bénéficiaires de la couverture maladie universelle ne sont pas les mêmes selon que le choix des intéressés se porte sur un organisme d'assurance maladie ou sur un organisme de protection sociale complémentaire, les différences de traitement qui en résultent entre organismes sont la conséquence de la différence de situation de ces derniers au regard de l'objet de la loi, les organismes d'assurance maladie ayant l'obligation de prendre en charge, dans le cadre de leur mission de service public et pour le compte de l'État, la couverture complémentaire des bénéficiaires de la couverture maladie universelle qui leur en font la demande, alors les organismes de protection sociale complémentaire ont la simple faculté de participer à ce dispositif et la liberté *de s'en retirer. • Cons. const. 23 juill. 1999,* n° 99-416 DC § 14.

477. La suspension des allocations familiales aux parents de mineur placé dans un centre éducatif fermé ne méconnaît pas le principe d'égalité devant la loi en matière de prestations familiales dès qu'elle ne concerne que la seule part représentée par l'enfant placé, que la durée de la suspension n'excède pas celle du placement et qu'un juge pourra maintenir le versement des allocations familiales à la famille lorsque celle-ci « participe à la prise en charge morale ou matérielle de l'enfant ou en vue de faciliter le retour de l'enfant dans son foyer ». • Cons. const. 29 août 2002, n° 2002-461 DC § 60.

478. Si les organismes de référence, qui sont choisis après mise en concurrence, offrent des garanties particulières et respectent certaines contraintes en matière d'affiliation, de tarif et de prestation, les unes et les autres trouvent leur contrepartie dans la participation de l'État ; au regard de l'intérêt que représente le précompte pour un organisme de protection sociale complémentaire, tant en termes de coût de gestion que d'attractivité des garanties proposées pour les agents, le ministre chargé de l'agriculture ne pouvait le réserver aux organismes de référence sans leur accorder un avantage manifestement disproportionné et méconnaître ainsi le principe d'égalité. • CE 24 mars 2014, *Mutuelle autonome générale de l'éducation nationale,* n° 356834 § 5 : *AJDA 2014. 715* .

479. Le législateur a, en retenant un nouveau critère, relatif au patrimoine, pour l'attribution des APL lorsque la personne est rattachée au foyer fiscal de ses parents, entendu poursuivre un objectif d'intérêt général d'adaptation des conditions d'octroi d'une aide sociale en faveur du logement aux moyens dont dispose directement ou indirectement la personne afin de se loger. Ce critère d'assujettissement des parents de la personne à l'ISF est, s'agissant d'une aide sociale en faveur du logement accordée à une personne rattachée au foyer fiscal de ses parents, un critère en rapport avec l'objectif poursuivi par le législateur. • Cons. const. 29 déc. 2015, n° 2015-725 DC § 38.

5° DROIT DU TRAVAIL

480. V. aussi notes 161 et 215.

481. Il est loisible au législateur, afin de favoriser la négociation collective dans le domaine de la détermination de la durée du travail, de subordonner le bénéfice d'un allégement de cotisations sociales à la conclusion d'un accord collectif sans entraîner de rupture d'égalité entre les entreprises. • Cons. const. 13 janv. 2000, n° 99-423 DC § 51. ♦ En vue d'améliorer l'emploi des jeunes et des personnes en difficulté et de leur faire acquérir une qualification professionnelle, le législateur peut prendre des mesures propres à ces catégories de travailleurs. • Cons. const. 29 avr. 2011, *Synd. CGT et a.,* n° 2011-122 QPC § 5.

482. Il est loisible au législateur de traiter différemment, s'agissant du temps de travail eu égard aux spécificités d'emploi de ce personnel, le personnel d'encadrement par rapport aux autres salariés des entreprises. • Cons. const. 10 juin 1998, n° 98-401 DC § 37 • Cons. const. 13 janv. 2000, n° 99-423 DC § 75.

483. Le principe « À travail égal, salaire égal ». L'employeur est tenu d'assurer l'égalité de rémunération entre tous les salariés de l'un et l'autre sexe, pour autant qu'ils sont placés dans une situation identique. • Com. 29 oct. 1996, *Ponsolle,* n° 92-43.680 P • Soc. 15 déc. 1998, n° 95-43.630 P • CE 8 juill. 1998, *Adam,* n° 191812 : *Lebon 301 ; Dr. adm. 1998. 330, note C.M.* ♦ Dès lors, si rien ne distingue objectivement deux salariés (même ancienneté, occupant strictement le même poste et exerçant les mêmes fonctions, avec les mêmes niveaux et coefficients), ils doivent percevoir le même salaire. • Soc. 26 nov. 2002, n° 00-41.633 P. ♦ S'agissant de l'ancienneté, celle-ci n'est pas prise en compte lorsqu'elle fait l'objet d'une prime distincte du salaire de base. • Soc. 29 oct. 1996, n° 92-43.680 P • Soc. 31 oct. 2006, n° 02-45.480.

484. Il appartient au salarié de soumettre au juge les éléments de fait susceptibles de caractériser une inégalité de rémunération. • Soc. 25 mai 2005, n° 04-40.169 P • Soc. 20 mars 2007, n° 05-44.701. ♦ La preuve du caractère objectif de la différence mise en évidence doit être apportée par l'employeur. • Soc. 25 mai 2005 : *préc.* • Soc. 13 févr. 2007, n° 04-48.218 • Soc. 25 juin. 2007, n° 05-44.040.

485. Il appartient au juge de contrôler concrètement la réalité et la pertinence des éléments objectifs justifiant la différence de traitement. • Soc. 21 févr. 2007, n° 05-40.034. ♦ Ainsi, ne suffit pas : une simple différence de statut juridique entre des salariés effectuant un travail de même valeur au service du même employeur. • Soc. 15 mai 2007 : *Bull.civ. V, n° 75.* ♦ ... La seule circonstance que les salariés aient été engagés avant ou après la dénonciation d'un engagement unilatéral. • Soc. 12 févr. 2008, n° 06-45.397 P. ♦ ... La dénonciation d'un accord collectif sauf pour ce qui concerne les avantages individuels acquis. • Soc. 11 juill. 2007, n° 06-42.128 P. ♦ ... La seule différence de catégorie professionnelle. • Soc. 20 févr. 2008, n° 05-45.601 P.

486. Le principe s'applique au salaire mais aussi aux avantages accessoires tels que : des indemnités de chauffage. • Soc. 3 mars 1999, n° 98-42.395. ♦ ... Des tickets-restaurant. • Soc. 20 févr. 2008, n° 05-45.601 P.

487. En subordonnant la désignation d'un représentant syndical au comité d'entreprise à la condition pour un syndicat d'y avoir des élus, le législateur n'a pas méconnu le présent art. • Cons. const. 3 févr. 2012, *Franck S.,* n° 2011-216 QPC § 5.

488. Sur la question de l'égalité salariale entre hommes et femmes, V. comm. ss. Préamb. Const. 1946, al. 3.

6° DROIT ÉCONOMIQUE

489. Le secteur public constitue un ensemble divers et complexe, de telle sorte que l'emploi de critères généraux définissant ce secteur et de règles générales s'y appliquant doit nécessairement s'accompagner de dérogations et d'exceptions qui, loin d'être contraires au principe d'égalité, permettent de traiter de façon spécifique des situations différentes ne pouvant entrer dans un cadre uniforme. • Cons. const. 20 juill. 1983, n° 83-162 DC § 15. ♦ Ces spécificités peuvent justifier que l'importance de la représentation des salariés puisse s'opérer de manière différente selon le type d'entreprise considéré. • Même affaire, § 30. ♦ Cependant, ces différences doivent rester limitées et ne pas porter une atteinte importante au principe d'égalité entre ces entreprises. • Même affaire, § 63.

490. Il est possible de prévoir, à titre transitoire, des règles particulières s'appliquant aux sociétés récemment privatisées dans le but d'assurer, au cours des premières années suivant l'opération de privatisation, la sauvegarde des intérêts nationaux. • Cons. const. 4 juill. 1989, n° 89-254 DC § 22.

491. Compte tenu de leur nature, de leurs missions et des contrôles auxquels est soumise leur activité, les établissements de crédit peuvent bénéficier d'un traitement différencié. • Cons. const. 19 janv. 1983, n° 83-167 DC.

7° DROIT DU SPORT

492. Les dispositions litigieuses, en tant qu'elles concernent les joueuses naturalisées avant le 30 juin 2010, créent entre les joueuses susceptibles de participer aux compétitions organisées par la Ligue nationale de volley une discrimination directement fondée sur la nationalité, qui n'est justifiée par aucune considération d'intérêt général et notamment pas par les besoins de formation des joueuses. • CE 8 mars 2012, *Assoc. Racing club de Cannes Volley,* n° 343273 : *Lebon 78 ; AJDA 2012. 520.*

8° DROITS CIVIQUES

493. En imposant à des personnes circulant en France, sans domicile ou résidence fixe, de justifier de trois ans de rattachement ininterrompu dans la même commune pour leur inscription sur la liste électorale, les dispositions contestées ont violé ce principe. • Cons. const. 5 oct. 2012, *Jean-Claude P.,* n° 2012-279 QPC § 30.

494. Le choix du critère du candidat le plus

âgé en cas de partage des voix (élection d'un maire) ne méconnaît pas le principe d'égalité. • CE, QPC, 24 sept. 2014, A. B., n° 381869 : *AJDA 2014. 2284*. ♦ Les dispositions fixant une inéligibilité sont d'interprétation stricte ; ainsi, une inéligibilité ne saurait valoir pour l'ensemble du territoire national que de manière expresse. • Cons. const. 12 avr. 2011, n° 2011-628 DC § 6.

a. Examen sous l'angle de l'égalité

495. Le législateur ne pouvait, sans méconnaître le principe d'égalité, interdire aux conseillers à l'Assemblée de Corse de cumuler ce mandat avec celui de conseiller général alors qu'un tel cumul est autorisé sur l'ensemble du territoire de la République et qu'aucune justification tirée de la spécificité de la collectivité territoriale de Corse ne fonde une telle interdiction. • Cons. const. 9 mai 1991, n° 91-290 DC § 23.

496. Examen fonction par fonction. Les fonctions de directeur de cabinet du président du conseil régional et celles de directeur de cabinet du président d'un établissement public de coopération intercommunale étant différentes, rien ne s'oppose à ce que le législateur les soumettent à des règles d'inéligibilité différentes. • Cons. const. 5 juill. 2013, *Jean-Louis M.*, n° 2013-326 QPC § 6.

497. Examen mandat par mandat. Les compétences spécifiques exercées par le Parlement européen sont différentes de celles de l'Assemblée nationale et du Sénat de la République ; eu égard à la spécificité du mandat des représentants au Parlement européen et des contraintes inhérentes à son exercice, il était en particulier loisible à la loi ordinaire, dont relève leur situation, de décider que le cumul dudit mandat et d'une fonction exécutive locale ne permettrait pas à leur titulaire d'exercer l'un et l'autre de manière satisfaisante. • Cons. const. 30 mars 2000, n° 2000-426 DC § 12. ♦ Eu égard aux attributions conférées aux institutions des collectivités d'outre-mer régies par l'art. 74 Const. et à celles de la Nouvelle-Calédonie, dont le rôle ne se limite pas à la simple administration de ces collectivités, le législateur pouvait prévoir un régime d'incompatibilité plus strict que celui qui s'applique aux mandats électifs des autres collectivités territoriales. • Cons. const. 15 févr. 2007, n° 2007-547 DC § 18. ♦ Les mandats de conseiller municipal, de conseiller général ou de conseiller régional et de parlementaire sont différents ; dès lors, les différences entre les règles fixant les conditions d'éligibilité à ces mandats ne méconnaissent pas, en elles-mêmes, le principe d'égalité. • Cons. const. 5 juill. 2013, *Jean-Louis M.*, n° 2013-326 QPC § 6.

b. Inéligibilité

498. Principe. Les dispositions fixant une inéligibilité sont d'interprétation stricte ; une inéligibilité ne saurait valoir pour l'ensemble du territoire national que de manière expresse. • Cons. const. 12 avr. 2011, n° 2011-628 DC § 6.

499. Si le législateur est compétent, en vertu de l'art. 34 Const., pour fixer les règles concernant le régime électoral des assemblées locales, il ne saurait priver un citoyen du droit d'éligibilité dont il jouit en vertu du présent art. que dans la mesure nécessaire au respect du principe d'égalité devant le suffrage et à la préservation de la liberté de l'électeur (... ou l'indépendance de l'élu contre les risques de confusion ou de conflits d'intérêts : V. note 504 s'agissant des incompatibilités). • Cons. const. 5 juill. 2013, *Jean-Louis M.*, n° 2013-326 QPC § 3.

500. Conciliation équilibrée. Le législateur a opéré une conciliation qui n'est pas manifestement déséquilibrée en prévoyant les fonctions entraînant une inéligibilité temporaire à l'élection des députés dans la circonscription où a été exercée cette fonction. • Cons. const. 12 avr. 2011, n° 2011-628 DC § 7 ♦ ... En prévoyant que n'est pas éligible au conseil municipal, dans les communes situées dans la région où il exerce ou a exercé ses fonctions depuis moins de six mois, le directeur du cabinet du président du conseil régional. • Cons. const. 5 juill. 2013, *Jean-Louis M.*, n° 2013-326 QPC § 4. ♦ ... En fixant à deux le nombre de candidats devant figurer sur la liste lorsqu'une commune ne dispose que d'un seul siège, le législateur ayant seulement entendu garantir qu'une telle commune puisse bénéficier d'un conseiller communautaire suppléant et non lier la recevabilité de cette dernière liste au respect de l'exigence d'une dualité de candidats. • Cons. const. 23 juin 2017, *Gabriel A.*, n° 2017-640 QPC § 8.

501. Absence de conciliation équilibrée. Le législateur a opéré une conciliation manifestement déséquilibrée en réduisant à dix-huit ans l'âge d'éligibilité des ressortissants d'un État de l'Union européenne autre que la France, alors que, pour les citoyens français, s'appliquait l'âge d'éligibilité à l'Assemblée nationale, soit vingt-trois ans. • Cons. const. 30 mars 2000, n° 2000-426 DC § 19. ♦ Il en va de même de l'incompatibilité entre les mandats locaux et les fonctions de président d'un organisme consulaire ainsi que de l'incompatibilité entre les fonctions exécutives locales et les fonctions de juge des tribunaux de commerce dès lors que ces incompatibilités ne sont pas limitées aux cas où le ressort géographique de la collectivité territoriale coïncide, en tout ou partie, avec celui de la chambre consulaire ou du tribunal de commerce. • Cons. const. 30 mars 2000, n° 2000-426 DC § 16.

c. Âge d'éligibilité

502. Principe. Le législateur compétent, en vertu de l'art. 34 Const. 58, pour fixer les règles concernant le régime électoral des assemblées locales et déterminer les principes fondamentaux de la libre administration des collectivités territoriales, ne saurait priver un citoyen du droit d'éligibilité dont il jouit en vertu du présent art. que dans la mesure nécessaire au respect du principe d'égalité devant le suffrage et à la préservation de la liberté de l'électeur. • Cons. const. 6 avr. 2012, *Pierre G.*, n° 2012-230 QPC § 4.

503. S'il est loisible au législateur de fixer à 18 ans l'âge d'éligibilité au Parlement européen, il ne pouvait le faire qu'en traitant également tous les candidats ; dès lors, la discrimination critiquée méconnaît le principe d'égalité. • Cons. const. 30 mars 2000, n° 2000-426 DC § 19.

d. Incompatibilités

504. Principe. Si le législateur peut prévoir des incompatibilités entre mandats électoraux ou fonctions électives et activités ou fonctions professionnelles, la restriction ainsi apportée à l'exercice de fonctions publiques doit être justifiée, au regard des exigences découlant du présent art., par la nécessité de protéger la liberté de choix de l'électeur, l'indépendance de l'élu ou l'indépendance des juridictions contre les risques de confusion ou de conflits d'intérêts. • Cons. const. 30 mars 2000, n° 2000-426 DC § 16 • Cons. const. 9 oct. 2013, n° 2013-675 DC § 43 • Cons. const. 13 févr. 2014, n° 2014-688 DC § 9 • Cons. const. 13 févr. 2014, n° 2014-689 DC § 15 • Cons. const. 28 nov. 2014, *Dominique de L.*, n° 2014-432 QPC § 11. • CE 17 déc. 2014, *X.*, n° 383316 : *AJDA 2014. 250*. ♦ Rappr. avec d'autres formulations : • Cons. const. 18 nov. 1982, n° 82-146 DC § 7 • Cons. const. 12 avr. 2011, n° 2011-628 DC § 5 • Cons. const. 5 oct. 2012, *Jean-Claude P.*, n° 2012-279 QPC § 29.

505. L'exercice de mandats électoraux ou de fonctions électives par des militaires en activité ne saurait porter atteinte à la nécessaire libre disposition de la force armée. • Cons. const. 28 nov. 2014, *Dominique de L.*, n° 2014-432 QPC § 9.

506. Absence d'excès. N'excèdent pas ce qui est manifestement nécessaire : des dispositions qui rendent plus rigoureux le régime d'incompatibilité entre le mandat parlementaire et l'exercice d'une fonction de direction au sein d'une entreprise ou d'un organisme travaillant de façon substantielle pour une personne publique. • Cons. const. 9 oct. 2013, n° 2013-675 DC § 49. ♦ ... Les incompatibilités avec les mandats de députés et de sénateurs de fonctions ponctuelles à la tête de sociétés d'économie mixte nationales et locales, d'établissements publics ou d'organismes d'habitation à loyer modéré. • Cons. const. 13 févr. 2014, n° 2014-689 DC § 15. ♦ Il en est de même : pour les parlementaires européens. • Cons. const. 13 févr. 2014, n° 2014-688 DC § 9. ♦ ... L'incompatibilité entre les fonctions de militaire de carrière ou assimilé et le mandat de conseiller général ou de conseiller communautaire. • Cons. const. 28 nov. 2014, *Dominique de L.*, n° 2014-432 QPC §14. ♦... L'incompatibilité entre le mandat de conseiller communautaire avec l'exercice d'un emploi salarié au sein des communes membres de l'établissement public de coopération intercommunale concerné ; le législateur a institué une interdiction qui, par sa portée. • CE 17 déc. 2014, n° 383316 B : *AJDA 2014. 2504*.

507. En excluant l'exercice par un parlementaire de l'activité de représentant d'intérêts et en restreignant celle de conseil, le législateur organique a pris en compte les risques spécifiques de conflit d'intérêts liés à ces activités. • Cons. const. 8 sept. 2017, n° 2017-753 DC § 36. ♦ Le législateur organique n'ayant pas interdit de manière générale à un parlementaire de poursuivre l'activité de conseil qu'il exerçait auparavant, ni de conserver le contrôle d'une société ayant principalement cette activité, il a pu interdire à un parlementaire de débuter une telle activité et d'acquérir un tel contrôle pendant son mandat ou, afin d'éviter tout détournement de la loi, dans les douze mois précédant son entrée en fonction. Par ailleurs, sont seuls interdits les activités de conseil présentant un risque particulier de conflit d'intérêts ou le contrôle d'une société fournissant principalement une telle prestation de conseil, y compris lorsqu'ils ont débuté plus d'un an avant le mandat. • Cons. const. 8 sept. 2017, n° 2017-753 DC § 37.

508. Excès. Excèdent ce qui est manifestement nécessaire : l'interdiction faite à un parlementaire d'exercer une activité professionnelle qui n'était pas la sienne avant le début de son mandat (interdiction applicable à toute activité professionnelle quelle que soit sa nature), et de continuer à exercer une fonction de conseil, quelle qu'en soit la nature, lorsqu'il ne l'exerçait pas avant le début de son mandat dans le cadre d'une profession libérale soumise à un statut législatif ou réglementaire ou dont le titre est protégé. • Cons. const. 9 oct. 2013, n° 2013-675 DC § 50 à 53. ♦ ... L'incompatibilité entre les fonctions de militaire de carrière ou assimilé et le mandat de conseiller municipal. • Cons. const. 28 nov. 2014, *Dominique de L.*, n° 2014-432 QPC § 14.

509. Contrôle restreint. En prévoyant que ne sont pas éligibles au conseil général les ingénieurs et agents du génie rural et des eaux et forêts dans les cantons où ils exercent leurs fonctions ou les ont exercées depuis moins de six mois, les dispositions contestées ont opéré une conciliation, qui n'est pas manifestement déséquilibrée, entre les exigences constitutionnelles. • Cons. const. 6 avr. 2012, *Pierre G.*, n° 2012-230 QPC § 5. ♦ En prévoyant que n'est pas éligible au conseil municipal, dans les communes situées dans la région où il exerce ou a exercé ses fonctions depuis moins de six mois, le directeur du cabinet du président du conseil régional, les dispositions contestées ont opéré une conciliation qui n'est pas manifestement déséquilibrée. • Cons. const. 5 juill. 2013, *Jean-Louis M.*, n° 2013-326 QPC § 4. ♦ V. déjà. • Cons. const. 12 avr. 2011, n° 2011-628 DC § 7.

9° DROIT RURAL

510. Les dispositions prévoyant que l'indemnité de réduction d'une libéralité excédant la quotité disponible, lorsqu'elle porte sur une exploitation agricole donnée à un successible en ligne directe, est calculée selon le revenu net moyen de l'exploitation à l'époque de l'ouverture de la succession ont pour objet d'éviter que le paiement de cette indemnité n'obère la viabilité économique de l'exploitation ; le législateur a ainsi entendu favoriser la transmission des exploitations agricoles en ligne directe en évitant leur cession ou leur morcellement. Ces dispositions ne s'appliquant qu'aux biens donnés ou légués qui constituent une exploitation agricole à la date de l'ouverture de la succession, les modalités d'évaluation de la valeur de l'exploitation agricole instituent une différence de traitement en lien direct avec l'objet de la loi. • Cons. const. 28 sept. 2012, *Cts G.*, n° 2012-274 QPC § 10.

Art. 7 **Nul homme ne peut être accusé, arrêté ni détenu que dans les cas déterminés par la loi, et selon les formes qu'elle a prescrites. Ceux qui sollicitent, expédient, exécutent ou font exécuter des ordres arbitraires, doivent être punis ; mais tout citoyen appelé ou saisi en vertu de la loi, doit obéir à l'instant : il se rend coupable par la résistance.**

COMMENTAIRE

Voir le commentaire sous l'article 8 de la DDH.

1. Convocation par un OPJ en enquête préliminaire. En imposant que toute personne convoquée par un officier de police judiciaire soit tenue de comparaître et en prévoyant que l'officier de police judiciaire puisse, avec l'autorisation préalable du procureur de la République, imposer cette comparution par la force publique à l'égard des personnes qui n'y ont pas répondu ou dont on peut craindre qu'elles n'y répondent pas, le législateur a assuré entre la prévention des atteintes à l'ordre public et la recherche des auteurs d'infraction, d'une part, et l'exercice des libertés constitutionnellement garanties, d'autre part, une conciliation qui n'est pas déséquilibrée. • Cons. const. 18 juin 2012, *Sté Olano Carla et Éric P.*, n° 2012-257 QPC § 7.

2. V. annotations ss. DDH, art. 8.

Art. 8 **La loi ne doit établir que des peines strictement et évidemment nécessaires, et nul ne peut être puni qu'en vertu d'une loi établie et promulguée antérieurement au délit, et légalement appliquée.**

COMMENTAIRE

V. sur le Code en ligne.

PLAN DES ANNOTATIONS

[V. références des décisions du Conseil constitutionnel dans les tableaux DC et QPC]

BIBL. Collectif, Le pouvoir de sanction de l'administration, Colloque du 14 déc. 2012, *JCP Adm. 2013. 2072 à 2079.*

I. CHAMP D'APPLICATION DU PRÉSENT ARTICLE

1. Il résulte du présent art. (et de la DDH, art. 9) que doivent être respectés, à l'égard des mineurs comme des majeurs, le principe de la nécessité et de la proportionnalité des peines et celui des droits de la défense. • Cons. const. 29 août 2002, n° 2002-461 DC § 27.

A. ÉVOLUTION DE LA FORMULATION

2. Principe général. Il résulte des dispositions du présent art. (comme des principes fondamentaux reconnus par les lois de la République) qu'une peine ne peut être infligée qu'à la condition que soient respectés le principe de légalité des délits et des peines, le principe de nécessité des peines, le principe de non-rétroactivité de la loi pénale d'incrimination plus sévère (ainsi que le principe du respect des droits de la défense). • Cons. const. 17 janv. 1989, n° 88-248 DC § 35 • Cons. const. 29 déc. 1989, n° 89-268 DC § 87 et 88 • Cons. const. 30 déc. 1997, n° 97-395 DC § 37. ♦ Ces exigences ne concernent pas seulement les peines prononcées par les juridictions répressives mais s'étendent à toute sanction ayant le caractère d'une punition. • Cons. const. 17 janv. 1989, n° 88-248 DC § 35 • Cons. const. 25 févr. 1992, n° 92-307 DC § 25 et 26. ♦ Rappr. • Cons. const. 28 juill. 1989, n° 89-260 DC § 18 • CE, QPC, 4 oct. 2010, *Mme Repplinger,* n° 341845 : *Lebon 364*. ♦ … Même si le législateur a laissé le soin de la prononcer à une autorité de nature non juridictionnelle. • Cons. const. 29 juill. 1992, n° 92-311 DC § 5.

3. Le pouvoir réglementaire est tenu de respecter les exigences découlant du présent art. s'agissant de la nécessité des peines. • Cons. const. 30 mars 2012, *Sté Unibail Rodamco,* n° 2012-225 QPC § 7. ♦ … Ou leur individualisation. • Cons. const. 28 juin 2013, *Sté garage Dupasquier,* n° 2013-329 QPC § 6.

4. Une autorité administrative, agissant dans le cadre de prérogatives de puissance publique, peut exercer un pouvoir de sanction dès lors que l'exercice de ce pouvoir de sanction est assorti par la loi de mesures destinées à assurer les droits et libertés constitutionnellement garantis tels que, en particulier, les principes de la nécessité et de la légalité des peines. • Cons. const. 28 juill. 1989, n° 89-260 DC § 6

• Cons. const. 22 avr. 1997, n° 97-389 DC § 30 • Cons. const. 27 juill. 2000, n° 2000-433 DC § 50 • Cons. const. 30 mars 2006, n° 2006-535 DC § 36 • Cons. const. 10 juin 2009, n° 2009-580 DC § 14 • Cons. const. 12 oct. 2012, *Sté Groupe Canal Plus et a.*, n° 2012-280 QPC § 16. ♦ Il résulte des présentes dispositions (comme des principes fondamentaux reconnus par les lois de la République) qu'une peine ne peut être infligée qu'à la condition que soient respectés le principe de légalité des délits et des peines, le principe de nécessité des peines, le principe de non-rétroactivité de la loi pénale d'incrimination plus sévère (ainsi que les droits de la défense), ces exigences ne concernant pas seulement les peines prononcées par les juridictions répressives mais s'étendant à toute sanction ayant le caractère d'une punition même si le législateur a laissé le soin de la prononcer à une autorité de nature non juridictionnelle. • Cons. const. 13 août 1993, n° 93-325 DC § 47 et 48. ♦ Il résulte des présentes dispositions, qui s'appliquent à toute sanction ayant le caractère de punition, qu'une peine ne peut être infligée qu'à la condition que soient respectés les principes de légalité des délits et des peines, de nécessité des peines, et de non-rétroactivité de la loi répressive plus sévère et ; que s'impose en outre le respect des droits de la défense. • Cons. const. 29 déc. 1999, n° 99-424 DC § 53 • Cons. const. 29 déc. 2003, n° 2003-489 DC § 11 • Cons. const. 12 août 2004, n° 2004-504 DC § 24. ♦ Il découle du présent art. qu'une peine ne peut être infligée qu'à la condition que soient respectés le principe de légalité des délits et des peines, le principe de nécessité des peines, le principe de non-rétroactivité de la loi pénale plus sévère. • Cons. const. 12 janv. 2002, n° 2001-455 DC § 81.

5. Dans le cadre de la ratification d'une convention internationale, le Cons. const. s'assure que les principes découlant du présent art. sont bien respectés. • Cons. const. 22 janv. 1999, n° 98-408 DC § 22 et 23. ♦ V. note 241.

6. Pour la seule non-rétroactivité. Le principe de non-rétroactivité formulé au présent art. ne concerne pas seulement les peines appliquées par les juridictions répressives, mais s'étend nécessairement à toute sanction ayant le caractère d'une punition même si le législateur a cru devoir laisser le soin de la prononcer à une autorité de nature non judiciaire. • Cons. const. 30 déc. 1982, n° 82-155 DC § 33. ♦ Le *principe* concerne également la période de sûreté qui, bien que relative à l'exécution de la peine, n'en relève pas moins de la décision de la juridiction de jugement qui, dans les conditions déterminées par la loi, peut en faire varier la durée en même temps qu'elle se prononce sur la culpabilité du prévenu ou de l'accusé. • Cons. const. 3 sept. 1986, n° 86-215 DC § 23. ♦ Il appartient aux autorités chargées de l'application de la présente loi de veiller à ce qu'aucune amende ne soit prononcée sur le fondement de la validation législative en raison de faits antérieurs à la date de mise en vigueur de la loi. • Cons. const. 30 déc. 1982, n° 82-155 DC § 34.

7. Pour la seule nécessité des peines. Le principe de la nécessité des peines ne concerne pas seulement les peines prononcées par les juridictions répressives mais s'étend à toute sanction ayant le caractère d'une punition même si le législateur a laissé le soin de la prononcer à une autorité de nature non judiciaire. • Cons. const. 30 déc. 1987, n° 87-237 DC § 14. ♦ V. aussi notes 117 s.

8. Pour les droits de la défense. V. comm. ss. DDH, art. 16.

9. Nul n'est punissable que de son propre fait. V. comm. ss. DDH, art. 9.

B. NOTION DE MESURES À CARACTÈRE RÉPRESSIF

10. Les principes résultant du présent art. (et de l'art. 9 DDH) ne s'appliquent qu'aux peines prononcées par les juridictions répressives et aux sanctions ayant le caractère d'une punition. • Cons. const. 30 déc. 1982, n° 82-155 DC § 33 • Cons. const. 21 janv. 2011, *Jean-Claude C.*, n° 2010-90 QPC • Cons. const. 20 juill. 2012, *Georges R.*, n° 2012-266 QPC § 4 • Cons. const. 28 févr. 2014, *Sté Madag*, n° 2013-369 QPC § 6 • Cons. const. 7 janv. 2016, *Assoc. Experts-comptables média association*, n° 2015-510 QPC § 8. ♦ Les principes ainsi énoncés ne concernent pas seulement les peines prononcées par les juridictions pénales mais s'étendent à toute sanction ayant le caractère d'une punition. • Cons. const. 17 janv. 2013, *Laurent D.*, n° 2012-289 QPC § 3 • Cons. const. 7 mai 2020, n° 2020-838/839 QPC § 5.

1° PEINES OU SANCTIONS AYANT LE CARACTÈRE D'UNE PUNITION

a. Principes

11. Caractéristiques. La mesure doit présenter le caractère d'une punition. • Cons. const. 17 janv. 1989, n° 88-248 DC § 35 • Cons. const. 29 déc. 1999, n° 99-424 DC § 53 • Cons. const. 29 déc. 2003, n° 2003-489 DC § 11 • Cons. const. 13 janv. 2011, *SNC Eiffage Construction Val de Seine*, n° 2010-84 QPC § 3 • Cons. const. 25 mars 2011, *Mme Selamet B.*, n° 2011-111 QPC § 3 • Cons. const. 29 avr. 2011, *Catherine B.*, n° 2011-124 QPC § 3. ♦ Présentent le caractère d'une punition les sanctions tendant à empêcher la réitération des agissements qu'elles visent et qui n'ont pas pour objet la seule réparation d'un préjudice pécuniaire. • CE, sect. avis cont., 5 avr. 1996, *Houdmond*, n° 176611 :

Lebon 116 ; RFDA 1997. 1, étude Moderne ; *ibid. 843, note Petit*. ♦ ... Des sanctions tendant à assurer le respect d'une obligation. • Cons. const. 29 déc. 2013, n° 2013-585 DC § 97 • Cons. const. 27 mars 2014, n° 2014-692 DC § 24 • Cons. const. 4 mai 2018, *Sté People et Baby,* n° 2018-703 QPC § 10.

12. Pour ce faire elle doit être prise en considération de la personne. • Cons. const. 20 juill. 1977, n° 77-83 DC § 3 (*a contrario*).

13. Auteurs des sanctions. Les sanctions peuvent être prononcées par une autorité de nature « non judiciaire ». • Cons. const. 30 déc. 1987, n° 87-237 DC § 15. ♦ ... En l'espèce une autorité administrative indépendante. • Cons. const. 17 janv. 1989, n° 88-248 DC § 36 (CSA) • Cons. const. 10 juin 2009, n° 209-580 DC § 14 (HADOPI). ♦ Rappr. s'agissant de l'ART. • Cons. const. 23 juill. 1996, n° 96-378 DC § 13 • CE 19 juin 2017, *Sté Optical Center,* n° 396050 : *Lebon ; AJDA 2017. 1813* ; *JCP Adm. 2017. 469.* ♦ ... Elles peuvent également être prononcées par une autorité de nature non juridictionnelle. • Cons. const. 28 juill. 1989, n° 89-260 DC § 18 • Cons. const. 25 févr. 1992, n° 92-307 DC § 26 • Cons. const. 29 juill. 1992, n° 92-311 DC § 5 • Cons. const. 27 juill. 2000, n° 2000-433 DC § 50. ♦ ... En l'espèce, une autorité administrative. • Cons. const. 13 août 1993, n° 93-325 DC § 48 • Cons. const. 22 avr. 1997, n° 97-389 DC § 30. ♦ ... Enfin elles peuvent aussi être prononcées par : le CSA. • Cons. const. 27 juill. 2000, n° 2000-433 DC § 50. ♦ ... Le président du conseil général. • Cons. const. 30 mars 2006, n° 2006-535 DC § 36. ♦ ... Le directeur d'un organisme local d'assurance maladie. • Cons. const. 12 août 2004, n° 2004-504 DC § 22. ♦ ... Le Président de la République. • Cons. const. 13 janv. 2012, *Ahmed S.,* n° 2011-210 QPC § 3. ♦ ... L'Autorité de Contrôle prudentiel et de résolution. • CE 15 oct. 2020, *Banque d'escompte,* n° 432873 B : *AJDA 2020. 2540, chron. Idoux, Nicinski et Glasser* ; *ibid. 2021. 448, note C. Faure*.

14. La sanction peut également être prononcée par la juridiction civile. • Cons. const. 13 janv. 2011, *Ét. Darty et Fils,* n° 2010-85 QPC. ♦ ... *Les juridictions financières.* • Cons. const. 7 mai 2020, n° 2020-838/839 QPC § 6.

b. Mise en œuvre

15. Incapacités attachées aux peines. Les principes énoncés au présent art. ne concernent pas seulement les peines prononcées par l'autorité judiciaire mais aussi les incapacités qui y sont attachées du fait de la loi. Ils sont également applicables lorsque le législateur fait découler de telles incapacités de décisions prises par une autorité administrative. • Cons. const. 20 juill. 1993, n° 93-321 DC § 12. ♦ ... Comme par ex. la sanction d'interdiction d'inscription sur les liste électorales visant à réprimer plus sévèrement certains faits lorsqu'ils sont commis par des personnes dépositaires de l'autorité publique. • Cons. const. 11 juin 2010, *M. Stéphane A. et a.,* n° 2010-6/7 QPC § 4. ♦ V. déjà. • Civ. 2e, 18 déc. 2003, n° 03-60.315 P • CE, sect., 1er juill. 2005, *Ousty,* n° 261002 : *Lebon 282, concl. Glaser* ; *AJDA 2005. 1824, chron. Landais et Lénica* ; *D. 2005. 2931, note Jobart* ; *RD publ. 2006. 17, note Camby.* ♦ ... L'interdiction de gérer une entreprise. • Cons. const. 29 sept. 2016, *Pierre M.,* n° 2016-570 QPC § 5 • Cons. const. 29 sept. 2016, *Makhdar Y.,* n° 2016-573 QPC § 10.

16. Cependant, les incapacités ne constituent des peines que si elles sont l'accessoire d'une peine, mais elles n'en sont pas si elles sont édictées seulement pour garantir la moralité d'une profession. • Crim. 26 nov. 1997, n° 96-83.792 P : *D. 1998. 495, note Rebut*.

17. Déchéance de nationalité. Elle constitue une peine ayant le caractère d'une punition. • Cons. const. 23 janv. 2015, *Ahmed S.,* n° 2014-439 QPC § 19. ♦ Nonobstant, le CE contrôle les décrets portant déchéance de nationalité par la voie du recours pour excès de pouvoir. • CE 8 juin 2016, n° 394348 : *Lebon ; AJDA 2016. 1758, concl. Domino* ; *D. 2016. 1310, obs. Pastor* ; *ibid. 2017. 261, obs. Boskovic, Corneloup, Jault-Seseke, Joubert et Parrot* ; *RFDA 2016. 1188, note Lepoutre* ; *Dr. adm. 2016. 61, note Éveillard.*

18. Sur-amendes. La majoration de 10 % des amendes pénales, des amendes douanières et de certaines amendes prononcées par des autorités administratives constitue une peine accessoire. • Cons. const. 7 août 2014, n° 2014-696 DC § 28. ♦ ... De même que la peine complémentaire de fermeture du débit de boissons. • Cons. const. 16 oct. 2015, *Abdullah N.,* n° 2015-493 QPC § 10.

19. Amendes ou pénalités fiscales. Présentent le caractère d'une sanction ayant le caractère d'une punition : une amende fiscale. • Cons. const. 30 déc. 1982, n° 82-155 DC § 33 • Cons. const. 30 déc. 1987, n° 87-237 DC § 15 et 16 • Cons. const. 29 déc. 1999, n° 99-424 DC § 53 • Cons. const. 29 déc. 2003, n° 2003-489 DC § 11 • Com. 30 juin 1998 : *RJF 1992, n° 603* • CE 27 juill. 2001, *SA « Meubles Georges »,* n° 211313 B : *DF 2001, n° 1156, concl. Goulard* • Cons. const. 20 juill. 2012, *Irène L.,* n° 2012-267 QPC (sol. impl.). ♦ ... Les amendes et majorations qui tendent à réprimer les agissements des personnes ayant contribué à l'obtention, par un tiers, d'un avantage fiscal indu. • Cons. const. 8 oct. 2014, *Sté SGI,* n° 2014-418 QPC § 6. ♦ ... Les amendes qui tendent à réprimer le comportement des personnes qui ont méconnu leurs obligations fiscales. • Cons. const. 4 mai 2012, *Ileana A.*, n° 2012-239 QPC § 5. ♦ … Ou les amendes qui sanctionnent la méconnaissance des obligations déclaratives relatives aux comptes bancaires ouverts, utilisés ou clos à l'étranger. • Cons. const. 17 sept. 2015, *Épx B.*, n° 2015-481 QPC § 5. ♦ … Les amendes qui répriment le défaut de production ou le caractère inexact ou incomplet de l'état de suivi des plus-values en sursis ou en report d'imposition. • Cons. const. 9 juin 2017, *Sté Edenred France*, n° 2017-636 QPC.

20. Ainsi, sont considérées comme des peines : les majorations fiscales pour déclaration insuffisante, inexacte ou incomplète. • Cons. const. 17 mars 2011, *Sté SERAS II*, n° 2010-103 QPC. ♦ … Les majorations fiscales pour absence de déclaration ou de la déclaration tardive. • Cons. const. 17 mars 2011, *César S. et a.*, n°s 2011-105/106 QPC. ♦ … Une majoration (jusqu'à 100 %) de la redevance ou contribution, dès lors qu'elle tend à sanctionner les personnes ayant éludé le paiement de cette redevance ou contribution. • Cons. const. 30 mars 2012, *Sté Unibail Rodamco*, n° 2012-225 QPC § 6 • Cons. const. 7 mars 2014, *Sté Labeyrie*, n° 2013-371 QPC § 4. ♦ Sur les majorations de droit et intérêts de retard ayant le caractère d'une réparation pécuniaire, V. note 33. ♦ Est également considérée comme une peine une majoration de 100 % dissuadant toute personne d'occuper sans autorisation le domaine public fluvial et réprimant les éventuels manquements à cette interdiction. • Cons. const. 27 sept. 2013, *Smaïn Q. et a.*, n° 2013-341 QPC § 5. ♦ … Une disposition privant le contribuable n'ayant pas déclaré ses impôts sur le revenu et disposant de déficits ou bénéficiant de réductions d'impôt de la possibilité de les utiliser ou de les faire valoir pour diminuer l'impôt rappelé et les pénalités correspondantes est une sanction ayant le caractère d'une punition, poursuivant l'objectif de valeur constitutionnelle de lutte contre la fraude et l'évasion fiscales. • Cons. const. 16 sept. 2016, *Lucas M.*, n° 2016-564 QPC § 5. ♦ … Une disposition privant le contribuable n'ayant pas déclaré ses impôts sur le revenu et disposant de déficits ou bénéficiant de réductions d'impôt de la possibilité de les utiliser ou de les faire valoir pour diminuer l'impôt rappelé et les pénalités correspondantes est une sanction ayant le caractère d'une punition, poursuivant l'objectif de valeur constitutionnelle de lutte contre la fraude et l'évasion fiscales. • Cons. const. 16 sept. 2016, *Lucas M.*, n° 2016-564 QPC § 5. ♦ … Une majoration de 5 % d'une contribution sanctionnant la méconnaissance à la délivrance de renseignements et documents nécessaires à l'établissement de ladite contribution. • Cons. const. 5 oct. 2018, *Cté CSF*, n° 2018-736 QPC § 6.

21. Contrainte pénale. Il ressort des termes mêmes de la loi déférée que la contrainte pénale constitue une peine correctionnelle encourue par l'auteur d'un délit puni d'une peine d'emprisonnement, peine constituée par l'obligation, pour le condamné, de se soumettre à des mesures de contrôle et d'assistance ainsi qu'à des obligations ou interdictions particulières pendant une durée fixée par la juridiction de jugement. • Cons. const. 7 août 2014, n° 2014-696 DC § 11.

22. Sanctions disciplinaires. Ce sont des sanctions ayant le caractère d'une punition. • Cons. const. 25 nov. 2011, *Michel G.*, n° 2011-199 QPC § 8 • Cons. const. 29 nov. 2019, *Carole L.*, n° 2019-815 QPC § 4. ♦ Sur la question des sanctions disciplinaires assimilées à des mesures d'ordre intérieur, V. notes ss. DDH, art. 16, la notion d'actes insusceptibles de recours. ♦ Sur le lien avec la dignité humaine des sanctions pénitentiaires, V. notes ss. Préamb Const. 1946, al. 1er.

V. pour d'autres décisions dans le même sens :.

23. Sanctions administratives. Il est loisible au législateur de charger une autorité administrative indépendante de veiller au respect des principes constitutionnels en matière de communication audiovisuelle et, sans qu'il soit porté atteinte au principe de la séparation des pouvoirs, de doter cette autorité indépendante de pouvoirs de sanction dans la limite nécessaire à l'accomplissement de sa mission. • Cons. const. 7 janv. 1989, n° 88-248 DC § 27. ♦ Aucun principe ou règle de valeur constitutionnelle ne fait obstacle à ce qu'une autorité administrative, agissant dans le cadre de prérogatives de puissance publique, puisse exercer un pouvoir de sanction, dès lors, d'une part, que la sanction susceptible d'être infligée est exclusive de toute privation de liberté et, d'autre part, que l'exercice de ce pouvoir de sanction est assorti par la loi de mesures destinées à assurer les droits et libertés constitutionnellement garantis. En particulier doivent être respectés les principes de la nécessité et de la légalité des peines, ainsi que les droits de la défense, principes applicables à toute sanction ayant le caractère d'une punition, même si le législateur a laissé le soin de la prononcer à une autorité de nature non juridictionnelle. • CE, QPC, 15 juin 2011, *Assoc. justice pour toutes les familles*, n° 347581 : *AJDA 2011. 1966, concl. Vialettes* .

24. Est encore une sanction administrative : le retrait de la carte de séjour temporaire ou de la carte de résident. • Cons. const. 22 avr. 1997, n° 97-389 DC § 30. ♦ … Une décision d'interdiction du territoire de plein droit. • Cons. const. 13 août 1993, n° 93-325 DC § 49. ♦ Comp. • Cons. const. 9 juin 2011, n° 2011-631 DC § 52. ♦ … L'insertion d'un communiqué dans les programmes en cas de manquement à ses obligations par un éditeur de services de radiodiffusion sonore ou de télévision. • Cons. const. 27 juill. 2000, n° 2000-433 DC § 52. ♦ ... La suspension des allocations familiales. • Cons. const. 30 mars 2006, n° 2006-535 DC § 36. ♦ ... La sanction financière qui peut être prononcée à l'encontre des professionnels de santé, des assurés, des employeurs ou des établissements de santé en cas d'inobservation des règles du code de la sécurité sociale ayant abouti à une demande de remboursement ou de prise en charge ou à un remboursement ou à une prise en charge indus. • Cons. const. 12 août 2004, n° 2004-504 DC § 24. ♦ ... La suspension des allocations familiales en cas d'absentéisme scolaire. • CE, QPC, 15 juin 2011, *Assoc. justice pour toutes les familles,* n° 347581 : *préc. note 23.* ♦ ... L'obligation de verser au Trésor public une amende égale au montant des dépenses rejetées mis à la charge des organismes prestataires d'activités de formation professionnelle continue méconnaissant leur obligations. • Cons. const. 21 sept. 2012, *Sté Egilia,* n° 2012-273 QPC § 9. ♦ ... L'exclusion temporaire ou définitive qui peut frapper les gens du voyage ne respectant pas les dispositions du règlement d'une aire d'accueil. • CAA Nancy, 13 juin 2019, n° 17NC03055 : *AJDA 2019. 2063, chron. Favret.*

25. Il en va de même de la contribution spéciale mise à la charge de l'employeur qui a fait travailler un étranger non muni d'un titre l'autorisant à exercer une activité salariée en France. • CE, QPC, 4 mai 2011, *Sté Isa Paris,* n° 346550 : *AJDA 2011. 1454.* ♦ ... La pénalité sanctionnant les entreprises ou groupes employant au moins cinquante salariés méconnaissant l'obligation de conclure un accord d'entreprise ou de groupe ou, à défaut, d'élaborer un plan d'action relatif à l'emploi des salariés âgés. • Cons. const. 4 mai 2018, *Sté People et Baby,* n° 2018-703 QPC § 10.

26. Il en va de même encore : de la perte d'une indemnité qui constitue un droit en principe automatique sauf en cas d'infraction à certains règlements. • Cons. const. 20 juill. 2012, *Georges R.,* n° 2012-266 QPC § 5. ♦ ... Du rejet des dépenses exposées au titre de la formation professionnelle entraînant le non-remboursement de celles-ci. • Cons. const. 21 sept. 2012, *Sté Egilia,* n° 2012-273 QPC § 9. ♦ ... Des amendes sanctionnant l'atteinte portée au domaine public maritime naturel par des constructions irrégulières (contravention de grande voirie). • CE, QPC, 30 mai 2012, *B.,* n° 357694 : *AJDA 2012. 2318, note Traoré.* ♦ ... De l'annulation des réductions ou exonérations des cotisations ou contributions sociales dont le donneur d'ordre a bénéficié au titre des rémunérations versées à ses salariés, dans le cas où le donneur d'ordre n'a pas rempli l'une de ces obligations et que son cocontractant a, au cours de la même période, exercé un travail dissimulé. • Cons. const. 5 juill. 2019, *Sté Autolille,* n° 2019-796 QPC § 5.

27. Amendes civiles. Est une sanction l'amende civile susceptible d'être prononcée par le tribunal de commerce à la demande du ministre chargé de l'économie ou du procureur de la République qui a pour but, non de réparer un préjudice, mais de réprimer des pratiques interdites par le législateur. • Cons. const. 13 janv. 2011, *Ét. Darty et Fils,* n° 2010-85 QPC. ♦ V. pour la sanction d'une obligation de vigilance propre à identifier les risques et à prévenir les atteintes graves envers les droits humains et les libertés fondamentales, la santé et la sécurité des personnes ainsi que l'environnement résultant des activités de la société auteure du plan, des sociétés qu'elle contrôle, ainsi que des sous-traitants et fournisseurs avec lesquels ces sociétés entretiennent une relation commerciale établie. • Cons. const. 23 mars 2017, n° 2017-750 DC § 8.

28. Sanctions électorales et civiques. L'inéligibilité prononcée dans le cadre de l'art. L. 118-3 C. élect. est une sanction ayant le caractère d'une punition. • CE, ass., 4 juill. 2011, *Élections régionales d'Île-de-France,* n° 338033 : *Lebon 317 ; RFDA 2011. 723, note Türk.* ♦ Il en va de même de l'interdiction d'inscription sur les listes électorales. • Cons. const. 27 janv. 2012, *Éric M.,* n° 2011-211 QPC.

29. Autres sanctions. La perte de grade constitue une peine pour un militaire : • CE 17 janv. 1996, *Hontebeyrie,* n° 135367 B • CE 21 avr. 2000, *Guérin,* n° 197388 B • CE 30 juill. 2003, *Robert,* n° 230765 B • Cons. const. 3 févr. 2012, *Cédric S.,* n° 2011-218 QPC § 6. ♦ Constitue également une peine la publication des jugements de condamnation. • Cons. const. 29 sept. 2010, *Sté Cdiscount et a.,* n° 2010-41 QPC § 4 et 5 • Cons. const. 10 déc. 2010, *Alain D. et a.,* n° 2010-72/75/82 QPC § 4 • CE 19 juin 2017, *Sté Optical Center,* n° 396050 : *préc. note 13.* ♦ V. déjà. • CE 17 nov. 2006, *Sté CNP assurances,* n° 276926 : *Lebon ; JCP 2007. 10011, note Israel.* ♦ Rappr. • Cons. const. 27 juill. 2000, n° 2000-433 DC § 52.

2° PEINES OU SANCTIONS N'AYANT PAS LE CARACTÈRE D'UNE PUNITION

30. Sécurité sociale. N'ont pas le caractère de punition : des majorations de cotisations visant à dissuader l'employeur de procéder à des licenciements entraînant des dépenses accrues pour le régime d'assurance chômage et dont l'employeur peut être exonéré en concluant avec l'État une convention d'emploi et en en proposant le bénéfice au salarié concerné.

• Cons. const. 29 juill. 1992, n° 92-311 DC § 5 et 6. ♦ … Des tarifs et honoraires des professions de santé. • Cons. const. 21 déc. 1999, n° 99-422 DC § 48.

31. Retenues sur traitement. Dès lors que l'administration n'a pas à prendre en compte le comportement de l'agent mais uniquement le service fait, la retenue sur traitement demeure une mesure de portée comptable et ne constitue pas une peine. • Cons. const. 20 juill. 1977, n° 77-83 DC § 3.

32. Expulsion d'étrangers pour raisons tenant à l'ordre public. Les décisions d'expulsion qui constituent des mesures de police n'entrent dans le champ d'application du présent art. • Cons. const. 13 août 1993, n° 93-325 DC § 57. ♦ L'expulsion d'un étranger n'a pas le caractère d'une sanction mais d'une mesure de police exclusivement destinée à protéger l'ordre et la sécurité publics. • CE 20 janv. 1988, *Elfenzi : Lebon 17* • Crim. 1er févr. 1995 : *JCP 1995. 22463.* ♦ Il en va de même du retrait de la carte de séjour pour des motifs d'ordre public. • Cons. const. 13 mars 2003, n° 2003-467 DC § 85.

33. Majorations de droit et intérêts de retard ayant le caractère d'une réparation pécuniaire. La décision de déclaration d'irresponsabilité pénale pour cause de trouble mental ne revêt pas le caractère d'une sanction. • Cons. const. 21 févr. 2008, n° 2008-562 DC § 31. ♦ Les intérêts de retard dus de plein droit sur la base de l'imposition à laquelle ils s'appliquent, dès lors que l'insuffisance des chiffres déclarés excède le dixième de la base d'imposition, n'impliquent ainsi aucune appréciation par l'administration fiscale du comportement du contribuable et n'ont, dès lors, pas le caractère d'une sanction. • CE, ass., 9 nov. 1988, *Grisoni : Lebon 403 ; DF 1989. 916, concl. Martin-Laprade.* ♦ Les majorations et intérêts de retard ayant pour seul objet de réparer le préjudice subi par l'État du fait du paiement tardif de l'impôt ne revêtent aucun caractère punitif. • Cons. const. 30 déc. 1982, n° 82-155 DC § 34 • Cons. const. 29 déc. 1989, n° 89-268 DC § 71 • Cons. const. 29 avr. 2011, *Catherine B.,* n° 2011-124 QPC § 3 • Cons. const. 4 mai 2012, *Ileana A.,* n° 2012-239 QPC § 4. ♦ L'occupation sans droit ni titre d'une dépendance du domaine public constitue une faute commise par l'occupant irrégulier et celui-ci doit réparer le dommage ainsi causé au gestionnaire du domaine par le versement d'une indemnité, calculée par référence, en l'absence de tarif *applicable, au revenu,* tenant compte des avantages de toute nature, qu'aurait pu produire l'occupation régulière de la dépendance en cause. • CE 11 févr. 2013, *Voies navigables de France,* n° 347475 § 3 : *AJDA 2013. 1198.*

34. Mesures fiscales. Constituent des mesures fiscales et non des sanctions ayant le caractère d'une punition : la reprise d'impôt dont l'exonération est subordonnée à une condition qui n'est pas remplie, quelles que soient les raisons du non-respect de cette condition. • Cons. const. 29 déc. 1984, n° 84-184 DC § 28 à 30. ♦ … La majoration du montant de la contribution due par l'employeur au profit du régime de l'assurance chômage en cas de licenciement d'un salarié âgé. • Cons. const. 29 juill. 1992, n° 92-311 DC § 6 et 7. ♦ … L'assujettissement à la taxe générale sur les activités polluantes en cas de non-acquittement de la contribution « facultative » en nature ou financière à la lutte contre la pollution. • Cons. const. 29 déc. 2003, n° 2003-488 DC § 6 s. ♦ … Le prélèvement sur les ressources financières des offices d'HLM dont les investissements annuels au cours des deux derniers exercices ont été inférieurs à une fraction de leur potentiel financier annuel moyen. • Cons. const. 18 mars 2009, n° 2009-578 DC § 4. ♦ … Le mécanisme permettant d'imposer, dans des cas limitativement énumérés, les rémunérations versées à l'étranger pour des prestations pourtant réalisées en France par des personnes qui y sont domiciliées ou établies. • Cons. const. 26 nov. 2010, *Pierre-Yves M.,* n° 2010-70 QPC § 5. ♦ … La cotisation de 2 % des rémunérations versées par les employeurs qui n'ont pas procédé ou insuffisamment procédé aux investissements prévus dans le cadre du « 1% logement » (Action logement). • Cons. const. 13 janv. 2011, *SNC Eiffage Construction Val de Seine,* n° 2010-84 QPC § 4. ♦ V. déjà. • Com, 7 juill. 1998, n° 96-12.014 P • CAA Douai, 26 juill. 2001, *SA Facon,* n° 98DA01709 • CE 15 juill. 2004, *Sté Alitalia,* n° 249846. ♦ Rappr. au titre de mesure incitative n'ayant pas le caractère d'une sanction, la « pénalité » imposée aux partis politiques en matière d'égal accès des hommes et des femmes aux mandats et fonctions électifs, pour les scrutins uninominaux. • Cons. const. 30 mai 2000, n° 2000-429 DC § 13. ♦ … La majoration de 10 % pour retard de paiement de l'impôt. • Cons. const. 29 avr. 2011, *Catherine B.,* n° 2011-124 QPC § 3. ♦ … La taxe forfaitaire de 3 % sur la valeur vénale des immeubles possédés en France par des personnes morales dont le siège n'est pas situé en France ou dans un État ou territoire ayant conclu avec la France une des conventions visant à lutter contre la fraude et l'évasion fiscales. • Cons. const. 16 sept. 2011, *Sté Heatherbrae Ltd,* n° 2011-165 QPC § 5. ♦ … La mise en place d'un examen contradictoire de la situation fiscale des personnes physiques qu'elles aient ou non leur domicile en France. • Cons. const. 23 sept. 2011, *Yannick N.,* n° 2011-166 QPC § 5. ♦ … La majoration de la redevance pour création de locaux à usage de bureaux dans la région Île-de-France qui a pour objet la compensation du préjudice subi par l'État du fait du paiement tardif de la redevance. • Cons. const. 30 mars 2012, *Sté Unibail Rodamco,* n° 2012-225 QPC § 6. ♦ ... La solidarité instituée entre donneur d'ordres et entreprises usant du travail dissimulé quant aux paiements des taxes, impôts, cotisations, pénalités et majorations. • Cons. const. 31 juill. 2015, *Sté Gecop,* n° 2015-479 QPC § 8. ♦ ... V. déjà. • Civ. 2e, 8 févr. 2012, n° 11-40.094 : *Dr. soc. 2013. 142, chron. Salomon et Martinel*. ♦ ... Des mesures visant à éviter la fraude et l'évasion fiscales. • Cons. const. 26 juin 2015, *Épx P.,* n° 2015-473 QPC § 9. ♦ ... Des dispositions relatives à l'établissement de l'impôt. • Cons. const. 25 nov. 2016, *Sté Eurofrance,* n° 2016-598 QPC § 9.

35. Il en va de même de dispositions qui font bénéficier les contribuables de nouvelles voies de recours. • Cons. const. 30 juill. 2010, *Épx P. et a.,* n° 2010-19/27 QPC § 15. ♦ ... Qui organisent la solidarité entre dirigeants pour le paiement d'une amende fiscale infligée à la société. • Cons. const. 21 janv. 2011, *Jean-Claude C.,* n° 2010-90 QPC § 6.

36. Mesures de police administrative. Sont des mesures de police administrative : une disposition qui prescrit d'abroger une autorisation en cas de non-respect des conditions mises à son octroi. • Cons. const. 27 nov. 2001, n° 2001-451 DC § 41. ♦ ... Le retrait d'une autorisation de stationnement de taxi fondée sur l'absence d'exploitation effective et continue de celle-ci. • CE 17 nov. 2010, *Cne de Seillons-Source-d'Argens,* n° 329929 : *AJDA 2010. 2238*. ♦ Rappr. • CE 26 nov. 2010, *Ecale,* n° 330588 : *AJDA 2011. 292*. ♦ ... Une interdiction du territoire que l'administration a la faculté de décider sous le contrôle du juge administratif. • Cons. const. 9 juin 2011, n° 2011-631 DC § 52. ♦ Comp. • Cons. const. 13 août 1993, n° 93-325 DC § 49. ♦ La fermeture d'un débit de boissons, ordonnée en cas de commission d'un crime ou d'un délit en relation avec l'exploitation de ce débit, a pour objet de prévenir la continuation ou le retour de désordres liés au fonctionnement de l'établissement, indépendamment de toute responsabilité de l'exploitant ; une telle mesure doit être regardée, en conséquence, non comme *une sanction* présentant le caractère d'une punition, mais comme une mesure de police. • CE 10 oct. 2012, *SARL Le Madison,* n° 345903 : *AJDA 2012. 1930* ; *JCP Adm. 2013. 2066, note Pontier.* ♦ ... Les enquêtes administratives rendues possibles, pour des raisons de sécurité, par l'art. L. 114-2 CSI. • CE, QPC, 16 févr. 2018, n° 412161 • CE 1er juin 2018, n° 412161 B § 6 : *AJDA 2018. 1127*. ♦ ... La décision de refus d'entrée d'un étranger, celle de son maintien en zone d'attente et celles relatives à l'organisation de son départ. • Cons. const. 6 déc. 2019, *Saisda C.,* n° 2019-818 QPC § 12.

37. Mesures conservatoires. En permettant, dans certains cas, au ministre de prononcer la suspension du conseil d'administration d'un organisme agréé pour la collecte de la participation des employeurs à l'effort de construction et d'en habilitant ce ministre à charger l'Agence nationale pour la participation des employeurs à l'effort de construction de prendre les mesures conservatoires qui s'imposent, les dispositions contestées ont pour objet de permettre qu'il soit mis fin, dans le cadre d'un pouvoir de substitution, aux manquements, par un tel organisme, à ses obligations légales ou réglementaires ; elles n'ont pas de finalité répressive. • Cons. const. 12 juill. 2013, *Agnès B.,* n° 2013-332 QPC § 6.

38. Mise en demeure. Les pouvoirs de sanction dévolus au CSA n'étant susceptibles de s'exercer qu'après mise en demeure des titulaires d'autorisation, celle-ci ne peut être regardée, dans ces conditions, comme l'ouverture de la procédure de sanction prévue par ailleurs mais comme son préalable et, dès lors, ne constitue pas une sanction ayant le caractère d'une punition. • Cons. const. 13 déc. 2013, *Sté Sud-Radio Services et a.,* n° 2013-359 QPC § 6. ♦ V. déjà : • CE, ass., 11 mars 1994, *SA « La Cinq »,* n° 115052 : *Lebon 117 ; RFDA 1994. 429, concl. Frydman* ; *AJDA 1994. 370, chron. Maugüé et Touvet*. ♦ Comp., dès lors que la mise en demeure est la mesure par laquelle s'ouvre la procédure de sanction, • Cons. const. 5 juill. 2013, *Sté Numéricâble SAS et a.,* n° 2013-331 QPC § 11. ♦ Les avertissements ou mises en demeure que peut prononcer le président de la CNIL ne sont pas des sanctions ayant le caractère de punition. • Cons. const. 12 juin 2018, n° 2018-765 DC § 34.

39. Conditions d'accès à une profession ou d'exercice. L'incapacité attachée à certaines condamnations, édictée par le texte régissant les conditions d'accès à une profession, ne constitue pas une peine complémentaire mais une mesure de sûreté d'ordre professionnel. • Crim. 26 nov. 1997, n° 96-83.792 P. ♦ ... Ou encore une mesure de police et de sécurité publique. • Crim. 23 janv. 2001, n° 00-83. 268. ♦ Il en va de même de la déchéance de plein droit des juges consulaires à l'encontre desquels ont été prononcées certaines condamnations. • Cons. const. 1er avr. 2011, *Didier P.,* n° 2011-114 QPC. ♦ Rappr. s'agissant de la condition de bonne moralité. • Cons. const. 5 oct. 2012, *Élisabeth B.,* n° 2012-278 QPC. ♦ ... De l'inéligibilité définitive aux chambres, organismes et conseils d'une profession en cas de prononcé d'une peine définitive ou temporaire d'exercer cette profession. • Cons. const. 27 janv. 2012, *Éric M.,* n° 2011-211 QPC § 4. ♦ ... Des incapacités d'exploiter un débit de boissons qui peuvent frapper une personne pénalement condamnée. • Cons. const. 20 mai 2011, *lon C.*, n° 2011-132 QPC § 6 • Crim. 23 janv. 2001, n° 00-83.268. ♦ Comp., pour un mandat électif qui ne peut être assimilé à une interdiction professionnelle, • Cons. const. 11 juin 2010, *Stéphane A. et a.*, n° 2010-6/7 QPC. ♦ Il en va de même du licenciement qui frappe les assistants maternels du fait de la perte de l'agrément si les conditions d'accueil des mineurs et majeurs de moins de 21 ans ne garantissent plus leur sécurité, leur santé et leur épanouissement. • Cons. const. 1er avr. 2011, *Mme Denise R. et a.*, n° 2011-119 QPC. ♦ ... Des dispositions édictant une incapacité de diriger un établissement scolaire du premier ou du second degré ou d'y être employé dès lors qu'elles sont dépourvues de caractère répressif et ont pour objet d'assurer que les professionnels appelés à ces fonctions présentent les garanties de moralité indispensables. • CE 4 avr. 2012, n° 356637 : *AJDA 2012. 736* ; *AJFP 2012. 257, concl. Keller , note Fontier* . ♦ Rappr. s'agissant des dispositions définissant les conditions du travail de nuit. • Cons. const. 4 avr. 2014, *Sté Séphora*, n° 2014-373 QPC § 18. ♦ Rappr. s'agissant de dispositions édictées pour assurer l'intégrité et la moralité des candidats à l'accès aux marchés publics. • TA Lyon, ord., 28 nov. 2014, n° 1408567 : *JCP Adm. 2015. 2099, note Midol-Monnet.* ♦ ... Des dispositions interdisant à des personnes qui ont fait l'objet d'interdictions d'exercice professionnel du fait de certaines condamnations limitativement énumérées d'être membre du conseil d'administration ou d'exercer une fonction de direction dans un organisme HLM. Ces dispositions ont pour objet d'assurer, à titre préventif, que les personnes désignées présentent les garanties d'intégrité et de moralité indispensables à l'exercice des fonctions d'administration, de gestion et de direction de ces organismes. • CE, QPC, 7 oct. 2016, n° 401556 : *AJDA 2016. 1897* . ♦ ... La décision d'exclure le requérant de l'École de guerre, prise dans l'intérêt du service (...) afin de prévenir l'accès à des fonctions de responsabilité supérieure d'un officier ne présentant manifestement pas les aptitudes comportementales requises, ne revêt pas le caractère d'une sanction disciplinaire. • CE 22 nov. 2019, n° 425849 : *AJDA 2019. 2412* .

40. Obligations ou interdictions s'analysant comme des mesures de police préventive. Ne constituent pas une sanction : la rétention judiciaire. • Cons. const. 13 août 1993, n° 93-325 DC § 114 • Cons. const. 22 avr. 1997, n° 97-389 DC § 67. ♦ ... L'inscription dans un fichier d'auteurs d'infractions. • Cons. const. 2 mars 2004, n° 2004-492 DC § 89 s. ♦ Sur les fichiers, V. également notes ss. DDH, art. 2 et 9. ♦ ... La surveillance ou la rétention de sûreté décidées en fonction de la dangerosité du condamné et appliquées après l'exécution de la peine. • Cons. const. 21 févr. 2008, n° 2008-562 DC § 9. ♦ ... Le pouvoir de suspension d'un service de radio ou de télévision ayant fait l'objet d'une convention conclue avec une personne morale contrôlée par un État étranger ou placée sous l'influence de cet État en cas de diffusion « de façon délibérée, de fausses informations de nature à altérer la sincérité du scrutin ». • Cons. const. 20 déc. 2018, n° 2018-773 DC § 55.

41. Astreintes. L'astreinte a pour finalité de contraindre la personne qui s'y refuse à exécuter les obligations auxquelles l'arrêté de réquisition la soumet et ne saurait être regardée comme une peine ou une sanction au sens du présent art. • Cons. const. 13 mars 2003, n° 2003-467 DC § 5 • CE 6 mai 2015, n° 377487 : *AJDA 2015. 960* ; *JCP Adm. 2015. 445.* ♦ Il en va de même de l'astreinte qui a pour seul objet d'assurer la bonne exécution des décisions des juridictions. • Cons. const. 1er juill. 2016, *Sté Famille Michaud Apiculteurs SA*, n° 2016-548 QPC § 4.

42. Sanctions électorales ou assimilées. Ne contient pas de sanction présentant le caractère d'une punition une disposition qui prévoit que le remboursement forfaitaire partiel des dépenses électorales n'est versé ni aux candidats qui n'ont pas respecté les règles de financement des campagnes électorales ni à ceux qui ont obtenu moins de 5 % des suffrages exprimés au premier tour de scrutin. • Cons. const. 8 avr. 2011, *Jean-Paul Huchon*, n° 2011-117 QPC § 10. ♦ V. déjà • Cons. const. 29 mai 2008, *Observations sur les élections législatives des 10 et 17 juin 2007 : JO 4 juin 2008, p. 9205.* ♦ De même, le Conseil constitutionnel avait expressément déclaré conforme à la Constitution un mécanisme de remboursement dont ne pouvait bénéficier le candidat qui n'aurait pas respecté l'obligation de dépôt d'un compte. • Cons. const. 10 mars 1988, n° 88-242 DC § 4. ♦ Ce type de sanction n'est pas non plus une sanction pénale au sens de la Conv. EDH. • CEDH 21 oct. 1997, *Pierre-Bloch c/ France*, nos 120/1996/732/938 § 56 et 57. ♦ Le mécanisme prévoyant une démission ou une cessation de plein droit s'applique obligatoirement au mandat ou à la fonction détenue antérieurement dans le cas où un élu se trouve dans une situation d'incompatibilité. • Cons. const. 13 févr. 2014, n° 2014-688 DC § 12.

43. Modalités d'exécution des peines. Les décisions relatives aux modalités d'exécution des peines sont par nature distinctes de celles par lesquelles celles-ci sont prononcées ; par suite, l'application de ceux des principes fondamentaux reconnus par les lois de la République qui régissent les condamnations ne s'impose pas en ce qui concerne les décisions relatives aux modalités d'exécution des peines. • Cons. const. 22 nov. 1978, n° 78-98 DC § 5.

♦ Rappr. s'agissant de la période de sûreté « bien que relative à l'exécution de la peine ». • Cons. const. 3 sept. 1986, n° 86-215 DC § 3. ♦ Les principes fondamentaux tirés du présent art., qui régissent les condamnations pénales, ne s'imposent pas aux modalités d'exécution des peines privatives ou restrictives de liberté, qui ne constituent pas des mesures ayant le caractère d'une punition. • CE 13 févr. 2013, *Synd. magistrature*, n° 356852 B § 14 : *AJDA 2013. 1200*. ♦ Ainsi en est-il de la décision de refuser, de suspendre ou de retirer un permis de visite. • CE 11 févr. 2013, *Théron*, n° 364081 B § 5 : *JCP Adm. 2013. 209.*

44. Divers. Ne constituent pas non plus une sanction : ... la modulation de l'aide publique allouée aux partis et aux groupements politiques destinée à les inciter à mettre en œuvre le principe d'égal accès des femmes et des hommes aux mandats électoraux. • Cons. const. 30 mai 2000, n° 2000-429 DC § 12 ♦ ... L'obligation imposée à l'abonné de s'acquitter du prix de l'abonnement, à défaut de résiliation, en cas de suspension de son accès à internet à la suite d'une violation de la loi « Hadopi 2 » qui trouve son fondement dans le fait que l'inexécution du contrat est imputable à l'abonné. • Cons. const. 22 oct. 2009, n° 2009-590 DC § 22. ♦ ... L'indemnité forfaitaire égale à 6 mois de salaire destinée à compenser la difficulté, pour un salarié licencié dont le travail a été dissimulé, de prouver le nombre d'heures de travail accompli et à assurer une réparation minimale du préjudice subi par ce salarié du fait de la dissimulation du travail. • Cons. const. 25 mars 2011, *Mme Selamet B.*, n° 2011-111 QPC § 4. ♦ ... L'injonction prononcée par le juge des comptes à l'égard d'une personne constituée gestionnaire de fait d'avoir à produire son compte et la décision par laquelle ce juge fixe ensuite la ligne de compte de cette gestion de fait et met le comptable en débet. • CE 18 juill. 2011, n° 349168 : *Gestion et fin. publ. juill. 2012, note Damarey, Lascombe et Vandendriessche.* ♦ ... La suspension temporaire des droits de vote frappant l'actionnaire n'ayant pas déclaré un franchissement de seuil à la hausse dans le délai prévu, constatée par *le bureau* de l'assemblée générale de la société intéressée, a des effets limités aux rapports entre les actionnaires et la société et consiste à priver de certains de ses effets, pendant une durée limitée, une augmentation non déclarée de la participation d'un actionnaire, pour permettre à la société, pendant ce délai, de tirer les conséquences de cette situation. • Cons. const. 28 févr. 2014, *Sté Madag*, n° 2013-369 QPC § 7. ♦ ... Le retrait d'un crédit de réduction de peine en cas de mauvaise conduite du condamné. • Cons. const. 11 juill. 2014, *Dominique S.*, n° 2014-408 QPC § 7. ♦ Cependant, le Conseil d'État estime que l'art. 6 Conv. EDH est applicable au crédit de réduction de peine, obligeant au respect des règles du procès équitable. • CE 24 oct. 2014, n° 368580 B : *AJDA 2015. 1374, note Falxa ; ibid. 2014. 2092 ; D. 2014. 2176 ; AJ pénal 2015. 39, note Céré*. ♦ L'ouverture d'une procédure de redressement ou de liquidation judiciaire à l'égard du dirigeant de droit ou de fait d'une personne morale placée en redressement ou en liquidation judiciaire instituent un mécanisme ayant pour objet de faire contribuer le dirigeant personne physique au comblement du passif de la personne morale. • Cons. const. 7 oct. 2015, *Patoarli R.*, n° 2015-487 QPC § 7. ♦ Rappr. • Cons. const. 26 sept. 2014, *François F.*, n° 2014-415 QPC. ♦ ... Le fait, dans le but de garantir la sécurité des manifestations sportives à but lucratif, d'en refuser l'accès à une personne ayant manqué à ses obligations contractuelles relatives à la sécurité. • Cons. const. 16 juin 2017, *Assoc. nat. supporters*, n° 2017-637 QPC § 7. ♦ ... Le forfait post-stationnement. • CE 30 sept. 2020, n° 438253 B : *AJDA 2020. 1878 ; JCP Adm. 2020. 555.* ♦ ... L'amende, la confiscation de l'objet constituant l'obstacle et le remboursement des frais d'enlèvement d'office par l'autorité administrative compétente de l'obstacle entravant le domaine public fluvial dès lors qu'ils constituent des mesures prises dans le cadre de l'action domaniale, qui vise à assurer le maintien du domaine public dans un état permettant qu'il en soit fait un usage conforme à sa destination. • CE, QPC, 12 mars 2021, n° 448007 B : *AJDA 2021. 592 ; JCP Adm. 2021. 186.*

45. Ne sont pas des sanctions : des dispositions qui se bornent à imposer à l'officier de police judiciaire de dresser procès-verbal des conditions de déroulement de la garde à vue ne méconnaissent aucun droit ou liberté que la Constitution garantit. • Cons. const. 6 août 2010, *Miloud K. et a.*, n° 2010-30/34/35/47/48/49/50 QPC. ♦ ... Des dispositions qui organisent la solidarité entre débiteurs, dès lors que l'un d'eux dispose d'une action récursoire contre le débiteur principal et, le cas échéant, contre les codébiteurs solidaires. • Cons. const. 21 janv. 2011, *Jean-Claude C.*, n° 2010-90 QPC § 6. ♦ ... Des dispositions qui interdisent à la personne ayant fait l'objet de la procédure de « dessaisissement » ou de saisie d'acquérir ou de détenir des armes soumises au régime de l'autorisation ou de la déclaration. • Cons. const. 17 janv. 2012, *Jean-Claude G.*, n° 2011-209 QPC § 7. ♦ ... Des dispositions qui tendent à assurer, au moyen de l'action domaniale qu'elles instituent, la remise du domaine public maritime naturel dans un état conforme à son affectation publique en permettant aux autorités chargées de sa protection d'ordonner au propriétaire d'un bien irrégulièrement construit, qu'il l'ait ou non édifié lui-même, sa démolition, ou de confisquer des matériaux (contravention de grande voirie). • CE, QPC, 30 mai 2012, *Denis,* n° 357694 : *Lebon 748 ; AJDA 2012. 1084 ; ibid. 2318, note Traoré* • CE, QPC, 7 mars 2012, *Tomaselli,* n° 355009 : *Lebon 748 ; AJDA 2013. 236, note Foulquier .* ♦ ... Qui tendent à réparer le préjudice résultant pour le locataire du défaut ou du retard de restitution du dépôt de garantie et à favoriser ainsi un règlement rapide des nombreux contentieux qui en découlent. • Cons. const. 22 févr. 2019, *Sylviane D.,* n° 2018-766 QPC § 6 et 8. ♦ ... Qui conditionnent une exonération de cotisations sociales des actions attribuées gratuitement et prévoient que l'employeur, qui n'a pas satisfait à cette condition, est tenu au paiement de la totalité des cotisations sociales, y compris pour leur part salariale. • Cons. const. 22 févr. 2019, *Sté Oddo BHF,* n° 2018-767 QPC § 8.

46. Il en va de même des « recommandations » de la HADOPI. • CE 19 oct. 2011, *French Data Network,* n° 342405 A : *AJDA 2011. 2038*.

47. N'est pas non plus une sanction une indemnité, versée au salarié, qui se substitue, soit à la poursuite de son contrat de travail, soit à sa réintégration et constitue ainsi une réparation par équivalent lorsqu'une réparation en nature n'est pas possible ou qu'elle n'est pas demandée par le salarié ; cette indemnité, qui vise à assurer une réparation minimale du préjudice subi par le salarié du fait de la nullité de son licenciement économique. • Cons. const. 7 sept. 2018, *Sté Tel and Com,* n° 2018-729 QPC § 17.

48. Les dispositions du 1er al. de l'art. 60-XI de la L. du 23 févr. 1963 prévoyant l'obligation pour toute personne qui, sans avoir la qualité de comptable public ou sans agir sous contrôle et pour le compte d'un comptable public, s'ingère dans le recouvrement de recettes affectées ou destinées à un organisme public doté d'un poste comptable ou dépendant d'un tel poste doit, nonobstant les poursuites qui pourraient être engagées devant les juridictions répressives, d'avoir à rendre compte au juge financier de l'emploi des fonds ou valeurs qu'elle a irrégulièrement détenus ou maniés. • CE 8 oct. 2012, n° 360838 B : *AJDA 2012. 1927* .

49. Sur l'absence de caractère répressif de la transaction pénale, V. notes ss. DDH, art. 16. ♦ Ce caractère non répressif est confirmé très implicitement par • Cons. const. 12 févr. 2004, n° 2004-490 DC § 40 à 62 • Cons. const. 29 mars 2011, n° 2011-626 DC § 17. ♦ Dès lors qu'une procédure de transaction suppose l'accord libre et non équivoque, avec l'assistance éventuelle de son avocat, de l'auteur des faits, que la transaction homologuée ne présente, en elle-même, aucun caractère exécutoire et n'entraîne aucune privation ou restriction des droits de l'intéressé et qu'elle est exécutée volontairement par ce dernier, les mesures fixées dans la transaction ne revêtent pas le caractère de sanctions ayant le caractère d'une punition. • Cons. const. 26 sept. 2014, *Assoc. France Nature Environnement,* n° 2014-416 QPC § 8.

50. La « mesure de sûreté » applicable aux auteurs d'infractions terroristes à l'issue de leur peine qui vise à soumettre des auteurs d'infractions terroristes, dès leur sortie de détention, à des obligations et interdictions, bien que prononcée en considération d'une condamnation pénale et succédant à l'accomplissement de la peine, n'est pas décidée lors de la condamnation par la juridiction de jugement mais à l'expiration de la peine, par la juridiction régionale de la rétention de sûreté. Elle repose non sur la culpabilité de la personne condamnée, mais sur sa particulière dangerosité appréciée par la juridiction régionale à la date de sa décision et a pour but d'empêcher et de prévenir la récidive. Ainsi, cette mesure n'est ni une peine, ni une sanction ayant le caractère d'une punition. • Cons. const. 7 août 2020, n° 2020-805 DC *§ 9.* ♦ V. cependant notes ss. DDH, art. 9.

II. LÉGALITÉ DES DÉLITS ET DES PEINES

51. Principe. Le principe de légalité des délits et des peines découle des art. 7 et 8 DDH. • Cons. const. 22 janv. 1999, n° 98-408 DC § 22. ♦ Le principe de la légalité des règles de la procédure pénale découle de l'art. 7 DDH et de l'art. 34 Const. 58. • Cons. const. 19 janv. 1981, n° 80-127 DC § 31.

52. Compétence. Si l'art. 34 Const. 58 réserve au législateur le soin de fixer « les règles concernant la détermination des crimes et délits ainsi que les peines qui leur sont applicables », la détermination des contraventions et des peines dont celles-ci sont assorties est de la compétence réglementaire. • Cons. const. 19 févr. 1963, n° 63-22 L : *D. 1964. 92 note Hamon.* ♦ Si le présent art. pose le principe « nul ne peut être puni qu'en vertu d'une loi », il résulte de l'ensemble de la Const. et, notamment, des termes de l'art. 34 que sont exclu du domaine de la loi la détermination des contraventions et des peines dont elles sont assorties et ont, par conséquent, entendu spécialement déroger sur ce point au principe général énoncé par le présent art. • CE, sect., 12 févr. 1960, *Sté Eky : Lebon 101 ; D. 1960. 264, note L'Huillier ; S. 1960. 131, concl. Kahn ; JCP 1960. 11629 bis,* note Vedel.

53. Cependant, les peines pouvant assortir les contraventions ne peuvent être privatives de liberté. • Cons. const. 28 nov. 1973, n° 73-80 L § 11, *Mesures privatives de liberté : RJC II-57 ; D. 1974.83, note Hamon ; AJDA 1974. 229, note Rivero ; RD publ. 1974. 889, note de Soto.*

♦ Sur la répartition des compétences entre la loi et le règlement, V. notes 210 s. ss. Const. 58, art. 34.

54. Le respect du principe de légalité est également vérifié lors du contrôle préalable à la ratification des traités internationaux. Ainsi, le Cons. const. constate que, s'agissant de la Cour pénale internationale, une personne qui a été condamnée par la Cour ne peut être punie que conformément aux dispositions du statut. • Cons. const. 22 janv. 1999, n° 98-408 DC § 22 et 26.

55. Sanctions pénales. La nécessité des peines attachées aux infractions relève du pouvoir d'appréciation du législateur. • Cons. const. 25 nov. 2011, *Michel G.*, n° 2011-199 QPC § 8.

56. Les juges ne pouvaient prononcer cette interdiction qui n'est pas prévue par les textes réprimant la détention de denrées corrompues ou toxiques. • Crim 25 sept. 1995, n° 95-81.379 P. ♦ En prononçant une peine complémentaire non prévue par les textes réprimant le délit reproché la cour d'appel a méconnu le principe contenu au présent art. • Crim. 12 janv. 2000, n° 99-80.534 P.

57. Sanctions autres que pénales. Le principe de légalité des délits et des peines s'applique aux sanctions administratives au même titre qu'aux sanctions pénales et implique que les éléments constitutifs des infractions soient définis de façon précise et complète. • CE 9 oct. 1996, *Sté Prigest*, n° 170363 B: *D. 1996. 237*. ♦ En matière de sanctions administratives, la sanction doit être prévue par un texte mais pas forcément par une loi. • CE, ass., 7 juill. 2004, *Benkerrou*, n° 255136 : *AJDA 2004. 1695, chron. Landais et Lénica ; Dr. adm. 2004, n° 155, note Breen ; Lebon 297 ; Courrier jur. fin 2004, n° 30, p. 9* • CE 15 déc. 2004, *Mouhoubi*, n° 263596 : *JCP Adm. 2005. 1076, note Moreau.*

58. Il convient que l'autorité usant de son pouvoir de sanction administrative respecte les dispositions qui s'imposent à elle et les éventuelles réserves d'interprétation de ces dispositions émises par le Cons. const. pour que soient respectées les dispositions du présent art. • CE, ass., 11 mars 1994, *SA « La Cinq »*, n° 115052 : *Lebon 117, concl. Frydman ; AJDA 1994. 402, chron. Maugüé et Touvet ; RFDA 1994. 429, concl. Frydman*.

59. Les dispositions relatives à la révocation des maires ont, ainsi qu'il résulte de la jurisprudence constante du Conseil d'État, pour objet de réprimer les manquements graves et répétés aux obligations qui s'attachent aux fonctions de maire et de mettre ainsi fin à des comportements dont la particulière gravité est avérée. • Cons. const. 13 janv. 2012, *Ahmed S.*, n° 2011-210 QPC § 5. ♦ Du reste, le Conseil d'État exerce dans ce cadre un contrôle dit « normal ». • CE 2 mars 2010, *Dalongeville*, n° 328843 : *Lebon 65 ; AJDA 2010. 664, chron. Liéber et Botteghi*.

60. Le principe de légalité des délits et des peines, qui s'étend à toute sanction ayant le caractère d'une punition, fait obstacle à ce que l'administration inflige une sanction si, à la date des faits litigieux, la règle en cause n'est pas suffisamment claire, de sorte qu'il n'apparaît pas de façon raisonnablement prévisible par les professionnels concernés que le comportement litigieux est susceptible d'être sanctionné. • CE 16 déc. 2016, *Groupement d'employeurs Plusagri*, n° 390234 : *AJDA. 2016. 2467 ; ibid. 2017. 238, chron. Dutheillet de Lamothe et Odinet*.

A. INTERPRÉTATION STRICTE DE LA LOI PÉNALE

61. Il appartient au juge, conformément au principe de légalité des délits et des peines, d'interpréter strictement les éléments constitutifs de l'infraction. • Cons. const. 16 juill. 1996, n° 96-377 DC § 11 • Cons. const. 5 mai 1998, n° 98-399 DC § 8 • Crim. 4 févr. 1898 : *S. 1899. 1. 249, note Roux* • Crim. 9 août 1913 : *DP. 1917. 1. 69* • Cass., ass. plén., 22 janv. 1982 : *Bull. ass. plén., n° 25* • Crim. 12 mai 1982, n° 80-91.466 P • Crim. 28 avr. 1987, n° 82-93.884. ♦ Rappr. • CEDH 25 mai 1993, *Kokkianis c/ Grèce*, n° 14307/88 • CEDH 29 mars 2006, *Achour c/ France*, n° 67335/01. ♦ L'interprétation ne doit pas encourir la critique d'arbitraire. • Cons. const. 16 juill. 1996, n° 96-377 DC § 11.

62. Il n'appartient pas aux juridictions correctionnelles de prononcer par induction, présomption ou analogie ou par des motifs d'intérêt général. • Crim. 30 nov. 1992, n° 91-86.453.

63. Le retard dans la restitution de la chose louée n'implique pas nécessairement le détournement ou la dissipation de cette chose, élément essentiel de l'abus de confiance. • Crim. 25 juill. 1991 : *Dr. pén. 1992, n° 35.* ♦ L'incrimination d'abus de biens sociaux ne peut être étendue à des sociétés que la loi n'a pas prévues, telle une société de droit étranger, et pour lesquelles seule la qualification d'abus de confiance est susceptible d'être retenue. • Crim. 3 juin 2004 : *Bull. crim. n° 152 ; D. 2004. AJ 2440 ; JCP 2004. 10151, note Raimond.* ♦ Le prévenu qui a fait un geste obscène en direction d'une des personnes présentes en prenant son sexe entre ses mains à travers son short ne peut être coupable du délit d'exhibition sexuelle supposant que le corps ou la partie du corps volontairement exposé à la vue d'autrui soit ou paraisse dénudé. • Crim. 4 janv. 2006, n° 05-80.960 P : *Dr. pén. 2006. n° 33.*

64. L'interprétation par analogie est pourtant possible lorsqu'elle est favorable à la personne poursuivie. • Crim. 25 juin 1958 : *D. 1958. 693, note Larguier.* ♦ Cependant, les lois d'amnistie étant des lois d'exception qui doivent être appliquées dans leurs termes mêmes, il ne saurait appartenir aux juges d'étendre leurs dispositions à des cas qu'elles n'ont pas prévus. • Crim. 25 mars 1980, n° 79-90.313 P. ♦ Dès lors que, selonl a loi, sont amnistiés les délits pour lesquels seule une peine d'amende est encourue, ne saurait être amnistiée une infraction sanctionnée, outre d'une peine d'amende, de l'interdiction de passer des conventions en vue de l'aide personnalisée au logement. • Crim. 11 févr. 1991, n° 89-85.790 P.

65. Le juge administratif procédera de même lorsqu'il s'agit d'interpréter un décret. Ainsi, eu égard à la définition précise des circonstances dans lesquelles la dissimulation a lieu, aux motifs qui sont donnés aux poursuites contraventionnelles et à l'exclusion explicite de toute contravention à l'encontre de manifestants masqués dès lors qu'ils ne procèdent pas à la dissimulation de leur visage pour éviter leur identification par les forces de l'ordre dans un contexte où leur comportement constituerait une menace pour l'ordre public que leur identification viserait à prévenir, les dispositions attaquées sont conformes aux exigences constitutionnelles du principe de légalité des infractions et des peines. • CE 23 févr. 2011, *SNES et a.*, n° 329477 : *AJDA 2011. 416*.

B. CLARTÉ DE LA DÉFINITION DES INFRACTIONS ET DES SANCTIONS

66. Sur le principe de clarté et de précision de la loi en général, V. comm. ss. Const. 58, art. 34.

67. Sur le principe d'accessibilité et d'intelligibilité de la loi, V. comm. ss. DDH, art. 5.

1° PRINCIPE

68. Évolution de la formulation. Il résulte des présentes dispositions la nécessité pour le législateur de définir les infractions en termes suffisamment clairs et précis pour exclure l'arbitraire. • Cons. const. 19 janv. 1981, n° 80-127 DC § 7 et • Cons. const. 20 janv. 1981 : *ibid.* • Cons. const. 25 juill. 1984, n° 84-176 DC § 6 • Cons. const. 18 janv. 1985, n° 84-183 DC § 12 • Cons. const. 5 mai 1998, n° 98-399 DC § 7 • Cons. const. 12 janv. 2002, n° 2001-455 DC § 82 • Cons. const. 2 mars 2004, n° 2004-492 *DC § 5, 14 et 26.* ♦ *V. aussi de manière implicite.* • Cons. const. 10 nov. 1982, n° 82-145 DC § 4 • Cons. const. 10 oct. 1984, n° 84-181 DC § 23. ♦ Le législateur tient de l'art. 34 Const. 58, ainsi que du principe de la légalité des délits et des peines résultant du présent art., l'obligation de fixer lui-même le champ d'application de la loi pénale et de définir les crimes et délits en termes suffisamment clairs et précis pour exclure l'arbitraire. • Cons. const. 12 janv. 2002, n° 2001-455 DC § 82 • Cons. const. 26 juin 2020, *Oussman G. et a.*, n° 2020-846/847/848 QPC § 9.

V. dans le même sens (seconde formulation). • Cons. const. 27 juill. 2006, n° 2006-540 DC § 10 • Cons. const. 25 févr. 2010, n° 2010-604 DC § 8 • Cons. const. 16 sept. 2011, *Claude N.*, n° 2011-163 QPC § 3 • Cons. const. 17 févr. 2012, *Bruno L.*, n° 2011-222 QPC § 3 • Cons. const. 4 mai 2012, *Gérard D.*, n° 2012-240 § 3 • Cons. const. 24 janv. 2017, *Mme Audrey J.*, n° 2016-608 QPC § 4.

69. Cette exigence de clarté s'impose non seulement pour permettre la détermination des auteurs d'infraction et exclure l'arbitraire dans le prononcé des peines. • Cons. const. 12 janv. 2002, n° 2001-455 DC § 82 • Cons. const. 27 juill. 2006, n° 2006-540 DC § 10 • Cons. const. 25 févr. 2010, n° 2010-604 DC § 8. ♦ ... Mais elle permet encore d'éviter une rigueur non nécessaire lors de la recherche des auteurs d'infraction. • Cons. const. 27 juill. 2006, n° 2006-540 DC § 10 • Cons. const. 25 févr. 2010, n° 2010-604 DC § 8. ♦ ... Et de fixer dans les mêmes conditions le champ d'application des immunités qu'il instaure. • Cons. const. 5 mai 1998, n° 98-399 DC § 7.

70. Toute infraction doit être définie en des termes clairs et précis pour permettre au prévenu de connaître exactement la nature et la cause de l'accusation portée contre lui. • Crim. 30 nov. 1992, n° 91-86.453. ♦ Cela impose au législateur d'adopter des dispositions suffisamment précises et des formules non équivoques. • Cons. const. 10 mars 2011, n° 2011-625 DC § 75. ♦ De même, si aucun principe ou règle de valeur constitutionnelle n'interdit au législateur d'ériger en infractions le manquement à des obligations qui ne résultent pas directement de la loi elle-même, c'est sous la condition que ce renvoi ne conduise pas à altérer l'unité de la définition légale des infractions. • Cons. const. 10 nov. 1982, n° 82-145 DC § 3 et 4.

71. Les termes employés peuvent néanmoins rester généraux. • Cass., QPC, 22 sept. 2010, n° 10-82.148. ♦ ... S'ils sont par ailleurs employés dans d'autres textes législatifs. • Cons. const. 10 oct. 1984, n° 84-181 DC § 23. ♦ ... Lorsqu'ils renvoient à des infractions qui sont elles-mêmes définies par le C. pén. ou par d'autres textes en termes suffisamment clairs et précis. • Cons. const. 3 sept. 1986, n° 86-213 DC § 6 • Cons. const. 25 févr. 2010, n° 2010-604 DC § 9 • Cons. const. 13 janv. 2011, *Ét. Darty et Fils*, n° 2010-85 QPC § 4 • Cons. const. 7 avr. 2017, *Amadou S.*, n° 2017-625 QPC § 10. ♦ ... S'ils sont éclairés par la jurisprudence. • Cons. const. 2 mars 2004, n° 2004-492

DC § 13 • Cons. const. 13 janv. 2011, *Ét. Darty et Fils*, n° 2010-85 QPC § 4. ♦ ... Ou des textes internationaux. • Cons. const. 2 mars 2004, n° 2004-492 DC § 13 • Cons. const. 13 janv. 2011, *Ét. Darty et Fils*, n° 2010-85 QPC § 4.

72. Au besoin, le juge procédera à une interprétation. • Cons. const. 12 janv. 2002, n° 2001-455 DC § 82.

73. Dès lors que la disposition est conforme au principe de clarté, d'accessibilité et d'intelligibilité de la loi pénale dont elle permet de déterminer le champ d'application, le principe de légalité des délits et des peines est respecté et il n'y a pas lieu de renvoyer une QPC au Cons. const. • Crim. 30 nov. 2010, *CCI de La Réunion : AJDA 2011. 182* • Crim., QPC, 7 oct. 2014, n° 14-81.897.

74. Définition renvoyée à des textes non législatifs, en droit pénal. En soumettant à l'appréciation du ministre de l'intérieur la « vocation humanitaire » des associations, notion dont la définition n'a été précisée par aucune loi et de la reconnaissance de laquelle peut résulter le bénéfice de l'immunité pénale en cause, la disposition critiquée fait dépendre le champ d'application de la loi pénale de décisions administratives ; dès lors, nonobstant le pouvoir du juge pénal d'apprécier la légalité de tout acte administratif, ladite disposition porte atteinte au présent art. • Cons. const. 5 mai 1998, n° 98-399 DC § 7. ♦ Il en va de même : lorsque le législateur édicte des délits réprimant la méconnaissance d'obligations dont le contenu n'est pas défini par la loi, mais par le bureau de chaque assemblée parlementaire • Cons. const. 8 déc. 2016, n° 2016-741 DC § 36. ♦ ... Lorsque le législateur s'en remet au pouvoir réglementaire pour déterminer la portée du délit de communication irrégulière avec une personne détenue. • Cons. const. 24 janv. 2017, *Audrey J.*, n° 2016-608 QPC § 6. ♦ *Contra*, aucun principe ou règle de valeur constitutionnelle n'interdit au législateur d'ériger en infractions le manquement à des obligations qui ne résultent pas directement de la loi elle-même. • Cons. const. 10 nov. 1982, n° 82-145 DC § 3.

75. En dehors du droit pénal. Appliquée *en dehors du droit pénal*, l'exigence d'une définition des infractions sanctionnées se trouve satisfaite, en matière administrative, par la référence aux obligations auxquelles le titulaire d'une autorisation administrative est soumis en vertu des lois et règlements. • Cons. const. 17 janv. 1989, n° 88-248 DC § 37 • Cons. const. 13 janv. 2012, *Ahmed S.*, n° 2011-210 QPC § 4 • CE, sect., 12 oct. 2009, *Petit*, n° 311641 : *Lebon 367, concl. Guyomar ; AJDA 2009. 2163, chron. Lieber et Botteghi*. ♦ ... Dès lors que les textes applicables font référence aux obligations auxquelles les intéressés sont soumis en raison de l'activité qu'ils exercent, de la profession à laquelle ils appartiennent, de l'institution dont ils relèvent ou de la qualité qu'ils revêtent. • Cons. const. 20 juill. 2012, *Georges R.*, n° 2012-266 QPC § 7. ♦ ... Dès lors, en matière disciplinaire, que les textes applicables font référence aux obligations auxquelles les intéressés sont soumis en raison de l'activité qu'ils exercent, de la profession à laquelle ils appartiennent ou de l'institution dont ils relèvent. • Cons. const. 25 nov. 2011, *Michel G.*, n° 2011-199 QPC § 7 • Cons. const. 24 oct. 2014, *Stéphane R. et a.*, n° 2014-423 QPC § 29 • CE, QPC, 16 mai 2012, *O.*, n° 356924 : *AJDA 2012. 1031* • CE 24 juin 2013, *Sté Colruyt*, n° 360949 : *Lebon 180 ; AJDA 2013. 1370*. ♦ ... Ou de la qualité qu'ils revêtent. • Cons. const. 20 juill. 2012, *Georges R.*, n° 2012-266 QPC § 6 • Cons. const. 21 sept. 2012, *Sté Egilia*, n° 2012-273 QPC § 9 • Cons. const. 12 juill. 2013, *Agnès B.*, n° 2013-332 QPC § 8. ♦ Rappr., lorsqu'il est compétent pour fixer certaines règles d'exercice d'une profession, le pouvoir réglementaire l'est également pour prévoir des sanctions administratives qui, par leur objet et leur nature, soient en rapport avec cette réglementation. • CE, ass., 7 juill. 2004, *Benkerrou*, n° 255136 : *Lebon 298, concl. Guyomar ; RFDA 2004. 913, concl. Guyomar ; ibid. 1130, note Degoffe et Hacquet ; CJEG 2004. 543, note M. V. ; RD publ. 2005. 500, note Guettier.* ♦ V. déjà. • Cons. const. 17 janv. 1989, n° 88-248 DC § 37. ♦ Rappr. • CE, ass., 6 juin 2014, *FCPE*, n° 351582 : *AJDA 2014. 1180 ; ibid. 1478, chron. Bretonneau et Lessi ; RFDA 2014. 753, concl. Keller ; JCP Adm. 2014. 2331, note Legrand.*

76. Le principe de légalité des peines impose au législateur de fixer les sanctions disciplinaires en des termes suffisamment clairs et précis pour exclure l'arbitraire. • Cons. const. 28 mars 2014, *Joël M.*, n° 2014-385 QPC § 6.

77. Si les motifs limitativement énumérés autorisant de déroger à l'interdiction de déplacement ont, par la suite, été complétés et explicités, alors que la méconnaissance des interdictions prévues par ces textes était passible de sanctions pénales, il ne s'ensuit pas que leur formulation initiale n'ait pas été suffisamment claire et précise au regard des exigences du principe de légalité des délits et des peines. • CE 22 déc. 2020, n° 439804 B § 9 : *AJDA 2021. 6 ; JCP Adm. 2021. 14.*

2° MISE EN ŒUVRE

a. Clarté et précision suffisantes

78. Cette exigence est remplie dès lors que : la loi soumise à l'examen du Cons. const. donne de nouvelles définitions des délits de menaces qui ne sont ni obscures ni imprécises et que les divers autres éléments constitutifs des infractions visées par ces textes sont énoncés sans ambiguïté. • Cons. const. 19 janv. 1981, n° 80-127 DC § 8 • Cons. const. 20 janv. 1981 : *ibid.* ♦ ... L'infraction, les faits ou le délit ou les faits incriminés sont définis en termes suffisamment clairs et précis. • Cons. const. 25 juill. 1984, n° 84-176 DC § 8 • Cons. const. 13 mars 2003, n° 2003-467 DC § 62 • Cons. const. 20 nov. 2003, n° 2003-484 DC § 43 • Cons. const. 2 mars 2004, n° 2004-492 DC § 14 (crime en bande organisée) • Cons. const. 27 juill. 2006, n° 2006-540 DC § 56 (infraction d'édition : utilisation des termes « sciemment » et « manifestement destinés ») • Cons. const. 25 févr. 2010, n° 2010-604 DC § 9 (action préparatoire en bande organisée) • Cons. const. 3 déc. 2010, *Sté ZEturf limited,* n° 2010-73 QPC § 10. ♦ Rappr. • Cons. const. 10 oct. 1984, n° 84-181 DC § 62. ♦ ... Et/ou les éléments constitutifs sont formulés en des termes qui ne sont ni obscurs ni ambigus ou sont définis de façon précise et complète. • Cons. const. 10 nov. 1982, n° 82-145 DC § 4 • Cons. const. 25 févr. 2010, n° 2010-604 DC § 9. ♦ ... Et désignent de manière non équivoque l'auteur responsable de chacune des infractions. • Cons. const. 26 juill. 1986, n° 86-210 DC § 26. ♦ ... Pour exclure l'arbitraire. • Cons. const. 25 févr. 1992, n° 92-307 DC § 27. ♦ V. en matière fiscale. • Cons. const. 29 déc. 1999, n° 99-424 DC § 54. ♦ Rappr., pour une amende civile, dès lors seulement pécuniaire, et l'utilisation des termes « déséquilibre significatif » dans les relations commerciales, • Cons. const. 13 janv. 2011, *Ét. Darty et fils,* n° 2010-85 QPC § 4 • Cons. const. 30 nov. 2018, *Sté Interdis et a.,* n° 2018-749 QPC § 9.

79. Il en va de même s'agissant de la détermination des personnes à sanctionner. • Cons. const. 3 déc. 2010, *Sté ZEturf limited,* n° 2010-73 QPC § 10.

80. Le délit n'étant caractérisé que si le fait de pénétrer ou de se maintenir dans l'enceinte d'un établissement d'enseignement scolaire sans y être habilité ou y avoir été autorisé a pour seul objectif de troubler la tranquillité ou le bon ordre de l'établissement, il est ainsi défini avec une précision suffisante pour satisfaire au principe de légalité des délits et des peines. • Cons. const. 25 févr. 2010, n° 2010-604 DC § 9. ♦ N'est ni obscure, ni ambiguë l'expression « bande organisée », qui est définie par l'art. 132-71 C. pén. comme « tout groupement formé ou toute entente établie en vue de la préparation, caractérisée par un ou plusieurs faits matériels, d'une ou de plusieurs infractions » et qui se distingue ainsi de la notion de réunion ou de coaction. • Cons. const. 2 mars 2004, n° 2004-492 DC § 14. ♦ La disposition critiquée se borne à définir un élément constitutif inhérent à toute infraction transnationale d'aide au séjour irrégulier d'un étranger, de telles incriminations, établies par la loi pénale française en application des conventions internationales auxquelles la France est partie, ne se heurtent à aucun principe ou règle de valeur constitutionnelle. • Cons. const. 20 nov. 2003, n° 2003-484 DC § 42.

81. Il en va de même de la formule « toute autre manière frauduleuse » dès lors qu'elle vise tout procédé tendant à se soustraire intentionnellement à l'établissement ou au paiement de l'impôt. • Cass., QPC, 22 sept. 2010, n° 10-82.148.

82. Ne méconnaissent pas le principe de légalité des délits ou des crimes : une disposition qui, si elle n'a pas précisé les « droits » du salarié auxquels les agissements incriminés sont susceptibles de porter atteinte, doit être regardée comme ayant visé les droits de la personne au travail, tels qu'ils sont énoncés à l'art. L. 120-2 C. trav., et dès lors ne sont établis ni le défaut de clarté de la loi, ni la méconnaissance du principe de légalité des délits. • Cons. const. 12 janv. 2002, n° 2001-455 DC § 83 (réserve d'interprétation). ♦ ... La disposition selon laquelle le chef d'entreprise est puni des peines sanctionnant le délit d'entrave au fonctionnement des comités d'entreprise s'il annonce publiquement des mesures dont la mise en œuvre est de nature à affecter « de façon importante » les conditions de travail ou d'emploi des salariés, qu'après avoir informé le comité d'entreprise. L'inobservation de ces prescriptions étant punie des peines prévues aux art. L. 483-1, L. 483-1-1 et L. 483-1-2 C. trav. relatifs au délit d'entrave au fonctionnement des comités d'entreprise. • Cons. const. 12 janv. 2002, n° 2001-455 DC § 62 à 67. ♦ Et cela, alors même que l'emploi des termes « de façon importante » laisse une certaine marge d'appréciation au juge pour apprécier une situation qu'il est difficile au législateur de quantifier de manière *a priori*. • Cons. const. 12 janv. 2002, n° 2001-455 DC § 64 et 65. ♦ Ne méconnaissent pas non plus le principe : une disposition précisant que l'infraction de « conduite lorsque le conducteur a fait usage de stupéfiants » est constituée dès lors que l'usage de produits ou de plantes classés comme stupéfiants est établi par une analyse sanguine même s'elle renvoie au pouvoir réglementaire, sous le contrôle du juge compétent, le soin de fixer, en l'état des connaissances scientifiques, médicales et techniques, les seuils *minima* de détection témoignant de l'usage de stupéfiants. • Cons. const. 9 déc. 2011, *Jérémy M.,* n° 2011-204 QPC § 5. ♦ ... Des dispositions renvoyant à un décret le soin de déterminer la majoration applicable en cas de retard de paiement, d'une part déterminent le mode de calcul de celle-ci et en fixent le plafond à 1 % par mois et, d'autre part, prévoient que ce décret fixera une majoration de la redevance dans la limite d'un pla-

fond lorsque « l'infraction » aux dispositions législatives ou réglementaires aura consisté en l'absence d'acquittement de tout ou partie de ladite redevance. • Cons. const. 30 mars 2012, *Sté Unibail Rodamco,* n° 2012-225 QPC § 4. ♦ Rappr. • Cons. const. 12 août 2004, n° 2004-504 DC § 22 à 25. ♦ ... Des dispositions mettant en place une exclusion de responsabilité pénale applicable que dans les parties du territoire national où l'existence d'une tradition locale ininterrompue est établie et pour les seuls actes qui relèvent de cette tradition. • Cons. const. 21 sept. 2012, *Assoc. Comité radicalement anti-corrida Europe,* n° 2012-271 QPC § 5. ♦ ... Des dispositions prévoyant que doivent être mentionnés dans la déclaration de patrimoine que les parlementaires (V. Const. 58, art. 25) doivent remettre à la Haute Autorité pour la transparence de la vie politique les « autres biens » ; en effet, le législateur a entendu par là exiger que soient inclus dans la déclaration de patrimoine tous les éléments du patrimoine d'une valeur substantielle, avec en particulier les comptes courants de société et les options de souscription ou d'achat d'actions ; il appartiendra au Décr. en Conseil d'État prévu par le IV du même art. de fixer la valeur minimale de ces autres biens devant figurer dans la déclaration. • Cons. const. 9 oct. 2013, n° 2013-675 DC § 29. ♦ ... Une disposition prévoyant des exceptions dans les « cas prévus par la loi » à l'incrimination qu'elle définit. • Cons. const. 19 sept. 2014, *Laurent D.,* n° 2014-412 QPC § 12. ♦ ... Une disposition réprimant le fait d'organiser un système de mise en relation de clients avec des personnes autres que les taxis, les voitures de transport avec chauffeur, les véhicules motorisés à deux ou trois roues ainsi que les entreprises de transport routier pouvant effectuer les services occasionnels dès lors que cette disposition n'est explicitement pas applicable au covoiturage. • Cons. const. 22 sept. 2015, *Sté UBER France SAS (II),* n° 2015-484 QPC § 7. ♦ ... Une disposition différenciant, pour fixer le montant maximal de la sanction, les contrevenants qui sont constitués sous l'un des statuts ou formes juridiques propres à la poursuite d'un but lucratif et les autres. • Cons. const. 7 janv. 2016, *Assoc. Experts-comptables média association,* n° 2015-510 QPC § 9. ♦ ... La définition du délit d'entrave à l'IVG. • Cons. const. 16 mars 2017, n° 2017-747 DC § 8. ♦ ... La notion d'entreprise individuelle. • Cons. const. 3 sept. 1986, n° 86-213 DC § 6 • Cons. const. 7 avr. 2017, *Amadou S.,* n° 2017-625 QPC § 10. ♦ ... La notion de « part substantielle » de patrimoine dans le cadre de l'obligation de déclaration de patrimoine des ministres qui vise les seules omissions significatives au regard du montant omis ou de son importance dans le patrimoine considéré. • Cons. const. 23 juin 2017, *Mme Benguigui,* n° 2017-639 QPC • Crim. 22 nov. 2017, n° 16-86.475 : *AJDA 2017. 2336*. ♦ ... La notion d'apologie publique d'actes de terrorisme. • Cons. const. 18 mai 2018, *Jean-Marc R.,* n° 2018-706 QPC § 9 et 10. ♦ ... L'expression « de manière habituelle » utilisée par le législateur pour exclure du champ de la répression les personnes ayant, même à plusieurs reprises, mais de manière occasionnelle, vendu, cédé, exposé ou fourni les moyens en vue de la vente ou de la cession des titres d'accès à une manifestation ou à un spectacle. • Cons. const. 14 déc. 2018, *Sté Viagogo,* n° 2018-754 DC § 8. ♦ ... La notion de « contenus d'information se rattachant à un débat d'intérêt général » dès lors qu'il résulte clairement, compte tenu de la période d'application du texte, qu'il s'agit de « contenus » qui présentent un lien avec la campagne électorale. • Cons. const. 20 déc. 2018, n° 2018-773 DC § 8. ♦ ... La notion de « verbalisation » qui désigne le fait de dresser un procès-verbal d'infraction. • Cons. const. 26 juin 2020, *Oussman G. et a.,* n° 2020-846/847/848 QPC § 11. ♦ ... L'obligation de se munir, pour les personnes souhaitant bénéficier des exceptions à l'interdiction de sortir dans le cadre de la pandémie de covid-19, d'un document permettant de justifier que le déplacement entre bien dans le champ de ces exceptions, qui est dépourvue d'ambigüité et contribue à garantir le respect des mesures de confinement. • CE 22 déc. 2020, n° 439956 B : *AJDA 2021. 4*. ♦ ... La notion d'« obstruction aux mesures d'investigation ou d'instruction » et la notion d'« entreprise » dans le cadre de la procédure de sanction de cette infraction. • Cons. const. 26 mars 2021, *Sté Akka technologies,* n° 2021-892 QPC § 15 et 16.

83. Dans le cadre de la crise sanitaire (covid-19), ne présente pas de caractère imprécis ou équivoque, la référence aux « déplacements strictement indispensables aux besoins familiaux et de santé ». • Cons. const. 26 juin 2020, *Oussman G. et a.,* n° 2020-846/847/848 QPC § 11. ♦ De même, en punissant de six mois d'emprisonnement et de 3 750 euros d'amende la méconnaissance de l'interdiction de sortir qui peut être mise en œuvre lorsqu'est déclaré l'état d'urgence sanitaire, le législateur a défini les éléments essentiels de cette interdiction et suffisamment déterminé le champ de l'obligation et les conditions dans lesquelles sa méconnaissance constitue un délit. Il y a ainsi apporté deux exceptions pour les déplacements strictement indispensables aux besoins familiaux et de santé. S'il ressort des travaux préparatoires que le législateur n'a pas exclu que le pouvoir réglementaire prévoie d'autres exceptions, celles-ci ne peuvent (...) que viser à garantir que cette interdiction soit strictement proportionnée aux risques sanitaires encourus et appropriée aux circonstances de temps et de lieu. Le législateur a prévu que le délit n'est constitué que lorsque la violation de l'interdiction de sortir est commise alors que, dans les trente jours précédents, trois autres violations de la même interdiction ont déjà été verbalisées. • Cons. const. 26 juin 2020, *Oussman G. et a.*, n° 2020-846/847/848 QPC § 12. ♦ Rappr. • Cons. const. 9 juill. 2020, n° 2020-803 DC § 27 s.

84. Le statut de la Cour pénale internationale fixant précisément le champ d'application des incriminations comme des exonérations de responsabilité pénale définit les crimes, tant dans leur élément matériel que dans leur élément moral, en termes suffisamment clairs et précis pour permettre la détermination des auteurs d'infractions et éviter l'arbitraire ; le principe de légalité découlant de l'art. 8 DDH est respecté. • Cons. const. 22 janv. 1999, n° 98-408 DC § 22.

85. Sont suffisamment précis les termes de « groupement » et de « préparation, caractérisée par un ou plusieurs faits matériels » dès lors que ces termes sont repris dans les éléments constitutifs du délit d'association de malfaiteurs prévu par l'art. 450-1 C. pén. • Cons. const. 25 févr. 2010, n° 2010-604 DC § 9. ♦ De même, ne revêtent pas un caractère équivoque et sont suffisamment précises pour garantir contre le risque d'arbitraire les situations de fait répondant à la circulation ou au stationnement « en quête de clients », aux « abords » des gares et aérogares et à la justification « d'une réservation préalable » en matière de transport public de personnes. • Cons. const. 7 juin 2013, *Mohamed T.*, n° 2013-318 QPC § 17. ♦ De même encore, en retenant comme élément constitutif du délit le fait que la personne ait été précédemment verbalisée « à plus de trois reprises », le législateur n'a pas adopté des dispositions imprécises. En particulier, ces dispositions ne permettent pas qu'une même sortie, qui constitue une seule violation de l'interdiction de sortir, puisse être verbalisée à plusieurs reprises. • Cons. const. 26 juin 2020, *Oussman G. et a.*, n° 2020-846/847/848 QPC § 11.

86. Par les dispositions contestées, le législateur a déterminé les cas et conditions dans lesquels le tribunal correctionnel peut prononcer la contrainte pénale ; il a fixé la durée maximale de la contrainte, la liste des mesures de contrôle auxquelles le condamné est soumis de plein droit et celle des obligations et interdictions particulières auxquelles il peut être soumis par la juridiction de jugement ou le juge de l'application des peines ; il a fixé la durée maximale de l'emprisonnement qui peut être exécuté par le condamné ainsi que les conditions et les modalités selon lesquelles l'exécution de cet emprisonnement peut être ordonnée ; dès lors ces dispositions ne sont ni ambiguës ni imprécises. • Cons. const. 7 août 2014, n° 2014-696 DC § 12.

87. Dès lors qu'il ne résulte pas de ces dispositions qu'un des éléments constitutifs du viol ou de l'agression sexuelle est, dans le même temps, une circonstance aggravante de ces infractions, ces dispositions ne méconnaissent pas le principe de légalité des délits ; tel est le cas d'une disposition qui, en précisant que la contrainte peut résulter de la différence d'âge existant entre une victime mineure et l'auteur des faits et de l'autorité de droit ou de fait que celui-ci exerce sur cette victime, a pour seul objet de désigner certaines circonstances de fait sur lesquelles la juridiction saisie peut se fonder pour apprécier si, en l'espèce, les agissements dénoncés ont été commis avec contrainte et n'a, en conséquence, pas pour objet de définir les éléments constitutifs de l'infraction. • Cons. const. 6 févr. 2015, *Claude A.*, n° 2014-448 QPC § 72.

88. La création des salles de consommation à moindre risque a pour objet de réduire les risques sanitaires liés à la consommation de substances psychoactives ou stupéfiantes, d'inciter les usagers de drogues à s'orienter vers des modes de consommation à moindre risque et de les mener vers des traitements de substitution ou de sevrage. En délimitant précisément le champ de l'immunité qu'il a instaurée en réservant celle-ci à des infractions limitativement énumérées et en précisant dans quelles conditions les personnes se trouvant à l'intérieur des salles de consommation pouvaient en bénéficier et, en limitant le bénéfice de l'immunité aux personnes se trouvant à l'intérieur de ces salles pour inciter les usagers à s'y rendre afin de favoriser la politique poursuivie de réduction des risques et des dommages, le législateur a instauré une différence de traitement en rapport avec l'objet de la loi et défini de façon suffisamment précise l'objet et les conditions des expérimentations en cause et le champ d'application de l'immunité qu'il a instaurée ne méconnaissant pas le principe de légalité des délits et des peines. • Cons. const. 21 janv. 2016, n° 2015-727 DC § 38.

89. En ayant recours à la notion d'identité de genre, le législateur a entendu viser le genre auquel s'identifie une personne, qu'il corresponde ou non au sexe indiqué sur les registres de l'état civil ou aux différentes expressions de l'appartenance au sexe masculin ou au sexe féminin. Les termes « identité de genre », qui figurent d'ailleurs à l'art. 225-1 C. pén., sont également utilisés dans [divers textes internationaux] et sont dès lors suffisamment clairs et précis. • Cons. const. 26 janv. 2017, n° 2016-745 DC § 89.

90. Le Cons. const. peut être amené à interpréter le texte en définissant lui-même l'élément constitutif primordial de l'incrimination et

en précisant, par une réserve, les conditions dans lesquelles est respectée la légalité des délits et des peines. • Cons. const. 1er juin 2018, ♁ *Assoc. Al Badr,* n° 2018-710 QPC § 8 et 9.

91. En dehors du droit pénal. Il en va de même : de la définition des cas dans lesquels l'indemnité d'abatage peut être perdue. • Cons. const. 20 juill. 2012, *Georges R.,* n° 2012-266 QPC § 7. ♦ … De l'obligation de justifier le « bien-fondé » des dépenses faites au titre de la formation professionnelle continue qui impose que ces dépenses soient utiles à la réalisation des actions de formation professionnelle. • Cons. const. 21 sept. 2012, *Sté Egilia,* n° 2012-273 QPC § 9. ♦ … De la règle posée par les dispositions combinées des art. L. 430-3 et L. 430-1 C. com. qui définit avec assez de précision l'obligation qu'elles prévoient pour permettre aux professionnels concernés d'une part de déterminer si l'opération à laquelle ils sont parties est une opération de concentration et d'autre part d'identifier la ou les parties à l'opération de concentration sur lesquelles pèse l'obligation de notification. • CE 24 juin 2013, ♁ *Sté Colruyt,* n° 360949 : *préc. note 75.* ♦ … Des cas dans lesquels la majoration de la contribution supplémentaire à l'apprentissage qui doit être acquittée en cas d'absence de versement ou de versement incomplet de la contribution et dont le taux est fixé à 100 %. • Cons. const. 7 mars 2014, ♁ *Sté Labeyrie,* n° 2013-371 QPC § 6. ♦ … Une disposition ne fixant pas la durée de l'interdiction temporaire d'exercer dès lors que cette sanction n'est pas la plus élevée, celle-ci étant l'interdiction définitive. • Cons. const. 28 mars 2014, ♁ *Joël M.,* n° 2014-385 QPC § 7.

92. Pour d'autres exemples de dispositions suffisamment claires, V. • Cons. const. 29 déc. 2016, ♁ n° 2016-743 DC § 7 s.

b. Insuffisance de clarté et de précision

93. A l'inverse, cette exigence n'est pas remplie dès lors que la disposition ne précise pas à quelle personne – cédant ou cessionnaire – incombe l'obligation prescrite par le texte. • Cons. const. 10 oct. 1984, n° 84-181 DC § 30 et 31. ♦ Ne sont pas suffisamment clairs et précis : la disposition qui soumet à l'appréciation du ministre de l'intérieur la « vocation humanitaire » des associations, notion dont la définition n'a été précisée par aucune loi. • Cons. const. 5 mai 1998, ♁ n° 98-399 DC § 7. ♦ … Le législateur omet de préciser les conditions de forme de la saisine et de déterminer les caractéristiques essentielles du comportement fautif de nature à engager la responsabilité pénale des intéressés. • Cons. const. 27 juill. 2000, n° 2000-433 DC § 61. ♦ … La disposition, qui exonère de toute responsabilité pénale les éditeurs de logiciels destinés au « travail collaboratif » ou à l'échange de fichiers ou d'objets non soumis à la rémunération du droit d'auteur, n'est ni utile à la délimitation du champ de l'infraction définie par les trois premiers alinéas de cet article, ni exhaustive quant aux agissements qu'ils excluent nécessairement. • Cons. const. 27 juill. 2006, n° 2006-540 DC § 57. ♦ … L'interopérabilité qui est un élément conditionnant le champ d'application de la loi pénale n'est pas défini en des termes clairs et précis dans ce contexte particulier. • Même affaire, § 60. ♦ … La disposition sanctionne l'exercice sans agrément ou autorisation d'une activité alors que la loi ne permet pas de connaître précisément cette activité (en l'espèce, activité privée d'intelligence économique). • Cons. const. 10 mars 2011, n° 2011-625 DC § 76. ♦ … La disposition qui sanctionne le délit de harcèlement sexuel sans que les éléments constitutifs de l'infraction soient suffisamment définis quant à la nature, aux modalités et aux circonstances des agissements réprimés ou, à tout le moins, une de ces précisions. • Cons. const. 4 mai 2012, ♁ *Gérard D.,* n° 2012-240 QPC § 5. ♦ … La disposition qui oblige à renseigner, dans la déclaration d'intérêts et d'activités que les parlementaires (V. Const. 58, art. 25) doivent remettre à la Haute Autorité pour la transparence de la vie politique, les « autres liens susceptibles de faire naître un conflit d'intérêts », sans donner d'indication sur la nature de ces liens et les relations entretenues par le déclarant avec d'autres personnes qu'il conviendrait d'y mentionner. • Cons. const. 9 oct. 2013, ♁ n° 2013-675 DC § 30.

94. En prévoyant un délit de malversation dont, pas plus que les lois du 28 mai 1838 et du 4 mars 1889, l'art. contesté n'a déterminé les éléments constitutifs, la loi n'a pas défini l'infraction qu'il vise à réprimer. • Cons. const. 18 janv. 1985, n° 84-183 DC § 12. ♦ V., pour les conséquences, note 287.

95. Ainsi, s'il était loisible au législateur d'instituer une qualification pénale particulière pour désigner les agissements sexuels incestueux, il ne pouvait, sans méconnaître le principe de légalité des délits et des peines, s'abstenir de désigner précisément les personnes qui doivent être regardées, au sens de cette qualification, comme membres de la famille. • Cons. const. 16 sept. 2011, *Claude N.,* n° 2011-163 QPC § 4 • Cons. const. 17 févr. 2012, *Bruno L.,* n° 2011-222 QPC § 4.

96. En dehors du droit pénal. Sont contraires au présent art. des dispositions qui prévoient d'intégrer dans la définition de l'abus de droit les actes ayant pour « motif principal » d'éluder ou d'atténuer les charges fiscales, le Cons. const. estimant qu'est ainsi laissé à l'administration fiscale une « importante marge d'appréciation ». • Cons. const. 29 déc. 2013, ♁ n° 2013-685 DC § 118. ♦ Il en va de

même : s'il n'apparaît pas clairement s'il est reproché à la personne mise en cause d'avoir participé à un abus de droit et, si dans ce cas, il lui est possible de contester la qualification de l'abus de droit, ou si, au contraire, l'existence de majorations au titre de l'abus de droit appliquées au contribuable tiers constitue, dans la définition de l'infraction, une condition purement objective. • Cons. const. 29 déc. 2014, n° 2014-707 DC § 54. ♦ ... Si la définition du taux de l'amende est imprécise. • Cons. const. 29 déc. 2014, n° 2014-707 DC § 55. ♦ Sont également contraires au présent art. des dispositions qui imposent de mettre en œuvre des « mesures de vigilance raisonnables » ; il en va de même compte tenu du caractère large et indéterminé de la mention des « droits humains » et des « libertés fondamentales » et du périmètre des sociétés, entreprises et activités entrant dans le champ du plan de vigilance. • Cons. const. 23 mars 2017, n° 2017-750 DC § 13.

97. Mise en œuvre par le juge pénal. Le juge pénal refuse d'appliquer une disposition au motif que le texte comporte une formule évasive et ambiguë en ce qu'il s'agit de la reproduction de tout ou partie des circonstances d'un des crimes et délits. L'expression « circonstances », foncièrement imprécise, est d'interprétation malaisée ; trop générale, cette formulation introduit une vaste marge d'appréciation subjective dans la définition de l'élément légal de l'infraction et ne permet pas à celui qui envisage de procéder à la publication d'être certain qu'elle n'entre pas dans le champ d'application de l'interdit. Cette ambiguïté rend aléatoire l'interprétation du texte qui serait faite par le juge selon les cas d'espèce et n'offre pas de garanties réelles quant à la prévisibilité des poursuites. • Crim. 20 févr. 2001 : *Dr. pén. 2001, n° 86.* ♦ Il en va de même d'un texte au contenu incertain. • Crim. 16 janv. 2002 : *Bull. crim. n° 6 ; Dr. pén. 2002, n° 56.* ♦ A l'inverse, il n'y a pas lieu de transmettre une QPC dès lors que la rédaction du texte en cause est conforme aux principes de précision et de prévisibilité de la loi pénale dont elle permet de déterminer le champ d'application sans porter atteinte au principe constitutionnel de légalité des délits et des peines. • Crim., QPC, 30 nov. 2011 : *D. 2012. 98.*

C. MOTIVATION

98. Principe. Fondée sur le présent art. et les art. 7 et 9 DDH, l'obligation de motiver les jugements et arrêts de condamnation constitue une garantie légale de l'exigence constitutionnelle imposant de fixer des règles de droit pénal et de procédure pénale de nature à exclure l'arbitraire dans la recherche des auteurs d'infractions, le jugement des personnes poursuivies ainsi que dans le prononcé et l'exécution des peines. • Cons. const. 1er avr. 2011, *Xavier P. et a.,* n° 2011-113/115 QPC § 11 • Cons. const. 4 août 2011, n° 2011-635 DC § 22. ♦ V. déjà sous le seul fondement du présent art. • Cons. const. 13 août 1993, n° 93-325 DC § 41 et 42.

99. Le principe d'individualisation des peines (V. note 214), qui découle du présent art, implique qu'une sanction pénale ne puisse être appliquée que si le juge l'a expressément prononcée, en tenant compte des circonstances propres à chaque espèce. • Cons. const. 2 mars 2018, *Ousmane K. et a.,* n° 2017-694 QPC § 8.

100. Ces exigences constitutionnelles imposent la motivation des jugements et arrêts de condamnation, pour la culpabilité comme pour la peine et lui confère donc, en matière pénale, un caractère général et absolu. • Cons. const. 2 mars 2018, *Ousmane K. et a.,* n° 2017-694 QPC § 8. ♦ En dehors de la matière pénale, la Const. 58 ne confère pas à cette obligation de motivation, mais l'absence de motivation ne peut trouver de justification qu'à la condition que soient instituées par la loi des garanties propres à exclure l'arbitraire. • Cons. const. 1er avr. 2011, *Xavier P. et a.,* n° 2011-113/115 QPC § 11.

101. Mise en œuvre. Il résulte de la jurisprudence constante de la Cour de cassation que l'art. 365-1 C. pr. pén. interdit la motivation par la cour d'assises de la peine qu'elle prononce ; en n'imposant pas à la cour d'assises de motiver le choix de la peine, le législateur a méconnu les présentes exigences constitutionnelles. • Cons. const. 2 mars 2018, *Ousmane K. et a.,* n° 2017-694 QPC § 9 et 10.

102. La possibilité de reporter dans le temps la motivation d'une décision de cour d'assises en cas de particulière complexité de l'affaire ne viole pas ce principe dès lors que, la motivation étant faite avant l'expiration du délai d'appel ou de cassation, elle ne dispense pas de l'obligation de mentionner dans la motivation « l'énoncé des principaux éléments à charge qui, pour chacun des faits reprochés à l'accusé, ont convaincu la cour d'assises » et ne déroge pas davantage à la règle selon laquelle la feuille de motivation doit être signée par le président et le premier juré. • Cons. const. 4 août 2011, n° 2011-635 DC § 31.

103. Ainsi, la faculté ménagée par le législateur d'autoriser le juge à prononcer l'interdiction du territoire pour certaines infractions au séjour ne méconnaît pas le principe de la légalité des peines et ne porte pas à la liberté individuelle une atteinte excessive, dès lors que la décision est spécialement motivée. • Cons. const. 13 août 1993, n° 93-325 DC § 42 ♦ Sont également de nature à éviter l'arbitraire la motivation des décisions rendues par la chambre de première instance de la Cour pénale

internationale, ainsi que la motivation de l'arrêt de la chambre d'appel de cette juridiction. • Cons. const. 22 janv. 1999, n° 98-408 DC § 22.

104. L'absence de motivation des décisions prises par les autorités administratives n'est possible que dès lors qu'elles ne prononcent pas une sanction ayant le caractère d'une punition. • Cons. const. 1er juill. 2004, n° 2004-497 DC § 14. ♦ Il en résulte que toute décision prise par une autorité administrative indépendante et prononçant une sanction doit être motivée. • Cons. const. 17 janv. 1988, n° 88-248 DC § 30 • Cons. const. 27 juill. 2000, n° 2000-433 DC § 56.

D. MAJORITÉ EN COUR D'ASSISES

105. La disposition selon laquelle toute décision défavorable à l'accusé est formée à la majorité de 6 voix sur 9 au moins lorsque la cour d'assises statue en premier ressort et de 8 voix sur 12 lorsqu'elle statue en appel ne méconnaît aucune exigence constitutionnelle. • Cons. const. 4 août 2011, n° 2011-635 DC § 27.

E. PRÉSENCE D'UN ÉLÉMENT INTELLECTUEL OU MORAL DE L'INFRACTION

106. V. comm. ss. DDH, art. 9.

III. NÉCESSITÉ DES DÉLITS ET DES PEINES

107. Principe et évolution de la formulation. Le Cons. const. n'ayant pas un pouvoir général d'appréciation et de décision identique à celui du Parlement, mais seulement compétence pour se prononcer sur la conformité à la Constitution des lois déférées à son examen, il ne lui appartient pas de substituer sa propre appréciation à celle du législateur en ce qui concerne la nécessité des peines attachées aux infractions définies par celui-ci. • Cons. const. 19 janv. 1981, n° 80-127 DC § 13 • Cons. const. 20 janv. 1981 : *ibid.* • Cons. const. 25 juill. 1984, n° 84-176 DC § 10. ♦ Il appartient au Cons. const. de vérifier, qu'eu égard à la qualification des faits en cause, la détermination des sanctions dont sont assorties les infractions correspondantes n'est pas entachée d'erreur manifeste d'appréciation. • Cons. const. 16 juill. 1996, n° 96-377 DC § 7 • Cons. const. 16 juin 1999, n° 99-411 DC § 13. ♦ Il appartient encore au Cons. const. de s'assurer que la répression mise en œuvre permet bien d'atteindre le but *que le législateur poursuit.* • Cons. const. 10 mars 2011, n° 2011-625 DC § 43.

108. Si la nécessité des peines attachées aux infractions relève du pouvoir d'appréciation du législateur, il incombe au Cons. const. de s'assurer de l'absence de disproportion manifeste entre l'infraction et la peine encourue. • Cons. const. 9 août 2007, n° 2007-554 DC § 8 • Cons. const. 7 avr. 2017, *Amadou S.*, n° 2017-625 QPC § 13. ♦ Rappr., implicitement, • Cons. const. 16 sept. 2016, *Lucas M.*, n° 2016-564 QPC § 3.

V. pour d'autres décisions dans le même sens :

109. Les peines complémentaires doivent également être proportionnées. • Cons. const. 13 mars 2003, n° 2003-467 DC § 72 • Cons. const. 22 oct. 2009, n° 2009-590 DC § 21 • Cons. const. 16 oct. 2015, *Abdullah N.*, n° 2015-493 QPC § 6 • Cons. const. 7 juin 2013, *Mohamed T.*, n° 2013-318 QPC § 19.

110. En l'absence de disproportion manifeste entre l'infraction et la peine encourue, il n'appartient pas au Cons. const. de substituer sa propre appréciation à celle du législateur en ce qui concerne la nécessité des peines attachées aux infractions définies par celui-ci. • Cons. const. 3 sept. 1986, n° 86-215 DC § 7 • Cons. const. 20 janv. 1993, n° 93-316 DC § 32 • Cons. const. 20 janv. 1994, n° 93-334 DC § 10 • Cons. const. 29 juill. 1994, n° 94-345 DC § 27 • Cons. const. 16 juill. 1996, n° 96-377 DC § 28 • Cons. const. 16 juin 1999, n° 99-411 DC § 13 • Cons. const. 13 mars 2003, n° 2003-467 DC § 72.

111. A l'inverse, le législateur ne saurait réprimer la seule intention délictueuse ou criminelle. • Cons. const. 7 avr. 2017, *Amadou S.*, n° 2017-625 QPC § 13.

112. Le principe de proportionnalité des peines implique que le temps écoulé entre la faute et la condamnation puisse être pris en compte dans la détermination de la sanction, il appartient à l'autorité disciplinaire compétente de veiller au respect de cette exigence dans l'application des dispositions contestées. • Cons. const. 25 nov. 2011, *Michel G.*, n° 2011-199 QPC § 10. ♦ De même, en confiant à une juridiction disciplinaire le soin de fixer la durée de l'interdiction temporaire en fonction de la gravité des manquements réprimés, une disposition ne fixant pas la durée de l'interdiction temporaire d'exercer ne méconnait pas le principe d'individualisation des peines. • Cons. const. 28 mars 2014, *Joël M.*, n° 2014-385 QPC § 11.

113. Actes préparatoires. Lorsque le législateur ne sanctionne ni l'exécution ni le commencement d'exécution d'un acte délictueux ou criminel mais les actes préparatoires à celui-ci, il convient de s'assurer, d'une part, que cette infraction-obstacle est nécessaire à la répression des actes préparés et, d'autre part, que le dispositif retenu par le législateur n'a pas pour effet de sanctionner la seule intention. • Cons. const. 7 avr. 2017, *Amadou S.*, n° 2017-625 QPC § 15. ♦ C'est le cas lorsque le délit réprimé est constitué de plusieurs faits matériels constatés et qu'il est établi que ces faits carac-

térisent la préparation d'une infraction à caractère terroriste sous réserve que la preuve de l'intention de l'auteur des faits de préparer une infraction en relation avec une entreprise individuelle terroriste ne résulte pas des seuls faits matériels retenus comme actes préparatoires. • Cons. const. 7 avr. 2017, ♖ *Amadou S.,* n° 2017-625 QPC § 16. ♦ Ainsi, en retenant au titre des faits matériels pouvant constituer un acte préparatoire le fait de « rechercher ... des objets ou des substances de nature à créer un danger pour autrui », sans circonscrire les actes pouvant constituer une telle recherche dans le cadre d'une entreprise individuelle terroriste, le législateur a permis que soient réprimés des actes ne matérialisant pas en eux-mêmes la volonté de préparer une infraction. • Cons. const. 7 avr. 2017, ♖ *Amadou S.,* n° 2017-625 QPC § 17.

114. Le respect du principe de nécessité des peines est également vérifié lors du contrôle préalable à la ratification des traités internationaux. Ainsi, le Cons. const. constate que, s'agissant de la Cour pénale internationale, en cas de verdict de culpabilité, la peine est arrêtée en tenant compte (...) de la gravité du crime et de la situation personnelle du condamné. • Cons. const. 22 janv. 1999, n° 98-408 DC § 26.

115. Méthode. Le principe de proportionnalité qui en découle implique que, lorsque plusieurs dispositions pénales sont susceptibles de fonder la condamnation d'un seul et même fait, les sanctions subies ne peuvent excéder le maximum légal le plus élevé. • Cons. const. 12 janv. 2002, n° 2001-455 DC § 85. ♦ Le caractère proportionné d'une peine s'apprécie au regard de l'ensemble des éléments constitutifs de l'infraction qu'elle est destinée à réprimer. • Cons. const. 22 oct. 2009, n° 2009-590 DC § 28.

116. Il appartient aux autorités juridictionnelles, ainsi, le cas échéant, qu'aux autorités chargées du recouvrement des amendes, de respecter, dans l'application de la loi déférée, le principe de proportionnalité des peines. • Cons. const. 12 janv. 2002, n° 2001-455 DC § 86.

117. Étendue de l'application. Il doit être tenu compte du régime juridique d'exécution de la peine. • Cons. const. 27 nov. 2015, ♖ *Anis T.,* n° 2015-501 QPC § 8. ♦ V. Déjà, s'agissant d'une période de sûreté. • Cons. const. 3 sept. 1986, n° 86-215 DC § 3. • Cons. const. 10 mars 2011, ♖ n° 2011-625 DC § 31.♦ ... Aux incapacités qui y sont attachées du fait de la loi. • Cons. const. 20 juill. 1993, n° 93-321 DC § 12. ♦ ... Aux mesures de sûreté qui les assortissent. • Cons. const. 20 janv. 1994, n° 93-334 DC § 10. ♦ ... Aux sanctions fiscales. • Cons. const. 30 déc. 1987, n° 87-237 DC § 15 • Cons. const. 30 déc. 1997, n° 97-395 DC § 36. ♦ ... A toute sanction ayant le caractère d'une punition. • Cons. const. 30 déc. 1987, n° 87-237 DC § 14 • Cons. const. 29 déc. 2003, n° 2003-489 DC § 11 (amendes administratives). ♦ ... Y compris à des sanctions administratives. • Cons. const. 22 avr. 1997, n° 97 389 DC § 30. ♦ Sur les peines automatiques, V. note 205. ♦ Sur la nécessaire capacité laissée au juge, V. note 210.

118. Il importe peu que le législateur ait laissé le soin de prononcer ces sanctions à une autorité de nature non judiciaire. • Cons. const. 30 déc. 1987, n° 87-237 DC § 14. ♦ ... Ou non juridictionnelle. • Cons. const. 28 juill. 1989, ♖ n° 89-260 § 18. ♦ ... Ou administrative. • Cons. const. 20 juill. 1993, n° 93-321 DC § 12. ♦ V. également note 2. ♦ En édictant une majoration, dont il détermine l'assiette et plafonne le taux, le législateur peut renvoyer au pouvoir réglementaire le soin de fixer le taux des majorations applicables, ce qui ne dispense aucunement le pouvoir règlementaire de respecter les exigences découlant du présent art. • Cons. const. 30 mars 2012, ♖ *Sté Unibail Rodamco,* n° 2012-225 QPC § 7.

119. Le principe n'a pas lieu de s'appliquer pour des dispositifs qui ne revêtent pas le caractère d'une sanction mais constituent une imposition. • Cons. const. 18 déc. 1998, n° 98-404 DC § 24. ♦ ... Une modulation de l'aide publique attribuée aux partis politiques et destinée à les inciter à mettre en œuvre la parité hommes/femmes. • Cons. const. 30 mai 2000, n° 2000-429 DC § 13.

120. Mesures de police. L'inscription de l'identité d'une personne dans le fichier judiciaire national automatisé des auteurs d'infractions sexuelles qui a pour objet de prévenir le renouvellement de ces infractions et de faciliter l'identification de leurs auteurs ne constitue pas une sanction mais une mesure de police et n'est dès lors pas concernée par le principe de nécessité des peines tel qu'il est défini au présent art. • Cons. const. 2 mars 2004, n° 2004-492 DC § 74.

121. Nécessité de l'incrimination. Parfois le Cons. const. se réfère au présent art. pour juger de la nécessité non de la peine mais de l'incrimination. Ainsi jugé que l'aide à l'entrée, à la circulation ou au séjour irrégulier d'un étranger, ne constituant pas un acte matériel directement attentatoire à la sécurité des biens ou des personnes mais un simple comportement d'aide directe ou indirecte à des personnes en situation irrégulière, est disproportionnée lorsqu'elle entre dans la répression de la complicité des actes de terrorisme. • Cons. const. 16 juill. 1996, n° 96-377 DC § 9.

122. Peines non répressives. Le Cons. const. admet dans le cadre de peines non répressives de vérifier si la peine instituée est en lien direct avec la commission de l'infrac-

tion. • Cons. const. 16 juin 1999, n° 99-411 DC § 21 et 22 • Cons. const. 29 sept. 2010, *Thierry B.*, n° 2010-40 QPC § 4 • Cons. const. 29 sept. 2010, *Sté CDiscount*, n° 2010-41 QPC § 4. ♦ … Ou vise à renforcer la répression du délit de fraude fiscale en assurant à la condamnation la plus large publicité. • Cons. const. 10 déc. 2010, *Alain D. et a.*, n° 2010-72/75/82 QPC § 4. ♦ Il assure cette vérification en matière fiscale. • Cons. const. 17 mars 2011, *Sté SERAS II*, n° 2010-103 QPC § 6 • Cons. const. 17 mars 2011, *César S. et a.*, n° 2010-105/106 QPC § 7. • Cons. const. 8 oct. 2014, *Sté SGI*, n° 2014-418 QPC § 8.

123. Il appartient au législateur d'assurer la conciliation de l'objectif de valeur constitutionnelle de lutte contre la fraude fiscale, (DDH, art. 13), avec le principe énoncé par le présent art. • Cons. const. 29 déc. 1999, n° 99-424 DC § 52 • Cons. const. 20 juill. 2012, *Irène L.*, n° 2012-267 QPC § 5 (sol. impl.).

124. Peines disciplinaires. Dès lors que, en dehors du droit pénal, les principes contenus au présent art. s'appliquent de manière moins rigoureuse (V. note 75), le juge concerné et, partant le Cons. const., doit s'assurer de l'absence d'inadéquation manifeste entre les peines disciplinaires encourues et les obligations dont elles tendent à réprimer la méconnaissance. • Cons. const. 25 nov. 2011, *Michel G.*, n° 2011-199 QPC § 8 • CE, QPC, 16 mai 2012, *O.*, n° 356924 : *AJDA 2012. 1031* • Cons. const. 28 mars 2014, *Joël M.*, n° 2014-385 QPC § 8.

BIBL. Bezzina, L'identité menacée de la règle *non bis in idem* en droit public français, *RD publ. 2015. 945*. – Hermon, Retour sur le cumul des poursuites et des sanctions pénales et fiscales, une partition inachevée, *RD publ. 2016. 1395*. – Malverti et Beaufils, Sous des étoiles contraires : le juge administratif face au *ne bis in idem*, *AJDA 2019. 1150*.

125. Non bis in idem… Cumul de poursuites. Les mêmes faits commis par une même personne peuvent faire l'objet de poursuites différentes : aux fins de sanctions de natures (disciplinaire ou pénale) différentes en application de corps de règles distincts. • Cons. Const. 24 juin 2016, *Alec W.*, n° 2016-545 QPC § 8 • Cons. const. 26 mars 2021, *Sté Akka technologies*, n° 2021-892 QPC § 19 • Cons. const. 24 juin 2016, *Jérôme C.*, n° 2016-546 QPC § 8 (sanctions fiscales et pénales). ♦ Rappr. • Cons. Const. 30 mars 2017, *Sté Clos Teddi et a.*, n° 2016-621 QPC § 4 • Crim. 17 janv. 2018, n° 17-90.022 (électorales et pénales) • Cons. const. 17 mai 2019, *Nicolas S.*, n° 2019-783 QPC § 9 (sanctions financières et pénales). • Crim., QPC, 9 oct. 2019, n° 19-90.027 : *JCP Adm. 2019. 675* (inéligibilité) • Cons. const. 7 mai 2020, n° 2020-838/839 QPC § 5 (sanctions pénales et financières). ♦ Rappr. • CEDH 15 nov. 2016, *Norvège*, n° 24130/11 : *AJDA 2016. 2190* • CJUE 20 mars 2018, n° C-524/15, C-537/16 et C-596/16 (3 espèces) : *AJDA 2018. 602*. ♦ *Ab. jur.* devant leurs propres ordres de juridiction. • Cons. const. 18 mars 2015, *John et a.*, nos 2014-453/454 QPC et 2015-462 QPC § 19 • Cons. const. 14 janv. 2016, *Alain D.*, n° 2015-513/514/526 QPC § 11. ♦ … Aux fins de sanctions de nature disciplinaire ou administrative en application de corps de règles distincts. • Cons. const. 17 janv. 2013, *Laurent D.*, n° 2012-289 QPC § 3.

126. La seule circonstance que plusieurs incriminations soient susceptibles de réprimer un même comportement ne peut caractériser une identité de faits que si ces derniers sont qualifiés de manière identique. • Cons. const. 7 mai 2020, n° 2020-838/839 QPC § 9.

127. Il découle du principe général du droit selon lequel une autorité administrative ne peut sanctionner deux fois la même personne à raison des mêmes faits. Une autorité administrative qui a pris une première décision définitive à l'égard d'une personne qui faisait l'objet de poursuites à raison de certains faits, ne peut ensuite engager de nouvelles poursuites à raison des mêmes faits en vue d'infliger une sanction. Cette règle s'applique lorsque l'autorité avait initialement infligé une sanction mais également lorsqu'elle avait décidé de ne pas en infliger une. • CE 30 déc. 2016, *ACNUSA c/ Sté Darta*, n° 395681 : *AJDA 2017. 6 ; JCP Adm. 2017. 38 ; ibid. 2243, note Pauliat.*

128. En revanche, une même personne ne peut faire l'objet de poursuites différentes conduisant à des sanctions de même nature pour les mêmes faits, en application de corps de règles protégeant les mêmes intérêts sociaux. • Cons. const. 1er juill. 2016, *Stéphane R.*, n° 2016-550 QPC § 7 • Cons. const. 7 mai 2020, n° 2020-838/839 QPC § 10. ♦ V. pour une mise en œuvre. * CDBF 30 déc. 2016, *CIPAV*, n° 212-735-II : *AJDA 2017. 1940, chron. Péhau et Hauptmann* • Cons. const. 26 mars 2021, *Sté Akka technologies*, n° 2021-892 QPC § 24.

129. … Cumul de qualifications. Le Cons. const. estime que le principe de nécessité des peines n'interdit pas au législateur de prévoir que certains faits puissent donner lieu à différentes qualifications pénales. • Cons. const. 25 févr. 2010, n° 2010-604 DC § 6. ♦ Ainsi, la création d'une infraction de participation consciente à un groupement en vue de la préparation de violences volontaires est une nouvelle incrimination qui n'a ni pour objet ni pour effet de permettre qu'une même personne soit poursuivie en raison d'une infraction pour laquelle elle a déjà été acquittée ou condamnée par un jugement définitif. • Même affaire.

130. … Cumul d'infractions dans le temps. De même, la réitération du refus, à des

périodes et en des circonstances différentes, de se soumettre à un prélèvement extérieur d'empreintes génétiques peut donner lieu à des poursuites et des condamnations distinctes sans méconnaître le principe *non bis in idem*. • Cons. const. 16 sept. 2010, *Jean-Victor C.*, n° 2010-25 QPC § 25.

131. ... Cumul de sanctions. La règle du non-cumul des peines en matière de crimes et délits : cette règle n'a que valeur législative et il peut donc toujours y être dérogé par une loi. • Cons. const. 30 juill. 1982, n° 82-143 § 13. ♦ V. s'agissant du cumul de sanctions disciplinaires interdit, sauf si la loi le prévoit, par un principe général du droit. • CE 29 oct. 2009, *Sté Air France*, n° 312825 • CE 30 déc. 2016, *ACNUSA c/ Sté Darta*, n° 395681 : *préc. note 127.*

132. L'art. 50 Charte UE ne s'oppose pas à une réglementation nationale permettant de cumuler, en matière fiscale, une sanction fiscale et une sanction pénale pour les mêmes faits pour autant que la première ne revête pas un carcatère pénal. • CJUE 26 févr. 2013, *Akerberg Fransson*, n° C-617/10 : *AJDA 2013. 1154, chron. Aubert, Broussy et Cassagnabère ; RFDA 2013. 1231, chron. Mayeur-Carpentier, Clément-Wilz et Martussi* • CJUE 20 mars 2018, *Luca Menci, Garisson Real Estate et Enzo di Puma*, n° C-524/15, C-537/16 et C-596/16 (3 esp.) : *AJDA 2018. 1026, chron. Bonneville, Broussy, Cassagnabère et Gänser*. ♦ ... Une sanction administrative infligée à une société ayant la personnalité morale et une sanction pénale infligée à une personne physique. • CJUE 5 avr. 2017, *Orsi et Baldetti*, n^{os} C-217/15 et C-350/15 (2 esp.) : *AJDA 2017. 850*.

133. Dès lors que les deux répressions prévues par les dispositions contestées relèvent de corps de règles qui protègent des intérêts sociaux distincts aux fins de sanctions de nature différente, le grief tiré de la méconnaissance du principe de nécessité et de proportionnalité des peines doit être écarté. • Cons. const. 17 mai 2019, *Nicolas S.*, n° 2019-783 QPC § 14. ♦ V. déjà *a contrario* • Cons. const. 18 mars 2015, *John et a.*, n°s 2014-453/454 QPC et 2015-462 QPC § 26. ♦ Tel est le cas dès lors que si le juge pénal pouvait prononcer une *peine d'emprisonnement* et une peine d'amende (ou, pour une personne morale une peine de dissolution et une peine d'amende) et l'autorité administrative seulement une sanction pécuniaire, le montant maximum de cette sanction pécuniaire peut être jusqu'à six fois plus élevé que le montant maximum de l'amende pénale. • Cons. const. 18 mars 2015, *John et a.*, n°s 2014-453/454 QPC et 2015-462 QPC § 28. ♦ Si les dispositions contestées n'instituent pas, par elles-mêmes, un mécanisme de double poursuite et de double sanction, elles le rendent possible. • Cons. const. 30 sept. 2016, *Gilles M. et a.*, n° 2016-572 QPC § 14.

134. Les dispositions de procédure contestées ne sauraient permettre, sans méconnaître le principe de nécessité des délits et des peines, que des poursuites puissent être continuées pour manquement de diffusion de fausses informations dès lors que des premières poursuites ont déjà été engagées pour les mêmes faits et à l'encontre de la même personne devant le juge pénal. De la même manière, des poursuites ne peuvent être continuées pour le délit de diffusion de fausses informations dès lors que de premières poursuites ont déjà été engagées pour les mêmes faits et à l'encontre de la même personne devant la commission des sanctions de l'Autorité des marchés financiers. • Cons. const. 30 sept. 2016, *Gilles M. et a.*, n° 2016-572 QPC § 16.

135. A l'inverse tel n'est pas le cas lorsque ces sanctions pécuniaires étant du même montant, le juge pénal peut condamner l'auteur d'un délit d'initié à une peine d'emprisonnement lorsqu'il s'agit d'une personne physique et lorsque l'auteur d'un délit d'initié est une personne morale, prononcer sa dissolution et une amende cinq fois supérieure à celle pouvant être prononcée par l'autorité administrative. • Cons. const. 14 janv. 2016, *Alain D.*, n°s 2015-513/514/526 QPC § 12. ♦ Rappr. • Cons. Const. 30 mars 2017, *Sté Clos Teddi et a.*, n° 2016-621 QPC § 7. ♦ De même, si les sanctions de faillite personnelle ou d'interdiction de gérer pouvant être prononcées par le juge civil ou commercial pour ces manquements sont identiques à celles encourues devant la juridiction pénale pour les mêmes manquements constitutifs du délit de banqueroute, le juge pénal peut condamner l'auteur de ce délit à une peine d'emprisonnement et à une peine d'amende, ainsi qu'à plusieurs autres peines complémentaires d'interdictions. Il en résulte que ces faits doivent être regardés comme susceptibles de faire l'objet de sanctions de natures différentes. • Cons. const. 29 sept. 2016, *Pierre M.*, n° 2016-570 QPC § 7 et 8 • Cons. const. 29 sept. 2016, *Makhdar Y.*, n° 2016-573 QPC § 12 et 13.

136. Le principe selon lequel nul ne peut être condamné deux fois pour les mêmes faits ne reçoit, en tout état de cause, pas application en cas de cumul de sanctions pénales et sanctions administratives. • Cons. const. 28 juill. 1989, n° 89-260 DC § 16 • Cons. const. 20 juill. 2012, *Georges R.*, n° 2012-266 QPC § 8 • Crim. 1er mars 2000, n° 99-86.299 P : *D. 2000. 229, obs. Lienhard ; RSC 2000. 629, obs. Riffault ; RTD com. 2000. 1028, obs. Bouloc* • CE 16 juill. 2010, *Beslay*, n° 321056 : *RSC 2011. 116, obs. Stasiak ; RTD com. 2011. 385, obs. Rontchevsky*. ♦ ... Et sanctions disciplinaires. • Crim. 27 mars 1997, n° 96-82.669 P : *D. 1998. 172, obs. Pradel ; RSC 1997. 830, obs. Bouloc* • CE 21 juin

2013, B., n° 345500 § 4 : *AJDA 2013. 2209, note Seurot ; Dr. adm. 2014, p. 3, note Éveillard.* ♦ ... Et sanctions disciplinaires, professionnelles et statutaires. • CE 27 janv. 2006, *Min. de la défense,* n° 265600 : *AJDA 2006. 1239* • CE 27 janv. 2016, n° 383514 : *Lebon ; AJDA 2016. 818*. ♦ ... Et sanctions douanières. • Crim. 4 sept. 2002, n° 01-84.011 P : ♦ ... Et sanctions fiscales. • Crim. 4 juin 1998, n° 97-80.620 P : *RTD com. 1999. 522, obs. Bouloc*. ♦ ... Et sanctions financières. • Cons. const. 17 mai 2019, *Nicolas S.,* n° 2019-783 QPC § 14. ♦ De même, les faits sanctionnés dans le cadre du contentieux technique par les sections des assurances sociales peuvent également être frappés d'une sanction dans le cadre du contentieux disciplinaire général par les conseils régionaux. • CE sect.,12 juill. 1955, *Conan,* n° 97326 : *Lebon 423.* ♦ Il est également possible que les sanctions disciplinaires se cumulent entre elles sans violer la règle. • CE 2 mars 2010, *Féd. fr. d'athlétisme,* n° 324439 B : *AJDA 2010. 473 ; ibid. 664, chron. Liéber et Botteghi ; D. 2011. 703, obs. Centre de droit et d'économie du sport, Université de Limoges*.

137. Il est encore possible de cumuler une sanction pénale et une sanction disciplinaire telle que l'encellulement disciplinaire dès lors que celle-ci est une modalité d'application de la peine précédemment prononcée. • Crim. 10 janv. 2017, n° 15-85.519 P : *AJDA 2017. 446 ; ibid. 2017. 162 ; AJ pénal 2017. 145, obs. Falxa*.

138. Il peut s'agir encore d'une sanction d'inéligibilité prononcée par le juge constitutionnel et d'une peine complémentaire d'inéligibilité prononcée par le juge pénal qui, bien qu'aboutissant à des sanctions ayant le même objet (privation d'un droit civique), sont de nature différente. • Crim., QPC, 9 oct. 2019, n° 19-90.027 : *préc. note 125.*

139. Ces cumuls sont cependant soumis à un contrôle de proportionnalité. V. note 178.

140. Eu égard à la différence de finalité entre les condamnations pénales et la mesure de déchéance de nationalité française, le moyen tiré de ce que le décret contesté aurait méconnu la règle « *non bis in idem* » n'est pas de nature à créer un doute sérieux sur la légalité du décret. • CE, ord., 20 nov. 2015, n° 394349 : *AJDA 2015. 2240 ; D. 2016. 120, entretien P. Lagarde*.

141. ... Lien entre les procédures. Les dispositions contestées (CGI, art. 1741) ne sauraient, sans méconnaître le principe de nécessité des délits, permettre qu'un contribuable qui a été déchargé de l'impôt par une décision juridictionnelle devenue définitive pour un motif de fond puisse être condamné pour fraude fiscale. • Cons. const. 24 juin 2016, *Alec W.,* n° 2016-545 QPC § 13 • Cons. Const. 23 nov. 2018, *Thomas T.,* n° 2018-745 QPC § 11. ♦ En revanche, il ne résulte d'aucun principe constitutionnel que le juge pénal saisi d'une fraude électorale soit tenu par une décision du juge administratif constatant l'absence de fraude. • Crim. 17 janv. 2018, n° 17-90.022.

142. Minimum de peine. L'instauration d'un minimum de peine d'amende applicable aux contraventions les moins graves ne méconnaît pas, en elle-même, le principe de nécessité des peines. • Cons. const. 16 sept. 2011, *Sté LOCAWATT,* n° 2011-162 QPC § 5.

143. Peine fixée en pourcentage du chiffre d'affaires. Une telle peine n'est pas en elle-même contraire au présent art. • Cons. const. 12 oct. 2012, *Sté Groupe Canal Plus et a.,* n° 2012-280 QPC (sol. impl.). ♦ S'il est possible pour le législateur de retenir une sanction en proportion du chiffre d'affaires pour telle ou telle infraction précisément identifiée, encore faut-il qu'il existe un lien entre sanction et infraction. • Cons. const. 4 déc. 2013, n° 2013-679 DC § 10. ♦ Rappr. • Cons. const. 26 mars 2021, *Sté Akka technologies,* n° 2021-892 QPC § 17.

144. Circonstances aggravantes. Le principe de nécessité des délits ne s'oppose pas à ce que les faits de fraude fiscale commis en bande organisée fassent l'objet d'une répression aggravée ; de même, alors que la détention d'un compte bancaire à l'étranger ne constitue pas en soi un acte illicite, mais a été utilisé pour commettre le délit de fraude fiscale, le législateur peut retenir une telle circonstance parmi celles qui entraînent l'aggravation de la répression du délit de fraude fiscale dès lors qu'un tel compte peut être de nature à faciliter la commission et la dissimulation du délit de fraude fiscale. • Cons. const. 4 déc. 2013, n° 2013-679 DC § 21 et 23.

145. Transaction pénale. En cas de poursuites devant la juridiction répressive faisant suite à une transaction qui n'a pas été entièrement exécutée, il est tenu compte, s'il y a lieu, des sommes déjà versées ou des autres obligations respectées par l'auteur de l'infraction au titre de la transaction. • Cons. const. 26 sept. 2014, *Assoc. France Nature Environnement,* n° 2014-416 QPC § 12.

146. Prise en compte du temps écoulé depuis l'infraction. Il résulte du principe de nécessité des peines et de la garantie des droits, proclamée par l'art. 16 DDH, un principe selon lequel, en matière pénale, il appartient au législateur, afin de tenir compte des conséquences attachées à l'écoulement du temps, de fixer des règles relatives à la prescription de l'action publique qui ne soient pas manifestement inadaptées à la nature ou à la gravité des infractions. • Cons. const. 24 mai 2019, *Mario S.,* n° 2019-785 QPC § 7. ♦ Si les exi-

gences constitutionnelles qui découlent du présent art. impliquent que le temps écoulé entre la faute et la condamnation puisse être pris en compte dans la détermination de la sanction, aucun droit ou liberté que la Constitution garantit n'impose que les poursuites disciplinaires soient nécessairement soumises à une règle de prescription, qu'il est loisible au législateur d'instaurer. • Cons. const. 11 oct. 2018, *Pascal D.*, n° 2018-738 QPC § 11.

147. En prévoyant que les infractions continues ne peuvent commencer à se prescrire tant qu'elles sont en train de se commettre, les dispositions contestées fixent des règles qui ne sont pas manifestement inadaptées à la nature de ces infractions. La personne poursuivie pour une infraction continue peut démontrer que cette infraction a pris fin, le juge pénal apprécie souverainement les éléments qui lui sont soumis afin de déterminer la date à laquelle l'infraction a cessé. • Cons. const. 24 mai 2019, *Mario S.*, n° 2019-785 QPC § 8 et 9.

A. APPRÉCIATION DE LA NÉCESSITÉ DES DÉLITS ET DES PEINES EN EUX-MÊMES

1° APPLICATIONS PAR LE CONSEIL CONSTITUTIONNEL

148. L'existence d'une peine de confiscation ne méconnaît pas en elle-même le principe de nécessité des peines. • Cons. const. 26 nov. 2010, *Thibaut G.*, n° 2010-66 QPC § 5.

149. Méconnaît le principe de nécessité des délits la condamnation (et elle seule) pour fraude fiscale d'un contribuable qui a été déchargé de l'impôt par une décision juridictionnelle devenue définitive pour un motif de fond. • Cons. const. 24 juin 2016, *Jérôme C.*, n° 2016-546 QPC § 13 (réserve d'interprétation).

150. Il n'appartient pas au Conseil constitutionnel d'apprécier la conformité au présent art. d'une disposition réglementaire fixant une peine complémentaire dont la possibilité est ouverte par la loi. • Cons. const. 26 nov. 2010, *Thibaut G.*, n° 2010-66 QPC § 5. ♦ ... Le taux des majorations applicables. • Cons. const. 30 mars 2012, *Sté Unibail Rodamco*, n° 2012-225 QPC § 7.

151. L'insuffisante sévérité de la sanction encourue ne saurait constituer une méconnaissance du principe de proportionnalité des peines. • Cons. const. 20 déc. 2019, n° 2019-795 DC § 33.

a. Absence de disproportion manifeste

1. Domaine pénal

152. Peines. N'apparaissent pas comme une sanction manifestement disproportionnée par rapport aux faits susceptibles de motiver de telles mesures : l'institution d'une période de sûreté pouvant être portée à trente ans durant laquelle certains condamnés ne peuvent bénéficier des dispositions concernant la suppression ou le fractionnement de la peine, le placement à l'extérieur, les permissions de sortir, la semi-liberté et la libération conditionnelle. • Cons. const. 3 sept. 1986, n° 86-215 DC § 3 • Cons. const. 20 janv. 1994, n° 93-334 DC § 10. ♦ ... L'amende encourue pour les infractions aux dispositions relatives aux prestations de publicité eu égard à la nature des activités économiques et des intérêts commerciaux en cause. • Cons. const. 20 janv. 1993, n° 92-316 DC § 32. ♦ ... L'amende encourue par l'entreprise de transport aérien ou maritime qui débarque sur le territoire français, en provenance d'un autre État, un étranger non ressortissant de l'UE et démuni de document de voyage et, le cas échéant, de visa. • Cons. const. 25 févr. 1992, n° 92-307 DC § 28. ♦ ... L'incapacité consistant en la perte du droit d'acquérir par une simple manifestation de volonté, sous certaines conditions d'âge et de résidence, la nationalité française du fait de la naissance sur le sol français, attachée à des peines ou mesures administratives prononcées à l'encontre des intéressés qui traduisent de leur part un comportement inconciliable avec l'acquisition de la nationalité française. • Cons. const. 20 juill. 1993, n° 93-321 DC § 13. ♦ ... Le doublement de l'amende maximale encourue par les entreprises de transport routier qui dans certaines conditions acheminent sur le territoire français un étranger (hors UE) démuni d'un document de voyage et le cas échéant du visa requis. • Cons. const. 13 août 1993, n° 93-325 DC § 39. ♦ ... La déchéance de la nationalité française des personnes l'ayant acquis depuis moins de 10 ans condamnées pour un crime ou un délit constituant un acte de terrorisme. • Cons. const. 16 juill. 1996, n° 96-377 DC § 23. ♦ ... L'amende encourue pour des contraventions à la réglementation sur les vitesses maximales autorisées et sur les signalisations imposant l'arrêt des véhicules. • Cons. const. 16 juin 1999, n° 99-411 DC § 8. ♦ ... La récidive de la contravention pour dépassement d'au moins 50 km/h de la vitesse maximale autorisée, pour répondre aux exigences de la lutte contre l'insécurité routière, et en la réprimant par une peine délictuelle. • Même affaire, § 14. ♦ ... Le mécanisme de perte de points dans le cadre du permis de conduire. • Même affaire, § 22. ♦ ... La peine sanctionnant le refus de prélèvement externe d'empreintes génétiques, compte tenu de l'absence de voies d'exécution d'office du prélèvement et de la gravité des faits susceptibles d'avoir été commis. • Cons. const. 13 mars 2003, n° 2003-467 DC § 57 • Cons. const. 16 sept. 2010, *Jean-Victor C.*, n° 2010-25 QPC § 25. ♦ ... L'amende égale à 50 % du montant d'une facture ne correspondant pas à

une livraison ou à une prestation de service réelle. • Cons. const. 30 déc. 1997, n° 97-395 DC § 40. ♦ ... L'amende de 100 euros, soit 40 % du montant de l'acompte indûment perçu, lorsque la mauvaise foi de l'intéressé est établie lorsqu'il demande un acompte de prime pour l'emploi. • Cons. const. 29 déc. 2003, n° 2003-489 DC § 13. ♦ ... L'instauration, à l'encontre d'un étranger ayant pénétré ou séjourné en France sans se conformer aux dispositions du CESEDA ou qui s'est maintenu en France au-delà de la durée autorisée par son visa, d'une peine de prison d'un an et d'une amende de 3 750 €, la juridiction pouvant, en outre, interdire à l'étranger condamné, pendant une durée qui ne peut excéder 3 ans, de pénétrer ou de séjourner en France, cette interdiction du territoire emportant, de plein droit, reconduite du condamné à la frontière, le cas échéant à l'expiration de la peine d'emprisonnement. • Cons. const. 3 févr. 2012, *Mohammed Akli B.*, n° 2011-217 QPC § 5. ♦ ... L'amende égale à 50 % des sommes non déclarées pour le fait d'avoir manqué à l'obligation de déclarer les commissions, courtages, ristournes commerciales ou autres, vacations, honoraires occasionnels ou non, gratifications et autres rémunérations, versés à des tiers à l'occasion de l'exercice de leur profession. • Cons. const. 20 juill. 2012, *Irène L.*, n° 2012-267 QPC § 5. ♦ ... L'aggravation de la peine encourue par l'auteur du crime de viol ou du délit d'agression sexuelle lorsqu'il a, sur la victime, une autorité de droit ou de fait. • Cons. const. 6 févr. 2015, *Claude A.*, n° 2014-448 QPC § 9. ♦ ... Les sanctions pénales qui répriment la dissimulation frauduleuse d'éléments nécessaires à l'établissement de l'impôt principalement par des amendes et des peines d'emprisonnement et visent ainsi à garantir l'accomplissement volontaire par les contribuables de leurs obligations fiscales. • Cons. const. 24 juin 2016, *Jérôme C.*, n° 2016-546 QPC § 19. ♦ ... Les sanctions financières qui préviennent et répriment les omissions relatives à la déclaration de la base d'imposition ou des éléments servant à la liquidation de l'impôt. • Cons. Const. 23 nov. 2018, *Thomas T.*, n° 2018-745 QPC § 8. ♦ ... Les sanctions qui punissent d'une amende de 500 000 € et d'un emprisonnement de 5 ans quiconque a « volontairement omis de faire sa déclaration dans les délais prescrits ». • Cons. Const. 23 nov. 2018, *Thomas T.*, n° 2018-745 QPC § 10. ♦ ... Rappr. s'agissant des sanctions pour défaut de déclaration de transfert international de capitaux : • Cons. Const. 23 nov. 2018, *Djamal Eddine C.*, n° 2018-746 QPC § 8. ♦ ... Les sanctions punissant le délit de vente ou de cession irrégulière de titres d'accès à une manifestation sportive, culturelle ou commerciale ou à un spectacle vivant. • Cons. const. 14 déc. 2018, *Sté Viagogo*, n° 2018-754 QPC § 6 s.

153. Il en va de même de : la peine prévue pour réprimer le fauchage volontaire de cultures OGM autorisées. • Cons. const. 19 juin 2008, n° 2008-564 DC § 36. ♦ ... La participation intentionnelle à un groupement, même formé de façon temporaire, en vue de commettre des actes de violence aux personnes ou de dommages aux biens, le législateur n'ayant pas institué une peine manifestement disproportionnée. • Cons. const. 25 févr. 2010, n° 2010-604 DC § 15. ♦ ... Le fait de pénétrer ou de se maintenir dans l'enceinte d'un établissement d'enseignement scolaire sans y être habilité. • Même affaire, § 29. ♦ Il en va de même : de la peine de confiscation eu égard aux conditions de gravité des infractions pour lesquelles elles sont applicables et aux biens qui peuvent en faire l'objet (et partant la peine de confiscation de véhicule en cas de « grand excès de vitesse »). • Cons. const. 26 nov. 2010, *Thibaut G.*, n° 2010-66 QPC § 6. ♦ ... Compte tenu des risques induits par le comportement réprimé, de la peine de 2 ans d'emprisonnement et de 4 500 € d'amende réprimant la conduite d'un véhicule alors qu'une analyse sanguine révèle que le conducteur a fait usage de stupéfiants. • Cons. const. 9 déc. 2011, *Jérémy M.*, n° 2011-204 QPC § 6. ♦ ... La déchéance de nationalité subordonnée à la condition que la personne a été condamnée pour des actes de terrorisme et qu'elle ne puisse conduire à ce que cette personne soit rendue apatride. • Cons. const. 23 janv. 2015, *Ahmed S.*, n° 2014-439 QPC § 19. ♦ ... Des peines prévues en matière d'apologie publique d'actes de terrorisme au regard de la nature des comportements réprimés. • Cons. const. 18 mai 2018, *Jean-Marc R.*, n° 2018-706 QPC § 12.

154. Il en va de même encore, durant la crise sanitaire (covid-19), des dispositions sanctionnant la quatrième violation de l'interdiction de sortir. Elles punissent des faits distincts de ceux réprimés lors des trois premières violations. L'incrimination a pour objet d'assurer le respect de mesures prises pour garantir la santé publique durant l'état d'urgence sanitaire qui peut être déclaré en cas de catastrophe sanitaire mettant en péril, par sa nature et sa gravité, la santé de la population. Compte tenu des risques induits durant une telle période par le comportement réprimé, les peines instituées ne sont pas manifestement disproportionnées. • Cons. const. 26 juin 2020, *Oussman G. et a.*, n° 2020-846/847/848 QPC § 15.

155. Peines complémentaires. N'apparaît pas comme une sanction manifestement disproportionnée : l'instauration des peines complémentaires de suspension du permis de conduire pendant une durée maximale de 3 ans et la confiscation des véhicules automobiles utilisés pour commettre l'infraction, à l'ex-

ception de ceux destinés à l'habitation réprimant le fait de s'installer en réunion, en vue d'y établir une habitation, même temporaire, sur un terrain appartenant soit à une commune qui s'est conformée aux obligations lui incombant en vertu de la loi. • Cons. const. 13 mars 2003, n° 2003-467 DC § 72. ♦ ... L'instauration d'une peine complémentaire destinée à réprimer les délits de contrefaçon commis au moyen d'un service de communication au public en ligne et consistant dans la suspension de l'accès à un tel service pour une durée maximale d'un an, assortie de l'interdiction de souscrire pendant la même période un autre contrat portant sur un service de même nature auprès de tout opérateur. • Cons. const. 22 oct. 2009, n° 2009-590 DC § 21. ♦ ... L'instauration d'une peine complémentaire destinée à réprimer l'ouverture illicite des débits de boissons aux fins de lutter contre l'alcoolisme et de protéger la santé publique. • Cons. const. 16 oct. 2015, *Abdullah N.*, n° 2015-493 QPC § 6. ♦ ... L'instauration d'une peine complémentaire de confiscation de tout ou partie des biens leur appartenant ou, sous réserve des droits du propriétaire de bonne foi, dont elles ont la libre disposition pour lutter contre l'apologie publique d'actes de terrorisme. • Cons. const. 18 mai 2018, *Jean-Marc R.*, n° 2018-706 QPC § 18.

156. Peines plancher. Les peines minimales applicables aux crimes ainsi qu'aux délits punis d'au moins 3 ans d'emprisonnement et l'instauration de peines minimales d'emprisonnement à environ un tiers de la peine encourue, soit le sixième du quantum de la peine que la juridiction peut prononcer compte tenu de l'état de récidive légale, eu égard à certains éléments de gravité. • Cons. const. 9 août 2007, n° 2007-554 DC § 10 et 11. ♦ Il en va de même des peines minimales prévues pour des délits d'une particulière gravité ou des atteintes à l'intégrité physique des personnes, caractérisées par au moins une ou plusieurs circonstances aggravantes et punies d'une peine d'au moins 7 ans d'emprisonnement. • Cons. const. 10 mars 2011, n° 2011-625 DC § 23.

157. Contrainte pénale. La contrainte pénale qui pourra être prononcée pour tout délit puni d'une peine d'emprisonnement inférieure à cinq ans commis avant le 1er janv. 2017 et pour tout délit puni d'une peine d'emprisonnement commis postérieurement à cette date est d'une durée maximale de cinq ans ; le condamné peut être soumis aux obligations et interdictions prévues en matière de sursis avec mise à l'épreuve, à l'obligation d'effectuer un travail d'intérêt général ainsi qu'au régime de l'injonction de soins ; la durée maximale de l'emprisonnement encouru par le condamné en cas d'inobservation des obligations et interdictions auxquelles il est astreint ne peut excéder deux ans ou, si elle est inférieure, la durée de la peine d'emprisonnement encourue ; dès lors, ni l'existence d'une telle peine ni la circonstance que les obligations et interdictions ordonnées dans le cadre de cette peine sont destinées à prévenir la récidive en favorisant l'insertion ou la réinsertion du condamné au sein de la société ne méconnaissent les principes de nécessité et de proportionnalité des peines. • Cons. const. 7 août 2014, n° 2014-696 DC § 15.

158. Lorsqu'une personne a été condamnée à titre principal à une peine autre que l'emprisonnement ou l'amende sans limite de durée et imprescriptible, les dispositions qui font varier le délai à l'issue duquel la réhabilitation peut être obtenue en fonction de la durée de cette peine ou de la nature de l'infraction aboutissent en fait à ce que la personne ne puisse ni former une demande en réhabilitation judiciaire ni bénéficier d'une réhabilitation légale ou d'un relèvement. Elles ne sont pourtant pas manifestement contraires au principe de proportionnalité des peines, le condamné bénéficiant d'autres possibilités faisant disparaître la sanction. • Cons. const. 27 nov. 2015, *Anis T.*, n° 2015-501 QPC § 11 et 12.

2. Autres domaines

159. Pénalités fiscales... Recherche de l'adéquation avec le but poursuivi. Le législateur a, par la sanction qu'il a instaurée, entendu faciliter l'accès de l'administration fiscale aux informations bancaires et prévenir la dissimulation de revenus à l'étranger et a ainsi poursuivi l'objectif à valeur constitutionnelle de lutte contre la fraude et l'évasion fiscales. • Cons. const. 17 sept. 2015, *Épx B.*, n° 2015-481 QPC § 5 • Cons. const. 9 juin 2017, *Sté Edenred France*, n° 2017-636 QPC § 8 • Cons. const. 10 mai 2019, *Hendrik A.*, n° 2019-779/780 QPC § 8.

160. ... Proportionnalité. Il en va de même encore : de toutes les pénalités fiscales destinées à sanctionner les contribuables qui fraudent dans le cadre de leurs déclarations fiscales, n'en remplissent pas ou les remplissent tardivement (CGI, art. 1728 et 1729). • Cons. const. 17 mars 2011, *Sté SERAS II*, n° 2010-103 QPC § 6 • Cons. const. 17 mars 2011, *Épx B.*, n° 2010-104 QPC (sol. impl.) • Cons. const. 17 mars 2011, *César S. et a.*, n° 2010-105/106 QPC § 7. ♦ ... De la majoration (jusqu'à 100 %) d'une redevance ou d'une contribution pour infraction aux dispositions législatives ou réglementaires relatives à l'acquittement de celle-ci. • Cons. const. 30 mars 2012, *Sté Unibail Rodamco*, n° 2012-225 QPC § 7 • Cons. const. 7 mars 2014, *Sté Labeyrie*, n° 2013-371 QPC § 8. – Rappr. • Cons. const. 8 oct. 2014, *Sté SGI*, n° 2014-418 QPC § 8. . ♦ ... Des dispositions prévoyant de réprimer le défaut de réponse ou la réponse partielle à

une mise en demeure de produire certains documents d'une amende de 1 500 euros ou 10 % des droits rappelés si ce dernier montant est plus élevé, pour chaque manquement constaté au titre d'un exercice. • Cons. const. 4 déc. 2013, n° 2013-679 DC § 56. ♦ ... Des dispositions privant le contribuable disposant de déficits ou bénéficiant de réductions d'impôt de la possibilité de les utiliser ou de les faire valoir pour diminuer l'impôt rappelé et les pénalités correspondantes. • Cons. const. 16 sept. 2016, *Lucas M.*, n° 2016-564 QPC § 6. ♦ ... Des dispositions sanctionnant le défaut de déclaration d'un compte bancaire ouvert, utilisé ou clos à l'étranger, même par le cumul d'amendes qu'elles permettent. • Cons. const. 17 sept. 2015, *Épx B.*, n° 2015-481 QPC § 6. ♦ ... Des dispositions qui permettent à l'administration fiscale d'infliger des sanctions pécuniaires aux contribuables, notamment en cas de manquement délibéré, d'abus de droit ou de manœuvres frauduleuses. Ces sanctions, dont le niveau varie selon la nature de l'infraction et en proportion des droits éludés, s'ajoutent à l'impôt dû, sont recouvrées suivant les mêmes règles et visent à garantir la perception de la contribution commune et à préserver les intérêts financiers de l'État. Elles assurent le bon fonctionnement du système fiscal qui repose sur la sincérité et l'exactitude des déclarations souscrites par les contribuables. • Cons. const. 24 juin 2016, *Jérôme C.*, n° 2016-546 QPC § 18. ♦ ... D'amendes fiscales répétitives plafonnées. • Cons. const. 29 déc. 1999, n° 99-424 DC § 58 et 59 • Cons. const. 4 déc. 2013, n° 2013-679 DC § 43 • Cons. const. 29 déc. 2014, n° 2014-707 DC § 48. ♦ ... Des dispositions punissant d'une amende égale à 5 % des résultats omis, qui servent de base au calcul de l'impôt exigible ultérieurement, chaque manquement au respect de l'obligation déclarative incombant aux contribuables bénéficiant d'un régime de sursis ou de report d'imposition. • Cons. const. 9 juin 2017, *Sté Edenred France*, n° 2017-636 QPC § 8 • CE 4 déc. 2017, n° 379685 A : *AJDA 2017. 2384* ; *JCP Adm. 2018. 2120, note Rassafi-Guibal* (absence de violation de l'art. 6 Conv. DEH). ♦ Rappr. • Cons. const. 5 oct. 2018, *Sté CSF*, n° 2018-736 QPC § 7. ♦ ... Des dispositions punissant d'une amende proportionnelle au montant des sommes sur lesquelles a porté l'infraction ou sa tentative de manquement à l'obligation de déclarer certains transferts de capitaux financiers, le législateur a instauré une *sanction dont la nature est liée à celle de l'infraction*. • Cons. const. 10 mai 2019, *Hendrik A.*, n° 2019-779/780 QPC § 9.

161. Pour d'autres exemples, V. • Cons. const. 29 déc. 2016, n° 2016-743 DC • Cons. const. 16 mars 2017, *Mme Michelle Theresa B.*, n° 2016-618 DC § 10 (amende forfaitaire).

162. Sanctions disciplinaires. Une interdiction temporaire d'exercer à l'égard d'un officier public ou ministériel ayant manqué au devoir de sa charge. • Cons. const. 28 mars 2014, *Joël M.*, n° 2014-385 QPC § 10.

163. Pour d'autres exemples, V. s'agissant d'officiers : • CE 27 juin 2018, n° 412541 B : *AJDA 2018. 1362* ; *JCP Adm. 2018. 618.* ♦ ... D'officier généraux. • CE 22 sept. 2017, *Picquemal*, n° 404921 B : *AJDA 2018. 229, note Charruau* ; *AJFP 2018. 49* ; *Dr. adm. 2018. 3, note Eveillard.* ♦ ... D'enseignants. • CE 18 juill. 2018, n° 401527 B : *AJDA 2018. 1518* ; *ibid. 1979, note Orizet* ; *JCP Adm. 2018. 2325, note Pauliat.* ♦ ... Instructeurs dans une fédération sportive. • CAA Paris, 7 juin 2018, n° 17PA01790 : *AJDA 2018. 1535, chron. Sorin* .

164. Domaine économique : ... Recherche de l'adéquation avec le but poursuivi. En instituant une sanction pécuniaire destinée à réprimer les pratiques anticoncurrentielles mises en œuvre par des entreprises, le législateur a poursuivi l'objectif de préservation de l'ordre public économique qui implique que le montant des sanctions fixées par la loi soit suffisamment dissuasif pour remplir la fonction de prévention des infractions assignée à la punition. • Cons. const. 14 oct. 2015, *Sté Grands Moulins de Strasbourg SA et a.*, n° 2015-489 QPC § 14 • Cons. const. 7 janv. 2016, *Assoc. Expert-comptables média association*, n° 2015-510 QPC § 4. ♦ En instituant une sanction pécuniaire destinée à réprimer les manquements de nature à porter atteinte à la protection des investisseurs ou au bon fonctionnement du marché, le législateur a poursuivi l'objectif de préservation de l'ordre public économique. • Cons. const. 2 juin 2017, *Jacques R. et a.*, n° 2017-634 QPC § 13.

165. ... Proportionnalité. En prévoyant de réprimer les pratiques anticoncurrentielles d'une entreprise au moyen d'une sanction pécuniaire dont le montant maximal correspond à 10 % du chiffre d'affaires mondial hors taxes le plus élevé réalisé au cours d'un des exercices clos depuis l'exercice précédant celui au cours duquel les pratiques ont été mises en œuvre, le législateur n'a pas institué une peine manifestement disproportionnée au regard, d'une part, de la nature des agissements réprimés et, d'autre part, du fait qu'ils ont pu et peuvent encore, alors même qu'ils ont cessé, continuer de procurer des gains illicites à l'entreprise. • Cons. const. 14 oct. 2015, *Sté Grands Moulins de Strasbourg SA et a.*, n° 2015-489 QPC § 15. ♦ En prévoyant que, lorsque les comptes de l'entreprise ont été consolidés ou combinés en vertu des textes applicables à sa forme sociale, le chiffre d'affaires pris en compte pour calculer le maximum de la sanction encourue est celui figurant dans les comptes consolidés

ou combinés de l'entreprise consolidante ou combinante, le législateur a entendu prévenir des stratégies consistant à réduire, par des restructurations du capital des sociétés, le chiffre d'affaires des entreprises se livrant à des pratiques anticoncurrentielles afin de minorer le maximum de la sanction encourue dans l'hypothèse où ces pratiques seraient sanctionnées ; cette disposition vise en outre à prendre en compte la taille et les capacités financières de l'entreprise visée dans l'appréciation du montant maximal de la sanction. • Cons. const. 14 oct. 2015, *Sté Grands Moulins de Strasbourg SA et a.*, n° 2015-489 QPC § 16.

166. L'objectif de préservation de l'ordre public économique implique que le montant des sanctions fixées par la loi soit suffisamment dissuasif pour remplir la fonction de prévention des manquements assignée à la punition. • Cons. const. 2 juin 2017, *Jacques R. et a.*, n° 2017-634 QPC § 13.

167. Les dispositions contestées répriment des manquements par un donneur d'ordre à ses obligations de vigilance ou de diligence dont l'effet est de faciliter la réalisation du travail dissimulé par son cocontractant ou de contribuer à celle-ci. En prévoyant que le donneur d'ordre est, dans cette hypothèse, privé des réductions ou exonérations des cotisations ou contributions dont il a pu bénéficier au titre des rémunérations versées à ses salariés, le législateur a entendu lutter contre le travail dissimulé tout en responsabilisant spécifiquement les donneurs d'ordre bénéficiant de telles réductions ou exonérations. Il a entendu tenir compte des liens économiques entre les cocontractants résultant du recours à la soustraitance. La sanction est plafonnée et lorsque les rémunérations dissimulées au cours du mois sont inférieures à la rémunération mensuelle minimale prévue par la loi, l'annulation des réductions et exonérations est réduite à due proportion en leur appliquant un coefficient égal au rapport entre les rémunérations dues ou versées en contrepartie du travail dissimulé et la rémunération mensuelle minimale. • Cons. const. 5 juill. 2019, *Sté Autolille*, n° 2019-796 QPC § 6 à 8.

168. ... Divers. *Eu égard à la nature* et à la gravité des faits commis par le requérant (soutien financier et logistique à une organisation ; faits qualifiés par le juge pénal de participation à une association de malfaiteurs en vue de la préparation d'un acte de terrorisme) qui ont conduit à sa condamnation pénale, la sanction de déchéance de la nationalité française n'a pas revêtu, dans les circonstances de l'espèce, un caractère disproportionné. • CE 6 juin 2016, n° 394348 § 13 A: *AJDA 2016. 1758, concl. Domino ; D. 2016. 1310, obs. Pastor*. ♦ En permettant la démission d'office et l'inéligibilité pour une durée maximale de trois ans d'un membre du Parlement en cas de manquement à ses obligations fiscales, non régularisé à l'issue d'une procédure contradictoire, le législateur organique n'a pas institué une sanction manifestement disproportionnée. • Cons. const. 8 sept. 2017, n° 2017-753 DC § 18.

169. La sanction prononcée par la CNCCFP, à l'issue de l'examen par cette commission, sous le contrôle du Cons. const., des comptes de campagne de chacun des candidats à l'élection du Président de la République, assure le bon déroulement de l'élection du Président de la République et, en particulier, l'égalité entre les candidats au cours de la campagne électorale. Sa nature est donc différente de la peine d'emprisonnement encourue par le candidat poursuivi pour le délit de dépassement du plafond des dépenses électorales, qui sanctionne les éventuels manquements à la probité des candidats et des élus. • Cons. const. 17 mai 2019, *Nicolas S.*, n° 2019-783 QPC § 12.

b. Disproportion manifeste

1. Domaine pénal

170. Apparaît comme une sanction manifestement disproportionnée par rapport aux faits susceptibles de motiver de telles mesures : la perte du droit à l'acquisition de la nationalité française par l'effet de la naissance sur le sol français qui résulterait soit d'un arrêté de reconduite à la frontière soit d'un arrêté d'assignation à résidence non expressément rapporté ou abrogé apparaît comme une sanction manifestement disproportionnée par rapport aux faits susceptibles de motiver de telles mesures. • Cons. const. 20 juill. 1993, n° 93-321 DC § 15. ♦ Rappr. • Même affaire § 39. ♦ ... Le fait que tout arrêté de reconduite à la frontière entraîne automatiquement une sanction d'interdiction du territoire pour une durée d'un an sans égard à la gravité du comportement ayant motivé cet arrêté. • Cons. const. 13 août 1993, n° 93-325 DC § 49. ♦ ... De faire entrer dans le champ des actes de terrorisme un simple comportement d'aide directe ou indirecte à des personnes en situation irrégulière. • Cons. const. 16 juill. 1996, n° 96-377 DC § 9. ♦ ... La peine complémentaire d'interdiction « pour une durée de cinq ans au plus, d'entrer et de séjourner dans l'enceinte d'une ou plusieurs infrastructures aéroportuaires ou portuaires, d'une gare ferroviaire ou routière, ou de leurs dépendances, sans y avoir été préalablement autorisé par les autorités de police territorialement compétentes » en cas de non-respect de l'interdiction faite aux sociétés de transports de personnes au moyen de véhicules motorisés à deux ou trois roues de circuler ou de stationner sur la voie publique en quête de voyageurs aux abord des gares et aérogares. • Cons. const. 7 juin 2013, *Mohamed T.*, n° 2013-318

QPC § 19. ♦ ... La peine complémentaire obligatoire d'inéligibilité qui vise à renforcer l'exigence de probité et d'exemplarité des élus et la confiance des électeurs dans leurs représentants, dès lors qu'elle entraînerait de plein droit l'interdiction ou l'incapacité d'exercer une fonction publique pour tous les délits mentionnés au paragraphe II de cet article. • Cons. const. 8 sept. 2017, n° 2017-752 DC § 10 (réserve d'interprétation).

2. Autres domaines

171. Droit fiscal. Apparaît comme une sanction manifestement disproportionnée par rapport aux faits susceptibles de motiver de telles mesures : l'amende fiscale encourue en cas de divulgation du montant du revenu d'une personne, en toute hypothèse égale au montant des revenus divulgués. • Cons. const. 30 déc. 1987, n° 87-237 DC § 15. ♦ ... L'amende proportionnelle non plafonnée, pour un manquement à une obligation de signalement, alors même que la personne sanctionnée ne pouvait savoir que son cocontractant ne reverserait pas la TVA. • Cons. const. 29 déc. 2016, n° 2016-744 DC § 92.

172. De même, risque, dans nombre de cas (caractère répétitif), de donner lieu à l'application de sanctions manifestement hors de proportion avec la gravité de l'omission ou de l'inexactitude constatée, comme d'ailleurs avec l'avantage qui en a été retiré : l'amende de 10 000 F par document non présenté. • Cons. const. 30 déc. 1997, n° 97-395 DC § 39. ♦ ... Une peine en proportion du chiffre d'affaires ou du montant des recettes brutes déclaré, sans lien avec les infractions. • Cons. const. 4 déc. 2013, n° 2013-679 DC § 43 • Cons. const. 29 déc. 2013, n° 2013-685 DC § 97 et 110. ♦ V. *a contrario*, si ce plafond est raisonnable ou proportionné, note 160.

173. Pour d'autres exemples, V. Manquement à une simple obligation déclarative permettant seulement de réaliser des recoupements de revenus non soustraits à l'impôt. • Cons. const. 22 juill. 2016, *Gilbert B.*, n° 2016-554 QPC § 7 • Cons. const. 16 mars 2017, *Mme Michelle Theresa B.*, n° 2016-618 DC § 8 s. (amende proportionnelle) • Cons. const. 27 oct. 2017, *Didier C.*, n° 2017-667 QPC § 6. ♦ Comp. à l'inverse : manquement à une simple obligation déclarative permettant le suivi de la base taxable et l'établissement de l'impôt. • Cons. const. 20 juill. 2012, *Irène L.*, n° 2012-267 QPC § 5 • Cons. const. 9 juin 2017, *Sté Edenred France*, n° 2017-636 QPC § 8. ♦ ... Délivrance irrégulière, sans que soit établi le caractère intentionnel du manquement réprimé, de documents permettant à un contribuable d'obtenir une déduction du revenu ou du bénéfice imposable, un crédit ou une réduction d'impôt. • Cons. const. 12 oct. 2018, *Stn Dom Com Invest*, n° 2018-739 QPC § 7.

174. La disproportion pouvant dépendre de la situation, le juge est parfois amené à faire une réserve d'interprétation en précisant les cas dans lesquels une telle amende serait disproportionnée. • Cons. const. 16 mars 2017, *Sté Segula Matra Automotive*, n° 2016-619 QPC § 6.

175. Divers. Se fonde sur des critères manifestement inappropriés la disposition qui, pour prévenir et réprimer les éventuels troubles résultant de la mise en échec des dispositions mises en œuvre pour certaines manifestations sportives et préserver les droits des producteurs, organisateurs ou propriétaires des droits d'exploitation d'une telle manifestation, réprime pour l'ensemble des manifestations culturelles, sportives ou commerciales la seule revente proposée ou réalisée sur un réseau de communication au public en ligne pour en tirer un bénéfice. • Cons. const. 10 mars 2011, n° 2011-625 DC § 43. ♦ De même, apparaît comme une sanction manifestement disproportionnée par rapport aux faits susceptibles de motiver de telles mesures une pénalité, en cas de non-respect de l'obligation de recherche d'un repreneur, pouvant atteindre 20 fois la valeur du SMIC par emploi supprimé. • Cons. const. 27 mars 2014, n° 2014-692 DC § 25.

176. En omettant de fixer la durée pendant laquelle la publication de la sanction resterait accessible de manière non anonyme sur ces deux sites, la CNIL doit être regardée comme ayant infligé une sanction complémentaire excessive car sans borne temporelle. • CE 19 juin 2017, *Sté Optical Center*, n° 396050 : *préc. note 13.*

177. Pour d'autres exemples, V. annulation du licenciement abusif d'un agent public. • CAA Paris, 10 avr. 2018, n° 16PA01315 : *AJDA 2018. 1176, note Mallol.*

c. Mise en œuvre du principe de proportionnalité (cumul de sanctions)

BIBL. Hermon, Retour sur le cumul des poursuites et des sanctions pénales et fiscales, une partition inachevée, *RD publ. 2016. 1395.*

178. Lorsqu'une sanction administrative est susceptible de se cumuler avec une sanction pénale, le principe de proportionnalité implique qu'en tout état de cause, le montant global des sanctions éventuellement prononcées ne dépasse pas le montant le plus élevé de l'une des sanctions encourues. • Cons. const. 28 juill. 1989, n° 89-260 DC § 22 • Cons. const. 26 mars 2021, *Sté Akka technologies*, n° 2021-892 QPC § 19.

V. pour d'autres décisions dans le même sens : .

179. ♦ Il en va de même si l'éventualité que

soient engagées deux procédures peut ainsi conduire à un cumul des sanctions. • Cons. const. 17 janv. 2013, *Laurent D.*, n° 2012-289 QPC § 3 • Cons. const. 27 sept. 2013, *Smaïn Q et a.*, n° 2013-341 QPC § 8 (réserve d'interprétation) • Cons. const. 8 oct. 2014, *Sté SGI*, n° 2014-418 QPC § 10 (réserve d'interprétation) • Cons. const. 1er juill. 2016, *Stéphane R.*, n° 2016-550 QPC § 8 • Cons. const. 17 mai 2019, *Nicolas S.*, n° 2019-783 QPC § 9. ♦ Il appartient donc aux autorités administratives compétentes de veiller au respect de cette exigence. • Cons. const. 7 mars 2014, *Sté Labeyrie*, n° 2013-371 QPC § 9. ♦ Lorsque plusieurs dispositions pénales sont susceptibles de fonder la condamnation d'un seul et même fait, les sanctions subies ne peuvent excéder le maximum légal le plus élevé. • Cons. const. 12 janv. 2002, n° 2001-455 DC § 85.

180. Les dispositions contestées (CGI, art. 1729 et 1741) permettent d'assurer ensemble la protection des intérêts financiers de l'État ainsi que l'égalité devant l'impôt, en poursuivant des finalités communes, à la fois dissuasive et répressive. Le recouvrement de la nécessaire contribution publique et l'objectif de lutte contre la fraude fiscale justifient l'engagement de procédures complémentaires dans les cas de fraudes les plus graves. Aux contrôles à l'issue desquels l'administration fiscale applique des sanctions pécuniaires peuvent ainsi s'ajouter des poursuites pénales dans des conditions et selon des procédures organisées par la loi. Le principe de nécessité des délits et des peines ne saurait interdire au législateur de fixer des règles distinctes permettant l'engagement de procédures conduisant à l'application de plusieurs sanctions afin d'assurer une répression effective des infractions. Ce principe impose néanmoins que seuls les manquements les plus graves de dissimulation frauduleuse de sommes soumises à l'impôt soient soumis à l'intégralité du régime répressif contesté. Cette gravité peut résulter du montant des droits fraudés, de la nature des agissements de la personne poursuivie ou des circonstances de son intervention. • Cons. const. 24 juin 2016, *Jérôme C.*, n° 2016-546 QPC § 20 et 21 (réserve d'interprétation) • Cons. Const. 23 nov. 2018, *Thomas T.*, n° 2018-745 QPC § 19.

2° APPLICATION PAR LE CONSEIL D'ÉTAT

BIBL. Tesson, L'office du juge administratif *renforcé sous l'influence du droit européen, JCP Adm. 2015. 2256.*

181. En retenant une échelle variable selon les revenus des médecins, indépendante de la nature de l'infraction constatée et de son coût pour l'assurance maladie, les auteurs de l'arrêté attaqué ont institué un régime de sanction qui pourrait être, dans nombre de cas, manifestement disproportionné et est donc contraire au présent art. • CE 28 juill. 1999, *Synd. médecins libéraux*, n° 202606 B.

182. La décision par laquelle la commission des sanctions rend publique la sanction prononcée se trouve nécessairement soumise, en tant que sanction complémentaire, et alors même que la loi ne le prévoirait pas expressément, au respect du principe de proportionnalité. • CE 9 nov. 2007, n° 298911 B • CE, sect., 6 juin 2008, *Sté Tradition Securities and Futures*, n° 299203 A (concl. Guyomar) : *AJDA 2008. 1321, chron. Geffray et Bourgeois-Machureau ; RFDA 2008. 699, concl. Guyomar .* ♦ En omettant de fixer la durée pendant laquelle la publication de l'avertissement resterait accessible de manière non anonyme sur ces deux sites, la formation restreinte de la CNIL doit être regardée comme ayant infligé une sanction sans borne temporelle constituant une sanction complémentaire excessive. • CE 28 sept. 2016, n° 389448 A : *AJDA 2016. 1840 ; ibid. 2150, chron. Dutheillet de Lamothe et Odinet ; AJCT 2017. 23, étude Dyens et Rotivel ; Rev. sociétés 2017. 50, obs. Conac ; JCP Adm. 2016. 754.* ♦ Il appartient au Conseil d'État, saisi d'une requête dirigée contre une sanction pécuniaire prononcée par la commission des sanctions de l'Autorité de contrôle prudentiel et de résolution, de vérifier que son montant était, à la date à laquelle elle a été infligée, proportionné à la gravité des manquements commis ainsi qu'au comportement et à la situation, notamment financière, de la personne sanctionnée. • CE 15 oct. 2020, *Banque d'escompte*, n° 432873 B : *préc. note 82.*

183. Le juge de l'élection ne déclarant inéligible un candidat dont le compte de campagne a été rejeté à bon droit qu'en cas de volonté de fraude ou de manquement d'une particulière gravité aux règles relatives au financement des campagnes électorales et l'inéligibilité prononcée n'ayant pas d'effet sur les mandats acquis antérieurement à la date de la décision d'inéligibilité, ces dispositions ne méconnaissent pas le principe de proportionnalité des peines. • CE 11 avr. 2012, n° 354110 A : *RFDA 2012. 597 ; AJDA 2012. 788 .*

184. Dès lors, que par l'ensemble des dispositions relatives au permis à points, le législateur a institué un régime de sanction où la peine est individualisée sans qu'une autorité judiciaire ou administrative ait à en assurer la modulation dans chaque cas d'espèce, et qui répond à l'objectif d'intérêt général de la lutte contre les atteintes à la sécurité routière dont la nature et la fréquence rendraient matériellement impossible la répression effective si une telle modulation était permise et que compte tenu des garanties dont est entouré ce régime, il ne saurait être soutenu que la sanction de la perte de validité du permis de conduire constituerait une sanction automatique contraire au principe de nécessité et de proportionnalité des peines. • CE, QPC, 4 oct. 2010, *Mme Repplinger*, n° 341845 : *préc. note 2.*

185. Le principe de la légalité des délits et des peines fait obstacle à ce que l'administration inflige une sanction si, à la date des faits litigieux, la règle en cause n'est pas suffisamment claire, de sorte qu'il n'apparaît pas de façon raisonnablement prévisible par les personnes concernées que le comportement litigieux est susceptible d'être sanctionné. Le principe de proportionnalité s'oppose, quant à lui, à ce qu'une autorité administrative puisse établir des sanctions manifestement disproportionnées par rapport aux manquements qu'elle entend sanctionner. Tel est le cas des dispositions du règlement intérieur de l'aire d'accueil des gens du voyage appliquée en l'espèce. • CAA Nancy, 13 juin 2019, n° 17NC03055 : *préc. note 24.*

186. Discipline. Le cumul de sanctions pénales et disciplinaires à raison des mêmes faits ne doit pas conduire à ce que la durée cumulée d'exécution des interdictions prononcées excède le maximum légal le plus élevé. • CE 21 juin 2013, *B.*, n° 345500 § 4 : *préc. note 129.* ♦ Le principe de la nécessité des peines ne fait pas obstacle à ce qu'une même personne puisse se voir interdire l'exercice d'une profession à la fois par le juge pénal et par le juge disciplinaire. • CE 15 janv. 2016, n° 394447 : *AJDA 2016. 988.*

187. Il appartient au juge de l'excès de pouvoir, saisi de moyens en ce sens, de rechercher si les faits reprochés à un agent public ayant fait l'objet d'une sanction disciplinaire sont exempts de dénaturation, constituent des fautes de nature à justifier une sanction et si la sanction retenue est proportionnée à la gravité de ces fautes. • CE, ass., 13 nov. 2013, *Dahan*, n° 347704 A : *RFDA 2013. 1175, concl. Keller ; AJDA 2013. 2432, chron. Bretonneau et Lessi ; AJFP 2014. 5, concl. Keller ; Dr. adm. 2014. 11, note Duranthon ; JCP Adm. 2014. 2241, note Bailleul* • CE 13 déc. 2017, n° 400629 B : *AJFP 2018. 119 ; JCP Adm. 2017. 872.*

188. Si le choix de la sanction relève de l'appréciation des juges du fond (en l'espèce ch. disc. nat. du Conseil de l'Ordre des médecins) au vu de l'ensemble des circonstances de l'espèce, il appartient au juge de cassation de vérifier que la sanction retenue n'est pas hors de proportion avec la faute commise et qu'elle a pu dès lors être légalement prise. • CE, ass., 30 déc. 2014, *Bonnemaison*, n° 381245 A (concl. Keller) : *AJDA 2015. 5 ; ibid. 749, chron. Lessi et Dutheillet de Lamothe ; D. 2015. 81, obs. Vialla ; RFDA 2015. 67, concl. Keller ; Dr. adm. 2015. 29, note Éveillard ; JCP Adm. 2015. 2103, chron. Le Bot.* ♦ V. déjà, s'agissant : des professions réglementées. • CE, sect., 22 juin 2007, *Arfi*, n° 272650 A. ♦ ... Des médecins. • CE 22 déc. 2017, n° 406360 B : *AJDA 2018. 9.* ♦ ... Des magistrats. • CE 27 mai 2009, n° 310493 A : *AJDA 2009. 1070.* ♦ ... Des militaires. • CE 25 janv. 2016, n° 391178 B : *AJDA 2016. 177 ; JCP Adm. 2016. 104* • CE 14 mars 2016, n° 389361 B : *AJDA 2016. 1271 ; AJFP 2016. 236 ; JCP Adm. 2016. 278.* ♦ ... Des fédérations sportives. • CE 2 mars 2010, n° 324439 : *préc. note 129.* ♦ ... Des détenus. • CE 1er juin 2015, n° 380449 : *préc. note 22.*

189. L'appréciation du caractère proportionné de la sanction au regard de la gravité des fautes commises relève de l'appréciation des juges du fond et n'est susceptible d'être remise en cause par le juge de cassation que dans le cas où la solution qu'ils ont retenue quant au choix, par l'administration, de la sanction est hors de proportion avec les fautes commises. • CE 27 févr. 2015, n° 376598 A : *AJDA 2015. 1047, note Domino ; AJFP 2015. 230 ; AJDA 2015. 421 ; JCP Adm. 2015. 242* • CE 27 juill. 2015, n° 370414 B : *AJDA 2016. 20 ; JCP Adm. 2015. 743 ; ibid., 2284, note Vioujas* • CE 13 déc. 2017, n° 400629 B : *préc. note 187.*

190. Le juge de cassation peut tenir compte de circonstances particulières. • CE 14 mars 2016, n° 389361 B : *AJDA 2016. 1271 ; AJFP 2016. 236* (en l'espèce, l'environnement de l'intervention du militaire concerné). ♦ ... Et des états de service de la personne. • CE 14 mars 2016, n° 389361 B : *préc.* ♦ ... Eu égard à l'exigence d'exemplarité et d'irréprochabilité qui incombe aux enseignants dans leurs relations avec les mineurs et de l'atteinte portée à la réputation du service, de la nature des fautes commises (en l'espèce, pédophilie). • CE 18 juill. 2018, n° 401527 B : *préc. 150.*

191. D'une part, une sanction trop faible peut être hors de proportion et donc être annulée. • CE 6 avr. 2016, n° 389821 : *AJDA 2016. 1723 ; AJFP 2016. 231, comm. Aubin.* ♦ D'autre part, les sanctions susceptibles d'être infligées par l'administration sans méconnaître l'autorité de la chose jugée peuvent également, en raison de leur caractère insuffisant, être hors de proportion avec les fautes commises. • CE 27 juill. 2015, n° 370414 B : *préc. note 189.* • CE 13 déc. 2017, n° 400629 B : *préc. note 187.*

192. Si une sanction administrative reposant sur plusieurs manquements doit être conforme au principe de proportionnalité, le principe du *non bis in idem* ne fait pas obstacle à ce que, dans le cadre d'une même poursuite conduisant à une même décision de sanction, plusieurs manquements distincts puissent résulter de mêmes faits. • CE 6 nov. 2019, n° 418463 B : *AJDA 2020. 673, note Akoka* ; *ibid. 2019. 2271* .

193. Concurrence. Pour apprécier le caractère proportionné d'injonctions sous astreintes prononcées par l'autorité de la concurrence (C. com., art. L. 430-8, IV, 2°), il y a lieu de tenir compte de l'importance des engagements en tout ou partie non respectés au regard de l'ensemble des mesures correctives adoptées et des effets anticoncurrentiels qu'ils entendaient prévenir, de l'ampleur des manquements et de la nécessité d'assurer le maintien d'une concurrence suffisante sur le marché concerné. • CE, ass., 21 déc. 2012, *Sté Canal Plus*, n° 362347 : *Lebon ; AJDA 2013. 215, chron. Domino et Bretonneau* ; *RFDA 2013. 70, concl. V. Daumas* • CE 28 sept. 2017, *Sté Altice Groupe Luxembourg et Sté SFR Group*, n° 409770 : *Lebon ; AJDA 2017. 1868* .

3° APPLICATION PAR LA COUR DE CASSATION

194. Le législateur, en incriminant le fait, par une personne exerçant une fonction publique, de se placer dans une situation où son intérêt entre en conflit avec l'intérêt public dont elle a la charge, a entendu garantir, dans l'intérêt général, l'exercice indépendant, impartial et objectif des fonctions publiques. • Crim., QPC, 19 mars 2014, n° 14-90.001.

195. La QPC posée ne présente pas un caractère sérieux, dès lors qu'en cas de cumul entre une sanction administrative et une sanction pénale, le juge judiciaire est tenu de respecter le principe, posé par le Cons. const., selon lequel le montant global des sanctions éventuellement prononcées ne doit pas dépasser le montant le plus élevé de l'une des sanctions encourues. • Crim., QPC, 25 juin 2014, n° 13-87.692 : *GADLF n° 92.* ♦ Même solution s'agissant du cumul de sanctions pénale et disciplinaire. • Crim., QPC, 23 juill. 2014, n° 14-80.428.

B. INDIVIDUALISATION DES PEINES

BIBL. Afroukh, La modulation des peines, *RFDA 2012. 625* . – Le Bihan, L'école, les punitions et la déclaration de 1879, *AJDA 2017. 1017* .

196. Principe. Le principe de l'individualisation des peines découle du présent art. • Cons. const. 22 juill. 2005, n° 2005-520 DC § 3 • Cons. const. 9 août 2007, n° 2007-554 DC § 13 • Cons. const. 25 févr. 2010, n° 2010-604 DC § 17 • Cons. const. 11 juin 2010, *M. Stéphane A. et a.*, n° 2010-6/7 QPC § 4 • Cons. const. 29 sept. 2010, *Sté CDiscount*, n° 2010-41 QPC § 3 • Cons. const. 10 déc. 2010, *Alain D. et a.*, n° 2010-72/75/82 QPC § 3. ♦ ... Et ce même si les faits sont particulièrement graves. • Cons. const. 29 sept. 2010, *Thierry B.*, n° 2010-40 QPC § 3. ♦ *Ab. jur.* • Cons. const. 19 janv. 1981, n° 80-127 DC § 16. ♦ Il s'impose dans le silence de la loi. • Cons. const. 3 mars 2007, n° 2007-553 DC § 28.

197. Il implique que la peine ne puisse être appliquée que si le juge l'a expressément prononcée, en tenant compte des circonstances propres à chaque espèce. • Cons. const. 29 sept. 2010, *Sté Cdiscount et a.*, n° 2010-41 QPC § 3. ♦ V. pour une sanction administrative. • CE 21 oct. 2013, *Occansey*, n° 367107 B : *AJDA 2014. 810, note Dudognon* ; *D. 2014. 396, obs. Centre de droit et d'économie du sport, Université de Limoges* ; *JCP adm. 2013. 2013. 881 ; Dr. adm. 2014. 19, note Zacharie.*

198. V. s'agissant de la peine de publication du jugement : • Cons. const. 29 sept. 2010, *Sté Cdiscount et a.*, n° 2010-41 QPC § 3. ♦ ... De la mesure de publication d'une sanction administrative. • Cons. const. 28 juin 2013, *Sté Garage Dupasquier*, n° 2013-329 QPC § 3. ♦ ... D'une pénalité fiscale. • Cons. const. 16 sept. 2016, *Lucas M.*, n° 2016-564 QPC § 5. ♦ ... D'une contribution de grande voirie. • CE 10 mars 2020, n° 430550 A : *AJDA 2020. 1423, note Bousquet* .

199. Ce principe s'applique en matière de contraventions de grande voirie. Le juge ne saurait dès lors légalement condamner plusieurs prévenus solidairement au paiement de la même amende. • CE 10 mars 2020, n° 430550 A : *AJDA 2020. 551* .

200. But des peines. Il ne saurait être mis obstacle à ce que le législateur (tout en laissant au juge ou aux autorités chargées de déterminer les modalités d'exécution des peines un large pouvoir d'appréciation) fixe des règles assurant une répression effective des infractions. • Cons. const. 19 janv. 1981, n° 80-127 DC § 16 • Cons. const. 9 août 2007, n° 2007-554 DC § 13 • Cons. const. 29 sept. 2010, *Thierry B.*, n° 2010-40 QPC § 3 • Cons. const. 21 mars 2019, n° 2019-778 DC § 331. ♦ ... Ou des règles assurant une répression effective de la méconnaissance des obligations fiscales • Cons. const. 20 juill. 2012, *Irène L.*, n° 2012-267 QPC § 3.

201. L'exécution des peines privatives de liberté en matière correctionnelle et criminelle a été conçue non seulement pour protéger la société et assurer la punition du condamné, mais aussi pour favoriser l'amendement de celui-ci et préparer son éventuelle réinsertion. • Cons. const. 20 janv. 1994, n° 92-334 DC § 12 • Cons. const. 6 sept. 2019, *Alaitz A.*, n° 2019-799/800 QPC § 6.

202. Il en résulte que des dispositions qui ont pour conséquence de priver les personnes de toute possibilité d'aménagement de leur peine, en particulier dans le cas où elles ont été condamnées à la réclusion criminelle à perpétuité, sont manifestement contraires au principe de proportionnalité des peines. • Cons. const. 6 sept. 2019, *Alaitz A.*, n° 2019-799/800 QPC § 8.

203. Le présent principe n'implique pas que la nécessité des peines doive être appréciée du seul point de vue de la personnalité du condamné. • Cons. const. 19 janv. 1981, n° 80-127 DC § 15 • Cons. const. 20 janv. 1981 : *ibid.* • Cons. const. 9 août 2007, n° 2007-554 DC § 13. ♦ … Et encore moins qu'à cette fin le juge doive être revêtu d'un pouvoir arbitraire que, précisément, le présent art. a entendu proscrire et qui lui permettrait, à son gré, de faire échapper à la loi pénale, hors des cas d'irresponsabilité établis par celle-ci, des personnes convaincues de crimes ou de délits. • Cons. const. 19 janv. 1981, n° 80-127 DC § 15.

1° PEINES ACCESSOIRES

204. Principe. Apparaît également comme une sanction manifestement disproportionnée par rapport aux faits susceptibles de motiver de telles mesures une mesure automatique. • Cons. const. 20 juill. 1993, n° 93-321 DC § 15 • Com. 29 avr. 1997, *Ferreira*, n° 95-20.001 P : *JCP 1997. 22935, note Sudre.*

205. Peines accessoires automatiques. Le principe de nécessité des peines implique que (la sanction) ne peut être appliquée que si le juge l'a expressément prononcée, en tenant compte des circonstances propres à l'espèce. • Cons. const. 15 mars 1999, n° 99-410 DC § 41 • Cons. const. 29 sept. 2010, *Thierry B.*, n° 2010-40 QPC § 3 • Cons. const. 10 déc. 2010, *Alain D. et a.*, n° 2010-72/75/82 QPC § 3 • Cons. const. 7 août 2014, n° 2014-696 DC § 28. ♦ V. aussi note 213. ♦ En revanche, cette obligation ne s'impose pas en matière de période de sûreté, celle-ci ne constituant pas une peine s'ajoutant à la peine principale, mais une mesure d'exécution de cette dernière, laquelle est expressément prononcée par le juge. • Cons. const. 26 oct. 2018, *Husamettin M.*, n° 2018-742 QPC § 8. ♦ Néanmoins, lorsqu'une cour d'assises composée majoritairement de jurés, qui ne sont pas des magistrats professionnels, prononce une peine à laquelle s'attache une période de sûreté de plein droit, ni les dispositions contestées ni aucune autre ne prévoient que les jurés sont informés des conséquences de la peine prononcée sur la période de sûreté et de la possibilité de la moduler, ce qui conduit à violer le principe d'individualisation des peines. • Cons. const. 29 mars 2019, *Chamsoudine C.*, n° 2019-770 QPC § 9.

206. Il en va ainsi de : la perte du droit à l'acquisition de la nationalité française par l'effet de la naissance sur le sol français qui résulterait soit d'un arrêté de reconduite à la frontière soit d'un arrêté d'assignation à résidence non expressément rapporté ou abrogé. • Cons. const. 20 juill. 1993, n° 93-321 DC § 15. ♦ … La sanction d'interdiction du territoire pour une durée d'un an entraînée automatiquement par tout arrêté de reconduite à la frontière sans égard à la gravité du comportement ayant motivé cet arrêté, sans possibilité d'en dispenser l'intéressé ni même d'en faire varier la durée. • Cons. const. 13 août 1993, n° 93-325 DC § 49. ♦ … La sanction d'interdiction d'inscription sur les listes électorales visant à réprimer plus sévèrement certains faits lorsqu'ils sont commis par des personnes dépositaires de l'autorité publique. • Cons. const. 11 juin 2010, *M. Stéphane A. et a.*, n° 2010-6/7 QPC § 5. ♦ V. de manière intéressante la position du Cons. const. • Cons. const. 2 déc. 2004, *Sénat, Guadeloupe*, n° 2004-3390/3395/3397 S. : *AJDA 2004. 2366*. ♦ … Et ce alors qu'elle avait été estimée conforme à la Conv. EDH. • Civ. 2e, 18 déc. 2003 : *préc. note 15* • CE, sect., 1er juill. 2005, *Ousty*, n° 261002 : *préc. note 15.* ♦ Il en va également ainsi de : la sanction de publication et d'affichage d'une condamnation pour délit de fraude fiscale. • Cons. const. 10 déc. 2010, *Alain D. et a.*, n° 2010-72/75/82 QPC § 3. ♦ … La sanction d'interdiction d'inscription sur les liste électorales des notaires interdisant définitivement ou provisoirement d'exercer leur profession. • Cons. const. 27 janv. 2012, *Éric M.*, n° 2011-211 QPC § 7. ♦ … La perte de grade des militaires condamnés à certaines peines pénales. • Cons. const. 3 févr. 2012, *Cédric S.*, n° 2011-218 § 7. ♦ … La majoration automatique de 10 % des amendes. • Cons. const. 7 août 2014, n° 2014-696 DC § 28.

207. Il en va encore ainsi de l'insertion d'un communiqué dans les programmes, en cas de manquement à ses obligations par un éditeur de services de radiodiffusion sonore ou de télévision dont l'automaticité pourrait conduire, dans certaines hypothèses, à infliger une sanction non proportionnée aux faits reprochés. • Cons. const. 27 juill. 2000, n° 2000-433 DC § 52. ♦ En interdisant au Conseil supérieur de l'audiovisuel d'adapter, en tenant compte des circonstances propres à l'espèce, la répression à la gravité du manquement reproché, le législateur a méconnu le principe de la nécessité des peines. • Même affaire.

208. La possibilité ultérieurement offerte au juge de relever l'intéressé, à sa demande, de cette sanction (incapacité en l'espèce), au cas où il a apporté une contribution suffisante au paiement du passif, ne saurait à elle seule assurer le respect de ces exigences. • Cons. const. 15 mars 1999, n° 99-410 DC § 41. ♦ Il en va de même de la possibilité de demander le relèvement immédiat. • Cons. const. 11 juin 2010,

Stéphane A. et a., n° 2010-6/7 QPC § 5. ♦ … *A fortiori* si aucun relèvement n'est possible. • Cons. const. 10 déc. 2010, *Alain D. et a.*, n° 2010-72/75/82 QPC § 5 (sol. impl.) • Cons. const. 27 janv. 2012, *Éric M.*, n° 2011-211 QPC § 7. ♦ Il en va de même de la possibilité donnée au juge d'exclure expressément sa mention au bulletin n° 2 du casier judiciaire. • Cons. const. 3 févr. 2012, *Cédric S.*, n° 2011-218 § 7.

209. Peines non automatiques. A l'inverse, des sanctions administratives qui ne revêtent pas un caractère automatique et dont la mise en œuvre est placée sous le contrôle du juge administratif à qui il revient le cas échéant de prononcer un sursis à exécution ne sont pas entachées, même compte tenu des sanctions pénales qui peuvent être le cas échéant applicables, d'une disproportion manifeste. • Cons. const. 22 avr. 1997, n° 97-389 DC § 31. ♦ V. aussi note 213.

2° CAPACITÉ LAISSÉE AU JUGE DE MODULER LA PEINE

210. Pour que le principe de la nécessité des peines soit respecté il faut que la juridiction puisse au minimum individualiser la peine. Ainsi, s'il est loisible au législateur d'instaurer une sanction pour racolage sur la voie publique, le principe de la nécessité des peines est respecté dès lors que la juridiction peut néanmoins prendre en compte, dans le prononcé de la peine, la circonstance que l'auteur a agi sous la menace ou par contrainte. • Cons. const. 13 mars 2003, n° 2003-467 DC § 63. ♦ De même, pour une sanction lourde d'entrave à la recherche et la constatation des infractions, si les peines peuvent être prononcées pour un montant ou une durée inférieurs par la juridiction compétente. • Cons. const. 29 juill. 1994, n° 94-345 DC § 28. ♦ De même pour une sanction d'un montant de 1 % du chiffre d'affaires mondial qui ne constitue que le maximum de l'amende encourue dès lors que l'Autorité de la concurrence peut proportionner le montant de l'amende à la gravité de l'infraction commise. • Cons. const. 26 mars 2021, *Sté Akka technologies*, n° 2021-892 QPC § 17.

211. La juridiction disciplinaire peut, sous le contrôle du juge de cassation, même si elle retient l'existence d'une faute, tenir compte de certaines circonstances ou certains faits pour décider de ne pas infliger de sanction. • CE 10 févr. 2014, n° 360382 A : *AJDA 2014. 384 ; JCP Adm. 2014. 2223.*

212. Si, lorsqu'il retient la qualification de contravention de grande voirie s'agissant des faits qui lui sont soumis, le juge est tenu d'infliger une amende au contrevenant, il peut toutefois, dans le cadre de ce contentieux répressif et alors même que les dispositions en cause ne prévoient pas de modulation des amendes, moduler leur montant dans la limite du plafond prévu par la loi et du plancher que constitue le montant de la sanction directement inférieure, pour tenir compte de la gravité de la faute commise, laquelle est appréciée au regard de la nature du manquement et de ses conséquences. • CE 25 oct. 2017, n° 392578 A : *AJDA 2017. 2103 ; JCP Adm. 2017. 532 ; ibid. 2018. 2004, note Hansen.*

a. Peines incompressibles

213. De même, n'est pas contraire au principe de la nécessité des peines la mise en place ou l'allongement des périodes de sûreté dont la durée est (actuellement) de la moitié de la peine ou, s'il s'agit d'une condamnation à la réclusion criminelle à perpétuité, de dix-huit ans dès lors que le juge peut toutefois, par décision spéciale, soit réduire la durée prévue, soit la majorer. • Cons. const. 3 sept. 1986, n° 86-215 DC § 9. ♦ … La loi qui permet au juge de décider spécialement qu'aucune des mesures concernant la suspension ou le fractionnement de la peine, le placement à l'extérieur, les permissions de sortir, la semi-liberté et la libération conditionnelle ne pourra être accordée, dès lors le juge de l'application des peines peut, à l'expiration d'une période de sûreté de 30 ans suivant la condamnation, à la demande, éventuellement renouvelée du condamné, déclencher une procédure pouvant conduire à mettre fin à ce régime particulier, au regard du comportement du condamné et de l'évolution de sa personnalité. • Cons. const. 20 janv. 1994, n° 93-334 DC § 13 • Cons. const. 10 mars 2011, n° 2011-625 DC § 31.

b. Peines complémentaires obligatoires

214. Notion. Il s'agit de peines qui doivent être obligatoirement prononcées ou constatées. • Crim. 29 sept. 2004, n° 04-82.238. ♦ … Mais qui se distinguent des incapacités et déchéances attachées de plein droit à une condamnation (V. note 205). • Crim. 30 mai 1991, n° 87-81.210 P. ♦ Peut ainsi être instituée une peine obligatoire directement liée à un comportement délictuel commis à l'occasion de la conduite d'un véhicule aux fins de garantir la sécurité routière, d'améliorer la prévention et de renforcer la répression des atteintes à la sécurité des biens et des personnes provoquées par la conduite sous l'influence de l'alcool. • Cons. const. 29 sept. 2010, *Thierry B.*, n° 2010-40 QPC § 4. ♦ … Par voie de publicité, le législateur vise à renforcer la répression des délits de publicité mensongère et à assurer l'information du public de la commission de tels délits. • Cons. const. 29 sept. 2010, *Sté Cdiscount et a.*, n° 2010-41 QPC § 4 et 5. ♦ V. *a contrario*, le juge ne pouvant ni faire varier la durée ni moduler les conditions de l'affichage. • Cons. const. 10 déc. 2010, *Alain D. et a.*, n° 2010-72/75/82 QPC § 5. ♦ C'est encore le cas d'une peine obligatoire de publication et d'affichage du jugement de condamnation pour des faits de fraude fiscale prise dans le but de renforcer la répression de ce délit en assurant à cette condamnation la plus large publicité. • Cons. const. 10 déc. 2010, *Alain D. et a.*, n° 2010-72/75/82 QPC § 4. ♦ ... D'une sanction administrative ayant le caractère d'une punition qui présente un caractère automatique. • CAA Bordeaux, 26 avr. 2018, n° 16BX00956 : *AJDA 2018. 1334, concl. de La Taille*.

215. Individualisation possible. Dans ce cadre, n'est pas privé du pouvoir d'individualiser la peine le juge qui prononçant une condamnation pour de telles infractions commises en état de récidive légale est tenu de prononcer l'annulation du permis de conduire avec interdiction de solliciter la délivrance d'un nouveau permis de conduire, mais peut, outre la mise en œuvre des dispositions du C. pén. relatives aux dispense et relevé des peines, fixer la durée de l'interdiction dans la limite du maximum de 3 ans. • Cons. const. 29 sept. 2010, *Thierry B*, n° 2010-40 QPC § 5. ♦ Le juge qui prononce une condamnation pour le délit de publicité mensongère est tenu d'ordonner la publication du jugement de condamnation, mais peut fixer les modalités de cette publication et en faire varier l'importance et la durée. • Cons. const. 29 sept. 2010, *Sté Cdiscount et a.*, n° 2010-41 QPC § 5. ♦ Rappr. • Cons. const. 28 juin 2013, *Sté Garage Dupasquier*, n° 2013-329 QPC § 5. ♦ Le juge peut décider de dispenser la personne condamnée de peine complémentaire et dispose du pouvoir de fixer la durée de la fermeture du débit de boissons prononcée en tenant compte des circonstances propres à chaque espèce. • Cons. const. 16 oct. 2015, *Abdullah N.*, n° 2015-493 QPC § 7. ♦ Le juge dispose de la possibilité de déclarer inéligible pendant un an le candidat à l'élection des conseillers régionaux « qui n'a pas déposé son compte de campagne dans les conditions et le délai prescrits par l'art. L. 52-12 et celui dont le compte de campagne a été rejeté à bon droit », dès lors que la disposition lui permet de tenir compte, dans le prononcé de cette inéligibilité, des circonstances de chaque espèce et de la bonne foi du candidat. • Cons. const. 8 avr. 2011, *Jean-Paul Huchon*, n° 2011-117 QPC § 11. ♦ V., *a contrario*, • Cons. const. 29 mai 2008, *Observations sur les élections législatives des 10 et 17 juin 2007 : préc. note 42.*

216. Il en va de même de la peine complémentaire obligatoire d'inéligibilité que le juge prononce à l'encontre de toute personne coupable d'un crime ou d'un délit d'une particulière gravité ou d'un délit révélant des manquements à l'exigence de probité ou portant atteinte à la confiance publique ou au bon fonctionnement du système électoral dès lors qu'il revient d'en moduler la durée. D'autre part, le juge peut, en considération des circonstances de l'infraction et de la personnalité de son auteur, décider de ne pas prononcer cette peine complémentaire. • Cons. const. 8 sept. 2017, n° 2017-752 DC § 9.

217. Individualisation impossible. A l'inverse, ne dispose pas du pouvoir d'individualiser la peine le juge qui, condamnant pour fraude fiscale, ne peut ni faire varier la durée ni moduler les conditions de l'affichage mais seulement décider si la publicité sera faite de façon intégrale ou par extraits. • Cons. const. 10 déc. 2010, *Alain D. et a.*, n° 2010-72/75/82 QPC § 5. ♦ ... Comme l'attestait la chambre criminelle. • Crim. 6 oct. 2004, n° 03-85.847.

c. Peines plancher

218. De même, pour les peines minimales sanctionnant les infractions commises en état de récidive légale, si la juridiction peut prononcer, par une décision spécialement motivée, une peine inférieure, notamment en considération des circonstances de l'infraction, de la personnalité de son auteur ou des garanties d'insertion ou de réinsertion présentées par celui-ci. • Cons. const. 9 août 2007, n° 2007-554 DC § 14 et 16. ♦ Il en va de même hors état de récidive légale. • Cons. const. 10 mars 2011, n° 2011-625 DC § 24. ♦ Ainsi n'est pas contraire au principe d'individualisation des peines l'interdiction faite à la juridiction, en matière délictuelle, de prononcer une peine d'emprisonnement ferme d'une durée inférieure ou égale à un mois dès lors que, compte tenu de la faiblesse du quantum minimal ainsi retenu par les dispositions contestées et de l'écart entre la durée minimale de l'emprisonnement fixée et les durées maximales des peines d'emprisonnement en matière délictuelle, la juridiction n'est pas privée de la possibilité de fixer, dans ces limites, la peine d'emprisonnement en fonction des circonstances de l'espèce. Par ailleurs, il est loisible à la juridiction de prononcer d'autres peines que la peine d'emprisonnement encourue ou prononcer une peine d'emprisonnement inférieure ou égale à un mois en l'assortissant d'un sursis ou d'un sursis probatoire. • Cons. const. 21 mars 2019, n° 2019-778 DC § 332.

219. Intervient encore dans le processus d'individualisation des peines, en matière de « peines planchers », le fait : que le juge puisse ordonner qu'il soit sursis, au moins partiellement, à l'exécution de la peine, la personne condamnée étant placée sous le régime de la mise à l'épreuve. • Cons. const. 9 août 2007, n° 2007-554 DC § 17 • Cons. const. 10 mars 2011, n° 2011-625 DC § 24. ♦ ... Que la juridiction puisse tenir compte, lorsqu'elle détermine la peine et en fixe le régime, du fait que l'auteur de l'infraction était, au moment des faits, atteint d'un trouble psychique ou neuropsychique ayant altéré son discernement ou entravé le contrôle de ses actes et donc prononcer, si elle l'estime nécessaire, une peine autre que l'emprisonnement ou une peine inférieure à la peine minimale. • Cons. const. 9 août 2007, n° 2007-554 DC § 18 • Cons. const. 10 mars 2011, ♙ n° 2011-625 DC § 24.

220. En imposant, pour les contraventions des quatre premières classes ayant fait l'objet d'une procédure d'amende forfaitaire, que l'amende prononcée par le juge en cas de condamnation ne puisse être inférieure au montant, selon le cas, de l'amende forfaitaire ou de l'amende forfaitaire majorée, le législateur a, dans l'intérêt d'une bonne administration de la justice et pour assurer la répression effective des infractions, retenu un dispositif qui fait obstacle à la multiplication des contestations dilatoires. • Cons. const. 16 sept. 2011, ♙ *Sté LOCAWATT,* n° 2011-162 QPC § 5.

d. Peines préfixées ou non modulables

221. Dès lors que le législateur fixe lui-même la modulation des peines en établissant une gradation entre les comportements réprimés et la peine (en particulier en matière fiscale), le juge estime que cette modulation est suffisante par permettre l'individualisation des peines dès lors qu'il a le pouvoir dans chaque cas, après avoir exercé son plein contrôle sur les faits invoqués et la qualification retenue par l'administration, soit de maintenir la majoration effectivement encourue au taux prévu par la loi, soit de lui substituer un autre taux parmi ceux prévus par les dispositions s'il l'estime légalement justifié, soit de ne laisser à la charge du contribuable que les intérêts de retard. • Cons. const. 17 mars 2011, *Sté SERAS II,* n° 2010-103 QPC § 6 • Cons. const. 17 mars 2011, *César S. et a.,* n° 2010-105/106 QPC § 7. ♦ V. déjà admettant la possibilité de substituer un autre taux parmi ceux prévus par la disposition considérée. • CE, avis cont., 8 juill. 1998, ♙ *Fattell,* n° 195664 B • CE 8 mars 2002, ♙ n° 224304 B • CE 24 mars 2006, *SA Martell et Co,* n° 257472 : *Lebon 163* ✐. ♦ V. aussi, admettant la possibilité de substituer un autre taux parmi ceux prévus par des dispositions composant un ensemble cohérent. • CE 30 nov. 2007, ♙ n° 292705 B • CE 26 mai 2008, ♙ n° 288583 A • CE 26 déc. 2008, ♙ *Gonzales-Castrillo,* n° 282995 B. ♦ Rappr. • CEDH 23 sept. 1998, *Malige c/ France,* n° 27812/95. ♦ *La Cour de cassation estime elle* que le taux fixé par la loi constitue un plafond. • Com. 27 avr. 1997, *Ferreira,* n° 95-20.001 P.

222. Ainsi, des amendes proportionnelles à taux unique ne sont pas, pour cette seule raison, inconstitutionnelles. • Cons. const. 20 juill. 2012, ♙ *Irène L.,* n° 2012-267 QPC § 5. • Cons. const. 7 mars 2014, ♙ *Sté Labeyrie,* n° 2013-371 QPC § 10. • Cons. const. 8 oct. 2014, ♙ *Sté SGI,* n° 2014-418 QPC § 8. ♦ Rappr. encore pour un taux unique, le juge ne pouvant déterminer de modulation ni au sein de l'article ni au sein d'un groupe cohérent d'articles mais n'estimant pas qu'il s'agit d'un plafond. • CE 27 juin 2008, ♙ *Melki,* n° 301342 : *Lebon 247* ✐. ♦ Toutefois, lorsque la fixation du montant se fait en proportion de l'avantage obtenu par un tiers, cette amende pourrait revêtir un caractère manifestement hors de proportion avec la gravité des manquements réprimés si elle était appliquée sans que soit établi l'élément intentionnel de ces manquements. • Cons. const. 8 oct. 2014, ♙ *Sté SGI,* n° 2014-418 QPC § 9 (réserve d'interprétation).

e. Minimum de peine infranchissable

223. La disposition contestée qui prévoit que : « En cas de condamnation, l'amende prononcée ne peut être inférieure au montant de l'amende ou de l'indemnité forfaitaire » ou de « l'amende forfaitaire majorée » selon les cas, laissant au juge le soin de fixer la peine dans les limites, d'une part, de l'amende forfaitaire ou de l'amende forfaitaire majorée et, d'autre part, du maximum de l'amende encourue, il lui appartient de proportionner le montant de l'amende à la gravité de la contravention commise, à la personnalité de son auteur et à ses ressources. • Cons. const. 16 sept. 2011, *Sté LOCAWATT,* n° 2011-162 QPC § 4. ♦ Le texte, qui se borne à fixer le minimum de la contribution spéciale exigible de l'employeur pour chaque travailleur étranger dépourvu de titre de travail et qui prévoit que le montant de la sanction financière globale est fonction du nombre de travailleurs embauchés ou employés en situation irrégulière, n'interdit pas, sous le contrôle du juge administratif, au-delà de ce minimum qui n'est pas manifestement disproportionné par rapport à la gravité des faits susceptibles d'être commis, la modulation de cette sanction en fonction de la gravité des comportements réprimés. Il en résulte que le juge administratif peut décider, dans chaque cas, après avoir exercé son plein contrôle sur les faits invoqués et la qualification retenue par l'administration, soit de maintenir la sanction prononcée, soit d'en diminuer le montant jusqu'au minimum prévu par l'article en litige, soit d'en décharger l'employeur. • CE, QPC, 4 mai 2011, ♙ *Sté Isa Paris,* n° 346550 : *préc. note 25.*

224. Le délit de blanchiment présente une particulière gravité conduisant à l'instauration d'une peine minimale d'emprisonnement qui, selon la jurisprudence de la Cour de cassation, interdit au juge de prononcer une peine inférieure mais n'interdit pas à la juridiction de faire usage d'autres dispositions d'individualisation de la peine lui permettant de prononcer les peines et de fixer leur régime en fonction des circonstances de l'infraction et de la personnalité de son auteur. • Cons. const. 14 sept. 2018, ♖ *Juliet I.*, n° 2018-731 QPC § 6, 7 et 9.

f. Sanctions fiscales

225. La disposition contestée institue une sanction financière (majoration de 40 %) dont la nature est directement liée à celle de l'infraction (en cas de mauvaise foi du contribuable) ; la loi a elle-même assuré la modulation des peines en fonction de la gravité des comportements réprimés ; en effet, le juge décide, dans chaque cas, après avoir exercé son plein contrôle sur les faits invoqués et la qualification retenue par l'administration, soit de maintenir ou d'appliquer la majoration effectivement encourue au taux prévu par la loi, soit de ne laisser à la charge du contribuable que des intérêts de retard s'il estime que l'administration n'établit pas que ce dernier se serait rendu coupable de manœuvres frauduleuses ni qu'il aurait agi de mauvaise foi et peut ainsi proportionner les pénalités selon la gravité des agissements commis par le contribuable. • Cons. const. 17 mars 2011, *Sté SERAS II*, n° 2011-103 QPC § 6. ♦ Rappr. • Cons. const. 17 mars 2011, *César S. et a.*, n° 2011-105/106 QPC § 7. ♦ Il en va de même s'agissant d'une majoration qui vient se cumuler avec d'autres mais dont le juge peut, outre les mêmes éléments que ci-dessus, en dispenser le contribuable s'il estime que ce dernier apporte la preuve que les sommes, titres et valeurs transférés de ou vers l'étranger en méconnaissance des obligations déclaratives ne constituent pas des revenus imposables. • Cons. const. 10 févr. 2012, *Hugh A.*, n° 2011-220 QPC § 5. ♦ De même encore, en instituant, dans le recouvrement de l'impôt, une majoration égale au montant de l'insuffisance constatée, les dispositions contestées visent à prévenir et à réprimer les défauts ou retards volontaires de liquidation ou d'acquittement de l'impôt ; elles instituent une sanction financière dont la nature est directement liée à celle de l'infraction et dont le montant, égal à l'insuffisance constatée, correspond à la part inexécutée d'une obligation fiscale. • Cons. const. 7 mars 2014, ♖ *Sté Labeyrie*, n° 2013-371 QPC § 10. ♦ Le juge peut, après avoir exercé son plein contrôle sur les faits invoqués et la qualification retenue par l'administration, annuler la décision prononçant la sanction en tant qu'elle oblige à verser une telle somme. Il peut ainsi proportionner la sanction aux montants réellement dus. Par suite, les dispositions contestées ne méconnaissent pas le principe d'individualisation des peines. • Cons. const. 16 mars 2017, ♖ *Sté Segula Matra Automotive*, n° 2016-619 QPC § 6. ♦ De même encore s'agissant d'une majoration d'une contribution d'un taux de 5 %, qui ne constitue qu'un taux maximal pouvant être modulé, sous le contrôle du juge, par l'organisme chargé du recouvrement. • Cons. const. 5 oct. 2018, ♖ *Sté CSF*, n° 2018-736 QPC § 7. ♦ De même encore en retenant un taux de 50 % des sommes sur lesquelles a porté l'infraction ou sa tentative de manquement à l'obligation de déclarer certains transferts de capitaux financiers, qui ne constitue qu'un taux maximal pouvant être modulé par le juge. • Cons. const. 10 mai 2019, ♖ *Hendrik A.*, n° 2019-779/780 QPC § 9.

226. L'amende forfaitaire s'appliquant à chaque manquement aux obligations déclaratives, pour chaque sanction prononcée, le juge décide après avoir exercé son plein contrôle sur les faits invoqués, manquement par manquement, et sur la qualification retenue par l'administration, soit de maintenir l'amende, soit d'en décharger le redevable si le manquement n'est pas établi ; il peut ainsi adapter les pénalités selon la gravité des agissements commis par le redevable. Par suite, les dispositions contestées ne méconnaissent pas le principe d'individualisation des peines. • Cons. const. 16 mars 2017, ♖ *Mme Michelle Theresa B.*, n° 2016-618 QPC • Cons. const. 9 juin 2017, ♖ *Sté Edenred France*, n° 2017-636 QPC § 9.

g. Autres sanctions

227. Ne sont pas contraires au principe de la nécessité des peines : l'injonction de soins, dès lors que, par les mots « sauf décision contraire », le législateur a expressément préservé la possibilité pour la juridiction ou le juge d'application des peines de ne pas prévoir cette injonction de soins et, s'agissant des dispositions contestées qui privent les personnes incarcérées du bénéfice des réductions supplémentaires de peine, dès lors que le législateur réserve également la faculté d'une décision contraire du juge ou du tribunal de l'application des peines. • Cons. const. 20 janv. 1994, n° 93-334 DC § 32. ♦ ... L'interdiction de participer à des manifestations sur la voie publique dans des lieux fixés par la décision de condamnation et pour une durée ne pouvant excéder 3 ans à l'encontre des personnes s'étant rendues coupables, lors du déroulement de manifestations sur la voie publique, des infractions mentionnées, dès lors qu'il incombe au juge pénal de décider non seulement du principe de cette interdiction mais aussi de son champ d'application. • Cons. const. 18 janv. 1995, n° 94-352 DC § 24.

228. Dès lors que, lorsqu'il est saisi par le bureau d'une assemblée, le Conseil constitutionnel a la faculté de prononcer la sanction de démission d'office et l'inéligibilité pour une durée maximale de trois ans d'un membre du Parlement en cas de manquement à ses obligations fiscales, non régularisé à l'issue d'une procédure contradictoire, en fonction de la gravité du manquement, il lui appartient alors de tenir compte, dans le prononcé de l'inéligibilité, des circonstances de l'espèce, le principe d'individualisation des peines est respecté. • Cons. const. 8 sept. 2017, n° 2017-753 DC § 18.

229. La révocation du sursis n'a pas pour objet de sanctionner de nouvelles fautes mais de tirer les conséquences de la méconnaissance des conditions auxquelles était subordonnée la suspension de l'exécution de la peine précédemment prononcée. Toutefois, dès lors que la révocation peut intervenir quelles que soient la nature et la gravité du manquement sanctionné et de la peine prononcée, que le délai d'épreuve durant lequel un tel manquement est susceptible d'entraîner cette révocation est de cinq ans et que le prononcé d'une nouvelle peine disciplinaire entraîne la révocation automatique du sursis sans que la juridiction disciplinaire puisse alors s'y opposer ou en moduler les effets, le caractère automatique de cette révocation est contraire au principe d'individualisation des peines. • Cons. const. 29 nov. 2019, *Carole L.*, n° 2019-815 QPC § 6 s.

h. Autres interventions du juge pour assurer le respect de la proportionnalité

230. Dès lors que les modalités de répression de l'infraction pénale n'ont ni pour objet ni pour effet de déroger au principe de l'individualisation des peines, il n'y a pas violation du présent art. • Cons. const. 25 févr. 2010, n° 2010-604 DC § 17. ♦ C'est le cas par exemple de l'infraction qui tend à réprimer la participation aux actes préparatoires à certaines infractions, notamment de violences aux personnes, dont la gravité ne peut à ce stade qu'être supposée. • Même affaire § 16.

231. Lorsque le mécanisme mis en place risque, du fait des cumuls possibles, de conduire à violer le principe de proportionnalité des peines, il appartient aux autorités juridictionnelles, ainsi, le cas échéant, qu'aux autorités chargées du recouvrement des amendes, de le respecter. • Cons. const. 12 janv. 2002, n° 2001-455 DC § 86.

232. Si le *quantum* fixé par le législateur pour sanctionner le refus de se soumettre aux opérations de prélèvement ordonnées par l'officier de police judiciaire n'est pas disproportionné, il appartiendra cependant au juge de proportionner la peine à celle qui pourrait être infligée pour le crime ou le délit à l'occasion duquel le prélèvement a été demandé. • Cons. const. 13 mars 2003, n° 2003-467 DC § 57.

IV. NON-RÉTROACTIVITÉ DE LA LOI PÉNALE

233. Principe. Le principe de non-rétroactivité des lois n'a valeur constitutionnelle, en vertu du présent art., qu'en matière répressive. • Cons. const. 30 déc. 1980, n° 80-126 DC § 8 • Cons. const. 22 juill. 2010, *Alain C. et a.*, n° 2010-4/17 QPC § 15. ♦ Le législateur peut dès lors fixer librement la date d'entrée en vigueur des dispositions non répressives. • Cons. const. 29 déc. 1989, n° 89-268 DC § 39.

V. pour d'autres décisions dans le même sens : .

234. Aucun principe de valeur constitutionnelle n'interdit à la loi de prendre des dispositions rétroactives en matière fiscale. • Cons. const. 29 déc. 1984, n° 84-184 DC § 32 • Cons. const. 29 déc. 1984, n° 84-186 DC § 4 • Cons. const. 22 juill. 2010, *Alain C. et a.*, n° 2010-4/17 QPC § 15 (sol. impl.). ♦ Par exception aux dispositions de valeur législative de l'art. 2 C. civ., le législateur peut, pour des raisons d'intérêt général, modifier rétroactivement les règles régissant l'activité de l'administration fiscale ou que celle-ci a, sous le contrôle du juge de l'impôt, pour mission d'appliquer. • Cons. const. 29 déc. 1986, n° 86-223 DC § 5 • Cons. const. 29 déc. 1988, n° 88-250 DC § 5 et 6. ♦ Cependant, la loi fiscale rétroactive ne saurait, en vertu du présent art., permettre aux autorités compétentes d'infliger des sanctions à des contribuables en raison d'agissements antérieurs à la publication des nouvelles dispositions, qui ne tombaient pas également sous le coup de la loi ancienne. • Cons. const. 29 déc. 1986, n° 86-223 DC § 5 • Cons. const. 24 juill. 1991, n° 91-298 DC § 23.

235. Sur la reconnaissance éventuelle d'un principe de confiance légitime, V. comm. ss. DDH, art. 16.

236. Sur le respect des décisions passées en force de chose jugée, V. comm. ss. DDH, art. 16.

237. Sur le respect des contrats en cours, V. comm. ss. DDH, art. 4.

238. Le principe de non-rétroactivité ne s'applique pas à une simple interprétation jurisprudentielle. • Crim 30 janv. 2002, n° 01-82.593 P.

239. Respect du principe. En fixant au 1er mars 1994, date relative aux faits pénalement sanctionnés, l'entrée en vigueur de cette disposition, le législateur a respecté le principe de non-rétroactivité de la loi pénale plus sévère. • Cons. const. 20 janv. 1994, n° 93-334 DC § 14. ♦ En revanche, dès lors que la date fixée par le législateur pour l'entrée en vigueur d'un texte ne permet pas de respecter le principe de non-rétroactivité, le Cons. const. le sanctionne. • Cons. const. 16 juill. 1996, n° 96-377 DC § 29.

240. La question peut être traitée sous la forme d'une réserve d'interprétation. En conséquence les dispositions pénales prévues ne peuvent s'appliquer qu'aux faits commis après la date de promulgation de la loi. • Cons. const. 21 janv. 1997, n° 96-387 DC § 21.

241. Au besoin, en matière répressive, le juge constitutionnel soulève la question de la rétroactivité d'office. • Cons. const. 25 févr. 1992, n° 92-307 DC § 35 s. ♦ En raison du principe de non-rétroactivité, la référence faite à la date d'entrée en vigueur de la convention signée à Schengen le 19 juin 1990 doit s'entendre, non de son entrée en vigueur sur le plan international mais de la publication de cet engagement international au *Journal officiel* de la République française. • Même affaire § 37. ♦ La Cour pénale internationale n'étant compétente qu'à l'égard des crimes commis après l'entrée en vigueur du statut et les principes de « non-rétroactivité *ratione personae* » et de l'application immédiate du droit le plus favorable étant respectés, il est satisfait au principe de non-rétroactivité de la loi pénale plus sévère qui résulte du présent art. • Cons. const. 22 janv. 1999, n° 98-408 DC § 23.

242. Extradition. Il résulte des principes généraux du droit de l'extradition qu'il n'appartient pas aux autorités françaises, lorsqu'elles se prononcent sur une demande d'extradition, de vérifier si les faits pour lesquels l'extradition est demandée ont reçu, de la part des autorités de l'État requérant, une exacte qualification juridique au regard de la loi pénale de cet État ; il leur appartient, en revanche, de vérifier qu'est respecté le principe, énoncé au § 1 de l'art. 2 Conv. européenne d'extradition, de la double incrimination par la législation de l'État requérant et par celle de l'État requis qui, s'il n'implique pas que la qualification pénale des faits soit identique dans ces deux législations, requiert que les faits soient incriminés par l'une et l'autre et satisfassent à la condition relative aux peines encourues, dans le respect des principes de non-rétroactivité de la loi pénale et d'application immédiate de la loi pénale moins sévère, tels qu'ils sont imposés par l'ordre public français. • CE 18 juin 2018, n° 415046 A : *AJDA 2018. 1446, chron. Roussel et Nicolas*.

243. L'extradition de M. B., demandée aux fins de poursuivre des faits qualifiés de crimes contre l'humanité, qui étaient définis à la date de leur commission en vertu des principes *généraux du droit* international auxquels renvoie le droit pénal de l'État requérant, ne peut être regardée comme ayant été accordée en méconnaissance du principe de non-rétroactivité de la loi pénale imposé par l'ordre public français. • CE 18 juin 2018, n° 415046 A : *préc. note 242.*

A. NON-RÉTROACTIVITÉ DE LA LOI RÉPRESSIVE PLUS SÉVÈRE

1° SANCTIONS CONCERNÉES

244. V. note 2.

2° INFRACTIONS CONCERNÉES

245. Attendu qu'il a été fait application, en l'espèce, de la définition donnée du crime de viol par la loi du 23 déc. 1980 en ce qu'elle a modifié l'art. 332 C. pén., alors qu'à la date à laquelle ils ont été commis, les faits dont l'accusé a été ainsi déclaré coupable n'étaient susceptibles que de la qualification d'attentat à la pudeur. Attendu en outre que l'attentat à la pudeur, s'il n'a été précédé ou accompagné d'actes de torture ou de barbarie, ne constituant plus, en vertu des dispositions de l'art. 331 C. pén., applicable en la cause comme instituant des pénalités moins sévères, qu'un délit correctionnel, la circonstance aggravante de concomitance de l'homicide volontaire, dont l'accusé a été par ailleurs déclaré coupable, avec un autre crime, prévue par l'art. 304-1 du même code n'est pas légalement caractérisée. • Crim. 21 avr. 1982 : *GADPG, 7e éd., n° 9.*

246. Récidive. Lorsqu'une loi institue un nouveau cas de récidive, il suffit pour entraîner son application immédiate que l'infraction constitutive du second terme soit postérieure à son entrée en vigueur, qu'il n'importe que la condamnation constitutive du premier terme ait été prononcée avant l'entrée en vigueur de la loi nouvelle, l'aggravation résultant de la récidive constituant un supplément de peine non pour la première infraction, mais pour la seconde qu'il dépend de l'agent de ne pas commettre. • Crim. 23 mars 1981, n° 80-95.101 P • Crim. 27 mars 1996, n° 95-82.654 P. ♦ Lorsqu'une loi institue un nouveau régime de la récidive, il suffit, pour entraîner son application immédiate, que l'infraction constitutive du second terme, qu'il dépend de l'agent de ne pas commettre, soit postérieure à son entrée en vigueur. • Crim. 29 févr. 2000, n° 98-80.518 P.

3° LOIS CONCERNÉES

247. Le principe de non-rétroactivité de la loi répressive plus sévère ne s'applique qu'aux peines et aux sanctions ayant le caractère d'une punition. • Cons. const. 8 déc. 2005, n° 2005-527 DC § 12. ♦ Tel n'est pas le cas d'une disposition ouvrant une procédure de recours nouvelle contre des contrôles fiscaux en cours. • Cons. const. 30 juill. 2010, *Épx P. et a.*, n° 2010-19/27 QPC § 15.

248. Les lois de compétence des juridictions, notamment en matière pénale, sont d'application immédiate, tant qu'un jugement au fond n'a pas été rendu en première instance. • T. confl. 8 oct. 2018, n° 4134 : *AJDA 2019. 262*.

249. Si, en matière d'édiction de sanction administrative, sont seuls punissables les faits constitutifs de manquement à des obligations définies par des dispositions législatives ou réglementaires en vigueur à la date où ces faits ont été commis, en revanche, et réserve faite du cas où il en serait disposé autrement, s'appliquent immédiatement les textes fixant les modalités des poursuites et les formes de la procédure, alors même qu'ils conduisent à réprimer des manquements commis avant leur entrée en vigueur. • CE 8 juin 2016, n° 394348 § 9 : *Lebon ; AJDA 2016. 1758, concl. Domino ; D. 2016. 1310, obs. Pastor.*

a. Absence d'application à des infractions commises avant leur entrée en vigueur

250. Principe. Seules peuvent être prononcées les peines légalement applicables à la date à laquelle est commise l'infraction lorsqu'elles sont moins sévères que les peines prévues par la loi nouvelle. • Crim. 3 sept. 2003, n° 03-81.545.

251. Les lois pénales plus sévères (reformatio in pejus). Méconnaît le principe de non-rétroactivité une cour d'appel ou un tribunal : qui applique à des faits commis en déc. 1996 la loi du 17 juin 1998, qui prévoit que les personnes morales peuvent être déclarées responsables pénalement des infractions prévues par les art. 227-18 à 227-26 C. pén. et qu'elles encourent une peine d'amende. • Crim. 23 févr. 2000, n° 99-83.928 P • Crim. 19 févr. 1985 : *D. 1986. IR 105, obs. Roujou de Boubée.* ♦ ... Qualifie de viol des faits qui à la date où ils ont été commis ne pouvaient recevoir que la qualification d'attentat à la pudeur. • Crim. 21 avr. 1982, n° 81-92.914 P. ♦ ... Prononce, en application d'une loi plus récente, une peine excédant le maximum prévu par l'art. 2 de la loi du 30 déc. 1906 applicable à la date des faits poursuivis. • Crim. 12 oct. 1999, n° 98-85.546 P. ♦ ... Prononce l'incapacité électorale de plein droit, pour une durée de 5 ans à compter de la date à laquelle la condamnation est devenue définitive pour des faits délictueux commis avant l'entrée en vigueur de la loi ayant institué cette incapacité. • Civ. 2e, 20 déc. 2000, n° 00-60.149 P : *D. 2001. IR 406.* ♦ ... Prononce une peine de 30 ans de réclusion criminelle, alors qu'à la date des crimes retenus contre l'accusé, le maximum de la réclusion criminelle à temps était de 20 ans, la cour d'assises ayant méconnu le sens et la portée des textes susvisés. • Crim. 3 sept. 2003, n° 03-81.545. ♦ Ces dispositions, privant désormais les allocataires se livrant à des manœuvres frauduleuses ou à de fausses déclarations de *toute possibilité de réduction* ou de remise, sanctionnent ces agissements et empêchent leur réitération mais n'étaient par suite applicables qu'aux seuls faits commis postérieurement à leur entrée en vigueur. • CE, sect., 27 mai 2011, n° 333858 B : *AJDA 2011. 1116 ; ibid. 2082, note Tourette.*

252. Pour des applications, V. : • CE 15 mars 2017, n° 398325 B : *AJDA 2017. 974* (sanctions disciplinaires).

253. En revanche, la faculté pour les juges d'appliquer au condamné une période de sûreté pouvant atteindre les 2/3 de la peine privative de liberté trouvant son fondement légal tant dans les dispositions de l'art. 720-2, al. 1er-3°, C. pr. pén., applicable à la date des faits, que dans celles de l'art. 132-23, al. 3, du C. pén, entré en vigueur postérieurement à ceux-ci, le juge n'a pas violé le principe de la non-rétroactivité. • Crim. 23 juill. 1996, n° 95-85.634 P. ♦ De même, conformément aux art. 18 et 40 anc. du C. pén., une peine privative de liberté d'une durée de 8 ans infligée pour un crime commis avant le 1er mars 1994 était nécessairement celle de la réclusion criminelle et une telle peine absorbait de plein droit une peine correctionnelle venue en concours, dès lors, en application du principe de non-rétroactivité de la loi pénale plus sévère, la confusion est de droit entre la peine de 8 ans d'emprisonnement prononcée par la cour d'assises de Paris, le 10 janv. 1995, pour vol avec arme et délits connexes commis en 1990, et celle de 1 an d'emprisonnement prononcée par le tribunal correctionnel de Créteil, le 12 avr. 1995, pour infractions à la législation sur les stupéfiants et détention illégale d'armes ou de munitions, commises en 1991. • Crim. 20 nov. 1996, n° 96-85.276 P.

254. Crimes contre l'humanité. Les principes de légalité des délits et des peines et de non-rétroactivité de la loi pénale plus sévère, énoncés par le présent art. et les art. 7-1 de la Conv. EDH, 15-1 du PIDCP, 111-3 et 112-1 C. pén., font obstacle à ce que les art. 211-1 à 212-3 de ce code réprimant les crimes contre l'humanité s'appliquent aux faits commis avant la date de leur entrée en vigueur, le 1er mars 1994. • Crim. 17 juin 2003, *MRAP,* n° 02-80.719 P : *Dr. pén. 2003. 96, obs. Véron.*

b. Application à des infractions commises avant leur entrée en vigueur

1. Mesures d'application des peines

255. La surveillance judiciaire, limitée à la durée des réductions de peine dont bénéficie le condamné, constitue une modalité d'exécution de la peine qui a été prononcée par la juridiction de jugement. Dès lors, y compris lorsqu'elle comprend un placement sous surveillance électronique mobile ordonnée par la juridiction de l'application des peines, elle repose non sur la culpabilité du condamné, mais sur sa dangerosité, a pour seul but de prévenir la récidive, ne constitue ni une peine ni une sanction et peut donc s'appliquer à des personnes condamnées pour des faits commis antérieurement à l'entrée en vigueur de la loi.

• Cons. const. 8 déc. 2005, n° 2005-527 DC § 13 à 15. ♦ Rappr. • Cons. const. 2 mars 2004, n° 2004-492 DC § 74.

256. L'application d'une mesure de placement sous surveillance électronique mobile, qui ne peut intervenir qu'avec le consentement de l'intéressé, est limitée dans le temps et ne peut être ordonnée que par le juge ou le tribunal d'application des peines. Cette mesure, dont la mise en œuvre ne repose pas sur la culpabilité des condamnés mais sur leur dangerosité, répond à un objectif de prévention de la récidive commun au placement sous surveillance judiciaire et à la mise en liberté conditionnelle. Lorsqu'elle est prononcée dans le cadre de la surveillance judiciaire, elle ne peut se poursuivre au-delà de la durée de la peine initialement prononcée et est donc constitutive d'une mesure d'exécution de cette peine ; lorsqu'elle est prononcée dans le cadre d'une libération conditionnelle, elle constitue une modalité d'aménagement de la peine, le refus d'un tel placement ayant pour seule conséquence le refus de la libération conditionnelle sans que soient affectées les réductions de peine dont bénéficie le condamné. Ainsi, dans l'un et l'autre cas, le placement sous surveillance électronique mobile ne constitue par lui-même ni une peine ni une sanction et n'est donc pas soumis au principe de non-rétroactivité prévu au présent art. • CE 12 déc. 2007, *Section française de l'Observatoire international des prisons*, n° 293993 B : *RFDA 2008. 999, note de Graëve* ; *AJ pénal 2008. 131*.

257. Selon l'art. 723-29 C. pr. pén., le placement sous surveillance judiciaire peut être ordonné à l'encontre d'une personne condamnée à une peine privative de liberté d'une durée légale ou supérieure à 10 ans pour un crime ou un délit pour lequel le suivi socio-judiciaire est encouru. Il en est ainsi alors même que le crime ou le délit aurait été commis avant l'entrée en vigueur des dispositions ayant instauré le suivi socio-judiciaire. Dès lors, l'arrêt retenant que l'intéressé ayant été condamné pour des faits commis à une date où la peine de suivi socio-judiciaire n'était pas encourue ne peut pas faire l'objet d'un placement sous surveillance judiciaire, méconnaît la portée et le sens du présent principe. • Crim. 21 janv. 2009, n° 08-83.372 P : *AJ pénal 2009. 114*. ♦ Ne viole pas le présent principe le refus du juge d'accorder, en l'absence d'expertise psychiatrique, une permission de sortie à un détenu exécutant une peine privative de liberté pour une infraction, tel le meurtre, désormais punissable du suivi socio-judiciaire, même si celui-ci n'avait pas d'existence légale à la date de la commission des faits. • Crim. 2 sept. 2009, n° 09-80.951.

258. Cependant, aux termes de l'art. 112-2, 3°, C. pén., les lois relatives au régime d'exécution et d'application des peines, dès lors qu'elles ont pour résultat de rendre plus sévères les peines prononcées par la décision de condamnation, ne sont applicables qu'aux condamnations prononcées pour des faits commis postérieurement à leur entrée en vigueur. Ainsi, entrent dans cette catégorie les dispositions qui autorisent la révocation partielle du sursis avec mise à l'épreuve sans limitation de durée, alors que, suivant les dispositions abrogées, celle-ci ne pouvait être ordonnée que pour une durée n'excédant pas 2 mois. • Crim. 24 oct. 2000, n° 00-82.169 P. ♦ De même, sauf disposition contraire, l'abrogation de la loi instituant une peine met obstacle à son exécution. • Crim. 28 juin 2000, n° 98-86.376 P.

2. Mesures de sûreté

259. Les mesures de sûreté peuvent avoir un effet rétroactif. • Crim. 26 nov. 1997, n° 96-83.792 P : *D. 1998. 495, note Rebut*. ♦ Rappr., dans une hypothèse très particulière d'un texte globalement plus favorable. • Crim. 11 juin 1953 : *Bull. crim. n° 202 ; JCP 1953. 7708, note Brouchot*. ♦ Ainsi, sont des mesures de sûreté celles prévues à l'art. 706-136 C. pr. pén. que l'état mental d'une personne ne lui faisait pas encourir sous l'empire de la loi ancienne applicable au moment où les faits ont été commis. • Crim. 16 déc. 2009, n° 09-85.153 P. – Detraz, Rétroactivité des mesures de sûreté applicables en cas de trouble mental, *JCP 2010, n° 15*. ♦ *Ab. jur.* • Crim. 21 janv. 2009, n° 08-83.492 P : *D. 2009. 1111, note Matsopoulou* ; *JCP 2009. 10043, note Detraz*.

260. Inscription à des fichiers. L'inscription au fichier judiciaire national automatisé des auteurs d'infractions sexuelles constituant non une peine mais une mesure ayant pour seul objet de prévenir le renouvellement des infractions sexuelles et de faciliter l'identification de leurs auteurs, celle-ci n'est pas soumise au principe de la non-rétroactivité des lois de fond plus sévères. • Crim. 31 oct. 2006, n° 05-87.153 P : *Dr. pén. 2007. 15*. ♦ Rappr. • Cons. const. 2 mars 2004, n° 2004-492 DC § 74. ♦ Même solution pour le fichier national automatisé des empreintes génétiques. • Crim. 28 sept. 2005, n° 04-87.295 P. ♦ Sur les fichiers, V. également DDH, art. 2 et 9 et annotations ss. Const. 58, Préamb.

261. Surveillance de sûreté. Le principe de non-rétroactivité prévu par le présent art. ne s'appliquant pas à la surveillance de sûreté n'est donc ni une peine, ni une sanction ayant le caractère d'une punition. • Cons. const. 21 févr. 2008, n° 2008-562 DC § 9.

262. Rétention de sûreté. Il en va de même de la rétention de sûreté qui, reposant non sur la culpabilité de la personne condamnée par la cour d'assises, mais sur sa particulière dangerosité appréciée par la juridiction régionale à la date de sa décision, est mise en œuvre après l'accomplissement de la peine par le condamné dans le but d'empêcher et de prévenir la récidive par des personnes souffrant d'un trouble grave de la personnalité et n'est donc ni une peine, ni une sanction ayant le caractère d'une punition. • Cons. const. 21 févr. 2008, n° 2008-562 DC § 9.

263. Toutefois, eu égard à sa nature privative de liberté, à la durée de cette privation, à son caractère renouvelable sans limite et au fait qu'elle est prononcée après une condamnation par une juridiction, la rétention de sûreté ne saurait être appliquée à des personnes condamnées avant la publication de la loi ou faisant l'objet d'une condamnation postérieure à cette date pour des faits commis antérieurement. • Cons. const. 21 févr. 2008, n° 2008-562 DC § 10.

3. Lois rétroactives

264. Lois expressément rétroactives. Les juges répressifs sont tenus d'appliquer la loi en toutes ses dispositions sans pouvoir en apprécier la constitutionnalité. • Crim. 12 juin 1989 : *D. 1989. 585, rapp. Soupe, note Derrida.* ♦ Il en va de même d'une loi qui déroge aux dispositions de l'art. 112-2, 3°, C. pén. concernant les lois relatives au régime d'exécution et d'application des peines. • Crim. 9 avr. 2008, n° 07-88-159 P : *D. 2008. AJ 1556, obs. Léna.*

265. Lois interprétatives. Les atteintes sexuelles constituent des mauvais traitements au sens de l'art. 434-3 C. pén. dans sa rédaction antérieure à l'entrée en vigueur de la loi du 17 juin 1998 dès lors que les dispositions de l'art. 15 de ladite loi qui précisent que l'obligation de dénoncer les mauvais traitements infligés à un mineur de 15 ans s'applique également en cas d'atteintes sexuelles. • Crim. 12 janv. 2000, n° 99-80.534 P.

266. Lois déclaratives. La loi n° 64-1326 du 26 déc. 1964 tendant à constater l'imprescriptibilité des crimes contre l'humanité, sur le fondement de laquelle sont exercées les poursuites, contient une référence précise à la Charte du tribunal international, jointe en annexe à l'accord de Londres du 8 août 1945, lui-même intégré à l'ordre juridique interne. La portée de cette loi « procède nécessairement du texte international sur lequel elle s'articule expressément ». • Crim. 26 janv. 1984, *Klaus Barbie,* n° 83-94.425 P.

B. RÉTROACTIVITÉ IN MITIUS

BIBL. Petit, La rétroactivité *in mitius, AJDA 2014. 486.*

267. Principe. Lorsque, dans l'intervalle d'un délit au jugement, il a existé une loi pénale plus douce que celle qui existait soit à l'époque du délit soit à l'époque du jugement, c'est cette loi plus douce qui a dû être appliquée. • Crim. 1er oct. 1813 : *S. 1814. I. 16.* ♦ Il est de principe général, en matière criminelle, que dans le concours de deux lois, (...) on doit appliquer la nouvelle loi si elle édicte un peine moins sévère. • Crim 14 janv. 1876 : *Bull. GADLF n° 78 ; S. 1876-I-433, note Villey.* ♦ Les dispositions d'une loi nouvelle s'appliquent aux infractions commises avant leur entrée en vigueur et n'ayant pas donné lieu à une condamnation passée en force de chose jugée, lorsqu'elles sont moins sévères que les dispositions anciennes. • Crim. 5 sept. 2000, n° 99-82.301 P • Crim. 29 mai 2001, n° 00-86.233.

268. Des dispositions tendant à limiter les effets de la règle, selon laquelle la loi pénale nouvelle doit, lorsqu'elle prononce des peines moins sévères que la loi ancienne, s'appliquer aux infractions commises avant son entrée en vigueur et n'ayant pas donné lieu à des condamnations passées en force de chose jugée, doivent être regardées comme contraires au principe formulé par le présent art. selon lequel : « La loi ne doit établir que des peines strictement et évidemment nécessaires ». En effet, le fait de ne pas appliquer aux infractions commises sous l'empire de la loi ancienne la loi pénale nouvelle, plus douce, revient à permettre au juge de prononcer les peines prévues par la loi ancienne qui, selon l'appréciation même du législateur, ne sont plus nécessaires. • Cons. const. 19 janv. 1981, n° 80-127 DC § 76 • Cons. const. 3 déc. 2010, *Jean-Marc P. et a.,* n° 2010-74 QPC § 3.

269. L'application des mesures répressives plus douces est immédiate. • Cons. const. 21 févr. 1992, n° 92-305 DC § 112.

270. Toutefois le principe ne s'applique pas lorsque la répression antérieure plus sévère est inhérente aux règles auxquelles la loi nouvelle s'est substituée. • Cons. const. 3 déc. 2010, *Jean-Marc P. et a.,* n° 2010-74 QPC § 3. ♦ Ainsi la précédente définition du seuil de revente à perte étant inhérente à la législation économique antérieure, le législateur n'a pas porté atteinte au principe de rétroactivité *in mitius* en écartant l'application immédiate des nouvelles dispositions. • Cons. const. 3 déc. 2010, *Jean-Marc P. et a.,* n° 2010-74 QPC § 4.

271. De même, le principe de l'application rétroactive de la peine plus légère ne fait pas obstacle à ce que soient poursuivies et sanctionnées les fausses déclarations en douane ayant pour but ou pour effet d'obtenir un avantage quelconque attaché à des importations intracommunautaires commises antérieurement à la mise en place du marché unique. • Cass., ass. plén., 18 nov. 2016, n° 15-21.438 P : *D. 2016. 2410 ; AJ pénal 2017. 125, note Sordino ; JCP Adm. 2016. 910.*

272. Champ d'application. Il appartient au

juge du fond, saisi d'une contestation d'une sanction (en l'espèce une décision de suspension de pension), de faire application, le cas échéant, d'une loi nouvelle plus douce entrée en vigueur entre la date à laquelle l'infraction a été commise et celle à laquelle il statue. • CE 16 nov. 2009, *M.*, n° 295046 : *Lebon 463* ; *AJDA 2009. 2203* ; *Gaz. Pal. 16 mars 2010, p. 16, note Seiller.*

273. Le Conseil d'État estime qu'il y lieu d'appliquer ce principe aux sanctions fiscales. • CE, sect. avis, 5 avr. 1996, *Houdmond*, n° 176611 : *Lebon 116* • CE 16 févr. 2000, *Alet*, n° 180643 • CE 26 sept. 2001, *SARL Espace Loisirs*, n° 208238 : *Lebon 430* . ♦ ... Et plus largement aux sanctions administratives : ces nouvelles dispositions prévoyant des peines moins sévères que la loi ancienne, il y a lieu pour le Conseil d'État, statuant comme juge de plein contentieux, d'appliquer ces dispositions à l'infraction commise de perception en espèces d'un montant supérieur au plafond autorisé. • CE, ass., 16 févr. 2009, *Sté Atom*, n° 274000 : *Lebon 25, concl. Legras* ; *RFDA 2009. 259, concl. Legras* ; *AJDA 2009. 583, chron. Liéber et Botteghi* ; *Constitutions 2010. 116, obs. Le Bot* ; *Gestion et fin. publ. 2009. 620, note Pissaloux* ; *RJEP 2009, n° 665, p. 35, note Melleray* ; *JCP Adm. 2009. 2089, note Bailleul* • TA Montreuil, 8 oct. 2010, *Sté Cie hôtelière de gestion*, n° 0909035 : *AJDA 2011. 843, concl. Brenet* • CE 28 nov. 2014, *Sté Arkeon Finance*, n° 362868 : *Lebon.*

274. On notera cependant que, s'agissant des sanctions disciplinaires, la rétroactivité *in mitius* ne s'applique pas. • CE 8 nov. 1999, *Guiton*, n° 191630 B. ♦ Du reste, le recours contre les décisions ayant prononcé une sanction disciplinaire est un recours en excès de pouvoir et, dès lors, le juge ne peut substituer sa décision à la décision antérieure et donc mettre en œuvre la rétroactivité *in mitius*. • CE, sect. 12 oct. 2009, *Petit*, n° 311641 : *Lebon 367* ; *AJDA 2009. 2163, chron. Liéber et Botteghi* ; *LPA 2010, n° 89, p. 6, concl. Guyomar* • CE 20 mai 2011, *Letona Biteri*, n° 326084 : *Lebon 246* ; *AJDA 2011. 1056, chron. Domino et Bretonneau* ; *AJ pénal 2012. 177, obs. Herzog-Evans* ; *RSC 2012. 208, chron. Poncela* .

275. Dès lors que les dispositions sanctionnant un comportement ont été abrogées et qu'elles n'ont pas été remplacées par d'autres dispositions réprimant les manquements qu'elles sanctionnaient, la décharge doit être prononcée. • CE 23 avr. 2008, *Sté Bisico France*, n° 308865 : *Lebon 170* ; *RJEP 2008, n° 655, p. 25, concl. Vallée.*

1° LOIS CONCERNÉES

276. Lois pénales plus douces. A justifié sa décision la cour d'appel qui, pour renvoyer le prévenu des fins de la poursuite, énonce que la loi du 4 août 2008 a supprimé l'automaticité de l'interdiction de gérer instaurée, en cas de condamnation à certaines infractions, par l'ord. du 6 mai 2005 et l'a remplacée par la faculté donnée au juge répressif de prononcer des peines complémentaires, temporaires ou définitives, que ce texte constitue une loi pénale plus douce applicable aux infractions commises avant son entrée en vigueur n'ayant pas donné lieu à une condamnation passée en force de chose jugée. • Crim. 16 déc. 2009, n° 09-80.545 P. ♦ La nouvelle loi élargit le champ de l'immunité ayant pour conséquence de supprimer l'incrimination visée par les poursuites. • Crim. 8 juin 2010, n° 09-86.626 P : *RSC 2010. 941, note Renucci* ; *AJ pénal 2010. 445* . ♦ De même, en condamnant l'accusé à 30 ans de réclusion criminelle, les juges n'ont fait qu'user de leur pouvoir souverain d'appréciation, qui les autorise à prononcer le maximum de la peine encourue, dès lors que si, à la date des faits, la peine applicable était celle de la réclusion criminelle à perpétuité, elle s'est trouvée réduite à 30 ans de réclusion criminelle en raison de l'entrée en vigueur, le 1er mars 1994, des art. 224-4 et 311-8 C. pén. • Crim. 10 juill. 1996, n° 95-84.688 P.

277. A l'inverse, méconnaît le principe de la rétroactivité *in mitius* la cour d'appel qui, alors qu'est désormais exclue de la prohibition du démarchage la vente à domicile de supports matériels de connaissance des langues étrangères ou régionales destinés à leur libre apprentissage, sans assistance ou suivi pédagogique, ne vérifie pas si les faits qui ont motivé la condamnation prononcée par les premiers juges constituent une infraction au regard tant de la loi ancienne que de la loi nouvelle. • Crim. 30 nov. 1994, n° 94-80.383 P. ♦ ... De même, lorsque les dispositions nouvelles prévoient des conditions plus restrictives pour que l'infraction soit constituée. • Crim. 5 avr. 1995, n° 94-82.457 P.

278. Il convient, en cas de doute, de procéder à un examen de l'affaire au regard des dispositions plus favorables afin de rechercher, notamment, si la faute commise par le prévenu est susceptible d'être sanctionnée tant sous l'empire du texte nouveau que du texte ancien. • Crim. 29 mai 2001, n° 00-85.421.

279. Lois complexes. Les modifications qui ont été apportées par la loi au sursis à l'exécution des peines, et qui ont eu notamment pour objet de faciliter l'octroi du sursis et d'en déduire les cas de révocation, forment un tout dont les éléments ne sauraient être séparés et qui, considérée dans son ensemble, est plus favorable au prévenu que la législation précédente. Dès lors, c'est sans aucune violation du principe de non-rétroactivité que la cour d'appel a fait application aux demandeurs de la disposition qui permet aux juges de décider que le sursis ne s'appliquera que pour partie à l'exécution de l'emprisonnement. • Crim. 5 juin 1971, n° 70-92.735 P : *JCP 1972. 17039, note Vitu.*

280. Limite à l'application rétroactive. Il convient pour que cette rétroactivité puisse s'appliquer que le législateur n'ait pas entendu l'exclure. • Crim. 28 nov. 1996, n° 95-85.187 P • Crim. 6 févr. 1997, n° 94-84.670 P : *Dr. pén. 1997. 80 ; D. 1997. 615* . ♦ En l'absence de dispositions contraires cette rétroactivité s'applique. • Crim 3 févr. 1986, n° 85-93.250 P • Crim. 16 févr. 1987, n° 85-96.122 P.

281. De même, si l'abrogation de l'art. R. 332-9 C. urb. a eu pour effet, à compter de l'entrée en vigueur de la loi, de supprimer la sanction fiscale instituée par cet art., cette suppression, qui est la conséquence nécessaire de la suppression de la contribution fiscale à laquelle la sanction était attachée, ne résulte pas de ce que la sanction aurait été jugée inutile ou excessive ; par suite, l'abrogation de la sanction ne présente pas le caractère d'une loi nouvelle plus douce. • CE, sect., 16 juill. 2010, *Colomb,* n° 294239 : *Lebon 298, concl. Legras* ; *AJDA 2010. 1452* . ♦ Rappr. • CE 5 nov. 2014, *Mme Jacquart,* n° 383586 : *Lebon.*

282. V. égal. refusant la qualification de loi plus douce : s'agissant d'une amende administrative en raison d'un manquement aux règles de sûreté aéroportuaire. • CAA Versailles, 1er juill. 2014, *Sté Inter pistes,* n° 12VE02785 : *AJDA 2014. 1959, concl. Rollet-Perraud* . ♦ ... De l'ordonnance relative à l'usage de substances prohibées par les sportifs. • CE 24 sept. 2018, n° 416210 B : *AJDA 2018. 1809* .

2° INFRACTIONS CONCERNÉES

283. Infraction n'étant pas passée en force de chose jugée. Les dispositions qui tendent à limiter les effets de la règle selon laquelle la loi pénale nouvelle doit, lorsqu'elle prononce des peines moins sévères que la loi ancienne, s'appliquer aux infractions commises avant son entrée en vigueur et n'ayant pas donné lieu à des condamnations passées en force de chose jugée, doivent être regardées comme contraires au principe formulé par le présent art. • Cons. const. 19 janv. 1981, n° 80-127 DC § 75 et 76. ♦ Les dispositions supprimant la possibilité donnée au juge de prononcer l'interdiction de séjour contre tout condamné pour délit de vol sont sans effet en ce qui concerne les condamnations devenues définitives à la date d'entrée en vigueur de la présente loi. • Crim. 28 avr. 1975, n° 75-90.161 P. ♦ Les dispositions nouvelles s'appliquent aux infractions commises avant leur entrée en vigueur et n'ayant pas donné lieu à une condamnation passée en force de chose jugée, lorsqu'elles sont moins sévères que les dispositions anciennes, or, X... ne peut se prévaloir de la loi nouvelle, puisque, lors de l'entrée en vigueur de celle-ci, sa condamnation était passée en force de chose jugée. • Crim. 22 mai 1995, n° 94-83.601 P.

284. Cassation. Depuis l'entrée en vigueur de la loi du 10 juill. 2000, les personnes physiques, qui n'ont pas causé directement le dommage, mais qui ont créé ou contribué à créer la situation qui a permis la réalisation du dommage ou qui n'ont pas pris les mesures permettant de l'éviter, sont responsables pénalement s'il est établi qu'elles ont, soit violé de façon manifestement délibérée une obligation particulière de prudence ou de sécurité prévue par la loi ou le règlement, soit commis une faute caractérisée et qui exposait autrui à un risque d'une particulière gravité qu'elles ne pouvaient ignorer, il y a dès lors lieu de procéder, en ce qui concerne X..., à un nouvel examen de l'affaire au regard de ces dispositions plus favorables entrées en vigueur postérieurement à l'arrêt rendu le 16 mars 1999. • Crim. 5 sept. 2000, n° 99-82.301 P • Crim. 9 oct. 2001, n° 00-85.053 P.

285. Suppression de l'incrimination. La Cour de cassation, saisie d'un pourvoi, ne peut, en cas de changement de législation abrogeant une disposition du C. pén. et supprimant une incrimination, que constater que, depuis la condamnation, le texte pénal en vertu duquel une condamnation a été prononcée a cessé d'être applicable et que, dès lors, ladite condamnation n'ayant plus de base légale doit être tenue pour nulle et non avenue. • Crim. 21 avr. 1982, n° 81-91.456 P • Crim 3 févr. 1986, n° 85-93.250 P. ♦ Rappr. • Crim. 8 juin 2010 : *préc. note 276.*

286. A l'inverse, le pourvoi est rejeté, si la déclaration de culpabilité est dépourvue de base légale sous l'empire du C. pén. entré en vigueur le 1er mars 1994 qui a supprimé la qualification d'abus de blanc-seing, les faits tels que relatés par les juges d'appel n'en restant pas moins punissables comme constitutifs d'un abus de confiance rentrant dans les prévisions tant de l'art. 408 C. pén. (ancien) applicable à la date des faits reprochés que de l'art. 314-1 C. pén. entré en vigueur le 1er mars 1994. • Crim. 21 sept. 1994, n° 93-85.297 P.

287. Le texte base de l'incrimination ayant été abrogé à compter du 1er janv. 1986, il en résulte que la condamnation prononcée sur cette base manque désormais de support légal ; la loi réprimant depuis cette même date certains faits autrefois punissables sous la qualification de malversation commise par un syndic et certains actes constituant l'acquisition prohibée pour son propre compte des biens du débiteur, il convient dès lors, après annulation de la décision attaquée, de renvoyer l'examen de la procédure aux juges du fond pour qu'il soit procédé à un nouvel examen des faits de la poursuite au regard des dispositions nouvelles. • Crim. 20 oct. 1986, n° 85-90.219 P.

288. Abrogation de peine. En l'état de l'abrogation des art. instituant la peine d'interdiction des droits civils et de famille, et en l'absence de disposition contraire, la cour d'appel aurait dû constater que l'interdiction avait cessé d'être applicable au condamné, dont la requête en relèvement était, dès lors, sans objet. • Crim. 28 juin 2000, n° 98-86.376 P : *D. 2001. 1351, note Massip*.

289. Allègement de l'incrimination. S'applique rétroactivement une loi qui, bien qu'allongeant à 3 ans la durée maximale de l'inéligibilité prononçable, permet en fait de mieux individualiser et de moduler les sanctions applicables en réduisant les hypothèses dans lesquelles l'inéligibilité est requise et en favorisant la prise en compte des circonstances de l'espèce par le juge. • CE, ass., 4 juill. 2011, *Élections régionales d'Île-de-France*, n° 338033 : *préc. note 26.*

Art. 9 **Tout homme étant présumé innocent jusqu'à ce qu'il ait été déclaré coupable, s'il est jugé indispensable de l'arrêter, toute rigueur qui ne serait pas nécessaire pour s'assurer de sa personne doit être sévèrement réprimée par la loi.**

COMMENTAIRE

V. sur le Code en ligne.

PLAN DES ANNOTATIONS

[V. références des décisions du Conseil constitutionnel dans les tableaux DC et QPC]

1. Les principes résultant du présent art. (et de l'art. 8 DDH) ne s'appliquent qu'aux peines et aux sanctions ayant le caractère d'une punition. • Cons. const. 30 déc. 1982, n° 82-155 DC § 33 • Cons. const. 21 janv. 2011, *Jean-Claude C.*, n° 2010-90 QPC § 3.

I. LA PRÉSOMPTION D'INNOCENCE

A. GÉNÉRALITÉS

2. Principe. La présomption d'innocence est un principe constitutionnel. • Cons. const. 8 juill. 1989, n° 89-258 DC § 10 • Cons. const. 2 févr. 1995, n° 95 DC § 5. ♦ V. déjà sans référence au présent art. • Cons. const. 19 janv. 1981, n° 80-127 DC § 33.

3. Il en résulte qu'en principe le législateur ne saurait instituer de présomption de culpabilité en matière répressive. • Cons. const. 16 juin 1999, n° 99-411 DC § 5 • Cons. const. 10 juin 2009, n° 2009-580 DC § 17 • Cons. const. 25 févr. 2010, n° 2010-604 DC § 11 • Cons. const. 10 mars 2011, n° 2011-625 DC § 38. ♦ Toutefois, à titre exceptionnel, de telles présomptions peuvent être établies, notamment en matière contraventionnelle, dès lors qu'elles ne revêtent pas de caractère irréfragable, qu'est assuré le respect des droits de la défense et que les faits induisent raisonnablement la vraisemblance de l'imputabilité. • Cons. const. 16 juin 1999, n° 99-411 DC § 5 • Cons. const. 10 juin 2009, n° 2009-580 DC § 17 • Cons. const. 10 mars 2011, n° 2011-625 DC § 38 • Cons. const. 16 sept. 2011, *Antoine J.*, n° 2011-164 QPC § 3.

4. Le respect de la présomption d'innocence est également vérifié lors du contrôle préalable à la ratification des traités internationaux. Ainsi, le Cons. const. constate d'une part que, s'agissant de la Cour pénale internationale, la présomption d'innocence dont bénéficie toute personne jusqu'à ce que sa culpabilité ait été établie devant la Cour est affirmée et qu'il incombe au procureur de prouver la culpabilité de l'accusé et d'autre part que l'accusé bénéficie de la garantie de « ne pas se voir imposer le renversement du fardeau de la preuve ni la charge de la réfutation ». • Cons. const. 22 janv. 1999, n° 98-408 DC § 21.

5. Domaine. Le principe de la présomption d'innocence ne peut être utilement invoqué en dehors du domaine répressif. • Cons. const.

13 mars 2003, n° 2003-467 DC § 85 • CE 29 sept. 2010, *Sté Snerr Théâtre de Paris,* n° 341065 B. ♦ Ainsi la carte de séjour peut être retirée pour des motifs d'ordre public dès lors qu'il s'agit non d'une sanction mais d'une mesure de police. • Cons. const. 13 mars 2003, n° 2003-467 DC. ♦ La charge de la preuve peut être renversée dans les litiges de nature civile (sanction civile du harcèlement sexuel). • Cons. const. 19 juin 2001, n° 2001-445 DC § 84. ♦ Dès lors que la sanction ne présente pas le caractère d'une punition, la présomption d'innocence n'a pas lieu de s'appliquer. • Cons. const. 16 sept. 2011, *Sté Heatherbrae Ltd,* n° 2011-165 QPC § 5.

6. Injonction pénale. Certaines mesures susceptibles de faire l'objet d'une injonction pénale à l'encontre une personne physique majeure contre laquelle les éléments d'une enquête sont de nature à motiver l'exercice de poursuites, pouvant être de nature à porter atteinte à la liberté individuelle, constituent, que dans le cas où elles sont prononcées par un tribunal, des sanctions pénales. Dès lors le prononcé et l'exécution de telles mesures, même avec l'accord de la personne susceptible d'être pénalement poursuivie, ne peuvent, s'agissant de la répression de délits de droit commun, intervenir à la seule diligence d'une autorité chargée de l'action publique mais requièrent la décision d'une autorité de jugement sauf à violer, entre autres, la présomption d'innocence. • Cons. const. 2 févr. 1995, n° 95 DC § 6.

7. Compétence juridictionnelle. La présomption d'innocence constitue une liberté fondamentale dont la protection juridictionnelle ne relève pas, par nature, de la compétence exclusive des juridictions judiciaires ; en l'absence de dispositions législatives contraires, l'atteinte qui y est portée par un agent public dans l'exercice de ses fonctions est ainsi, en principe, susceptible de ressortir à la compétence du juge administratif. La tenue des propos imputés à H., ministre de l'intérieur, dans l'exercice de ses fonctions, à l'occasion d'une émission d'information générale télévisée et radiophonique, en réponse à des questions des journalistes, ne présente pas les caractères d'une faute personnelle détachable du service et, ne constituant ni un acte ni une décision et ne comportant la production d'aucun élément de preuve lié à une procédure en cours, la seule évocation des résultats d'investigations administratives effectuées, par les services placés sous l'autorité du ministre de l'intérieur, est étrangère à la procédure dont l'autorité judiciaire se trouvait saisie du chef de violation du secret de l'instruction. • T. confl. 12 déc. 2011, *Sénat c/ Hortefeux,* n° 3838 : *Lebon 704 ; AJDA 2011. 2501 ; AJFP 2012. 117 ; RFDA 2012. 399.*

1° PRÉSOMPTION DE CULPABILITÉ

8. V. également Conv. EDH, art. 6.

9. Absence. N'institue pas une présomption de culpabilité la disposition : qui rend le titulaire du certificat d'immatriculation du véhicule redevable pécuniairement de l'amende encourue pour des contraventions à la règlementation sur les vitesses maximales autorisées et sur les signalisations imposant l'arrêt des véhicules, à moins qu'il n'établisse l'existence d'un vol ou de tout autre évènement de force majeure ou qu'il n'apporte tous éléments permettant d'établir qu'il n'était pas l'auteur véritable de l'infraction • Cons. const. 16 juin 1999, n° 99-411 DC § 6. ♦ Rappr. • CE sect. 5 juill. 2000, *Chevallier,* n° 207529 : *Lebon 294, concl. Arrighi de Casanova* . ♦ ... Qui établit un cadre général organisant le traitement des valeurs pécuniaires dont peuvent disposer les détenus, prévoit l'ouverture pour chacun d'un compte nominatif et renvoie à un décret le soin de fixer les modalités de gestion du compte nominatif des détenus dès lorsqu'elle n'a pas pour objet et ne saurait avoir pour effet d'imposer aux personnes prévenues un prélèvement définitif de leurs avoirs au profit des parties civiles et des créanciers d'aliments, du fait de son caractère purement conservatoire. • CE, QPC, 19 mai 2010, *Théron,* n° 331025 : *Lebon 168 ; AJ pénal 2010. 350* . ♦ Il en va de même des décrets subséquents. • CE 1er déc. 2010, *Théron,* n° 331025 : *AJDA 2010. 2290* .

10. Présence. En revanche, institue une présomption de culpabilité, la disposition qui : prévoit que seul le titulaire du contrat d'abonnement d'accès à internet peut faire l'objet des sanctions instituées par le dispositif déféré et que pour s'exonérer de ces sanctions, par un renversement de la charge de la preuve, il lui incombe de produire les éléments de nature à établir que l'atteinte portée au droit d'auteur ou aux droits voisins procède de la fraude d'un tiers. • Cons. const. 10 juin 2009, n° 2009-580 DC § 18. ♦ ... Punit d'une peine contraventionnelle le représentant légal du mineur de ne pas s'être assuré du respect par ce dernier de la décision du préfet restreignant éventuellement la liberté d'aller et de venir sur la voie publique des mineurs de 13 ans entre 23 heures et 6 heures ou de la même décision prise par le tribunal des enfants à l'encontre d'un mineur à titre de sanction éducative. • Cons. const. 10 mars 2011, n° 2011-625 DC § 38.

11. Réserve d'interprétation. Les dispositions prévoyant la responsabilité des hébergeurs de site à raison des informations stockées à la demande des destinataires des sites et celles qui excluent cette responsabilité, lorsqu'il n'est pas établi que les hébergeurs avaient connaissance du caractère illicite de ces informations ou qu'ils n'ont pas réagi promptement, ne sauraient avoir pour effet d'engager la responsabilité d'un hébergeur qui n'a pas retiré une information dénoncée comme illicite par un tiers si celle-ci ne présente pas manifestement un tel caractère ou si son retrait n'a pas été ordonné par un juge. • Cons. const. 10 juin 2004, n° 2004-496 DC § 9. ♦ De même, des dispositions, telles qu'interprétées par la C. cass. dans ses arrêts du 16 févr. 2010 (Crim. : n°s 09-81.064 et 08-86.301), prévoyant que le créateur ou l'animateur d'un site de communication au public en ligne peut voir sa responsabilité pénale recherchée, en qualité de producteur, à raison du contenu de messages dont il n'est pas l'auteur et qui n'ont fait l'objet d'aucune fixation préalable et qu'il ne peut s'exonérer des sanctions pénales qu'il encourt qu'en désignant l'auteur du message ou en démontrant que la responsabilité pénale du directeur de la publication est encourue, ne sauraient, sans instaurer une présomption irréfragable de responsabilité pénale, être interprétées comme permettant que le créateur ou l'animateur d'un site de communication au public en ligne, mettant à la disposition du public des messages adressés par des internautes, voie sa responsabilité pénale engagée en qualité de producteur à raison du seul contenu d'un message dont il n'avait pas connaissance avant la mise en ligne. • Cons. const. 16 sept. 2011, *Antoine J.*, n° 2011-164 QPC § 6 et 7.

2° PREUVE DE CULPABILITÉ

12. La preuve de la culpabilité incombe à la partie poursuivante. • Cons. const. 19 janv. 1981, n° 80-127 DC § 33 • Cons. const. 22 janv. 1999, n° 98-408 DC § 21. ♦ En matière fiscale, cette preuve doit être apportée par l'administration. • Cons. const. 29 déc. 1999, n° 99-424 DC § 54. ♦ Le doute doit profiter à l'accusé. • Cons. const. 19 janv. 1981, n° 80-127 DC § 33.

13. Aménagement de la charge de la preuve. L'aménagent la charge de la preuve en faveur des personnes qui considèrent que le refus de location d'un logement qui leur a été opposé trouve sa cause dans une discrimination prohibée par la loi, d'une part, et de celles qui s'estiment victimes d'un harcèlement moral ou sexuel, d'autre part trouvent à s'appliquer « en cas de litige » et donc qu'elles ne sont pas applicables en matière pénale, ne pouvant, en conséquence, avoir pour objet ou pour effet de porter atteinte au principe de présomption d'innocence. • Cons. const. 12 janv. 2002, n° 2001-455 DC § 84.

3° FAIT PROPRE DE LA PERSONNE

14. Nul ne peut être punissable que de son propre fait. • Cons. const. 16 juin 1999, n° 99-411 DC § 7 • Cons. const. 25 févr. 2010, n° 2010-604 DC § 11. ♦ Rappr. • CE 25 nov. 1987, *Mme Frappier de Montbenoit-Gervais*, n° 70073 B. ♦ Ce principe s'applique non seulement aux peines prononcées par les juridictions répressives mais aussi à toute sanction ayant le caractère d'une punition. • Cons. const. 4 mai 2012, *Ileana A.*, n° 2012-239 QPC § 3 à 5 • Cons. const. 20 déc. 2018, n° 2018-773 DC § 67 • Cons. const. 27 nov. 2020, *Mathias E.*, n° 2020-867 QPC § 4. ♦ V. déjà *a contrario*. • Cons. const. 21 janv. 2011, *Jean-Claude C.*, n° 2010-90 QPC § 3.

15. Cependant, appliqué en dehors du droit pénal, le principe selon lequel nul n'est punissable que de son propre fait peut faire l'objet d'adaptations, dès lors que celles-ci sont justifiées par la nature de la sanction et par l'objet qu'elle poursuit et qu'elles sont proportionnées à cet objet. • Cons. const. 18 mai 2016, *Sté ITM Alimentaire International*, n° 2016-542 QPC § 6 • Cons. const. 20 déc. 2018, n° 2018-773 DC § 68.

a. Droit pénal

16. Réprimer le fait, pour une personne, de participer sciemment à un groupement étant établi qu'elle l'a fait en vue de commettre des violences contre les personnes ou des dommages aux biens n'instaure pas de responsabilité pénale pour des faits commis par un tiers et ne crée ni présomption de culpabilité ni inversion de la charge de la preuve, à la condition que la préparation de ces infractions soit caractérisée par un ou plusieurs faits matériels accomplis par l'auteur lui-même ou connus de lui. • Cons. const. 25 févr. 2010, n° 2010-604 DC § 12. ♦ Rappr. *a contrario*. • Cons. const. 10 mars 2011, n° 2011-625 DC § 39.

17. Des dispositions qui se bornent à énumérer les personnes participant à l'activité aérienne et susceptibles, à cette occasion, de manquer au respect de l'une des restrictions, procédures ou règles relatives aux amendes aéroportuaires n'ont, ni par elles-mêmes ni en raison de la portée effective que leur conférerait une interprétation jurisprudentielle constante, pour objet ou pour effet de rendre une personne responsable d'un manquement qui ne lui serait pas imputable. Dès lors, et en tout état de cause, manque en fait le grief tiré de la méconnaissance du principe selon lequel nul n'est punissable que de son propre fait. • Cons. const. 27 nov. 2020, *Mathias E.*, n° 2020-867 QPC § 6 et 7.

b. Hors droit pénal

18. Les dispositions contestées prévoient la transmission des pénalités fiscales uniquement lorsqu'elles sont dues par le défunt ou la société dissoute au jour du décès ou de la dissolution ; par suite, elles ne permettent pas que des amendes et majorations venant sanctionner le comportement du contrevenant fiscal soient prononcées directement à l'encontre des héritiers de ce contrevenant ou de la liquidation de la société dissoute. Ces pénalités, prononcées par l'administration à l'issue d'une procédure administrative contradictoire à laquelle le contribuable ou la société a été partie, sont exigibles dès leur prononcé. En cas de décès du contribuable ou de dissolution de la société, les héritiers ou les continuateurs peuvent, s'ils sont encore dans le délai pour le faire, engager une contestation ou une transaction ou, si elle a déjà été engagée, la poursuivre, cette contestation ou cette transaction ne pouvant avoir pour conséquence de conduire à un alourdissement de la sanction initialement prononcée. Par suite, en prévoyant que ces pénalités de nature fiscale, entrées dans le patrimoine du contribuable ou de la société avant le décès ou la dissolution, sont à la charge de la succession ou de la liquidation, les dispositions contestées ne méconnaissent pas le principe selon lequel nul n'est punissable que de son propre fait. • Cons. const. 4 mai 2012, *Ileana A.,* n° 2012-239 QPC § 6 et 7. ♦ V. déjà : Eu égard aux objectifs de prévention et de répression de la fraude et de l'évasion fiscale auxquels répondent les pénalités fiscales, le principe de la personnalité des peines ne fait pas obstacle à ce que, à l'occasion d'une opération de fusion ou de scission, ces sanctions pécuniaires soient mises, compte tenu de la transmission universelle du patrimoine, à la charge de la société absorbante, d'une nouvelle société créée pour réaliser la fusion ou de sociétés issues de la scission, à raison des manquements commis, avant cette opération, par la société absorbée ou fusionnée ou par la société scindée. • CE, avis cont., 4 déc. 2009, *Sté Rueil Sports,* n° 329173 : *Lebon 478*. ♦ Rappr. *a contrario*, s'agissant d'amendes prononcées à l'encontre d'héritiers de l'auteur d'une fraude, ce dernier n'ayant pas été poursuivi de son vivant. • CEDH 29 août 1997, *E. L., R. L. et J. O. L. c/ Suisse,* n° 20919/92 § 52 et 53 : *JCP 1999. I. 107, chron. Sudre.*

19. Le principe selon lequel nul n'est punissable que de son propre fait (tel que défini ci dessus : V. note 15) est applicable à l'amende civile qui sanctionne pécuniairement les pratiques restrictives de concurrence, a la nature d'une sanction pécuniaire dès lors que seule une personne bénéficiaire de la transmission du patrimoine d'une société dissoute sans liquida*tion est susceptible d'encourir l'amende prévue* par les dispositions contestées. • Cons. const. 18 mai 2016, *Sté ITM Alimentaire International,* n° 2016-542 QPC § 6 à 9.

20. En autorisant le CSA, pour fonder sa décision de résiliation, à tenir compte des contenus diffusés sur d'autres services que celui objet de la convention en cause ou par d'autres personnes que celle signataire de cette convention, le législateur a entendu permettre que l'atteinte portée aux intérêts fondamentaux de la Nation par le service visé par la procédure de sanction puisse être établie au moyen d'un faisceau d'indices concordants attestant l'existence d'une stratégie impliquant plusieurs sociétés liées entre elles et mise en œuvre par un État étranger. Ces dispositions ne permettent la prise en compte des contenus d'autres services de communication au public par voie électronique que lorsque ces derniers sont édités par une filiale de la société ayant conclu la convention, par la personne morale qui la contrôle ou par les filiales de cette dernière, ces sociétés partageant de ce fait une communauté d'intérêts de nature à faire présumer une concertation d'action entre elles. Ces dispositions excluent également que la décision de résiliation puisse alors être fondée sur ces seuls contenus. • Cons. const. 20 déc. 2018, n° 2018-773 DC § 69 et 70.

B. DANS LE CADRE PÉNAL

21. Principe. Il découle du présent art. : qu'une peine ne peut être infligée qu'à la condition que soit respectée la présomption d'innocence. • Cons. const. 12 janv. 2002, n° 2001-455 DC § 81. ♦ ... Que doit être respecté, à l'égard des mineurs comme des majeurs, le principe de la présomption d'innocence. • Cons. const. 29 août 2002, n° 2002-461 DC § 27.

22. Nul n'est tenu de s'accuser. Il en découle que nul n'est tenu de s'accuser. • Cons. const. 2 mars 2004, n° 2004-492 DC § 110 • Cons. const. 16 sept. 2010, *Jean-Victor C.,* n° 2010-25 QPC § 17 • Cons. const. 27 janv. 2012, *Sté COVED SA,* n° 2011-214 QPC § 7 • Cons. const. 5 avr. 2019, *Sing Kwon C.,* n° 2019-772 QPC § 11. ♦ ... Dont découle le droit de se taire. • Cons. const. 4 nov. 2016, *Sylvie T.,* n° 2016-594 QPC § 5 • Cons. const. 4 mars 2021, *Oussama C.,* n° 2020-886 QPC § 5. ♦ Rappr. • CEDH 25 févr. 1993, *Funke c/ France,* n° 10828/84 § 44 : *D. 1993. 457, note Pannier* • CEDH 8 févr. 1996, *Murray c/ Royaume-Uni,* n° 18731/91 § 45 : *AJDA 1996. 1005, chron. Flauss ; RSC 1997. 476, obs. Koering-Joulin*. ♦ V. déjà : « au demeurant, la personne gardée à vue ne reçoit pas la notification de son droit de garder le silence ». • Cons. const. 30 juill. 2010, *Daniel Walbuger et a.,* n° 2010-14/22 QPC § 28. ♦ Rappr. : « la personne placée en garde à vue est notamment informée, dès le début de la garde à vue ». • Cons. const. 21 nov. 2014, *Nadav B.,* n° 2014-428 QPC § 13.

23. Ne sont pas contraires à la règle selon laquelle nul n'est tenu de s'accuser l'obligation pénalement sanctionnée de se soumettre au prélèvement biologique, qui n'implique pas davantage de reconnaissance de culpabilité. • Cons. const. 16 sept. 2010, *Jean-Victor C.*, n° 2010-25 QPC § 17. ♦ … L'obligation de communication de documents relatifs aux opérations intéressant le service des douanes. • Cons. const. 27 janv. 2012, *Sté COVED SA*, n° 2011-214 QPC § 7. ♦ … Le droit reconnu aux agents habilités d'exiger la communication d'informations et de documents tend à l'obtention non de l'aveu de la personne contrôlée, mais de documents nécessaires à la conduite de l'enquête de concurrence. • Cons. const. 8 juill. 2016, *Sté Brenntag*, n° 2016-552 QPC § 12. ♦ … Les dispositions qui imposent à la personne suspectée d'avoir commis une infraction, en utilisant un moyen de cryptologie, de délivrer ou de mettre en œuvre la convention secrète de déchiffrement s'il est établi qu'elle en a connaissance, dès lorsqu'elles n'ont pas pour objet d'obtenir des aveux de sa part et n'emportent ni reconnaissance ni présomption de culpabilité mais permettent seulement le déchiffrement des données cryptées qui existent indépendamment de la volonté de la personne suspectée. • Cons. const. 21 mars 2018, *Malek B.*, n° 2018-696 QPC § 8. ♦ … Les dispositions qui permettent à l'administration de recueillir les déclarations faites par une personne en l'absence de toute contrainte. En outre, le droit reconnu aux agents assermentés du service municipal du logement de se faire présenter des documents tend non à l'obtention d'un aveu, mais seulement à la présentation d'éléments nécessaires à la conduite d'une procédure de contrôle du respect de l'autorisation d'affectation d'usage du bien. • Cons. const. 5 avr. 2019, *Sing Kwon C.*, n° 2019-772 QPC § 14.

24. En ne prévoyant pas que le prévenu traduit devant le juge des libertés et de la détention en cas de comparution immédiate doit être informé de son droit de se taire, les dispositions contestées portent atteinte au droit de se taire dès lors que, d'une part, l'office confié au juge des libertés et de la détention dans ce cadre peut le conduire à porter une appréciation des faits retenus à titre de charges par le procureur de la République dans sa *saisine et que, d'autre part,* le fait même que le juge des libertés et de la détention invite le prévenu à présenter ses observations peut être de nature à lui laisser croire qu'il ne dispose pas du droit de se taire. • Cons. const. 4 mars 2021, *Oussama C.*, n° 2020-886 QPC § 7 à 9.

25. Prestation de serment. Faire ainsi prêter serment à une personne entendue en garde à vue de « dire toute la vérité, rien que la vérité » peut être de nature à lui laisser croire qu'elle ne dispose pas du droit de se taire ou de nature à contredire l'information qu'elle a reçue concernant ce droit. Dès lors, en faisant obstacle, en toute circonstance, à la nullité d'une audition réalisée sous serment lors d'une garde à vue dans le cadre d'une commission rogatoire, les dispositions contestées portent atteinte au droit de se taire de la personne soupçonnée. • Cons. const. 4 nov. 2016, *Sylvie T.*, n° 2016-594 QPC § 8.

26. Champ d'application. Dans la mesure où l'amnistie a pour effet d'interdire des poursuites pénales, elle ne méconnaît en rien le principe proclamé par le présent art. selon lequel tout homme est présumé innocent jusqu'à ce qu'il ait été déclaré coupable. • Cons. const. 8 juill. 1989, n° 89-258 DC § 10. ♦ A l'inverse, l'amnistie ne peut en aucun cas mettre obstacle ni à la réhabilitation ni à l'action en révision devant toute juridiction compétente tendant à faire établir l'innocence du condamné. • Même affaire, § 11.

27. La rétention de sûreté et la surveillance de sûreté ne sont pas des mesures répressives ; que, dès lors, le grief tiré de la violation de la présomption d'innocence est inopérant. • Cons. const. 21 févr. 2008, n° 2008-562 DC § 12.

28. Rétention avant comparution et détention provisoire. Si le principe de présomption d'innocence ne fait pas obstacle à ce que l'autorité judiciaire soumette à des mesures restrictives ou privatives de liberté, avant toute déclaration de culpabilité, une personne à l'encontre de laquelle existent des indices suffisants quant à sa participation à la commission d'un délit ou d'un crime, c'est toutefois à la condition que ces mesures soient prononcées selon une procédure respectueuse des droits de la défense et apparaissent nécessaires à la manifestation de la vérité, au maintien de ladite personne à la disposition de la justice, à sa protection, à la protection des tiers ou à la sauvegarde de l'ordre public. • Cons. const. 29 août 2002, n° 2002-461 DC § 66 • Cons. const. 17 déc. 2010, *Michel F.*, n° 2010-80 QPC § 5.

29. Saisine directe. Si le pouvoir d'apprécier dans quelle mesure le recours à la procédure d'information confiée au juge d'instruction n'est pas nécessaire et d'user alors de l'une des procédures de saisine directe est attribué au procureur de la République, c'est en raison du fait que la charge de la poursuite et de la preuve lui incombe. Un recours non pertinent du procureur de la République à l'une des procédures de saisine directe aurait nécessairement pour conséquence, en raison de la présomption d'innocence dont bénéficie le prévenu, soit la relaxe de celui-ci, soit la décision de la juridiction de jugement de procéder à un supplément d'information. • Cons. const. 19 janv. 1981, n° 80-127 DC § 33.

30. Comparution sur reconnaissance préalable de culpabilité (« plaider coupable »). Il découle du présent art. que nul n'est tenu de s'accuser. Ni cette disposition ni aucune autre de la Constitution n'interdit à une personne de reconnaître librement sa culpabilité. • Cons. const. 2 mars 2004, n° 2004-492 DC § 110. ♦ Du reste, les personnes gardées à vue doivent se voir notifier leur droit de garder le silence. • Cons. const. 30 juill. 2010, *Daniel Walbuger et a.*, n° 2010-14/22 QPC § 29. ♦ V. DDH, art. 16, notes 142, 150, 230 et 285.

31. Cette procédure est conforme au présent art. dès lors que, le juge du siège n'étant lié ni par la proposition du procureur, ni par son acceptation par la personne concernée, il lui appartient de s'assurer que l'intéressé a reconnu librement et sincèrement être l'auteur des faits et de vérifier la réalité de ces derniers. S'il rend une ordonnance d'homologation, il devra donc relever que la personne, en présence de son avocat, reconnaît les faits qui lui sont reprochés et accepte en connaissance de cause la ou les peines proposées par le procureur de la République et devra donc vérifier non seulement la réalité du consentement de la personne mais également sa sincérité. En cas de refus d'homologation, le procès-verbal de la procédure de comparution sur reconnaissance préalable de culpabilité ne pouvant être transmis à la juridiction d'instruction ou de jugement et que ni le ministère public, ni les parties ne peuvent faire état devant cette juridiction des déclarations faites ou des documents remis au cours de la procédure. • Cons. const. 2 mars 2004, n° 2004-492 DC § 111.

32. Si le procès-verbal de comparution sur reconnaissance préalable de culpabilité ne pouvait, postérieurement à l'échec de cette procédure, figurer au dossier soumis à la juridiction saisie des poursuites, les juges du second degré ont ordonné le retrait de cette pièce du dossier. L'arrêt n'encourt pas la censure, dès lors qu'il n'a pas été porté atteinte aux intérêts du prévenu, les juges du fond ne s'étant pas fondés sur cette pièce pour asseoir en tout ou en partie leur conviction sur la culpabilité et que cette irrégularité est sans effet sur les actes antérieurement accomplis. • Crim. 30 nov. 2010 : *D. 2011. 166*.

33. Transaction pénale. Le principe selon lequel nul n'est tenu de s'accuser, qui découle du présent art., ne fait obstacle à ce qu'une personne suspectée d'avoir commis une infraction reconnaisse librement sa culpabilité et consente à exécuter une peine ou des mesures de nature à faire cesser l'infraction ou en réparer les conséquences. • *Cons. const. 26 sept.* 2014, *Assoc. France Nature Environnement,* n° 2014-416 QPC § 15.

34. Jugement. Viole la présomption d'innocence le jugement qui, pour déclarer X... et dix-neuf autres prévenus non comparants, coupables d'infraction aux règles du stationnement payant, se borne à énoncer par une motivation commune à tous les prévenus, que lesdits « prévenus défaillants ont été régulièrement cités et que leur absence laisse présumer qu'ils n'ont rien à objecter » et ajoute que « du reste les contraventions qui leur sont reprochées paraissent suffisamment établies ». • Crim. 19 mars 1986, n° 85-93.231 P.

35. Prise d'empreintes génétiques. L'examen médical et le prélèvement sanguin pratiqués, à défaut d'accord de l'intéressé sur instructions écrites du procureur de la République ou du juge d'instruction, et seulement à la demande de la victime ou lorsque son intérêt le justifie, sur une personne à l'encontre de laquelle il existe des indices graves ou concordants d'avoir commis un viol, une agression ou une atteinte sexuelle ne portent atteinte ni aux droits de la défense, ni aux exigences du procès équitable, ni à la présomption d'innocence. • Cons. const. 13 mars 2003, n° 2003-467 DC § 49. ♦ Les prélèvements externes ne portent pas atteinte à la présomption d'innocence ; ils pourront, au contraire, établir l'innocence des personnes qui en sont l'objet. • Cons. const. 13 mars 2003, n° 2003-467 DC § 56 • Cons. const. 16 sept. 2010, *Jean-Victor C.*, n° 2010-25 QPC § 17.

36. L'obligation pénalement sanctionnée de se soumettre au prélèvement, qui n'implique pas davantage de reconnaissance de culpabilité, n'est pas contraire à la règle selon laquelle nul n'est tenu de s'accuser. • Cons. const. 16 sept. 2010, *Jean-Victor C.*, n° 2010-25 QPC § 17.

37. Mandat de dépôt à l'audience. Le mandat de dépôt prononcé à l'audience par le juge n'est pas incompatible avec le principe de la présomption d'innocence dès lors qu'elle s'attache à une peine d'emprisonnement ferme prononcée par la juridiction répressive après que celle-ci a décidé que la culpabilité du prévenu est légalement établie. • Cons. const. 8 déc. 2005, n° 2005-527 DC § 5.

38. Fichiers de données. L'enregistrement de données nominatives dans des traitements automatisés de données mis en œuvre par les services de la police nationale et de la gendarmerie nationale dans le cadre de leurs missions ne porte par lui-même aucune atteinte au principe de la présomption d'innocence. • Cons. const. 13 mars 2003, n° 2003-467 DC § 40. ♦ Il n'y a pas non plus atteinte à ce principe dès lors que toute personne inscrite dans le fichier devra pouvoir exercer son droit d'accès et de rectification des données la concernant et qu'il appartient à l'autorité judiciaire d'apprécier dans chaque cas, compte tenu des motifs de la décision prise, si les nécessités de l'ordre public justifient ou non le maintien des données en cause puisqu'en cas de décision de relaxe ou d'acquittement devenue définitive, les données personnelles concernant les personnes mises en cause sont effacées sauf si le procureur de la République en prescrit le maintien « pour des raisons liées à la finalité du fichier » pour nécessités d'ordre public appréciées par l'autorité judiciaire et que dans ce cas il fait mention de la décision de relaxe ou d'acquittement dans le fichier. • Même affaire, § 41 et 43. ♦ ... Et qu'en cas de décision de non-lieu ou de classement sans suite, les données personnelles concernant les personnes mises en cause sont conservées sauf si le procureur de la République en ordonne l'effacement et que, s'il ne le fait pas, les décisions de non-lieu et, lorsqu'ils sont motivés par une insuffisance de charges, les classements sans suite font l'objet d'une mention dans le fichier. • Même affaire, § 42.

39. Contrainte en matière contraventionnelle. En imposant que toute personne convoquée par un officier de police judiciaire soit tenue de comparaître et en prévoyant que l'officier de police judiciaire puisse, avec l'autorisation préalable du procureur de la République, imposer cette comparution par la force publique à l'égard des personnes qui n'y ont pas répondu ou dont on peut craindre qu'elles n'y répondent pas, le législateur a assuré entre la prévention des atteintes à l'ordre public et la recherche des auteurs d'infraction, d'une part, et l'exercice des libertés constitutionnellement garanties, d'autre part, une conciliation qui n'est pas déséquilibrée. • Cons. const. 18 juin 2012, *Sté Olano Carla et Éric P.*, n° 2012-257 QPC § 7.

40. La possibilité que des faits connexes ou indivisibles soient jugés successivement par des juridictions différentes n'a pas pour effet d'entraîner un renversement de la charge de la preuve des faits soumis à l'examen de la juridiction appelée à statuer après que la première juridiction s'est prononcée. • Cons. const. 29 nov. 2013, *Christophe D.*, n° 2013-356 QPC § 15.

C. EN DEHORS DU CADRE PÉNAL

41. Les autorités administratives ou politiques doivent, comme les autorités judiciaires, respecter le principe de la présomption d'innocence. • *CEDH 10 févr. 1995, Allenet de Ribemont c/ France*, n° 15175/89 : *D. 1996. 248, note Flauss*.

42. Le principe de la présomption d'innocence s'applique : en matière fiscale. • Cons. const. 29 déc. 1999, n° 99-424 DC § 51 à 56. ♦ ... En matière commerciale. • Com. 1er déc. 1998, *COB*, n° 96-80.189 P : *JCP 199.10057, note Garaud.* ♦ ... En matière disciplinaire. • Civ. 1re, 17 mars 1995, n° 94-19.400 P. ♦ ... Pour la mise en œuvre de sanctions administratives prononcées par une autorité administrative indépendante. • Com. 1er déc. 1998, *COB : préc.* ♦ ... Pour la mise en œuvre de sanctions prononcées par les organismes de protection sociale et de recouvrement des cotisations et contributions sociales. • Cons. const. 26 nov. 2010, *Claude F.*, n° 2010-69 QPC § 5.

43. Atteinte à la présomption d'innocence. Le président de la COB (s'exprimant publiquement en cette qualité) avait déclaré que l'immobilière Phénix se livrait à des acrobaties comptables, ce qui mettait nécessairement en cause l'information diffusée par la société. Ces déclarations, reproduites dans la revue VF du 6 mai 1995, avaient été faites entre la délibération de la COB du 25 avr. 1995 ouvrant la procédure aux fins de sanctions et la notification des griefs à M. X... le 12 mai 1995, peu important par ailleurs que leur auteur, ayant cessé ses fonctions, n'ait pas participé à la délibération décidant la poursuite de la procédure au vu des observations en réponse aux griefs, ni à la décision sur le fond, dès lors que le respect de la présomption d'innocence interdit que le Président de la COB en exercice déclare une personne coupable d'une infraction avant que les juges compétents ne se soient prononcés. • Com. 1er déc. 1998, *COB : préc. note 42.* ♦ Rappr., dans un cas non retenu. • Cass., ass. plén., 5 févr. 1999 : *Bull. ass. plén., n° 1 ; Dr. adm. 1999. 85.*

44. Le fait de retenir, pour justifier l'ordonnance par laquelle le juge autorise une visite domiciliaire, des présomptions d'agissements réprimés par la loi dont la preuve est recherchée par ce moyen d'investigation n'est pas contraire aux dispositions du présent art. • Com. 20 nov. 1990, n° 89-18.267 P : *D. 1990. IR 290.*

45. La suspension provisoire d'un avocat objet de poursuites pénales à la date à laquelle la mesure a été prononcée, mis en examen des chefs de faux, usage de faux et abus de biens sociaux et à l'encontre de qui l'action publique ayant été mise en mouvement ne viole pas le principe de la présomption d'innocence. • Civ. 1re, 17 mars 1995 : *préc. note 42.*

46. Absence d'atteinte à la présomption d'innocence. Le fait pour les autorités de fonder le refus d'acquisition de la nationalité française sur l'indignité nationale du demandeur inculpé de faits graves mais non encore jugé ne porte pas atteinte à la présomption d'innocence. • CE 25 sept. 1996, *Kazkaz*, n° 160374 B. ♦ A l'inverse, de simples allégations violent ce principe. • CE 15 juin 1979, *Viglietti : Lebon T. 737.*

47. De même, ne portent pas atteinte à la présomption d'innocence : les dispositions qui se bornent à organiser et à faciliter la communication aux organismes de protection sociale et de recouvrement des cotisations et contributions sociales d'informations relatives aux infractions qui ont pu être relevées en matière de lutte contre le travail dissimulé. • Cons. const. 26 nov. 2010, *Claude F.,* n° 2010-69 QPC § 5. ♦ ... Le licenciement qui frappe les assistants maternels du fait de la perte de l'agrément si les conditions d'accueil des mineurs et majeurs de moins de 21 ans ne garantissent plus leur sécurité, leur santé et leur épanouissement. • Cons. const. 1er avr. 2011, *Mme Denise R. et a.,* n° 2011-119 QPC § 3. ♦ ... Les « recommandations » de la HADOPI dès lors que ces prescriptions n'emportent aucune automaticité entre les constats de manquements aux obligations prévues par la loi et le prononcé éventuel d'une sanction pénale par l'autorité judiciaire. • CE 19 oct. 2011, *French Data Network,* n° 342405 : *AJDA 2011. 2038.*

48. La procédure disciplinaire est indépendante de la procédure pénale. Par suite, l'autorité administrative ne méconnaît pas le principe de la présomption d'innocence, y compris dans l'hypothèse où c'est à raison des mêmes faits, étrangers ou non à l'exercice des fonctions de maire, que sont engagées parallèlement les deux procédures, en prononçant une sanction sans attendre que les juridictions répressives aient définitivement statué. • CE 3 sept. 2019, n° 434072 : *JCP Adm. 2019. 579.*

D. LIBERTÉ D'EXPRESSION, PRÉSOMPTION D'INNOCENCE ET DROIT À L'IMAGE

49. La restriction apportée à la liberté d'expression peut trouver son fondement dans la nécessité de faire respecter le principe de la présomption d'innocence affirmé au présent art. • Crim. 20 févr. 2007, n° 06-84.310 P.

50. L'atteinte à la présomption d'innocence, contre laquelle l'art. 9-1 C. civ. instaure une protection, consiste à présenter publiquement comme coupable, avant condamnation, une personne poursuivie pénalement. • Civ. 1re, 6 mars 1996, n° 93-20.478 P. ♦ Seule une condamnation irrévocable faisant disparaître, relativement aux faits sanctionnés, la présomption d'innocence dont l'art. 9-1 assure le respect, la publication litigieuse qui fait état, sans réserves, de la culpabilité de M. Y..., étant intervenue bien que le jugement de condamnation ait fait l'objet d'un appel, les juges ont légalement justifié leur décision en accordant la réparation. • Civ. 1re, 12 nov. 1998, n° 96-17.147 P.

51. Les écrits litigieux, visant les nombreuses activités locales de MM. Y... et X..., contenaient la relation de leur mise en examen, et faisaient mention d'un contrat « qui, de source policière, présente de nombreuses anomalies » mais qui, « selon Jean-Paul Y..., traduit une réalité économique et juridique », mentionnant par ailleurs « des faits troublants », à propos desquels il émettait des hypothèses, et comportant l'allégation d'un « faux » présentaient les déclarations d'un « témoin », sans que l'importance accordée aux déclarations de cette personne se confonde avec « un parti pris anticipant de ses certitudes à l'issue de l'instance pénale en cours », ne contenaient pas de conclusions définitives manifestant un préjugé tenant pour acquise la culpabilité, et que ces écrits ne portaient pas atteinte à la présomption d'innocence. • Civ. 1re, 6 mars 1996 : *préc. note 50.*

II. RIGUEUR NÉCESSAIRE DES MESURES RESTREIGNANT LA LIBERTÉ INDIVIDUELLE

52. Recherche des auteurs d'infractions. L'attribution de compétence au législateur en matière de procédure pénale s'impose notamment pour éviter une rigueur non nécessaire lors de la recherche des auteurs d'infractions. • Cons. const. 30 juill. 2010, *Daniel Walbuger et a.,* n° 2010-14/22 QPC § 23. ♦ Il incombe au législateur d'assurer la conciliation entre, d'une part, la prévention des atteintes à l'ordre public et la recherche des auteurs d'infractions toutes deux nécessaires à la sauvegarde de droits et de principes de valeur constitutionnelle et, d'autre part, l'exercice des libertés constitutionnellement garanties au nombre desquelles figurent la liberté d'aller et venir, l'inviolabilité du domicile, le secret des correspondances et le respect de la vie privée, ainsi que la liberté individuelle. • Cons. const. 4 déc. 2013, n° 2013-679 DC § 70 • Cons. const. 27 févr. 2015, *Olivier J.,* n° 2014-452 QPC § 5 et 8.

53. Pouvoirs spéciaux d'enquête et de surveillance. Si le législateur peut prévoir des mesures d'investigation spéciales en vue de constater des crimes et délits d'une gravité et d'une complexité particulières, d'en rassembler les preuves et d'en rechercher les auteurs, c'est sous réserve que les restrictions que ces mesures apportent aux droits constitutionnellement garantis soient nécessaires à la manifestation de la vérité, proportionnées à la gravité et à la complexité des infractions commises et n'introduisent pas de discriminations injustifiées. • Cons. const. 2 mars 2004, n° 2004-492 DC § 6. ♦ Eu égard à la gravité des infractions qu'il a retenues (délits de corruption ou de trafic d'influence, de fraude fiscale aggravée ou des délits douaniers punis d'une peine d'emprisonnement supérieure à cinq ans), le législateur a pu, à cette fin, fixer des règles spéciales de surveillance et d'investigation ; compte tenu des garanties encadrant la mise en œuvre de ces mesures spéciales d'enquête et d'instruction, les atteintes au respect de la vie privée et au droit de propriété résultant de leur mise en œuvre ne revêtent pas un caractère disproportionné au regard du but poursuivi. • Cons. const. 4 déc. 2013, n° 2013-679 DC § 75

• Cons. const. 9 oct. 2014, Maurice L. et a., n° 2014-420/421 QPC § 24.

54. Aucune norme constitutionnelle ne s'oppose par principe à l'utilisation à des fins administratives de données nominatives recueillies dans le cadre d'activités de police judiciaire ; toutefois, cette utilisation méconnaîtrait les exigences résultant du présent art. et des art. 2, 4 et 16 DDH si, par son caractère excessif, elle portait atteinte aux droits ou aux intérêts légitimes des personnes concernées. • Cons. const. 13 mars 2003, n° 2003-467 DC § 32.

55. Exécution de mandats. V. ss. Const. 58, art. 66.

56. Rétention judiciaire et mesure de sûreté. Si la rétention judiciaire n'est pas une peine il s'agit néanmoins d'une mesure aboutissant à priver totalement une personne de sa liberté pendant une période déterminée dans le cours d'un procès pénal, qui ne saurait être assortie de garanties moindres que celles assurées aux personnes placées en détention provisoire. • Cons. const. 13 août 1993, n° 93-325 DC § 114. ♦ Si la « mesure de sûreté » applicable aux auteurs d'infractions terroristes à l'issue de leur peine qui vise à soumettre des auteurs d'infractions terroristes, dès leur sortie de détention, à des obligations et interdictions n'est ni une peine ni une sanction ayant le caractère d'une punition (V. notes ss. DDH, art. 8), elle doit respecter le principe, résultant du présent art. et des art. 2 et 4 DDH, selon lequel la liberté personnelle ne saurait être entravée par une rigueur qui ne soit nécessaire. • Cons. const. 7 août 2020, n° 2020-805 DC § 9 et 14. ♦ En l'espèce, V. notes ss. DDH, art. 2.

57. Garde à vue. En interdisant le placement en garde à vue du mineur de 13 ans et en organisant, à titre exceptionnel pour une durée de 10 heures exceptionnellement renouvelable pour la même durée avec l'assistance d'un avocat dès le début de la retenue, une procédure de rétention pour le mineur de 10 à 13 ans dont la mise en œuvre est liée à la gravité des infractions concernées susceptibles d'être commises par les mineurs de cet âge et subordonnée à l'accord préalable et au contrôle d'un magistrat spécialisé dans la protection de l'enfance, le législateur n'a pas méconnu le présent art. • Cons. const. 20 janv. 1994, n° 93-334 DC § 24 et 25 • Cons. const. 29 août 2002, n° 2002-461 DC § 36 et 37. ♦ Il en résulte une inconstitutionnalité de la législation antérieure qui permettait que tout mineur soit placé en garde à vue pour une durée de 24 heures renouvelable avec comme seul droit celui d'obtenir un examen médical en cas de prolongation de la mesure et est contraire au présent art. (à l'art. 16 DDH) et au principe fondamental reconnu par les lois de la République en matière de justice des mineurs. • Cons. const. 16 nov. 2018, Murielle B., n° 2018-744 QPC § 16. ♦ V. déjà : • Cons. const. 13 août 1993, n° 93-326 DC § 29 • Cons. const. 20 janv. 1994, n° 93-334 DC § 23.

58. Si la garde à vue demeure une mesure de contrainte nécessaire à certaines opérations de police judiciaire, la conciliation entre, d'une part, la prévention des atteintes à l'ordre public et la recherche des auteurs d'infractions et, d'autre part, l'exercice des libertés constitutionnellement garanties ne peut plus être regardée comme équilibrée dès lors que les garanties appropriées à l'utilisation de celle-ci ne sont pas instituées et que celle-ci est possible, quelle que soit la gravité des faits (par ex., pour des infractions qui ne sont pas punies de peine d'emprisonnement) ; par suite, les dispositions qui l'organisent méconnaissent le présent art. et l'art. 16 DDH. • Cons. const. 30 juill. 2010, *Daniel Walbuger et a.*, n° 2010-14/22 QPC § 29.

59. Sur la durée de la garde à vue. V. notes 42 s. ss. Const. 58, art. 66.

60. Rétention avant comparution. Dès lors que la rétention n'est permise que lorsque la comparution le jour même s'avère impossible, que sa mise en œuvre est réservée aux « cas de nécessité » pour répondre, dans l'intérêt d'une bonne administration de la justice, à des contraintes matérielles résultant notamment de l'heure à laquelle la garde à vue prend fin ou du nombre de personnes déférées, elle constitue une mesure de rigueur nécessaire dont il appartient aux autorités compétentes, sous le contrôle des juridictions, de justifier la nécessité de l'emploi. • Cons. const. 17 déc. 2010, *Michel F.*, n° 2010-80 QPC § 6. ♦ V. déjà. • Crim. 16 mars 1999, n° 98-82.596 • Crim. 16 sept. 2003, n° 03-82.918 P • Crim. 25 nov. 2003, n° 03-85.076 P. ♦ Les garanties qui entourent cette rétention assurent sa conformité aux présentes dispositions. • Cons. const. 17 déc. 2010, *Michel F.*, n° 2010-80 QPC § 8.

61. Détention provisoire. La détention provisoire du mineur n'étant possible que si la mesure est indispensable ou s'il est impossible d'en prendre une autre, que les règles posées par les art. 137 à 137-4, 144 et 145 C. pr. pén. sont respectées, que la détention est effectuée soit dans un établissement pénitentiaire spécialisé, soit dans un établissement garantissant la séparation entre détenus mineurs et majeurs, que les dispositions contestées prévoient de plus la présence d'éducateurs et un accompagnement éducatif en fin de détention et qu'enfin, la durée de détention est limitée, selon la peine encourue, à 15 jours ou 1 mois, renouvelable une fois, la disposition ne viole pas le présent art. • Cons. const. 29 août 2002, n° 2002-461 DC § 43.

62. Prise d'empreintes génétiques. Le fichier automatisé des empreintes génétiques constitue une « mesure d'investigation spéciale » au sens de la Décis. n° 2004-492 DC du 2 mars 2004. • Cons. const. 16 sept. 2010, *Jean-Victor C.*, n° 2010-25 QPC § 11.

63. L'enregistrement d'empreintes génétiques prévu pour des infractions précisément et limitativement énumérées, présentant toutes un certain degré de gravité et pour lesquelles les rapprochements opérés avec des empreintes génétiques provenant des traces et prélèvements enregistrés au fichier sont aptes à contribuer à l'identification et à la recherche de leurs auteurs est possible en cas de condamnation ou en cas d'« indices graves ou concordants rendant vraisemblable » que l'intéressé ait commis l'une de ces infractions. • Cons. const. 16 sept. 2010, *Jean-Victor C.*, n° 2010-25 QPC § 22. ♦ Le rapprochement d'empreintes génétiques de toute personne à l'encontre de laquelle il existe une ou plusieurs raisons plausibles de soupçonner qu'elle a commis un crime ou un délit, avec les données incluses au fichier n'est cependant possible que si les crimes ou délits dont la personne est soupçonnée sont ceux pour lesquels l'enregistrement d'empreintes génétiques est possible. Il en découle que dans ce cas l'enregistrement n'est pas possible. • Même affaire § 19.

64. Le décret qui va déterminer la durée de conservation de ces données personnelles, compte tenu de l'objet du fichier, doit proportionner cette durée à la nature ou à la gravité des infractions concernées tout en adaptant ces modalités aux spécificités de la délinquance des mineurs. • Cons. const. 16 sept. 2010, *Jean-Victor C.*, n° 2010-25 QPC § 18.

65. La possibilité de procéder, dans l'intérêt de la victime d'un viol, d'une agression ou d'une atteinte sexuelle, à un simple examen médical et à un simple prélèvement sanguin sur une personne à l'encontre de laquelle il existe des indices graves ou concordants d'avoir commis l'un de ces actes, examen réalisé, à défaut de consentement de l'intéressé, sur instructions écrites du procureur de la République ou du juge d'instruction, et seulement à la demande de la victime ou lorsque son intérêt le justifie, notamment, dans cette dernière hypothèse, lorsque la victime est mineure, la contrainte à laquelle est soumise la personne concernée n'entraîne aucune rigueur qui ne serait pas nécessaire. • Cons. const. 13 mars 2003, n° 2003-467 DC § 49. ♦ Les empreintes génétiques des « personnes susceptibles de fournir des renseignements sur les faits en cause » qui sont celles déjà tenues de comparaître devant l'officier de police judiciaire en vertu de l'art. 62 C. pr. pén. ne pouvant en aucun cas être enregistrées, ni donc *a fortiori* conservées, dans le fichier national automatisé des empreintes génétiques, il en résulte que l'obligation nouvelle que leur impose l'art. contesté ne les soumet pas à une rigueur non nécessaire au sens du présent art. • Même affaire, § 54. ♦ Le prélèvement étant effectué dans le cadre de l'enquête et en vue de la manifestation de la vérité, il n'impose à la « personne à l'encontre de laquelle il existe une ou plusieurs raisons plausibles de soupçonner qu'elle a commis ou tenté de commettre l'infraction » aucune rigueur qui ne serait pas nécessaire. • Même affaire, § 55.

66. Placement sous surveillance électronique mobile. Le placement sous surveillance électronique mobile dont pourra être assorti le contrôle judiciaire qui a pour effet de restreindre la liberté individuelle en imposant à la personne concernée, de « ne s'absenter de son domicile ou de la résidence fixée par le juge d'instruction qu'aux conditions et pour les motifs déterminés par ce magistrat », ne pouvant être mis en œuvre qu'avec l'accord exprès de l'intéressé et permettant, dans certaines circonstances, d'éviter sa détention provisoire ne présente pas dès lors une rigueur qui ne serait pas nécessaire au regard du présent art. • Cons. const. 29 août 2002, n° 2002-461 DC § 83 s.

67. La surveillance judiciaire, limitée à la durée des réductions de peine dont bénéficie le condamné, constitue une modalité d'exécution de la peine qui a été prononcée par la juridiction de jugement. Cependant, bien que dépourvu de caractère punitif, le placement sous surveillance électronique mobile ordonné au titre de la surveillance judiciaire doit respecter le principe, résultant de l'art. 4 DDH et du présent art., selon lequel la liberté de la personne ne saurait être entravée par une rigueur qui ne soit pas nécessaire. • Cons. const. 8 déc. 2005, n° 2005-527 DC § 16.

68. Le placement sous surveillance électronique mobile, qui permet de déterminer, à chaque instant, la localisation des personnes concernées et de vérifier qu'elles respectent les interdictions auxquelles elles sont soumises, n'a vocation à s'appliquer qu'à des personnes condamnées à une peine privative de liberté d'une durée égale ou supérieure à 10 ans, pour certaines infractions strictement définies et caractérisées par leur gravité particulière, tels les crimes de viol, d'homicide volontaire ou d'actes de torture ou de barbarie, dès lors les contraintes qu'il entraîne ne présentent pas un caractère intolérable et sont en rapport avec l'objectif poursuivi par le législateur. • Cons. const. 8 déc. 2005, n° 2005-527 DC § 16.

69. Si le contrôle judiciaire d'un mineur de 13 à 16 ans est possible en matière criminelle, en matière correctionnelle, ce contrôle n'est possible que lorsque la peine encourue est supérieure à 7 ans ou, dans certains cas à raison des antécédents du mineur ou de la nature des faits qui lui sont reprochés, lorsqu'elle est supérieure à 5 ans ; dès lors, en permettant l'assignation à résidence avec surveillance électronique des mineurs de 13 à 16 ans comme une alternative au contrôle judiciaire dans des cas où le mineur ne peut pas faire l'objet d'une mesure de détention provisoire, les dispositions contestées ont institué une rigueur qui méconnaît les exigences constitutionnelles précitées, l'assignation à résidence pouvant être ordonnée dans un lieu distinct du domicile des représentants légaux du mineur et sans leur accord. • Cons. const. 4 août 2011, n° 2011-635 DC § 38.

70. Rétention de sûreté et surveillance de sûreté. La rétention de sûreté et la surveillance de sûreté doivent respecter le principe, résultant du présent art. et de l'art. 66 Const. 58, selon lequel la liberté individuelle ne saurait être entravée par une rigueur qui ne soit pas nécessaire. Il incombe en effet au législateur d'assurer la conciliation entre, d'une part, la prévention des atteintes à l'ordre public nécessaire à la sauvegarde de droits et principes de valeur constitutionnelle et, d'autre part, l'exercice des libertés constitutionnellement garanties au nombre desquelles figurent la liberté d'aller et venir et le respect de la vie privée, protégés par les art. 2 et 4 DDH, ainsi que la liberté individuelle dont l'art. 66 Const. 58 confie la protection à l'autorité judiciaire. • Cons. const. 21 févr. 2008, n° 2008-562 DC § 13.

71. Eu égard à la gravité de l'atteinte qu'elle porte à la liberté individuelle, la rétention de sûreté ne saurait constituer une mesure nécessaire que si aucune mesure moins attentatoire à cette liberté ne peut suffisamment prévenir la commission d'actes portant gravement atteinte à l'intégrité des personnes. • Cons. const. 21 févr. 2008, n° 2008-562 DC § 17. ♦ Le maintien d'une personne condamnée, au-delà du temps d'expiration de sa peine, dans un centre socio-médico-judiciaire de sûreté afin qu'elle bénéficie d'une prise en charge médicale, sociale et psychologique doit être d'une rigueur nécessaire ; il en est ainsi lorsque ce condamné a pu, pendant l'exécution de sa peine, bénéficier de soins ou d'une prise en charge destinés à atténuer sa dangerosité mais que ceux-ci n'ont pu produire des résultats suffisants, en raison soit de l'état de l'intéressé soit de son refus de se soigner. • Même affaire, § 19. ♦ Le respect de ces dispositions garantit que la rétention de sûreté n'a pu être évitée par des soins et une prise en charge pendant l'exécution de la peine ; il appartiendra, dès lors, à la juridiction régionale de la rétention de sûreté de vérifier que la personne condamnée a effectivement été mise en mesure de bénéficier, pendant l'exécution de sa peine, de la prise en charge et des soins adaptés au trouble de la personnalité dont elle souffre. Dès lors, sous cette réserve, la rétention de sûreté applicable aux personnes condamnées postérieurement à la publication de la loi déférée est nécessaire au but poursuivi. • Même affaire, § 21.

72. Fichiers de données. L'inscription de l'identité d'une personne dans le fichier judiciaire national automatisé des auteurs d'infractions sexuelles qui a pour objet de prévenir le renouvellement de ces infractions et de faciliter l'identification de leurs auteurs ne constitue pas une sanction mais une mesure de police. Si cette inscription n'est dès lors pas concernée par le principe de nécessité des peines, il convient toutefois de vérifier si cette inscription constitue une rigueur non nécessaire au sens du présent art. • Cons. const. 2 mars 2004, n° 2004-492 DC § 74. ♦ N'imposent pas une rigueur qui ne serait pas nécessaire les possibilités de consultation du fichier par des autorités administratives, compte tenu des restrictions et prescriptions dont elles les assortissent. • Même affaire, § 88. ♦ L'obligation faite aux personnes inscrites de faire connaître périodiquement l'adresse de leur domicile ou de leur résidence, rendue nécessaire par l'objet même du fichier pour permettre la vérification continue de l'adresse de ces personnes, ne constitue pas une sanction, mais une mesure de police destinée à prévenir le renouvellement d'infractions et à faciliter l'identification de leurs auteurs. • Même affaire, § 91.

73. Règles spéciales intéressant l'enquête, la poursuite, l'instruction et le jugement applicables à la criminalité et à la délinquance organisées. Les infractions relevant de la criminalité et de la délinquance organisées sont susceptibles, pour la plupart, de porter une atteinte grave à la sécurité, à la dignité ou à la vie des personnes. Il n'en est pas nécessairement ainsi du vol commis en bande organisée. Dès lors cette infraction ne trouve sa place dans cette liste que si elle présente des éléments de gravité suffisants pour justifier les mesures dérogatoires en matière de procédure pénale prévues à l'art. 1er de la loi déférée car, dans le cas contraire, ces procédures spéciales imposeraient une rigueur non nécessaire. • Cons. const. 2 mars 2004, n° 2004-492 DC § 16 et 17.

III. ÉLÉMENT MORAL DE L'INFRACTION

74. Il résulte du présent art., s'agissant des crimes et délits, que la culpabilité ne saurait résulter de la seule imputabilité matérielle d'actes pénalement sanctionnés et qu'en conséquence, et conformément aux dispositions combinées de cet art. et du principe de légalité des délits et des peines affirmé par l'art. 8 DDH, la définition d'une incrimination, en matière délictuelle, doit inclure, outre l'élément matériel de l'infraction, l'élément moral, intentionnel ou non, de celle-ci. • Cons. const. 16 juin 1999, n° 99-411 DC § 16.

75. En l'absence de précision sur l'élément moral de l'infraction de récidive du conducteur d'un véhicule à moteur qui, déjà condamné définitivement pour un dépassement de la vitesse maximale autorisée égal ou supérieur à 50 km/h, commet la même infraction dans le délai d'un an à compter de la date à laquelle cette condamnation est devenue définitive, il appartiendra au juge de faire application des dispositions générales de l'art. 121-3 C. pén. aux termes desquelles « il n'y a point de crime ou de délit sans intention de le commettre ». • Cons. const. 16 juin 1999, n° 99-411 DC § 17.

76. En l'absence de précision sur l'élément moral de l'infraction, le principe énoncé à l'art. 121-3 C. pén. selon lequel il n'y a point de délit sans intention de le commettre s'applique de plein droit. Dès lors, ne pourront être condamnées pour le délit de fauchage volontaire de cultures autorisées que les personnes qui ont agi volontairement et dans la connaissance que des organismes génétiquement modifiés étaient cultivés sur les parcelles en cause. • Cons. const. 19 juin 2008, n° 2008-564 DC § 35.

77. Élément intentionnel. Dès lors que le délit n'est constitué que si la vulnérabilité de la personne qui se prostitue est apparente ou connue de l'auteur et que, d'autre part, cette vulnérabilité est précisément définie par son caractère « particulier » et par le fait qu'elle est due à la maladie, à une déficience physique ou psychique ou à l'état de grossesse, le principe de valeur constitutionnelle est respecté en l'espèce. • Cons. const. 13 mars 2003, n° 2003-467 DC § 65.

78. La disposition critiquée se bornant à définir un élément constitutif inhérent à toute infraction transnationale d'aide au séjour irrégulier d'un étranger, de telles incriminations, établies par la loi pénale française en application des conventions internationales à laquelle la France est partie, ne se heurtent à aucun principe ou règle de valeur constitutionnelle dès lors que leur est de plein droit applicable le principe énoncé à l'art. 121-3 C. pén. selon lequel il n'y a point de délit sans intention de le commettre. • Cons. const. 20 nov. 2003, n° 2003-484 DC § 42.

79. Le fait de s'installer en réunion, en vue d'y établir une habitation, même temporaire, sur un terrain appartenant soit à une commune qui s'est conformée aux obligations lui incombant, soit à tout autre propriétaire, rend vraisemblable la volonté de commettre l'infraction et permet la condamnation de l'ensemble des occupants illicites du terrain sous réserve de respecter le principe qu'il n'y a pas d'infraction sans intention de la commettre. • Cons. const. 13 mars 2003, n° 2003-467 DC § 73.

80. L'occupation en réunion du terrain d'autrui en vue d'y établir une habitation, même temporaire, rend vraisemblable la volonté de commettre l'infraction ; la condamnation de l'ensemble des occupants illicites du terrain dans les conditions prévues par la disposition contestée n'est pas contraire au présent art. dès lors que s'appliqueront de plein droit, dans le respect des droits de la défense, les principes généraux du droit pénal énoncés aux art. 121-3 et 122-3 C. pén. • Cons. const. 13 mars 2003, n° 2003-467 DC § 73.

Art. 10 **Nul ne doit être inquiété pour ses opinions, mêmes religieuses, pourvu que leur manifestation ne trouble pas l'ordre public établi par la loi.**

COMMENTAIRE

V. sur le Code en ligne.

[V. références des décisions du Conseil constitutionnel dans les tableaux DC et QPC]

BIBL. Hédary, Dissimulation du visage, service public et liberté religieuse, *AJDA 2012. 19.* – Bechler, Les libertés d'opinion et d'expression, *RD publ. 2015. 301.* – Gaudemet, La laïcité, forme française de la liberté religieuse, *RD publ. 2015. 329.*

1. Sur l'application de la liberté d'opinion et d'expression dans le cadre des partis politiques, V. comm. et annotations ss. Const. 58, art. 4.

2. Principe. La liberté de conscience a été considérée comme un principe fondamental reconnu par les lois de la République. • Cons. const. 23 nov. 1977, n° 77-87 DC § 5 • Cons. const. 18 janv. 1985, n° 84-185 DC § 11. ♦ Elle est désormais rattachée au présent art. et à l'al. 5 Préamb. Const. 1946. • Cons. const. 27 juin 2001, n° 2001-446 DC § 13.

3. La liberté de conscience, qui résulte de ces dispositions, est au nombre des droits et libertés que la Const. garantit. • Cons. const. 18 oct. 2013, *Franck M. et a.*, n° 2013-353 QPC § 7.

4. Généralités. Il en résulte que l'exercice d'une activité politique licite ne peut servir de base à un refus d'acquisition de la nationalité française par mariage. • CE, ass., 28 avr. 1978, *Dame Weisgal : Lebon 196 ; D. 1979. 265, concl. Genevois ; AJDA* 1979. 26, chron. Dutheillet de *Lamothe et Robineau.*

5. Ne commet pas de faute le dirigeant d'une fédération sportive qui répond par voie de presse aux attaques publiques dont il a été lui-même l'objet de la part de la fédération. • CE 11 mai 1984, *Pébeyre : Lebon 756 ; AJDA*

1984. 531, chron. Schoettl et Hubac ; D. 1985. 65, note Karaquillo.

6. Est régulier le refus d'agrément d'adoption opposé à des témoins de Jéhovah au motif que les intéressés ayant fait connaître leur opposition à certaines méthodes thérapeutiques, les conditions de l'accueil de l'enfant ne présentaient pas des garanties suffisantes aux plans familial, éducatif et psychique. • CE 24 avr. 1992, *Dpt du Doubs c/ Frisetti : D. 1992. IR 158 ; RDSS 1992. 712, concl. Hubert* .

7. Eu égard aux risques que peut présenter le développement de ces pratiques, la publication du rapport de la mission interministérielle de vigilance et de lutte contre les dérives sectaires (MIVILUDES), contenant des appréciations critiques sur les pratiques de certaines organisations, regroupant des personnes partageant les mêmes convictions, ne porte pas davantage une atteinte excessive à la liberté de pensée, de conscience et de religion. • CAA Paris, 4 sept. 2012, *Féd. chrétienne des témoins de Jéhovah,* n° 10PA01534 : *AJDA 2012. 2303* ; *JCP Adm. 2013. 2016, note Deliancourt.*

8. Liberté vestimentaire. La liberté vestimentaire est une composante du droit au respect de la vie privée et peut, le cas échéant, procéder également de la liberté de conscience et d'expression lorsque la tenue en cause traduit l'adhésion à un courant ou à un groupe de pensée ou religieux. • TA Besançon, 14 avr. 2016, *Lechantre,* n° 1401447 : *AJDA 2016. 1349, concl. Marion* .

9. Les mesures de police que le maire d'une commune du littoral édicte en vue de réglementer l'accès à la plage et la pratique de la baignade doivent être adaptées, nécessaires et proportionnées au regard des seules nécessités de l'ordre public, telles qu'elles découlent des circonstances de temps et de lieu, et compte tenu des exigences qu'impliquent le bon accès au rivage, la sécurité de la baignade ainsi que l'hygiène et la décence sur la plage. Il n'appartient pas au maire de se fonder sur d'autres considérations et les restrictions qu'il apporte aux libertés doivent être justifiées par des risques avérés d'atteinte à l'ordre public. • CE 26 août 2016, n° 402742 A : *AJDA 2016. 1599* ; *ibid. 2122, note Gervier* ; *D. 2016. 1704* ; *AJCT 2016. 508, obs. Le Chatelier* ; *ibid. 529, tribune Granger* ; *ibid. 552, étude Alonso* ; *JCP Adm. 2016. 704, obs. Pauliat ; Dr. adm. 2016. 59, note Éveillard.* ♦ Sur le port du « burkini », V. également • TA Nice, 22 août 2016, n° 1603508 : *AJCT 2016. 529* , *tribune Granger* • CE 26 sept. 2016, n° 403578 B : *AJCT 2016. 529, tribune Granger* ; *ibid. 552, étude Alonso* ; *JCP Adm. 2016. 763* • CEDH 10 janv. 2017, *Suisse,* n° 29086/12 : *D. 2017. 111* ; *JCP Adm. 2017. 53 ; Dr. adm. 2017. 47.* ♦ V. pour un exemple dans lequel l'interdiction est justifiée. • CAA Marseille, 3 juill. 2017, n° 17MA01337 : *AJDA 2017. 1360* .

10. Si la préfète du Bas-Rhin ne peut être regardée comme ayant porté une atteinte manifestement illégale à une liberté fondamentale en n'excluant pas de l'obligation du port du masque certaines périodes horaires, qui ne pourraient être qu'une période nocturne d'un intérêt très limité, il résulte en revanche de l'instruction qu'il est manifeste que certaines zones au moins de plusieurs des communes considérées, notamment lorsqu'un centre-ville peut être plus aisément identifié, pourraient, eu égard à leurs caractéristiques, être exceptées de l'obligation de port du masque édictée, tout en respectant le souci de cohérence nécessaire à l'effectivité de la mesure prise. • CE 6 sept. 2020, n° 443750 : *AJDA 2020. 1638* ; *D. 2020. 1725* ; *AJCT 2020. 385, obs. Necib* ; *JCP Adm. 2020. 508.* ♦ Il ne résulte pas, eu égard à la densité particulière des communes (plus de 10 000 h/km^2), et à leurs caractéristiques, qu'il serait manifeste que certaines zones au moins de leur territoire pourraient être exceptées de l'obligation de port du masque édictée, tout en respectant le souci de cohérence nécessaire à l'effectivité de la mesure prise, ni qu'il y aurait une atteinte manifestement illégale à une liberté fondamentale en n'excluant pas certaines périodes horaires, qui ne pourraient être qu'une période nocturne d'un intérêt très limité, de cette obligation. En revanche, eu égard à l'étendue du territoire concerné, l'association requérante est fondée à soutenir qu'une telle obligation ne peut manifestement pas être imposée aux personnes pratiquant des activités physiques ou sportives. • CE 6 sept. 2020, n° 443751 : *AJDA 2020. 1638* ; *JA 2020, n° 626, p. 3, édito. Clavagnier* ; *AJCT 2020. 385, obs. Necib* ; *JCP Adm. 2020. 508.* ♦ Comp. • CE, ord., 23 oct. 2020, n° 445430 : *AJDA 2020. 2055* . ♦ *Contra.* • TA Strasbourg, 25 mai 2020, n° 2003058 : *JCP Adm. 2020. 311, obs. Doebelin.*

11. La liberté de choix de détermination de l'apparence extérieure, en particulier le choix de porter une barbe, constitue, à l'instar du droit de se vêtir, une composante du droit au respect de la vie privée. Une note de service qui interdit le port de la barbe, doit être regardée comme portant atteinte à une liberté individuelle fondamentale. Dès lors que la note de service en litige prohibe le port sans distinction de toute barbe, même peu fournie et bien taillée, pour l'ensemble des sapeurs-pompiers engagés dans des missions opérationnelles et susceptibles de porter des masques de protection, sans également distinguer les équipements utilisés ou en dotation, il y a lieu de considérer qu'elle entraîne des sujétions disproportionnées par rapport au buts poursuivis.

• TA Melun, 31 août 2020, n° 1805816 : *JCP Adm. 2020. 538.*

12. Sur le port de signes religieux ou philosophiques, V. notes ss. Const. 58, art. 1er.

13. Port du voile intégral. Eu égard aux objectifs qu'il s'est assignés et compte tenu de la nature de la peine instituée en cas de méconnaissance de la règle fixée par lui, le législateur a adopté des dispositions qui assurent, entre la sauvegarde de l'ordre public et la garantie des droits constitutionnellement protégés, une conciliation qui n'est pas manifestement disproportionnée. Toutefois, l'interdiction de dissimuler son visage dans l'espace public ne saurait, sans porter une atteinte excessive aux présentes dispositions, restreindre l'exercice de la liberté religieuse dans les lieux de culte ouverts au public. • Cons. const. 7 oct. 2010, n° 2010-613 DC § 4. ♦ V. notes 2 s. ss. Préamb. Const. 1946, al. 3. ♦ Si l'art. 9 Conv. EDH garantit l'exercice de la liberté de pensée, de conscience et de religion, son al. 2 dispose que cette liberté peut faire l'objet de restrictions prévues par la loi et constituant, dans une société démocratique, des mesures nécessaires à la sécurité publique, à la protection de l'ordre, de la santé ou de la morale publics, ou à la protection des droits et libertés d'autrui ; tel est le cas de la loi interdisant la dissimulation intégrale du visage dans l'espace public en ce qu'elle vise à protéger l'ordre et la sécurité publics en imposant à toute personne circulant dans un espace public de montrer son visage. • Crim. 5 mars 2013 : *D. 2013. 710 ; ibid. 2713, obs. Roujou de Boubée, Garé, Gozzi, Mirabail et Potaszkin ; AJ pénal 2013. 400, note de Combles de Nayves ; JCP Adm. 2013, p. 2317, chron. Hénon.* ♦ Rappr. • CEDH, gr. ch., 1er juill. 2014, *S.A.S. c/ France,* n° 43835/11 § 152, 153 et 157 : *AJDA 2014. 1348* .

14. IVG. La loi relative à l'IVG respecte la liberté des personnes appelées (...) à participer à une interruption de grossesse, qu'il s'agisse d'une situation de détresse ou d'un motif thérapeutique. • Cons. const. 15 janv. 1975, n° 74-54 DC § 7. ♦ Ainsi, dès lors qu'il conserve le droit de ne pas en pratiquer lui-même, le chef de service d'un établissement public de santé ne peut s'opposer à ce que des interruptions volontaires de grossesse soient effectuées dans son service. • Cons. const. 27 juin 2001, n° 2001-446 DC § 15. ♦ Aucune sanction ne peut frapper un personnel qui refuse de participer à une telle opération. • Même affaire, *§ 14.*

15. Liberté de religion. Si le droit de manifester sa religion est un droit fondamental, l'adoption d'une pratique religieuse radicale incompatible avec les valeurs essentielles de la communauté française (port de la « burqa » contraire à l'égalité des sexes) justifie un refus d'acquisition de la nationalité française. • CE 27 juin 2008, *Mabchour,* n° 286798 B : *AJDA 2008. 2013, note Chrestia ; JCP Adm. 2008. 2205, note Malaurie.* ♦ La seule parodie de la forme donnée à la représentation de la Cène qui n'avait pas pour objectif d'outrager les fidèles de confession catholique, ni de les atteindre dans leur considération en raison de leur obédience ne constitue pas l'injure, attaque personnelle et directe dirigée contre un groupe de personnes en raison de leur appartenance religieuse. • Civ. 1re, 14 nov. 2006, n° 05-15.822 : *JCP 2007. II. 10041, obs. Malaurie.* ♦ Rappr. • CEDH 30 janv. 2018, *Sekmadienis Ldt c/ Lituanie,* n° 69317/14 : *JCP Adm. 2018. 192.*

16. Fermeture des lieux de culte. V. notes ss. Const. 58, art. 1er et 36.

17. Mariage pour tous. En ne permettant pas aux officiers de l'état civil de se prévaloir de leur désaccord avec les dispositions de la loi pour se soustraire à l'accomplissement des attributions qui leur sont confiées par la loi pour la célébration du mariage, le législateur a entendu assurer l'application de la loi relative au mariage et garantir ainsi le bon fonctionnement et la neutralité du service public de l'état civil ; eu égard aux fonctions de l'officier de l'état civil dans la célébration du mariage, il n'a pas porté atteinte à la liberté de conscience. • Cons. const. 18 oct. 2013, *Franck M. et a.,* n° 2013-353 QPC § 10. • CE 18 déc. 2015, n° 369834 : *Lebon ; AJDA 2015. 2466 ; AJ fam. 2016. 60, obs. Berdeaux-Gacogne ; JCP Adm. 2016. 25.* ♦ La délibération qui reconnaît au maire et à ses adjoints le droit d'invoquer leur liberté de conscience afin de se soustraire à l'accomplissement de la mission d'officier d'état civil exercée au nom de l'État, lorsqu'ils sont saisis d'une demande de célébration d'un mariage entre personnes de même sexe, fait obstacle à l'application de la loi du 17 mai 2013 et dès lors est illégale. • CAA Versailles, 10 déc. 2015, *Cne de Montfermeil,* n° 14VE00629 : *AJDA 2016. 580* .

18. Opposition à la chasse. N'est pas contraire à la Const. 58 l'inclusion dans le territoire d'une association communale de chasse de terrains appartenant à des propriétaires privés dès lors que ceux-ci peuvent s'opposer à la pratique de la chasse sur leurs biens au nom ou à raison de leurs convictions personnelles qui n'ont à faire l'objet d'aucune justification. • Cons. const. 20 juill. 2000, n° 2000-434 DC § 28. ♦ Le préfet doit donc se contenter d'enregistrer l'opposition. • CE 3 avr. 2014, n° 364315 B : *AJDA 2014. 770 ; JCP Adm. 2014. 328.*

19. Rôle des librairies. V. ss. notes ss. DDH, art. 11.

1° ENSEIGNEMENT

20. *Enseignement privé.* L'obligation imposée aux maîtres de l'enseignement privé de respecter le caractère propre de l'établissement, si elle leur fait un devoir de réserve, ne saurait être interprétée comme permettant une atteinte à leur liberté de conscience. • Cons. const. 23 nov. 1977, n° 77-87 DC § 5 • Cons. const. 18 janv. 1985, n° 84-185 DC §11. ♦ Pourtant, le licenciement d'une enseignante peut trouver sa justification dans le fait qu'elle soit divorcée puis remariée. • Cass., ass. plén., 19 mai 1978, *Roy c/ Assoc. Sainte-Marthe : D. 1978. 541, concl. Schmelck et note Ardant.*

21. *Enseignement public.* V. annotations ss. Préamb. Const. 1946, al. 13.

2° FONCTION PUBLIQUE

22. *Recrutement.* L'autorité administrative ne peut écarter un candidat d'un concours de recrutement de la fonction publique sur la seule base de ses opinions politiques. • CE, ass., 28 mai 1954, *Barel : Lebon 308, concl. Letourneur ; AJDA 1654. 396, note Long ; D. 1954. 594, note Morange ; S. 1954. 97, note Mathiot ; RD publ. 1954. 509, concl. et note Waline.* ♦ ... Ou syndicales. • CE, ass., 30 oct. 2009, *Perreux*, n° 298348 : *Lebon 407, concl. Guyomar ; AJDA 2009. 2385, chron. Liéber et Botteghi ; Dr. adm. 2009., Étude 21, note Gautier ; JCP Adm. 2010. 2036, note Dubos et Katz (a contrario)* • CE 10 janv. 2011, *Évêque*, n° 325268 : *Lebon 1 ; AJDA 2011. 14 ; JCP Adm. 2011. 69.* ♦ V. déjà implicitement. • CE 4 mai 1948, *Connet : S. 1949. III. 42, note Rivero.* ♦ L'autorité administrative ne peut pas non plus écarter un candidat quand celui-ci a participé à plusieurs manifestations. • CE 27 janv. 1992 *Min. de l'intérieur c/ Castellan*, n° 89074 B. ♦ Il en va de même d'un refus de titularisation. • CE 8 déc. 1948, *Dlle Pasteau : Lebon 464 ; S. 1949. 3. 41, note Rivero ; RD publ. 1949. 73, note Waline* • CE 8 juill. 1991, *Amato*, n° 80145 B • CE, sect., 28 févr. 2001, *Casanovas*, n° 229163 : *Lebon 107 ; RFDA 2001. 399, concl. Fombeur ; AJDA 2001. 971, note Legrand et Janicot (a contrario).*

23. Dans le service, les agents publics sont soumis à un strict devoir de neutralité. • CE, sect., 3 mars 1950, *Delle Jamet : Lebon 247, concl. Laurent* • CE 22 févr. 1957, *Guillet : Lebon 121* • CE 24 janv. 1969, *Synd. nat. cadres des organismes sociaux : D. 1969. 440, concl. Baudouin.*

24. Hors du service, la liberté d'expression du fonctionnaire lui permet d'être inscrit à un parti politique, de militer dans un parti politique d'opposition, de parler et d'écrire librement et de se présenter aux élections. • CE 3 janv. 1962, *Hocdé : Lebon 3 ; Dr ouvrier 1962. 43, concl. Kahn.* ♦ Les éventuelles publications d'un fonctionnaire en dehors du service n'ont pas à être préalablement présentées au supérieur hiérarchique quand bien même le sujet abordé touche aux fonctions qu'il exerce ou qu'il risque de manifester son opposition ou ses critiques à l'égard du Gouvernement. • CE 29 déc. 2000, *Synd. SUD-Travail : Dr. soc. 2001. 263, concl. Fombeur .*

25. *Dossier.* Dès lors qu'aucune mention faisant état des opinions politiques, philosophiques ou religieuses des intéressés ne peut figurer aux dossiers des fonctionnaires, la faculté qui est ouverte aux jurys de consulter les dossiers individuels ne saurait avoir pour effet de méconnaître les dispositions de l'art. 6 DDH. • Cons. const. 15 juill. 1976, n° 76-67 DC § 3. ♦ Tout agent public est fondé à demander la suppression de telles mentions dans son dossier. • CE 25 juin 2003, *Calvet : Lebon 291 ; AJDA 2003. 1493, concl. Guyomar .*

26. *Discipline.* Une mesure disciplinaire ne peut se fonder sur les opinions du fonctionnaire. • CE, ass., 13 mars 1953, *Tessier : Lebon 133 ; D. 1953. 735, concl. Donnedieu de Vabres* • CE, sect., 1er oct. 1954, *Guille : Lebon 496 ; Rev. adm. 1954. 512, concl. Laurent ; D. 1955. 431, concl. Braibant.*

27. *Faute disciplinaire.* Constitue une faute disciplinaire : le fait pour un fonctionnaire de participer à la réunion d'un congrès préconisant l'indépendance de départements d'outre-mer. • CE 8 janv. 1964, *Béville : AJDA 1964. 144.* ♦ ... Pour un secrétaire de mairie de se livrer à de violente attaques contre son maire. • CE 11 juill. 1939, *Ville d'Armentières : Lebon 468.* ♦ ... Pour un inspecteur d'académie de faire, à l'étranger, des déclarations ciritiquant la politique du gouvernement en acceptant qu'elles soient enregistrées et publiées. • CE, sect., 8 mars 1968, *Plenel : Lebon 168 ; AJDA 1968. 223, chron. Massot et Dewost.* ♦ ... Pour un agent de bureau de participer à une manifestation interdite par le gouvernement. • CE, ass., 27 mai 1955, *Dame Kowalewski : Lebon 297 ; D. 1955. 687, concl. Mosset, note Morange ; AJDA 1955. 281, note Long.* ♦ ... Pour un agent de prendre à partie la politique de son ministre dans une campagne électorale sans être ni candidat ni électeur dans la circonscription. • CE 10 mars 1971, *Jannès : Lebon 203 ; D. 1972. 735, note Guibal ; AJDA 1971. 622, note V.S.* ♦ ... Pour un magistrat de s'opposer en termes violents au sujet du service avec le président de la juridiction. • CE 5 mai 1982, *Bidalou : D. 1984. 103, note Hamon.* ♦ ... Pour un administrateur civil détaché dans les fonctions de sous-préfet de publier sur internet, sous sa signature, un billet très polémique tant à l'égard de personnalités françaises que d'un État étranger. • CE 23 avr. 2009, *Guigue : AJDA*

2009. 1373, concl. de Silva ; JCP Adm. 2009. 2153, note Dieu. ♦ ... Pour un gendarme, quand bien même il participerait à des travaux du Centre national de la recherche scientifique, de faire des interventions médiatiques critiquant directement la politique d'organisation des deux grands services français dédiés à la sécurité publique au moment même où celle-ci était en débat devant le Parlement. • CE 11 janv. 2011, *Hugues Matelly,* n° 338461 : *Lebon 3 ; AJFP 2011. 115 ; AJDA 2011. 5.*

28. Est encore un manquement constituant une faute disciplinaire pour l'agent concerné : une attitude ouvertement hostile au conseil municipal. • CE 28 juin 1938, *Cne de Mouchon : Lebon 596.* ♦ ... Des attaques dans la presse. • CE 11 juill. 1939, *Ville d'Armentières : préc. note 27* • CE 6 mai 1955, *Haut-Commissaire en Indochine : Lebon 242.* ♦ ... Des discours injurieux. • CE 5 févr. 1954, *AddadAbdelkader : Lebon 78.* ♦ ... Des propos diffamatoires. • CE 11 févr. 1953, *Toure : Lebon 709.* ♦ ... La participation à la direction d'un journal polémique. • CE 21 oct. 1977, *Fontaine : Lebon 511.*

29. Alors même qu'ils étaient en dehors du service, le fait pour un policier, même en civil, de distribuer à proximité de son commissariat, des tracts critiquant l'action de la police lors d'une grève. • CE 20 févr. 1952, *Magnin : Lebon 117.* ♦ ... Pour un agent de service de distribuer des tracts et d'haranguer ses collègues, à l'entrée des locaux de service, pour les inciter à la grève. • CE 12 oct. 1956, *Delle Coquand : Lebon 362.*

30. Notons que des propos tenus à un journaliste qui sont en rapport avec les fonctions exercées par des fonctionnaires ne permettent pas d'engager leur responsabilité personnelle. • T. confl. 25 mai 1998, *Paris c/ Gaudichon et Naturel,* n° 3092 : *Lebon 537 .*

31. Cas particulier des agents investis de fonctions syndicales. A été annulée la révocation du secrétaire général d'un syndicat de personnels de police ayant transmis à la presse en vue de leur publication des communiqués relatifs aux actions disciplinaires entreprises à son encontre puis aux sanctions le frappant. • CE 25 mai 1966, *Rouve : Lebon 361 ; D. 1967. 6, concl. Rigaud.* ♦ ... L'abaissement de note des magistrats ayant fait des déclarations à la presse dans le cadre de leur activité syndicales. • CE, ass., 31 janv. 1975, *Exertier et Volff : Lebon 70 et 74 ; JCP 1975. 18099, note Albertini ; AJDA 1975. 124, chron. Franc et Boyon ; RD publ. 1975. 811, note Robert.* ♦ ... Le blâme infligé à un caporal du corps des sapeurs-pompiers pour des propos tenus en tant que secrétaire de la section syndicale et consacrés à l'exposé, avec vivacité de ton, des revendications à caractère professionnel. • CE 25 nov. 1987, *District du Comtat-Venaissin : Lebon T. 796.* ♦ ... La décision qui, dans le cadre de l'évaluation d'un magistrat, fait état de ses convictions syndicales. • CE 28 déc. 2005, *de Charrette,* n° 271722 B : *Gaz. Pal. 2006, concl. Guyomar.*

32. Niveau de la sanction. Eu égard à l'ensemble des données de l'espèce et notamment à la teneur des propos tenus qui expriment une critique de fond présentée comme une défense du corps d'appartenance de l'intéressé et formulée en termes mesurés, sans caractère polémique, ainsi qu'à l'excellente manière de servir de cet officier attestée par les notations produites au dossier, l'autorité disciplinaire, qui disposait d'un éventail de sanctions de nature et de portée différentes, notamment de la possibilité de prendre, au sein même du troisième groupe de sanctions, une mesure de retrait d'emploi allant jusqu'à douze mois en vertu des dispositions de l'art. L. 4138-15 C. défense, a, en faisant le choix de la plus lourde sanction, celle de la radiation des cadres, qui met définitivement fin au lien entre le militaire et la gendarmerie, prononcé à l'encontre de ce dernier une sanction manifestement disproportionnée. • CE 11 janv. 2011, *Hugues Matelly,* n° 338461 : *préc. note 27.*

3° DROIT DU TRAVAIL

33. L'exercice du droit d'expression dans l'entreprise étant, en principe, dépourvu de sanction, il ne pouvait en être autrement hors de l'entreprise où il s'exerce, sauf abus, dans toute sa plénitude, le licenciement d'un employé suite à la publication dans un quotidien d'un article rapportant des déclarations qu'il avait faites à un journaliste sur ses conditions de travail est dès lors abusif. • Soc. 28 avr. 1988, n° 87-41.804 P : *D. 1988. 437.* ♦ L'exercice de la liberté d'expression des salariés en dehors de l'entreprise ne peut justifier un licenciement que s'il dégénère en abus. • Soc. 12 déc. 1996, n° 94-43.859 P. ♦ Dans ce cadre, proférer des accusations mensongères avec l'intention de nuire constitue un abus de la liberté d'expression justifiant le licenciement. • Soc. 16 nov. 1993, n° 91-45.904 P.

34. Le droit d'expression des salariés sur le contenu, les conditions d'exercice et l'organisation de leur travail s'exerçant seulement dans le cadre de réunions collectives organisées sur les lieux de travail et pendant le temps de travail, l'envoi d'une lettre par un salarié à son employeur ne peut légalement constituer l'usage de ce droit d'expression. • Soc. 28 avr. 1994, n° 92-43.917 P.

35. Le salarié jouissant en principe dans et à l'extérieur de l'entreprise de sa liberté d'expression, sous réserve de l'abus de droit, cette liberté ne peut subir de restrictions qui ne seraient pas justifiées par la nature de la tâche à accomplir ni proportionnées au but recherché. En reprochant à Denis X... la diffusion de tracts polémiques sans faire état de propos précis, la cour d'appel ne s'est pas assurée que les propos du salarié excédaient les limites de sa liberté d'expression. • Soc. 19 janv. 2011, n° 09-68.539. ♦ Le licenciement fondé sur l'exercice du droit d'expression d'un salarié est constitutif d'un trouble manifestement illicite que le juge des référés peut faire cesser, en prescrivant les mesures de remise en état qui s'imposent. • Soc. 19 janv. 2011, n° 10-13.972.

36. Encore faut-il qu'il s'agisse effectivement de l'exercice du droit d'expression et non d'un véritable blocage professionnel. • Soc. 6 janv. 2011, n° 09-43.168.

Art. 11 **La libre communication des pensées et des opinions est un des droits les plus précieux de l'homme ; tout citoyen peut donc parler, écrire, imprimer librement, sauf à répondre de l'abus de cette liberté dans les cas déterminés par la loi.**

COMMENTAIRE

V. sur le Code en ligne.

Plan des annotations

BIBL. Bechler, Les libertés d'opinion et d'expression, *RD publ. 2015. 301*. – Basdevant-Gaudemet, Histoire juridique du blasphème : péché, délit, liberté d'expression ?, *RD publ. 2015. 309*. – Morange, La liberté d'expression en France : un droit adapté (au terrorisme) ?, *RD publ. 2015. 347*.

[V. références des décisions du Conseil constitutionnel dans les tableaux DC et QPC]

1. Sur la liberté d'expression et de communication des partis politiques et l'application de l'objectif de pluralisme des courants de pensée et d'opinion dans ce cadre : V. comm. et annotations ss. Const. 58, art. 4.

2. Le droit d'expression collective des idées et des opinions (liberté de réunion et de manifestation) est protégé par le présent art. • Cons. const. 19 févr. 2016, *Ligue des droits de l'homme*, n° 2016-535 QPC § 3 et 6 • Cons. const. 9 juill. 2020, n° 2020-803 DC § 20 (sol. impl.). ♦ V. déjà. • Cons. const. 18 janv. 1995, n° 94-352 DC § 24. ♦ Dès lors que les dispositions contestées traitent des lieux de réunion et des réunions proprement dites, elles ne concernent pas les manifestations. • Cons. const.19 févr. 2016, *Ligue des droits de l'homme*, n° 2016-535 QPC § 5. ♦ Sur les assignations à résidence pendant l'état d'urgence et la liberté d'aller et de venir, et donc de manifester, V. notes ss. Const. 58, art. 36.

3. Sans utiliser l'expression de « liberté de manifestation », le Cons. const. l'a pourtant implicitement consacrée. • Cons. const. 9 juin 2017, *Émile L.*, n° 2017-635 QPC. ♦ Il préfère parler du droit d'expression collective des idées et des opinions. • Cons. const. 4 avr. 2019, n° 2019-780 DC § 8. ♦ Le Conseil d'État lie également ces deux éléments : la liberté d'expression et de communication, garantie par la Const. et dont découle le droit d'expression collective des idées et des opinions, constitue une liberté fondamentale. Son exercice, notamment par la liberté de manifester ou de se réunir, est une condition de la démocratie et l'une des garanties du respect d'autres droits et libertés constituant également des libertés fondamentales au sens de cet article, tels que la liberté syndicale. Il doit cependant être concilié avec le respect de l'objectif de valeur constitutionnelle de protection de la santé et avec le maintien de l'ordre public. • CE, ord., 13 juin 2020, n° 440846 : *AJDA 2020. 1198* ; *D. 2020. 1303* ; *JCP Adm. 2020. 367* • CE, ord., 21 nov. 2020, n° 446629 : *AJDA 2020. 2295* • TA Paris, ord., 27 nov. 2020, n° 2019949/9 § 10. ♦ V. *infra* notes 154 s.

I. RÉGIME JURIDIQUE DE LA LIBERTÉ D'EXPRESSION ET DE COMMUNICATION

A. EXERCICE DE LA LIBERTÉ D'EXPRESSION ET DE COMMUNICATION

1° CARACTÈRE ESSENTIEL DE LA LIBERTÉ D'EXPRESSION ET DE COMMUNICATION

a. Principes

4. Généralités. La liberté d'expression et de communication est d'autant plus précieuse que son exercice est une condition de la démocratie et l'une des garanties du respect des autres droits et libertés. • Cons. const. 11 oct. 1984, n° 84-181 DC § 37 • Cons. const. 19 juin 2020, *Théo S.*, n° 2020-845 QPC § 12 • Cons. const. 9 juill. 2020, n° 2020-803 DC § 20.

V. pour d'autres décisions dans le même sens :.

5. L'exercice de la liberté d'expression est une condition de la démocratie et l'une des garanties du respect des autres droits et libertés. • CE, ord., 13 nov. 2017, n° 415400 : *AJDA 2017. 2229* ; *JCP Adm. 2017 559.* ♦ Comp. • CE, ord., 9 janv. 2014, *Sté « Les Productions de la Plume » et M. Dieudonné M'Bala M'Bala*, n° 374508 A : *AJDA 2014. 79* ; *ibid. 866* ; *ibid. 129, tribune Seiller* ; *ibid. 473, tribune Broyelle* , *note Petit* ; *D. 2014. 86, obs. Pastor* ; *ibid. 155, point de vue Piastra* ; *ibid. 200, entretien Maus* ; *AJCT 2014. 157, obs. Le Chatelier* ; *RFDA 2014. 87, note Gohin* ; *JCP adm. 2014. 55, note Bonnet et Chabanol* ; *ibid. 56, note Touzeil-Divina* ; *ibid. 2014, note Tukow* ; *Dr. adm. 2014, Repère 2, obs. Auby* ; *ibid. 33, note Éveillard.* ♦ La libre communication des pensées et opinions est une liberté fondamentale qui garantit le respect des autres droits et libertés. • Crim. 10 mai 2019, n° 18-82.737 P. ♦ La fermeture au public des cinémas, théâtres et salles de spectacle porte une atteinte grave aux libertés fondamentales que constituent la liberté d'expression et la libre communication des idées, la liberté de création artistique et la liberté d'accès aux œuvres culturelles. • CE, ord., 23 déc. 2020, n° 447698 § 8 : *AJDA 2021. 7* ; *Légipresse 2021. 14* ; *ibid. 112, étude Tordjman et Lévy* ; *JT 2021, n° 237, p. 12, obs. Devès* • CE, ord., 26 févr. 2021, n° 449692 : *AJDA 2021. 478*.

6. En définissant des conditions spécifiques de communication des archives publiques du Président de la République, du Premier ministre et des autres membres du Gouvernement, les dispositions contestées ne portent pas d'atteinte à l'exercice de la liberté d'expression et de communication garantie par le présent art. • Cons. const. 15 sept. 2017, *François G.*, n° 2017-655 QPC § 10.

7. Compétence législative. C'est au législateur seul qu'appartient, en vertu de l'art. 34 Const. 58, la compétence pour réglementer cette liberté. • Cons. const. 26 juill. 1984, n° 84-173 DC § 4 • Cons. const. 28 févr. 2012, n° 2012-647 DC § 5. ♦ L'incompétence négative du législateur peut dès lors être sanctionnée. • Cons. const. 6 oct. 2010, *Mathieu P.*, n° 2010-45 QPC § 6. ♦ La circulaire n'ayant nullement pour objet ou pour effet d'imposer à des personnes privées l'obligation d'user de certains mots ou expressions, mais se bornant à donner instruction aux administrations de renoncer, dans les formulaires administratifs et correspondances émanant de l'administration, à l'emploi du terme « Mademoiselle » n'a posé aucune règle qu'il reviendrait au législateur de fixer en vertu de l'art. 34 Const. • CE 26 déc. 2012, *Assoc. « Libérez les Mademoiselles ! »*, n° 358226 : *Lebon 501* ; *RFDA 2013. 233, concl. Bourgeois-Machureau* ; *AJDA 2013. 4* ; *JCP Adm. 2013. 30, obs. Tollinchi* ; *ibid. 31, obs. Pauliat.*

8. Domaine. Le présent art. garantit la liberté des moyens de communication dont la presse n'est qu'une composante. • Cons. const. 29 juill. 1986, n° 86-210 DC § 23. ♦ Ce droit s'applique également : à l'audiovisuel. • Cons. const. 18 sept. 1986, n° 86-217 DC § 35. ♦ ... Et à la communication au public en ligne. • Cons. const. 10 juin 2009, n° 2009-580 DC. ♦ V. déjà • Cons. const. 27 juill. 2000, n° 2000-433 DC § 60. ♦ Rappr. estimant que s'il y a une différence entre l'informatique et l'écrit, il convient de ne pas en titrer des conséquences excessives. • Cons. const. 10 juin 2004, n° 2004-496 DC § 14.

9. En l'état actuel des moyens de communication et eu égard au développement généralisé des services de communication au public en ligne ainsi qu'à l'importance prise par ces services pour la participation à la vie démocratique et l'expression des idées et des opinions, le droit garanti au présent art. implique la liberté d'accéder à ces services et de s'y exprimer. • Cons. const. 18 juin 2020, n° 2020-801 DC § 4.

BIBL. Duclercq, Les mutations du contrôle de proportionnalité dans la jurisprudence du Conseil constitutionnel, *LGDJ, 2015.*

10. Proportionnalité. Les atteintes portées à l'exercice de cette liberté doivent être nécessaires, adaptées et proportionnées à l'objectif poursuivi. • Cons. const. 10 juin 2009, n° 2009-580 DC § 15 • Cons. const. 16 mars 2017, n° 2017-747 DC § 9 • Cons. const. 6 déc. 2019, *Mme Claire L.*, n° 2019-817 QPC § 10 • Cons. const. 18 juin 2020, n° 2020-801 DC § 5 • CE, ord., 3 févr. 2021, n° 448721 : *AJDA 2021. 302 ; Légipresse 2021. 77 ; JCP Adm. 2021. 116.*

♦ V. pour d'autres décisions dans le même sens : .

11. Dès lors, si le principe proclamé au présent art. ne s'oppose donc point à ce que le législateur édicte des règles concernant l'exercice du droit de libre communication et de la liberté de parler, écrire et imprimer, c'est en vue de le rendre plus effectif ou de le concilier avec celui d'autres règles ou principes de valeur constitutionnelle. • Cons. const. 11 oct. 1984, n° 84-181 DC § 36 et 37.

12. Dans ces limites, il est loisible au législateur d'édicter des règles concernant l'exercice du droit de libre communication et de la liberté de parler, d'écrire et d'imprimer et, à ce titre, d'instituer des incriminations réprimant les abus de l'exercice de la liberté d'expression et de communication qui portent atteinte à l'ordre public et aux droits des tiers. • Cons. const. *28 févr. 2012, n° 2012-647 DC* § 5.

13. En instituant le délit d'outrage public à l'hymne national ou au drapeau tricolore, le législateur a effectué la conciliation qu'il lui appartenait d'assurer avec la liberté d'expression. • Cons. const. 13 mars 2003, n° 2003-467 DC § 105. ♦ En réprimant ainsi la contestation de l'existence et de la qualification juridique de crimes qu'il aurait lui-même reconnus et qualifiés comme crimes de génocide, le législateur a porté une atteinte inconstitutionnelle à l'exercice de la liberté d'expression et de communication. • Cons. const. 28 févr. 2012, n° 2012-647 DC § 6. ♦ En réprimant les expressions et manifestations perturbant l'accès ou le fonctionnement des établissements pratiquant l'interruption volontaire de grossesse, les dispositions contestées ne portent pas à la liberté d'expression et de communication une atteinte disproportionnée à l'objectif poursuivi (liberté de la femme). • Cons. const. 16 mars 2017, n° 2017-747 DC § 11.

14. S'agissant de réprimer les pressions morales et psychologiques, menaces et actes d'intimidation exercés à l'encontre de toute personne cherchant à s'informer sur une interruption volontaire de grossesse, quels que soient l'interlocuteur sollicité, le lieu de délivrance de cette information et son support, ces dispositions ne peuvent permettre que la répression d'actes ayant pour but d'empêcher ou de tenter d'empêcher une ou plusieurs personnes déterminées de s'informer sur une interruption volontaire de grossesse ou d'y recourir. Il convient donc que soit sollicitée une information, et non une opinion, que cette information porte sur les conditions dans lesquelles une interruption volontaire de grossesse est pratiquée ou sur ses conséquences et qu'elle soit donnée par une personne détenant ou prétendant détenir une compétence en la matière. • Cons. const. 16 mars 2017, n° 2017-747 DC § 14 et 15.

15. L'interdiction d'employer, dès l'ouverture de l'audience des juridictions administratives ou judiciaires, tout appareil photographique ou d'enregistrement sonore ou audiovisuel, à laquelle il a pu être fait exception, ne prive pas le public qui assiste aux audiences, en particulier les journalistes, de la possibilité de rendre compte des débats par tout autre moyen, y compris pendant leur déroulement, sous réserve du pouvoir de police du président de la formation de jugement. • Cons. const. 6 déc. 2019, *Mme Claire L.*, n° 2019-817 QPC § 9.

16. La détermination du caractère illicite des contenus en cause (images pornographiques représentant des mineurs et la provocation à des actes de terrorisme ou l'apologie de tels actes) ne repose pas sur leur caractère manifeste. Elle est soumise à la seule appréciation de l'administration. L'engagement d'un recours contre la demande de retrait n'est pas suspensif et le délai d'une heure laissé à l'éditeur ou l'hébergeur pour retirer ou rendre inaccessible le contenu visé ne lui permet pas d'obtenir une décision du juge avant d'être contraint de le retirer. Enfin, l'hébergeur ou l'éditeur qui ne défère pas à cette demande dans ce délai peut être condamné à une peine d'emprisonnement d'un an et à 250 000 euros d'amende. Par ces éléments, le législateur a porté à la liberté d'expression et de communication une atteinte qui n'est pas adaptée, nécessaire et proportionnée au but poursuivi. • Cons. const. 18 juin 2020, n° 2020-801 DC § 7 et 8.

17. De même, compte tenu des difficultés d'appréciation du caractère manifestement illicite des contenus signalés dans le délai imparti, de la peine encourue dès le premier manquement et de l'absence de cause spécifique d'exonération de responsabilité, les dispositions contestées ne peuvent qu'inciter les opérateurs de plateforme en ligne à retirer les contenus qui leur sont signalés, qu'ils soient ou non manifestement illicites. Elles portent donc une atteinte à l'exercice de la liberté d'expression et de communication qui n'est pas nécessaire, adaptée et proportionnée. • Cons. const. 18 juin 2020, n° 2020-801 DC § 19.

18. Conciliation. La liberté de communication doit être conciliée avec le premier al. de l'art. 2 de la Const., selon lequel « La langue de la République est le français ». • Cons. const. 29 juill. 1994, n° 94-345 DC § 5 et 6 • Cons. const. 15 juin 1999, n° 99-412 DC § 7. ♦ Cependant, le législateur ne pouvait imposer, sous peine de sanctions, l'obligation d'utiliser le français aux organismes et services de radiodiffusion sonore et télévisuelle qu'ils soient publics ou privés. • Cons. const. 29 juill. 1994, n° 94-345 DC § 9.

19. Poursuivent un objectif d'intérêt général de recherche de la paix sociale des dispositions destinées à éviter que la liberté d'expression ne conduise à rappeler des faits anciens portant atteinte à l'honneur et à la considération des personnes qu'elles visent dès lors que la restriction à la liberté d'expression qui en résulte n'est ni générale ni absolue. • Cons. const. 20 mai 2011, *Teresa C. et a.*, n° 2011-131 QPC § 6. ♦ Rappr. concernant le droit à l'oubli dans le cadre d'une loi d'amnistie. • Cons. const. 20 juill. 1988, n° 88-244 DC § 24. ♦ Les formalités très strictes pour attaquer un organe de presse en cas d'injure ou de diffamation assurent une conciliation équilibrée entre, d'une part, le droit à un recours juridictionnel du demandeur et, d'autre part, la protection constitutionnelle de la liberté d'expression et le respect des droits de la défense. • Cons. const. 17 mai 2013, *Sté Ecocert France*, n° 2013-311 QPC § 5. ♦ Il appartient au juge d'exercer son contrôle sur le sens et la portée des propos poursuivis, les restrictions à la liberté de la presse étant d'interprétation étroite. • Crim. 14 févr. 2006, n° 05-81.932 P : *D. 2006. 886* ; *ibid. 2007. 1038, obs. Dupeux et Massis* ; *AJ pénal 2006. 219* ; *RSC 2006. 625, obs. Francillon* • Crim. 12 nov. 2008, n° 07-83.398 P : *D. 2009. 402, note Pradel* ; *ibid. 1779, obs. Dupeux et Massis* ; *AJ pénal 2009. 228, obs. Duparc* ; *RSC 2009. 129, obs. Francillon* • Crim. 16 mars 2016, n° 15-82.676 P : *D. 2016. 935, note Serinet* ; *AJ pénal 2016. 268, obs. Thierry* ; *Dalloz IP/IT 2016. 321, obs. Desgens-Pasanau* ; *RSC 2016. 96, obs. Francillon*.

20. De même, l'instauration de périmètres de sécurité consistant à tenir éloignés les tiers, dont les journalistes, des opérations d'évacuation de campements illégaux de migrants vise à faciliter l'exécution matérielle de leur mission par les forces de l'ordre, à assurer le respect de la dignité due aux personnes évacuées et à prévenir les atteintes aux tiers que de telles opérations pourraient engendrer. • CE, ord., 3 févr. 2021, n° 448721 : *préc. note 10.* ♦ Cependant, le préfet doit veiller, dans l'organisation de futures opérations, notamment en ce qui concerne la fixation des distances de sécurité, à ce qu'il ne soit pas porté à l'exercice de la liberté invoquée une atteinte disproportionnée. • CE, ord., 3 févr. 2021, n° 448721 : *préc. note 10.*

21. Sur l'application du principe d'égalité en matière de liberté de communication, V. note 374 ss. art. 6 DDH.

b. Cas particuliers

22. Campagnes électorales. La liberté d'expression revêt une importance particulière dans le débat politique et au cours des campagnes électorales. • Cons. const. 13 nov. 2020, *Sté Manpower France*, n° 2020-863 QPC § 17. ♦ Il appartient au législateur de concilier le principe constitutionnel de sincérité du scrutin avec la liberté constitutionnelle d'expression et de communication. • Cons. const. 20 déc. 2018, n° 2018-773 DC § 17. ♦ Cependant, la liberté d'expression revêt une importance particulière dans le débat politique et dans les campagnes électorales. • Cons. const. 8 sept. 2017, n° 2017-752 DC § 13. ♦ ... Dès lors qu'elle garantit à la fois l'information de chacun et la défense de toutes les opinions mais prémunit aussi contre les conséquences des abus commis sur son fondement en permettant d'y répondre et de les dénoncer. • Cons. const. 20 déc. 2018, n° 2018-773 DC § 22.

23. Compte tenu des conséquences d'une procédure pouvant avoir pour effet de faire cesser la diffusion de certains contenus d'information, les allégations ou imputations mises en cause ne sauraient, sans que soit méconnue la liberté d'expression et de communication, justifier une telle mesure que si leur caractère inexact ou trompeur est manifeste. Il en est de même pour le risque d'altération de la sincérité du scrutin, qui doit également être manifeste. • Cons. const. 20 déc. 2018, n° 2018-773 DC § 23. ♦ Ces allégations ou imputations ne recouvrent ni les opinions, ni les parodies, ni les inexactitudes partielles ou les simples exagérations. Elles sont celles dont il est possible de démontrer la fausseté de manière objective. Seule la diffusion de telles allégations ou imputations répondant à trois conditions cumulatives peut être mise en cause : elle doit être artificielle ou automatisée, massive et délibérée. • Cons. const. 20 déc. 2018, n° 2018-773 DC § 21. ♦ Rappr., s'agissant des refus de passer des conventions, de la suspension ou de la résiliation de certaines conventions en cas de diffusion de fausses nouvelles portant atteinte aux intérêts fondamentaux de la Nation commises, par une personne contrôlée ou influencée par un État étranger, au moyen d'un service de radio ou de télévision. • Cons. const. 20 déc. 2018, n° 2018-773 DC § 33, 55 et 60. ♦ Rappr., s'agissant de la possibilité donnée au juge d'ordonner la cessation de la diffusion ou de la distribution d'un service du même type : • Cons. const. 20 déc. 2018, n° 2018-773 DC § 73 s.

24. Pour une application de la loi « *fake news* » (L. n° 2018-1202), V. • TGI Paris, 17 mai 2019, n° 19/53935 : *JCP Adm. 2019. 379.*

25. Pour condamnables que soient les abus dans la liberté d'expression, l'inéligibilité est obligatoirement prononcée à l'encontre de leur auteur pour certains délits de presse punis d'une peine d'emprisonnement (apologie ou contestation de certains crimes de génocide, crimes contre l'humanité, crimes de réduction en esclavage ou crimes de guerre ; provocation à la discrimination, à la haine ou à la violence à l'égard de personnes à raison de leur origine, de leur appartenance ou non à une ethnie, une nation, une race ou une religion déterminée, de leur sexe, de leur orientation sexuelle ou identité de genre ou de leur handicap ; diffamation et injure publiques à raison des mêmes critères). • Cons. const. 8 sept. 2017, n° 2017-752 DC § 13.

26. Ni la loi, ni les termes de la recommandation du CSA n'ont pour effet d'imposer à la société France Télévisions d'inviter aux débats qu'elle organise dans la période en cause, même dans la perspective d'élections prochaines, et *a fortiori* à un seul débat en particulier, des représentants de l'ensemble des partis et groupements politiques qui entendent se présenter aux suffrages des électeurs. Ils n'exigent pas non plus d'inviter des personnalités susceptibles d'exprimer toutes les opinions se rapportant au scrutin à venir. Ils n'ont pas pour conséquence, dans cette période, d'imposer une stricte égalité de traitement entre toutes les personnalités politiques. Il appartient à la société France Télévisions, dans le régime de liberté garanti par la loi et dans l'exercice de sa responsabilité éditoriale, sous le contrôle du CSA, de concevoir et d'organiser les émissions participant au débat démocratique, dans le respect d'un traitement équitable de l'expression pluraliste des courants de pensée et d'opinion. • CE, ord., 4 avr. 2019, n° 429370 A : *AJDA 2019. 783 ; JCP Adm. 2019. 248.*

27. Collège. La liberté d'expression dont les élèves de collège disposent ne peut s'exercer que dans le respect du pluralisme et du principe de neutralité ; le port d'un vêtement portant la mention « Palestine libre », durant le cours d'histoire-géographie, afin d'exprimer son désaccord avec la présentation par l'enseignant de cette matière, lors d'un cours dispensé quelques jours plus tôt, sur la guerre du Kippour entre Israël et les pays arabes en 1973, méconnaît le principe de neutralité. • CAA Lyon, 2 mai 2013, *D.*, n° 12LY01830 : *AJDA 2013. 1838 ; JCP Adm. 2013. 657.*

28. Université. Le statut des établissements d'enseignement supérieur ne saurait limiter le droit à la libre communication des pensées et des opinions que dans la seule mesure des exigences du service public en cause. De même, par leur nature, les fonctions d'enseignement et de recherche exigent, dans l'intérêt même du service, que la libre expression et l'indépendance des enseignants-chercheurs soient garanties. • Cons. const. 28 juill. 1993, n° 93-322 DC § 7, 19 et 22. ♦ La liberté d'expression des usagers de l'enseignement supérieur constitue une liberté fondamentale au sens de l'art. L. 521-2 CJA. • CE, réf., 7 mars 2011, *ENS*, n° 347171 : *Lebon 79 ; AJDA 2011. 1033, note Legrand ; Dr. adm. 2011. 61.*

29. Détenus. S'il n'existe pas d'obligation générale de fournir aux détenus un accès à internet, dès lors que l'accès est possible, il doit être fait droit à une demande d'accès aux sites de la CEDH, de la Cour constitutionnelle et du *Journal officiel*. • CEDH 9 févr. 2021, *Ramazan Demir c/ Turquie*, n° 68550/17 : *JCP Adm. 2021. 125.*

30. Fonctionnaires. L'obligation de discrétion professionnelle à laquelle les fonctionnaires sont astreints ne porte pas une atteinte disproportionnée à la liberté d'expression en ne prévoyant pas les garanties permettant aux fonctionnaires, sans encourir une sanction disciplinaire, de dénoncer publiquement des dysfonctionnements graves d'un service public dans un but d'intérêt général. • CE, QPC, 5 févr. 2014, *Pichon*, n° 371396 : *AJDA 2014. 312* . ♦ Sur le devoir de réserve combiné avec la liberté d'expression des fonctionnaires, V. C. fonct. publ., notes ss. L. n° 83-634 du 13 juill. 1983, art. 6, et par ex. • CAA Nantes, 13 févr. 2017, n° 15NT03204 : *AJDA 2017. 1008, concl. Bréchot ; AJFP 2017. 294* .

31. M. P... a participé à une manifestation interdite par l'autorité préfectorale et a appelé au maintien de la participation à cette dernière alors qu'il n'ignorait pas cette interdiction (...) ; il a pris publiquement la parole, devant la presse, au cours de cette manifestation pour critiquer de manière virulente l'action des pouvoirs publics, notamment la décision d'interdire la manifestation, et l'action des forces de l'ordre, en se prévalant de sa qualité d'officier général et des responsabilités qu'il a exercées dans l'armée, alors même qu'il ne pouvait ignorer, contrairement à ce qu'il soutient, le fort retentissement médiatique de ses propos. S'il soutient qu'il n'était pas en service et qu'il portait une tenue civile, que la manifestation a été brève et qu'il a déféré à la sommation de dispersion des forces de l'ordre, qu'il n'a tenu que des propos oraux, qui ne présentaient aucun caractère injurieux, irrespectueux ou violent à l'égard des institutions, enfin qu'il n'était animé d'aucune volonté de déloyauté à l'égard de sa hiérarchie, les faits rappelés ci-dessus caractérisent des manquements de M. P. ... à ses obligations, à l'occasion de ladite manifestation, de nature à justifier une sanction disciplinaire. • CE 22 sept. 2017, n° 404921 B : *AJDA 2017.1809 ; ibid. 1977, obs. Aubin ; JCP Adm. 2017. 426.* ♦ Comp. • CE 12 janv. 2011, *Matelly*, n° 338461 A : *AJDA 2011. 623, note Aubin ; AJFP 2011. 115.*

32. Dans le cadre d'activités extraprofessionnelles, un homme a publié, sous un pseudonyme, sur plusieurs sites internet relayés par les réseaux sociaux, de nombreux articles critiquant en des termes outranciers et irrespectueux l'action de membres du Gouvernement et la politique étrangère et de défense française ; il s'est prévalu, dans ces publications, de sa qualité d'ancien élève de l'école Saint-Cyr et de l'école des officiers de la gendarmerie nationale. Alors pourtant qu'il avait été mis en garde à ce sujet, il a poursuivi ces publications. Ces faits, même s'ils ont été commis en dehors du service et sans utiliser les moyens du service et si l'intéressé ne faisait pas état de sa qualité de militaire, sont constitutifs d'une violation de l'obligation de réserve à laquelle sont tenus les militaires à l'égard des autorités publiques, même en dehors du service et fût-ce sous couvert d'anonymat ; les manquements reprochés, dont l'inexactitude matérielle n'est pas établie, étaient constitutifs d'une faute de nature à justifier une sanction disciplinaire. • CE 27 juin 2018, n° 412541 B : *AJDA 2018. 1362 ; JCP Adm. 2018. 2242, note Pauliat.*

33. Associations. Les faits que certaines associations ou unions d'associations soient reconnues par les pouvoirs publics n'interdisent pas à ceux-ci de prendre en compte les intérêts et les positions défendues par d'autres associations. La disposition contestée ne porte pas atteinte à la liberté de ces associations de faire connaître les positions qu'elles défendent. • *Cons. const. 28 mai 2010, Union des familles en Europe*, n° 2010-3 QPC § 7 • CE 3 mars 2011, *Union des familles d'Europe*, n° 323830 B : *AJDA 2011. 477.*

34. Eu égard aux motifs sur lesquels repose la mesure de dissolution ainsi prise à l'égard de « Troisième voie » et des « Jeunesses nationalistes révolutionnaires » qui auraient, par leurs activités et notamment par leurs écrits, leurs déclarations ou leurs actions collectives, provoqué à la haine, à la discrimination ou à la violence, si les dissolutions critiquées constituent une restriction à l'exercice de la liberté d'expression, celle-ci est justifiée par la gravité des dangers pour l'ordre public et la sécurité publique résultant des activités des groupements en cause. • CE 30 juill. 2014, n° 370306 : *AJDA 2014. 1629 ; ibid. 2167, étude Rambaud ; JA 2014, n° 505, p. 11 ; RFDA 2014. 1158, concl. Crépey* • CEDH 8 oct. 2020, *Ayoub et a. c/ France*, n° 77400/14 : *JA 2020, n° 627, p. 12, obs. Delpech.*

35. Négationnisme. La QPC posée ne présente pas un caractère sérieux dans la mesure où l'incrimination critiquée se réfère à des textes régulièrement introduits en droit interne, définissant de façon claire et précise l'infraction de contestation de l'existence d'un ou plusieurs crimes contre l'humanité tels qu'ils sont définis par l'art. 6 du statut du tribunal militaire international annexé à l'accord de Londres du 8 août 1945 et qui ont été commis soit par des membres d'une organisation déclarée criminelle en application de l'art. 9 dudit statut, soit par une personne reconnue coupable de tels crimes par une juridiction française ou internationale, infraction dont la répression, dès lors, ne porte pas atteinte aux principes constitutionnels de liberté d'expression et d'opinion. • Crim. 7 mai 2010 : *NCCC 2010, n° 29, p. 256, obs. de Montalivet.*

36. Les propos contestant l'existence de faits commis durant la Seconde Guerre mondiale qualifiés de crimes contre l'humanité et sanctionnés comme tels par une juridiction française ou internationale constituant en eux-mêmes une incitation au racisme et à l'antisémitisme, les dispositions contestées ont pour objet de réprimer un abus de l'exercice de la liberté d'expression et de communication qui porte atteinte à l'ordre public et aux droits des tiers (• CEDH, décis., 24 juin 2003, *Garaudy c/ France*, n° 65831/01 : *D. 2004. 239, note Roets ; ibid. 987, obs. Renucci ; Légipresse 2003. 181, obs. Ghnassia*). En incriminant exclusivement la contestation de l'existence de faits commis durant la Seconde Guerre mondiale, qualifiés de crimes contre l'humanité et sanctionnés comme tels par une juridiction française ou internationale, les dispositions visent à lutter contre certaines manifestations particulièrement graves d'antisémitisme et de haine raciale ; seule la négation, implicite ou explicite, ou la minoration outrancière de ces crimes étant prohibée, ces dispositions n'ont ni pour objet ni pour effet d'interdire les débats historiques. Le grief tiré de l'atteinte à cette liberté et à la liberté d'opinion doit être écarté. • Cons. const. 8 janv. 2016, *Vincent R.,* n° 2015-512 QPC § 7 et 8. ♦ En réprimant pénalement la seule contestation des crimes contre l'humanité commis soit par les membres d'une organisation déclarée criminelle en application de l'art. 9 du statut du tribunal militaire international de Nuremberg, soit par une personne reconnue coupable de tels crimes par une juridiction française ou internationale, le législateur a traité différemment des agissements de nature différente. • Cons. const. 8 janv. 2016, *Vincent R.*, n° 2015-512 QPC § 10.

37. Le législateur, en réprimant la négation, la minoration et la banalisation de certains crimes n'ayant fait l'objet d'aucune condamnation judiciaire préalable, a porté une atteinte à l'exercice de la liberté d'expression qui n'est ni nécessaire ni proportionnée. • Cons. const. 26 janv. 2017, n° 2016-745 DC § 197.

38. V. également note 22.

39. Atteinte aux symboles de la Nation. V. comm. et annotations ss. Const. 58, art. 2.

2° MISE EN ŒUVRE

a. Destinataires de la liberté

40. Journalistes. Sur la nature particulière de leur travail. • Cons. const. 14 mai 2012, *Sté Yonne Républicaine et a.*, n°s 2012-243/244/245/246 QPC § 7.

41. La protection des sources journalistiques est l'une des pierres angulaires de la liberté de la presse. Eu égard à son importance, toute atteinte à ce secret doit être justifiée par un impératif prépondérant d'intérêt public. • CEDH 27 mars 1996, *Goodwin c/ Royaume-Uni*, n° 17488/90 § 39 : *AJDA 1996. 1005, chron. Flauss ; D. 1997. 211, obs. Fricero ; RTD civ. 1996. 1026, obs. Marguénaud ; AFDI 1996. 749, obs. Coussirat-Coustère ; JDI 1997. 212, obs. Decaux et Tavernier ; JCP. I. 4000, chron. Sudre.* ♦ V. désormais L. 29 juill. 1881, art. 2 et C. pr. pén., art. 100-5, al. 4 ; 109, al. 2 ; 326, al. 2 et 437, al. 2.

42. Aucune disposition constitutionnelle ne consacre spécifiquement un droit au secret des sources des journalistes. • Cons. const. 24 juill. 2015, *Assoc. French Data Network et a., n° 2015-478 QPC.* ♦ Cette protection doit combiner d'une part, le droit au respect de la vie privée et le secret des correspondances et d'autre part, les exigences inhérentes à la sauvegarde des intérêts fondamentaux de la Nation, la recherche des auteurs d'infractions et la prévention des atteintes à l'ordre public nécessaires à la sauvegarde de droits et de principes de valeur constitutionnelle. • Cons. const. 10 nov. 2016, n° 2016-738 DC § 23.

43. Dès lors que l'atteinte portée au secret des sources des journalistes n'est pas justifiée par l'existence d'un impératif prépondérant d'intérêt public et que la mesure n'est pas strictement nécessaire et proportionnée au but légitime poursuivi, elle doit être annulée. • Crim. 6 déc. 2011, n° 11-83.970 P : *D. 2012. 17, obs. Lavric ; ibid. 765, obs. Dreyer ; RSC 2012. 191, obs. Danet* • Crim. 25 févr. 2014, n° 13-84.761 P : *D. 2014. 609 ; ibid. 1736, obs. Pradel ; AJ pénal 2014. 434, obs. Lasserre Capdeville ; RSC 2014. 369, obs. Salvat .*

44. La chambre de l'instruction n'a pas justifié sa décision : en se déterminant d'une part, sans mieux s'expliquer sur l'absence d'un impératif prépondérant d'intérêt public alors que la violation du secret de l'instruction reprochée imposait de rechercher les auteurs de cette infraction ayant porté atteinte à la présomption d'innocence, d'autre part, sans caractériser plus précisément le défaut de nécessité et de proportionnalité des mesures portant atteinte au secret des sources des journalistes au regard du but légitime poursuivi, et enfin, en faisant à tort référence à l'obligation d'obtenir l'accord des journalistes pour procéder aux réquisitions litigieuses alors qu'un tel accord n'est nécessaire que si ces professionnels sont directement requis de fournir des informations, • Crim. 14 mai 2013, n° 11-86.626 P : *D. 2013. 1279 ; ibid. 2014. 508, obs. Dreyer ; AJ pénal 2013. 467, note Lasserre Capdeville ; RSC 2013. 576, chron. Francillon .* ♦ ... En se déterminant par ces seuls motifs, sans démontrer que les ingérences litigieuses procédaient d'un impératif prépondérant d'intérêt public, et que d'autres mesures que la perquisition et les saisies opérées au domicile de l'intéressé auraient été insuffisantes pour rechercher l'existence d'une éventuelle violation du secret professionnel, et en identifier les auteurs. • Crim. 25 févr. 2014, n° 13-84.761 P : *D. 2014. 609 ; ibid. 1736, obs. Pradel ; AJ pénal 2014. 434, obs. Lasserre Capdeville ; RSC 2014. 369, obs. Salvat .*

45. Le droit d'opposition qui permet à un journaliste, sommé par son employeur d'accomplir un certain acte, de refuser d'y procéder si celui-ci heurte sa conviction professionnelle formée dans le respect de la charte déontologique conclue au sein de l'organisme qui l'emploie ne saurait interdire au directeur de publication ni de publier ou diffuser, sans la signature de l'intéressé et après rectification, l'article ou l'émission auquel il a collaboré, ni d'en refuser la publication ou la diffusion. • Cons. const. 10 nov. 2016, n° 2016-738 DC § 5.

46. Presse. Les lecteurs qui sont au nombre des destinataires essentiels de la liberté proclamée par le présent art. doivent être à même d'exercer leur libre choix sans que ni les intérêts privés ni les pouvoirs publics puissent y substituer leurs propres décisions ni qu'on puisse en faire l'objet d'un marché. • Cons. const.

11 oct. 1984, n° 84-181 DC § 38 • Cons. const. 29 juill. 1986, n° 86-210 DC § 20.

47. Audiovisuel. Les auditeurs et les téléspectateurs qui sont au nombre des destinataires essentiels de la liberté proclamée par le présent art. doivent être à même d'exercer leur libre choix sans que ni les intérêts privés ni les pouvoirs publics puissent y substituer leurs propres décisions, ni qu'on puisse en faire les objets d'un marché. • Cons. const. 18 sept. 1986, n° 86-217 DC § 11 • Cons. const. 21 janv. 1994, n° 93-333 DC § 3 • Cons. const. 27 juill. 2000, n° 2000-433 DC § 9.

48. Lanceurs d'alerte. En raison de l'atteinte qu'il porte à la liberté d'expression (au visa de l'art. 10 Conv. EDH), en particulier au droit pour les salariés de signaler les conduites ou actes illicites constatés par eux sur leur lieu de travail, le licenciement d'un salarié prononcé pour avoir relaté ou témoigné, de bonne foi, de faits dont il a eu connaissance dans l'exercice de ses fonctions et qui, s'ils étaient établis, seraient de nature à caractériser des infractions pénales, est frappé de nullité. • Soc. 30 juin 2016, n° 15-10.557 P : *D. 2016. 1740, note Marguénaud et Mouly ; RDT 2016. 566, obs. Adam .* ♦ Sur la protection légale octroyée aux « lanceurs d'alerte », V. L. n° 2016-1691 du 9 déc. 2016 et art. L. 1132-3-3 C. trav. ♦ Pour de premières mises en œuvre, V. • TA Bordeaux, 30 avr. 2019, n° 1704873 : *AJDA 2019. 2216* • Cons. prud'h. Lyon 17 avr. 2019, n° 19/00087.

49. Jugé, avant la loi de 2016, qu'il appartient à tout magistrat, même lorsqu'il estime être un « lanceur d'alerte », de respecter les obligations déontologiques inhérentes à son statut. • CE 11 mai 2016, n° 388152.

50. Associations. L'expression publique d'une prise de position en faveur de la gestation pour autrui ne constitue pas une infraction pénalement sanctionnée. Il suit de là que la Cne de Nantes ne s'est aucunement, en attribuant à une association LGBT ayant défendu de telles positions, rendue complice d'une infraction pénale et n'a pas davantage incité à la commettre. Toutes les activités de l'association correspondant à son objet social tel qu'il est défini par ses statuts et qui comprend notamment la défense des droits et de la culture des personnes LGBT par la création de lieux de convivialité, la fourniture de prestations et d'informations, la lutte contre toutes les formes de phobie, d'exclusion, d'injures et de violences subies en raison de l'orientation sexuelle, les actions favorisant l'intégration sociale, le bien-être psychologique et la santé des personnes LGBT, présentent un caractère social qui, dès lors que les activités soutenues de l'association ont leur siège à Nantes et s'adressent aux personnes qui y vivent, revêt un intérêt public local pour la commune. • CAA Nantes, 5 oct. 2018, n° 18NT01408 : *JCP Adm. 2018. 802 ; ibid. 2310, note Rombauts-Chabrol.*

b. Objectifs permettant d'assurer le respect de cette liberté

1. Transparence financière

51. Loin de s'opposer à la liberté de la presse ou de la limiter, la mise en œuvre de l'objectif de transparence financière tend à renforcer un exercice effectif de cette liberté en mettant les lecteurs à même d'exercer leur choix de façon vraiment libre et l'opinion à même de porter un jugement éclairé sur les moyens d'information qui lui sont offerts par la presse écrite. • Cons. const. 11 oct. 1984, n° 84-181 DC § 16 • Cons. const. 29 juill. 1986, n° 86-210 DC § 16. ♦ Rappr. • Cons. const. 20 janv. 1993, n° 92-316 DC § 33.

2. Lutte contre la manipulation de l'information

52. V., dans le cadre des campagnes électorales, note 22.

3. Pluralisme des courants de pensée et d'opinion

53. V. égal. notes ss. Const. 58, art. 4.

54. Dans le secteur des médias, le Conseil constitutionnel parle toujours d'objectif de valeur constitutionnelle mais indifféremment de « pluralisme dans le secteur public de la communication audiovisuelle ». • Cons. const. 18 sept. 1986, n° 86-217 DC §16. ♦ ... De « pluralisme des courants d'expression socioculturels ». • Cons. const. 21 janv. 1994, n° 93-333 DC § 3 • Cons. const. 27 juill. 2000, n° 2000-433 DC § 9 • Cons. const. 11 juill. 2001, n° 2001-450 DC § 15. ♦ ... De « pluralisme des courants de pensées et d'opinions ». • Cons. const. 1er juill. 2004, n° 2004-497 DC § 23 • Cons. const. 27 juill. 2007, n° 2007-550 DC § 15. ♦ ... De « pluralisme des médias ». • Cons. const. 3 mars 2009, n° 2009-577 DC § 3. ♦ ... De « pluralisme et l'indépendance des quotidiens d'information politique et générale » • Cons. const. 7 janv. 2016, *Sté Carcassonne Presse Diffusion SAS,* n° 2015-511 QPC § 5. ♦ V. aussi notes ss. Conv. EDH, art. 10 et • CEDH, gr. ch., 7 juin 2012, n° 38433/09 § 129.

55. Presse. La libre communication des pensées et des opinions, garantie par le présent art., ne serait pas effective si le public auquel s'adressent les quotidiens d'information politique et générale n'était pas à même de disposer d'un nombre suffisant de publications de tendances et de caractères différents, il en résulte que le pluralisme de ces quotidiens est en lui-même un objectif de valeur constitutionnelle. • Cons. const. 11 oct. 1984, n° 84-181 DC § 38 • Cons. const. 29 juill. 1986, n° 86-210 DC § 20. ♦ Dès lors, dans leur principe, la recherche, le maintien et le développement du pluralisme de la presse nationale, régionale, départementale ou locale sont conformes à la Constitution. • Cons. const. 11 oct. 1984, n° 84-181 DC § 39. ♦ En revanche, des dispositions, qui loin d'aménager, comme pouvait le faire le législateur, les modalités de protection du pluralisme de la presse et, plus généralement, des moyens de communication dont la presse est une composante, ne permettent pas de lui assurer un caractère effectif, sont contraires à la Const. • Cons. const. 29 juill. 1986, n° 86-210 DC § 23.

56. Cela est d'autant plus vrai si, par leur combinaison avec l'abrogation de la législation antérieure, les dispositions nouvelles privent de protection légale un principe de valeur constitutionnelle. • Cons. const. 29 juill. 1986, n° 86-210 DC. ♦ En effet, dans ce domaine, la loi ne peut réglementer l'exercice de cette liberté qu'en vue de le rendre plus effectif ou de le concilier avec celui d'autres règles ou principes de valeur constitutionnelle. • Cons. const. 11 oct. 1984, n° 84-181 DC § 37.

57. En vue d'assurer les objectifs de transparence et de pluralisme, il était loisible au législateur d'exiger que chacune des publications visées à l'art. 14 possède une « autonomie de conception » et ne soit pas, sous couvert d'un titre différent propre à abuser le lecteur, le décalque d'une autre publication. • Cons. const. 11 oct. 1984, n° 84-181 DC § 59. ♦ Il est donc possible que la loi impose que chaque organe de presse dispose de son équipe rédactionnelle permanente suffisante pour garantir l'autonomie de conception de cette publication et que celle-ci soit composée de journalistes. • Même affaire, § 61. ♦ De même participe à la préservation du pluralisme une aide de l'État créée dans le but de compenser des surcoûts spécifiques de diffusion des seuls quotidiens nationaux d'information politique et générale. • Cons. const. 27 déc. 2001, n° 2001-456 DC § 37.

58. Audiovisuel. La libre communication des pensées et des opinions, garantie par le présent art., ne serait pas effective si le public auquel s'adressent les moyens de communication audiovisuelle n'était pas à même de disposer, aussi bien dans le cadre du secteur public que dans celui du secteur privé, de programmes qui garantissent l'expression de tendances de caractères différents dans le respect de l'impératif d'honnêteté de l'information, il en résulte que le pluralisme des courants de pensée et d'opinion est en lui-même un objectif de valeur constitutionnelle et une condition de la démocratie. • Cons. const. 21 janv. 1994, n° 93-333 DC § 3 • Cons. const. 27 juill. 2000, n° 2000-433 DC § 9. ♦ ... Et dans une formulation plus brève. • Cons. const. 1er juill. 2004, n° 2004-497 DC § 23. ♦ V. aussi les précédentes décisions qui utilisaient l'expression « courants d'expression socioculturels » moins claire que celle de « courants de pensée et d'opinion ». • Cons. const. 18 sept. 1986, n° 86-217 DC § 11. ♦ V. déjà. • Cons. const. 27 juill. 1982, n° 82-141 DC § 5. ♦ Dès lors la mise en place d'une réglementation destinée à éviter les concentrations est conforme à la Const. • Cons. const. 27 juill. 2000, n° 2000-433 DC § 43. ♦ Et si cette législation disparaît et est remplacée par une nouvelle législation qui, du fait des lacunes de la loi, risque de laisser se développer, en particulier dans une même zone géographique, des situations caractérisées par des concentrations, les nouvelles dispositions sont contraires à la Const. • Cons. const. 18 sept. 1986, n° 86-217 DC § 35.

59. Toutefois, cette limitation des concentrations peut être aménagée pour tenir compte de « nouvelles données techniques ». • Cons. const. 27 juill. 2000, n° 2000-433 DC § 42 • Cons. const. 1er juill. 2004, n° 2004-497 DC § 24.

60. Dès lors que cet objectif, qui n'a de valeur que dans la vie politique (Const. 58, art. 4) et les médias (Const. 58, art. 34), est invoqué à l'appui d'une disposition législative étrangère à ces domaines, il est inopérant. • Cons. const. 22 juill. 2010, *Union des familles d'Europe,* n° 2010-6 QPC § 8.

61. Le pluralisme doit présider aux décisions du CSA lorsqu'il alloue des fréquences hertziennes. • CE 11 juill. 2008, *Assoc. Rencontre Amitiés Radio Gazelle,* n° 313513 : *Lebon.*

B. CADRE D'EXERCICE DE LA LIBERTÉ D'EXPRESSION ET DE COMMUNICATION

BIBL. Deieux, Les médias face au terrorisme. Pour des médias libres et responsables, *RD publ. 2015. 319.*

1° PRESSE

62. Absence d'autorisation préalable. Toute mesure assimilable à un régime d'autorisation préalable est, en matière de presse, contraire aux dispositions du présent art. • Cons. const. 11 oct. 1984, n° 84-181 DC § 81.

63. Absence de saisies administratives. Les saisies administratives de publications, y compris celles, publiées en langue étrangère, sont donc illégales. • CE 7 févr. 2003, *GISTI,* n° 243634 : *Lebon 30* ; *AJDA 2003. 996, note Julien-Laferrière* ; *RFDA 2003. 972, note Fitte-Duval et Rabiller* ; *RD publ. 2003. 901, note Mouzet ; Dr. adm. 2003. 84, note Chen.*

64. Régime essentiellement répressif. Les abus de la liberté d'expression prévus et réprimés par la L. du 29 juill. 1881 ne peuvent être réparés sur le fondement de l'art. 1382 C. civ. • Cass., ass. plén., 12 juill. 2000 : *Bull. ass.*

plén. n° 8 ; BICC 1er nov. 2000, p. 5, concl. Joinet, rapp. et note Durieux • Civ. 2e, 8 mars 2001, n° 98-17. 574 P • Civ. 2e, 11 déc. 2003, n° 02-12.747 P • Civ. 1re, 10 avr. 2013, n° 12-10.177 P : *D. 2014. 131, note Bigot ; ibid. 508, obs. E. Dreyer* • Civ. 1re, 29 oct. 2014, n° 13-22.038 P : *D. 2015. 342, obs. E. Dreyer*. ♦ V. déjà • Civ. 2e, 15 avr. 1999, n° 97-14.684 P. ♦ Ainsi viole la L. de 1881 une cour d'appel qui énonce que les appréciations même excessives touchant les produits, les services ou les prestations d'une entreprise industrielle ou commerciale n'entrent pas dans ses prévisions, dès lors qu'elles ne concernent pas la personne physique ou morale et que l'examen des documents produits montre que la présentation du visuel, original et caractéristique des produits de la marque, permet d'identifier le produit de régime mais non la société qui le commercialise. • Civ. 1re, 27 sept. 2005, n° 04-12.148 P. ♦ V. cependant, *contra*. • Civ. 1re, 27 nov. 2013, n° 12-24.651 P : *D. 2013. 2850 ; ibid. 2014. 2488, obs. Centre de droit de la concurrence Yves Serra ; RTD civ. 2014. 127, obs. Jourdain*.

65. De même, les conditions de procédure édictées par la L. de 1881 doivent être suivies devant les juridictions civiles. • Civ. 2e, 5 févr. 1992 : *Bull. civ. n° 44 ; D. 1992. 442, note Burgelin* • Civ. 2e, 22 juin 1994 : *Bull. civ. II, n° 164 ; Gaz. Pal. 1995. 2. 163, note Bruntz et Domingo* • Civ. 2e, 19 févr. 1997 : *Bull. civ. II, n° 174 ; JCP 1997. 22900, note Pierchon ; Gaz. Pal. 1997. 2. 601, note Manseur-Rivet.* ♦ ... Y compris en matière de prescription. • Civ. 2e, 28 janv. 1999 : *Bull. civ. II, n° 20* • Civ. 2e, 6 mai 1999 : *Bull. civ. II, n° 79.* ♦ V., pour les précisions et qualification du fait invoqué et l'indication du texte de loi applicable à la demande, • Civ. 2e, 26 oct. 2000, n° 98-19.291 P : *D. 2000. 287*. ♦ ... Et l'impossibilité de retenir une double qualification d'injure et de diffamation : • Cass., ass. plén., 15 févr. 2013 : *D. 2013. 741, obs. Lavric, note Dreyer ; ibid. 718, point de vue Bigot ; RSC 2013. 104, obs. Francillon*.

66. Le Cons. const. ne se prononce pas sur cette position consistant à appliquer les conditions procédurales de la L. de 1881 à la procédure civile mais admet qu'il s'agit d'une jurisprudence constante. • Cons. const. 17 mai 2013, *Sté Ecocert France*, n° 2013-311 QPC § 4.

67. Le directeur de la publication ou l'éditeur est investi d'un devoir de surveillance et de contrôle. • *Crim. 13 févr. 2001*, n° 00-85.977 • Crim. 13 nov. 2001, n° 01-81.418 P : *Légipresse n° 190. 2002. III. 53, note Ader.* ♦ Un maire est tenu de contrôler le contenu des articles publiés dans le bulletin municipal qui sont susceptibles d'engager sa responsabilité pénale en tant que directeur de la publication. • CE 20 mai 2016, *Cne de Chartres*, n° 387144 : *Lebon ; AJDA 2016. 1039 ; JCP Adm. 2016. 456.* ♦ La poursuite du complice d'une publication litigieuse n'est pas subordonnée à la mise en cause à titre d'auteur principal du directeur de la publication. • Crim. 3 mars 2015, n° 13-87.597 P : *D. 2016. 277, obs. Dreyer ; AJ pénal 2015. 383, obs. Royer ; RSC 2015. 111, obs. Francillon*.

2° AUDIOVISUEL

68. L'exercice de la liberté de communication doit se concilier, en l'état actuel des techniques et de leur maîtrise, avec, d'une part, les contraintes techniques inhérentes aux moyens de la communication audiovisuelle et, d'autre part, les objectifs de valeur constitutionnelle que sont la sauvegarde de l'ordre public, le respect de la liberté d'autrui et la préservation du caractère pluraliste des courants d'expression socioculturels auxquels ces modes de communication, par leur influence considérable, sont susceptibles de porter atteinte. • Cons. const. 27 juill. 1982, n° 82-141 DC § 5 • Cons. const. 18 sept. 1986, n° 86-217 DC § 8 • Cons. const. 17 janv. 1989, n° 88-248 DC § 26 • Cons. const. 21 janv. 1994, n° 93-333 DC § 4 • Cons. const. 27 juill. 2000, n° 2000-433 DC § 10 • Cons. const. 1er juill. 2004, n° 2004-497 DC § 5.

69. Dès lors pour la réalisation de ces objectifs de valeur constitutionnelle, il est loisible au législateur de soumettre les différentes catégories de services de communication audiovisuelle à un régime d'autorisation administrative. • Cons. const. 18 sept. 1986, n° 86-217 DC § 9 • Cons. const. 17 janv. 1989, n° 88-248 DC § 27. ♦ V. déjà. • Cons. const. 31 oct. 1981, n° 81-129 DC § 12 • Cons. const. 27 juill. 1982, n° 82-141 DC § 2. ♦ Dès lors, la mise en place d'une autorité administrative indépendante pour accorder ces autorisations est conforme à la Const., sauf si le législateur abandonne au pouvoir réglementaire la détermination du champ d'application de cette règle. • Cons. const. 26 juill. 1984, n° 84-173 DC § 4.

70. La possibilité donnée au CSA de prononcer, en cas de manquement grave, la suspension, après mise en demeure, de l'autorisation ou d'une partie du programme pour un mois au plus, n'est pas contraire à la Const. dès lors que la partie du programme qui peut faire l'objet d'une mesure de suspension temporaire doit être en relation directe avec le manquement relevé et que toute décision du CSA qui interviendrait en violation des dispositions législatives ou réglementaires serait susceptible d'entraîner la mise en jeu de la responsabilité de la puissance publique. • Cons. const. 17 janv. 1989, n° 88-248 DC § 42.

3° COMMUNICATION EN LIGNE

71. Principe. Il est loisible au législateur, dans le cadre de la conciliation qu'il lui appartient d'opérer entre la liberté de communication d'une part, la protection de la liberté d'autrui et la sauvegarde de l'ordre public d'autre part, d'instaurer, dans le respect du principe de la légalité des délits et des peines, lorsque sont stockés des contenus illicites, un régime spécifique de responsabilité pénale des « hébergeurs » distinct de celui applicable aux auteurs et aux éditeurs de messages. • Cons. const. 27 juill. 2000, n° 2000-433 DC § 60.

72. En l'état actuel des moyens de communication et eu égard au développement généralisé des services de communication au public en ligne ainsi qu'à l'importance prise par ces services pour la participation à la vie démocratique et l'expression des idées et des opinions, ce droit implique la liberté d'accéder à ces services. • Cons. const. 10 juin 2009, n° 2009-580 DC § 12 et 16. • Cons. const. 10 févr. 2017, *David P.*, n° 2016-611 QPC § 4. ♦ Dans la vie économique et sociale, notamment pour ceux qui exercent leur activité en ligne, l'encadrement, tant pour les particuliers que pour les entreprises, du choix et de l'usage des noms de domaine sur internet affecte la liberté de communication. • Cons. const. 6 oct. 2010, *Mathieu P.*, n° 2010-45 QPC § 5.

73. Dès lors, les pouvoirs de sanction qui habilitent la commission de protection des droits, qui n'est pas une juridiction, à restreindre ou à empêcher l'accès à internet de titulaires d'abonnement ainsi que des personnes qu'ils en font bénéficier, s'étendant à la totalité de la population, peuvent conduire à restreindre l'exercice, par toute personne, de son droit de s'exprimer et de communiquer librement, notamment depuis son domicile. • Cons. const. 10 juin 2009, n° 2009-580 DC § 12 et 16. ♦ En revanche, une disposition, susceptible d'être contestée à tout moment et par toute personne intéressée devant la juridiction compétente, le cas échéant en référé, ne conférant à l'autorité administrative que le pouvoir de restreindre, pour la protection des utilisateurs d'internet, l'accès à des services de communication au public en ligne lorsque et dans la mesure où ils diffusent des images de pornographie infantile, assure une conciliation qui n'est pas disproportionnée entre l'objectif de valeur constitutionnelle de sauvegarde de l'ordre public et la liberté de communication. • Cons. const. 10 mars 2011, n° 2011-625 DC § 8.

74. Responsabilité du créateur du site. Une disposition, qui prévoit que le créateur ou l'animateur d'un site de communication au public en ligne peut voir sa responsabilité pénale recherchée, en qualité de producteur, à raison du contenu de messages dont il n'est pas l'auteur et qui n'ont fait l'objet d'aucune fixation préalable et qu'il ne peut s'exonérer des sanctions pénales qu'il encourt qu'en désignant l'auteur du message ou en démontrant que la responsabilité pénale du directeur de la publication est encourue, expose le producteur à des peines privatives ou restrictives de droits et affecte l'exercice de la liberté d'expression et de communication protégée par le présent art. • Cons. const. 16 sept. 2011, *Antoine J.*, n° 2011-164 QPC § 6. ♦ La responsabilité pénale du producteur d'un site de communication au public en ligne, mettant à la disposition du public des messages adressés par des internautes, n'est engagée, à raison du contenu de ces messages, que s'il est établi qu'il en avait connaissance avant leur mise en ligne ou que, dans le cas contraire, il s'est abstenu d'agir promptement pour les retirer dès le moment où il en a eu connaissance. • Crim. 31 janv. 2012, n° 11-800.10.

75. Le créateur ou l'animateur d'un site de communication au public en ligne, mettant à la disposition du public des messages adressés par des internautes ne peut voir sa responsabilité pénale engagée en qualité de producteur à raison du seul contenu d'un message dont il n'avait pas connaissance avant la mise en ligne. • Cons. const. 16 sept. 2011, *Antoine J.*, n° 2011-164 QPC § 7.

BIBL. Latour, La lutte contre les sites djihadistes et la liberté de communication, *JCP Adm. 2018. 2056.*

76. Consultation habituelle de sites internet terroristes. Si le législateur a exclu la pénalisation de la consultation effectuée de « bonne foi » de manière habituelle d'un service de communication au public en ligne faisant l'apologie ou provoquant à la commission d'actes de terrorisme et comportant des images ou représentations d'atteintes volontaires à la vie, les travaux parlementaires ne permettent pas de déterminer la portée que le législateur a entendu attribuer à cette exemption alors même que l'incrimination instituée ne requiert pas que l'auteur des faits soit animé d'une intention terroriste et réprime donc le simple fait de consulter à plusieurs reprises un service de communication au public en ligne, quelle que soit l'intention de l'auteur de la consultation, dès lors que cette consultation ne résulte pas de l'exercice normal d'une profession ayant pour objet d'informer le public, qu'elle n'intervient pas dans le cadre de recherches scientifiques ou qu'elle n'est pas réalisée afin de servir de preuve en justice. Les dispositions contestées font peser une incertitude sur la licéité de la consultation de certains services de communication au public en ligne et, en conséquence, de l'usage d'internet pour rechercher des informations. • Cons. const. 11 févr. 2016,

David P., n° 2016-611 QPC § 14 et 15. ♦ Si le législateur a ajouté à la consultation, comme élément constitutif de l'infraction, la manifestation de l'adhésion à l'idéologie exprimée sur ces services, cette consultation et cette manifestation ne sont pas susceptibles d'établir à elles seules l'existence d'une volonté de commettre des actes terroristes. Si le législateur a exclu la pénalisation de la consultation lorsqu'elle répond à un « motif légitime » alors qu'il n'a pas retenu l'intention terroriste comme élément constitutif de l'infraction, la portée de cette exemption ne peut être déterminée en l'espèce, faute notamment qu'une personne adhérant à l'idéologie véhiculée par les sites en cause paraisse susceptible de relever d'un des exemples de motifs légitimes énoncés par le législateur. • Cons. const. 15 déc. 2017, *David P.*, n° 2017-682 QPC § 14 et 15.

4° DOMAINE POLITIQUE

77. Un maire, agissant en qualité de directeur de publication d'un bulletin d'information municipal, dispose, sous le contrôle du juge administratif, du pouvoir de vérifier si le contenu des contributions proposées par les conseillers d'opposition ne méconnaît pas les droits d'autrui. • CAA Bordeaux, 30 sept. 2013, n° 12BX02449 : *AJDA 2014. 520, note Amblard* • TA Cergy-Pontoise, 17 déc. 2014, n° 1400802 : *AJDA 2015. 455, concl. Costa* . ♦ Le juge s'assure que le refus de publication était bien justifié. • CAA Marseille, 7 déc. 2016, n° 15MA03526 : *JCP Adm. 2017. 2242, concl. Revert.* ♦ … En particulier il vérifie s'il ressort à l'évidence que le contenu de la tribune est manifestement injurieux ou diffamatoire. • CE 27 juin 2018, n° 406081 B : *AJDA 2018. 1357* ; *JCP Adm. 2018. 577* • TA Cergy-Pontoise, 10 janv. 2019, n° 1601230 : *JCP Adm. 2019. 46.*

78. Les paroles injurieuses incriminées, prononcées, dans le contexte d'un débat politique, par le maire, chargé de la police de l'assemblée municipale, s'analysent en une critique du comportement de l'un de ses membres dans l'exercice de son mandat public, et ne dépassent pas les limites admissibles de la liberté d'expression, qui ne peut connaître d'ingérence ou de restriction, en une telle circonstance, que pour des motifs impérieux, dont l'existence n'est pas établie. • Crim. 9 déc. 2014, n° 13-85.401 : *AJDA 2015. 428* . ♦ Rappr. pour des propos tenus dans le cadre d'une polémique politique. • Crim. 23 janv. 2018, n° 17-81.874 : *AJDA 2018. 834* . ♦ *V. également*, au visa de l'art. 10 Conv. EDH, pour des propos « vifs » tenus sur la politique environnementale d'un maire. • Civ. 1re, 16 oct. 2013, n° 12-26.696. ♦ V. à l'inverse, la diffamation retenue à l'encontre d'un conseiller municipal pour des paroles prononcées dans le cadre du conseil municipal qui étaient dépourvues de toute base factuelle suffisante et constituaient des attaques personnelles dépassant les limites admissibles à la polémique politique. • Crim. 31 oct. 2017, n° 16-87.632 : *JCP Adm. 2017. 596 ; ibid. 2018. 2079, note Mésa.*

79. Sur la liberté d'expression des parlementaires, V. notes ss. Const. 58, art. 26.

5° AUTRES DOMAINES

80. Publicité. En matière de publicité, le Conseil n'indique pas que la liberté d'expression est « d'autant plus précieuse que son exercice est une condition de la démocratie et l'une des garanties du respect des autres droits et libertés ». • Cons. const. 23 nov. 2012, *Assoc. France Nature Environnement et a.*, n° 2012-282 QPC § 27 (sol. impl.). ♦ En matière d'autorisation administrative préalable pour l'installation de certains dispositifs de publicité extérieure, le refus opposé par l'autorité compétente à une demande autorisant l'emplacement de bâches et de dispositifs de dimensions exceptionnelles ainsi que l'installation de dispositifs de publicité lumineuse ne peut avoir pour objet et ne saurait avoir pour effet de conférer à l'autorité administrative saisie d'une demande sur leur fondement le pouvoir d'exercer un contrôle préalable sur le contenu des messages publicitaires qu'il est envisagé d'afficher (réserve d'interprétation). • Cons. const. 23 nov. 2012, *Assoc. France Nature Environnement et a.*, n° 2012-282 QPC § 31. ♦ Liberté d'expression, publicité et religion. V. • Civ. 1re 14 nov. 2006, n° 05-15.822 : *JCP 2007. II. 10041, obs. Malaurie* • CEDH 30 janv. 2018, *Sekmadienis Ldt c/ Lituanie*, n° 69317/14 : *JCP Adm. 2018. 192.*

81. Justice. L'interdiction de filmer pendant les audiences est nécessaire, dans une société démocratique, à la sérénité des débats. • Crim. 8 juin 2010, n° 09-87.526 P : *D. 2010. 1791* ; *RSC 2010. 943, obs. Renucci* . ♦ Le libre exercice du droit d'agir et de se défendre en justice fait obstacle à ce qu'un justiciable puisse faire l'objet, au titre de propos tenus ou d'écrits produits par lui dans le cadre d'une instance juridictionnelle, de poursuites disciplinaires fondées sur le caractère diffamatoire de ces propos ou écrits. • CE 22 mai 2015, n° 370429 : *AJDA 2015. 1727* .

82. Commentaire scientifique. Les plaignants ayant choisi d'agir en diffamation contre le commentaire d'une décision de justice par un enseignant en droit, alors même qu'il apparaît que ledit article s'est, à l'évidence, basé factuellement sur la motivation même de cette décision, cette attitude démontre une particulière témérité dans l'exercice de leur droit de se constituer partie civile dont ils ont fait un usage abusif. • T. corr. Paris, 13 janv.

2017 : *RJE 2017/1, note Martin.* ♦ Sur la liberté d'expression des enseignants du supérieur, V. note ss. Préamb. Const. 1946, al. 1er.

83. Films documentaires. En ce qui concerne les films à caractère documentaire, qui visent à décrire la réalité des situations dont ils portent témoignage et qui ont ainsi pour objet de contribuer à l'établissement et à la diffusion de connaissances, le visa d'exploitation doit être accordé compte tenu de la nécessité de garantir le respect de la liberté d'information, protégée notamment par le présent art. En l'espèce, le film documentaire intitulé « Salafistes » comporte des scènes violentes montrant de nombreuses exactions, assassinats, tortures, amputations, réellement commises et présente, en parallèle, les propos de plusieurs protagonistes légitimant les actions en cause, menées contre des populations civiles, sans qu'aucun commentaire critique n'accompagne les scènes de violence. Toutefois, ces scènes s'insèrent de manière cohérente dans le propos du film documentaire, dont l'objet est d'informer le public sur la réalité de la violence salafiste en confrontant les discours tenus par des personnes promouvant cette idéologie aux actes de violence commis par des personnes et groupes s'en réclamant. En outre, tant l'avertissement figurant en début de film que la dédicace finale du documentaire aux victimes des attentats du 13 nov. 2015 sont de nature à faire comprendre, y compris par des spectateurs âgés de moins de dix-huit ans, l'objectif d'information et de dénonciation poursuivi par l'œuvre documentaire, qui concourt ainsi à l'établissement et à la diffusion de connaissances sans présenter la violence sous un jour favorable ni la banaliser. • CE 5 avr. 2019, n° 417343 A (concl. Iljic) : *AJDA 2019. 786 ; ibid. 1761, note Le Roy ; Légipresse 2019. 193 ; ibid. 361, étude J.-F. Mary ; JCP A 2019. 2250, note Otero.*

84. Lieux de culture. La seule circonstance qu'une partie des activités concernées (cinémas, théâtres et salles de spectacles) pourrait demeurer accessible au public à travers d'autres supports ou de manière dématérialisée ne saurait faire disparaître cette atteinte. En l'absence de perspective d'éradication du virus dans un avenir proche, le maintien d'une interdiction générale et absolue d'ouverture au public des cinémas, théâtres et salles de spectacles constituerait une illégalité manifeste si elle était justifiée par la seule persistance d'un risque de contamination de spectateurs par le covid-19. Le maintien d'une telle interdiction, sur l'ensemble du territoire national ou sur une partie de celui-ci, ne peut être regardé comme une mesure nécessaire et adaptée, et, ce faisant, proportionnée à l'objectif de préservation de la santé publique qu'elle poursuit qu'en présence d'un contexte sanitaire marqué par un niveau particulièrement élevé de diffusion du virus au sein de la population susceptible de compromettre à court terme la prise en charge, notamment hospitalière, des personnes contaminées et des patients atteints d'autres affections. Ceci est le cas à la date de l'Ord. • CE, ord., 23 déc. 2020, n° 447698 § 8 et 13 : *préc. note 5.* ♦ ... Et ce, bien que les mesures en cause soient susceptibles d'avoir un effet négatif sur l'état psychologique de la population. • CE, ord., 26 févr. 2021, n° 449692 : *préc. note 5.*

85. Rôle des librairies. Les magasins de vente de livres d'occasion contribuent à l'exercice effectif de la liberté d'expression ainsi que de la libre communication des idées et des opinions, qui constituent des libertés fondamentales, en permettant un accès ouvert et diversifié à un grand nombre d'ouvrages, même peu connus, que les espaces de la librairie permettent de présenter ou de découvrir et que le libraire peut contribuer à faire connaître. • CE, ord., 13 nov. 2020, n° 445883 § 10 : *AJDA 2020. 2231 ; Légipresse 2020. 586 ; JCP Adm. 2020. 658.*

86. En dépit de l'atteinte qu'elle porte à une activité commerciale qui joue un rôle particulier dans la mise en œuvre effective de la liberté d'expression et de la libre communication des idées et des opinions, la fermeture au public de la plupart des commerces au nombre desquels figurent les librairies n'apparaît pas, en l'état de l'instruction, porter une atteinte grave et manifestement illégale à la liberté d'expression et à la libre communication des idées. • CE, ord., 13 nov. 2020, n° 445883 § 12 : *préc. note 85.*

87. Programmes scolaires. Est insusceptible de porter atteinte à la liberté d'expression et de conscience (et ne méconnaît pas la neutralité du service public de l'enseignement) en raison de l'usage de l'expression « génocide des Arméniens » et de l'orientation que celui-ci confère à l'enseignement des faits en question l'arrêté fixant le programme d'enseignement d'histoire-géographie-éducation civique dès lors qu'il se borne à reprendre une formulation courante, notamment de la part d'historiens, et d'ailleurs reprise par la loi n° 2001-70 du 29 janv. 2001 relative à la reconnaissance du génocide arménien. La seule utilisation des termes « génocide des Arméniens », qui reprend une formulation courante, n'est pas, par elle-même, de nature à porter atteinte à ces principes. L'objet même du programme d'histoire fixé par l'arrêté est de faire enseigner aux élèves l'état des savoirs tel qu'il résulte de la recherche historique, laquelle repose sur une démarche critique, fondée sur la liberté de soumettre à débat toute connaissance. • CE 4 juill. 2018, n° 392400 A : *AJDA 2018. 1365*

; *ibid. 1884, chron. Nicolas et Faur* ; *JCP Adm. 2018. 2251, concl. Dieu.*

88. Représentants syndicaux. Si les agents publics qui exercent des fonctions syndicales bénéficient de la liberté d'expression particulière qu'exigent l'exercice de leur mandat et la défense des intérêts des personnels qu'ils représentent, cette liberté doit être conciliée avec le respect de leurs obligations déontologiques. En particulier, des propos ou un comportement agressif à l'égard d'un supérieur hiérarchique ou d'un autre agent sont susceptibles, alors même qu'ils ne seraient pas constitutifs d'une infraction pénale, d'avoir le caractère d'une faute de nature à justifier une sanction disciplinaire. • CE 27 janv. 2020, n° 426569 B : *AJDA 2020. 199* ; *ibid. 1437, note Sibileau et Duez-Gündel ; JCP Adm. 2020. 59.*

89. Divers. La liberté d'expression s'applique en matière de diffusion de tracts. • Crim. 14 févr. 2006, n° 05-81. 932 P • Crim. 30 mai 2007, n° 06-84.328 P : *D. 2007. 2039, obs. Darsonville* ; *ibid. 1817, chron. Caron et S. Ménotti* ; *AJ pénal 2007. 383, obs. Lavric* .

II. LIMITES À LA LIBERTÉ D'EXPRESSION ET DE COMMUNICATION

A. DROIT DE RECTIFICATION OU DE RÉPONSE

90. Principe. La prise en compte de différences dans les conditions d'accessibilité d'un message dans le temps, selon qu'il est publié sur un support papier ou qu'il est disponible sur un support informatique n'est pas contraire au principe d'égalité. Toutefois la différence de régime ne doit pas dépasser ce qui serait nécessaire pour prendre en compte la situation particulière des messages exclusivement disponibles sur un support informatique. • Cons. const. 10 juin 2004, n° 2004-496 DC § 14. ♦ Dès lors il ne peut être admis que le droit de réponse puisse s'exercer sans délai. • Même affaire § 15.

91. Presse. Le droit de réponse est un droit général et absolu. • Crim. 20 mars 1884 : *DP 1885. 1. 133.* ♦ ... Ouvert même sans que la publication en cause ne comporte d'appréciations défavorables. • Crim. 3 mai 1923 : *Bull. crim. n° 187.* ♦ Sur l'insertion d'une réponse du directeur de la publication comme « droit de réponse » dans l'espace d'un bulletin municipal réservé à l'expression de l'opposition, V. • Colmar, 31 mars 2011 : *AJDA 2011. 1623, note Maetz* .

92. Cependant, le droit de réponse ne joue pas lorsque le contenu de celle-ci est contraire aux lois, aux bonnes mœurs, à l'intérêt légitime des tiers ou à l'honneur du journaliste. • Crim. 17 juin 1898 : *DP 1899. 1. 289, note Appleton* • Crim. 28 mars 1995, n° 92-81.093 P.

93. La réponse doit rester « raisonnable ». • Paris, réf., 27 mai 1988 : *JCP 1988. 21079* • Paris, 13 juill. 1988 : *JCP 1988. 21079.* ♦ Elle doit effectivement être une réplique à l'article et non développer des opinions sans rapport avec lui. • Paris, 24 mai 1994 : *Légipresse 1994. III. 181* • Crim. 16 janv. 1996, n° 94-85.575 P : *D. 1996. 462, note Bigot* . ♦ La réponse étant indivisible, elle ne peut pas se trouver, même en partie, dépourvue de corrélation avec l'article en cause. • Civ. 2e, 24 juin 1998, n° 96-17.347 P • Crim. 4 sept. 2001, n° 01-80.005 P.

94. Audiovisuel. L'exercice du droit de réponse ne suppose pas que soit caractérisé l'abus du journaliste dans l'exercice de sa liberté d'informer. • Civ. 1re, 29 nov. 2005, n° 03-14.989 P : *Légipresse 2006. III. 33, note Hassler.*

95. Présomption d'innocence. L'action en insertion forcée ne peut prospérer dans ce cadre que si l'article en cause tient pour acquise la culpabilité. • Civ. 1re, 6 mars 1996, n° 93-20.478 P : *Légipresse, 1996. III. 58* • Crim. 19 oct. 1999 : *Légipresse 1999. III. 161.*

B. PROTECTION DE LA LIBERTÉ D'AUTRUI

1° DIFFAMATION ET INJURE

96. Un État, qui ne peut pas être assimilé à un particulier au sens de ce texte, ne peut engager une poursuite en diffamation. • Cass., ass. plén., 10 mai 2019, n° 17-84.509 P : *D. 2019. 1049* • Cass., ass. plén., 10 mai 2019, n° 18-82.737 : *Légipresse 2019. 257.*

97. En imposant que la citation précise et qualifie le fait incriminé et que l'auteur de la citation élise domicile dans la ville où siège la juridiction saisie, le législateur a entendu que le défendeur soit mis à même de préparer utilement sa défense dès la réception de la citation et, notamment, puisse, s'il est poursuivi pour diffamation, exercer le droit, qui lui est reconnu par l'art. 55 de la L. du 29 juill. 1881, de formuler en défense une offre de preuve dans un délai de dix jours à compter de la citation. La conciliation ainsi opérée entre, d'une part, le droit à un recours juridictionnel du demandeur et, d'autre part, la protection constitutionnelle de la liberté d'expression et le respect des droits de la défense ne revêt pas, y compris dans les procédures d'urgence, un caractère déséquilibré. De même, l'obligation de dénoncer la citation au ministère public ne constitue pas davantage une atteinte substantielle au droit d'agir devant les juridictions. Les griefs tirés de l'atteinte au droit à un recours juridictionnel effectif doivent dès lors être écartés. • Cons. const. 17 mai 2013, *Sté Ecocert France,* n° 2013-311 QPC § 4. ♦ En instituant ce délai de dix jours, le législateur a souhaité permettre à l'auteur des propos susceptibles d'être jugés diffamatoires de préparer sa défense et, à cette fin, de disposer du temps nécessaire à la formulation de l'offre de preuve tendant à établir la vérité des faits en cause. Il a ainsi apporté une garantie en faveur de l'exercice de la liberté d'expression et de communication et des droits de la défense. Par ailleurs, si les dispositions contestées empêchent le juge de statuer sans délai, y compris à titre conservatoire, elles ne privent pas la personne qui s'estime diffamée de la possibilité d'obtenir, à l'expiration du délai de dix jours, que soient prescrites les mesures nécessaires à la protection de ses intérêts. Elles ne font pas davantage obstacle à ce que cette personne puisse obtenir réparation du préjudice que lui a, le cas échéant, causé la diffamation. • Cons. const. 13 nov. 2020, *Sté Manpower France,* n° 2020-863 QPC § 10 et 11.

98. En constatant que les propos incriminés n'avaient pas été adressés au magistrat visé, mais diffusés auprès du public selon l'un des moyens énoncés à l'art. 23 L. du 29 juill. 1881, la cour d'appel n'aurait pas dû retenir la qualification d'outrage à magistrat. • Crim. 1er mars 2016, n° 15-82.824.

a. Notion

99. Présence de diffamation. Pour constituer une diffamation, l'allégation ou l'imputation qui porte atteinte à l'honneur ou à la considération de la victime doit se présenter sous la forme d'une articulation précise de faits de nature à être sans difficulté l'objet d'une preuve et d'un débat contradictoire. • Crim. 16 mars 2004, n° 03-82.828 P. ♦ Le caractère diffamatoire d'un écrit incriminé est attesté dès lors que celui-ci comporte, par voie d'insinuation ou sous forme déguisée, des imputations de faits précis susceptibles de poursuites correctionnelles dans le cadre de la L. de 1881. • Crim. 11 févr. 2003, n° 01-86.041. ♦ ... Éléments qui la distingue de propos revêtant un caractère injurieux. • Cass., ass. plén., 25 juin 2010 : *D. 2010. 2090* • Crim. 7 déc. 2010, n° 10-81.984 P • Crim. 6 oct. 2011, n° 10-18.142.

100. Constitue une infraction à la législation sur la presse, qui peut être réparée sur le fondement *de la L. du 29 juill. 1881*, l'atteinte à la mémoire d'un mort commise par la publication, dans un journal, d'un écrit dont la teneur entre dans les prévisions de l'art. 34, al. 1er, Const. 58. • Cass., ass. plén., 12 juill. 2000 : *préc. note 64* • Crim. 21 juin 2005, n° 04-84.974 P.

101. Pour être qualifiable au regard de la loi du 29 juill. 1881, le propos incriminé doit être le résultat de l'expression d'une pensée ou d'un raisonnement intellectuel appartenant à son auteur. Ne constitue pas l'expression d'une pensée la simple juxtaposition de mots résultant uniquement d'un processus de classement systématique et automatisé, destiné à faciliter des recherches sur internet. Il n'est pas contesté que le rapprochement du terme « escroc » avec le nom de la société « lyonnaise de garantie » n'est que le résultat de la mise en place, sur le moteur de recherche Google, d'un algorithme permettant de déterminer les requêtes les plus fréquemment adressées à propos d'un mot recherché générant instantanément les associations de « mots-clés » les plus fréquentes. Les rapprochements ainsi effectués sont donc déconnectés de tout raisonnement intellectuel et ne constituent pas en eux-mêmes, l'expression d'une quelconque pensée. • Civ. 1re, 19 juin 2013, n° 12-17.591 P : *D. 2013. 1614* ; *ibid. 2014. 508, obs. Dreyer*.

BIBL. Saban, Diffamation et campagnes électorales : attention à l'effet boomerang !, *JCP Adm. 2013. 2318*. – Beaud, À propos de la suppression du délit d'offense au Président de la République, *AJDA 2014. 25*.

102. Absence de diffamation ou d'injure. Ne sont pas constitutifs de diffamations des propos qui ne visent ni directement ni indirectement la personne. • Crim. 7 déc. 2010, n° 09-87.999. ♦ Des allégations, qui ne dépassent pas l'exercice du droit de libre critique, reposant sur des éléments comptables justifiés, résultat d'une enquête sérieuse s'inscrivant dans le cadre légitime d'information du public par le journaliste, n'ont donc pas de caractère diffamatoire dans le contexte dans lequel elles étaient énoncées. • Civ. 1re, 29 nov. 2005, n° 04-17.957 P. ♦ Des polémiques électorales ou politiques ne constituent pas une attaque personnelle. • Civ. 2e, 14 janv. 1998, n° 94-19.867 P (*a contrario*) • Ch. mixte, 24 nov. 2000, n° 97-81.554 P. ♦ ... Tant que le propos ne dépasse pas la simple critique admissible dans le débat d'idées. • Crim. 23 nov. 2010, n° 09-83.865 • Crim. 7 déc. 2010, n° 09-82.349. ♦ ... Un article relatif à un sujet d'intérêt général, portant notamment sur les méthodes d'une gestion qualifiée de « mafieuse » et « clanique » communes aux villes dont M. et Mme Y. étaient les maires, reposait sur une base factuelle suffisante, constituée du documentaire *Mains brunes sur la ville* et de l'interview d'un ancien adjoint au maire, les intéressés ayant été invités à s'exprimer en retour. • Crim. 7 juin 2016, n° 15-83.746.

103. L'injure publique à raison du sexe ou de provocation à la violence, à la haine et à la discrimination envers les femmes est parfois examinée sous l'angle de la création artistique permettant l'expression du mal-être, du désarroi et du sentiment d'abandon d'une génération. • Versailles, 18 févr. 2016, n° 15/02687 : *D. 2017. 935, obs. Régine*.

104. Qualité du reportage ou de l'enquête. L'intérêt général du sujet traité et le sérieux constaté de l'enquête, conduite par un journaliste d'investigation, autorisaient les propos et les imputations litigieux. • Civ. 1re, 3 févr. 2011, n° 09-10.301 P • Crim. 1er mars 2016, n° 14-87.525 (pratiques commerciales prêtées à un chef d'entreprise dans le secteur de l'immobilier). ♦ De même, l'ouvrage publié sur un parti politique par une journaliste infiltrée sous une fausse identité lui ayant permis d'obtenir des informations considérées par ce parti comme confidentielles ne relève pas de l'escroquerie dès lors que les agissements dénoncés se sont inscrits dans le cadre d'une enquête sérieuse, destinée à nourrir un débat d'intérêt général sur le fonctionnement d'un mouvement politique. • Crim. 25 oct. 2016, n° 15-83.774 P : *D. 2016. 2216*.

105. Nature de la publication ou de l'émission. Le juge tient compte de la nature de l'article et du support contenant le texte incriminé. Ainsi, la critique est libre, sauf attaques personnelles. • Crim. 13 févr. 1990, n° 87-90.446 P • Civ. 2e, 9 déc. 1992 : *Gaz. Pal. 1992, Pan. 91.* ♦ Il en va de même des critiques littéraires ou artistiques dès lors qu'elles ne contiennent pas de digressions diffamatoires. • Crim. 22 mars 1966 : *Bull. crim. n° 109.*

106. De même, le juge est moins sévère s'agissant de publications ou d'émissions humoristiques ou satiriques. • Paris, 9 janv. 1992 : *Gaz. Pal. 1992. 1. 182, note Bilger* • Crim. 13 févr. 2001, n° 00-85.853 • Civ. 2e, 26 avr. 2001, n° 99-10.490.

107. Pourtant, le caractère provocateur et sarcastique du magazine dans lequel est publié l'article litigieux ne dispense pas des devoirs de prudence et d'objectivité. • Civ. 2e, 24 févr. 2005, n° 02-19.136 P. ♦ De même, la qualité d'humoriste ne permet pas toute les libertés, en particulier si les propos sont tenus dans une émission d'information générale. • Crim. 29 nov. 1994, n° 92-85.281 P.

108. Le registre de la satire et de la bouffonnerie propre à la séquence en cause, dont le but est de faire rire, en se moquant des personnalités qui y sont présentées, sans délivrer pour autant un message de vindicte et de mépris à leur égard, ne permet pas d'interpréter le dessin litigieux (arbre généalogique présenté sous forme d'une croix gammée), en raison de son caractère manifestement outrancier et dénué du moindre sérieux, comme donnant de la partie civile une image reflétant un tant soit peu la réalité de son positionnement politique et de l'idéologie qui l'animerait. • Crim. 20 sept. 2016, n° 15-82.941. ♦ Les propos *poursuivis, s'ils sont outrageants à l'égard* de la partie civile (qualifiée de « salope mythomane »), expriment l'opinion de leur auteur sur un mode satirique, dans un contexte polémique, au sujet des idées prêtées au responsable d'un parti politique ; ils ne dépassaient pas les limites admissibles de la liberté d'expression. • Crim. 20 sept. 2016, n° 15-82.944. ♦ Le dessin et la phrase poursuivis (diffusion d'une affiche parodique, publiée trois jours auparavant par l'hebdomadaire *Charlie Hebdo*, présentant le slogan « Y..., la candidate qui vous ressemble », inscrit au dessus d'un excrément) portent atteinte à la dignité de la partie civile en l'associant à un excrément, fût-ce en la visant en sa qualité de personnalité politique lors d'une séquence satirique de l'émission, et dépassent les limites admissibles de la liberté d'expression. • Crim. 20 sept. 2016, n° 15-82.942 P : *D. 2016. 1929* ; *RSC 2016. 547, obs. Francillon*.

109. Diffamation envers un fonctionnaire public. Si l'amende encourue pour la diffamation publique envers un fonctionnaire public est plus élevée que celle encourue pour la diffamation publique envers un particulier, elle sanctionne, sans disproportion manifeste, l'atteinte portée non seulement à celui qui est visé par les propos incriminés, mais aussi à la fonction qu'il incarne. Toute personne poursuivie sur le fondement de l'art. 31 de la L. du 29 juill. 1881 est admise à rapporter la preuve de sa bonne foi ; dès lors une QPC relative à cet art. ne présente pas un caractère sérieux. • Crim., QPC,16 juill. 2010 : *D. 2010. 1944*. ♦ Il appartient au juge de s'assurer de la qualité de « fonctionnaire » ou de « dépositaire de l'autorité publique » au sens des dispositions de l'art. 31 de la L. du 29 juill. 1881. • Crim. 11 mars 2014 : *D. 2014. 726* • Crim. 6 janv. 2015, n° 13-86.330 P : *D. 2015. 159*.

b. Éléments faisant disparaître la diffamation

110. En matière de diffamation, la preuve de la vérité du fait diffamatoire et la preuve de la bonne foi constituent deux questions distinctes. • Civ. 1re, 3 févr. 2011, n° 09-10.301 P.

1. Preuve de la vérité

111. Principe. La vérité du fait diffamatoire ne constitue un fait justificatif de la diffamation que dans la mesure où la preuve en est administrée par le prévenu en conformité aux dispositions que la L. de 1881 édicte. • Crim. 3 juill. 1996, n° 94-82.647 P. ♦ Pour produire l'effet absolutoire, la preuve de la vérité des faits diffamatoires doit être parfaite, complète et corrélative aux imputations diffamatoires dans toute leur portée. • Crim. 2 juin 1980, n° 78-93.482 P (*a contrario*) • Crim. 1er mars 2005, n° 04-81.981 P. ♦ A l'inverse, il y a diffamation, même si les propos concernaient un sujet d'intérêt général, dès lors que ces propos étaient dépourvus de base factuelle suffisante. • Crim. 20 oct. 2015, n° 14-82.587 : *AJDA 2016. 350* ; *ibid. 963, note Rambaud* ; *D. 2015. 2184* ; *AJCT 2016. 178,* *obs. Lavric* • Crim. 31 oct. 2017, n° 16-87.632 : *JCP Adm. 2018. 2079, note Mésa.*

112. Exceptions (L. 29 juill. 1881, art. 35). L'impossibilité d'apporter la preuve de faits remontant à plus de dix ans n'est pas contraire à la Conv. EDH. • CEDH 17 févr. 2007, *Mamère c/ France,* n° 12697/03. ♦ *Contra.* • Crim. 10 févr. 1987, n° 86-91.428 P. ♦ Elle est contraire à la liberté d'expression dès lors qu'elle vise, par son caractère général et absolu, tous les propos ou écrits résultant de travaux historiques ou scientifiques ainsi que les imputations se référant à des événements dont le rappel ou le commentaire s'inscrivent dans un débat public d'intérêt général. • Cons. const. 20 mai 2011, *Teresa C. et a.,* n° 2011-131 QPC § 6. ♦ Il en va de même de l'interdiction d'apporter la preuve de faits constituant une infraction amnistiée ou prescrite, ou qui a donné lieu à une condamnation effacée par la réhabilitation ou la révision. • Cons. const. 7 juin 2013, *Philippe B.,* n° 2013-319 QPC § 9.

113. Le moyen tiré de ce que la preuve ne peut être apportée ne peut être soulevé pour la première fois en cassation. • Crim. 12 déc. 2003, n° 02-85.657.

114. La preuve de la vérité du fait diffamatoire ne peut être apportée s'agissant de faits qui relèvent de la vie privée. • Crim. 23 avr. 1958 : *Bull. crim. n° 333.* ♦ Il convient cependant de réserver les cas où ces actes ont été commis dans le cadre d'une activité professionnelle. • Crim. 18 nov. 1975, n° 74-91.103 P. ♦ Elle ne peut pas être apportée non plus lorsque la diffamation est fondée sur le racisme. • Paris, 28 sept. 1995 : *Légipresse 1996. III. 19* • Crim. 16 mars 2004 : *préc. note 99.*

115. Dès lors que le propos diffamatoire comporte des imputations dont certaines relèvent de la vie privée, la preuve est admise pour l'ensemble. • Crim. 17 déc. 1979, n° 77-92.088 P.

116. Le prévenu, qui a spontanément demandé à faire la preuve de la vérité des faits allégués, conserve la faculté de soutenir que les propos ou écrits incriminés ne portent pas atteinte à l'honneur et à la considération de la *partie civile.* • Crim. 2 sept. 2003, n° 03-80.349 P. ♦ ... Mais ne saurait ensuite soutenir que les termes ou expressions incriminés ne seraient pas diffamatoires, faute de contenir l'imputation d'un fait précis susceptible de preuve. • Crim. 22 mai 1990, n° 87-81.387 P • Crim. 14 avr. 1992, n° 87-80.411 P • Crim. 29 nov. 1994, n° 92-82.815 P.

2. Bonne foi

117. Principe. Les imputations diffamatoires sont réputées de droit faites avec intention de nuire et cette présomption n'est détruite que lorsque les juges du fond s'appuient sur des faits justificatifs suffisants pour faire admettre la bonne foi. • Crim. 11 janv. 1883 : *D. 1884. 1. 372* • Crim. 16 mars 1948 : *Bull. crim. n° 93* • Civ. 2e, 24 févr. 2005 : *préc. note 107.* ♦ Ce principe n'est pas contraire à la Conv. EDH dès lors que la preuve contraire peut être apportée et que les droits de la défense sont respectés. • Crim. 16 mars 1993, n° 91-18.819 P.

118. La preuve de la bonne foi permet d'échapper à la sanction. • Crim. 3 juill. 1996, n° 94-83.819 P (*a contrario*). ♦ Elle est admise même lorsque la preuve de la vérité des faits diffamatoires est irrecevable. • Crim. 29 juin 1988 : *Bull. crim. n° 160.*

119. C'est au diffamateur présumé d'apporter la preuve de sa bonne foi et non au juge de la déduire. • Crim. 8 juill. 1986, n° 85-94.458 P • Crim. 6 juill. 1993, n° 91-83.246 P. ♦ ... Sans que les juges aient le pouvoir de provoquer, compléter ou parfaire l'établissement de celle-ci. • Crim. 28 févr. 2012, n° 08-83.926. ♦ ... Ils ont pourtant l'obligation d'examiner les pièces produites pour apprécier la suffisance de la base factuelle. • Crim. 15 oct. 2019, n° 18-83.255 P : *AJDA 2019. 2092 ; D. 2019. 1994 ; AJCT 2020. 44, obs. Mayaud ; Légipresse 2019. 591 ; ibid. 322, étude N. Mallet-Poujol ; JCP Adm. 2020. 2122, note Mésa.*

120. Preuve de la bonne foi. La bonne foi se prouve par la démonstration de quatre critères cumulatifs : la légitimité du but poursuivi, l'absence d'animosité personnelle, le sérieux de l'enquête préalable et le souci d'exactitude. • Crim. 8 juill. 1986, n° 85-94.458 P • Crim. 26 nov. 1991, n° 90-83.897 P. ♦ La prudence et la mesure dans l'expression doivent être appréciées au regard des résultats de l'enquête et de son sérieux. • Crim. 22 déc. 1976, n° 75-90.793 P • Crim. 26 nov. 1991, n° 90-83.897 P • Crim. 7 déc. 2010, n° 09-87.339 • TGI Paris, 17e ch., 20 mai 2011 : *JCP Adm. 2012. 2184, chron. Seban et Hénon* • Crim. 17 nov. 2015, n° 14-84.643. ♦ Des expressions malveillantes proférées pour caractériser les imputations diffamatoires sont exclusives de la bonne foi. • Crim. 14 avr. 1992, n° 87-80.411 P.

121. En subordonnant le sérieux de l'enquête à la preuve de la vérité des faits, la cour d'appel n'a pas donné de base légale à sa décision. • Civ. 1re, 3 févr. 2011, n° 09-10.301 P. ♦ Il appartient au juge de justifier l'absence de base factuelle suffisante de l'enquête concernant les allégations litigieuses. • Crim. 14 janv. 2014, n° 12-86.620.

122. Le juge doit énoncer les faits sur lesquels il se fonde et contrôler que ces faits justifient l'exception de bonne foi. • Crim. 17 nov. 2015, n° 14-84.643.

123. Sujet d'intérêt général. La Cour de cassation assouplit ces exigences et admet que le bénéfice de la bonne foi doit être reconnu dès lors que l'article incriminé traite d'un sujet d'intérêt général. Tel est le cas d'un sujet relatif au rachat frauduleux par un organisme bancaire d'une compagnie d'assurance de droit étranger qui avait entraîné la mise à la charge de l'État français, et donc du contribuable, de sommes considérables, ne dépassant pas les limites de la liberté d'expression au sens de l'art. 10 Conv. EDH. • Crim. 11 mars 2008, n° 06-84.712 P. ♦ Il en va de même alors que le propos incriminé, qui s'inscrivait dans la suite d'un débat sur un sujet d'intérêt général relatif aux rapports entretenus entre l'État et les collectivités territoriales, à l'occasion de l'extension d'une usine de retraitement des déchets et du transfert de la gestion des routes nationales au département, ne dépassait pas les limites admissibles de la liberté d'expression dans la critique, par le président du conseil général, de l'action du représentant de l'État. • Crim. 29 mars 2011, *Baylet et a.*, n° 10-85.887 P : *AJDA 2011. 1701*. ♦ Ne dépasse pas non plus les limites de la liberté d'expression un reportage traitant de sujets d'intérêt général relatifs aux mécanismes dévoyés et incontrôlés de la finance internationale et à leur implication dans la circulation mondiale de l'argent sale. • Civ. 1re, 3 févr. 2011 : *préc. note 121.* ♦ Il en est également ainsi : d'une pétition mise en ligne sur un site internet demandant le démontage d'une œuvre d'art « provisoire » maintenue de manière prolongée sur un site classé dès lors que les propos incriminés ne dépassent pas les limites admissibles dans la critique du comportement des concepteurs de l'ouvrage. • Crim. 6 mai 2014, *Dati : AJDA 2014. 1692 ; D. 2014. 1095 ; ibid. 1414, chron. Laurent, Roth, Barbier, Labrousse et Moreau ; RSC 2014. 780, obs. Mayaud ; JCP Adm. 2014. 2320, note Mésa.* ♦ ... D'un article rapportant des propos de l'ancien directeur des renseignements généraux, recueillis lors d'une interview, selon lesquels M. X., magistrat, alors qu'il se trouvait détaché à la DGSE, avait participé à une opération visant à déstabiliser M. Jacques C., Président de la République en exercice, en lui attribuant faussement la détention d'un compte bancaire au Japon. • Crim. 2 sept. 2014, n° 12-87.322 P.

124. La liberté journalistique comprend, lorsqu'est en cause un débat public d'intérêt général, le recours possible à une certaine dose *d'exagération, voire de provocation*, dans les propos. • Civ. 1re, 3 févr. 2011 : *préc. note 121.* ♦ Ainsi, le caractère d'intérêt général des sujets abordés dans le reportage, relatifs aux mécanismes dévoyés et incontrôlés de la finance internationale et à leur implication dans la circulation mondiale de l'argent sale, autorisait l'immodération des propos de l'auteur. • Civ. 1re, 3 févr. 2011 : *préc.*

125. Si le tract litigieux a pu heurter la sensibilité de certains catholiques (association de l'image dénaturée d'une religieuse à l'expression « Sainte Capote » et à un dessin de préservatifs), son contenu ne dépasse pas les limites admissibles de la liberté d'expression. V. s'agissant de propos tenus dans un tract. • Crim. 14 févr. 2006, n° 05-81.932 P. ♦ Il en va de même d'un tract indiquant : « Pas de cathédrale à La Mecque, pas de mosquée à Strasbourg ». • Crim. 30 mai 2007, n° 06-84.328 P.

126. Les photographies litigieuses, en relation directe avec l'article qu'elles illustraient, et prises dans un lieu public, ne caractérisaient aucune atteinte à la dignité de la personne de l'intéressé ; l'accident survenu au célèbre comédien constituait en l'espèce un événement d'actualité dont la presse pouvait légitimement rendre compte. • Civ. 1re, 16 mai 2006, n° 04-10.359 P.

127. A l'inverse, la publication d'un article centré sur une personne non impliquée dans l'événement d'actualité accessoirement relaté constitue une atteinte à la vie privée. • Civ. 1re, 12 juill. 2006, n° 05-14.831 P : *D. 2006. 2128 ; ibid. 2702, obs. Lepage, Marino et Bigot*.

128. Même si l'intérêt général est présent, il doit se combiner avec d'autres intérêts en jeu. Ainsi, si le public a un intérêt légitime à recevoir des informations relatives aux procédures en matière pénale ainsi qu'au fonctionnement de la justice, l'exercice de ces libertés comporte des devoirs et des responsabilités et peut être soumis à des restrictions ou sanctions prévues par la loi, qui constituent des mesures nécessaires, dans une société démocratique, à la protection de la réputation ou des droits d'autrui, ou pour garantir l'autorité et l'impartialité du pouvoir judiciaire. Est donc condamnable la diffusion d'un enregistrement audiovisuel effectué sans autorisation, montrant les magistrats de la cour d'assises de Paris lors du prononcé du verdict. • Crim. 8 juin 2010, n° 09-87.526 P. ♦ Même dans le cadre d'un débat d'intérêt général, la mise en cause de la personne doit reposer sur une base factuelle suffisante. • Crim. 15 déc. 2015, n° 14-82.529 P : *D. 2016. 131 ; ibid. 277, obs. Dreyer*.

129. La brièveté d'un article de presse n'autorise pas le journaliste à s'affranchir de son devoir de vérifier, par une enquête préalable, l'information qu'il publie, pas plus qu'elle ne le dispense de faire preuve de prudence dans l'expression de la pensée. • Crim. 16 mars 2004, n° 03-82.453 P • Crim. 15 déc. 2015, n° 14-82.529 : *préc. note 128.*

130. Bonne foi et haine raciale. La bonne

foi ne peut être apportée en matière de provocation à la haine raciale. • Crim. 16 juill. 1992, n° 91-86.156 P.

131. Mise en cause de la partie civile. La partie civile qui a mis en mouvement l'action publique ne peut être condamnée à des dommages-intérêts que s'il est constaté qu'elle a agi de mauvaise foi ou témérairement. • Crim. 1er mars 2005 : *préc. note 111.*

c. Spécificité de la période électorale

132. Les spécificités procédurales prévues à l'art. 54 de la L. du 29 juill. 1881 sont applicables aux élections politiques, mais aussi, notamment, aux élections professionnelles. • Cons. const. 13 nov. 2020, *Sté Manpower France,* n° 2020-863 QPC § 16. ♦ Le fait que le législateur ait limité ces exceptions ne vise que la diffamation ou l'injure contre un candidat à une fonction électorale n'est pas contraire à la Const. dès lors que, tout en garantissant à la fois l'information de chacun et la défense de toutes les opinions, il prémunit contre les conséquences des abus commis de la liberté d'expression en permettant d'y répondre et de les dénoncer, notamment en cas de diffamation et qu'il ne prive pas le juge de l'élection, saisi d'un tel grief, de la faculté d'apprécier si la diffamation alléguée a pu altérer, dans les circonstances de l'espèce, la sincérité du scrutin et, le cas échéant, de prononcer l'annulation de l'élection. • Cons. const. 13 nov. 2020, *Sté Manpower France,* n° 2020-863 QPC § 17 et 18.

133. Les propos poursuivis, outrageants à l'égard de la partie civile, exprimant l'opinion de leur auteur, dans le contexte d'un débat politique, au sujet des idées prêtées au responsable d'un parti politique, ne dépassent pas les limites admissibles de la liberté d'expression. • Crim. 22 févr. 2017, n° 15-86.591 : *AJDA 2017. 1182, note Droin.*

2° PROTECTION DE LA VIE PRIVÉE

134. La révélation par la voie du livre de faits couverts par le secret médical et concernant une personne décédée constitue pour *l'épouse et les enfants du* défunt une atteinte manifestement illicite à l'intimité de leur vie privée (livre du Dr. Gubbler relatif à la maladie de F. Mitterrand). • Paris, 13 mai 1996 : *JCP 1996, n° 22632, note Derieux* • Civ. 1re, 16 juill. 1997, n° 96-12.762 P.

135. A titre de réparation, le juge peut prescrire la publication d'un communiqué dans l'organe de presse concerné, décision compatible avec les stipulations de l'art. 10 Conv. EDH. • Civ. 1re, 30 mai 2000, n° 98-20.633 P.

136. L'évocation de l'orientation sexuelle de la personne figurant dans un ouvrage porte sur un sujet d'intérêt général se rapportant à l'évolution d'un parti qui a montré des signes d'ouverture à l'égard des homosexuels. La Cour a dès lors apprécié le caractère raisonnable de proportionnalité existant entre le but légitime poursuivi par l'auteur et la protection de la vie privée. • Civ. 1re, 9 avr. 2015, n° 14-14.146 P : *D. 2015. 864 ; ibid. 2016. 277, obs. Dreyer ; RTD civ. 2015. 583, obs. Hauser.*

137. L'interdiction de la présence de journalistes au cours d'une perquisition vise à garantir le droit au respect de la vie privée. • Cons. const. 2 mars 2018, *Assoc. presse judiciaire,* n° 2017-693 QPC § 8. ♦ Il en va de même de l'interdiction d'employer, dès l'ouverture de l'audience des juridictions administratives ou judiciaires, tout appareil photographique ou d'enregistrement sonore ou audiovisuel et de céder ou publier l'enregistrement ou le document obtenu en violation de cette interdiction. • Cons. const. 6 déc. 2019, *Mme Claire L.,* n° 2019-817 QPC § 7.

3° GARANTIE DE L'IMPARTIALITÉ DE L'AUTORITÉ JUDICIAIRE ET DE LA BONNE ADMINISTRATION DE LA JUSTICE

138. La mise en demeure adressée par le CSA à la société France Télévisions de respecter à l'avenir les dispositions de son cahier des charges après la diffusion du reportage en cause a pour objet d'assurer la protection de la réputation et des droits d'autrui et de garantir l'impartialité de l'autorité judiciaire et n'a pas porté une atteinte disproportionnée à la liberté d'expression. • CE 13 mai 2019, n° 421779 A : *ADJA 2019. 1022.*

139. L'interdiction d'employer, dès l'ouverture de l'audience des juridictions administratives ou judiciaires, tout appareil photographique ou d'enregistrement sonore ou audiovisuel vise à garantir la sérénité des débats vis-à-vis des risques de perturbations liés à l'utilisation de ces appareils et poursuit l'objectif de valeur constitutionnelle de bonne administration de la justice. • Cons. const. 6 déc. 2019, *Mme Claire L.,* n° 2019-817 QPC § 7. ♦ Même s'il est possible d'utiliser des dispositifs de captation et d'enregistrement qui ne perturbent pas en eux-mêmes le déroulement des débats, l'interdiction de les employer au cours des audiences permet de prévenir la diffusion des images ou des enregistrements, susceptible quant à elle de perturber ces débats et ce d'autant plus que l'évolution des moyens de communication est susceptible de conférer à cette diffusion un retentissement important amplifiant ce risque. • Cons. const. 6 déc. 2019, *Mme Claire L.,* n° 2019-817 QPC § 8.

140. Les paragraphes critiqués de la charte de déontologie recommandent notamment aux membres de la juridiction administrative d'observer « la plus grande retenue (...) dans l'usage des réseaux sociaux sur Internet lorsque l'accès à ces réseaux n'est pas exclusivement réservé à un cercle privé aux accès protégés ». Formulés à titre de bonnes pratiques, ils visent, s'agissant de l'expression sur les réseaux sociaux et eu égard aux caractéristiques techniques de ces modes d'expression, à assurer le respect de l'obligation de réserve à laquelle les membres de la juridiction administrative sont tenus, laquelle vise à éviter que la diffusion de leurs propos porte atteinte à la nature et à la dignité des fonctions qu'ils exercent et à garantir l'indépendance, l'impartialité et le bon fonctionnement de la juridiction administrative. Ce faisant, ces recommandations de prudence ne portent pas à la liberté d'expression une atteinte qui méconnaîtrait les exigences découlant du présent art. ou de l'art. 10 Conv. EDH. Elles n'ont ni pour objet ni pour effet d'interdire l'inscription et l'expression des membres de la juridiction administrative sur des réseaux sociaux et leur méconnaissance ne saurait en elle-même constituer un manquement disciplinaire. Elles visent seulement à prémunir les membres de la juridiction administrative contre le risque que des propos publiés sur les réseaux sociaux reçoivent une diffusion excédant celle qui avait été initialement envisagée par leur auteur et puissent exposer ce dernier, dans le cas où leur diffusion rejaillirait sur l'institution, à devoir répondre d'un éventuel manquement à leur obligation de réserve. • CE 22 mars 2020, n° 421149 A : *AJDA 2020. 703* ; *ibid. 1371, note Mérenne* ; *AJFP 2020. 221, comm. Aubin* ; *RFDA 2020. 1113, concl. Chambon*.

141. La recommandation de prudence faite aux membres de la juridiction administrative, « compte tenu du caractère présumé public et de la spécificité des réseaux sociaux numériques », « de ne pas utiliser ces supports aux fins de commenter l'actualité politique et sociale » tient compte des caractéristiques techniques des réseaux de communication au public en ligne en général et des réseaux sociaux en particulier et de la difficulté pour l'utilisateur qui y publie des propos de s'assurer de leur caractère privé ou de leur diffusion restreinte, d'en garantir l'intégrité ou d'en maîtriser la portée, eu égard notamment aux réactions auxquelles ils sont susceptibles de donner lieu, parfois presque instantanément. Dans ces conditions, eu égard à l'obligation de réserve à laquelle les membres de la juridiction administrative sont tenus, de telles recommandations ne portent pas d'atteinte disproportionnée à leur liberté d'expression. • CE 22 mars 2020, n° 421149 A : *préc. note 140.*

4° GARANTIE DE LA PRÉSOMPTION D'INNOCENCE

142. V. notes ss. DDH, art. 9.

C. SAUVEGARDE DE L'ORDRE PUBLIC

1° GÉNÉRALITÉS

143. Principe. S'il incombe au maire de prendre les mesures qu'exige le maintien de l'ordre, il doit concilier l'exercice de ses pouvoirs avec le respect de la liberté (de réunion). • CE, ord., 19 mai 1933, *Benjamin : Lebon. 541 ; GAJA 22e éd., n° 42 ; D. 1933. 3. 354, concl. Michel ; S. 1934. 3. 1, concl. et note Mestre ; RFDA 2013. 1001 s.* • CE 6 févr. 2015, n° 387726 A : *AJDA 2015. 1658, note Saillant-Maraghni*. ♦ Il appartient aux autorités chargées de la police administrative de prendre les mesures nécessaires à l'exercice de la liberté de réunion. Les atteintes portées, pour des exigences d'ordre public, à l'exercice de ces libertés fondamentales doivent être nécessaires, adaptées et proportionnées. • CE, ord., 13 nov. 2017, n° 415400 : *préc. note 5.*

144. Prescription. Le législateur peut fixer un délai de la prescription plus long pour les délits à raison de l'origine, l'ethnie, la nation, la race ou la religion pour faciliter la poursuite et la condamnation, dans les conditions prévues par cette loi, des auteurs de propos ou d'écrits provoquant à la discrimination, à la haine ou à la violence, diffamatoires ou injurieux, à caractère ethnique, national, racial, ou religieux ou contestant l'existence d'un crime contre l'humanité. • Cons. const. 12 avr. 2013, *Laurent A. et a.*, n° 2013-302 QPC § 6.

2° LIBERTÉ DE RÉUNION ET DE MANIFESTATION

145. Principe. Il appartient aux autorités de l'État d'assurer la préservation de l'ordre public et de la sécurité publique et leur conciliation avec la liberté de réunion. Ordre peut dès lors être donné de faire évacuer des ronds-points des occupants sans titre qui s'y sont installés troublant l'ordre public (des accidents étant survenus). • TA Nantes, réf., 10 janv. 2019, n° 1900069 : *JCP Adm. 2019. 64.*

146. Des dispositions qui permettent à l'autorité administrative d'ordonner la fermeture provisoire des salles de spectacle, débits de boissons et lieux de réunion de toute nature ainsi que d'interdire les réunions de nature à provoquer ou à entretenir le désordre restreignent la liberté de se réunir et dès lors portent atteinte au droit d'expression collective des idées et des opinions. • Cons. const. 19 févr. 2016, *Ligue des droits de l'homme*, n° 2016-535 QPC § 6.

147. Dès lors que, en premier lieu, les mesures de fermeture provisoire et d'interdiction de réunions ne peuvent être prononcées que lorsque l'état d'urgence a été déclaré et uniquement pour des lieux situés dans la zone couverte par cet état d'urgence ou pour des réunions devant s'y tenir, que l'état d'urgence ne peut être déclaré qu'« en cas de péril imminent résultant d'atteintes graves à l'ordre public » ou « en cas d'événements présentant, par leur nature et leur gravité, le caractère de calamité publique », que, en deuxième lieu, d'une part, tant la mesure de fermeture provisoire des salles de spectacle, débits de boissons et lieux de réunion de toute nature que sa durée doivent être justifiées et proportionnées aux nécessités de la préservation de l'ordre public ayant motivé une telle fermeture et que, d'autre part, la mesure d'interdiction de réunion doit être justifiée par le fait que cette réunion est « de nature à provoquer ou entretenir le désordre » et proportionnée aux raisons l'ayant motivée, que, de surcroît, celles de ces mesures qui présentent un caractère individuel doivent être motivées et que le juge administratif est chargé de s'assurer que chacune de ces mesures est adaptée, nécessaire et proportionnée à la finalité qu'elle poursuit et que, en troisième lieu, les mesures de fermeture provisoire et d'interdiction de réunions prises en application de cette loi cessent au plus tard en même temps que prend fin l'état d'urgence, que cette durée ne saurait être excessive au regard du péril imminent ou de la calamité publique ayant conduit à la déclaration de l'état d'urgence et que, si le législateur prolonge l'état d'urgence par une nouvelle loi, les mesures de fermeture provisoire et d'interdiction de réunions prises antérieurement ne peuvent être prolongées sans être renouvelées, ces mesures ne sont pas entachées d'incompétence négative et opèrent une conciliation qui n'est pas manifestement déséquilibrée entre le droit d'expression collective des idées et des opinions et l'objectif de valeur constitutionnelle de sauvegarde de l'ordre public. • Cons. const. 19 févr. 2016, *Ligue des droits de l'homme,* n° 2016-535 QPC § 7 à 10.

148. A supposer même qu'un risque de trouble à l'ordre public existe, la commune n'établit pas être dans l'impossibilité de remédier à ces troubles. • TA Lille, 4 sept. 2018, n° 1807923 : *JCP Adm. 2018. 704.*

149. L'usage du LBD40 (lanceur de balles de défense) ne peut être regardé comme de nature à caractériser une atteinte grave et manifestement illégale à la liberté de manifester et au droit de ne pas être soumis à des traitements inhumains ou dégradants. • CE, ord., 1er févr. 2019, n°s 427386 et 427390 : *AJDA 2019. 258 ; ibid. 1401, note Fallon ; JCP Adm. 2019. 98.* ♦ V. s'agissant des grenades GLI F4. • CE 24 juill. 2019, n° 429741 : *AJDA 2019. 2563, note Burg.*

150. Les dispositions prévoyant que tout rassemblement de personnes sur la voie publique ou dans un lieu public susceptible de troubler l'ordre public : « (...) peut être dissipé par la force publique après deux sommations de se disperser demeurées sans effet (...) / Toutefois, les représentants de la force publique appelés en vue de dissiper un attroupement peuvent faire directement usage de la force si des violences ou voies de fait sont exercées contre eux ou s'ils ne peuvent défendre autrement le terrain qu'ils occupent » n'ont ni pour objet ni pour effet d'interdire le déroulement de manifestations pacifiques ou de restreindre le droit d'y prendre part. • CE 12 avr. 2019, n° 427638 B : *AJDA 2019. 837.*

151. Fouilles aux abords des manifestations. Les opérations d'inspection visuelle et de fouille de bagages ainsi que de visite de véhicules ne peuvent être réalisées que pour la recherche et la poursuite de l'infraction (C. pén., art. 431-10), de participation à une manifestation ou à une réunion publique en étant porteur d'une arme. Elles poursuivent donc un objectif de recherche des auteurs d'une infraction de nature à troubler gravement le déroulement d'une manifestation. • Cons. const. 4 avr. 2019, n° 2019-780 DC § 13. ♦ Du reste, ces opérations se déroulent sur les lieux d'une manifestation et à ses abords immédiats et elles sont autorisées par une réquisition écrite du procureur de la République. Il en résulte qu'elles sont placées sous le contrôle d'un magistrat de l'ordre judiciaire qui en précise, dans sa réquisition, le lieu et la durée en fonction de ceux de la manifestation attendue. Ainsi, ces opérations ne peuvent viser que des lieux déterminés et des périodes de temps limitées. • Cons. const. 4 avr. 2019, n° 2019-780 DC § 14. ♦ ... Et ne peuvent conduire à une immobilisation de l'intéressé que le temps strictement nécessaire à leur réalisation. Elles n'ont donc pas, par elles-mêmes, pour effet de restreindre l'accès à une manifestation ni d'en empêcher le déroulement. • Cons. const. 4 avr. 2019, n° 2019-780 DC § 15.

152. Interdictions administratives de participer à une manifestation sur la voie publique. La menace d'une particulière gravité pour l'ordre public nécessaire au prononcé de l'interdiction de manifester doit résulter, selon les dispositions contestées, soit d'un « acte violent » soit d'« agissements » commis à l'occasion de manifestations au cours desquelles ont eu lieu des atteintes graves à l'intégrité physique des personnes ou des dommages importants aux biens. Ainsi, le législateur n'a pas imposé que le comportement en cause présente nécessairement un lien avec les atteintes graves à l'intégrité physique ou les dommages importants aux biens ayant eu lieu à l'occasion de cette manifestation. Il n'a pas davantage imposé que la manifestation visée par l'interdiction soit susceptible de donner lieu à de tels atteintes ou dommages. Enfin, tout comportement, quelle que soit son ancienneté, peut justifier le prononcé d'une interdiction de manifester. Dès lors, les dispositions contestées laissent à l'autorité administrative une latitude excessive dans l'appréciation des motifs susceptibles de justifier l'interdiction. • Cons. const. 4 avr. 2019, n° 2019-780 DC § 23.

153. Fait de dissimuler volontairement tout ou partie de son visage sans motif légitime lors d'une manifestation. En retenant, comme élément constitutif de l'infraction, le fait de dissimuler volontairement une partie de son visage, le législateur a visé la circonstance dans laquelle une personne entend empêcher son identification, par l'occultation de certaines parties de son visage. Il ne s'est ainsi pas fondé sur une notion imprécise. Par ailleurs, en visant les manifestations « au cours ou à l'issue » desquelles des troubles à l'ordre public sont commis ou risquent d'être commis, le législateur a, d'une part, précisément défini la période pendant laquelle l'existence de troubles ou d'un risque de troubles doit être appréciée, qui commence dès le rassemblement des participants à la manifestation et se termine lorsqu'ils se sont tous dispersés. D'autre part, en faisant référence au risque de commission de troubles à l'ordre public, le législateur a entendu viser les situations dans lesquelles les risques de tels troubles sont manifestes. Enfin, en écartant du champ de la répression la dissimulation du visage qui obéit à un motif légitime, le législateur a retenu une notion qui ne présente pas de caractère équivoque. • Cons. const. 4 avr. 2019, n° 2019-780 DC § 29 s.

154. Crise sanitaire du covid-19... Liberté de réunion. Opèrent une conciliation équilibrée entre le droit d'expression collective des idées et des opinions et la protection de la santé les mesures autorisant le Premier ministre à ordonner la fermeture provisoire et à réglementer l'ouverture des lieux de réunion dès lors qu'elles ne s'étendent pas aux locaux à usage d'habitation. Ces mesures se concilient avec la préservation de l'accès des personnes aux biens et services de première nécessité et ne peuvent être prononcées que lorsque l'état d'urgence sanitaire a été déclaré et qu'elles cessent d'avoir effet au plus tard en même temps que prend fin l'état d'urgence sanitaire. Elles ne peuvent être prises qu'aux seules fins de garantir la santé publique et doivent être strictement proportionnées aux risques sanitaires encourus et appropriées aux circonstances de temps et de lieu. Il y est mis fin sans délai lorsqu'elles ne sont plus nécessaires et que le *juge est chargé de s'assurer que* ces mesures sont adaptées, nécessaires et proportionnées à la finalité qu'elles poursuivent. • Cons. const. 11 mai 2020, n° 2020-800 DC § 18, 21, 22 et 24. ♦ Il en va de même de la possibilité donnée par le législateur au Premier ministre pour ordonner la fermeture provisoire de certaines catégories d'établissements recevant du public ainsi que des lieux de réunion subordonnée au fait que les activités qui s'y déroulent, par leur nature même, ne permettent pas de garantir la mise en œuvre des mesures susceptibles de prévenir les risques de propagation du virus. Ces fermetures peuvent également être ordonnées lorsque les établissements en cause sont situés dans certaines parties du territoire dans lesquelles est constatée une circulation active du virus. Dans l'un comme dans l'autre cas, l'objet de telles fermetures provisoires ne peut être que de remédier au risque accru de contamination que présente la fréquentation publique de ces lieux. Ces mesures répondent donc à l'objectif de valeur constitutionnelle de protection de la santé. • Cons. const. 9 juill. 2020, n° 2020-803 DC § 21.

BIBL. Gonschorek, Benichou et Barrère, Perspectives étrangères sur la gestion de la pandémie de covid-19 : l'exemple de la liberté de manifester, *AJDA 2021. 126*.

155. ... Liberté de manifestation. Si le Premier ministre peut, aux fins de garantir la santé publique, réglementer les rassemblements sur la voie publique ainsi que les réunions de toute nature et, le cas échéant, les interdire, il ne pouvait légalement, sans qu'une disposition législative lui ait donné compétence à cette fin, subordonner les manifestations sur la voie publique à un régime d'autorisation. • CE 15 janv. 2021, *CGT et a.*, n° 441265 B : *AJDA 2021. 122 ; JCP Adm. 2021. 59 ; ibid. 2105, note Bailleul.* ♦ V. dans le même sens pour des dispositions qui interdisent en principe les manifestations sur la voie publique : • CE, ord., 13 juin 2020, n° 440846 : *préc. note 3.* ♦ ... Tout en prévoyant qu'elles font l'objet d'une autorisation accordée par le préfet au vu des conditions de leur organisation. • CE, ord., 6 juill. 2020, *CGT et a.*, n° 441257 § 20 : *AJDA 2020. 1385 ; JCP Adm. 2020. 413.* ♦ De même, l'interdiction, bien que temporaire de tout événement de plus de 5 000 personnes, qui présente un caractère général et absolu, ne peut être regardée, comme une mesure nécessaire et adaptée et, ainsi, proportionnée à l'objectif de préservation de la santé publique qu'elle poursuit, d'une part, en ce qu'elle s'applique aux manifestations sur la voie publique et, d'autre part, en ce qu'elles prévoient un seuil dont le respect ne peut être efficacement vérifié pour les manifestations sur la voie publique. • CE 15 janv. 2021, *CGT et a.*, n° 441265 : *préc.*

156. Les manifestations sur la voie publique pendant cette nouvelle période d'urgence sanitaire doivent intervenir dans des conditions de nature à permettre le respect des « mesures barrières ». La participation à une manifestation sur la voie publique organisée dans ces conditions est donc possible pendant la période de l'état d'urgence sanitaire, ce qui implique le droit de se rendre sur le lieu de cette manifestation à partir de son lieu de résidence. Les personnes souhaitant participer à une manifestation sur la voie publique peuvent se rendre sur le lieu de la manifestation sans que puisse leur être opposée l'interdiction de déplacements hors du lieu de résidence. Ces personnes pourront invoquer un motif « déplacement professionnel » si la manifestation porte sur des revendications professionnelles ou un motif « familial impérieux » ou « d'intérêt général » si la manifestation présente un autre motif. • CE, ord., 21 nov. 2020, n° 446629 : *préc. note 3.* ♦ Si les rassemblements statiques doivent être privilégiés « dans des espaces extérieurs suffisamment importants pour que la distanciation d'un mètre minimal entre deux personnes puisse être facilement respectée », il est possible « à défaut, d'identifier les parcours, les organisations et des durées de manifestations permettant que la densité de population soit réduite et permette le respect de la distance d'un mètre minimal entre les manifestants ». Compte tenu du nombre attendu de manifestants, la nécessité d'interdire aux participants de défiler entre la place de la République et la place de la Bastille en autorisant uniquement un rassemblement statique sur la place de la République n'est pas démontrée par l'administration (mesure d'interdiction non strictement proportionnée aux objectifs poursuivis de maintien de l'ordre public et de protection de la santé). • TA Paris, ord., 27 nov. 2020, n° 2019949/9 § 10.

157. Il ressort, à la lumière des travaux préparatoires, que le législateur n'a pas autorisé le Premier ministre à substituer un régime d'autorisation préalable au régime déclaratif qui s'applique à l'organisation des manifestations sur la voie publique à la sortie de l'état d'urgence sanitaire. Les mesures de réglementation adoptées par le Premier ministre ne pouvant se fonder que sur des motifs tenant à l'intérêt de la santé publique et aux seules fins de lutte contre la propagation de l'épidémie de covid-19, le législateur n'a pas porté au droit d'expression collective des idées et des opinions une atteinte qui ne serait pas nécessaire, adaptée et proportionnée à l'objectif de valeur constitutionnelle de protection de la santé. • Cons. const. 9 juill. 2020, n° 2020-803 DC § 25 et 26.

3° INCITATION À LA HAINE RACIALE

158. Les dispositions sanctionnant la provocation à la haine ou à la violence raciale sont conformes au principe de nécessité et répriment, sans disproportion manifeste, la provocation à la discrimination, à la haine ou à la violence à l'égard d'une personne ou d'un groupe de personnes à raison de leur origine ou de leur appartenance ou de leur non-appartenance à une ethnie, une nation, une race ou une religion déterminée, et, d'autre part, l'atteinte portée à la liberté d'expression par de telles sanctions, prévues par la loi et prononcées par le juge en tenant compte des circonstances propres à l'espèce, apparaît aussi nécessaire, adaptée et proportionnée, dans une société démocratique, à l'objectif de lutte contre le racisme et de protection de l'ordre public poursuivi par le législateur. • Crim., QPC, 30 mars 2016, n° 15-84.511 : *D. 2017. 301* .

159. Elle n'est constituée que si les propos tendent par leur sens ou par leur portée à inciter le public à la discrimination, à la haine ou à la violence envers une personne ou un groupe de personnes déterminées et non s'ils sont simplement tenus envers la personne concernée. • Crim. 16 juill. 1992 : *préc. note 130* • Crim. 29 janv. 2008, n° 07-83.695 P : *Légipresse 2008. III. 134, note Dreyer.* ♦ ... Même si leur formulation peut légitimement heurter ceux qu'ils visent. • Crim. 8 nov. 2011, n° 09-88.007.

160. Dans cette matière ne peuvent être apportées ni la preuve des faits. • Crim. 16 mars 2004 : *préc. note 99.* ♦ ... Ni celle de la bonne foi. • Crim. 16 juill. 1992 : *préc. note 130.*

161. Les propos retenus sous la qualification de provocation à la discrimination, à la haine ou à la violence raciale visaient à susciter un sentiment d'hostilité ou de rejet envers un groupe de personnes clairement identifié à raison de leur origine, de leur race ou de leur religion. • Crim. 14 févr. 2012, n° 11-81.954. ♦ La qualité de harki, d'ancien membre des formations supplétives ou assimilées ne caractérise pas l'appartenance à un groupe de personnes à raison de leur origine, de leur appartenance ou de leur non-appartenance à une ethnie, une nation, une race ou une religion déterminée. Si, de ce fait, les harkis, anciens membres des formations supplétives et assimilées ne peuvent bénéficier des dispositions de l'art. 33 de la L. du 29 juill. 1881, ils peuvent, comme toute personne victime de diffamation ou d'injures, bénéficier des dispositions de cette loi réprimant ces délits. Par suite, les dispositions de l'art. 5 de la L. du 23 févr. 2005, qui n'ont pas pour effet de priver les intéressés de la possibilité d'invoquer les dispositions de la L. du 29 juill. 1881 sur la liberté de la presse lorsqu'ils sont victimes d'infractions passibles des sanctions pénales que cette loi prévoit, ne sont pas contraires au principe d'égalité devant la loi. • CE, QPC, 26 janv. 2012, *Cté Harkis et vérité*, n° 353067 B : *AJDA 2012. 186* .

162. En rappelant délibérément que des Roms avaient provoqué neuf départs de feu dans leur campement et en regrettant l'appel prématuré des services de secours, ce qui sous-entend que les personnes concernées auraient pu brûler vives dans leur caravane, le prévenu a stigmatisé un groupe, les Roms, insufflé la haine et, en toute connaissance de cause, provoqué à la violence envers eux. Les propos incriminés démontrent l'intention animant leur auteur, qui a rappelé une énumération de méfaits graves, imputés à des Roms, en les associant à l'idée de ne pas appeler les secours en cas d'incendie de leurs caravanes, et a pris le risque de susciter immédiatement chez certains de ses administrés des réactions de rejet, voire de haine et de violence. De tels agissements venant de la part d'un homme politique, maire de la Cne de Roquebrune-sur-Argens, dont la mission est avant tout d'assurer la sécurité de l'ensemble des personnes se trouvant sur sa commune, sont constitutifs du délit reproché. • Crim. 1er févr. 2017, n° 15-84.511 P : *AJDA 2017. 256 ; JCP Adm. 2017. 157.*

4° ATTEINTE À LA DIGNITÉ HUMAINE

163. Atteinte à la dignité humaine. Un groupe de malades peut s'être senti agressé par la violence d'une campagne d'affichage utilisant une symbolique de stigmatisation dégradante pour la dignité des personnes atteintes de cette maladie et conduisant à provoquer ou à accentuer à leur détriment un phénomène de rejet. • Paris, 28 mai 1996 : *D. 1996. 617, note Edelman .* ♦ De même, ne sont pas visés par cette incrimination des propos hostiles au mélange des races non accompagnés d'une incitation manifeste à la haine. • Paris, 12 juill. 1989 : *Légipresse 1989. III. 102.* ♦ En revanche, cette incitation n'a pas besoin d'être explicite mais peut simplement être suggérée par le rapprochement de divers éléments contenus dans la publication. • Crim. 21 mai 1996, n° 94-83.365 P.

164. Porte atteinte à la dignité de la personne le fait d'inciter le lecteur à piquer volontairement une poupée à l'effigie d'une personne, marquant ainsi la volonté de faire mal. • Paris, 28 nov. 2008 : *Légipresse 2009. III. 16, note Merlet et Verly.* ♦ Il en va de même d'une affiche associant une candidate à un excrément et intitulée « la candidate qui vous ressemble ». • Crim. 20 sept. 2016, n° 15-82.942 P : *D. 2016. 1929 ; ibid. 2017. 181, obs. Dreyer ; RSC 2016. 547, obs. Francillon .*

165. Les allégations selon lesquelles les propos pénalement répréhensibles et de nature à mettre en cause la cohésion nationale relevés lors des séances tenues à Paris ne seraient pas repris à Nantes ne suffisent pas pour écarter le *risque sérieux que soient de nouveau* portées de graves atteintes au respect des valeurs et principes, notamment de dignité de la personne humaine, consacrés par la DDH et par la tradition républicaine. • CE, ord., 9 janv. 2014, *Sté « Les Productions de la Plume » et M. Dieudonné M'Bala M'Bala,* n° 374508 : *AJDA 2014. 79 ; ibid. 473, tribune Broyelle ; ibid. 866, note Petit ; RFDA 2014. 87, note Gohin ; AJCT 2014. 157, obs. Le Chatelier ; JCP Adm. 2014. 55, note Bonnet et Chabanol ; ibid. 56, note Touzeil-Divina ; ibid. 2014, note Tukow ; Dr. adm. 2014, Repère 2, obs. Auby ; ibid. 33, note Éveillard* • TA Paris, 9 déc. 2014, n° 1430123/9 : *Dr. adm. 2015. 23, note Paris (a contrario).* ♦ Rappr. • CE, ass., 27 oct. 1995, *Cne de Morsang-sur-Orge,* n° 136727 A (concl. Frydman) : *GAJA, 22e éd., n° 89 ; D. 1996. 177, note Lebreton ; RFDA 1995. 1204, concl. Frydman ; AJDA 1995. 878, chron. Stahl et Chauvaux ; ibid. 2014. 106, note Franc ; RD publ. 1996. 536, note Gros et Froment* • TA Nice, 17 juin 2015, *SARL Les productions de la plume et M. Dieudonné M'Bala M'Bala,* n° 1502259 : *JCP Adm. 2015. 676.* ♦ Comp. • CE, ord., 6 févr. 2015, *Cne de Cournon-d'Auvergne,* n° 387726 A : *préc. note 143.* ♦ V. pour une application de cette jurisprudence « Dieudonné ». • TA Clermont-Ferrand, 24 janv. 2020, n° 2000155 : *AJDA 200. 1363, note Hochmann.*

5° AUTRES CAS

166. Provocation directe à la commission d'un crime ou d'un délit. L'intention de susciter chez le lecteur un passage à l'acte est déterminante. • Versailles, 30 juin 2005 : *Légipresse 2006. III. 19, note Ader.*

167. Films violents ou pornographiques. Il n'y a atteinte pas à l'ordre public dès lors que le message violent ou pornographique dont le film est le support n'est pas susceptible d'être vu ou perçu par des mineurs. • Crim. 5 avr. 1995, n° 94-82.457 P. ♦ La diffusion d'images pornographiques représentant des mineurs constitue un abus de la liberté d'expression et de communication qui porte gravement atteinte à l'ordre public et aux droits des tiers. • Cons. const. 18 juin 2020, n° 2020-801 DC § 6. ♦ V. cependant la limite dégagée par le Cons. const. § 16 et 17.

168. Sondages. En interdisant la publication, la diffusion et le commentaire, par quelque moyen que ce soit, de tout sondage d'opinion la veille ou le jour d'une consultation électorale, les textes fondant la poursuite instaurent une restriction de la liberté de recevoir et de communiquer des informations qui n'est pas nécessaire à la protection des intérêts légitimes énumérés par l'art. 10, al. 2, CEDH et ne sauraient dès lors servir de fondement à une condamnation pénale. • Crim. 4 sept. 2001, n° 00-85.329 P.

169. Secret de l'instruction. Le droit d'informer le public sur le déroulement de la procédure pénale en cours doit être confronté aux exigences de confidentialité de l'enquête portant sur des faits de nature criminelle d'une exceptionnelle gravité et se trouvant dans sa phase la plus délicate, celle de l'identification et de l'interpellation de l'auteur présumé ; la publication du portrait-robot du suspect, à la seule initiative du journaliste, qui n'en avait pas vérifié la fiabilité, et au moment choisi par lui, a entravé le déroulement normal des investigations, contraignant le magistrat instructeur et les services de police à mettre en œuvre, le lendemain de la publication de l'article, la procédure d'appel à témoin. La condamnation pour recel de violation du secret professionnel à une amende de 3 000 euros ainsi qu'au paiement de la somme de 1 euro à titre de dommages-intérêts est confirmée. • Crim. 9 juin 2015, n° 14-80.713 P : *D. 2015. 1322* ; *AJ pénal 2016.* ♦ V. sur la présence de journalistes au cours d'une perquisition. • Cons. const. 2 mars 2018, *Assoc. presse judiciaire*, n° 2017-693 QPC § 8.

170. Le législateur a prévu plusieurs dérogations au secret de l'enquête et de l'instruction. En particulier, le 3e al. de l'art. 11 C. pr. pén. permet au procureur de la République, soit d'office, soit à la demande de la juridiction ou des parties, de rendre publics des « éléments objectifs tirés de la procédure », à la condition qu'ils ne comportent aucune appréciation sur le bien-fondé des charges retenues contre les personnes mises en cause. Par ailleurs, le secret de l'enquête et de l'instruction s'entend « sans préjudice des droits de la défense ». Les parties et leurs avocats peuvent en conséquence communiquer des informations sur le déroulement de l'enquête ou de l'instruction. • Cons. const. 2 mars 2018, *Assoc. presse judiciaire*, n° 2017-693 QPC § 10 et 11.

171. Lutte contre le terrorisme. Les actes de terrorisme ou l'apologie de tels actes constituent un abus de la liberté d'expression et de communication qui porte gravement atteinte à l'ordre public et aux droits des tiers. • Cons. const. 18 juin 2020, n° 2020-801 DC § 6. ♦ V. cependant la limite dégagée par le Cons. const. notes 16 et 17.

172. Au regard de l'exigence de nécessité de l'atteinte portée à la liberté de communication, les autorités administrative et judiciaire disposent, indépendamment de l'article contesté, de nombreuses prérogatives, non seulement pour contrôler les services de communication au public en ligne provoquant au terrorisme ou en faisant l'apologie et réprimer leurs auteurs, mais aussi pour surveiller une personne consultant ces services et pour l'interpeller et la sanctionner lorsque cette consultation s'accompagne d'un comportement révélant une intention terroriste, avant même que ce projet soit entré dans sa phase d'exécution. • Cons. const. 10 févr. 2017, *David P.*, n° 2016-611 QPC § 13 • Cons. const. 15 déc. 2017, *David P.*, n° 2017-682 QPC § 6 et 13.

173. Si, en raison de son insertion dans le code pénal, le délit contesté n'est pas entouré des garanties procédurales spécifiques aux délits de presse, les actes de terrorisme dont l'apologie est réprimée sont des infractions d'une particulière gravité susceptibles de porter atteinte à la vie ou aux biens. Par conséquent, l'atteinte portée à la liberté d'expression et de communication par les dispositions contestées est nécessaire, adaptée et proportionnée à l'objectif poursuivi. • Cons. const. 18 mai 2018, *Jean-Marc R.*, n° 2018-706 QPC § 23. ♦ Cependant, le délit de recel d'apologie d'actes de terrorisme porte à la liberté d'expression et de communication une atteinte qui n'est pas nécessaire, adaptée et proportionnée. Les mots « ou de faire publiquement l'apologie de ces actes » figurant au premier alinéa de l'art. 421-2-5 C. pén. ne sauraient donc, sans méconnaître cette liberté, être interprétés comme réprimant un tel délit (réserve d'interprétation). • Cons. const. 19 juin 2020, *Théo S.*, n° 200-845 QPC § 26.

Art. 12 **La garantie des droits de l'homme et du citoyen nécessite une force publique ; cette force est donc instituée pour l'avantage de tous, et non pour l'utilité particulière de ceux auxquels elle est confiée.**

COMMENTAIRE

V. sur le Code en ligne.

1. Invocabilité en QPC. Le Conseil constitutionnel admet implicitement que la garantie des droits (prévue à l'art. 16 DDH) assurée par le présent article le rend directement invocable dans le cadre d'une QPC. • Cons. const. 16 juin 2017, *Assoc. nat. supporters*, n° 2017-637 QPC.

2. Exécution forcée. Des mesures d'exécution forcée prévues par les lois ne peuvent être mises en œuvre qu'en cas de nécessité. • Cons. const. 9 janv. 1980, n° 79-109 DC § 5 • Cons. const. 19 janv. 1981, n° 80-127 DC § 59 • Cons. const. 20 janv. 1981 : *ibid.*

3. L'emploi de la force publique doit être proportionné au trouble à l'ordre public. • CEDH 27 juill. 1998, *Gülec c/ Turquie*, n° 21593/93 • CEDH 20 mai 1999, *Ogur c/ Turquie*, n° 21594/93.

4. Sur l'exécution forcée des décisions passées en force de chose jugée, V. note 334 ss. DDH, art. 16.

5. Délégation des compétences de police. Il résulte des présentes dispositions l'interdiction de déléguer à des personnes privées des compétences de police administrative générale inhérentes à l'exercice de la « force publique » nécessaire à la garantie des droits. • Cons. const. 16 juin 2017, *Assoc. nat. supporters,* n° 2017-637 QPC § 4 • Cons. const. 29 mars 2018, *Rouchdi B. et a.,* n° 2017-695 QPC § 26 • Cons. const. 25 oct. 2019, *Sté Air France,* n° 2019-810 QPC § 11. ♦ V. déjà. • Cons. const. 10 mars 2011, n° 2011-625 DC § 19. ♦ En conférant aux organisateurs de manifestations sportives à but lucratif le pouvoir de refuser l'accès à ces manifestations, le législateur ne leur délègue pas des compétences de police. • Cons. const. 16 juin 2017, *Assoc. nat. supporters,* n° 2017-637 QPC § 5.

6. Sont conformes à cet art. des dispositions qui confèrent aux agents de la force publique la possibilité de se faire assister, pour la mise en œuvre des palpations de sécurité et des inspections et fouilles de bagages, par des agents agréés exerçant une activité privée de sécurité sous réserve que ces personnes ne fassent qu'assister les agents de police judiciaire et soient placées « sous l'autorité d'un officier de police judiciaire ». Il appartient aux autorités publiques de prendre les dispositions afin de s'assurer que soit continûment garantie l'effectivité du contrôle exercé sur ces personnes par les officiers de police judiciaire. • Cons. const. 29 mars 2018, *Rouchdi B. et a.,* n° 2017-695 QPC § 27.

7. Les irrégularités manifestes qu'il appartient au transporteur aérien de déceler sous peine d'amende lors, au moment de l'embarquement, du contrôle des documents requis, sont celles susceptibles d'apparaître à l'occasion d'un examen normalement attentif de ces documents par un agent du transporteur. En instaurant cette obligation, le législateur n'a pas entendu associer les transporteurs aériens au contrôle de la régularité de ces documents effectué par les agents de l'État en vue de leur délivrance et lors de l'entrée de l'étranger sur le territoire national. • Cons. const. 25 oct. 2019, *Sté Air France,* n° 2019-810 QPC § 12.

8. Vidéoprotection. En autorisant toute personne morale à mettre en œuvre des dispositifs de surveillance au-delà des abords « immédiats » de ses bâtiments et installations *et en confiant à des opérateurs privés* le soin d'exploiter des systèmes de vidéoprotection sur la voie publique et de visionner les images pour le compte de personnes publiques, les dispositions contestées permettent d'investir des personnes privées de missions de surveillance générale de la voie publique rendant ainsi possible la délégation à une personne privée des compétences de police administrative générale inhérentes à l'exercice de la « force publique » nécessaire à la garantie des droits et donc contraires aux présent art. • Cons. const. 10 mars 2011, n° 2011-625 DC § 19. ♦ Rappr. s'agissant de missions de souveraineté qui ne peuvent être déléguées à des personnes privées. • Cons. const. 23 juin 2003, n° 2003-473 DC § 19. – V. notes 2 s. ss. Const. 58, art. 3.

9. Fichiers. Dès lors que, selon l'al. 1er du § II de l'art. 17 LOLF, les fonds de concours sont constitués notamment par « des fonds à caractère non fiscal versés par des personnes morales ou physiques pour concourir à des dépenses d'intérêt public » et que le dernier al. de ce même paragraphe dispose que l'utilisation des crédits ouverts par voie de fonds de concours « doit être conforme à l'intention de la partie versante », il en résulte que la création d'un fonds de soutien à la police technique et scientifique, chargé de contribuer au financement, dans la limite de ses ressources, de l'ensemble des opérations liées à l'alimentation et à l'utilisation du fichier automatisé des empreintes digitales et du fichier automatisé des empreintes génétiques, créé sous cette forme, contrevient aux dispositions du présent art., les modalités de l'exercice des missions de police judiciaire ne pouvant être soumises à la volonté de personnes privées. • Cons. const. 10 mars 2011, n° 2011-625 DC § 66.

10. Bonne administration de la justice. La bonne administration de la justice constitue un objectif de valeur constitutionnelle qui résulte du présent article et des art. 15 et 16 DDH. ♦ V. notes ss. DDH, art. 16.

11. Privatisation des aéroports. L'État, étant obligatoirement saisi de tout projet d'opération conduisant à la cession ou à l'apport d'un bien attribué à ADP ou conduisant à la création d'une sûreté relative à un tel bien, ne peut alors autoriser une telle opération qu'en l'absence d'atteinte à la bonne exécution du service public aéroportuaire ou à ses développements possibles et, dans le cas d'une sûreté. • Cons. const. 16 mai 2019, n° 2019-781 DC § 68. ♦ Le cahier des charges devant déterminer les modalités selon lesquelles les dirigeants d'ADP chargés notamment des principales fonctions opérationnelles relatives à la sûreté et à la sécurité sont agréés par l'État sur la base de critères objectifs relatifs à leur probité et à leur compétence, le législateur a entendu, compte tenu des compétences déjà attribuées par la loi aux exploitants d'aérodromes en matière de sécurité et de sûreté, s'assurer du bon exercice de ces compétences. • Cons. const. 16 mai 2019, n° 2019-781 DC § 79.

Art. 13 **Pour l'entretien de la force publique, et pour les dépenses d'administration, une contribution commune est indispensable : elle doit être également répartie entre tous les citoyens, en raison de leurs facultés.**

BIBL. ▸ BARILARI, Égalité devant l'impôt ou égalité par l'impôt ?, *Gestion et fin. publ. 2014, nos 3/4, p. 22.*

COMMENTAIRE

V. sur le Code en ligne.

PLAN DES ANNOTATIONS

[V. références des décisions du Conseil constitutionnel dans les tableaux DC et QPC]

I. PRINCIPES GÉNÉRAUX APPLICABLES AUX IMPÔTS

A. CARACTÈRE INDISPENSABLE DE LA CONTRIBUTION PUBLIQUE

1. *Le Cons. const.* lie parfois le présent art. à l'art. 12 pour justifier que certaines missions, et en particulier les missions régaliennes, ne puissent pas être financées par une technique les soumettant à la volonté des personnes privées. • Cons. const. 10 mars 2011, n° 2011-625 DC § 66.

1° NÉCESSITÉ DE L'IMPÔT

2. Le Cons. const. tire parfois de cette « obligation » le principe de nécessité de l'impôt. • Cons. const. 29 déc. 1993, n° 93-330 DC § 4. ♦ Les requérants et le Cons. const. utilisent indifféremment (du moins jusqu'à la fin des années 1990) le présent art. et l'art. 14 DDH pour des situations identiques. Comp. la décision précédente et • Cons. const. 28 déc. 1995, n° 95-369 DC § 13. ♦ Si l'objectif de valeur constitutionnelle de la fraude fiscale reste rattaché au présent art. (V. *infra* note 3), la référence à l'art. 14 DDH est plus utilisée pour justifier la nécessité de l'impôt. – V. notes ss. DDH, art. 14.

2° LUTTE CONTRE LA FRAUDE, L'ÉVASION OU L'OPTIMISATION FISCALE OU CONTRE LES « PARADIS FISCAUX »

3. La lutte contre la fraude fiscale est un objectif de valeur constitutionnelle découlant du présent art. • Cons. const. 29 déc. 1999, n° 99-424 DC § 52. • Cons. const. 24 juin 2016, *Jérôme C.*, n° 2016-546 QPC § 17. ♦ Il en est de même de l'évasion fiscale (combinée ou non avec la fraude). • Cons. const. 23 juill.

2010, *Philippe E.,* n° 2010-16 QPC § 6 • Cons. const. 28 juin 2019, *Épx C.,* n° 2019-793 QPC § 9. ♦ V. déjà. • Cons. const. 29 déc. 1989, n° 89-268 DC § 42 ♦ … De la lutte contre les « paradis fiscaux » (combinée ou non avec la fraude). • Cons. const. 20 janv. 2015, *Assoc. française entreprises privées et a.,* n° 2014-437 QPC § 9 • Cons. const. 25 nov. 2016, *Sté Eurofrance,* n° 2016-598 QPC § 8. ♦ V. déjà. • Cons. const. 4 déc. 2013, n° 2013-679 DC § 50. ♦ Et implicitement. • Cons. const. 1er mars 2017, *Dominique L.,* n° 2016-614 QPC § 6.

V. pour d'autres décisions dans le même sens :.

4. On rapprochera de ces objectifs de valeur constitutionnelle l'objectif de la fraude aux cotisations sociales. • Cons. const. 14 juin 2019, *Hanen S.,* n° 2019-789 QPC § 10. ♦ V. déjà s'agissant d'éviter des conséquences financières préjudiciables à l'équilibre financier des régimes de sécurité sociale considérés. • Cons. const. 6 août 2010, *Assoc. nat. soc. d'exercice libéral,* n° 2010-24 QPC.

5. On notera que s'il est loisible au législateur de vouloir éviter l'optimisation fiscale ou d'y faire obstacle, celle-ci ne constitue pas un objectif de valeur constitutionnelle mais un simple but d'intérêt général. • Cons. const. 29 déc. 2012, n° 2012-661 DC § 23 • Cons. const. 19 sept. 2014, *Sté PV-CP Distribution,* n° 2014-413 QPC § 5 • Cons. const. 30 nov. 2018, *Sté Zimmer Biomet France Holdings,* n° 2018-748 QPC § 7. ♦ Rappr. • Cons. const. 19 mai 2017, *Sté FB Finance,* n° 2017-629 QPC § 10.

6. Le choix des moyens pour atteindre cet objectif est laissé au législateur. • Cons. const. 3 juill. 1986, n° 86-209 DC § 33. ♦ Ainsi, est conforme à la Const. une disposition supprimant une exonération fiscale envers une catégorie de contribuables si son objectif est de mettre un terme à une pratique permettant à certains contribuables d'éluder l'impôt correspondant. • Cons. const. 29 déc. 1989, n° 89-268 DC § 42. ♦ De même, il est loisible au législateur de renoncer à un procédé de contrôle qu'il estime inefficace ou dont les inconvénients lui semblent excessifs. • Cons. const. 3 juill. 1986, n° 86-209 DC § 33. ♦ V. pour d'autres ex. dans lesquels la lutte contre la fraude ou l'évasion fiscale constitue une justification des dérogations ou de la différence de traitement, note 3.

7. La lutte contre la fraude (et l'évasion) fiscale peut justifier des inégalités de traitement. • Cons. const. 29 déc. 1983, n° 83-164 DC § 33. • Cons. const. 16 sept. 2011, *Sté Heatherbrae Ltd,* n° 2011-165 QPC § 5. ♦ Toutefois, il lui appartient d'assurer la conciliation de ces luttes avec les libertés constitutionnellement garanties et en particulier celle qu'énoncent : l'art. 66 Const. (sauvegarde de la liberté individuelle sous tous ses aspects, et notamment celui de l'inviolabilité du domicile). • Cons. const. 29 déc. 1983, n° 83-164 DC § 28. ♦ … L'art. 8 DDH (nécessité et non-rétroactivité des peines). • Cons. const. 30 déc. 1997, n° 97-395 DC § 36 • Cons. const. 29 déc. 2003, n° 2003-489 DC § 10. ♦ … L'art. 16 DDH (droits de la défense). • Cons. const. 20 janv. 2015, *Assoc. française entreprises privées et a.,* n° 2014-437 QPC § 10. ♦ … Ou encore la liberté de communication. • Cons. const. 27 déc. 2001, n° 2001-457 DC § 7 s.

8. Si une différence de traitement peut se trouver justifiée par un motif d'intérêt général tenant à éviter l'optimisation fiscale, dès lors que la faculté d'optimisation a disparu du fait de l'intervention d'autres dispositions fiscales, le dispositif en cause perd sa justification. • Cons. const. 26 juin 2015, *Épx P. :* n° 2015-473 QPC § 5 et 6.

B. COMPÉTENCE DU LÉGISLATEUR

9. V. comm. et notes ss. Const. 58, art. 34.

II. ÉGALITÉ DEVANT LES CHARGES PUBLIQUES

10. Sur le principe d'égalité devant l'impôt, V. ss. DDH, art. 6, note 381. ♦ Sur le principe de non-rétroactivité fiscale, V. ss. art. 16 DDH.

11. Les collectivités territoriales peuvent se prévaloir du principe d'égalité devant les charges publiques. • Cons. const. 29 juin 2012, *Dpt de la Seine-Saint-Denis et du Var,* n° 2012-255/265 QPC. ♦ Il en va de même des EPCI. • Cons. const. 14 juin 2013, *Cté de cnes Monts d'Or Azergues,* n° 2013-323 QPC § 8 s. ♦ Toutefois, lorsque est en cause une imposition, l'invocation du principe d'égalité devant les charges publiques ne peut valoir pour contester la situation des bénéficiaires de l'impôt mais seulement celle des contribuables et de leurs facultés contributives. • Cons. const. 19 avr. 2013, *Cne de Tourville-la-Rivière,* n° 2013-305/306/307 QPC § 8 s.

12. Ce principe s'applique aussi bien à une loi prévoyant la soumission à des impositions ou charges publiques qu'à une loi prévoyant l'octroi de financements publics. • Cons. const. 29 déc. 2014, n° 2014-707 DC § 41 (sol. impl.).

13. Il n'y a pas d'atteinte au principe d'égalité devant les charges publiques, dès lors que les dispositions contestées n'introduisent aucune différence de traitement entre des personnes placées dans la même situation et ne créent pas en elles-mêmes de rupture caractérisée de l'égalité devant les charges publiques. • Cons. const. 20 avr. 2012, *SA Paris Saint-Germain football,* n° 2012-238 QPC § 9. ♦ Ainsi en est-il : de l'impôt sur les spectacles, créant des différences de traitement respectivement entre des spectacles de nature différente et entre des compétitions relatives à des activités sportives différentes. • Cons. const. 20 avr. 2012, *SA Paris Saint-Germain football,* n° 2012-238 QPC. ♦ ... De la contribution sur les dépenses de promotion des médicaments et des dispositifs médicaux étendue aux frais de congrès « scientifiques ou publicitaires » et aux autres « manifestations de même nature » prenant ainsi en compte l'ensemble de ces dépenses de promotion, qu'elles soient directes ou indirectes. • Cons. const. 13 déc. 2012, n° 2012-659 DC § 30.

14. Le principe d'égalité n'interdit pas au législateur de faire supporter, pour un motif d'intérêt général, à certaines catégories de personnes des charges particulières, en vue notamment d'améliorer les conditions de vie ou d'apporter une certaine aide à une ou à plusieurs autres catégories socioprofessionnelles, mais s'oppose à une rupture caractérisée du principe de l'égalité devant les charges publiques entre tous les citoyens (autre formulation : il ne doit pas en résulter de rupture caractérisée de l'égalité devant les charges publiques). • Cons. const. 16 janv. 1986, n° 85-200 DC § 17 • Cons. const. 29 juill. 1998, n° 98-403 DC § 8 • Cons. const. 23 juill. 1999, n° 99-416 DC § 19 • Cons. const. 10 janv. 2001, n° 2000-440 DC § 6 • Cons. const. 12 janv. 2002, n° 2001-455 DC § 94 • Cons. const. 20 janv. 2011, n° 2010-624 DC § 17 • Cons. const. 29 juin 2012, *Dpt de la Seine-Saint-Denis et du Var,* n° 2012-255/265 QPC § 4 • Cons. const. 22 juill. 2011, *Bruno L. et a.,* n° 2011-148/154 QPC § 19. ♦ Il peut en être ainsi également dans un souci d'apaisement politique ou social. • Cons. const. 20 juill. 1988, n° 88-244 DC § 24.

15. Le respect du principe d'égalité devant les charges publiques ainsi que l'exigence de bon emploi des deniers publics ne seraient pas assurés si était allouée à des personnes privées une indemnisation excédant le montant de leur préjudice. • Cons. const. 20 janv. 2011, n° 2010-624 DC § 17 • Cons. const. 5 août 2015, n° 2015-715 DC § 76 • Cons. const. 4 août 2016, n° 2016-737 DC § 15 et 17.

16. *Le législateur pouvait, sans méconnaître* le principe d'égalité devant l'impôt, prévoir une exonération facultative, décidée par le conseil municipal, de l'ensemble des compétitions sportives organisées sur le territoire d'une commune dès lors que l'impôt concerné a une assiette locale et est exclusivement perçu au profit des communes. • Cons. const. 20 avr. 2012, *SA Paris Saint-Germain football,* n° 2012-238 QPC § 9.

17. Sur la mise en œuvre de dispositions spécifiques pour l'outre-mer, V. notes ss. Const. 58, art. 73.

A. DANS LE CADRE FISCAL

18. Principe. Il appartient au législateur de déterminer, dans le respect des principes constitutionnels et compte tenu des caractéristiques de chaque impôt, les règles selon lesquelles doivent être appréciées les facultés contributives ; en particulier, pour assurer le respect du principe d'égalité, il doit fonder son appréciation sur des critères objectifs et rationnels en fonction des buts qu'il se propose ; cette appréciation ne doit cependant pas entraîner de rupture caractérisée de l'égalité devant les charges publiques. • Cons. const. 29 déc. 2009, n° 2009-599 DC § 15 et 38 • Cons. const. 22 nov. 2019, *Sté Prato Corbara,* n° 2019-814 QPC § 5.

V. pour d'autres décisions dans le même sens :

19. Autres formulations. Il est possible de trouver d'autres formulations qui distinguent ces différents éléments : le principe d'égalité en matière fiscale suppose en particulier que les règles édictées soient appréciées en fonction des facultés contributives des contribuables pour ne pas entraîner une rupture caractérisée de l'égalité devant les charges publiques. • Cons. const. 21 juin 1993, n° 93-320 DC § 30 • Cons. const. 18 déc. 1998, n° 98-404 DC § 25 • Cons. const. 29 déc. 1999, n° 99-424 DC § 21 et 44 • Cons. const. 19 déc. 2000, n° 2000-437 DC § 7 • Cons. const. 28 déc. 2000, n° 2000-442 DC § 4 • Cons. const. 16 août 2007, n° 2007-555 DC § 2. ♦ V. déjà sans indication relative à la rupture de l'égalité devant les charges publiques. • Cons. const. 29 déc. 1983, n° 83-164 DC § 10.

20. Le principe d'égalité en matière fiscale suppose que les règles édictées soient fondées sur des critères objectifs et rationnels. • Cons. const. 23 juill. 1999, n° 99-416 DC § 21.

21. Le présent art. ne serait pas respecté si l'impôt revêtait un caractère confiscatoire ou faisait peser sur une catégorie de contribuables une charge excessive au regard de leurs facultés contributives. • Cons. const. 29 déc. 2005, n° 2005-530 DC § 65 • Cons. const. 16 août 2007, n° 2007-555 DC § 24 • Cons. const. 26 nov. 2010, *Pierre-Yves M.,* n° 2010-70 QPC § 5 • Cons. const. 4 août 2016, n° 2016-737 DC § 22.

22. Il convient, pour apprécier le respect du principe d'égalité devant les charges publiques, de prendre en compte l'ensemble de ces impositions portant sur le même revenu et acquittées par le même contribuable. • Cons. const. 29 déc. 2012, n° 2012-662 DC § 18. ♦ Pour apprécier l'existence d'une charge excessive au regard des facultés contributives, il convient de prendre en compte l'ensemble des impositions portant sur le même revenu et acquittées par le même contribuable. • Cons. const. 28 juin 2019, *Épx C.*, n° 2019-793 QPC § 10. ♦ Une imposition à la charge de l'employeur qui ne s'impute pas sur le montant de la rente versée ne doit pas être prise en compte pour cette appréciation. • Cons. const. 29 déc. 2012, n° 2012-662 DC § 18. ♦ De même, il n'y a pas lieu de prendre en compte les impositions acquittées par la société distributrice sur les bénéfices sur lesquels ont été prélevés les revenus de capitaux mobiliers imposés entre les mains d'un actionnaire personne physique. • Cons. const. 26 juin 2015, *Épx P.*, n° 2015-473 QPC § 8. ♦ V. note 34.

23. Le principe d'égalité des charges publiques n'impose pas : que les personnes privées soient soumises à des règles d'assujettissement à l'impôt identiques à celles qui s'appliquent aux personnes morales de droit public et ne fait pas davantage obstacle à ce que le législateur prévoie des taux d'imposition différents pour la taxe spéciale sur les contrats d'assurance selon que sont assurés les biens affectés de façon permanente et exclusive à une activité industrielle, commerciale, artisanale ou agricole ou d'autres biens. • Cons. const. 14 nov. 2014, *Sté Mutuelle Saint-Christophe*, n° 2014-425 QPC § 6. ♦ ... Que l'évaluation des créances à terme productives d'intérêts soit soumise à des règles différentes de celles qui ne le sont pas. • Cons. const. 15 janv. 2015, *Roxane S.*, n° 2014-436 QPC § 8.

24. Extension aux cotisations sociales. Les principes ainsi dégagés s'appliquent en matière de charges sociales. • Cons. const. 6 août 2010, *Assoc. nat. stés d'exercice libéral*, n° 2010-24 QPC § 8 • Cons. const. 5 août 2011, *SICOM de la Cté du Bruaysis*, n° 2011-158 QPC § 4. ♦ De même, une exonération de cotisation de sécurité sociale doit être examinée de la même façon qu'un avantage fiscal. • Cons. const. 11 févr. 2011, *Laurence N.*, n° 2010-99 QPC § 4.

25. Cependant, si le montant de réduction de la CSG couvre, compte tenu des modalités d'application de la loi indiquées par le Gouvernement, le montant de ces contributions dû par le salarié au titre des heures supplémentaires ou complémentaires, cette mesure, d'une portée limitée, ne crée pas une rupture d'égalité même si elle ne prend en compte ni des revenus du contribuable autres que ceux tirés d'une activité, ni des revenus des autres membres du foyer, ni des personnes à charge au sein de celui-ci. • Cons. const. 16 août 2007, n° 2007-555 DC § 16.

26. Extension aux droits de mutation à titre gratuit. Les principes ainsi dégagés s'appliquent aux droits de mutation à titre gratuit. • Cons. const. 31 juill. 2003, n° 2003-477 DC § 2.

1° FACULTÉS CONTRIBUTIVES

a. Principe

1. Notion de facultés contributives

27. Constituent des charges excessives au regard des facultés contributives des contribuables : une disposition qui ne tient compte ni des revenus du contribuable autres que ceux tirés d'une activité, ni des revenus des autres membres du foyer, ni des personnes à charge au sein de celui-ci. • Cons. const. 19 déc. 2000, n° 2000-437 DC § 9. ♦ ... Un impôt revêtant un caractère confiscatoire. • Cons. const. 29 déc. 2005, n° 2005-530 § 61 s. • Cons. const. 16 août 2007, n° 2007-555 DC § 24 • Cons. const. 26 nov. 2010, *Pierre-Yves M.*, n° 2010-70 QPC § 4 (sol. impl.). ♦ Une disposition qui assoit l'impôt de solidarité sur la fortune sur un bien dont le nu-propriétaire ne tirerait aucun revenu. • Cons. const. 29 déc. 1998, n° 98-405 DC § 27 et 28. ♦ Une disposition qui réduit le montant de la CSG sans tenir compte ni des revenus du contribuable autres que ceux tirés d'une activité, ni des revenus des autres membres du foyer, ni des personnes à charge au sein de celui-ci. • Cons. const. 19 déc. 2000, n° 2000-437 DC § 9. ♦ ... Un taux marginal maximal d'imposition pesant sur les rentes versées dans le cadre des régimes de retraite à prestations définies porté, par suite de la modification prévue et après prise en compte des déductibilités, à 75,04 % pour les rentes perçues en 2012 et à 75,34 % pour les rentes perçues à compter de 2013. • Cons. const. 29 déc. 2012, n° 2012-662 DC § 18. ♦ V. également note 30.

28. Permettent de mieux prendre en compte les facultés contributives des redevables concernés : la suppression d'un avantage fiscal pour les contribuables dont le revenu net imposable excède le montant mentionné à la dernière tranche du barème de l'impôt sur le revenu. • Cons. const. 28 déc. 2000, n° 2000-442 DC § 5. ♦ ... Un mécanisme d'exonération et d'abattement, l'institution de plusieurs tranches et la fixation un taux maximal de 14 %, s'agissant de l'institution d'un prélèvement sur le régime de retraite supplémentaire, dans lequel la constitution de droits à prestations est subordonnée à l'achèvement de la carrière du bénéficiaire dans l'entreprise, destiné au financement de l'ensemble des retraites et à réduire la différence de charges supportées par chacune des catégories de titulaires. • Cons. const. 13 oct. 2011, *Jean-Luc O. et a.*, n° 2011-180 QPC § 7. ♦ De même, pour une bonne prise en compte des facultés contributives des organismes d'habitations à loyer modéré qui disposent d'un patrimoine locatif. • Cons. const. 28 déc. 2010, n° 2010-622 DC § 44.

29. Cependant, si la contribution commune

doit être également répartie entre tous les citoyens, en raison de leurs facultés, le présent art. n'impose pas au législateur de définir des règles d'établissement de cette contribution s'appliquant uniformément à toutes les collectivités publiques. • Cons. const. 6 mars 1998, n° 98-397 DC § 18.

30. Possibilité d'apporter la preuve contraire en cas de présomption de fraude. Pour que ne soient pas méconnues les capacités des contribuables, ceux-ci doivent pouvoir prouver que le financement des éléments de patrimoine qu'ils détiennent n'implique pas la possession des revenus définis forfaitairement. • Cons. const. 21 janv. 2011, *Mme Danièle B.*, n° 2010-88 QPC § 8 (procédure d'imposition en fonction des « signes extérieurs de richesse »). ♦ ... Que la capacité du débiteur de payer une somme excédant la valeur à laquelle la créance avait été évaluée résulte de circonstances postérieures au fait générateur de l'impôt. • Cons. const. 15 janv. 2015, *Roxane S.*, n° 2014-436 QPC § 12. ♦ ... Que la prise de participation dans une société établie dans un « paradis fiscal » (État ou un territoire non coopératif) correspond à des opérations réelles qui n'ont ni pour objet ni pour effet de permettre, dans un but de fraude fiscale, la localisation de bénéfices dans un tel État ou territoire (réserve d'interprétation). • Cons. const. 20 janv. 2015, *Assoc. française entreprises privées et a.*, n° 2014-437 QPC § 10. ♦ Rappr. • Cons. const. 25 nov. 2016, *Sté Eurofrance*, n° 2016-598 QPC § 8. • Cons. const. 1er mars 2017, *Dominique L.*, n° 2016-614 QPC § 12 • Cons. const. 6 oct. 2017, *Épx N.*, n° 2017-659 QPC § 7 • Cons. const. 15 déc. 2017, *Philippe C.*, n° 2017-679 QPC § 8 • Cons. const. 7 janv. 2020, *Sté Casden Banque populaire*, n° 2019-819 QPC § 21.

31. Dès lors que les dispositions contestées ne peuvent être regardées comme instituant une présomption de fraude ou d'évasion fiscale mais pour éviter de donner lieu à un cumul d'avantages fiscaux, il n'y a pas lieu de permettre d'apporter la preuve contraire. • Cons. const. 20 avr. 2018, *Sté Mi développement 2*, n° 2018-701 QPC § 7. ♦ De même, dès les que les dispositions contestées n'ont ni pour effet *d'assujettir le* contribuable à une imposition dont l'assiette inclurait une capacité contributive dont il ne disposerait pas ni pour effet de le soumettre à une double imposition, le grief tiré de la méconnaissance du principe d'égalité devant les charges publiques doit être écarté. • Cons. const. 27 nov. 2020, *Louis-Christophe L.*, n° 2020-868 QPC § 11.

2. Prise en compte du foyer fiscal

32. Il est de fait que le centre de disposition des revenus à partir duquel peuvent être appréciées les ressources et les charges du contribuable est le foyer familial; il s'agit d'une règle traditionnelle dans le droit fiscal français, et qui n'est contraire à aucun principe constitutionnel. • Cons. const. 30 déc. 1981, n° 81-133 DC § 7. ♦ Le législateur ayant retenu le principe d'une imposition sur le revenu par personne physique sans prendre en considération l'existence du foyer fiscal, par l'effet de cette contribution exceptionnelle assise sur les revenus d'activité professionnelle des personnes physiques excédant un million d'euros, deux foyers fiscaux bénéficiant du même niveau de revenu issu de l'activité professionnelle pourraient se voir assujettis à cette contribution ou au contraire en être exonérés, selon la répartition des revenus entre les contribuables composant ce foyer. Ainsi, le législateur a méconnu l'exigence de prise en compte des facultés contributives. • Cons. const. 29 déc. 2012, n° 2012-662 DC § 73.

33. Toutefois, en fondant l'assiette des cotisations des résidents français travaillant en Suisse sur le revenu fiscal de référence, le législateur a entendu prendre en compte l'ensemble des revenus du foyer fiscal ; les autres membres du foyer étant susceptibles d'acquitter des cotisations sociales en raison de leur affiliation à un autre titre à un régime d'assurance maladie obligatoire, l'assiette de la cotisation ainsi définie ne saurait, sans méconnaître le principe d'égalité devant les charges publiques, inclure des revenus du foyer fiscal qui ont déjà été soumis à une cotisation au titre de l'affiliation d'une personne à un régime d'assurance maladie obligatoire. • Cons. const. 26 mars 2015, *Cté de défense des travailleurs frontaliers du Haut-Rhin et a.*, n° 2015-460 QPC § 23.

3. Acquittement de l'impôt par celui qui dispose des revenus ou de la ressource

34. Principe. L'exigence de prise en compte des facultés contributives, qui résulte du principe d'égalité devant les charges publiques, implique qu'en principe, lorsque la perception d'un revenu ou d'une ressource est soumise à une imposition, celle-ci doit être acquittée par celui qui dispose de ce revenu ou de cette ressource. • Cons. const. 29 déc. 2013, n° 2013-684 DC § 29 • Cons. const. 30 mars 2017, *Sté EDI-TV*, n° 2016-620 QPC § 5. ♦ V. déjà : • Cons. const. 29 déc. 2012, n° 2012-662 DC § 95. ♦ Rappr. • Cons. const. 26 juin 2015, *Épx P.*, n° 2015-473 QPC § 8. ♦ Rappr. en matière de contributions sociales. • Cons. const. 10 févr. 2017, *Épx G.*, n° 2016-610 QPC § 9 • Cons. const. 7 juill. 2017, *Amar H. et a.*, n°s 2017-643/650 QPC § 17.

35. Mise en œuvre. Méconnaissent les exigences précitées : la disposition posant le principe de l'assujettissement des éditeurs de télévision, quelles que soient les circonstances, au paiement d'une taxe assise sur des sommes dont ils ne disposent pas. • Cons. const. 29 déc. 2013, n° 2013-684 DC § 30. ♦ ... Les dispositions incluant dans l'assiette de la taxe dont sont redevables les éditeurs de services de télévision des recettes tirées des appels téléphoniques à revenus partagés, des connexions à des services télématiques et des envois de minimessages perçues par un tiers qui les encaisse pour son propre compte. • Cons. const. 6 févr. 2014, *Sté TF1 SA,* n° 2013-362 QPC § 5. ♦ V. pour d'autres ex. • Cons. const. 30 mars 2017, *Sté EDI-TV,* n° 2016-620 QPC § 7 • Cons. const. 27 oct. 2017, *Sté EDI-TV,* n° 2017-669 QPC § 8.

36. Dérogations. Il ne peut être dérogé à cette règle, notamment pour des motifs de lutte contre la fraude ou l'évasion fiscale (V. *supra* pt. I. A. 2), que si de telles dérogations sont adaptées et proportionnées à la poursuite de ces objectifs. • Cons. const. 29 déc. 2013, n° 2013-684 DC § 29. ♦ V., en matière d'imposition en fonction des signes extérieurs de richesse. • Cons. const. 21 janv. 2011, *Mme Danièle B.,* n° 2010-88 QPC. ♦ De même, V., pour le caractère imposable en France au titre de l'impôt sur le revenu d'une personne domiciliée ou établie en France de sommes perçues par une personne domiciliée ou établie hors de France en rémunération de services rendus par le domicilié. • Cons. const. 26 nov. 2010, *Pierre-Yves M.,* n° 2010-70 QPC. ♦ ... V. également pour la difficulté, inhérente aux trusts, de designer la personne qui tire une capacité contributive de la détention de tels biens, droits ou produits ; sauf au contribuable à en apporter la preuve. • Cons. const. 15 déc. 2017, *Philippe C.,* n° 2017-679 QPC § 7.

4. Caractère confiscatoire

37. Principe. Pour apprécier le caractère confiscatoire de la « taxe exceptionnelle sur les hautes rémunérations », au regard des facultés contributives des redevables, il convient de prendre en compte les seules impositions auxquelles ces derniers sont assujettis en raison de l'attribution de ces éléments de rémunération. • Cons. const. 29 déc. 2013, n° 2013-685 DC § 21. ♦ Rappr. • Cons. const. 20 nov. 2015, *Sté SIACI Saint-Honoré SAS,* n° 2015-498 QPC § 5.

38. Le caractère confiscatoire ne peut concerner des redevances même cumulées à des impositions de toutes natures. • Cons. const. 4 août 2016, n° 2016-737 DC § 29. ♦ Il ne *saurait être utilement soutenu qu'une taxe qui* ne porte que sur l'achat de certains véhicules de tourisme par un particulier présente un caractère confiscatoire. • Cons. const. 28 déc. 2020, n° 2020-813 DC § 26.

39. Double imposition. Aucune règle ou principe de valeur constitutionnelle ne fait obstacle à ce que, dans l'exercice de la compétence qu'il tient de cette disposition, le législateur puisse, pour un impôt déterminé, retenir un élément d'assiette qui sert déjà de base à un autre impôt. • Cons. const. 29 déc. 1984, n° 84-184 DC § 18. ♦ Le principe d'égalité devant les charges publiques ne fait pas obstacle à ce qu'un même contribuable soit soumis à plusieurs impositions sur un même revenu. • Cons. const. 28 sept. 2017, *Sté BPCE,* n° 2017-654 QPC § 9. ♦ Cependant, une double imposition de la même assiette au même impôt présenterait un caractère confiscatoire ; les dispositions permettant d'imposer, dans des cas limitativement énumérés, les rémunérations versées à l'étranger pour des prestations pourtant réalisées en France par des personnes qui y sont domiciliées ou établies n'est possible que sous la réserve qu'elle ne conduise pas à ce que ce contribuable soit assujetti à une double imposition au titre d'un même impôt. • Cons. const. 26 nov. 2010, *Pierre-Yves M.,* n° 2010-70 QPC § 4.

40. Le principe d'égalité devant les charges publiques n'impose pas au législateur, pour l'établissement de l'impôt perçu en France, de tenir compte d'autres impôts acquittés à l'étranger sur les produits que le contribuable reçoit. D'ailleurs, lorsqu'ils constituent des charges du point de vue fiscal, les retenues à la source ou les crédits d'impôt d'origine étrangère peuvent, sauf exception, être déduits du résultat imposable, augmentant d'autant pour les sociétés déficitaires le déficit admis en déduction d'éventuels bénéfices ultérieurs. • Cons. const. 28 sept. 2017, *Sté BPCE,* n° 2017-654 QPC § 9.

41. Taux marginal. Dans le cas de l'application du taux marginal maximal d'imposition, lorsque l'employeur attribue des avantages de préretraite d'entreprise pour lesquels la taxe due par l'employeur est au taux de 50 %, ou lorsqu'il attribue des actions gratuites ou des attributions d'options de souscription pour lesquelles la taxe due est au taux de 30 %, le taux cumulé des prélèvements excède 75 % du montant correspondant aux rémunérations attribuées. L'appréciation du caractère confiscatoire du taux marginal maximal des prélèvements que doit acquitter la personne ou l'organisme qui attribue les rémunérations soumises à cette contribution exceptionnelle s'opère, compte tenu des divers éléments inclus dans l'assiette de la taxe, en rapportant le total cumulé des impositions qu'il doit acquitter à la somme de ce total et des rémunérations attribuées. Dans ces conditions, et eu égard au caractère exceptionnel de la taxe, les dispositions contestées n'ont pas pour effet de faire peser sur une catégorie de contribuables une charge excessive au regard de leur capacité contributive. • Cons. const. 29 déc. 2013, n° 2013-685 DC § 23 et 24. ♦ Comp. • Cons. const. 29 déc. 2012, n° 2012-662 DC § 73 et 74. ♦ Comp. également le cas pour lequel, par économie de moyens, le Cons. const. ne s'interroge pas sur le caractère confiscatoire d'un taux marginal de 82 % mais estime qu'il fait peser sur le contribuable une charge excessive au regard de cette capacité contributive. • Cons. const. 29 déc. 2012, n° 2012-662 DC § 101.

b. Progressivité de l'impôt

42. Généralité. La prise en compte de la progressivité de l'imposition globale du revenu des personnes physiques est nécessaire au respect du principe d'égalité devant les charges publiques. • Cons. const. 19 déc. 2000, n° 2000-437 DC § 9. ♦ V. déjà, s'agissant de l'octroi d'un avantage fiscal. • Cons. const. 20 mars 1997, n° 97-388 DC § 25. ♦ Le Cons. const. s'assure du maintien de cette progressivité s'agissant de l'imposition globale du revenu des personnes physiques dans les choix qu'opère le législateur. • Cons. const. 30 déc. 1997, n° 97-395 DC § 32 • Cons. const. 28 juill. 2011, n° 2011-638 DC § 28.

43. Mise en œuvre. Le législateur, afin de ne pas remettre en cause le caractère progressif du montant de l'imposition du revenu des personnes physiques, a bien prévu que la déductibilité partielle de la CSG ne bénéficierait qu'aux revenus et produits soumis au barème progressif de l'impôt sur le revenu et non à ceux soumis à un taux proportionnel. • Cons. const. 30 déc. 1997, n° 97-395 DC § 32. ♦ En réduisant le nombre de tranches et en abaissant les taux de l'impôt de solidarité sur la fortune, le législateur n'a commis aucune erreur manifeste d'appréciation, n'a pas créé de rupture caractérisée de l'égalité entre les contribuables et, en tout état de cause, n'a pas supprimé toute progressivité du barème de cet impôt. • Cons. const. 28 juill. 2011, n° 2011-638 DC § 19. ♦ Le législateur peut rendre déductible un impôt de l'assiette d'un autre impôt ou modifier cette déductibilité dès lors qu'en modifiant ainsi la charge pesant sur les contribuables, il n'entraîne pas de rupture caractérisée de l'égalité entre ceux-ci. • Cons. const. *29 déc. 2012*, n° 2012-662 DC § 46.

44. De même, respectent le principe d'égalité devant les charges publiques : une progressivité du taux de prélèvement d'autant plus élevée que les locaux servent principalement à titre de résidence secondaire et l'existence d'un taux majoré pour les résidences secondaires dont la valeur locative est elle-même élevée. • Cons. const. 29 déc. 1989, n° 89-268 DC § 33. ♦ ... La déduction opérée par la loi, qui est au demeurant partielle et limitée dans son montant par un mécanisme de plafonnement, ne remet pas en cause le caractère progressif du montant de l'imposition globale du revenu des personnes physiques. • Cons. const. 21 juin 1993, n° 93-320 DC § 32. ♦ ... La possibilité donnée aux salariés qui le souhaitent de constituer une épargne en vue de la retraite propre à compléter les pensions servies par les régimes obligatoires de sécurité sociale et de nature à renforcer les fonds propres des entreprises dès lors que, les versements des salariés ainsi exonérés étant limités et les sommes dont bénéficieront en retour ceux-ci ou leurs ayants droit étant elles-mêmes assujetties à l'impôt sur le revenu, l'avantage fiscal en cause n'est pas de nature à porter atteinte au principe de progressivité de l'impôt. • Cons. const. 20 mars 1997, n° 97-388 DC § 25. ♦ ... La taxe sur les salaires calculée à partir d'un barème progressif appliqué à la masse salariale imposable. • Cons. const. 17 sept. 2010, *Assoc. sportive Football Club de Metz,* n° 2010-28 QPC § 6. ♦ ... L'instauration d'une nouvelle tranche marginale d'imposition au taux de 45 % pour la fraction des revenus soumis au barème de l'impôt sur le revenu supérieure à 150 000 euros par part augmentant les recettes fiscales et accentuant la progressivité de l'imposition des revenus. • Cons. const. 29 déc. 2012, n° 2012-662 DC § 16. ♦ ... La minoration du bénéfice du quotient familial de droit commun pour augmenter la progressivité de l'impôt. • Cons. const. 29 déc. 2012, n° 2012-662 DC § 25.

45. De même, si le principe d'égalité fiscale ne fait pas obstacle à ce que le législateur rende déductible un impôt de l'assiette d'un autre impôt, dès lors que, en allégeant ainsi la charge pesant sur les contribuables, il doit veiller à ne pas entraîner de rupture caractérisée de l'égalité entre ceux-ci en remettant en cause le caractère progressif du montant de l'imposition globale du revenu des personnes physiques. • Cons. const. 21 juin 1993, n° 93-320 DC § 32.

46. Effets de seuil. Il est loisible au législateur de prévoir qu'au-delà d'un certain seuil le principe d'égalité devant la loi ne lui impose pas d'uniformiser, sur ce point, les règles d'affiliation applicables. • Cons. const. 22 déc. 2016, n° 2016-742 DC § 15. ♦ Rappr. sous l'angle de l'égalité devant la loi. • Cons. const. 18 oct. 2010, *PROCOS et a.,* n° 2010-58 QPC § 5 • Cons. const. 29 déc. 2016, n° 2016-743 DC § 27.

47. Le Cons. const. s'assure que les effets de seuil inhérents au mécanisme de la progressivité n'entraînent pas de rupture caractérisée de l'égalité entre les contribuables (V. note 111). • Cons. const. 29 déc. 1989, n° 89-268 DC § 33 • Cons. const. 23 juill. 1999, n° 99-416 DC § 10 • Cons. const. 9 août 2012, n° 2012-654 DC § 32 • Cons. const. 6 mars 2015, *Sté Nextradio TV,* n° 2014-456 QPC. ♦ Rappr. s'agissant de cotisations sociales. • Cons.

const. 6 août 2014, n° 2014-698 DC § 17. ♦ ... Ou que ces effets ne font pas obstacle à la prise en compte de la faculté contributive des assujettis. • Cons. const. 6 mars 2015, *Sté Nextradio TV*, n° 2014-456 QPC § 9 • Cons. const. 16 juin 2017, *Gérard S.*, n° 2017-638 QPC §7. ♦ V. déjà implicitement. • Cons. const. 18 déc. 1998, n° 98-404 DC § 25. ♦... Que ces effets de seuil sont limités. • Cons. const. 28 déc. 2000, n° 2000-442 DC § 5 • Cons. const. 13 oct. 2011, *Jean-Luc O. et a.*, n° 2011-180 QPC § 7. ♦ ... Ne sont pas manifestement excessifs. • Cons. const. 16 juin 2017, *Gérard S.*, n° 2017-638 QPC § 7.

48. Il n'en va pas de même d'une mesure portant sur des prestations en nature et non en espèces pour laquelle un mécanisme de lissage des effets de seuil serait impossible à mettre en œuvre. • Cons. const. 23 juill. 1999, n° 99-146 DC § 10.

49. Pour apprécier l'ampleur d'un effet de seuil résultant de l'imposition principale et d'une imposition additionnelle, il convient de rapporter cet effet au total de cette imposition additionnelle et de l'imposition principale ; en l'espèce, les effets de seuil qui résultent de l'institution de la contribution additionnelle au taux de 45 % sont excessifs, quelle que soit l'option retenue par l'employeur pour le calcul de la contribution. • Cons. const. 20 nov. 2015, *Sté SIACI Saint-Honoré SAS*, n° 2015-498 QPC § 7.

50. Prise en compte de plusieurs contributions. La contribution exceptionnelle sur la fortune, combinée avec l'ISF pour 2012, ne fait pas peser sur une catégorie de contribuables une charge excessive au regard de la capacité contributive que confère la détention d'un ensemble de biens et de droits. • Cons. const. 9 août 2012, n° 2012-651 DC § 32.

c. Applications particulières

1. ISF – IFI

51. Principe. L'ISF ne figure pas au nombre des impositions sur le revenu. En instituant l'ISF, le législateur a entendu frapper la capacité contributive que confère la détention d'un ensemble de biens et de droits. • Cons. const. 11 févr. 2011, *Laurence N.*, n° 2010-99 QPC § 5 • Cons. const. 29 déc. 2012, n° 2012-662 DC § 90 • Cons. const. 29 déc. 2014, n° 2014-707 DC § 19. ♦ Même solution s'agissant de l'IFI. • Cons. const. 15 janv. 2019, *Luc F.*, n° 2018-755 QPC § 6.

52. *La prise en compte de cette capacité contributive n'implique pas* : que seuls les biens productifs de revenus entrent dans l'assiette de l'impôt de solidarité sur la fortune. • Cons. const. 11 févr. 2011, *Laurence N.*, n° 2010-99 QPC § 5. ♦ *Contra* : • Cons. const. 29 déc. 1998, n° 98-405 DC § 27. ♦ ... Ni que cet impôt ne doive être acquitté qu'au moyen des revenus des biens imposables. • Cons. const. 29 déc. 2012, n° 2012-662 DC § 90. ♦ ... Que des mesures incitatives puissent être prises sous la forme d'exonérations sur la valeur de certains biens. • Cons. const. 29 déc. 2014, n° 2014-707 DC § 19.

53. Si le législateur a pu accroître le nombre de tranches et rehausser les taux de l'imposition pesant sur le patrimoine alors qu'il a assujetti dans le même temps les revenus du capital au barème de l'impôt sur le revenu et qu'il a maintenu les taux particuliers de prélèvements sociaux sur les revenus du capital, c'est en raison de la fixation à 1, 5 % du taux marginal maximal et du maintien de l'exclusion totale ou partielle de nombreux biens et droits hors de l'assiette de cette imposition. • Cons. const. 29 déc. 2012, n° 2012-662 DC § 91.

54. Pour ne pas entraîner de rupture caractérisée de l'égalité devant les charges publiques, le législateur a, depuis la création de l'ISF, inclus dans le régime de celui-ci des règles de plafonnement qui ne procèdent pas d'un calcul impôt par impôt et qui limitent la somme de l'impôt de solidarité sur la fortune et des impôts dus au titre des revenus et produits de l'année précédente à une fraction totale des revenus nets de l'année précédente. Si le législateur a pu abroger, à compter de l'année 2012 ce plafonnement sans méconnaître la Const., c'est en raison de la forte baisse concomitante des taux de cet impôt ; dès lors le législateur ne saurait établir l'ancien barème sans l'assortir d'un dispositif de plafonnement ou produisant des effets équivalents destiné à éviter une rupture caractérisée de l'égalité devant les charges publiques. • Cons. const. 9 août 2012, n° 2012-654 DC § 33. ♦ En rétablissant, à l'art. 885 V *bis* CGI, des règles de plafonnement qui ne procèdent pas d'un calcul impôt par impôt et qui limitent la somme de l'impôt de solidarité sur la fortune et des impôts dus au titre des revenus et produits de l'année précédente à une fraction du total des revenus de l'année précédente, le législateur a entendu éviter la rupture caractérisée de l'égalité devant les charges publiques qui résulterait de l'absence d'un tel plafonnement. • Cons. const. 29 déc. 2012, n° 2012-662 DC § 93. ♦ En prenant en compte, dans le calcul de ce plafonnement, les plus-values à hauteur de leur montant brut, le législateur a intégré aux revenus du contribuable des sommes correspondant à des revenus que ce dernier a réalisés et dont il a disposé au cours de la même année. Par conséquent, le fait que les dispositions contestées incluent dans ces revenus les plus-values réalisées par le contribuable, sans prendre en compte l'érosion monétaire entre la date d'acquisition des biens ou droits et celle de leur cession, ne méconnaît pas le présent art.

• Cons. const. 15 janv. 2019, ⚖ *Luc F.*, n° 2018-755 QPC § 7 et 8 • Cons. const. 22 mars 2019, *Ruth S.*, n° 2019/769 QPC § 11.

55. En réservant le bénéfice de l'abattement de 30 % sur la valeur vénale réelle de l'immeuble aux redevables de l'ISF qui occupent à titre de résidence principale un bien dont ils sont propriétaires, le législateur a institué une différence de traitement, fondée sur une différence de situation, en rapport direct avec l'objet de la loi. • Cons. const. 17 janv. 2020, ⚖ *Épx K.*, n° 2019-820 QPC § 9.

56. En intégrant, dans le revenu du contribuable pour le calcul du plafonnement de l'ISF et de la totalité des impôts dus au titre des revenus, des sommes qui ne correspondent pas à des bénéfices ou revenus que le contribuable a réalisés ou dont il a disposé au cours de la même année, le législateur a fondé son appréciation sur des critères qui méconnaissent l'exigence de prise en compte des facultés contributives. • Cons. const. 29 déc. 2012, ⚖ n° 2012-662 DC § 95 • Cons. const. 29 déc. 2013, ⚖ n° 2013-685 DC § 12. ♦ Le législateur ne pouvait asseoir l'ISF sur ces éléments du patrimoine de la société à concurrence du pourcentage détenu dans cette dernière alors même qu'il n'est pas établi que ces biens sont, dans les faits, à la disposition de l'actionnaire ou de l'associé. • Cons. const. 29 déc. 2012, ⚖ n° 2012-662 DC § 96. ♦ Rappr. • CE 20 déc. 2013, ⚖ *SA AXA France Vie*, n° 371157 • Cons. const. 29 déc. 2016, ⚖ n° 2016-743 DC § 22.

57. Les dispositions ne sauraient, sans que soit méconnu le respect des capacités contributives des contribuables, avoir pour effet d'intégrer dans le revenu du contribuable pour le calcul du plafonnement de l'ISF des sommes qui ne correspondent pas à des bénéfices ou revenus que le contribuable a réalisés ou dont il a disposé au cours de la même année d'imposition. • Cons. const. 29 déc. 2016, ⚖ n° 2016-744 DC § 22.

58. Justification d'une réforme. En modifiant le barème de l'impôt de solidarité sur la fortune, le législateur a entendu éviter que la suppression concomitante du « bouclier fiscal » aboutisse à faire peser sur une catégorie de contribuables une charge excessive au regard de leurs facultés contributives. • Cons. const. 28 juill. 2011, ⚖ n° 2011-638 DC § 18.

59. V. également : ISF et contribution exceptionnelle sur la fortune. • Cons. const. 9 août 2012, n° 2012-651 DC § 32. ♦ ISF et aide sociale. • Cons. const. 29 déc. 2015, ⚖ n° 2015-725 DC § 38. ♦ ISF et droit de mutation. • Cons. const. 15 janv. 2015, ⚖ *Roxane S.*, n° 2014-436 QPC § 7 • Cons. const. 1er déc. 2017, ⚖ *Élise D.*, n° 2017-676 QPC. ♦ ISF et assujettissement du constituant d'un trust. • Cons. const. 15 déc. 2017, ⚖ *Jean-Philippe C.*, n° 2017-679 QPC § 7. ♦ ISF et déductibilité des dettes du redevable à l'égard de ses héritiers ou de personnes interposées. • Cons. const. 17 mai 2019, ⚖ *Élise D.*, n° 2019-782 QPC § 12 et 13.

2. Bouclier fiscal

60. Le dispositif, communément dénommé « bouclier fiscal », instituant un plafonnement de la part des revenus d'un foyer fiscal affectée au paiement des impôts directs, loin de méconnaître l'égalité devant l'impôt, tend à éviter une rupture caractérisée de l'égalité devant les charges publiques et constitue un moyen de respecter l'art. 13 DDH qui protège du caractère confiscatoire de l'impôt. • Cons. const. 29 déc. 2005, ⚖ n° 2005-530 DC § 61 s. • Cons. const. 16 août 2007, ⚖ n° 2007-555 DC § 24. ♦ Dès lors, dans son principe, la fixation à 50 % de la part des revenus au-delà de laquelle le paiement d'impôts directs ouvre droit à restitution n'est entachée d'aucune erreur manifeste d'appréciation. • Cons. const. 16 août 2007, ⚖ n° 2007-555 DC § 26.

3. Quotient familial

61. Le respect des présentes dispositions n'impose pas que le législateur doive systématiquement mettre en place le mécanisme du quotient familial. • Cons. const. 29 sept. 2010, *Épx M.*, n° 2010-44 QPC § 14 • Cons. const. 29 déc. 2012, ⚖ n° 2012-662 DC § 26 et 92. ♦ Les facultés contributives peuvent être prises en compte selon d'autres critères. • Cons. const. 29 sept. 2010, *Épx M.*, n° 2010-44 QPC § 14 ♦ Ainsi en est-il de l'ISF qui prévoit plusieurs mécanismes d'abattement, d'exonération ou de réduction d'impôt concernant notamment la résidence principale. • Cons. const. 29 sept. 2010, *Épx M.*, n° 2010-44 QPC § 13 et 14. ♦ L'objet même du mécanisme du quotient familial est son plafonnement, ainsi les contribuables ayant des enfants à charge sont traités différemment, d'une part, des contribuables sans enfant à charge et, d'autre part, selon le nombre d'enfants à charge ; dès lors le plafonnement du quotient familial ne remet pas en cause la prise en compte des facultés contributives qui résulte de cette différence de situation. • Cons. const. 29 déc. 2012, ⚖ n° 2012-662 DC § 26.

4. Taxe exceptionnelle sur les hautes rémunérations

62. Cette taxe ne figure pas au nombre des impositions sur le revenu ; en instituant une telle taxe, le législateur a entendu frapper non la capacité contributive des personnes physiques auxquelles sont attribués ces « éléments de rémunération », mais celle des personnes et autres organismes qui attribuent ceux-ci. • Cons. const. 29 déc. 2013, ⚖ n° 2013-685 DC

§ 19. ♦ En retenant la somme des différents « éléments de rémunération » comme critère de la capacité contributive, le législateur n'a commis aucune erreur manifeste d'appréciation. • Cons. const. 29 déc. 2013, n° 2013-685 DC § 20.

5. Plus-values

63. Le législateur n'a pas méconnu l'exigence de prise en compte des facultés contributives des contribuables intéressés en augmentant l'imposition pesant sur les plus-values de cession de valeurs mobilières tout en prenant en compte la durée de détention de ces valeurs mobilières pour diminuer le montant assujetti à l'impôt sur le revenu. • Cons. const. 29 déc. 2012, n° 2012-662 DC § 58.

64. A l'inverse, en assujettissant des plus-values de cession de terrains à bâtir à l'impôt sur le revenu prévu par l'article 200 B CGI ainsi qu'à divers prélèvements sociaux, quel que soit le délai écoulé depuis la date d'acquisition des biens ou droits immobiliers cédés et sans que soit prise en compte l'érosion de la valeur de la monnaie ni que soit applicable aucun abattement sur le montant de la plus-value brute, le législateur a méconnu l'exigence de prise en compte des facultés contributives. • Cons. const. 29 déc. 2013, n° 2013-685 DC § 46. ♦ Rappr. avec une réserve d'interprétation permettant de neutraliser l'inconstitutionnalité. • Cons. const. 22 avr. 2016, *Épx M. D.*, n° 2016-538 QPC § 11.

65. Sur la prise en compte des plus-values dans le cadre de l'IFI, V. note 54.

6. Avantages fiscaux ; fiscalité incitative

66. V. notes ss. DDH, art. 6.

2° CARACTÈRE OBJECTIF ET RATIONNEL DU CRITÈRE

67. Principe. La détermination de l'assiette par le législateur est libre, sous la réserve que, pour assurer le respect du principe d'égalité, il fonde son appréciation sur des critères objectifs et rationnels ; ou, formule voisine plus générale : le législateur doit, pour se conformer au principe d'égalité devant les charges publiques, fonder son appréciation sur des critères objectifs et rationnels. • Cons. const. 29 déc. 1983, n° 83-164 DC § 10 • Cons. const. 28 avr. 2017, *Sté Orange*, n° 2016-627/628 QPC § 5.

V. pour d'autres décisions dans le même *sens :* .

68. Il en va de même : dans la volonté de soumettre à l'impôt la rémunération d'une prestation réalisée en France par une personne qui y est domiciliée ou établie, lorsque cette rémunération a été versée, aux fins d'éluder l'imposition, à une personne domiciliée ou établie à l'étranger. • Cons. const. 26 nov. 2010, *Pierre-Yves M.*, n° 2010-70 QPC § 4. ♦ Rappr. Pour la domiciliation fiscale. • Cons. const. 27 déc. 2019, n° 2019-796 DC § 4. ♦ ... Dans la détermination des éventuels plafonds ou déplafonnements. • Cons. const. 11 févr. 2011, *Laurence N.*, n° 2010-99 QPC § 5. ♦ ... Dans l'admission de certaines exonérations. • Cons. const. 4 févr. 2011, *Sté Laval Distribution*, n° 2010-97 QPC § 4. ♦ ... Dans la fixation des éléments retenus dans le cadre de la détermination des « signes extérieurs de richesse » comme dans celle de la valeur forfaitaire attribuée à chacun de ces éléments. • Cons. const. 21 janv. 2011, *Mme Danièle B.*, n° 2010-88 QPC § 6 et 7. ♦ ... Dans le cadre de droits de mutation à titre gratuit. • Cons. const. 28 janv. 2014, *Cts P. de B.*, n° 2013-361 QPC § 10.

69. Il en va de même : de la détermination des contribuables devant s'acquitter de l'impôt. • Cons. const. 29 déc. 1993, n° 93-330 DC § 6. ♦ ... De l'octroi d'avantages fiscaux. • Cons. const. 21 juin 1993, n° 93-320 DC § 18 • Cons. const. 23 juill. 2010, *Philippe E.*, n° 2010-16 QPC § 6. ♦ ... Ou de l'édiction de mesures fiscales incitatives. • Cons. const. 28 déc. 2000, n° 2000-442 DC § 4 • Cons. const. 29 avr. 2011, *Sté UNILEVER France*, n° 2011-121 QPC § 3 • Cons. const. 27 déc. 2019, n° 2019-796 DC § 10. ♦ ... De la volonté d'assurer qu'en toute hypothèse la durée de détention des titres ouvrant droit à abattement soit appréciée à la date de la cession de ceux-ci. • Cons. const. 14 janv. 2016, *Marc François-Xavier M.-M.*, n° 2015-515 QPC § 11.

70. Il en va de même encore pour la mise en œuvre de mécanismes de compensation dans le cadre de réformes fiscales affectant les ressources des collectivités territoriales. • Cons. const. 14 juin 2013, *Cté de cnes Monts d'Or Azergues*, n° 2013-323 QPC § 8 s.

a. Contrôle de cohérence

71. L'appréciation du caractère objectif et rationnel de la mesure est réalisée en fonction des buts ou objectifs que le législateur se propose d'atteindre. • Cons. const. 30 déc. 1981, n° 81-133 DC § 7 • Cons. const. 14 déc. 2018, *Jean-Guilhem G.*, n° 2018-753 QPC § 10. ♦ ... Y compris dans un but d'équité. • Cons. const. 28 déc. 2000, n° 2000-442 DC § 22. ♦ ... Et pourra être amené à distinguer selon que la mesure a une finalité incitative ou poursuit un objectif de rendement budgétaire. • Cons. const. 27 déc. 2019, n° 2019-796 DC § 46.

V. pour d'autres décisions dans le même sens : .

72. Ainsi le législateur peut-il, dans ces conditions : mettre l'impôt sur les grandes fortunes, lorsque la propriété des biens est démembrée, à la charge de l'usufruitier ou du titulaire des droits d'usage ou d'habitation, dès lors que la capacité contributive se trouve entre les mains non du nu-propriétaire mais de ceux qui bénéficient des revenus ou avantages afférents aux biens dont la propriété est démembrée. • Cons. const. 30 déc. 1981, n° 81-133 DC § 12. ♦ ... Établir des règles relatives au forfait et au régime fiscal des plus-values professionnelles qui tiennent compte de la nature particulière de l'activité des diverses catégories de travailleurs indépendants. • Cons. const. 29 déc. 1983, n° 83-164 DC § 23. ♦ ... Soumettre à une contribution particulière les institutions financières en se fondant sur leurs caractéristiques propres. • Cons. const. 29 déc. 1984, n° 84-184 DC § 17. ♦ ... Mettre en place un barème progressif d'autant plus élevé lorsque les locaux servent principalement de résidence secondaire. • Cons. const. 29 déc. 1989, n° 89-268 DC § 33. ♦ ... Modifier l'assiette de la taxe d'aide au commerce et à l'artisanat (devenue « taxe sur les surfaces commerciales ») pour l'élargir aux surfaces consacrées à la vente au détail de carburant et en augmentant ses taux minimal et maximal lorsque l'établissement assujetti a une activité de vente au détail de carburant, dès lors que cette activité avait une incidence sur le montant du chiffre d'affaires global réalisé. • Cons. const. 30 déc. 1996, n° 96-385 DC § 30. ♦ ... Instituer un mécanisme de taux unique, ne tenant pas compte de la situation familiale du contribuable pour les cessions de valeurs mobilières de faible ampleur, en vue de simplifier la situation du contribuable. • Cons. const. 29 déc. 1999, n° 99-424 DC § 45. ♦ ... Mettre à la charge de certaines catégories de personnes des charges particulières en vue d'améliorer les conditions de vie d'autres catégories de personnes. • Cons. const. 23 juill. 1999, n° 99-416 DC § 13. ♦ ... Substituer un plafond forfaitaire au plafond antérieurement fixé en proportion de la valeur locative. Absence d'excessivité dans l'augmentation d'imposition des terrains constructibles qui en découle et justification dans la valorisation de ces terrains résultant de leur classement et des travaux d'équipement effectués par la commune. • Cons. const. 7 déc. 2000, n° 2000-436 DC § 32. ♦ ... Instituer un abattement sur certains revenus de capitaux mobiliers, en particulier ceux correspondant à des dividendes d'actions émises en France, en vue d'encourager l'acquisition de valeurs mobilières par de nouveaux épargnants. • Cons. const. 28 déc. 2000, n° 2000-442 DC § 5. ♦ ... Soumettre à une taxe sur les activités commerciales à durée saisonnière les commerçants non redevables de la taxe professionnelle au titre d'une activité dans la commune. • Cons. const. 28 déc. 2000, n° 2000-442 DC § 23. ♦ ... Permettre, sous certaines conditions, aux organismes d'utilité générale de rémunérer leurs dirigeants sans que soit remis en cause le « caractère désintéressé » de leur gestion. • Cons. const. 27 déc. 2001, n° 2001-456 DC § 16. ♦ ... Doubler l'avantage fiscal lié au nombre de personnes à charge venant en réduction du montant de l'impôt de solidarité sur la fortune pour tenir compte des charges familiales des redevables de cet impôt, instituant avec ceux qui n'en sont pas redevables une différence de traitement en rapport direct avec l'objet de la loi qui est d'éviter de faire peser sur cet catégorie de contribuables une charge excessive au regard de leur facultés contributives. • Cons. const. 28 juill. 2011, n° 2011-638 DC § 20. ♦ ... Appliquer un taux de TVA identique aux produits préparés en vue d'une consommation immédiate et aux produits à consommer sur place. • Cons. const. 28 déc. 2011, n° 2011-645 DC § 10. ♦ ... Mettre, lorsque l'établissement est exploité successivement par plusieurs entreprises, à la charge de l'entreprise, qui exploite l'établissement à la date d'admission du salarié à l'allocation de cessation anticipée d'activité, la contribution au Fonds de cessation anticipée d'activité des travailleurs de l'amiante. • Cons. const. 7 oct. 2011, *Sté travaux industriels maritimes et terrestres*, n° 2011-175 QPC § 7. ♦ ... Assujettir au paiement d'une contribution, destiné à l'indemnisation des avoués, l'ensemble des justiciables y compris ceux pour lesquels la représentation des avoués n'existait pas ou n'existait plus avant la généralisation de la suppression. • Cons. const. 13 avr. 2012, *Stéphane C. et a.*, n° 2012-231/234 QPC § 10. ♦ ... Autoriser les conseils municipaux à exonérer une ou plusieurs « catégories de compétitions sportives », définies par le législateur, de l'impôt sur les spectacles dès lors que cette exonération ne peut porter que sur des compétitions sportives organisées par des associations sportives agréées. • Cons. const. 20 avr. 2012, *SA Paris Saint-Germain football*, n° 2012-238 QPC § 12. ♦ ... Retenir comme seuil d'assujettissement d'une contribution exceptionnelle sur l'IS la somme des chiffres d'affaires de chacune des sociétés membres du groupe fiscalement intégré. • Cons. const. 6 mars 2015, *Sté Nextradio TV*, n° 2014-456 QPC § 8. ♦ ... Prévoir que la CSG et, par voie de conséquence, les autres prélèvements sociaux sur les produits de placement sont assis sur les produits des fonds en euros ou en devises du contrat de capitalisation dit « multi-supports » au jour de l'inscription en compte de ces produits, sous réserve d'un éventuel reversement du trop-perçu au jour du dénouement du contrat, du rachat ou du décès de l'assuré, sous réserve, eu égard à la durée de ces contrats que le législateur a entendu encourager, que le contribuable puisse prétendre au bénéfice d'intérêts moratoires au taux de l'intérêt légal sur l'excédent qui lui est reversé. • Cons. const. 17 sept. 2015, *Jean-*

Claude C., n° 2015-483 QPC § 6. ♦ ... Subordonner l'avantage fiscal à la conclusion de contrats d'assurance complémentaire en matière de santé par des personnes âgées de plus de soixante-cinq ans. • Cons. const. 17 déc. 2015, n° 2015-723 DC § 14. ♦ ... Exclure la pension alimentaire pour apprécier si l'un des parents assume la charge principale de l'enfant en garde alternée. • Cons. const. 14 déc. 2018, *Jean-Guilhem G.*, n° 2018-753 QPC § 12. ♦ ... Retenir, pour fixer la contribution à la charge des entreprises exploitant certains produits de santé, un montant qui correspond en principe au prix acquitté par l'établissement de santé auprès de l'exploitant des dispositifs médicaux en cause, net des remises consenties par l'exploitant. • Cons. const. 20 déc. 2019, n° 2019-795 DC § 41. ♦ ... Considérer que la domiciliation fiscale peut résulter de l'exercice à titre principal d'une activité professionnelle en France. Le caractère principal de l'activité s'apprécie au regard du temps effectif qui y est consacré ou de la part des revenus qu'elle génère. Ainsi, eu égard au temps nécessaire à l'exercice de fonctions de direction d'une entreprise et à la rémunération qui peut en découler, le législateur a pu prévoir que, sous réserve de l'établissement d'une preuve contraire, le dirigeant d'une entreprise dont le siège est situé en France et qui y réalise 250 millions de chiffre d'affaires annuel doit être considéré comme exerçant une activité professionnelle en France au sens de l'article 4 B. • Cons. const. 27 déc. 2019, n° 2019-796 DC § 5.

73. En prévoyant des règles de répartition de la part de la dotation et du montant du prélèvement ou du reversement au titre du Fonds de garantie en cas de modification de périmètre, fusion, scission ou dissolution d'un ou plusieurs établissements publics de coopération intercommunale, le législateur a entendu prendre en compte la situation particulière résultant des modifications de la carte de l'intercommunalité ; le critère de répartition « au prorata de la population » est un critère objectif et rationnel pour effectuer la répartition de montants perçus au titre d'une dotation et de montants prélevés ou reversés dans ce cadre et est en lien avec les objectifs poursuivis par le législateur. • Cons. const. 14 juin 2013, *Cté de cnes Monts d'Or Azergues*, n° 2013-323 QPC § 8. ♦ Il en va de même en prévoyant que, pour l'assiette des droits de mutation à titre gratuit et de l'impôt de solidarité sur la fortune, les créances qui ne sont pas exigibles sont évaluées en principe selon leur seule valeur nominale. • Cons. const. 15 janv. 2015, *Roxane S.*, n° 2014-436 QPC § 7. ♦ V. également. • Cons. const. 20 nov. 2015, *Sté SIACI Saint-Honoré SAS*, n° 2015-498 QPC § 6.

74. De même, en instituant la retenue à la source (CGI, art. 182 B), le législateur a entendu garantir le montant et le recouvrement de l'imposition due, à raison de leurs revenus de source française, par des personnes à l'égard desquelles l'administration fiscale française ne dispose pas du pouvoir de vérifier et de contrôler la réalité des charges déductibles qu'elles ont éventuellement engagées. • Cons. const. 24 mai 2019, *Sté Cosfibel Premium*, n° 2019-784 QPC § 8.

75. A l'inverse, le législateur ne peut imposer à un contribuable un prélèvement perpétuel supplémentaire de 25 % sur son bénéfice global alors que les autres contribuables pratiquant la même activité n'y sont pas assujettis. • Cons. const. 14 oct. 2010, *Cie agricole de La Crau*, n° 2010-52 QPC § 8. ♦ Lorsqu'un contribuable dispose de plus de 6 éléments constituant des « signes extérieurs de richesse », le législateur ne peut majorer de 50 % la somme forfaitaire déterminée en application des critères dégagés pour l'application de ce mode d'imposition. • Cons. const. 21 janv. 2011, *Mme Danièle B.*, n° 2010-88 QPC § 7. ♦ Le législateur ne peut pas non plus imposer l'employeur à raison de rémunérations non effectivement versées. • Cons. const. 28 avr. 2017, *Sté Orange*, n° 2016-627/628 QPC § 8. ♦ ... Conditionner certains avantages fiscaux à une condition impossible à remplir. • Cons. const. 8 févr. 2018, *Gabriel S.*, n° 2017-689 QPC § 9.

76. La recherche de la neutralité économique de l'impôt justifie que soit mis à la charge des employeurs un impôt assis sur la masse salariale et de tenir compte de l'allongement de la durée légale du travail comme critère de la capacité contributive des contribuables. • Cons. const. 22 juill. 2011, *Bruno L. et a.*, n° 2011-148/154 QPC § 22.

77. Les contributions instaurées sont applicables à un ensemble de boissons, défini de manière objective et rationnelle, qui contiennent soit des sucres ajoutés, soit des édulcorants de synthèse ; en instituant ces contributions, assises sur des opérations précisément définies, le législateur n'a pas soumis à des impositions différentes des contribuables placés dans une situation identique. • Cons. const. 28 déc. 2011, n° 2011-644 DC § 13. ♦ En instituant une contribution spécifique le législateur a entendu limiter la consommation de « boissons énergisantes » riches en caféine ou en taurine qui, mélangées à de l'alcool, auraient des conséquences néfastes sur la santé des consommateurs, en particulier des plus jeunes ; en taxant des boissons ne contenant pas d'alcool à des fins de lutte contre la consommation alcoolique des jeunes, le législateur a établi une imposition qui n'est pas fondée sur des critères objectifs et rationnels en rapport avec l'objectif poursuivi. • Cons. const. 13 déc. 2012, n° 2012-659 DC § 26. ♦ V. également les hypothèses envisagées sous l'angle de l'art. 6 DDH.

78. Contrôle d'efficacité. Le but poursuivi

par la loi de protection de l'environnement ne peut justifier la mise en place d'une taxe spécifique dès lors que le trop grand nombre d'exceptions dont elle est assortie la rend inefficace. Ainsi en est-il : d'une taxe touchant les personnes mettant à la disposition du public, ou distribuant dans les boîtes aux lettres ou sur la voie publique, des imprimés publicitaires ou des journaux gratuits. • Cons. const. 27 déc. 2002, n° 2002-464 DC § 57. ♦ Il en va de même de la taxe carbone qui exonérant 93 % des émissions de dioxyde de carbone d'origine industrielle, hors carburant, conduit à ce que les seules activités assujetties à la contribution carbone représentent moins de la moitié de la totalité des émissions de gaz à effet de serre et à ce que la contribution porte essentiellement sur les carburants et les produits de chauffage qui ne sont que l'une des sources d'émission de dioxyde de carbone. • Cons. const. 29 déc. 2009, n° 2009-599 DC § 82. ♦ ... Du « bonus-malus » destiné à inciter les consommateurs domestiques à réduire leur consommation d'énergies de réseau dès lors qu'il ne s'applique qu'aux particuliers et exclut les consommations du secteur tertiaire. • Cons. const. 11 avr. 2013, n° 2013-666 DC § 13.

79. Ce contrôle peut conduire à la suppression d'un avantage fiscal précédemment accordé à certaines catégories de contribuables pour faire échec à un risque d'évasion fiscale. • Cons. const. 29 déc. 1989, n° 89-268 DC § 42.

80. Sur les effets de seuil, V. note 47.

b. Intérêt général

81. Pour des généralités, V. notes ss. DDH, art. 6.

82. Généralités. Peuvent justifier des inégalités de traitement : l'intérêt général que représente la recherche de la stabilité du capital des entreprises, notamment familiales, et, partant, de leur pérennité. • Cons. const. 31 juill. 2003, n° 2003-477 DC § 14. ♦ ... Le soutien à la consommation et au pouvoir d'achat. • Cons. const. 16 août 2007, n° 2007-555 DC § 20. ♦ ... Les nécessités administratives comme celle d'éviter que les frais de recouvrement ne soient excessifs au regard du produit attendu. • Cons. const. 31 juill. 2003, n° 2003-480 DC § 19 s. ♦ ... La création et le développement d'un secteur d'activité concourant à l'intérêt général, notamment à caractère culturel. • Cons. const. 29 déc. 1984, n° 84-184 DC § 25. ♦ ... La protection de l'environnement. • Cons. const. 27 déc. 2002, n° 2002-464 DC § 57 • Cons. const. 29 déc. 2009, n° 2009-599 DC § 8 et 82. • Cons. const. 28 déc. 2020, n° 2020-813 DC § 22. ♦ ... La réduction de la consommation des produits polluants et la limitation du développement des activités polluantes. • Cons. const. 18 oct. 2010, *Sté SITA FD et a.,* n° 2010-57 QPC § 5. ♦ ... La volonté de favoriser un développement équilibré du commerce. • Cons. const. 18 oct. 2010, *PROCOS et a.,* n° 2010-58 QPC § 5. ♦ ... La volonté de favoriser l'emploi. • Cons. const. 5 avr. 2013, *CCI de Brest,* n° 2013-300 QPC § 8. ♦ ... La reconnaissance de la République française aux « anciens combattants et victimes de la guerre qui ont assuré le salut de la patrie ». • Cons. const. 9 juill. 2010, *Virginie M.,* n° 2010-11 QPC. ♦ ... La dignité de la personne humaine contre toute forme d'asservissement et de dégradation et l'objectif de valeur constitutionnelle que constitue la possibilité pour toute personne de disposer d'un logement décent. • Cons. const. 22 janv. 2016, *Féd. promoteurs immobiliers,* n° 2015-517 QPC § 17. ♦ ... L'incitation à la constitution de groupes nationaux, soumis à des conditions particulières de détention caractérisant leur degré d'intégration. • Cons. const. 13 avr. 2018, *Sté Life Sciences Holdings France,* n° 2018-699 QPC § 9. ♦ ... L'encouragement des investissements dans les entreprises de presse afin de renforcer leurs fonds propres. • Cons. const. 28 déc. 2020, n° 2020-813 DC § 14.

83. Objectif de rendement. En adoptant la disposition contestée, le législateur, poursuivant un objectif d'équilibre des comptes de la sécurité sociale, a entendu limiter le cumul d'une pension d'invalidité et de revenus du travail ; un tel objectif ne constitue pas une raison d'intérêt général de nature à justifier la différence de traitement. • Cons. const. 14 avr. 2016, *Francine E.,* n° 2016-534 QPC § 5. ♦ Un objectif de rendement ne constitue pas, en lui-même, une raison d'intérêt général de nature à justifier la différence de traitement instituée. • Cons. const. 30 sept. 2016, *Sté Layher SAS,* n° 2016-571 QPC § 9.

84. Lutte contre la fraude, l'évasion et l'optimisation fiscale et contre les « paradis fiscaux ». V. note 3.

85. Mesures incitatives. V. notes ss. DDH, art. 6 « Égalité devant l'impôt ».

86. Divers. La volonté de permettre d'assurer une transition progressive des impositions antérieures vers la nouvelle imposition peut justifier une différence de traitement provisoire entre les contribuables. • Cons. const. 19 avr. 2013, *Cne de Tourville-la-Rivière,* n° 2013-305/306/307 QPC § 10. ♦ La volonté de faciliter l'accès de toutes les entreprises d'une même branche à une protection complémentaire et d'assurer un régime de mutualisation des risques par le renvoi aux accords professionnels et interprofessionnels de la faculté d'organiser la couverture de ces risques en recommandant un ou plusieurs organismes de prévoyance. • Cons. const. 19 déc. 2013, n° 2013-682 DC § 49. ♦ La volonté de vérifier et de contrôler la réalité des charges déductibles qu'elles ont éventuellement engagées. • Cons. const. 24 mai 2019, *Sté Cosfibel Premium,* n° 2019-784 QPC § 8.

c. Rapport avec le but ou l'intérêt de la loi

87. Sur le respect du but poursuivi par la loi pouvant justifier une discrimination, V. ss. DDH, art. 6, note 309.

88. La différence de traitement induite par la différence de situation ou par l'intérêt général doit être en rapport avec l'objet ou le but que le législateur a assigné à la loi fiscale. • Cons. const. 29 déc. 1983, n° 83-164 DC § 33 • Cons. const. 6 août 2010, *Assoc. nat. stés d'exercice libéral,* n° 2010-24 QPC.

1. Rapport avec l'objet ou le but poursuivi

89. Lutte contre la fraude fiscale. Ainsi l'objectif ou le but de lutter contre la fraude (ou l'évasion) fiscale justifie une différence de traitement entre les contribuables soumis à des régimes fiscaux ne comportant pas des modes de déclaration et de contrôle semblables. • Cons. const. 29 déc. 1983, n° 83-164 DC § 33. ♦ ... Selon qu'ils ont ou non leur domicile en France. • Même affaire. ♦ L'objectif de lutte contre la fraude fiscale justifie une différence de traitement : entre les contribuables adhérant ou non d'un centre de gestion agréé. • Cons. const. 23 juill. 2010, *Philippe E,* n° 2010-16 QPC § 6. ♦ ... Entre un contribuable dont le train de vie est en disproportion caractérisée avec les revenus déclarés et un contribuable dont le train de vie est en rapport avec ses revenus déclarés. • Cons. const. 21 janv. 2011, *Mme Danièle B.,* n° 2010-88 QPC § 4. ♦ Les entreprises qui communiquent annuellement à l'administration fiscale, ou prennent et respectent l'engagement de le faire sur sa demande, des informations sur la situation et la consistance des immeubles possédés en France, l'identité et l'adresse des actionnaires, associés ou autres membres, le nombre des actions, parts ou autres droits détenus par chacun d'eux et la justification de leur résidence fiscale, ces entreprises se trouvent, au regard des possibilités de contrôle de l'administration, dans une situation différente de celles qui, n'étant pas soumises aux mêmes règles de transmission d'informations, ne présentent pas les mêmes garanties. • Cons. const. 16 sept. 2011, *Sté Heatherbrae Ltd,* n° 2011-165 QPC § 5. ♦ Pour l'établissement des droits de mutation à titre gratuit pour cause de décès, une différence de traitement entre les successions est justifiée selon que les dettes du défunt ont été contractées, d'une part, à l'égard de ses héritiers ou de personnes interposées ou, d'autre part, à l'égard de tiers. • Cons. const. 1er déc. 2017, *Élise D.,* n° 2017-676 QPC § 11.

90. Ce même objectif constitutionnel de lutte contre la fraude ou l'évasion fiscale justifie de soumettre à l'impôt la rémunération d'une prestation réalisée en France par une personne qui y est domiciliée ou établie, lorsque cette rémunération a été versée, aux fins d'éluder l'imposition, à une personne domiciliée ou établie à l'étranger. • Cons. const. 26 nov. 2010, *Pierre-Yves M.,* n° 2010-70 QPC § 4. ♦ V. déjà • Cons. const. 29 déc. 1989, n° 89-268 DC § 70. ♦ ... Ou s'agissant de la lutte contre les « paradis fiscaux », elle justifie une différence de traitement entre les contribuables qui perçoivent des produits de titres de sociétés établies dans un État ou un territoire non coopératif, ou qui réalisent des plus-values à l'occasion de la cession de titres de ces dernières, et les autres contribuables. • Cons. const. 20 janv. 2015, *Assoc. française entreprises privées et a.,* n° 2014-437 QPC §10. ♦ ... Ou s'agissant de décourager le recours tardif à l'assurance vie pour échapper à la fiscalité successorale, le législateur pouvait prévoir que l'impôt serait dû à raison du seul versement des primes après soixante-dix ans, sans tenir compte des retraits effectués postérieurement à ce versement par l'assuré. • Cons. const. 3 oct. 2017, *Jean-Jacques M.,* n° 2017-658 QPC § 7. ♦ ... Ou, s'agissant de décourager des distributions de capitaux mobiliers dans des conditions irrégulières, de soumettre ces seuls derniers capitaux à une majoration de taux. • Cons. const. 28 juin 2019, *Épx C.,* n° 2019-793 QPC § 9.

91. Il en va de même des dispositions traitant différemment les sociétés détentrices des titres de participation au regard du droit à déduction des charges financières afférentes à l'acquisition de ces titres selon la nature de leurs liens avec les sociétés qui exercent le pouvoir de décision et, le cas échéant, le pouvoir de contrôle sur les sociétés acquises si ces dispositions n'interdisent pas la déduction des charges financières afférentes à l'acquisition de titres de participation lorsqu'il est démontré que le pouvoir de décision sur ces titres et, le cas échéant, le pouvoir de contrôle effectif sur la société acquise sont exercés par des sociétés établies en France autres que les sociétés mère ou sœur de la société détentrice des titres et appartenant au même groupe que cette dernière. • Cons. const. 30 nov. 2018, *Sté Zimmer Biomet France Holdings,* n° 2018-748 QPC § 8 (réserve d'interprétation).

92. Il convient de rapprocher de cette lutte contre l'optimisation fiscale des mesures permettant de vérifier et de contrôler la réalité des charges déductibles qu'elles ont éventuellement engagées comme celles faisant peser l'imposition des revenus des personnes qui ne disposent pas d'installation professionnelle permanente en France sur les sommes qu'elles reçoivent en rémunération de leurs prestations.

• Cons. const. 24 mai 2019, ⚖ *Sté Cosfibel Premium,* n° 2019-784 QPC § 9.

93. Développement des activités économiques. De même l'objectif : d'éviter que les contribuables persévèrent dans un comportement irrégulier et de faire bénéficier l'économie nationale d'un apport de ressources financières nouvelles justifie l'amnistie accordée aux seuls résidents français qui détiennent des avoirs irréguliers à l'étranger et à l'encontre desquels aucune procédure administrative ou judiciaire n'a été engagée avant la date de régularisation de leur situation au sujet des mêmes sommes. • Cons. const. 3 juill. 1986, n° 86-209 DC § 17 et 18. ♦ ... De simplifier des démarches et obligations des entreprises, justifie de fixer le nouveau seuil d'exonération afin de n'assujettir au paiement de la taxe que les personnes réalisant un chiffre d'affaires supérieur à ce seuil. • Cons. const. 28 déc. 2000, n° 2000-441 DC § 29. ♦ ... D'exonérer d'impôt sur la fortune des entreprises familiales dont le capital est ouvert aux tiers et qui sont donc dans une situation différente des entreprises individuelles. • Cons. const. 31 juill. 2003, n° 2003-477 DC § 15. ♦ ... De limiter aux seuls artisans exerçant leur activité en nom propre (et donc écartant ceux ayant choisi l'EURL) justifie une exonération fiscale dans le but d'alléger la fiscalité des particuliers. • Cons. const. 28 déc. 2000, n° 2000-442 DC § 8. ♦ ... De favoriser un développement équilibré du commerce justifie l'existence d'une taxe frappant les établissements ayant une surface significative et que les établissements franchisés ne soient pas soumis à la même taxe que les établissements « intégrés ». • Cons. const. 18 oct. 2010, *PROCOS et a.,* n° 2010-58 QPC § 5. ♦ ... De favoriser la création et le développement des très petites entreprises en allégeant leur charges fiscales justifie l'exonération de cotisation foncière, pendant une période de 2 ans à compter de l'année qui suit celle de leur création, les entreprises ayant opté pour le « régime micro-social ». • Cons. const. 28 déc. 2010, n° 2010-622 DC § 28. ♦ ... De favoriser l'industrie laitière justifie que les graisses d'origine végétale ne bénéficient pas du taux réduit de TVA. • Cons. const. 29 avr. 2011, *Sté UNILEVER France,* n° 2011-121 QPC § 4. ♦ ... D'inciter à la constitution de groupes nationaux en réservant aux groupes fiscalement intégrés le bénéfice de la neutralisation de la quote-part de frais et charges instituée par les dispositions contestées. • Cons. const. 13 avr. 2018, ⚖ *Sté Life Sciences Holdings France,* n° 2018-699 QPC § 9. ♦ ... De favoriser l'investissement public dans les infrastructures portuaires justifie de réserver le bénéfice de l'exonération aux personnes publiques assurant elles-mêmes la gestion d'un port ainsi qu'aux sociétés à qui elles ont confié cette gestion et dont elles détiennent une part significative du capital. • Cons. const. 21 sept. 2018, ⚖ *Sté d'exploitation de moyens de carénage,* n° 2018-733 QPC § 8. ♦ ... De favoriser les restructurations d'entreprises susceptibles d'intervenir par échanges de titres, en évitant que le contribuable soit contraint de vendre une partie des titres qu'il a reçus lors de l'échange pour acquitter la plus-value qu'il a réalisée, à cette occasion, sur les titres apportés (transfert de la charge d'imposition du donateur au donataire). • Cons. const. 12 avr. 2019, ⚖ *Joseph R.,* n° 2019-775 QPC § 6 s. ♦ ... D'inciter les investisseurs à financer directement les entreprises éditant elles-mêmes des publications ou des services de presse en ligne et non celles souscrivant indirectement, par le biais d'autres sociétés, au capital de ces entreprises afin de garantir l'affectation intégrale à cette activité des capitaux apportés. • Cons. const. 28 déc. 2020, ⚖ n° 2020-813 DC § 14.

94. Santé et social. De même, l'objectif de protéger la santé publique justifie : qu'un impôt frappe une catégorie de produits dont on veut réduire la consommation (boissons alcoolisées). • Cons. const. 14 janv. 1983, ⚖ n° 82-152 DC § 7. ♦ ... Qu'une « cotisation » soit instituée sur les bières fortes et non sur les autres. • Cons. const. 12 déc. 2002, ⚖ n° 2002-463 DC § 13. ♦ Sur les boissons contenant un taux élevé de caféine, V. • Cons. const. 19 sept. 2014, ⚖ *Sté Red Bull. On Premise et a.,* n° 2014-417 QPC § 11. ♦ La mise en œuvre de la politique du logement en matière de développement de l'offre de logement locatif social et de rénovation urbaine justifie : un prélèvement sur leur potentiel financier de tous les organismes d'habitations à loyer modéré qui disposent d'un patrimoine locatif ainsi que sur celui des sociétés d'économie mixte pour les logements à usage locatif et les logements-foyers leur appartenant et conventionnés ou, dans les départements d'outre-mer, construits, acquis ou améliorés avec le concours financier de l'État dès lors que ces sociétés présentent, en raison notamment de leur domaine d'activité et de leurs conditions d'exercice, des caractéristiques qui les différencient des autres sociétés. • Cons. const. 28 déc. 2010, ⚖ n° 2010-622 DC § 43. ♦ ... De favoriser, pour le suivi social des personnes dépendantes, la coopération intercommunale spécialisée en matière d'aide sociale et justifie que le législateur limite le bénéfice de l'exonération de la cotisation d'assurance vieillesse due par les employeurs publics aux seuls centres communaux ou intercommunaux d'action sociale et ne l'accorde pas aux SIVOM. • Cons. const. 5 août 2011, ⚖ *SICOM de la Cté du Bruaysis,* n° 2011-158 QPC § 4.

95. Les dispositions qui instituent une différence de traitement entre les victimes d'un même préjudice corporel ayant entraîné une incapacité permanente totale selon que les rentes viagères visant à le réparer sont versées en exécution d'une décision de justice ou non sont sans rapport avec l'objet de la loi, qui est de faire bénéficier d'un régime fiscal favorable les personnes percevant une rente viagère en réparation du préjudice né d'une incapacité permanente totale. • Cons. const. 23 nov. 2018, *Kamel H.*, n° 2018-747 QPC § 7.

96. Protection de l'environnement. L'objectif : de favoriser l'insertion du logement dans l'environnement, compte tenu des contraintes financières qui pèsent sur ces constructions justifie l'exonération d'impôt foncier. • Cons. const. 27 déc. 2001, n° 2001-456 DC § 40. ♦ ... De fixer pour la redevance d'archéologie préventive un seuil d'assujettissement de 3 000 m^2, compte tenu du montant de la redevance et du fait que l'assujettissement soit indépendant de l'obligation d'exécuter les prescriptions d'archéologie préventive. • Cons. const. 31 juill. 2003, n° 2003-480 DC § 19 s. ♦ ... De protéger l'environnement justifie de limiter la taxe de contribution à la collecte et à l'élimination des déchets aux producteurs et distributeurs d'imprimés gratuits. • Cons. const. 29 déc. 2009, n° 2009-599 DC § 10. ♦ ... De favoriser l'épandage des boues d'épuration en asseyant la taxe sur la quantité de boue produite (sous réserve qu'il soit possible de les épandre) et non sur la quantité de boue épandue. • Cons. const. 8 juin 2012, *COPACEL et a.*, n° 2012-251 QPC § 6. ♦ ... De prendre en compte, d'une part, les coûts élevés d'investissement nécessaires au développement tant de la distribution des énergies en réseau que, pour l'électricité, des nouvelles capacités de production et, d'autre part, les modalités particulières selon lesquelles ces énergies sont distribuées n'impose pas que le dispositif du « bonus-malus » soit étendu aux autres énergies qui ne présentent pas ces caractéristiques. • Cons. const. 11 avr. 2013, n° 2013-666 DC § 12. ♦ ... De favoriser la valorisation des déchets au moyen de la production de biogaz une différence de traitement entre les installations de stockage des déchets non dangereux, selon qu'elles produisent ou non du biogaz sous réserve que les déchets en cause puissent être utilisés pour cette production. • Cons. const. 17 sept. 2015, *Sté Gurdebeke SA*, n° 2015-482 QPC § 7. ♦ ... De ne pas décourager l'achat de véhicules dont il estime l'empreinte environnementale globalement plus faible et dont il encourage, par ailleurs et pour *ce motif, l'acquisition et au contraire de décou*rager l'achat des véhicules de tourisme les plus lourds qui causent des nuisances environnementales spécifiques résultant de l'importance des consommations de matériaux et d'énergie que leur construction et leur usage nécessitent ainsi que de l'espace qu'ils occupent dans le trafic routier. • Cons. const. 28 déc. 2020, n° 2020-813 DC § 22 s.

97. Même si certains types de travaux, tels que ceux affectant le sous-sol marin, peuvent porter sur des surfaces très étendues, le législateur s'est fondé sur des critères objectifs et rationnels en rapport avec le but poursuivi en retenant, pour la redevance d'archéologie préventive due par les personnes projetant d'exécuter certains travaux affectant le sous-sol, comme règle d'assiette, la surface au sol de ces travaux. • Cons. const. 7 févr. 2020, *Sté Les sablières de l'Atlantique*, n° 2019-825 QPC § 7.

98. Développement de l'emploi. L'objectif de ne pas affaiblir le caractère incitatif de certains dispositifs de réduction et de crédit d'impôt destinés à favoriser, notamment, le développement de l'emploi ainsi que l'offre de logement social outre-mer justifie que certains mécanismes soient exclus du champ d'application d'une mesure générale de réduction des avantages fiscaux. • Cons. const. 28 déc. 2010, n° 2010-622 DC § 23. ♦ ... En matière de cotisations sociales, V. note 129.

99. Le Cons. const. peut admettre l'existence de ce rapport avec l'objet et le but poursuivis sous réserve d'interprétation. Ainsi, la protection de l'environnement justifie de limiter la taxe sur les activités polluantes aux seuls exploitants d'installation de stockage de déchets ménagers et d'élimination de déchets industriels spéciaux alors que les installations de stockage de déchets inertes en sont exonérées sous réserve qu'en soient aussi exonérées les installations de stockage de déchets ménagers pour les produits inertes qu'elles reçoivent. • Cons. const. 18 oct. 2010, *Sté SITA FD et a.*, n° 2010-57 QPC § 5.

100. Divers. Une disposition qui attache des effets différents aux secours et aux soins dispensés pendant la minorité de l'adopté institue des différences de traitement qui reposent sur des critères objectifs et rationnels en lien direct avec les objectifs poursuivis permettant aux personnes adoptées dans la forme simple de bénéficier du traitement fiscal des autres héritiers en ligne directe à la condition qu'elles aient fait l'objet d'une prise en charge continue et principale par l'adoptant qui a commencé pendant leur minorité. • Cons. const. 28 janv. 2014, *Cts P. de B.*, n° 2013-361 QPC § 10. ♦ La loi peut instituer une solidarité de paiement dès lors que les conditions d'engagement de cette solidarité sont proportionnées à son étendue et en rapport avec l'objectif poursuivi par le législateur. • Cons. const. 31 juill. 2015, *Sté Gecop*, n° 2015-479 QPC § 18. ♦ En exemptant de la contribution prévue par la législation les employeurs occupant moins de vingt salariés, le législateur a entendu tenir compte de leur moindre capacité contributive par rapport à ceux occupant vingt salariés et plus. • Cons. const. 3 oct. 2017, *Sté Valeo systèmes de contrôle moteur,* n° 2017-657 QPC § 11.

101. Les dispositions contestées, qui ont été présentées au Parlement comme constitutives d'une étape dans la perspective d'une réforme plus globale de la fiscalité locale, entendent diminuer l'imposition à la taxe d'habitation de la plus grande part de la population. Si, ce faisant, ces dispositions ne réduisent pas l'ensemble des disparités de situation entre contribuables inhérentes au régime de cette taxe sous l'effet de son évolution depuis sa création, elles sont, en retenant comme critère d'éligibilité à ce dégrèvement un plafond de revenu en fonction du quotient familial, fondées sur un critère objectif et rationnel, en rapport avec l'objet de la loi. • Cons. const. 28 déc. 2017, n° 2017-758 DC § 12.

2. Absence de rapport avec l'objet ou le but poursuivi

102. Lutte contre l'optimisation fiscale. Ne reposent pas sur des critères objectifs et rationnels en rapport avec l'objectif poursuivi : les dispositions qui font peser sur les donataires de valeurs mobilières une imposition supplémentaire qui est sans lien avec leur situation mais est liée à l'enrichissement du donateur antérieur au transfert de propriété des valeurs mobilières ; le critère de la durée séparant la donation de la cession à titre onéreux des valeurs mobilières est à lui seul insuffisant pour présumer de manière irréfragable que la succession de ces deux opérations est intervenue à la seule fin d'éluder le paiement de l'imposition des plus-values. • Cons. const. 29 déc. 2012, n° 2012-661 DC § 24. ♦ ... Les dispositions qui ont pour effet de laisser à la charge de l'entreprise redevable l'intégralité de la cotisation foncière des entreprises, sans bénéfice du plafonnement, pour la période de l'année postérieure à l'opération de restructuration ; en effet, plus l'opération de restructuration intervient à une date proche du début de l'exercice fiscal, plus le montant de la contribution économique territoriale dû est important par rapport à celui qui aurait été versé en l'absence de restructuration. • Cons. const. 19 sept. 2014, *Sté PV-CP Distribution,* n° 2014-413 QPC § 6. ♦ ... Les dispositions qui distinguent entre les groupes selon qu'ils relèvent ou non du régime de l'intégration fiscale, dès lors qu'ils peuvent tous réaliser de telles opérations de restructuration. • Cons. const. 19 mai 2017, *Sté FB Finance,* n° 2017-629 QPC § 10.

103. Développement des activités économiques. Créent une discrimination qui n'est pas en rapport avec le but poursuivi par la loi : la disposition qui, en vue de favoriser l'accession à la propriété, limite aux seuls contribuables ayant acquis ou construit leur habitation principale depuis moins de 5 ans, le crédit d'impôt résultant de la construction ou de l'acquisition d'une habitation principale antérieurement à l'entrée en vigueur de la loi. • Cons. const. 16 août 2007, n° 2007-555 DC § 20. ♦ ... La disposition qui, en vue de favoriser la transmission des entreprises en contribuant à assurer la pérennité des petites et moyennes entreprises limite aux seuls contribuables ayant conservé pendant une période de 5 années des biens professionnels transmis entre vifs à titre gratuit à un ou plusieurs donataires l'abattement sur la valeur de ces biens, sans exiger que ces personnes exercent des fonctions dirigeantes au sein de l'entreprise. • Cons. const. 28 déc. 1995, n° 95-369 DC § 10. ♦ ... La disposition qui, en vue de favoriser la transmission des entreprises en contribuant à assurer la pérennité des petites et moyennes entreprises étend le bénéfice de l'abattement sur la valeur des biens professionnels aux transmissions par décès accidentel d'une personne âgée de moins de 65 ans, alors que les autres donataires et héritiers, dans des situations différentes, n'en bénéficient pas. • Même affaire. ♦ ... La disposition qui, en vue de favoriser le développement des usages industriels de l'électricité et mettre un terme aux difficultés suscitées par la détermination conventionnelle et forfaitaire des consommations taxables des abonnés alimentés en haute et moyenne tension, limite aux seuls contribuables n'ayant pas signé une convention avant une certaine date le bénéfice d'une exonération fiscale. • Cons. const. 4 févr. 2011, *Sté Laval Distribution,* n° 2010-97 QPC § 5. ♦ ... La disposition qui favorise la reprise d'activité en limitant l'exonération fiscale au seul cas de reprise d'activité dans les mêmes locaux. • Cons. const. 14 oct. 2016, *Épx F.,* n° 2016-587 QPC § 7. ♦ ... La disposition qui favorise la reprise de l'activité par un nouvel agent général d'assurances exerçant à titre individuel. • Cons. const. 16 oct. 2017, *Épx T.,* n° 2017-663 QPC § 9. ♦ ... La disposition qui, en vue de favoriser l'investissement public dans les infrastructures portuaires exclut de l'exonération des sociétés susceptibles de gérer un port qui, sans avoir le statut de SEM, ont aussi un capital significativement, voire totalement, détenu par des personnes publiques. • Cons. const. 21 sept. 2018, *Sté d'exploitation de moyens de carénage,* n° 2018-733 QPC § 5.

104. Santé et social. Dès lors que les boissons faisant l'objet d'une commercialisation dans les mêmes formes et ayant une teneur en caféine supérieure à 220 mg pour 1 000 ml sont exclues du champ d'application de cette imposition lorsqu'elles ne sont pas des boissons « dites énergisantes », la différence ainsi instituée entraîne une différence de traitement qui est sans rapport avec l'objet de l'imposition (protection de la santé). • Cons. const. 19 sept.

2014, *Sté Red Bull. On Premise et a.*, n° 2014-417 QPC § 12. ♦ V. déjà, taxant des boissons ne contenant pas d'alcool à des fins de lutte contre la consommation alcoolique des jeunes. • Cons. const. 13 déc. 2012, n° 2012-659 DC § 26.

105. Protection de l'environnement. Crée une discrimination qui n'est pas en rapport avec le but poursuivi par la loi la disposition qui, en vue de protéger l'environnement : limite la taxe de contribution à la collecte et à l'élimination des déchets aux producteurs et distributeurs d'imprimés gratuits qui ne font pas l'objet d'une distribution nominative. • Cons. const. 29 déc. 2009, n° 2009-599 DC § 11. ♦ ... Limite le « bonus-malus » destiné à inciter les consommateurs domestiques à réduire leur consommation d'énergies de réseau dès lors aux seuls particuliers dès lors que l'exclusion du secteur tertiaire est de nature à conduire à ce que, en particulier dans les immeubles à usage collectif, des locaux dotés de dispositifs de chauffage et d'isolation identiques, soumis aux mêmes règles tarifaires au regard de la consommation d'électricité et de gaz et, pour certains, utilisant un dispositif collectif de chauffage commun, soient exclus ou non du régime de « bonus-malus » du seul fait qu'ils ne sont pas utilisés à des fins domestiques. • Cons. const. 11 avr. 2013, n° 2013-666 DC § 13. ♦ ... Assoit la taxe destinée à favoriser l'épandage des boues d'épuration sur la quantité de boue produite y compris celle que le producteur n'a pas l'autorisation d'épandre. • Cons. const. 8 juin 2012, *COPACEL et a.*, n° 2012-251 QPC § 6.

106. Viole également le principe d'égalité devant l'impôt la mise en place d'incitation inadaptée au but poursuivi comme le fait de soumettre l'électricité à la taxe sur les activités polluantes, alors pourtant qu'en raison de la nature des sources de production de l'électricité en France, la consommation d'électricité contribue très faiblement au rejet de gaz carbonique et permet, par substitution à celle des produits énergétiques fossiles de lutter contre l'« effet de serre ». • Cons. const. 28 déc. 2000, n° 2000-441 DC § 37. ♦ Il en va de même des dispositions qui, en ne fixant pas des conditions de répartition du « bonus-malus » en rapport avec l'objectif de responsabiliser chaque consommateur domestique au regard de sa consommation d'énergie de réseau, n'assurent pas le respect de l'égalité devant les charges publiques, d'une part, entre les consommateurs qui résident dans ces immeubles collectifs et, d'autre part, avec les consommateurs domestiques demeurant dans un site de consommation résidentiel individuel. • Cons. const. 11 avr. 2013, n° 2013-666 DC § 17.

107. Divers. Il en va de même de la mise à la charge de tous les médecins, sans tenir compte de leur comportement en matière d'honoraires ou de prescriptions, d'une contribution destinée à réguler les dépenses de santé. • Cons. const. 18 déc. 1998, n° 98-404 DC § 18. ♦ Comp. s'agissant de tarifs. • Cons. const. 21 déc. 1999, n° 99-422 DC § 47. ♦ Si le législateur pouvait, dans une mesure très limitée, assujettir les entreprises à des taux de forfait social différents, en prévoyant des écarts de taux de 8 % et de 12 %, il a institué des différences de traitement qui entraînent une rupture caractérisée de l'égalité devant les charges publiques. • Cons. const. 19 déc. 2013, n° 2013-682 DC § 55. ♦ En exemptant de la contribution prévue au 2° les employeurs relevant du régime agricole au regard des lois sur la sécurité sociale, le législateur ne s'est pas fondé sur un critère objectif et rationnel en fonction des buts qu'il s'est fixés de financement de l'allocation logement. • Cons. const. 3 oct. 2017, *Sté Valeo systèmes de contrôle moteur*, n° 2017-657 QPC § 10.

108. Il en va de même encore de la disposition privant le débiteur d'une prestation compensatoire du bénéfice de la réduction d'impôt sur les versements en capital intervenus sur une durée inférieure à douze mois au seul motif que ces versements sont complétés d'une rente. • Cons. const. 31 janv. 2020, *Thierry A.*, n° 2019-824 QPC § 14.

109. Dès lors qu'il n'y a pas de lien entre le régime fiscal du cessionnaire et sa capacité à respecter son engagement de transformer en logements les locaux cédés, le législateur ne s'est pas fondé sur un critère objectif et rationnel en fonction du but de création de logements qu'il s'est proposé, en réservant l'application de l'avantage fiscal aux plus-values de cessions réalisées au profit d'une personne morale « soumise à l'impôt sur les sociétés dans les conditions de droit commun », excluant ainsi d'autres personnes morales tout autant susceptibles de transformer les locaux cédés en locaux à usage d'habitation, en particulier les sociétés civiles de construction-vente. • Cons. const. 31 juill. 2020, *Sté Baraha*, n° 2020-854 QPC § 8.

110. S'il est loisible au législateur de prévoir, dans le cadre de la réforme de la dotation d'intercommunalité, le maintien à titre transitoire du prélèvement auquel certains établissements publics de coopération intercommunale étaient jusqu'alors soumis, afin de garantir qu'ils continueraient à participer, à hauteur de leur richesse relative constatée en 2018, au redressement des finances publiques, il ne peut, compte tenu de l'objet de ce prélèvement et sans autre possibilité d'ajustement, laisser subsister de façon pérenne une telle différence de traitement. • Cons. const. 15 oct. 2020, *Cté de Cnes Chinon, Vienne et Loire*, n° 2020-862 QPC § 8.

3° RUPTURE DE L'ÉGALITÉ CARACTÉRISÉE DEVANT LES CHARGES PUBLIQUES

111. Principe. Le principe d'égalité se trouve méconnu dès lors : que l'appréciation du législateur, bien que fondée sur des critères objectifs et rationnels en fonction des buts qu'il se propose entraîne une rupture caractérisée de l'égalité devant les charges publiques. • Cons. const. 6 mars 2015, *Sté Nextradio TV,* n° 2014-456 QPC § 5 • Cons. const. 31 janv. 2020, *Thierry A.,* n° 2019-824 QPC § 6. ♦ ... Que le législateur en modifiant l'assiette d'une contribution afin d'alléger la charge pesant sur les contribuables les plus modestes provoque une rupture caractérisée de l'égalité entre ces contribuables. • Cons. const. 19 déc. 2000, n° 2000-437 DC § 9. ♦ ... Que l'administration se voit autorisée, à sa seule initiative et à l'occasion de la rectification d'une erreur dont elle est l'auteur, à interdire à l'autre « partie » de bénéficier d'une prescription déjà acquise selon la loi existante, alors que cette partie était en droit de s'en prévaloir à l'égal de tout autre contribuable. • Cons. const. 29 déc. 1989, n° 89-268 DC § 61 ♦ ... Qu'une disposition tend à instituer une discrimination entre les citoyens au regard de la possibilité d'apporter une preuve contraire à la décision de taxation d'office de l'administration les concernant. • Cons. const. 27 déc. 1973, n° 73-51 DC § 2.

112. En instituant des contributions, assises sur des opérations précisément définies, le législateur n'a pas soumis à des impositions différentes des contribuables placés dans une situation identique ; il n'en résulte pas de rupture caractérisée de l'égalité devant les charges publiques. • Cons. const. 28 déc. 2011, n° 2011-644 DC § 13. ♦ En réservant aux personnes qui bénéficient d'indemnités journalières le bénéfice de l'exonération fiscale lorsque ces personnes sont atteintes de l'une des affections comportant un traitement prolongé et une thérapeutique particulièrement coûteuse, le législateur n'a institué ni des différences de traitement injustifiées ni une rupture caractérisée de l'égalité devant les charges publiques. • Cons. const. 6 févr. 2014, *Épx. M.,* n° 2013-365 QPC § 8.

113. Le juge parle parfois de rupture caractérisée de l'égalité entre les contribuables : l'option éventuelle pour l'impôt sur les sociétés, si elle crée une différence d'imposition entre les personnes exerçant leur activité dans le cadre de sociétés civiles professionnelles distinctes, est librement décidée par les associés, résulte d'une décision qui leur est opposable et n'est, de ce fait, pas de nature à créer une rupture caractérisée de l'égalité entre contribuables. • CE 23 juill. 2010, *Guibourt,* n° 340115. ♦ Eu égard à cette spécificité dans le mode d'exercice de leur activité, les établissements de crédit se trouvent dans une situation différente de la généralité des assujettis à la taxe professionnelle au regard de l'objet de la loi, justifiant la différence de traitement que celle-ci avait instituée, qui n'est pas de nature à créer une rupture caractérisée de l'égalité entre contribuables. • CE, QPC, 23 déc. 2010, *Caisse régionale de Crédit agricole mutuel de Centre-Ouest,* n° 321068.

114. Ni la détermination des redevables des différentes contributions, ni le choix des modalités d'imposition de ces catégories ne doivent déboucher sur une rupture caractérisée ou manifeste entre redevables. • Cons. const. 19 nov. 1997, n° 97-390 DC § 7 • Cons. const. 19 déc. 2000, n° 2000-437 DC § 9. ♦ V. aussi : • CE, ass., 30 juin 1995, *Gouvernement du territoire de la Polynésie française,* n° 162329 : *Lebon 280 ; AJDA 1995. 655, chron. Stahl et Chauvaux ; RFDA 1995. 1240, note Favoreu et Philip .*

115. Afin que le principe d'égalité devant les charges publiques soit respecté, les contribuables soumis à la procédure d'imposition en fonction des « signes extérieurs de richesse », qui ont les mêmes revenus sans disposer des mêmes éléments de train de vie, doivent pouvoir prouver que le financement des éléments de patrimoine qu'ils détiennent n'implique pas la possession des revenus définis forfaitairement. • Cons. const. 21 janv. 2011, *Mme Danièle B.,* n° 2010-88 QPC § 8.

116. Pour une application aux cotisations sociales, V. note 124.

117. Appréciation in concreto. Dès lors que le juge constitutionnel apprécie *in concreto* l'existence ou non d'une rupture caractérisée, il est parfois difficile de se prononcer sur le seuil au-delà duquel la « rupture » serait « caractérisée ». Ainsi, le non-assujettissement à la contribution qui trouve sa justification dans les règles générales applicables à l'établissement et à la mise en recouvrement des impôts directs perçus par voie de rôle et qui a pour but d'éviter l'engagement de frais de recouvrement qui seraient excessifs par rapport à l'ampleur des sommes en jeu est justifié dès lors qu'il vise les contribuables dont la cotisation d'impôt sur le revenu pour 1991 est inférieure à 420 F. • Cons. const. 28 déc. 1990, n° 90-285 DC § 30. ♦ La déductibilité de la CSG est justifiée dès lors qu'elle est partielle et limitée dans son montant par un mécanisme de plafonnement. • Cons. const. 21 juin 1993, n° 93-320 DC § 32. ♦ Le prélèvement pour le financement de la CMU sur les organismes de protection sociale complémentaire est justifié dès lors qu'il porte sur le chiffre d'affaires en matière de santé et qu'il est au taux de 1, 75 %. • Cons. const. 23 juill. 1999, n° 99-416 DC § 22. ♦ L'augmentation de 2 à 3 % du taux de progression du chiffre d'affaires de l'ensemble des entreprises redevables, au-delà duquel est due une contribution, répond au double objectif de contribution des entreprises exploitant des spécialités pharmaceutiques au financement de l'assurance maladie et de modération des dépenses de médicaments. • Cons. const. 19 déc. 2000, n° 2000-437 DC § 33. ♦ L'assujettissement au barème de l'impôt sur le revenu des revenus de capitaux mobiliers est assorti d'un certain nombre d'aménagements et de dispositifs dérogatoires ; la modification de la charge pesant sur les contribuables percevant des revenus de capitaux mobiliers n'entraîne pas de rupture caractérisée de l'égalité. • Cons. const. 29 déc. 2012, n° 2012-662 DC § 50, 65 et 79. ♦ ... La majoration de la taxe sur les surfaces commerciales n'entraîne, eu égard à son taux, de rupture caractérisée ni dans le montant de l'imposition, ni dans les effets de seuil de son barème. • Cons. const. 29 déc. 2014, n° 2014-708 DC § 23.

118. De même, la limitation de l'avantage tiré par les détenteurs des patrimoines les plus importants du plafonnement de l'ISF par rapport aux revenus du contribuable entend faire obstacle à ce que ces contribuables n'aménagent leur situation en privilégiant la détention de biens qui ne procurent aucun revenu imposable. • Cons. const. 11 févr. 2011, *Laurence N.*, n° 2010-99 QPC § 5.

119. Permet également de respecter l'égalité devant les charges publiques la possibilité donnée au contribuable de contester l'évaluation forfaitaire faite par l'administration en apportant la preuve de la manière dont il a pu financer le train de vie ainsi évalué. • Cons. const. 21 janv. 2011, *Mme Danièle B.*, n° 2010-88 QPC § 8. ♦ ... Le fait que le parent d'un enfant en résidence alternée, s'il ne peut pas déduire de ses revenus imposables la pension alimentaire qu'il verse, bénéficie en tout état de cause de la moitié de la majoration de quotient familial. • Cons. const. 14 déc. 2018, *Jean-Guilhem G.*, n° 2018-753 QPC § 13.

120. L'instauration d'une nouvelle tranche marginale d'imposition au taux de 45 % pour la fraction des revenus soumis au barème de l'impôt sur le revenu supérieure à 150 000 euros par part augmentant les recettes fiscales et accentuant la progressivité de l'imposition des revenus, elle ne fait pas, en elle-même, peser sur les contribuables une charge excessive au regard de leur capacité contributive et ne crée pas de rupture caractérisée de *l'égalité devant les charges publiques.* • Cons. const. 29 déc. 2012, n° 2012-662 DC § 16.

121. A l'inverse, font peser sur les contribuables une charge excessive au regard de cette faculté contributive l'application au cumul « emploi-retraite » d'une contribution fixée à un taux de 50 % pour les sommes dépassant un plafond fixé. • Cons. const. 16 janv. 1986, n° 85-200 DC § 17. ♦ Les taux prévus, combinés à l'ensemble des autres taux d'imposition portant sur les gains et avantages correspondant à la levée d'une option de souscription ou d'achat d'actions ou à l'attribution gratuite d'actions, ont pour effet, après prise en compte de la déductibilité d'une fraction de la contribution sociale généralisée de l'assiette de l'impôt sur le revenu, de porter le taux marginal maximal d'imposition de ces gains et avantages respectivement à 72 % et à 77 % ; dès lors que les autres revenus du contribuable soumis au barème de l'impôt sur le revenu excèderont 150000 € pour un contribuable célibataire, le taux d'imposition de ces gains et avantages s'élèvera au minimum à 68,2 % ou à 73,2 %. • Cons. const. 29 déc. 2012, n° 2012-662 DC § 81. ♦ ... Des dispositions pouvant conduire, après déduction d'une fraction de la CSG, à un taux marginal maximal d'imposition de 82 %. • Cons. const. 29 déc. 2012, n° 2012-662 DC § 101.

122. De même, s'il était loisible au législateur de procéder, dès 2012, à la substitution de nouveaux critères aux précédents critères qu'il avait retenus pour la répartition des montants de la dotation de compensation de la réforme de la taxe professionnelle et des prélèvements ou reversements au titre du Fonds national de garantie individuelle des ressources en cas de modification de périmètre, fusion, scission ou dissolution d'un ou plusieurs établissements publics de coopération intercommunale et de laisser subsister à titre transitoire une différence de régime selon la date de cette modification, il ne pouvait, compte tenu de l'objet de cette dotation et de ce Fonds, laisser subsister une telle différence de façon pérenne, sans porter une atteinte caractérisée à l'égalité devant les charges publiques entre les communes et entre les établissements publics de coopération intercommunale. • Cons. const. 14 juin 2013, *Cté de cnes Monts d'Or Azergues*, n° 2013-323 QPC § 10. ♦ Rappr. • Cons. const. 6 juin 2014, *Cne de Guyancourt*, n° 3014-397 QPC § 6.

123. Pourront encore constituer une rupture caractérisée de l'égalité devant les charges publiques les conséquences qui résultent des nouveaux critères d'inscription d'un État ou d'un territoire sur la liste des « États et territoires non coopératifs » (ETNC) ; mais cette analyse vaut « en l'état », c'est-à-dire à un moment où il est prévu l'ajout à cette liste des ETNC n'ayant pas conclu avec la France de convention comportant une clause particulière sur l'échange automatique d'informations, alors que la France n'a, à ce jour, conclu aucune convention bilatérale de ce type ; en conséquence, un nombre important d'États et de territoires sera susceptible d'y figurer, même au 1er janv. 2016, date d'entrée en vigueur prévue de la disposition. • Cons. const. 4 déc. 2013, n° 2013-679 DC § 51.

B. HORS DU CADRE FISCAL

124. Cotisations sociales. Le grief tiré de l'existence d'un « effet de seuil » n'a pas la même portée selon qu'il s'agit de la couverture de base ou de la couverture complémentaire. • Cons. const. 23 juill. 1999, n° 99-416 DC § 7. ♦ S'agissant de la couverture complémentaire, eu égard aux difficultés auxquelles se heurterait en conséquence l'institution d'un mécanisme de lissage des effets de seuil, le législateur ne peut être regardé comme ayant méconnu le principe d'égalité. • Cons. const. 23 juill. 1999, n° 99-416 DC § 10.

125. Cotisations professionnelles obligatoires. Le principe d'égalité devant les charges publiques s'applique aux cotisations professionnelles obligatoires. • CE 22 mai 1991, *Bigot c/ Conseil nat. ordre des architectes,* n° 35140 B • CE, sect., 23 oct. 1981, *Sagherian,* n° 16903 : *Lebon 386 ; AJDA 1981. 598.*

126. Tarifs médicaux. La Caisse nationale de l'assurance maladie des travailleurs salariés, quand un accord avec les professionnels de santé n'a pas été possible, peut faire varier les tarifs qui leur sont applicables, lorsqu'en cours d'année l'évolution des dépenses ne paraît pas compatible avec le respect de l'objectif annuel de dépenses ; ces modifications facultatives de tarif ne méconnaissent pas le principe constitutionnel d'égalité, dès lors qu'elles ont vocation à s'appliquer aux professionnels de santé des activités concernées par l'augmentation excessive des dépenses et que la baisse de tarif n'exercera ses effets que pour l'avenir. • Cons. const. 21 déc. 1999, n° 99-422 DC § 47.

127. Vente de bien. Le prix d'un bien délaissé au profit d'une association syndicale autorisée ne saurait être inférieur à sa valeur sans créer de rupture caractérisée de l'égalité devant les charges publiques. • Cons. const. 22 janv. 1990, n° 89-267 DC § 18.

128. De même, des biens ou des entreprises faisant partie de patrimoines publics ne peuvent être cédés à des personnes poursuivant des fins d'intérêt privé pour des prix inférieurs à leur valeur. • Cons. const. 25 juin 1986, n° 86-207 DC § 61 (sol. impl.) et • Cons. const. 26 juin 1986 : *ibid.* • Cons. const. 24 juill. 2008, n° 2008-567 DC § 25 • Cons. const. 17 déc. 2010, *Région Centre et Région Poitou-Charentes,* n° 2010-67/86 QPC § 3.

1° COTISATIONS SOCIALES

129. En réservant la revalorisation annuelle des pensions de retraite servies par les régimes de base aux seuls pensionnés qui perçoivent des pensions de retraite inférieures à un seuil, le législateur a entendu préserver les faibles pensions de retraite ; à cette fin, il a retenu l'ensemble des revenus de pension pour l'application d'un dispositif de revalorisation des seules pensions servies par les régimes obligatoires de base de sécurité sociale. Cette mesure ne crée par une rupture caractérisée devant les charges sociales dans la mesure où elle ne s'applique qu'à la seule revalorisation au titre de l'année 2014 et est d'une ampleur maximale de 7 euros par mois par pensionné intéressé. • Cons. const. 6 août 2014, n° 2014-698 DC § 17.

130. Reposent sur un caractère objectif et rationnel en lien avec les buts ou objectifs poursuivis : de prendre en compte le régime juridique de l'employeur, les modalités selon lesquelles l'employeur est assuré contre le risque de privation d'emploi de ses salariés ainsi que le régime de sécurité sociale auquel ces salariés sont affiliés pour définir les conditions ouvrant droit à la réduction des cotisations à la charge de l'employeur pour favoriser l'emploi (ne pas affaiblir le caractère incitatif de certains dispositifs de réduction et de crédit d'impôt destinés à favoriser le développement de l'emploi). • Cons. const. 5 avr. 2013, *CCI de Brest*, n° 2013-300 QPC § 8. ♦ ... De retenir un champ d'application plus large pour les cotisations des artisans, industriels et commerçants dès lors que ceux-ci, affiliés à un régime d'assurance vieillesse distinct de celui des autres travailleurs non-salariés non agricoles, sont dans une situation plus précaire que les autres travailleurs non-salariés non agricoles des départements d'outre-mer. • Cons. const. 5 avr. 2013, *Annick D., épse L.,* n° 2013-301 QPC § 7. ♦ ... De prévoir que la compensation entre, d'une part, l'ensemble des régimes de salariés et, d'autre part, chacun des régimes de non-salariés repose exclusivement sur des critères démographiques, sans que ces critères soient pondérés par la prise en compte des capacités contributives. • Cons. const. 20 oct. 2015, *Caisse autonome de retraite des médecins de France,* n° 2015-495 QPC § 10. ♦ ... De subordonner l'exonération de cotisations sociales à la condition de communiquer des informations aux organismes de recouvrement pour permettre une évaluation du montant de la perte de recettes en résultant pour la sécurité sociale et ce même si, désormais, l'État n'est plus tenu de compenser la perte de recettes sociales résultant de cette exonération. D'autant plus que cette notification permet aux organismes de recouvrement de procéder, le cas échéant, à des contrôles et des vérifications. • Cons. const. 22 févr. 2019, *Sté Oddo BHF,* n° 2018-767 QPC § 11 s. ♦ ... D'autoriser le pouvoir réglementaire à prévoir des taux particuliers de cotisations sociales pour les assurés sociaux qui, n'étant pas des résidents fiscaux en France, ne sont pas assujettis à la contribution sociale généralisée sur les revenus d'activité et de remplacement, pour éviter que ceux-ci puissent bénéficier de la baisse attendue des taux de cotisations sociales sans subir, en contrepartie, la hausse de la CSG. • Cons. const. 4 oct. 2019, *Gilbert A.*, n° 2019-806 QPC § 9. ♦ ... De retenir, pour assurer la maîtrise des dépenses sociales et préserver le pouvoir d'achat de la majorité des retraités et des bénéficiaires de pensions d'invalidité un dispositif exceptionnel de revalorisation différentielle des pensions de vieillesse et d'invalidité. • Cons. const. 20 déc. 2019, n° 2019-795 DC § 54 s.

131. La seule absence de plafonnement d'une cotisation dont les modalités de détermination de l'assiette ainsi que le taux sont fixés par voie réglementaire n'est pas, en elle-même, constitutive d'une rupture caractérisée de l'égalité devant les charges publiques. Toutefois, il appartient au pouvoir réglementaire de fixer ce taux et ces modalités de façon à ce que la cotisation n'entraîne pas de rupture caractérisée de l'égalité devant les charges publiques. • Cons. const. 27 sept. 2018, *Xavier B.*, n° 2018-735 QPC § 19.

132. Les principes d'égalité devant la loi et devant les charges publiques interdisent de retenir des taux particuliers de cotisations sociales de nature à créer des ruptures caractérisées de l'égalité dans la participation des assurés sociaux au financement des régimes d'assurance maladie dont ils relèvent. • Cons. const. 4 oct. 2019, *Gilbert A.*, n° 2019-806 QPC § 11.

2° REDEVANCES POUR SERVICE RENDU

133. La loi, en prévoyant que l'acte administratif instituant une redevance sur un ouvrage d'art reliant des voies départementales peut prévoir des tarifs différents ou la gratuité, selon les diverses catégories d'usagers, pour tenir compte soit d'une nécessité d'intérêt général en rapport avec les conditions d'exploitation de l'ouvrage d'art, soit de la situation particulière de certains usagers, et notamment de ceux qui ont leur domicile ou leur lieu de travail dans le ou les départements concernés, est conforme au principe d'égalité devant les charges publiques. • Cons. const. 12 juill. 1979, n° 79-107 DC § 4. ♦ En instituant le droit départemental de passage sur les ponts reliant une île maritime au continent, le législateur a entendu limiter le trafic routier dans les îles reliées au continent par un ouvrage d'art et préserver l'environnement. • Cons. const. 24 mai 2017, *Assoc. pour la gratuité du pont de l'île d'Oléron*, n° 2017-631 QPC § 6. ♦ Rappr. • CE 10 mai 1974, *Denoyez et Chorques : Lebon 274 ; D. 1975. 393, note Tedeschi ; AJDA 1974. 298, chron. Franc et Boyon : RD publ. 1974. 467, note Waline ; Rev. adm. 1974. 440, note Moderne.* ♦ V. également sur la possibilité de moduler le tarif en matière de stationnement payant. • CE 4 mai 1994, *Ville de Toulon*, n° 143992 : *Lebon 221*. ♦ ... De passage sur les ponts reliant une île maritime au continent. • Cons. const. 24 mai 2017, *Assoc. pour la gratuité du pont de l'île d'Oléron*, n° 2017-631 QPC § 7 et 8.

134. Il est loisible au législateur, dans le but d'intérêt général qui s'attache à la protection de l'environnement, de faire prendre en charge par certaines personnes mettant des imprimés à la disposition du public le coût de collecte et de recyclage desdits imprimés. • Cons. const. 29 déc. 2003, n° 2003-488 DC § 8.

135. En revanche, en soumettant à ce dispositif les imprimés gratuits et non demandés, distribués dans les boîtes aux lettres de façon non nominative, tout en exemptant les mêmes imprimés lorsqu'ils font l'objet d'une distribution nominative, le législateur a instauré une différence de traitement injustifiée au regard de l'objectif poursuivi créant une rupture caractérisée de l'égalité devant les charges publiques. • Cons. const. 29 déc. 2003, n° 2003-488 DC § 11. ♦ Rappr. s'agissant d'une taxe due par toute personne exerçant une activité commerciale non salariée à durée saisonnière sur le territoire des communes qui l'instituent sans prévoir que cette taxe devra prendre en compte la durée d'installation dans la commune. • Cons. const. 29 déc. 1999, n° 99-424 DC § 49.

136. De même, des dispositions faisant obstacle, sauf pour la sécurité aérienne et les communications électroniques, à ce que l'État puisse disposer, par l'institution de taxes, d'une partie au moins des ressources nécessaires à l'exercice des missions qui demeurent à sa charge sur les territoires de Mayotte, de Saint-Barthélemy, de Saint-Martin et de Saint-Pierre-et-Miquelon conduisent à ce que le coût de l'exercice de ces missions ne pourrait donc être supporté que par les contribuables ne résidant pas dans ces collectivités violant ainsi le principe d'égalité devant les charges publiques. • Cons. const. 15 févr. 2007, n° 2007-547 DC § 47.

137. Contrepartie économique de la prestation. Il n'y a pas rupture d'égalité si la redevance de service rendu, qui doit essentiellement trouver une contrepartie directe dans la prestation fournie par le service ou, le cas échéant, dans l'utilisation d'un ouvrage public et, par conséquent, doit correspondre à la valeur de la prestation ou du service, tient compte non seulement du prix de revient, mais aussi, en fonction des caractéristiques du service, de la valeur économique de la prestation pour son bénéficiaire dès lors que, dans tous les cas, le tarif est établi selon des critères objectifs et rationnels, dans le respect du principe d'égalité entre les usagers du service public. • CE 16 juill. 2007, *Synd. nat. défense de l'exercice* *libéral de la médecine à l'hôpital,* n° 293229 : *Lebon 349* ; *RFDA 2007. 1269, concl. Denys* , *note Terneyre* ; *AJDA 2007. 1807, chron. Boucher et Bourgeois-Machureau* ; *AJDA 2008. 297, note Lemoyne de Forges* ; *RDSS 2007. 1050, note Cristol* ; *Dr. adm. 2007. 128, note Bazex et Blazy.* ♦ V. déjà : pour la prise en compte d'améliorations d'infrastructure. • CE 2 févr. 1996, *Centre nautique et touristique du Lacydon,* n° 149427. ♦... Pour la prise en compte des intérêts d'emprunt. • CE 30 juill. 2003, *Cie gén. eaux et Cne de Saint-Paul,* n° 235398 B : *BJCL 2003. 824, concl. Lamy ; ACL 2004, n° 82.*

3° SUJÉTIONS OU CONCOURS APPORTÉS DANS L'INTÉRÊT GÉNÉRAL

138. Intérêt général. Justifient une éventuelle rupture de l'égalité devant les charges publiques hors de la matière fiscale : des mesures facilitant l'accès aux nouvelles professions mises en place en faveur des membres des professions supprimées. • Cons. const. 18 janv. 1985, n° 84-182 DC § 10. ♦ ... La volonté de simplifier et moderniser les règles de représentation devant ces juridictions en permettant aux justiciables d'être représentés par un seul auxiliaire de justice tant en première instance qu'en appel. • Cons. const. 20 janv. 2011, n° 2010-624 DC § 18. ♦ ... La protection des personnes âgées disposant de faibles ressources. • Cons. const. 20 mars 2014, n° 2014-691 DC § 15.

139. Il est donc normal que la loi prévoit une indemnisation du patrimoine laissé par les rapatriés des Nouvelles-Hébrides, dans ce territoire, postérieurement à son accession à l'indépendance sous le nom de République du Vanuatu. • Cons. const. 30 déc. 1987, n° 87-237 DC § 23.

140. Ainsi, les dispositions prévoyant un crédit d'heures et le maintien de la rémunération et des avantages annexes au profit du conseiller du salarié ne créent pas, au détriment de l'employeur, une rupture de l'égalité de tous devant les charges publiques dès lors qu'est prescrit le remboursement par l'État des salaires maintenus ainsi que des avantages et des charges sociales y afférents pendant le temps d'absence de l'entreprise du conseiller du salarié motivé par l'exercice de ses fonctions. • Cons. const. 16 janv. 1991, n° 90-284 DC § 9.

141. De même, s'il est loisible au législateur, d'obliger les grandes entreprises qui procèdent à des licenciements économiques susceptibles d'affecter l'équilibre d'un bassin d'emploi à réaliser des dépenses destinées à atténuer les effets de la fermeture partielle ou totale d'un site, c'est sous réserve de ne pas créer de rupture caractérisée de l'égalité devant les charges publiques comme c'est le cas en l'espèce, le législateur ayant plafonné le montant des dépenses à quatre fois la valeur mensuelle du salaire minimum de croissance par emploi supprimé et autorisé sa modulation, entre deux et quatre fois cette valeur, en fonction notamment des « capacités financières » de l'entreprise concernée. • Cons. const. 12 janv. 2002, n° 2001-455 DC § 72.

142. Absence de rupture. De même, ne créent pas de rupture caractérisée de l'égalité devant les charges publiques : l'obligation faite aux employeurs, dans un but d'apaisement social, d'avoir à réintégrer des représentants du personnel licenciés pour faute. • Cons. const. 20 juill. 1988, n° 88-244 DC § 24. ♦ ... L'exonération de prélèvement pour financer la CMU accordée aux organismes d'assurance maladie en raison de leur place dans le système de protection sociale, des missions de service public qui leur sont confiées et des contraintes spécifiques qui, de ce fait, pèsent sur eux. • Cons. const. 23 juill. 1999, n° 99-416 DC § 22. ♦ ... La possibilité pour les bénéficiaires de la couverture maladie universelle antérieurement affiliés à un organisme de protection sociale complémentaire d'obtenir de plein droit la résiliation de la garantie souscrite auprès de cet organisme, si ce dernier a fait le choix de ne pas participer au dispositif créé par la loi dès lors que la loi n'a pas entendu exclure toute indemnisation. • Cons. const. 23 juill. 1999, n° 99-416 DC § 27.

143. Il en va de même : de la mise à la charge des sociétés d'autoroute des frais liés à l'intervention des SDIS répond à un intérêt général et assure l'égalité entre les usagers de l'autoroute ; une QPC sur ce point ne présente pas de caractère sérieux. • Civ. 2e, 21 oct. 2010, *Sté Autoroutes Paris-Rhin-Rhône : AJDA 2010. 2446* . ♦ ... De la mise à la charge des propriétaires riverains d'installations classées, dans les limites fixées par un décret en Conseil d'État, du coût des travaux de protection que les plans de prévention des risques technologiques peuvent, en fonction du type de risques engendrés par les installations classées, de leur gravité, de leur probabilité et de leur cinétique, prescrire. • CE, QPC, 23 sept. 2011, *Sté Autoimpianti Marini France,* n° 350384 : *AJDA 2011. 2198* .

144. Présence d'une rupture. En revanche, crée une rupture de l'égalité devant les charges publiques l'obligation faite aux employeurs, dans un but d'apaisement social, d'avoir à réintégrer des représentants du personnel licenciés pour faute lourde. • Cons. const. 20 juill. 1988, n° 88-244 DC § 26 • Cons. const. 8 juill. 1989, n° 89-258 DC § 17. ♦ La mise à la charge de l'hébergeant des frais de rapatriement éventuel de l'étranger accueilli, sans prévoir un plafonnement de ces frais, sans tenir compte ni de la bonne foi de l'hébergeant ni du comportement de l'hébergé et sans fixer un délai de prescription adapté rompt de façon caractérisée l'égalité des citoyens devant les charges publiques. • Cons. const. 20 nov. 2003, n° 2003-484 DC § 11 et 12. ♦ Crée une rupture d'égalité devant les charges publiques la possibilité donnée au ministre de la justice, en vue d'assurer une bonne couverture du territoire national pour les professions de notaires, huissiers de justice et commissaires-priseurs judiciaires, d'augmenter le nombre de ces offices. • Cons. const. 5 août 2015, n° 2015-715 DC § 77.

145. De même, s'il est loisible au législateur, dans le respect des libertés constitutionnellement garanties, d'imposer aux opérateurs de réseaux de télécommunications de mettre en place et de faire fonctionner les dispositifs techniques permettant les interceptions justifiées par les nécessités de la sécurité publique, le concours ainsi apporté à la sauvegarde de l'ordre public, dans l'intérêt général de la population, est étranger à l'exploitation des réseaux de télécommunications et les dépenses en résultant ne sauraient dès lors, en raison de leur nature, incomber directement aux opérateurs. • Cons. const. 28 déc. 2000, n° 2000-441 DC § 41. ♦ Ne pas prendre en compte, pour limiter les possibilités de donner congés au locataire âgé, l'addition des ressources du locataire et de la personne qui est à sa charge conduit le bailleur à supporter une charge telle que l'égalité devant les charges publiques se trouve méconnue. • Cons. const. 20 mars 2014, n° 2014-691 DC § 16.

4° OCTROI DE FINANCEMENTS PUBLICS

146. Pour déterminer la répartition du prélèvement de 500 millions d'euros sur les chambres de commerce et d'industrie, le législateur s'est fondé sur les dernières données comptables disponibles. • Cons. const. 29 déc. 2014, n° 2014-707 DC § 42.

5° INDEMNISATION DE PRÉJUDICE

147. En dehors de l'hypothèse prévue à l'al. 2 de l'art. 34 Const. 58 selon lequel « la loi fixe les règles concernant... les sujétions imposées par la défense nationale aux citoyens en leur personne et en leurs biens », le principe d'égalité devant les charges publiques impose que soient indemnisés les préjudices causés par des dispositions législatives. • Cons. const. 18 janv. 1985, n° 84-182 DC § 10 • Cons. const. *10 janv. 2001, n° 2000-440 DC § 6.* ♦ *V. déjà.* • CE, ass., 14 janv. 1938, *SA produits laitiers « La Fleurette » : Lebon 25 ; GAJA, 22ᵉ éd., n° 46 ; S. 1938. 25, concl. Roujou et note Laroque ; D. 1938. 41, concl. et note Rolland ; RD publ. 1938. 87, concl. et note Jèze.*

148. Les dispositions contestées n'ayant pas entendu exclure que, conformément aux règles de droit commun, s'il résulte de la création d'un office d'avocat au Conseil d'État et à la Cour de cassation un préjudice anormal et spécial pour le titulaire d'un office existant, il serait loisible à ce dernier d'en demander réparation sur le fondement du principe constitutionnel d'égalité devant les charges publiques, les dispositions contestées ne portent pas atteinte au principe d'égalité devant les charges publiques. • Cons. const. 5 août 2015, n° 2015-715 DC § 95. ♦ Rappr. • Cons. const. 5 août 2015, n° 2015-715 DC § 79.

149. Il faut néanmoins que le préjudice soit certain. • Cons. const. 29 juill. 1998, n° 98-403 DC § 33 • CE, ass., 1ᵉʳ déc. 1961, *Lacombe : Lebon 674 ; D. 1962. 89, concl. Dutheillet de Lamothe ; AJDA 1962. 24, chron. Galabert et Gentot* • CE 21 janv. 1983, *Ville de Bastia : Lebon 22, concl. Bissara.* ♦ ... Spécial à la catégorie de personnes considérée. • Cons. const. 18 janv. 1985, n° 84-182 DC § 10 • Cons. const. 22 janv. 1990, n° 89-267 DC § 5 • Cons. const. 10 janv. 2001, n° 2000-440 DC § 6 • CE, ass., 10 févr. 1961, *Cts Chauche : Lebon 108* • CE, sect., 25 janv. 1963, *Bovero : Lebon 53 ; JCP 1963. 13326, note Vedel ; AJDA 1963. 94, chron. Gentot et Fourré* (s'agissant d'une ordonnance) • CAA Versailles, 12 juill. 2006, *Boudalia,* n° 04VE02191 : *RFDA 2007. 175.* ♦ ... Et anormal. • Cons. const. 22 janv. 1990, n° 89-267 DC § 5. ♦ ... Ou d'une exceptionnelle gravité. • CE, ass., 22 oct. 1943, *Ét. Lacaussade : Lebon 231* (s'agissant d'un décret-loi) • CE, sect., 27 janv. 1961, *Vannier : Lebon 60, concl. Kahn ; AJDA 1961. 74, chron. Galabert et Gentot* (s'agissant d'un règlement). ♦ ... Ou cause une rupture caractérisée de l'égalité devant les charges publiques. • Cons. const. 12 janv. 2002, n° 2001-455 DC § 72.

150. Par ailleurs, le juge administratif estime que le principe ne peut être invoqué lorsque la loi accorde un avantage que le requérant juge insuffisant. • CAA Bordeaux, 23 mars 2006, *De Jesus Dias,* n° 03BX02319 : *JCP Adm. 2006. 1139, concl. Chemin.* ♦ Il en va de même si le législateur a organisé lui-même un mécanisme de compensation des dommages causés par la loi. • Cons. const. 10 janv. 2001, n° 2000-440 DC § 6 • CE 7 oct. 1966, *Asope : Lebon 523.*

151. Il faut encore noter que le juge administratif admet rarement que les critères posés ci-dessus puissent entraîner la mise en jeu de la responsabilité pour rupture de l'égalité devant les charges publiques. • CE, ass., 14 janv. 1938, *SA produits laitiers* « La Fleurette » : préc. note *147* • CE, sect., 25 janv. 1963, *Bovero : préc. note 149* • CE, sect., 30 juill. 2003, *Assoc. pour le développement de la région Centre : AJDA 2003. 1815, chron. Donnat et Casas ; RFDA 2004. 144, concl. Lamy, note Bon et Pouyaud ; D. 2003. 2527, note Guillard ;*

JCP 2003. 1896, note Broyelle ; Dr. adm. 2003, n° 181 • CAA Bordeaux, 26 févr. 2004, *Pommeareau et a. : AJDA 2004. 1941, note Deffigier* • CE, ass., 8 févr. 2007, *Gardedieu,* n° 279522 : *Lebon 78, concl. Derepas ; RFDA, 2007. 525, note Pouyaud ; ibid. 2007. 631 concl. Derepas ; ibid. 2007. 789 note Canedo-Paris ; AJDA 2007. 585, chron. Lénica et Boucher ; JCP Adm. 2007. 2083, note Broyelle* • TA Lille, 10 nov. 2009, *Camuset,* n° 0702487 : *AJDA 2010. 514, concl. Minet* • CE, ass., 22 oct. 2010, *Mme Bleitrach,* n° 301572 : *Lebon 399, concl. Roger-Lacan ; RFDA 2011. 141, concl. Roger-Lacan ; AJDA 2010. 2212, chron. Botteghi et Lallet.* ♦ Rappr. • CE 21 janv. 1944, *Caucheteux et Desmont : Lebon 22.*

152. L'indemnisation ne saurait dépendre de la date à laquelle les victimes formulent leur demande, dès l'instant qu'aucune forclusion ne leur est opposable en vertu de la loi. • Cons. const. 28 déc. 1990, n° 90-285 DC § 64. ♦ Le principe d'égalité devant les charges publiques conduit à interpréter le silence du législateur comme présumant l'indemnisation. • Cons. const. 13 déc. 1985, n° 85-198 DC § 16.

153. Il est normal que la loi prévoie une indemnisation pour les personnes dont le monopole professionnel est supprimé. • Cons. const. 10 janv. 2001, n° 2000-440 DC § 6 • Cons. const. 20 janv. 2011, n° 2010-624 DC § 22 (a contrario). ♦ De même, en cas de réquisition, si l'indemnité prévue ne suffit pas à couvrir l'intégralité du préjudice subi par le titulaire du droit d'usage, il convient d'interpréter le texte comme rendant possible l'allocation par le juge judiciaire d'une indemnité complémentaire prenant en compte le coût des travaux, indirectement assumé par le titulaire du droit d'usage, qui n'auront pas contribué à la valorisation de son bien lorsqu'il en retrouvera l'usage ou les frais de remise des lieux dans leur état initial lorsque l'intéressé souhaitera leur restituer leur affectation première.

154. Il est normal que la loi prévoie une indemnisation du patrimoine laissé par les rapatriés des Nouvelles-Hébrides, dans ce territoire, postérieurement à son accession à l'indépendance sous le nom de République du Vanuatu. • *Cons. const. 30 déc. 1987, n° 87-237* DC § 23.

155. Le principe d'égalité devant les charges publiques ne saurait permettre d'exclure du droit à réparation un élément quelconque de préjudice indemnisable résultant des travaux ou de l'ouvrage public. • Cons. const. 13 déc. 1985, n° 85-198 DC § 16. ♦ Dès lors, viole le principe d'égalité devant les charges publiques une disposition qui exclut du droit à réparation un élément quelconque de préjudice indemnisable résultant des travaux ou de l'ouvrage public ou qui fait partir le délai de prescription non du jour de la naissance du préjudice mais « du jour où les travaux ont pris fin », interdisant la réparation de préjudices pouvant se révéler tardivement. • Même affaire.

156. De même, les dispositions par lesquelles le législateur a entendu permettre la réparation de l'« atteinte à la valeur patrimoniale d'un office antérieurement créé » qui résulte d'une décision du ministre de la justice, prise sur le fondement de la loi déférée, de créer un nouvel office, ne peuvent, sans occasionner une rupture caractérisée de l'égalité devant les charges publiques, faire supporter au titulaire du nouvel office la charge de procéder à une telle compensation de la dépréciation de la valeur patrimoniale de l'office antérieurement créé. • Cons. const. 5 août 2015, n° 2015-715 DC § 78.

157. Ainsi, la limitation au droit de propriété non assimilable à une « privation du droit de propriété » mais qui cause un « dommage anormal et spécial » est indemnisée sur la base du principe de l'égalité devant les charges publiques y compris dans le silence de la loi. • Cons. const. 22 janv. 1990, n° 89-267 DC § 5. ♦ Est ainsi indemnisable une servitude d'intérêt public grevant un immeuble. • Cons. const. 13 déc. 1985, n° 85-198 DC.

158. Cela n'implique pas cependant que le préjudice moral soit indemnisé dans le cadre d'une procédure d'expropriation. • Cons. const. 21 janv. 2011, *Jacques S.,* n° 2010-87 QPC § 5. ♦ V. note 80 ss. DDH, art. 17.

159. La rupture de l'égalité devant les charges publiques peut résulter encore de lois de validation applicables à des recours pendants. • CE, ass., 8 févr. 2007, *Gardedieu,* n° 279522 A : *préc. note 151* • CE 17 déc. 2008, *Sté La clinique des Charmilles,* n° 307469 B : *JCP Adm. 2009. 40.* ♦ ... De conventions internationales régulièrement introduites en droit interne. • CE, ass., 30 mars 1966, *Cie gén. d'énergie radioélectrique : Lebon 257 ; RD publ. 1966. 774, concl. Bernard et note Waline ; D. 1966. 582, note Lachaume ; JCP 1967. 15000, note Dehaussy ; AJDA 1966. 350, chron. Puissochet et Lecat ; GAJA, 22e éd., n° 76.* ♦ Pour plus de précisions sur ce cas de mise en œuvre de la responsabilité de l'État, V. annotations ss. Const. 58, art. 52. ♦ ... De règlements légalement édictés. • CE, sect., 27 janv. 1961, *Vannier : préc. note 149* • CE, sect., 22 févr. 1963, *Cne de Gavarnie : Lebon 113 ; AJDA 1963. 208, chron. Gentot et Fourré ; RD publ. 1963. 1019, note Waline* • CE 13 mai 1987, *Aldebert : Lebon T. 924 ; RFDA 1988. 950, note Rihal* • CE, sect., 31 mars 1995, *Lavaud : Lebon 155 ; AJDA 1995. 384, chron. Touvet et Stahl* • CAA Paris, 11 juill. 2007, *Sté Auroy,* n° 06PA01656 : *JCP Adm. 2008. 2143, chron. Bouleau et Grohin.* ♦ ... Et même de mesures individuelles d'application. • CE, sect.,

28 oct. 1949, *Sté des ateliers du Cap Janet : Lebon 450 ; JCP 1950. 5861, concl. Delvolvé* • CE, sect., 15 févr. 1961, *Werquin : Lebon 118 ; RD publ. 1961. 321, concl. Braibant ; AJDA 1961. 197, chron. Galabert et Gentot ; D. 1961. 611, note Weil* • CE, sect., 7 déc. 1979, *Sté « Les fils de Henri Ramel » : Lebon 457 ; D. 1980. 303, concl. Genevois ; JCP 1981. 19500, note Pacteau* • CE 12 oct. 1988, *Sté Vinalmar : Lebon 340 ; D. 1989. 349, obs. Moderne et Bon.*

160. Le principe d'égalité des citoyens devant les charges publiques est étendu aux lois inconventionnelles en raison des obligations de l'État d'assurer le respect des conventions internationales pour réparer l'ensemble des préjudices qui en résultent. • CE, ass., 8 févr. 2007, *Gardedieu*, n° 279522 : *préc. note 151.*

161. C'est encore sur la base de la rupture de l'égalité devant les charges publiques que peut être mise en jeu la responsabilité de l'État pour refus de prêter le concours de la force publique pour assurer l'exécution d'une décision de justice. • CE 30 nov. 1923, *Couitéas : Lebon 789 ; GAJA, 22e éd., n° 37 ; D. 1923. 3. 59, concl. Rivet ; S. 1923. 3. 57, note Rivet ; RD publ. 1924. 208, note Jèze.* ♦ V. note 454 ss. DDH, art. 16. ♦ … Ou du défaut, même non fautif, d'application d'une rélementation. • CE, ass., 7 mai 1971, *Ville de Bordeaux : Lebon 334, concl. Gentot ; JCP 1971. I. 2446, chron. Loschak ; RD publ. 1972. 443, note Waline* • CE 4 févr. 1976, *Sté Etabl. Omer Decugis : Lebon 79 ; AJDA 1976. 373, note Daval ; RD publ. 1976. 1509, note Waline.*

162. La mise en œuvre de ces principes relève de la compétence exclusive de la juridiction administrative. • CE 31 mars 2008, *Sté Boiron : Lebon 553 ; RJEP août-sept. 2008, p. 18, note Collet.*

163. Limite. Toutefois, l'indemnisation ne saurait, sans méconnaître le bon emploi des deniers publics et dès lors créer une rupture de l'égalité devant les charges publiques, permettre l'allocation d'indemnités ne correspondant pas au préjudice subi du fait de la loi ou des décisions légales prises pour son application ou excédant la réparation de celui-ci. • Cons. const. 20 janv. 2011, n° 2010-624 DC § 19 • Cons. const. 16 mai 2019, n° 2019-781 DC § 59. ♦ V. notes 13 s. ss. DDH, art. 14.

164. Si, en prévoyant la réparation du « préjudice correspondant à la perte du droit de présentation », le législateur a entendu que le préjudice patrimonial subi du fait de la perte du droit de présentation soit intégralement réparé, il appartiendra pour assurer la réparation intégrale de ce préjudice, à la commission prévue et, le cas échéant, au juge de l'expropriation, de fixer cette indemnité dans la limite de la valeur des offices. • Cons. const. 20 janv. 2011, n° 2010-624 DC § 20. ♦ En revanche, le « préjudice économique » et les « préjudices accessoires toutes causes confondues » étant purement éventuels, le législateur, en prévoyant l'allocation d'indemnités correspondant à ces préjudices, méconnaît le principe d'égalité devant les charges publiques. • Cons. const. 20 janv. 2011, n° 2010-624 DC § 24.

165. Dès lors qu'il s'agit de permettre la réparation de l'« atteinte à la valeur patrimoniale d'un office antérieurement créé » qui résulte d'une décision du ministre de la justice, prise sur le fondement de la loi déférée, de créer un nouvel office, les dispositions mises en œuvre ne pouvaient, sans occasionner une rupture caractérisée de l'égalité devant les charges publiques, faire supporter au titulaire du nouvel office la charge de procéder à une telle compensation de la dépréciation de la valeur patrimoniale de l'office antérieurement créé. • Cons. const. 5 août 2015, n° 2015-715 DC § 78.

166. Le législateur, qui a précisément défini les conditions de détermination de la valeur des biens d'Aéroports de Paris, a retenu des critères permettant une évaluation objective et impartiale dans le respect des techniques appropriées et n'a pas prévu d'allouer à Aéroports de Paris une indemnisation excessive. • Cons. const. 16 mai 2019, n° 2019-781 DC § 64.

Art. 14 **Tous les citoyens ont le droit de constater, par eux-mêmes ou par leurs représentants, la nécessité de la contribution publique, de la consentir librement, d'en suivre l'emploi, et d'en déterminer la quotité, l'assiette, le recouvrement et la durée.**

COMMENTAIRE

V. sur le Code en ligne.

[V. références des décisions du Conseil constitutionnel dans les tableaux DC et QPC]

BIBL. *Eisinger, La loi et le désordre, JCP Adm. 2017. 510.*

1. Les dispositions du présent art. ne sont pas au nombre des droits et libertés garantis par la Const. et ne sont dès lors pas invocables par la procédure de la QPC. • Cons. const. 18 juin 2010, *SNC Kimberly*, n° 2010-5 QPC § 4 • Cons. const. 30 juill. 2010, *Épx P. et a.*, n° 2010-19/27 QPC § 16 • CE 22 juin 2011, *Épx Kargaci*, n° 347813 B : *AJDA 2011. 1760* (sol. impl.). ♦ V. ss. Const. 58, art. 34.

1° NÉCESSITÉ DE L'IMPÔT

2. Le présent art. pose le principe de la nécessité de l'impôt. • Cons. const. 18 déc.

2001, n° 2001-453 DC § 44. ♦ V. déjà, implicitement. • Cons. const. 28 déc. 1995, n° 95-369 DC § 13 • Cons. const. 29 déc. 1999, n° 99-424 DC § 36 et 37 ♦ V. déjà, invoquant l'art. 13 DDH. • Cons. const. 29 déc. 1993, n° 93-330 DC § 4.

3. Ne portent pas atteinte à ce principe, même si la justification initiale de la majoration contestée était d'assurer le financement d'une opération de révision des valeurs cadastrales désormais achevée, une majoration qui n'a pas donné lieu à une affectation mais constitue une recette du budget qui concourt aux conditions générales de l'équilibre budgétaire. • Cons. const. 29 déc. 1993, n° 93-330 DC § 4 (avec l'art. 13 DDH) • Cons. const. 28 déc. 1995, n° 95-369 DC § 13 • Cons. const. 29 déc. 1995, n° 95-371 DC § 12 (sans précisions quant à l'art. de rattachement). ♦ ... Une disposition qui, à supposer que le produit de cette taxe qu'elle institue soit supérieur aux dépenses comprises dans le budget annexe considéré, constitue une recette de ce budget annexe qui concourt aux conditions de son équilibre général. • Cons. const. 30 déc. 1997, n° 97-395 DC § 28. ♦ ... Une augmentation des taux d'imposition applicables à la contribution due par les laboratoires pharmaceutiques selon un barème comportant quatre tranches, lesquelles sont fonction du rapport entre les dépenses de prospection et d'information qu'ils ont engagées à l'égard des praticiens et le chiffre d'affaires hors taxes qu'ils ont réalisé en France, ayant pour double objectif de faire contribuer les entreprises exploitant des spécialités pharmaceutiques au financement de l'assurance maladie et de prévenir les dépenses de médicaments injustifiées. • Cons. const. 18 déc. 2001, n° 2001-453 DC § 44. ♦ V. déjà pour une contribution répondant à l'intérêt général et dont les critères de fixation sont rationnels et objectifs. • Cons. const. 29 déc. 1999, n° 99-424 DC § 37.

4. Dès lors qu'il ressort du second al. de l'art. 2 de la LOLF, combiné avec les dispositions des art. 34, 36 et 51, que la loi ne peut affecter directement à un tiers des impositions de toutes natures « qu'à raison des missions de service public confiées à lui », sous la triple condition que la perception de ces impositions soit autorisée par la loi de finances de l'année, que, lorsque l'imposition concernée a été établie au profit de l'État, ce soit une loi de finances qui procède à cette affectation et qu'enfin le projet de loi de finances de l'année soit accompagné d'une annexe explicative concernant la liste et l'évaluation de ces impositions, ces dispositions respectent celles du présent art. • Cons. const. 25 juill. 2001, n° 2001-448 DC § 10.

5. Une loi fiscale trop complexe, conduisant le contribuable à opérer des arbitrages et conditionnant la charge finale de l'impôt aux choix éclairés de l'intéressé, viole, dès lors qu'aucun élément d'intérêt général ne justifie cette complexité, le principe contenu au présent art. • Cons. const. 29 déc. 2005, n° 2005-530 DC § 78.

2° CONSENTEMENT À L'IMPÔT

6. Le présent art. n'est pas méconnu dès lors que le Parlement a été clairement informé des motifs du choix opéré et y a librement consenti par son vote. • Cons. const. 21 déc. 1999, n° 99-422 DC § 21 • Cons. const. 18 déc. 2001, n° 2001-453 DC § 22. ♦ Il en va de même au niveau local dès lors que les assemblées délibérantes peuvent effectivement réaliser leur mission. • Cons. const. 6 mars 1998, n° 98-397 DC § 13 (sol. impl.).

7. Le principe du consentement à l'impôt n'implique pas qu'une imposition prélevée initialement pour couvrir un besoin déterminé ne puisse être affectée à la couverture d'un autre besoin. • Cons. const. 18 déc. 2001, n° 2001-453 DC § 22.

8. Les règles touchant à la compétence des représentants des citoyens qu'édictent le présent art. doivent être mises en œuvre en fonction des dispositions de la Const. qui fondent la compétence du législateur. • Cons. const. 6 mai 1991, n° 91-291 DC § 38 • Cons. const. 30 déc. 1995, n° 95-370 DC § 20. ♦ Dès lors, sans qu'il soit porté atteinte aux dispositions du présent art., le législateur peut, étant compétent pour voter l'impôt qui appartient au domaine de la loi ordinaire, habiliter le Gouvernement à prendre des dispositions dans cette matière sous la forme d'ordonnances ; le Parlement, qui a consenti l'impôt lors du vote de la loi d'habilitation, se prononcera sur les dispositions adoptées par ordonnance, lors de l'examen du projet de loi de ratification qui doit être déposé avant la date fixée par la loi. • Cons. const. 30 déc. 1995, n° 95-370 DC § 21. ♦ ... Décider que le produit d'une imposition perçue au profit d'une catégorie de collectivités territoriales pourra, dans des conditions respectant le principe de libre administration de ces collectivités, être affecté pour partie à une ou plusieurs autres collectivités territoriales • Cons. const. 6 mai 1991, n° 91-291 DC § 40.

9. La transparence des activités publiques ou exercées pour le compte de personnes publiques ne constitue pas en elle-même un principe général à valeur constitutionnelle. Dès lors, l'abrogation de la disposition qui imposait aux collectivités locales, à leurs groupements et à leurs établissements publics, ainsi qu'à leurs concessionnaires ou sociétés d'économie mixtes locales, l'obligation de procéder à la publicité préalable, à peine de nullité d'ordre public, de toute vente à des personnes privées de terrains constructibles ou de droits de construire, n'est pas contraire au présent art. • Cons. const. 21 janv. 1994, n° 93-335 DC § 27.

10. Le présent art. n'implique pas de règles particulières d'adoption, par l'organe délibérant, des dispositions financières et fiscales ; dès lors, en permettant qu'à défaut d'adoption du budget dans les conditions de droit commun, le Président du conseil régional présente un nouveau projet de budget qui sera adopté sans vote, sauf à ce que la majorité des membres du conseil régional s'oppose à ce projet et adopte un projet alternatif, le législateur n' a pas porté atteinte au présent art. • Cons. const. 6 mars 1998, n° 98-397 DC § 13. ♦ De même, dès lors que le conseil régional est libre de rejeter le texte qui lui est soumis en application dudit art., le législateur n'a ni privé l'organe délibérant de la région d'attributions effectives, ni méconnu le principe du consentement des citoyens, par leurs représentants, ni les principes du présent art. • Cons. const. 14 janv. 1999, n° 98-397 DC § 19.

3° SUIVI DE L'EMPLOI

11. Le bon usage des deniers publics est une exigence de valeur constitutionnelle. • Cons. const. 29 déc. 2003, n° 2003-489 DC § 33 • Cons. const. 11 avr. 2014, *Antoine H.*, n° 2014-390 QPC § 4. ♦ Les objectifs de valeur constitutionnelle de bon emploi des deniers publics et de bonne administration de la justice découlent du présent art. et de l'art. 15 DDH. • Cons. const. 28 déc. 2006, n° 2006-545 DC § 24 • Cons. const. 12 févr. 2009, n° 2009-575 DC § 4 • Cons. const. 2 déc. 2011, *Wathik M.*, n° 2011-203 DC § 5 (sol. impl.) • Cons. const. 21 mars 2019, n° 2019-778 DC § 317 (ajoutant une référence à l'art. 12 DDH). • Cons. const. 3 déc. 2020, n° 2020-807 DC § 54. ♦ Le bon emploi des deniers publics n'est pas au nombre des droits et libertés pouvant être invoqués dans le cadre d'une QPC. • Cons. const. 5 déc. 2014, *Sté laboratoires de biologie médicale Bio Dômes Unilabs SELAS*, n° 2014-434 QPC § 7.

12. Les dispositions de la LOLF qui organisent, au profit des commissions de l'Assemblée nationale et du Sénat chargées des finances et éventuellement des autres « commissions concernées », des procédures d'information, relatives à la gestion des crédits et à leurs modifications par voie réglementaire ne portent pas atteinte aux prérogatives constitutionnelles du pouvoir exécutif, mais se bornent à assurer le respect des exigences de consentement à l'impôt et de suivi de l'emploi des fonds publics inscrites au présent art. • Cons. const. 25 juill. 2001, n° 2001-448 DC § 31 s.

13. Contrôle de proportionnalité. Le législateur a adopté des mesures propres à assurer une conciliation qui n'est pas disproportionnée entre les exigences constitutionnelles, d'une part, de bon emploi des deniers publics et de lutte contre la fraude et, d'autre part, du droit à la protection de la santé. • Cons. const. 28 déc. 2010, n° 2010-622 DC § 35.

14. Le principe du bon emploi des deniers publics ne serait pas assuré si était allouée à des personnes privées une indemnisation excédant le montant de leur préjudice créant une rupture de l'égalité devant les charges publiques. • Cons. const. 20 janv. 2011, n° 2010-624 DC § 17.

15. Le fait que le législateur autorise temporairement, afin de contribuer à la reprise de l'activité dans le secteur des chantiers publics, touché par la crise économique consécutive à la crise sanitaire causée par l'épidémie de covid-19, les acheteurs à conclure un marché de travaux sans publicité ni mise en concurrence préalables, dès lors que la valeur estimée du besoin auquel répond ce marché est inférieure à un seuil de 100 000 euros hors taxes n'exonère pas les acheteurs publics du respect des exigences constitutionnelles de bon usage des deniers publics et n'est donc pas contraire au présent art. • Cons. const. 3 déc. 2020, n° 2020-807 DC § 57.

16. Justification par le bon emploi des deniers publics. Sont justifiées pour le bon emploi des deniers publics une disposition venant limiter l'indemnisation des conseillers prud'hommes. • Cons. const. 28 déc. 2006, n° 2006-545 DC § 24. ♦ ... Une disposition organisant la vente d'objets issus de saisies douanières. • Cons. const. 2 déc. 2011, *Wathik M.*, n° 2011-203 QPC § 5.

17. Ne sont pas contraire au principe du bon emploi des deniers publics : le mécanisme qui permet au candidat pressenti d'un partenariat de faire varier le coût définitif de son offre dès lors que l'ajustement du prix ne saurait porter que sur la composante financière du coût global du contrat et ne pourrait avoir comme seul fondement que la variation des « modalités de financement » à l'exclusion de tout autre élément. • Cons. const. 12 févr. 2009, n° 2009-575 DC § 4. ♦ ... La réparation intégrale du « préjudice correspondant à la perte du droit de présentation », préjudice patrimonial subi du fait de la perte du droit de présentation. • Cons. const. 20 janv. 2011, n° 2010-624 DC § 20. ♦ ... Le recours à la procédure du dialogue compétitif dès lors que l'offre économiquement la plus avantageuse est choisie en application du ou des critères annoncés dans l'avis d'appel public à la concurrence ou dans le règlement de la consultation. • Cons. const. 22 mars 2012, n° 2012-651 DC § 8 et 9. ♦ ... Le rétablissement de la gratuité de l'aide médicale de l'État à l'égard des personnes étrangères qui résident en France sans être en situation régulière. • Cons. const. 9 août 2012, n° 2012-654 DC § 64 (sol. impl.).

18. Absence de bon emploi des deniers publics. Sont contraires au bon emploi des deniers publics : l'indemnisation d'un préjudice éventuel l'est. • Cons. const. 18 janv. 1985, n° 84-182 DC § 8 (sol. impl.) • Cons. const. 20 janv. 2011, n° 2010-624 DC § 24. ♦ ... La réparation du préjudice « de carrière », permettant l'allocation d'une indemnité sans lien avec la nature des fonctions d'officier ministériel supprimées. • Cons. const. 20 janv. 2011, n° 2010-624 DC § 21 (sol. impl.).

Art. 15 La société a le droit de demander compte à tout agent public de son administration.

COMMENTAIRE

V. sur le Code en ligne.

[V. références des décisions du Conseil constitutionnel dans les tableaux DC et QPC]

1. Le principe du bon emploi des deniers publics et celui d'une bonne administration de la justice découlent des art. 14 et 15 DDH. • Cons. const. 28 déc. 2006, n° 2006-545 DC § 24. ♦ Sur le bon emploi des deniers publics, V. notes 11 s. ss. DDH, art. 14. ♦ La bonne administration de la justice constitue du reste un objectif de valeur constitutionnelle découlant du présent art. et des art. 12 et 16 DDH. • Cons. const. 3 déc. 2009, n° 2009-595 DC § 4 • Cons. const. 10 déc. 2010, *Barta Z.*, n° 2010-77 QPC § 3 • Cons. const. 9 juin 2011, n° 2011-631 DC § 26.

BIBL. Monnier, L'action en revendication d'archives publiques, *AJDA 2017. 1927*.

2. Le présent article garantit le droit d'accès aux documents administratifs. • Cons. const. 3 avr. 2020, *UNEF*, n° 2020-834 QPC § 8. ♦ V. déjà. • CE 29 avr. 2002, n° 228830 A : *AJDA 2002. 691, note Raimbault ; RFDA 2003. 135, concl. Piveteau.* ♦ ... Y compris aux archives publiques. • Cons. const. 15 sept. 2017, *François G.*, n° 2017-655 QPC § 4 • CE, ass., 12 juin 2020, n° 422327 A : *AJDA 2020. 1197 ; ibid. 1416, chron. Malverti et Beaufils ; JCP Adm. 2020 ; 2236, note Monnier.* ♦ Il est loisible au législateur d'apporter à ce droit des limitations liées à des exigences constitutionnelles ou justifiées par l'intérêt général, à la condition qu'il n'en résulte pas d'atteintes disproportionnées au regard de l'objectif poursuivi. • Mêmes décisions. ♦ V. pour un ex. de limitation proportionnée, s'agissant des guides et usages du protocole de la Présidence de la République. • CE, ass., 12 juin 2020, n° 422327 A : *préc.* ♦ ... S'agissant du dossier complet d'accusation d'un père demandé par son fils : accès limité en raison de l'atteinte à la vie privée. • CE 29 juin 2011, n° 335072 A : *AJDA 2011. 1351*.

3. Sont des archives publiques les documents émanant de Philippe Pétain alors qu'il était chef de l'État français puisqu'ils procèdent de l'activité de l'État. • Civ. 1re, 22 févr. 2017, n° 16-12.922 : *AJDA 2017. 974 ; D. 2017. 1031, note de Ravel d'Esclapon*. ♦ Il en est de même pour les archives de la France Libre sur la base des art. 1er et 2 de l'Ord. du 9 août 1944 relative au rétablissement de la légalité républicaine. • TA Paris, 12 mai 2017, n° 1602472/6-1 : *AJDA 2017. 1569, concl. Marthinet*.

4. Constitue un but d'intérêt général, la volonté d'accorder une protection particulière (mais limitée dans le temps) aux archives qui peuvent comporter des informations susceptibles de relever du secret des délibérations du pouvoir exécutif pour favoriser leur conservation et leur versement aux archives. • Cons. const. 15 sept. 2017, *François G.*, n° 2017-655 QPC § 7 et 8. ♦ ... La protection du secret des délibérations des équipes pédagogiques au sein des établissements dans le cadre de l'inscription dans les formations initiales du premier cycle de l'enseignement supérieur. • Cons. const. 3 avr. 2020, *UNEF*, n° 2020-834 QPC § 13.

5. Le présent art. contient un principe appartenant à la catégorie des droits et libertés que la Constitution garantit et il est donc invocable en QPC. • Cons. const. 2 déc. 2016, *Sandrine A.*, n° 2016-599 QPC. ♦ V. déjà implicitement. • Cons. const. 29 mai 2015, *Nathalie K.-M.*, n° 2015-471 QPC § 8.

6. Les dispositions de la Circ. relative aux obligations de discrétion professionnelle et d'indépendance de jugement qui s'imposent aux directeurs départementaux du travail et de l'emploi et aux inspecteurs du travail, qui se bornent à commenter sans y ajouter les lois et règlements en vigueur, ne méconnaissent ni l'art. 34 Const., ni les dispositions de l'art. 15 DDH. • CE 24 févr. 1988, *CGT : Lebon T. 559 ; Dr. soc. 1989. 326, concl. de Causade.*

7. Conformément aux art. 14 et 15 DDH, les ressources et les charges de l'État doivent être présentées de façon sincère. • Cons. const. 13 juill. 2006, n° 2006-538 DC § 2 • Cons. const. 6 août 2009, n° 2009-585 DC § 2.

8. En transférant, des chambres régionales des comptes aux autorités administratives de l'État, la compétence pour l'apurement de certains comptes publics, le législateur n'a pas méconnu la présente disposition. • Cons. const. 8 déc. 2011, n° 2011-641 DC § 8.

9. Les exigences qui découlent du présent art. ne sont pas susceptibles de s'appliquer aux règles d'organisation d'un scrutin. • Cons. const. 29 mai 2015, *Nathalie K.-M.*, n° 2015-471 QPC § 8.

10. Compte tenu des contrôles ou des obligations politiques, administratives ou pénales pesant par ailleurs sur les membres du Gouvernement et les élus locaux pour les actes accomplis dans l'exercice de leurs fonctions, le législateur n'a pas méconnu le présent article en les exemptant, sauf dans les cas prévus à l'art. L. 312-2 CJF, des poursuites devant la CDBF pour manquements aux règles des finances publiques. • Cons. const. 2 déc. 2016, *Sandrine A.*, n° 2016-599 QPC § 12.

Art. 16 **Toute société dans laquelle la garantie des droits n'est pas assurée, ni la séparation des pouvoirs déterminée, n'a point de Constitution.**

COMMENTAIRE

V. sur le Code en ligne.

PLAN DES ANNOTATIONS

BIBL. Fraisse, L'article 16 de la Déclaration, clef de voûte des droits et libertés, *NCCC, n° 44, p. 2.*

[V. références des décisions du Conseil constitutionnel dans les tableaux DC et QPC]

I. GARANTIE DES DROITS ET DROIT AU JUGE

A. DROIT À UN RECOURS JURIDICTIONNEL EFFECTIF

1. Le libre exercice du droit d'agir en justice relève de la loi en vertu de l'art. 34 Const. • Cons. const. 2 déc. 1980, n° 80-119 L § 6 : *JO 4 déc., p. 2850.*

2. Le droit au recours assure la garantie des droits et libertés. • Cons. const. 13 août 1993, n° 93-325 DC § 3. ♦ ... Et peut donc être invoqué à l'appui d'une QPC. • Cons. const. 23 juill. 2010, *Région Languedoc-Roussillon et a.,* n° 2010-15/23 QPC • Cons. const. 8 juill. 2016, *Sté Brenntag,* n° 2016-552 QPC § 6. ♦ Il peut s'appliquer également dans des litiges purement privés. • Cons. const. 20 janv. 2005, n° 2005-510 DC § 9 • Cons. const. 22 juill. 2005, n° 2005-522 DC § 13 • Cons. const. 27 janv. 2012, *COFACE,* n° 2011-213 QPC. ♦ Le droit d'exercer un recours effectif devant une juridiction constitue une liberté fondamentale. • CE 30 juin 2009, *Beghal,* n° 328879 : *Lebon ; AJDA 2009. 1344.*

3. Sont garantis par la présente disposition le droit des personnes intéressées à exercer un recours juridictionnel effectif, le droit à un procès équitable ainsi que les droits de la défense. • Cons. const. 27 juill. 2006, n° 2006-540 DC § 11 • Cons. const. 29 sept. 2010, *Jean-Yves G.,* n° 2010-38 QPC § 3 • Cons. const. 27 nov. 2015, *Sté Foot Locker France,* n° 2015-500 QPC § 7. ♦ Ne mentionnant que le droit au recours effectif. • Cons. const. 23 juill. 1999, n° 99-416 DC § 38 • Cons. const. 9 sept. 2020, *Samiha B.*, n° 2020-855 QPC § 3. ♦ Rappr. • CE 10 janv. 2001, n° 211878 A : *D. 2001. 598 ; RDI 2001. 186, obs. Soler-Couteaux* .

V. pour d'autres décisions dans le même sens : .

4. Ces droits s'appliquent dès lors qu'est en cause une sanction ayant le caractère d'une punition. • Cons. const. 27 juill. 2006, n° 2006-540 DC § 11. ♦ Sur cette notion, V. ss. DDH, art. 8. ♦ Cependant, ce droit n'est pas une garantie propre aux sanctions ayant le caractère d'une punition mais trouve à s'appliquer aussi à propos d'une mesure de police administrative dénuée de toute nature civile ou répressive. • Cons. const. 19 janv. 2006, n° 2005-532 DC § 11 et 12 • Cons. const. 2 mars 2016, *Abdel Manane M. K.*, n° 2015-524 QPC § 10.

5. Le droit à un recours juridictionnel doit se concilier avec le principe de sauvegarde des intérêts de la Nation. • Cons. const. 10 nov. 2011, *Ekaterina B., Épse D., et a.*, n° 2011-192 QPC § 22.

6. La garantie des droits suppose également que les décisions (tant juridictionnelles qu'administratives) soient prises dans des conditions permettant de prévenir tout conflit d'intérêts. • CE 12 juill. 2017, n° 402068.

1° GÉNÉRALITÉS

a. Principes

7. Absence d'atteintes substantielles. Il ne doit pas être porté d'atteintes substantielles au droit des personnes intéressées d'exercer un recours devant une juridiction. • Cons. const. 13 août 1993, n° 93-325 DC § 63 et 87 • Cons. const. 11 avr. 2014, *Antoine H.*, n° 2014-390 QPC § 3 • Cons. const. 21 mars 2019, n° 2019-778 DC § 17 • Cons. const. 9 sept. 2020, *Samiha B.*, n° 2020-855 QPC § 3. ♦ L'existence du droit au recours est vérifiée, y compris dans le cadre de dispositions conventionnelles. • Cons. const. 4 nov. 2010, n° 2010-614 DC.

V. pour d'autres décisions dans le même sens : .

8. La complexité de, procédures, et en particulier l'existence de la dualité de juridiction conduisant parfois le justiciable à saisir plusieurs juges, ne porte pas atteinte au droit au recours effectif même lorsque le justiciable est un hospitalisé sans son consentement. • Cons. const. 26 nov. 2010, *Mlle Danielle S.*, n° 2010-71 QPC § 35 s.

9. Lorsque des voies de recours existent, le Cons. const. en conclut que le grief manque en fait. • Cons. const. 30 sept. 2011, *Cts M. et a.*, n° 2011-169 QPC § 10.

10. Même s'il n'existe pas de recours spécifique à l'encontre de la décision du juge de placer un animal dans un lieu de dépôt, il existe une procédure permettant à son propriétaire d'en demander la restitution, ce qui a pour effet de mettre un terme à la mesure de placement. • Cons. const. 7 juin 2019, *Mme Laura A.*, n° 2019-788 QPC § 9 s.

11. Possibilité de faire valoir ses droits en temps utile. Le droit à un recours juridictionnel effectif implique que le justiciable soit mis à même de faire valoir ses droits. • Cons. const. 13 mai 2011, *Sté Système U Centrale nationale et a.*, n° 2011-126 QPC § 9 • Cons. const. 2 déc. 2011, *Wathik M.*, n° 2011-203 QPC § 12 • Cons. const. 13 janv. 2012, *Cts B.*, n° 2011-208 QPC § 6 • Cons. const. 11 avr. 2014, *Antoine H.*, n° 2014-390 QPC § 5 • Cons. const. 9 juill. 2014, *Franck I.*, n° 2014-406 QPC § 12. ♦ Rappr. • Cons. const. 27 juill. 2012, *Annie M.*, n° 2012-268 QPC § 8 • Cons. const. 4 déc. 2015, *Gabor R.*, n° 2015-503 QPC 14.

12. S'agissant d'une décision d'arrêt ou de limitation de traitements de maintien en vie conduisant au décès d'une personne hors d'état d'exprimer sa volonté, le droit à un recours juridictionnel effectif impose que cette décision soit notifiée aux personnes auprès desquelles le médecin s'est enquis de la volonté du patient, dans des conditions leur permettant d'exercer un recours en temps utile. • Cons. const. 2 juin 2017, *Union nat. assoc. de familles de traumatisés crâniens et de cérébro-lésés*, n° 2017-632 QPC § 17. ♦ Les personnes auprès desquelles le médecin s'est enquis de la volonté du patient doivent pouvoir exercer un recours en temps utile et, lorsqu'est exercé un recours tel que le référé prévu par l'art. L. 521-2 CJA devant les juridictions administratives ou celui que prévoit l'art. 809 C. pr. civ. devant les juridictions civiles, il doit être examiné dans les meilleurs délais par la juridiction compétente en vue de la suspension éventuelle de la décision contestée. Ceci implique nécessairement que le médecin ne peut mettre en œuvre une décision d'arrêter ou de limiter un traitement avant que les personnes qu'il a consultées et qui pourraient vouloir saisir la juridiction compétente d'un tel recours n'aient pu le faire et obtenir une décision de sa part. • CE 6 déc. 2017, n° 403944 A § 16 : *AJDA 2017. 2439 ; JCP Adm. 2017. 844* • CE 28 nov. 2018, n° 424135 B : *AJDA 2019. 1168, note Bioy ; ibid. 2018. 2365 ; D. 2018. 2419, obs. Vialla ; AJ fam. 2019. 5, obs. Dionisi-Peyrusse ; RDSS 2019. 164, obs. Minet-Leleu* . ♦ Le droit français (L. du 2 févr. 2016 dite « Loi Claeys-Léonetti ») ne méconnaît pas le droit au recours juridictionnel qu'impose l'art. 2 Conv. EDH. • CEDH, décis., 23 janv. 2018, *Afiri et Biddarri c/ France*, n° 1828/18 : *AJDA 2018. 191 ; JCP Adm. 2018. 125.* ♦ Dans le même cadre, si un médecin peut prendre une décision de non-réanimation d'un patient inconscient avant que la détresse vitale ne se manifeste, c'est à la double condition d'adapter sa décision à l'évolution de l'état du patient et d'une limite maximale de trois mois garantissant le recours effectif des tiers contre la décision de l'arrêt des traitements. • CE 28 nov. 2018, n° 424135 B : *préc.*

13. La caducité, qui a pour effet d'éteindre l'instance, est susceptible de porter atteinte au droit à un recours juridictionnel effectif. Or, en l'espèce, si la déclaration de caducité peut être rapportée lorsque le demandeur fait connaître, dans un délai de quinze jours, un motif légitime justifiant qu'il n'a pas produit les pièces nécessaires au jugement de l'affaire dans le délai imparti, elle ne peut en revanche être rapportée par la seule production des pièces jugées manquantes. Par ailleurs, dès lors que la caducité a été régulièrement prononcée, le requérant ne peut obtenir l'examen de sa requête par une juridiction ; il ne peut introduire une nouvelle instance que si le délai de recours n'est pas expiré. • Cons. const. 19 avr. 2019, *Bouchaïd S.*, n° 2019-777 QPC § 7.

14. Délai pour statuer. Le juge devant toujours statuer dans un délai raisonnable, l'absence d'un délai déterminé imposé à la chambre de l'instruction pour statuer sur l'appel de l'ordonnance prise par un juge autorisant la saisie ne saurait constituer une atteinte au droit à un recours juridictionnel effectif de nature à priver de garanties légales la protection constitutionnelle du droit de propriété. • Cons. const. 14 oct. 2016, *Sté Finestim SAS et a.*, n° 2016-583/584/585/586 QPC § 11 • Cons. const. 18 nov. 2016, *Mme Slimane B.*, n° 2016-596 QPC § 8. ♦ En matière de privation de liberté, le droit à un recours juridictionnel effectif impose que le juge judiciaire soit tenu de statuer dans les plus brefs délais. Il appartient aux autorités judiciaires, sous le contrôle de la Cour de cassation, de veiller au respect de cette exigence. • Cons. const. 26 nov. 2010, *Mlle Danielle S.*, n° 2010-71 QPC § 39 • Cons. const. 29 janv. 2015, *Maxime T.*, n° 2014-446 QPC § 8 • Cons. const. 9 sept. 2016, *Mukhtar A.*, n° 2016-561/562 QPC § 17. ♦ S'agissant d'une *décision d'arrêt ou de limitation de traitements de maintien en vie conduisant au décès d'une personne hors d'état d'exprimer sa volonté*, le droit à un recours juridictionnel effectif impose que ce recours doive pouvoir être examiné dans les meilleurs délais par la juridiction compétente aux fins d'obtenir la suspension éventuelle de la décision contestée. • Cons. const. 2 juin 2017, *Union nat. assoc. de familles de traumatisés crâniens et de cérébro-lésés*, n° 2017-632 QPC § 17. ♦ Pour des délais jugés satisfaisants, V. s'agissant du mandat d'arrêt européen. • Cons. const. 9 déc. 2016, *Patrick H.*, n° 2016-602 QPC § 203 s.

15. Si les exigences de la contradiction sont adaptées à celles de l'urgence, la rapidité avec laquelle le juge des référés statue contribue au respect de l'exigence constitutionnelle de droit au recours. • CE, ord., 11 janv. 2021, n° 447993 : *JCP Adm. 2021. 37.*

16. Double degré de juridiction. Le principe du double degré de juridiction n'a pas, en lui-même, valeur constitutionnelle. • Cons. const. 12 févr. 2004, n° 2004-491 DC § 4 • Cons. const. 14 mai 2012, *Sté Yonne Républicaine et a.*, n° 2012-243/244/245/246 QPC § 13 • Cons. const. 13 sept. 2013, *Sté Invest Hôtels Saint-Dizier Rennes et a.*, n° 2013-338/339 QPC § 8. ♦ Il est dès lors loisible au législateur, eu égard au rôle de l'assemblée de la Polynésie française au sein des institutions de cette collectivité d'outre-mer dotée du statut d'autonomie, de prévoir que le contentieux des délibérations en cause relèverait du contrôle direct du Conseil d'État. • Cons. const. 12 févr. 2004, n° 2004-491 DC § 4. ♦ L'appel peut cependant être une garantie du droit au recours lorsque d'autres éléments de la procédure portent des atteintes importantes au présent art. • Cons. const. 13 juill. 2011, *Samir A.*, n° 2011-153 QPC § 6 et 7 • Cons. const. 2 déc. 2011, *Wathik M.*, n° 2011-203 QPC § 12 et 13 (sol. impl.). ♦ Si aucune disposition législative ne prévoit de recours spécifique à l'encontre de la mesure d'incarcération, la personne placée sous écrou extraditionnel a la faculté de demander à tout moment à la chambre de l'instruction sa mise en liberté et, à cette occasion, elle peut faire valoir l'irrégularité de l'ordonnance de placement sous écrou extraditionnel. Il en résulte que l'intéressé n'est pas privé de la possibilité de contester la mesure d'incarcération. • Cons. const. 9 sept. 2016, *Mukhtar A.*, n° 2016-561/562 QPC § 14. ♦ Rappr. s'agissant du mandat d'arrêt européen. • Cons. const. 9 déc. 2016, *Patrick H.*, n° 2016-602 QPC § 17. ♦ Double degré de juridiction et principe d'égalité, V. ss. DDH, art. 6.

17. Absence de possibilité de pourvoi en cassation. Si le recours en cassation contre la sentence rendue par la commission arbitrale des journalistes elle-même est formellement exclu (• Soc. 25 juin 1959 : *Bull. civ. IV, n° 810*), les dispositions contestées n'ont ni pour objet ni pour effet d'interdire tout recours contre une telle décision. Cette décision peut en effet, ainsi qu'il résulte de la jurisprudence constante de la Cour de cass., faire l'objet, devant la cour d'appel, d'un recours en annulation formé, selon les règles applicables en matière d'arbitrage et par lesquelles sont appréciés notamment le respect des exigences d'ordre public, la régularité de la procédure et le principe du contradictoire. Ensuite, l'arrêt de la cour d'appel peut faire l'objet d'un pourvoi en cassation. Eu égard à la compétence particulière de la commission arbitrale, portant sur des questions de fait liées à l'exécution et à la rupture du contrat de travail des journalistes, le contrôle par le juge de cassation ne serait guère plus étendu que le contrôle exercé par le juge de l'annulation et, dès lors, ces dispositions ne méconnaissent pas le droit à un recours juridictionnel effectif. • Cons. const. 14 mai 2012, *Sté Yonne Républicaine et a.*, n° 2012-243/244/245/246 QPC § 13. ♦ En privant les parties de la possibilité de former un pourvoi en cassation contre l'arrêt de la chambre de l'instruction statuant sur une telle demande, les dispositions contestées apportent une restriction injustifiée au droit à exercer un recours juridictionnel effectif. • Cons. const. 14 juin 2013, *Jeremy F.*, n° 2013-314 QPC § 9. ♦ Le législateur ne porte pas atteinte au présent art. en prévoyant que la décision fixant le montant des indemnités provisionnelles lors d'une expropriation selon la procédure d'urgence, ne peut être attaquée que par la voie du recours en cassation. • Cons. const. 13 sept. 2013, *Sté Invest Hôtels Saint-Dizier Rennes et a.*, n° 2013-338/339 QPC § 8.

18. Connaissance des éléments nécessaires permettant effectivement d'exercer un recours. S'il appartient au représentant légal du mineur d'agir pour préserver les droits de ce dernier, les dispositions contestées réservent le cas où le représentant légal est lui-même dans l'impossibilité d'agir ainsi que les hypothèses dans lesquelles il ignore légitimement l'existence de la créance. • Cons. const. 18 juin 2012, *Boualem*, n° 2012-256 QPC § 6. ♦ Le législateur ne pouvait, sans priver de garanties légales le droit d'exercer un recours juridictionnel effectif, s'abstenir de définir les cas et conditions dans lesquels celles des personnes qui présentent un lien plus étroit avec l'enfant sont effectivement mises à même d'exercer ce recours leur permettant de faire valoir leur droit à la garde de l'enfant admis en qualité de pupille de l'État. En prévoyant que le point de départ du délai de trente jours pour saisir le tribunal d'une contestation court à compter de l'admission de l'enfant en qualité de pupille de l'État à titre définitif, le législateur a, pour ces personnes, méconnu les exigences du présent art. • Cons. const. 27 juill. 2012, *Annie M.*, n° 2012-268 QPC § 7 à 9. ♦ V. déjà, implicitement, • Cons. const. 10 juin 2010, n° 2010-607 DC § 9. ♦ La notion de « pièces nécessaires au jugement d'une affaire » permettant au juge administratif de déclarer caduque une requête *en matière de contentieux de l'urbanisme* lorsque son auteur ne les a pas produites, dans un délai déterminé et sans motif légitime, est insuffisamment précise pour permettre à l'auteur d'une requête de déterminer lui-même les pièces qu'il doit produire et ce, d'autant plus que le juge peut prononcer la caducité de la requête sans être tenu, préalablement, ni d'indiquer au requérant les pièces jugées manquantes ni même de lui préciser celles qu'il considère comme nécessaires au jugement de l'affaire. • Cons. const. 19 avr. 2019, *Bouchaïd S.*, n° 2019-777 QPC § 6.

19. Possibilité d'accès à un avocat (covid-19). Il résulte de l'instruction, et notamment des débats tenus lors de l'audience publique, que l'absence de toute dérogation permettant de se rendre chez un professionnel du droit et notamment un avocat pour un acte ou une démarche qui ne peut être réalisé à distance au-delà de 18 heures porte une atteinte grave et manifestement illégale à la liberté fondamentale d'exercer un recours effectif devant une juridiction dans des conditions assurant un respect effectif des droits de la défense et du droit à un procès équitable. Cette absence de dérogation est de nature à rendre difficile, voire, dans certains cas, impossible en pratique, l'accès à un avocat dans des conditions, notamment en termes de respect effectif du secret des échanges entre l'avocat et son client, conformes aux exigences du respect des droits de la défense pour les personnes qui sont astreintes à des contraintes horaires notamment en raison de leur profession, la consultation par téléconférence depuis son domicile, même lorsqu'elle est matériellement possible, pouvant ne pas être de nature à répondre à ces exigences, en particulier s'agissant de différends de nature familiale ou personnelle. • CE, ord., 3 mars 2021, n° 449764 : *AJDA 2021. 480 ; JCP Adm. 2021. 174.*

20. Obligation pour le juge de l'excès de pouvoir d'user de ses pouvoirs inquisitoriaux au stade de la recevabilité du recours. Il revient au juge de l'excès de pouvoir, avant de se prononcer sur une requête assortie d'allégations sérieuses non démenties par les éléments produits par l'administration en défense, de mettre en œuvre ses pouvoirs généraux d'instruction des requêtes et de prendre toutes mesures propres à lui procurer, par les voies de droit, les éléments de nature à lui permettre de former sa conviction, en particulier en exigeant de l'administration compétente la production de tout document susceptible de permettre de vérifier les allégations du demandeur. • CE 3 oct. 2018, n° 413989 A : *AJDA 2018. 1934 ; AJ pénal 2018. 533, obs. M. H-Evanserzog ; JCP Adm. 2018. 2326, note Renard.*

21. Modalité d'intervention du Conseil constitutionnel. Au besoin le Conseil constitutionnel s'assure que, non seulement le texte, mais aussi l'interprétation donnée par les juridictions chargées d'appliquer la législation garantissent l'existence de ce droit au recours. • Cons. const. 21 janv. 2011, *Jean-Claude C.*, n° 2010-90 QPC § 8. ♦ De même peut-il émettre une réserve d'interprétation pour ce faire. • Cons. const. 26 nov. 2010, *Mlle Danielle S.,* n° 2010-71 QPC § 39 • Cons. const. 29 janv. 2015, *Maxime T.,* n° 2014-446 QPC § 8.

22. Absence de caractère effectif du recours. Le juge doit pouvoir, par sa décision, faire cesser le trouble constaté. La CEDH retient que les injonctions prononcées par le juge du référé-liberté, dans la mesure où elles concernent des établissements pénitentiaires surpeuplés s'avèrent en pratique difficiles à mettre en œuvre. • CEDH 30 janv. 2020, *J.M.B. et a. c/ France,* n° 9671/15 : *AJDA 2020. 263 ; ibid. 1064, note Avvenire ; D. 2020. 753, note Renucci ; ibid. 1195, obs. Céré, Falxa et Herzog-Evans ; JA 2020, n° 614, p. 11, obs. Giraud ; JCP Adm. 2020. 78.* ♦ Le juge judiciaire a l'obligation de garantir à la personne placée dans des conditions indignes de détention un recours préventif et effectif permettant d'empêcher la continuation de la violation de l'art. 3 Conv. EDH. • Crim 8 juill. 2020, n° 20-81.739 P : *AJDA 2020. 1383 ; D. 2020. 1462 .* ♦ Rappr. • Cons. const. 2 oct. 2020, *Geoffrey F. et a.,* n° 2020-858/859 *QPC § 14.* ♦ Il n'appartient qu'au législateur de tirer les conséquences de l'arrêt de la Cour s'agissant de l'absence de voie de recours préventive pour mettre fin aux conditions indignes de détention résultant de carences structurelles. De même, il appartient au législateur de tirer les conséquences de la déclaration d'inconstitutionnalité. • CE 19 oct. 2020, n° 439372 A : *AJDA 2020. 1991 ; D. 2020. 2121, obs. de Montecler ; AJ pénal 2020. 593, obs. Céré ; JCP Adm. 2020. 581 ; Ibid. 2295, note Parinet-Hodimont.* ♦ V. Préamb. Const. 1946, al. 1er.

23. Admettre la recevabilité d'un moyen critiquant la décision par laquelle la juridiction s'est conformée à la doctrine de l'arrêt de cassation qui l'avait saisie, lorsqu'est invoqué un changement de norme intervenu postérieurement à cet arrêt, et aussi longtemps qu'un recours est ouvert contre la décision sur renvoi, participe de l'effectivité de l'accès au juge et assure une égalité de traitement entre des justiciables placés dans une situation équivalente en permettant à une partie à un litige qui n'a pas été tranché par une décision irrévocable de bénéficier de ce changement. • Cass., ass. plén., 2 avr. 2021, n° 19-18.814 P : *D. 2021. 703 ; JCP Adm. 2021. 246.*

24. Sur la situation dans le cadre des conditions de détention, V. Préamb. Const. 1946, al. 1er.

b. Mise en œuvre

1. Respect du principe du droit à un recours juridictionnel effectif

25. Associations. Ne viole pas le droit au recours effectif une disposition qui : limite les possibilités de saisine d'une autorité de régulation dès lors que les consommateurs, les associations qui les représentent ou les titulaires de droits de propriété intellectuelle pourront exercer les actions nécessaires à la défense de leurs intérêts devant les juridictions compétentes. • Cons. const. 27 juill. 2006, n° 2006-540 DC § 44. ♦ ... Limite aux associations, dont les statuts sont déposés après l'affichage en mairie d'une demande d'autorisation d'occuper ou d'utiliser les sols, la possibilité d'exercer un recours contre la décision prise à la suite de cette demande. • Cons. const. 17 juin 2011, *Assoc. Vivraviry,* n° 2011-138 QPC § 7.

26. Expropriation. Ne viole pas le droit au recours effectif, bien qu'il n'ait pas un caractère suspensif, le recours ouvert contre les décisions de déclaration d'utilité publique dans le cadre de la procédure d'expropriation ainsi que contre les arrêtés de cessibilité. • CE, QPC, 9 nov. 2011, *Giraud,* n° 351890 : *AJDA 2011. 2206 ; Dr. adm. 2012. 7, note Vialettes.* ♦ Bien que l'exproprié ne soit pas entendu, l'ordonnance portant transfert de propriété est rendue par le juge de l'expropriation après que l'utilité publique a été légalement constatée, dès lors que la déclaration d'utilité publique et l'arrêté de cessibilité, par lequel est déterminée la liste des parcelles ou des droits réels immobiliers à exproprier, peuvent être contestés devant la juridiction administrative, et que le juge de l'expropriation se borne à vérifier que le dossier que lui a transmis l'autorité expropriante est constitué conformément aux prescriptions du C. expr. Par ailleurs, l'ordonnance par laquelle le juge de l'expropriation fixe les indemnités d'expropriation survient au terme d'une procédure contradictoire et peut faire l'objet de recours. Enfin, l'ordonnance d'expropriation peut être attaquée par la voie du recours en cassation. • Cons. const. 16 mai 2012, *Cts L.,* n° 2012-247 QPC § 6 • CEDH, décis., 14 nov. 2017, *Semiramis c/ France,* n° 65058/09. ♦ La disposition qui prévoit que le juge de l'expropriation fixe le montant de l'indemnité d'expropriation indépendamment des contestations sérieuses sur le fond du droit ou la qualité des réclamants dès lors que d'une part ce juge à qui il appartient de renvoyer les parties à se pourvoir devant le juge compétent si celles-ci soulèvent des contestations ou difficultés, doit, au terme d'une procédure contradictoire, tenir compte de l'existence de celles-ci lorsqu'il fixe l'indemnité et au besoin prévoir plusieurs indemnités correspondant aux diverses hypothèses envisagées, et d'autre part que l'ordonnance par laquelle le juge de l'expropriation fixe les indemnités peut faire l'objet de recours ou que, si la décision rendue par le juge saisi de la contestation ou de la difficulté ne correspond pas à l'une des hypothèses prévues par l'ordonnance, le juge de l'expropriation soit à nouveau saisi par les parties. • Cons. const. 28 sept. 2012, *Cts. J.*, n° 2012-275 QPC § 6.

27. Action directe et exceptionnelle. Ne viole pas le droit au recours effectif la possibilité d'exciper de l'illégalité d'un règlement. • CE 23 févr. 2004, *Feler*, n° 251791. ♦ Dès lors que le règlement peut être contesté par la voie de l'exception, il ne peut être sérieusement soutenu qu'une disposition interdisant le recours par la voie d'action porte atteinte au droit à un recours juridictionnel effectif. • CE, QPC, 24 sept. 2010, *Decurey*, n° 341685 B : • CE 28 janv. 2011, *Patureau*, n° 335708 : *Lebon 23 ; AJDA 2011. 197 ; ibid. 1851, note Chifflot ; AJFP 2011. 199, note Jeannard.*

28. De même, ne violent pas le droit à un recours effectif : une loi qui, pour des raisons tenant au risque d'instabilité juridique, prive les requérants de la faculté d'invoquer par voie d'exception devant les juridictions administratives l'illégalité pour vice de procédure ou de forme de divers actes d'urbanisme, après l'expiration d'un délai de 6 mois à compter de la date de prise d'effet du document en cause. • Cons. const. 21 janv. 1994, n° 93-335 DC § 4. ♦ Rappr. ne violant pas les dispositions des art. 6 et 13 Conv. EDH. • CE 13 janv. 2006, *BRED*, n° 211298. ♦ ... Une disposition qualifiant un acte de non réglementaire dès lors que, si sa légalité ne peut être contestée par la voie de l'acception au-delà du délai de recours, elle peut être contestée par la voie de l'action et toute personne intéressée, après avoir saisi l'autorité administrative d'une demande de déclassement total ou partiel d'un monument naturel ou d'un site classé, peut former un recours devant le juge administratif tendant à l'annulation du refus qui lui serait opposé, en joignant à son recours, le cas échéant, des conclusions à fin d'injonction. • Cons. const. 23 nov. 2012, *Antoine de M.*, n° 2012-283 QPC § 12. ♦ ... Les dispositions qui font obligation au ministère public de solliciter, avant tout acte de poursuite, en cas de crime ou de délit (visés par ...), l'avis du ministre chargé de la défense ou de l'autorité militaire habilitée par lui. • Cons. const. 24 avr. 2015, *Christine M., épse. C.*, n° 2015-461 QPC § 8.

29. Lutte contre la fraude. Ne viole pas le droit au recours effectif la mise en place d'une procédure qui, pour assurer la mise en œuvre de l'objectif de valeur constitutionnelle de lutte contre la fraude fiscale, prévoit que, pour assurer l'efficacité du dispositif, l'ordonnance autorisant la visite de l'administration en tout lieu même privé en cas de soupçon de fraude est exécutoire « au seul vu de la minute » et que l'appel n'est pas suspensif. • Cons. const. 30 juill. 2010, *Épx P. et a.*, n° 2010-19/27 QPC § 9. ♦ ... Et ce d'autant plus que cette procédure rend possible d'interjeter appel de l'ordonnance de visite qui mentionne les délais et les voies de recours, ce qui permet d'obtenir un contrôle juridictionnel effectif de la décision prescrivant la visite. • Com. 8 déc. 2009, n° 08-21.017 P • Com. 9 mars 2010, n° 09-14.707 P • Cons. const. 30 juill. 2010, *Épx P. et a.*, n° 2010-19/27 QPC § 9.

30. Droit fiscal. Ne violent pas le droit au recours effectif la disposition : qui valide des avis de mise en recouvrement entachés de ce vice de forme qu'en tant qu'ils se réfèrent, pour ce qui est du montant des droits et pénalités, à la seule notification de redressement, ces actes pouvant être contestés, devant le juge compétent, pour tout autre motif de forme ou de fond. • Cons. const. 29 déc. 1999, n° 99-425 DC § 16. ♦ ... Qui supprime la suspension automatique de la mise en recouvrement de l'imposition en cas d'ouverture de la procédure amiable d'élimination des doubles impositions, dès lors que l'obligation d'acquitter immédiatement l'impôt qui peut résulter de cette suppression est sans incidence sur le droit, pour le contribuable intéressé, d'en obtenir restitution s'il venait à être établi que le pouvoir d'imposition appartenait à l'autre État intéressé. • Cons. const. 29 déc. 2013, n° 2013-685 DC § 124.

31. Dans le cadre des cotisations supplémentaires à l'impôt sur le revenu, la notification, à une seule de ces personnes, de l'avis de mise en recouvrement, qui constitue le dernier acte de la procédure d'imposition, sous réserve que le délai de réclamation ne commence à courir qu'une fois l'avis de mise en recouvrement porté à la connaissance de chacune d'elles dès lors que l'administration fiscale a été informée du changement de sa situation matrimoniale, de ses liens au titre d'un PACS ou de sa résidence et, le cas échéant, de son adresse. • Cons. const. 4 déc. 2015, *Gabor R.*, n° 2015-503 QPC § 14.

32. Droit du travail. Ne viole pas le droit au recours effectif la disposition : qui autorise les organisations syndicales pouvant intervenir devant la juridiction saisie à l'appui du recours d'un agent. • Cons. const. 13 mai 2011, *Synd fonctionnaires du Sénat*, n° 2011-129 QPC § 4. ♦ ... Qui, pour assurer la conciliation avec le principe de séparation des pouvoirs, ne permet pas à une organisation syndicale de saisir directement la juridiction administrative d'un recours contre un acte statuaire pris par les instances d'une assemblée parlementaire. • Cons. const. 13 mai 2011, *Synd. fonctionnaires du Sénat*, n° 2011-129 QPC § 4. ♦ ... L'interprétation jurisprudentielle qui, estimant que l'autorisation de licenciement d'un salarié protégé doit être regardée comme entièrement exécutée à compter de l'envoi de la lettre de licenciement par l'employeur, conduit à priver d'objet la demande de suspension formée devant le juge des référés, conduisant à son rejet dès lors que, en dépit de l'absence de suspension de la décision administrative autorisant le licenciement, le juge administratif saisi du recours au fond contre cette autorisation peut, le cas échéant, en prononcer l'annulation. • Cons. const. 7 juin 2019, *Touafik B.*, n° 2019-787 QPC § 10.

33. Domaine public. Ne violent pas le droit au recours effectif : une disposition définissant les infractions propres au domaine public maritime naturel faisant dépendre l'exécution des mesures de remise en l'état du domaine de l'accomplissement régulier d'une procédure juridictionnelle préalable assurant non seulement pour le contrevenant mais aussi pour tous les occupants de son fait, y compris le cas échéant pour le propriétaire, la garantie de leur droit à un recours effectif et l'information sur les obligations leur incombant ainsi que des pouvoirs d'exécution dont dispose l'administration. • CE, QPC, 7 mars 2012, *Tomaselli*, n° 355009 B : *AJDA 2012. 517 ; ibid. 2013. 236, note Foulquier*. ♦ ... Les dispositions relatives à l'incorporation au domaine public maritime, celles-ci pouvant être contestées par le propriétaire riverain soit dans le cadre d'un contentieux de l'illégalité à l'encontre de l'acte de délimitation (• CE 4 févr. 2008, *Peretti*, n° 292956 : *Lebon 554*), soit à l'occasion de la contestation des actes pris sur le fondement de l'appartenance au domaine public (• CE 30 janv. 1980, *Cne de Mortagne-sur-Gironde : Lebon 56*), soit par une action en revendication de propriété ouverte dans un délai de dix ans suivant l'acte de délimitation. • Cons. const. 24 mai 2013, *SCI Pascal et a.*, n° 2013-316 QPC § 7. ♦ De même, le propriétaire riverain dont tout ou partie de la propriété a été incorporé au domaine public maritime naturel peut prétendre à une indemnisation lorsqu'il justifie que l'absence d'entretien ou la destruction d'ouvrages de protection construits par la puissance publique ou la construction de tels ouvrages est à l'origine de cette incorporation ; enfin, pour prévenir un risque d'incorporation d'une propriété privée au domaine public maritime naturel, un propriétaire riverain peut être autorisé à construire une digue à la mer. • Cons. const. 24 mai 2013, *SCI Pascal et a.*, n° 2013-316 QPC. ♦ Toutefois, lorsqu'une *digue à la mer construite* par un propriétaire est incorporée au domaine public maritime naturel en raison de la progression du rivage de la mer, il ne peut être imposé à l'intéressé de procéder à sa destruction à ses frais en raison de l'évolution des limites du domaine public maritime naturel. • Cons. const. 24 mai 2013, *SCI Pascal et a.*, n° 2013-316 QPC § 8.

34. Accès et exercice des professions. Ne violent pas le droit au recours effectif : une disposition législative qui ne fait pas obstacle à ce que le demandeur qui se voit opposer un refus d'agrément puisse, selon les procédures de droit commun, le contester devant le juge administratif. • Cons. const. 3 déc. 2010, *Sté ZEturf limited*, n° 2010-73 QPC § 12. ♦ ... Une disposition qui permet par la procédure du référé-suspension de contester les décisions de suspension ou de retrait d'agrément des assistants maternels ou familiaux. • Cons. const. 1er avr. 2011, *Mme Denise R. et a.*, n° 2011-119 QPC § 5. ♦ ... Des décisions d'incapacité d'exercer qui sont susceptibles de recours devant la juridiction compétente devant laquelle il est possible de contester les faits ayant valu une condamnation à la probité et aux bonnes mœurs. • CE, QPC, 4 avr. 2012, *V.*, n° 356637 : *AJDA 2012. 736* .

35. Droit des malades. Si les juridictions de l'ordre judiciaire ne sont pas compétentes pour apprécier la régularité de la procédure et de la décision administrative qui ont conduit à une mesure d'hospitalisation sans consentement, la dualité des ordres de juridiction ne limite pas leur compétence pour apprécier la nécessité de la privation de liberté en cause. • Cons. const. 26 nov. 2010, *Mlle Danielle S.*, n° 2010-71 QPC § 37. ♦ Ne viole pas le droit à un recours juridictionnel effectif une disposition qui permet tant au malade hospitalisé sans son consentement qu'à toute personne susceptible d'intervenir dans son intérêt de saisir le juge judiciaire pour qu'il soit mis fin à l'hospitalisation. • Cons. const. 26 nov. 2010, *Mlle Danielle S.*, n° 2010-71 QPC § 38.

BIBL. Meynaud, La bonne administration de la justice et le juge administratif, *RFDA 2013. 1029* . – Pauliat, Bonne administration de la justice et bonne justice, *JCP Adm. 2014. 86*.

36. Bonne administration de la justice. La bonne administration de la justice constitue un objectif de valeur constitutionnelle qui résulte des art. 12, 15 et 16 DDH. • Cons. const. 29 nov. 2013, *Christophe D.*, n° 2013-356 QPC § 5. ♦ V. déjà, moins nettement. • Cons. const. 28 déc. 2006, n° 2006-545 DC § 24. ♦ V. encore, sans référence aux art. de la DDH. • Cons. const. 4 mai 2018, *Franck B. et a.*, n° 2018-704 QPC § 5 • Cons. const. 18 mai 2018, *Arlette R. et a.*, n° 2018-705 QPC § 6. ♦ Elle permet au législateur afin d'éviter les recours dilatoires provoquant l'encombrement des juridictions et l'allongement des délais de jugement des auteurs d'infraction d'exclure la possibilité d'un appel par la personne mise en examen des ordonnances du juge d'instruction ou du juge des libertés et de la détention qui feraient grief à ses droits lorsque existent d'autres moyens de procédure lui permettant de contester utilement et dans des délais appropriés les dispositions qu'elles contiennent. En l'espèce, quel que soit le régime de la détention à laquelle la personne mise en examen est soumise, celle-ci peut, à tout moment, demander sa mise en liberté en application de l'art. 148 C. pr. pén. et, en cas de refus, faire appel de l'ordonnance du juge des libertés et de la détention devant la chambre de l'instruction qui statue dans les plus brefs délais. • Cons. const. 13 juill. 2011, *Samir A.*, n° 2011-153 QPC § 5 et 6. ♦ Rappr. • Cons. const. 30 sept. 2011, *Samir A.*, n° 2011-168 QPC § 6. ♦ Et s'agissant de la possibilité de clôturer l'instruction en dépit d'un appel pendant devant la chambre de l'instruction • Cons. const. 18 mai 2018, *Arlette R. et a.*, n° 2018-705 QPC § 8 s. ♦ Il en résulte qu'il n'est pas possible d'interpréter, sans apporter une restriction injustifiée aux droits de la défense, l'art. 186 C. pr. pén. comme excluant le droit d'appel par le mis en examen d'une ordonnance du JLD ou du juge d'instruction faisant grief à ses droits et dont il ne pourrait utilement remettre en cause les dispositions ni dans les formes prévues par les art. 186 à 186-3 C. pr. pén. ni dans la suite de la procédure, notamment devant la juridiction de jugement. • Même affaire, § 7. ♦ V. déjà la bonne administration de la justice justifiant une limitation du droit d'appel. • Cons. const. 17 déc. 2010, *David. M.*, n° 2010-62 QPC § 6. ♦ De même ne violent pas le droit à un recours effectif : une disposition qui, dans l'intérêt d'une bonne administration de la justice, limite la recevabilité des moyens de nullité qui peuvent être soulevés lors d'une deuxième audience à ceux qu'il n'était pas possible de soulever lors de la première audience. • Cons. const. 9 juin 2011, n° 2011-631 DC § 27. ♦ V. déjà. • Cons. const. 11 août 1993, n° 93-326 DC § 25. ♦ ... Une restriction légale au droit d'agir en nullité d'un acte pour insanité d'esprit évitant, dans l'intérêt d'une bonne administration de la justice, les difficultés liées à l'administration de la preuve de l'état mental d'une personne décédée. • Cons. const. 17 janv. 2013, *Cts M.*, n° 2012-288 QPC § 5. ♦ ... L'obligation à peine d'irrecevabilité du recours d'accompagner sa réclamation de l'avis qui lui a été envoyé pour permettre l'identification de la procédure de poursuite visée par la réclamation. • Cons. const. 7 mai 2015, *Mohamed D.*, n° 2015-467 QPC § 6. ♦ ... L'obligation à peine d'irrecevabilité du recours d'accompagner sa réclamation de l'avis qui lui a été envoyé pour permettre l'identification de la procédure de poursuite visée par la réclamation. • Cons. const. 7 mai 2015, *Mohamed D.*, n° 2015-467 QPC § 6. ♦ ... L'obligation pour l'avocat commis d'office de faire approuver ses motifs d'excuse ou d'empêchement par le président de la cour d'assises seul compétent pour admettre ou refuser les motifs d'excuse ou d'empêchement invoqués par l'avocat qui souhaite refuser son ministère. • Cons. const. 4 mai 2018, *Franck B. et a.*, n° 2018-704 QPC § 11. ♦ ... La mise en place d'audiences en vidéotransmission. V. note 270. ♦ ... La disposition qui subordonne la recevabilité de certaines demandes en matière civile à une tentative de règlement amiable préalable dès lors que le pouvoir réglementaire définisse la notion de « motif légitime » et précise le « délai raisonnable » d'indisponibilité du conciliateur de justice à partir duquel le justiciable est recevable à saisir la juridiction, notamment dans le cas où le litige présente un caractère urgent. • Cons. const. 21 mars 2019, n° 2019-778 DC § 20. ♦ ... La disposition qui, pour des litiges de faible montant ou des contentieux de protection et d'assistance ou présentant une faible technicité juridique, permet aux parties d'être dispensées de la représentation par un avocat. • Cons. const. 21 mars 2019, n° 2019-778 DC § 32. ♦ ... La disposition qui donne compétence à un TGI spécialement désigné par décret pour connaître des demandes d'injonction de payer, excepté celles relevant de la compétence d'attribution du tribunal de commerce dès lors que cette procédure est exclusivement écrite et non contradictoire, que les demandes d'injonction de payer sont formées par voie dématérialisée et peuvent l'être sur support papier pour les personnes physiques n'agissant pas à titre professionnel et non représentées par un mandataire. • Cons. const. 21 mars 2019, n° 2019-778 DC § 72.

37. V. également la bonne administration de la justice pouvant, dans le cadre de certaines procédures, justifier des mesures spécifiques d'organisation des audiences dans le cadre de la crise du covid-19, notes 274 et 299.

38. Le choix par le juge d'instruction de procéder ou non au renvoi du mineur devant la cour d'assises des mineurs pour les faits qu'il lui est reproché d'avoir commis avant l'âge de seize ans en même temps que pour les faits commis après cet âge dépend de considérations objectives propres à chaque espèce et notamment de la nature des faits, de leur nombre, de la date de leur commission, de leurs circonstances, du nombre et de la situation des victimes, de l'existence et de l'âge de co-accusés qui caractérisent un lien d'indivisibilité ou de connexité et permettent d'apprécier l'intérêt d'une bonne administration de la justice. • Cons. const. 29 nov. 2013, *Christophe D.*, n° 2013-356 QPC § 9.

39. Responsabilité civile. – Droit à réparation. Il résulte des dispositions de l'art. 4 DDH qu'en principe, tout fait quelconque de l'homme qui cause à autrui un dommage oblige celui par la faute duquel il est arrivé à le réparer et que la faculté d'agir en responsabilité met en œuvre cette exigence constitutionnelle ; toutefois, cette dernière ne fait pas obstacle à ce que le législateur aménage, pour un motif d'intérêt général, les conditions dans lesquelles la responsabilité peut être engagée en apportant à ce principe des exclusions ou des limitations à condition qu'il n'en résulte pas une atteinte disproportionnée aux droits des victimes d'actes fautifs ainsi qu'au droit à un recours juridictionnel effectif qui découle du présent art. • Cons. const. 11 juin 2010, Viviane L., n° 2010-2 QPC § 11 • Cons. const. 18 juin 2010, *Épx L.*, n° 2010-8 QPC § 10. ♦ De même, ne viole pas le droit au recours effectif une loi qui, tout en instituant une procédure d'indemnisation simple et rapide (Fonds d'indemnisation des victimes de l'amiante), a entendu garantir aux victimes « la réparation intégrale de leurs préjudices » ; ainsi, la personne qui a choisi de présenter une demande d'indemnisation devant le fonds a la possibilité d'introduire un recours devant la cour d'appel si sa demande a été rejetée, si aucune offre ne lui a été présentée dans un délai de 6 mois ou encore si elle a rejeté l'offre qui lui a été faite ; en toute hypothèse, la décision de la cour d'appel pourra faire l'objet d'un pourvoi en cassation, les actions juridictionnelles de droit commun demeurant ouvertes, aux fins de réparation, aux personnes qui ne saisissent pas le fonds et la victime conservant la possibilité de saisir la juridiction pénale. • Cons. const. 19 déc. 2000, n° 2000-437 DC § 44. ♦ La partie civile a la faculté de relever appel quant à ses intérêts civils ; en ce cas, selon la portée donnée par la Cour de cassation au 3° de l'art. 497 C. pr. pén., elle est en droit, nonobstant la relaxe du prévenu en première instance, de reprendre, contre lui, devant la juridiction pénale d'appel, sa demande en réparation du dommage que lui ont personnellement causé les faits à l'origine de la poursuite. • Cons. const. 31 janv. 2014, *Michel P.*, n° 2013-363 QPC § 8. ♦ Les dispositions contestées ne faisant pas obstacle au droit des victimes d'agir pour demander la réparation de leur préjudice devant les juridictions civiles ainsi que, dans le délai de la prescription de l'action publique, devant les juridictions répressives, elles ne portent pas atteinte au droit des victimes d'exercer un recours juridictionnel effectif. • Cons. const. 26 sept. 2014, *Assoc. France Nature Environnement*, n° 2014-416 QPC § 10.

40. Règles de procédure. Le juge s'assure que de nouvelles règles de procédure modifiant les délais de recours n'ont ni pour objet ni pour effet de rendre pratiquement impossible ou excessivement difficile l'exercice du droit à un recours effectif. • CAA Bordeaux, 7 juin 2012, *Misak*, n° 11BX01138 : *AJDA 2012. 2419*. ♦ Au besoin, le juge interprète la disposition pour lui permettre de respecter le droit à un recours effectif. Jugé que si les dispositions en cause excluent expressément l'appel et la cassation pour le débiteur, elles ne sauraient interdire de faire constater selon les voies de recours du droit commun la nullité d'une décision de justice entachée d'excès de pouvoir. • Com. 12 mai 1992, *SARL Parz-Distribution Super Score c/ Billioud : D. 1992. 137.* ♦ De même, si toute constitution de partie civile est exclue devant la Cour de justice de la République, la possibilité d'exercer des actions en réparation de dommages susceptibles de résulter de crimes et délits commis par des membres du Gouvernement étant garantie devant les juridictions de droit commun, l'exercice d'un recours est préservé. • Cons. const. 19 nov. 1993, n° 93-327 DC § 13. ♦ Rappr. • Cons. const. 5 août 2010, n° 2010-612 DC • Cons. const. 23 juill. 2010, *Région Languedoc-Roussillon et a.*, n° 2010-15/23 QPC. ♦ L'impossibilité, pour le concurrent évincé, de voir le Conseil d'État, statuant au contentieux, examiner son pourvoi en cassation, auquel le législateur n'a conféré aucun effet suspensif, tient seulement à la faculté reconnue à l'autorité administrative à l'origine de cette procédure, et dont elle peut ne pas faire usage, de signer le contrat dès la notification du rejet des conclusions d'annulation présentées au juge de première instance, lesquelles ont, en application de l'art. L. 551-4 CJA, un effet suspensif sur la signature du contrat jusqu'à la notification au pouvoir adjudicateur de la décision juridictionnelle. • CE 15 févr. 2013, *Sté Novergie et a.*, n° 364325 : *AJDA 2013. 1259 ; AJCT 2013. 351, obs. Didriche*. ♦ ... Le monopole des poursuites devant les juridictions financières confié au seul ministère public dans la mesure où les collectivités publiques victimes d'une faute du comptable ont la possibilité, si le ministère public près les juridictions financières n'a pas entendu saisir la chambre régionale des comptes de cette faute et de toutes ses conséquences, d'agir en responsabilité, selon les voies du droit commun, contre l'État ou contre le comptable lui-même. • Cons. const. 5 juill. 2019, *Cne de Sainte-Rose*, n° 2019-795 QPC § 8. ♦ Rappr. s'agissant des dispositions qui réservent au ministère public la mise en mouvement de l'action publique en cas d'infraction commise par un militaire lors d'une opération extérieure dès lors que la partie lésée a la possibilité d'obtenir réparation du dommage que lui ont personnellement causé les faits commis par le militaire devant, selon le cas, le juge administratif ou le juge civil. • Cons. const. 27 sept. 2019, *Fabienne V.*, n° 2019-803 QPC § 5.

41. Ne violent pas le droit au recours effectif : une disposition qui n'a pas eu pour effet de priver les personnes ayant fait l'objet d'une notification d'infraction à la suite des opérations de visite et de saisie réalisées avant une date fixée par la loi du droit de contester la régularité de ces opérations devant les juridictions appelées à statuer sur les poursuites engagées sur leur fondement. • Cons. const.

13 juill. 2011, SAS VESTEL *France et a.*, n° 2011-150 QPC § 8. ♦ … Qui limite le droit des héritiers d'agir en nullité d'un acte pour insanité d'esprit sans faire obstacle à l'exercice, par les héritiers, des actions en nullité qui seraient fondées sur les règles du droit commun des contrats ni à ce que des actes passés au moyen de violences, de fraudes ou d'abus de faiblesse puissent être annulés. • Cons. const. 17 janv. 2013, *Cts M.*, n° 2012-288 QPC § 7. ♦ … La possibilité pour le ministère public de déclarer irrecevable la réclamation du contrevenant au motif qu'elle n'est pas accompagnée de l'avis d'amende forfaitaire majorée, sous réserve que cette décision puisse être contestée par le contrevenant qui prétendrait que l'avis ne lui a pas été envoyé, ou qui justifierait être dans l'impossibilité de le produire pour des motifs légitimes. • Cons. const. 7 mai 2015, *Mohamed D.*, n° 2015-467 QPC § 7. ♦ … La mention erronée de la cassation au lieu de l'appel comme voie de recours ouverte contre un jugement dans la notification de ce dernier. • CAA Nantes, 12 oct. 2015, n° 14NT03360 : *AJDA 2016. 180 ; ibid. 958, note Grossholz*. ♦ … La décision de transfert dès lors qu'elle mentionne les voies et délais de recours ainsi que le droit d'avertir ou faire avertir son consulat, un conseil ou toute autre personne de son choix. Lorsque l'intéressé n'est pas assisté d'un avocat, les principaux éléments de cette décision lui sont communiqués dans une langue qu'il comprend ou dont il est raisonnable de penser qu'il la comprend. Lorsque l'étranger ne fait pas l'objet d'une mesure de placement en rétention ou d'assignation à résidence, elle ne peut pas faire l'objet d'une exécution d'office avant l'expiration d'un délai de quinze jours et le recours contre cette décision présente un caractère suspensif. • Cons. const. 15 mars 2018, n° 2018-762 DC § 22. ♦ … Le délai de 48 heures pour former un recours contre un arrêté préfectoral de reconduite à la frontière, dès lors que l'étranger est informé dans une langue qu'il comprend ou dont il est raisonnable de penser qu'il la comprend, de son droit d'obtenir l'assistance d'un interprète et d'un conseil. Il appartient à l'administration, en particulier lorsque l'étranger est détenu ou placé en rétention, d'assurer l'effectivité de l'ensemble de ces garanties. • Cons. const. 19 oct. 2018, *Belkacem B.*, n° 2018-741 QPC § 11. ♦ … L'impossibilité pour la personne convoquée par procès-verbal de faire appel de l'ordonnance du juge des libertés et de la détention qui l'a placée sous contrôle judiciaire ou sous assignation à résidence avec surveillance électronique, dès lors qu'elle dispose d'autres moyens de procédure lui permettant de contester utilement et dans des délais appropriés les dispositions de cette ordonnance. • Cons. const. 31 janv. 2019, *Suat A. et a.*, n°s 2018-758/759/760 QPC § 11. ♦ … L'absence d'un interprète à l'audience publique pour une contestation d'une décision d'éloignement du territoire lorsqu'il apparaît, dans les circonstances de l'espèce, que cette carence n'a pas eu pour effet de préjudicier aux droits du requérant. • CAA Bordeaux, 9 juill. 2020, n° 20BX00931 : *AJDA 2020. 2132, chron. Basset et a*.

42. Si le droit à un recours juridictionnel effectif impose que la décision du ministère public déclarant irrecevable la réclamation puisse être contestée devant la juridiction de proximité, il en va de même de la décision déclarant irrecevable une requête en exonération lorsque cette décision a pour effet de convertir la somme consignée en paiement de l'amende forfaitaire ; il en résulte que, sous cette réserve, le pouvoir reconnu à l'officier du ministère public de déclarer irrecevable une requête en exonération ou une réclamation ne méconnaît pas les dispositions du présent art. • Cons. const. 29 sept. 2010, *Jean-Yves G.*, n° 2010-38 QPC § 7. ♦ Rappr. • CEDH 21 mai 2002, *Peltier c/ France*, n° 32872/96. ♦ … Et surtout. • CEDH 8 mars 2012, *Celice c/ France*, n° 14166/09 § 34 : *D. 2012. 984, note Céré ; RSC 2012. 690, obs. Roets*. ♦ V. aussi. • Crim. 29 mai 2002, n° 01-87.396 P • Crim. 5 mars 2007, n° 07-00.004 P.

43. Ce droit n'impose pas au législateur de faire bénéficier rétroactivement de voies de recours les personnes ayant fait l'objet, plus de 3 ans avant la date de la publication de la loi, d'opérations de visite et de saisie demeurées sans suite ou ayant donné lieu à une notification d'infraction pour laquelle une transaction ou une décision de justice définitive était intervenue avant cette date. • Cons. const. 13 juill. 2011, *SAS VESTEL France et a.*, n° 2011-150 QPC § 8. ♦ … De déterminer les motifs d'octroi ou de refus d'une autorisation de sortie sous escorte. • Cons. const. 21 juin 2019, *SFOIP*, n° 2019-791 QPC § 13.

44. Lorsqu'une juridiction pénale est saisie d'une demande à laquelle il doit être répondu par une décision motivée susceptible de recours, il est possible d'exercer un recours contre la décision implicite de rejet de la demande, qui naît à l'issue d'un délai de deux mois. Il en résulte que, en l'absence de réponse du juge de l'application des peines durant un délai de deux mois, le condamné ayant sollicité une autorisation de sortie sous escorte peut contester devant le président de la chambre de l'application des peines le refus implicite qui lui est opposé. • Cons. const. 21 juin 2019, SFOIP, n° 2019-791 QPC § 11.

45. Formation spécialisée. Les conditions dans lesquelles la formation spécialisée remplit son office juridictionnel ne méconnaissent pas, contrairement à ce qui est soutenu, le droit au recours effectif des personnes qui la saisissent.

• CE 8 févr. 2017, n° 396567 B : *AJDA 2017. 321* • CE 8 févr. 2017, n° 403040 B : *AJDA 2017. 318 ; JCP Adm. 2017. 132* • CE 6 nov. 2017, n° 409075 : *AJDA 2018. 406, note Schmitz ; JCP Adm. 2017. 552.*

46. Divers. Ne violent pas le droit au recours effectif : une loi qui, contenant des sanctions pouvant être prononcées par une autorité administrative, prévoit la possibilité de présenter un droit au recours devant un juge. • Cons. const. 17 janv. 1989, n° 88-248 DC § 31 et 32. ♦ ... Une restriction légale au droit d'agir en nullité d'un acte pour insanité d'esprit assurant un équilibre entre, d'une part, les intérêts des héritiers et, d'autre part, la sécurité des actes conclus par le défunt et en particulier des transactions. • Cons. const. 17 janv. 2013, *Cts M.*, n° 2012-288 QPC § 5. ♦ ... Le fait que la signature du contrat rende sans objet la procédure de référé précontractuel. • CE 15 févr. 2013, *Sté Norvergie*, n° 364325 : *AJDA 2013. 1259 ; JCP Adm. 2013. 2113, note Hul.* ♦ ... Une disposition qui exige pour la recevabilité de la citation en justice, entre autres, l'indication précise des propos ou écrits incriminés, la précision de la qualification pénale retenue ou l'élection de domicile dans la ville de la juridiction saisie. Il en va de même de l'obligation de dénoncer la citation au ministère public. • Cons. const. 17 mai 2013, *Sté Écocert France*, n° 2013-311 QPC § 5. ♦ ... Une disposition prévoyant que la restitution peut être demandée pendant un délai qui court, selon le cas, à compter de « la décision de classement » ou de « la décision par laquelle la dernière juridiction saisie a épuisé sa compétence » sous réserve que les personnes susceptibles de former une réclamation soient informées de la décision à partir de laquelle les délais pour la former commencent à courir. • Cons. const. 9 juill. 2014, *Franck I.*, n° 2014-406 QPC § 12. ♦ ... Le droit reconnu aux agents habilités d'exiger la communication d'informations et de documents dès lors que ces demandes ne sont pas en elles-mêmes des actes susceptibles de faire grief et que la légalité des demandes d'informations peut être contestée par voie d'exception. • Cons. const. 8 juill. 2016, *Sté Brenntag*, n° 2016-552 QPC § 9. ♦ ... L'absence de décision de renouvellement de l'assignation à résidence dès lors qu'elle n'empêche pas l'étranger concerné de solliciter la levée de l'assignation et de voir ainsi sa situation réexaminée à cette occasion. De même, l'intéressé peut contester les modalités de l'assignation à résidence et obtenir, le cas échéant, un amoindrissement de la rigueur qui lui est imposée. • Cons. const. 30 nov. 2017, *Kamel D.*, n° 2017-674 QPC § 19. ♦ ... Une disposition prévoyant que les gens du voyage ne peuvent demander l'annulation d'une mise en demeure d'avoir à quitter les lieux lorsque les conditions permettant le prononcé d'une telle mise en demeure sont remplies que dans le délai fixé par ladite mise en demeure dès lors qu'il s'agit de garantir l'exécution à bref délai des arrêtés d'interdiction de stationnement des gens du voyage lorsque leur méconnaissance est de nature à porter atteinte à l'ordre public. • Cons. const. 27 sept. 2019, *Union de défense active des forains*, n° 2019-805 QPC § 21 s.

47. Ne violent pas le droit au recours effectif une disposition qui prévoit que le Conseil d'État peut être saisi : 1° par toute personne souhaitant vérifier qu'elle ne fait pas, ou n'a pas fait, l'objet d'une surveillance irrégulière, sous réserve de l'exercice d'une réclamation préalable auprès de la Commission nationale de contrôle des techniques de renseignement (CNCTR) ; 2° par la CNCTR lorsqu'elle estime que ses avis ou recommandations n'ont pas été suivis d'effet ou que les suites qui y ont été données sont insuffisantes, ou par au moins trois de ses membres ; 3° à titre préjudiciel par une juridiction administrative ou une autorité judiciaire saisie d'une procédure ou d'un litige dont la solution dépend de l'examen de la régularité d'une technique de renseignement. • Cons. const. 23 juill. 2015, n° 2015-713 DC § 49. ♦ ... Les dispositions qui prévoient que, les requêtes concernant la mise en œuvre des techniques de renseignement soumises à autorisation et des fichiers intéressant la sûreté de l'État, les exigences de la contradiction sont adaptées à celles du secret de la défense nationale, que le président de la formation de jugement ordonne le huis clos lorsque est en cause ce secret et que la formation de jugement peut relever d'office tout moyen, ces dispositions ne portent pas atteinte au droit à un recours effectif, au droit au procès équitable et au principe du contradictoire. • Cons. const. 23 juill. 2015, n° 2015-713 DC § 86. ♦ Le fait pour un juge de ne pas renvoyer une question préjudicielle dès lors que sa décision est motivée. • CEDH 13 févr. 2010, *Sanofi Pasteur c/ France*, n° 25137/16 § 77 s. : *AJDA 2020. 1809, note Sibileau ; D. 2020. 2142, obs. Bacache, Guégan et Porchy-Simon ; AJ pénal 2020. 310, obs. Thierry .* ♦ Une disposition limitant les cas d'annulation des contrats de droit privé de la commande publique aux violations les plus graves des obligations de publicité et de mise en concurrence, le législateur ayant entendu éviter une remise en cause trop fréquente de ces contrats après leur signature et assurer la sécurité juridique des relations contractuelles. • Cons. const. 2 oct. 2020, *Sté Bâtiment mayennnais*, n° 2020-857 QPC § 21.

48. Si la personne faisant l'objet d'une mesure de surveillance internationale ne peut saisir un juge pour contester la régularité de cette mesure, le législateur a, en prévoyant que la commission peut former un recours à l'encontre d'une mesure de surveillance internationale, assuré une conciliation qui n'est pas manifestement disproportionnée entre le droit à un recours juridictionnel effectif et le secret de la défense nationale. • Cons. const. 26 nov. 2015, n° 2015-722 DC § 18.

49. La personne qui a fait l'objet d'un contrôle d'identité peut, en cas de poursuites pénales subséquentes à ce contrôle ou en cas de placement en rétention administrative, contester, par voie d'exception, la légalité de ce contrôle devant le juge judiciaire. Même en l'absence de telles suites, la légalité d'un contrôle d'identité peut être contestée devant le juge judiciaire dans le cadre d'une action en responsabilité à l'encontre de l'État. • Cons. const. 24 janv. 2016, *Ahmed M. et a.*, n° 2016-606/607 QPC § 28.

50. L'employeur pouvant contester le coût final de l'expertise décidée par le CHSCT devant le juge judiciaire, dans un délai de quinze jours à compter de la date à laquelle il a été informé de ce coût, l'impossibilité pour l'employeur de contester le coût prévisionnel de cette expertise, à la supposer établie, ne constitue pas une méconnaissance du droit à un recours juridictionnel effectif. Il en va de même de la disposition prévoyant que l'employeur dispose d'un délai de quinze jours à compter de la délibération du CHSCT ou de l'instance de coordination décidant de faire appel à un expert agréé et déterminant l'étendue et le délai de cette expertise ainsi que le nom de l'expert. • Cons. const. 13 oct. 2017, *Sté EdF*, n° 2017-662 QPC § 6 et 7.

51. Respect des mesures provisoires de la CEDH. Les mesures provisoires prescrites sur le fondement de l'art. 39 du règlement CEDH ont pour objet de garantir l'effectivité du droit au recours individuel ; leur inobservation constitue, en l'absence d'exigence impérieuse d'ordre public, un manquement aux stipulations de l'art. 34 Conv. EDH, sauf : • CE 30 juin 2009, *Beghal*, n° 328879 : *Lebon ; AJDA 2009. 1344*. ♦ Cependant, le juge national n'est pas entravé dans son office par de telles mesures ; il doit, sans surseoir, se prononcer sur les recours qui lui sont soumis. • CE 9 nov. 2016, *Koudozov*, n° 392593 : *Lebon ; AJDA 2016. 2191*.

2. Absence de respect de ces principes

52. Procédure et droit pénal. Des dispositions qui, même si elles poursuivent l'objectif d'intérêt général d'assurer la comparution personnelle de l'accusé en cause d'appel afin que le procès puisse être utilement conduit à son terme et qu'il soit définitivement statué sur l'accusation, privent du droit de faire réexaminer l'affaire par la juridiction saisie du seul fait que, à un moment quelconque du procès, l'accusé s'est soustrait à l'obligation de comparaître tout en rendant immédiatement exécutoire la condamnation contestée. • Cons. const. 13 juin 2014, *Laurent L.*, n° 2014-403 QPC § 5 et 6. ♦ Une disposition qui, n'imposant pas de délai au juge d'instruction pour statuer sur une demande de restitution d'un bien placé sous main de justice, rend impossible le fait d'exercer une voie de recours devant la chambre de l'instruction ou toute autre juridiction. • Cons. const. 16 oct. 2015, *Cts R.*, n° 2015-494 QPC § 7. ♦ Rappr. • Cons. const. 24 mai 2016, *Sect. fr. de l'Observatoire international des prisons*, n° 2016-543 QPC § 14. ♦ V. également sur la question du double degré de juridiction, note 16.

53. Une disposition qui prive le propriétaire de la faculté d'exercer un recours effectif contre une mesure portant atteinte à ses droits méconnait l'art. 16 DDH. • Cons. const. 13 janv. 2012, *Cts B.*, n° 2011-208 QPC § 6. ♦ ... Y compris durant la durée de l'enquête s'agissant d'une mesure de saisie. • Cons. const. 21 mars 2014, *Bertrand L. et a.*, n° 2014-375 et a. QPC § 14. ♦ Il en est de même : au moment de l'enquête s'agissant de visites, perquisitions et saisies de pièces à conviction. • Cons. const. 4 avr. 2014, *Jacques J.*, n° 2014-387 QPC § 7. ♦ ... Pour une disposition permettant la destruction de biens saisis, sur décision du procureur de la République, sans que leur propriétaire ou les tiers ayant des droits sur ces biens et les personnes mises en cause dans la procédure en aient été préalablement avisés et qu'ils aient été mis à même de contester cette décision devant une juridiction afin de demander, le cas échéant, la restitution des biens saisis. • Cons. const. 11 avr. 2014, *Antoine H.*, n° 2014-390 QPC § 5. ♦ ... L'impossibilité dans laquelle se trouve la personne condamnée par défaut peut contester cette décision, par la voie de l'opposition ou de l'appel, lorsqu'elle prend connaissance de sa signification postérieurement à la prescription de la peine. • Cons. const. 8 juin 2018, *Thierry D.*, n° 2018-712 QPC § 11. ♦ Sur la question du caractère suspensif du recours, V. notes 76 et 287 s. ♦ ... L'impossibilité dans laquelle se trouve la personne détenue en prévention dont l'instruction est achevée et qui attend sa comparution devant la juridiction de jugement de contester le refus de rapprochement familial dès lors que la décision est nécessairement subordonnée à l'accord du magistrat judiciaire saisi du dossier de la procédure, l'avis de ce magistrat n'étant pas contestable. • Cons. const. 8 févr. 2019, *SFOIP*, n° 2018-763 QPC § 5 et 6. ♦ ... L'impossibilité dans laquelle se trouve la personne détenue en prévention de contester une décision par laquelle l'autorité judiciaire s'oppose à une demande d'autorisation de sortie sous escorte. • Cons. const.

21 juin 2019, *SFOIP,* n° 2019-791 QPC § 9. ♦ Comp. S'agissant de la personne condamnée. • Même décision § 10 s.

54. Au regard des conséquences qu'entraînent pour une personne placée en détention provisoire, ne respecte pas l'art. 16 DDH l'absence de voie de droit permettant la remise en cause de la décision du magistrat refusant d'accorder un permis de visite demandé au cours de l'instruction par une personne qui n'est pas membre de la famille ou d'un permis de visite demandé en l'absence d'instruction ou après la clôture de celle-ci, y compris par les membres de la famille, et le refus de l'accès au téléphone. • Cons. const. 24 mai 2016, *Sect. fr. de l'Observatoire international des prisons,* n° 2016-543 QPC § 14. ♦ … S'opposant au droit de correspondre avec toute personne de son choix. • Cons. const. 22 juin 2018, *SFIOP,* n° 2018-715 QPC § 6. ♦ V. pour une mise en œuvre. • CE 12 déc. 2018, n° 417244 A : *AJDA 2019. 825, note Schmitz ; ibid. 2018. 2469 ; AJ pénal 2019. 96, obs. Frinchaboy .* ♦ … Eu égard à leur nature et à leurs effets, les décisions de changement d'affectation entre établissements de même nature doivent pouvoir faire l'objet d'un recours, au moins lorsque la nouvelle affectation s'accompagne d'une modification du régime de détention entraînant une aggravation des conditions de détention ou, si tel n'est pas le cas, lorsque sont en cause des libertés et des droits fondamentaux des détenus. Il s'ensuit que le pouvoir réglementaire ne pouvait légalement intervenir tant que le législateur n'avait pas préalablement organisé, dans son champ de compétence relatif à la procédure pénale, une voie de recours effectif permettant de contester des mesures de translation judiciaire, à tout le moins dans les cas mentionnés précédemment. • CE 12 déc. 2018, n° 417244 A : *préc.*

55. Autres domaines concernant le non-respect des principes de l'art. 16 DDH. Une loi qui prive de tout droit au recours devant le juge de l'excès de pouvoir la personne qui entend contester la légalité d'un acte pris en application d'une délibération de l'assemblée territoriale, plus de 4 mois après la publication de cette délibération, lorsque la question à juger porte sur la répartition des compétences entre l'État, le territoire et les communes ; en effet, eu égard à l'importance qui s'attache au respect de la répartition des compétences entre ces autorités, il importe peu que le législateur ait voulu renforcer la sécurité juridique des décisions de l'assemblée. • Cons. const. 9 avr. 1996, n° 96-373 DC § 84. ♦ Une validation législative empêchant de contester certains actes sans indiquer le motif précis d'illégalité dont le législateur entendait purger les actes contestés ne respecte pas non plus ces principes. • Cons. const. 28 déc. 2006, n° 2006-545 DC § 36. ♦ Il en est de même pour une convention internationale n'ouvrant pas, au bénéfice des mineurs ou de toute personne intéressée, un recours contre la mesure destinée à ce que le mineur quitte le territoire français pour regagner la Roumanie. • Cons. const. 4 nov. 2010, n° 2010-614 DC § 5. ♦ … Une disposition qui fixe un délai de recours contre des éléments d'un accord collectif non publié tant que les requérants n'en ont pas eu valablement connaissance (réserve d'interprétation). • Cons. const. 21 mars 2018, n° 2018-761 DC § 35.

56. Ne respectent également pas les principes de l'art. 16 DDH : une disposition qui suspend des poursuites dirigées à l'encontre de certains rapatriés s'agissant des actions en justice tendant à voir constater toute créance, quelle qu'en soit la cause, et aux procédures collectives tout en interdisant la mise en œuvre des mesures conservatoires ou d'exécution, à l'exclusion des dettes fiscales et en ne prévoyant en faveur du créancier aucune voie de recours pour s'y opposer. La suspension des poursuites se prolonge jusqu'à la décision de l'autorité administrative compétente, les recours gracieux contre celle-ci, ou, en cas de recours contentieux, la décision définitive de l'instance juridictionnelle compétente. • Cons. const. 27 janv. 2012, *COFACE,* n° 2011-213 QPC § 5 et 7. ♦ … Une disposition qui prive les autorités publiques dotées de la personnalité morale autres que l'État de la possibilité d'obtenir la réparation de leur préjudice dès lors qu'elles ne peuvent ni engager l'action publique devant les juridictions pénales aux fins de se constituer partie civile ni agir devant les juridictions civiles pour demander la réparation de leur préjudice mais uniquement se constituer partie civile à titre incident devant la juridiction pénale lorsque l'action publique a été engagée par le ministère public. • Cons. const. 25 oct. 2013, *Cne du Pré-Saint-Gervais,* n° 2013-350 QPC § 7. ♦ … Une disposition qui priverait les associations ayant leur siège à l'étranger, dotées de la personnalité morale en vertu de la législation dont elles relèvent mais qui ne disposent d'aucun établissement en France, de la qualité pour agir devant les juridictions françaises dans le respect des règles qui encadrent la recevabilité de l'action en justice. • Cons. const. 7 nov. 2014, *Assoc. Mouvement raëlien international,* n° 2014-424 QPC § 7 (réserve d'interprétation). ♦ … L'impossibilité dans laquelle se trouve la personne condamnée par défaut peut contester la décision relative aux intérêts civils, par la voie de l'opposition ou de l'appel, lorsqu'elle prend connaissance de sa signification postérieurement à la prescription de la peine alors que le créancier peut poursuivre son exécution dans un délai d'au moins dix ans, même, le cas échéant, après prescription de la peine. • Cons. const. 8 juin 2018, *Thierry D.,* n° 2018-712

QPC § 13. ♦ ... Une disposition imposant que le forfait de post-stationnement et sa majoration soient acquittés avant de pouvoir les contester devant le juge. Si le législateur a entendu, dans un but de bonne administration de la justice, prévenir les recours dilatoires dans un contentieux exclusivement pécuniaire susceptible de concerner un très grand nombre de personnes, il n'a ni garanti que la somme à payer pour contester les forfaits et majorations ne soit d'un montant trop élevé, ni apporté à l'exigence de paiement préalable desdits forfaits et majorations aucune exception tenant compte de certaines circonstances ou de la situation particulière de certains redevables. • Cons. const. 9 sept. 2020, *Samiha B.*, n° 2020-855 QPC § 6 à 8.

57. En omettant de déterminer les modalités de recouvrement d'une taxe locale, le législateur affecte le droit à un recours effectif (incompétence négative). • Cons. const. 25 oct. 2013, *Sté Boulanger*, n° 2013-351 QPC § 15.

58. La combinaison de l'absence d'effet suspensif du recours de l'employeur et l'absence de délai d'examen de ce recours conduit, dès lors que l'employeur est tenu de payer les honoraires de l'expert désigné à la demande du CHSCT alors même qu'il a obtenu l'annulation de cette désignation, à ce que l'employeur soit privé de toute protection de son droit de propriété en dépit de l'exercice d'une voie de recours. • Cons. const. 27 nov. 2015, *Sté Foot Locker France*, n° 2015-500 QPC § 10.

59. En enserrant dans un délai maximal de cinq jours le temps global imparti à l'étranger détenu afin de former son recours et au juge afin de statuer sur celui-ci, les dispositions contestées, qui s'appliquent quelle que soit la durée de la détention, n'opèrent pas une conciliation équilibrée entre le droit au recours juridictionnel effectif et l'objectif poursuivi par le législateur d'éviter le placement de l'étranger en rétention administrative à l'issue de sa détention pour assurer l'exécution de l'obligation de quitter le territoire français. • Cons. const. 1er juin 2018, *SFOIP*, n° 2018-709 QPC § 9. ♦ Comp. la correction prévue par le législateur à la suite de cette censure. • Cons. const. 6 sept. 2018, n° 2018-770 DC § 82.

60. Une indemnisation trop faible du préjudice moral subi du fait des conditions de détention viole l'art. 13 Conv. EDH qui garantit le droit au recours. • CEDH 19 nov. 2020, *Barbotin c/ France*, n° 25338/16 § 58 : *AJDA 2020. 2385* ; *ibid. 2021. 1, tribune Jacquemet-Gauché* ; *JCP Adm 2020. 689.* ♦ Comp. • CE 2 déc. 2015, n° 371944 • CE, sect., 3 déc. 2018, n° 412010 A (concl. Bretonneau) : *AJDA 2019. 279, chron. Faure et Malverti* ; *ibid. 2018. 2366* ; *D. 2019. 1074, obs. Céré, Evans et Péchillon* ; *JCP Adm. 2019. 2221, note Sourzat* ; *Dr. adm. 2019. 17, note Fort.*

2° MISES EN ŒUVRE PARTICULIÈRES

61. Droit à la réparation des dommages. V. DDH, art. 4, note 126.

a. Secret défense

62. La procédure de déclassification retenue qui fait intervenir une autorité administrative à qui le législateur a conféré de nombreuses garanties d'indépendance (composition, non-révocation de ses membres, principe du non-renouvellement des mandats de ses membres, autonomie de gestion administrative et financière, interdiction pour les ministres, autorités publiques et agents publics de s'opposer à son action) et la procédure de communication des informations classifiées ne sont pas contraires aux présentes dispositions. • Cons. const. 10 nov. 2011, *Ekaterina B., épse D., et a.*, n° 2011-192 QPC § 25 à 28. ♦ Il en va de même : de la procédure de perquisition dans des lieux précisément identifiés comme abritant des éléments couverts par le secret de la défense nationale dès lors que ne sont pas désignés par ces termes un bâtiment dans son ensemble ou une catégorie de locaux mais une pièce clairement déterminée. • Cons. const. 10 nov. 2011, *Ekaterina B., épse D., et a.*, n° 2011-192 QPC § 29 et 30. ♦ ... De la procédure relative aux perquisitions dans des lieux se révélant abriter des éléments couverts par ce secret. • Cons. const. 10 nov. 2011, *Ekaterina B., épse D., et a.*, n° 2011-192 QPC § 31 et 32.

63. En revanche, la classification d'un lieu, ayant pour effet de soustraire une zone géographique définie aux pouvoirs d'investigation de l'autorité judiciaire, subordonne l'exercice de ces pouvoirs d'investigation à une décision administrative et conduit à ce que tous les éléments de preuve, quels qu'ils soient, présents dans ces lieux lui soient inaccessibles tant que cette autorisation n'a pas été délivrée ; par suite, en autorisant la classification de certains lieux au titre du secret de la défense nationale et en subordonnant l'accès du magistrat aux fins de perquisition de ces mêmes lieux à une déclassification temporaire, le législateur a opéré, entre les exigences constitutionnelles (recours juridictionnel effectif, droit à un procès équitable, recherche des auteurs d'infractions d'une part et exigences constitutionnelles inhérentes à la sauvegarde des intérêts fondamentaux de la Nation d'autre part), une conciliation qui est déséquilibrée. • Cons. const. 10 nov. 2011, *Ekaterina B., épse D., et a.*, n° 2011-192 QPC § 37.

b. Questions financières

64. Aide juridictionnelle. Pour le Conseil d'État, l'aide juridictionnelle participe au respect du droit à un recours effectif. • CE 6 avr. 2006, CGT, n° 273311 : *Lebon 703* ; *AJDA 2006. 1463* . ♦ Dans le même sens. • CEDH 15 févr. 2005, *Steel et Morris,* n° 68416/01. ♦ Il précise désormais que le régime d'aide juridictionnelle contribue à la mise en œuvre du droit constitutionnellement garanti à toute personne à un recours effectif devant une juridiction. • CE, ord., 8 févr. 2012, *Min. de l'Intérieur,* n° 355884 : *Lebon 29 ; AJDA 2012. 294* ; *Dr. adm. 2012. 67, note Tchen.* ♦ Lorsqu'une demande d'aide juridictionnelle a été déposée, toute juridiction doit surseoir à statuer jusqu'à l'intervention d'une décision de refus ou, en cas d'octroi, jusqu'à ce que l'avocat désigné à ce titre ait accompli sa mission. • CE 26 avr. 1978, *Rivière,* n° 03830 : *Lebon 191* • CAA Bordeaux, 29 oct. 2013, *Saizonou,* n° 13BX01168 : *AJDA 2014. 718* . ♦ La présentation, par un demandeur d'asile, avant l'expiration du délai d'un mois prévu à l'art. R. 733-9 CESEDA, d'une demande d'aide juridictionnelle devant la CNDA en vue de contester la décision négative de l'OFPRA dont il a fait l'objet a le caractère d'un recours au sens de ces dispositions. Dans ces conditions, en refusant à B, qui justifiait avoir présenté, dans le délai de recours, devant le bureau d'aide juridictionnelle de la CNDA une demande d'aide juridictionnelle en vue de contester la décision de l'OFPRA, le renouvellement de son récépissé de demande d'asile au seul motif qu'il n'avait pas encore déposé, à cette date, de recours contre cette décision, le préfet de police a porté une atteinte grave et manifestement illégale à une liberté fondamentale. • CE, ord., 8 févr. 2012, *Min. de l'intérieur,* n° 355884 : *préc.* ♦ Néanmoins, une disposition qui interdit de demander l'aide juridictionnelle lors du réexamen d'une demande de droit d'asile dès lors que celle-ci a été obtenue lors de l'examen de cette demande ne porte pas atteinte au droit à un recours effectif. • Cons. const. 9 juin 2011, n° 2011-631 DC § 88. ♦ Les dispositions qui excluent les droits de plaidoirie du champ de l'aide juridictionnelle ne méconnaissent pas, eu égard à leur faible montant, le droit au recours effectif devant une juridiction. • Cons. const. 25 nov. 2011, *Albin R.,* n° 2011-198 QPC § 4. ♦ ... De même, une disposition générale (CASF, art. L. 264-2) ne pouvant avoir pour objet ou pour effet de déroger aux dispositions spécifiques en la matière. • Cons. const. 11 oct. 2013, *M. Karamoko,* n° 2013-347 QPC § 3. ♦ La condition de résidence s'appliquant aux étrangers souhaitant bénéficier de l'aide juridictionnelle n'est pas, eu égard aux aménagements qu'elle connaît, une question sérieuse justifiant qu'elle soit déférée au Cons. const. • CE 12 juin 2013, n° 367004 : *AJDA 2013. 2413* .

65. L'étranger, informé par la notification de la décision prononçant une interdiction de retour sur le territoire français de la possibilité de la contester dans un délai de quinze jours devant le tribunal administratif, peut, dès la saisine de ce tribunal par une requête susceptible d'être motivée même après l'expiration du délai de recours, demander à son président le concours d'un interprète et que lui soit désigné d'office un avocat. Ce délai de quinze jours n'est susceptible d'aucune prorogation, l'introduction d'une demande d'aide juridictionnelle, alors que l'étranger dispose de la faculté de demander au président du tribunal la désignation d'office d'un avocat, ne saurait avoir pour effet de proroger ce délai. • CE, avis, 12 juill. 2017, *Nishori,* n° 410186 : *JCP Adm. 2017. 516.*

66. Frais irrépétibles. V. DDH, art. 6, notes 275 s.

67. Droits de plaidoirie, contribution pour l'aide juridique et autres. Eu égard à leur montant et aux conditions dans lesquelles ils sont dus, la contribution pour l'aide juridique et le droit de 150 euros dû par les parties en instance d'appel, instaurés par le législateur dans des buts d'intérêt général, n'ont pas porté une atteinte disproportionnée au droit d'exercer un recours effectif devant une juridiction (ou aux droits de la défense). • Cons. const. 13 avr. 2012, *Stéphane C. et a.,* n° 2012-231/234 QPC § 9. ♦ V. déjà : il appartient au pouvoir réglementaire, compétent pour fixer le montant des droits de plaidoirie, de le faire sans une mesure compatible avec la présente exigence constitutionnelle. • Cons. const. 25 nov. 2011, *Albin R.,* n° 2011-198 QPC § 4. ♦ En instaurant une contribution pour l'aide juridique de 35 € perçue par instance, le législateur a entendu établir une solidarité financière entre les justiciables pour assurer le financement de la réforme de la garde à vue et, en particulier, le coût résultant, au titre de l'aide juridique, de l'intervention de l'avocat au cours de la garde à vue ; par ailleurs, le législateur a défini des exemptions en faveur des personnes qui bénéficient de l'aide juridictionnelle ainsi que pour certains types de contentieux pour lesquels il a estimé que la gratuité de l'accès à la justice devait être assurée. • Cons. const. 13 avr. 2012, *Stéphane C. et a.,* n° 2012-231/234 QPC § 7. ♦ En instaurant un droit d'un montant de 150 euros dû par les parties à l'instance d'appel lorsque la représentation par un avocat est obligatoire devant la cour d'appel, le législateur a entendu assurer le financement de l'indemnisation des avoués près les cours d'appel suite à la simplification des règles de représentation devant ces juridictions ; ce droit n'est dû que par les parties à une procédure avec représentation obligatoire devant la cour d'appel, exception faite de celles qui bénéficient de l'aide juridictionnelle. • Cons. const. 13 avr. 2012, *Stéphane C. et a.*, n° 2012-231/234 QPC § 8. ♦ Ces dispositions poursuivent un but d'intérêt général sans porter d'atteinte excessive au droit d'accès au juge. • CE 28 déc. 2012, *Synd. avocats de France et a.*, n° 353337 : *AJDA 2013. 6*.

c. Techniques jurisprudentielles

68. Droit au recours et évolution jurisprudentielle. Une jurisprudence fixant une nouvelle règle de compétence et qui aurait pour effet de priver le requérant de son droit au recours ne s'appliquera pas à l'affaire en cours. • CE, sect., 6 juin 2008, *Conseil dptal de l'ordre des chirurgiens-dentistes de Paris*, n° 283141 : *Lebon 204, concl. Thiellay ; AJDA 2008. 1316, chron. Bourgeois-Machureau et Geffray ; RFDA 2008. 689, concl. Thiellay et note Pacteau.* ♦ V. également notes 496 s.

69. Modulation dans le temps. Il appartient au juge administratif – après avoir recueilli sur ce point les observations des parties et examiné l'ensemble des moyens, d'ordre public ou invoqués devant lui, pouvant affecter la légalité de l'acte en cause – de prendre en considération, d'une part, les conséquences de la rétroactivité de l'annulation pour les divers intérêts publics ou privés en présence et, d'autre part, les inconvénients que présenterait, au regard du principe de légalité et du droit des justiciables à un recours effectif, une limitation dans le temps des effets de l'annulation. • CE, ass., 11 mai 2004, *Assoc. AC !*, n° 255886 : *Lebon 197, concl. Devys ; RFDA 2004. 454, concl. Devys ; AJDA 2004. 1049, obs. Bonichot ; ibid. 1183, chron. Landais et Lénica ; Dr adm. 2004, n° 115, note Lombard ; ibid. n° 15, chron. Dubos et Melleray ; Stahl et Courrèges* (Note du 21 mars 2004 à l'attention de M. le Président de la Section du contentieux) *; RFDA 2004. 438 ; AJDA 2014. 116, note Schoettl* • CE 17 déc. 2010, *SFIB, Assoc. UFC Que Choisir, SA Rue du Commerce*, n° 310195 : *AJDA 2011. 854, note Bui-Xuan*. ♦ Il en va de même pour le Tribunal des conflits. • T. confl. 9 mars 2015, *R. c/ Sté Autoroutes du Sud*, n° 3984 : *Lebon ; AJDA 2015. 481 ; ibid. 1204 ; ibid. 601, tribune Clamour, chron. Lessi et Dutheillet de Lamothe ; AJCT 2015. 403, obs. Dreyfus ; RFDA 2015. 265, concl. Escaut ; ibid. 273, note Canedo-Paris ; RTD com. 2015. 247, chron. Orsoni*. ♦ V. notes 489 s. V. aussi notes ss. Const. 58, art. 21. ♦ Rappr. • CE, ass., 11 avr. 2012, *GISTI*, n° 322326 : *Lebon ; AJDA 2012. 735 ; ibid. 936 ; ibid. 729, tribune Aguila, chron. Domino et Bretonneau ; ibid. 2014. 125, chron. Girardot ; D. 2012. 1712, note Bonnet ; ibid. 2013. 324, obs. Boskovic, Corneloup, Jault-Seseke, Joubert et Parrot ; AJDI 2013. 489, étude Zitouni ; Dr. soc. 2012. 1014, étude Akandji-Kombé ; RFDA 2012. 547, concl. Dumortier ; ibid. 560, note Gautier ; ibid. 961, chron. Mayeur-Carpentier, Clément-Wilz et Martucci ; ibid. 2013. 367, chron. Mayeur-Carpentier, L. Clément-Wilz et Martucci ; ibid. 417, chron. Santulli ; RDSS 2012. 940, note Biagini-Girard ; Constitutions 2012. 297, obs. Levade ; Rev. crit. DIP 2013. 133, note Jault-Seseke ; RTD civ. 2012. 487, obs. Deumier ; RTD eur. 2012. 928, obs. Ritleng ; JCP Adm. 2012. 2171, note Minet.* • CE 22 oct. 2012, *Synd. intercom. de la périphérie de Paris pour l'électricité et les réseaux de communication*, n° 332641 B § 10 : *AJDA 2012. 2375, chron. Domino et Bretonneau*. ♦ V. s'agissant de la modulation dans le temps d'une décision déjà abrogée. • CE 17 déc. 2010, *SFIB, Assoc. UFC Que Choisir, SA Rue du commerce*, n° 310195 : *AJDA 2011. 854, note Bui-Xuan*. ♦ Le juge peut surseoir à statuer sur la date d'effet de l'annulation et en détermine les conséquences à l'égard des actions contentieuses engagées contre les actes pris sur le fondement de l'acte annulé. • CE 15 mai 2013, *Féd. nat. transports routiers*, n° 337698 B : *AJDA 2013. 1876, note Connil*.

70. La modulation est cependant impossible dès lors que la CJCE a refusé de moduler les effets de sa réponse à une question préjudicielle. • CE 28 mai 2014, *Assoc. Vent de colère !*, n° 324852 : *AJDA 2014. 1784, note Mamoudy ; Dr. adm. 2015. 5, chron. Platon.* ♦ Elle reste possible dès lors que la CJCE ne répond pas à la question de la modulation dans le temps. • CE 23 juill. 2014, *Sté Octapharma France*, n° 349717 : *Lebon 243 ; AJDA 2014. 2315, note Mamoudy*.

71. L'éventuelle modulation dans le temps de l'effet d'une décision d'annulation d'un acte administratif doit tenir compte des inconvénients qu'elle présenterait, au regard du principe de légalité et du droit des justiciables à un recours effectif. • CE, sect., 25 févr. 2005, *France Télécom*, n° 247866 : *Lebon 86 ; RFDA 2005. 802, concl. Prada-Bordenave ; AJDA 2005. 997, chron. Landais et Lénica* • CE 24 juill. 2009, *Cté de recherche et d'information indépendantes sur le génie génétique CRIIGEN*, n° 305314 : *Lebon 294 ; RFDA 2099. 9636, concl. Geffray ; AJDA 2009. 1818, chron. Liéber et Botteghi*. ♦ Il est possible que le juge ne module l'annulation que pour certaines dispositions de l'acte annulé, et prononce l'annulation immédiate de dispositions qui sont détachables. • CE 5 oct. 2015, *Assoc. amis des intermittents et précaires*, n° 383956 : *AJDA 2015. 1886*.

72. Compte tenu des motifs de la décision déclarant des dispositions législatives incompatibles avec une convention internationale, le juge peut préciser les conditions dans lesquelles les autorités compétentes peuvent, dans l'attente de la modification desdits articles par le législateur, régler les situations qui leurs sont soumises. • CE 31 juill. 2019, n° 428530 A (concl. Odinet) : *AJDA 2019. 1607 ; ibid. 2316, concl. Odinet ; JA 2019, n° 606, p. 12, obs. Autier*.

73. Sur la mise en œuvre différée d'une nouvelle jurisprudence, V. *infra* note 512.

d. Action introduite par un tiers

74. Action de substitution. S'il est loisible au législateur de permettre à des organisations syndicales représentatives d'introduire une action en justice à l'effet non seulement d'intervenir spontanément dans la défense d'un salarié mais aussi de promouvoir à travers un cas individuel une action collective, c'est à la condition que l'intéressé ait été mis à même de donner son assentiment en pleine connaissance de cause et qu'il puisse conserver la liberté de conduire personnellement la défense de ses intérêts et de mettre un terme à cette action. • Cons. const. 25 juill. 1989, n° 89-257 DC § 24. ♦ Rappr. • Cons. const. 13 mars 2014, n° 2014-690 DC § 16.

75. Action introduite par l'autorité publique pour la défense de l'intérêt général. Les dispositions contestées n'interdisent ni au partenaire lésé par la pratique restrictive de concurrence d'engager lui-même une action en justice pour faire annuler les clauses ou contrats illicites, obtenir la répétition de l'indu et le paiement de dommages et intérêts, ou encore de se joindre à celle de l'autorité publique par voie d'intervention volontaire, ni à l'entreprise poursuivie d'appeler en cause son cocontractant, de le faire entendre ou d'obtenir de lui la production de documents nécessaires à sa défense. • Cons. const. 13 mai 2011, *Sté Système U Centrale nationale et a.*, n° 2011-126 QPC § 9. ♦ S'il est loisible au législateur de reconnaître à une autorité publique le pouvoir d'introduire, pour la défense d'un intérêt général, une action en justice visant à faire cesser une pratique contractuelle contraire à l'ordre public en poursuivant la nullité des conventions illicites, la restitution des sommes indûment perçues et la réparation des préjudices que ces pratiques ont causés, le droit à un recours juridictionnel effectif implique que les parties au contrat soient informées de l'introduction d'une telle action. • Cons. const. 13 mai 2011, *Sté Système U Centrale nationale et a.*, n° 2011-126 QPC § 9.

e. Caractère suspensif du recours

76. Le caractère suspensif du recours n'est pas une exigence constitutionnelle indispensable à assurer le caractère effectif du recours. • Cons. const. 13 août 1993, n° 93-325 DC § 63 et 87 • Cons. const. 30 juill. 2010, *Épx P. et a.*, n° 2010-19/27 QPC § 9 • CE, QPC, 9 nov. 2011, *Giraud*, n° 351890 : *préc. note 26* • Cons. const. 7 juin 2019, *Touafik B.*, n° 2019-787 QPC § 9. ♦ Il en résulte qu'il n'y a pas lieu de transmettre une QPC relative à l'art. 4 CJA. • CE, QPC, 3 avr. 2019, *Sté hospitalière d'assurances mutuelles*, n° 425803 : *AJDA 2019. 1786*.

77. Néanmoins, dans certains cas et en particulier lorsque la sanction est particulièrement grave, le recours doit être suspensif. • Cons. const. 23 janv. 1987, n° 86-224 DC § 22.

78. Par ailleurs, la présence de ce caractère peut permettre d'assurer le respect des droits de la défense. • Cons. const. 18 janv. 1985, n° 84-182 DC § 24 • Cons. const. 23 janv. 1987, n° 86-224 DC § 22. ♦ A l'inverse, compte tenu tant de l'effet et de la durée de la suspension que du caractère temporaire des dérogations temporaires au repos dominical accordées par le Préfet, le caractère suspensif du recours porte atteinte au droit à un recours juridictionnel effectif. • Cons. const. 4 avr. 2014, *Sté Séphora*, n° 2014-374 QPC § 6.

79. Dès lors que la demande d'aliénation, formée par l'administration en application de l'art. 389 C. douanes, est examinée par le juge sans que le propriétaire intéressé ait été entendu ou appelé et que, par ailleurs, l'exécution de la mesure d'aliénation revêt, en fait, un caractère définitif, le bien aliéné sortant définitivement du patrimoine de la personne mise en cause, il en résulte que, au regard des conséquences de l'exécution de la mesure d'aliénation, la combinaison de l'absence de caractère contradictoire de la procédure et du caractère non suspensif du recours contre la décision du juge conduit à ce que la procédure applicable méconnaisse les exigences découlant du présent art. • Cons. const. 2 déc. 2011, *Wathik M.*, n° 2011-203 QPC § 12 et 13. ♦ Rappr. • Cons. const. 14 oct. 2016, *Sté Finestim SAS et a.*, n° 2016-583/584/585/586 QPC § 8.

f. Force exécutoire des décisions de justice

BIBL. Disperati, La rénovation de la procédure d'exécution des décisions du Conseil d'État et des juridictions administratives spécialisées, une recherche de l'effectivité du droit au juge, *JCP Adm. 2018. 18*.

80. Est le corollaire du droit au juge le fait que toute décision de justice a force exécutoire ; ainsi, tout jugement peut donner lieu à une exécution forcée, la force publique devant, si elle y est requise, prêter main-forte à cette exécution. • Cons. const. 29 juill. 1998, n° 98-403 DC § 46. ♦ Est garanti par la présente disposition le droit des personnes à exercer un recours juridictionnel effectif qui comprend celui d'obtenir l'exécution des décisions juridictionnelles. • Cons. const. 6 mars 2015, *Jean de M.*, n° 2014-455 QPC § 3. ♦ Rappr.

• Cons. const. 21 mars 2019, n° 2019-778 DC § 82.

81. ♦ Si, dans des circonstances exceptionnelles tenant à la sauvegarde de l'ordre public, l'autorité administrative peut, sans porter atteinte au principe sus-évoqué, ne pas prêter son concours à l'exécution d'une décision juridictionnelle, le législateur ne saurait subordonner l'octroi de ce concours à l'accomplissement d'une diligence administrative. • Cons. const. 29 juill. 1998, n° 98-403 DC § 46 • Cons. const. 10 nov. 2017, *Assoc. Entre Seine et Brotonne et a.,* n° 2017-672 QPC § 6.

82. Encore faut-il que la mesure demandée soit effectivement la conséquence de la décision concernée. Ainsi, la décision d'annulation, par le juge administratif, d'un permis de construire pour excès de pouvoir ayant pour seul effet juridique de faire disparaître rétroactivement cette autorisation administrative, la démolition de la construction édifiée sur le fondement du permis annulé, qui constitue une mesure distincte, relevant d'une action spécifique devant le juge judiciaire, ne découle pas nécessairement d'une telle annulation. Les dispositions contestées prévoyant dans certains cas que l'action en démolition n'est pas permise ne portent donc aucune atteinte au droit d'obtenir l'exécution d'une décision de justice. • Cons. const. 10 nov. 2017, *Assoc. Entre Seine et Brotonne et a.,* n° 2017-672 QPC § 12.

83. L'exécution d'une décision de justice doit être considérée comme faisant partie intégrante du procès. • CEDH 19 mars 1997, *Hornsby c/ Grèce,* n° 18357/91 : *AJDA 1997. 986, chron. Flauss ; RFDA 1998. 1195, note Labayle et Sudre ; JCP 1997. 22949, note Dugrip et Sudre* • CEDH 28 juill. 1999, *Immobilière Saffi c/ Italie,* n° 22774/93 : *D. 2000. 186, obs. Fricero*. ♦ Dès lors qu'il incombe aux différentes autorités administratives de prendre, dans les domaines de leurs compétences respectives, les mesures qu'implique le respect des décisions de l'autorité judiciaire, une décision administrative qui fait obstacle à l'exécution d'une décision de justice méconnaît la liberté fondamentale que constitue le droit au recours effectif devant un juge. • CE, réf., 4 mars 2010, *Soignet et Balezou,* n° 336700 B : *AJDA 2010. 1206, note le Bot*. ♦ Cependant, des motivations d'ordre social dans le domaine du logement ou de l'accompagnement social pouvaient justifier que l'État diffère le concours de la force publique. • CEDH 11 juill. 2013, *Sofiran et BDA c/ France,* n° 63684/09 § 54.

84. *L'exécution doit avoir lieu* dans des délais raisonnables. • CE 15 juill. 1955, *Renteux : Lebon 446* • CE 27 sept. 1985, *SA Ballande Vanuatu : Lebon T. 679.* ♦ ... Un retard prolongé au-delà des délais raisonnables est fautif. • CE 16 nov. 1960, *Peyrat : Lebon 625* • CE 21 déc. 1977, *Brinon-Cherbuliez : Lebon 532.* ♦ Ainsi, un délai de seize ans pour expulser un occupant sans titre viole le droit au respect des biens, nonobstant le fait que cet occupant soit armé. • CEDH 2 déc. 2010, *Sud-Est Réalisations c/ France,* n° 6722/05 : *AJDA 2010. 2341*. ♦ Le retard dans l'exécution des décisions de justice peut engager la responsabilité de l'État, qui doit alors réparer le préjudice subi par le requérant. • CE 26 mai 2010, *Mafille,* n° 316292 B : *AJDA 2010. 1784, note Théron*. ♦ Cependant, des motivations d'ordre social dans le domaine du logement ou d'accompagnement social pouvaient justifier que l'État diffère le concours de la force publique. • CEDH 11 juill. 2013, *Sofiran et BDA c/ France,* n° 63684/09 § 54.

BIBL. Pontier, Le refus du concours de la force publique pour l'exécution d'une décision de justice, *JCP Adm. 2015. 2131.*

85. Le refus de prêter le concours de la force publique pour assurer l'exécution d'une décision de justice engage la responsabilité de l'État sur la base de la rupture de l'égalité devant les charges publiques. • CE 30 nov. 1923, *Couitéas,* n° 38284 A et 48688 A : *GAJA, 22e éd., n° 37 ; D. 1923. 3. 59, concl. Rivet ; S. 1923. 3. 57, note Rivet ; RD publ. 1924. 208, note Jèze.* ♦ Il en va de même si le préfet refuse de prendre les mesures nécessaires pour assurer l'exécution d'une décision de justice condamnant une collectivité territoriale au payement d'une somme d'argent, même si ce refus trouve son origine dans la situation de la collectivité ou des impératifs d'intérêt général. • CE, sect., 18 nov. 2005, *Sté fermière de Campoloro,* n° 271898 A : *Dr. adm. 2006. 33, note Guettier.* ♦ Sur l'égalité devant les charges publiques, V. ss. DDH, art. 13. ♦ Toutefois, des considérations impérieuses tenant à la sauvegarde de l'ordre public ou à la survenance de circonstances postérieures à la décision judiciaire d'expulsion, telles que l'exécution de celle-ci serait susceptible d'attenter à la dignité de la personne humaine, peuvent légalement justifier, sans qu'il soit porté atteinte au principe de la séparation des pouvoirs, le refus de prêter le concours de la force publique. • CE 30 juin 2010, n° 332259 A : *AJDA 2011. 568, note Le Cars*.

86. Le juge des référés peut être saisi du refus de prêter le concours de la force publique pour assurer l'exécution d'une décision de justice et, si l'urgence est avérée et que aucun motif d'ordre public ne justifie le refus, il peut ordonner que ce concours soit apporté sous peine d'astreinte. • CE 1er juin 2017, *SCI La Marne Fourmies,* n° 406103 : *Lebon ; AJDA 2017.1892, note Perrin.*

87. Les difficultés pour exécuter la décision de justice doivent être surmontées. • CEDH 26 sept. 2006, *Sté de gestion du port de Campoloro,* n° 57516/00 : *Dr. adm. 2006. 175.*

88. Il en va ainsi même lorsque la décision de justice a été rendue dans l'ignorance de certains faits qui auraient pu conduire à la rendre différente. • CE 16 mars 1962, *Vve Casanova : Lebon 181.*

89. Astreintes. Lorsque l'État est débiteur de l'astreinte décidée par une juridiction, le second alinéa de l'art. L. 911-8 CJA ne s'applique pas. • Cons. const. 6 mars 2015, *Jean de M.,* n° 2014-455 QPC §5. ♦ Le montant de la somme est attribué au demandeur en intégralité. • CE 28 févr. 2001, *Féd. fr. des masseurs-kinésithérapeutes rééducateurs,* n° 205476 : *Lebon.* ♦ ... Ou, à tout le moins, en partie, sans que l'État soit condamné à verser le reste. • CE 30 mars 2001, *Épx Ribstein,* n° 185107 : *Lebon.* ♦ Cette faculté, ouverte à la juridiction, de réduire le montant de l'astreinte effectivement mise à la charge de l'État s'exerce postérieurement à la liquidation de l'astreinte et relève du seul pouvoir d'appréciation du juge aux mêmes fins d'assurer l'exécution de la décision juridictionnelle. Le pouvoir d'appréciation ainsi reconnu au juge depuis le prononcé de l'astreinte jusqu'à son versement postérieur à la liquidation respecte dès lors les exigences découlant du présent art. • Cons. const. 6 mars 2015, *Jean de M.,* n° 2014-455 QPC § 7.

g. Opérations de visite, de perquisition ou de saisie dans les lieux privés

90. Les personnes intéressées doivent disposer d'une voie de recours à l'encontre des opérations dont elles font l'objet. • Cons. const. 27 janv. 2012, *Sté COVED SA,* n° 2011-214 QPC § 4 • Cons. const. 29 nov. 2013, *Sté Westgate Charters Ltd,* n° 2013-357 QPC § 8 • Cons. const. 4 avr. 2014, *Jacques J.,* n° 2014-387 QPC § 7. ♦ Il peut s'agir de l'occupant des lieux. • Cons. const. 30 juill. 2010, *Épx P. et a.,* n° 2010-19/27 QPC § 9.

91. En réservant à l'occupant des locaux d'un navire, affectés à un usage privé ou d'habitation, la possibilité de contester par voie d'action la régularité de ces opérations de visite, compte tenu des voies de contestation ouvertes aux personnes intéressées à un autre titre, le législateur n'a pas porté atteinte au droit des personnes intéressées de contester la régularité des opérations de visite. • Cons. const. 18 mai 2016, *Sté Euroshipping Charter Company Inc.,* n° 2016-541 QPC § 10.

h. Prévention des atteintes à l'ordre public

92. Le législateur n'a pas porté atteinte au présent art. en dispensant l'autorité administrative, en cas d'urgence absolue, d'avoir à préalablement aviser et convoquer pour être entendu l'étranger à expulser dès lors que ces dispositions ne privent pas l'intéressé de la possibilité d'exercer un recours contre la décision d'expulsion devant le juge administratif, notamment devant le juge des référés qui peut suspendre l'exécution de la mesure d'expulsion ou ordonner toutes mesures nécessaires à la sauvegarde d'une liberté fondamentale. Par ailleurs, le juge administratif veille au respect de l'interdiction de renvoyer un étranger à destination d'un pays s'il établit que sa vie ou sa liberté y sont menacées ou qu'il y est exposé à des traitements contraires à l'art. 3 Conv. EDH. • Cons. const. 5 oct. 2016, *Nabil F.,* n° 2016-580 QPC § 11.

i. Actes insusceptibles de recours

93. Actes de Gouvernement. V. ss. notes ss. Const. 58, art. 21.

94. Mesures d'ordre intérieur. Eu égard à la nature et à la gravité de cette mesure, la punition de cellule constitue une décision faisant grief susceptible d'être déférée au juge de l'excès de pouvoir. Tant par ses effets directs sur la liberté d'aller et venir du militaire, en dehors du service, que par ses conséquences sur l'avancement ou le renouvellement des contrats d'engagement, la punition des arrêts constitue une mesure faisant grief, susceptible d'être déférée au juge de l'excès de pouvoir. • CE, ass., 17 févr. 1995, *Marie et Hardouin,* n° 97754 A et 107766 A (concl. Frydman) : *GAJA, 22e éd., n° 88 ; AJDA 1995. 420 ; ibid. 379, chron. Touvet et Stahl ; D. 1995. 381, note Belloubet-Frier ; RFDA 1995. 353, concl. Frydman ; ibid. 822, note Moderne ; ibid. 826, note. Céré ; RSC 1995. 381, obs. Couvrat ; ibid. 621, obs. Herzog-Evans ; RD publ. 1995. 1338, note Gohin ; JCP 1995. 22426, note Lascombe et Bernard.*

95. Dès lors qu'elles ne traduisent aucune discrimination, ces décisions, qui ne portent atteinte ni aux perspectives de carrière ni à la rémunération de l'intéressée, ont le caractère de simples mesures d'ordre intérieur, qui sont insusceptibles de faire l'objet d'un recours pour excès de pouvoir. • CE 15 avr. 2015, *Pôle emploi,* n° 373893 : *AJDA 2015. 1926, note Chauvet .* ♦ Les mesures prises à l'égard d'agents publics qui, compte tenu de leurs effets, ne peuvent être regardées comme leur faisant grief, constituent de simples mesures d'ordre intérieur insusceptibles de recours. Il en va ainsi des mesures qui, tout en modifiant leur affectation ou les tâches qu'ils ont à accomplir, ne portent pas atteinte aux droits et prérogatives qu'ils tiennent de leur statut ou à l'exercice de leurs droits et libertés fondamentaux, ni n'emportent perte de responsabilités ou de rémunération. • CE 21 sept. 2015, n° 372624 : *Lebon, concl. Pellissier ; AJDA 2015. 781 ; ibid. 1926, note Chauvet ; AJCT 2015. 408, obs. Rouault ; JCP Adm. 2015. 2344, concl. Pellissier, note Deygas ; Dr. adm. 2016. 5, note Éveillard.*

96. Eu égard à leur nature et à leurs effets sur la situation des détenus, les décisions de l'administration pénitentiaire refusant aux détenus la possibilité d'acquérir un système d'exploitation pour leur ordinateur, dès lors qu'elles ne privent pas la personne détenue de la possibilité effective d'utiliser cet équipement dans les limites définies, ne constituent pas des actes administratifs susceptibles de faire l'objet d'un recours pour excès de pouvoir, sous réserve que ne soient pas en cause des libertés et des droits fondamentaux des détenus. • CE 9 nov. 2015, n° 380982 B : *AJDA 2016. 53, concl. Bretonneau ; AJ pénal 2016. 226, obs. Otero .* ♦ V. déjà. • CE 21 mai 2014, n° 359672 A : *AJDA 2014. 1065 .* ♦ Si une mesure de contrôle par l'administration pénitentiaire des équipements informatiques des détenus, eu égard à sa nature et à l'importance de ses effets sur la situation des détenus, ne constitue pas, en elle-même, un acte administratif susceptible de faire l'objet d'un recours pour excès de pouvoir, tel n'est en revanche pas le cas de la décision distincte de retenue de ces équipements qui, le cas échéant, en résulte. • CE 9 nov. 2015, n° 383712 B : *AJDA 2016. 53, concl. Bretonneau ; D. 2016. 1220, obs. Céré, Evans et Péchillon .* ♦ La décision de retenue de l'ordinateur d'un détenu doit faire l'objet d'une motivation écrite, sauf en cas d'urgence absolue, laquelle doit être strictement appréciée. • CAA Nantes, 7 déc. 2016, n° 15NT03504 : *JCP Adm. 2017. 2171, concl. Bréchot.*

97. Compte tenu de l'atteinte que l'assignation à résidence hors état d'urgence porte aux droits de l'intéressé, la disposition limitant à un mois le délai dans lequel l'intéressé peut demander l'annulation de cette mesure et en laissant ensuite au juge un délai de deux mois pour statuer opère une conciliation manifestement déséquilibrée entre les exigences constitutionnelles de droit au recours et l'objectif de valeur constitutionnelle de prévention des atteintes à l'ordre public. • Cons. const. 16 févr. 2018, *Farouk B.,* n° 2017-691 QPC § 18. ♦ Il en va de même s'agissant de la mesure de renouvellement au-delà de trois mois sans qu'un juge ait préalablement statué, à la demande de la personne en cause, sur la régularité et le bien-fondé de la décision de renouvellement. • Cons. const. 16 févr. 2018, *Farouk B.,* n° 2017-691 QPC § 19. ♦ Rappr. s'agissant de l'interdiction qui peut être faite de se trouver en relation directe ou indirecte *avec certaines personnes,* nommément désignées dès lors que le texte laisse au juge un délai de quatre mois pour stauter sur les recours prévus et que d'autre part, elle peut être renouvelée au-delà de trois mois dans qu'un juge ait préalablement statué sur sa régularité et le bien-fondé de son renouvellement. • Cons. const. 29 mars 2018, *Rouchdi B. et a.,* n° 2017-695 QPC § 53 et 54.

98. Sanctions disciplinaire infligées aux parlementaires. V. notes ss. Const. 58, art. 26.

j. Immunité des États et du personnel diplomatique

99. V. la question sous l'angle de la mise en œuvre d'une responsabilité de l'État du fait des conventions (V. notes ss. Const. 58, art. 52) et de la coutume internationale (V. notes Préamb. Const. 1946, al. 14).

k. Limitation de l'incertitude juridique

100. Les dispositions qui prévoient que le bénéficiaire ou l'auteur d'une décision administrative non réglementaire peut saisir le tribunal administratif d'une demande tendant à en apprécier la légalité externe, c'est-à-dire le respect des règles de compétence, de forme et de procédure et que, lorsque le tribunal constate la légalité externe de cette décision, aucun moyen tiré de cette cause juridique ne peut plus être invoqué à son encontre, notamment par voie d'exception, entendent limiter l'incertitude juridique pesant sur certains projets de grande ampleur qui nécessitent l'intervention de plusieurs décisions administratives successives constituant une opération complexe et dont les éventuelles illégalités pourraient être, de ce fait, invoquées jusqu'à la contestation de la décision finale et répondent ainsi à un objectif d'intérêt général. Il reste possible au requérant de contester, par voie d'action ou d'exception, la légalité interne de cette décision. • Cons. const. 28 juin 2019, *Union synd. des magistrats administratifs,* n° 2019-794 QPC § 7.

l. Contrariété dans les décisions (Tribunal des conflits : loi du 20 avr. 1932)

101. Lorsqu'un demandeur est mis dans l'impossibilité d'obtenir une satisfaction à laquelle il a droit, par suite d'appréciations entre elles portées par les juridictions de chaque ordre, soit sur des éléments de fait, soit en fonction d'affirmations juridiques contradictoires, il y a déni de justice au sens de la L. du 20 avr. 1932. • T. confl. 14 févr. 2000, n° 2929 A : *D. 2000. 138 ; RFDA 2000. 1232, note Pouyaud ; RDSS 2001. 84, obs. Mémeteau et Harichaux .* ♦ Les demandes successivement portées par les consorts D. devant les juridictions des deux ordres ayant le même objet, les décisions déférées étant définitives et présentant entre elles une contrariété conduisant en l'espèce, compte tenu de ce qui a été dit ci-dessus, à un déni de justice au sens du texte précité, la requête est recevable. • T. confl. 2 nov. 2020, n° 4194 A : *AJDA 2020. 2120 ; JCP Adm. 2020. 621.*

3° DURÉE DE LA PROCÉDURE

BIBL. Goma, De la responsabilité de l'État pour l'inobservation du délai raisonnable par la justice, *AJDA 2013. 564*. – Mezaguer, L'appréciation du délai raisonnable de jugement par le Conseil d'État : la mise en lumière d'un principe structurant du contentieux administratif, *Dr. adm. 2014. 13.*

102. Principe. Un délai anormal qui révèle un fonctionnement défectueux du service public de la justice équivaut à un déni de justice en ce qu'il prive le justiciable de la protection juridictionnelle qu'il revient à l'État de lui assurer. • TGI Paris, 6 juill. 1994 : *Gaz. Pal. 1994. II. 589, note Petit.* ♦ ... Et peut constituer une faute lourde traduisant l'inaptitude du service public de la justice à remplir la mission dont il est investi. • Cass., ass. plén., 23 févr. 2001, *Bolle-Laroche : Bull. ass. plén. n° 5 ; AJDA 2001. 788, note Petit* (sol. impl.). ♦ Les principes généraux, qui gouvernent le fonctionnement des juridictions administratives, commandent que les justiciables aient droit à ce que leurs requêtes soient jugées dans un délai raisonnable. • CE, ass., 28 juin 2002, *Magiera,* n° 239575 : *GACA, 5e éd., n° 5 ; Lebon 247, concl. Lamy ; RFDA 2002. 756, concl. Lamy ; AJDA 2002. 596, chron. Donnat et Casat ; D. 2003. 23, note Holderbach-Martin ; Dr. adm. 2002. 167, note Lombard.* ♦ Si la méconnaissance de cette obligation est sans incidence sur la validité de la décision juridictionnelle prise à l'issue de la procédure, les justiciables doivent néanmoins pouvoir en faire assurer le respect ; ainsi lorsque la méconnaissance du droit à un délai raisonnable de jugement leur a causé un préjudice, ils peuvent obtenir la réparation du dommage ainsi causé par le fonctionnement défectueux du service public de la justice. • CE, ass., 28 juin 2002, *Magiera,* n° 239575 : *préc.* ♦ V. pour des applications. • CE 16 févr. 2004, *De Witasse Thézy,* n° 219516 : *Lebon 79* • C. comptes, 25 mars 2004, *TPG de l'Indre : Rev. Trésor 2005. 175, obs. Lascombe et Vandendriessche* • CE 25 janv. 2006, *SARL Potchou,* n° 284013 : *AJDA 2006. 589, chron. Landais et Lénica ; RFDA 2006. 299, concl. Struillou ; JCP Adm. 2006. 1110, note Guettier* • CE 22 janv. 2007, *Forzy : Lebon T. 787 ; Rec. C. comptes 109 ; AJDA 2007. 1036, concl. Keller ; Rev. Trésor 2007. 725, obs. Lascombe et Vandendriessche.* ♦ V. également. • CE 13 juill. 2016, *Jarraud,* n° 389760 : *Lebon ; AJDA 2016. 1478 ; JCP Adm. 2016. 707.* ♦ Le principe s'applique aux procédures d'urgences. Ainsi, eu égard à l'absence de difficultés particulières propres à cette affaire et à l'intérêt qui s'attachait à ce que la demande de sursis à exécution de M. A. fût examinée rapidement, le délai de 11 mois qui s'est écoulé, en l'espèce, entre la date à laquelle le requérant l'a présentée devant le CNESER et celle où elle est devenue sans objet du fait de la décision rendue au fond est excessif. • CE 13 févr. 2012, *Barellon,* n° 346549 B : *AJDA 2012. 357*. ♦ Lorsque la durée totale de la procédure qu'un justiciable estime excessive résulte d'instances qui ont dû être introduites devant les deux ordres de juridiction, chacun compétent pour connaître d'une partie du litige, l'action en réparation du préjudice allégué doit être portée devant l'ordre de juridiction qui s'est prononcé en dernier sur le fond ; la juridiction saisie de la demande d'indemnisation, conformément aux règles de compétence et de procédure propres à l'ordre de juridiction auquel elle appartient, est compétente pour porter une appréciation globale sur la durée de la procédure devant les deux ordres de juridiction. • T. confl. 8 juill. 2013, *B.,* n° 3904 : *Lebon 373 ; AJDA 2013. 1485*.

103. Avant de pouvoir saisir la CEDH pour obtenir une indemnisation pour non-respect du délai raisonnable, il convient d'avoir intenté une action en responsabilité contre l'État du fait du fonctionnement défectueux de la justice. • CEDH 21 oct. 2003, *Broca et Texier-Micault c/ France,* nos 27928/02 et 31694/02 : *JCP 2004. 107, chron. Sudre.*

104. Les mêmes principes s'appliquent s'agissant de l'exécution des décisions de justice. V. note 316. ♦ Si la responsabilité de l'État est susceptible d'être engagée en raison du fonctionnement défectueux du service public de la justice, un délai excessif dans l'exécution d'une décision juridictionnelle engage, en principe, la responsabilité de la personne à qui incombait cette exécution ; cependant, lorsque la carence de cette personne donne lieu à une procédure juridictionnelle d'exécution, celle-ci doit être jugée dans un délai raisonnable et une durée de jugement excessive engage également la responsabilité de l'État en raison du fonctionnement défectueux du service public de la justice. • CE 23 juin 2014, n° 369946 B : *AJDA 2014. 1351 ; JCP Adm. 2014. 555* • CE 13 sept. 2017, n° 398160 : *JCP Adm. 2017. 411.*

105. Calcul du délai. Le caractère raisonnable du délai doit, pour une affaire, s'apprécier de manière globale – compte tenu notamment de l'exercice des voies de recours – et concrète en prenant en compte sa complexité, les conditions de déroulement de la procédure, de même que le comportement des parties tout au long de celle-ci, et aussi, dans la mesure où le juge a connaissance de tels éléments, l'intérêt qu'il peut y avoir pour l'une ou l'autre, compte tenu de sa situation particulière, des circonstances propres au litige et, le cas échéant, de sa nature même, à ce qu'il soit tranché rapidement. • CE, ass., 28 juin 2002, *Magiera,* n° 239575 : *préc. note 102.*

♦ Cependant, même lorsque la durée globale de jugement n'a pas dépassé le délai raisonnable, la responsabilité de l'État est susceptible d'être engagée si la durée de l'une des instances a, par elle-même, revêtu une durée excessive. • CE, sect., 17 juill. 2009, *Ville de Brest,* n° 295653 : *Lebon 286 ; AJDA 2009. 1605, chron. Liébert et Botteghi ; JCP Adm. 2010. 2006, note Albert ; Dr. adm. 2009. 141, note Melleray ; RD publ. 2010. 1135, note Braud.* ♦ V. déjà. • CEDH 20 nov. 2008, *Gunes c/ France,* n° 32157/06. ♦ Pour des applications particulières de cette appréciation de la durée excessive, V. par ex. : • CE 30 janv. 2015, n° 384413 : *Lebon ; AJDA 2015. 195.*

106. Préjudice indemnisable. Peut ainsi, notamment, trouver réparation le préjudice causé par la perte d'un avantage ou d'une chance ou encore par la reconnaissance tardive d'un droit ; peuvent aussi donner lieu à réparation les désagréments provoqués par la durée abusivement longue d'une procédure lorsque ceux-ci ont un caractère réel et vont au-delà des préoccupations habituellement causées par un procès, compte tenu notamment de la situation personnelle de l'intéressé. • CE, ass., 28 juin 2002, *Magiera,* n° 239575 : *préc. note 102.*

B. DROITS DE LA DÉFENSE ET PRINCIPE DU CONTRADICTOIRE

BIBL. Giltard, Procès administratif et droit processuel à la recherche des principes directeurs, *AJDA 2014. 1015.* – Schmitz, Le principe du contradictoire à la lumière du droit de l'Union européenne : illustration en matière d'éloignement des étrangers, *Dr. adm. 2014. 14.* – Blanc, Les règles générales de procédure contentieuse applicables en l'absence de texte devant les juridictions administratives, *Dr. adm. 2016. 6.*

107. Les droits de la défense ont d'abord résulté d'un (ou constituaient un) principe fondamental reconnu par les lois de la République. • Cons. const. 2 déc. 1976, n° 76-70 DC • Cons. const. 27 juill. 2000, n° 2000-433 DC § 56. ♦ Ils découlent désormais du présent art. • Cons. const. 30 mars 2006, n° 2006-535 DC § 24 • Cons. const. 27 juill. 2006, n° 2006-540 DC § 11. ♦ V. pourtant déjà très implicitement. • Cons. const. 22 avr. 1997, n° 97-389 DC § 30.

108. Il est loisible au législateur, compétent pour fixer les règles de la procédure pénale en vertu de l'art. 34 Const., de prévoir des règles de procédure différentes selon les faits (V. ss. DDH, *art. 6), les situations et les personnes auxquels* elles s'appliquent, pourvu que soient assurées aux justiciables des garanties égales, notamment quant au respect du principe des droits de la défense. • Cons. const. 3 sept. 1986, n° 86-213 DC § 12 • Cons. const. 3 sept. 1986, n° 86-215 DC § 18. ♦ Ainsi, si des différences de traitement touchant aux modalités d'exercice des droits de la défense fondées sur des critères objectifs sont possibles. • Cons. const. 11 août 1993, n° 93-326 DC § 13 à 15 • Cons. const. 20 janv. 1994, n° 93-334 DC § 19. ♦ ... Une disposition privant totalement une personne d'un droit de la défense est contraire aux présentes dispositions. • Cons. const. 11 août 1993, n° 93-326 DC § 13 à 15.

1° DOMAINE D'APPLICATION

109. Le principe du respect des droits de la défense s'applique à toutes voies de recours mises en place par le législateur contre une décision à caractère juridictionnel. • Cons. const. 3 sept. 1986, n° 86-214 DC § 3. ♦ Le principe du caractère contradictoire de la procédure est le corollaire du respect des droits de la défense devant le juge. • Cons. const. 29 déc. 1989, n° 89-268 DC § 58. ♦ Il s'applique également dans une procédure conduisant au prononcé d'une sanction ayant le caractère d'une punition. • Cons. const. 30 mars 2006, n° 2006-535 DC § 24 (licenciement disciplinaire) • Cons. const. 27 nov. 2001, n° 2001-451 DC § 40 (sanctions administratives). ♦ ... Ce qui n'est pas le cas de la transaction pénale. • Cons. const. 26 sept. 2014, *Assoc. France Nature Environnement,* n° 2014-416 QPC § 6 et 8. ♦ V. implicitement contraire. • CE, ass., 7 juill. 2006, *France Nature Environnement,* n° 283178 : *Lebon 328 ; RFDA 2006. 1261, concl. Guyomar ; AJDA 2006. 2053, chron. Landais et Lénica ; JCP Adm. 2006. 1209, note Billet.*

110. Matières concernées. Le principe s'applique : en matière pénale. • Cons. const. 28 juill. 1989, n° 89-260 DC § 44. ♦ ... Fiscale. • Cons. const. 29 déc. 1984, n° 84-184 DC § 35 • Cons. const. 28 déc. 1990, n° 90-285 DC § 55 • Cons. const. 29 déc. 1989, n° 89-268 DC § 89 et 90 • Cons. const. 30 déc. 1997, n° 97-395 DC § 38 • Cons. const. 29 déc. 1999, n° 99-424 DC § 53 et 60 • Cons. const. 29 déc. 2003, n° 2003-489 DC § 11 • Cons. const. 30 mars 2006, n° 2006-535 DC § 36. ♦ ... Civile. • Cons. const. 18 janv. 1985, n° 84-182 DC § 8. ♦ ... Administrative. • Cons. const. 17 janv. 1989, n° 88-248 DC § 27. ♦ ... En droit disciplinaire. • Cons. const. 20 juill. 1977, n° 77-83 DC § 1 • Cons. const. 18 janv. 1985, n° 84-182 DC § 8 • Cons. const. 21 févr. 1992, n° 92-305 DC § 90 • Civ. 1re, 7 nov. 2000, n° 97-21.883 P : *JCP 2001, n° 10, p. 494, note Martin ; D. 2001. 811, note Cassuto-Teytaud.*

111. Personnes concernées. Le principe s'applique aux personnes morales. • Cons. const. 22 juill. 1980, n° 80-117 DC § 8 • Cons. const. 7 janv. 1989, n° 88-248 DC § 29 • Cons. const. 25 févr. 1992, n° 92-307 DC § 29. ♦ ... A toutes les personnes, qu'elles soient de nationalité française, de nationalité étrangère ou apatrides. • Cons. const. 13 août 1993, n° 93-325 DC § 84.

a. Procédures juridictionnelles

112. Le principe s'applique notamment en matière pénale. • Cons. const. 2 déc. 1976, n° 76-70 DC. ♦ Une peine ne peut être infligée qu'à la condition que soient respectés (...) les droits de la défense. • Cons. const. 29 déc. 1989, n° 89-268 DC § 87 • Cons. const. 28 déc. 1990, n° 90-285 DC § 55 • Cons. const. 13 août 1993, n° 93-325 DC § 47.

113. Le principe s'applique devant les juridictions disciplinaires. • CE 20 juin 1913, *Téry : Lebon 736, concl. Corneille ; GAJA, 22e éd., n° 25.* ♦ ... Et plus largement en matière disciplinaire. • Cons. const. 30 mars 2006, n° 2006-535 DC § 24. ♦ Il s'agit selon le Conseil d'État d'un principe général du droit. • CE 5 juill. 2000, *Mermet*, n° 200622 A : *D. 2000. 687, note Prétot ; RFDA 2000. 1159 ; JCP 2000. 274, obs. Aubin* • CE 12 nov. 2020, n° 428931 B : *AJDA 2021. 485*.

114. Existence de procédures spéciales. Les actes de terrorisme peuvent être jugés par une cour d'assises ne comportant pas de jurés dès lors que cette cour présente les garanties requises d'indépendance et d'impartialité et que devant cette juridiction les droits de la défense sont sauvegardés. • Cons. const. 3 sept. 1986, n° 86-213 DC § 13. ♦ Quelle que soit l'option faite par le procureur de la République entre les diverses procédures de poursuites et sans égard au fait qu'il y a eu ou non une information préalable confiée à un juge d'instruction, le jugement de l'affaire au fond appartient à la même juridiction qui, éclairée au besoin par le supplément d'information qu'elle aura pu ordonner en toute hypothèse, doit statuer sur la culpabilité du prévenu, toujours présumé innocent, selon des règles de forme et de fond identiques respectant les droits de la défense. • Cons. const. 19 janv. 1981, n° 80-127 DC § 38. ♦ Que l'instruction soit menée par le juge d'instruction qui continue son information, le juge qui aura été désigné par la chambre d'accusation ou le membre de cette chambre qui aura été chargé par elle de mettre l'affaire en état, dès lors que ces juges statuent dans les mêmes conditions et sous le contrôle des mêmes voies de recours que lors de l'instruction préparatoire, les droits de la défense sont préservés. • Même affaire, § 48.

115. Exécution de la peine. Si le législateur choisit d'organiser à l'encontre d'une décision prise par le juge de l'application des peines une voie de recours de caractère juridictionnel, il lui incombe alors de se conformer aux règles de fonctionnement et de procédure destinées à garantir devant toute juridiction le respect des droits de la défense. • Cons. const. 3 sept. 1986, n° 86-214 DC § 3. ♦ Des dispositions qui définissent les cas dans lesquels le juge de l'application des peines peut accorder à des condamnés des réductions supplémentaires de peine ou des réductions du temps d'épreuve nécessaire à l'octroi de la libération conditionnelle, sont, par elles-mêmes, sans incidence sur l'application du principe des droits de la défense. • Cons. const. 3 sept. 1986, n° 86-214 DC § 5.

116. Ne viole pas la présente disposition l'absence de débat contradictoire préalable à la décision de maintien en détention à l'occasion de la correctionnalisation de la procédure, dès lors que l'abandon de la qualification criminelle en cours d'instruction conduit, en l'absence de mise en liberté, à passer d'un mandat de dépôt criminel (régi par l'art. 145-2 C. pr. pén.) à un mandat de dépôt correctionnel (régi par son art. 145-1) et que ce second régime est plus protecteur que le premier. • Cons. const. 30 sept. 2011, *Samir A.*, n° 2011-168 QPC § 5.

117. Lorsque le condamné est un majeur protégé, ni les dispositions contestées, ni aucune autre disposition législative n'imposent au juge de l'application des peines d'informer son tuteur ou son curateur afin qu'il puisse l'assister en vue de l'audience. Or, en l'absence d'une telle assistance, l'intéressé peut être dans l'incapacité d'exercer ses droits, faute de discernement suffisant ou de possibilité d'exprimer sa volonté en raison de l'altération de ses facultés mentales ou corporelles, et ainsi opérer des choix contraires à ses intérêts. Il en résulte qu'en ne prévoyant pas en principe une telle information les dispositions contestées méconnaissent les droits de la défense. • Cons. const. 12 févr. 2021, *Jacques G.*, n° 2020-884 QPC § 8 et 9.

118. Contraventions de grande voirie. Ne viole pas l'art. 116 DDH si le délai dans lequel la notification à la personne poursuivie du procès-verbal de contravention n'est pas prescrite à peine de nullité. • CE 4 déc. 1912, *Beaucantin : Lebon 1150* • CE 20 juin 1971, *Faure : Lebon 571.* ♦ Les conditions et le délai tardif dans lequel est notifié le procès-verbal ne doivent pas porter atteinte au droit de la défense. • CE 5 févr. 1936, *Pane : Lebon 65* • CE 30 avr. 1997, *Sté de chauffe de combustibles, de réparations et d'appareillages mécaniques*, n° 132753 : *Lebon 182 ; RDI 1997. 420, obs. Auby et Maugüé* • CAA Marseille, 2 oct. 2012, *Sté Total raffinage marketing*, n° 10MA04047 : *AJDA 2012. 2383, concl. Deliancourt*.

119. Épidémie de covid-19. Il appartient à l'État d'assurer le bon fonctionnement des services publics dont il a la charge. Il doit, à ce titre, dans le cadre de la lutte contre le covid-19, veiller au respect des règles d'hygiène et de distance minimale entre les personnes afin d'éviter toute contamination. Il doit également, lorsque la configuration des lieux ou la nature même des missions assurées dans le cadre du service public conduisent à des hypothèses inévitables de contacts étroits et prolongés, mettre à disposition des intéressés des équipements de protection, lorsqu'ils n'en disposent pas eux-mêmes. Cependant, face à un contexte de pénurie persistante à ce jour des masques disponibles, il lui appartient d'en doter d'abord ses agents, à l'égard desquels il a, en sa qualité d'employeur, une obligation spécifique de prévention et de sécurité pour garantir leur santé et, tant que persiste cette situation de pénurie, d'aider les avocats qui, en leur qualité d'auxiliaires de justice, concourent au service public de la justice, à s'en procurer lorsqu'ils n'en disposent pas par eux-mêmes, le cas échéant en facilitant l'accès des barreaux et des institutions représentatives de la profession aux circuits d'approvisionnement. Pour le gel hydro-alcoolique, pour lequel il n'existe plus la même situation de pénurie et les avocats sont donc en mesure de s'en procurer par eux-mêmes, il appartient à l'État d'en mettre malgré tout à disposition, lorsque l'organisation des lieux ou la nature même des missions ne permettent pas de respecter les règles de distanciation sociale. Il s'ensuit qu'eu égard à l'office du juge des référés, qui ne peut ordonner que des mesures susceptibles d'être prises à très bref délai, aux mesures prises par le Gouvernement, il n'apparaît pas, en l'état de l'instruction et à la date de la présente ordonnance, que l'absence de distribution de masques de protection aux avocats lors des entretiens de garde à vue dans les locaux des commissariats, lors de la préparation de la défense dans le cadre des comparutions immédiates et, plus généralement, dans les circonstances où la présence d'un avocat est requise auprès d'un justiciable pour l'exercice des droits de la défense, révèlerait une carence portant, de manière caractérisée, une atteinte grave et manifestement illégale aux libertés fondamentales. • CE, ord., 20 avr. 2020, *Ordre des avocats au barreau de Marseille et a.*, n° 439983 : *AJDA 2020. 816* ; *D. avocats 2020. 266*.

120. Si l'organisation d'une audience devant des juridictions judiciaires statuant en matière non pénale est une garantie légale des exigences constitutionnelles des droits de la défense et du droit à un procès équitable, il est possible au juge ou au président d'une formation de jugement d'une juridiction judiciaire statuant en matière non pénale, dans le cadre de la crise sanitaire, de décider que la procédure se déroule sans audience. En effet, les dispositions contestées visent à favoriser le maintien de l'activité des juridictions civiles, sociales et commerciales malgré les mesures d'urgence sanitaire et poursuivent ainsi l'objectif de valeur constitutionnelle de protection de la santé et contribuent à la mise en œuvre du principe constitutionnel de continuité du fonctionnement de la justice. Ces dispositions, compte tenu des conditions de mise en œuvre et du contexte sanitaire particulier résultant de l'épidémie durant la période d'application des dispositions contestées, ne privent pas de garanties légales les exigences constitutionnelles des droits de la défense et du droit à un procès équitable. • Cons. const. 19 nov. 2020, *Sté Getzner France*, n° 2020-866 QPC § 14. ♦ Rappr. • CE 10 avr. 2020, *CNB*, n° 439892 B : *AJ fam. 2020. 265*. ♦ V. également, s'agissant du référé devant les juridictions administratives : • CE 21 déc. 2020, n° 441399 B § 31 : *AJDA 2020. 2582* ; *JCP Adm. 2021. 20*.

121. V. également notes 274 et 299.

b. Procédures non juridictionnelles

BIBL. Brunet, De la procédure au procès : le pouvoir de sanction des autorités administratives indépendantes, *RFDA 2013. 113*.

122. Généralités. Le principe des droits de la défense s'impose aux autorités disposant d'un pouvoir de sanction. • Cons. const. 26 nov. 2010, *Claude F.*, n° 2010-69 QPC § 4. ♦ ... Y compris non juridictionnelles comme l'autorité administrative. • Cons. const. 28 déc. 1990, n° 90-285 DC § 56 • Cons. const. 27 juill. 2000, n° 2000-433 DC § 50. ♦ ... Et ce sans qu'il soit besoin, pour le législateur, d'en rappeler l'existence. • Cons. const. 22 avr. 1997, n° 97-389 DC § 30 et 31 • Cons. const. 30 déc. 1997, n° 97-395 DC § 38 • Cons. const. 26 nov. 2010, *Claude F.*, n° 2010-69 QPC § 4.

123. Il appartient à l'administration de prendre les mesures en ce sens. • Cons. const. 22 avr. 1997, n° 97-389 DC § 31. ♦ Les procédures mises en place devant les organismes désignés doivent assurer le respect du principe du contradictoire. • Cons. const. 26 nov. 2010, *Claude F.*, n° 2010-69 QPC § 5 (sol. impl.). ♦ Ainsi, en est-il de dispositions qui se bornent à organiser et à faciliter la communication aux organismes de protection sociale et de recouvrement des cotisations et contributions sociales d'informations relatives aux infractions qui ont pu être relevées en matière de lutte contre le travail dissimulé et qui n'ont pas pour effet de faire obstacle à l'application des dispositions législatives ou réglementaires instituant une procédure contradictoire en cas de redressement de l'assiette de ces cotisations ou contributions après constatation du délit de travail dissimulé ni d'empêcher l'intéressé de saisir le juge compétent d'une opposition à recouvrement. • Même affaire.

124. Lorsque les sanctions prononcées le sont

par une autorité non juridictionnelle, elles doivent être motivées et ouvrir droit à un recours devant une juridiction. • Cons. const. 18 janv. 1985, n° 84-182 DC § 8 • Cons. const. 21 févr. 1992, n° 92-305 DC § 90 • Cons. const. 25 févr. 1992, n° 92-307 DC § 30 • Cons. const. 13 août 1993, n° 93-325 DC § 63 • Cons. const. 16 juin 1999, n° 99-411 DC § 21 • Cons. const. 27 juill. 2000, n° 2000-433 DC § 56 • Cons. const. 27 nov. 2001, n° 2001-451 DC § 40 • Cons. const. 1er juill. 2004, n° 2004-497 DC § 14 (a contrario). ♦ Le recours doit être suspensif si la sanction est particulièrement grave. • Cons. const. 23 janv. 1987, n° 86-224 DC § 22. ♦ Rappr. • Cons. const. 18 janv. 1985, n° 84-182 DC § 24 • Cons. const. 23 janv. 1987, n° 86-224 DC § 22. ♦ V. le principe *supra* note 76.

125. La garde à vue n'est pas une procédure juridictionnelle. • Cons. const. 18 nov. 2011, *Élise A. et a.,* nos 2011-191/194/195/196/197 QPC § 28 (sol. impl.).

126. La faculté reconnue au procureur général ou au bâtonnier, par les dispositions contestées, de poursuivre un avocat devant le conseil de discipline, quel que soit le temps écoulé depuis la commission de la faute ou sa découverte ne méconnaît pas, en elle-même, les droits de la défense. • Cons. const. 11 oct. 2018, *Pascal D.,* n° 2018-738 QPC § 10. ♦ V. Déjà, implicitement : • Cons. const. 25 nov. 2011, *Michel G.,* n° 2011-199 QPC.

1. Hypothèses d'application du principe

BIBL. Sauvé, Les sanctions administratives en droit français. État des lieux, problèmes et perspectives, *AJDA 2011. 16.* – Mallol, La sanction disciplinaire déguisée en droit de la fonction publique, *AJDA 2011. 1656.* – Etoa, L'évolution du contrôle du juge administratif sur la gravité des sanctions administratives, *AJDA 2012. 358.*

127. Principe. Aucune sanction ayant le caractère d'une punition ne peut être infligée à une personne sans que celle-ci ait été mise à même de présenter ses observations sur les faits qui lui sont reprochés. Le principe des droits de la défense s'impose aux autorités disposant d'un pouvoir de sanction sans qu'il soit besoin pour le législateur d'en rappeler l'existence. • CE 29 juin 2016, n° 398398 B : *AJDA 2016. 1370* • Cons. const. 13 nov. 2020, *Sté Route destination voyages,* n° 2020-864 QPC § 5. ♦ ... Et suppose que la personne concernée soit informée, avec une précision suffisante et dans un délai raisonnable avant le prononcé de la sanction, des griefs formulés à son encontre et soit mise à même d'avoir accès aux pièces au vu desquelles les manquements ont été retenus. • CAA Marseille, 27 oct. 2017, n° 16MA00822 : *AJDA 2018. 139*.

128. Lorsque les dispositions applicables se bornent à prévoir que l'autorité recueille l'avis d'une instance consultative, le respect des droits de la défense n'exige pas que cette instance entende l'intéressé mais seulement que ses membres aient, préalablement à leur délibération, communication des observations qu'il a pu présenter devant l'autorité compétente. • CE 26 avr. 2018, n° 409324 : *JCP Adm. 2018. 438.*

129. Sanctions disciplinaires prononcées par l'autorité administrative. • CE, sect., 5 mai 1944, *Dame Vve Trompier-Gravier : Lebon 133 ; GAJA, 22e éd., n° 50 ; D. 1945. 110, concl. Chénot, note De Soto ; RD publ. 1944. 256, concl. Chénot, note Jèze* • CE, ass., 26 oct. 1945, *Aramu : Lebon 213 ; S. 1946. 3. 1 concl. Odent ; D. 1946.158, note Morange* • Cons. const. 20 juill. 1977, n° 77-83 DC (sol. impl.) • CE, ass., 13 mars 1981, *Ordre des avocat à la cour d'appel de Paris : Lebon 135.* ♦ Il en va ainsi des mesures de licenciement des agents publics. • CE, sect., 9 déc. 1955, *Min. des PTT c/ Garysas : Lebon 585.* ♦ ... Y compris si elles trouvent leur origine dans l'inaptitude physique. • CE, sect., 26 oct. 1984, *CHG de Firminy c/ Mme Chapuis : Lebon 342 ; RD publ. 1985. 209, concl. Labetoulle.*

130. Ce principe s'étend à l'éviction des emplois à la décision du Gouvernement dès lors qu'elle est fondée sur des raisons tenant à la personne de l'intéressé. • CE, sect., 20 janv. 1956, *Nègre : Lebon 24 ; D. 1957. 319, concl. Guionin* • CE 17 juin 1992, *Leclerc,* n° 102839 : *Lebon. T. 687 ; RD publ. 1992. 1830, note Drago* • CE, sect., 20 oct. 2000, *Bukspan,* n° 201061 B : *RD publ. 2001. 311, concl. Mitjavile.* ♦ ... Aux entreprises publiques. • CE 28 juill. 1993, *Féd. nat. tabacs et allumettes,* n° 72462 B : *AJDA 1993. 682, chron. Maugüé et Touvet ; CJEG 1993. 509, concl. Le Chatelier.*

131. Il s'applique même dans des situations particulières comme par exemple durant une période d'épuration. • CE, ass., 26 oct. 1945, *Aramu : préc. note 129.* ♦ ... Pendant l'application de l'art. 16 Const. 58. • CE, ass., 23 oct. 1964, *d'Oriano : Lebon 486.*

132. Sanctions administratives. Aucune sanction ne peut être infligée sans que les droits de la défense de la personne concernée aient été respectés. • Cons. const. 27 nov. 2001, n° 2001-451 DC § 40 • Cons. const. 21 janv. 2011, *Jean-Claude C.,* n° 2010-90 QPC § 6 • Cons. const. 9 juin 2011, n° 2011-631 DC § 53. ♦ ... Pour le CSA. • Cons. const. 7 janv. 1989, n° 88-248 DC § 29 et 36 • Cons. const. 27 juill. 2000, n° 2000-433 DC § 50. ♦ ... Pour le Conseil de la concurrence (devenu Autorité de la concurrence). • Cons. const. 23 janv. 1987, n° 86-224 DC § 19 s. • Cons. const. 12 oct. 2012, *Sté Groupe Canal Plus et a.,* n° 2012-280 QPC § 16. ♦ ... Pour la COB (devenue AMF). • Cons. const. 28 juill. 1989, n° 89-260 DC § 44 s. • CEDH 19 mai 2009,

Messier c/ France, n° 25041/07 • Cons. const. 13 déc. 2013, *Sté Sud-Radio Services et a.,* n° 2013-359 QPC § 3. ♦ ... Pour les services fiscaux. • Cons. const. 28 déc. 1990, n° 90-285 DC § 58 • Cons. const. 30 déc. 1997, n° 97-395 DC § 37 • Cons. const. 29 déc. 1999, n° 99-424 DC § 53 • Cons. const. 29 déc. 2003, n° 2003-489 DC § 11. ♦ ... Pour le Conseil des marchés financiers. • CE, ass., 3 déc. 1999, *Didier,* n° 207434 : *Lebon 399 ; AJDA 2000. 126, chron. Guyomar et Collin ; JCP 2000. 10267, note Sudre ; RFDA 2000. 584, concl. Seban ; ibid. 1061, note Sermet .* ♦ Rappr. s'agissant de l'ART. • Cons. const. 23 juill. 1996, n° 96-378 DC § 13. ♦ ... Pour la Commission bancaire [devenue l'Autorité de contrôle prudentiel et de résolution]. • Cons. const. 2 déc. 2011, *Banque populaire Côte d'Azur,* n° 2011-200 QPC. ♦ ... Pour l'ARCEP. • Cons. const. 5 juill. 2013, *Sté Numéricâble SAS et a.,* n° 2013-331 QPC § 10.

133. Il en va de même pour : des mesures prononcées par l'administration ayant le caractère d'une sanction comme le retrait de la carte de séjour. • Cons. const. 22 avr. 1997, n° 97-389 DC § 31. ♦ ... Le retrait de points sur le permis de conduire. • Cons. const. 16 juin 1999, n° 99-411 DC § 21. ♦ ... La suspension des allocations familiales. • Cons. const. 30 mars 2006, n° 2006-535 DC § 36.

134. Dès lors que la décision de l'autorité administrative gestionnaire du domaine public fluvial prononçant une majoration de 100 % de la redevance normalement due peut être contestée devant la juridiction administrative qui, saisie d'une demande en ce sens, peut suspendre l'exécution du titre exécutoire, il n'y a pas violation des droits de la défense. • Cons. const. 27 sept. 2013, *Smaïn Q et a.,* n° 2013-341 QPC § 11.

135. Mesure individuelle. Le respect des droits de la défense s'impose aussi à l'administration lorsqu'elle prend une mesure individuelle présentant une certaine gravité en considération de la personne, de la situation personnelle de l'intéressé ou de son comportement. • Cons. const. 18 janv. 1978, n° 77-92 DC (sol. impl.). ♦ Il peut s'agir d'une décision entravant l'exercice d'une activité professionnelle. • CE, sect., 5 mai 1944, *Dame Vve Trompier-Gravier : préc. note 129* (exploitation d'un kiosque à journaux) • CE, sect., 8 janv. 1960, *Rohmer et Faist : Lebon 12 ; RD publ. 1960. 333, concl. Braibant* • CE, sect., 8 nov. 1963, *Sté coop. d'insémination artificielle de la Vienne : Lebon 532 ; D. 1964. 492, note Maestre ; AJDA 1964. 28, chron. Fourré et Puybasset* • CE, ass., 13 juill. 1967, *Allegretto : Lebon 315 ; D. 1968. 47, concl. Galabert* • CE 28 oct. 1983, *Folgelsang : Dr. adm. 1983, n° 457* (commerce ambulant sur la voie publique) • CE, sect., 4 mai 1962, *Ruard : Lebon 296 ; AJDA 1962. 419, chron. Galabert et Gentot* (refus d'agréer une auto-école). ♦ ... Du retrait d'un agrément. • Cons. const. 11 janv. 1990, n° 89-271 DC § 18. ♦ ... De la reconnaissance d'utilité publique. • CE, ass., 31 oct. 1952, *Ligue pour la protection des mères abandonnées : Lebon 480.* ♦ .... D'une autorisation accordée (en l'espèce de placer des enfants). • CE, sect., 19 mai 1950, *Fondation d'Heucqueville : Lebon 293.* ♦ ... Du titre de « Centre dramatique national » accordé à une compagnie de théâtre. • CE 16 avr. 1975, *Assoc. « La comédie de Bourges » : Lebon 231 ; Dr. adm. 1975, n° 180.* ♦ ... D'un agrément fiscal. • CE, sect., 25 oct. 1985, *Sté des plastiques d'Alsace : Lebon 300 ; RJF 1985. 797, concl. Chahid-Nouraï ; D. 1986. IR 146, obs. Llorens.* ♦ ... De l'annulation d'une prime de localisation accordée à une entreprise. • CE 11 déc. 1992, *Sté Inefor : Lebon 439 ; RFDA 1993. 200.* ♦ ... De la dissolution d'un organisme HLM. • CE 24 avr. 1964, *SA coopérative d'habitation à bon marché de Vichy : Lebon 244.* ♦ ... Du déclassement d'un vin d'appellation. • CE, sect., 9 mai 1980, *Ét. Cruse : Lebon 217 ; AJDA 1980. 482, concl. Genevois.* ♦ ... D'un licenciement pour insuffisance professionnelle. • CE 26 avr. 2018, n° 409324 : *préc. note 128.*

136. Il en va de même du prononcé d'une mesure de rétention administrative. • Cons. const. 13 août 1993, n° 93-325 DC § 98.

137. Doivent encore être prises dans le respect de ce principe : la résiliation d'un contrat. • CE, sect., 19 mars 1976, *MEFI c/ Bonnebaigt : Lebon 167.* ♦ Rappr. • CE, ass., 21 avr. 1989, *Féd. organismes de gestion des éts d'enseignement catholique : Lebon 117 ; D. 1989. IR 150.* ♦ ... Une mesure privant un distributeur de la possibilité de se porter acquéreur d'entrepôts. • CE, sect., 9 avr. 1999, *Sté Interbrew France : Lebon 177 ; GJEG 1999. 214, concl. Stahl.* ♦ Rappr. • CE, sect., 31 mai 2000, *Sté Cora et Sté Casino Guichard-Perrachon,* n° 213161 : *Lebon 194, concl. Lamy ; CJEG 2000. 492, concl. Lamy.*

138. Le respect des droits de la défense s'impose encore en cas de refus d'un agrément : d'un agent public. • CE 6 avr. 1992, *Procureur de la République c/ Pirozelli,* n° 119653 : *Lebon 150 .* ♦ ... D'un directeur d'organisme mutualiste. • CE 7 avr. 1975, *Bouché : Lebon 221 ; AJDA 1975. 410, note Bermann ; RD publ. 1975. 1129, concl. Labetoulle.* ♦ ... D'une demande d'exercice d'une profession réglementée prise en considération de la personne et non des éléments contenus dans la demande. • CE 25 nov. 1994, *Palem,* n° 129381 B. ♦ ... D'une interdiction d'exercer une telle profession. • CE, sect., 8 janv. 1960, *Rohmer : Lebon 12 ; RD publ. 1960. 333, concl. Braibant.*

139. Fonction publique. Doivent respecter les droits de la défense dès lors qu'elles sont prises en considération de la personne les décisions de muter un officier. • CE, ass., 21 juin 1974, *Gribelbeuer : Lebon 356, concl. Braibant ; AJDA 1974. 429, chron. Franc et Boyon.* ♦ Rappr. • CE 26 avr. 1967, *Ploix : Lebon 176.* ♦ ... De le mettre en disponibilité en dehors de toutes raisons disciplinaires. • CE, sect., 23 juin 1967, *Mirambeau : Lebon 213.* ♦ ... De radier un magistrat d'une liste d'aptitude. • CE, sect., 5 nov. 1976, *Zervudacki : Lebon 477.* ♦ ... D'exclure un enseignant-chercheur d'un laboratoire de recherche. • CE 12 oct. 2006, *M. A. c/ Univ. Bordeaux I,* n° 278599. ♦ ... De relever de fonction. • CE, sect., 24 juin 1949, *Nègre : Lebon 304 ; D. 1949. 570, note J.G.* • CE 14 mai 1986, *Rochaix : Lebon 369 ; JCP 1987. 20715, note Gabolde ; RFDA 1987. 238* • CE 17 juin 1992, *Leclerc,* n° 102839 : *préc. note 130.* ♦ ... De licencier pour insuffisance professionnelle. • CE 9 déc. 1955, *Garysas : Lebon 585 ; AJDA 1956. 46 ; RD publ. 1956, note Waline.* ♦ ... De mettre fin à un détachement. • CE 18 mars 1988, *Palmier : AJDA 1988. 478, note M.L.* ♦ ... De mettre à la retraite d'office. • CE 15 mars 1989, *Magne et Mme Currat (2 espèces) : Lebon 90 ; D. 1990. 141, obs. Chelle et Prétot.* ♦ ... De muter dans un autre emploi. • CE, sect., 19 avr. 1991, *Monnet,* n° 102016 : *Lebon 150 ; AJDA 1991. 557, concl. Lamy.* ♦ ... De ne plus proposer l'agent pour une fonction dans une organisation internationale. • CE, sect., 20 oct. 2000, *Bukspan,* n° 201061 : *préc. note 130.*

140. Sur la communication du dossier qui résulte du respect des droits de la défense, V. notes 231 s.

141. Mesure de police à motiver. Sauf les cas d'exemption prévus par les textes, le principe du contradictoire s'applique aux mesures de police dès lors qu'elles doivent être motivées. C'est le cas par ex. d'une décision : prononçant la dissolution d'une association en vertu de la L. du 10 janv. 1936. • CE 26 juin 1987, *Féd. d'action nationale et européenne : Lebon 235 ; AJDA 1987. 679, obs. Prétot ; D. 1989. 168, note C.S.* ♦ ... Interdisant la vente aux mineurs et l'exposition de certaines publications. • CE 19 janv. 1990, *Sté fr. de revues SFR,* n° 87314 : *Lebon 553 ; AJDA 1990. 93, chron. Honorat et Baptiste* • CE 29 mars 1996, *Cornilleau,* n° 123302 : *Lebon 105 ; RFDA 1996. 622.* ♦ ... Ordonnant de supprimer ou de mettre en conformité l'affichage. • TA Lyon, 30 nov. 1989, *Sté Lévy-Tournay : Dr. adm. 1990, n° 292.* ♦ ... Fermant un terrain de camping. • CE 16 oct. 1998, *Épx Bressange et SARL Camping du Moulin des Ramades,* n° 167591 : *Lebon 356 ; RFDA 1998. 1278.* ♦ ... Fermant un débit de boissons. • CE 6 mars 1992, *SARL Sté du spectacle de la place Blanche,* n° 99614 : *Lebon 105* • CE 1er oct. 1993, *Mme Gomez,* n° 116772 B.

142. Licenciement. Le principe s'applique dans le cas d'un licenciement prononcé pour un motif disciplinaire et non nécessairement dans les autres cas de licenciement. • Cons. const. 30 mars 2006, n° 2006-535 DC § 24. ♦ V. concl. ss. • CE, sect., 19 oct. 2005, *CGT et a.,* n° 283471 : *Lebon 430 ; RJEP 2005. 495, concl. Devys ; AJDA 2005. 2162, chron. Landais et Lénica ; D. 2006. 629, note Borenfreund ; JCP E. 2005. 1652, note Morvan.*

143. Responsabilité solidaire. Les dirigeants de droit ou de fait solidairement tenus au paiement de la pénalité infligée à la société doivent pouvoir contester tant leur qualité de débiteur solidaire que le bien-fondé et l'exigibilité de la pénalité et s'opposer aux poursuites. • Cons. const. 21 janv. 2011, *Jean-Claude C.,* n° 2010-90 QPC § 4. ♦ Les dispositions contestées ne sauraient interdire au donneur d'ordre de contester la régularité de la procédure ainsi que le bien-fondé et l'exigibilité des impôts, taxes et cotisations obligatoires ainsi que des pénalités et majorations y afférentes au paiement solidaire desquels il est tenu. • Cons. const. 31 juill. 2015, *Sté Gecop,* n° 2015-479 QPC § 14.

2. Hypothèses dans lesquelles le principe ne s'applique pas

144. Principe. Les règles et principes de valeur constitutionnelle n'imposent pas par eux-mêmes aux décisions exécutoires émanant d'une autorité administrative ou d'un organisme de faire l'objet d'une procédure contradictoire préalable. Le grief tiré de la violation des droits de la défense (et du principe du contradictoire) doit être écarté. • Cons. const. 27 nov. 2001, n° 2001-451 DC § 40 • Cons. const. 21 janv. 2011, *Jean-Claude C.,* n° 2010-90 QPC § 6 • Cons. const. 9 juin 2011, n° 2011-631 DC § 53.

145. Mesure prise dans un but d'intérêt général. En revanche, le principe ne s'applique pas à une mesure prise dans un but d'intérêt général comme par ex. à une mesure : retirant, dans l'intérêt de la santé publique, le visa d'une spécialité pharmaceutique. • CE, sect., 25 avr. 1958, *Sté. Laboratoires Geigy : Lebon 236, concl. Heumann ; AJDA 1958. 227, chron. Fournier et Combarnous ; JCP 1958. 10747, note F.G.* ♦ ... Prononçant, pour les mêmes raisons, la fermeture d'un établissement de cure. • CE, sect., 12 juin 1959, *Prat-Flottes : Lebon 361 ; AJDA 1960. 96, concl. Mayras.* ♦ ... Ou prononçant la fermeture d'une maison de retraite. • CE 27 janv. 1982, *Bardin : RD publ. 1982. 1707.*

146. Mesure destinée à protéger l'ordre et la sécurité publics. Le principe des droits de la défense ne peut être utilement invoqué à l'encontre du retrait de la carte de séjour pour des motifs d'ordre public, lequel constitue non une sanction mais une mesure de police, l'intéressé sera mis à même de présenter ses observations sur la mesure de retrait envisagée dans les conditions prévues par la législation de droit commun relative à la procédure administrative. • Cons. const. 13 mars 2003, n° 2003-467 DC § 85. ♦ Rappr., s'agissant d'expulsions. • Cons. const. 13 août 1993, n° 93-325 DC § 57 • CE 20 janv. 1988, *Elfenzi : Lebon 17* • Crim. 1er févr. 1995 : *JCP 1995. 22463.*

147. Refus de titularisation d'un stagiaire. En revanche, le respect des droits de la défense ne s'impose pas à l'administration lorsqu'elle refuse de titulariser un agent public stagiaire. • CE, sect., 3 déc. 2003, *Mme Mansuy,* n° 236485 A : *AJDA 2004. 30, concl. Guyomar ; RFDA 2004. 1014, note Mahinga ; JCP Adm. 2004. 1033, note Jean-Pierre.* ♦ ... Sauf si les faits reprochés constituent des fautes disciplinaires. • CE 24 févr. 2020, *Cne de Marmande,* n° 421291 B : *AJDA 2020. 1924, note Lavaine.*

148. Fonction publique. Le moyen tiré de ce que la délibération de la HATVP serait illégale faute d'avoir été précédée d'une procédure contradictoire n'apparaît pas, en l'état de l'instruction, de nature à faire naître un doute sérieux quant à la légalité de la délibération contestée, dès lors que la HATVP s'est prononcée sur la demande présentée par l'intéressé (souhaitant exercer une activité privée lucrative) au ministre de l'Europe et des affaires étrangères et aux conditions déterminées par la loi. • CE, ord., 22 juin 2020, n° 440963 : *AJDA 2020. 2183 ; JCP Adm. 2020. 637.*

149. Mesure à caractère objectif. Le principe ne s'applique pas dès lors que la mesure prise est la conséquence normale d'une situation à caractère objectif. C'est le cas par ex. : des retenues sur traitement prises dès lors que l'inexécution des obligations de service est constatée sans qu'il soit besoin de porter une appréciation sur le comportement de l'agent. • Cons. const. 20 juill. 1977, n° 77-83 DC § 3. ♦ ... De l'éviction d'un agent conséquence de son échec à l'examen. • CE 26 mars 1982, *Delle Sarrabay : Lebon 521 ; Rev. adm. 1982. 389, note Pacteau.* ♦ ... De la relégation d'un club de football à la suite de la mise en règlement judiciaire de la personne morale qui en était le support. • CE, sect., 12 juill. 1991, *Assoc. nouvelle des Girondins de Bordeaux football-club,* req ; n° 127092 : *Lebon 285, concl. Pochard ; RFDA 1992. 203, note Simon.* ♦ ... De la constatation de la caducité d'une autorisation administrative. • CE 22 avr. 1992, *SA Prisca,* n° 92959 : *Lebon 189* • CE, sect., 22 mars 1996, *Sté NRJ SA,* n° 131861 : *Lebon 91 ; LPA 30 août 1996, note Mondou ; RD publ. 1996. 1762, concl. Fratacci.*

150. Il en va de même lorsque l'administration prend une mesure qu'elle est tenue de prendre (compétence liée). • CE 30 janv. 1991, *Sté Route et Ville,* n° 101639 B : *Dr. adm. 1991, n° 109 ; JCP 1991. IV. 101.*

151. Mesure d'investigation. Le principe du contradictoire et dès lors le respect des droits de la défense ne sont pas obligatoires en matière d'investigations fiscales. • Cons. const. 29 déc. 1984, n° 84-184 DC § 35.

152. Garde à vue. Les dispositions contestées n'ayant pour objet ni de permettre la discussion de la légalité des actes d'enquête ou du bien-fondé des éléments de preuve rassemblés par les enquêteurs, qui n'ont pas donné lieu à une décision de poursuite de l'autorité judiciaire et ont vocation, le cas échéant, à être discutés devant les juridictions d'instruction ou de jugement, ni de permettre la discussion du bien-fondé de la mesure de garde à vue enfermée par la loi dans un délai de 24 h renouvelable une fois, les griefs tirés de ce que les dispositions contestées relatives à la garde à vue n'assureraient pas l'équilibre des droits des parties et le caractère contradictoire de cette phase de la procédure pénale sont inopérants. • Cons. const. 18 nov. 2011, *Élise A. et a.,* nos 2011-191/194/195/196/197 QPC § 28.

153. Il en résulte que chacune des dispositions qui assurent, pendant la garde à vue, une conciliation qui n'est pas déséquilibrée entre le respect des droits de la défense et l'objectif de recherche des auteurs d'infraction n'est pas contraire aux présentes dispositions. • Cons. const. 18 nov. 2011, *Élise A. et a.,* nos 2011-191/194/195/196/197 QPC § 32. ♦ V. déjà. • Cons. const. 30 juill. 2010, *Daniel Walbuger et a.,* n° 2010-14/22 QPC § 24. ♦ Ainsi en est-il de l'absence de délai imposant à l'OPJ d'attendre l'arrivée de l'avocat pour les nouvelles auditions réalisées au cours de la garde à vue dès lors qu'il appartient en tout état de cause à l'autorité judiciaire de veiller au respect du principe de loyauté dans l'administration de la preuve et d'apprécier la valeur probante des déclarations faites, le cas échéant, par une personne gardée à vue hors la présence de son avocat. • Cons. const. 18 nov. 2011, *Élise A. et a.,* nos 2011-191/194/195/196/197 QPC § 30. ♦ ... De la faculté d'un report de l'assistance de l'avocat, placée sous le contrôle des juridictions pénales saisies des poursuites. • Cons. const. 18 nov. 2011, *Élise A. et a.,* nos 2011-191/194/195/196/197 QPC § 31.

154. A l'inverse, en ne prévoyant pas, lorsque les éléments recueillis au cours de la garde à vue d'une personne font apparaître qu'elle fait l'objet d'une mesure de protection juridique, que l'officier de police judiciaire ou l'autorité judiciaire sous le contrôle de laquelle se déroule la garde à vue soit, en principe, tenu d'avertir son curateur ou son tuteur afin de lui permettre d'être assistée dans l'exercice de ses droits, les dispositions contestées méconnaissent les droits de la défense. • Cons. const. 14 sept. 2018, *Mehdi K.*, n° 2018-730 QPC § 9.

c. Mise en œuvre

155. Ne porte pas atteinte aux droits de la défense : le report, lors de demandes réitérées de mise en liberté en cas de détention provisoire, du point de départ du délai imparti pour se prononcer sur une nouvelle demande à la date à laquelle il a été statué sur la précédente demande, dès lors qu'il ne fait pas obstacle à ce que le juge d'instruction, saisi d'un fait nouveau à l'appui de toute demande, statue immédiatement. • Cons. const. 3 sept. 1986, n° 86-215 DC § 20. ♦ ... Le fait qu'une autorité qui, pouvant exercer, dans l'intérêt général, des poursuites, recueillir des charges et, le cas échéant, prononcer des sanctions dans le cadre d'une procédure administrative, se voit reconnaître à propos des mêmes faits, s'ils constituent les éléments d'une infraction pénale, le pouvoir d'intervenir et de se constituer partie civile et d'user de tous les droits afférents à cette qualité sans pour autant justifier d'un intérêt distinct de l'intérêt général, pouvant ainsi déclencher l'ouverture de poursuites pénales, intervenir dans le cours de l'instruction, participer aux débats de l'audience, demander l'allocation de dommages-intérêts et exercer les voies de recours. • Cons. const. 28 juill. 1989, n° 89-260 DC § 45 et 46.

156. Ne portent pas atteinte aux droits de la défense des dispositions qui facilitent l'exercice des droits de la victime et qui ne placent pas l'inculpé dans une situation différente de celle où il se trouvait, et ce d'autant plus que le tribunal peut ordonner la comparution de la partie civile et renvoyer dans ce cas à une prochaine audience les débats sur l'ensemble de l'affaire ou sur les intérêts civils. • Cons. const. 19 janv. 1981, n° 80-127 DC § 68 et 69 et • Cons. const. 20 janv. 1981 : *ibid.* ♦ ... Des dispositions qui étendent les possibilités de procéder à des jugements sans audience en matière civile dès lors que cette procédure ne peut être mise en œuvre qu'à l'initiative des parties et à la condition qu'elles en soient alors expressément d'accord. • Cons. const. 21 mars 2019, n° 2019-778 DC § 65 et 66. ♦ ... Des dispositions qui autorisent les agents de la police nationale ou de la gendarmerie nationale à ne pas être identifiés par leurs noms et prénoms dans certains actes de procédure dans lesquels ils interviennent dès lors qu'elles ne peuvent s'appliquer que lorsque la révélation de l'identité de l'agent est susceptible, compte tenu des conditions d'exercice de sa mission ou de la nature des faits qu'il est habituellement amené à constater, de mettre en danger sa vie ou son intégrité physique ou celles de ses proches ; que l'autorisation est délivrée nominativement par un responsable hiérarchique d'un niveau suffisant ; et que les juridictions d'instruction ou de jugement saisies des faits ont accès aux nom et prénom de la personne dont l'identité a été cachée et que, saisi par une partie à la procédure d'une requête écrite et motivée tendant à la communication des nom et prénom de cette personne, le juge d'instruction ou le président de la juridiction de jugement décide des suites à donner à cette requête, après avis du ministère public et en tenant compte, d'une part, de la menace que la révélation de l'identité de cette personne ferait peser sur sa vie ou son intégrité physique ou celles de ses proches et, d'autre part, de la nécessité de communiquer cette identité pour l'exercice des droits de la défense de l'auteur de la demande. • Cons. const. 21 mars 2019, n° 2019-778 DC § 130 et 131. ♦ ... Des dispositions qui autorisent, dans certains cas, le juge d'instruction à ouvrir et reconstituer un scellé en dehors de la présence de la personne mise en examen dès lors que si ces opérations peuvent se dérouler en dehors de la présence de la personne mise en cause, son avocat doit être convoqué pour y assister et que le juge d'instruction doit se faire assister par son greffier. • Cons. const. 21 mars 2019, n° 2019-778 DC § 220. ♦ ... Des dispositions qui permettent au juge de décider d'une assignation à résidence avec surveillance électronique sans débat contradictoire ou recueil préalable des observations de la personne placée en détention provisoire ou de son avocat, lorsque le juge ordonne une mise en liberté d'office dès lors qu'il s'agit d'une mesure moins rigoureuse et que la personne concernée peut en demander mainlevée à tout moment. • Cons. const. 21 mars 2019, n° 2019-778 DC § 225. ♦ ... Des dispositions qui permettent le maintien sous assignation à résidence avec surveillance électronique, jusqu'au jugement, d'une personne renvoyée devant le tribunal correctionnel ou la cour d'assises, dès lors que la durée de la mesure décidée par le juge ne peut dépasser deux ans, qu'il doit être tenu compte du temps déjà passé sous l'empire d'une telle assignation à résidence pendant l'instruction et que l'intéressé peut à tout moment demander la mainlevée de la mesure. • Cons. const. 21 mars 2019, n° 2019-778 DC § 229. ♦ ... Des dispositions qui se bornent à autoriser les organismes de protection sociale et de recouvrement des cotisations et contributions sociales à procéder à des redressements sur la base des informations contenues dans les procès-verbaux de travail dissimulé qui leur sont transmis par les agents d'autres organismes et n'ont, ni par elles-mêmes ni en raison de la portée effective qu'une interprétation jurisprudentielle constante leur aurait conférée, pour objet ou pour effet de faire obstacle à l'application des dispositions législatives ou réglementaires instituant une procédure contradictoire en cas de redressement de ces cotisations ou contributions après constatation des faits de travail dissimulé. • Cons. const. 13 nov. 2020, *Sté Route destination voyages,* n° 2020-864 QPC § 6.

157. Lorsque le représentant légal d'une personne morale fait l'objet de poursuites pénales en même temps que celle-ci pour les mêmes faits ou pour des faits connexes, celui-ci dispose seul de la faculté de solliciter la désignation d'un mandataire de justice pour assurer à sa place la représentation de la personne morale. Il peut en résulter, en cas de conflit d'intérêts entre la personne morale et le représentant légal, que ce dernier, afin de faire prévaloir ses propres intérêts, s'abstienne de demander cette désignation, ce qui pourrait être de nature à léser ceux de la personne morale. Toutefois, dans cette hypothèse, les organes d'une personne morale demeurent compétents, pour imposer à son représentant légal de solliciter la désignation d'un mandataire de justice, lui retirer son mandat de représentation en justice ou désigner un autre représentant légal. Par ailleurs, une représentation de la personne morale par toute personne bénéficiant, d'une délégation de pouvoir à cet effet est possible. • Cons. const. 19 nov. 2020, *Sté Beiser environnement,* n° 2020-865 QPC § 5 s.

158. Le droit reconnu aux agents de l'administration des douanes d'accéder aux documents relatifs aux opérations intéressant leur service ne saurait, en lui-même, méconnaître les droits de la défense. Si les dispositions contestées imposent aux personnes intéressées de remettre aux agents de l'administration des douanes les documents dont ces derniers sollicitent la communication, elles ne confèrent pas à ces agents un pouvoir d'exécution forcée pour obtenir la remise de ces documents. • Cons. const. 27 janv. 2012, *Sté COVED SA,* n° 2011-214 QPC § 6. ♦ Rappr. • Cons. const. 29 déc. 2016, n° 2016-743 DC § 16.

159. Lorsqu'en application des directives du ministre des armées, un salarié se voit refuser l'accès à une zone protégée en raison d'éléments recueillis dans le cadre d'une enquête administrative classifiés, les droits de la défense et le principe du contradictoire trouvent à s'appliquer, même s'ils doivent être aménagés pour préserver les secrets de la défense nationale. *• TA Poitiers, 19 déc. 2018,* n° *1800409 : AJDA 2019. 418, concl. Guiard.*

160. Transaction pénale. Les dispositions contestées n'organisant pas un procès mais une procédure de transaction, qui suppose l'accord libre et non équivoque, avec l'assistance éventuelle d'un avocat, de l'auteur des faits et la transaction homologuée par l'autorité judiciaire ne présentant, par elle-même, aucun caractère exécutoire, le grief tiré de la violation des droits de la défense et du droit à un procès équitable est inopérant. • Cons. const. 30 mars 2006, n° 2006-535 DC § 43. ♦ Une transaction ne peut être conclue sans que la personne suspectée d'avoir commis une infraction ait été informée de son droit à être assistée de son avocat avant d'accepter la proposition qui lui est faite, y compris si celle-ci intervient pendant qu'elle est placée en garde à vue. • Cons. const. 23 sept. 2016, *Synd. de la magistrature,* n° 2016-569 QPC § 9 (réserve d'interprétation). ♦ V. également note 600.

2° CONTENU

161. Les droits de la défense impliquent notamment qu'aucune sanction ayant le caractère d'une punition ne puisse être infligée à une personne sans que celle-ci ait été mise à même de présenter ses observations sur les faits qui lui sont reprochés. • Cons. const. 26 nov. 2010, *Claude F.,* n° 2010-69 QPC § 4 • Cons. const. 7 mai 2015, *Mohamed D.,* n° 2015-467 QPC § 4.

162. Imposer à peine d'irrecevabilité du recours d'accompagner sa réclamation de l'avis qui lui a été envoyé pour permettre l'identification de la procédure de poursuite visée par la réclamation est justifié par l'objectif de bonne administration de la justice et n'apporte aucune restriction aux droits de la défense. • Cons. const. 7 mai 2015, *Mohamed D.,* n° 2015-467 QPC § 6.

163. Les évolutions de la procédure pénale, qui ont renforcé l'importance de la phase d'enquête policière dans la constitution des éléments sur le fondement desquels une personne mise en cause est jugée, doivent être accompagnées des garanties appropriées encadrant le recours à la garde à vue ainsi que son déroulement et assurant la protection des droits de la défense. • Cons. const. 30 juill. 2010, *Daniel Walbuger et a.,* n° 2010-14/22 QPC § 18 et 25 • Cons. const. 18 nov. 2011, *Élise A. et a.,* n°s 2011-191/194/195/196/197 QPC § 28 • Cons. const. 17 févr. 2012, *Ordre des avocats au barreau de Bastia,* n° 2011-223 QPC § 5.

164. Procédure de comparution sur reconnaissance préalable de culpabilité (« plaider coupable »). Le fait que le procureur de la République soit autorisé à recourir simultanément à la convocation d'une personne selon la procédure de comparution sur reconnaissance préalable de culpabilité (CRPC) et à la convocation en justice de cette personne n'est pas en lui-même contraire aux droits de la défense. • Cons. const. 10 déc. 2010, *Mme Barta Z.,* n° 2010-77 QPC § 8. ♦ En effet, lorsque à l'issue de la procédure de

CRPC, la personne n'a pas accepté la peine proposée par le procureur de la République ou lorsque le président du TGI ou le juge délégué par lui n'a pas homologué cette proposition et que, par suite, le prévenu comparaît devant le tribunal correctionnel, il est fait obstacle à ce que le procès-verbal des formalités accomplies au cours de la procédure de CRPC soit transmis à la juridiction de jugement et à ce que le ministère public et les parties fassent état devant cette juridiction des déclarations faites ou des documents remis au cours de cette procédure. Il appartient, en conséquence, au procureur de la République de veiller à ce que deux convocations soient faites à des dates suffisamment lointaines pour garantir qu'au jour fixé pour la comparution du prévenu devant le tribunal correctionnel, la procédure sur reconnaissance préalable a échoué ou que les peines proposées ont été homologuées. • Même affaire, § 7.

165. Enregistrement des auditions. Aucune exigence constitutionnelle n'impose l'enregistrement des auditions ou des interrogatoires des personnes suspectées d'avoir commis un crime. • Cons. const. 6 avr. 2012, *Kiril Z.*, n° 2012-228/229 QPC § 8.

a. Informations dont doit bénéficier la personne auditionnée ou gardée à vue

166. Droit de garder le silence. Le fait qu'une personne gardée à vue ne soit pas informée de son droit de garder le silence porte atteinte au présent art. • Cons. const. 30 juill. 2010, *Daniel Walbuger et a.*, n° 2010-14/22 QPC § 28 s. ♦ ... Y compris en matière de crimes ou délits constituant des actes de terrorisme. • Cons. const. 22 sept. 2010, *Bulent A. et a.*, n° 2010-31 QPC § 1 (sol. impl.). ♦ ... Ou de retenue douanière. • Cons. const. 22 sept. 2010, *Samir M. et a.*, n° 2010-32 QPC § 7.

167. Même privée de l'assistance de l'avocat, la personne gardée à vue reçoit l'information de son droit de garder le silence, qu'elle est informée de la nature et de la date des faits à l'origine de son placement en garde à vue ainsi que des motifs de ce dernier et qu'elle peut consulter les documents de la procédure. • *Cons. const. 21 nov. 2014,* ⚖ *Nadav B.*, n° 2014-428 QPC § 13.

168. Le placement, durant les périodes de repos séparant les auditions, de deux personnes retenues dans des cellules contiguës préalablement sonorisées, de manière à susciter des échanges verbaux qui seraient enregistrés à leur insu pour être utilisés comme preuve, constitue un procédé déloyal d'enquête mettant en échec le droit de se taire et celui de ne pas s'incriminer soi-même et portant atteinte au droit à un procès équitable. • Cass., ass. plén., 6 mars 2015, ⚖ n° 14-84.339.

169. Audition libre. Il résulte nécessairement de ces dispositions qu'une personne, à l'encontre de laquelle il apparaît qu'il existe des raisons plausibles de soupçonner qu'elle a commis ou tenté de commettre une infraction, peut être entendue par les enquêteurs en dehors du régime de la garde à vue dès lors qu'elle n'est pas maintenue à leur disposition sous la contrainte. Le respect des droits de la défense exige qu'une personne, à l'encontre de laquelle il apparaît, avant son audition ou au cours de celle-ci, qu'il existe des raisons plausibles de soupçonner qu'elle a commis ou tenté de commettre une infraction pour laquelle elle pourrait être placée en garde à vue, ne puisse être entendue ou continuer à être entendue librement par les enquêteurs que si elle a été informée de la nature et de la date de l'infraction qu'on la soupçonne d'avoir commise et de son droit de quitter à tout moment les locaux de police ou de gendarmerie. • Cons. const. 18 nov. 2011, *Élise A. et a.*, n°s 2011-191/194/195/196/197 QPC § 18 et 20. ♦ Les mêmes principes s'appliquent à l'enquête préliminaire. • Cons. const. 18 juin 2012, *Sté Olano Carla et Éric P.*, n° 2012-257 QPC § 8 et 9.

b. Place de l'avocat

170. La Constitution n'impose pas la présence de l'avocat pour les procédures de perquisition ou de visites domiciliaires. • Cons. const. 16 juill. 1996, n° 96-377 DC § 17 (sol. impl.) • Cons. const. 2 mars 2004, n° 2004-492 DC § 46 (sol. impl.). ♦ Si les dispositions qui imposent aux personnes intéressées de remettre aux agents de l'administration des douanes les documents dont ces derniers sollicitent la communication ne prévoient pas que la personne intéressée peut bénéficier de l'assistance d'un avocat, elles n'ont ni pour objet ni pour effet de faire obstacle à cette assistance. • Cons. const. 27 janv. 2012, *Sté COVED SA*, n° 2011-214 QPC § 4.

171. Les auditions effectuées dans le cadre de l'instruction administrative des décisions de refus d'entrée en France ou organisées pendant le maintien de l'étranger en zone d'attente n'ont pour objet que de permettre de vérifier que l'étranger satisfait aux conditions d'entrée en France et d'organiser à défaut son départ. Elles ne relèvent donc pas d'une procédure de recherche d'auteurs d'infractions. La décision de refus d'entrée, celle de maintien en zone d'attente et celles relatives à l'organisation de son départ ne constituent pas des sanctions ayant le caractère de punition mais des mesures de police administrative. Dès lors, la circonstance que les auditions mentionnées ci-dessus puissent se dérouler sans l'assistance d'un avocat n'est pas contraire au présent art. • Cons. const. 6 déc. 2019, ⚖ *Saisda C.*, n° 2019-818 QPC § 12.

172. Si la personne gardée à vue dispose du libre choix de l'avocat, cette liberté n'a pas pour autant un caractère constitutionnel. • Cons. const. 18 nov. 2011, *Élise A. et a.*, n° 2011-191/194/195/196/197 QPC § 26. ♦ Si la liberté, pour la personne soupçonnée, de choisir son avocat peut, à titre exceptionnel, être différée pendant la durée de sa garde à vue afin de ne pas compromettre la recherche des auteurs de crimes et délits en matière de terrorisme ou de garantir la sécurité des personnes (pour tenir compte de la complexité et de la gravité de cette catégorie de crimes et délits ainsi que de la nécessité d'entourer, en cette matière, le secret de l'enquête de garanties particulières), il incombe au législateur de définir les conditions et les modalités selon lesquelles une telle atteinte aux conditions d'exercice des droits de la défense peut être mise en œuvre. Tel n'est pas le cas de dispositions qui n'obligent pas à motiver la décision et ne définissent les circonstances particulières de l'enquête ou de l'instruction et les raisons permettant d'imposer une telle restriction. • Cons. const. 17 févr. 2012, *Ordre des avocats au barreau de Bastia*, n° 2011-223 QPC § 6 et 7.

173. Eu égard aux spécificités des règles de procédure devant le Conseil d'État et la Cour de cassation, juridictions suprêmes des ordres administratif et judiciaire, le monopole de la représentation et de la prise de parole par des avocats spécialisés, qui répond à l'objectif de valeur constitutionnelle de bonne administration de la justice et vise à garantir l'exercice effectif de leurs droits par les parties, ne méconnaît, par suite, ni le droit des parties à un recours juridictionnel effectif ni les droits de la défense. • CE 2 oct. 2017, n° 412324 : *AJDA 2018. 82*.

1. Procédure pénale

174. Généralités. En matière pénale, il appartient à l'intéressé de décider en toute liberté d'être ou de ne pas être assisté d'un avocat, au besoin commis d'office. • Cons. const. 11 août 1993, n° 93-326 DC § 25 • Cons. const. 9 sept. 2011, *Hovanes A.*, n° 2011-160 QPC § 5 • Cons. const. 23 nov. 2012, *Maryse L.*, n° 2012-284 QPC § 4. ♦ Cette liberté ne doit pas conduire à porter atteinte au respect des principes du contradictoire et des droits de la défense. • Cons. const. 9 sept. 2011, *Hovanes A.*, n° 2011-160 QPC § 5.

175. Le choix de l'avocat doit être libre. • *Cons. const. 22 janv. 1999*, n° 98-408 DC § 25. ♦ Ceci n'interdit pas que certains avocats ne puissent plaider certaines affaires du fait de leur situation extérieure à la profession d'avocat (professeur d'université ne pouvant plaider contre l'administration) • CE, sect., 6 nov. 1992, *SCI Les Hameaux de Perrin*, n° 72708 : *Lebon 395* ; *AJDA 1992. 797, chron. Maugüé et Schwartz*.

176. Est conforme au droit de la défense et donc compatible avec la Const. un traité qui organise une juridiction internationale devant laquelle la personne interrogée soit par le procureur, soit par les autorités judiciaires nationales peut être assistée à tout moment par le défenseur de son choix ou un défenseur commis d'office. • Cons. const. 22 janv. 1999, n° 98-408 DC § 25.

177. La présence de l'avocat apparaît déterminante pour assurer le respect des droits de la défense dans le cadre de la reconnaissance préalable de culpabilité (« plaider coupable »). • Cons. const. 2 mars 2004, n° 2004-492 DC § 108.

178. Garde à vue. Le droit de la personne à s'entretenir avec un avocat au cours de la garde à vue constitue un droit de la défense qui s'exerce durant la phase d'enquête de la procédure pénale. • Cons. const. 11 août 1993, n° 93-326 DC § 11 et 15 • Cons. const. 20 janv. 1994, n° 93-334 DC § 18. ♦ La gravité et la complexité des infractions peuvent justifier le report de l'arrivée de l'avocat en garde à vue. • Cons. const. 2 mars 2004, n° 2004-492 DC § 32 • Cons. const. 21 nov. 2014, *Nadav B.*, n° 2014-428 QPC § 9. ♦ V. déjà. • Cons. const. 11 août 1993, n° 93-326 DC § 13. ♦ Dénier à une personne tout droit à s'entretenir avec un avocat pendant une garde à vue à raison de certaines infractions, alors que ce droit est reconnu à d'autres personnes dans le cadre d'enquêtes sur des infractions différentes punies de peines aussi graves et dont les éléments de fait peuvent se révéler aussi complexes, méconnaît, s'agissant d'un droit de la défense, l'égalité entre les justiciables. • Cons. const. 11 août 1993, n° 93-326 DC § 14.

179. En cas de report de la présence de l'avocat, il appartient au magistrat compétent de fonder sa décision en fonction des circonstances de l'espèce et en considération de raisons impérieuses tenant aux circonstances particulières de l'enquête ou de l'instruction. • Cons. const. 21 nov. 2014, *Nadav B.*, n° 2014-428 QPC § 11.

180. L'impossibilité pour une personne gardée à vue, alors qu'elle est retenue contre sa volonté, de bénéficier de l'assistance effective d'un avocat constitue une restriction aux droits de la défense imposée de façon générale, sans considération des circonstances particulières susceptibles de la justifier, et n'institue pas les garanties appropriées à l'utilisation qui est faite de la garde à vue compte tenu des évolutions récentes dans cette matière. • Cons. const. 30 juill. 2010, *Daniel Walbuger et a.*, n° 2010-14/22 QPC § 28 s. ♦ ... Y compris en matière de crimes ou délits constituant des actes de terrorisme. • Cons. const. 22 sept. 2010, *Bulent A. et a.*, n° 2010-31 QPC § 1 (sol. impl.). ♦ ... Ou de retenue douanière. • Cons. const. 22 sept. 2010, *Samir M. et a.*, n° 2010-32 QPC § 7. ♦ Sauf exceptions justifiées par des raisons impérieuses tenant aux circonstances particulières de l'espèce, et non à la seule nature du crime ou délit reproché, toute personne soupçonnée d'avoir commis une infraction doit, dès le début de la garde à vue, être informée de son droit de se taire et bénéficier, sauf renonciation non équivoque, de l'assistance d'un avocat. • Crim. 19 oct. 2010, n° 10-82.902 P.

181. Toutefois, en matière de déferrement devant le procureur de la République, celui-ci ayant pour seul objet de permettre à l'autorité de poursuite de notifier à la personne poursuivie la décision prise sur la mise en œuvre de l'action publique et de l'informer ainsi sur la suite de la procédure, le respect des droits de la défense n'impose pas ici la présence de l'avocat. • Cons. const. 6 mai 2011, *Abderahmane L.*, n° 2011-125 QPC § 12. ♦ Dans ce cadre le procureur de la République ne peut interroger l'intéressé, il peut recueillir les déclarations de la personne concernée si elle en fait la demande ; dans ce cas, il ne saurait, sans méconnaître les droits de la défense, consigner ces déclarations sur les faits qui font l'objet de la poursuite dans le procès-verbal mentionnant les formalités de la comparution. • Cons. const. 6 mai 2011, *Abderahmane L.*, n° 2011-125 QPC § 13.

182. L'autorité judiciaire veille au respect du principe de loyauté dans l'administration de la preuve et apprécie la valeur probante des déclarations faites, le cas échéant, par une personne gardée à vue hors la présence de son avocat. • Cons. const. 18 nov. 2011, *Élise A. et a.*, n° 2011-191/194/195/196/197 QPC § 30. ♦ ... Elle apprécie également l'usage de la faculté d'un report de l'assistance de l'avocat pendant la garde à vue. • Cons. const. 18 nov. 2011, *Élise A. et a.*, n° 2011-191/194/195/196/197 QPC § 31.

183. Ne porte pas atteinte aux droits de la défense l'obligation pour l'avocat commis d'office de faire approuver ses motifs d'excuse ou d'empêchement par le président de la cour d'assises seul compétent pour admettre ou refuser les motifs d'excuse ou d'empêchement invoqués par l'avocat qui souhaite refuser son ministère. • Cons. const. 4 mai 2018, *Franck B. et a.*, n° 2018-704 QPC § 11.

184. Avocats et détention. Si interdire l'accès à un établissement pénitentiaire, ou mettre un terme à cet accès, à un avocat qui ne respecterait pas les mesures d'hygiène, dites gestes barrières, ou qui présenterait des symptômes manifestes du covid-19, apparaît être une mesure nécessaire, adaptée et proportionnée à l'objectif de sauvegarde de la santé au sein de l'établissement, le chef d'établissement ne saurait, sans porter une atteinte disproportionnée au droit des personnes détenues à l'assistance d'un avocat, subordonner l'accès à l'établissement pénitentiaire d'un avocat non porteur des symptômes manifestes du covid-19 à la justification par cet avocat de son état de santé, voire à l'attestation par ledit avocat d'éléments relatifs à son état de santé ou à l'état de santé des personnes avec lesquelles il a pu être en contact. • TA Toulouse, ord., 29 avr. 2020, n° 2001989 : *AJDA 2020. 917*.

185. Audition libre. Si le respect des droits de la défense impose, en principe, qu'une personne soupçonnée d'avoir commis une infraction ne peut être entendue, alors qu'elle est retenue contre sa volonté, sans bénéficier de l'assistance effective d'un avocat, cette exigence constitutionnelle n'impose pas une telle assistance dès lors que la personne soupçonnée ne fait l'objet d'aucune mesure de contrainte et consent à être entendue librement. • Cons. const. 18 nov. 2011, *Élise A. et a.*, n°s 2011-191/194/195/196/197 QPC § 19.

186. Audience. Porte atteinte aux droits de la défense la possibilité donnée au Président de la formation de jugement, dans le cadre de son pouvoir de police de l'audience, d'écarter de la salle d'audience pour une durée maximale de 2 jours, au motif que son attitude compromettrait la sérénité des débats, un avocat qui n'a manqué à aucune des obligations que lui impose son serment et qui a donc rempli son rôle de défenseur. • Cons. const. 19 janv. 1981, n° 80-127 DC § 52 et 53.

187. L'avocat, pour les nécessités de la défense appréciées à sa prudence, peut communiquer à son client les copies des pièces et actes du dossier à lui délivrées durant le cours de l'instruction. • Cass., ass. plén., 30 juin 1995 : *Bull. ass. plén., n° 3.*

2. Procédure administrative

188. Dans les autres procédures, le législateur peut rendre le ministère d'avocat obligatoire sans contrevenir à la Conv. EDH. • CE 11 oct. 1989, *Melon : Dr. adm. 1989, n° 587* • CE 19 juill. 1991, *Mlle Boyer-Manet*, n° 89250 B. ♦ A l'inverse, le fait que l'État puisse être dispensé du ministère d'avocat n'entraîne pas une rupture de l'égalité. • CE 21 déc. 2001, *Hofmann*, n° 222862 : *Lebon 652* ; *D. 2002. IR 697*.

189. Le droit de se faire assister d'un avocat lors d'une procédure est qualifié par le juge administratif de principe général du droit et, selon lui s'applique, à moins que cette assistance soit exclue par les lois régissant cette procédure ou incompatible avec le fonctionnement de l'organisme en cause. • CE, sect., 8 nov. 1963, *Lacour : Lebon 531* • CE 27 oct.

1999, Min. défense, n° 129538 A : *AJDA 2020. 2532*. ♦ Cependant, le juge, à qui il incombe de veiller à la bonne administration de la justice, n'a, s'agissant du contentieux en excès de pouvoir, aucune obligation, hormis le cas où des motifs exceptionnels tirés des exigences du débat contradictoire l'imposeraient, de faire droit à une demande de report de l'audience formulée par une partie. Il n'a pas davantage à motiver le refus qu'il oppose à une telle demande. Dans la circonstance où le conseil, pour un motif étranger aux exigences du débat contradictoire tel que le fait de grève, décide de ne pas assister le requérant à l'audience, celui-ci ne saurait en tirer qu'il soit fait droit à une demande de report. • CAA Lyon, 6 juill. 2020, n° 19LY04816 : *AJDA 2021. 139, chron. Duguit-Larcher ; ibid. 2020. 2354*.

190. Il convient que, dans le cadre de procédures disciplinaires, la personne soit informée de son droit à se faire assister d'un avocat. • TA Cergy-Pontoise, 30 déc. 2010, *Mallem*, n° 0708306 : *AJDA 2011. 526*.

191. En refusant, dans de telles circonstances et en l'absence de motif légitime, la demande de report formulée par M. B. et en tenant l'audience à la date prévue, le Conseil supérieur de la magistrature n'a pas mis ce magistrat à même d'exercer, conformément (...) aux droits de la défense, la faculté d'être assisté tout au long de l'audience par l'un de ses pairs ou un avocat. • CE 26 déc. 2012, *B.*, n° 348148 B : *AJDA 2013. 1705, note Cassard-Valembois*.

192. Dans le cadre de procédures disciplinaires à l'encontre d'un détenu, l'absence de l'avocat est sans incidence sur la régularité de la procédure dès lors que cette absence n'est pas imputable à l'administration. • CE 23 févr. 2011, *B.*, n° 313965 B : *AJDA 2011. 419 ; ibid. 1364, chron. Domino et Bretonneau ; JCP Adm. 2011. 178.* ♦ Cependant, alors même qu'un avocat commis d'office a représenté le détenu lors d'une commission de discipline, l'administration pénitentiaire, en ne contactant pas l'avocat désigné par le détenu, l'a privé d'une garantie et a entaché la procédure disciplinaire d'irrégularité. • TA Marseille, 26 mars 2020, n° 1807172 : *AJDA 2020. 1500, concl. Guillaumont*. ♦ Le recours contre ces sanctions est le recours en excès de pouvoir et, dès lors, le juge n'opère qu'un contrôle de proportionnalité pour, au besoin, annuler la décision ; il ne peut substituer sa décision à celle de l'administration. • *CE 20 mai 2011, Letona Biteri,* n° 326084 : *Lebon 246 ; AJDA 2011. 1056, chron. Domigo et Bretonneau*.

193. Les locaux doivent permettre l'entretien du justiciable avec son avocat et au besoin un interprète. • Civ. 1re, 12 oct. 2011, n° 10-24.205 P : *AJDA 2011. 2254*.

c. Caractère contradictoire de la procédure

194. Pour plus de détails, V. CJA, art. R. 611-1 s.

1. Généralités

195. Principe. Le caractère contradictoire de la procédure est le corollaire des droits de la défense. • Cons. const. 29 déc. 1989, n° 89-268 DC § 58 • Cons. const. 23 juill. 1999, n° 99-416 DC § 42. ♦ V. déjà de manière plus implicite. • Cons. const. 18 janv. 1985, n° 84-183 DC § 8 • Cons. const. 17 janv. 1988, n° 88-248 DC § 29 • Cons. const. 21 févr. 1992, n° 92-305 DC § 90. ♦ ... Que le Conseil d'État avait auparavant érigé en principe général du droit. • CE 16 janv. 1976, *Gate : Lebon 39* • CE, ass., 12 oct. 1979, *Rassemblement des nouveaux avocats de France : Lebon 370 ; AJDA 1980. 248, note Deboy ; D. 1979. 606, note Bénabent ; JCP 1980. 19288, concl. Franc, note Boré.* ♦ Le principe s'applique y compris dans le cadre d'un contentieux en série. • CE 17 déc. 2010, *Ch. des métiers et de l'artisanat de Mayotte*, n° 317105 B : *AJDA 2010. 1734*.

196. L'administration ne peut prendre une décision ayant le caractère d'une sanction sans avoir mis l'intéressé en mesure de faire valoir ses moyens de défense « dans le cadre d'une procédure contradictoire ». • CE 16 avr. 1975, *Assoc. « La comédie de Bourges » : préc. note 135* • CE, QPC, 15 juin 2011, *Assoc. justice pour toutes les familles*, n° 347581 : *AJDA 2011. 1966, concl. Vialettes ; Cah. Cons. const. 2012. 186, obs. Gay.* ♦ Si G. a été entendu par le directeur de la maison centrale de Lannemezan aux fins de recueillir ses observations sur la proposition faite au ministre de la justice de prolonger la mesure d'isolement dont il faisait l'objet, avant que l'avis du médecin de l'établissement sur cette mesure n'ait été rendu, le ministre de la justice s'est prononcé au vu de cet avis dont G. a pu prendre connaissance avant que la décision de prolongation ne soit prise ; dès lors et en tout état de cause, la cour n'a ni commis d'erreur de droit, ni dénaturé les pièces du dossier en jugeant que la décision attaquée n'avait pas été prise en méconnaissance du principe du contradictoire. • CE 16 avr. 2012, n° 323662 B : *AJDA 2012. 860*. ♦ En prévoyant que la sanction disciplinaire qui peut frapper l'agent des services déconcentrés de l'administration pénitentiaire qui prend part à une cessation concertée du service ou à tout acte collectif d'indiscipline caractérisée, lorsque ces faits sont susceptibles de porter atteinte à l'ordre public, peut être prononcée « en dehors des garanties disciplinaires », le législateur a méconnu le principe du contradictoire. • Cons. const. 10 mai 2019, *Grégory M.*, n° 2019-781 QPC § 5. ♦ Sauf pour les décisions prononçant une sanction ayant le caractère d'une punition, les règles et principes de valeur constitutionnelle n'imposent pas par eux-mêmes aux décisions exécutoires émanant d'une autorité administrative ou d'un organisme de faire l'objet d'une procédure contradictoire préalable, il est cependant loisible au législateur d'instituer de telles obligations dans certaines hypothèses. • Cons. const. 27 nov. 2001, n° 2001-451 DC § 40 • Cons. const. 21 janv. 2011, *Jean-Claude C.*, n° 2010-90 QPC § 6 • Cons. const. 9 juin 2011, n° 2011-631 DC § 53.

197. Le principe du contradictoire et le respect des droits de la défense impliquent en particulier qu'une personne mise en cause devant une juridiction répressive ait été mise en mesure, par elle-même ou par son avocat, de contester les conditions dans lesquelles ont été recueillis les éléments de preuve qui fondent sa mise en cause. • Cons. const. 25 mars 2014, n° 2014-693 DC § 25. ♦ Il en résulte que les éléments de preuve recueillis par géolocalisation alors que le juge des libertés et de la détention aurait décidé de ne pas verser au dossier les informations relatives à la date, l'heure et le lieu où le moyen technique de géolocalisation a été installé ou retiré, ainsi que l'enregistrement des données de localisation et les éléments permettant d'identifier une personne ayant concouru à l'installation ou au retrait de ce moyen ne peuvent servir de fondement à une condamnation. • Même affaire, § 26.

198. Le principe du contradictoire et le respect des droits de la défense impliquent qu'un justiciable atteint de surdité puisse se présenter à l'audience accompagné d'une personne maîtrisant un langage ou une méthode permettant de communiquer avec les personnes sourdes ou équipé d'un dispositif technique permettant cette communication, en vue de bénéficier, dans le respect du bon déroulement de l'audience, de l'assistance de cette personne ou de ce dispositif. • CE 15 mars 2019, n° 414751 A : *AJDA 2019. 613*.

199. Il convient que la personne concernée puisse présenter ses observations. • Cons. const. 29 déc. 1999, n° 99-424 DC § 60. ♦ Le droit d'être entendu n'implique alors pas que l'administration *ait l'obligation* de mettre l'intéressé à même de présenter ses observations de façon spécifique sur la décision l'obligeant à quitter le territoire français, dès lors qu'il a pu être entendu avant que n'intervienne la décision refusant de lui délivrer un titre de séjour. • CE 4 juin 2014, n° 370515 : *AJDA 2014. 1501, concl. Domino*. ♦ Il convient que toutes les personnes concernées par un arrêté de péril soient mises en cause dans l'arrêté. • CE 10 oct. 2012, *Houziaux*, n° 343348 : *AJDA 2012. 2418*. ♦ Sur le recours à des moyens de télécommunication audiovisuelle, V. notes 273 s.

200. Si, en faisant application des règles issues d'une décision du Conseil d'État, statuant au contentieux, postérieure à la clôture de l'instruction, la cour s'est bornée à exercer son office en situant le litige sur le terrain juridiquement approprié et n'a pas soulevé un moyen d'ordre public qu'elle aurait dû communiquer aux parties en application de l'art. R. 611-7 CJA, elle ne pouvait, eu égard aux exigences de la procédure contradictoire, régler l'affaire sur un terrain dont les parties n'avaient pas débattu sans avoir mis celles-ci à même de présenter leurs observations sur ce point. • CE, sect., 19 avr. 2013, *CCI d'Angoulême*, n° 340093 A § 3 : *AJDA 2013. 823 ; ibid. 1276, chron. Domino et Bretonneau ; JCP Adm. 2013. 2253, note Ziani ; ibid. 2271, note Merenne.*

201. Le respect des principes du contradictoire et des droits de la défense interdit que le juge d'instruction puisse statuer sur le règlement de l'instruction sans que les demandes formées par le ministère public à l'issue de celle-ci aient été portées à la connaissance de toutes les parties. • Cons. const. 9 sept. 2011, *Hovanes A.*, n° 2011-160 QPC § 5. ♦ ... Exige que la personne présentée au premier président de la cour d'appel ou au magistrat qu'il a désigné dans le cadre de la mesure d'incarcération sous écrou extraditionnel puisse être assistée par un avocat et avoir, le cas échéant, connaissance des réquisitions du procureur général. • Cons. const. 9 sept. 2016, *Mukhtar A.*, n° 2016-561/562 QPC § 13. ♦ Rappr. s'agissant du mandat d'arrêt européen. • Cons. const. 9 déc. 2016, *Patrick H.*, n° 2016-602 QPC § 16. ♦ ... Interdit au juge de modifier la date de clôture de l'instruction qu'il a lui-même fixée. • CE 1er avr. 2019, n° 422807 B et 417927 B (2 espèces) : *AJDA 2019. 731 ; JCP Adm. 2019. 235.*

202. Exception. Cependant, l'existence de débats contradictoires devant le JLD pour le placement et le renouvellement de la détention provisoire ainsi que pour l'examen en appel des demandes de mise en liberté formées par la personne détenue combiné au risque que la multiplication des demandes de mise en liberté peut faire peser sur la bonne administration de la justice justifie qu'une demande de mise en liberté soit examinée à l'issue d'une procédure écrite sans débat contradictoire. • Cons. const. 17 déc. 2010, *David. M.*, n° 2010-62 QPC § 5. ♦ V. cependant note 295. ♦ Comp. s'agissant d'un placement inital en détention provisoire. • Cons. const. 9 sept. 2016, *Mukhtar A.*, n° 2016-561/562 QPC § 13.

203. Il n'y a pas atteinte au principe du contradictoire : si, lorsque l'autorité publique déclenche une procédure en vue d'obtenir l'annulation de clauses ou contrats illicites et la répétition de l'indu du fait d'une pratique restrictive de concurrence, la personne lésée par cette pratique peut elle-même agir en justice pour faire annuler les clauses ou contrats illicites, obtenir la répétition de l'indu et le paiement de dommages et intérêts, ou encore se joindre à l'action de l'autorité publique par voie d'intervention volontaire, et si l'entreprise poursuivie peut appeler en cause son cocontractant, le faire entendre ou obtenir de lui la production de documents nécessaires à sa défense. • Cons. const. 13 mai 2011, *Sté Système U Centrale nationale et a.*, n° 2011-126 QPC § 8. ♦ … Si l'ordonnance du juge des libertés et de la détention ou du juge d'instruction autorisant ou prononçant la saisie est notifiée au propriétaire du bien ou du droit saisi et, s'ils sont connus, aux tiers ayant des droits sur ce bien ou sur ce droit qui peuvent la contester devant la chambre de l'instruction et que ces personnes, qu'elles aient fait appel ou non, peuvent par ailleurs être entendues par la chambre de l'instruction avant que celle-ci ne statue dès lors qu'elles ne sont donc pas privées de la possibilité de faire valoir leurs observations et de contester la légalité de la mesure devant un juge. • Cons. const. 14 oct. 2016, *Sté Finestim SAS et a.*, n° 2016-583/584/585/586 QPC § 9.

204. En ne prévoyant pas de débat contradictoire devant le juge des libertés et de la détention et devant le juge d'instruction et en ne conférant pas d'effet suspensif à l'appel devant la chambre de l'instruction, le législateur a entendu éviter que le propriétaire du bien ou du droit visé par la saisie puisse mettre à profit les délais consécutifs à ces procédures pour faire échec à la saisie par des manœuvres. Ce faisant, il a assuré le caractère effectif de la saisie et, ainsi, celui de la peine de confiscation. • Cons. const. 14 oct. 2016, *Sté Finestim SAS et a.*, n° 2016-583/584/585/586 QPC § 10.

205. Si l'urgence à prendre une mesure de police à l'encontre d'un détenu peut justifier que l'administration n'engage pas une procédure contradictoire sans être absolue au point qu'elle puisse se passer de motiver sa décision. • CE 6 juin 2018, n° 410985 B : *AJDA 2018. 1196 ; ibid. 2023, note Sédat ; JCP Adm. 2018. 519 ; Dr. adm. 2018. 55, note Éveillard.*

206. Lorsque le préfet use de son pouvoir de suspension sur le fondement de l'art. L. 224-7 C. route, il ne peut légalement omettre d'inviter l'intéressé à présenter ses observations que si, en raison d'une situation d'urgence, il lui apparaît, eu égard au comportement du conducteur, que le fait de différer la suspension de son permis pendant le temps nécessaire à l'accomplissement de la procédure contradictoire créerait des risques graves pour lui-même ou pour les tiers. • CE 28 sept. 2016, n° 390438 B : *AJDA 2016. 1845 ; ibid. 2017. 422 ; JCP Adm. 2016. 764.* ♦ Comp. • CE 18 déc. 2017, n° 409694 B : *JCP Adm. 2018. 43.*

207. La rapidité avec laquelle le juge des référés statue oblige à adapter les exigences de la contradiction à celles de l'urgence. En tout état de cause, en prévoyant un délai de 48 heures pour que le juge du référé-liberté se prononce, le législateur n'a pas interdit au juge des référés de tenir compte des circonstances pour fixer le délai accordé aux parties pour produire leurs mémoires, la date à laquelle l'instruction sera close et, le cas échéant, la date de l'audience, le dépassement du délai de 48 heures pour statuer n'entraînant pas son dessaisissement. L'instruction devant le juge des référés-libertés se poursuit à l'audience et, si le juge l'estime nécessaire, après. Par ailleurs, le juge des référés statue par des décisions exécutoires mais provisoires. Rien ne fait ainsi obstacle à ce que le requérant présente devant ce même juge la même demande, sous réserve d'éléments nouveaux de droit ou de fait à lui soumettre. Enfin, pour contester un acte administratif, la voie du recours pour excès de pouvoir demeure toujours ouverte au requérant, à qui rien n'oblige de s'en tenir à celle du référé. • CE, ord., 11 janv. 2021, n° 447993 : *JCP Adm. 2021. 37.*

208. Fichiers dits « de souveraineté ». V. notes 216 s. ss. DDH, art. 2.

209. État d'urgence. Les décisions administratives litigieuses d'assignation à résidence ayant été édictées dans le cadre exceptionnel de l'état d'urgence, le ministre de l'Intérieur n'avait pas à faire précéder ses décisions d'un débat contradictoire avec l'intéressé. • CAA Paris, 20 juin 2016, n° 16PA01209 : *AJDA 2016. 2102, note Romnicianu .*

210. Formation spécialisée. La dérogation apportée au caractère contradictoire de la procédure juridictionnelle, qui a pour seul objet de porter à la connaissance des juges des éléments couverts par le secret de la défense nationale et qui ne peuvent, dès lors, être communiqués au requérant, permet à la formation spécialisée de statuer en toute connaissance de cause. • CE 8 févr. 2017, n° 403040 : *préc. note 45.* ♦ La procédure applicable lorsque le CE siège en formation spécialisée ne porte pas une atteinte excessive au principe du contradictoire dès lors que cette formation peut relever d'office toutes les illégalités qu'elle constate et enjoindre à l'administration de prendre toutes mesures utiles afin de remédier aux illégalités constatées garantissant l'effectivité du contrôle juridictionnel de l'exercice du droit d'accès indirect aux données personnelles figurant dans des traitements intéressant la sûreté de l'État. • CE 8 févr. 2017, n° 396550 B : *AJDA 2017. 321 ; JCP Adm. 2017. 124.*

211. Objet du litige. Le principe de la contradiction implique que les personnes intéressées soient informées du dépôt d'une requête. • CE sect., 11 mars 1960, *Sté des travaux et carrières du Maine: Lebon 195.* ♦ ... Et des griefs retenus à leur encontre. • CE 28 déc. 2009, *Cupillard,* n° 308265 : *Dr. adm. 2010. 41.*

212. Procédure non juridictionnelle. Dans certaines procédures non juridictionnelles, la loi peut imposer le suivi d'une procédure contradictoire. Le juge s'assure alors que celle-ci est bien respectée. Tel est le cas par ex. des observations formulées par les juridictions financières dans le cadre du contrôle de gestion et des demandes de rectification des observations définitives établies dans ce cadre. • CE 24 avr. 2019, n° 409270 B : *AJDA 2019. 908 ; JCP Adm. 2019. 2267, note Damarey.*

2. Dossier et pièces

213. Accès au dossier et aux pièces de procédure. Il convient aussi que les parties aient accès au dossier. • Cons. const. 17 janv. 1989, n° 88-248 DC § 29 • Cons. const. 25 févr. 1992, n° 92-307 DC § 29. ♦ ... Qu'elles soient avisées et aient communication des différentes productions versées au dossier. • CE, sect., 26 mars 1976, *Conseil régional ordre des pharmaciens d'Aquitaine : Lebon 182 ; AJDA 1977. 157, concl. Dondoux* • CE, sect., 13 janv. 1988, *Abina : Lebon 5 ; AJDA 1988. 225, concl. Schrameck* • CE 9 juill. 1997, *Holley,* n° 153012 B • C. comptes, 29 nov. 2007, *COM de Polynésie française, Flosse et a. : AJDA 2008. 455, chron. Groper et Michaut ; Rev. Trésor 2008. 969, obs. Lascombe et Vandendriessche.* ♦ Le juge administratif est tenu de ne statuer qu'au vu des seules pièces du dossier qui ont été communiquées aux parties. • CE, ass., 6 nov. 2002, *Moon Sun Myung,* n° 194295 : *Lebon.* ♦ Il s'agit d'une règle générale de procédure selon laquelle l'auteur du recours doit être mis en mesure de prendre connaissance des pièces du dossier qu'il n'a pas lui-même produites et qui s'applique y compris à la Commission nationale du droit d'asile. • CE 10 déc. 2008, *Islam,* n° 284159 : *JCP Adm. 1035.* ♦ Jugé encore, de manière plus ancienne, qu'aucun document ne peut être soumis au juge sans que les parties aient pu en prendre connaissance. • CE, ass., 13 déc. 1968, *Assoc. Synd. propriétaires de Champigny-sur-Marne : Lebon 645 ; AJPI 1969. 226, concl. Questiaux ; RD publ. 1969. 512, note Waline* • CE, sect., 4 juill. 1969, *Ordre des avocats à la Cour de Paris : Lebon 358 ; AJDA 1970. 43, note Molinier.* ♦ Cette obligation s'étend aux pièces jointes. • CE, sect., 13 janv. 1988, *Abina : préc.* • CE 13 juin 1994, *Cne de Saint-Maurice-sur-Dargeoire,* n° 122308 (en l'espèce photographies). ♦ Jugé enfin qu'un mémoire en défense envoyé par lettre simple ne peut être regardé comme reçu par la partie destinataire. • CE 14 nov. 2011, *Alloune,* n° 334764 B : *AJDA 2012. 175 ; ibid. 686. Étude Clamour ; JCP Adm. 2012. 2339, note Merenne.* ♦ ... Que la tardiveté de communication de certaines pièces n'a pas permis au magistrat d'exercer ses droits de la défense devant le CSM. • CE 26 déc. 2012, *B.,* n° 348148 : *préc. note 191.*

214. Le juge, auquel il incombe, dans la mise en œuvre de ses pouvoirs d'instruction, de veiller au respect des droits des parties, d'assurer l'égalité des armes entre elles et de garantir, selon les modalités propres à chacun d'entre eux, les secrets protégés par la loi, ne peut régulièrement se fonder sur de telles pièces qu'à la condition d'avoir pu préalablement les soumettre au débat contradictoire. • CE 2 oct. 2017, n° 399753 : *AJDA 2017. 1863 ; JCP Adm. 2017. 455.*

215. Ne permet pas d'écarter le principe du contradictoire : l'urgence. • CE, sect., 13 déc. 2002, *Maire de Saint-Jean-d'Ayraud,* n° 242598 : *Lebon 459 ; AJDA 2003. 334, note B. Maligner ; RFDA 2003. 524, concl. Schwartz .* ♦ ... Le fait qu'il s'agisse de documents d'information générale même largement accessibles au public dès lors que ces documents sont susceptibles d'infirmer ou de confirmer des informations relatives au dossier. • CE 22 oct. 2012, *B.,* n° 328265 : *Lebon ; AJDA 2012. 1985 .* ♦ ... Le fait que ces documents soient couverts par un secret garanti par la loi. • CE 23 déc. 2016, *Section française de l'OIP,* n° 405791 : *AJDA 2017. 8 ; ibid. 736, chron. Odinet et Roussel .* ♦ ... Le fait qu'il s'agisse du secret fiscal. • CE 18 janv. 2017, n° 394562. ♦ ... Du secret médical. • CE 2 oct. 2017, n° 399753 : *préc. note 214.*

216. Le juge doit prendre toutes mesures propres à lui procurer, par les voies de droit, les éléments de nature à lui permettre de former sa conviction et peut dès lors demander à l'administration de verser au dossier tous les éléments d'information appropriés. • CE, ass., 6 nov. 2002, *Moon Sun Myung,* n° 194295 : *préc. note 213.* ♦ ... Et ce quelque soit le contentieux dont il se trouve saisi. • CE 17 oct. 2016, *Cne d'Hyères-les-Palmiers,* n° 400172.

217. En l'absence de circonstances particulières qui l'auraient mis dans l'impossibilité avec son défenseur de procéder à une telle consultation, le requérant n'est pas fondé à soutenir que, faute de lui en avoir expédié une copie à son domicile, du fait qu'il résiderait à 300 kilomètres, la procédure a méconnu les droits de la défense. • CE 11 mai 2015, n° 374386 : *AJDA 2015. 2017 .*

218. Aucune disposition ou principe général du droit n'impose la communication à la personne concernée de l'avis d'une commission consultée par le préfet avant de prendre un décision de sanction dès lors que la procédure mise en œuvre devant cette commission est contradictoire, impliquant, pour la personne en cause, le droit de formuler ses observations écrites et d'être entendue. • CE 30 janv. 2012, *Min. de l'intérieur,* n° 349009 : *AJDA 2012. 1054, concl. Botteghi* . ♦ De même, le juge administratif a la faculté, par une appréciation souveraine, d'ordonner avant-dire droit la production devant lui, par les administrations compétentes, des documents dont le refus de communication constitue l'objet même du litige, sans que la partie à laquelle ce refus a été opposé ait le droit d'en prendre connaissance au cours de l'instance. Il ne commet d'irrégularité en s'abstenant de le faire que si l'état de l'instruction ne lui permet pas de déterminer, au regard des contestations des parties, le caractère légalement communicable de ces documents ou d'apprécier les modalités de cette communication. • CE 21 oct. 2016, *Union dépt. CGT d'Ille-et-Vilaine,* n° 392711 : *Lebon ; AJDA 2017. 87* .

219. Exception : fichiers dits « de souveraineté ». Si le caractère contradictoire de la procédure fait en principe obstacle à ce qu'une décision juridictionnelle puisse être rendue sur la base de pièces dont une des parties n'aurait pu prendre connaissance, il en va nécessairement autrement, afin d'assurer l'effectivité du droit au recours, lorsque l'acte litigieux n'est pas publié en application de l'art. 26 L. 6 janv. 1978 relative à l'informatique, aux fichiers et aux libertés. Si une telle dispense de publication que justifie la préservation des finalités des fichiers intéressant la sûreté de l'État, la défense ou la sécurité publique fait obstacle à la communication tant de l'acte réglementaire qui en a autorisé la création que des décisions prises pour leur mise en œuvre aux parties autres que celle qui les détient, dès lors qu'une telle communication priverait d'effet la dispense de publication, elle ne peut, en revanche, empêcher leur communication au juge lorsque celle-ci est la seule voie lui permettant d'apprécier le bien-fondé d'un moyen ; il suit de là que, quand, dans le cadre de l'instruction d'un recours dirigé contre le refus de communiquer des informations relatives à une personne mentionnée dans un fichier intéressant la sûreté de l'État, la défense ou la sécurité publique dont l'acte de création a fait l'objet d'une dispense de publication, le ministre refuse la communication de ces informations au motif que celle-ci porterait atteinte aux finalités de ce fichier, il lui appartient néanmoins de verser au dossier de l'instruction *écrite, à la demande du juge,* ces informations ou tous éléments appropriés sur leur nature et les motifs fondant le refus de les communiquer de façon à lui permettre de se prononcer en connaissance de cause sur la légalité de ce dernier sans que ces éléments puissent être communiqués aux autres parties, auxquelles ils révèleraient les finalités du fichier qui ont fondé la non-publication du décret l'autorisant. • CE 11 juill. 2016, *Min. de l'intérieur et min. de la défense,* n° 375977 : *Lebon ; AJDA 2016. 1425* ; *JCP Adm. 2016. 635.*

220. Clôture de l'instruction. Sauf à estimer qu'il y a lieu de rouvrir l'instruction, la juridiction n'a pas à tenir compte d'un mémoire reçu après la clôture de l'instruction ; elle le vise sans l'analyser. • CE 6 nov. 2013, *A.,* n° 351194 : *AJDA 2014. 262* . ♦ Cependant, un document produit postérieurement à la clôture de l'instruction doit être pris en compte par le juge s'il renferme des éléments de droit ou des circonstances de fait dont les parties ne pouvaient faire état avant ladite clôture et qui sont susceptibles d'exercer une influence sur le litige. • CE, sect., 5 déc. 2014, *Lassus,* n° 340943 : *Lebon, concl. Crépey* ; *AJDA 2015. 211, chron. Lessi et Dutheillet de Lamothe* ; *ibid. 2014. 2390* ; *RFDA 2015. 78, concl. Crépey* ; *Dr. adm. 2015. 25, note Claeys ; JCP Adm. 2015. 2103, chron. Le Bot.*

221. La date de clôture de l'instruction ayant été fixée, un mémoire en défense a été produit la veille et a été communiqué au requérant par un courrier daté du même jour contenant une mention invitant le requérant à produire, le cas échéant, un mémoire en réplique dans les meilleurs délais ; cette mention n'ayant pas eu pour effet de reporter la date de clôture de l'instruction, la requérante est fondée à soutenir que le caractère contradictoire de l'instruction a été méconnu. • CE 24 juill. 2009, *SCI 40 Servan,* n° 316694 B. ♦ Lorsqu'il décide de verser au contradictoire après la clôture de l'instruction un mémoire qui a été produit par les parties avant ou après celle-ci, le président de la formation de jugement du tribunal administratif ou de la cour administrative d'appel doit être regardé comme ayant rouvert l'instruction ; il lui appartient dans tous les cas de clore l'instruction ainsi rouverte et, le cas échéant, de fixer une nouvelle date d'audience. • CE 7 déc. 2011, *Dpt de Haute-Garonne,* n° 330751 B : *AJDA 2012. 456* ; *JCP Adm. 2012. 23* • CE 23 juin 2014, *Sté Deny All,* n° 352504 : *AJDA 2014. 1352* ; *JCP Adm. 2014. 554.* ♦ Le tribunal administratif, en retenant ce moyen qui ne pouvait être relevé d'office, a fait droit au moyen présenté par le ministre dans un mémoire produit après la clôture de l'instruction. Le tribunal a visé ce mémoire sans l'analyser dans son jugement et sans avoir rouvert l'instruction pour permettre au requérant d'y répondre. • CE 13 juill. 2012, *Latrasse,* n° 352115 : *AJDA 2012. 2304* .

222. La communication tardive d'un mémoire en défense à un codéfendeur ne vicie pas la régularité de la procédure lorsque ce mémoire tend aux mêmes fins que celui produit par ce codéfendeur et développe des moyens ou présente une argumentation qui n'appellent pas de discussion de la part de ce codéfendeur. • CE 11 juill. 2012, *Sté Juwi Énergies renouvelables*, n° 347001 B : *AJDA 2012. 1435 ; JCP Adm. 2013. 2087, obs. Claeys.*

223. Lorsque, postérieurement à la clôture de l'instruction, le juge informe les parties que sa décision est susceptible d'être fondée sur un moyen relevé d'office, cette information n'a pas par elle-même pour effet de rouvrir l'instruction. La communication par le juge, à l'ensemble des parties, des observations reçues sur ce moyen relevé d'office n'a pas non plus par elle-même pour effet de rouvrir l'instruction, y compris dans le cas où, par l'argumentation qu'elle développe, une partie doit être regardée comme ayant expressément repris le moyen énoncé par le juge et soulevé ainsi un nouveau moyen. La réception d'observations sur un moyen relevé d'office n'impose en effet au juge de rouvrir l'instruction, conformément à la règle applicable à tout mémoire reçu postérieurement à la clôture de l'instruction, que si ces observations contiennent l'exposé d'une circonstance de fait ou d'un élément de droit qui est susceptible d'exercer une influence sur le jugement de l'affaire et dont la partie qui l'invoque n'était pas en mesure de faire état avant la clôture de l'instruction. • CE, sect., 25 janv. 2021, n° 425539 A : *AJDA 2021. 183 ; ibid. 499, chron. Malverti et Beaufils .*

224. Utilité de la communication. Cette communication doit cependant être utile. • CE, sect., 29 janv. 1993, *Assoc. riverains de l'Herrengrie*, n° 126483 : *Lebon 21 ; RFDA 1994. 60, concl. Scanvic ; AJDA 1993. 510, obs. Richer* • CE 14 mars 2001, *Cts Bureau*, n° 204073 B. ♦ Ne sont donc pas communiqués les mémoires en réplique qui ne font que réitérer des écritures antérieures. • CE 29 juill. 1998, *Synd. avocats de France*, n° 188715 : *Lebon 313 ; AJDA 1998. 1010, concl. Schwartz .* ♦ Rappr. s'agissant de pièces n'apportant aucun élément nouveau. • CE 8 avr. 1994, *Ville de Savigny-le-Temple*, n° 1016000 B.

225. En revanche, doivent être communiqués les mémoires en réplique qui comportent des éléments nouveaux auxquels la juridiction va faire droit. • CE, sect., 18 mai 1973, *Djian : Lebon 361* • CE 13 mars 2006, *Wespeleare*, n° 269878 : *AJDA 2006. 1238 .* ♦ A l'inverse, ils ne doivent pas nécessairement être communiqués si la juridiction ne fonde son jugement que sur des données communiquées. • CE 22 mai 1996, *Colosiez*, n° 135746 B • CE, sect., 5 nov. 1993, *SA immobilière de construction La Gauloise*, n° 145814 : *Lebon 305 .* ♦ Rappr. pour des pièces sur lesquelles le juge ne s'est pas fondé. • CEDH 24 juill. 2007, *Baumet c/ France*, n° 56802/00. ♦ Doit être communiquée une loi de validation intervenue en cours d'instance. • CE 6 juill. 1979, *Musso : Lebon T. 842.*

226. Il convient encore que les parties aient été mises à même de présenter des observations. • Cons. const. 17 janv. 1989, n° 88-248 DC § 29. ♦ ... Et de s'expliquer sur ce qui est avancé par la partie adverse. • CE 13 févr. 2006, *Sté Fiducial Informatique et Sté Fiducial Expertise*, n° 279180 : *Lebon 67 .* ♦ ... Ou, sauf exception, sur un moyen que le juge envisage de soulever d'office. • CE, sect., 5 avr. 1996, *Synd. avocats de France*, n° 116594 : *Lebon 118 ; JCP 1997. 22817, note Breton ; RFDA 1996. 1195, concl. Bonichot* • CE 4 oct. 1999, *Synd. copropriétaires du 14-16 Bd Flandrin*, n° 142377 : *Lebon 297* • CE 4 juill. 2012, *Dpt. de la Saône-et-Loire*, n° 356168 : *AJDA 2013. 522, note Éveillard* • CE 29 avr. 2015, n° 382322 : *Lebon ; AJDA 2015. 902 .* ♦ Ce principe s'applique également à la Cour nationale du droit d'asile. • CE 14 mars 2011, *Ahmad*, n° 329909 : *Lebon 83 ; JCP Adm. 2011. 220.*

227. En cas de contestation, le juge doit être en mesure de justifier qu'il a bien rempli ces obligations. • CE 13 févr. 2009, *Mallavergne*, n° 300217 B. ♦ Un faisceau d'indices permet au besoin d'en apporter la preuve. • CE 7 juill. 2008, *Cne d'Haillicourt*, n° 294146 B • CE 5 mars 2009, *Garde des Sceaux c/ Mlle Perrier*, n° 315084 B.

228. Temps nécessaire. Les intéressés doivent disposer d'un délai raisonnable pour ce faire. • CE, sect., 18 mai 1973, *Djian : préc. note 225* • CE, sect., 31 déc. 1976, *Assoc. Amis de l'île de Groix : Lebon 585* • CE 7 oct. 1981, *Épx Martinet : Lebon 872* • CE 21 août 1996, *SA Bolle et Cie*, n° 133816 : *Lebon 344 .* ♦ ... Y compris pour rechercher des archives et des témoignages. • CE 7 mai 1975, *Lejeune : Lebon 282.* ♦ Au besoin, il conviendra de rouvrir l'instruction. • CE 27 juill. 2005, *Sté La foncière du Golf*, n° 268715 : *AJDA 2005. 2305, concl. Olléon .* ♦ Ce délai peut néanmoins être bref (en l'espèce 2 jours). • CE 29 déc. 2000, *Gubler : RFDA 2001. 294.* ♦ ... Et apprécié souverainement par les juges du fond. • CE, sect., 5 juill. 2000, *Rochard*, n° 189523 : *Lebon 298 ; AJDA 2000. 613, chron. Guyomar et Collin ; JCP 2000. 1274, obs. Boiteau ; RD publ. 2001. 403, obs. Guettier* • CE 28 déc. 2009, *Dpt de l'Hérault*, n° 321139 : *AJDA 2010. 1286 .*

229. Communication du dossier dans la fonction publique. Prévue à l'art. 65 de la loi du 22 avr. 1905, la communication du dossier est un droit essentiel dans la fonction publique qui s'applique autant dans les procédures disciplinaires juridictionnelles ou non qu'en dehors de celles-ci dès lors qu'il s'agit de prendre envers l'agent une mesure tenant à sa personne. – V. note 139. ♦ Il s'applique y compris aux titulaires d'un emploi à décision (ancien emploi à discrétion). • CE 2 févr. 1966, *Torres : Lebon 70* • CE, sect., 20 oct. 2000, *Bukspan*, n° 201061 : *préc. note 130.* ♦ … Aux préfets. • CE 5 juill. 2000, *Mermet*, n° 200622 : *Lebon 292* ; *D. 2000. 687, note Prétot*. ♦ … Aux ambassadeurs. • CE 12 nov. 1997, *Fessard de Foucault*, n° 173293 B. ♦ … Aux vacataires. • CE 15 oct. 1982, *Dorget*, n° 24462 : *Gaz. Pal. 1986. I. 150.* ♦ Pour les stagiaires, V. note 235. ♦ Pour les contractuels, V. note 238. ♦ … Et plus généralement à toute personne ayant un lien avec l'administration. • CE 26 juin 1957, *Kat : Lebon 112.* ♦ Elle constitue une garantie au sens de la jurisprudence « *Danthony* » (V. ss. Const. 58, art. 21). • CE 31 janv. 2014, *B.*, n° 369718 : *AJDA 2014. 258*.

230. N'a pas été mise à même de demander en temps utile la communication de son dossier la personne à qui il avait été suggéré de démissionner et de présenter sa candidature sur un autre poste, et qui a été mutée alors qu'elle était en congé de maladie et n'avait pas encore donné sa réponse. • CE 30 déc. 2009, *Institut de France*, n° 304379 B. ♦ V. déjà, *a contrario*. • CE, ass., 5 juin 1959, *Duffay : Lebon 345.*

231. La communication du dossier s'impose également en cas de sanction faisant suite à une grève illicite. • CE, sect., 25 mars 1955, *Rousset : Lebon 179.* ♦ … Même si elle est politique. • CE 1er févr. 1963, *Audibert : Lebon 66.*

232. La communication doit être intégrale. • CE 22 mars 1944, *Prats : Lebon. 95* • CE 30 oct. 1995, *Schaeffer*, n° 126121. ♦ Mais une communication incomplète ne vicie la décision disciplinaire rendue que si celle-ci a été prononcée au regard de pièces non communiquées. • CE 8 déc. 1999, *Pinte*, n° 204270. ♦ … Ce qui implique le droit de prendre connaissance des témoignages. • CE 23 nov. 2016, n° 397733 : *AJDA 2016. 2302* ; *AJFP 2017. 105, note Niquège*.

233. Le refus de communication est susceptible de recours. • CE 29 juill. 1953, *Caton : Lebon 417.* ♦ Ce refus rend la sanction prise irrégulière. • CE 8 déc. 1999, *Héry*, n° 199217. ♦ … Mais ne constitue pas un moyen d'ordre public. • CE 23 avr. 1965, *Vve Ducroux : Lebon 231.* ♦ … Et n'ouvre pas droit à indemnité si la sanction était justifiée. • CE 2 oct. 1981, *Baltier : Lebon 620.*

234. L'obligation de communication du dossier n'est écartée que dans des cas exceptionnels. • CE 21 févr. 1996, *Sarrazin*, n° 121903 • CAA Bordeaux, 18 oct. 2012, *L.*, n° 12BX00451 : *AJDA 2013. 149* (pour, dans les deux cas, un gardien de prison en grève risquant de porter atteinte à l'ordre public) • CE 28 juin 1918, *Heyriès : Lebon 651 ; S. 1922. 3. 49, note Hauriou* (pour une période de guerre).

235. Stagiaires de la fonction publique. L'obligation de communication du dossier ne s'applique cependant pas pour le refus de la titularisation d'un stagiaire qui n'a pas un caractère disciplinaire. • CE 15 nov. 1996, *Ch. métiers du Val-de-Marne*, n° 151932 • CE, sect., 3 déc. 2003, *Synd. intercom. restauration collective*, n° 256879 : *Lebon 489* ; *AJDA 2004. 30, concl. Guyomar* ; *JCP Adm. 2004. 1033, note Jean-Pierre.* ♦ … Qu'un texte prévoit cette exclusion. • CE 28 janv. 1972, *Féd. gén. synd. police CGT : Lebon 89.* ♦ … Ou que les textes soient muets. • CE, sect., 16 mars 1979, *Stephan : Lebon 120 ; AJDA 1979. 46, concl. Galabert* • CE 25 nov. 1988, *Mlle André : Dr. adm. 1989. 32.* ♦ La raison du refus de titularisation importe peu et peut être basée sur la façon de servir. • CE, sect., 3 déc. 2003, *Mansuy*, n° 236485 : *préc. note 147.* ♦ … Ou sur l'insuffisance professionnelle. • CE 15 oct. 1982, *Joseph-Armel X.*, n° 34125 • CE 29 janv. 1992, *Mitteau*, n° 86603. ♦ Rappr. pour un fonctionnaire effectuant un stage pour la titularisation dans un autre corps. • CE 21 janv. 2008, *Eidreira Castro*, n° 285166 B : *Dr. adm. 2008, n° 56, note Glaser.*

236. Dans quelques cas pourtant des CAA admettent que le dossier doit être communiqué, faute de quoi le licenciement est irrégulier. • CAA Nancy, 16 mai 2002, *Huchon*, n° 98NC02546 : *AJDA 2002. 911, obs. Rousselle* ; *Dr. adm. 2003. 88, note Mankou* • CAA Bordeaux, 19 déc. 2002, *Bolz*, n° 99BX01111 : *AJDA 2003. 130, concl. Chemin* ; *Dr. adm. 2003. 88, note Mankou.* ♦ Le Conseil d'État a depuis lors confirmé sa jurisprudence. • CE, sect., 3 déc. 2003, *Synd. intercom. restauration collective*, n° 256879 : *préc. note 235.*

237. En revanche, la communication s'impose si le licenciement, quel que soit le moment où il est décidé, est prononcé pour des raisons disciplinaires. • CE 9 nov. 1984, *Brousse : Lebon 359 ; AJDA 1985. 51* • CE, sect., 1er févr. 2006, *Touzard*, n° 271676 : *Lebon 38* (sol. impl.).

238. Contractuels. La communication du dossier ne s'impose pas si le refus de renouvellement du contrat ne trouve pas son origine dans des motifs disciplinaires. • CE 10 mai 1985, *CCI de Paris c/ Mme Renou : Lebon T. 669.* ♦ En revanche, dès lors que la mesure est assimilable à une mesure disciplinaire, la communication s'impose. • TA Cergy-Pontoise, 30 déc. 2010, *Mallem*, n° 0708306 : AJDA 2011. 526.

3. Audience

239. Il convient enfin que les parties soient avisées en temps utile de la date d'audience. • CE, ass., 23 déc. 1959, *Jaouen : Lebon 707 ;*

S. 1961. 38, concl. Mayras • CE 24 nov. 1976, *Dame Corbière : Lebon T. 845* • CE 22 févr. 2012, *Guyot*, n° 333573 B : *AJDA 2012. 408*. ♦ Le juge doit utiliser les moyens nécessaires pour ce faire. • CE 21 juin 1996, *Ville de Marseille c/ Caroubi*, n° 138308 : *Lebon 241* ; *RFDA 1996. 841*. ♦ ... Et pouvoir justifier d'avoir rempli ces obligations. • CE 15 juill. 2004, *Mayné*, n° 248680 B. ♦ Lors d'une lecture sur le siège, il suffit que les parties soient averties à l'audience. • CE, sect., 11 févr. 2005, *Cne de Meudon*, n° 258102 : *Lebon 55* ; *RFDA 2005. 760, concl. de Silva*.

240. Une audience disciplinaire s'étant tenue hors la présence de l'agent pour cause de congés de maladie est entachée d'erreur de droit dès lors que n'a pas été prise en compte la faculté pour l'intéressé de se faire représenter ou de produire des observations écrites. • CE 2 août 2011, *Ch. métiers et artisanat de la Guadeloupe*, n° 348298 : *AJDA 2011. 2495*. ♦ Dès lors que l'avocat du requérant a été présent à l'audience, et a pu y présenter des observations orales pour le requérant, le fait que le requérant n'était pas lui-même présent à l'audience et n'ait pas pu rencontrer son conseil avant la tenue de celle-ci n'entache pas la légalité du jugement. • CE 9 nov. 1992, n° 133184 : *Lebon*. ♦ Rappr. s'agissant d'un assigné à résidence n'ayant pu quitter son lieu d'assignation faute de sauf-conduit. • CE, ord., 7 oct. 2016, *Hicheur*, n° 403552 : *AJDA 2016. 1901* ; *D. 2016. 2068* ; *ibid. 2272*, *entretien Haguenau-Moizard*.

241. Au besoin, certains motifs exceptionnels tirés des exigences du contradictoire peuvent conduire à ce que le juge doive reporter l'audience. Tel est le cas en l'espèce, compte tenu, d'une part, de la brièveté du délai dont le requérant disposait pour organiser sa défense et, d'autre part, du caractère récent de la décision sur laquelle la cour s'est fondée pour lui opposer son absence de diligence à saisir l'autorité judiciaire. • CE 18 oct. 2010, *Dossou*, n° 326020 : *Lebon 386* ; *ADJA 2011. 341, note Guinard*. ♦ En revanche, tel n'est pas le cas du seul fait que l'avocat du requérant ait avisé le juge qu'il cessait de représenter son client. • CE, sect., 16 juill. 2010, *Colomb*, n° 294239 : *Lebon 298, concl. Legras* ; *AJDA 2010. 1452* ; *JCP 2010. 1099, note Costa*. ♦ Le juge n'est pas tenu de motiver son refus. • CE, sect., 16 juill. 2010, *Colomb*, n° 294239 : *préc.*

242. Moyens. Dès lors qu'il rejette au fond, il appartient au juge de discuter tous les arguments et moyens présentés par l'intéressé. • C. comptes, 3 oct. 2002, *Cne de Rantigny : Rev. Trésor 2003. 548, obs. Lascombe et Vandendriessche*. ♦ V. implicitement. • CE, ass., 7 juill. 1978, *Croissant : Lebon 292* ; *AJDA 1978. 559, chron. Dutheillet de Lamothe et Robineau*. ♦ ... Y compris s'ils le sont à titre subsidiaire. • CE 10 juill. 1995, *Barthélémy : JCP 1995. IV. 260*. ♦ Pourtant, le juge peut, sans entacher son arrêt d'irrégularité, se borner, dans l'analyse des mémoires en défense produits devant lui, à relever que ces derniers faisaient valoir que les moyens de la requête n'étaient pas fondés, dès lors que ces mémoires se limitaient à la réfutation des moyens présentés. • CE 3 oct. 2012, *Sté Valterra*, n° 349281 B § 2 : *JCP Adm. 2013. 2031, concl. Pellissier*.

243. Si, après l'audience publique, le requérant adresse une note en délibéré avant la lecture du jugement, ce jugement doit faire état de cette note en délibéré. • CE 13 juill. 2012, *Latrasse*, n° 352116 : *AJDA 2012. 1434* ; *JCP Adm. 2012. 520*. ♦ Rappr. • CE 17 juill. 2013, *SELAFA BIOPAJ*, n° 351931 : *AJDA 2013. 2188*. ♦ Si cette note est enregistrée au greffe après le délibéré, le juge n'a pas à en tenir compte. • CE 4 mars 2009, *SCI de Provence*, n° 293461 B.

244. Procédure essentiellement écrite. Le respect, d'une part, du caractère contradictoire de la procédure et des droits du praticien poursuivi, d'autre part, du caractère essentiellement écrit de la procédure, imposait non seulement que la chambre disciplinaire nationale ne tienne pas compte de circonstances de fait ou d'éléments de droit exposés par la personne entendue dont il n'aurait pas été fait état par écrit avant la clôture de l'instruction sans rouvrir celle-ci et les soumettre au débat contradictoire écrit, mais aussi que, si les propos du représentant du conseil départemental étaient d'une nature telle qu'ils étaient susceptibles d'exercer une influence sur la décision de la juridiction disciplinaire et qu'il ne pouvait utilement y être répondu pendant l'audience, l'affaire soit rayée du rôle et l'instruction rouverte. • CE 21 oct. 2015, n° 381754 : *AJDA 2015. 2009*.

245. Excès de pouvoir. Quand bien même l'auteur de l'acte n'est pas partie au litige, le caractère contradictoire de la procédure, qui s'impose également dans le cadre du recours en excès de pouvoir, lui permet de défendre l'acte attaqué. • CE 24 oct. 1969, *Gougeon : Lebon 457* • CE 12 nov. 1969, *Pasquier : Lebon 494* ; *AJDA 1969. 707*.

246. Procédures d'urgence. Quand bien même les délais impartis au juge sont courts, il se doit de respecter ces principes. • CE, réf., 8 oct. 1993, *Mlle Loukou*, n° 139665 B. ♦ Le juge des référés précontractuel ne peut pas accueillir un moyen nouveau présenté oralement par une partie en cours d'audience mais non repris dans un mémoire écrit. • CE 19 avr. 2013, *Cne de Mandelieu-la-Napoule*, n° 365617 : *AJDA 2013. 821*.

247. Sauvegarde des intérêts fondamentaux de la Nation. Sont justifiés au regard du droit au procès équitable et du principe du contradictoire les éléments particuliers de procédure (huis clos, adaptation de la contradiction, moyens d'office soulevés par la formation de jugement) concernant les requêtes relatives à la mise en œuvre des techniques de renseignement soumises à autorisation et des fichiers intéressant la sûreté de l'État. • Cons. const. 23 juill. 2015, n° 2015-713 DC § 86. ♦ Il en va de même des questions relatives à la motivation des décisions rendues dans ce cadre. • Cons. const. 23 juill. 2015, n° 2015-713 DC § 86.

248. La possibilité de demander le sursis à l'exécution de la décision attaquée constitue un des éléments essentiels des droits de la défense. • Cons. const. 23 janv. 1987, n° 86-224 DC § 19 s.

BIBL. Pacteau, Le rapporteur public, *RFDA 2014. 4* 7. – Stahl, Le rapporteur public en 2013, après l'épreuve, ce qui change, ce qui demeure, *RFDA 2014. 51* . – Caylet, À propos de l'euro compatibilité de la transmission du rapport du rapporteur public, *RD publ. 2014. 891*.

249. Sens des conclusions du rapporteur public. Doit être annulé le jugement rendu par un tribunal sans que l'avocat du requérant ait été en mesure de prendre connaissance du sens des conclusions du rapporteur public dès lors que, ne disposant pas du code permettant l'accès à l'information par voie électronique, il n'a pas été fait droit à sa demande d'être informé du sens des conclusions par une autre voie. • CE 2 févr. 2011, n° 330641 B : *AJDA 2011. 248* . ♦ Pas plus que la note du rapporteur ou le projet de décision, les conclusions du rapporteur public – qui peuvent d'ailleurs ne pas être écrites – n'ont à faire l'objet d'une communication préalable aux parties. Seule la communication des éléments du dispositif auquel le rapporteur public se propose d'aboutir s'impose à peine de nullité. A l'inverse, n'est pas prescrite à peine d'irrégularité de la décision la communication des raisons qui déterminent la solution qu'appelle le litige. Si, lorsqu'il propose le rejet de la requête, il appartient au rapporteur public d'indiquer s'il se fonde sur un motif de recevabilité ou sur une raison de fond, et de mentionner, lorsqu'il conclut à l'annulation d'une décision, les moyens qu'il propose d'accueillir, cette communication n'est pas prescrite à peine de nullité. • CE, sect., 21 juin 2013, *Cté d'agglom. du pays de Martigues*, n° 352427 A § 6 et 7 : *RFDA 2013. 805, concl. de Lesquen* ; *AJDA 2013. 1276, chron. Domino et Bretonneau* ; *ibid. 1839, note Melleray et Noyer* ; *Dr. adm. 2013. 75, Éveillard ; JCP Adm. 2013. 2300, note Pauliat.* ♦ Rappr. • CEDH, décis., 4 juin 2013, *Marc-Antoine c/ France*, n° 54984/09 § 28 : *AJDA 2013. 1580, note Platon* ; *ibid. 1798, chron. Burgogue-Larsen* ; *Dr. adm. 2013. 15, étude Wavelet ; ibid. 74, note Éveillard ; JCP Adm. 2013. 2299, note Wavelet.* ♦ Contra. • CAA Nantes, 14 déc. 2012, n° 11NT02797 : *AJDA 2013. 534, concl. Wunderlich* . ♦ Les parties doivent être mises en mesure de connaître, dans un délai raisonnable avant l'audience, l'ensemble des éléments du dispositif de la décision que le rapporteur public compte proposer à la formation de jugement d'adopter, à l'exception de la réponse aux conclusions qui revêtent un caractère accessoire, notamment celles qui sont relatives à l'application de l'art. L. 761-1 CJA. • CE 22 oct. 2014, n° 371493 B : *AJDA 2014. 2096* ; *JCP Adm. 2014. 863.* ♦ L'absence d'indications précises du rapporteur public sur le sens de ses conclusions peut entacher un jugement d'irrégularité. • CAA Lyon, 5 janv. 2016, n° 14LY03030 : *AJDA 2016. 988* . ♦ Alors même que la règle relative à la communication du sens des conclusions du rapporteur public n'est pas au nombre de celles qui figurent au titre III du livre VII CJA, relatif à la tenue de l'audience, sa méconnaissance doit être regardée comme entrant dans les prévisions du 3° de l'art. R. 834-1 du même code permettant le recours en révision contre une décision contradictoire du Conseil d'État ; au besoin le Conseil d'État déclare la décision non avenue et statue à nouveau. • CE 10 juill. 2013, n° 357359 B : *RFDA 2013. 805, concl. de Lesquen* ; *JCP Adm. 2013. 653.* ♦ Le sens des conclusions doit être précis et clair, ce que ne permet pas l'expression « satisfaction partielle ». • CE 7 juin 2018, n° 406207 : *AJDA 2018. 1647* . ♦ La mention « satisfaction totale ou partielle » qui ne permettait pas de connaître la position du rapporteur public sur le montant de l'indemnisation qu'il proposait de mettre à la charge de l'État, ne suffit pas. • CE 28 mars 2019, n° 415103 B : *AJDA 2019. 729* ; *JCP Adm. 2019. 236.* ♦ Rappr. pour la formule « Annulation partielle du jugement Réformation partielle du jugement » et alors même que l'avocat de Me B..., présent à l'audience, ne s'est plaint de l'imprécision de cette mention ni dans les observations orales qu'il a présentées à la suite des conclusions du rapporteur public ni dans une note en délibéré, l'arrêt de la cour administrative d'appel de Douai a été rendu au terme d'une procédure irrégulière. • CE 10 févr. 2020, n° 427282 B : *AJDA 2020. 332* ; *JCP Adm. 2020. 120.*

250. Alors même que la règle relative à la communication du sens des conclusions du rapporteur public n'est pas au nombre de celles qui figurent au titre III du livre VII CJA, relatif à la tenue de l'audience, sa méconnaissance doit être regardée comme entrant dans les prévisions du 3° de l'art. R. 834-1 du même code permettant le recours en révision contre une décision contradictoire du Conseil d'État ; au besoin, le Conseil d'État déclare la décision non avenue et statue à nouveau. • CE 10 juill. 2013, n° 357359 B : *RFDA 2013. 813 ; ibid. 805, concl. de Lesquen ; JCP Adm. 2013. 653.*

251. Le rapporteur qui, après avoir communiqué le sens de ses conclusions, envisage de modifier sa position doit, à peine d'irrégularité de la décision, mettre les parties à même de connaître ce changement. • CE, sect., 21 juin 2013, *Cté d'agglom. du pays de Martigues,* n° 352427 A § 8 : *préc. note 249.* ♦ Dans ce cas, il appartient à l'avocat représentant les parties de signaler ce fait dans les observations orales qu'il présente après les conclusions ou dans une note en délibéré. • CE 1er oct. 2015, n° 366538 A : *AJDA 2015. 1830 .* ♦ Après avoir communiqué la veille de l'audience au conseil du requérant le sens des conclusions qu'il envisageait de prononcer, le commissaire du Gouvernement a modifié celui-ci lors de l'audience sans en avoir préalablement prévenu ce conseil ; cette circonstance doit être regardée comme ayant porté atteinte à la régularité de la procédure suivie devant la cour administrative d'appel même si, informé de ce fait, le conseil de la société a pu produire une note en délibéré après l'audience. • CE 5 mai 2006, n° 259957 A : *AJDA 2006. 961 .* ♦ Si le requérant soutient qu'après avoir consulté l'application Sagace deux jours avant l'audience et eu, ce faisant, connaissance du sens des conclusions indiqué par cette première mise en ligne, il n'a pas été mis à même d'avoir connaissance des deux changements ultérieurs, faute pour lui d'avoir été informé spécifiquement de ces nouvelles mises en ligne, il ne ressort pas de la procédure d'appel, et n'est d'ailleurs pas soutenu par le requérant, que le rapporteur public aurait, à l'audience, prononcé des conclusions dans un sens différent de celui dont il avait eu connaissance. • CE 4 mai 2016, n° 380548 B : *AJDA 2016. 931 ; JCP Adm. 2016. 459.*

252. Témoins. Le principe du contradictoire dans la procédure disciplinaire s'oppose à ce que le fonctionnaire mis en cause soit privé de la possibilité de prendre connaissance des témoignages présentés au cours de l'audience, quand bien même les témoins refuseraient sa présence. • TA Lyon, 11 mars 2015, n° 1208267 : *AJDA 2015. 1603, note Laval .*

d. Procédure juste et équitable et équilibre des droits des parties (égalité des armes)

BIBL. Sagalovitsch, De l'équité des procès des actes pris après avis du Conseil d'État, *AJDA 2015. 2129 .*

253. Sur l'égalité devant la justice, V. DDH, art. 6.

1. Principe

254. Le respect des droits de la défense, notamment en matière pénale, implique en particulier l'existence d'une procédure juste et équitable garantissant l'équilibre des droits des parties. • Cons. const. 28 juill. 1989, n° 89-260 DC § 44 • Cons. const. 5 août 2010, n° 2010-612 DC § 12 • Cons. const. 1er avr. 2011, *Mme Marielle D.,* n° 2011-112 QPC § 3 • Cons. const. 5 avr. 2019, *Sté Uber B.V.,* n° 2019-773 QPC § 4.

255. Le principe doit être d'autant plus respecté si le législateur prévoit des règles de procédure différentes selon les faits. • Cons. const. 23 juill. 2010, *Région Languedoc-Roussillon et a.,* n° 2010-15/23 *QPC § 4.* ♦ Il en va de même en matière fiscale. • Cons. const. 10 déc. 2010, *Sté IMNOMA,* n° 2010-78 QPC.

256. Ce principe est applicable dès le stade de l'instruction. • Cons. const. 30 juill. 2010, *Région Languedoc-Roussillon,* n° 2010-15/23 QPC § 4. ♦ ... Ou de l'enquête. • Cons. const. 30 juill. 2010, *Daniel Walbuger et a.,* n° 2010-14/22 QPC § 11. ♦ V. encore hors du champ pénal. • Com. 6 sept. 2011, n° 10-11.564 • CE 15 mai 2013, n° 356054 B § 4. ♦ V. également les affaires mentionnées ss. DDH, art. 6, annotations ss. Const. 58, Préamb. 58.

257. Ce principe n'est pas applicable devant la commission de discipline d'un établissement pénitentiaire qui ne constitue pas un « tribunal pénal ». • CAA Douai, 7 déc. 2017, n° 16DA00839 : *AJDA 2018. 606 .*

258. Viole l'équilibre du droit des parties une disposition qui prive une partie, la plaçant ainsi dans un état d'infériorité par rapport à l'autre, de la possibilité d'invoquer une jurisprudence favorable. • Cons. const. 10 déc. 2010, *Sté IMNOMA,* n° 2010-78 QPC § 7.

259. L'équilibre du droit des parties impose d'examiner le droit à un recours juridictionnel effectif d'une partie dans une procédure non seulement en lui-même, mais également en comparaison avec les droits reconnus aux autres parties dans la procédure, dès lors que l'équilibre de celle-ci est en cause. • Cons. const. 23 juill. 2010, *Région Languedoc-Roussillon et a.,* n° 2010-15/23 QPC.

2. Procédure juste et équitable

260. Procédure complexe. Eu égard à la complexité des investigations en matière de criminalité et de délinquance organisées, les dispositions ne sauraient, sans méconnaître les droits de la défense, être interprétées comme permettant que le délai de dix jours commence à courir avant que la décision du juge des libertés et de la détention de ne pas verser au dossier les informations relatives à la date, l'heure et le lieu où le moyen technique de géolocalisation a été installé ou retiré, ainsi que l'enregistrement des données de localisation et les éléments permettant d'identifier une personne ayant concouru à l'installation ou au retrait de ce moyen ne soient formellement portés à la connaissance de la personne mise en examen ou du témoin assisté. • Cons. const. 25 mars 2014, n° 2014-693 DC § 23.

261. *Droit au recours.* Un droit qui est reconnu par la loi aux parties dans la procédure ne peut être retiré à une personne pour un motif tiré du désaccord entre deux juges. • Cons. const. 17 déc. 2010, *Boubakar B.*, n° 2010-81 QPC § 7. ♦ Viole l'équilibre du droit des parties une disposition qui prive une partie de l'exercice effectif des droits qui lui sont garantis par le C. pr. pén. devant la juridiction d'instruction, revêtant ainsi une gravité excessive au regard des droits en cause. • Cons. const. 23 juill. 2010, *Région Languedoc-Roussillon et a.*, n° 2010-15/23 QPC § 8. ♦ Si, en ne mentionnant pas l'ordonnance prévue par l'art. 146 C. pr. pén. au nombre de celles contre lesquelles un droit d'appel appartient à la personne mise en examen, l'art. 186 C. pr. pén. ne méconnaît pas les exigences des droits de la défense, toutefois, les dispositions de cet art. ne sauraient, sans apporter une restriction injustifiée à ces mêmes droits, être interprétées comme excluant le droit de la personne mise en examen de former appel d'une ordonnance du juge d'instruction ou du juge des libertés et de la détention faisant grief à ses droits et dont il ne pourrait utilement remettre en cause les dispositions ni dans les formes prévues par les art. 186 à 186-3 C. pr. pén. ni dans la suite de la procédure, notamment devant la juridiction de jugement. • Cons. const. 13 juill. 2011, *Samir A.*, n° 2011-153 QPC § 5. ♦ Viole les droits de la défense l'impossibilité dans laquelle se trouve la personne condamnée par défaut peut contester cette décision, par la voie de l'opposition ou de l'appel, lorsqu'elle prend connaissance de sa signification postérieurement à la prescription de la peine. • Cons. const. 8 juin 2018, *Thierry D.*, n° 2018-712 QPC § 11.

262. *Droits du ministère public.* Le ministère public n'est pas dans une situation identique à celle de la personne poursuivie ou de la partie civile. • Cons. const. 21 oct. 2011, *Bruno L. et a.*, n° 2011-190 QPC § 9 • Cons. const. 31 janv. 2014, *Michel P.*, n° 2013-363 QPC § 8. ♦ Les droits du ministère public, de *la partie civile et de la personne* poursuivie dans le procès pénal sont en principe examinés distinctement et ne peuvent être comparés que lorsqu'ils sont, au regard de la loi, dans la même situation. • Cons. const. 30 juill. 2010, *Région Languedoc-Roussillon*, n° 2010-15/23 QPC § 8 • Cons. const. 13 juill. 2011, *Samir A.*, n° 2011-153 QPC § 5. ♦ Sur ce point, V. DDH, art. 6, notes 295 s.

263. Viole l'équilibre du droit des parties une disposition qui accorde au ministère public un délai supplémentaire pour faire appel incident dans le cadre d'une procédure de retrait de crédit de réduction de peine (sur la base de l'égalité des armes CEDH). • CE 24 oct. 2014, n° 368580 B : *AJDA 2015. 1374, note Falxa ; ibid. 2014. 2092 ; D. 2014. 2176 ; AJ pénal 2015. 39, note Céré ; JCP Adm. 2014. 862.*

264. Le fait de priver la victime du droit de déclencher l'action publique n'est pas en soi contraire à la Const. • Cons. const. 19 nov. 1993, n° 93-327 DC (sol. impl.) • Cons. const. 5 août 2010, n° 2010-612 DC (sol. impl.) • Cons. const. 25 oct. 2013, *Cne du Pré-Saint-Gervais*, n° 2013-350 QPC § 7. ♦ Rappr. : pour les infractions militaires commises en temps de paix : l'obligation de solliciter l'avis des autorités militaires avant la mise en mouvement de l'action publique et l'impossibilité de poursuivre ces infractions par la voie de la citation directe ne sont pas des discriminations justifiées. • Cons. const. 24 avr. 2015, *Christine M., épse. C.*, n° 2015-461 QPC § 7 et 8. ♦ Comp. l'interdiction faite à la partie civile d'appeler seule d'un jugement correctionnel dans ses dispositions statuant au fond sur l'action publique ne méconnaît pas le principe d'égalité devant la justice. • Cons. const. 31 janv. 2014, *Michel P.*, n° 2013-363 QPC § 8. ♦ Comp. également : s'agissant de réserver aux seules associations défendant les intérêts moraux et l'honneur de la Résistance ou des déportés la faculté d'exercer les droits reconnus à la partie civile en ce qui concerne l'apologie des crimes de guerre et des crimes contre l'humanité. • Cons. const. 16 oct. 2015, *Assoc. Cté rwandaise de France*, n° 2015-492 QPC § 7.

265. *Communication des pièces de procédure.* L'équilibre du droit des parties interdit que le juge d'instruction puisse statuer sur le règlement de l'instruction sans que les demandes formées par le ministère public à l'issue de celle-ci aient été portées à la connaissance de toutes les parties. • Cons. const. 9 sept. 2011, *Hovanes A.*, n° 2011-160 QPC § 5. ♦ … Rappr. • Cons. const. 16 sept. 2016, *Marie-Lou B.*, n° 2016-566 QPC § 9. ♦ … Impose que la copie de la décision ordonnant l'expertise soit portée à la connaissance de toutes les parties. • Cons. const. 23 nov. 2012, *Maryse L.*, n° 2012-284 QPC § 4. ♦ Cependant, le juge n'est pas tenu de communiquer tous les mémoires et toutes les pièces des parties lorsque ces documents ne contiennent pas d'éléments nouveaux et ne font qu'en ressasser d'anciens. • CE 19 janv. 2018, n° 389523 B : *AJDA 2018. 134 ; JCP Adm. 2018. 102.*

266. *Frais irrépétibles.* Viole l'équilibre du droit des parties une disposition qui prive la personne relaxée et elle seule de la possibilité d'obtenir le remboursement des frais qu'elle a engagés. • Cons. const. 1er avr. 2011, *Mme Marielle D.*, n° 2011-112 QPC. ♦ Il en va ainsi également en matière de frais de procédure. • Cons. const. 21 oct. 2011, *Bruno L. et a.*, n° 2011-190 QPC § 9.

267. *Administration de la preuve.* Il appartient à l'autorité judiciaire de veiller au respect du principe de loyauté dans l'administration de la preuve. • Cons. const. 18 nov. 2011, *Élise A. et a.*, n° 2011-191/194/195/196/197 QPC § 30. ♦ Dès lors, services fiscaux et douaniers ne peuvent se prévaloir de pièces ou documents obtenus par une autorité administrative ou judiciaire dans des conditions déclarées ultérieurement illégales par le juge. • Cons. const. 4 déc. 2013, n° 2013-679 DC § 33. ♦ Si les dispositions contestées se bornent à énumérer les motifs et à prévoir les modalités selon lesquelles sont arrêtées des décisions administratives de gel temporaire des avoirs de personnes physiques ou morales, les personnes intéressées ne sont pas privées de la possibilité de contester ces décisions devant le juge administratif, y compris par la voie du référé; il appartient à ce dernier d'apprécier, au regard des éléments débattus contradictoirement devant lui, l'existence des motifs justifiant la mesure (usage des « notes blanches »). • Cons. const. 2 mars 2016, *Abdel Manane M. K.*, n° 2015-524 QPC § 10. ♦ Aucune disposition législative ni aucun principe ne s'oppose à ce que les faits relatés dans ces « notes blanches » soient pris en considération par le juge administratif. • CAA Marseille, 13 nov. 2017, n° 16MA04151 : *JCP Adm. 2017 326* • CE, ord., 25 avr. 2017, n° 409677 A : *AJDA 2017. 840* (sol. impl.). ♦ V. également notes 268 et 283.

268. En l'absence de disposition législative contraire, l'autorité investie du pouvoir disciplinaire, à laquelle il incombe d'établir les faits sur le fondement desquels elle inflige une sanction à un agent public, peut apporter la preuve de ces faits devant le juge administratif par tout moyen; toutefois, tout employeur public est tenu, vis-à-vis de ses agents, à une obligation de loyauté et ne saurait, par suite, fonder une sanction disciplinaire à l'encontre de l'un de ses agents sur des pièces ou documents qu'il a obtenus en méconnaissance de cette obligation, sauf si un intérêt public majeur le justifie. • CE 9 juill. 2014, n° 373295 A (concl. Daumas) : *AJDA 2014. 1460 ; RDI 2014. 475, obs. Soler-Couteaux ; JCP Adm. 2014. 601* • CE, sect., 16 juill. 2014, *Ganem*, n° 355201 A (concl. Daumas) : *AJDA 2014. 1460 ; ibid. 1701, chron. Bretonneau et Lessi ; AJCT 2014. 625, obs. Logéat ; RFDA 2014. 924, concl. Daumas ; Dr. adm. 2014. 73, note Éveillard.*

269. Aucune disposition législative ni aucun principe ne s'oppose à ce que des faits relatés par des notes blanches produites par l'administration, qui sont versées au débat contradictoire et ne sont pas sérieusement contestées, soient susceptibles d'être pris en considération par le juge administratif. • CE 11 déc. 2015, n° 394989 et n° 395002 (2 esp.) : *AJDA 2015. 2404 ; RFDA 2016. 105, concl. Domino*. ♦ ... Alors même que les faits qu'elles relatent n'auraient pas donné lieu à des poursuites pénales ou ne seraient pas constitutifs d'infractions pénales. • TA Montreuil, ord., 27 oct. 2020, n° 2011260 : *AJDA 2020. 2054 ; JCP Adm. 2020. 610.*

270. *Salle d'audience.* La tenue d'une audience dans une salle à proximité immédiate d'un lieu de rétention n'est, en elle-même, contraire à aucun principe constitutionnel. C'est en particulier le cas lorsque le législateur a expressément prévu que ladite salle devra être « spécialement aménagée » pour assurer la clarté, la sécurité et la sincérité des débats et permettre au juge de « statuer publiquement ». • Cons. const. 20 nov. 2003, n° 2003-484 DC § 81. ♦ En prévoyant que la salle d'audience dans laquelle siège le juge des libertés et de la détention peut être située au « sein » des centres de rétention administrative, lieux de privation de liberté fermés au public, le législateur a adopté une mesure qui est manifestement inappropriée à la nécessité, qu'il a rappelée, de « statuer publiquement ». • Cons. const. 10 mars 2011, n° 2011-625 DC § 63. ♦ V. déjà. • Civ. 1re, 16 avr. 2008, n° 06-20.390 P. ♦ Rappr. s'agissant du respect de l'art. 6 § 1 Conv. EDH. • Civ. 1re, 12 oct. 2011, n° 10-24.205 P : *préc. note 193.* ♦ Il ressort des pièces du dossier que les salles d'audience, dépendant du ministère de la justice, sont prévues en dehors des centres eux-mêmes, qu'il existe une entrée publique autonome située avant l'entrée dans les centres et que ces salles ne sont pas reliées aux bâtiments composant les centres. Ces conditions permettent au juge de statuer publiquement, dans le respect de l'indépendance des magistrats et de la liberté des parties. • CE 18 nov. 2011, n° 335532 A : *AJDA 2012. 217, concl. Botteghi*.

271. Ayant apprécié les conditions d'exercice de la justice au regard de la nature de ce contentieux soumis à de brefs délais imposés par la loi, et estimé que rien n'établissait que ces conditions étaient meilleures au siège du tribunal, le premier président, constatant l'existence d'un juste équilibre entre les objectifs poursuivis par l'État et les moyens utilisés par ce dernier pour les atteindre, a exactement retenu que le juge, qui avait tenu l'audience dans la salle située à proximité de la zone d'attente, avait statué publiquement et dans le respect des prescriptions légales et conventionnelles. • Civ. 1re, 11 juill. 2018, n° 18-10.062 P : *AJDA 2018. 1478*.

272. Box vitrés. L'installation dans une salle d'audience d'une juridiction pénale d'un dispositif sécurisé destiné à accueillir, lors des audiences, des prévenus ou des accusés dont la comparution peut présenter des dangers particuliers n'est pas détachable des modalités de déroulement de l'audience, dont il appartient au président de la juridiction d'assurer la police. Il en résulte que le contentieux relatif à une telle installation concerne le fonctionnement de l'autorité judiciaire. La juridiction administrative n'est en conséquence pas compétente pour en connaître. • CE, ord., 16 févr. 2018, n° 417944 A : *AJDA 2018. 370*.

273. Audiences en vidéotransmission. En permettant que des audiences puissent se tenir au moyen d'une communication audiovisuelle, le législateur a entendu contribuer à la bonne administration de la justice et au bon usage des deniers publics. • Cons. const. 9 juin 2011, n° 2011-631 DC § 93 • Cons. const. 6 sept. 2018, n° 2018-770 DC § 26 • Cons. const. 20 sept. 2019, *Abdelnour B.*, n° 2019-802 QPC § 9. ♦ Toutefois, eu égard à l'importance de la garantie qui s'attache à la présentation physique de l'intéressé devant le magistrat ou la juridiction compétent dans le cadre d'une procédure de détention provisoire et en l'état des conditions dans lesquelles s'exerce un recours à des moyens de télécommunication, le respect des principes du contradictoire et des droits de la défense interdit que le recours à des moyens de télécommunication audiovisuelle soit imposé à l'intéressé lorsqu'il doit être entendu en vue de la prolongation de sa détention, y compris lorsque ce recours n'est pas justifié par des risques graves de troubles à l'ordre public ou d'évasion. • Cons. const. 21 mars 2019, n° 2019-778 DC § 234. ♦ Pour les mêmes raisons et même si des garanties sont mises en place pour garantir les droits de la défense dans le cas de la mise en œuvre de ces moyens de télécommunication, par exception, en matière criminelle, la première prolongation de la détention provisoire peut n'intervenir qu'à l'issue d'une durée d'une année. Il en résulte qu'une personne placée en détention provisoire pourrait se voir privée, pendant une année entière, de la possibilité de comparaître physiquement devant le juge appelé à statuer sur la détention provisoire. • Cons. *const. 20 sept. 2019*, *Abdelnour B.*, n° 2019-802 QPC § 13 • Cons. const. 30 avr. 2020, *Maxime O.*, n° 2020-836 QPC § 10.

274. Eu égard à l'importance de la garantie qui peut s'attacher à la présentation physique de l'intéressé devant la juridiction pénale (notamment dans les cas de comparution, devant le tribunal correctionnel ou la chambre des appels correctionnels, d'un prévenu ou de comparution devant les juridictions spécialisées compétentes pour juger les mineurs en matière correctionnelle ou encore lors du débat contradictoire préalable au placement en détention provisoire d'une personne ou à la prolongation d'une détention provisoire, quelle que soit alors la durée pendant laquelle la personne a, le cas échéant, été privée de la possibilité de comparaître physiquement devant le juge appelé à statuer sur la détention provisoire) et compte tenu du fait que les dispositions contestées ne soumettent son exercice à aucune condition légale, les dispositions permettant de recourir à un moyen de télécommunication audiovisuelle portent une atteinte aux droits de la défense que ne pouvait justifier le contexte sanitaire particulier résultant de l'épidémie de covid-19 durant leur période d'application. • Cons. const. 15 janv. 2021, *Krzystof B.*, n° 2020-872 QPC § 10. ♦ Rappr. • CE, ord., 12 févr. 2021, n° 448972 : *AJDA 2021. 369* • CE 5 mars 2021, n° 440037 B : *AJDA 2021. 537* ; *AJ pénal 2021. 167*. ♦ La disposition prévoyant que, nonobstant toute disposition contraire, il peut, du fait de la crise du covid-19, être recouru à un moyen de télécommunication audiovisuelle devant l'ensemble des juridictions pénales, sans qu'il soit nécessaire de recueillir l'accord des parties ne porte une atteinte grave et manifestement illégale aux droits de la défense et au droit à un procès équitable qu'en tant qu'elles autorisent le recours à la visio-conférence après la fin de l'instruction à l'audience devant les juridictions criminelles. • CE, ord., 27 nov. 2020, *Assoc. Avocats pénalistes*, n° 446712 : *AJDA 2020. 2345* ; *D. 2020. 2400* ; *AJ fam. 2020. 617, obs. Mary*. ♦ Comp. Devant les juridictions administratives. • CE 21 déc. 2020, n° 441399 B § 26 : *préc. note 120* • CE 24 déc. 2020, n° 447063 § 26 : *AJDA 2021. 10*.

275. Le déroulement des audiences au moyen de techniques de télécommunication audiovisuelle étant subordonné au consentement de l'étranger, à la confidentialité de la transmission et au déroulement de la procédure dans chacune des deux salles d'audience ouvertes au public, dans ces conditions, les dispositions précitées garantissent de façon suffisante la tenue d'un procès juste et équitable. • Cons. const. 20 nov. 2003, n° 2003-484 DC § 82 et 83. ♦ Le consentement n'est cependant pas nécessaire ; il suffit que les conditions prévues par le législateur assurent, sous le contrôle du Cons. const., des garanties suffisantes, ce qui est le cas : salle d'audience spécialement aménagée à cet effet, ouverte au public et située dans des locaux relevant du ministère de la justice ; déroulement de l'audience en direct en assurant la confidentialité de la transmission ; droit pour l'intéressé d'obtenir la communication de l'intégralité de son dossier ; présence de l'avocat auprès du requérant, s'il en dispose d'un ; réalisation d'un procès-verbal ou d'un enregistrement audiovisuel ou sonore des opérations. • Cons. const. 9 juin 2011, n° 2011-631 DC § 93.

276. Le fait de ne pas s'opposer à la tenue d'une audience à l'aide d'un simple téléphone portable n'interdit pas à une partie d'invoquer son irrégularité en cassation. Il ne peut être passé outre l'impossibilité d'organiser une vidéotransmission régulière que dans l'hypothèse où aucune autre solution n'est susceptible de permettre à la juridiction de statuer utilement sur la requête dont elle est saisie. • CE 24 oct. 2018, n° 419417 A : *AJDA 2018. 2106 ; JCP Adm. 2019. 2004, note Hul ; Dr. adm. 2019. 13, note Éveillard.*

277. Reconnaissance de culpabilité. Les garanties offertes aux justiciables dans le cadre de la procédure de comparution sur reconnaissance préalable de culpabilité (« plaider coupable ») étant assez similaires à celles de la procédure classique de composition pénale et permettant d'éviter qu'elle soit abusivement utilisée aux dépends de la personne mise en cause en particulier de fait de la présence de l'avocat, dont l'assistance est obligatoire, tout au long de la procédure, il en résulte que le droit au procès équitable est garanti. • Cons. const. 2 mars 2004, n° 2004-492 DC § 108. ♦ Il en résulte qu'une circulaire, mettant en place une procédure de recueil devant l'officier de police judiciaire (au cours de l'enquête, voire de la garde à vue) de la reconnaissance de culpabilité de l'intéressé et de son consentement à la procédure de CRPC et prévoyant que ce consentement pouvait être recueilli par les délégués du procureur de la République, est illégale. • CE 26 avr. 2006, *Synd. avocats de France*, n° 273757 A : *Gaz. Pal. 2006. J. 1851, concl. Aguila.* ♦ L'obligation d'informer la CNIL en cas de violation de données à caractère personnel ne méconnaît pas le droit à un procès équitable. • CE 30 déc. 2015, *Sté Orange*, n° 385019 B : *AJDA 2016. 644*. ♦ Sur les procédures mettant en cause la sauvegarde des intérêts fondamentaux de la Nation, V. *note 247.*

278. De même si la personne estime, après réflexion, avoir accepté une peine trop sévère, ou si elle revient sur sa reconnaissance de culpabilité, elle peut bénéficier d'un procès devant la chambre correctionnelle de la cour d'appel ; ce droit d'appel dans les 10 jours existe même si la personne avait bénéficié du délai de 10 jours avant de donner son accord à la procédure. • Cons. const. 2 mars 2004, n° 2004-492 DC. ♦ Il en va de même, dans le cadre de cette procédure, du fait que le procureur n'est pas tenu d'être présent lors de l'audience d'homologation. • Cons. const. 22 juill. 2005, n° 2005-520 DC.

279. Enquête sous pseudonyme. En autorisant le recours à l'enquête sous pseudonyme aux fins de constater les crimes et délits punis d'une peine d'emprisonnement commis par voie de communications électroniques, le législateur n'a pas méconnu le droit à un procès équitable dès lors que les actes pouvant être effectués sous pseudonyme sont des actes d'enquête et non des actes de procédure. • Cons. const. 21 mars 2019, n° 2019-778 DC § 157.

280. Regroupement de poursuites à une même audience. Dans le cas d'une comparution immédiate, le regroupement peut avoir pour effet de diminuer le temps restant à courir avant la date des audiences initialement prévues pour chacune des poursuites faisant l'objet de ce regroupement. Si le prévenu peut refuser d'être jugé immédiatement et obtenir un renvoi de l'audience dans un délai qui ne peut être inférieur à deux semaines, en revanche le tribunal peut le placer en détention provisoire. Ainsi, un prévenu susceptible d'accepter d'être jugé immédiatement pour l'infraction qui justifie initialement son renvoi en comparution immédiate pourrait être conduit, par l'effet du regroupement de plusieurs poursuites, à être placé en détention provisoire pour des motifs liés à l'affaire qui a donné lieu à la comparution immédiate, alors que son refus d'être jugé séance tenante tient à sa volonté de disposer de suffisamment de temps pour terminer de préparer sa défense sur les affaires pour lesquelles il avait été initialement renvoyé devant le tribunal correctionnel dans des délais plus longs et pour lesquelles, le cas échéant, il avait déjà pris des dispositions. Les dispositions contestées ne sauraient dès lors, sans méconnaître les droits de la défense, priver le tribunal correctionnel, dans ce cas, de la possibilité de renvoyer les seules affaires pour lesquelles le prévenu ne consent pas à être jugé séance tenante ou qui n'apparaissent pas au tribunal en l'état d'être jugées. • Cons. const. 21 mars 2019, n° 2019-778 DC § 284.

281. Langue – Présence d'un interprète. V. s'agissant de l'interprétation dans une langue comprise par le justiciable : • CE 22 juin 2017, n° 400366 B : *AJDA 2017. 1313*. ♦ V. aussi notes 65 et 193.

282. Transaction pénale. Celle-ci doit reposer sur l'accord libre et non équivoque de l'auteur des faits, ce qui implique, notamment, la complète connaissance, par l'intéressé, de la nature des faits reprochés et de leur qualification juridique. • CE 24 mai 2017, n° 395321 B : *AJDA 2017. 1144 ; JCP Adm. 2017. 392.*

283. Statut des « repentis ». Ne méconnaissent pas les droits de la défense et le droit à une procédure juste et équitable des dispositions qui n'ont pour effet ni de déroger aux règles relatives à l'audition des témoins ou à celles selon lesquelles aucune condamnation ne peut être prononcée sur le seul fondement de déclarations émanant de repentis, ni à celles selon lesquelles « le juge ne peut fonder sa décision que sur des preuves qui lui sont apportées au cours des débats et contradictoirement discutées devant lui ». Par ailleurs, les repentis ne peuvent bénéficier des dispositions qui permettent, dans certaines conditions, le recueil des déclarations d'un témoin sans que l'identité du témoin apparaisse dans la procédure, dès lors que ces dispositions ne sont applicables qu'aux personnes à l'encontre desquelles il n'existe aucune raison plausible de soupçonner qu'elles ont commis ou tenté de commettre une infraction. Dès lors, l'extension du statut des repentis en matière d'infraction de corruption ou de trafic d'influence n'est pas contraire au présent art. • Cons. const. 4 déc. 2013, n° 2013-679 DC § 17. ♦ Rappr. s'agissant du comportement des témoins. Les documents faisant apparaître leur comportement ne sont communicables qu'à eux, lorsque leur communication à des tiers serait de nature à leur porter préjudice. • CE 21 sept. 2015, n° 369808 A : *AJDA 2015. 1723 ; JCP Adm. 2015. 2318, concl. Bretonneau.*

284. Identité des magistrats et des membres du greffe. En prévoyant que les données d'identité des magistrats et des membres du greffe figurant dans les décisions de justice mises à disposition du public par voie électronique ne peuvent faire l'objet d'une réutilisation ayant pour objet ou pour effet d'évaluer, d'analyser, de comparer ou de prédire leurs pratiques professionnelles réelles ou supposées, le législateur a entendu éviter qu'une telle réutilisation permette, par des traitements de données à caractère personnel, de réaliser un profilage des professionnels de justice à partir des décisions rendues, pouvant conduire à des pressions ou des stratégies de choix de juridiction de nature à altérer le fonctionnement de la justice. Ces dispositions n'instaurent ainsi aucune distinction injustifiée entre les justiciables et ne portent pas d'atteinte contraire au droit à une procédure juste et équitable garantissant l'équilibre des droits des parties. • Cons. const. 21 mars 2019, n° 2019-778 DC § 93 et 94.

285. Présomption de fraude. La présomption de fraude instituée ayant pour seul objet de faire présumer, lorsque est établie la cessation de la communauté de vie entre les époux *dans les douze mois suivant l'*enregistrement de la déclaration, que cette communauté de vie avait cessé à la date de cette déclaration et cette présomption simple pouvant être combattue par tous moyens par le déclarant en rapportant la preuve contraire, ces dispositions ne méconnaissent pas, en elles-mêmes, le respect des droits de la défense. • Cons. const. 30 mars 2012, *Omar S.*, n° 2012-227 QPC § 12. ♦ La présomption de fraude au mariage en cas de cessation de la vie commune dans l'année qui suit l'enregistrement de la déclaration de nationalité ne saurait s'appliquer que dans les instances engagées dans les deux années de la date de l'enregistrement de la déclaration dès lors que, combinée avec le fait que le ministère public peut contester l'enregistrement à compter du jour de la découverte de ce mensonge ou de cette fraude, elle conduirait à établir des règles de preuve ayant pour effet d'imposer à une personne qui a acquis la nationalité française en raison de son mariage d'être en mesure de prouver, sa vie durant, qu'à la date de la déclaration aux fins d'acquisition de la nationalité, la communauté de vie entre les époux, tant matérielle qu'affective, n'avait pas cessé. • Cons. const. 30 mars 2012, *Omar S.*, n° 2012-227 QPC § 13 et 14. ♦ Comp. : si le 1er al. de l'art. 30 C. civ. fait peser la charge de la preuve de la nationalité sur celui dont la nationalité est en cause, les art. 31 s. permettent toutefois à toute personne de demander la délivrance d'un certificat de nationalité française, lequel a pour effet, selon l'al. 2 de l'art. 30, de renverser la charge de la preuve ; par suite, manque en fait le grief tiré de ce que l'absence de prescription de l'action du ministère public pour contester la nationalité française aurait pour effet d'imposer aux personnes intéressées d'être en mesure de prouver, leur vie durant, les éléments leur ayant permis d'acquérir la nationalité française. • Cons. const. 22 nov. 2013, *Charly K.*, n° 2013-354 QPC § 6.

286. Dès lors que la présomption de fraude instituée a pour seul objet de faire présumer que cette communauté de vie avait cessé à la date de cette déclaration (V. Cons. const. 30 mars 2012, *Omar S. : n° 2012-227 QPC § 12, cité note 285*), le fait que la loi ait porté de un an à, selon les cas, deux ou trois ans la durée de vie commune nécessaire pour que le conjoint d'une personne de nationalité française acquière la nationalité française par déclaration n'a d'incidence ni sur l'obligation faite à l'administration, à défaut de refus d'enregistrement dans les délais légaux, de constater l'acquisition de la nationalité, ni sur les délais dans lesquels le ministère public peut contester la légalité de cet enregistrement, ni enfin sur la période de douze mois suivant la déclaration pendant laquelle la cessation de la vie commune constitue une présomption de fraude affectant la validité de la déclaration. • Cons. const. 13 juill. 2012, *Saïd K.*, n° 2012-264 QPC § 9.

287. Caractère suspensif du recours. Compte tenu tant de l'effet et de la durée de la suspension que du caractère temporaire des dérogations temporaires au repos dominical accordées par le préfet, le caractère suspensif du recours porte atteinte à l'équilibre des droits des parties. • Cons. const. 4 avr. 2014, *Sté Sephora,* n° 2014-374 QPC § 6.

288. Enregistrement sonore des débats de cour d'assises. Le législateur a conféré aux parties un droit à l'enregistrement sonore des débats de la cour d'assises. En interdisant toute forme de recours en annulation en cas d'inobservation de cette formalité, les dispositions contestées méconnaissent les exigences du présent art. • Cons. const. 20 nov. 2015, *Hassan B.,* n° 2015-499 QPC § 4.

289. Action de groupe. Le professionnel défendeur à l'instance peut, lors de la première étape de la procédure, faire valoir, outre les exceptions relatives à la recevabilité de cette action, tous les moyens de défense relatifs à la mise en cause de sa responsabilité, à la définition du groupe des consommateurs à l'égard desquels celle-ci est engagée, aux critères de rattachement à ce groupe, aux préjudices susceptibles d'être réparés, ainsi qu'à leur montant ou aux éléments permettant l'évaluation des préjudices ; après que les consommateurs ont adhéré au groupe, il peut, lors de la troisième étape de la procédure, faire valoir devant le juge tous les autres moyens de défense relatifs à l'indemnisation individuelle des consommateurs intéressés. Dans le cadre de l'action de groupe simplifiée, l'identité et le nombre des consommateurs lésés sont connus du professionnel dès la première étape de la procédure ; que la proposition d'indemnisation dans les termes du jugement rendu ne sera adressée qu'aux seuls consommateurs ainsi identifiés ; le professionnel peut, lors de la première étape de la procédure, soulever tous les moyens de défense tendant à démontrer que les conditions prévues par cet article ne sont pas remplies et que sa responsabilité n'est pas engagée à l'égard des consommateurs identifiés ; après que les consommateurs ont accepté d'être indemnisés, le professionnel peut, lors de la troisième étape de la procédure, faire valoir devant le juge tous les autres moyens de défense relatifs à l'indemnisation individuelle des consommateurs intéressés ; aucune des dispositions contestées ne limite le droit des parties à l'instance d'exercer les voies de recours selon les règles de la procédure civile. • Cons. const. 13 mars 2014, n° 2014-690 QPC § 17 et 18.

290. Secret professionnel. Aucune disposition constitutionnelle ne consacre spécifiquement un droit au secret des échanges et correspondance des avocats. • Cons. const. 24 juill. 2015, *Assoc. French Data Network et a.,* n° 2015-478 QPC § 19. ♦ Le respect du secret professionnel participe à la protection des droits de la défense. • Cons. const. 5 août 2015, n° 2015-715 DC § 63. ♦ Dès lors que les dispositions législatives imposent au défenseur syndical une obligation de discrétion, des garanties équivalentes aux respect des droits de la défense et de l'équilibre des parties sont assurées aux parties, qu'elles soient représentées par un avocat ou, un défenseur syndical. • Cons. const. 7 avr. 2017, *CNB,* n° 2017-623 QPC § 23.

291. Notes d'audience. S'il appartient au greffier, lors de l'audience devant le tribunal correctionnel, de tenir des notes rendant compte du déroulement des débats et, principalement, des déclarations des témoins et des réponses de la personne prévenue, aucune disposition légale n'impose une retranscription intégrale des débats tenus lors de l'audience même si certaines mentions relatives au déroulement de l'audience doivent également figurer dans ces notes. Toutefois, il n'y a pas méconnaissance du droit à un procès équitable et des droits de la défense dès lors que, d'une part, toute partie à une audience correctionnelle peut établir par tout moyen la preuve de l'irrégularité de la procédure suivie lors de cette audience correctionnelle, le cas échéant par la voie de l'inscription de faux, et que, d'autre part, il est possible de déposer devant le tribunal correctionnel des conclusions faisant état d'une telle irrégularité, dépôt obligatoirement mentionné dans les notes d'audience et auquel le tribunal est tenu de répondre dans son jugement. En outre, les parties à l'audience peuvent demander auprès du président du tribunal correctionnel qu'il leur soit donné acte dans les notes d'audience de propos tenus ou d'incidents. • Cons. const. 20 sept. 2019, *Jean-Claude F.,* n° 2019-801 QPC § 5 et 6.

3. Équilibre du droit des parties

292. Ce principe doit permettre d'exiger, en matière de discrimination au logement, que la partie demanderesse établisse la matérialité des éléments de fait précis et concordants qu'elle présente au soutien de l'allégation et à la partie défenderesse de s'expliquer sur les agissements qui lui sont reprochés, et de prouver que sa décision est motivée. • Cons. const. 12 janv. 2002, n° 2001-455 DC § 89. ♦ Ce principe doit permettre à l'avocat d'organiser au mieux et à sa prudence la défense de son client. • Cass., ass. plén., 30 juin 1995, n° 95-13.035 P.

293. De même, le principe de la contradiction d'une manière plus générale doit tendre à assurer l'égalité des parties devant le juge. • CE 29 juill. 1998, n° 179635 A (concl. Chauvaux) : *D. 1999. 85, concl. Chauvaux ; AJDA 1999. 69, note Rolin ; ibid. 113, note Labetoulle ; ibid. 2014. 113, note Labetoulle ; JCP 1998. 1945, étude Bonichot et Abraham* • CE 6 mars 2002, n° 226298 A : *RFDA 2002. 680.*

294. Dès lors, dans un débat juridictionnel, aucune des parties ne doit être défavorisée par rapport aux autres. • CE 20 avr. 2005, *Karsenty et Fondation d'Aguesseau*, n° 261706 A : *AJDA 2005. 1732, note Lascombe et Vandendriessche ; Rev. Trésor 2006. 31, concl. Guyomar et obs. Lascombe et Vandendriessche ; Dr. adm. 2005. 105, note Lombard.* ♦ ... Et le juge est tenu de respecter et de faire respecter la loyauté des débats. • Civ. 1re, 7 juin 2005, n° 05-60.044 P : *D. 2005. 2570, note Boursier ; RTD civ. 2006. 15, obs. Perrot.*

295. L'équilibre des droits des parties interdit que le juge des libertés et de la détention puisse rejeter la demande de mise en liberté sans que le demandeur ou son avocat ait pu avoir communication de l'avis du juge d'instruction et des réquisitions du ministère public. • Cons. const. 17 déc. 2010, *David. M.*, n° 2010-62 QPC § 7 • Cons. const. 30 sept. 2011, *Samir A.*, n° 2011-168 QPC § 6 • Cons. const. 9 sept. 2016, *Mukhtar A.*, n° 2016-561/562 QPC § 13.

296. Ne garantit pas l'équilibre des droits de parties, alors même que la partie civile n'est pas dans une situation identique à celle de la personne mise en examen ou du ministère public, la disposition qui, en l'absence de pourvoi du ministère public, prive la partie civile de la possibilité de se pourvoir en cassation. • Cons. const. 30 juill. 2010, *Épx P. et a.*, n° 2010-19/27 QPC § 4. ♦ ... Qui prive, en toute circonstance, la personne dont la relaxe ou l'acquittement a acquis un caractère définitif de la faculté d'obtenir de la partie civile le remboursement des frais qu'elle a engagés devant la Cour de cassation. • Cons. const. 1er avr. 2011, *Mme Marielle D.*, n° 2011-112 QPC. ♦ ... Qui ne permettent pas, lorsque la personne poursuivie a été condamnée, la personne citée comme civilement responsable d'obtenir devant la juridiction pénale le remboursement de frais irrépétibles, alors même qu'elle a été mise hors de cause. • Cons. const. 5 avr. 2019, *Sté Uber B.V.*, n° 2019-773 QPC § 7.

e. Caractère public de l'audience

297. Il résulte de la combinaison des art. 6, 8, 9 et 16 DDH que le jugement d'une affaire pénale doit, sauf circonstances particulières nécessitant, pour un motif d'intérêt général, le huis clos, faire l'objet d'une audience publique. • Cons. const. 21 juill. 2017, *Gérard B.*, n° 2017-645 QPC § 4. ♦ V. déjà, dans une formulation plus restrictive, • Cons. const. 2 mars *2004, n° 2004-492 DC / 117.* ♦ Et implicitement, • Cons. const. 22 janv. 1999, n° 98-408 DC § 25 • Cons. const. 29 août 2002, n° 2002-461 DC § 81.

298. Il résulte de la combinaison des art. 6 et 16 DDH, le principe de publicité des audiences devant les juridictions civiles et administratives. Il est loisible au législateur d'apporter à ce principe des limitations liées à des exigences constitutionnelles, justifiées par l'intérêt général ou tenant à la nature de l'instance ou aux spécificités de la procédure, à la condition qu'il n'en résulte pas d'atteintes disproportionnées au regard de l'objectif poursuivi. • Cons. const. 21 mars 2019, n° 2019-778 DC § 102.

299. Constitue un motif d'intérêt général la volonté d'assurer la protection de la vie privée des victimes de certains faits criminels et d'éviter que, faute d'une telle protection, celles-ci renoncent à dénoncer ces faits et ce dès lors également que cette dérogation au principe de publicité ne s'applique que pour des faits revêtant une particulière gravité et dont la divulgation au cours de débats publics affecterait la vie privée de la victime en ce qu'elle a de plus intime. • Cons. const. 21 juill. 2017, *Gérard B.*, n° 2017-645 QPC § 5. ♦ Rappr. Toujours concernant le respect de la vie privée. • Cons. const. 21 mars 2019, n° 2019-778 DC § 104. ♦ V. dès lors que le secret des affaires ne peut être assuré autrement. • Cons. const. 21 mars 2019, n° 2019-778 DC § 103. ♦ De même ne constituent pas une atteinte disproportionnée au principe de publicité des audiences compte tenu du but poursuivi, des dispositions temporaires qui, permettant notamment d'éviter le report de certaines audiences, visent, dans le contexte sanitaire particulier résultant de l'épidémie de covid-19, à concilier l'objectif de valeur constitutionnelle de protection de la santé, le principe constitutionnel de continuité du fonctionnement de la justice et le respect du droit des justiciables à ce que leur cause soit entendue dans un délai raisonnable. • CE 21 déc. 2020, n° 441399 B § 21 : *préc. note 120.*

300. Dès lors qu'il ressort du second alinéa de l'art. 495-9 C. pr. pén. que la procédure d'homologation « se déroule en audience publique » et qu'il appartient au président du TGI ou au juge du siège délégué par lui de veiller à l'effectivité de cette garantie, le grief tiré de la méconnaissance du principe de publicité des débats manque en fait. • Cons. const. 8 déc. 2011, n° 2011-641 DC § 18.

301. Ne viole pas ce principe le fait que le procureur de la République ne soit pas obligatoirement présent à l'audience. • Cons. const. 22 juill. 2005, n° 2005-520 DC.

302. Dès lors qu'il ne ressort d'aucune des mentions du jugement attaqué que l'audience du tribunal administratif au cours de laquelle la demande de Mme A. a été examinée ait été publique, ce jugement ne fait pas la preuve que la procédure à l'issue de laquelle il a été prononcé a été régulière. • CE 1er mars 2012, n° 338450 A : *AJDA 2012. 462.*

f. Délivrance de copies de jugements

303. Lorsque les débats ont eu lieu en chambre du conseil lorsqu'il y a un risque d'atteinte à l'intimité de la vie privée, à une demande de toutes les parties ou à des désordres de nature à troubler la sérénité de la justice, lesquels motifs ne permettent pas de déroger à la publicité du prononcé du jugement, les tiers sont privés de plein droit de la communication de l'intégralité du jugement, dont la copie est alors limitée au dispositif. En raison de sa généralité et de son caractère obligatoire, cette restriction apportée par les dispositions contestées n'est pas limitée aux cas où elle serait justifiée, notamment, par la protection du droit au respect de la vie privée. Dès lors, ces dispositions méconnaissent les exigences découlant du présent art. • Cons. const. 21 mars 2019, n° 2019-778 DC § 107. ♦ Sur l'anonymisation des décisions, V. ss. DDH, art. 2, note 181.

g. Composition de la juridiction – Collégialité/juge unique

304. Les modalités de composition des formations de jugement sont sans effet sur l'obligation de respecter les droits de la défense et le droit à un procès équitable ou sur le droit à un recours juridictionnel effectif. • Cons. const. 21 mars 2019, n° 2019-778 DC § 244 et 295.

305. Les dispositions prévoyant que lorsqu'ils exercent les fonctions de juge des contentieux de la protection ou de juge chargé de connaître des compétences matérielles dévolues aux chambres de proximité, les magistrats exerçant à titre temporaire ne peuvent exercer plus du tiers du service du tribunal ou de la chambre de proximité dans lesquels ils sont affectés, ne sauraient, sans méconnaître le principe d'indépendance de l'autorité judiciaire, être interprétées comme permettant qu'au sein d'un tribunal plus d'un tiers des fonctions normalement réservées à des magistrats de carrière puissent être exercées par des magistrats recrutés provisoirement, que ce soit à temps partiel ou à temps complet. • Cons. const. 21 mars 2019, n° 2019-779 DC § 9.

306. En limitant les conditions de l'accès à une formation collégiale en appel correctionnel, le législateur a, compte tenu du quantum des peines d'emprisonnement susceptibles d'être prononcées, porté une atteinte excessive à la garantie des droits protégés par le présent art. • Cons. const. 21 mars 2019, n° 2019-778 DC § 244 et 297.

C. INDÉPENDANCE ET IMPARTIALITÉ DES JURIDICTIONS

BIBL. Picheral, L'indépendance et l'impartialité des juridictions spécialisées, *RFDA 2012. 636.* – Teitgen-Colly, Sanction et Constitution, *JCP Adm. 2013. 2076.* – Delzangles, Un vent d'impartialité souffle encore sur le droit de la régulation, *AJDA 2014. 1021*. – Fitte-Duval, La théorie des apprences, nouveau paradigme de l'action publique ?, *AJDA 2018. 440*.

1° NOTIONS

307. Indépendance juridictionnelle et compétence législative. V. Const. 58, art. 34.

308. L'indépendance et l'impartialité des juridictions, qui constituent une exigence applicable à toutes les juridictions, relèvent du présent art. • Cons. const. 20 févr. 2003, n° 2003-466 DC § 23 • Cons. const. 28 déc. 2006, n° 2006-545 DC § 24. ♦ Elles sont indissociables de l'exercice de fonctions juridictionnelles. • Cons. const. 25 mars 2011, *Jean-Pierre B.*, n° 2010-110 QPC § 3 • Cons. const. 21 mars 2019, n° 2019-778 DC § 196.

V. pour d'autres décisions dans le même sens : .

309. Les principes d'indépendance et d'impartialité doivent également s'appliquer aux autorités administratives indépendantes qui prononcent des sanctions sans qu'il y ait lieu de rechercher si le législateur les a, dans ce cas, qualifiées ou non de juridictions. • Cons. const. 12 oct. 2012, *Sté Groupe Canal Plus et a.*, n° 2012-280 QPC § 16 • Cons. const. 5 juill. 2013, *Sté Numéricâble SAS et a.*, n° 2013-331 QPC § 10 • Cons. const. 13 déc. 2013, *Sté Sud-Radio Services et a.*, n° 2013-359 QPC § 3. ♦ Il y a lieu de les appliquer aussi à une autorité administrative non soumise au pouvoir hiérarchique du ministre (Commission nationale des sanctions). • Cons. const. 9 mars 2017, *Sté Barnes et a.*, n° 2016-616/617 QPC § 6. ♦ V. également les affaires citées note 403.

310. Les principes d'indépendance et d'impartialité s'appliquent également aux conseils de discipline. • CAA Bordeaux, 30 nov. 2017, n° 17BX01704 : *JCP Adm. 2018. 2126, concl. de La Taille.*

311. L'exigence d'indépendance et d'impartialité des assesseurs est assurée par leur statut de magistrat du siège et l'interdiction à eux faite d'avoir connu de l'affaire en première instance. • Civ. 3e, QPC, 15 mars 2012 : *AJDA 2012. 1364* ; *D. 2012. 882*. ♦ Le principe selon lequel les conseillers prud'hommes sont désignés en fonction de l'audience des organisations syndicales de salariés et des organisations professionnelles d'employeurs n'est pas contraire au principe d'indépendance et d'impartialité des juridictions. • Cons. const. 11 déc. 2014, n° 2014-704 DC § 17.

312. En revanche, lorsqu'elle se prononce sur une opération de concentration, l'Autorité de la concurrence, qui ne prononce pas une sanction, statue sur une demande qui lui est présentée et, alors même qu'elle se prononce sur la base de normes de droit et à l'issue d'une procédure organisée, ne tranche pas une contestation sur des droits et obligations de caractère civil, mais exerce un pouvoir de police. Par suite, la circonstance que certains des membres de l'Autorité de la concurrence qui ont pris part à la décision attaquée avaient également délibéré sur la sanction de retrait de la précédente autorisation ne saurait être regardée comme ayant méconnu le principe d'impartialité. • CE, ass., 21 déc. 2012, *Sté Canal Plus,* n° 362347 : *Lebon 446 ; RFDA 2013. 70, concl. Daumas ; AJDA 2013. 215, chron. Domino et Bretonneau*.

313. Un moyen relatif à l'irrégularité de la composition d'une formation de jugement, quel qu'en soit le fondement, peut être invoqué à toute étape de la procédure, y compris devant le juge de cassation. • CE, sect., 12 oct. 2009, *P.,* n° 311641 : *Lebon 367 ; AJDA 2009. 2163, chron. Liéber et Botteghi*. ♦ Il n'en va pas de même d'un moyen relatif à la partialité de l'expert. • CE 30 déc. 2013, *Sté EDP Renewables France,* n° 352693 : *AJDA 2014. 15 ; JCP Adm. 2014. 74.*

314. Il appartient au juge, saisi d'un moyen mettant en doute l'impartialité d'un expert, de rechercher si, eu égard à leur nature, à leur intensité, à leur date et à leur durée, les relations directes ou indirectes entre cet expert et l'une ou plusieurs des parties au litige sont de nature à susciter un doute sur son impartialité ; en particulier, doivent en principe être regardées comme suscitant un tel doute les relations professionnelles s'étant nouées ou poursuivies durant la période de l'expertise. • CE 19 avr. 2013, *CH Alès-Cévennes,* n° 360598 : *AJDA 2013. 824 ; JCP Adm. 2013. 394.* ♦ L'action en récusation d'un expert ne porte ni sur des droits et obligations de caractère civil, ni sur une accusation en matière pénale au sens du § 1 de l'art. 6 Conv. EDH. • CE 23 juill. 2014, *Kacem,* n° 352407 : *AJDA 2014. 1584 ; JCP Adm. 2014. 688.*

315. L'exercice de responsabilités au sein d'organisations syndicales ou professionnelles de médecins n'est pas, par lui-même, de nature à faire obstacle à la réalisation d'une mission d'expertise. • CE 23 oct. 2019, n° 423630 B : *AJDA 2019. 2151* .

316. Ces principes s'appliquent au tribunal et au tribunal d'appel mis en place par l'accord économique et commercial global (AECG) entre le Canada, d'une part, et l'Union européenne et ses États membres, d'autre part (dit « CETA »). • Cons. const. 31 juill. 2017, *n° 2017-749 DC § 32 s.*

317. Magistrats non professionnels. Des principes d'indépendance et d'impartialité indissociables de l'exercice des fonctions juridictionnelles découle que les fonctions de magistrat doivent en principe être exercées par des personnes qui entendent y consacrer leur vie professionnelle. Ces principes ne font pas obstacle à ce que, pour une part limitée, des fonctions normalement réservées aux magistrats administratifs en activité puissent être exercées à titre temporaire par des personnes qui n'entendent pas pour autant embrasser une telle carrière à condition que, dans cette hypothèse, des garanties appropriées permettent de satisfaire auxdits principes. • Cons. const. 21 mars 2019, n° 2019-778 DC § 116 et 305 • Cons. const. 21 mars 2019, n° 2019-779 DC § 8. ♦ Tel est le cas en l'espèce, dès lors que les magistrats administratifs honoraires sont soumis aux mêmes obligations et garanties statutaires d'indépendance et d'impartialité que celles applicables aux magistrats en activité ; qu'il ne peut être mis fin aux fonctions des magistrats administratifs honoraires qu'à leur demande ou pour un motif disciplinaire ; et que, d'une part, s'il est prévu que seules les sanctions disciplinaires de blâme, d'avertissement et de cessation des fonctions peuvent être infligées aux magistrats administratifs honoraires, cette restriction du pouvoir disciplinaire est imposée par l'exercice à titre temporaire de leurs fonctions et, d'autre part, si les magistrats honoraires peuvent exercer une activité professionnelle concomitamment à leurs fonctions juridictionnelles, c'est à la condition que celle-ci ne soit pas de nature à porter atteinte à la dignité ou à l'indépendance de leurs fonctions. • Cons. const. 21 mars 2019, n° 2019-778 DC § 116. ♦ Rappr. Pour les magistrats honoraires de l'ordre judiciaire le fait qu'ils soient soumis au statut de la magistrature. • Cons. const. 21 mars 2019, n° 2019-778 DC § 305.

318. Déclaration d'intérêts des magistrats judiciaires. Si la déclaration d'intérêts des magistrats ne doit, en principe, comporter aucune mention des activités syndicales, il en va différemment lorsque la révélation de ces activités résulte de mandats exercés publiquement. Par suite, l'exercice par un magistrat de fonctions au sein des bureaux nationaux des organisations syndicales peut être mentionné dans la déclaration d'intérêts dès lors que la composition de ces organes est rendue publique. • CE 28 déc. 2018, n° 417015 : *AJDA 2019. 13 ; JCP Adm. 2019.12.* ♦ L'information du chef de cour sur l'existence d'une situation potentielle de conflit d'intérêts se borne, dans l'intérêt d'une bonne administration de la justice comme dans celui des magistrats, en cas de doute sur l'existence d'une situation susceptible de faire naître un conflit d'intérêts, à ouvrir la faculté d'une information du chef de cour et d'un échange entre celui-ci et le magistrat intéressé. • CE 28 déc. 2018, n° 417015 : *préc.*

a. Indépendance

319. Le principe d'indépendance relève de l'art. 64 Const. 58 pour les magistrats de l'ordre judiciaire. • Cons. const. 22 juill. 1980, n° 80-119 DC § 6. ♦ ... Est un principe fondamental reconnu par les lois de la République pour les magistrats de l'ordre administratif. • Même affaire. ♦ ... Relève du présent art. pour les magistrats non professionnels. • Cons. const. 20 févr. 2003, n° 2003-466 DC § 23 • Cons. const. 28 déc. 2006, n° 2006-545 DC § 24 • Cons. const. 4 mai 2012, *EURL David Ramirez,* n° 2012-241 QPC § 22. ♦ V. implicitement. • Cons. const. 4 déc. 2003, n° 2003-485 DC § 62. ♦ Dès lors, lorsqu'il s'agit d'assurer l'indépendance de l'ensemble des juridictions, les deux art. sont visés. • Cons. const. 29 mars 2011, n° 2011-629 DC § 16.

320. La Const. 58 consacre l'indépendance des magistrats du parquet, dont découle le libre exercice de leur action devant les juridictions ; cette indépendance doit être conciliée avec les prérogatives du Gouvernement et n'est pas assurée par les mêmes garanties que celles applicables aux magistrats du siège. Si la décision de sanction d'un magistrat du parquet est prise par le garde des sceaux après avis de la formation compétente du Conseil supérieur de la magistrature et si le ministre de la justice peut adresser aux magistrats du ministère public des instructions générales de politique pénale, au regard notamment de la nécessité d'assurer sur tout le territoire de la République l'égalité des citoyens devant la loi, il faut constater que le Garde de sceaux ne peut adresser aux magistrats du parquet aucune instruction dans des affaires individuelles, que le procureur de la République la mission de veiller à ce que les investigations de police judiciaire tendent à la manifestation de la vérité et qu'elles soient accomplies à charge et à décharge, dans le respect des droits de la victime, du plaignant et de la personne suspectée et que la parole des magistrats du parquet à l'audience est libre. • Cons. const. 8 déc. 2017, *Union synd. magistrats,* n° 2017-680 QPC § 10 s.

321. Il en résulte que, pour assurer cette indépendance, le Défenseur des droits ne peut donner suite aux réclamations des justiciables portant sur le comportement d'un magistrat dans l'exercice de ses fonctions ; elles ont pour seul effet de lui permettre d'aviser le ministre *de la justice de faits découverts* à l'occasion de l'accomplissement de ses missions et susceptibles de conduire à la mise en œuvre d'une procédure disciplinaire à l'encontre d'un magistrat. • Cons. const. 29 mars 2011, n° 2011-629 DC § 16.

322. Ce principe n'est pas violé par la présence, au tribunal pour enfant d'assesseurs qui ne sont pas des magistrats professionnels mais des personnes qui se sont signalées par l'intérêt qu'elles portent aux questions de l'enfance et par leurs compétences dès lors que la cour d'appel peut déclarer démissionnaires ces assesseurs qui, « sans motif légitime, se sont abstenus de déférer à plusieurs convocations successives » et prononcer leur déchéance « en cas de faute grave entachant l'honneur ou la probité ». • Cons. const. 8 juill. 2011, *Tarek J.,* n° 2011-147 QPC § 7.

323. L'indépendance constitutionnellement garantie à la juridiction administrative ne fait pas obstacle à ce que puissent siéger dans ce conseil les autorités de la juridiction administrative chargées d'assurer la gestion des membres du corps des TA et CAA et n'implique pas que les litiges relatifs à la carrière de ces membres fassent l'objet d'un double degré de juridiction. • CE, QPC, 21 févr. 2014, *Marc-Antoine,* n° 359716 § 5 et 10 : *AJDA 2014. 423* ; *JCP Adm. 2014. 238.* ♦ Quelles que soient les prérogatives du vice-président du Conseil d'État sur la nomination ou la carrière des membres de la juridiction administrative, les garanties statutaires reconnues à ces derniers aux titres troisièmes des livres premier et deuxième du code de justice administrative assurent leur indépendance à son égard. • Cons. const. 20 oct. 2017, *Jean-Marc L.,* n° 2017-666 QPC § 7.

324. Selon une longue tradition, expressément rappelée par la charte de déontologie des membres de la juridiction administrative, ceux-ci peuvent, à condition de respecter leur obligation de réserve, adhérer à un parti politique et être candidats à des élections. La participation à des « primaires » s'inscrit dans ce cadre traditionnel que l'explicitation contemporaine de principes déontologiques n'a eu ni pour objet ni pour effet de remettre en cause. Il convient cependant d'éviter toute mention de la qualité de magistrat et de n'envisager qu'avec beaucoup de prudence toute prise de position publique ayant un lien avec le débat préélectoral. * CDJA 14 sept. 2016, avis n° 2016/3 : *AJDA 2016. 1721.*

325. Secret du délibéré. Le secret du délibéré découle du principe d'indépendance. • Cons. const. 4 déc. 2015, *Gilbert A.,* n° 2015-506 QPC § 13. ♦ Rappr., le rapport présenté devant la section d'instruction du Cons. const. est couvert par le secret qui s'attache aux délibérations du Cons. const. • Cons. const. 10 nov. 1998 : *n° 97-2113 AN.*

326. Ni les dispositions contestées qui se bornent à imposer à l'officier de police judiciaire de provoquer préalablement à une saisie « toutes mesures utiles pour que soit assuré le respect du secret professionnel et des droits de la défense », ni aucune autre disposition n'indiquent à quelles conditions un élément couvert par le secret du délibéré peut être saisi ; le législateur a donc méconnu l'étendue de sa compétence dans des conditions qui affectent par elles-mêmes le principe d'indépendance des juridictions. • Cons. const. 4 déc. 2015, *Gilbert A.*, n° 2015-506 QPC § 13.

327. Amicus curiae. La demande faite à un *amicus curiae* de produire des observations d'ordre général sur les points qu'elle détermine peut prendre la forme d'un courrier du président de la formation chargée d'instruire l'affaire comme d'une décision juridictionnelle ; elle est formulée auprès d'une personne dont la formation d'instruction estime que la compétence ou les connaissances seraient de nature à l'éclairer utilement sur la solution à donner au litige, et ne peut porter que sur des observations d'ordre général sur les points qu'elle détermine, lesquels peuvent être des questions de droit, à l'exclusion de toute analyse ou appréciation de pièces du dossier. Toutefois, lorsque l'avis a été demandé ou rendu en méconnaissance de ces principes, le juge n'entache pas sa décision d'irrégularité s'il se borne à prendre en compte les observations d'ordre général, juridiques ou factuelles, qu'il contient. • CE 6 mai 2015, *Préfet d'Ille-et-Vilaine*, n° 375036 : *AJDA 2015. 959* ; *JCP Adm. 2015. 453.*

b. Impartialité

1. Généralités

328. Principe. Le juge administratif considère que l'impartialité des juridictions est un principe général du droit. • CE 20 avr. 2005, *Karsenty et Fondation d'Aguesseau : préc. note 294.* ♦ ... Ou encore un principe général applicable à la fonction de juger. • CE, ass., 6 déc. 2002, *Trognon*, n° 240028 A : *RFDA 2003. 694, concl. Fombeur* ; *AJDA 2003. 492, chron. Donnat et Casas* ; *JCP Adm. 2003, note Jean-Pierre* • CE 3 déc. 2003, n° 246134 A : *RDSS 2004. 414, note Prétot* .

329. Le principe d'impartialité de la juridiction, constitutif d'un moyen d'ordre public que toute juridiction se doit de relever d'office, est applicable à toutes les juridictions administratives. • CE, ass., 6 avr. 2001, *SA Razel*, n° 206764 A : *AJDA 2001. 456* ; *ibid. 453, chron. Guyomar et Collin* ; *D. 2001. 1435* ; *RFDA 2001. 1299, concl. Seban, note Lascombe et Vandendriessche* • CE 30 déc. 2003, n° 251234 : *Rec. C. comptes 182 ; RFDA 2004. 365, concl. Guyomar* *et note Couttant* ; *Rev. Trésor 2004. 312, obs. Lascombe et Vandendriessche* • C. comptes, 21 déc. 2006, *Assoc. Personnel de la Cne de Noisy-le-Grand : Rev. Trésor 2008. 173, obs. Lascombe et Vandendriessche.* ♦ V. déjà • C. comptes, 29 juin 2000, *Dpt de l'Essonne : Rev. Trésor 2002. 25, obs. Lascombe et Vandendriessche.* ♦ ... Au tribunal des conflits. • T. confl. 18 mai 2015, *Krikorian*, n° 3995 : *AJDA 2016. 265, note Carpentier*.

330. Un simple « doute » sur la partialité doit normalement conduire un juge à se déporter. • CE 2 oct. 1996, n° 158463 B : *Dr. adm. 1996. 541.* ♦ V. *mutadis mutandis*, s'agissant du Cons. const. • Cons. const. 4 févr. 2011, *Jean-Louis de L.*, n° 2010-96 QPC. ♦ Comp. dès lors qu'il s'agit d'un organisme consultatif. • CE, sect., 22 juill. 2015, *Sté Zambon France*, n° 361962 A : *AJDA 2015. 1447* ; *ibid. 1626, chron. Lessi et Dutheillet de Lamothe* ; *Dr. adm. 2015. 79, note Éveillard.* ♦ Il en résulte qu'il convient d'interpréter toutes les dispositions procédurales comme imposant le départ des membres de la juridiction se trouvant en situation de conflit d'intérêt potentiel. Dès lors, le vice-président du Conseil d'État et les membres du collège de déontologie membres de la juridiction administrative ne participent pas au jugement d'une affaire mettant en cause la charte de déontologie ou portant sur sa mise en œuvre. • Cons. const. 20 oct. 2017, *Jean-Marc L.*, n° 2017-666 QPC § 3.

331. Hypothèses de partialité. Est de nature à faire naître le doute sur l'impartialité des juges le fait que l'un des magistrats composant la formation du tribunal administratif qui a rendu le jugement attaqué soit la fille d'un conseiller municipal de la commune requérante. • CE 2 oct. 1996, n° 158463 B : *préc. note 330.* ♦ ... Professeur dans la formation dont la délibération du jury est contestée. • CE 6 mars 1998, n° 173546 B. ♦ ... Salarié, à l'époque des faits, d'une des parties au litige. • CAA Paris, 22 févr. 2001, n° 99PA02804 : *Dr. adm. 2001. 243, note V.H.* ♦ ... Ait conseillé l'une des parties au litige. • CAA Paris, 23 mars 1999, n° 97PA02245 : *AJDA 1999. 623, note Chauchat* . ♦ ... Ait statué en tant que juge unique sur l'arrêté de reconduite à la frontière, avant de participer à la formation collégiale sur le refus de titre de séjour. • CAA Douai, 28 oct. 2010, n°s 10DA00438 et 10DA00643 : *AJDA 2011. 127* . ♦ ... Ait connu en sa qualité de membre du conseil départemental de l'ordre des médecins les faits reprochés au praticien en chambre disciplinaire quand bien même cette personne n'aurait eu à connaître qu'une seule des plaintes transmises. • CE 4 juill. 2012, n° 344225 B : *AJDA 2012. 1937* . ♦ ... Ait dans un cadre officiel tenu des propos de caractère assez général en faveur de l'une des parties. • CEDH, gr. ch., 23 avr. 2015, *Morice c/ France*, n° 29369/10 § 82 s. : *D. 2015. 974* ; *ibid. 2016. 225, obs. Renucci* ; *AJ pénal 2015. 428, obs. Porteron* ; *Constitutions 2016. 312, chron. de Bellescize* ; *RSC 2015. 740, obs. Roets* .

332. Alors même que les décisions de révision du montant des contributions à l'entretien et à l'éducation des enfants qui ont fait l'objet d'une fixation par l'autorité judiciaire ou d'une convention homologuée par elle, prises par les caisses d'allocations familiales pourraient faire l'objet d'un recours devant le juge aux affaires familiales, le législateur a autorisé une personne privée en charge d'un service public à modifier des décisions judiciaires sans assortir ce pouvoir de garanties suffisantes au regard des exigences d'impartialité dès lors que les caisses, étant tenues de verser l'allocation de soutien familial en cas de défaillance du parent débiteur, peuvent être ainsi intéressées à la détermination du montant des contributions. • Cons. const. 21 mars 2019, n° 2019-778 DC § 40.

333. En permettant à un magistrat administratif ayant exercé les fonctions de directeur régional ou départemental d'une administration publique de l'État ou de direction dans l'administration d'une collectivité territoriale, autre que celle de directeur général des services d'une collectivité de plus de 100 000 habitants dans le ressort d'un tribunal administratif ou d'une cour administrative d'appel, d'être nommé membre de ce tribunal ou de cette cour sans prévoir de condition de délai après l'exercice des fonctions administratives en cause, le législateur a méconnu le présent art. • Cons. const. 21 mars 2019, n° 2019-778 DC § 124.

334. Absence de partialité. Le fait que le rapporteur public d'une affaire concernant une université y ait effectué des enseignements ne le disqualifie pas pour conclure dans une affaire concernant cet établissement. • CE 9 mars 2016, n° 370875 : *AJDA 2016. 884*. ♦ Le magistrat ayant rejeté un référé-suspension en raison de l'irrecevabilité de la requête à fin d'annulation a, ce faisant, pris position sur l'issue définitive du litige et ne peut dès lors statuer sur le recours pour excès de pouvoir. • CAA Lyon, 2 août 2016, n° 15LY01533 : *AJDA 2016. 2090, note Samson-Dye*.

335. En confiant conjointement au préfet et au président du tribunal de grande instance le soin d'arrêter la liste à partir de laquelle les assesseurs-jurés de la cour d'assises de Mayotte sont tirés au sort, et en prévoyant que les citoyens inscrits sur cette liste doivent avoir été proposés soit par le procureur de la République soit par les maires, le législateur a entendu assurer que cette liste soit composée de citoyens présentant des garanties d'impartialité. • *Cons. const. 3 juin 2016, Mohamadi C.,* n° 2016-544 QPC § 10.

336. Pour d'autres exemples d'absence de partialité, V. • CE 7 oct. 2016, *Sté Lyonnaise des eaux*, n° 392351 : *AJDA 2017. 22*.

337. Étendue de l'application des principes. Procédure disciplinaire. Cette impartialité s'applique à la procédure disciplinaire. • CE 27 avr. 1988, n° 66650 A (concl. Hubac) : *AJDA 1988. 446, chron. Azibert et de Boideffre* • CE, sect., 3 déc. 1999, *Leriche*, n° 195512 A : *AJDA 2000. 126, chron. Guyomar et Collin* ; *RFDA 2000. 584, concl. Seban* ; *JCP 2000. 10267, note Sudre* (en l'espèce, ordres professionnels) • Cons. const. 29 sept. 2011, *Marie-Claude A.*, n° 2011-179 QPC (sol. impl.) • Cons. const. 24 nov. 2017, *Sté Queen Air*, n° 2017-675 QPC § 12. ♦ V. également, appliquant la décision n° 2017-675 QPC. • CAA Paris, 12 juill. 2019, n° 18PA03025 : *AJDA 2019. 2621, note Lamy*.

338. Est ainsi partial le membre du conseil de discipline qui prend part aux délibérations lorsque sa situation personnelle est en cause. • CE 1er avr. 1998, n° 136191 B. ♦ ... Lorsqu'il est lui-même sous le coup de poursuites disciplinaires. • CAA Paris, 20 août 1998 n° 96PA01896 • CE 14 oct. 2002, n° 201138 B : *JCP Adm. 2002. 1228, note Jean-Pierre.* ♦ Les membres du conseil régional ayant participé à la décision administrative de traduire A. devant sa chambre de discipline doivent être regardés comme ayant pris parti sur les faits reprochés au praticien et, par suite, en jugeant que ces membres pouvaient siéger au sein de la chambre de discipline du conseil régional, la chambre de discipline du Conseil national de l'ordre national des pharmaciens a commis une erreur de droit. • CE 18 juin 2010, n° 326515 A : *Dr. adm. 2010. 123, note Caille.* ♦ Sur la présence de représentants des organismes d'assurance maladie dans les juridictions ordinales. • CE 12 déc. 2012, n° 338410 : *AJDA 2013. 557*.

339. De même, la composition du conseil de discipline doit être régulière et ne pas comporter de personnes qui n'en sont pas membres. • CE 23 juin 1992, n° 121456 B : *Dr. adm. 1993. 380* • CE 13 janv. 1988, n° 55765 A. ♦ Il résulte du principe d'impartialité qu'alors même que le rapporteur ne délibère pas sur l'affaire qu'il rapporte, l'existence d'une cause de récusation en sa personne entache d'irrégularité la décision prise sur son rapport. • CE 30 nov. 2016, n° 381856 : *AJDA 2017. 150*.

340. En revanche, la circonstance que les membres de la formation disciplinaire du Conseil de l'Ordre du barreau de Paris soient désignés par le Conseil de l'Ordre, lequel est présidé par le bâtonnier en exercice, n'a pas pour effet, en elle-même, de porter atteinte aux exigences d'indépendance et d'impartialité de l'organe disciplinaire. • Cons. const. 29 sept. 2011, *Marie-Claude A.*, n° 2011-179 QPC § 5. ♦ De même, sous réserve qu'un membre du Conseil supérieur de l'Ordre des vétérinaires qui aurait engagé les poursuites disciplinaires ou accompli des actes d'instruction ne siège pas au sein de la chambre supérieure de discipline, la circonstance, selon laquelle les membres de l'organe disciplinaire sont, à l'exception d'un magistrat judiciaire, également membres en exercice du Conseil de l'Ordre, n'a pas pour effet, en elle-même, de porter atteinte aux exigences d'indépendance et d'impartialité de cet organe. • Cons. const. 25 nov. 2011, *Michel G.*, n° 2011-199 QPC § 12. ♦ De même encore, s'agissant de Papeete, sous réserve que le bâtonnier en exercice de l'Ordre, ainsi que les anciens bâtonniers ayant engagé la poursuite disciplinaire ne siègent pas dans la formation disciplinaire du Conseil de l'Ordre, le maintien du Conseil de l'Ordre d'un barreau dans ses attributions disciplinaires n'est pas, en lui-même, contraire aux exigences d'indépendance et d'impartialité de l'organe disciplinaire. • Cons. const. 17 mai 2013, *Jérôme P.*, n° 2013-310 QPC § 9.

341. V. pour le cas particulier de poursuites disciplinaires dans un litige sportif en cas de déport du président de la fédération : • CE 21 nov. 2014, n° 373071 A : *AJDA 2014. 2280* ; *D. 2015. 394, obs. Centre de droit et d'économie du sport*.

342. Dès lors que, dans le cadre de son rôle de juge de cassation, le Conseil d'État ne se borne pas à reiterer les motifs du juge disciplinaire mais, au contraire, motive longuement sa décision en répondant précisément à chacun des moyens soulevés, il n'y a pas impartiatité. • CEDH 11 avr. 2019, *Bonnemaison c/ France*, n° 32216/15 : *AJDA 2019. 837* .

343. … Justice des mineurs. Le principe d'impartialité s'applique au tribunal pour enfants. • CEDH 24 août 1993, *Nortier c/ Pays-Bas*, n° 13924/88 : *D. 1995, somm., p. 105, obs. Renucci* ; *RSC 1994. 362, obs. Koering-Joulin*. ♦ La CEDH admet que, du fait de la nature spécifique des questions que la justice des mineurs est amenée à traiter, elle doit nécessairement présenter des particularités par rapport au système de la justice pénale applicable aux adultes. Toutefois, il n'incombe pas à la Cour d'examiner *in abstracto* la législation et la pratique internes pertinentes, mais de rechercher si la manière dont elles ont été appliquées à un requérant dans une affaire donnée ou l'ont touché a enfreint l'art. 6, § 1, Conv. EDH. • CEDH 2 mars 2010, *Adamkiewicz c/ Pologne*, n° 54729/00 § 108 : *D. 2010. 1324, note Bonfils*. ♦ Le principe d'impartialité des juridictions ne s'oppose pas à ce que le juge des enfants qui a instruit la procédure puisse, à l'issue de cette instruction, prononcer des mesures d'assistance, de surveillance ou d'éducation. • Cons. const. 8 juill. 2011, *Tarek J.*, n° 2011-147 QPC § 11.

344. De même, porte atteinte au principe d'impartialité des juridictions une disposition qui permet au juge des enfants, qui a été chargé d'accomplir les diligences utiles pour parvenir à la manifestation de la vérité et qui a renvoyé le mineur devant le tribunal pour enfants, de présider cette juridiction de jugement habilitée à prononcer des peines. • Cons. const. 8 juill. 2011, *Tarek J.*, n° 2011-147 QPC § 11 • Cons. const. 4 août 2011, n° 2011-635 DC § 53.

345. Il est possible de demander la récusation d'un membre du Tribunal des conflits. • T. confl. 18 mai 2015, n° 3995 B : *AJDA 2015. 1726* ; *Dr. adm. 2015. 69, note Éveillard.*

346. … Impartialité des juridictions suprêmes et QPC. V. notes ss. Const. 58, art. 61-1.

347. … Organismes non juridictionnels. Le principe d'impartialité est étendu à certains organismes non juridictionnels lorsqu'ils prononcent des sanctions ; c'est le cas : des fédérations sportives. • CE 27 oct. 1999, *Féd. fr. football*, n° 196251 : *JCP 2000. 10376, note Piastra*. ♦ … Des autorités administratives indépendantes dotées d'un pouvoir de sanction pour lesquelles le Conseil s'assure que les garanties légales, dont il appartient à la juridiction compétente de contrôler le respect, suffisent à les garantir. • Cons. const. 12 oct. 2012, *Sté Groupe Canal Plus et a.*, n° 2012-280 QPC § 19 • Cons. const. 5 juill. 2013, *Sté Numéricâble SAS et a.*, n° 2013-331 QPC § 10 • Cons. const. 13 déc. 2013, *Sté Sud-Radio Services et a.*, n° 2013-359 QPC § 3. ♦ … Du Conseil des marchés financiers (devenu Autorité des marchés financiers). • CE, ass., 3 déc. 1999, *Didier*, n° 207434 A : *préc. note 131* • CE, sect., 22 nov. 2000, *Sté Crédit Agricole Indosuez Cheuvreux*, n° 207697 A (concl. Seban) : *AJDA 2000. 997, note Guyomar et Collin* ; *D. 2001. 237, obs. Boizard*. ♦ … De la Commission des opérations de bourse (devenue AMF). • Cass., ass. plén., 5 févr. 1999, n° 97-16.440 P : *Rev. sociétés 1999. 620, note Le Nabasque* ; *RSC 1999. 599, obs. Riffault* ; *RTD com. 1999. 467, obs. Rontchevsky*. ♦ … Du Conseil de la concurrence. • Com. 5 oct. 1999, n° 97-15.617 P : *D. 1999. 44, obs. A. M.* ; *ibid. 2000. 9, obs. Niboyet* ; *RTD civ. 2000. 618, obs. Normand* ; *RTD com. 2000. 249, obs. Poillot-Peruzzetto* ; *ibid. 632, obs. Claudel*. ♦ … Des COTOREP (devenue CDAPH). • CE, sect., 6 déc. 2002, *Aïn-Lhout*, n° 221319 A : *RDSS 2003. 163, concl. Séners* ; *AJDA 2003. 492, chron. Donnat et Casas*.

348. Plus généralement, le principe d'impartialité s'impose à toute autorité administrative. • TA Paris, 9 nov. 2015, *SCI Nefertari*, n° 1405923 : *AJDA 2016. 161, concl. Grossholz*. ♦ … Y compris les AAI et API. • CE 16 déc. 2019, n° 422672 B : *AJDA 2019. 2585* ; *RDSS 2020. 185, obs. Curier-Roche*.

349. Il en découle que ce principe doit s'appliquer dès le stade de la nomination des membres des AAI et API. • CE 3 oct. 2011, n° 328326 B : *AJDA 2011. 1925*. ♦ Et, depuis les lois du 20 janv. 2017. • CE 18 févr. 2018, n° 411345 B : *AJDA 2018. 1524* ; *ibid. 1881, chron. Idoux, Nicinski et Glaser*.

BIBL. Erstein, La déontologie dans les juridictions administratives, *JCP Adm. 2016. 2175*. –

Belfanti, Le collège de déontologie des magistrats judiciaires, *AJDA 2019. 2218* .

350. Légalité des chartes de déontologie. La charte de déontologie des membres de la juridiction administrative, qui n'a pas pour objet de se substituer aux principes et dispositions textuelles, notamment statutaires, régissant l'exercice de leurs fonctions, a vocation, outre à rappeler les principes et obligations d'ordre déontologique qui leur sont applicables, à préconiser des bonnes pratiques propres à en assurer le respect. • CE 25 mars 2020, n° 421149 A : *AJDA 2020. 703 ; JCP 2020. 212 ; JCP Adm. 2020. 2278, note Fraysse.*

351. Le vice-président du Conseil d'État n'a pas excédé sa compétence en établissant, par sa décision du 14 mars 2017, une charte de déontologie dont l'avant-propos indique qu'elle « intéresse les membres honoraires des deux corps appelés à exercer des fonctions juridictionnelles ou administratives dans les conditions prévues par le code de justice administrative ou d'autres dispositions législatives ou réglementaire » et que, « pour le reste, (...) [elle] ne traite de leur situation (...) que dans la mesure où celle-ci serait de nature à porter atteinte à la dignité de leurs anciennes fonctions ou affecter le fonctionnement et l'indépendance de la juridiction administrative (...) ». Il en résulte que M. A. n'est pas fondé à soutenir que le vice-président du Conseil d'État aurait méconnu l'étendue de sa compétence, non plus d'ailleurs que le principe de sécurité juridique, en prévoyant que la charte de déontologie des membres de la juridiction administrative s'applique également, dans certaines conditions, à tous les anciens membres de la juridiction administrative. • CE 25 mars 2020, n° 411070 A : *AJDA 2020. 703 ; JCP 2020. 212.*

352. Il est dans la nature même des recommandations de bonnes pratiques telles qu'énoncées par la charte de déontologie d'appeler, dans le silence de la loi ou des règles statutaires, ceux à qui elles s'adressent à prendre toute précaution convenable, de nature à leur éviter d'éventuelles mises en cause d'ordre déontologique et à préserver, en toute hypothèse, l'indépendance, l'impartialité et le bon fonctionnement des juridictions administratives. A cet égard, il ne ressort pas des pièces du dossier que les durées préconisées par les recommandations de bonnes pratiques litigieuses, qui entendent contribuer à asseoir la confiance des citoyens envers la juridiction administrative, seraient entachées d'erreur manifeste d'appréciation. • CE 22 mars 2020, n° 411070 A : *préc. note 351.*

353. Chartes de déontologie et discipline. Pour apprécier si le comportement d'un membre de la juridiction administrative traduit un manquement aux obligations déontologiques qui lui incombent, les bonnes pratiques ainsi recommandées sont susceptibles d'être prises en compte, sans pour autant que leur méconnaissance ne soit, en elle-même, constitutive d'un manquement disciplinaire. • CE 22 mars 2020, n° 421149 : *préc. note 350.*

2. Compétence des collèges de déontologie

BIBL. Labetoulle, Le collège de déontologie de la juridiction administrative, *Mélanges Lascombe, Dalloz 2020. 89.*

354. Le collège est compétent : pour se prononcer sur le respect, par un magistrat devenu avocat, des devoirs s'attachant à la qualité d'ancien membre de la juridiction administrative. • CDJA 10 mars 2017, avis n° 2017-1. ♦ ... Pour se prononcer à titre consultatif sur une éventuelle incompatibilité. • CDJA 15 nov. 2017, avis n° 2017-7. ♦ ... Pour connaître d'une demande d'avis relative à un conseiller en service extraordinaire (sol. impl.). • CDJA 18 févr. 2019, avis n° 2019-1. ♦ ... Pour émettre un avis sur une question d'ordre déontologique concernant un magistrat placé en position de détachement pour exercer les fonctions de président d'une commission régionale de conciliation et d'indemnisation. • CDJA 20 mai 2019, avis n° 2019-2.

355. Le collège est incompétent pour se prononcer sur la possibilité de nommer un magistrat en qualité de « représentant de l'État » ou de « personnalité qualifiée » au conseil d'administration d'une entreprise publique. • CDJA 18 mars 2014, avis n° 2014-2. ♦ ... Pour se prononcer sur le principe de l'affectation d'un magistrat au regard des règles d'incompatibilité, qui relève de la seule autorité gestionnaire. • CDJA 27 mars 2015, avis n° 2015-3. ♦ ... Pour rechercher si un magistrat remplit les conditions pour exercer les fonctions de conseiller du commerce extérieur de la France. • CDJA 26 janv. 2016, avis n° 2015-6. ♦ ... Pour apprécier la façon dont un magistrat judiciaire détaché au Conseil d'État relate une affaire pénale sensible dans un essai à caractère historique. • CDJA 17 janv. 2017, avis n° 2016-4. ♦ ... Pour interpréter l'art. 40 C. pr. pén. • CDJA 19 nov. 2018, avis n° 2018-3. ♦ ... Pour connaître de questions relatives exclusivement à des fonctions exercées en position de détachement. • CDJA 19 nov. 2018, avis n° 2018-3.

356. Le collège n'a normalement pas vocation à se prononcer sur l'application de la déontologie à laquelle sont tenus tous les avocats. Toutefois des faits – constituant ou non des manquements à la déontologie des avocats – peuvent être pris en compte par le collège en tant qu'ils révèleraient une inexacte observation par l'ancien magistrat des devoirs qui s'attachent à cette qualité. • CDJA 10 mars 2017, avis n° 2017-1. ♦ Certains avis sont émis sous réserve du pouvoir d'appréciation du juge de la légalité. • CDJA 18 févr. 2019, avis n° 2019-1. ♦ … De l'appréciation à laquelle l'autorité compétente pourrait avoir à se livrer. • CDJA 15 nov. 2017, avis n° 2017-7.

3. Jurisprudence des collèges de déontologie

357. Bonnes pratiques. Exercice des fonctions de juge et de conseil. Un magistrat devenu avocat de ne pas porter atteinte à la dignité de ses anciennes fonctions. Tout magistrat administratif devenant avocat doit observer prudence et délicatesse dans ses relations avec la juridiction administrative. Il en va *a fortiori* ainsi lorsqu'il s'inscrit au barreau du siège d'une juridiction au sein de laquelle il a exercé. Et, dans ce cas, l'exigence s'accroît bien plus encore pour un ancien chef de juridiction. En l'espèce, la façon dont le site présente la carrière de l'intéressé et met en relief le fait d'avoir présidé une juridiction dont le siège est celui du barreau n'est pas, en l'état, en conformité avec les principes rappelés. • CDJA 10 mars 2017, avis n° 2017-1. ♦ Sur ces questions, V. • CDJA 15 nov. 2017, recomm. n° 2017-1.

358. Un magistrat ne peut pas remplir une mission – telle que d'arbitrage, de conciliation ou d'expertise – se situant dans le prolongement d'un litige dont il aurait connu dans l'exercice de ses attributions juridictionnelles. • CDJA, avis, 31 mai 2014, avis n° 2014-8. ♦ Ce principe vaut pour une mission de médiation. • CDJA 31 mai 2017, avis n° 2017-3. ♦ Si la désignation comme médiateur d'un magistrat honoraire ayant appartenu à la juridiction ne soulève pas d'objection de principe, l'observation d'un « délai de viduité » d'un an ou deux est recommandable. • CDJA 31 mai 2017, avis n° 2017-3.

359. … Mentions, titres et qualités. L'adjonction aux titres ou qualités des mots « ancien membre du Conseil d'État » dans l'exercice de l'activité privée de conseil pratiquée dans le domaine du droit constitutionnel n'appelle dans son principe aucune objection. Il convient seulement que la reproduction de ces mots soit présentée avec sobriété et sur le même plan que les autres mentions. De façon plus générale, chaque support relatif à l'activité professionnelle de consultant doit être exempt de toute indication complémentaire qui pourrait être lue comme suggérant que les activités exercées au sein du Conseil d'État vus *confèrent une expertise particulière dans* les matières concernées. • CDJA 15 août 2019, avis n° 2019-5.

360. … Publicité commerciale. Il n'est pas souhaitable qu'un magistrat soit associé à une démarche visant à mettre en valeur et à promouvoir une prestation, y compris pour un site ayant pour objet la diffusion des décisions juridictionnelles. • CDJA 3 juin 2019, avis n° 2019-3.

361. … Engagement associatif. La liberté d'adhérer à une association ayant une existence légale a normalement pour corollaire la possibilité d'assumer au sein de celle-ci des fonctions de responsabilité. • CDJA 18 mars 2014, avis n° 2014-1. ♦ La participation d'un magistrat à l'activité d'une association de médiation n'appelle aucune observation de principe de la part du collège. Dès lors, il ne peut que considérer favorablement l'engagement personnel de X au profit d'une association dont l'utilité ? pour le justiciable et l'institution judiciaire est reconnue. Cependant, le collège voit dans sa fonction exécutive de présidente de cette association des difficultés déontologiques majeures (V. note 386). • CDMJ 20 nov. 2018, avis, n° 2018-6.

362. … Engagement politique. Selon une longue tradition, expressément rappelée par la charte de déontologie des membres de la juridiction administrative, ceux-ci peuvent : à condition de respecter leur obligation de réserve, adhérer à un parti politique et être candidats à des élections. • CDJA 14 sept. 2016, avis n° 2016-3. ♦ V. déjà. • CDJA janv. 2014, ♁ recomm. n° 1-2013. ♦ … Participer à la vie politique et électorale. • CDJA 23 sept. 2019, recomm. n° 1-2019. ♦ … Hors les cas où une disposition législative a prévu une inéligibilité à certains mandats, être candidats à des élections politiques. • CDJA 20 mai 2019, avis n° 2019-2.

363. La liberté d'adhérer à un parti politique a normalement pour corollaire la possibilité d'assumer au sein de celui-ci des fonctions de responsabilité à la double condition que les obligations inhérentes à cette responsabilité n'affectent pas sa disponibilité pour l'exercice de ses fonctions juridictionnelles et qu'il ne soit pas, du fait de cette fonction, amené à s'exprimer d'une façon qui ne serait pas compatible avec son obligation de réserve. • CDJA 7 févr. 2018, avis n° 2018-1.

364. Sous réserve, le cas échéant, de dispositions imposant la mention de la profession sur l'acte de candidature, il doit, pendant toute la période précédant l'élection, s'abstenir de se prévaloir de sa qualité de magistrat administratif. • CDJA 23 sept. 2019, recomm. n° 1-2019.

365. La participation à des « primaires » s'inscrit dans ce cadre traditionnel que l'explicitation contemporaine de principes déontologiques n'a eu ni pour objet ni pour effet de remettre en cause. • CDJA 14 sept. 2016, avis n° 2016-3.

366. Ni les dispositions relatives à la possibilité de consulter la liste des soutiens apportés à une proposition de loi, ni aucun des principes et règles rappelés par la charte de déontologie ne sauraient avoir pour effet de priver les magistrats d'un droit que la Constitution reconnaît à tout électeur de soutenir l'initiative prise par un cinquième des membres du Parlement. Cependant, il convient de n'envisager qu'avec prudence une prise de position publique ayant un lien avec la consultation et de ne pas accompagner l'expression du soutien d'une démarche ou attitude à caractère ostentatoire. Par ailleurs, le cas échéant, il pourrait y avoir lieu de s'interroger sur la nécessité de se déporter pour le jugement d'une affaire qui aurait un lien étroit avec l'objet de la proposition de loi. • CDJA 2 juill. 2019, avis n° 2019-4.

367. Dans le cadre d'une candidature à une élection politique, il appartient au magistrat de se conformer aux règles applicables dans un tel cas. A ce titre il devra notamment : informer en temps utile le chef de la juridiction ; sous réserve, le cas échéant, de dispositions imposant la mention de la profession sur l'acte de candidature, ne se prévaloir pendant la période précédant l'élection ni de sa qualité de magistrat administratif ni d'autres fonctions telles que président d'une commission régionale de conciliation et d'indemnisation ; tenir la juridiction administrative à l'écart de toute polémique électorale et respecter l'obligation de réserve qui s'impose à lui en toute circonstance. De façon usuelle, la portée de l'obligation de réserve s'apprécie au regard de l'ensemble des circonstances de temps et de lieu dans lesquelles le magistrat s'exprime ainsi que des caractéristiques concrètes de ses attributions. Dans le cas particulier de la candidature à une élection, la liberté d'expression dont dispose le magistrat doit être appréciée compte tenu des exigences du débat électoral, de façon à lui permettre de faire campagne à l'instar des autres candidats. Ces exigences ne sauraient toutefois justifier des propos ou comportements de nature à affecter l'image de la juridiction administrative et notamment à mettre en doute pour les justiciables l'impartialité que ceux-ci sont en droit d'attendre d'un magistrat dans l'exercice de ses fonctions. • CDJA 20 mai 2019, avis n° 2019-2.

368. Sur l'exercice du mandat et plus généralement l'attitude et la liberté d'expression des magistrats élus, V. • CDJA 23 sept. 2019, recomm. n° 1-2019. ♦ La qualité de conseiller municipal implique nécessairement la possibilité de s'exprimer librement sur les questions intéressant les « affaires de la commune ». Le conseiller municipal qui se trouve par ailleurs être magistrat administratif dispose naturellement de la même possibilité, sous la double réserve qu'il ne doit pas se prévaloir à cette occasion de sa qualité de magistrat et que ni son attitude ni ses propos n'excèdent le cadre normal du débat démocratique. • CDJA 19 nov. 2018, avis n° 2018-2.

369. ... Engagement religieux. V. note ss. Const. 58, art. 1er.

370. ... Activités extérieures. L'attention des magistrats est attirée sur la nécessité de veiller à la précision des contrats qu'ils passent pour l'exercice de missions extérieures. En effet, seule une définition précise de l'objet et des modalités de la mission est de nature à permettre au magistrat, au chef de juridiction auquel une autorisation est demandée et, le cas échéant, au collège de déontologie, d'identifier les précautions déontologiques qu'appelle l'exercice d'une telle activité ou, dans certains cas, les difficultés qu'elle est susceptible de générer et qui doivent conduire, pour des motifs déontologiques, à éviter le cumul de cette activité avec des fonctions juridictionnelles. • CDMJ 26 févr. 2018, avis n° 2018-1.

371. L'exercice rémunéré d'activités d'enseignement destinées à des avocats ne soulève pas d'objection déontologique de principe si ces sessions sont organisées et rémunérées par les barreaux, ou par des organismes de formation. En revanche, leur organisation par un cabinet place le magistrat qui s'y livre dans une situation de dépendance incompatible avec son état et, soulignée dans le cas d'espèce, par le montant envisagé de la rémunération. Au surplus, toute prestation, rémunérée ou non, au profit exclusif des membres d'un cabinet d'avocats et éventuellement de leurs invités conduirait à une forme de rupture d'égalité au détriment des autres avocats. La participation de magistrats administratifs à des activités d'enseignement ainsi organisées serait contraire à la déontologie. • CDJA 18 janv. 2019, avis n° 2018-4. ♦ X, magistrate honoraire, a été chargée, pendant un an et à concurrence de trois jours par mois, d'évaluer les dispositifs mis en place par le maire de Z en matière de prévention de la délinquance et d'accueil des victimes, et d'établir des préconisations méthodologiques et organisationnelles tendant à améliorer l'efficacité de ces dispositifs. Cette mission rémunérée n'implique aucune participation à des instances ou action de représentation de la commune, notamment à l'égard des juridictions et de leurs auxiliaires. Il appartient à X de veiller à ne pas être chargée d'une procédure impliquant directement ou indirectement la Cne de Z, ses élus, ses agents ou des personnes qu'elle aurait été amenée à connaître dans l'exercice de sa mission auprès de la Cne. • CDMJ 26 févr. 2018, avis n° 2018-1.

372. ... Exercice d'une activité extérieure d'intérêt général. L'exercice d'activités d'intérêt général auprès des personnes publiques ne soulève pas *a priori* d'objections de principe. Or la mission des conseillers du commerce extérieur est clairement d'intérêt général. Toutefois il convient d'apprécier au cas par cas si l'exercice de ce type d'activités n'est pas de nature à compromettre le fonctionnement normal, l'indépendance ou la neutralité de l'institution à laquelle appartient l'intéressé. Cette appréciation doit notamment prendre en compte la disponibilité nécessaire aux fonctions exercées au sein de la juridiction ; l'absence de liens hiérarchiques dans le cadre de l'activité extérieure ; les risques de conflits d'intérêts. • CDJA 26 janv. 2016, avis n° 2015-6. ♦ Dans l'exercice du mandat d'administrateur qui lui serait confié en qualité de « représentant de l'État », il ne saurait se sentir délié, au profit et pour l'application des instructions ou directives gouvernementales qui viendraient à lui être données, de l'obligation, inhérente à son état, de décider en fonction de la légalité et de l'intérêt général, à l'exclusion de toute intervention extérieure. Il lui appartient par ailleurs d'exercer ce mandat en fonction de l'intérêt de l'entreprise publique. • CDJA 18 mars 2014, avis n° 2014-2. ♦ M. A, retraité, qui a été installé comme magistrat à titre temporaire (MTT) au tribunal de grande instance de X exerce des fonctions d'administrateur de l'Union départementale des associations familiales du X (UDAF) et de l'Association de gestion des services spécialisés (AGSS) et des fonctions de représentant des associations familiales au sein de la commission de surendettement du X. Il devra s'abstenir de juger toutes les affaires dans lesquelles l'UDAF ou l'AGSS est intervenue en matière de protection de l'enfance, des majeurs incapables et des questions de contentieux familial et d'aide à la parentalité et qu'il n'ait à connaître d'aucune affaire concernant, directement ou indirectement, la situation financière de personnes ayant été soumises à la commission de surendettement des particuliers de X. • CDMJ 15 janv. 2018, avis n° 2017-4.

373. ... Exercice de la profession d'avocat par un ancien membre de la juridiction administrative. L'ancien magistrat devenu avocat doit bien prendre conscience de ce que, plus sans doute que tout autre changement de profession, devenir avocat est pour un magistrat tout sauf anodin : c'est une inversion des rôles qui, dans tous les sens du terme, fait passer de l'autre côté de la barre et est de nature à susciter chez les justiciables sinon l'incompréhension du moins la curiosité et l'interrogation. • CDJA 15 nov. 2017, recomm. n° 2017-11. ♦ Qu'on envisage les choses du point de vue de ses anciens collègues, de ses confrères ou des justiciables, tout magistrat administratif devenant avocat doit observer prudence et délicatesse dans ses relations avec la juridiction administrative. Il en va *a fortiori* ainsi lorsqu'il s'inscrit au barreau du siège d'une juridiction au sein de laquelle il a exercé. Et, dans ce cas, l'exigence s'accroît bien plus encore pour un ancien chef de juridiction. • CDJA 10 mars 2017, avis n° 2017-1.

374. L'inscription au barreau d'un ancien chef de juridiction dans le ressort du tribunal qu'il a présidé plus de trois ans après la cessation de ses fonctions ne paraît nullement, en elle-même, de nature à porter atteinte à la dignité des anciennes fonctions des intéressés ou d'affecter le fonctionnement et l'indépendance de la juridiction administrative, sous réserve que l'intéressé évite de traiter des affaires en lien avec celles dont le tribunal a eu à connaître durant sa présidence. • CDJA 4 juin 2012, avis n° 2012-3. ♦ Il appartient à un magistrat administratif ayant cessé ses fonctions de s'abstenir de traiter, pendant une durée de trois ans, d'affaires relevant de la juridiction dans laquelle il était affecté et de s'abstenir de traiter, d'une manière générale, d'affaires dont il a eu à connaître dans ses fonctions. • CDJA 17 juin 2013, avis n° 2013-6. ♦ L'inscription au barreau d'un magistrat administratif en disponibilité dans le ressort du tribunal où il a exercé ses fonctions il y a plus de huit ans ne paraît nullement, en elle-même, de nature à emporter de tels risques. Cependant, eu égard aux activités exercées plus récemment par l'intéressé en position de détachement auprès d'autorités locales, il lui est suggéré de faire preuve de vigilance et de réserve dans les relations qu'il sera appelé à avoir comme avocat avec ce tribunal et de s'abstenir de traiter des affaires en lien avec celles qu'il a pu connaître durant l'exercice de ces activités. • CDJA 1er févr. 2013, avis n° 2012-10.

375. Le fait pour le titulaire d'un emploi public d'avoir par ailleurs la qualité de magistrat administratif ne fait pas par lui-même obstacle – sous réserve du cas exceptionnel où cette intervention pourrait raisonnablement être ressentie comme entraînant une rupture d'égalité ou comme pouvant influencer le juge saisi – à ce qu'il rédige ou signe des mémoires correspondant à cet emploi. En revanche, il est recommandable que dans cette hypothèse il ne fasse pas mention, sous sa signature, de sa qualité de magistrat administratif. La signature de mémoires a pour corollaire la possibilité de participer à l'audience. L'intérêt du service peut l'exiger. Dans les autres hypothèses, l'opportunité d'une abstention doit être envisagée en fonction de l'ensemble des circonstances de l'espèce. Dans tous les cas, l'intéressé doit veiller tout particulièrement à éviter toute référence, implicite ou explicite, à son état de magistrat. • CDJA 23 juin 2015, avis n° 2015-4.

376. ... Représentation d'une association. Il convient d'éviter que la participation personnelle d'un magistrat à une procédure engagée au nom d'une association puisse être ressentie comme une forme de rupture d'égalité au détriment de l'autre partie ou comme ayant pour objet ou pour effet de tenter d'influencer le juge saisi. De ce point de vue, il y a lieu de distinguer selon que le magistrat exerce ou non au sein de l'association des fonctions lui conférant la qualité de représentant légal. Le magistrat ayant la qualité de représentant légal peut introduire l'action au nom de l'association. Mais il doit veiller à ce qu'il ne soit fait mention que de sa qualité de représentant de l'association, à l'exclusion de toute référence à son état. En revanche, l'intervention à l'audience d'un magistrat qui est membre de l'association mais n'en est pas statutairement le représentant légal apparaît inopportune car elle pourrait être perçue comme de nature à porter atteinte à l'égalité des parties devant le juge. • CDJA 18 mars 2014, avis n° 2014-1.

377. ... Auto-entrepreneur. Le recours au régime de l'auto-entrepreneur par un membre de la juridiction administrative en activité appelle de la part de celui-ci précautions et vigilance. Il doit veiller à ce que le terme « auto-entrepreneur » ne soit pas à l'origine de confusions sur la nature des activités exercées à ce titre et sur leur compatibilité avec ses fonctions. • CDJA 22 oct. 2012, avis n° 2012-8. ♦ La possibilité pour un membre de la juridiction administrative de se placer sous le statut d'auto-entrepreneur ne l'exonère pas de l'obligation d'assurer l'intégralité des tâches inhérentes à ses fonctions et il lui incombe de porter périodiquement à la connaissance de son chef de juridiction tous éléments d'information sur la consistance de l'activité exercée sous le statut d'auto-entrepreneur de façon à permettre la vérification en commun du respect de cette obligation. • CDJA 22 oct. 2012, avis n° 2012-5. ♦ Un ancien membre de la juridiction administrative, admis à faire valoir ses droits à la retraite, envisageant d'exercer avec le statut d'auto-entrepreneur une activité de médiateur, devrait s'abstenir d'intervenir dans une affaire dont il aurait eu à connaître dans l'exercice de ses activités juridictionnelles antérieures. • CDJA 22 oct. 2012, avis n° 2012-6.

378. ... Autres cas. Même si l'anonymisation des dossiers contentieux communiqués à des étudiants à titre d'études de cas n'est pas imposée par une disposition législative ou réglementaire, elle est couramment pratiquée depuis fort longtemps dans un souci de protection des données purement personnelles concernant les parties au litige, qui répond au droit au respect de la vie privée. Le collège de déontologie estime qu'il s'agit là d'une bonne pratique et qu'il est opportun de l'étendre à l'ensemble des pièces constitutives de tels dossiers, y compris à la décision qui statue sur le litige. Bien que celle-ci soit publique, il serait peu cohérent de lui réserver un sort distinct de celui des autres pièces, car cela pourrait finalement permettre de contourner la protection à laquelle doit précisément contribuer l'anonymisation de ces pièces. • CDJA 17 nov. 2014, avis n° 2014-9. ♦ La référence à l'anonymisation des « parties au litige » couvre non seulement les personnes physiques mais les diverses personnes morales qui peuvent être parties ou intervenantes au litige. L'anonymisation doit porter également sur les mentions relatives aux avocats, sans qu'il y ait lieu de distinguer le cas où cette mention porte sur le nom d'une société professionnelle. Il paraît préférable d'occulter également les noms des personnes ayant concouru soit à l'élaboration des décisions administratives en cause, quel que soit le rôle qu'elles ont joué, soit aux écritures produites dans la procédure. Le principe d'anonymisation doit s'entendre de la façon la plus large. Il s'accommoderait mal de distinctions qui dans bien des cas pourraient permettre des recoupements compromettant cette protection. • CDJA 14 sept. 2016, avis n° 2016-2.

379. La condamnation prononcée à l'encontre de X, qui n'emporte pas restriction du champ d'exercice de ses fonctions, sanctionne des faits qui semblent relever de sa vie privée et qui n'ont pas été soumis aux organes habilités à apprécier la nature et la gravité du manquement aux devoirs de l'état de magistrat qu'ils sont susceptibles de constituer. Sans préjudice des conséquences que peuvent en tirer les organes compétents, un magistrat auteur d'une infraction doit s'interroger, au regard de la nature, des circonstances et de l'ancienneté de l'infraction, sur le risque de troubles significatifs pouvant résulter de sa connaissance par les justiciables, et leurs conseils, les autres magistrats, les fonctionnaires de la juridiction au sein de laquelle il exerce et les autres catégories de personnes intervenant habituellement dans les procédures juridictionnelles. Il doit dès lors s'attacher, dans le cadre d'un dialogue avec le chef de juridiction, à préserver l'image de la justice et un exercice serein des fonctions qui lui sont confiées ou qui sont susceptibles de lui être confiées. • CDMJ 9 oct. 2018, avis n° 2018-5.

380. Incompatibilité. Si aucune règle ni principe ne fait directement obstacle à l'exercice simultané de la présidence d'une chambre disciplinaire de première instance de l'Ordre des chirurgiens-dentistes et de la section des assurances sociales de cette chambre disciplinaire, dans bien des cas, les mêmes faits peuvent être à l'origine de procédures engagées devant ces deux instances et le fait pour un magistrat de siéger successivement dans les deux procédures exposerait la seconde décision à une contestation sur le thème de l'absence d'impartialité objective. • CDJA 22 oct. 2012, avis n° 2012-7.

381. Le membre du Conseil d'État en position d'activité au sein du corps est en dehors de toute relation hiérarchique avec le gouvernement ; dès lors, dans l'exercice du mandat d'administrateur qui lui serait confié en qualité de « représentant de l'État », il ne saurait se sentir délié, au profit et pour l'application des instructions ou directives gouvernementales qui viendraient à lui être données, de l'obligation, inhérente à son état, de décider en fonction de la légalité et de l'intérêt général, à l'exclusion de toute intervention extérieure ; il lui appartiendrait par ailleurs d'exercer ce mandat en fonction de l'intérêt de l'entreprise publique. • CDJA 18 mars 2014, avis n° 2014-2.

382. Un magistrat ne peut pas remplir une mission – telle que d'arbitrage, de conciliation ou d'expertise – se situant dans le prolongement d'un litige dont il aurait connu dans l'exercice de ses attributions juridictionnelles. La circonstance que ce magistrat aurait, entretemps, été affecté dans une autre juridiction, tout comme l'éventuelle mise en œuvre des dispositions des art. L. 211-4 ou R. 621-1 CJA, sont sans incidence à cet égard. • CDJA 17 nov. 2014, avis n° 2014-8.

383. Les magistrats en activité peuvent, à titre d'activités accessoires, assumer des missions de médiation dont l'exercice présente « un caractère marqué d'intérêt général » sous réserve d'y être autorisés, selon le cas, par le vice-président du Conseil d'État ou le chef de juridiction « auquel il revient de s'assurer notamment qu'elles n'interfèrent pas avec les attributions juridictionnelles des intéressés ». La possibilité ainsi admise pour des magistrats en activité vaut, *a fortiori*, pour des magistrats honoraires (qui, à la différence des magistrats en activité, n'ont pas à solliciter une autorisation). Les magistrats en activité peuvent remplir ces missions sous les mêmes réserves que lorsqu'il s'agit d'arbitrages ou de conciliations (V. notes 382). • CDJA 31 mai 2017, avis n° 2017-3.

384. Mme C., premier conseiller, affectée au TA de Paris, est l'épouse du ministre de l'Intérieur. Cette configuration inédite, dont l'acuité est soulignée par la sensibilité traditionnelle des attributions régaliennes du ministère de l'Intérieur, oblige à prévenir toute situation dans laquelle un doute légitime pourrait naître, même du seul point de vue des apparences. Pour autant, Mme C. a le droit de poursuivre une activité juridictionnelle pendant que son mari exerce des fonctions ministérielles ; aucune forme d'incompatibilité ne saurait lui être opposée. Pour autant, il peut advenir que telle ou telle affaire revête un lien avec l'actualité politique ou soit susceptible d'avoir un retentissement particulier : il conviendra alors de rechercher au cas par cas, selon les procédures et critères usuels, si Mme C. doit s'abstenir de participer au jugement de l'affaire. • CDJA 18 sept. 2017, avis n° 2017-4.

385. Cependant, X a accepté qu'une publicité soit donnée à sa mission par le maire de la commune, notamment en siégeant à ses côtés lors d'une présentation publique de sa mission. Une telle publicité, qui contredit le caractère interne de sa mission, peut conduire, notamment un public non averti, à assimiler sa mission à un engagement politique ou à un soutien à une politique communale dans un domaine qui n'est pas dénué de tout lien avec ses fonctions juridictionnelles. Elle fait également obstacle à ce que soit garantie la perception d'une nette distinction, conforme à la séparation des pouvoirs, entre les fonctions juridictionnelles de X et la mission administrative qu'elle a acceptée. • CDMJ 26 févr. 2018, avis n° 2018-1.

386. Cependant, le collège voit dans sa fonction exécutive de présidente de cette association des difficultés déontologiques majeures. La double appartenance de Mme X à la cour d'appel et à la direction de l'association Y subventionnée par la même cour d'appel constitue un incontestable conflit d'intérêts et risque de compromettre, aux yeux des justiciables, des auxiliaires de justice et des autres institutions partenaires de la justice, l'image d'impartialité que l'institution judiciaire doit offrir, en particulier dans sa mission de contrôle des médiateurs et d'octroi des subventions. C'est pourquoi le collège estime que les exigences déontologiques s'opposent à l'exercice cumulé, par X, de ses deux fonctions. • CDMJ 20 nov. 2018, avis n° 2018-6.

387. Prévention des conflits d'intérêts. Principes. V. également notes 380 s.

388. Ainsi qu'il est rappelé au 3 de la Charte de déontologie des membres de la juridiction administrative, il convient de « prévenir les situations dans lesquelles pourrait naître, dans l'esprit des parties à un procès (...) et plus généralement du public, un doute légitime quant à l'impartialité ou l'indépendance des membres de la juridiction administrative ». Ce principe ne vaut pas seulement par référence à la personne même du magistrat ; la situation de membres de sa famille ou de son entourage et notamment les fonctions professionnelles que ceux-ci exercent, à titre privé ou non, peut également entrer dans son champ d'application. • CDJA 16 sept. 2013, avis n° 2013-7. ♦ Le respect du principe d'impartialité implique pour le magistrat de prévenir les situations dans lesquelles les parties à un procès et au-delà le public pourraient nourrir un doute objectif sur son impartialité. Il appartient au magistrat de prendre en compte la situation des membres de sa famille ou de ses proches et notamment les fonctions professionnelles que ceux-ci exercent. • CDMJ 8 nov. 2017, avis n° 2017-1 • CDMJ 18 déc. 2017, avis n° 2017-2 • CDMJ 18 déc. 2017, avis n° 2017-3 • CDMJ 12 déc. 2018, avis n° 2018-7.

389. Une activité exercée à titre accessoire peut entraîner la nécessité d'une abstention, dans certaines circonstances, dans les formations juridictionnelles. Une telle abstention est de rigueur, dès lors qu'est contesté, dans le procès, un acte à l'élaboration duquel le magistrat concerné a participé, directement ou indirectement, ou qu'est en cause une affaire dont il a eu à connaître dans ce cadre. Plus généralement, l'abstention est recommandée, selon la nature de l'activité accessoire, lorsqu'est en cause l'autorité auprès de laquelle elle est exercée ou que l'affaire se situe dans le champ de compétence ou d'intervention de celle-ci. • CDJA 15 avr. 2013, avis n° 2013-3. ♦ Le caractère recommandable d'une pratique d'abstention peut subsister au-delà du moment où cesse l'activité ou la situation qui était à son origine. C'est avant tout en tenant compte de l'ensemble des données particulières propres à chaque cas que peut être appréciée la conduite à tenir. • CDJA 15 avr. 2013, avis n° 2013-2.

390. Selon la Charte de déontologie, lorsque (...) un membre de la juridiction administrative a publié un commentaire sur une décision juridictionnelle, même rendue en référé, il est recommandé qu'il s'abstienne. L'abstention est impérative si le commentaire a comporté un jugement de valeur sur la décision ou une prise de position sur l'affaire. En l'espèce, le collège a estimé que de simples annotations constituées d'un résumé précédé d'abstracts correspondant à un plan de classement de la matière et suivi de brèves « observations » dans lesquelles l'auteur donne les références de décisions similaires ou indique que la solution lui paraît inédite ne constituent pas un « commentaire » au sens où l'entend la charte. • CDJA 4 juin 2012, avis n° 2012-1. ♦ L'activité d'auteur, qui n'implique aucune subordination juridique à l'éditeur et pour laquelle les rémunérations versées sont modérées, ne constitue pas en soi une situation de conflit d'intérêts faisant obstacle à l'exercice de ses fonctions. Le magistrat doit faire preuve de prudence à l'occasion de la publication de ses œuvres littéraires. • CDMJ 23 avr. 2018, avis n° 2018-3.

391. ... Généralités. Il est souhaitable que chaque membre revenant d'un cabinet ministériel soit mis à même de réfléchir aux types de cas dans lesquels les fonctions qu'il vient d'exercer doivent raisonnablement le conduire à envisager de s'abstenir. Si avoir appartenu au cabinet du ministre en charge de la fonction publique, de la fiscalité ou de l'urbanisme ne fait normalement pas obstacle à ce qu'on siège pour des affaires relevant de ces matières, il y a lieu en revanche dans cette hypothèse de s'abstenir de siéger, non seulement, bien entendu lorsque le cabinet ministériel dont on a fait partie a eu à connaître de tel ou tel aspect de l'affaire, mais aussi dans le cas où celle-ci présente, pour telle ou telle raison, une importance ou une sensibilité particulière. Le critère tenant aux attributions d'un ministère n'est pas le seul à devoir être pris en considération. Toutes les fonctions de cabinet n'ont pas la même « exposition » : à l'intérieur d'un même cabinet, les fonctions de directeur ou de chef de cabinet sont plus « visibles » que celles de conseiller technique ; celles exercées dans un ministère « régalien » (notamment ministère de la Justice ou ministère de l'Intérieur) ou auprès du Premier ministre ou du président de la République le sont aussi tout particulièrement. • CDJA 1er févr. 2012, recomm. n° 2012-1.

392. Le président d'un tribunal ayant reçu deux contestations portant sur des ordonnances qu'il avait prises lorsqu'il était président d'un autre tribunal avant son changement d'affectation ne doit pas connaître de ces ordonnances. • CDJA 18 sept. 2017, avis n° 2017-6.

393. Un magistrat sollicité par un éditeur de services de télévision et de radio peut faire partie, à titre bénévole, du « comité relatif à l'honnêteté, à l'indépendance et au pluralisme de l'information et des programmes ». Toutefois, il doit s'abstenir de participer au jugement de toute affaire relative à l'audiovisuel. • CDJA 15 mai 2017, avis n° 2017-2.

394. Quelles que soient les raisons pour lesquelles le magistrat a cru pouvoir accepter, avec la notoriété qui ne pouvait manquer de s'y attacher, des fonctions de « délégué en charge de la lutte contre l'immigration clandestine », celles-ci l'exposeraient, s'il traitait au sein du tribunal des dossiers relatifs au droit des étrangers, à faire l'objet de contestations, voire de demandes de récusation s'appuyant sur les art. L. 721-1 et R. 721-1 CJA. L'image d'impartialité de la juridiction en serait du même coup inévitablement affectée. • CDJA 17 avr. 2014, avis n° 2014-4.

395. Il est recommandé à un magistrat président d'une association apportant gratuitement une information juridique générale et d'orientation, s'il lui apparaît, après s'en être entretenu avec son chef de juridiction, que l'indépendance du tribunal administratif pourrait être mise en cause, de s'abstenir de participer au jugement d'une affaire introduite par une personne susceptible de faire état des conseils qui lui auraient été donnés par l'association. • CDJA 4 juin 2012, avis n° 2012-2.

396. Le magistrat a le droit de constituer et de gérer un portefeuille de titres de société. Plus globalement, tout magistrat crée et entretient, dans sa vie personnelle, des liens avec des institutions financières, banques, sociétés de crédit ou d'assurances. Ces liens de clientèle ou d'actionnariat, constitués et entretenus selon le mode commun à toutes les personnes privées, sans traitement ni bénéfice particulier, ne constituent pas en soi un conflit d'intérêts avec son exercice professionnel, même lorsqu'il rencontre une telle entreprise à l'occasion d'une procédure. Toutefois, il appartient à tout magistrat, client ou actionnaire d'une entreprise impliquée dans une procédure dont il a à connaître, d'apprécier, s'il le souhaite après discussion avec son chef de juridiction ou avec ses collègues, si certaines circonstances, comme, par exemple, l'existence d'un contentieux personnel ou d'une relation présentant un contenu personnalisé ou un lien d'une intensité particulière avec ladite entreprise, la nature ou l'enjeu du contentieux ou la fonction exercée par le magistrat, sont de nature à créer dans l'esprit des parties des « appréhensions objectivement justifiées » sur son impartialité, et donc d'apprécier la nécessité de se déporter. • CDMJ 18 mai 2018, avis n° 2018-3.

397. Situation de personnes proches. Lorsque le conjoint du magistrat exerce au sein de la CPAM des fonctions d'autorité en lien direct avec des contentieux pendants devant la Cour, il y a lieu pour le magistrat de s'abstenir de siéger dans toutes les affaires pour lesquelles la caisse a été mise en cause, sans qu'il y ait lieu de distinguer selon l'importance de la créance que la caisse peut faire valoir ou selon que le conjoint du magistrat a effectivement connu ou non de l'affaire. • CDJA 16 sept. 2013, avis n° 2013-7. ♦ La conciliation entre les aspirations professionnelles du conjoint du magistrat candidat à l'exercice d'un emploi au sein d'un cabinet d'avocats intervenant devant la juridiction d'affectation et la prévention de tout doute quant à l'impartialité du magistrat impose une certaine prudence. Cela peut effectivement impliquer de s'abstenir dans le traitement de certaines affaires. Il conviendrait que le magistrat s'abstienne de siéger comme juge ou de conclure, lorsqu'il est chargé de fonctions de rapporteur public, dans l'ensemble des affaires dans lesquelles intervient le cabinet concerné pendant la durée d'examen de la candidature du conjoint du magistrat et par la suite s'il est retenu. • CDJA 16 juin 2014, avis n° 2014-5. ♦ Dans l'hypothèse où la sœur du magistrat serait élue à l'assemblée départementale, celui-ci devrait se déporter dans tout litige relatif à une délibération de cette assemblée adoptée par un scrutin auquel sa sœur *aurait* pris part. • CDJA 25 mars 2015, avis n° 2015-2. ♦ Lorsque le conjoint du magistrat est officier de police judiciaire, dirige un groupe spécialisé de la section de recherches composé de trois personnes et que le magistrat est le juge d'instruction, chargé de la direction de la police judiciaire, il est possible que celui-ci se trouve dans la situation d'avoir à traiter d'un dossier dans lequel son conjoint est intervenu d'une quelconque manière, ce qui serait de nature à faire naître un doute quant à l'impartialité du magistrat. Il y a lieu de continuer à ce que le magistrat s'abstienne d'instruire les affaires dans lesquelles son conjoint, au titre de ses fonctions au sein de la section de recherches de la gendarmerie, est déjà intervenu ou est raisonnablement susceptible d'intervenir. • CDMJ 8 nov. 2017, avis n° 2017-1. ♦ La fréquence mais surtout l'importance accordée par les textes et la pratique judiciaire aux expertises psychiatriques ordonnées dans le cadre de l'application des peines, notamment pour les infractions sexuelles, la fragilité particulière des personnes justiciables de l'application des peines, la désignation fréquente de M. Y par les juridictions pénales et civiles, impliquent que le juge d'application des peines dans son exercice juridictionnel soit exempt de tout soupçon de partialité. Mme X, en sa qualité de vice-présidente chargée de l'application des peines, doit donc s'abstenir de toute intervention, de quelque nature qu'elle soit, dans tout dossier où son mari pourrait être concerné comme thérapeute ou comme expert judiciaire. • CDMJ, 18 déc. 2017, avis n° 2017-2. ♦ Le conjoint de X, officier de police judiciaire, dirige un groupe spécialisé de la section de recherches composé de trois personnes. La magistrate, en sa qualité de juge d'instruction, chargée de la direction de la police judiciaire dans les informations dont elle est saisie, peut se trouver dans la situation d'avoir à traiter d'un dossier dans lequel son conjoint est intervenu d'une quelconque manière, ce qui serait de nature à faire naître un doute quant à son impartialité. Elle doit s'abstenir d'instruire les affaires dans lesquelles son conjoint, au titre de ses fonctions au sein de la section de recherches de la gendarmerie, est déjà intervenu ou est raisonnablement susceptible d'intervenir, après avoir recueilli les seules informations utiles auprès de la section de recherches. • CDMJ 18 déc. 2017, avis n° 2017-3. ♦ V. également les règles spécifiques en matière de contentieux électoral. ♦ V. également notes 380 s.

398. Mme X entretient avec un avocat du barreau siège de la juridiction où elle exerce ses fonctions une relation personnelle durable et au surplus notoire. Se trouve ainsi caractérisée « une situation d'interférence entre un intérêt public et des intérêts publics ou privés qui est de nature à influencer ou à paraître influencer l'exercice indépendant, impartial et objectif d'une fonction », au sens de l'article 7-1 de l'ordonnance statutaire. Le collège estime qu'il appartient à Mme X de mentionner cette situation dans la rubrique « observations » de sa déclaration d'intérêts. • CDMJ 12 déc. 2018, avis n° 2018-7.

399. Spécificité du contentieux électoral.

La sensibilité du contentieux électoral justifie tout particulièrement qu'on soit parfois amené à envisager la nécessité de s'abstenir dans telle ou telle affaire. Il ne saurait pourtant s'agir de céder au premier scrupule. L'existence de liens personnels avec un candidat peut conduire à devoir s'abstenir. Si l'adhésion à un parti politique n'entraîne pas d'obligation générale d'abstention dans des dossiers électoraux, il en va différemment lorsque cette appartenance est notoire et notamment en cas d'exercice au sein de ce parti de fonctions de responsabilité. Le fait d'avoir pris des positions publiques soit sur la vie politique nationale soit sur des situations locales impose d'envisager l'obligation d'avoir à se déporter. • CDJA 23 sept. 2019, recomm. n° 1-2019.

400. L'exercice antérieur dans le ressort de fonctions revêtant une connotation politique appelle une vigilance particulière et une pratique renforcée d'abstention dans le jugement de litiges présentant avec ces fonctions un lien susceptible d'affecter l'image d'impartialité que doit donner la juridiction. Un délai de cinq ans écoulé depuis la cessation des fonctions en cause est suffisant pour qu'en principe il n'y eût plus d'obligation générale de déport, réserve étant toutefois faite de dossiers présentant un caractère particulier de sensibilité. • CDJA 1er févr. 2013, avis n° 2013-1 : *JCP adm. 2013. 185.* ♦ Rappr. • CDJA 4 juin 2012, recomm. n° 2012-1. ♦ Il incombe (..) à tout magistrat de veiller à ce que sa participation à l'élaboration d'une décision juridictionnelle, éventuellement rapprochée de données notoirement liées à sa personne, ne puisse donner lieu à des interprétations ou à des polémiques propres à affecter l'attente et la perception légitimes des justiciables. • CDJA 1er févr. 2013, avis n° 2013-1 : *préc.* ♦ Par elle-même l'adhésion à un parti politique n'entraîne pas d'obligation d'abstention. Mais il en va différemment en cas d'exercice au sein de ce parti de fonctions de responsabilité. Le fait d'avoir pris des positions publiques soit sur la vie politique nationale soit sur des situations locales impose d'envisager l'obligation d'avoir à se déporter. • CDJA janv. 2014, recomm. n° 1-2013. ♦ Un magistrat doit, le cas échéant, se déporter si le tribunal venait à être saisi d'un contentieux relatif au scrutin intéressant la circonscription dans laquelle sa sœur est candidate. La circonstance que le magistrat n'ait aucun engagement politique notoire ni celle qu'il ne soit pas « associé de manière visible aux engagements et actions » de sa sœur ne sont de nature à le relever de cette obligation déontologique. Il devra adopter la même attitude pour un contentieux relatif à une autre circonscription du département, sans qu'il y ait lieu à cet égard de distinguer si ce contentieux met ou non en cause un candidat ayant la même appartenance politique que sa sœur. • CDJA 25 mars 2015, avis n° 2015-2.

401. En dehors des juridictions de droit commun, V. notes 337 s.

4. Nature des avis déontologiques

402. L'avis par lequel la Haute Autorité pour la transparence de la vie publique s'est prononcée sur la compatibilité du projet d'activité privée lucrative de M. B. avec les fonctions qu'il a exercées a le caractère d'une décision susceptible de faire l'objet d'un recours pour excès de pouvoir, dont le Conseil d'État est compétent pour connaître en premier ressort. • CE 4 nov. 2020, n° 440963 : *AJDA 2021. 571, note Mangiavillano ; ibid. 2020. 2183.*

5. Récusation

BIBL. Pacteau, La récusation des juges administratifs, *RD publ. 2012. 543.*

403. Il n'y a pas lieu de récuser le rapporteur ni de lui interdire de participer au délibéré dès lors que son rapport ne faisait pas preuve de partialité. • CE, sect., 14 mars 1975, *Rousseau : Lebon 194.* ♦ De même, il n'y a pas lieu à récusation dès lors qu'il ne s'agit pas de la même affaire : tel est le cas lorsque les affaires auxquelles ont participé les magistrats dont la récusation est demandée n'ont pas le même objet. • CE, sect., 26 nov. 2010, *Sté Paris tennis,* n° 344505 A : *AJDA 2011. 807, note du Puy-Montbrun.* ♦ Il en va de même de la participation d'un magistrat à la Commission des sanctions de l'AMF, qui lors d'une précédente procédure devant ce même organisme avait rapporté et proposé, sans être suivi, des sanctions à l'égard du requérant, les deux procédures portant sur des faits distincts. • CE 18 févr. 2011, *Genet,* n° 316854 B : *AJDA 2011. 749.*

404. La récusation doit préciser les motifs concernant le récusé et être accompagnée des pièces propres à la justifier faute de quoi elle est irrecevable. • CAA Versailles, 13 juin 2019, n° 19VE01799 : *AJDA 2019. 2053, chron. Bouzar.* ♦ Elle doit être demandée dès que le justiciable connaît l'existence d'une cause pouvant la justifier ; s'il ne le fait pas, la récusation ne peut être soulevée dans le cadre d'un pourvoi en cassation. • CE, sect., 5 juill. 2000, *Mme Rochard,* n° 189523 : *préc. note 228.*

405. La seule participation de X à des formations de jugement ayant statué sur d'autres recours que le requérant a pu formuler dans le passé ne saurait caractériser une raison sérieuse de mettre en doute son impartialité. Il en va de même du fait que le magistrat n'a pas avisé le procureur de la République de diverses infractions pénales dont le requérant fait état dans ses écritures. • CAA Versailles, 13 juin 2019, n° 9VE01799 : *préc. note 404.*

406. Les mêmes principes s'appliquent au rapporteur public. • CE 17 juin 1988, *Bady,* n° 47210 : *Lebon 247* • CE 9 mars 2016, n° 370875 : *AJDA 2016. 884*. ♦ Cependant, il n'y a pas d'obligation de faire connaître aux parties la décision de remplacer le rapporteur public juste avant l'audience. • CE 10 juill. 2015, *Cne de Lattes,* n° 371469 : *Lebon ; AJDA 2015. 1394 ; JCP Adm. 2016. 2069, chron. Le Bot.*

407. Les mêmes principes s'appliquent aux experts. • CE, sect., 23 mars 2012, *CH d'Alès-Cévennes,* n° 355151 A (concl. Dacosta) : *AJDA 2012. 1397, chron. Domino et Bretonneau ; ibid. 1642, note du Puy-Montbrun* • CAA Nancy, 9 juill. 2015, *Eurométropole de Strasbourg,* n° 15NC00800 : *AJDA 2016. 237*.

6. Renvoi pour cause de suspicion légitime

408. Renvoi pour cause de suspicion légitime. Le justiciable peut demander à la juridiction supérieure le renvoi pour cause de suspicion légitime de son affaire devant une juridiction de même degré. • CE 8 janv. 1959, *Commissaire du Gouvernement près le conseil sup. ordre des experts-comptables : Lebon 15 ; D. 1960. 42, note Debbasch* • CE 28 juill. 2000, n° 204495 A • CE 18 juin 2010, n° 326950 A : *AJDA 2010. 1999, note Muscat* • Civ. 1re, 7 nov. 2000, n° 97-21.883 P : *D. 2001. 811, note Cassuto-Teytaud ; ibid. 2002. 860, obs. Blanchard* • Civ. 2e, 21 sept. 2000, n° 98-22.604 P : *D. 2000. 261*. ♦ En cas d'absence de juridiction de même niveau c'est la juridiction supérieure qui tranchera le litige au fond. • CE 18 juin 2010, n° 326950 A : *préc.* • Civ. 1re, 7 nov. 2000, n° 97-21.883 P : *préc.* ♦ Dans le cas où la juridiction d'appel est concernée et qu'elle est unique, l'affaire semble devoir être tranchée par le juge de cassation. • CE 17 oct. 2003, n° 237290 A : *Rec. C. comptes 176 ; Rev. Trésor 2004. 142, note Lascombe et Vandendriessche ; AJDA 2003. 2031, chron. Donnat et Casas ; RFDA 2004. 371, note Coutant ; JCP 2004, n° 10011, note Coutant ; LPA 2004. n° 119, p. 24, note Mahinga (mutatis mutandis).*

409. La juridiction supérieure est la Cour administrative d'appel même si le tribunal administratif statue en premier et dernier ressort. • CE 9 mai 2018, n° 416237 B : *AJDA 2018. 1527*.

2° SÉPARATION ET CUMUL

a. Cumul dans un même organisme de fonctions administratives et juridictionnelles

410. Des dispositions qui attribuent au Conseil d'État statuant au contentieux la compétence d'autoriser, par une décision définitive et se prononçant sur le fond, une mesure d'assignation à résidence sur la légalité de laquelle il pourrait ultérieurement avoir à se prononcer comme juge en dernier ressort méconnaissent le principe d'impartialité et le droit à exercer un recours juridictionnel effectif. • Cons. const. 16 mars 2017, *Sofiyan I.,* n° 2017-624 QPC § 12.

411. Aucune règle ni aucun principe de valeur constitutionnelle n'interdisent à la loi de confier à un organisme chargé par ailleurs d'établir une liste de personnes qualifiées pour exercer une activité réglementée la mission de siéger comme chambre de discipline. • Cons. const. 18 janv. 1985, n° 84-182 DC § 8. ♦ Rappr. pour des sanctions administratives prononcées par une autorité administrative indépendante (CSA). • Cons. const. 17 janv. 1989, n° 88-248 DC § 27 s. • Cons. const. 28 juill. 1989, n° 89-260 DC § 6.

412. Le principe de la séparation des pouvoirs, non plus qu'aucun principe ou règle de valeur constitutionnelle, ne fait obstacle à ce qu'une autorité administrative (en l'espèce une AAI : la COB), agissant dans le cadre de prérogatives de puissance publique, puisse exercer un pouvoir de sanction dès lors, d'une part, que la sanction susceptible d'être infligée est exclusive de toute privation de liberté et, d'autre part, que l'exercice du pouvoir de sanction est assorti par la loi de mesures destinées à sauvegarder les droits et libertés constitutionnellement garantis. • Cons. const. 28 juill. 1989, n° 89-260 DC § 6. ♦ Et dans une formulation voisine. • Cons. const. 12 juin 2018, n° 2018-765 DC § 21. ♦ Sur les conditions à respecter pour la mise en œuvre de ce cumul, V. note 551.

V. pour d'autres décisions dans le même sens :

413. La CEDH considère qu'aucun principe général du droit ne fait obstacle à ce qu'un même organe administratif exerce tour à tour des attributions d'ordre consultatif et juridictionnel, pour autant que les magistrats ayant émis un avis sur la question soumise à la juridiction se « déportent » au moment où l'affaire vient au contentieux et à condition que cette succession n'aboutisse pas à un véritable pré-jugement. • CEDH 28 sept. 1995, *Procola c/ Luxembourg, 14570/89 : D. 1996. 301, note Benoît-Rohmer ; RFDA 1996. 777, note Autin et Sudre ; JCP 1996. I. 3910 note Sudre ; RUDH 1996. 1, chron. Sudre ; JDI 1996. 253, chron.* Decaux et Tavernier ; AFDI 1995. *485, chron. Coussirat-Coustère ; Gaz. Pal. 17-18 nov. 1995, p. 27, note Pettiti ; RTDH 1996. 275, note Spielmann.* ♦ Cette solution est confirmée par le Conseil d'État. • CE 5 avr. 1996, n° 116594 B : *préc. note 226* • CE 16 avr. 2010, n° 320667 B : *AJDA 2010. 812*

; ibid. 1355, chron. Lieber et Botteghi ; AJDI 2011. 26, chron. Gilbert ; RDI 2010. 370, obs. Hostiou ; RFDA 2010. 1257, chron. Roblot-Troizier et Rambaud ; Constitutions 2010. 218, obs. Mathieu ; ibid. 433, obs. Aguila et Goupillier ; RTD civ. 2010. 504, obs. Deumier • CE 6 juin 2016, n° 394348 A : AJDA 2016. 1758, concl. Domino ; D. 2016. 1310, obs. Pastor (cite un ex. de Décr. en CE annulé au contentieux). ♦ ... Et par la Cour des comptes. • C. comptes, 29 sept. 2005, 24 nov. 2005, *Dpt de l'Isère : Rev. Trésor 2006. 732, chron. Lascombe et Vandendriessche* • C. comptes, 29 nov. 2007, *COM de Polynésie française : AJDA 2008. 455, chron. Groper et Michaut ; Rev. Trésor 2008. 969, chron. Lascombe et Vandendriessche.* ♦ Rappr. L'avis donné par le juge d'application des peines dans le cadre de la procédure spécifique prévue par le code de la sécurité intérieure (art. R. 132-6-1) ne porte pas atteinte à l'impartialité de ce juge lorsqu'il aura de nouveau à connaître des modalités de l'application des peines des intéressés. • CE 24 mai 2017, n° 395321 B : *préc.*

414. De même, la CEDH estime que le fait que le collège soit également, au sein de l'AMF, l'autorité principalement compétente pour édicter ou conférer un statut normatif aux règles dont la violation peut être sanctionnée par la commission des sanctions ne porte pas non plus atteinte à l'impartialité de cette dernière instance, laquelle jouit d'une indépendance et d'une plénitude de juridiction pour apprécier la portée de ces règles et l'existence d'un manquement à celles-ci. • CEDH 1er sept. 2016, *France,* n° 48158/11 § 44 : *D. 2016. 1816 ; AJ pénal 2016. 590, obs. Boursier .*

415. Cependant, aucun membre d'une juridiction administrative ne pouvant participer au jugement d'un recours dirigé contre une décision administrative ou juridictionnelle dont il est l'auteur, il en résulte que la formation de jugement d'un litige relatif à un membre du corps des tribunaux administratifs et des cours administratives d'appel ne peut être composée de membres du Conseil d'État ayant préparé ou pris des actes relatifs à ce litige. • CE 26 mai 2010, *Marc-Antoine,* n° 309503 B : *AJDA 2010. 1778, note Guérin-Bargues .*

b. Cumul de fonctions juridictionnelles

416. Sur le cumul de fonctions juridictionnelles au Conseil d'État et à la Cour de cassation entre fixation d'une jurisprudence et détermination de la nécessité de renvoyer une QPC devant le Conseil constitutionnel, V. ss. Const. 58, art. 61-1.

417. Cumul de différents types de référés. Le principe d'impartialité ne fait pas obstacle à ce qu'un magistrat ayant prononcé, sur le fondement de l'art. L. 551-1 CJA, l'annulation de la procédure de passation d'un marché public statue sur une demande présentée sur le fondement de l'art. L. 521-1 du même code et tendant à la suspension de l'exécution du marché attribué après reprise de la procédure de passation conformément à la première décision juridictionnelle ; ainsi, en statuant sur la demande de suspension relative au marché attribué après reprise de la procédure au stade de l'analyse des offres, conformément à ce qu'exigeait l'ordonnance, le juge des référés n'a pas entaché celle-ci d'irrégularité. • CE 19 janv. 2015, n° 385634 B : *AJDA 2015. 132 ; AJCT 2015. 220, obs. Hul ; JCP Adm. 2015. 2150, note Martin.* ♦ De même, la circonstance que le même juge des référés avait rejeté la demande fondée sur l'art. L. 521-2 CJA, dirigée contre la décision qui avait suspendu de ses fonctions le requérant, ne fait pas obstacle, par elle-même, à ce qu'il statue ultérieurement sur la demande, fondée sur l'art. L. 521-1, tendant à la suspension de la décision infligeant à l'intéressée une sanction disciplinaire à raison des mêmes faits. • CE 13 mars 2019, n° 420514 B : *AJDA 2019. 611 .*

BIBL. Minet-Leleu, Impartialité et juge administratif des référés, *Dr. adm. nov. 2019. 14.*

418. Cumul du provisoire et du fond. Eu égard à la nature de l'office ainsi attribué au juge des référés – et sous réserve du cas où il apparaîtrait, compte tenu notamment des termes mêmes de l'ordonnance, que, allant audelà de ce qu'implique nécessairement cet office, il aurait préjugé l'issue du litige – la seule circonstance qu'un magistrat a statué sur une demande tendant à la suspension de l'exécution d'une décision administrative n'est pas, par elle-même, de nature à faire obstacle à ce qu'il se prononce ultérieurement sur la requête en qualité de juge du principal. • CE, sect., 12 mai 2004, *Cne de Rogerville,* n° 265184 A : *AJDA 2004. 1354, chron. Landais et Lénica ; ibid. 2375, chron. Cabanes et Robbes ; D. 2005. 1182, obs. Cassia ; RFDA 2004. 723, concl. Glaser ; RD publ. 2005. 546, note Guettier ; GACA, 5e éd. 2016, n° 4.* ♦ La solution est la même s'agissant du magistrat appelé à statuer sur une demande d'aide juridictionnelle. • CE 12 mai 2004, n° 261826 A : *AJDA 2004. 1354, chron. Landais et Lénica ; RFDA 2004. 723, concl. de Silva ; D. 2005. 1182, obs. Cassia .* ♦ Il en est de même pour des juges ayant statué sur le sursis à exécution d'une décision juridictionnelle : • CE, sect., 26 nov. 2010, *Sté Paris tennis,* n° 344505 A : *préc. note 403.* ♦ ... D'un juge des référé ayant statué sur la tardiveté de la requête et tranchant par la suite, dans le même sens, au fond. • CE 30 janv. 2017, n° 394206 B : *AJDA 2017. 749, concl. Domino .* ♦ ... Un magistrat membre de la formation dont le jugement a été censuré en cassation peut se prononcer, après renvoi de l'affaire, sur la demande de suspension de l'exécution de la décision administrative, objet du litige. • CE 8 avr. 2019, n° 426820 B : *AJDA 2019. 789* ; *JCP Adm. 2019. 252.*

419. La suspension et la révocation constituent deux mesures différentes dans leur objet, l'une prise à titre provisoire dans l'intérêt du service, l'autre à titre définitif comme sanction, et dont la légalité appelle de la part du juge une appréciation distincte, par suite, la circonstance que les mêmes magistrats se soient prononcés sur les requêtes en annulation, d'une part, d'une mesure de suspension et, d'autre part, d'une mesure de révocation pour une même personne, n'a pas conduit à préjuger la sanction de révocation, et, par suite, n'est pas de nature à porter atteinte au principe d'impartialité. • CE 30 déc. 2011, *Najdi*, n° 342576 B : *AJDA 2012. 1080* .

420. Un membre d'une juridiction administrative qui a statué en tant que juge du référé-provision peut ensuite, sans violer le principe d'impartialité, exercer les fonctions de rapporteur public lors de l'examen de l'affaire par la juridiction du fond. • CE 5 juill. 2017, n° 402481 : *AJDA 2017. 1424* ; *JCP Adm. 2017. 501.* ♦ Le magistrat qui a présidé un conseil de discipline ne peut exercer les fonctions de rapporteur public à l'occasion d'un litige où cette procédure disciplinaire a été évoquée. • CAA Douai, 22 oct. 2020, n° 19DA01253 : *AJDA 2021. 596* .

421. Radiation et relèvement d'incapacité. Aucun principe ni aucune règle générale de procédure ne s'oppose à ce que la juridiction disciplinaire, lorsqu'elle statue sur une demande de relèvement d'incapacité d'exercer présentée par un praticien, comporte, en partie ou en totalité, les mêmes membres que ceux qui avaient prononcé la radiation du tableau, dès lors que, sans rejuger le bien-fondé des mêmes faits, la juridiction ordinale est appelée à déterminer, au regard notamment du comportement de l'intéressé consécutif à la mesure de radiation, s'il y a lieu de maintenir l'incapacité qui en résulte. • CE 4 juill. 2012, *R.*, n° 344922 A : *AJDA 2012. 1378* . ♦ Rappr. s'agissant d'un membre de la juridiction ayant participé à la sanction du professionnel qui statue sur sa demande d'amnistie. • CE 15 juill. 2004, n° 250268 B.

422. Autres situations. Le principe d'impartialité ne fait pas obstacle à ce que : le magistrat qui a présidé la formation de jugement ayant prononcé pour erreur manifeste d'appréciation l'annulation de l'avis du conseil de discipline régional de recours, siège en qualité de juge des référés pour statuer sur le litige relatif à la décision de révocation prise à la suite de ce jugement. • CE 8 avr. 2013, n° 364105 B : *AJDA 2013. 769* . ♦ ... Les juges qui se sont prononcés sur une première demande d'admission au statut de réfugié ou au bénéfice de la protection subsidiaire délibèrent à nouveau sur une demande des mêmes personnes tendant au réexamen de leur demande initiale. • CE 23 oct. 2017, n° 374106 B : *AJDA 2017. 2037* ; *JCP Adm. 2017. 538.*

423. Il n'est pas possible que le juge des libertés et de la détention qui a autorisé une perquisition ou une visite domiciliaire statue, à la demande de la personne ayant fait l'objet de cette mesure et qui n'a pas été poursuivie devant une juridiction d'instruction ou de jugement au plus tôt six mois après l'accomplissement de cet acte, sur l'annulation de sa décision. • Cons. const. 21 mars 2019, n° 2019-778 DC § 198. ♦ De même, il n'est pas possible que participe au jugement d'un recours en rectification d'erreur matérielle un juge qui a pris part à la décision en faisant l'objet. • CE 23 déc. 2020, n° 431505 : *AJDA 2021. 622, note Yolka* .

c. Séparation de la poursuite et du jugement

424. Autorités. Le principe de séparation des autorités chargées de l'action publique et des autorités de jugement interdit, en matière de crimes et de délits, que le prononcé de sanctions pénales puisse résulter de la seule diligence d'une autorité chargée de l'action publique. • Cons. const. 2 févr. 1995, n° 95 DC § 6 • Cons. const. 2 mars 2004, n° 2004-492 DC § 107. ♦ Les dispositions qui se bornent à permettre à l'Agence française de lutte contre le dopage de réformer les décisions de sanction prononcées pour des faits de dopage par les organes compétents des fédérations sportives à l'encontre des sportifs licenciés, dans un souci d'harmonisation des décisions prises par les différentes fédérations dans ce domaine, n'impliquent nullement par elles-mêmes que l'Agence, lorsqu'elle décide de se saisir d'une décision d'une fédération sportive, statue sur les faits reprochés au sportif licencié dans des conditions contraires au principe d'impartialité. • CE, QPC, 11 mars 2011, *Alexandre A.*, n° 341588.

425. Les autorités de poursuite et de jugement doivent être séparées ; dès lors, on ne saurait permettre qu'un membre du conseil supérieur de l'ordre des vétérinaires, qui aurait engagé les poursuites disciplinaires ou accompli des actes d'instruction, siège au sein de la chambre supérieure de discipline. • Cons. const. 25 nov. 2011, *Michel G.*, n° 2011-199 QPC § 13. ♦ ... Que le directeur général, nommé par le président de l'organisme et placé sous son autorité, soit chargé des poursuites et de l'instruction des affaires ; par ailleurs, le directeur général assiste aux délibérations de l'organisme. • Cons. const. 5 juill. 2013, *Sté Numéri-*

cable SAS et a., n° 2013-331 QPC § 12. ♦ Rappr. s'agissant d'un membre ayant exercé au cours d'une instance pénale, au nom de l'ordre, la partie civile et ne pouvant dès lors siéger au sein de la formation disciplinaire. • CE 3 déc. 2010, n° 316718. ♦ Rappr., s'agissant de la justice des mineurs, une disposition qui permet au juge des enfants qui a été chargé d'accomplir les diligences utiles pour parvenir à la manifestation de la vérité et qui a renvoyé le mineur devant le tribunal pour enfants de présider cette juridiction de jugement habilitée à prononcer des peines. • Cons. const. 8 juill. 2011, *Tarek J.*, n° 2011-147 QPC § 11 • Cons. const. 4 août 2011, n° 2011-635 DC § 53 • Cons. const. 26 mars 2021, *Brahim N.*, n° 2021-893 QPC § 8. ♦ Pour d'autres ex. de confusion des fonctions de poursuite, d'instruction et de jugement, V. • Cons. const. 9 mars 2017, *Sté Barnes et a.*, n° 2016-616/617 QPC § 9 et 10 • Cons. const. 26 juill. 2019, *Windy B.*, n° 2019-798 QPC § 10.

426. Le principe de séparation des autorités de poursuites et de jugement est respecté dans le cadre de la procédure de comparution sur reconnaissance préalable de culpabilité (« plaider coupable »), même si l'intéressé a accepté la peine proposée par le procureur, dès lors que seule a valeur de jugement l'ordonnance d'homologation, dûment motivée, prise par le président du TGI, celui-ci exerçant, lors de la séance d'homologation, la plénitude du pouvoir d'appréciation qui incombe au juge du fond ; en effet, le président du TGI peut refuser l'homologation s'il estime que la nature des faits, la personnalité de l'intéressé, la situation de la victime ou les intérêts de la société justifient une audience correctionnelle ordinaire ou, selon l'économie générale des dispositions du C. pr. pén. relatives à la comparution sur reconnaissance préalable de culpabilité, si les déclarations de la victime apportent un éclairage nouveau sur les conditions dans lesquelles l'infraction a été commise ou sur la personnalité de son auteur, (réserve d'interprétation). • Cons. const. 2 mars 2004, n° 2004-492 DC § 107 • Cons. const. 8 déc. 2011, n° 2011-641 DC § 16. ♦ Sous la même réserve, les dispositions contestées, qui étendent le recours à la *procédure de comparution* sur reconnaissance préalable de culpabilité sans modifier les art. 495-8 s. C. pr. pén. relatifs à cette procédure, ne méconnaissent pas l'art. 66 Const. 58. • Cons. const. 8 déc. 2011, n° 2011-641 DC § 17.

427. De même, le bâtonnier du barreau de Paris n'étant pas membre du conseil de l'ordre siégeant comme conseil de discipline, le grief tiré de l'absence de séparation entre l'autorité de poursuite et de jugement n'est pas fondé. • Cons. const. 29 sept. 2011, *Marie-Claude A.*, n° 2011-179 QPC § 4.

428. En matière de contrainte pénale, la définition des compétences respectives de la juridiction de jugement, du juge de l'application des peines et du président du tribunal ou son délégué ne méconnaît ni le principe d'impartialité des juridictions ni le principe de séparation des autorités de poursuite et de jugement qui en résulte. • Cons. const. 7 août 2014, n° 2014-696 DC § 23.

429. Fonctions. En organisant la Commission bancaire sans séparer en son sein, d'une part, les fonctions de poursuite des éventuels manquements des établissements de crédit aux dispositions législatives et réglementaires qui les régissent et, d'autre part, les fonctions de jugement des mêmes manquements, qui peuvent faire l'objet de sanctions disciplinaires, les dispositions contestées méconnaissent le principe d'impartialité des juridictions. • Cons. const. 2 déc. 2011, *Banque populaire Côte d'Azur*, n° 2011-200 QPC § 8. ♦ Dans le même sens. • Cons. const. 24 nov. 2017, *Sté Queen Air*, n° 2017-675 QPC § 12. ♦ V. déjà : en matière de délits et de crimes, la séparation des autorités chargées de l'action publique et des autorités de jugement concourt à la sauvegarde de la liberté individuelle. • Cons. const. 2 févr. 1995, n° 95 DC § 5.

430. Dès lors que le commissaire du Gouvernement et ses délégués ne reçoivent pas d'instruction des ministres intéressés en matière disciplinaire, la circonstance qu'ils disposent de fonctions de poursuite et de jugement ne porte pas, par elle-même, atteinte à l'impartialité de la juridiction ordinale ; l'absence d'usage de la faculté qui leur est reconnue de demander une enquête, de demander la comparution devant le conseil régional siégeant en formation disciplinaire ou de faire appel de la décision rendue par cette formation ne saurait être regardée comme révélant une appréciation qui ferait obstacle à ce qu'ils puissent, au regard des exigences attachées au principe d'impartialité, valablement délibérer sur l'affaire. En revanche, lorsque l'un d'eux est à l'origine des poursuites disciplinaires ou a fait appel d'une décision d'un conseil régional siégeant en formation disciplinaire, le commissaire du Gouvernement et son délégué doivent être regardés comme ayant pris parti sur les faits reprochés et ne peuvent, par suite, siéger au sein des formations disciplinaires du conseil de l'ordre sans méconnaître le principe d'impartialité. • CE 6 déc. 2012, n° 341004 B : *AJDA 2012. 2353*.

431. De même, compte tenu de la soumission de l'établissement à la tutelle de l'État et de l'absence d'apparence de fonctionnement juridictionnel de ses organes, le principe d'impartialité ne fait pas obstacle à ce que le directeur général de l'ANAH puisse à la fois, par délégation du conseil d'administration, prendre l'initiative des poursuites et exercer le pouvoir de sanction, et présider en outre la commission consultative des recours. Ce principe ne s'oppose pas davantage à ce que le directeur général assiste avec voix consultative aux séances du conseil d'administration, comme le prévoit l'art. R. 321-4 CCH, y compris lorsque ce dernier prend une décision de sanction. • CE, avis, 21 déc. 2018, n° 424520 B : *AJDA 2019. 715, concl. Barrois de Sarigny ; AJDI 2019. 137.*

BIBL. Éveillard, Les terres mêlées de l'instruction et du jugement, *Dr. adm. 2019, n°s 8-9, p. 17.*

432. Le Cons. const. s'assure que les disposition législatives mises en œuvre assurent correctement la séparation des fonctions d'instruction et de jugement sans qu'il soit besoin que cette séparation soit organique ; tel est le cas lorsque les services d'instruction sont dirigés par un rapporteur général qui est nommé par arrêté ministériel après avis du collège et que ce rapporteur nomme les rapporteurs généraux adjoints, les rapporteurs permanents ou non permanents et les enquêteurs des services d'instruction et qu'il est de plus l'ordonnateur des dépenses du service. • Cons. const. 12 oct. 2012, *Sté Groupe Canal Plus et a.*, n° 2012-280 QPC § 18 et 19. ♦ La section disciplinaire du conseil d'administration de l'université compétente pour les usagers ne comprend, parmi ses membres, qu'un seul professeur des universités qui la préside tout en siégeant dans sa commission d'instruction ; cette commission, qui examine la situation de l'usager visé par une procédure disciplinaire, comptant en son sein l'autorité qui préside ensuite l'instance disciplinaire, cette circonstance est de nature à vicier les procédures disciplinaires dont font l'objet les usagers des universités. • CE 17 juill. 2013, n° 361614 : *AJDA 2013. 1542.*

433. En revanche, le fait pour la commission des sanctions d'avoir demandé un supplément d'instruction et sollicité à cette occasion des observations complémentaires sur l'interprétation des dispositions en cause de la part du président de l'AMF, pris en sa qualité de président de l'organe de poursuite, ne porte pas en soi atteinte à son impartialité, dès lors notamment que les requérants ont également été entendus et qu'ils ont pu discuter contradictoirement les observations complémentaires ainsi recueillies. • CEDH 1er sept. 2016, *France*, n° 48158/11 § 43 : *préc. note 414.* ♦ V. déjà. • CE 18 févr. 2011, n° 322786 B. ♦ Dans le cadre de l'Agence française de lutte contre le dopage, la notification des griefs par *le secrétaire général de l'agence* et les fonctions de rapporteur confiées à un des membres du collège disciplinaire sont conformes au présent article. • CE, ord., 25 août 2017, n° 413353 : *AJDA 2017. 2479, note Carius.*

434. Sur l'impartialité dans le cadre d'une procédure d'autosaisine, V. *infra* note 34.

3° COMPOSITION DES JURIDICTIONS

435. Compétence. Si la création des juridictions et les garanties assurant leur indépendance doivent figurer dans la loi, le décret peut, dans le respect de cette indépendance, fixer les règles relatives à leur composition et leur fonctionnement. • Cons. const. 3 mars 2005, n° 2005-198 L § 5 : *JO 9 mars, p. 3250 ; LPA 24 mars 2005, p. 7, note Schoettl.* ♦ V. également notes ss. Const. 58, art. 34.

436. Création. Le Cons. const. s'assure que l'organe juridictionnel mis en place a une composition qui garantit son impartialité. • Cons. const. 18 janv. 1985, n° 84-182 DC § 8. ♦ V. déjà, à propos de la composition des tribunaux pour enfants, • Cons. const. 21 déc. 1964, n° 64-31 L § 2 : *Rec. Cons. const. 43 ; RJC II-18 ; JO 30 déc., p. 11862 ; D. 1965. 641, obs. Hamon ; AJDA 1964. 100, note de Laubadère.*

437. Les actes de terrorisme peuvent être jugés par une cour d'assises ne comportant pas de jurés dès lors que cette cour présente les garanties requises d'indépendance et d'impartialité et que devant cette juridiction les droits de la défense sont sauvegardés. • Cons. const. 3 sept. 1986, n° 86-213 DC § 13.

438. Composition. Dans une juridiction civile présidée par un magistrat du siège assisté de deux assesseurs, le niveau d'exigence quant à l'encadrement des garanties d'indépendance des assesseurs n'est pas le même que pour une juridiction répressive composée d'un magistrat et de quatre assesseurs. • Cons. const. 3 déc. 2010, *Roger L.*, n° 2010-76 QPC § 9 (sol. impl.). ♦ Les assesseurs du TASS, dont les garanties de moralité et d'indépendance sont assurées par la loi, n'étant pas soumis à l'autorité des organisations professionnelles qui ont proposé leur candidature, assurent une représentation équilibrée des salariés et des employeurs ne méconnaissant pas les exigences d'indépendance et d'impartialité. • Cons. const. 3 déc. 2010, *Roger L.*, n° 2010-76 QPC § 9.

439. Ne peut être considéré comme faisant naître un doute sur la partialité ou l'indépendance d'un des magistrats composant la formation de jugement au fond d'un appel d'une décision juridictionnelle le fait qu'il ait siégé au titre d'une demande de sursis à exécution de cette même décision. • CE, sect., 26 nov. 2010, *Sté Paris tennis*, n° 344505 : *préc. note 403.* ♦ ... Le fait que la composition de la chambre disciplinaire de l'ordre des sages-femmes dont les membres sont élus au sein du conseil national de l'ordre dès lors que les fonctions exercées par les membres de la chambre disciplinaire nationale sont incompatibles avec la fonction d'assesseur à la chambre disciplinaire de première instance et qu'aucun membre de la chambre disciplinaire nationale ne peut siéger lorsqu'il a eu connaissance des faits de la cause à raison de l'exercice d'autres fonctions ordinales. • CE, QPC, 24 sept. 2010, *Mme Pérarnaud,* n° 341548 : *AJDA 2010. 2390*.

440. Il en va de même de la présence dans la formation de jugement d'un magistrat qui avait, en sa précédente qualité de commissaire du Gouvernement au TA de Lyon, prononcé des conclusions dans le cadre d'instances relatives à des affaires opposant les mêmes parties mais n'étant pas relatives à l'affaire faisant l'objet de la présente instance. • CE 24 nov. 2010, *Cne de Lyon,* n° 325195 : *AJDA 2010. 2289*.

441. Fonctionnement. Même si la durée du mandat des membres de la commission peut être fixée par décret, il appartient au juge administratif de veiller à ce qu'il ne soit, par sa fixation, porté atteinte ni à l'impartialité, ni à l'indépendance des juridictions. • Cons. const. 4 déc. 2003, n° 2003-485 DC § 62.

442. Le fait que le pouvoir réglementaire fixe les modalités d'indemnisation des conseillers prud'homaux ne porte pas atteinte à leur indépendance. • Cons. const. 28 déc. 2006, n° 2006-545 DC § 24.

a. Présence de fonctionnaires (ou d'élus locaux) dans la juridiction

443. Principe. Si des fonctionnaires peuvent être détachés dans la magistrature, c'est à condition que leur soit assurée une pleine indépendance dans l'exercice de leurs fonctions judiciaires, en particulier par l'interdiction de tout avancement de grade dans leur corps d'origine. • Cons. const. 21 févr. 1992, n° 92-305 DC § 73. ♦ En effet, toute personne appelée à siéger dans une juridiction doit se prononcer en toute indépendance et sans recevoir quelque instruction de la part de quelque autorité que ce soit. • CE, ass., 6 déc. 2002, *Trognon,* n° 240028 : *préc. note 328* • CE 3 déc. 2003, *Lazennec,* n° 246134 : *préc. note 328* • CE 6 déc. 2012, *F.,* n° 352063 : *AJDA 2012. 2355*.

444. Pour la CEDH, la présence de fonctionnaires mêmes majoritaires au sein d'une juridiction ne remet pas en elle-même en cause son impartialité. • CEDH 16 juill. 1971, *Ringeisen c/ Autriche,* n° 2614/65 § 97 • CE, ass., 6 déc. 2002, *Trognon,* n° 240028 : *préc. note 328* • CE 6 déc. 2002, *Aïn-Lhout,* n° 221319 : *préc. note 347* • CE 3 déc. 2003, *Lazennec,* n° 246134 : *préc. note 328.* ♦ Il convient pourtant que ces fonctionnaires ne soient pas dans une situation de subordination par rapport aux parties. • CEDH 22 oct. 1984, *Sramek c/ Autriche,* n° 8790/79 § 41. ♦ Il est porté atteinte à l'impartialité si les liens de ces fonctionnaires avec l'exécutif peuvent laisser penser que ces fonctionnaires reçoivent des instructions. • CEDH 9 nov. 2006, *Sacilor-Lormines c/ France,* n° 65411 § 69.

445. Le principe s'applique aussi aux élus locaux. • CE 30 janv. 2008, *Assoc. Orientation et rééducation des enfants et adolescents de la Gironde,* n° 274556 B • CE 21 oct. 2009, *Bertoni,* n° 316881 • Cons. const. 25 mars 2011, *Jean-Pierre B.,* n° 2010-110 QPC § 6.

446. Absence d'indépendance. Il en va de même encore, dès lors que la loi n'institue pas les garanties appropriées pour assurer l'indépendance de la présence, au sein d'une juridiction répressive compétente pour prononcer des peines privatives de liberté, de fonctionnaires ou de militaires en fonction dans leur emploi et, par conséquent, soumis à l'autorité hiérarchique du Gouvernement. • Cons. const. 2 juill. 2010, *Cts. C. et a.,* n° 2010-10 QPC. ♦ Même si ceux-ci n'ont que voix consultative. • Cons. const. 20 mars 2015, *Valérie C., épse D.,* n° 2014-457 QPC § 6. ♦ Rappr. s'agissant des commissions départementales ou nationales d'aide sociale (aujourd'hui supprimées : Ord. n° 2018-358 et 359 du 16 mai 2018). • Cons. const. 25 mars 2011, *Jean-Pierre B.,* n° 2010-110 QPC § 5 • Cons. const. 8 juin 2012, *Christian G.,* n° 2012-250 QPC § 5. ♦ V. encore • Cass., ass. plén., 22 déc. 2000, n° 99-11.303 P : *D. 2001. 1652, note Saint-Jours* ; *ibid. 2454, obs. Prétot* ; *RDSS 2001. 325, obs. Verkindt* ; *ibid. 615, obs. Pédrot* • Soc. 9 mars 2000, n° 98-22.345 P.

447. Hypothèses de partialité. Ainsi, constituent des circonstances de nature à porter atteinte à l'indépendance de la juridiction et à faire naître un doute légitime sur son impartialité, et donc contraires au présent art., la présence : au sein de la juridiction de fonctionnaires de catégorie A, en activité ou honoraires, du ministère chargé de la sécurité sociale ou du ministère chargé de l'agriculture, nommés sans limitation de durée de sorte qu'il peut être mis fin à tout moment et sans condition à leurs fonctions par les autorités de nomination qui comprennent le ministre, exerçant ou ayant exercé, lorsqu'ils étaient en activité, le pouvoir hiérarchique sur eux. • Cass., ass. plén., 22 déc. 2000, n° 99-11.303 P. ♦ ... D'un fonctionnaire qui prépare les décisions de l'organe en cause. • CE 6 déc. 2002, *Aïn-Lhout,* n° 221319 : *préc. note 347.* ♦ ... D'un fonctionnaire placé sous l'autorité hiérarchique de l'auteur de la plainte sur laquelle la juridiction doit statuer. • CE 29 mai 2002, *Vaillant,* n° 222279 : *Lebon 189*. ♦ Rappr. • CE 8 déc. 2000, *Mongauze,* n° 198372 B. ♦ ... De fonctionnaires exerçant des fonctions au sein du service ou de la direction en charge de la gestion ou de la mise en œuvre de la politique de soins gratuits au sein des commissions contentieuses des soins gratuits, qui statuent sur des litiges portant sur les prestations de soins gratuits dues par l'État aux pensionnés militaires. • CE 3 déc. 2003, *Lazennec,* n° 246134 : *préc. note 328* • 3 déc. 2003, *Pharmacie du Soleil,* n° 246315 B. ♦ ... De fonctionnaires représentant le ministre dans la chambre nationale de discipline alors que l'auteur de la plainte est un agent du même ministère ou, lorsque, sans que des garanties appropriées assurent son indépendance, les fonctions exercées par lui le font participer à l'activité des services ayant déposé la plainte à l'origine de la procédure disciplinaire engagée. • CE 6 déc. 2012, *F.,* n° 352063 : *préc. note 443.* ♦ ... De conseillers généraux issus du département en cause ou de fonctionnaires exerçant leur activité au sein de la direction en charge de la protection judiciaire de la jeunesse au ministère de la justice, lorsque la juridiction (Cour nationale de la tarification sanitaire et sociale) statue sur un litige portant sur la tarification des prestations fournies par les établissements ou services auxquels l'autorité judiciaire confie directement et habituellement des mineurs. • CE 30 janv. 2008, *Assoc. Orientation et rééducation des enfants et adolescents de la Gironde,* n° 274556 : *préc. note 445.* ♦ ... De conseillers généraux à la commission départementale d'aide sociale lorsque le département est en cause. • CE 21 oct. 2009, *Bertoni,* n° 316881 • Cons. const. 25 mars 2011, *Jean-Pierre B.,* n° 2010-110 QPC § 6. ♦ V. déjà sans que le moyen puisse être retenu car présenté pour la première fois en cassation. • CE, ass., 6 déc. 2002, *Maciolak,* n° 239540 : *Lebon 426 ; RFDA 2003. 694, concl. Fombeur ; AJDA 2003. 492, chron. Donnat et Casas ; JCP Adm. 2003, note Jean-Pierre* • CE 3 déc. 2003, *Lazennec,* n° 246134 : *préc. note 328.* ♦ L'absence de dispositions faisant obstacle à ce que des fonctionnaires puissent siéger lorsque cette juridiction connaît de questions relevant des services à l'activité desquels ils ont participé fait naître un doute sur l'impartialité. • Cons. const. 25 mars 2011, *Jean-Pierre B.,* n° 2010-110 QPC § 5.

448. Il en va de même du fait que la présidence du tribunal soit exercée par le directeur régional des affaires sanitaires et sociales ou son représentant, fonctionnaire soumis à une autorité hiérarchique, et ayant, du fait de ses fonctions administratives, des liens avec les organismes de sécurité sociale, parties au litige ; il en va de même de la désignation par cette autorité du médecin expert appartenant à ce tribunal et de sa voix prépondérante en cas de partage. • Soc. 9 mars 2000, n° 98-22.435 P.

449. Hypothèses d'impartialité. A l'inverse, ne sont pas de nature à faire obstacle, par eux-mêmes, à ce que cette juridiction puisse être regardée comme un tribunal indépendant et impartial ni la circonstance que la commission centrale d'aide sociale comprenne des membres nommés par le ministre chargé de l'aide sociale pouvant être choisis parmi les fonctionnaires en activité ou honoraires, ni le fait que certains des rapporteurs chargés d'instruire les dossiers et qui ont voix délibérative dans les affaires qu'ils rapportent peuvent être des fonctionnaires d'administration centrale. • CE, ass., 6 déc. 2002, *Trognon,* n° 240028 : *préc. note 328.* ♦ Il en est de même concernant : la seule circonstance que le préfet de région, en tant que représentant de l'État dans la région, et le trésorier-payeur général ou son représentant siègent à la commission contentieuse des soins gratuits en qualité de membres de droit. • CE 3 déc. 2003, *Lazennec,* n° 246134 : *préc. note 328.* ♦ ... La circonstance que la commission supérieure des soins gratuits comprenne quatre représentants de l'État, dont trois représentants du ministre des anciens combattants et victimes de guerre, qui peuvent être des fonctionnaires en activité ou honoraires. • CE 3 déc. 2003, *Pharmacie du Soleil,* n° 246315 : *préc. note 447.* ♦ ... La présence de fonctionnaires de l'État parmi les membres d'une juridiction ayant à connaître de litiges auxquels celui-ci peut être partie. • CE 6 déc. 2012, *F.,* n° 352063 : *préc. note 443.* ♦ Rappr., s'agissant de la présence à la section des assurances sociales du Conseil national de l'ordre des chirurgiens-dentistes de représentants des organismes d'assurance maladie dès lors qu'il n'est ni établi ni allégué qu'ils auraient été les auteurs du dépôt de plainte, • CE 3 déc. 2010, *S.,* n° 322677 : *AJDA 2011. 293* .

b. Juges élus appartenant à la profession

450. Les dispositions relatives au mandat des juges des tribunaux de commerce (démission obligatoire d'un juge faisant l'objet d'une procédure collective ; mise en place d'une instance disciplinaire échevinale ; serment proche de celui des magistrats judiciaires ; application des dispositions du COJ au renoncement et à la récusation ; faculté pour la cour d'appel de dépayser l'affaire lorsque les intérêts en présence le justifient) instituent les garanties prohibant qu'un juge d'un tribunal de commerce participe à l'examen d'une affaire dans laquelle il a un intérêt, même indirect. • Cons. const. 4 mai 2012, *EURL David Ramirez,* n° 2012-241 QPC § 22 à 27.

451. Les dispositions relatives à la gratuité du mandat de juge consulaire et à la possibilité de solliciter plusieurs mandats successifs n'étaient pas, en elles-mêmes, incompatibles avec les exigences d'impartialité et d'indépendance. • Cons. const. 4 mai 2012, *EURL David Ramirez,* n° 2012-241 QPC (sol. impl.).

c. Autres éléments de composition

452. Préjugement. Le Conseil d'État a procédé à la cassation d'un arrêt de la CDBF au motif que les conseillers à la Cour des comptes qui avaient siégé lors de l'audience avaient préalablement participé à la chambre du conseil de la Cour des comptes qui avait élaboré le rapport public qui avait pris partie sur la responsabilité de la personne poursuivie. • CE, ass., 4 juill. 2003, *Dubreuil,* n° 234353 : *Lebon 313, concl. Guyomar ; RFDA 2003. 713, concl. Guyomar ; ibid. 2004. 815, chron. Lascombe et Vandendriessche ; AJDA 2003. 1596, chron. Donnat et Casas ; Rev. Trésor 2004. 151, chron. Lascombe et Vandendriessche.* ♦ Le principe d'impartialité s'oppose à ce qu'un membre de la CDBF ait à juger d'accusations relatives à des faits qu'il a déjà eu à apprécier dans le cadre d'autres fonctions au cours d'une autre instance. • CE 4 févr. 2005, *Procureur général près la Cour des comptes, ministère public près la CDBF,* n° 269233 : *Lebon 31 ; AJDA 2005. 1070, concl. Guyomar ; RFDA 2005. 666, chron. Lascombe et Vandendriessche ; Rev. Trésor 2006. 143, chron. Lascombe et Vandendriessche.* ♦ L'existence d'un préjugement ne peut être opposée à la juridiction dès lors que les faits ont reçu leur qualification par une décision juridictionnelle passée en force de chose jugée. • CE 28 sept. 2001, *Nucci,* n° 217490 B : *Rev. Trésor 2002. 225, chron. Lascombe et Vandendriessche ; RFDA 2002. 624, chron. Lascombe et Vandendriessche.* ♦ Rappr. s'agissant des conseils d'enquête dans la procédure disciplinaire des militaires. • CE 22 févr. 2012, *S.,* n° 343052 B : *AJDA 2012. 409 .*

453. Il n'y a pas préjugement alors même que des membres du conseil supérieur de l'ordre des vétérinaires ayant participé à la délibération par laquelle cet ordre s'est porté partie civile dans une procédure engagée devant la juridiction pénale siègent à la section disciplinaire statuant sur les mêmes faits. En revanche, le Président du conseil supérieur qui a exercé l'action civile au nom du conseil ne peut siéger. • CE 3 déc. 2010, *S.,* n° 326718 : *AJDA 2011. 294 .*

454. Partialité structurelle. Dès lors que le rapport public de la Cour des comptes contient des insertions qui peuvent laisser penser que des affaires portées ensuite devant la Cour dans le cadre de ses fonctions juridictionnelles auraient pu être préjugées à ce stade, la Cour n'est plus en état d'en connaître. • CE, ass., 23 févr. 2000, *Labor Métal,* n° 195715 : *Lebon 83 ; RFDA 2000. 435, concl. Seban ; Rev. Trésor 2000. 682, chron. Lascombe et Vandendriessche* • CE 13 févr. 2002, *Abran,* n° 219785 : *Rev. Trésor 2004. 141, chron. Lascombe et Vandendriessche ; RFDA 2004. 815, chron. Lascombe et Vandendriessche* • CE 27 juill. 2005, *Weygand et Bernardini,* n° 263302 : *Lebon 364 ; AJDA 2005. 2016, concl. Guyomar ; Rev. Trésor 2006. 37, chron. Lascombe et Vandendriessche.* ♦ S'agissant d'un appel porté devant la Cour, seule juridiction de son ordre, alors qu'elle était incompétente structurellement, il appartenait à la Cour de transmettre l'affaire au Conseil d'État afin que celui-ci, dans le cadre de ses pouvoirs généraux de régulation de l'ordre juridictionnel administratif, donne à cette transmission les suites qui conviennent et, le cas échéant, se prononce lui-même sur les conclusions d'appel qui avaient été présentées à la Cour. • CE, sect., 17 oct. 2003, *M. Dugoin,* n° 237290 : *Lebon 408 ; Rec. C. comptes 176 ; Rev. Trésor 2004. 142, chron. Lascombe et Vandendriessche ; AJDA 2003. 2031, chron. Donnat et Casas ; RFDA 2004. 371, note Coutant ; JCP 2004, n° 10011, note Coutant ; LPA 2004, n° 119, p. 24, note Mahinga.*

455. Formation de renvoi. En l'absence de toute disposition législative ou réglementaire, il est possible que la formation qui statue après annulation en appel du jugement soit la même, ou partiellement la même, que celle dont le jugement a été annulé et qu'elle soit composée pour partie ou même en totalité des mêmes magistrats. • CE, sect., 5 juill. 2000, *Mme Rochard,* n° 189523 : *préc. note 228* • CE, sect., 11 févr. 2005, *Cne de Meudon,* n° 258102 : *préc. note 239.* ♦ Le juge d'appel ne peut que constater que si, devant les juridictions civiles ou administratives, une telle solution ne peut se produire, c'est en application de dispositions législatives expresses et non d'un principe jurisprudentiel qu'il serait possible de transposer au juge financier. • C. comptes, 11 sept. 2003 : *Rev. Trésor 2004. 694 ; RFDA 2005. 660, chron. Lascombe et Vandendriessche* • CE 27 juill. 2005, *Weygand et Bernardini,* n° 263302 : *préc. note 454* • CE 26 mars 2018, n° 402044 : *JCP Adm. 2018. 330.*

456. Autres. L'absence d'un assesseur extérieur à l'administration pénitentiaire au sein de la commission de discipline saisie de poursuite à l'encontre d'un détenu constitue une irrégularité de nature à entacher d'irrégularité la sanction. • CAA Nantes, 18 juill. 2013, n° 12NT03128 : *AJDA 2013. 2162, note Degommier .*

4° PARTICIPATION AU DÉLIBÉRÉ

BIBL. Boukheloua, Le magistrat rapporteur dans le procès administratif, *AJDA 2014. 431 .*

457. La participation du rapporteur au délibéré est possible dès lors que ses attributions ne diffèrent pas de celles que la formation collégiale de jugement pourrait exercer elle-même et qu'il ne fait donc qu'organiser le contradictoire et préparer le délibéré. • CE, sect., 3 déc. 1999, *Leriche,* n° 195512 : *préc. note 337* (ordres professionnels) • CE, ass., 3 déc. 1999, *Didier,* n° 207434 : *préc. note 132* (autorités administratives indépendantes) • CE, sect., 22 nov. 2000, *Sté Crédit Agricole Indosuez Cheuvraux*, n° 207697 : *préc. note 347* • CE, ass., 14 déc. 2001, *Sté RMR*, n° 222719 : *Lebon 647 ; Rev. Trésor 2002. 226, chron. Lascombe et Vandendriessche ; RFDA 2002. 1143, concl. Seban , et note Lascombe et Vandendriessche* (Cour des comptes). ♦ V. déjà. • CE 27 juill. 2001, *Petit*, n° 223568 B : *Rev. Trésor 2002. 224, chron. Lascombe et Vandendriessche* • C. comptes, 27 janv. 2000, *Sté RMR, Région Alsace : Rev. Trésor 2000. 694, chron. Lascombe et Vandendriessche.* ♦ Dès lors que les membres de la commission d'instruction n'ont ni le pouvoir de classer l'affaire ni celui de modifier le champ de la saisine de la juridiction et que la tâche de la commission d'instruction consiste à établir un rapport constituant un exposé objectif des faits, la participation des membres de la commission d'instruction au délibéré du conseil supérieur de l'ordre siégeant en formation disciplinaire est possible. • CE 6 déc. 2012, *Assoc. des topographes géomètres et techniciens d'études*, n° 341004 : *préc. note 430.* ♦ V., pour une application de ces principes à une autorité administrative indépendante dotée d'un pouvoir de sanction, • Cons. const. 12 oct. 2012, *Sté Groupe Canal Plus et a.*, n° 2012-280 QPC § 17, 19, 20 et 21.

458. En revanche, le rapporteur ne doit pas participer au délibéré dès lors qu'il dispose de larges moyens d'investigation proches de ceux d'un procureur ou d'un juge d'instruction. • CE, ass., 6 avr. 2001, *SA Razel*, n° 206764 : *Lebon 176 ; RFDA 2001. 1299, concl. Seban , et note Lascombe et Vandendriessche* • CE 13 févr. 2002, *Mme Cans*, n° 213528 : *Rev. Trésor 2004. 138, chron. Lascombe et Vandendriessche ; RFDA 2004. 814* • CE 27 juill. 2001, *M. Bernadaux*, n° 223529 B : *Rev. Trésor 2002. 223, chron. Lascombe et Vandendriessche ; RFDA 2002. 625* • CE 14 déc. 2005, *Mermaz*, n° 260054 : *Rev. Trésor 2007. 728, obs. Lascombe et Vandendriessche.* ♦ ... Même s'il n'a pas voix délibérative. • Com. 5 oct. 1999, *SNC Companon Bernard et a. c/ Min. de l'économie, des finances et du budget*, n° 97-15.617 P.

459. Cette solution semble avoir l'aval de la CEDH. • CEDH 10 mai 2007, *Tedesco c/ France*, n° 11950/02 : *RFDA 2008. 810 ; AJDA 2007. 1001* .

460. Le moyen doit être soulevé d'office par le juge. • CE 16 juin 2008, *Vadepied et Abraham*, n° 289461 : *AJDA 2008. 2086* . ♦ V. déjà • C. comptes, 29 juin 2000, *Dpt de l'Essonne : Rev. Trésor 2002. 25, chron. Lascombe et Vandendriessche.* ♦ ... Mais ne peut toutefois pas être soulevé pour la première fois en cassation. • CE 24 févr. 2003, *Perrin et Deltana*, n° 227945 : *Lebon 49 ; Rec. C. comptes 167 ; Rev. Trésor 2004. 139, obs. Lascombe et Vandendriessche ; RFDA 2004. 815.*

461. Il en va ainsi également de la simple présence du rapporteur public (commissaire du Gouvernement) au délibéré. • CEDH 7 juin 2001, *Kress c/ France : AJDA 2001. 675, note Rolin ; D. 2001. 2619, note Drago , chron. Andriantsimbazovina ; RFDA 2001. 991, dossier Genevois , Austin et Sudre* • CEDH, gr. ch., 12 avr. 2006, *Martinie c/ France*, n° 58675/00 : *GAJF, 7e éd., n° 8 ; Rec. C. comptes 137 ; Rev. Trésor 2006. 350, chron. Lascombe et Vandendriessche ; AJDA 2006. 900, entretien Genevois ; ibid. 2006. 986, note Rollin ; ibid. 2006. 1712, chron. Flauss ; JCP Adm. 2006. 1131, note Andriantsimbazovina ; RFDA 2006. 577, note Sermet* . ♦ ... A laquelle les parties peuvent s'opposer devant le Conseil d'État. • CE 25 mai 2007, *Courty*, n° 296327 : *AJDA 2007. 1424, concl. Keller* .

5° AUTOSAISINE (« NE PROCEDET JUDEX EX OFFICIO »)

BIBL. Kerléo, L'autosaisine en droit public français, *RFDA 2014. 293* .

a. Existence d'un principe relatif

462. Selon un principe constant du droit français, une juridiction n'a pas le pouvoir de se saisir d'office, V. CE Rapport « De la sécurité juridique », *EDCE 1991, n° 43, p. 63.* ♦ La faculté, pour une juridiction, de se saisir d'office dans les conditions prévues par la loi ne porte atteinte à aucun principe du droit français, ni aux principes d'indépendance et d'impartialité garantis par l'art. 6, § 1, Conv. EDH. • Civ. 1re, 13 nov. 1996, n° 94-15.252 P. ♦ V. déjà. • Com. 17 mars 1981, n° 79-12.320 P. ♦ La possibilité conférée à une juridiction ou à un organisme administratif qui, eu égard à sa nature, à sa composition et à ses attributions, peut être qualifié de tribunal au sens de l'art. 6, § 1, Conv. EDH, de se saisir de son propre mouvement d'affaires qui entrent dans le domaine de compétence qui lui est attribué n'est pas, en soi, contraire à l'exigence d'équité dans le procès énoncée par l'art. 6, § 1, Conv. EDH. • CE, sect., 20 oct. 2000, *Sté Habib Bank Ltd*, n° 180122 : *Lebon 434, concl. Lamy ; AJDA 2000. 1001, chron. Guyomar et Collin ; ibid. 1071, note Subra de Bieusses* .

463. Les dispositions du C. sport permettant à l'Agence française de lutte contre le dopage de se saisir des décisions prononcées pour des faits de dopage par les organes compétents des fédérations sportives à l'encontre des sportifs licenciés, afin éventuellement de les réformer dans un souci d'harmonisation des décisions prises par les différentes fédérations dans ce domaine ne sont pas contraires à la Const. • CE, QPC, 11 mars 2011, *Alexandre A.*, n° 341588. ♦ … Ni à l'art. 6 Conv. EDH. • CE 13 juill. 2011, *Jean-Sébastien A.*, n° 350274 • CE 9 nov. 2011, *Alexandre A.*, n° 341588.

464. Il résulte du principe d'impartialité qu'en principe une juridiction ne saurait disposer de la faculté d'introduire spontanément une instance au terme de laquelle elle prononce une décision revêtue de l'autorité de chose jugée. • Cons. const. 7 déc. 2012, *Sté Pyrénées services et a.*, n° 2012-286 QPC § 4 • Cons. const. 16 janv. 2015, *SELARL GPF Claeys*, n° 2014-438 QPC § 4.

V. pour d'autres décisions dans le même sens :.

b. Limites aux exceptions

465. Principe. Si la Constitution ne confère pas à cette interdiction un caractère général et absolu, la saisine d'office d'une juridiction ne peut trouver de justification, lorsque la procédure n'a pas pour objet le prononcé de sanctions ayant le caractère d'une punition, qu'à la condition qu'elle soit fondée sur un motif d'intérêt général et que soient instituées par la loi des garanties propres à assurer le respect du principe d'impartialité, notamment par la mise en œuvre d'une procédure contradictoire. • Cons. const. 7 déc. 2012, *Sté Pyrénées services et a.*, n° 2012-286 QPC § 4 • Cons. const. 10 nov. 2017, *Antoine L.*, n° 2017-671 QPC § 6.

V. pour d'autres décisions dans le même sens :.

466. Intérêt général. Mettent en œuvre un intérêt général les dispositions qui confient au tribunal la faculté de se saisir d'office aux fins d'ouverture de la procédure de redressement judiciaire, à l'exception du cas où une procédure de conciliation entre le débiteur et ses créanciers est en cours, et permettent que, lorsque les conditions de son ouverture paraissent réunies, une procédure de redressement judiciaire ne soit pas retardée afin d'éviter l'aggravation irrémédiable de la situation de l'entreprise. • Cons. const. 7 déc. 2012, *Sté Pyrénées services et a.*, n° 2012-286 QPC § 6 • Cons. const. 15 nov. 2013, *Sté Mara Télécom et a.*, n° 2013-352 QPC § 9 • Cons. const. 16 janv. 2015, *SELARL GPF Claeys*, n° 2014-438 QPC § 11. ♦ … Pour prononcer la résolution du plan, ont pour objet, d'une part, d'assurer l'exécution effective, par le débiteur, du plan de sauvegarde ou du plan de redressement et, d'autre part, d'éviter l'aggravation irrémédiable de la situation de l'entreprise. • Cons. const. 7 mars 2014, *Marc V.*, n° 2013-372 QPC § 9. ♦ Constituent encore des objectifs d'intérêt général la détection et la prévention des difficultés des entreprises. • Cons. const. 1er juill. 2016, *Sté Famille Michaud Apiculteurs*, n° 2016-548 QPC § 5.

467. Garanties assurant l'impartialité. Ni les dispositions contestées ni aucune autre disposition ne fixent les garanties légales ayant pour objet d'assurer qu'en se saisissant d'office, le tribunal ne préjuge pas sa position lorsque, à l'issue de la procédure contradictoire, il sera appelé à statuer sur le fond du dossier au vu de l'ensemble des éléments versés au débat par les parties. • Cons. const. 7 déc. 2012, *Sté Pyrénées services et a.*, n° 2012-286 QPC § 7. • Cons. const. 15 nov. 2013, *Sté Mara Télécom et a.*, n° 2013-352 QPC § 10 • Cons. const. 7 mars 2014, *Sté nlle d'exploitation Sthrau'hôtel*, n° 2013-368 QPC § 7 • Cons. const. 7 mars 2014, *Marc V.*, n° 2013-372 QPC § 10. ♦ Dès lors qu'il est prévu que le juge prononce la conversion de la procédure après avoir entendu ou dûment appelé le débiteur, le pouvoir conféré au tribunal de convertir d'office la procédure de sauvegarde en une procédure de redressement judiciaire est exercé dans le respect du principe du contradictoire. • Cons. const. 16 janv. 2015, *SELARL GPF Claeys*, n° 2014-438 QPC § 12.

468. Le libellé de la citation et le contenu de la note par laquelle il se saisi d'office et dans laquelle il tenait pour établi le comportement fautif à ses yeux de la personne visée pouvaient apparemment laisser penser que le président de la juridiction de jugement ne disposait pas de l'impartialité objective du juge. • Com. 3 nov. 1992 : *Bull. com. n° 345.* ♦ De l'exigence d'impartialité qui s'apprécie objectivement il résulte que si l'acte par lequel un tribunal statuant en matière disciplinaire décide de se saisir de certains faits, doit – afin que la ou les personnes mises en cause puissent utilement présenter leurs observations – faire apparaître avec précision ces faits ainsi que, le cas échéant, la qualification qu'ils pourraient éventuellement recevoir au regard des lois et règlements que ce tribunal est chargé d'appliquer, la lecture de cet acte ne saurait, sous peine d'irrégularité de la décision à rendre, donner à penser que les faits visés sont d'ores et déjà établis ou que leur caractère répréhensible au regard des règles ou principes à appliquer est d'ores et déjà reconnu. • CE sect., 20 oct. 2000, *Sté Habib Bank Ltd*, n° 180122 : *préc. note 462.*

469. Si la possibilité conférée à une autorité administrative indépendante investie d'un pouvoir de sanction de se saisir de son propre mouvement d'affaires qui entrent dans le domaine de compétence qui lui est attribué n'est pas, en soi, contraire à l'exigence d'équité dans le procès, cette possibilité doit être suffisamment encadrée pour ne pas donner à penser que les membres de la formation chargée de prononcer la sanction tiennent les griefs comme d'ores et déjà établis ou leur caractère répréhensible au regard des règles ou principes à appliquer comme d'ores et déjà reconnu lors de cette saisine. Ainsi eu égard à l'insuffisance des garanties dont la procédure est entourée, la circonstance que les mêmes personnes se prononcent sur la décision de poursuivre, d'une part, et sur la sanction, d'autre part, est de nature à faire naître un doute objectivement justifié sur l'impartialité de cette autorité. • CE 22 déc. 2011, *Union mutualiste générale de prévoyance,* n° 323612 B : *AJDA 2012. 670*. ♦ V. cependant, admettant, en son temps, l'autosaisine des juridictions financières. • CE 20 avr. 2005, *Karsenty et Fondation d'Aguesseau : préc. note 294.*

470. Si l'Autorité de la concurrence est autorisée à se saisir « d'office » de certaines pratiques ainsi que des manquements aux engagements pris en application des décisions autorisant des opérations de concentration, c'est à la condition que cette saisine ait été proposée par le rapporteur général. Ces dispositions, relatives à l'ouverture de la procédure de vérification de l'exécution des injonctions, prescriptions ou engagements figurant dans une décision autorisant une opération de concentration, ne conduisent pas l'autorité à préjuger la réalité des manquements à examiner. Par ailleurs, l'instruction de l'affaire est ensuite assurée par le rapporteur général et le collège de l'Autorité est, pour sa part, compétent pour se prononcer sur les griefs notifiés par le rapporteur général et, le cas échéant, infliger des sanctions. Enfin, lors de la séance, le rapporteur général peut présenter des observations mais ni lui ni le rapporteur n'assistent au délibéré lorsque l'autorité statue sur des pratiques dont elle a été saisie. Au regard de ces garanties légales, dont il appartient à la juridiction compétente de contrôler le respect, la saisine de l'Autorité de la concurrence n'opère pas de confusion entre les fonctions de poursuite et d'instruction et les pouvoirs de sanction. • Cons. const. 12 oct. 2012, *Sté Groupe Canal Plus et a.,* n° 2012-280 QPC § 20 et 21. ♦ V. également les garanties offertes dans le cadre de l'autosaisine du Conseil [devenu l'Autorité] de la concurrence, cette décision n'ayant ni pour objet ni pour effet d'imputer une pratique à une entreprise déterminée et, dès lors, ne le conduisant pas à préjuger la réalité des pratiques susceptibles de donner lieu au prononcé de sanctions. • Cons. const. 14 oct. 2015, *Sté Grands Moulins de Strasbourg SA et a.,* n° 2015-489 QPC § 7.

471. La constatation par le président du tribunal de commerce du non-dépôt des comptes, qui lui permet de se saisir d'office, présente un *caractère objectif. • Cons. const.* 1er juill. 2016, *Sté Famille Michaud Apiculteurs,* n° 2016-548 QPC § 6.

472. L'agence française de lutte contre le dopage a le pouvoir de se saisir d'office des décisions de sanctions rendues par les fédérations sportives qu'elle envisage de réformer. Ce pouvoir n'étant pas attribué à une personne ou à un organe spécifique au sein de l'agence alors qu'il appartient ensuite à cette dernière de juger les manquements ayant fait l'objet de la décision de la fédération, aucune séparation au sein de l'agence, d'une part, les fonctions de poursuite des éventuels manquements ayant fait l'objet d'une décision d'une fédération sportive et, d'autre part, les fonctions de jugement de ces mêmes manquements n'est opérée, méconnaissant ainsi le principe d'impartialité. • Cons. const. 2 févr. 2018, *Axel N.,* n° 2017-688 QPC § 8 et 9.

c. Exercice de certains pouvoirs d'office dans une instance en cours

473. Distinction d'avec l'autosaisine. En mettant un terme à la procédure d'observation pour ordonner la liquidation judiciaire lorsque le redressement est manifestement impossible, le tribunal ne se saisit pas d'une nouvelle instance. • Cons. const. 6 juin 2014, *Sté Beverage and Restauration Organisation SA,* n° 2014-399 QPC § 9. ♦ En convertissant, après le jugement d'ouverture, la procédure de sauvegarde en une procédure de redressement judiciaire lorsqu'il apparaît que l'entreprise était déjà en cessation des paiements lors du jugement d'ouverture, le tribunal ne se saisit pas d'une nouvelle instance. • Cons. const. 16 janv. 2015, *SELARL GPF Claeys,* n° 2014-438 QPC § 9. ♦ Le prononcé de l'astreinte et sa liquidation sont les deux phases d'une même procédure. • Cons. const. 1er juill. 2016, *Sté Famille Michaud Apiculteurs,* n° 2016-548 QPC § 6. ♦ Lorsqu'il se saisit d'office, le juge d'application des peines ne crée pas une nouvelle instance au sens et pour l'application des exigences constitutionnelles. • Cons. const. 10 nov. 2017, *Antoine L.,* n° 2017-671 QPC § 9.

474. Principe. La faculté pour le juge d'exercer certains pouvoirs d'office dans le cadre de l'instance dont il est saisi ne méconnaît pas le principe d'impartialité dès lors qu'elle est justifiée par un motif d'intérêt général et exercée dans le respect du principe du contradictoire. • Cons. const. 6 juin 2014, *Sté Beverage and Restauration Organisation SA,* n° 2014-399 QPC § 10 • Cons. const. 10 nov. 2017, *Antoine L.,* n° 2017-671 QPC § 10.

475. Mettent en œuvre un intérêt général les dispositions qui ont pour objet de permettre que, lorsque les éléments recueillis au cours de la période d'observation font apparaître que le redressement de l'entreprise est manifestement impossible, la liquidation judiciaire ne soit pas retardée afin d'éviter l'aggravation irrémédiable de la situation de l'entreprise. • Cons. const. 6 juin 2014, *Sté Beverage and Restauration Organisation SA,* n° 2014-399 QPC § 11. ♦ ... Qui permettent au juge de l'application des peines de se saisir d'office et de prononcer les mesures adéquates relatives aux modalités d'exécution des peines, poursuivant ainsi les objectifs de protection de la société et de réinsertion de la personne condamnée. • Cons. const. 10 nov. 2017, *Antoine L.,* n° 2017-671 QPC § 11.

476. Le juge prononce la liquidation judiciaire après avoir entendu notamment le débiteur, l'administrateur et le mandataire judiciaire et après avoir recueilli l'avis du ministère public. • Cons. const. 6 juin 2014, *Sté Beverage and Restauration Organisation SA,* n° 2014-399 QPC § 12. ♦ De même, le JAP se prononce-t-il sur les mesures de semi-liberté ou autres après un débat contradictoire. • Cons. const. 10 nov. 2017, *Antoine L.,* n° 2017-671 QPC § 12. ♦ Pour d'autres mesures (réduction de peine ; permissions de sortie ; etc.), le juge de l'application des peines ne saurait, sans méconnaître le principe d'impartialité, prononcer une mesure défavorable dans le cadre d'une saisine d'office sans que la personne condamnée ait été mise en mesure de présenter ses observations. • Cons. const. 10 nov. 2017, *Antoine L.,* n° 2017-671 QPC § 13.

D. PRINCIPE DE SÉCURITÉ JURIDIQUE

BIBL. Luciani, L'éclipse de la sécurité juridique, *RFDC 2014. 991.* – Grech, Le principe de sécurité juridique dans l'ordre constitutionnel français, *RFDC 2015. 405.* – Dossier, « Sécurité juridique et imprévisibilité du droit », *RD publ. 2016. p. 741 s.* – Dossier Légalité et sécurité juridique, un équilibre rompu ?, *ADJA 2019. 1986.*

477. Reconnaissance d'un principe de sécurité juridique. Une connaissance suffisante des normes qui leur sont applicables est indispensable aux citoyens pour que soient respectées les présentes dispositions. • Cons. const. 16 déc. 1999, n° 99-421 DC.

478. Le principe de sécurité juridique n'est pas au nombre des droits et libertés garantis par la Const. au sens de son art. 61-1. • CE 17 déc. 2010, *Synd. mixte chargé de la gestion du contrat urbain de cohésion sociale de l'agglomération de Papeete,* n° 343800 • Cons. const. 11 févr. 2011, *Pierre L.,* n° 2010-102 QPC (sol. impl.). ♦ Sur la reconnaissance de ce principe par le juge administratif. • CE, ass., 24 mars 2006, *Sté KPMG,* n° 288460 : *Lebon 154 ; AJDA 2006. 1028, chron. Landais et Lénica ; ibid. 2214, étude Tesoka ; D. 2006. 1190, étude Cassia ; RFDA 2006. 463, concl. Aguila ; ibid. 483, note Moderne ; Dr. adm. 2006. 71 ; JCP Adm. 2006. 1120, note Belorgey ; RD publ. 2007. 285, note Woehrling.* ♦ V. comm. ss. Const. 58, art. 21. ♦ Le principe de sécurité juridique est garanti par la DDH. • CE, QPC, 21 janv. 2015, *EURL 2B,* n° 382902 : *Lebon ; AJDA 2015. 135 ; ibid. 880, note Éveillard ; AJCT 2015. 289, obs. Mehl-Schouder .*

479. Le principe de sécurité juridique est nécessairement inhérent au droit de la Conv. EDH comme au droit communautaire. • CEDH 13 juin 1979, *Marckx c/ Belgique,* n° 6833/74 § 58 : *CDE 1980. 473, obs. Cohen-Jonathan ; AFDI 1980. 317, chron. Pelloux ; JDI 1982. 183, obs. Rolland.*

480. Le principe de sécurité juridique, qui implique que ne puissent être remises en cause sans condition de délai des situations consolidées par l'effet du temps, fait obstacle à ce que puisse être contestée indéfiniment une décision administrative individuelle qui a été notifiée à son destinataire, ou dont il est établi, à défaut d'une telle notification, que celui-ci a eu connaissance. Dans une telle hypothèse, si le non-respect de l'obligation d'informer l'intéressé sur les voies et les délais de recours, ou l'absence de preuve qu'une telle information a bien été fournie, ne permet pas que lui soient opposés les délais de recours fixés par le CJA, le destinataire de la décision ne peut exercer de recours juridictionnel au-delà d'un délai raisonnable. En règle générale et sauf circonstances particulières dont se prévaudrait le requérant, ce délai ne saurait, sous réserve de l'exercice de recours administratifs pour lesquels les textes prévoient des délais particuliers, excéder un an à compter de la date à laquelle une décision expresse lui a été notifiée ou de la date à laquelle il est établi qu'il en a eu connaissance. • CE, ass., 13 juill. 2016, n° 387763 A : *AJDA 2016. 1479 ; ibid. 1629, chron. Dutheillet de Lamothe et Odinet ; AJFP 2016. 356 ; AJCT 2016. 572, obs. Rouault ; RDT 2016. 718, obs. Crusoé ; RFDA 2016. 927, concl. Henrard ; JCP Adm. 2016. 2238, note Pauliat* • CE 10 févr. 2020, n° 429343 B : *AJDA 2020. 332 ; ibid. 679, concl. Le Corre .* ♦ Toutefois, cette règle ne trouve pas à s'appliquer aux recours tendant à la mise en jeu de la responsabilité d'une personne publique qui, s'ils doivent être précédés d'une réclamation auprès de l'administration, ne tendent pas à l'annulation ou à la réformation de la décision rejetant tout ou partie de cette réclamation mais à la condamnation de la personne publique à réparer les préjudices qui lui sont imputés. La prise en compte de la sécurité juridique, qui implique que ne puissent être remises en cause indéfiniment des situations consolidées par l'effet du temps, est alors assurée par les règles classiques de prescription. • CE 17 juin 2019, n° 413097 A : *AJDA 2019. 1255 ; JCP 2019. 423.*

481. La circonstance que les textes attaqués aient fait l'objet de nombreuses modifications liées à l'évolution de l'épidémie et des connaissances scientifiques relatives au nouveau coronavirus et qu'ils aient donné lieu à une importante communication du Gouvernement visant à en préciser la teneur ne révèle pas une méconnaissance du principe de sécurité juridique. • CE 22 déc. 2020, n° 439804 B § 7 : *AJDA 2021. 6* ; *JCP Adm. 2021. 14.*

482. V. pour des exemples de mise en œuvre du principe de sécurité juridique : • TA Versailles, 15 févr. 2017, n° 1402665 : *AJDA 2017. 850* .

483. Reconnaissance de la notion d'« espérance légitime ». Un contribuable peut se fonder sur une décision du Conseil d'État pour se prévaloir d'une espérance légitime. • CE 21 oct. 2011, n° 314767 B : *AJDA 2011. 2521, note Depigny* . ♦ V. déjà. • CE 19 nov. 2008, n° 292948 A : *Dr. fisc. 2009. 179, concl. Escaut et note Fumenier* • CE 2 juin 2010, n° 318014 A : *Dr. fisc. 2010. 428, concl. Escaut ; JCP Adm. 2010. 2287, note Guigue.* ♦ A défaut de créance certaine, l'espérance légitime d'obtenir une somme d'argent doit être regardée comme un bien au sens de l'art. 1er Prot. n° 1 Conv. EDH. • CE 9 mai 2012, n° 308996 A (concl. Boucher) : *AJDA 2012. 974* ; *ibid. 1392, chron. Domino et Bretonneau* .

484. Le législateur ne peut remettre en cause les effets qui peuvent légitimement être attendus de telles situations. • Cons. const. 19 déc. 2013, n° 2013-682 DC § 14 • Cons. const. 29 déc. 2013, n° 2013-685 DC § 38 • Cons. const. 28 mars 2014, *Collectivité de Saint-Barthélémy,* n° 2014-386 QPC § 15 • Cons. const. 5 déc. 2014, *Jean-François V.,* n° 2014-435 QPC § 5. ♦ V. *infra* note 2.

485. Encore faut-il qu'il y ait espérance légitime. Or aucun effet ne peut être légitimement attendu des impositions passées pour les impositions futures. • Cons. const. 9 déc. 2016, *Cst. C.,* n° 2016-603 QPC § 9. ♦ De même, la simple conservation de titres durant une période inférieure à la durée exigée par la législation antérieure n'a pu, à elle seule, faire naître une attente légitime de bénéficier de l'abattement en cause. • Cons. const. 15 nov. 2017, *Sébastien M.,* n° 2019-812 QPC § 9.

486. Il n'y a pas d'espérance légitime lorsque les dispositions n'avaient ni pour objet ni pour effet de garantir que la dotation globale de compensation assurant le « solde » de la compensation financière du transfert de compétences ne puisse être mise à la charge de la collectivité de Saint-Barthélémy. • Cons. const. 28 mars 2014, *Collectivité de Saint-Barthélémy,* n° 2014-386 QPC § 16. ♦ ... Il en est de même : de dispositions qui n'affectent pas les règles applicables aux cessions réalisées au cours d'exercices clos antérieurement à l'entrée en vigueur de la loi. • Cons. const. 17 juill. 2015, *Sté Crédit agricole SA,* n° 2015-475 § 6. ♦ Rappr. • Cons. const. 14 janv. 2016, *Marc François-Xavier M.-M.,* n° 2015-515 QPC § 9. ♦ ... Lorsque, au moment de l'exercice de l'option pour le régime des sociétés d'investissements immobiliers cotées, ils ne pouvaient attendre l'application des règles d'imposition prévues aux plus-values latentes postérieures à l'exercice de l'option. • Cons. const. 26 juin 2015, *Sté Icade,* n° 2015-474 QPC § 13. ♦ Lorsque le législateur permet à un contribuable, à sa demande, d'obtenir le report de l'imposition d'une plus-value, le contribuable doit être regardé comme ayant accepté les conséquences du rattachement de cette plus-value à l'année au cours de laquelle intervient l'événement qui met fin au report d'imposition ou lorsque le report d'imposition d'une plus-value s'applique de plein droit, dès lors que sont satisfaites les conditions fixées par le législateur, le montant de l'imposition est arrêté, sans option du contribuable, selon des règles, en particulier de taux, qui peuvent ne pas être celles applicables l'année de la réalisation de la plus-value. • Cons. const. 22 avr. 2016, *Épx M. D.,* n° 2016-538 QPC § 14.

487. V., sur les effets qui pouvaient être légitimement attendus par les contribuables de l'application du régime des prélèvements libératoires : • Cons. const. 5 déc. 2014, *Jean-François V.,* n° 2014-435 QPC § 9. ♦ ... Et déjà. • Cons. const. 29 déc. 2012, n° 2012-662 DC § 44. ♦ Encore faut-il que le prélèvement ait été effectivement libératoire, ce qui ne peut résulter que d'une disposition expresse. • Cons. const. 29 sept. 2017, *Jean-Marie B.,* n° 2017-656 QPC § 7.

488. Dans ces hypothèses, seul un motif d'intérêt général suffisant peut justifier que la plus-value soit ainsi rétroactivement soumise à des règles de liquidation qui n'étaient pas déterminées à la date de sa réalisation, motif absent en l'espèce. • Cons. const. 22 avr. 2016, *Épx M. D.,* n° 2016-538 QPC § 15. ♦ V. note 509.

BIBL. Tartour, Le principe de protection de la confiance légitime en droit public français, *RD publ. 2013. 307.* – Plessix, Sécurité juridique et confiance légitime, *RD publ. 2016. 799.*

489. Absence de principe de « confiance légitime ». Aucune norme de valeur constitutionnelle ne garantit un principe dit de « confiance légitime ». • Cons. const. 30 déc. 1996, n° 96-385 DC 18 • Cons. const. 7 nov. 1997, n° 97-391 DC § 6.

490. Ce principe, qui fait partie des principes généraux du droit communautaire, ne trouve à s'appliquer, dans l'ordre juridique national, que dans le cas où la situation juridique dont a à connaître le juge administratif français est régie par le droit communautaire. • CE 16 mars 1998, *Assoc. élèves, parents d'élèves et professeurs des classes préparatoires vétérinaires et Mlle Poujol,* n° 190768 : *Lebon 84* • CE, ass., 11 juill. 2001, *FNSEA,* n° 219494 : *Lebon 340*

; *RFDA 2002. 33, concl. Séners* et note *Dubouis* .

V. pour d'autres décisions dans le même sens : .

491. Cependant, la responsabilité de l'État peut être engagée du fait des lois inconventionnelles en raison d'une loi adoptée en méconnaissance des engagements internationaux de la France, au nombre desquels figure le respect des principes de sécurité juridique et de confiance légitime reconnus par le droit communautaire et, désormais, par le droit de l'Union européenne. • CE 23 juill. 2014, *Sté d'éditions et de protection route*, n° 354365 : *Lebon ; AJDA 2014. 1581* ; *ibid. 2538, note Broyelle* ; *RFDA 2014. 1178, concl. Lallet* ; *ibid. 1186, note Blandin* ; *RTD eur. 2015. 431, obs. Ritleng* ; *JCP Adm. 2014. 689 ; Dr. adm. 2015. 9, note Éveillard ; ibid. 5, chron. Platon ; JCP 2015. 2083, note Paulliat.*

1° EFFET RÉTROACTIF DES DÉCISIONS JURIDICTIONNELLES

492. Principe. Si l'effet rétroactif d'une décision de justice est de nature à emporter des conséquences manifestement excessives, le juge peut, après avoir recueilli les observations des parties, déterminer à quelle date l'annulation prendra effet. • CE, ass., 11 mai 2004, *Assoc. AC !*, n° 255886 : *préc. note 69* • CE 24 avr. 2013, *Groupement interprof. Fabricants d'appareils d'équipements ménagers*, n° 353280 : *AJDA 2013. 1780* . ♦ V. s'agissant de la modulation dans le temps d'une décision déjà abrogée. • CE 17 déc. 2010, *SFIB, Assoc. UFC Que Choisir, SA Rue du Commerce*, n° 310195 : *préc. note 69.*

V. pour d'autres décisions dans le même sens : .

493. La modulation dans le temps sera de principe lorsqu'il s'agit de permettre le respect d'une exigence constitutionnelle, comme en l'espèce l'obligation de transposition des directives (Const. 58, art. 88-1). • CE 24 juill. 2009, *Cté de recherche et d'information indépendantes sur le génie génétique*, n° 305314 : *Lebon 294* ; *AJDA 2009. 1818, chron. Liéber et Botteghi* ; *RFDA 2009. 963, concl. Geffray* ; *Constitutions 2010. 117, obs. Le Bot* . ♦ La nature juridique d'un contrat s'appréciant à la date à laquelle il a été conclu, un changement de celle-ci à la suite d'un revirement de jurisprudence ne s'applique pas aux contrats conclus antérieurement à ce revirement. • T. confl. 9 mars 2015, *R. c/ Sté Autoroutes du Sud*, n° 3984 : *préc. note 69.*

494. L'application immédiate de cette règle de prescription dans l'instance en cours aboutirait à priver la victime d'un procès équitable, au sens de l'art. 6, § 1 Conv. EDH, en lui interdisant l'accès au juge. • Cass., ass. plén., 21 déc. 2006, n° 00-20.493 : *D. 2007. 835, et les obs.* , *note Morvan* ; *RTD civ. 2007. 72, obs. Deumier* ; *ibid. 168, obs. Théry* • Com. 13 nov. 2007, n° 05-13.248 : *D. 2007. 3010, obs. Lienhard* ; *ibid. 2008. 570, obs. Lucas et Le Corre* ; *Just. & cass. 2008. 385, rapp. Barthélémy Albertini ; RTD com. 2008. 868, obs. Martin-Serf* • Soc. 26 mai 2010, n° 09-60.400 : *D. 2010. 1422* ; *Dr. soc. 2010. 826, note Petit* ; *ibid. 1150, note Radé* • Com. 26 oct. 2010, n° 09-68.928 : *D. 2010. 2647, obs. Lienhard* ; *Rev. sociétés 2011. 359, note Morelli* . ♦ V. cependant : la sécurité juridique, invoquée sur le fondement du droit à un procès équitable pour contester l'application immédiate d'une solution nouvelle résultant d'une évolution de la jurisprudence, ne saurait consacrer un droit acquis à une jurisprudence figée, dès lors que la partie qui s'en prévaut n'est pas privée du droit à l'accès au juge. • Civ. 1re, 11 juin 2009, n° 08-16.914 : *D. 2009. 2058, chron. Chauvin, Auroy et Creton* ; *ibid. 2567, chron. Molfessis* . ♦ Il ne saurait consacrer un droit acquis à une jurisprudence immuable. L'évolution de la jurisprudence relevant de l'office du juge dans l'application du droit. • Civ. 2e, 19 nov. 2009, n° 08-20.528 • Soc. 10 oct. 2013, n° 12-21.167 • Soc. 8 avr. 2014, n° 13-11.133. ♦ L'évolution de la jurisprudence relevant de l'office du juge dans l'application du droit, la société « X » ne saurait se prévaloir d'un droit acquis à une jurisprudence figée dès lors qu'elle ne prétend pas avoir été privée du droit à l'accès au juge. • Com. 14 mai 2013, n° 12-15.534 : *D. 2013. 2487, obs. Larrieu, Le Stanc et Tréfigny* .

495. Ce principe le conduit implicitement à se prononcer sur cette question lorsque cela est nécessaire et donc parfois à refuser la modulation dans le temps en fonction d'une balance d'intérêts. • CE 23 févr. 2005, *Assoc. pour la transparence et la moralité des marchés publics*, n° 264712 : *Dr adm. 2005. 77, obs. Ménéménis* • CE 6 août 2008, *Assoc. « Vent de colère »*, n° 297723 : *AJDA 2008. 2117, note Le Baut-Ferrerèse* ; *ibid. 2008. 2315, obs. P.-A. J.* ♦ V. aussi, pour l'application de cette jurisprudence à une décision individuelle : • CE 12 déc. 2007, *Sire*, n° 296072 : *AJDA 2008. 638, concl. Guyomar* . ♦ V. aussi les décisions mentionnées note 68. ♦ Le juge précise parfois dans sa décision la démarche à suivre par les autorités administratives avant que l'annulation prenne effet pour permettre l'édiction d'un règlement légal. • CE 3 mars 2009, *Assoc. fr. contre les myopathies*, n° 314792 : *AJDA 2009. 461* ; *JCP Adm. 2009. 2116, note Bailleul.*

BIBL. Rebellato, La modulation dans le temps des règles jurisprudentielles nouvelles, *JCP Adm. 2015. 2187.*

496. Jurisprudence nouvelle. Il appartient

en principe au juge administratif de faire application de la règle jurisprudentielle nouvelle à l'ensemble des litiges, quelle que soit la date des faits qui leur ont donné naissance. • CE 3 sept. 2009, *Assistance publique de Marseille*, n° 297013 B : *AJDA 2009. 1584*. ♦ Le juge administratif faisant application d'une nouvelle jurisprudence consacrée après la clôture de l'instruction doit rouvrir l'instruction ou rendre un jugement avant dire droit, afin de permettre aux parties de formuler leurs observations. • CE 19 avr. 2013, *CCI d'Angoulême*, n° 340093 § 3 : *préc. note 199*. ♦ V. s'agissant de la modulation dans le temps d'une règle jurisprudentielle de forclusion. • CE, sect., 13 mars 2020, n° 435634 A : *AJDA 2020. 599*.

497. Le juge doit cependant régler le passage d'une jurisprudence à une autre en aménageant l'effet rétroactif de la nouvelle règle jurisprudentielle si celle-ci ferme une voie de droit préexistante ou ouvre une voie de droit nouvelle en portant une atteinte excessive à la sécurité juridique. • CE, ass., 16 juill. 2007, *Sté Tropic travaux signalisation*, n° 291545 : *Lebon 360, concl. Casas ; RFDA 2007. 696, concl. Casas ; ibid. 2007. 917 notes Moderne ; AJDA 2007. 1577, chron. Lénica et Boucher ; JCP Adm. 2007. 2221, note Rouault ; ibid. 2007. 2212, note Linditch ; ibid. 2007. 2227, note Seiller ; Dr. adm. 2007. 7, note Auby ; ibid. 2007. 142, note Cossalter* • TA Nîmes, 18 sept. 2008, *Sté Véolia Eau*, n° 0700470 : *AJDA 2008. 2232, concl. Chabert*. ♦ Ainsi, la nouvelle jurisprudence ne s'applique qu'à l'encontre des contrats dont la procédure de passation a été engagée postérieurement à la date de lecture de l'arrêt. • CE, ass., 16 juill. 2007, *Sté Tropic travaux signalisation*, n° 291545 : *préc.*

498. De même, la nouvelle jurisprudence ne s'appliquera pas à l'affaire en cours dès lors qu'elle aurait pour conséquence de priver le requérant de son droit au recours. • CE, sect., 6 juin 2008, *Conseil dptal de l'ordre des chirurgiens-dentistes de Paris*, n° 283141 : *préc. note 68* • CE 3 sept. 2009, *Assistance publique de Marseille*, n° 297013 : *préc. note 496* • CE 17 déc. 2014, *B.*, n° 369037 : *Lebon ; AJDA 2014. 2501*. ♦ ... Ou, sauf à violer l'art. 1er Prot. n° 1 Conv. EDH, si elle remet en cause des sommes versées sous forme de rente. • CE 22 oct. 2014, *CH de Dinan*, n° 368904 : *Lebon 316 ; AJDA 2015. 292, note Minet ; ibid. 2014. 2095 ; RDSS 2014. 1159, obs. Cristol ; JCP Adm. 2014. 865*. ♦ V. encore pour une mise en œuvre sans justification précise. • CE, sect., 1er oct. 2010, *Épx Rigat, n° 314297 : AJDA 2010. 2202, chron. Botteghi et Lallet*.

499. Encore faut-il qu'il s'agisse bien d'un revirement de jurisprudence et non d'une première interprétation ; dans ce cas l'interprétation donnée ne porte pas atteinte à une situation légalement acquise, même si, par définition, cette interprétation aura un effet rétroactif. • Cons. const. 1er août 2013, *Sté Natixis Asset Management*, n° 2013-336 QPC § 10.

500. Concernant les juridictions judiciaires, certaines admettent le principe de sécurité juridique. • Soc. 2 mai 2000, n° 97-45.323 P • Com. 6 déc. 2005, n° 04-19.541 P • Civ. 1re, 6 déc. 2005, n° 04-20.625 P. ♦ Le principe de sécurité juridique impose au juge qui modifie sa jurisprudence, jusque-là constante, de motiver sa décision, à cet égard, en expliquant précisément et de manière suffisamment détaillée les raisons de ce changement. • Com., 8 févr. 2011, n° 10-10.965 P.

501. La Cour avait déjà admis un revirement pour l'avenir, l'application immédiate de cette règle de prescription dans l'instance en cours pouvant aboutir à priver la victime d'un procès équitable en lui interdisant l'accès au juge. • Cass., ass. plén., 21 déc. 2006, n° 00-20.493 P : *D. 2007. 835, note Morvan ; JCP 2007. 10111, note Lagarde ; RTD civ. 2007. 72, note Deumier*.

502. Autres. Relève encore du principe de sécurité juridique l'exigence relative à l'inclusion de dispositions transitoires dans les actes réglementaires. • CE, ass., 24 mars 2006, *Sté KPMG*, n° 288460 : *préc. note 478*.

2° POUVOIR DE MODIFICATION OU D'ABROGATION DE LA LOI ET D'ADOPTION DE LOIS RÉTROACTIVES

BIBL. Boyer-Capelle, L'« effet cliquet » à l'épreuve de la question prioritaire de constitutionnalité, *AJDA 2011. 1718*.

a. Principes

1. Principe général

503. Possibilité de prendre des dispositions rétroactives. Le principe de non-rétroactivité n'a valeur constitutionnelle qu'en matière répressive. • Cons. const. 9 avr. 1996, n° 96-375 DC § 9 • Cons. const. 7 nov. 1997, n° 97-391 DC § 6. ♦ V. notes ss. DDH, art. 8. ♦ En matière de procédure, V. note 593. ♦ Cependant, en matière de sanctions, les lois plus douces s'appliquent immédiatement, y compris aux situations en cours (rétroactivité *in mitius*). • CE 16 nov. 2009, *Moreau*, n° 295046 A : *AJDA 2009. 2203 ; Gaz. Pal. 16 mars 2010, p. 16, note Seiller*. ♦ Rappr. • CE 15 mars 2017, n° 395286 B : *AJDA 2017. 1031*. ♦ En matière de procédure, V. note 518.

504. Il est à tout moment loisible au législateur, statuant dans le domaine de sa compétence, de modifier des textes antérieurs ou d'abroger ceux-ci en leur substituant, le cas échéant, d'autres dispositions. Ce faisant, il ne saurait toutefois priver de garanties légales des exigences constitutionnelles ; en particulier, il ne saurait, sans motif d'intérêt général suffisant, ni porter atteinte aux situations légalement acquises ni remettre en cause les effets qui peuvent légitimement être attendus de telles situations (de situations nées sous l'empire de textes antérieurs). • Cons. const. 19 déc. 2013, n° 2013-682 DC § 14 • Cons. const. 20 déc. 2019, n° 2019-795 DC § 29. ♦ Sur la capacité du législateur à modifier ou à abroger la loi, V. notes ss. Const. 58, art. 34.

V. pour d'autres décisions dans le même sens : .

505. Aucune exigence constitutionnelle ne garantit aux établissements publics placés sous la tutelle de l'État le droit de conserver leur trésorerie ou de se voir affecter un niveau constant de recettes fiscales. • Cons. const. 29 déc. 2014, n° 2014-707 DC § 35.

BIBL. Prétot, Le législateur peut-il encore conférer un effet rétroactif à la loi non répressive ? Libres propos sur une jurisprudence constitutionnelle ambiguë, *in Mél. Pactet, Dalloz 2003, p. 817.* – Milano, Les lois rétroactives, illustration de l'effectivité du dialogue des juges, *RFDA 2006. 447* .

2. Application en droit fical

506. « Grande rétroactivité fiscale ». Les mêmes principes que ceux énoncés note 503 s'appliquent en droit fiscal. • Cons. const. 19 déc. 2013, n° 2013-682 DC § 14. ♦ Le principe de non-rétroactivité de la loi fiscale ne peut donc servir de base à une QPC. • CE, QPC, 25 juin 2010, *Mortagne,* n° 326363 : *Lebon ; AJDA 2010. 1355, chron. Liéber et Botteghi* .

507. Situations légalement acquises. Le Cons. const. admet que l'imposition d'une donation antérieure constitue une situation légalement acquise. Dès lors, les dispositions contestées ne sauraient, sans porter atteinte aux situations légalement acquises, avoir pour objet ou pour effet de conduire à appliquer des règles d'assiette ou de liquidation autres que celles qui étaient applicables à la date de chaque fait générateur d'imposition. • Cons. *const. 9 déc. 2016, Cts C., n° 2016-603 QPC* § 8.

508. Motif d'intérêt général suffisant. La volonté du législateur d'assurer en 2013 des recettes supplémentaires liées à la réforme des modalités d'imposition des revenus de capitaux mobiliers ne constitue pas un motif d'intérêt général suffisant pour mettre en cause rétroactivement une imposition à laquelle le législateur avait attribué un caractère libératoire et qui était déjà acquittée. • Cons. const. 29 déc. 2012, n° 2012-662 DC § 44. ♦ La volonté du législateur d'augmenter les recettes fiscales ne constitue pas un motif d'intérêt général suffisant pour mettre en cause les effets qui pouvaient légitimement être attendus d'une imposition à laquelle le législateur avait conféré un caractère libératoire. • Cons. const. 5 déc. 2014, *Jean-François V.,* n° 2014-435 QPC § 10.

509. Si le législateur, en poursuivant l'objectif d'augmentation du rendement des prélèvements sociaux appliqués aux produits des contrats d'assurance-vie, a pu prévoir une augmentation des taux de ces prélèvements pour la partie de ces produits acquise ou constatée au-delà de la durée légale nécessaire pour bénéficier du régime d'exonération d'impôt sur le revenu, en revanche, un tel motif, exclusivement financier, ne constitue pas un objectif d'intérêt général suffisant pour justifier que les produits des contrats d'assurance vie acquis ou constatés pendant la durée légale nécessaire pour bénéficier du régime particulier d'imposition de ces produits fassent l'objet d'une modification des taux de prélèvements sociaux qui leur sont applicables. • Cons. const. 19 déc. 2013, n° 2013-682 DC § 15 (réserve d'interprétation).

510. Le législateur a justifié par un motif d'intérêt général suffisant l'effet rétroactif des dispositions contestées en décidant que celles-ci ne seraient applicables qu'aux apports qui ont pris date certaine à compter de cette date, dès lors qu'il a entendu éviter que le dépôt du projet de loi sur le bureau de l'Assemblée nationale n'entraîne, avant l'entrée en vigueur de la loi, des effets contraires à l'objectif poursuivi. • Cons. const. 29 déc. 2012, n° 2012-661 DC § 13. ♦ V. également, • Même décision § 19. ♦ ... En prévoyant d'appliquer les taux de prélèvements sociaux modifiés pour des contrats dont le dénouement ou la transmission sont intervenus à compter du 26 sept. 2013, date à laquelle les dispositions contestées ont été rendues publiques, dès lors qu'il éviter que l'annonce de cette réforme n'entraîne, avant l'entrée en vigueur de la loi, des effets contraires à l'objectif de rendement poursuivi. • Cons. const. 19 déc. 2013, n° 2013-682 DC § 15.

511. Effets légitimement attendus. V. notes 483 s.

512. « Petite rétroactivité fiscale ». Les dispositions déférées, qui sont applicables aux impositions qui seront dues en 2013 au titre de l'année 2012, modifient des avantages fiscaux antérieurement accordés dont aucune règle constitutionnelle n'impose le maintien ; elles n'affectent pas des situations légalement acquises et ne sont, dès lors, pas contraires au présent art. • Cons. const. 29 déc. 2012, n° 2012-662 DC § 108. ♦ V. également. • Cons. const. 29 déc. 2012, n° 2012-661 DC § 13. ♦ Ne portent pas atteinte à la garantie des droits proclamée par le présent art. des dispositions qui : prévoient que pour les rémunérations attribuées en 2013, prises en compte dans l'assiette de la taxe pour 2013, la taxe est exigible au 1er févr. 2014 et que pour celles attribuées en 2014, prises en compte dans l'assiette de la taxe pour 2014, elle est exigible au 1er févr. 2015. • Cons. const. 29 déc. 2013, n° 2013-685 DC § 26. ♦ … Incluent dans l'assiette de la contribution exceptionnelle sur les hauts revenus les revenus perçus en 2011 n'ayant pas fait l'objet d'un prélèvement libératoire de l'impôt sur le revenu. • Cons. const. 5 déc. 2014, *Jean-François V.*, n° 2014-435 QPC § 8. ♦ Rappr. s'agissant de la suppression d'un abattement qui ne pouvait être acquis que le jour de la cession. • Cons. const. 15 nov. 2017, *Sébastien M.*, n° 2019-812 QPC § 8. ♦ Rappr. s'agissant de la la domiciliation fiscale d'un contribuable : • Cons. const. 27 déc. 2019, n° 2019-796 DC § 6. ♦ Rappr. s'agissant de la détermination du domicile fiscal et de la compensation de la suppression de la taxe d'habitation : • Cons. const. 27 déc. 2019, n° 2019-796 DC § 6 et 30.

513. Impôt supprimé. Les règles relatives à l'assiette de l'IFI ne comportent pas de mesure d'exonération similaire pour les parts ou actions à celle de l'IFS. Toutefois, il ne résulte pas des dispositions contestées, ni de l'abrogation de l'art. 885 I *bis* CGI, une remise en cause des effets passés des règles d'exonération prévues par cet article dans le cadre de l'ISF. Cet impôt étant supprimé, ces règles d'exonération deviennent sans objet pour l'avenir. Il ne peut être déduit d'une exonération d'impôt au titre de certains biens un droit acquis à conserver le bénéfice de cette exonération dans le cadre d'un nouvel impôt incluant dans son assiette les mêmes biens. • Cons. const. 28 déc. 2017, n° 2017-758 DC § 46.

3. Cas particulier

514. Lois rétroactives par essence. Il s'agit des cas où la rétroactivité est de l'essence même de la loi comme pour les lois d'amnistie qui ne portent pas atteinte au présent art. • Cons. const. 8 juill. 1989, n° 89-258 DC § 8.

515. Lois d'application immédiate. Les lois d'application immédiate ou rétroactives se voient appliquer une jurisprudence voisine de celle en vigueur pour les lois rétroactives. • CEDH 6 oct. 2005, *Draon et Maurice c/ France : AJDA 2005. 1924 ; JCP 2005. 10061, note Zollinger ; JCP 2006. 109, chron. Sudre ; RD publ. 2006. 814, note Surrel* • CE 24 févr. 2006, *Levernez, n° 250704 : AJDA 2006. 1272, note Hennette-Vauchez .* ♦ *Ab. Jur.* • CE, ass., avis cont., 6 déc. 2002, *Draon*, n° 250167 : *Lebon 423 ; RFDA 2003. 339, note Petit ; ibid. 283, chron. Donnat et Casas ; JCP Adm. 2003. 1104, note Chavrier.*

516. Si le législateur peut adopter, en matière civile, des dispositions rétroactives, le principe de prééminence du droit et la notion de procès équitable s'opposent, sauf pour d'impérieux motifs d'intérêt général, à l'ingérence du pouvoir législatif dans l'administration de la justice afin d'influer sur le dénouement judiciaire des litiges. • Cass., ass. plén., 23 janv. 2004, *Le Bas et Noyer c/ Castorama : Bull. ass. plén., n° 2 ; D. 2004. 1108, note Gautier ; JCP 2004. 10030, note Billiau ; RTD civ. 2004. 341, obs. Théry* • Civ. 3e, 7 avr. 2004 : *Bull. civ. III, n° 81.* ♦ La jurisprudence reste parfois fluctuante. – V. dans le même sens que la Cour de cassation. • Paris, 22 oct. 2004 : *Gaz. Pal. 3 mars 2005, note de Grandvilliers.* ♦ *Contra.* • Paris, 2 déc. 2005 : *D. 2005. 295 ; RTD civ. 2006. 366, note Théry .*

517. Une loi à entrée en vigueur immédiate, s'appliquant aux instances en cours, fait implicitement obstacle à l'engagement de la responsabilité de l'État du fait de cette application immédiate de la loi aux recours pendants. • TA Paris, 25 nov. 2003, *Maurice : AJDA 2003. 2231, obs. de Montecler.*

518. Lois de procédure. Les dispositions contestées sont relatives à la procédure par laquelle la responsabilité d'un professionnel peut être judiciairement constatée ; elles ne modifient pas les règles de fond qui définissent les conditions de cette responsabilité ; par suite, l'application immédiate de ces dispositions ne leur confère pas un caractère rétroactif. • Cons. const. 13 mars 2014, n° 2014-690 DC § 26. ♦ Ainsi, et à moins qu'une disposition expresse y fasse obstacle, un texte modifiant les règles qui déterminent la juridiction compétente s'applique, dès son entrée en vigueur, aux recours introduits avant cette date. • T. confl. 2 juill. 2018, *Féd. nat. du personnel de l'encadrement des stés de service Informatique, des Études, du Conseil et de l'Ingénérie et de la Formation (CFECGC), n° C4123 B : JCP Adm. 2018. 695.*

b. Limites au pouvoir de modification, d'abrogation et d'adoption de lois rétroactives

1. Préservation des garanties légales des exigences de caractère constitutionnel

519. Ces modifications ne doivent pas aboutir à priver de garanties légales des exigences constitutionnelles (ou de caractère constitutionnel). • Cons. const. 20 janv. 1984, n° 83-165 DC § 27 • Cons. const. 12 janv. 2018, *Féd. bancaire française*, n° 2017-685 QPC § 9.

V. pour d'autres décisions dans le même sens : .

520. Lorsqu'il modifie des textes antérieurs ou abroge ceux-ci en leur substituant, le cas échéant, d'autres dispositions, le législateur doit prendre en compte, notamment, le devoir de prendre part à la préservation et d'amélioration de l'environnement mentionné à l'art. 2 Charte envir. et ne saurait priver de garanties légales le droit de vivre dans un environnement équilibré et respectueux de la santé consacré par l'art. 1er Charte envir. • Cons. const. 10 déc. 2020, n° 2020-809 DC § 13. ♦ V. notes ss. Charte envir., art. 1er, 2.

521. Aucune règle ni aucun principe constitutionnel ne garantit l'intangibilité des droits à retraite liquidés. • Cons. const. 3 août 1994, n° 94-348 DC § 14. ♦ Rappr. • Cons. const. 13 oct. 2011, *Jean-Luc O. et a.,* n° 2011-180 QPC § 11. ♦ Les dispositions contestées, qui modifient, pour l'avenir uniquement, la valeur de service du point de retraite applicable aux pensions, fussent-elles déjà liquidées, ne sont pas rétroactives et ne portent pas atteinte à des situations légalement acquises ni, en tout état de cause, au principe de sécurité juridique. • CE, QPC, 13 févr. 2013, *Caisse autonome de retraite des médecins de France et a.,* n° 356149 B § 5 : *AJDA 2013. 1198*.

2. Préservation des situations légalement acquises et des effets qui peuvent en être attendus

522. Principe. Le législateur ne saurait, sans motif d'intérêt général suffisant, ni porter atteinte aux situations légalement acquises ni remettre en cause les effets qui peuvent légitimement être attendus de situations nées sous l'empire de textes antérieurs. • Cons. const. 15 nov. 2017, *Sébastien M.,* n° 2019-812 QPC § 6 • Cons. const. 5 févr. 2021, *Sté Bouygues Telecom,* n° 2020-882 QPC § 30. ♦ Sur l'effet cliquet, V. Const. 58, art. 34, note 56. ♦ Rappr. • Cons. const. 14 déc. 2006, n° 2006-544 DC § 29 s.

V. pour d'autres décisions dans le même sens : .

523. Absence de situation légalement acquise. Aucun droit de propriété sur un bien appartenant au domaine public ne pouvant être valablement constitué au profit de tiers et un tel bien ne pouvant faire l'objet d'une prescription acquisitive au profit de ses possesseurs successifs, même de bonne foi, les dispositions qui prévoient l'inaliénabilité et l'imprescriptibilité des biens, à caractère mobilier ou immobilier appartenant au domaine public ne portent pas atteinte à des situations légalement acquises. • Cons. const. 26 oct. 2018, *Sté Brimo de Laroussilhe,* n° 2018-743 QPC § 5.

524. Portent atteinte à une situation légalement acquise. Des dispositions qui auraient pour effet de majorer l'imposition à acquitter au titre de leurs revenus de capitaux mobiliers perçus en 2012 par certains contribuables alors même que ces contribuables se sont, en application de la loi, déjà acquittés d'un impôt qui les a libérés de leurs obligations fiscales au titre de ces revenus. • Cons. const. 29 déc. 2012, n° 2012-662 DC § 43. ♦ ... Des dispositions qui remettent en cause des créances dont le fait générateur était intervenu avant leur entrée en vigueur. • Cons. const. 17 janv. 2017, *Sté Alinéa,* n° 2016-604 QPC § 10.

525. Ne portent pas atteinte à une situation légalement acquise. Une disposition ne concernant que des plans d'épargne arrivés à échéance qui n'a pas d'effet rétroactif. • Cons. const. 29 déc. 2005, n° 2005-530 DC § 46. ♦ ... Prévoyant que les permis exclusifs de recherches d'hydrocarbures sont abrogés lorsque leurs titulaires n'ont pas satisfait aux nouvelles obligations déclaratives ou ont mentionné de recourir ou envisagé de recourir à des forages suivis de fracturation hydraulique de la roche, dès lors qu'elle tire les conséquences des nouvelles règles introduites par le législateur pour l'exploration et l'exploitation des hydrocarbures liquides ou gazeux. • Cons. const. 11 oct. 2013, *Sté Schuepbach Energy LLC,* n° 2013-346 QPC § 16. ♦ ... Des dispositions ne s'appliquant pas aux cotisations dues à raison des gains et rémunérations versés avant leur entrée en vigueur. • Cons. const. 24 nov. 2017, *Sté Neomades,* n° 2017-673 QPC § 15. ♦ ... S'appliquant aux contrats conclus après leur entrée en vigueur. • Cons. const. 12 janv. 2018, *Féd. bancaire française,* n° 2017-685 QPC § 12. ♦ ... Une disposition qui ne s'applique pas aux équipements dédiés aux réseaux de quatrième génération et des générations antérieures, dont l'exploitation peut continuer dans les mêmes conditions qu'auparavant. • Cons. const. 5 févr. 2021, *Sté Bouygues Telecom,* n° 2020-882 QPC § 31 s.

526. Les dispositions contestées, qui résultent de la volonté du législateur de permettre une meilleure couverture du territoire national par ces professionnels, prévoient, d'une part, « dans les zones où l'implantation d'offices apparaît utile pour renforcer la proximité ou l'offre de services », une « augmentation progressive du nombre d'offices à créer, de manière à ne pas bouleverser les conditions d'activité des offices existants » et, d'autre part, dans les autres zones, la possibilité de refuser l'implantation d'un office lorsqu'elle serait de nature à porter atteinte à la continuité de l'exploitation des offices existants et à compromettre la qualité du service rendu et ne portent donc pas atteinte à la garantie des droits des offices existants. • Cons. const. 5 août 2015, n° 2015-715 DC § 70.

527. Les époux ayant consenti des avantages matrimoniaux sous l'empire du droit antérieur ne pouvaient légitimement s'attendre à ce que ne s'appliquent pas aux divorces prononcés après l'entrée en vigueur de la loi les nouvelles règles légales relatives à la révocation des avantages en cas de divorce. • Cons. const.

29 janv. 2021, *Pascal J.*, n° 2020-880 QPC § 11.

528. « Espérance légitime ». Le législateur ne saurait, sans motif d'intérêt général suffisant, remettre en cause les effets qui peuvent légitimement être attendus de situations légalement acquises. • Cons. const. 19 déc. 2013, n° 2013-682 DC § 14 • Cons. const. 26 juin 2015, *Sté ICADE*, n° 2015-474 QPC § 13 (*a contrario*).

529. Un contribuable peut se fonder sur une décision du Conseil d'État pour se prévaloir d'une espérance légitime d'obtenir la restitution d'une somme d'argent, constitutive d'un bien au sens de l'art. 1er Prot. n° 1 Conv. EDH à la date où est intervenu la LFR faisant obstacle rétroactivement à l'application de cette jurisprudence. • CE 21 oct. 2011, *SNC Peugeot Citroën Mulhouse*, n° 314767 : *préc. note 483.* ♦ Le dispositif fiscal assurait les entreprises créatrices d'emploi durant la période considérée de recevoir en échange un crédit d'impôt. L'espérance de bénéficier de ce crédit d'impôt pouvait être entièrement fondée sur les dispositions adoptées, dès lors que l'essentiel du dispositif était fixé dès l'entrée en vigueur de la LF et que le législateur avait fixé dès l'institution de ce crédit d'impôt la période de trois ans durant laquelle il était possible d'escompter en bénéficier, et qu'il avait prévu de solder les crédits et débits d'impôt en résultant sur l'ensemble de la période de trois ans et non au terme de chaque année. Le juge considère dès lors la suppression rétroactive de ce crédit d'impôt comme contraire aux stipulations de l'art. 1er Prot. n° 1 Conv. EDH. • CE 9 mai 2012, *Sté EPI*, n° 308996 : *préc. note 483.*

530. Les contribuables ayant respecté la durée de conservation de ces produits d'épargne pouvaient légitimement attendre l'application d'un régime particulier d'imposition lié au respect de cette durée légale. • Cons. const. 19 déc. 2013, n° 2013-682 DC § 17. ♦ Dès lors, les dispositions contestées ne sauraient remettre en cause l'application des taux « historiques » de prélèvements sociaux pour les produits acquis ou constatés pendant la durée légale de détention du contrat d'assurance-vie conduisant au bénéfice de l'exonération d'IR sur les gains issus de ce contrat. • Cons. const. 19 déc. 2013, n° 2013-682 DC § 19. ♦ Les dispositions contestées plafonnant à 63,2 gigawatts la capacité totale autorisée pour la délivrance des autorisations d'exploiter des installations nucléaires de base alors que le total des capacités de production d'électricité d'origine nucléaire aujourd'hui utilisées s'élève à ce montant et que la somme des capacités de production utilisées et des capacités relatives à des installations ayant déjà fait l'objet d'une autorisation de création sans être encore mises en service excède ce plafond de 1,65 gigawatt, il en résulte une atteinte aux effets qui peuvent légitimement être attendus de situations légalement acquises. • Cons. const. 13 août 2015, n° 2015-718 DC § 57.

531. Le bénéfice de l'exonération n'étant acquis que pour chaque période de décompte des cotisations au cours de laquelle l'entreprise remplie les conditions prévues par la loi et au maximum pour une période de sept années, l'entreprise qui respecte ces conditions n'est pas privée par les dispositions contestées de la contrepartie qu'elle est en droit d'attendre, puisque, pour chaque période en cause, elle bénéficie bien de l'exonération prévue même si celle-ci est différente de celle prévue pour la période précédente. • Cons. const. 24 nov. 2017, *Sté Neomades*, n° 2017-673 QPC § 16.

532. Ni les dispositions du droit applicable avant la loi en cause ni la seule circonstance que les établissements bancaires et les sociétés d'assurance aient choisi d'établir l'équilibre économique de leur activité à travers une mutualisation de ces contrats, en se fondant sur les conditions restrictives de résiliation alors en vigueur n'a pu faire naître une attente légitime de ces établissements et sociétés quant à la pérennité des conditions de résiliation de ces contrats. • Cons. const. 12 janv. 2018, *Féd. bancaire française*, n° 2017-685 QPC § 13.

533. Garantie des droits. Préservation de la garantie des droits en cas d'application rétroactive de la loi. V. note 606.

3. Intérêt général

534. Intérêt général suffisant. Constituent un intérêt général suffisant : la volonté du législateur de mettre le droit national en conformité avec le règlement communautaire dès lors qu'est indemnisée la diminution de la valeur des offices du fait de la perte du droit de présentation afférente aux activités faisant l'objet du privilège professionnel supprimé des courtiers interprètes et conducteurs de navires. • Cons. const. 10 janv. 2001, n° 2000-440 DC § 7 • Cons. const. 11 févr. 2011, *Pierre L.*, n° 2010-102 QPC § 5. ♦ ... L'extinction de la diffusion analogique en télévision dès qu'est garantie aux personnes défavorisées la continuité de la réception gratuite des programmes et qu'une compensation, ne portant pas atteinte aux règles de la concurrence, est accordée aux chaînes qui perdent ainsi, de manière anticipée, l'autorisation d'émettre par cette voie. • Cons. const. 27 févr. 2007, n° 2007-550 DC § 6 s. ♦ ... Le fait de favoriser la libre concurrence et la liberté d'entreprendre. • Cons. const. 11 févr. 2011, *Pierre L.*, n° 2010-102 QPC § 5. ♦ ... La volonté de mettre un terme soit au blocage du transfert des biens d'une section commune à la commune en raison de l'abstention d'au moins deux tiers des électeurs, soit au dysfonctionnement administratif ou financier de la section. • Cons. const. 8 avr. 2011, *Lucien M.*, n° 2011-118 QPC § 8. ♦ … La préservation du milieu aquatique et la protection de la sécurité et de la salubrité publique. • Cons. const. 24 juin 2011, *Sté EDF*, n° 2011-141 QPC § 7. ♦ … La diversification des sources d'énergie et la réduction de la part de l'électricité d'origine nucléaire. • Cons. const. 13 août 2015, n° 2015-718 DC § 58.

535. Le fait que le législateur n'ait pas exclu toute indemnisation dans le cas exceptionnel où le transfert de propriété entraînerait pour les membres de la section une charge spéciale et exorbitante, hors de proportion avec l'objectif d'intérêt général poursuivi, contribue à démontrer qu'il n'est pas porté atteinte à la situation légalement acquise. • Cons. const. 8 avr. 2011, *Lucien M.*, n° 2011-118 QPC § 8 • Cons. const. 24 juin 2011, *Sté EDF*, n° 2011-141 QPC § 8.

536. La rétroactivité à la date de dépôt du projet est en général justifiée par la volonté d'éviter « l'effet d'aubaine » pouvant avoir des effets contraires à ceux recherchés par le dispositif mis en place. • Cons. const. 29 déc. 2012, n° 2012-661 DC § 19. ♦ … Ou à l'objectif de rendement poursuivi. • Cons. const. 19 déc. 2013, n° 2013-682 DC § 15 • Cons. const. 29 déc. 2013, n° 2013-685 DC § 39.

537. Intérêt général insuffisant. Ne constitue pas un intérêt général suffisant pour mettre en cause rétroactivement une imposition à laquelle le législateur avait attribué un caractère libératoire et qui était déjà acquittée la volonté du législateur d'assurer des recettes supplémentaires liées à la réforme des modalités d'imposition des revenus de capitaux mobiliers. • Cons. const. 29 déc. 2012, n° 2012-662 DC § 44. ♦ V. aussi pour des absences d'intérêt général suffisant : • Cons. const. 17 janv. 2017, *Sté Alinéa*, n° 2016-604 QPC § 10.

4. Possibilité d'indemnisation

538. Les dispositions contestées ne font pas obstacle à ce que les titulaires d'autorisations de création d'installations nucléaires de base déjà délivrées au jour de l'entrée en vigueur de la loi déférée, privés de la possibilité de demander une autorisation d'exploiter une installation pour laquelle ils disposent d'une telle autorisation de création ou contraints de demander l'abrogation d'une autorisation d'exploiter afin de respecter le plafonnement institué, puissent prétendre à une indemnisation du préjudice subi. • Cons. const. 13 août 2015, n° 2015-718 DC § 59.

3° PROTECTION DES CONTRATS EN COURS

BIBL. Saillant, L'application des règles nouvelles aux contrats en cours, *AJDA 2014. 509*.

539. Sur la liberté contractuelle, V. comm. ss. DDH, art. 4.

a. Principes

540. Application immédiate. Une disposition législative ou réglementaire nouvelle ne peut s'appliquer à des situations contractuelles en cours à sa date d'entrée en vigueur sans revêtir par là même un caractère rétroactif. Il en résulte que seul le législateur peut, pour des raisons d'ordre public, fût-ce implicitement, autoriser ce type d'application. • CE, ass., 24 mars 2006, *Sté KPMG*, n°s 288460, 288465, 288474 et 288485 : *préc. note 478* ♦ Sur le principe de sécurité juridique qui en découle, V. Const. 58, art. 21. ♦ V. déjà. • CE 5 déc. 1984, *Synd. indépendant du personnel sédentaire de la Cie gén. maritime : Lebon T. 471 ; RFDA 1985. 548, note Négrin.* ♦ Si la loi ne prévoit pas expressément son application aux contrats en cours à la date de son entrée en vigueur, elle ne peut être interprétée comme autorisant implicitement une telle application que si un motif d'intérêt général suffisant lié à un impératif d'ordre public le justifie et s'il n'est dès lors pas porté une atteinte excessive à la liberté contractuelle. Ce motif d'intérêt général s'apprécie, pour les contrats administratifs, en tenant compte des règles applicables à ceux-ci notamment du principe de mutabilité. • CE, ass., 8 avr. 2009, *Cie gén. des eaux et Cne d'Olivet*, n° 271737 : *Lebon ; AJDA 2009. 676 ; ibid. 1090, chron. Liéber et Botteghi ; ibid. 1747, étude Nicinski ; D. 2009. 1209 ; RFDA 2009. 449, concl. Geffray ; RTD civ. 2010. 58, obs. Deumier ; RTD com. 2009. 699, obs. Orsoni ; Dr. adm. 2009. n° 85, note Melleray.* ♦ Rappr., s'agissant d'une réserve émise par le Cons. const. dans le cadre du contrôle d'une loi déjà promulguée : • Cons. const. 24 oct. 2012, n° 2012-656 DC § 19. ♦ V., s'agissant de l'incidence d'une jurisprudence nouvelle sur les contrats en cours, notes 539 s.

541. Possibilité pour un accord collectif prévu par la loi de s'imposer au contrat de travail individuel. En permettant, pour des motifs d'intérêt général suffisant et selon des modalités adaptées, que la répartition des horaires de travail sur une période supérieure à la semaine et au plus égale à l'année la loi déférée ne constitue pas en elle-même une modification du contrat de travail exigeant un accord préalable de chaque salarié, le législateur a entendu conforter les accords collectifs relatifs à la modulation du temps de travail destinés à permettre l'adaptation du temps de travail des salariés aux évolutions des rythmes de production de l'entreprise. Dès lors cette possibilité de répartition des horaires de travail sans obtenir l'accord préalable de chaque salarié est subordonnée à l'existence d'un accord collectif, applicable à l'entreprise, qui permet une telle modulation et ne porte pas à la liberté contractuelle une atteinte contraire à la Const. • Cons. const. 15 mars 2012, n° 2012-649 DC § 14.

542. Application rétroactive. Le législateur ne saurait par une disposition à caractère rétroactif (ou par une modification ou une abrogation de la loi) porter aux contrats légalement conclus une atteinte qui ne soit pas justifiée par un motif d'intérêt général suffisant sans méconnaître les exigences résultant du présent art. (et de l'art. 4 DDH : liberté contractuelle). • Cons. const. 13 janv. 2003, n° 2002-465 DC § 4 • Cons. const. 29 mai 2015, *Sté Saur SAS,* n° 2015-470 QPC § 5 • Cons. const. 28 déc. 2020, n° 2020-813 DC § 38. ♦ ... Et, s'agissant de la participation des travailleurs à la détermination collective de leurs conditions de travail, du 8ᵉ al. Préamb. Const. 1946. • Cons. const. 21 mars 2018, n° 2018-761 DC § 19 • Cons. const. 29 nov. 2019, *Féd. nat. des synd. du spectacle, du cinéma, de l'audiovisuel et de l'action culturelle CGT et a.,* n° 2019-816 QPC § 26.

V. pour d'autres décisions dans le même sens : .

543. Dans le domaine particulier de la participation des travailleurs à la détermination collective de leurs conditions de travail (conventions collectives), une telle application aux conventions en cours porte atteinte, en outre, aux dispositions de l'al. 8 Préamb. Const. 1946. • Cons. const. 13 janv. 2000, n° 99-423 DC § 40 et 42 • Cons. const. 13 janv. 2003, n° 2003-465 DC § 7 s. • Cons. const. 12 févr. 2004, n° 2004-490 DC § 93 • Cons. const. 16 août 2007, n° 2007-556 DC § 17 et 18 • Cons. const. 7 août 2008, n° 2008-568 DC § 19 et 20.

544. Une loi, qui prévoit que l'application des « lois du pays » aux contrats en cours ne sera possible que « lorsque l'intérêt général le justifie » et qu'il appartiendra au Conseil d'État de vérifier l'existence et le caractère suffisant du motif d'intérêt général en cause, ne porte pas une atteinte inconstitutionnelle à l'économie des contrats légalement conclus. • Cons. const. 12 févr. 2004, n° 2004-490 DC § 93. ♦ Il en va de même d'une disposition qui permet de modifier des concessions en cours pour des raisons d'intérêt général sans remettre en cause l'équilibre général de celles-ci. • Cons. const. 24 juin 2011, *Sté EDF,* n° 2011-141 QPC § 7.

545. Si la loi ne prévoit pas expressément son application aux contrats en cours à la date de son entrée en vigueur, elle ne peut être interprétée comme autorisant implicitement une telle application que si un motif d'intérêt général suffisant lié à un impératif d'ordre public le justifie et s'il n'est dès lors pas porté une atteinte excessive à la liberté contractuelle. Ce motif d'intérêt général s'apprécie, pour les contrats administratifs, en tenant compte des règles applicables à ceux-ci notamment du principe de mutabilité. • CE, ass., 8 avr. 2009, *Cie gén. des eaux et a.,* n° 271737 : *préc. note 542.*

546. Contrats concernés. Ces contrats peuvent être des conventions collectives. • Cons. const. 13 janv. 2000, n° 99-423 DC § 42 • Cons. const. 14 déc. 2006, n° 2006-544 DC § 29 s. • Cons. const. 16 août 2007, n° 2007-556 DC § 17 • Cons. const. 21 mars 2018, n° 2018-761 DC § 19 • Cons. const. 29 nov. 2019, *Féd. nat. des synd. du spectacle, du cinéma, de l'audiovisuel et de l'action culturelle CGT et a.,* n° 2019-816 QPC § 26.

547. Absence de rétroactivité. Une législation qui ne confère aux contrats antérieurs d'autres effets que ceux que leurs signataires ont entendu leur attacher ne porte pas atteinte aux contrats en cours. • Cons. const. 13 janv. 2003, n° 2002-465 DC § 6.

548. Ne sont pas contraires à la Constitution des dispositions : qui n'ont pas de caractère rétroactif et n'affectent pas une situation légalement acquise. • Cons. const. 22 juill. 2010, *Alain C.,* n° 2010-4/17 QPC § 18. ♦ Tel est le cas d'une disposition incluant dans un lotissement, à titre rétroactif, une parcelle qui a été antérieurement détachée d'une propriété. • Cons. const. 7 oct. 2011, *Éric A.,* n° 2011-177 QPC § 6. ♦ ... Qui ne modifient pas les conventions légalement conclues et se bornent à renvoyer à l'exécution des contrats déjà souscrits. • Cons. const. 13 déc. 2012, n° 2012-659 DC § 80. ♦ ... Qui se bornent à attribuer à la juridiction administrative le règlement des litiges nés des contrats d'achat d'énergie solaire. • CE, QPC, 5 juin 2013, *Sté MSO Sablirot,* n° 366671 : *AJDA 2013. 1778* . ♦ ... Qui, eu égard aux incertitudes juridiques nées de la divergence d'interprétation entre le Conseil d'État et la Cour de cassation, ont entendu clarifier le statut juridique des maîtres de l'enseignement privé sous contrat pour mettre fin à cette divergence et ne peuvent dès lors être regardées comme portant atteinte à des droits légalement acquis. • Cons. const. 14 juin 2013, *Philippe W.,* n° 2013-322 QPC § 8. ♦ ... Qui modifient non pas les conventions en cours mais le cadre légal applicable à ces conventions. L'application immédiate de cette modification ne peut être analysée comme méconnaissant le droit au maintien des conventions légalement formées. • Cons. const. 23 janv. 2015, *Michèle C. et a.,* n° 2014-441/442/443 QPC § 9.

549. Mise en place d'un mécanisme compensatoire, d'un délai ou de garanties limitant l'atteinte. Le législateur peut par des dispositions spécifiques compenser, pour les personnes concernées, la cessation prématurée de conventions qu'elles ont passées de bonne foi et légalement et ainsi faciliter et accompagner l'extinction forcée. • Cons. const. 14 déc. 2006, n° 2006-544 DC § 33. ♦ Le législateur a prévu que cette faculté ne s'appliquera aux contrats en cours qu'à compter du « X », laissant ainsi un délai entre le vote de la loi et son application pour permettre notamment aux assureurs de prendre en compte les effets de cette modification sur leurs contrats en cours. • Cons. const. 12 janv. 2018, *Féd. bancaire française,* n° 2017-685 QPC § 18. ♦ ... D'une part, un délai de préavis de huit mois entre la notification de la décision de l'établissement public de santé et la date d'effet de la résiliation ; d'autre part, lorsque le logement n'a finalement pas été attribué à un agent de l'établissement bailleur, ce dernier doit conclure un nouveau contrat de location d'une durée de six ans avec le locataire évincé, sur simple demande de sa part. Par ailleurs, le législateur a exclu l'application de ce pouvoir de résiliation aux contrats en cours dans le cas des locataires dont les ressources annuelles sont équivalentes ou inférieures au plafond des ressources requis pour l'attribution des logements locatifs conventionnés. • Cons. const. 6 avr. 2018, *Épx L.,* n° 2018-697 QPC § 12.

b. Intérêt général suffisant

550. Absence d'intérêt général suffisant. A défaut d'intérêt général suffisant, l'application aux contrats en cours est contraire à la Const. Ainsi en l'espèce, le législateur ne pouvait décider d'une telle remise en cause que si celle-ci trouvait sa justification dans la méconnaissance par les accords des conséquences prévisibles de la réduction de la durée du travail inscrite dans la loi ou dans leur contrariété avec des dispositions législatives en vigueur lors de leur conclusion. • Cons. const. 13 janv. 2000, n° 99-423 DC § 43 s. ♦ Il en va de même d'une remise en cause d'accord concernant plusieurs millions de salariés, portant sur des clauses dont la teneur ne méconnaissait pas la nouvelle législation et que les partie pouvaient renégocier d'elles-mêmes dès la publication de la loi. • Cons. const. 7 août 2008, n° 2008-568 DC § 17 à 20. ♦ ... D'une disposition qui oblige les collectivités et leurs groupements soit à proposer des locaux de substitution aux organisations syndicales soit à leur verser une indemnité, sans qu'ils aient été mis en mesure de s'en exonérer préalablement par une stipulation expresse. • Cons. const. 4 août 2016, n° 2016-736 DC § 24.

551. Le principe de sécurité juridique, s'il est susceptible de permettre aux cocontractants de poursuivre leurs relations contractuelles durant une période transitoire, afin de les dénouer dans des conditions acceptables, ne saurait autoriser la validation pure et simple de ces conventions. • CE 18 nov. 2011, *SNC Eiffage aménagement,* n° 342147 : *AJDA 2011. 2266.*

552. Les modifications permises des clauses des cahiers des charges de lotissement, approuvés ou non, qui contiennent des règles d'urbanisme ne doivent pas aggraver les contraintes sur les colotis (par ex. en restreignant leur droit à construire) sans que cette aggravation soit commandée par le respect des documents d'urbanisme applicables dans la zone dans laquelle est situé le lotissement (réserve d'interprétation). • Cons. const. 19 oct. 2018, *Simone P. et a.,* n° 2018-740 QPC § 11.

553. Intérêt général suffisant. Constituent un intérêt général suffisant : l'exigence constitutionnelle d'égalité devant la loi entre tous les bénéficiaires de la couverture maladie universelle qui permet d'obtenir de plein droit la résiliation de la garantie souscrite auprès de cet organisme, si ce dernier a fait le choix de ne pas participer au dispositif créé par la loi dès lors qu'une indemnisation n'est pas exclue. • Cons. const. 23 juill. 1999, n° 99-416 DC § 27. ♦ ... La mise en conformité de l'organisation de cette agence avec les règles de concurrence résultant du droit communautaire justifiant le transfert d'une partie du personnel d'une agence à « Pôle emploi », dès lors que le personnel transféré adhère à la convention collective applicable aux personnels de « Pôle emploi », sous réserve, le cas échéant, des adaptations nécessaires. • Cons. const. 19 nov. 2009, n° 2009-592 DC § 10 et 11. ♦ ... L'amélioration de la situation des salariés au regard du droit au repos reconnu par le 11e al. Préamb. Const. 1946. • Cons. const. 13 janv. 2003, n° 2002-465 DC § 10 et 11. ♦ ... Le renforcement de la continuité du service public permettant de rendre obligatoire des procédures de prévention des conflits antérieures aux accords signés. • Cons. const. 16 août 2007, n° 2007-556 DC § 17. ♦ ... L'augmentation du taux d'emploi des seniors qui justifie la suppression de la possibilité donnée aux entreprises, par voie de conventions collectives, de mettre à la retraite d'office des salariés de moins de 65 ans. • Cons. const. 14 déc. 2006, n° 2006-544 DC § 29 s. ♦ ... La préservation du milieu aquatique et la protection de la sécurité et de la salubrité publique. • Cons. const. 24 juin 2011, *Sté EDF,* n° 2011-141 QPC § 9. ♦ ... Le coût excessif pour les finances publiques au regard des bénéfices escomptés pour l'amélioration de la compétitivité du sport professionnel français que représentait l'exonération de cotisations sociales applicables aux salaires de la part de la rémunération versée à un sportif professionnel par une société sportive qui correspond à la commercialisation par cette société de l'image collective de l'équipe à laquelle le sportif appartient. • CE, QPC, 30 sept. 2011, *Sté SASP Le Havre Athletic Club*, n° 350583 : *préc. note 542*. ♦ … La mutualisation des risques dans le cadre d'un régime de sécurité sociale fondé sur le principe de solidarité nationale. • Cons. const. 26 mars 2015, *Cté de défense des travailleurs frontaliers du Haut-Rhin et a.*, n° 2015-460 QPC § 19. ♦ … Le fait de garantir l'accès à l'eau, qui répond à un besoin essentiel de la personne justifiant l'interdiction d'interrompre la distribution d'eau pour défaut de paiement, même en dehors de la période hivernale. • Cons. const. 29 mai 2015, *Sté Saur SAS*, n° 2015-470 QPC § 9. ♦ … Le renforcement de la protection du consommateur en assurant l'équilibre contractuel entre assuré et assureur. • Cons. const. 12 janv. 2018, *Féd. bancaire française*, n° 2017-685 QPC § 17. ♦ … La volonté de compenser le surcoût provoque, pour les organismes assureurs, par le report de l'âge de départ à la retraite. • Cons. const. 13 juill. 2018, *Assoc. hospitalière Nord Artois clinique*, n° 2018-728 QPC § 12. ♦ … La volonté de faciliter l'évolution, dans le respect de la politique publique d'urbanisme, des règles propres aux lotissements contenues dans leurs cahiers des charges. • Cons. const. 19 oct. 2018, *Simone P. et a.*, n° 2018-740 QPC § 7. ♦ … La volonté de limiter l'éparpillement des branches professionnelles, dans le but de renforcer le dialogue social au sein de ces branches et de leur permettre de disposer de moyens d'action à la hauteur des attributions que la loi leur reconnaît, en particulier pour définir certaines des conditions d'emploi et de travail des salariés et des garanties qui leur sont applicables, ainsi que pour réguler la concurrence entre les entreprises. • Cons. const. 29 nov. 2019, *Féd. nat. des synd. du spectacle, du cinéma, de l'audiovisuel et de l'action culturelle CGT et a.*, n° 2019-816 QPC § 17 et 29. ♦ La sécurité juridique des relations contractuelles justifiant une disposition limitant les cas d'annulation des contrats de droit privé de la commande publique aux violations les plus graves des obligations de publicité et de mise en concurrence. • Cons. const. 2 oct. 2020, *Sté Bâtiment mayennnais*, n° 2020-857 QPC § 21. ♦ La volonté de remédier à la situation de déséquilibre contractuel entre les producteurs et les distributeurs d'électricité et ainsi mettre un terme aux effets d'aubaine dont *bénéficiaient certains producteurs*, au détriment du bon usage des deniers publics et des intérêts financiers de l'État, qui supporte les surcoûts incombant aux distributeurs. • Cons. const. 28 déc. 2020, n° 2020-813 DC § 39.

554. N'est pas de nature à porter une atteinte excessive aux exigences du présent art., compte tenu de la date prévue pour celle-ci, la résiliation des contrats en cours qui est inhérente aux modifications législatives. • Cons. const. 27 nov. 2001, n° 2001-451 DC § 28. ♦ Il en va de même dans les mêmes circonstances d'une résiliation visant à accroître la confiance des citoyens dans l'action publique en renforçant les garanties de probité et d'exemplarité des responsables publics et en limitant les situations de conflit d'intérêts et les risques de népotisme. • Cons. const. 8 sept. 2017, n° 2017-752 DC § 58. ♦ … De la privation d'effet des stipulations de la convention collective de la branche rattachée qui régissent, non des situations propres à cette branche, mais des situations équivalentes à celles régies par la convention collective de la branche de rattachement. • Cons. const. 29 nov. 2019, *Féd. nat. des synd. du spectacle, du cinéma, de l'audiovisuel et de l'action culturelle CGT et a.*, n° 2019-816 QPC § 29. ♦ … De la circonstance que le pouvoir adjudicateur ou l'entité adjudicatrice ne soit pas toujours obligé de communiquer la décision d'attribution du contrat aux candidats non retenus et d'observer, après cette communication, un délai avant de signer le contrat, ces dispositions n'ayant ni pour objet ni nécessairement pour effet de priver les candidats évincés de la possibilité de former, dès le rejet de leur offre et jusqu'à la signature du contrat, un référé précontractuel. • Cons. const. 2 oct. 2020, *Sté Bâtiment mayennnais*, n° 2020-857 QPC § 22.

555. Portent une atteinte excessive aux exigences du présent art. des dispositions qui mettraient fin de plein droit à l'application des stipulations de la convention collective de la branche rattachée qui régissent des situations spécifiques à cette branche. • Cons. const. 29 nov. 2019, *Féd. nat. des synd. du spectacle, du cinéma, de l'audiovisuel et de l'action culturelle CGT et a.*, n° 2019-816 QPC § 30 (*a contrario* ; réserve d'interprétation).

E. AUTRE ÉLÉMENT RELEVANT DE LA GARANTIE DES DROITS

556. Prise en compte du temps écoulé depuis l'infraction. V. notes ss. DDH, art. 8.

II. SÉPARATION DES POUVOIRS

BIBL. Dossier : *Titre VII, oct. 2019*.

557. Principe. Le principe de la séparation des pouvoirs et l'art. 64 Const. 58, qui garantissent l'indépendance de l'autorité judiciaire, notamment l'indépendance des magistrats dans l'exercice de la fonction de juger, n'interdisent pas la création, auprès du ministre de la justice, d'un organe appelé à contrôler ou à évaluer l'activité des juridictions judiciaires, à condition que celui-ci apporte, par sa composition, le statut de ses membres, son organisation ainsi que les conditions et les modalités de son intervention, les garanties nécessaires au respect de l'indépendance de l'autorité judiciaire et que ses investigations ne le conduisent pas à porter une appréciation sur un acte juridictionnel déterminé. Ces principes n'interdisent pas davantage la présence, au sein d'un tel organe, d'inspecteurs extérieurs à la magistrature judiciaire justifiant de qualifications adéquates, dès lors que les investigations portant sur le comportement d'un magistrat sont conduites par un inspecteur ayant lui-même cette qualité et que celles qui portent sur l'activité juridictionnelle d'une juridiction le sont sous l'autorité directe d'un tel inspecteur. Eu égard à la composition et au statut des membres ainsi qu'à l'organisation, aux conditions et aux modalités d'intervention de l'inspection générale de la justice ainsi qu'aux garanties dont disposent les magistrats faisant l'objet d'une inspection, les requérants ne sont pas fondés à soutenir que le décret attaqué n'apporterait pas les garanties nécessaires au respect de l'indépendance de l'autorité judiciaire, au regard des principes précédents. Ainsi, les moyens tirés de ce qu'il méconnaîtrait les principes de la séparation des pouvoirs et de l'indépendance de l'autorité judiciaire ainsi que le droit à un procès équitable résultant de l'arti. 6 Conv. EDH, doivent être écartés. En revanche, eu égard tant à la mission confiée par le législateur à la Cour de cassation, placée au sommet de l'ordre judiciaire, qu'aux rôles confiés par la Constitution à son premier président et à son procureur général, le décret attaqué ne pouvait légalement inclure la Cour de cassation dans le champ des missions de l'inspection générale de la justice sans prévoir de garanties supplémentaires relatives, notamment, aux conditions dans lesquelles sont diligentées les inspections et enquêtes portant sur cette juridiction ou l'un de ses membres. • CE, sect., 23 mars 2018, *Synd. FO magistrats*, n° 406066 A (concl. Dutheillet de Lamothe) § 9 à 14 : *AJDA 2018. 652 ; ibid. 966, chron. Roussel et Nicolas ; D. 2018. 675, et les obs. ; RFDA 2018. 509, concl. Dutheillet de Lamothe ; ibid. 519, obs. Delvolvé .*

558. Le principe de la séparation des pouvoirs, non plus qu'aucun autre principe ou règle de valeur constitutionnelle, ne fait obstacle à ce qu'une autorité administrative indépendante, agissant dans le cadre de prérogatives de puissance publique, puisse exercer un pouvoir de sanction dans la mesure nécessaire à l'accomplissement de sa mission, dès lors que l'exercice de ce pouvoir est assorti par la loi de mesures destinées à assurer la protection des droits et libertés constitutionnellement garantis. • Cons. const. 28 juill. 1989, n° 89-260 DC § 6. ♦ En particulier, doivent être respectés les principes de la nécessité et de la légalité des peines, ainsi que les droits de la défense, principes applicables à toute sanction ayant le caractère d'une punition, même si le législateur a laissé le soin de la prononcer à une autorité de nature non juridictionnelle. • Cons. const. 22 avr. 1997, n° 97-389 DC § 30 • Cons. const. 27 juill. 2000, n° 2000-433 DC § 50 • Cons. const. 30 mars 2006, n° 2006-535 DC § 36 • Cons. const. 10 juin 2009, n° 2009-580 DC § 14 • Cons. const. 27 sept. 2013, *Smaïn Q et a.*, n° 2013-341 QPC § 10. ♦ Sur le respect de droits de la défense, V. notes 107 s. ♦ Sur les principes de la nécessité et de la légalité des peines, V. notes ss. DDH, art. 8. ♦ ... Et le principe d'indépendance et d'impartialité dans la procédure (sur les éléments constitutifs de ce principe, V. notes 308 s.) au même titre que pour les juridictions, y compris lorsque cette autorité n'a pas été qualifiée par le législateur de juridiction. • Cons. const. 12 oct. 2012, *Sté Groupe Canal Plus et a.*, n° 2012-280 QPC § 16. ♦ V. déjà, à propos de la COB. • Cons. const. 28 juill. 1989, n° 89-260 DC § 10. ♦ Sous les mêmes réserves et le respect de l'indépendance et de l'impartialité de la formation de jugement, il n'interdit pas plus que soit cumulées dans un seul organe des fonctions administratives et juridictionnelles : V. note 411.

559. La loi peut, dès lors, sans qu'il soit porté atteinte au principe de la séparation des pouvoirs, doter une autorité indépendante chargée de garantir l'exercice d'une liberté de pouvoirs de sanction dans la limite nécessaire à l'accomplissement de sa mission. • Cons. const. 17 janv. 1989, n° 88-248 DC § 27.

560. Principe de séparation des autorités administratives et judiciaires. Si ce principe n'a pas en lui-même valeur constitutionnelle, néanmoins, conformément à la conception française de la séparation des pouvoirs, figure au nombre des principes fondamentaux reconnus par les lois de la République, celui selon lequel, à l'exception des matières réservées par nature à l'autorité judiciaire, relève en dernier ressort de la compétence de la juridiction administrative l'annulation ou la réformation des décisions prises, dans l'exercice des prérogatives de puissance publique, par les autorités exerçant le pouvoir exécutif, leurs agents, les collectivités territoriales de la République ou les organismes publics placés sous leur autorité ou leur contrôle. • Cons. const. 23 janv. 1987, n° 86-224 DC § 15. ♦ Ce principe implique le respect du caractère spécifique des fonctions juridictionnelles, sur lesquelles ne peuvent empiéter ni le législateur, ni le Gouvernement, ni aucune autorité administrative. • Cons. const. 21 févr. 2008, n° 2008-562 DC § 33 • Cons. const. 29 mars 2011, n° 2011-626 DC § 16 • Cons. const. 10 nov. 2011, *Ekaterina B., Épse D. et a.*, n° 2011-192 QPC § 21 • Cons.

const. 20 avr. 2012, *Marie-Christine J.*, n° 2012-236 QPC § 4.

561. Distinction police administrative–police judiciaire. Les réquisitions de données constituant des mesures de police purement administrative, qui relèvent de la seule responsabilité du pouvoir exécutif, elles ne peuvent avoir d'autre finalité que de préserver l'ordre public et de prévenir les infractions ; dès lors, en indiquant qu'elles visent non seulement à prévenir les actes de terrorisme, mais encore à les réprimer, le législateur a méconnu le principe de la séparation des pouvoirs. • Cons. const. 19 janv. 2006, n° 2005-532 DC § 5. ♦ Le recueil de renseignements au moyen des techniques mises en œuvre par les services spécialisés de renseignement pour l'exercice de leurs missions respectives relève de la seule police administrative ; il ne peut donc avoir d'autre but que de préserver l'ordre public et de prévenir les infractions et ne peut être mis en œuvre pour constater des infractions à la loi pénale, en rassembler les preuves ou en rechercher les auteurs. Les techniques choisies devront être proportionnées à la finalité poursuivie et aux motifs invoqués. • Cons. const. 23 juill. 2015, n° 2015-713 DC § 9 et 11. • Cons. const. 26 nov. 2015, n° 2015-722 DC § 10. ♦ En confiant au Premier ministre le pouvoir d'autoriser, après l'avis préalable de la Commission nationale de contrôle des techniques de renseignement, les dispositions contestées sont relatives à la délivrance d'autorisations de mesures de police administrative et ne privent pas les personnes d'un recours juridictionnel à l'encontre des décisions de mise en œuvre à leur égard des techniques de recueil de renseignement de la police administrative. • Cons. const. 23 juill. 2015, n° 2015-713 DC § 20. ♦ Il appartient à l'autorité investie du pouvoir de police administrative de prendre les mesures nécessaires, adaptées et proportionnées pour prévenir la commission des infractions pénales susceptibles de constituer un trouble à l'ordre public sans porter d'atteinte excessive à l'exercice par les citoyens de leurs libertés fondamentales. • CE 9 nov. 2015, *AGRIF*, n° 376107 : *AJDA 2015. 2508, concl. Bretonneau ; ibid. 2512, note Bioy ; Dr. adm. 2016. 17, note Éveillard ; JCP Adm. 2016. 2065, note Pauliat.* ♦ En confiant au ministre chargé de l'économie le soin de prononcer ces mesures de police administrative de gel temporaire des avoirs de personnes physiques ou morales, les dispositions contestées n'empiètent *pas sur l'exercice des fonctions juridictionnelles*, dès lors que ces mesures n'ont d'autre finalité que la préservation de l'ordre public et la prévention des infractions. • Cons. const. 2 mars 2016, *Abdel Manane M. K.*, n° 2015-524 QPC § 9.

562. QPC. Le principe de séparation des pouvoirs contenu à l'art. 16 DDH peut servir de fondement à une QPC dès lors qu'en découlent et que sont en fait invoqués : le droit à un recours juridictionnel effectif. • CE, QPC, 14 avr. 2010, *Lazare*, n° 329290 : *Lebon 108 ; RFDA 2010. 696, concl. de Salins ; D. 2010. 1061, note Levade* • Com. 14 déc. 2010 : *Bull. QPC n° 9* • CE, QPC, 24 sept. 2010, *Patrick A.*, n° 341685 (*a contrario*) • CE, QPC, 9 juin 2010, *Pipolo*, n° 338028 • CE, QPC, 19 janv. 2011, *EARL Schmittseppel*, n° 343389 : *RFDA 2011. 614, chron. Roblot-Troizier et Tusseau*. ♦ ... Le principe d'indépendance et d'impartialité indissociable des fonctions juridictionnelles. • Cons. const. 2 juill. 2010, *Cts C.*, n° 2010-10 QPC § 3. ♦ ... Y compris pour des autorités administratives indépendantes disposant d'un pouvoir non juridictionnel de sanction. • Cons. const. 12 oct. 2012, *Sté Groupe Canal Plus et a.*, n° 2012-280 QPC § 16 ♦ ... La garantie des droits en portant atteinte à des situations juridiquement acquises. • CE, QPC, 9 juin 2010, *Pipolo*, n° 338028 (sol. impl.) • Cons. const. 30 juill. 2010, *Épx P.*, n° 2010-19/27 QPC § 17 • CE, QPC, 25 juin 2010, *Cne de Besançon*, n° 326358 • Cons. const. 22 sept. 2010, *Cne de Besançon*, n° 2010-29/37 QPC § 11 et 12. ♦ ... Les droits de la défense. • CE 26 janv. 2011, *SAS Auxa*, n° 344204 B : *AJDA 2011. 192 ; RFDA 2011. 614, chron. Roblot-Troizier et Tusseau*. ♦ ... Le principe de sécurité juridique. • CE, QPC, 17 déc. 2010, *Le Normand de Bretteville*, n° 343752 B : *RFDA 2011. 617, chron. Roblot-Troizier et Tusseau ; Dr. adm. 2011. 49, note Hoepffner.*

563. Il peut, dans ce cadre, conduire à une censure de la disposition contestée. • Cons. const. 11 févr. 2011, *Alban Salim B.*, n° 2010-100 QPC § 5.

A. POUVOIRS PUBLICS CONSTITUTIONNELS

564. Principe. Le principe de la séparation des pouvoirs s'applique à l'égard du Président de la République et du Gouvernement. • Cons. const. 10 nov. 2011, *Ekaterina B., épse D., et a.*, n° 2011-192 QPC § 20 • Cons. const. 8 sept. 2017, n° 2017-752 DC § 28.

565. Le principe de la séparation des pouvoirs a pour corollaire celui de l'autonomie des assemblées parlementaires afin de permettre la bonne exécution, en toute indépendance, de leur mission de vote des lois et de contrôle de l'exécutif. • Cons. const. 13 mai 2011, *Synd. fonctionnaires du Sénat*, n° 2011-129 QPC § 5 (sol. impl.). ♦ Il en découle que certaines limites peuvent être fixées s'agissant des procédures permettant de contester les actes réglementaires de ces assemblées. • Cons. const. 13 mai 2011, *Synd. fonctionnaires du Sénat*, n° 2011-129 QPC. ♦ V. déjà : la séparation des pouvoirs interdit que, pour conduire les évaluations, les rapporteurs du comité (d'évaluation et de contrôle des politiques publiques) puissent bénéficier du concours d'experts placés sous la responsabilité du Gouvernement. • Cons. const. 25 juin 2009, n° 2009-581 DC § 61.

566. Une mission spécifique regroupe les crédits des pouvoirs publics, chacun d'entre eux faisant l'objet d'une ou plusieurs dotations ; ce dispositif assure la sauvegarde du principe d'autonomie financière des pouvoirs publics concernés, lequel relève du respect de la séparation des pouvoirs. • Cons. const. 25 juill. 2001, n° 2001-448 DC § 25. ♦ La disposition qui prévoit notamment qu'un rapport expliquant les crédits demandés par chacun des pouvoirs publics est joint au PLF de l'année et qu'une annexe explicative, développant, pour chacun d'eux, le montant définitif des crédits ouverts et des dépenses constatées et présentant les écarts avec les crédits initiaux, est jointe au PLR, ne saurait être interprétée comme faisant obstacle à la règle selon laquelle les pouvoirs publics constitutionnels déterminent eux-mêmes les crédits nécessaires à leur fonctionnement, cette règle étant inhérente au principe de leur autonomie financière qui garantit la séparation des pouvoirs. • Cons. const. 27 déc. 2001, n° 2001-456 DC § 46 et 47. ♦ En application du principe de séparation des pouvoirs, il n'appartient pas au législateur de se prononcer sur le traitement du Président de la République ou du Premier ministre. • Cons. const. 9 août 2012, n° 2012-654 DC § 82 et 83.

567. Le législateur ne peut, sans méconnaître sa compétence, soumettre le Cons. const. au contrôle de la Cour des comptes. • Cons. const. 15 déc. 2011, n° 2011-642 DC § 7.

568. La présence de membres du Parlement parmi les membres de la Commission nationale de contrôle des techniques de renseignement n'est pas de nature à porter atteinte au principe de la séparation des pouvoirs dès lors qu'ils sont astreints au respect des secrets protégés aux art. 226-13 et 413-10 C. pénal. • Cons. const. 23 juill. 2015, n° 2015-713 DC § 43.

569. La disposition selon laquelle chaque assemblée, après consultation de l'organe chargé de la déontologie parlementaire, détermine les modalités de tenue d'un registre public recensant les cas dans lesquels un membre de cette assemblée a estimé devoir ne pas participer à ses travaux en raison d'une situation de conflit d'intérêts, n'ayant ainsi ni pour objet ni pour effet de contraindre un parlementaire à ne pas participer aux travaux du Parlement, n'est pas contraire au présent art. • Cons. const. 8 sept. 2017, n° 2017-752 DC § 19.

570. Intervention d'une autorité administrative. Le principe de la séparation des pouvoirs ne fait pas obstacle à ce qu'une autorité administrative soit chargée de contrôler la variation de la situation patrimoniale des députés et des sénateurs et puisse, à cette fin, être investie du pouvoir de leur adresser des injonctions afin qu'ils complètent leur déclaration ou apportent les explications nécessaires et, le cas échéant, de saisir le parquet des manquements constatés. De même, ce principe ne fait pas davantage obstacle à ce que cette autorité puisse rendre publique son appréciation sur la variation de la situation patrimoniale d'un député ou d'un sénateur ou puisse saisir le parquet ou qu'elle reçoive les déclarations d'intérêts et d'activités des députés et des sénateurs, procède à leur vérification et saisisse, d'une part, le Bureau de l'Assemblée nationale ou du Sénat et, d'autre part, le parquet, en cas de violation des obligations déclaratives que les parlementaires doivent respecter. • Cons. const. 9 oct. 2013, n° 2013-675 DC § 38 et 39. ♦ En revanche, dès lors que la déclaration d'intérêts et d'activités porte notamment sur les activités et liens « susceptibles de faire naître un conflit d'intérêts » avec l'exercice du mandat parlementaire, la Haute Autorité ne saurait, sans méconnaître ce principe, adresser à un parlementaire une injonction dont la méconnaissance est pénalement réprimée, relative à ses intérêts ou ses activités ou portant sur la déclaration qui s'y rapporte. • Cons. const. 9 oct. 2013, n° 2013-675 DC § 39. ♦ V. s'agissant des collaborateurs des présidents des assemblées. • Cons. const. 9 oct. 2013, n° 2013-676 DC § 45. ♦ Les opérations de contrôle de la Commission nationale de l'informatique et des libertés ne sauraient mettre en cause le fonctionnement régulier des pouvoirs publics constitutionnels. • Cons. const. 12 juin 2018, n° 2018-765 DC § 28.

571. La définition des « représentants d'intérêts » par le législateur et la gestion du répertoire par la HATVP sont conformes à ce principe ; n'ont ni pour objet ni pour effet de conférer à la HATVP le pouvoir d'imposer des obligations aux responsables publics gouvernementaux et administratifs dans leurs relations avec les représentants d'intérêts et ne sauraient, sans méconnaître le principe de la séparation des pouvoirs, interdire aux assemblées parlementaires de déterminer, au sein des représentants d'intérêts, des règles spécifiques à certaines catégories d'entre eux, ou de prendre des mesures individuelles à leur égard. • Cons. const. 8 déc. 2016, n° 2016-741 DC § 25 à 30.

572. Aucune exigence constitutionnelle ne s'oppose à ce que la loi soumette : les membres du Gouvernement à l'obligation de déclarer à une autorité administrative indépendante leurs intérêts publics et privés ni à ce que cette autorité contrôle l'exactitude et la sincérité de ces déclarations, se prononce sur les situations pouvant constituer un conflit d'intérêts et porte les éventuels manquements à la connaissance de l'autorité compétente pour que, le cas échéant, celle-ci en tire les conséquences. • Cons. const. 9 oct. 2013, n° 2013-676 DC § 62. ♦ ... Les membres de leur famille employés au sein de leur cabinet ni à ce que cette autorité se prononce sur l'existence d'un conflit d'intérêts résultant de cette situation dès lors qu'il s'agit uniquement d'obligations déclaratives faites aux membres du Gouvernement et aux membres des cabinets ministériels. • Cons. const. 8 sept. 2017, n° 2017-752 DC § 31.

573. Toutefois, le pouvoir d'injonction de la HATVP ne saurait, sans méconnaître les principes constitutionnels précités, être interprété comme habilitant la Haute Autorité à instituer des règles d'incompatibilité qui ne sont pas prévues par la loi. • Cons. const. 9 oct. 2013, n° 2013-676 DC § 62. ♦ ... Ne saurait davantage adresser et donc rendre publique une injonction tendant à ce qu'il soit mis fin à une situation de conflit d'intérêts que si la personne destinataire de cette injonction est en mesure de mettre fin à une telle situation sans démissionner de son mandat ou de ses fonctions. • Cons. const. 9 oct. 2013, n° 2013-676 DC § 62. ♦ ... Sans devoir mettre fin à l'emploi de son collaborateur. • Cons. const. 8 sept. 2017, n° 2017-752 DC § 32.

574. En application du principe de la séparation des pouvoirs et de l'autonomie des assemblées parlementaires qui en découle, le directeur régional des entreprises, de la concurrence, de la consommation, du travail et de l'emploi d'Île-de-France ne saurait « imposer », ainsi que le prévoient les dispositions de l'art. L. 2312-5 C. trav., à l'Assemblée nationale, qu'il s'agisse des questeurs, chargés de la direction des services administratifs et financiers de l'Assemblée, ou de chaque député en sa qualité d'employeur, l'élection de délégués du personnel ou de délégués de site. • CAA Paris, 21 mars 2018, n° 16PA01871 : *AJDA 2018. 2125, note Nguyên Duy*.

B. INTERDICTION AU LÉGISLATEUR DE LIMITER OU CONTRAINDRE LE POUVOIR EXÉCUTIF

575. Sur l'interdiction de limiter l'initiative des lois accordée au Gouvernement, V. comm. ss. Const. 58, art. 39.

576. La Constitution attribue au Gouvernement, d'une part, et au Parlement, d'autre part, des compétences qui leur sont propres. • Cons. const. 7 déc. 2000, n° 2000-435 DC § 41 et 61. ♦ Toute intervention d'une instance législative dans la mise en œuvre du *pouvoir réglementaire est dès lors contraire* à la Const. • Cons. const. 3 mars 2009, n° 2009-577 DC § 31. ♦ Le pouvoir législatif ne peut priver un ministre de son autonomie dans le choix de ses collaborateurs. • Cons. const. 8 sept. 2017, n° 2017-752 DC § 30.

577. Contrôle et évaluation des politiques publiques. S'il est loisible au législateur de prévoir des dispositions assurant l'information du Parlement afin de lui permettre de contrôler l'action du Gouvernement et d'évaluer les politiques publiques, en prévoyant une transmission immédiate à l'Assemblée nationale et au Sénat d'une copie de chacun des actes pris en application de l'art. 11 de la loi déférée, le législateur, compte tenu du nombre d'actes en cause et de la nature des données en jeu, a méconnu le principe de séparation des pouvoirs. • Cons. const. 11 mai 2020, n° 2020-800 DC § 82.

578. Règlement autonome. De même il n'est pas possible que le législateur impose des prescriptions au Gouvernement dans l'exercice du pouvoir que lui confère l'al. 1er de l'art. 37 Const., et ce même dans les matières pour lesquelles le législateur fixe les règles. • Cons. const. 30 janv. 1968, n° 68-35 DC § 1.

579. Règlement dérivé. Il est de la compétence du législateur de fixer des prescriptions au Gouvernement dans l'exercice de son pouvoir réglementaire d'application des lois. • Cons. const. 30 janv. 1968, n° 68-35 DC § 2. ♦ Dès lors, une disposition qui oblige le Gouvernement à arrêter les mesures nécessaires pour qu'à une certaine date une disposition transitoire ne produise plus effet trouve sa base juridique dans le présent art. • Cons. const. 13 janv. 2000, n° 99-423 DC § 21.

580. En revanche, le législateur ne peut également enjoindre au Gouvernement d'avoir, lors de l'élaboration d'un texte d'application : à consulter les commissions parlementaires. • Cons. const. 30 déc. 1970, n° 70-41 DC § 3 • Cons. const. 3 mars 2009, n° 2009-577 DC § 31. ♦ Rappr. pour le législateur organique : • Cons. const. 9 avr. 2009, n° 2009-579 DC § 13 et 21. ♦ ... A respecter des règles générales fixées par la Commission nationale de la communication et des libertés. • Cons. const. 18 sept. 1986, n° 86-217 DC § 60. ♦ Il ne peut pas non plus subordonner l'application de la loi à la conclusion obligatoire de conventions passées entre un ministère et des organisations représentatives. • Cons. const. 27 juill. 1978, n° 78-95 DC § 6. ♦ Le législateur ne peut pas non plus subordonner à l'avis conforme de la CNIL l'exercice, par le Premier ministre, de son pouvoir réglementaire. • Cons. const. 14 déc. 2006, n° 2006-544 DC § 35 s. ♦ Il ne peut enjoindre de communiquer au Parlement le contenu d'un décret. • Cons. const. 3 mars 2009, n° 2009-577 DC § 31. ♦ Il ne peut pas non plus prendre des décrets d'approbation ou de refus d'approbation des actes d'une collectivité d'outre-mer dans un délai préfix. • Cons. const. 12 nov. 2015, n° 2015-721 DC § 15. ♦ Le législateur ne peut enjoindre au Gouvernement d'avoir à recueillir l'avis des commissions permanentes chargées des finances de chaque assemblée parlementaire préalablement à l'édiction de l'arrêté ministériel. • Cons. const. 8 déc. 2016, n° 2016-741 DC § 148.

581. Réglementation de police. Les dispositions du présent art. ne privent pas non plus le Gouvernement des attributions de police générale qu'il exerce en vertu de ses pouvoirs propres et en dehors de toute habilitation législative. • Cons. const. 20 juill. 2000, n° 2000-434 DC § 19.

582. Règlement des assemblées. Le Gouvernement est représenté, pour répondre aux membres du Parlement, par celui des membres du Gouvernement que le Premier ministre a désigné sans que ce choix puisse faire l'objet d'une demande, d'une ratification ou d'une récusation par un membre du Parlement. • Cons. const. 21 janv. 1964, n° 63, 25 DC § 3 • Cons. const. 11 déc. 2014, n° 2014-705 DC § 13. ♦ De même, le législateur ne peut-il exiger la présence d'un ministre lors d'un débat en commission sur un rapport établi par ce ministre. • Cons. const. 4 déc. 2013, n° 2013-679 DC § 79. ♦ A l'inverse, le règlement peut supprimer la transmission au Premier ministre, par le Président d'une assemblée, de la demande d'un président de commission sollicitant l'audition d'un ministre. • Cons. const. 10 mars 1994, n° 94-338 DC § 10. ♦ La disposition du RAN prévoyant qu'une commission examinant une pétition peut décider d'auditionner des ministres permet en conséquence à une commission permanente d'imposer à un ministre une telle audition ; ces dispositions méconnaissent le principe de la séparation des pouvoirs. • Cons. const. 4 juill. 2019, n° 2019-785 DC § 47.

583. Nomination par une autorité administrative. En l'absence de disposition constitutionnelle le permettant, le pouvoir de nomination par une autorité administrative ou juridictionnelle est subordonné à l'audition par les assemblées parlementaires des personnes dont la nomination est envisagée. • Cons. const. 13 août 2015, n° 2015-718 DC § 65.

584. Déontologie. Le principe de la séparation des pouvoirs ne fait pas obstacle à ce que la loi interdise à un membre du Gouvernement de compter parmi les membres de son cabinet des personnes de sa « famille » dès lors que, même si cette interdiction est pénalement sanctionnée, elle ne porte que sur un nombre limité de personnes. • Cons. const. 8 sept. 2017, n° 2017-752 DC § 30.

585. Réserve parlementaire. En prévoyant qu'il est mis à fin à cette pratique, qui revient pour le Gouvernement à lier sa compétence en matière d'exécution budgétaire, les dispositions organiques visent à assurer le respect de la séparation des pouvoirs et des prérogatives que le Gouvernement tient de l'art. 20 Const. 58 pour l'exécution du budget de l'État. • Cons. const. 8 sept. 2017, n° 2017-753 DC § 49. ♦ V. notes ss. Const. 58, ss. art. 47.

586. Réserve ministérielle. En interdisant au Gouvernement d'attribuer des subventions aux collectivités territoriales et à leurs groupements « au titre de la pratique dite de la "réserve ministérielle" », le législateur porte atteinte à la séparation des pouvoirs et méconnaît l'art. 20 Const. 58. • Cons. const. 8 sept. 2017, n° 2017-753 DC § 52.

587. Frais de réception et de représentation des membres du Gouvernement. Une disposition qui impose au Premier ministre de prendre un décret en Conseil d'État déterminant les conditions de prise en charge des frais de représentation et de réception des membres du Gouvernement, méconnaît le présent principe. • Cons. const. 8 sept. 2017, n° 2017-752 DC § 71.

C. INTERDICTION AU LÉGISLATEUR DE LIMITER OU CONTRAINDRE LA LIBERTÉ DES PARLEMENTAIRES

588. Déontologie. Le principe de la séparation des pouvoirs ne fait pas obstacle à ce que les députés ou les sénateurs aient l'obligation de déclarer au bureau ou à l'organe chargé de la déontologie parlementaire de l'assemblée à laquelle ils appartiennent les membres de leur famille employés par eux comme collaborateur parlementaire. Il ne s'oppose pas non plus à ce que cet organe, dont le statut et les règles de fonctionnement sont déterminés par chaque assemblée, se prononce sur l'existence d'un manquement aux règles de déontologie résultant de cette situation et adresse des injonctions, dont la méconnaissance n'est pas pénalement sanctionnée, aux fins de faire cesser cette situation. • Cons. const. 8 sept. 2017, n° 2017-752 DC § 40.

589. V. également notes ss. Const. 58, art. 4.

D. INTERDICTION D'INTERFÉRER DANS LE FONCTIONNEMENT DES JURIDICTIONS

1° PRINCIPE

590. Généralités. Ni le législateur, ni le Gouvernement ne doivent empiéter sur les fonctions juridictionnelles ; ils ne peuvent dès lors ni censurer les décisions des juridictions, ni leur adresser des injonctions. • Cons. const. 22 juin 1980, n° 83-119 DC.

591. Il n'appartient pas au législateur de censurer les décisions des juridictions, d'adresser à celles-ci des injonctions et de se substituer à elles dans le jugement des litiges relevant de leur compétence sauf à enfreindre le principe de séparation des pouvoirs. • Cons. const. 26 juin 1987, n° 87-228 DC § 8 • Cons. const.

9 avr. 1996, n° 96-375 DC § 9. ♦ Ainsi, une disposition, qui a pour principal objet, par la condition qu'elle pose, de priver d'effet, pour la période antérieure au (...), un arrêt de la CJCE ainsi qu'une décision du Conseil d'État, porte atteinte au principe de séparation des pouvoirs et à la garantie des droits. • Cons. const. 29 déc. 2005, n° 2005-531 DC. ♦ V. de manière classique et ancienne. • Req. 20 janv. 1920 : *DP 1921. 1. 129, note Rouast* • Soc. 14 mars 1967 : *Bull. civ. V, n° 254* • TGI Nanterre, 19 sept. 1975 : *Gaz. Pal. 1975. 853.*

592. De même le législateur ne peut pas prévoir l'intervention d'une autorité administrative, fût-elle indépendante, dans le déroulement d'une procédure juridictionnelle, que celle-ci soit judiciaire ou administrative. • Cons. const. 1er mars 2007, n° 2007-551 DC § 11.

593. Cependant, ces principes ne s'opposent pas à ce que, dans l'exercice de sa compétence et au besoin, sauf en matière pénale, par la voie de dispositions rétroactives, le législateur modifie, dans un but d'intérêt général, les règles que le juge a mission d'appliquer dès lors qu'il ne méconnaît pas des principes ou des droits de valeur constitutionnelle. • Cons. const. 9 avr. 1996, n° 96-375 DC § 9. ♦ ... Et ce y compris s'il s'agit du juge de l'impôt. • Cons. const. 29 déc. 1986, n° 86-223 DC § 5. ♦ Ne viole pas ces principes et ne constitue donc pas une immixtion injustifiée du pouvoir législatif dans l'administration de la justice l'application immédiate aux procédures en cours d'une règle de procédure. • Civ. 1re, 25 avr. 2007, *Sté Eiffage TP : JCP Adm. 2007. 2250, note Renard-Payen.*

594. Si le présent article implique le respect du caractère spécifique des fonctions juridictionnelles, il ne s'oppose pas à ce que le législateur limite le pouvoir du juge à l'appréciation d'un préjudice civil, le principe d'individualisation des sanctions et des peines n'ayant de valeur qu'en matière pénale. • Cons. const. 7 sept. 2017, n° 2017-751 DC § 34 (sol. impl.).

595. Absence d'atteinte à l'indépendance de l'autorité judiciaire. Ne portent pas atteinte à l'indépendance de l'autorité judiciaire : le fait que les juges doivent choisir le mandataire de justice qu'ils désignent sur des listes établies par des commissions non exclusivement composées de magistrats et présidées par l'un d'eux dès lors que ces listes sont suffisamment étendues pour lui permettre une liberté de choix effective et que les décisions de ces commissions sont soumises tant en matière d'inscription ou de retrait que de suspension provisoire ou de discipline au contrôle de la cour d'appel. • Cons. const. 18 janv. 1985, n° 84-182 DC § 4. ♦ ... Des dispositifs fixes ou mobiles de contrôle automatisé des données signalétiques des véhicules prenant la photographie de leurs occupants, en tous points appropriés du territoire, qui peuvent être utilisés tant pour des opérations de police administrative que pour des opérations de police judiciaire pour faciliter la répression des infractions mais se trouvent placés, à ce dernier titre, sous le contrôle de l'autorité judiciaire. • Cons. const. 19 janv. 2006, n° 2005-532 DC § 14 s. ♦ ... La disposition autorisant le Défenseur des droits à saisir les autorités investies du pouvoir d'engager des sanctions administratives dès lors que s'agissant des magistrats, elles n'autorisent pas le Défenseur des droits à donner suite aux réclamations des justiciables portant sur le comportement d'un magistrat dans l'exercice de ses fonctions mais ont pour seul effet de lui permettre d'aviser le ministre de la justice de faits découverts à l'occasion de l'accomplissement de ses missions et susceptibles de conduire à la mise en œuvre d'une procédure disciplinaire à l'encontre d'un magistrat. • Cons. const. 29 mars 2011, n° 2011-626 DC § 16. ♦ ... La disposition fixant un barème obligatoire pour la réparation d'un préjudice causé par une faute civile. • Cons. const. 7 sept. 2017, n° 2017-751 DC § 35.

596. L'obligation faite à l'huissier d'informer le préfet qu'un commandement de quitter les lieux a été adressé à l'occupant dont l'expulsion a été ordonnée par le juge judiciaire constitue une formalité imposée au propriétaire en vue d'obtenir l'exécution de la décision de justice dont il est bénéficiaire au terme d'un délai qui doit être mis à profit par l'administration pour tenter de reloger l'occupant sans titre et n'a dès lors ni pour objet ni pour effet de subordonner l'exécution de la décision judiciaire d'expulsion à l'accomplissement par l'administration d'une démarche préalable. • CE, QPC, 22 févr. 2012, *Cts Hoa,* n° 352254 B : *AJDA 2012. 411.*

597. Atteinte à l'indépendance de l'autorité judiciaire. En revanche, viole le principe d'indépendance de l'autorité judiciaire le fait que ce soit une commission administrative qui procède au remplacement du mandataire de justice nommé par le juge, lorsque ce mandataire est empêché. • Cons. const. 18 janv. 1985, n° 84-182 DC § 15.

598. Dès lors que les réquisitions permises par les nouvelles dispositions constituent des mesures de police purement administratives qui ne sont pas placées sous la direction ou la surveillance de l'autorité judiciaire, mais relèvent de la seule responsabilité du pouvoir exécutif, elles ne peuvent donc avoir d'autre finalité que de préserver l'ordre public et de prévenir les infractions ; dès lors, en indiquant qu'elles visent non seulement à prévenir les actes de terrorisme, mais encore à les réprimer, le législateur a méconnu le principe de la séparation des pouvoirs. • Cons. const. 19 janv. 2005, n° 2005-532 DC § 6.

599. Transaction pénale. Lorsque l'action publique a été mise en mouvement, l'homologation d'une transaction est du seul ressort d'un magistrat du siège. • Cons. const. 15 févr. 2007, n° 2007-447 DC § 50 s. • CE, ass., 7 juill. 2006, *Assoc. France Nature Environnement,* n° 283178 : *préc. note 109.* ♦ Dès lors, une disposition, qui précise que « lorsque la transaction porte sur des faits constitutifs d'infraction et a pour effet d'éteindre l'action publique, elle ne peut intervenir qu'après accord du procureur de la République », doit s'entendre comme ne régissant la procédure de transaction que dans les matières relevant de la compétence de la collectivité et dans les seules hypothèses où l'action publique n'a pas encore été mise en mouvement. • Même affaire, § 52. ♦ V. déjà. • Cons. const. 30 mars 2006, n° 2006-535 DC § 42. ♦ En confiant au ministère public le pouvoir d'homologuer une procédure dont l'exécution volontaire par l'auteur de l'infraction a pour seul effet d'éteindre l'action publique, les dispositions contestées ne portent aucune atteinte aux exigences qui résultent du présent art. • Cons. const. 26 sept. 2014, *Assoc. France Nature Environnement,* n° 2014-416 QPC § 9. ♦ V. déjà, sur ce pouvoir d'homologation par le parquet ne portant pas atteinte à la liberté individuelle au sens de l'art. 66 Const. • Cons. const. 30 mars 2006, n° 2006-535 DC § 42. ♦ V. également note 160.

2° LOIS DE VALIDATION

600. Généralités. Seul le législateur (sous réserve des indications présentées ci-dessous) a la faculté de prendre des dispositions rétroactives, afin de valider des actes administratifs ou de droit privé et ce, même si les dispositions ainsi validées ne relèvent pas de matières réservées à la compétence du législateur. • Cons. const. 22 juill. 1980, n° 80-119 DC § 8 et 9 • Cons. const. 18 déc. 1997, n° 97-393 DC § 24.

601. Les validations législatives sont possibles même s'il est loisible au législateur de prendre des mesures non rétroactives de nature à remédier auxdites conséquences. • Cons. const. 18 déc. 1998, n° 98-404 DC § 7.

602. Enfin, il est curieusement possible au législateur de valider la procédure d'adoption d'une ordonnance prise en vertu d'une habilitation législative dans le but de la faire échapper, en attendant la ratification, à une annulation contentieuse du chef d'un vice de procédure. • CE 12 févr. 1997, *Synd. nat. inspecteurs des affaires sanitaires et sociales : RFDA 1997. 471, concl. Maugüé.*

603. Les validations mettant en cause des dispositions touchant à un domaine relevant des lois organiques doivent être faites par le législateur organique. • Cons. const. 26 juin 1987, n° 87-228 DC § 4 • Cons. const. 19 nov. 1997, n° 97-390 DC § 2.

604. Ne constituent pas une validation législative : l'autorisation donnée, à titre exceptionnel, d'installer certains ouvrages dans certaines zones du territoire. • Cons. const. 21 janv. 1994, n° 93-335 DC § 14 et 18. ♦ ... Une disposition législative nouvelle et provisoire qui permet de maintenir l'équilibre financier de la sécurité sociale nonobstant l'annulation par le juge des mesures antérieurement prises à cet effet. • Cons. const. 21 déc. 1999, n° 99-422 DC § 57. ♦ ... Une mesure qui a pour seul objet et pour seul effet de permettre aux exploitants d'obtenir, s'ils y trouvent un intérêt financier, la reconstitution de leur situation au regard du nouveau régime de l'impôt pour la période fixée. • Cons. const. 28 déc. 2000, n° 2000-441 DC § 7. ♦ ... Une mesure qui crée des droits supplémentaires pour les contribuables en leur permettant de bénéficier, pour les perquisitions fiscales entreprises avant l'entrée en vigueur de la loi, d'un dispositif nouveau et plus favorable en matière d'appel et de recours. • Cons. const. 30 juill. 2010, *Épx P. et a.,* n° 2010-19/27 QPC § 19. ♦ ... Un mécanisme mis en place pour satisfaire les exigences de la Conv. EDH suite à la condamnation de la France. • CEDH 21 févr. 2008, *Ravon et a. c/ France,* n° 18497/03.

605. Les validations législatives doivent être expresses. • CE, ass., 28 mai 1971, *Barrat : Lebon 387 ; AJDA 1971. 401, chron. Labetoulle et Cabanes ; ibid. 488, note Fourrier.*

a. Contrôle de constitutionnalité

606. Si le législateur peut modifier rétroactivement une règle de droit ou valider un acte administratif ou de droit privé, c'est à la condition que cette modification ou cette validation respecte tant les décisions de justice ayant force de chose jugée que le principe de non-rétroactivité des peines et des sanctions et que l'atteinte aux droits des personnes résultant de cette modification ou de cette validation soit justifiée par un motif impérieux d'intérêt général ; en outre, l'acte modifié ou validé ne doit méconnaître aucune règle, ni aucun principe de valeur constitutionnelle, sauf à ce que le motif impérieux d'intérêt général soit lui-même de valeur constitutionnelle ; enfin, la portée de la modification ou de la validation doit être strictement définie. • Cons. const. 14 févr. 2014, *SELARL PJA, ès qualités de liquidateur de la Sté Maflow France,* n° 2013-366 QPC § 3 • Cons. const. 2 mars 2016, *SCI PB 12,* n° 2015-525 QPC § 3 • Cons. const. 4 août 2016, n° 2016-736 DC § 20.

Ancienne formulation. C'est à la condition de poursuivre un but d'intérêt général suffisant et de respecter le principe de non-rétroactivité des peines et des sanctions ; en outre, l'acte modifié ou validé ne doit méconnaître aucune règle, ni aucun principe de valeur constitutionnelle, sauf à ce que le but d'intérêt général visé soit lui-même de valeur constitutionnelle et enfin, la portée de la modification ou de la validation doit être strictement définie. • Cons. const. 29 déc. 1999, n° 99-425 DC § 8 • Cons. const. 7 févr. 2002, n° 2002-458 DC § 3 • Cons. const. 13 janv. 2005, n° 2004-509 DC § 31 • Cons. const. 28 déc. 2006, n° 2006-545 DC § 35 • Cons. const. 11 juin 2010, *Vivianne L.*, n° 2010-2 QPC § 22 • Cons. const. 10 déc. 2010, *Sté IMNOMA*, n° 2010-78 QPC § 4 • Cons. const. 21 juin 2013, *SA Assistance Sécurité et Gardiennage*, n° 2013-327 QPC § 5.

607. Dès lors que l'intérêt général suffisant (impérieux) est présent, il n'y a pas lieu de renvoyer une éventuelle QPC au Cons. const. • CE 26 janv. 2011, *SAS Auxa*, n° 344204 : *préc. note 562.*

1. Intérêt général suffisant pouvant justifier les validations législatives (jurisprudence ancienne)

608. Principe. Le Conseil constitutionnel a, dans un premier temps, admis sans difficulté que le législateur puisse valider un acte administratif alors que des recours étaient encore pendants. • Cons. const. 22 juill. 1980, n° 80-119 DC § 7 • Cons. const. 13 janv. 1994, n° 93-332 DC § 14. ♦ ... Ou qu'il n'y avait pas été définitivement statué. • Cons. const. 29 déc. 1986, n° 86-223 DC § 5.

609. Ensuite, il admet que le législateur ne doit agir qu'en considération de motifs d'intérêt général ou liés à des exigences constitutionnelles. • Cons. const. 19 nov. 1997, n° 97-390 DC § 13 • Cons. const. 18 déc. 1997, n° 97-393 DC § 24. ♦ Le Conseil constitutionnel se montre de plus en plus soucieux de limiter les validations législatives et exige maintenant la présence d'un intérêt général « suffisant » qui fait sans doute le pendant du terme « impérieux » (V. note 625) retenu par la CEDH. • Cons. const. 21 déc. 1999, n° 99-422 DC § 64. ♦ V. aussi note 596. ♦ Celui-ci doit être suffisant pour justifier la validation dans tout ses points. • Cons. const. 22 juin 2012, *Ét. Bargibant SA*, n° 2012-258 QPC § 9.

610. Prévenir les conséquences financières de l'annulation. Le législateur peut user de son pouvoir de prendre des dispositions rétroactives afin de prévenir les conséquences financières d'une annulation concernant aussi bien les finances de l'État que des collectivités territoriales. • Cons. const. 29 déc. 1986, n° 86-223 DC § 7 • Cons. const. 29 déc. 1988, n° 88-250 DC § 17. ♦ ... D'un syndicat intercommunal. • Cons. const. 29 déc. 1988, n° 88-250 DC § 17. ♦ ... Ou de la sécurité sociale. • Cons. const. 13 janv. 1994, n° 93-332 DC § 13 • Cons. const. 18 déc. 1997, n° 97-393 DC § 25. ♦ ... En particulier du fait de la multiplication des contestations et de leurs conséquences dommageables. • Cons. const. 29 déc. 1986, n° 86-223 DC § 7 • Cons. const. 29 déc. 1988, n° 88-250 DC § 6 • Cons. const. 13 janv. 1994, n° 93-332 DC § 13 : *préc.* • Cons. const. 19 nov. 1997, n° 97-390 DC § 4 et 13 • Cons. const. 8 déc. 1997, n° 97-393 DC § 52 • Cons. const. 29 déc. 1999, n° 99-425 DC § 11 et 15 • Cons. const. 7 févr. 2002, n° 2002-458 DC § 4. ♦ Rappr. • CAA Paris, 15 juin 2000, *SA Cise et Erimo*, n° 97PA01897 B • CE, avis, 16 févr. 2001, *Synd. compagnies aériennes autonomes*, n° 226155 : *Lebon 69* ; *AJDA 2002. 341, note Sabourault* • CAA Nancy, 8 août 2002, *Decheppe-Oget*, n° 98NC00014 : *RFDA 2003. 615.* ♦ ... Ou de l'extension d'une jurisprudence. • Cons. const. 29 déc. 2013, n° 2013-685 DC § 78. ♦ Il en va de même pour faire obstacle aux demandes de remboursement des impositions déjà versées fondées sur l'absence de détermination des modalités de recouvrement de l'imposition en cause. • Cons. const. 21 juin 2013, *SA Assistance et Gardiennage*, n° 2013-327 QPC § 6.

611. Le Cons. const. insiste parfois sur l'importance des sommes en jeu. • Cons. const. 18 déc. 1997, n° 97-393 DC § 25 • Cons. const. 29 déc. 1999, n° 99-425 DC § 11 et 15 • Cons. const. 7 févr. 2002, n° 2002-458 DC § 4 (*a contrario*) • Cons. const. 14 oct. 2010, *Sté Plombinoise de casino*, n° 2010-53 QPC § 5.

612. En revanche ne constituent pas un intérêt général suffisant : la seule considération d'un intérêt financier eu égard aux sommes concernées et aux conditions générales de l'équilibre financier du budget considéré qui n'étaient pas susceptibles d'être affectées. • Cons. const. 28 déc. 1995, n° 95-369 DC • CE 20 juill. 2000, *Tête et Assoc. « Collectif pour la gratuité contre le racket »*, n° 202798 : *Lebon 319* ; *RFDA 2001. 121, concl. Savoie* ; *AJDA 2000. 796, chron. Guyomar et Collin*. ♦ ... Le souci de prévenir les conséquences financières d'une décision de justice censurant le mode de calcul de l'assiette de la contribution en cause alors que celle-ci avait un caractère exceptionnel et qu'elle a été recouvrée depuis deux ans. • Cons. const. 18 déc. 1998, n° 98-404 DC § 7.. ♦ ... La validation de dispositions qui, eu égard au montant des recouvrements concernés, ne pouvaient être affectées de façon significative les conditions générales de l'équilibre financier de la sécurité sociale. • Cons. const. 11 déc. 2003, n° 2003-486 DC § 13. ♦ ... Une validation qui malgré l'enjeu financier porte au droit de propriété une atteinte importante. • Cons. const. 13 janv. 2005, n° 2004-509 DC § 33. ♦ ... L'objectif de ne pas aggraver le déficit de l'assurance maladie. • CE 21 déc. 2007, *Féd. hospitalisation privée*, n° 298463 : *Lebon 532* ; *AJDA 2008. 2280, note Rihal* ; *JCA 2008. 12.* ♦ ... Une limitation de la responsabilité d'un professionnel ou d'un établissement de santé vis-à-vis des parents d'un enfant né avec un handicap non décelé pendant la grossesse dans le but de répondre aux difficultés rencontrées par les professionnels et les établissements de santé pour souscrire une assurance dans des conditions économiques acceptables, compte tenu du montant des dommages-intérêts alloués pour réparer intégralement les conséquences du handicap, et aux conséquences sur les dépenses d'assurance maladie de l'évolution du régime de responsabilité médicale. • Cons. const. 11 juin 2010, *Viviane L.*, n° 2010-2 QPC § 23. ♦ ... L'enjeu budgétaire résultant de la mise en œuvre des dispositions contesté en faisant notamment valoir que les dégrèvements susceptibles d'être accordés s'élèveraient à plus de cent millions d'euros, et qu'il était impossible de réclamer les impositions supplémentaires aux sous-traitants qui pourraient y faire échec en se prévalant des commentaires administratifs publiés et, enfin, la circonstance que les collectivités territoriales concernées seraient susceptibles d'engager la responsabilité de l'État à raison des produits fiscaux non perçus. • CE 21 oct. 2011, *Sté Peugeot Citroën Mulhouse*, n° 314767 B : *AJDA 2011. 2521, note Depigny* . ♦ ... L'enjeu financier conduisant à étendre la loi de validation aux instances en cours devant les juridictions à la date de la validation. • Cons. const. 22 juin 2012, *Ét. Bargibant SA*, n° 2012-258 QPC § 9. ♦ ... Les motifs financiers portant sur des sommes dont l'importance du montant n'est pas établie. • Cons. const. 15 janv. 2013, *SFR*, n° 2012-287 QPC § 6.

613. *A fortiori*, dès lors que l'intérêt général n'est pas présent (ce qui est le cas en l'espèce compte tenu de la faiblesse de l'enjeu financier), la loi de validation est contraire à la Const. • Cons. const. 7 févr. 2002, n° 2002-458 DC § 4 • Cons. const. 11 déc. 2003, n° 2003-486 DC § 13 • Cons. const. 13 janv. 2005, n° 2004-509 DC § 31.

614. Régler les situations individuelles nées de l'annulation. Le législateur peut user de son pouvoir de prendre des dispositions rétroactives afin : de régler les situations nées de l'annulation d'actes administratifs, en validant des décisions individuelles prises avant ladite annulation. • Cons. const. 13 janv. 1994, n° 93-332 DC § 8. ♦ ... D'éviter que des décisions soient exposées à des annulations contentieuses. • Cons. const. 24 juill. 1985, n° 85-192 DC § 15. ♦ ... En particulier s'agissant de nominations de fonctionnaires et de magistrats. • Cons. const. 24 juill. 1985, n° 85-192 DC § 8 et 16 • Cons. const. 26 juin 1987, n° 87-228 DC § 7. ♦ Il en va de même de la validation d'actes modifiant les dispositions statutaires propres à un corps et ayant trait aux modalités de recrutement ou à la carrière des fonctionnaires. • CE 5 juill. 2000, *Synd. FO personnel du ministère des affaires étrangères*, n° 203050 B.

615. La validation peut aussi avoir pour objet de permettre, dans le but d'assurer la continuité du service public, le recrutement de nouveaux fonctionnaires ou l'affectation nouvelle de fonctionnaires déjà en poste. • Cons. const. 24 juill. 1985, n° 85-192 DC § 8 et 18.

616. Il est même possible d'anticiper l'annulation d'un acte réglementaire, aucune disposition de valeur constitutionnelle ne faisant obstacle à ce qu'une loi modifie les règles en application desquelles a été pris un décret qui fait l'objet d'une recours contentieux. • Cons. const. 27 juill. 1978, n° 78-97 DC § 2 • Cons. const. 25 janv. 1995, n° 94-357 DC § 16.

617. Éviter les divergences de jurisprudence. Le Conseil const. admet que soient réglées ainsi des situations nées de divergences de jurisprudence. • Cons. const. 13 janv. 1994, n° 93-332 DC § 13 et 14. ♦ V. également • Cons. const. 6 août 2010, *Assoc. nat. stés d'exercice libéral*, n° 2010-24 QPC § 8.

618. Assurer la continuité du service public. Le Conseil const. admet aussi que la volonté d'assurer la continuité des services publics (et en particulier du service public fiscal) menacée par la multiplication des contestations puisse justifier la validation. • Cons. const. 24 juill. 1985, n° 85-192 DC § 8 et 18 • Cons. const. 19 nov. 1997, n° 97-390 DC § 4 et 13 • Cons. const. 29 déc. 1999, n° 99-425 DC § 7, 11 et 15 • Cons. const. 7 févr. 2002, n° 2002-458 DC § 4 • Cass., ass. plén., 24 janv. 2003, *Assoc. Promotion des handicapés dans le Loiret : Bull. ass. plén., n° 3 ; BICC 1er avr. 2003, avis Burgelin, rapp. Merlin ; D. 2003. 1648, note Paricard-Pioux* ; *RFDA 2003. 470, note Mathieu* ; *Dr. soc. 2003. 470, note Prétot* • CE 11 févr. 2004, *Assoc. générale des étudiants de Sciences-Po*, n° 160815 : *AJDA 2004. 679* • Soc. 18 mars 2003, *Assoc. pour la réalisation d'actions sociales spécialisées*, n° 01-40.911 P. ♦ ... Sous réserve, pourtant, que la continuité du service public soit effectivement mise en péril. • Cons. const. 7 févr. 2002, n° 2002-458 DC § 5.

619. Assurer la sécurité juridique. Ainsi, une loi destinée à assurer la sauvegarde des objectifs de la planification urbanistique dans certaines agglomérations importantes évite l'insécurité juridique qui pouvait découler de l'annulation des plans d'urbanisme. • CAA Lyon, 14 mars 2002, *Cté urbaine de Lyon*, n° 02LY00292 : *Lebon 516 ; AJDA 2002. 552, note Priet* . ♦ Il en est de même une loi validant des nominations aux commissions départementales d'équipement commercial. • CE 18 nov. 2009, *Sté Ét. Pierre Fabre*, n° 307862 : *AJDA 2009. 2201* . ♦ V. aussi. • CE 26 janv. 2011, *SAS Auxa,* n° 344204 : *préc. note 562.* ♦ *A contrario.* • CE 18 nov. 2011, *SNC Eiffage aménagement,* n° 342147 : *préc. note 551.* ♦ Il en va de même d'une validation ayant pour but d'éviter que la validité de très nombreux actes administratifs ne soit contestée dès lors que ceux-ci ne portent atteinte, entre autres, à aucun principe de valeur constitutionnelle. • CE 4 avr. 2012, *Cne de Saint-Langis-lès-Mortagne,* n° 336745 : *AJDA 2012. 733* .

620. Autres. La validation peut aussi être nécessaire pour tirer les conséquences d'une annulation en vertu de laquelle seul le législateur est compétent. • Cons. const. 22 sept. 2010, *Cne de Besançon et a.,* n° 2010-29/37 QPC § 12. ♦ V. déjà. • Cons. const. 14 oct. 2010, *Sté Plombinoise de casino,* n° 2010-53 QPC § 5.

621. De même, peuvent être mentionnés : le fait que l'absence de validation pourrait constituer un enrichissement injustifié. • Cons. const. 14 oct. 2010, *Sté Plombinoise de casino,* n° 2010-53 QPC § 5. ♦ ... Le fait que la validation intervient pour assurer l'égalité devant les charges publiques. • Cons. const. 14 oct. 2010, *Sté Plombinoise de casino,* n° 2010-53 QPC. ♦ ... Le fait de lutter contre la fraude fiscale. • Cons. const. 23 sept. 2011, *Yannick N.,* n° 2011-166 QPC § 5.♦ ... Le fait d'assurer la réalisation sur le domaine public d'un projet destiné à enrichir le patrimoine culturel national, à renforcer l'attractivité touristique de la ville de Paris et à mettre en valeur le Jardin d'acclimatation. • Cons. const. 24 févr. 2012, *Coordination pour la sauvegarde du bois de Boulogne,* n° 2011-224 QPC § 5.♦ V. cependant l'inconventionnalité du même texte. • CAA Paris, 18 juin 2012, *Fondation d'entreprise Louis-Vuitton pour la création,* n° 11PA00758 : *AJDA 2012. 1192* ; *ibid. 1496, chron. Sirinelli* ; *AJCT 2012. 508, obs. Grand* ; *RFDA 2012. 650, concl. Vidal* ; *JCP Adm. 2012. 2285, note Gillig.* ♦ ... Le fait de fixer des règles transitoires dans l'attente d'une nouvelle décision de la cour administrative et pendant un délai qui ne peut en tout état de cause excéder douze mois, afin d'éviter que l'annulation prononcée par le Conseil d'État ne produise les effets que ce dernier avait entendu prévenir en reportant les effets de cette annulation. • Cons. const. 20 juill. 2012, *Synd. des industries de matériels audiovisuels électroniques,* n° 2012-263 QPC § 7.

622. Le fait que la validation soit accompagnée de mesures financières et administratives *compensant, même forfaitairement,* les personnes concernées peut, si cette compensation n'est pas entachée d'erreur manifeste d'appréciation, aider à ce que son intérêt général soit plus facilement justifié. • Cons. const. 22 sept. 2010, *Cne de Besançon et a.,* n° 2010-29/37 QPC § 12.

623. Le législateur peut fixer une date d'entrée en vigueur rétroactive de la loi de validation en lien avec l'annonce d'une mesure ou le dépôt d'un texte, afin d'éviter un effet d'aubaine ou contraire à l'objectif poursuivi en incitant des contribuables à contester leur imposition à cette taxe avant la publication de la loi. • Cons. const. 21 juin 2013, *SA Assistance et Gardiennage,* n° 2013-327 QPC § 6. ♦ Rappr. • Cons. const. 29 déc. 2012, n° 2012-661 DC § 19.

2. Motif impérieux d'intérêt général (nouvelle jurisprudence)

624. Assurer la sécurité juridique. Le législateur a entendu donner un fondement législatif certain aux délibérations des syndicats mixtes composés exclusivement ou conjointement de communes, de départements ou d'établissements publics de coopération intercommunale ayant institué le « versement transport » avant le « X ». Il a également entendu éviter une multiplication des réclamations fondées sur la malfaçon législative révélée par les arrêts précités de la Cour de cassation, et tendant au remboursement d'impositions déjà versées, et mettre fin au désordre qui s'en est suivi dans la gestion des organismes en cause. • Cons. const. 14 févr. 2014, *SELARL PJA, ès qualités de liquidateur de la Sté Maflow France,* n° 2013-366 QPC § 6 • Cons. const. 21 juill. 2017, *Cté Cnes du pays roussillonnais,* n° 2017-644 QPC § 6.

625. Prévenir les conséquences financières de l'annulation. Le législateur a entendu prévenir les conséquences financières qui auraient résulté de tels remboursements pour certains des syndicats mixtes en cause et notamment ceux qui n'avaient pas adopté une nouvelle délibération pour confirmer l'institution du « versement transport » après l'entrée en vigueur de la loi du « X ». • Cons. const. 14 févr. 2014, *SELARL PJA, ès qualités de liquidateur de la Sté Maflow France,* n° 2013-366 QPC § 6. ♦ Eu égard à l'ampleur des conséquences financières qui résultent du risque de la généralisation des solutions retenues par les jugements précités, l'atteinte aux droits des personnes morales de droit public emprunteuses est justifiée par un motif impérieux d'intérêt général. • Cons. const. 24 juill. 2014, n° 2014-695 DC § 15.

V. pour d'autres décisions dans le même sens : .

626. Les conséquences financières de l'annulation peuvent concerner tout à la fois les requérants et les consommateurs. • Cons. const. 19 avr. 2019, *Sté Engie,* n° 2019-776 QPC § 9 et 10.

627. V. à l'inverse, en l'absence d'un enjeu financier important. • Cons. const. 9 févr. 2016,

Josette B.-M., n° 2015-522 QPC § 11. ♦ ... Ou du caractère incertain de ce risque financier et en l'absence de risque contentieux. • Cons. const. 2 mars 2016, *SCI PB 12*, n° 2015-525 QPC § 10.

628. Volonté de respecter la volonté initiale du législateur. Pour un cas où elle ne constitue pas un motif impérieux d'intérêt général. • Cons. const. 9 févr. 2016, *Josette B.-M.*, n° 2015-522 QPC § 11.

629. Prise en compte du nombre de personnes concernées. La validation vise, par la validation des décisions prises au titre des années d'études, ainsi que la validation, consécutive, des décisions de mise en recouvrement des contributions correspondantes, à garantir, s'agissant de droits à la retraite issus d'une pratique ancienne et constante, l'égalité de traitement entre les quelque quarante-sept mille agents dont la demande restait à traiter. • CE 7 févr. 2018, n° 414552 B : *AJDA 2018. 1254*.

630. Absence de caractère impérieux. Constitue un motif d'intérêt général ne revêtant pas un caractère impérieux l'objectif que les organisations syndicales disposent de moyens nécessaires à la mise en œuvre de la liberté syndicale. • Cons. const. 4 août 2016, n° 2016-736 DC § 22 et 23.

3. Respect des décisions de justice ayant force de chose jugée

631. Décisions de justice devenues définitives. Le juge constitutionnel veille à ce que le législateur réserve la situation des personnes à l'égard desquelles une décision de justice est devenue définitive (passée en force de chose jugée). • Cons. const. 29 déc. 1986, n° 86-223 DC § 5 et 7 • Cons. const. 21 juill. 2017, *Cté Cnes du pays roussillonnais*, n° 2017-644 QPC § 8. ♦ Le Conseil d'État réalise le même contrôle avant de refuser de transmettre une QPC. • CE 26 janv. 2011, *SAS Auxa*, n° 344204 : *préc. note 562*. ♦ Rappr. • CE, sect., 21 mai 1965, *Joulia : Lebon 294 ; AJDA 1965. 333, chron. Puybasset et Puissochet* • CE, sect., 26 oct. 1984, *Mammar : Lebon 340 ; D. 1985. 223, concl. Labetoulle*.

V. pour d'autres décisions dans le même sens :.

632. Du reste, le Conseil constitutionnel n'hésite pas à rappeler que la validation contestée ne saurait s'appliquer à des actes qui auraient été annulés par des décisions de justice passées en force de chose jugée. • Cons. const. 21 janv. 1994, n° 93-335 DC § 28 • Cons. const. 29 déc. 2005, n° 2005-531 DC § 4 et 5. ♦ Ainsi, respectent ce principe des dispositions qui ont validé des règles annulées par le Conseil d'État, tout en mettant fin au motif qui avait conduit à cette annulation. • Cons. const. 20 juill. 2012, *Synd. des industries de matériels audiovisuels électroniques*, n° 2012-263 QPC § 8.

633. Même si elle fait l'objet d'un pourvoi en cassation, la décision d'une juridiction ayant statué en dernier ressort présente le caractère d'une décision passée en force de chose jugée et la loi de validation ne peut plus trouver application. • Soc. 13 juin 1963, *Chantelouze : Bull. civ. IV, n° 515 ; Gaz. Pal. 1963. 2. 278* • Cass., ass. plén., 21 déc. 1990, *SA Roval : D. 1991. 305, concl. Dontenwille* • CE, ass., 27 oct. 1995, *Min. Logement c/ Mattio*, n° 150703 : *Lebon 359, concl. Arrighi de Casanova ; AJDA 1996. 57, concl. Arrighi de Casanova*. ♦ De même, viole ces principes une loi de validation qui réserve le cas des seules instances « non jugées de manière irrévocable » et non celles « passées en force de chose jugée ». • Cons. const. 11 juin 2010, *Viviane L.*, n° 2010-2 QPC § 23.

634. Chose jugée et CEDH. En l'absence de procédure prévue à cette fin, la condamnation de la France par la CEDH ne prive pas de base légale et de caractère exécutoire les décisions juridictionnelles passées en force de chose jugée. • CE, sect., 4 oct. 2012, *Baumet*, n° 328502 A § 8 : *RFDA 2013. 103, note Sudre ; AJDA 2012. 1879 ; JCP Adm. 2013. 2060, note Hoffmann ; Dr. adm. 2013. 8, note Sirinelli*. ♦ En revanche, il y a lieu, lorsque l'autorité compétente est saisie d'une demande de relèvement d'une sanction disciplinaire, qu'elle apprécie si la poursuite de son exécution méconnaît les exigences de la Conv. EDH. • CE, ass., 30 juill. 2014, *Vernes*, n° 358564 A (concl. von Coster) : *AJDA 2014. 1580 ; ibid. 1929, chron. Lessi et Dutheillet de Lamothe ; RFDA 2014. 945, concl. von Coester*. ♦ V. s'agissant des effets d'une condamnation de la France pour violation de l'art. 3 Conv. EDH sur l'exécution de l'obligation de quitter le territoire et l'obligation d'octroyer, à tout le moins sauf circonstance nouvelle, la protection subsidiaire. • CE 3 oct. 2018, n° 406222 A (concl. Bretonneau) : *AJDA 2018. 2249, concl. Bretonneau ; JCP Adm. 2019. 2090, note Marti*.

4. Non-rétroactivité des peines et sanctions

635. Si le législateur peut, comme lui seul est habilité à le faire, valider un acte dans un but d'intérêt général, c'est sous réserve du principe de non-rétroactivité des peines et des sanctions. • Cons. const. 29 déc. 1986, n° 86-223 DC § 7 • Cons. const. 29 déc. 1988, n° 88-250 DC § 6 • Cons. const. 13 janv. 1994, n° 93-332 DC § 14 • Cons. const. 19 nov. 1997, n° 97-390 DC § 3 et 13 • Cons. const. 18 déc. 1997, n° 97-393 DC § 52. ♦ V. aussi note 596. ♦ ... Et à son corollaire qui interdit de faire renaître une prescription légalement acquise. • Cons. const. 29 déc. 1999, n° 99-425 DC § 11 et 17. ♦ Au besoin, le Cons. const. procède par réserve d'interprétation. • Cons. const. 21 juin 2013, *SA Assistance et Gardiennage,* n° 2013-327 QPC § 8 • Cons. const. 14 févr. 2014, *SELARL PJA, ès qualités de liquidateur de la Sté Maflow France,* n° 2013-366 QPC § 8.

5. Respect des règles et principes à valeur constitutionnelle

636. En outre, l'acte validé ne doit contrevenir à aucune règle, ni à aucun principe de valeur constitutionnelle, sauf à ce que le but d'intérêt général visé par la validation soit lui-même de valeur constitutionnelle. • Cons. const. 19 nov. 1997, n° 97-390 DC § 3 • Cons. const. 18 déc. 1997, n° 97-393 DC § 51 • Cons. const. 29 déc. 1999, n° 99-425 DC § 8 • Cons. const. 21 juill. 2017, *Cté Cnes du pays roussillonnais,* n° 2017-644 QPC § 9. ♦ V. aussi note 606. ♦ Il appartient en pareil cas au législateur, le cas échéant sous le contrôle du Conseil constitutionnel, de concilier entre elles les différentes exigences constitutionnelles en cause. • Cons. const. 19 nov. 1997, n° 97-390 DC § 3 • Cons. const. 18 déc. 1997, n° 97-393 DC § 51 • Cons. const. 29 déc. 1999, n° 99-425 DC § 8. • Cons. const. 14 févr. 2014, *SELARL PJA, ès qualités de liquidateur de la Sté Maflow France,* n° 2013-366 QPC § 8.

637. Conduit à vicier la validation le non-respect du principe des droits de la défense qui impliquent en particulier l'existence d'une procédure juste et équitable garantissant l'équilibre des droits des parties (V. note 283). • Cons. const. 10 déc. 2010, *Sté IMNOMA,* n° 2010-78 QPC.

6. Définition stricte de la portée de la validation

638. Enfin, le juge constitutionnel impose que la portée de la validation doit être strictement définie. • Cons. const. 21 déc. 1999, n° 99-422 DC § 64 • Cons. const. 24 juill. 2014, n° 2014-695 DC § 13 • Cons. const. 21 juill. 2017, *Cté Cnes du pays roussillonnais,* n° 2017-644 QPC § 7. ♦ V. aussi note 596.

639. En particulier, la validation ne doit pas avoir pour effet, sous peine de méconnaître le principe de la séparation des pouvoirs et le droit à un recours juridictionnel effectif qui découlent du présent art., d'interdire tout contrôle juridictionnel de l'acte validé quelle que soit l'illégalité invoquée par les requérants. • Cons. const. 21 déc. 1999, n° 99-422 DC § 64 • Cons. const. 29 déc. 1999, n° 99-425 DC § 8 • Cons. *const. 29 déc. 2005, n° 2005-531 DC* § 6 • Cons. const. 11 juin 2010, *Viviane L.,* n° 2010-2 QPC § 22. ♦ Rappr. • Cons. const. 28 déc. 2000, n° 2000-441 DC § 7.

640. Le Conseil const. estime que ne répond pas à cette condition une validation n'indiquant pas le motif précis d'illégalité dont elle entend purger l'acte. • Cons. const. 21 déc. 1999, n° 99-422 DC § 65. ♦ ... Purgeant les actes validés de toutes les illégalités alors que l'annulation prononcée par le juge administratif l'avait été « sans qu'il soit besoin d'examiner les autres moyens » sur un vice de procédure ; la validation n'était pas suffisamment ciblée. • Cons. const. 28 déc. 2006, n° 2006-545 DC § 36. ♦ ... S'abstenant d'indiquer le motif précis d'illégalité dont il entendait purger l'acte contesté. • Cons. const. 11 févr. 2011, *Alban Salim B.,* n° 2010-100 QPC § 5. ♦ ... S'appliquant à toutes les personnes morales et à tous les contrats de prêts en tant que la validité de la stipulation d'intérêts serait contestée par le moyen tiré du défaut de mention du taux effectif global. • Cons. const. 29 déc. 2013, n° 2013-685 DC § 79 • Cons. const. 24 juill. 2014, n° 2014-695 DC § 12 (*a contrario*).

641. A l'inverse, répond à cette condition : une validation ne portant que sur le moyen tiré de ce que ces contrôles auraient été effectués selon une vérification approfondie d'une situation fiscale d'ensemble ou d'un examen contradictoire de l'ensemble de la situation fiscale personnelle de personnes physiques n'ayant pas leur domicile fiscal en France. • Cons. const. 23 sept. 2011, *Yannick N.,* n° 2011-166 QPC § 5. ♦ ... Un type d'illégalité affectant un nombre de permis de construire limité et dans une zone géographique étroitement délimité pour laquelle ils ont été ou seraient accordés. • Cons. const. 24 févr. 2012, *Coordination pour la sauvegarde du bois de Boulogne,* n° 2011-224 QPC § 5. ♦ ... Une disposition qui n'a pas pour objet de faire obstacle à ce que les règles puissent être contestées devant le juge administratif pour d'autres motifs. • Cons. const. 20 juill. 2012, *Synd. des industries de matériels audiovisuels électroniques,* n° 2012-263 QPC § 8. ♦ ... Une validation ne s'appliquant qu'en tant que la délibération d'un syndicat mixte ayant institué le « versement transport » avant le « X » serait contestée au motif que ce syndicat n'est pas un établissement public de coopération intercommunale. • Cons. const. 14 févr. 2014, *SELARL PJA, ès qualités de liquidateur de la Sté Maflow France,* n° 2013-366 QPC § 7.

b. Contrôle de conventionnalité

1. Position des juges européens

642. La CEDH a estimé que la notion de procès équitable garantie par l'art. 6, § 1, Conv. EDH s'opposait à cette pratique « sauf pour d'impérieux motifs d'intérêt général ». • CEDH 28 oct. 1999, *Zielinski c/ France,* n° 24846/94 : *RFDA 2000. 289, note Mathieu ; LPA 8 juin 2000. 21* • CEDH 23 oct. 1997, n° 21319/93 : *Rec. CEDH 1997-VII ; AJDA 1998. 98 ; RFDA 1998. 990, note Sermet .*

V. pour d'autres décisions dans le même sens : 🏛.

643. De même, le juge européen a estimé qu'une telle pratique constituait une violation de l'art. 1er du 1er Prot. Conv. EDH. • CEDH 14 déc. 1999, *Antonakopoulos c/ Grèce,* n° 37098/97 • CEDH 25 nov. 2010, *Lilly France c/ France,* n° 20429/07 : *AJDA 2010. 2291*.

V. pour d'autres décisions dans le même sens : 🏛.

644. Quant au juge communautaire il estime que la loi de validation doit respecter le principe de confiance légitime. • CJCE 26 mars 2005, *Stichting « Ged Wonen » c/ Staatssecretaris van Fiancïen,* n° C-376/02 : *JCP Adm. 2005, n° 1245, chron. Dubois.*

2. Position du juge interne

645. Il appartient au juge administratif ou judiciaire de contrôler, comme il le fait pour les autres lois (V. annotations ss. Const. 58, art. 55), la conventionnalité des lois de validation et au besoin d'en refuser l'application. • CE 30 nov. 1994, n° 128516 A • CAA Nantes, 19 déc. 2007, n° 06NT01087 : *AJDA 2008. 150, note R.V*. ♦ Et ce, quand bien même le Cons. const. se serait prononcé sur la constitutionnalité de la loi. • Soc. 25 avr. 2001, *Assoc. « Être enfant au Chesnay » : D. 2001. 2445, note Kibalo Adam ; ibid. Somm. 3012, obs. Fadeuilhe ; RFDA 2001. 1055, note Frouin et Matthieu ; Dr. soc. 2001. 589, concl. Koehrig* • Com. 20 nov. 2001, *SARL Civa : RFDA 2002. 797, note Lamarque*. ♦ ... Y compris dans le cadre d'une QPC. • CAA Paris, 18 juin 2012, n° 11PA00758 : *préc. note 621.*

V. pour d'autres décisions dans le même sens : 🏛.

646. Le juge administratif estime que l'État ne peut, sans méconnaître les dispositions de l'art. 6, § 1, Conv. EDH, porter atteinte au droit de toute personne à un procès équitable en prenant des mesures législatives de portée rétroactive dont la conséquence est une modification des règles que le juge doit appliquer pour statuer sur des litiges pendants sauf si *l'intervention de ces mesures est justifiée,* dans un premier temps, par des « motifs d'intérêt général ». • CE, ass., 5 déc. 1997, *Mme Lambert,* n° 140032 : *préc. note 645* • CE, avis, 5 déc. 1997, *OGEC de St-Sauveur-le-Vicomte,* n° 188530 : *préc. note 645* • CAA Nantes, 30 déc. 2000, *Jacques X.,* n° 98NT00893 : *AJDA 2000. 646, concl. Coënt-Bochard* • CAA Douai, 30 déc. 1999, *Clinique chirurgicale de Calais : RD publ. 2000. 1559, note Gros.* ♦ ... Puis par des motifs d'intérêt général suffisants. • CAA Nancy, 5 déc. 2000, *CPAM de Metz,* n° 97NC01399 : *Lebon 711 ; AJDA 2001. 278, note Rousselle ; Dr. adm. 2001, n° 70* • CE 20 juill. 2000, *Tête : Lebon 319 ; RFDA 2001. 121, concl. Savoie ; AJDA 2000. 796, chron. Guyomar et Collin* • CAA Lyon, 14 mars 2002, *Cté urb. de Lyon,* n° 02LY00292 : *Lebon 516.*

647. Le juge administratif utilise désormais la même formule « impérieux motifs d'intérêt général » que la CEDH. • CE 23 juin 2004, n° 257797 A : *RFDA. 2005. 995, chron. Andriantsimbazovina et Sermet* • CAA Paris, 18 juin 2012, n° 11PA00758 : *préc. note 621.* ♦ ... Comme le juge judiciaire. • Limoges, 13 mars 2000 : *RTD civ. 2000. 436, obs. Marguénaud ; D. 2000. 127 ; RTD civ. 629, obs. Perrot* • Soc. 8 juin 2000 : *D. 2000. IR 212 (sol. impl.)* • Civ. 2e, 8 nov. 2006, n° 04-30.383 P : *D. 2007. 807, étude Voxeur et Ngo Ky*. ♦ ... Qui parfois même ne recherche pas l'existence de ces motifs. • Com. 20 nov. 2001, *SARL Civa : préc. note 645.* ♦ ... Ou encore, ce qui est exceptionnel, le tribunal des conflits. • T. confl. 13 déc. 2010, *Sté Green Yellow et a.,* n° 3800 : *AJDA 2011. 439, concl. Guyomar et note Richer*.

V. pour d'autres décisions dans le même sens : 🏛.

648. Le juge procède parfois à une analyse *in concreto* de l'intérêt général en vérifiant si l'intérêt général est bien justifié dans « ce procès ». Ainsi, l'intérêt général tiré de la continuité du service public ne peut justifier l'application de la loi de validation pour un contrat déjà résilié à la date de l'intervention de la loi. • CE, sect., 10 nov. 2010, *Cne de Palavas-les-Flots et a.,* n° 314449 : *Lebon 249 ; RFDA 2011. 124, concl. Boulouis ; ADJA 2010. 2416, chron. Botteghi et Lallet*. ♦ V. déjà, sans une indication aussi précise, • CE 29 déc. 2004, *Frette,* n° 265846 : *Lebon 694 ; RDSS 2005. 633, concl. Devys* • CE 6 févr. 2006, *Wessang,* n° 268192 : *Lebon 59 ; AJDA 2006. 992, note Soubirous*.

649. Devant le juge judiciaire, on notera l'épisode suivant alternant le refus d'un intérêt général impérieux et son acceptation. • Soc. 24 avr. 2001, *Assoc. « Être enfant au Chesnay » : préc. note 645* (absence) • Cass., ass. plén., 24 janv. 2003, *Assoc. Promotion des handicapés dans le Loiret : préc. note 618* (présence) • Soc. 18 mars 2003, n° 01-40.911 P (présence) • CEDH 9 janv. 2007, *Arnodin c/ France,* n° 20127/03 : *D. 2007. 580, obs. Cortot* (absence) • Soc. 13 juin 2007 : *RTD civ. 2007. 537, note Deumier* (absence).

650. Le juge administratif étend ce principe aux dommages survenus avant à l'entrée en vigueur de la loi et qui sont ainsi juridiquement constitués antérieurement. • CAA Lyon, 7 avr. 2009, *CH de Sens,* n° 05LY00016 : *AJDA 2009. 1314, note Marginean-Faure*.

651. Les dispositions législatives qui auraient pour objet ou pour effet de soustraire au contrôle du juge des actes administratifs contraires au droit communautaire sont elles-mêmes incompatibles avec les exigences communautaires. • CE, sect., 8 avr. 2009, *Assoc. Alcaly,* n° 290604 : *préc. note 647.* ♦ ... En l'absence d'un motif impérieux d'intérêt général. • CE 18 nov. 2011, *SNC Eiffage Aménagement,* n° 342147 : *préc. note 551.* ♦ Le principe de sécurité juridique, s'il est susceptible de permettre aux cocontractants de poursuivre leurs relations contractuelles durant une période transitoire, afin de les dénouer dans des conditions acceptables, ne saurait autoriser la validation pure et simple de ces conventions. • CE 18 nov. 2011, *SNC Eiffage Aménagement,* n° 342147 : *préc.*

652. La rétroactivité vise à éviter les effets d'aubaine lorsque l'intervention du législateur est prévisible. • CE, avis cont., 27 mai 2005, *Provin,* n° 277975 : *préc. note 647.* ♦ La CEDH a du reste implicitement validé cette jurisprudence. • CEDH 27 mai 2004, *OGEC Institut Saint-Pie X et Blanche de Castille c/ France,* n° 54563/00 : *préc. note 642.* ♦ En revanche, l'application de la loi nouvelle aux dossiers qui ne sont pas encore soumis au juge est régulière. • CE 25 avr. 2007, *Couegnat,* n° 296661 : *préc. note 647.*

653. Le juge administratif a également estimé que de telles validations peuvent violer les dispositions de l'art. 1er du 1er protocole. • CE 11 juill. 2001, n° 219312 A : *RFDA 2001. 1047, concl. Bergeal ; AJDA 2001. 841, chron. Guyomar et Collin* (droit à pension) • CE 24 févr. 2006, n° 250704 A : *AJDA 2006. 1272, note Hennette-Vauchez* (créances en réparation). ♦ Rappr. • CE, ass., 30 nov. 2001, *Diop,* n° 212179 A (concl. Courtial) : *GAJA, 22e éd., n° 99 ; AJDA 2001. 1039, chron. Guyomar et Collin ; RFDA 2002. 573, concl. Courtial* • CE 28 déc. 2001, n° 214187. ♦ Cependant, dans ce cadre, le Conseil d'État limite son contrôle à l'existence de « motifs d'intérêt général » et à un contrôle de proportionnalité de la mesure. • CE 5 juill. 2004, *Sté Sud parisienne de construction,* n° 236840 : *Lebon 291* • CE, avis cont., 27 mai 2005, *Provin,* n° 277975 : *préc. note 647.* ♦ ... Ou, plus récemment, de « motifs suffisants d'intérêt général ». • CE 25 avr. 2007, n° 296665 A : *AJDA 2007. 947 ; RFDA 2007. 1019, concl. Keller ; JCP Adm. 2007. 2203, note Jean-Pierre.* ♦ Rappr. • CE 31 juill. 2009, n° 316525 A. ♦ Le juge judiciaire va dans le même sens. • Civ. 1re, 24 janv. 2006, *CPAM de Loir-et-Cher c/ Sté Le Sou médical et a.,* n° 02-12.260 P • Civ. 1re, 24 janv. 2006, *M. Frank X... et a. c/ M Pol Z... et a.,* n° 02-13.775 P • Civ. 1re, 24 janv. 2006 *Fondation Bagatelle et a. c/ Sté hospitalière d'assurance mutuelle (SHAM) et a.,* n° 01-16.684 P (3 arrêts du même jour dans le même sens).

654. Ce contrôle de conventionnalité ne s'applique aux lois de ratification d'ordonnances que lorsqu'elles contiennent des dispositions de validation. • CE 8 déc. 2000, *Hoffer,* n° 199072 : *Lebon 584 ; AJDA 2000. 985, chron. Guyomar et Collin ; RFDA 2001. 454, concl. Maugüé ; Dr. adm. 2001, n° 71, note C.M. ; RGDIP 2002. 713, note Ploirat.*

655. Jugé également que le contrôle de conventionnalité permet d'annuler, dans le cadre de l'exception d'illégalité, un acte administratif fondé sur une loi rétroactive, lors même que le recours en annulation est postérieur à ladite loi. • CAA Nancy, 5 déc. 2000, *CPAM de Metz,* n° 97NC01399 : *préc. note 646.*

656. Cependant, il n'est pas possible à une personne morale de droit public investie de prérogatives de puissance publique de revendiquer contre l'État le bénéfice de l'art. 6, § 1, et de l'art. 1er du prot. n° 1 de la Conv. EDH dans les litiges concernant la répartition de ressources financières publiques entre personnes publiques ; elle ne peut dès lors bénéficier de l'inconventionnalité des lois de validation dans ce cadre. • CAA Paris, 6 juin 2002, *Cne de Montreuil : RFDA 2002. 1158* • CE, ass., 29 janv. 2003, *Cne de Champagne-sur-Seine,* n° 24894 : *Dr. adm. 2003, n° 81, note Tchen ; AJDA 2003. 613, concl. Vallée ; RFDA 2003. 961, note Potteau ; RGDIP 2003. 505, note A.G. ; RD publ. 2004. 545, note Dupré de Boulois.*

657. Responsabilité. Le juge admet que l'application à une instance pendante d'une loi de validation non fondée sur un motif impérieux d'intérêt général peut ouvrir droit à indemnisation. • CE, ass., 8 févr. 2007, *Gardedieu,* n° 279522 : *préc. note 647.*

658. Interprétation des lois de validation. Enfin le juge refuse par ailleurs de donner aux lois de validation une trop large application en faisant de celles-ci une interprétation stricte. • CE 24 mars 1982, *Boyer : Lebon 129* • CE 25 sept. 1987, *Binet : Lebon 293* • CAA Douai, 30 déc. 1999, *Polyclinique de La Louvière : RD publ. 2000. 1559, note Gros* • CAA Paris, 15 juin 1999, *SA Domaine Tuband,* n° 95PA03716 : *Lebon 522* • CE 20 févr. 2008, *Office nat. chasse et faune sauvage,* n° 302053 : *RFDA 2008. 407.* ♦ En particulier lorsque la loi rend insusceptible d'être invoqué devant le juge un moyen, il est possible pour le juge de prononcer l'annulation en retenant un autre vice à l'encontre de l'acte. • CE 15 févr. 1999, *Clinique Saint-Georges : Lebon T. 622.* ♦ Il en est en particulier ainsi lorsque le Conseil constitutionnel lui-même a considéré que la loi de validation était constitutionnelle « en tant que ... » • CE 23 mars 2005, *SA « La Grande Taverne de Bavière »,* n° 262424 : *Lebon 124* .

3. Lois interprétatives

659. Les principes applicables aux lois rétroactives « habituelles » se retrouvent pour l'essentiel s'agissant des lois interprétatives qui font réserve des décisions de justice passées en force de chose jugée. • Cons. const. 29 déc. 1984, n° 84-184 DC § 30 à 32 • Cons. const. 29 déc. 1989, n° 89-268 DC § 80 et 81 • Cons. const. 24 juill. 1991, n° 91-298 DC § 19 • Cons. const. 17 janv. 2017, *Sté Alinéa,* n° 2016-604 QPC § 8.

660. Lorsque le caractère interprétatif de la loi est contesté en tant que tel, il appartient au Cons. const. de déterminer si les dispositions d'origine avaient dès l'origine le même sens que celles des dispositions contestées. • Cons. const. 13 avr. 2018, *Sté Technicolor,* n° 2018-700 QPC § 7. ♦ Tel est le cas en l'espèce si l'on se réfère aux travaux préparatoires : afin de lever toute ambiguïté sur la détermination des sociétés bénéficiaires de cette majoration, la L. du 29 déc. 2016 a remplacé ces dispositions par d'autres, plus claires, ayant le même objet et la même portée. • Cons. const. 13 avr. 2018, *Sté Technicolor,* n° 2018-700 QPC § 7 et 8.

661. Il en résulte que ces lois ne peuvent selon le Conseil d'État s'appliquer au cours de l'instance de cassation (dans les concl.). • CE, avis, 7 juill. 1989, *Cofiroute : Lebon 162 ; RFDA 1989. 909, concl. Martin.* ♦ Cependant, la Cour de cassation admet la solution inverse. • Soc. 19 juin 1963, *Chantelouze : préc. note 633* • Soc. 13 mai 1985, *CGT de Hoechst : Bull. civ. IV, n° 291.*

662. La Cour de cassation définit strictement la notion de loi interprétative en estimant que sont seules interprétatives les lois expressément définies comme telles par le législateur. • Civ. 3e, 22 juin 1983, *Versini-Campinchi : Bull. civ. III, n° 145* • Civ. 3e, 1er févr. 1984, *Sté approvisionnement et négociation immobilière : Bull. civ. III, n° 25.* ♦ ... Ou qui précisent et complètent une loi antérieure ayant exactement le même objet. • Soc. 19 juin 1963, *Chantelouze : préc. note 633.*

663. En l'absence d'indication la cour vérifie que le texte est bien interprétatif. Ainsi, celui qui n'a pas un caractère interprétatif dès lors qu'il tend à substituer de nouvelles conditions d'imposition à celles résultant du texte prétendument interprété est sans influence sur la solution du litige. • Com. 7 avr. 1992 : *Bull. civ. IV, n° 150 ; JCP 1992. 21939, note David.*

E. SÉPARATION DES AUTORITÉS ADMINISTRATIVE ET JUDICIAIRE

664. L'arrêt attaqué a énoncé que la question de la propriété d'une voie classée devait être tranchée préalablement à la question de l'appartenance d'une voie communale au domaine public ; en se prononçant de la sorte quand la revendication de la propriété privée du chemin litigieux ne pouvait aboutir qu'à la condition que les actes administratifs portant classement de l'impasse en voie communale soient annulés et que soit donc tranchée en priorité la question de l'incorporation de la voie communale au domaine public, la cour d'appel a violé la loi des 16-24 août 1790, le décret du 16 fructidor An III et le principe de la séparation des pouvoirs. • Civ. 3e, 16 mai 2019, n° 17-26.210 P : *AJDA 2019. 1081 ; D. 2019. 1052 ; JCP Adm. 2019. 356.*

665. Sur la voie de fait justifiant qu'il soit fait exception au principe de séparation des autorités administrative et judiciaire, V. notes ss. Const. 58, art. 66.

Art. 17 **La propriété étant un droit inviolable et sacré, nul ne peut en être privé, si ce n'est lorsque la nécessité publique, légalement constatée, l'exige évidemment, et sous la condition d'une juste et préalable indemnité.**

COMMENTAIRE

V. sur le Code en ligne.

PLAN DES ANNOTATIONS

[V. références des décisions du Conseil constitutionnel dans les tableaux DC et QPC]

1. Les principes énoncés par la DDH ont pleine valeur constitutionnelle tant en ce qui concerne le caractère fondamental du droit de propriété dont la conservation constitue l'un des buts de la société politique et qui est mis au même rang que la liberté, la sûreté et la résistance à l'oppression, qu'en ce qui concerne les garanties données aux titulaires de ce droit et les prérogatives de la puissance publique. • Cons. const. 16 janv. 1982, n° 81-132 DC § 16.

2. Il convient, pour pouvoir invoquer le présent art., d'être effectivement titulaire d'un droit de propriété sur le bien concerné. • Cons. const. 8 avr. 2011, *Lucien M.*, n° 2011-118 QPC § 4 • CE 1er juin 2011, *Angonin*, n° 344791 : *AJDA 2011. 2351, note Verpeaux*.

3. Le présent art. est inopérant dans le cadre d'un contrôle des lois de validation. • Cons. const. 14 févr. 2014, *SELARL PJA, ès qualités de liquidateur de la Sté Maflow France*, n° 2013-366 QPC § 9 (sol. impl.).

I. CONTENU DU DROIT DE PROPRIÉTÉ

4. Sous les limites examinées ci-dessous (V. II), le droit de disposer librement de son patrimoine, attribut essentiel du droit de propriété, conduit à admettre le principe du libre transfert de propriété entre vifs. • Cons. const. 9 avr. 1996, n° 96-373 DC § 22. ♦ Le principe du libre consentement doit présider à l'acquisition de la propriété. • Cons. const. 29 juill. 1998, n° 98-403 DC § 40. ♦ Le droit d'usage du bien est un attribut du droit de propriété. • Cons. const. 26 juill. 1984, n° 84-172 DC § 2 • Cons. const. 20 juill. 2000, n° 2000-434 DC § 24.

5. L'art. 544 C. civ. aux termes duquel : « La propriété est le droit de jouir et disposer des choses de la manière la plus absolue, pourvu qu'on n'en fasse pas un usage prohibé par les lois ou par les règlements » ne méconnaît par lui-même aucun droit ou liberté que la Constitution garantit. • Cons. const. 30 sept. 2011, *Cts M. et a.*, n° 2011-169 QPC § 9.

A. TITULAIRES DU DROIT DE PROPRIÉTÉ

BIBL. Dufau, Propriété publique et domanialité publique, *AJDA 2012. 1381*. – Noguellou, Le droit des propriétés publiques, aspects constitutionnels récents, *AJDA 2013. 986*.

6. Les présentes dispositions protègent non seulement la propriété privée des particuliers mais aussi la propriété de l'État et des autres personnes publiques. • Cons. const. 25 juin 1986, n° 86-207 DC § 58 • Cons. const. 26 juin 1986 : *ibid.* ♦ Les exigences constitutionnelles en matière de droit de propriété des personnes publiques sont fondées non seulement sur le présent art. et sur l'art. 2 DDH, relatifs au droit de propriété, mais également sur les art. 6 et 13 DDH, relatifs à l'égalité devant la loi et l'égalité devant les charges publiques. • Cons. const. 18 sept. 1986, n° 86-217 DC § 47 • Cons. const. 21 juill. 1994, n° 94-346 DC § 3 • Cons. const. 24 juill. 2008, n° 2008-567 DC § 25 • Cons. const. 3 déc. 2009, n° 2009-594 DC § 15 • Cons. const. 9 déc. 2010, n° 2010-618 DC § 44 • Cons. const. 8 avr. 2011, *Lucien M.*, n° 2011-118 QPC § 5 • CE 1er juin 2011, *Angonin*, n° 344791 : *préc. note 2* • Cons. const. 17 janv. 2013, n° 2013-660 DC § 7. ♦ V. encore, implicitement. • CAA Marseille, 13 déc. 2011, *Cne de Draguignan*, n° 10MA00053 : *AJDA 2012. 511*.

7. Le droit de propriété des personnes publiques a le caractère d'une liberté fondamentale au sens de l'art. L. 521-2 CJA. • CE, ord., 9 oct. 2015, *Cne de Chambourcy*, n° 393895 : *Lebon ; AJDA 2015. 1888 ; ibid. 2388, note Foulquier ; JCP Adm. 2015. 2360, note Pauliat ; Dr. adm. 2016. 2, note Cornille.* ♦ De même, les biens des personnes publiques sont sous la protection de l'art. 1er du Prot. de la Conv. EDH. • CEDH 9 déc. 1994, *Saints Monastères c/ Grèce*, n° 13092/87.

8. Les dispositions constitutionnelles font obstacle à ce que des biens faisant partie du patrimoine de personnes publiques puissent être aliénés ou durablement grevés de droits au profit de personnes poursuivant des fins d'intérêt privé sans contrepartie appropriée eu égard à la valeur réelle de ce patrimoine. • Cons. const. 24 juill. 2008, n° 2008-567 DC § 25 • Cons. const. 17 déc. 2010, Région Centre et *région Poitou-Charentes*, n° 2010-67/86 QPC § 3. ♦ V. déjà avec une formulation plus restrictive basée sur l'idée que les biens des personnes publiques devaient être protégés « à titre égal » : • Cons. const. 25 juin 1986, n° 86-207 DC § 58 • Cons. const. 26 juin 1986, n° 86-207

DC § 58 • Cons. const. 18 sept. 1986, n° 86-217 DC § 47.

9. Cependant, il est admis qu'une commune puisse céder un terrain à un prix inférieur à sa valeur lorsque la cession est justifiée par des motifs d'intérêt général et comporte des contreparties suffisantes. • CE 3 nov. 1997, *Cne de Fougerolles : Lebon 391 ; RFDA 1998. 12, concl. Touvet ; AJDA 1997. 1010, obs. Richer ; D. 1998. J. 131, note Davignon ; LPA 6 févr. 1998, p. 13, note Calvo ; JCP 1998. II. 10007, note Piastra* • TA Nantes 28 avr. 1998, *Préfet de Vendée*, n° 973566 : *Dr. adm. 1998, n° 243.* ♦ En effet, le droit au respect des biens garanti par ces dispositions ne s'oppose pas à ce que le législateur procède au transfert gratuit de dépendances du domaine public entre personnes publiques. • Cons. const. 3 déc. 2009, n° 2009-594 DC § 15 • Cons. const. 9 déc. 2010, n° 2010-618 DC § 44 • Cons. const. 8 avr. 2011, *Lucien M.*, n° 2011-118 QPC § 5 • CE 1er juin 2011, *Angonin*, n° 344791 : *préc. note 2.*

10. Les dispositions constitutionnelles empêchent encore que le domaine public puisse être durablement grevé de droits réels sans contrepartie appropriée eu égard à la valeur réelle de ce patrimoine comme aux missions de service public auxquelles il est affecté. • Cons. const. 21 juill. 1994, n° 94-346 DC § 3.

11. Sont conformes au présent art. des dispositions : permettant le transfert des biens ou droits d'une section à la commune afin de mettre un terme soit au blocage de ce transfert en raison de l'abstention d'au moins deux tiers des électeurs, soit au dysfonctionnement administratif ou financier de la section. • Cons. const. 8 avr. 2011, *Lucien M.*, n° 2011-118 QPC § 6. ♦ ... Permettant une exploitation rationnelle des biens de la collectivité, laquelle peut être compromise notamment lorsque l'activité de la section est trop faible pour permettre son bon fonctionnement ou lorsque ses membres se désintéressent de sa gestion. Et ce d'autant plus que le transfert est soumis à la condition d'une demande des membres de la commission syndicale ou à défaut de la moitié des électeurs de la section. • CE 1er juin 2011, *Angonin*, n° 344791 : *préc. note 2.*

B. CHAMP D'APPLICATION

1° RELÈVENT DU DROIT DE PROPRIÉTÉ

BIBL. Saccucci, La réception de la notion de bien au sens de l'art. 1er du premier protocole de la Conv. EDH par le juge administratif, *RD publ. 2014. 1591.*

12. Les finalités et les conditions d'exercice du droit de propriété ont subi une évolution caractérisée par une extension de son champ d'application à des domaines nouveaux et par des limitations exigées au nom de l'intérêt général. C'est en fonction de cette évolution que doit s'entendre la réaffirmation par le préambule Const. 58 de la valeur constitutionnelle du droit de propriété. • Cons. const. 16 janv. 1982, n° 81-132 DC § 16. (sol. impl.) • Cons. const. 25 juill. 1989, n° 89-256 DC § 16 • Cons. const. 8 janv. 1991, n° 90-283 DC § 7 • Cons. const. 15 janv. 1992, n° 91-303 DC § 9.

13. Aucun droit de propriété sur un bien appartenant au domaine public ne peut être valablement constitué au profit de tiers et un tel bien ne peut faire l'objet d'une prescription acquisitive en application de l'art. 2276 C. civ. au profit de ses possesseurs successifs, même de bonne foi. • Cons. const. 26 oct. 2018, *Sté Brimo de Laroussilhe*, n° 2018-743 QPC § 7.

a. Biens meubles – Créances

14. La propriété peut être constituée : d'actions ou d'obligations. • Cons. const. 16 janv. 1982, n° 81-132 DC § 45. ♦ ... De meubles meublants. • Cons. const. 14 nov. 2014, *Alain L.*, n° 2014-426 QPC (sol. impl.). ♦ ... De portefeuilles de contrats ou de bulletins d'adhésion constitués par une personne dans l'exercice de l'activité d'assurance. • Cons. const. 6 févr. 2015, *Sté Mutuelle des transports assurances*, n° 2014-449 QPC § 6. ♦ ... De créances. • Cons. const. 10 juin 2010, n° 2010-607 DC • Cons. const. 5 oct. 2016, *Sté BNP Paribas SA*, n° 2016-574/575/576/577/578 QPC • Cons. const. 17 nov. 2016, n° 2016-739 DC § 74. ♦ ... De la part disponible des détenus ou des sommes trouvées irrégulièrement en leur possession. • CE 10 févr. 2016, n° 375426 : *AJDA 2016. 284 ; ibid. 1022, note Monot-Fouletier ; AJ pénal 2016. 282, obs. Otero*. ♦ ... Du compte nominatif d'un détenu. • TA Lille, 21 nov. 2019, n° 1707513 : *AJDA 2020. 1055, concl. Babski*.

15. En revanche, le droit à pension reconnu aux anciens fonctionnaires, au regard duquel ceux-ci sont dans la même situation statutaire que face aux droits et obligations attachés à leur fonction durant la période active de leur carrière, ne leur confère pas un droit de propriété sur leur pension. • Cons. const. 16 janv. 1986, n° 85-200 DC § 8. ♦ De même, ni la retenue à la source de l'impôt sur le revenu prélevée sur les produits reçus en France, ni le crédit d'impôt dont la retenue à la source à l'étranger peut être assortie ne constituent un acompte sur le paiement au Trésor de l'impôt sur les sociétés. Par conséquent, ni l'un ni l'autre n'ont le caractère d'une créance restituable. • Cons. const. 28 sept. 2017, *Sté BPCE*, n° 2017-654 QPC §13. ♦ De même, ni la retenue à la source de l'impôt sur le revenu prélevée sur les produits reçus en France, ni le crédit d'impôt dont la retenue à la source à l'étranger peut être assortie ne constituent un acompte sur le paiement au Trésor de l'impôt sur les sociétés. Par conséquent, ni l'un ni l'autre n'ont le caractère d'une créance restituable. • Cons. const. 28 sept. 2017, ♔ *Sté BPCE,* n° 2017-654 QPC § 13.

b. Propriété intellectuelle

16. Marques. Les marques de fabrique, de commerce ou de service, le droit d'utiliser celles-ci et de les protéger dans le cadre défini par la loi et les engagements internationaux de la France figurent parmi les domaines nouveaux du droit de propriété. • Cons. const. 8 janv. 1991, n° 90-283 DC § 7 • Cons. const. 15 janv. 1992, n° 91-303 DC § 9 • Cons. const. 21 janv. 2016, ♔ n° 2015-727 DC § 19.

17. Droits d'auteur. Les droits de propriété intellectuelle, et notamment le droit d'auteur et les droits voisins, figurent parmi les domaines nouveaux du droit de propriété. • Cons. const. 27 juill. 2006, ♔ n° 2006-540 DC § 14 et 15. ♦ ... Qui comprend, pour leurs titulaires, le droit de jouir de leurs droits de propriété intellectuelle et de les protéger dans le cadre défini par la loi et les engagements internationaux de la France. • Cons. const. 10 juin 2009, ♔ n° 2009-580 DC § 13 • Cons. const. 28 févr. 2014, ♔ *Marc S. et a.,* n° 2013-370 QPC § 13 • Cons. const. 21 nov. 2014, ♔ *Barbara D. et a.,* n° 2014-430 QPC § 5. ♦ La protection constitutionnelle des droits de la propriété intellectuelle ne s'oppose pas à une règle selon laquelle la cession du support matériel de l'œuvre emporte cession du droit de reproduction à moins que les parties décident d'y déroger par une stipulation contraire. • Cons. const. 21 nov. 2014, ♔ *Barbara D. et a.,* n° 2014-430 QPC § 7.

18. La référence faite au respect du « droit d'auteur » doit s'entendre, compte tenu du contexte dans lequel elle s'insère (« les mesures techniques ne doivent pas avoir pour effet d'empêcher la mise en œuvre effective de l'interopérabilité » et « les fournisseurs de mesures techniques donnent l'accès aux informations essentielles à l'interopérabilité »), comme renvoyant également au respect des droits voisins du droit d'auteur. • Cons. const. 27 juill. 2006, ♔ n° 2006-540 DC § 40. ♦ Ainsi, les mesures de protection des œuvres sont soit des inventions brevetées, soit des logiciels ; dès lors, elles doivent également être protégées en tant qu'œuvres de l'esprit par le présent art. Leur dévoilement et leur utilisation forcés doivent *être justifiés par une nécessité publique et faire* l'objet d'une juste et préalable indemnité. • Cons. const. 27 juill. 2006, n° 2006-540 DC § 41.

19. Noms de domaine. En l'état actuel des moyens de communication et eu égard au développement généralisé des services de communication au public en ligne ainsi qu'à l'importance prise par ces services dans la vie économique et sociale, notamment pour ceux qui exercent leur activité en ligne, l'encadrement, tant pour les particuliers que pour les entreprises, du choix et de l'usage des noms de domaine sur internet affecte les droits de la propriété intellectuelle. • Cons. const. 6 oct. 2010, *Mathieu P.,* n° 2010-45 QPC § 5.

2° NE RELÈVENT PAS DU DROIT DE PROPRIÉTÉ

20. Les licences accordées aux chauffeurs de taxi rapatriés d'Algérie constituent des autorisations de stationnement sur la voie publique, ressortissent à l'exercice du pouvoir de police et ne mettent en cause aucun des principes fondamentaux du régime de la propriété. • Cons. const. 23 juin 1982, n° 82-125 L : *JO 24 juin, p. 1995.* ♦ Les autorisations d'exploiter des services de transports publics réguliers de personnes accordées à des fins d'intérêt général par l'autorité administrative à des entreprises de transports ne sauraient être assimilées à des biens objets pour leurs titulaires d'un droit de propriété. • Cons. const. 30 déc. 1982, n° 82-150 DC § 3. ♦ Les autorisations d'exploiter des installations de production d'électricité accordées par l'autorité administrative ne sauraient être assimilées à des biens objets pour leurs titulaires : d'un droit de propriété. • Cons. const. 13 août 2015, ♔ n° 2015-718 DC § 56.... ♦ ... des droits à pension. • Cons. const. 16 janv. 1986, n° 85-200 DC § 9. ♦ ... La suppression d'un avantage fiscal entraînant pour certaines catégories de contribuables une augmentation de leur imposition. • Cons. const. 29 déc. 1989, n° 89-268 DC § 41. ♦ ... L'extension d'une imposition à des personnes qui en étaient jusque-là exonérées. • Cons. const. 30 déc. 1991, n° 91-302 DC § 14. ♦ ... La jouissance accordée aux membres d'une section de commune de ceux des biens de la section dont les fruits sont perçus en nature ; ces membres n'ont pas sur le bien un droit de propriété. • Cons. const. 8 avr. 2011, *Lucien M.,* n° 2011-118 QPC § 4 • CE 1er juin 2011, ♔ *Angonin,* n° 344791 : *préc. note 2.* ♦ ... Les autorisations délivrées par l'État, au titre de la police des eaux, sur le fondement de l'art. L. 214-3 C. envir. • Cons. const. 24 juin 2011, *Sté EDF,* n° 2011-141 QPC § 4. ♦ ... Les autorisations de recherche minière. • Cons. const. 11 oct. 2013, ♔ *Sté Schuepbach Energy LLC,* n° 2013-346 QPC § 17.

21. Aucune règle constitutionnelle n'impose l'indemnisation des sujétions subies par une entreprise du fait du contrôle fiscal. • Cons. const. 30 déc. 1981, n° 81-133 DC § 21. ♦ ... La détermination par la loi des délais dans lesquels doivent être opérées les déductions auxquelles ont droit les personnes assujetties à la

TVA. • Cons. const. 18 juin 2010, *SNC Kimberly Clark,* n° 2010-5 QPC § 5.

22. Les condamnations à restitution et, le cas échéant, à paiement de dommages et intérêts étant prononcées par jugement en conséquence de l'annulation des clauses illicites, le grief tiré de l'atteinte au droit de propriété de la personne condamnée doit être rejeté comme inopérant. • Cons. const. 13 mai 2011, *Sté Système U Centrale nationale et a.,* n° 2011-126 QPC § 12.

23. Les biens faisant partie d'une succession ouverte depuis plus de 30 ans sans qu'un héritier ne se soit manifesté sont considérés dès lors comme « sans maître » ; il est dès lors possible que ces biens soient, sans procédure d'enquête et de publicité préalable, incorporés au domaine de la commune ou défaut de l'État. • CE, QPC, 21 mars 2011, *Bianco,* n° 345979 : *AJDA 2011. 645.*

24. Les terrains situés dans la zone des cinquante pas géométriques en Guadeloupe et en Martinique n'ont pu être aliénés que par l'État ; en conséquence, sous réserve des droits résultant d'une telle cession ou validation par l'État, aucun droit de propriété sur ces terrains n'a pu être valablement constitué au profit de tiers ; il s'ensuit que doit être écarté le grief tiré de ce que la disposition en vertu de laquelle les seuls titres opposables à l'État antérieurs à l'entrée en vigueur du Décr. du 30 juin 1955 sont ceux délivrés ou validés par lui serait contraire au droit de propriété. • Cons. const. 4 févr. 2011, *Jean-Louis de L.,* n° 2010-96 QPC § 6.

25. Si le droit de présentation a une valeur patrimoniale, il n'est pas une propriété privée. Les « Cahiers » indiquent qu'en effet, la protection constitutionnelle du présent art. est beaucoup plus rigide que celle qui résulte de l'art. 1er Prot. n° 1 Conv. EDH. Le Conseil ne peut traiter constitutionnellement les créances comme des éléments du droit de propriété au sens du présent art. Il en résulterait en effet une obligation constitutionnelle faite à l'État de garantir le recouvrement des créances et d'indemniser les créanciers en cas d'effacement des créances (on pense notamment aux procédures collectives ou au surendettement). Ce serait absurde. • Cons. const. 20 janv. 2011, n° 2010-624 DC § 10.

26. Absence de privation du droit de propriété. Ne constitue pas une privation de propriété, la suppression du privilège professionnel dont jouissent certaines professions. • Cons. const. 10 janv. 2001, n° 2000-440 DC § 5 (pour les courtiers interprètes et conducteurs de navire) • Cons. const. 20 janv. 2011, n° 2010-624 DC § 16 (pour les avoués). ♦ ... La substitution à un régime contractuel d'assurances d'un régime légal de sécurité sociale, qui ne s'accompagne d'aucune dépossession, ne peut être regardée comme une privation de propriété. • Cons. const. 27 nov. 2001, n° 2001-451 DC § 16. ♦ ... Les dispositions ont pour objet de fixer, sur le rivage de la mer, la limite entre le domaine public maritime naturel et les propriétés privées, le législateur, confirmant, dans l'exercice de la compétence que lui confie l'art. 34 Const. pour déterminer les principes fondamentaux « du régime de la propriété », un critère physique objectif indépendant de la volonté de la puissance publique, ayant considéré que les espaces couverts, même épisodiquement, par les flots ne peuvent faire l'objet d'une propriété privée. • Cons. const. 24 mai 2013, *SCI Pascal et a.,* n° 2013-316 QPC § 6. ♦ Pour une application, V. • CE 22 sept. 2017, n° 400825 : *JCP Adm. 2017. 431.* ♦ ... L'absence d'application de la procédure d'expropriation pour risques naturels majeurs au propriétaire d'un bien soumis à un risque d'érosion côtière. • Cons. const. 6 avr. 2018, *Synd. secondaire Le Signal,* n° 2018-698 QPC § 10 s. • CE, QPC, 12 mars 2021, n° 448007 B : *AJDA 2021. 592* ; *JCP Adm. 2021. 186.*

II. PROTECTION DU DROIT DE PROPRIÉTÉ

BIBL. Nivard, Le régime du droit de propriété, *RFDA 2012. 632.* – Noguellou, Le droit de l'expropriation au crible de la QPC, *Dr. adm. 2012. Focus 33.* – Bon, Vingt-cinq ans de contentieux constitutionnel de l'expropriation, *RFDC 2014. 803.*

27. Étendue de la protection. Le présent art. énonce un droit et une liberté, ancien et fondamentaux, le droit de propriété, lequel constitue un droit et une liberté garantis par la Const. au sens de l'art. 61-1 de celle-ci. • Cons. const. 17 sept. 2010, *SARL L'Office central d'accession au logement,* n° 2010-26 QPC.

A. PRINCIPE

1° ÉTENDUE DE LA PROTECTION

28. Principe. Le présent art. assure la protection du droit de propriété en cas de privation ; il n'est pas pertinent s'agissant des limites apportées à son droit d'exercice qui relève de protection de l'art. 2 DDH. • Cons. const. 10 juin 2010, n° 2010-607 DC § 9 • Cons. const. 18 juin 2010, *SNC Kimberly Clark,* n° 2010-5 QPC § 5 • Cons. const. 12 nov. 2010, *Pierre B.,* n° 2010-60 QPC § 3 • CE, QPC, 17 févr. 2011, *Dore,* n° 344445 : *AJDA 2011. 359* ; *JCP Adm. 2011. 2313* • Cons. const. 13 juill. 2011, *Jean-Jacques C.,* n° 2011-151 QPC § 3 • Cons. const. 23 sept. 2011, *Épx L. et a.,* n° 2011-172 QPC § 8 • Cons. const. 6 avr. 2012, *Cts T.,* n° 2012-226 QPC § 3.

29. Le présent art. peut trouver à s'appliquer entre personnes privées. • Cons. const. 27 juill.

2006, n° 2006-540 DC § 41 • Cons. const. 12 nov. 2010, *Pierre B.*, n° 2010-60 QPC § 3 (sol. impl.).

30. Exception. La privation du droit de propriété s'entend néanmoins « au sens du présent art. » ; si tel n'est pas le cas, l'art. 2 DDH s'applique. • Cons. const. 13 janv. 2012, *Cts B.*, n° 2011-208 QPC § 4 • Cons. const. 19 janv. 2012, *Khadija A., Épse M.*, n° 2011-212 QPC § 3. ♦ Le présent art. n'est pas applicable lorsque la privation ou l'atteinte au droit de propriété de l'auteur d'une infraction est mise en œuvre à titre répressif, dès lors que la disposition mise en œuvre préserve le propriétaire de bonne foi. • Cons. const. 26 nov. 2010, *Thibaut G.*, n° 2010-66 QPC § 7 (sol. impl.). ♦ Rappr. • Cons. const. 8 oct. 2014, *Sté SGI*, n° 2014-418 QPC § 6. ♦ Il en va de même lorsqu'il s'agit de lutter contre la délinquance douanière. • Cons. const. 13 janv. 2012, *Cts B.*, n° 2011-208 QPC § 7.

a. N'entrent pas dans le champ d'application du présent article

31. Simple atteinte aux conditions d'exercice du droit de propriété. Ne constituent pas une privation du droit de propriété les dispositions qui : prévoient que les voies ouvertes à la circulation publique dans le domaine public communal dès lors, d'une part, qu'elle résulte de l'ouverture à la circulation générale de ces voies, marquée par la volonté exclusive de leur propriétaire d'accepter l'usage public de son bien et de renoncer par là à son usage purement privé qui conduit le législateur à permettre à l'autorité administrative de conférer à ces voies privées ouvertes à la circulation publique un statut juridique conforme à leur usage et que, d'autre part, elle met à la charge de la collectivité publique l'intégralité de leur entretien, de leur conservation et de leur éventuel aménagement. • Cons. const. 7 oct. 2010, *Épx A.*, n° 2010-43 QPC § 4. ♦ ... Conduisent à rendre mitoyen en tout ou partie un mur sur lequel se joint un propriétaire et qui n'a pour effet que de rendre indivis le droit exclusif du maître du mur qui, dans les limites de l'usage en commun, continue à exercer sur son bien tous les attributs du droit de propriété. • Cons. const. 12 nov. 2010, *Pierre B.*, n° 2010-60 QPC § 5. ♦ ... Prévoient les modalités de paiement forcé des créances immobilières par saisie. • Cons. const. 16 déc. 2011, *Noël C.*, n° 2011-206 QPC. ♦ ... Conduisent à l'attribution forcée d'un bien à titre de prestation compensatoire même si l'époux débiteur est privé de la propriété de ce bien. • Cons. const. 13 juill. 2011, *Jean-Jacques C.*, n° 2011-151 QPC § 5. ♦ ... Permettent d'inclure dans un lotissement une parcelle détachée d'une propriété. • Cons. const. 7 oct. 2011, *Éric A.*, n° 2011-177 QPC § 4. ♦ ... Subordonnent l'exercice des droits attachés à la détention de valeurs mobilières émises avant le X à leur présentation, par leurs détenteurs, à la société émettrice ou à un intermédiaire agréé afin qu'il soit procédé à leur inscription en compte et qui fait obligation aux sociétés émettrices des valeurs qui n'ont pas été présentées et qui, par l'effet même de la loi, ne confèrent plus à leurs porteurs les droits antérieurement attachés, de vendre celles-ci et de consigner le produit de la vente pour qu'il soit distribué aux anciens détenteurs de ces titres. • Cons. const. 27 janv. 2012, *Régis J.*, n° 2011-215 QPC § 5. ♦ ... Ont pour effet de désigner comme le véritable propriétaire du bien, non pas celui que les règles du droit civil désignent comme tel, mais celui qui a fourni des valeurs permettant l'acquisition. • Cons. const. 19 janv. 2012, *Khadija A., Épse M.*, n° 2011-212 QPC § 5. ♦ ... Imposent une neutralité et une uniformisation des unités de conditionnement, emballages extérieurs et suremballages des cigarettes et du tabac à rouler ainsi que du papier à cigarette et du papier à rouler les cigarettes dès lors qu'elle n'interdit pas que chacun de ces supports comporte l'inscription de la marque, de telle sorte que le produit puisse être identifié avec certitude par son acheteur, qu'elle n'empêche pas que le propriétaire de la marque régulièrement déposée conserve ainsi la faculté de l'utiliser auprès des consommateurs, même si cette possibilité est strictement encadrée et qu'il demeure également protégé contre l'usage ou le détournement de la marque par des tiers. • Cons. const. 21 janv. 2016, n° 2015-727 DC § 20. ♦ ... Ne prévoient pas, en elles-mêmes, la possibilité d'exclure un associé ou de le forcer à céder ses titres ou à se retirer mais se bornent à déterminer la date d'évaluation de la valeur des droits sociaux. • Cons. const. 16 sept. 2016, *Dominique B.*, n° 2016-563 QPC § 7. ♦ ... Mettent en place des mesures à caractère temporaire et limité. • Cons. const. 8 déc. 2016, n° 2016-741 DC § 55. ♦ ... Relative à la rétrocession d'un bien préempté non utilisé conformément à l'une des finalités d'intérêt général qui justifiaient la préemption. • Cons. const. 25 mai 2018, *Épx P.*, n° 2018-707 QPC.

32. De même, constituent une simple atteinte au droit de propriété le régime de gestion collective applicable au droit de reproduction et de représentation sous forme numérique des « livres indisponibles » permettant leur conservation et leur mise à disposition. • Cons. const. 28 févr. 2014, Marc S. et a., n° 2013-370 QPC § 18. ♦ ... Les dispositions prévoyant que la cession du support matériel d'une œuvre transfère également à l'acquéreur le droit de la reproduire, sauf stipulation contraire des parties. • Cons. const. 21 nov. 2014, *Barbara D. et a.*, n° 2014-430 QPC § 4 s. ♦ ... L'extension de la « licence légale » aux services de radio par internet. • Cons. const. 4 août 2017, *Sté civile des producteurs phonographiques et a.*, n° 2017-649 QPC § 9.

33. Servitudes. Des dispositions qui se bornent à permettre l'institution de servitudes n'ont ni pour objet ni pour effet d'autoriser une quelconque dépossession et n'entrent pas, dès lors, dans le champ du présent art. • CE 30 déc. 2016, *B.*, n° 404348 : *JCP Adm. 2017. 88, obs. Yolka.* ♦ Il en va ainsi des servitudes de passage et d'aménagement pour assurer la continuité des voies de défense contre l'incendie, la pérennité des itinéraires constitués, ainsi que l'établissement des équipements de protection et de surveillance des forêts. • Cons. const. 14 oct. 2011, *Pierre T.*, n° 2011-182 QPC § 5. ♦ ... De reculement ou d'alignement qui, selon la jurisprudence constante du Conseil d'État, n'attribue à la collectivité publique le sol des propriétés qu'il délimite que dans le cadre de rectifications mineures du tracé de la voie publique et ne permet ni d'importants élargissements, ni *a fortiori* l'ouverture de voies nouvelles. • Cons. const. 2 déc. 2011, *Cts D.*, n° 2011-201 QPC § 5. ♦ ... D'utilité publique sur les immeubles faisant l'objet d'une inscription au titre des monuments historiques. • Cons. const. 16 déc. 2011, *Sté grande Brasserie Patrie Schutzenberger*, n° 2011-207 QPC § 6. ♦ ... Relatives à la distance et la hauteur des végétaux plantés à proximité de la limite de fonds voisins. • Cons. const. 7 mai 2014, *Sté Casuca*, n° 2014-394 QPC § 12. ♦ ... Pour les travaux nécessaires à l'établissement et à l'entretien des ouvrages de la concession de transport ou de distribution d'électricité, du moins sauf si la sujétion ainsi imposée devait aboutir, compte tenu de l'ampleur de ses conséquences sur une jouissance normale de la propriété grevée de servitude, à vider le droit de propriété de son contenu. • Cons. const. 2 févr. 2016, *Assoc. Avenir Haute Durance*, n° 2015-518 QPC § 14. ♦ ... Interdisant l'usage des chalets d'alpage et des bâtiments d'estive en période hivernale. • Cons. const. 10 mai 2016, *Sté civ. Groupement foncier rural Namin*, n° 2016-540 QPC § 6.

34. De même, l'extinction d'une servitude qui n'emporte pas extinction du droit de propriété portant sur le fond dominant n'est pas une privation du droit de propriété. • Cons. const. 10 nov. 2011, *Jeannette R., épse D.*, n° 2011-193 QPC § 5.

35. Simple gêne. Le législateur peut imposer une simple gêne qui ne constitue pas une privation du droit de propriété mais une servitude d'intérêt public grevant l'immeuble. • Cons. const. 13 déc. 1985, n° 85-198 DC § 9.

36. ISF et droit de propriété. La limitation du plafonnement de l'ISF ne porte pas atteinte au droit de propriété. • Cons. const. 11 févr. 2011, *Laurence N.*, n° 2010-99 QPC § 6.

37. Protection de la domanialité publique. V. ss. DDH, art. 2.

38. Autres. Les dispositions, qui donnent compétence aux autorités municipales des communes de rattachement pour décider de certains usages des biens de leurs sections, n'ont ni pour objet ni pour effet d'autoriser une quelconque dépossession et ne relèvent donc pas du présent art. • CE, QPC, 27 oct. 2010, *Section du Bourg de Ménoire*, n° 342718 : *AJDA 2010. 2079.* ♦ Il en va de même de l'incorporation au domaine public maritime des lais et relais de la mer qui, étant déjà inclus dans le domaine privé de l'État sont, par eux-mêmes, insusceptibles de porter atteinte au droit de propriété. • CE 13 juill. 2011, *SNC Defour et Cie*, n° 347529 : *AJDA 2011. 2086.* ♦ Il en va de même de dispositions : qui autorisent l'accès, pour une durée maximale de cinq ans, aux propriétés privées en vue de la réalisation des opérations nécessaires à l'étude des projets de travaux publics. • Cons. const. 23 sept. 2011, *Épx L. et a.*, n° 2011-172 QPC § 9. ♦ ... Qui prévoit, en cas de retrait d'une compétence à un EPCI, les modalités de répartition entre les personnes publiques concernées des biens acquis ou réalisés par cet établissement postérieurement au transfert et qui donne au représentant de l'État le pouvoir, en cas de désaccord entre ces personnes publiques, de fixer la répartition pour éviter toute solution de continuité. • CAA Marseille, 13 déc. 2011, *Cne de Draguignan*, n° 10MA00053 : *préc. note 6.* ♦ ... Qui prévoient le transfert de l'ensemble des droits et obligations attachés à un régime obligatoire de base de la sécurité sociale ne constitue pas, pour les organismes à qui cette gestion était antérieurement confiée, une privation de propriété. • Cons. const. 19 déc. 2013, n° 2013-682 DC § 80. ♦ ... Qui restreignent le droit de vote des actionnaires dans la désignation de certains des dirigeants sociaux. • Cons. const. 20 juill. 1983, n° 83-162 DC § 22. ♦ ... Qui privent temporairement certains actionnaires de leur droit de vote. • Cons. const. 28 févr. 2014, *Sté Madag*, n° 2013-369 QPC § 11. ♦ ... Relatives au caractère purement déclaratif de la qualité de pétitionnaire à déposer une demande de permis de construire qui, dès lors que le permis n'a pour seul objet que de contrôler la légalité du projet au regard des règles d'urbanisme et qu'il est délivré sous réserve du droit des tiers, n'est pas susceptible d'entraîner une atteinte au droit de propriété. • CAA Marseille, 27 nov. 2015, *SCI Centre commercial Grand M.*, n° 14MA00463 : *AJDA 2016. 1027, concl. Roux* (contraires).

39. La détention de certaines armes et munitions étant soumise à un régime administratif de déclaration ou d'autorisation en raison du risque d'atteintes à l'ordre public ou à la sécurité des personnes, les dispositions contestées qui, afin de prévenir de telles atteintes, instituent une procédure de « dessaisissement » obligatoire consistant pour le détenteur, soit à vendre son arme dans les conditions légales, soit à la remettre à l'État, soit à la neutraliser ou, à défaut d'un tel « dessaisissement », prévoient une procédure de saisie, n'entrent pas dans le champ du présent art. • Cons. const. 17 janv. 2012, *Jean-Claude G.*, n° 2011-209 QPC § 5. ♦ V. déjà : le dessaisissement ne constitue pas, s'agissant d'un bien dont la jouissance est subordonnée à la détention d'une autorisation administrative, une atteinte au droit de propriété susceptible de faire l'objet d'une indemnisation. • CE, sect., 19 déc. 2017, *Féd. fr. des véhicules d'époque*, n° 289708.

40. Les mesures de gel des avoirs que peut décider, pour une durée de six mois, renouvelable, le ministre chargé de l'économie dans le cadre de la lutte contre le terrorisme. • Cons. const. 2 mars 2016, *Abdel Manane M. K.*, n° 2015-524 QPC § 14.

41. L'effacement, qui permet de corriger les écarts entre la production et la consommation d'électricité, n'a pas pour effet de faire obstacle à la consommation effective d'électricité par les clients des fournisseurs d'électricité des sites concernés mais uniquement d'éviter une consommation plus importante en particulier en cas de déséquilibre. Dès lors, les dispositions contestées n'ont ni pour objet, ni pour effet de priver un fournisseur d'électricité de rémunération au titre de l'électricité qu'il a injectée sur le réseau et qui a été consommée. • Cons. const. 11 avr. 2013, n° 2013-666 DC § 24.

42. De même, l'exercice du délaissement au profit des propriétaires de terrains classés en emplacement réservés par un plan d'urbanisme constitue une réquisition d'achat à l'initiative des propriétaires de ce terrain et non de la personne publique au profit de laquelle le transfert a lieu. • Cons. const. 21 juin 2013, *Jean-Sébastien C.*, n° 2013-325 QPC § 5. ♦ V. déjà de manière plus implicite. • Cons. const. 22 janv. 1990, n° 89-267 DC § 17. ♦ En accordant aux propriétaires de terrains grevés d'un emplacement réservé le droit d'imposer à la collectivité publique soit d'acquérir le terrain réservé, soit de renoncer à ce qu'il soit réservé, le législateur n'a porté aucune atteinte à leur droit de propriété. • Cons. const. 21 juin 2013, *Jean-Sébastien C.*, n° 2013-325 QPC § 5.

43. *En instituant une solidarité de paiement* du donneur d'ordre des impôts, taxes et cotisations obligatoires ainsi que des pénalités et majorations y afférentes, le législateur n'a pas privé celui-ci de son droit de propriété. • Cons. const. 31 juill. 2015, *Sté Gecop*, n° 2015-479 QPC § 17.

44. Dans la mesure où la créance n'est éteinte que si le créancier a omis de la déclarer dans le délai prévu par le législateur pour qu'il accomplisse des diligences, les dispositions contestées n'entraînent pas de privation de propriété. • Cons. const. 5 oct. 2016, *Sté BNP Paribas SA*, n°s 2016-574/575/576/577/578 QPC § 6.

b. Entrent dans le champ d'application du présent article

45. La procédure d'expropriation pour cause d'utilité publique relève à l'évidence du présent art. • Cons. const. 6 avr. 2012, *Cts T.*, n° 2012-226 QPC. ♦ Il en va de même d'une disposition législative qui, impliquant que les vestiges archéologiques contenus dans le sous-sol d'une propriété sont *a priori* des biens sans maître alors que, jusque-là, la propriété du sol entraînant celle du sous-sol en rendait propriétaire le propriétaire du sol, constitue une atteinte au droit de propriété par la dépossession du propriétaire du sol d'une partie de son tréfonds. • CAA Bordeaux, 23 déc. 2010, *Mathé-Dumaine*, n° 09BX00104 : *AJDA 2011. 1381, note Manson*.

46. La privation de propriété opérée par l'art. 389 C. douanes concerne des moyens de transport et des objets saisis périssables. • Cons. const. 2 déc. 2011, *Wathik M.*, n° 2011-203 QPC § 5. ♦ La privation de propriété concerne également des dispositions qui instaurent, au profit de l'État, le droit de « retenir » les objets pour lesquels le propriétaire ne manifeste aucune intention de les aliéner, dont l'autorisation d'exportation a été refusée. • Cons. const. 14 nov. 2014, *Alain L.*, n° 2014-426 QPC § 5. ♦ ... Le transfert d'office du portefeuille de contrats d'assurance d'une personne titulaire d'un agrément. • Cons. const. 6 févr. 2015, *Sté Mutuelle des transports assurances*, n° 2014-449 QPC § 7.

2° INTERVENTION DU JUGE

a. Compétence juridictionnelle

47. Quelle que soit l'importance du rôle des tribunaux judiciaires en matière de protection de la propriété, il résulte des termes de l'art. 66 Const. 58 que celui-ci concerne la liberté individuelle et non le droit de propriété. • Cons. const. 17 juill. 1985, n° 85-189 DC § 3.

48. L'administration ne trouve pas dans le droit d'établir lesdits documents, soumis au contrôle du juge de l'excès de pouvoir, la faculté de déterminer arbitrairement la qualification des biens immobiliers et les possibilités de construire. Dès lors ces plans, en établissant un critère de constructibilité, ne portent pas atteinte au droit de propriété. • Cons. const. 17 juill. 1985, n° 85-189 DC § 4.

49. Aucun principe de valeur constitutionnelle n'impose, en l'absence de dépossession, l'indemnisation des préjudices causés par les travaux ou l'ouvrage public dont l'installation relève de la compétence du juge judiciaire. • Cons. const. 13 déc. 1985, n° 85-198 DC § 19.

50. Le principe fondamental reconnu par les lois de la République, selon lequel l'autorité judiciaire est garante de la propriété, implique que le montant de la provision payée à l'exproprié ou consignée soit fixé par le juge de l'expropriation. • Cons. const. 25 juill. 1989, n° 89-256 DC § 16.

b. Procédure

51. Dès lors qu'en vertu des dispositions contestées l'ordonnance envoie l'expropriant en possession, sous réserve qu'il se conforme aux dispositions du chapitre III du titre Ier de la partie législative du C. expr. sur la fixation et le paiement des indemnités et des conditions de prise de possession et qu'en outre, aux termes du second alinéa de l'art. L. 12-5 du même code : « En cas d'annulation par une décision définitive du juge administratif de la déclaration d'utilité publique ou de l'arrêté de cessibilité, tout exproprié peut faire constater par le juge de l'expropriation que l'ordonnance portant transfert de propriété est dépourvue de base légale », le fait que cette ordonnance soit rendue sans que l'exproprié soit entendu ne viole pas les présentes dispositions. • Cons. const. 16 mai 2012, *Cts L.*, n° 2012-247 QPC § 7. ♦ V. également annotations ss. DDH, art. 16, note 26.

52. L'art. L. 12-5, al. 1er, C. expr. qui prévoit que l'ordonnance d'expropriation ne peut être attaquée que par la voie du recours en cassation et seulement pour incompétence, excès de pouvoir ou vice de forme, n'est pas contraire au présent art. • Civ. 3e, 8 avr. 2015, n° 15-40.002 : *AJDA 2015. 1957 ; RDI 2015. 525, obs. Hostiou*.

B. INTERVENTION DU LÉGISLATEUR

53. V. également annotations ss. Const. 58, art. 34, notes 304 s.

54. L'art. 34 Const. 58 confie au législateur le soin de déterminer les principes fondamentaux du *régime de la propriété*. La méconnaissance par le législateur de l'étendue de sa compétence en cette matière est susceptible d'entraîner l'inconstitutionnalité de la disposition. • Cons. const. 22 sept. 2010, *Sté Esso SAF*, n° 2010-33 QPC § 4 • Cons. const. 6 oct. 2010, *Mathieu Pitte*, n° 2010-45 QPC § 6 • Cons. const. 7 oct. 2011, *Simone S. et a.*, n° 2011-176 QPC § 5.

55. C'est au législateur, dès lors qu'il est compétent, en vertu de l'art. 34 Const. 58, pour fixer les règles concernant les transferts de propriété d'entreprises du secteur public au secteur privé ainsi que pour déterminer les principes fondamentaux du régime de la propriété et des droits réels, de veiller à ce qu'il ne soit pas porté une atteinte à la propriété publique la privant de sa réalité. • Cons. const. 21 juill. 1994, n° 94-346 DC § 3.

56. Constitue une incompétence négative. La possibilité donnée aux communes d'imposer aux constructeurs, par une prescription incluse dans l'autorisation d'occupation du sol, la cession gratuite d'une partie de leur terrain attribue à la collectivité publique le plus large pouvoir d'appréciation sur l'application de cette disposition et ne définit pas les usages publics auxquels doivent être affectés les terrains ainsi cédés sans qu'aucune autre disposition législative n'institue les garanties permettant qu'il ne soit pas porté atteinte au droit de propriété. • Cons. const. 22 sept. 2010, *Sté Esso SAF*, n° 2010-33 QPC § 4 • Cons. const. 7 oct. 2011, *Simone S. et a.*, n° 2011-176 QPC § 5. ♦ L'absence de détermination des modalités de calcul du taux d'intérêt applicable à une créance affecte par elle-même le montant des sommes allouées et, par suite, le droit de propriété tant du créancier que du débiteur. • Cons. const. 27 sept. 2013, *Épx L.*, n° 2013-343 QPC § 7. ♦ L'absence de détermination du régime encadrant l'exploitation, la conservation et la restitution des documents et objets saisis au cours de visite à des fins de prévention du terrorisme. • Cons. const. 29 mars 2018, *Rouchdi B. et a.*, n° 2017-695 QPC § 68.

57. Ne constitue pas une incompétence négative. Tel n'est pas le cas d'une disposition qui, sans que ni les termes de la disposition critiquée, ni les débats parlementaires ne précisent les motifs d'intérêt général justifiant une telle prohibition, autorise l'autorité administrative de choisir une période hebdomadaire d'interdiction de la chasse de 24 heures « au regard des circonstances locales ». • Cons. const. 20 juill. 2000, n° 2000-434 DC § 31. ♦ ... Qui prive les propriétaires de terrains d'une contenance de 25 hectares au moins d'un seul tenant du droit de chasse qui leur était reconnu jusque-là. • Même décision, § 34. ♦ ... Qui se borne à prévoir que l'attribution d'un nom de domaine est assurée « dans l'intérêt général, selon des règles non discriminatoires rendues publiques et qui veillent au respect, par le demandeur, des droits de la propriété intellectuelle » et, pour le surplus, renvoie à un décret en Conseil d'État le soin de préciser ses conditions d'application. • Cons. const. 6 oct. 2010, *Mathieu Pitte*, n° 2010-45 QPC § 6.

C. CONDITIONS DE LA PRIVATION DU DROIT DE PROPRIÉTÉ

BIBL. Hostiou, QPC et expropriation : droit de rétrocession et condition d'utilité publique, *AJDA 2012. 2401*.

58. Dès lors qu'aucune disposition n'assure que les exigences du présent art. ne sont pas méconnues, le transfert à une personne publique de biens appartenant à des personnes privées est contraire à la Constitution. • Cons. const. 13 déc. 2012, n° 2012-659 DC § 38 • Cons. const. 6 févr. 2015, *Sté Mutuelle des transports assurances,* n° 2014-449 QPC § 7.

59. L'appropriation par une commune d'un bien sans maître faute d'héritier ne porte pas atteinte au droit de propriété. • Civ. 3e, 12 juill. 2018, n° 17-16.103 P : *AJDA 2018. 1478 ; D. 2018. 1554 ; JCP Adm. 2018. 624.*

1° NÉCESSITÉ PUBLIQUE ET UTILITÉ PUBLIQUE

a. Situation ex ante

60. Nécessité publique. La loi ne peut autoriser qu'une personne ne soit privée de sa propriété qu'en vertu d'une nécessité publique légalement constatée. • Cons. const. 14 nov. 2014, *Alain L.,* n° 2014-426 QPC § 3.

61. L'appréciation portée par le législateur sur la nécessité des nationalisations décidées par la loi soumise à l'examen du Conseil constitutionnel ne saurait, en l'absence d'erreur manifeste, être récusée par celui-ci. • Cons. const. 16 janv. 1982, n° 81-132 DC § 20.

62. Il y a nécessité publique dès lors qu'il n'est pas établi que les transferts de biens restreindraient le champ de la propriété privée (et de la liberté d'entreprendre) au point de méconnaître les présentes dispositions. • Cons. const. 16 janv. 1982, n° 81-132 DC § 20.

63. L'intérêt général suffisant peut justifier la nationalisation. • Cons. const. 16 janv. 1982, n° 81-132 DC § 17 et 19. ♦ Les nationalisations procèdent de la nécessité publique si elles sont fondées sur le fait que ces nationalisations seraient nécessaires pour donner aux pouvoirs publics les moyens de faire face à la crise économique, de promouvoir la croissance et de combattre le chômage. • Cons. const. 16 janv. 1982, n° 81-132 DC § 19.

64. L'aliénation des biens, destinée à éviter leur dépréciation en cours de procédure et à limiter les frais de stockage et de garde, a un objet conservatoire, dans l'intérêt tant de la partie poursuivante que du propriétaire des biens saisis. • Cons. const. 2 déc. 2011, *Wathik M.,* n° 2011-203 QPC § 5.

65. Répond également à la nécessité publique une aliénation de biens mise en œuvre de façon à remplir les objectifs de valeur constitutionnelle de bonne administration de la justice et de bon emploi des deniers publics. • Cons. const. 2 déc. 2011, *Wathik M.,* n° 2011-203 QPC § 5.

66. En revanche, si la possibilité de refuser l'autorisation d'exportation assure la réalisation de l'objectif d'intérêt général de maintien sur le territoire national des objets présentant un intérêt national d'histoire ou d'art, la privation de propriété permise par les dispositions contestées n'est pas nécessaire pour atteindre un tel objectif ; en effet, en prévoyant l'acquisition forcée de ces biens par une personne publique, alors que leur sortie du territoire national a déjà été refusée, le législateur a instauré une privation de propriété sans fixer les critères établissant une nécessité publique. • Cons. const. 14 nov. 2014, *Alain L.,* n° 2014-426 QPC § 6.

67. Utilité publique. La loi ne peut autoriser l'expropriation d'immeubles ou de droits réels immobiliers que pour la réalisation d'une opération dont l'utilité publique est légalement constatée. • Cons. const. 25 juill. 1989, n° 89-256 DC § 19 • Cons. const. 17 sept. 2010, *SARL L'Office central d'accession au logement,* n° 2010-26 QPC § 6 • Cons. const. 6 avr. 2012, *Cts T.,* n° 2012-226 QPC § 3 • Cons. const. 13 sept. 2013, *Sté Invest Hôtels Saint-Dizier Rennes et a.,* n° 2013-338/339 QPC § 5.

68. Ainsi est-il possible que la personne publique prenne possession : de terrains non bâtis dont l'expropriation est poursuivie en vue de la réalisation de grands ouvrages publics d'intérêt national. • Cons. const. 25 juill. 1989, n° 89-256 DC § 21. ♦ ... D'immeubles déclarés insalubres à titre irrémédiable ou qui ont fait l'objet d'un arrêté de péril assorti d'une ordonnance de démolition ou d'une interdiction définitive d'habiter. • Cons. const. 17 sept. 2010, *SARL L'Office central d'accession au logement,* n° 2010-26 QPC § 6. ♦ ... Lorsque l'urgence à prendre possession des biens expropriés a été constatée par l'administration. • Cons. const. 13 sept. 2013, *Sté Invest Hôtels Saint-Dizier Rennes et a.,* n° 2013-338/339 QPC § 6.

69. Le législateur n'ayant autorisé l'expropriation d'immeubles ou de droits réels immobiliers que pour la réalisation d'opérations dont l'utilité publique est préalablement et formellement constatée, cette condition correspond à l'exigence de nécessité publique, légalement constatée, prévue par le présent art. • CE, QPC, 9 nov. 2011, *Giraud,* n° 351890 : *AJDA 2011. 2206 ; Dr. adm. 2012. 7, note Vialettes.*

70. Une opération ne peut être légalement déclarée d'utilité publique que si les atteintes à la propriété privée, le coût financier et éventuellement les inconvénients d'ordre social qu'elle comporte ne sont pas excessifs eu égard à l'intérêt qu'elle présente. • CE, ass., 28 mai 1971, *Ville nouvelle est*: Lebon 409, concl. *Braibant ; AJDA 1971. 404, chron. Labetoulle et Cabanes ; D. 1972. 194, note Lemasurier ; CJEG 1972. 38, note Virole ; JCP 1971. 16873, note Homont ; RD publ. 1972. 454, note Waline.* ♦ ... Ou l'atteinte à d'autres intérêts publics qu'elle comporte n'est pas excessive eu égard à l'intérêt qu'elle présente. • CE, ass., 20 oct. 1972, *Sté. civile Sainte-Marie de l'Assomption : Lebon 657, concl. Morisot ; AJDA 1972. 576, chron. Cabanes et Léger ; CJEG 1973. 60, note Virole ; JCP 1973. 17470, note Odent.*

71. Cas particulier des opérations d'aménagement foncier agricole. En l'espèce, le propriétaire perd la jouissance de ses apports mais une nouvelle distribution des terres équivalente en superficie et en valeur de productivité réelles doit être garantie. Dans ce cas, le besoin d'intérêt général est assuré par l'amélioration de l'exploitation agricole des biens qui sont soumis à l'opération et le critère d'appréciation de la valeur des terres agricoles selon leur rendement cultural apparaît pertinent. Une QPC sur ces questions ne présente donc pas un caractère sérieux. • CE, QPC, 22 oct. 2010, *Père et a.*, n° 341869 : *Lebon 395 ; AJDA 2010. 2444*.

b. Droit de rétrocession

72. En instaurant le droit de rétrocession, le législateur a entendu renforcer ces garanties légales assurant le respect de l'exigence constitutionnelle selon laquelle l'expropriation d'immeubles ou de droits réels immobiliers ne peut être ordonnée que pour la réalisation d'une opération dont l'utilité publique a été légalement constatée. • Cons. const. 15 févr. 2013, *Suzanne P.-A.*, n° 2012-292 QPC § 5.

73. En prévoyant que la réquisition d'une nouvelle déclaration d'utilité publique permet à elle seule de faire obstacle à une demande de rétrocession formée par l'ancien propriétaire ou ses ayants droit, le législateur a entendu fixer des limites à l'exercice du droit de rétrocession afin que sa mise en œuvre ne puisse faire obstacle à la réalisation soit d'un projet d'utilité publique qui a été retardé, soit d'un nouveau projet d'utilité publique se substituant à celui en vue duquel l'expropriation avait été ordonnée. • Cons. const. 15 févr. 2013, *Suzanne P.-A.*, n° 2012-292 QPC § 6.

74. Lorsque le juge administratif est saisi, de conclusions tendant à ce qu'il prescrive les mesures qu'implique nécessairement l'annulation de la décision de préemption, il lui appartient, après avoir vérifié, au regard de l'ensemble des intérêts en présence, que le rétablissement de la situation initiale ne porte pas une atteinte excessive à l'intérêt général, de prescrire à l'auteur de la décision annulée (titulaire du droit de préemption) de proposer à l'ancien propriétaire d'acquérir le bien. • CE, sect., 26 févr. 2003, n° 231558 A : *AJDA 2003. 729, chron. Donnat et Casas ; AJDI 2004. 211, obs. Lévy ; RDI 2003. 377, obs. Soler-Couteaux ; ibid. 379, obs. Soler-Couteaux ; JCP Adm. 2003. 1900, note Billet ; RDP 2004. 380, note Guettier* • CE 28 sept. 2020, n° 436978 A : *AJDA 2020. 1823 ; RDI 2020. 659, obs. Struillou ; JCP Adm. 2293, note Sorbara.*

2° JUSTE ET PRÉALABLE INDEMNITÉ

75. Une atteinte au droit de propriété intellectuelle assimilable à une expropriation relève des dispositions du présent art. Dès lors, à défaut de consentement des titulaires d'un droit sur les mesures techniques de protection à la communication des informations essentielles à l'« interopérabilité », cette communication devra entraîner leur indemnisation. • Cons. const. 27 juill. 2006, n° 2006-540 DC § 41.

76. La protection offerte par l'art. 17 DDH ne concerne pas seulement la propriété privée des particuliers mais aussi, à un titre égal, la propriété de l'État et des autres personnes publiques. • Cons. const. 25 juin 1986, n° 86-207 DC § 58 • Cons. const. 26 juin 1986 : *ibid.* • Cons. const. 18 sept. 1986, n° 86-217 DC § 47 • Cons. const. 21 juill. 1994, n° 94-346 DC § 3 • Cons. const. 13 sept. 2013, *Sté Invest Hôtels Saint-Dizier Rennes et a.*, n° 2013-338/339 QPC § 7.

a. Indemnité juste

77. Principe. Pour être juste, l'indemnisation doit couvrir l'intégralité du préjudice direct, matériel et certain, causé par l'expropriation, et en cas de désaccord sur la fixation du montant de l'indemnisation, l'exproprié doit disposer d'une voie de recours appropriée. • Cons. const. 25 juill. 1989, n° 89-256 DC § 19 et 24 • Cons. const. 17 sept. 2010, *SARL L'Office central d'accession au logement*, n° 2010-26 QPC § 6 • Cons. const. 20 avr. 2012, *Marie-Christine J.*, n° 2012-236 QPC § 3 • Cons. const. 13 sept. 2013, *Sté Invest Hôtels Saint-Dizier Rennes et a.*, n° 2013-338/339 QPC § 7.

78. L'aliénation des biens saisis avant qu'ils ne se déprécient étant destinée à ce que, selon l'issue de la procédure, le produit de la vente correspondant à la valeur des biens saisis puisse, soit être affecté au paiement des condamnations prononcées contre leur propriétaire, soit être restitué à ce dernier, elle ne méconnaît pas l'exigence d'une indemnisation juste de la privation de propriété. • Cons. const. 2 déc. 2011, *Wathik M.*, n° 2011-203 QPC § 6.

79. En cas d'édiction d'une nouvelle déclaration d'utilité publique empêchant l'exercice du droit de rétrocession, l'absence de nouvelle évaluation du bien ne viole pas les présentes dispositions dès lors que l'exproprié initial n'est plus propriétaire du bien resté dans le patrimoine de l'expropriant. • Civ. 3e, QPC, 30 mars 2012 : *AJDA 2012. 1471 ; RDI 2012. 330, obs. Hostiou*.

1. Nature du préjudice indemnisable

80. Indemnisation du préjudice moral. Aucune exigence constitutionnelle n'impose que la collectivité expropriante, poursuivant un but d'utilité publique, soit tenue de réparer la douleur morale éprouvée par le propriétaire à raison de la perte des biens expropriés. • Cons. const. 21 janv. 2011, *Jacques S.*, n° 2010-87 QPC § 5.

81. Cela n'interdit pas de prendre en compte certaines formes de préjudice moral au titre du préjudice matériel comme par exemple la perte d'esthétique d'une propriété. • Civ. 3e, 2 févr. 1999, n° 98-70.011 : *J.-Cl. Adm., Fasc. 400-16.*

82. Indemnisation d'autres sujétions. Le Cons. const. admet par ailleurs que, si l'indemnité résultant de la privation de la propriété ou de son droit d'usage ne répare pas entièrement le préjudice subi, la loi, en dépit de son silence, doit être considérée comme n'entendant pas exclure une réparation pécuniaire sur le principe de l'égalité devant les charges publiques dès lors que les mesures législatives causent un « dommage anormal et spécial ». • Cons. const. 4 juill. 1989, n° 89-254 DC § 23 et 24 • Cons. const. 8 janv. 1991, n° 90-283 DC § 40 et 41 • Cons. const. 29 juill. 1998, n° 98-403 DC § 33 • Cons. const. 23 juill. 1999, n° 99-416 DC § 19 et 27. ♦ V. aussi note 95.

2. Étendue de l'indemnisation

83. Réparation intégrale. Le caractère intégral de la réparation matérielle implique : que l'indemnisation prenne en compte non seulement la valeur vénale du bien exproprié mais aussi les conséquences matérielles dommageables qui sont en relation directe avec l'expropriation. • Cons. const. 21 janv. 2011, *Jacques S.*, n° 2010-87 QPC § 4. ♦ ... Que, lorsque des contestations sérieuses sur le fond du droit ou la qualité des réclamants sont présentées alors que le juge de l'expropriation doit fixer le montant de l'indemnité, ce dernier prévoit, au besoin, plusieurs indemnités correspondant aux diverses hypothèses envisagées, sachant qu'il peut être saisi à nouveau si la décision rendue par le juge saisi de la contestation ou de la difficulté ne correspond pas à l'une de ces hypothèses. • Cons. const. 28 sept. 2012, *Cts. J.*, n° 2012-275 QPC § 3. ♦ La fixation de l'indemnité principale en référence à la consistance du bien à la date de l'ordonnance portant transfert ne fait obstacle ni à la fixation d'une indemnité principale correspondant à la valeur du bien exproprié au regard de son éventuelle situation privilégiée ni à la fixation d'indemnités accessoires ou complémentaires correspondant aux divers chefs de préjudice subis, distincts de celui résultant de la seule privation du bien. • Civ. 3e, QPC, 8 juin 2012, *Sté Rilm : AJDA 2012. 1830 ; D. 2012. 1612 ; RDI 2012. 444, obs. Hostiou.*

84. S'agissant de l'expropriation d'immeubles déclarés irrémédiablement insalubres et ayant fait l'objet de la part du préfet d'une interdiction définitive d'habiter, ceux-ci ont perdu toute finalité pour des propriétaires qui ne les occupaient pas eux-mêmes ; il est dès lors satisfait aux présentes dispositions en appréciant la valeur des biens à la valeur du terrain nu. • Cons. const. 17 sept. 2010, *SARL L'Office central d'accession au logement*, n° 2010-26 QPC § 9.

85. Les actionnaires des sociétés visées par la loi de nationalisation ont droit à la compensation du préjudice subi par eux, évalué au jour du transfert de propriété, abstraction faite de l'influence que la perspective de la nationalisation a pu exercer sur la valeur de leurs titres. • Cons. const. 16 janv. 1982, n° 81-132 DC § 47 • Cons. const. 11 févr. 1982, n° 82-139 DC § 15. ♦ Il était loisible au législateur de se référer, pour l'évaluation des actions, à une moyenne des cours de bourse pendant une certaine période, mais en assortissant cette méthode forfaitaire des aménagements propres à redresser les inégalités et les insuffisances substantielles qui pouvaient en découler. • Cons. const. 16 janv. 1982, n° 81-132 DC § 51.

86. Une sous-estimation substantielle de ladite valeur d'échange ou le refus de reconnaître aux anciens actionnaires le bénéfice des dividendes attachés à l'exercice précédent ou de leur accorder, sous une forme appropriée, un avantage équivalent, ampute sans justification les indemnités auxquelles ont droit les actionnaires ou anciens actionnaires. • Cons. const. 16 janv. 1982, n° 81-132 DC § 58.

87. La Const. s'oppose à ce que des biens ou des entreprises faisant partie de patrimoines publics soient cédés à des personnes poursuivant des fins d'intérêt privé pour des prix inférieurs à leur valeur. • Cons. const. 18 sept. 1986, n° 86-217 DC § 47 • Cons. const. 24 juill. 2008, n° 2008-567 DC § 25 • Cons. const. 17 déc. 2010, *Région Centre et Région Poitou-Charentes*, n° 2010-67/86 QPC § 3. ♦ Il en va ainsi dès lors que même si la personne privée à qui les biens sont transférés exerce des missions de service public mais qu'il n'est pas possible de garantir que lesdits biens demeureront affectés aux missions de service public qui lui sont ou lui restent dévolues. • Même affaire § 5.

88. Pour être conformes au présent art., les dispositions de la loi de privatisation doivent être interprétées comme prévoyant que les évaluations des entreprises à privatiser seront réalisées par des experts compétents totalement indépendants des acquéreurs éventuels selon les méthodes objectives couramment pratiquées en matière de cession totale ou partielle d'actifs de sociétés en tenant compte, selon une pondération appropriée à chaque cas, de la valeur boursière des titres, que le transfert sera interdit dans le cas où le prix proposé par les acquéreurs ne serait pas supérieur ou au moins égal à cette évaluation et que le choix des acquéreurs ne procédera d'aucun privilège et que l'indépendance nationale devra être préservée. • Cons. const. 25 juin 1986, n° 86-207 DC § 59 à 61 • Cons. const. 26 juin 1986 : *ibid.* • Cons. const. 18 sept. 1986, n° 86-2117 DC § 48. ♦ Si, dès lors que toute estimation de la valeur d'une entreprise comporte la prise en compte de données non certaines qui, dans nombre de cas, peuvent être largement aléatoires, l'évaluation peut être rendue difficile, elle n'est pas impossible et satisfait aux principes de valeur constitutionnelle relatifs au prix des entreprises transférées du secteur public au secteur privé si l'évaluation est opérée de façon objective et impartiale dans le respect des techniques appropriées. • Cons. const. 7 janv. 1988, n° 87-232 DC § 26.

89. Le seul versement au propriétaire du sol d'une indemnité destinée à compenser le dommage qui peut lui être occasionné pour accéder à des vestiges archéologiques découverts dans son sous-sol ne constitue pas une juste compensation de la privation de la propriété des vestiges eux-mêmes (méconnaissance en l'espèce de l'art. 1er Prot. n° 1 Conv. EDH). • CAA Bordeaux, 23 déc. 2010, *Mathé-Dumaine,* n° 09BX00104 : *préc. note 45.*

90. Estimation de l'administration. Si le législateur a prévu que, en dehors de l'hypothèse où l'exproprié démontre que des modifications survenues dans la consistance matérielle ou juridique, l'état ou la situation d'occupation de ses biens leur ont conféré une plus-value, le juge de l'expropriation est lié par l'estimation de l'administration dès lors qu'elle est supérieure à la déclaration ou à l'évaluation effectuée lors de la mutation des biens, c'est pour inciter les propriétaires, dans le but de lutter contre la fraude fiscale qui constitue un objectif de valeur constitutionnelle, à ne pas sous-estimer la valeur des biens qui leur sont transmis ni à dissimuler une partie du prix d'acquisition de ces biens. Toutefois, ces dispositions ne sauraient, sans porter atteinte aux exigences du présent art., avoir pour effet de priver l'intéressé de faire la preuve que l'estimation de l'administration ne prend pas correctement en compte l'évolution du marché de l'immobilier. • Cons. const. 20 avr. 2012, *Marie-Christine J.,* n° 2012-236 QPC § 6 et 7.

91. Exceptions. Le droit au respect des biens garantis par le présent art. ne s'oppose pas à ce que le législateur procède au transfert gratuit de dépendances du domaine public entre personnes publiques. • Cons. const. 3 déc. 2009, n° 2009-594 DC § 15. ♦ Dès lors que le transfert du Syndicat des transports d'Île-de-France à la Régie autonome des transports parisiens de la partie des biens constitutifs de l'infrastructure gérée par cette dernière s'accompagne du transfert des droits et obligations qui y sont attachés et que ce transfert n'a pas pour effet de priver de garanties légales les exigences constitutionnelles qui résultent de l'existence et de la continuité des services publics auxquels ils restent affectés, les exigences constitutionnelles en matière de propriété des personnes publiques sont respectées. • Même affaire, § 16.

92. Peut s'effectuer sans indemnisation ou n'être indemnisé que dans le cas exceptionnel où il entraînerait pour le propriétaire une charge spéciale et exorbitante, hors de proportion avec l'objectif d'intérêt général poursuivi, le transfert dans le domaine public communal de la propriété de voies privées ouvertes à la circulation publique, conditionné, sous le contrôle du juge administratif, par l'ouverture à la circulation générale de ces voies, laquelle résulte de la volonté exclusive de leur propriétaire d'accepter l'usage public de son bien et de renoncer par là à son usage purement privé dès lors qu'il libère les propriétaires de toute obligation et met à la charge de la collectivité publique l'intégralité de leur entretien, de leur conservation et de leur éventuel aménagement. • Cons. const. 6 oct. 2010, *Épx Anastasio,* n° 2010-43 QPC § 4.

b. Indemnité préalable

93. Principe. La prise de possession par l'expropriant doit être subordonnée au versement préalable d'une indemnité. • Cons. const. 25 juill. 1989, n° 89-256 DC § 19. ♦ Le caractère préalable de l'indemnisation est respecté si, pour l'essentiel de la valeur d'échange, la remise des obligations a pu s'opérer au jour envisagé pour le transfert de propriété. • Cons. const. 16 janv. 1982, n° 81-132 DC § 49.

94. Si le règlement de l'indemnisation ne s'opère pas par la remise de numéraire, les actionnaires dépossédés reçoivent, à la date de dépossession, en échange de leurs actions, des obligations portant jouissance à cette date, produisant un intérêt semestriel payable à terme échu et inscrites à la cote officielle et donc immédiatement négociables ; les conditions d'une indemnisation préalable sont donc remplies. • Cons. const. 16 janv. 1982, n° 81-132 DC § 63.

95. L'indemnisation préalable de simples atteintes au droit de propriété n'est nullement imposée par la Const. • Cons. const. 19 juill. 1983, n° 83-162 DC • 20 juill. 1983 : *ibid.* • Cons. const. 30 déc. 1989, n° 89-133 DC. ♦ V. notes ss. DDH, art. 2.

96. Simple provision. L'octroi par la collectivité expropriante d'une provision représentative de l'indemnité due n'est pas incompatible avec le respect des exigences du présent art. si un tel mécanisme répond à des motifs impérieux d'intérêt général et est assorti de la garantie des droits des propriétaires intéressés. • Cons. const. 25 juill. 1989, n° 89-256 DC § 20 • Cons. const. 17 sept. 2010, *SARL L'Office central d'accession au logement,* n° 2010-26 QPC § 8. ♦ Le juge s'assurera par ex. que le recours à cette procédure est justifié, en raison du champ d'application étroitement circonscrit des cas envisagés. • Cons. const. 25 juill. 1989, n° 89-256 DC § 22.

97. L'intérêt général impérieux pouvant justifier le simple versement d'une provision peut résulter de la réalisation de grands ouvrages publics d'intérêt national qui serait retardée par des difficultés tenant à la prise de possession d'un ou plusieurs terrains non bâtis situés dans les emprises de l'ouvrage. • Cons. const. 25 juill. 1989, n° 89-256 DC § 21. ♦ ... De l'urgence sanitaire destinée à mettre fin dans les meilleurs délais à des situations présentant un danger pour la santé ou la sécurité des occupants des immeubles concernés. • Cons. const. 17 sept. 2010, *SARL L'Office central d'accession au logement,* n° 2010-26 QPC § 8. ♦ De même, en cas d'urgence à prendre possession des biens expropriés, le juge de l'expropriation peut soit fixer le montant des indemnités comme dans le cadre de la procédure de droit commun (sans motif impérieux d'intérêt général), soit, s'il ne s'estime pas suffisamment éclairé, fixer le montant d'indemnités provisionnelles et autoriser l'expropriant à prendre possession moyennant le paiement ou, en cas d'obstacles à celui-ci, la consignation des indemnités fixées. • Cons. const. 13 sept. 2013, *Sté Invest Hôtels Saint-Dizier Rennes et a.,* n° 2013-338/339 QPC § 6.

98. La garantie des droits des propriétaires intéressés est assurée si la prise de possession, lorsqu'elle est autorisée, est subordonnée au paiement au propriétaire, et en cas d'obstacle au paiement, à la consignation, d'une indemnité provisionnelle égale à l'évaluation du service des domaines ou à celle de la collectivité expropriante si elle est supérieure ; il revient en tout état de cause au juge de l'expropriation de fixer le montant de l'indemnité définitive qui peut prévoir l'allocation au propriétaire d'une indemnité spéciale pour tenir compte du préjudice qu'a pu entraîner la rapidité de la procédure. • Cons. const. 25 juill. 1989, n° 89-256 DC § 21. ♦ ... Par la procédure relative à la déclaration d'insalubrité de l'immeuble offrant, entre autres, au propriétaire la faculté d'être entendu à l'occasion des différentes étapes de celle-ci et par le fait que le propriétaire conserve la possibilité de contester devant le juge administratif les divers actes intervenant lors de la phase administrative de la procédure d'expropriation et par le fait qu'il appartient, à défaut d'accord amiable, au juge judiciaire de fixer le montant de l'indemnité définitive. • Cons. const. 17 sept. 2010, *SARL L'Office central d'accession au logement,* n° 2010-26 QPC § 9.

99. Retenue conservatoire. L'exigence d'un versement préalable de l'indemnité ne saurait faire obstacle à ce que celle-ci soit retenue à titre conservatoire en vue du paiement des amendes pénales ou douanières auxquelles la personne mise en cause pourrait être condamnée. • Cons. const. 2 déc. 2011, *Wathik M.,* n° 2011-203 QPC § 7.

100. Consignation. Si le législateur peut déterminer les circonstances particulières dans lesquelles la consignation vaut paiement au regard des exigences du présent art., ces exigences doivent en principe conduire au versement de l'indemnité au jour de la dépossession. • Cons. const. 6 avr. 2012, *Cts T.,* n° 2012-226 QPC § 5.

101. Dès lors qu'en cas d'appel de l'ordonnance du juge, fixant l'indemnité d'expropriation, les dispositions contestées autorisent l'expropriant à prendre possession des biens expropriés, quelles que soient les circonstances, moyennant le versement d'une indemnité égale aux propositions qu'il a faites et inférieure à celle fixée par le juge de première instance et consignation du surplus, l'indemnité n'est pas versée totalement au jour de la dépossession, elle n'est ni juste ni préalable. • Cons. const. 6 avr. 2012, *Cts T.,* n° 2012-226 QPC § 5. ♦ Il convient, en tout état de cause, que lorsque l'indemnité définitivement fixée excède la fraction de l'indemnité fixée par le juge de première instance qui a été versée à l'exproprié lors de la prise de possession du bien, l'exproprié puisse obtenir la réparation du préjudice résultant de l'absence de perception de l'intégralité de l'indemnité d'expropriation lors de la prise de possession. • Cons. const. 13 févr. 2014, *Sté Ferme Larrea EARL,* n° 2014-451 § 7 et 8.

Préambule de la Constitution du 27 octobre 1946

COMMENTAIRE

V. sur le Code en ligne.

Al. 1er **Au lendemain de la victoire remportée par les peuples libres sur les régimes qui ont tenté d'asservir et de dégrader la personne humaine, le peuple français proclame à nouveau que tout être humain, sans distinction de race, de religion ni de croyance, possède des droits inaliénables et sacrés. Il réaffirme solennellement les droits et les libertés de l'homme et du citoyen consacrés par la Déclaration des Droits de 1789 et les principes fondamentaux reconnus par les lois de la République.**

BIBL. ▶ LAVIGNE, La suppression du mot « race » des textes juridiques français, *RD publ. 2016. 917.*

COMMENTAIRE

V. sur le Code en ligne.

PLAN DES ANNOTATIONS

[V. références des décisions du Conseil constitutionnel dans les tableaux DC et QPC]

I. « PRINCIPES FONDAMENTAUX RECONNUS PAR LES LOIS DE LA RÉPUBLIQUE » (PFRLR)

1. Par sa décision du 16 juill. 1971, le Conseil constitutionnel place les PFRLR dans le bloc de constitutionnalité. • Cons. const. 16 juill. 1971, no 71-44 DC § 2. ♦ Il est dès lors possible de soulever une QPC si l'on estime qu'une loi viole l'un de ces principes. • CE 14 avr. 2010, *Union des familles en Europe*, no 323830 : *Lebon 107* ; *AJDA 2010. 1013, concl. Courrèges* • CE, QPC, 8 oct. 2010, *Groupement de fait « Brigade sud de Nice »*, no 340849 (*a contrario*) : *Lebon 373* ; *AJDA 2010. 1914*.

2. Une QPC peut aussi conduire le Cons. const. à créer un nouveau principe. • Cons. const. 5 août 2011, *Sté SOMODIA,* n° 2011-157 QPC § 4.

A. NOTION DE « PRINCIPES FONDAMENTAUX RECONNUS PAR LES LOIS DE LA RÉPUBLIQUE »

BIBL. Saint-James, La tradition républicaine dans la jurisprudence de droit public, *RD publ. 2015. 1307.*

3. La tradition républicaine ne saurait être utilement invoquée pour soutenir qu'un texte législatif qui la contredit serait contraire à la Constitution qu'autant que cette tradition aurait donné naissance à un PFRLR, c'est-à-dire un principe prenant corps au sein d'un texte législatif républicain intervenu avant l'entrée en vigueur du préambule de la Constitution de 1946. • Cons. const. 20 juill. 1988, n° 88-244 DC § 11 et 12 • Cons. const. 18 déc. 1997, n° 97-393 DC § 29 • Cons. const. 8 janv. 2009, n° 2008-573 DC § 16 • Cons. const. 5 août 2011, *Sté SOMODIA,* n° 2011-157 QPC § 4.

4. Le texte invoqué doit bien être de valeur législative. Ainsi, quand bien même une loi avait créé la carte d'ancien combattant, les conditions d'attribution de celle-ci ont été fixées par un décret qui ne peut dès lors faire naître un principe fondamental reconnu par les lois de la République. • Cons. const. 30 déc. 1996, n° 96-386 DC § 12.

5. La loi invoquée doit être antérieure à 1946. Tel n'est pas le cas de la loi créant la CSG, qui date de 1991. • Cons. const. 18 juill. 2001, n° 2001-447 DC § 17.

6. En tout cas les PFRLR se distinguent des « principes fondamentaux » spécifiques à tel ou tel domaine tels qu'ils sont définis à l'art. 34 Const. • Cons. const. 19 déc. 1996, n° 96-384 DC • Cons. const. 25 juill. 1989, n° 89-257 DC § 11.

7. Ne peuvent devenir des principes fondamentaux que des règles n'ayant jamais connu d'exception. • Cons. const. 20 juill. 1988, n° 88-244 DC § 12. ♦ Une seule exception suffit à empêcher la naissance d'un tel principe. • Même affaire, § 12. ♦ ... *A fortiori* lorsque diverses lois appliquent la solution inverse. • Cons. const. 4 juill. 1989, n° 89-254 DC § 13 • Cons. const. 18 déc. 1997, n° 97-393 DC § 29 • Cons. const. 21 févr. 2008, n° 2008-563 DC § 3 • Cons. const. 12 mai 2010, n° 2010-605 DC *§ 7.*

8. Par ailleurs, ne peuvent devenir des PFRLR que des règles ayant un caractère suffisamment absolu. • Cons. const. 20 juill. 1993, n° 93-321 DC § 18 • Cons. const. 18 déc. 1997, n° 97-393 DC § 29 • Cons. const. 12 mai 2010, n° 2010-605 DC § 7. ♦ ... Présentant une importance suffisante. • Cons. const. 14 janv. 1999, n° 98-407 DC § 9. ♦ ... Et concernant les droits et libertés fondamentaux, la souveraineté nationale ou l'organisation des pouvoirs publics. • Cons. const. 17 mai 2013, n° 2013-669 DC § 21.

9. Encore faut-il que la tradition invoquée par les auteurs de la saisine concerne le même domaine que celui de la loi nouvelle. • Cons. const. 27 juill. 1994, n° 94-343/344 DC § 17. ♦ ... Ou que, même concernant ce domaine, elle ne s'applique pas à une situation particulière différente de celle envisagée par la nouvelle loi. • Cons. const. 6 nov. 1996, n° 96-383 DC § 10. ♦ Ainsi, quand bien même le législateur aurait posé en 1851 et réaffirmé à plusieurs reprises en 1874, 1889 et 1927 la règle selon laquelle est français tout individu né en France d'un étranger qui lui-même y est né, il n'a conféré un caractère absolu à cette règle qu'en 1889 pour répondre notamment aux exigences de la conscription ; dès lors, en mettant un terme à ce droit, dans les cas où les parents des enfants concernés seraient nés dans des territoires d'outre-mer ou des colonies ayant depuis lors accédé à l'indépendance, la loi déférée n'a méconnu aucun PFRLR. • Cons. const. 20 juill. 1993, n° 93-321 DC § 18.

B. CONSISTANCE DES « PRINCIPES FONDAMENTAUX RECONNUS PAR LES LOIS DE LA RÉPUBLIQUE »

1° ONT PARFOIS ÉTÉ QUALIFIÉS DE PRINCIPE FONDAMENTAL RECONNU PAR LES LOIS DE LA RÉPUBLIQUE

10. Ont été un temps considérés comme des PFRLR : la liberté individuelle. • Cons. const. 12 janv. 1977, n° 76-75 DC § 2. ♦ V. annotations ss. art. 66 Const. 58. ♦ ... La liberté de conscience. • Cons. const. 23 nov. 1977, n° 77-87 DC § 5. ♦ V. DDH, art. 10, notes 1 s. ♦ ... Les droits de la défense. • Cons. const. 2 déc. 1976, n° 76-70 DC. ♦ V. DDH, art. 16, notes 25 s.

11. Ont semblé pouvoir constituer des PFRLR : le principe de laïcité. • CE 6 avr. 2001, *SNES,* n° 219379 : *Lebon 171 ; Rev. dr. local 2001, n° 33, p. 56, note Woehrling ; AJDA 2002. 63, note Toulemonde .* ♦ ... La liberté de l'imprimerie et de la librairie. • Paris, 18 févr. 1992, *SA « Éditions Maréchal Le Canard enchaîné » : D. 1992. IR 141 .*

2° SONT DES PRINCIPES FONDAMENTAUX RECONNUS PAR LES LOIS DE LA RÉPUBLIQUE

a. Domaine des droits et libertés

1. Liberté d'association

12. La liberté d'association est un principe fondamental. En vertu de ce principe, les associations se constituent librement et peuvent être rendues publiques sous la seule réserve du dépôt d'une déclaration préalable. • Cons. const. 16 juill. 1971, n° 71-44 DC § 2 • Cons. const. 2 août 1991, n° 91-299 DC § 1 • Cons. const. 20 juill. 2000, n° 2000-434 DC § 38 • Cons. const. 17 juin 2011, *Assoc. Vivraviry,* n° 2011-138 QPC § 3 • Cons. const. 29 janv. 2015, *Assoc. recherche sur le diabète,* n° 2014-444 QPC § 6. ♦ Il en résulte : que la déclaration qui constitue une condition essentielle de la mise en œuvre de cette liberté ne peut être réglementée par une autorité du territoire de la Province sud de la Nouvelle-Calédonie. • CE, ass., 29 avr. 1994, *Haut-commissaire de la République en Nouvelle-Calédonie,* n° 119562 : *Lebon 205 ; AJDA 1994. 499, chron. Maugüé et Touvet ; D. 1995. 242, note Orfila ; RFDA 1994. 947, concl. Denis-Linton .* • Cons. const. 6 avr. 1996, n° 96-373 DC. ♦ ... Qu'il est possible aux associations de se procurer les ressources nécessaires à la réalisation de leur but, qui ne peut cependant pas être le partage de bénéfices entre leurs membres, par l'exercice d'activités lucratives. • Cons. const. 25 juill. 1984, n° 84-176 DC § 2.

13. Pour autant, le législateur peut, sans entraver la liberté d'association, mettre en place : un mécanisme de déclaration préalable lorsque l'organisme fait appel à la générosité publique. • Cons. const. 2 août 1991, n° 91-299 DC § 9. ♦ ... Un contrôle de la Cour des comptes sur l'emploi des ressources collectées auprès du public dans le cadre d'une campagne nationale. • Même affaire. ♦ Il peut également : subordonner la reconnaissance en France de la personnalité morale des associations ayant leur siège social à l'étranger et disposant d'un établissement en France, comme pour les associations ayant leur siège social en France, à une déclaration préalable de leur part à la préfecture du département où est situé le siège de leur principal établissement. • Cons. const. 7 nov. 2014, *Assoc. Mouvement raëlien international,* n° 2014-424 QPC § 6. ♦ ... Limiter à certaines associations la capacité de recevoir des libéralités. • Cons. const. 29 janv. 2015, *Assoc. recherche sur le diabète, n° 2014-444 QPC § 7.*

14. De même, cette liberté ne s'oppose pas à ce que des catégories particulières d'associations fassent l'objet de mesures spécifiques de contrôle de la part de l'État en raison notamment des missions de service public auxquelles elles participent, de la nature et de l'importance des ressources qu'elles perçoivent et des dépenses obligatoires qui leur incombent. Ainsi, la nécessité pour l'État de contrôler la bonne exécution par les fédérations de chasseurs des diverses missions de service public auxquelles elles participent, ainsi que l'emploi des ressources qu'elles perçoivent à cet effet, est de nature à justifier l'instauration d'un régime spécifique de contrôle. Dans ce cas, il est même possible de les obliger à se conformer à un statut et à des règles d'organisation élaborés par le ministre • Cons. const. 20 juill. 2000, n° 2000-434 DC § 38 à 40. ♦ Ne sont donc contraires à la liberté d'association ni l'obligation, pour les fédérations, de se conformer à des modèles de statuts élaborés par le ministre chargé de la chasse, ni les modalités de délégation de vote au sein des assemblées générales des fédérations départementales des chasseurs, ni les règles d'organisation interne fixées par le même article ; ne méconnaît pas non plus la liberté d'association la règle selon laquelle les budgets des fédérations départementales et régionales des chasseurs sont, avant d'être exécutés, soumis à l'approbation du représentant de l'État dans le département, et le budget de la Fédération nationale des chasseurs à celle du ministre chargé de la chasse, pas plus que la règle selon laquelle les fédérations départementales de chasseurs sont soumises au contrôle économique et financier de l'État ainsi qu'au contrôle de la Cour des comptes et des chambres régionales des comptes. • Même affaire.

15. Sur les fédérations de chasse et la liberté d'association : V. notes ss. Conv. EDH, art. 11. ♦ ... Et le droit de propriété : V. notes ss. Prot. add. 1er, Conv. EDH, art. 1er.

16. Le fait qu'une disposition législative régisse les unions départementales et l'union nationale des associations concernées et dispose que ces fédérations, instituées dans un but d'utilité publique, sont constituées, aux niveaux départemental et national, par les associations qui souhaitent y adhérer ne porte pas atteinte à la liberté d'association dès lors que les associations concernées peuvent librement se constituer en vertu de la loi du 1er juill. 1901 et restent libres d'adhérer ou non à l'union nationale ou aux unions départementales ou encore libres de se regrouper selon les modalités qu'elles définissent. • Cons. const. 28 mai 2010, *Union des familles en Europe,* n° 2010-3 QPC § 10.

17. Une disposition qui limite le droit des associations, dont les statuts sont déposés après l'affichage en mairie d'une demande d'autorisation d'occuper ou d'utiliser les sols, de la possibilité d'exercer un recours contre la décision prise à la suite de cette demande n'a ni pour objet ni pour effet d'interdire la constitution d'une association ou de soumettre sa création à l'intervention préalable de l'autorité administrative ou même de l'autorité judiciaire et n'est donc pas contraire au présent principe. • Cons. const. 17 juin 2011, *Assoc. Vivraviry,* n° 2011-138 QPC § 7.

18. Le juge administratif contrôle également

que les actes réglementaires ne violent pas cette liberté « garantie par la Constitution ». • CE 7 juin 1999, *Synd. hippique national,* n° 188812 : *Lebon 166* . ♦ Ainsi, les dispositions de la loi du 9 nov. 1988 qui fixent les compétences respectives de l'État, du territoire et des provinces de Nouvelle-Calédonie n'ont eu ni pour objet ni pour effet d'habiliter ces dernières collectivités à prendre des mesures affectant les conditions essentielles d'exercice de la liberté d'association. • CE, ass., 29 avr. 1994, *Haut-Commissaire de la République en Nouvelle-Calédonie,* n° 119562 : *Lebon 205* ; *RFDA 1994. 947, concl. Denis-Linton* ; *AJDA 1994. 558, chron. Maugüé et Touvet.*

19. Eu égard aux motifs susceptibles de conduire, sous le contrôle du juge de l'excès de pouvoir, au prononcé de la dissolution ou de la suspension d'activité des associations ou groupements de fait dont l'objet est de soutenir une association sportive ainsi qu'aux conditions de mise en œuvre de ces mesures, les dispositions de l'art. L. 332-18 C. sport, qui permettent le prononcé de mesures qui présentent le caractère de mesure de police administrative, répondent à la nécessité de sauvegarder l'ordre public, compte tenu de la gravité des troubles qui lui sont portés par les membres de ces groupements et associations et ne portent pas d'atteinte excessive au principe de la liberté d'association. • CE, QPC, 8 oct. 2010, *Groupement de fait brigade sud de Nice et M. Zamolo,* n° 340849 : *Lebon 373* ; *AJDA 2010. 1914* ; *RFDA 2010. 1257, chron. Roblot-Troisier et Rambaud* . ♦ La suspension de l'activité de l'association pour une durée de 4 mois ne constitue pas une mesure excessive et disproportionnée au regard des risques pour l'ordre public que présentent les agissements de certains des membres de l'association à la veille de la finale de la coupe de la Ligue. • CE 9 nov. 2011, *Assoc. « Butte Paillade 91 »,* n° 347359 : *Lebon 545* ; *AJDA 2012. 655, note Cresp* ; *D. 2012. 704, obs. Centre de droit et d'économie du sport, Université de Limoges* .

20. Le principe de la liberté d'association constitue l'un des principes fondamentaux reconnus par les lois de la République. Il appartient au Gouvernement d'opérer la conciliation nécessaire entre le respect des libertés et la sauvegarde de l'ordre public sans lequel l'exercice des libertés ne saurait être assuré. Eu égard aux motifs susceptibles de conduire, sous le contrôle du juge de l'excès de pouvoir, au prononcé de la dissolution d'associations ou de groupements de fait, les dispositions de l'art. *L. 212-1 CSI répondent à la nécessité* de sauvegarder l'ordre public, compte tenu de la gravité des troubles qui sont susceptibles de lui être portés par les associations et groupements visés par ces dispositions. Le prononcé d'une telle dissolution, qui doit être motivée, ne pouvant intervenir qu'au terme d'une procédure contradictoire permettant aux représentants de l'association ou du groupement de fait en cause de présenter des observations écrites et, le cas échéant, orales, les dispositions préc. ne portent pas une atteinte excessive au principe de la liberté d'association. • CE 30 juill. 2014, n° 370306 A : *AJDA 2014. 1629* ; *ibid. 2167, étude Rambaud* ; *RFDA 2014. 1158, concl. Crépey* . ♦ Pour regarder l'association « L'Œuvre française » comme ayant pour but d'exalter la collaboration avec l'ennemi, le décret attaqué retient sa participation aux commémorations de la mort de Philippe Pétain, l'organisation de camps d'été placés sous la haute figure de celui-ci, la commémoration ou la référence dans les écrits et publications de l'association à des personnalités favorables à la collaboration avec l'ennemi pendant la Seconde Guerre mondiale, le choix d'emblèmes rappelant ceux utilisés par le régime de l'État Français, ainsi que la participation à certains événements organisés par l'association d'individus condamnés pour délit de négationnisme (dissolution confirmée). • CE 30 déc. 2014, n° 372322 B : *AJDA 2015. 430* .

21. En permettant à l'autorité administrative de prononcer la dissolution d'associations ou de groupements de fait qui, par leur objet ou leur activité réelle, présentent, par leur « forme et leur organisation militaires, le caractère de groupes de combat ou de milices privées » ou qui « soit provoquent à la discrimination, à la haine ou à la violence envers une personne ou un groupe de personnes à raison de leur origine ou de leur appartenance ou de leur non-appartenance à une ethnie, une nation, une race ou une religion déterminée, soit propagent des idées ou théories tendant à justifier ou encourager cette discrimination, cette haine ou cette violence », tend à assurer la sauvegarde de l'ordre public tant en vue de mettre un terme à ces situations qu'en vue d'éviter leur renouvellement. • CE 30 juill. 2014, n° 370306 A : *préc. note 20* • CEDH 8 oct. 2020, *Ayoub et a. c/ France,* n° 77400/14 : *JA 2020, n° 627, p. 12, obs. Delpech* .

22. La liberté d'association s'applique aux collectivités territoriales sans qu'elles puissent confier à une association de droit privé la gestion d'un service public à caractère administratif qui, par sa nature ou par la volonté du législateur, ne peut être assurée que par elles-mêmes. • CAA Marseille, 21 janv. 1999, n° 96MA11805 B.

2. Liberté de l'enseignement

23. La liberté de l'enseignement est un principe fondamental. • Cons. const. 23 nov. 1977, n° 77-87 DC § 2 et 3 • Cons. const. 8 juill. 1999, n° 99-414 DC § 6 • Cons. const. 26 janv. 2017, n° 2016-745 DC § 11. ♦ Elle présente le caractère d'une liberté fondamentale au sens de l'art. L. 521-2 CJA. • CE 31 oct. 2019, n° 435435 : *JCP Adm. 2019. 722.* ♦ La liberté de l'enseignement fait partie des droits et libertés que la Constitution garantit, dont la méconnaissance peut être invoquée à l'appui d'une QPC. • Cons. const. 14 nov. 2014, *Sté Mutuelle Saint-Christophe,* n° 2014-425 QPC § 7 • Cons. const. 21 oct. 2015, *Assoc. fondation pour l'École,* n° 2015-496 QPC § 9. ♦ En ce qui concerne l'enseignement supérieur, il trouve son fondement dans les lois des 12 juill. 1875 et 18 mars 1880. • Même affaire, § 77.

24. Le caractère limitatif qui s'attache aux crédits affectés à la rémunération des personnels enseignants des établissements d'enseignement privé ne fait pas obstacle à l'intervention d'une LFR pour modifier le montant des crédits en cause et ne porte pas atteinte à la liberté de l'enseignement. • Cons. const. 29 déc. 1984, n° 84-184 DC § 48.

25. Le principe de la liberté de l'enseignement ne s'oppose à ce que l'aide financière de l'État aux établissements d'enseignement privés soit subordonnée à la condition que les maîtres soient nommés en accord entre l'État et la direction de l'établissement. • Cons. const. 18 janv. 1985, n° 84-185 DC § 14. ♦ Il justifie que le législateur peut prévoir l'octroi d'une aide des collectivités publiques aux établissements d'enseignement privés selon la nature et l'importance de leur contribution à l'accomplissement de missions d'enseignement. • Cons. const. 13 janv. 1994, n° 93-329 DC § 26 et 27. ♦ Il est loisible au législateur de subordonner l'aide apportée par l'État aux établissements d'enseignement privés à la nature et à l'importance de leur contribution à l'accomplissement de missions d'enseignement. • Cons. const. 8 juill. 1999, n° 99-414 DC § 8. ♦ A l'inverse, l'exclusion de la possibilité pour les établissements privés d'enseignement qui ne relèvent d'aucune des catégories énumérées de percevoir certaines ressources publiques n'est pas de nature à porter atteinte à la liberté de l'enseignement. • Cons. const. 21 oct. 2015, *Assoc. fondation pour l'École,* n° 2015-496 QPC § 11.

26. Le principe de laïcité ne fait pas obstacle à la possibilité pour le législateur de prévoir, sous réserve de fonder son appréciation sur des critères objectifs et rationnels, la participation des collectivités publiques au financement du fonctionnement des établissements d'enseignement privés sous contrat d'association selon la nature et l'importance de leur contribution à l'accomplissement de missions d'enseignement. • Cons. const. 22 oct. 2009, n° 2009-591 DC § 6.

3. Indépendance des professeurs d'université

BIBL. Moniolle, Indépendance et liberté d'expression des enseignants-chercheurs, *AJDA 2001. 226*. – Gaudemet, L'indépendance des professeurs d'université, principe commun des droits constitutionnels européens, *D. 1984. 125.* – Legrand, Le recrutement des professeurs d'université : le retour au droit des concours, *AJDA 2012. 169*. – Grandemange, La composition des conseil universitaires est-elle inconstitutionnelle ?, *AJDA 2012. 1089*. – Zarca, L'égalité au service de l'indépendance. Retour prospectif sur les configurations du jury de recrutement des universitaires, *RD publ. 2012. 3.*

27. L'indépendance des professeurs d'université est un principe fondamental. • Cons. const. 20 janv. 1984, n° 83-165 DC § 20 • Cons. const. 8 mars 2018, n° 2018-763 DC § 5. ♦ ... Qui s'étend aux maîtres de conférences. • Cons. const. 10 janv. 1995, n° 94-355 DC § 23 • Cons. const. 6 août 2010, *Jean C. et a.,* n° 2010-20/21 QPC § 6.

V. pour d'autres décisions dans le même sens : .

28. Il est parfois combiné avec le principe d'indépendance des universités : • CE, ord., 11 mai 2009, n° 327356 : *AJDA 2010. 58, note Fort*.

29. Cette indépendance suppose que ne puissent être abrogées des dispositions législatives leur donnant des garanties conformes aux exigences constitutionnelles si elles ne sont pas remplacées dans la nouvelle loi par des garanties équivalentes. • Cons. const. 20 janv. 1984, n° 83-165 DC § 27.

30. Cependant, le principe ne s'applique qu'à la fonction professorale ; la nomination ou la mutation dans les fonctions de chef de service est distincte de la nomination ou de la mutation d'emploi dans le corps des professeurs des universités praticiens hospitaliers comme d'ailleurs dans celui des praticiens hospitaliers. • Cons. const. 12 janv. 1989, n° 88-249 DC § 5.

31. Le Conseil d'État se réfère lui aussi à ce principe fondamental. • CE 2 mars 1988, *Blet et Sabiani : Dr. adm. 1988. 250* • CE 2 mars 1988, *Assoc. nat. des chargés de conférences des sciences juridiques : Lebon 104.* • CE 29 mai 1992, *Assoc. des professeurs titulaires du Muséum national d'histoire naturelle,* n° 67622 : *Lebon 216* • CE 22 juin 2009, *Univ. de Picardie Jules-Verne,* n° 328756.

32. Parce qu'ils exercent en toute indépendance, les enseignants-chercheurs titulaires, et y compris les maîtres de conférences. • Cons. const. 19 déc. 2013, n° 2013-30 I : *D. 2014. 19, obs. Laffaille* ; *AJDA 2014. 352* ; *AJFP 2014. 101, note Toulemonde*. ♦ ... Peuvent être, en même temps, députés ou sénateurs. • Cons. const. 14 févr. 2008, n° 2008-24/25/26 I : *AJDA 2008. 1154, note Toulemonde*. ♦ Cette possibilité est étendue au membre du corps des tribunaux administratifs et des cours administratives d'appel placé en position de détachement dans le corps des professeurs des universités. • Cons. const. 26 sept. 2018, n° 2018-41 I : *AJDA 2018. 2161, obs. Toulemonde*. ♦ En revanche, cette possibilité n'est transposable ni aux professeurs associés. • Cons. const. 14 févr. 2008, n° 2008-24/25/26 I : *préc.* ♦ ... Ni aux professeurs de l'enseignement maritime dès lors qu'ils sont des militaires soumis à l'autorité hiérarchique et peuvent être regardés comme des enseignants-chercheurs du fait qu'ils n'exercent pas de fonction de recherche. • CE 23 mai 2011, *Synd. nat. personnels de l'administration de la mer CGT, Synd. nat. de l'enseignement supérieur maritime*, n° 344408 : *AJDA 2011. 1584*.

33. Le principe d'indépendance des enseignants-chercheurs n'implique pas que les professeurs d'université et maîtres de conférences doivent bénéficier d'une protection particulière en cas de mise en œuvre à leur égard de techniques de recueil de renseignement dans le cadre de la police administrative. • Cons. const. 23 juill. 2015, n° 2015-713 DC § 36.

34. Représentation aux conseils. L'indépendance des professeurs comme celle des enseignants-chercheurs ayant une autre qualité suppose, pour chacun de ces deux ensembles, une représentation propre et authentique dans les conseils de la communauté universitaire. • Cons. const. 20 janv. 1984, n° 83-165 DC § 27 • CE 29 mai 1992, *Assoc. des professeurs titulaires du Muséum national d'histoire naturelle*, n° 67622 : *préc. note 31* • CE 9 juill. 1997, *Picard*, n° 161929 : *Lebon 294* ; *RFDA 1998. 625, concl. Roul* • CE 5 déc. 2007, *Olivier A.*, n° 298263. ♦ Il ne peut dès lors être créé un collège unique pour l'élection desdits conseils, regroupant les professeurs et d'autres catégories de personnels qui ne peuvent leur être assimilées. • CAA Marseille, 1er juill. 1999, *Escola*, n° 97MA11426. ♦ ... Ou être inclus dans le collège des professeurs des représentants du personnel scientifique des bibliothèques. • CAA Paris, 17 mars 1994, *Picard et Lenoir*, n° 93PA01218 B • CE 9 juill. 1997, *Brigitte E.*, n° 158594 • CE 9 juill. 1997, *Picard*, n° 161929 : *préc.* • CE 28 juill. 2000, *Annie D.*, n° 183460.

35. Travaux et liberté d'expression. Les professeurs doivent pouvoir, sans contrainte (c'est-à-dire sans qu'il soit porté atteinte à la liberté d'expression qui découle de leur indépendance), faire des publications et des communications scientifiques dans une langue autre que le français. • Cons. const. 29 juill. 1994, n° 94-345 DC § 24. ♦ Mais cette liberté d'expression trouve sa limite dans une obligation d'objectivité. • CE 28 sept. 1998, *Notin*, n° 159236 B. ♦ Il ressort des pièces du dossier que M. B. a eu, lors d'un de ses cours, une attitude humiliante à l'égard de deux étudiants, comportant des allusions personnelles à caractère sexuel, de nature à porter atteinte à leur dignité. Un tel agissement devait être regardé comme détachable des fonctions d'enseignement de ce professeur et ne pouvait bénéficier de la protection de la liberté d'expression des enseignants-chercheurs. • CE 21 juin 2019, *Univ. Grenoble-Alpes, Min. de l'enseignement supérieur, de la recherche et de l'innovation*, n° 424582 : *note Truchot*.

36. L'évaluation de leurs travaux, titres et mérites ne peut émaner que de leurs pairs. • CE 22 mars 2000, *Ménard*, n° 195638 : *Lebon 124* ; *Dr. adm. 2000. 130, note R.S.* ; *AJFP sept.-oct. 2000, p. 9, note Moniolle* • CE 7 juin 2004, *Vives*, n° 251173 B. ♦ Il en résulte que, n'étant pas prises en compte dans le déroulement de leur carrière, les évaluations faites par les étudiants sur leurs enseignements ne sont pas contraires au principe d'indépendance. • CE 13 mars 1996, *Gohin*, n° 138749 : *Lebon 73* ; *AJDA 1996. 699, note Mekhantar* • CE 29 déc. 1997, *Tranquard*, n° 188347 : *Lebon 497*.

37. Procédure de sélection. Ce principe implique que les professeurs et maîtres de conférences soient associés au choix de leurs pairs. • Cons. const. 6 août 2010, *Jean C. et a.*, n° 2010-20/21 QPC § 6 • Cons. const. 21 déc. 2020, n° 2020-810 DC § 6. ♦ ... Mais n'impose pas que toutes les personnes intervenant dans la procédure de sélection soient elles-mêmes des enseignants-chercheurs d'un grade au moins égal à celui de l'emploi à pourvoir. • Cons. const. 6 août 2010, *Jean C. et a.*, n° 2010-20/21 QPC § 6. ♦ Il en résulte que toutes les personnes intervenant dans la procédure de nomination des membres des comités de sélection ne doivent pas obligatoirement être elles-mêmes des enseignants-chercheurs d'un grade au moins égal à celui de l'emploi à pourvoir. • Cons. const. 6 août 2010, *Jean C. et a.*, n° 2010-20/21 QPC § 8.

38. En revanche, les comités de sélection, qui apprécient les mérites scientifiques des candidats, doivent être composés d'enseignants-chercheurs et de personnels assimilés, pour moitié au moins extérieurs à l'université, d'un rang au moins égal à celui de l'emploi à pourvoir et dont leurs membres sont choisis en raison de leurs compétences, en majorité parmi les spécialistes de la discipline en cause. • Cons. const. 6 août 2010, *Jean C. et a.*, n° 2010-20/21 QPC § 11 • CE 4 mai 2001, n° 222117 B : *AJFP 2002. 16*. ♦ Le comité de sélection agit en qualité de jury du concours. • CE 15 déc. 2010, n° 316927 A : *AJDA 2010. 2454* ; *ibid. 2011. 540, note Melleray* ; *ibid. 1791, note Verpeaux* • CE 15 déc. 2010, n° 329056 A : *AJDA 2011. 1791, note Verpeaux* • CE 14 oct. 2011, n° 333712 B : *AJDA 2012. 169, note Legrand* ; *D. 2011.*

2601 ; *AJFP 2012. 76* ; *Dr. adm. 2011. 98, note Melleray.* ♦ … Et doit respecter la procédure prévue. • CE 5 mars 2014, *A.*, n° 363715 : *AJDA 2014. 1173, note Legrand* . ♦ Il peut donc rejeter une candidature au motif que les travaux du candidat ne sont pas suffisants dans le domaine auquel le poste est rattaché. • CE 9 févr. 2011, n° 317314 B : *AJDA 2011. 305* . ♦ Ne sort pas du cadre de l'appréciation des travaux un rapport indiquant que les travaux du candidat sortent du cadre de l'étude scientifique et concernent l'apologétique. • CE 19 oct. 2012, n° 344061 B § 3 : *AJDA 2012. 1985* ; *ibid. 2013. 190, note Legrand* ; *Dr. adm. 2013. 4, note Calmette.*

39. Si la règle selon laquelle les mérites des candidats à un poste de professeur ou de maître de conférences doivent être évalués par une instance nationale constitue une garantie légale possible du principe d'indépendance des enseignants-chercheurs, elle ne peut en elle-même être regardée comme figurant au nombre des principes fondamentaux reconnus par les lois de la République. • Cons. const. 21 déc. 2020, n° 2020-810 DC § 8. ♦ Les membres des comités locaux qui apprécient les mérites scientifiques des candidats, sont choisis en raison de leurs compétences, en majorité parmi les spécialistes de la discipline en cause et pour moitié au moins extérieurs à l'université, d'un rang au moins égal à celui de l'emploi à pourvoir. En dépit de la suppression de l'exigence de qualification préalable par le conseil national des universités pour le recrutement en qualité de professeur ou de maître de conférences, ces dispositions garantissent que leurs pairs soient associés au recrutement des candidats à ces postes et que ces recrutements soient fondés sur l'appréciation des mérites des différents candidats. • Cons. const. 21 déc. 2020, n° 2020-810 DC § 21 à 23.

40. La composition du comité de sélection doit respecter le principe d'impartialité. V., s'agissant de la présence du directeur de thèse : • CE 12 juin 2019, n° 409394 B : *AJDA 2019. 1256* ; *AJFP 2019. 345* ; *JCP Adm. 2019. 2351, concl. Dieu.* ♦ Mme A. et les membres du comité de sélection ont participé *ensemble*, à plusieurs reprises, à divers colloques ou journées d'étude consacrés à l'histoire du droit, plusieurs des membres du comité de sélection étaient membres du comité de rédaction d'une revue relative à l'histoire du droit dont Mme A. est la rédactrice en chef ou avaient publié avec elle des contributions dans différents ouvrages et Mme A. a également publié une contribution dans un ouvrage dont la publication était dirigée par un membre du comité de sélection. Par ailleurs, Mme A. aurait figuré sur la même liste de membres élus au CNU que deux membres du comité de sélection. Les liens résultant de ces relations professionnelles entre Mme A. et les membres du comité de sélection, dans une discipline qui compte peu de spécialistes, ne pouvaient à eux seuls, dans les circonstances de l'espèce, être regardés comme révélant une collaboration scientifique dont l'étroitesse aurait fait obstacle à ce que ces membres participent régulièrement au comité de sélection pour se prononcer sur les mérites de la candidature de Mme A. • CE 29 mai 2020, n° 424367 B : *AJDA 2020. 1090* ; *AJFP 2020. 244, comm. Zarca* ; *JCP Adm. 2020. 2323, concl. Dieu.*

41. Les dispositions contestées imposant à la formation restreinte du conseil académique, lorsqu'elle examine des questions individuelles relatives aux enseignants-chercheurs autres que les professeurs des universités, de comprendre un nombre égal d'hommes et de femmes ainsi qu'un nombre égal de représentants des professeurs des universités et des autres enseignants-chercheurs ne remettent pas en cause la règle selon laquelle cette formation est composée exclusivement d'enseignants-chercheurs élus au conseil académique et comprend deux collèges composés à parité pour représenter, d'une part, les professeurs des universités et, d'autre part, les autres enseignants-chercheurs. Dès lors, en fixant une exigence d'égale représentation des femmes et des hommes et en confiant la mise en œuvre de cette exigence au pouvoir réglementaire, le législateur n'a pas méconnu l'étendue de sa compétence. • Cons. const. 24 avr. 2015, *CPU*, n° 2015-465 QPC § 8. ♦ V. pour une mise en œuvre. • CE 17 oct. 2016, *CPU*, n° 386118 : *AJDA 2016. 2391, note Legrand* .

42. Rôle du Conseil d'administration et du chef d'établissement. Le conseil d'administration ne peut proposer au ministre chargé de l'Enseignement supérieur la nomination d'un candidat non sélectionné par le comité. • Cons. const. 6 août 2010, *Jean C. et a.*, n° 2010-20/21 QPC § 12. ♦ Il en résulte qu'il incombe au conseil d'administration, qui n'agit donc pas en qualité de jury, d'apprécier, en motivant sa décision, l'adéquation des candidatures à la stratégie de l'établissement, sans remettre en cause l'appréciation des mérites scientifiques des candidats retenus par le comité de sélection. • CE 15 déc. 2010, n° 316927 A : *préc. note 38* • CE 26 oct. 2011, n° 334084 B : *AJDA 2012. 169, note Legrand* ; *AJFP 2012. 24* ; *Cah. Cons. const. 2012. 236, obs. Disant* • CE 9 mars 2016, n° 391508 B : *AJDA 2016. 521* ; *JCP Adm. 2016. 237.* ♦ Dès lors, doit être annulée la délibération du conseil d'administration fondée sur l'insuffisance des travaux de recherche du candidat. • CE 9 févr. 2011, n° 329584 B : *AJDA 2011. 305* • CE 14 oct. 2011, n° 341103 B : *AJDA 2012. 169, note Legrand*

; *Cah. Cons. const. 2012. 236, obs. Disant ; Dr. adm. 2011. 98, note Melleray.*

43. De même, seuls des professeurs peuvent être présents au cours de l'audience publique du conseil d'administration qui délibère sur la désignation des membres du comité de sélection relevant du grade de professeur. • CE 25 mai 2007, *Guy A.*, n° 296014. ♦ Toute autre composition est irrégulière et il importe peu que seuls les professeurs d'université aient voté dès lors que d'autres enseignants étaient présents et ont participé aux débats. • CE 22 juin 2009, *Univ. de Picardie Jules-Verne*, n° 328756. ♦ Mais il n'est pas possible que le conseil statue valablement, même en formation restreinte, en présence d'un seul membre. • CE 5 déc. 2011, *Rech*, n° 334059 : *Lebon 611* ; *AJDA 2012. 339, concl. Keller* ; *ibid. 2011. 2386* ; *AJFP 2012. 120*.

44. Il résulte encore de ce principe que le chef d'établissement ne peut refuser, pour des motifs étrangers à l'administration de l'université et, en particulier, des motifs liés à la qualification scientifique de l'intéressé, de proposer à la titularisation un candidat ayant reçu un avis favorable de la commission de titularisation. Le chef d'établissement ne saurait, non plus, quel qu'en soit le motif, proposer à la titularisation un candidat ayant fait l'objet d'un avis défavorable de cette commission. • Cons. const. 21 déc. 2020, n° 2020-810 DC § 11 et 21. ♦ V. déjà. • Cons. const. 6 août 2010, *Jean C. et a.*, n° 2010-20/21 QPC § 16. ♦ En revanche, il peut se fonder sur la circonstance que le profil de recherche retenu pour cet emploi n'avait pas permis, en raison d'une définition trop large, une bonne compréhension des priorités scientifiques du laboratoire, ni de déterminer celle des équipes qu'il convenait de renforcer, par un tel recrutement, ce que révélaient d'ailleurs les divergences d'appréciations apparues entre le comité de sélection et le conseil d'administration ; de tels motifs ne sont pas étrangers à l'administration de l'école et entrent dès lors bien dans le champ de compétence du directeur. • CE 5 déc. 2011, n° 333809 A : *AJDA 2012. 336, concl. Keller* ; *ibid. 2011. 2497, obs. Jégouzo* ; *AJFP 2012. 118*. ♦ Le président peut également ne pas donner suite à une procédure de recrutement entachée d'irrégularité sous réserve que celle-ci soit réelle. • CE 19 oct. 2012, n° 344061 B § 3 et 4 : *préc. note 38.*

45. Ne portent pas atteinte à cette indépendance, ... la possibilité donnée au ministre *chargé de l'enseignement supérieur* d'autoriser un établissement public de recherche ou d'enseignement supérieur à recruter en qualité d'agent contractuel de droit public une personne en vue de sa titularisation dans le corps des professeurs de l'enseignement supérieur, lorsqu'un tel recrutement répond à un besoin spécifique lié à la stratégie scientifique de ce dernier ou à son attractivité internationale, dans des domaines de recherche pour lesquels il justifie de cette nécessité, dès lors que la procédure de recrutement assure pleinement, comme en l'espèce, cette garantie. • Cons. const. 21 déc. 2020, n° 2020-810 DC § 8 s. ♦ ... La suppression d'un concours de recrutement. • CE 2 mars 1988, *Féd. nat. synd. autonomes de l'enseignement supérieur*, n° 61165 et 61472 A. ♦ ... La désignation par le ministre des membres du jury du concours de recrutement. • CE 2 mars 1988, n° 61225 A. ♦ ... Des dispositions se bornant à prévoir que des salariés peuvent être recrutés par certains établissements publics de recherche et fondations reconnues d'utilité publique pour la durée d'un projet ou d'une opération. • Cons. const. 21 déc. 2020, n° 2020-810 DC § 29.

46. Obligation de service. Ne portent pas atteinte à cette indépendance : la définition par le conseil d'administration de l'université, dans les limites prévues par la loi et dans le respect des dispositions statutaires applicables, des principes généraux de répartition des obligations de service pour les personnels enseignants et de recherche entre les activités d'enseignement, de recherche et les autres missions qui peuvent être confiées à ces personnels. • Cons. const. 6 août 2010, *Jean C. et a.*, n° 2010-20/21 QPC § 21. ♦ ... La fixation des obligations de service des enseignants par le directeur de l'établissement avec, éventuellement, l'obligation de compléter le service dans un autre établissement. • CE 2 mars 1988, *de Coligny : Lebon 102.*

47. Ne portent pas atteinte à cette indépendance : l'absence de statut législatif. • CE 2 mars 1988, *Féd. nat. synd. autonomes de l'enseignement supérieur : préc. note 45.* ♦ ... La mise en place d'une procédure facultative de conciliation entre les directeurs de thèse et leurs étudiants. • CE 20 mars 2000, *Mayer et Richer*, n° 202295 : *AJDA 2000. 756, obs. Jégouzo*. ♦ ... L'attribution de la prime d'encadrement doctoral par une commission composée pour moitié d'enseignants-chercheurs nommés par l'administration. • CE 30 juill. 2003, *Sulzer*, n° 246666 : *Dr. adm. 2003. 240, note C.M.* ♦ ... Des arbitrages ministériels conduisant une université à renoncer au recrutement d'un professeur. • CE, réf., 11 mai 2009, n° 327356 : *préc. note 28.*

48. Déroulement de carrière. L'application des règles relatives à la réorientation professionnelle dans le cadre de la restructuration des services publics de l'État découlant de la révision générale des politiques publiques ne peut avoir pour effet, s'agissant des enseignants-chercheurs, de conduire à un changement de corps. • Cons. const. 17 juin 2011,

Union gén. féd. de fonctionnaires CGT et a., n° 2011-134 QPC § 25.

49. Discipline. Le principe d'indépendance des enseignants-chercheurs n'impose pas que l'instance disciplinaire qui les concerne soit présidée par un enseignant-chercheur. • Cons. const. 1er août 2019, n° 2019-790 DC § 40.

4. Refus d'extrader dans un but politique

50. Le refus d'extrader un étranger lorsque la demande est présentée dans un but politique est un principe fondamental. Il a été dégagé par le Conseil d'État. • CE, ass., 3 juill. 1996, *Koné*, n° 169219 : *Lebon 255 ; RFDA 1996. 870, concl. Delarue et notes Favoreu, Gaïa, Labayle, Delvolvé ; AJDA 1996. 722, chron. Chauvaux et Girardot ; ibid. 2014. 107, note Denoix de Saint Marc ; D. 1996. 509, note Julien-Laferrière ; RD publ. 1996. 1751, note Braud ; JCP 1996. 22720, note Prétot ; LPA 27 déc. 1996, note Guiheux ; ibid. 20 déc. 1997, note Pélissier ; RTDH 1997 762, note Pierucci ; Rev. belge dr. const. 1997. 123, note Larsonnier ; RGDIP 1997. 238, note Alland.* ♦ ... Ce qui conduira à imposer une révision constitutionnelle pour pouvoir ratifier la décision-cadre du 13 juin 2002 sur le mandat d'arrêt européen. • CE, ass. avis, 26 sept. 2002, n° 368282 : *AJDA 2003. 1368, étude Ondoua ; EDCE 2003, n° 54, p. 192.* ♦ V. pour une mise en œuvre. • CE, sect., 9 déc. 2016, *Ablyazov*, n° 394399 : *AJDA 2016. 2405 ; AJ pénal 2017. 94, obs. Otero.*

5. Atténuation de la responsabilité pénale des mineurs

51. L'atténuation de la responsabilité pénale des mineurs en fonction de l'âge, comme la nécessité de rechercher le relèvement éducatif et moral des enfants délinquants par des mesures adaptées à leur âge et à leur personnalité, prononcées par une juridiction spécialisée ou selon des procédures appropriées, a été constamment reconnue par les lois de la République depuis le début du XXe siècle, sans que, toutefois, la législation républicaine antérieure à l'entrée en vigueur de la Constitution de 1946 ne consacre de règle selon laquelle les mesures contraignantes ou les sanctions devraient toujours être évitées au profit de mesures purement éducatives. En particulier, les dispositions originelles de l'Ord. du 2 févr. 1945 n'écartaient pas la responsabilité pénale des mineurs et n'excluaient pas, en cas de nécessité, que fussent prononcées à leur égard des mesures telles que le placement, la surveillance, la retenue ou, pour les mineurs de plus de 13 ans, la détention. Telle est donc la portée du PFRLR en matière de justice des mineurs. • Cons. const. 29 août 2002, n° 2002-461 DC § 26 • Cons. const. 8 févr. 2019, *Berket S.*, n° 2018-762 QPC § 3.

V. pour d'autres décisions dans le même sens : .

52. Le juge constitutionnel fixe ensuite les conditions dans lesquelles ce principe est respecté, éventuellement en assortissant son analyse de réserves d'interprétation. • Cons. const. 29 août 2002, n° 2002-461 DC § 27, 28, 32, 35 s., 42 et 43, 47, 56 • Cons. const. 13 mars 2003, n° 2003-467 DC § 37 et 38. ♦ En particulier, il s'assure que le législateur a bien pris les précautions permettant d'assurer le respect de ce principe. • Cons. const. 3 mars 2007, n° 2007-553 DC § 13 s.

53. Nonobstant, les principes constitutionnels encadrant la justice pénale garantis en particulier par les art. 7, 8 et 9 DDH et 66 Const. s'appliquent également aux mineurs. • Cons. Const. 29 août 2002, n° 2002-461 DC § 26 • Cons. const. 16 sept. 2010, *Jean-Victor C.*, n° 2010-25 QPC § 18. ♦ V. déjà s'agissant de la garde à vue avant que le principe fondamental ne soit dégagé. • Cons. const. 13 août 1993, n° 93-326 DC § 29 • Cons. const. 20 janv. 1994, n° 93-334 DC § 23 s. ♦ Il en va de même des principes contenus à l'art. 16 DDH relativement au droit à un procès équitable. • Cons. const. 8 juill. 2011, *Tarek J.*, n° 2011-147 QPC § 8 à 11. ♦ V. notes ss. ces différents art.

54. Portée du principe. Sous ces réserves, ce principe n'interdit pas que des mineurs de plus de 16 ans ayant participé à des infractions relevant de la criminalité organisée avec des majeurs puissent être mis en garde à vue dans les mêmes conditions que les majeurs. • Cons. const. 2 mars 2004, n° 2004-492 DC § 38. ♦ De même, un mineur de plus de 16 ans peut faire l'objet d'une procédure de comparution immédiate. • Cons. const. 3 mars 2007, n° 2007-553 DC § 13. ♦ De même encore, la législation républicaine ne consacre pas de règle selon laquelle les mesures contraignantes ou les sanctions devraient toujours être évitées au profit de mesures purement éducatives. En particulier, les dispositions originelles de l'Ord. du 2 févr. 1945 n'écartent pas la responsabilité pénale des mineurs et n'excluent pas, en cas de nécessité, que soient prononcées à leur égard des mesures telles que le placement, la surveillance, la retenue ou, pour les mineurs de plus de treize ans, la détention. • Cons. const. 16 nov. 2018, *Murielle B.*, n° 2018-744 QPC § 12.

55. Mise en œuvre du principe. Dès lors que les mineurs ne sont pas jugés par une juridiction spécialisée, il y a lieu de rechercher s'ils le sont selon une procédure appropriée. Ainsi, n'est pas une juridiction spécialisée au sens du présent principe le tribunal correctionnel des mineurs composé de trois magistrats du tribunal de grande instance ainsi que, pour les délits mentionnés à l'art. 399-2 C. pr. pén., de deux assesseurs citoyens. En effet, s'il est présidé par le juge des enfants, il est majoritairement composé de personnes qui ne disposent pas de compétences particulières sur les questions de l'enfance. Il y a lieu dans ce cas, en application du présent principe, de rechercher si ce tribunal est saisi selon des procédures appropriées à la recherche du relèvement éducatif et moral des mineurs. • Cons. const. 4 août 2011, n° 2011-635 DC § 51. ♦ Tel n'est pas le cas si les dispositions permettent de faire convoquer ou comparaître directement le mineur devant la juridiction de jugement sans instruction préparatoire. • Même affaire, § 52. ♦ A l'inverse, dès lors que les dispositions contestées (règles relatives à la répartition des poursuites entre le tribunal pour enfants et la cour d'assises des mineurs à l'issue de la procédure d'instruction) ne peuvent conduire à ce qu'un mineur soit jugé par une juridiction autre que celles qui sont spécialement instituées pour connaître de la délinquance des mineurs, le présent principe n'est pas violé. • Cons. const. 29 nov. 2013, *Christophe D.*, n° 2013-356 QPC § 14.

56. Une décision d'inconstitutionnalité qui conduirait à la disparition de la juridiction spécifique aux mineurs serait nécessairement contraire au présent principe. • Cons. const. 8 juill. 2011, *Tarek J.*, n° 2011-147 QPC § 12.

57. Composition du tribunal pour enfants. V. DDH, art. 16, notes 205 s.

58. Saisine du tribunal pour enfants. Ces principes interdisent que le procureur de la République puisse faire convoquer directement tout mineur quels que soient son âge, l'état de son casier judiciaire et la gravité des infractions poursuivies par un officier de police judiciaire devant le tribunal pour enfants sans instruction préparatoire par le juge des enfants, le tribunal pouvant ne pas disposer d'informations récentes sur la personnalité du mineur lui permettant de rechercher son relèvement éducatif et moral. • Cons. const. 10 mars 2011, n° 2011-625 DC § 43. ♦ En revanche, ce mécanisme de convocation n'est pas contraire au présent principe s'il est applicable aux mineurs de plus de 16 ans poursuivis pour un délit puni d'au moins 3 ans d'emprisonnement et aux mineurs de plus de 13 ans poursuivis pour un délit puni d'au moins 5 ans d'emprisonnement ; que, dans les deux cas, ce mécanisme ne peut être mis en œuvre que si le mineur a, antérieurement, été poursuivi en application de l'Ord. du 2 févr. 1945 ; qu'il ne peut être engagé que si des investigations sur les faits ne sont pas nécessaires et si des investigations sur la personnalité du mineur ont été accomplies au cours des 12 mois précédant la convocation ; qu'il n'est pas dérogé aux dispositions particulières imposant l'assistance du mineur par un avocat et la convocation de ses représentants légaux ; que ces dispositions tiennent compte de l'âge du mineur, de la gravité des faits qui lui sont reprochés et de ses antécédents. • Cons. const. 4 août 2011, n° 2011-635 DC § 41.

59. De même, l'obligation de renvoi devant le tribunal pour enfants ou le tribunal correctionnel des mineurs ne s'appliquant qu'aux mineurs de plus de 16 ans qui ont été mis en examen par le juge des enfants ou le juge d'instruction pour des faits punis d'au moins 3 ans d'emprisonnement et commis en état de récidive légale ne méconnaît pas les exigences constitutionnelles et le présent principe. • Cons. const. 4 août 2011, n° 2011-635 DC § 44.

60. De même encore, la disposition qui autorise le procureur de la République, dès lors qu'il requiert l'application de la césure, à faire convoquer ou comparaître directement un mineur devant le tribunal pour enfants ou le tribunal correctionnel des mineurs malgré le caractère insuffisant des éléments d'information sur la personnalité du mineur imposant à la juridiction de jugement d'ajourner le prononcé de la mesure, de la sanction ou de la peine, notamment pour permettre que des investigations supplémentaires sur la personnalité du mineur soient réalisées, n'est pas contraire au présent principe. • Cons. const. 4 août 2011, n° 2011-635 DC § 48.

61. En revanche n'empêche pas que les mineurs soient jugés selon une procédure appropriée à la recherche de leur relèvement éducatif la comparution à délai rapproché qui permet au procureur de la République, à tout moment de la procédure, de requérir du juge des enfants de renvoyer le mineur devant la juridiction de jugement compétente pour connaître des délits qui lui sont reprochés, dès lors que c'est au juge des enfants qu'est laissé le soin de ne faire droit à la requête du procureur de la République que s'il estime que « des investigations suffisantes sur la personnalité du mineur ont été effectuées, le cas échéant à l'occasion d'une précédente procédure, et que des investigations sur les faits ne sont pas ou ne sont plus nécessaires ». A défaut, le juge poursuit l'instruction préparatoire après avoir rejeté la requête du procureur de la République par une ordonnance susceptible d'appel devant le président de la chambre spéciale des mineurs de la cour d'appel ou son remplaçant. • Cons. const. 21 sept. 2012, *Afif F.*, n° 2012-272 QPC.

62. Peines planchers. Le législateur n'ayant pas entendu écarter les dispositions en vertu desquelles la juridiction compétente à l'égard d'un mineur prononce une mesure de protection, d'assistance, de surveillance et d'éducation et peut cependant appliquer une sanction pénale si elle l'estime nécessaire, l'institution de peines minimales pour des mineurs de plus de 16 ans ayant commis des infractions une nouvelle fois en état de récidive légale est possible dès lors que la juridiction peut en décider autrement. • Cons. const. 9 août 2007, n° 2007-554 DC § 24. ♦ En revanche, en instituant le principe de peines minimales applicables à des mineurs qui n'ont jamais été condamnés pour crime ou délit, la disposition contestée méconnaît les exigences constitutionnelles en matière de justice pénale des mineurs. • Cons. const. 10 mars 2011, n° 2011-625 DC § 27.

63. En matière de conditions de détention, le juge administratif préfère se référer à la CIDE pour justifier la nécessaire adaptation du régime carcéral. • CE, sect., 31 oct. 2008, *Section française de l'Observatoire international des prisons,* n° 293785 : *Lebon 374, concl. Guyomar ; AJDA 2008. 2389, chron. Geffray et Liéber ; D. 2009. 134, note Herzog-Evans ; Dr adm. 2009. 10, note Melleray.*

64. Ainsi, s'agissant des mineurs, il appartient au décret de déterminer une durée de conservation des données inscrites aux fichiers automatisés d'antécédents judiciaires conciliant, d'une part, la nécessité d'identifier les auteurs d'infractions et, d'autre part, celle de rechercher le relèvement éducatif et moral des mineurs délinquants. • Cons. const. 13 mars 2003, n° 2003-467 DC § 38 • Cons. const. 10 mars 2011, n° 2011-625 DC § 11.

65. Exécution provisoire des peines. La possibilité pour le juge des enfants et le tribunal pour enfants de prononcer l'exécution provisoire des mesures ou sanctions éducatives et des peines, autres que celles privatives de liberté, est justifiée par la nécessité de mettre en œuvre dans des conditions adaptées à l'évolution de chaque mineur les mesures propres à favoriser leur réinsertion. Elle contribue ainsi à l'objectif de leur relèvement éducatif et moral. En revanche, l'exécution provisoire d'une peine d'emprisonnement sans sursis prononcée à l'encontre d'un mineur, alors que celui-ci comparaît libre devant le tribunal pour enfants, entraîne son incarcération immédiate à l'issue de l'audience, y compris en cas d'appel. Elle le prive ainsi du caractère suspensif du recours et de la possibilité d'obtenir, avant le début d'exécution de sa condamnation, diverses mesures d'aménagement de sa peine. • Cons. const. 9 déc. 2016, *Ibrahim B.,* n° 2016-601 QPC § 7 et 8.

66. Garde à vue. V. notes ss. DDH, art. 9.

67. Audition libre. L'audition libre des mineurs se déroule selon les mêmes modalités que celle des adultes et ce, quel que soit les âges. Or, les garanties mises en place pour les adultes ne suffisent pas à assurer que le mineur consente de façon éclairée à l'audition libre ni à éviter qu'il opère des choix contraires à ses intérêts. Dès lors, en ne prévoyant pas de procédures appropriées de nature à garantir l'effectivité de l'exercice de ses droits par le mineur dans le cadre d'une enquête pénale, le législateur a contrevenu au présent principe. • Cons. const. 8 févr. 2019, *Berket S.,* n° 2018-762 QPC § 5.

68. Assignation à résidence avec surveillance électronique. V. DDH, art. 9, note 70.

69. Application par le pouvoir réglementaire. S'agissant de l'inscription à des fichiers informatisés d'antécédents judiciaires de mineurs, il appartient au décret de déterminer une durée de conservation conciliant, d'une part, la nécessité d'identifier les auteurs d'infractions et, d'autre part, celle de rechercher le relèvement éducatif et moral des mineurs délinquants. • Cons. const. 13 mars 2003, n° 2003-467 DC § 38 • Cons. const. 10 mars 2011, n° 2011-625 DC § 11. ♦ De même, le pouvoir réglementaire doit tenir compte, outre la nature et la gravité des infractions concernées, des spécificités de la délinquance des mineurs pour déterminer les modalités et la durée de conservation des empreintes génétiques. • Cons. const. 16 sept. 2010, *Jean-Victor C.,* n° 2010-25 QPC § 18.

70. Ne relève pas du présent principe fondamental. Une disposition qui subordonne la transmission d'informations relatives au mineur par le procureur de la République au préfet à la demande de ce dernier en vue, le cas échéant, de saisir le président du conseil général pour la mise en œuvre d'un contrat de responsabilité parentale. • Cons. const. 10 mars 2011, n° 2011-625 DC § 37.

6. Maintien de la législation des départements d'Alsace et de Moselle tant qu'elle n'est pas remplacée

BIBL. Peljak, La fin du droit local d'Alsace-Moselle ?, *AJDA 2011. 2211*.

71. La législation républicaine antérieure à l'entrée en vigueur de la Constitution de 1946 a consacré le principe selon lequel, tant qu'elles n'ont pas été remplacées par les dispositions de droit commun ou harmonisées avec elles, des dispositions législatives et réglementaires particulières aux départements du Bas-Rhin, du Haut-Rhin et de la Moselle peuvent demeurer en vigueur. A défaut de leur abrogation ou de leur harmonisation avec le droit commun, les dispositions particulières des départements d'Alsace et de Moselle ne peuvent être aménagées que dans la mesure où les différences de traitement qui en résultent ne sont pas accrues et que leur champ d'application n'est pas élargi. • Cons. const. 5 août 2011, *Sté SOMODIA,* n° 2011-157 QPC § 4 • Cons. const. 28 sept. 2012, *Cts G.,* n° 2012-274 QPC § 6.

72. L'existence de ce principe fondamental relatif au droit local fait obstacle à ce que le principe d'égalité soit invoqué pour contester les différences entre le droit applicable dans les départements d'Alsace-Moselle et le droit applicable sur le reste du territoire national. • Cons. const. 5 août 2011, *Sté SOMODIA,* n° 2011-157 QPC § 5 • Cons. const. 28 sept. 2012, *Cts G.,* n° 2012-274 QPC § 7. ♦ En revanche, si la modification du droit local, postérieure à l'entrée en vigueur de la Const. 46, accroit les différences de traitement, le principe fondamental ne fait plus obstacle à l'examen du grief tiré de la méconnaissance du principe d'égalité. • Cons. const. 26 sept. 2014, *Sté Assurances du Crédit mutuel,* n° 2014-414 QPC § 9. ♦ Sur l'application dans ces départements du Concordat, V. notes ss. Const. 58, art. 1er.

73. Il convient néanmoins que les dispositions de droit local, rédigées en allemand, aient donné lieu à une publication de la traduction officielle prévue par les lois du 1er juin 1924, faute de quoi, l'atteinte à l'objectif de valeur constitutionnelle d'accessibilité de la loi qui résulte de l'absence de version officielle en langue française d'une disposition législative peut être invoquée à l'appui d'une QPC. • Cons. const. 30 nov. 2012, *Christian S.,* n° 2012-285 QPC § 12.

b. Dualité de juridiction

74. La Constitution reconnaît deux ordres de juridictions au sommet desquels sont placés le Conseil d'État et la Cour de cassation. • Cons. const. 3 déc. 2009, n° 2009-595 DC § 3 • Cons. const. 26 nov. 2010, *Mlle Danielle S.,* n° 2010-71 QPC § 35.

1. Indépendance de la justice administrative

75. L'indépendance de la justice administrative est un principe fondamental. • Cons. const. 22 juill. 1980, n° 80-119 DC § 6. ♦ Rappr. • Cass., QPC, 8 mars 2012, n° 11-24.638 P : *AJDA 2012. 525*. ♦ Il résulte des principes fondamentaux reconnus par les lois de la République, depuis la loi du 24 mai 1872, que l'indépendance de la juridiction administrative est garantie ainsi que le caractère spécifique de ses fonctions, sur lesquelles ne peuvent empiéter ni le législateur ni le Gouvernement. • CE 21 déc. 2020, n° 441399 B § 7 : *AJDA 2020. 2582*.

76. Il n'appartient ni au législateur ni au Gouvernement de censurer les décisions des juridictions administratives, d'adresser à celles-ci des injonctions et de se substituer à elles dans le jugement des litiges relevant de leur compétence. Toutefois, en dispensant du respect de la consultation préalable du Conseil supérieur des tribunaux administratifs et des cours administratives d'appel l'édiction de celles des ordonnances, qui sont relatives à la procédure contentieuse applicable devant les juridictions administratives, les dispositions contestées ne peuvent être regardées comme portant atteinte à l'indépendance de la juridiction administrative. • CE 21 déc. 2020, n° 441399 B § 7 et 8 : *préc. note 75.*

2. Compétence du juge administratif dans le contentieux de l'annulation des actes de la puissance publique

BIBL. Melleray, En relisant la décision « Conseil de la concurrence », *AJDA 2017. 91*. – Arrighi de Casanova, La réception par le Tribunal des conflits de la jurisprudence « Conseil de la concurrence », *AJDA 2017. 95*. – Éveillard, Les matières réservées par nature à l'autorité juridiciaire, *AJDA 2017. 101*. – Froger, Les interventions législatives après la décision « Conseil de la concurrence » : que reste-t-il du « noyau dur » de la compétence du juge administratif ?, *AJDA 2017. 112*.

77. Principe. A l'exception des matières réservées par nature à l'autorité judiciaire, relève en dernier ressort de la compétence de la juridiction administrative l'annulation ou la réformation des décisions prises, dans l'exercice des prérogatives de puissance publique, par les autorités exerçant le pouvoir exécutif, leurs agents, les collectivités territoriales de la République ou les organismes publics placés sous leur autorité ou leur contrôle. • Cons. const. 23 janv. 1987, n° 86-224 DC § 15 • Cons. const. 4 oct. 2019, *Lamin J.,* n° 2019-807 QPC § 6 • CE, QPC, 9 nov. 2011, *Giraud,* n° 351890 B : *AJDA 2011. 2206 ; AJDI 2012. 22, chron. Gilbert ; RDI 2012. 85, obs. Hostiou.* ♦

V. pour d'autres décisions dans le même sens :.

78. Le Tribunal des conflits reprend la même formule mais sans faire référence à un principe fondamental. • T. confl. 17 oct. 2011, *SCEA du Chéneau,* n° 3828 : *Lebon 698 ; RFDA 2011. 1122, concl. Sarcelet ; ibid. 1129, note Seiller ; ibid. 1136, note Roblot-Trozier ; ibid. 2012. 339, étude Mestre ; AJDA 2012. 27, chron. Guyomar et Domino ; D. 2011. 3046, note Donnat ; ibid. 2012. 244, note Fricero ; RTD civ. 2011. 735, obs. Rémy-Corlay ; JCP Adm. 2011. 2354, note Pauliat* • T. confl. 12 déc. 2011, *Sté Green Yellow et a.,* n° 3841 : *Lebon 705 ; AJDA 2012. 27, chron. Guyomar et Domino ; ibid. 2011. 2503, obs. Grand.*

79. Toutefois, lorsque l'application d'une législation ou d'une réglementation spécifique pourrait engendrer des contestations contentieuses diverses qui se répartiraient, selon les règles habituelles de compétence, entre la juridiction administrative et la juridiction judiciaire, il est loisible au législateur, dans l'intérêt d'une bonne administration de la justice, d'unifier les règles de compétence au sein de l'ordre juridictionnel principalement intéressé ; une telle unification peut être opérée tant en fonction de l'autorité dont les décisions sont contestées qu'au regard de la matière concernée. • Cons. const. 23 janv. 1987, n° 86-224 DC § 16 • Cons. const. 23 juill. 1996, n° 96-378 DC § 22 et 24. ♦ Le législateur n'est pas tenu de le faire. • Cons. const. 4 oct. 2019, *Lamin J.*, n° 2019-807 QPC § 11.

80. La mise en œuvre de ce principe suppose néanmoins que l'acte attaqué soit susceptible de recours. • CE 7 nov. 2005, *Cie générale des eaux*, n° 271982 : *Lebon 490*.

81. Le pouvoir d'adresser des injonctions à l'administration permet de priver les décisions de celle-ci de leur caractère exécutoire. Il est, dès lors, de même nature que celui consistant à annuler ou à réformer les décisions prises par l'administration dans l'exercice de ses prérogatives de puissance publique, pouvoir dont l'exercice relève de la seule compétence de la juridiction administrative. • T. confl. 12 mai 1997, *Préfet de police de Paris c/ Ben Salem et Taznaret : Lebon 528 ; RFDA 1997. 514, concl. Arrighi de Casanova ; RD publ. 1997. 667, chron. Prétot ; JCP 1997. 22861, rapp. Sargos.*

82. Viole le présent principe le tribunal administratif qui, se fondant sur les dispositions combinées de l'art. L. 142-1 CSS et de l'art. 8 de la loi du 31 déc. 1968, disposant que la juridiction judiciaire est compétente pour se prononcer sur l'exception de prescription opposée par une autorité administrative à une demande relevant du contentieux général de la sécurité sociale, se déclare incompétent pour connaître de la décision de cette autorité refusant de faire usage de la faculté de relèvement de la prescription. • CE 20 juill. 2007, *Clain*, n° 290598 • CAA Bordeaux, 21 févr. 2008, n° 07BX01827.

83. Sont au nombre des décisions pour lesquelles ce principe s'applique les déclarations d'utilité publique dans le cadre de la procédure d'expropriation. • CE, QPC, 9 nov. 2011, *Giraud*, n° 351890 : *préc. note 77.* ♦ ... Une décision par laquelle une autorité de régulation refuse de faire usage de ses pouvoirs de sanction. • CE 7 févr. 2018, n° 399683 A : *AJDA 2018. 303 ; JCP Adm. 2018. 158.* ♦ ... La décision par laquelle l'autorité administrative peut maintenir un étranger en rétention pendant le temps nécessaire à l'examen de cette demande si elle l'estime présentée dans le seul but de faire échec à la mesure d'éloignement. • Cons. const. 4 oct. 2019, *Lamin J.*, n° 2019-807 QPC § 12.

84. Exception. Précision est apportée (par le commentaire de la décision figurant sur le site du tribunal) que la réserve de compétence au profit de la juridiction administrative, fondée sur le principe fondamental reconnu par les lois de la République, telle que précisée par le Cons. const., ne concerne que le contentieux de l'annulation et de la réformation et non le contentieux de l'appréciation de légalité et de l'interprétation. • T. confl. 17 oct. 2011, *SCEA du Chéneau*, n° 3828 : *préc. note 77.* ♦ Il est dès lors possible que le juge judiciaire apprécie la conventionnalité d'un acte administratif au regard du droit de l'Union. • T. confl. 17 oct. 2011, *SCEA du Chéneau*, n° 3828 : *préc. note 77.* ♦ En particulier, il résulte de l'obligation, découlant tant de l'art. 88-1 Const. 58 que des traités, imposant tant le respect du droit de l'Union que du principe d'effectivité issu des dispositions des traités, telles qu'elles ont été interprétées par la CJUE, que le juge national chargé d'appliquer les dispositions du droit de l'Union doit en assurer le plein effet en laissant au besoin inappliquée, de sa propre autorité, toute disposition contraire ; qu'à cet effet, il doit pouvoir, en cas de difficulté d'interprétation de ces normes, en saisir lui-même la CJUE à titre préjudiciel ou, lorsqu'il s'estime en état de le faire, appliquer le droit de l'Union, sans être tenu de saisir au préalable la juridiction administrative d'une question préjudicielle, dans le cas où serait en cause devant lui, à titre incident, la conformité d'un acte administratif au droit de l'Union européenne. • T. confl. 17 oct. 2011, *SCEA du Chéneau*, n° 3828 : *préc. note 77.*

3. Compétence de l'autorité judiciaire en matière de protection de la propriété immobilière privée

85. Est un PFRLR le principe de la compétence de l'autorité judiciaire en tant que gardienne de la propriété immobilière privée. • Cons. const. 25 juill. 1989, n° 89-256 DC § 23. ♦ V. déjà, affirmant que la protection de la propriété privée rentre essentiellement dans les attributions de l'autorité judiciaire. • T. confl. 4 juin 1940, *Sté Schneider : Lebon. 248* • T. confl. 17 mars 1949, *Sté Rivoli-Sébastopol : Lebon 594* • CE 18 nov. 1949, *Carlier : Lebon 490 ; S. 1950. III. 49, note Drago* • Civ. 1re, 24 févr. 1956 : *Bull. civ. I, n° 95* • Civ. 1re, 10 oct. 1985 : *Bull. civ. I, n° 243.*

86. Ce principe doit se combiner avec le précédent et ne saurait priver le juge administratif de sa compétence pour contrôler la légalité d'actes administratifs réglementant l'exercice du droit de propriété. • Cons. const. 17 juill. 1985, n° 85-189 DC § 4 • Cons. const. 29 juill. 1998, n° 98-403 DC § 32. ♦ De même, la mission conférée à l'autorité judiciaire se trouve limitée par l'interdiction qui lui est faite par les lois des 16-24 août 1790 et 16 fructidor an III de connaître des actes de l'administration. Dès lors, lorsqu'une contestation sérieuse existe quant à l'appréciation de la régularité d'un acte administratif ou d'un contrat administratif ayant autorisé la dépossession d'une propriété privée à caractère immobilier, le juge judiciaire n'a compétence pour réparer le préjudice en résultant que pour autant que l'irrégularité de cette dépossession a été constatée par le juge administratif. • T. confl. 6 mai 2002, *Binet c/ EDF*, n° 3287 : *Lebon 544* • Civ. 1re, 14 nov. 2007, n° 06-197.88.

87. Cependant, aucun principe de valeur constitutionnelle n'impose que, en l'absence de dépossession, l'indemnisation des préjudices causés par les travaux ou l'ouvrage public relève de la compétence du juge judiciaire. • Cons. const. 13 déc. 1985, n° 85-198 DC § 15.

88. Le fait que le recours contre les déclarations d'utilité publique dans le cadre de la procédure d'expropriation ou contre les arrêtés de cessibilité doit être porté devant les juridictions administratives ne viole pas le présent principe. • CE, QPC, 9 nov. 2011, *Giraud*, n° 351890 : *préc. note 77.*

3° NE SONT PAS DES PRINCIPES FONDAMENTAUX RECONNUS PAR LES LOIS DE LA RÉPUBLIQUE

BIBL. Merley, La non-consécration par le Conseil constitutionnel de principes fondamentaux reconnus par les lois de la République, *RFDA 2005. 621*.

89. Droit pénal. N'est pas un principe fondamental reconnu par les lois de la République le principe selon lequel, lorsque les jurés et les magistrats délibèrent ensemble, les décisions de la cour d'assises défavorables à l'accusé ne peuvent être adoptées qu'à la majorité absolue des jurés. • Cons. const. 4 août 2011, n° 2011-635 DC § 25. ♦ ... Le principe selon lequel le législateur doit prévoir un délai de prescription de l'action publique pour les infractions « dont la nature n'est pas d'être imprescriptible ». • Cons. const. 24 mai 2019, *Mario S.*, n° 2019-785 QPC § 6.

90. A supposer même que le principe de l'individualisation des peines puisse, dans ces limites, être regardé comme l'un des principes fondamentaux reconnus par les lois de la République, il ne saurait mettre obstacle à ce que le législateur, tout en laissant au juge ou aux autorités chargées de déterminer les modalités d'exécution des peines un large pouvoir d'appréciation, fixe des règles assurant une répression effective des infractions. • Cons. const. 20 janv. 1981, n° 80-127 DC § 16.

91. Droit civil. Ne sont pas des PFRLR : le principe de non-rétroactivité des lois en matière contractuelle. • Cons. const. 4 juill. 1989, *n° 89-254 DC § 11 s.* ♦ ... *La* règle du droit du sol en matière de nationalité. • Cons. const. 20 juill. 1993, n° 93-321 DC § 18. ♦ ... La règle selon laquelle est français tout individu né en France d'un étranger qui lui-même y est né. • Cons. const. 20 juill. 1993, n° 93-321 DC § 18. ♦ ... Le principe permettant à l'enfant de rechercher la paternité hors mariage à certaines conditions. • Cons. const. 27 juill. 1994, n° 94-343/344 DC § 17. ♦ ... Le principe selon lequel il ne pourrait y avoir mariage qu'entre individus de sexe différent. • Cons. const. 17 mai 2013, n° 2013-669 DC § 25. ♦ ... Le caractère bilinéaire de la filiation fondée sur l'altérité sexuelle. • Cons. const. 17 mai 2013, n° 2013-669 DC § 56.

92. Droit social. Ne sont pas des PFRLR : le « principe de faveur » n'autorisant une convention collective ou un accord collectif de travail qu'à améliorer la situation des travailleurs par rapport aux dispositions prévues par la loi et les règlements ou aux stipulations de portée plus large. • Cons. const. 6 nov. 1996, n° 96-383 DC § 10 • Cons. const. 20 mars 1997, n° 97-388 DC § 43 à 45 • Cons. const. 13 janv. 2003, n° 2003-465 DC § 2 et 3. ♦ ... Le principe d'universalité des allocations familiales conduisant à l'attribution de celles-ci à toutes les familles, quelle que soit leur situation. • Cons. const. 18 déc. 1997, n° 97-393 DC § 29. ♦ ... Le principe d'affectation exclusive du produit de la « contribution sociale généralisée » au financement de la sécurité sociale. • Cons. const. 18 juill. 2001, n° 2001-447 DC § 17.

93. Droit de la famille. Ne sont pas des PFRLR : le principe selon lequel il ne pourrait y avoir mariage qu'entre individus de sexes différents. • Cons. const. 17 mai 2013, n° 2013-669 DC § 25. ♦ ... Le caractère bilinéaire de la filiation fondé sur l'altérité sexuelle. • Cons. const. 17 mai 2013, n° 2013-669 DC § 56.

94. Droit électoral. Ne sont pas des PFRLR le principe de l'élection au bénéfice de l'âge en cas d'égalité de suffrages. • Cons. const. 14 janv. 1999, n° 98-407 DC § 9. ♦ ... Le principe selon lequel les élections ont lieu le dimanche. • Cons. const. 24 mars 2005, *Hauchemaille et Meyet : JO 31 mars, p. 5834 ; AJDA 2005. 692.* ♦ ... Le principe selon lequel les règles électorales ne pourraient être modifiées dans l'année qui précède un scrutin. • Cons. const. 21 févr. 2008, n° 2008-563 DC § 3. ♦ ... Même s'agissant de règles déjà en cours d'application à la date de leur modification. • Cons. const. 11 janv. 1995, n° 94-353/356 DC § 6 • Cons. const. 23 févr. 2011, n° 2012-648 DC (sol. impl.). ♦ ... Le principe selon lequel le découpage électoral ne pourrait être réalisé que par la loi. • Cons. const. 8 janv. 2009, n° 2008-573 DC § 16.

95. Droit fiscal. N'est pas un principe fondamental reconnu par les lois de la République le principe selon lequel l'imposition foncière doit être établie sur des bases nettes dès lors qu'il n'intéresse pas un domaine essentiel pour la vie de la Nation et ne figure dans aucune loi intervenue sous un régime républicain antérieur à la Const. du 27 oct. 1946. • CE, QPC,

30 mai 2012, GFA Fielouse-Cardet, n° 355287 B : *AJDA 2012. 1087*.

96. Fonction publique. Aucun principe constitutionnel ne fait obstacle à ce que des corps de fonctionnaires soient maintenus dans une entreprise privée qui ne serait plus investie directement par la loi d'une mission de service public. • Cons. const. 12 oct. 2012, *Synd. de défense des fonctionnaires,* n° 2012-281 QPC § 11. ♦ V. *contra* : • CE, ass., 18 nov. 1993, avis n° 355255 : *GACE 3e éd., n° 24.* ♦ V. également, s'agissant du recrutement des professeurs d'université, note 39.

97. Autres domaines. Ne sont pas un PFRLR : le principe réservant la carte d'ancien combattant aux seuls combattants appartenant à des troupes françaises ayant combattu dans des opérations décidées par le Gouvernement français. • Cons. const. 30 déc. 1996, n° 96-386 DC § 13. ♦ Il en va de même de la prohibition des jeux d'argent. • Cons. const. 12 mai 2010, n° 2010-605 DC § 7. ♦ ... La « clause de compétence générale » des départements. • Cons. const. 9 déc. 2010, n° 2010-618 DC § 54. ♦ ... L'autonomie des CCI. • Cons. const. 22 mai 2013, *CCI de région des îles de Guadeloupe et a.,* n° 2013-313 QPC § 6.

98. N'est pas un principe fondamental reconnu par les lois de la République le principe selon lequel les poursuites disciplinaires sont nécessairement soumises à une règle de prescription. • Cons. const. 25 nov. 2011, *Michel G.,* n° 2011-199 QPC § 5 ♦ Rappr. • Cons. const. 11 oct. 2018, *Pascal D.,* n° 2018-738 QPC § 11.

II. PRINCIPE DE SAUVEGARDE DE LA DIGNITÉ DE LA PERSONNE HUMAINE CONTRE TOUTE FORME D'ASSERVISSEMENT ET DE DÉGRADATION

BIBL. Llorens, Justice administrative et dignité humaine, *RD publ. 2011. 299.* – Bonnefoy, Dignité de la personne humaine et police administrative, *AJDA 2016. 418*.

99. Le présent Préamb. ayant réaffirmé que tout être humain, sans distinction de race, de religion ni de croyance, possède des droits inaliénables et sacrés, il en ressort que la sauvegarde de la dignité de la personne humaine contre toute forme d'asservissement et de dégradation est un principe à valeur constitutionnelle. • Cons. const. 27 juill. 1994, n° 94-343/344 DC § 2 • Cons. const. 30 juill. 2010, *Daniel Walbuger et a.,* n° 2010-14/22 QPC § 19 • Cons. const. 21 mars 2019, n° 2019-778 DC § 324 • Cons. const. 2 oct. 2020, *Geoffrey F. et a.,* n° 2020-858/859 QPC § 12. ♦ La sauvegarde de la dignité de la personne contre toute forme d'asservissement et de dégradation est au nombre des droits inaliénables et sacrés et constitue un principe à valeur constitutionnelle. • Cons. const. 19 nov. 2009, n° 2009-593 DC § 3 • Cons. const. 25 avr. 2014, *Angelo R.,* n° 2014-393 QPC § 4.

V. pour d'autres décisions dans le même sens. Première formulation : • Cons. const. 19 janv. 1995, n° 94-359 DC § 6 • Cons. const. 16 juill. 1996, n° 96-377 DC § 11 • Cons. const. 26 nov. 2010, *Mlle Danielle S.,* n° 2010-71 QPC § 28 • Cons. const. 17 déc. 2010, *Michel F.,* n° 2010-80 QPC § 9 (sol. impl.) • Cons. const. 14 juin 2013, *Yacine T. et a.,* n° 2013-320/321 QPC § 5. ♦ Seconde formulation : • Cons. const. 1er août 2013, n° 2013-674 DC § 14.

100. En l'absence de texte particulier, il appartient en tout état de cause aux autorités titulaires du pouvoir de police générale, garantes du respect du principe constitutionnel de sauvegarde de la dignité humaine, de veiller, notamment à ce que le droit de toute personne à ne pas être soumise à des traitements inhumains ou dégradants soit garanti. • CE, ord., 23 nov. 2015, n° 394540 A : *AJDA 2016. 556, note Schmitz ; ibid. 2015. 2238 ; D. 2016. 336, obs. Boskovic, Corneloup, Jault-Seseke, Joubert et Parrot ; RDSS 2016. 90, note Roman et Slama* • CE, ord., 27 juill. 2016, n° 400055 A : *AJDA 2016. 1543 ; ibid. 2115, concl. Lessi ; D. 2017. 261, obs. Boskovic, Corneloup, Jault-Seseke, Joubert et Parrot ; AJCT 2016. 634, obs. Teixeira ; JCP Adm. 2017. 2053* • CE 31 juill. 2017, n° 412125 A : *AJDA 2017. 1594 ; JCP Adm. 2017. 2225, concl. Dieu.* ♦ V. aussi, justifiant l'intervention supplétive de l'État à titre exceptionnel là où normalement le département est compétent (prise en charge des migrants mineurs). • CE 8 nov. 2017, n° 406256 B : *AJDA 2017. 2224 ; ibid. 2408, chron. Roussel et Nicolas ; AJCT 2018. 158, obs. Teixeira ; JCP Adm. 2018. 2006, concl. Domino.*

101. Juge des référés. Le droit au respect de la vie, le droit de ne pas être soumis à des traitements inhumains ou dégradants ainsi que le droit de recevoir les traitements et les soins appropriés à son état de santé constituent des libertés fondamentales au sens de l'art. L. 521-2 du CJA. • CE, ord., 8 avr. 2020, n° 439827 § 5 : *AJDA 2020. 756 ; ibid. 1298, note Schmitz ; JCP Adm. 2020. 2125, note Pauliat* • CE 19 oct. 2020, n° 439372 A : *AJDA 2020. 1991 ; D. 2020. 2121, obs. de Montecler ; AJ pénal 2020. 593, obs. Céré ; JCP Adm. 2020. 581 ; ibid. 2295, note Parinet-Hodimont.*

102. L'intervention du juge des référés dans les conditions d'urgence particulière prévues par l'art. L. 521-2 CJA est subordonnée au constat que la situation litigieuse permet de prendre utilement et à très bref délai les mesures de sauvegarde nécessaires. • CE, ord., 27 juill. 2016, n° 400055 A : *préc. note 99.* ♦ Il incombe au juge des référés d'apprécier, dans chaque cas, les diligences accomplies par l'administration en tenant compte des moyens dont elle dispose ainsi que de l'âge, de l'état de santé et de la situation de famille de la personne intéressée. • CE, ord., 25 août 2017, n° 413549 : *JCP Adm. 2017. 398.* ♦ Lorsque la carence des autorités publique expose des personnes à être soumises, de manière caractérisée, à un traitement inhumain ou dégradant, portant ainsi une atteinte grave et manifestement illégale à une liberté fondamentale, et que la situation permet de prendre utilement des mesures de sauvegarde dans un délai de 48 heures, le juge des référés peut, au titre de la procédure de l'art. L. 521-2 CJA prescrire toutes les mesures de nature à faire cesser la situation résultant de cette carence. • CE, ord., 23 nov. 2015, n° 394540 A : *préc. note 99.* ♦ Il ne peut ordonner que ces seules mesures. • CE 31 juill. 2017, n° 412125 A : *préc. note 99.*

103. Sur les atteintes à la dignité humaine dans le cadre de la liberté d'expression, V. notes ss. DDH, art. 11.

A. MÉDECINE ET BIOÉTHIQUE – RESPECT DE LA VIE – FIN DE VIE

104. Procréation médicalement assistée. Respecte la dignité humaine une loi qui fixe que les conditions du développement de la famille soient assurées par des dons de gamètes ou d'embryons, précise que l'embryon humain ne peut être conçu ni utilisé à des fins commerciales ou industrielles et dispose que la conception *in vitro* d'embryons humains à des fins d'étude, de recherche ou d'expérimentation est interdite de même que toute expérimentation sur l'embryon, sauf à titre exceptionnel et avec l'accord du couple. • Cons. const. 27 juill. 1994, n° 94-343/344 DC § 6, 11 et 18. ♦ Il en va de même de la loi qui interdit de donner les moyens aux enfants ainsi conçus de connaître l'identité des donneurs. • Même affaire.

105. Interruption volontaire de grossesse (IVG). V. notes ss. DDH, art. 2, et ss. Préamb. Const. 1946, al. 11.

106. Recherche médicale. Si le législateur a modifié certaines des conditions permettant l'autorisation de recherche sur l'embryon humain et sur les cellules souches embryonnaires à des fins uniquement médicales, afin de favoriser cette recherche et de sécuriser les autorisations accordées, il a entouré la délivrance de ces autorisations de recherche de garanties effectives et n'a pas méconnu le principe de sauvegarde de la dignité de la personne humaine. • Cons. const. 1er août 2013, n° 2013-674 DC § 17. ♦ La réalisation des essais cliniques est subordonnée, d'une part, au consentement de chaque membre du couple et, d'autre part, au respect des garanties qui s'attachent aux recherches biomédicales prévues au titre II du livre Ier de la première partie du CSP ; ainsi ces essais sont, en particulier, soumis à la délivrance préalable d'une autorisation par l'Agence nationale de sécurité du médicament et des produits de santé et menés dans le respect du principe de la primauté de l'intérêt de la personne qui se prête à une recherche et du principe de l'évaluation de la balance entre les risques et les bénéfices. • Cons. const. 21 janv. 2016, n° 2015-727 DC § 85.

107. Protection de la santé. Ne portent pas atteinte à la dignité humaine les vaccinations obligatoires qui sont décidées dans le but d'assurer la protection de la santé. • CE 26 nov. 2001, *Assoc. Liberté Information Santé et a.*, n° 222741 : *Lebon 378 ; RFDA 2002. 65, concl. Boissard.* ♦ De même, n'est pas sanctionné le médecin qui accomplit, dans le but de sauver la vie du patient, un acte indispensable et proportionné à son état alors même que cet acte est refusé. • CE 16 août 2002, n° 249552 : *AJDA 2002. 723.*

108. Intégrité/respect du corps humain. V. C civ., art. 16-3 et Conv. EDH, art. 8.

BIBL. Bréchot, Un référé-liberté pour la vie, *AJDA 2013. 1842.* – Truchet, L'affaire Lambert, *AJDA 2014. 1669.* – Koerckel, Observations critiques sur l'affaire Vincent Lambert, *JCP Adm. 2014. 2283.* – Canedo-Paris, Le juge administratif et l'euthanasie : les apports de l'affaire V. Lambert, *RD publ. 2015. 41.* – Fermaud, Les droits des personnes en fin de vie, *AJDA 2016. 2143.*

109. Fin de la vie. Il appartient, dès lors, au législateur, compétent en application de l'art. 34 Const. 58 pour fixer les règles concernant les garanties fondamentales accordées aux citoyens pour l'exercice des libertés publiques, notamment en matière médicale, de déterminer les conditions dans lesquelles une décision d'arrêt des traitements de maintien en vie peut être prise, dans le respect de la dignité de la personne. • Cons. const. 2 juin 2017, *Union nat. assoc. de familles de traumatisés crâniens et de cérébro-lésés,* n° 2017-632 QPC § 8.

110. En qualifiant de faute déontologique le fait, pour M. X. d'avoir provoqué délibérément dans les circonstances qu'elle a relevées la mort de sa patiente, la section disciplinaire du Conseil national de l'Ordre n'a méconnu ni le principe de sauvegarde de la dignité de la personne humaine ni les stipulations de l'art. 3 Conv. EDH. • CE 29 déc. 2000, Duffau, n° 212813 : *Lebon ; D. 2001. 595 ; RDSS 2001. 282, concl. Schwartz.*

111. Les principes déontologiques fondamentaux relatifs au respect de la personne humaine, qui s'imposent au médecin dans ses rapports avec son patient, ne cessent pas de s'appliquer avec la mort de celui-ci ; en particulier, ces principes font obstacle à ce qu'il soit procédé à une expérimentation sur un sujet après sa mort, alors que la mort n'a pas été constatée dans des conditions légales, que ladite expérimentation ne répond pas à une nécessité scientifique reconnue et que l'intéressé n'a pas donné son consentement de son vivant ou que l'accord de ses proches, s'il en existe, n'a pas été obtenu. • CE, ass., 2 juill. 1993, *Milhaud*, n° 124960 : *Lebon 194, concl. Kessler* ; *RFDA 1993. 1002, concl. Kessler* ; *AJDA 1993. 530, chron. Maugüé et Touvet* ; *D. 1994. 74, note Payrical* ; *JCP 1993. 22133, note Gonod.*

112. Droit au respect de la vie. Ce droit constitue une liberté fondamentale au sens de l'art. L. 521-2 CJA. En outre, une carence caractérisée d'une autorité administrative dans l'usage des pouvoirs que lui confère la loi pour mettre en œuvre le droit de toute personne de recevoir, sous réserve de son consentement libre et éclairé, les traitements et les soins appropriés à son état de santé, tels qu'appréciés par le médecin, peut faire apparaître, pour l'application de ces dispositions, une atteinte grave et manifestement illégale à une liberté fondamentale lorsqu'elle risque d'entraîner une altération grave de l'état de santé de la personne intéressée ou qu'elle ne permet pas de sauvegarder sa dignité. • CE 15 avr. 2020, n° 439910 B : *AJDA 2020. 1487, note Bioy*. ♦ La mise en place d'un dépistage systématique étant rendue difficile dans un contexte de pénurie de tests, les requérants ne sont pas fondés à soutenir que les dispositions attaquées, qui instaurent des mesures strictes de confinement et de limitation des rassemblements afin de juguler la propagation du virus en même temps qu'elles organisent la réquisition des masques de protection et leur distribution prioritaire aux personnels soignants, ont méconnu le droit à la vie. • CE 22 déc. 2020, n° 439804 B § 15 : *AJDA 2021. 6* ; *JCP Adm. 2021. 14.* ♦ Si l'état de santé de M. F. le rend certainement vulnérable au covid-19, il n'est pas démontré, en l'état de l'instruction, qu'il serait au nombre des personnes que des facteurs de comorbidité rendent particulièrement vulnérables à cette maladie malgré leur âge, à un point tel qu'il caractériserait la nécessité, pour lui, d'être vacciné à très brève échéance, ni, en tout état de cause, qu'il serait particulièrement exposé à un risque de contamination. De même, en se bornant à soutenir que l'absence d'acquisition, par l'État, de vaccins en nombre suffisant pour toute la population française révèle une carence fautive de sa part et que l'existence même d'une stratégie vaccinale est discriminatoire, alors que celle-ci repose précisément sur la nécessité de prioriser les populations à vacciner en fonction du nombre de doses de vaccin effectivement disponibles, M. F., qui a vocation à bénéficier de ce vaccin dans un délai de quelques semaines à quelques mois, après qu'il a été administré à d'autres personnes plus vulnérables que lui, ne démontre pas que l'impossibilité dans laquelle il se trouve d'y avoir accès dans l'immédiat caractérise une atteinte grave et manifestement illégale au droit de toute personne de recevoir, sous réserve de son consentement libre et éclairé, les traitements et les soins appropriés à son état de santé. • TA Châlons-en-Champagne, ord., 7 janv. 2021, n° 2100005 : *AJDA 2021. 54*.

113. Il convient de concilier les libertés fondamentales que sont le droit au respect de la vie et le droit du patient de consentir à un traitement médical et de ne pas subir un traitement qui serait le résultat d'une obstination déraisonnable. • CE, ass., 14 févr. 2014, *Lambert et a.*, n° 375081 A : *GAJA, 22e éd., n° 113* ; *AJDA 2014. 374* ; *ibid. 790, chron. Bretonneau et Lessi* ; *D. 2014. 488* ; *AJ fam. 2014. 145, obs. Dionisi-Peyrusse* ; *RFDA 2014. 255, concl. Keller* ; *JCP Adm. 2014. 2284, note Pauliat.* ♦ Comp. la décision de pratiquer les soins d'éveil critiqués ne remet pas en cause la mise en œuvre éventuelle de la procédure collégiale de limitation ou d'arrêt de traitements qui pourraient s'avérer inutiles, disproportionnés ou n'ayant d'autre objet que la prolongation artificielle de la vie de M. B.V., dans le respect du code de déontologie médicale, et n'a pas porté une atteinte grave et manifestement illégale à la sauvegarde de la dignité de la personne humaine. • TA Strasbourg, ord., 7 avr. 2014, n° 1401623 : *D. 2014. 934, obs. Martinent* ; *AJ fam. 2014. 335, obs. Dionisi-Peyrusse* ; *JCP Adm. 2014. 459, obs. Vialla* ; *ibid. 2183, note Vioujas.*

114. En adoptant les dispositions de la L. du 22 avr. 2005, le législateur a déterminé le cadre dans lequel peut être prise, par un médecin, une décision de limiter ou d'arrêter un traitement dans le cas où sa poursuite traduirait une obstination déraisonnable. Il résulte de ces dispositions, commentées et éclairées par les observations présentées […] par l'Académie nationale de médecine, le Comité consultatif national d'éthique, le Conseil national de l'Ordre des médecins et M. B. M., que toute personne doit recevoir les soins les plus appropriés à son état de santé, sans que les actes de prévention, d'investigation et de soins qui sont pratiqués lui fassent courir des risques disproportionnés par rapport au bénéfice escompté ; que ces actes ne doivent toutefois pas être poursuivis par une obstination déraisonnable et qu'ils peuvent être suspendus ou ne pas être entrepris lorsqu'ils apparaissent inutiles ou disproportionnés ou n'ayant d'autre effet que le seul maintien artificiel de la vie, que le patient soit ou non en fin de vie ; que, lorsque ce dernier est hors d'état d'exprimer sa volonté, la décision de limiter ou d'arrêter un traitement au motif que sa poursuite traduirait une obstination déraisonnable ne peut, s'agissant d'une mesure susceptible de mettre sa vie en danger, être prise par le médecin que dans le respect des conditions posées par la loi cités et notamment de celles qui organisent la procédure collégiale et prévoient des consultations de la personne de confiance, de la famille ou d'un proche. Si le médecin décide de prendre une telle décision en fonction de son appréciation de la situation, il lui appartient de sauvegarder en tout état de cause la dignité du patient et de lui dispenser des soins palliatifs. En l'espèce, les différentes conditions mises par la loi pour que puisse être prise, par le médecin en charge du patient, une décision mettant fin à un traitement n'ayant d'autre effet que le maintien artificiel de la vie et dont la poursuite traduirait ainsi une obstination déraisonnable peuvent être regardées, dans le cas de M. D. I. et au vu de l'instruction contradictoire menée par le Conseil d'État, comme réunies. • CE, ass., 24 juin 2014, Mme *Lambert et a.*, n° 375081 A : *GAJA, 22e éd., n° 113 ; AJDA 2014. 1293 ; ibid. 1669 ; ibid. 1484, chron. Bretonneau et Lessi, note Truchet ; D. 2014. 1856, note Vigneau ; ibid. 2021, obs. Laude ; ibid. 2015. 755, obs. Galloux et Gaumont-Prat ; AJ fam. 2014. 396, obs. Dionisi-Peyrusse ; RDSS 2014. 1101, note Thouvenin ; JCP Adm. 2014. 539.* ♦ V. également. • Cons. const. 2 juin 2017, *Union nat. assoc. de familles de traumatisés crâniens et de cérébro-lésés*, n° 2017-632 QPC § 9 s. • CE 6 déc. 2017, *Union nat. assoc. de familles de traumatisés crâniens et de cérébro-lésés*, n° 403944 A § 16 : *AJDA 2018. 578, note Bioy ; ibid. 2017. 2439 ; AJ fam. 2018. 6, obs. Dionisi-Peyrusse ; JCP Adm. 2017. 844 ; ibid. 2018. 2050, note Moquet-Anger.* ♦ Les dispositions contestées du code de la santé publique ont défini un cadre juridique réaffirmant le droit de toute personne de recevoir les soins les plus appropriés, le droit de voir respectée sa volonté de refuser tout traitement et le droit de ne pas subir un traitement médical qui traduirait une obstination déraisonnable ; elles ne permettent à un médecin de prendre, à l'égard d'une personne hors d'état d'exprimer sa volonté, une décision de limitation ou d'arrêt de traitement susceptible de mettre sa vie en danger que sous la double et stricte condition que la poursuite de ce traitement traduise une obstination déraisonnable et que soient respectées les garanties tenant à la prise en compte des souhaits éventuellement exprimés par le patient, à la consultation d'au moins un autre médecin et de l'équipe soignante et à la consultation de la *personne de confiance*, de la famille ou d'un proche, la décision du médecin étant susceptible de faire l'objet d'un recours devant une juridiction pour s'assurer que les conditions fixées par la loi ont été remplies. Ainsi prises dans leur ensemble, eu égard à leur objet et aux conditions dans lesquelles elles doivent être mises en œuvre, ces dispositions ne peuvent être regardées comme incompatibles avec les stipulations des art. 2, 8 et 6 Conv. EDH. • CE, ass., 24 juin 2014, Mme *Lambert et a.*, n° 375081 A : *préc.* ♦ Il n'y aurait pas violation de l'art. 2 de la Convention en cas de mise en œuvre de cette décision du Conseil d'État. • CEDH, gr. ch., 5 juin 2015, *Lambert et a. c/ France*, n° 46043/14 § 182 : *AJDA 2015. 1124 ; D. 2015. 1212 , et les obs.* ♦ Comp. • CEDH 29 avr. 2002, *Pretty c/ Royaume-Uni*, n° 2346/02 § 65 : *AJDA 2003. 1383, note Le Baut-Ferrarèse ; D. 2002. 1596 ; RDSS 2002. 475, note Pédrot ; RSC 2002. 645, obs. Massias ; RTD civ. 2002. 482, obs. Hauser ; ibid. 858, obs. Marguénaud ; JCP 2003. 10062, note Girault* • CEDH 20 janv. 2011, *Haas c/ Suisse*, n° 31322/07 § 56, 57 et 61 : *D. 2011. 925, note Martinent, Reynier et Vialla ; ibid. 2012. 308, obs. Galloux et Gaumont-Prat ; RTD civ. 2011. 311, obs. Marguénaud .*

115. Malgré le pronostic extrêmement péjoratif établi par les experts médicaux, compte tenu des éléments d'amélioration constatés de l'état de conscience de l'enfant et de l'incertitude à la date de la présente ordonnance sur l'évolution future de cet état, l'arrêt des traitements ne peut être regardé comme pris au terme d'un délai suffisamment long pour évaluer de manière certaine les conséquences de ses lésions neurologiques. • CE, ord., 8 mars 2017, *AP-HP*, n° 408146 : *AJDA 2017. 497 ; D. 2017. 574 .*

116. A défaut de pouvoir rechercher quelle aurait été la volonté de la personne s'agissant d'un enfant de moins d'un an à la date de la décision, l'avis de ses parents, qui s'opposent tous les deux à l'arrêt des traitements, revêt une importance particulière. • CE, ord., 8 mars 2017, *AP-HP*, n° 408146 : *préc. note 115.*

117. Il incombe désormais au Dr C., en sa qualité de nouveau médecin en charge de M. Vincent L., d'apprécier en toute indépendance si les conditions d'un arrêt de traitement restent réunies. Il a donc pu décider d'engager, sous sa propre responsabilité, une nouvelle procédure collégiale aux fins de réunir l'ensemble des éléments, médicaux et non médicaux, lui permettant de forger son appréciation. L'existence d'éventuelles menaces pour la sécurité de Vincent L. et de l'équipe soignante n'est pas un motif légal pour justifier l'interruption par l'hôpital d'une procédure engagée en vue d'évaluer si la poursuite d'actes délivrés à un patient traduit une obstination déraisonnable ; les seules considérations relatives à la recherche préalable d'un climat apaisé autour de M. Vincent L., telles qu'elles sont énoncées de façon très générale, ne permettaient pas de suspendre, sans fixer de terme à cette suspension, le cours de la procédure collégiale. • CAA Nancy,

16 juin 2016, *Lambert*, n° 15NC02132 : *AJDA 2016. 1263 ; ibid. 1932, note Coussens-Barre ; AJ fam. 2016. 360, obs. Dionisi-Peyrusse* • CE 19 juill. 2017, *Lambert et a.*, n° 402472 : *Lebon ; D. 2017. 1605, obs. Vialla ; AJDA 2017. 1477 ; ibid. 2012, concl. Domino ; AJ fam. 2017. 435, obs. Dionisi-Peyrusse ; JCP Adm. 2017. 520.*

118. Il appartient au médecin ayant pris la décision de limiter ou d'arrêter le traitement au motif que sa poursuite traduirait une obstination déraisonnable, de sauvegarder en tout état de cause la dignité du patient et de lui dispenser des soins palliatifs. • CAA Douai, 23 juin 2015, n° 13DA01812 : *AJDA 2015. 2357*.

119. V. pour d'autres décisions appliquant la L. du 2 févr. 2016 dite « Loi Claeys-Léonetti » : • CE, ord., 5 janv. 2018, n° 416689 A : *D. 2018. 71, obs. Vialla ; AJDA 2018. 8 ; ibid. 578, note Bioy ; ibid. 765, obs. Galloux et Gaumont-Prat ; AJ fam. 2018. 117, obs. Kurek ; ibid. 68, obs. Dionisi-Peyrusse ; JCP Adm. 2018. 2051, note Castaing* (s'agissant d'un patient mineur). ♦ Dans le même sens : • CEDH, décis., 23 janv. 2018, *Afiri et Biddarri c/ France*, n° 1828/18 : *AJDA 2018. 191 ; ibid. 578, note Bioy ; AJ fam. 2018. 68, obs. Dionisi-Peyrusse ; JCP Adm. 2018. 125.* ♦ V. également • CE 28 nov. 2018, n° 424135 B : *D. 2018. 2419, obs. Vialla ; AJDA 2018. 2365 ; JCP Adm. 2018. 912* (la décision de ne pas réanimer un patient doit être subordonnée à l'absence d'évolution favorable de la situation et, en toute hypothèse, limitée dans le temps en retenant une durée ne pouvant excéder 3 mois) • CAA Marseille, 28 févr. 2019, n° 17MA01092 : *AJDA 2019. 1949, note Lantero* (application des dispositions de la loi aux décisions de ne pas réanimer un enfant à naître ou né vivant mais pas viable). ♦ V. toujours, dans le cadre de l'affaire « Lambert » : • CE, 24 avr. 2019, *Lambert et a.* n° 428117 : *AJDA 2019. 906 ; D. 2019. 1144, note Castaing ; AJ Fam. 2019. 233, obs. Dionisi-Peyrusse* • CEDH 30 avr. 2019, *Lambert c/ France*, n° 21675/19.

120. Le droit à la vie n'entrant pas dans le champ de la liberté individuelle au sens de l'art. 66 Const., la décision, prise par l'État, de ne pas déférer à la demande de mesures provisoires formulée par le CIPPH ne porte pas atteinte à la liberté individuelle ; en l'état notamment des décisions rendues en dernier lieu (V. note 119), cette décision n'est pas manifestement insusceptible d'être rattachée à un pouvoir lui appartenant. Les conditions de la voie de fait ne sont pas réunies. • Cass. ass. plén., 28 juin 2019, n° 19-17.330 P : *AJDA 2019. 1373 ; D. 2019. 1344 ; JCP Adm. 2019. 480 ; Dr. adm. 2019. 48, note Eveillard.* ♦ *Contra* : • Paris, 20 mai 2019, *Cts. Lambert*, n° 19/08858 : *AJDA 2019. 1082 ; ibid. 1202, note Dupré de Boulois ; D. 2019. 1109 ; AJ Fam. 2019. 309, obs. Dionisi-Peyrusse*.

121. Sur le respect du droit au recours dans le cadre de cette procédure, V. notes ss. DDH, art. 16.

122. Droit de recevoir les traitements appropriés et choix thérapeutiques. Toute personne a le droit de recevoir les traitements et les soins les plus appropriés à son état de santé sous réserve de son consentement libre et éclairé. • CE, ord., 26 juill. 2017, n° 412618 A : *AJDA 2017. 1591 ; ibid. 1887, chron. Odinet et Roussel ; D. 2018. 1664, obs. Bonfils et Gouttenoire ; AJ fam. 2017. 435, obs. Dionisi-Peyrusse*. ♦ Le droit de toute personne de recevoir, sous réserve de son consentement libre et éclairé, les traitements et les soins les plus appropriés à son état de santé, tels qu'appréciés par le médecin, peut faire apparaître une atteinte grave et manifestement illégale à une liberté fondamentale lorsqu'elle risque d'entraîner une altération grave de l'état de santé de la personne intéressée. • CE, ord., 13 déc. 2017, n° 415207 B : *AJDA 2018. 1046, note Roman ; ibid. 2017. 2447*.

123. En revanche, aucune disposition ne consacre, au profit du patient, un droit de choisir son traitement. Dès lors que le choix du traitement administré au jeune A. résulte de l'appréciation comparée, par les médecins, des bénéfices escomptés des deux stratégies thérapeutiques en débat ainsi que des risques, en particulier vitaux, qui y sont attachés et dès lors qu'une prise en charge thérapeutique est assurée par l'hôpital, il n'appartient pas au juge du référé-liberté, saisi d'une demande tendant à ce que soit ordonnée une mesure de sauvegarde du droit au respect de la vie garanti par l'art. 2 Conv. EDH, de prescrire à l'équipe médicale que soit administré un autre traitement que celui qu'elle a choisi de pratiquer à l'issue du bilan qu'il lui appartient d'effectuer. • CE, ord., 26 juill. 2017, n° 412618 : *préc. note 122.*

124. Le Haut Conseil de la santé publique a rendu, le 23 mars 2020, un avis sur les recommandations thérapeutiques dans la prise en charge du covid-19. Il estime que les résultats de l'étude menée au sein de l'institut hospitalo-universitaire de Marseille doivent être considérés avec prudence en raison de certaines de ses faiblesses et en raison du très faible niveau de preuve, la poursuite de la recherche clinique est justifiée. Le Premier ministre a permis la prescription de l'hydroxychloroquine aux patients atteints de covid-19 pris en charge dans un établissement de santé, sous la responsabilité du médecin prescripteur et dans le respect des recommandations du Haut Conseil de la santé publique, notamment quant au développement de la pathologie. Il a en revanche limité l'usage de la spécialité pharmaceutique en médecine de ville, en interdisant sa dispensation en pharmacie d'officine en dehors des indications de son autorisation de mise sur le marché. Dans ces conditions, le choix de ces mesures ne peut être regardé, en l'état de l'instruction, comme portant une atteinte grave et manifestement illégale au droit au respect de la vie et au droit de recevoir, sous réserve de son consentement libre et éclairé, les traitements et les soins appropriés à son état de santé, tels qu'appréciés par le médecin. • CE, ord., 28 mars 2020, n° 439726 : *AJDA 2020. 700*. ♦ Il en résulte dès lors l'annulation du jugement par lequel le TA a enjoint au CHU de la Guadeloupe de commander des doses de ce médicament. • CE, ord., 4 avr. 2020, n° 439904 : *AJDA 2020. 756*. ♦ ... Ainsi que le rejet des recours demandant la suspension du décret réservant l'usage de ce médicament aux cas les plus avancés ou graves de la maladie. • CE, ord., 7 avr. 2020, n° 439937 et 439938 : *AJDA 2020. 756*.

125. Sur la protection de la santé dans le cadre de la crise du covid-19, V. notes ss. Préamb. Const. 1946, al. 11.

126. Restes de personnes décédées. V. C. civ., art. 16-1-1. ♦ Le principe selon lequel le respect dû au corps humain ne disparaît pas avec la mort est antérieur à cette disposition législative. • Civ. 1re, 29 oct. 2014, n° 13-19.729 P : *D. 2015. 242, note Epstein ; ibid. 246, note Mainguy ; ibid. 529, obs. Amrani-Mekki et Mekki ; RTD civ. 2015. 102, obs. Hauser ; ibid. 121, obs. Barbier*. ♦ Rappr. pour l'interdiction d'une exposition de cadavres à des fins commerciales. • Civ. 1re, 16 sept. 2010, n° 09-67.456 P : *AJDA 2010. 1736 ; D. 2010. 2750, note G. Loiseau ; ibid. 2145, édito. Rome ; ibid. 2754, note Edelman ; ibid. 2011. 780, obs. Dreyer ; RTD civ. 2010. 760, obs. Hauser*. ♦ La publication de la photo du cadavre d'une personne peut être illicite comme attentatoire à la dignité de la personne humaine. • Civ. 1re, 20 déc. 2000, n° 98-13.875 P : *D. 2001. 885 ; ibid. 1990, obs. Lepage ; RTD civ. 2001. 329, obs. Hauser* • Civ. 1re, 1er juill. 2010, n° 09-15.479 P : *D. 2010. 2044, note Delage ; ibid. 2011. 780, obs. Dreyer ; RTD civ. 2010. 526, obs. Hauser*. ♦ ... Sauf à être dépourvue de tout sensationnalisme et de toute indécence. • Civ. 1re, 20 févr. 2001, n° 98-23.471 P : *D. 2001. 1199, note Gridel ; ibid. 1990, obs. Lepage ; RTD civ. 2001. 329, obs. Hauser*.

B. ORDRE PUBLIC

127. Le respect de la dignité de la personne humaine est une des composantes de l'ordre public. Dès lors, une autorité investie du pouvoir de police municipale peut, même en l'absence de circonstances locales particulières, interdire une attraction qui porte atteinte au respect de la dignité de la personne humaine. • CE, ass., 27 oct. 1995, *Cne de Morsang-sur-Orge*, n° 136727 A (concl. Frydman) : *GAJA, 22e éd., n° 89 ; GADLF, 2e éd., n° 55 ; RFDA 1995. 1204, concl. Frydman ; D. 1996. 177, note Lebreton ; AJDA 1995. 878, chron. Stahl et Chauvaux ; JCP 1996. 22630, note Hamon ; RD publ. 1996. 536, note Gros et Froment ; RTDH 1996. 657, concl. Frydman, note Deffains.* ♦ Tel est le cas du « lancer de nains ». • Même affaire. ♦ De même, le racolage public étant susceptible d'entraîner des troubles pour l'ordre public, notamment pour la tranquillité, la salubrité et la sécurité publiques, le législateur, en le réprimant, prive le proxénétisme de sources de profit et fait échec au trafic des êtres humains sans violer aucune règle, ni aucun principe de valeur constitutionnelle. • Cons. const. 13 mars 2003, n° 2003-467 DC § 61. ♦ Il en va ainsi encore de la volonté de pénaliser les acheteurs de services sexuels ; le législateur a entendu, en privant le proxénétisme de sources de profits, lutter contre cette activité et contre la traite des êtres humains aux fins d'exploitation sexuelle, activités criminelles fondées sur la contrainte et l'asservissement de l'être humain. • Cons. const. 1er févr. 2019, *Assoc. Médecins du monde et a.*, n° 2018-761 QPC § 11. ♦ Rappr. à propos d'une exposition de cadavres à des fins commerciales. • Civ. 1re, 16 sept. 2010, n° 09-67.456 P. ♦ Il en va de même de propos pénalement répréhensibles et de nature à mettre en cause la cohésion nationale susceptibles de porter de graves atteintes au respect des valeurs et principes, notamment de dignité de la personne humaine. • CE, ord. réf., 9 janv. 2014, *Sté « Les Productions de la Plume » et M. Dieudonné M'Bala M'Bala*, n° 374508 A : *AJDA 2014. 79 ; ibid. 473, tribune Broyelle ; ibid. 866, note Petit ; RFDA 2014. 87, note Gohin ; JCP Adm. 2014. 55, note Bonnet et Chabanol ; ibid. 56, note Touzeil-Divina ; ibid. 2014. 2014, note Tukow ; Dr. adm. 2014, Repère 2, obs. Auby ; ibid. 33, note Éveillard* • TA Paris, 9 déc. 2014, n° 1430123/9 : *AJDA 2015. 199 ; Dr. adm. 2015. 23, note Paris* (*a contrario*) • TA Nice, 17 juin 2015, n° 1502259 : *JCP Adm. 2015. 676*. ♦ Comp. • CE 6 févr. 2015, n° 387726 A : *AJDA 2015. 1658, note Saillant-Maraghni ; D. 2015. 544, note Quiriny* • CE, ord., 13 nov. 2017, n° 415400 : *AJDA 2017. 2229 ; JCP Adm. 2017. 559*. ♦ Rapp. • CEDH, décis., 20 oct. 2015, *M'bala M'bala c/ France*, n° 25239/13 § 39 et 40 : *GADLF, 2e éd., n° 16 ; AJDA 2015. 143, chron. Burgorgue-Larsen*.

128. Les juridictions d'appel et de première instance semblent estimer nécessaire, pour que le refus de prêter le concours de la force publique à l'exécution d'une décision de justice soit régulièrement fondé sur l'ordre public, que les considérations prises en compte soient relatives à la dignité humaine et ne soient pas simplement des considérations purement humanitaires. • CAA Versailles, 21 sept. 2006, *Cts Prévot et a.*, n° 04VE00056 : *AJDA 2006. 1947, obs. Pellissier*. ♦ V. déjà, implicitement. • CAA Paris, 7 nov. 2000, *Larbi X.*, n° 97PA01786. ♦ Rappr. • TA Toulouse, 23 oct. 2009, *Conte*, n° 0602438 : *AJDA 2010. 448, note Bioy*. ♦ ... Alors que le Conseil d'État apparaît plus sensible à de simples considérations purement humanitaires, prenant en compte la composition de la famille et/ou l'état de santé de certains de ses membres. • CE 26 oct. 1998, *Peultier*, n° 156967 • CE 10 oct. 2003, *Sagnard*, n° 260867 • CE 23 avr. 2008, *Barbuto*, n° 309685 : *AJDA 2008. 1511* • CE 24 juill. 2008, *Michèle B.*, n° 318686. ♦ Une circulaire peut mentionner, au nombre des éléments permettant de justifier l'interdiction de la représentation d'un spectacle par l'autorité de police, les propos ou scènes qui seraient susceptibles de porter atteinte à la dignité de la personne humaine et rappeler aux préfets qu'il leur appartient d'informer les maires sur les conditions dans lesquelles ils peuvent interdire la représentation d'un spectacle dans le cas où le risque que soient tenus des propos et gestes de nature à porter atteinte à la dignité de la personne humaine est établi avec un degré suffisant de certitude. • CE 9 nov. 2015, *AGRIF*, n° 376107 : *Lebon ; AJDA 2015. 2118 ; ibid. 2508, concl. Bretonneau ; ibid. 2512, note Bioy ; Dr. adm. 2016. 17, note Éveillard ; JCP Adm. 2016. 2065, note Pauliat.*

C. PRÉLÈVEMENTS BIOLOGIQUES EXTERNES

129. Ne porte pas atteinte à l'inviolabilité du corps humain un prélèvement n'impliquant aucune intervention corporelle interne, ne comportant donc aucun procédé douloureux, intrusif ou attentatoire à la dignité des intéressés. • Cons. const. 13 mars 2003, n° 2003-467 DC § 55 • Cons. const. 16 sept. 2010, *Jean-Victor C.*, n° 2010-25 QPC § 13. ♦ ... Et ce d'autant plus que l'identification de l'empreinte génétique peut être réalisée à partir de matériel biologique qui se serait naturellement détaché de son corps. • Même affaire. ♦ La disposition contestée n'autorise pas l'examen des caractéristiques génétiques des personnes ayant fait l'objet de ces prélèvements mais permet seulement leur identification par les empreintes génétiques. • Même affaire, § 14.

130. Il en va de même de la disposition permettant, à la demande de la personne sollicitant un regroupement familial ou de son représentant légal, son identification par ses seules empreintes génétiques. • Cons. const. 15 nov. 2007, n° 2007-557 DC § 18.

D. DROIT À UN LOGEMENT DÉCENT ET CONDITIONS D'HÉBERGEMENT OU DE VIE INCOMPATIBLES AVEC LA DIGNITÉ HUMAINE

1° DROIT AU LOGEMENT

131. Principe. Si le Cons. const., dans sa décision du 29 juill. 1998, a consacré la possibilité pour toute personne de disposer d'un logement décent, il n'a pas consacré l'existence d'un droit au logement ayant rang de principe constitutionnel. Il en résulte que le droit au logement ne peut être considéré comme une liberté fondamentale au sens de l'art. L. 521-2 CJA. • CE, réf., 3 mai 2002, n° 245687 A • CE 22 mai 2002, n° 242193 A.

132. Droit à un logement décent. Le droit à un logement constitue un objectif de valeur constitutionnelle qui trouve son fondement dans le présent al. (combiné avec les al. 10 et 11 du présent Préamb.). • Cons. const. 19 janv. 1995, n° 94-359 DC § 7 • Cons. const. 29 juill. 1998, n° 98-403 DC § 4 • Cons. const. 7 déc. 2000, n° 2000-436 DC § 52 • Cons. const. 30 sept. 2011, *Cts M.*, n° 2011-169 QPC § 4 et 5 • Cons. const. 29 mai 2015, *Sté Saur SAS*, n° 2015-470 QPC § 6 • Cons. const. 22 janv. 2016, *Féd. promoteurs immobiliers*, n° 2015-517 QPC § 10.♦ Il ne résulte pas de l'instruction, et notamment des travaux parlementaires, que le prélèvement contesté (au profit de l'État sur la Caisse des dépôts et consignations, « au titre de l'excédent de subventions versées par l'État » à la caisse de garantie du logement social) soit de nature à mettre en cause l'objectif de valeur constitutionnelle relatif à la possibilité pour toute personne de disposer d'un logement décent. • Cons. const. 29 déc. 1995, n° 95-371 DC § 6. ♦ Le Cons. const. limite parfois la référence aux seuls al. 10 et 11 du Préamb. Const. 1946. • Cons. const. 18 mars 2009, n° 2009-578 DC § 12.

133. Tendent à la réalisation de cet objectif : des dispositions législatives qui imposent un schéma départemental prévoyant les conditions spécifiques d'accueil des gens du voyage et favorisant la mise en œuvre d'hébergements d'urgence des personnes sans abri dans des locaux présentant des conditions d'hygiène et de confort respectant la dignité humaine. • Cons. const. 19 janv. 1995, n° 94-359 DC § 9. ♦ ... L'obligation de mise en conformité du logement loué. • Cons. const. 7 déc. 2000, n° 2000-436 DC § 56. ♦ ... La permission données aux autorités locales compétentes de prévenir la location de biens susceptibles de porter atteinte à la salubrité publique ainsi qu'à la sécurité des occupants de ces biens. • Cons. const. 20 mars 2014, n° 2014-691 DC § 70. ♦ ... L'interdiction s'imposant, quelle que soit la situation des personnes titulaires du contrat, aux distributeurs d'eau d'interrompre la distribution d'eau dans toute résidence principale tout au long de l'année pour non-paiement des factures sans cette interdiction à une période de l'année qui garantit pendant l'année entière l'accès à l'eau pour toute personne occupant cette résidence, garantissant qu'aucune personne en situation de précarité ne puisse être privée d'eau. • Cons. const. 29 mai 2015, *Sté Saur SAS*, n° 2015-470 QPC § 7.

134. Pour la réalisation de cet objectif, le législateur peut apporter des limitations au droit de propriété sous réserve que celles-ci n'aient pas un caractère de gravité tel que le sens et la portée de ce droit en soient dénaturés. • Cons. const. 29 juill. 1998, n° 98-403 DC § 7 • Cons. const. 30 sept. 2011, *Cts M.*, n° 2011-169 QPC § 8 • Cons. const. 20 mars 2014, n° 2014-691 DC § 72. ♦ De même, s'il est loisible au législateur d'apporter, pour la mise en œuvre de cet objectif, des modifications à des contrats en cours d'exécution, c'est dans la mesure où l'atteinte ainsi portée à l'économie de contrats légalement conclus n'est pas d'une gravité excessive. • Cons. const. 7 déc. 2000, n° 2000-436 DC § 52 • Cons. const. 18 mars 2009, n° 2009-578 DC § 13.

135. Il est également possible que le législateur impose certaines obligations aux collectivités territoriales dès lors qu'il n'entrave pas leur libre administration, comme imposer aux communes une obligation de création de logements sociaux. • Cons. const. 7 déc. 2000, n° 2000-436 DC § 40. ♦ ... Ou un prélèvement fiscal ayant pour finalité la réalisation de logements sociaux dans les communes où ceux-ci représentent moins de 20 % des résidences principales. • Même affaire, § 38.

136. La France a été condamnée par la CEDH pour non application du droit au logement sur la base de l'art. 6 Conv. EDH pour non-exécution d'une décision juridictionnelle ordonnant le relogement d'un bénéficiaire du droit au logement opposable, l'État ne pouvant prétexter du manque de fonds ou d'autres ressources (en l'espèce, de logement) pour ne pas honorer une dette fondée sur une décision de justice. • CEDH 9 avr. 2015, *Tchokontio Happi c/ France*, n° 65829/12 § 50 : *AJDA 2015. 720* ; *D. 2015. 805* ; *Dr. adm. 2015. 43, obs. Noguellou.* ♦ V. également sur la base de l'art. 8 Conv. EDH. • CEDH 14 mai 2020, *Hirtu c/ France*, n° 24720/13 § 75 : *AJDA 2020. 1030* ; *ibid. 2165, note Aubin et Aumond* .

137. Sans-abri et covid-19. Les capacités d'hébergement mobilisées n'ont jamais été aussi importantes ; l'administration fait valoir qu'elle poursuit ses efforts pour les accroître encore à brève échéance, notamment par les négociations en cours avec les professionnels des secteurs de l'hôtellerie et des centres de vacances afin d'identifier le plus rapidement possible les disponibilités supplémentaires, sans exclure de recourir à des réquisitions si cela s'avérait nécessaire. Il en résulte qu'il n'apparaît pas, en l'état de l'instruction, de carence justifiant que soit ordonnée, au motif d'une atteinte grave et manifestement illégale au droit à la vie et à la protection de l'intégrité physique et psychique des personnes sans hébergement, la fermeture des lieux d'hébergement collectif existants et la réquisition d'appartements ou de chambres d'hôtel que demandent les requérantes. • CE, ord. 2 avr. 2020, n° 439763 : *AJDA 2020. 756* ; *JA 2020, n° 618, p. 12, obs. Castel* ; *AJ fam. 2020. 203* .

138. Expulsion. Le nombre et la situation matérielle extrêmement précaire des occupants peuvent justifier un refus de concours à l'exécution d'une décision de justice. • CE 9 nov. 2018, *Sté Bagne ô Lait*, n° 412696 B : *AJDA 2018. 2218* ; *JCP Adm. 2018. 856.*

2° CONDITIONS D'HÉBERGEMENT

139. Il appartient aux autorités de l'État de mettre en œuvre le droit à l'hébergement d'urgence reconnu par la loi à toute personne sans abri qui se trouve en situation de détresse médicale, psychique et sociale. • CE ord., 25 août 2017, n° 413549 : *préc. note 102.*

140. La prise en compte par les autorités publiques des besoins élémentaires des migrants vivant sur le site en ce qui concerne leur hygiène et leur alimentation en eau potable demeure manifestement insuffisante et révèle une carence de nature à exposer ces personnes, de manière caractérisée, à des traitements inhumains ou dégradants, portant ainsi une atteinte grave et manifestement illégale à une liberté fondamentale. • CE, ord., 23 nov. 2015, n° 394540 A : *préc. note 99.*

141. Migrants. Il appartient au juge des référés d'ordonner les mesures urgentes et nécessaires pour faire cesser, à bref délai, les atteintes graves et manifestement illégales aux libertés fondamentales vis-à-vis des migrants installés à Calais et d'enjoindre à l'État de créer dans des lieux facilement accessibles, à l'extérieur du centre urbain, plusieurs dispositifs d'accès à l'eau leur permettant de boire, de se laver et de laver leurs vêtements ainsi que des latrines, et d'organiser un système de douches selon des modalités qui devront permettre un accès, selon une fréquence adaptée, des personnes les plus vulnérables. • CE 31 juill. 2017, *Cne de Calais*, n° 412125 : *préc. note 99.*

142. Mineurs. Une obligation particulière pèse, en ce domaine, sur les autorités du département en faveur de tout mineur dont la santé, la sécurité ou la moralité sont en danger. Une carence caractérisée dans l'accomplissement de ces obligations peut faire apparaître une atteinte grave et manifestement illégale à une liberté fondamentale, lorsqu'elle entraîne des conséquences graves pour la personne intéressée. • CE, ord., 25 août 2017, n° 413549 : *préc. note 102.* ♦ V. également sur les migrants mineurs. • CE 8 nov. 2017, n° 406256 B : *préc. note 99.*

3° CONDITIONS DE VIE

143. Étaient indignes les conditions de vie qui ont été réservées aux anciens supplétifs de l'armée française en Algérie et à leurs familles dans des camps, comme le camp Joffre et le camp de Bias, ainsi que les restrictions apportées à leurs libertés individuelles, du fait, en particulier, du contrôle de leurs courriers et de leurs colis, de l'affectation de leurs prestations sociales au financement des dépenses des camps et de l'absence de scolarisation des enfants dans des conditions de droit commun. • CE 3 oct. 2018, n° 410611 A : *AJDA 2018. 1872* ; *D. 2018. 1970*

144. V. également, s'agissant des employés, notes 145 s.

E. DROIT DU TRAVAIL

145. Généralités. La dignité de la personne humaine doit également être respectée dans le travail. Ainsi, est irrégulier un règlement intérieur qui ne prévoit pas que le salarié puisse s'opposer à des contrôles à la sortie du lieu de travail et exiger qu'un témoin soit présent et que le contrôle sera effectué dans des conditions préservant la dignité humaine. • CE 11 juill. 1990, n° 86022 A. ♦ De même, sont régulièrement condamnées sur le fondement de l'art. 225-13 C. pén. des personnes employant et logeant d'autres personnes dans des conditions incompatibles avec la dignité humaine. • Crim. 11 déc. 2001, n° 00-87.280 P. ♦ Sont également réprimées certaines formes de harcèlement telles que des insultes et propos blessants tenus en public auxquels s'ajoutaient diverses humiliations et brimades tendant à abaisser des personnes en tant qu'êtres humains. • Crim. 4 déc. 2003, n° 02-82.194 P.

146. Logement et conditions de travail. Constitue l'infraction punie par l'art. 225-14 C. pén. le fait qu'une personne, dont l'état de *vulnérabilité* ou de dépendance est caractérisé tant par l'expertise psychiatrique qui révèle notamment son état de soumission que par la constatation de son incapacité à dénoncer les conditions qu'elle a subies pendant de nombreuses années, soit logée par son employeur dans des conditions insalubres, porte des vêtements usagés fournis par lui, le montant de ces prestations en nature étant déduit de son salaire par ce dernier, travaille tous les jours, y compris parfois le samedi et ne bénéficie pas de conditions de travail ordinairement offertes aux employés d'une entreprise, étant insultée et parfois même frappée. • Crim. 15 juin 2010, n° 09-83.185.

147. Ces principes s'appliquent aux travailleurs saisonniers. • Crim. 16 févr. 2010, n° 09-84.012.

148. Cependant, l'infraction punie par l'art. 225-14 C. pén. est interprétée strictement. Ainsi, des conditions d'hébergement et d'exécution de travaux ménagers ou domestiques mauvaises, inconfortables et blâmables ne sauraient être qualifiées de dégradantes au regard du contexte et des circonstances de mise en œuvre d'une solidarité familiale loin de toute perspective économique ou d'exploitation du travail d'autrui. • Crim. 23 juin 2010, n° 09-84.801. ♦ De même, le fait pour Chantal X..., qui ne parlait pas français et qui a reconnu qu'elle ne souhaitait pas être scolarisée, de participer activement aux tâches ménagères et domestiques en sa qualité d'aînée de la fratrie, fût-ce sans être payée, ne caractérise pas des conditions de travail incompatibles avec la dignité humaine ni un asservissement en tant qu'objet de production ou une atteinte aux droits essentiels de la personnalité et s'analyse comme une contrepartie à son accueil permanent et à son entière prise en charge au sein d'une famille déjà nombreuse. • Même affaire.

149. De même, alors qu'une personne vit dans des conditions d'hébergement contraires à la dignité humaine, sans chauffage, sans douche, sans sanitaire, parfois affamée et à la merci des deux prévenus qui, sous tous les prétextes, la frappaient depuis longtemps, seul celui sous la responsabilité de qui la victime avait été placée officiellement par le tuteur est condamné du chef de soumission d'une personne vulnérable à des conditions de travail et d'hébergement indignes. • Crim. 9 févr. 2010, n° 09-84.179.

F. CONDITIONS DE DÉTENTION

BIBL. Ngampio-Obélé-Bélé, Le juge administratif et la prise en charge médicale des détenus par les établissements pénitentiaires, *RD publ. 2015. 1281*. – Contrôleur général des lieux de privation de liberté, Recommandations minimales pour le respect de la dignité et des droits fondamentaux des personnes privées de liberté, *JO 4 juin 2020*. – Hazan, Recommandations minimales pour le respect de la dignité et des droits fondamentaux des personnes privées de liberté, *AJDA 2020. 1396* .

150. Principe. La sauvegarde de la dignité de la personne contre toute forme d'asservissement et de dégradation est au nombre des droits inaliénables et sacrés et constitue un principe à valeur constitutionnelle et s'applique aux personnes détenues en prison. • Cons. const. 19 nov. 2009, n° 2009-593 DC § 3 • Cons. const. 14 juin 2013, *Yacine T. et a.,* n° 2013-320/321 QPC § 5 • Cons. const. 25 avr. 2014, *Angelo R.*, n° 2014-393 QPC § 4. ♦ La sauvegarde de la dignité humaine trouve à s'appliquer y compris dans le cadre de la rétention avant comparution. • Cons. const. 17 déc. 2010, *Michel F.*, n° 2010-80 QPC § 4 et 9. ♦ En application de l'art. 22 de la L. du 24 nov. 2009, un prisonnier a droit à être détenu dans des conditions conformes à la dignité humaine, de sorte que les modalités d'exécution des mesures prises ne le soumettent pas à une épreuve qui excède le niveau inévitable de souffrance inhérent à la détention. • CE, sect., 6 déc. 2013, n° 363290 A : *AJDA 2014. 237, concl. Hedary ; AJ pénal 2014. 143, obs. Péchillon .* • TA Melun, 6 avr. 2018, n° 1503550 : *AJDA 2018. 1707 .* ♦ V. aussi • CEDH, gr. ch., 26 oct. 2000 *Kudla c/ Pologne*, n° 30210/96 § 94 : *GADLF, 2e éd., n° 7 ; AJDA 2000. 1006, chron. Flauss ; RFDA 2001. 1250, chron. Labayle et Sudre ; ibid. 2003. 85, étude Andriantsimbazovina ; RSC 2001. 881, obs. Tulkens ; RTD civ. 2001. 442, obs. Marguénaud ; RTDH 2002. 169, obs. Flauss ; JCP 2001. I. 291, chron. Sudre.*

151. Cependant, les situations de fait incompatibles avec la dignité de la personne ne remettent pas en cause, à elles seules, la constitutionnalité des dispositions qui prévoient la privation de liberté. • Cons. const. 30 juill. 2010, *Daniel Walbuger et a.*, n° 2010-14/22 QPC § 20 • Cons. const. 17 déc. 2010, *Michel F.*, n° 2010-80 QPC § 9. ♦ De même, des conditions de garde à vue ou de détention contraires à la dignité humaine ne vicient pas la procédure engagée contre les personnes concernées. • Crim. 22 juin 2010, n° 09-86.658. ♦ Rappr. en matière d'hospitalisation à la demande de tiers. • Cons. const. 26 nov. 2010, *Mlle Danielle S.*, n° 2010-71 QPC § 29.

152. Il appartient ainsi à ces autorités de veiller à ce que les locaux des juridictions dans lesquels les personnes sont retenues soient aménagés et entretenus dans des conditions qui assurent le respect du principe de sauvegarde de la dignité de la personne. • Cons. const. 17 déc. 2010, *Michel F.*, n° 2010-80 QPC § 9. ♦ Rappr. en matière d'hospitalisation à la demande de tiers. • Cons. const. 26 nov. 2010, *Mlle Danielle S.*, n° 2010-71 QPC § 29.

153. En raison de la situation d'entière dépendance des personnes détenues vis-à-vis de l'administration pénitentiaire, l'appréciation du caractère attentatoire à la dignité des conditions de détention dépend notamment de leur *vulnérabilité, appréciée compte* tenu de leur âge, de leur état de santé, de leur handicap et de leur personnalité, ainsi que de la nature et de la durée des manquements constatés et des motifs susceptibles de justifier ces manquements eu égard aux exigences qu'impliquent le maintien de la sécurité et du bon ordre dans les établissements pénitentiaires, la prévention de la récidive et la protection de l'intérêt des victimes. • CE, sect., 6 déc. 2013, n° 363290 : *préc. note 150.* ♦ Rappr. sans référence à « la protection de l'intérêt des victimes ». • CE 13 janv. 2017, n° 389711 A : *AJDA 2017. 83 ; ibid. 637, note Schmitz.* ♦ Seules des conditions de détention qui porteraient atteinte à la dignité humaine, appréciées à l'aune de ces critères et à la lumière des dispositions du C. pr. pén. révèlent l'existence d'une faute de nature à engager la responsabilité de la puissance publique ; une telle atteinte, si elle est caractérisée, est de nature à engendrer, par elle-même, un préjudice moral pour la personne qui en est la victime. • CE 2 déc. 2015, n° 371944.

154. Eu égard à la vulnérabilité des détenus et à leur situation d'entière dépendance vis-à-vis de l'administration, il appartient à celle-ci, et notamment aux directeurs des établissements pénitentiaires, en leur qualité de chefs de service, de prendre les mesures propres à protéger leur vie ainsi qu'à leur éviter tout traitement inhumain ou dégradant. Le droit au respect de la vie ainsi que le droit de ne pas être soumis à des traitements inhumains ou dégradants constituent des libertés fondamentales au sens des dispositions de l'art. L. 521-2 CJA. Lorsque la carence de l'autorité publique crée un danger caractérisé et imminent pour la vie des personnes ou les expose à être soumises, de manière caractérisée, à un traitement inhumain ou dégradant, portant ainsi une atteinte grave et manifestement illégale à ces libertés fondamentales, et que la situation permet de prendre utilement des mesures de sauvegarde dans un délai de quarante-huit heures, le juge des référés peut, prescrire toutes les mesures de nature à faire cesser la situation résultant de cette carence. Ces mesures doivent en principe présenter un caractère provisoire, sauf lorsqu'aucune mesure de cette nature n'est susceptible de sauvegarder l'exercice effectif de la liberté fondamentale à laquelle il est porté atteinte. Il peut également, le cas échéant, décider de déterminer dans une décision ultérieure prise à brève échéance les mesures complémentaires qui s'imposent et qui peuvent également être très rapidement mises en œuvre. Enfin, s'il n'appartient pas au juge des référés de prononcer, de son propre mouvement, des mesures destinées à assurer l'exécution de celles qu'il a déjà ordonnées, il peut, d'office (CJA, art. L. 911-3), assortir les injonctions qu'il prescrit d'une astreinte. • CE 19 oct. 2020, n° 439372 A : préc. note 101.

155. Sur la question de la pertinence des mesures de prévention prises par l'administration pénitentiaire dans le cadre de la crise du covid-19, V. notes ss. Préamb. Const. 1946, al. 11.

156. Pour autant, l'objectif de réinsertion sociale des détenus n'est pas au nombre des droits et libertés fondamentaux des détenus. • CE 13 nov. 2013, n° 338720 B : *AJDA 2013. 2287 ; RFDA 2014. 965, note Pollet-Panoussis*.

157. Les conditions de détention s'apprécient au regard de l'espace de vie individuel réservé aux personnes détenues, de la promiscuité engendrée, le cas échéant, par la suroccupation des cellules, du respect de l'intimité à laquelle peut prétendre tout détenu, dans les limites inhérentes à la détention, de la configuration des locaux, de l'accès à la lumière, de l'hygiène et de la qualité des installations sanitaires et de chauffage. Seules des conditions de détention qui porteraient atteinte à la dignité humaine révéleraient l'existence d'une faute de nature à engager la responsabilité de la puissance publique. • CE 13 janv. 2017, n° 389711 A : *préc. note 153.* ♦ V. déjà • CE, sect., 6 déc. 2013, n° 363290 A : *préc. note 150.* ♦ En relevant que M. B. avait été placé dans des conditions de détention ne respectant pas les règles prévues par les textes rappelés mais en excluant tout préjudice subi du fait de la seule durée d'incarcération dans cette cellule limitée à quinze jours, le tribunal administratif a commis une erreur de droit. • CE 13 janv. 2017, n° 389711 A : *préc. note 153.*

158. Dans le cas de surpopulation carcérale, pour que les conditions de détention respectent l'art. 3 Conv. EDH, il résulte de la jurisprudence de la CEDH que chaque détenu placé en cellule collective doit bénéficier d'une surface personnelle minimale au sol de 3 m² hors installations sanitaires. Si tel n'est pas le cas, le manque d'espace personnel donne lieu à une forte présomption de violation de l'art. 3. Celle-ci ne peut normalement être réfutée que si tous les facteurs suivants sont réunis : les réductions de l'espace personnel par rapport au minimum requis de 3 m² sont courtes, occasionnelles et mineures ; elles s'accompagnent d'une liberté de circulation suffisante hors de la cellule et d'activités hors cellule adéquates ; l'établissement offre, de manière générale, des conditions de détention décentes, et le détenu n'est pas soumis à d'autres éléments considérés comme des circonstances aggravantes de mauvaises conditions de détention. Quand l'espace personnel est compris entre 3 et 4 m², le facteur spatial demeure un élément de poids et d'autres aspects des conditions de détention sont à prendre en considération pour examiner le respect de l'art. 3. Parmi ces éléments figurent la possibilité d'utiliser les toilettes de manière privée, l'aération disponible, l'accès à la lumière et à l'air naturels, la qualité du chauffage et le respect des exigences sanitaires de base. Concernant les installations sanitaires et l'hygiène, les détenus doivent jouir d'un accès facile à ce type d'installation, qui doit leur assurer la protection de leur intimité et ne pas être seulement partiellement cloisonné. La présence d'animaux nuisibles doit être combattue par les autorités pénitentiaires, par des moyens efficaces et des vérifications régulières des cellules, en particulier quant à l'état des draps et des endroits de stockage d'aliments. Lorsqu'un détenu dispose de plus de 4 m² d'espace personnel, le facteur spatial ne pose pas de problème en lui-même et les autres aspects de ses conditions matérielles de détention demeurent pertinents aux fins de l'appréciation du caractère adéquat de ses conditions de détention au regard de l'art. 3. • Crim. 15 déc. 2020, n° 20-85.461 P : *AJ pénal 2021. 106* . ♦ Rappr. • CEDH 30 janv. 2020, *J. M. B. et a. c/ France*, n° 9671/15 : *AJDA 2020. 263 ; ibid. 1064, note Avvenire ; D. 2020. 753, note Renucci ; ibid. 1195, obs. Céré, Falxa et Herzog-Evans ; JA 2020, n° 614, p. 11, obs. Giraud ; JCP Adm. 2020. 78* ♦ En l'espèce, le détenu dispose d'un espace individuel de 3,83 m² dans une cellule disposant d'une fenêtre et d'un équipement permettant de satisfaire aux besoins essentiels de la vie quotidienne dont seul un mur de la partie sanitaire présente des moisissures, les autres murs n'étant pas dégradés. Si les portes battantes fermant normalement cet espace sont utilisées à d'autres fins par les détenus, le respect de l'intimité est assuré par la présence d'un drap utilisé comme rideau. Le détenu est affecté aux ateliers, passe 6 h 30 par jour hors de sa cellule en semaine et a en outre accès une heure par jour à la cour de promenade et à la bibliothèque le samedi matin, même s'il ne paraît pas s'y rendre. Il bénéficie d'un accès effectif aux soins et l'administration justifie de la mise en place de mesures variées et réitérées pour remédier à la présence de nuisibles résultant notamment du jet de détritus. • Crim. 15 déc. 2020, n° 20-85.461 P : *préc.*

159. Sur la surpopulation carcérale, V. le rapport du Contrôleur général des lieux de privation de liberté du 7 févr. 2018 : Les droits fondamentaux à l'épreuve de la surpopulation carcérale.

160. Le préjudice moral subi par un détenu à raison de conditions de détention attentatoires à la dignité humaine revêt un caractère continu et évolutif. Par ailleurs, rien ne fait obstacle à ce que ce préjudice soit mesuré dès qu'il a été subi. Il s'ensuit que la créance indemnitaire qui résulte de ce préjudice doit être rattachée, dans la mesure où il s'y rapporte, à chacune des années au cours desquelles il a été subi. • CE 3 déc. 2018, n° 412010 A : *AJDA 2018. 2366 ; ibid. 2019. 279, chron. Faure et Malverti ; Dr. adm. mars 2019, p. 17, note Fort.* ♦ En accordant à M. A. une somme de 500 euros en réparation du préjudice subi à raison des seules conditions de sa détention constitutives d'une atteinte à la dignité humaine, le TA de Caen a porté sur les faits qui lui étaient soumis une appréciation souveraine qui, en l'absence de dénaturation, ne saurait être discutée devant le juge de cassation. • CE 2 déc. 2015, n° 371944. ♦ Une indemnisation trop faible du préjudice moral subi du fait des conditions de détention peut cependant constituer une violation l'art. 13 Conv. EDH qui garantit le droit au recours. • CEDH 19 nov. 2020, *Barbotin c/ France*, n° 25338/16 § 58 : *AJDA 2020. 2385 ; ibid. 2021. 1, tribune Jacquemet-Gauché ; JCP Adm 2020. 689.*

161. Détention provisoire. Du présent al. combiné avec les art. 9 (présomption d'innocence) et 16 (droit au recours) de la DDH, il se déduit qu'il appartient aux autorités judiciaires ainsi qu'aux autorités administratives de veiller à ce que la privation de liberté des personnes placées en détention provisoire soit, en toutes circonstances, mise en œuvre dans le respect de la dignité de la personne. Il appartient, en outre, aux autorités et juridictions compétentes de prévenir et de réprimer les agissements portant atteinte à la dignité de la personne placée en détention provisoire et d'ordonner la réparation des préjudices subis. Enfin, il incombe au législateur de garantir aux personnes placées en détention provisoire la possibilité de saisir le juge de conditions de détention contraires à la dignité de la personne humaine, afin qu'il y soit mis fin. • Cons. const. 2 oct. 2020, *Geoffrey F. et a.*, n° 2020-858/859 QPC § 14.

162. Or, d'abord, si une personne placée en détention provisoire et exposée à des conditions de détention contraires à la dignité de la personne humaine peut saisir le juge administratif en référé, les mesures que ce juge est susceptible de prononcer dans ce cadre, qui peuvent dépendre de la possibilité pour l'administration de les mettre en œuvre utilement et à très bref délai, ne garantissent pas, en toutes circonstances, qu'il soit mis fin à la détention indigne. Ensuite, si, la personne placée en détention provisoire peut à tout moment former une demande de mise en liberté, le juge n'est tenu d'y donner suite que dans les cas où la détention provisoire excède une durée raisonnable, au regard de la gravité des faits reprochés et de la complexité des investigations nécessaires à la manifestation de la vérité, et où la détention n'est plus justifiée par l'une des qui relèvent des exigences propres à la sauvegarde de l'ordre public ou à la recherche des auteurs d'infractions. Enfin, si le juge peut ordonner la mise en liberté d'une personne placée en détention provisoire, ce n'est que dans la situation où une expertise médicale établit que cette personne est atteinte d'une pathologie engageant le pronostic vital ou que son état de santé physique ou mentale est incompatible avec le maintien en détention. Dès lors, aucun recours devant le juge judiciaire ne permet au justiciable d'obtenir qu'il soit mis fin aux atteintes à sa dignité résultant des conditions de sa détention provisoire. • Cons. const. 2 oct. 2020, *Geoffrey F. et a.*, n° 2020-858/859 QPC § 15 et 16.

163. Discipline des détenus. En dehors de l'hypothèse où l'injonction adressée à un détenu par un membre du personnel de l'établissement pénitentiaire serait manifestement de nature à porter une atteinte à la dignité de la personne humaine, tout ordre du personnel pénitentiaire doit être exécuté par les détenus. • CE 15 déc. 2017, n° 403701 B : *AJDA 2018. 460, concl. Bretonneau ; ibid. 2017. 2498 ; AJ pénal 2018. 105, obs. Evans .*

164. Compétence du juge des référés. Eu égard à la vulnérabilité des détenus et à leur situation d'entière dépendance vis-à-vis de l'administration, il appartient à celle-ci, et notamment aux directeurs des établissements pénitentiaires, en leur qualité de chefs de service, de prendre les mesures propres à protéger leur vie ainsi qu'à leur éviter tout traitement inhumain ou dégradant afin de garantir le respect effectif des exigences découlant des principes rappelés notamment par les art. 2 et 3 Conv. EDH ; le droit au respect de la vie ainsi que le droit de ne pas être soumis à des traitements inhumains ou dégradants constituent des libertés fondamentales au sens des dispositions de l'art. L. 521-2 CJA. • CE 22 déc. 2012, *SFOIP*, n° 364584 A : *AJDA 2013. 12 ; D. 2013. 1304, obs. Céré, Herzog-Evans et Péchillon ; AJ pénal 2013. 232, obs. Péchillon ; JCP 2013. 87.* ♦ Lorsque la carence de l'autorité publique crée un danger caractérisé et imminent pour la vie des personnes ou les expose à être soumises, de manière caractérisée, à un traitement inhumain ou dégradant, portant ainsi une atteinte grave et manifestement illégale à ces libertés fondamentales, et que la situation permet de prendre utilement des mesures de sauvegarde dans un délai de quarante-huit heures, le juge des référés peut, au titre de la procédure particulière prévue par l'art. L. 521-2 précité, prescrire toutes les mesures de nature à faire cesser la situation résultant de cette carence. • CE, réf., 30 juill. 2015, *SFOIP*, n° 392043 A : *AJDA 2015. 1567 ; ibid. 2216, obs. Le Bot ; JCP Adm. 2015. 719 ; ibid. 2016. 2069.*

165. Si une personne condamnée incarcérée en exécution d'une peine privative de liberté et exposée à des conditions de détention contraires à la dignité de la personne humaine peut saisir le juge administratif en référé, les mesures que ce juge est susceptible de prononcer dans ce cadre, qui peuvent dépendre de la possibilité pour l'administration de les mettre en œuvre utilement et à très bref délai, ne garantissent pas, en toutes circonstances, qu'il soit mis fin à la détention indigne. • Cons. const. 16 avr. 2021, *SFOIP,* n° 2021-898 QPC § 13. ♦ Comp. • CE 28 juill. 2017, *SFOIP,* n° 410677 A : *AJDA 2017. 1589 ; ibid. 2540, note Le Bot ; AJ pénal 2017. 456, obs. Céré ; JCP Adm. 2017. 549, obs. Friedrich.*

166. Ordres donnés aux détenus et sanctions. Tout ordre du personnel pénitentiaire doit être exécuté par les détenus en dehors de la seule hypothèse où l'injonction adressée à un détenu par un membre du personnel de l'établissement pénitentiaire serait manifestement de nature à porter une atteinte à la dignité de la personne humaine. • CE 20 mai 2011, *Letona Biteri,* n° 326084 : *AJDA 2011. 1056* • CAA Douai, 7 déc. 2017, n° 16DA00715 : *AJDA 2018. 1041, note Costa* . ♦ Il en résulte que les sanctions dans le domaine carcéral sont susceptibles de recours. • CE, ass., 17 févr. 1995, *Marie,* n° 97754 : *D. 1995. 381, note Belloubet-Frier ; AJDA 1995. 379, chron. Touvet et Stahl ; JCP 1995. II. 22426, note Lascombe et Bernard.* ♦ ... Aussi minime soit-elle. • CE 21 mai 2014, n° 359672 A : *AJDA 2014. 1065 ; JCP Adm. 2013, note Pauliat.* ♦ Sur la question des sanctions pénitentiaires assimilées à des mesures d'ordre intérieur, V. notes ss. DDH, art. 16, la notion d'actes insusceptibles de recours. ♦ Sur le fait que ces sanctions aient le caractère d'une punition et qu'il convient d'en examiner la proportionnalité, V. notes ss. DDH, art. 8.

167. Fichiers de détenus. L'inscription d'un détenu sur le répertoire des détenus particulièrement signalés constitue un acte faisant grief et non une mesure d'ordre intérieur. • CE 30 nov. 2009, n° 318589 A : *AJ pénal 2010. 43 ; AJDA 2009. 2320 ; ibid. 2010. 994, note Moliner-Dubost* . ♦ Le pouvoir réglementaire est compétent pour édicter le régime applicable aux détenus particulièrement signalés, qui, ainsi qu'il a été dit, a pour seul effet de prescrire aux personnels et autorités pénitentiaires de faire preuve d'une vigilance particulière s'agissant de certains individus ; les limites éventuellement portées aux droits des détenus par le régime ainsi défini ne peuvent cependant légalement intervenir que dans le respect des conditions définies par le législateur, notamment aux art. 22 s. de la L. du 24 nov. 2009. En retenant que le moyen tiré du défaut de base législative (Cons. const. 25 avr. 2014, Angelo R., n° 2014-393 QPC) de l'art. D. 276-1 C. pr. pén. était de nature à créer un doute sérieux sur la légalité de la décision par laquelle la garde des sceaux a maintenu l'inscription de M. A. au répertoire des détenus particulièrement signalés, alors qu'il résulte de ce qui précède que ces dispositions demeuraient légalement en vigueur, le juge des référés a entaché son ordonnance d'une erreur de droit. • CE 7 déc. 2015, n° 393668 B : *AJDA 2015. 2415 ; JCP Adm. 2015. 1051.* ♦ *Contra.* • CAA Marseille, 5 juin 2015, *Garde des Sceaux,* n° 14MA04852 : *AJDA 2015. 2067* .

168. Si cette inscription peut constituer un élément de nature à orienter le choix de l'établissement dans lequel le détenu concerné est affecté, elle ne détermine pas le lieu géographique de détention, qui relève d'une décision distincte ; dès lors, la décision litigieuse ne méconnaît pas le droit à une vie familiale normale du requérant, au motif qu'elle ne rend pas impossibles les visites de sa famille. • CE 29 janv. 2018, n° 402506 : *JCP Adm. 2018. 139.*

169. Si la durée de conservation de deux années à compter de la date de la levée d'écrou n'excède pas ce qui est nécessaire, compte tenu de la finalité de gestion des contentieux entre l'administration pénitentiaire et les personnes placées sous main de justice ou leurs ayants droit, pour lesquelles les données sont collectées et traitées dans le traitement GENESIS, dès lors que l'accès aux données ainsi conservées doit nécessairement être entendu comme étant réservé, dans la limite du besoin d'en connaître, aux catégories de personnes limitativement énumérées, en revanche, la conservation ultérieure des données durant huit ans n'est pas explicitée par les dispositions attaquées ; faute de comporter aucune garantie quant aux finalités et aux limitations d'accès à ces données, la durée de conservation de huit ans que fixent les dispositions doit être regardée comme disproportionnée. • CE 9 nov. 2015, n° 383313 : *AJDA 2016. 527* .

170. Exécution des peines... Principe. L'exécution des peines privatives de liberté en matière correctionnelle et criminelle a été conçue non seulement pour protéger la société et assurer la punition du condamné, mais aussi pour favoriser l'amendement de celui-ci et préparer son éventuelle réinsertion. Il appartient dès lors au législateur de déterminer les conditions et les modalités d'exécution des peines privatives de liberté dans le respect de la dignité de la personne. • Cons. const. 19 nov. 2009, n° 2009-593 DC § 4 et 5.

171. ... Fouilles. Si les nécessités de l'ordre public et les contraintes du service public pénitentiaire peuvent légitimer l'application à un détenu d'un régime de fouilles corporelles intégrales répétées, c'est à la double condition, d'une part, que le recours à ces fouilles intégrales soit justifié, notamment, par l'existence de suspicions fondées sur le comportement du détenu, ses agissements antérieurs ou les circonstances de ses contacts avec des tiers et, d'autre part, qu'elles se déroulent dans des conditions et selon des modalités strictement et exclusivement adaptées à ces nécessités et ces contraintes. • CE 14 nov. 2008, *El Shennawy,* n° 315622 : *Lebon 417* ; *AJDA 2008. 2389, chron. Geffray et Liéber* ; *RFDA 2009. 957, obs. Pollet-Panoussis* ; *Dr. adm. 2009. 11, note Melleray.* ♦ V. déjà : • CE 8 déc. 2000, *Frérot,* n° 162995 A : *RFDA 2001. 261* ; *Dr adm. févr. 2001, p. 19, note R. S.* • CEDH 12 juin 2007, *Frérot c/ France,* n° 70204/01 § 47 et 48 : *AJDA 2019. 1738, étude Portier* ; *D. 2007. 2632, obs. Roujou de Boubée, Garé, Gozzi et Mirabail* ; *ibid. 2008. 1015, obs. Céré, M. Herzog-Evans et Péchillon* ; *AJ pénal 2007. 336, obs. Herzog-Evans* ; *RSC 2008. 140, obs. Marguénaud et Roets* ; *ibid. 404, chron. Poncela* ; *JCP 2007. I. 182, chron. Sudre* • CE 8 déc. 2008, *Gabriel Y.,* n° 176389 (sol. impl.). ♦ Les mesures de fouilles ne sauraient revêtir un caractère systématique et doivent être justifiées par l'un des motifs que la loi pénitentiaire prévoit et, par ailleurs, les fouilles intégrales revêtent un caractère subsidiaire par rapport aux fouilles par palpation ou à l'utilisation de moyens de détection électronique. • CE 26 sept. 2012, *Garde des sceaux c/ Théron,* n° 359479 B : *AJDA 2012. 1826* . ♦ Cet arrêt intervient après condamnation par la France sur la base de l'art. 3 Conv. EDH. • CEDH 20 janv. 2011, *El Shennawy c/ France,* n° 51246/08 § 46 : *RFDA 2012. 455, chron. Labayle et Sudre* ; *AJDA 2011. 133* ; *ibid. 1993, chron. Burgorgue-Larsen* ; *D. 2011. 1306, obs. Céré, Herzog-Evans et Péchillon* ; *AJ pénal 2011. 88, note Herzog-Evans* ; *RSC 2011. 704, obs. Roet* . ♦ Si les nécessités de l'ordre public et les contraintes du service public pénitentiaire peuvent légitimer l'application aux détenus d'un régime de fouilles corporelles intégrales, l'exigence de proportionnalité des modalités selon lesquelles les fouilles intégrales sont organisées implique qu'elles soient strictement adaptées non seulement aux objectifs qu'elles poursuivent mais aussi à la personnalité des personnes détenues qu'elles concernent. Dès lors, la note de service du directeur de la maison d'arrêt de Fleury-Mérogis instituant, pour une période de trois mois, un régime de fouilles corporelles intégrales systématiques à l'égard de toute personne détenue sortant des parloirs de l'établissement constitue, eu égard à son caractère systématique, une atteinte grave et manifestement illégale aux libertés fondamentales, le directeur devant tenir compte, dans toute la mesure du possible, du comportement de chaque détenu, de ses agissements antérieurs ainsi que des circonstances de ses contacts avec des tiers. • CE, réf., 6 juin 2013, *Sect. fr. de l'Observatoire international des prisons, n° 368816 B § 7 : AJDA 2013. 1191* ; *AJ pénal 2013. 497, obs. Péchillon* . ♦ V. pour la fouille de tous les détenus se rendant au parloir et la nécessité pour l'administration de déterminer quels détenus, compte tenu de fouilles antérieures et de leur comportement, doivent être fouillés : • CAA Nancy, 7 févr. 2013, *Sect. fr. de l'Observatoire international des prisons,* n° 12NC00408 : *AJDA 2013. 1259* . ♦ Eu égard tant à la nature des faits qui ont entraîné sa condamnation qu'à l'ensemble de son comportement en détention au vu desquels il fait l'objet d'un suivi particulier, le maintien, immédiatement après l'arrivée du requérant à la maison d'arrêt de Fleury-Mérogis, du régime de fouilles intégrales systématiques dont il faisait l'objet auparavant apparaît justifié par les nécessités de l'ordre public. Si l'instruction litigieuse ne fixe pas de limite dans le temps à l'application des mesures qu'elle prescrit, il incombe au chef d'établissement d'en réexaminer le bien-fondé, à bref délai et, le cas échéant, à intervalle régulier, afin d'apprécier si le comportement et la personnalité du requérant justifient ou non la poursuite de ce régime exorbitant. • CE 6 juin 2013, *Eski,* n° 368875 B § 6 : *AJDA 2013. 1191* ; *D. 2013. 1478, obs. Léna* ; *AJ pénal 2013. 497* . ♦ La mesure de fouille intégrale dont M. A. a fait l'objet, le 23 novembre 2012, à l'occasion de l'extraction médicale prévue pour une opération de l'intéressé, était motivée par le risque qu'il dissimule une arme afin de profiter de sa sortie de l'établissement pénitentiaire pour s'évader. Le recours à une telle fouille intégrale apparaît, dans les circonstances de l'espèce, eu égard au caractère subsidiaire des fouilles intégrales, nécessaire et proportionné, dès lors qu'aucune autre mesure moins intrusive n'aurait permis d'atteindre le même but dans des conditions équivalentes. • CE 30 janv. 2019, n° 416999 B : *AJDA 2019. 257* .

172. ... Isolement. Une mesure d'isolement ne constitue pas par elle-même une atteinte la dignité inhérente à la personne humaine, même si des mesures individuelles, dont la légalité peut être contestée devant le juge administratif, y compris par la voie d'une procédure de référé, peuvent être de nature à mettre en cause ce principe. • CE, sect., 31 oct. 2008, *Section française de l'Observatoire international des prisons,* n° 293785 : *préc. note 63.* ♦ Si, eu égard à son objet et à ses effets sur les conditions de détention, la décision plaçant d'office à l'isolement une personne détenue ainsi que les décisions prolongeant éventuellement un tel placement créent en principe, sauf à ce que l'administration pénitentiaire fasse valoir des circonstances particulières, une situation d'urgence justifiant que le juge administratif des référés, puisse ordonner la suspension de leur exécution s'il estime remplie l'autre condition posée par cet article, il appartient, en revanche, à la personne détenue qui saisit le juge des référés de justifier de circonstances particulières caractérisant, au regard notamment de son état de santé ou des conditions dans lesquelles elle est placée à l'isolement, la nécessité, pour elle, de bénéficier à très bref délai, du prononcé d'une mesure de sauvegarde. • CE, ord., 20 nov. 2019, n° 435785 : *AJDA 2019. 2411*.

173. Si aucun texte interne ou international n'interdit, de manière générale, qu'une mesure d'isolement puisse être appliquée à un mineur, même si ce n'est pas sur sa demande, en revanche les stipulations des art. 3-1 et 37 CIDE font obligation d'adapter le régime carcéral des mineurs dans tous ses aspects pour tenir compte de leur âge et imposent à l'autorité administrative d'accorder une attention primordiale à l'intérêt supérieur des enfants pour toutes les décisions qui les concernent. • Même affaire. ♦ Eu égard à la vulnérabilité des détenus et à leur situation d'entière dépendance vis-à-vis de l'administration, il appartient aux directeurs des établissements pénitentiaires, en leur qualité de chefs de service, de prendre les mesures propres à protéger leur vie ainsi qu'à leur éviter tout traitement inhumain ou dégradant (...) ; eu égard à la nature d'une mesure de placement d'office à l'isolement et à l'importance de ses effets sur la situation du détenu qu'elle concerne, l'administration pénitentiaire doit veiller, à tout moment de son exécution, à ce qu'elle n'ait pas pour effet, eu égard notamment à sa durée et à l'état de santé physique et psychique de l'intéressé, de créer un danger pour sa vie ou de l'exposer à être soumis à un traitement inhumain ou dégradant. • CE 23 avr. 2014, n° 378085 (sur le fondement des art. 2 et 3 Conv. EDH).

174. ... Travail pénitentiaire. Les dispositions contestées, qui se bornent à prévoir que les relations de travail des personnes incarcérées ne font pas l'objet d'un contrat de travail, ne portent, en elles-mêmes, aucune atteinte aux principes énoncés par le Préamb. Const. 1946. • Cons. const. 14 juin 2013, *Yacine T. et a.*, n° 2013-320/321 QPC § 9. ♦ La juridiction administrative est compétente pour trancher les litiges relatifs à la rémunération d'une personne détenue dans le cadre d'une concession de main-d'œuvre pénale. • T. confl. 14 oct. 2013, *Vincent*, n° 3918 : *Lebon 374 ; AJDA 2013. 2000 ; ibid. 2321, note Schmitz ; D. 2014. 1115, obs. Lokiec et Porta ; AJ pénal 2014. 47, obs. Péchillon ; Dr. soc. 2014. 11, chron. Tournaux*.

175. En subordonnant à un acte d'engagement signé par le chef d'établissement et la personne détenue la participation de cette dernière aux activités professionnelles organisées dans les établissements pénitentiaires et en renvoyant à cet acte d'engagement le soin d'énoncer les droits et obligations professionnels du détenu, sous le contrôle du juge administratif, les dispositions contestées ne privent pas de garanties légales les droits et libertés énoncés par les 5e à 8e al. Préamb. Const. 1946 dont sont susceptibles de bénéficier les détenus dans les limites inhérentes à la détention. • Cons. const. 25 sept. 2015, *Johny M.*, n° 2015-485 QPC § 11.

176. Eu égard à sa nature et à l'importance de ses effets sur la situation des détenus, une décision de déclassement d'emploi constitue un acte administratif susceptible de faire l'objet d'un recours pour excès de pouvoir. Il en va autrement des refus opposés à une demande d'emploi ainsi que des décisions de classement, sous réserve que ne soient pas en cause des libertés et des droits fondamentaux des détenus. • CE, ass., 14 déc. 2007, n° 290420 A (concl. Guyomar) : *AJDA 2008. 128, chron. Boucher et Bourgeois-Machureau ; ibid. 2007. 2404 ; D. 2008. 820, note Herzog-Evans ; ibid. 1015, obs. Céré, M. Herzog-Evans et Péchillon ; RFDA 2008. 87, concl. Guyomar*. ♦ Le chef d'un établissement pénitentiaire dispose, au titre de ses pouvoirs de police, de la faculté de suspendre une décision de classement dans un emploi afin d'assurer le maintien de l'ordre public et de la sécurité de l'établissement ou encore la protection de la sécurité des personnes, y compris de celle du détenu classé, pour une durée strictement proportionnée à ce qu'exige le but qui justifie cette mesure provisoire. • CE 15 déc. 2017, n° 400822 B : *AJDA 2017. 2499 ; AJ pénal 2018. 162, obs. Céré ; JCP Adm. 2018. 38.*

177. Les modalités de rémunération des personnes détenues employées par les entreprises sous le régime de la concession de main-d'œuvre pénale résultent, en particulier, des dispositions, arrêtées par le ministre de la justice en application de l'art. D. 104 C. pr. pén., fixant les conditions générales d'emploi de détenus par les entreprises concessionnaires, ainsi que des conventions de concession passées entre l'État et ces entreprises et des documents auxquelles celles-ci se rapportent, comme, le cas échéant, le CCTP des marchés de fonctionnement des établissements pénitentiaires à gestion mixte, dont il résulte notamment que le seuil minimum de rémunération, fixé selon un barème établi annuellement par l'administration, constitue non pas un salaire minimum individuel, mais un minimum collectif moyen de rémunération. Les modalités de rémunération ainsi fixées sont relatives à l'organisation du service public pénitentiaire et présentent, par suite, un caractère réglementaire ; dès lors pour être opposables aux personnes détenues, ces modalités de rémunération doivent être portées à leur connaissance, en même temps que les taux horaires de rémunération, par un affichage suffisant accessible à l'ensemble des détenus ; eu égard à la situation particulière de ces derniers, il doit également être fait référence à ces modalités de rémunération, ainsi qu'aux conditions particulières de leur exécution applicables à chaque personne détenue exerçant une activité professionnelle, dans le support de l'engagement au travail ou dans l'acte d'engagement signé avec le directeur de l'établissement pénitentiaire. • CE 7 mars 2016, n° 380540 B : *AJDA 2016. 520*. ♦ Le salaire des détenus doit être apprécié au regard de sa rémunération globale. • CE 24 avr. 2019 n° 423009 B : *AJDA 2019. 908*. ♦ La cotisation d'assurance maladie et maternité et la cotisation patronale pour l'assurance vieillesse auxquelles sont soumises les rémunérations versées pour tout travail effectué par une personne détenue sont prises en charge par l'employeur, tandis que la cotisation salariale pour l'assurance vieillesse reste en principe à la charge de la personne détenue sauf dans le cas où celle-ci effectue un travail pour le compte des services généraux de l'administration pénitentiaire. • CE 13 nov. 2019, n° 420671 B : *AJDA 2019. 2337*.

178. Dès lors qu'il s'agit de permettre aux personnes détenues d'acquérir ou de maintenir des chances réelles de réinsertion professionnelle à leur sortie ou de leur assurer des conditions de détention dignes, un rapprochement avec le droit commun du travail est nécessaire. • CGLPL 9 févr. 2017, Avis relatif au travail et à la formation professionnelle dans les établissements pénitentiaires : *AJDA 2017. 253*.

179. Sur la question du travail pénitentiaire, V. également : • CE 26 oct. 2018, n° 421292 B : *AJDA 2018. 2101* ; *JCP 2018. 830.*

180. ... Transferts. Les transferts et refus de transfert ne sont pas au nombre des actes administratifs susceptibles de faire l'objet d'un REP. • CE 13 nov. 2013, n° 338720 B : *AJDA 20143. 2287.* ♦ Il n'en irait autrement que si la nouvelle affectation était de nature à entraîner une aggravation des conditions de détention. • CE 13 nov. 2013, n° 355742 B : *AJDA 2013. 2287*.

181. ... Santé des détenus. V. notes ss. Préamb. Const. 1946, al. 11.

182. État des prisons. En règle générale, il appartient à l'administration pénitentiaire à l'échelon approprié à l'organisation des services de prendre des dispositions de nature à répondre aux exigences découlant du principe de protection de la vie des détenus. • CE 17 déc. 2008, n° 305594 A : *AJDA 2014. 119, note Delarue* ; *AJ pénal 2009. 86, obs. Péchillon* ; *Gaz. Pal. 22-24 févr. 2009, p. 26, concl. Guyomar.*

183. Les cellules n'étant équipées, pour tout dispositif d'aération, que d'une fenêtre haute de faibles dimensions dont il est constant qu'elle ne permettait pas d'assurer un renouvellement satisfaisant de l'air ambiant, et les toilettes équipant ces cellules n'étant pas cloisonnées, hormis par des portes battantes et un muret bas insuffisants pour protéger l'intimité des détenus, ni équipées d'un système d'aération spécifique et étant situées à proximité immédiate du lieu de prise des repas, il en résulte, eu égard à la durée de l'incarcération des intéressés, que ceux-ci ont été détenus dans des conditions n'assurant pas le respect de la dignité inhérente à la personne humaine entraînant, par elles-mêmes, un préjudice moral par nature et à ce titre indemnisable. • CAA Douai, 12 nov. 2009, *Garde des Sceaux c/ Turner, Freger et Kadourli*, n° 09DA00782 : *AJDA 2010. 42, note Lepers*. ♦ Rappr. • CAA Bordeaux, 18 oct. 2011, *Garde des Sceaux c/ L.*, n° 11BX00159 : *AJDA 2012. 63*. ♦ L'insalubrité de ces locaux, aggravée par la promiscuité résultant de leur suroccupation, suffit à engager la responsabilité de l'État, dont les services de l'administration pénitentiaire doivent assurer le respect des normes d'hygiène et de dignité prescrites en milieu carcéral. • CAA Nantes, 28 oct. 2010, *Sébastien X. et Roger X.*, nos 09NT02290 et 09NT02291 (2 esp.). ♦ Au vu de l'ensemble des conditions de détention de A. (handicapé moteur) au sein de la maison d'arrêt d'Amiens, et notamment du fait que l'atteinte à sa dignité résulte essentiellement des conditions de déplacement de celui-ci à l'intérieur du centre de détention et au sein de sa cellule, est condamné l'État à verser une indemnité de 10 000 €. • CAA Douai, 1er juill. 2010, *A.*, n° 10DA00079.

184. Après avoir constaté que l'état des locaux des quartiers disciplinaires de la maison d'arrêt de Fleury-Mérogis est particulièrement dégradé, le juge des référés a pu, sans dénaturer les faits, relever que l'association requérante n'établissait pas que des plaintes auraient été émises par des détenus quant à leurs conditions d'existence au sein du quartier disciplinaire, ni que le risque suicidaire était accru du fait de l'état des locaux, ni que le service médical de l'établissement aurait constaté que l'état des quartiers disciplinaires en cause aurait été à l'origine de troubles de la santé physique ou psychique des détenus de ces quartiers. En l'absence de précisions relatives aux conséquences effectives des conditions de détention alléguées sur la santé des détenus de l'établissement, le juge des référés a pu, alors même que le moyen tiré de la méconnaissance des stipulations de l'art. 3 Conv. EDH était invoqué, juger que la condition d'urgence n'était pas remplie. • CE 9 avr. 2008, *OIP*, n° 311707 : *AJDA 2008. 1447, note Birnbaum*.

185. S'il est vrai qu'il ne résulte pas des pièces du dossier que les conditions de détention au sein du centre pénitentiaire des Baumettes mettent en péril la vie des détenus, les conditions d'hygiène y régnant portent une atteinte grave au droit des personnes détenues à ne pas être victimes de traitements inhumains et dégradants. Il y a lieu dès lors d'enjoindre à l'administration de contrôler que chaque cellule dispose d'un éclairage artificiel et d'une fenêtre en état de fonctionnement, de faire procéder à l'enlèvement des détritus présents dans les parties collectives et les cellules et de modifier immédiatement les méthodes de distribution des repas pour que ces derniers ne soient pas entreposés sur le sol ni à proximité des poubelles. • TA Marseille, ord., 13 déc. 2012, n° 1208103 : *AJDA 2012. 2414*. ♦ Il est vrai que l'administration pénitentiaire, qui a pris la mesure de cette situation, a commencé d'y porter remède : 36 détenus ont été affectés au service général de l'établissement afin de renforcer les effectifs dévolus à l'entretien et à l'hygiène dans les locaux ; dans le cadre du contrat qui lie l'établissement à un prestataire de services chargé d'assurer la dératisation et la désinsectisation des locaux, l'administration pénitentiaire a augmenté la fréquence des interventions curatives. Toutefois, il résulte de l'instruction que ces modalités d'action restent, en dépit des progrès qu'elles constituent, insuffisantes pour remédier de manière efficace à cette situation d'atteinte caractérisée à une liberté fondamentale. Il y a donc lieu, eu égard à l'urgence qui s'attache au prononcé de mesures de sauvegarde sur ce point, de prescrire à l'administration de prendre, dans un délai de dix jours à compter de la notification de la présente ordonnance, toutes les mesures utiles susceptibles de faire cesser au plus vite une telle situation, sans qu'il y ait lieu d'assortir cette injonction d'une astreinte. • CE, ord., 22 déc. 2012, n° 364584 A : *AJDA 2013. 12 ; JCP Adm. 2013. 2017, note Koubi*. ♦ V. également • TA Marseille, ord., 10 janv. 2013, n° 1208146 A : *AJDA 2013. 80*. ♦ La prolifération de rongeurs et insectes nuisibles est une atteinte aux libertés fondamentales des détenus. • TA Melun, 6 oct. 2016, n° 1608163 : *AJ pénal 2016. 605, obs. Otero ; JCP Adm. 2016. 790.*

186. La décision par laquelle le directeur de la maison d'arrêt de Fleury-Mérogis a refusé de mettre fin à l'utilisation de quartiers disciplinaires, bien que règlementaire, est susceptible de porter atteinte à une liberté individuelle et peut dès lors être annulée dès lors que compte tenu de l'état de délabrement de ces quartiers, l'exécution de la décision litigieuse peut avoir pour effet d'exposer les détenues les plus vulnérables ou celles sanctionnées par les mises en cellule disciplinaire les plus longues à des épreuves physiques et morales (...), qui, même rapportées aux motifs susceptibles de les justifier et notamment aux exigences qu'impliquait le maintien de la sécurité et du bon ordre dans l'établissement en cause, excèdent le niveau inévitable de souffrance inhérent à la détention et sont, dès lors, attentatoires à la dignité des intéressées. • CE 30 déc. 2014, n° 364774 : *AJDA 2015. 484*.

187. La CEDH conclut que l'état indigne des cellules et des bâtiments carcéraux constitue un traitement contraire à l'art. 3 Conv. EDH et que les pouvoirs limités du juge des référés en cette matière constituent une violation de l'art. 13 Conv. EDH. • CEDH 30 janv. 2020, *J.M.B. et a. c/ France*, n° 9671/15 : *préc. note 158* • Crim. 8 juill. 2020, n° 20-81.739 P : *AJDA 2020. 1383 ; D. 2020. 1462 ; ibid. 1643, obs. Pradel.*

188. Les dispositions qui se bornent à prolonger la possibilité de déroger à la mise en œuvre de l'encellulement individuel dans les maisons d'arrêt, sans au demeurant en remettre en cause le principe, ne méconnaissent pas l'exigence constitutionnelle de sauvegarde de la dignité de la personne humaine. • Cons. const. 21 mars 2019, n° 2019-778 DC § 354.

189. Le juge judiciaire a l'obligation de garantir à la personne placée dans des conditions indignes de détention un recours préventif et effectif permettant d'empêcher la continuation de la violation de l'art. 3 Conv. EDH. En tant que gardien de la liberté individuelle, il incombe au juge judiciaire de veiller à ce que la détention provisoire soit, en toutes circonstances, mise en œuvre dans des conditions respectant la dignité des personnes et de s'assurer que cette privation de liberté est exempte de tout traitement inhumain et dégradant. Il en résulte que, lorsque la description faite par le demandeur de ses conditions personnelles de détention est suffisamment crédible, précise et actuelle, de sorte qu'elle constitue un commencement de preuve de leur caractère indigne, il appartient alors à la chambre de l'instruction, dans le cas où le ministère public n'aurait pas préalablement fait vérifier ces allégations, et en dehors du pouvoir qu'elle détient d'ordonner la mise en liberté de l'intéressé, de faire procéder à des vérifications complémentaires afin d'en apprécier la réalité. Après que ces vérifications ont été effectuées, dans le cas où la chambre de l'instruction constate une atteinte au principe de dignité à laquelle il n'a pas entretemps été remédié, elle doit ordonner la mise en liberté de la personne, en l'astreignant, le cas échéant, à une assignation à résidence avec surveillance électronique ou à un contrôle judiciaire. • Crim 8 juill. 2020, n° 20-81.739 P : *préc. note 187.*

190. Mineurs. Il ressort des pièces du dossier qu'en conséquence du fait que le Centre du Mesnil-Amelot 2 est autorisé à accueillir des familles, un bâtiment spécial a été aménagé à cet effet. Ces dispositions n'ont pas pour objet de permettre aux autorités préfectorales de prendre des mesures privatives de liberté à l'encontre des enfants mineurs des personnes placées en rétention ; elles visent seulement à organiser l'accueil des familles, et notamment des enfants mineurs, des étrangers placés en rétention. • CE 18 nov. 2011, n° 335532 A : *AJDA 2012. 217, concl. Botteghi ; ibid. 2011. 2265 ; D. 2012. 390, obs. Boskovic, Corneloup, Jault-Seseke, Joubert et Parrot ; RFDA 2012. 377, chron. Clément-Wilz, Martucci et Mayeur-Carpentier .* ♦ La détention d'enfants, pendant 15 jours, dans un milieu d'adultes, confrontés à une forte présence policière, sans activités destinées à les occuper, ajoutée à la détresse des parents, était manifestement inadaptée à leur âge. • CEDH 19 janv. 2012, *Popov c/ France*, n° 39472/07 § 102 : *AJDA 2012. 127 ; D. 2012. 363, obs. Fleuriot ; ibid. 864, entretien Slama .*

191. Handicapés. Les conditions défectueuses de fonctionnement des équipements, les difficultés de circulation et l'humidité régnant dans ces cellules ne justifient pas, dès lors que les cellules médicalisées étaient spécialement aménagées pour accueillir des personnes handicapées, que la responsabilité de l'administration puisse être engagée. • CE, sect., 6 déc. 2013, *B.*, n° 363290 : *préc. note 150.*

192. Extradition. La protection de la dignité humaine (prise ici sous l'angle de l'art. 3 Conv. EDH ; V. ss. cet art.) fait obstacle à l'extradition d'une personne exposée à une peine incompressible de réclusion perpétuelle, sans possibilité de réexamen et, le cas échéant, d'élargissement. • CE 9 nov. 2015, n° 387245 B : *AJDA 2015. 2174 .*

G. HOSPITALISATION DES MALADES EN SOINS PSYCHIATRIQUES

193. La sauvegarde de la dignité humaine trouve à s'appliquer y compris dans le cadre des hospitalisations à la demande de tiers. • Cons. const. 26 nov. 2010, *Mlle Danielle S.*, n° 2010-71 QPC § 28. ♦ Eu égard à la vulnérabilité des patients placés en chambre d'isolement et à leur situation d'entière dépendance vis-à-vis de l'administration hospitalière, il appartient à celle-ci de prendre les mesures propres à leur éviter tout traitement inhumain ou dégradant. • CAA Marseille, 21 mai 2015, n° 13MA03115 : *AJDA 2015. 1400 .*

194. Cependant, les situations de fait incompatibles avec la dignité de la personne ne remettent pas en cause, à elles seules, la constitutionnalité des dispositions qui prévoient le placement. • Cons. const. 26 nov. 2010, *Mlle Danielle S., n° 2010-71 QPC § 29.*

195. Il appartient, en outre, aux autorités compétentes, dans le cadre des pouvoirs qui leur sont reconnus par le CSP et, le cas échéant, sur le fondement des infractions pénales prévues à cette fin, de prévenir et de réprimer les agissements portant atteinte à la dignité de la personne hospitalisée sans son consentement et d'ordonner la réparation des préjudices subis. • Cons. const. 26 nov. 2010, *Mlle Danielle S.*, n° 2010-71 QPC § 29.

H. AUTRES HYPOTHÈSES

196. Recherche de filiation. L'utilisation des empreintes génétiques pour la recherche de la filiation ne porte pas atteinte à la dignité humaine. N'est donc pas contraire au présent art. une disposition permettant au demandeur au titre du regroupement familial d'apporter, à titre supplétif des actes d'état civil, la preuve de sa filiation par ce moyen. • Cons. const. 15 nov. 2007, n° 2007-557 DC § 18 • Cons. const. 7 déc. 2000, n° 2000-436 DC § 52.

197. Tutelles. L'extension de la faculté conférée au tuteur d'agir sans autorisation préalable d'un juge est limitée à certains actes de gestion patrimoniale ne portant pas atteinte à la dignité humaine. • Cons. const. 21 mars 2019, n° 2019-778 DC § 45.

198. Pâtisseries. Si l'exposition, dans la vitrine de la boulangerie, de pâtisseries figurant des personnages de couleur noire présentés dans une attitude obscène et s'inscrivant délibérément dans l'iconographie colonialiste est de nature à choquer, l'abstention puis le refus du maire de Grasse de faire usage de ses pouvoirs de police pour y mettre fin ne constituent pas en eux-mêmes une illégalité manifeste portant atteinte à une liberté fondamentale qu'il appartiendrait au juge administratif des référés de faire cesser. • CE, ord., 16 avr. 2015, *Sté Grasse Boulange*, n° 389372 B : *AJDA 2015. 786 ; JCP Adm. 2015. 2138, note Pauliat.* ♦ Comp. • CE, ord. réf., 9 janv. 2014, *Sté « Les Productions de la Plume » et M. Dieudonné M'Bala M'Bala*, n° 374508 A : *préc. note 127.*

199. Expression artistique. Dès lors qu'un artiste expose son œuvre dans un espace public, sa liberté d'expression doit se concilier avec le respect des autres libertés fondamentales, en particulier celle protégeant chaque individu contre les atteintes à la dignité humaine. Il y a donc lieu de prendre toutes mesures propres à faire cesser l'exposition au public d'inscriptions antisémites. • TA Versailles, 19 sept. 2015, n° 1506153 : *AJDA 2015. 1722 .* ♦ Si les « silhouettes » installées dans le village peuvent être perçues par certains comme véhiculant, pris dans leur ensemble, des stéréotypes dévalorisants pour les femmes et pour quelques-unes d'entre elles comme témoignant d'un goût douteux, voire comme présentant un caractère suggestif inutilement provocateur s'agissant d'éléments disposés par une collectivité dans l'espace public, leur installation ne peut être regardée comme portant au droit au respect de la dignité humaine une atteinte grave et manifestement illégale de nature à justifier l'intervention du juge des référés. • CE, ord., 1er sept. 2017, Cne de Dannemarie, n° 413607 B : *AJDA 2017. 1636* ; *ibid. 2076, note Carpentier* ; *D. 2017. 1711, obs. Maupin* ; *AJCT 2017. 413, tribune Dreyfus* ; *JCP Adm. 2017. 387.*

200. Détention à domicile sous surveillance électronique. Si la peine de détention à domicile sous surveillance électronique emporte l'obligation pour le condamné de demeurer dans son domicile ou tout autre lieu désigné par le juge et de porter un dispositif intégrant un émetteur permettant de vérifier le respect de cette obligation, une telle peine privative de liberté ne peut être prononcée qu'à la place de l'emprisonnement. Par ailleurs, sa durée maximale, limitée à six mois, ne peut excéder celle de l'emprisonnement encouru. Enfin, la juridiction ou le juge de l'application des peines peuvent autoriser le condamné à s'absenter de son domicile pendant des périodes déterminées pour le temps nécessaire « à l'exercice d'une activité professionnelle, au suivi d'un enseignement, d'un stage, d'une formation ou d'un traitement médical, à la recherche d'un emploi, à la participation à la vie de famille ou à tout projet d'insertion ou de réinsertion ». Dès lors, les dispositions contestées ne méconnaissent pas la dignité de la personne humaine. • Cons. const. 21 mars 2019, n° 2019-778 DC § 326.

Al. 2 Il proclame, en outre, comme particulièrement nécessaires à notre temps, les principes politiques, économiques et sociaux ci-après :

COMMENTAIRE

V. sur le Code en ligne.

Al. 3 La loi garantit à la femme, dans tous les domaines, des droits égaux à ceux de l'homme.

COMMENTAIRE

V. sur le Code en ligne.

[V. références des décisions du Conseil constitutionnel dans les tableaux DC et QPC]

1. Il ne saurait être tiré de l'art. 3 Const. 58 un fondement à la mise en œuvre d'un principe général d'égalité entre les sexes d'une valeur supérieure au principe général d'égalité contenu à l'art. 6 DDH. Lorsque le présent art. trouve application (accès à la fonction publique et donc composition des jurys de concours), la question de la représentation équilibrée entre les femmes et les hommes n'est qu'un objectif qui ne peut avoir ni pour objet et ni pour effet de faire prévaloir la considération du genre sur celle des compétences, des aptitudes et des qualifications. • Cons. const. 12 janv. 2002, n° 2001-455 DC § 112 à 115.

A. ÉGALITÉ DES DROITS

BIBL. Bui-Xuan, L'égalité professionnelle entre hommes et femmes dans la fonction publique, Une révolution manquée ?, *AJDA 2012. 1100* ; La « représentation équilibrée entre hommes et femmes », une catégorie juridique équivoque, *RD publ. 2015. 431.*

2. L'interdiction de dissimuler son visage dans l'espace public est justifiée par le fait que les femmes dissimulant leur visage, volontairement ou non, se trouvent placées dans une situation d'exclusion et d'infériorité manifestement incompatible avec les principes constitutionnels de liberté et d'égalité. • Cons. const. 7 oct. 2010, n° 2010-613 DC § 4.

3. Un refus de carte de résident peut trouver sa justification dans la pratique contraire au principe d'égalité des sexes, caractérisée par le port du voile intégral, démontrant l'insuffisante intégration républicaine dans la société française. • TA Châlons-en-Champagne, 23 sept. 2010, n° 1000648 : *AJDA 2010. 2378, concl. Nizet*. ♦ De même le refus de nationalité peut-il se fonder sur le reniement du principe d'égalité homme/femme. • CE 27 nov. 2013, n° 365587 A : *AJDA 2013. 405* ; *JCP Adm. 2013. 2083, note Marti.*

1° RECRUTEMENT ET ACCÈS

4. En matière de recrutement. Les femmes ont vocation à occuper tous les emplois publics dans les mêmes conditions que les hommes. • CE 26 juin 1989, n° 89945 A : *RFDA 1990. 39, concl. Laroque* ; *AJDA 1989. 725, obs. Prétot* • CE 7 déc. 1990, n° 96209 B : *RFDA 1990. 39, concl. Laroque* ; *AJDA 1991. 405, obs. Salon*.

5. Il n'est pas possible de réserver certains emplois et d'organiser les concours en fonction des sexes. • CE, sect., 9 nov. 1966, *Cne de Clohars-Carnoët*, n° 67973 A : *D. 1967. 92, concl. Braibant* ; *AJDA 1967. 34, note Lecat-Massot* ; *RD publ. 1967. 334, note Waline.* ♦ Si la recherche d'un accès équilibré des femmes et des hommes aux responsabilités autres que les fonctions politiques électives n'est pas contraire aux exigences constitutionnelles, elle ne saurait, sans les méconnaître, faire prévaloir la considération du sexe sur celle des capacités et de l'utilité commune. • Cons. const. 16 mars 2006, n° 2006-533 DC § 15 • CE, ass., 7 mai 2013, *Féd. CFTC de l'agriculture et Féd. gén. travailleurs de l'agriculture, de l'alimentation, des tabacs et services annexes, FO*, n° 362280 § 1 A (concl. Pellissier) ; *AJDA 2013. 949* ; *RFDA 2013. 868, concl. Pellissier* ; *ibid. 882, note Roman et Hennette-Vauchez* ; *Dr. adm. 2013. 61, note Éveillard.* ♦ Il faut cependant réserver l'hypothèse dans laquelle l'appartenance à l'un ou à l'autre sexe constitue une condition déterminante de l'exercice des fonctions. • Soc. 15 juin 1999, n° 96-45.464 P. ♦ De même, il existe une différence objective de situation, en ce qui concerne la taille, entre les hommes et les femmes, de nature à justifier que soit exigée des candidates au concours d'accès à l'emploi de gardien de la paix une taille minimale inférieure à celle exigée des candidats. • CAA Paris, 11 mars 2005, n° 00PA03321 : *AJDA 2005. 693* ; *ibid. 1254* ; *AJFP 2005. 235* .

6. S'agissant des dispenses de diplôme que les textes consentent aux mères de famille ayant élevé 3 enfants, le juge a pour l'instant évité de se prononcer. • CAA Paris, 23 oct. 1997, n° 96PA02222 : *AJFP 1988. 17, obs. Roulot* • CAA Paris, 7 oct. 1979, n° 97PA00124 : *AJFP 2000. 27* . ♦ S'agissant de l'« exit taille » dans certains concours notamment de police. • CJUE 18 oct. 2017, *Grèce*, n° C-209/16 : *Dr. adm. 2017. 171.*

7. Jury et quotas par sexe. En raison de la mission confiée aux jurys de « validation des acquis de l'expérience », les membres desdits jurys occupent des « dignités, places et emplois publics » au sens de l'art. 6 DDH ; la loi ne fixant qu'un objectif de représentation équilibrée entre les femmes et les hommes, elle n'a pas pour objet et ne saurait avoir pour effet de faire prévaloir, lors de la constitution de ces jurys, la considération du genre sur celle des compétences, des aptitudes et des qualifications (réserve d'interprétation). • Cons. const. 12 janv. 2002, n° 2001-455 DC § 115. ♦ Dès lors, un décret qui prévoit que pour la désignation des membres des jurys (...) l'administration doit respecter une proportion minimale d'un tiers de personnes de chaque sexe justifiant des compétences nécessaires se borne à imposer à l'administration de prendre en compte l'objectif de représentation équilibrée entre les femmes et les hommes mais n'a pas pour objet de fixer une proportion de personnes de chaque sexe qui s'imposerait à peine d'irrégularité des concours. • CE sect., 22 juin 2007, *Lesourd*, n° 288206 A (concl. Olson) : *AJDA 2007. 2130, chron. Boucher et Bourgeois-Machureau* ; *JCA 2007. 2255, note Cassia.*

2° DANS LE CADRE DE LA CARRIÈRE

8. Égalité dans le déroulement de la carrière. L'égalité entre les sexes doit être respectée en matière de mutation. • CE 4 nov. 1994, n° 135750 A • CE 14 avr. 1995, n° 107429 B.

9. Une salariée, pour laquelle une promotion a été envisagée par l'employeur, ne peut se voir refuser celle-ci en raison de la survenance d'un congé de maternité. • Soc. 16 juill. 1998, n° 90-41.231 P : *Liaisons soc. n° 601, p. 1.* ♦ Il n'est pas possible, dans le déroulement de carrière, de tenir compte de l'hypothèse selon laquelle l'appartenance à l'un ou à l'autre sexe constitue une condition déterminante de l'exercice des fonctions. • Soc. 15 juin 1999, n° 96-45.464 P.

10. Égalité de rémunération. L'égalité de rémunération doit s'appliquer également : aux avantages et éléments accessoires à celle-ci. • CE, sect., 11 juin 1982, *Mme Diebolt*, n° 16610 A : *Dr. soc. 1984. 138, concl. Genevois.* ♦ ... Aux avantages en nature. • CE 8 juill. 1998, n° 191812 A : *Dr. adm. 1998. 330, note C.M.* ♦ ... Aux indemnités de garde d'enfant. • CE 5 déc. 1984, n° 22499 B : *RFDA 1985. 548, note Négrin.* ♦ ... Aux indemnités d'éloignement allouées aux fonctionnaires d'outre-mer. • CE, sect., 6 nov. 1992, *Mme Perrault*, n° 93734 A : *JCP 1993. 22055, concl Lavignes.* ♦ ... Aux différentes primes. • Soc. 28 nov. 2000, n° 97-43.715 P.

11. Seules des justifications tirées de la nature des fonctions ou des conditions de leur exercice peuvent justifier des différences de rémunération. • CE 5 déc. 1984, n° 22499 B : *préc. note 10* • Soc. 12 févr. 1997, n° 95-41.694 P • CJCE 9 févr. 1999, *Seymour-Smith*, n° C 167-97 : *Rec. CJCE I-623.* ♦ Il en va ainsi d'une pénibilité particulière du travail effectué par les hommes. • Soc. 28 mars 1981 : *Bull. civ. V, n° 229.* • CJCE 1er juill. 1986, *Rummler*, n° 237/85 : *Rec. CJCE 2101 ; Gaz. Pal. 1986. Doctr. 568, obs. Mauro.*

12. L'employeur est tenu d'assurer l'égalité de rémunération entre tous les salariés de l'un ou l'autre sexe. • Com. 29 oct. 1996, *Ponsolle : Bull. civ. IV, n° 359 ; JCP E 1997. 7, note Sauret.* ♦ Ce principe ne fait pas obstacle à l'instauration au profit de salariés d'un avantage déterminé par un critère indépendant du travail fourni, notamment par la situation de famille. • CE 8 juill. 1998, n° 191812 A : *préc. note 10.*

13. Constituent une discrimination indirecte : envers les femmes en matière d'égalité des traitements la référence à la qualité de personne enceinte. • CJCE 8 nov. 1990, *Dekker*, n° C-177/88 : *Rec. I-3941 ; D. 1992. Somm. 288* . ♦ ... Dès lors qu'elle frappe un pourcentage considérablement plus faible de femmes que d'hommes, un régime de pensions d'entreprise qui exclut les travailleurs à temps partiel. • CJCE 13 mai 1986, *Bilka-Kaufhaus GmbH c/ Karin Weber*, n° 170/84 : *Rec. CJCE 1607.* ♦ ... L'exclusion du bénéfice d'une prime des personnes exerçant, entre autres, des activités salariées comportant un horaire normal inférieur à 15 heures par semaine. • CJCE 9 sept. 1999, *Krüger*, n° C-281/97 : *Rec. CJCE I-5127.* ♦ Il en va de même d'une prétendue diversité des tâches à accomplir. • Soc. 12 févr. 1997, n° 95-41.694 P. ♦ ... La suppression de toute notation pendant les périodes d'absence. • CJCE 30 avr. 1998, *Thibault*, n° C-136/95 : *Rec. CJCE I-2011, D. 1998. 246, obs. Lanquetin* • Soc. 16 juill. 1998, n° 90-41.231 P. V. déjà. • Soc. 9 avr. 1996, n° 92-41.103 P.

14. Pour établir si une mesure affecte différemment les hommes et les femmes de telle façon qu'elle équivaut à une discrimination indirecte, le juge national doit vérifier si les données statistiques disponibles indiquent qu'un pourcentage considérablement plus faible de travailleurs féminins que de travailleurs masculins est en mesure de remplir la condition imposée par ladite mesure. • CJCE 9 févr. 1999, *Seymour-Smith*, n° C 167-97 : *préc. note 11* • Soc. 19 déc. 2000, n° 98-43.331 P.

15. La preuve de la discrimination doit être apportée par le salarié mais la preuve du caractère objectif de la différence mise en évidence doit être apportée par l'employeur. • CJCE 17 oct. 1989, *Danfoss*, n° 109/88 : *Rec. CJCE 3199* • Soc. 12 févr. 1997, n° 95-41.694 P • Soc. 28 nov. 2000, n° 97-43.715 P.

16. Cependant, le principe d'égalité des rémunérations ne s'oppose pas au versement d'une allocation forfaitaire aux seuls travailleurs féminins qui partent en congé de maternité, dès lors que cette allocation est destinée à compenser les désavantages professionnels qui résultent pour ces travailleurs de leur éloignement du travail. • CJCE 16 sept. 1999, *Abdoulaye et Régie nationale des usines Renault*, n° C-218/98 : *Rec. CJCE 5723 ; Dr. soc. 1999. 942, chron. Berthou et Masselot* • Soc. *21 mars 2000*, *n° 98-45.485 P.*

17. Représentation au sein des organes représentatifs. Les conseils de discipline ne doivent pas être composés de manière différente selon qu'il s'agit de se prononcer sur le cas d'un homme ou d'une femme. • CE 26 juin 1989, n° 8994 A : *préc. note 4.*

18. Exercice des fonctions. Illégalité de l'acte réservant aux hommes la possibilité de prolonger la durée d'activité au-delà d'un certain âge. • CE, sect., 6 févr. 1981, *Mlle Baudet*, n° 14869 A : *AJDA 1981. 489, concl. Dondoux ; D. 1981. IR 289, obs. Delvolvé.*

19. Les fédérations sportives peuvent interdire la participation aux compétitions d'équipes mixtes mais non interdire certaines compétitions à des équipes féminines. • CE 27 juin 1986, n° 73596 B : *AJDA 1986. 431, chron. Azibert et de Boisdeffre.*

20. Calcul du montant des pensions de retraite versées. Les pensions de retraite sont des rémunérations à effet différé et dès lors le principe d'égalité s'applique. • CJCE 17 mai 1990, *Barber*, n° 262/88 : *Rec. CJCE I-1889* • CJCE 28 sept. 1994, *Beune*, n° C 7/93 : *Rec. CJCE I-4471 ; JDI 1995. 435, chron. Simon.*

21. Les bonifications d'ancienneté ne peuvent être réservées aux seuls hommes. • CJCE 29 nov. 2001, *Griesmar*, n° C 366/99 : *Rec. CJCE I-9383 ; AJFP 2002. 11, note Boutelat ; Dr. soc. 2002. 178, note Fitte-Duval ; JCP 2002. 10102, note Moniolle* • CE 29 juill. 2002, *Griesmar*, n° 141112 A : *AJDA 2002. 823, concl. Lamy ; Dr. soc. 2002. 1131, note Prétot* • CE 7 mai 2014, n° 355961 A : *AJDA 2014. 948 ; AJFP 2014. 259 ; Dr. adm. 2015. 5, chron. Platon.* ♦ Rappr. • CE, ass., avis cont., 27 mai 2005, *Provin*, n° 277975 A (concl. Devys) : *JCP Adm. 2005 n° 1252, concl. Devys ; AJDA 2005. 1454, chron. Landais et Lénica* .

22. Sauf à pouvoir être justifié par des facteurs objectifs étrangers à toute discrimination fondée sur le sexe, tels qu'un objectif légitime de politique sociale, et à être propre à garantir l'objectif invoqué et nécessaire à cet effet, ce qui exige qu'il réponde véritablement au souci d'atteindre ce dernier et qu'il soit mis en œuvre de manière cohérente et systématique dans cette perspective, un régime professionnel de retraite ou de pension ne saurait comporter de discrimination directe ou indirecte fondée sur le sexe, en particulier en ce qui concerne le champ d'application du régime et les conditions d'accès à celui-ci. • CJUE 17 juill. 2014, *Leone*, n° C-173/13 : *AJDA 2014. 1519 ; ibid. 2295, chron. Broussy, Cassagnabère et Gänser ; AJFP 2015. 148, comm. Mayeur-Carpentier ; RDSS 2014. 1073, note Boutayeb ; JCP Adm. 2014. 639.* ♦ Il est possible que les conditions d'obtention de ces bonifications prévoient, parmi les positions statutaires donnant droit à ce bénéfice, le congé de maternité alors même que, en raison du caractère obligatoire de ce congé et facultatif des autres congés permettant d'obtenir ce bénéfice, ce congé bénéficiera principalement aux fonctionnaires de sexe féminin. • CE 29 déc. 2004, *D'amato*, n° 265097 A : *Dr. soc. 2006. 82, note Zarca* • CE 6 déc. 2006, n° 280681 : *AJDA 2007. 606* . ♦ Il en va en particulier ainsi lorsque la différence de traitement est objectivement justifiée par un objectif légitime de politique sociale. • CE, ass., 27 mars 2015, *Quintanel*, n° 372426 A : *AJDA 2015. 663 ; ibid. 1761, note Alberton ; D. 2015. 807, obs.*

Poissonnier ; *AJFP 2015. 154* ; *RFDA 2015. 550, concl. B. Dacosta* ; *JCP Adm. 2015. 2186, note Calley.* ♦ A l'inverse, en subordonnant à une durée de travail minimale, (...), l'affiliation au régime de retraite des fonctionnaires affiliés à la CNRACL du fonctionnaire territorial nommé dans un emploi à temps non complet et affecté aux activités scolaires et périscolaires des écoles communales, alors que celles-ci recourent à une proportion élevée d'emplois à temps réduit plus fréquemment occupés par des femmes, la disposition a institué une discrimination indirecte dans l'accès à un régime professionnel de retraite contraire, en l'absence de justification. • Civ. 2e, 9 nov. 2017, n° 16-20.404 P : *AJFP 2018. 103, Mayeur-Carpentier* ; *AJDA 2018. 340, note Alberton* ; *AJCT 2018. 109* ; *JCP Adm. 2017. 586.*

23. Conseil de discipline et quota par sexe. Dans une solution voisine de celle retenue pour les jurys de recrutement, jugé que la disposition fixant la présence d'un tiers minimal de membre de chaque sexe ne fixe qu'un objectif de représentation équilibrée entre les femmes et les hommes mais n'a pas pour objet et n'aurait alors pu légalement avoir pour effet de fixer, pour la composition des commissions administratives paritaires, une proportion de personnes de chaque sexe qui s'imposerait à peine d'irrégularité des avis émis par ces commissions. • CE 16 mars 2011, n° 337265 : *AJDA 2011. 982* .

B. PAS DE DISCRIMINATION À REBOURS

24. Accès à la retraite. Ne peut être réservée aux femmes la retraite à jouissance immédiate lorsque le conjoint est atteint d'infirmité ou de maladie incurable le plaçant dans l'impossibilité d'exercer une profession. • CJCE 13 déc. 2001, *Mouflin,* n° C-206/00 : *Rec. CJCE I-10201* ; *Dr. soc. 2002. 178, note Fitte-Duval* • CE, sect., avis. cont., 4 févr. 2000, *Mouflin,* n° 13321 A : *AJDA 2000. 554, concl. Goulard* . ♦ ... Ou la retraite à jouissance immédiate sans condition d'âge pour les mères de famille ayant élevé 3 enfants. • CJCE 29 nov. 2001, *Griesmar c/ MEF,* n° C-366-99 : *AJDA 2002. 326, chron. Lambert, Bélorgey et Gervasoni* • CE 18 déc. 2002, n° 247224 A : *Dr. adm. 2003. 42, obs. D.P.* ♦ V. également : • CE 16 avr. 2008, n° 299706. ♦ L'égalité entre les hommes et les femmes est réalisée sur ce point. • CE 28 juin 2010, n° 338537 : *AJDA 2010. 2013* • Cons. const. 9 nov. 2010, n° 2010-617 DC § 19. ♦ V. *cependant, sur la base de la discrimination indirecte* : • CJUE 17 juill. 2014, *Leone,* n° C-173/13 : *préc. note 22.*

25. Il en va de même de la liquidation provisoire de la pension en cas de disparition du conjoint. • CE 17 mai 1999, n° 123952 A : *AJDA 1999. 618, concl. Chauvaux* . ♦ Les femmes ne peuvent voir la réversion de la pension de leurs maris suspendue dans des cas non prévus pour les hommes. • CE 5 juin 2002, n° 202667 A : *Dr. adm. 2002. 147* ; *AJFP 2002, sept.-oct., p. 4, étude Fitte-Duval.*

26. Application des mêmes règles à tous. Dès lors qu'une discrimination contraire au droit communautaire a été constatée et aussi longtemps que des mesures rétablissant l'égalité de traitement n'ont pas été adoptées, le respect du principe d'égalité ne saurait être assuré que par l'octroi aux personnes de la catégorie défavorisée des mêmes avantages que ceux dont bénéficient les personnes de la catégorie privilégiée. • CJCE 27 juin 1990, *Kowalska,* n° C-33-89 : *Rec. CJCE I-2591* ; *D. 1990. IR 183* • CJCE 7 févr. 1991, *Nimz,* n° C-184-89 : *Rec. CJCE I-297* ; *D. 1992. Somm. 301, obs. Lanquetin* • CJCE 28 sept. 1994, *Avdel Systems,* n° C-408-92 : *Rec. CJCE I-4435* ; *D. 1994. IR 233* • CJCE 12 déc. 2002, *Rodriguez Caballero,* n° C-442-00 : *Rec. CJCE I-11915* • CJCE 7 sept. 2006, *Cordero Alonso,* n° C-81-05 : *Rec. CJCE I-7569* ; *D. 2006. 2275* • CJCE 16 janv. 2008, *Molinari,* n° C-128/07 : *Rec. CJCE I-4* • Soc. 18 déc. 2007, n° 06-45.132 P : *Rev. Trésor 2008. 393, note Schmitt.* ♦ Voir également note 24. ♦ En réservant aux Français de sexe masculin, quelle que soit leur situation au regard des obligations militaires, le droit de choisir de conserver la nationalité française lors de l'acquisition volontaire d'une nationalité étrangère, les dispositions contestées instituent entre les femmes et les hommes une différence de traitement sans rapport avec l'objectif poursuivi et qui ne peut être regardée comme justifiée. • Cons. const. 9 janv. 2014, *Jalila K.,* n° 2013 QPC § 8.

C. DISCRIMINATION POSITIVE

27. Discrimination positive. Les normes juridiques existant sur l'égalité de traitement, qui ont pour objet d'accorder des droits aux individus, sont insuffisantes pour éliminer toute forme d'inégalité de fait que, parallèlement, les actions ne sont pas entreprises, de la part des gouvernements, des partenaires sociaux et d'autres organismes concernés, en vue de compenser les effets préjudiciables qui, pour les femmes dans la vie active, résultent d'attitudes, de comportements et de structures de la société. • CJCE 17 oct. 1995, *Kalanke,* n° C-450/93 : *Rec. CJCE I-3069* ; *D. 1996. 221, chron. Clergerie* ; *RTD eur. 1996. 281, note Charpentier* . ♦ Une règle nationale qui oblige, à qualifications égales des candidats de sexe différent quant à leur aptitude, à leur compétence et à leurs prestations professionnelles, à promouvoir prioritairement les candidats féminins dans les secteurs d'activité du service public où les femmes sont moins nombreuses que les hommes au niveau de poste considéré, à moins que des motifs tenant à la personne d'un candidat masculin ne fassent pencher la balance en sa faveur, à condition qu'elle garantisse, dans chaque cas individuel, aux candidats masculins ayant une qualification égale à celle des candidats féminins que les candidatures font l'objet d'une appréciation objective qui tient compte de tous les critères relatifs à la personne des candidats et écarte la priorité accordée aux candidats féminins, lorsqu'un ou plusieurs de ces critères font pencher la balance en faveur du candidat masculin, et que de tels critères ne soient pas discriminatoires envers les candidats féminins. • CJCE 11 nov. 1997, *Marshall*, n° C-409/95 § 33 : *Rec. CJCE I-6363, concl. Jacobs ; Europe 1998, n° 15 ; D. 1998. Somm. 211, obs. Rideaux*. ♦ Une action qui vise à promouvoir prioritairement les candidats féminins dans les secteurs de la fonction publique où les femmes sont sous-représentées doit être considérée comme étant compatible avec le droit communautaire lorsqu'elle n'accorde pas de manière automatique et inconditionnelle la priorité aux candidats féminins ayant une qualification égale à celle de leurs concurrents masculins et lorsque les candidatures font l'objet d'une appréciation objective qui tient compte des situations particulières d'ordre personnel de tous les candidats. • CJCE 28 mars 2000, *Badeck et a.*, n° C-158/97 § 23 : *Rec. CJCE I-1875 ; Dr. soc. 2000. 901, note Berthou*.

28. Ainsi, va au-delà d'une promotion de l'égalité des chances et entraîne une discrimination fondée sur le sexe une règle nationale qui, dans les domaines d'activité où les femmes sont moins nombreuses que les hommes au niveau de poste considéré, accorde automatiquement, lors d'une promotion, la priorité aux candidats féminins ayant une qualification égale à celle de leurs concurrents masculins. • CJCE 17 oct. 1995, *Kalanke*, n° C-450/93 § 16 : *préc. note 27*. ♦ ... Fait reposer la sélection, en dernier lieu, sur sa seule appartenance au sexe sous-représenté, et ce même si les mérites du candidat ainsi choisi sont inférieurs à ceux d'un candidat du sexe opposé, n'est pas conforme aux stipulations conventionnelles. • CJCE 6 juill. 2000, *Abrahamsson*, n° C-407/98 : *Rec. CJCE I-5539 ; AJFP 2001. 20, obs. Icard*.

29. En revanche, est conforme au droit de l'Union une disposition comportant une clause selon laquelle les femmes ne doivent pas être promues par priorité si des motifs tenant à la personne d'un candidat masculin font pencher la balance en sa faveur. • CJCE 11 nov. 1997, *Marshall*, n° C-409/95 § 33 : *préc. note 27*. ♦ ... Qui ne prévoit pas nécessairement *a priori* – de façon automatique – que le résultat de chaque procédure de sélection, dans une situation « d'impasse », du fait de la qualification égale des candidats, doit obligatoirement favoriser la candidate. • CJCE 28 mars 2000, *Badeck et a.*, n° C-158/97 § 23 : *préc. note 27*.

30. La Cour de cassation retient les mêmes principes. • Soc. 18 déc. 2007, n° 06-45.132 P : *préc. note 26*.

31. Le Conseil d'État retient également les mêmes principes et estime que si, en règle générale, le principe d'égalité impose de traiter de la même façon des personnes qui se trouvent dans la même situation, il n'en résulte pas pour autant qu'il oblige à traiter différemment des personnes se trouvant dans des situations différentes et dès lors, alors même que les travailleurs féminins ont, en moyenne, une durée de cotisation inférieure à celle des travailleurs masculins, le décret pouvait, sans porter atteinte au principe d'égalité entre les hommes et les femmes, fixer des règles identiques pour le calcul des retraites des assurés dont la durée de cotisation totale est inférieure à 160 trimestres. • CE 20 avr. 2005, n° 266572 B : *AJDA 2005. 2233, note Burgorgue-Larsen*.

Al. 4 Tout homme persécuté en raison de son action en faveur de la liberté a droit d'asile sur les territoires de la République.

COMMENTAIRE

V. sur le Code en ligne.

A. VALEUR JURIDIQUE

1. Principe. Le droit d'asile est un principe de valeur constitutionnelle. • Cons. const. 25 févr. 1992, n° 95-307 DC § 8 • Cons. const. 13 août 1993, n° 93-325 DC § 84 • Cons. const. 22 avr. 1997, n° 97-389 DC § 26. ♦ Il incombe au législateur d'assurer en toutes circonstances l'ensemble des garanties légales que comporte l'exigence constitutionnelle que constitue le droit d'asile. • Cons. const. 13 août 1993, n° 93-325 DC § 81 • Cons. const. 22 avr. 1997, n° 97-389 DC § 25 • Cons. const. 4 déc. 2003, n° 2003-485 DC § 2. ♦ ... Et ce, si certaines garanties attachées à ce droit ont été prévues par des conventions internationales introduites en droit interne, notamment par la Convention de Genève du 28 juill. 1951 et le protocole signé à New York le 31 janv. 1967 relatifs au statut des réfugiés. • Cons. const. 4 déc. 2003, n° 2003-485 DC § 2.

2. Le droit d'asile est également qualifié de

« droit fondamental ». • Cons. const. 13 août 1993, n° 93-325 DC § 81.

3. Sous réserve de la conciliation de l'exigence avec la sauvegarde de l'ordre public, l'admission au séjour qui est ainsi nécessairement consentie doit permettre au demandeur d'asile d'exercer effectivement les droits de la défense qui constituent pour toutes les personnes, qu'elles soient de nationalité française, de nationalité étrangère ou apatrides, un droit fondamental à caractère constitutionnel. • Cons. const. 13 août 1993, n° 93-325 DC § 84.

4. Le législateur ne doit priver le droit d'asile d'aucune garantie essentielle. • Cons. const. 4 déc. 2003, n° 2003-485 DC § 7.

5. Conventions internationales. Le Cons. const. s'assure que les conventions internationales que la France souhaite ratifier sont conformes aux présentes dispositions. Tel est le cas des accords de Schengen qui réservent le droit de toute partie contractante, pour des raisons particulières tenant notamment au droit national, d'assurer le traitement d'une demande d'asile même si la responsabilité incombe à une autre partie. • Cons. const. 25 juill. 1991, n° 91-294 DC § 31. ♦ En effet, le droit souverain de l'État à l'égard d'autres parties contractantes à des conventions doit être entendu comme ayant été réservé par le législateur pour assurer le respect intégral de cette obligation. • Cons. const. 13 août 1993, n° 93-325 DC § 88.

6. Référé-liberté. Au nombre des libertés fondamentales au sens où les a entendues le législateur lors de l'adoption de la loi n° 2000-597 du 30 juin 2000 relative au référé devant les juridictions administratives, figure le droit constitutionnel d'asile. • CE, réf., 15 févr. 2002, n° 238547 A • CE, ord., 29 août 2013, n° 371572 : *AJDA 2013. 2382, note Brami*.

7. Les dispositions du règlement « Dublin III » ne s'opposent pas à ce que l'État puisse souverainement décider d'accorder l'asile à une personne étrangère dont l'examen de la demande d'asile relèverait pourtant de la compétence d'un autre État. Elles ne méconnaissent pas le droit d'asile énoncé au présent al. qui, compte tenu des dispositions de l'art. 53-1 Const. 58, n'implique pas que l'étranger qui s'en prévaut bénéficie d'un droit au séjour provisoire sur le territoire qui excéderait le droit au maintien sur le territoire prévu dans le cadre de la procédure de détermination de l'État responsable de l'examen de sa demande d'asile en vertu dudit règlement. • CE 1er juin 2018, n° 418862 B : *AJDA 2018. 1129*.

B. MISE EN ŒUVRE

8. Principe. Les étrangers peuvent se prévaloir d'un droit qui est propre à certains d'entre eux, reconnu par le présent al. • Cons. const. 13 août 1993, n° 93-325 DC § 4. ♦ L'existence de ce droit n'est pas remise en cause par l'extension de la « zone d'attente » dès lors que cette demande peut être présentée par les personnes qui s'y trouvent retenues. • Cons. const. 9 juin 2011, n° 2011-631 DC § 21. ♦ De même, le fait que la demande d'abrogation de l'interdiction de retour ne soit recevable que si l'étranger qui la sollicite justifie résider hors de France n'est pas de nature à porter atteinte au droit d'asile dès lors que le refus d'entrée sur le territoire ne fait pas obstacle au dépôt d'une demande d'asile à la frontière. • Cons. const. 9 juin 2011, n° 2011-631 DC § 54.

9. Il résulte de la jurisprudence constante de la Cour de cassation (Soc., 22 févr. 2017 et 17 oct. 2018 n° 16-60.123, 17-19.732 et 18-60.030) que les dispositions contestées imposent à tout syndicat, qu'il soit ou non représentatif, de satisfaire au critère de transparence financière pour pouvoir exercer des prérogatives dans l'entreprise. En particulier, à défaut de respecter cette exigence, un syndicat non représentatif ne peut donc pas valablement désigner un représentant de la section syndicale en application de l'art. L. 2142-1-1 C. trav. Le législateur ayant entendu permettre aux salariés de s'assurer de l'indépendance, notamment financière, des organisations susceptibles de porter leurs intérêts, le juge, en imposant à l'ensemble des syndicats, y compris non représentatifs, de satisfaire à l'exigence de transparence financière, n'a méconnu ni la liberté syndicale ni le principe de participation des travailleurs dès lors qu'un syndicat non représentatif peut rapporter la preuve de sa transparence financière. • Cons. const. 30 avr. 2020, *Ferhat et a.*, n° 2020-835 QPC § 8 s.

10. Le droit constitutionnel d'asile, qui a le caractère d'une liberté fondamentale, a pour corollaire le droit de solliciter le statut de réfugié. • CE, ord., 8 févr. 2012, *Min. de l'intérieur, de l'outre-mer, des collectivités territoriales et de l'immigration c/ Koné*, n° 355884 : *AJDA 2012. 294 ; D. 2013. 324, obs. Boskovic, Corneloup, Jault-Seseke, Joubert et Parrot ; Dr. adm. 2012. 67, note Tchen.*

1° DROIT AU SÉJOUR PROVISOIRE

11. Le droit d'asile implique d'une manière générale que l'étranger qui se réclame de ce droit soit autorisé à demeurer provisoirement sur le territoire jusqu'à ce qu'il ait été statué sur sa demande. • CE, ass., 13 déc. 1991, *Dakoury*, n° 120560 A : *D. 1992. 447, note Julien-Laferrière ; AJDA 2014. 102, note Combarnous ; RFDA 1992. 90, concl. Abraham ; Rev. crit. DIP 1992. 455, note Crépeau* • Cons. const. 13 août 1993, n° 93-325 DC § 84. • CE, ord., 8 févr. 2012, *Min. de l'intérieur, de l'outre-mer, des collectivités ter-*

ritoriales et de l'immigration c/ Koné, n° 355884 : *préc. note 10.* ♦ L'admission au séjour qui lui est ainsi nécessairement consentie doit lui permettre d'exercer effectivement les droits de la défense. • Cons. const. 13 août 1993, n° 93-325 DC § 84

12. Un étranger qui a sollicité son admission en France au titre de l'asile ne saurait faire l'objet d'un maintien en zone de transit le temps nécessaire à son départ, moyennant des garanties adéquates, que s'il apparaît que sa demande d'asile est manifestement infondée. • Cons. const. 25 févr. 1992, n° 95-307 DC § 11.

2° DROIT D'EXAMEN DES DEMANDES

13. Principe. Le présent al. fait obligation aux autorités administratives et judiciaires françaises de procéder à l'examen de la situation des demandeurs d'asile qui relèvent de cet alinéa, c'est-à-dire de ceux qui seraient persécutés pour leur action en faveur de la liberté ; le respect de cette exigence suppose que les intéressés fassent l'objet d'une admission provisoire de séjour jusqu'à ce qu'il ait été statué sur leur cas. • Cons. const. 13 août 1993, n° 93-325 DC § 88. ♦ Durant cet examen, doivent être assurés les droits de la défense. • Même affaire, § 84. ♦ Le Cons. const. s'assure du respect de ces droits et du droit au recours. Ainsi, en permettant d'écarter, selon une procédure accélérée, des demandes manifestement infondées, le législateur tend à réduire les délais de jugement de la Commission des recours des réfugiés (Cour nationale du droit d'asile) et à assurer ainsi un exercice plus effectif du droit de recours des demandeurs d'asile • Cons. const. 4 déc. 2003, n° 2003-485 DC § 51.

14. La confidentialité des éléments d'information détenus par l'OFPRA relatifs à la personne sollicitant en France la qualité de réfugié est une garantie essentielle du droit d'asile, principe de valeur constitutionnelle qui implique notamment que les demandeurs du statut de réfugié bénéficient d'une protection particulière. • Cons. const. 22 avr. 1997, n° 97-389 DC § 26 • Cons. const. 4 déc. 2003, n° 2003-485 DC § 43. ♦ Dès lors, la possibilité donnée à des agents des services du ministère de l'intérieur et de la gendarmerie nationale d'accéder aux données du fichier informatisé des empreintes digitales des demandeurs du statut de réfugié créé à l'OFPRA prive d'une garantie légale l'exigence de valeur constitutionnelle posée par le présent art. • Cons. const. 22 avr. 1997, n° 97-389 DC § 26. ♦ Toutefois, la communication, à la demande du ministre de l'intérieur, à des agents habilités (modalité de l'habilitation fixée par décret) des documents d'état civil ou de voyage permettant d'établir la nationalité de la personne dont la demande d'asile a été rejetée, ou à défaut une copie de ces documents, à la condition que cette communication s'avère nécessaire à la mise en œuvre d'une mesure d'éloignement et qu'elle ne porte pas atteinte à la sécurité de cette personne ou de ses proches, ne porte pas atteinte au principe de confidentialité des éléments d'information relatifs aux demandeurs d'asile et ne prive donc pas le droit d'asile d'une garantie essentielle. • Cons. const. 4 déc. 2003, n° 2003-485 DC § 41 à 48.

15. N'est pas contraire à la Const. le principe selon lequel l'admission en France d'un demandeur d'asile peut être refusée si l'examen de la demande d'asile relève de la compétence d'un autre État en application de stipulations de conventions ou d'engagements internationaux. • Cons. const. 13 août 1993, n° 93-325 DC § 92. ♦ La circonstance qu'il existe actuellement un risque que certaines demandes d'asile ne soient pas traitées dans l'un des pays de l'Union européenne dans des conditions propres à garantir le droit d'asile et le droit de toute personne à ne pas subir de traitements inhumains et dégradants ne constitue pas, à elle seule, tant au regard de l'évolution de cette situation à la date de la présente décision que des recours juridictionnels dont disposent les demandeurs d'asile pour faire valoir ce risque, un changement dans les circonstances de droit ou de fait de nature à justifier que la conformité de ces dispositions à la Constitution soit à nouveau examinée par le Conseil constitutionnel. • CE, QPC, 21 mars 2011, n° 346164 B : *AJDA 2011. 648* • CE, QPC, 21 mars 2011, n° 347232 B : *AJDA 2011. 644 ; JCP Adm. 2011. 2368.*

16. Procédure. Les demandes de reconnaissance de la qualité de réfugié fondées sur l'art. 1er de la Convention de Genève et sur le présent al., présentant entre elles un lien étroit et dès lors, bien que présentées sur des fondements juridiques distincts, requérant un examen éclairé des mêmes circonstances de fait pour tendre au bénéfice d'une protection identique, il était loisible au législateur dans l'intérêt du demandeur comme dans celui d'une bonne administration de la justice d'unifier les procédures de sorte que les demandes fassent l'objet d'une instruction commune et de décisions rapides sous le contrôle de cassation du Conseil d'État. • Cons. const. 5 mai 1998, n° 98-399 DC § 20.

17. La possibilité ouverte à l'Office de ne pas procéder à l'audition du demandeur étant une simple faculté qu'il lui appartient de mettre en œuvre en appréciant, au cas par cas, s'il y a lieu ou non de convoquer le demandeur à une audition ne porte pas atteinte aux droits de la défense dès lors que l'absence d'audition du demandeur ne saurait avoir pour effet de dispenser l'Office de procéder à un examen particulier des éléments produits à l'appui de sa demande. • Cons. const. 4 déc. 2003, n° 2003-485 DC § 7.

18. La loi déférée tend à traiter de façon appropriée les demandes d'asile, en vue de mieux protéger les personnes remplissant les conditions pour se voir reconnaître la qualité de réfugié ou pour se voir accorder le bénéfice de la protection subsidiaire. Eu égard à cet objet, les demandeurs ayant la nationalité d'un pays pour lequel la Convention de Genève a cessé d'être applicable se trouvent dans une situation différente de celle des autres demandeurs. • Cons. const. 4 déc. 2003, n° 2003-485 DC § 10. ♦ ... De même que les demandeurs provenant de « pays sûrs ». • Même affaire, § 39. ♦ Lorsqu'une personne s'est vu reconnaître le statut de réfugié dans un État partie à la Conv. de Genève, sur le fondement de persécutions subies dans l'État dont elle a la nationalité, elle ne peut plus, aussi longtemps que le statut de réfugié lui est maintenu et effectivement garanti dans l'État qui lui a reconnu ce statut, revendiquer auprès d'un autre État, sans avoir été préalablement admise au séjour, le bénéfice des droits qu'elle tient de la Conv. de Genève à raison de ces persécutions. Toutefois, si une personne qui, s'étant vu reconnaître le statut de réfugié dans un État partie à la Conv. de Genève, sur le fondement de persécutions subies dans l'État dont elle a la nationalité, demande l'asile en France, elle doit, s'il est établi qu'elle craint avec raison que la protection à laquelle elle a conventionnellement droit sur le territoire de l'État qui lui a déjà reconnu le statut de réfugié n'y est plus effectivement assurée, être regardée comme sollicitant pour la première fois la reconnaissance du statut de réfugié. • CE, ass., 13 nov. 2013, *La CIMADE et Oumarov,* n° 349735 A : *AJDA 2013. 2229* ; *ibid. 2427, chron. Bretonneau et Lessi* ; *D. 2014. 445, obs. Boskovic, Corneloup, Jault-Seseke, Joubert et Parrot* ; *RFDA 2014. 67, concl. Crepey* . ♦ Doit être considérée comme réfugiée au sens du droit français une personne s'étant vu reconnaître par un État partie à la Conv. de Genève la qualité de réfugié sur le fondement de cette Conv. ; il n'en va pas de même d'une personne reconnue comme réfugiée sur le fondement d'une autre convention internationale ou placée par l'Ass. gén. de l'ONU sous mandat du Haut-Commissariat des Nations unies pour les réfugiés ; il appartient en conséquence à la France, dans ce cas, d'examiner la demande d'asile sans que la circonstance que l'intéressé soit susceptible de séjourner normalement dans un pays tiers dispense les autorités de cet examen. • CE 12 mars 2014, n° 345188 B : *AJDA 2014. 590* .

19. Cour nationale du droit d'asile. La Cour [Commission des recours des réfugiés] constitue un ordre de juridiction au sens de l'art. 34 Const. 58. • Cons. const. 4 déc. 2003, n° 2003-485 DC § 62. ♦ V. notes ss. Const. 58, art. 34.

20. Hypothèses de refus. Lorsque le demandeur a accès à une protection sur une partie du territoire de son pays d'origine, la loi donne seulement à l'Office la faculté de refuser l'asile et ne lui en fait nullement obligation ; il devra néanmoins ne refuser l'asile pour ce motif qu'après s'être assuré que l'intéressé peut, en toute sûreté, accéder à une partie substantielle de son pays d'origine, s'y établir et y mener une existence normale. • Cons. const. 4 déc. 2003, n° 2003-485 DC § 17.

21. En retenant comme définition des « pays sûrs » celle retenue par la convention de Genève, et en chargeant le conseil d'administration de l'OFPRA, au vu de leur situation effective, d'établir la liste des pays répondant à ladite définition, le législateur n'a pas méconnu l'étendue de sa compétence. • Cons. const. 4 déc. 2003, n° 2003-485 DC § 32. ♦ De plus, cette liste ne liera pas la Commission des recours des réfugiés (Cour nationale du droit d'asile) dans l'appréciation à laquelle elle se livre de la situation de chaque demandeur d'asile. • Cons. const. 4 déc. 2003, n° 2003-485 DC § 40. ♦ Elle est susceptible de recours devant le Conseil d'État qui peut annuler l'inscription de certains pays, eu égard par exemple à leur contexte politique et social. • CE 13 févr. 2008, n° 295443 B : *RFDA 2008. 535, note Vidal-Naquet* .

3° PROTECTION SUBSIDIAIRE CONTRE L'ÉLOIGNEMENT

22. Si l'autorité administrative peut s'opposer à l'admission au séjour dans les trois cas visés aux 2° à 4° du nouvel art. 741-4 CESEDA, les étrangers concernés ont le droit, en vertu des dispositions du nouvel art. L. 741-6 CESEDA, de se maintenir sur le territoire national jusqu'à ce que l'Office français de protection des réfugiés et apatrides leur notifie sa décision. Au regard des exigences de valeur constitutionnelle de sauvegarde de l'ordre public, le législateur pouvait soumettre à une procédure prioritaire d'examen les demandes d'asile dans les 3 cas de refus d'admission au séjour définis ci-dessus. • Cons. const. 4 déc. 2003, n° 2003-485 DC § 56.

4° PROTECTION SUBSIDIAIRE

23. Le droit constitutionnel d'asile a pour corollaire non seulement la possibilité de demander la qualité de réfugié mais aussi celle de solliciter du ministre de l'intérieur l'asile territorial (protection subsidiaire). • CE, réf., 15 févr. 2002, *Hadda,* n° 238547 : *préc. note 6.*

24. Le choix de laisser à l'OFPRA le soin d'apprécier s'il y a lieu d'opposer le motif d'exclusion tiré du fait qu'il existe des raisons sérieuses de penser que le demandeur a commis un crime grave de droit commun n'est que la conséquence du choix fait par le législateur de confier à un même organisme indépendant l'ensemble des attributions relatives à la reconnaissance de la qualité de réfugié et à l'octroi du bénéfice de la protection subsidiaire. Ce choix, fondé sur l'intérêt général qui s'attache à l'unification et à la rationalisation des procédures, n'appelle aucune critique de constitutionnalité. • Cons. const. 4 déc. 2003, n° 2003-485 DC § 26.

25. La gravité du crime susceptible d'exclure une personne du bénéfice de la protection subsidiaire ne peut être appréciée qu'à la lumière des principes du droit pénal français. • Cons. const. 4 déc. 2003, n° 2003-485 DC § 23.

Al. 5 Chacun a le devoir de travailler et le droit d'obtenir un emploi. Nul ne peut être lésé, dans son travail ou son emploi, en raison de ses origines, de ses opinions ou de ses croyances.

COMMENTAIRE

V. sur le Code en ligne.

[V. références des décisions du Conseil constitutionnel dans les tableaux DC et QPC]

1. Sur les compétences du législateur et du pouvoir réglementaire, V. notes ss. Const. 58, art. 34.

2. Sur le travail pénitentiaire, V. ss. Préamb. Const. 1946, al. 1er.

3. Sur la liberté de conscience qui est rattachée au présent art. et à l'art. 10 DDH, V. ss. cet art.

A. LIBERTÉ D'ACCÈS À L'EMPLOI

4. La présente disposition s'applique aux activités indépendantes au même titre qu'aux activités salariées. • Cons. const. 24 juin 2011, *Assoc pour le développement économique,* n° 2011-139 QPC (sol. impl.).

5. Clause d'exclusivité. La clause par laquelle un salarié s'engage à consacrer l'exclusivité de son activité à un employeur porte atteinte à la liberté du travail. • Soc, 28 févr. 2001, n° 98-46.382 ♦ Elle n'est valable que si elle est indispensable à la protection des intérêts légitimes de l'entreprise et si elle est justifiée par la nature de la tâche à accomplir et proportionnée au but recherché. • Soc. 2 avr. 2003, n° 01-41.494 • Soc. 13 nov. 2002, n° 00-45.681 P • Soc. 27 mars 2002, *n° 00-42.724* • Soc. 29 janv. 2002, n° 99-44.784. ♦ Il en résulte que la clause d'un contrat de travail par laquelle un salarié s'engage à travailler pour un employeur à titre exclusif et à temps partiel ne peut lui être opposée et lui interdire de se consacrer à temps complet à son activité professionnelle. • Soc. 28 févr. 2001, n° 98-46.382 • Soc. 2 avr. 2003, n° 01-41.494 • Soc. 13 nov. 2002, n° 00-45.681 P • Soc. 27 mars 2002, n° 00-42.724 • Soc. 29 janv. 2002, n° 99-44.784.

6. Clause de non-concurrence. Ayant pour effet d'apporter une restriction à la liberté du travail garantie par la Const. 58, la clause de non-concurrence insérée dans un contrat de travail n'est licite que dans la mesure où la restriction de liberté qu'elle entraîne est indispensable à la protection des intérêts légitimes de l'entreprise. • Soc. 19 nov. 1996, n° 94-19.404 P : *Dr. soc. 1997. 95, obs. Couturier*. ♦ V. déjà sans référence à la Const. • Soc. 14 mai 1992, n° 89-45.300 P : *Dr. soc. 1992. 976.* ♦ Il appartient à l'entreprise d'apporter la preuve de la nécessité de cette clause. • Soc. 15 janv. 2002, n° 99-43.987. ♦ Limitée dans le temps et dans l'espace, cette clause doit tenir compte des spécificités de l'emploi du salarié et comporte l'obligation pour l'employeur de verser au salarié une contrepartie financière, ces conditions étant cumulatives. • Soc. 10 juill. 2002, n° 00-45.135 P. ♦ Cette contrepartie répond à l'impérieuse nécessité d'assurer la sauvegarde et l'effectivité de la liberté fondamentale d'exercer une activité professionnelle. • Soc. 17 déc. 2004, n° 03-40.008 P.

7. L'intitulé de la clause contestée importe peu. • Soc. 20 déc. 2006, n° 05-45.365 P.

8. Par ailleurs, elle ne doit pas empêcher le salarié de retrouver un autre emploi, compte tenu de sa formation et de son expérience professionnelle. • Soc. 18 sept. 2002, n° 99-46.136 P. ♦ Est donc nulle une clause qui, étendue à l'ensemble du territoire métropolitain, aurait pour résultat de faire perdre aux 2 salariés, âgés de 40 ans environ et ayant toujours travaillé depuis leur entrée dans la vie active dans le secteur de la radiologie, le bénéfice de 15 ans ou plus d'expérience professionnelle ou de les obliger à s'expatrier hors d'Europe pour retrouver un emploi conforme à leur formation et aux connaissances qu'ils avaient acquises. • Soc. 28 oct. 1997, n° 94-43.792 P : *JCP 1997. IV. 2424.* ♦ … Interdit à la salariée d'entrer au service, en France et pendant 1 an, d'une entreprise ayant pour activité principale ou secondaire la vente au détail de vêtements et matériel de sport grand public. • Soc. 18 sept. 2002, n° 99-46.136 P.

9. Le caractère indispensable de la clause pour protéger les intérêts de l'entreprise s'apprécie en fonction du risque effectif de détournement de clientèle qui résulte à la fois de l'activité exercée par l'entreprise et du poste occupé par le salarié dans cette entreprise avant son départ. • Soc. 15 janv. 2002, n° 99-43.987.

10. Il appartient au juge, face à une clause irrégulière, d'en restreindre l'application en en limitant l'effet dans le temps, l'espace ou ses autres modalités. • Soc. 18 sept. 2002, n° 00-42.904 P : *D. 2002. 3229, obs. Serra*. ♦ ... Ou de l'annuler. • Soc. 28 oct. 1997, n° 94-43.792 P : *JCP 1997. IV. 2424* • Soc. 18 sept. 2002, n° 99-46.136 P. ♦ En particulier pour défaut de compensation financière. • Soc. 10 juill. 2002, n° 00-45.135 P • Soc. 17 déc. 2004, n° 03-40.008 P. ♦ ... A la demande du salarié. • Soc. 25 janv. 2006, n° 04-43.646 P.

11. Le salarié qui a respecté une clause de non-concurrence en l'absence de compensation financière peut prétendre à une indemnisation. • Soc. 18 mars 2003, n° 00-46.358 P • Soc. 25 févr. 2003, n° 00-46.263 P.

12. Qualification professionnelle. En imposant que certaines activités ne puissent être exercées que par des personnes justifiant d'une qualification professionnelle ou sous le contrôle de ces dernières, les dispositions contestées ne portent, en elles-mêmes, aucune atteinte au droit d'obtenir un emploi. • Cons. const. 24 juin 2011, *Assoc. pour le développement économique,* n° 2011-139 QPC § 5. ♦ Il en est ainsi d'autant plus lorsque les dispositions en question permettent que ces activités soient exercées par des personnes dépourvues de qualification professionnelle dès lors qu'elles se trouvent placées sous le contrôle effectif et permanent de personnes qualifiées au sens des dispositions contestées. • Cons. const. 24 juin 2011, *Assoc. pour le développement économique,* n° 2011-139 QPC § 7.

B. DÉTERMINATION DE LA POLITIQUE DE L'EMPLOI

13. Objectifs de la législation. Le législateur est compétent : pour poser des règles propres à assurer au mieux, conformément au présent *al.*, le droit pour chacun d'obtenir un emploi, tout en ouvrant le bénéfice de ce droit au plus grand nombre d'intéressés. • Cons. const. 10 juin 1998, n° 98-401 DC § 26 • Cons. const. 21 mars 2018, n° 2018-761 DC § 26 et 80. ♦ ... Pour prendre les mesures nécessaires pour réaliser l'objectif de maintien dans l'emploi • Cons. const. 12 janv. 2002, n° 2001-455 DC § 46.

V. pour d'autres décisions dans le même sens : .

14. Il incombe au législateur, pour déterminer les principes fondamentaux du droit du travail, d'assurer la mise en œuvre des principes économiques et sociaux du Préamb. Const. 1946 parmi lesquels figurent ceux du présent alinéa, tout en les conciliant avec les libertés constitutionnellement garanties. • Cons. const. 12 janv. 2002, n° 2001-455 DC § 46 • Cons. const. 13 janv. 2005, n° 2004-509 DC § 23 • Cons. const. 29 juill. 2005, n° 2005-523 DC § 6. ♦ ... Au nombre desquelles figure la liberté d'entreprendre qui découle de l'art. 4 DDH. • Cons. const. 20 oct. 2017, *Synd. CGT-FO,* n° 2017-665 QPC § 5 • Cons. const. 21 mars 2018, n° 2018-761 DC § 26. ♦ V. déjà : • Cons. const. 28 déc. 2006, n° 2006-545 DC § 12.

15. Le recours aux ordonnances n'est, ni par lui-même, ni par les conséquences qui en découlent nécessairement, contraire au droit à l'emploi. Il ne saurait avoir ni pour objet ni pour effet de dispenser le Gouvernement de respecter ce droit. • Cons. const. 7 sept. 2017, n° 2017-751 DC § 14.

16. Choix des moyens pour réaliser ces objectifs. Ne porte pas atteinte au « droit d'obtenir un emploi » mentionné au présent al. une disposition qui : limite les possibilités de cumul entre pensions de retraite et revenus d'activités. • Cons. const. 5 janv. 1982, n° 81-134 DC § 4 et 5 • Cons. const. 28 mai 1983, n° 83-156 DC § 4. ♦ ... Réduit le temps de travail du fait des effets positifs escomptés sur les effectifs employés par les entreprises du secteur concurrentiel. • Cons. const. 10 juin 1998, n° 98-401 DC § 33. ♦ ... Modifie les taux des trois tranches supérieures de la contribution des entreprises de préparation de médicaments quand bien même elle constituerait une incitation à réduire l'importance des personnels affectés aux activités de prospection. • Cons. const. 18 déc. 2001, n° 2001-453 DC § 45. ♦ ... Crée un nouveau contrat de travail ayant pour but de faciliter l'insertion professionnelle des jeunes. • Cons. const. 30 mars 2006, n° 2006-535 DC § 20. ♦ ... Crée un « congé mobilité » qui constitue, non une nouvelle forme de rupture du contrat de travail, mais une rupture pour motif économique qui intervient d'un commun accord laissant au salarié le bénéfice des indemnités de rupture du contrat de travail et de l'assurance-chômage. • Cons. const. 28 déc. 2006, n° 2006-545 DC § 13 s. ♦ ... Exonère d'impôt sur le revenu et de charges sociales des heures supplémentaires et complémentaires dans le but d'augmenter le nombre d'heures travaillées afin de stimuler la croissance et l'emploi. • Cons. const. 16 août 2007, n° 2007-555 DC § 8. ♦ ... Autorise la mise à la retraite d'office des salariés ayant atteint l'âge ouvrant droit au bénéfice d'une pension de retraite à taux plein. • Cons. const. 4 févr. 2011, *Jacques N.*, n° 2010-98 QPC § 5.

17. Il résulte du présent al. que le législateur peut : encadrer de façon précise les différentes phases de la procédure de licenciement collectif pour motif économique. • Cons. const. 12 janv. 2002, n° 2001-455 DC § 46 et 53. ♦ ... Transférer aux départements la mise en œuvre du RMI et concilier ce droit avec l'al. 11 du présent préambule. • Cons. const. 18 déc. 2003, n° 2003-487 DC § 5 s. ♦ ... Reclasser un salarié licencié. • Cons. const. 13 janv. 2005, n° 2004-509 DC § 28. ♦ ... Prendre des dispositions ayant pour objet de favoriser la reprise des établissements dont la fermeture est envisagée lorsque cette fermeture aurait pour conséquence un projet de licenciement collectif. • Cons. const. 27 mars 2014, n° 2014-692 DC § 8.

18. Limites à l'action législative en matière d'emploi. Il lui incombe, pour déterminer les principes fondamentaux du droit du travail, d'assurer la mise en œuvre des principes économiques et sociaux du Préamb. Const. 1946 parmi lesquels figurent ceux du présent al., tout en les conciliant avec les libertés constitutionnellement garanties. • Cons. const. 12 janv. 2002, n° 2001-455 DC § 46 • Cons. const. 13 janv. 2005, n° 2004-509 DC § 23 • Cons. const. 29 juill. 2005, n° 2005-523 DC § 6.

19. Le législateur peut dès lors, pour poser des règles propres à assurer au mieux le droit pour chacun d'obtenir un emploi, apporter à la liberté d'entreprendre des limitations liées à cette exigence constitutionnelle (recherche de conciliation entre cette liberté et le présent al.). • Cons. const. 13 janv. 2000, n° 99-423 DC § 24 s. • Cons. const. 12 janv. 2002, n° 2001-455 DC § 47 (a contrario) • Cons. const. 13 janv. 2005, n° 2004-509 DC § 24 • Cons. const. 13 oct. 2016, *Sté Goodyear Dunlop Tires France SA*, n° 2016-582 QPC § 10 ♦ V. déjà. • Cons. const. 16 janv. 1986, n° 85-200 DC § 4 • Cons. const. 10 juin 1998, n° 98-401 DC § 26. ♦ ... Y compris en imposant le retour dans l'entreprise de représentants du personnel licenciés. • Cons. const. 20 juill. 1988, n° 88-244 DC § 24. ♦ ... En imposant que des personnes ayant une activité professionnelle contribuent à indemniser celles qui n'en ont pas (atteinte à l'égalité devant les charges publiques). • Cons. const. 28 mai 1983, n° 83-156 DC § 5. ♦ ... En organisant la solidarité entre personnes en activité, personnes sans emploi et retraités (limitation du droit de propriété à propos des pensions de retraite). • Cons. const. 16 janv. 1986, n° 85-200 DC § 7. ♦ ... Prendre des mesures pour favoriser l'emploi des jeunes (atteinte à l'égalité). • Cons. const. 25 juin 1986, n° 86-207 DC § 30 à 32 • 26 juin 1986, n° 86-207 DC § 30 à 32. ♦ ... En étendant à certains salariés non cadres qui disposent d'une réelle autonomie dans l'organisation de leur travail et dont la durée de temps de travail ne peut être prédéterminée le régime des conventions de forfait en jours défini par la loi (atteinte à la protection de la santé et au droit au repos). • Cons. const. 29 juill. 2005, n° 2005-523 DC § 6. ♦ ... En dissuadant, par le versement d'une indemnité, les employeurs de procéder à des licenciements sans cause réelle et sérieuse. • Cons. const. 13 oct. 2016, *Sté Goodyear Dunlop Tires France SA*, n° 2016-582 QPC § 11. ♦ ... En prévoyant le licenciement fondé sur le refus, par un salarié, de se voir appliquer les prescriptions d'un accord de préservation et de développement de l'emploi sous réserve que ce licenciement intervienne dans un délai raisonnable (réserve d'interprétation). • Cons. const. 20 oct. 2017, *Synd. CGT-FO*, n° 2017-665 QPC § 12.

20. Cependant est contraire à la Const., même si elle est justifiée par l'objectif de l'emploi, une disposition : créant une rupture caractérisée de l'égalité devant les charges publiques. • Cons. const. 16 janv. 1986, n° 85-200 DC § 17 s. ♦ ... Portant à la liberté d'entreprendre une atteinte manifestement excessive en imposant le retour dans l'entreprise de représentants du personnel licenciés pour faute lourde. • Cons. const. 20 juill. 1988, n° 88-244 DC § 26 • Cons. const. 8 juill. 1989, n° 89-258 DC § 17. ♦ ... Donnant une définition trop stricte du licenciement économique et en particulier interdisant qu'il soit utilisé pour anticiper des difficultés économiques à venir en prenant les mesures de nature à éviter des licenciements ultérieurs plus importants. • Cons. const. 12 janv. 2002, n° 2001-455 DC § 50. ♦ Rappr., s'agissant de l'obligation de céder un établissement à un repreneur, • Cons. const. 27 mars 2014, n° 2014-692 DC § 8.

21. La politique de l'emploi dans l'entreprise. L'employeur a le devoir d'assurer l'adaptation des salariés à l'évolution de leur emploi. • Soc. 25 févr. 1992, n° 89-41.634 P : *Dr. soc. 1992. 379*. ♦ En cas de suppression ou transformation d'emplois, il doit : proposer aux salariés concernés des emplois disponibles de même catégorie dans l'entreprise, ou, à défaut, de catégorie inférieure, fût-ce par voie de modification substantielle des contrats de travail. • Soc. 8 avr. 1992, n° 89-41.548 P : *JCP E 1992. II. 360, note Savatier*. ♦ ... Présenter aux représentants du personnel un plan social répondant aux critères fixés par le législateur. • Soc. 13 févr. 1997, n° 96-41.874 P : *Dr. soc. 1997. 255, concl. de Caigny, note Couturier*.

22. La recherche du maintien de l'emploi doit du reste être considérée comme un avantage plus favorable que le maintien des droits acquis. Ainsi, la suppression de la moitié d'une prime semestrielle, compensée par une prime sur les résultats et le maintien des salariés dans leur emploi menacé, est régulière. • Soc. 19 févr. 1997, n° 94-45.286 P : *Dr. soc. 1997. 432, note Couturier*. ♦ Il en va de même d'une réduction des rémunérations. • Soc. 22 janv. 1998, n° 95-45.400 P : *D. 1998. 480, note Aubert-Montpeyssen ; Dr. soc. 1998. 375, note Couturier*. ♦ En fixant à deux ans la durée de l'ancienneté exigée pour pouvoir obtenir la réintégration dans l'entreprise à la suite de la nullité d'un licenciement économique, le législateur a opéré une conciliation entre le droit d'obtenir un emploi et la liberté d'entreprendre qui n'est pas manifestement déséquilibrée. • Cons. const. 13 avr. 2012, *Raymond S.*, n° 2012-232 QPC § 5.

23. Le juge n'a pas cependant à substituer son appréciation à celle du chef d'entreprise quant au choix entre les différentes solutions possibles. • Cons. const. 12 janv. 2002, n° 2001-455 DC § 49. ♦ Dès lors, il n'a pas à rechercher, parmi les différents plans s'offrant à l'entreprise, lequel assure le mieux la préservation de l'emploi dès lors que la pérennité de l'entreprise et le maintien de sa compétitivité sont assurés dans toutes les hypothèses envisagées de réorganisation. • Cass., ass. plén., 8 déc. 2000, n° 97-44.219 P : *Dr. soc. 2001. 126, concl. de Caigny, note Cristau*.

Al. 6 Tout homme peut défendre ses droits et ses intérêts par l'action syndicale et adhérer au syndicat de son choix.

COMMENTAIRE

V. sur le Code en ligne.

[V. références des décisions du Conseil constitutionnel dans les tableaux DC et QPC]

1. Le droit syndical est constitutionnellement reconnu. • Cons. const. 20 janv. 1981, n° 80-127 DC § 18 • Cons. const. 22 oct. 1982, n° 82-144 DC § 9. ♦ De même que la liberté syndicale, en visant le Préamb. Const. 1946 en général. • Cons. const. 19 juill. 1983, n° 83-162 DC § 84 • 20 juill. 1983, n° 83-162 DC § 84. ♦ ... En visant spécifiquement le présent al. • Cons. const. 25 juill. 1989, n° 89-257 DC § 22 • Cons. const. 6 nov. 1996, n° 96-383 DC § 9 • CE 26 sept. 1996, avis n° 359702 : *EDCE 1997. 290.*

2. Le législateur est compétent, en vertu de l'art. 34 Const. 58, pour déterminer les principes fondamentaux du droit syndical. • Cons. const. 25 juill. 1989, n° 89-257 DC § 22. ♦ Sur la répartition des compétences entre le législateur et le pouvoir réglementaire, V. note 363 ss. Const. 58, art. 34.

3. Si le législateur peut, pour mettre en œuvre la liberté syndicale, adopter des dispositions particulières applicables aux agents des administrations publiques salariés dans les conditions du droit privé s'agissant du droit d'expression des salariés, du droit syndical, des institutions représentatives du personnel et des salariés protégés, il ne peut les exclure du bénéfice de dispositions assurant la mise en œuvre de la liberté syndicale. • Cons. const. *9 déc. 2011, Patelise F., n° 2011-205 QPC* § 6 et 7.

4. Selon la CEDH, la liberté syndicale est considérée comme une forme ou un aspect particulier de la liberté d'association. • CEDH 27 oct. 1975, *Synd. nat. de la police belge*, n° 4464/70 § 38 : *AFDI 1976. 121, obs. Pelloux ; JDI 1978. 685, obs. Rolland* • CEDH 6 févr. 1976, *Schmidt et Dahlström c/ Suède*, n° 5589/72.

I. LIBERTÉ D'ADHÉSION

5. La liberté d'adhérer au syndicat de son choix est prévue par le présent al. • Cons. const. 7 oct. 2010, *CGT-FO et a.*, n° 2010-42 QPC § 6 • Cons. const. 19 nov. 2010, *Synd. des médecins d'Aix et région*, n° 2010-68 QPC § 7 (sol. impl.) • Cons. const. 29 avr. 2011, *Synd. CGT et a.*, n° 2011-122 QPC § 5.

6. Ne viole pas le principe constitutionnel de la liberté syndicale dès lors qu'elle n'impose ni directement ni indirectement l'adhésion ou le maintien de l'adhésion des salariés d'une entreprise à une organisation syndicale l'obligation posée par le législateur que les négociations collectives portent sur « les conditions dans lesquelles pourra être facilitée la collecte des cotisations syndicales ». • Cons. const. 19 juill. 1983, n° 83-162 DC § 84 • 20 juill. 1983, n° 83-162 DC § 84.

7. L'employeur ne peut pas inviter les candidats à un emploi à remplir un questionnaire comportant la mention « avez-vous une affiliation syndicale ? ». • Soc. 13 mai 1969, *CFDT c/ SA Roclaine : D. 1969. 528, note Savatier.*

8. S'il appartient au salarié syndicaliste qui se prétend lésé par une mesure discriminatoire de soumettre au juge les éléments de fait susceptibles de caractériser une atteinte au principe d'égalité de traitement, il incombe à l'employeur, s'il conteste le caractère discriminatoire du traitement réservé au syndicaliste, d'établir que la disparité de situation constatée est justifiée par des éléments objectifs, étrangers à toute discrimination fondée sur l'appartenance à un syndicat. • Soc. 28 mars 2000, n° 97-45.258 P : *Dr. soc. 2000. 593, obs. Lanquetin*.

II. LIBERTÉ DE L'ACTION SYNDICALE

A. LIBERTÉ DE CRÉATION SYNDICALE

1° LA REPRÉSENTATIVITÉ SYNDICALE

9. Représentativité syndicale. Il est loisible au législateur, pour fixer les conditions de mise en œuvre de la liberté syndicale, de définir des critères de représentativité des organisations syndicales. • Cons. const. 7 oct. 2010, *CGT-FO et a.,* n° 2010-42 QPC § 6. ♦ ... Professionnelles d'employeurs. • Cons. const. 3 févr. 2016, *MEDEF,* n° 2015-519 QPC § 8.

10. La liberté d'adhérer au syndicat de son choix, prévue par le Préamb. Const. 1946, al. 6, n'impose pas que tous les syndicats soient reconnus comme étant représentatifs indépendamment de leur audience. • Cons. const. 7 oct. 2010, *CGT-FO et a.,* n° 2010-42 QPC § 6 • Cons. const. 19 nov. 2010, *Synd. des médecins d'Aix et région,* n° 2010-68 QPC § 7 • Cons. const. 29 nov. 2019, *Féd. nat. des synd. du spectacle, du cinéma, de l'audiovisuel et de l'action culturelle CGT et a.,* n° 2019-816 QPC § 36. ♦ De même pour les organisations professionnelles d'employeurs. • Cons. const. 3 févr. 2016, *MEDEF,* n° 2015-519 QPC § 10.

11. La liberté syndicale n'est pas méconnue du fait que la loi prévoit que, lorsque l'employeur entend engager une négociation avec les organisations syndicales dans l'entreprise, il en informe ces organisations sans être obligé d'étendre cette information au-delà du cercle de ses partenaires, c'est-à-dire des organisations syndicales de salariés représentatives dans l'entreprise. • Cons. const. 19-20 juill. 1983, n° 83-162 DC § 94 • 19-20 juill. 1983, n° 83-162 DC § 94. ♦ S'il est loisible au législateur de permettre à des organisations syndicales représentatives d'introduire une action en justice à l'effet non seulement d'intervenir spontanément dans la défense d'un salarié mais aussi de promouvoir, à travers un cas individuel, une action collective, c'est à la condition que l'intéressé ait été mis à même de donner son assentiment en pleine connaissance de cause et qu'il puisse conserver la liberté de conduire personnellement la défense de ses intérêts et de mettre un terme à cette action. • Cons. const. 25 juill. 1989, n° 89-257 DC § 24. ♦ La liberté syndicale n'est pas non plus méconnue lorsque la loi prévoit des élections par collège pouvant être de nature à favoriser ou défavoriser, selon les cas, certains syndicats en fonction des caractéristiques de leur implantation. • CE 18 janv. 2012, *Synd. féd. SUD santé sociaux,* n° 351266 : *AJDA 2012. 124*. ♦ En fixant à 8 % le seuil minimum d'audience permettant l'accès à la représentativité des organisations professionnelles d'employeurs, le législateur a entendu éviter la dispersion de la représentativité patronale et n'a pas fait obstacle au pluralisme. • Cons. const. 3 févr. 2016, *MEDEF,* n° 2015-519 QPC § 10.

12. Critères de représentativité. Ne constituent pas une atteinte au principe de la liberté syndicale : l'exigence d'un seuil raisonnable d'audience subordonnant la représentativité d'une organisation syndicale. • Cass., ass. plén., 18 juin 2010, *CFTC emploi,* n° 10-40.005. ♦ ... L'exigence d'un score électoral de 10 % des suffrages exprimés au premier tour de l'élection des membres titulaires des comités d'entreprise ou d'établissement ainsi que, dans ce cas, la consolidation des résultats électoraux au niveau de l'ensemble de l'entreprise, qui constituent un critère clair, objectif, raisonnable et pertinent de détermination des organisations syndicales représentatives. • Soc. 8 déc. 2010, n° 10-60.223. ♦ ... Le fait de subordonner à la condition de représentativité la possibilité, pour une organisation syndicale, de former opposition à un accord. • Cons. const. 14 déc. 2006, n° 2006-544 DC § 28. ♦ ... Le fait de réserver la présentation des listes de candidats aux organisations syndicales bénéficiant d'une ancienneté minimale de 2 ans et qui sont présentes sur le territoire national dans au moins la moitié des départements et la moitié des régions, ce qui évite la dispersion de la représentation syndicale sur le plan national. • Cons. const. 19 nov. 2010, *Synd. des médecins d'Aix et région,* n° 2010-68 QPC § 8. ♦ ... La fixation du seuil d'audience à 10 % des suffrages exprimés au premier tour des dernières élections professionnelles quel que soit le nombre de votants. • Cons. const. 7 oct. 2010, *CGT-FO et a.,* n° 2010-42 QPC § 6. ♦ ... Le fait d'imposer aux syndicats représentatifs de choisir, en priorité, le délégué syndical parmi les candidats ayant obtenu au moins 10 % des suffrages exprimés au 1er tour des dernières élections professionnelles afin d'associer les salariés à la désignation des personnes reconnues les plus aptes à défendre leurs intérêts dans l'entreprise et à conduire les négociations pour leur compte. • Cons. const. 12 nov. 2010, *Féd. nat. CFTC de synd. de la métallurgie,* n° 2010-63/64/65 QPC § 9. ♦ V. déjà : • Soc. 14 avr. 2010, n° 09-60.426 P. ♦ ... Le fait de subordonner la désignation d'un représentant syndical au comité d'entreprise à la condition pour un syndicat d'y avoir des élus. • Cass., ass. plén., QPC, 18 juin 2010 : *D. 2010. 2264, note Bernaud et Petit ; ibid. 2011. 840, obs. Équipe de recherche en droit social de Lyon 2* • Cons. const. 3 févr. 2012, *Franck S.,* n° 2011-216 QPC § 5.

13. Il est loisible au législateur, sans méconnaître aucun principe, ni aucune règle constitutionnelle, de prévoir une application immédiate des nouvelles conditions de désignation du représentant syndical au comité d'entreprise. • Cons. const. 3 févr. 2012, *Franck S.*, n° 2011-216 QPC § 6.

14. En cas de fusion des branches professionnelles, le législateur peut prévoir que, même avant la prochaine mesure de leur audience, le poids de chacune des organisations d'employeurs et de salariés admises à négocier s'apprécie, pour la conclusion de l'accord ou pour son extension, au niveau de la branche issue de la fusion. S'il en résulte une dilution du poids relatif de ces organisations, ces dispositions garantissent que les nouvelles stipulations conventionnelles soient définies par les partenaires sociaux en tenant compte de leur niveau de représentativité à l'échelle de la nouvelle branche, plutôt qu'en fonction de leur poids dans les anciennes branches. • Cons. const. 29 nov. 2019, *Féd. nat. des synd. du spectacle, du cinéma, de l'audiovisuel et de l'action culturelle CGT et a.*, n° 2019-816 QPC § 33. ♦ Le fait de priver les organisations syndicales de salariés représentatives dans les anciennes branches de la possibilité de signer l'accord de remplacement ou une nouvelle convention de branche lorsqu'elles ont perdu leur représentativité dans la nouvelle branche ne méconnaît pas la liberté contractuelle et le droit au maintien des conventions légalement conclues. Il en va de même, en cas de perte de représentativité, de la faculté pour les organisations professionnelles d'employeurs de s'opposer à l'extension de l'accord de remplacement. • Cons. const. 29 nov. 2019, *Féd. nat. des synd. du spectacle, du cinéma, de l'audiovisuel et de l'action culturelle CGT et a.*, n° 2019-816 QPC § 37.

15. Dans le cas particulier où les organisations représentatives dans chacune des branches fusionnées ont, dans le délai de cinq ans, entamé la négociation de l'accord de remplacement avant la mesure de l'audience suivant la fusion, les dispositions contestées, applicables tant aux organisations d'employeurs que de salariés, ne sauraient, sans méconnaître la liberté contractuelle, être interprétées comme privant les organisations d'employeurs et de salariés, en cas de perte de leur caractère représentatif à l'échelle de la nouvelle branche à l'issue de la mesure de l'audience suivant la fusion, de la possibilité de continuer à participer aux discussions relatives à l'accord de remplacement, à l'exclusion de la faculté de signer cet accord, de s'y opposer ou de s'opposer à son éventuelle extension. • Cons. const. 29 nov. 2019, *Féd. nat. des synd. du spectacle, du cinéma, de l'audiovisuel et de l'action culturelle CGT et a.*, n° 2019-816 QPC § 39 (réserve d'interprétation).

2° LIMITES À LA LIBERTÉ DE CRÉATION DES SYNDICATS

16. Rien n'interdit à un chef d'entreprise de créer un syndicat professionnel autonome dès lors que les employés restent libres de leur choix d'adhérer ou non. • Crim. 4 oct. 1977, n° 76-91.922 P. ♦ En revanche, il n'appartient pas à une fédération patronale de faire pression sur ses membres par une circulaire favorisant le développement d'un nouveau syndicat destiné à battre en brèche d'une manière efficace le syndicalisme ouvrier traditionnel. • Soc. 16 mars 1977, n° 75-10.041 P.

17. Les « membres des forces armées, de la police et de l'administration de l'État » ne sauraient être soustraits du champ du présent art. Tout au plus les autorités nationales peuvent-elles leur imposer des « restrictions légitimes » conformes au § 2 de l'art. 11 Conv. EDH, c'est-à-dire simplement limiter l'exercice de ce droit. • CEDH 2 oct. 2014, *Matelly c/ France*, n° 10609/10 § 56 : *AJDA 2014. 1919* ; *ibid. 2015. 150, chron. Burgorgue-Larsen* ; *ibid. 204, étude Le Rouzic* ; *D. 2014. 2560, note Poissonnier* ; *AJFP 2015. 42, comm. Zarca* ; *Dr. soc. 2015. 719, étude Marguénaud et Mouly* ; *JCP Adm. 2015. 2070, note Thomas-Tual.* ♦ Rappr. s'agissant des sapeurs-pompiers volontaires. • CE 12 mai 2017, n° 390665 B : *AJDA 2017. 1020* ; *AJFP 2017. 281* ; *Constitutions 2017. 282, chron. Domingo* ; *JCP Adm. 2017. 374.*

B. LA DÉFENSE DES TRAVAILLEURS

18. Monopole syndical. S'agissant d'élections non politiques et non juridictionnelles, aucun principe ou règle de valeur constitutionnelle n'interdit au législateur de réserver l'initiative des candidatures à certaines organisations en raison de leur nature et de leur représentativité au plan national. • Cons. const. 14 déc. 1982, n° 82-148 DC § 9 • Cons. const. 19 nov. 2010, *Synd. des médecins d'Aix et région*, n° 2010-68 QPC § 8.

19. Sur l'existence d'un monopole syndical en matière de négociation collective, V. notes ss. Préamb. Const. 1946, al. 8.

20. Salariés protégés. La protection des élus du personnel ou des responsables syndicaux découle d'une exigence constitutionnelle. • Cons. const. 20 juill. 1988, n° 88-244 DC § 24. ♦ Ils peuvent dès lors, compte tenu des difficultés que présente l'exercice de leurs fonctions, bénéficier de dispositions spécifiques en matière de réintégration dans l'entreprise sans que soient violés ni la liberté d'entreprendre, ni le principe d'égalité devant la loi. • Même affaire. ♦ Il en résulte qu'une loi d'amnistie peut valablement prévoir qu'un représentant du personnel ou un responsable syndical qui, à l'occasion de l'exercice de fonctions difficiles, a commis une faute n'ayant pas le caractère de faute lourde, a droit, dans les conditions prévues par la loi, à être réintégré dans ses fonctions. • Même affaire, § 25. ♦ En revanche, le droit à réintégration ne saurait être étendu aux représentants du personnel ou responsables syndicaux licenciés à raison de fautes lourdes. • Même affaire, § 26. ♦ En particulier, la réintégration doit être exclue lorsque la faute lourde ayant justifié le licenciement a eu pour victimes des membres du personnel de l'entreprise qui, d'ailleurs, peuvent être eux-mêmes des représentants du personnel ou des responsables syndicaux. • Même affaire • Cons. const. 8 juill. 1989, n° 89-258 DC § 17.

21. Les salariés légalement investis de fonctions représentatives bénéficient, dans l'intérêt de l'ensemble des travailleurs qu'ils représentent, d'une protection exceptionnelle ; dès lors, lorsque le licenciement d'un de ces salariés est envisagé, ce licenciement ne doit pas être en rapport avec les fonctions représentatives normalement exercées ou l'appartenance syndicale de l'intéressé. • CE, ass., 5 mai 1976, *SAFER d'Auvergne*, n° 98647 et 98820 A. ♦ … Et ce quelle que soit la cause du licenciement. • CE 23 déc. 2010, n° 333169. ♦ Il en va ainsi plus largement de toutes les décisions prises à son égard ; en effet, si ces décisions doivent tenir compte à la fois de l'intérêt du service et des exigences propres à l'exercice normal du mandat dont il est investi, il appartient à l'autorité administrative de veiller, sous le contrôle du juge administratif, y compris, le cas échéant du juge des référés, à ce que, sous réserve de ne pas porter une atteinte excessive à l'un ou l'autre des intérêts en présence, une mutation ne compromette pas le respect du principe de participation qui découle du préambule de la Const. • CE 24 févr. 2011, n° 335453 A : *AJDA 2011. 418 ; AJFP 2011. 286 ; RDT 2011. 558, concl. Botteghi ; Cah. Cons. const. 2012. 200, obs. Bernaud.*

22. Si les fonctionnaires bénéficient, dans leur ensemble, d'une protection statutaire, celle-ci bénéficie, notamment, à ceux qui sont investis de fonctions représentatives ou syndicales. • Cons. const. 17 juin 2011, *Union gén. féd. de fonctionnaires CGT et a.*, n° 2011-134 QPC § 15. ♦ Cependant, les fonctionnaires étant dans une situation différente de celle des salariés du secteur privé le législateur n'est pas obligé de prévoir, pour les fonctionnaires investis de fonctions représentatives, les garanties qui existent pour les salariés investis de telles fonctions dans le secteur privé. • Cons. const. 17 juin 2011, *Union gén. féd. de fonctionnaires CGT et a.*, n° 2011-134 QPC § 21. ♦ Rappr. s'agissant des agents des administrations publiques salariés dans les conditions du droit privé. • Cons. const. 9 déc. 2011, *Patelise F.*, n° 2011-205 QPC § 6.

23. Droit d'ester en justice. Le principe de la liberté syndicale ne fait pas obstacle à ce que le législateur confère à des organisations syndicales des prérogatives susceptibles d'être exercées en faveur aussi bien de leurs adhérents que des membres d'un groupe social dont un syndicat estime devoir assurer la défense. • Cons. const. 25 juill. 1989, n° 89-257 DC § 22. ♦ Pourtant, pour respecter la liberté du salarié vis-à-vis des organisations syndicales, la lettre recommandée adressée à l'intéressé pour l'avertir de cette action doit lui donner toutes précisions utiles sur la nature et l'objet de l'action exercée, sur la portée de son acceptation et sur le droit à lui reconnu de mettre un terme à tout moment à cette action ; l'acceptation tacite du salarié ne peut être considérée comme acquise qu'autant que le syndicat justifie, lors de l'introduction de l'action, que le salarié a eu personnellement connaissance de la lettre comportant les mentions sus-indiquées. • Cons. const. 25 juill. 1989, n° 89-257 DC § 26.

24. Une fédération de syndicats n'est pas recevable pour agir contre un arrêté portant dérogation au travail dominical dès lors que la défense des intérêts de ses membres ne figure pas au nombre de ses missions. • CAA Versailles, 12 avr. 2016, n° 14VE02804 : *AJDA 2016. 1782 .*

25. Dans le cadre des forces armées, les militaires en activité ne peuvent contester une décision relative à la condition militaire que par l'intermédiaire d'une association professionnelle nationale de militaires constituée seulement de militaires de carrière, de militaires servant en vertu d'un contrat, de militaires réservistes qui exercent une activité au titre d'un engagement à servir dans la réserve opérationnelle ou au titre de la disponibilité et de fonctionnaires en détachement qui exercent, en qualité de militaires, certaines fonctions spécifiques nécessaires aux forces armées. • CE 26 sept. 2016, *ADEFDROMIL*, n° 393738 B : *AJDA 2016. 1778 ; ibid. 2289, note Videlin ; JCP Adm. 2016. 756 ; ibid. 2308, note Paulliat.*

C. CONDITIONS D'EXERCICE DE L'ACTION SYNDICALE

26. Principe. Le législateur doit tracer avec précision la limite séparant les actes et comportements licites des actes et comportements fautifs, de telle sorte que l'exercice de ce droit syndical ne puisse être entravé par des actions en justice abusives. • Cons. const. 22 oct. 1982, n° 82-144 DC § 9. ♦ Par ailleurs, les modalités de mise en œuvre des prérogatives reconnues aux organisations syndicales doivent respecter la liberté personnelle du salarié. • Cons. const. 25 juill. 1989, n° 89-257 DC § 23.

27. Le respect de la liberté syndicale doit être concilié avec le maintien de l'ordre public. Constitue une atteinte grave à cette liberté le fait de priver des syndicats de leurs locaux alors que les troubles à l'ordre public ont cessé.

• TA Toulouse, ord., 28 mai 2019, *Union déptale CGT du Tarn-et-Garonne,* n° 1902794 : *AJDA 2019. 2216*.

28. L'entrave à l'exercice du droit syndical est punie. • Crim. 26 mars 2008, n° 07-84.308 : *Dr. soc. 2008. 764, note Duquesne*.

29. Responsabilité syndicale. Il ne peut cependant dénier,dans son principe même, le droit des victimes d'actes fautifs, qui peuvent d'ailleurs être des salariés, des représentants du personnel ou des organisations syndicales, à l'égalité devant la loi et devant les charges publiques en mettant en place un mécanisme d'irresponsabilité. • Cons. const. 22 oct. 1982, n° 82-144 DC § 9. ♦ En effet, la volonté d'assurer l'exercice effectif du droit syndical ne saurait justifier la grave atteinte portée à l'égalité à l'accès à la justice. • Cons. const. 22 oct. 1982, n° 82-144 DC § 8. ♦ Ainsi est contraire à l'égalité d'accès à la justice la prohibition faite de demander réparation des dommages causés par un conflit collectif de travail ou à l'occasion de celui-ci. • Cons. const. 22 oct. 1982, n° 82-144 DC § 6.

30. Peut être mise en jeu la responsabilité d'un syndicat qui a agi de concert avec les grévistes auxquels il a apporté un soutien inconditionnel de tous les instants, qui a été l'instigateur et l'organisateur de la grève, et qui, au lieu de s'opposer à tout abus, a suscité les agissements illicites et en a favorisé le développement et la persistance. • Soc. 9 nov. 1982, n° 80-13.958 P : *D. 1983. 531, note Sinay ; Dr. soc. 1983. 175, note Savatier ; JCP 1983. 19995, concl. Gauthier.*

31. Dissolution. Peut être dissous un syndicat fondé sur une cause ou poursuivant un objet illicite tel que la pratique de l'ostéopathie de manière indépendante, sans diagnostic médical préalable. • Ch. mixte, 10 avr. 1998, n° 97-13.137 P. ♦ ... Des objectifs essentiellement politiques, qui plus est contraires aux principes de non-discrimination contenus dans la Const., les textes à valeur constitutionnelle et les engagements internationaux auxquels la France est partie. • Ch. mixte, 10 avr. 1998, n° 97-17.870 P : *D. 1998. 389, note Jeammaud* ; *Dr. soc. 1998. 565, rapp. Merlin*.

32. Communication syndicale. En l'absence d'accord d'entreprise relatif à l'utilisation de l'intranet ou de la messagerie électronique de l'entreprise, les syndicats peuvent, outre la diffusion de tracts et l'affichage sur les panneaux dans l'entreprise, librement diffuser des publications et tracts sur les réseaux de communication au public en ligne ; par ailleurs, les salariés peuvent également librement y accéder sur ces réseaux et peuvent s'inscrire sur des listes de diffusion afin de recevoir par voie électronique les publications et tracts syndicaux. Dans ces conditions, la liberté de communication des syndicats n'est pas méconnue, le législateur n'ayant pas opéré une conciliation manifestement déséquilibrée entre, d'une part, la liberté de communication des syndicats et, d'autre part, la liberté tant de l'employeur que des salariés. • Cons. const. 27 sept. 2013, *Synd. nat. Groupe Air France CFTC,* n° 2013-345 QPC § 6 et 7.

33. Financement. Met en œuvre les présentes dispositions la loi qui prévoit une répartition uniforme entre les organisations syndicales de salariés du crédit du fonds paritaire. • Cons. const. 27 nov. 2015, *Synd CGT,* n° 2015-502 QPC § 5.

34. Liberté contractuelle. En matière de négociation collective, la liberté contractuelle découle du présent al., de l'al. 8 Préamb. Const. 1946 et de l'art. 4 DDH. • Cons. const. 29 nov. 2019, *Féd. nat. des synd. du spectacle, du cinéma, de l'audiovisuel et de l'action culturelle CGT et a.,* n° 2019-816 QPC § 10. ♦ V. notes ss. Préamb. Const. 1946, al. 8.

Al. 7 **Le droit de grève s'exerce dans le cadre des lois qui le réglementent.**

BIBL. ▶ Gahdoun, Les aléas du droit de grève dans la Constitution, *Dr. soc. 2014. 349*.

COMMENTAIRE

V. sur le Code en ligne.

Plan des annotations

[V. références des décisions du Conseil constitutionnel dans les tableaux DC et QPC]

1. Notion de grève. L'exercice du droit de grève résulte objectivement d'un arrêt collectif et concerté du travail en vue d'appuyer des revendications professionnelles. • Soc. 23 oct. 2007, n° 06-17.802 P. ♦ Il importe peu que la grève soit basée sur des revendications interprofessionnelles, elle ne prive pas de tout objet l'obligation d'un dialogue social interne à l'entreprise. • Cons. const. 16 août 2007, n° 2007-556 DC § 12. ♦ Une grève dont le but serait de faire rapporter le vote de l'organe délibérant d'une personne publique par lequel il avait été décidé de soumettre l'exploitation du futur réseau de transport à la procédure de délégation de service public n'en est pas moins basée sur des revendications professionnelles : la défense du mode d'exploitation du réseau. • Soc. 23 oct. 2007, n° 06-17.802 P. ♦ De même, il importe peu que l'employeur ait ou non la capacité à satisfaire les revendications des salariés. • Même affaire. ♦ Il n'appartient pas au juge de substituer son appréciation à celle des grévistes sur la légitimité ou le bien-fondé de ces revendications. • Soc. 2 juin 1992, n° 90-41.368 P : *GADT 4e éd., n° 193 ; Dr. soc. 1992. 696, rapp. Waquet, note Ray.*

2. Ne constituent pas une grève : la tenue d'une réunion pendant les heures de service. • CE 18 janv. 1963, *Perreur : Lebon 34.* ♦ ... Le refus d'accueillir plus de 25 élèves dans une salle de cours. • TA Poitiers., 10 déc. 1975, *Quinteau : AJDA 1976. 151, note Plouvin.* ♦ ... Le fait que des agents, sans cesser le travail, exécutent celui-ci, à titre individuel, de manière défectueuse en refusant de vérifier la validité des titres de transport (grève de la pince de contrôleurs SNCF). • Soc. 16 mars 1994, n° 91-43.349 P. ♦ ... Le fait de refuser partiellement en refusant d'accomplir certaines tâches (grève de l'entraînement des sapeurs-pompiers) • CE, sect. 13 oct. 1991, *Synd. intercom. CFDT de la Vendée et Audrin et a.*, n° 80709 A : *AJDA 1992. 350, obs. Breton ; ibid. 1992. 370, obs. Mathieu.* ♦ ... Un arrêt de travail indispensable pour faire respecter les droits essentiels des salariés, directement lésés par suite d'un manquement grave et délibéré de l'employeur à ses obligations. • Soc. 26 janv. 2000, n° 98-44.177 P • Soc. 7 juin 2006, n° 04-46.664 P.

3. Nature juridique. Le droit de grève est constitutionnellement garanti. • Cons. const. 25 juill. 1979, n° 79-105 DC § 1 • Cons. const. 22 juill. 1980, n° 80-117 DC § 4 • Cons. const. 22 oct. 1982, n° 82-144 DC § 9 • Cons. const. 18 sept. 1986, n° 86-217 DC § 78 • Cons. const. 28 juill. 1987, n° 87-230 DC § 12 • Cons. const. 16 août 2007, n° 2007-556 DC § 10 • Cons. const. 7 août 2008, n° 2008-569 DC § 8 • Soc. 27 juin 1989, n° 86-45.096 P • Soc. 7 juin 1995, n° 93-46.448 P : *D. 1996. 75, obs. Mathieu ; Dr. adm. 1995. 579, note Prétot ; Dr. soc. 1996. 37, note Radé* • Soc. 2 juin 1992, n° 90-41.368 P : *préc. note 1* • CE 30 juin 2000, n° 191542 • Cons. const. 11 déc. 2015, *Synd. réunionnais des exploitants de stations-service*, n° 2015-507 QPC § 6.

4. Le droit de grève constitue une liberté fondamentale au sens de l'art. L. 521-2 CJA. • CE 9 déc. 2003, n° 262186 A : *AJFP 2004. 148, obs. Moniolle ; AJDA 2004. 1138, note Le Bot ; JCP Adm. 2004. 1096, note Maillard Desgrées du Loû.*

5. En édictant la présente disposition, les constituants ont entendu marquer que le droit de grève est un principe de valeur constitutionnelle mais qu'il a des limites et ont habilité le législateur à tracer celles-ci en opérant la conciliation nécessaire entre la défense des intérêts professionnels, dont la grève est un moyen, et la sauvegarde de l'intérêt général auquel la grève peut être de nature à porter atteinte. • Cons. const. 1er août 2019, n° 2019-790 DC § 48.

6. Il appartient ainsi au législateur de tracer avec précision la limite séparant les actes et comportements licites des actes et comportements fautifs, de telle sorte que l'exercice du droit de grève ne puisse être entravé par des actions en justice abusives. • Cons. const. 22 oct. 1982, n° 82-144 DC § 8. ♦ Il peut pour ce faire aménager un régime spécial de responsabilité sans que celui-ci puisse aboutir à supprimer toute possibilité de réparation des dommages causés du fait des grèves. • Cons. const. 22 oct. 1982, n° 82-144 DC § 8.

7. Il appartient aussi au législateur de tracer la limite séparant les actes et les comportements qui constituent un exercice licite de ce droit des actes et comportements qui en constitueraient un usage abusif. • Cons. const. 28 juill. 1987, n° 87-230 DC § 7.

I. AUTORITÉS HABILITÉES À RÉGLEMENTER LA GRÈVE

A. COMPÉTENCE DE PRINCIPE DU LÉGISLATEUR

1° CONDITIONS D'EXERCICE DU DROIT DE GRÈVE

8. Il appartient ainsi au législateur de tracer avec précision la limite séparant les actes et comportement licites des actes et comportements fautifs, de telle sorte que l'exercice du droit de grève ne puisse être entravé par des actions en justice abusives. • Cons. const. 22 oct. 1982, n° 82-144 DC § 9 • Cons. const. 28 juill. 1987, n° 87-230 DC § 7. ♦ Il peut pour ce faire aménager un régime spécial de responsabilité sans que celui-ci puisse aboutir à supprimer toute possibilité de réparation des dommages causés du fait des grèves. • Cons. const. 22 oct. 1982, n° 82-144 DC § 9.

2° LIMITATION DU DROIT DE GRÈVE

9. En édictant le présent al., les constituants ont entendu marquer qu'il appartient au législateur de tracer les limites à l'exercice du droit de grève. • Cons. const. 25 juill. 1979, n° 79-105 DC § 1 • Cons. const. 22 juill. 1980, n° 80-117 DC § 4 • Cons. const. 18 sept. 1986, n° 86-217 DC § 78 • Cons. const. 16 août 2007, n° 2007-556 DC § 14 • Cons. const. 7 août 2008, n° 2008-569 DC § 8 • Cons. const. 11 déc. 2015, *Synd. réunionnais des exploitants de stations-service,* n° 2015-507 QPC § 6. ♦ ... La limite séparant les actes et les comportements qui constituent un exercice licite de ce droit des actes et comportements qui en constitueraient un usage abusif. • Cons. const. 28 juill. 1987, n° 87-230 DC § 7 • Cons. const. 15 mars 2012, n° 2012-650 DC § 6. ♦ Rappr., pour une forme d'abus : la répression des entraves ou des gênes à la circulation des chemins de fer résultant du dépôt d'un objet sur la voie n'est pas de nature à empêcher ou à gêner en quoi que ce soit l'exercice légal du droit de grève. • Cons. const. 19 janv. 1981, n° 80-127 DC § 20 • 20 janv. 1981, n° 80-127 DC § 20.

10. En l'absence de loi applicable, il appartient aux chefs de service de réglementer le droit de grève des fonctionnaires et d'organiser la nécessaire conciliation entre ce droit et la *continuité du service public.* • *CE, ass., 7 juill.* 1950, *Dehaene,* n° 01645 A : *GAJA 18e éd., n° 62 ; RD publ. 1950. 691, concl. Gazier, note Waline ; S. 1950. 3. 109, note J. D. V. ; D. 1950. 538, note Gervais.*

11. Le principe est étendu : à la fonction publique territoriale. • CE 9 juill. 1965, *Pouzenc,* n° 58778 A : *D. 1966. 720, note Gillig.* ♦ ... Aux établissements publics. • CE 17 mars 1997, n° 123912 A : *CJEG 1997. 264, concl. Combrexelle et note Papin ; Dr. soc. 1997. 534, obs. Ray.* ♦ ... Aux services publics même gérés par une personne privée. • CE, ass., 23 oct. 1964, *Féd. synd. chrétiens de cheminots : Lebon 484 ; AJDA 1964. 682, chron. Puybasset et Puissochet ; JCP 1965. 14721, note Bélorgey ; RD publ. 1964. 1210, concl. Bertrand ; ibid. 1965. 700, note Waline.*

12. Doivent en particulier être conciliées la défense des intérêts professionnels dont la grève constitue une modalité et la sauvegarde de l'intérêt général auquel la grève peut porter atteinte. • CE, ass., 7 juill. 1950, *Dehaene,* n° 01645 A : *préc. note 10* • CE 20 janv. 1975, n°s 89515 et 89516 A : *AJDA 1975. 367, note Durupty* • CE, sect., 17 mars 1997, *Féd. nat. synd. du personnel des industries de l'énergie électrique, nucléaire et gazière,* n° 123912 A : *préc. note 11* • Cons. const. 25 juill. 1979, n° 79-105 DC § 1 • Cons. const. 22 juill. 1980, n° 80-117 DC § 4 • Cons. const. 18 sept. 1986, n° 86-217 DC § 78 • Cons. const. 15 mars 2012, n° 2012-650 DC § 6 • Cons. const. 11 déc. 2015, *Synd. réunionnais des exploitants de stations-service,* n° 2015-507 QPC § 6 • CE 6 juill. 2016, n° 390031 A § 5 : *AJDA 2016. 1421.*

13. Le Conseil constitutionnel déduit des dispositions du présent al. que seul le législateur peut réglementer le droit de grève et fixer les limitations nécessaires. • Cons. const. 22 juill. 1980, n° 80-117 DC § 7. ♦ Il est suivi en cela par le juge judiciaire qui estime que la grève ne peut être réglementée par une convention collective. • Soc. 7 juin 1995, n° 93-46.448 P : *préc. note 3.* ♦ Le législateur ayant précisé que le dispositif d'encadrement du droit de grève s'applique aux services publics de collecte et de traitement des déchets des ménages, de transport public de personnes, d'aide aux personnes âgées et handicapées, d'accueil des enfants de moins de trois ans, d'accueil périscolaire et de restauration collective et scolaire et que ce dispositif n'est applicable à ces services publics que lorsque leur interruption, en cas de grève des agents publics participant directement à leur exécution, contreviendrait au respect de l'ordre public, notamment à la salubrité publique, ou aux besoins essentiels des usagers de ces services, a suffisamment délimité le champ des services publics soumis aux dispositions contestées. • Cons. const. 1er août 2019, n° 2019-790 DC § 49.

14. Il est cependant loisible au législateur de renvoyer au décret ou de confier à la convention collective le soin de préciser les modalités d'application des règles fixées par lui pour l'exercice du droit de grève : • Cons. const. 16 août 2007, n° 2007-556 DC § 7 et 8.

15. En l'absence de la complète législation annoncée par la Const., la reconnaissance du droit de grève ne saurait avoir pour conséquence d'exclure les limitations qui doivent être apportées à ce droit, comme à tout autre, en vue d'en éviter un usage abusif ou contraire aux nécessités de l'ordre public. • CE 11 juin 2010, n° 333262 B : *AJDA 2010. 1719, concl. Lénica*. ♦ En l'état de la législation, il appartient à l'autorité administrative responsable du bon fonctionnement d'un service public de fixer elle-même, sous le contrôle du juge de l'excès de pouvoir, la nature et l'étendue de ces limitations pour les services dont l'organisation lui incombe. • CE 6 juill. 2016, *Synd. CGT cadres et techniciens parisiens des services publics territoriaux*, n° 390031 A § 5 : *préc. note 12.*

16. Le juge administratif estime qu'un règlement intérieur ne peut contenir de mesure tendant à limiter la grève. • CE 27 juill. 2005, *Min. affaires sociales, du travail et de la solidarité c/ Centre de convalescence et de rééducation de La Roseraie : Lebon 377.*

B. COMPÉTENCE PAR DÉFAUT DU POUVOIR RÉGLEMENTAIRE DANS LE SECTEUR PUBLIC

17. Principe. Dès lors, en l'absence de cette réglementation, qui ne saurait avoir pour conséquence d'exclure les limitations qui doivent être apportées à ce droit, comme à tout autre, en vue d'en éviter un usage abusif ou contraire aux nécessités de l'ordre public, il appartient au gouvernement, responsable du bon fonctionnement des services publics, de fixer lui-même, sous le contrôle du juge, en ce qui concerne ces services, la nature et l'étendue desdites limitations. • CE, ass., 7 juill. 1950, *Dehaene*, n° 01645 A : *préc. note 10* • CE 1er juin 1984, *Féd. nat. travailleurs des P et T CGT : RFDA 1988. 850* • CE 13 nov. 1992, *Synd. nat. ingénieurs des études et de l'exploitation de l'aviation civile*, nos 83177 et 83702 B : *D. 1993. 253, obs. Debord ; AJDA 1993. 222, note Mathieu* • CE, sect., 17 mars 1997, *Féd. nat. synd. du personnel des industries de l'énergie électrique, nucléaire et gazière*, n° 123912 A : *préc. note 11* • CE 30 nov. 1998, n° 183359 B : *Dr. adm. 1999. 169, note Esper* ♦ Ce pouvoir appartient à l'autorité administrative responsable du bon fonctionnement d'un service public. • CE, ass., 12 avr. 2013, *Féd. FO Énergie et Mines et a.*, n° 329570 A : *AJDA 2013. 1052, chron. Domino et Bretonneau ; RFDA 2013. 637, concl. Aladjidi ; ibid. 663, chron. Roblot-Troizier et Tusseau*.

18. État. C'est précisément aux ministres qu'il appartient de fixer ces limitations. • CE 1er déc. 2004, *Onesto*, n° 260551 A : *RD publ. 2005. 1087, concl. Collin et note Noguellou ; Dr. adm. 2005. 19, note Lombard.* ♦ V. déjà • CE 18 mars 1956, *Hublin : Lebon 117 ; AJDA 1956. II. 222, chron. Fournier et Braibant ; RPDA 1956. 84, chron. Gaudemet* • CE, ass., 4 févr. 1966, *Synd. nat fonctionnaires et agents du groupement des contrôles radioélectriques : Lebon 80 ; D. 1966. 720, note Gilli ; RD publ. 1966. 324, concl. Bertrand.*

19. Établissements publics. Dans les établissements publics, les mesures sont prises par les organes chargés de la direction d'un établissement public, agissant en vertu des pouvoirs généraux d'organisation des services placés sous leur autorité. • Soc. 27 janv. 1956 : *D. 1956. 481, note Gervais* • CE, ass., 23 oct. 1964, *Féd. synd. chrétiens de cheminots : préc. note 11* • CE, ass., 4 févr. 1966, *Synd. unifié des techniciens de la RTF : Lebon 81 ; RD publ. 1966. 324, concl. Bertrand ; D. 1966. 720, note Gilli* • CE 12 nov. 1976, n° 98583 A • CE 7 janv. 1976, *CHR d'Orléans : Lebon 10* • CE 4 févr. 1976, *Section synd. CFDT centre psychothérapique de Thuir : Lebon T. 970* • CE 20 avr. 1977, *Synd. cadres et agents de maîtrise de l'aéroport de Paris : Lebon 175* • CE 31 juill. 1996, *Synd. nat. de radiodiffusion et de télévision*, n° 142999 A : *JCP 1996. 22735, concl. Stahl* • CE, sect., 17 mars 1997, *Féd. nat. synd. du personnel des industries de l'énergie électrique, nucléaire et gazière*, n° 123912 A : *préc. note 11* • CE 30 nov. 1998, n° 183359 B : *préc. note 17.* ♦ En revanche, un ministre ne peut agir pour limiter le droit de grève dans un établissement public, même placé sous sa tutelle. • CE 14 oct. 1977, *Synd. gén. CGT du personnel des affaires sociales et Union synd. CFDT des affaires sociales*, n° 98807 A : *AJDA 1978. 228, note Plouvin* • CE 1er déc. 2004, *Onesto*, n° 260551 A : *préc. note 18* • CE 8 mars 2006, *Onesto et a.*, n° 278999 A : *AJFP 2006. 206, concl. Keller ; RFDA 2006. 1236, concl. Keller ; RJEP 2006. 307, note Cassagnabère ; JCP 2006. 1230, note Plessix* • CE, ass., 12 avr. 2013, *Féd. FO Énergie et Mines et a.*, n° 329570 A : *préc. note 17.*

20. Personnes privées responsables d'un service public. Comme dans les établissements publics, ces mesures sont prises par les organes dirigeants, agissant en vertu des pouvoirs généraux d'organisation des services placés sous leur autorité. • CE, ass., 12 avr. 2013, *Féd. FO Énergie et Mines et a.*, n° 329570 A : *préc. note 17.*

21. Collectivités territoriales. Dans la fonction publique territoriale, les mesures de limitation sont prises par l'exécutif local. • CE 9 juill. 1965, *Pouzenc*, nos 58778 et 58779 A : *D. 1966. 720, note Gillig* • CE 26 juin 1996, *Cne de Grand-Bourg-de-Marie-Galante*, nos 135098 et 139935 B.

22. Absence d'obligation. Les autorités compétentes ne sont pas obligées d'édicter à tout moment une réglementation sur le droit de grève. • CE 8 mars 2006, *Onesto et a.*, n° 278999 A : *préc. note 19.*

II. RÉGLEMENTATION DU DROIT DE GRÈVE

A. LIMITATIONS POSSIBLES DU DROIT DE GRÈVE

1° FONDEMENT DES LIMITATIONS

23. Respect d'autres droits et libertés ou de principes à valeur constitutionnelle. Le législateur (ou, dans le secteur public, le pouvoir réglementaire) peut donc définir les limitations nécessaires en vue d'assurer : l'ordre public. • CE, ass., 7 juill. 1950, *Dehaene*, n° 01645 A : *préc. note 10* • CE, ass., 4 févr. 1960, *Synd. nat. fonctionnaires et agents du groupement des contrôles radio-électriques : Lebon 80* • Cons. const. 15 mars 2012, n° 2012-650 DC § 7. ♦ ... L'ordre public économique. • Cons. const. 11 déc. 2015, *Synd. réunionnais des exploitants de stations-service*, n° 2015-507 QPC § 8. ♦ ... La continuité du service public. • CE 12 nov. 1976, n° 98583 A • Cons. const. 25 juill. 1979, n° 79-105 DC § 1 • Cons. const. 18 sept. 1986, n° 86-217 DC § 78 • Cons. const. 28 juill. 1987, n° 87-230 DC § 7 • Cons. const. 16 août 2007, n° 2007-556 DC § 10 • Cons. const. 7 août 2008, n° 2008-569 DC § 8 • CE, ass., 18 janv. 1980, *Synd. CFDT postes et télécommunications du Haut-Rhin*, n° 07636 A : *AJDA 1980. 89, chron. Robineau et Feffer ; D. 1980. IR 302, obs. Delvolvé ; JCP 1980. 19450, note Zoller ; Rev. adm. 1980. 606, obs. Bienvenu et Rials.* ♦ ... La protection de la santé et de la sécurité des personnes et des biens. • Cons. const. 22 juill. 1980, n° 80-117 DC § 4 • CE, ass., 23 oct. 1964, *Féd. synd. chrétiens de cheminots : préc. note 11.* ♦ ... Le respect du principe d'égalité. • Cons. const. 22 oct. 1982, n° 82-144 DC § 8. ♦ ... Le principe de réparation. • Cons. const. 22 oct. 1982, n° 82-144 DC § 3. ♦ ... La satisfaction des besoins du pays. • CE, sect., 26 oct. 1962, *Le Moult et Synd. « Union des navigants en ligne » : Lebon 580 ; AJDA 1962. 671, chron. Gentot et Fourré.* ♦ ... Les besoins vitaux de la France. • CE 8 nov. 1989, *Synd. gén. de la navigation aérienne CFTC, Union synd. de l'aviation civile CGT et Synd. nat. des contrôleurs du trafic aérien*, n°s 89887, 90304 et 90703 B. ♦ Rappr. pour les « besoins essentiels » les décisions précitées sur la continuité du service public. ♦ ... La garantie de la sécurité des patients. • CE 9 déc. 2003, n° 262186 A : *préc. note 4.* ♦ Rappr. à l'époque du monopole de l'ORTF, la *nécessité de répondre aux besoins et aux aspirations de la population en ce qui concerne* l'information, la culture, l'éducation, le divertissement et l'ensemble des valeurs de civilisation. • CE 20 janv. 1975, n°s 89515 et 89516 A : *préc. note 12.*

24. En ce qui concerne les services publics, la reconnaissance du droit de grève ne saurait avoir pour effet de faire obstacle au pouvoir du législateur d'apporter à ce droit les limitations nécessaires en vue d'assurer la continuité du service public qui, tout comme le droit de grève, a le caractère d'un principe de valeur constitutionnelle. • Cons. const. 1er août 2019, n° 2019-790 DC § 48.

25. Types de grève. Porte une atteinte grave à l'ordre public une grève qui, quel qu'en soit le motif, aurait pour effet de compromettre dans ses attributions essentielles : l'exercice de la fonction préfectorale. • CE, ass., 7 juill. 1950, *Dehaene*, n° 01645 A : *préc. note 10.* ♦ ... L'action gouvernementale. • CE, sect., 28 nov. 1958, *Lepouse : Lebon 596 ; D. 1959. 263, note Quermonne ; AJDA 1958. i. 128, chron. Combarnous et Galabert ; RD publ. 1959. 306, note Waline.*

26. La grève est destinée à défendre des intérêts professionnels. • CE, ass., 7 juill. 1950, *Dehaene*, n° 01645 A : *préc. note 10* • CE, sect., 17 mars 1997, *Féd. nat. synd. du personnel des industries de l'énergie électrique, nucléaire et gazière*, n° 123912 A : *préc. note 11.* ♦ Sont illicites une grève à caractère politique. • CE 8 févr. 1961, *Rousset : Lebon 85, concl. Braibant (a contrario).* ♦ ... Une grève destinée à soutenir un ouvrier auteur d'une faute personnelle. • Soc. 30 mai 1989, n° 86-16.765 P • Soc. 16 nov. 1993, n° 91-41.024 P. ♦ V. également les affaires citées note 1.

2° NATURE DES LIMITATIONS

a. Mesures d'interdiction

27. Interdiction de la grève à certaines catégories de personnels. Ces dispositions peuvent aller jusqu'à l'interdiction du droit de grève aux agents dont la présence est indispensable pour assurer le fonctionnement des éléments du service dont l'interruption porterait atteinte aux besoins essentiels du pays. • Cons. const. 25 juill. 1979, n° 79-105 DC § 1 • Cons. const. 18 sept. 1986, n° 86-217 DC § 78 • Cons. const. 28 juill. 1987, n° 87-230 DC § 7.

28. Il en résulte que le Gouvernement peut légalement interdire et réprimer la participation à une grève : des chefs de bureau de préfecture. • CE, ass., 7 juill. 1950, *Dehaene*, n° 01645 A : *préc. note 10.* ♦ ... Des agents du service de contrôle radio-électrique. • CE, ass., 4 févr. 1960, *Synd. nat. fonctionnaires et agents du groupement des contrôles radio-électriques : Lebon 80.* ♦ ... Des fonctionnaires supérieurs des préfectures et de tous grades du cabinet des préfets. • CE, sect., 16 déc. 1966, *Synd. nat. des fonctionnaires et agents des préfectures et sous-préfectures de France et d'outre-mer CGT-FO*, n° 67286 A : *AJDA 1967. 99, concl. Bertrand ; D. 1967. 105, note Gilli ; JCP 1967. 15058, note Sinay ; RD publ. 1967. 555, note*

Waline ; Dr. ouvrier 1967. 64, note Piquemal ; Rev. adm. 1967. 30, note Liet-Veaux (a contrario). ♦ ... Des agents des PTT indispensables à la sécurité des personnes, à la conservation du matériel et au fonctionnement des liaisons indispensables à l'action gouvernementale. • CE, sect., 28 nov. 1958, *Lepouse : préc. note 25.* ♦ Rappr. • CE, ass., 4 févr. 1966, *Synd. nat fonctionnaires et agents du groupement des contrôles radioélectriques : préc. note 18.* ♦ ... Des agents occupant des emplois indispensables au fonctionnement normal des services de sécurité aérienne. • CE 26 oct. 1960, *Synd. gén. navigation aérienne : Lebon 567 ; Dr. soc. 1961. 100, concl. Fournier ; Dr. ouvrier 1961. 38, concl. Fournier et note Piquemal.* ♦ ... Du personnel d'autorité ou ayant des responsabilités importantes des services extérieurs des douanes. • CE 21 oct. 1970, ♔ n°s 65845 et 66040 A : *AJDA 1971. 365, note V. S. (a contrario).* ♦ Rappr., à l'époque du monopole de l'ORTF, la désignation par le secrétaire d'État des personnels devant demeurer en fonction pour assurer le service minimum. • CE 12 nov. 1976, n° 98583 A.

29. Interdiction de certains types de grève. Il est loisible au législateur d'édicter les mesures à même d'éviter le recours répété à des grèves de courte durée affectant anormalement le fonctionnement régulier des services publics. • Cons. const. 28 juill. 1987, n° 87-230 DC § 11 • Cons. const. 16 août 2007, n° 2007-556 DC § 14.

30. Sont par ailleurs interdites, dans les services publics, les grèves tournantes. • Soc. 3 févr. 1998, ♔ n° 95-21.735 P : *Dr. adm. 1996. 94.* ♦ ... Même si chaque centrale syndicale peut prévoir une date de cessation du travail différente. • Soc. 4 févr. 2004, ♔ n° 01-15.709 P : *JCP Adm. 2004. 1174, obs. Taillefait.* ♦ ... Les grèves sur le tas. • CE, sect., 11 févr. 1966, *Legrand : Lebon 110.*

b. Mesures imposant un service minimum

31. Principe. En période de grève, le législateur ne peut imposer un « service normal » assurant la généralité des missions assignées à l'organisme. • Cons. const. 25 juill. 1979, n° 79-*105 DC* § 5. ♦ ... Ou des prestations qui constituent incontestablement une atteinte injustifiée au droit de grève. • CE 12 nov. 1976, n° 98583 A.

32. Liberté contractuelle. En matière de négociation collective, la liberté contractuelle découle du présent al., de l'al. 8 Préamb. Const. 1946 et de l'art. 4 DDH. • Cons. const. 29 nov. 2019, ♔ *Féd. nat. des synd. du spectacle, du cinéma, de l'audiovisuel et de l'action culturelle CGT et a.*, n° 2019-816 QPC § 10. ♦ V. ss. cet al.

33. Le législateur peut prévoir les conditions dans lesquelles doivent être : assurées la création, la transmission et l'émission des signaux de radio et de télévision et prévoir qu'un décret en Conseil d'État déterminera les modalités d'application de ces conditions. • Cons. const. 25 juill. 1979, n° 79-105 DC § 3. ♦ V. déjà. • CE 20 janv. 1975, *Synd. nat. de radiodiffusion et de télévision et a. et Synd. nat. des journalistes et a. : préc. note 12.* ♦... Créées un service d'accueil des enfants scolarisés dans les écoles maternelles ou élémentaires publiques ou privées sous contrat. • Cons. const. 7 août 2008, n° 2008-569 DC § 7. ♦ ... Organisées un plan de prévention des ruptures d'approvisionnement contenant une liste des détaillants du réseau de distribution de gros des produits pétroliers qui ne peuvent interrompre leur activité. • Cons. const. 11 déc. 2015, ♔ *Synd. réunionnais des exploitants de stations-service,* n° 2015-507 QPC § 7.

34. Le ministre peut fixer le minimum de vols nécessaire à assurer les besoins vitaux de la France. • CE 8 nov. 1989, ♔ *Synd. gén. de la navigation aérienne CFTC, Union synd. de l'aviation civile CGT et Synd. nat. des contrôleurs du trafic aérien,* n°s 89887, 90304 et 90703 B. ♦ ... Mais non un maximum. • CE 12 mai 1989, ♔ n° 75382 B.

35. De même, la nature du service public de production d'électricité, les impératifs de sécurité qui lui sont liés et les contraintes techniques de maintien de l'interconnexion et de préservation de l'équilibre entre la demande et l'offre d'électricité justifient la définition par la direction de l'établissement public des fonctions, relevant de sa direction, nécessaires au maintien de la sécurité du système de production-transport-distribution d'électricité et devant être assurées, même en période de grève, par les agents figurant au tableau de service et désignés à cet effet par les chefs de service. • CE, sect., 17 mars 1997, ♔ *Féd. nat. synd. du personnel des industries de l'énergie électrique, nucléaire et gazière,* n° 123912 A : *préc. note 11.*

36. Le directeur d'un établissement privé de santé peut instaurer un service minimum de sécurité. • CAA Bordeaux, 1er juin 2006, ♔ n° 03BX00419.

c. Nécessité d'un préavis

37. Le législateur peut prévoir qu'un préavis de grève doit être déposé et fixer les conditions de ce dépôt. • Cons. const. 25 juill. 1979, n° 79-105 DC § 2. ♦ Le législateur peut également prévoir : d'augmenter de 5 à 13 jours le délai maximal qui peut être imposé entre le moment où l'organisation syndicale notifie à l'autorité administrative les motifs pour lesquels elle envisage un mouvement collectif et le début d'un éventuel mouvement de grève.

• Cons. const. 16 août 2007, n° 2007-556 DC § 11 • Cons. const. 7 août 2008, n° 2008-569 DC § 9. ♦ ... Que le préavis soit déposé par un syndicat représentatif. • CE 8 janv. 1992, n° 90634 A : *Dr. soc. 1992. 469, concl. Pochard*. ♦ ... De confier à des organisations syndicales représentatives des prérogatives particulières relatives au déclenchement de la grève (dépôt de préavis) dès lors que ce rôle laisse entière la liberté de chaque salarié de décider personnellement de participer ou non à celle-ci. • Cons. const. 16 août 2007, n° 2007-556 DC § 13. ♦ V. déjà : • Cons. const. 18 sept. 1986, n° 86-217 DC § 76. ♦ De même, le Gouvernement peut imposer : un préavis de 5 jours pour la grève de certains agents. • CE, sect., 28 nov. 1958, *Lepouse : préc. note 25* • CE, ass., 23 oct. 1964, *Féd. synd. chrétiens de cheminots : préc. note 11.* ♦ ... Un service minimum dans certains services. • CE, sect., 13 juill. 1968, *Synd. unifié des techniciens de l'ORTF*, n° 70458 A : *RD publ. 1968. 1094, concl. Bertrand ; AJDA 1968. 571, chron. Dewost et Denoix de Saint-Marc.*

38. De même, si le législateur peut prévoir que les personnels informent leur employeur de leur intention de participer à la grève ou de rejoindre un mouvement déjà engagé au moins 48 h à l'avance, le pouvoir réglementaire ne peut pas prendre des dispositions qui conduisent à obliger les personnels à s'y joindre dès le début et non en cours de mouvement. • CE 19 mai 2008, n° 312329 B : *AJDA 2008. 1718, note Chifflot ; RJEP 2008. 32, concl. Lénica.*

d. Déclaration préalable

39. L'obligation de déclaration préalable, qui ne saurait être étendue à l'ensemble des salariés, n'est opposable qu'aux seuls salariés dont la présence détermine directement l'offre de services et les sanctions disciplinaires sont uniquement destinées à réprimer l'inobservation de la formalité procédurale prévue par le législateur dont la méconnaissance ne confère pas à l'exercice du droit de grève un caractère illicite. • Cons. const. 16 août 2007, n° 2007-556 DC § 29 • Cons. const. 15 mars 2012, n° 2012-650 DC § 9 et 10. ♦ Ces mesures ont vocation à conforter l'efficacité du dispositif afin de faciliter la réaffectation des personnels disponibles pour la mise en œuvre du plan de transport adapté et ne s'opposent pas à ce qu'un salarié rejoigne un mouvement de grève déjà engagé et auquel il n'avait pas initialement l'intention de participer, ou auquel il aurait cessé de participer, dès lors qu'il en informe son employeur au plus tard 48 h à l'avance. • Cons. const. 16 août 2007, n° 2007-556 DC § 29 • Cons. const. 15 mars 2012, n° 2012-650 DC § 9.

40. Le fait que tout enseignant déclare préalablement à l'autorité administrative son intention de participer à la grève et qu'un accord entre l'État et les syndicats sur les modalités selon lesquelles ces déclarations préalables sont portées à la connaissance de l'autorité administrative ne saurait avoir pour effet d'entraver la liberté de chaque enseignant de décider personnellement de participer ou non à la grève. • Cons. const. 7 août 2008, n° 2008-569 DC § 15 et 17.

41. En imposant à chaque agent employé dans les équipements sportifs de la ville de se déclarer gréviste, non pas 48 heures avant la date à laquelle il entend personnellement participer à un mouvement de grève, mais 48 heures avant le début de la grève fixé dans le préavis, la note attaquée apporte au droit de tout agent de rejoindre un mouvement de grève déjà engagé, des restrictions dont il ressort des pièces du dossier soumis au juge des référés qu'elles excèdent ce qui est nécessaire pour prévenir un usage abusif de la grève. • CE 6 juill. 2016, *Synd. CGT cadres et techniciens parisiens des services publics territoriaux*, n° 390031 A § 7 : *préc. note 12.*

42. Dès lors que l'obligation de déclaration préalable de participation à la grève, qui ne saurait être étendue à l'ensemble des agents, n'est opposable qu'aux seuls agents participant directement à l'exécution des services publics mentionnés ci-dessus et qualifiés d'« indispensables » à la continuité du service public dans l'accord ou dans la délibération de la collectivité ou de l'établissement et qu'une telle obligation n'interdit pas à un de ces agents de rejoindre un mouvement de grève déjà engagé et auquel il n'avait pas initialement l'intention de participer, ou auquel il aurait cessé de participer, dès lors qu'il en informe l'autorité territoriale au plus tard quarante-huit heures à l'avance, la disposition ne porte pas atteinte au droit de grève. • Cons. const. 1er août 2019, n° 2019-790 DC § 53.

e. Réquisition et embauche d'appoint

43. Sont régulières les réquisitions de personnel navigant dès lors que le trafic aérien d'un type d'avion est totalement empêché. • CE, sect., 26 oct. 1962, *Le Moult et Synd. « Union des navigants en ligne » : préc. note 23.* ♦ ... De personnel assurant la sécurité aérienne. • CE 9 févr. 1966, n° 62467 A : *D. 1966. 720, note Gilli ; Dr. soc. 1966. 565, note Courvoisier.* ♦ Rappr. s'agissant d'une mise en demeure d'avoir à reprendre le service. • CE 25 sept. 1996, n°s 149284, 149285 et 149293 A.

44. La réquisition peut toucher : des personnes privées. • CE sect., 28 oct. 1949, *Synd. dptal maîtres artisans boulangers et pâtissiers du Gard : Lebon 447.* ♦ ... Des agents d'un établissement de santé même privé. • CE 9 déc. 2003, n° 262186 A : *préc. note 4.*

45. Sauf circonstances exceptionnelles, il n'est pas possible de recourir à une société de travail temporaire. • CE, ass., 18 janv. 1980, *Synd. CFDT postes et télécommunications du Haut-Rhin,* n° 07636 A : *préc. note 23* • CAA Nancy, 18 déc. 2003, n° 98NC01080 B.

46. Il faut cependant que la réquisition soit nécessaire, qu'elle soit imposée par l'urgence et proportionnée aux nécessités de l'ordre public. • CE, réf., 27 oct. 2010, n° 343966 B : *AJDA 2011. 388, note Hansen et Ferré*.

47. Tel est le cas, dès lors que la détermination des effectifs requis est bien calibrée, d'une mesure de réquisition prise dans le but d'assurer le maintien d'un effectif suffisant pour garantir la sécurité des patients et la continuité des soins dès lors que les impératifs de santé publique constituent un motif d'ordre public. • CE 30 nov. 1998, n° 183359 B : *préc. note 17* • CE 9 déc. 2003, n° 262186 A : *préc. note 4.* ♦ V. déjà. • CE 7 janv. 1976, *CHR d'Orléans : Lebon 10.* ♦ ... De la prévention du risque de pénurie totale de carburant d'un aéroport parisien, la menace pesant sur le ravitaillement des véhicules de services publics et de services de première nécessité. • CE, réf., 27 oct. 2010, n° 343966 B : *préc. note 46.* ♦ V. déjà : • TA Melun, réf., 25 oct. 2010, n° 1007348 : *AJDA 2010. 2026*.

f. Autres limitations

48. En permettant à l'autorité territoriale d'imposer aux agents en cause d'exercer leur droit de grève dès leur prise de service et jusqu'au terme de ce dernier, le législateur a entendu prévenir les risques de désordre manifeste dans l'exécution du service public causés par l'interruption ou la reprise du travail en cours de service. Cette restriction apportée aux conditions d'exercice du droit de grève tend ainsi à éviter le recours répété à des grèves de courte durée mettant en cause la continuité du service public. Par ailleurs, elle n'oblige pas l'agent qui souhaite cesser son travail à le faire dès sa première prise de service postérieure au déclenchement de la grève. • Cons. const. 1er août 2019, n° 2019-790 DC § 54.

B. LIMITATIONS INTERDITES

49. Il n'est pas possible : d'interdire le droit de grève à l'ensemble des personnels du service dès lors que leur activité n'est pas indispensable à la sauvegarde de l'ordre public ou à l'action du gouvernement. • CE, sect., 16 déc. 1966, *Synd. nat. des fonctionnaires et agents des préfectures et sous-préfectures de France et d'outre-mer CGT-FO : préc. note 28* • CE 21 oct. 1970, *Synd. gén. fonctionnaires des impôts FO : préc. note 28* • CE 4 févr. 1981, *Féd. CFTC personnels de l'environnement, de l'équipement et du logement des transports et du tourisme : Lebon 45 ; Dr. soc. 1981. 412, concl. Genevois ; AJDA 1981. 543, note Salon ; D. 1981. IR 286, obs. Delvolvé.* ♦ ... D'imposer que l'organisme assure un « service normal » garantissant que la généralité des missions assignées qui lui sont assignées seront remplies. • Cons. const. 25 juill. 1979, n° 79-105 DC § 5. ♦ ... D'exiger que soient assurées des activités qui ne sont pas indispensables. • CE 19 juin 1963, *Synd. nat. fonctionnaires et agents de préfecture : RPDA 1963. 244.*

50. ***Réquisition.*** Est irrégulière une réquisition : qui n'est justifiée ni par la nécessité d'assurer le principe de continuité du service public, ni les besoins de la population. • CE, sect., 24 févr. 1961, *Isnardon : Lebon 150 ; ADJA 1961. I. 204, chron. Jalabert et Gentot ; Dr. soc. 1961. 357, note Savatier.* ♦ ... De l'ensemble d'une profession. • CE 9 déc. 2003, n° 262186 A : *préc. note 4.* ♦ ... Lorsque le service minimum instauré est suffisant. • CAA Bordeaux, 1er juin 2006, *Féd. santé et action sociale,* n° 03BX00419. ♦ ... De personnel pour assurer la réception et la livraison de fioul domestique. • CE, ord., 27 oct. 2010, n° 343966 B : *préc. note 46.*

51. ***Personnel intérimaire.*** Sauf circonstances exceptionnelles, l'administration ne doit pas embaucher de personnel intérimaire pour assurer la continuité du service public. • CE, ass., 18 janv. 1980, *Synd. CFDT postes et télécommunications du Haut-Rhin,* n° 07636 A : *préc. note 23.*

52. Le pouvoir réglementaire ne peut pas prendre des dispositions qui conduiraient à interdire à des personnels de rejoindre un mouvement de grève déjà engagé. • CE 19 mai 2008, n° 312329 B : *AJDA 2008. 1718, note Chifflot* ; *RJEP 2008. 32, concl. Lénica.*

53. L'appréciation que porte le juge sur les mesures ainsi admises ou refusées varie dans le temps en fonction de l'évolution de la société. Comp. par ex. • CE 18 mars 1956, *Hublin : préc. note 18* • CE, sect., 13 juill. 1968, *Synd. unifié des techniciens de l'ORTF,* n° 70458 A : *préc. note 37.*

54. Porte une atteinte excessive au droit de grève un mécanisme de retenue automatique sur la rémunération des intéressés qui, par la généralité de son champ d'application, ne prend en compte ni la nature des divers services concernés, ni l'incidence dommageable que peuvent revêtir pour la collectivité les cessations concertées du travail. • Cons. const. 28 juill. 1987, n° 87-230 DC § 12.

55. S'agissant d'un service excessif par rapport au service minimum, V. note 31.

III. CONSÉQUENCES DE L'EXERCICE DU DROIT DE GRÈVE

A. CONSÉQUENCES PÉCUNIAIRES

1° DANS LE SECTEUR PRIVÉ

56. Principe. La grève ne rompt pas le contrat de travail mais a pour effet de suspendre son exécution ; dès lors, pendant la période de cessation du travail, l'employeur n'est tenu de payer ni le salaire. • Soc. 26 janv. 2000, n° 98-44.177 P. ♦ ... Ni les jours fériés. • Soc. 5 févr. 2002, n° 99-43.898 P. ♦ ... Ni les indemnités de déplacement dépourvues de toute contrepartie, et ce quels que soient les motifs, même légitimes, ayant entraîné cette grève. • Soc 7 juin 2006, n° 04-46.664 P (*a contrario*).

57. Pour être proportionnel à l'interruption de travail, l'abattement du salaire pour fait de grève doit être calculé sur l'horaire mensuel des salariés. • Soc. 27 juin 1989, n° 88-42.591 P • Soc. 19 mai 1998, n° 97-41.900 P.

58. Exception. Ce n'est que dans le cas où les salariés se sont trouvés dans une situation contraignante telle qu'ils ont été obligés de cesser le travail pour faire respecter leurs droits essentiels, directement lésés par suite d'un manquement grave et délibéré de l'employeur à ses obligations, que celui-ci peut être condamné à payer aux grévistes une indemnité correspondant à la perte de leur salaire. • Soc. 26 janv. 2000, n° 98-44.177 P.

2° DANS LE SECTEUR PUBLIC

59. Principe. L'agent public n'est pas rémunéré pendant qu'il est en grève (absence de service fait). • CE 9 févr. 1954, *Caubel : Lebon 225* • CE 13 juin 1980, n° 17995. ♦ Les retenues sur traitement sont la conséquence d'une absence de service fait et ne constituent donc pas une sanction disciplinaire. • Cons. const. 25 juill. 1979, n° 79-105 DC § 1 • Cons. const. 28 juill. 1987, n° 87-230 DC § 10.

60. La retenue est proportionnelle à la durée de la grève. • CE, sect., 13 mars 1959, *Synd. nat. FO du ministère de la Reconstruction et de l'Urbanisme : Lebon 178 ; RD publ. 1959. 766, note Waline.* ♦ Cependant, un minimum de retenue incompressible (trentième indivisible) est mis en place par le législateur pour éviter des grèves de courte durée. • Cons. const. 28 juill. 1987, n° 87-230 DC § 11.

61. *La retenue touche le traitement* et les primes et indemnités versés. • CE 22 mars 1989, n° 71710 B.

62. Fonctionnaires et agents des établissements publics administratifs. Ce principe s'applique en tenant compte des obligations de service de l'agent et non en fonction du jour calendaire. • CE, ass., 15 févr. 1980, *Faure*, n° 10248 A : *AJDA 1980. 282, chron. Robineau et Feffer ; D. 1980. IR 301, obs. Delvolvé.* ♦ Si, pendant la période durant laquelle l'agent se déclare gréviste, les jours durant lesquels il n'a pas d'obligation de service du fait d'un temps partiel et les jours de repos hebdomadaire peuvent donner lieu à une retenue sur traitement, il n'en est pas de même des jours que l'agent a pris, avec l'autorisation de son chef de service, dans le cadre de ses congés annuels. • CE 27 juin 2008, n° 303350 A : *AJDA 2008. 1667, note Soubirous ; Dr. soc. 2009. 64, concl. Derepas .*

63. D'autres sanctions pécuniaires sont interdites pour sanctionner les faits de grève. • CE, ass., 1er juill. 1988, *Billard et Volle*, n° 66405 A : *AJDA 1988. 592, chron. Azibert et de Boisdeffre ; Dr. soc. 1988. 775, concl. Van Ruymbeke.* ♦ ... Ainsi que toutes mesures discriminatoires. • CE 12 nov. 1990, n° 42875 A : *AJDA 1991. 332, obs. Hecquard-Théron ; Dr. ouvrier 1991. 340, note Saramito.*

B. SANCTIONS DU FAIT DES GRÈVES ILLICITES OU IRRÉGULIÈRES

64. Aucun salarié ne peut être sanctionné en raison de l'exercice normal du droit de grève. • Cass., ass. plén., 23 juin 2006, n° 04-40.289 P. ♦ En revanche, les abus du droit de grève peuvent être sanctionnés. • Cons. const. 20 janv. 1981, n° 80-127 DC § 20 • Cons. const. 28 juill. 1987, n° 87-230 DC § 7.

65. La prohibition de demander réparation des dommages causés par un conflit collectif de travail ou à l'occasion de celui-ci est contraire au principe d'égalité devant la loi. • Cons. const. 22 oct. 1982, n° 82-144 DC § 6. ♦ Ainsi, un mouvement qui ne se rattache en rien à des revendications professionnelles est fautif et oblige ceux qui y ont participé à réparer les conséquences dommageables pour l'entreprise de l'arrêt de production. • Soc. 30 mai 1989, n° 86-16.765 P. ♦ Il en va de même d'un mouvement portant atteinte à la liberté du travail. • Soc. 9 nov. 1982, n° 80-13.958 P : *D. 1983. 531, note Sinay ; Dr. soc. 1983. 175, note Savatier ; JCP 1983. 19995, concl. Gauthier.*

66. Dans le secteur public, le non-respect des règles relatives au droit de grève expose les personnels à des sanctions. • CE 1er févr. 1963, *Audibert : Lebon 66* • CE, sect., 11 févr. 1966, *Legrand : Lebon 110* • CE 8 janv. 1992, n° 90634 A : *préc. note 37 (a contrario).* ♦ Il en va de même de l'incitation à une grève illicite. • CE 12 oct. 1956, *Dlle Coquant : Lebon 362.*

67. Les sanctions disciplinaires peuvent réprimer l'inobservation des obligations de déclaration préalable et d'exercice du droit de grève dès la prise de service, dont la méconnaissance ne confère pas à l'exercice du droit de grève un caractère illicite. • Cons. const. 1er août 2019, n° 2019-790 DC § 48.

68. Un agent public participant à un mouvement de grève ne peut être révoqué sans avoir pu bénéficier des garanties de la procédure disciplinaire qui lui est applicable. • CE 7 juill. 1999, n° 191534 B • CE 30 juin 2000, n° 191542. ♦ Dès lors, aucune sanction disciplinaire ne pourra être prononcée sans que l'agent ait obtenu communication de son dossier... • CE, sect., 25 mars 1955, *Rousset : Lebon 179.* ♦ ... Même si la grève est politique. • CE 1er févr. 1963, *Audibert : préc. note 66.*

Al. 8 Tout travailleur participe, par l'intermédiaire de ses délégués, à la détermination collective des conditions de travail ainsi qu'à la gestion des entreprises.

COMMENTAIRE

V. sur le Code en ligne.

[V. références des décisions du Conseil constitutionnel dans les tableaux DC et QPC]

BIBL. Flores, La chambre sociale et la question prioritaire de constitutionnalité : de la distorsion entre l'image doctrinale et la réalité juridictionnelle, *Dr. soc. 2014. 308*. – Bernaud, La QPC a-t-elle changé le visage du droit constitutionnel du travail ?, *Dr. soc. 2014. 317*. – Odoul-Asorey, Principe de participation des travailleurs et droit du travail, *Dr. soc. 2014. 356*.

1. Les présentes dispositions s'appliquent aux agents publics et aux fonctionnaires. • CE 9 juill. 1986, *Synd. commissaires de police et des hauts fonctionnaires de la police : Lebon T. 586 ; RD publ. 1987. 250* • Cons. const. 28 janv. 2011, *Féd. nat. CGT des personnels des organismes sociaux,* n° 2010-91 QPC • Cons. const. 1er août 2019, n° 2019-790 DC § 8. ♦ La formation du conseil académique compétente pour examiner les questions individuelles relatives au recrutement, à l'affectation et à la carrière des enseignants-chercheurs autres que les professeurs des universités n'est pas compétente pour la détermination collective des conditions de travail des enseignants-chercheurs. • Cons. const. 24 avr. 2015, *Conf. présidents d'université,* n° 2015-465 QPC § 5. ♦ Le principe de représentativité, principe général du droit applicable à l'ensemble des relations collectives de travail, notamment dans la fonction publique et dans les entreprises publiques à statut, impose au pouvoir réglementaire, lorsqu'il crée une instance de concertation composée de représentants du personnel désignés par les organisations syndicales en fonction de leur représentativité, d'apprécier celle-ci au niveau où l'instance concernée est appelée à siéger. Toutefois, ni ce principe ni aucun autre principe ou aucun texte ne faisaient obstacle à ce que le directeur des ressources humaines institue ces « commissions locales de concertation » au sein de directions d'administration centrale, alors même qu'il n'existe pas de mesure de la représentativité syndicale à ce niveau. • CE 9 mars 2016, n° 382868 B : *AJDA 2016. 520*.

2. La présente disposition n'impose pas l'instauration de collèges électoraux distincts pour la désignation des représentants des personnels de droit public et de droit privé d'une même entreprise. • Cons. const. 28 janv. 2011, *Féd. nat. CGT des personnels des organismes sociaux,* n° 2010-91 QPC § 4. ♦ De même, elle n'impose pas que les représentants des salariés de droit public et de droit privé soient consultés de manière séparée lorsque les questions posées les concernent de manière exclusive. • Même affaire, § 5.

3. Il appartient au législateur, en vertu de l'art. 34 Const., de déterminer, dans le respect du principe énoncé au présent al., les conditions et garanties de sa mise en œuvre. • Cons. const. 28 déc. 2006, n° 2006-545 DC § 28 • Cons. const. 7 août 2008, n° 2008-568 DC § 4 • Cons. const. 19 janv. 2018, *CGT-FO et a.,* n° 2017-686 QPC § 4 • Cons. const. 1er août 2019, n° 2019-790 DC § 8. ♦ Il incombe au législateur de déterminer, dans le respect de ce principe et de la liberté syndicale (sans monopole de la représentation : V. ss. Préamb. Const. 1946, al. 6), garantie par le 6e al., les conditions et garanties de sa mise en œuvre et, en particulier, les modalités selon lesquelles la représentation des travailleurs est assurée dans l'entreprise. • Cons. const. 26 juill. 2013, *Philippe M. et a.,* n° 2013-333 QPC § 5.

4. Le principe de participation concerne la détermination collective des conditions de travail. Dès lors, des dispositions contestées se bornant à limiter à certaines décisions individuelles relatives aux fonctionnaires l'examen des commissions administratives paritaires n'entrent pas dans son champ d'application. • Cons. const. 1er août 2019, n° 2019-790 DC § 9.

5. Le respect du présent al. impose que les représentants des salariés bénéficient des moyens nécessaires pour que soit assurée la participation du personnel à la détermination collective des conditions de travail et à la gestion de l'entreprise. • Cons. const. 21 mars 2018, n° 2018-761 DC § 52. ♦ V., pour des dispositions respectant cette obligation, • Cons.

const. 21 mars 2018, n° 2018-761 DC § 53 s. et 65 s.

6. A cette fin, le droit garanti au présent al. a pour bénéficiaires, sinon la totalité des travailleurs employés à un moment donné dans une entreprise, du moins tous ceux qui sont intégrés de façon étroite et permanente à la communauté de travail qu'elle constitue, même s'ils n'en sont pas les salariés. • Cons. const. 26 juill. 2013, *Philippe M. et a.*, n° 2013-333 QPC § 5 • Cons. const. 3 févr. 2016, *MEDEF*, n° 2015-519 QPC § 11. ♦ V. déjà, dans une formule moins précise. • Cons. const. 28 déc. 2006, n° 2006-545 DC § 29 • Cons. const. 7 août 2008, n° 2008-568 DC § 6 • Cons. const. 29 avr. 2011, *Synd. CGT et a.*, n° 2011-122 QPC § 6.

7. Le législateur peut préciser la notion d'intégration à la communauté de travail afin de renforcer la sécurité juridique des entreprises et des salariés dès lors que la limitation qui en résulte repose sur des critères objectifs et rationnels. • Cons. const. 7 août 2008, n° 2008-568 DC § 6. ♦ Mais il n'est pas possible de limiter le corps électoral aux seuls salariés qui lui sont liés par un contrat de travail. • Cons. const. 28 déc. 2006, n° 2006-545 DC § 30.

8. Il est dès lors possible d'exclure certaines catégories de salariés du décompte des effectifs de l'entreprise sans violer le présent al. • Cons. const. 29 avr. 2011, *Synd. CGT et a.*, n° 2011-122 QPC § 6. ♦ V. déjà, implicitement. • Cons. const. 22 juill. 2005, n° 2005-521 DC § 12. ♦... Dès lors que cette exclusion qui s'applique notamment au calcul des effectifs au regard des divers seuils fixés par le code du travail en vue d'assurer la représentation du personnel dans l'entreprise est destinée à alléger les contraintes susceptibles de peser sur les entreprises afin de favoriser l'insertion ou le retour de ces personnes sur le marché du travail. • Cons. const. 29 avr. 2011, *Synd. CGT et a.*, n° 2011-122 QPC § 7. ♦... N'a pas de conséquence sur les droits et obligations des salariés en cause et qui ne leur interdit pas, en particulier, d'être électeur ou éligible au sein des instances représentatives du personnel de l'entreprise dans laquelle ils travaillent. • Même affaire, § 8.

9. Sur les institutions représentatives du personnel et organes de direction, V. notes 40 s.

10. Le législateur peut, pour mettre en œuvre le principe de participation, adopter des dispositions particulières applicables aux agents des administrations publiques salariés dans les conditions du droit privé s'agissant du droit d'expression des salariés, du droit syndical, des institutions représentatives du personnel et des salariés protégés, mais ne peut les exclure du bénéfice de dispositions assurant la mise en œuvre de la liberté syndicale. • Cons. const. 9 déc. 2011, *Patelise F.*, n° 2011-205 QPC § 6 et 7. ♦ Vouloir assurer une représentation équilibrée des hommes et des femmes dans les institutions représentatives du personnel afin de mettre en œuvre l'objectif institué au 2e al. de l'art. 1er Const. 58 et prévoir un mécanisme de représentation proportionnelle des femmes et des hommes au sein du comité d'entreprise et l'assortir d'une règle d'arrondi, pour sa mise en œuvre dès lors que cette règle d'arrondi pour ne pas porter une atteinte manifestement disproportionnée au droit d'éligibilité aux institutions représentatives du personnel résultant du principe de participation, ne fait pas obstacle à ce que les listes de candidats puissent comporter un candidat du sexe sous-représenté dans le collège électoral. • Cons. const. 19 janv. 2018, *CGT-FO et a.*, n° 2017-686 QPC § 7 (réserve d'interprétation). ♦ Toutefois, cette volonté de respecter la parité ne peut conduire à ce que le fonctionnement du comité social et économique ne soit affecté dans des conditions remettant en cause le principe de participation des travailleurs en laissant vacant pour une période pouvant durer 4 ans plusieurs sièges de ce comité. • Cons. const. 21 mars 2018, n° 2018-761 DC § 62. ♦ Rappr. • Cons. const. 13 juill. 2018, *Synd. CFE-CGC France télécom Orange*, n° 2018-720/721/722/723/724/725/726 QPC § 10 à 13.

I. LA DÉTERMINATION COLLECTIVE DES CONDITIONS DE TRAVAIL

11. La participation des travailleurs à la détermination collective des conditions de travail est un principe constitutionnel dont il appartient au législateur d'assurer la mise en œuvre. • Cons. const. 16 déc. 1993, n° 93-328 DC § 3 et 9 • Cons. const. 26 juill. 2013, *Philippe M. et a.*, n° 2013-333 QPC § 5.

V. pour d'autres décisions dans le même sens :.

12. Le présent alinéa qui consacre un droit aux travailleurs, par l'intermédiaire de leurs délégués, à la participation et à la détermination collective de leurs conditions de travail, ne confère aucun droit équivalent au bénéfice des employeurs. • Cons. const. 3 févr. 2016, *MEDEF*, n° 2015-519 QPC § 11.

13. Le présent art. peut être invoqué à l'appui d'une QPC. • Cons. const. 7 oct. 2010, *CGT-FO et a.*, n° 2010-42 QPC • Cons. const. 28 janv. 2011, *Féd. nat. CGT des personnels des organismes sociaux*, n° 2010-91 QPC.

14. Dans le domaine particulier de la participation des travailleurs à la détermination collective de leurs conditions de travail (conventions collectives), une application rétroactive de la loi aux conventions en cours peut porter atteinte aux dispositions du présent al. et aux dispositions de l'art. 16 DDH. • Cons. const. 13 janv. 2000, n° 99-423 DC § 40 et 42.

♦ Il en résulte que si le législateur porte aux contrats légalement conclus une atteinte qui n'est pas justifiée par un motif d'intérêt général suffisant, le législateur viole le présent al. • Cons. const. 13 janv. 2000, n° 99-423 DC 42 • Cons. const. 16 août 2007, n° 2007-556 DC § 17. ♦ V. ss. DDH, art. 16, notes 142 s.

15. Cependant, ni les présentes dispositions, ni aucune autre règle de valeur constitutionnelle n'obligent le Gouvernement à faire précéder la présentation au Parlement d'un projet de loi comportant des dispositions touchant aux principes fondamentaux du droit du travail d'une négociation entre les partenaires sociaux. • Cons. const. 10 juin 1998, n° 98-401 DC § 6 • CE, QPC, 20 juin 2012, n° 358830 : *AJDA 2012. 1254*.

16. Ne viole pas le principe de participation le fait que le législateur : procède à l'exclusion pour le décompte des seuils d'effectifs des jeunes bénéficiaires de mesures particulières d'accès à l'emploi. • Cons. const. 5 juill. 1977, n° 77-79 DC § 3. ♦ ... Prévoit que l'effectif à prendre en considération, pour le décompte de ces seuils, est celui qui résulte du rapport entre la masse totale des horaires inscrits dans les contrats de travail des salariés de l'entreprise et la durée légale du travail ou la durée normale si celle-ci lui est inférieure. • Cons. const. 21 janv. 1981, n° 80-128 DC § 4. ♦ ... Prévoit une répartition uniforme entre les organisations syndicales de salariés du crédit du fonds paritaire. • Cons. const. 27 nov. 2015, *Synd. CGT,* n° 2015-502 QPC § 5. ♦ ... Prévoit que l'employeur n'invite les organisations syndicales à la négociation d'un protocole préélectoral qu'à la condition qu'au moins un salarié se soit porté candidat aux élections. • Cons. const. 21 mars 2018, n° 2018-761 DC § 46. ♦ ... Modifie les règles de décompte de l'effectif salarié d'une entreprise pour l'application de plusieurs obligations en matière sociale. • Cons. const. 16 mai 2019, n° 2019-781 DC § 7. ♦ ... Crée, dans les trois fonctions publiques, une instance paritaire unique qui remplace les comités techniques et les comités d'hygiène, de sécurité et des conditions de travail et prévoit que ces comités sociaux comprennent une formation spécialisée en matière de santé, de sécurité et de conditions de travail lorsque les effectifs des administrations ou établissements en cause dépassent un certain seuil. En effet, les comités sociaux d'administration, territoriaux ou d'établissement connaissent, quel que soit l'effectif de l'administration ou de l'établissement, des questions relatives à la protection de la santé physique et mentale, à l'hygiène, à la sécurité des agents dans leur travail, à l'organisation du travail, au télétravail, aux enjeux liés à la déconnexion et aux dispositifs de régulation de l'utilisation des outils numériques, à l'amélioration des conditions de travail et aux prescriptions légales afférentes. Ainsi, même lorsqu'aucune formation spécialisée en matière de santé, de sécurité et de conditions de travail n'est instituée au sein du comité social, les représentants du personnel participent, au sein de ce comité, à la protection de la santé et de la sécurité des agents. • Cons. const. 1er août 2019, n° 2019-790 DC § 13.

17. En adoptant des dispositions permettant au CHSCT de décider de faire appel à un expert agréé en cas de risque grave dans l'établissement ou en cas de projet important modifiant les conditions de santé, de sécurité ou de travail et prévoyant que les frais de l'expertise décidée par le comité sont à la charge de l'employeur, le législateur a mis en œuvre les exigences constitutionnelles de participation des travailleurs à la détermination des conditions de travail ainsi que de protection de la santé des travailleurs, qui découlent du présent al. • Cons. const. 27 nov. 2015, *Sté Foot Locker France,* n° 2015-500 QPC § 8. ♦ En prévoyant, dans le contexte dans lequel les dispositions en cause ont été adoptées, que les projets d'ordonnance pris pour faire face aux conséquences de l'épidémie de covid-19 et des mesures prises pour limiter sa propagation sont dispensés des consultations préalables prévues par la loi, telle que celle du Conseil supérieur des tribunaux administratifs et des cours administratives d'appel, le législateur n'a pas méconnu le principe énoncé au présent al. • CE 21 déc. 2020, n° 441399 B § 10 : *AJDA 2020. 2582*.

18. La suppression d'une instance de dialogue social au sein d'un réseau de franchise, lequel ne constitue pas un communauté de travail, n'affecte pas le principe de participation des travailleurs. • Cons. const. 21 mars 2018, n° 2018-761 DC § 75.

A. LA RÉPARTITION DES COMPÉTENCES DANS LA DÉTERMINATION DU DROIT DU TRAVAIL

19. En prévoyant qu'un accord national interprofessionnel étendu peut confier à une branche professionnelle la mission « d'organiser » cet ensemble de relations contractuelles, les dispositions contestées confient à la convention collective le soin de fixer des règles qui relèvent de la loi (incompétence négative). • Cons. const. 11 avr. 2014, *CGT-FO,* n° 2014-388 QPC § 6. ♦ V. déjà. • Cons. const. 7 août 2008, n° 2008-568 DC § 14. ♦ Sur l'incompétence négative, V. pt. **I. B. 3° ss. Const. 58, art. 34.**

1° LA NÉGOCIATION COLLECTIVE, MOYEN PRIVILÉGIÉ DE MISE EN ŒUVRE DES PRINCIPES DU DROIT DU TRAVAIL

20. Le législateur peut laisser aux employeurs et aux salariés, ou à leurs organisations représentatives, le soin de préciser, notamment par la voie de la négociation collective, les modalités concrètes d'application des normes qu'il édicte. Toutefois, lorsque le législateur autorise un accord collectif à déroger à une règle qu'il a lui-même édictée et à laquelle il a entendu conférer un caractère d'ordre public, il doit définir d'une façon précise l'objet et les conditions de cette dérogation (incompétence négative). • Cons. const. 29 avr. 2004, n° 2004-494 DC § 8 • Cons. const. 5 oct. 2016, *CDC*, n° 2016-579 QPC § 7. ♦ Il doit cependant respecter le principe d'égalité. • Cons. const. 20 oct. 2017, *CGT-FO*, n° 2017-664 QPC § 10.

21. Il est loisible au législateur, après avoir défini les droits et obligations touchant aux conditions de travail ou aux relations du travail, de laisser aux employeurs et aux salariés, ou à leurs organisations représentatives, le soin de préciser, après une concertation appropriée, les modalités concrètes de mise en œuvre des normes qu'il édicte en matière de droit du travail. • Cons. const. 25 juill. 1989, n° 89-257 DC § 11 • Cons. const. 15 janv. 2000, n° 99-423 DC § 28. ♦ Cette disposition n'a cependant pas pour effet d'imposer que dans tous les cas cette détermination soit subordonnée à la conclusion d'accords collectifs. • Cons. const. 16 déc. 1993, n° 93-328 DC § 4 • Cons. const. 20 mars 1997, n° 97-388 DC § 6.

22. Il lui est également loisible de prévoir qu'en l'absence de convention collective, ces modalités d'application seront déterminées par décret. • Cons. const. 9 déc. 2004, n° 2004-507 DC § 11 • Cons. const. 7 août 2008, n° 2008-568 DC § 14. ♦ ... Que, en l'absence d'accord-cadre ou d'accord de branche au 1er janv. 2008, un décret en Conseil d'État détermine alors, dans les conditions prévues par la loi, l'organisation et le déroulement de la procédure de prévention des conflits. • Cons. const. 16 août 2007, n° 2007-556 DC § 8.

2° NOTION DE « DÉLÉGUÉS » EN MATIÈRE DE NÉGOCIATION COLLECTIVE

23. Ces dispositions confèrent aux organisations syndicales une vocation naturelle à assurer, notamment par la voie de la négociation collective, la défense des droits et intérêts des travailleurs, mais n'attribuent pas pour autant à celles-ci un monopole de la représentation des salariés en matière de négociation collective. • Cons. const. 6 nov. 1996, n° 96-383 DC § 8 • Cons. const. 21 mars 2018, n° 2018-761 DC § 5 et 13. ♦ Des salariés désignés par la voie de l'élection ou titulaires d'un mandat assurant leur représentativité peuvent également participer à la détermination collective des conditions de travail dès lors que leur intervention n'a ni pour objet ni pour effet de faire obstacle à celle des organisations syndicales représentatives. • Même affaire.

24. L'exigence d'un seuil raisonnable d'audience subordonnant la représentativité d'une organisation syndicale ne constitue pas une atteinte au principe de la liberté syndicale, la représentation légitimée par le vote, loin de violer le principe de participation des salariés à la détermination collective de leurs conditions de travail par l'intermédiaire des syndicats, en assurant au contraire l'effectivité. • Cass., ass. plén., QPC, 18 juin 2010, n° 10-40.005 P : *D. 2010. 2264, note Bernaud et Petit ; ibid. 2011. 840, obs. Équipe de recherche en droit social de Lyon 2*. ♦ Ainsi est-il loisible au législateur, pour fixer les conditions de mise en œuvre du présent al., de définir des critères de représentativité des organisations syndicales. • Cons. const. 7 oct. 2010, *CGT-FO et a.*, n° 2010-42 QPC § 6. ♦ La fixation de ce seuil à 10 % des suffrages exprimés au premier tour des dernières élections professionnelles quel que soit le nombre de votants ne viole pas les dispositions du présent al. • Même affaire.

25. V. pour la possibilité de proposer, sous certaines conditions, un projet d'accord collectif à la consultation du personnel dans les « petites entreprises » : • Cons. const. 21 mars 2018, n° 2018-761 DC § 6 s.

B. OBJET DE LA CONVENTION COLLECTIVE

1° LIBERTÉ CONTRACTUELLE

26. En matière de négociation collective, la liberté contractuelle découle du présent al. et de l'art. 4 DDH. • Cons. const. 29 nov. 2019, *Féd. nat. des synd. du spectacle, du cinéma, de l'audiovisuel et de l'action culturelle CGT et a.*, n° 2019-816 QPC § 10.

27. Lorsque le ministre du travail prononce la fusion de branches professionnelles, les organisations syndicales de salariés et les organisations professionnelles d'employeurs qui souhaitent négocier un tel accord de remplacement sont, d'une part, contraintes de le faire dans le champ professionnel et géographique ainsi déterminé par le ministre et, d'autre part, tenues d'adopter des stipulations communes pour régir les situations équivalentes au sein de cette branche. Toutefois, le législateur a poursuivi un objectif d'intérêt général en estimant que la seule négociation collective laissée à l'initiative des partenaires sociaux ne suffisait pas à limiter l'éparpillement des branches professionnelles et en voulant, par l'adoption des dispositions contestées, remédier à cet éparpillement, dans le but de renforcer le dialogue social au sein de ces branches et de leur permettre de disposer de moyens d'action à la hauteur des attributions que la loi leur reconnaît, en particulier pour définir certaines des conditions d'emploi et de travail des salariés et des garanties qui leur sont applicables, ainsi que pour réguler la concurrence entre les entreprises. • Cons. const. 29 nov. 2019, *Féd. nat. des synd. du spectacle, du cinéma, de l'audiovisuel et de l'action culturelle CGT et a.*, n° 2019-816 QPC § 17. ♦ Il a par ailleurs entouré cette fusion des garanties nécessaires. • Cons. const. 29 nov. 2019, *Féd. nat. des synd. du spectacle, du cinéma, de l'audiovisuel et de l'action culturelle CGT et a.*, n° 2019-816 QPC § 18 à 21. ♦ En revanche, en prévoyant que la procédure de fusion peut également être engagée « pour fusionner plusieurs branches afin de renforcer la cohérence du champ d'application des conventions collectives », le législateur n'a pas déterminé au regard de quels critères cette cohérence pourrait être appréciée. Il a ainsi laissé à l'autorité ministérielle une latitude excessive dans l'appréciation des motifs susceptibles de justifier la fusion. Il a, ce faisant, méconnu l'étendue de sa compétence dans des conditions affectant la liberté contractuelle. • Cons. const. 29 nov. 2019, *Féd. nat. des synd. du spectacle, du cinéma, de l'audiovisuel et de l'action culturelle CGT et a.*, n° 2019-816 QPC § 24.

2° PORTÉE DES CONVENTIONS COLLECTIVES

28. Principe de faveur. Constitue un principe fondamental du droit du travail le principe selon lequel une convention collective de travail peut contenir des dispositions plus favorables aux travailleurs que celles des lois et règlements. • Cons. const. 25 juill. 1989, n° 89-257 DC § 11.

29. Des dispositions plus favorables que les dispositions légales en ce qui concerne le fonctionnement, la composition ou les pouvoirs de comités d'hygiène, de sécurité et des conditions de travail, la protection des représentants du personnel fixée par l'art. L. 236-11 du code du travail ne peut être étendue en matière conventionnelle que dans la mesure où l'institution créée est de même nature que celle instaurée par la loi. • Crim. 4 avr. 1991, n° 89-85.536 P : *RSC 1991. 783, obs. Lyon-Caen*.

30. N'est pas un principe fondamental reconnu par les lois de la République le principe selon lequel la loi ne pourrait permettre aux accords collectifs de travail de déroger aux lois *et règlements ou aux conventions* de portée plus large que dans un sens plus favorable aux salariés. • Cons. const. 20 mars 1997, n° 97-388 DC § 43 à 45 • Cons. const. 13 janv. 2003, n° 2002-465 DC § 2 et 3 • Cons. const. 29 avr. 2004, n° 2004-494 DC § 9. ♦ V. déjà de manière implicite. • Cons. const. 6 nov. 1996, n° 96-383 DC § 10.

31. Le législateur ne peut, sans violer les présentes dispositions et celles de l'art. 16 DDH, porter atteinte à des conventions collectives en cours que pour des motifs d'intérêt général suffisants. • Cons. const. 13 janv. 2000, n° 99-423 DC § 42 • Cons. const. 16 août 2007, n° 2007-556 DC § 17 • Cons. const. 21 mars 2018, n° 2018-761 DC § 19. ♦ V. notes ss. DDH, art. 16.

32. Effet de la violation des conventions collectives. Aucun principe ou règle de valeur constitutionnelle n'interdit au législateur d'ériger en infraction le manquement à des obligations qui ne résultent pas directement de la loi elle-même ; dès lors, la méconnaissance par une personne des obligations résultant d'une convention ayant force obligatoire à son égard peut faire l'objet d'une répression pénale. • Cons. const. 10 nov. 1982, n° 82-145 DC § 3. ♦ Le délit d'entrave est constitué lorsqu'un employeur refuse à un délégué du personnel la faculté de s'absenter durant les heures de délégation conventionnelles. • Crim. 14 févr. 1978, n° 76-93.406 : *D. 1978. IR 384 ; Dr. soc. 1979. 172.*

33. La représentation syndicale n'ayant pas été établie en la cause par une convention ou un accord collectif étendu dérogeant à des dispositions législatives ou réglementaires, en vertu d'une disposition législative expresse dans une matière déterminée, ainsi que le précise l'art. L. 153-1 C. trav. (devenu art. L. 2263-1), la méconnaissance des dispositions conventionnelles invoquées n'était pas susceptible de sanctions pénales. • Crim. 4 avr. 1991, n° 89-85.536 P : *préc. note 29.* ♦ La méconnaissance de telles dispositions conventionnelles, si elle pouvait donner lieu le cas échéant à des recours civils, n'était susceptible de recevoir aucune des qualifications pénales visées par la prévention. • Crim. 4 avr. 1991, n° 88-84.270 P : *D. 1991. 156 ; RSC 1991. 783, obs. Lyon-Caen*. ♦ De même, la violation d'un usage ne peut entrer dans la catégorie des agissements pénalement sanctionnés. • Crim. 4 avr. 1991, n° 89-83.204 P : *D. 1991. 140 ; RSC 1991. 783, obs. Lyon-Caen*.

3° CONTENU POSSIBLE DES ACCORDS COLLECTIFS

34. Le législateur peut renvoyer à un accord collectif : le soin de déterminer le niveau et les modalités des réductions de salaires, sans en fixer le montant maximal, sans pour autant méconnaître la compétence qu'il tient du présent art. • Cons. const. 25 juin 1998, n° 98-402 DC § 7. ♦ ... Le soin de préciser les modalités concrètes d'application des normes en matière de droit du travail. • Cons. const. 29 avr. 2004, n° 2004-494 DC § 8 • Cons. const. 9 déc. 2004, n° 2004-507 DC § 11 • Cons. const. 26 déc. 2006, n° 2006-545 DC § 5. ♦ Rappr. • Cons. const. 28 avr. 2005, n° 2005-514 DC § 25. ♦ ... Le soin de déterminer les parts respectives du salaire et des autres éléments de la rémunération. • Cons. const. 9 déc. 2004, n° 2004-507 DC § 11. ♦ ... La faculté de déroger aux règles fixées en matière de communication d'informations au comité d'entreprise par d'autres dispositions du code du travail dès lors qu'il a déterminé la périodicité et le contenu obligatoires du rapport qui, dans une telle hypothèse, se substitue à ces documents, ainsi que les modalités de sa communication aux membres du comité d'entreprise et qu'il a encadré de façon précise la possibilité de conclure un accord collectif dérogatoire et n'a pas privé les représentants des salariés des informations nécessaires pour que soit assurée la participation des travailleurs à la détermination collective des conditions de travail et à la gestion de l'entreprise. • Cons. const. 26 déc. 2006, n° 2006-545 DC § 7. ♦ ... Le soin de fixer le jour hebdomadaire de repos, dans le cadre des principes fixés par l'al. 11 du Préamb. Const. 1946, après avoir dans un premier temps fixé ce jour au dimanche dès lors que, dérogeant à cette règle, il n'a pas privé de garanties légales les exigences constitutionnelles résultant de cet al. • Cons. const. 6 août 2009, n° 2009-588 DC § 3. ♦ ... Le soin de préciser les modalités d'application des règles fixées par lui pour l'exercice du droit de grève. • Cons. const. 16 août 2007, n° 2007-556 DC § 7. ♦ ... En matière de détermination collective des conditions de travail. • Cons. const. 6 nov. 1996, n° 96-383 DC § 10 • Cons. const. 9 déc. 2004, n° 2004-507 DC § 11 • Cons. const. 7 août 2008, n° 2008-568 DC § 14 • Cons. const. 19 déc. 2013, n° 2013-682 DC § 41 et 42 • Cons. const. 4 avr. 2014, *Sté Séphora,* n° 2014-373 QPC § 11. ♦ ... En matière de droits collectifs des travailleurs. • Cons. const. 11 avr. 2014, *CGT-FO,* n° 2014-388 QPC § 4. ♦ ... Le soin de définir les modalités d'organisation de consultation des salariés et d'instituer des règles visant à éviter que des organisations syndicales non signataires de l'accord puissent faire échec à toute demande de consultation formulée par d'autres organisations. • Cons. const. 20 oct. 2017, *CGT-FO,* n° 2017-664 QPC § 10.

35. Il peut laisser les partenaires sociaux déterminer, dans le cadre qu'il a défini, l'articulation entre les différentes conventions ou accords collectifs qu'ils concluent au niveau interprofessionnel, des branches professionnelles et des entreprises. • Cons. const. 29 avr. 2004, n° 2004-494 DC § 8.

36. Une disposition qui prévoit que le salarié embauché à compter du 22 juin 2005 et âgé de moins de 26 ans n'est pas pris en compte, *jusqu'à ce qu'il ait atteint cet âge, dans le* calcul de l'effectif du personnel de l'entreprise dont il relève, quelle que soit la nature du contrat qui le lie à cette entreprise, ne viole pas les dispositions du présent al. • CE, sect., 19 oct. 2005, n° 283892 A : *AJDA 2005. 1980 ; D. 2005. 2631 ; Dr. soc. 2005. 1142, étude Willmann ; RJEP 2005. 512, concl. Devys ; JCP E 2005. 1652, note Morvan.*

II. LA PARTICIPATION À LA GESTION

37. Le respect du présent al. implique que les représentants des salariés bénéficient des informations nécessaires pour que soit assurée la participation du personnel à la détermination collective des conditions de travail et à la gestion de l'entreprise. • Cons. const. 16 déc. 1993, n° 93-328 DC § 10 • Cons. const. 26 déc. 2006, n° 2006-545 DC § 7. ♦ Le contrôle du Cons. const. ne porte ni sur le contenu des informations, ni sur la périodicité à laquelle elles sont données. • Cons. const. 16 août 2007, n° 2007-555 DC § 9 (sol. impl.). ♦ En revanche, il n'impose pas la présence de représentants des salariés au sein des organes de direction de l'entreprise. • Cons. const. 26 juill. 2013, *Philippe M. et a.,* n° 2013-333 QPC § 5. ♦ Rappr. de manière très implicite. • Cons. const. 26 juin 1986, n° 86-207 DC § 44.

38. En renvoyant à un accord d'entreprise la définition des conditions dans lesquelles des publications et tracts de nature syndicale peuvent être mis à disposition soit sur un site syndical mis en place sur l'intranet de l'entreprise, soit par diffusion sur la messagerie électronique de l'entreprise, le législateur a entendu, dans le cadre de la mise en œuvre du principe de participation énoncé au présent al., permettre que les modalités de la communication syndicale par la voie électronique puissent être adaptées à chaque entreprise et, en particulier, à l'organisation du travail et à l'état du développement de ses moyens de communication. En prévoyant, d'une part, que la diffusion de l'information syndicale par la voie électronique doit être compatible avec les exigences de bon fonctionnement du réseau informatique de l'entreprise et ne doit pas entraver l'accomplissement du travail et, d'autre part, que les modalités de cette diffusion doivent préserver la liberté de choix des salariés d'accepter ou de refuser un message, le législateur a adopté des mesures pour assurer le respect des libertés tant de l'employeur que des salariés et n'a pas opéré une conciliation manifestement déséquilibrée entre, d'une part, la liberté de communication des syndicats et, d'autre part, la liberté tant de l'employeur que des salariés. • Cons. const. 27 sept. 2013, *Synd. nat. Groupe Air France CFTC,* n° 2013-345 QPC § 4, 5 et 7.

39. Si le législateur a entendu, par les dispositions contestées, permettre que la participation des travailleurs à la gestion des entreprises soit renforcée, il ne résulte pas du présent alinéa que cette participation doit être mise en œuvre dans les mêmes conditions selon qu'elle s'applique aux organes dirigeants de l'entreprise ou aux institutions représentatives du personnel. • Cons. const. 26 juill. 2013, *Philippe M. et a.,* n° 2013-333 QPC § 7.

40. Institutions représentatives du personnel. Dans les limites fixées (V. note 10), il est loisible au législateur, notamment pour éviter ou restreindre les situations de double vote, de ne pas conférer à l'ensemble des travailleurs mis à disposition d'une entreprise la qualité d'électeur pour désigner (...) les représentants des salariés à son comité d'entreprise. • Cons. const. 26 déc. 2006, n° 2006-545 DC § 30. ♦ En excluant que les salariés mis à disposition soient éligibles à la délégation unique du personnel de l'entreprise utilisatrice, le législateur a cherché à éviter que des salariés qui continuent de dépendre d'une autre entreprise puissent avoir accès à certaines informations confidentielles, d'ordre stratégique, adressées à cette délégation unique lorsqu'elle exerce les attributions du comité d'entreprise. • Cons. const. 13 oct. 2017, *Synd. CGT des salariés des hôtels de prestige économique,* n° 2017-661 QPC § 7. ♦ V. déjà, implicitement. • Cons. const. 7 août 2008, n° 2008-568 DC § 6.

41. La différence de traitement résultant de ce que les salariés mis à disposition sont éligibles en qualité de délégués du personnel alors qu'ils ne le sont pas, en vertu des dispositions contestées, à la délégation unique du personnel, repose sur une différence de situation en rapport avec l'objet de la loi. • Cons. const. 13 oct. 2017, *Synd. CGT des salariés des hôtels de prestige économique,* n° 2017-661 QPC § 8.

42. Une distinction selon la nationalité pour les élections des représentants du personnel de l'Agence France-Presse est contraire au présent art. • Cons. const. 6 mai 2011, *Synd. SUD AFP,* n° 2011-128 QPC § 5.

43. Information du comité d'entreprise. L'éventualité, à l'occasion de certaines procédures, du non-respect des délais prévus par la loi pour des motifs tenant aux conditions de fonctionnement des juridictions ne saurait suffire à entacher la disposition contestée d'inconstitutionnalité. • Cons. const. 4 août 2017, *Comité d'entreprise de l'unité économique et sociale Markem Imaje,* n° 2017-652 QPC § 11.

44. Organes de direction. La représentation des salariés dans les conseils d'administration ou de surveillance n'opère aucune privation de propriété qui tomberait sous le coup de l'art. 17 DDH : dès lors, les actionnaires de ces sociétés conservent la propriété de leurs actions, le droit au partage des bénéfices sociaux et, éventuellement, les droits qui naîtraient pour eux de la liquidation de la société dont ils sont actionnaires. • Cons. const. 20 juill. 1983, n° 83-162 DC § 22. ♦ La représentation des salariés actionnaires au sein des organes de direction des sociétés a pour objet de mettre en œuvre le présent al. • Cons. const. 12 janv. 2002, n° 2001-455 DC § 110 • Cons. const. 6 mai 2011, *Synd. SUD AFP,* n° 2011-128 QPC § 5. ♦ Si le législateur a entendu, par les dispositions contestées, permettre que la participation des travailleurs à la gestion des entreprises soit renforcée, il ne résulte pas du présent al. que cette participation doit être mise en œuvre dans les mêmes conditions selon qu'elle s'applique aux organes dirigeants de l'entreprise ou aux institutions représentatives du personnel ; eu égard aux attributions du conseil d'administration, le législateur pouvait, sans méconnaître les exigences constitutionnelles précitées, limiter le corps électoral pour l'élection des salariés à ce conseil aux seuls salariés de la société et, éventuellement, de ses filiales françaises. • Cons. const. 26 juill. 2013, *Philippe M. et a.,* n° 2013-333 QPC § 7.

Al. 9 Tout bien, toute entreprise, dont l'exploitation a ou acquiert les caractères d'un service public national ou d'un monopole de fait, doit devenir la propriété de la collectivité.

COMMENTAIRE

V. sur le Code en ligne.

[V. références des décisions du Conseil constitutionnel dans les tableaux DC et QPC]

I. NATIONALISATION

1. Définition. La nationalisation, au sens de l'art. 34 de la Constitution, implique que le transfert de propriété d'une entreprise résulte d'une décision de la puissance publique à laquelle le ou les propriétaires sont obligés de se plier. • Cons. const. 19 janv. 1984, n° 83-167 DC § 22.

2. Une prise de participation dans le capital d'entreprises ne saurait, en raison du caractère contractuel de l'opération, constituer une nationalisation. • Cons. const. 19 janv. 1984, n° 83-167 DC § 22.

3. Portée. La présente disposition n'institue pas un droit ou une liberté que la Const. garantit. • Cons. const. 26 mars 2015, *Frédéric P.,* n° 2015-459 QPC § 6.

4. Fondement des nationalisations. Le présent al. n'a ni pour objet ni pour effet de rendre inapplicables aux opérations de nationalisation les principes de la DDH relatifs au droit de propriété. • Cons. const. 16 janv. 1982, n° 81-132 DC § 17.

5. Le législateur a pu fonder les nationalisations sur le fait qu'elles seraient nécessaires pour donner aux pouvoirs publics les moyens de faire face à la crise économique, de promouvoir la croissance et de combattre le chômage et procéderaient donc de la nécessité publique au sens de l'art. 17 DDH. • Cons. const. 16 janv. 1982, n° 81-132 DC § 19.

6. Notion de service public national et de monopole de fait. V. notes 13 s.

7. Compétence en matière de nationalisation. Il appartient au législateur de prononcer la nationalisation de sociétés ayant leur siège social en France et, à ce titre, de transférer à l'État l'ensemble des actions de ces sociétés avec toutes les conséquences entraînées par ces transferts sur l'administration et la disposition des patrimoines sociaux. • Cons. const. 11 févr. 1982, n° 82-139 DC § 2.

8. L'art. 34 Const. 58 n'interdit pas au législateur de déterminer lui-même les sociétés devant être nationalisées conformément aux critères retenus par lui. • Cons. const. 11 févr. 1982, n° 82-139 DC § 5.

9. L'art. 34 Const. 58, qui place dans le domaine de la loi les nationalisations d'entreprises et les transferts d'entreprises du secteur public au secteur privé et qui confie à la loi la détermination des principes fondamentaux du régime de la propriété, ne saurait dispenser le législateur, dans l'exercice de sa compétence, du respect des principes et des règles de valeur constitutionnelle qui s'imposent à tous les organes de l'État. • Cons. const. 16 janv. 1982, n° 81-132 DC § 18. ♦ Sur la compétence en matière de nationalisation, V. note 270 ss. Const. 58, art. 34.

10. Indemnisation des nationalisations. V. comm. et notes 48 s. ss. DDH, art. 17.

11. Le juge administratif s'assure que la valeur de l'action retenue assure une juste indemnisation des actionnaires ou propriétaires des entreprises nationalisées. • CE 16 avr. 1986, *Sté méridionale de participations bancaires industrielles et commerciales,* n° 45170 A : *AJDA 1986. 294, chron. Azibert et Fornacciari.*

II. PRIVATISATION

A. COMPÉTENCE EN MATIÈRE DE PRIVATISATION

12. Sur la compétence en matière de privatisation, V. notes 274 s. ss. Const. 58, art. 34.

B. LIMITES À LA PRIVATISATION

13. Services publics non privatisables. La nécessité de certains services publics nationaux découle de principes ou de règles de valeur constitutionnelle. • Cons. const. 25 juin 1986, n° 86-207 DC § 537 • Cons. const. 26 juin 1986, n° 86-207 DC § 53. ♦ Le Cons. const. parle aussi des services publics exigés par la Const. • Cons. const. 7 janv. 1988, n° 87-232 DC § 39. ♦ ... Dont l'existence et le fonctionnement sont exigés par la Const. • Cons. const. 30 nov. 2006, n° 2006-543 DC § 14.

14. Les services publics nationaux découlent de principes ou de règles à valeur constitutionnelle. • CE, ass., avis, 25 et 29 août 2005, n° 372.147 : *EDCE 2006, n° 57, p. 202* – V. aussi Quiot, Le Conseil d'État et la constitutionnalité de la privatisation des sociétés concessionnaires d'autoroutes, *AJDA 2006. 1603*. ♦ La notion de service public national s'applique non seulement aux services publics dont la nécessité découle de principes ou de règles à valeur constitutionnelle mais aussi aux services publics nationaux constitués comme tels par le législateur. • CE, ass., avis, 11 mai 2006, n° 372.040 : *EDCE 2007, n° 58, p. 211.*

15. La détermination des autres activités qui doivent être érigées en service public national est laissée à l'appréciation du législateur ou de l'autorité réglementaire selon les cas. • Cons. const. 25 juin 1986, n° 86-207 DC § 53 • 26 juin 1986, n° 86-207 DC § 53 • Cons. const. 5 août 2004, n° 2004-501 DC § 14 • Cons. const. 30 nov. 2006, n° 2006-543 DC § 14 • Cons. const. 9 mai 2019, n° 2019-1 RIP § 8 : *D. 2019. 1259, note Roux* ; *AJDA 2019. 1553, note Verpeaux* ; *LPA 7 juin 2019. 1259, note Schoettl* ; *Constitutions 2019. 267, note Aguzzi et Ghévontian* ; *JCP Adm. 2019. 2248, note Morales* ; *Dr. adm. 2019. 9, repère Lignières* • Cons. const. 16 mai 2019, n° 2019-781 DC § 48. ♦ Le législateur peut donc indiquer que l'entreprise reste un service public national. • Cons. const. 4 févr. 2010, n° 2010-601 DC § 4.

16. L'aménagement, l'exploitation et le développement des aérodromes de Paris ne constituent pas un service public national dont la nécessité découlerait de principes ou de règles de valeur constitutionnelle. Dès lors, la proposition de loi, qui a pour objet d'ériger ces activités en service public national, ne comporte pas par elle-même d'erreur manifeste d'appréciation au regard du présent al. • Cons. const. 9 mai 2019, n° 2019-1 RIP § 9 : *préc. note 15.* ♦ Aucune disposition législative en vigueur ne qualifie Aéroports de Paris de service public national. Le législateur n'a pas jusqu'à présent entendu confier à la seule entreprise Aéroports de Paris l'exploitation d'un service public aéroportuaire à caractère national. Certains de ces aérodromes régionaux, exploités par des sociétés également chargées de missions de service public, sont d'ailleurs en situation de concurrence avec Aéroports de Paris. • Cons. const. 16 mai 2019, n° 2019-781 DC § 50.

17. Pour le Conseil d'État, l'ORTF à l'époque du monopole de fait était un service public national. • CE 20 janv. 1975, *Synd. nat. de radiodiffusion et de télévision et a. et Synd. nat. des journalistes et a.*, n°s 89515 et 89516 A : *AJDA 1975. 367, note Durupty* • CE 12 nov. 1976, *Synd. unifié de radio et de télévision CFDT*, n° 98584 B • CE 1er oct. 1980, *Union des athées*, n° 17651 A : *Rev. adm. 1981. 383, note Rials*.

18. Conditions de privatisation. Le fait qu'une activité ait été érigée en service public national sans que la Constitution l'ait exigé ne fait pas obstacle au transfert au secteur privé de l'entreprise qui en est chargée. • Cons. const. 25 juin 1986, n° 86-207 DC § 53 • 26 juin 1986, n° 86-207 DC § 53 • Cons. const. 30 nov. 2006, n° 2006-543 DC § 14. ♦ Toutefois, ce transfert suppose que le législateur prive ladite entreprise des caractéristiques qui en faisaient un service public national. • Cons. const. 30 nov. 2006, n° 2006-543 DC § 14 • CE, ass., avis, 11 mai 2006, n° 372.040 : *préc. note 14*.

19. Notion de monopole de fait. La notion de monopole de fait visée dans le présent alinéa doit s'entendre compte tenu de l'ensemble du marché à l'intérieur duquel s'exercent les activités des entreprises ainsi que de la concurrence qu'elles affrontent dans ce marché de la part de l'ensemble des autres entreprises sans que puissent être prises en compte les positions privilégiées que telle ou telle entreprise détient momentanément ou à l'égard d'une production qui ne représente qu'une partie de ses activités. • Cons. const. 25 juin 1986, n° 86-207 DC § 55 • 26 juin 1986, n° 86-207 DC § 55 • 30 nov. 2006, n° 2006-543 DC § 21 • Cons. const. 16 mai 2019, n° 2019-781 DC § 43. ♦ Le marché du transport sur lequel s'exerce l'activité d'Aéroports de Paris inclut des liaisons pour lesquelles plusieurs modes de transport sont substituables. Aéroports de Paris (ADP) se trouve ainsi, sur certains trajets, en concurrence avec le transport par la route et le transport ferroviaire, en particulier pour ce dernier du fait du développement des lignes à grande vitesse. ADP ne peut donc être regardé comme une entreprise constituant un monopole de fait au sens des présentes dispositions. • Cons. const. 16 mai 2019, n° 2019-781 DC § 47. ♦ Si la Française des jeux dispose des droits exclusifs pour les jeux de loterie commercialisés en réseau physique et en ligne ainsi que pour les jeux de paris sportifs proposés en réseau physique, ces droits exclusifs ne lui confèrent pas un monopole de fait au sein du secteur des jeux d'argent et de hasard, qui comprend également les paris hippiques, les jeux de casino et les paris sportifs en ligne. Par ailleurs, si La Française des jeux propose, en concurrence avec d'autres opérateurs, des paris sportifs et des jeux de poker en ligne, ces activités, ajoutées à celles de ses droits exclusifs, ne lui confèrent pas non plus une place prépondérante de nature à constituer un monopole de fait au sein du secteur des jeux d'argent et de hasard. • Cons. const. 16 mai 2019, n° 2019-781 DC § 91.

C. CONTRÔLE DU JUGE

1° CONTRÔLE DE LA RÉGULARITÉ DE LA PRIVATISATION AU REGARD DES PRÉSENTES DISPOSITIONS

20. Le contrôle est exercé, selon le cas, par le juge constitutionnel ou le juge administratif. • Cons. const. 9 avr. 1996, n° 96-375 DC § 5.

21. Ne sont pas des services publics nationaux. Aucune des entreprises privatisables par la présente loi ne peut être regardée comme exploitant un service public dont l'existence et le fonctionnement seraient exigés par la Constitution. Dès lors, à supposer que le législateur ait, comme le font valoir les députés auteurs de la première saisine, entendu créer par la nationalisation de l'ensemble des banques, un service public du crédit, cette création qui ne procédait d'aucune exigence constitutionnelle n'a pu mettre obstacle à ce que certaines activités de crédit et les banques qui s'y livrent fassent, en vertu d'une nouvelle législation, retour au secteur privé. • Cons. const. 25 juin 1986, n° 86-207 DC § 54 • 26 juin 1986, n° 86-207 DC § 54. ♦ Il en résulte que n'est pas un service public national le Crédit local de France, dès lors que son activité s'exerce dans des conditions de droit commun, en concurrence avec l'ensemble du système bancaire et que notamment les prêts consentis aux conditions du marché ne sont pas assortis de bonifications d'intérêt. • CE, ass., 30 juin 1995, n° 150716 A : *CJEG 1996. 23, concl. Bonichot*. ♦ ... Ou le service public du gaz si le Parlement adopte une loi ouvrant le secteur à la concurrence et imposant à tous les opérateurs les mêmes obligations de service public. • CE, ass., avis, 11 mai 2006, n° 372.040 : *préc. note 14*. ♦ La loi déférée mettant fin à l'exclusivité dont bénéficiait Gaz de France pour la fourniture de gaz naturel aux particuliers et imposant les obligations de service public non seulement à Gaz de France, mais encore à l'ensemble des entreprises concurrentes intervenant dans le secteur du gaz naturel, cette entreprise ne présente plus le caractère d'un service public national. • Cons. const. 30 nov. 2006, n° 2006-543 DC § 17.

22. Dès lors que le service public est local et non national, il peut être procédé à sa privatisation ; tel est le cas de l'activité de distribution du gaz naturel. • Cons. const. 30 nov. 2006, n° 2006-543 DC § 18. ♦ ... Des sociétés chargées de la construction et de l'exploitation des réseaux autoroutiers. • CE, sect., 27 sept. 2006, Bayrou et a., n° 290716 A (concl. Glaser) : *RFDA 2006. 1147, concl. Glaser ; ibid. 2006. 1163, note de Bellescize ; AJDA 2006. 2056, chron. Landais et Lénica ; JCP 2006. 2384, chron. Plessix.*

23. Ne sont pas des monopoles. Les entreprises nationalisées en 1982. • Cons. const. 25 juin 1986, n° 86-207 DC § 55 • 26 juin 1986, n° 86-207 DC § 55. La distribution de prêts bonifiés n'a pas le caractère d'un service public exigé par la Const. • Cons. const. 7 janv. 1988, n° 87-232 DC § 30. ♦ Si les textes en vigueur réservent à la Caisse nationale de Crédit agricole la distribution de prêts bonifiés destinés à l'agriculture, non seulement cette distribution est loin de constituer l'activité unique de la Caisse mais il existe également des prêts bonifiés destinés à d'autres secteurs et dont la distribution relève d'autres organismes ; par suite, les présentes dispositions relatives aux monopoles de fait ne s'opposent point au transfert de la Caisse nationale de Crédit agricole au secteur privé. • Cons. const. 7 janv. 1988, n° 87-232 DC § 31. ♦ Les activités de transport et de distribution de gaz étant ouvertes à la concurrence, les monopoles d'importation supprimés en 2003 et la loi déférée mettant fin à l'exclusivité dont bénéficiait Gaz de France pour la fourniture de gaz naturel aux particuliers, cette entreprise ne présente plus le caractère d'un monopole. • CE, ass., avis, 11 mai 2006, avis n° 372.040 : *préc. note 14* • Cons. const. 30 nov. 2006, n° 2006-543 DC § 22 à 24.

24. Les dispositions de la loi déférée ne transférant au secteur privé qu'une seule société nationale de programme en matière de télévision hertzienne parmi celles composant le secteur public ne violent pas le présent al. • Cons. const. 16 sept. 1986, n° 86-217 DC § 45.

25. Ne sont pas des opérations de privatisation. En maintenant à l'entreprise les missions de service public antérieurement dévolues à la personne morale de droit public, le législateur a confirmé sa qualité de service public national ; il a garanti conformément à l'al. 9 Préamb. Const. 1946 la participation majoritaire de l'État dans le capital de l'entreprise nationale. • Cons. const. 23 juill. 1996, n° 96-380 DC § 4 • Cons. const. 5 août 2004, n° 2004-501 DC § 14.

26. Constitue une opération de privatisation. L'abandon de cette participation majoritaire ne pourrait résulter que d'une loi ultérieure. • Cons. const. 23 juill. 1996, n° 96-380 DC § 4 • Cons. const. 5 août 2004, n° 2004-501 DC § 14. ♦ *... Et suppose que le législateur* prive ladite entreprise des caractéristiques qui en faisaient un service public national. • Cons. const. 30 nov. 2006, n° 2006-543 DC § 14. ♦ ... Ce qui est le cas en l'espèce. • Cons. const. 30 nov. 2006, n° 2006-543 DC § 16 à 20.

27. De même, aucun principe ni aucune règle de valeur constitutionnelle, dès lors que la liberté d'aller et de venir n'est pas affectée, n'implique que le service public national d'exploitation des autoroutes, qui font partie du domaine public de l'État même lorsque leur exploitation est concédée et qui est constitué pour l'essentiel sous le régime de la concession de service public, soit confié à des sociétés dont des personnes publiques détiennent la majorité du capital. • CE, ass., avis, 25 et 29 août 2005, n° 372.147 : *préc. note 14.*

28. Limite au contrôle opéré par le juge administratif. La privatisation des Assurances générales de France et de l'Union des assurances de Paris décidée par la loi entraînait par voie de conséquence la privatisation de la COFACE, dont la majorité du capital se trouvait détenue par des entreprises privées. • CE 15 janv. 1997, n° 160091 A. ♦ La compagnie Air France se trouvant sur la liste des entreprises à privatiser annexée à la loi, l'autorisation donnée sans limitation de durée par le législateur pour la privatisation peut être prononcée par décret même après un délai de dix ans. • CE 11 févr. 2004, n° 261288 A : *CJEG 2004. 200, concl. Goulard ; Dr. adm. 2004. 62, note Lombard.*

2° CONTRÔLE DE LA RÉGULARITÉ DE LA PRIVATISATION AU REGARD DES DISPOSITIONS DE L'ART. 17 DDH

29. La protection offerte par l'art. 17 DDH ne concerne pas seulement la propriété privée des particuliers mais aussi, à un titre égal, la propriété de l'État et des autres personnes publiques. • Cons. const. 25 juin 1986, n° 86-207 DC § 58 • 26 juin 1986, n° 86-207 DC § 58 • Cons. const. 18 sept. 1986, n° 86-217 DC § 47 • Cons. const. 21 juill. 1994, n° 94-346 DC § 3.

30. La Const. s'oppose à ce que des biens ou des entreprises faisant partie de patrimoines publics soient cédés à des personnes poursuivant des fins d'intérêt privé pour des prix inférieurs à leur valeur. • Cons. const. 18 sept. 1986, n° 86-217 DC § 47. ♦ La loi de privatisation doit être interprétée comme prévoyant que les évaluations des entreprises à privatiser seront réalisées par des experts compétents totalement indépendants des acquéreurs éventuels selon les méthodes objectives couramment pratiquées en matière de cession totale ou partielle d'actifs de sociétés en tenant compte, selon une pondération appropriée à chaque cas, de la valeur boursière des titres, comme prévoyant aussi que le transfert sera interdit dans le cas où le prix proposé par les acquéreurs ne serait pas supérieur ou au moins égal à cette évaluation, que le choix des acquéreurs ne procédera d'aucun privilège et que l'indépendance nationale devra être préservée : dès lors, est conforme aux dispositions de l'art. 17 DDH. • Cons. const. 25 juin 1986, n° 86-207 DC § 59 à 61 • 26 juin 1986 : *ibid.* • Cons. const.

18 sept. 1986, n° 86-2117 DC § 48. ♦ Si, dès lors que toute estimation de la valeur d'une entreprise comporte la prise en compte de données non certaines qui, dans nombre de cas, peuvent être largement aléatoires, l'évaluation peut être rendue difficile ; elle n'est pas impossible et satisfait aux principes de valeur constitutionnelle relatifs au prix des entreprises transférées du secteur public au secteur privé si l'évaluation est opérée de façon objective et impartiale dans le respect des techniques appropriées. • Cons. const. 7 janv. 1988, n° 87-232 DC § 26.

31. Le juge administratif s'assure que la valeur de cession retenue pour le transfert d'un bien du secteur public vers le secteur privé soit déterminée de manière indépendante et à un juste prix. • CE, ass., 2 févr. 1987, *Joxe et Bollon*, n°s 82436 et 82476 A : *RFDA 1987. 176, concl. Massot ; AJDA 1987. 332, chron. Azibert et de Boisdeffre ; ibid. 1987. 351, note Bazex.* ♦ Il s'assure de l'indépendance des experts chargés de fixer la valeur de cession par rapport aux acquéreurs et non par rapport aux cédants. • CE, sect., 27 sept. 2006, *Bayrou et a.*, n° 290716 A : *préc. note 22.* ♦ Le prix de cession doit tenir compte des aléas économiques pour les acquéreurs. • Même affaire.

Al. 10 La nation assure à l'individu et à la famille les conditions nécessaires à leur développement.

COMMENTAIRE

V. sur le Code en ligne.

[V. références des décisions du Conseil constitutionnel dans les tableaux DC et QPC]

1. Il incombe, tant au législateur qu'au Gouvernement, conformément à leurs compétences respectives, de déterminer, dans le respect des principes proclamés par le onzième alinéa du Préambule, les modalités de leur mise en œuvre. • Cons. const. 27 nov. 2001, n° 2001-451 DC § 19.

I. FAMILLES CONCERNÉES

2. Il revient au législateur de déterminer, compte tenu de l'intérêt public, les conditions d'exercice de la liberté qui découle du présent al. • Cons. const. 3 sept. 1986, n° 86-216 DC § 18.

3. En l'état de la législation française, les conjoints sont des personnes unies par les liens du mariage. • Civ. 1re, 19 déc. 2007, n° 06-21.369 P : *D. 2008. 2028, note Mauger-Vielpeau ; JCP 2008. 10046, note Favier.*

4. PACS. Il est loisible au législateur d'instaurer le pacte civil de solidarité sans pour autant réformer la législation relative au droit de la filiation, ni celle portant sur la condition juridique du mineur ; les règles existantes du droit de la filiation et les dispositions assurant la protection des droits de l'enfant, au nombre desquelles figurent celles relatives aux droits et devoirs des parents au titre de l'autorité parentale, s'appliquent aux enfants dont la filiation serait établie à l'égard de personnes liées par un PACS ou de l'un seulement des partenaires d'un tel pacte. • Cons. const. 9 nov. 1999, n° 99-419 DC § 78. ♦ Le législateur a pu, eu égard à l'objectif qu'il s'est fixé en prenant en compte la situation de deux personnes partageant une vie commune, tenues mutuellement à certaines obligations et liées par un PACS, reconnaître à ces personnes un certain nombre d'avantages sans porter atteinte ni au principe d'égalité, ni à la nécessaire protection de la famille qui résulte du Préamb. Const. 1946. • Même affaire, § 81.

5. Famille artificielle. Aucune disposition du Préamb. Const. 1946 ne fait obstacle à ce que les conditions du développement de la famille soient assurées par des dons de gamètes ou d'embryons. • Cons. const. 27 juill. 1994, n° 94-343/344 DC § 11.

6. Aucune disposition ni aucun principe à valeur constitutionnelle ne prohibent les interdictions prescrites par le législateur d'établir un lien de filiation entre l'enfant issu de la procréation et l'auteur du don et d'exercer une action en responsabilité à l'encontre de celui-ci. • Cons. const. 27 juill. 1994, n° 94-343/344 DC § 17.

7. La seule circonstance que la naissance d'un enfant à l'étranger ait pour origine un contrat qui est entaché de nullité au regard de l'ordre public français ne peut, sans porter une atteinte disproportionnée à ce qu'implique, en termes de nationalité, le droit de l'enfant au respect de sa vie privée, garanti par l'art. 8 Conv. EDH, conduire à priver cet enfant de la nationalité française à laquelle il a droit, en vertu de l'art. 18 C. civ. et sous le contrôle de l'autorité judiciaire, lorsque sa filiation avec un Français est établie. • CE 12 déc. 2014, *Assoc. Juristes pour l'enfance*, n° 367324 A : *AJDA 2015. 357, note Lepoutre ; ibid. 2014. 2451 ; D. 2015. 355 ; ibid. 352, concl. Domino ; ibid. 357, note Fulchiron et Bidaud-Garon ; ibid. 450, obs. Boskovic, Corneloup, Jault-Seseke, Joubert et Parrot ; ibid. 649, obs. Douchy-Oudot ; ibid. 702, obs. Granet-Lambrechts ; ibid. 755, obs. Galloux et Gaumont-Prat ; ibid. 1056, obs. Gaudemet-Tallon et Jault-Seseke ; ibid. 1919, obs. Bonfils et Gouttenoire ; AJ fam. 2015.*

53, obs. Dionisi-Peyrusse ; RFDA 2015. 163, concl. Domino ; RTD civ. 2015. 114, obs. Hauser . ♦ Rappr. • CEDH 26 juin 2014, *Mennesson c/ France*, n° 65192/11 § 46 : *AJDA 2014. 1763, chron. Burgorgue-Larsen ; D. 2014. 1797, note Chénedé ; ibid. 1773, chron. Fulchiron et Bidaud-Garon ; ibid. 1787, obs. Bonfils et Gouttenoire ; ibid. 1806, note d'Avout ; ibid. 2015. 702, obs. Granet-Lambrechts ; ibid. 755, obs. Galloux et Gaumont-Prat ; ibid. 1007, obs. Regine ; ibid. 1056, obs. Gaudemet-Tallon et Jault-Seseke ; AJ fam. 2014. 499, obs. Haftel ; ibid. 396, obs. Dionisi-Peyrusse ; RDSS 2014. 887, note Bergoignan Esper ; Rev. crit. DIP 2015. 1, note Fulchiron et Bidaud-Garon ; ibid. 144, note Bollée ; RTD civ. 2014. 616, obs. Hauser ; ibid. 835, obs. Marguénaud ; JCP 2014. 561.* ♦ L'acte de naissance concernant un Français, dressé en pays étranger et rédigé dans les formes usitées dans ce pays, est transcrit sur les registres de l'état civil sauf si d'autres actes ou pièces détenus, des données extérieures ou des éléments tirés de l'acte lui-même établissent, le cas échéant après toutes vérifications utiles, que cet acte est irrégulier, falsifié ou que les faits qui y sont déclarés ne correspondent pas à la réalité. • Cass., ass. plén., 3 juill. 2015, n° 14-21.323 P : *D. 2015. 1819, obs. Gallmeister ; ibid. note Fulchiron et Bidaud-Garon ; ibid. 1481 , édito. Bollée ; ibid. 1773, point de vue Sindres ; ibid. 1919, obs. Bonfils et Gouttenoire ; AJ fam. 2015. 496 ; ibid. 364, obs. Dionisi-Peyrusse ; RTD civ. 2015. 581, obs. Hauser* . ♦ Ayant constaté que l'acte de naissance n'était ni irrégulier, ni falsifié et que les faits qui y étaient déclarés correspondaient à la réalité, la cour d'appel en a déduit à bon droit que la convention de gestation pour autrui conclue entre M. X. et Mme Z. ne faisait pas obstacle à la transcription de l'acte de naissance. • Cass., ass. plén., 3 juill. 2015, n° 15-50.002 P : *D. 2015. 1819, note Fulchiron et Bidaud-Garon ; ibid. 1773, point de vue Sindres ; ibid. 1919, obs. Bonfils et Gouttenoire ; AJ fam. 2015. 496, obs. Chénedé ; ibid. 364, obs. Dionisi-Peyrusse ; RTD civ. 2015. 581, obs. Hauser*.

8. Est contraire à la conception française de l'ordre public le consentement à l'adoption donné par les parents biologiques avant la naissance de l'enfant concerné. • TA Nantes, 16 oct. 2020, n° 2003824 : *AJDA 2021. 108, concl. Chabernaud* .

9. Famille homosexuelle. L'existence d'un statut de concubinage et du PACS assure suffisamment le respect des présentes dispositions pour les couples homosexuels. • Cons. const. *28 janv. 2011, Corinne C. et a., n° 2010-92 QPC* § 8. ♦ … Et de celles de l'art. 8 Conv. EDH. • CEDH 24 juin 2010, *Schalk et Kopf c/ Autriche*, n° 30141/04.

10. Familles étrangères. Si le législateur peut dès lors prendre à l'égard des étrangers des dispositions spécifiques, il lui appartient de respecter les libertés et droits fondamentaux de valeur constitutionnelle reconnus à tous ceux qui résident sur le territoire de la République, parmi lesquels le droit de mener une vie familiale normale. • Cons. const. 13 août 1993, n° 93-325 DC § 3. ♦ Il résulte de la présente disposition que les étrangers dont la résidence en France est stable et régulière ont, comme les nationaux, le droit de mener une vie familiale normale. • Cons. const. 13 août 1993, n° 93-325 DC § 70 • Cons. const. 22 avr. 1997, n° 97-389 DC § 43 • Cons. const. 20 nov. 2003, n° 2003-484 DC § 29 et 37 • Cons. const. 15 déc. 2005, n° 2005-528 DC § 13 • Cons. const. 20 juill. 2006, n° 2006-539 DC § 13.

11. Les principes généraux du droit applicables aux réfugiés imposent que la même qualité soit reconnue à la personne de même nationalité qui était unie par le mariage à un réfugié à la date à laquelle celui-ci a demandé son admission au statut, ainsi qu'aux enfants mineurs de ce réfugié. • CE, ass., 2 déc. 1994, *Agyepong*, n° 112842 A (concl. Denis-Linton) : *AJDA 1994. 915 ; ibid. 878, chron. Touvet et Stahl ; D. 1995. 171, obs. Julien-Laferrière ; ibid. 1996. 234, obs. Guimezanes ; RFDA 1995. 86, concl. Denis-Linton ; ibid. 396, chron. Ruzié* . ♦ Toutefois, ces principes n'imposent pas que le statut de réfugié soit reconnu aux ascendants du réfugié, même s'ils se trouvent, ou se trouvaient dans le pays d'origine, à la charge du réfugié, sauf dans le cas d'un ascendant incapable, dépendant matériellement et moralement d'un réfugié, à la double condition que cette situation particulière de dépendance ait existé dans le pays d'origine du réfugié avant l'arrivée de celui-ci en France et qu'elle ait donné lieu à une mesure de tutelle plaçant l'intéressé sous la responsabilité du réfugié. • CE, avis, 20 nov. 2013, *Fall et Diongue, Épx Fall*, n° 368676 B : *AJDA 2013. 2343 ; ibid. 2564, concl. Domino ; D. 2013. 2780, obs. Chassin ; ibid. 2014. 445, obs. Boskovic, Corneloup, Jault-Seseke, Joubert et Parrot* .

II. DÉVELOPPEMENT DE LA FAMILLE

A. DROIT À UNE VIE FAMILIALE NORMALE

12. Généralités. Le législateur doit respecter les libertés et droits fondamentaux de valeur constitutionnelle reconnus à tous ceux qui résident sur le territoire de la République parmi lesquels le droit de mener une vie familiale normale. • Cons. const. 13 août 1993, n° 93-325 DC § 3 et 70. ♦ … Qui trouve son fondement dans le présent al. • Cons. const. 20 nov. 2003, n° 2003-484 DC § 29 • Cons. const. 9 nov. 2006, n° 2006-542 DC § 5 • Cons. const. 6 oct. 2010, *Isabelle D. et Isabelle B.*, n° 2010-39 QPC § 8 • Cons. const. 7 févr. 2020, *Justin A.*, n° 2019-826 QPC § 6. ♦ V. déjà affirmant le même droit et la même source. • CE, ass., 8 déc. 1978, GISTI, n° 10097 A (concl. Dondoux) : *AJDA 1979. 38, chron. Dutheillet de Lamothe et Robineau ; ibid. 2014, chron Fournier ; Dr. ouvrier 1979. 1, note Bonnechère.* ♦ La liberté qu'a toute personne de vivre avec sa famille, le droit à une vie familiale normale constituent une liberté fondamentale au sens de l'art. L. 521-2 CJA. • CE, sect., 30 oct. 2001, *Min. de l'intérieur c/ Tliba,* n° 238211 A : *RFDA 2002. 330, concl. De Silva ; AJDA 2001. 1054, chron. Guyomar et Collin.*

13. Il appartient au législateur d'assurer la conciliation entre la sauvegarde de l'ordre public, laquelle revêt le caractère d'un objectif de valeur constitutionnelle, et le droit de mener une vie familiale normale. • Cons. const. 20 juill. 2006, n° 2006-539 DC § 13. ♦ V. déjà implicitement. • Cons. const. 3 sept. 1986, n° 86-216 DC § 18.

14. Cependant, aucun principe non plus qu'aucune règle de valeur constitutionnelle n'assure aux étrangers des droits de caractère général et absolu d'accès et de séjour sur le territoire national. • Cons. const. 13 août 1993, n° 93-325 DC § 2 • Cons. const. 22 avr. 1997, n° 97-389 DC § 35 • Cons. const. 13 mars 2003, n° 2003-467 DC § 83 • Cons. const. 20 nov. 2003, n° 2003-484 DC § 38 • Cons. const. 20 nov. 2003, n° 2003-484 DC § 28.

1° DROIT DES ÉTRANGERS

15. Les droits des étrangers ne comprennent aucun droit de caractère général et absolu d'acquérir la nationalité française ou de voir renouveler leur titre de séjour. • Cons. const. 13 mars 2003, n° 2003-467 DC § 35. ♦ Sur le lien avec le respect de la vie privée, V. annotations ss. DDH, art. 2.

16. Regroupement familial. Le droit à une vie familiale normale comporte en particulier la faculté pour ces étrangers de faire venir auprès d'eux leur conjoint et leurs enfants mineurs. • Cons. const. 13 août 1993, n° 93-325 DC § 70. ♦ Le Préamb. Const. 1946 confère au droit au regroupement familial un caractère général. • Même affaire, § 74. ♦ La procédure de regroupement familial est une garantie légale du droit des étrangers établis de manière stable et régulière en France à y mener une vie familiale normale. • Cons. const. 15 déc. 2005, n° 2005-528 DC § 15.

17. Dès lors, l'exclusion de tout regroupement familial au bénéfice des étrangers qui au moment où ils formulent leur demande résident en France en qualité d'étudiant n'est pas justifiée. • Cons. const. 13 août 1993, n° 93-325 DC § 74. ♦ De même, la consultation à des fins administratives de données recueillies dans le cadre d'activités de police judiciaire ne saurait remettre en cause le renouvellement d'un titre de séjour lorsqu'il est commandé par le respect du droit de chacun à mener une vie familiale normale. • Cons. const. 13 mars 2003, n° 2003-467 § 35. ♦ De même encore, dans le cadre du retrait de la carte de séjour temporaire d'un étranger passible de poursuites pénales, il appartiendra à l'autorité compétente, lorsqu'elle envisagera de faire application de la disposition contestée, de prendre en considération le droit de chacun à mener une vie familiale normale. • Même affaire, § 86.

18. En revanche, les conditions d'une vie familiale normale sont celles qui prévalent en France, pays d'accueil. • Cons. const. 13 août 1993, n° 93-325 DC § 77 • Cons. const. 15 déc. 2005, n° 2005-528 DC § 16. ♦ ... Lesquelles : excluent la polygamie et la polyandrie. • Cons. const. 13 août 1993, n° 93-325 DC § 32 et 77 • Cons. const. 20 nov. 2003, n° 2003-484 DC § 28 • CE 2 oct. 1996, n° 156257 B • CE 17 juin 1997, n° 162517 B • CE 14 mars 2001, n° 203984 B. ♦ ... Conduisent à subordonner le regroupement familial à la vérification de la capacité de l'étranger à offrir à ses enfants des conditions de vie et de logement décentes. • Cons. const. 15 déc. 2005, n° 2005-528 DC § 16. ♦ Doit être regardé comme subvenant effectivement aux besoins de son enfant le père ou la mère qui a pris les mesures nécessaires, compte tenu de ses ressources, pour assurer l'entretien de celui-ci. • Cons. const. 22 avr. 1997, n° 97-389 DC § 38.

19. La polygamie doit être entendue comme n'étant applicable qu'aux étrangers vivant en France dans cet état, leur situation à l'étranger n'étant pas prise en compte. • Cons. const. 22 avr. 1997, n° 97-389 DC § 37 • CE 16 avr. 2010, n° 318726 A.

20. Ce droit bénéficie aux étrangers dont la résidence en France est stable et régulière. • Cons. const. 13 août 1993, n° 93-325 DC § 70 • Cons. const. 22 avr. 1997, n° 97-389 DC § 44 • Cons. const. 20 nov. 2003, n° 2003-484 DC § 37 • Cons. const. 15 déc. 2005, n° 2005-528 DC § 13 • Cons. const. 20 juill. 2006, n° 2006-539 DC § 13. ♦ Il est loisible au législateur de fixer à 18 mois la durée du séjour régulier en France à partir de laquelle un étranger peut demander de faire venir auprès de lui son conjoint et ses enfants mineurs. • Cons. const. 20 juill. 2006, n° 2006-539 DC § 14. ♦ En revanche, si le législateur exige une durée de séjour préalable et régulier en France de 2 années, il importe que la demande de regroupement puisse être formulée avant l'expiration de ce délai pour que ce droit soit effectivement susceptible d'être ouvert à son terme. • Cons. const. 13 août 1993, n° 93-325 DC § 71. ♦ Enfin méconnaît le droit de mener une vie familiale normale le délai de 2 ans imposé à tout étranger pour faire venir son nouveau conjoint après dissolution ou annulation d'un précédent mariage dans le cadre du regroupement familial. • Cons. const. 13 août 1993, n° 93-325 DC § 75.

21. Dès lors que la communauté de vie a cessé, les conditions du regroupement familial ne sont plus remplies et le titre de séjour peut être refusé. • CAA Bordeaux, 23 déc. 2010, n° 10BX00714. ♦ La seule circonstance qu'un refus de regroupement, opposé en raison de la présence en France de l'enfant, fasse obstacle à la perception des prestations familiales, ne saurait, en principe, faire regarder cette décision comme méconnaissant le droit au respect de la vie privée et familiale du demandeur ou l'intérêt supérieur de l'enfant. Il ne saurait en aller différemment, par exception, qu'en raison de circonstances très particulières tenant à la fois à la situation du demandeur et à celle de l'enfant, notamment à son état de santé, justifiant du caractère indispensable de l'ouverture du droit aux prestations familiales. • CE 11 mai 2016, n° 392191 B : *AJDA 2016. 985 ; AJ fam. 2016. 391, obs. A.-R.*

22. Même en temps de pandémie, les requérants sont fondés à demander la suspension de l'exécution, d'une part, de la circulaire du Premier ministre en tant qu'elle ne prévoit pas de dérogations pour le regroupement familial et la réunification familiale, et, d'autre part, de l'instruction donnée par le ministre de l'intérieur de ne pas délivrer les visas demandés dans le cadre de ces deux procédures. • CE, ord., 21 janv. 2021, n° 447878 : *AJDA 2021. 181 ; AJ fam. 2021. 75 ; JCP Adm. 2021. 75.*

23. Ordre public et vie familiale normale. Le droit au regroupement familial s'exerce sous réserve de restrictions tenant à la sauvegarde de l'ordre public et à la protection de la santé publique lesquelles revêtent le caractère d'objectifs de valeur constitutionnelle. • Cons. const. 13 août 1993, n° 93-325 DC § 70. ♦ V. aussi à propos du seul ordre public. • Cons. const. 20 nov. 2003, n° 2003-484 DC § 37 • Cons. const. 20 juill. 2006, n° 2006-539 DC § 13. ♦ Il incombe au législateur, tout en assurant la conciliation de telles exigences, de respecter ce droit. • Cons. const. 13 août 1993, n° 93-325 DC § 70 • Cons. const. 22 avr. 1997, n° 97-389 DC § 37 et 43. ♦ ... Sous le contrôle par le juge constitutionnel de l'erreur manifeste d'appréciation. • Cons. const. 15 déc. 2005, n° 2005-528 DC § 16 • Cons. const. 20 juill. 2006, n° 2006-539 DC § 14 • Cons. const. 15 nov. 2007, n° 2007-557 DC § 11.

24. Ainsi, constitue une atteinte injustifiée au *droit à une vie familiale normale* le refus de renouvellement d'une carte de résident pour un étranger qui peut se prévaloir d'une présence régulière sur le territoire national de 10 ans au moins fondé sur une simple menace à l'ordre public. • Cons. const. 22 avr. 1997, n° 97-389 DC § 45.

25. En revanche, le législateur peut, sans méconnaître aucun droit ni aucun principe de valeur constitutionnelle, subordonner à l'absence de menace pour l'ordre public le maintien ou la délivrance d'un titre temporaire de séjour. • Cons. const. 13 mars 2003, n° 2003-467 DC § 83. ♦ ... La délivrance de la carte temporaire « vie privée et familiale ». • Cons. const. 20 nov. 2003, n° 2003-484 DC § 28.

26. De même, ne porte pas atteinte au droit à mener une vie familiale normale le fait de soumettre la délivrance de plein droit d'une carte de séjour temporaire au conjoint d'un ressortissant français à la condition que le mariage ait été contracté depuis au moins 1 an (puis 2 ans) et que la communauté de vie n'ait pas cessé. • Cons. const. 22 avr. 1997, n° 97-389 DC § 38 ♦ ... A la condition que la communauté de vie n'ait pas cessé depuis le mariage, que le conjoint ait conservé la nationalité française et, lorsque le mariage a été célébré à l'étranger, qu'il ait été transcrit préalablement sur les registres de l'état civil français. • Cons. const. 22 mai 2013, *Jory Orlando T.*, n° 2013-312 QPC § 6 • Cons. const. 20 nov. 2003, n° 2003-484 DC § 44 à 46. ♦ Il en va de même pour la carte de résident pour laquelle est imposée aux conjoints une durée de vie commune minimale sans cessation de la communauté. • Cons. const. 13 août 1993, n° 93-325 DC § 25 • Cons. const. 20 nov. 2003, n° 2003-484 DC § 35 à 39. ♦ Rappr., s'agissant de l'acquisition de la nationalité, • Cons. const. 30 mars 2012, *Omar S.*, n° 2012-227 QPC § 8.

27. De même encore, ne porte pas atteinte au droit à mener une vie familiale normale : le fait de conditionner la délivrance de la carte de résident à la double condition d'une durée de résidence ininterrompue de 2 ou 5 ans sur le territoire français et d'une intégration dans la société française. • Cons. const. 20 nov. 2003, n° 2003-484 DC § 28. ♦ ... Le fait de mettre en place un contrôle renforcé de la validité des mariages célébrés à l'étranger par une autorité étrangère lorsqu'un des deux conjoints au moins est un ressortissant français. • Cons. const. 9 nov. 2006, n° 2006-542 DC § 5. ♦ ... Le fait que les étrangers soient autorisés à apporter par d'autres moyens que la production d'un acte d'état civil (empreintes génétiques) un élément de preuve du lien de filiation lorsque ce dernier conditionne le bénéfice de ce regroupement et que l'acte de l'état civil dont la production est exigée pour prouver le lien de filiation est inexistant ou a été écarté par les autorités diplomatiques ou consulaires. • Cons. const. 15 nov. 2007, n° 2007-557 DC § 16. ♦ De même, en limitant l'utilisation des empreintes génétiques à l'établissement d'une filiation avec la mère et eu égard aux finalités qu'il s'est assigné, le législateur a adopté une mesure propre à assurer une conciliation qui n'est pas manifestement déséquilibrée entre le droit à une vie familiale normale et le respect de la vie privée de l'enfant et du père. • Cons. const. 15 nov. 2007, n° 2007-557 DC § 11.

2° AUTRES HYPOTHÈSES

28. Droits de l'enfant. Le droit de mener une vie familiale normale n'implique pas que la relation entre un enfant et la personne qui vit en couple avec son père ou sa mère ouvre droit à l'établissement d'un lien de filiation adoptive. • Cons. const. 6 oct. 2010, *Isabelle D. et Isabelle B.*, n° 2010-39 QPC § 7. ♦ ... Le droit de se marier dès lors qu'il n'est pas fait pas obstacle à la liberté des couples de vivre en concubinage ou de bénéficier du PACS. • Cons. const. 28 janv. 2011, *Corinne C. et a.*, n° 2010-92 QPC § 8. ♦ ... Le droit de connaître ses origines. • Cons. const. 30 sept. 2011, *Louis C. et a.*, n° 2011-173 QPC § 6 • Cons. const. 16 mai 2012, *Mathieu E.*, n° 2012-248 QPC § 8 (sol. impl.). ♦ Comp. • CEDH, gr. ch., 13 févr. 2003, *Odièvre c/ France*, n° 42326/98 § 29 : *AJDA 2003. 603, chron. Flauss ; D. 2003. 739 ; ibid. 1240, chron. Mallet-Bricout ; RDSS 2003. 219, note Monéger ; RTD civ. 2003. 276, obs. Hauser ; ibid. 375, obs. Marguénaud ; JCP 2003. 10049, note Gouttenoire-Cornut et Sudre* • CEDH 16 juin 2011, *Pascaud c/ France*, n° 19535/08 § 48 : *D. 2011. 1758, ibid. 2012. 1228, obs. Gaudemet-Tallon et Jault-Seseke ; ibid. 1432, obs. Granet-Lambrechts ; AJ fam. 2011. 429, obs. Chénedé ; RTD civ. 2011. 526, obs. Hauser*. ♦ V. annotations ss. Conv. EDH, art. 8.

29. En revanche, la protection de l'intérêt de l'enfant est une exigence constitutionnelle qui se déduit du droit de mener une vie familiale normale. Rappr. L'adoption simple réalisant un transfert des droits d'autorité parentale à l'adoptante, elle n'est pas conforme à l'intérêt de l'enfant dès lors que la mère biologique entend continuer à élever cet enfant. • Civ. 1re, 20 févr. 2007, nos 04-05.676 P et 06-15.647 P : *GAJC 12e éd., nos 54-55 ; D. 2007. 721, note Delaporte-Carre ; ibid. 2007. 1047, note Vigneau (2 esp.)*.

30. En prévoyant qu'il n'est pas tenu compte du lien de parenté résultant de l'adoption simple pour la perception des droits de mutation à titre gratuit et en réservant le cas des adoptés ayant reçu de l'adoptant lors de leur minorité des secours et des soins non interrompus, le législateur a adopté des dispositions fiscales qui sont sans incidence sur les règles relatives à l'établissement de la filiation adoptive prévues par le titre VIII du livre Ier du code civil ; elles ne font pas obstacle aux relations entre l'enfant et l'adoptant en la forme simple et ne méconnaissent donc pas le droit de mener une vie familiale normale. • Cons. const. 28 janv. 2014, *Cts P. de B.*, n° 2013-361 QPC § 13.

31. Fichier des étrangers se déclarant mineurs isolés. Les dispositions contestées créent un traitement automatisé comportant les empreintes digitales et la photographie des ressortissants étrangers qui se déclarent mineurs privés temporairement ou définitivement de la protection de leur famille. La majorité d'un individu ne saurait être déduite ni de son refus opposé au recueil de ses empreintes ni de la seule constatation, par une autorité chargée d'évaluer son âge, qu'il est déjà enregistré dans le fichier en cause ou dans un autre fichier alimenté par les données de celui-ci. Elles ne méconnaissent pas l'exigence constitutionnelle de protection de l'intérêt supérieur de l'enfant. • Cons. const. 26 juill. 2019, *Unicef France*, n° 2019-797 QPC § 7. ♦ V. dans le même sens. • CE 5 févr. 2020, n° 428478 B : *AJDA 2020. 261 ; ibid. 1958, note Glinel ; AJ fam. 2020. 144 ; JCP Adm. 2020. 72 ; ibid. 96*. ♦ Lorsque le juge, saisi d'une demande de protection d'un mineur au titre de l'assistance éducative, constate que les actes de l'état civil étranger produits ne sont pas probants, au sens de l'art. 47 C. civ., il ne peut rejeter cette demande sans examiner le caractère vraisemblable de l'âge allégué et, le cas échéant, ordonner un examen radiologique osseux. • Civ. 1re, 15 oct. 2020, n° 20-14.993 P : *AJDA 2020. 1994 ; D. 2020. 2065 ; AJ fam. 2020. 666, obs. Gebler*.

32. Conditions des détenus. En déterminant le lieu d'incarcération d'une personne placée en détention provisoire, au cours d'une instruction, à proximité du lieu où siège la juridiction d'instruction devant laquelle la personne mise en examen est appelée à comparaître, sans imposer la prise en compte du lieu du domicile de sa famille, le législateur n'a pas privé de garanties légales le droit de mener une vie familiale normale dont bénéficient les intéressés dans les limites inhérentes à la détention provisoire dès lors que le choix de ce lieu est justifié par les besoins de l'instruction et, en particulier, par la nécessité de faciliter l'extraction de la personne placée en détention provisoire pour permettre au magistrat instructeur de procéder aux interrogatoires, que la détention provisoire ne peut excéder une durée raisonnable et que, au cours de l'instruction, plusieurs garanties contribuent à maintenir les liens des personnes détenues avec leur famille. Ainsi, les dispositions contestées leur permettent de bénéficier de visites des membres de leur famille au moins trois fois par semaine et, si l'effectivité de cette garantie peut varier en fonction de la distance séparant le lieu d'incarcération de la personne détenue et le lieu du domicile de sa famille, d'autres dispositions visent à permettre le maintien des liens familiaux (visite trimestrielle dans une unité de vie familiale ou un parloir familial ; droit de téléphoner aux membres de sa famille et de correspondre par écrit avec toute personne). • Cons. const. 21 janv. 2021, *Christophe G.*, n° 2020-874/875/876/877 QPC § 10 à 12.

33. Autres hypothèses. Des dispositions qui ralentissent la procédure de divorce n'ont ni pour objet ni pour effet d'empêcher les membres d'une même famille de vivre ensemble. • Cons. const. 29 juill. 2016, *Bruno B.*, n° 2016-557 QPC § 9.

34. Si le ministre de l'intérieur peut, pour prévenir la commission d'actes terroristes, interdire de se trouver en relation directe ou indirecte avec certaines personnes, nommément désignées, pour lesquelles il existe des raisons sérieuses de penser que leur comportement constitue une menace pour la sécurité publique, ces dispositions ne doivent pas porter une atteinte disproportionnée au droit de mener une vie familiale normale et ne saurait excéder, de manière continue ou non, une durée totale cumulée de douze mois. • Cons. const. 29 mars 2018, *Rouchdi B. et a.*, n° 2017-695 QPC § 48 s.

35. Sur les assignations à résidence pendant l'état d'urgence et le droit de mener une vie familiale normale, V. ss. Const. 58, art. 36.

B. CONDITIONS DE LA VIE FAMILIALE

36. Allocations familiales. Si la législation républicaine intervenue avant l'entrée en vigueur du Préamb. Const. 1946 a réaffirmé, à partir des années 1930, le devoir de la collectivité de protéger la cellule familiale et d'apporter, dans l'intérêt de l'enfant, un soutien matériel aux familles, en particulier aux familles nombreuses, elle n'a cependant jamais conféré un caractère absolu au principe selon lequel cette aide devrait être universelle et concerner toutes les familles. • Cons. const. 18 déc. 1997, n° 97-393 DC § 29.

37. Si les exigences constitutionnelles résultant des dispositions du présent al. et de l'al. 11 Préamb. Const. 1946 impliquent la mise en œuvre d'une politique de solidarité nationale en faveur de la famille, il est cependant loisible au législateur, pour satisfaire cette exigence, de choisir les modalités d'aide aux familles qui lui paraissent appropriées. Outre les prestations familiales directement servies par les organismes de sécurité sociale, ces aides sont susceptibles de revêtir la forme de prestations, générales ou spécifiques, directes ou indirectes, apportées aux familles tant par les organismes de sécurité sociale que par les collectivités publiques et comprennent notamment le mécanisme fiscal du quotient familial. • Cons. const. 18 déc. 1997, n° 97-393 DC § 33 • Cons. const. 28 déc. 1998, n° 98-405 DC § 12 • CE, QPC, 15 juin 2011, *Assoc. justice pour toutes les familles*, n° 347581 : *AJDA 2011. 1966, concl. Vialettes* • Cons. const. 18 déc. 2014, n° 2014-706 DC § 33. ♦ En abaissant le montant de l'avantage maximal d'impôt par demi-part, résultant du mécanisme du quotient familial, le législateur n'a pas remis en cause les exigences du présent al. • Cons. const. 28 déc. 1998, n° 98-405 DC § 13. ♦ Il en va de même de la minoration du bénéfice du quotient familial de droit commun augmentant la progressivité de l'impôt. • Cons. const. 29 déc. 2012, n° 2012-662 DC § 25. ♦ Rappr. ajoutant la non-violation du principe d'égalité devant les charges publiques. • Cons. const. 29 déc. 2013, n° 2013-685 DC § 5 et 6. ♦ V. également : l'instauration d'un plafond pour le versement de prestations ayant pour objet d'apporter une aide financière à toute personne ayant des enfants à charge n'est pas, en elle-même, contraire aux dispositions du présent al. • CE 30 juin 2003, n° 246590 A : *JCP Adm. 2003. 1936, note Moreau.* ♦ V. déjà. • CE, sect., 6 juin 1986, *Féd. fonctionnaires, agents et ouvriers de la fonction publique et Goyeta Pouroue*, n° 55751 A : *AJDA 1986. 421, chron. Azibert et de Boisdeffre.*

38. En conséquence, si ces dispositions du Préamb. Const. 1946 ne font pas, par elles-mêmes, obstacle à ce que le bénéfice des allocations familiales soit subordonné à une condition de ressources, les dispositions réglementaires prévues par la loi ne sauraient fixer les plafonds de ressources, compte tenu des autres formes d'aide aux familles, de telle sorte que seraient remises en cause ces exigences constitutionnelles. • Cons. const. 18 déc. 1997, n° 97-393 DC § 34 • Cons. const. 18 déc. 2014, n° 2014-706 DC § 35. ♦ De même, en abaissant le montant de l'avantage maximal d'impôt par demi-part, résultant de l'application du mécanisme du quotient familial, le législateur n'a pas, compte tenu des autres aides aux familles, maintenues ou rétablies, remis en cause ces exigences. • Cons. const. 28 déc. 1998, n° 98-405 DC § 13. ♦ Il en est de même encore des majorations de pension accordées à l'assuré qui a eu ou a élevé au moins 3 enfants et qui s'analysent comme un avantage familial différé visant à compenser, au moment de la retraite, les conséquences financières des charges de famille. • Cons. const. 19 déc. 2000, n° 2000-437 DC § 26.

39. Si l'institution de critères de ressources en matière de droit aux prestations familiales touche à un principe fondamental de la sécurité sociale, elle ne porte pas atteinte, en l'espèce, au principe général en vertu duquel la nation assure à la famille les conditions nécessaires à son développement et garantit notamment à l'enfant et à la mère la sécurité matérielle. • CE, sect., 6 juin. 1986, *Féd. fonctionnaires agents et ouvriers de la fonction publique,* n° 55751 A : *Dr. soc. 1986. 725, concl. Massot ; AJDA 1986. 421, chron. Azibert et de Boisdeffre.* ♦ Les dispositions qui excluent, à due concurrence du montant des prestations familiales auxquelles un orphelin est susceptible d'ouvrir droit, le versement d'une pension temporaire d'orphelin, ne font pas obstacle à l'exercice d'une vie familiale normale. • CE 17 sept. 2013, n° 367396 B : *AJDA 2013. 1775* .

40. En subordonnant, dans le cas général, l'ouverture du droit aux prestations familiales, au titre des enfants étrangers nés hors de France, à la condition qu'ils y soient entrés dans le respect de la procédure de regroupement familial, le législateur a entendu éviter que l'attribution de prestations familiales au titre d'enfants entrés en France en méconnaissance des règles du regroupement familial ne prive celles-ci d'effectivité et n'incite un ressortissant étranger à faire venir ses enfants sans que soit vérifiée sa capacité à leur offrir des conditions de vie et de logement décentes, qui sont celles qui prévalent en France, pays d'accueil. • Cons. const. 15 déc. 2005, n° 2005-528 DC § 16.

41. Bien que l'autonomie financière des différentes branches de la sécurité sociale ne constitue pas un principe de valeur constitutionnelle, le Conseil veille à ce que, si des transferts sont effectués entre les différentes branches, ils ne compromettent pas la réalisation des objectifs fixés par le présent al. et l'al. 11. Ainsi, dès lors que les majorations de pension accordées en fonction du nombre d'enfants s'analysent comme un avantage familial différé qui vise à compenser, au moment de la retraite, les conséquences financières des charges de famille, il est loisible au législateur de porter de 15 % à 30 % la prise en charge par la Caisse nationale des allocations familiales des dépenses du Fonds de solidarité vieillesse au titre des majorations de pension accordées en fonction du nombre d'enfants. • Cons. const. 18 déc. 2001, n° 2001-453 DC § 65.

42. Intérêt supérieur de l'enfant. Il résulte du présent al. (et de l'al. 11 Préamb Const. 1946) une exigence de protection de l'intérêt supérieur de l'enfant. • Cons. const. 21 mars 2019, n° 2019-778 DC § 60 • Cons. const. 21 mars 2019, *Adama S.,* n° 2018-768 QPC § 6 • Cons. const. 7 févr. 2020, *Justin A.,* n° 2019-826 QPC § 5. ♦ Autre formulation : Le présent al. implique le respect de l'intérêt de l'enfant. • Cons. const. 17 mai 2013, n° 2013-669 DC § 53 et 54 • Cons. const. 17 nov. 2016, n° 2016-739 DC § 51. ♦ V. déjà, implicitement. • Cons. const. 18 déc. 1997, n° 97-393 DC § 29 • Cons. const. 9 nov. 1999, n° 99-419 DC § 77 et 78.

43. Cette exigence impose que les mineurs présents sur le territoire national bénéficient de la protection légale attachée à leur âge. Il s'ensuit que les règles relatives à la détermination de l'âge d'un individu doivent être entourées des garanties nécessaires afin que des personnes mineures ne soient pas indûment considérées comme majeures. • Cons. const. 21 mars 2019, n° 2019-768 QPC § 6. ♦ L'examen radiologique osseux ordonné, si la personne en cause n'a pas de documents d'identité valables et si l'âge qu'elle allègue n'est pas vraisemblable, aux fins de contribuer à la détermination de son âge peut, en l'état des connaissances scientifiques, comporter une marge d'erreur significative. Il appartient à l'autorité judiciaire, qui peut seule décider de recourir à un tel examen, de s'assurer du respect du caractère subsidiaire de cet examen et d'apprécier la minorité ou la majorité de la personne en prenant en compte les autres éléments ayant pu être recueillis, tels que l'évaluation sociale ou les entretiens réalisés par les services de la protection de l'enfance. Enfin, si les conclusions des examens radiologiques sont en contradiction avec les autres éléments d'appréciation susvisés et que le doute persiste au vu de l'ensemble des éléments recueillis, ce doute doit profiter à la qualité de mineur de l'intéressé. Il appartient aux autorités administratives et judiciaires compétentes de donner leur plein effet aux garanties précitées. • Cons. const. 21 mars 2019, *Adama S.,* n° 2018-768 QPC § 7 s. ♦ Dans l'exercice de son pouvoir souverain d'appréciation des pièces soumises à son examen, la Cour a estimé que ce document avait les apparences de l'authenticité, elle en a exactement déduit, répondant aux conclusions prétendument délaissées et hors toute dénaturation, que ce document d'identité valable suffisait à établir la minorité de l'intéressé, sans être tenue de s'expliquer sur les autres éléments de preuve produits par le département, dont le rapport d'évaluation sociale. • Civ. 1re, 21 nov. 2019, *Dpt du Cantal,* n° 19-17.726 P : *AJDA 2019. 2407* ; *D. 2019. 2301* . ♦ Ayant souverainement déduit, sans violer le principe de la contradiction, que les documents produits n'étaient pas probants et que l'âge allégué n'était pas vraisemblable, la cour d'appel, qui n'a pas statué au vu des seules conclusions de l'expertise mais après un examen de l'ensemble des éléments dont elle disposait, a, en l'absence de doute sur la majorité d'U.Q., ordonné la mainlevée de la mesure d'assistance éducative. • Civ. 1re, 21 nov. 2019, *Dpt du Cantal,* n° 19-15.890 P : *préc.*

44. Il en résulte que l'agrément du ou des adoptants, qu'ils soient de sexe différent ou de même sexe, ne saurait être délivré sans que l'autorité administrative ait vérifié, dans chaque cas, le respect de l'exigence de conformité de l'adoption à l'intérêt de l'enfant. • Cons. const. 17 mai 2013, n° 2013-669 DC § 53. ♦ Les dispositions selon lesquelles l'adoption est prononcée par le tribunal de grande instance à la requête de l'adoptant si les conditions de la loi sont remplies « et si l'adoption est conforme à l'intérêt de l'enfant », dispositions applicables que les adoptants soient de même sexe ou de sexe différent, mettent en œuvre l'exigence résultant du présent al. • Cons. const. 17 mai 2013, n° 2013-669 DC § 54. ♦ Dans l'exercice de son pouvoir d'appréciation, l'autorité administrative doit accorder une attention primordiale à l'intérêt supérieur des enfants dans toutes les décisions les concernant. • CE 22 sept. 1997, *Cinar,* n° 161364 A : *D. 1998. 297, note Desnoyer ; RFDA 1998. 562, concl. Abraham ; AJDA 1997. 815 ; RDSS 1998. 174, note Monéger ; RTD civ. 1998. 76, obs. Hauser ; JDI 1998. 721, note Barrière Brousse ; RGDIP 1998. 203, note Alland.* ♦ ... Qui ont pour objet de régler la situation personnelle d'enfants mineurs mais aussi (...) celles qui ont pour effet d'affecter, de manière suffisamment directe et certaine, leur situation. • CE 25 juin 2014, n° 359359 A : *AJDA 2014. 1415 ; JCP Adm. 2014. 2357.* ♦ De même, la seule circonstance que la naissance d'un enfant à l'étranger ait pour origine un contrat qui est entaché de nullité au regard de l'ordre public français ne peut, sans porter une atteinte disproportionnée à ce qu'implique, en termes de nationalité, le droit de l'enfant au respect de sa vie privée (garanti par l'art. 8 Conv. EDH), conduire à priver cet enfant de la nationalité française à laquelle il a droit, en vertu de l'art. 18 C. civ. et sous le contrôle de l'autorité judiciaire, lorsque sa filiation avec un Français est établie. • CE 12 déc. 2014, *Assoc. Juristes pour l'enfance et a.,* n° 367324 A : *AJDA 2015. 357, note Lepoutre ; ibid. 2014. 2451 ; D. 2015. 355 ; ibid. 352, concl. Domino ; ibid. 357, note Fulchiron et Bidaud-Garon ; ibid. 450, obs. Boskovic, Corneloup, Jault-Seseke, Joubert et Parrot ; AJ fam. 2015. 53, obs. Dionisi-Peyrusse ; RFDA 2015. 163, concl. Domino ; JCP Adm. 2014. 1003.*

45. Les dispositions qui prévoient que lorsque la filiation de l'enfant n'est pas établie, le placement en vue de l'adoption ne peut pas intervenir avant l'expiration du délai de deux mois à compter du recueil de l'enfant au terme duquel il est admis en qualité de pupille de l'État et que le placement en vue de l'adoption fait échec à toute reconnaissance ne sont pas contraire à l'intérêt de l'enfant dès lors que, telles qu'interprétées par la jurisprudence, elles permettent au père de naissance la possibilité *de reconnaître l'enfant avant son placement* et qu'elles garantissent à l'enfant, déjà remis aux futurs adoptants, un environnement familial stable. • Cons. const. 7 févr. 2020, *Justin A.,* n° 2019-826 QPC § 9 s.

46. Dès lors que le juge tient, dès le début de la procédure, sauf si les parties ou la partie seule constituée y renoncent, une audience à l'issue de laquelle il prend les mesures nécessaires pour assurer l'existence des époux et des enfants pendant la période courant de l'introduction de la demande en divorce jusqu'à la date à laquelle le jugement passe en force de chose jugée, en considération des accords éventuels des époux, que lorsque le juge aux affaires familiales statue sur les modalités d'exercice de l'autorité parentale par les deux parents séparés, le juge doit veiller spécialement à la sauvegarde des intérêts des enfants mineurs et que les parents doivent associer l'enfant aux décisions qui le concernent selon son âge et son degré de maturité et que tout mineur capable de discernement peut être entendu par un juge, dans toute procédure le concernant, la suppression de l'obligation de tenir une audience de conciliation dans les procédures de divorce autre que par consentement mutuel ne porte pas atteinte au présent al. • Cons. const. 21 mars 2019, n° 2019-778 DC § 61.

47. L'intérêt supérieur de l'enfant est une considération primordiale pour l'ensemble des autorités publiques dès lors que l'art. 3-1 de la Conv. internationale relative aux droits de l'enfant est d'effet direct (sur cette notion, V. notes ss. Const. 58, art. 55). • CE 22 sept. 1997, *Cinar,* n° 161364 A : *préc. note 44.* ♦ Il en résulte que lorsqu'il est saisi d'une demande d'expulsion d'occupants sans droit ni titre d'une dépendance du domaine public, il appartient au juge administratif, lorsque l'exécution de cette demande est susceptible de concerner des enfants, de prendre en compte l'intérêt supérieur de ceux-ci pour déterminer, au vu des circonstances de l'espèce, le délai qu'il impartit aux occupants afin de quitter les lieux. • CE 28 juill. 2017, n° 395911 B : *AJDA 2017. 1594.* ♦ Un département ne peut pas mettre fin à la prise en charge d'un mineur non accompagné même si un examen médical constate que son âge physiologique est supérieur à 18 ans tant que le juge des enfants n'a pas ordonné la mainlevée de ce placement. • CE 27 déc. 2017, n° 415436 B : *AJDA 2018. 15 ; ibid. 1099, note Rihal et Cavaniol ; D. 2018. 1664, obs. Bonfils et Gouttenoire ; AJCT 2018. 212, obs. Teixeira.* ♦ V. également notes ss. Conv. EDH, art. 8.

48. Solidarité en faveur des personnes défavorisées. Les exigences constitutionnelles résultant des dispositions du présent al. combinées avec celles de l'al. 11 impliquent la mise en œuvre d'une politique de solidarité nationale en faveur des personnes défavorisées. • Cons. const. 29 déc. 2009, n° 2009-599 DC § 101. ♦ Les dispositions contestées ayant pour objet d'étendre le bénéfice du RSA aux jeunes de moins de 25 ans (qui n'assument pas la charge d'un ou plusieurs enfants nés ou à naître, car déjà concernés) qui ont exercé une activité professionnelle, elles réduisent une disparité de traitement entre les jeunes de moins de 25 ans qui ont une expérience professionnelle et ceux de 25 ans placés dans la même situation et répondent donc à cette politique de solidarité. • Même affaire, § 102.

49. Droit au repos hebdomadaire. En prévoyant que le droit au repos hebdomadaire des salariés s'exerce en principe le dimanche, le législateur a entendu opérer une conciliation, qui lui incombe, entre la liberté d'entreprendre et les exigences du présent art. • Cons. const. 6 août 2009, n° 2009-588 DC § 3.

50. En maintenant, par dérogation, le régime local d'Alsace et de Moselle en vertu duquel le droit au repos hebdomadaire des salariés s'exerce le dimanche, le législateur a opéré une conciliation, qui n'est pas manifestement disproportionnée, entre la liberté d'entreprendre et les exigences du présent al. • Cons. const. 5 août 2011, *Sté SOMODIA,* n° 2011-157 QPC § 8.

51. Travail de nuit. En prévoyant que le recours au travail de nuit est exceptionnel et doit être justifié par la nécessité d'assurer la continuité de l'activité économique ou des services d'utilité sociale, le législateur a opéré une conciliation qui n'est pas manifestement déséquilibrée entre la liberté d'entreprendre et les exigences de l'al. 11 et du présent al. Préamb. Const. 1946. • Cons. const. 4 avr. 2014, *Sté Sephora,* n° 2014-373 QPC § 17.

52. Détenus. V. ss. DDH, art. 2, notes 219 s.

Al. 11 Elle garantit à tous, notamment à l'enfant, à la mère et aux vieux travailleurs, la protection de la santé, la sécurité matérielle, le repos et les loisirs. Tout être humain qui, en raison de son âge, de son état physique ou mental, de la situation économique, se trouve dans l'incapacité de travailler a le droit d'obtenir de la collectivité des moyens convenables d'existence.

COMMENTAIRE

V. sur le Code en ligne.

[V. références des décisions du Conseil constitutionnel dans les tableaux DC et QPC]

BIBL. Jaquelot, La protection de la santé par le Conseil constitutionnel : un parfum français aux notes d'Italie, *RFDC 2018. 513.*

1. Il incombe, tant au législateur qu'au Gouvernement, conformément à leurs compétences respectives, de déterminer, dans le respect des principes proclamés par le onzième alinéa du Préambule, les modalités de leur mise en œuvre. • Cons. const. 23 janv. 1987, n° 86-225 DC § 17 • Cons. const. 27 nov. 2001, n° 2001-451 DC § 19.

I. PROTECTION DE LA SANTÉ

2. Généralité. La protection de la santé est considérée comme : un principe constitutionnel. • Cons. const. 8 janv. 1991, n° 90-283 DC § 11. ♦ ... Un objectif de valeur constitutionnelle. • Cons. const. 16 mai 2012, *Mathieu E., n° 2012-248 QPC* § 6 et 8 • Cons. const. 31 janv. 2020, *Union des industries de la protection des plantes,* n° 2019-823 QPC § 5 • Cons. const. 11 mai 2020, n° 2020-800 DC § 16, 34 et 63 • CE, ord., 18 mai 2020, n° 440366 § 11 • CE ord. 18 mai 2020, n° 440366 § 11. ♦ ... Ou, parfois, une exigence constitutionnelle. • Cons. const. 12 août 2004, n° 2004-504 DC § 5.

3. Il appartient au législateur d'assurer la conciliation entre cet objectif de valeur constitutionnelle et le respect des droits et libertés reconnus à toutes les personnes qui résident sur le territoire de la République. Parmi ces droits et libertés figurent la liberté d'aller et de venir, composante de la liberté personnelle, protégée par les art. 2 et 4 DDH, le droit au respect de la vie privée garanti par cet art. 2, la liberté d'entreprendre qui découle de cet art. 4, ainsi que le droit d'expression collective des idées et des opinions résultant de l'art. 11 DDH. • Cons. const. 11 mai 2020, n° 2020-800 DC § 17 • Cons. const. 9 juill. 2020, n° 2020-803 DC § 11. ♦ V. notes ss. ces différents art.

4. Crise sanitaire... Généralité. Sur le droit de recevoir les traitements appropriés durant la crise du covid-19, V. également notes ss. Préamb. Const. 1946, al. 1er.

5. ... Centre de rétention. Il ne résulte ni des éléments versés au dossier de l'instruction contradictoire ni de ceux indiqués à l'audience de référé que les conditions de fonctionnement des centres de rétention administrative seraient, dans les circonstances particulières du temps présent, susceptibles de porter par elles-mêmes atteinte, pour les personnes retenues comme pour les personnels appelés à servir dans les centres, au droit au respect de la vie ou au droit de recevoir les soins que requiert son état de santé. En particulier, il ne résulte d'aucun élément du dossier le constat de carences dans l'accès aux soins des personnes retenues, non plus que dans la mise à disposition de produits d'hygiène propres à permettre le respect des consignes générales qui ont été données dans le cadre de la lutte contre l'épidémie de covid-19. Le 17 mars 2020, ont été diffusées dans les centres de rétention, des instructions relatives à la prévention du covid-19, insistant sur l'évaluation sanitaire des personnes entrant en rétention et interdisant l'entrée de personnes présentant des symptômes susceptibles de résulter de la maladie, préconisant la conduite à tenir en cas d'apparition des symptômes et précisant la prise en charge médicale des personnes concernées, interdisant l'éloignement des personnes présentant ces symptômes, prescrivant l'observation des mesures d'hygiène et une répartition spatiale de l'occupation à l'intérieur des centres qui limite les contacts entre les personnes, mobilisant les chefs de centre et les unités médicales. Au vu de ces éléments, il n'apparaît pas, en l'état de l'instruction, de carence susceptible de porter atteinte, de façon grave et manifestement illégale, au droit au respect de la vie ou au droit de recevoir les soins que requiert son état de santé. • CE, ord., 27 mars 2020, n° 439720 : *AJDA 2020. 700*.

6. ... Prisons. Il résulte de l'instruction que le nombre de personnes détenues dans les établissements pénitentiaires diminue régulièrement depuis le 17 mars 2020, sous l'effet conjugué de la baisse du nombre d'écrous et de l'application des dispositifs de libération des personnes détenues prévues par l'ordonnance du 25 mars 2020 portant adaptation de règles de procédure pénale. Alors que le nombre de détenus s'élevait, au 16 mars 2020, à 72 575 dont 22 606 en maisons d'arrêt, il est, au 2 avril 2020 de 65 757 dont 19 930 en maisons d'arrêt. S'agissant de la contamination par le virus covid-19, on recense, parmi les personnes détenues, le 6 avril 2020, 63 cas confirmés et 697 confinements sanitaires correspondant aux cas symptomatiques et aux personnes placées en quatorzaine. Parmi les agents du service public pénitentiaire qui sont environ au nombre de 35 000, étaient recensés, à la même date, 377 cas confirmés et 1 512 cas symptomatiques. • CE, ord., 8 avr. 2020, n° 439821 : *AJDA 2020. 756* • CE, ord., 8 avr. 2020, n° 439827 : *AJDA 2020. 756*. ♦ Il résulte de l'instruction que la consigne générale a été donnée à l'ensemble des établissements pénitentiaires d'effectuer un nettoyage renforcé et une aération régulière des locaux, de fournir gratuitement à toutes les personnes détenues une quantité suffisante de savon et de produits d'entretien, d'assurer aussi régulièrement que possible le lavage des draps et le nettoyage du *linge. Il appartient au chef d'établissement* pénitentiaire de prendre toutes les mesures nécessaires afin d'assurer le respect effectif de ces consignes au sein de son établissement et de mettre à même les personnes qui y sont détenues d'appliquer correctement les règles d'hygiène et les « gestes barrière » permettant d'éviter les risques de contamination. De même, la consigne générale a été donnée à l'ensemble des établissements pénitentiaires, s'agissant des détenus dont les cellules ne sont pas équipées de douche individuelle, de constituer, pour l'organisation des douches collectives, des groupes toujours composés des mêmes personnes et d'assurer, après le passage de chaque groupe, un nettoyage renforcé des locaux et équipements. Il appartient au chef d'établissement pénitentiaire de prendre toutes les mesures nécessaires afin d'assurer le respect effectif de ces consignes au sein de son établissement en veillant à ce que la réorganisation qu'implique leur mise en œuvre n'entraîne pas une diminution du nombre de douches hebdomadaire que chaque détenu peut habituellement prendre, qui, en vertu du C. pr. pén., ne peut être inférieur à trois. De même encore, ont été définies les mesures générales d'hygiène devant être appliquées dans les cuisines des établissements pénitentiaires en ce qui concerne le port des équipements de protection individuelle et le lavage des mains. Il s'ensuit qu'il n'apparaît pas, en l'état de l'instruction et à la date de la présente ordonnance, que, s'agissant des règles et des mesures d'hygiène, devrait être ordonnée, au motif d'une atteinte grave et manifestement illégale aux libertés fondamentales invoquées, l'édiction d'autres instructions de portée générale, y compris en ce qui concerne la distribution aux personnes détenues de gel hydro-alcoolique, que celles déjà prises par la ministre de la justice. • CE, ord., 8 avr. 2020, n° 439827 : *préc.*

7. Les mesures d'ordre général décidées par le ministre de la justice dans le cadre de l'état d'urgence sanitaire doivent ménager un équilibre entre la nécessité d'assurer, dans toute la mesure du possible, la sécurité sanitaire des personnes travaillant et intervenant au sein des établissements pénitentiaires et des personnes détenues et l'obligation de garantir l'ordre et la sécurité au sein de ceux-ci, dans le respect des droits des détenus. Il ne résulte pas de l'instruction qu'en ayant décidé de ne pas ajouter aux autres mesures générales de suspension arrêtées dans sa note du 17 mars 2020 la suspension du régime « Portes ouvertes », le ministre de la justice aurait manifestement rompu cet équilibre. • CE, ord., 8 avr. 2020, n° 439821 : *préc. note 6.*

8. Sur les fouilles et la suppression des « parloirs », V. • CE, ord., 8 avr. 2020, n° 439827 : *préc. note 6.* ♦ Sur la question de la pertinence des mesures de prévention prises par l'administration pénitentiaire dans le cadre de la crise du covid-19, V. • CE, ord., 8 avr. 2020, n° 439827 § 5 : *AJDA 2020. 756 ; ibid. 1298, note Schmitz ; D. 2020. 1195, obs. Céré, Falxa et Herzog-Evans ; JCP Adm. 2020. 2125, note Pauliat* • CE, ord., 8 oct. 2020, n° 444741 : *AJDA 2021. 41, note Schmitz* ; *AJ pénal 2021. 49, obs. Evans* .

9. La situation des personnes détenues dans les établissements pénitentiaires est prise en compte à égalité avec le reste de la population dans le cadre de la campagne vaccinale. En dépit des facteurs de risques invoqués, il ne résulte pas de l'instruction que, prises dans leur ensemble, les personnes détenues dans les établissements pénitentiaires présentent un risque particulier de développer des formes graves ou mortelles. La situation de l'ensemble des personnes détenues fait l'objet, dans les orientations retenues par le Gouvernement à la suite de l'avis rendu par la Haute Autorité de santé, d'une prise en compte particulière. Elles sont en effet, comme les autres personnes vivant en collectivité, inscrites dans la quatrième phase de la campagne de vaccination. • CE, ord., 5 févr. 2021, n° 449081 : *AJDA 2021. 305* ; *AJ fam. 2021. 144, obs. Dionisi-Peyrusse* .

10. ... Sans-abri. V. note ss. Préamb. Const. 1946, al. 1er (logement décent).

11. ... Masques et autres protections. Une stratégie de gestion et d'utilisation maîtrisée des masques a été mise en place à l'échelle nationale et a fait l'objet d'adaptations en fonction de l'évolution de l'épidémie. A ce jour, les mesures d'organisation et de fonctionnement du système de santé nécessaires pour faire face à l'épidémie de covid-19 dans le cadre de l'état d'urgence sanitaire, fixent la liste des professionnels, notamment dans le domaine de la santé et de l'hébergement des personnes âgées, auxquels sont distribués gratuitement jusqu'au 15 avril 2020, par l'intermédiaire des officines de pharmacie, les boîtes de masques de protection issues du stock national. D'après les éléments fournis, 70 millions de masques ont été distribués dans ce cadre depuis la dernière semaine de février, avec une répartition calculée, compte tenu du niveau des stocks, en fonction des besoins théoriques de chaque profession. Ainsi, lors de chacune des deux dernières semaines, chaque médecin ou infirmier de ville pouvait retirer 18 masques, conformément à l'information donnée par la liste de diffusion intitulée DGS-Urgent. Aucune carence caractérisée ne saurait ainsi être reprochée, à cet égard en l'état de l'instruction, à l'État en matière d'information des bénéficiaires. • CE, ord., 28 mars 2020, n° 439726 : *AJDA 2020. 700* . ♦ Rappr. • CE, ord., 28 mars 2020, n° 439693 : *AJDA 2020. 700* . ♦ V. sur la mise en œuvre de ces mesures de protections dans les prisons : • CE, ord., 8 avr. 2020, n° 439821 : *préc. note 6* • CE, ord., 8 avr. 2020, n° 439827 : *préc. note 6.*

12. ... Tests. Les autorités ont pris les dispositions avec l'ensemble des industriels en France et à l'étranger pour augmenter les capacités de tests dans les meilleurs délais, et les diversifier notamment pour permettre qu'un grand nombre puissent être pratiqués dans les laboratoires de biologie médicale, dans la perspective de la sortie du confinement. En attendant, la limitation des tests selon les critères de priorité constamment ajustés et fixés résulte d'une insuffisante disponibilité des matériels. Les conclusions aux fins d'injonction tendant à ce qu'il soit procédé massivement à des tests de dépistage et à ce que ces tests puissent être pratiqués dans les laboratoires de biologie médicale ne peuvent, par suite, (...), qu'être, en tout état de cause, rejetées. • CE, ord., 28 mars 2020, n° 439726 : *préc. note 11.*

13. ... IVG. Compte tenu, à la date de leur adoption, de la situation sanitaire résultant de l'épidémie de covid-19, de ses incidences sur le fonctionnement des établissements de santé, dont beaucoup n'étaient plus en mesure de pratiquer des IVG par voie instrumentale, et des mesures de restriction des déplacements prises pour la combattre, les mesures critiquées qui visent à permettre la réalisation d'une IVG par voie médicamenteuse au domicile de la femme jusqu'à la fin de la septième semaine de grossesse et à permettre à cette fin la prescription de spécialités pharmaceutiques en dehors du cadre de leur autorisation de mise sur le marché, étaient nécessaires pour assurer l'effectivité du droit reconnu par l'art. L. 2212-1 CSP de recourir à une IVG jusqu'à la fin de la douzième semaine de grossesse et pour garantir la santé publique dans la situation de catastrophe sanitaire, en prévenant des interruptions tardives et en limitant l'exposition au virus des femmes et des professionnels de santé. • CE 16 déc. 2020, n° 440214 B : *AJDA 2020. 2529* ; *JCP Adm. 2021. 13.*

A. PROTECTION INDIVIDUELLE DE LA SANTÉ

14. Interruption volontaire de grossesse (IVG). L'interruption volontaire de grossesse, effectuée en raison d'une situation de détresse ou d'un motif thérapeutique, ne méconnaît pas le principe énoncé au présent al. selon lequel la nation garantit à l'enfant la protection de la santé. • Cons. const. 15 janv. 1975, n° 74-54 DC § 9. ♦ Si l'interruption volontaire de grossesse constitue un acte médical plus délicat lorsqu'elle intervient entre la 10e et la 12e semaine, elle peut être pratiquée, en l'état actuel des connaissances et des techniques médicales, dans des conditions de sécurité telles que la santé de la femme ne se trouvant pas menacée, il n'y a pas violation du présent al. • Cons. const. 27 juin 2001, n° 2001-446 DC § 7. ♦ V. également, sous l'angle de la liberté personnelle, notes ss. DDH, art. 2.

15. Recours à un tiers donneur. L'interdiction de donner les moyens aux enfants conçus « *in vitro* » par des tiers donneurs de connaître l'identité de ceux-ci ne saurait être regardée comme portant atteinte à la protection de la santé. • Cons. const. 27 juill. 1994, n° 94-343/344 DC § 11.

16. Libre choix du médecin. Le libre choix du médecin est qualifié de : principe déontologique fondamental par le juge constitutionnel. • Cons. const. 22 janv. 1990, n° 89-269 DC § 28. ♦ ... De principe par le juge administratif. • CE 18 févr. 1998, n° 170851 B.

17. La mise en place par la loi d'un mécanisme de contre-visite médicale ne porte pas atteinte à la liberté de choix du praticien et à la liberté de prescription de celui-ci ; il n'y a donc pas lieu d'examiner si ces libertés constituent des principes fondamentaux ayant valeur constitutionnelle. • Cons. const. 18 janv. 1978, n° 77-92 DC § 1. ♦ La possibilité d'organiser par des conventions distinctes les rapports entre les caisses primaires d'assurance maladie et respectivement les médecins généralistes et les médecins spécialistes a pour dessein de rendre plus aisée la conclusion de telles conventions et ne porte pas atteinte au libre choix du médecin. • Cons. const. 22 janv. 1990, n° 89-269 DC § 28. ♦ Il n'y a pas lieu dans ces conditions d'examiner si ces libertés constituent des principes fondamentaux ayant valeur constitutionnelle. • Cons. const. 18 janv. 1978, n° 77-92 DC § 1 • Cons. const. 22 janv. 1990, n° 89-269 DC § 29.

18. De même, le choix d'un médecin référent ne porte pas atteinte au libre choix par l'assuré social de son médecin traitant dès lors qu'il pourra en changer lorsqu'il le souhaitera et que, sous réserve, selon le cas, d'une majoration de sa participation ou d'un dépassement du tarif conventionnel de base, il pourra en outre consulter directement un médecin autre que son médecin traitant et, notamment, un médecin spécialiste. • Cons. const. 12 août 2004, n° 2004-504 DC § 11.

19. Les dispositions relatives aux critères d'homologation des tarifs conventionnels ont pour but de maîtriser l'évolution des dépenses de santé supportées par la collectivité et ne portent pas atteinte au libre choix par le malade de son établissement de soins. • Cons. const. 16 janv. 1991, n° 90-287 DC § 23.

20. Étrangers et enfants. Si certaines aides, et en particulier l'aide médicale de l'État, peuvent être réservée aux étrangers en situation régulière, c'est sous réserve que les soins urgents dont l'absence mettrait en jeu le pronostic vital ou pourrait conduire à une altération grave et durable de leur état de santé soient néanmoins assurés pour tous, y compris pour les étrangers en situation irrégulière, séjournant en France de manière ininterrompue depuis 3 mois. • Cons. const. 29 déc. 2003, n° 2003-488 DC § 18. ♦ V. déjà. • Cons. const. 13 août 1993, n° 93-325 DC § 126 s. ♦ ... Et que le dispositif ne s'applique pas aux enfants mineurs qui, en application des stipulations de l'art. 3-1 CIDE du 26 janv. 1990, peuvent bénéficier de cette aide sans condition de durée de séjour. • CE 7 juin 2006, n° 285576 A : *Dr. soc. 2006. 1037, concl. Devys ; AJDA 2006. 2233, note Rihal ; RDSS 2006. 1047, note Gay.*

21. Accueil des mineurs. En prévoyant un agrément pour exercer la profession d'assistant maternel ou d'assistant familial, le législateur a entendu garantir « la sécurité, la santé et l'épanouissement des mineurs et majeurs de moins de vingt et un ans » en opérant une conciliation entre le droit d'obtenir un emploi et ls exigences constitutionnelles protégées par le présent al. et l'al. 10 Préamb. Const. 1946. • Cons. const. 1er mars 2011, *Mme Denise R. et a.*, n° 2011-119 QPC § 4.

22. Bon emploi des deniers publics. Une disposition qui a pour objet d'imposer la vérification des conditions d'octroi de l'aide médicale de l'État, avant la prise en charge de soins hospitaliers dont le coût est élevé, pour éviter que soient pris en charge des soins onéreux engagés pour les personnes qui ne remplissent plus les conditions pour le bénéfice de cette aide n'est pas contraire au droit à la protection de la santé dès lors qu'elle n'est applicable qu'aux soins programmés dispensés aux personnes majeures et qu'il appartient au pouvoir réglementaire, compétent pour fixer la procédure d'agrément, de prévoir des délais de vérification compatibles avec le droit à la protection de la santé. • Cons. const. 28 déc. 2010, n° 2010-622 DC § 35.

23. De même, conditionner le bénéfice de l'aide médicale de l'État au paiement d'un droit de timbre annuel de 30 € ne porte pas atteinte au présent art., eu égard à son montant, dès lors que ce paiement ne conditionne pas l'accès aux soins urgents. • Cons. const. 28 déc. 2010, n° 2010-622 DC § 36.

24. Accouchement sous « X ». Par la mise en œuvre d'un droit à l'anonymat et la gratuité de la prise en charge lors de l'accouchement dans un établissement sanitaire, le législateur a entendu éviter le déroulement de grossesses et d'accouchements dans des conditions susceptibles de mettre en danger la santé tant de la mère que de l'enfant et prévenir les infanticides ou des abandons d'enfants. • Cons. const. 16 mai 2012, *Mathieu E.*, n° 2012-248 QPC § 6.

25. En permettant à la mère de s'opposer à la révélation de son identité même après son décès, les dispositions contestées visent à assurer le respect de manière effective, à des fins de protection de la santé, de la volonté exprimée par celle-ci de préserver le secret de son admission et de son identité lors de l'accouchement tout en ménageant, dans la mesure du possible, par des mesures appropriées, l'accès de l'enfant à la connaissance de ses origines personnelles. • Cons. const. 16 mai 2012, *Mathieu E.*, n° 2012-248 QPC § 8.

26. Usage du sang ou des cellules du cordon ou du placenta. Au regard de l'état des connaissances et des techniques, l'impossibilité de procéder à un prélèvement de cellules du sang de cordon ou placentaire ou de cellules du cordon ou du placenta aux seules fins de conservation par la personne pour un éventuel usage ultérieur, notamment dans le cadre familial, sans qu'une nécessité thérapeutique lors du prélèvement ne le justifie ne saurait être regardée comme portant atteinte à la protection de la santé. • Cons. const. 16 mai 2012, *Sté Cryo Save France*, n° 2012-249 QPC § 7.

27. Vaccinations obligatoires. En prévoyant des obligations de vaccination antidiphtérique, antitétanique et antipoliomyélitique aux enfants mineurs, sous la responsabilité de leurs parents, le législateur a entendu lutter contre trois maladies très graves et contagieuses ou insusceptibles d'être éradiquées. Pour autant, chacune de ces obligations de vaccination ne s'impose que sous la réserve d'une contre-indication médicale reconnue ; il est loisible au législateur de définir une politique de vaccination afin de protéger la santé individuelle et collective et de modifier les dispositions relatives à cette politique de vaccination pour tenir compte de l'évolution des données scientifiques, médicales et épidémiologiques. • Cons. const. 20 mars 2015, *Épx L.*, n° 2015-458 QPC § 9 et 10.

28. Interdiction du bisphénol A. En prévoyant la suspension de l'importation et de la mise sur le marché national à titre gratuit ou onéreux des conditionnements, contenants ou ustensiles comportant du bisphénol A et destinés à entrer en contact direct avec des denrées alimentaires, le législateur a porté à la liberté d'entreprendre une atteinte qui n'est pas manifestement disproportionnée au regard de l'objectif de protection de la santé qu'il a poursuivi. • Cons. const. 17 sept. 2015, *Assoc. Plastics Europe*, n° 2015-480 QPC § 7.

29. Mise en œuvre de thérapeutiques. Une carence caractérisée d'une autorité administrative dans l'usage des pouvoirs que lui confère la loi pour mettre en œuvre le droit de toute personne de recevoir, sous réserve de son consentement libre et éclairé, les traitements et les soins appropriés à son état de santé, tels qu'appréciés par le médecin, peut faire apparaître, pour l'application de ces dispositions, une atteinte grave et manifestement illégale à une liberté fondamentale (respect de la vie) lorsqu'elle risque d'entraîner une altération grave de l'état de santé de la personne intéressée. En revanche, si l'autorité administrative est en droit, lorsque des incertitudes subsistent quant à l'existence ou à la portée de risques pour la santé des personnes, de prendre des mesures de protection sans avoir à attendre que la réalité et la gravité de ces risques soient pleinement démontrées, l'existence de telles incertitudes fait, en principe, obstacle à ce que soit reconnue une atteinte grave et manifestement illégale à une liberté fondamentale. • CE, ord., 4 avr. 2020, n° 439904 A § 4 : *AJDA 2020. 756 ; ibid. 1178, note Chicot.*

30. Les données acquises de la science ne permettaient pas de conclure, au-delà des essais cliniques, au caractère indispensable du recours à l'utilisation de l'hydroxychloroquine, en dehors des indications de son autorisation de mise sur le marché et en l'absence d'une autorisation temporaire d'utilisation, pour améliorer ou stabiliser l'état clinique des patients atteints par le covid-19. Par suite, le syndicat requérant n'est pas fondé à soutenir que le décret, en tant qu'il met fin à la possibilité pour les médecins hospitaliers de prescrire l'hydroxychloroquine pour les malades atteints de covid-19, porterait atteinte au droit de ces derniers de recevoir les traitements et soins les plus appropriés à leur état de santé. • CE 28 janv. 2021, n° 441751 B : *AJDA 2021. 243.*

B. PROTECTION DE LA SANTÉ COLLECTIVE

31. Qualité du diplôme. L'exercice des professions de médecin, chirurgien-dentiste et pharmacien étant toujours subordonné à la détention d'un diplôme français d'État de docteur ou d'un titre équivalent, le moyen tiré d'une méconnaissance du principe de protection de la santé publique doit être écarté. • Cons. const. 16 janv. 1991, n° 90-287 DC § 23.

32. Lois de santé publique. S'agissant de la détention et de l'utilisation de matières nucléaires, la reconnaissance du droit de grève ne saurait avoir pour effet de faire obstacle au pouvoir du législateur d'apporter à ce droit les limitations nécessaires en vue d'assurer la protection de la santé et de la sécurité des personnes et des biens. • Cons. const. 22 juill. 1980, n° 80-117 DC § 4. ♦ Il appartient au législateur de réglementer les conditions de préparation, de fabrication et de vente des médicaments. • Cons. const. 31 janv. 2014, *Coop. GIPHAR-SOGIPHAR et a.*, n° 2013-364 QPC § 6. ♦ De même le législateur définit les examens de biologie médicale, délite leur champ d'application et encadre les conditions et les modalités de leur réalisation ; en revanche, la définition des tests, recueils et traitements de signaux biologiques peuvent être déterminés par le pouvoir réglementaire. • Cons. const. 4 avr. 2014, *Synd. nat. médecins biologistes*, n° 2014-389 QPC § 5 et 6.

33. La loi interdisant toute propagande ou publicité, directe ou indirecte, en faveur du tabac ou des produits du tabac ainsi que toute distribution gratuite est destinée à garantir à tous, conformément au présent al., la protection de la santé. • Cons. const. 8 janv. 1991, n° 90-283 DC § 8. ♦ Il en va de même : de la limitation de la publicité pour les boissons alcooliques. • Même affaire, § 29. ♦ ... Des dispositions du CSP limitant les possibilités de publicité pour les pharmacies et leurs groupements. • Cons. const. 31 janv. 2014, *Coop. GIPHAR-SOGIPHAR et a.*, n° 2013-364 QPC § 8.

34. Peuvent se trouver ainsi justifiées par les nécessités de la santé publique les atteintes à la liberté d'entreprendre et au droit de propriété que cette interdiction ou cette limitation supposent. • Cons. const. 8 janv. 1991, n° 90-283 DC § 10, 15 et 30 • Cons. const. 16 janv. 1991, n° 90-287 DC § 21 et 22 • Cons. const. 31 janv. 2014, *Coop. GIPHAR-SOGIPHAR et a.*, n° 2013-364 QPC § 8.

35. Assurance maladie. La protection de la santé implique la coordination des soins et la prévention des prescriptions inutiles ou dangereuses. • Cons. const. 12 août 2004, n° 2004-504 DC § 5. ♦ Dès lors, sont conformes au principe de protection de la santé par une amélioration du système de soins ou du parcours de santé l'aménagement des rapports entre les caisses d'assurance maladie et les médecins généralistes ou spécialistes. • Cons. const. 22 janv. 1990, n° 89-269 DC § 26. ♦ ... La mise en place de tarifs homologués pour les établissements privés de santé. • Cons. const. 16 janv. 1991, n° 90-287 DC § 23. ♦ Il en va de même de la mise en place du mécanisme du médecin référent. • Cons. const. 12 août 2004, n° 2004-504 DC § 13. ♦ ... Sous réserve que le montant de la majoration de la participation de l'assuré devra être fixé à un niveau tel que ne soient pas remises en cause les exigences du présent al. et que les éventuels dépassements d'honoraires respectent la plus stricte économie compatible avec la qualité, la sécurité et l'efficacité des soins. • Même affaire. ♦ Il est loisible au législateur, afin de satisfaire l'exigence de valeur constitutionnelle qui s'attache à l'équilibre financier de la sécurité sociale, de laisser à la charge des assurés sociaux une franchise pour certains frais relatifs aux prestations et produits de santé pris en charge par l'assurance maladie, dès lors que le montant de la franchise et le niveau des plafonds sont fixés de façon telle que ne soient pas remises en cause les exigences du présent al. • Cons. const. 13 déc. 2007, n° 2007-558 DC § 5 et 7. ♦ Le législateur peut mettre en place un *mécanisme d'incitation financière à l'usage plus* modéré de produits pour lesquels l'assurance maladie assure un remboursement distinct de celui du tarif d'hospitalisation. • Cons. const. 18 déc. 2014, n° 2014-706 DC § 25. ♦ ... Des règles de gestion de la prise en charge des frais de santé des personnes auxquelles est assurée la protection sociale. • Cons. const. 17 déc. 2015, n° 2015-723 DC § 20. ♦ Rappr. • Cons. const. 17 déc. 2015, n° 2015-723 DC § 32.

36. ONDAM. L'objectif de dépenses fixé pour l'année 2005 ayant été déterminé en tenant compte de l'évolution spontanée des dépenses de santé, ainsi que des mesures de rétablissement financier et de réorganisation prévues, cette évaluation, au regard des aléas qui lui sont inhérents, n'est entachée d'aucune erreur manifeste et ne porte pas atteinte aux exigences du présent al. • Cons. const. 16 déc. 2004, n° 2004-508 DC § 12 s. ♦ V. déjà, si l'instauration d'un objectif prévisionnel d'évolution des dépenses médicales n'est pas, en elle-même, contraire au principe de protection de la santé garanti par le présent al., ce dernier impliquant toutefois que l'objectif soit fixé à un niveau compatible avec la couverture des besoins sanitaires de la population. • CE 30 avr. 1997, n° 180838 A : *RFDA 1997. 474, concl. Maugüé ; Dr. soc. 1997. 845, note Prétot*. ♦ La définition d'un plafond d'efficience compatible avec la qualité des soins, exprimé en coefficients correspondant à l'ensemble des actes inscrits à la nomenclature remboursés par l'assurance maladie au cours de l'année, n'est pas, par principe, de nature à faire obstacle à la complète satisfaction des besoins de la population, y compris la population âgée, en soins de masso-kinésithérapie et ne viole pas le principe de protection de la santé reconnu par le présent al. • CE 30 avr. 1997, n° 180299 A : *RFDA 1997. 474, concl. Maugüé ; Dr. soc. 1997. 845, note Prétot*.

37. Protection de la santé et principe de précaution. En estimant, à la date d'intervention de l'arrêté attaqué et compte tenu des précautions qui s'imposent en matière de protection de la santé publique, que la fabrication, l'importation, la mise sur le marché et l'utilisation du produit contenant du collagène bovin et utilisé sur le corps humain devaient être suspendues pour une durée d'un an, les signataires de l'arrêté n'ont pas entaché leur décision d'une appréciation manifestement erronée. • CE 21 avr. 1997, n° 180274.

38. Prescriptions hors AMM. Les dispositions contestées qui sont relatives aux conditions dans lesquelles des médicaments peuvent être prescrits en dehors du champ défini par l'AMM sont suffisamment précises et protectrices ; elles sont établies par l'Agence nationale de sécurité du médicament et des produits de santé, après information du titulaire de l'autorisation de mise sur le marché (AMM), et élaborées dans des conditions définies par décret en Conseil d'État qui fixe les modalités selon lesquelles l'efficacité thérapeutique justifiant cette recommandation est établie. Enfin, le prescripteur doit informer le patient que la prescription de la spécialité pharmaceutique n'est pas conforme à son autorisation de mise sur le marché et motiver sa prescription dans le dossier médical du patient. • Cons. const. 13 déc. 2012, ⚖ n° 2012-659 DC § 58.

39. Si, au titre de la question prioritaire de constitutionnalité, est invoqué que, faute de comporter des dispositions transitoires adéquates pour régir, s'agissant des médecins, la substitution des unions régionales des professionnels de santé aux unions régionales des médecins libéraux méconnaît le principe de protection de la santé résultant du présent al., il n'apparaît pas, en l'état de l'instruction devant le juge des référés, qu'il aurait incombé au législateur, en vertu du principe constitutionnel invoqué, d'édicter d'autres dispositions aux fins d'expliciter ou d'aménager la transition entre les unions régionales des médecins libéraux et les nouvelles unions régionales des professionnels de santé rassemblant les médecins. • CE, QPC, 21 oct. 2010, ⚖ *Conférence nat. des présidents des unions régionales de médecins libéraux,* n° 343527. ♦ Le législateur ayant adopté les mesures législatives nécessaires pour assurer la transition entre les unions régionales de médecins exerçant à titre libéral et les nouvelles unions régionales de professionnels de santé rassemblant les médecins sans dispositions transitoires adéquates, la question de constitutionnalité soulevée par l'association requérante selon laquelle la loi méconnaîtrait le principe de protection de la santé résultant du présent al. ne présente pas un caractère sérieux. • CE, QPC, 10 déc. 2010, ⚖ *Conférence nat. des présidents des unions régionales de médecins libéraux,* n° 342148 A.

40. Médicaments biologiquement similaires. Le pouvoir reconnu au pharmacien par les dispositions contestées de substituer un médicament biologiquement similaire ne s'exerce qu'à l'intérieur d'un même groupe biologique similaire défini par l'Agence nationale de sécurité du médicament et des produits de santé ; par ailleurs, le médecin peut exclure la possibilité de substitution en s'y opposant lors de la prescription ; de plus, la substitution n'est possible qu'en « initiation de traitement » ou en renouvellement d'un traitement déjà initié avec le même médicament biologique similaire ; enfin, il appartiendra au décret *en Conseil d'État* de préciser notamment « les conditions de substitution du médicament biologique et d'information du prescripteur à l'occasion de cette substitution de nature à assurer la continuité du traitement avec le même médicament » ; ces dispositions ne méconnaissent pas le droit à la protection de la santé. • Cons. const. 19 déc. 2013, ⚖ n° 2013-682 DC § 67.

41. Environnement. Est proportionnée au but poursuivi de protection de la santé une disposition qui interdit l'exportation de certains produits phytopharmaceutiques contenant des substances actives non approuvées par l'Union européenne. • Cons. const. 31 janv. 2020, ⚖ *Union des industries de la protection des plantes,* n° 2019-823 QPC § 4 s.

42. Divers. L'absence d'une instance représentative du personnel spécifiquement dédiée aux questions d'hygiène et de sécurité ne méconnaît pas le droit à la protection de la santé. • Cons. const. 21 mars 2018, ⚖ n° 2018-761 DC § 44.

II. PRISE EN COMPTE DE L'INTÉRÊT SUPÉRIEUR DE L'ENFANT

43. Il résulte du présent al. (et de l'al. 10 Préamb. Const. 1946) une exigence de protection de l'intérêt supérieur de l'enfant. • Cons. const. 21 mars 2019, ⚖ n° 2019-778 DC § 60 • Cons. const. 21 mars 2019, ⚖ *Adama S.,* n° 2018-768 QPC § 6. ♦ V. notes ss. Préamb. Const. 1946, al. 10.

III. DROIT AU REPOS

44. Principe. Le principe d'un repos hebdomadaire est l'une des garanties du droit au repos ainsi reconnu aux salariés. • Cons. const. 6 août 2009, n° 2009-588 DC § 2. ♦ En définissant un nouveau régime de dérogation au principe du repos dominical en prenant acte d'une évolution des usages de consommation dans les grandes agglomérations, le législateur n'a pas privé de garanties légales les exigences constitutionnelles résultant du présent al. • Même affaire, § 13.

45. En portant à 35 heures la durée légale du travail effectif, le législateur a entendu s'inscrire dans le cadre du présent al. qui « garantit à tous... le repos et les loisirs... ». • Cons. const. 13 janv. 2000, n° 99-423 DC § 27. ♦ De même, la mise en œuvre de dispositions plus favorables au regard du droit au repos compensatoire ouvert dans le cadre des heures complémentaires participe à la mise en œuvre du droit au repos. • Cons. const. 13 janv. 2003, n° 2002-465 DC § 11.

46. Ni la durée maximale hebdomadaire de travail ni la définition du travailleur de nuit n'étant concernées par l'extension du champ de la négociation d'entreprise, l'objet et les conditions des nouvelles possibilités de dérogation aux règles relatives à la durée du travail, et notamment au droit au repos, ne portent pas atteinte aux dispositions du présent al. • Cons. const. 19 avr. 2004, n° 2004-494 DC § 18.

47. Droit au repos et protection de la santé. Le droit au repos est un élément permettant d'assurer la protection de la santé. N'est pas contraire au respect de ces droits l'extension des conventions de forfait en jours aux salariés non cadres, dont la durée du temps de travail ne peut être prédéterminée et qui disposent d'une réelle autonomie dans l'organisation de leur emploi du temps pour l'exercice des responsabilités qui leur sont confiées, à condition qu'ils aient individuellement donné leur accord par écrit et dès lors qu'ils continuent de bénéficier du repos quotidien de 11 heures et du repos hebdomadaire de 35 heures. • Cons. const. 29 juill. 2005, n° 2005-523 DC § 6 et 7. ♦ V. déjà. • Cons. const. 22 juill. 2005, n° 2005-521 DC § 12. ♦ Il en va de même de dispositions favorisant le recours aux heures complémentaires sans qu'il soit dérogé aux durées maximales du travail. • Cons. const. 16 août 2007, n° 2007-555 DC § 9. ♦ Sur le repos hebdomadaire et le travail de nuit, V. notes ss. Préamb. Const. 1946, al. 10.

IV. DROIT AUX PRESTATIONS SOCIALES

48. Principe. Le législateur a mis en œuvre les exigences énoncées par le présent al. en instaurant un régime d'assurance sociale des accidents du travail et des maladies professionnelles (L. du 30 oct. 1946). • Cons. const. 18 juin 2010, *Épx. L.*, n° 2010-8 QPC QPC § 11. ♦ V. pour la législation spécifique à l'outre-mer. • Cons. const. 14 avr. 2016, *Jean-Marc P.*, n° 2016-533 QPC § 8. ♦ ... Pour couvrir les charges de maladie et de maternité de l'ensemble des personnes résidant en France de façon stable et régulière ainsi que pour garantir contre les risques susceptibles de réduire ou de supprimer les revenus des travailleurs. • Cons. const. 17 déc. 2015, n° 2015-723 DC § 20.

49. Prestations familiales. Le présent alinéa implique la mise en œuvre d'une politique de solidarité nationale en faveur de la famille mais laisse au législateur, pour satisfaire cette exigence, le choix des modalités d'aide aux familles qui lui paraissent appropriées. • Cons. const. 18 déc. 1997, n° 97-393 DC § 33. ♦ Outre les prestations familiales directement servies par les organismes de sécurité sociale, ces aides sont susceptibles de revêtir la forme de prestations, générales ou spécifiques, directes ou indirectes, apportées aux familles tant par les organismes de sécurité sociale que par les collectivités publiques et comprennent également le mécanisme fiscal du quotient familial. • Même affaire. ♦ V. aussi notes 24 s. ss. Préamb. Const. 1946, al. 10.

50. Vieillesse. Retraites. La mise en place d'un système facultatif d'épargne en vue de la retraite venant s'ajouter aux prestations des régimes obligatoires de base et complémentaires de la sécurité sociale qui ouvre droit, au profit des adhérents, sous certaines conditions d'âge ou de cessation d'activité, au paiement d'une *rente viagère ou d'un versement unique* ne porte pas atteinte aux principes garantis par le présent alinéa. • Cons. const. 20 mars 1997, n° 97-388 DC § 4.

51. L'exigence constitutionnelle résultant des présentes dispositions implique la mise en œuvre d'une politique de solidarité nationale en faveur des travailleurs retraités. • Cons. const. 14 août 2003, n° 2003-483 DC § 7 • Cons. const. 9 nov. 2010, n° 2010-617 DC § 8. ♦ Pour la réalisation ou la conciliation d'objectifs de nature constitutionnelle, le législateur peut adopter des modalités nouvelles dont il lui appartient d'apprécier l'opportunité, sous réserve de ne pas priver de garanties légales des exigences de caractère constitutionnel. • Cons. const. 12 janv. 2002, n° 2001-455 DC § 36 • Cons. const. 9 nov. 2010, n° 2010-617 DC § 8.

52. Le législateur a donc pu, pour préserver le système de retraite par répartition confronté à d'importantes difficultés de financement en raison de l'augmentation de l'espérance de vie, reporter à 62 ans l'âge légal de départ à la retraite. • Cons. const. 9 nov. 2010, n° 2010-617 DC § 9. ♦ ... Pour préserver le système de retraite complémentaire des professions médicales et paramédicales, confronté à d'importantes difficultés de financement, modifier la valeur de service du point de retraite de pensions déjà liquidées. • CE, QPC, 13 févr. 2013, n° 356149 B § 5 : *AJDA 2013. 1198*.

53. Le fait que le législateur prévoit pour 2019 des règles particulières de revalorisation du montant de certaines prestations ne méconnaît pas les exigences résultant du présent al. • Cons. const. 28 déc. 2018, n° 2018-777 DC § 70. ♦ De même, le législateur peut retenir, pour assurer la maîtrise des dépenses sociales et préserver le pouvoir d'achat de la majorité des retraités et des bénéficiaires de pensions d'invalidité, un dispositif exceptionnel de revalorisation différentielle des pensions de vieillesse et d'invalidité. • Cons. const. 20 déc. 2019, n° 2019-795 DC § 68 s.

54. Maladie. V. note 35.

55. Accidents du travail et maladies professionnelles. Pour concilier le droit des victimes d'actes fautifs d'obtenir la réparation de leur préjudice avec la mise en œuvre des exigences résultant du présent alinéa, il est loisible au législateur d'instaurer un régime spécifique de réparation se substituant partiellement à la responsabilité de l'employeur. • Cons. const. 18 juin 2010, *Épx. L.*, n° 2010-8 QPC § 14 • Cons. const. 14 avr. 2016, *Jean-Marc P.*, n° 2016-533 QPC § 8. ♦ Les dispositions contestées, en garantissant l'automaticité, la rapidité et la sécurité de la réparation des accidents du travail dus à une faute inexcusable de l'employeur, poursuivent un objectif d'intérêt général. Compte tenu de la situation particulière d'un salarié dans le cadre de son activité professionnelle, la dérogation au droit commun de la responsabilité pour faute, résultant de la réparation forfaitaire de la perte de salaire, n'institue pas de restrictions disproportionnées par rapport à l'objectif d'intérêt général poursuivi. • Cons. const. 14 avr. 2016, *Jean-Marc P.*, n° 2016-533 QPC § 9.

56. En l'absence de faute inexcusable de l'employeur, la réparation forfaitaire de la perte de salaire ou de l'incapacité, l'exclusion de certains préjudices et l'impossibilité, pour la victime ou ses ayants droit, d'agir contre l'employeur n'instituent pas de restrictions disproportionnées. • Cons. const. 18 juin 2010, ☎ *Épx. L.*, n° 2010-8 QPC § 16.

57. En présence d'une faute inexcusable de l'employeur, les dispositions de ce texte, outre la majoration qu'elles prévoient, ne sauraient toutefois, sans porter une atteinte disproportionnée au droit des victimes d'actes fautifs, faire obstacle à ce que ces mêmes personnes, devant les mêmes juridictions, puissent demander à l'employeur réparation de l'ensemble des dommages non couverts. • Cons. const. 18 juin 2010, *Épx. L.*, n° 2010-8 § 11 QPC § 18 • Même affaire, § 18. ♦ Rappr. • Cons. const. 6 mai 2011, *Cts C.*, n° 2011-127 QPC § 9. ♦ V. pour la législation spécifique à l'outre-mer. • Cons. const. 14 avr. 2016, ☎ *Jean-Marc P.*, n° 2016-533 QPC § 9. ♦ *Ab. jur.* • Civ. 2e, 19 oct. 2006, ☎ n° 05-15.805. ♦ ... Et la jurisprudence subséquente reprise dans la décision de renvoi. • Civ. 2e, 14 janv. 2016, n° 15-40.040.

58. La notion de faute inexcusable a, en outre, été considérablement assouplie, le juge estimant désormais que le manquement à l'obligation de sécurité et de résultat, notamment en ce qui concerne les accidents du travail, a le caractère d'une faute inexcusable lorsque l'employeur avait ou aurait dû avoir conscience du danger auquel était exposé le salarié et qu'il n'a pas pris les mesures nécessaires pour l'en préserver. • Cass., ass. plén., 24 août 2005 : *Bull. ass. plén., n° 7 ; JCP 2005. 1201, note Morvan.*

59. Les dispositions ayant pour objet d'améliorer la protection sociale des agriculteurs non salariés, notamment par la création d'indemnités journalières et d'une rente décès, ainsi que par une meilleure indemnisation de l'incapacité permanente, le législateur a pu, pour satisfaire aux prescriptions des dispositions du présent alinéa, choisir de créer une nouvelle branche de sécurité sociale. • Cons. const. 27 nov. 2001, n° 2001-451 DC § 21. ♦ Le montant de la franchise et le niveau des plafonds devront être fixés de façon telle que ne soient pas remises en cause les exigences du présent al. et qu'il ne soit pas porté atteinte au droit à réparation des personnes victimes d'accidents du travail ou atteintes de maladies professionnelles. • Cons. const. 13 déc. 2007, n° 2007-558 DC § 7. ♦ Rappr. • Cons. const. 29 déc. 2009, n° 2009-559 DC § 87.

60. Aide sociale. Si l'attribution des aides sociales peut être subordonnée, s'agissant des étrangers, à une condition de résidence, la fixation de sa durée ne doit pas aboutir à mettre en cause les dispositions du présent al. et tenir compte, à cet effet, des diverses prestations d'assistance dont sont susceptibles de bénéficier les intéressés. • Cons. const. 23 janv. 1987, n° 86-225 DC § 17.

V. POLITIQUE DE SOLIDARITÉ NATIONALE

61. Principe. Les exigences constitutionnelles résultant de ces dispositions (Préamb. Const. 1946, al. 10 et 11 combinés) impliquent la mise en œuvre d'une politique de solidarité nationale en faveur : des personnes défavorisées. • Cons. const. 14 août 2003, n° 2003-483 DC § 8 (retraités) • Cons. const. 29 déc. 2009, n° 2009-599 DC § 101 • Cons. const. 29 avr. 2011, *Mohamed T.*, n° 2011-123 QPC § 3 • Cons. const. 17 juin 2011, *Zeljko S.*, n° 2011-137 QPC § 4 • Cons. const. 17 juin 2011, *Féd. nat. assoc. tutélaires et a.*, n° 2011-136 QPC § 5 • Cons. const. 28 juill. 2011, n° 2011-639 DC § 6. ♦ ... Des personnes handicapées. • Cons. const. 15 nov. 2018, ☎ n° 2018-772 DC § 36. ♦ V. déjà, implicitement : • Cons. const. 29 avr. 2011, ☎ *Mohamed T.*, n° 2011-123 QPC § 3.

62. Pour satisfaire cette exigence, il appartient au législateur de choisir les modalités concrètes qui lui paraissent appropriées sans que l'exercice de ce pouvoir ne puisse aboutir à priver de garanties légales des exigences de caractère constitutionnel. Il lui donc loisible d'adopter, pour la réalisation ou la conciliation d'objectifs de nature constitutionnelle, des modalités nouvelles dont il lui appartient d'apprécier l'opportunité et qui peuvent comporter la modification ou la suppression de dispositions qu'il estime excessives ou inutiles. • Cons. const. 14 août 2003, n° 2003-483 DC § 8 • Cons. const. 29 déc. 2009, n° 2009-599 DC § 101 • Cons. const. 29 avr. 2011, *Mohamed T.*, n° 2011-123 QPC § 3 • Cons. const. 17 juin 2011, *Zeljko S.*, n° 2011-137 QPC § 4 • Cons. const. 17 juin 2011, *Féd. nat. assoc. tutélaires et a.*, n° 2011-136 QPC § 5 • Cons. const. 28 juill. 2011, n° 2011-639 DC § 6.

63. Il incombe tant au législateur qu'au Gouvernement, conformément à leur compétence respective, de déterminer dans le respect des principes proclamés par le présent al. les modalités de leur mise en œuvre. • Cons. const. 23 janv. 1987, n° 86-225 DC § 17 • Cons. const. 27 nov. 2001, n° 2001-451 DC § 19.

64. Étendue de l'obligation. Si l'existence d'un financement public pour permettre à toute personne de bénéficier d'une mesure de protection juridique lorsqu'elle se trouve dans l'impossibilité de pourvoir seule à ses intérêts en raison d'une altération de ses facultés met en œuvre le présent al., cette exigence constitutionnelle n'impose pas que la collectivité publique prenne en charge, quel que soit leur coût, toutes les diligences susceptibles d'être accomplies au titre d'une mesure de protection juridique. • Cons. const. 17 juin 2011, *Féd. nat. assoc. tutélaires et a.*, n° 2011-136 QPC § 8.

65. Il est loisible au législateur de prévoir, s'agissant des logements destinés à l'occupation temporaire ou saisonnière dont la gestion et l'entretien sont organisés et assurés de façon permanente, qu'un décret en Conseil d'État, pris après avis du Conseil national consultatif des personnes handicapées, fixe les exigences relatives à l'accessibilité et aux prestations que ces logements doivent fournir aux personnes handicapées. • Cons. const. 28 juill. 2011, n° 2011-639 DC § 9.

66. Le législateur a mis en œuvre, sans les méconnaître, les présentes exigences constitutionnelles : en instaurant un régime de retraite anticipée pour les professionnels libéraux reconnus inaptes au travail. • Cons. const. 23 sept. 2011, *Odile B., épse P.*, n° 2011-170 QPC § 6. ♦ ... En assurant à l'intéressé le bénéfice de l'aide sociale tant que dure son état de nécessité, et en prévoyant, afin d'en garantir le financement, qu'un recours en récupération pourra être exercé au décès du bénéficiaire, contre sa succession. • Cons. const. 21 oct. 2016, *Françoise B.*, n° 2016-592 QPC § 15. ♦... En réduisant à 20 % la proportion des logements devant être accessibles aux personnes en situation de handicap dans les bâtiments nouveaux d'habitation collectifs dès lors qu'il impose que tous les autres logements construits dans de tels bâtiments soient évolutifs. • Cons. const. 15 nov. 2018, n° 2018-772 DC § 38 s.

67. Solidarité et égalité. Ne violent pas le présent art. et constituent donc un critère approprié des dispositions qui, sans violer le principe d'égalité, fixent des conditions au bénéfice des certaines allocations. C'est le cas : d'une disposition qui réserve le bénéfice du RSA aux jeunes de moins de 25 ans ayant exercé une activité professionnelle. • Cons. const. 29 déc. 2009, n° 2009-599 DC § 103. ♦ ... D'une disposition qui permet aux étrangers titulaires depuis au moins 5 ans d'un titre de séjour de travaille. • Cons. const. 17 juin 2011, *Zeljko S.*, n° 2011-137 QPC § 5. ♦ ... D'une disposition qui réserve le bénéfice de l'allocation adulte handicapé à ceux dont le taux d'incapacité permanente est supérieur à un pourcentage fixé par décret. • Cons. const. 29 déc. 1993, n° 93-330 DC § 7 et 14. ♦ ... D'une disposition qui fixe par décret des objectifs caractérisant la difficulté d'accéder au marché du travail et excluant les personnes ayant occupé un emploi depuis une certaine durée. • Cons. const. 29 avr. 2011, *Mohamed T.*, n° 2011-123 QPC § 4. ♦ V. note 59. ♦ V. également la situation des professionnels libéraux pour la mise en œuvre d'un régime de retraite anticipée pour les professionnels reconnus inaptes au travail. • Cons. const. 23 sept. 2011, *Odile B., épse P.*, n° 2011-170 QPC § 7.

68. Sur le lien entre égalité et solidarité au sein d'un régime de sécurité sociale et entre régimes de sécurité sociale, V. notes ss. DDH, art. 6.

VI. LOGEMENT DÉCENT

69. V. notes ss. Préamb. Const. 1946, al. 1er.

Al. 12 La nation proclame la solidarité et l'égalité de tous les Français devant les charges qui résultent des calamités nationales.

BIBL. ▸ Pontier, Les calamités et le droit, *AJDA 2018. 1482*.

COMMENTAIRE

V. sur le Code en ligne.

Al. 13 La nation garantit l'égal accès de l'enfant et de l'adulte à l'instruction, à la formation professionnelle et à la culture. L'organisation de l'enseignement public gratuit et laïque à tous les degrés est un devoir de l'État.

COMMENTAIRE

V. sur le Code en ligne.

[V. références des décisions du Conseil constitutionnel dans les tableaux DC et QPC]

I. ORGANISATION DE L'ENSEIGNEMENT PUBLIC GRATUIT ET LAÏQUE

A. GRATUITÉ DE L'ENSEIGNEMENT

BIBL. Lavieille : « Les principes fondamentaux de l'enseignement dans le droit positif français », *AJDA 1978. 188.* – Lajoie et Tomasi : « Droits d'inscription et redevances universitaires », *AJDA 1988. 499.*

1. Le principe de gratuité ne vaut que pour l'enseignement public. • CE, ass., 5 déc. 1997, *Union régionale des organismes de gestion des éts d'enseignement catholique des Pays-de-Loire*, n° 174185 B (concl. Touvet) : *RFDA 1998. 160, concl. Touvet ; Dr adm. 1998. 50, note L. T.* • CAA Nantes, 8 juill. 1999, n° 98NT01068 • CAA Nantes, 13 avr. 2000, n° 98NT02521. ♦ Il résulte des dispositions du présent al. que l'exigence constitutionnelle de gratuité s'applique à l'enseignement supérieur public. • Cons. const. 11 oct. 2019, *Union nat. des étudiants en droit, gestion, AES, sciences économiques, politiques et sociales,* n° 2019-809 QPC § 4.

2. Le principe de gratuité de l'enseignement n'interdit pas que la rémunération des enseignants chargés des enseignements spécifiques impliquant l'utilisation progressive d'une langue étrangère dans certaines disciplines des sections internationales dans les écoles, collèges et lycées soit prise en charge par des associations agréées. • CE 5 déc. 2007, n° 292199.

3. Une commune n'est pas fondée à demander à l'État le remboursement des salaires des enseignants du conservatoire national de région de Versailles, chargés de l'enseignement musical dans les classes à horaires aménagés des établissements publics dès lors que rien dans la convention liant la Ville à l'État ne le prévoit. • CAA Versailles, 28 sept. 2006, *Ville de Versailles,* n° 05VE01720. ♦ Il en va de même des maîtres-nageurs qui assurent non des tâches d'enseignement mais des tâches de surveillance et d'assistance. • CAA Versailles, 7 sept. 2006, n° 05VE01619.

4. Il appartient aux autorités administratives compétentes de répartir les crédits relatifs aux assistants d'éducation entre les établissements d'enseignement public selon des critères objectifs et rationnels liés aux besoins des établissements de telle sorte que ne soient pas remises en cause les exigences du présent al. • Cons. const. 24 avr. 2003, n° 2003-471 DC § 5.

5. L'obligation de rembourser des émoluments versés à un élève de l'ENA pendant sa scolarité à la suite de la rupture par cet élève de l'engagement conclu de servir l'État pendant une durée minimum de 10 ans, ne viole pas le principe de la gratuité de l'enseignement. • CE 22 févr. 2006, n° 262623.

1° ENSEIGNEMENT MATERNEL

6. Le principe de la gratuité de l'enseignement primaire public posé par l'art. 1er de la *loi du 16 juin 1881* s'applique aux écoles maternelles publiques en dépit du fait qu'elles accueillent des élèves non soumis à l'obligation scolaire. • CE 10 janv. 1986, n° 58908 A • TA Nice, 18 juin 2002, n° 00-2397. ♦ Aucune participation aux frais ne peut être demandée aux parents d'élèves d'une école maternelle publique qu'ils soient ou non domiciliés dans la commune dans laquelle se situe l'école, dès lors qu'il s'agit des frais d'acquisition, d'entretien et de renouvellement du matériel d'enseignement. • CE 11 déc. 1987, n° 48642 B.

2° ENSEIGNEMENT PRIMAIRE ET SECONDAIRE

7. Le conseil municipal ayant décidé de mettre à la charge des familles domiciliées en dehors de la commune mais y scolarisant leurs enfants, un droit de scolarité correspondant à une participation aux dépenses exposées par la commune au titre des fournitures scolaires et d'autres prestations, une telle participation ne pouvait légalement être demandée aux parents au titre de prestations obligatoires. Si certaines des prestations que le droit de scolarité était destiné à couvrir présentaient un caractère facultatif et pouvaient faire l'objet d'une participation des parents d'élèves étrangers à la commune, le droit de scolarité mis à la charge de ces parents par la délibération attaquée était une somme globale sans que fût précisée la part du droit réclamée au titre de telle ou telle prestation, en outre que ledit droit de scolarité était indivisible. • CE 9 nov. 1990, n° 56049.

8. Est inopérant le moyen tiré de ce que méconnaîtraient un principe de gratuité de l'enseignement posé par le Préamb. Const. 1946 les dispositions d'un arrêté pris sur le fondement d'une loi prévoyant que seraient fixés de la sorte les taux et modalités de perception des droits d'inscription et de scolarité dans les établissements d'enseignement primaire et secondaire français à l'étranger de l'État. • CE, sect., 9 avr. 1976, *Conseil des parents d'élèves des écoles publiques de la mission universitaire et culturelle française au Maroc,* nos 89821 et 89822 A : *D. 1977. 240 note Schlutz* • CE 27 avr. 1987, n° 39183 • CE, avis, 23 juin 1992 : *EDCE 1993. 425.* ♦ Le moyen tiré de ce que la gratuité de l'enseignement figurerait au nombre des principes généraux du droit ne peut qu'être écarté comme inopérant, dès lors que le principe de la perception des droits de scolarité a été posé par la loi. • CE 4 févr. 2004, n° 244591 • CE 27 oct. 2004, n° 252970 • CE 9 juill. 2007, n° 297871.

9. En imposant aux usagers des établissements d'enseignement français à l'étranger, qui ne se trouvent pas dans la même situation vis à vis du service public que les usagers des établissements d'enseignement situés en France, une rémunération pour des services rendus gratuitement sur le territoire national, ni le principe de gratuité ni le principe d'égalité devant les charges publiques ne sont violés. • CE, sect., 9 avr. 1976, *Conseil des parents d'élèves des écoles publiques de la mission universitaire et culturelle française au Maroc,* nos 89821 et 89822 A : *préc. note 8.*

3° ENSEIGNEMENT SUPÉRIEUR

10. Champ d'application dans l'enseignement supérieur. Le principe d'égal accès à l'instruction et l'exigence constitutionnelle de gratuité s'appliquent à l'enseignement supérieur public en ce qu'il a pour objet la préparation et la délivrance de diplômes nationaux et non celle des diplômes propres délivrés en application de l'art. L. 613-2 C. éduc. ou des titres d'ingénieur diplômé. • CE 1er juill. 2010, n° 430121 A § 15 : *AJDA 2020. 1325* ; *ibid. 1783, chron. Malverti et Beaufils* ; *ibid. 2037, note Legrand* .

11. Droits d'inscription dans l'enseignement supérieur. Le présent al. ne fait pas obstacle, pour ce degré d'enseignement, à ce que des droits d'inscription modiques soient perçus en tenant compte, le cas échéant, des capacités financières des étudiants. • Cons. const. 11 oct. 2019, *Union nat. des étudiants en droit, gestion, AES, sciences économiques, politiques et sociales,* n° 2019-809 QPC § 4. ♦ V. déjà • CE, ass., 28 janv. 1972, *Conseil transitoire de la faculté des lettres et des sciences humaines de Paris,* n° 79200 A : *AJDA 1972. 90, chron. Labetoulle et Cabanes ; JCP 1973. 17296, note Chevallier* • CAA Nantes, 30 mai 2003, n° 00NT01547. ♦ Il en résulte que le caractère modique des frais d'inscription exigés des usagers suivant des formations dans l'enseignement supérieur public en vue de l'obtention de diplômes nationaux doit être apprécié, au regard du coût de ces formations, compte tenu de l'ensemble des dispositions en vertu desquelles les usagers peuvent être exonérés du paiement de ces droits et percevoir des aides, de telle sorte que de ces frais ne fassent pas obstacle, par eux-mêmes, à l'égal accès à l'instruction. • CE 1er juill. 2010, n° 430121 A § 15 : *préc. note 10.*

12. Autres droits. Si les établissements d'enseignement supérieur peuvent percevoir, en sus des droits d'inscription en vue de l'obtention d'un diplôme national, des rémunérations pour services rendus, cette faculté ne leur est offerte qu'à la condition que les prestations correspondantes soient facultatives et clairement identifiées et non des droits spécifiques aient eu un caractère forfaitaire et obligatoire. • CE 7 juill. 1993, n° 144310 B. ♦ En disposant que des prestations telles notamment que l'accès aux bibliothèques des facultés et aux salles de travail, normalement assurées sans contrepartie financière spécifique seraient soumises au versement d'une contribution, le conseil de l'université a institué un supplément illégal de droits d'inscription et non une rémunération de service rendu. • CE 10 déc. 1993, n° 80720 B.

13. Aide aux étudiants boursiers. La décision attaquée qui ne prévoit l'attribution de crédits permettant le remboursement du coût de la « trousse dentaire » qu'aux étudiants en odontologie ayant la qualité de boursier, ne porte pas par elle-même atteinte, en tout état de cause, au principe de gratuité de l'enseignement public. • CE 19 oct. 2001, n° 211491.

B. LAÏCITÉ ET NEUTRALITÉ DE L'ENSEIGNEMENT

1° LIBERTÉ DE L'ENSEIGNEMENT ET FINANCEMENT DE L'ENSEIGNEMENT PRIVÉ

14. La sauvegarde du caractère propre d'un établissement privé d'enseignement lié à l'État par contrat n'est que la mise en œuvre du principe de la liberté de l'enseignement qui, rappelé notamment à l'art. 91 de la LF du 31 mars 1931, constitue l'un des principes fondamentaux reconnus par les lois de la République, réaffirmés par Préamb. Const. 1946 et auxquels la Const. 58 a conféré valeur constitutionnelle. • Cons. const. 23 nov. 1977, n° 77-87 DC § 2 et 3.

15. Le licenciement d'une enseignante divorcée au motif que son nouveau mariage était incompatible avec son emploi dans un établissement catholique et que l'enseignement que les enseignants y dispensent serait inefficace s'ils ne le mettaient pas en pratique porte atteinte à la liberté du mariage. Le simple fait qu'il s'agisse d'un établissement catholique est insuffisant pour lui permettre d'enfreindre ce principe d'ordre public des lors que, lié à l'État par un « contrat simple », l'établissement est accessible à « tous les enfants, sans distinction d'origine, d'opinion ou de croyance » et doit prodiguer l'enseignement « dans le respect total de la liberté de conscience ». • Ch. mixte, 17 oct. 1975, n° 72-40.239 P.

16. Dans les établissements privés sous contrat l'enseignement est dispensé selon les règles générales et les programmes de l'enseignement public. Dès lors, les dispositions des circulaires du ministre relatives aux programmes s'y appliquent. • CE 18 oct. 2000, *Assoc. Promouvoir,* n° 213303 A.

17. Les dispositions du présent al. ne sauraient exclure l'existence de l'enseignement privé, non plus que l'octroi d'une aide de l'État à cet enseignement dans des conditions définies par la loi. • Cons. const. 23 nov. 1977, n° 77-87 DC § 4 • Cons. const. 8 juill. 1999, n° 99-414 DC § 6. ♦ De même, il ne fait pas obstacle à la possibilité pour le législateur de prévoir, sous réserve de fonder son appréciation sur des critères objectifs et rationnels, la participation des collectivités publiques au financement du fonctionnement des établissements d'enseignement privés sous contrat d'association. • Cons. const. 8 juill. 1999, n° 99-414 DC § 8 • Cons. const. 22 oct. 2009, n° 2009-591 DC § 6. ♦ Ces aides doivent tenir compte de la nature et de l'importance de la contribution de ces établissements à l'accomplissement de missions d'enseignement. • Cons. const. 13 janv. 1994, n° 93-329 DC § 27 • Cons. const. 8 juill. 1999, n° 99-414 DC § 8 • Cons. const. 22 oct. 2009, n° 2009-591 DC § 6.

18. Dès lors, il incombe au législateur de définir les conditions de mise en œuvre de ces dispositions et principes à valeur constitutionnelle en prévoyant notamment les garanties nécessaires pour prémunir les établissements d'enseignement public contre des ruptures d'égalité à leur détriment au regard des obligations particulières que ces établissements assument ; or en l'espèce, les dispositions de la loi déférée ne comportent pas de garanties suffisantes pour éviter que des établissements d'enseignement privés puissent se trouver placés dans une situation plus favorable que celle des établissements d'enseignement public, compte tenu des charges et des obligations de ces derniers. • Cons. const. 13 janv. 1994, n° 93-329 DC § 27 et 30. ♦ Il peut, pour l'application de ces critères, tenir compte de la spécificité de certains enseignements et en particulier de l'enseignement dispensé dans les lycées agricoles. • Cons. const. 8 juill. 1999, n° 99-414 DC § 8.

19. Aucune disposition ne fait obstacle à ce qu'une commune alloue une aide à une université catholique dès lors que l'opération n'était pas étrangère à l'intérêt communal et que, limitée à la réalisation de bâtiments d'enseignement, elle ne méconnaissait pas le principe de laïcité. • CAA Lyon, 24 juin 2010, n° 09LY02945.

2° LAÏCITÉ ET NEUTRALITÉ DE L'ENSEIGNEMENT PUBLIC

20. Principe. Le principe de la laïcité de l'enseignement public est un des éléments de la laïcité de l'État. • CE 10 mars 1995, *Aoukili*, n° 159981 A : *AJDA 1995. 332, concl. Aguila ; JCP 1995. 22431, note Nguyen Van Tuong ; D. 1995. 365, note Koubi*. ♦ ... Et impose que l'enseignement soit dispensé dans le respect, d'une part, de la neutralité par les programmes et les enseignants, d'autre part, de la liberté de conscience des élèves. Il interdit dès lors toute discrimination dans l'accès à l'enseignement qui serait fondée sur les convictions religieuses ou les croyances des élèves. • CE 27 nov. 1989, avis n° 346893 : *RFDA 1990. 1, note Rivero ; AJDA 1990. 39, note J.-P. C.* • CE 2 nov. 1992, *Kherouaa*, n° 130394 A : *D. 1993. 108, note Koubi ; RFDA 1993. 112, concl. Kessler ; AJDA 1992. 788, chron. Maugüé et Schwartz ; ibid. 2014. 104, note Lallet et Geffray ; RD publ. 1993. 220 note Sabourin* • CE 6 oct. 2000, *Assoc. Promouvoir*, n°s 216901, 217800, 217801 et 218213 A : *AJDA 2000. 1060, concl Boissard* • CE 18 oct. 2000, *Assoc. Promouvoir*, n° 213303 A : *préc. note 16.* ♦ En revanche, est justifiée l'exclusion d'élèves participant à des actes de prosélytisme au sein de l'établissement. • CE 27 nov. 1996, *Ligue islamique du Nord*, n°s 170207 et 170208 A : *LPA 10 mars 1997, p. 11, note Nguyen Van Tuong ; JCP 1997. 22808, note Seiller.*

21. Le principe de laïcité n'est pas remis en cause par la ratification d'un accord entre la France et le Saint-Siège sur la reconnaissance des grades et diplômes ecclésiastiques dès lors que celui-ci ne confère pas à lui seul aux personnes qui en bénéficient de droit particulier à poursuivre des études dans l'établissement dans lequel elles souhaitent s'inscrire et ne font prévaloir ainsi aucun critère religieux ni aucune considération de la pratique éventuelle d'un culte pour l'accès à l'enseignement supérieur public. • CE, ass., 9 juill. 2010, *Féd. nat. libre pensée*, n° 327663 A (conc. Keller) : *RFDA 2010. 980, concl. Keller ; AJDA 2010. 1635, chron. Liéber et Botteghi ; D. 2010. 2868, chron. Boskovic et a. ; RFDA 2010. 995, note Rambaud et Roblot-Troizier ; Cah. Cons. const. 2010. 206, note Roblot-Troizier ; Dr. adm. 2010. 130, note Platon ; ibid. 2011. 7, étude Corre.*

22. S'agissant de la neutralité du service de l'éducation sur des sujets touchant aux convictions V. • CE 15 oct. 2014, *Sté Conf. Nat. Assoc. familiales catholiques*, n° 369965 B : *AJDA 2015. 100, note Chevalier ; ibid. 2014. 2032 ; D. 2014. 2451, note de Dieuleveult ; ibid. 2015. 1007, obs. Régine ; JCP Adm. 2014. 824 ; Dr. adm. 2015. 14, note Éveillard.*

23. Situation des enseignants. Les croyances des enseignants ne sont pas incompatibles avec la neutralité du service public. • CE 8 déc. 1948, *Pasteau : Lebon 463.* ♦ La liberté de conscience doit se combiner avec l'obligation imposée aux enseignants d'observer dans leur enseignement un devoir de réserve • Cons. const 18 janv. 1985, n° 84-185 DC § 11. ♦ Ainsi, ne peut être écarté un candidat au seul motif : qu'il a suivi ses études dans l'enseignement confessionnel. • CE 25 juill. 1939, *Beis : Lebon 524.* ♦ ... Qu'il fréquente, à ses heures de loisir, un groupement confessionnel. • CE 3 mai 1950, *Jamet : Lebon 247.*

24. En revanche, la manifestation des croyances se heurte à la neutralité. Le port d'un foulard par une surveillante d'internat justifie qu'il soit mis fin à ses fonctions. • CE, avis, 3 mai 2000, *Marteaux*, n° 217017 A : *AJDA 2000. 602, chron. Guyomar et Collin ; RFDA 2001. 146, concl. Schwartz ; D. 2000. 747, note Koubi ; Dr. adm. 2000 n° 189, note R. S.* ♦ V. également. • TA Poitiers, 4 oct. 2017, n° 1501269 : *JCP Adm. 2017. 2271, concl. Revel.* ♦ Comp. • CEDH 15 févr. 2001, *Dahlad c/ Suisse : AJDA 2001. 480, note Flauss ; RFDA 2003. 536, note Chauvin* (qui semble limiter le caractère prosélyte du port du voile aux enseignants d'enfants en bas âge, compte tenu des valeurs d'inégalité entre homme et femmes véhiculées par ce signe religieux mais qui ne se base pas sur le principe de neutralité). ♦ En revanche le port, par une enseignante, d'une petite croix à peine visible, ne justifie pas une sanction disciplinaire. • CE 28 avr. 1938, *Weiss : D. 1939. 41.*

25. Contrairement à ce qui a été décidé par l'art. 17 de la L. du 30 oct. 1886 en ce qui concerne l'enseignement du premier degré, aucun texte législatif n'écarte les personnels non laïcs des fonctions de l'enseignement du second degré. Si les dispositions constitutionnelles qui ont établi la laïcité de l'État et celle de l'enseignement imposent la neutralité de l'ensemble des services publics et en particulier la neutralité du service de l'enseignement à l'égard de toutes les religions, elles ne mettent pas obstacle par elles-mêmes à ce que des fonctions de ces services soient confiées à des membres du clergé. Par suite, et en admettant même que sa qualité, s'il l'avait acquise avant sa nomination, eût pu permettre de lui refuser l'accès à certaines fonctions d'enseignement, un professeur titulaire de l'enseignement du second degré ne peut légalement être écarté de ses fonctions par le motif qu'il aurait embrassé l'état ecclésiastique. • CE, ass., avis, 21 sept. 1972, n° 309354 : *EDCE n° 55 p. 422 ; GACE 3e éd. p. 101.* ♦ Rappr. • 6 nov. 2020, avis *AJDA 2020. 2295* (s'agissant d'un magistrat).

26. Situation des élèves. En donnant comme exemples de tels signes ou tenues, le voile islamique, la kippa ou une croix de dimension manifestement excessive, reprenant ainsi ceux cités lors des travaux préparatoires de cette loi, le ministre de l'éducation nationale (...) a précisé l'interprétation de ce texte et n'a donc ni excédé ses compétences, ni méconnu le sens ou la portée des dispositions législative. • CE, sect., 8 oct. 2004, *Union française pour la cohésion nationale,* n° 269077 A : *RFDA 2004. 977, concl. Keller ; AJDA 2005. 43, note Rollin ; JCP Adm. 2004. 1711, note Tawil.* ♦ Rappr. • CE 2 nov. 1992, *Kherouaa et a.,* n° 130394 A : *préc. note 20.* ♦ La position du juge administratif rejoint du reste celle de la CEDH qui admet l'interdiction du port du voile comme un moyen de mise en œuvre du principe de laïcité dès lors que sont en jeu les droits et libertés d'autrui, la paix civile, les impératifs de l'ordre public et le pluralisme. • CEDH 4 déc. 2008, *Dogru c/ France,* n° 27058-05 : *AJDA 2008. 2311 ; Dr. adm. 2009. 8, note Raimbault* • CEDH 30 juin 2009, *Tuba Aktas et a. c/ France,* n° 43563/08 : *AJDA 2009. 2077, Gonzalez ; JCP Adm. 2009. 2263, note Dieu.*

27. Le port d'un turban sikh peut valablement être *interdit* et *justifier l'exclusion* d'un élève. • TA Melun, 19 avr. 2005, *Gurdial Singh : AJDA 2005. 917* • CAA Paris, 19 juill. 2005 : *Dr. adm. 2005 n° 170 ; JCP Adm. 2005, n° 1357, note Chélini-Pont et Tawil* • CE 5 déc. 2007, *Singh,* n° 285394 A (concl. Keller) : *Dr. adm. 2008. 6.* ♦ Il en va de même : du port d'un bandana couvrant les cheveux d'une jeune fille. • CE 5 déc. 2007, *Ghazal,* n° 295671 A (concl. Keller) : *Dr. adm. 2008. 6.* ♦ V. déjà • CE 8 oct. 2004, *X. : JCP Adm. 2004. n° 1849, note Tawil.* ♦ ... D'un foulard islamique. • CAA Nancy, 24 mai 2006, n° 05NC01280 • CE 6 mars 2009, *Mlle Akremi,* n° 307764 : *AJDA 2009. 1006* .

28. Peut être sanctionné le port de tenues incompatibles avec l'enseignement pratiqué sans qu'il y ait lieu pour chaque cas de justifier de l'existence d'un danger. • CE 10 mars 1995, *Aoukili,* n° 159981 A : *préc. note 20* • CE 20 oct. 1999, *Ait Ahmad,* n° 181486 B : *AJDA 2000. 165, note De La Morena* .

29. Dans l'enseignement supérieur, l'interdiction du port du voile ne peut évidemment pas jouer tant que celui-ci par son caractère ostentatoire, ne constitue pas un acte de pression, de provocation, de prosélytisme ou de propagande, ne perturbe pas le déroulement des activités d'enseignement de recherche et ne trouble pas le fonctionnement normal du service public. • CE 26 juill. 1996, n° 170106 B.

30. Situation des parents. Le principe de laïcité de l'enseignement public, qui est un élément de la laïcité de l'État et de la neutralité de l'ensemble des services publics, impose que l'enseignement soit dispensé dans le respect, d'une part, de cette neutralité par les programmes et par les enseignants et, d'autre part, de la liberté de conscience des élèves. Ce même principe impose également que, quelle que soit la qualité en laquelle elles interviennent, les personnes qui, à l'intérieur des locaux scolaires, participent à des activités assimilables à celles des personnels enseignants, soient astreintes aux mêmes exigences de neutralité. Les seuls parents concernés par l'exigence d'arborer une tenue neutre sont ceux qui, à l'intérieur des classes de l'école, se livrent à des activités assimilables à des activités d'enseignement, sans qu'il s'agisse d'édicter une interdiction générale faite aux mères portant le voile de participer à l'ensemble des activités scolaires. • CAA Lyon, 23 juill. 2019, n° 17LY04351 : *AJDA 2019. 1670 ; ibid. 2019. 2401, tribune Bui-Xuan ; AJCT 2019. 526, obs. Villeneuve ; JCP Adm. 2019. 575 ; ibid. 2307, concl. Deliancourt, note Philip-Gay.*

31. Les parents d'élèves autorisés à accompagner une sortie scolaire à laquelle participe leur enfant doivent être regardés, comme les élèves, comme des usagers du service public de l'éducation. Par suite, les restrictions à la liberté de manifester leurs opinions religieuses ne peuvent résulter que de textes particuliers ou de conditions liées à l'ordre public ou au bon fonctionnement du service. • TA Nice, 9 juin 2015, n° 1305386 : *AJDA 2015. 1125 ; ibid. 1933, note Brice-Delajoux ; AJCT 2015. 544, obs. Rouquet ; JCP Adm. 2015. 2236,* *concl. Laso.* ♦ *A contrario.* • TA Montreuil, 22 nov. 2011, *Osman,* n° 1012015 : *AJDA 2012. 163, note Hennette-Vauchez ; ibid. 1388, études Vergely ; JCP Adm. 2011. 2384, concl. Restino ; Dr. adm. 2012. 16, note Taillefait.* ♦ La Haute Autorité de lutte contre les discriminations et pour l'égalité avait un temps indiqué que les dispositions de la L. du 15 mars 2004 ne s'appliquent pas aux parents, y compris lorsqu'ils participent à des sorties scolaires. • La HALDE, 6 juin 2007, *Communiqué de presse : Dr. adm. 2007. V. 25.*

32. Situations voisines de l'enseignement. V. s'agissant d'une assistante maternelle dont l'activité professionnelle se déroule à son domicile mais qui, ainsi que son statut le lui impose, participe aux multiples activités organisées au sein de la crèche familiale ainsi qu'aux diverses sorties extérieures proposées aux enfants et à leurs assistantes : • CAA Versailles, 23 févr. 2006, n° 04VE03227 : *AJDA 2006. 1237 ; AJFP 2006. 159 ; JCP Adm. 2005. 1165, chron. Belaval et Cassia ; ibid. 2006. 1259, note Tawil.* ♦ A l'inverse, s'agissant d'une salariée voilée d'une crèche privée non chargée d'une mission de service public, le règlement intérieur n'étant pas suffisamment précis, il est impossible d'interdire le port du voile. • Soc. 19 mars 2013, *Fatima Laaouej, épse Afif c/ Assoc. Baby-Loup,* n° 11-28.845 P : *AJDA 2013. 1069, note Dreyfus ; D. 2013. 962 ; ibid. 761, édito. Rome ; ibid. 956, avis Aldigé ; ibid. 963, note Mouly ; ibid. 1026, obs. Lokiec et Porta ; AJCT 2013. 306, obs. Ficara ; Dr. soc. 2013. 388, étude Dockès ; RDT 2013. 385, étude Adam ; JCP Adm. 2013. 2131, note Dieu ; ibid. 2132, note Vila ; Dr. adm. 2013. 34, note Brice-Delajoux.* ♦ *Ab. jur.* • Versailles, 27 oct. 2011, *Assoc. Baby-Loup,* n° 10/05642 : *D. 2012. 901, obs. Lokiec et Porta ; RD publ. 2012. 1585, note Brice-Delajoux ; RD publ. 2012. 1585, note Brice-Delajoux.* ♦ V. *contra* : la mise à pied reposait sur un ordre licite de l'employeur au regard de l'obligation spécifique de neutralité imposée à la salariée par le règlement intérieur de l'entreprise. • Paris, 27 nov. 2013, *Fatima L. c/ Assoc. Baby-Loup,* n° 13/02981 : *D. 2014. 65, note Mouly ; AJCT 2014. 63, obs. Dreyfus ; Dr. soc. 2014. 4, étude Ray ; ibid. 100, étude Laronze .* ♦ V. annotations ss. Const. 58, art. 1er, et également • CE, ass., 19 déc. 2013, *Étude demandée par le Défenseur des droits, p. 12 à 18 : JCP Adm. 2014. 2005, note Pauliat.*

33. Programmes et enseignements. Les opinions religieuses ou philosophiques des lycéens et des collégiens de troisième ne doivent pas faire obstacle à ce que leur soit apportée, dans un but de santé publique, une information sur la contraception. • CE 6 oct. 2000, *Assoc. Promouvoir,* nos 216901, 217800, 217801 et 218213 A : *préc. note 20.* ♦ ... Ou sur la sexualité. • CE 18 oct. 2000, *Assoc. Promouvoir,* n° 213303 A : *préc. note 16.*

34. Ces opinions ou croyances ne doivent pas conduire à un absentéisme systématique. • CE 27 nov. 1996, *Wissaadane,* n° 170209 A • CE, ass., 14 avr. 1995, *Koen,* n° 157653 A (concl. Aguila) : *RFDA 1995. 585, concl. Aguila ; AJDA 1995. 501, chron. Stahl et Chauvaux ; JCP 1995. 22437, note Nguyen Van Tuong ; D. 1995. 481, note Koubi .* ♦ Mais des absences ponctuelles pour l'observation d'une fête religieuse sont possibles si elles sont compatibles avec les études et le respect de l'ordre public dans l'établissement. • CE, ass., 14 avr. 1995, *Koen,* n° 157653 A : *préc.*

35. Est insusceptible de porter atteinte à la liberté d'expression et de conscience (et ne méconnaît pas la neutralité du service public de l'enseignement) en raison de l'usage de l'expression « génocide des Arméniens » et de l'orientation que celui-ci confère à l'enseignement des faits en question l'arrêté fixant le programme d'enseignement d'histoire-géographie-éducation civique dès lors qu'il se borne à reprendre une formulation courante, notamment de la part d'historiens, et d'ailleurs reprise par la loi n° 2001-70 du 29 janv. 2001 relative à la reconnaissance du génocide arménien. La seule utilisation des termes « génocide des Arméniens », qui reprend une formulation courante, n'est pas, par elle-même, de nature à porter atteinte à ces principes. L'objet même du programme d'histoire fixé par l'arrêté est de faire enseigner aux élèves l'état des savoirs tel qu'il résulte de la recherche historique, laquelle repose sur une démarche critique, fondée sur la liberté de soumettre à débat toute connaissance. • CE 4 juill. 2018, n° 392400 A : *AJDA 2018. 1365 ; ibid. 1884, chron. Nicolas et Faure ; JCP Adm 2018. 2251, concl. Dieu.*

36. Cantines scolaires... Généralités. Si l'inscription à la cantine des écoles primaires, lorsque ce service existe, est un droit pour tous les enfants scolarisés, cela ne fait pas obstacle à ce que les collectivités territoriales puissent légalement refuser d'y admettre un élève lorsque, à la date de leur décision, la capacité maximale d'accueil de ce service public est atteinte. • CE 22 mars 2021, n° 429361 : *AJDA 2021. 655 ; JCP 2021. 2123, note Pauliat.*

37. Les dispositions qui imposent de servir des produits issus de l'élevage et de la pêche ont pour seul objet d'assurer la qualité nutritionnelle des repas proposés par les gestionnaires de ces cantines, lesquels comportent également, aux termes de l'arrêté, d'autres nutriments que les protéines animales et ne font pas par eux-mêmes obstacle à l'exercice des choix alimentaires dictés à leurs usagers par leur conscience. • CE 20 mars 2013, n° 354547 § 7 : *AJDA 2013. 1427* . ♦ Le refus d'une collectivité d'adapter un repas en fonction des convictions religieuses des familles (ne pas servir de viande, proposer un plat de volaille à la place d'un plat à base de porc,...) ne saurait être assimilé à une pratique discriminatoire puisqu'aucun refus de principe concernant l'accès à la cantine n'est opposé aux parents. * Défenseur des droits, 28 mars 2013 : *L'égal accès des enfants à la cantine de l'école primaire, p. 15.* ♦ L'observation de prescriptions alimentaires peut être regardée comme une manifestation directe de croyances et pratiques religieuses ; le service de la restauration est un service public administratif dont la fréquentation est facultative au sein duquel s'impose le principe de laïcité. Il en résulte que la décision du maire de ne pas servir à l'enfant concerné des repas sans protéines animales autres que celles provenant de poissons n'a pas été prise en violation du principe de la liberté de religion. • TA Cergy-Pontoise, 30 sept. 2015, n° 1411141 : *AJDA 2015. 2394, concl. Costa* . ♦ S'il n'existe aucune obligation pour les collectivités territoriales gestionnaires d'un service public de restauration scolaire de distribuer à ses usagers des repas différenciés leur permettant de ne pas consommer des aliments proscrits par leurs convictions religieuses, et aucun droit pour les usagers qu'il en soit ainsi, dès lors que les dispositions de l'art. 1er Const. 58 interdisent à quiconque de se prévaloir de ses croyances religieuses pour s'affranchir des règles communes régissant les relations entre collectivités publiques et particuliers, ni les principes de laïcité et de neutralité du service public, ni le principe d'égalité des usagers devant le service public, ne font, par eux-mêmes, obstacle à ce que ces mêmes collectivités territoriales puissent proposer de tels repas. Lorsque les collectivités ayant fait le choix d'assurer le service public de restauration scolaire définissent ou redéfinissent les règles d'organisation de ce service public, il leur appartient de prendre en compte l'intérêt général qui s'attache à ce que tous les enfants puissent bénéficier de ce service public, au regard des exigences du bon fonctionnement du service et des moyens humains et financiers dont disposent ces collectivités. Il résulte de ce qui précède qu'en jugeant que les principes de laïcité et de neutralité du service public ne faisaient, par eux-mêmes, pas obstacle à ce que les usagers du service public facultatif de la restauration scolaire se voient offrir un choix leur permettant de bénéficier d'un menu équilibré sans avoir à consommer des aliments proscrits par leurs convictions religieuses, la cour n'a ni commis d'erreur de droit, ni méconnu les principes de laïcité, de neutralité et d'égalité des usagers devant le service public. • CE 10 déc. 2020, n° 426483 A (concl. Cytermann) : *AJDA 2021. 461, concl. Cytermann* ; *ibid. 2020. 2464* ; *AJCT 2021. 157, obs. Bouillon* ; *JCP Adm. 2020. 737.* ♦ V. déjà. • CAA Lyon, 23 oct. 2018, n° 17LY03323 : *AJDA 2018. 2051* ; *ibid. 2019. 117, note Bonnet* ; *AJCT 2019. 58, obs. Defert* ; *Dr. Adm. 2019. 23, note Pinel* • TA Dijon, 28 août 2017, n° 1502100 : *AJDA 2017. 1638* ; *ibid. 2207, note Roman* ; *JCP Adm. 2017. 574.*

38. *Cantines scolaires... Covid-19.* Eu égard à sa portée limitée, la mesure instaurant des menus sans viande n'apparaît pas de nature à avoir des incidences graves sur les filières agricoles d'élevage. La mesure en cause, qui n'est qu'exceptionnelle et transitoire, ne crée donc pas, en l'état de l'instruction et eu égard à l'office du juge des référés, d'inconvénients qui soient susceptibles d'excéder ses justifications. • TA Lyon, ord., 12 mars 2021, *FDSEA du Rhône*, n° 2101279 : *AJDA 2021. 593* .

39. *Alsace-Moselle.* La législation relative à l'enseignement religieux obligatoire dans les départements d'Alsace et de Moselle n'a pas été abrogée, fût-ce implicitement, par la réaffirmation du principe de laïcité dans le préambule de la Constitution de 1958. • CE 6 avr. 2001, nos 219379, 221699 et 221700 A : *Rev. dr. local 2001, n° 33, p. 56, note Woerling ; AJDA 2002. 63, note Toulemonde* • CE 30 nov. 2001, n° 219605. ♦ V. déjà • CE, sect., 23 mai 1958, *Weber : Lebon 293.* ♦ L'obligation d'assurer un enseignement religieux dans toutes les écoles de ces départements et, en particulier, dans les établissements publics du second degré, constitue une règle de valeur législative s'imposant au pouvoir réglementaire. • CE 30 nov. 2001, n° 219605.

40. *Enseignement supérieur.* Les élèves infirmiers de l'enseignement supérieur sont libres de faire état de leurs croyances religieuses, notamment par le port de vêtements ou de signes, sauf pendant leur stage dans un établissement de santé public. • CE 28 juill. 2017, n° 390740 B : *AJDA 2017. 1592* ; *ibid. 2084, note Juston et Guilbert* ; *AJFP 2017. 338* ; *Dr. adm. 2018. 5, note Éveillard.* ♦ V. aussi comm. ss. Préamb. Const. 1946, al. 1er.

41. Dès lors qu'une personne est éligible à la présidence d'une université, l'état d'ecclésiastique ne constitue pas en lui-même une manifestation ou un comportement qui établirait une incompatibilité aux fonctions de président d'université. • TA Strasbourg, 14 nov. 2017, n° 1703016 : *AJDA 2017. 2501* ; *ibid. 2018. 457, concl. Dulmet* ; *AJFP 2018. 168. comm. Fernandes* .

42. Il résulte ainsi du principe constitutionnel de laïcité que l'accès aux fonctions publiques, dont l'accès aux fonctions de président d'université, s'effectue sans distinction de croyance et de religion ; que, par suite, il ne peut, en principe, être fait obstacle à ce qu'une personne ayant la qualité de ministre d'un culte puisse être élue aux fonctions de président d'université, celle-ci étant alors tenue, eu égard à la neutralité des services publics qui découle également du principe de laïcité, de ne pas manifester ses opinions religieuses dans l'exercice de ses fonctions ainsi qu'à un devoir de réserve en dehors de l'exercice de ces fonctions. • CE 27 juin 2018, n° 419595 A : *AJDA 2018. 1364 ; JCP Adm. 2018. 585 ; JCP 2018. 2331, concl. Dieu ; Dr. adm. 2018. 60, note Éveillard.* ♦ V. déjà. • TA Strasbourg, 14 déc. 2017, n° 1703016 : *AJDA 2018. 457, concl. Dulmet ; AJFP 2018. 168, comm. Fernandes ; JCP Adm. 2018. 69.*

II. ÉGAL ACCÈS DE L'ENFANT ET DE L'ADULTE À L'INSTRUCTION, À LA FORMATION PROFESSIONNELLE ET À LA CULTURE

43. Égal accès à l'instruction. S'il est loisible au législateur, par dérogation, de permettre la diversification de l'accès des élèves du second degré aux formations dispensées par l'Institut d'études politiques de Paris, c'est à la condition que les modalités particulières que fixera à cette fin, sous le contrôle du juge de la légalité, le conseil de direction de l'Institut, reposent sur des critères objectifs de nature à garantir le respect de l'exigence constitutionnelle d'égal accès à l'instruction. • Cons. const. 11 juill. 2001, n° 2001-450 DC § 33.

44. Formation professionnelle et apprentissage. Des dispositions relatives à l'accès à la formation professionnelle et à l'apprentissage doivent être examinées au regard du présent al. • Cons. const. 16 mars 2006, n° 2006-533 DC § 17.

45. Apprentissage. L'absence de recours au congé de formation résulte, dans le secteur du sport professionnel, de son caractère inadapté aux besoins de cette profession, qui portent essentiellement sur l'apprentissage d'une autre activité au terme de la carrière sportive. • Cons. const. 9 déc. 2004, n° 2004-507 DC § 19.

46. Formation professionnelle. Il résulte des présentes dispositions que la mise en œuvre d'une politique garantissant un égal accès de tous à la formation professionnelle constitue une exigence constitutionnelle. • Cons. const. 29 juill. 2016, *Joseph L. et a.,* n° 2016-558/559 QPC § 7.

47. Des dispositions visant à favoriser un accès équilibré des femmes et des hommes aux différentes filières de formation professionnelle et d'apprentissage ne méconnaissent pas les présentes exigences constitutionnelles dès lors qu'elles n'ont pas pour effet de faire prévaloir la considération du sexe sur celle des capacités. • Cons. const. 16 mars 2006, n° 2006-533 DC § 18.

48. Les dispositions contestées n'ouvrent la possibilité de déclencher le financement que pendant la période de préavis. L'impossibilité pour le salarié licencié pour faute lourde de demander, postérieurement à l'expiration de son contrat de travail, le bénéfice des heures acquises au titre du droit individuel à la formation et non utilisées à la date d'effet de son licenciement ne résulte pas de ces dispositions qui, dès lors, ne portent pas atteinte à l'égal accès à la formation professionnelle. Par ailleurs, si les dispositions contestées prévoient que le salarié licencié pour faute lourde ne peut pas demander le financement par l'employeur, pendant la période de préavis, d'une action de bilan de compétences, de validation des acquis de l'expérience ou de formation au moyen des heures acquises au titre du droit individuel à la formation et non utilisées, elles ne font que tirer les conséquences de l'absence de droit à un préavis de ces salariés. • Cons. const. 29 juill. 2016, *Joseph L. et a.,* n° 2016-558/559 QPC § 9 et 10.

49. Enseignement supérieur. D'une part, si les établissements publics d'enseignement supérieur peuvent tenir compte des caractéristiques de la formation, lesquelles font d'ailleurs l'objet d'un « cadrage national » fixé par arrêté ministériel, ainsi que des acquis et compétences des candidats afin, le cas échéant, de subordonner leur inscription à l'acceptation par eux de dispositifs d'accompagnement et de formation, il s'agit de critères objectifs et rationnels de nature à garantir le respect du principe d'égal accès à l'instruction. D'autre part, il ressort des termes mêmes des dispositions contestées que c'est aux fins de favoriser la réussite des candidats en situation de handicap qu'il est tenu compte des aménagements et adaptations dont ils bénéficient. • Cons. const. 8 mars 2018, n° 2018-763 DC § 12. ♦ Il en va de même du mécanisme de départage des candidats tenant compte de la cohérence entre, d'une part, le projet de formation du candidat, les acquis de sa formation antérieure et ses compétences et, d'autre part, les caractéristiques de la formation. • Cons. const. 8 mars 2018, n° 2018-763 DC § 25.

50. Les établissements d'enseignement supérieur ont mis en place des enseignements à distance pour leurs étudiants. Les dispositions limitant l'accès des étudiants aux dits établissement, prévoient que les enseignements dont le caractère pratique rend impossible de les effectuer à distance restent délivrés sur site et que les étudiants ne disposant pas de l'équipement ou de la connexion nécessaires au suivi des enseignements à distance bénéficient d'un accès prioritaire aux salles de travail équipées en matériel informatique ou permettant un accès à internet. Par ailleurs, les bibliothèques et centres de documentation universitaires restent accessibles sur rendez-vous ainsi que pour le retrait et la restitution de documents réservés. Si les requérants soutiennent que le droit à participer à des enseignements sur site constitue une composante essentielle du droit à l'éducation, les modalités d'organisation arrêtées par les dispositions litigieuses permettent d'assurer l'accès à l'enseignement supérieur dans le contexte sanitaire (covid-19). • CE, ord., 10 déc. 2020, n° 447015 : *AJDA 2020. 2471 ; ibid. 2457, tribune Melleray ; JCP Adm. 2021. 2032, note Hul.* ♦ Rappr. • CE, ord., 21 janv. 2021, n° 448736 : *JCP Adm. 2021. 77.*

Al. 14 La République française, fidèle à ses traditions, se conforme aux règles du droit public international. Elle n'entreprendra aucune guerre dans des vues de conquête et n'emploiera jamais ses forces contre la liberté d'aucun peuple.

COMMENTAIRE

V. sur le Code en ligne.

[V. références des décisions du Conseil constitutionnel dans les tableaux DC et QPC]

I. RESPECT DES RÈGLES DU DROIT INTERNATIONAL PUBLIC

1. *Jurisprudence constitutionnelle.* Au nombre des règles du droit public international auxquelles se réfère le présent al. figure la règle *Pacta sunt servanda* qui implique que tout traité en vigueur lie les parties et doit être exécuté par elles de bonne foi. • Cons. const. 9 avr. 1992, n° 92-308 DC § 7 • Cons. const. 20 juill. 1993, n° 93-321 DC § 36 • Cons. const. 17 mai 2013, n° 2013-669 DC § 24 (sol. impl.). ♦ Dès lors que la France aura ratifié le traité et que celui-ci sera entré en vigueur, les règles figurant au paragraphe 1 de l'art. 3 s'imposeront à elle ; elle sera, en application de la règle *Pacta sunt servanda*, liée par ces stipulations qu'elle devra appliquer de bonne foi. • Cons. const. 9 août 2012, n° 2012-653 DC § 18.

2. Sur le fondement des présentes dispositions (et de celles de l'al. 15), la France peut conclure des engagements internationaux en vue de favoriser la paix et la sécurité du monde et d'assurer le respect des principes généraux du droit public international. • Cons. const. 22 janv. 1999, n° 98-408 DC § 12.

3. L'île de Mayotte fait partie de la République française ; cette constatation ne peut être faite que dans le cadre de la Constitution, nonobstant toute intervention d'une instance internationale. Les dispositions de la loi déférée qui concernent cette île ne mettent en cause aucune règle du droit public international. • Cons. const. 30 déc. 1975, n° 75-59 DC § 6.

4. Le présent art. ne saurait avoir pour effet d'interdire que des nationalisations décidées par la France ne puissent avoir un effet extraterritorial, les limites éventuellement rencontrées dans l'exercice de ces pouvoirs hors du territoire national constitueraient un fait qui ne saurait restreindre en quoi que ce soit le droit du législateur de régler les conditions dans lesquelles sont administrées les sociétés nationalisées. • Cons. const. 16 janv. 1982, n° 81-132 DC § 37 • Cons. const. 11 févr. 1982, n° 82-139 DC § 2.

5. Les dispositions contestées n'ont ni pour objet ni pour effet de déroger au principe selon lequel tout traité en vigueur lie les parties et doit être exécuté par elles de bonne foi ; par suite, les griefs tirés de la méconnaissance des principes du droit international public et du présent al. doivent être écartés ; il n'appartient pas au Cons. const., saisi en application de l'art. 61 Const., d'examiner la compatibilité d'une loi avec les engagements internationaux de la France. • Cons. const. 17 mai 2013, n° 2013-669 DC § 24.

6. Sur la place respective de la loi et du traité dans la hiérarchie des normes, V. comm. ss. Const. 58, art. 55.

7. *Jurisprudence administrative.* En application de l'al. 14 Préamb. Const. 1946, le Conseil d'État a étendu les règles relatives à la responsabilité du fait des lois et des traités aux préjudices résultant d'une règle coutumière. • CE 4 oct. 1999, n° 142377 B : *JCP 2000. 10387, note Faupin ; RGDIP 2000. 263, note Poirat* • CE, sect., 14 oct. 2011, *Om Hashem Saleh et a.*, n° 329788 A (concl. Roger-Lacan) : *RFDA 2012. 46, concl. Roger-Lacan ; AJDA 2011. 2482, note Broyelle ; Dr. adm. 2011. 101, note Melleray.*

8. Le juge administratif fait souvent application de règles de droit international non écrit comme la coutume ou les principes du droit international. • CE 23 oct. 1987, *Sté Nachfolger Navigation*, n° 72951 A : *RFDA 1987. 963, concl. Massot.* ♦ ... En donnant à un principe du droit international la valeur d'un principe général du droit interne. • CE 30 mars 1966, *Sté Ignazio Messina*, n° 59664 A : *RD publ. 1966. 787, concl. Questiaux.*

9. Il estime pourtant que ni le présent art. ni l'art. 55 Const. 58 ne permettent d'estimer que la coutume internationale a une autorité supérieure à celle des lois. • CE, ass., 6 juin 1997, *Aquarone*, n° 148683 A (concl. Bachelier) : *AJDA 1997. 630, chron. Chauvaux et Girardot ; RGDIP 1997. 1053, note Alland ; JCP 1997.*

22945, note Teboul ; LPA 6 févr. 1998, note Martin. ♦ ... Même en invoquant un principe général du droit. • CAA Lyon, 6 juill. 2005, *Guillaumaud,* n° 99LY01855. ♦ Il en va de même s'agissant : des principes généraux du droit international. • CE 28 juill. 2000, n° 178834 A : *Dr. fisc. 2001. 357, concl. Arrighi de Casanova ; D. 2001. 411, note Tixier ; RGDIP 2001. 239, note Poirat.* ♦ ... Des normes impératives du droit international dont, du reste, la France ne reconnaît pas le concept. • Crim. 13 mars 2001, *Assoc. SOS Attentats,* n° 00-87.215 P : *Gaz. Pal. 25 mai 2001, p. 27, concl. Launay.*

10. Cependant, s'appuyant sur les termes du présent al., au nombre des règles de droit public international figure la règle *pacta sunt servanda,* qui implique que tout traité en vigueur lie les parties et doit être exécuté par elles de bonne foi. • CE, ass., 9 juill. 2010, *Chériet-Benseghir,* n° 317747 A (concl. Dumortier) : *AJDA 2010. 1635, chron. Liéber et Botteghi ; D. 2010. 2868, obs. Boskovic et a.; RFDA 2010. 1133, concl. Dumortier ; ibid. 1146, note Lachaume ; ibid. 2011. 173, chron. Santulli ; Cah. Cons. const. 2010. 206, note Roblot-Troisier.* ♦ De même, il incombe au juge administratif de définir, conformément aux principes du droit coutumier relatifs à la combinaison entre elles des conventions internationales, les modalités d'application respectives des normes internationales en débat conformément à leurs stipulations, de manière à assurer leur conciliation, en les interprétant, le cas échéant, au regard des règles et principes à valeur constitutionnelle et des principes d'ordre public. • CE, ass., 23 déc. 2011, *Kandyrine de Brito Paiva,* n° 303678 A : *RFDA 2012. 1, concl. Boucher ; ibid. 19, avis d'amicus curiae Guillaume ; ibid. 26, note Alland ; ibid. 2013. 420, chron. Santulli ; AJDA 2012. 201, chron. Domino et Bretonneau ; Constitutions 2012. 295, obs. Levade ; Dr. adm. 2012. 11, étude Gautier.*

11. Jurisprudence judiciaire. Sauf sur ce dernier point, la position de la Cour de cassation est plus favorable au droit international non écrit. Elle se réfère aussi bien à la coutume qualifiée de « maxime incontestable du droit des gens ». * Req. 6 avr. 1826 : *S. 1825-1827. I. 312.* ♦ ... Ou de « règle absolue du droit international ». * Req. 14 mai 1923 : *S. 1823. I. 241.* ♦ ... Et la fait prévaloir sur le droit interne. • Crim. 13 mars 2001, *Kadhafi,* n° 00-87.215 P : *D. 2001. 2631, note Roulot ; D. 2001. 2355, obs. Gozzi ; RTD civ. 2001. 699, obs. Molfessis ; RSC 2003. 894, obs. Massé.* ♦ Elle se réfère aux principes les plus universellement reconnus par le droit des gens. • Cass. 22 janv. 1849, *Gouvernement espagnol c/ Lambege : S. 1849. 81.* ♦ ... Et aux principes généraux de droit reconnus par l'ensemble des nations. • Crim. 6 oct. 1983 : *Bull. crim. n° 610.*

12. De ces principes découle que la responsabilité de l'État peut être engagée du fait de la coutume internationale dès lors que le préjudice subi par le requérant est anormal et spécial. Il appartient aux juges du fond de retenir, pour apprécier le caractère spécial des préjudices invoqués, outre la portée de la règle coutumière en cause, le nombre connu ou estimé de victimes de dommages analogues à ceux subis par les personnes qui en demandaient réparation. • CE, sect., 14 oct. 2011, *Om Hashem Saleh,* n° 329788 A : *AJDA 2011. 1980 ; ibid. 2482, note Broyelle ; RFDA 2012. 46, concl. Roger-Lacan ; JCP Adm. 2012. 2097, note Pacteau* • TA Paris 2 juill. 2020, n° 1828426 : *AJDA 2020. 2575, concl. Dubois.*

II. RENONCIATION À LA GUERRE

13. Le fait de constater qu'une partie de la population des Comores (à savoir l'île de Mayotte) n'a pas accédé à l'indépendance du fait de la réponse négative de sa population au référendum d'autodétermination ne tend pas à l'emploi des forces de la République contre la liberté de quelque peuple que ce soit puisque, bien au contraire, la loi contestée dispose des « îles de la Grande Comore, d'Anjouan et de Mohéli » dont les populations se sont prononcées, à la majorité des suffrages exprimés, pour l'indépendance et « cessent, à compter de la promulgation de la présente loi, de faire partie de la République française ». • Cons. const. 30 déc. 1975, n° 75-59 DC § 8.

Al. 15 Sous réserve de réciprocité, la France consent aux limitations de souveraineté *nécessaires* à *l'organisation* et à la défense de la paix.

COMMENTAIRE

V. sur le Code en ligne.

[V. références des décisions du Conseil constitutionnel dans les tableaux DC et QPC]

I. CONDITIONS DE MISE EN ŒUVRE

1. Condition de réciprocité. Les engagements contenus ne prenant effet qu'après le dépôt du dernier instrument de ratification, ils ont donc le caractère d'engagements réciproques. • Cons. const. 19 juin 1970, n° 70-39 DC § 4. ♦ Cette exigence valant aussi bien pour le traité de Maastricht lui-même que pour les protocoles qui lui sont annexés et les déclarations adoptées par les conférences des gouvernements, il suit de là que ces instruments internationaux ont le caractère d'engagements réciproques. • Cons. const. 9 avr. 1992, n° 92-308 DC § 16.

2. Type de limitation. Le présent al. disposant que, sous réserve de réciprocité, la France consent aux limitations de souveraineté nécessaires à l'organisation et à la défense de la paix, aucune disposition de nature constitutionnelle n'autorise des transferts de tout ou partie de la souveraineté nationale à quelque organisation internationale que ce soit. • Cons. const. 30 déc. 1976, n° 76-71 DC § 2.

3. Catégories d'organisations internationales. Il résulte des présentes dispositions que la France peut conclure, sous réserve de réciprocité, des engagements internationaux en vue de participer à la création ou au développement : d'une organisation internationale permanente, dotée de la personnalité juridique et investie de pouvoirs de décision par l'effet de transferts de compétences consentis par les États membres. • Cons. const. 9 avr. 1992, n° 92-308 DC § 13 • Cons. const. 31 déc. 1997, n° 97-394 DC § 6. ♦ ... D'une organisation européenne permanente, dotée de la personnalité juridique et investie de pouvoirs de décision par l'effet de transferts de compétences consentis par les États membres. • Cons. const. 19 nov. 2004, n° 2004-505 DC § 6 • Cons. const. 20 déc. 2007, n° 2007-560 DC § 8.

II. SEUIL DES LIMITATIONS

4. Principe. La Constitution reste au sommet de l'ordre juridique interne. • Cons. const. 20 déc. 2007, n° 2007-560 DC § 8 • Cons. const. 3 déc. 2009, n° 2009-595 DC § 14 et 22.

5. Si les engagements contiennent une clause contraire à la Constitution, mettant en cause les droits et libertés constitutionnellement garantis ou portant atteinte aux conditions essentielles d'exercice de la souveraineté nationale, l'autorisation de les ratifier appelle une révision constitutionnelle. • Cons. const. 22 janv. 1999, n° 98-408 DC § 13 • Cons. const. 19 nov. 2004, n° 2004-505 DC § 7 • Cons. const. 13 oct. 2005, n° 2005-524/525 DC § 3 • Cons. const. 20 déc. 2007, n° 2007-560 DC § 9. ♦ V. déjà retenant seulement deux critères : clause contraire à la Constitution et atteinte aux conditions essentielles d'exercice de la souveraineté nationale. • Cons. const. 9 avr. 1992, n° 92-308 DC § 14 • Cons. const. 31 déc. 1997, n° 97-394 DC § 7.

6. *L'appellation du texte n'a pas d'importance* dès lors que cette dénomination (Traité établissant une Constitution pour l'Europe) est sans incidence sur l'existence de la Constitution française et sa place au sommet de l'ordre juridique interne. • Cons. const. 19 nov. 2004, n° 2004-505 DC § 10.

7. Spécificité du droit de l'Union. De même, appellent une révision constitutionnelle les clauses du traité qui transfèrent à l'Union européenne des compétences affectant les conditions essentielles d'exercice de la souveraineté nationale dans des domaines ou selon des modalités autres que ceux prévus par les traités mentionnés à l'art. 88-2. • Cons. const. 20 déc. 2007, n° 2007-560 DC § 15. ♦ V. aussi note 23.

A. ABSENCE DE CLAUSE CONTRAIRE À LA CONSTITUTION

8. Le traité soumis au Cons. const. accroissant la participation des parlements nationaux aux activités de l'Union européenne et leur reconnaissant, à cet effet, de nouvelles prérogatives, il y a lieu d'apprécier si ces prérogatives peuvent être exercées dans le cadre des dispositions actuelles de la Const. • Cons. const. 19 nov. 2004, n° 2004-505 DC § 37 s. • Cons. const. 20 déc. 2007, n° 2007-560 DC § 28 s.

9. L'adhésion de l'Union à la Conv. EDH n'est pas contraire à la Const. dès lors que la décision portant conclusion de l'accord portant adhésion de l'Union à ladite convention entrera en vigueur après son approbation par les États membres, conformément à leurs règles constitutionnelles respectives, cette dernière référence renvoyant, dans le cas de la France, à l'autorisation législative prévue par l'art. 53 Const. • Cons. const. 20 déc. 2007, n° 2007-560 DC § 13. ♦ Rappr. • Même affaire, § 26. ♦ V. déjà. • Cons. const. 19 nov. 2004, n° 2004-505 DC § 36.

10. Est contraire à la Constitution, et en particulier à ses art. 3, 24 et 72, une disposition qui accorde à tout citoyen de l'Union résidant dans un État membre dont il n'est pas ressortissant le droit de vote et d'éligibilité aux élections municipales dans l'État membre où il réside, dans les mêmes conditions que les ressortissants de cet État. • Cons. const. 9 avr. 1992, n° 92-308 DC § 21 s.

B. RESPECT DES DROITS ET LIBERTÉS CONSTITUTIONNELLEMENT GARANTIS

11. Alors que ce respect était encore rattaché à la condition d'exercice de la souveraineté nationale. Respecte les droits et libertés constitutionnellement garantis la suppression du contrôle des personnes aux frontières intérieures dès lors qu'elle ne porte pas atteinte à l'exercice des compétences de police qui appartiennent à chacun des États sur l'ensemble de leur territoire. • Cons. const. 25 juill. 1991, n° 91-294 DC § 17. ♦ ... Le droit d'observation transfrontalière dès lors qu'il est subordonné à l'acceptation d'une demande préalable d'entraide judiciaire et que, dans le cas d'urgence, il est expressément stipulé que l'observation doit prendre fin, dès que l'État sur le territoire duquel se déroule l'observation le demande et au plus tard cinq heures après le franchissement de la frontière. • Cons. const. 25 juill. 1991, n° 91-294 DC § 17.

12. S'agissant des domaines de l'asile, de l'immigration et du franchissement des frontières intérieures, V. notes 27 et 30.

13. Charte des droits fondamentaux de l'Union et principe de laïcité. Respecte les droits et libertés constitutionnellement garantis le premier paragraphe de l'art. [10 de la Charte] qui reconnaît le droit à chacun, individuellement ou collectivement, de manifester, par ses pratiques, sa conviction religieuse en public, dès lors que les explications du *præsidium* précisent que le droit garanti par cet art. a le même sens et la même portée que celui garanti par l'art. 9 Conv. EDH et qu'il se trouve sujet aux mêmes restrictions, tenant notamment à la sécurité publique, à la protection de l'ordre, de la santé et de la morale publics, ainsi qu'à la protection des droits et libertés d'autrui. En effet, ce dernier art. a été constamment appliqué par la CEDH, et en dernier lieu par sa décision n° 4774/98 (*aff. Leyla Sahin c/ Turquie*) du 29 juin 2004, en harmonie avec la tradition constitutionnelle de chaque État membre, la Cour ayant ainsi pris acte de la valeur du principe de laïcité reconnu par plusieurs traditions constitutionnelles nationales et laissant aux États une large marge d'appréciation pour définir les mesures les plus appropriées, compte tenu de leurs traditions nationales, afin de concilier la liberté de culte avec le principe de laïcité. Dans ces conditions, sont respectées les dispositions de l'art. 1er Const, qui interdisent à quiconque de se prévaloir de ses croyances religieuses pour s'affranchir des règles communes régissant les relations entre collectivités publiques et particuliers. • Cons. const. 19 nov. 2004, n° 2004-505 DC § 18.

14. ... Et droit au recours et à un tribunal impartial. Respecte les droits et libertés constitutionnellement garantis le premier paragraphe de l'art. [47 de la Charte] qui, s'il reconnaît un droit au recours effectif et à un tribunal impartial plus large que celui de l'art. 6 Conv. EDH, puisqu'il ne concerne pas seulement les contestations relatives à des droits et obligations de caractère civil ou le bien-fondé d'une accusation en matière pénale, peut être soumis, selon les explications du *præsidium*, s'agissant de la publicité des audiences, aux restrictions prévues à cet art. de la Conv. EDH. Ainsi, « l'accès de la salle d'audience peut être interdit à la presse et au public pendant la totalité ou une partie du procès dans l'intérêt de la moralité, de l'ordre public ou de la sécurité nationale dans une société démocratique, lorsque les intérêts des mineurs ou la protection de la vie privée des parties au procès l'exigent, ou dans la mesure jugée strictement nécessaire par le tribunal, lorsque dans des circonstances spéciales la publicité serait de nature à porter atteinte aux intérêts de la justice ». • Cons. const. 19 nov. 2004, n° 2004-505 DC § 19.

15. ... Et principe « non bis in idem ». Respecte les droits et libertés constitutionnellement garantis le premier paragraphe de l'art. [50 de la Charte] qui reconnaît le principe du « *non bis in idem* » dès lors que, comme le confirment les explications du *præsidium*, cette disposition concerne exclusivement le droit pénal et non les procédures administratives ou disciplinaires et que, de plus, la référence à la notion d'identité d'infractions, et non à celle d'identité de faits, préserve la possibilité pour les juridictions françaises, dans le respect du principe de proportionnalité des peines, de réprimer les crimes et délits portant atteinte aux intérêts fondamentaux de la nation prévus au titre Ier du livre IV C. pén., compte tenu des éléments constitutifs propres à ces infractions et des intérêts spécifiques en cause. • Cons. const. 19 nov. 2004, n° 2004-505 DC § 20.

16. ... Et clause générale de limitation. Respecte les droits et libertés constitutionnellement garantis le premier paragraphe de l'art. [52 de la Charte] qui met en place une clause générale de limitation aux droits garantis dès lors que les explications du *præsidium* précisent que les « intérêts généraux reconnus par l'Union » s'entendent notamment des intérêts protégés par [l'art. 4, § 2, TUE], aux termes duquel l'Union respecte « les fonctions essentielles de l'État, notamment celles qui ont pour objet d'assurer son intégrité territoriale, de maintenir l'ordre public et de sauvegarder la sécurité nationale ». • Cons. const. 19 nov. 2004, n° 2004-505 DC § 21.

C. RESPECT DES CONDITIONS ESSENTIELLES DE L'EXERCICE DE LA SOUVERAINETÉ NATIONALE

17. Principe. Dans le cas de l'espèce, l'engagement ne peut porter atteinte, ni par sa nature, ni par son importance, aux conditions essentielles d'exercice de la souveraineté nationale. • Cons. const. 19 juin 1970, n° 70-39 DC § 11. ♦ Ne porte pas atteinte aux conditions essentielles d'exercice de la souveraineté nationale un engagement international qui n'est pas incompatible avec le devoir de l'État d'assurer le respect des institutions de la République, la continuité de la vie de la nation et la garantie des droits et libertés des citoyens. • Cons. const. 22 mai 1985, n° 85-188 DC § 2 et 3.

18. Respect des institutions. N'altère pas le fonctionnement des institutions de la République le franchissement des frontières sans qu'un contrôle des personnes soit nécessairement effectué dès lors qu'il n'est pas assimilable à une suppression ou à une modification des frontières qui, sur le plan juridique, délimitent la compétence territoriale de l'État. • Cons. const. 25 juill. 1991, n° 91-294 DC § 11.

19. Continuité de la vie de la Nation. Ne portent pas atteinte à la vie de la Nation : une disposition qui ne modifie en rien les dispositions du code de la nationalité française dès lors qu'en particulier, elle n'assimile nullement, pour l'application du droit de la nationalité, la résidence ou le séjour dans un des États signataires autres que la France à une résidence en France. • Cons. const. 25 juill. 1991, n° 91-294 DC § 13. ♦ ... La suppression du contrôle des personnes aux « frontières intérieures », laquelle n'est au demeurant pas absolue et va de pair avec le transfert de ces contrôles et leur harmonisation aux « frontières externes » des États signataires. • Cons. const. 25 juill. 1991, n° 91-294 DC § 13.

1° NE PORTENT PAS ATTEINTE À L'EXERCICE DE LA SOUVERAINETÉ NATIONALE

20. Fonctions publiques. En principe ne sauraient être confiées à des personnes de nationalité étrangère, ou représentant un organisme international, des fonctions inséparables de l'exercice de la souveraineté nationale. Tel est le cas, en particulier, des fonctions juridictionnelles, les juridictions, tant judiciaires qu'administratives, statuant « au nom du peuple français ». Toutefois, il peut être dérogé à ce principe dans la mesure nécessaire à la mise en œuvre d'un engagement international de la France et sous réserve qu'il ne soit pas porté atteinte aux conditions essentielles d'exercice de la souveraineté nationale. • Cons. const. 5 mai 1998, n° 98-399 DC § 15.

21. Une disposition qui n'autorise l'accès des ressortissants des États membres de la Communauté économique européenne autres que la France qu'à ceux des corps, cadres d'emplois et emplois dont les attributions sont « séparables de l'exercice de la souveraineté ». • Cons. const. 23 juill. 1991, n° 91-293 DC § 10 et 11.

22. La présence, dans la proportion d'un tiers, dans chacune des sections de la commission de recours des réfugiés, ainsi que dans sa formation dite de « sections réunies », de représentants du Haut Commissariat aux réfugiés des Nations unies, ne porte pas atteinte, compte tenu du caractère minoritaire de cette présence, aux conditions essentielles d'exercice *de la souveraineté nationale. • Cons. const.* 5 mai 1998, n° 98-399 DC § 17.

23. Primauté du droit de l'Union. Il ressort de l'ensemble des stipulations du Traité établissant une Constitution pour l'Europe, et notamment du rapprochement de ses art. I-5 et I-6 (ce dernier non repris dans le traité de Lisbonne), qu'il ne modifie ni la nature de l'Union européenne, ni la portée du principe de primauté du droit de l'Union telle qu'elle résulte, ainsi que l'a jugé le Cons. const. par ses décisions n°s 2004-496 à 2004-499 DC, de l'art. 88-1 Const. • Cons. const. 19 nov. 2004, n° 2004-505 DC § 13. ♦ Cette primauté ne vaut que pour autant qu'une disposition constitutionnelle expresse ne la contredit pas. • Cons. const. 10 juin 2004, n° 2004-496 DC § 7. ♦ ... Ou qu'un principe inhérent à l'identité constitutionnelle de la France ne la contredit pas. • Cons. const. 27 juill. 2006, n° 2006-540 DC § 19 • Cons. const. 19 juin 2008, n° 2008-564 DC § 44.

2° PORTENT ATTEINTE À L'EXERCICE DE LA SOUVERAINETÉ NATIONALE

24. Portée de l'engagement international. Porte atteinte aux conditions essentielles d'exercice de la souveraineté nationale l'adhésion irrévocable à un engagement international touchant à un domaine inhérent à celle-ci. • Cons. const. 13 oct. 2005, n° 2005-524/525 DC § 5.

25. Tel n'est pas le cas : du traité établissant une Constitution pour l'Europe dont les stipulations, et notamment celles relatives à son entrée en vigueur, à sa révision et à la possibilité de le dénoncer, montrent qu'il conserve le caractère d'un traité international. • Cons. const. 19 nov. 2004, n° 2004-505 DC § 9. ♦ ... Du protocole n° 13 à la Conv. EDH qui, s'il exclut toute dérogation ou réserve, peut être dénoncé dans les conditions fixées par l'art. 58 de cette Conv. • Cons. const. 13 oct. 2005, n° 2005-524/525 DC § 6.

26. En revanche, le deuxième protocole facultatif se rapportant au Pacte international relatif aux droits civils et politiques ne pouvant être dénoncé, cet engagement lierait irrévocablement la France même dans le cas où un danger exceptionnel menacerait l'existence de la Nation. • Cons. const. 13 oct. 2005, n° 2005-524/525 DC § 7.

27. Compétences propres. Portent atteinte aux conditions essentielles d'exercice de la souveraineté nationale : la fixation irrévocable des taux de change conduisant à l'instauration d'une monnaie unique, l'Écu, ainsi que la définition et la conduite d'une politique monétaire et d'une politique de change uniques. • Cons. const. 9 avr. 1992, n° 92-308 DC § 37. ♦ ... L'obligation faite aux États membres d'entamer le processus conduisant à l'indépendance de sa banque centrale. • Même affaire, § 37. ♦ ... La compétence donnée à la Banque centrale européenne (BCE) d'être « seule habilitée à autoriser l'émission de billets de banque dans la Communauté » et d'approuver le volume d'émission des pièces. • Même affaire, § 41.

♦ ... La compétence donnée au Conseil des ministres (des Communautés), statuant à l'unanimité des États membres non dérogataires, d'« arrête(r) les taux de conversion auxquels leurs monnaies sont irrévocablement fixées et le taux irrévocablement fixé auquel l'Ecu remplace » les monnaies des États concernés. • Même affaire. ♦ Rappr. conformément aux art. 20 et 21 Const. 58, la définition de la politique monétaire est un élément essentiel et indissociable de la politique économique générale dont la détermination et la conduite incombent au Gouvernement, sous la direction du Premier ministre ; dès lors, des dispositions prévoyant que c'est la Banque de France qui « définit » la politique monétaire de la France « dans le but d'assurer la stabilité des prix » sont contraire à la Const. • Cons. const. 3 août 1993, n° 93-324 DC § 7 à § 10. ♦ ... La compétence donnée à la Commission européenne de l'initiative exclusive de propositions dans les domaines de l'asile, de l'immigration et du franchissement des frontières intérieures, les États membres perdant ainsi le pouvoir d'initiative. • Cons. const. 31 déc. 1997, n° 97-394 DC § 24. ♦ Rappr. • Cons. const. 19 nov. 2004, n° 2004-505 DC § 29.

28. Porte également atteinte aux conditions essentielles d'exercice de la souveraineté nationale la disposition qui prévoit que la Cour pénale internationale pourrait être valablement saisie du seul fait de l'application d'une loi d'amnistie ou des règles internes en matière de prescription dès lors qu'en pareil cas, la France, en dehors de tout manque de volonté ou d'indisponibilité de l'État, pourrait être conduite à arrêter et à remettre à la Cour une personne à raison de faits couverts, selon la loi française, par l'amnistie ou la prescription. • Cons. const. 22 janv. 1999, n° 98-408 DC § 34. ♦ Le procureur peut, en dehors même du cas où l'appareil judiciaire national est indisponible, procéder à certains actes d'enquête hors la présence des autorités de l'État requis et sur le territoire de ce dernier notamment recueillir des dépositions de témoins et « inspecter un site public ou un autre lieu public » et dès lors qu'en l'absence de circonstances particulières, et alors même que ces mesures sont exclusives de toute *contrainte, réaliser ces actes hors* la présence des autorités judiciaires françaises compétentes. • Même affaire, § 38.

29. Portent également atteinte aux conditions essentielles d'exercice de la souveraineté nationale : les dispositions qui transfèrent à l'Union européenne, et font relever de la « procédure législative ordinaire », des compétences dans le domaine du contrôle aux frontières, de la coopération judiciaire en matière civile, et de la coopération judiciaire en matière pénale. • Cons. const. 19 nov. 2004, n° 2004-505 DC § 27. ♦ ... Des compétences dans le domaine de la lutte contre le terrorisme et les activités connexes, du contrôle aux frontières, de la lutte contre la traite des êtres humains, de la coopération judiciaire en matière civile et de la coopération judiciaire en matière pénale. • Cons. const. 20 déc. 2007, n° 2007-560 DC § 18. ♦ ... Qui créent un Parquet européen, organe habilité à poursuivre les auteurs d'infractions portant atteinte aux intérêts financiers de l'Union et à exercer devant les juridictions françaises l'action publique relative à ces infractions. • Cons. const. 19 nov. 2004, n° 2004-505 DC § 28 • Cons. const. 20 déc. 2007, n° 2007-560 DC § 19. ♦ ... Qui confèrent une fonction décisionnelle au Parlement européen, lequel n'est pas l'émanation de la souveraineté nationale. • Cons. const. 19 nov. 2004, n° 2004-505 DC § 29 • Cons. const. 20 déc. 2007, n° 2007-560 DC § 20. ♦ ... Qui privent la France de tout pouvoir propre d'initiative. • Cons. const. 19 nov. 2004, n° 2004-505 DC § 29 • Cons. const. 20 déc. 2007, n° 2007-560 DC § 20.

30. Passage à la majorité qualifiée ou à la procédure législative ordinaire. L'abandon de la règle de l'unanimité peut conduire à ce que se trouvent affectées des conditions essentielles d'exercice de la souveraineté nationale. • Cons. const. 9 avr. 1992, n° 92-308 DC § 49.

31. Portent atteinte aux conditions essentielles d'exercice de la souveraineté nationale : la disposition prévoyant que, sur simple décision du Conseil prise à l'unanimité, l'ensemble des mesures intervenant dans les domaines de l'asile, de l'immigration et du franchissement des frontières intérieures, ou certaines d'entre elles, pourront être prises à la majorité qualifiée selon la procédure dite de « codécision » (désormais : procédure législative ordinaire) dès lors qu'un tel passage de la règle de l'unanimité à celle de la majorité qualifiée et à la procédure de « codécision » ne nécessitera, le moment venu, aucun acte de ratification ou d'approbation nationale, et ne pourra ainsi pas faire l'objet d'un contrôle de constitutionnalité sur le fondement de l'art. 54 ou de l'art. 61, al. 2, Const. 58. • Cons. const. 31 déc. 1997, n° 97-394 DC § 24 • Cons. const. 19 nov. 2004, n° 2004-505 DC § 33 et 35 • Cons. const. 20 déc. 2007, n° 2007-560 DC § 23 et 27. ♦ ... Le passage automatique à la règle de la majorité qualifiée et à la procédure de « codécision », au terme d'une période de 5 ans après l'entrée en vigueur du traité d'Amsterdam, pour la détermination des procédures et conditions de délivrance des visas de court séjour par les États membres et des règles applicables en matière de visa uniforme. • Cons. const. 31 déc. 1997, n° 97-394 DC § 28 et 29. ♦ ... Le passage à la majorité qualifiée et à la procédure de « codécision », sur simple décision du Conseil pour la fixation des

« normes et modalités auxquelles doivent se conformer les États membres pour effectuer les contrôles des personnes aux frontières extérieures ». • Même affaire. ♦ … Le passage à la majorité qualifiée au lieu et place de l'unanimité, privant ainsi la France de tout pouvoir d'opposition. • Cons. const. 19 nov. 2004, n° 2004-505 DC § 29 • Cons. const. 20 déc. 2007, n° 2007-560 DC § 20 et 24. ♦ … Le passage, par une décision prise à l'unanimité du Conseil, sauf opposition d'un parlement national, de certains aspects du droit de la famille ayant une incidence transfrontière à la procédure législative ordinaire. • Cons. const. 20 déc. 2007, n° 2007-560 DC § 25.

Al. 16 **La France forme avec les peuples d'outre-mer une Union fondée sur l'égalité des droits et des devoirs, sans distinction de race ni de religion.**

Al. 17 **L'Union française est composée de nations et de peuples qui mettent en commun ou coordonnent leurs ressources et leurs efforts pour développer leurs civilisations respectives, accroître leur bien-être et assurer leur sécurité.**

Al. 18 **Fidèle à sa mission traditionnelle, la France entend conduire les peuples dont elle a pris la charge à la liberté de s'administrer eux-mêmes et de gérer démocratiquement leurs propres affaires ; écartant tout système de colonisation fondé sur l'arbitraire, elle garantit à tous l'égal accès aux fonctions publiques et l'exercice individuel ou collectif des droits et libertés proclamés ou confirmés ci-dessus.**

Charte de l'environnement

(L. const. n° 2005-205 du 1er mars 2005, art. 2)

COMMENTAIRE

V. sur le Code en ligne.

BIBL. ▶ PRIEUR, L'environnement entre dans la Constitution, *Dr. envir. 2003, n° 106, p. 38*. - DRAGO, Principes directeurs d'une charte constitutionnelle de l'environnement, *AJDA 2004. 133*. - FELDMANN, Le projet de loi constitutionnelle relatif à la Charte de l'environnement, *D. 2004. 970*. - GARREAU, La constitutionnalisation du droit de l'homme à l'environnement, *in Mél. Colson, PU Grenoble 2004, p. 279*. - JÉGOUZO, Charte de l'environnement : ni l'enfer vert, ni le paradis, *AJDA 2004. 1105*. - Quelques réflexions sur le projet de Charte de l'environnement, *Cah. Cons. const. n° 15, janv. 2004, p. 133*. - JÉGOUZO et LOLOUM, La portée juridique de la Charte de l'environnement, *Dr. adm. 2004, p. 8*. - MATHIEU, Observation sur la portée normative de la Charte de l'environnement, *Cah. Cons. const. n° 15, janv. 2004, p. 145*. - MARTIN, Observations d'un « privatiste » sur la Charte de l'environnement, *RD publ. 2004. 1208*. - PRIEUR, Vers un droit de l'environnement renouvelé, *Cah. Cons. const. n° 15, janv. 2004, p. 137*. - ROMI, La charte de l'environnement, avatar constitutionnel ?, *RD publ. 2004. 1485*. - BERGER, Du discours au texte : de la méthode d'élaboration de la Charte de l'environnement, *Gaz. Pal. 2005. 1. Doctr. 786*. - CAPITANI, La charte de l'environnement, un leurre constitutionnel ?, *RFDC 2005. 493*. - CARTON, De l'inutilité d'une constitutionnalisation du droit de l'environnement ?, *LPA 2 sept. 2005, p. 3*. - CHAHID-NOURAÏ, La portée de la Charte pour le juge ordinaire, *AJDA 2005. 1175*. - INSERGUET-BRISSET, Droit de l'environnement, *PUR, Coll. Didact. Droit, 2005. 35*. - GROUD et PUGEAULT, Le droit à l'environnement, nouvelle liberté fondamentale, *AJDA 2005. 1357*. - JÉGOUZO, La Charte de l'environnement, *AJDA 2005. 1156*. ; De certaines obligations environnementales : prévention, précaution et responsabilité, *ADJA 2005. 1164*. - MATHIEU, La portée de la Charte pour le juge constitutionnel, *AJDA 2005. 1170*. - PÉRI, La Charte de l'environnement : reconnaissance du droit à l'environnement comme droit fondamental ?, *LPA 24 févr. 2005, p. 13*. - PISSALOUX, La constitutionnalisation non sans risque du droit de l'environnement, *Gaz Pal. 12 janv. 2005, p. 5*. - PRIEUR, Les nouveaux droits, *AJDA 2005. 1157*. - Du bon usage de la Charte de l'environnement, *Envir., avr. 2005, p. 10*. - ROCHARD, La Charte de l'environnement inscrite dans la Constitution française, *RD rur. 2005, n° 333, p. 28*. - UNTERMAIER, La Charte de l'environnement face au droit administratif, *RJ envir. 2005., n° spéc., p. 18*. - VERPEAUX, La charte de l'environnement, texte constitutionnel en dehors de la Constitution, *Envir. 2005, n° 5, p. 16*. - BIOY, L'environnement, nouvel objet du droit constitutionnel ou qu'est-ce que « constitutionnaliser » ?, *in Les nouveaux objets du droit constitutionnel* (dir. Roussillon), *PU Sciences sociales de Toulouse 2006, p. 25*. - GUYOMAR, La charte de l'environnement est-elle directement invocable ?, *BDEI 5/92006, p. 4*. - HUTEN et COHENDET, La Charte de l'environnement deux ans après, *RJ envir. 2007. 281 et 426*. - MARGUÉNAUD, Les devoirs de l'Homme dans la Charte de l'environnement, *in Mél. Morand-Deviller, Montchrestien 2007, p. 884*. - PRIEUR, La constitutionnalisation du droit de l'environnement, *in Mél. Favoreu, Dalloz 2007, p. 489*. - VERPEAUX, Les premiers pas de la Charte de l'environnement de 2004 sur la scène constitutionnelle, *in Mél. Morand-Deviller, Montchrestien 2007, p. 949*. - FÉVRIER, Variations sentimentales sur l'invocabilité de la Charte de l'environnement devant le juge administratif, *Envir. 2008, focus n° 66*. - FOUCHER, Le droit de l'environnement est-il utilement invocable devant le juge administratif ?, *in Mél. Hostiou, Litec, 2008, p. 172*. - JÉGOUZO, La boîte de Pandore de la Charte de l'environnement, *Droit de l'aménagement 2008/4, p. 3*. - PISSALOUX, De la portée de la Charte de l'environnement, *LPA 2008, n° 241, p. 7*. - TROUILLY, Charte de l'environnement, domaine de la loi et du règlement, *Envir. 2008. Comm. 153*. - CHAMPEIL-DESPLATS, La Charte de l'environnement prend son envol aux deux ailes du Palais-Royal, *Rev. jur. env. 2009. 219*. - FORT, L'insertion de la Charte constitutionnelle de l'environnement au sein du droit public français, *Envir. 2009. Études nos 1 et 2*. - HÉDARY, Les surprises de la Charte de l'environnement : analyse de quatre années de jurisprudence, *Dr. envir. 2009, n° 171, p. 11*. - MATHIEU, Incertitudes quant à la portée de certains principes inscrits dans la Charte de l'environnement, *JCP 2009. 10028*. - FOUCHER, L'apport de la question prioritaire de constitutionnalité au droit de l'environnement : conditions et limites, *RFDC 2010. 523*. - HUTEN et COHENDET, La Charte de l'environnement cinq ans après, *RJ envir. 2010. 37*. - Conseil constitutionnel, Le Conseil constitutionnel et la Charte de l'environnement, *A la une, nov. 2011*. - JÉGOUZO, La charte de l'environnement, dix ans après, *AJDA 2015. 487*. - ROBLOT-TROISIER, Les clairs-obscurs de l'invocabilité de la Charte de l'environnement, *AJDA 2015. 493*. - Site internet du Conseil constitutionnel, La charte de l'environnement de 2004, *À la une, juin 2014*. - MOLINER-DUBOST, La citoyenneté environnementale, *AJDA 2016. 646* .

Le peuple français,
Considérant,
Que les ressources et les équilibres naturels ont conditionné l'émergence de l'humanité ;
Que l'avenir et l'existence même de l'humanité sont indissociables de son milieu naturel ;
Que l'environnement est le patrimoine commun des êtres humains ;
Que l'homme exerce une influence croissante sur les conditions de la vie et sur sa propre évolution ;
Que la diversité biologique, l'épanouissement de la personne et le progrès des sociétés humaines sont affectés par certains modes de consommation ou de production et par l'exploitation excessive des ressources naturelles ;
Que la préservation de l'environnement doit être recherchée au même titre que les autres intérêts fondamentaux de la Nation ;
Qu'afin d'assurer un développement durable, les choix destinés à répondre aux besoins du présent ne doivent pas compromettre la capacité des générations futures et des autres peuples à satisfaire leurs propres besoins,
Proclame :

[V. références des décisions du Conseil constitutionnel dans les tableaux DC et QPC]

1. *Valeur constitutionnelle.* Les normes constitutionnelles de référence comprennent l'ensemble des droits et devoirs définis dans la présente Charte. • Cons. const. 19 juin 2008, n° 2008-564 DC § 18 et 49 • Cons. const. 29 déc. 2009, n° 2009-599 DC § 79 • Cons. const. 29 déc. 2009, n° 2009-599 DC § 79. ♦ L'ensemble des droits et devoirs définis dans la Charte envir., et à l'instar de toutes celles qui procèdent du Préambule de la Constitution, ont valeur constitutionnelle. • CE, ass., 3 oct. 2008, *Cne d'Annecy*, n° 297931 : *Lebon 322* ; *GAJA 19e éd., n° 114 ; AJDA 2008. 2166, chron. Geffray et Liéber* ; *RFDA 2008. 1158, concl. Aguila et note Janicot* ; *ibid. 1237, chron. Rambaud et Roblot-Troizier* ; *Dr. adm. 2008. 152, note Melleray ; JCP Adm. 2008. 2279, note Billet ; RJ envir. 2009. 435, note Boyer ; RD publ. 2009. 425, note Gros.* • CE 24 juill. 2009, *Cté de recherche et d'information indépendantes sur le génie génétique (CRII-GEN)*, n° 305314 : *Lebon 294* ; *AJDA 2009. 1818, chron. Liéber et Botteghi* ; *RFDA 2009. 963, concl. Geffray* ; *ibid. 1272, chron. Rambaud et Roblot-Troizier* ; *Envir. oct. 2009, p. 36, note Trouilly* • CE, ass., 12 juill. 2013, *Féd. nat. de la pêche en France*, n° 344522 § 5 : *AJDA 2013. 1737, chron. Domino et Bretonneau* ; *D. 2014. 104, obs. Trébulle* ; *AJCT 2013. 581, obs. Moliner-Dubost* ; *RFDA 2013. 1255, chron. Roblot-Troizier et Tusseau* ; *ibid. 2014. 97, concl.* *Cortot-Boucher ; ibid. 115, note Robbe ; Dr. adm. 2013. 84, note Pissaloux.* ♦ V. déjà affirmant que « le traité établissant une Constitution pour l'Europe n'est pas contraire à la Charte de l'environnement de 2004 ». • Cons. const. 24 mars 2005, *Hauchemaille et Meyet : JO 31 mars, p. 5834 ; LPA 25 avr. 2005, p. 3, note Schoettl ; RD publ. 2005. 587, note Camby.* ♦ V. encore l'affirmation qu'en adossant à la Const. une Charte de l'environnement qui proclame en son art. 1er que « chacun a le droit de vivre dans un environnement équilibré et respectueux de la santé », le législateur a nécessairement entendu ériger le droit à l'environnement en « liberté fondamentale » de valeur constitutionnelle. • TA Châlons-en-Champagne, 29 avr. 2005, *Conservatoire du patrimoine naturel : AJDA 2005. 1357, note Groud et Pugeault* ; *RDI 2005. 265, note Fonbaustier* ; *JCP Adm. 2005. 1216, note Billet.*

2. Le droit de vivre dans un environnement équilibré et respectueux de la santé, accompagné de l'affirmation d'un nécessaire principe de précaution, a valeur constitutionnelle. • T. corr. Orléans, 9 déc. 2005, *Sté Monsanto c/ Dufour*, n° 2345/S3/2005 : *Envir. janv. 2006, p. 13, note Gossement.*

3. Le préambule de la présente Charte permet également d'affirmer que les intérêts fondamentaux de la Nation bénéficient d'une protection constitutionnelle. • Cons. const. 10 nov. 2011, *Ekaterina B., épse D., et a.*, n° 2011-192 QPC § 20. ♦ Cependant, si ces alinéas ont valeur constitutionnelle, aucun d'eux n'institue un droit ou une liberté que la Constitution garantit ; ils ne peuvent être invoqués à l'appui d'une QPC. • Cons. const. 7 mai 2014, *Sté Casuca*, n° 2014-394 QPC § 5.

4. *Compétence du législateur.* V. annotations ss. Charte envir., art. 3, 4 et 7, et ss. Const. 58, art. 34, notes 293 s. ♦ Des dispositions compétemment prises dans le domaine réglementaire, tel qu'il était déterminé antérieurement, demeurent applicables postérieurement à l'entrée en vigueur de ces nouvelles normes, alors même qu'elles seraient intervenues dans un domaine désormais réservé à la loi. • CE, ass., 3 oct. 2008, *Cne d'Annecy*, n° 297931 : *préc. note 1* • CE 24 juill. 2009, *Cté de recherche et d'information indépendantes sur le génie génétique (CRII-GEN)*, n° 305314 : *préc. note 1.* ♦ Postérieurement, un tel décret est pris par une autorité incompétente. • Mêmes affaires.

5. *Invocabilité.* L'ensemble des droits et devoirs définis dans la Charte s'impose aux pouvoirs publics et aux autorités administratives dans leur domaine de compétence respectif. • CE, ass., 3 oct. 2008, *Cne d'Annecy,* n° 297931 : *préc. note 1* • CE 24 juill. 2009, *Cté de recherche et d'information indépendantes sur le génie génétique (CRII-GEN),* n° 305314 : *préc. note 1.* ♦ Le Cons. const. utilise la même formule mais uniquement pour l'art. 5 de la Charte. • Cons. const. 19 juin 2008, n° 2008-564 DC § 18. ♦ Il ne l'utilise pas pour les art. 3, 4 et 7 • Cons. const. 19 juin 2008, n° 2008-564 DC § 18 • Cons. const. 8 avr. 2011, *Michel Z. et a.,* n° 2011-116 QPC § 6. ♦ S'agissant des art. 1er et 2, il estime qu'ils s'imposent non seulement aux pouvoirs publics et aux autorités administratives dans leur domaine de compétence respectif mais également à l'ensemble des personnes. • Même affaire.

6. Lorsque des dispositions législatives ont été prises pour assurer la mise en œuvre des principes énoncés dans la Charte (aux art. 1er, 2, 6 et 7), la légalité des décisions administratives s'apprécie par rapport à ces dispositions. • CE 19 juin 2006, *Assoc. eau et rivières de Bretagne,* n° 282456 : *Lebon 703 ; BJLC 2006. 475, concl. Guyomar ; AJDA 2006. 1584, chron. Landais et Lénica* • CE 26 oct. 2007, *Serge F. et a.,* n° 299883 • CE 7 mai 2008, *Assoc. ornithologique et mammalogique de Saône-et-Loire,* n° 309285 • CE, ass., 3 oct. 2008, *Cne d'Annecy,* n° 297931 : *préc. note 1* • CE 23 avr. 2009, *Assoc. France Nature Environnement,* n° 306242 : *AJDA 2009. 858, note Y. J. ; RJEP 2009, n° 667, p. 25* • CE 26 déc. 2012, *Assoc. France Nature Environnement,* n° 340538 : *AJDA 2013. 10 ; JCP Adm. 2013. 35.*

7. *Abrogation implicite.* Cependant, des dispositions législatives qui renvoient explicitement au pouvoir réglementaire le soin de définir des éléments que la présente Charte a entendu réserver au législateur, sont implicitement mais nécessairement abrogées. • CE 24 juill. 2009, *Cté de recherche et d'information indépendantes sur le génie génétique (CRII-GEN),* n° 305314 : *préc. note 1* ♦ V. déjà, implicitement. • CE, ass., 3 oct. 2008, *Cne d'Annecy,* n° 297931 : *préc. note 1.* ♦ V. cependant : la conformité au principe énoncé par (l'art. 3 de) la Charte envir. de dispositions législatives définissant le cadre de la prévention ou de la limitation des conséquences d'une atteinte à l'environnement, ou de l'absence de telles dispositions, ne peut être contestée devant le juge administratif en dehors de la procédure prévue à l'art. 61-1 Const. • CE, ass., 12 juill. 2013, *Féd. nat. de la pêche en France,* n° 344522 § 12 : *préc. note 1.*

8. Dans le silence de la loi quant à l'intervention du pouvoir réglementaire, l'abrogation implicite ne peut être constatée. • CE 12 janv. 2009, *Assoc. France Nature Environnement,* n° 289080 : *Dr. adm. 2009. 75, note Fort ; Envir. 2009, 63, note Deharbe et Gros.*

9. *Champ d'application.* La Charte ne peut être invoquée que pour des dispositions entrant dans son champ d'application. Tel n'est pas le cas d'une disposition soumettant à un régime d'autorisation l'installation des bâches comportant de la publicité et des dispositifs publicitaires de dimensions exceptionnelles liés à des manifestations temporaires. • Cons. const. 23 nov. 2012, *Assoc. France Nature Environnement et a.,* n° 2012-282 QPC § 9. ♦ ... Répartissant les compétences entre le maire et le préfet au titre de la police de la publicité. • Cons. const. 23 nov. 2012, *Assoc. France Nature Environnement et a.,* n° 2012-282 QPC § 9. ♦ ... Relative aux règles de distance et de hauteur de végétaux plantés à proximité de la limite de fonds voisins. • Cons. const. 7 mai 2014, *Sté Casuca,* n° 2014-394 QPC § 9.

Art. 1er Chacun a le droit de vivre dans un environnement équilibré et respectueux de la santé.

BIBL. ▶ Groud et Pugeault, Le droit à l'environnement, nouvelle liberté fondamentale, *AJDA 2005. 1357*. – Trébulle, Article 1er, *Envir. 2005, n° 4, p. 18.*

COMMENTAIRE

V. sur le Code en ligne.

[V. références des décisions du Conseil constitutionnel dans les tableaux DC et QPC]

1. *Principe.* Le respect des droits et devoirs énoncés en termes généraux par le présent art. s'impose non seulement aux pouvoirs publics et aux autorités administratives dans leur domaine de compétence respectif mais également à l'ensemble des personnes. • Cons. const. 8 avr. 2011, *Michel Z. et a.,* n° 2011-116 QPC § 5. ♦ Les objectifs assignés par la loi à l'action de l'État ne sauraient contrevenir à l'exigence constitutionnelle contenue au présent art. • Cons. const. 20 déc. 2019, n° 2019-794 DC § 36.

2. Les requérants peuvent utilement invoquer la méconnaissance des dispositions du présent art. pour contester la légalité du décret attaqué. • CE 26 févr. 2014, *Assoc. Ban Asbestos*

France, n° 351514 : *AJDA 2014. 476* ; *JCP Adm. 2014. 237.*

3. Il incombe au législateur et, dans le cadre défini par la loi, aux autorités administratives de déterminer, dans le respect des principes ainsi énoncés, les modalités de la mise en œuvre de ces dispositions. • Cons. const. 23 nov. 2012, *Assoc. France Nature Environnement et a.*, n° 2012-282 QPC § 7 • Cons. const. 3 déc. 2020, n° 2020-807 DC § 7. ♦ S'il est loisible au législateur de définir les conditions dans lesquelles une action en responsabilité peut être engagée sur le fondement de la violation de cette obligation, celui-ci ne saurait, dans l'exercice de cette compétence, restreindre le droit d'agir en responsabilité dans des conditions qui en dénaturent la portée. • Cons. const. 8 avr. 2011, *Michel Z. et a. : préc. note 1 bis.* ♦ Une disposition qui empêche les riverains de demander réparation des troubles de voisinage que leur causent certaines activités, dès lors que celles-ci existaient avant leur installation et qu'elles s'exercent en conformité avec les lois ne faisant pas obstacle à une action en responsabilité fondée sur la faute, n'est pas contraire au présent art. • Même affaire, § 7.

4. Lorsqu'il modifie des textes antérieurs ou abroge ceux-ci en leur substituant, le cas échéant, d'autres dispositions, le législateur ne saurait priver de garanties légales le droit de vivre dans un environnement équilibré et respectueux de la santé consacré par le présent art. Les limitations portées par le législateur à l'exercice de ce droit ne sauraient être que liées à des exigences constitutionnelles ou justifiées par un motif d'intérêt général et proportionnées à l'objectif poursuivi (absence de principe de non-régression). • Cons. const. 10 déc. 2020, n° 2020-809 DC § 13 et 14.

5. Le Conseil constitutionnel ne dispose pas d'un pouvoir général d'appréciation et de décision de même nature que celui du Parlement ; il ne lui appartient pas de substituer son appréciation à celle du législateur sur les moyens par lesquels le législateur entend mettre en œuvre le droit de chacun de vivre dans un environnement équilibré et respectueux de la santé. • Cons. const. 23 nov. 2012, *Assoc. France Nature Environnement et a.*, n° 2012-282 QPC § 8.

6. Référé-liberté. En adossant à la Const. une Charte de l'environnement qui proclame en son art. 1er que « chacun a le droit de vivre dans un environnement équilibré et respectueux de la santé », le législateur a nécessairement entendu ériger le droit à l'environnement en « liberté fondamentale » de valeur constitutionnelle. • TA Châlons-en-Champagne, 29 avr. 2005, *Conservatoire du patrimoine naturel*, n° 0500828 : *AJDA 2005. 1357, note Groud et Pugeault* ; *RDI 2005. 265, note Fonbaustier* . ♦ *Contra.* • TA Strasbourg, 19 août 2005, *Assoc. protection de l'environnement du canton de Verny*, n° 0503540.

7. Bénéficiaires. Peuvent se prévaloir des présentes dispositions : une commune. • CAA Bordeaux, 18 mai 2009, *Cne de Feugarolles*, n° 07BX02674. ♦ ... Un particulier. • Cass., QPC, 27 janv. 2011, n° 10-40.056.

8. Les particuliers doivent démontrer que la décision litigieuse porte une atteinte directe et certaine à leur situation personnelle protégée. • TA Amiens, réf., 8 déc. 2005, *Nowacki*, n° 0503011 : *AJDA 2005. 2372* ; *ibid. 2006. 1053, note Boré-Eveno* • CAA Douai, 4 juin 2008, *Cne de Gouvieux*, n° 07DA01302.

9. Mise en œuvre. Les dispositions fixant à l'action de l'État l'objectif d'atteindre la décarbonation complète du secteur des transports terrestres d'ici à 2050 ne sont pas manifestement inadéquates aux exigences du présent art. • Cons. const. 20 déc. 2019, n° 2019-794 DC § 37.

10. Il appartient aux autorités administratives de veiller au respect du principe énoncé par le présent art. lorsqu'elles sont appelées à préciser les modalités de mise en œuvre d'une loi définissant le cadre de la protection de la population contre les risques que l'environnement peut faire courir à la santé et il incombe au juge administratif de vérifier, au vu de l'argumentation dont il est saisi, si les mesures prises pour l'application de la loi, dans la mesure où elles ne se bornent pas à en tirer les conséquences nécessaires, n'ont pas elles-mêmes méconnu ce principe. • CE 26 févr. 2014, *Assoc. Ban Asbestos France*, n° 351514 : *préc. note 1 bis.*

11. Dès lors qu'il ne résulte pas de l'instruction que les lacs qui se formeront au cours de l'exploitation de la carrière et qui subsisteront après la remise en état du site sont susceptibles de polluer la nappe phréatique et de porter atteinte à la qualité de l'environnement ou à la santé des usagers de l'eau, il n'y a pas violation du présent art. • CAA Bordeaux, 18 mai 2009, *Cne de Feugarolles*, n° 07BX02674.

12. Lorsque des dispositions législatives ont été prises pour assurer la mise en œuvre des principes énoncés au présent art., la légalité des décisions administratives s'apprécie par rapport à ces dispositions. • CE 19 juin 2006, *Assoc. eau et rivières de Bretagne*, n° 282456 : *Lebon 703* ; *BJLC 2006. 475, concl. Guyomar* ; *AJDA 2006. 1584, chron. Landais et Lénica* .

13. Est conforme au présent art. une disposition par laquelle le législateur, manifestant sa volonté de permettre à chacun de vivre dans un environnement équilibré et respectueux de la santé, a entendu soumettre à un régime d'autorisation les dispositifs de publicité lumineuse autres que ceux qui supportent des affiches éclairées par projection ou par transparence à des fins de protection du cadre de vie et de protection de l'environnement. • Cons. const. 23 nov. 2012, *Assoc. France Nature Environnement et a.*, n° 2012-282 QPC § 9. ♦ ... Renvoie au pouvoir réglementaire la fixation des prescriptions relatives aux enseignes lumineuses afin de prévenir ou limiter les nuisances lumineuses. • Cons. const. 23 nov. 2012, *Assoc. France Nature Environnement et a.*, n° 2012-282 QPC § 9.

14. Des dispositions qui se bornent à reporter la mise en œuvre des règles et prescriptions protectrices de l'environnement fixées par arrêté ministériel et à aligner leurs modalités d'application sur celles retenues pour les installations existantes ne dispensent nullement les installations prévues par ces projets de respecter ces règles et prescriptions. De même, les dispositions relatives au gros œuvre ont pour seul effet d'éviter que certaines nouvelles prescriptions, uniquement relatives aux constructions, par leur application rétroactive, aient des conséquences disproportionnées sur des installations déjà existantes et sur des projets en cours d'instruction ayant déjà fait l'objet d'une demande d'autorisation complète. Elles ne méconnaissent ni le présent art. ni l'art. 3 Charte envir. et, en tout état de cause, n'entraînent pas de régression de la protection de l'environnement. • Cons. const. 3 déc. 2020, n° 2020-807 DC § 10 s.

15. Compte tenu des limites fixées par le texte, du moment où elle est accordée et que des recours sont possibles contre elle, la dérogation préfectorale autorisant, à la demande du pétitionnaire et à ses frais et risques, l'exécution anticipée des permis et décisions requis pour permettre à ce dernier de commencer certains travaux de construction sans attendre que les conditions nécessaires à la préservation de l'environnement aient été fixées par l'autorisation environnementale n'est contraire ni au présent art. ni à l'art. 3 Charte envir. • Cons. const. 3 déc. 2020, n° 2020-807 DC § 25 s.

16. Compte tenu en particulier de ce qu'elles sont applicables exclusivement jusqu'au 1er juill. 2023, les dispositions permettant, par dérogation, d'autoriser l'usage de certains produits phytopharmaceutiques contenant des substances actives de la famille des néonicotinoïdes ne privent pas de garanties légales le droit de vivre dans un environnement équilibré et respectueux de la santé dès lors que le législateur a cantonné l'application de ces dispositions au traitement des betteraves sucrières, et que la limitation apportée à l'exercice de ce droit est justifiée par un motif d'intérêt général et proportionnée à l'objectif poursuivi : faire face aux graves dangers qui menacent la culture de ces plantes, en raison d'infestations massives de pucerons vecteurs de maladies virales, et préserver en conséquence les entreprises agricoles et industrielles de ce secteur et leurs capacités de production. • Cons. const. 10 déc. 2020, n° 2020-809 DC § 20 s. ♦ En dépit des risques qu'elles présentent sur la biodiversité, en particulier pour les insectes pollinisateurs tels que les abeilles, ainsi que sur la qualité de l'eau et des sols et pour la santé humaine elle-même, a été prévue par législateur lui-même, dans le but de permettre aux producteurs de betteraves sucrières de faire face aux dangers qui menacent la culture de ces plantes en raison d'infestations massives de pucerons vecteurs de maladies virales, notamment la jaunisse de la betterave, ainsi que cela fut le cas lors de la campagne 2020, pour une durée limitée destinée à assurer la mise au point, d'ici à 2023 au plus tard, de solutions alternatives satisfaisantes. • CE, ord., 15 mars 2021, *Assoc. « terre d'abeille »*, n° 450194 : *AJDA 2021. 593* ; *JCP Adm. 2021. 214, note Lami.*

Art. 2 Toute personne a le devoir de prendre part à la préservation et à l'amélioration de l'environnement.

BIBL. ▸ HANICOTTE, La Charte de l'environnement, une nouvelle catégorie de normes constitutionnelles : les devoirs environnementaux, *Politéia, 2004, n° 6, p. 54.* – TROUILLY, Le devoir de prendre part à la préservation et à l'amélioration de l'environnement : obligation morale ou juridique ?, *Envir. 2005, n° spéc., p. 22.* – MAUZY, L'article 2 de la Charte constitutionnelle de l'environnement peut-il fonder la qualité à agir des citoyens ?, *JCP Adm. 2016. 2241.*

COMMENTAIRE

V. sur le Code en ligne.

[V. références des décisions du Conseil constitutionnel dans les tableaux DC et QPC]

1. Les présentes dispositions, comme l'ensemble des droits et devoirs définis dans la Charte de l'environnement, ont valeur constitutionnelle. • Cons. const. 29 déc. 2009, n° 2009-599 DC § 79.

2. Le respect des droits et devoirs énoncés en termes généraux par le présent art. s'impose non seulement aux pouvoirs publics et aux autorités administratives dans leur domaine de compétence respectif mais également à l'ensemble des personnes. • Cons. const. 8 avr. 2011, *Michel Z. et a.*, n° 2011-116 QPC § 5. ♦ L'ensemble des personnes et notamment les pouvoirs publics et les autorités administratives sont tenus à une obligation de vigilance à l'égard des atteintes à l'environnement qui pourraient résulter de leur activité. • CE, QPC, 14 sept. 2011, *Pierre,* n° 348394 : *Lebon 441 ; AJDA 2011. 1764.*

3. Il résulte de la combinaison des présentes dispositions avec celles de l'art. 1er de la Charte que chacun est tenu à une obligation de vigilance à l'égard des atteintes à l'environnement qui pourraient résulter de son activité. • Cons. const. 8 avr. 2011, *Michel Z. et a.,* n° 2011-116 QPC § 5.

4. Lorsque des dispositions législatives ont été prises pour assurer la mise en œuvre des principes énoncés au présent art., la légalité des décisions administratives s'apprécie par rapport à ces dispositions. • CE 19 juin 2006, *Assoc. eau et rivières de Bretagne,* n° 282456 : *Lebon 703 ; BJLC 2006. 475, concl. Guyomar ; AJDA 2006. 1584, chron. Landais et Lénica.*

5. Ne sont pas contraires au présent art. des dispositions qui prévoient que la charge financière des mesures à prendre au titre de la remise en état d'un site ne peut être légalement imposée au détenteur d'un bien qui n'a pas la qualité d'exploitant, d'ayant droit de l'exploitant ou qui ne s'est pas substitué à lui en qualité d'exploitant. • CE 23 mars 2011, *SA Progalva,* n° 325618. ♦ ... Le remembrement rural qui, ayant pour objet, outre l'amélioration des conditions d'exploitation, l'aménagement rural du périmètre dans lequel il est mis en œuvre, doit comme les autres modes d'aménagement foncier rural tenir compte des fonctions économique, environnementale et sociale de l'espace agricole. • CE, QPC, 14 sept. 2011, *Pierre,* n° 348394 : *préc. note 2.*

6. Le présent art. ne saurait, par lui-même, conférer à toute personne qui l'invoque intérêt pour former un recours pour excès de pouvoir à l'encontre de toute décision administrative qu'elle entend contester. • CE 1er juin 2016, n° 389095 : *AJDA 2016. 2023 ; Constitutions 2016. 470, chron. Domingo.*

Art. 3 Toute personne doit, dans les conditions définies par la loi, prévenir les atteintes qu'elle est susceptible de porter à l'environnement ou, à défaut, en limiter les conséquences.

BIBL. ▶ BAUDU, La Charte de l'environnement au secours de la fiscalité écologique ?, *RJ envir. 2008. 157.* – CAUDAL, Le devoir de prévention : une exigence fondamentale fortement dépendante du législateur, *Envir. 2005, n° spéc., p. 23 ;* La Charte et l'instrument financier et fiscal, *RJ envir. 2005, n° spéc., p. 238.* – JÉGOUZO, De certaines obligations environnementales : prévention, précaution, responsabilité, *AJDA 2005. 1164.*

COMMENTAIRE

V. sur le Code en ligne.

[V. références des décisions du Conseil constitutionnel dans les tableaux DC et QPC]

1. Principe. Les présentes dispositions, comme l'ensemble des droits et devoirs définis dans la Charte de l'environnement, ont valeur constitutionnelle. • Cons. const. 29 déc. 2009, n° 2009-599 DC § 79. • CE, ass., 12 juill. 2013, *Féd. nat. de la pêche en France,* n° 344522 § 5 : *AJDA 2013. 1737, chron. Domino et Bretonneau ; D. 2014. 104, obs. Trébulle ; AJCT 2013. 581, obs. Moliner-Dubost ; RFDA 2013. 1255, chron. Roblot-Troizier et Tusseau ; ibid. 2014. 97, concl. Cortot-Boucher ; ibid. 115, note Robbe ; Dr. adm. 2013. 84, note Pissaloux.*

2. Compétence législative. Il incombe au législateur et, dans le cadre défini par la loi, aux autorités administratives de déterminer, *dans le respect des principes ainsi énoncés,* les modalités de la mise en œuvre de ces dispositions. • Cons. const. 8 avr. 2011, *Michel Z. et a.,* n° 2011-116 QPC § 6 • Cons. const. 23 nov. 2012, *Assoc. France Nature Environnement et a.,* n° 2012-282 QPC § 7. ♦ L'obligation incombant à toute personne de prévenir ou limiter les atteintes qu'elle est susceptible de porter à l'environnement ne s'impose que dans les conditions définies par les dispositions législatives ainsi que par les dispositions réglementaires et les autres actes adoptés pour les mettre en œuvre ; il appartient aux autorités administratives de veiller au respect du principe énoncé par le présent art. lorsqu'elles sont appelées à préciser les modalités de mise en œuvre de la loi définissant le cadre de la prévention ou de la limitation des conséquences d'une atteinte à l'environnement. • CE, ass., 12 juill. 2013, *Féd. nat. de la pêche en France,* n° 344522 § 13 : *préc. note 1.*

3. Il résulte de la combinaison des présentes dispositions avec celles de l'art. 1er de la Charte que chacun est tenu à une obligation de vigilance à l'égard des atteintes à l'environnement qui pourraient résulter de son activité. • Cons. const. 8 avr. 2011, *Michel Z et a.,* n° 2011-116 QPC § 5.

4. Le Conseil constitutionnel ne disposant pas d'un pouvoir général d'appréciation et de décision de même nature que celui du Parlement, il ne lui appartient pas de substituer son appréciation à celle du législateur sur les moyens par lesquels le législateur entend mettre en œuvre le principe de prévention des atteintes à l'environnement. • Cons. const. 23 nov. 2012, *Assoc. France Nature Environnement et a.,* n° 2012-282 QPC § 8. ♦ Dès lors que les mesures réglementaires prises pour l'application d'une loi se bornent à tirer les conséquences nécessaires de cette loi, le juge administratif peut directement vérifier si elles ne méconnaissent pas par elles-mêmes le principe énoncé au présent art. • CE, ass., 12 juill. 2013, *Féd. nat. de la pêche en France,* n° 344522 §10 : *préc. note 1.*

5. Le pouvoir réglementaire n'est, depuis l'entrée en vigueur de la révision constitutionnelle du 1er mars 2005, compétent que pour fixer les mesures d'application des conditions de la prévention des atteintes susceptibles d'être portées à l'environnement ou, à défaut, de la limitation de leurs conséquences, le constituant ayant réservé au législateur le soin de définir ces conditions. • CE 24 juill. 2009, *Cté de recherche et d'information indépendantes sur le génie génétique (CRII-GEN),* n° 305314 : *Lebon 294 ; AJDA 2009. 1818, chron. Liéber et Botteghi ; RFDA 2009. 963, concl. Geffray ; ibid. 1272, chron. Rambaud et Roblot-Troizier ; Envir. oct. 2009, p. 36, note Trouilly.* ♦ Rappr. • CE, ass., 3 oct. 2008, *Cne d'Annecy,* n° 297931 : *Lebon 322 ; GAJA 18e éd., n° 116 ; AJDA 2008. 2166, chron. Geffray et Liber ; RFDA 2008. 1158, concl. Aguila et note Janicot ; ibid. 1237, chron. Rambaud et Roblot-Troizier ; Dr. adm. 2008. 152, note Melleray ; JCP Adm. 2008. 2279, note Billet ; RJ envir. 2009. 435, note Boyer ; RD publ. 2009. 425, note Gros.*

6. Mise en œuvre. Il ressort des termes mêmes de l'art. L. 512-17 C. envir. que le législateur a mis en œuvre le principe de réparation fixé par le présent art. • CE 12 janv. 2009, *Assoc. France Nature Environnement,* n° 289080 : *Dr. adm. 2009. 75, note Fort ; Envir. 2009, 63, note Deharbe et Gros.* ♦ Rappr. s'agissant de l'obligation de remise en état à la fin de travaux miniers et, de ce fait, du refus de transmettre la QPC au Cons. const. • CE 15 avr. 2011, *Assoc. après-mines Moselle-Est,* n° *346042 B : AJDA 2011. 823 .*

7. Des dispositions faisant obligation, pour les demandeurs d'une autorisation de mise sur le marché de produits non destinés à l'alimentation composés d'organismes génétiquement modifiés, de mettre au point un plan de surveillance, et l'adaptation éventuelle de ce plan, après une première période de surveillance, sont relatives aux conditions de prévention des atteintes susceptibles d'être portées à l'environnement et ne peuvent donc être fixées que par la loi. Le décret qui les prévoit est dès lors entaché d'incompétence. • CE 24 juill. 2009, *Cté de recherche et d'information indépendantes sur le génie génétique (CRII-GEN),* n° 305314 : *préc. note 4.*

8. Les dispositions du présent art. n'imposent pas de faire figurer des prescriptions particulières, destinées notamment à réduire ou à compenser les conséquences dommageables d'un projet d'aménagement ou d'ouvrage pour l'environnement, dans la déclaration d'utilité publique. • CE 31 juill. 2009, *Aéroport Notre-Dame-des-Landes,* n° 314955.

9. De même, un arrêté autorisant un rallye automobile comportant des tronçons traversant un site Natura 2000 ne porte pas, eu égard notamment à la brièveté de cette compétition et aux mesures de prévention, destinées à limiter l'impact du rallye sur l'environnement, adoptées par l'arrêté contesté en tenant compte des observations formulées à la suite du rallye organisé en 2006, une atteinte grave à la protection de l'environnement. • CE 11 mai 2007, *Assoc. interdptale et intercom. pour la protection du lac de Sainte-Croix,* n° 305427 : *AJDA 2007. 2265, note Foucher ; Envir. 2007, n° 127, note Février.*

10. Il n'y a pas lieu de renvoyer au Cons. const. pour que celui-ci examine sa conformité au présent art. une disposition législative qui dispose que lors de l'arrêt de travaux miniers l'autorité administrative prescrit les mesures à exécuter par l'exploitant afin de préserver notamment les caractéristiques essentielles du milieu environnant, de faire cesser les désordres et nuisances de toute nature engendrés par ses activités et de prévenir les risques de survenance de tels désordres ; en effet, ces dispositions imposent à l'exploitant la charge de faire cesser les dommages causés à l'environnement par les activités minières après leur arrêt et visent également à prévenir les dommages que pourraient ultérieurement causer les concessions minières mises à l'arrêt. • CE 15 avr. 2011, *Assoc. « après-mines Moselle-Est »,* n° 346042 : *préc. note 6.*

11. Sont conformes au présent art. les dispositions : par lesquelles le législateur, manifestant sa volonté de prévenir les atteintes à l'environnement ou d'en limiter les conséquences, a entendu soumettre à un régime d'autorisation les dispositifs de publicité lumineuse autres que ceux qui supportent des affiches éclairées par projection ou par transparence à des fins de protection du cadre de vie et de protection de l'environnement. • Cons. const. 23 nov. 2012, *Assoc. France Nature Environnement et a.,* n° 2012-282 QPC § 9. ♦ ... Qui renvoie au pouvoir réglementaire la fixation des prescriptions relatives aux enseignes lumineuses afin de prévenir ou limiter les nuisances lumineuses. • Cons. const. 23 nov. 2012, *Assoc. France Nature Environnement et a.,* n° 2012-282 QPC § 9.

12. Fiscalité environnementale. Le présent art. peut servir de justification, dès lors que les autres principes constitutionnels sont respectés, à la mise en œuvre d'une fiscalité environnementale destinée à favoriser des comportements éco-responsables. • Cons. const. 29 déc. 2009, n° 2009-599 DC § 79. ♦ V. déjà, fondé sur l'art. 34 Const. 58 et les engagements internationaux de la France. • Cons. const. 28 déc. 2000, n° 2000-441 DC § 34 s. ♦ V. encore fondé sur le but d'intérêt général qui s'attache à la protection de l'environnement. • Cons. const. 29 déc. 2003, n° 2003-488 DC § 8 s.

Art. 4 Toute personne doit contribuer à la réparation des dommages qu'elle cause à l'environnement, dans les conditions définies par la loi.

BIBL. ▶ BILLET, La (dé)responsabilisation des auteurs d'atteintes à l'environnement par l'article 4 de la Charte constitutionnelle, *Envir. 2005, comm. n° 32*. – VAN LANG, De l'art du trompe l'œil. Réflexions désenchantées sur quelques aspects récents de la responsabilité environnementale, *in* Mél. Prieur, *Dalloz 2007, p. 1671*. – MAKOWIAK, L'évolution du droit des installations classées pour la protection de l'environnement : entre tentation du libéralisme et renforcement des contraintes, *JCP Adm. 2013. 2015*. – HUGLO, L'inéluctable prise en compte du dommage écologique par le juge administratif, les suites de l'arrêt *Erika* de la Cour de cassation, *AJDA 2013. 667*. – TRÉBULLE, La responsabilité environnementale, dix ans après l'entrée en vigueur de la Charte, *AJDA 2015. 503*.

COMMENTAIRE

V. sur le Code en ligne.

[V. références des décisions du Conseil constitutionnel dans les tableaux DC et QPC]

1. Principe. Les présentes dispositions, comme l'ensemble des droits et devoirs définis dans la Charte de l'environnement, ont valeur constitutionnelle. • Cons. const. 29 déc. 2009, n° 2009-599 DC § 79.

2. Compétence législative. Il incombe au législateur et, dans le cadre défini par la loi, aux autorités administratives de déterminer, dans le respect des principes ainsi énoncés, les modalités de la mise en œuvre de ces dispositions. • Cons. const. 8 avr. 2011, *Michel Z. et a.*, n° 2011-116 QPC § 6 • Cons. const. 5 févr. 2021, *Assoc. Réseau sortir du nucléaire*, n° 2020-881 QPC § 5.

3. Mise en œuvre. Il ressort des termes mêmes de l'art. L. 512-17 C. envir. que le législateur a mis en œuvre le principe de réparation fixé par le présent art. • CE 12 janv. 2009, *Assoc. France Nature Environnement*, n° 289080 : *Dr. adm. 2009. 75, note Fort ; Envir. 2009. 63, note Deharbe et Gros.* ♦ Rappr. s'agissant de l'obligation de remise en état à la fin de travaux miniers et, de ce fait, du refus de transmettre la QPC au Cons. const. • CE 15 avr. 2011, *Assoc. après-mines Moselle-Est*, n° 346042 : *AJDA 2011. 823*.

4. Une disposition qui empêche les riverains de demander réparation des troubles de voisinage que leur causent certaines activités dès lors que celles-ci existaient avant leur installation et qu'elles s'exercent en conformité avec les lois n'est pas contraire au présent art. dès lors que, parmi les lois à respecter, sont incluses celles qui tendent à la préservation et à la protection de l'environnement. • Cons. const. 8 avr. 2011, *Michel Z. et a.*, n° 2011-116 QPC § 7.

5. Les dispositions du présent art. n'imposent pas de faire figurer des prescriptions particulières, destinées notamment à réduire ou à compenser les conséquences dommageables d'un projet d'aménagement ou d'ouvrage pour l'environnement, dans la déclaration d'utilité publique. • CE 31 juill. 2009, *Aéroport Notre-Dame-des-Landes*, n° 314955.

6. Ne sont pas contraires au présent art. des dispositions qui prévoient que la charge financière des mesures à prendre au titre de la remise en état d'un site ne peut être légalement imposée au détenteur d'un bien qui n'a pas la qualité d'exploitant, d'ayant droit de l'exploitant ou qui ne s'est pas substitué à lui en qualité d'exploitant. • CE 23 mars 2011, *SA Progalva*, n° 325618.

7. En écartant de l'obligation de réparation les atteintes aux bénéfices collectifs tirés par l'homme de l'environnement mais également aux éléments ou aux fonctions des écosystèmes (C. civ., art. 1247), uniquement lorsqu'elles présentent un caractère négligeable, le législateur n'a pas méconnu le principe selon lequel toute personne doit contribuer à la réparation des dommages qu'elle cause à l'environnement. • Cons. const. 5 févr. 2021, *Assoc. Réseau sortir du nucléaire*, n° 2020-881 QPC § 8.

8. Reconnaissance d'un dommage écologique. Les travaux, illégalement conduits par la commune dans un secteur recensé à l'inventaire Natura 2000 et reconnu comme abritant une des meilleures zones de frayères à saumon atlantique du cours supérieur de l'Allier, ont entraîné, outre la mortalité directe de 15 jeunes saumons, le colmatage par enfouissement des ovules déposées dans les frayères et à terme un déficit de reproduction et ont par suite, alors que le seuil de conservation de l'espèce est difficilement maintenu, constitué ainsi un dommage écologique. Au regard du dommage écologique susdécrit portant atteinte aux intérêts collectifs qu'elle s'est donnée pour objet de défendre, l'association « Club mouche saumon Allier » justifie d'un préjudice propre dont elle est fondée à demander réparation sur le fondement de l'art. L. 142-2 C. envir. • CAA Lyon, 23 avr. 2009, *Club mouche saumon Allier,* n° 07LY02634.

Art. 5 Lorsque la réalisation d'un dommage, bien qu'incertaine en l'état des connaissances scientifiques, pourrait affecter de manière grave et irréversible l'environnement, les autorités publiques veillent, par application du principe de précaution et dans leurs domaines d'attributions, à la mise en œuvre de procédures d'évaluation des risques et à l'adoption de mesures provisoires et proportionnées afin de parer à la réalisation du dommage.

BIBL. ▶ BAGHESTANI-PERREY, La constitutionnalisation du principe de précaution dans la Charte de l'environnement ou la consécration d'un principe à effet direct, *LPA 30 juill. 2004, p. 4.* – BÉTAILLE, le décloisonnement du principe de précaution, un effet de la constitutionnalisation, *Dr. envir. 2010. 278.* – GOLLIER et DE SADELEER, Le principe de précaution, *PUF, coll. « Que-sais-je ? » 2008, n° 3596.* – MATHIEU, La constitutionnalisation risquée du principe de précaution, *in* Mél. Morand-Deviller, *Montchrestien 2007, p. 891.* – Office parlementaire d'évaluation des choix scientifiques et technologiques, *Le principe de précaution : bilan de son application quatre ans après sa constitutionnalisation, Rapport Sénat, 2009, n° 25.* – JÉGOUZO, L'imprévisible principe de précaution, *AJDA 2012. 233.* – DENIZEAU, Principe de précaution et droit de l'urbanisme, *RFDA 2012. 864.* – VAN LANG, Principe de précaution : exorciser les fantasmagories, *AJDA 2015. 510.*

COMMENTAIRE

V. sur le Code en ligne.

[V. références des décisions du Conseil constitutionnel dans les tableaux DC et QPC]

1° PRINCIPE

1. Le présent art., comme l'ensemble des droits et devoirs définis dans la Charte, s'impose aux pouvoirs publics et aux autorités administratives dans leurs domaines de compétence respectifs ; dès lors, il incombe au Cons. const. de s'assurer que le législateur n'a pas méconnu le principe de précaution et a pris des mesures propres à garantir son respect par les autres autorités publiques. • Cons. const. 19 juin 2008, n° 2008-564 DC § 18. ♦ Il n'appelle pas de dispositions législatives ou réglementaires précisant ses modalités de mise en œuvre. • CE 19 juill. 2010, *Assoc. du quartier Les Hauts de Choiseul,* n° 328687 : *Lebon 333 ; AJDA 2010. 1453, note Y.J. ; ibid. 2114, note Dubrulle ; Constitutions 2010. 107, note Carpentier ; Envir. 2010, n° 135, note Trouilly.*

2. Est en tout état de cause inopérant le grief tiré de ce qu'une interdiction pérenne méconnaîtrait le principe de précaution. • Cons. const. 11 oct. 2013, *Sté Schuepbach Energy LLC,* n° 2013-346 QPC § 20 • Cons. const. 28 mai 2014, n° 2014-694 DC § 6.

2° MISE EN ŒUVRE DU PRINCIPE

3. Le principe de précaution défini au présent art. ne saurait permettre au maire d'une commune de s'immiscer dans l'exercice de la police spéciale instituée en matière d'utilisation des pesticides, par l'édiction d'une règlementation locale. • TA Rennes, 25 oct. 2019, n° 1904029 : *AJDA 2019. 2148.* ♦ *Contra.* Le maire peut s'immiscer dans l'exercice d'une police spéciale en cas de danger grave ou imminent ou de circonstances locales particulières. • TA Cergy-Pontoise, ord., 8 nov. 2019, n°s 1912597 et 1912600 (2 esp.) : *AJDA 2019. 2275 ; ibid. 2020. 307, note Hermon ; AJCT 2020. 109, tribune Denolle ; JCP Adm. 2019. 725.* ♦ V. égal. Malblanc, Les arrêtés anti-glyphosate et le concours de polices administratives, *JCP Adm. 2020. 2005.* ♦ Rappr. sur l'absence d'urgence à suspendre la réglementation sur l'épandage des pesticides. • CE, ord., 14 févr. 2020, n° 437814 : *AJDA 2020. 379 ; AJCT 2020. 109, tribune Denolle ; JCP Adm. 2020. 115.* ♦ ... Et dans le cadre de l'épidémie de covid-19. • CE, ord., 20 avr. 2020, n° 440005 : *AJDA 2020. 816 ; JCP adm. 2020. 2148, note Lavigne* • CE, ord., 15 mai 2020, n° 440346 et 440211 (2 espèces) : *JCP Adm. 2020. 2170, note Malblanc* • CE 31 déc. 2020, n° 439253 B : *AJDA 2021. 4 ; ibid. 754, note Rouillier ; JCP Adm. 2021. 23.*

4. Le principe de précaution défini au présent art. n'est invocable que dans la mesure où la réalisation d'un dommage pourrait affecter de manière grave et irréversible l'environnement. • CAA Marseille, 12 févr. 2010, *Assoc. interdpale. et intercomm. pour la protection du* *lac Sainte-Croix,* n° 07MA04526 : *NCCC 2010, n° 29, p. 261, obs. Vidal-Naquet.*

5. Le principe de précaution, s'il est applicable à toute autorité publique dans ses domaines d'attributions, ne saurait avoir ni pour objet ni pour effet de permettre à une autorité publique d'excéder son champ de compétence et d'intervenir en dehors de ses domaines d'attributions. • CE, ass., 26 oct. 2011, *Cne de Saint-Denis,* n° 326492 : *AJDA 2011. 2219, chron. Stahl et Domino ; Dr. adm. 2012. 8, note Melleray.*

6. Une opération qui méconnaît les exigences du principe de précaution ne peut légalement être déclarée d'utilité publique. Il appartient dès lors à l'autorité compétente de l'État, saisie d'une demande tendant à ce qu'un projet soit déclaré d'utilité publique, de rechercher s'il existe des éléments circonstanciés de nature à accréditer l'hypothèse d'un risque de dommage grave et irréversible pour l'environnement ou d'atteinte à l'environnement susceptible de nuire de manière grave à la santé, qui justifierait, en dépit des incertitudes subsistant quant à sa réalité et à sa portée en l'état des connaissances scientifiques, l'application du principe de précaution ; si cette condition est remplie, il lui incombe de veiller à ce que des procédures d'évaluation du risque identifié soient mises en œuvre par les autorités publiques ou sous leur contrôle et de vérifier que, eu égard, d'une part, à la plausibilité et à la gravité du risque, d'autre part, à l'intérêt de l'opération, les mesures de précaution dont l'opération est assortie afin d'éviter la réalisation du dommage ne sont ni insuffisantes, ni excessives. Il appartient au juge, saisi de conclusions dirigées contre l'acte déclaratif d'utilité publique et au vu de l'argumentation dont il est saisi, de vérifier que l'application du principe de précaution est justifiée, puis de s'assurer de la réalité des procédures d'évaluation du risque mises en œuvre et de l'absence d'erreur manifeste d'appréciation dans le choix des mesures de précaution. • CE, ass., 12 avr. 2013, *Assoc. Coordination interrégionale STOP THT et a.,* n° 342409 A (concl. Lallet) : *RFDA 2013. 610, concl. Lallet ; ibid. 1061, note Canedo-Paris ; AJDA 2013. 1046, chron. Domino et Bretonneau ; D. 2013. 1008, obs. E. Royer ; ibid. 2014. 104, obs. F. G. Trébulle ; AJDI 2013. 531, obs. S. Gilbert ; ibid. 2014. 16, étude S. Gilbert ; RDI 2013. 305, obs. A. Van Lang ; AJCT 2013. 421, obs. M. Moliner-Dubost ; Constitutions 2013. 261, obs. Carpentier ; RTD eur. 2013. 880, obs. Bouveresse ; JCP Adm. 2013. 2273, note Charmeil.*

7. Le principe de précaution garanti par les stipulations précitées de l'art. 191-2 TFUE a une portée garantissant l'effectivité du respect du principe de valeur constitutionnelle. • CE 3 oct. 2016, n° 388649 A § 20 : *AJDA 2016. 1836 ; JCP Adm. 2016. 778.* ♦ Il découle du principe de précaution consacré par les stipulations précitées que, lorsque des incertitudes subsistent sur l'existence ou la portée de risques, des mesures de protection peuvent être prises sans attendre que la réalité et la gravité de ces risques soient pleinement démontrées. Une application correcte de ce principe présuppose l'identification des conséquences potentiellement négatives d'un produit et une évaluation complète du risque fondée sur les données scientifiques les plus fiables et les résultats les plus récents de la recherche internationale. Lorsqu'il s'avère impossible de déterminer avec certitude l'existence ou la portée du risque allégué en raison de la nature insuffisante, non concluante ou imprécise des résultats des études menées, mais que la probabilité d'un dommage réel persiste dans l'hypothèse où le risque se réaliserait, le principe de précaution justifie l'adoption de mesures restrictives. • CE 3 oct. 2016, n° 388649 A § 19 : *préc.*

8. Principe de non-régression. Les dispositions contestées qui ont pour objet de favoriser l'amélioration constante de la protection de l'environnement, ne font pas obstacle à ce que le législateur modifie ou abroge des mesures adoptées provisoirement en application du présent art. pour mettre en œuvre le principe de précaution et ne lui sont donc pas contraires. • Cons. const. 4 août 2016, n° 2016-737 DC § 13.

9. Si une réglementation soumettant certains types de projets à l'obligation de réaliser une évaluation environnementale après un examen au cas par cas effectué par l'autorité environnementale alors qu'ils étaient auparavant au nombre de ceux devant faire l'objet d'une évaluation environnementale de façon systématique ne méconnaît pas, par là-même, le principe de non-régression de la protection de l'environnement dès lors que, dans les deux cas, les projets susceptibles d'avoir des incidences notables sur l'environnement doivent faire l'objet d'une évaluation environnementale, en revanche, une réglementation exemptant de toute évaluation environnementale un type de projets antérieurement soumis à l'obligation d'évaluation environnementale après un examen au cas par cas n'est conforme au principe de non-régression que si ce type de projets, eu égard à sa nature, à ses dimensions et à sa localisation et compte tenu des connaissances scientifiques et techniques du moment, n'est pas susceptible d'avoir des incidences notables sur l'environnement ou la santé humaine. • CE 8 déc. 2017, n° 404391 B § 3 : *AJDA 2017. 2438 ; JCP Adm. 2017. 840 ; ibid. 2018. 2119, note Mozol* • CE 9 oct. 2019, n° 420804 B : *AJDA 2019. 2025 ; JCP Adm. 2019. 644 ; ibid. 2324, concl. Hoynck.*

10. Un décret exemptant de toute évaluation environnementale, en Guyane, les projets de déboisement en vue de la reconversion des sols dans les zones classées agricoles par un plan local d'urbanisme ayant lui-même fait l'objet d'une évaluation environnementale ou, en son absence, dans le schéma d'aménagement régional n'est pas contraire au principe de non-régression alors même qu'en l'état antérieur de la réglementation, ces catégories de projet faisaient l'objet d'une évaluation environnementale au cas par cas. En effet, ces projets concernent des terrains qui ont fait l'objet d'un classement en zones agricoles par un plan local d'urbanisme ayant lui-même fait l'objet d'une évaluation environnementale ou dans le schéma d'aménagement régional qui détermine notamment la localisation préférentielle des extensions urbaines et des activités agricoles et forestières et qui est lui-même soumis à évaluation environnementale. • CE 9 oct. 2019, n° 420804 B : *préc. note 9.*

a. Absence d'atteinte au principe de précaution

11. Le fait que les conditions techniques auxquelles sont soumises les cultures d'organismes génétiquement modifiés autorisés n'excluent pas la présence accidentelle de tels organismes dans d'autres productions ne constitue pas une méconnaissance du principe de précaution. • Cons. const. 19 juin 2008, n° 2008-564 DC § 21.

12. Dès lors qu'il ne résulte pas de l'instruction que les lacs qui se formeront au cours de l'exploitation de la carrière et qui subsisteront après la remise en état du site sont susceptibles de polluer la nappe phréatique et de porter atteinte à la qualité de l'environnement ou à la santé des usagers de l'eau, il n'y a pas violation du présent art. • CAA Bordeaux, 18 mai 2009, *Cne de Feugarolles,* n° 07BX02674.

13. La fixation au premier samedi du mois d'août de la chasse aux oies et aux limicoles sur le domaine public maritime des départements côtiers de la Manche et de l'Atlantique et sur une partie de l'estuaire de la Gironde ne méconnaît pas l'objectif de protection complète fixé par la directive du 2 avr. 1979 et, par voie de conséquence, ne méconnaît pas le principe de précaution formulé dans la Charte envir. ainsi qu'à l'art. L. 110-1 C. envir. • CE 6 avr. 2006, *Ligue de protection des oiseaux,* n° 283103 : *AJDA 2006. 1584, chron. Landais et Lénica* • CE 13 juill. 2006, *Assoc. France Nature Environnement,* n° 293764 : *BJCL 2006. 561, concl. Guyomar* • CE 2 févr. 2007, *Assoc. Convention vie et nature pour une écologie radicale,* n° 289758 : *RJ envir. 2004. 425, étude Huten et Cohendet.*

14. Les limites d'exposition imposées par le décret attaqué, qui correspondent à celles préconisées par la recommandation du Conseil de l'Union, tiennent compte de marges de sécurité destinées à protéger le public contre tout effet, y compris à long terme, de l'exposition aux ondes électromagnétiques émises par les équipements utilisés dans les réseaux de télécommunication ou par les installations radioélectriques, dans l'ensemble des gammes de fréquence, telles que ces marges de sécurité peuvent être définies en l'état des connaissances scientifiques. • CAA Versailles, 15 janv. 2009, *Cne de Saint-Denis,* n° 07VE01770.

15. En l'absence d'éléments de nature à accréditer l'hypothèse, en l'état des connaissances scientifiques, de risques pour la santé publique pouvant résulter de l'exposition du public aux champs électromagnétiques émis par les antennes relais de téléphonie mobile sur le territoire communal, la société est fondée à demander la suspension de l'exécution de l'arrêté du maire imposant des conditions à l'installation d'antennes relais dans un périmètre de 100 mètres autour de certains établissements. • CE, réf., 2 juill. 2008, *SFR,* n° 310548 : *Lebon 260*. ♦ S'il appartient à l'autorité administrative compétente de prendre en compte le principe de précaution lorsqu'elle se prononce sur l'octroi d'une autorisation délivrée en application de la législation sur l'urbanisme, les dispositions du présent art. ne permettent pas, indépendamment des procédures d'évaluation des risques et des mesures provisoires et proportionnées susceptibles, le cas échéant, d'être mises en œuvre par les autres autorités publiques dans leur domaine de compétence, de refuser légalement la délivrance d'une autorisation d'urbanisme en l'absence d'éléments circonstanciés faisant apparaître, en l'état des connaissances scientifiques, des risques, même incertains, de nature à justifier un tel refus. • CE 30 janv. 2012, *Sté Orange France,* n° 344992 : *Lebon 2, concl. Botteghi ; AJDA 2012. 183 ; RDI 2012. 176, obs. Soler-Couteaux ; ibid. 327, obs. Van Lang ; Constitutions 2012. 651, obs. Huten ; Cah. Cons. const. 2012, n° 37, p. 195, chron. Janicot, Roblot-Troizier et Vidal-Naquet ; JCP Adm. 2012. 2275, note Charmeil.* ♦ Le principe de précaution ne saurait avoir ni pour objet ni pour effet de permettre à une autorité publique d'excéder son champ de compétence et d'intervenir en dehors de ses domaines d'attribution. • CE 26 déc. 2012, *Cne de Saint-Pierre-d'Irube,* n° 352117 B : *AJDA 2013. 1292, note Van Lang ; D. 2014. 104, obs. Trébulle*. ♦ Le présent art. ne permet pas, indépendamment des procédures d'évaluation des risques et des mesures provisoires et proportionnées susceptibles, le cas échéant, d'être mises en œuvre par les autres autorités publiques dans leur domaine de compétence, de refuser légalement la délivrance d'une autorisation d'urbanisme en l'absence d'éléments circonstanciés sur l'existence, en l'état des connaissances scientifiques, de risques, même incertains, de nature à justifier un tel refus d'autorisation. • CE 21 oct. 2013, *Sté Orange France*, n° 360481 § 7 : *AJDA 2013. 2122* ; *RDI 2014. 61, obs. Soler-Couteaux* ; *JCP Adm. 2013. 886.*

16. Il ne ressort pas des pièces du dossier que, en l'espèce, l'existence en elle-même du terrain de camping risque d'affecter de manière grave et irréversible l'environnement ; s'il est fait état de menaces sur l'environnement en cas d'une crue centennale, le risque allégué d'occurrence de cette crue n'est pas suffisamment établi pour que puisse être invoqué le principe de précaution. • CAA Marseille, 12 févr. 2010, *Assoc. interdptale et intercom. pour la protection du lac Sainte-Croix*, n° 07MA04526 : *préc. note 4.*

17. N'a pas entaché sa décision d'erreur manifeste d'appréciation le maire qui, en l'état des connaissances scientifiques sur les risques pouvant résulter, pour les riverains et l'environnement naturel, du fonctionnement d'une unité industrielle de torréfaction du café, compte tenu des procédés mis en œuvre et des émanations dans l'air dues à une telle opération de traitement, qui ne recourt d'ailleurs à aucun procédé industriel expérimental ou faisant l'objet d'une maîtrise insuffisante, et alors qu'il n'est pas soutenu que le fonctionnement antérieur des installations du pétitionnaire dans un environnement plus urbanisé aurait été à l'origine de dommages identifiés, accorde un permis de construire une usine de torréfaction. • CAA Marseille, 31 mars 2011, *Assoc. de sauvegarde de l'environnement de la zone d'activité technologique de La Gaude*, n° 09MA00638.

18. Il ne ressort pas des pièces des dossiers que la réalité et la portée des risques de destruction des organismes benthiques, d'augmentation de la turbidité et de destruction des frayères et nourriceries aient été, en l'état des connaissances scientifiques à la date des décrets attaqués, affectées d'une incertitude de nature à justifier l'application du principe de précaution. • CE 25 févr. 2019, n° 410170 B § 21 : *AJDA 2019. 431* ; *JCP Adm. 2019. 150.*

b. Présence d'atteinte au principe de précaution

19. Les études scientifiques réalisées dans le cadre des projets litigieux ont identifié des mécanismes par lesquels l'exploitation de granulats en mer pourrait avoir des incidences sur l'érosion côtière et engendrer ainsi des dommages graves et irréversibles pour l'environnement ; l'appréciation de ce risque repose seulement sur des modélisations mathématiques des processus physiques en jeu, aucun lien de cause à effet entre l'exploitation de granulats et l'érosion du trait de côte n'ayant été démontré, en particulier dans le cas de la concession existante du Pilier située à proximité des sites des projets. Dans ces conditions, l'existence d'un tel risque doit être regardée comme une hypothèse suffisamment plausible en l'état des connaissances scientifiques pour justifier l'application du principe de précaution. • CE 25 févr. 2019, n° 410170 B § 21 : *préc. note 18.*

20. Le Roundup Pro 360 est probablement cancérogène pour l'homme eu égard notamment au résultat des expériences animales, est une « substance suspectée d'être toxique pour la reproduction humaine » au regard des expériences animales et est particulièrement toxique pour les organismes aquatiques. Dès lors, malgré les précautions d'emploi fixées par la décision attaquée, qui préconise un délai minimal de 7 à 21 jours entre le traitement des cultures et la récolte et une distance de sécurité de cinq mètres pour les zones aquatiques adjacentes non traitées, l'utilisation du Roundup Pro 360, autorisée par la décision attaquée, porte une atteinte à l'environnement susceptible de nuire de manière grave à la santé. Par suite, l'ANSES a commis une erreur d'appréciation au regard du principe de précaution défini par le présent art. en autorisant le Roundup Pro 360 malgré l'existence de ce risque. • TA Lyon, 15 janv. 2019, n° 1704067 : *AJDA 2019. 1122, note Hermon* • CE 7 févr. 2020, n° 388649 A : *AJDA 2020. 327* ; *AJ fam. 2020. 146, obs. Dionisi-Peyrusse* .

21. En application de ce principe, il appartient au Premier ministre, saisi de la demande des syndicats et associations requérants, de rechercher s'il existe, en lien avec leurs caractéristiques ou les modalités d'utilisation qui leur sont propres, des éléments circonstanciés de nature à accréditer l'hypothèse d'un risque de dommage grave et irréversible pour l'environnement ou d'atteinte à l'environnement susceptible de nuire de manière grave à la santé, qui justifierait, en dépit des incertitudes subsistant quant à sa réalité et à sa portée en l'état des connaissances scientifiques, l'application du principe de précaution. Si cette condition était remplie, il lui incombe de veiller à ce que des procédures d'évaluation du risque identifié soient mises en œuvre par les autorités publiques ou sous leur contrôle et de vérifier que, eu égard, d'une part, à la plausibilité et à la gravité du risque, d'autre part, à l'intérêt que représentent ces variétés, des mesures de précaution soient prises, allant le cas échéant jusqu'aux interdictions sollicitées, afin d'éviter la réalisation du dommage. Il appartient au juge, saisi de conclusions dirigées contre la décision implicite contestée, par laquelle le Premier ministre a refusé de prendre une quelconque mesure, et au vu de l'argumentation dont il est saisi, de déterminer, si l'application du principe de précaution est justifiée à la date à laquelle il se prononce et, dans l'affirmative, quelles sont les mesures qui doivent être ordonnées au titre de ses pouvoirs d'injonction. • CE 7 févr. 2020, n° 388649 : *préc. note 20.*

c. Respect de l'obligation de mise en œuvre procédurale

22. La procédure d'évaluation mise en œuvre par la loi relative aux OGM satisfait l'exigence constitutionnelle qui s'impose au législateur d'avoir à prendre les mesures propres à garantir le respect, par les autorités publiques, du principe de précaution à l'égard des organismes génétiquement modifiés. • Cons. const. 19 juin 2008, n° 2008-564 DC § 22.

23. L'incertitude scientifique entourant, en l'état actuel des connaissances humaines, la culture de tels organismes et leurs effets sur l'environnement ne peut légitimer, dans le cadre d'un contrôle restreint à l'erreur manifeste, une annulation juridictionnelle que dans l'hypothèse où les avis des instances compétentes émis dans le cadre de l'instruction du dossier technique sont défavorables ou n'ont pas été recueillis par l'autorité administrative ou bien encore lorsqu'il est fait état d'éléments objectifs et probants, scientifiquement vérifiés et susceptibles de remettre en cause l'absence de risques avancée par l'auteur de la décision attaquée pour la santé humaine ou animale et pour l'environnement. En l'espèce, n'est pas entachée d'erreur manifeste d'appréciation la décision autorisant la société MT à procéder à une opération de dissémination volontaire dans l'environnement de maïs génétiquement modifié à toute autre fin que la mise sur le marché, dans le cadre d'un programme expérimental d'un an en vue de produire une lipase gastrique de chien, dès lors que celle-ci a été précédée d'un avis favorable de la commission d'étude de la dissémination des produits issus du génie biomoléculaire et concluant, sur la base des données figurant dans la demande et dans l'état actuel des connaissances, à l'absence de risque pour l'environnement et la santé publique s'agissant d'une expérimentation réalisée sur une surface de 20 hectares et que les associations requérantes n'établissent aucun fait ou donnée scientifique nouveau et incontestable de nature à remettre en cause, au regard du principe de précaution, l'appréciation portée par la commission précitée et les autorités ministérielles sur les risques liés à l'opération de dissémination volontaire litigieuse et, par ailleurs, aucun danger potentiel clairement identifié menaçant les individus, les animaux ou les cultures ni aucun risque avéré de pollution génétique des cultures existantes par les organismes génétiquement modifiés utilisés par ladite société n'étant démontrés. • TA Clermont-Ferrand, 4 mai 2006, *Assoc. Cté de recherche et d'information sur le génie génétique,* n° 0500998 : *AJDA 2006. 2225, note Chappuis et Blanchet .*

24. Il ne ressort pas des pièces du dossier que des éléments circonstanciés feraient apparaître, en l'état des connaissances scientifiques, des risques, même incertains, de nature à faire obstacle au déploiement de dispositifs de comptage dont les caractéristiques sont fixées par l'arrêté attaqué ; il ressort, en revanche, des pièces du dossier que les rayonnements électromagnétiques émis par les dispositifs de comptage et les câbles n'excédant ni les seuils fixés par les textes, ni ceux admis par l'OMS, le Gouvernement n'avait pas, dès lors, à procéder à une évaluation des risques des effets de ces rayonnements ou à adopter des mesures provisoires et proportionnées. • CE 20 mars 2013, *Robin des toits et a.,* n° 354321 § 8 : *RFDA 2013. 891, chron. Santulli .*

3° COMPÉTENCE

25. OGM. Le principe de précaution, s'il s'impose à toute autorité publique dans ses domaines d'attribution, n'a ni pour objet ni pour effet de permettre à une autorité publique d'excéder son champ de compétence ; ainsi le présent art. ne saurait être regardé comme habilitant les maires à adopter une réglementation locale portant sur la culture de plantes génétiquement modifiées en plein champ et destinée à protéger les exploitations avoisinantes des effets d'une telle culture ; il appartient aux seules autorités nationales auxquelles est confiée la police spéciale de la dissémination des OGM de veiller au respect du principe de précaution, que la réglementation prévue par le C. envir. a précisément pour objet de garantir. • CE 24 sept. 2012, *Cne de Valence,* n° 342990 : *Lebon 335 ; AJDA 2012. 1764 ; ibid. 2122, note Untermaier ; AJCT 2013. 57, obs. Moliner-Dubost ; RFDA 2013. 367, chron. Mayeur-Carpentier, Clément-Wilz et Martucci ; Constitutions 2012. 651, obs. Huten ; RD rur. 2012. 14, obs. Hermon ; JCP Adm. 2013. 2006, note Billet.* ♦ V. déjà. • TA Toulouse, 18 janv. 2005, *Cne de Bax,* n° 042388 : *AJDA 2005. 1188, concl. Fabien .* ♦ Le maire n'est habilité à intervenir en cette matière que pour autant que les mesures soient justifiées par une situation de péril imminent ; il ne peut en tout cas invoquer ni les perspectives du développement local de l'agriculture traditionnelle ni le principe de précaution. • CAA Lyon, 26 août 2005, *Cne de Ménat,* n° 03LY00696 : *AJDA 2006. 38, note Kolbert ; Envir. nov. 2005, p. 31, note Gossement* • TA Toulouse, 19 sept. 2006, *Cne de Bax,* n° 0503972 : *AJDA 2006. 2406, concl. Truilhé* • TA Lyon, 13 févr. 2007, *Cne de Grigny,* n° 0507560 • CAA Lyon, 8 oct. 2009, *Cne de Grigny,* n° 07LY00757. ♦ L'inadéquation éventuelle entre les garanties instituées par le présent art. (et l'art. 2 de la Charte) et les mesures effectivement imposées par l'autorité de police compétente ne pouvant être présumée et devant s'apprécier à l'occasion d'autorisations délivrées pour des projets d'essais déterminés, il en résulte que la commune n'est pas fondée à se prévaloir des principes de précaution (et de préservation) de l'environnement pour soutenir que les prérogatives attribuées en la matière au ministre chargé de l'agriculture seraient insuffisantes pour sauvegarder la salubrité publique sur son territoire et nécessiteraient une mesure d'interdiction préventive relevant de la police municipale. • Même affaire.

BIBL. Krolik, Le régime juridique des antennes-relais : des solutions pragmatiques pour des intérêts discordants, *RFDA 2013. 1082*.

26. Antenne-relais. Les pouvoirs de police générale qu'il détient n'autorisaient pas le maire à prendre, en l'absence de menace grave et imminente pour les habitants de la commune, un arrêté interdisant d'installer des antennes de téléphonie mobile dans un rayon de 100 mètres des crèches, établissements scolaires ou recevant un public mineur et résidences de personnes âgées. • CE, réf., 28 nov. 2007, *Cne d'Aubervilliers,* n° 301608. ♦ Le moyen tiré de ce que l'absence de risques graves et avérés pour la santé publique résultant des ondes électromagnétiques émises par les stations antennes relais de téléphonie mobile ne permettait au maire de Créteil ni de faire usage des pouvoirs de police générale qu'il tient du code général des collectivités territoriales ni d'invoquer le principe de précaution, est de nature à faire naître un doute sérieux quant à la légalité de la décision attaquée. • CE, réf., 2 juill. 2008, *SFR,* n° 310548 : *préc. note 15.* ♦ La prétendue négociation en cours d'une charte entre la communauté de communes Plaine Commune et les opérateurs de téléphonie ne saurait caractériser une circonstance locale constitutive d'une menace grave et imminente justifiant l'intervention de l'autorité de police municipale. • CAA Versailles, 15 janv. 2009, *Cne de Saint-Denis,* n° 07VE01770. ♦ Le maire, après avoir constaté qu'en l'état des connaissances scientifiques, les risques encourus du fait de l'exposition aux antennes étaient incertains, notamment au regard des normes de distance minimale adoptées dans plusieurs pays voisins, a estimé que le projet présentait un risque de nature à méconnaître le principe de *précaution ; cependant, dès lors qu'il n'a* pas recherché si des éléments circonstanciés étaient de nature, en l'état des connaissances scientifiques et des pièces versées au dossier, à justifier qu'il soit fait opposition à la déclaration préalable déposée en application de la législation sur l'urbanisme en vue de l'installation de l'antenne en cause, il a illégalement opposé un refus. • CE 31 janv. 2012, *Sté Orange France,* n° 344992 : *préc. note 15.* ♦ Compte tenu de l'existence d'une police spéciale des communications électroniques organisée de manière complète et confiée à l'État, le maire n'était pas compétent pour prendre la décision par laquelle, empiétant sur la police spéciale conférée aux autorités de l'État, il a enjoint à la Sté Orange France d'envisager le déplacement d'une antenne-relais et d'abaisser les niveaux d'émission des champs électromagnétiques de cette antenne en vue de protéger le public contre les effets des ondes émises par celle-ci. • CE 26 déc. 2012, *Cne de Saint-Pierre-d'Irube,* n° 352117 : *préc. note 15.*

4° CHAMP D'APPLICATION

a. Domaines dans lesquels le principe a été appliqué

27. En matière de santé publique. Le principe de précaution s'applique aux activités qui affectent l'environnement dans des conditions susceptibles de nuire à la santé des populations concernées. • CE 8 oct. 2012, *Cne de Lunel,* n° 342423 : *D. 2014. 104, obs. Trébulle ; RDI 2012. 643, obs. Soler-Couteaux ; Constitutions 2012. 651, obs. Huten ; JCP Adm. 2012. 2303, chron. Vandermeeren.*

28. De nouvelles données scientifiques faisant état d'une possible transmission de l'agent de l'ESB au mouton et le comité d'experts sur les encéphalopathies subaiguës spongiformes transmissibles ayant relevé que, si la « transmission placentaire » de l'agent de l'ESB ne semble pas être constatée à ce jour, il n'est pas possible cependant de conclure avec certitude sur ce point, le Premier ministre n'a pas commis d'erreur manifeste d'appréciation en décidant au vu de ces éléments, et eu égard aux mesures de précaution qui s'imposent en matière de santé publique, d'édicter les interdictions qui s'appliquent à des aliments destinés à des enfants en bas âge ainsi qu'à des compléments alimentaires qui peuvent contenir des quantités élevées des tissus en cause. • CE 24 févr. 1999, *Sté Pro-Nat,* n° 192465 : *Lebon 614 ; Dr. adm. 1999. 239, note J.-C. B.*

29. La commission d'études de la toxicité ayant indiqué que le risque pour les abeilles résultant du traitement des semences de maïs par le Gaucho, tout en étant moins important que celui qui résulte de l'enrobage des semences de tournesol, reste préoccupant et conclu que, en l'état des informations dont elle disposait, il n'est pas possible, actuellement, de dégager des conditions acceptables au sens de la directive 91/414/CE, en ce qui concerne le risque pour les abeilles, lors de l'usage de semences de maïs enrobées par la préparation gaucho contenant comme matière active l'imidaclopride aux doses homologuées, il en résulte que, même si, les investigations devant se prolonger, cet avis n'apporte pas une conclusion définitive, il montre, s'appuyant sur les résultats d'études scientifiques sérieuses, à tout le moins des incertitudes. Eu égard à ces incertitudes et aux précautions qui s'imposent en matière d'environnement, les moyen tirés de ce que la décision dont la suspension est demandée serait entachée d'erreur manifeste d'appréciation ne sont pas de nature à créer, en l'état de l'instruction, un doute sérieux sur sa légalité. • CE, ord., 22 juill. 2004, *Assoc. gén. producteurs de maïs,* n° 269104. ♦ La circonstance que les champs radioélectriques émis par les relais de téléphonie mobile porteraient atteinte à la santé humaine est de nature à faire regarder les dispositions du présent art. comme ayant été méconnues. • CE 8 oct. 2012, *Cne de Lunel,* n° 342423 : *préc. note 27.*

30. En matière d'urbanisme. Le principe de précaution énoncé au présent art. peut être pris en compte par l'autorité administrative lorsqu'elle se prononce sur l'octroi d'une autorisation délivrée en application de la législation sur l'urbanisme. • CE 19 juill. 2010, *Assoc. du quartier Les Hauts de Choiseul,* n° 328687 : *préc. note 1* • CE 31 janv. 2012, *Sté Orange France,* n° 344992 : *préc. note 15.* ♦ V. déjà : les dispositions du présent art. peuvent être utilement invoquées à l'encontre d'une décision administrative intervenue sur le fondement de la législation de l'urbanisme. • TA Amiens, 23 avr. 2007, *Préfet de la Somme,* n° 0601149 : *RJ envir. 2007. 477, concl. Caron.*

31. Il ne ressort pas des pièces du dossier que l'existence en elle-même du terrain de camping risque d'affecter de manière grave et irréversible l'environnement ; s'il est fait état de menaces sur l'environnement en cas d'une crue centennale, le risque allégué d'occurrence de cette crue n'est pas suffisamment établi pour que le requérant puisse se prévaloir du principe de précaution défini au présent art. et il n'est pas non plus établi que la présence du camping serait un facteur aggravant des atteintes au site qui résulteraient d'un tel événement. • CAA Marseille, 12 févr. 2010, *Assoc. interdptale et intercom. pour la protection du lac de Sainte-Croix,* n° 07MA04526.

32. Le juge accepte encore de contrôler le respect du présent art. pour s'assurer qu'une mesure ne porte pas atteinte au patrimoine naturel protégé. • CE 3 juin 2013, *Assoc. interdptale et intercom. pour la protection du lac de Sainte-Croix,* n° 334251 : *AJDA 2013. 1195.*

b. Domaines dans lesquels le principe ne s'applique pas

33. Sécurité des personnes et des biens. La sécurité des personnes et des biens n'est pas en elle-même au nombre des intérêts que le principe sus-énoncé a vocation à protéger. • TA Amiens, 23 avr. 2007, *Préfet de la Somme,* n° 0601149 : *préc. note 30.*

34. Santé et intégrité physique des personnes. La décision autorisant les forces de police à utiliser, dans des conditions qu'elle fixe, un pistolet à impulsion électrique n'affecte pas l'environnement au sens du présent art. • CE 2 sept. 2009, *Assoc. réseau d'alerte et d'intervention pour les droits de l'homme,* n° 318584 : *Lebon 346 ; BJCL 2009. 531, concl. Thiéllay ; JCP Adm. 2009. 2253, note Dieu.*

Art. 6 Les politiques publiques doivent promouvoir un développement durable. A cet effet, elles concilient la protection et la mise en valeur de l'environnement, le développement économique et le progrès social.

BIBL. ▸ DEHARBE, Le principe d'intégration ou une méthodologie juridique pour le développement durable, *Envir. 2005, n° spéc., p. 30.* – LANOY, Le concept de développement durable : vers un nouveau paradigme, *Dr. envir. 2006. n° 143.* – TOUZET, Droit et développement durable, *RD publ. 2008. 453.* – BRUNET, Le champ d'application de la Charte de l'environnement, *AJDA 2016. 1327.*

COMMENTAIRE

V. sur le Code en ligne.

[V. références des décisions du Conseil constitutionnel dans les tableaux DC et QPC]

1. Le présent art. n'institue pas un droit ou une liberté que la Const. garantit ; sa méconnaissance ne peut, en elle-même, être invoquée à l'appui d'une QPC. • Cons. const. 23 nov. 2012, *Antoine de M.,* n° 2012-283 QPC § 22 • Cons. const. 28 mai 2014, n° 2014-694 DC § 6.

2. Il appartient au législateur de déterminer, dans le respect du principe de conciliation posé par les présentes dispositions, les modalités de la mise en œuvre du présent art. • Cons. const. 28 avr. 2005, n° 2005-514 DC § 37 • Cons. const. 11 oct. 2013, *Sté Schuepbach Energy LLC,* n° 2013-346 QPC § 12 • CE, QPC, 14 sept. 2011, *Pierre,* n° 348394 : *Lebon 441 ; AJDA 2011. 1764 ; D. 2011. 2282 ; ibid. 2811, chron. Maziau ; ibid. 2012. 2557, obs. Trébulle.*

3. Le législateur ne méconnaît pas les exigences du présent art. en prévoyant que les navires immatriculés au registre international français sont soumis à l'ensemble des règles de sécurité et de sûreté maritimes, de formation des navigants, de santé et de sécurité au travail et de protection de l'environnement applicables en vertu de la loi française, de la réglementation communautaire et des engagements internationaux de la France, dès lors que ces mesures sont de nature à promouvoir la sécurité maritime et la protection de l'environnement. • Cons. const. 28 avr. 2005, n° 2005-514 DC § 37. ♦ En prévoyant, d'une part, le remboursement aux consommateurs d'électricité renouvelable importée de la partie de la contribution au service public de l'électricité correspondant au soutien financier aux énergies renouvelables et, d'autre part, la taxation des exportateurs d'électricité renouvelable, à concurrence de cette même partie, les dispositions critiquées se bornent à tirer les conséquences, dans le cadre des échanges intracommunautaires, des politiques de soutien mises en place par les États membres en faveur des énergies renouvelables et de la cogénération et tendent à rétablir l'égalité des conditions de concurrence sans méconnaître aucun des intérêts mentionnés au présent art. • Cons. const. 7 juill. 2005, n° 2005-516 DC § 24 et 25. ♦ En prévoyant qu'il puisse être dérogé au principe de l'extension de l'urbanisation en continuité avec le bâti et en supprimant la règle selon laquelle seules les unités de production d'éoliennes comprenant au moins cinq mâts peuvent bénéficier d'une obligation d'achat, dès lors, le législateur a entendu favoriser l'implantation des éoliennes et le développement des énergies renouvelables. • Cons. const. 11 avr. 2013, n° 2013-666 DC § 40.

4. Lorsque des dispositions législatives ont été prises pour assurer la mise en œuvre des principes énoncés au présent art., la légalité des décisions administratives s'apprécie par rapport à ces dispositions, sous réserve, s'agissant de dispositions législatives antérieures à l'entrée en vigueur de la Charte envir., qu'elles ne soient pas incompatibles avec les exigences qui découlent de cette charte. • CE 19 juin 2006, *Assoc. eau et rivières de Bretagne,* n° 282456 : *Lebon 703* ; *BJLC 2006. 475, concl. Guyomar ; AJDA 2006. 1584, chron. Landais et Lénica* • CE 7 mai 2008, *Assoc. ornithologique et mammalogique de Saône-et-Loire,* n° 309285. ♦ Ainsi, le respect du présent art. par une décision de classement d'un site s'apprécie au regard du cadre tracé par les art. L. 341-1 s. C. envir. • CE 10 juin 2015, *CCI Rouen,* n° 371554 : *Lebon ; AJDA 2015. 1185* ; *JCP Adm. 2015. 540.*

5. Dès lors qu'il ne ressort pas des pièces des dossiers qu'eu égard aux précautions prises pour en limiter les effets, les inconvénients effectifs de cette construction d'autoroute puissent être regardés comme excessifs par rapport à l'intérêt qu'elle présente, doit être écarté le moyen tiré de ce que le décret attaqué n'aurait pas concilié la protection et la mise en valeur de l'environnement, le développement économique et le progrès social, comme le requiert le présent art. • CE 17 mars 2010, *Assoc. Alsace nature,* n° 314114 B : *NCCC 2010, n° 29, p. 261, obs. Vidal-Naquet.*

6. Le présent art. ne peut être utilement invoqué à l'encontre d'un décret modifiant le siège et le ressort des TGI. • CE 19 févr. 2010, *Molline et a.,* n° 322407 : *Lebon 20* ; *AJDA 2010. 357* ; *NCCC 2010, n° 29, p. 261, obs. Vidal-Naquet.*

7. Le préfet peut légalement se baser notamment sur cet art. pour prendre ses décisions. Ainsi peut-il refuser l'implantation d'un parc d'éoliennes, au nom de la protection d'une espèce animale, ce parc étant situé dans le principal couloir de migration des grues cendrées. • CAA Nancy, 30 juin 2011, *Cne des Cousances-lès-Thionville,* n° 10NC01264 : *AJDA 2011. 2374* .

Art. 7 Toute personne a le droit, dans les conditions et les limites définies par la loi, d'accéder aux informations relatives à l'environnement détenues par les autorités publiques et de participer à l'élaboration des décisions publiques ayant une incidence sur l'environnement.

BIBL. ► FOUCHER, La consécration du droit de participer par la Charte de l'environnement. Quelle portée juridique ?, *AJDA 2006. 2316* ; La Charte de l'environnement et le principe de participation, réflexion sur la portée juridique de la constitutionnalisation d'un principe général du droit de l'environnement, *Les cahiers du GRIDAUH 2007, n° 17, p. 75.* – PRIEUR, Un nouvel instrument de démocratie participative, *AJDA 2013. 193* . – DELAUNAY, La réforme de la participation du public, *AJDA 2013. 344* . – NOGUELLOU, Le principe de participation du public, *Dr. adm. 2013. Alerte 11.* – JAMAY, La loi du 27 décembre 2012 relative à la mise en œuvre du principe de participation du public : une ambition limitée, *JCP Adm. 2013. 2137.* – RUNAVOT, La loi du 27 décembre 2012 relative à la mise en œuvre du principe de participation du public défini à l'article 7 de la Charte de l'environnement ou les variations autour du thème de la démocratie, *Dr. adm. 2013. Étude 9.* – BILLET, Le droit de participer à l'essai, *JCP Adm. 2014. 2129.* – FONBAUSTIER, La participation du public, *AJDA 2015. 517* . – BRUNET, Le champ d'application de la Charte de l'environnement, *AJDA 2016. 1327* . – MOZOL, Quelles modalités d'information et de participation du public pour les projets et les décisions ayant une incidence sur l'environnement ?, *JCP Adm. 2018. 2092.*

COMMENTAIRE

V. sur le Code en ligne.

[V. références des décisions du Conseil constitutionnel dans les tableaux DC et QPC]

1° PRINCIPE

1. Les présentes dispositions, comme l'ensemble des droits et devoirs définis dans la Charte envir., ont valeur constitutionnelle. • Cons. const. 19 juin 2008, n° 2008-564 DC § 49. ♦ Elles figurent au nombre des droits et libertés que la Const. garantit. • Cons. const. 14 oct. 2011, *Assoc. France Nature Environnement,* n° 2011-183/184 QPC § 6 • Cons. const. 23 nov. 2012, *Assoc. France Nature Environnement et a.,* n° 2012-282 QPC § 13 • Cons. const. 7 mai 2014, *Féd. environnement durable et a.,* n° 2014-395 QPC § 7.

2. Le législateur ne doit pas dénaturer le principe du droit à l'information qu'il lui appartient de mettre en œuvre. • Cons. const. 19 juin 2008, n° 2008-564 DC § 50.

3. Le législateur doit exercer sa compétence dans toute son étendue (incompétence négative) : il incombe au législateur et, dans le cadre défini par la loi, aux autorités administratives de déterminer, dans le respect des principes ainsi énoncés, les modalités de la mise en œuvre de ces dispositions. • Cons. const. 14 oct. 2011, *Assoc. France Nature Environnement,* n° 2011-183/184 QPC § 6. ♦ Tel n'est pas le cas lorsqu'il se borne à renvoyer de manière générale au pouvoir réglementaire le soin de fixer la liste des informations qui ne peuvent en aucun cas demeurer confidentielles. • Cons. const. 19 juin 2008, n° 2008-564 DC § 57.

4. Des dispositions législatives adoptées antérieurement à l'entrée en vigueur de la Charte peuvent être examinées sous l'angle du présent art. • Cons. const. 23 nov. 2012, *Antoine de M.,* n° 2012-283 QPC § 26 s. ♦ ... Pour la période qui suit l'entrée en vigueur de la Charte. • Cons. const. 18 nov. 2016, *Sté Aprochim et a.,* n° 2016-595 QPC § 7.

5. En s'abstenant pendant un temps d'édicter des dispositions assurant la mise en œuvre du principe de participation du public à l'élaboration des décisions publiques, le législateur a méconnu les exigences du présent art. Dès lors que ces modalités sont définies (C. envir., art. L. 120-1), le législateur a mis fin à l'inconstitutionnalité. • Cons. const. 18 nov. 2016, *Sté Aprochim et a.,* n° 2016-595 QPC § 8 et 9. ♦ Eu égard aux conditions dans lesquelles la concertation préalable est organisée en application de l'art. L. 121-16 C. envir., au rôle du garant tel qu'il est défini à l'art. L. 121-16-1 du même code, aux conditions de la participation du public par voie électronique définies à l'art. L. 123-19 du même code et aux modalités particulières de participation prévues, les observations et propositions du public pouvant, dans le cadre de la participation par voie électronique, également être adressées par voie postale, le législateur a déterminé de manière suffisante les modalités permettant une participation effective du public à l'élaboration des décisions faisant l'objet de l'expérimentation. Les dispositions législatives et réglementaires critiquées organisent un ensemble de modalités qui offrent au public concerné une possibilité effective d'exercer ses droits à l'information et à la participation au processus décisionnel portant sur la demande d'autorisation environnementale faisant l'objet de l'expérimentation en cause, y compris lorsqu'il ne dispose pas personnellement d'une connexion internet ou n'est pas familier avec l'usage de cette technologie. • CE 17 déc. 2020, *Féd. Environnement durable,* n° 427389 § 9 et 22 : *JCP Adm. 2021. 10.*

6. L'art. L. 110-1 C. envir., qui se borne à énoncer des principes dont la portée a vocation à être définie dans le cadre d'autres lois, ne saurait être regardé comme déterminant les conditions et limites requises par le présent art. • CE, ass., 3 oct. 2008, *Cne d'Annecy,* n° 297931 : *Lebon 322 ; GAJA, 22e éd., n° 106 ; AJDA 2008. 2166, chron. Geffray et Liéber ; RFDA 2008. 1158, concl. Aguila ; ibid., note Janicot ; ibid. 1237, chron. Rambaud et Roblot-Troizier ; Dr. adm. 2008. 152, note Melleray ; JCP Adm. 2008. 2279, note Billet ; RJ envir. 2009. 435, note Boyer ; RD publ. 2009. 425, note Gros.* ♦ Les dispositions du 4° du II de l'art. L. 110-1 C. envir. prévoyant que « le principe de participation, selon lequel chacun a accès aux informations relatives à l'environnement, y compris celles relatives aux substances et activités dangereuses, et le public est associé au processus d'élaboration des projets ayant une incidence importante sur l'environnement ou l'aménagement du territoire » se bornent à énoncer des principes dont la portée a vocation à être définie dans le cadre d'autres lois et n'impliquent, par elles-mêmes, aucune obligation de procéder à l'association du public au processus d'élaboration des projets ayant une incidence importante sur l'environnement. • CE 26 juin 2013, *Cne de Roquefère et a.,* n° 360466 § 2 : *AJDA 2013. 1367 ; RFDA 2013. 1096, concl. de Lesquen.*

7. En reprenant le libellé du présent art. et en supprimant, à l'art. L. 120-1 C. envir., la mention selon laquelle l'incidence de la décision sur l'environnement doit être « directe ou indirecte », le législateur a entendu donner le même champ d'application aux deux art. ; il en résulte que la procédure de participation prévue à l'art. L. 120-1 C. envir. ne concerne que les décisions ayant une incidence directe et significative sur l'environnement. • CE 23 nov. 2015, *Sté Altus Energy et Solaïs,* n° 381249 : *Lebon ; AJDA 2015. 2295* .

8. Il résulte des dispositions combinées des art. L. 124-1 et L. 124-4 C. envir., ainsi que des dispositions de l'art. 6 de la L. du 17 juill. 1978 aujourd'hui codifiées, en premier lieu, que si les avis du Conseil d'État ne sont pas communicables, les informations relatives à l'environnement qu'ils pourraient, le cas échéant, contenir sont quant à elles communicables. Cependant, ces avis du Conseil d'État, au vu desquels le Gouvernement adopte ses textes, sont couverts par le secret de ses délibérations pouvant faire obstacle à la communication des informations relatives à l'environnement qui y seraient contenues. • CE 30 mars 2016, *Min. de l'écologie, du développement durable et de l'énergie,* n° 383546 : *Lebon ; AJDA 2016. 632* *; JCP Adm. 2016. 308.*

2° COMPÉTENCE LÉGISLATIVE

9. Principe. Depuis l'entrée en vigueur de la présente Charte, il incombe au législateur et, dans le cadre défini par la loi, aux autorités administratives de déterminer, dans le respect des principes ainsi énoncés, les modalités de la mise en œuvre de ces dispositions. • Cons. const. 3 déc. 2020, n° 2020-807 DC § 19 • Cons. const. 19 mars 2021, *Assoc. Générations futures,* n° 2021-891 QPC § 7. ♦ Il ressort des termes des présentes dispositions qu'il n'appartient qu'au législateur de préciser « les conditions et les limites » dans lesquelles doit s'exercer le droit de toute personne à accéder aux informations relatives à l'environnement détenues par les autorités publiques et que ne relèvent du pouvoir réglementaire que les mesures d'application des conditions et limites fixées par le législateur. • Cons. const. 19 juin 2008, n° 2008-564 DC § 49 • Cons. const. 7 mai 2014, *Féd. environnement durable et a.,* n° 2014-395 QPC § 11.

10. Le constituant de 2005 ayant réservé au législateur le soin de préciser les conditions et les limites dans lesquelles doit s'exercer le droit de toute personne à accéder aux informations relatives à l'environnement détenues par les autorités publiques et à participer à l'élaboration des décisions publiques ayant une incidence sur l'environnement, ne relèvent du pouvoir réglementaire, depuis lors, que les mesures d'application des conditions et limites fixées par le législateur. • CE, ass., 3 oct. 2008, *Cne d'Annecy,* n° 297931 : *préc. note 4* • CE 24 juill. 2009, *Cté de recherche et d'information indépendantes sur le génie génétique (CRII-GEN),* n° 305314 : *Lebon 294* *; AJDA 2009. 1818, chron. Liéber et Botteghi* *; RFDA 2009. 963, concl. Geffray* *; ibid. 2009. 1272, chron. Rambaud et Roblot-Troizier* *; Envir. oct. 2009, p. 36, note Trouilly.* ♦ La seule circonstance que l'art. L. 512-17 C. envir. n'ait pas arrêté les conditions et limites ne le rend pas incompatible avec la Charte. • CE 12 janv. 2009, *Assoc. France Nature Environnement,* n° 289080 : *Dr. adm. 2009. 75, note Fort ; Envir. 2009. 63, note Deharbe et Gros.* ♦ En tout état de cause, l'art. L. 512-17 C. envir., en renvoyant au décret le soin de définir ses modalités d'application, n'a pu avoir pour effet d'habiliter le pouvoir réglementaire à intervenir dans le domaine de la loi pour définir ces éléments. • Même affaire.

11. Depuis la date d'entrée en vigueur de la loi constitutionnelle du 1er mars 2005, une disposition réglementaire ne peut intervenir dans le champ d'application du présent art. que pour l'application de dispositions législatives, notamment parmi celles qui figurent dans le C. envir. et le C. urb., que celles-ci soient postérieures à cette date ou antérieures, sous réserve, alors, qu'elles ne soient pas incompatibles avec les exigences de la Charte. • CE, ass., 3 oct. 2008, *Cne d'Annecy,* n° 297931 : *préc. note 9* • CE 24 juill. 2009, *Cté de recherche et d'information indépendantes sur le génie génétique (CRII-GEN),* n° 305314 : *préc. note 10* • CE 9 déc. 2011, *Réseau « Sortir du nucléaire »,* n° 324294 : *AJDA 2011. 2445* *; Dr. adm. 2012. 24, note Ferrari.*

12. Annulation des règlements nouveaux pour incompétence. Un décret dont les dispositions, qui prévoient, outre la mise en œuvre d'une enquête publique, des modalités d'information et de publicité, concourent de manière indivisible à l'établissement d'une procédure de consultation et de participation qui entre dans le champ d'application de l'art. 7 de la Charte envir., a été pris par une autorité incompétente. • CE, ass., 3 oct. 2008, *Cne d'Annecy,* n° 297931 : *préc. note 10.*

13. Maintien des règlements compétemment pris antérieurement à la révision. Toutefois, les dispositions compétemment prises dans le domaine réglementaire, tel qu'il était déterminé antérieurement, demeurent applicables postérieurement à l'entrée en vigueur de ces nouvelles normes, alors même qu'elles seraient intervenues dans un domaine désormais réservé à la loi. • CE, ass., 3 oct. 2008, *Cne d'Annecy,* n° 297931 : *préc. note 10* • CE 24 juill. 2009, *Cté de recherche et d'information indépendantes sur le génie génétique (CRII-GEN),* n° 305314 : *préc. note 10* • CE 31 juill.

2009, *Aéroport Notre-Dame-des-Landes*, n° 314955 • CE, QPC, 16 avr. 2010, *Assoc. Alcaly*, n° 320667 B : *RDI 2010. 370, obs. Hostiou ; Constitutions 2010. 433, obs. Aguila ; NCCC 2010. 268, obs. Vidal-Naquet.*

14. Il en résulte que les dispositions de l'art. L. 311-1 C. for. ayant été édictées à une date antérieure à l'intervention de la révision constitutionnelle, la méconnaissance par le législateur de la compétence qui lui a été conférée par les dispositions de l'art. ne peut être utilement invoquée à leur encontre. • CE, QPC, 3 nov. 2010, *Mme Le Fur*, n° 342502 B : *AJDA 2010. 2135*. ♦ Dans le silence de la L. du 13 juin 2006 sur les modalités de participation du public à l'élaboration des décisions d'autorisation d'arrêt définitif et de démantèlement de centrale nucléaire dont les demandes ont été déposées avant la publication du décret du 2 nov. 2007, la requérante n'est pas fondée à soutenir que les dispositions contestées, en se bornant à renvoyer aux modalités d'instruction des demandes d'autorisation prévues par le Décr. du 11 déc. 1963, seraient entachées d'incompétence. • CE 9 déc. 2011, *Réseau « Sortir du nucléaire »*, n° 324294 : *préc. note 11.*

15. Abrogation implicite des dispositions législatives contraires à la Charte. Des dispositions législatives qui renvoient explicitement au pouvoir réglementaire le soin de définir les modalités de l'information du public sur les effets de la dissémination volontaire, compatibles avec les exigences du présent art. de réserver au législateur, sont implicitement mais nécessairement abrogées. • CE 24 juill. 2009, *Cté de recherche et d'information indépendantes sur le génie génétique (CRII-GEN)*, n° 305314 : *préc. note 10.* ♦ Rappr. *a contrario* : • CE 12 janv. 2009, *Assoc. France Nature Environnement*, n° 289080 : *préc. note 10* • CE 31 juill. 2009, *Aéroport Notre-Dame-des-Landes*, n° 314955. ♦ Il en résulte que les actes réglementaires ayant pour base ces dispositions législatives doivent dès lors être annulés. • CE 24 juill. 2009, *Cté de recherche et d'information indépendantes sur le génie génétique (CRII-GEN)*, n° 305314 : *préc. note 10.*

16. Relève de la compétence réglementaire. La détermination du nombre des membres du Haut Comité pour la transparence et l'information sur la sûreté nucléaire autres que les parlementaires dès lors qu'il ne met en cause ni les principes fondamentaux « de la préservation de l'environnement » qui relèvent de la loi en vertu de l'art. 34 Const. 58, ni le droit, dont les conditions et les limites sont définies par la loi en vertu du présent art., d'accéder aux informations relatives à l'environnement ou de participer à l'élaboration des décisions publiques ayant une incidence sur l'environnement. • Cons. const. 18 sept. 2008, n° 2008-211 L. : *JO 21 sept. 2008, p. 14606.*

3° MISE EN ŒUVRE

17. V. Ord. n° 2016-1060 du 3 août 2016.

a. Principes

18. Lorsque des dispositions législatives ont été prises pour assurer la mise en œuvre des principes énoncés au présent art., la légalité des décisions administratives s'apprécie par rapport à ces dispositions, sous réserve, s'agissant de dispositions législatives antérieures à l'entrée en vigueur de la Charte envir., qu'elles ne soient pas incompatibles avec les exigences qui découlent de cette charte. • CE 26 oct. 2007, *Tissot*, n° 299883 : *RJ envir. 2007. 425, chron. Huten et Cohendet* • CE 23 avr. 2009, *Assoc. France Nature Environnement*, n° 306242 : *AJDA 2009. 858, note Y.J .; RJEP 2009, n° 667, p. 25* • CAA Marseille, 28 mars 2011, *Synd. exploitants agricoles du pays d'Arles*, n° 09MA02029.

19. En prévoyant que ne doivent être regardées comme « ayant une incidence sur l'environnement » que les décisions qui ont une incidence « directe et significative » sur l'environnement, le législateur a fixé au principe de participation du public des limites qui ne méconnaissent pas les exigences du présent art. • Cons. const. 23 nov. 2012, *Assoc. France Nature Environnement et a.*, n° 2012-282 QPC § 16. ♦ Dès lors, ne sont pas soumises à une procédure de participation du public les décisions réglementaires de l'État ayant une incidence indirecte ou non significative sur l'environnement. • CE 12 juin 2013, *Féd. entreprises du recyclage*, n° 360702 § 4 : *AJDA 2013. 1255*.

20. L'art. L. 123-2 C. envir. définit les conditions et limites dans lesquelles le principe de participation du public, prévu au présent art., est applicable, notamment, aux projets de travaux, d'ouvrages ou d'aménagement exécutés par des personnes publiques ou privées devant comporter une évaluation environnementale en application de l'art. L. 122-1. Dès lors que le régime de l'enregistrement dispense d'une évaluation environnementale les seuls projets insusceptibles d'avoir une incidence notable sur l'environnement, la circonstance que ces mêmes projets ne fassent pas l'objet d'une enquête publique ne méconnaît pas, en tout état de cause, le présent art. • CE 25 sept. 2019, n° 427145 B : *AJDA 2019. 1903 ; ibid. 2223, chron. Malverti et Beaufils*.

21. Dès lors que le public a formulé des observations sur un projet de texte, il n'a pas à l'être de nouveau si le projet est modifié dès lors que ces modifications ne dénaturent pas le projet initial. • CE 17 juin 2015, *Synd. nat. industries des peintures, enduits et vernis*, n° 375853 : *Lebon ; AJDA 2015. 1236*.

22. Application de la jurisprudence Danthony. En signant l'arrêté attaqué dès le lendemain du jour de la clôture de la consultation du public, sans respecter le délai minimum de quatre jours fixé par l'art. L. 123-19-1 C. envir. et sans qu'ait été établie la synthèse des observations et propositions recueillies lors de la consultation, l'auteur de l'arrêté ne peut être regardé comme ayant pris en considération l'ensemble des commentaires exprimés par le public. Par suite, et alors même que le ministre fait valoir qu'il aurait analysé pendant la consultation les avis exprimés au fur et à mesure de leur réception et indique qu'une synthèse provisoire des 1.000 premières observations aurait été établie, la fédération requérante est fondée à soutenir que l'arrêté qu'elle attaque a été pris au terme d'une procédure irrégulière, qui a privé les personnes ayant participé à la consultation de la garantie de voir leur avis dûment pris en considération à l'égard d'une décision ayant une incidence directe et significative sur l'environnement. • CE 12 juill. 2019, *Féd. nat. chasseurs,* n° 424600 B : *AJDA 2019. 1481 ; ibid. 2129, note L. de Fournoux.*

b. Types de décisions concernées

23. Les présentes dispositions s'appliquent non seulement aux projets d'aménagement mais également aux décisions réglementaires. • CE, ass., 3 oct. 2008, *Cne d'Annecy,* n° 297931 : *préc. note 10.* ♦ ... Aux décisions non réglementaires. • Cons. const. 23 nov. 2012, *Assoc. France Nature Environnement et a.,* n° 2012-282 QPC § 17 • Cons. const. 23 nov. 2012, *Antoine de M.,* n° 2012-283 QPC § 27.

24. Dès lors que les dispositions de l'art. L. 120-1 C. envir. ne s'appliquent qu'aux seule décisions réglementaires de l'État et de ses établissements publics, et qu'aucune disposition législative particulière n'assure la mise en œuvre de ce principe à l'égard de leurs décisions non réglementaires qui peuvent avoir une incidence directe et significative sur l'environnement,par suite, le législateur a privé de garanties légales l'exigence constitutionnelle prévue par le présent art. L'art. L. 120-1 C. envir. doit donc être déclaré contraire à la Const. • Cons. const. 23 nov. 2012, *Assoc. France Nature Environnement et a.,* n° 2012-282 QPC § 17.

c. Objet de la disposition

25. Champs de l'art. 7. Les dispositions s'appliquent à un arrêté d'approbation d'un plan de prévention des risques. • CAA Marseille, 19 avr. 2011, *Cne d'Amélie-Les-Bains,* n° 09MA02409. ♦ De même les décrets de nomenclature mentionnés à l'art. L. 511-2 C. envir., qui déterminent le régime applicable aux installations classées, constituent des décisions publiques ayant une incidence sur l'environnement. • Cons. const. 14 oct. 2011, *Assoc. France Nature Environnement,* n° 2011-183/184 QPC § 7. ♦ Dès lors que le « plan de protection de l'atmosphère », le « plan climat-énergie territorial » et le « plan de déplacements urbains » doivent être compatibles avec le schéma régional du climat, de l'air et de l'énergie, ce dernier et le schéma régional éolien qui en constitue une annexe sont des décisions publiques ayant une incidence sur l'environnement au sens du présent art. • Cons. const. 7 mai 2014, *Féd. environnement durable et a.,* n° 2014-395 QPC § 8 et 9.

26. Elles s'appliquent par ex. : à la détermination du tracé d'une autoroute. • CE 18 déc. 2008, *Collectif pour la protection des riverains de l'autoroute A 184,* n° 310027. ♦ ... A la décision de création d'une installation classée. • CE 23 avr. 2009, *Assoc. France Nature Environnement,* n° 306242 : *préc. note 16.* ♦ ... A la détermination de zones de protection spéciales. • CAA Marseille, 28 mars 2011, *Synd. exploitants agricoles du pays d'Arles,* n° 09MA02029. ♦ ... A la délimitation des zones de protection d'aires d'alimentation des captages d'eau potable. • Cons. const. 27 juill. 2012, *FDSEA du Finistère,* n° 2012-270 QPC § 7. ♦ ... A la définition du régime applicable à l'installation des enseignes lumineuses. • Cons. const. 23 nov. 2012, *Assoc. France Nature Environnement et a.,* n° 2012-282 QPC § 22. ♦ ... Au classement des cours d'eau afin d'empêcher ou d'encadrer les installations de production hydroélectrique. • Cons. const. 23 mai 2014, *France Hydro Électricité,* n° 2014-396 QPC § 5. ♦ ... Aux servitudes relatives aux travaux nécessaires à l'établissement et à l'entretien des ouvrages de la concession de transport ou de distribution d'électricité. • Cons. const. 2 févr. 2016, *Assoc. Avenir Haute Durance,* n° 2015-518 QPC § 11. ♦ ... A la définition des conditions d'exercice de l'activité d'élimination de certains déchets. • Cons. const. 18 nov. 2016, *Sté Aprochim et a.,* n° 2016-595 QPC § 6. ♦ ... A une décision autorisant, sur le fondement de l'art. L. 311-5 C. énergie, l'exploitation d'une installation de production d'électricité. • Cons. const. 28 mai 2020, *Force 5,* n° 2020-843 QPC § 8.

27. Hors du champs de l'art. 7. Les décisions n'entrent pas dans le champs d'application du présent art. ayant *a priori* un impact positif sur l'environnement. • CE 12 janv. 2009, *Assoc. France Nature Environnement,* n° 289080 : *préc. note 9* (sol. impl.). ♦ Il en va de même pour : les décisions relatives aux emplacements de bâches comportant de la publicité et à l'installation de dispositifs publicitaires de dimensions exceptionnelles liés à des manifestations temporaires. • Cons. const. 23 nov. 2012,

Assoc. France Nature Environnement et a., n° 2012-282 QPC § 21. ♦ ... Chaque décision d'autorisation d'installation de ces enseignes lumineuses. • Même affaire § 22. ♦ ... Les délimitations du domaine public maritime naturel ayant notamment pour objet de fixer, sur le rivage de la mer, la limite entre le domaine public maritime naturel et les propriétés privées. • Cons. const. 24 mai 2013, *SCI Pascal et a.*, n° 2013-316 QPC § 9. ♦ ... Les arrêtés complémentaires prévus par l'art. L. 512-3 C. envir. • CE, QPC, 17 oct. 2013, *Cne d'Illkirch-Graffenstaden*, n° 370481 B : *AJDA 2013. 2056 ; JCP Adm. 2013. 858.* ♦ ... Les conditions d'agrément des associations de protection de l'environnement. • CE 25 juill. 2013, *Assoc. déf. patrimoine naturel à Plourin*, n° 355745 : *AJDA 2013. 2292*. ♦ Rappr. • CE 25 sept. 2013, *Assoc. Sté française pour le droit de l'environnement et a.*, n° 352660 : *AJDA 2013. 2472*. ♦ ... La décision de rendre opposables par anticipation certaines dispositions du projet de plan de prévention des risques naturels prévisibles. • Cons. const. 9 sept. 2014, *Cne de Tarascon*, n° 2014-411 QPC § 7.

28. Compte tenu de la nature des substances minérales susceptibles d'être recherchées (le nickel, le chrome et le cobalt) et en l'état des techniques mises en œuvre, le législateur a pu considérer que les autorisations de travaux de recherches ne constituent pas des décisions ayant une incidence significative sur l'environnement. • Cons. const. 26 avr. 2013, *Assoc. « Ensemble pour la planète »*, n° 2013-308 QPC § 11.

29. Absence d'incidence directe. L'adoption de normes techniques dans le bâtiment destinées à imposer l'utilisation de bois dans les constructions nouvelles, afin de favoriser une augmentation de la production de bois dont il est attendu une amélioration de la lutte contre la pollution atmosphérique ; l'exigence de telles normes techniques n'est, en elle-même, susceptible de n'avoir qu'une incidence indirecte sur l'environnement dès lors que rien ne garantit que l'augmentation de la consommation de bois conduise à l'augmentation de la surface des forêts. • Cons. const. 24 mai 2013, *Synd. fr. de l'industrie cimentière et a., n° 2013-317* QPC § 7. ♦ N'ont pas non plus une incidence directe : des dispositions qui ajoutent des catégories d'installations classées pour la protection de l'environnement (IPCE) à la liste de celles sont la mise en activité est subordonnée à la constitution de garanties financières ou qui exemptent d'une telle obligation certaines IPCE exploitées directement par l'État. • CE 12 juin 2013, *Féd. entreprises du recyclage*, n° 360702 § 4 : *préc. note 19.* ♦ ... Les délimitations de périmètres au sein desquels un organisme unique se voit délivrer les autorisations de prélèvement d'eau pour l'irrigation. • CE, QPC, 9 oct. 2013, *Synd. gestion des eaux et de l'environnement du Gâtinais est et ouest de l'arrondissement de Montargis*, n° 370051 : *AJDA 2013. 2003 ; JCP Adm. 2013. 826.* ♦ ... La détermination ou la modification des zone de préemption des espaces naturels sensibles. • CE 29 oct. 2013, *Assoc. Paysages d'Alsace et Assoc. NARTECS*, n° 370863 : *AJDA 2013. 2184*.

d. Mise en œuvre

30. Absence de violation. Les avis du Haut Conseil des biotechnologies sur chaque demande d'autorisation en vue de la dissémination d'organismes génétiquement modifiés étant publics et le registre national indiquant la nature et la localisation des parcelles culturales d'organismes génétiquement modifiés étant accessible au public, le législateur n'a pas dénaturé le principe du droit à l'information qu'il lui appartient de mettre en œuvre en ne prévoyant pas que ce registre devrait comporter les informations relatives aux études et tests préalablement réalisés sur les organismes génétiquement modifiés autorisés. • Cons. const. 19 juin 2008, n° 2008-564 DC § 50.

31. Le moyen tiré de la méconnaissance du présent art. doit être apprécié au regard des dispositions du C. envir. qui imposent à la commission nationale du débat public de veiller au respect de l'information du public ; or, ni l'art. L. 121-1 C. envir., ni aucune autre disposition de ce code et du Décr. du 22 oct. 2002 relatif à la commission nationale du débat public ne fait obligation à celle-ci de distribuer l'information relative à un projet faisant l'objet d'un débat public à toutes les personnes concernées individuellement. • CE 26 oct. 2007, *Tissot*, n° 299883 : *préc. note 18.* ♦ De nombreuses réunions publiques d'information s'étant tenues, en temps utile, sur les différentes options envisageables en ce qui concerne le tracé du projet et ayant permis aux personnes intéressées de présenter leurs observations et des documents d'information ayant été diffusés auprès du public et mis en ligne avant l'ouverture du débat public, l'association requérante n'est pas fondée à soutenir que le présent art. a été méconnu. • CE 18 déc. 2008, *Collectif pour la protection des riverains de l'autoroute A 184*, n° 310027. ♦ Dès lors que le débat et l'enquête publique se sont déroulés antérieurement à la délivrance de l'autorisation de création de l'installation litigieuse, les requérants ne sont pas fondés à soutenir qu'auraient été méconnues les dispositions du présent art. • CE 23 avr. 2009, *Assoc. France Nature Environnement*, n° 306242 : *préc. note 18.*

32. Il ne ressort pas des pièces des dossiers que l'organisation de l'enquête publique complémentaire dans certaines communes seulement ait, en tout état de cause, méconnu le droit à l'information et le droit de participer au processus décisionnel. • CE 28 mars 2011, *Collectif contre les nuisances du TGV de Chasseneuil-du-Poitou et de Migne-Auxances,* n° 330256 B.

33. Ne sont pas contraires au présent art. des dispositions qui, soumettant les litiges formés contre les décrets autorisant le démantèlement d'une installation nucléaire de base, sont soumises à un contentieux de pleine juridiction et ne dispensent pas du ministère d'un avocat au Conseil d'État. • CE, réf., 18 mars 2011, *Collectif antinucléaire et a.,* n° 346885.

34. Les dispositions litigieuses n'ayant ni pour objet ni pour effet de porter atteinte au droit de participer à l'élaboration des décisions publiques ayant une incidence sur l'environnement, garanti par le présent art. et qui s'exerce, dans les conditions et les limites définies par la loi, il n'y a pas lieu de transmettre la question au Cons. const. • CE, QPC, 15 sept. 2010, n° 330734 B : *Envir. 2010, n° 147, note Trouilly.* ♦ En ne prévoyant pas une obligation de motivation de l'acte administratif que constitue la déclaration d'utilité publique, la disposition législative contestée (C. expr., art. L. 11-1-1) n'a en rien méconnu les droits garantis par le présent art. • CE, QPC, 19 avr. 2013, n° 364498 : *AJDA 2013. 1666*. ♦ La déclaration d'utilité publique des travaux nécessaires à l'établissement et à l'entretien des ouvrages de la concession de transport ou de distribution d'électricité est précédée d'une étude d'impact et d'une enquête publique et respecte donc les dispositions du présent art. • Cons. const. 2 févr. 2016, *Assoc. Avenir Haute Durance,* n° 2015-518 QPC § 12. ♦ Le droit du public de participer à l'élaboration des décisions publiques ayant une incidence sur l'environnement implique que la personne publique concernée mette à la disposition du public les éléments suffisants pour que la consultation puisse avoir lieu utilement ; il n'impose pas que cette consultation ne puisse intervenir qu'une fois que tous les avis des instances techniques et scientifiques dont la consultation est obligatoire en vertu des textes aient nécessairement été rendus au préalable ; ainsi, et eu égard à la marge d'appréciation dont dispose le législateur pour déterminer les modalités de mise en œuvre de ce principe, les dispositions critiquées, en n'ayant pas imposé que la consultation du public n'intervienne qu'après que les organismes dont la consultation est obligatoire aient tous rendus leur avis, n'ont pas méconnu les dispositions du présent art. • CE 4 oct. 2017, n° 412239 : *AJDA 2017. 2235*.

35. Le ministre de l'écologie et du développement durable, s'il a manifesté la volonté, en janvier 2005, de mettre en œuvre un plan permettant d'augmenter la population ursine dans les Pyrénées, a décidé d'engager, dès cette date, une concertation portant sur la localisation des réintroductions envisagées, sur le choix du pays d'origine et sur les mesures d'accompagnement à mettre en œuvre. Ainsi, la décision de procéder à la réintroduction des ours, juridiquement prise à l'issue d'une concertation à laquelle ont été notamment associés les élus locaux des territoires concernés, les responsables des organismes intervenant dans la gestion du massif, des comités départementaux regroupant les représentants des différents acteurs, les fédérations de chasseurs, les associations de protection de la nature et diverses instances scientifiques et à l'issue d'auditions publiques et d'une enquête menée auprès du public, invité à faire part de ses réactions et propositions sur un site internet, n'a pas été prise en méconnaissance du présent art. • CE 23 févr. 2009, *Féd. transpyrénéenne des éleveurs de montagne,* n° 292397.

36. En l'absence de disposition législative ayant organisé les modalités d'une telle participation, la méconnaissance du principe de participation du public énoncé au 4° du II de l'art. L. 110-1 C. envir. ne saurait être utilement invoquée au soutien d'une demande tendant à l'annulation d'un arrêté définissant une zone de développement de l'éolien. • CE 26 juin 2013, *Cne de Roquefère et a.,* n° 360466 § 3 : *préc. note 6.*

37. En prévoyant que la consultation du public par une enquête publique n'est plus requise que lorsque le préfet chargé d'organiser la consultation l'estime nécessaire en raison « de ses impacts sur l'environnement ainsi que des enjeux socio-économiques qui s'y attachent ou de ses impacts sur l'aménagement du territoire », les dispositions contestées imposent au préfet d'apprécier l'importance des incidences du projet sur l'environnement pour déterminer les modalités de participation du public et définissent suffisamment les conditions d'exercice du droit protégé par le présent art. • Cons. const. 3 déc. 2020, n° 2020-807 DC § 20 s. • Cons. const. 19 mars 2021, *Assoc. Générations futures,* n° 2021-891 QPC § 13.

38. Présence de violation. Si les dispositions contestées prévoient que les projets de décrets de nomenclature ainsi que les projets de prescriptions générales applicables aux installations enregistrées font l'objet d'une publication, éventuellement par voie électronique, elles ne prévoient pas la publication du projet de décret de nomenclature pour les installations autorisées ou déclarées ; en outre, ni les dispositions contestées ni aucune autre disposition législative n'assurent la mise en œuvre du principe de participation du public à l'élaboration des décisions publiques en cause. • Cons. const. 14 oct. 2011, *Assoc. France Nature Environnement,* n° 2011-183/184 QPC § 8 • Cons.

const. 7 mai 2014, *Féd. environnement durable et a.*, n° 2014-395 QPC § 11. ♦ Même solution pour les installations classées. • Cons. const. 13 juill. 2012, *Assoc. France Nature Environnement*, n° 2012-262 QPC § 7. ♦ Autres exemples de violation du principe : les dérogations aux mesures de préservation du patrimoine biologique. • Cons. const. 27 juill. 2012, *Union dptale pour la sauvegarde de la vie, de la nature et de l'environnement*, n° 20121-269 QPC § 6. ♦ … La délimitation des zones de protection d'aires d'alimentation des captages d'eau potable. • Cons. const. 27 juill. 2012, *FDSEA du Finistère*, n° 2012-270 QPC § 7. ♦ … Le classement et le déclassement de monuments naturels ou de sites. • Cons. const. 23 nov. 2012, *Antoine de M.*, n° 2012-283 QPC § 27.

39. En signant l'arrêté attaqué dès le lendemain du jour de la clôture de la consultation du public, sans respecter le délai minimum de quatre jours fixé par l'art. L. 123-19-1 C. envir. et sans qu'ait été établie la synthèse des observations et propositions recueillies lors de la consultation, l'auteur de l'arrêté ne peut être regardé comme ayant pris en considération l'ensemble des commentaires exprimés par le public. • CE 12 juill. 2019, n° 424600 B : *AJDA 2019. 1481* .

40. Les dispositions contestées se bornent à indiquer que la concertation se déroule à l'échelon départemental, sans définir aucune autre des conditions et limites dans lesquelles s'exerce le droit de participation du public à l'élaboration des chartes d'engagement. Le fait de permettre que la concertation ne se tienne qu'avec les seuls représentants des personnes habitant à proximité des zones susceptibles d'être traitées par des produits phytopharmaceutiques ne satisfait pas les exigences d'une participation de « toute personne » qu'impose le présent art. • Cons. const. 19 mars 2021, *Assoc. Générations futures*, n° 2021-891 QPC § 13.

41. Disparition de la violation. L'entrée en vigueur, le 1er janv. 2013, de l'art. L. 120-1 C. envir. dans sa rédaction résultant de la L. du 27 déc. 2012 a mis fin à l'inconstitutionnalité constatée. • Cons. const. 23 mai 2014, *France Hydro Électricité*, n° 2014-396 QPC § 9. ♦ Rappr. S'agissant de l'art. L. 120-1-1 C. envir. • Cons. const. 28 mai 2020, *Force 5*, n° 2020-843 QPC § 12. ♦ V., pour des applications, • TA Fort-de-France, 30 déc. 2014, n° 1300504 : *AJDA 2015. 1164, note Hélin* • CAA Nancy, 22 janv. 2015, nos 14NC00545 et 14NC00546 (3e esp.) : *AJDA 2015. 1164, note Hélin* .

42. Participation. Les prescriptions du présent art. en matière de participation à l'élaboration de la décision sont respectées si une décision est prise d'une part, suite à une procédure au cours de laquelle ont eu lieu une enquête publique sur la base d'un dossier suffisant et complet permettant de recueillir de nombreuses remarques du public avant que le préfet prenne en considération les remarques de la commune et une réunion publique, et d'autre part après que le président de l'Union amélienne de défense contre l'arbitraire et pour la sauvegarde de notre espace, qui a aussi contesté devant les premiers juges l'arrêté litigieux, a été reçu par le préfet et a été associé à une réunion technique avec le service instructeur du plan. • CAA Marseille, 19 avr. 2011, *Cne d'Amélie-les-Bains*, n° 09MA02409.

43. Une simple réunion d'information qui ne prévoit pas de recueillir les observations des intéressés ne permet pas d'assurer la participation de ceux-ci. • CAA Paris, 13 juin 2013, *Assoc. Vent de vérité*, n° 11PA04798 : *AJDA 2013. 2291* .

e. Spécificité en Polynésie française

44. Lorsque l'assemblée de la Polynésie française édicte, par des actes dénommés « lois du pays », des mesures relevant du domaine de la loi, il lui incombe de définir les conditions et limites dans lesquelles doit s'exercer le droit reconnu à toute personne par l'art. 7 Charte envir. d'accéder aux informations relatives à l'environnement détenues par les autorités publiques et de participer à l'élaboration des décisions publiques ayant une incidence sur l'environnement. • CE 13 févr. 2015, *Haut Commissaire de la République en Polynésie française*, n° 384447 : *JCP Adm. 2015. 183.*

Art. 8 **L'éducation et la formation à l'environnement doivent contribuer à l'exercice des droits et devoirs définis par la présente Charte.**

BIBL. ▶ FONBAUSTIER, L'éducation et la formation : une contribution à l'« écocitoyenneté », *Envir. avr. 2005, n° spéc., p. 34* ; Recherche, innovation et environnement : difficultés d'un ménage à trois, *ibid.*

COMMENTAIRE

V. sur le Code en ligne.

Art. 9 **La recherche et l'innovation doivent apporter leur concours à la préservation et à la mise en valeur de l'environnement.**

COMMENTAIRE

Voir le commentaire sous la Charte de l'environnement, article 8.

Art. 10 **La présente Charte inspire l'action européenne et internationale de la France.**

BIBL. ▶ Maljean-Dubois, Charte de l'environnement et diplomatie française, *Envir. 2005, n° spéc., p. 36.*

COMMENTAIRE

V. sur le Code en ligne.

Constitution du 4 octobre 1958

Art. 1er *(L. const. n° 95-880 du 4 août 1995)* **La France est une République indivisible, laïque, démocratique et sociale. Elle assure l'égalité devant la loi de tous les citoyens sans distinction d'origine, de race ou de religion. Elle respecte toutes les croyances.** *(L. const. n° 2003-276 du 28 mars 2003, art. 1er)* **« Son organisation est décentralisée. »**
(L. const. n° 2008-724 du 23 juill. 2008, art. 1er-I) **« La loi favorise l'égal accès des femmes et des hommes aux mandats électoraux et fonctions électives, ainsi qu'aux responsabilités professionnelles et sociales. »**

Sur le principe de laïcité, V. ***C. assoc.****, L. 9 déc. 1905 et* ***C. éduc.****, art. L. 141-1 s.*

BIBL. ▶ Mathieu et Verpeaux, La République en droit français, *Économica, 1996.* – Verpeaux, La République, la Constitution de 1958 et le Conseil constitutionnel, *in La République, Mél. Pierre Avril, Montchrestien 2001.* – La République, *Pouvoirs n° 100.* – Deswarte, Essai sur la nature juridique de la République, *L'Harmattan 2003.* – Lavigne, La suppression du mot « race » des textes juridiques français, *RD publ. 2016. 917.*

COMMENTAIRE

V. sur le Code en ligne.

PLAN DES ANNOTATIONS

[V. références des décisions du Conseil constitutionnel dans le tableau DC]

1. Dans la mesure où la « Charte des droits fondamentaux de l'Union » telle qu'elle est contenue dans le traité établissant une Constitution pour l'Europe, reconnaît des droits fondamentaux tels qu'ils résultent des traditions constitutionnelles communes aux États membres, et que ces droits sont interprétés en harmonie avec ces traditions, les art. 1er à 3 Const., qui s'opposent à ce que soient reconnus des droits collectifs à quelque groupe que ce soit, défini par une communauté d'origine, de culture, de langue ou de croyance, sont respectés. • Cons. const. 19 nov. 2004, n° 2004-505 DC § 16.

A. INDIVISIBILITÉ DE LA RÉPUBLIQUE

BIBL. Gründler, La République française, une et indivisible ?, *RD publ. 2007. 446.* – Marcou, Le principe d'indivisibilité de la République, *Pouvoirs n° 100. 45.*

2. *Principe.* Le principe d'indivisibilité de la République (à l'époque contenu à l'art. 2

Const.) a valeur constitutionnelle. • Cons. const. 30 déc. 1976, n° 76-71 DC.

3. La suppression du droit à l'attribution de la nationalité française ne méconnaît pas le principe d'indivisibilité de la République dès lors qu'elle concerne uniquement des enfants nés en France de personnes nées dans des territoires d'outre-mer ou des colonies. Toutefois, l'attribution de la nationalité française s'applique au seul cas où les territoires où sont nés les parents des enfants concernés ont accédé ultérieurement à l'indépendance (réserve stricte d'interprétation). • Cons. const. 20 juill. 1993, n° 93-321 DC § 17.

4. L'indivisibilité de la République interdit au législateur les références qui pourraient laisser croire que la République n'est pas constituée de tout le peuple et de toutes les parties géographiques du territoire. Ainsi en est-il des expressions « peuple corse, composante du peuple français ». • Cons. const. 9 mai 1991, n° 91-290 DC § 13. ♦ ... Et « pacte qui unit l'outre-mer à la République » • Cons. const. 7 déc. 2000, n° 2000-435 DC § 8. ♦ En revanche, le vocabulaire (« territoire de la Nouvelle-Calédonie » ; « impôt calédonien ») utilisé dans une convention de pur droit interne entre l'État et une collectivité territoriale approuvée par la loi doit s'assimiler à une simple commodité de langage sans portée juridique. • Cons. const. 19 juill. 1983, n° 83-160 DC § 10.

5. De même, la notion de « statut particulier » peut être admise, dans la mesure où elle ne comporte pas de disposition qui puisse, en tant que telle, être regardée comme portant atteinte au caractère indivisible de la République et à l'intégrité du territoire national. • Cons. const. 25 févr. 1982, n° 82-138 DC § 8 et 9. ♦ De même est-il possible, sans porter atteinte au principe d'indivisibilité de la République de prévoir que certaines hypothèses de droit commun d'acquisition de la nationalité française ne sont applicables à un enfant né à Mayotte que « si, à la date de sa naissance, l'un de ses parents au moins résidait en France de manière régulière, sous couvert d'un titre de séjour, et de manière ininterrompue depuis plus de trois mois », le législateur ayant entendu tenir compte de ce que l'immigration irrégulière à Mayotte pouvait être favorisée par la perspective d'obtention de la nationalité française par un enfant né en France et par les conséquences qui en découlent sur le droit au séjour de sa famille. • Cons. const. 6 sept. *2018, n° 20148-770 DC § 43 et 47.*

6. En revanche, le principe dit de « continuité territoriale » n'a valeur constitutionnelle ni en lui-même ni comme corollaire du principe d'indivisibilité de la République. • Cons. const. 17 juill. 2003, n° 2003-474 DC § 13. ♦ Ce principe n'est cependant pas contraire à la Constitution et justifie la création d'une dotation de continuité territoriale permettant d'assujettir les entreprises de transport aérien à une taxe qui s'ajoute au prix acquitté par le client et qui sera affectée, par l'intermédiaire du Fonds d'intervention pour les aéroports et le transport aérien, à la continuité territoriale entre les collectivités d'outre-mer et la métropole ne méconnaît pas les dispositions de l'art. 25 de l'Ord. du 2 janv. 1959. • Cons. const. 29 déc. 2003, n° 2003-489 DC § 18.

7. L'indivisibilité s'oppose à ce que certains parlementaires bénéficient, en raison de leur élection dans une circonscription déterminée, de prérogatives particulières dans le cadre de la procédure d'élaboration de la loi. • Cons. const. 9 mai 1991, n° 91-290 DC § 53.

8. Indivisibilité de la République et intégrité du territoire. Ces éléments sont liés mais distincts. • Cons. const. 25 févr. 1982, n° 82-137 DC § 3 • Cons. const. 25 févr. 1982, n° 82-138 DC § 9. ♦ L'indivisibilité n'interdit donc pas l'accession à l'indépendance d'une COM (TOM) ou d'une partie d'une COM (TOM). • Cons. const. 30 déc. 1975, n° 75-59 DC • Cons. const. 2 juin 1987, n° 87-226 DC. ♦ V. notes ss. Const. 58, art. 53.

1° UNICITÉ DU PEUPLE FRANÇAIS

9. Le principe d'unicité du peuple français, dont aucune section ne peut s'attribuer l'exercice de la souveraineté nationale, a valeur constitutionnelle. • Cons. const. 15 juin 1999, n° 99-412 DC § 5 et 10.

10. Ce principe s'oppose à ce que soient reconnus des droits collectifs à quelque groupe que ce soit, défini par une communauté d'origine, de culture, de langue (sous réserve de la révision du 23 juill. 2008) ou de croyance. • Cons. const. 15 juin 1999, n° 99-412 DC § 6. ♦ Jugé, avant l'introduction de l'art. 75-1 Const. par la révision du 23 juill. 2008, que, dès lors, en conférant des droits spécifiques à des « groupes » de locuteurs de langues régionales ou minoritaires, à l'intérieur de « territoires » dans lesquels ces langues sont pratiquées, la Charte européenne des langues régionales porte atteinte aux principes constitutionnels d'indivisibilité de la République, d'égalité devant la loi et d'unicité du peuple français. • Même décision *§ 10.* ♦ De même, la mention faite par le législateur du « peuple corse, composante du peuple français » est contraire à la Constitution, laquelle ne connaît que le peuple français, composé de tous les citoyens français sans distinction d'origine, de race ou de religion. • Cons. const. 9 mai 1991, n° 91-290 DC § 13.

11. S'agissant des populations d'outre-mer : V. note ss. le Préambule Const. 58.

2° UNITÉ NORMATIVE DE LA RÉPUBLIQUE

12. Sur l'expérimentation : V. Const. 58, art. 72.

13. *Possibilité d'adaptation législative.* L'existence de régimes juridiques particuliers peut trouver sa justification dans des particularismes géographiques. • Cons. const. 9 mai 1991, n° 91-290 DC § 23. ♦ *A contrario* • Cons. const. 20 déc. 1994, n° 94-350 DC. ♦ ... Ou dans des situations spécifiques à certaines composantes de la République comme les départements d'Alsace et de Moselle. • Cons. const. 21 févr. 1992, n° 92-305 DC § 113. ♦ Elle peut aussi trouver son origine dans de simples considérations économiques : • Cons. const. 20 déc. 1994, n° 94-350 DC.

14. Le Conseil constitutionnel admet du reste que la mise en place de législations différentes selon les régions soit un moyen de respecter le principe d'égalité ; il en va ainsi en particulier en matière de solidarité urbaine, l'ampleur et le cumul d'éléments spécifiques à la région Île-de-France justifiant que le législateur institue pour elle, indépendamment de la création de la dotation de solidarité urbaine générale, un mécanisme intercommunal spécifique de redistribution de ressources. • Cons. const. 6 mai 1991, n° 91-291 DC § 23 s. ♦ Il en est de même des différences de traitement entre les personnes résidant en Corse et celles résidant dans le reste du territoire national. • Cons. const. 17 janv. 2002, n° 2001-454 DC § 29.

15. Cependant, l'adaptation doit être justifiée. Dès lors, des amendements visant à exclure du champ d'application de la loi le territoire de certaines collectivités territoriales, sans justification appropriée, méconnaissent le principe d'indivisibilité de la République. • Cons. const. 13 janv. 1994, n° 93-329 DC § 27.

16. *Libertés publiques.* De même, les conditions essentielles de mise en œuvre des libertés publiques, et par suite l'ensemble des garanties que celles-ci comportent, doivent être les mêmes sur l'ensemble du territoire de la République. Dès lors les libertés ne sauraient dépendre des décisions de collectivités territoriales, nonobstant le principe de libre administration des collectivités territoriales. • Cons. const. 18 janv. 1985, n° 84-185 DC § 18 • Cons. const. 13 janv. 1994, n° 93-329 DC § 27 • Cons. const. 17 janv. 2002, n° 2001-454 DC § 12 et 29.

17. C'est le cas par exemple en matière : d'aide aux établissements d'enseignement privés. • Cons. const. 18 janv. 1985, n° 84-185 DC § 18 • Cons. const. 13 janv. 1994, n° 93-329 DC § 27. ♦ ... De déclaration préalable d'une association. • Cons. const. 6 avr. 1996, n° 96-373 DC § 43. ♦ ... De règles afférentes à la recherche des preuves des infractions et aux auteurs des infractions, même si celles-ci concernent les réglementations locales. • Cons. const. 6 avr. 1996, n° 96-373 DC § 29. ♦ ... De la loi de séparation des églises et de l'État qui ne s'applique ni dans les départements d'Alsace et de Moselle, ni en Guyane, ni en Polynésie française. • CAA Paris, 31 déc. 2003, n° 03PA01938 : *AJDA 2004. 774, concl. Folschied* • CE 16 mars 2005, n° 265560 A : *AJDA 2005. 1463, note Durand-Prinborgne ; RFDC 2005. 631, note Guillaumont.*

18. De même, toute disposition qui, intéressant l'exercice des droits civiques, touche certains citoyens en fonction de leurs attaches avec une partie déterminée du territoire de la France est contraire à l'indivisibilité de la République. • Cons. const. 30 août 1984, n° 84-177 DC § 7 • Cons. const. 30 août 1984, n° 84-178 DC § 8.

19. *Nouvelle-Calédonie.* Le statut actuel de la Nouvelle-Calédonie rompt cependant avec l'essentiel de ces règles. En effet, il est admis que le « législateur néo-calédonien » puisse intervenir par des « lois du Pays » dans des domaines que la Constitution réservait jusque-là au législateur tels que le droit de propriété, l'état et la capacité des personnes, le droit du travail. Ces « lois du Pays » sont du reste susceptibles du seul contrôle de constitutionnalité. • Cons. const. 15 mars 1999, n° 99-410 DC § 3. ♦ Pour une première application de ce contrôle de constitutionnalité, V. • Cons. const. 27 janv. 2000, n° 2000-1 LP : *Rec. Cons. const. 53 ; JO 29 janv., p. 1536.* ♦ Sur l'organisation et le fonctionnement des pouvoirs publics en Nouvelle-Calédonie, V. notes ss. Const. 58, art. 76 et 77.

3° ATTEINTE À L'INDIVISIBILITÉ PAR LES TRAITÉS

20. Le Conseil constitutionnel doit s'assurer que les engagements internationaux que la France souhaite ratifier ne portent pas atteinte à l'indivisibilité. Ainsi en est-il de l'engagement fixant les modalités de l'élection des représentants français à l'assemblée des communautés européennes. En effet, les termes « procédure électorale uniforme » ne sauraient être interprétés comme pouvant permettre qu'il soit porté atteinte à l'indivisibilité. • Cons. const. 30 déc. 1976, n° 76-71 DC § 5. ♦ Du reste, le Conseil constitutionnel déduit des dispositions de l'art. 88-1 Constitution, combinées avec celles des art. 17-1 et 19-2 du traité instituant la Communauté européenne résultant du traité sur l'Union européenne signé le 7 févr. 1992 et ratifié avec l'autorisation du peuple français, précisées par le traité signé le 2 oct. 1997 à Amsterdam que les membres du Parlement européen élus en France le sont en tant que représentants des citoyens de l'Union européenne résidant en France. Dès lors, une disposition prévoyant que, en France, ces membres du parlement européen sont élus dans le cadre de huit circonscriptions n'est pas contraire à l'indivisibilité de la République. • Cons. const. 3 avr. 2003, n° 2003-468 DC § 36 et 37.

21. Il en va de même du franchissement des frontières sans qu'un contrôle des personnes soit nécessairement effectué, cette disparition du contrôle n'étant pas, en l'espèce, assimilable à une suppression ou à une modification des frontières. • Cons. const. 25 juill. 1991, n° 91-294 DC § 11.

22. En revanche, jugé, avant l'introduction de l'art. 75-1 Const. par la révision du 23 juill. 2008, qu' en conférant des droits spécifiques à des « groupes » de locuteurs de langues régionales ou minoritaires, à l'intérieur de « territoires » dans lesquels ces langues sont pratiquées, la Charte européenne des langues régionales porte atteinte aux principes constitutionnels d'indivisibilité de la République, d'égalité devant la loi et d'unicité du peuple français. • Cons. const. 15 juin 1999, n° 99-412 DC § 10. ♦ De même, une convention internationale obligeant les États à reconnaître des « minorités nationales » est contraire au présent art. • CE, ass., 6 juill. 1995, avis n° 357466 : *EDCE 1995. 397.*

B. CARACTÈRE LAÏQUE DE LA RÉPUBLIQUE

BIBL. Auvray, La parité de financement entre écoles élémentaires publiques et privées sous contrat d'association devant le Conseil constitutionnel, *RFDA 2010. 769*. – Barthélémy, La liberté de religion et le service public, *RFDA 2003. 1066*. – Belliard, Le concept de Laïcité n'est pas un concept figé, *JCP Adm. 2004, n° 1212.* – Delsenne, De la difficile adaptation du principe républicain de laïcité à l'évolution socio-culturelle de la France, *RD publ. 2005. 428.* – Dieu, Le Conseil d'État et la laïcité négative, *JCP Adm. 2008. 2070.* – Durand-Prinborgne, La loi sur la laïcité, une volonté politique au centre de débats de société, *AJDA 2004. 704*. – Kessler, La laïcité, *Pouvoirs n° 100. 33.* – Koubi, La laïcité dans le texte de la Constitution, *RD publ. 1997. 1301.* – Langeron, L'accès à la fonction publique et la religion, *JCP Adm. 2005. 549.* – Machelon, Les relations des cultes avec les pouvoirs publics, *Rapport au ministre de l'intérieur, 2006, http://www.ladocumentationfrancaise.fr/rapports-publics/064000727/index.shtml.* – Morange, Peut-on réviser la loi de 1905 ?, *RFDA 2005. 153*. – *Dossier consacré à la laïcité, RD publ. mars-avr. 2004.* – Saint-James, La liberté religieuse du fonctionnaire, *JCP Adm. 2005. 561.* – Tawil, Le contrôle du Conseil d'État sur les congrégations, *JCP Adm. 2005, n° 1329.* – Woehrling, L'interdiction pour l'État de reconnaître et de financer un culte. Quelle valeur juridique aujourd'hui ?, *RD publ. 2006. 1633.* – Zeghbib, La loi, le juge et les pratiques religieuses, *AJDA 2008. 1997*. – Favier, Le financement public des cultes en France et le principe de laïcité, *RD publ. 2010. 1597.* – Loi de 1905 et aides des collectivités publiques aux cultes, *RFDA 2011. 967 (dossier)*. – Steckel Assouere, La reconnaissance ambivalente de la laïcité par l'Union européenne, *AJDA 2012. 1890*. – Fialaire, Les rapports entre les collectivités territoriales et les cultes, *AJDA 2012. 2305*. – Morange, Le « mystère » de la laïcité française, *RD publ. 2013. 507.* – Dieu, Laïcité et espace public, *RD publ. 2013. 566.* – Gaudemet, La Laïcité, forme française de la liberté religieuse, *RD publ. 2015. 329.* – Basdevant-Gaudemet, Histoire juridique du blasphème : péché, délit, liberté d'expression ?, *RD publ. 2015. 309.* – V. également la bibliographie ss. Préamb. Const. 46, al. 13. – Letteron, Droit européen et laïcité : la diversité des modèles, *AJDA 2017. 1368*. – Saillant-Maraghni, Les frontières de la laïcité, *AJDA 2017. 1381*. – Roux, La laïcité « à la carte », *Dr. adm. 2017. 51.* – Forey, Relations entres les cultes et les pouvoirs publics : le législateur prêche la confiance, *AJDA 2018. 2141*. – V. également la bibliographie ss. Préamb. Const. 46, al. 13.

23. Sur le principe de laïcité de l'enseignement, V. Préamb. Const. 1946, al. 13.

24. Il résulte du présent art. que le principe de laïcité figure au nombre des droits et libertés que la Const. garantit, qu'il impose notamment le respect de toutes les croyances, l'égalité de tous les citoyens devant la loi sans distinction de religion et que la République garantisse le libre exercice des cultes. • Cons. const. 2 juin 2017, *Coll. territ. Guyane,* n° 2017-633 QPC § 8.

25. Les dispositions du présent art. interdisent à quiconque de se prévaloir de ses croyances religieuses pour s'affranchir des règles communes régissant les relations entre collectivités publiques et particuliers. • Cons. const. 19 nov. 2004, n° 2004-505 DC § 18. ♦ Sur le port, en public, de vêtements impliquant une manifestation religieuse, V. note ss. DDH, art. 10.

26. Le principe de laïcité est parfois considéré par le Conseil d'État comme un principe fondamental reconnu par les lois de la République. • CE 6 avr. 2001, n° 219379 A : *Rev. dr. local 2001, n° 33, p. 56, note Woerhling ; AJDA 2002. 63, note Toulemonde*. ♦ Il résulte des textes constitutionnels et législatifs que le principe de la laïcité de l'État s'applique à l'ensemble des services publics. • CE, avis, 3 mai 2000, *Marteaux,* n° 217017 A : *AJDA 2000. 602, chron. Guyomar et Collin ; RFDA 2001. 146, concl. Schwartz ; D. 2000. 747, note Koubi ; Dr. adm. 2000, n° 189, note R. S.* ♦ ...

imposant la neutralité du service. • CE, avis, 21 sept. 1972 : *D. 1997. 105, comm. Costa.*

27. Liberté de culte et ouverture/fermeture des lieux de culte. V notes 34 s.

28. Liberté de culte et de manifester de sa religion. A l'inverse, la liberté de culte présente le caractère d'une liberté fondamentale. • CE 16 févr. 2004, n° 264314 B : *AJDA 2004. 822, note Guglielmi et Koubi ; RDI 2004. 285, obs. Brouant et Carraz ; AJFP 2004. 150 ; JCP Adm. 2004.1357, note Tawil.* • CE, ord., 25 août 2005, n° 284307 A : *AJDA 2006. 91, note Subra de Bieusses* • CE, ord., 7 nov. 2020, n° 445825 : *AJDA 2020. 2180 ; JA 2020. 629 . 13, obs. Delpech ; JCP Adm. 2020. 641* • CE, ord., 29 nov. 2020, n° 446930 : *AJDA 2021. 632, note Bioy ; ibid. 2020. 2343 ; ibid. 2457 , tribune Melleray ; AJ fam. 2020. 620 ; JCP 2020. 692, obs. Pauliat.* ♦ Il existe un principe constitutionnel de liberté d'expression religieuse. • CE 27 juin 2008, n° 286798 B : *AJDA 2008. 1296 ; ibid. 2013 ; ibid. 1997, étude Zeghbib, note Chrestia ; D. 2009. 345, note Vallar ; RFDA 2009. 145, chron. Santulli ; JCP Adm. 2008. 2205, note Palaurie.* ♦ S'il résulte du principe de laïcité que celui-ci impose l'égalité de tous les citoyens devant la loi sans distinction de religion et le respect de toutes les croyances, ce même principe impose que la République garantisse le libre exercice des cultes ; par suite, la possibilité de déroger à l'obligation d'étourdissement pour la pratique de l'abattage rituel ne porte pas atteinte au principe de laïcité. • CE 5 juill. 2013, n° 361441 § 5 A : *AJDA 2013. 1415 ; JCP Adm. 2013. 628 ; Dr. adm. 2013. 85, note Éveillard.* ♦ Dès lors, le principe de laïcité ne fait pas obstacle à ce que les détenus de confession musulmane se voient proposer des menus comportant des viandes respectant les rites confessionnels de l'Islam. • TA Grenoble, 7 nov. 2013, n° 1302502 : *AJ pénal 2014. 95, obs. Péchillon ; JCP Adm. 2013. 966 ; Dr. adm. 2013. 85, note Éveillard ; JCP Adm. 2014. 2116, note Nicoud.*

29. La liberté du culte doit être conciliée avec l'objectif de valeur constitutionnelle de protection de la santé. • CE, ord., 18 mai 2020, n° 440366 § 11 : *AJDA 2020. 1032 ; ibid. 1733, note Rambaud ; D. 2020. 1110 ; AJ fam. 2020. 329* • CE, ord., 7 nov. 2020, n° 445825 : *préc. note 28* • CE, ord., 29 mars 2021, n° 450893 : *AJDA 2021. 709 ; AJ fam. 2021. 204 ; JCP Adm. 2021. 220.*

30. Telle qu'elle est régie par la loi, la liberté religieuse ne se limite pas au droit de tout individu d'exprimer les convictions religieuses de son choix dans le respect de l'ordre public. Elle comporte également, parmi ses composantes essentielles, le droit de participer collectivement, sous la même réserve, à des cérémonies, en particulier dans les lieux de culte. • CE, ord., 18 mai 2020, n° 440366 § 11 : *préc. note 29* • CE, ord., 7 nov. 2020, n° 445825 : *préc. note 28.* ♦ Les restrictions litigieuses, motivées par des considérations exclusivement sanitaires, ne sont discriminatoires à l'égard d'aucun culte ou d'aucun rite, ne méconnaissent pas le principe de clarté et d'intelligibilité de la norme, sont, en l'état de l'instruction et à la date de la présente ordonnance, nécessaires et proportionnées. Les requérants ne sont, dès lors, pas fondés à soutenir que l'atteinte que les dispositions contestées portent à la liberté de culte ainsi qu'au droit au respect de leur liberté personnelle, à la liberté d'aller et venir et à la liberté de réunion, serait manifestement illégale. • CE, ord., 7 nov. 2020, n° 445825 : *préc. note 28.*

31. Du principe de laïcité découle la liberté de manifester et d'exprimer ses convictions religieuses. • CE, avis, 27 nov. 1989, n° 346893 : *RFDA 1990. 1, note Rivero ; AJDA 1990. 39, note J.-P. C.* • CE 2 nov. 1992, *Kherouaa*, n° 130394 A : *RFDA 1993. 112, concl. Kessler* • CE, avis, 3 mai 2000, *Marteaux*, n° 217017 A : *préc. note 26.* ♦ L'affirmation du caractère laïc de la République n'a pas conduit à l'abrogation implicite des dispositions législatives et réglementaires relatives au droit des congrégations religieuses. • CAA Paris, 9 juin 2006, *Assoc. « Congrégation du Vajra triomphant »*, n° 04PA01642 A (implicitement).

32. Selon la CEDH, dans une société démocratique, où plusieurs religions coexistent au sein d'une même population, il peut se révéler nécessaire d'assortir cette liberté de limitations propres à concilier les intérêts des divers groupes et à assurer le respect des convictions de chacun. • CEDH 17 mai 1993, *Kokkinakis c/ Grèce*, n° 14307/88 § 33 : *RSC 1994. 362, obs. Koering-Joulin ; AFDI 1994. 658, obs. Coussirat-Coustère ; JDI 1994. 790, obs. Decaux et Tavernier.* ♦ Dans ce cas, il faut avoir égard au juste équilibre à ménager entre les divers intérêts en jeu : les droits et libertés d'autrui, la paix civile, les impératifs de l'ordre public et le pluralisme. • CEDH 29 juin 2004, *Leyla Sahin c/ Turquie*, n° 44774/98 : *Dr. adm. 2004, n° 146, note Lombard ; AJDA 2004. 1816*, chron. Flauss *; JCP Adm. 2004. 1831, note Gauthier* • CEDH, gr. ch., 10 nov. 2005, *Leyla Sahin c/ Turquie*, n° 44774/98 : *GADLF, n° 12 ; AJDA 2006. 315, note Gonzalez ; ibid. 466, chron. Flauss ; D. 2006. Pan. 1717, obs. Renucci ; RD publ. 2006. 806, obs. Lévinet* • CEDH 4 déc. 2008, *Dogru c/ France*, n° 27058/05 : *Constitutions 2010. 73, obs. Burgogue-Larsen ; AJDA 2008. 2311 ; Dr. adm. 2009. 8, note Raimbault ; RD publ. 2010. 876, obs. Lévinet.* ♦ Cependant, le port de vêtement religieux sur la voie publique ne peut être interdit sans violer les dispositions de l'art. 9 Conv. EDH. • CEDH

23 févr. 2010, Ahmet Arslan c/ Turquie, n° 41135/98 § 52 : *D. 2010. 682, note Marguénaud* ; *AJDA 2010. 362* .

33. L'interdiction de porter un foulard islamique découlant d'une règle interne d'une entreprise privée interdisant le port visible de tout signe politique, philosophique ou religieux sur le lieu de travail ne constitue pas une discrimination directe fondée sur la religion ou les convictions sauf s'il est établi que l'obligation, en apparence neutre qu'elle prévoit entraîne, en fait, un désavantage particulier pour les personnes adhérant à une religion ou des conviction données, à moins qu'elle ne soit objectivement justifiée par un objectif légitime, tel que la poursuite par l'employeur, dans ses relations avec ses clients d'une politique de neutralité politique, philosophique ainsi que religieuse et que les moyens de réaliser cet objectif ne soient appropriés et nécessaires, ce qu'il appartient à la juridiction de vérifier. • CJUE 14 mars 2017, n° C-157/15 : *AJDA 2017. 551* ; *D. 2017. 648* . ♦ Cependant, la volonté d'un employeur de tenir compte des souhaits d'un client de ne plus voir les services dudit employeur assurés par une travailleuse portant un foulard islamique ne saurait être considérée comme une exigence professionnelle essentielle et déterminante en raison de la nature d'une activité professionnelle ou des conditions de son exercice. • CJUE 14 mars 2017, n° C-188/15 : *AJDA 2017. 551* ; *D. 2017. 648* .

34. Liberté de culte et de manifester de sa religion et crise sanitaire du covid-19. Les requérants sont fondés à soutenir que l'interdiction générale et absolue de tout rassemblement ou réunion dans les établissements de culte, sous la seule réserve des cérémonies funéraires pour lesquels la présence de vingt personnes est admise, présente, en l'état de l'instruction, alors que des mesures d'encadrement moins strictes sont possibles, notamment au regard de la tolérance des rassemblements de moins de 10 personnes dans les lieux publics, un caractère disproportionné au regard de l'objectif de préservation de la santé publique et constitue ainsi, eu égard au caractère essentiel de cette composante de la liberté de culte, une atteinte grave et manifestement illégale à cette dernière. • CE, ord., 18 mai 2020, n° 440366 § 34 : *préc. note 29.* ♦ A l'inverse, l'impossibilité de se rendre dans une église pendant le couvre-feu (après 19 h) même la semaine de Pâques ne porte pas une atteinte *manifeste à cette liberté. • CE, ord., 29 mars* 2021, n° 450893 : *préc. note 29.*

35. S'agissant des espaces publics à l'air libre ne relevant pas des lieux de culte, l'association n'apporte aucun élément de nature à établir que l'interdiction de tout rassemblement, réunion ou activité à un titre autre que professionnel sur la voie publique ou dans un lieu public, mettant en présence de manière simultanée plus de 10 personnes porterait, dans sa généralité ou au regard des activités à caractère religieux en particulier, une atteinte grave et manifestement illégale à une liberté fondamentale. S'agissant des espaces privés à l'air libre, il n'est pas établi, en l'état de l'instruction, que l'incertitude (quant à leur qualification et au droit applicable), à laquelle il appartient au Premier ministre de remédier, soit constitutive d'une atteinte grave et manifestement illégale à la liberté de culte. • CE, ord., 18 mai 2020, n° 440366 § 28 et 39 : *préc. note 29.*

36. Il ne résulte pas de l'instruction que l'interdiction absolue et générale de toute cérémonie religieuse de plus de 30 personnes, alors qu'aucune autre activité autorisée n'est soumise à une telle limitation fixée indépendamment de la superficie des locaux en cause, serait justifiée par les risques qui sont propres à ces cérémonies et qui ont déjà conduit à l'obligation de port d'un masque de protection pour toute personne de plus de 11 ans, imposée par le II de l'art. 47 du Décr. du 29 oct. 2020 à la seule exception des moments précis où l'accomplissement d'un rite le nécessite. Si certains établissements recevant du public autres que les lieux de culte restent fermés, les activités qui y sont exercées ne sont pas de même nature et les libertés fondamentales qui sont en jeu ne sont pas les mêmes. Les requérants sont fondés à soutenir que cette interdiction présente un caractère disproportionné au regard de l'objectif de préservation de la santé publique et constitue ainsi, eu égard au caractère essentiel de la composante en cause de la liberté de culte, une atteinte grave et manifestement illégale à cette dernière. • CE, ord., 29 nov. 2020, n° 446930 : *préc. note 28.*

37. Conformité de l'art. II-10 Charte UE avec la Const. 58. Si le premier paragraphe de l'art. II-10 Charte UE reconnaît le droit à chacun, individuellement ou collectivement, de manifester, par ses pratiques, sa conviction religieuse en public, le droit garanti par cet article ayant, selon les explications du *Praesidium*, le même sens et la même portée que celui garanti par l'art. 9 Conv. EDH, il se trouve sujet aux mêmes restrictions, tenant notamment à la sécurité publique, à la protection de l'ordre, de la santé et de la morale publics, ainsi qu'à la protection des droits et libertés d'autrui et s'applique en harmonie avec la tradition constitutionnelle des différents États membres qui sont plusieurs à donner valeur au principe de laïcité, comme l'a indiqué la CEDH. • CEDH 29 juin 2004, *Leyla Sahin c/ Turquie,* n° 44774/98 : *préc. note 32* • CEDH 4 déc. 2008, *Dogru c/ France,* n° 27058/05 : *préc. note 32.* ♦ Dès lors, les États conservent une large marge d'appréciation pour définir les mesures les plus appropriées, compte tenu de leurs traditions nationales, afin de concilier la liberté de culte avec le principe de laïcité, rendant la disposition de l'art. II-10 Charte UE compatible avec le présent art. qui interdit à quiconque de se prévaloir de ses croyances religieuses pour s'affranchir des règles communes régissant les relations entre collectivités publiques et particuliers. • Cons. const. 19 nov. 2004, n° 2004-505 DC § 18.

BIBL. Woehrling, Le droit local alsacien-mosellan des cultes après les récentes décisions du Conseil constitutionnel, *RD publ. 2013. 532.*

38. Portée du principe. Si le principe de laïcité implique que celui-ci ne salarie aucun culte, toutefois, il ressort tant des travaux préparatoires relatifs à l'art. 1er Const. 1946 que de ceux du projet de la Const. 58, qu'en proclamant que la France est une « République... laïque », la Const. n'a pas pour autant entendu remettre en cause les dispositions législatives ou réglementaires particulières applicables dans plusieurs parties du territoire de la République lors de l'entrée en vigueur de la Const. et relatives à l'organisation de certains cultes et, notamment, à la rémunération de ministres du culte. • Cons. const. 21 févr. 2013, *Assoc. pour la promotion et l'expansion de la laïcité,* n° 2012-297 QPC § 5 et 6 • Cons. const. 2 juin 2017, *Coll. territ. Guyane,* n° 2017-633 QPC § 8. ♦ V. déjà • CE 9 oct. 1981, n° 18649 A. ♦ Rappr. • CE 6 avr. 2001, n° 219379 A : *AJDA 2002. 63, note Toulemonde ; AJFP 2001. 7 ; Revue du droit local 2001, n° 33, p. 56, note Woehrling.*

39. La loi de séparation des Églises et de l'État ne s'applique ni dans les départements d'Alsace et de Moselle (ni en Guyane, ni en Polynésie française). • CAA Paris, 31 déc. 2003, n° 03PA01938 : *préc. note 17.* ♦ Ni les circonstances qu'en application de la législation spéciale régissant les cultes dans ces départements les évêques y sont nommés par le chef de l'État français, rémunérés, ainsi que les curés, par l'État et les biens affectés au service du culte, y compris leurs dépendances, mis à leur disposition par les collectivités qui en sont propriétaires, ni l'existence, dans ces départements, d'un service public du culte, dont sont chargés l'État, les communes et les établissements publics compétents, ni aucune autre règle ou principe général du droit ne sauraient avoir pour effet de conférer aux décisions prises par les archevêques et évêques pour l'organisation du culte catholique dans leurs diocèses le caractère de décisions administratives soumises au contrôle du juge administratif ; il en va notamment ainsi des décisions prises par les autorités ecclésiastiques relatives à l'utilisation des biens domaniaux mis à leur disposition pour le fonctionnement du culte. • CE 17 oct. 2012, n° 352742 A : *RFDA 2013. 39, note Éveillard ; AJDA 2012. 867, note Subra de Bieusses ; ibid. 1980 ; Dr. adm. 2013. 1, note Biagini-Girard ; JCP Adm. 2013. 2107, note Dieu.*

40. La loi du 18 germinal an X relative à l'organisation des cultes a promulgué et rendu exécutoires comme lois de la République, d'une part, « La convention passée à Paris le 26 messidor an IX, entre le Pape et le Gouvernement français, et dont les ratifications ont été échangées à Paris le 23 fructidor an IX » et, d'autre part, les articles organiques de ladite convention et les articles organiques des cultes protestants ; aux termes de l'art. 3 de la loi du 17 oct. 1919 relative au régime transitoire de l'Alsace et de la Lorraine, adoptée à la suite du rétablissement de la souveraineté de la France sur ces territoires : « Les territoires d'Alsace et de Lorraine continuent, jusqu'à ce qu'il ait été procédé à l'introduction des lois françaises, à être régis par les dispositions législatives et réglementaires qui y sont actuellement en vigueur ». Il résulte de ce qui précède que n'ont pas été rendues applicables aux départements du Bas-Rhin, du Haut-Rhin et de la Moselle les dispositions de la loi du 9 déc. 1905. • Cons. const. 21 févr. 2013, *Assoc. pour la promotion et l'expansion de la laïcité,* n° 2012-297 QPC § 3 et 4.

41. L'Observatoire de la laïcité a adopté dix propositions dans un avis sur le régime local des cultes en Alsace-Moselle. * Observatoire de la Laïcité, 18 mai 2015 : *Dr. adm. 2015, alertes n° 74.*

42. Sur le statut des agents des menses épiscopales, V. • CE 22 juill. 2016, n° 383412 B • CE 28 févr. 2020, n° 428441 B : *AJDA 2020. 1237, note Lamy .*

43. L'affirmation dans le règlement du Sénat que les sénateurs doivent exercer leur mandat « dans le respect du principe de laïcité », ne saurait avoir pour objet ou pour effet de porter atteinte à leur liberté d'opinion et de vote. • Cons. const. 5 juill. 2018, n° 2018-767 DC § 8.

1° SUBVENTIONS ET FINANCEMENT

a. Subventions aux associations cultuelles

44. Le principe de laïcité s'impose aussi aux collectivités publiques, leur interdisant de subventionner toute association à but exclusivement cultuel. • CE, ass., 19 juill. 2011, *Féd. de libre pensée et de l'action sociale du Rhône,* n° 308817 A (concl. Geffray) : *RFDA 2011. 967, concl. Geffray ; AJCT 2011. 515, note Perrier ; JCP Adm. 2011. 2307, note Amédro ; RD publ. 2012. 1153, note Gély.* ♦ *Ab jur.* • CE, sect., 9 oct. 1992, *Cne de Saint-Louis : Lebon 358 ; AJDA 1992. 817, concl. Scanvic ; LPA 11 nov. 1992, p. 15, note Célérier.* ♦ Cependant, s'il implique une stricte neutralité en matière religieuse, il ne s'oppose pas à ce qu'une collectivité publique apporte, en vue de satisfaire un objectif d'intérêt général, dans un territoire ou la L. du 9 déc. 1905 de séparation des églises et de l'État n'est pas applicable, une contribution financière au fonctionnement d'un culte. • CAA Paris, 31 déc. 2003, n° 03PA01938 : *préc. note 17* • CE 16 mars 2005, n° 265560 A : *préc. note 17.* ♦ Il n'est donc pas possible d'accorder une subvention à une association cultuelle même pour une manifestation interconfessionnelle. • TA Lyon, 22 mars 2007, n° 0505813 : *JCP Adm. 2007. 2126, note Tawil.* ♦ ... Ou à une association n'ayant une activité non totalement mais au moins partiellement cultuelle. • CE 9 oct. 1992, n° 94455 A : *JCP 1993. 22068.* ♦ Les subventions indirectes sont également prohibées : mise à disposition gratuite d'un presbytère appartenant à la commune. • CE 12 mars 1909, *Cne de Thionville : Lebon 279.* ♦ ... Bail emphytéotique dont le loyer est nettement sous-évalué. • TA Marseille, 17 avr. 2007, n° 0605998 : *JCP Adm. 2007. 2126, note Tawil.*

45. Si le législateur, par les dispositions de l'art. L. 131-3 C. envir., a entendu autoriser l'ADEME à accorder des aides ou subventions à toutes personnes physiques ou morales, cet établissement public ne peut, dans le cadre de ses missions, accorder aucune subvention, à l'exception des concours pour des travaux de réparation d'édifices cultuels, aux associations cultuelles. Toutefois, dès lors que le projet ne présente pas un caractère cultuel et n'est pas destiné au culte, qu'il s'inscrit dans la conduite d'un programme mené par l'ADEME, il entre dans le cadre des missions d'intérêt général confiées à l'agence par le législateur et, le versement des subventions accordées dans le cadre du programme s'accompagnant de la conclusion de conventions permettant de garantir que les subventions sont exclusivement affectées au financement du projet et ne peuvent être utilisées pour financer les activités cultuelles de l'association, la subvention peut être accordée. • CE 26 nov. 2012, n° 344378 : *RFDA 2013. 326, concl. Cortot-Boucher ; ibid. 342, note Comte-Perrier ; AJDA 2013. 245, note Pontier ; JCP Adm. 2013. 2141, note Dieu.* ♦ V. déjà sur un fondement erroné. • CAA Lyon, 17 sept. 2010, n° 09LY00186 : *JCP Adm. 2011. 2175, note Audard et Féral.* ♦ V. aussi : une subvention sollicitée par une congrégation religieuse dans le but de financer l'installation d'un capteur solaire pour alimenter le système de chauffage visant à développer l'utilisation d'une source d'énergie renouvelable concourt à la satisfaction des objectifs assignés à l'ADEME et ne viole pas les dispositions de la loi du 9 déc. 1905. • CAA Nancy, 23 avr. 2012, n° 11NC00768 : *AJDA 2012. 1607 .* ♦ *Contra.* • CAA Bordeaux, 6 mars 2012, n° 11BX01700 : *AJDA 2012. 1155, note Pontier ; JCP Adm. 2012. 2232, concl. Bentolila.*

b. Subventions aux associations non cultuelles

46. Subventions aux associations non cultuelles. Une association non cultuelle exerçant des activités cultuelles peut être publiquement aidée pour des opérations qui ne présentent pas de caractère cultuel et ne sont pas destinées au culte dès lors que le projet présente un intérêt public et que la personne publique obtient toute garantie quant à l'affectation de la subvention à la seule opération pour laquelle celle-ci est demandée. • CE 4 mai 2012, *Féd. libre pensée et action sociale du Rhône*, n° 336462 A : *AJDA 2012. 973 ; ibid. 2013. 1529, note Le Roux ; RFDA 2012. 804 ; D. 2012. 1337 ; AJCT 2012. 442, obs. Péchillon ; JCP Adm. 2012. 2233, note Amédro ; Dr. adm. 2013. 53, note Éveillard.* ♦ L'activité de l'association EMMA, qui ne constitue pas une association cultuelle, consiste à organiser à Paray-le-Monial des séjours, colloques, visites, séminaires d'entreprises ou concerts. Si sa clientèle se compose en grande partie de membres de communautés et si l'association est référencée sur plusieurs sites d'inspiration catholique, les prestations qu'elle propose ne sont pas réservées aux adeptes d'un culte déterminé. Ainsi, ses activités ne présentent pas un caractère cultuel. Dès lors, la directrice de l'agence de Pôle emploi de Digoin ne pouvait pas légalement lui refuser l'aide financière prévue au titre d'un contrat unique d'insertion – contrat d'accompagnement dans l'emploi. • CAA Lyon, 26 nov. 2018 . *Assoc. Emma*, n° 17LY01581 : *AJDA 2019. 736 ; JA 2018, n° 596, p. 11, obs. Fievet .*

47. Ne répondent pas à ces conditions les ostensions septennales du Limousin qui, bien qu'attirant de nombreux touristes et curieux et présentant donc un intérêt culturel et économique, n'en constituent pas moins des manifestations cultuelles. • CE 15 févr. 2013, n° 347049 A : *RFDA 2013. 335, concl. Cortot-Boucher ; ibid. 342, note Comte-Perrier ; AJDA 2013. 375 ; ibid. 1529, note Le Roux ; Dr. adm. 2013. 53, note Éveillard.* ♦ Comp. • CAA Lyon, 27 nov. 2012, n° 12LY00366 : *AJDA 2013. 447 .* ♦ La mise à disposition du local doit rester exceptionnelle. • CE, ord., 23 sept. 2015, n° 393639 : *AJDA 2016. 108, note Chevalier ; AJCT 2016. 107, obs. Rouquet ; JCP Adm. 2015, n° 794.*

c. Mise à disposition de locaux

48. Une commune peut autoriser, dans le respect du principe de neutralité à l'égard des cultes et du principe d'égalité, l'utilisation pour l'exercice d'un culte par une association d'un local communal, tel que défini à l'article L. 2144-3 CGCT, dès lors que les conditions financières de cette autorisation excluent toute libéralité et, par suite, toute aide à un culte. Elle ne peut rejeter une demande d'utilisation d'un tel local au seul motif que cette demande lui est adressée par une association dans le but d'exercer un culte. En revanche, elle ne peut décider qu'un tel local sera laissé de façon exclusive et pérenne à la disposition d'une association pour l'exercice d'un culte et constituera ainsi un édifice cultuel. • CE 7 mars 2019, *Cne de Valbonne*, n° 417629 A : *AJDA 2019. 551* ; *ibid. 980, chron. Malverti et Beaufils* ; *Dr. Adm. 2019. 35, note Éveillard ; JA 2019. 10, obs. Montecler* ; *AJCT 2019. 305, obs. Juilles*. ♦ Les collectivités territoriales peuvent donner à bail, et ainsi pour un usage exclusif et pérenne, à une association cultuelle un local existant de leur domaine privé sans méconnaître les dispositions de la loi du 9 déc. 1905 dès lors que les conditions, notamment financières, de cette location excluent toute libéralité. • CE 7 mars 2019, *Cne de Valbonne*, n° 417629 A : *préc.*

d. Financement des édifices cultuels

BIBL. Lavergne, Les édifices du culte : affectation cultuelle et utilisation culturelle, *RD publ. 2012. 1279.*

49. Est autorisé le financement : de travaux de ravalement ou de grosses réparations. • CE 24 déc. 1926, *Sieur Empereur : Lebon 1138.* ♦ ... De chauffage de l'édifice. • CE 7 mars 1947, *Sieur Lapeyre et a. : Lebon 104.* ♦ ... D'installation d'une horloge électrique. • CE 20 nov. 1929, *Sieur Foussart : Lebon 999.* ♦ ... De reconstruction d'une église. • CE 22 janv. 1937, *Cne de Condé-sur-Noireau : S. 1938. 3. 20, concl. Renaudin.* ♦ ... De restauration d'une basilique, y compris dans le cadre d'une action de coopération avec une autorité locale étrangère. • CE 17 févr. 2016, n° 368342 A : *AJDA 2016. 343* ; *ibid. 712, chron. Dutheillet de Lamothe et Odinet* ; *JCP Adm. 2016. 2095, note Cortot-Boucher.*

50. De même, peut être financée comme répondant à un intérêt public local ou à un intérêt général l'acquisition : la restauration ou l'installation d'un orgue dans l'église communale (enseignement artistique). • CE, ass., 19 juill. 2011, *Cne de Trélazé*, n° 308544 A (concl. Geffray) : *AJDA 2014. 124, note Hubac* ; *RFDA 2011. 967, concl. Geffray* ; *AJCT 2011. 515, note Perrier* ; *JCP Adm. 2011. 2307, note Amédro ; RD publ. 2012. 1523, note Boualili ; ibid. 1553, note Gély.* ♦ ... L'installation d'un ascenseur pour permettre l'accès des personnes à mobilité réduite. • CE, ass., 19 juill. 2011, *Féd. de libre pensée et de l'action sociale du Rhône*, n° 308817 A : *préc. note 44.* ♦ ... La participation d'une commune au financement des travaux d'achèvement de l'église Saint-Pierre de Firminy-Vert, dont les deux tiers correspondent à la base inachevée de l'édifice, à des activités culturelles, seul le tiers restant devant être affecté à l'exercice du culte dès lors que le financement décidé par la communauté d'agglomération n'excédait pas le montant des crédits nécessaires aux travaux afférents à la seule partie à vocation culturelle de l'édifice. • CE 3 oct. 2011, *Cté d'agglom. de Saint-Étienne Métropole*, n° 326460 B : *AJDA 2011. 1926* ; *JCP Adm. 2011. 650.*

51. Il est également possible de participer au paiement de la part de la facture d'électricité nécessaire à l'entretien et à la conservation de l'immeuble. • CAA Nancy, 5 juin 2003, n° 99NC01589 : *AJDA 2003. 1431, note Rouselle* (*a contrario*). ♦ ... Au gardiennage. • CE 10 nov. 1910, *Cne de Saint-Rancard : S. 1912. 3. 1, note Hauriou.*

52. De manière plus originale encore, il est possible, pour la prévention de l'ordre public, de participer à l'aménagement d'un local en abattoir pour le mettre à la disposition d'un culte lui permettant de réaliser l'abattage rituel des animaux. • CE, ass., 19 juill. 2011, *Cté urb. du Mans – Le Mans Métropole*, n° 309161 A (concl. Geffray) : *RFDA 2011. 967, concl. Geffray* ; *JCP Adm. 2011. 2307, note Amédro.*

53. Sont interdites les dépenses relatives : à la construction d'un lieu de culte. • CE 1er juill. 1910, *Ville d'Ancenis : S. 1910. 3. 145, note Hauriou.* ♦ ... A l'acquisition de mobilier destiné à l'exercice du culte. • CE 11 juill. 1913, *Cne de Dury : Lebon 830.* ♦ ... A la restauration d'un édifice cultuel à l'étranger (défaut d'intérêt local). • TA Lyon, 5 avr. 2012, n° 1007858 : *RFDA 2012. 741, concl. Béroujon*. ♦ ... Toutes contributions, directes ou indirectes, à la construction de nouveaux édifices cultuels comme la cession à vil prix d'un terrain communal. • TA Toulouse, 1er déc. 2016, n° 1505595 : *JCP Adm. 2017. 2016, note Untermaier-Kerléo.*

54. En revanche, il est possible de conclure avec une association cultuelle un bail emphytéotique administratif en vue de confier à celle-ci la construction d'un nouvel édifice cultuel. • CE, ass., 19 juill. 2011, *Vayssière c/ Cne de Montreuil-sous-Bois*, n° 320796 A : *RFDA 2011. 967, concl. Geffray* ; *JCP Adm. 2011. 2308, note Dieu ; Dr. adm. 2011. 92, note Brenet.*

55. S'il est possible qu'un organisme qui entend construire un édifice cultuel ouvert au public puisse bénéficier d'un bail emphytéotique administratif, cet organisme doit obligatoirement être une association cultuelle satisfaisant aux prescriptions du titre IV de la L. du 9 déc. 1905. • CE 10 févr. 2017, n° 395433 A :

AJDA 2017. 319 ; *ibid. 684, concl. Henrard* ; *JCP Adm. 2017. 2114, note Pauliat.*

e. Usage des édifices cultuels

56. La liberté du culte ne se limite pas au droit de tout individu d'exprimer les convictions religieuses de son choix dans le respect de l'ordre public mais a également pour composante la libre disposition des biens nécessaires à l'exercice d'un culte. A cet effet, en l'absence d'associations cultuelles et d'actes administratifs attribuant la jouissance des églises et des meubles les garnissant, ces biens sont laissés à la disposition des fidèles et des desservants et leur occupation doit avoir lieu conformément aux règles générales d'organisation du culte ; les ministres du culte sont chargés d'en régler l'usage. L'autorité publique commet une illégalité manifeste en autorisant une manifestation dans un édifice affecté à l'exercice d'un culte sans l'accord du ministre du culte chargé d'en régler l'usage. • CE, ord., 25 août 2005, n° 284307 A : *préc. note 28.* ♦ L'église des Saintes-Maries-de-la-Mer, qui appartient à la commune, constitue un édifice affecté à l'exercice du culte ; toutefois, la terrasse et le chemin de ronde situés sur le toit de cet édifice constituent, eu égard notamment à leurs caractéristiques, aux particularités architecturales de l'église, et à la circonstance que les visiteurs accèdent à la terrasse par une tour et un escalier indépendants dépourvus de toute communication avec les parties internes de l'église, des éléments fonctionnellement dissociables de cet édifice cultuel. Dès lors, cette terrasse et ce chemin de ronde ne sont pas grevés de l'affectation cultuelle et il n'y a pas obligation pour le maire de recueillir l'accord du desservant de l'église pour organiser des visites du toit-terrasse. • CE 20 juin 2012, n° 340648 A : *AJDA 2012. 1255* ; *RFDA 2012. 821, concl. Cortot-Boucher* ; *ibid. 826, note Morange* ; *JCP Adm. 2012. 2390, note Dieu ; RD publ. 2012. 1573, note Pauliat.*

57. Ni les circonstances qu'en application de la législation spéciale régissant les cultes dans les départements d'Alsace et de Moselle, les évêques y sont nommés par le chef de l'État français, rémunérés, ainsi que les curés, par l'État et les biens affectés au service du culte, y compris leurs dépendances, mis à leur disposition par les collectivités qui en sont propriétaires, ni l'existence, dans ces départements, d'un service public du culte, dont sont chargés, en vertu de la loi du 18 germinal an X, l'État, les communes et les établissements publics compétents, ni aucune autre règle ou principe général du droit ne sauraient avoir pour effet de conférer aux décisions prises par les archevêques et évêques pour l'organisation du culte catholique dans leurs diocèses le caractère de décisions administratives soumises au contrôle du juge administratif ; il en va notamment ainsi des décisions prises par les autorités ecclésiastiques relatives à l'utilisation des biens domaniaux mis à leur disposition pour le fonctionnement du culte. • CE 17 oct. 2012, n° 352742 A : *préc. note 10.*

f. Ouverture et fermeture d'un lieu de culte. Mise à disposition de lieux nécessaires à l'exercice du culte

58. Dès lors que des locaux communaux peuvent être utilisés par les associations, syndicats ou partis politiques qui en font la demande, il est possible à une commune, dans le respect du principe de neutralité à l'égard des cultes et du principe d'égalité, d'autoriser une association à utiliser un local qui appartient à la commune pour l'exercice d'un culte, dès lors que les conditions financières de cette autorisation excluent toute libéralité et, par suite, toute aide à un culte. • CE, ass., 19 juill. 2011, *Cne de Montpellier,* n° 313518 A (concl. Geffray) : *RFDA 2011. 967, concl. Geffray* ; *AJCT 2011. 515, note Perrier* ; *JCP Adm. 2011. 2307, note Amédro.* ♦ Un maire ne peut refuser de louer une salle paroissiale pour la célébration d'une fête religieuse. • TA Cergy-Pontoise, 23 oct. 2012, n° 1208379 : *AJDA 2013. 694, note Le Roux*. ♦ La mise à disposition du local doit rester exceptionnelle. • CE, ord., 23 sept. 2015, n° 393639 : *AJDA 2016. 108, note Chevalier* ; *AJCT 2016. 107, obs. Rouquet* ; *JCP Adm. 2015, n° 794.*

59. Si la liberté de culte est reconnue comme une liberté fondamentale, il n'y est pas porté atteinte en décidant la fermeture d'une salle utilisée comme un lieu de prière pour assurer sa sécurisation. • CE, ord., 6 mai 2008, n° 315631 B : *AJDA 2008. 965* ; *ibid. 1279, note Gonzalez* ; *D. 2009. 207, note Le Bot* ; *JCP Adm. 2008. act. 423.*

60. En dépit de l'avis favorable de la sous-commission départementale de sécurité, le maire a rejeté l'autorisation d'ouverture de la mosquée. Le juge des référés, estimant qu'il y avait là une atteinte grave et manifestement illégale à la liberté de culte et à la liberté d'expression de la religion, a enjoint au maire, sous astreinte, d'autoriser l'ouverture de la mosquée. • CE, ord., 9 nov. 2015, n° 394333 B : *AJDA 2016. 385, note Debaets*. ♦ Le juge a liquidé l'astreinte. • CE, ord., 3 déc. 2015, n° 394333 B : *AJDA 2015. 2350*. ♦ Puis, devant le refus persistant du maire, le juge enjoint au préfet, pour sauvegarder cette liberté fondamentale, de se substituer à lui, dans le cadre de son pouvoir hiérarchique, le maire agissant, en l'espèce, au nom de l'État. • CE, ord., 19 janv. 2016, n° 396003 A : *AJDA 2016. 71* ; *ibid. 732, note Le Foyer de Costil* ; *JCP Adm. 2016. 2036, note Alonso.* ♦ V. également. • CE, ord., 30 juin 2016, n° 400841 : *JCP Adm. 2016. 578 ; AJDA 2016. 2048, note Comte* . ♦ V. pour la censure du détournement de pouvoir que constitue : l'usage par une commune de son droit de préemption pour faire obstacle à l'installation d'un lieu de culte : • TA Versailles, 16 sept. 2016, n° 1505143 : *AJDA 2016. 2312* . ♦ ... L'usage par une commune de son pouvoir relatif à la sécurité pour faire obstacle à l'installation d'un lieu de culte : • TA Montreuil, 14 oct. 2020, n° 1912506 : *JCP Adm. 2020. 590.*

61. Le législateur, qui n'a pas méconnu l'étendue de sa compétence, a assuré une conciliation qui n'est pas manifestement déséquilibrée entre, d'une part, l'objectif de valeur constitutionnelle de prévention des atteintes à l'ordre public et, d'autre part, la liberté de conscience et le libre exercice des cultes dès lors que la mesure de fermeture d'un lieu de culte ne peut être prononcée qu'aux fins de prévenir la commission d'un acte de terrorisme et que les propos tenus en ce lieu, les idées ou théories qui y sont diffusées ou les activités qui s'y déroulent soit provoquent à la violence, à la haine ou à la discrimination soit provoquent à la commission d'actes de terrorisme ou en faire l'apologie. La fermeture ne peut excéder 6 mois et doit être justifiée et proportionnée, notamment dans sa durée. Elle peut faire l'objet d'un recours en référé. • Cons. const. 29 mars 2018, *Rouchdi B. et a.*, n° 2017-695 QPC § 39 s.

62. La provocation à la violence, à la haine ou à la discrimination en lien avec le risque de commission d'actes de terrorisme, à la commission d'actes de terrorisme ou à l'apologie de tels actes peut, outre des propos tenus au sein du lieu de culte, résulter des propos exprimés, dans les médias ou sur les réseaux sociaux, par les responsables de l'association chargée de la gestion de ce lieu ou par les personnes en charge du culte qui y officient ainsi que des propos émanant de tiers et diffusés dans les médias ou sur les réseaux sociaux relevant de la responsabilité de cette association ou de ces personnes en charge du culte. Peut également révéler la diffusion, au sein du lieu de culte, d'idées ou de théories provoquant à la violence, à la haine ou à la discrimination en lien avec le risque de commission d'actes de terrorisme, à la commission d'actes de terrorisme ou en faisant l'apologie au sens des dispositions de ce même article, notamment, la fréquentation du lieu de culte par des tiers prônant ces idées ou théories, l'engagement en faveur de telles idées ou théories des responsables de l'association chargée de la gestion de ce lieu et des personnes en charge du culte qui y officient ou la présence, sur le lieu de culte ou dans des lieux contrôlés par l'association gestionnaire ou les officiants du culte, d'ouvrages ou de supports en faveur de ces idées ou théories. • CE, ord., 25 nov. 2020, n° 446303 § 4 et 5 : *AJDA 2020. 2286* ; *JCP Adm. 2020. 675.* ♦ La diffusion, sur le compte Facebook de la « Grande mosquée de Pantin » qui compte près de 100 000 abonnés, de la vidéo (dirigée contre M. A., professeur d'histoire qui avait dispensé un cours d'enseignement moral et civique dédié à la liberté d'expression, au travers notamment des caricatures, le qualifiant de « voyou répondant à l'appel du Président de la République pour combattre l'islam et les musulmans » et demandant son éviction) et de ce commentaire qui n'ont été retirés qu'après l'attentat ayant causé la mort de M. A. et dont les propos ont pour objectif d'accréditer l'idée délétère, dans un contexte particulièrement sensible, que les autorités publiques mèneraient en France un combat, notamment au sein de l'éducation nationale, contre la religion musulmane et ses pratiquants, constitue une provocation à la violence et à la haine en lien avec le risque de commission d'actes de terrorisme. La « Grande mosquée de Pantin » est devenue un lieu de rassemblement pour des individus appartenant à la mouvance islamique radicale dont certains n'habitent pas le département de Seine-Saint-Denis et ont été impliqués dans des projets d'actes terroristes. • CE, ord., 25 nov. 2020, n° 446303 § 4 et 5 : *préc.* ♦ V. déjà. • TA Montreuil, ord., 27 oct. 2020, n° 2011260 : *AJDA 2020. 2054* ; *JCP Adm. 2020. 610.* ♦ V. également, retenant l'utilisation des réseaux sociaux pour appeler à la haine. • CE, ord., 25 nov. 2020, n° 445774 : *AJDA 2020. 2292* ; *JCP Adm. 2020. 687.*

63. La salle de prière a servi pour des activités de prêche et d'enseignement en faveur d'un islamisme radical, prônant le rejet des valeurs de la République et de l'Occident, l'hostilité aux chrétiens et aux chiites et faisant l'apologie du djihad armé ainsi que de la mort en martyr ; elle a également servi de lieu d'endoctrinement et de recrutement de combattants volontaires, dont plusieurs ont rejoint les rangs de Daech et ont combattu en Irak et en Syrie, où certains sont décédés. La salle de prière a été gérée, en fait ou en droit, par 3 associations qui ont continué à propager son idéologie, associations dissoutes par décret en date du « X » comme provoquant à la discrimination, à la haine ou à la violence envers un groupe de personnes à raison de leur non-appartenance à une religion, au sens du 6° de l'art. L. 212-1 CSI, et comme se livrant à des agissements en vue de provoquer des actes de terrorisme en France ou à l'étranger, au sens du 7° du même article. Plusieurs des prédicateurs ayant officié à la mosquée ainsi que des fidèles ont fait l'objet de mesures d'interdiction de sortie du territoire français sur le fondement de l'art. L. 224-1 CSI, qui concerne les Français dont il existe de sérieuses raisons de penser qu'ils projettent des déplacements à l'étranger ayant pour objet la participation à des activités terroristes ou sur un théâtre d'opérations de groupements terroristes, ou de mesures d'assignation à résidence dans le cadre de l'état d'urgence. Certaines des personnes fréquentant la mosquée ont été interpellées, mises en examen ou incarcérées en raison de leur participation à des filières terroristes et la salle de prière regroupe de nombreux pratiquants de tendance. S'il n'est pas contesté que les perquisitions administratives n'ont pas permis de découvrir des éléments susceptibles de révéler des activités à caractère terroriste ou d'intéresser les enquêtes en cours, il ressort de « notes blanches » relatives à l'exploitation des résultats de perquisitions administratives réalisées le même jour au domicile d'autres personnes fréquentant la mosquée, notamment au lieu d'assignation à résidence du gestionnaire de la mosquée et de son école coranique, qu'ont été découverts des documents de propagande d'organisations islamistes radicales et appelant au djihad ; s'il n'est pas contesté non plus que les prêches faits à la mosquée ne comportaient plus de caractère radical depuis plusieurs mois et si les requérants produisent en appel plusieurs témoignages selon lesquels de tels prêches n'auraient jamais été entendus à la mosquée, ces éléments, au demeurant récent pour le premier, de même que les tentatives actuelles de création d'une nouvelle association de gestion de la salle de prière, ne sont pas de nature à établir que la menace grave à l'ordre et à la sécurité publics fondant l'arrêté litigieux ne serait plus réelle. • CE, ord., 25 févr. 2016, n° 397153 : *AJDA 2016. 408 ; ibid. 1303, note Alonso ; AJCT 2016. 552, étude Alonso*. ♦ V. pour d'autres ex. de décisions confirmant la légalité de fermeture de lieux de culte pendant l'état d'urgence. • TA Melun, 30 sept. 2016, n° 1600931 : *JCP Adm. 2016. 791.* ♦ V. pour l'utilisation d'arguments du même ordre. • CE 11 janv. 2018, n° 416398 § 11 : *JCP Adm. 2018. 103.*

64. La liberté du culte a le caractère d'une liberté fondamentale or, telle qu'elle est régie par la loi, cette liberté ne se limite pas au droit de tout individu d'exprimer les convictions religieuses de son choix dans le respect de l'ordre public, elle a également pour composante la libre disposition des biens nécessaires à l'exercice d'un culte. Aussi, un arrêté prescrivant la fermeture d'un lieu de culte est susceptible de porter atteinte à cette liberté fondamentale, il *est également susceptible de porter atteinte au* droit de propriété. • CE 20 janv. 2017, n° 406618 § 9 : *JCP Adm. 2017.79* • CE 11 janv. 2018, n° 416398 § 5 : *préc. note 62.* ♦ La mesure de fermeture provisoire prise par le préfet a pour objet de prévenir la continuation ou le retour des troubles à l'ordre public découlant des prédications prononcées dans la mosquée et de la fréquentation même de celle-ci. Si des mesures importantes permettraient de faire cesser le risque de retour des troubles à l'ordre public constatés, elles n'ont été prises que trop récemment. • CE 20 janv. 2017, n° 406618 § 11 et 12 : *préc.* ♦ Eu égard à l'ensemble des éléments recueillis, et alors qu'il est constant que la très grande majorité des fidèles habitant dans le quartier peuvent se rendre dans l'autre mosquée de la commune, il n'apparaît pas, en l'état de l'instruction, que le préfet aurait porté une atteinte grave et manifestement illégale à une liberté fondamentale. • CE 11 janv. 2018, n° 416398 § 11 : *préc. note 62.*

65. La création d'une crèche de 40 places, qui s'accompagne de 15 emplois nouveaux dans un secteur qui fait partie de l'opération d'intérêt national Eco-vallée Plaine du Var, présente, en elle-même, un intérêt général et le projet a fait l'objet d'un avis favorable du commissaire enquêteur. Toutefois, dans l'immeuble destiné à accueillir cet équipement collectif, est installé un lieu de prière musulman d'une capacité de près de 1 000 personnes. Certes, le respect de la liberté des cultes ne fait pas obstacle, par principe, à une expropriation pour cause d'utilité publique des locaux dans lesquels elle s'exerce. Mais l'antériorité de la présence d'un tel lieu de prière, dans l'immeuble dont l'expropriation est envisagée et qui a été autorisé à accueillir du public, justifie son maintien dès lors que la déclaration d'utilité publique sollicitée aurait pour effet d'empêcher l'exercice d'une liberté fondamentale, à savoir l'expression de leurs convictions religieuses par des fidèles, dans les formes appropriées, en n'en permettant plus la pratique dans un lieu dédié, et ce, dans des conditions normales de dignité et de sécurité. • CAA Marseille, 20 oct. 2020, n° 18MA05121 : *AJDA 2021. 153, note Angeniol ; RDI 2021. 13, obs. Hostiou*.

2° NEUTRALITÉ ET CONTINUITÉ DU SERVICE PUBLIC

BIBL. Zeghbib, La loi, le juge et les pratiques religieuses, *AJDA 2008. 1997*. – Flavier, Le financement public des cultes en France et le principe de laïcité, *RD publ. 2010. 1597*. – Nicoud, Les collectivités confrontées aux exigences culturelles communautaires, *JCP Adm. 2013. 2130*. – Bui-Xuan, Les ambiguïtés de l'étude du Conseil d'État relative à la neutralité religieuse dans les services publics, *AJDA 2014. 249* . – Gonzalez, La liberté confessionnelle en prison, *Dr. adm. 2015. 11*. – Jean-Pierre, Le principe de laïcité des agents publics, *JCP Adm. 2015. 2308*. – V. Circ. du 15 mars 2017 relative au respect du principe de laïcité dans la fonction publique : NOR : RDFF1708728C. – Valentin, Laïcité et neutralité,

AJDA 2017. 1388 . – Villette, Laïcité et fonction publique : la menace fantôme ?, *AJDA 2017. 1395* . – Castaing, Laïcité et liberté religieuse du patient à l'hôpital, *AJDA 2017. 2505* . – Bréchot, Liberté religieuse et audience, *AJDA 2018. 1595* . – Untermaïer-Kerléo, La portée déontologique du principe de laïcité pour les acteurs de la justice, *JCP Adm. 2018. 2202*. – Bonnet et Ferron, Le port des signes religieux par les avocats, *JCP Adm. 2018. 2203*. – Tetu, Liberté religieuse des justiciables et lois du service public, *JCP Adm. 2018. 2204*. – Gonzalez, Du pluralisme religieux dans les prétoires selon la CHED, *JCP Adm. 2018. 2205*. – V. Circ. du 15 mars 2017 relative au respect du principe de laïcité dans la fonction publique : NOR : RDFF1708728C.

66. Sur la neutralité politique du service public, V. note 111.

a. Laïcité, liberté religieuse et neutralité

67. Principes généraux. Le principe de laïcité de l'État, qui intéresse les relations entres les collectivités publiques et les particuliers, et le principe de neutralité des services publics sont la source d'une exigence particulière de neutralité religieuse de ces services. Cette exigence s'applique en principe à tous les services publics mais ne trouve pas à s'appliquer, en tant que telle, en dehors de ces services. • CE, ass., 19 déc. 2013, *Étude demandée par le Défenseur des droits, p. 12 à 18 : JCP Adm. 2014. 2005, note Pauliat.* ♦ Une activité d'intérêt général, alors même qu'elle pourrait constituer un service public si elle était assumée par une personne publique, n'est pas soumise aux règles et aux principes du service public lorsqu'elle est uniquement subventionnée et réglementée, mais des restrictions à la liberté de manifester des opinions et des croyances religieuses peuvent y être édictées dans les conditions précédentes. • CE, ass., 19 déc. 2013, *Étude demandée par le Défenseur des droits, p. 21 : préc.* ♦ L'exigence de neutralité interdit aux agents des personnes publiques et aux employés des personnes morales de droit privé auxquelles a été confiée la gestion d'un service public de manifester leurs convictions religieuses dans l'exercice de leur fonctions. Cette interdiction doit toutefois être conciliée avec le principe de proportionnalité des atteintes à la liberté d'expression religieuse résultant de l'art. 9 Conv. EDH. • CE, ass., 19 déc. 2013, *Étude demandée par le Défenseur des droits, p. 28 et 29 : préc.* ♦ La jurisprudence n'ayant pas identifié une catégorie de « participants au service public », l'exigence de neutralité du service public, qui a pour objet de protéger la liberté de conscience des usagers du service, ne peut conduire à soumettre ceux-ci à des restrictions de leur liberté de manifester leurs opinions et croyances religieuses. Pourtant, l'absence de soumission à cette exigence n'a pas pour conséquence que ces usagers (ainsi que les tiers, les collaborateurs ou les « participants ») disposent d'une entière liberté dans l'enceinte du service ; des restrictions à la liberté de manifester leurs convictions peuvent, en tout état de cause, dans chaque service, être décidées et appliquées dans la mesure rendue nécessaire par le maintien de l'ordre public et le bon fonctionnement du service public. • CE, ass., 19 déc. 2013, *Étude demandée par le Défenseur des droits, p. 30 à 34 : préc.*

68. Liberté de culte. S'il résulte du principe de laïcité que celui-ci impose l'égalité de tous les citoyens devant la loi sans distinction de religion et le respect de toutes les croyances, ce même principe impose que la République garantisse le libre exercice des cultes. • Cons. const. 21 févr. 2013, *Assoc. pour la promotion et l'expansion de la laïcité*, n° 2012-297 QPC § 5. ♦ Par suite, la possibilité de déroger à l'obligation d'étourdissement pour la pratique de l'abattage rituel ne porte pas atteinte au principe de laïcité. • CE 5 juill. 2013, *Œuvre d'assistance aux bêtes d'abattoirs*, n° 361441 : *préc. note 28.* ♦ V. en droit de l'Union. • CJUE, gr. ch., 29 mai 2018, n° C-426/16 : *AJDA 2018. 1603, chron. Bonneville, Broussy, Cassagnabère et Gänser* . ♦ V. déjà : en se bornant à relever que l'abattage d'ovins lors de la fête de l'Aïd-el-Kébir présente un caractère rituel, pour en déduire que la décision d'aménager un abattoir temporaire méconnaissait les dispositions de la L. de 1905, sans examiner si l'intervention de la communauté urbaine était justifiée par un intérêt public local tenant à la nécessité que les cultes soient exercés dans des conditions conformes aux impératifs de l'ordre public, en particulier de la salubrité publique et de la santé publique, du fait, notamment, de l'éloignement de tout abattoir dans lequel l'abattage rituel pût être pratiqué dans des conditions conformes à la réglementation, la cour a commis une erreur de droit. • CE, ass., 19 juill. 2011, *Cté urb. du Mans*, n° 309161 A (concl. Geffray) : *RFDA 2011. 967, concl. Geffray* ; *D. 2011. 2375, note Touzeil-Divina* ; *AJDA 2011. 1667, chron. Domino et Bretonneau* ; *ibid. 2014. 124, chron. Hubac* ; *AJCT 2011. 515*, obs. Perrier ; *JCP Adm. 2011. 2307, note Amédro.*

69. Aumônerie. La mission des aumôniers militaires, des aumôniers hospitaliers et des aumôniers pénitentiaires est d'assurer le libre exercice du culte ainsi qu'un soutien spirituel auprès des militaires des armées et des formations rattachées, des patients des établissements hospitaliers et des personnes détenues. En imposant une obligation de détention d'un diplôme de formation civile et civique pour les aumôniers recrutés par les armées ou les établissements hospitaliers et pour ceux des aumôniers des établissements pénitentiaires bénéficiaires d'une indemnité, le pouvoir réglementaire a ajouté une condition supplémentaire au recrutement ou à l'indemnisation de ces aumôniers, qui repose sur la poursuite d'objectifs d'intérêt général et de sauvegarde de l'ordre public en lien avec la mission de ces aumôniers, qui interviennent dans des lieux fermés ou isolés, auprès d'agents ou de publics dont la liberté de mouvement est limitée, afin de leur permettre le libre exercice de leur culte. • CE 27 juin 2018, n° 412039 A : *AJDA 2018. 1358 ; JCP Adm. 2018. 575.*

70. Neutralité du service public. Les principes de neutralité et de laïcité du service public sont applicables à l'ensemble des services publics, y compris lorsque ceux-ci sont assurés par des organismes de droit privé ; si les dispositions du C. trav. ont vocation à s'appliquer aux agents des CPAM, ces derniers sont toutefois soumis à des contraintes spécifiques résultant du fait qu'ils participent à une mission de service public, lesquelles leur interdisent notamment de manifester leurs croyances religieuses par des signes extérieurs, en particulier vestimentaires. • Soc. 19 mars 2013 : *AJDA 2013. 597 ; ibid. 1069, note Dreyfus ; D. 2013. 777 ; ibid. 1026, obs. Lokiec et Porta ; AJCT 2013. 306 ; Dr. soc. 2013. 388, étude Dockès ; JCP Adm. 2013. 2132, note Vila.* ♦ V. s'agissant du personnel d'une crèche privée : il résulte de la combinaison des art. L. 1121-1 et L. 1321-3 C. trav. que les restrictions à la liberté du salarié de manifester ses convictions religieuses doivent être justifiées par la nature de la tâche à accomplir et proportionnées au but recherché ; or, le règlement intérieur de l'association Baby-Loup disposait que « le principe de la liberté de conscience et de religion de chacun des membres du personnel ne peut faire obstacle au respect des principes de laïcité et de neutralité qui s'appliquent dans l'exercice de l'ensemble des activités développées, tant dans les locaux de la crèche ou ses annexes qu'en accompagnement extérieur des enfants confiés à la crèche ». Dès lors, compte tenu des conditions de fonctionnement d'une association de dimension réduite, employant seulement dix-huit salariés, qui étaient ou pouvaient être en relation directe avec les enfants et leurs parents, la restriction à la liberté de manifester sa religion édictée par le règlement intérieur ne présentait pas un caractère général, mais était suffisamment précise, justifiée par la nature des tâches accomplies par les salariés de l'association et proportionnée au but recherché. • Cass., ass. plén., 25 juin 2014 : *GADLF n° 105 ; AJDA 2014. 1842, note Mouton et Lamarche ; D. 2014. 1386 ; ibid. 1536 , entretien Radé ; AJCT 2014. 511, obs. de la Morena ; Dr. soc. 2014. 811, étude Mouly ; RDT 2014. 607, étude Adam ; RTD civ. 2014. 620, obs. Hauser ; Dr. adm. 2014. 47, note Crouzatier-Durand ; JCP Adm. 2014. 2332, note Dieu.* ♦ V. déjà : la mise à pied reposait sur un ordre licite de l'employeur au regard de l'obligation spécifique de neutralité imposée à la salariée par le règlement intérieur de l'entreprise. • Paris, 27 nov. 2013, *Fatima L. c/ Assoc. Baby-Loup : D. 2014. 65, note Mouly ; AJCT 2014. 63, obs. Dreyfus ; Dr. soc. 2014. 4, étude Ray ; ibid. 100, étude Laronze ; JCP Adm. 2014. 2114, note Dieu ; ibid. 2115, note Vila.* ♦ V. sur les constatations en date du 16 juill. 2018 du CDH de l'ONU sur cette affaire : Onillon, La valeur des constatations du CDH de l'ONU, *AJDA 2019. 1040.*

V. pour d'autres décisions dans le même sens :.

71. Le principe de la liberté religieuse ne doit pas heurter le principe de neutralité du service. Ainsi, le port du voile islamique : par une fonctionnaire investie de prérogatives de puissance publique étendues et son refus opiniâtre d'adopter une tenue vestimentaire respectueuse du principe de laïcité justifient des sanctions disciplinaires. • TA Lyon, 15 juill. 2004, n° 0303595 : *AJDA 2004. 1623.* ♦ … Est contraire à l'honneur professionnel, constitue un manquement aux obligations professionnelles, et donc une faute. • CAA Lyon, 27 nov. 2003, n° 03LY0192 : *AJFP 2004. 90, note Lemaire ; Dr. adm. 2004, n° 10 ; AJDA 2004. 154, note Melleray ; RFDA 2004. 588, concl. Kolbert ; AJFP 2004. 88, obs. Mekhantar , comm. Lemaire .* ♦ … Permet le non-renouvellement, pour les mêmes raisons, d'un contrat d'un agent, assistante sociale en centre d'accueil et de soins hospitaliers. • TA Paris, 17 oct. 2002 : *JCP Adm. 2002. 1150, note Jean-Pierre.* ♦ De même, l'usage par un fonctionnaire d'une adresse électronique d'une administration pour les besoins de l'Association pour l'unification du christianisme mondial constitue un manquement au principe de laïcité et à l'obligation de neutralité auxquels les fonctionnaires sont soumis. • CAA Paris, 24 janv. 2002, n° 99PA03034 : *AJFP 2002. 44 .*

72. A l'inverse, si le fait de devenir diacre ne fait pas obstacle à la poursuite de l'exercice d'une fonction publique, fût-elle juridictionnelle, cette compatibilité est strictement subordonnée à l'observation de précautions propres à éviter que, du fait de cette situation particulière, soient altérées – ou puissent paraître l'être aux yeux des justiciables – les garanties de neutralité, d'indépendance et d'impartialité qu'on est en droit d'attendre de tout magistrat. Il conviendrait que les fonctions au service de l'Église soient exercées dans un diocèse situé en dehors du ressort de la juridiction d'affectation ; que le magistrat fasse ses meilleurs efforts pour qu'il ne soit pas fait état dans ce ressort de sa qualité de diacre ; qu'il s'abstienne de siéger dans des affaires touchant aux cultes ou à des questions de société ayant, en droit ou en fait, directement ou indirectement, un lien avec la religion. L'état ecclésiastique de ce magistrat pourrait poser problème si, dans la suite de sa carrière, il était candidat à certaines fonctions et notamment celles de chef de juridiction. • CDJA 6 nov. 2020, avis *AJDA 2020. 2295* . ♦ Rappr. • CE, ass., avis, 21 sept. 1972, n° 309354 : *EDCE n° 55 p. 422 ; GACE 3e éd. p. 101* (s'agissant d'un enseignant du second degré).

73. Ne transgresse pas le principe de laïcité et de neutralité du service public et ne concerne pas des personnes ayant la qualité de fonctionnaire mais des partenaires extérieurs auxquels l'administration pénitentiaire peut normalement avoir recours la participation de surveillants congréganistes à l'exercice de tâches relevant non de la surveillance des détenues mais de fonctions complémentaires de soutien, dénuées de tout prosélytisme. • CE 27 juill. 2001, n° 220980 A : *AJFP 2002. 39, note Mekhantar* . ♦ Le fait de rémunérer ces « surveillants » n'est pas contraire aux dispositions de l'art. 2 de la L. du 9 déc. 1905 : « la République ne reconnaît, ne salarie ni ne subventionne aucun culte ». • CE 29 mai 2002, n° 235806. ♦ Les dispositions qui prévoient que la sanction de cellule disciplinaire emporte pendant toute sa durée la suspension de l'accès aux activités, notamment aux activités à caractère cultuel, ne peuvent être regardées, eu égard à l'objectif d'intérêt général de protection de la sécurité et du bon ordre dans les établissements pénitentiaires qu'elles poursuivent, à la durée maximale de la sanction en cause et aux droits dont continuent à bénéficier les détenus (recevoir ou conserver en leur possession les objets de pratique religieuse et les livres nécessaires à leur vie spirituelle ; rencontrer l'aumônier du culte de leur choix), comme portant une atteinte excessive au droit de ces derniers de pratiquer leur religion. • CE 11 juin 2014, *X.*, n° 365237 : *AJDA 2014. 1236* ; *JCP Adm. 2014. 505.*

74. Le principe de laïcité n'est pas applicable aux élus. Aucune disposition législative (…) ne permet au maire d'une commune, dans le *cadre des réunions du conseil* municipal, lieu de débats et de confrontations d'idées, d'interdire aux élus de manifester publiquement, notamment par le port d'un insigne, leur appartenance religieuse. • Crim. 1er sept. 2010, n° 10-80.584 : *JCP 2010. 1208.*

75. Il n'appartient pas à l'administration de favoriser ou d'empêcher la diffusion de croyances religieuses. Dès lors, un directeur de centre de détention ne peut interdire la distribution de revues éditées par une congrégation au motif que le caractère sectaire de celle-ci a été reconnu par une commission d'enquête parlementaire. • TA Lille, 1er juill. 2003, n° 00-1519 : *AJDA 2004. 461* . ♦ Si l'observation de prescriptions alimentaires peut être regardée comme une manifestation directe de croyances et pratiques religieuses au sens de l'art. 9 Conv. EDH, les dispositions critiquées, qui visent à permettre l'exercice par les personnes détenues de leurs convictions religieuses en matière d'alimentation sans toutefois imposer à l'administration de garantir, en toute circonstance, une alimentation respectant ces convictions, ne peuvent être regardées, eu égard à l'objectif d'intérêt général du maintien du bon ordre des établissements pénitentiaires et aux contraintes matérielles propres à la gestion de ces établissements, comme portant une atteinte excessive au droit de ces derniers de pratiquer leur religion. • CE 25 févr. 2015, n° 375724 : *AJDA 2015. 421* ; *D. 2015. 1122, obs. Céré, Herzog-Evans et Péchillon* • 10 févr. 2016, n° 385929 : *AJDA 2016. 1127, note Bioy* . ♦ V. déjà • CE 16 juill. 2014, n° 377145 : *AJDA 2014. 1466* ; *ibid. 2321, note Prélot* • CAA Lyon, 22 juill. 2014, n° 14LY00113 : *AJDA 2014. 1524* ; *ibid. 2321, note Prélot* ; *JCP Adm. 2014. 2323, note Nicoud.* ♦ Dès lors que l'administration fournit à l'ensemble des personnes détenues des menus sans porc ainsi que des menus végétariens, que les personnes détenues peuvent demander à bénéficier, à l'occasion des principales fêtes religieuses, de menus conformes aux prescriptions de leur religion et, enfin, que le système de la cantine permet d'acquérir, en complément des menus disponibles, des aliments ou préparations contenant des viandes « halal », le directeur du centre pénitentiaire n'a pas méconnu les obligations incombant à l'administration pénitentiaire. • CE 10 févr. 2016, n° 385929 : *préc.*

76. L'apposition d'un emblème religieux sur un emplacement public méconnaît la liberté de conscience, assurée à tous les citoyens par la République, et la neutralité du service public à l'égard des cultes quels qu'ils soient. • CAA Nantes, 13 oct. 2015, n° 14NT03400 : *JCP Adm. 2015. 878* • CAA Paris, 8 oct. 2015, n° 15PA008145 : *AJDA 2015. 2390, note de Dieuleveult* ; *JCP Adm. 2015. 878.* ♦ Le symbole du département de la Vendée (deux cœurs entrelacés surmontés d'une couronne portant une croix) ne correspond pas en lui-même à la transposition directe et immédiate d'une scène ou d'un objet rituel, il n'a pas été réalisé dans un but de manifestation religieuse et n'a pas pour objet de promouvoir une religion et ne constitue pas dès lors un emblème religieux. • CAA Nantes, 11 mars 1999, n° 98NT00357 B : *RFDA 2000. 1084, concl. Jacquier* . ♦ Un blason communal, qui a pour objet de présenter sous forme emblématique des éléments caractéristiques, notamment historiques, géographiques, patrimoniaux, économiques ou sociaux d'une commune, ne peut légalement comporter d'éléments à caractère cultuel que si ceux-ci sont directement en rapport avec ces caractéristiques de la commune, sans exprimer la reconnaissance d'un culte ou marquer une préférence religieuse. Le blason contesté représente deux volutes opposées qui évoquent les crosses épiscopales de Saint-Nicolas et Saint-Aubin et se réfèrent ainsi aux deux édifices notables du patrimoine communal. Il présente sous forme emblématique des éléments caractéristiques de l'histoire et du patrimoine de la commune. • CE 15 juill. 2020, n° 423702 : *JCP Adm. 2020. 458.* ♦ V. déjà • CAA Nancy, 28 juin 2018, n° 17NC02320 : *AJDA 2018. 1559, chron. Normad, Riou, Vinet, Revert, Favret, Durup de Baleine, Sorin et Megret*. ♦ Rappr. • CE 22 févr. 2019, n° 423702 : *AJDA 2019. 1486*. ♦ En décidant de maintenir les crucifix dans les salles de classes de l'école publique fréquentée par les enfants de la plaignante, les autorités ont agi dans les limites de la latitude dont dispose l'Italie dans le cadre de son obligation de respecter le droit des parents d'assurer cette instruction conformément à leurs convictions religieuses et philosophiques. • CEDH, gr. ch., 18 mars 2011, *Lautsi c/ Italie*, n° 30814/06 : *AJDA 2011. 594.* ♦ *Ab. jur.* • CEDH 3 nov. 2009, *Lautsi c/ Italie*, n° 30814/06 : *Dr. adm. 2010. 3, note Benelbaz ; AJDA 2010. 563, note Pauti*.

77. Un maire ne peut priver un conseiller municipal de la parole au motif qu'il porte un signe religieux dès lors qu'il n'est pas établi que le port de ce signe ait été un facteur de trouble susceptible de justifier l'usage par le maire de son pouvoir de police. • Crim. 1er sept. 2010, n° 10-80.584 P : *AJDA 2010. 1679 ; D. 2010. 2624, note Detraz ; AJ pénal 2010. 506, obs. Royer ; AJCT 2010. 125, obs. Fitte-Duval ; RSC 2010. 853, obs. Mayaud*.

78. Le port d'une barbe, même longue, ne saurait à lui seul constituer un signe d'appartenance religieuse même si la personne refuse de la tailler et ne nie pas que son apparence physique peut être perçue comme un signe d'appartenance religieuse. • CE 12 févr. 2020, n° 418299 B : *AJDA 2020. 374 ; ibid. 1076, note Guilbert ; JCP Adm. 2020. 109, note Touzeil-Divina.* ♦ *Contra.* • CAA Versailles, 19 déc. 2017, n° 15VE03582 : *JCP Adm. 2018. 68 ; ibid. 2018. 2115, note Vallar.* ♦ V. également note ss. DDH, art. 10.

79. La publication du rapport de la mission interministérielle de vigilance et de lutte contre les dérives sectaires (MIVILUDES), contenant des appréciations critiques sur les pratiques de certaines organisations, regroupant des personnes partageant les mêmes convictions, ne contrevient pas, même si ces appréciations peuvent impliquer un jugement défavorable sur les convictions qui sont à l'origine de ces pratiques, au principe de neutralité de l'État. • CAA Paris, 4 sept. 2012, *Féd. chrétienne des témoins de Jéhovah*, n° 10PA01534 : *AJDA 2012. 2303 ; JCP Adm. 2013. 2016, note Deliancourt.*

80. Des propos critiques tenus par un professeur de philosophie suite aux attentats de 2015 lors d'un débat organisé dans sa classe sont constitutifs d'un manquement à l'obligation de neutralité. • TA Poitiers, 4 oct. 2017, n° 1500508 : *AJDA 2017. 2451*.

81. En estimant que le fait pour une femme de refuser, pour des raisons religieuses, dans un lieu et à un moment symbolique, de serrer la main à des hommes venus l'accueillir, attitude motivée par des convictions religieuses, révélait un défaut d'assimilation, le Premier ministre n'a pas fait une inexacte application des dispositions de l'art. 21-4 C. civ. et n'a pas porté atteinte à la liberté religieuse de l'intéressée ou au principe de laïcité. • CE 11 avr. 2018, n° 412462 B : *Dr. adm. 2018. 49, note Éveillard.*

82. Sur la neutralité du service public de l'enseignement (y compris enseignement supérieur), V. Préamb. Const. 1946, al. 13. ♦ S'agissant de la participation des parents aux sorties scolaires, V. notes ss. Préamb. Const. 1946, al. 13. ♦ S'agissant des repas de substitution dans les cantines scolaires, V. notes ss. Préamb. Const. 1946, al. 13.

BIBL. Pauliat, Crèches et bâtiments publics : la discorde, *JCP Adm. 2015. 1002.* – Lignères, Le droit a permis d'éviter la « guerre des crèches », *Dr. adm. 2017. 1.* – Slama, Jésus revient au Palais Royal ou quand le Conseil d'État fait obstacle à la séparation de l'État et de l'étable, *RDH 2017, n° 11.*

83. Installation de crèches dans un emplacement public... L'installation d'une crèche de Noël, à titre temporaire, à l'initiative d'une personne publique, dans un emplacement public, n'est légalement possible que lorsqu'elle présente un caractère culturel, artistique ou festif, sans exprimer la reconnaissance d'un culte ou marquer une préférence religieuse. Pour porter cette dernière appréciation, il y a lieu de tenir compte non seulement du contexte, qui doit être dépourvu de tout élément de prosélytisme, des conditions particulières de cette installation, de l'existence ou de l'absence d'usages locaux, mais aussi du lieu de cette installation. A cet égard, la situation est différente, selon qu'il s'agit d'un bâtiment public, siège d'une collectivité publique ou d'un service public, ou d'un autre emplacement public. • CE, ass., 9 nov. 2016, *Cne de Melun*, n° 395122 § 5 A : *AJDA 2016. 2135 ; ibid. 2375, chron. Dutheillet de Lamothe et Odinet ; D. 2016. 2341, obs. de Montecler ; ibid. 2456, entretien Maus ; JCP 2016. 853, obs.*

Touzeil-Divina ; JCP Adm 2016. 2309, note Chifflot ; Dr. adm. 2017, p. 18, note Éveillard.

84. ... Lorsqu'il s'agit d'un bâtiment public. Dans l'enceinte des bâtiments publics, sièges d'une collectivité publique ou d'un service public, le fait pour une personne publique de procéder à l'installation d'une crèche de Noël ne peut, en l'absence de circonstances particulières permettant de lui reconnaître un caractère culturel, artistique ou festif, être regardé comme conforme aux exigences qui découlent du principe de neutralité des personnes publiques. • CE, ass., 9 nov. 2016, *Cne de Melun*, n° 395122 A § 6 : *préc. note 83.*

85. V. déjà, intervenu avant la décision du Conseil d'État et ayant accepté cette installation. • CAA Nantes, 13 oct. 2015, *Dpt de la Vendée*, n° 14NT03400 : *préc. note 76* • TA Melun, 22 déc. 2014, *Féd. départ. Libres penseurs de Seine-et-Marne*, n° 1300483 : *JCP Adm. 2015. 2174, note Touzeil-Divina* • TA Montpellier, 16 juill. 2015, *Ligue des droits de l'homme*, n° 1405625 : *AJDA 2015. 1446 ; AJCT 2015. 651, obs. Yazi-Roman ; JCP Adm. 2017. 2216, note Dounot.* ♦ ... Ayant refusé cette installation. • CAA Paris, 8 oct. 2015, *Féd. départ. Libres penseurs de Seine-et-Marne*, n° 15PA008145 : *préc. note 76.* ♦ V. déjà dans ce sens. • TA Nantes, 14 nov. 2014, *Féd. Libre pensée*, n° 1211647 : *JCP Adm. 2015. 2174, note Touzeil-Divina.*

86. Dès lors qu'il ne ressort pas des pièces du dossier que ladite crèche, composée de sujets sans valeur historique ou artistique particulière, ait revêtu le caractère d'une exposition d'œuvres d'art, que lesdits sujets ne sont en rien liés à une tradition minière spécifique et qu'il n'est pas établi qu'elle s'enracine dans une tradition locale préexistante ou qu'elle puisse être considérée comme une extension du marché de Noël qui se tient à l'extérieur du bâtiment et sans proximité immédiate avec celui-ci, l'installation dans le hall de l'hôtel de ville méconnaît le principe de neutralité des personnes publiques. • TA Lille, 30 nov. 2016, n° 15099789 : *préc. note 84.* ♦ A l'inverse, même en l'absence de tradition locale, ne méconnaît pas ce principe l'exposition temporaire, dans l'hôtel de région, de deux décors de crèches visibles de *l'extérieur présentant* les métiers d'art et les traditions santonnières régionales dans des scènes pittoresques de la vie quotidienne. • TA Lyon, 22 nov. 2018, n° 1709278 : *D. actu Étudiant, 30 nov. 2018, note C. de Gaudemont ; AJDA 2018. 2322 ; JCP Adm 2018. 889.*

87. Dès lors que la crèche de Noël est bénie par un prêtre, elle est cultuelle et non culturelle. • TA Marseille, 18 déc. 2018, n° 1792359 : *AJDA 2019. 1029* .

88. ... Autre qu'un bâtiment public. Dans les autres emplacements publics, eu égard au caractère festif des installations liées aux fêtes de fin d'année notamment sur la voie publique, l'installation à cette occasion et durant cette période d'une crèche de Noël par une personne publique est possible, dès lors qu'elle ne constitue pas un acte de prosélytisme ou de revendication d'une opinion religieuse. • CE, ass., 9 nov. 2016, *Cne de Melun*, n° 395122 A § 7 : *préc. note 83.*

89. Installation d'un symbole religieux sur le domaine public. Si une arche, surplombant une statue d'un pape, ne saurait en elle-même être regardée comme un signe ou un emblème religieux, il en va différemment, eu égard à ses caractéristiques, de la croix qui se trouve en son sommet et qui, par suite, située sur un emplacement public, méconnaît les dispositions de la loi de 1905. • CE 25 oct. 2017, n° 396990 B : *AJDA 2017. 2041 ; JCP 2017. 498 ; JCP Adm. 2017. 2277, note Pauliat ; Dr. adm. 2018. 7, note Éveillard.* ♦ L'emplacement du village sur lequel la statue de la Vierge a été édifiée comportait déjà, depuis au moins le 18e siècle, une croix vers laquelle des processions cheminent à la Pentecôte depuis l'église du village à travers un sentier dans les bois. Dès lors, cette partie de terrain aménagée (...) doit être regardée comme affectée à l'exercice public du culte et ainsi comme formant une dépendance de l'église de la commune située environ à deux kilomètres à vol d'oiseau. • TA Grenoble, 3 oct. 2019, n° 1603908 : *JCP Adm. 2019. 2322, note Benelbaz.*

90. Exceptions. Bien que les cimetières soient des dépendances du domaine public de la commune, la loi de 1905 y permet l'installation de signes ou d'emblèmes religieux. • CE 28 juill. 2017, n° 408920 B : *AJDA 2017. 1589 ; JCP Adm. 2017, n° 35, p. 10.* ♦ De même, en prévoyant que l'interdiction d'apposer des signes religieux dans les lieux publics ne s'applique que pour l'avenir, le législateur a préservé les signes et emblèmes religieux existant et permis leur entretien, leur restauration et leur remplacement. • CE 28 juill. 2017, n° 408920 B : *préc.*

91. Organisation d'une cérémonie et d'une messe pour la sainte patronne d'un corps de militaires. Eu égard à son contexte et à ses conditions d'organisation, la cérémonie de la Sainte-Geneviève revêt le caractère d'un événement collectif, traditionnel et festif (participant à la cohésion et à la représentation de l'institution) de type fête patronale annuelle. Le fait pour des militaires de la gendarmerie d'assister au cours d'un tel événement à un office religieux, organisé par la compagnie elle-même dans une église, ne peut, à lui seul, être regardé comme la manifestation de convictions religieuses dans le cadre du service public ni comme relevant de l'exercice d'un culte. Il s'ensuit qu'en autorisant les militaires de la gendarmerie du Gard à assister, durant le service et en uniforme de cérémonie, à l'office religieux célébré dans une église de Nîmes, le chef du groupement de gendarmerie du Gard n'a méconnu ni le principe de laïcité ni celui de neutralité du service public. • TA Nîmes, 19 févr. 2021, nº 1900022 : *JCP Adm. 2021. 163.*

92. Service public pénitentiaire. L'insuffisance du nombre de détenus se revendiquant de la confession des Témoins de Jéhovah ne peut constituer un motif de nature à justifier un refus de délivrer un agrément en qualité d'aumônier. • CE 16 oct. 2013, nº 351115 B : *AJDA 2013. 2386, concl. Hédary ; D. 2013. 2469 ; ibid. 2014. 41, chron. Dieu ; AJ pénal 2013. 685, obs. Péchillon ; JCP Adm. 2013. 861.*

93. L'observance de prescriptions alimentaires peut être regardée comme une manifestation directe de croyances et pratiques religieuses. Il appartient à l'administration pénitentiaire, qui n'est pas tenue de garantir aux personnes détenues, en toute circonstance, une alimentation respectant leurs convictions religieuses, de permettre, dans toute la mesure du possible eu égard aux contraintes matérielles propres à la gestion de ces établissements et dans le respect de l'objectif d'intérêt général du maintien du bon ordre des établissements pénitentiaires, l'observance de ces prescriptions. Dès lors, il lui appartient, lorsque les modalités d'organisation de l'offre journalière de menus qu'elle retient impliquent que les personnes détenues puissent se procurer par le système de la cantine une alimentation complémentaire conforme aux prescriptions de leur religion, de garantir à celles qui sont dépourvues de ressources suffisantes la possibilité d'exercer une telle faculté en leur fournissant, dans la limite de ses contraintes budgétaires et d'approvisionnement, une aide en nature appropriée à cette fin. • CE 10 févr. 2016, nº 385929 A : *AJDA 2016. 284 ; D. 2016. 426, obs. de Montecler ; JCP Adm. 2016. 145.*

94. V. également note 69.

95. Continuité du service public. Refuser à un agent des autorisations d'absence pour pouvoir satisfaire à des obligations religieuses ne porte pas atteinte à sa liberté, dès lors que le principe de continuité du service public justifie cette décision. • TA Châlons-en-Champagne, 28 janv. 2004 : *JCP Adm. 2004. 1145, note Tawil* • CE, réf., 16 févr. 2004, nº 264314 B : *préc. note 28.* ♦ Les circulaires relatives aux autorisations d'absence pour motif religieux n'ont *pas de caractère impératif. • CE 19 nov. 2004,* nº 265064 : *JCP Adm. 2004. 1850, note Tawil.* ♦ Des absences répétées pour ce motif peuvent donc constituer une cause de révocation. • CE 16 déc. 1992, nº 96459.

96. En l'absence de dispositions législatives ou réglementaires spécifiques à la pratique des cultes dans les résidences universitaires, le CROUS doit respecter tant les impératifs d'ordre public de neutralité du service public et de bonne gestion des locaux que le droit de chaque étudiant de pratiquer, de manière individuelle ou collective et dans le respect de la liberté d'autrui, la religion de son choix. • CE, ord., 6 mai 2008, nº 315631 : *JCP Adm. 2008. Actu. 423.*

97. De même, la Ville de Paris peut refuser des dérogations aux horaires d'ouverture d'un marché qu'elle fixe dès lors qu'il en résulterait que plus du tiers des emplacements de vente s'en trouverait fermé tous les samedis pour toute la journée. • CE 23 déc. 2011, nº 323309 A : *AJDA 2012. 833, note Marliac ; JCP Adm. 2012. 2281, note Dieu.*

b. Liberté de conscience et neutralité

98. S'il était loisible au ministre de lancer une campagne d'information relative à la lutte contre l'homophobie en milieu scolaire, eu égard notamment à la vulnérabilité des jeunes face aux violences homophobes, et d'inviter les recteurs d'académies à favoriser l'action en milieu scolaire des associations qui luttent contre les préjugés homophobes, il lui incombait, avant de lancer une campagne d'information telle que celle en cause, de s'assurer que les éléments diffusés par le dispositif auquel il avait recours respectaient le principe selon lequel l'information ainsi apportée doit être adaptée aux élèves auxquels elle est destinée, notamment à leur âge, et être délivrée dans le respect du principe de neutralité du service public de l'éducation nationale et de la liberté de conscience des élèves ; or, à la date de la décision attaquée, à laquelle s'apprécie la légalité de cette décision, le site internet de « Ligne Azur » présentait l'usage de drogues comme susceptible de « faire tomber les inhibitions » et comme « purement associé à des moments festifs » sans mentionner l'illégalité de cette pratique, et définissait la pédophilie comme une « attirance sexuelle pour les enfants », sans faire état du caractère pénalement répréhensible des atteintes ou agressions sexuelles sur mineurs ; il renvoyait, en outre, à une brochure intitulée « Tomber la culotte », laquelle incitait à la pratique de l'insémination artificielle par sperme frais, interdite par l'art. L. 1244-3 CSP et l'art. 511-12 C. pén. ; même si le site internet n'avait pas entendu faire preuve de complaisance à l'égard de tels comportements, en la seule absence de mention du caractère illégal de ces pratiques, la décision du ministre d'inviter les recteurs à relayer cette campagne portait atteinte au principe de neutralité du service public de l'éducation nationale ; si le contenu du site internet de la « Ligne Azur » a été ultérieurement modifié pour faire cesser certains des manquements mentionnés ci-dessus, cette circonstance est, en tout état de cause, sans incidence sur la légalité de la décision attaquée, qui s'apprécie, ainsi qu'il a été dit plus haut, à la date de son édiction. • CE 15 oct. 2014, *Conf. nat. Assoc. familiales catholiques,* n° 369965 B : *AJDA 2015. 100, note Chevalier ; ibid. 2014. 2032 ; D. 2014. 2451, note de Dieuleveult ; ibid. 2015. 1007, obs. Regine .*

99. L'installation du drapeau « arc-en-ciel » sur la façade d'un hôtel de ville ne méconnaît pas le principe de neutralité des services publics s'agissant d'un pavoisement festif. • TA Paris, 17 mai 2019, n° 181383/4-1 : *JCP Adm. 2020. 2010, note Noual.*

100. L'aménagement des locaux dans lesquels se déroule un scrutin ne doit pas porter atteinte à la liberté et à la sincérité du vote et doit, donc, être neutre. De même, au cours du déroulement du scrutin, le président et les membres du bureau de vote sont, eux-mêmes, astreints à une obligation de neutralité. • CE, sect., 15 nov. 2004, *Élections à l'ass. de la Polynésie française,* n° 268543 A : *RFDA 2005. 115, concl. Mitjavile ; JCP Adm. 2004. 1772.*

3° DISSOLUTION D'ASSOCIATIONS CULTUELLES

101. Si les observations produites par l'association pour sa défense ont été effectivement reçues au ministère de l'intérieur, ce courrier s'est ensuite perdu ; ces observations n'ont par suite, ainsi que le reconnaît le ministre de l'intérieur, pas été prises en compte avant que ne soit édicté le décret prononçant sa dissolution. Dans ces conditions, le moyen tiré de ce que le décret litigieux a été pris à l'issue d'une procédure irrégulière est propre à créer, en l'état de l'instruction, un doute sérieux quant à sa légalité. • CE, ord., 30 mars 2016, n° 397890. ♦ L'« Association des musulmans de Lagny » a contribué à propager l'idéologie de l'ancien imam de la mosquée de Lagny qui prônait un islamisme radical, appelant au rejet des valeurs de la République et faisant l'apologie du djihad armé ainsi que de la mort en martyr. Des « notes blanches » précises et circonstanciées versées au débat contradictoire montrent que des membres de l'association ont activement participé à des filières de recrutement et d'acheminement vers la zone irako-syrienne. Même s'il n'est pas contesté que les perquisitions administratives effectuées au domicile du président de l'Association n'ont pas permis de découvrir des éléments susceptibles de révéler des activités à caractère terroriste, ces mêmes perquisitions ont révélé qu'un des dirigeants de fait de l'association avait installé à son domicile une école coranique clandestine qui diffusait des messages appelant au jihad. Eu égard à l'ensemble de ces éléments, les moyens tirés de ce que la dissolution contestée aurait porté une atteinte excessive à la liberté d'association et à la liberté de culte ou traduirait une application erronée des dispositions de l'art. L. 212-1 CSI ne sont pas de nature, en l'état de l'instruction, à faire naître un doute sérieux sur la légalité du décret dont la suspension est demandée. • CE, ord., 26 juill. 2016, n° 401379 : *JCP Adm. 2016. 690.*

102. V. pour d'autres décisions relatives à la dissolution d'associations cultuelles : est sans incidence sur ce point la circonstance que ni l'association requérante ni aucun de ses membres n'a fait l'objet de poursuites ou de condamnations pénales. • CE 26 janv. 2018, nos 407220 B et 412312 B : *AJDA 2018.197.*

4° PRODUCTION DE PHOTOS D'IDENTITÉ

103. L'obligation de produire pour l'obtention d'une carte d'identité des photographies « tête nue » comme le prescrit un décret n'est pas une atteinte à la liberté religieuse dès lors que la restriction au port d'un voile trouve sa justification dans l'intérêt de l'ordre public en visant à limiter les falsifications et usurpations d'identité. • CE 24 oct. 2003, n° 250084 : *AJDA 2004. 108 .* ♦ Il en va de même en matière de permis de conduire. • CE 15 déc. 2006, *Assoc. United Sikhs et Mann Singh,* n° 289946 A : *AJDA 2007. 313, concl. Olson ; ibid. 2006. 2422 .* ♦ Une telle exigence n'est pas contraire à l'art. 9 Conv. EDH. • CEDH 13 nov. 2008, *Mann Singh c/ France,* n° 24479/07 : *AJDA 2009. 882, chron. Flauss .* ♦ Rappr., pour l'obligation faite à une personne de retirer son turban ou son voile lors des contrôles de sécurité dans les aéroports. • CEDH 11 janv. 2005, *Phull c/ France,* n° 35753/03. ♦ ... Ou dans une enceinte consulaire. • CEDH 5 mars 2008, *Morsli c/ France,* n° 15585/06.

5° SONNERIES DE CLOCHES

BIBL. De La Taille, Le maire et les sonneries de cloches : ébauche d'une partition générale, *JCP Adm. 2016. 2140.*

104. L'usage local des cloches est valide lorsque leur pratique est antérieure à la loi de 1905. • CE 8 juill. 1910, *Abbé Bruant : Lebon 566* • CE 11 févr. 1916, *Abbé Taillefer : Lebon 73.* ♦ L'usage local s'entend de la pratique régulière et suffisamment durable de telles sonneries civiles dans la commune, à la condition que cette pratique n'ait pas été interrompue dans des conditions telles qu'il y ait lieu de la regarder comme abandonnée. • CE 14 oct. 2015, *Cne de Boissettes,* n° 374601 A : *AJDA 2015. 1954 ; AJCT 2016. 112, obs. Goutal ; JCP Adm. 2015.868.* ♦ L'usage local ne doit pas remonter avant la L. de 1905 et il revient au maire, en vertu de son pouvoir de police, de réglementer l'exercice de cet usage. • CAA

Paris, 13 déc. 2016, *Cne de Boissettes,* n° 15PA03983 : *JCP Adm. 2017. 2034, note Dounot.* ♦ Le fait que les cloches des édifices cultuels puissent être utilisées en cas de péril commun n'a pas pour effet d'interdire qu'elles le soient à d'autres fins civiles, notamment pour scander les heures et les demi-heures. • TA Grenoble, 1er oct. 2019, n° 1703682 : *AJDA 2020. 82*.

C. CARACTÈRE DÉMOCRATIQUE DE LA RÉPUBLIQUE

105. Sur le caractère égal et secret du vote, V. notes ss. Const. 58, art. 3.

106. Sur l'allongement ou la réduction de la durée des mandats électoraux, V. notes ss. Const. 58, art. 3.

107. Sur l'équilibre démographique nécessaire à la bonne représentativité démocratique, V. notes 57 s. ss. Const. 58, art. 3.

108. Sont des fondements de la démocratie : le pluralisme des courants d'idées et d'opinions. • Cons. const. 3 avr. 2003, n° 2003-468 DC § 12 • Cons. const. 6 déc. 2007, n° 2007-559 DC § 12. ♦ ... Parfois qualifié d'exigence constitutionnelle. • Cons. const. 4 mai 2000, n° 2000-428 DC § 21. ♦ ... Le pluralisme des courants d'expression socioculturels qui est en lui-même un objectif de valeur constitutionnelle dont le respect est l'une des conditions de la démocratie. • Cons. const. 11 juill. 2001, n° 2001-450 DC § 15.

109. Ne doivent dès lors pas porter atteinte à ce principe : le critère de représentativité retenu par le législateur, qui doit présenter un caractère objectif. • Cons. const. 4 mai 2000, n° 2000-428 DC § 21. ♦ ... L'octroi d'une aide à des partis ou groupements. • Cons. const. 11 janv. 1990, n° 89-271 DC § 12. ♦ ... L'octroi de temps d'antenne lors des campagnes électorales. • Cons. const. 23 août 2000, *Larrouturou,* n° 2000-23 REF : *JO 26 août, p. 13166.* ♦ ... Le choix de mesures tendant à inciter au regroupement des listes en présence, en vue notamment de favoriser la constitution d'une majorité stable et cohérente. • Cons. const. 3 avr. 2003, n° 2003-468 DC § 12 • Cons. const. 6 déc. 2007, n° 2007-559 DC § 12.

110. La libre expression du suffrage constitue une liberté fondamentale au sens des dispositions de l'art. L. 521-2 CJA. • CE 7 févr. 2001, *Cne de Pointe-à-Pitre,* n° 229921 B.

111. *S'il ne saurait être exclu, par principe,* qu'un candidat à l'élection présidentielle se rende dans un service public, sous réserve qu'une telle visite ait été autorisée à un niveau approprié par l'autorité compétente, qu'elle soit organisée dans des conditions telles qu'elle n'affecte pas le bon fonctionnement du service public et qu'elle ne mette pas en cause des agents publics qui ne le souhaiteraient pas, le principe de neutralité du service public s'oppose à ce que, dans le cadre d'une telle visite, un candidat se livre à une prise de parole publique sur les lieux mêmes du service concerné. • CNCCFP 26 févr. 2017 : *AJDA 2017. 441*.

D. CARACTÈRE SOCIAL DE LA RÉPUBLIQUE

112. Pour assurer le respect de ce principe, il incombe au législateur de prévenir par des dispositions appropriées la survenance de ruptures caractérisées d'égalité dans l'attribution d'une allocation d'aide sociale qui répond à une exigence de solidarité nationale. • Cons. const. 21 janv. 1997, n° 96-387 DC § 10 et 11 • Cons. const. 14 août 2003, n° 2003-483 DC § 9.

E. ABSENCE DE DISTINCTION D'ORIGINE, DE RACE ET DE RELIGION

113. Ce principe interdit que les traitements statistiques nécessaires à la conduite d'études sur la mesure de la diversité des origines des personnes, de la discrimination et de l'intégration peuvent qui porter sur des données objectives soient fondés sur l'origine ethnique ou la race. • Cons. const. 15 nov. 2007, n° 2007-557 DC § 29.

114. Un contrôle d'identité présente un caractère discriminatoire, notamment lorsqu'il est réalisé selon des critères tirés de caractéristiques physiques associées à une origine, réelle ou supposée, sans aucune justification objective préalable. • Civ. 1re, 9 nov. 2016, n° 15-24.212 P : *AJDA 2016. 2137* ; *D. 2016. 2340*.

F. ORGANISATION DÉCENTRALISÉE DE LA RÉPUBLIQUE

BIBL. V. Bibl. ss. Const. 58, art. 72.

115. Le principe, énoncé au présent art., selon lequel l'organisation de la République est décentralisée n'est pas au nombre des droits et libertés garantis par la Constitution, au sens de son art. 61-1. • CE, QPC, 21 sept 2012, *Cne de Couvrot et Cne de Poligny,* n° 361632 (2 esp.) : *AJDA 2012. 1766*.

116. Le transfert aux départements de la gestion du revenu minimum d'insertion ne peut être regardé comme contraire aux dispositions insérées dans la Constitution par la révision du 28 *mars* 2003 relative à l'organisation décentralisée de la République. • Cons. const. 18 déc. 2003, n° 2003-487 DC § 8.

117. Le principe selon lequel l'organisation de la République est décentralisée ne constitue pas un droit ou une liberté qui puisse être invoqué dans le cadre d'une QPC. • CE, QPC,

15 sept. 2010, Thalineau, n° 330734 : *AJDA 2010. 1736*.

G. ÉGALITÉ HOMMES-FEMMES

BIBL. La jurisprudence administrative et les femmes. Actes du colloque du 14 nov. 2017, *JCP Adm. 2018. 2212 à 2217*. – Guiselin, Vie politique locale et parité : vingt ans de pérégrinations législatives, *AJDA 2020. 384*.

118. Incitation par l'aide publique aux partis. V. ss. Const. 58, art. 4, note 12.

119. Sur les liens entre cette disposition et l'art. 6 DDH, V. comm. ss. DDH, art. 6.

120. La substitution des termes d'« identité de genre » à ceux d'« identité sexuelle » ajoute à l'interdiction des discriminations liées au sexe et à l'orientation sexuelle celles liées à l'identité de genre. • Cons. const. 26 janv. 2017, n° 2016-745 DC § 89.

1° Principe

121. Les présentes dispositions permettent au législateur d'instaurer tout dispositif tendant à rendre effectif l'égal accès des femmes et des hommes aux mandats électoraux et fonctions électives ; il lui est loisible d'adopter des dispositions revêtant soit un caractère incitatif, soit un caractère contraignant ; toutefois, il lui appartient d'assurer la conciliation entre ces dispositions constitutionnelles et les autres règles et principes de valeur constitutionnelle auxquels le pouvoir constituant n'a pas entendu déroger. • Cons. const. 16 mai 2013, n° 2013-667 DC § 14. ♦ V. déjà. • Cons. const. 30 mai 2000, n° 2000-429 DC § 7. ♦ Ainsi, le principe d'une composition à parité d'hommes et de femmes de la formation restreinte du conseil académique lorsqu'elle examine des questions individuelles relatives aux enseignants-chercheurs autres que les professeurs des universités institue une différence de traitement entre enseignants-chercheurs membres du conseil académique selon qu'ils participent ou non à la formation restreinte ayant pour objet de favoriser l'égal accès des femmes et des hommes aux responsabilités professionnelles ; le législateur a ainsi assuré la *conciliation entre cet objectif* et le principe d'égalité devant la loi. • Cons. const. 24 avr. 2015, *Conf. présidents d'université*, n° 2015-465 QPC § 10.

122. Ces dispositions ne sauraient avoir pour conséquence de priver le législateur de la faculté qu'il tient de l'art. 34 Const. 58 de fixer le régime électoral des assemblées. • Cons. const. 24 juill. 2003, n° 2003-475 DC § 18. ♦ ... Et donc de porter de trois à quatre le nombre de sénateurs par département à partir duquel l'élection a lieu non plus au scrutin majoritaire à deux tours, mais à la représentation proportionnelle à la plus forte moyenne. • Même décision § 15.

123. Le présent art. n'a ni pour objet ni pour effet de priver le législateur de la faculté qu'il tient de l'art. 34 Const. de fixer le régime électoral des assemblées locales. • Cons. const. 9 déc. 2010, n° 2010-618 DC § 34. ♦ Il en résulte que les dispositions généralisant le scrutin uninominal majoritaire à 2 tours pour l'élection des conseillers territoriaux et abandonnant corrélativement le scrutin de liste pour l'élection des élus siégeant au conseil régional ne portent, par elles-mêmes, aucune atteinte à l'objectif d'égal accès des femmes et des hommes aux mandats électoraux et fonctions électives. • Même affaire.

124. Il résulte des termes du présent art., éclairées par les travaux parlementaires qui ont précédé leur adoption, que leur objet est de combiner le principe constitutionnel d'égalité, tel qu'interprété par le Cons. const., notamment dans sa Décis. n° 2006-533 DC, interdisant de faire prévaloir la considération du sexe sur celle des capacités et de l'utilité commune, et l'objectif d'égal accès des femmes et des hommes aux mandats électoraux et fonctions électives, ainsi qu'aux responsabilités professionnelles et sociales. • CE, ass., 7 mai 2013, *Féd. CFTC de l'agriculture et Féd. gén. travailleurs de l'agriculture, de l'alimentation, des tabacs et services annexes, FO*, n° 362280 A (concl. Pellissier) : *AJDA 2013. 1564, chron. Domino et Bretonneau ; RFDA 2013. 868, concl. Pellissier ; ibid. 882, note Roman et Hennette-Vauchez ; RFDA 2013. 1251, note Le Pourhiet ; Dr. adm. 2013. 61, note Éveillard.* • CE 10 oct. 2013, *Féd. franç. de gymnastique*, n° 359219 A : *AJDA 2013. 1999 ; ibid. 2014. 213, chron. Bretonneau et Lessi ; D. 2014. 396, obs. Centre de droit et d'économie du sport, Université de Limoges ; Dr. adm. 2014. 23, note Mauger ; JCP Adm. 2014. 2166, note Baumard.*

125. Les lois ainsi adoptées doivent être interprétées strictement et ne s'appliquent qu'aux seules élections qu'elles visent. • CAA Bordeaux, 13 juin 2017, *Élections des membres de la CCI de la Réunion et de la CCI des îles de Guadeloupe*, nos 17BX00419 et 17BX00422 (2 esp.) : *AJDA 2017. 1553. Chron. Katz*.

126. Le présent al. n'institue pas un droit ou une liberté que la Constitution garantit. • Cons. const. 24 avr. 2015, *Conf. présidents d'université*, n° 2015-465 QPC § 14.

2° Compétence

127. Il résulte des dispositions du présent art. que le législateur est seul compétent, tant dans les matières définies notamment par l'art. 34 Const. que dans celles relevant du pouvoir réglementaire en application de l'art. 37, pour adopter les règles destinées à favoriser l'égal accès des femmes et des hommes aux mandats, fonctions et responsabilités mentionnés au présent art. Il appartient seulement au Premier ministre en vertu de l'art. 21 Const., sous réserve de la compétence conférée au Président de la République par l'art. 13 Const., de prendre les dispositions d'application de ces mesures législatives. • CE, ass., 7 mai 2013, *Féd. CFTC de l'agriculture et Féd. gén. travailleurs de l'agriculture, de l'alimentation, des tabacs et services annexes, FO*, n° 362280 A : *préc. note 124* • CE 10 oct. 2013, *Féd. fr. de gymnastique*, n° 359219 A : *préc. note 124.*

3° Mise en œuvre

a. Dans le cadre d'élections

128. Les dispositions fixant des règles obligatoires relatives à la présence de candidats de chaque sexe dans la composition des listes de candidats aux élections se déroulant au scrutin proportionnel entrent dans le champ des mesures que le législateur peut désormais adopter en application des dispositions. • Cons. const. 30 mai 2000, n° 2000-429 DC § 8.

129. Favoriser l'égal accès des hommes et des femmes aux mandats électoraux et aux fonctions électives peut fonder des règles imposant des listes paritaires aux élections ou des règles de financement de la vie politique qui pénalisent les partis qui laissent peu de place aux femmes dans l'exercice des mandats. Un tel objectif de parité ne peut toutefois conduire à ce que deux groupes parlementaires comportant le même nombre d'élus puissent être traités différemment au point que l'un ait plus d'outils que l'autre, ou des outils plus aisément utilisables, dans l'accomplissement des missions constitutionnelles du Parlement. • Cons. const. 28 févr. 2013, n° 2013-664 DC § 5.

130. En prévoyant que les électeurs de chaque canton du département « élisent au conseil départemental deux membres de sexe différent, qui se présentent en binôme de candidats dont les noms sont ordonnés dans l'ordre alphabétique sur tout bulletin de vote imprimé à l'occasion de l'élection », le législateur a instauré, pour assurer la parité au sein des conseils départementaux, un mode de scrutin majoritaire binominal à deux tours sans panachage ni vote préférentiel favorisant l'égal accès des femmes et des hommes au mandat de conseiller départemental ne méconnaissant aucune exigence de valeur constitutionnelle. • *Cons. const. 16 mai 2013,* n° 2013-667 DC § 15.

131. En abaissant de 3 500 à 1 000 habitants le seuil de population d'une commune à partir duquel les conseillers municipaux sont élus au scrutin de liste, le législateur a entendu favoriser, dans les communes comprises dans cette extension, l'égal accès des femmes et des hommes à ces mandats. Le seuil de population retenu et le nombre de conseillers municipaux limitant les éventuelles difficultés à composer des listes répondant à l'exigence de parité retenue par le législateur, celui-ci n'a pas porté une atteinte inconstitutionnelle au principe de pluralisme des courants d'idées et d'opinions. • Cons. const. 16 mai 2013, n° 2013-667 DC § 47.

132. Il ne résulte pas du texte clair de la L. du 31 janv. 2007 qu'une liste présentée pour l'élection partielle d'adjoints au maire doive tenir compte du nombre des adjoints de chaque sexe qu'il est nécessaire de remplacer, dès lors qu'elle ne comporte pas d'écart entre les nombres des candidats de chaque sexe supérieur à un. • CE 7 nov. 2013, *Tête*, n° 353342 B : *AJDA 2014. 522, note Luchaire* ; *AJCT 2014. 208, obs. Yazi-Roman*.

133. La liste des adjoints au maire d'une commune de plus de 1 000 habitants est composée alternativement d'un candidat de chaque sexe. L'appréciation de cette alternance se fait indépendamment du sexe du maire lui-même. • CE 8 févr. 2021, n° 442495 B : *JCP Adm. 2021. 137.*

b. Dans le cadre de nominations

134. Une disposition prévoyant qu'une organisation appelée à designer plus d'un membre du CESE procède à ces désignations de telle sorte que l'écart entre le nombre des hommes désignés, d'une part, et des femmes désignées, d'autre part, ne soit pas supérieur à un, la même règle s'appliquant à la désignation des personnalités qualifiées est conforme à la Const., les mandats de membre du CESE s'assimilant à des responsabilités professionnelles. • Cons. const. 24 juin 2010, n° 2010-608 DC § 6. ♦ Il en va de même, sur le même fondement, s'agissant des nominations des personnalités qualifiées du CSM par chacune des autorités mentionnées à l'art. 65 Const. • Cons. const. 19 juill. 2010, n° 2010-611 DC § 6.

135. Ni le présent art., ni l'art. 4 Const. 58 ne font obstacle à ce que la loi prévoie une modulation de l'aide financière accordée à ces partis ou groupements, cette modulation pouvant prévoir un critère d'écart entre candidats de chaque sexe présentés à l'élection. • Cons. const. 9 déc. 2010, n° 2010-618 DC § 61.

136. Sur le fondement du présent art., il était loisible au législateur d'adopter des dispositions ayant pour objet de favoriser la parité au sein du HCFP (V. comm. et notes ss. LOPGFP, art. 11, App., v° *Gouvernance financière*) ; il appartient au pouvoir réglementaire, sous le contrôle du Conseil d'État, de fixer les modalités du tirage au sort de nature à assurer en permanence le respect de cet objectif. Toutefois, ces dispositions n'ont pas un caractère organique dès lors qu'elles ne sont relatives ni à l'indépendance ni à la compétence du HCFP. • Cons. const. 13 déc. 2012, n° 2012-658 DC § 43.

137. Si la recherche d'un accès équilibré des femmes et des hommes aux responsabilités autres que les fonctions politiques électives n'est pas contraire aux exigences constitutionnelles, elle ne saurait, sans les méconnaître, faire prévaloir la considération du sexe sur celle des capacités et de l'utilité commune. • CE, ass., 7 mai 2013, *Féd. CFTC de l'agriculture et Féd. gén. travailleurs de l'agriculture, de l'alimentation, des tabacs et services annexes, FO*, n° 362280 A : *préc. note 124.* ♦ En l'absence de toute disposition législative applicable aux fédérations sportives agréées, fixant les règles destinées à favoriser l'égal accès des femmes et des hommes aux instances dirigeantes de ces fédérations, les dispositions du 2e al. du présent art. ne peuvent, par elles-mêmes, avoir eu pour effet de rendre légales les dispositions imposant le respect d'une proportion déterminée entre les hommes et les femmes au sein des fédérations sportives agréées. • CE 10 oct. 2013, *Féd. fr. de gymnastique*, n° 359219 A : *préc. note 124.*

c. Dans le cadre de la représentation salariale

138. V. notes ss. Préamb. Const. 1946, al. 8.

d. Divers

139. En prescrivant d'utiliser le masculin comme forme neutre pour les termes susceptibles, au sein des textes réglementaires, de s'appliquer aussi bien aux femmes qu'aux hommes et de ne pas faire usage de l'écriture dite inclusive, la circulaire attaquée s'est bornée à donner instruction aux administrations de respecter, dans la rédaction des actes administratifs, les règles grammaticales et syntaxiques en vigueur. Eu égard à sa portée, elle ne saurait en tout état de cause être regardée comme ayant pour objet ou pour effet de porter atteinte à l'égalité entre les femmes et les hommes, en méconnaissance du présent art. • CE 28 févr. 2019, n° 417128 : *AJDA 2019. 484* ; *ibid. 994, note Pontier.*

H. PRINCIPE D'ÉGALITÉ DEVANT LA LOI

140. V. comm. ss. DDH, art. 6.

TITRE PREMIER De la souveraineté

Art. 2 *(L. const. n° 92-554 du 25 juin 1992)* **« La langue de la République est le français. »**

L'emblème national est le drapeau tricolore, bleu, blanc, rouge.

L'hymne national est la "Marseillaise".

La devise de la République est "Liberté, Égalité, Fraternité".

Son principe est : gouvernement du peuple, par le peuple et pour le peuple.

BIBL. ▶ DEBBASCH, La reconnaissance constitutionnelle de la langue française, *RFDC 1992. 457.* – COURVOISIER, La République des symboles, *in La République en droit français, Économica 1996.* – ROULAND, Les politiques juridiques de la France dans le domaine linguistique, *RFDC 1998. 517.* – BENOÎT-ROHMER, Les langues officieuses de la République, *RFDC 2001. 3.* – FRANGI, État, langue et droit en France, *RD publ. 2003. 1608.* – BURDEAU, Les symboles de la République, *Pouvoirs n° 100, p. 87.* – ENCREVÉ, La langue de la République, *Pouvoirs n° 100, p. 123.* – V. également Bibl. ss. Const. 58, art. 75-1.

COMMENTAIRE

V. sur le Code en ligne.

[V. références des décisions du Conseil constitutionnel dans le tableau DC]

1° LANGUE DE LA RÉPUBLIQUE

1. Sur les langues régionales, V. ss. art. 75-1 Const. 58.

2. Principe. Le Conseil constitutionnel estime que la disposition de l'al. 1er doit être conciliée avec le principe de la liberté de communication et d'expression proclamé par l'art. 11 DDH. • Cons. const. 29 juill. 1994, n° 94-345 DC § 11 s. ♦ ... Et inversement. • Cons. const. 15 juin 1999, n° 99-412 DC § 7.

3. Les dispositions de cet article ne sauraient s'imposer à une autorité qui ne relève pas de l'ordre juridique interne tel que l'Office européen des brevets. • Cons. const. 28 sept. 2006, n° 2006-541 DC § 7.

4. Usage du français. Pour ces raisons, il n'est pas possible d'imposer l'usage d'une terminologie officielle ni aux personnes privées ne participant pas à une mission de service public, ni aux organismes et services de radiodiffusion sonore et télévisuelle, qu'ils soient publics ou privés. • Cons. const. 29 juill. 1994, n° 94-345 DC § 8 s.

5. Il n'est possible d'imposer l'usage de la langue française qu'aux personnes morales de droit public et aux personnes de droit privé dans l'exercice d'une mission de service public, ainsi qu'aux usagers dans leurs relations avec les administrations et services publics. • Cons. const. 29 juill. 1994, n° 94-345 DC § 11 s. • Cons. const. 6 avr. 1996, n° 96-373 DC § 91 • Cons. const. 15 juin 1999, n° 99-412 DC § 8 • CE, ass., 21 sept. 2000, *Brevet européen,* avis n° 365281 : *EDCE 2001, n° 52, p. 194* • CE 27 juill. 2006, *Assoc. Avenir de la langue française,* n° 281629 A • 14 juin 2018, n° 408261 B : *AJ fam. 2018. 367 ; Dr. adm. 2019. 45, note Barba et Frison-Roche.* ♦ Il en résulte : que des dispositions qui reconnaissent un droit à pratiquer une autre langue que le français dans la « vie publique », c'est-à-dire dans les relations avec la justice et les autorités administratives et services publics, sont contraires à la Constitution. • Cons. const. 15 juin 1999, n° 99-412 DC § 11. ♦ ... Que des dispositions n'imposant la traduction en français de la convention de divorce et de ses annexes que pour sa transmission aux fins de dépôt au rang des minutes du notaire, et non dès sa signature par les époux et par leurs avocats, dont l'activité de conseil dans le cadre de cette procédure n'a, en tout état de cause, pas le caractère d'une mission de service public, ne sont pas contraires au présent art. • CE 14 juin 2018, n° 408261 : *préc.*

6. A l'inverse, il est possible au législateur de prévoir, pour des relations de droit privé, la possibilité d'utiliser « une langue usuelle » au domaine considéré. • Cons. const. 6 déc. 2001, n° 2001-452 DC § 17. ♦ Il n'est pas possible de déduire de cette disposition que l'usage du français s'impose dans les relations de droit privé. • CE 27 juill. 2006, *Assoc. Avenir de la langue française,* n° 281629 : *préc. note 5.* ♦ De même peut être ratifié un traité prévoyant que les documents d'un brevet européen, qui s'inscrit dans le cadre de relations de droit privé entre le titulaire d'un brevet européen et les tiers intéressés, puissent ne pas faire l'objet d'une traduction. • Cons. const. 28 sept. 2006, n° 2006-541 DC § 6.

7. Dans l'enseignement, l'usage du français est aussi le principe (sauf exceptions justifiées par les nécessités de l'enseignement des langues et cultures régionales ou étrangères ou lorsque les enseignants sont des professeurs associés ou invités étrangers), y compris pour le concours d'entrée dans les écoles de formation des enseignants. • *CE 22 nov. 1999, Synd. personnels de recherche et Éts d'enseignement supérieur,* n° 206127 B : *Rev. adm. 2000. 18, obs. R. S.* ♦ Ainsi, une notice prévoyant pour un concours d'entrée à l'École normale supérieure : « pour toutes les épreuves, le niveau de français du candidat ne sera, en aucun cas, un obstacle à la réussite du concours » et l'organisation d'épreuves orales en langue étrangère pour trois candidats entraîne l'annulation du concours. • CE 6 nov. 2002, *Djament : AJDA 2002. 629, note Legrand ; Dr. adm. 2003. 48, note R. S.* ♦ Cependant, les épreuves permettant la délivrance d'un diplôme peuvent se dérouler dans une langue étrangère pour permettre de vérifier non seulement les connaissances du candidat dans un domaine mais également sa maîtrise de cette langue appliquée à ce domaine de connaissance dès lors qu'il apparaît que la connaissance de cette langue s'avère indispensable. • CE 13 janv. 2010, *Assoc. Défense de la langue française et avenir de la langue française,* n° 313744 : *AJDA 2010. 72 ; NCCC 2010, n° 29, p. 249, note Vidal-Nacquet.* ♦ Lorsqu'un établissement d'enseignement supérieur dispense, dans son ensemble, un enseignement à caractère international, il est exonéré de l'obligation d'utiliser le français pour la totalité de l'enseignement proposé. Lorsque l'établissement dispense partiellement un tel enseignement, il est dispensé de l'obligation pour la partie concernée de l'enseignement. • CAA Paris, 21 mars 2017, *Assoc. Avenir de la langue française,* n° 16PA02801 : *AJDA 2017. 1408, concl. Oriol .*

8. Même antérieurement à la révision constitutionnelle de 1992, devaient être rédigés en français, à peine d'irrecevabilité : une requête présentée devant le juge administratif. • CE, sect., 22 nov. 1985, *Quillevère,* n° 65105 : *Lebon 333, concl. Latournerie .* ♦ ... Ou un pourvoi devant la Cour de cassation • Crim. 4 mars 1986, *Turkson,* n° 85-92.202 P. ♦ De même, un recours gracieux non rédigé en français n'interrompt pas le délai de recours contentieux. • CE, sect., 5 janv. 2000, *Cne de Mâcot-la-Plagne,* n° 170954 A : *AJDA 2000. 179 .* ♦ Dès lors, lorsqu'une demande est présentée à l'administration française, elle doit l'être en français mais les pétitionnaires peuvent y joindre des pièces rédigées dans une autre langue, l'administration pouvant, sans y être cependant obligée, exiger une traduction. • CE 22 nov. 2000, *Assoc. Greenpeace,* n° 194348 A.

9. Cependant, l'application de ces règles ne doit ni interdire l'usage de traductions, ni conduire à méconnaître l'importance que revêt, en matière d'enseignement, de recherche et de communication audiovisuelle, la liberté d'expression et de communication. • Cons. const. 15 juin 1999, n° 99-412 DC § 8. ♦ De même, elle n'empêche pas que la langue évolue comme toute langue vivante en intégrant des termes de diverses sources et notamment des mots étrangers. • Cons. const. 29 juill. 1994, n° 94-345 DC § 6. ♦ ... Et donc n'interdit pas au Gouvernement d'introduire dans la langue française des mots nouveaux empruntés notamment à des langues étrangères pour désigner des institutions ou des notions nouvelles. • CE

11 juin 2003, Assoc. *Avenir de la langue française*, n° 246971 A : *AJDA 2003. 1672, note Durand-Prinborgne*.

10. On notera que, si la loi imposant l'usage du français se heurte à une disposition communautaire permettant l'usage d'une autre langue, le texte législatif sera écarté. • CE 20 déc. 2000, *Géniteau : Lebon 634 ; D. 2001. 1713, note Raynouard ; D. 2001. 383, obs. Lienhard ; RTD civ. 2001. 238, obs. Molfessis ; AJDA 2001. 489, note Pontier ; Gaz. Pal. 8 juill. 2001, note Mitrovic.* ♦ Mais dès lors que le droit communautaire n'impose pas d'évidence l'usage d'une autre langue, la langue française doit être utilisée. • CE 30 juill. 2003, *Assoc. « Avenir de la langue française »*, n° 245076 A : *RFDA 2003. 1039 ; AJDA 2003. 2156, note Pontier ; Dr. adm. 2003, n° 219, note Lombard ; LPA 20 avr. 2004, note Melleray.*

BIBL. Lignières, « Clause Molière » : le juriste peut-il se contenter d'être un censeur ?, *Dr. Adm. 2017. 4.*

11. « Clause Molière ». Si la « clause d'interprétariat » qui s'applique indistinctement à toute entreprise poursuit bien l'objectif d'intérêt général de sécurité des travailleurs dont elle garantit la réalisation sans aller au-delà de ce qui est nécessaire pour l'atteindre. • CE 4 déc. 2017, n° 413366 B : *AJDA 2017. 2383 ; ibid. 2018. 162, note Reneau ; Dr. adm. 2018. 8, note Brenet.* ♦ … Tel n'est pas le cas d'une clause de langue française dans les marchés publics. • TA Lyon, 13 déc. 2017, n° 1704697 : *AJDA 2017. 2446 ; JCP Adm. 2017. 874.* ♦ Rappr. • CAA Paris, 13 mars 2018, n° 17PA03657 : *JCP Adm. 2018. 2132, concl. Baffray.*

12. En revanche, la langue de travail pour les opérations préalables à l'attribution du marché et pour son exécution peut être le français exclusivement. • CE 8 févr. 2019, *Sté Veolia Eau*, n° 420296 B : *AJDA 2019. 310 ; JCP Adm. 2049. 105.*

13. Alsace-Moselle. La possibilité de joindre aux circulaires électorales rédigées en français une traduction en allemand est à bon droit supprimée. • CE 22 févr. 2008, *Uhlrich-Mallet et Assoc. « culture et bilinguisme d'Alsace et de Moselle »*, n° 312550 A : *RFDA 2008. 1116, note Staub*.

14. S'agissant des dispositions de droit local, rédigées en allemand, n'ayant pas donné lieu à une publication de la traduction officielle prévue par les L. du 1er juin 1924, l'atteinte à l'objectif de valeur constitutionnelle d'accessibilité de la loi qui résulte de l'absence de version officielle en langue française d'une disposition législative peut être invoquée à l'appui d'une QPC. • Cons. const. 30 nov. 2012, *Christian S.*, n° 2012-285 QPC § 12. ♦ En l'absence de publication d'une traduction officielle de l'art. 9 de l'Ord. du chancelier du 10 juill 1873, la requérante est fondée à se prévaloir de l'atteinte à l'objectif de valeur constitutionnelle d'accessibilité de la norme, alors que le présent art. dispose que la langue de la République est le français. • CAA Nancy, 9 juill. 2020, n° 18NC01505 : *JCP Adm. 2020. 2281, note Tani.*

15. Français et immigration. En subordonnant la délivrance d'une première carte de résident notamment « à l'intégration républicaine de l'étranger dans la société française, appréciée en particulier au regard de sa connaissance suffisante de la langue française et des principes qui régissent la République française », le législateur s'est conformé à l'objectif d'intérêt général qu'il s'est assigné. • Cons. const. 20 nov. 2003, n° 2003-484 DC § 25 s.

2° *EMBLÈMES ET SYMBOLE DE LA NATION*

16. Enseignement. Il ne saurait être sérieusement soutenu que l'apprentissage de l'hymne national à l'école primaire méconnaîtrait la Cons. au motif que ses paroles seraient contraires à l'art. 10 DDH, qui garantit la liberté d'opinion, et au présent art. • CE 23 déc. 2011, *Assoc. DIH-Mouvement de protection civique*, n° 350541 B : *AJDA 2012. 6*.

17. Eu égard à l'histoire de la Marseillaise, qui doit être également enseignée aux enfants des écoles primaires en application des dispositions de l'art. L. 321-3 C. éduc., et au fait que ce chant symbolise, en tant qu'hymne national, les valeurs de la République, le législateur n'a, en tout état de cause, pas méconnu les stipulations des art. 20, § 2 PIDCP, 13, § 1 PIDESC et 9 Conv. EDH en inscrivant la Marseillaise au programme d'éducation civique de la formation primaire. Pour les mêmes raisons, le ministre n'a, en tout état de cause, pas davantage méconnu ces stipulations en prévoyant que cet apprentissage se ferait au cours de la première année du cours moyen et que la Marseillaise serait chantée, chaque fois que cela est possible, lors des commémorations officielles. • CE 23 déc. 2011, *Assoc. DIH-Mouvement de protection civique*, n° 350541 B : *préc. note 16.*

18. Protection des emblèmes de la Nation. La loi qui insère dans le code pénal un art. 433-5-1 ainsi rédigé : « Le fait, au cours d'une manifestation organisée ou réglementée par les autorités publiques, d'outrager publiquement l'hymne national ou le drapeau tricolore est puni de 7 500 € d'amende. Lorsqu'il est commis en réunion, cet outrage est puni de six mois d'emprisonnement et de 7 500 € d'amende » n'est pas contraire à la Constitution dès lors que le législateur concilie les exigences de l'ordre public et la garantie des libertés constitutionnellement protégées et qu'il assortit l'infraction d'une peine ne revêtant pas de caractère manifestement disproportionné par rapport à l'infraction. • Cons. const. 13 mars 2003, n° 2003-467 DC § 99 s. ♦ Rappr. : la pose d'un drapeau symbolisant la revendication d'opinions politiques (en l'espèce « indépendantiste ») sur le fronton d'une mairie est contraire au principe de neutralité du service public. • CE 27 juill. 2005, *Cne de Sainte-Anne,* n° 259806 A : *RFDA 2005. 1137, concl. Donnat*.

19. En prévoyant que le fait de détruire, détériorer ou utiliser de manière dégradante le drapeau tricolore, dans un lieu public ou ouvert au public, ou de diffuser ou faire diffuser l'enregistrement d'images relatives à de tels faits, même commis dans un lieu privé, n'est passible des peines que prévoit le Décr. que commis dans des conditions de nature à troubler l'ordre public et dans l'intention d'outrager le drapeau tricolore. Le pouvoir réglementaire a entendu n'incriminer que les dégradations physiques ou symboliques du drapeau susceptibles d'entraîner des troubles graves à la tranquillité et à la sécurité publiques et commises dans la seule intention de détruire, abîmer ou avilir le drapeau ; ainsi ce texte n'a pas pour objet de réprimer les actes de cette nature qui reposeraient sur la volonté de communiquer, par cet acte, des idées politiques ou philosophiques ou feraient œuvre de création artistique, sauf à ce que ce mode d'expression ne puisse, sous le contrôle du juge pénal, être regardé comme une œuvre de l'esprit ; compte tenu de ces précisions et malgré la généralité de la définition des actes incriminés, le Décr. attaqué ne porte pas une atteinte excessive à la liberté d'expression. • CE 19 juill. 2011, *Ligue des droits de l'homme,* n° 343430 B : *JCP Adm. 2011. 566.*

20. Symboles et neutralité du service public. Le principe de neutralité du service public interdit que soient apposés des signes exprimant les opinions politiques. Tel est le cas du portrait de Philippe Pétain, fut-il, un temps, chef de l'État. • TA Caen, 26 oct. 2010, *Préfet du Calvados,* n° 1000282 : *AJDA 2010. 2024*. ♦ V. s'agissant de symboles religieux, Const. 58, art. 1er, note 52. ♦ V. également ss. Const. 58, art. 1er, note 67.

3° DEVISE DE LA RÉPUBLIQUE

21. Aux termes du présent art. et des références faites dans le préamb. Const. 58 et dans l'art. 72-3 Const. 58, à l'« idéal commun de liberté, d'égalité et de fraternité », il ressort que la fraternité est un principe à valeur constitutionnelle dont découle la liberté d'aider autrui, dans un but humanitaire, sans considération de la régularité de son séjour sur le territoire national. • Cons. const. 6 juill. 2018, n° 2018-717/718 QPC, § 7 et 8. ♦ Toutefois, aucun principe non plus qu'aucune règle de valeur constitutionnelle n'assure aux étrangers des droits de caractère général et absolu d'accès et de séjour sur le territoire national. • Cons. const. 6 juill. 2018, n° 2018-717/718 QPC § 9.

22. En réprimant toute aide apportée à la circulation de l'étranger en situation irrégulière, y compris si elle constitue l'accessoire de l'aide au séjour de l'étranger et si elle est motivée par un but humanitaire, le législateur n'a pas assuré une conciliation équilibrée entre le principe de fraternité et l'objectif de valeur constitutionnelle de sauvegarde de l'ordre public. De même, les dispositions contestées ne sauraient, sans méconnaître le principe de fraternité, être interprétées autrement que comme s'appliquant en outre à tout autre acte d'aide apportée dans un but humanitaire que ceux déjà énuméré au 3° de l'art. L. 622-4 CESEDA (Conseils juridiques, restauration, hébergement et soins médicaux). • Cons. const. 6 juill. 2018, n° 2018-717/718 QPC § 14.

23. Sur l'absence d'atteinte à la fraternité s'agissant des règles de stationnement des gens du voyage dans les communs ou sur un EPCI ayant la possibilité de prononcer une interdiction de stationnement, V. comm. ss. DDH, art. 2 (liberté d'aller et de venir).

24. De ce principe découle la liberté fondamentale d'aider autrui dans un but humanitaire mais non celle de mendier. L'arrêté ayant pour effet d'éloigner des quartiers les plus passants du centre-ville certaines catégories de personnes particulièrement vulnérables porte indirectement atteinte à la liberté d'aider autrui, laquelle ne prend, parfois, spontanément corps qu'à la vue de personnes dans le besoin. Pour être effective, cette liberté requiert en effet d'avoir conscience de l'opportunité d'en faire usage. Pourtant, compte tenu de la petitesse du territoire municipal concerné et des nombreuses mains courantes, l'atteinte portée à cette liberté n'est ni suffisamment grave ni manifestement illégale. • TA Besançon, 28 août 2018, n° 1801454 : *AJDA 2018. 1640* ; *ibid. 2509, note Korsakoff*.

4° PHOTO PRÉSIDENTIELLE

25. La Cne de Lyon destinait (le portrait présidentiel) ..., à la vue du public comme symbole de l'État en vertu des pouvoirs conférés par la Const. 58 au Président de la République ; de tels pouvoirs, conjugués à une élection au suffrage universel direct, introduisent une relation particulière de cette autorité avec les citoyens admis à exercer un contrôle de la politique nationale sans être en mesure d'interroger individuellement cette autorité, eu égard notamment au nombre représenté par les premiers et à la protection due à la personne du second ; dans l'esprit de citoyens profondément investis dans une cause particulière servant l'intérêt général, le décrochage et l'enlèvement sans autorisation de ce portrait dans un but voué exclusivement à la défense de cette cause, qui n'a pas été précédé ou accompagné d'aucune autre forme d'acte répréhensible, loin de se résumer à une simple atteinte à un objet matériel, doit être interprété comme le substitut nécessaire du dialogue impraticable entre le Président de la République et le peuple. • T. corr. Lyon, 16 sept. 2019, n° 19168000015 : *AJDA 2019. 1781* ✐. ♦ *Contra* : • T. corr. Paris, 16 oct. 2019.

Art. 3 La souveraineté nationale appartient au peuple qui l'exerce par ses représentants et par la voie du référendum.

Aucune section du peuple ni aucun individu ne peut s'en attribuer l'exercice.

Le suffrage peut être direct ou indirect dans les conditions prévues par la Constitution. Il est toujours universel, égal et secret.

Sont électeurs, dans les conditions déterminées par la loi, tous les nationaux français majeurs des deux sexes, jouissant de leurs droits civils et politiques.

(Abrogé par L. const. n° 2008-724 du 23 juill. 2008, art. 1er-II) (L. const. n° 99-569 du 8 juill. 1999) ***« La loi favorise l'égal accès des femmes et des hommes aux mandats électoraux et fonctions électives. »***

Sur les conditions requises pour être électeur, V. C. élect., art. L. 1er à L. 6. – ***C. élect.***

BIBL. ▶ Chicot, La citoyenneté entre conquête de droits et droits à conquérir, *RD publ. 2005. 214.*

COMMENTAIRE

V. sur le Code en ligne.

Plan des annotations

[V. références des décisions du Conseil constitutionnel dans les tableaux DC et QPC]

A. SOUVERAINETÉ

BIBL. Chemillier-Gendreau, Le concept de souveraineté a-t-il encore un avenir ?, *RD publ. 2014. 1283.*

1. *Principe.* La souveraineté, tant dans son fondement que dans son exercice, ne peut être que nationale et seuls peuvent être regardés comme participant à son exercice les représentants du peuple français élus dans le cadre des institutions de la République. • Cons. const. 30 déc. 1976, n° 76-71 DC § 6.

2. Aucune mission de souveraineté ne peut être déléguée à une personne privée. • Cons. const. 23 juin 2003, n° 2003-473 DC § 19. ♦ Dès lors, le législateur a pu confier à des personnes privées les prestations techniques de mise en œuvre du dispositif de surveillance électronique des personnes soumises au contrôle judiciaire, cette prestation ne relevant pas des fonctions de souveraineté. • Cons. const. 29 août 2002, n° 2002-461 DC § 87. ♦ ... Habiliter l'administration pénitentiaire à passer des marchés strictement limités à la mise à disposition de personnels compétents, à la fourniture de matériels adaptés ainsi qu'aux prestations de conduite des véhicules excluant toute forme de surveillance des personnes transportées même si les agents privés chargés des transferts sont armés. • Cons. const. 20 nov. 2003, n° 2003-484 DC § 89 et 90. ♦ Rappr. s'agissant d'inspection visuelle de bagages à mains sans le consentement des personnes intéressées et pour une palpation de sécurité et une fouille des bagages à mains avec le consentement des personnes intéressées. • Cons. const. 13 mars 2003, n° 2003-467 DC 97. ♦ Rappr. également en matière de vidéo surveillance, violant l'art. 13 DDH. • Cons. const. 10 mars 2011, n° 2011-625 DC § 19.

3. Aucune règle ni aucun principe de valeur

constitutionnelle n'impose de confier à des personnes distinctes la conception, la réalisation, la transformation, l'exploitation et le financement d'équipements publics, ou la gestion et le financement de services. • Cons. const. 26 juin 2003, n° 2003-473 DC § 18. ♦ ... Pour une période déterminée, la conception, la construction, l'aménagement ainsi que l'exploitation ou la maintenance d'équipements nécessaires au service public. • Cons. const. 22 mars 2012, n° 2012-651 DC § 4. ♦ Il convient que les fonctions de direction, de greffe et de surveillance des établissements pénitentiaires, inhérentes à l'exercice par l'État de sa mission de souveraineté, soient expressément exclues de ces marchés. • Cons. const. 22 mars 2012, n° 2012-651 DC § 6. ♦ V. déjà. • Cons. const. 29 août 2002, n° 2002-461 DC § 8 (sol. impl.).

BIBL. Chemillier-Gendreau, Le concept de souveraineté a-t-il encore un avenir ?, *RD publ. 2014. 1283.*

1° PLAN INTERNATIONAL

4. Le Parlement européen n'est pas l'émanation de la souveraineté nationale. • Cons. const. 29 déc. 1976, n° 76-71 DC § 7 et • Cons. const. 30 déc. 1976 : *ibid.* • Cons. const. 19 nov. 2004, n° 2004-505 DC § 29. ♦ Le Parlement européen ayant pour fondement juridique, non les termes de la Constitution, mais des engagements internationaux souscrits sur une base de réciprocité, il en résulte que la reconnaissance au profit de tout citoyen de l'Union européenne du droit de vote et d'éligibilité aux élections au Parlement européen dans un État membre de la Communauté européenne où il réside, sans en être ressortissant, ne contrevient pas au présent art. • Cons. const. 9 avr. 1992, n° 92-308 DC § 32 et 33. ♦ Le Conseil constitutionnel en déduit que les membres du Parlement européen élus en France le sont en tant que représentants des citoyens de l'Union européenne résidant en France. • Cons. const. 3 avr. 2003, n° 2003-468 DC § 36 et 37.

5. Le respect de la souveraineté nationale ne fait pas obstacle à ce que, sur le fondement des dispositions du préambule de la Constitution de 1946, la France puisse conclure, sous réserve de réciprocité, des engagements internationaux en vue de favoriser la paix et la sécurité du monde et d'assurer le respect des principes généraux du droit public international ; les engagements souscrits à cette fin peuvent en particulier prévoir la création d'une juridiction internationale permanente destinée à protéger les droits fondamentaux appartenant à toute personne humaine, en sanctionnant les atteintes les plus graves qui leur seraient portées, et compétente pour juger les responsables de crimes d'une gravité telle qu'ils touchent l'ensemble de la communauté internationale. • Cons. const. 22 janv. 1999, n° 98-408 DC § 12. ♦ Dans ce dernier cas, eu égard à l'objet de l'engagement, les obligations nées s'imposent à chacun des États parties indépendamment des conditions de leur exécution par les autres États parties ; ainsi, la réserve de réciprocité mentionnée n'est pas nécessaire. • Cons. const. 22 janv. 1999, n° 98-40 DC. ♦ Sur le même principe s'agissant de participer à la création ou au développement d'une organisation internationale permanente, dotée de la personnalité juridique et investie de pouvoirs de décision par l'effet de transferts de compétences consentis par les États membres, V. notes ss. Const. 58, art. 88-1.

6. Toutefois au cas où des engagements internationaux souscrits à l'une de ces fins contiennent une clause contraire à la Constitution, mettent en cause les droits et libertés constitutionnellement garantis ou portent atteinte aux conditions essentielles d'exercice de la souveraineté nationale, l'autorisation de les ratifier appelle une révision constitutionnelle. • Cons. const. 9 avr. 1992, n° 92-308 DC § 14 • Cons. const. 31 déc. 1997, n° 97-394 DC § 7 • Cons. const. 22 janv. 1999, n° 98-408 DC § 13 ♦ Pour d'autres ex. et l'étendue du rôle du Cons. const., V. notes ss. Const. 58, art. 54. ♦ Sur la même limitation s'agissant de participer à la création ou au développement d'une organisation internationale permanente, dotée de la personnalité juridique et investie de pouvoirs de décision par l'effet de transferts de compétences consentis par les États membres, V. notes ss. Const. 58, art. 88-1.

7. Ainsi appelle une révision une disposition prévoyant que la Cour pénale internationale peut être valablement saisie du seul fait de l'application d'une loi d'amnistie ou des règles internes en matière de prescription. En effet, dans ce cas, la France pourrait être conduite à arrêter et à remettre à la Cour une personne à raison de faits couverts, selon la loi française, par l'amnistie ou la prescription. • Cons. const. 22 janv. 1999, n° 98-408 DC § 34. ♦ ... Le procureur près la Cour pénale internationale peut procéder à certains actes d'enquête hors la présence des autorités de l'État requis et sur le territoire de ce dernier, notamment recueillir des dépositions de témoins et « inspecter un site public ou un autre lieu public ». • Cons. const. 22 janv. 1999, n° 98-408 DC § 38.

8. N'appelle pas de révision le mécanisme de règlement des différends prévu par l'accord économique et commercial global (AECG) entre le Canada, d'une part, et l'Union européenne et ses États membres, d'autre part (dit « CETA »), dès lors que, entre autres, en vue d'éviter les conflits ou les divergences entre les tribunaux institués par l'accord et les juridictions de droit interne, l'investisseur doit renoncer à introduire une procédure devant une juridiction interne ou internationale relativement à une mesure dont il est allégué qu'elle constitue une violation visée par sa plainte et, le cas échéant, de se retirer ou de se désister d'une telle procédure si elle est en cours. En outre, afin de garantir l'interprétation que font les parties des stipulations de l'accord, une interprétation adoptée par le comité mixte lie le tribunal. • Cons. const. 31 juill. 2017, n° 2017-749 DC § 27.

2° PLAN INTERNE

9. La désignation des conseillers municipaux ayant une incidence sur l'élection du Sénat qui participe à l'exercice de la souveraineté nationale, il découle du présent al. que seuls les « nationaux français » ont le droit de vote et d'éligibilité aux élections effectuées pour la désignation de l'organe délibérant d'une collectivité territoriale de la République et notamment pour celle des conseillers municipaux ou des membres du Conseil de Paris. • Cons. const. 9 avr. 1992, n° 92-308 DC § 26. ♦ Sous la réserve prévue par l'art. 88-3 Const., l'organe délibérant d'une collectivité territoriale de la République ne peut procéder que d'une élection au suffrage universel à laquelle seuls les « nationaux français » ont le droit de vote et d'éligibilité. Toutefois les EPCI à fiscalité propre, qui sont une forme de groupement des communes, ne sont pas des collectivités territoriales. Par suite, la disposition permettant la participation des ressortissants des États membres de l'Union européenne autres que la France à l'élection des membres de l'organe délibérant de ces EPCI n'est pas contraire à la Const. • Cons. const. 16 mai 2013, n° 2013-668 DC § 24 et 25.

10. L'attribution au territoire de la Polynésie française d'un domaine public maritime ne saurait en aucun cas affecter l'exercice de sa souveraineté par l'État. • Cons. const. 6 avr. 1996, n° 96-373 DC § 31. ♦ La décision de procéder à la fusion de communes à la suite d'une consultation des électeurs ne met en cause ni la définition de la souveraineté nationale ni les conditions de son exercice. • Cons. const. 2 juill. 2010, *Cne de Dunkerque,* n° 2010-12 QPC.

11. Activité internationale des collectivités territoriales. V. Const. 58, art. 52, notes 1 s.

12. Fonction publique. En principe, ne sauraient être confiées à des personnes de nationalité étrangère, ou représentants un organisme international, des fonctions inséparables de l'exercice de la souveraineté nationale. Tel est le cas, en particulier, des fonctions juridictionnelles, les juridictions, tant judiciaires qu'administratives, statuant « au nom du peuple français ». • Cons. const. 5 mai 1998, n° 98-399 DC § 15. ♦ Ce serait le cas, en particulier, si les décisions de ces juridictions nationales pouvaient faire l'objet d'un recours devant une juridiction autre que nationale. • CE 1er févr. 2001, avis n° 365518 : *EDCE 2001, n° 53, p. 196.* ♦ Toutefois, il peut être dérogé à ce principe dans la mesure nécessaire à la mise en œuvre d'un engagement international de la France et sous réserve qu'il ne soit pas porté atteinte aux conditions essentielles d'exercice de la souveraineté nationale. • Cons. const. 5 mai 1998, n° 98-399 DC § 15.

13. La loi n'autorise l'accès des ressortissants des États membres de la Communauté économique européenne autres que la France qu'à ceux des corps, cadres d'emplois et emplois dont les attributions sont « séparables de l'exercice de la souveraineté », se trouvant par là même exclue toute atteinte aux conditions essentielles d'exercice de la souveraineté nationale. • Cons. const. 23 juill. 1991, n° 91-293 DC § 10 et 11.

14. L'exercice des tâches indissociables des missions de souveraineté n'appartient qu'à l'État. Tel est le cas de la surveillance des personnes retenues ou maintenues lors de leur transport. En revanche, la conduite et les mesures de sécurité inhérentes à cette dernière peuvent être confiées, sous forme de marché, à des sociétés de transport. • Cons. const. 20 nov. 2003, n° 2003-484, DC § 87 s. ♦ De même, la saisine facultative du Maire par le Préfet, permettant à ce dernier de porter son appréciation sur la condition d'intégration des étrangers pour leur délivrer la première carte de résident, ne délègue pas une prérogative incombant par nature à l'État compte tenu de son caractère purement consultatif. • Même décision.

15. Représentants du peuple. Sur la qualité des parlementaires, représentants du peuple et non de leur circonscription, V. notes ss. Const. 58, art. 27. ♦ Compte tenu des conséquences qui découleront de la nomination conjointe de deux présidents d'un groupe, les dispositions de la résolution modifiant le règlement de l'Assemblée ont pour effet d'instaurer entre les groupes parlementaires une différence de traitement injustifiée au regard de leur participation à l'exercice par l'Assemblée nationale de ses missions constitutionnelles et contraire aux exigences résultant du présent art. • Cons. const. 28 févr. 2013, n° 2013-664 DC § 5.

16. Clarté et sincérité du débat parlementaire. Combiné avec l'art. 6 DDH, le présent art. impose le respect des exigences de clarté et de sincérité du débat parlementaire. • Cons. const. 25 juin 2009, n° 2009-582 DC § 3 • Cons. const. 20 déc. 2019, n° 2019-795 DC § 4.

V. pour d'autres décisions dans le même sens : .

17. Sur les conséquences de cette exigence sur le fonctionnement du Parlement et le droit d'amendement, V. notes ss. Const. 58, art. 44. ♦ Sur le temps de parole et le nombre d'orateurs ainsi que la procédure de clôture, V. notes ss. Const. 58, art. 42. ♦ Sur un principe d'égalité entre les groupes parlementaires. • Cons. const. 28 févr. 2013, n° 2013-664 DC § 4. ♦ Sur ce principe, V. également notes ss. Const. 58, art. 51-1. ♦ En revanche, il ne résulte pas de la combinaison de ces mêmes dispositions un principe de publicité des séances et des votes lors des délibérations des assemblées locales. • Cons. const. 29 mai 2015, *Nathalie K.-M.*, n° 2015-471 QPC § 6.

18. Les conditions de consultation d'un document de nature réglementaire dont la communication aux parlementaires ne constitue pas une obligation pour le Gouvernement ne peuvent, en tout état de cause, altérer la clarté et la sincérité des débats. • Cons. const. 16 mai 2019, n° 2019-781 DC § 36.

B. CARACTÈRES DU SUFFRAGE

BIBL. Rambaud, Droit électoral et circonstance exceptionnelle, *AJDA 2020. 824*.

19. Généralités. Conformément aux dispositions de l'art. 34 Const., il appartient au législateur de déterminer les conditions d'attribution du droit de suffrage alors que les modalités pratiques d'exercice de ce droit, comme celles relatives à l'exercice du vote par procuration, relèvent de la compétence réglementaire. • Cons. const. 2 déc. 1976, n° 76-94 L : *Rec. Cons. const. 67 ; RJC II-72 ; JO 5 déc., p. 7015 ; RD publ. 1977. 458, note Favoreu et Philip.*

20. La publicité des listes électorales existe en toutes matières. Dès lors, si certains renseignements couverts par la règle du secret peuvent être communiqués en vue de l'établissement de ces listes aux organismes compétents pour les dresser et, le cas échéant, aux sociétés de services leur procurant une assistance technique, le secret continue à s'imposer pour tous les renseignements qui ne doivent pas figurer sur la liste électorale. • Cons. const. 14 déc. 1982, n° 82-148 DC § 14.

21. Sur l'égalité en matière de droits civiques. V. notes ss. DDH, art. 6, « droits civiques ».

1° CARACTÈRE ÉGAL ET SECRET DU VOTE

BIBL. Benelbaz, Le redécoupage électoral sous la Ve République, *RD publ. 2010. 1661*. – Ehrhard, Le découpage électoral des circonscriptions législatives : le Parlement hors jeu, *Pouvoirs 2013, n° 146, p. 117.*

22. Principe. Le présent al. ne s'applique qu'aux élections à des mandats et fonctions politiques. • Cons. const. 24 avr. 2015, *Conf. présidents d'université*, n° 2015-465 QPC § 5. ♦ Pour les élections professionnelles, V. ss. Préamb. Const. 1946, al. 8.

23. Le législateur peut, pour assurer le secret et la liberté du vote, choisir d'assortir ou non les dispositions prises de sanctions pénales. • Cons. const. 8 août 1985, n° 85-196 DC § 20. ♦ Il ressort du texte que tout électeur qui vote (...) doit passer dans l'isoloir pour introduire son bulletin de vote dans l'enveloppe ; qu'il remet à l'ambassadeur ou au chef de poste consulaire un pli fermé, numéroté et signé par lui contenant cette enveloppe ; qu'à l'occasion de cette remise en main propre, l'électeur signe la liste d'émargement et se voit remettre un récépissé sur lequel figurent son nom et le numéro du pli ; dès lors le législateur n'a pas privé de garanties légales les exigences constitutionnelles (...) de secret de vote. • Cons. const. 18 juill. 2013, n° 2013-673 DC § 16.

24. Le principe d'égalité devant le suffrage, qui s'applique aux élections à des mandats et fonctions politiques, est applicable à l'élection des représentants au Parlement européen. • Cons. const. 25 oct. 2019, *Fairouz H.*, n° 2019-811 QPC § 6.

BIBL. Kombila, Le report des élections en droit constitutionnel français, *RFDC 2015. 591*.

25. Prorogation ou réduction de mandat. Le caractère égal et secret du vote implique que les électeurs soient appelés à exercer leur droit de suffrage selon une périodicité raisonnable. • Cons. const. 6 déc. 1990, n° 90-280 DC § 8 • Cons. const. 13 janv. 1994, n° 93-331 DC § 8 • Cons. const. 6 févr. 1996, n° 96-372 DC § 3 • Cons. const. 9 mai 2001, n° 2001-444 DC § 3 • Cons. const. 11 févr. 2010, n° 2010-603 DC § 12. ♦ De même, le principe de sincérité du scrutin implique cette périodicité. • Cons. const. 17 juin 2020, *Daniel D. et a.*, n° 2020-849 QPC § 18.

26. Cependant, ce principe n'interdit pas que soit décidée la prorogation du mandat de certaines assemblées : pour favoriser une plus forte participation du corps électoral à chacune des consultations. • Cons. const. 6 déc. 1990, n° 90-280 DC § 9 • Cons. const. 11 févr. 2010, n° 2010-603 DC § 12 • Cons. const. 16 mai 2013, n° 2013-667 DC § 62. ♦ ... Pour éviter des difficultés de mise en œuvre qui résulteraient de la proximité de différentes élections. • Cons. const. 6 juill. 1994, n° 94-341 DC § 6. ♦ ... Pour permettre aux électeurs d'être mieux informés des conséquences de leur choix. • Cons. const. 6 févr. 1996, n° 96-372 DC § 1. ♦ ... Pour rétablir la logique des institutions de 1958 dès lors qu'il était souhaitable, compte tenu de sa place dans le fonctionnement des institutions, que l'élection présidentielle précède les élections législatives. • Cons. const.

9 mai 2001, n° 2001-444 DC § 4. ♦ ... Pour éviter la concentration de scrutins la même année, prévenir les perturbations que le maintien du calendrier normal aurait apportées à l'organisation de l'élection présidentielle et ne pas solliciter à l'excès, au cours de la même période, le corps électoral. • Cons. const. 15 déc. 2005, n° 2005-529 DC § 2 • Cons. const. 16 mai 2013, n° 2013-667 DC § 62. ♦ ... En vue d'une réforme future. • Cons. const. 11 févr. 2010, n° 2010-603 DC § 14. ♦ ... Ou d'une réforme en cours d'adoption et éviter qu'il soit porté atteinte à la sincérité du scrutin • Cons. const. 6 juin 2013, n° 2013-671 DC § 7. ♦ ... Pour le motif impérieux que constitue la crise sanitaire (covid-19). • Cons. const. 17 juin 2020, *Daniel D. et a.*, n° 2020-849 QPC § 18. ♦ ... Le report, de ce fait, de l'élection des conseillers des Français de l'étranger et des délégués consulaires entrainant le report de l'élection des sénateurs représentant les Français établis hors de France et, pour conserver le rythme normal des renouvellements triennaux partiels du Sénat, la réduction d'un an du mandat des six sénateurs qui seront élus en septembre 2021. • Cons. const. 30 juill. 2020, n° 2020-802 DC § 4.

27. Toutefois, cette prorogation doit rester limitée, revêtir un caractère exceptionnel et transitoire, ne pas créer de confusion dans l'esprit des électeurs avec d'autres consultations électorales, répondre aux objectifs que s'est fixé le législateur et dès lors, répondre à une nécessité. • Cons. const. 6 déc. 1990, n° 90-280 DC § 10 • Cons. const. 13 janv. 1994, n° 93-331 DC § 9 • Cons. const. 6 juill. 1994, n° 94-341 DC § 6 • Cons. const. 6 févr. 1996, n° 96-372 DC § 1 • Cons. const. 9 mai 2001, n° 2001-444 DC § 5 • Cons. const. 15 déc. 2005, n° 2005-529 DC § 6 • Cons. const. 6 déc. 2007, n° 2007-559 DC § 16. ♦ La prorogation ne doit pas, en raison des garanties d'objectivité qui doivent présider à toute consultation électorale, ouvrir à l'autorité administrative une possibilité de choix telle qu'elle puisse engendrer l'arbitraire. • Cons. const. 5 janv. 1988, n° 87-233 DC § 5. ♦ Il en est de même s'agissant du report d'élections partielles décalées en raison de la proximité de l'élection du Président de la République. • *Cons. const.* 5 janv. 1988, n° 87-233 DC § 6. ♦ Rappr. s'agissant de la prorogation du mandat des membres du Conseil économique, social et environnemental : • Cons. const. 30 juill. 2009, n° 2009-586 DC. ♦ La prorogation peut néanmoins faire suite à une première prorogation. • Cons. const. 6 juin 2013, n° 2013-671 DC § 7.

28. A l'inverse, il est possible également que le législateur réduise la durée du mandat d'une assemblée pour un motif d'intérêt général : tenir compte de l'entrée en application immédiate d'un nouveau régime électoral. • Cons. const. 23 mai 1979, n° 79-104 DC § 9. ♦ Organiser la concomitance de deux élections locales peut constituer un tel motif. • Cons. const. 11 févr. 2010, n° 2010-603 DC § 14. ♦ Lorsque l'intérêt général commande de réduire la durée de mandats électoraux, le respect des exigences de clarté et de loyauté de l'élection commande que la modification de la durée des mandats ait lieu avant ces scrutins. • Même décision.

29. Ces principes ne s'appliquent que s'agissant des élections politiques. • Cons. const. 11 déc. 2014, n° 2014-704 DC (sol. impl.). ♦ Sur le mandat des membres du CESE, V. notes ss. Const. 58, art. 71.

30. Listes électorales. Le principe de l'égalité du suffrage interdit qu'un électeur puisse être inscrit plusieurs fois sur les listes électorales et dès lors voter à plusieurs reprises. • Cons. const. 9 mai 1991, n° 91-290 DC § 41. ♦ Dès lors la situation des listes électorales des communes de Corse, telle qu'elle ressort des informations fournies lors des débats parlementaires, présente des particularités qui autorisent le législateur à arrêter des modalités spécifiques de refonte des listes électorales, pour assurer le respect de ce principe. • Cons. const. 9 mai 1991, n° 91-290 DC § 42.

31. Situation des candidats. Il résulte également du caractère égal du vote que tous les candidats à une élection doivent être placés par la loi dans une situation identique vis-à-vis des électeurs en ce qui concerne le plafond de leurs dépenses. • Cons. const. 11 janv. 1995, n° 95-363 DC § 5 et 6. ♦ La suspension rétroactive de la disposition interdisant à un membre du Parlement de couvrir des dépenses électorales au moyen de l'indemnité représentative de frais de mandat, instaure, entre les candidats aux élections départementales qui sont membres du Parlement, selon qu'ils avaient ou non utilisé conformément à leur destination les indemnités et les avantages en nature mis à leur disposition pour couvrir les frais liés à l'exercice de leur mandat, des différences de traitement qui méconnaissent le principe d'égalité des candidats devant le suffrage. • Cons. const. 15 janv. 2015, n° 2014-709 DC § 34.

32. En prévoyant l'application d'un principe d'équité pendant la période allant de la publication de la liste des candidats jusqu'à la veille du début de la campagne « officielle », les dispositions permettent que soient traités différemment des candidats qui sont à ce titre dans la même situation ; cette différence de traitement, justifiée par le motif d'intérêt général de clarté du débat électoral, est en rapport direct avec l'objet de la loi, qui est de prendre en compte l'importance relative des candidats dans le débat public. • Cons. const. 21 avr. 2016, n° 2016-729 DC § 14. ♦ Les critères de « la représentativité des candidats » et de « la contribution de chaque candidat à l'animation du débat électoral », dont il appartient au CSA de veiller à l'application, sont de nature à permettre d'assurer un traitement équitable des candidats à l'élection du Président de la République, et ce d'autant plus que les mesure arrêtées par le CSA précisant les « conditions de programmation comparables » destinées à assurer le respect des règles d'équité puis d'égalité ne sauraient ajouter d'autres critères ou conditions à ceux relevant de la loi organique, sont soumis à l'avis préalable du Conseil constitutionnel et, le cas échéant, au contrôle du juge de l'excès de pouvoir. • Cons. const. 21 avr. 2016, n° 2016-729 DC § 15.

33. Mode de scrutin. Le vote plural est contraire au présent principe (jugé pour des élections d'une juridiction ; *a fortiori* pour les élections politiques). • Cons. const. 17 janv. 1979, n° 78-101 DC § 5. ♦ L'art. 2 de la loi organique prévoit que « dans chaque circonscription électorale les élections ont lieu au scrutin de liste, à la représentation proportionnelle à la plus forte moyenne, sans adjonction ni suppression de noms et sans modification de l'ordre de présentation » ; que les sièges sont attribués aux candidats d'après l'ordre de présentation sur chaque liste ; que les listes n'ayant pas obtenu au moins 5 % du nombre des suffrages exprimés ne sont pas admises à la répartition des sièges ; son dern. alinéa règle les situations dans lesquelles plusieurs listes ont la même moyenne pour l'attribution du dernier siège ; ces dispositions ne sont contraires à aucune règle ni à aucun principe de valeur constitutionnelle. • Cons. const. 10 janv. 2001, n° 2000-438 DC § 5. ♦ Rappr. : • Cons. const. 6 déc. 2007, n° 2007-559 DC § 13.

34. Découpage électoral. Le principe de l'égalité du suffrage peut également être le moyen de contrôler le découpage électoral des circonscriptions aussi bien dans le cadre d'élections locales. • Cons. const. 8 août 1985, n° 85-196 DC § 16 et 17 • Cons. const. 7 juill. 1987, n° 87-227 DC § 4 à 6. ♦ ... Que dans le cadre d'élections nationales. • Cons. const. 1er juill. 1986, n° 86-208 DC § 19 à 24 • Cons. const. 18 nov. 1986, n° 86-218 DC § 7 • Cons. const. 8 janv. 2009, n° 2008-573 DC § 21. ♦ ... Ou européennes. • Cons. const. 3 avr. 2003, n° 2003-468 DC § 44. ♦ Il justifie aussi que la délimitation des circonscriptions fasse l'objet d'une révision périodique en fonction de l'évolution démographique. • Cons. const. 1er juill. 1986, n° 86-208 DC § 29 • Cons. const. 3 avr. 2003, n° 2003-468 DC § 44. – Sur le critère *démographique, V. note 55.*

35. Le Conseil accepte de contrôler (contrôle restreint) le découpage fait par le législateur mais admet que la variété et la complexité des situations locales puissent donner lieu à des solutions différentes dans le respect de la règle démographique. • Cons. const. 18 nov. 1986, n° 86-218 DC § 12. ♦ La délimitation des circonscriptions ne devra procéder d'aucun arbitraire. • Cons. const. 1er juill. 1986, n° 86-208 DC § 22 s. • Cons. const. 16 mai 2013, n° 2013-667 DC § 42. ♦ Mais, quel que puisse être le caractère discutable des motifs d'intérêt général invoqués pour justifier la délimitation de plusieurs circonscriptions, notamment dans les départements de la Moselle et du Tarn, il n'apparaît pas, compte tenu, d'une part, du progrès réalisé par la délimitation résultant de l'Ord. du 29 juill. 2009 et, d'autre part, de la variété et de la complexité des situations locales pouvant donner lieu à des solutions différentes dans le respect de la même règle démographique, que cette délimitation méconnaisse manifestement le principe d'égalité devant le suffrage. • Cons. const. 18 févr. 2010, n° 2010-602 DC § 23.

36. Le découpage électoral ne doit pas entrainer des différences trop marquées entre les différentes circonscriptions électorales par rapport à la population moyenne du département, qu'il s'agisse des législatives... • Cons. const. 1er juill. 1986, n° 86-208 DC § 23 • Cons. const. 8 janv. 2009, n° 2008-573 DC § 26. ♦ ... Ou des cantonales. • Cons. const. 9 déc. 2010, n° 2010-618 DC § 41. ♦ Il semble que l'écart maximal que le Cons. const. admette soit de +/– 20 %. • Mêmes affaires. ♦ Dans un système proportionnel, le Cons. const. vérifie que les écarts de représentation entre les circonscriptions, selon l'importance respective de leur population telle qu'elle ressort du dernier recensement, ne sont ni manifestement injustifiables ni disproportionnés de manière excessive. • Cons. const. 7 juill. 1987, n° 87-227 DC § 6.

37. Le Conseil s'attache à vérifier que la réforme proposée présente des améliorations par rapport à la situation antérieure sur le plan de l'égalité du suffrage. • Cons. const. 18 févr. 2010, n° 2010-602 DC § 22. ♦ ... Et refuse en revanche qu'elle puisse se fonder pour justifier les écarts sur la volonté de ne pas s'écarter trop sensiblement du nombre des circonscriptions fixé antérieurement. • Cons. const. 9 déc. 2010, n° 2010-618 DC § 40.

38. Seuils. S'il est loisible au législateur, lorsqu'il fixe les règles électorales, d'arrêter des modalités tendant à favoriser la constitution de majorités stables et cohérentes, toute règle qui, au regard de cet objectif, affecterait l'égalité entre électeurs ou candidats, dans une mesure disproportionnée, méconnaîtrait le principe du *pluralisme* des courants d'idées et d'opinions. • Cons. const. 25 oct. 2019, *Fairouz H.,* n° 2019-811 QPC § 8.

39. Le seuil de 5 % des suffrages exprimés au premier tour pour avoir la possibilité de fusionner avec une autre liste au second tour, seuil déjà retenu par d'autres dispositions du code électoral lorsqu'il s'agit d'assurer la conciliation entre représentation proportionnelle et constitution d'une majorité stable et cohérente, ne porte pas atteinte par lui-même à l'égalité devant le suffrage. • Cons. const. 3 avr. 2003, n° 2003-468 DC § 13. ♦ V. pour le même seuil, s'agissant des élections au Parlement européen, • Cons. const. 25 oct. 2019, *Fairouz H.*, n° 2019-811 QPC § 12. ♦ Il en va de même de la limitation du second tour aux seules listes ayant obtenu au premier tour plus de 12,5 % des suffrages. • Cons. const. 6 déc. 2007, n° 2007-559 DC § 13.

40. Date du scrutin. La situation résultant du décalage horaire ne porte atteinte ni à la sincérité de l'élection, ni à l'égalité devant le suffrage ; d'ailleurs le préfet a avancé l'heure d'ouverture des bureaux de vote dans certaines communes, de façon à ce que le plus grand nombre possible d'électeurs participe à l'élection avant d'avoir pu prendre connaissance des résultats métropolitains. • Cons. const. 22 mai 2002, *Hauchemaille et Assoc. Déclic : JO 25 mai, p. 9547.* ♦ Dès lors, il en résulte logiquement que le texte ne peut être considéré comme illégal. • CE 23 févr. 2004, *Feler : Dr. adm. 2004, n° 78.*

41. En autorisant les citoyens français établis hors de France, pour l'élection des conseillers à l'Assemblée des Français de l'étranger, et les membres du collège électoral, pour l'élection des sénateurs représentant les Français établis hors de France, à voter par anticipation dans leur circonscription d'élection en remettant en main propre à l'ambassadeur ou au chef de poste consulaire un pli contenant leur bulletin de vote dans une enveloppe, le législateur a entendu que l'éloignement géographique ne constitue pas un obstacle à la participation à ces scrutins du plus grand nombre d'électeurs. • Cons. const. 18 juill. 2013, n° 2013-673 DC § 15.

42. Financement des partis et égalité de suffrages. V. Const. 58, art. 4, note 19.

2° LOYAUTÉ, SINCÉRITÉ DU SUFFRAGE ET LIBERTÉ DU VOTE

43. Sur la participation des partis politiques *aux campagnes* électorales, V. notes ss. Const. 58, art. 4.

44. Le suffrage doit répondre à un principe de loyauté. • Cons. const. 4 mai 2000, n° 2000-428 DC § 15 • Cons. const. 24 juill. 2003, n° 2003-475 DC § 26. ♦ ... De sincérité. • Cons. const. 18 juill. 2013, n° 2013-673 DC § 16. ♦ ... Qui résulte du présent art. • Cons. const. 20 déc. 2018, n° 2018-773 DC § 16 • Cons. const. 17 juin 2020, *Daniel D. et a.*, n° 2020-849 QPC § 21.

45. Il appartient au législateur de concilier le principe constitutionnel de sincérité du scrutin avec la liberté constitutionnelle d'expression et de communication. • Cons. const. 20 déc. 2018, n° 2018-773 DC § 17. ♦ Sur cette question V. ss. DDH, art. 11.

46. Pour assurer la sincérité du suffrage, les bulletins de vote ne doivent pas risquer de créer la confusion dans l'esprit des électeurs • Cons. const. 24 juill. 2003, n° 2003-475 DC § 25 et 26. ♦ Ne répondent pas à cet objectif les dispositions législatives relatives aux mentions pouvant figurer sur ces bulletins utilisant les notions ambiguës de « nom propre », « liste présentée dans une circonscription départementale » « représentant d'un groupement ou parti politique » ou qui autorisent que les bulletins comportent le nom de personnes qui ne sont pas candidates à l'élection. • Cons. const. 24 juill. 2003, n° 2003-475 DC § 24 s.

47. De même, lorsqu'il s'avère nécessaire d'imprimer les bulletins de vote sur du papier de couleur (Mayotte), il ne suffit pas que toutes précautions soient prises pour que le choix des couleurs soit dépourvu de biais. Afin d'éviter toute polémique, il apparaît en outre indispensable, comme tel fut le cas pour le référendum du 24 sept. 2000, que l'affectation des couleurs choisies aux bulletins portant les mentions « oui » et « non » soit effectuée par tirage au sort. • Cons. const. 28 sept. 2000, *Obs. du Conseil constitutionnel sur le référendum : Rec. Cons. const. 158 ; JO 30 sept., p. 15476.*

48. En revanche, en prévoyant que chaque candidat ou liste de candidats peut transmettre au ministre des affaires étrangères une circulaire afin qu'elle soit mise à disposition et transmise aux électeurs par voie dématérialisée, à l'exclusion de tout envoi postal, le législateur a entendu, tout en tenant compte de la spécificité des élections dont il s'agit, en particulier de l'éloignement géographique et des aléas de l'acheminement postal, assurer une bonne information des électeurs ; en l'état actuel des moyens de communication et eu égard au développement généralisé des services de communication au public en ligne ainsi qu'à l'importance prise par ces services pour l'exercice de la démocratie, le législateur pouvait, sans méconnaître aucune exigence constitutionnelle, prévoir que l'information serait communiquée par voie électronique aux électeurs. • Cons. const. 18 juill. 2013, n° 2013-673 DC § 5.

49. Les exigences constitutionnelles de clarté et de loyauté de la consultation imposent à l'administration de mettre en œuvre tous les moyens à sa disposition pour faire en sorte que les électeurs puissent prendre utilement connaissance des informations nécessaires avant les scrutins. • Cons. const. 24 mars 2005, *Hauchemaille et Meyet : JO 31 mars p. 5834 ; AJDA 2005. 692 ; RFDA 2005. 1040, note Fatin-Rouge Stéfanini.* ♦ Rappr. : • Cons. const. 7 avr. 2005, *de Villiers et Peltier*, n° 2005-33

REF : *JO 9 avr., p. 6457.* ♦ N'est pas contraire à ce principe le fait que ne soit pas communiquées aux électeurs, lors d'un référendum, les professions de fois des partis. • Cons. const. 24 mars 2005, *Hauchemaille et Meyet : préc.* ♦ En revanche l'exposé des motifs du projet de loi, dès lors qu'il n'excède pas l'objet normal d'un tel texte qui est d'en présenter les principales caractéristiques et de mettre en valeur l'intérêt qui s'attache à son adoption, doit être joint au document fourni aux électeurs puisqu'il constitue, selon la tradition républicaine, un élément indissociable du projet de loi. • Cons. const. 7 avr. 2005, *de Villiers et Peltier,* n° 2005-33 REF : *préc.* • Cons. const. 19 mai 2005, *Cabarro-Arpa et Hoffer : JO 21 mai, p. 8849 ; LPA 27 mai 2005, p. 14, note Schoettl ; RFDC 2005. 606, note Fatin-Rouge Stéfanini.*

50. Il appartient au juge de l'élection d'apprécier si la candidature d'un parlementaire qui n'aurait jamais eu l'intention de siéger au conseil général, à la seule fin de faciliter l'élection de son remplaçant, a ou non altéré, dans les circonstances de l'espèce, la sincérité du scrutin. • Cons. const. 21 févr. 2008, n° 2008-563 DC.

51. L'organisation du scrutin tendant à l'élection, dans chaque canton, d'un élu appelé à siéger au conseil général et au conseil régional ne méconnaît aucunement la double exigence de clarté et de loyauté du scrutin. • Cons. const. 9 déc. 2010, n° 2010-618 DC § 26.

52. La liberté du scrutin n'interdit pas au législateur de confier à un élu le soin d'exercer son mandat dans deux assemblées territoriales différentes. • Cons. const. 9 déc. 2010, n° 2010-618 DC § 26.

53. Le niveau de l'abstention n'est ainsi, par lui-même, pas de nature à remettre en cause les résultats du scrutin, s'il n'a pas altéré, dans les circonstances de l'espèce, sa sincérité. • CE 15 juill. 2020, n° 440055 B : *AJDA 2020. 1451 ; ibid. 2212, note Jobart ; AJCT 2020. 581, obs. Juilles ; JCP Adm. 2020. 460* • CE 4 nov. 2020, n° 440355 : *AJDA 2020. 2186 ; JCP Adm. 2020. 642.* ♦ A l'inverse, si l'écart de voix est faible, qu'il existe des irrégularités, le contexte de forte abstention peut jouer. • TA Versailles, 16 nov. 2020, n° 2002135 : *JCP Adm. 2020. 666.*

3° REPRÉSENTATIVITÉ DES INSTITUTIONS

54. *Le principe selon lequel* une assemblée élue au suffrage universel direct doit l'être sur des bases essentiellement démographiques découle notamment du présent art. mais aussi de l'art. 1er Const. 58 et de l'art. 6 DDH. • Cons. const. 10 janv. 2001, n° 2000-438 DC § 4. ♦ Il est conforme à l'art. 3 Prot. n° 1 Conv. EDH. • CEDH 4 avr. 2006, *Bompard c/ France,* n° 44081.

a. Base essentiellement démographique

1. Assemblée nationale

55. Principe. L'Assemblée nationale doit être élue sur des bases essentiellement démographiques ; dès lors, le découpage électoral des circonscriptions d'un département créant des inégalités trop grandes, méconnaît le principe de l'égalité des suffrages. • Cons. const. 1er juill. 1986, n° 86-208 DC § 19 à 24 • Cons. const. 18 nov. 1986, n° 86-218 DC § 7 • Cons. const. 8 janv. 2009, n° 2008-573 DC § 21. ♦ Pour l'application de ce critère démographique, le Conseil constitutionnel valide l'utilisation de la méthode dite de la « tranche » (également dénommée « méthode d'Adams », elle attribue un nombre de sièges correspondant à la partie entière du quotient plus un siège pour tout reste ; elle limite donc le nombre de départements n'ayant qu'un siège). • Cons. const. 18 févr. 2010, n° 2010-602 DC § 14.

56. Si le législateur peut tenir compte d'impératifs d'intérêt général susceptibles d'atténuer la portée de cette règle fondamentale, il ne saurait le faire que dans une mesure limitée. • Cons. const. 1er juill. 1986, n° 86-208 DC § 21.

57. Députés des départements. Le respect dû au principe de l'égalité de suffrage implique que la délimitation des circonscriptions électorales pour la désignation des députés fasse l'objet d'une révision périodique en fonction de l'évolution démographique, la constatation d'une telle évolution pouvant résulter de chaque recensement général de la population. • Cons. const. 1er juill. 1986, n° 86-208 DC § 29. ♦ Cependant le fait que le législateur n'ait pas, pour les législatives de 2007, réalisé un redécoupage des circonscriptions pour tenir compte des changements démographiques ne vicie pas pour autant le décret de convocation des électeurs pour les élections législatives. • Cons. const. 3 mai 2007, *Jan,* n° 2007-23 ELEC : *JO 4 mai, p. 7907.*

58. Il n'est pas possible que les bases essentiellement démographiques soient utilisées sous réserve d'adaptations justifiées par des motifs d'intérêt général « en fonction notamment de l'évolution respective de la population et des électeurs inscrits sur les listes électorales ». En effet, cette règle, qui permet de déterminer, de manière différente selon les circonscriptions, les bases démographiques à partir desquelles sont répartis les sièges de députés, méconnaît le principe d'égalité devant le suffrage. • Cons. const. 8 janv. 2009, n° 2008-573 DC § 22.

59. Eu égard à l'importante modification des circonstances de droit et de fait, le maintien d'un minimum de deux députés pour chaque département n'est plus justifié par un impératif d'intérêt général susceptible d'atténuer la portée de la règle fondamentale selon laquelle l'Assemblée nationale doit être élue sur des bases essentiellement démographiques. • Cons. const. 8 janv. 2009, n° 2008-573 DC § 23. ♦ *Ab. jur.* : nécessité que soit assuré un lien étroit entre la population d'un département et ses députés permettant au législateur de réserver au moins deux sièges pour chaque département. • Cons. const. 1er juill. 1986, n° 86-208 DC § 22.

60. Il faut aussi, que le découpage respecte le principe de la continuité territoriale des circonscriptions. • Cons. const. 18 nov. 1986, n° 86-218 DC § 7. ♦ ... Et les limites cantonales sauf s'il s'agit de tenir compte des réalités naturelles que constituent certains ensembles géographiques et des solidarités qui les unissent sans pour autant que l'écart de représentation d'une circonscription à l'autre d'un même département soit trop important (20 %) par rapport à la population moyenne du département. • Cons. const. 1er juill. 1986, n° 86-208 DC § 23. ♦ Il convient que la délimitation des circonscriptions ne procède d'aucun arbitraire, les diverses dérogations que le législateur prend en compte ne devant aboutir, surtout si on les cumule, à vider de son sens le principe de base qui reste le « critère démographique ». • Cons. const. 1er juill. 1986, n° 86-208 DC § 24. ♦ De même, pour permettre la prise en compte d'impératifs d'intérêt général, des écarts de population entre les circonscriptions dans la limite de 20 % par rapport à la population moyenne des circonscriptions du département peuvent être admis. • Cons. const. 8 janv. 2009, n° 2008-573 DC § 26.

61. Toutefois, ces principes qui, séparément peuvent être utilement employés pour garantir l'égalité devant le suffrage pourraient par leur cumul ou par les conditions de leur application, donner lieu à des délimitations arbitraires de circonscription ou aboutir à créer des situations où le principe d'égalité serait méconnu. • Cons. const. 8 janv. 2009, n° 2008-573 DC § 26. ♦ V. déjà : • Cons. const. 1er juill. 1986, n° 86-208 DC § 22 s. ♦ En conséquence, la faculté de ne pas constituer une circonscription en un territoire continu, celle de ne pas respecter certaines limites communales ou cantonales lorsque les conditions précitées le permettent, ainsi que la mise en œuvre de l'écart maximum doivent être réservées à des cas exceptionnels et dûment justifiés ; qu'il ne pourra y être recouru que dans une mesure limitée et en s'appuyant, au cas par cas, sur des impératifs précis d'intérêt général ; que leur mise en œuvre devra être strictement proportionnée au but poursuivi. • Cons. const. 8 janv. 2009, n° 2008-573 DC § 26.

62. Députés des COM. Les députés élus dans les collectivités d'outre-mer régies par l'art. 74 Const. doivent également être élus sur des bases essentiellement démographiques ; aucun impératif d'intérêt général n'impose que toute collectivité d'outre-mer constitue au moins une circonscription électorale ; il ne peut en aller autrement, si la population de cette collectivité est très faible, qu'en raison de son particulier éloignement d'un département ou d'une collectivité d'outre-mer. • Cons. const. 8 janv. 2009, n° 2008-573 DC § 24. ♦ Ainsi, une seule circonscription peut regrouper le territoire des collectivités de Saint-Barthélemy et de Saint-Martin et, bien que leur population totale soit faible, le législateur a pu prendre en compte leur situation géographique et statutaire particulière. • Cons. const. 18 févr. 2010, n° 2010-602 DC § 18.

63. Députés représentant les Français de l'étranger. Ces principes imposent également que, pour la représentation des Français de l'étranger, le nombre de députés soit fixé et les circonscriptions délimitées en fonction de la totalité de la population enregistrée. L'écart de population entre ces circonscriptions et la population moyenne des circonscriptions ne doit pas être différent de celui retenu pour les départements, les collectivités d'outre-mer régies par l'art. 74 de la Constitution et la Nouvelle-Calédonie. • Cons. const. 8 janv. 2009, n° 2008-573 DC § 27 et 28. ♦ Cependant, les écarts démographiques importants de certaines de ces circonscriptions sont justifiés par la nécessité de constituer deux circonscriptions géographiquement cohérentes sur le continent américain et par la difficulté qu'il y aurait à agrandir la circonscription qui regroupe déjà l'Asie centrale et orientale ainsi que le Pacifique et l'Océanie. • Cons. const. 18 févr. 2010, n° 2010-602 DC § 21.

2. Sénat

64. Le respect du critère démographique s'applique également au Sénat. Tout d'abord il justifie l'existence de délégués supplémentaires que les communes de plus de 30 000 habitants envoient au collège sénatorial. Ensuite il impose au législateur, sans pour autant lui imposer un délai, de modifier la répartition par département des sièges de sénateurs pour tenir compte des évolutions de la population des collectivités territoriales dont le Sénat est l'émanation. • Cons. const. 6 juill. 2000, n° 2000-431 DC § 11.

3. Parlement européen

65. La nécessité d'une révision périodique sur des bases démographiques s'applique aussi s'agissant des circonscriptions mises en place pour les élections au Parlement européen. • Cons. const. 3 avr. 2003, n° 2003-468 DC § 44.

4. Collectivités territoriales

66. V. notes ss. Const. 58, art. 72.

b. Représentativité spécifique du Sénat

67. V. notes ss. Const. 58, art. 24.

4° ÉLECTIONS NON POLITIQUES

68. Dès lors qu'elles ne se rapportent pas à l'exercice de droits politiques ou à l'élection de juges, il est possible que des étrangers participent aux élections. • Cons. const. 14 déc. 1982, n° 82-148 DC § 9. ♦ V. déjà. • Cons. const. 30 oct. 1981, n° 81-130 DC § 8. ♦ Seules les élections politiques doivent tenir compte de la nationalité des personnes. • Cons. const. 6 mai 2011, *Synd. SUD AFP,* n° 2011-128 QPC § 5. ♦ Comp. • Cons. const. 9 avr. 1992, n° 92-308 DC § 26. • Cons. const. 5 mai 1998, n° 98-399 DC § 15.

69. Si les chambres des métiers et de l'artisanat ont été investies de prérogatives de puissance publique relatives, en premier lieu, à la fixation du produit de la taxe additionnelle à la taxe professionnelle perçue à leur profit, en deuxième lieu, à leur désignation éventuelle comme délégataire du droit de préemption urbain ou du droit de préemption institué dans les zones d'aménagement différé pour la réalisation d'équipements commerciaux ou artisanaux et enfin, à la participation de leur président à la commission départementale d'équipement commercial, ces différentes prérogatives ne sont pas d'une nature et d'une ampleur telles qu'elles puissent fonder légalement une différence de traitement entre les artisans quant à leur éligibilité aux chambres des métiers et de l'artisanat reposant sur leur nationalité à l'effet d'exclure de la possibilité de se porter candidat ceux d'entre eux qui n'ont ni la nationalité française ni la nationalité d'un autre État membre de la Communauté européenne ou de tout autre État partie à l'accord sur l'Espace économique européen. • CE, ass., 31 mai 2006, *GISTI,* n° 273638 : *Lebon 268* ; *RFDA 2006. 1194, concl. Casas* ; *AJDA 2006. 1830, chron. Landais* et *Lénica* .

70. A supposer que certains principes constitutionnels régissant les élections politiques soient applicables à d'autres élections, aucun principe ou règle de valeur constitutionnelle n'interdit au législateur ayant choisi un système de représentation proportionnelle au scrutin de *liste et sans panachage,* d'exclure toute possibilité pour les électeurs de modifier la composition et l'ordre de chaque liste ; il lui est donc d'autant plus loisible, par atténuation de cette rigueur, d'ouvrir une telle possibilité quand un pourcentage de ratures dépasse un seuil déterminé. • Cons. const. 19 juill. 1983, n° 83-161 DC § 68 • Cons. const. 20 juill. 1983, n° 83-162 DC ♦ De même, s'agissant d'élections ne se rapportant ni à l'exercice de droits politiques ni à la désignation de juges, aucun principe ou règle de valeur constitutionnelle n'interdit au législateur de réserver l'initiative des candidatures à certaines organisations en raison de leur nature et de leur représentativité au plan national. • Cons. const. 14 déc. 1982, n° 82-148 DC § 9. ♦ Il est cependant nécessaire que le choix du mode de scrutin ne conduise pas à méconnaître la volonté des électeurs. • CE, ass., 2 juill. 1999, *Synd. nat. des psychologues : Lebon 237* ; *RFDA 2000. 353, concl. Arrighi de Casanova* ; *AJFP 1999. 12, concl. Arrighi de Casanova* .

71. De même, le Conseil d'État a estimé que le principe d'égalité de suffrage peut ne pas s'appliquer à des élections non politiques. • CE 18 déc. 1996, *Toucas : Lebon 496.* ♦ Pourtant, s'agissant de la désignation de membres d'une juridiction, la circonstance que des électeurs emploient un nombre de salariés plus important que d'autres ne justifie pas que leur soit attribué un droit de vote plural ; en effet, cette différenciation n'est pas compatible avec la finalité d'une opération électorale qui a pour seul objet la désignation de membres d'une juridiction et est dépourvue de tout lien avec les considérations qui doivent présider à cette désignation. Dès lors, l'attribution de voix supplémentaires à des électeurs employeurs en fonction du nombre des salariés qu'ils occupent est contraire au principe d'égalité devant la loi ainsi qu'à la règle de l'égalité du suffrage. • Cons. const. 17 janv. 1979, n° 78-101 DC § 5. ♦ De même encore, le Conseil d'état a estimé que le principe de périodicité raisonnable peut ne pas s'appliquer à des élections non politiques. • CE 22 mai 2019, n° 424906 B : *AJDA 2019. 1137* .

72. S'agissant de la prorogation du mandat de magistrats non professionnels élus, elle est possible, même pour une durée de 9 ans, dès lors que, compte tenu des dispositions législatives en vigueur ou issues de la loi déférée, le nombre des vacances augmentant, le fonctionnement des juridictions ne s'en trouvant pas menacé, l'objectif de valeur constitutionnelle de bonne administration de la justice n'est pas méconnu. • Cons. const. 11 déc. 2014, n° 2014-704 DC § 22.

Art. 4 **Les partis et groupements politiques concourent à l'expression du suffrage. Ils se forment et exercent leur activité librement. Ils doivent respecter les principes de la souveraineté nationale et de la démocratie.**

(L. const. n° 99-569 du 8 juill. 1999) **« Ils contribuent à la mise en œuvre du principe énoncé** *(L. const. n° 2008-724 du 23 juill. 2008, art. 2-1°)* **« au second alinéa de l'article 1er » dans les conditions déterminées par la loi. »**

(L. const. n° 2008-724 du 23 juill. 2008, art. 2-2°) **« La loi garantit les expressions pluralistes des opinions et la participation équitable des partis et groupements politiques à la vie démocratique de la Nation. »**

BIBL. ▶ FAGES, Les micro-partis politiques, une involution démocratique ?, *Rev. pol. parl. 2010. 128.* – LARRIEU, Les partis politiques, en marge du droit ?, *RD publ. 2011. 179.* – MESNARD, Le droit français des groupements politiques, *Larcier, 2011.* – RAMBAUD, Vers la fin des micro-partis ?, *AJDA 2014. 1749* . – RAMBAUD et SANNET, Financement de la vie politique : du droit électoral au droit comptable, *AJDA 2017. 1164* . – *Pouvoirs 2017, n° 163* (les Partis politiques).

COMMENTAIRE

V. sur le Code en ligne .

❑

[V. références des décisions du Conseil constitutionnel dans les tableaux DC et QPC]

1° LIBERTÉ DE COMMUNICATION ET D'EXPRESSION

1. Compte tenu du caractère limité du temps d'antenne disponible à la radio et à la télévision pour la campagne officielle, le législateur a pu, sans méconnaître l'art. 11 DDH ni le présent art., réserver la participation à la campagne dans le cadre du référendum organisé à Mayotte aux seuls partis et groupements habilités par la commission de contrôle de cette consultation. • Cons. const. 4 mai 2000, n° 2000-428 DC § 21. ♦ Par ailleurs, le critère de représentativité retenu par le législateur, qui présente un caractère objectif, ne porte pas atteinte à l'exigence constitutionnelle du pluralisme des courants d'idées et d'opinions. • Même décision. ♦ Pour les mêmes raisons, le pouvoir réglementaire, en exigeant d'un parti politique qu'au moins cinq députés ou cinq sénateurs aient déclaré se rattacher à lui pour l'attribution en 2005 de l'aide publique aux partis et groupements politiques, ou qu'il ait obtenu au moins 5 % des suffrages exprimés aux dernières élections des représentants au Parlement européen, totalisés au niveau national, ne porte pas atteinte à l'égalité entre les partis ou groupements politiques dans le cadre référendaire sur le « traité établissant une *Constitution pour l'Europe* » • Cons. const. 7 avr. 2005, *Génération Écologie : JO 9 avr., p. 6458.*

2. Ces dispositions n'ont ni pour objet ni pour effet de conférer aux partis politiques, en matière de liberté de la presse, des droits supérieurs à ceux que l'art. 11 DDH reconnaît à tous les citoyens ; il incombe seulement au législateur de formuler des prescriptions tendant à empêcher que l'application des règles relatives à la transparence financière et au pluralisme des entreprises de presse n'entrave l'activité spécifique des partis politiques dont le libre exercice est garanti par l'art. 4 Const. • Cons. const. 10 oct. 1984, n° 84-181 DC § 11.

3. Les dispositions, ouvrant aux partis politiques la possibilité de diffuser des messages publicitaires à caractère politique sur les ondes, n'entravent pas le libre exercice par les partis et groupements politiques de leur activité et dès lors ne sont pas contraire au présent art. • Cons. const. 18 sept. 1986, n° 86-217 DC § 64 et 65.

4. De même, ne peut être interdite la mention par un parti politique, dans le cadre de la campagne électorale, d'une réunion publique postérieure au jour du scrutin. • CE, sect., 26 mars 1993, *Parti des travailleurs : Lebon 87 ; RFDA 1993. 506, concl. Bonichot ; AJDA 1993. 336, chron. Maugüé et Touvet .*

2° PLURALISME DES COURANTS DE PENSÉE ET D'OPINIONS

BIBL. Vidal-Naquet, Le renouveau de l'opposition, *Pouvoirs 2013, n° 146, p. 133.*

5. Le principe du pluralisme des courants d'idées et d'opinions est un fondement de la démocratie. • Cons. const. 11 janv. 1990, n° 89-271 DC § 12 • Cons. const. 3 avr. 2003, n° 2003-468 DC § 12 • Cons. const. 15 oct. 2019, n° 2019-1-1 RIP • Cons. const. 25 oct. 2019, *Fairouz H.*, n° 2019-811 QPC § 7. ♦ V. qualifiant ce pluralisme d'exigence constitutionnelle : • Cons. const. 4 mai 2000, n° 2000-428 DC § 21. ♦ V. qualifiant ce pluralisme d'objectif à valeur constitutionnelle : • Cons. const. 28 mai 2010, *Union des familles en Europe*, n° 2010-3 QPC § 8. ♦ V. s'agissant du pluralisme des courants d'expression socioculturels, conditions de la démocratie, • Cons. const. 18 sept. 1986, n° 86-217 DC § 11 • Cons. const. 11 juill. 2001, n° 2001-450 DC § 15.

6. Ne viole pas les présentes dispositions le fait que les partis ou groupements politiques soient directement ou indirectement représentés au sein de la commission consultative indépendante prévue à l'art. 25 Const. 58. • Cons. const. 8 janv. 2009, n° 2008-573 DC § 9. ♦ Le présent al. n'implique pas que le découpage électoral ne pourrait être fait que par la loi. • Cons. const. 8 janv. 2009, n° 2008-573 DC § 16.

7. Dès lors que cet objectif, qui n'a de valeur que dans la vie politique (présent art.) et les médias (Const. 58, art. 34), est invoqué à l'appui d'une disposition législative étrangère à ces domaines, il est inopérant. • Cons. const. 22 juill. 2010, *Union des familles d'Europe,* n° 2010-6 QPC § 8.

8. Médias. V. annotations ss. DDH, art. 11.

9. Politique. Dans le secteur politique, le Cons. const. qualifie le pluralisme des courants d'idées et d'opinions d'exigence constitutionnelle. • Cons. const. 11 janv. 1990, n° 89-271 DC § 12 • Cons. const. 4 mai 2000, n° 2000-428 DC § 21 • Cons. const. 6 sept. 2000, *Charles Pasqua : JO 9 sept., p. 14165* • Cons. const. 9 déc. 2010, n° 2010-618 DC § 61. ♦ ... Ou encore de principe à valeur constitutionnelle. • Cons. const. 23 août 2000, *Pierre Larrouturou,* n° 2000-23 REF : *JO 26 août, p. 13166.* ♦ Le Conseil précise encore que ce principe est un fondement de la démocratie. • Cons. const. 12 févr. 2004, n° 2004-490 DC § 84 • Cons. const. 6 déc. 2007, n° 2007-559 DC § 12. ♦ Il admet dans ce cadre que le pluralisme soit au nombre des droits et libertés garantis par la Const. au soutien d'une QPC. • Cons. const. 12 janv. 2012, *Sénat, Loiret,* n° 2011-4538 SEN : *JO 14 janv., p. 750 ; D. 2012. 327, obs. Cassia*.

10. En abaissant de 3 500 à 1 000 habitants le seuil de population d'une commune à partir duquel les conseillers municipaux sont élus au scrutin de liste, le législateur a entendu favoriser, dans les communes comprises dans cette extension, l'égal accès des femmes et des hommes à ces mandats. Le seuil de population retenu et le nombre de conseillers municipaux limitant les éventuelles difficultés à composer des listes répondant à l'exigence de parité retenue par le législateur, celui-ci n'a pas porté une atteinte inconstitutionnelle au principe de pluralisme des courants d'idées et d'opinions. • Cons. const. 16 mai 2013, n° 2013-667 DC § 47.

11. Il ne résulte pas de ce principe constitutionnel que tous les groupes politiques représentés au sein d'un conseil municipal devraient disposer de délégués à l'issue de la désignation *des électeurs sénatoriaux. Le choix d'un mode* de désignation de ces délégués, dans les communes de plus de 3 500 habitants, suivant le système de la représentation proportionnelle, a précisément pour effet d'assurer une plus large représentation des groupes minoritaires des conseils municipaux ; en optant pour l'application de la règle de la plus forte moyenne, le législateur n'a porté aucune atteinte au principe de pluralisme des courants d'idées et d'opinions. • Cons. const. 12 janv. 2012, *Sénat, Loiret,* n° 2011-4538 SEN : *préc. note 9.*

12. En instaurant la publicité des choix de présentation des candidats à l'élection présidentielle par les citoyens élus habilités, le législateur a entendu favoriser la transparence de la procédure de présentation des candidats à l'élection présidentielle ; dès lors cette publicité ne saurait en elle-même méconnaître le principe du pluralisme des courants d'idées et d'opinions. • Cons. const. 21 févr. 2012, *Marine Le Pen,* n° 2012-233 QPC § 8.

13. Élections et modes de scrutin. V. notes ss. Const. 58, art. 3.

14. Campagnes électorales ... Présidentielle. Il appartient au législateur organique, compétent en vertu de l'art. 6 Const. 58 pour fixer les règles concernant l'élection du Président de la République, de concilier l'exercice de la liberté de communication avec le principe de pluralisme des courants d'idées et d'opinion. En prévoyant l'application du principe d'équité au traitement audiovisuel des candidats à l'élection du Président de la République pendant la période allant de la publication de la liste des candidats jusqu'à la veille du début de la campagne « officielle », le législateur organique a entendu favoriser, dans l'intérêt des citoyens, la clarté du débat électoral. Il appartient au CSA de veiller à l'application de ces critères et, en outre, de préciser les « conditions de programmation comparables » destinées à assurer le respect des principes d'équité. • Cons. const. 21 avr. 2016, n° 2016-729 DC § 12, 13 et 15.

15. ... Législatives. Il est loisible au législateur, lorsqu'il donne accès aux antennes du service public aux partis et groupements politiques pour leur campagne en vue des élections législatives, d'arrêter des modalités tendant à favoriser l'expression des principales opinions qui animent la vie démocratique de la Nation et de poursuivre ainsi l'objectif d'intérêt général de clarté du débat électoral. Le législateur pouvait donc, en adoptant les dispositions contestées, prendre en compte la composition de l'Assemblée nationale à renouveler et, eu égard aux suffrages qu'ils avaient recueillis, réserver un temps d'antenne spécifique à ceux des partis et groupements qui y sont représentés. Il appartient également au législateur de déterminer des règles propres à donner aux partis et groupements politiques qui ne sont pas représentés à l'Assemblée nationale un accès aux antennes du service public de nature à assurer leur participation équitable à la vie démocratique de la Nation et à garantir le pluralisme des courants d'idées et d'opinions. Les modalités selon lesquelles le législateur détermine les durées d'émission attribuées aux partis et groupements qui ne disposent plus ou n'ont pas encore acquis une représentation à l'Assemblée nationale ne sauraient ainsi pouvoir conduire à l'octroi d'un temps d'antenne manifestement hors de proportion avec leur représentativité, compte tenu des modalités particulières d'établissement des durées allouées aux formations représentées à l'Assemblée nationale. • Cons. const. 31 mai 2017, *Assoc. En Marche !*, n° 2017-651 QPC § 8 et 9.

16. … RIP. Le principe de pluralisme des courants d'idées et d'opinions n'implique pas, par lui-même, que des mesures soient nécessairement prises, notamment par le Gouvernement, pour assurer l'information des électeurs sur l'existence, les modalités et les enjeux d'une opération de recueil des soutiens à une proposition de loi dans le cadre d'un RIP ou pour organiser la communication audiovisuelle des opinions en faveur ou en défaveur de ce soutien. Il revient aux sociétés de l'audiovisuel, public comme privé, de définir elles-mêmes, dans le respect de la loi (…) et sous le contrôle du CSA, les modalités d'information des citoyens sur le recueil des soutiens. • Cons. const. 15 oct. 2019, n° 2019-1-1 RIP.

3° PARTIS POLITIQUES

17. Ne sont pas contraires au présent art. les dispositions qui imposent aux parlementaires de déclarer auprès du bureau de leur assemblée, pour autant qu'ils en aient connaissance, les fonctions exercées par leurs collaborateurs au sein de partis ou de groupements politiques, visent à éviter des détournements dans l'utilisation du crédit affecté à la rémunération des collaborateurs parlementaires et ne font peser sur ces derniers aucune obligation d'informer le parlementaire employeur des fonctions que, le cas échéant, ils exercent au sein d'un parti ou d'un groupement politique, ni de les rendre publiques. • Cons. const. 8 sept. 2017, n° 2017-752 DC § 53.

a. Mission

18. Si les partis et groupements politiques *concourent à l'expression du suffrage* et jouent un rôle essentiel au bon fonctionnement de la démocratie, le principe de liberté de formation et d'exercice qui leur est constitutionnellement garanti s'oppose à ce que les objectifs qu'ils poursuivent soient définis par l'administration et à ce que le respect de ces objectifs soit soumis à son contrôle, de sorte qu'ils ne sauraient être regardés comme investis d'une mission de service public. Le litige qui oppose un parti à l'un de ses membres ne peut relever que de la compétence de la juridiction judiciaire. • Civ. 1re, 25 janv. 2017, *Front national c/ M. Le Pen*, n° 15-25.561 : *AJDA 2017. 1059, note Rambaud* ; *D. 2017. 302*.

b. Financement

19. L'État peut accorder une aide financière aux partis ou groupements politiques qui concourent à l'expression du suffrage. • Cons. const. 11 janv. 1990, n° 89-271 DC § 12. ♦ Cependant, l'aide allouée doit, pour être conforme aux principes d'égalité et de liberté, obéir à des critères objectifs ; en outre, le mécanisme d'aide retenu ne doit aboutir, ni à établir un lien de dépendance d'un parti politique vis-à-vis de l'État, ni à compromettre l'expression démocratique des divers courants d'idées et d'opinions. • Cons. const. 11 janv. 1990, n° 89-271 DC § 12 • Cons. const. 18 juill. 2014, *Jean-Louis M. et Jacques B.*, n° 2014-407 QPC § 12.

20. Si l'octroi d'une aide à des partis ou groupements du seul fait qu'ils présentent des candidats aux élections à l'Assemblée nationale peut être subordonné à la condition qu'ils justifient d'un minimum d'audience, les critères retenus par le législateur ne doivent pas conduire à méconnaître l'exigence du pluralisme des courants d'idées et d'opinions qui constitue le fondement de la démocratie. • Cons. const. 11 janv. 1990, n° 89-271 DC § 12 • Cons. const. 18 juill. 2014, *Jean-Louis M. et Jacques B.*, n° 2014-407 QPC § 12. ♦ Le fait de ne prendre en compte pour la détermination de l'aide que ceux des « résultats égaux ou supérieurs à 5 p. 100 des suffrages exprimés dans chaque circonscription » est, en raison du seuil choisi, de nature à entraver l'expression de nouveaux courants d'idées et d'opinions. • Cons. const. 11 janv. 1990, n° 89-271 DC § 14.

21. En réservant l'attribution de la seconde fraction de l'aide aux partis et groupements politiques éligibles à la première fraction, le législateur a subordonné l'attribution de l'aide publique à ces partis et groupements à une exigence minimale d'audience qui ne revêt pas un caractère disproportionné au regard de l'objectif poursuivi. • Cons. const. 18 juill. 2014, *Jean-Louis M. et Jacques B.*, n° 2014-407 QPC § 13. ♦ En interdisant que la seconde fraction de l'aide puisse être attribuée à raison du rattachement d'un membre du Parlement, élu dans une circonscription de métropole, à un parti ou groupement politique qui n'a pas présenté de candidat en métropole, le législateur a retenu un critère objectif et rationnel qui ne méconnaît pas l'exigence de pluralisme des courants d'idées et d'opinions. • Cons. const. 18 juill. 2014, *Jean-Louis M. et Jacques B.*, n° 2014-407 QPC § 14. ♦ Cette interdiction de rattachement n'a pas d'autre conséquence que de déterminer les conditions d'attribution de l'aide et n'interdit aucunement à un membre du Parlement, quelle que soit la circonscription dans laquelle il est élu, d'adhérer ou de soutenir le parti ou groupement politique de son choix. • Cons. const. 18 juill. 2014, *Jean-Louis M. et Jacques B.*, n° 2014-407 QPC § 15.

22. Ces diverses dispositions ne sont pas contraires à l'art. 4 Const. non plus qu'à d'autres règles ou principes de valeur constitutionnelle dès lors, d'une part, qu'un parti politique n'est pas tenu de constituer une association de financement et conserve la faculté d'avoir recours uniquement à un mandataire financier, et, d'autre part, que l'exigence de l'agrément d'une association de financement doit s'entendre comme conférant seulement à la Commission nationale des comptes de campagne et des financements politiques le pouvoir de s'assurer que l'association de financement satisfait aux conditions limitativement énumérées par l'art. 11-1 ajouté à la L. du 11 mars 1988. • Cons. const. 11 janv. 1990, n° 89-271 DC § 18.

23. Ces dispositions ne font pas obstacle à ce que l'État accorde une aide financière aux candidats aux élections, que ceux-ci se réclament ou non de partis ou groupements politiques ; l'aide apportée par l'État peut revêtir la forme aussi bien de la prise en charge de certaines dépenses que de l'octroi d'exonérations fiscales destinées à favoriser les concours financiers de la part des contribuables ; toutefois, l'aide allouée aux candidats doit, pour être conforme au principe d'égalité, obéir à des critères objectifs ; en outre, quel que soit le mécanisme d'aide retenu, il ne doit conduire, ni à établir un lien de dépendance d'un candidat ou d'un parti politique à l'égard de quiconque contribue au financement de ses dépenses, ni à compromettre l'expression démocratique des divers courants d'idées et d'opinions, ni à enrichir une personne physique ou morale. • Cons. const. 10 mars 1988, n° 88-242 DC § 24.

24. Même si le financement public favorise les partis représentés au Parlement, et que les mécanismes retenus pour les campagnes électorales (et référendaires) leur accordent aussi de plus grandes possibilités d'expression en leur accordant un temps d'antenne supérieur aux autres partis, le Conseil constitutionnel estime que ces privilèges ne portent atteinte ni à l'égalité entre les partis ni au principe constitutionnel du pluralisme des courants d'idées et d'opinions. • Cons. const. 23 août 2000, *Larrouturou*, n° 2000-23 REF : *JO 26 août, p. 13166.* ♦ ... Dès lors que les critères retenus permettent que les différentes prises de position soient portées à la connaissance des électeurs. *• Cons. const. 6 sept. 2000, Pasqua*, n° 2000-25 REF : *JO 9 sept. 2000, p. 14165.*

25. Eu égard à l'objet de la législation relative à la transparence financière de la vie politique et au financement des campagnes électorales et à la limitation des dépenses électorales, une personne morale de droit privé qui s'est assigné un but politique ne peut être regardée comme un « parti ou groupement politique » au sens de l'art. L. 52-8 C. élect. que si elle relève des art. 8, 9 et 9-1 de la loi n° 88-227 du 11 mars 1988, relative à la transparence financière de la vie politique, ou s'est soumise aux règles fixées par les art. 11 à 11-7 de cette même loi, qui imposent notamment aux partis et groupements politiques de ne recueillir des fonds que par l'intermédiaire d'un mandataire qui peut être soit une personne physique dont le nom est déclaré à la préfecture, soit une association de financement agréée par la Commission nationale des comptes de campagne et des financements politiques. • Cons. const. 13 févr. 1998, n° 97-2303 AN : *Réunion (1re circ.), JO 18 févr., p. 2573* • CE, ass., 30 oct. 1996, *Élec. mun. de Fos-sur-Mer*, n° 177927 : *Lebon 394 ; Dr. adm. 1996, n° 567, note L. T. ; LPA 7 mars 1997, p. 15, note Camby.*

26. Il est possible de procéder à une modulation de l'aide publique apportée aux partis politiques et groupements de façon à les inciter à mettre en œuvre le principe d'égal accès des femmes et des hommes aux mandats électoraux. • Cons. const. 30 mai 2000, n° 2000-429 DC § 13. ♦ Ni le présent art. ni l'art. 1er Const. 58 ne font obstacle à ce que la loi prévoit une modulation de l'aide financière accordée à ces partis ou groupements dès lors que celle-ci est conforme au principe d'égalité et ne méconnaît pas l'exigence du pluralisme des courants d'idées et d'opinions. • Cons. const. 9 déc. 2010, n° 2010-618 DC § 61. ♦ La disposition qui, pour le calcul de la modulation de l'aide versée au titre de l'élection des conseillers territoriaux, repose sur des critères objectifs et rationnels et tend effectivement à inciter les partis politiques à présenter des candidats des deux sexes dans l'ensemble des départements de la région, ne portent pas atteinte à l'égalité devant le suffrage. • Cons. const. 9 déc. 2010, n° 2010-618 DC § 64.

27. En adoptant les dispositions instaurant une différence de traitement entre les partis et groupements politiques bénéficiant de la première fraction de l'aide publique selon, d'une part, qu'ils ont présenté des candidats en métropole ou, d'autre part, qu'ils n'en ont présenté que dans une ou plusieurs circonscriptions d'outre-mer, le législateur a entendu faire obstacle à des rattachements destinés exclusivement à ouvrir droit, au profit d'un parti ou groupement politique, au versement de la seconde fraction de l'aide publique en vertu des règles particulières, applicables dans les seules collectivités d'outre-mer pour l'attribution de la première fraction et a également entendu prendre en compte les particularités de la vie politique dans les collectivités d'outre-mer et, en particulier, l'existence de partis et groupements politiques dont l'audience est limitée à ces collectivités. • Cons. const. 18 juill. 2014, *Jean-Louis M. et Jacques B.*, n° 2014-407 QPC § 9. ♦ De même, ces dispositions relatives au financement public des partis et groupements politiques n'étant pas relatives à l'exercice du mandat parlementaire ou aux prérogatives qui s'y rapportent, elles ne concernent ni la procédure d'élaboration de la loi ni aucune autre fonction dont l'exercice par le Parlement résulte de la Const. et n'instituent pas une division en catégories d'électeurs ou d'éligibles. • Cons. const. 18 juill. 2014, *Jean-Louis M. et Jacques B.*, n° 2014-407 QPC § 20.

28. Sur la mise en pratique de ces dispositions, V. notes ss. L. n° 88-227 du 11 mars 1988, art. 3, App., v° *Transparence financière de la vie politique*. – **C. élect.**

29. Rôle de la CNCCFP. La CNCCFP ne saurait, sans excéder sa compétence, constater, en l'absence de toute incohérence manifeste, qu'un parti ou groupement politique a manqué à ses obligations, alors même qu'il a déposé en temps utile des comptes certifiés correspondant au périmètre fixé par la loi, que cette certification soit établie sans réserves ou qu'elle soit assortie de réserves, même formulées sur des points identiques plusieurs années de suite. • CE, sect., 9 juin 2010, *Assoc. Cap sur l'avenir 13*, n° 327423 A : *AJDA 2010. 1173 ; RFDA 2010. 1047, concl. Geffray*.

30. Remboursement. La disposition, qui subordonne la restitution du cautionnement versé et le remboursement des frais de propagande à l'obtention par les listes en présence d'un pourcentage de 5 p 100 des suffrages exprimés et dont il appartient à la loi d'assurer la mise en œuvre, n'est pas contraire au présent art. • Cons. const. 23 mai 1979, n° 79-104 DC § 4 à 6.

31. Groupes politiques. Il n'appartient pas à l'Assemblée nationale d'apprécier elle-même la conformité de la déclaration politique d'un groupe au présent art. et par là même de vérifier si ce groupe respecte les principes de la souveraineté nationale et de la démocratie, ce contrôle pouvant empêcher la création d'un groupe politique. • Cons. const. 17 juin 1959, n° 59-2 DC. ♦ De même, en requérant des groupes politiques une déclaration d'appartenance à la majorité ou à l'opposition et en conférant, en cas de contestation, un pouvoir de décision au Bureau de l'Assemblée nationale, la résolution a méconnu le premier al. du présent art. • Cons. const. 22 juin 2006, *Règlement de l'AN*, n° 2006-537 DC § 13. ♦ Le présent art. impose en effet que le principe d'égalité soit respecté entre les groupes parlementaires. • Cons. const. 28 févr. 2013, n° 2013-664 DC § 5.

32. En revanche, l'obligation faite à chaque groupe de rendre publique une déclaration politique formulant les objectifs et les moyens de la politique qu'il préconise n'est pas contraire à la Constitution dès lors qu'elle n'emporte aucun contrôle sur le contenu de cette déclaration. • Cons. const. 18 mai 1971, n° 71-42 DC § 1. ♦ Il en va de même d'une disposition qui se limite à prévoir que les groupes parlementaires se constituent et se déclarent dans les formes prévues par l'art. 5 de la L. du 1er juill. 1901. • Cons. const. 16 oct. 2014, n° 2014-702 DC.

33. Le règlement du Sénat reconnaissant une catégorie spécifique de sénateurs qui, bien que n'étant ni inscrits, ni apparentés, ni rattachés administrativement à un groupe déterminé, n'en forment pas moins une réunion administrative représentée par un délégué élu, ce délégué peut participer à la nomination de membres de certaines formations (en l'espèce commission d'enquête). • Cons. const. 15 janv. 1992, n° 91-301 DC § 8.

34. Grille des nuances politiques. La décision par laquelle le ministre de l'Intérieur établit, en application du Décr. n° 2014-1479 relatif à la mise en œuvre de deux traitements automatisés de données à caractère personnel dénommés « Application élection » et « Répertoire national des élus », la grille des nuances politiques présente un caractère réglementaire. • CE 7 déc. 2018, n° 418821 : *AJDA 2019. 945, note Gigon*.

TITRE II Le Président de la République

Art. 5 **Le Président de la République veille au respect de la Constitution. Il assure, par son arbitrage, le fonctionnement régulier des pouvoirs publics ainsi que la continuité de l'État.**

Il est le garant de l'indépendance nationale, de l'intégrité du territoire *(L. const. n° 95-880 du 4 août 1995)* **« et du respect des traités ».**

Sur l'interruption du fonctionnement régulier des pouvoirs publics, V. ***C. défense****, art. L. 1111-4.*

COMMENTAIRE

V. sur le Code en ligne.

[V. références des décisions du Conseil constitutionnel dans le tableau DC]

1. Le principe de la séparation des pouvoirs s'applique à l'égard du Président de la République. • Cons. const. 10 nov. 2011, *Ekaterina B., épse D., et a.*, n° 2011-192 QPC § 20.

2. La décision par laquelle le Président de la République met en place un « comité consultatif pour la révision de la Constitution » et en nomme les membres est insusceptible d'être contestée devant le juge de l'excès de pouvoir (acte de gouvernement). • CE 9 déc. 1993, *Meyet et Bidalou : Dr. adm. 1994, n° 48.*

3. En conférant, par décret, à un ministre la charge d'assurer l'intérim du Premier ministre pendant l'absence de ce dernier, le Président de la République a, ainsi que l'y habilite le présent art., pris les dispositions nécessaires pour assurer la continuité de l'action gouvernementale. • Cons. const. 29 déc. 1989, n° 89-268 DC § 8.

4. En raison de la place qui, conformément à la tradition républicaine, est celle du chef de l'État dans l'organisation constitutionnelle des pouvoirs publics et des missions qui lui sont conférées notamment par le présent art., le Président de la République ne s'exprimant pas au nom d'un parti ou d'un groupement politique, son temps de parole dans les médias audiovisuels n'a pas à être pris en compte à ce titre. Pour autant, il n'en résulte pas, compte tenu du rôle qu'il assume depuis l'entrée en vigueur de la Constitution du 4 octobre 1958 dans la définition des orientations politiques de la Nation, que ses interventions et celles de ses collaborateurs puissent être regardées comme étrangères, par principe et sans aucune distinction selon leur contenu et leur contexte, au débat politique national et, par conséquent, à l'appréciation de l'équilibre à rechercher entre les courants d'opinion politiques. Dès lors, le Conseil supérieur de l'audiovisuel ne pouvait, sans méconnaître les normes de valeur constitutionnelle qui s'imposent à lui et la mission que lui a confiée le législateur, exclure toute forme de prise en compte de ces interventions dans l'appréciation du respect du pluralisme politique par les médias audiovisuels. • CE, ass., 8 avr. 2009, *Hollande et a.*, n° 311136 : *AJDA 2009. 1096, chron. Liéber et Botteghi ; RFDA 2009. 351, concl. de Salins*. ♦ Sur les collaborateurs du Président, V. également les notes ss. Const. 58, art. 67.

5. Le Conseil constitutionnel a implicitement admis que le Président puisse veiller, au moment de signer les ordonnances de l'art. 38 Const., au respect des interprétations données par le Conseil constitutionnel en estimant que la loi d'habilitation n'était conforme à la Constitution que dans la mesure où les ordonnances qui en découleraient respecteraient les principes définis par lui. • Cons. const. 25 juin 1986, n° 86-207 DC.

6. En application du principe de séparation des pouvoirs, il n'appartient pas au législateur de se prononcer sur le traitement du Président de la République. • Cons. const. 9 août 2012, n° 2012-654 DC § 82 et 83.

7. La décision par laquelle le Président décide de faire fleurir la tombe du maréchal Pétain est un acte administratif susceptible de recours. • CE 27 nov. 2000, *Assoc. « Comité tous frères »*, n° 188431 : *Lebon 559 ; AJDA 2001. 94*. ♦ Il en va de même de propos tenus dans un quotidien qui se bornent à exprimer une opinion du Président mais ne révèlent pas l'existence d'une décision. • CE 13 nov. 2020, n° 433171 : *AJDA 2021. 662*.

8. Lorsqu'il agit en tant que co-prince d'Andorre, le Président de la République n'est pas une autorité administrative française. • CE, sect., 1er déc. 1933, *Sté Le Nickel : Lebon 1132.*

9. Le chef de rang de la présidence de la République, recruté par contrat, n'en est pas moins un agent public. • T. confl. 9 févr. 2015, n° 3997 : *AJDA 2015. 1300*.

10. Il résulte du présent art. combiné avec les art. 20 et 21 Const. que le secret de la défense nationale participe de la sauvegarde des intérêts fondamentaux de la Nation au nombre desquels figurent l'indépendance de la Nation et l'intégrité du territoire. • Cons. const. 10 nov. 2011, *Ekaterina B., épse D., et a.*, n° 2011-192 QPC § 20 • Cons. const. 10 nov. 2016, n° 2016-738 DC § 19.

11. Sur les archives présidentielles, V. notes ss DDH, art. 15.

Art. 6 *(L. const. n° 2000-964 du 2 oct. 2000)* **« Le Président de la République est élu pour cinq ans au suffrage universel direct. »**

(L. const. n° 2008-724 du 23 juill. 2008, art. 3) **« Nul ne peut exercer plus de deux mandats consécutifs. »**

(L. n° 62-1292 du 6 nov. 1962) **« Les modalités d'application du présent article sont fixées par une loi organique. »**

Sur l'élection du Président de la République au suffrage universel, V. ci-dessous L. n° 62-1292 du 6 nov. 1962, et **C. élect.**, *Décr. n° 2001-213 du 8 mars 2001.*

Sur les listes électorales consulaires et le vote des Français établis hors de France pour l'élection du Président de la République, V. **C. élect.**, *L. org. n° 76-97 du 31 janv. 1976 et Décr. n° 2005-1613 du 22 déc. 2005.*

Sur le traitement du Président de la République, V., ci-dessous, L. de finances n° 55-366 du 3 avr. 1955, art. 19 ; L. de finances rectificative pour 2002, n° 2002-1050 du 6 août 2002, art. 14 ; CGI, art. 80 undecies A ; Décr. n° 2012-983 du 23 août 2012.

Sur le soutien matériel et en personnel apporté aux anciens Présidents de la République, V. ci-dessous Décr. n° 2016-1302 du 4 oct. 2016.

Sur les collaborateurs du Président de la République, V. ci-dessous, Décr. n° 2017-1098 du 14 juin 2017.

BIBL. ▶ CAMBY, Cent ans de septennat, *RD publ. 2000. 943.* – Interviews de 10 constitutionnalistes sur le quinquennat, *RD publ. 2000. 953.* – FRAISSEIX, Propos iconoclastes sur l'avenir de l'élection du Président de la République au suffrage universel direct, *RD publ. 2001. 1749.* – JAN, L'organisation de l'élection présidentielle, *AJDA 2001. 749* . – GHÉVONTIAN, La révision de la Constitution et le Président de la République : l'hyperprésidentialisation n'a pas lieu, *RFDC, n° 77, janv. 2009. 119.* – JAN, Être candidat à la présidentielle, *JCP Adm. 2011. 657.* – La candidature à la présidentielle, *Pouvoirs 2011, n° 138.* – BACHELIER, La Constitution et les élections présidentielles, *NCCC 2012, n° 34, p. 7.* – COLLIARD, Les parrainages à l'élection présidentielle, *NCCC 2012, n° 34, p. 13.* – DENIS, La réglementation audiovisuelle et l'élection présidentielle, *NCCC 2012, n° 34, p. 23.* – PORTELLI, La réglementation des sondages et l'élection présidentielle, *NCCC 2012, n° 34, p. 41.* – LAMBERT, Le financement de la campagne des candidats à l'élection présidentielle au travers des comptes de campagne, *NCCC 2012, n° 34, p. 47.* – POTIER, Le droit des échéances électorales 2012, *JCP Adm. 2012. 2124.* – GHÉVONTIAN, Quinquennat : Louis Favoreu avait raison, *RFDC 2014. 953.* – CARON, Le décret relatif au statut des anciens présidents de la République, *AJDA 2016. 2319* . – VERPEAUX, L'élection présidentielle et le concours Lépine, *JCP Adm. 2016. 2315.* – DEGBOE, Les privilèges des anciens Présidents de la République devant le juge administratif, *JCP Adm. 2016. 2316.* – DEROSIER, Le président de la République sous le régime du quinquennat : une fonction présidentielle stabilisée, *JCP Adm. 2017. 2109.* – FOUCAULT, La Constitution de la Ve République va dans le sens du Président, *Titre VII, Les Cahiers du Conseil constitutionnel, n° 1&2, p. 62.*

COMMENTAIRE

V. sur le Code en ligne.

[V. références des décisions du Conseil constitutionnel dans le tableau DC]

1. Aux termes de l'art. 6 Const. une loi organique fixe les modalités d'application de cet art. à l'élection du Président de la République au suffrage universel ; en permettant au pouvoir réglementaire non pas seulement de fixer certaines modalités d'application d'une loi organique prise en application de cet art. mais encore d'adapter les dispositions de celle-ci en vue d'assurer le fonctionnement de certains bureaux de vote à l'étranger, le législateur a méconnu la compétence exclusive qui est la sienne en application de l'art. 6 Const. • Cons. const. 11 janv. 1995, n° 94-353/356 DC § 13.

2. Le mandat du Président de la République en exercice expirant le 16 mai 2007 à 24 h. et l'art. 3 de la L. du 6 nov. 1962 rendant applicable à cette élection l'art. L. 55 C. élect. selon lequel le scrutin a lieu un dimanche, à l'exception des bureaux de vote situés en Polynésie française et sur le continent américain où il a lieu le samedi précédent, le Décr. attaqué, en retenant les dates des 22 avr. et 6 mai pour l'élection présidentielle de 2007, s'est ainsi conformé aux seules prescriptions qu'il avait à respecter. • Cons. const. 19 avr. 2007, *Galland,* n° 2007-138 PDR : *RFDA 2007. 590, note Schoettl* .

3. Il résulte des présentes dispositions que le constituant a réservé au législateur organique la détermination de l'ensemble des modalités de l'élection du Président de la République au suffrage universel ainsi que de son contrôle ; parmi ces modalités figurent les règles applicables aux dépenses électorales, à leur financement et à leur remboursement ainsi que les conditions dans lesquelles l'État s'assure de leur respect ; à cette fin, l'art. 3 L. org. n° 62-1292 du 6 nov. 1962 confie à la CNCCFP, sous le contrôle du Conseil constitutionnel, la mission d'approuver, de rejeter ou de réformer les comptes de campagne des candidats à cette élection et précise ses pouvoirs, la procédure applicable ainsi que les obligations des candidats à l'élection présidentielle pour la mise en œuvre de cette mission ; en revanche, ne relève pas des modalités d'application du présent art, ni par conséquent de la loi organique, la détermination du régime de communication des documents produits ou reçus par la CNCCFP dans le cadre de sa mission de contrôle des comptes de campagne des candidats à une élection présidentielle. • CE, ass., 25 mars 2015, *CNCCFP,* n° 382083 § 5 : *Lebon ; AJDA 2015. 660 ; ibid. 2015. 981, chron. Lessi et Dutheillet de Lamothe ; JCP Adm. 2015. 2160, note Virot-Landais ; Dr. adm. 2015. 4,* *chron. Delaunay, Idoux et Saunier.* ♦ L'ensemble des documents qui justifient les écritures figurant dans le compte de campagne d'un candidat à l'élection présidentielle et permettent à la CNCCFP de s'assurer de sa régularité qui sont produits ou reçus par cette autorité administrative indépendante dans le cadre de la mission de contrôle des comptes de campagne qui lui a été confiée par le législateur organique en vue de garantir l'égalité entre les candidats sont dépourvus de tout caractère juridictionnel. Par conséquent, ces pièces constituent des documents administratifs qui ne peuvent être régis que par la loi n° 79-753 du 17 juill. 1978. Dès lors, après l'expiration du délai de recours contre la décision de la CNCCFP rejetant, approuvant ou réformant le compte de campagne d'un candidat à l'élection présidentielle ou, le cas échéant, après l'intervention de la décision rendue par le Conseil constitutionnel sur le recours formé contre cette décision, il appartient seulement à la CNCCFP, saisie d'une demande de communication de tels documents, de rechercher si les dispositions qui leur sont applicables permettent d'y faire droit. • CE, ass. 25 mars 2015, *CNCCFP*, n° 382083 § 6 : *préc.*

4. V. également notes ss. Const. 58, art. 58.

5. Le « statut » des anciens Présidents de la République peut valablement être fixé par un décret du Premier ministre ; la circonstance que les règles litigieuses ne figurent dans aucun document écrit autre qu'un courrier n'ayant pas fait l'objet d'une publication au *Journal officiel* n'est pas de nature à faire regarder ces règles comme inexistantes alors même qu'elles revêtent un caractère réglementaire. • CE 28 sept. 2016, *Assoc. Anticor*, n° 399173 : *AJDA 2016. 1843*.

6. Sur le statut des personnels contractuels de l'Élysée, V. • CAA Paris, 20 sept. 2016, n° 15PA01086 : *AJDA 2016. 2339, concl. Oriol*.

7. La « Charte de transparence relative au statut du conjoint du Chef de l'État » n'édicte aucune règle à caractère général et permanent mais se borne à présenter le rôle public susceptible d'être assuré par l'épouse du Président de la République entré en fonctions le 14 mai 2017 et les activités auxquelles elle est susceptible de participer en cette qualité. Dès lors, ce document, qui ne comporte par lui-même aucune décision, ne présente pas, eu égard à son contenu et à sa portée, le caractère d'un acte susceptible de faire l'objet d'un recours pour excès de pouvoir. • CE 12 oct. 2018, n° 413644 : *AJDA 2019. 373*.

8. Il résulte du présent art. que le constituant a réservé au législateur organique la détermination de l'ensemble des modalités de l'élection du Président de la République au suffrage universel ainsi que de son contrôle. Parmi ces modalités figurent les règles applicables aux dépenses électorales, à leur financement et à leur remboursement ainsi que les conditions dans lesquelles l'État s'assure de leur respect. A cette fin, l'art. 3 de la L. du 6 nov. 1962 relative à l'élection du Président de la République au suffrage universel confie à la CNCCFP, sous le contrôle du Cons. Const., la mission d'approuver, de rejeter ou de réformer les comptes de campagne des candidats à cette élection et précise ses pouvoirs, la procédure applicable ainsi que les obligations des candidats à l'élection présidentielle pour la mise en œuvre de cette mission. La contestation de la décision par laquelle la CNCCFP approuve, rejette ou réforme les comptes de campagne d'un candidat à l'élection du Président de la République relève des seules modalités d'application du présent art., et donc de la loi préc., notamment son art. 3. Il en est de même de la contestation de la décision par laquelle la CNCCFP refuse de faire droit à une demande, ..., tendant au retrait de sa décision initiale d'approbation d'un compte, laquelle contestation demeure relative au remboursement des dépenses électorales d'un candidat. A cet égard, la circonstance que les dispositions législatives préc., dont il n'appartient pas au juge administratif d'apprécier la constitutionnalité ne prévoient expressément que le seul recours du « candidat concerné », ne saurait, non plus, en tout état de cause, que les stipulations de l'art. 13 Conv. EDH, avoir pour effet de rendre compétent le juge administratif pour se prononcer sur des recours à l'encontre de telles décisions. • CAA Paris, 21 févr. 2019, n° 18PA03353 : *AJDA 2019. 860, chron. Cabanne et a*.

9. Les dispositions du 3e al. du § III de l'art. 3 de la L. du 6 nov. 1962 qui réservent au candidat la possibilité de contester la décision de la commission portant sur son compte de campagne font obstacle à ce que le parti « Les Républicains » puisse contester la décision de la Commission nationale des comptes de campagne et des financements politiques relative au compte de campagne de M. Emmanuel Macron et ne sont pas incompatibles avec les stipulations de l'art. 13 Conv. EDH. • Cons. const. 11 juill. 2019, n° 2019-173 PDR : *AJDA 2019. 1482*.

Code général des impôts

Art. 80 *undecies* A Le traitement brut mensuel et l'indemnité de résidence que reçoivent *(Décr. n° 2008-294 du 1er avr. 2008)* « le Président de la République, » le Premier ministre et les autres membres du Gouvernement en application du I de l'article 14 de la loi de finances rectificative pour 2002 *[n° 2002-1050 du 6 août 2002, V. cet art. ci-dessous]*

(L. n° 2016-1917 du 29 déc. 2016, art. 64) « et, par dérogation au 1° de l'article 81 du présent code, l'indemnité de fonction définie à l'article 14 de la loi de finances rectificative pour 2002 du 6 août 2002 précitée » sont imposables à l'impôt sur le revenu suivant les règles applicables aux traitements et salaires.

Il en est de même de l'indemnité prévue à l'article 5 de l'ordonnance n° 58-1099 du 17 novembre 1958 portant loi organique pour l'application de l'article 23 de la Constitution et définie au II de l'article 14 précité, pour la part de cette indemnité égale à la somme du traitement brut mensuel et de l'indemnité de résidence.

Loi de finances n° 55-366 du 3 avril 1955,

Art. 19 Il est attribué aux anciens Présidents de la République française une dotation annuelle d'un montant égal à celui du traitement indiciaire brut d'un conseiller d'État en service ordinaire.

La moitié de cette dotation sera reversible sur la tête de la veuve ou, en cas de décès, sur la tête des enfants jusqu'à leur majorité.

Loi n° 62-1292 du 6 novembre 1962,

Relative à l'élection du Président de la République au suffrage universel.

Art. 1er *bis* *(L. org. n° 2021-335 du 29 mars 2021, art. 1er)* Lorsque l'élection du Président de la République a lieu dans les conditions prévues au troisième alinéa de l'article 7 de la Constitution, les électeurs sont convoqués par un décret publié au moins dix semaines avant la date du premier tour de scrutin.

En cas de vacance de la présidence de la République ou lorsque le Conseil constitutionnel a déclaré définitif, en application du cinquième alinéa du même article 7, l'empêchement du Président, les électeurs sont convoqués sans délai par décret.

....

Art. 3 L'ordonnance n° 58-1064 du 7 novembre 1958 portant loi organique relative à l'élection du Président de la République est remplacée par les dispositions suivantes ayant valeur organique :

I. — *(L. org. n° 2021-335 du 29 mars 2021, art. 3)* « Au plus tard le quatrième vendredi précédant » le premier tour de scrutin ouvert pour l'élection du Président de la République, le Gouvernement assure la publication de la liste des candidats. *(L. org. n° 2021-335 du 29 mars 2021, art. 3)* « Lorsqu'il est fait application du cinquième alinéa de l'article 7 de la Constitution, cette publication a lieu quinze jours au moins avant le premier tour de scrutin. »

(L. org. n° 88-35 du 13 janv. 1988) « *(L. org. n° 2021-335 du 29 mars 2021, art. 3)* « La liste des candidats » est préalablement établie par le Conseil constitutionnel au vu des présentations qui lui sont adressées par au moins cinq cents citoyens membres du Parlement, des conseils régionaux, *(L. org. n° 95-62 du 19 janv. 1995)* « de l'Assemblée de Corse, » des conseils *(L. org. n° 2016-506 du 25 avr. 2016, art. 1er)* « départementaux, du conseil de la métropole de Lyon », de l'Assemblée de Guyane, de l'Assemblée de Martinique, » *(L. org. n° 2007-223 du 21 févr. 2007, art. 10)* « des conseils territoriaux de Saint-Barthélemy, de Saint-Martin et de Saint-Pierre-et-Miquelon », *(L. org. n° 2001-100 du 5 févr. 2001, art. 1er)* « du Conseil de Paris, de l'assemblée de la Polynésie française, des assemblées de province de la Nouvelle-Calédonie, de l'assemblée territoriale des îles Wallis-et-Futuna, maires, maires délégués *(L. org. n° 2016-506 du 25 avr. 2016, art. 1er)* « des communes déléguées et » des communes associées, maires des arrondissements *(L. org. n° 2016-506 du 25 avr. 2016, art. 1er)* « de Paris, » de Lyon et de Marseille » *(L. org. n° 2021-335 du 29 mars 2021, art. 4)* « , conseillers à l'Assemblée des Français de l'étranger ou vice-présidents des conseils consulaires ». Les présidents des organes délibérants *(L. org. n° 2016-506 du 25 avr. 2016, art. 1er)* « des métropoles, » des communautés urbaines, des communautés d'agglomération, *(L. org. n° 2004-192 du 27 févr. 2004, art. 194)* « les présidents des communautés de communes, *(L. org. n° 2021-335 du 29 mars 2021, art. 3)* « le président du conseil exécutif de Corse, le président du conseil exécutif de Martinique, » le président de la Polynésie française *(L. org. n° 2006-404 du 5 avr. 2006, art. 1er)* « , le président du gouvernement de

la Nouvelle-Calédonie » et les ressortissants français membres du Parlement européen élus en France peuvent également, dans les mêmes conditions, présenter un candidat à l'élection présidentielle. » *(L. org. nº 2006-404 du 5 avr. 2006, art. 1er)* « Les présentations doivent parvenir au Conseil constitutionnel au plus tard le sixième vendredi précédant le premier tour de scrutin à dix-huit heures. Lorsqu'il est fait application des dispositions du cinquième alinéa de l'article 7 de la Constitution, elles doivent parvenir au plus tard le troisième mardi précédant le premier tour de scrutin à dix-huit heures. » *(L. org. nº 88-35 du 13 janv. 1988)* « Une candidature ne peut être retenue que si, parmi les signataires de la présentation, figurent des élus d'au moins trente départements ou *(L. org. nº 2004-192 du 27 févr. 2004, art. 194)* « collectivités d'outre-mer », sans que plus d'un dixième d'entre eux puissent être les élus d'un même département ou *(L. org. nº 2004-192 du 27 févr. 2004, art. 194)* « d'une même collectivité d'outre-mer ». »

(L. org. nº 88-36 du 13 janv. 1988) « Pour l'application des dispositions de l'alinéa précédent, les *(L. org. nº 2016-506 du 25 avr. 2016, art. 1er)* « députés et les » sénateurs représentant les Français établis hors de France *(L. org. nº 2021-335 du 29 mars 2021, art. 4)* « , les conseillers à l'Assemblée des Français de l'étranger et les vice-présidents des conseils consulaires » sont réputés être les élus d'un même département ou » *(L. org. nº 2004-192 du 27 févr. 2004, art. 194)* « d'une même collectivité d'outre-mer ». *(L. org. nº 99-209 du 19 mars 1999, art. 228)* « Pour l'application des mêmes dispositions, les députés et *(L. org. nº 2016-506 du 25 avr. 2016, art. 1er)* « les sénateurs » élus en Nouvelle-Calédonie et les membres des assemblées de province de la Nouvelle-Calédonie sont réputés être élus d'un même département d'outre-mer ou *(L. org. nº 2004-192 du 27 févr. 2004, art. 194)* « d'une même collectivité d'outre-mer ». » *(L. org. nº 2001-100 du 5 févr. 2001, art. 1er)* « Pour l'application des mêmes dispositions, les ressortissants français membres du Parlement européen élus en France sont réputés être les élus d'un même département. Aux mêmes fins, les présidents des organes délibérants *(L. org. nº 2016-506 du 25 avr. 2016, art. 1er)* « des métropoles, » des communautés urbaines, des communautés d'agglomération ou des communautés de communes sont réputés être les élus du département auquel appartient la commune dont ils sont délégués. » *(L. org. nº 2006-404 du 5 avr. 2006, art. 1er)* « Aux mêmes fins, les conseillers régionaux sont réputés être les élus des départements correspondant aux sections départementales mentionnées par l'article L. 338-1 du code électoral *(L. org. nº 2021-335 du 29 mars 2021, art. 3)* « ; toutefois, les conseillers régionaux du Grand Est qui ont été élus sur la section départementale d'une liste de candidats correspondant à la Collectivité européenne d'Alsace sont réputés être les élus des départements entre lesquels ils sont répartis en application de l'article L. 280-1 du même code ». Aux mêmes fins, les conseillers à l'Assemblée de Corse sont réputés être les élus des départements entre lesquels ils sont répartis en application des dispositions des articles L. 293-1 et L. 293-2 du même code. » *(L. org. nº 2021-335 du 29 mars 2021, art. 3)* « Aux mêmes fins, les conseillers d'Alsace sont réputés être les élus du département où est situé leur canton d'élection. » *(L. org. nº 2016-506 du 25 avr. 2016, art. 1er)* « Aux mêmes fins, *(L. org. nº 2021-335 du 29 mars 2021, art. 3)* « les conseillers régionaux élus sur la section départementale d'une liste de candidats correspondant à la métropole de Lyon et » les conseillers métropolitains de Lyon sont réputés être les élus du département du Rhône. »

(L. org. nº 2016-506 du 25 avr. 2016, art. 2) « Les présentations des candidats sont rédigées sur des formulaires, revêtues de la signature de leur auteur et adressées au Conseil constitutionnel par leur auteur par voie postale, dans une enveloppe prévue à cet effet *(L. org. nº 2021-335 du 29 mars 2021, art. 3-III, en vigueur à compter d'une date fixée par Décr. et au plus tard à compter du 1er janv. 2027)* « , ou par voie électronique ». Les formulaires et les enveloppes sont imprimés par les soins de l'administration conformément aux modèles arrêtés par le Conseil constitutionnel. *(Abrogé par L. org. nº 2021-335 du 29 mars 2021, art. 3)* *« Les modalités de transmission par voie électronique sont fixées par décret en Conseil d'État. »*

« *Par dérogation* au quatrième alinéa du présent I, les présentations peuvent être déposées :

« 1° Dans les départements et collectivités d'outre-mer ainsi qu'en Nouvelle-Calédonie, auprès du représentant de l'État ;

« 2° Lorsqu'elles émanent de conseillers à l'Assemblée des Français de l'étranger *(L. org. nº 2021-335 du 29 mars 2021, art. 4)* « ou de vice-présidents des conseils consulaires », auprès de l'ambassadeur ou du chef de poste consulaire chargé de la circonscription consulaire dans laquelle réside l'auteur de la présentation.

« Le représentant de l'État, l'ambassadeur ou le chef de poste consulaire assure, par la voie la plus rapide, après en avoir délivré récépissé, la notification de la présentation au Conseil constitutionnel. »

(L. org. n° 88-226 du 11 mars 1988) « Le Conseil constitutionnel doit s'assurer du consentement des personnes présentées qui, à peine de nullité de leur candidature, doivent lui remettre, sous pli scellé, *(L. org. n° 2017-1338 du 15 sept. 2017, art. 1er)* « une déclaration d'intérêts et d'activités et » une déclaration de leur situation patrimoniale *(L. org. n° 2017-1338 du 15 sept. 2017, art. 1er)* « conformes » aux dispositions de l'article L.O. 135-1 du code électoral et l'engagement, en cas d'élection, de déposer *(L. org. n° 2017-1338 du 15 sept. 2017, art. 1er)* « six mois au plus tôt et cinq » mois au plus tard avant l'expiration du mandat ou, en cas de démission, dans un délai d'un mois après celle-ci, une nouvelle déclaration *(L. org. n° 2017-1338 du 15 sept. 2017, art. 1er)* « de situation patrimoniale » conforme à ces dispositions qui sera publiée au *Journal officiel* de la République française dans les huit jours de son dépôt. » *(L. org. n° 2017-1338 du 15 sept. 2017, art. 1er)* « La déclaration d'intérêts et d'activités ne comporte pas les informations mentionnées au 10° du III du même article L.O. 135-1. »

(L. org. n° 2017-1338 du 15 sept. 2017, art. 1er) « Les déclarations d'intérêts et d'activités et » *(L. org. n° 2013-906 du 11 oct. 2013, art. 9)* « les déclarations de situation patrimoniale remises par les candidats, dans les conditions prévues au *(L. org. n° 2016-506 du 25 avr. 2016, art. 2)* « neuvième » alinéa du présent I, sont transmises à la Haute Autorité pour la transparence de la vie publique, qui les rend publiques au moins quinze jours avant le premier tour de scrutin, dans les limites définies au III de l'article L.O. 135-2 du code électoral. — *[Dispositions déclarées non conformes à la Constitution par la décision du Conseil constitutionnel n° 2013-675 DC du 9 octobre 2013.]*

« La déclaration de situation patrimoniale remise à l'issue des fonctions dans les conditions prévues au *(L. org. n° 2016-506 du 25 avr. 2016, art. 2)* « neuvième » alinéa du présent I est transmise à la Haute Autorité pour la transparence de la vie publique. — *[Dispositions déclarées non conformes à la Constitution par la décision du Conseil constitutionnel n° 2013-675 DC du 9 octobre 2013.]* *(L. org. n° 2017-1338 du 15 sept. 2017, art. 1er)* « Trente jours après son dépôt, cette déclaration est rendue publique, dans les limites définies au III du même article L.O. 135-2, par la Haute Autorité pour la transparence de la vie publique qui l'assortit d'un avis par lequel elle apprécie, après avoir mis l'intéressé à même de présenter ses observations, la variation de la situation patrimoniale entre le début et la fin de l'exercice des fonctions présidentielles telle qu'elle résulte des déclarations, des observations que le déclarant a pu lui adresser ou des autres éléments dont elle dispose. »

(L. org. n° 2016-506 du 25 avr. 2016, art. 3) « Au fur et à mesure de la réception des présentations, le Conseil constitutionnel rend publics, au moins deux fois par semaine, le nom et la qualité des citoyens qui ont valablement présenté des candidats à l'élection présidentielle. Une fois envoyée, une présentation ne peut être retirée. Une fois déposée en application des cinquième à septième alinéas du présent I, une présentation ne peut être retirée. Huit jours au moins avant le premier tour de scrutin, le Conseil constitutionnel rend publics le nom et la qualité des citoyens qui ont valablement proposé les candidats. »

(L. org. n° 2016-506 du 25 avr. 2016, art. 4) « I *bis*. — A compter de la publication de la liste des candidats et jusqu'à la veille du début de la campagne, les éditeurs de services de communication audiovisuelle respectent, sous le contrôle du Conseil supérieur de l'audiovisuel, le principe d'équité en ce qui concerne la reproduction et les commentaires des déclarations et écrits des candidats et la présentation de leur personne.

« Dans l'exercice de cette mission de contrôle, le Conseil supérieur de l'audiovisuel tient compte :

« 1° De la représentativité des candidats, appréciée, en particulier, en fonction des résultats obtenus aux plus récentes élections par les candidats ou par les partis et groupements politiques qui les soutiennent et en fonction des indications de sondages d'opinion ;

« 2° De la contribution de chaque candidat à l'animation du débat électoral.

« A compter du début de la campagne et jusqu'au tour de scrutin où l'élection est acquise, les éditeurs de services de communication audiovisuelle respectent, sous le contrôle du Conseil supérieur de l'audiovisuel, le principe d'égalité en ce qui concerne la reproduction et les commentaires des déclarations et écrits des candidats et la présentation de leur personne.

« Le respect des principes mentionnés aux premier et cinquième alinéas du présent I *bis* est assuré dans des conditions de programmation comparables, précisées par le Conseil supérieur de l'audiovisuel dans une recommandation relative à l'élection présidentielle.

« A compter de la publication de la liste des candidats et jusqu'au tour de scrutin où l'élection est acquise, le Conseil supérieur de l'audiovisuel publie, au moins une fois par semaine, dans un format ouvert et aisément réutilisable, le relevé des temps consacrés à la reproduction et au commentaire des déclarations et écrits des candidats et à la présentation de leur personne. »

(L. org. n° 2021-335 du 29 mars 2021, art. 3) « II. — Les opérations électorales sont organisées selon les règles fixées aux articles L. 1, L. 2, L. 6, L. 9 à L. 20, L. 29 à L. 32, L. 36 à L. 38, L. 42, L. 43, L. 45, L. 47 A à L. 52-2, L. 52-4 à L. 52-11, L. 52-12, L. 52-14, au quatrième alinéa de l'article L. 52-15 et aux articles L. 52-16, L. 52-17, L. 53 à L. 55, L. 57-1 à L. 78, L. 86 à L. 114, L. 116, L. 117, L. 117-2, LO 127, LO 129, L. 163-1, L. 163-2, L. 199, L. 385 à L. 387-1, L. 388-1, L. 389, L. 393, L. 451, L. 477, L. 504 et L. 531 du code électoral, sous réserve des deuxième à dernier alinéas du présent II. »

(L. org. n° 2016-506 du 25 avr. 2016, art. 6) « Pour l'application des deuxième et troisième alinéas de l'article L. 52-4 du code électoral, le mandataire recueille, pendant l'année précédant le premier jour du mois de l'élection et jusqu'à la date du dépôt du compte de campagne du candidat, les fonds destinés au financement de la campagne et règle les dépenses engagées en vue de l'élection. »

(L. org. n° 2001-100 du 5 févr. 2001, art. 2) « Le plafond des dépenses électorales prévu par l'article L. 52-11 du code électoral est fixé à 13,7 millions d'euros pour un candidat à l'élection du Président de la République. Il est porté à 18,3 millions d'euros pour chacun des candidats présents au second tour.

« Les personnes physiques ne peuvent, dans le cadre de l'application des dispositions *(L. org. n° 2017-1338 du 15 sept. 2017, art. 1er)* « des articles L. 52-7-1 et L. 52-8 » du code électoral, accorder des prêts et avances remboursables aux candidats.

(L. org. n° 2011-410 du 14 avr. 2011, art. 22) « L'obligation de dépôt du compte de campagne ainsi que la présentation de ce compte par un membre de l'ordre des experts-comptables s'imposent à tous les candidats. » Les frais d'expertise comptable liés à l'application de l'article L. 52-12 du code électoral sont inscrits dans le compte de campagne.

(L. org. n° 2006-404 du 5 avr. 2006, art. 2) « La Commission nationale des comptes de campagne et des financements politiques approuve, rejette ou réforme, après procédure contradictoire, les comptes de campagne et arrête le montant du remboursement forfaitaire prévu au V du présent article. Elle se prononce dans les six mois du dépôt des comptes.

« Dans tous les cas où un dépassement du plafond des dépenses électorales est constaté, la commission fixe une somme, égale au montant du dépassement, que le candidat est tenu de verser au Trésor public. Cette somme est recouvrée comme les créances de l'État étrangères à l'impôt et au domaine.

« Par dérogation au *(L. org. n° 2019-1268 du 2 déc. 2019, art. 4)* « IV » de l'article L. 52-12 du code électoral, les comptes de campagne des candidats sont publiés par la commission au *Journal officiel* *(L. org. n° 2021-335 du 29 mars 2021, art. 3)* « ainsi que dans un format ouvert et aisément réutilisable, » dans le mois suivant l'expiration du délai prévu *(L. org. n° 2016-506 du 25 avr. 2016, art. 7)* « à l'avant-dernier alinéa du V du présent article. Chaque compte comporte en annexe une présentation détaillée des dépenses exposées par chacun des partis et groupements politiques qui ont été créés en vue d'apporter un soutien au candidat ou qui lui apportent leur soutien, ainsi que des avantages directs ou indirects, prestations de services et dons en nature fournis par ces partis et groupements. L'intégralité de cette annexe est publiée avec le compte, dans les conditions prévues à la première phrase du présent alinéa. Les partis et groupements politiques mentionnés au présent alinéa communiquent à la Commission nationale des comptes de campagne et des financements politiques, à sa demande, les pièces comptables et les justificatifs nécessaires pour apprécier l'exactitude de cette annexe. »

(L. org. n° 2001-100 du 5 févr. 2001, art. 2 ; L. org. n° 2019-1268 du 2 déc. 2019, art. 4) « Pour l'application de l'avant-dernier alinéa des articles L. 52-5 et L. 52-6 du code électoral, le délai pour la dissolution de plein droit de l'association de financement électoral et pour la cessation des fonctions du mandataire financier est fixé à un mois à compter de la publication » *(L. org. n° 2006-404 du 5 avr. 2006, art. 2)* « prévue au dernier alinéa du V du présent article ».

(L. org. n° 90-383 du 10 mai 1990) « Le solde positif éventuel des comptes des associations électorales et mandataires financiers des candidats est dévolu à la Fondation de France.

« Le montant de l'avance prévue au *(L. org. n° 2021-335 du 29 mars 2021, art. 3)* « premier » alinéa du paragraphe V du présent article doit figurer dans les recettes retracées dans le compte de campagne. »

(L. org. n° 2006-404 du 5 avr. 2006, art. 2) « Par dérogation aux dispositions de l'article L. 55 du code électoral, le scrutin est organisé le samedi en Guadeloupe, en Guyane, en Martinique *(L. org. n° 2007-223 du 21 févr. 2007, art. 10)* « , à Saint-Barthélemy, à Saint-Martin », à Saint-Pierre-et-Miquelon, en Polynésie française et dans les ambassades et les postes consulaires situés sur le continent américain. »

(L. org. n° 2016-506 du 25 avr. 2016, art. 8) « II *bis*. — Le jour du vote, le scrutin est ouvert à huit heures et clos à dix-neuf heures.

« Toutefois, pour faciliter l'exercice du droit de vote, et sans que le scrutin puisse être clos après vingt heures :

« 1° Le représentant de l'État dans le département ainsi qu'à Saint-Barthélemy, à Saint-Martin, à Saint-Pierre-et-Miquelon, dans les îles Wallis-et-Futuna, en Polynésie française et en Nouvelle-Calédonie peut, par arrêté, avancer l'heure d'ouverture ou retarder l'heure de clôture du scrutin dans certaines communes ou circonscriptions administratives ;

« 2° Le ministre des affaires étrangères peut, par arrêté, avancer l'heure d'ouverture ou retarder l'heure de clôture du scrutin dans certains bureaux de vote ouverts à l'étranger. »

III. — Le Conseil constitutionnel veille à la régularité des opérations et examine les réclamations dans les mêmes conditions que celles fixées pour les opérations de référendum par les articles 46, 48, 49, 50 de l'ordonnance n° 58-1067 du 7 novembre 1958 portant loi organique sur le Conseil constitutionnel.

(L. org. n° 88-226 du 11 mars 1988) « Le Conseil constitutionnel arrête et proclame les résultats de l'élection qui sont publiés au *Journal officiel* de la République française dans les vingt-quatre heures de la proclamation. La déclaration de situation patrimoniale du candidat proclamé élu est jointe à cette publication. »

(L. org. n° 2006-404 du 5 avr. 2006, art. 3) « Les décisions de la Commission nationale des comptes de campagne et des financements politiques mentionnées au II du présent article peuvent faire l'objet d'un recours de pleine juridiction devant le Conseil constitutionnel par le candidat concerné, dans le mois suivant leur notification. » Pour l'examen *(L. org. n° 2006-404 du 5 avr. 2006, art. 3)* « des comptes » comme des réclamations visées au premier alinéa du présent paragraphe, le président du Conseil constitutionnel désigne des rapporteurs, choisis parmi les membres du Conseil et les rapporteurs adjoints mentionnés au second alinéa de l'article 36 de l'ordonnance n° 58-1067 du 7 novembre 1958 portant loi organique sur le Conseil constitutionnel. » *(L. org. n° 2001-100 du 5 févr. 2001, art. 3)* « Les agents de l'administration des impôts sont déliés du secret professionnel à l'égard des membres du Conseil constitutionnel et de ses rapporteurs adjoints à l'occasion des enquêtes qu'ils effectuent pour contrôler les comptes de campagne des candidats à l'élection du Président de la République. »

(L. org. n° 2021-335 du 29 mars 2021, art. 2) « III *bis*. — Les candidats veillent à l'accessibilité de leurs moyens de propagande électorale aux personnes en situation de handicap, en tenant compte des différentes formes de handicap et de la diversité des supports de communication. Ils peuvent consulter à cette fin le Conseil national consultatif des personnes handicapées, qui publie des recommandations ou observations. »

IV. — Tous les candidats bénéficient, de la part de l'État, des mêmes facilités pour la campagne en vue de l'élection présidentielle.

V. — *(Abrogé par L. org. n° 2021-335 du 29 mars 2021, art. 3) « Un décret en Conseil d'État fixe les modalités d'application des présentes dispositions organiques ; il détermine notamment les conditions de la participation de l'État aux dépenses de propagande. »*

(L. org. n° 90-383 du 10 mai 1990) « Lors de la publication de la liste des candidats au premier tour, l'État verse à chacun d'entre eux une somme *(L. org. n° 95-62 du 19 janv. 1995 ; L. org. n° 2001-100 du 5 févr. 2001, art. 4 ; L. org. n° 2021-335 du 29 mars 2021, art. 3)* « de 200 000 € », à titre d'avance sur le remboursement forfaitaire de leurs dépenses de campagne prévu à l'alinéa suivant. Si le montant du remboursement n'atteint pas cette somme, l'excédent fait l'objet d'un reversement. »

(L. org. n° 88-226 du 11 mars 1988) « Une somme égale *(L. n° 2012-272 du 28 févr. 2012)* « à 4,75 % » du montant du plafond des dépenses de campagne qui leur est applicable est remboursée, à titre forfaitaire, à chaque candidat ; cette somme est portée *(L. n° 2012-272 du 28 févr. 2012)* « à 47,5 % » pour chaque candidat ayant obtenu plus de 5 % du total des suffrages exprimés au premier tour. Elle ne peut excéder le montant des dépenses du candidat retracées dans son compte de campagne. »

(L. org. n° 2006-404 du 5 avr. 2006, art. 4) « Le remboursement total ou partiel des dépenses retracées dans le compte de campagne n'est possible qu'après l'approbation définitive de ce compte. Le remboursement forfaitaire n'est pas versé aux candidats qui ne se sont pas conformés aux prescriptions du *(L. org. n° 2016-506 du 25 avr. 2016, art. 6)* « troisième » alinéa du II du présent article, qui n'ont pas déposé leur compte de campagne *(L. n° 2012-272 du 28 févr. 2012)* « au plus tard à 18 heures le onzième vendredi suivant le premier tour de scrutin » ou dont le compte de campagne est rejeté pour d'autres motifs. Dans les cas où les irrégularités commises ne conduisent pas au rejet du compte, la décision concernant ce dernier peut réduire le montant du remboursement forfaitaire en fonction du nombre et de la gravité de ces irrégularités.

« La Commission nationale des comptes de campagne et des financements politiques ou, en cas de recours, le Conseil constitutionnel fait publier au *Journal officiel* les décisions prises pour approuver, rejeter ou réformer les comptes de campagne et arrêter le montant du remboursement. »

(L. org. n° 2021-335 du 29 mars 2021, art. 3) « VI. — Les personnes placées en détention provisoire et les détenus purgeant une peine n'entraînant pas une incapacité électorale qui sont incarcérés dans un établissement pénitentiaire situé sur le territoire de la République peuvent, s'ils sont inscrits sur une liste électorale, voter par correspondance, sous pli fermé, à l'élection du Président de la République, dans des conditions permettant de respecter le caractère secret et personnel du vote, la sincérité du scrutin ainsi que la sécurité et la sûreté des personnes concernées. Sauf s'ils sont inscrits sur une liste électorale en application du III de l'article L. 12-1 du code électoral, ils doivent effectuer une démarche à cette fin auprès de l'administration pénitentiaire.

« Pour l'application du premier alinéa du présent VI, est instituée une commission électorale chargée de veiller au caractère personnel et secret du vote par correspondance ainsi qu'à la régularité et à la sincérité des opérations de vote. Cette commission a pour mission d'établir une liste des électeurs admis à voter par correspondance, qui constitue la liste d'émargement, et de procéder au recensement des votes.

« La liste des électeurs admis à voter par correspondance n'est pas communicable.

« Les électeurs admis à voter par correspondance ne peuvent voter ni à l'urne ni par procuration, sauf si la période de détention prend fin avant le jour du scrutin.

« VII. — Un décret en Conseil d'État fixe les modalités d'application du présent article. Il détermine notamment les conditions de la participation de l'État aux dépenses de propagande. »

Au plus tard le 1er juin 2023, le Gouvernement remet au Parlement un rapport comprenant :

1° Une évaluation des moyens mis en œuvre par les candidats à l'élection du Président de la République pour l'application du III bis ;

2° Une analyse des évolutions juridiques et techniques nécessaires pour améliorer l'accessibilité de la propagande électorale aux personnes en situation de handicap, y compris lors des autres consultations électorales (L. org. n° 2021-335 du 29 mars 2021, art. 2).

Par dérogation au 2e al. du II, pour la prochaine élection du Président de la République organisée dans les conditions prévues au 3e al. de l'art. 7 Const. 58, la période au cours de laquelle le mandataire recueille les fonds destinés au financement de la campagne et règle les dépenses engagées en vue de l'élection court pendant les 9 mois précédant le 1er jour du mois de l'élection et jusqu'à la date du dépôt du compte de campagne du candidat (L. org. n° 2021-335 du 29 mars 2021, art. 3-II).

A titre expérimental, pour chaque don versé à un candidat à la prochaine élection du Président de la République suivant la publication de la L. org. n° 2021-335 du 29 mars 2021, l'association de financement électoral ou le mandataire financier délivre un reçu édité au moyen d'un téléservice mis en œuvre par la Commission nationale des comptes de campagne et des financements politiques. Les demandes de reçu sont transmises au moyen de ce téléservice (L. org. préc., art. 3-V).

A titre expérimental, le compte de campagne des candidats à la prochaine élection du Président de la République suivant la publication de la L. org. n° 2021-335 du 29 mars 2021 est déposé par voie dématérialisée au moyen d'un téléservice mis en œuvre par la Commission nationale des comptes de campagne et des financements politiques (L. org. préc., art. 3-VI).

Sur la publication des comptes de campagne des candidats à l'élection présidentielle des 23 avr. et 7 mai 2017 adressés à la CNCCFP, V. JO 3 août 2017.

Loi n° 2002-1050 du 6 août 2002,

De finances rectificative pour 2002.

Art. 14 *(Dispositions déclarées non conformes à la Constitution par Décis. Cons. const. n° 2012-654 DC du 9 août 2012)* « I. — *(L. n° 2007-1822 du 24 déc. 2007, art. 106)* « *Le Président de la République et les membres du Gouvernement reçoivent* » *un traitement brut mensuel calculé par référence au traitement des fonctionnaires occupant les emplois de l'État classés dans la catégorie dite « hors échelle ». Il est au plus égal au double de la moyenne du traitement le plus bas et du traitement le plus élevé de cette catégorie.*

« Ce traitement est complété par une indemnité de résidence égale à 3 % de son montant et par une indemnité de fonction égale à 25 % de la somme du traitement brut et de l'indemnité de résidence.

« Le traitement brut mensuel, l'indemnité de résidence et l'indemnité de fonction (L. n° 2007-1822 du 24 déc. 2007, art. 106) *« du Président de la République et » du Premier ministre sont égaux aux montants les plus élevés définis aux deux alinéas ci-dessus majorés de 50 %.*

« Le traitement brut mensuel et l'indemnité de résidence sont soumis aux cotisations sociales obligatoires et imposables à l'impôt sur le revenu suivant les règles applicables aux traitements et salaires.

« (L. n° 2007-1822 du 24 déc. 2007, art. 106) *« Les éléments de rémunération du Président de la République sont exclusifs de tout autre traitement, pension, prime ou indemnité, hormis celles à caractère familial. » »* — *V. ci-dessous Décr. n° 2012-983 du 23 août 2012.*

II. — L'indemnité prévue à l'article 5 de l'ordonnance n° 58-1099 du 17 novembre 1958 portant loi organique pour l'application de l'article 23 de la Constitution *[V. cet art. ss. Const. 58, art. 23]* est égale au total du traitement brut, de l'indemnité de résidence et de l'indemnité de fonction définis au I du présent article. La part de cette indemnité égale à la somme du traitement brut mensuel et de l'indemnité de résidence est soumise aux cotisations sociales obligatoires et imposables à l'impôt sur le revenu suivant les règles applicables aux traitements et salaires.

III. — Les dispositions du présent article sont applicables à compter du 8 mai 2002.

Décret n° 2012-983 du 23 août 2012,

Relatif au traitement du Président de la République et des membres du Gouvernement.

Art. 1er Le Président de la République et les membres du Gouvernement reçoivent un traitement brut mensuel calculé par référence au traitement des fonctionnaires occupant les emplois de l'État classés dans la catégorie dite « hors échelle ». Il est au plus égal au double de la moyenne du traitement le plus bas et du traitement le plus élevé de cette catégorie.

Ce traitement est complété par une indemnité de résidence égale à 3 % de son montant et par une indemnité de fonction égale à 25 % de la somme du traitement brut et de l'indemnité de résidence.

Art. 2 Le traitement brut mensuel prévu à l'article 1er est fixé, pour les ministres et les ministres délégués, à 1,4 fois la moyenne du traitement le plus élevé et du traitement le plus bas perçu par les fonctionnaires occupant des emplois de l'État classés dans la catégorie « hors échelle ».

Art. 3 Le traitement brut mensuel, l'indemnité de résidence et l'indemnité de fonction du Président de la République et du Premier ministre sont égaux aux montants les plus élevés définis à l'article 1er ci-dessus majorés de 5 %.

Art. 4 Le présent décret s'applique aux autorités investies à compter du 15 mai 2012, à partir de leur prise de fonctions.

Art. 5 Le décret n° 2002-1058 du 6 août 2002 relatif au traitement des membres du Gouvernement est abrogé.

Décret n° 2016-1302 du 4 octobre 2016,

Relatif au soutien matériel et en personnel apporté aux anciens Présidents de la République.

Art. 1er Pendant les cinq années qui suivent la cessation de leurs fonctions, il est mis à disposition des anciens présidents de la République sept collaborateurs permanents, dont un directeur de cabinet du niveau de la catégorie A supérieure et trois collaborateurs du niveau de la catégorie A, ainsi que deux agents de service, appartenant à la fonction publique ou rémunérés par l'État sur contrat.

Art. 2 Au-delà des cinq années qui suivent la cessation de leurs fonctions, il est mis à disposition des anciens Présidents de la République trois collaborateurs permanents, dont un directeur de cabinet du niveau de la catégorie A supérieure et un collaborateur du niveau de la catégorie A, ainsi qu'un agent de service, appartenant à la fonction publique ou rémunérés par l'État sur contrat.

Art. 3 Il est mis à disposition des anciens Présidents de la République, en adéquation avec les personnels mis à leur disposition, des locaux meublés et équipés, dont le loyer, les charges et les frais généraux sont pris en charge par l'État.

Art. 4 Les anciens Présidents de la République bénéficient, pour leurs activités liées à leurs fonctions d'anciens chefs de l'État, de la prise en charge des frais de réception ainsi que des frais de déplacement, pour eux-mêmes et un collaborateur.

Art. 5 La gestion du dispositif de soutien matériel et en personnel apportés aux anciens Présidents de la République est assurée par les services du Premier ministre, à l'exception de leurs véhicules et de leurs conducteurs qui sont mis en place par le ministère de l'intérieur dans le cadre de la protection dont ils bénéficient.

Art. 6 Pour les anciens Présidents de la République investis avant le 15 mai 2012, le délai de cinq années mentionné à l'article 1er court à compter de la date d'entrée en vigueur du présent décret.

Décret n° 2017-1098 du 14 juin 2017,

Relatif aux collaborateurs du Président de la République et des membres du Gouvernement.

Art. 1er Le Président de la République et les membres du Gouvernement ne peuvent compter parmi les membres de leur cabinet :

1° Leur conjoint, partenaire lié par un pacte civil de solidarité ou concubin ;

2° Leurs parents, enfants, frères et sœurs ainsi que leurs conjoints, partenaires liés par un pacte civil de solidarité ou concubins ;

3° Leurs grands-parents, leurs petits-enfants et les enfants de leurs frères et sœurs ;

4° Les parents, enfants et frères et sœurs de leur conjoint, partenaire lié par un pacte civil de solidarité ou concubin.

La violation de l'interdiction prévue à l'article 1er emporte l'illégalité de l'acte de nomination et, le cas échéant, la cessation de plein droit du contrat.

Art. 2 Lorsqu'un collaborateur est employé en violation de l'interdiction prévue à l'article 1er au jour de la publication du présent décret, il est mis fin à ses fonctions dans un délai de deux mois après cette publication.

S'il a la qualité de contractuel, le collaborateur se voit notifier son licenciement par l'autorité de nomination avant l'expiration du délai mentionné au premier alinéa. Il bénéficie des indemnités de licenciement prévues par le décret n° 86-83 du 17 janvier 1986 susvisé *[relatif aux dispositions générales applicables aux agents contractuels de l'État pris pour l'application de l'article 7 de la loi n° 84-16 du 11 janvier 1984 portant dispositions statutaires relatives à la fonction publique de l'État]*.

Art. 7 *(L. n° 62-1292 du 6 nov. 1962)* **Le Président de la République est élu à la majorité absolue des suffrages exprimés. Si celle-ci n'est pas obtenue au premier tour de scrutin, il est procédé** *(L. const. n° 2003-276 du 28 mars 2003, art. 12-I)* **« le quatorzième jour suivant », à un second tour. Seuls peuvent s'y présenter les deux candidats qui, le cas échéant après retrait de candidats plus favorisés, se trouvent avoir recueilli le plus grand nombre de suffrages au premier tour.**

Le scrutin est ouvert sur convocation du Gouvernement.

L'élection du nouveau Président a lieu vingt jours au moins et trente-cinq jours au plus avant l'expiration des pouvoirs du Président en exercice.

En cas de vacance de la Présidence de la République pour quelque cause que ce soit, ou d'empêchement constaté par le Conseil constitutionnel saisi par le Gouvernement et statuant à la majorité absolue de ses membres, les fonctions du Président de la République, à l'exception de celles prévues aux articles 11 et 12 ci-dessous, sont provisoirement exercées par le Président du Sénat et, si celui-ci est à son tour empêché d'exercer ces fonctions, par le Gouvernement.

En cas de vacance ou lorsque l'empêchement est déclaré définitif par le Conseil constitutionnel, le scrutin pour l'élection du nouveau Président a lieu, sauf cas de force majeure constaté par le Conseil constitutionnel, vingt jours au moins et trente-cinq jours au plus après l'ouverture de la vacance ou la déclaration du caractère définitif de l'empêchement.

(L. const. n° 76-527 du 18 juin 1976) **« Si, dans les sept jours précédant la date limite du dépôt des présentations de candidatures, une des personnes ayant, moins de trente jours avant cette date, annoncé publiquement sa décision d'être candidate décède ou se trouve empêchée, le Conseil constitutionnel peut décider de reporter l'élection.**

« Si, avant le premier tour, un des candidats décède ou se trouve empêché, le Conseil constitutionnel prononce le report de l'élection.

« En cas de décès ou d'empêchement de l'un des deux candidats les plus favorisés au premier tour avant les retraits éventuels, le Conseil constitutionnel déclare qu'il doit être procédé de nouveau à l'ensemble des opérations électorales ; il en est de même en cas de décès ou d'empêchement de l'un des deux candidats restés en présence en vue du second tour.

« Dans tous les cas, le Conseil constitutionnel est saisi dans les conditions fixées au deuxième alinéa de l'article 61 ci-dessous ou dans celles déterminées pour la présentation d'un candidat par la loi organique prévue à l'article 6 ci-dessus. – *V. L. n° 62-1292 du 6 nov. 1962 ss. Const. 58, art. 6.*

« Le Conseil constitutionnel peut proroger les délais prévus aux troisième et cinquième alinéas sans que le scrutin puisse avoir lieu plus de trente-cinq jours après la date de la décision du Conseil constitutionnel. Si l'application des dispositions du présent alinéa a eu pour effet de reporter l'élection à une date postérieure à l'expiration des pouvoirs du Président en exercice, celui-ci demeure en fonction jusqu'à la proclamation de son successeur. »

Il ne peut être fait application ni des articles 49 et 50 ni de l'article 89 de la Constitution durant la vacance de la Présidence de la République ou durant la période qui s'écoule entre la déclaration du caractère définitif de l'empêchement du Président de la République et l'élection de son successeur.

Sur l'exercice d'attribution du Conseil constitutionnel en matière d'élection à la Présidence de la République, V. Ord. n° 58-1067 du 7 nov. 1958, art. 30 s., ss. Const. 58, art. 63.

Sur l'élection du Président de la République au suffrage universel, V. L. n° 62-1292 du 6 nov. 1962, ss. Const. 58, art. 6 et C. élect., Décr. n° 2001-213 du 8 mars 2001.

BIBL. ▶ RAMBAUD, Le paquet de modernisation électorale. De la réforme de l'élection présidentielle au droit électoral de la démocratie continue, *AJDA 2016. 1285*. – TORCOL, La loi organique de modernisation des règles applicables à l'élection présidentielle conforme à la Constitution : question autour du contrôle de la « conformité de la loi organique aux observations du Conseil constitutionnel », *Constitutions 2016. 236* . – Rambaud, La nouvelle élection présidentielle en ordre de marche, *AJDA 2017. 527* . – Treille, La démocratie partisane à l'épreuve des primaires, *Pouvoirs 2017, n° 163, p. 97.* – V. également ss. Const. 58, art. 6.

COMMENTAIRE

V. sur le Code en ligne.

1. Présentation des candidats. En se bornant à reprendre les dispositions de la L. org. n° 76-528 du 18 juin 1976, malgré les modifications apportées au statut de Mayotte par la L. n° 76-1212 du 24 déc. 1976 et à celui de l'archipel de Saint-Pierre-et-Miquelon par la L. n° 85-595 du 11 juin 1985, la L. org. présentement examinée (n° 88-35 du 13 janv. 1988) n'a pas entendu priver les citoyens habilités titulaires de mandats électifs au sein de ces collectivités territoriales du droit de présentation des candidats à l'élection présidentielle, ce qui d'ailleurs eût été contraire au principe d'égalité. • Cons. const. 5 janv. 1988, n° 87-235 DC § 2.

2. La question des « parrainages ». La présentation d'un candidat à l'élection du Président de la République est un acte politique grave. Il importe donc de l'entourer de toute la solennité nécessaire. • Cons. const. 24 mai 1974, *Déclaration du Conseil constitutionnel (à l'occasion de la proclamation des résultats de l'élection présidentielle de 1974) : Rec. Cons. const. 57.* ♦ La présence de 12 candidats à l'élection présidentielle de 2007 conduit enfin le Conseil constitutionnel à s'interroger, comme il l'avait déjà fait dans ses précédentes observations, sur le bien-fondé des règles de présentation. Ce nombre élevé de candidats a pu affecter la clarté du débat électoral (...). On relèvera que les règles de présentation d'un candidat n'ont pas été rendues plus sévères depuis 1976. D'autres facteurs, tels que la réglementation applicable en matière de remboursement des dépenses de campagne, contribuent à une augmentation du nombre de candidats. Enfin la question de la publication, pour chaque candidat, de la liste intégrale de ses présentateurs est toujours posée. La décision relève d'une loi organique. Ces observations appellent une réflexion d'ensemble sur ces questions. • Cons. const. 7 juin 2007, *Obs. sur l'élection présidentielle des 22 avril et 6 mai 2007,* n° 2007-142 PDR : *JO 12 juin, p. 10247.*

3. La présentation de candidats par les *citoyens élus habilités ne saurait être assimilée* à l'expression d'un suffrage ; par suite, le grief tiré de ce que les dispositions contestées méconnaîtraient, à l'égard de ces citoyens élus, les principes d'égalité et de secret du suffrage est inopérant. • Cons. const. 21 févr. 2012, *Marine Le Pen,* n° 2012-233 QPC § 7.

4. En 2012, plusieurs candidats admis à se présenter au premier tour ont obtenu une faible, voire très faible, part des suffrages exprimés lors du premier tour. De fait, l'actuel dispositif de représentation ne réserve pas l'accès au premier tour de scrutin aux seuls candidats qui bénéficient d'un minimum de représentativité dans la vie politique française. En outre, ce dispositif suscite des débats et laisse subsister une incertitude sur la possibilité de participer au premier tour du scrutin de représentants de certaines formations politiques, présentes lors de scrutins précédents, qui ont obtenu en définitive un très grand nombre de voix. Si une modification était envisagée pour retenir de nouvelles règles de présentation des candidats, elle devrait être soigneusement examinée afin de préserver les acquis du dispositif actuel et d'être applicable sans difficultés, notamment dans le cas d'une élection provoquée par la vacance de la présidence de la République, pour laquelle les délais d'organisation sont raccourcis. • Cons. const. 21 juin 2012, *Obs. sur l'élection présidentielle des 22 avr. et 6 mai 2012,* n° 2012-155 PDR.

5. Les citoyens habilités à présenter des candidats à l'élection du Président de la République doivent utiliser uniquement la voie postale, tant que les dispositions relatives à l'envoi par voie électronique ne sont pas entrées en vigueur, pour faire parvenir leur présentation au Cons. const. ; ils peuvent recourir à tout opérateur postal agréé en vertu de la réglementation en vigueur afin de faire parvenir leur présentation ; il incombera à ces personnes de tenir compte du délai d'acheminement normal du courrier et de remettre en temps utile leur présentation à un opérateur postal afin que celle-ci parvienne au Conseil avant l'expiration du délai fixé et qu'elle puisse être valablement prise en compte. • Cons. const. 21 avr. 2016, n° 2016-729 DC § 5. ♦ Ces dispositions ne sauraient avoir pour objet ou pour effet, sans méconnaître le principe d'égalité entre candidats, de faire obstacle à ce que, saisi par des personnes habilitées à présenter des candidats, le Conseil puisse prendre en considération des circonstances de force majeure ayant gravement affecté l'expédition et l'acheminement des présentations dans les jours précédant l'expiration du délai de présentation des candidats.

• Cons. const. 21 avr. 2016, n° 2016-729 DC § 6 (réserve d'interprétation).

6. Le système actuel engendre des difficultés dans l'organisation de la campagne électorale, en particulier dans les médias. Les règles qui s'y appliquent devraient être aménagées, notamment quant au principe de l'égalité de traitement entre les candidats dans les médias audiovisuels. • Cons. const. 21 juin 2012, *Obs. sur l'élection présidentielle des 22 avr. et 6 mai 2012,* n° 2012-155 PDR.

7. Il appartient au législateur organique, compétent en vertu de l'art. 6 Const. 58 pour fixer les règles concernant l'élection du Président de la République, de concilier l'exercice de la liberté de communication avec le principe de pluralisme des courants d'idées et d'opinions. En prévoyant l'application du principe d'équité au traitement audiovisuel des candidats à l'élection présidentielle pendant la période allant de la publication de la liste des candidats jusqu'à la veille du début de la campagne « officielle », le législateur organique a, d'une part, entendu favoriser, dans l'intérêt des citoyens, la clarté du débat électoral et, d'autre part et dans le même but, accorder aux éditeurs de services de communication audiovisuelle une liberté accrue dans le traitement de l'information en période électorale, qui ne saurait remettre en cause les principes fixés par le législateur et dont l'application relève du Conseil supérieur de l'audiovisuel ; si ces éditeurs conservent un rôle déterminant de diffusion de l'information à destination des citoyens en période électorale, leur diversité a été renforcée ; il existe en outre d'autres modes de diffusion qui contribuent à l' information des citoyens en période électorale sans relever de réglementations identiques ; compte tenu de ces évolutions, en adoptant ces dispositions, le législateur a opéré une conciliation qui n'est pas manifestement déséquilibrée entre les exigences constitutionnelles de pluralisme des courants d'idées et d'opinions et de liberté de communication. • Cons. const. 21 avr. 2016, n° 2016-729 DC § 12 et 13.

8. Les dispositions contestées assurent une publicité des choix de présentation des candidats à l'élection présidentielle par les citoyens *élus habilités. En instaurant* une telle publicité, le législateur a entendu favoriser la transparence de la procédure de présentation des candidats à l'élection présidentielle ; cette publicité ne saurait en elle-même méconnaître le principe du pluralisme des courants d'idées et d'opinions. • Cons. const. 21 févr. 2012, *Marine Le Pen,* n° 2012-233 QPC § 8.

9. La publication des présentations de candidats à l'élection présidentielle est limitée aux 500 présentations requises pour être candidat et n'inclut ni les présentations surabondantes ni les présentations accordées à des personnes n'ayant pas obtenu le nombre requis de présentations pour être candidat. Selon la décision du Cons. const. du 24 févr. 1981, les présentations publiées sont choisies par tirage au sort. En limitant à cinq cents le nombre de présentations rendues publiques, le législateur a entendu que la liste des candidats soit établie sur le fondement du même nombre de présentations pour chacun des candidats. S'il résulte des dispositions contestées une différence de traitement entre les citoyens qui ont présenté un candidat, en ce que la probabilité de voir leur nom et leur qualité publiés varie en fonction du nombre de présentations dont les candidats ont fait l'objet, cette différence de traitement est en rapport direct avec l'objectif poursuivi par le législateur d'assurer la plus grande égalité entre les candidats inscrits sur la liste établie par le Cons. const. • Cons. const. 21 févr. 2012, *Marine Le Pen,* n° 2012-233 QPC § 9.

10. La législation actuelle sur la publication des noms des élus habilités fait l'objet de contestations récurrentes dans le cadre de la campagne électorale. Une réflexion sur ce sujet serait donc utile. • Cons. const. 21 juin 2012, *Obs. sur l'élection présidentielle des 22 avr. et 6 mai 2012,* n° 2012-155 PDR.

11. Établissement de la liste. La liste des candidats à l'élection du Président de la République, arrêtée par la décision du Conseil constitutionnel, ne peut être contestée devant lui que par une personne ayant au moins obtenu un parrainage. • Cons. const. 22 mars 2012, *Richard Nowak,* n° 2012-149 PDR : *JO 23 mars, p. 5321* • Cons. const. 22 mars 2012, *Jean-Marie Matagne,* n° 2012-146 PDR : *JO 23 mars, p. 5320.*

12. Déclaration de patrimoine. En prévoyant que les déclarations de situation patrimoniale remises par les candidats à cette élection sont transmises à la Haute Autorité qui les rend publiques dans les limites prévues au § III de l'art. L.O. 135-2 C. élect., le législateur n'a pas, eu égard à la place du Président de la République dans les institutions et à la nature particulière de son élection, porté une atteinte disproportionnée au droit au respect de la vie privée des candidats à l'élection présidentielle. • Cons. const. 9 oct. 2013, n° 2013-675 DC § 7. ♦ L'instauration d'une obligation de dépôt auprès d'une autorité administrative indépendante, aux fins de publication avant l'élection, de déclarations d'intérêts et d'activités par les candidats à l'élection présidentielle a pour objectif d'éclairer le choix des électeurs, de renforcer les garanties de probité et d'intégrité de ces candidats, de prévenir les conflits d'intérêts et de lutter contre ceux-ci. Elle est ainsi justifiée par un motif d'intérêt général. L'atteinte portée à la vie privée par la publication de ces déclarations doit être appréciée en tenant compte de la place du Président de la

République dans les institutions et de la nature particulière de son élection. • Cons. const. 8 sept. 2017, n° 2017-753 DC § 6.

13. En prévoyant que le Président de la République remet sa déclaration de situation patrimoniale entre cinq et six mois avant l'expiration de son mandat et que sa publication comporte un avis de la Haute Autorité appréciant la variation de la situation patrimoniale en cours de mandat, le législateur organique n'a pas porté une atteinte disproportionnée au droit au respect de la vie privée du président élu. Compte tenu des délais qu'il a retenus, le législateur organique n'a pas non plus conféré à cette autorité le pouvoir d'intervenir dans la campagne électorale dans des conditions qui pourraient porter atteinte à l'égalité devant le suffrage. • Cons. const. 8 sept. 2017, n° 2017-753 DC § 7. ♦ Comp. • Cons. const. 9 oct. 2013, n° 2013-675 DC § 8.

14. Campagne électorale. La circonstance que M. A. ne soit pas invité à participer au débat organisé par la société TF1 le 20 mars ne peut être regardée, en elle-même, quelles que soient les spécificités de ce type d'émissions d'information politique, comme caractérisant une méconnaissance du principe d'équité. • CE, ord., 16 mars 2017, *M. Dupont-Aignan,* n° 408730 : *AJDA 2017. 604 ; ibid. 1291, note Rambaud .*

15. Comptes de campagne. En conférant à la sanction financière prononcée par la CNCCFP, à l'issue de l'examen par cette commission, sous le contrôle du Cons. const., des comptes de campagne de chacun des candidats à l'élection du Président de la République, un caractère systématique et en prévoyant que son montant est égal au dépassement du plafond des dépenses électorales, le législateur a entendu assurer le bon déroulement de l'élection du Président de la République et, en particulier, l'égalité entre les candidats au cours de la campagne électorale. Elle est une pénalité financière, strictement égale au montant du dépassement constaté. • Cons. const. 17 mai 2019, *Nicolas S.,* n° 2019-783 QPC § 12 et 13. ♦ Sur le cumul de cette sanction et de la sanction pénale prévue par l'art. L. 113-1 C. élect., V. ss DDH, art. 8.

16. En premier lieu, les montants ainsi arrêtés résultent de la réintégration à hauteur de 1 669 930 euros de dépenses que le candidat n'avait pas ou avait insuffisamment fait figurer dans son compte de campagne, soit 7, 8 % de plus que le montant des dépenses qu'il a déclarées et 7, 4 % du plafond de dépenses autorisées. *En deuxième lieu,* parmi les dépenses qui auraient dû figurer au compte de campagne du fait de leur caractère électoral, celles relatives à la réunion publique tenue à Toulon par M. Sarkozy antérieurement à sa déclaration de candidature n'ont fait l'objet d'aucune refacturation par l'État. Elles ont ainsi été financées irrégulièrement, en méconnaissance des dispositions de l'art. L. 52-8 C. élect., applicable à l'élection présidentielle en vertu du paragraphe II de l'art. 3 de la L. du 6 nov. 1962, qui prohibe, sous quelque forme que ce soit, la participation des personnes morales autres que les partis ou groupements politiques au financement de la campagne électorale d'un candidat. En troisième lieu, le montant arrêté des dépenses électorales de M. Sarkozy excède de 466 118 euros, soit 2, 1 %, le plafond autorisé. • Cons. const. 4 juill. 2013, *Nicolas Sarkozy,* n° 2013-156 PDR § 23 : *JO 6 juill., p. 11289 ; AJDA 2013. 1810, note Maligner .*

17. C'est à bon droit que la CNCCFP a rejeté le compte de M. Sarkozy ; en application des dispositions de la L. du 6 nov. 1962, dès lors que le compte de M. Sarkozy est rejeté, celui-ci n'a pas droit au remboursement forfaitaire prévu à l'art. L. 52-11-1 C. élect. et doit en conséquence restituer au Trésor public l'avance forfaitaire de 153 000 euros qui lui a été versée. S'il résulte des mêmes dispositions que, dans tous les cas où un dépassement du plafond des dépenses électorales est constaté, la Commission nationale des comptes de campagne et des financements politiques fixe une somme égale au montant du dépassement que le candidat est tenu de verser au Trésor public, le montant de ce versement, qui présente le caractère d'une sanction, ne saurait être augmenté à la suite du recours du candidat contre la décision de la commission ; il n'y a dès lors pas lieu de modifier le montant arrêté par la commission dans sa décision. • Cons. const. 4 juill. 2013, *Nicolas Sarkozy,* n° 2013-156 PDR § 24 : *préc. note 12.*

18. L'ensemble des documents qui justifient les écritures figurant dans le compte de campagne d'un candidat à l'élection présidentielle et permettent à la CNCCFP de s'assurer de sa régularité est produit ou reçu par cette autorité administrative indépendante dans le cadre de la mission de contrôle des comptes de campagne qui lui a été confiée par le législateur organique en vue de garantir l'égalité entre les candidats et est dépourvu de tout caractère juridictionnel ; par conséquent, ces pièces constituent des documents administratifs qui ne peuvent être régis, en l'absence de disposition législative particulière, que par la loi du 17 juill. 1978. • CE, ass., 27 mars 2015, *CNCCFP c/ Médiapart,* n° 382083 A : *AJDA 2015. 981, chron. Lessi et Dutheillet de Lamothe ; RFDA 2015. 598, note Rambaud .* ♦ La présence d'une clause de confidentialité au sein des conventions de prêt ne saurait, à elle seule, justifier la non-communication de ces documents. La convention de prêt dont la communication est sollicitée en l'espèce auprès de la CNCCFP constitue un document administratif communicable à toute personne qui en fait la demande et ne comporte pas de mentions susceptibles d'être protégées par le secret en matière industrielle et commerciale. • CADA 12 mai 2016, avis n° 20161117.

19. Aux termes du V de l'art. 3 de la L. du 6 nov. 1962, « dans les cas où les irrégularités commises ne conduisent pas au rejet du compte, la décision concernant ce dernier peut réduire le montant du remboursement forfaitaire en fonction du nombre et de la gravité de ces irrégularités » ; en l'espèce, le candidat a omis de déclarer un montant de concours en nature des partis politiques et des personnes physiques de 88 349 euros et sa campagne a bénéficié de concours en nature de quelques personnes morales ; il est fait une juste appréciation en retranchant la somme de 50 000 euros du remboursement qui s'établit à 2 067 625 €. * CNCCFP 21 déc. 2017, *Comptes de campagne de M. Fillon : JO 13 févr. 2018.* ♦ ... Au regard des irrégularités entachant le versement de certains dons, il y a lieu de diminuer le montant du remboursement forfaitaire de l'État de la somme de 18 300 euros ; dès lors, le remboursement forfaitaire de l'État doit être arrêté à la somme de 10 640 794 euros. * CNCCFP 21 déc. 2017, *Comptes de campagne de M. Macron : JO 13 févr. 2018.*

20. Intérim présidentiel. Sur l'exercice du pouvoir constituant pendant l'intérim : V. notes ss. Const. 58, art. 89.

21. Le fait que le Premier ministre ne demande pas au Conseil constitutionnel de constater l'empêchement du Président de la République est insusceptible de recours devant le Conseil d'État (acte de gouvernement). • CE 8 sept. 2005, *Hoffer,* n° 284937 B : *AJDA 2005. 1711.*

Art. 8 **Le Président de la République nomme le Premier ministre. Il met fin à ses fonctions sur la présentation par celui-ci de la démission du Gouvernement.**

Sur la proposition du Premier ministre, il nomme les autres membres du Gouvernement et met fin à leurs fonctions.

COMMENTAIRE

V. sur le Code en ligne.

[V. références des décisions du Conseil constitutionnel dans le tableau DC]

1. Les décrets de nomination des ministres (et donc du Premier ministre) prennent effet dès leur signature sans attendre leur publication. • Cons. const. 6 sept. 2000, *Hauchemaille : Rec. Cons. const. 140 ; JO 9 sept., p. 14164* • CE 29 janv. 1965, *Mollaret : Lebon 61.* ♦ Il s'agit d'actes de Gouvernement qui sont dès lors insusceptibles de recours pour excès de pouvoir. • CE 29 déc. 1999, *Lemaire : Lebon 577* • CE 16 sept. 2005, *Hoffer,* n° 282171 B.

a. Intérim du Premier ministre et des ministres

BIBL. Auby, L'intérim, *RD publ. 1966. 864.* – Camby, Intérim, suppléance et délégation, *RD publ. 2001. 1605.* – Le Bos-Le Pourhiet, Le remplacement du Premier ministre empêché : intérim ou délégation ?, *RD publ. 1984. 993.* – Liet-Veaux, Délégation, vacance et intérim de la présidence du Conseil, *RD publ. 1952. 164.*

2. En conférant, par décret à un ministre, la charge d'assurer l'intérim du Premier ministre, pendant l'absence de ce dernier, le Président de la République a, ainsi que l'y habilite l'art. 5 Const., pris les dispositions nécessaires pour assurer la continuité de l'action gouvernementale ; sur le même fondement et pour des motifs analogues, le décret individuel chargeant un ministre de l'intérim du Premier ministre produit ses effets immédiatement, sans attendre sa publication au *Journal officiel* ; le ministre possède dès lors l'intégralité des pouvoirs attachés à la fonction qui lui est confiée à titre intérimaire. • Cons. const. 29 déc. 1989, n° 89-268 DC § 8 • Cons. const. 22 janv. 1990, n° 89-269 DC § 6 • CE, ass., 31 oct. 1980, *Féd. nat. des unions de jeunes avocats : Lebon 395 ; JCP 1983. 20003, note Auby ; RD publ. 1981. 499, concl. Franc.* ♦ V. déjà et rappr. • CE 20 avr. 1923, *Tollard : Lebon 338.*

3. Le ministre intérimaire désigné pour remplacer le Premier ministre assure la continuité de l'action gouvernementale et peut donc, dans les limites fixées par le décret lui conférant cet intérim, exercer les fonctions que le Premier ministre ne peut exercer en raison de son absence. • CE, ass., 31 oct. 1980, *Féd. nat. des unions de jeunes avocats : préc. note 2.* ♦ Rappr., mais faisant référence alors à la notion d'« affaires courantes ». • CE 27 mai 1966, *Sté de Crédit commercial et immobilier : Lebon 365.*

4. Le décret désignant un ministre intérimaire confie à celui-ci l'intégralité des pouvoirs du titulaire du poste. • CE 29 janv. 1965, *Mollaret : Lebon 61.*

b. Gouvernement démissionnaire

BIBL. Lachaze, L'expédition des affaires courantes en période de crise ministérielle, *D. 1952. 65.*

5. Le Gouvernement démissionnaire conserve l'intégralité de ses compétences jusqu'à l'acceptation de sa démission par le Président de la République. • CE 20 janv. 1988, *Cne de Po-*

merol, n° 62900 : *RD publ. 1988. 1137, concl. Massot.* ♦ V. déjà. • CE, sect., 17 mai 1957, *Simonet : Lebon 314, concl. Heumann* • CE 17 oct. 1962, *Dame Nachin : Lebon T. 856.* ♦ *Contra* : • CE 28 mai 1982, *Min. Défense*, n° 35147 B.

6. *Affaires courantes.* Un Gouvernement, une fois sa démission acceptée par le Président de la République, est chargé d'expédier les affaires courantes jusqu'à la nomination du gouvernement qui lui succédera. • CE, ass., 19 oct. 1962, *Brocas : Lebon 553, AJDA 1962. 612, chron. de Laubadère ; D. 1962. 702, concl. Bernard ; RD publ. 1962. 1181, concl. Bernard.* ♦ Rappr. dans les circonstances particulières de la naissance de la IVe République. • CE 19 nov. 1958, *Synd. nat. personnels Min. Anciens combattants : Lebon 561.* ♦ Tant qu'un Gouvernement est chargé de l'expédition des affaires courantes, le titulaire de la délégation est demeuré compétent pour ces affaires jusqu'au jour de la publication au *JO* du décret portant nomination des membres du nouveau Gouvernement. • CE 27 juill. 2001, *Assoc. « Stiftung Jean Arp » : Lebon 397 ; RFDA 2001. 1131.* ♦ Rappr. à propos du Gouvernement de Polynésie française. • CE 4 févr. 2005, *Temaru*, n° 273727 : *RFDA 2005. 139, concl. Mitjavile.*

7. *Relèvent des affaires courantes.* La fixation des modalités d'application de l'élection des représentants du personnel dans des commissions administratives paritaires. • CE, sect., 22 avr. 1966, *Féd. nat. synd. de police : Lebon 274 ; AJDA 1966. 355, concl. Galmot.* ♦ La définition des conditions permettant la mise en œuvre du référendum, compte tenu de leur nature et de leur urgence. • CE, ass., 19 oct. 1962, *Brocas : préc. note 6.*

8. En revanche, en l'absence d'urgence, un décret étendant l'application d'un texte, excède le règlement des affaires courantes. • CE, ass., 4 avr. 1952, *Synd. Ral quotidiens d'Algérie : Lebon 210 ; JCP 1952. 7138, note Vedel ; RD publ. 1952, note Waline ; S. 1952. 49, concl. Delvolvé.*

c. Membres du Gouvernement

BIBL. Kerléo, Les dispositions relatives aux élus et aux membres du gouvernement, *AJDA 2017. 2246* ; Le droit gouvernemental à l'épreuve de la déontologie, *AJDA 2018. 1944*.

9. V. notes ss. Const. 58, art. 22.

10. Le caractère interministériel éventuellement conféré par le Gouvernement à certaines missions dans le cadre budgétaire est sans effet sur la conformité de ces dispositions à la détermination des attributions des ministres qui résultent du présent art. • Cons. const. 19 juin 2001, n° 2001-448 DC.

11. Les propos par lesquels un ministre définit les orientations de son action devant les assemblées parlementaires ne sont pas des agissements ou des actes administratifs susceptibles de faire l'objet d'un référé liberté (CJA, art. L. 521-2). • CE, réf., 12 nov. 2005, *Assoc. SOS Racisme*, n° 286832 A.

12. Eu égard à la nature et aux responsabilités qui s'attachent aux emplois de collaborateurs de cabinet (ministériel) la relation de confiance personnelle avec l'autorité politique constitue un élément substantiel d'appréciation de leur aptitude professionnelle ; dès lors la décision prononçant un licenciement en raison de l'insuffisance professionnelle et de la perte de confiance qui en a résulté n'est entachée ni d'erreur de droit ni de l'erreur de qualification juridique des faits. • TA Paris, 26 févr. 2013, n° 1114386 : *AJDA 2013. 1112, concl. Saint-Germain ; AJFP 2013. 353.*

Art. 9 Le Président de la République préside le Conseil des ministres.

BIBL. ► Plouvin, Le Conseil des ministres, institution seconde, *Rev. adm. 1980. 485.* – Turpin, La présidence du Conseil des ministres, *RD publ. 1987. 873.* – Gonand, Le Conseil des ministres sous la Ve République, *RD publ. 1988. 499.* – Camby, L'ordre du jour du Conseil des ministres : un champ à deux voix, *RD publ. 2001. 339.*

COMMENTAIRE

V. sur le Code en ligne.

[V. références des décisions du Conseil constitutionnel dans le tableau DC]

1. Une délibération du Conseil des ministres, étant une simple déclaration d'intention, est *insusceptible de recours pour excès de pouvoir.* • CE 25 nov. 1977, *Cie architectes en chef bâtiments civils et palais nationaux : Lebon 463* • CE 25 févr. 1987, *Cne d'Amneville*, n° 60359 B.

2. Aucune disposition constitutionnelle, législative ou réglementaire n'exige que les délibérations du Conseil des ministres aient lieu en présence de la totalité de ses membres. • CE, sect., 17 mai 1957, *Simonet : Lebon 314, concl. Heumann.*

3. L'absence du Premier ministre au Conseil des ministres au cours duquel est délibéré un projet de loi ne vicie pas la procédure dès lors que le décret par lequel le texte est déposé au Parlement est signé par lui. • Cons. const. 12 sept. 1984, n° 84-179 DC § 1 à 3.

Art. 10 **Le Président de la République promulgue les lois dans les quinze jours qui suivent la transmission au Gouvernement de la loi définitivement adoptée.**

Il peut, avant l'expiration de ce délai, demander au Parlement une nouvelle délibération de la loi ou de certains de ses articles. Cette nouvelle délibération ne peut être refusée.

Sur la publication des lois, V. ci-dessous C. civ., art. 1er.

Sur l'entrée en vigueur des actes administratifs, V. **CRPA**, *art. L. 221-1 s.*

BIBL. ► SAUVIGNON, La promulgation des lois, réflexions sur la jurisprudence « Desreumeaux », *RD publ. 1981. 989.* – GICQUEL, La promulgation-suspension de la loi, *RD publ. 2006. 568.* – BOTTINI, La promulgation des lois parlementaires, *RFDC, n° 76, oct. 2008. 761.*

COMMENTAIRE

V. sur le Code en ligne.

[V. références des décisions du Conseil constitutionnel dans le tableau DC]

1° PROMULGATION

1. Objet de la promulgation. La promulgation est l'acte par lequel le Chef de l'État atteste que la loi a été régulièrement délibérée et votée • Cons. const. 23 août 1985, n° 85-197 DC § 15. ♦ Par la promulgation, le Président de la République atteste donc de l'existence de la loi, donne ordre aux autorités publiques de l'observer et de la faire observer. En particulier, elle vaut ordre à toutes les autorités et à tous les services compétents de la publier sans délai. Il n'est dès lors pas possible d'instituer une formalité préalable à la publication des lois. • Cons. const. 19 juin 2001, n° 2001-448 DC § 64.

2. Cependant, la rédaction authentique de la loi ne résulte que des délibérations du Parlement et non de la promulgation. Il est donc possible de contester devant le juge la rédaction du texte publié (en particulier s'il a fait l'objet d'errata) pour la comparer à celle du texte voté. • CE 9 mars 1936, *Min. finances c/ Sieur X. : Lebon 299.* ♦ Rappr. : • CE 21 déc. 1945, *Min. finances c/ Sieur X. : Lebon 264 ; Gaz. Pal. 1946. I. 30, concl. Guionin.*

3. La promulgation n'a d'autre date que celle de sa signature, bien qu'elle ne prenne effet, comme la loi elle-même, qu'après avoir été publiée dans les conditions fixées par les lois et règlements et, notamment, par l'Ord. du 20 févr. 2004. • CE, ass., 8 févr. 1974, *Cne de Montory : Lebon 93 ; RD publ. 1974. 1511, concl. Rougevin-Baville ; AJDA 1974. 192, chron. Franc et Boyon ; JCP 1974. 17703, note Liet-Veaux* (sous le régime du Décr. du 5 nov. 1870 aujourd'hui abrogé). ♦ V. déjà. • CE 30 oct. 1963, *Goussebaire-Dupin : Lebon 521.*

4. Les Ord. de l'art. 92 Const., bien que non promulguées, ont été reconnues applicables. • Crim. 28 mai 1959 : *JCP 1959. 11152, note Vedel.* ♦ Rappr. : • CE 1er juill. 1960, *Fradin : Lebon 441 ; D. 1960. 690, concl. Braibant.*

5. Acte de Gouvernement. La légalité du décret de promulgation d'une loi ne peut être contestée devant le Conseil d'État. • CE 3 nov. 1933, *Desreumeaux : Lebon 993 ; S. 1934. 9, note Alibert ; D. 1933. 36, note Gros ; RD publ. 1934. 649, note Jèze.* ♦ L'acte par lequel le Président de la République atteste, en apposant sa signature, l'existence de la loi et donne l'ordre aux autorités publiques d'observer et de faire observer cette loi n'est pas détachable de la procédure législative et échappe, pour ce motif, à la compétence de la juridiction administrative. • CE 27 oct. 2015, *Féd. démocratique alsacienne,* n° 388807 : *Lebon ; AJDA 2015. 2005 ; ibid. 2374, chron. Dutheillet de Lamothe et Odinet.*

6. Délai de promulgation. Une loi ne peut être déférée au Conseil constitutionnel qu'avant sa promulgation. • Cons. const. 7 nov. 1997, n° 97-392 DC. ♦ V. ss. Const. 58, art. 61. ♦ Le délai de promulgation est alors suspendu. Cependant, une fois la décision du Conseil rendue, le Président procède à la promulgation ; il n'est pas possible de saisir le Conseil à nouveau pour encore retarder celle-ci. • Cons. const. 4 juill. 2001, n° 2001-449 DC § 3.

2° PUBLICATION

BIBL. Cartier, Publicité, diffusion et accessibilité de la règle de droit dans le contexte de la dématérialisation des données juridiques, *AJDA 2005. 1092.* – Moysan, Entrée en vigueur de la loi : le jour même ou le lendemain de la publication ? A propos de la formulation employée dans certaines lois selon laquelle l'application ou l'entrée en vigueur de dispositions qu'elles édictent a lieu « à compter de la date de publication de la présente loi », *JCP Adm. 2013. 2116.* – Turgis, L'accès au droit par internet, *AJDA 2015. 142.* – Verpeaux, On nous a changé notre *Journal Officiel, JCP Adm. 2016. 191.*

7. Une loi non publiée est inapplicable et ne peut donc conférer une base légale aux décisions individuelles prises en application de ses dispositions. • CE, ass., 13 déc. 1957, *Barrot : Lebon 675.* ♦ Rappr. S'agissant de la publication des règlements communautaires au JOCE. • CJCE 10 mars 2009, *Heinrich,* n° C-345/06 : *AJDA 2009. 1535* . ♦ Si des circonstances exceptionnelles peuvent justifier l'absence de publication de la loi, elle doit l'être dès que ces circonstances ont disparu. • CE, ass., 13 déc. 1957, *Barrot : préc.* ♦ Dans cette attente la loi peut parfois être exécutoire en l'absence de publication du fait de circonstances de force majeure (période de Vichy) ; elle peut être alors notifiée. • CE 11 juill. 1947, *Lejeune : Lebon 313.* ♦ ... Ou affichée. • CE 5 avr. 1946, *Rouy : S. 1947. 44.*

8. Selon les règles fixées par l'ord. du 20 févr. 2004, les lois sont publiées au *Journal officiel* et entrent en vigueur, sauf dispositions contraires de la loi elle-même ou urgence, le lendemain de leur publication. ♦ V. s'agissant de textes réglementaires, notes 137 s. ss. Const. 58, art. 21. ♦ Tel est le cas dès lors que les dispositions législatives se suffisent à elles-mêmes. • CE 30 juin 1993, *Baudouin,* n° 96201 B. ♦ V. ss. Const. 58, art. 21, notes 108 s. ♦ L'entrée en vigueur peut pourtant être retardée par la nécessité de prendre les décrets d'application que la loi impose, V. ss. Const. 58, art. 21, notes 115 s.

3° *DEMANDE DE SECONDE DÉLIBÉRATION*

9. Le Président de la République dispose, dans l'hypothèse où le Conseil constitutionnel déclare une disposition d'une loi inconstitutionnelle mais séparable du reste du texte et sous réserve de contreseing, du choix de promulguer cette loi sans cette disposition ou de soumettre la loi à une seconde délibération. • Cons. const. 23 août 1985, n° 85-197 DC § 15 et 21. ♦ En effet, les termes « nouvelle lecture » employés par l'art. 23 de l'Ord. organique du 7 nov. 1958 ne sauraient être interprétés comme ayant une signification différente de celle des mots « nouvelle délibération » employés à l'art. 10 Const. dont l'art. 23 n'est qu'un cas d'application. • Même décision *§ 24.*

10. L'exercice du droit de demander une nouvelle délibération n'est soumis à aucune condition autre que celles résultant du présent art. et, en ce qui concerne le contreseing, de l'art. 19 Const. • Cons. const. 23 août 1985, n° 85-197 DC § 14.

11. Les dispositions de l'art. 45 Const. sont applicables de plein droit à la nouvelle délibération demandée par le Président de la République. • Cons. const. 23 août 1985, n° 85-197 DC § 24.

Code civil

Art. 1er *(Ord. n° 2004-164 du 20 févr. 2004, art. 1er)* Les lois et, lorsqu'ils sont publiés au *Journal officiel* de la République française, les actes administratifs entrent en vigueur à la date qu'ils fixent ou, à défaut, le lendemain de leur publication. Toutefois, l'entrée en vigueur de celles de leurs dispositions dont l'exécution nécessite des mesures d'application est reportée à la date d'entrée en vigueur de ces mesures.

En cas d'urgence, entrent en vigueur dès leur publication les lois dont le décret de promulgation le prescrit et les actes administratifs pour lesquels le Gouvernement l'ordonne par une disposition spéciale.

Les dispositions du présent article ne sont pas applicables aux actes individuels.

Art. 11 *(L. const. n° 95-880 du 4 août 1995)* **Le Président de la République, sur proposition du Gouvernement pendant la durée des sessions ou sur proposition conjointe des deux assemblées, publiées au *Journal officiel*, peut soumettre au référendum tout projet de loi portant sur l'organisation des pouvoirs publics, sur des réformes relatives à la politique économique** *(L. const. n° 2008-724 du 23 juill. 2008, art. 4-1°)* **« , sociale ou environnementale » de la Nation et aux services publics qui y concourent, ou tendant à autoriser la ratification d'un traité qui, sans être contraire à la Constitution, aurait des incidences sur le fonctionnement des institutions.**

Lorsque le référendum est organisé sur proposition du Gouvernement, celui-ci fait, devant chaque assemblée, une déclaration qui est suivie d'un débat.

(L. const. n° 2008-724 du 23 juill. 2008, art. 4-2°) **« Un référendum portant sur un *objet mentionné au premier alinéa* peut être organisé à l'initiative d'un cinquième des membres du Parlement, soutenue par un dixième des électeurs inscrits sur les listes électorales. Cette initiative prend la forme d'une proposition de loi et ne peut avoir pour objet l'abrogation d'une disposition législative promulguée depuis moins d'un an.**

« Les conditions de sa présentation et celles dans lesquelles le Conseil constitutionnel contrôle le respect des dispositions de l'alinéa précédent sont déterminées par une loi organique.

« Si la proposition de loi n'a pas été examinée par les deux assemblées dans un délai fixé par la loi organique, le Président de la République la soumet au référendum.

« Lorsque la proposition de loi n'est pas adoptée par le peuple français, aucune nouvelle proposition de référendum portant sur le même sujet ne peut être présentée avant l'expiration d'un délai de deux ans suivant la date du scrutin. »

Lorsque le référendum a conclu à l'adoption du projet *(L. const. n° 2008-724 du 23 juill. 2008, art. 4-3°)* **« ou de la proposition » de loi, le Président de la République promulgue la loi dans les quinze jours qui suivent la proclamation des résultats de la consultation.**

Sur le référendum prévu au 3e al. de l'art. 11 Const. 58, V. ci-dessous Ord. n° 58-1067 du 7 nov. 1958, art. 45-1 s., L. org. n° 2013-1114 du 6 déc. 2013 et **C. élect.**, *App., v° Référendum, Décr. n° 2014-1488 du 11 déc. 2014.*

Sur le traitement de données à caractère personnel mis en œuvre dans le cadre du recueil des soutiens, V. ci-dessous L. n° 2013-1116 du 6 déc. 2013, art. 3.

BIBL. ▸ **Sur le référendum dit « d'initiative partagée » :** DIÉMERT, Le référendum législatif d'initiative minoritaire dans l'article 11, révisé, de la Constitution, *RFDC 2009. 55.* – FATIN-ROUGE et STÉFANINI, Le Conseil constitutionnel dans la révision constitutionnelle du 23 juillet 2008 sur la modernisation des institutions, *RFDC 2009. 269.* – PINON, Improbable loi organique, impossible initiative populaire, *AJDA 2009. 2002*. – NOGUELLOU, Nouvelle voie référendaire, *Dr. adm. 2014. Focus 9.* – HAMON, La nouvelle procédure de l'article 11 : un « vrai faux référendum d'initiative populaire », *LPA 2008, n° 254, p. 16.* – GESLOT, L'initiative minoritaire de référendum selon la Constitution de 1958, *Politeia 2010, n° 17, 553.* – PRÉLOT, L'initiative parlementaire-citoyenne de l'article 11 de la Constitution, Analyse du projet de loi organique, *Constitutions 2011. 175*. – NOGUELLOU, Nouvelle voie référendaire, *Dr. adm. 2014. Focus 9.* – GESLOT, La mise en œuvre du référendum d'initiative minoritaire, *AJDA 2014. 893*. – POTIER, Le référendum d'initiative populaire, L'application de l'article 11 de la Constitution, issu de la révision du 23 juillet 2008, enfin rendue possible par la loi et la loi organique du 6 décembre 2013, *JCP Adm. 2014. 2159.* – HAMON, Le référendum d'initiative partagée sera bientôt opérationnel mais l'on s'interroge encore sur son utilité, *RFDC 2014. 253.* – HAULBERT, Le référendum d'initiative partagée : représentants *versus* représentés, *RD publ. 2014. 1639.* – FATIN-ROUGE STÉFANINI, Vingt-cinq ans de débats et de réformes sur les référendums en France : entre apparence et réalités, *RFDC 2014. 907.* – KOUBI, Un téléservice d'ampleur nationale pour un référendum circonstanciel, *JCP Adm. 2015. 2064.*

COMMENTAIRE

V. sur le Code en ligne.

[V. références des décisions du Conseil constitutionnel dans le tableau DC]

a. Généralités

1. *Acte de Gouvernement.* Le décret par lequel le Président de la République décide de soumettre un projet de loi au référendum et fixe la date de la consultation n'est pas susceptible de voir sa légalité contestée devant le Conseil d'État. • CE 19 oct. 1962, *Brocas : Lebon 553 ; AJDA 1962. 612, chron. de Laubadère ; D. 1962. 702, concl. Bernard ; RD publ. 1962. 1181, concl. Bernard* • CE 29 avr. 1970, *Comité chômeurs de Marne : Lebon 279.* ♦ En revanche, le Conseil constitutionnel accepte d'en contrôler la légalité dans la mesure où l'irrecevabilité qui serait opposée à ces requêtes risquerait de compromettre gravement l'efficacité du contrôle par le Conseil des opérations référendaires. • Cons. const. 25 juill. 2000, *Hauchemaille,* n° 2000-21 REF : *RFDA 1009, note Ghévontian*. ♦ Le Conseil d'État s'estime maintenant incompétent sur la base de l'exception de recours parallèle. • CE, ass., 1er sept. 2000, *Larrouturou : Lebon 365, concl. Savoie ; RFDA 2000. 989, concl. Savoie ; RFDA 2000. 1004 ; AJDA 2000. 803, chron. Guyomar et Collin ; LPA 29 août 2000, p. 14, note Schoettl.*

2. *Objet du référendum du présent art.* Pour le Conseil d'État le référendum de l'art. 11 ne peut avoir qu'un objet législatif. Il estime que le peuple français exerce sa souveraineté par référendum soit en matière législative dans les cas prévus au présent art. soit en matière constitutionnelle comme le prévoit l'art. 89. • CE, ass., 30 oct. 1998, *Sarran et Levacher : Lebon 369 ; RFDA 1998. 1081, concl. Maugüé, note Alland ; ibid. 1999. 57, notes Dubouis, Mathieu et Verpeaux, Gohin ; AJDA 1998. 982, chron. Raynaud et Fombeur ; ibid. 1998. 1039, note Mathieu et Verpeaux ; Europe, mars 1999, note Simon ; RD publ. 1999. 919, note Flauss ; JDI 1999. 675,* *note Dehaussy ; D. 2000. 153, note Aubin ; LPA 23 juill. 1999, note Aubin ; ibid. 7 oct. 1999, p. 11 ; ibid. 8 oct. 1999, p. 4, note Ricci ; GAJA 21ᵉ éd., nº 93.*

3. Dès lors que le référendum relatif à la ratification d'un traité intervient après que la Constitution a été révisée pour que ledit traité ne soit pas incompatible avec elle, il ne peut s'agir, sous couvert de ce référendum, de réviser la Constitution. • Cons. const. 19 mai 2005, *Cabarro-Arpa et Hoffer*, nº 2005-35 REF : *JO 21 mai, p. 8849 ; LPA 27 mai 2005, p. 14, note Schoettl ; RFDC 2005. 606, note Fatin-Rouge Stéfanini.*

b. Référendum dit « d'initiative partagée »

4. Notion. Le constituant a entendu, dans les conditions prévues par une loi organique (prise sur le fondement des art. 11 et 61 Const. 58), rendre possible, à l'initiative d'un cinquième des membres du Parlement, l'organisation d'un référendum sur une proposition de loi déclarée conforme à la Constitution par le Conseil constitutionnel et soutenue par un dixième des électeurs. • Cons. const. 5 déc. 2013, nº 2013-681 DC § 1 et 4.

5. Il ne saurait être dérogé à l'exigence d'examen systématique de la recevabilité des propositions de loi au regard de l'art. 40 Const. pour le dépôt des propositions de loi présentées en application du présent art. • Cons. const. 5 déc. 2013, nº 2013-681 DC § 8.

6. Mise en œuvre du référendum dit « d'initiative partagée ». La transmission au Conseil constitutionnel d'une proposition de loi présentée en application du 3ᵉ al. du présent art. a pour effet de mettre en œuvre la procédure prévue par ses 3ᵉ à 6ᵉ al. Aucune disposition de la Const. ne permet aux parlementaires qui ont déposé une telle proposition de loi de dessaisir le Conseil de l'examen de cette proposition ni, à la suite de cet examen, de faire obstacle aux opérations de recueil des soutiens des électeurs inscrits sur les listes électorales. • Cons. const. 5 déc. 2013, nº 2013-681 DC § 9.

7. En adoptant les dispositions suspendant le recueil des signatures pendant les périodes d'élections législatives ou présidentielle (à date normale ou anticipée), le législateur a entendu éviter que le recueil des soutiens ait lieu pendant la campagne électorale pour l'élection du Président de la République et pour l'élection des députés ; toutefois, le délai antérieur à une élection présidentielle ou à une élection législative générale pendant lequel la période de recueil des soutiens ne peut débuter étant inférieur à la durée de cette période, les dispositions mises en œuvre ne sauraient, sans méconnaître le principe de sincérité du scrutin, avoir pour objet ou pour effet d'exclure la suspension de la période de recueil des soutiens lorsqu'elle a débuté plus de six mois avant une élection présidentielle ou des élections législatives générales mais qu'elle n'a pas encore atteint son terme lors de la publication du décret de convocation des électeurs à cette élection présidentielle ou ces élections législatives générales. • Cons. const. 5 déc. 2013, nº 2013-681 DC § 23.

8. Sauf à apporter une restriction excessive au droit de chacune des assemblées parlementaires d'examiner la proposition de loi dans le délai de six mois, une suspension de ce délai doit s'appliquer en cas de dissolution de l'Assemblée nationale prononcée en application de l'art. 12 Const. 58, à compter du jour du Décr. de dissolution et jusqu'au jour prévu par la première phrase du 3ᵉ al. du même art. • Cons. const. 5 déc. 2013, nº 2013-681 DC § 31.

9. La procédure prévue aux 3ᵉ à 6ᵉ al. du présent art. ne saurait permettre qu'une proposition de loi ayant recueilli le soutien d'au moins un dixième des électeurs inscrits sur les listes électorales puisse être retirée du bureau de l'assemblée devant laquelle elle a été déposée ou du bureau de l'assemblée à laquelle elle a été transmise. • Cons. const. 5 déc. 2013, nº 2013-681 DC § 33. ♦ De même, le fait que le texte de la proposition de loi examiné en séance publique par une assemblée ait été modifié, en application de l'art. 42 Const., par rapport au texte de la proposition de loi ayant recueilli le soutien des électeurs est sans incidence sur l'examen de la proposition de loi. • Cons. const. 5 déc. 2013, nº 2013-681 DC § 33.

10. Une proposition de loi déposée en application du 3ᵉ al. du présent art. et pour laquelle le Conseil constitutionnel constaterait qu'elle n'a pas obtenu le soutien d'au moins un dixième des électeurs inscrits sur les listes électorales peut faire l'objet d'un examen par les deux assemblées du Parlement. • Cons. const. 5 déc. 2013, nº 2013-681 DC § 34.

11. Sur le financement des actions tendant à favoriser ou défavoriser le recueil des soutiens, V. L. nº 2013-1116 du 6 déc. 2013.

BIBL. Verpeaux, Neuf mois sans accouchement, A propos des dernières décisions RIP-1, *AJDA 2020. 1483* .

12. Application du référendum dit « d'initiative partagée ». Une proposition de loi ayant pour objet de prévoir que « l'aménagement, l'exploitation et le développement des aérodromes de Paris revêtent le caractère d'un service public national au sens du 9ᵉ al. Préamb. Const. 1946 » porte sur la politique économique de la nation et les services publics qui y concourent et relève donc bien d'un des objets mentionnés au 1ᵉʳ al. du présent art. • Cons. const. 9 mai 2019, n° 2019-1 RIP § 5 et 6 : *AJDA 2019. 1020 ; ibid. 1553, étude Verpeaux ; ibid. 1560, étude Carpentier ; D. 2019. 1259, note Roux ; RFDA 2019. 763, chron. Roblot-Troizier ; LPA 7 juin 2019. 1259, note Schoettl ; Constitutions 2019. 267, note Aguzzi et Ghévontian ; JCP Adm. 2019. 2248, note Morales ; Dr. adm. 2019. 9, repère Lignières.*

13. Dès lors qu'à la date d'enregistrement de la saisine, la proposition n'a pas pour objet l'abrogation d'une disposition législative promulguée depuis moins d'un an, il importe peu qu'un projet de loi comportant une disposition inverse ait été adopté depuis par le Parlement. • Cons. const. 9 mai 2019, n° 2019-1 RIP § 7 (sol. impl.) : *préc. note 12.*

14. Il résulte du dernier al. de l'art. 45-4 de l'Ord. du 7 nov. 1958 que la formation d'examen des réclamations prévue par ce texte, saisie d'une réclamation, a la faculté, sans condition ni formalité, de renvoyer celle-ci au Conseil assemblé. • Cons. const. 10 sept. 2019, n° 2019-1-1 RIP : *AJDA 2019. 1726 ; ibid. 2443, note Verpeaux .* ♦ Il résulte de l'art. 45-4 Ord. du 7 nov. 1958 qu'il appartient au Cons. const. de constater, le cas échéant, l'existence d'irrégularités dans le déroulement des opérations de recueil des soutiens à une proposition de loi déposée en application du présent art. À ce titre, il lui incombe de statuer sur la réclamation tendant à ce qu'il adopte un certain nombre de recommandations relatives à l'information des électeurs sur l'existence, les modalités et les enjeux de cette opération, dont ses auteurs soutiennent qu'elles seraient nécessaires pour assurer le respect, au cours de ces opérations, du principe de pluralisme des courants d'idées et d'opinions. • Cons. const. 15 oct. 2019, n° 2019-1-2 RIP : *AJDA 2020. 234, note Verpeaux .*

15. La formation d'examen des réclamations prévue à l'art. 45-4 de l'Ord. n° 58-1067 du 7 nov. 1958 a été nommée. • Cons. const. 5 déc. 2019, n° 2019-146 ORGA. ♦ Les décisions de la formation d'examen des réclamations sont susceptibles d'un recours devant le Cons. const. • Cons. const. 12 mars 2020, *Letellier-Cohen,* n° 2019-1-3 RIP • Cons. const. *12 mars 2020, Libeau, n° 2019-1-5 RIP.*

16. Le Cons. const. s'assure que la méconnaissance invoquée n'entache pas les opérations de recueil des soutiens d'une irrégularité qu'il appartiendrait au Cons. const. de constater. • Cons. const. 12 mars 2020, *Letellier-Cohen,* n° 2019-1-3 RIP • Cons. const. 12 mars 2020, *Libeau,* n° 2019-1-5 RIP. ♦ Ainsi, n'entache pas les opérations : l'absence de mention, sur la liste des soutiens publiée sur le site internet du ministère de l'Intérieur prévu à cet effet, du nom d'usage en complément du nom de famille. • Cons. const. 12 mars 2020, *Letellier-Cohen,* n° 2019-1-3 RIP § 8. ♦ ... A elle seule et à la supposer établie, la méconnaissance alléguée du règlement européen sur la protection des données personnelles. • Cons. const. 12 mars 2020, *Libeau,* n° 2019-1-5 RIP § 5.

17. En application du Décr. du 11 juin 2019, la période de recueil des soutiens à la proposition de loi visant à affirmer le caractère de service public national de l'exploitation des aérodromes de Paris a été ouverte pour neuf mois, à compter du 13 juin 2019 à zéro heure. Elle a pris fin le 12 mars 2020 à minuit. Le nombre de soutiens d'électeurs inscrits sur les listes électorales à recueillir était de 4 717 396. Il y a lieu de constater que la proposition de loi a recueilli le soutien de 1 093 030 électeurs inscrits sur les listes électorales. Elle n'a donc pas obtenu le soutien d'au moins un dixième des électeurs inscrits sur les listes électorales. • Cons. const. 26 mars 2020, n° 2019-1-8 RIP.

18. Comme il le fait pour d'autres votations (élections présidentielles ou législatives ; référendum) le Conseil a présenté des observations sur les opérations de recueil des soutiens à la proposition de loi visant à affirmer le caractère de service public national de l'exploitation des aérodromes de Paris et propose des modifications de la procédure telle qu'elle est actuellement organisée. • Cons. const. 18 juin 2020, n° 2019-1-9 RIP : *AJDA 2020. 1911, note Verpeaux .*

c. *Organisation des opérations référendaires*

19. Sur les questions relatives à la campagne référendaire, V. notes ss. Const. 58, art. 4.

20. Sur le contrôle des actes organisant les opérations référendaires, V. notes ss. Const. 58, art. 60.

21. Sur les documents à fournir aux électeurs, V. ss. Const. 58, art. 3, note 46.

22. Décret de convocation. Aucune disposition de la Constitution n'exige qu'un projet de loi soumis à un référendum soit signé par le Premier ministre et déposé sur le bureau de l'une des deux assemblées. • Cons. const. 24 mars 2005, *Hauchemaille et Meyet : JO 31 mars, p. 5834 ; RFDA 2005. 1040, note Fatin-Rouge Stéfanini ; AJDA 2005. 692 .* ♦ Ce n'est qu'après que le Président de la République ait décidé, par décret, de soumettre au référendum un projet de loi à la demande du Gouvernement, que celui-ci doit faire devant chaque assemblée une déclaration suivie d'un débat. • Même décision. ♦ V. déjà • Cons. const. 15 déc. 1995, n° 95-368 DC § 22. ♦ Le décret n'a pas à faire nécessairement référence à la décision du Conseil constitutionnel par laquelle celui-ci s'est prononcé sur la compatibilité du traité à la Constitution et a conditionné la ratification de celui-ci à la révision de celle-là. • Cons. const. 25 mai 2005, *Hauchemaille* et *Le Mailloux,* n° 2005-37 REF : *AJDA 2005. 1292, note Schoettl* .

23. Même si cette formalité n'est pas prévue par les textes, dès lors que les décrets organisant le référendum sont délibérés en Conseil des ministres, ils doivent être signés du Président de la République. • CE, ass., 10 sept. 1992, *Meyet,* n° 140376 : *Lebon 327, concl. Kessler* ; *AJDA 1992. 643, chron. Maugüé et Schwartz* ; *D. 1993. 293, note Gohin* ; *LPA 21 oct. 1992 p. 11, note Célérier ; RD publ. 1992. 1799, concl. Kessler ; ibid. 1822, note Le Bos-Le Pourhiet ; RFDA 1993. 55, note Pouyaud* .

24. Il résulte de l'art. 60 Const. et des dispositions de l'art. 46 de l'Ord. du 7 nov. 1958 que les décrets relatifs à l'organisation des référendums prévus au présent art. doivent être préalablement soumis au Conseil constitutionnel. • CE, ass., 10 sept. 1992, *Meyet,* n° 140376 : *préc. note 23.* ♦ Cette consultation est la condition de la régularité des opérations. • Cons. const. 25 oct. 1988, *Diémert et Bannel,* n° 88-13 REF : *Rec. Cons. const. 191 ; JO 26 oct. p. 13521 ; RFDA 1988. 887, note Genevois.*

25. Réglementation applicable. Les dispositions du 3ᵉ al. de l'art. 34 Const. aux termes duquel la loi fixe les règles concernant le régime électoral des assemblées parlementaires et des assemblées locales, ne sont pas applicables aux référendums qui constituent des scrutins d'une autre nature. • CE, ass., 10 sept. 1992, *Meyet,* n° 140376 : *préc. note 23.* ♦ Rappr. • CE, ass., 19 oct. 1962, *Brocas : Lebon 553.*

26. Le Conseil appelle de ses vœux un cadre législatif permanent en matière de référendums nationaux estimant que la pérennisation des règles de portée générale régissant les opérations de référendum présenterait un grand intérêt : d'une part, cette pérennisation répondrait à l'exigence démocratique de stabilité des règles de droit relatives à l'expression du suffrage ; d'autre part, une législation permanente permettrait de simplifier la préparation du scrutin et de limiter le développement de contentieux. L'édiction de règles permanentes régissant l'organisation des référendums relève en effet de la loi, le droit de suffrage constituant un droit civique dont la loi fixe les règles (art. 34 Const.) ; le pouvoir réglementaire devant se borner à en fixer les modalités d'application. • Cons. const. 28 sept. 2000, *Obs. du Conseil constitutionnel sur le référendum : Rec. Cons. const. 158 ; JO 30 sept. 15476.*

27. Cependant, en l'absence de ces dispositions législatives, *il appartient au pouvoir réglementaire*, dans le respect des règles concernant les droit civiques et des garanties fondamentales accordées aux citoyens pour l'exercice des libertés publiques, de fixer les modalités d'exécution de la décision par laquelle le Président de la République, faisant usage de ses prérogatives constitutionnelles, soumet un texte au référendum en application des art. 11 ou 89, ou du titre XV Const. en rendant notamment applicables, avec les adaptations justifiées pour ce type de consultations, les dispositions législatives et réglementaires régissant d'autres consultations électorales. • Cons. const. 24 mars 2005, *Hauchemaille et Meyet,* n° 2005-37 REF : *préc. note 22.* ♦ V. déjà • CE, ass., 10 sept. 1992, *Meyet,* n° 140376 : *préc. note 9.* ♦ Tel est le cas des dispositions qui définissent les conditions dans lesquelles certains partis politiques peuvent être habilités à participer à la campagne, notamment en disposant d'un temps de parole dans les émissions des sociétés nationales de programme. • Cons. const. 7 avr. 2005, *Génération Écologie : JO 9 avr., p. 6458.* ♦ ... De l'institution d'une aide publique aux formations politiques habilitées à participer à la campagne sans obligation de transposer l'intégralité des règles régissant les autres consultations électorales, en particulier le plafonnement des dépenses. • Cons. const. 24 mars 2005, *Hauchemaille et Meyet,* n° 2005-37 REF : *préc. note 22.*

28. Il peut être délégué au Conseil supérieur de l'audiovisuel (CSA) le soin de fixer, pour les départements et territoires d'outre-mer, les dispositions nécessaires pour tenir compte du décalage horaire et des difficultés d'acheminement des émissions télévisées et radiodiffusées. • CE, ass., 10 sept. 1992, *Meyet,* n° 140376 : *préc. note 23.*

d. Contrôle du référendum

29. Le Conseil constitutionnel, qui, en vertu de l'art. 60 Const., veille à la régularité des opérations référendaires, en proclame les résultats. Il n'est compétent ni pour juger la constitutionnalité de la question posée ni pour apprécier la constitutionnalité du texte ainsi adopté. • Cons. const. 6 nov. 1962, n° 62-20 DC • Cons. const. 23 sept. 1992, n° 92-313 DC.

30. Valeur juridique de la loi référendaire. Le principe de la souveraineté nationale ne fait nullement obstacle à ce que le législateur, statuant dans le domaine de compétence qui lui est réservé par l'art. 34 Const. modifie, complète ou abroge des dispositions législatives antérieures, que celles-ci résultent d'une loi votée par le Parlement ou d'une loi adoptée par voie de référendum. • Cons. const. 9 janv. 1989, n° 89-265 DC § 8.

31. En raison du changement des circonstances de droit (révision de la Constitution), il y a lieu, pour le Conseil constitutionnel, de procéder à l'examen de l'ensemble des dispositions de la loi organique, alors même que certaines d'entre elles ont une rédaction ou un contenu identique à ceux de dispositions figurant dans la L. n° 88-1028 du 9 nov. 1988 portant dispositions statutaires et préparatoires à l'autodétermination de la Nouvelle-Calédonie en 1998, adoptée par le peuple français à la suite d'un référendum. • Cons. const. 15 mars 1999, n° 99-410 DC § 4.

32. Valeur juridique des ordonnances référendaires. Les ordonnances prises par le Président de la République en application d'une habilitation que le peuple lui a accordée par référendum peuvent faire l'objet d'un recours pour excès de pouvoir. Le juge contrôle que les dispositions ainsi prises, compte tenu des atteintes qu'elles sont susceptibles de porter à certains principes généraux du droit, sont bien indispensables à la réalisation des buts fixés par la loi référendaire. • CE, ass., 19 oct. 1962, *Canal, Robin et Godot: Lebon 552 ; GAJA, 22e éd., n° 75 ; AJDA 1962. 612, note de Laubadère ; ibid. 2014. 90, note Gentot ; JCP 1963. II. 13068, note Debbasch.*

e. Contrôle des lois référendaires

33. Les lois référendaires ne peuvent faire l'objet d'un contrôle de constitutionnalité par le Conseil constitutionnel, que ce soit dans le cadre du contrôle *a priori*. • Cons. const. 6 nov. 1962, n° 62-20 DC • Cons. const. 23 sept. 1992, n° 92-313 DC. ♦ ... Ou du contrôle *a posteriori*. • Cons. const. 25 avr. 2014, *Province Sud de Nouvelle-Calédonie,* n° 2014-392 QPC § 8.

Ordonnance n° 58-1067 du 7 novembre 1958,

Portant loi organique sur le Conseil constitutionnel.

TITRE II. FONCTIONNEMENT DU CONSEIL CONSTITUTIONNEL

....

CHAPITRE VI *BIS. DE L'EXAMEN D'UNE PROPOSITION DE LOI DÉPOSÉE EN APPLICATION DU TROISIÈME ALINÉA DE L'ARTICLE 11 DE LA CONSTITUTION*

(L. org. n° 2013-1114 du 6 déc. 2013, art. 2-1°)

Art. 45-1 Lorsqu'une proposition de loi lui est transmise par le président d'une assemblée en vue du contrôle prévu au quatrième alinéa de l'article 11 de la Constitution, le Conseil constitutionnel en avise immédiatement le Président de la République, le Premier ministre et le président de l'autre assemblée.

Art. 45-2 Le Conseil constitutionnel vérifie, dans le délai d'un mois à compter de la transmission de la proposition de loi :

1° Que la proposition de loi est présentée par au moins un cinquième des membres du Parlement, ce cinquième étant calculé sur le nombre des sièges effectivement pourvus à la date d'enregistrement de la saisine par le Conseil constitutionnel, arrondi au chiffre immédiatement supérieur en cas de fraction ;

2° Que son objet respecte les conditions posées aux troisième et sixième alinéas de l'article 11 de la Constitution, les délais qui y sont mentionnés étant calculés à la date d'enregistrement de la saisine par le Conseil constitutionnel ;

3° Et qu'aucune disposition de la proposition de loi n'est contraire à la Constitution.

Art. 45-3 Le Conseil constitutionnel statue par une décision motivée, qui est publiée au *Journal officiel*.

S'il déclare que la proposition de loi satisfait aux dispositions de l'article 45-2, la publication de sa décision est accompagnée de la publication du nombre de soutiens d'électeurs à recueillir.

Art. 45-4 Le Conseil constitutionnel veille à la régularité des opérations de recueil des soutiens à une proposition de loi.

Il examine et tranche définitivement toutes les réclamations. Il peut être saisi par tout électeur durant la période de recueil des soutiens ou dans un délai de dix jours suivant sa clôture.

Les réclamations sont examinées par une formation composée de trois membres désignés pour une durée de cinq ans par le Conseil constitutionnel, sur proposition de son président, parmi les magistrats de l'ordre judiciaire ou les membres des juridictions administratives, y compris honoraires.

Dans un délai de dix jours suivant la notification de la décision de la formation, l'auteur de la réclamation peut contester la décision devant le Conseil assemblé.

Dans le cas où, saisi d'une contestation mentionnée à l'avant-dernier alinéa ou saisi sur renvoi d'une formation, le Conseil constate l'existence d'irrégularités dans le déroulement des opérations, il lui appartient d'apprécier si, eu égard à la nature et à la gravité de ces irrégularités, il y a lieu soit de maintenir lesdites opérations, soit de prononcer leur annulation totale ou partielle.

Art. 45-5 Le Conseil constitutionnel peut ordonner toute enquête et se faire communiquer tout document ayant trait aux opérations de recueil des soutiens à une proposition de loi. Le ministre de l'intérieur communique au Conseil constitutionnel, à sa demande, la liste des soutiens d'électeurs recueillis.

Le Conseil constitutionnel fait appel, pour l'exercice de ses fonctions, aux services compétents de l'État.

Il peut désigner des rapporteurs adjoints choisis parmi les maîtres des requêtes du Conseil d'État et les conseillers référendaires à la Cour des comptes. Les rapporteurs adjoints n'ont pas voix délibérative.

Il peut désigner des délégués parmi les magistrats de l'ordre judiciaire ou les membres des juridictions administratives, y compris honoraires, ainsi que des experts, afin de l'assister dans ses fonctions.

Il peut commettre un de ses membres ou un délégué pour recevoir sous serment les déclarations des témoins ou pour diligenter sur place d'autres mesures d'instruction.

Art. 45-6 Le Conseil constitutionnel déclare si la proposition de loi a obtenu le soutien d'au moins un dixième des électeurs inscrits sur les listes électorales. Sa décision est publiée au *Journal officiel*.

Loi organique nº 2013-1114 du 6 décembre 2013,

Portant application de l'article 11 de la Constitution.

CHAPITRE Ier. *DISPOSITIONS RELATIVES AUX PROPOSITIONS DE LOI PRÉSENTÉES EN APPLICATION DE L'ARTICLE 11 DE LA CONSTITUTION*

Art. 1er Une proposition de loi présentée par des membres du Parlement en application du troisième alinéa de l'article 11 de la Constitution est déposée sur le bureau de l'Assemblée nationale ou du Sénat en vue de sa transmission au Conseil constitutionnel.

La proposition de loi est transmise au Conseil constitutionnel par le président de l'assemblée saisie. Aucune signature ne peut plus être ajoutée ou retirée.

....

CHAPITRE III. *DISPOSITIONS RELATIVES AU RECUEIL DES SOUTIENS*

Art. 3 Le ministre de l'intérieur met en œuvre, sous le contrôle du Conseil constitutionnel, le recueil des soutiens apportés à une proposition de loi présentée en application de l'article 11 de la Constitution.

Art. 4 I. — L'ouverture de la période de recueil des soutiens intervient dans le mois suivant la publication de la décision par laquelle le Conseil constitutionnel déclare que la proposition de loi présentée en application de l'article 11 de la Constitution satisfait aux dispositions de l'article 45-2 de l'ordonnance nº 58-1067 du 7 novembre 1958 portant loi organique sur le Conseil constitutionnel, à une date fixée par décret.

II. — La durée de la période de recueil des soutiens est de neuf mois.

III. — Si une élection présidentielle ou des élections législatives générales sont prévues dans les six mois qui suivent la décision du Conseil constitutionnel, la période de recueil des soutiens débute le premier jour du deuxième mois qui suit le déroulement des dernières élections prévues ou intervenues.

IV. — En cas de dissolution de l'Assemblée nationale, de vacance de la présidence de la République ou d'empêchement définitif du Président de la République constaté par le Conseil constitutionnel, la période de recueil des soutiens est suspendue à compter de la publication du décret de convocation des électeurs. Cette période reprend à compter du premier jour du deuxième mois qui suit le déroulement des élections.

Art. 5 Les électeurs inscrits sur les listes électorales peuvent apporter leur soutien à une proposition de loi présentée en application de l'article 11 de la Constitution.

Ce soutien est recueilli sous forme électronique.

Un soutien ne peut être retiré.

Les électeurs sont réputés consentir à l'enregistrement de leur soutien aux seules fins définies par la présente loi organique.

Art. 6 Des points d'accès à un service de communication au public en ligne permettant aux électeurs d'apporter leur soutien à la proposition de loi présentée en application de l'article 11 de la Constitution par voie électronique sont mis à leur disposition au moins dans la commune la plus peuplée de chaque canton ou au niveau d'une circonscription administrative équivalente et dans les consulats.

Pour l'application du premier alinéa, tout électeur peut, à sa demande, faire enregistrer électroniquement par un agent de la commune ou du consulat son soutien présenté sur papier.

Art. 7 La liste des soutiens apportés à une proposition de loi peut être consultée par toute personne.

A l'issue d'un délai de deux mois à compter de la publication au *Journal officiel* de la décision du Conseil constitutionnel déclarant si la proposition de loi a obtenu le soutien d'au moins un dixième des électeurs inscrits sur les listes électorales, les données collectées dans le cadre des opérations de recueil des soutiens sont détruites.

Art. 8 Les modalités d'application du présent chapitre sont fixées par décret en Conseil d'État, pris après avis motivé et publié de la Commission nationale de l'informatique et des libertés lorsqu'elles sont relatives aux traitements de données à caractère personnel.

CHAPITRE IV. *DISPOSITIONS RELATIVES À LA PROCÉDURE RÉFÉRENDAIRE*

Art. 9 Si la proposition de loi n'a pas été examinée au moins une fois par chacune des deux assemblées parlementaires dans un délai de six mois à compter de la publication au *Journal officiel* de la décision du Conseil constitutionnel déclarant qu'elle a obtenu le soutien d'au moins un dixième des électeurs inscrits sur les listes électorales, le Président de la République la soumet au référendum. Ce délai est suspendu entre deux sessions ordinaires.

Pour l'application du premier alinéa, en cas de rejet de la proposition de loi en première lecture par la première assemblée saisie, son président en avise le président de l'autre assemblée et lui transmet le texte initial de la proposition de loi.

Loi n° 2013-1116 du 6 décembre 2013,

Portant application de l'article 11 de la Constitution.

Art. 3 *(L. n° 2013-1116 du 6 déc. 2013, art. 6)* Les traitements de données à caractère personnel mis en œuvre dans le cadre du recueil des soutiens à une proposition de loi présentée en application de l'article 11 de la Constitution sont autorisés par décret en Conseil d'État pris après avis motivé et publié de la Commission nationale de l'informatique et des libertés ; cet avis est publié avec le décret autorisant le traitement.

Le droit pour toute personne physique de s'opposer, pour des motifs légitimes, à ce que des données à caractère personnel la concernant fassent l'objet d'un traitement est écarté.

Art. 12 **Le Président de la République peut, après consultation du Premier ministre et des présidents des assemblées, prononcer la dissolution de l'Assemblée nationale.**

Les élections générales ont lieu vingt jours au moins et quarante jours au plus après la dissolution.

L'Assemblée nationale se réunit de plein droit le deuxième jeudi qui suit son élection. Si cette réunion a lieu en dehors *(L. const. n° 95-880 du 4 août 1995)* **« de la période prévue pour la session ordinaire », une session est ouverte de droit pour une durée de quinze jours.**

Il ne peut être procédé à une nouvelle dissolution dans l'année qui suit ces élections.

COMMENTAIRE

V. sur le Code en ligne.

1. Le Conseil constitutionnel ne peut pas se prononcer sur la légalité d'un tel décret faute de disposition constitutionnelle lui donnant une telle compétence. • Cons. const. 4 juin 1988, *Rosny Minvielle de Guilhem de Lataillade*, n° 88-6 ELEC : *Rec. Cons. const. 79 ; RFDA 1988. 702, note Favoreu.*

2. Le Conseil d'État n'est pas compétent pour se prononcer sur la légalité des actes relatifs aux rapports entre le Président de la République et l'Assemblée nationale et donc sur un décret portant dissolution de celle-ci (acte de Gouvernement). • CE 20 févr. 1989, *Allain : Lebon 60 ; RFDA 1989. 868, concl. Frydman.*

Art. 13 **Le Président de la République signe les ordonnances et les décrets délibérés en Conseil des ministres.**

Il nomme aux emplois civils et militaires de l'État.

Les conseillers d'État, le grand chancelier de la Légion d'Honneur, les ambassadeurs et envoyés extraordinaires, les conseillers maîtres à la Cour des comptes, les préfets, *(L. const. n° 2003-276 du 28 mars 2003, art. 12-II)* **« les représentants de l'État dans les collectivités d'outre-mer régies par l'article 74 et en Nouvelle-Calédonie », les officiers généraux, les recteurs des académies, les directeurs des administrations centrales sont nommés en Conseil des ministres.**

Une loi organique détermine les autres emplois auxquels il est pourvu en Conseil des ministres ainsi que les conditions dans lesquelles le pouvoir de nomination du Président de la République peut être par lui délégué pour être exercé en son nom.

(L. const. n° 2008-724 du 23 juill. 2008, art. 5) **« Une loi organique détermine les emplois ou fonctions, autres que ceux mentionnés au troisième alinéa, pour lesquels, en raison de leur importance pour la garantie des droits et libertés ou la vie économique et sociale de la Nation, le pouvoir de nomination du Président de la République s'exerce après avis public de la commission permanente compétente de chaque assemblée. Le Président de la République ne peut procéder à une nomination lorsque l'addition des votes négatifs dans chaque commission représente au moins trois cinquièmes des suffrages exprimés au sein des deux commissions. La loi détermine les commissions permanentes compétentes selon les emplois ou fonctions concernés. »**

Sur les nominations aux emplois civils et militaires de l'État, V. ***C. fonct. publ.****, Ord. n° 58-1136 du 28 nov. 1958.*

Sur l'application de l'al. 5 de l'art. 13 Const. 58, V. ci-dessous L. org. n° 2010-837 et L. n° 2010-838 du 23 juill. 2010.

BIBL. ▶ DELVOLVÉ, La réforme constitutionnelle du 23 juillet 2008 : l'apport de la réforme constitutionnelle au droit administratif, *RFDA 2008. 861*. – GHÉVONTIAN, La révision de la Constitution et le Président de la République : l'hyperprésidentialisation n'a pas lieu, *RFDC, n° 77, janv. 2009. 119.*

COMMENTAIRE

V. sur le Code en ligne.

PLAN DES ANNOTATIONS

[V. références des décisions du Conseil constitutionnel dans le tableau DC]

I. POUVOIR RÉGLEMENTAIRE DU PRÉSIDENT DE LA RÉPUBLIQUE

1. Les déclarations du Président de la République invoquées par les associations requérantes et la décision de créer une délégation interministérielle à la fermeture de cette centrale et à la reconversion du site ne sauraient tenir lieu du décret prévu par les textes. • CE, ord., 12 avr. 2013, *Féd. Réseau Sortir du nucléaire,* n° 367014 : *JCP Adm. 2013. 374.*

A. ORDONNANCES

2. Le Conseil constitutionnel a implicitement admis que le Président puisse veiller au respect des interprétations données par le Conseil constitutionnel au moment de signer les ordonnances de l'art. 38. Le Conseil a en effet estimé que la loi d'habilitation n'était conforme à la Constitution que dans la mesure où les ordonnances qui en découleraient respecteraient les limites et les réserves d'interprétation définies par lui. • Cons. const. 25 juin 1986, n° 86-207 DC.

3. Sur le régime juridique des ordonnances V. notes ss. Const. 58, art. 38.

B. DÉCRETS DÉLIBÉRÉS EN CONSEIL DES MINISTRES

4. Doivent être pris en Conseil des ministres les décrets pour lesquels des textes prévoient cette formalité. • CE 25 nov. 1998, *FSU,* n° 190372 B • CE 26 févr. 2003, n° 238599 A (*a contrario*). ♦ Dès lors, le Premier ministre doit refuser de prendre un décret d'application d'une loi prévoyant que sa mise en œuvre doit être faite par un décret en Conseil des ministres. • CE 16 juin 2003, *Féd. nat. agents des collectivités territoriales,* n° 242408. ♦ Sont aussi pris en Conseil des ministres les décrets modifiant les dispositions de nature réglementaire d'une ordonnance non ratifiée. • CE 30 juin 2003, *Féd. ovine du Sud-Ouest,* n° 236571 : *Lebon 292* ; *RFDA 2003. 830* .

5. *La disposition selon laquelle* un décret fixant les règles d'application d'une loi doit être pris en conseil des ministres ne met en cause aucun des principes fondamentaux, ni aucune des règles que la Constitution a placés dans le domaine de la loi. • Cons. const. 15 juin 2006, n° 2006-204 L : *JO 21 juin 2006, p. 9293.*

6. Nature. Même si cette formalité n'est pas prévue par les textes, dès lors que des décrets sont délibérés en Conseils des ministres, ils doivent être signés du Président de la République. • CE, ass., 10 sept. 1992, *Meyet : Lebon 327, concl. Kessler* ; *AJDA 1992. 643, chron. Maugüé et Schwartz* ; *D. 1993. 293, note Gohin* ; *LPA 21 oct. 1992, p. 11, note Célérier ; RD publ. 1992. 1799, concl. Kessler ; ibid. 1992. 1822, note Le Bos-Le Pourhiet ; RFDA 1993. 55, note Pouyaud* . ♦ *Ab. jur.* • CE 16 oct. 1987, *Synd. aut. enseignants de médecine : Lebon 310.*

7. Il en résulte que, même dans ce cas, seul un décret en Conseil des ministres peut modifier un décret en Conseil des ministres. • CE 23 mars 1994, *Comité d'entreprise de la Régie nat. usines Renault : Lebon 152* ; *AJDA 1994. 904, note Viel* • CE 27 avr. 1994, *Allamigeon et Pageaux : Lebon 191* ; *AJDA 1994. 904, note Viel* • CAA Nantes, 1er juin 1995, *Lecorgne : Lebon T. 616* • CE 19 juin 2013, n° 356248 : *AJDA 2013. 1894* .

8. Un décret en Conseil des ministres peut cependant prévoir qu'il sera modifié par un décret simple. • CE 9 sept. 1996, *Collas : Lebon 347* ; *D. 1997. 129, note Gohin* • CE 8 déc. 2000, *Synd. nat. des officiers de police : Lebon 577* ; *RFDA 2001. 243* .

9. Les décrets en Conseil des ministres sont au nombre de ceux qui doivent être contresignés par le Premier ministre et le cas échéant par les ministres responsables. • CE, sect., 10 juin 1966, *Pelon : Lebon 384 ; AJDA 1966. 492, concl. Galabert ; D. 1967. 280, note Leclercq* • CE, ass., 9 nov. 1973, *Siestrunck : Lebon 625* • CE sect., 12 juin 1981, *Grimbichler : Lebon 257* • CE 13 févr. 1985, *Debizet : Lebon T. 470 ; AJDA 1985. 278, concl. Genevois* • CE, sect., 20 mars 1992, *Union synd. magistrats : Lebon 122* ; *RFDA 1992. 607* .

10. Dès lors qu'un décret n'a pas été délibéré en Conseil des ministres, la signature du Président de la République n'entraîne pas l'illégalité dès lors que le Premier ministre, investi du pouvoir réglementaire en vertu de l'art. 21 Const., l'a lui-même signé. • CE 27 avr. 1962, *Synd. nat. élèves-conseillers et conseillers au travail et à la législation sociale : Lebon 276.*

11. Contrôle. Les décrets pris en Conseil des ministres font l'objet d'un contrôle de légalité au même titre que les autres actes réglementaires. Ainsi peuvent-ils être annulés pour illégalité, détournement de pouvoir, etc. • CE 13 janv. 1995, *Synd. aut. inspecteurs généraux et inspecteurs de l'administration : Lebon 23* ; *RD publ. 1995. 1091, note Prétot.*

C. DÉCRETS DU PRÉSIDENT DE LA RÉPUBLIQUE NON DÉLIBÉRÉS EN CONSEIL DES MINISTRES

12. Généralités. Un décret signé par le Président de la République alors qu'il n'a pas été soumis au Conseil des ministres, doit être considéré comme un décret pris sous la seule autorité du Premier ministre, conformément à l'art. 21 Const. dès lors que celui-ci l'a également signé. • CE 27 avr. 1962, *Sicard : Lebon*

279 ; AJDA 1962. 284, chron. Galabert et Gentot • CE 11 mai 1990, *Féd. gén. fonctionnaires FO : Lebon 232*.

13. Dans ce cas, le décret doit être contresigné par les ministres chargés de l'exécution et non simplement par les ministres responsables. • CE 27 avr. 1962, *Sicard : préc. note 12.*

14. Actes insusceptibles de recours. Sont insusceptibles de recours pour excès de pouvoir : le décret par lequel est interdite la navigation dans une zone de sécurité mise en place pour permettre le déroulement d'explosions nucléaires (acte de gouvernement)... • CE, ass., 11 juill. 1975, *Paris de la Bolladière : Lebon 423.* ♦ Rappr. les actes pris par le Président de la République en tant que chef des armées : V. note ss. Const. 58, art. 15. ♦ ... L'acte par lequel le Président met en place un « comité consultatif pour la révision de la Constitution » et en nomme les membres. • CE 9 déc. 1993, *Meyet et Bidalou : Dr. adm. 1994, n° 48.*

15. Il en va de même des actes pris par le Président de la République en tant que Co-Prince d'Andorre ; ces actes ne sont pas pris par une autorité française. • CE, sect., 1er déc. 1933, *Sté Le Nickel : Lebon 1132.*

II. NOMINATIONS

BIBL. Pinon, L'encadrement des pouvoirs de nomination du Président : « l'essentiel » dans la révision du 23 juillet 2008, *Dr. adm. 2009, Étude 3.* – Basghestani, À propos des lois du 23 juill. 2010 relatives à l'application du 5e al. de l'art. 13 C, *LPA 9 févr. 2011.* – Sponchiado, Du droit de regard au droit de veto : le contrôle restreint opéré par les parlementaires sur les nominations présidentielles, *RFDA 2011. 1019*.

16. Les collaborateurs directs du Président de la République sont nommés par lui discrétionnairement. • CE 5 mai 1976, *Union synd. CFDT des adm. centrales : RD publ. 1976. 1351.*

A. COMPÉTENCE DE PRINCIPE DU PRÉSIDENT DE LA RÉPUBLIQUE

17. Principes généraux. Il résulte du rapprochement des 2e et 4e al. du présent art. que, sous réserve des cas où il délègue son pouvoir de nomination, il revient au Président de la République de nommer aux emplois civils et militaires de l'État. • Cons. const. 21 févr. 1992, n° 92-305 DC § 23. ♦ Dès lors qu'un *texte législatif ou réglementaire prévoit qu'une* nomination sera faite par décret, sans préciser la nature dudit décret, il faut en déduire que la compétence est attribuée au Président de la République. • CE 26 juin 1963, *Malezieux : AJDA 1963. 641, note Sivera* • CE, sect., 28 juin 1963, *Bardon : Lebon 413 ; AJDA 1963. 52* • CE, sect. avis cont., 7 janv. 1992, n° 350590 : *EDCE 1992. 91.*

18. Les dispositions des al. 2 à 4 du présent art. n'instituent pas un droit ou une liberté que la Constitution garantit ; leur méconnaissance ne peut donc être invoquée à l'appui d'une QPC. • Cons. const. 12 oct. 2012, *Synd. de défense des fonctionnaires,* n° 2012-281 QPC § 10.

19. Le juge veille au respect des prérogatives présidentielles et annule des nominations qui seraient faites par des personnalités incompétentes, qu'il s'agisse du Premier ministre. • CE 7 oct. 1992, *Reverdy : Lebon 355 ; JCP 1993. 21978, note Vandendriessche.* ♦ ... Ou des ministres. • CE 20 mars 1981, *SGEN-CFDT : Lebon 157 ; AJDA 1981. 545, obs. S. S.* • CE 25 sept. 1992, *Ynden-Allart : Lebon 349 ; AJDA 1992. 838, note Breton ; JCP 1992. 21968, concl. Kessler.*

20. A l'inverse, une nomination signée par le Président de la République alors qu'elle n'avait pas à être prise par lui, doit être considérée comme effectuée sous la seule autorité du Premier ministre, conformément à l'art. 21 Const., dès lors que celui-ci l'a également signée. • CE 10 févr. 1965, *Pontillon : Lebon 92.*

21. Compétence organique pour déterminer les « autres emplois ». La loi ordinaire ne peut ni étendre ni restreindre la compétence attribuée au Président de la République. • Cons. const. 18 sept. 1986, n° 86-217 DC § 87.

22. La loi organique a été prise sous la forme d'une Ord. de l'art. 92 Const. (n° 58-1136 du 28 nov. 1958) qui renvoie à un décret en Conseil des ministres pour dresser la liste des emplois de direction dans les établissements publics, les entreprises publiques et les sociétés nationales auxquels il sera pourvu par décret en Conseil des ministres. Il en résulte qu'il appartient au pouvoir réglementaire de dresser cette liste. • Cons. const. 8 juin 1995, n° 95-177 L : *Rec. Cons. const. 211 ; RJC II-146 ; JO 10 juin 1995, p. 9008 ; AJDA 1995. 519, note Schrameck ; RD publ. 1995. I. 862, note Luchaire ; LPA 15 nov. 1985, p. 26, note Camby ; RFDC 1995. 584, note Favoreu ; D. 1997. 122, note Trémeau*. ♦ V. déjà. • Cons. const. 18 sept. 1986, n° 86-217 DC § 87.

B. CONTRÔLE DU JUGE

23. Les décrets de nomination peuvent utiliser des termes féminisés pour désigner l'emploi quitté ou à pourvoir. • CE 9 juin 2000, *Assoc. prof. magistrats : Lebon 226 ; AJDA 2000. 673*. ♦ Cette utilisation étant sans incidence sur la légalité dès lors qu'elle n'emporte aucune ambiguïté sur le grade de la requérante, celle-ci n'est pas fondée à demander la modification de la décision procédant à sa nomination. • CE 28 nov. 2003, *Cazalas*, n° 224820 B : *AJDA 2004. 509* ; *Dr. adm. 2004 n° 48.*

1° CONTRÔLE DES NOMINATIONS

a. Généralités

24. Relèvent de la compétence directe du Conseil d'État les litiges : d'ordre individuel à caractère statutaire (nomination, disciplines, émoluments, carrière, fin de fonction, etc.) relatifs aux fonctionnaires nommés par le Président de la République en vertu du présent art. et, consécutivement de l'Ord. organique du 28 nov. 1958. • CE 16 mars 1973, *Marill : Lebon 225* • CE 14 nov. 1973, *Fourrier et Mercier : Lebon 636* • CE 28 juill. 1999, *Synd. de la juridiction adm.*, n° 192688 B : *Dr. adm. 1999, n° 255* • CE, sect., 20 oct. 2000, *Bukspan*, n° 201061 B : *RD publ. 2001. 311, concl. Mitjavile* • CE 5 mai 2003, *Brunel*, n° 215105 (a contrario). ♦ Il en va de même en matière d'accès au corps. • CE 21 juin 2013, *Villaume*, n° 349730 : *AJDA 2013. 1303* ; *ibid. 2445, note Blanco* ; *ibid. 3445, chron. Bretonneau et Jessi* ; *AJFP 2014. 78* . ♦ ... D'actions indemnitaires liées au recrutement ou à la discipline. • CE 21 juin 2013, *Tamru*, n° 354299 : *AJDA 2013. 1303* ; *ibid. 2445, note Blanco, chron. Bretonneau et Jessi* ; *AJFP 2014. 75, note Legrand* . ♦ Il en va de même en matière d'accès au corps. • CE 21 juin 2013, *Villaume*, n° 349730 : *AJDA 2013. 2445, note Blanco* . ♦ ... D'actions indemnitaires liées au recrutement ou à la discipline. • CE 21 juin 2013, *Tamru*, n° 354299 : *AJDA 2013. 2445, note Blanco* .

25. Si d'aventure un tribunal administratif s'est déclaré compétent pour connaître d'un litige relevant de la compétence directe du Conseil d'État, celui-ci annule et statue directement sur le litige, se considérant comme saisi en premier ressort. • CE 5 mai 1995, *Min. de la mer*, n° 107423 B. ♦ Il importe peu que le fonctionnaire ait été effectivement nommé ou non par un décret du Président de la République ; la simple appartenance à un corps auquel il est normalement pourvu par de tels décrets entraîne la compétence du Conseil d'État en premier et dernier ressort. • CAA Douai, 18 déc. 2003, *Univ. de Rouen*, n° 00DA01314 : *AJDA 2004. 286* .

26. Sont essentiellement concernés, entre autres : les officiers militaires. • CE 17 juin 1992, *Marchal*, n° 115037 B : *JCP 1992. 2183.* ♦ ... Les membres du corps préfectoral. • CE 5 mars 1958, *Le Grontec : Lebon T. 872.* ♦ ... Les magistrats de l'ordre judiciaire. • CE, ass., 15 mai 1981, *Maurice et Pruvost : Lebon 221* ; *AJDA 1982. 86, concl. Bacquet* ; *D. 1982. 147, note Blondel et Julien-Laferrière.* ♦ ... Les professeurs de l'enseignement supérieur. • CE 16 mars 1973, *Marill : Lebon 225* • CE 3 mars 2003, *Dorsner-Dolivet*, n° 230384. ♦ ... Y compris les associés. • CE 23 oct. 1985, *Niel : Lebon 456* .

27. Les nominations de fonctionnaires faites par le Président de la République en vertu d'autres textes ne relèvent pas du Conseil d'État en premier ressort. • CE 1er mars 1993, *Lazard : RD publ. 1994. 1245* • CE 28 juill. 1999, *Englaro*, n° 196124 B. ♦ Il en est en particulier ainsi lorsque les fonctionnaires relèvent d'un corps dont l'accès est en principe pourvu par nomination du Premier ministre ou de ministres. • CE 4 juin 1999, *Bistac*, n° 193341 B • CE 23 juin 1999, *Mougey*, n° 196691 B • CE 16 juin 2000, *Pele*, n° 176736 B. ♦ V. déjà • CE 17 févr. 1961, *Lanson : Lebon 130.*

28. A l'inverse, le Conseil d'État est directement compétent pour juger des litiges relatifs à des fonctionnaires qui, par exception, n'ont pas été nommés par le Président de la République mais appartiennent à un corps dont les titulaires sont en principe nommés par lui. • CE, sect., 6 févr. 1970, *Assoc. administrateurs civils Min. Travail : Lebon 89* ; *AJDA 1970. 506* • CE, ass., 15 mai 1981, *Maurice et Pruvost : préc. note 26* • CE 12 déc. 1984, *Assoc. prof. agents diplomatiques et consulaires issus de l'ENA*, n° 49700 B • CE 26 nov. 1986, *Babey : Dr. adm. 1987, n° 11.*

29. Les nominations faites par le Président de la République en vertu du présent art. doivent respecter les conditions générales de légalité. • CE 13 janv. 1995, *Synd. aut. inspecteurs généraux et inspecteurs de l'administration : préc. note 11.* ♦ Ainsi, l'emploi à pourvoir doit-il être vacant • CE 1er mars 1995, *Le Brun*, n° 148192. ♦ La personne chargée par le Président de la République de l'intérim d'un des emplois auquel il doit pourvoir ne doit pas avoir été admise à faire valoir ses droits à la retraite. • CE 26 févr. 2003, *Oueslati*, n° 234217. ♦ Dès lors qu'il s'agit de contester la compétence de la personne nommée, le juge se limite à un contrôle de l'erreur manifeste d'appréciation. • CE 15 nov. 2000, *Capdeville*, n° 206572.

30. Si le texte exige une proposition, il n'est pas possible de procéder à la nomination d'une personne pour laquelle aucune proposition n'est formulée. • CE 10 mars 1995, *Marchand*, n° 151233. ♦ Il est en outre possible qu'aucune proposition ne soit faite par l'autorité compétente, ce qui empêche la nomination. • CE 23 oct. 1985, *Niel*, n° 42752 B • CE 14 mai 1997, *Delaunay : Dr. adm. 1997, n° 276.* ♦ Si le texte prévoit un avis, celui-ci doit être donné par la personne ou l'organisme compétent. • CE 26 oct. 1994, *Synd. de la magistrature : Dr. adm. 1994, n° 632.*

b. Tour à l'extérieur

31. Même dans ce cadre les conditions fixées par les textes doivent être respectées. Ainsi en est-il, par exemple : des conditions d'ancienneté. • CE 17 févr. 1992, *Assoc. magistrats et anciens magistrats de la Cour des comptes,* n° 112516 B. ♦ ... Du cycle des nominations. • CE 12 nov. 1990, *Assoc. membres de l'IGAS : Lebon 323 ; RFDA 1990. 1105* • CE 8 nov. 1991, *Virgili : Lebon 390* .

32. Par ailleurs, même si la loi accorde parfois dans ce cadre un large pouvoir d'appréciation dans le choix des personnes qui peuvent être nommées (tour à l'extérieur par exemple), elle ne peut être interprétée comme permettant de procéder à ces nominations en méconnaissant les dispositions de l'art. 6 DDH, qui exige que le choix des candidats soit effectué en fonction des capacités nécessaires à l'exercice des attributions qui leur seront confiées. • Cons. const. 12 sept. 1984, n° 84-179 DC § 17 • Cons. const. 16 juill. 2009, n° 2009-587 DC § 12. ♦ Il appartient dès lors au Conseil d'État de s'assurer de l'adéquation des compétences de l'individu nommé avec le type de poste ou de tâches qu'il lui appartiendra de remplir (contrôle de l'erreur manifeste). • CE, ass., 16 déc. 1988, *Dupavillon : Lebon 449, concl. Vigouroux ; RFDA 1989. 1989, concl. Vigouroux, note Baldous, Négrin et Dietsch* • CE, ass., 16 déc. 1988, *Bleton : Lebon 451, concl. Vigouroux ; AJDA 1989. 102, chron. de Boisdeffre ; JCP 1989. 21228, note Gabolde ; RFDA 1989. 522, note Baldous et Négrin ; ibid., note Dietsch* • CE 5 juin 1991, *Assoc. magistrats et anciens magistrats de la Cour des comptes : AJDA 1991. 509, chron. Maugüé et Schwartz* .

c. Emploi à la décision du Gouvernement

BIBL. Le Bos-Le Pourhiet, Les emplois à discrétion, *Pouvoirs n° 40. 121.* – Salon, Nominations et emplois « à la décision du Gouvernement », *Cah. fonct. publ. 12/2004, n° 240, p. 4.* – Soulay, Les emplois à la décision du Gouvernement, *JCP Adm. 2006. 1147.* – Caron, Pour un statut plus transparent des emplois à la décision du gouvernement, *AJDA 2020. 257* .

33. *Principe.* Un emploi à la décision du Gouvernement est un emploi supérieur pour lequel la nomination est laissée à la décision du Gouvernement et qui est essentiellement révocable, par dérogation aux principes qui régissent les fonctions administratives. C'est un emploi dont le titulaire, eu égard aux missions qu'il exerce et au niveau de responsabilité qui en découle, est associé de manière étroite à la mise en œuvre de la politique du Gouvernement. • CE, sect., 27 mars 2019, *Synd. CFDT Affaires étrangères,* n° 424394 : *AJDA 2019. 664 ; ibid. 987, chron. Malverti et Beaufils ; AJFP 2019. 205 ; RFDA 2019. 521, concl. Victor ; JCP Adm. 2019. 231.*

34. *Emplois concernés.* Au regard tant des conditions de sa nomination que de la nature des missions qui lui sont confiées par le C. éduc., le directeur du CNOUS ne peut être regardé comme occupant un emploi supérieur à la décision du Gouvernement. • CE 27 janv. 2016, n° 384873 : *Lebon, concl. Dumortier ; AJDA 2016. 174 ; ibid. 740, concl. Dumortier ; AJFP 2016. 208, obs. Zarca* .

35. Le Conseil d'État étend les règles applicables à ces emplois à des emplois qui, bien que ne figurant pas expressément dans la liste du Décr. de 1985, répondent à certains critères, en particulier l'existence ou l'absence de règles applicables à l'emploi en cause, l'existence ou l'absence d'une durée de principe pour l'exercice de ces fonctions. • CE 13 nov. 1952, *Jugeau : Lebon 506.* ♦ V. également pour l'Institut national de la consommation, dirigé par un directeur général nommé par décret du Président de la République pris sur le rapport du Premier ministre et du ministre chargé de la consommation. • CE 9 juin 2017, n° 398519 : *Lebon ; AJDA 2017. 1201 ; JCP Adm. 2017. 441.*

36. En revanche, même si, eu égard notamment aux spécificités du contexte local et au rôle qu'il est conduit à jouer dans les relations entre le Gouvernement français et l'Autorité palestinienne, entité gouvernementale d'un territoire ayant le statut d'État observateur non membre de l'Organisation des Nations unies, le consul général à Jérusalem doit être regardé comme occupant un emploi à la décision du Gouvernement, les autres consuls ne relèvent pas de cette catégorie dès lors que les compétences conférées aux chefs de poste consulaire par les textes qui leur sont applicables ne leur donnent pas, par elles-mêmes, vocation à être associés de manière étroite à la mise en œuvre de la politique du Gouvernement, les chefs de poste consulaire ne pouvant intervenir en dehors de leurs compétences propres, sous l'autorité de l'ambassadeur, que s'ils reçoivent délégation de ce dernier et se voient confier par celui-ci des missions particulières. • CE, sect., 27 mars 2019, *Synd. CFDT Affaires étrangères,* n° 424394 A : *préc. note 33.*

37. *Recrutement.* Même s'agissant d'emplois à la décision du Gouvernement (encore parfois dits : « à la discrétion »), la nomination doit respecter les conditions législatives imposées par le texte prévoyant l'emploi à pourvoir. • CE, ass., 6 déc. 1996, Sté Lambda, n° 167502 A : *AJDA 1997. 152, chron. Chauvaux et Girardot ; D. 1997. 57, note Dobkine ; JCP 1997. 22752, note Hérisson ; RFDA 1997. 173, note Piveteau ; RD publ. 1997. 567, note Auby ; LPA 29 janv. 1997, p. 10, note Poujade ; Rev. adm. 1997. 27, note Lemoyne de*

Forges. ♦ De même, le Gouvernement ne peut nommer un fonctionnaire pour occuper un emploi à sa décision que pour autant que les règles statutaires applicables à celui-ci n'y font pas obstacle. • CE, ass., 31 mai 2006, *Synd. CFDT ministère des aff. étrangères,* n° 269635 A : *AJDA 2006. 1899, concl. Olson* . ♦ En revanche, des dispositions de ce type ne peuvent limiter la faculté de choix de l'autorité investie du pouvoir de nomination, lorsqu'elle envisage de nommer une autre personne, que celle-ci ait ou non la qualité de fonctionnaire dès lorsqu'elle ne relève pas de ce statut. • CE, ass., 11 juill. 2012, *Synd. aut. des inspecteurs et inspecteurs de l'administration au ministère de l'intérieur,* n° 348064 A : *AJDA 2012. 1373 ; ibid. 1624, chron. Domino et Bretonneau ; D. 2012. 2432, note Legrand ; AJFP 2012. 310, obs. Fortier ; RFDA 2012. 953, concl. Escaut ; Dr. adm. 2012. 83, note Melleray.*

38. La demande d'un agent public contestant la légalité de la décision portant renouvellement de son contrat ou portant refus de le renouveler ne concerne pas son recrutement ; par suite, le Conseil d'État n'est pas compétent pour connaître en premier et dernier ressort d'une requête dirigée contre une telle décision, même si elle concerne un officier. • CE 26 mai 2014, n° 370360 : *AJDA 2014. 1923 ; JCP Adm. 2014. 470.*

39. Il ne peut non plus être procédé à ces nominations en méconnaissant les dispositions de l'art. 6 DDH ; dès lors, le choix doit être fait en prenant en considération les capacités requises pour l'exercice des attributions afférentes à l'emploi. • Cons. const. 28 janv. 2011, *Robert C.,* n° 2010-94 QPC § 4. ♦ Rappr. avec les décisions mentionnées à la note 32. ♦ V. pour une application annulant la nomination. • CE 23 déc. 2011, *Synd. parisien des adm. centrales économiques et financières,* n° 346629 : *Lebon 655 ; AJDA 2012. 607, note Dord ; RFDA 2012. 155, note Pacteau ; JCP Adm. 2012. 2052, note Jean-Pierre ; Dr. adm. 2012. 32, note Melleray.*

40. Faute de conditions autres que l'âge et la justification de dix ans de service publics et de procédure organisée de sélection, il n'est pas possible, pour les personnes prétendant à ces emplois, de demander l'annulation des nominations ainsi effectuées. • CE 17 févr. 1992, *Potton,* n° 106342 B • CE 30 déc. 2002, *Mme Frusta,* n° 247338 : *AJDA 2003. 864* • CE 25 févr. 2011, *Casanovas,* n° 344732 B.

41. La publicité des déclarations d'intérêts de personnes n'exerçant pas de fonctions électives ou ministérielles mais des responsabilités de nature administrative est sans lien direct avec l'objectif poursuivi et porte une atteinte disproportionnée au droit au respect de la vie privée de ces personnes. • Cons. const. 9 oct. 2013, n° 2013-676 DC § 22.

42. Une autorité administrative, fût-elle indépendante, ne saurait sans violer les présentes dispositions ordonner, directement ou indirectement, la démission du titulaire d'un emploi à la décision du Gouvernement. • Cons. const. 9 oct. 2013, n° 2013-676 DC § 59 et 62.

43. Révocation. Même si une consultation est prévue pour la nomination, la révocation peut être prononcée sans un tel avis s'il n'est pas expressément prévu par les textes. • CE 15 mai 1986, *Rochaix,* n° 60852 : *Lebon.* ♦ L'intérêt du service peut justifier qu'il soit mis fin aux fonctions avant le terme fixé par le décret de nomination. • CE 23 nov. 1992, *Portier,* n° 114942 : *Lebon.* ♦ La nomination d'une nouvelle personnalité met fin au mandat de la personne en exercice sans que cela crée une situation d'urgence et, sans circonstances particulière cette révocation ne porte pas à la situation et aux intérêts de la personne révoquée une atteinte particulière. • CE 13 juin 2017, *Drouin,* n° 410542 : *Lebon ; AJDA 2017. 1256 ; JCP Adm. 2017. 453.*

2° CONTRÔLE DES LITIGES LIÉS À LA CARRIÈRE

44. Entrent, même pour ces fonctionnaires, dans la catégorie des litiges dont le Conseil d'État a à connaître directement, les litiges relatifs : à la validation des services accomplis en qualité d'agent contractuel dans un emploi antérieur. • CE 27 janv. 1967, *Guichard : Lebon 42 ; RD publ. 1967. 1201, note Waline.* ♦ ... Au droit à représenter l'État au conseil d'administration d'une société. • CE 29 avr. 1964, *Missa : Lebon 262.* ♦ ... A la notation. • CE 17 juin 1992, *Marchal,* n° 115037 : *préc. note 26.* ♦ ... A la situation d'un professeur de médecine par rapport au service hospitalier. • CE 14 nov. 1973, *Fourrier et Mercier : Lebon 636* • CE 18 févr. 1994, *Milhaud : Lebon T. 864* • CE 19 oct. 2001, *Bail,* n° 234352 : *Lebon 474*. ♦ Rappr. • CE 3 déc. 1980, *Geindre : Lebon T. 893.* • CE 23 févr. 1994, *L'Hermite,* n° 13531. ♦ ... A la décision du CNU ayant émis un avis défavorable à une candidature. • CE 4 avr. 2001, *Barbier,* n° 223390. ♦ ... A la décision d'un doyen refusant une autorisation d'absence pour mener des activités auprès d'un organisme extérieur. • CE 11 juin 2003, *Lejeune : AJDA 2003. 1192, concl. Schwartz* . ♦ ... A la décision d'un Président d'Université refusant de soumettre une candidature au titre de professeur émérite. • CE 5 mars 2003, *Arnoux : AJDA 2003. 1464*. ♦ ... A la mise en jeu de la responsabilité de l'État pour réparation d'un préjudice né de la carence de celui-ci à édicter une réglementation. • CE 21 févr. 2000, *Vogel,* n° 195207 B : *Dr. adm. 2000, n° 145, note P.F.* ♦ ... A un préjudice subi par un personnel dans l'exercice de ses fonctions. • CE 30 déc. 2002, *Olivier,* n° 220909.

45. Entrent également dans cette compétence les litiges d'ordre pécuniaire. • CE 23 oct.

1957, *Cornillat,* n° 38029 : *Lebon 548.* ♦ ... Comme par exemple ceux relatifs à des bonifications d'ancienneté. • CE 6 mai 1964, *Martineau,* n° 60933 : *Lebon 274.* ♦ Il en est de même pour les litiges relatifs : à des questions d'échelon ou de majoration d'ancienneté. • CE 15 déc. 2000, *Mora,* n° 192483. ♦ ... A un titre de perception émis en raison des rémunérations qu'un professeur des universités a perçues dans l'exercice de fonctions prévues par ce statut. • CE 7 janv. 2000, *Bergoin,* n° 195524 B. ♦ ... A la prise en charge de frais de mission et de séjour de ces personnels. • CE 9 juin 2004, *Jouve : AJDA 2004. 1881, note Cassia* . ♦ ... A la validation de certains services pour la liquidation d'une pension de retraite. • CE 9 févr. 2001, *Buican,* n° 219593. ♦ ... Au droit à pension des ayants cause. • CE, sect., 18 déc. 1964, *Vincent,* n° 61623 : *Lebon 652.* ♦ Rappr. • CE 10 oct. 1969, *Isern : Lebon 430, concl. Braibant ; AJDA 1970. 108, note de Laubadère.* ♦ Encore faut-il que ces litiges portent sur la rémunération statutaire. • CE 23 juill. 1993, *Sallier,* n° 130522 B.

46. N'y entrent pas les litiges relatifs : aux décorations. • CE 1er oct. 1958, *Noguès : Lebon 462* • CE 30 avr. 1969, *Morel : Lebon 233* • CE 10 févr. 1999, *Hadj-Saïd,* n° 189428. ♦ ... A l'homologation d'une blessure. • CE 14 janv. 1991, *Belloc,* n° 94772 B. ♦ ... A un logement de fonction. • CE 2 nov. 1994, *Lastenet,* n° 108719 B. ♦ ... A la nomination de fonctionnaires ayant à siéger dans des organismes administratifs. • CE 22 févr. 1974, *Cocâtre-Zilgien : Lebon 142 ; RD publ. 1974. 1810.*

3° CONTRÔLE DES RÉVOCATIONS

47. Principe. L'autorité investie du pouvoir de nomination a la faculté de mettre fin par une mesure individuelle aux fonctions des personnes ainsi nommées avant l'expiration de la période prévue par l'acte de nomination pour des motifs tirés de l'intérêt du service. • CE, ass., 22 déc. 1989, *Morin,* n° 82237 : *Lebon 279 ; AJDA 1990. 90, chron. Honorat et Baptiste ; RFDA 1990. 224, note Ayoub* .

48. Le pouvoir de mettre fin aux fonctions d'un agent nommé par le Président de la République lui revient de plein droit. • CE 7 oct. 1992, *Reverdy : préc. note 19.* ♦ Il pourra procéder à la radiation des cadres d'un fonctionnaire qu'il a nommé dès lors que, suite à une décision disciplinaire légale, une sanction entraînant radiation a été prononcée (par ex. *mise à la retraite d'office*) et qu'elle n'est pas couverte par l'amnistie. • CE, sect., 20 juin 2003, *Stilinovic,* n° 248242 : *Lebon 258, concl. Lamy ; AJDA 2003. 1334, chron. Donnat et Casas ; AJFP 2004. 36, note Moniolle* .

49. Garanties. Le Président de la République peut mettre fin aux fonctions des personnes qu'il nomme. Cette mesure, même si elle est dépourvue de caractère disciplinaire, constitue, si elle n'est pas la conséquence d'une nouvelle réglementation de l'emploi en cause, une mesure prise « en considération de la personne » de l'intéressé ». Le juge exerce son contrôle en s'assurant que la personne en question a bien été mise à même de demander communication de son dossier et qu'il ne s'agit pas d'une sanction disciplinaire déguisée. • CE, sect., 19 avr. 1991, *Monnet : Lebon 150 ; AJDA 1991. 557, concl. Lamy* • CE 12 nov. 1997, *Fessard de Foucault : Lebon T. 646* • CE 20 oct. 2000, *Bukspan : préc. note 24* • CE 27 juill. 2001, *Jolivet,* n° 228275 B • CE 26 févr. 2014, *Debbasch,* n° 364153 : *AJDA 2014. 936, note Toulemonde* . ♦ ... Et ce même lorsque ces personnes ont été nommées à tort par une autre autorité. • CE, sect., 1er févr. 2006, *Touzard,* n° 271676 : *Lebon 38 ; Cah. fonct. publ., avr. 2006, p. 31, concl. Guyomar ; LPA 27 juill. 2006, p. 11, note Le plat.* ♦ L'accomplissement de l'obligation suppose de faire connaître à l'agent, de manière non équivoque et suffisamment à l'avance, la mesure qu'il est envisagé de prendre. • CE 26 févr. 2014, *Debbasch,* n° 364153 : *préc.* ♦ Le cas des préfets doit être réservé (Décr. n° 64-805 du 29 juill. 1964). • CE 17 mai 1995, *Kalfan,* n° 141635.

50. Ce principe s'applique également s'agissant des « emplois à la décision du Gouvernement » dès lors que la mesure est prise en considération de la personne. • CE, sect., 20 janv. 1956, *Nègre : Lebon 24 ; D. 1957. 319, concl. Guionin.* • CE 17 juin 1992, *Leclerc,* n° 102839 B : *RD publ. 1992. 1830, note Drago* • CE 29 déc. 2004, *Bechtel,* n° 254100 : *AJDA 2005. 510* . ♦ Dès lors, la personne concernée doit être préalablement mise à même de demander en temps utile la communication de son dossier afin de pouvoir, le cas échéant, faire connaître à l'autorité compétente ses observations sur la mesure envisagée. • CE 26 mai 2014, *A. B.,* n° 372500 : *AJDA 2014. 1924 ; JCP Adm. 2014. 469.* ♦ En vertu d'un principe général du droit, une sanction ne peut être légalement prononcée à l'égard d'un agent public, y compris s'agissant d'un emploi à la décision du Gouvernement (préfet), sans que l'intéressé ait été mis en mesure de présenter utilement sa défense. • CE 5 juill. 2000, *Mermet,* n° 200622 : *Lebon 292 ; D. 2000. 687, note Prétot* .

C. EMPLOIS IMPORTANTS POUR LA GARANTIE DES DROITS ET LIBERTÉS OU LA VIE ÉCONOMIQUE ET SOCIALE DE LA NATION

BIBL. Sponchiado, Du droit de regard au droit de veto : le contrôle restreint opéré par les parlementaires sur les nominations présidentielles, *RFDA 2011. 1019* .

1° EMPLOIS CONCERNÉS

51. V. les annexes des L. org. n° 2010-837 et L. n° 2010-837 du 23 juill. 2010 ci-dessous.

V. pour d'autres décisions dans le même sens :

52. N'entre pas dans le champ d'application du dernier al. du présent art. la présidence de l'Institut national de l'audiovisuel. • Cons. const. 14 nov. 2013, n° 2013-677 DC § 10.

53. Le présent art. ne saurait faire obstacle à ce que le législateur supprime un emploi ou une fonction du tableau fixant la liste des emplois et fonctions pour lesquels le pouvoir de nomination du Président de la République s'exerce dans les conditions prévues par ce même art. • Cons. const. 27 déc. 2012, n° 2012-663 DC § 4 • Cons. const. 24 juill. 2014, n° 2014-697 DC § 4.

54. Dès lors que la présidence des sociétés France Télévisions et Radio France et de la société en charge de l'audiovisuel extérieur de la France ne fait plus l'objet d'une nomination par le Président de la République mais par le CSA à la majorité des membres qui le composent, la soustraction de la nomination à ces fonctions de la procédure prévue au 5e al. du présent art. ne méconnaît ni les exigences de ce texte ni aucune autre exigence constitutionnelle. • Cons. const. 14 nov. 2013, n° 2013-677 DC § 9.

2° PROCÉDURE

55. La procédure prévue par le dernier al. du présent art. n'interdit pas au législateur de fixer ou d'ajouter, dans le respect de la Constitution et, notamment, du principe de la séparation des pouvoirs, des règles encadrant le pouvoir de nomination du Président de la République afin de garantir l'indépendance de ces sociétés et de concourir ainsi à la mise en œuvre de la liberté de communication. • Cons. const. 3 mars 2009, n° 2009-577 DC § 9.

56. Le choix du caractère public de l'audition ne relève pas de la compétence du législateur organique. • Cons. const. 3 mars 2009, n° 2009-576 DC § 4.

57. Le règlement d'une assemblée peut laisser à la commission compétente le pouvoir de décider de l'audition, de manière publique ou non, de la personnalité dont la nomination est proposée. Cependant, cette disposition ne saurait faire obstacle à la possibilité pour le législateur de prévoir une audition et d'en fixer le régime de publicité. • Cons. const. 25 juin 2009, n° 2009-582 DC § 11 et 12. ♦ Lorsque l'avis de la commission est émis en application du 5e al. du présent art., il résulte de l'art. 1er de la loi du 23 juill. 2010 que, sous réserve de la préservation du secret professionnel ou du secret de la défense nationale, une telle audition est publique. • Cons. const. 11 juill. 2019, n° 2019-786 DC § 5.

58. Lors d'une audition par la Commission permanente, les règles assurant la protection du secret professionnel et du secret de la défense nationale interdisent, comme du reste les dispositions de l'art. 5 *bis* de l'Ord. du 17 nov. 1958, à toute personne qui en est dépositaire de révéler de tels secrets. • Cons. const. 25 juin 2009, n° 2009-581 DC § 7 • Cons. const. 25 juin 2009, n° 2009-582 DC § 13.

59. Il appartient, dans ce cadre, aux commissions permanentes compétentes de l'Assemblée nationale et du Sénat de procéder à l'audition de la personnalité pressentie, dans un délai raisonnable et au moins huit jours après que son nom a été rendu public, et d'émettre ensuite par un vote un avis sur la nomination, laquelle ne peut intervenir lorsque l'addition des votes négatifs dans chaque commission représente au moins trois cinquièmes des suffrages exprimés au sein des deux commissions. Si le Président de la République ne peut, en principe, procéder à la nomination (…) sans qu'ait été émis au préalable l'avis des commissions permanentes compétentes de l'Assemblée nationale et du Sénat (…), en l'espèce l'avis de la commission des lois du Sénat n'a pas été recueilli du fait du refus de réunir cette commission, dans un délai raisonnable suivant l'annonce du nom de la personnalité pressentie, afin de procéder à l'audition de cette dernière et au vote prévu par la Const., (…) ; ce refus de réunir la commission des lois a mis le Président de la République dans l'impossibilité de recueillir son avis et a également rendu impossible le dépouillement simultané du vote émis par chacune des commissions permanentes ; dans ces conditions, le moyen tiré du défaut de consultation de la commission des lois du Sénat et le moyen tiré de l'absence de dépouillement simultané des scrutins par les deux assemblées ne peuvent qu'être écartés. • CE 13 déc. 2017, n° 411788 A : *AJDA 2017. 2493 ; ibid. 2018. 521, concl. Domino ; ibid. 2018. 491, chron. Roussel et Nicolas ; JCP Adm. 2018. 2093, note Hul ; ibid. 2018. 2093, concl. Domino ; Dr. adm. 2018. 19, note Eveillard ; ibid. 2019. 2,* étude Sponchiado.

3° RÉVOCATIONS

60. Le législateur a pu, pour assurer l'indépendance des sociétés nationales de programme, disposer que la décision de révocation des présidents de ces sociétés serait soumise à un avis conforme du Conseil supérieur de l'audiovisuel et à un avis public des commissions parlementaires compétentes. Toutefois le législateur méconnaît la Constitution, en permettant aux commissions parlementaires d'exercer un droit de veto à la majorité des trois cinquièmes des suffrages exprimés, alors que le dernier al. du présent art. n'a rendu possible un tel veto que dans le cadre de l'exercice du pouvoir de nomination du Président de la République. • Cons. const. 3 mars 2009, n° 2009-577 DC § 13.

Loi organique n° 2010-837 du 23 juillet 2010,

Relative à l'application du cinquième alinéa de l'article 13 de la Constitution.

Art. 1er Le pouvoir de nomination du Président de la République aux emplois et fonctions dont la liste est annexée à la présente loi organique s'exerce dans les conditions fixées au cinquième alinéa de l'article 13 de la Constitution.

....

ANNEXE

[Mod. par L. org. n° 2011-333 du 29 mars 2011, art. 43-I ; par L. org. n° 2012-1557 du 31 déc. 2012 ; par L. org. n° 2013-906 du 11 oct. 2013, art. 8 ; par L. org. n° 2013-1026 du 15 nov. 2013 ; par L. org. n° 2014-871 du 4 août 2014 ; par L. org. n° 2015-911 du 24 juill. 2015 ; par L. org. n° 2016-1086 du 8 août 2016 ; par L. org. n° 2017-54 du 20 janv. 2017 ; par L. org. n° 2017-1338 du 15 sept. 2017 ; par Ord. n° 2019-761 du 24 juill. 2019, art. 1er ; par L. org. n° 2019-789 du 26 juill. 2019 ; par L. org. n° 2019-790 du 26 juill. 2019 ; par L. org. n° 2020-364 du 30 mars 2020.]

INSTITUTION, ORGANISME, ÉTABLISSEMENT OU ENTREPRISE	EMPLOI OU FONCTION
Aéroports de Paris	Présidence-direction générale
Agence de financement des infrastructures de transport de France	Présidence du conseil d'administration
Agence française de développement	Direction générale
Office français de la biodiversité	Direction générale
Agence nationale de la cohésion des territoires	Direction générale
Agence de l'environnement et de la maîtrise de l'énergie	Présidence du conseil d'administration
Agence nationale pour la gestion des déchets radioactifs	Direction générale
Agence nationale pour la rénovation urbaine	Direction générale
Autorité de la concurrence	Présidence
Agence nationale de sécurité du médicament et des produits de santé	Direction générale
Agence nationale de sécurité sanitaire de l'alimentation, de l'environnement et du travail	Direction générale
Autorité de contrôle des nuisances sonores aéroportuaires	Présidence
Autorité des marchés financiers	Présidence
Autorité des normes comptables	Présidence
Autorité de régulation des transports	Présidence
Autorité de régulation des communications électroniques, des postes et de la distribution de la presse	Présidence
Autorité nationale des jeux	Présidence
Autorité de sûreté nucléaire	Présidence
Banque de France	Gouvernorat
Caisse des dépôts et consignations	Direction générale
Centre national d'études spatiales	Présidence du conseil d'administration
Centre national de la recherche scientifique	Présidence

INSTITUTION, ORGANISME, ÉTABLISSEMENT OU ENTREPRISE	EMPLOI OU FONCTION
Comité consultatif national d'éthique pour les sciences de la vie et de la santé	Présidence
Commissariat à l'énergie atomique et aux énergies alternatives	Administration générale
Commission d'accès aux documents administratifs	Présidence
Commission de régulation de l'énergie	Présidence du collège
Commission du secret de la défense nationale	Présidence
Commission nationale de contrôle des techniques de renseignement	Présidence
Commission nationale des comptes de campagne et des financements politiques	Présidence
Commission nationale de l'informatique et des libertés	Présidence
Commission nationale du débat public	Présidence
Commission prévue au dernier alinéa de l'article 25 de la Constitution	Présidence
Compagnie nationale du Rhône	Présidence du directoire
Conseil supérieur de l'audiovisuel	Présidence
Contrôleur général des lieux de privation de liberté	Contrôle général
Électricité de France	Présidence-direction générale
Haut Conseil des biotechnologies	Présidence
Haut Conseil du commissariat aux comptes	Présidence
Collège du Haut Conseil de l'évaluation de la recherche et de l'enseignement supérieur	Présidence
Haute Autorité pour la transparence de la vie publique	Présidence
Haute Autorité de santé	Présidence du collège
Institut national de la recherche agronomique	Présidence
Institut national de la santé et de la recherche médicale	Présidence
Institut de radioprotection et de sûreté nucléaire	Direction générale
Institution nationale publique mentionnée à l'article L. 5312-1 du code du travail (Pôle emploi)	Direction générale
Médiateur du crédit aux candidats et aux partis politiques	Médiateur
Météo-France	Présidence-direction générale
Office français de l'immigration et de l'intégration	Direction générale
Office français de protection des réfugiés et apatrides	Direction générale
Office national des forêts	Direction générale
Société anonyme Bpifrance	Direction générale
La Poste	Présidence du conseil d'administration
Régie autonome des transports parisiens	Présidence-direction générale
Société nationale SNCF	Direction générale
Voies navigables de France	Présidence du conseil d'administration

Loi nº 2010-838 du 23 juillet 2010,

Relative à l'application du cinquième alinéa de l'article 13 de la Constitution.

Art. 1er Les commissions permanentes de chaque assemblée parlementaire compétentes pour émettre un avis sur les nominations aux emplois et fonctions pour lesquels le pouvoir de nomination du Président de la République s'exerce dans les conditions fixées au cinquième alinéa de l'article 13 de la Constitution sont celles figurant dans la liste annexée à la présente loi.

L'avis mentionné au premier alinéa est précédé d'une audition par les commissions permanentes compétentes de la personne dont la nomination est envisagée. L'audition est publique sous réserve de la préservation du secret professionnel ou du secret de la défense nationale.

Cette audition ne peut avoir lieu moins de huit jours après que le nom de la personne dont la nomination est envisagée a été rendu public.

....

ANNEXE

[Mod. par L. nº 2011-334 du 29 mars 2011, art. 20 ; par L. nº 2012-1559 du 31 déc. 2012, art. 11 ; par L. nº 2013-907 du 11 oct. 2013, art. 29 ; par L. nº 2013-1028 du 15 nov. 2013 ; par L. nº 2014-872 du 4 août 2014, art. 28 ; par L. nº 2015-912 du 24 juill. 2015, art. 3 ; par L. nº 2015-990 du 6 août 2015, art. 197 ; par L. nº 2016-1087 du 8 août 2016, art. 33 ; par L. nº 2017-55 du 20 janv. 2017 ; par L. nº 2017-1339 du 15 sept. 2017 ; par L. nº 2019-753 du 22 juill. 2019, art. 13 ; par Ord. nº 2019-761 du 24 juill. 2019, art. 1er ; par L. nº 2019-773 du 24 juill. 2019, art. 21 ; par L. nº 2019-1063 du 18 oct. 2019, art. 8 ; par L. nº 2020-366 du 30 mars 2020.]

EMPLOI OU FONCTION	COMMISSION PERMANENTE COMPÉTENTE AU SEIN DE CHAQUE ASSEMBLÉE
Présidence-direction générale d'Aéroports de Paris	Commission compétente en matière de transports
Présidence du conseil d'administration de l'Agence de financement des infrastructures de transport de France	Commission compétente en matière de transports
Direction générale de l'Agence française de développement	Commission compétente en matière de coopération internationale
Présidence du conseil d'administration de l'Agence française pour la biodiversité	Commission compétente en matière d'environnement
Direction générale de l'Agence nationale de la cohésion des territoires	Commission compétente en matière d'aménagement du territoire
Présidence du conseil d'administration de l'Agence de l'environnement et de la maîtrise d'énergie	Commission compétente en matière d'environnement
Direction générale de l'Agence nationale pour la gestion des déchets radioactifs	Commission compétente en matière d'environnement
Direction générale de l'Agence nationale pour la rénovation urbaine	Commission compétente en matière d'urbanisme
Direction générale de l'Agence nationale de sécurité du médicament et des produits de santé	Commission compétente en matière de santé publique
Direction générale de l'Agence nationale de sécurité sanitaire de l'alimentation, de l'environnement et du travail	Commission compétente en matière de santé publique
Présidence de l'Autorité de la concurrence	Commission compétente en matière de concurrence

EMPLOI OU FONCTION	COMMISSION PERMANENTE COMPÉTENTE AU SEIN DE CHAQUE ASSEMBLÉE
Présidence de l'Autorité de contrôle des nuisances sonores aéroportuaires	Commission compétente en matière de transports
Présidence de l'Autorité des marchés financiers	Commission compétente en matière d'activités financières
Présidence de l'Autorité des normes comptables	Commission compétente en matière d'activités financières
Présidence de l'Autorité de régulation des transports	Commission compétente en matière de transports
Présidence de l'Autorité de régulation des communications électroniques, des postes et de la distribution de la presse	Commission compétente en matière de postes et de communications électroniques
Présidence de l'Autorité nationale des jeux	Commission compétente en matière de finances publiques
Présidence de l'Autorité de sûreté nucléaire	Commission compétente en matière d'énergie
Gouvernorat de la Banque de France	Commission compétente en matière monétaire
Direction générale de la Caisse des dépôts et consignations	Commission compétente en matière d'activités financières
Présidence du conseil d'administration du Centre national d'études spatiales	Commission compétente en matière de recherche appliquée
Présidence du Centre national de la recherche scientifique	Commission compétente en matière de recherche
Présidence du Comité consultatif national d'éthique pour les sciences de la vie et de la santé	Commission compétente en matière de santé publique
Administration générale du Commissariat à l'énergie atomique et aux énergies alternatives	Commission compétente en matière d'énergie
Présidence de la Commission d'accès aux documents administratifs	Commission compétente en matière de libertés publiques
Présidence du collège de la Commission de régulation de l'énergie	Commission compétente en matière d'énergie
Présidence de la Commission du secret de la défense nationale	Commission compétente en matière de défense
Présidence de la Commission nationale de contrôle des techniques de renseignement	Commission permanente compétente en matière de libertés publiques
Présidence de la Commission nationale des comptes de campagne et des financements politiques	Commission compétente en matière de lois électorales
Présidence de la Commission nationale de l'informatique et des libertés	Commission compétente en matière de libertés publiques
Présidence de la Commission nationale du débat public	Commission compétente en matière d'aménagement du territoire
Présidence de la Commission prévue au dernier alinéa de l'article 25 de la Constitution	Commission compétente en matière de lois électorales
Présidence du directoire de la Compagnie nationale du Rhône	Commission compétente en matière d'énergie

EMPLOI OU FONCTION	COMMISSION PERMANENTE COMPÉTENTE AU SEIN DE CHAQUE ASSEMBLÉE
Présidence du Conseil supérieur de l'audiovisuel	Commission compétente en matière d'affaires culturelles
Contrôle général des lieux de privation de liberté	Commission compétente en matière de libertés publiques
Présidence-direction générale d'Électricité de France	Commission compétente en matière d'énergie
Présidence du Haut Conseil des biotechnologies	Commission compétente en matière d'environnement
Présidence du Haut Conseil du commissariat aux comptes	Commission compétente en matière de finances publiques
Présidence du collège du Haut Conseil de l'évaluation de la recherche et de l'enseignement supérieur	Commission compétente en matière d'enseignement et de recherche
Présidence du collège de la Haute Autorité de santé	Commission compétente en matière de santé publique
Présidence de la Haute Autorité pour la transparence de la vie publique	Commission permanente compétente en matière de lois constitutionnelles
Présidence de l'Institut national de la recherche agronomique	Commission compétente en matière de recherche appliquée
Présidence de l'Institut national de la santé et de la recherche médicale	Commission compétente en matière de recherche
Direction générale de l'Institut de radioprotection et de sûreté nucléaire	Commission compétente en matière d'environnement
Direction générale de l'institution nationale publique mentionnée à l'article L. 5312-1 du code du travail (Pôle emploi)	Commission compétente en matière d'emploi
Médiateur du crédit aux candidats et aux partis politiques	Commission compétente en matière de lois électorales
Présidence-direction générale de Météo-France	Commission compétente en matière d'environnement
Direction générale de l'Office français de l'immigration et de l'intégration	Commission compétente en matière de libertés publiques
Direction générale de l'Office français de protection des réfugiés et apatrides	Commission compétente en matière de libertés publiques
Direction générale de l'Office national des forêts	Commission compétente en matière d'agriculture
Direction générale de la société anonyme Bpifrance	Commission compétente en matière d'activités financières
Présidence du conseil d'administration de La Poste	Commission compétente en matière de postes et communications
Présidence-direction générale de la Régie autonome des transports parisiens	Commission compétente en matière de transports
Direction générale de la société nationale SNCF	Commission compétente en matière de transports
Présidence du conseil d'administration de Voies navigables de France	Commission compétente en matière de transports

Art. 14 Le Président de la République accrédite les ambassadeurs et les envoyés extraordinaires auprès des puissances étrangères ; les ambassadeurs et les envoyés extraordinaires étrangers sont accrédités auprès de lui.

COMMENTAIRE

V. sur le Code en ligne.

[V. références des décisions du Conseil constitutionnel dans le tableau DC]

1. L'ambassadeur, dépositaire de l'autorité de l'État, unique représentant du Président de la République et du Gouvernement auprès de l'État accréditaire, avec lequel il est seul habilité à négocier au nom de l'État, est seul chargé de mettre directement en œuvre, dans ce pays, la politique extérieure de la France. Les chefs de poste consulaire ne peuvent intervenir en dehors de leurs compétences propres, sous l'autorité de l'ambassadeur, que s'ils reçoivent délégation de ce dernier et se voient confier par celui-ci des missions particulières. • CE, sect., 27 mars 2019, *Synd CFDT affaires étrangères*, n° 424394 A : *AJDA 2019. 664 ; ibid. 987, chron. Malverti et Beaufils ; AJFP 2019. 205 ; RFDA 2019. 521, concl. Victor ; JCP Adm. 2019. 231.*

2. Sous réserve de respecter les prescriptions découlant de l'art. 6 DDH, il est possible de recruter des ministres plénipotentiaires qui ne soient pas des fonctionnaires. • Cons. const. 16 janv. 1986, n° 85-204 DC § 7 s.

3. Cette possibilité ne doit pas conduire à placer, dans un tel corps, l'ensemble des fonctionnaires issus du recrutement par concours dans une situation d'infériorité caractérisée. • Cons. const. 16 janv. 1986, n° 85-204 DC § 9.

4. Parmi les fonctionnaires, seuls ceux ayant la dignité d'ambassadeur de France, le grade de ministre plénipotentiaire ou celui de conseiller des affaires étrangères hors classe ou qui ont été légalement détachés dans ces deux derniers corps, peuvent être nommés chef de mission diplomatique, qui est pourtant un emploi à la discrétion du Gouvernement. • CE, ass., 31 mai 2006, *Synd. CFDT min. aff. étrangères*, n° 269635 : *Lebon 234 ; AJDA 2006. 1899, concl. Olson*. ♦ Pour un conseiller des affaires étrangères, quel que soit son grade, il incombe à l'autorité investie du pouvoir de nomination d'apprécier son aptitude à occuper un emploi de chef de mission diplomatique, c'est-à-dire de vérifier qu'il a exercé, préalablement à la nomination dans cet emploi, des responsabilités d'encadrement impliquant l'exercice de fonctions de direction, d'organisation et de gestion de services ou de parties de service ; de même, il lui incombe de tenir compte de l'importance des responsabilités d'encadrement qui s'attachent tant aux fonctions précédemment exercées qu'à celles de l'emploi de chef de mission auquel l'intéressé postule. En l'espèce, si les responsabilités de conseiller à la Présidence de la République comportaient des fonctions d'animation et de coordination de différentes administrations de l'État, le conseiller ne peut être regardé comme ayant exercé des responsabilités d'encadrement susceptibles d'être prises en compte. • CE 23 juill. 2012, *Synd. CFDT min. aff. étrangères*, n° 357157 : *AJDA 2012. 1482*.

5. Les ambassadeurs ont droit, comme les autres agents de la fonction publique, à la communication de leur dossier. • CE 12 nov. 1997, *Fessard de Foucault : Lebon T. 646.*

Art. 15 Le Président de la République est le chef des armées. Il préside les conseils et comités supérieurs de la défense nationale.

COMMENTAIRE

V. sur le Code en ligne.

1. *Sont insusceptibles* de recours pour excès de pouvoir, en tant qu'ils constituent des actes de Gouvernement : la décision de reprendre des essais nucléaires. • CE, ass., 29 sept. 1995, *Assoc. Greenpeace France : Lebon 347 ; AJDA 1995. 684, chron. Stahl et Chauvaux ; RD publ. 1996. 256, concl. Sanson ; ibid. 1996. 1162, note Sabète ; JCP 1996. 22582, note Moreau ; D. 1996. 205, note Braconnier ; RFDA 1996. 383*. ♦ ... La décision des autorités française d'engager des forces militaires en République fédérale de Yougoslavie en liaison avec les événements du Kosovo. • CE 5 juill. 2000, *Mégret : Lebon 291 ; AJDA 2001. 95, note Gounin*. ♦ Rappr. : • CE 30 déc. 2003, *Comité contre la guerre en Irak*, n° 255904 B : *Dr. adm. 2004 n° 65.* ♦ ... Le décret interdisant la navigation dans une zone de sécurité mise en place pour permettre le déroulement d'explosions nucléaires. • CE, ass., 11 juill. 1975, *Paris de la Bolladière : Lebon 423.* ♦ ... Comme plus généralement tous les actes se rattachant à la « conduite de la guerre ». • CE 22 nov. 1957, *Murtoon Steamship : Lebon 632.* ♦ *Contra* : • CE, ass., 30 mars 1966, *Sté Ignazio Messina : Lebon 258 ;*

RD publ. 1966. 789, concl. Questiaux ; RD publ. 1967. 143, note Waline.

2. En revanche, le juge estime que le décret relatif aux forces aériennes stratégiques du 14 janv. 1964 (et dès lors le Décr. du 12 juin 1996 qui s'y substitue) est un acte administratif susceptible de recours. • CE 8 déc. 1995, *Lavaurs : Lebon 433*.

3. Sur la répartition des compétences avec le Premier ministre en la matière, V. Const. 58, ss. art. 21.

Art. 16 **Lorsque les institutions de la République, l'indépendance de la Nation, l'intégrité de son territoire ou l'exécution de ses engagements internationaux sont menacés d'une manière grave et immédiate et que le fonctionnement régulier des pouvoirs publics constitutionnels est interrompu, le Président de la République prend les mesures exigées par ces circonstances, après consultation officielle du Premier ministre, des présidents des assemblées ainsi que du Conseil constitutionnel.**

Il en informe la Nation par un message.

Ces mesures doivent être inspirées par la volonté d'assurer aux pouvoirs publics constitutionnels, dans les moindres délais, les moyens d'accomplir leur mission. Le Conseil constitutionnel est consulté à leur sujet.

Le Parlement se réunit de plein droit.

L'Assemblée nationale ne peut être dissoute pendant l'exercice des pouvoirs exceptionnels.

(L. const. n° 2008-724 du 23 juill. 2008, art. 6) **« Après trente jours d'exercice des pouvoirs exceptionnels, le Conseil constitutionnel peut être saisi par le Président de l'Assemblée nationale, le Président du Sénat, soixante députés ou soixante sénateurs, aux fins d'examiner si les conditions énoncées au premier alinéa demeurent réunies. Il se prononce dans les délais les plus brefs par un avis public. Il procède de plein droit à cet examen et se prononce dans les mêmes conditions au terme de soixante jours d'exercice des pouvoirs exceptionnels et à tout moment au-delà de cette durée. »**

Sur l'état d'urgence, V. C. défense, art. L. 2131-1 et L. n° 55-385 du 3 avr. 1955. — C. pr. pén.

Sur l'état de siège, V. C. défense, art. L. 2121-1 s. ; C. serv. nat., art. L. 84 et L. 94-14 ; C. douanes, art. 21 et 22.

Sur la consultation du Conseil constitutionnel dans des circonstances exceptionnelles, V. Ord. n° 58-1067 du 7 nov. 1958, art. 52 s., ss. Const. 58, art. 63.

BIBL. ▸ VOISSET, L'article 16 de la Constitution de 1958, *LGDJ, Coll. « Bibliothèque de droit public », 1969.* – HAMON, L'article 16 de la Constitution de 1958, *Doc. fr. 1986.* – SAINT-BONNET, Réflexions sur l'article 16 et l'état d'exception, *RD publ. 1998. 1669.* – L'État d'exception, *PUF, coll. « Léviathan », 2001.* – FONTAINE, Pouvoir exceptionnels vs garantie des droits : *RD publ. 2009. 351.* – KARAGIANNIS, L'article 16 des autres. Pénétration d'une originalité française dans certaines Constitutions étrangères, *RD publ. 2016. 957.*

▸ Sur l'application en 1961 : BERLIA, L'application de l'article 16 de la Constitution de 1958 et ses rapports entre le Parlement et le Gouvernement, *RD publ. 1961. 1029.* – HAMON, À propos de l'article 16 : quelques questions juridiques, *AJDA 1961. 663.* – LAMARQUE, L'état de nécessité et l'article 16 de la Constitution de 1958, *RD publ. 1961. 558.* – BERLIA, Le contrôle du recours à l'article 16 et son application, *RD publ. 1962. 288.*

▸ Sur les incidences de la révision de 2008 : ARSAC, La fonction consultative du Conseil constitutionnel, *RFDC, n° 68, oct. 2006. 781.* – FATIN-ROUGE STEFANINI, Le Conseil constitutionnel dans la révision constitutionnelle du 23 juillet 2008 sur la modernisation des institutions, *RFDC, n° 78, avr. 2009. 269.* – GHÉVONTIAN, La révision de la Constitution et le Président de la République : l'hyperprésidentialisation n'a pas lieu, *RFDC, n° 77, janv. 2009. 119.* – LEVADE, La révision du 23 juillet 2008. Temps et contretemps, *RFDC, n° 78, avr. 2009. 299.*

COMMENTAIRE

V. sur le Code en ligne.

[V. références des décisions du Conseil constitutionnel dans le tableau DC]

1. Décision de recourir à l'art. 16. Les conditions de mise en œuvre de l'art. 16 sont réunies dès lors que des officiers généraux sans commandement et, à leur suite, certains éléments militaires sont entrés en rébellion ouverte contre les pouvoirs publics constitutionnels dont ils usurpent l'autorité ; qu'au mépris de la souveraineté nationale et de la légalité républicaine, ils édictent des mesures de la seule compétence du Parlement et du Gouvernement ; qu'ils ont mis hors d'état de remplir leurs fonctions et privé de leur liberté les plus hautes autorités civiles et militaires dépositaires des pouvoirs qui leur ont été délégués par le Gouvernement de la République en vue d'assurer la sauvegarde des intérêts nationaux, ainsi qu'un membre du Gouvernement même ; que leur but avoué est de s'emparer du pouvoir dans l'ensemble du pays. • Cons. const. 23 avr. 1961, n° 61-1 ART16 : *Rec. Cons. const. 69 ; RJC V-1 ; GDCC, 15ᵉ éd., n° 6 ; G. délib. CC, n° 5.*

2. La décision de mettre en œuvre les dispositions du présent art. n'est pas susceptible d'être discutée devant le juge de l'excès de pouvoir (acte de gouvernement). • CE, ass., 2 mars 1962, *Ruben de Servens : Lebon 143 ; S. 1962. 147, note Bourdoncle ; D. 1962. 109, note Morange ; JCP 1962. 1711, chron. Lamarque ; ibid. 1962. 12613, concl. Henry ; AJDA 1962, chron. Galabert et Gentot.* ♦ Il en est de même de la durée de mise en œuvre de cet art. • Même décision.

3. Décisions prises dans le cadre de l'art. 16. Les décisions prises en vertu du présent art. ne peuvent être contestées devant le juge administratif dès lors qu'elles portent sur des matières législatives au sens de l'art. 34 Const. • CE, ass., 2 mars 1962, *Ruben de Servens : préc. note 2* • CE 8 févr. 1963, *de Mari : Lebon T. 809 ; AJDA 1963. 430, obs. V.S. ; RD publ. 1963. 816* • CE 22 oct. 1965, *Herbert : RD publ. 1966. 347* • CE 22 avr. 1966, *Sté Union africaine de presse : Lebon 276 ; JCP 1966. 14805, concl. Galmot, note Drago* • CE 22 mai 1968, *Lagrange : Lebon T. 815 ; AJDA 1969. 30* • T. confl., 16 nov. 1964, *Clément : Lebon 796 ; AJDA 1965. 365, obs. Homont ; ibid. 1965. 221, chron. Puybasset et Puissochet ; D. 1965. 698, note Demichel ; JCP 1965. 14286, note Langavant.* ♦ Sont également insusceptibles d'être contestées les décisions individuelles qui découlent de ces décisions à caractère législatif. • CE 13 nov. 1964, *Livet : Lebon 534 ; D. 1965. 698, note Demichel ; JCP 1965. 14286, note Langavant ; AJDA 1965. 365, obs. Homont.*

4. Si une décision prise dans le cadre de l'art. 16 porte sur des matières législatives, la décision qui la maintient en vigueur au-delà de la durée d'application dudit art. a le caractère d'un acte législatif. • CE 13 nov. 1964, *Livet : préc. note 3.*

5. Le juge répressif se refuse à opérer cette distinction et considère que toutes les décisions prises en application du présent art. ne peuvent être contestées devant lui dès lors que la décision de mise en œuvre de l'art. 16 est formellement régulière. • Crim. 21 août 1961, *Forhan : Bull. crim. n° 363* • Crim. 10 mai 1962, *Dovecar et Piegts : JCP 1962. 12736, note Michaud.*

6. Une nomination, faite en violation de principes ou de règles que la décision prise par le Président la République n'a pas entendu écarter par une décision prise dans le cadre de l'art. 16, est illégale. • CE, ass., 23 oct. 1964, *d'Oriano : Lebon 486.*

7. Activité du Parlement. La mise en œuvre de l'art. 16 ne saurait modifier les activités du Parlement : exercice du pouvoir législatif et contrôle. De ce fait, les rapports du gouvernement et du Parlement doivent fonctionner dans les conditions normales pour autant qu'il ne s'agisse pas de mesures prises ou à prendre en vertu de l'art. 16. Le Parlement, dont s'ouvre aujourd'hui la seconde session, est donc appelé à poursuivre sa tâche. V. *Message de Charles de Gaulle au Parlement le 23 avr. 1961.*

8. Si, compte tenu de la lettre stricte de la Constitution, le Parlement siège de plein droit et peut donc, même en dehors de la session ordinaire, s'exprimer sur différents sujets, le Président de la République a indiqué qu'il tiendrait pour contraire à la Constitution que la réunion annoncée du Parlement ait un aboutissement législatif. *Lettre du Président de la République en date du 31 août 1961 relative au rôle du Parlement.* ♦ Le Conseil constitutionnel ne peut être saisi par le Président de l'Assemblée nationale sur le point de savoir si une motion de censure peut être débattue pendant l'application de l'art. 16. • Cons. const. 14 sept. 1961, n° 61-1 AUTR : *Rec. Cons. const. 55 ; RJC. V-1 ; GDCC 15ᵉ éd., n° 7 ; D. 1963. 17, note Hamon.*

9. Les rapports du gouvernement et du Parlement sont régis par des règles différentes, suivant que, la réunion de plein droit étant interrompue par définition, on se trouve dans ou hors des sessions normales du Parlement, ordinaires ou extraordinaires, prévues par la Constitution. Or, les travaux du Parlement ne pouvant avoir d'aboutissement législatif en dehors des sessions normales, le gouvernement se trouve privé du droit, prévu par l'art. 49 al. 3 Const., d'engager sa responsabilité sur le vote d'un texte ; il apparaît que, pour assurer l'équilibre fondamental des pouvoirs, l'Assemblée ne peut user du droit qu'elle tient, en période normale, de l'al. 2 du même art., de mettre en cause la responsabilité du gouvernement par le vote d'une motion de censure. Il en résulte que dans les circonstances actuelles une motion de censure déposée en dehors des sessions normales ne peut être reçue. V. *Décision du Président de l'Assemblée nationale en date du 19 sept. 1961.*

10. Art. 16 et Conv. EDH. Le protocole n° 6 additionnel à la Conv. EDH concernant l'abolition de la peine de mort pouvant être dénoncé et prévoyant que celle-ci peut toutefois être prévue pour des actes commis en temps de guerre ou de danger imminent de guerre, il n'est pas incompatible avec le devoir pour l'État d'assurer le respect des institutions de la République, la continuité de la vie de la Nation. • Cons. const. 22 mai 1985, n° 85-188 DC.

11. Art. 16 et révision. Le pouvoir constituant est souverain mais une révision de la Constitution ne peut pas être engagée ou poursuivie durant la mise en œuvre du présent art. • Cons. const. 2 sept. 1992, n° 92-312 DC § 19 • Cons. const. 15 mars 1999, n° 99-410 DC § 3 • Cons. const. 30 mai 2000, n° 2000-429 DC § 6.

Art. 17 *(L. const. n° 2008-724 du 23 juill. 2008, art. 7)* **Le Président de la République a le droit de faire grâce à titre individuel.**

BIBL. ▸ GODEFROY, LAFFARGUE et YORDAMIAN, Le droit de grâce et la justice en France, *Min. Justice. 1981*. – GUILLAUME, Amnistie et grâce : ordre, contre-ordre, désordre, *in Mél. Gicquel, Montchrestien 2008, p. 215*. – TÜRK, Le droit de grâce présidentiel à l'issue de la révision du 23 juillet 2008, *RFDC 2009. 513*. – GIRARD, Le Président de la République, une autorité juridictionnelle méconnue, *RD publ. 2013. 673*.

COMMENTAIRE

V. sur le Code en ligne.

1. Sur l'amnistie, V. notes ss. Const. 58, art. 34.

2. Les actes par lesquels le Président de la République accorde ou refuse la grâce sont insusceptibles de recours pour excès de pouvoir. Cette incompétence du Conseil d'État fut, un temps, fondée sur la théorie des « actes de gouvernement ». • CE 30 juin 1893, *Gugel : S. 1895. 41, note Hauriou.* ♦ Elle est maintenant justifiée par le fait que les actes en cause ne sont pas détachables du fonctionnement du service public judiciaire. • CE, ass., 28 mars 1947, *Gombert : Lebon 138 ; RD publ. 1947. 95, note Waline ; S. 1947. 89, concl. Célier* • CE 8 nov. 1961, *Sté d'édition du Centre : Lebon T. 936.*

3. La décision de refus de grâce n'est, dès lors, pas communicable. • CE 3 sept. 1997, *François*, n° 173125 B.

Art. 18 **Le Président de la République communique avec les deux assemblées du Parlement par des messages qu'il fait lire et qui ne donnent lieu à aucun débat.**

(L. const. n° 2008-724 du 23 juill. 2008, art. 8-1°) **« Il peut prendre la parole devant le Parlement réuni à cet effet en Congrès. Sa déclaration peut donner lieu, hors sa présence, à un débat qui ne fait l'objet d'aucun vote. »**

Hors session, *(L. const. n° 2008-724 du 23 juill. 2008, art. 8-2°)* **« les assemblées parlementaires sont réunies » spécialement à cet effet.**

BIBL. ▸ LAMOUROUX, Les messages sous la Ve République : une prérogative présidentielle inutile ?, *RFDC 2018. 533.*

COMMENTAIRE

V. sur le Code en ligne.

[V. références des décisions du Conseil constitutionnel dans le tableau DC]

Les dispositions par lesquelles le règlement du Congrès prévoit que le débat qui suit l'intervention du Président de la République est de droit lorsqu'il est demandé par le Président d'un groupe de l'une ou l'autre des deux assemblées au plus tard la veille de la réunion du Congrès à midi ou peut être décidé par le Bureau du Congrès et prévoyant que, sauf décision contraire du Bureau du Congrès, chaque groupe dispose d'un temps de parole de dix minutes pour l'orateur qu'il désigne, sont conformes à la Constitution. • Cons. const. 22 juin 2009, n° 2009-583 DC (sol. impl.).

Art. 19 **Les actes du Président de la République autres que ceux prévus aux articles 8 (1er alinéa), 11, 12, 16, 18, 54, 56 et 61 sont contresignés par le premier ministre et, le cas échéant, par les ministres responsables.**

COMMENTAIRE

V. sur le Code en ligne.

1. Les actes du Président de la République qui doivent être contresignés sont aussi bien des actes réglementaires, qu'individuels • CE 31 janv. 1986, *Legrand : Lebon 23* . ♦ Sont ainsi visées, les ordonnances de l'art. 38 Const. • CE 5 nov. 2001, *Sté des agrégés de l'Université*, n° 224380 B. ♦ En revanche, les décisions qui n'exigent pas l'édiction d'un acte juridique n'ont pas à être consignées. Il en va ainsi par exemple de la décision de faire fleurir la tombe du Maréchal Pétain. • CE 27 nov. 2000, *Assoc. « Comité tous frères »*, n° 188431 : *Lebon 559* ; *AJDA 2001. 94* .

2. Les ministres responsables sont les ministres auxquels incombent, à titre principal, la préparation et l'application des actes concernés. • CE, sect., 10 juin 1966, *Pelon : Lebon 384 ; AJDA 1966. 492, concl. Galabert ; D. 1967. 280, note Leclercq* • CE, ass., 9 nov. 1973, *Siestrunck : Lebon 625* • CE 14 juin 2018, n° 409227 B ♦ ... Y compris lorsqu'il s'agit d'ordonnances. • 4 nov. 1996, *Assoc. défense des stés de course des hippodromes de provinces*, n° 177162 : *Lebon 427* ; *RFDA 1996. 1099, concl. Maugüé* • CE 17 juin 2019, n° 400192 B. ♦ V. aussi, reprenant la même formulation, • Cons. const. 25 juill. 2000, *Hauchemaille*, n° 2000-21 REF : *RFDA 2000. 1009, note Ghévontian* • Cons. const. 11 sept. 2000, *Meyet : RFDA 2000. 1012, obs. Ghévontian* ; *LPA 29 août 2000, p. 14.*

V. pour d'autres décisions dans le même sens : .

3. Le contreseing du Premier ministre peut être suffisant dès lors que c'est à lui seul qu'incombent, à titre principal, la préparation et l'application des actes concernés. • CE 27 mai 1960, *Lagaillarde : Lebon 369.*

4. Un décret s'appliquant aux agents de différents ministères n'a pas nécessairement à être contresigné par tous les ministres dont relèvent ces agents, ces ministres n'étant pas tous responsables au sens du présent art. • CE, sect., 10 janv. 1990, *Section de la Polynésie française du Synd. nat. des enseignements techniques*, n° 76046 B.

5. En plus des exceptions prévues par le présent art. sont dispensées de contreseing les actes par lesquels le Président de la République procède à la nomination de ses collaborateurs directs. • CE 5 mai 1976, *Union synd. CFDT des adm. centrales : RD publ. 1976. 1351.*

TITRE III **Le Gouvernement**

Art. 20 **Le Gouvernement détermine et conduit la politique de la Nation.**

Il dispose de l'administration et de la force armée.

Il est responsable devant le Parlement dans les conditions et suivant les procédures prévues aux articles 49 et 50.

COMMENTAIRE

V. sur le Code en ligne .

[V. références des décisions du Conseil constitutionnel dans le tableau DC]

1. Le principe de la séparation des pouvoirs s'applique à l'égard du Gouvernement. • Cons. const. 10 nov. 2011, *Ekaterina B., épse D., et a.*, n° 2011-192 QPC § 20. ♦ Sur cette question, V. l'interdiction faite législateur de limiter ou contraindre le pouvoir exécutif et la déontologie du Gouvernement, V. annotations ss. DDH, art. 16.

I. LE GOUVERNEMENT DÉTERMINE ET CONDUIT LA POLITIQUE DE LA NATION

2. En vertu du présent art., le Gouvernement détermine et conduit la politique de la Nation ; il suit de là, qu'indépendamment de la priorité donnée à l'examen de certains projets ou propositions de loi en application de l'art. 48 Const., le Gouvernement, à qui il incombe de faire diligence, a le droit de demander qu'une Assemblée, ou un de ses organes habilités à cet effet, se prononce sur une proposition d'acte communautaire entrant dans le champ des prévisions de l'art. 88-4 Const. dans un délai qui, eu égard aux engagements internationaux de la France, peut être, dans certains cas, d'une durée inférieure à un mois. • Cons. const. 12 janv. 1993, n° 92-315 DC § 12.

3. Dès lors que la définition de la politique monétaire est un élément essentiel et indissociable de la politique économique générale dont la détermination et la conduite incombent, en vertu des dispositions du présent art. au Gouvernement, sous la direction du Premier ministre (art. 21 Const.), les dispositions de la loi qui la confient à la Banque de France en proscrivant toute action du Gouvernement sont contraires à la Constitution. • Cons. const. 3 août 1993, n° 93-324 DC § 7 s.

4. En revanche, ces dispositions n'interdisent pas que soit confiée à la Banque de France la mise en œuvre de la politique monétaire définie par le Gouvernement. • Cons. const. 3 août 1993, n° 93-324 DC § 11.

5. L'initiative parlementaire en matière de contrôle du Gouvernement ne peut s'exercer sous la forme de résolution. Dès lors, les art. du règlement de l'Assemblée nationale relatifs au contrôle parlementaire ne peuvent, sans atteinte à la Constitution, assigner aux propositions de résolution un objet différent de celui qui leur est propre, à savoir la formulation de mesures et de décisions relevant de la compétence exclusive de l'Assemblée, c'est-à-dire les mesures et les décisions d'ordre intérieur ayant trait au fonctionnement et à la discipline de ladite Assemblée, auxquelles il conviendrait éventuellement d'ajouter les seuls cas expressément prévus par des textes constitutionnels et organiques tels que les art. 18 s. de l'Ord. n° 59-1 du 2 janv. 1959 portant loi organique sur la Haute Cour de justice. • Cons. const. 17 juin 1959, n° 59-2 DC • Cons. const. 24 juin 1959 : *59-3 DC.*

II. LE GOUVERNEMENT DISPOSE DE LA FORCE ARMÉE

6. Aux termes des art. 5 et 15 Const. 58, le Président de la République est le chef des armées, il assure, par son arbitrage, la continuité de l'État et il est le garant de l'indépendance nationale, de l'intégrité du territoire et du respect des traités. Aux termes de l'art. 21 Const. 58, le Gouvernement dispose de la force armée et le Premier ministre est responsable de la défense nationale. En application de ces dispositions, sans préjudice de celles de l'art. 35 Const. 58, le Gouvernement décide, sous l'autorité du Président de la République, de l'emploi de la force armée. • Cons. const. 28 nov. 2014, *Dominique de L.*, n° 2014-432 QPC § 9. ♦ Le principe de nécessaire libre disposition de la force armée qui en résulte implique que l'exercice par les militaires de certains droits et libertés reconnus aux citoyens soit interdit ou restreint. • Cons. const. 27 févr. 2015, *Pierre T. et a.*, n° 2014-450 QPC § 6.

7. Il résulte du présent art. combiné avec les art. 21 et 5 Const. 58 que le secret de la défense nationale participe de la sauvegarde des intérêts fondamentaux de la Nation au nombre desquels figurent l'indépendance de la Nation et l'intégrité du territoire. • Cons. const. 10 nov. 2011, *Ekaterina B., épse D., et a.*, n° 2011-192 QPC § 20 • Cons. const. 10 nov. 2016, n° 2016-738 DC § 19.

III. LE GOUVERNEMENT EST RESPONSABLE DEVANT LE PARLEMENT

8. Le Gouvernement n'est responsable devant le Parlement que dans les conditions prévues aux art. 49 et 50 Const. 58. • Cons. const. 17 juin 1959, n° 59-2 DC § 9. ♦ En fait, le gouvernement n'est responsable que devant la seule Assemblée nationale. En effet, en vertu de l'art. 49, al. 1er, Const., le fait pour le Gouvernement de demander à l'Assemblée nationale l'approbation de son programme ou d'engager sa responsabilité sur une déclaration de politique générale exclut toute intervention du Sénat dans le déroulement de cette procédure. La lecture à la tribune du Sénat de ce programme ou de cette déclaration constitue donc un acte de simple information qui ne saurait être confondu avec la procédure prévue au dern. al. du même art. et ne saurait donner lieu, immédiatement ou à terme, à une réponse d'un membre du Sénat. • Cons. const. 2 juin 1976, n° 76-64 DC § 4.

9. Il résulte du présent art. combiné avec l'art. 21 Const. 58 que le Gouvernement est représenté, pour répondre aux membres du Parlement, par celui des membres du Gouvernement que le Premier ministre a désigné sans que ce choix puisse faire l'objet d'une demande, d'une ratification ou d'une récusation par un membre du Parlement. • Cons. const. 11 déc. 2014, n° 2014-705 DC § 13.

Art. 21 **Le Premier ministre dirige l'action du Gouvernement. Il est responsable de la défense nationale. Il assure l'exécution des lois. Sous réserve des dispositions de l'article 13, il exerce le pouvoir réglementaire et nomme aux emplois civils et militaires.**

Il peut déléguer certains de ses pouvoirs aux ministres.

Il supplée, le cas échéant, le Président de la République dans la présidence des conseils et comités prévus à l'article 15.

Il peut, à titre exceptionnel, le suppléer pour la présidence d'un Conseil des ministres en vertu d'une délégation expresse et pour un ordre du jour déterminé.

Sur les délégations de signature des membres du Gouvernement, V. ci-dessous Décr. n° 2005-850 du 27 juill. 2005.

Sur les cabinets ministériels, V. ci-dessous Décr. n° 2017-1063 du 18 mai 2017.

Sur la méthode de travail gouvernemental exemplaire, collégiale et efficace, V. ci-dessous Circ. du 24 mai 2017.

Sur la relative maîtrise des textes réglementaires et de leur impact, V. ci-dessous Circ. du 26 juill. 2017.

COMMENTAIRE

V. sur le Code en ligne.

PLAN DES ANNOTATIONS

[V. références des décisions du Conseil constitutionnel dans le tableau DC]

I. LE PREMIER MINISTRE DIRIGE L'ACTION DU GOUVERNEMENT

1. Le fait que le Premier ministre dirige l'action du Gouvernement n'en fait pas pour autant le supérieur hiérarchique des ministres. • CE, sect., 12 nov. 1965, *Cie marchande de Tunisie : Lebon 602.*

2. En application du principe de séparation des pouvoirs, il n'appartient pas au législateur de se prononcer sur le traitement du Premier ministre. • Cons. const. 9 août 2012, n° 2012-654 DC § 82 et 83.

3. Dès lors, une instruction du Premier ministre ne peut être invoquée par les administrés que dans la mesure où elle relevait de sa compétence ou, si elle s'adresse aux ministres, dans la mesure où elle a été contresignée par eux. • CE, sect., 18 mars 1977, *Synd. nat. des lycées et collèges : Lebon 156 ; RD publ. 1977. 689, concl. Massot* (sol. impl.).

4. Organisation du travail gouvernemental. L'étude d'impact des décrets en Conseil d'État prévue par une circulaire n'est qu'une orientation pour l'organisation du travail gouvernemental ; l'absence d'une telle étude ne peut dès lors servir de base à un recours. • CE 9 juill. 2007, *Synd. EGF-BTP,* n° 297711 : *Lebon 298, concl. Boulouis ; JCP Adm. 2007. 2213, note Linditch ; RGDIP 2007. 980, note Matringe ; AJDA 2007, note Dreyfus ; Rev. Trésor 2007. 1132, note Pissaloux ; RJEP févr. 2008, p. 10, note Moreau.*

5. Il résulte du présent art. combiné avec l'art. 20 Const. 58 que le Gouvernement est représenté, pour répondre aux membres du Parlement, par celui des membres du Gouvernement que le Premier ministre a désigné sans que ce choix puisse faire l'objet d'une demande, d'une ratification ou d'une récusation par un membre du Parlement. • Cons. const. 11 déc. 2014, n° 2014-705 DC § 13.

6. Secret des délibérations du Gouvernement. Il appartient au Premier ministre d'apprécier au cas par cas si la préservation du secret des délibérations du Gouvernement est de nature à faire obstacle à leur communication. • CE 30 mars 2016, *Min. de l'écologie, du développement durable et de l'énergie,* n° 383546 : *Lebon ; AJDA 2016. 632* .

7. Le Premier ministre est responsable de la défense nationale : V. comm. ss. le présent art. et ss. Const. 58, art. 20.

II. LE PREMIER MINISTRE ASSURE L'EXÉCUTION DES LOIS ET EXERCE LE POUVOIR RÉGLEMENTAIRE

8. Sur l'interdiction faite au législateur de limiter le pouvoir réglementaire, V. notes ss. Const. 58, art. 34.

9. Notion. Ont un caractère règlementaire les actes présentant un caractère général et impersonnel et ceux ayant pour objet l'organisation d'un service public, s'ils ont une portée *générale. • CE, sect., 1er juill. 2016, Institut d'ostéopathie de Bordeaux,* n° 393082 : *AJDA 2016. 1365 ; RFDA 2016. 1107, concl. Lessi .* ♦ V. cependant : • CE 19 juin 2017, *SA de gestion de stocks de sécurité,* n° 403316 : *Lebon ; AJDA 2017. 1725, note Untermaier-Kerléo .*

A. TITULAIRES DU POUVOIR RÉGLEMENTAIRE À L'ÉCHELON CENTRAL

1° LE PRÉSIDENT DE LA RÉPUBLIQUE

10. V. notes ss. Const. 58, art. 13.

2° LE PREMIER MINISTRE

11. Aucune disposition législative ou réglementaire ni aucun principe (y compris celui de la séparation des pouvoirs ou celui de la séparation des autorités administratives et judiciaires) ne fait obstacle à ce que le Premier ministre constitue une commission consultative chargée de l'éclairer sur le bon fonctionnement du service public de la justice et d'autres services dont le Gouvernement a la charge. • CE, sect., 25 févr. 2005, *Synd. de la Magistrature,* n° 265482 : *Lebon 80 ; AJDA 2005. 995* .

12. Si le Premier ministre ne saurait exercer le pouvoir réglementaire qu'il tient du présent art. sans respecter les règles de forme ou de procédure applicables à cet exercice, notamment l'exigence de contreseing résultant de l'art. 22 Const., il lui est toujours loisible, sur le fondement des dispositions du présent art. en vertu desquelles il dirige l'action du Gouvernement, d'adresser aux membres du Gouvernement et aux administrations des instructions par voie de circulaire, leur prescrivant d'agir dans un sens déterminé ou d'adopter telle interprétation des lois et règlements en vigueur. • CE 26 déc. 2012, *Assoc. « Libérez les Mademoiselles ! »,* n° 358226 : *Lebon 501 ; AJDA 2013. 4 ; RFDA 2013. concl. Bourgeois-Machureau ; JCP Adm. 2013. 30, obs. Tollinchi ; ibid. 31, obs. Pauliat.* ♦ La circulaire n'ayant nullement pour objet ou pour effet d'imposer à des personnes privées l'obligation d'user de certains mots ou expressions, mais se bornant à donner instruction aux administrations de renoncer, dans les formulaires administratifs et correspondances émanant de l'administration, à l'emploi du terme « Mademoiselle » n'a fixé aucune règle qu'il reviendrait au législateur de fixer en vertu de l'art. 34 Const. • CE 26 déc. 2012, *Assoc « Libérez les Mademoiselles ! »,* n° 358226 : *préc.*

a. Pouvoir réglementaire d'exécution des lois

BIBL. Preuvot, L'amélioration de l'application des lois : un enjeu dans la relation Parlement/Gouvernement, *RD publ. 2012. 39.*

13. Principe. L'al. 1er du présent art. confère au Premier ministre, sous réserve des pouvoirs reconnus au Président de la République, l'exercice du pouvoir réglementaire à l'échelon national. • Cons. const. 18 sept. 1986, n° 86-217 DC § 58 • Cons. const. 3 août 1993, n° 93-324 DC § 13 • CE 9 oct. 2002, *Féd. Personnels des services des dpts et des régions*

CGT-FO, n° 238070 B. ♦ Il lui appartient donc de prendre les dispositions nécessaires à l'exécution dès lors que la loi le nécessite. • Cons. const. 10 juin 1998, n° 98-401 DC § 16 • CE 27 nov. 1992, *Féd. Interco CFDT,* n° 129600 A : *AJDA 1993. 208, note Aubry*. ♦ Dès lors, il n'est pas possible à une autorité non investie de ce pouvoir d'exercer le pouvoir réglementaire central. • CE, sect., 16 nov. 1983, *Zieger* • CE 10 déc. 1993, *Univ. Jean-Moulin Lyon III,* n° 80720 B • CAA Lyon, 19 juin 1998, *Idrissi-Fakhreddine,* n° 36673 A. ♦ Le législateur ne peut limiter ce droit en subordonnant son exercice à l'avis conforme d'une autorité administrative fut-elle indépendante. • Cons. const. 14 déc. 2006, n° 2006-544 DC § 35 s. • Cons. const. 5 août 2015, n° 2015-715 DC § 72 (*a contrario*) • Cons. const. 11 mai 2020, n° 2020-800 DC § 77. ♦ Si le législateur a reconnu au Conseil national des barreaux un pouvoir réglementaire pour unifier les règles et usages de la profession d'avocat, il n'a pas pour autant réduit la compétence du Premier ministre pour fixer les règles de déontologie de cette profession. • CE 15 nov. 2006, *Krikorian,* n° 283475 B : *JCP 2007. 10001, note Martin.*

14. Dès lors qu'un décret n'a pas été délibéré en Conseil des ministres, la signature du Président de la République n'entraîne pas l'illégalité dès lors que le Premier ministre, investi du pouvoir réglementaire en vertu de l'art. 21 Const. l'a lui-même signé. • CE 27 avr. 1962, *Synd. nat. élèves-conseillers et conseillers au travail et à la législation sociale : Lebon 276.* ♦ Le législateur ne peut limiter ce droit en subordonnant son exercice à l'avis conforme d'une autorité administrative, fût-elle indépendante. • Cons. const. 14 déc. 2006, n° 2006-544 DC § 35 s.

15. Intérim. Le Premier ministre par intérim peut exercer le pouvoir réglementaire pendant l'absence du Premier ministre. • CE, ass., 31 oct. 1980, *Féd. nat. des unions de jeunes avocats : Lebon 395* ; *JCP 1983. 20003, note Auby ; RD publ. 1981. 499, concl. Franc.*

16. Intervention du législateur. Cependant, les dispositions du présent art. ne font pas obstacle à ce que le législateur confie à une autorité autre que le Premier ministre le soin de fixer des normes permettant de mettre en œuvre une loi, à la condition que cette habilitation ne concerne que des mesures de portée limitée tant par leur champ d'application que par leur contenu. • Cons. const. 17 janv. 1989, n° 88-248 DC § 15 • Cons. const. 28 juill. 1989, n° 89-260 DC § 30 • Cons. const. 22 janv. 1990, n° 89-269 DC § 22 • Cons. const. 15 janv. 1992, n° 91-304 DC § 12 • Cons. const. 3 août 1993, n° 93-324 DC § 14 • Cons. const. 23 juill. 1996, n° 96-378 DC § 11 • Cons. const. 4 déc. 2003, n° 2003-485 DC § 35. ♦ V. déjà. • Cons. const. 18 sept. 1986, n° 86-217 DC § 58. ♦ Rappr. • Cons. const. 5 août 2015, n° 2015-715 DC § 72. ♦ Cette règle n'est pas au nombre des droits et libertés garantis par la Constitution permettant la mise en œuvre d'une QPC. • CE 26 avr. 2017, *Sté Enedis,* n° 407516 : *Lebon ; AJDA 2017. 913* .

17. En matière de droit du travail, il est loisible au législateur de renvoyer au décret ou de confier à la convention collective le soin de préciser les modalités d'application des normes qu'il édicte en matière de droit du travail. • Cons. const. 9 déc. 2004, n° 2004-507 DC § 11 • Cons. const. 16 août 2007, n° 2007-556 DC § 7. ♦ V. note 10 ss. Préamb. Const. 1946, al. 8.

18. Une déclaration du Premier ministre par laquelle il indique vouloir rendre expérimentale l'application d'un dispositif législatif révèle la décision du Premier ministre et présente donc le caractère d'un acte faisant grief susceptible de recours pour excès de pouvoir. • CE 15 mars 2017, *Assoc. « Bail à part, tremplin pour le logement »,* n° 391654 B : *AJDA 2017. 601* ; *D. 2017. 1149, obs. Damas* ; *AJDI 2017. 282, obs. de La Vaissière* ; *Constitutions 2017. 280, chron. Domingo* ; *Dr. adm. 2017. 36, note Boda.*

b. Pouvoir réglementaire de police

1. Principes généraux

19. Dans la mesure où les règles de police en cause peuvent être rattachées à un texte, il faut les considérer comme des mesures d'application du texte en question. • CE 8 déc. 1995, *Meyet : Lebon 437* .

20. Pourtant, le Premier ministre dispose, en dehors de toute habilitation législative, en vertu de ses pouvoirs propres, du droit de prendre les mesures de police qui doivent être appliquées sur l'ensemble du territoire. • CE 8 août 1919, *Labonne : Lebon 737 ; GAJA, 22e éd., n° 33* (à l'époque, pour le Président de la République) • CE, ass., 13 mai 1960, *SARL « Restaurant Nicolas » : Lebon 324* • CE 2 mai 1973, *Assoc. cultuelle des israélites nord-africains de Paris : Lebon 313* • CE, sect., 3 févr. 1978, *CFDT et CGT : Lebon 47* ; *AJDA 1978. 388, note Durupty ; RD publ. 1979. 535, note Waline* • CE 2 oct. 1991, n° 65758 B • CE 19 mars 2001, n° 202349 A • CE 25 sept. 2013, n° 363184 B : *AJDA 2013. 2506, note Benelbaz* .

21. Même si l'art. 34 Const. dispose qu'il appartient au législateur de fixer les règles concernant les garanties fondamentales accordées aux citoyens pour l'exercice des libertés publiques, il n'a pas conduit à retirer au Premier ministre les attributions de police générale qu'il exerçait antérieurement. • Cons. const. 20 févr. 1987, n° 87-149 L § 7 : *Rec. Cons.*

const. 22 ; RJC II-121 ; JO 26 févr., p. 2208 ; RD publ. 1987. 399, note Favoreu ; AIJC 1987. 582, chron. Genevois • Cons. const. 20 juill. 2000, nº 2000-434 DC § 19 • CE 17 févr. 1978, *Assoc. dite « Comité pour léguer l'esprit de la Résistance » : Lebon 82* • CE 22 janv. 1982, *Assoc. Auto Défense,* nº 20758 : *Dr. adm. 1982, nº 66* • CE 30 déc. 1996, *Assoc. Act Up-Paris,* nº 151626 • CE 19 mars 2001, *Synd. nat. industriels et prof. de l'aviation générale : Lebon 138*. ♦ Lorsque le législateur est intervenu dans ce domaine, il appartient au Premier ministre d'exercer son pouvoir de police générale sans méconnaître la loi ni en altérer la portée. • CE 19 mars 2007, *Mme Le Gac,* nº 300467 : *Lebon 133 ; RFDA 2007. 770, concl. Derepas ; JCP Adm. 2007. 2225, note Maillard Desgrées du Loû ; RFDA 2007. 1286, chron. Roblot-Troisier*. ♦ V. pour les décrets contraventionnels, note ss. Const. 58, art. 34.

22. Le pouvoir de réquisition est (sauf texte le prévoyant expressément) le corollaire du pouvoir de police. • CE, sect., 28 nov. 1958, *Lepouse : Lebon 596 ; AJDA 1958. 125, chron. Combarnous et Galabert ; RD publ. 1959. 306, note Waline ; D. 1959. 263, note Quermonne.* ♦ Dès lors, le législateur peut préciser et compléter l'étendue d'un tel pouvoir. • Cons. const. 13 mars 2003, nº 2003-467 DC § 4.

2. Théorie des circonstances exceptionnelles

23. Sur l'entrée en vigueur des règlements en période exceptionnelle, V. note 142.

24. En période de crise, le pouvoir de police détenu par le Premier ministre lui permet de prendre des mesures, qui en période normale eussent été illégales. Cela peut aller de la suspension de l'application de dispositions législatives. • CE 28 juin 1918, *Heyriès : GAJA, 22e éd., nº 29 ; Lebon 651 ; S. 1922. 49, note Hauriou ; Dr. adm. 2018. 9, note Stahl* (à l'époque, pour le Président de la République). ♦ ... A l'édiction de dispositions normalement du domaine de la loi. • CE, ass., 16 avr. 1948, *Laugier : Lebon 161.* ♦ ... A la possibilité pour de simples citoyens de se substituer à l'administration défaillante (théorie du fonctionnaire de fait). • CE 5 mars 1948, *Marion : Lebon 113.* ♦ Le juge admet aussi que des actes qui eussent été illégaux en période normale puissent être également pris. • Même arrêt. ♦ ... En urgence. • T. confl., 26 févr. 1948, *Arnoux et Charvolin : Lebon 507.* ♦ ... Sans nécessairement respecter les formes qui doivent normalement être mises en œuvre. • CE 28 mars 1947, *Crespin : Lebon 142.* ♦ ... Et sans que l'éventuelle atteinte arbitraire à une liberté individuelle puisse être constitutive d'une voie de fait. • T. confl., 27 mars 1952, *Dame de la Murette : Lebon 626 ; D. 1954. 221, note Eisenmann ; JCP 1952. 7158, note Blavoët ; RD publ. 1952. 727, note Waline ; Rev. adm. 1952. 268, note Liet-Veaux ; S. 1952. 381, note Gravitz.* ♦ Il en résulte une compétence de principe des juridictions administratives • Même décision.

25. Si les circonstances exceptionnelles sont le plus souvent relatives aux périodes de guerre, d'avant ou d'après guerre ou de troubles politiques importants, la théorie peut néanmoins s'appliquer dans l'hypothèse de cataclysme naturel (menace d'éruption volcanique). • CE 18 mai 1983, *Rodes,* nº 25308 A : *AJDA 1984. 44, note Moreau.* ♦ ... Ou des circonstances exceptionnelles découlant de l'épidémie de covid-19. • CE 22 déc. 2020, nº 439800 B : *AJDA 2021. 5*. ♦ ... Sans qu'ait d'incidence la circonstance que le régime de l'état d'urgence sanitaire, sur lequel ne se fondent pas ces textes, ait été inséré dans le CSP par une loi qui leur est postérieure. • CE 22 déc. 2020, nº 439804 B § 4 : *AJDA 2021. 6 ; JCP Adm. 2021. 14 ; ibid. 2055, note Touzeil-Divina.* ♦ V. ss les différentes libertés concernées.

26. Il faut cependant : que les circonstances exigent bien de déroger ainsi aux règles normales. Si une telle dérogation n'était pas nécessaire, le juge annule la mesure. • CE, ass., 12 juill. 1969, *CCI de Saint-Étienne,* nº 76089 A : *AJDA 1969. 553, chron. Dewost et Denoix de Saint Marc* (décision d'un ministre). ♦ ... Que l'administration était dans l'impossibilité d'agir autrement qu'elle l'a fait. • CE 31 janv. 1958, *Ch. synd. du commerce d'importation d'Indochine : Lebon 63 ; AJDA 1958. 90, chron. Fournier et Braibant.* ♦ . ... Que les actes qu'elle a pris l'ont bien été dans un but d'intérêt général pour répondre aux nécessités du moment. • CE 4 juin 1947, *Ent. Chemin : Lebon 246.*

3º *LES MEMBRES DU GOUVERNEMENT*

a. Principe

27. Selon une jurisprudence constante, les ministres et autres membres du gouvernement ne disposent pas, en principe, du pouvoir réglementaire. • CE, sect., 23 mai 1969, *Distillerie Brabant : Lebon 264, concl. Questiaux ; AJDA 1969. 640, note Tournier ; D. 1970. 762, note Fromont* • CE 7 juill. 1978, *Jonquères d'Oriola : Lebon 300 ; RD publ. 1979. 546, concl. Rougevin-Baville* • CE 8 nov. 1991, *Le Ruyet,* nº 88379 : *Lebon 389* • CE, ass., 10 juill. 1996, *URSSAF Haute-Garonne : Lebon 275 ; CJEG 1997. 117, concl. Denis-Linton ; Dr. adm. 1996, nº 424, obs. M. D.-L.* • CE 21 oct. 1996, *Gelak,* nº 157749 B • CE 30 déc. 1998, *Sté Phonak France : Lebon T. 685*. • CE 28 mars 2011, *Brugnon,* nº 326919 B : *JCP Adm. 2011. 262.* • CE 30 sept. 2011, *Cté d'action synd. de la psychiatrie et a.,* nº 337334 B : *AJDA 2011. 1873 ; JCP Adm. 2011. 626.*

b. Dérogations

28. Un ministre, chargé après démission d'un collègue, de l'intérim de celui-ci, possède l'intégralité des pouvoirs attachés à la fonction et dès lors peut (sous les réserves ci-dessous) exercer le pouvoir réglementaire. • CE 29 janv. 1965, *Mollaret : Lebon 61.*

1. Pouvoir réglementaire accordé par un texte

29. Type de texte. Le Conseil constitutionnel admet que le pouvoir réglementaire peut être attribué au ministre par une loi sous réserve que cette habilitation ne concerne que des mesures de portée limitée tant par leur champ d'application que par leur contenu. • Cons. const. 27 nov. 2001, n° 2001-451 DC § 10 et 12. ♦ Le Conseil d'État admet également que cette attribution puisse être faite par une loi voire par un décr. (Const. 58, art. 37). • CE, sect., 14 mars 1975, *Berland : Lebon 193* • CE 22 juill. 1992, *Assoc. « The Cousteau Society »*, n° 101988 B. • CE 4 nov. 1996, *Conf. Nale groupes aut. de l'enseignement public*, n° 134295 : *Lebon 430*. • CE 7 juill. 1997, *Le Bras et Rivaol*, n° 179139 B • CE 6 oct. 1997, *Assoc. réseaux de contrôle automobile*, n° 151526 B • CE 15 mars 1999, *Assoc. « J'interviendrais »*, n° 172045 B • CE 2 juill. 2001, *Groupement hippique national*, n° 206574 B • CE 5 avr. 2002, *Synd. nat. activités du déchet*, n° 212741 B.

30. Lorsqu'une loi confie au Gouvernement le soin de prendre des décrets d'application, celui-ci peut renvoyer à des arrêtés ministériels dès lors que sont suffisamment précisés les éléments à mettre en œuvre. • CE 15 mars 1961, *Sté Ét. Omer Decugis : Lebon 183 ; AJDA 1961. 700* • CE, ass., 2 févr. 1962, *Landry : Lebon 81* • CE, ass., 17 janv. 1966, *Féd. gén. synd. chrétiens de fonctionnaires : Lebon 16 ; Rev. adm. 1966. 29, concl. Braibant* • CE 9 janv. 1981, *Sté Claude Publicité : Lebon 1* • CE 28 sept. 1984, *Conféd. nat. Sté de protection des animaux*, n° 28467 B : *AJDA 1984. 695, concl. Jeanneney ; RD publ. 1985. 811, note Auby* • CE 12 mai 1986, *Assoc. anciens élèves de l'IRA de Lille : Lebon 140 ; AJDA 1986. 516, obs. S.S. ; LPA 18 juill. 1986, p. 10, note Terneyre* • CE 18 févr. 1994, *Comité de défense Verdelet*, n° 107015 : *Lebon 75 ; CJEG 1994. 217, note Richer* • CE, ass., 30 juin 2000, *Ligue fr. droits de l'homme*, n° 210412 : *Lebon 252 ; AJDA 2000. 831, concl. Fombeur ; Europe 2001, n° 11, obs. Cassia.*

31. En l'absence d'un tel renvoi il y a incompétence des auteurs de l'acte. • CE 10 juill. 1996, *URSSAF Haute-Garonne : préc. note 27* • CE 20 sept. 1999, *Ajolet*, n° 199853 B • CE 6 avr. 2007, *Comité Harkis et Vérité*, n° 275270 B.

32. Contenu du texte. Il convient que le texte qui attribue le pouvoir réglementaire au ministre soit clair. Ainsi en est-il de la formule explicite « un arrêté déterminera ». • CE, sect., 15 juill. 1959, *Ch. synd. bureaux d'études techniques : Lebon 469.* ♦ ... Ou d'un texte confiant au ministre une mission précise, conduisant implicitement à lui donner le pouvoir réglementaire. • CE, sect., 6 nov. 1964, *Réunion assureurs maladie exploitants agricoles : Lebon 521 ; AJDA 1964. 692, chron. Puybasset et Puissochet* • CE 16 oct. 1998, *Féd. dépt. chasseurs du Morbihan*, n° 160275 B • CE, ass., 30 juin 2000, *Assoc. « Choisir la vie » : Lebon 249 ; Dr. adm. 2000, n° 183 ; RFDA 2000. 1305, note Dubouis ; ibid. 2000. 1282, note Canedo ; AJDA 2000. 729, concl. Boissard ; RDSS 2000. 732, note Dubouis ; JCP 2000. 10423, note Peigné ; ibid. 2125, obs. Levoyer.* ♦ En revanche, l'art. d'exécution d'un décret ne vaut pas attribution du pouvoir réglementaire. • CE, ass., 24 nov. 1961, *Anglès d'Auriac : Lebon 657* • CE 7 juill. 1978, *Jonquères d'Oriola : Lebon 300 ; RD publ. 1979. 546, concl. Rougevin-Baville.*

33. Dès lors qu'il s'agit, pour les ministres concernés, de prendre leurs arrêtés à partir d'une proposition de l'autorité de la concurrence, ceux-ci, seuls compétents, peuvent, le cas échéant, demander à l'Autorité de la concurrence une nouvelle proposition. De même, l'avis rendu par l'Autorité de la concurrence au ministre de la justice, lorsque celui-ci envisage de refuser une demande de création d'office, ne saurait lier le pouvoir exécutif. Ces dispositions ne méconnaissent pas les exigences du présent art. • Cons. const. 5 août 2015, n° 2015-715 DC § 72.

34. Ministre compétent. Le ministre compétent pour exercer le pouvoir réglementaire est le ministre ayant la responsabilité du domaine correspondant et non nécessairement le ministre désigné par le texte. • CE 16 mars 1998, *Synd. infirmiers libéraux de France-Profil infirmier : Dr. adm. 1998, n° 150, obs. R. S.* ♦ Lorsque le pouvoir réglementaire est accordé conjointement à deux ministres (arrêté interministériel ou arrêté conjoint), il n'est pas possible que l'un d'eux exerce seul le pouvoir réglementaire. • CE 14 mai 2003, n° 235051 A • CE 29 nov. 2004, n° 263401 B : *AJDA 2005. 285* (pour une circulaire). ♦ En revanche, l'un d'eux peut, seul, s'opposer à ce que l'acte soit pris. • CE 14 mai 2003, n° 228476 A : *AJDA 2003. 1449, concl. Mattias*. ♦ Il importe peu : que d'autres ministres signent les actes réglementaires en question dès lors que le ou les ministres compétents les ont signés. • CE, sect., 11 mai 1962, *Féd. nat. organismes de sécurité sociale : Lebon 312.* ♦ ... Ni même, sous cette même réserve, que la mesure ait été prise sous la forme d'un décret. • CE 10 nov. 2004, n° 250423 B. ♦ En revanche, il n'est pas possible à un ministre de partager le pouvoir réglementaire qu'il détient ainsi avec un autre ministre en prenant avec lui des actes conjoints. • CE 8 déc. 2000, n° 220401 A : *Lebon 576 ; Dr. adm. 2001, n° 55, note R. S. ; RFDA 2001. 273*. ♦ Cependant, dès lors qu'il s'agit de renforcer la coordination de l'action du Gouvernement le ministre de l'intérieur peut signer avec le Garde de sceaux des instructions générales prévues à l'art. 30 C. pr. pén. s'adressant, chacun pour ce qui le concerne, aux préfets et aux parquets. • CE 7 févr. 2007, n° 292607 A. ♦ Sous réserve que ces instructions n'impliquent pas, par elles-mêmes, que les voies de droit seront sciemment utilisées dans un but de police administrative. • Même affaire. ♦ Rappr. : • CE, ass., 24 juin 1960, *Sté Frampar : Lebon 412 ; AJDA 1960. 154, chron. Combarnous et Galabert ; D. 1960. 744, note Robert ; GAJA, 22e éd., n° 72.*

35. Contrôle du juge. Le juge s'assure que le ministre n'outrepasse pas sa compétence. • CE, ass., 2 févr. 1962, *Landry : Lebon 81* • CE 17 déc. 2007, *Sté Solgar Vitamin's,* n° 295235 A.

V. pour d'autres décisions dans le même sens : .

36. Le juge s'assure que le ministre ne reste pas en deçà de la compétence qui lui est attribuée par le texte législatif ou réglementaire. • CE 28 mai 1999, *Synd. Presse quotidienne régionale,* n° 187053 B. ♦ ... Ou ne viole pas des dispositions de valeur supérieure. • CE, ass., 30 juin 2000, *Assoc. « Choisir la vie » : préc. note 32.* ♦ Y compris de droit communautaire. • CE 15 juill. 2004, *Docquiers,* n° 245357 A : *AJDA 2004. 2465, note Jobart*. ♦ Il en est ainsi lorsque l'acte du ministre viole un principe juridique comme le principe de proportionnalité. • CE 13 juill. 2006, *Féd. nat. synd. propriétaires forestiers et sylviculteurs,* n° 281812 : *AJDA 2006. 1792, concl. Aguila ; Dr. rur., 2006. 49, note Billet.* ♦ Le juge s'assure également que les conditions prévues par le texte donnant la compétence au ministre sont bien remplies. Tel n'est pas le cas si la loi lui accordant la compétence nécessite un décret d'application préalable. • CE 27 juill. 2001, *Féd. Maîtres-nageurs sauveteurs,* n° 213613 B.

37. Si le ministre signataire est compétent pour prendre l'acte, il importe peu que des signatures supplémentaires y soient apposées. • CE 7 juill. 2000, *Centre médico-chirurgical et obstétrical d'Évry : Lebon 309*. ♦ Dès lors que la disposition est compétemment prise par le ministre, il est possible aux destinataires de s'en prévaloir. • CE 23 oct. 2002, *Collet,* n° 222173 B.

38. Pour le reste, le juge annule pour incompétence tous les actes réglementaires, quelle que soit leur appellation (arrêtés, circulaires, ...), pris par les ministres : qui ne seraient pas ainsi autorisés à exercer ce pouvoir. • CE, ass., 29 janv. 1954, *Institution N.-D. du Kreisker : Lebon 64 ; GAJA, 13e éd., n° 76 ; RPDA 1954. 50, concl. Tricot ; AJDA 1954-II bis-5, chron. Gazier et Long* • CE 20 mars 2002, *Masquelet,* n° 223623 A : *Dr. adm. 2002, n° 181, note Taillefait* • CE 21 mai 2007, *Assoc. nat. Industries alimentaires,* n° 286764 B : *Dr. adm. 2007. 130, obs. Glaser.* ♦ ... Qui mettraient en œuvre ce pouvoir alors que le texte législatif renvoie à l'intervention d'un décret. • CE 29 nov. 1999, *Caisse d'épargne Midi-Pyrénées,* n° 193825 B. ♦ ... D'un décret en Conseil d'État. • CE 11 avr. 2005, *SFR,* n° 251239 A • CE 12 mars 2007, n° 297888 A. ♦ Il en va ainsi : d'un acte qui préconiserait l'application par ses services d'un décret dont le Conseil d'État a plusieurs fois constaté l'illégalité. • CE 7 juin 2000, *Féd. Synd. généraux éducation nationale,* n° 159755 B. ♦ ... D'un acte qui imposerait un régime d'autorisation préalable pour qu'un fonctionnaire puisse accueillir dans un logement de fonction des personnes autres extérieures à sa famille. • CE 7 juin 2000, *Féd. Synd. généraux éducation nationale : préc.* ♦ Le juge apprécie les dispositions d'un même acte une à une et annule celles qui sont illégales. • CE 13 janv. 1975, *Da Silva et CFDT,* n° 90193 A : *Dr. soc. 1975. 273, concl. Dondoux ; AJDA 1975. 258, note André ; D. 1975. 784, note Julien-Laferrière ; JCP 1976. 18325, note Pellet.*

39. La jurisprudence sur la recevabilité du recours contre les circulaires à caractère impératif (V. notes 56 s.) ne modifie pas la solution quant au fond, le juge continuant d'annuler pour incompétence : une circulaire fixant une règle nouvelle que le ministre n'a pas compétence pour édicter. • CE 3 oct. 2003, *Moschetto,* n° 215180 B : *AJDA 2004. 161, note Tanguy* (en l'espèce, dispositions qui devaient être prises par décret en Conseil d'État). • CE 25 mai 2018, n° 407640 : *AJDA 2018. 1812* (en l'espèce, instruction constituant une mesure réglementaire d'application de la loi). ♦ ... Une circulaire ajoutant à la loi. • CE 6 mars 2002, *Féd. nat. travaux publics,* n° 231530 B • CE 29 juill. 2002, n° 231158 B • CE 12 mai 2003, *Synd. nat. policiers en tenue,* n° 239928 B. ♦ ... Une circulaire édictant des dispositions à caractère réglementaire se substituant à des dispositions législatives même inconventionnelles. • CE 30 juill. 2003, *Assoc. « Avenir de la langue française »,* n° 245076 A : *RFDA 2003. 1039 ; AJDA 2003. 2156, note Pontier ; Dr. adm. 2003, n° 219, note Lombard* ; LPA 20 avr. 2004, note Melleray. ♦ ... Qui ajouterait une règle nouvelle de caractère statuaire. • CE 14 oct. 2011, *Synd. nat. enseignements de second degré,* n° 343396 B : *AJDA 2011. 1984*. ♦ ... Une circulaire, en interdisant aux juridictions de l'application des peines de déterminer la fréquence des convocations des personnes placées sous-main de justice devant un personnel du SPIP, viole les dispositions pertinentes du code pénal qui confient ces éléments au JAP. • CE 13 févr. 2013, Synd. magistrature, n° 356852 B § 14 : *AJDA 2013. 1200* ; *AJ pénal 2013. 230, obs. Herzog-Evans* .

2. Pouvoir réglementaire en tant que chef de service

40. Même dans le cas où les ministres ne tiennent le pouvoir réglementaire d'aucune disposition, il leur appartient, comme à tout chef de service, de prendre les mesures nécessaires au bon fonctionnement de l'administration placée sous leur autorité. • CE, sect., 7 févr. 1936, *Jamart : Lebon 172 ; GAJA, 22e éd., n° 44 ; S. 1937. 113, note Rivero* • CE 6 déc. 2002, *Mollard : Lebon T. 584.* ♦ ... Y compris dans le domaine de la fonction publique. • CE 5 juin 2002, n° 242901 B • CE 9 nov. 2018, n° 412640 B : *AJDA 2018. 2216* ; *JCP Adm. 2018. 852.* ♦ Ce pouvoir peut être exercé par un ministre assurant l'intérim d'un de ses collègues. • CE 29 janv. 1965, *Mollaret : Lebon 61.*

V. pour d'autres décisions dans le même sens : .

41. Sur les agents du service. Le ministre est compétent pour réglementer la situation des agents placés sous ses ordres. • CE, sect., 24 avr. 1964, *Synd. nat. médecins éts pénitentiaires : Lebon 241 ; AJDA 1965. 38* • CE 10 janv. 1986, *Féd. nat. de travailleurs de l'État CGT : Lebon 5 ; AJDA 1986. 189, note S. S. ; Rev. adm. 1986. 250, note Terneyre.* ♦ Dès lors qu'il ne s'agit pas d'une mesure statutaire, il appartient à chaque ministre d'établir, dans le cadre de ses prérogatives d'organisation des services, dans le respect des règles générales fixées par la réglementation, la mise en œuvre de celle-ci. • CE 21 sept. 2015, n° 382119 : *Lebon ; AJDA 2015. 1723* ; *ibid. 1937, concl. Dumortier* .

42. Ce qui peut conduire le ministre, en l'absence de législation, à réglementer, sous le contrôle du juge : le droit de grève dans son service. • CE, ass., 7 juill. 1950, *Dehaene*, n° 01645 A : *GAJA, 22e éd., n° 57 ; GADLF, 2e éd., n° 54 ; RD publ. 1950. 691, concl. Gazier, note Waline ; Rev. adm. 1950, note Liet-Veaux ; S. 1950. 109, note J.D.V. ; D. 1950. 538, note Gervais* • CE 18 mars 1956, *Hublin : Lebon 117 ; AJDA 1956. 222, chron. Fournier et Braibant ; RPDA 1956. 84, chron. Gaudemet* • CE 1er juin 1984, n° 22820 : *RFDA 1988. 850 ; Dr. adm. 1984, n° 323.* ♦ ... Le contrôle à leur domicile des personnels en congé de maladie. • CE 19 janv. 2000, n° 175161 B : *Dr. adm. 2000, n° 91, obs. R. S.* ♦ ... Le respect par les agents de leur devoir de discrétion professionnelle. • CE 29 déc. 2000, n° 213590 B : *Dr. soc. 2001. 263, concl. Fombeur* . ♦ ... La notion de résidence administrative. • CE 4 avr. 2001, n° 163087 A. ♦ ... La date de rentrée des enseignants qui peut être différente de celle des élèves. • CE 30 déc. 2002, n° 234626 B. ♦ ... La consommation d'alcool dans le service. • CE 11 avr. 2008, n° 298059 B : *AJDA 2008. 1142, concl. Landais* .

43. Le ministre est également compétent dans ce cadre : pour préciser par voie de circulaire l'application d'un texte affectant les conditions d'emploi et de travail des agents. • CE 27 avr. 2011, *Synd. nat. unitaire travail emploi formation insertion*, n° 334041 B : *AJDA 2011. 875* . ♦ ... Prévoir une répartition aux emplois des 4e et 5e catégories relevant d'un statut d'emploi en fonction du grade des candidats postulant à ces emplois. • CE 21 mai 2014, *Union départ. inspecteurs principaux*, n° 372995 : *AJDA 2014. 1064* ; *JCP Adm. 2014. 441.*

44. Dans une hypothèse particulière, le ministre peut trouver dans les spécificités du métier exercé par les personnels sous ses ordres, la possibilité d'imposer par voie de circulaire réglementaire des vaccinations qui sont, pour d'autres, facultatives. • CE, ass., 3 mars 2004, *Assoc. Liberté, Information, Santé*, n° 222918 : *Lebon 112* ; *AJDA 2004. 971, chron. Donnat et Casas* ; *D. 2004. 1257, note Ritleng* ; *RFDA 2004. 581, concl. Le Chatelier* .

45. Dans le même cadre, les ministres peuvent créer des organismes consultatifs en vue de les aider à effectuer leur choix. • CE 11 mai 1979, *Synd. CFDT du min. affaires étrangères : Lebon 203, concl. Galabert ; AJDA 1979. 61* • CE 29 déc. 1995, *Synd. nat. personnel de préfecture CGT et FO : Lebon 459* . ♦ V. déjà. • CE 27 avr. 1956, *Malzac : Lebon 171.* ♦ V. s'agissant du DRH du ministère. • CE 9 mars 2016, *UNSA-ITEFA*, n° 382868 : *AJDA 2016. 520* ; *JCP Adm. 2016. 239.* ♦ Cependant, cette possibilité n'est ouverte que lorsqu'aucune disposition législative ou réglementaire n'a mis en place de procédure. • CE, sect., 8 janv. 1982, *SARL « Chocolat de régime Dardenne » : préc. note 40* • CE 28 juill. 1999, *Synd. psychiatres hôpitaux*, n° 188196 B : *Dr. adm. 1999, n° 266, note C.M.* ♦ V. déjà. • CE 26 janv. 1951, *Donin de Rosière : Lebon 43.* ♦ Le ministre peut : créer des comités d'hygiène et de sécurité locaux même en l'absence de CTP locaux même si le droit en vigueur prévoit que ces comités doivent être obligatoirement créés si le CTP en fait la demande. • CE 10 juill. 2007, *Synd. CFDT-Culture*, n° 287646 B. ♦ ... Encadrer, dans des limites strictement appréciées par le juge, l'organisation des réunions syndicales se tenant dans les locaux. • CE 27 nov. 2013, *Synd. SUD travail affaires sociales*, n° 359801 B : *AJDA 2013. 2405* ; *AJFP 2014. 89* ; *JCP Adm. 2014. 2198, concl. Lallet.*

46. Le ministre ne peut pas prendre de mesure à l'égard de personnels qui ne sont pas sous ses ordres. • CE 30 sept. 1988, *Synd. gén. CGT personnel aff. étrangères,* n° 56897 B. ♦ ... Ni préciser les modalités d'exercice du droit de grève dans les établissements publics qui sont sous sa tutelle. • CE 14 oct. 1997, *Synd. gén. CGT du personnel des affaires sociales,* n° 98807 : *Lebon 383* • CE 1er déc. 2004, *Onesto,* n° 260551 : *Lebon 446 ; Dr. adm. 2005. 19, note Lombard.* ♦ S'il appartenait au ministre, dans l'exercice de son pouvoir d'organisation des services déconcentrés de préciser, dans le respect de la réglementation applicable, les modalités pratiques de mesure du temps de travail effectif des agents placés sous son autorité, l'introduction d'un mode de calcul forfaitaire de la durée de travail présente un caractère statutaire, et ne peut donc être légalement édictée que par décret en Conseil d'État. • CE 26 oct. 2012, *Lliboutry,* n° 346648 : *AJDA 2012. 2033 ; ibid. 2227, note de Montecler ; AJFP 2013. 110 ; JCP Adm. 2012. 739.*

47. Sur les usagers du service. Ce pouvoir peut conduire les ministres à prendre des mesures applicables aux usagers des services. Ainsi en est-il : d'une liste de renseignements à fournir. • CE, ass., 29 janv. 1954, *Institution N.-D. du Kreisker : préc. note 38.* ♦ ... De documents à fournir. • CE 8 déc. 2000, *Rahal : Lebon 587 ; Dr. adm. 2001, n° 47, note CM.* ♦ ... De la réglementation de la fouille des détenus. • CE 8 déc. 2000, *Frerot : Lebon 589 ; Dr. adm. 2001, n° 32, obs. R.S. ; LPA 8 févr. 2001, p. 16, concl. Schwartz ; RFDA 2001. 261 .* ♦ ... De la création d'un répertoire où doivent être inscrites les structures d'accueil d'enfants et de la fixation des exigences auxquelles cette inscription est subordonnée. • CAA Lyon, 7 juin 2005, *SARL Les Cyclamens,* n° 02LY0996 : *AJDA 2005. 1554, note Kolbert .* ♦ Les tiers au service ne peuvent se prévaloir utilement de ces instructions. • CE 19 oct. 2001, *Stedile,* n° 222969 : *Lebon 470 .* ♦ Relève encore de ce pouvoir la détermination de « mesures de bon ordres » pour les détenus mineurs dès lors qu'il ne s'agit pas de privation de promenade ou d'activité éducative, et que ces mesures sont de courtes durées. • CE 24 sept. 2014, *Assoc. Ban public,* n° 362472 : *AJDA 2015. 19 .*

48. Fixation de modalités pratiques. Il appartient au ministre de déterminer : les modalités pratiques qu'il estime les mieux adaptées au fonctionnement de ses services. • CE 20 mars 2000, *Hanse : Lebon 120 .* ♦ ... Les formalités nécessaires pour l'instruction des dossiers. • CE 7 nov. 1952, *Capgras : Lebon 491* • CE 22 janv. 1965, *Lermusiaux : Lebon 48* • CE 13 janv. 1975, *Da Silva et CFDT : préc. note 38.* ♦ ... La méthode à suivre pour constituer des dossiers. • CE 19 oct. 2001, *Stedile,* n° 222969 : *Lebon 470 .* ♦ ... La présentation d'une demande. • CE 4 mai 2001, *Assoc. commerçants de la rue Marcel-Sembat,* n° 208635 B.

49. Contrôle du juge. Les mesures ainsi prises : ne doivent pas excéder les limites nécessaires au bon fonctionnement du service. • CE 30 déc. 2002, *Ajolet et synd. « Lutte pénitentiaire »,* n° 224721 B. ♦ ... Ne peuvent pas porter atteinte à des libertés fondamentales. • CE 8 déc. 2000, *Frérot : préc. note 47* • CE 29 déc. 2000, *Synd. Sud Travail,* n° 213590 : *préc. note 41.* ♦ ... Ni empiéter sur des compétences attribuées à d'autres autorités par des textes législatifs et réglementaires en vigueur ou ne pas respecter des lois et règlements qui régissent les activités que le ministre entend confier aux agents. • CE 30 juin 2000, *Assoc. « Choisir la vie » : préc. note 32.* ♦ ... Ni exercer seul des compétences interministérielles. • CE 8 mars 2002, *Ordre des avocats à la Cour de Paris,* n° 230829 : *Lebon 80 ; D. 2002. 1321* (*a contrario*).

3. Circulaires

BIBL. Koubi, Distinguer « l'impératif » du « réglementaire » au sein des circulaires interprétatives, *RD publ. 2004. 499.* – Guez, La « normalisation » du recours pour excès de pouvoir contre les circulaires et instructions administratives, *AJDA 2005. 2445.* – Chaltiel, Actualité des circulaires, *AJDA 2011. 1930 .* – Pontier, L'infra-réglementaire, puissance méconnue, *AJDA 2014. 1251 .* – Koubi et Tamzini, De la « publication officielle » des circulaires et instructions, *JCP Adm. 2018. 2343.* – Une rénovation limitée du statut des circulaires et instructions par la loi ESSoC, *Dr. adm. mars 2019, Étude Barnabé.* – Combeau, Le statut de la circulaire administrative fait peau neuve, *AJDA 2019. 927 .*

50. Sur la publication des circulaires. V. art. L. 312-2 s. CRPA dans leur rédaction issue de la L. n° 2018-727 du 10 août 2018. ♦ La circulaire attaquée a été mise en ligne, dans son intégralité, sur le site internet du ministère de l'enseignement supérieur, dans la rubrique dédiée au Bulletin officiel, dans des conditions permettant un accès facile et garantissant sa fiabilité et sa date de publication. Eu égard à l'objet et aux bénéficiaires des dispositions de cette circulaire, cette diffusion était de nature à assurer le respect des obligations de publication à l'égard des personnes ayant un intérêt leur donnant qualité pour la contester. • CE 20 mars 2019, n° 401774 B : *AJDA 2019. 661 ; JCP Adm. 2019. 208.* ♦ Rappr. • CE 26 déc. 2018, n° 424759 B : *AJDA 2019. 670 .*

51. Si (...) l'art. 7 du Décr. 28 nov. 2018 relatif aux conditions de publication des instructions et circulaires prévoit que « les circulaires et instructions signées avant cette date sont réputées abrogées au 1er mai 2019 si elles n'ont pas, à cette dernière date, été publiées sur les supports prévus par les dispositions de la section II du chapitre II du titre Ier du livre III du code des relations entre le public et l'administration », l'instruction des 27 juill. et 2 août 2017 par laquelle le ministre de l'intérieur, en sa qualité de chef de service, a défini à destination des seuls services et unités chargés du maintien de l'ordre les conditions d'utilisation des armes de force intermédiaire, ne comporte pas de description des procédures administratives ni d'interprétation du droit positif au sens et pour l'application de ces dispositions. Elle ne peut donc être regardée comme abrogée en raison de son absence de publication sur un des supports légalement prévus à cette fin. • CE 24 juill. 2019, n° 427638 B : *AJDA 2019. 1604 ; JCP Adm. 2019. 543.*

52. Circulaires interprétatives. Les ministres sont habilités : à commenter ou interpréter les textes par voie de circulaire. • CE, ass., 5 mai 1961, *Sté Librairie A. Quillet : Lebon 297 ; AJDA 1961, chron. Galabert et Gentot ; Dr. soc. 1961. 329, note Teitgen* • CE, ass., 29 juin 1990, *GISTI*, n° 78519 A (concl. Abraham) : *GAJA, 22e éd., n° 86 ; AJDA 1990. 621, note Teboul ; RFDA 1990. 923, note Lachaume ; RD publ. 1990. 1579, note Sabiani ; D. 1990. 560, note Sabourin ; JCP 1990. 21579, note Tercinet ; JDI 1990. 965, note Julien-Laferrière ; LPA, 19 sept. 1990, note Flauss ; Rev. crit. DIP 1991. 79, note Lagarde ; RGDIP 1991. 109, obs. Buffet-Tchakaloff ; ibid. 753, note Rousseau* • CE 22 févr. 1999, *Synd. nat. de l'adm. scolaire, universitaire et bibliothèques FSU*, n° 187208 A. ♦ ... A adresser des recommandations à leurs services. • CE 18 oct. 2000, *Assoc. Promouvoir*, n° 213303 A. ♦ ... A rappeler les dispositions de la législation en vigueur. • CE 5 mars 1982, n° 21769 A. ♦ ... A communiquer les résultats de précédentes promotions opérées par une commission. • CE 8 déc. 2000, n° 206558 B. ♦ Il en est de même de la « Charte des thèses » qui se contente de rappeler les dispositions d'un arrêté du ministre et n'impose aucune obligation nouvelle de caractère statuaire aux enseignants-chercheurs. • CE 20 mars 2000, n° 202295 : *AJDA 2000. 756, obs. Jégouzo*. ♦ Rappr. s'agissant d'un simple relevé de conclusions (charte du dialogue social) : • CE 19 juin 2006, n° 279877 A : *Dr. soc. 2006. 890, concl. Struillou*.

V. pour d'autres décisions dans le même sens : .

53. Une circulaire peut également interpréter une décision de justice. • CE 24 avr. 2012, n° 345301 B : *AJDA 2012. 915*.

54. Les autorités administratives indépendantes peuvent également interpréter les textes qu'elles ont pour mission d'appliquer. • CE, sect., 2 juin 1999, *Meyet : Lebon 160 ; AJDA 1999. 560, chron. Raynaud et Fombeur ; LPA 8 juin 1999, concl. Bonichot ; ibid. 11 oct. 1999, note Desfougères ; RD publ. 2000. 371, obs. Guettier ; ibid. 2000. 563, note Desmoulin ; RFDC 2000. 359, note Verpeaux.*

55. Il est possible d'interpréter également les textes communautaires. • CE 6 mai 1996, *EARL domaine d'Albareto*, n° 133859 B. ♦ ... Dès lors que la circulaire est compatible avec les dispositions communautaires, éventuellement telles qu'interprétées par la CJCE. • CE 15 juill. 2004, *Docquiers*, n° 245357 A : *préc. note 35.* ♦ Il en est de même pour les traités ou accords internationaux. • CE 28 juill. 2000, *Centre cardio-thoracique de Monaco*, n° 204084 B : *JCP 2001. 10521, concl. Fombeur.*

56. Cependant, rien n'impose aux autorités publiques de prendre une circulaire (instruction, recommandation, note ou interprétation du droit positif) visant à faire connaître l'interprétation qu'elle retient de l'état du droit. • CE 14 mars 2003, *Le Guidec*, n° 241057 B : *AJDA 2003. 1446, note Koubi*. ♦ Il en va de même lorsque le droit applicable résulte d'un règlement de l'UE. • CE 14 oct. 2020, n° 434802 B : *AJDA 2020. 1989*.

57. Des circulaires prescrivant l'application d'une décision communautaire sans en méconnaître la portée ou le sens, ne sauraient, à supposer même que cette décision communautaire soit irrégulière, engager la responsabilité de l'État tenu, aussi longtemps que la Cour de Justice des communautés n'a pas constaté cette illégalité, d'appliquer ces dispositions en vertu du traité. • CE 12 mai 2004, *Sté Gillot : RJEP 2004. 346, concl. Séners.* ♦ En revanche, il appartient aux autorités administratives nationales, sous le contrôle du juge, d'exercer les pouvoirs qui leur sont conférés par la loi en donnant à celle-ci, dans tous les cas où elle se trouve dans le champ d'application d'une règle communautaire, une interprétation qui, dans la mesure où son texte le permet, soit conforme au droit communautaire et notamment aux objectifs fixés par les directives. Il appartient donc aux ministres, le cas échéant, dans l'hypothèse où des dispositions législatives se révéleraient incompatibles avec des règles communautaires, de donner instruction à leurs services de ne point en faire application. • CE 30 juill. 2003, *Assoc. « Avenir de la langue française »*, n° 245076 : *préc. note 38.*

BIBL. Groulier, L'impératif dans la jurisprudence « Duvignères » : réflexion sur un « sésame contentieux », *RFDA 2008. 941*. – Iliopoulou, Quatre ans d'application de la jurisprudence « Duvignères », *RFDA 2007. 477*. – Domino et Bretonneau, Les joies de la modernité : une décennie de contentieux des circulaires, *AJDA 2012. 691*.

58. Circulaires impératives. Sont susceptibles de recours les circulaires comportant des dispositions impératives de nature à faire grief. • CE, sect., 18 déc. 2002, ⚖ *Duvignières,* n° 233618 A (concl. Fombeur) : *GAJA, 22e éd., n° 101 ; GADLF, 2e éd., n° 58 ; RFDA 2003. 274, concl. Fombeur* ✎ *; ibid. 510, note Petit* ✎ *; AJDA 2003. 487, chron. Donnat et Casas* ✎ *; JCP Adm. 2003, n° 1064, note Moreau ; LPA 23 juin 2003, note Combeau* • CAA Lyon, 27 janv. 2004, ⚖ n° 00LY02734 : *AJDA 2004. 1478, note Chouvel* ✎ • CE 26 mai 2009, ⚖ n° 306757 B : *JCP Adm. 2009. 719* • CE 3 juill. 2009, ⚖ n° 309925 B : *AJDA 2009. 1676* ✎. ♦ ... Même si elles sont immatérielles. • CE 3 févr. 2016, ⚖ *Cons. nat. ordre des infirmières,* n° 381203 B : *AJDA 2016. 230* ✎ *;JCP Adm. 2016. 118.* ♦ Rappr., pour une application à une instruction prenant les mesures nationales d'application de normes communautaires, • CE 30 juill. 2003, ⚖ *Assoc. « Avenir de la langue française »,* n° 245076 A : *préc. note 38* • CE 15 juill. 2004, ⚖ n° 245357 A : *préc. note 35* • CE 3 mai 2004, ⚖ n° 254961 A : *JCP Adm. 2004. 1466, note Benoît ; Dr. adm. 2004, n° 131.* ♦ ... Ou internationales. • CE 7 juill. 2004, ⚖ n° 262645 B : *Dr. adm. 2004, n° 154.* ♦ Il en va de même d'une circulaire à caractère impératif réitérant une règle déjà contenue dans une loi si cette règle est contraire à une norme juridique supérieure dont le juge administratif est habilité à censurer la méconnaissance (en l'espère art. 43 du traité CE). • CE 2 juin 2006, ⚖ n° 275416 A : *AJDA 2006. 1139* ✎ *; DF 2006. 725, concl. Glaser et note Ginter.*

59. A un caractère impératif : une circulaire reprenant les dispositions d'un texte illégal dans son caractère impératif. • CE, sect., 18 déc. 2002, *Duvignières,* n° 233618 : *préc. note 58.* ♦ ... La prescription aux directeurs des ARH et autres des modalités d'application d'une loi. • CE 3 févr. 2003, ⚖ *Synd. nat. défense pour l'exercice libéral de la médecine à l'hôpital,* n° 235066 B. ♦ Il peut en aller de même : du contenu d'une lettre eu égard au caractère impératif des réponses contenues. • CE 2 avr. 2003, ⚖ *Sté Roche,* n° 245400 B. ♦ ... De l'interdiction de se faire assister d'un avocat pour consulter des pièces, le ministre étant incompétent dans le silence de la loi. • CE 3 oct. 2003, ⚖ *Boonen,* n° 240270 B : *AJDA 2003. 1847.* ♦ Rappr. : • CE 30 juill. 2003, ⚖ *Assoc. « Avenir de la langue française »,* n° 245076 : *préc. note 38.* ♦ ... D'une circulaire du garde des sceaux adressée aux procureurs, leur demandant d'appliquer plus strictement le droit existant et leur donnant des orientations sur la mise en œuvre de dispositions législatives. • CE 18 mai 2005, ⚖ *Assoc. spirituelle de l'église de Scientologie,* n° 259982 : *Lebon 201* ✎ *; Dr. adm. 2005. 96, note F. D.* ♦ ... D'une circulaire du ministre de l'éducation nationale, lors qu'elle ne concerne que des mesures d'ordre intérieur. • CE 8 mars 2006, ⚖ *Féd. conseils de parents d'élèves des écoles publiques,* n° 275551 : *Lebon 112* ✎ *; AJDA 2006. 1107, concl. Keller* ✎ *; Dr. adm. 2006. 97, note Taillefait.* ♦ ... D'une circulaire prescrivant aux magistrats du parquet les modalités selon lesquelles devait être appliquée la procédure de comparution sur reconnaissance préalable de culpabilité (plaider coupable). • CE 26 avr. 2006, ⚖ *SAF,* n° 273757 : *Lebon 201* ✎ *; Gaz. Pal. 2006. 1851, concl. Aguila.* ♦ ... D'une lettre invitant les recteurs « à relayer avec la plus grande énergie, au début de l'année, la campagne de communication relative à la « Ligne Azur », ligne d'écoute pour les jeunes en questionnement à l'égard de leur orientation ou leur identité sexuelles ». • CE 15 oct. 2014, ⚖ *Conf. nat. des assoc. familiales catholiques,* n° 369965 : *AJDA 2015. 100, note Chevalier* ✎ *; ibid. 2014. 2032* ✎ *; D. 2014. 2451, note de Dieuleveult* ✎ *; JCP Adm. 2014. 824.* ♦ V. encore pour d'autres exemples : • CE 16 juin 2008, ⚖ *Assoc. Vivre et vieillir ensemble en citoyens,* n° 306295 : *AJDA 2008. 1972* ✎.

60. Quand bien même une circulaire aurait été abrogée, elle peut faire l'objet d'une annulation dès lors qu'elle a été appliquée. • CE 7 avr. 2011, ⚖ *Assoc. SOS Racisme,* n° 343387 : *Lebon 155* ✎ *; AJDA 2011. 1438, note Bailleul* ✎.

61. Dès lors qu'une circulaire ou une instruction ministérielle est susceptible de recours pour excès de pouvoir du fait qu'elle contient des dispositions à caractère impératif, les dispositions législatives dont elle prescrit l'application peuvent faire l'objet d'une QPC. • CE, QPC, 9 juill. 2010, ⚖ *Épx Mathieu,* n° 339081. ♦ En revanche, ne peuvent être contestées à l'appui d'un recours contre une instruction ministérielle des dispositions législatives qui ne sont pas en lien avec la matière traitée dans l'instruction. • CE, QPC, 9 juill. 2010, ⚖ *Momont et Assoc. « Je ne parlerai qu'en présence de mon avocat »,* n° 339398.

62. N'ont pas un caractère impératif : une circulaire prévoyant que le demandeur « peut prendre des notes » lors de la communication des pièces de son dossier, alors même que la CNIL l'interprète comme excluant la possibilité de faire des photocopies. • CE 3 oct. 2003, ⚖ *Boonen,* n° 240270 : *préc. note 59.* ♦ ... Une circulaire qui indique aux préfets les conditions de mise en œuvre de dispositions réglementaires immédiatement applicables et les invitant à les faire respecter sans rien ajouter au texte. • CE 9 oct. 2002, ⚖ *Féd. de l'hospitalisation privée,* n° 237158 B : *AJDA 2003. 300* ✎. ♦ ... Les circulaires relatives aux autorisations d'absence pour motif religieux. • CE 19 nov. 2004, ⚖ *Marty : JCP Adm. 2004, n° 1850, note Tawil.* ♦ ... Un précis de fiscalité explicatif et ne donnant aucune instruction aux services. • CE

1er mars 2004, *Synd. nat. professions du tourisme*, n° 254081 : *Lebon 105*.

63. Une « FAQ » (foire aux questions) ne constitue pas une circulaire administrative dès lors qu'elle se borne à présenter aux contribuables, pour les aider dans leurs démarches, les modalités pratiques d'un dispositif de régularisation en répondant à diverses questions juridiques et pratiques. • CE 17 mai 2017, n° 404270 A : *AJDA 2017. 1755* ; *AJ fam. 2017. 437, obs. Paillard* ; *JCP Adm. 2017. 387.*

64. Sont réputées caduques les circulaires d'application d'un décret annulé par le juge administratif. • CE 18 oct. 2006, *Section française de l'Observatoire international des prisons*, n° 281086 B.

65. Circulaires réglementaires. Sont annulées les circulaires impératives qui ajoutent à la législation ou à la réglementation. V. note 38. ♦ Les dispositions de la circulaire litigieuse, qui précisent la forme, le contenu et le délai de présentation des propositions de sortie à l'essai formulées par les psychiatres des établissements d'accueil, revêtent un caractère réglementaire ; dès lors, et en tout état de cause, les ministres ne tenaient pas de leurs pouvoirs d'organisation de leurs services, contrairement à ce qui est soutenu en défense, la compétence pour édicter de telles dispositions. • CE 30 sept. 2011, *Comité d'action synd. de la psychiatrie et a.*, n° 337334 : *préc. note 27.*

4. Directives – Lignes directrices

BIBL. Cytermann, Le droit souple, un nouveau regard sur la jurisprudence « Crédit foncier de France », *RFDA 2013. 1119*. – Costa, Des directives au lignes directrices : une variation en clairs-obscurs, *AJDA 2015. 806*. – Éveillard, Le régime contentieux des lignes directrices, *JCP Adm. 2018. 2137.* – Boudinar-Zabaleta, Algorithmes et lignes directrices. Réflexions sur la codification automatisée des motifs des décisions administratives, *Dr adm. 2019. 7.* – Costa, Les ombres portées des lignes directrices, *AJDA 2019. 922*. – Pauliat, Les lignes directrices : quel outil pour les managers ?, *JCP Adm. 2020. 2286.* – Cliquennois, Des directives au droit souple : palingénésie encore et toujours ?, *Mélanges Lascombe, Dalloz 2020. 39.*

66. Les ministres et les autorités administratives sont également autorisés à donner des directives à leurs services pour l'examen des dossiers individuels qu'ils ont à traiter. • CE, sect., 11 déc. 1970, *Crédit foncier de France*, n° 78880 A (concl. Bertrand) : *GAJA, 22e éd., n° 78 ; AJDA 1971. 196, note H.T.C. ; D. 1971. 673, note Loschak ; RD publ. 1971. 1224, note Waline* • CE 14 déc. 1984, *SA « Gilbert Marine » : Lebon 444 ; AJDA 1989. 266, note Auby.* ♦ ... Sous réserve de garantir un examen au cas par cas des demandes permettant au besoin d'écarter les principes fixés dans la directive. • CE 29 juill. 1994, n° 147978 A • CE 20 déc. 2000, *Conseil industries françaises de défense*, n° 204847 B. ♦ Rappr. : • CE 3 mai 2004, n° 254961 A : *préc. note 58* • CE 16 févr. 2007, n° 285993 : *AJDA 2007. 990* • CAA Versailles, 13 mars 2007, n° 05VE01608 A.

67. Ces directives sont désormais dénommées « lignes directrices » ; le décret n'a pas conféré à l'AEFE le pouvoir de déterminer les conditions d'attribution des bourses scolaires pour les enfants français scolarisés à l'étranger, mais a seulement prévu qu'elle édicte des instructions fixant des lignes directrices auxquelles il appartient aux commissions locales de l'agence de se référer, tout en pouvant y déroger lors de l'examen individuel de chaque demande si des considérations d'intérêt général ou les circonstances propres à chaque situation particulière le justifient. • CE 19 sept. 2014, *Agence pour l'enseignement français à l'étranger (Jousselin)*, n° 364385 : *Lebon 272* ; *AJDA 2014. 1798* ; *ibid. 2262, concl. Dumortier* ; *ibid. 2014. 2209, tribune Costa* ; *JCP Adm. 2014. 759 ; ibid. 851, obs. Cassia ; Dr. adm. 2014. 70, note Auby.* ♦ Rappr. • CAA Lyon, 2 oct. 2014, *H.*, n° 14LY01620 : *AJDA 2014. 2112, note Samson-Dye* ; *RFDA 2014. 1039, concl. Lévy Ben Cheton*. ♦ Ces lignes directrices peuvent être destinées à harmoniser la pratique relative à la sélection des médecins susceptibles de relever de la procédure de sanction. • CE 22 oct. 2014, *Synd. médecins d'Aix*, n° 364384 : *Lebon.*

68. Ainsi, dans le cas où un texte prévoit l'attribution d'un avantage sans avoir défini l'ensemble des conditions permettant de déterminer à qui l'attribuer parmi ceux qui sont en droit d'y prétendre, l'autorité compétente peut, qu'elle dispose ou non en la matière du pouvoir réglementaire, encadrer l'action de l'administration, dans le but d'en assurer la cohérence, en déterminant, par la voie de lignes directrices, sans édicter aucune condition nouvelle, des critères permettant de mettre en œuvre le texte en cause, sous réserve de motifs d'intérêt général conduisant à y déroger et de l'appréciation particulière de chaque situation. La personne en droit de prétendre à l'avantage en cause peut se prévaloir, devant le juge administratif, de telles lignes directrices si elles ont été publiées. En revanche, il en va autrement dans le cas où l'administration peut légalement accorder une mesure de faveur au bénéfice de laquelle l'intéressé ne peut faire valoir aucun droit. S'il est loisible, dans ce dernier cas, à l'autorité compétente de définir des orientations générales pour l'octroi de ce type de mesures, l'intéressé ne saurait se prévaloir de telles orientations à l'appui d'un recours formé devant le juge administratif. • CE

21 sept. 2020, n° 428683 A : *AJDA 2020. 1758 ; JCP Adm. 2020. 530 ; ibid. 2257, concl. Cytermann.* ♦ V. déjà • CE, sect., 4 févr. 2015, *Ortiz,* n° 383267 A : *AJDA 2015. 191 ; ibid. 443, chron. Lessi et Dutheillet de Lamothe ; JCP Adm. 2015. 157 ; Dr. adm. 2015. 38, note Éveillard.*

69. Ces « lignes directrices » doivent être distinguées des « orientations générales » qu'il est loisible au ministre de l'Intérieur, chargé de mettre en œuvre la politique du Gouvernement en matière d'immigration et d'asile, alors même qu'il ne dispose en la matière d'aucune compétence réglementaire, de façon à éclairer les préfets dans l'exercice de leur pouvoir, de prendre des mesures de régularisation sans les priver de leur pouvoir d'appréciation. • CE, sect., 4 févr. 2015, *Ortiz,* n° 383267 A : *préc. note 68.*

70. Si l'Autorité est tenue de suivre la méthode d'analyse qu'elle s'est ainsi donnée pour prendre l'avis, il lui incombe, pour porter son appréciation sur le projet, de prendre en compte l'ensemble des circonstances pertinentes de la situation particulière qui lui est soumise. • CE 20 mars 2017, n° 401751 A : *AJDA 2017. 602 ; ibid. 1121, concl. Domino ; AJCT 2017. 408, obs. Le Chatelier ; JCP Adm. 2017. 2145, note Pauliat ; Dr. adm. 2017. 25, note Idoux.* ♦ De même, cette obligation de suivre les lignes directrices ne vaut que sauf circonstances particulières. • CE 25 mai 2018, n° 404382 B : *AJDA 2018. 1877* .

71. Les documents de portée générale émanant d'autorités publiques, matérialisés ou non, tels que les circulaires, instructions, recommandations, notes, présentations ou interprétations du droit positif peuvent être déférés au juge de l'excès de pouvoir lorsqu'ils sont susceptibles d'avoir des effets notables sur les droits ou la situation d'autres personnes que les agents chargés, le cas échéant, de les mettre en œuvre. Ont notamment de tels effets ceux de ces documents qui ont un caractère impératif ou présentent le caractère de lignes directrices. Il appartient au juge d'examiner les vices susceptibles d'affecter la légalité du document en tenant compte de la nature et des caractéristiques de celui-ci ainsi que du pouvoir d'appréciation dont dispose l'autorité dont il émane. Le recours formé à son encontre doit être accueilli notamment s'il fixe une règle nouvelle entachée d'incompétence, si l'interprétation du droit positif qu'il comporte en méconnaît le *sens et la portée ou s'il est pris en vue de la* mise en œuvre d'une règle contraire à une norme juridique supérieure. • CE, sect., 12 juin 2020, n° 418142 : *AJDA 2020. 1196 ; ibid. 1407, chron. Malverti et Beaufils ; AJ fam. 2020. 426, obs. Bruggiamosca ; JCP 2020. 351, obs. Touzeil-Divina ; JCP Adm. 2020. 2189, note Koubi.* ♦ Rappr. en les combinant : • CE, sect., 18 déc. 2002, *Duvignères,* n° 233618 : *préc. note 57* • CE, ass., 21 mars 2016, *Sté Fairvesta International GMBH et Sté NC Numericable,* n°s 368082 et 390023 (deux espèces) : *AJDA 2016. 572 ; ibid. 717, chron. Dutheillet de Lamothe et Odinet ; D. 2016. 715, obs. de Montecler ; AJCA 2016. 302, obs. Pelé ; RFDA 2016. 497, concl. von Coester ; JCP Adm. 2016, n° 279 ; Dr. adm. 2016. 34, note Sée ; ibid. 20, note von Coester et Daumas.* ♦ V. aussi : • CE 13 déc. 2017, n° 401799 : *AJDA 2017. 2497 ; JCP Adm. 2017. 868.* ♦ ... Et pour une application. • CE 19 juin 2020, n° 434684 : *AJDA 2020. 1264 ; JCP Adm. 2020. 383* • CE 24 mars 2021, n° 431786 : *AJDA 2021. 709* . ♦ Il appartient donc au juge de déterminer si l'acte (circulaire) se borne à fixer, à l'attention des services, des lignes directrices ou de fixer des règles impératives. • CE 21 sept. 2020, n° 425960 B : *AJDA 2020. 1758* .

72. Les recommandations de bonnes pratiques élaborées par la Haute Autorité de santé ont pour objet de guider les professionnels de santé dans la définition et la mise en œuvre des stratégies de soins à visée préventive, diagnostique ou thérapeutique les plus appropriées, sur la base des connaissances médicales avérées à la date de leur édiction. Par suite, il appartient à la Haute Autorité de santé de veiller à l'actualisation des recommandations qu'elle a élaborées, en engageant les travaux nécessaires à leur réexamen au vu notamment des données nouvelles publiées dans la littérature scientifique et des évolutions intervenues dans les pratiques professionnelles, lorsque celles-ci doivent conduire à modifier les indications données aux professionnels pour les guider dans le choix des stratégies de soins à retenir. A défaut, si leur obsolescence peut être source d'erreurs pour les professionnels auxquels elle s'adresse, il lui incombe, selon les cas, d'accompagner leur publication des avertissements appropriés, voire de les abroger en en tirant les conséquences pertinentes quant à la publicité qui leur est donnée. En outre, dans l'hypothèse où une recommandation de bonne pratique comporterait, sur un point précis, une recommandation manifestement erronée au regard des données acquises de la science, il lui incombe, alors même que l'engagement de travaux de refonte de l'ensemble de la recommandation ne serait pas justifié, d'en tirer les conséquences, à tout le moins en accompagnant sa publication d'un avertissement sur ce point. • CE 23 déc. 2020, *Assoc. Autisme espoir vers l'école,* n° 428284 A (concl. Sirinelli) : *AJDA 2021. 11 ; JCP Adm. 2021. 2066, note Pauliat.* ♦ Comp. • CE 14 oct. 2020, *Fond. Jérôme Lejeune,* n° 425725 B : *AJDA 2020. 1955* .

4° LES COLLECTIVITÉS TERRITORIALES

73. V. notes ss. Const. 58, art. 72.

5° AUTRES AUTORITÉS ADMINISTRATIVES

74. Les dispositions du présent art. et de l'art. 13 Const. ne font pas obstacle à ce que le législateur confie à une autorité de l'État autre que le Premier ministre le soin de fixer des normes permettant de mettre en œuvre une loi dès lors que cette habilitation ne concerne que des mesures de portée limitée tant par leur champ d'application que par leur contenu. • Cons. const. 12 août 2004, n° 2004-504 DC § 40 • CE 21 nov. 2007, *Clinique Saint-Roch,* n° 299608 B.

a. Autorités administratives (publiques) indépendantes

BIBL. **Antérieure à la L. org. n° 2017-54 du 20 janv. 2017 :** Genevois, Le Conseil constitutionnel, la séparation des pouvoirs et la séparation des autorités administratives indépendantes, *RFDA 1989. 671.* – Gentot, Les autorités administratives indépendantes, *Montchrestien (coll. Clefs), 1991.* – Guédon, Les autorités administratives indépendantes, *LGDJ (coll. Systèmes), 1991.* – Gaudemet, les pouvoirs des autorités administratives indépendantes : réglementation et sanctions, *Courrier jur. finances, juin 1997, p. 1.* – Conseil d'État, Réflexion sur les autorités administratives indépendantes, *Rapport public 2001, EDCE n° 52.* – Office parlementaire d'évaluation de la législation, Les autorités administratives indépendantes : évaluation d'un objet juridique non identifié, *Rapport AN n° 3166 (2005-2006).* – Rép. min. n° 87676 : *JOAN Q 9 mai 2006, p. 4897.* – Les autorités administratives indépendantes, tentatives de recensement, *JCP Adm. 2006. 1151.* – Chauvet, La personnalité contentieuse des autorités administratives indépendantes, *RD publ. 2007. 379.* – Degoffe, Les autorités publiques indépendantes, *AJDA 2008. 622* ✎. – Haquet, Le pouvoir réglementaire des autorités administratives indépendantes : réflexions sur son objet et sa légitimité, *RD publ. 2008. 393.* – Dautry, Les autorités administratives indépendantes : un nouvel objet d'évaluation parlementaire, *RFDA 2010. 884* ✎. – Rouyère, La constitutionnalisation des autorités administratives indépendantes : quelle signification ?, *RFDA 2010. 887* ✎. – Martin, Les autorités publiques indépendantes : réflexions autour d'une nouvelle personne publique, *RD publ. 2013. 53.* – Oliva, L'autonomie budgétaire et financière des autorités de régulations, *RD publ. 2014. 340.* – Bioy (dir.), Actualité des autorités administratives indépendantes dans le domaine des libertés fondamentales, *LPA 6 nov. 2014.*

► Ces autorités sont instituées par la loi (L. org. n° 2017-54 du 20 janv. 2017). La liste de ces autorités est fixée par la L. n° 2017-55 du 20 janv. 2017 : *JCP Adm. 2017. 2064, note Sorbara.* – Les rémunérations des membres des AAI et API : Décr. n° 2020-173 du 27 févr. 2020.

Postérieure à la L. org. n° 2017-54 du 20 janv. 2017 : Idoux, Le nouveau statut général des AAI et API, *AJDA 2017. 1115* ✎.

75. Le pouvoir réglementaire peut être confié à des autorités administratives indépendantes désignées par le législateur. • Cons. const. 26 juill. 1984, ⚖ n° 84-173 DC § 4.

76. C'est le cas, par exemple : du Comité de la réglementation bancaire • Cons. const. 19 janv. 1984, ⚖ n° 83-167 DC. ♦ ... Du Conseil supérieur de l'audiovisuel (CSA). • Cons. const. 15 janv. 1992, ⚖ n° 91-304 DC § 13. ♦ ... De la Banque de France • Cons. const. 3 août 1993, ⚖ n° 93-324 DC § 14. ♦ ... De l'Autorité de régulation des télécommunications (ART) devenue Autorité de régulation des communications électroniques et des postes (ARCEP). • Cons. const. 23 juill. 1996, n° 96-378 DC § 11 • Cons. const. 1er juill. 2004, ⚖ n° 2004-497 DC § 6 • CE 14 avr. 1999, ⚖ *France Télécom : Lebon 134* ✎ • CE 29 déc. 2006, *Sté UPC France,* n° 288251 : *Lebon 582* • CE 25 avr. 2007, *Sté Bouygues télécom,* n° 282138 : *Lebon 184* ♦ ... De la CNIL. • CE, ass., 12 mars 1982, ⚖ *CGT : Lebon 107* ✎ *; RD publ. 1982. 1697, note Auby.* ♦ ... De la Commission nationale du débat public (art. L. 121-1 C. envir.) : • CE 2 juin 2003, ⚖ *Assoc. Bouconne-Val de Save,* n° 249321. ♦ ... De la Commission bancaire (fusionnée avec l'Autorité de contrôle des assurances et des mutuelles, le Comité des établissements de crédit et des entreprises d'investissement et le Comité des entreprises d'assurances pour former l'Autorité de contrôle prudentiel et de résolution en janv. 2010). • CE 30 juill. 2003, ⚖ *Banque d'escompte et Wormser Frères réunis,* n° 238169 : *Lebon 351* ✎ *; Dr. adm. 2003. 233, note Lombard.* ♦ ... De l'Autorité des marchés financiers. • CE 18 oct. 2006, ⚖ *Miller,* n° 277597 : *Lebon 430* ✎ *; Rev. Trésor 2007. 171, obs. Pissaloux.*

77. L'habilitation ne peut concerner que des mesures de portée limitée tant par leur champ d'application que par leur contenu. • Cons. const. 19 janv. 1984, ⚖ n° 83-167 DC • Cons. const. 17 janv. 1989, ⚖ n° 88-248 DC § 16. ♦ ... L'habilitation s'exerce dans le respect des règles essentielles posées par le législateur. • Cons. const. 19 janv. 1984, ⚖ n° 83-167 DC • Cons. const. 17 janv. 1989, ⚖ n° 88-248 DC § 8 • CE 3 juill. 2000, ⚖ *Sté civile des auteurs, réalisateurs, producteurs et a.,* n° 218358 : *Lebon 289 ; JCP 2000. 1274, chron. Braconnier.* ♦ Ces autorités doivent se conformer strictement aux dispositions prévues par la loi.

• Cons. const. 17 janv. 1989, n° 88-248 DC § 8.

78. En revanche, le législateur ne peut subordonner l'exercice du pouvoir réglementaire du Premier ministre à des règles fixées par une telle autorité administrative indépendante, en l'occurrence, la CNIL. • Cons. const. 18 sept. 1986, n° 86-217 DC § 60.

79. La loi peut, sans qu'il soit porté atteinte au principe de la séparation des pouvoirs, doter une autorité administrative indépendante de pouvoirs de sanction dans la limite nécessaire à l'accomplissement de sa mission, sous réserve d'assortir l'exercice de ces pouvoirs de sanction de mesures destinées à sauvegarder les droits et libertés constitutionnellement garantis. • Cons. const. 23 juill. 1996, n° 96-378 § 15. ♦ L'attribution à ces autorités du pouvoir réglementaire et de la possibilité d'en assurer elle-même le respect par l'exercice d'un pouvoir de contrôle des activités et de sanction des manquements constatés, n'est pas contraire aux stipulations de l'art. 6 § 1 Conv. EDH dès lors que ce pouvoir de sanction est aménagé de telle façon que soient assurés le respect des droits de la défense, le caractère contradictoire de la procédure et l'impartialité de la décision. • CE 30 juill. 2003, *Banque d'escompte et Wormser Frères réunis,* n° 238169 : *préc. note 76.*

80. Indépendance des autorités. Elle est suffisamment assurée par le mandat non renouvelable de son Président, le mode de désignation des membres et la durée fixe de leurs fonctions. • Cons. const. 28 juill. 1989, n° 89-260 DC § 9 et 10. ♦ Dans ce cas, l'absence d'incompatibilité n'est pas de nature à altérer cette indépendance. • Même décision. ♦ Le Conseil d'État veille au respect de la durée fixe des fonctions et annule la décision mettant fin au mandat d'un Président, fût-il atteint par la limite d'âge dans son corps d'origine. • CE, ass., 7 juill. 1989, *Ordonneau : Lebon 161 ; AJDA 1988. 643, chron. Honorat et Baptiste.*

81. Cependant leur indépendance n'empêche pas le gouvernement de toujours disposer de la faculté de déférer leurs décisions au contrôle de la légalité. • Cons. const. 18 sept. 1986, n° 86-217 DC § 23.

82. Impartialité des autorités. Le principe d'impartialité s'impose aux AAI et API. • CE 16 déc. 2019, n° 422672 B : *AJDA 2019. 2585 ; RDSS 2020. 185, obs. Curier-Roche .* ♦ V. ss art. 16 DDH.

83. Contrôle des actes réglementaires des autorités administratives indépendantes. Le juge de l'excès de pouvoir admet qu'il dispose sur les décisions à caractère réglementaire des autorités administratives indépendantes d'un contrôle normal. Ainsi annule-t-il leurs règlements pour incompétence. • CE 5 juill. 1985, *SARL Ipsos : Lebon 219 ; AJDA 1985. 554, concl. Jeanneney* • CE 16 nov. 1990, *Sté La Cinq,* n° 97585 : *Lebon 329 ; AJDA 1991. 214, concl. Stirn ; RFDA 1991. 635, note Truchet ; D. 1991. 374, note Huet* • CE 3 juill. 2000, *Sté civile auteurs réalisateurs producteurs : Lebon 289 ; JCP 2000. 2123, obs. Braconnier* • CE 17 nov. 2010, *Sté Arthus consulting,* n° 320827 : *AJDA 2011. 337, concl. Vialettes .* ♦ ... Violation de la loi. • CE, ass., 12 mars 1982, *CGT : préc. note 76* • CE 25 nov. 1991, *UNAPL,* n° 115993 B. ♦ ... Et partant, sur les actes individuels qui peuvent découler de ces actes réglementaires irréguliers. • CE 17 nov. 2010, *Sté Arthus consulting,* n° 320827 : *préc.*

84. Il exerce également son contrôle : sur les directives que peuvent être amenées à prendre ces autorités. • CE 7 juill. 1999, *Front national : Lebon 245* . ♦ ... Ou sur leurs recommandations. • CE, sect., 30 oct. 2001, *Assoc. fr. stés financières : Dr. adm. 2002, n° 35, note C. M.* ♦ Les recommandations de bonnes pratiques élaborées par la Haute Autorité de santé sur la base de ces dispositions ayant pour objet de guider les professionnels de santé dans la définition et la mise en œuvre des stratégies de soins à visée préventive, diagnostique ou thérapeutique les plus appropriées, sur la base des connaissances médicales avérées à la date de leur édiction, doivent être regardées comme des décisions faisant grief susceptibles de faire l'objet d'un recours pour excès de pouvoir, eu égard à l'obligation déontologique, incombant aux professionnels de santé en vertu des dispositions du CSP qui leur sont applicables, d'assurer au patient des soins fondés sur les données acquises de la science, telles qu'elles ressortent notamment de ces recommandations de bonnes pratiques. • CE 27 avr. 2011, *Assoc. pour une formation médicale indépendante,* n° 334396 : *Lebon 168 ; AJDA 2011. 877 ; JCP Adm. 2011. 2321, note Moquet-Anger.*

85. En revanche, les réponses adressées par le Médiateur aux parlementaires qui le saisissent de réclamations ne sont pas susceptibles de recours. • CE 18 oct. 2006, *Miller,* n° 277597 : *préc. note 76.* ♦ ... Pas plus que les recommandations de La HALDE qui ne sont pas rédigées de manière impérative. • CE 13 juill. 2007, *Sté « Éditions Tissot »,* n° 294195 : *Lebon 335* .

BIBL. Melleray, Brèves observations sur les « petites » sources du droit administratif, *AJDA 2019. 917* . – Testard, Le droit souple, une « petite » source canalisée, *AJDA 2019. 934* .

86. Avis et autres recommandations des autorités de régulation. Les avis, recommandations, mises en garde et prises de position adoptés par les autorités de régulation dans l'exercice des missions dont elles sont investies peuvent être déférés au juge de l'excès de pouvoir lorsqu'ils revêtent le caractère de dispositions générales et impératives ou lorsqu'ils énoncent des prescriptions individuelles dont ces autorités pourraient ultérieurement censurer la méconnaissance. • CE 11 oct. 2012, n° 357193 A : *AJDA 2012. 1925 ; ibid. 2373, chron. Domino et Bretonneau ; D. 2013. 732, obs. Ferrier ; RTD com. 2012. 747, obs. Claudel ; ibid. 2013. 237, obs. Orsoni ; Dr. adm. 2013. 2, note Bazex ; RD publ. 2013. 771, note Calandri.* ♦ Ces actes peuvent également faire l'objet d'un tel recours, introduit par un requérant justifiant d'un intérêt direct et certain à leur annulation, lorsqu'ils sont de nature à produire des effets notables, notamment de nature économique, ou ont pour objet d'influer de manière significative sur les comportements des personnes auxquelles ils s'adressent ; dans ce dernier cas, il appartient au juge, saisi de moyens en ce sens, d'examiner les vices susceptibles d'affecter la légalité de ces actes en tenant compte de leur nature et de leurs caractéristiques, ainsi que du pouvoir d'appréciation dont dispose l'autorité de régulation ; il lui appartient également, si des conclusions lui sont présentées à cette fin, de faire usage des pouvoirs d'injonction qu'il tient du titre Ier du livre IX du CJA. • CE, ass., 21 mars 2016, *Sté Fairvesta International GmbH et Sté NC Numéricable,* n° 368082 A et 390023 A (deux espèces) : *préc. note 71.*

87. La mise en ligne d'un tel acte sur le site internet de l'autorité de régulation qui l'édicte, dans l'espace consacré à la publication des actes de l'autorité, fait courir, à l'égard des professionnels du secteur dont elle assure la régulation, le délai de recours. Lorsque le justiciable n'a pas contesté cet acte dans ce délai, il lui reste loisible, s'il s'y croit fondé, de demander son abrogation à l'autorité qui l'a adopté et, le cas échéant, de contester devant le juge de l'excès de pouvoir le refus que l'autorité oppose à cette demande. • CE, sect., 13 juill. 2016, *Sté GDF Suez,* n° 388150 A : *AJDA 2016. 1481 ; ibid. 2119, note Melleray ; JCP Adm. 2016. 632 ; ibid. 2252, note Le Bot ; Dr. adm. 2016. 48, note Idoux.* ♦ V. pour le CSA. • CE 10 nov. 2016, n° 384691 A : *AJDA 2016. 2192 ; ibid. 2017. 121, concl. Marion ; Dr. adm. 2017. 9, note Lanneau et Sée.* ♦ V. pour les avis de la Haute Autorité de santé qui ne font pas grief et ne sont donc pas susceptibles de recours : • CE 14 oct. 2020, n° 425725 B : *préc. note 72.*

88. Les recommandations des autorités administratives indépendantes ne constituent pas des règles impératives auxquelles il serait impossible de déroger. En jugeant que les maisons départementales des personnes handicapées sont tenues de respecter les recommandations de la Haute Autorité de santé s'agissant de l'intervention de fonds publics, la Cour nationale de l'incapacité et de la tarification de l'assurance des accidents du travail a, par des motifs ne tenant pas compte des besoins et difficultés spécifiques de l'enfant, violé les textes. • Civ. 2e, 8 nov. 2018, n° 17-19.556 : *AJDA 2019. 702, note Tiberghien .*

89. V. pour l'ouverture du recours pour excès de pouvoir à d'autres actes de droit « souples » et pour des délibérations de la HATVP (V. ss. Const. 58, art. 26) : • CE, ass., 19 juill. 2019, n° 426389 A : *AJDA 2019. 1544 ; ibid. 1994, chron. Malverti et Beaufils ; AJCT 2019. 572, obs. Villeneuve ; RFDA 2019. 851 , concl. Iljic ; JCP Adm. 2019. 518 ; Dr. adm. 2019. 51, note Boda et Pouyau.* ♦ Pour des communiqués de presse présentant le plan d'action de la CNIL dans le domaine du ciblage publicitaire en ligne, constituant une prise de position publique de la commission quant au maniement des pouvoirs dont elle dispose, • CE 16 oct. 2019, n° 433069 A (concl. Lallet) : *AJDA 2019. 2474, chron. Malverti et Beaufils ; Légipresse 2019. 588 ; ibid. 694, étude Thiérache Gautron ; RFDA 2019. 1075, concl. Lallet ; JCP Adm. 2019. 664.*

90. Alors même qu'elle est, par elle-même, dépourvue d'effets juridiques, cette recommandation, prise par une autorité administrative, consultable sur internet et relayée par les associations de défense des consommateurs, a eu pour objet d'influer de manière significative sur les comportements des fabricants et des distributeurs des produits cosmétiques destinés aux enfants de moins de trois ans, ainsi que sur les comportements de consommation des personnes responsables de ces enfants, et est également de nature à produire des effets notables. L'annulation pour excès de pouvoir du refus d'abroger un tel acte implique que l'autorité compétente non seulement procède à l'abrogation de cet acte mais aussi, eu égard à sa nature et à ses effets, en tire les conséquences pertinentes quant à la publicité qui lui est donnée. • CE 4 déc. 2019, n° 416798 A : *AJDA 2019. 2522 .*

91. Sur la contestation des actes de droit souple des autorités de l'UE, V. • CE 4 déc. 2019, n° 415550 A : *AJDA 2019. 2517 .*

b. Autres autorités

92. Le législateur peut déléguer au conseil d'administration de l'Office français de protection des réfugiés et apatrides d'établir une liste des « pays sûrs ». • Cons. const. 4 déc. 2003, n° 2003-485 DC § 33 à 35.

93. De même le législateur peut déléguer à l'Union nationale des caisses d'assurance maladie le soin de fixer la participation des assurés aux tarifs servant de base au calcul de certaines prestations et la participation forfaitaire due par chaque assuré pour les actes ou consultations pris en charge par l'assurance maladie dès lors qu'il ne confie à ces organismes qu'un pouvoir réglementaire de portée limitée tant par son champ d'application que par son contenu. • Cons. const. 12 août 2004, 2004-504 DC § 41. ♦ Il en va de même de certaines autorités à compétence nationale telles que « Pôle emploi ». • CE 28 mars 2012, *CGPME,* n° 341067 : *AJDA 2012. 677*. ♦ Il appartient alors au juge de s'assurer que l'autorité ainsi désignée dispose bien d'un pouvoir réglementaire et qu'elle n'excède pas la délégation qui lui est faite. • CE 19 nov. 2003, *Féd. des ind. de la parfumerie,* n° 253225 B.

6° LES PERSONNES PRIVÉES CHARGÉES DE GÉRER UN SERVICE PUBLIC

94. Les personnes privées chargées de gérer un service public peuvent se voir habiliter à prendre des mesures réglementaires. • CE, sect., 15 mai 1991, *Assoc. « Girondins de Bordeaux Football Club » : Lebon 178 ; AJDA 1991. 724, concl. Pochard*. ♦ Rappr. : • T. confl., 24 sept. 2001, *Bouchot-Plainchant : RFDA 2002. 425*. ♦ Il convient pourtant qu'elles ne dépassent pas l'habilitation qui leur est faite. • CE 28 mai 1999, *Delosières,* n° 187494 B. ♦ Encore faut-il que ces actes soient biens pris dans le cadre de la mission de service public confiée à ces personnes privées, impliquant l'usage de leurs prérogatives de puissance publique, sinon ils restent des actes de droit privé dont le juge administratif n'a pas à connaître. • T. confl., 22 sept. 2003, *Bergamo,* n° 3344 : *Lebon 574* • CE 19 févr. 2003, *Centre tech. interprof. fruits et légumes,* n° 243781 B. ♦ Les arrêtés qui viendraient approuver des dispositions prises par des personnes privées ne disposant d'une telle habilitation sont donc annulés. • CE 29 juill. 2002, *Conseil nat de l'ordre des médecins,* n° 242916 B.

95. Si le Conseil national des barreaux dispose bien d'un pouvoir réglementaire en vue d'unifier les règles et les usages des barreaux, il trouve ses limites dans les droits et libertés qui appartiennent aux avocats et dans les règles essentielles de l'exercice de la profession : • CE 17 nov. 2004, *SEL Landwell et associés,* n° 268075 A : *RFDA 2005. 227 ; AJDA 2005. 329, note Pontier* • CE 29 janv. 2018, *Conférence des bâtonniers et a.,* n° 403101 A : *AJDA 2018. 189 ; ibid. 2018. 634, concl. Dutheillet de Lamothe ; D. avocats 2018. 109, note G'sell* • CE 25 oct. 2018, n° 411373 : *JCP Adm. 2018. 831*. ♦ ... Et dans la compétence du Premier ministre pour fixer les règles de déontologie de cette profession. • CE 15 nov. 2006, *Krikorian,* n° 283475 B : *préc. note 13*. ♦ Il ne peut cependant imposer l'insertion obligatoire dans les règlements intérieurs de chaque ordre de décisions relatives à l'exercice de la profession d'avocat dès lors que la loi ne lui a pas confié ce pouvoir mais a prévu qu'il serait exercé par décret en Conseil d'État. • CE 27 juill. 2001, *Ordre des avocats au barreau de Tours,* n° 191706 A. ♦ ... Ni légalement fixer des prescriptions nouvelles qui mettraient en cause la liberté d'exercice de la profession d'avocat ou les règles essentielles qui la régissent et qui n'auraient aucun fondement dans les règles législatives ou dans celles fixées par les décrets (...), ou ne seraient pas une conséquence nécessaire d'une règle figurant au nombre des traditions de la profession. • CE 29 janv. 2018, *Conférence des bâtonniers et a.,* n° 403101 A : *préc.*

B. EXERCICE DU POUVOIR RÉGLEMENTAIRE D'EXÉCUTION

1° MISE EN ŒUVRE

a. Principes

96. Compétence générale. Même dans les cas où le législateur « fixe les règles » (et non « détermine les principes »), il y a place pour des règlements d'application. • Cons. const. 3 mai 1961, n° 61-13 L : *Rec. Cons. const. 36 ; RJC, p. II-7 ; JO 10 oct., p. 9215 ; S. 1961. 349, note Hamon* • CE, sect., 27 janv. 1961, *Daunizeau,* n° 46910 : *Lebon 57 ; AJDA 1961. 75, chron. Galabert et Gentot*. ♦ Il y a également place pour des décrets d'application lorsque le Gouvernement est habilité par le Parlement à agir dans le domaine législatif. • CE 3 févr. 1999, *Nodière : Lebon 8 ; Dr. adm. 1999, n° 132, obs. C. M.*

97. Compétence de principe. La compétence réglementaire d'exécution des lois s'exerce même si la loi ne le prévoit pas. • CE, ass., 26 févr. 1954, *Dpt de la Guadeloupe : Lebon 129*. ♦ Il en est en particulier ainsi lorsque les dispositions législatives sont très générales. • CE 17 nov. 1997, *Synd. médecins libéraux : Lebon 635*. ♦ Pourtant la loi peut prévoir que le pouvoir réglementaire ne s'exerce qu'à titre subsidiaire, c'est-à-dire par exemple en cas d'absence d'accord entre représentants des employeurs et des salariés. • CE 11 juill. 2001, *MEDEF,* n° 224586 : *Lebon 363*.

98. Habilitation implicite. Le pouvoir réglementaire peut implicitement mais nécessairement avoir été habilité par le législateur à prendre certaines dispositions. • CE, sect., 4 nov. 1977, *Synd. nat. lycées et collèges et Sté des agrégés,* n° 98986 : *Lebon 419 ; AJDA 1977. 619, chron. Nauwelaers et Dutheillet de Lamothe* • CE 21 mars 2007, *Dpt de Seine-Saint-Denis,* n° 277892 B.

99. Nombre de décrets. La compétence réglementaire d'exécution des lois (ou des décrets) ne s'épuise pas par le premier règlement pris pour l'application du texte ; plusieurs décrets (ou arrêtés) peuvent être nécessaires. • CE 6 déc. 1907, *Cie chemins de fer de l'Est : Lebon 913, concl. Tardieu ; S. 1908. 1, note Hauriou ; RD publ. 1908. 38, note Jèze* • CE 20 nov. 1953, *Féd. nat. Déportés : Lebon 511.*

100. Cependant, il ne faut pas que le premier texte d'application comporte des omissions telles qu'il révélerait l'intention de ne pas véritablement mettre en œuvre la législation. • CE 11 févr. 1955, *Crève Cœur : Lebon 86* • CE, ass., 28 mai 1971, *Barrat : Lebon 387 ; AJDA 1971. 400, chron. Labetoulle et Cabanes ; AJDA 1971. 488, note Fourrier* • CE 17 juin 1985, *SGEN CFDT,* n° 23176 B.

101. Pouvoir de modification. Par la suite, les décrets (ou arrêtés) d'application peuvent être modifiés. • CE 30 mars 1960, *Comptoir agricole et commercial : Lebon 237.* ♦ L'exercice du pouvoir réglementaire implique pour son détenteur la possibilité de modifier à tout moment les normes qu'il définit. • C. comptes, 20 juill. 2017, *OPH de Boulogne-sur-Mer,* n° S2017-2022 : *AJDA 2017. 1934, chron. Péhau et Hauptmann.* ♦ Nul n'a donc un droit au maintien en vigueur d'une réglementation, même si elle accordait des avantages qui sont supprimés par le nouveau texte. • CE 7 juill. 1999, *Glaichenhaus : Lebon 241* • CE 11 déc. 2013, *Touraine et Parthonnaud,* n° 362987 B : *AJDA 2014. 659 ; JCP Adm. 2014. 2185, note Otero.* ♦ De même, un décret de codification ne saurait méconnaître le « principe de codification à droit constant » qui n'a pas valeur d'une règle s'imposant au Gouvernement dans l'exercice de son pouvoir réglementaire. • CE 12 févr. 2007, *Féd. hospitalisation privée,* n° 285464 B : *AJDA 2007. 398.*

102. Loi inconventionnelle. Le Premier ministre doit s'abstenir de prendre les mesures d'exécution de dispositions législatives inconventionnelles. • CE, ass., 7 juill. 2004, *Danthony,* n° 250688 : *Lebon 309 ; AJDA 2004. 1836* • CE 13 juill. 2008, *Masson,* n° 300458 : *AJDA 2008. 1466.*

BIBL. Nivard, L'ambivalence du traitement jurisprudentiel de la sécurité juridique, *Dr. adm. 2010. étude n° 3.* – Éveillard, Sécurité juridique et dispositions transitoires, *AJDA 2014. 492.*

103. Principe de sécurité juridique. Reconnaissance. Le principe de sécurité juridique est garanti par la DDH. • CE, QPC, 21 janv. 2015, *EURL 2B,* n° 382902 : *Lebon ; AJDA 2015. 135 ; ibid. 880, note Éveillard ; AJCT 2015. 289, obs. Mehl-Schouder.* ♦ V. DDH, art. 16, notes ss. Const. 58, Préamb.

104. Nécessité de mesures transitoires. Il incombe à l'autorité investie du pouvoir réglementaire d'édicter, pour des motifs de sécurité juridique, les mesures transitoires qu'implique, s'il y a lieu, une réglementation nouvelle, en particulier lorsque les règles nouvelles sont susceptibles de porter une atteinte excessive à des situations contractuelles en cours. • CE, ass., 24 mars 2006, *Sté KPMG,* n° 288460 A : *GAJA, 22e éd., n° 104 ; Lebon 154 ; AJDA 2006. 1028, chron. Landais et Lénica ; JCP Adm. 2006. 1120, note Belorgey ; RFDA 2006. 463, concl. Aguila ; ibid. 483, note Moderne ; Dr. adm. 2006. 71 ; RD publ. 2007. 285, note Woehrling ; AJDA 2006. 2214, étude Tesoka ; D. 2006. 1190, étude Cassia* • CE, sect., 13 déc. 2006, *Mme Lacroix,* n° 287845 A (concl. Guyomar) : *AJDA 2007. 358, chron. Lénica et Boucher ; RFDA 2007. 6, concl. Guyomar ; ibid. 275, note Éveillard ; D. 2007. 847, note Bui-Xuan* • CE 25 juin 2007, *Synd. CFDT ministère des affaires étrangères,* n° 304888 : *Lebon 277* • CAA Nancy, 1er oct. 2009, *Geoffroy,* n° 08NC00412 : *AJDA 2009. 2049, chron. Wallerich* • C. comptes, 20 juill. 2017, *OPH de Boulogne-sur-Mer,* n° S2017-2022 : *préc. note 101.* ♦ Le juge administratif s'assure du caractère suffisant du délai. • CE 20 mars 2013, *Assoc. magistrats des CRTC,* n° 357945 B • CE 8 juill. 2016, *Féd. promoteurs immobiliers,* n° 389745 : *Lebon ; AJDA 2016. 1428* • CE 7 déc. 2016, *Union des chirurgiens de France,* n° 389036 : *AJDA 2016. 2410.* ♦ Dès lors que la réforme est prévisible même si son entrée en vigueur n'est que légèrement différée, le principe de sécurité juridique est respecté. • CE 17 déc. 2007, *Sté Solgar Vitamin's,* n° 295235 A : *préc. note 35* • CE 6 oct. 2008, *Cie architectes en chef monuments historiques,* n° 310146 A : *JCP Adm. 2008. 890.* ♦ Le juge administratif peut également dans le même but différer les effets d'un revirement de jurisprudence. V. ss. DDH, art. 16, note 408.

105. V., pour une application implicite du principe s'agissant de la date d'entrée en vigueur d'un texte, • CE, sect., 6 nov. 2009, *Réseau ferré de France,* n° 296011 : *Dr. adm. 2010, n° 6, note Melleray ; AJDA 2010. 134, chron. Liéber et Botteghi.* ♦ V. pour d'autres ex. • CE 23 déc. 2014, *Assoc. FASTE Sud Aveyron et a.,* n° 366440 : *AJDA 2015. 555.*

106. Conditions d'exercice. S'il incombe au pouvoir réglementaire de prendre, dans la mesure où des motifs de sécurité juridique l'exigent, des mesures transitoires pour l'entrée en vigueur des dispositions réglementaires de transposition d'une directive, une période transitoire ne peut légalement avoir pour effet de repousser la transposition de la directive au-delà du délai de transposition prévu, lequel a d'ailleurs pour objet de garantir une telle période transitoire. • CE 3 nov. 2014, *Féd. aut. sapeurs-pompiers professionnels,* n° 375534 : *AJDA 2014. 2162 ; ibid. 2015. 463, note Éveillard ; JCP Adm. 2014. 899.*

107. L'abrogation de ces dispositions trois jours seulement avant leur entrée en vigueur, à une date où les fournisseurs d'électricité avaient pu déjà anticiper pleinement les effets de leur mise en œuvre, a été décidée en méconnaissance du principe de sécurité juridique. • CE 15 juin 2016, *Assoc. nat. opérateurs détaillants en énergie,* n° 383722 : *Lebon ; AJDA 2016. 1261.* ♦ V. s'agissant de retirer, à une date trop rapprochée de l'acte le décidant, des spécialités pharmaceutiques remboursables deux médicaments très largement utilisés. • CE 13 juin 2016, *Sté Menarini France,* n° 399765 : *AJDA 2016. 1264.*

b. Nécessité des règlements d'application

BIBL. Larcher, Du vote de la loi à son application : vers une fracture réglementaire ?, *Dr adm. 2004, n° 3.* – de Béchillon, À propos de l'obligation faite au Gouvernement de prendre des règlements d'exécution des lois, *AJDA 2009. 686.*

108. Loi autoexécutoire. A moins que leur exécution soit impossible en l'absence de mesures réglementaires d'application, les dispositions législatives nouvelles entrent en vigueur, sauf si elles en disposent autrement, le lendemain de leur publication au *Journal officiel*. • CE, sect., 6 nov. 2009, *Réseau ferré de France,* n° 296011 : *préc. note 105.* ♦ Les lois entrent en vigueur à la date qu'elles fixent ou, à défaut, le lendemain de leur publication. • Soc. 10 oct. 2018, n° 17-10.248 P : *D. 2018. 2026 ; ibid. 2019. 326, chron. Salomon et David.*

109. En effet, l'absence des règlements d'application ne rend pas impossible la pleine application des textes. • CE, sect., 13 juill. 1951, *Union des anciens militaires titulaires d'emplois réservés à la SNCF : Lebon 403* • CE 7 mai 1975, *Dpt du Puy-de-Dôme : Lebon 281* • CAA Paris, 28 juill. 1998, *SCI Daumesnil Diderot : Lebon T. 720* • CE 30 déc. 1998, n° 183827 A : *Dr. adm. 1999, n° 31, obs. L. T.* (pour un arrêté). ♦ En particulier dans le cas où le texte législatif ou réglementaire à appliquer est suffisamment clair pour se suffire à lui-même et qu'il peut donc être d'application immédiate. • CE 1er mars 1957, *de France : Lebon 133* • CE, sect. avis, 4 juin 2007, n° 303422 A : *AJDA 2007. 1800. chron. Boucher et Bourgeois-Machureau* • TA Caen, 30 nov. 2010, n° 0901812 : *AJDA 2011. 183.* ♦ ... Ce qui conduit parfois à distinguer selon les dispositions d'un même texte. • CE 16 févr. 2004, n° 261652 B • CE 10 janv. 2007, n° 287643 A • CE, ord., 16 avr. 2018, n° 419373 B : *AJDA 2018. 881 ; JCP Adm. 2018. 426.* ♦ ... Ou lorsque la loi considérée réalise la transposition en droit interne d'une directive communautaire. • Paris, 6 avr. 2004 : *Dr. adm. 2004, n° 117, note Sénac de Montsembernard.*

V. pour d'autres décisions dans le même sens :

110. Dans ces cas, le fait de ne pas prendre les décrets d'application ne constitue pas une illégalité. • CE 7 mars 2008, *Féd. nat. mines et énergie,* n° 298138 : *Lebon 594 ; JCP Adm. 2008.* ♦ ... Même si la loi renvoie expressément à un décret d'application. • CE 23 nov. 2011, *Masson,* n° 341258 : *Lebon 580 ; AJDA 2012. 781, note Brunet.* ♦ Il en va de même s'agissant d'arrêtés d'application d'un décret suffisamment précis. • CE 29 juin 2011, *Sté Cryo-Save France,* n° 343188 : *Lebon 302 ; AJDA 2011. 1356.*

111. Lorsqu'il y a doute sur la nécessité des règlements d'application prévus par le législateur, le Gouvernement doit lui-même vérifier si les dispositions législatives impliquent, dans certains cas, l'édiction de règles particulières d'applications et non renvoyer à une demande des personnes concernées par ladite loi. • CE 28 mars 2012, *Bergeyron, Assoc. nat. Stés d'exercice libérale,* n° 343962 : *RFDA 2012. 585 ; AJDA 2012. 676.*

112. Toutefois, une disposition législative relative à la composition d'un conseil d'administration d'un établissement public, bien que ne nécessitant pas de mesures réglementaires d'application, n'est pas, sauf dispositions expresses contraires, immédiatement applicable aux mandats en cours • CE, sect., 6 nov. 2009, *Réseau ferré de France,* n° 296011 : *préc. note 105.*

113. Il est encore possible que les dispositions de la nouvelle loi s'appliquent dès lors immédiatement si le décret d'application d'une loi ancienne compatible avec ces dispositions est maintenu en vigueur en attendant l'édiction d'un nouveau décret. • CE 31 juill. 1996, *Synd. nat. de radiodiffusion et de télévision : Lebon 320 ; JCP 1996. 22735, concl. Stahl* • CE 29 déc. 2000, *CPAM des Yvelines : Lebon 653 ; Dr. soc. 2001. 276, concl. Boissard.*

114. Lois de procédure. Réserve faite du cas où il en serait disposé autrement, s'appliquent immédiatement les textes fixant les modalités des poursuites et les formes de la procédure à suivre. • CE 14 mai 1920, *Dhoste : Lebon* • CE, sect., 11 déc. 1998, *Angeli,* n° 170717 A • CE, sect., 17 nov. 2006, n° 276926.

115. Utilité des règlements d'application. Tant que les décrets indispensables à l'entrée en vigueur de la loi ne sont pas pris, la loi (ou certaines des dispositions de celle-ci) n'est pas entrée en vigueur. • CE 30 nov. 1906, *Jacquin : Lebon 880 (a contrario)* • CE 20 nov. 1964, *Bonnec : Lebon 565* • CE 17 févr. 1971, *Min. Santé publique : Lebon 133* (qui utilise l'expression « manifestement impossible ») • CE 22 oct. 2014, n° 361464 A : *AJDA 2014. 2093 ;*

ibid. 2413, chron. Lessi et Dutheillet de Lamothe ; Dr. adm. 2015. 5, chron. Platon. ♦ L'entrée en vigueur des dispositions législatives dont l'exécution nécessite des mesures d'application est reportée à la date d'entrée en vigueur de ces mesures. • Soc. 10 oct. 2018, n° 17-10.248 P : *D. 2018. 2026 ; ibid. 2019. 326, chron. Salomon et David .*

116. C'est en particulier le cas lorsque les dispositions législatives : sont trop imprécises pour entrer en vigueur sans l'intervention d'un décret. • CE, sect. avis cont., 20 mars 1992, *Préfet du Calvados : Lebon 123 ; AJDA 1992. 293, concl. Toutée ; JCP 1993. 22100, note Jouanjan ; RFDA 1994. 770, note Faure* • CE 15 déc. 2000, *Féd. nat. familles de France,* n° 213439 : *Lebon 611* • CE 3 oct. 2003, n° 248499 B • CE 24 oct. 2005, n° 272657 B • CE 7 déc. 2005, n° 268679 B : *JCP Adm. 2006. 1076, concl. de Silva* • CAA Paris, 19 févr. 2015, n° 13PA04585 : *AJDA 2015. 1331, concl. Roussel .* ♦ ... Renvoient au décret la désignation des autorités compétentes pour prendre les décisions qu'elles prévoient. • CE 1er oct. 2001, n° 225008 A. ♦ Il est du reste possible que le décret d'application, prévoyant lui-même une date pour son entrée en vigueur, retarde d'autant l'entrée en vigueur de la loi. • CE 26 févr. 2001, n° 220021 A. ♦ ... Ou encore que la loi elle-même ou l'interprétation qu'il convient d'en donner conduise à une entrée en vigueur différée malgré l'existence des décrets d'application. • CAA Lyon, 28 déc. 2002, n° 02LY01427 A. ♦ Si les décrets d'application sont par trop imprécis, ils ne peuvent suffire à assurer l'entrée en vigueur de la loi. • CAA Nantes, 29 août 2008, n° 08NT01819 : *AJDA 2008. 2445, note R. V.*

V. pour d'autres décisions dans le même sens : .

117. Il en est de même des mesures réglementaires nécessaires pour préciser les modalités d'application d'autres règlements. • CE 13 nov. 1974, *Commission administrative des hôpitaux de Luchon : Lebon 556* • CE 29 juin 1977, *Union de l'artisanat de Saintes,* n° 96192 B.

118. A l'inverse, si les mesures d'application ne sont pas indispensables pour l'entrée en vigueur de la loi, celle-ci entre en vigueur, normalement. Il en va ainsi lorsque les précisions apportées par la loi elle-même ne rendent pas nécessaires les décrets d'application qu'elle prévoit ou lorsque ces décrets n'ont pour autre objet que de fixer des délais dans lesquels des avis doivent être donnés. En effet, faute de délai, on doit en déduire simplement que des avis exprès sont nécessaires. • TA Dijon, 11 juill. 2006, *Assoc. « Cercle vert international »,* n° 05000655 : *AJDA 2006. 2183, note Boissy .*

119. Le législateur ne peut purement et simplement renvoyer au pouvoir réglementaire la fixation de la date à laquelle des dispositions législatives entreront en vigueur. • Cons. const. 29 déc. 1986, n° 86-223 DC § 14.

120. L'obligation de prendre les décrets d'application s'analyse en une obligation de modifier les actes réglementaires anciens qui ne permettent pas d'assurer la pleine application de la loi nouvelle, de tirer toutes les conséquences de celle-ci en apportant les modifications à la réglementation applicable qui sont rendues nécessaires par les exigences inhérentes à la hiérarchie des normes et, en particulier, aux principes généraux du droit tels que le principe d'égalité. • CE 28 juin 2002, *Villemain,* n° 220361 : *Lebon 229 ; RFDA 2002. 723, concl. Boissard ; AJDA 2002. 586, chron. Donnat et Casas ; RD publ. 2003. 447, note Guettier* • CE 2 avr. 2003, *Synd. lutte pénitentiaire : Dr. adm. 2003, n° 175, note C. M.*

121. Refus de prendre les décrets. V. note 168.

122. Refus de prendre les mesures utiles à la réalisation d'un objectif fixé par une loi et des textes internationaux. L'objectif de réduction des émissions de gaz à effet de serre de 40 % entre 1990 et 2030 fixé à l'art. L. 100-4 C. énergie, qui mentionne désormais expressément la convention-cadre des Nations Unies sur les changements climatiques ainsi que l'Accord de Paris, a pour objet d'assurer, pour ce qui concerne la France, la mise en œuvre effective des principes posés par cette convention et cet accord. A cet égard, afin d'atteindre effectivement cet objectif de réduction, les dispositions de l'art. L. 222-1-A C. envir. confient à un décret le soin de fixer un plafond national des émissions de gaz à effet de serre pour la période 2015-2018 puis pour chaque période consécutive de cinq ans. Le Conseil d'État constate que, pour la période 2015-2018, le plafond d'émissions prévu a sensiblement été dépassé et que la France a seulement réalisé une baisse moyenne de ses émissions de 1 % par an alors que le plafond fixé imposait une réduction de l'ordre de 2, 2 % par an. De plus, par un Décr. du 21 avr. 2020, le Gouvernement a modifié les 2e, 3e et 4e plafonds d'émissions et revu à la baisse l'objectif de réduction des émissions pour la période 2019-2023. Il y aura donc un décalage de la trajectoire de baisse pour atteindre l'objectif prévu pour 2030 : une partie des efforts initialement prévus est ainsi reportée après 2023, ce qui imposera alors de réaliser une réduction des émissions en suivant un rythme qui n'a jamais été atteint jusqu'ici. Nonobstant, le Conseil estime qu'il n'est pas en mesure de statuer sur le refus implicite de prendre toute mesure utile permettant d'infléchir la courbe des émissions de gaz à effet de serre produites sur le territoire national en l'état du dossier, ce dernier ne faisant notamment pas ressortir les éléments et motifs permettant d'établir la compatibilité du refus opposé avec la trajectoire de réduction des émissions de gaz à effet de serre telle qu'elle résulte du décret du 21 avr. 2020 permettant d'atteindre l'objectif de réduction du niveau des émissions de gaz à effet de serre produites par la France fixé par l'art. L. 100-4 C. énergie • CE 19 nov. 2020, n° 427301 A : *AJDA 2020. 2287 ; ibid. 2021. 217, note Delzangles ; ibid. 226, note Cassella ; D. 2020. 2292 ; JCP Adm. 2020. 676 ; ibid. 2337, note Radiguet.*

123. Dès lors que, faute de décret d'application, une disposition législative n'est pas entrée en vigueur, elle n'est pas applicable au litige et ne peut faire l'objet d'une QPC. • CE 28 avr. 2014, *X.*, n° 375709 : *JCP Adm. 2014. 401.*

c. Délai de mise en œuvre

124. Délai fixé. Même dans le cas où le législateur fixe un délai au Gouvernement pour prendre les décrets d'application, ce délai n'a pas un caractère impératif. • CE, ass., 7 avr. 1933, *Caisse régionale Crédit agricole du Sud-Ouest : Lebon 437* • CE 20 oct. 1950, *Cne de Saint-Eugène : Lebon 511* • CE 17 mars 1961, *Groupement nat. produits laitiers : Lebon 194* • CE, ass., 23 oct. 1992, *Diémert et UNOSTRA (2 esp.) : Lebon 374 ; D. 1992. 511, concl. Legal ; LPA 4 nov. 1992, note Massot ; AJDA 1992. 785, chron. Maugüé et Schwartz ; LPA 2 déc. 1992, chron. Célérier ; RFDA 1993. 124, note Guillaume .*

125. Délai raisonnable. Le présent art. comporte, sauf si le respect des engagements internationaux de la France y fait obstacle (V. notes ss. Const. 58, art. 55), non seulement le droit mais aussi l'obligation (V. note 167) de prendre (ou modifier) les mesures qu'implique nécessairement l'application de la loi dans un délai raisonnable. • CE 13 juill. 1962, *Kevers-Pascalis : Lebon 475 ; D. 1963. 606, note Auby* • CE, ass., 27 nov. 1964, *Vve Renard : Lebon 590, concl. Galmot ; AJDA 1964. 678, chron. Puybasset et Puissochet ; D. 1965. 632, note Auby ; RD publ. 1965. 716, concl.* (pour un arrêté) • CE 8 juin 2016, n° 388719 : *JCP Adm. 2016. 2285, note Monnier* • CE 28 mars 2018, n° 408974 : *JCP Adm. 2018. 325 ; ibid. 2018. 384, obs. Peyen.* ♦ Et ce même s'il s'agit d'assurer l'exécution d'une loi destinée à permettre l'application d'exigences communautaires. • CE, ass., 29 juin 2001, *Vassilikiotis,* n° 213229 A (concl. Lamy) : *RFDA 2001. 980 ; AJDA 2001. 1046, chron. Guyomar et Collin ; LPA 24 oct. 2001, note Damarey ; RD publ. 2002. 752, chron. Guettier.* ♦ V. s'agissant d'approuver ou non des actes d'une collectivité d'outre-mer. • Cons. const. 12 nov. 2015, n° 2015-721 DC § 15.

V. pour d'autres décisions dans le même sens : .

126. Lorsqu'un décret pris pour l'application d'une loi renvoie lui-même à un arrêté la détermination de certaines mesures nécessaires à cette application, cet arrêté doit également intervenir dans un délai raisonnable. • CE 29 juin 2011, *Sté Cryo-Save France,* n° 343188 : *préc. note 110.*

127. Dès lors que ce délai raisonnable n'est pas expiré, le juge ne peut annuler les refus opposés aux demandes de modifications des textes en vigueur. • CE 15 nov. 2002, *Synd. personnels de l'expansion éco. : Dr. adm. 2003, n° 2.* ♦ De même, sauf exception, l'intervention du décret d'application d'une loi prive d'objet le recours en excès de pouvoir dirigé contre le refus de prendre ce décret mais non la demande de réparation du préjudice éventuellement subi. • CE 27 juill. 2005, *Assoc. Bretagne Ateliers,* n° 261694 : *Lebon 350 ; AJDA 2005. 2172, chron. Landais et Lénica .*

128. Le délai raisonnable s'apprécie au cas par cas, compte tenu des circonstances. Par exemple, un changement de Gouvernement peut justifier un retard dans la prise des règlements. • CE 6 oct. 1995, *Assoc. nat. d'assistance aux frontières pour les étrangers,* n° 170527 : *Lebon 328 ; AJDA 1997. 916, obs. F. J.-L .* ♦ En revanche, des « réticences » des destinataires du texte ne justifient pas un retard. • CE 16 juin 2008, *Groupement des brocanteurs de Saleya,* n° 300696 : *AJDA 2008. 1972 .*

129. Les préjudices résultant du retard mis à prendre, au-delà du délai raisonnable, un décret nécessaire à l'application d'une loi ouvrent droit à réparation. • CE 27 juill. 2005, *Assoc. Bretagne Ateliers,* n° 261694 : *préc. note 127.*

130. Les mêmes principes sont mis en œuvre lorsque le texte réglementaire d'application (décret ou arrêté) est prévu par un autre texte réglementaire (décret). • CE 6 nov. 1991, *Synd. gén. services extérieurs du Min. Agriculture,* n° 93969 : *Lebon 378* • CE 9 févr. 2000, *Synd. nat. unitaire et indépendant des officiers de police : Lebon 41 .*

d. Entrée en vigueur des actes réglementaires

131. V. aussi notes ss. Const. 58, art. 10.

132. L'autorité administrative est tenue par sa propre réglementation lorsqu'elle prend des décisions tant individuelles. • CE 17 mai 1907, *Sté Philharmonique de Fumay : Lebon 478* • CE 12 juill. 1922, *Escourrons :* Lebon 601 • CE 20 nov. 1964, *Bolle : Lebon T. 821.* ♦ ... Que réglementaires. • CE, ass., 19 mai 1983, *Club sportif et familial de La Fève : Lebon 204 ; AJDA 1983. 426, concl. Genevois* • CE 15 mai 2000, *Territoire de Nouvelle-Calédonie,* n° 193725 : *Lebon 170 .*

1. Existence

133. Pour entrer en vigueur, il faut que l'acte réglementaire (ou législatif) existe, c'est-à-dire qu'il soit signé. • CE, sect., 27 janv. 1961, *Daunizeau*, n° 46910 : *préc. note 96* • CE, ass., 21 déc. 1990, *Conféd. nat. assoc. familiales catholiques*, n° 105743 : *Lebon 368, concl. Stirn ; AJDA 1991. 91, note C.M., F.D. et Y.A. ; RD publ. 1991. 525, note Auby ; D. 1991. 283, note Sabourin*. ♦ ... Sauf si, même signé, il est entaché d'une illégalité tellement grave qu'il ne peut être qu'inexistant. • CE 8 nov. 2000, *Muzi*, n° 209322 B.

134. Dès lors, il importe peu que le texte dont les règlements assurent l'application soit en vigueur au moment où ces décrets sont pris ; ils n'entreront eux-mêmes en vigueur qu'en même temps que le texte qu'ils appliquent. • CE 13 juill. 1913, *Synd. nat. des chemins de fer : Lebon 875* • CE 25 mars 1949, *Thibaud : Lebon 148* • CE, sect., 30 juill. 2003, *GEMTROT*, n° 237201 : *Lebon 346 ; Dr. adm. 2003, n° 162 ; AJDA 2003. 1813, chron. Donnat et Casas ; RFDA 2003. 1134, concl. Séners*. ♦ Un décret peut donc être publié au *Journal officiel* le même jour que la loi qu'il applique. • CE, sect., 27 janv. 1961, *Daunizeau*, n° 46910 : *préc. note 96*. ♦ V. cependant pour une combinaison entre l'entrée en vigueur d'un décret à sa date de publication et l'entrée en vigueur plus tardive de la loi qu'il applique : • CE 21 mars 2001, *Bénali*, n° 229596 : *Lebon 147*.

135. Dès qu'ils existent, les actes réglementaires, même s'ils ne sont pas publiés, sont susceptibles : de recours pour excès de pouvoir. • CE, sect., 26 juin 1959, *Synd. gén. ingénieurs-conseils*, n° 92099 : *Lebon 394 ; GAJA, 22e éd., n° 70 ; RD publ. 1959, concl. Fournier ; AJDA 1959. 153, chron. Combarnous et Galabert ; D. 1959. 541, note L'Huillier ; Rev. adm. 1959. 381, note Georgel ; S. 1959. 202, note Drago* • CE 7 déc. 1973, *Le Couteur et Sloan*, n° 80357 : *Lebon 704*. ♦ ... Ou d'abrogation. • CE, sect., 29 mars 2000, *Conféd. nat. des synd. dentaires*, n° 198264 : *Lebon 146 ; RD publ. 2001. 362, obs. Guettier ; RFDA 2000. 1021, concl. Fombeur*.

136. Sauf circonstances particulières soumises au contrôle du juge (V. « circonstances exceptionnelles »), une autorité administrative est tenue de publier dans un délai raisonnable les règlements qu'elle édicte. • CE 12 déc. 2003, *Synd. commissaires et hauts fonctionnaires de la police nationale*, n° 243430 : *Lebon 506 ; JCP Adm. 2004. 1134, note Rouault ; Dr. adm. 2004, n° 19 ; AJDA 2004. 442, note H. M. ; RFDA 2004. 186*. ♦ Faute de respecter ce délai raisonnable, le juge peut enjoindre à l'administration de publier le texte dans un délai qu'il fixe. • Même décision.

2. Mesures de publicité

137. Publication. Les textes réglementaires doivent être publiés au *Journal officiel* pour recevoir application. • CE 18 nov. 1966, *Laborde : Lebon 610, concl. Braibant ; Rev. adm. 1967. 140, concl. Braibant* • CE, ass., 20 mars 1974, *Bourges : Lebon 192 ; AJDA 1974. 382, concl. Guillaume* • CAA Lyon, 28 janv. 1997, *Stépanian : Lebon T. 663* • CE 27 juill. 2001, *Assoc. « Stiftung Jean Arp »*, n° 224032 : *Lebon 397 ; RFDA 2001. 1131*. ♦ Une autre forme de publicité n'est pas adéquate. • CE, ass., 12 avr. 1972, *Brier : Lebon 272, concl. Grévisse ; D. 1973. 228, note Delvolvé* • CE, sect., 25 janv. 1974, *Jean : Lebon 60 ; AJDA 1974. 195, chron. Franc et Boyon ; JCP 1974, n° 17713, note Liet-Veaux*. ♦ ... Y compris la notification aux personnes qu'il vise. • CE 19 févr. 1993, *Nainfa*, n° 106792 B.

138. Cependant, la publication dans le bulletin officiel d'un ministère peut être considérée comme suffisante dès lors que la règle concerne les agents de ce ministère qui, par la nature de leur fonction, sont conduits à consulter ce document. • CE, sect., 14 mars 1975, *Berland : Lebon 193*. ♦ Il faut cependant que seuls ces agents soient concernés. • CE, sect., 25 janv. 1974, *Jean : préc. note 137*. ♦ Elle sera indispensable lorsque le texte publié au *Journal officiel* renvoie à un complément publié au « bulletin » de tel ministère. L'entrée en vigueur du texte publié au *Journal officiel* ne pourra intervenir qu'une fois le complément publié au bulletin et, ce même pour les tiers. • CE 30 juill. 2003, *Sté Agrégés de l'Université*, n° 249770 B : *Dr. adm. 2003, n° 212, note R. S.*

139. Tant qu'un acte réglementaire n'est pas publié il est inapplicable. • CE, ass., 13 déc. 1957, *Barrot : Lebon 675* (en l'espèce pour une loi) • CE, ass., 12 avr. 1972, *Brier : préc. note 137* • CE, sect., 30 juill. 2003, *GEMTROT*, n° 237201 : *préc. note 134* • Soc. 10 oct. 2018, n° 17-10.248 P : *préc. note 115*. ♦ ... Un acte réglementaire non publié ne peut donc pas être invoqué par les administrés. • CE 18 nov. 1966, *Laborde : préc. note 137* • CE, sect., 25 janv. 1974, *Jean : préc. note 137* • CE 18 mai 2005, *Plancke*, n° 255945 : *AJDA 2005. 1534* • CE 28 déc. 2007, *Chatrah*, n° 275138 : *JCA 2008. 35*. ♦ Mais le refus de publier un acte réglementaire dans un délai raisonnable est une décision susceptible de recours. • CE 12 déc. 2003, *Synd. commissaires et hauts fonctionnaires de la police nationale*, n° 243430 : *préc. note 136*.

140. Les dispositions attaquées prévoyant la publication de certains actes administratifs sur un support exclusivement électronique se bornent à mettre en œuvre l'Ord. du 20 févr. 2004, ratifiée par la L. du 9 déc. 2004, qui n'a notamment pas prévu que la version imprimée du *Journal officiel* devait mentionner dans son sommaire analytique les intitulés des textes publiés uniquement sous forme électronique. • CE 9 nov. 2005, *Meyet,* n° 271713 : *AJDA 2005. 2010 ; RFDA 2006. 535, concl. Donnat .* ♦ Sur la valeur de la publication électronique, V. note 9 ss. Const. 58, art. 10.

141. En principe, le délai de recours pour excès de pouvoir contre un acte réglementaire court à compter du jour de la publication au *Journal officiel.* • CE 10 déc. 1982, *Ch. synd. centres agréés d'abattage et de conditionnement de produits de basse-cour : Lebon 414* • CE 3 mars 1995, *Memmi et Zimmermann : Lebon 120 .* ♦ Cependant, l'acte réglementaire même non publié est susceptible : de recours en excès de pouvoir dès sa signature. • CE, sect., 26 juin 1959, *Synd. gén. ingénieurs-conseils,* n° 92099 : *préc. note 135* • CE 7 déc. 1973, *Le Couteur et Sloan,* n° 80357 : *préc. note 135.* ♦ ... Ou d'abrogation. • CE, sect., 29 mars 2000, *Conféd. nat. des synd. dentaires,* n° 198264 : *préc. note 135.* ♦ Les règlements doivent être légaux compte tenu des règles de droit applicables au jour où ils ont été pris. • CE 9 juin 1951, *Lassus et Cottin : Lebon 518* • CE 6 mars 1989, *Sté bourse Buisson : Lebon 83 ; RFDA 1989. 627, concl. Guillaume* • CE, ass., 20 déc. 1995, *Collectif nat. Kiné-France : Lebon 441, concl. Maugüé .* ♦ En effet, le requérant doit toujours se placer à la date de la signature de l'acte réglementaire pour en contester la validité. • CE 9 juin 1951, *Lassus et Cottin,* n° 5767 : *Lebon 518* • CE, ass., 29 avr. 1994, *Assoc. « Unimat 64 » : Lebon 203 .*

142. Circonstances exceptionnelles. Des circonstances exceptionnelles peuvent justifier l'absence de publication. • CE 18 nov. 1966, *Laborde : préc. note 137* • CE, sect., 26 juill. 1935, *Dugas : Lebon 895 ; D. 1935. 529.* ♦ Si les circonstances rendent impossible la publication au *Journal officiel*, d'autres moyens de publicité sont possibles comme par exemple : l'affichage. • CE, ass., 5 avr. 1946, *Rouy : Lebon 107.* ♦ ... Ou la notification individuelle. • CE, sect., 30 mai 1947, *Le Marhadour : Lebon 224* • CE, sect., 16 avr. 1948, *Sté fr. d'entreprises et de travaux publics : Lebon 166.* ♦ ... Ou un communiqué de l'Agence France-Presse. • CE 24 févr. 1999, *Meyet : Lebon 32 ; RFDA 1999. 428 .*

143. Secret. Certains actes dont le contenu *intéresse la sûreté de l'État, la défense nationale* et la sécurité publique ne sont pas publiés. • CE, ass., 17 déc. 1976, *Férignac : Lebon 553, concl. Latournerie* ♦ Dès lors, ils ne sont applicables qu'à l'égard de ceux auxquels ils ont été personnellement notifiés. • CE 24 juin 2002, *Wolny,* n° 227983 B : *Dr. adm. 2002, n° 158, note D.P. ; JCP Adm. 2002. 1254, note Fuchs.*

3. Date d'entrée en vigueur

144. Principe. Selon les règles fixées par l'art. 1er C. civ., issu de l'Ord. du 20 févr. 2004, les règlements lorsqu'ils sont publiés au *Journal officiel* entrent en vigueur à la date qu'ils fixent ou, à défaut, le lendemain de leur publication. • CE 25 nov. 1966, *Sté J. Tardits,* n° 62974 B (sous le régime du Décr. du 5 nov. 1870 aujourd'hui abrogé) • CE 9 mars 2007, *Le Gars,* n° 290542 B : *JCP Adm. 2007. 289.* ♦ Cependant, le Gouvernement peut toujours prescrire explicitement que le règlement entrera en vigueur immédiatement, c'est-à-dire dès sa publication (même texte). Mais cette compétence ne peut être exercée par un ministre. • CE, sect., 19 juin 1959, *Cazes,* n° 90715 : *Lebon 372 ; AJDA 1959. 318 ; D. 1959. 370, concl. Braibant.*

145. Les mesures réglementaires d'application des lois ne peuvent être adoptées avant la promulgation de la loi dont elles font application. • CE 12 janv. 2005, *Congrès de la Nouvelle-Calédonie,* n° 255272 : *Lebon 15 ; Dr. adm. 2005. 90. 15.* ♦ En revanche il est possible de les adopter entre la promulgation et la publication. • CE 25 mars 1949, *Thibaud et a. : Lebon 148.*

146. A l'égard de l'administration, les règlements s'appliquent également à compter de la publication et non de la signature. • CE, sect., 31 déc. 1976, *Assoc. « Les amis de l'île de Groix » : Lebon 585 .*

147. Dès lors que l'acte est publié, nul n'est censé l'ignorer. • CE, sect., 19 juin 1959, *Cazes,* n° 90715 : *préc. note 144.*

148. Nécessité de mesures d'application. Par analogie avec les lois (V. note 115), tant que les mesures d'application indispensables à l'entrée en vigueur d'un règlement ne sont pas prises, celui-ci n'est pas rentré en vigueur. • CE, ass., 27 nov. 1964, *Vve Renard : préc. note 121.* ♦ Rappr. • CE 29 juin 2011, *Sté Cryo-Save France,* n° 343188 A : *préc. note 110.*

149. Date précisée. Les règlements peuvent déterminer eux-mêmes la date de leur entrée en vigueur, le plus souvent postérieure à leur publication au *Journal officiel.* • CE 25 juill. 1975, *Sté « Les éditions des mairies »,* n° 95849 B. ♦ L'application avant cette date du texte est dès lors irrégulière. • CE 10 déc. 2003, *De Iorio : Lebon T. 646 .* ♦ Ainsi lorsqu'un décret prévoit qu'un arrêté doit être publié « au moins quatorze mois avant leur entrée en vigueur », la publication de l'arrêté prévoyant leur entrée en vigueur avant ce délai est irrégulière et conduit à son annulation. • CE 10 avr. 2002, *Sté des Agrégés de l'Université,* n° 226352 B. ♦ Plus rarement, compte tenu de l'urgence et des circonstances, cette entrée en vigueur peut être immédiate, c'est-à-dire antérieurement à la publication. • CE, sect., 19 juin 1959, *Cazes,* n° 90715 : *préc. note 144* (sol. impl.) • CE 24 févr. 1999, *Meyet : préc. note 142.*

150. Interdiction de la rétroactivité. En principe, les autorités administratives ne peuvent fixer la date d'entrée en vigueur d'une disposition réglementaire à une date antérieure à celle de sa publication. • CE, ass., 25 juin 1948, *Sté Journal « L'Aurore » : Lebon 289 ; GAJA, 22e éd., n° 55 ; D. 1948. 437, note Waline ; S. 1948. 69, concl. Letourneur ; JCP 1948, n° 4427, note Mestre* • CE 16 juin 2008, n° 296578 A : *RFDA 2008. 839* . ♦ Il s'agit du reste d'un moyen d'ordre public. • CE, sect., 8 nov. 1968, *Menez : Lebon 557 ; AJDA 1969. 306* • CE, sect., 20 févr. 1971, *Mégard : Lebon 112 ; AJDA 1971. 359.*

V. pour d'autres décisions dans le même sens : .

151. Cependant, le législateur peut autoriser, fût-ce de manière implicite : • CE, sect., 12 janv. 1951, *Assoc. prof. des banques : Lebon 21 ; RD publ. 1951. 895, note Waline.* ♦ ... Le pouvoir réglementaire à prendre des dispositions rétroactives. • CE, ass., 30 déc. 1998, *Entr. Chagnaud SA,* n° 189315 B : *AJDA 1999. 96* • CE 6 oct. 2000, *Assoc. Défense des intermittents du spectacle,* n° 209238 B. ♦ V. déjà. • CE, ass., 16 mars 1956, *Garrigou : préc. note 150.* ♦ ... Y compris s'il s'agit d'appliquer une nouvelle réglementation à des contrats en cours. • CE 14 juin 1967, *Guri : Lebon T. 687* . ♦ Cependant, les dispositions législatives sont interprétées strictement. • CE, sect., 29 janv. 1971, *Emery : Lebon 80 ; AJDA 1971. 409, concl. Vught.* ♦ A l'inverse, sans intervention du législateur, les situations contractuelles restent régies par les lois et règlements en vigueur au moment de la signature du contrat. • CE 7 déc. 1973, *Le Couteur et Sloan,* n° 80357 : *préc. note 135.* ♦ La légalité d'un acte réglementaire rétroactif peut aussi trouver sa source dans une convention internationale. • CE, ass., 8 avr. 1987, *Propocio : Lebon 136 ; AJDA 1987. 472, concl. Schrameck.*

152. La rétroactivité des règlements est possible, même sans intervention du législateur, si l'acte vise : à combler un vide juridique. • CE 7 févr. 1979, *Assoc. professeurs agrégés des disciplines artistiques : Lebon 41* ; *RD publ. 1980. 523, note Waline.* ♦ ... A régulariser des mesures antérieures. • CE, sect., 1er juill. 2016, *Cne d'Émerainville,* n° 363047 A (concl. Daumas) : *AJDA 2016.1859, chron. Dutheillet de Lamothe et Odinet ; RFDA 2017. 289, concl. Daumas* . ♦ ... A tirer les conséquences d'une annulation. • CE 26 déc. 1925, *Rodière : Lebon 1065 ; RD publ. 1926. 32, concl. Cahen-Salvador ; S. 1925. 49, note Hauriou ; GAJA, 22e éd., n° 38.* ♦ ... Vient s'ajouter à un acte antérieur dont il conditionne l'application. • CE, ass., 8 juin 1979, *Conf. gén. planteurs de betteraves,* n° 04188 A • CE 9 déc. 1994, n° 149545 B • 1er oct. 2018, n° 413681 B.

153. Il en va de même pour mettre en œuvre un règlement communautaire, dès lors que le gouvernement ayant fait savoir avant leur entrée en vigueur rétroactive, qu'il prenait les mesures pour appliquer ce règlement, les personnes prudentes et avisées ont été mises en mesure d'en prévoir la mise en œuvre. • CE, ass., 11 juill. 2001, *FNSEA,* n° 219494 A : *RFDA 2002. 33, concl. Séners et note Dubouis* .

154. Enfin, le principe de non-rétroactivité ne fait pas obstacle à l'application des nouveaux textes : aux contrats en cours. • CE 6 oct. 2008, *Cie architectes en chef monuments historiques,* n° 310146 : *préc. note 103.* ♦ ... Aux situations juridiques non contractuelles qui ne sont pas définitives. • CE 29 juill. 1994, *Féd. professeurs résidant à l'étranger : Lebon 773* ; *Dr. adm. 1994, n° 503, obs. D. K. (a contrario).* ♦ ... Il peut s'agir par exemple de : la modification de la réglementation des examens en cours de scolarité des étudiants. • CE, sect., 13 févr. 1970, *Vigan : Lebon 110 ; RD publ. 1970. 402, concl. Théry ; AJDA 1970. 164, note de Laubadère ; JCP 1970. 16350, note Chevallier* • CE 18 févr. 1994, *Assoc. gén. étudiants en sc. politiques : Dr. adm. 1994. n° 206, obs. R.S.* ♦ ... L'allongement d'un cycle de formation applicable aux élèves engagés dans ce cycle. • CE, sect., 19 déc. 1980, *Revillod : Lebon 479* ; *D. 1981. 398, concl. Genevois ; Quot. jur. 17 déc. 1981, note Moderne.* ♦ ... La limitation de la durée de validité d'un certificat de fin de stage. • CE, ass., 17 déc. 1993, *Chevalier : Lebon 367* . ♦ ... La fin de la possibilité ouverte aux personnes inscrites sur une liste de qualification de se présenter pendant quatre ans à un concours de recrutement. • CE 17 oct. 1977, *Doujon : Lebon 366.* ♦ De même, le texte réglementaire fixant une nouvelle procédure s'applique au texte en cours d'élaboration. • CE, sect., 19 déc. 1980, *Assoc. Protection de la nature de la région de Damgan : Lebon 487 ; D. 1981. 398, concl. Genevois.*

155. S'agissant des actes administratifs publiés au *Journal officiel* sans que cette publication soit obligatoire, ils doivent respecter les règles applicables aux actes obligatoirement publiés au *JO.* A défaut de disposition spéciale adoptée par le Gouvernement et justifiée par l'urgence, ils ne peuvent entrer en vigueur le jour même. • CE 19 juill. 2017, n° 399174 : *Lebon ; AJDA 2017. 1528* ; *JCP Adm. 2017. 531.*

e. Sortie de vigueur des actes réglementaires

BIBL. Moreau, De l'abrogation implicite en droit public français, *JCP Adm. 2005, n° 1339.* – Saisons-Demars, L'office du juge administratif face au temps, *Dr. adm. 2012. 4.* – Mamoudy,

D'AC ! à M6 en passant par Danthony, 10 ans d'application de la jurisprudence AC !, bilan et perspectives, *AJDA 2014. 501*.

156. L'acte réglementaire reste en vigueur tant qu'il n'est ni abrogé, ni annulé. Dès lors, l'acte reste en vigueur même si l'autorité compétente pour le prendre change tant que la nouvelle autorité n'estime pas nécessaire de le changer. • CE 23 juin 2000, *Min. Équip., Transports, Logement,* n° 201780 : *Lebon 239*.

157. Abrogation. L'auteur de l'acte réglementaire ou l'autorité qui, à la date de l'abrogation serait compétente pour prendre l'acte peut abroger l'acte qui est alors inapplicable à l'avenir ; l'abrogation peut être expresse ou tacite. • CE 25 juin 1954, *Synd. nat. meunerie à seigle : Lebon 379 ; D. 1955. 49, concl. Donnedieu de Vabres* • CE, sect., 30 sept. 2005, *Ilouane,* n° 280605 : *Lebon 402*. ♦ Encore faut-il que le champ d'application des textes soit bien le même. • CE 5 nov. 2001, *Sté Agrégés de l'Université,* n° 224380 : *Lebon 537* ; *RFDA 2002. 163*. ♦ Il appartient donc au juge de déterminer si, en fonction des actes en cause, le plus récent a effectivement abrogé, même implicitement, le plus ancien. • CE 24 juin 2002, *Wolny,* n° 227983 B. ♦ Un recours contre le refus d'abroger un acte réglementaire devient sans objet si l'administration abroge l'acte avant que le juge n'ait statué. • CE 30 déc. 2002, *Conf. nat. synd. dentaires,* n° 238032 B. ♦ ... Et ce quand bien même l'acte abrogé aurait reçu exécution pendant la période où il était en vigueur. • CE 30 mai 2005, *Afors Télécom,* n° 250516 : *AJDA 2005. 1700*. ♦ Une fois abrogé, un acte ne peut plus recevoir application. • CE 2 févr. 2004, *Épx Abdallah,* n° 260100 : *Lebon 16*.

158. L'adoption d'une loi peut abroger implicitement un règlement qui serait contraire à la nouvelle législation. • CE 4 nov. 1998, *Gernigon,* n° 184051 B • CAA Paris, 9 juin 2006, *Assoc. « Congrégation du Vajra triomphant »,* n° 04PA01642 : *Lebon 601*. ♦ Ces règlements ne peuvent donc plus recevoir application à compter de l'entrée en vigueur de la nouvelle loi. • CE, sect. avis cont., 23 avr. 1997, *Sté Nouvelle Entreprise Henry : Lebon 153*. ♦ En revanche, les règlements d'application d'une loi peuvent survivre à la disparition de la loi s'ils ne sont pas remplacés et qu'ils sont conciliables avec la nouvelle législation. • CE, sect., 12 mars 1971, *SARL Schering France : Lebon 212.* ♦ V. déjà. • CE 11 févr. 1907, *Jacquin : Lebon 152* • CE, ass., 16 avr. 1943, *Lanquetot : Lebon 100.* ♦ *Lorsque, sans pour* autant rendre par elles-mêmes inapplicables des dispositions réglementaires incompatibles avec elle, une loi crée une situation juridique nouvelle, il appartient à l'autorité investie du pouvoir réglementaire, afin d'assurer la pleine application de la loi, de tirer toutes les conséquences de cette situation nouvelle en apportant, dans un délai raisonnable, les modifications à la réglementation applicable. • CE 5 avr. 2006, *Synd. nat. officiers de la marine marchande,* n° 235776 : *Lebon 184*.

159. L'abrogation d'un texte ou d'une disposition ayant procédé à l'abrogation ou à la modification d'un texte ou d'une disposition antérieure n'est pas, par elle-même, de nature à faire revivre le premier texte dans sa version initiale, une telle remise en vigueur ne pouvant intervenir que si l'autorité compétente le prévoit expressément. • CE 28 oct. 2009, *Coop. agricole L'Armorique maraîchère,* n° 306708 : *Lebon 405* ; *Dr. adm. 2009, n° 166.*

160. Annulation. Conséquence d'une illégalité de l'acte (V. notes 218 s.), l'annulation d'un acte administratif (et donc réglementaire) conduit, en principe, à ce qu'il soit réputé n'être jamais intervenu ; il est annulé *ab initio.* • CE 25 déc. 1925, *Rodière : préc. note 152.* ♦ Il n'est dès lors plus possible à l'administration de fonder ses décisions sur l'acte réglementaire annulé, le juge soulevant d'office le moyen. • CE 22 mars 1961, *Simonet : Lebon 211.* ♦ ... De même que les tiers ne peuvent plus s'en prévaloir. • CE 9 déc. 1949, *Union propriété bâtie : Lebon 544.* ♦ Une fois l'illégalité prononcée par le juge administratif, fût-ce à l'occasion d'une autre instance, elle s'impose au juge civil qui ne peut plus faire application du texte illégal. • Civ. 3e, 17 déc. 2003, *Fantou : Dr. adm. 2004. 32.* ♦ Cette rétroactivité affecte la validité d'une clause contractuelle fondée sur le règlement annulé. • Civ. 1re, 2 juin 2004, *Sté Azur Assurance SA,* n° 01-17.354.

161. Toutefois, si cet effet rétroactif est de nature à emporter des conséquences manifestement excessives, le juge peut, après avoir recueilli les observations des parties et avoir examiné l'ensemble des moyens, d'ordre public ou invoqués devant lui, pouvant affecter la légalité de l'acte en cause, déterminer à quelle date l'annulation prendra effet. • CE, ass., 11 mai 2004, *Assoc. AC !,* n° 255886 A : *GAJA, 22e éd., n° 103 ; AJDA 2004. 1049, obs. Bonichot* ; *ibid. 1183, chron. Landais et Lénica* ; *Dr. adm. 2004, n° 115, note Lombard ; ibid. n° 15, chron. Dubos et Melleray ; Stahl et Courrèges, « Note du 21 mars 2004 à l'attention de M. le Président de la Section du contentieux », RFDA 2004. 438* ; *ibid. 454, concl. Devys* ; *AJDA 2014. 116, note Schoettl* • CE 22 déc. 2017, n° 410561 B : *AJDA 2018. 11*.

V. pour d'autres décisions dans le même sens :.

162. Le juge administratif peut également différer les effets d'un revirement de jurisprudence. • CE, ass., 16 juill. 2007, *Sté Tropic travaux signalisation,* n° 291545 A (concl. Casas) : *AJDA 2007. 1577, chron. Lénica et*

Boucher ; *ibid. 1497, tribune Braconnier* ; *ibid. 1777, tribune Woehrling* ; *D. 2007. 2500, note Capitant* ; *RDI 2007. 429, obs. Dreyfus* ; *ibid. 2008. 42, obs. Noguellou* ; *ibid. 2009. 246, obs. Noguellou* ; *RFDA 2007. 696, concl. Casas* ; *ibid. 917, étude Moderne* ; *ibid. 923, note Pouyaud* ; *ibid. 935, étude Canedo-Paris* ; *RTD civ. 2007. 531, obs. Deumier* ; *RTD eur. 2008. 835, chron. Ritleng, Bouveresse et Kovar* ; *JCP Adm. 2007. 2221, note Rouault* ; *ibid. 2212, note Linditch* ; *ibid. 2227, note Seiller* ; *Dr. adm. 2007. 7, note Auby* ; *ibid. 142, note Cossalter.* ♦ V. notes ss. DDH, art. 16.

163. Dès lors qu'un règlement a été annulé pour illégalité, l'autorité de la chose jugée qui s'attache à cette décision impose que soient annulées les instructions et notes de service qui faisaient application de cet acte réglementaire. • CE 28 déc. 2001, *Synd. CNT des PTE de Paris,* n° 205369 : *RFDA 2002. 177* ; *AJDA 2002. 542, note Seillier* . ♦ De même, la violation par l'administration de la chose jugée constitue un excès de pouvoir. • CE 8 mars 1972, *Thfoin* : *Lebon 190.* ♦ ... Que le juge qualifie parfois de détournement de pouvoir. • CE 3 févr. 1978, *Min. Agriculture* : *AJDA 1978. 391.* ♦ Rappr. s'agissant d'une décision individuelle, le juge assimilant la violation de la chose jugée à la violation de la loi. • CE 8 juill. 1904, *Botta* : *Lebon 557, concl. Romieu* ; *S. 1905. 81, note Hauriou.*

164. L'annulation peut n'être que partielle (annulation « en tant que »). • CE, ass., 20 nov. 1981, *Assoc. protection de la vallée de l'Ubaye* : *Lebon 430* ; *AJDA 1981. 259, concl. Genevois et chron. Feffer et Pinault.* ♦ ... Lorsqu'il n'existe pas entre les différentes dispositions de l'acte un lien indivisible. • CE 28 janv. 1959, *Féd. nat. organismes de sécurité sociale* : *Lebon 82* • CE 5 mars 2003, *Titran,* n° 241325 : *Lebon 113* ; *RFDA 2003. 626* ; *AJDA 2003. 1008, note Damarey* .

165. Le juge peut également préciser, par les motifs qui sont le soutien nécessaire du dispositif, les conséquences que l'administration doit tirer de l'annulation et au besoin lui enjoindre d'avoir telle attitude. • CE, ass., 29 juin 2001, *Vassilikiotis,* n° 213229 : *préc. note 125* • CE 5 mars 2003, *Titran,* n° 241325 : *préc. note 164* • CE 11 janv. 2006, *Assoc. familles victimes du saturnisme,* n° 267251 : *Lebon 11* ; *AJDA 2006. 116 étude Dieu* . ♦ Rappr. pour des annulations de refus d'abroger des actes illégaux. • CE 27 juill. 2001, *Titran,* n° 222509 : *Lebon 411* ; *AJDA 2001. 1046, chron. Guyomar et Collin* .

166. Conséquences potentielles de l'annulation. L'annulation d'un acte réglementaire n'a pas à faire l'objet d'une publication au *Journal officiel*. • CE 30 déc. 2002, *Guy et Randon,* n° 243743 B. ♦ L'illégalité d'un acte réglementaire peut entraîner la mise en jeu de la responsabilité de l'État même si, compte tenu des motifs d'annulation, les autorités compétentes auraient pu prendre la même décision au fond de manière légale. • CE 3 mai 2004, *Devillers,* n° 258399 B • CAA Lyon, 28 nov. 2006, *Cne de Villeurbanne,* n° 06LY00783 : *AJDA 2207. 149, concl. Besle* • CE, avis, 6 avr. 2007, *Cne de Poitiers,* n° 299825 B : *AJDA 2007. 2377, note Salcedo* • CE 14 sept. 2007, *Cne de Villeurbanne,* n° 299720 B : *AJDA 2007. 2377, note Salcedo* (dans le cas d'une charge imposée illégalement aux communes). ♦ L'illégalité résultant de la méconnaissance du droit communautaire ouvre également droit à indemnisation. • CAA Paris, 11 juill. 2007, *Sté Auroy,* n° 06PA01656 : *JCP Adm. 2008. 2143, chron. Bouleau et Grohin.* ♦ Cependant, dès lors que l'acte réglementaire est annulé pour incompétence (V. notes 235 s.) mais que ses dispositions sont justifiées au fond, son annulation n'ouvre pas droit à indemnité. • CAA Douai, 23 juill. 2003, *Sté Cape Socap* : *AJDA 2003. 2336* .

2° OBLIGATION DE MISE EN ŒUVRE

BIBL. Breton, L'obligation pour l'administration d'exercer son pouvoir réglementaire d'exécution des lois, *RD publ. 1993. 1749.* – Hanicotte, Le juge face au retard des textes d'application des lois, *RD publ. 1986. 1167.* – Seiller, Précisions sur l'obligation d'exercer le pouvoir réglementaire, *AJDA 2004. 761* . – de Béchillon, À propos de l'obligation faite au Gouvernement de prendre des règlements d'exécution des lois, *AJDA 2009. 686* .

167. Principes. Le refus de prendre ou de modifier un acte réglementaire est un acte réglementaire quand bien même ce refus émanerait d'une autorité incompétente pour prendre ou modifier l'acte en question. • CE 3 juill. 2000, *Sté civile auteurs réalisateurs producteurs,* n° 218358 : *préc. note 62* • CE 27 mars 2000, *Synd. travailleurs des transports SUD,* n° 205503 B. ♦ Il n'a cependant pas à être pris par décret mais peut résulter de la décision du ministre sur le rapport duquel aurait été pris le décret dont l'intervention est sollicitée. • CE 4 févr. 2005, *Temaru,* n° 273727 : *Lebon 26* . ♦ Un recours dirigé contre une décision par laquelle il a été refusé de modifier ou de compléter un décret, que ce décret présente ou non un caractère réglementaire, est en réalité dirigé contre le décret et relève, en conséquence, de la compétence de premier ressort du Conseil d'État. • CE 26 nov. 2012, *Gaye,* n° 356105 : *Lebon 389* ; *AJDA 2012. 2248* ; *D. 2013. 324, obs. Boskovic, Corneloup, Jault-Seseke, Joubert et Parrot* ; *JCP Adm. 2012. 846.*

168. L'autorité compétente doit prendre les

décrets nécessaires à la mise en œuvre de la loi et le refus implicite d'y procéder est illégal. • CE, ass., 7 juill. 2004, *Danthony,* n° 250688 : *préc. note 102.* • CE 7 mars 2008, *Féd. nat. mines et énergie,* n° 298138 : *préc. note 110 (a contrario).* ♦ L'exercice du pouvoir réglementaire comporte non seulement le droit, mais aussi l'obligation de prendre dans un délai raisonnable les mesures qu'implique nécessairement l'application de la loi, hors le cas où le respect des engagements internationaux de la France y ferait obstacle. • CE 14 mars 2016, n° 391418 : *AJDA 2016. 1047*. ♦ Néanmoins, le recours contre ce refus doit émaner d'une personne ayant un intérêt à agir, ce qui n'est pas le cas d'un parlementaire. • CE 23 nov. 2011, *Masson,* n° 341258 : *préc. note 110.*

169. Le refus explicite ou implicite (au-delà du délai raisonnable : V. note 125) de prendre les règlements d'application est annulé par le Conseil d'État. • CE 13 juill. 1962, *Kevers-Pascalis : préc. note 125* • CE 27 juill. 2001, *SGEN CFDT,* n° 208167 : *Lebon 419* • CE 20 mars 2015, *Conseil nat. ordre des infirmiers,* n° 374582 : *AJDA 201. 966.* ♦ ... Et ouvre droit à indemnité. • CE, ass., 27 nov. 1964, *Vve Renard : Lebon 590, concl. Galmot ; AJDA 1964. 678, chron. Puybasset et Puissochet ; D. 1965. 632, note Auby ; RD publ. 1965. 716* • CE, sect., 10 mars 1967, *Sté Les Ardoisières d'Angers : Lebon 116 ; AJDA 1967. 399, chron. Massot et Dewost* • CE 9 avr. 1993, *Sté auteurs des arts visuels,* n° 122623 : *Lebon 107 ; D. 1994. 59, obs. Bon et Terneyre ; RTD com. 1993. 511, obs. Françon* • CE 29 nov. 1999, *Polyclinique des Alpilles : Lebon 369 ; D. 2000. 253, obs. Bon et de Béchillon*. • CE 30 déc. 2009, *Dpt de Seine-Saint-Denis,* n° 325824 B : *JCP Adm. 2010. 37.* ♦ ... Ou à tout le moins au remboursement des frais non compris dans les dépens. • CE 27 juill. 2001, *SGEN CFDT,* n° 208167 : *préc.* ♦ Rappr. sur l'obligation de modifier la réglementation : • CE 5 avr. 2006, *Synd. nat. officiers de la marine marchande,* n° 235776 : *préc. note 158.*

170. Le refus de prendre, de modifier ou d'abroger un acte réglementaire ne pouvant être regardé comme purement confirmatif d'un refus antérieurement opposé à une demande tendant aux mêmes fins, il suit de là que la fin de non-recevoir tirée de ce que le caractère prétendument définitif d'un refus d'abrogation de la recommandation litigieuse, antérieurement opposé, ferait obstacle à ce que la nouvelle décision puisse être contestée au contentieux ne peut qu'être écartée. • CE 27 avr. 2011, *Assoc. pour une formation médicale indépendante,* n° 334396 : *préc. note 63.*

171. L'intervention du décret d'application d'une loi prive d'objet le recours en excès de pouvoir dirigé contre le refus de prendre ce décret mais non la demande de réparation du préjudice éventuellement subi. • CE 27 juill. 2005, *Assoc. Bretagne Ateliers,* n° 261694 : *préc. note 127.* ♦ De même, lorsque les décrets prévus par le texte ne sont pas indispensables à son application, le refus de les prendre n'est pas annulé par le juge. • CE 7 mars 2008, *Féd. nat. mines et énergie,* n° 298138 : *préc. note 110.*

172. Effet. L'annulation par le juge du refus de prendre les dispositions réglementaires nécessaires implique nécessairement l'obligation d'édicter ces mesures, ce qui permet au juge d'enjoindre à prendre ces mesures dans un délai fixé assorti ou non d'une astreinte. • CE, ass., 7 juill. 2004, *Danthony : préc. note 102* • CE 30 déc. 2009, *Dpt de Seine-Saint-Denis,* n° 325824 : *préc. note 169* • CE 28 mars 2018, n° 408974 : *préc. note 125.* ♦ ... Injonction qui peut éventuellement exiger que l'acte ait un effet rétroactif. • CE, ass., 28 mars 1997, *Union nat. assoc. familiales : Lebon 124 ; LPA 4 août 1997, p. 13 ; Dr. adm. 1997. 328* • CE 14 mars 2003, *Migaud,* n° 251935.

173. Il en va de même du refus de prendre les décisions nécessaires à satisfaire aux objectifs d'une directive communautaire. • CE, sect., 3 déc. 1999, *Assoc. ornithologique et mammalogique de Saône-et-Loire et Assoc. France-Nature Environnement : Lebon 380, concl. Lamy ; RFDA 2000. 409, note Dubouis ; ibid. 664, notes Favoreu, B.G., de Béchillon, Carcassonne ; AJDA 2000. 120, chron. Guyomar et Collin ; D. 2000. 272, note Toulemonde ; RD publ. 2000. 1, obs. Camby ; ibid. 289, note Cassia et Saulnier ; JCP 2000. 10319, note Evain ; Rev. adm. 2000. 359, note Favre ; Rev. Marché commun 2000. 533, note Chaltiel ; LPA 11 févr. 2000, note Romi ; ibid. 7 mars 2000, note Roblot ; JCP 2000. 1543, chron. Boiteau ; GAJA, 18e éd., n° 103* • CE 10 déc. 2010, *La Cimade et a.,* n° 326704 : *AJDA 2010. 2400*.

174. L'annulation est souvent assortie d'une injonction (CJA, art. L. 911-4). • CE 26 juill. 1996, *Assoc. lyonnaise protection des locataires,* n° 160515 A (concl. Maugüé) • CE 28 avr. 2006, *Dellas,* n° 242727 : *AJDA 2006. 1462 ; RJS 2006. 564, concl. Devys ; RDSS 2006. 722, note Boulmier*. ♦ En effet, lorsque l'exécution d'un jugement ou d'un arrêt implique normalement, eu égard aux motifs de ce jugement ou de cet arrêt, une mesure dans un sens déterminé, il appartient au juge, saisi de conclusions sur le fondement des dispositions précitées, de statuer sur ces conclusions, en tenant compte, le cas échéant après une mesure d'instruction, de la situation de droit et de fait existant à la date de sa décision ; si, au vu de cette situation de droit et de fait, il apparaît toujours que l'exécution du jugement ou de l'arrêt implique nécessairement une mesure d'exécution, il incombe au juge de la prescrire à l'autorité compétente. • CE, sect. avis, 30 nov. 1998, Berrad, n° 188350 A : *D. 1999. 20* ; *RFDA 1999. 511, concl. Lamy* ; *ibid. 520, note Guettier* ; *Rev. crit. DIP 1999. 504, note Guimezanes*. ♦ V. également les affaires mentionnées note 175.

175. L'injonction est également souvent assortie d'une astreinte. • CE 28 juill. 2000, *Assoc. France Nature Environnement : préc. note 125* ♦ L'astreinte prononcée sera liquidée au besoin. • CE 6 janv. 1995, *Soulat*, n° 144575 A : *AJDA 1995. 157, chron. Touvet et Stahl*. ♦

V. pour d'autres décisions dans le même sens : .

176. Le juge s'assure, pour prononcer l'injonction, que l'administration devait bien prendre d'autres mesures que celles qu'elle a mises en œuvre. • CE 19 juill. 2017, n° 402472 A : *AJDA 2017. 1477* ; *ibid. 2012, concl. Domino* ; *D. 2017. 1605, obs. Vialla* ; *ibid. 2018. 765, obs. Galloux et Gaumont-Prat* ; *AJ fam. 2017. 435, obs. Dionisi-Peyrusse*. ♦ Malgré l'annulation du refus de prendre la mesure réglementaire, l'injonction ne se justifie plus dès lors que la mesure a été prise au moment où le juge statue. • CE 27 juill. 2001, *SGEN CFDT*, n° 208167 : *préc. note 169.*

177. Intérêt à agir. Encore faut-il que le requérant ayant demandé au Premier ministre de prendre les décrets nécessaires ait un intérêt à agir pour pouvoir saisir le juge de l'illégalité du refus. Tel n'est pas le cas d'un requérant qui agirait simplement en tant que parlementaire. • CE 23 nov. 2011, *Masson*, n° 341258 : *préc. note 110.*

178. Exceptions. L'obligation de prendre les règlements d'application ne s'applique toutefois pas lorsque le respect des engagements internationaux de la France y fait obstacle. • CE 24 févr. 1999, *Assoc. patients de la médecine anthroposophique*, n° 195354 : *Lebon 29* ; *AJDA 1999. 823, note Ricci* ; *Dr. adm. 1999, n° 227, obs. J.-C. B.* ; *RFDA 1999. 437* • CE 28 juill. 2000, *Assoc. France Nature Environnement : préc. note 125* • CE 16 juill. 2008, *Masson*, n° 300458 : *RFDA 2008. 1093* . ♦ Ainsi, la responsabilité de l'État n'est pas engagée par l'absence d'édiction d'un décret d'application lorsque la Commission européenne, par un avis motivé même sans effet obligatoire, a contesté la compatibilité de la loi en cause avec le droit de l'Union. • CE 22 oct. 2014, *Sté M6*, n° 361464 : *préc. note 115.*

3° OBLIGATION D'ABROGATION DES RÈGLEMENTS ILLÉGAUX

BIBL. Claeys, L'obligation de ne pas appliquer un règlement illégal, *Dr. adm. 2009. ét. n° 17.*

179. Il est fait interdiction d'appliquer un règlement illégal. • CE 6 nov. 1968, *SA Olida : Lebon 550* • CE 8 nov. 1968, *Menez : préc. note 150* • CE, avis cont., 9 mai 2005, *Marangio*, n° 277280 : *JCP Adm. 2005. 1253, note Billet* ; *RFDA 2005. 1024, concl. Glaser* ; *Dr. adm. 2005. 111, comm. Auby* ; *Dr. adm. 2009. Étude 17, note Claeys.* ♦ L'autorité administrative a donc l'obligation d'abroger les règlements illégaux, y compris si ces règlements sont anciens et pris dans le cadre d'une habilitation. • CE, ass., 20 déc. 1995, *Vedel et Jannot : Lebon 440* ; *RFDA 1996. 313, concl. Delarue* ; *AJDA 1996. 124 chron. Stahl et Chauvaux* ; *CJEG 1996. 215, concl. Delarue* ; *LPA 26 juill. 1996. 25, note Rouvillois* ; *EDCE 1996, n° 47. 360.* ♦ ... Sauf si la loi l'interdit. • CE 15 avr. 1988, *Sté civile « Le Tahiti » : Lebon 140* . ♦ ... Et sauf si l'illégalité du règlement a cessé, en raison d'un changement de circonstances, à la date à laquelle elle se prononce. • CE 10 oct. 2013, *Féd. fr. gymnastique*, n° 359219 § 1 : *Lebon 251* ; *AJDA 2013. 1999* ; *Dr. adm. 2014. 23, note Mauger* ; *JCP Adm. 2014. 2166, note Baumard.*

180. L'autorité compétente est en principe celle qui a adopté l'acte sauf si, entre-temps, le titulaire de la compétence a changé. • CE, sect., 16 sept. 2005, *Houane*, n° 280605 : *Dr. adm. 2005. 131.*

181. L'autorité saisie, quel que soit le moment, d'une demande tendant à l'abrogation d'un règlement illégal est tenue d'y déférer, soit : que ce règlement ait été illégal dès la date de sa signature. • CE, ass., 3 févr. 1989, *Cie Alitalia : Lebon 44* ; *GAJA, 22ᵉ éd., n° 83* ; *AJDA 1989. 387, note Fouquet* ; *RFDA 1989. 391, concl. Chahid-Nouraï, note Beaud* ; *AJDA 2014. 99, note Guyomar et Collin* • CE 6 sept. 2006, *Union des familles en Europe*, n° 277752 A : *JCP Adm. 2006. 1224, note Jean-Pierre (a contrario).* ♦ ... Que l'illégalité résulte de circonstances de droit postérieures à cette date. • CE 6 oct. 1999, n° 196556 B (loi servant de base au règlement abrogée par une loi postérieure) • CE 3 sept. 2007, n° 293283 B : *AJDA 2007. 1679* ; *JCP Adm. 2007. 840* (loi servant de base au règlement modifiée par une loi postérieure). ♦ ... Ou que l'illégalité résulte de circonstances de fait postérieures à cette date. • CE, sect. 10 janv. 1930, *Despujol : Lebon 30* ; *D. 1930. 3. 16, note P.L.J.* ; *S. 1930. 341, note Alibert* ; *GAJA, 22ᵉ éd., n° 39* • CE 15 mars 1999, *Deroide*, n° 192130 B (*a contrario*).

V. pour d'autres décisions dans le même sens : .

182. De même, lorsqu'elle est saisie d'une demande tendant à la réformation du règlement illégal, l'autorité compétente est tenue d'y substituer des dispositions de nature à mettre fin à cette illégalité. • CE 31 mars 2017, *FGTE-CFDT*, n° 393190 B : *AJDA 2017. 713* ;

Dr. soc. 2017. 673, concl. Dieu ; *Dr. adm. 2017. 37, note Éveillard.*

183. Ces obligations ne valent pas lorsque des dispositions législatives nouvelles font cesser l'illégalité. • CE 20 mars 2017, *Sect. fr. de l'OIP,* n° 395126 B : *AJDA 2017. 655* ; *JCP Adm. 2017. 236.* ♦ Elles ne valent pas non plus pour une demande de substitution, quand il est impossible de déterminer quelles dispositions pourraient satisfaire au principe de légalité. • CE 31 mars 2017, *FGTE-CFDT,* n° 393190 : *préc. note 182.*

184. Il découle des principes énoncés ci-dessus que, lorsqu'il apparaît que les dispositions réglementaires prises sous la forme législative sont contraires à des conventions internationales, le Premier ministre doit, dans un délai raisonnable, engager la procédure de déclassement prévue à l'art. 37, al. 2, Const. pour pouvoir les abroger. • CE, sect., 3 déc. 1999, *Assoc. ornithologique et mammalogique de Saône-et-Loire et Rassemblement des opposants à la chasse : Lebon 379, concl. Lamy* ; *RFDA 2000. 409, note Dubouis* ; *ibid. 2000. 664, notes Favoreu, B.G., de Béchillon, Carcassonne* ; *AJDA 2000. 120, chron. Guyomar et Collin* ; *D. 2000. 272, note Toulemonde* ; *RD publ. 2000. 1, obs. Camby ; ibid. 289, note Cassia et Saulnier ; JCP 2000. 10319, note Evain ; Rev. adm. 2000. 359, note Favre ; Rev. Marché commun 2000. 533, note Chaltiel ; LPA 11 févr. 2000, note Romi ; ibid. 7 mars 2000, note Roblot ; GAJA, 18e éd., n° 103.* ♦ V. pour une déclaration d'utilité publique : • CE 11 janv. 2008, *Ville de Nîmes,* n° 298388 : *JCP Adm. 2008. 66.*

185. Lorsque, postérieurement à l'introduction d'une requête dirigée contre un refus d'abroger des dispositions à caractère réglementaire, l'autorité qui a pris le règlement litigieux procède à son abrogation expresse ou implicite, le litige né de ce refus d'abroger perd son objet. • CE 24 janv. 2007, *GISTI,* n° 243976 : *Lebon 17* . ♦ Il en va de même lorsque le juge parvient à démontrer que le texte est en fait implicitement abrogé. • CE 10 oct. 2012, *SNC Alain Foulon,* n° 353186 B : *AJDA 2012. 2217, concl. Botteghi* . ♦ Il en va encore ainsi lorsque les dispositions dont l'abrogation est demandée sont désormais dépourvues d'effet, comme par exemple lorsqu'il s'agit d'une circulaire interprétant des dispositions législatives modifiées depuis. • CE 12 nov. 2014, *Féd. hosp. Privée – Médecine, chirurgie, obstétrique,* n° 360264 : *AJDA 2015. 166, concl. Vialettes* ; *ibid. 2014. 2222* ; *JCP Adm. 2014. 921 ; Dr. adm. 2015. 17, note Ferrari.*

186. Il en va toutefois différemment lorsque cette même autorité reprend, dans un nouveau règlement, les dispositions qu'elle abroge, sans les modifier ou en ne leur apportant que des modifications de pure forme. • CE, sect., 5 oct. 2007, *Ordre des avocats au barreau d'Évreux,* n° 282321 : *Lebon 411* ; *AJDA 2008. 644, note Houillon* ; *ibid. 2007. 1900* ; *D. 2007. 2739* ; *RFDA 2007. 1305 ; JCP Adm. 2007. 918 ; Dr. adm. 2007. 164, note Melleray.* • CE 12 juill. 2013, *Théron,* n° 338803 : *AJDA 2013. 1484* ; *JCP Adm. 2013. 646.* ♦ De même, si les dispositions sont simplement modifiées, il y a lieu pour le juge de statuer sur la requête en examinant les textes tels qu'ils ont été modifiés. • CE 24 janv. 2007, *GISTI,* n° 243976 : *préc. note 185.*

187. La loi n° 2007-1787 du 20 déc. 2007 reprend cette obligation et l'étend aux dispositions sans objet. Sont « sans objet » des dispositions redondantes ou frappées d'obsolescence. • CE 13 juill. 2006, *France Nature Environnement,* n° 286711 : *Lebon 337* ; *AJDA 2006. 2119, concl. Guyomar* ; *Dr. adm. 2006. 161 ; Dr. env. 2006. 331, note Le Briero.*

188. Ne constituent pas un changement de circonstance de droit susceptible d'affecter la légalité d'un règlement : l'édiction d'une loi prévoyant que les règlements intervenant dans cette matière seraient désormais pris après consultation préalable d'un organisme, la légalité du règlement s'appréciant à la date de son édiction. • CE 23 févr. 2000, *Féd. nat. immobilier : Lebon 75* . ♦ Rappr. • CE 15 déc. 2000, *Féd. nat. familles de France,* n° 213439 : *préc. note 108.* ♦ ... Le fait que le projet de loi de ratification d'une ordonnance n'ait pas été inscrit, depuis son dépôt, à l'ordre du jour de la discussion parlementaire. • CE 16 févr. 2001, *Centre du château de Gleteins : Lebon 71* .

189. Le refus d'abroger un décret peut être signé d'une personne ayant une délégation de signature excluant les décrets de son champ d'application dès lors que le refus d'abroger n'est pas un décret. • CE 8 juill. 2005, *Trobas,* n° 262182 B.

190. L'annulation du refus d'abroger peut être assortie d'une injonction de faire. • CE 7 févr. 2003, *GISTI,* n° 243634 : *préc. note 181.* ♦ ... Ou de modifier les textes pour les purger de leur vice. • CE 27 juill. 2001, *Titran,* n° 222509 : *préc. note 165.* ♦ L'injonction peut par ailleurs être assortie d'un délai. • Même arrêt • CE 3 sept. 2007, *Dechelotte,* n° 293283 : *préc. note 181.* ♦ Elle entraîne, du fait des motifs qui sont le soutien nécessaire du dispositif, la nullité de l'acte dont l'abrogation a été refusée ; l'administration doit donc en tirer les conséquences sauf à violer l'autorité de la chose jugée. • CE 28 déc. 2001, *Synd. CNT des PTE de Paris,* n° 205369 : *préc. note 163.* ♦ Il n'y a pas lieu pour le juge à statuer sur un recours en annulation d'un refus d'abrogation si, à la date où il statue, l'abrogation demandée est intervenue et ce même si l'acte abrogé a reçu application pendant la période où il était en vigueur. • CE 27 juill. 2001, *CAMIF*, n° 218067 : *Lebon 402* ; *BJCP 2001. 497, concl. Bergeal* • CE 30 déc. 2002, *Conf. nat. synd. dentaires*, n° 238032 B.

191. V. pour d'autres exemples : • CE 24 oct. 2014, *Stojanovic*, n° 368580 : *AJDA 2014. 2092* ; *D. 2014. 2176* ; *AJ pénal 2015. 39, note Céré* ; *JCP Adm. 2014. 862* (Incompatibilité avec la CEDH).

192. Cependant, un requérant ne peut utilement se prévaloir à l'appui d'une requête formée à l'encontre d'une décision rejetant une demande d'abrogation ou de réformation d'un acte réglementaire d'une illégalité affectant les conditions de son entrée en vigueur, qu'elle résulte de la méconnaissance du principe selon lequel un tel acte ne dispose que pour l'avenir ou de l'obligation d'édicter, pour des motifs de sécurité juridique, les mesures transitoires qu'implique la réglementation nouvelle, que pour autant qu'à la date à laquelle cette décision est intervenue, le pouvoir réglementaire pouvait encore prendre utilement des mesures propres à modifier les conditions de cette entrée en vigueur. • CE 16 déc. 2016, n° 393501 B : *AJDA 2016. 2469*.

193. Le rejet d'un recours pour excès de pouvoir contre un acte ne fait pas obstacle à ce que le juge statue sur le recours pour excès de pouvoir tendant à l'annulation du refus d'abroger cet acte. • CE 17 mars 2021, n° 440208 : *AJDA 2021. 654*.

4° PRISES DE DÉCISIONS INDIVIDUELLES SUR LA BASE D'ALGORITHMES

BIBL. Boudinar-Zabaleta, Algorithmes et lignes directrices. Réflexions sur la codification automatisée des motifs des décisions administratives, *Dr. adm. 2019. 7*.

194. Les dispositions qui autorisent l'administration à adopter des décisions individuelles ayant des effets juridiques ou affectant de manière significative une personne sur le seul fondement d'un algorithme se bornent à autoriser l'administration à procéder à l'appréciation individuelle de la situation de l'administré, par le seul truchement d'un algorithme, en fonction des règles et critères définis à l'avance par le responsable du traitement. Elles n'ont ni pour objet ni pour effet d'autoriser l'administration à adopter des décisions sans base légale, ni à appliquer d'autres règles que celles du droit en vigueur. Il n'en résulte dès lors aucun abandon de compétence du pouvoir réglementaire. • Cons. const. 12 juin 2018, n° 2018-765 DC § 69. ♦ Rappr. • Cons. const. 13 mars 2003, n° 2003-467 DC § 36.

195. Le seul recours à un algorithme pour fonder une décision administrative individuelle est subordonné au respect de trois conditions. D'une part, la décision administrative individuelle doit mentionner explicitement qu'elle a été adoptée sur le fondement d'un algorithme et les principales caractéristiques de mise en œuvre de ce dernier doivent être communiquées à la personne intéressée, à sa demande. Il en résulte que, lorsque les principes de fonctionnement d'un algorithme ne peuvent être communiqués sans porter atteinte à l'un des secrets ou intérêts énoncés au 2° de l'art. L. 311-5 CRPA, aucune décision individuelle ne peut être prise sur le fondement exclusif de cet algorithme. D'autre part, la décision administrative individuelle doit pouvoir faire l'objet de recours administratifs. L'administration sollicitée à l'occasion de ces recours est alors tenue de se prononcer sans pouvoir se fonder exclusivement sur l'algorithme. La décision administrative est en outre, en cas de recours contentieux, placée sous le contrôle du juge, qui est susceptible d'exiger de l'administration la communication des caractéristiques de l'algorithme. Enfin, le recours exclusif à un algorithme est exclu si ce traitement porte sur l'une des données à caractère personnel « qui révèlent la prétendue origine raciale ou l'origine ethnique, les opinions politiques, les convictions religieuses ou philosophiques ou l'appartenance syndicale d'une personne physique », des données génétiques, des données biométriques, des données de santé ou des données relatives à la vie sexuelle ou l'orientation sexuelle d'une personne physique. Ce faisant, l'administration ne renonce pas à l'exercice de son pouvoir d'appréciation des situations individuelles • Cons. const. 12 juin 2018, n° 2018-765 DC § 70.

196. Le responsable du traitement doit s'assurer de la maîtrise du traitement algorithmique et de ses évolutions afin de pouvoir expliquer, en détail et sous une forme intelligible, à la personne concernée la manière dont le traitement a été mis en œuvre à son égard. Il en résulte que ne peuvent être utilisés, comme fondement exclusif d'une décision administrative individuelle, des algorithmes susceptibles de réviser eux-mêmes les règles qu'ils appliquent, sans le contrôle et la validation du responsable du traitement. Ce faisant, il n'y a pas méconnaissance du « principe de publicité des règlements ». • Cons. const. 12 juin 2018, n° 2018-765 DC § 71.

C. CATÉGORIES DE RÈGLEMENTS

BIBL. Guihal, La répartition entre décret en Conseil d'État et décret simple, À propos de l'ordonnance du 6 mai 2010, *AJDA 2010. 1308*.

197. Principe. Les règlements d'application des lois sont pris sous la forme de décrets simples. • CE 29 mai 1985, *Union synd. professions de santé respectant la vie humaine*, n° 46946 B : *RFDA 1986. 94, concl. Stirn ; Quot.*

jur. 11 janv. 1986, p. 11, note Moussa • CE 31 janv. 1997, *Synd. aut. personnel du Conseil supérieur de la pêche,* n° 144395 B. ♦ Le législateur peut pourtant préciser qu'il s'agira d'un décret simple. • CE 22 févr. 1995, *Synd. nat. des lycées et collèges,* n° 133698 B. ♦ Il n'est que lorsque le constituant ou le législateur en ont prescrit une autre forme [décr. en Conseil des ministres (cf. notes ss. Const. 58, art. 13), Décr. en Conseil d'État (cf. ci-dessous)] que celle-ci doit être respectée. • CE, sect., 29 juill. 1980, *Synd. gén. CGT personnel de l'éducation nationale : Lebon 308 ; Rev. adm. 1984. 47, note Pacteau* • CE 26 mai 1995, *Union industries chimiques : Lebon 212* . ♦ ... Sauf si des circonstances particulières, et en particulier l'obligation d'assurer la continuité du service public, obligent, pour une durée limitée, à passer par un autre type d'acte (en l'espèce arrêté ministériel en lieu et place d'un décret en Conseil d'État du fait d'une décision de la CJCE déclarant la réglementation française contraire au droit communautaire). • CE 18 juin 2003, *Sté Tiscali Télécom,* n° 250608 : *Lebon 255* .

1° DÉCRET EN CONSEIL D'ÉTAT

BIBL. Labetoulle, La place du décret en Conseil d'État dans l'exercice du pouvoir réglementaire gouvernemental, *in* Mél. Costa, *Dalloz, 2001, p. 353.* – Sagalovitsch, De l'équité des procès des actes pris après avis du Conseil d'État, *AJDA 2015. 2129* .

198. Peu importe le nom que le législateur donne au décret en Conseil d'État, cela ne conduit pas à la création d'une nouvelle catégorie d'acte réglementaire. • Cons. const. 1er juill. 1980, n° 80-115 DC § 3.

199. Avis obligatoire. Le caractère obligatoire de l'avis peut découler d'une loi (d'une ordonnance) qui prévoit par exemple que les mesures nécessaires à son application seront prises par « décret en Conseil d'État ». • CE 16 nov. 1979, *Synd. nat. éducation physique de l'enseignement public,* n° 08738 : *Lebon 416* ; *D. 1980. 123, obs. Delvolvé.* ♦ Encore faut-il que le texte prévoyant l'obligation d'un décret en Conseil d'État soit bien celui applicable à l'espèce. • CE 25 mai 2005, *Sté « Médiafit »,* n° 270109 B • CE 1er mars 2006, *Synd. parisien des administrations centrales économiques et financières,* n° 268130 : *Lebon 105* ; *AJDA 2006. 936, concl. Olson* . ♦ ... Ce qui peut ne se rapporter qu'à une partie seulement des dispositions du décret. • CE 29 mai 1985, *Union synd. professions de santé respectant la vie humaine,* n° 46946 : *préc. note 197.* ♦ Il peut découler aussi du fait qu'un avis, demandé facultativement porte par erreur le visa « le Conseil d'État entendu », marque d'un avis obligatoire. • CE, ass., 3 juill. 1998, *Synd. nat. environnement CFDT : Lebon 272* ; *AJDA 1998. 780, chron. Raynaud et Fombeur* ; *JCP 1999. 128, chron. Petit ; RFDA 1998. 1059.* ♦ V. déjà. • CE, sect. finances avis, 30 janv. 1997, n° 359964 : *EDCE 1998. 185.*

200. Domaine des décrets en Conseil d'État. Dès lors qu'un décret en Conseil d'État est nécessaire, toute autre forme d'acte conduit à son annulation. On peut citer, à titre d'exemple : l'essentiel des dispositions statutaires de la fonction publique. • CE, sect., 22 mars 1985, *Desbordes : Lebon 86 ; AJDA 1985. 503, note Salon* • CE 3 oct. 2003, *Moschetto,* n° 215180 : *préc. note 38* • CE 12 mars 2007, *GISTI, Assoc. SOS Racisme et synd. magistrature,* n° 297888 : *Lebon 120* . ♦ ... La détermination des contraventions de police et des peines applicables. • CE, ass., 10 sept. 1992, *Meyet,* n° 140376 : *Lebon 327, concl. Kessler* ; *AJDA 1992. 643, chron. Maugüé et Schwartz* ; *D. 1993. 293, note Gohin* ; *LPA 21 oct. 1992, p. 11, note Célérier ; RD publ. 1992. 1799, concl. Kessler ; ibid. 1822, note Le Bos-Le Pourhiet ; RFDA 1993. 55, note Pouyaud* . ♦ ... L'établissement des rémunérations de services rendus. • CE 8 févr. 1974, *Féd. fr. synd. prof. des pilotes maritimes : Lebon 90* ; *JCP 1974. 17928, note Moderne.* ♦ ... L'extension des aires de production des appellations d'origine contrôlée • CE 27 oct. 1999, *Synd. Renouveau viticole,* n° 180408 B. ♦ ... La détermination de peines contraventionnelles dans le cadre des campagnes référendaires. • CE 19 oct. 2001, *Meyet,* n° 225706 : *Lebon 472* ; *Dr. adm. 2002. 14.*

201. Délégalisation de dispositions législatives antérieures à 1958. V. notes 34 s. ss. Const. 58, art. 37.

202. Validité de l'avis. La validité d'un tel décret est subordonnée à ce que le Conseil d'État se soit prononcé au vu d'un dossier complet. • CE, sect., 26 avr. 1978, *Comité d'entreprise Sté de télévision en couleur « Antenne 2 » : Lebon 186* . ♦ ... Et avant que le décret soit signé. • CE, ass., 9 juin 1978, *SCI 61-67 Bd Arago : Lebon 237* ; *JCP 1979. 19032, concl. Genevois.*

203. Par ailleurs, le délai séparant l'avis de la prise du décret ne doit pas être excessif, faute de quoi il est nécessaire de consulter le Conseil d'État à nouveau si les circonstances de droit ou de fait ont changé. C'est le cas lorsque intervient une directive qui a des incidences sur les mesures à prendre et ce quand bien même la date limite de transposition de la directive n'est pas expirée au moment où le décret est signé. • CE, ass., 15 avr. 1996, *Union nat. pharmacies : Lebon 127* . ♦ Si le décret est publié après la date de transposition, il n'est pas pour autant nécessaire non plus de solliciter à nouveau l'avis du Conseil d'État, l'avis de celui-ci n'étant pas ancien. • CE 1er déc. 1999,

Synd. compagnies aériennes autonomes : Lebon 376.

204. L'avis doit être rendu par la (ou les) formation(s) compétente(s) (Ass. générale, section ou sections réunies). • CE 24 avr. 1974, *Féd. fr. Agriculture,* n° 84990 : *Lebon 244.* ♦ ... Que cela soit précisé par le texte qui oblige à la consultation ou découle de la répartition des affaires entre les différentes sections administratives. • CE 21 avr. 1989, *Féd. nat. organismes de gestion des Éts d'enseignement catholique : Lebon 117* • CE 5 janv. 2005, *Deprez et Baillard,* n° 257341 : *Lebon 1 ; Dr. adm. 2005. 51 ; RFDA 2005. 56, note Bonnet ; AJDA 2005. 845, note Burgorgue-Larsen ; JCP Adm. 2005. 1075, concl. Chauvaux.* ♦ En l'absence de précisions, le choix de ces sections ne peut être contesté devant le juge. • CE 9 oct. 1987, *Synd. aut. enseignants de médecine : Lebon 310.* ♦ Il est même possible que l'avis soit rendu par une commission où les sections intéressées sont représentées conformément aux dispositions de l'art. 13 du Décr. du 30 juill. 1963. • CE 29 juill. 1998, *Synd. Avocats de France : Lebon 313 ; AJDA 1998. 1010, concl. Schwartz.* ♦ De même, lorsqu'un projet de décret appelé à être contresigné par des ministres dont les départements relèvent de plusieurs sections du Conseil d'État, il n'est pas nécessaire qu'il soit soumis à toutes ces sections si aucun texte ne l'impose. • CE 17 févr. 1988, *Chambre synd. centres agréés d'abattage et de conditionnement des produits de basse-cour : Lebon 66.* ♦ La mention « le Conseil d'État entendu » signifie que le texte a été pris après avis de l'assemblée générale. • CE 19 mai 2006, *Synd. nat. cadres supérieurs des chemins de fer,* n° 274692 B.

205. Il en résulte qu'un décret en Conseil d'État pris après qu'une section de celui-ci soit entendue peut modifier un décret pris après que l'Assemblée générale ait été entendue dès lors qu'aucun texte n'exigeait l'intervention de ladite assemblée. • CE 8 juill. 1988, *Union nat. synd. de médecins des hôpitaux publics : Lebon 281.*

206. Effet de l'avis. Sauf texte contraire, l'avis ne lie pas le Gouvernement. • CE, sect., 1er juin 1962, *Union gén. synd. mandataires des halles centrales : Lebon 362.* ♦ Dès lors, la circonstance alléguée que le texte retenu par le Gouvernement ne serait pas conforme au texte adopté par le Conseil d'État est en elle-même sans incidence sur la régularité de la consultation. • CE 26 févr. 2007, *Réunion des organismes conventionnés assureurs,* nos 289744, 290016, 290098 et 291679 B. ♦ Cependant, le texte retenu par le Gouvernement ne peut être différent à la fois du projet qu'il avait soumis au Conseil d'État et du texte adopté par ce dernier ; le respect de cette exigence doit être apprécié par un ensemble de dispositions ayant un rapport entre elles. • CE 20 déc. 2013, *Féd. fr. artisans coopérateurs du bâtiment,* n° 357198 : *Lebon 407 ; AJDA 2014. 11 ; JCP Adm. 2014. 2304, note Pauliat.*

V. pour d'autres décisions dans le même sens : .

207. Toutefois, si la modification apportée ne modifie pas l'économie générale du texte adopté par le Conseil d'État, le décret peut être regardé comme ayant été pris en Conseil d'État. • CE 10 janv. 2007, *Fed. nat. interprof. des mutuelles,* n° 238175 : *Lebon 1.* ♦ Ainsi une modification portant simplement sur les ministres chargés de l'exécution du décret est sans incidence sur sa légalité. • CE, ass., 6 juin 1997, *Conseil sup. administration de biens : Lebon 220 ; LPA 28 juill. 1997, note Nguyen Van Tuong.* ♦ Si le Conseil d'État émet un avis favorable, sans proposer une autre rédaction, le gouvernement a le choix soit de s'en tenir au texte soumis à consultation soit de soumettre un nouveau texte à consultation. • CE, sect., 1er juin 1962, *Union gén. synd. mandataires des halles centrales : préc. note 206.*

208. Absence d'avis. L'absence d'avis du Conseil d'État conduit à l'annulation du texte pour incompétence (et non pour vice de procédure). • CE 16 nov. 1976, *Synd. nat. éducation physique de l'enseignement public : préc. note 199* • CE 16 nov. 1979, *Synd. national éducation physique de l'enseignement public,* n° 08738 : *Lebon 418 ; AJDA 1980. 138, concl. Genevois* • CE, sect., 11 janv. 1978, *Féd. gén. de l'agriculture CFDT,* n° 00242 : *Lebon 3* • CE, sect., 22 mars 1985, *Desbordes : Lebon 86 ; AJDA 1985. 503, note Salon* • CE, ass., 10 sept. 1992, *Meyet,* n° 140376 : *préc. note 200.* • CE 17 juill. 2013, *Synd. nat. professionnels de santé au travail,* n° 358109 : *Lebon 219, concl. Vialette ; AJDA 2013. 1546 ; ibid. 1733, chron. Domino et Bretonneau ; RDT 2013. 568, obs. Véricel ; JCP Adm. 2013. 676.*

209. Le juge vérifie l'existence de l'avis. • CE, sect., 4 juill. 1969, *Ordre avocats à la cour d'appel de Paris : Lebon 358 ; AJDA 1970. 43, note Molinier* • CE 26 févr. 2007, *Synd. nat. personnels de direction des organismes sociaux CFDT,* n° 281066 : *inédit.* ♦ ... Soulevant éventuellement d'office le défaut de consultation (moyen d'office dès lors qu'il s'agit d'une incompétence). • CE 2 juill. 1993, *Louvier : Lebon 207* • CE, ass., 9 juin 1978, *SCI 61-67 Bd Arago : préc. note 202.* ♦ L'avis est bien intervenu si des dispositions prises par décret simple sont codifiées par décret en Conseil d'État. • CE 3 déc. 2001, *Synd. nat. autonome personnels de l'environnement : Lebon 623.*

210. Lorsque le décret comprend des dispositions qui devaient être soumises à l'avis du Conseil d'État et d'autres qui ne devaient pas l'être, seules les premières sont affectées par l'absence d'avis. • CE 29 mai 1985, *Union* *synd. professions de santé respectant la vie humaine,* n° 46946 : *préc. note 197.* ♦ En revanche lorsque le décret forme un tout, c'est l'ensemble du décret qui est annulé par voie de conséquence. • CE, ass., 3 juill. 1998, *Synd. nat. environnement CFDT : préc. note 199.*

211. Parallélisme des formes. Un décret en Conseil d'État ne peut être modifié que par un décret en Conseil d'État. • CE, ass., 9 nov. 1973, *Siestrunck,* n° 85074 B *Lebon 625* • CE 19 févr. 1996, *Synd. fabricants de mobilier de bureau,* n° 079315 B. ♦ Comme déjà dit, il en est de même d'un décret portant par erreur la mention « le Conseil d'État entendu ». • CE, ass., 3 juill. 1998, *Synd. nat. environnement CFDT,* n° 177248 A : *préc. note 199.* ♦ En revanche, le refus de prendre un décret en Conseil d'État n'est pas soumis à l'obligation de consulter le Conseil d'État. • CE 15 oct. 1982, *Ville de Digne,* n° 38403 B.

212. Délégalisation. Dans de nombreuses hypothèses, le fait que le législateur ait prévu l'intervention d'un décret en Conseil d'État ne constitue pas une garantie essentielle mettant en cause les principes fondamentaux garantis par l'art. 34 Const. 58 (V. notes ss cet art.) et peut donc faire l'objet d'une délégalisation dans le cadre de la procédure prévue à l'art. 37 Const. — V. par ex. • Cons. const. 13 avr. 2018, n° 2018-271 L • Cons. const. 13 avr. 2018, n° 2018-272 L. ♦ V. *a contrario.* • Cons. const. 28 nov. 2019, n° 2019-283 L § 3.

2° DÉCRET APRÈS AVIS DU CONSEIL D'ÉTAT

213. Cette mention indique qu'il s'agit d'un décret soumis au Conseil d'État alors que cela ne revêt pas un caractère obligatoire. • CE, sect., 14 juin 1968, *Constantin : Lebon 364* . ♦ Ces décrets peuvent dès lors être modifiés sans que cette formalité soit à nouveau remplie • CE 5 juill. 1989, *Saubot : Lebon 159* ; *D. 1991. 143, obs. Llorens et Soler-Couteaux* . ♦ Cependant, même dans ce cas, si le décret porte la mention « le Conseil d'État entendu », marque du caractère obligatoire de la consultation, il ne peut être modifié qu'après consultation du Conseil. • CE, ass., 3 juill. 1998, *Synd. nat. environnement CFDT : préc. note 199.*

3° ARRÊTÉS

214. Il n'y a pas de règles particulières s'agissant des arrêtés, terme générique utilisé pour les actes réglementaires des ministres. Même lorsque la loi renvoie à : un « arrêté », l'acte peut être contenu dans une circulaire. • CE, sect., 14 mars 1975, *Berland : Lebon 193* • CE 25 sept. 1992, *Union des industries chimiques : Lebon 348* . ♦ ... Une « lettre missive ». • CE 12 nov. 1958, *Cne de Geay : Lebon T. 814.* ♦ ... Une « décision ». • CE 5 mars 1948, *Roche : Lebon 112* • CE 15 oct. 1999, *Sté « Jean d'Auberval » : Lebon 312* . ♦ V. dans un « avis aux importateurs ». • CE, sect., 28 juin 1974, *Charmasson : Lebon 376* ; *AJDA 1975. 33, note Durupty ; RTD eur. 1975. 105, concl. Denoix de Saint-Marc.* ♦ ... Une instruction. • CE 21 mars 2001, *Sté d'exploitation du Casino Europe : Lebon T. 791.*

215. De même est-il possible qu'une circulaire réglementaire modifie un arrêté. • CE 31 juill. 1948, *Ch. synd. livre du Dpt de Constantine : Lebon 364* • CE 18 févr. 1981, *Assoc. défense de l'enseignement de la conduite automobile : Dr. adm. 1981, n° 104.*

216. Ces actes sont, dès lors, susceptibles de recours pour excès de pouvoir. • CE 25 sept. 1992, *Union des industries chimiques,* n° 88141 A : *préc. note 214* • CE 18 oct. 2000, *Assoc. Promouvoir : Lebon 425* • CE, ass., 6 avr. 2001, *Flosse,* n° 227063 A : *RFDA 2001. 784* .

217. Une simple annonce faite par le Premier ministre dans un discours politique (transfert du siège social de l'Ifremer) ne constitue pas une décision, au sens juridique du terme, et n'est dès lors pas susceptible de recours • CE 5 oct. 2015, n° 387899 B : *AJDA 2016. 493, note Havas* ; *ibid. 2015. 1891* ; *RFDA 2015. 1115, concl. Dacosta* .

D. CONDITIONS DE VALIDITÉ DES RÈGLEMENTS

218. Généralités. Les règlements (d'application) doivent respecter la légalité. • CE 6 déc. 1907, *Cie Chemins de fer de l'Est : préc. note 99.* ♦ L'illégalité entachant un acte réglementaire peut être invoquée à toute époque par voie d'exception. • CE 24 janv. 1902, *Avezard : Lebon 44* • CE 29 mai 1908, *Poulain : Lebon 580.* ♦ ... Y compris si l'illégalité est consécutive à un changement de circonstances. • CE, ass., 22 janv. 1982, *Ah Won : Lebon 33 ; AJDA 1982. 440, chron. Tiberghien et Lasserre ; D. 1983. IR 235, obs. P.D. ; RD publ. 1982. 816, note Drago et concl. Bacquet.*

219. La légalité des règlements est essentiellement contrôlée par le juge administratif. Il s'agit du reste d'un principe fondamental reconnu par les lois de la République. • Cons. const. 23 janv. 1987, n° 86-224 DC § 15. ♦ Le contrôle s'exerce par la voie du recours pour excès de pouvoir par lequel le requérant demande exclusivement l'annulation d'un acte administratif. • CE 7 déc. 1979, *Delarue : AJDA 1980. 549,* note Landon. ♦ Ce recours est ouvert même sans texte. • CE, ass., 17 févr. 1950, *Lamotte : Lebon 110 ; GAJA, 22e éd., n° 56 ; GADLF, 2e éd., n° 53 ; RD publ. 1951. 478, concl. Delvolvé, note Waline.* ♦ ... Et ne peut connaître que des limitations législatives mineures sauf à violer le droit au recours garanti par l'art. 16 DDH. • Cons. const. 21 janv. 1994, n° 93-335 DC. ♦ ... Fondement que retient maintenant le juge administratif. • CE 21 déc. 2001, *Hofmann : RFDA 2002. 176*. ♦ ... Ce qui conduirait à rendre la disposition contraire à la Constitution. • Cons. const. 6 avr. 1996, n° 96-373 DC § 85.

220. La contestation de la légalité des règlements doit, à peine d'irrecevabilité, être présentée dans le délai de deux mois à compter de leur publication régulière. • CE 7 juin 1999, *Synd. hippique national,* n° 188812 A. ♦ Le délai est un délai franc. • CE 17 mai 1999, *Féd. Maîtres-Nageurs Sauveteurs,* n° 197343 A. ♦ Ce délai s'applique également aux circulaires. • CE 12 janv. 2009, *Synd. nat. pénitentiaire FO,* n° 298708 : *AJDA 2009. 665*.

221. Le contrôle exercé par le juge administratif sur un acte qui présente un caractère réglementaire porte sur la compétence de son auteur, les conditions de forme et de procédure dans lesquelles il a été édicté, l'existence d'un détournement de pouvoir et la légalité des règles générales et impersonnelles qu'il énonce, lesquelles ont vocation à s'appliquer de façon permanente à toutes les situations entrant dans son champ d'application tant qu'il n'a pas été décidé de les modifier ou de les abroger. Le juge administratif exerce un tel contrôle lorsqu'il est saisi, par la voie de l'action, dans le délai de recours contentieux. En outre, en raison de la permanence de l'acte réglementaire, la légalité des règles qu'il fixe, comme la compétence de son auteur et l'existence d'un détournement de pouvoir doivent pouvoir être mises en cause à tout moment, de telle sorte que puissent toujours être sanctionnées les atteintes illégales que cet acte est susceptible de porter à l'ordre juridique. Après l'expiration du délai de recours contentieux, une telle contestation peut être formée par voie d'exception à l'appui de conclusions dirigées contre une décision administrative ultérieure prise pour l'application de l'acte réglementaire ou dont ce dernier constitue la base légale. Elle peut aussi prendre la forme d'un recours pour excès de pouvoir dirigé contre la décision refusant d'abroger l'acte réglementaire. • CE, ass., 18 mai 2018, *Féd. finances et aff. économiques de la CFDT et Synd. CGT adm. centrale et des services des ministères éco. et financiers et du Premier ministre,* n°s 414583 A et 411045 (2 esp.) : *AJDA 2018. 1009 ; ibid. 2018. 1241, obs. Melleray ; ibid. 2018. 1206, chron. Roussel et Nicolas ; RFDA 2018. 649, concl. Bretonneau ; JCP Adm. 2018. 469 ; ibid. 2197, note Friedrich ; ibid. 2333, chron. Le Bot ; Dr. adm. 2018. 45, note Éveillard ; ibid. 2019. 11, étude Carrère.*

222. Circonstances exceptionnelles. En période exceptionnelle les autorités administratives peuvent être amenées, sous le contrôle du juge, à s'affranchir du respect de la légalité. • CE, ass., 18 janv. 1980, *Synd. CFDT des P. et T.,* n° 13129 A : *AJDA 1980. 89, chron. Robineau et Feffer ; D. 1980. 302, obs. Delvolvé ; JCP 1980. 19450, note Zoller.* ♦ ... Sans pour autant que ces circonstances puissent justifier n'importe quelle violation. • CE, ass., 12 juill. 1969, *CCI de Saint-Étienne,* n° 76089 A : *préc. note 26.*

BIBL. Kdhir, La théorie des actes de Gouvernement dans la jurisprudence du Conseil d'État relative aux relations internationales de la France à l'épreuve du droit international, *JDI 2003. 1059.* – Carpentier, Permanence et unité de la notion d'acte de Gouvernement, *AJDA 2015. 799*. – De Montis, Faut-il vraiment étendre le régime de la responsabilité du fait des lois aux actes de Gouvernement ?, *Dr. adm. 2016. 4.*

223. Actes de Gouvernement... Généralité. Certains actes émanant du pouvoir exécutif sont insusceptibles de recours pour excès de pouvoir. • CE 19 févr. 1875, *Prince Napoléon : Lebon 155, concl. David ; GAJA, 22e éd., n° 3.* ♦ L'immunité juridictionnelle des actes de Gouvernement est reconnue par le juge administratif sans le soutien d'une disposition législative. Conformément à la conception française de la séparation des pouvoirs, figure au nombre des principes fondamentaux reconnus par les lois de la République celui selon lequel, à l'exception des matières réservées par nature à l'autorité judiciaire, relève en dernier ressort de la compétence de la juridiction administrative l'annulation ou la réformation des décisions prises, dans l'exercice des prérogatives de puissance publique, par les autorités exerçant le pouvoir exécutif. Il n'y a pas lieu, dès lors, de renvoyer au Cons. const. une QPC relative à cette théorie. • Civ. 1re, QPC, 4 févr. 2015, n° 14-21.309 : *AJDA 2015. 246*.

224. Il n'est pas possible de contester la conventionalité d'un acte de Gouvernement, y compris s'agissant du droit au recours prévu à l'art. 13 Conv. EDH. • CE 30 déc. 2015, n° 384321 : *Lebon ; AJDA 2016. 12 ; Dr. adm. 2016. 35, note Éveillard.*

225. L'incompétence de toute juridiction pour connaître des actes qui ne sont pas détachables de la conduite des relations extérieures de la France ne procède pas des art. L. 211-1 et L. 211-2 CJA, qui disposent que, sous certaines réserves, les tribunaux administratifs sont juges de droit commun en premier ressort du contentieux administratif et que les cours administratives d'appel connaissent en appel des jugements rendus par les tribunaux administratifs. Il en résulte que ces articles ne peuvent être regardés comme applicables au litige au sens de l'art. 23-5 de l'Ord. du 7 nov. 1958. Il s'ensuit qu'il n'y a pas lieu de renvoyer au Cons. const. la QPC soulevée. • CE 9 sept. 2020, n° 439520 : *AJDA 2020. 2373, concl. Lallet ; JCP Adm. 2020. 520.*

226. … Actes relatifs aux rapports entre pouvoirs constitutionnels. Les actes réglant les rapports entre pouvoirs constitutionnels ou entre ces pouvoirs et le peuple « tels qu'ils sont organisés par la Constitution » sont insusceptibles de recours. • CE 25 sept. 1998, *Mégret : Lebon 340.* ♦ Ainsi ne peuvent faire l'objet d'un recours : le décret de nomination du Premier ministre. • CE 16 sept. 2005, *Hoffer,* n° 282173 B. ♦ … Le décret du Président de la République, pris sur proposition du Premier ministre, modifiant la composition du Gouvernement. • CE 29 déc. 1999, n° 196858 B. ♦ … Les projets de loi. • CE 9 mai 1959, *MNEF : Lebon 253.* ♦ … Le retard à présenter un projet de loi. • CE 1er juill. 1974, *Sté Ét. Bertagna,* n° 87358 A. ♦ … Le refus de présenter un projet de loi. • CE 18 juill. 1930, *Rouché : Lebon 771* • CE 29 nov. 1968, *Tallagrand : Lebon 607 ; D. 1969. 386, note Silvera ; RD publ. 1969. 686, note Waline ; JDI 1969. 386, note Ruzié* • CE 14 janv. 1987, *Assoc. ingénieurs des télécom : Lebon T. 867* • CE 19 nov. 2020, n° 427301 A : *préc. note 122.* ♦ … Y compris un projet de transposition d'un acte de droit dérivé de l'Union. • CE 26 nov. 2012, *Krikorian,* n° 350492 B : *RTD eur. 2013. 874, obs. D. Ritleng ; JCP Adm. 2012. 845.* • T. confl. 18 mai 2015, *Krikorian,* n° 3995 : *Lebon ; AJDA 2016. 265, note Carpentier ; ibid. 2015. 1726.* ♦ … Même s'il doit tendre à modifier une disposition législative dont l'inconstitutionnalité est alléguée. • CE, sect., 18 juill. 1930, *Rouché : Lebon 771.* ♦ … De retirer un projet de loi. • CE 19 janv. 1934, *Cie Marseillaise de navigation à vapeur Fraissinet : Lebon 98.* ♦ … Ou de prendre les mesures nécessaires à ce qu'il soit adopté rapidement. • CE 25 juill. 1947, *Sté Alfa : Lebon 344.* ♦ … De proposer au Parlement la création d'un emploi budgétaire. • CE 2 avr. 2004, *Chaumet : AJDA 2004. 1494.* ♦ … Le décret de promulgation d'une loi. • CE 3 nov. 1933, *Desreumeaux : Lebon 993 ; S. 134. 9, note Alibert ; D. 1933. 36, note Gros ; RD publ. 1934, 649, note Jèze.* ♦ … Le choix opéré par le Président de la République entre la procédure du Congrès ou du référendum constituant pour l'adoption d'un projet de révision constitutionnelle. • CE, réf., 11 févr. 2004, *Hoffer,* n° 264299 • CE, réf., 22 févr. 2005, *Hoffer,* n° 277842 B.

227. De même sont insusceptibles de recours : les décrets de promulgation des lois. • CE 3 nov. 1933, *Desreumeaux : Lebon 993.* ♦ … Les décrets soumettant un projet de loi au référendum. • CE 19 oct. 1962, *Brocas : Lebon 553.* ♦ … Les décrets de dissolution de l'Assemblée nationale. • CE 20 févr. 1989, *Allain : Lebon 60.* ♦ … La décision de mettre en œuvre l'art. 16 Const. 58. • CE 2 mars 1962, *Rubin de Servens : Lebon 143.* ♦ … Le refus du Premier ministre de prendre, auprès du Président de la République, l'initiative d'une révision constitutionnelle. • CE 26 févr. 1992, *Allain : Lebon T. 659* ♦ … La lettre par laquelle le ministre de l'Intérieur fait connaître au Président d'une assemblée que tel suppléant remplace le parlementaire élu en même temps que lui. • CE 25 mars 1987, *Goujon : RFDA 1987. 541.* ♦ Il en va de même de l'acte par lequel le Président de la République met en place un « comité consultatif pour la révision de la Constitution » et en nomme les membres. • CE 9 déc. 1993, *Meyet et Bidalou : Dr. adm. 1994, n° 48.* ♦ … De la nomination par le Président de la République d'un membre du Conseil constitutionnel. • CE 9 avr. 1999, *Mme Ba : Lebon 124.* ♦ … Le fait pour le Premier ministre ne pas demander au Conseil constitutionnel de constater l'empêchement du Président de la République est insusceptible de recours devant le Conseil d'État. • CE 8 sept. 2005, *Hoffer,* n° 284937 B : *AJDA 2005. 1711.*

228. … Actes relatifs aux relations internationales. Sont encore insusceptibles de recours en excès de pouvoir : le fait de ratifier une convention internationale. • CE 5 févr. 1926, *Dame Caraco : Lebon 125.* ♦ … Les actes faits par les représentants officiels de la France lors de la négociation d'un traité international. • CE, sect., 13 juill. 1979, *SA COPAREX,* nos 04880 et 04881 A. ♦ … Le vote émis par le représentant de la France dans le cadre d'un organisme international. • CE, ass., 23 nov. 1984, *Assoc. Les Verts,* nos 54359 et 54360 A. ♦ … La décision de suspendre l'application d'un traité. • CE, ass., 18 déc. 1992, *Mahmedi,* n° 120461 A. ♦ … Le refus de saisir la CIJ. • CE 9 juin 1952, *Geny,* n° 92255 A • CE 25 mars 1988, *Sapvin,* n° 65022 A. ♦ … Le brouillage d'une station de radio d'un État étranger. • T. confl. 2 févr. 1950, *RTF c/ Sté de gérance du poste de Radio-Andorre,* n° 01243 A. ♦ … Les mesures réglementaires prises en exécution d'une résolution du Conseil de sécurité de l'ONU instituant un embargo. • CE 29 déc. 1997, *Sté Héli-Union,* n° 138310 A. ♦ … Le décret par lequel est interdite la navigation dans une zone de sécurité mise en place pour permettre le déroulement d'explosions nucléaires. • CE, ass., 11 juill. 1975, *Paris de la Bolladière,* n° 92381 A. ♦ … La décision de reprendre les essais nucléaires. • CE 27 sept. 1995, *Assoc. Greenpeace France,* n° 171277 A : *AJDA 1995. 749 ; D. 1996. 205, note Braconnier ; RFDA 1996. 383, chron. Ruzié.* ♦ … La décision du Président de la République d'engager les forces militaires françaises en Yougoslavie (mars 1999). • CE 5 juill. 2000, *Mégret,* nos 206303 et 206965 A :

AJDA 2001. 95, note Gounin ✐. ♦ ... La décision du ministre de la défense d'autoriser les avions militaires américains et britanniques à emprunter l'espace aérien français pendant la guerre en Irak. • CE 30 déc. 2003, *Comité contre la guerre en Irak,* n° 255904 B : *AJDA 2004. 613* ✐ ; *Dr. adm. 2004, n° 65.* ♦ ... L'acte par lequel le ministre de l'environnement transmet à la Commission européenne la synthèse des propositions de sites susceptibles d'être reconnus d'importance communautaire au titre de la directive du 21 mai 1992. • CE 10 janv. 2001, *Ch. agriculture des Alpes-Maritimes,* n° 213832 A. ♦ Rappr. • CE 19 mai 1999, *Région du Limousin,* n° 157675 B • CE 27 sept. 1999, n° 194648 B • CE 28 avr. 2004, n° 245255 B. ♦ ... Le refus de nomination d'un consul honoraire. • TA Caen, 9 nov. 2004, n° 03-1684 : *AJDA 2005. 853* ✐. ♦ ... L'acte par lequel le ministre des affaires étrangères refuse de donner suite à la demande d'un État étranger qui sollicite son consentement à la nomination d'une consul ou à l'autorisation d'ouvrir un poste consulaire. • CAA Nantes, 2 déc. 2005, n° 04NT01499 B : *AJDA 2006. 509* ✐ ; *JCP Adm. 2006. 1101, chron. Vandermeeren.* ♦ ... Une proposition de candidature au poste de juge à la CPI. • CE 28 mars 2014, *de Baynast,* n° 373064 A : *AJDA 2014. 712* ✐ ; *JCP Adm. 2014. 306.* ♦ ... Le refus par le Gouvernement d'autoriser un État étranger à organiser sur le territoire français des opérations électorales pour ses ressortissants. • CE 23 mai 2014, n° 380560 : *Dr. adm. 2014. 57, note de Montis.* ♦ ... La décision d'accorder le statut diplomatique à une institution étrangère. • CE 30 déc. 2015, n° 384321 : *préc. note 224.* ♦ ... L'acte prit par une instance intergouvernementale créée par un accord international. • CE 12 févr. 2016, n° 387931 B : *AJDA 2016. 1270* ✐. ♦ ... Les actions mises en œuvre par la France pour le règlement de la question des « Emprunts Russes ». • T. confl. 11 mars 2019, n° 4153 : *AJDA 2019. 554* ✐. ♦ ... Les mesures demandées en vue d'un rapatriement en France de ressortissants, qui ne peut être rendu possible par la seule délivrance d'un titre leur permettant de franchir les frontières françaises, ainsi que cela a été demandé à l'audience, nécessitent l'engagement de négociations avec des autorités étrangères ou une intervention sur un territoire étranger. Elles ne sont pas détachables de la conduite des relations internationales de la France. • CE 23 avr. 2019, n° 429668 : *AJDA 2019. 907* ✐ ; *ibid. 1644, note Slama* ✐ ; *ibid. 1803, chron. Burgorgue-Larsen* ✐ ; *Dr. adm. 2019. 38, note Saunier.* ♦ ... Le refus de suspendre des licences d'exportation d'armes. • CAA Paris, ord., 26 sept. 2019, n° 19PA02929 : *AJDA 2020. 146* ✐.

229. V. également, s'agissant des actes faits par les représentants officiels de la France dans le cadre de la négociation des traités, notes ss. Const. 58, art. 52.

230. Les préjudices invoqués du fait qu'était fautif le fait de n'avoir pas fait obstacle aux représailles et aux massacres dont les supplétifs de l'armée française en Algérie et leurs familles ont été victimes sur le territoire algérien, après le cessez-le-feu du 18 mars 1962 et la proclamation de l'indépendance de l'Algérie le 5 juill. 1962 et le fait de n'avoir pas organisé leur rapatriement en France ne sont pas détachables de la conduite des relations entre la France et l'Algérie et ne sauraient par suite engager la responsabilité de l'État sur le fondement de la faute. • CE 3 oct. 2018, n° 410611 A : *AJDA 2018. 1872* ✐ ; *ibid. 2187, chron. Nicolas et Faure* ✐.

231. Ne sont pas des actes de Gouvernement. Les actions susceptibles d'être entreprises sur le fondement de la convention de La Haye d'aide au retour d'un enfant déplacé par l'un des parents. • CE 4 févr. 2005, n° 261029 B : *AJDA 2005. 565* ✐. ♦ ... Un décret qui ne se borne pas à tirer les conséquences d'une résolution du Conseil de sécurité de l'ONU. • CE 3 nov. 2004, *Assoc. Secours mondial de France : Lebon T. 548 ; AJDA 2005. 723, note Burgorgue-Larsen* ✐. ♦ .... La décision de fermer un poste diplomatique, dès lors que la mesure est prise pour des motifs d'ordre administratif et budgétaire. • CE 19 oct. 2005, *Castella,* n° 269334 B : *AJDA 2005. 2349, note Gounin* ✐. ♦ ... Le refus de notifier une aide d'État. • CE 7 nov. 2008, *Cté nat. interprof. vins à appellations d'origine,* n° 282290 B : *AJDA 2008. 2384, chron. Geffray et Lieber* ✐. ♦ ... La décision de réintroduire un contrôle aux frontières Schengen. • CE 28 déc. 2017, n° 415291 A : *AJDA 2018. 6* ✐. ♦ ... La nomination du président de la commission indépendante prévue à l'art. 25 Const. 58 • CE 13 déc. 2017, *Président du Sénat,* n° 411788 A : *AJDA 2017. 2493* ✐ ; *ibid. 2018. 521, concl. Domino* ✐ ; *ibid. 491, chron. Roussel et Nicolas* ✐ ; *JCP Adm. 2018. 2093, note Hul.* ♦ ... La décision par laquelle le bureau du CESE déclare irrecevable une pétition sur le fondement de l'art. 69 Const. 58. • CE 15 déc. 2017, *Brillault,* n° 402259 A : *AJDA 2017. 2493* ✐ ; *ibid. 2018. 491, chron. Roussel et Nicolas* ✐.

232. ... Responsabilité du fait des actes de Gouvernement. Les préjudices que les requérants imputent au contenu des « accords d'Évian » se rattachent à la conduite des relations entre la France et l'Algérie et ne sauraient, par suite, engager la responsabilité de l'État sur le fondement de la faute. • CE 29 déc. 2004, *Almayrac,* n° 262190 : *Lebon 465 ; AJDA 2005. 427, chron. Landais et Lenica*

; *RFDA 2005. 586, concl. Stahl* ; *ibid. 840, chron. Ruzié* ; *Dr. adm. 2005. 42* ; *JCP Adm. 2005. 1109, note Rouault.* ♦ Le droit au recours des requérants, garanti notamment par les art. 6 et 13 Conv. EDH, n'est pas méconnu dès lors que la responsabilité de l'État est susceptible d'être engagée, sur le fondement de l'égalité des citoyens devant les charges publiques. • CE 27 juin 2016, n° 382319 : *Lebon* ; *AJDA 2017. 67, note Jacquemet-Gauché* ; *ibid. 2016. 1960* . ♦ ... Pour la mise en œuvre de cette responsabilité, V. notes ss. Const. 58, art. 52.

233. Hypothèses dans lesquelles le juge se contente de corriger le règlement. En l'absence de doute sur la place et la portée de l'insertion prévue, il y a lieu pour le Conseil d'État, afin de donner le meilleur effet à sa décision, non pas d'annuler les dispositions erronées de l'article, mais de conférer aux dispositions insérées leur exacte portée et de prévoir que le texte ainsi rétabli sera rendu opposable par des mesures de publicité appropriées, en rectifiant l'erreur matérielle commise et en prévoyant la publication au *Journal officiel* d'un extrait de sa décision. • CE 4 déc. 2013, *Assoc. France Nature Environnement et a.*, n° 357839 : *AJDA 2014. 1722, note Blanco* ; *JCP Adm. 2014. 2241, note Bailleul.* ♦ V. déjà. • CE 25 mars 2002, *Caisse d'assurance-accidents agricole du Bas-Rhin*, n° 224055 : *Lebon 110.*

234. Effet utile de l'annulation. L'effet utile de l'annulation pour excès de pouvoir du refus d'abroger un acte réglementaire illégal réside dans l'obligation, que le juge peut prescrire d'office en vertu des dispositions de l'art. L. 911-1 CJA, pour l'autorité compétente, de procéder à l'abrogation de cet acte afin que cessent les atteintes illégales que son maintien en vigueur porte à l'ordre juridique. Il s'ensuit que, dans l'hypothèse où un changement de circonstances a fait cesser l'illégalité de l'acte réglementaire litigieux à la date à laquelle il statue, le juge de l'excès de pouvoir ne saurait annuler le refus. • CE, ass., 19 juill. 2019, n° 424216 A : *AJDA 2019. 1543* ; *ibid. 1986, chron. Malverti et Beaufils* ; *RFDA 2019. 891, concl. Lallet* ; *Dr. adm. 2019. 137* • CE 2 mars 2020, n° 422651 B : *AJDA 2020. 491* .

1° INCOMPÉTENCE

235. Décrets en Conseil d'État : V. notes 207 s.

236. Pouvoir réglementaire des ministres : V. notes 38 s.

237. Il y a incompétence dès lors qu'un règlement est pris par une personne qui ne détient aucun titre à l'édicter. • CE 27 juill. 2001, *Ordre des avocats au barreau de Tours*, n° 191706 : *préc. note 95* • CE 29 juill. 2002, *Conseil national de l'ordre des médecins*, n° 242916 B • CE 30 déc. 2002, *Meyet*, n° 244423 : *Lebon 491* (*a contrario*). ♦ L'absence de contreseing d'un ministre ne s'analyse pas comme une incompétence mais comme un vice de forme. • CE, ass., 12 juill. 1957, *Ch. commerce d'Orléans : Lebon 474.*

238. La compétence de l'autorité disposant du pouvoir réglementaire s'apprécie au moment où l'acte est pris. • CE 23 juin 2000, *Min. équip., transports, logement*, n° 201780 A • CE 11 avr. 2005, *SFR*, n° 251239 A. ♦ Dès lors l'acte reste en vigueur même si l'autorité compétente pour le prendre change tant que la nouvelle autorité n'estime pas nécessaire de le changer. • CE 23 juin 2000, *Min. Équip., transports, logement*, n° 201780 A. ♦ Le changement des règles relatives à la détermination de l'autorité compétente pour édicter un acte réglementaire ne saurait avoir pour effet de rendre illégal un acte qui avait été pris par une autorité qui avait compétence pour ce faire à la date de son édiction. Un tel changement a, en revanche, pour effet de faire cesser l'illégalité dont était entaché un règlement édicté par une autorité incompétente dans le cas où ce changement a conduit, à la date à laquelle le juge statue, à investir cette autorité de la compétence pour ce faire. • CE, ass., 19 juill. 2019, *Assoc. des Américains accidentels*, n° 424216 A : *préc. note 234.*

239. L'autorité disposant du pouvoir réglementaire ne doit pas outrepasser sa compétence. • CE 3 oct. 1997, *Sté ATMF : Lebon 333* . ♦ En particulier, le pouvoir ne doit s'exercer que dans la limite nécessaire à l'exécution des lois sans que les auteurs des textes empiètent, par exemple, sur des mesures qui restent de la compétence de la négociation collective. • CE 5 oct. 1998, *UNOSTRA : Lebon 348* . ♦ N'outrepasse pas sa compétence une autorité qui disposant du droit de fixer les durées d'interdiction de la capture d'animaux, détermine également les dérogations à ces interdictions dans un but d'intérêt général. • CE 30 déc. 1998, *Ch. agriculture des Alpes-Maritimes : Lebon 516* .

240. Lorsque le règlement doit être pris sur proposition d'un organisme, le Gouvernement ou l'autorité administrative ne peut modifier les termes de cette proposition sans entacher sa décision d'incompétence. • CE 30 juill. 1997, *Conféd. nat. production française des vins doux naturels : Lebon 304* . ♦ Le juge vérifie que la proposition a bien été faite • CE 3 nov. 1999, *Groupement nat. de défense des porteurs de titres russes : Lebon 343* .

241. Lorsque le législateur revoie à un décret en Conseil d'État, il n'est pas possible que ce décret renvoie lui-même les éléments qu'il doit contenir à un accord entre organisations représentatives sans avoir déterminé les conditions de validité de cet accord. • CE 15 oct. 2014,

Cté artistes auteurs plasticiens, n° 365936 : *Lebon.*

2° VICE DE FORME

242. Sur l'absence de contreseing des ministres chargés de l'exécution V. ss. Const. 58, art. 22, notes 19 s.

243. Ne constitue pas un vice de forme une erreur ou une omission dans les visas d'un acte réglementaire. • CE, sect., 14 juin 1968, *Constantin : Lebon 364* • CE, sect., 4 juill. 1969, *Ordre avocats à la cour d'appel de Paris : préc. note 209* • CE 3 nov. 1999, *Groupement nat. de défense des porteurs de titres russes : préc. note 240.* ♦ V. déjà. • CE 5 nov. 1948, *Naudou : Lebon 524.* ♦ De même le fait que l'avis rendu par un organisme consultatif ait été défavorable n'interdit pas d'en faire mention dans les visas. • CE 11 mars 1981, *Loustaunau,* n° 17833. ♦ Le titre d'un décret, qui est sans valeur normative, est sans incidence sur la légalité de ses dispositions ; dès lors ne peut être utilement soutenu qu'il méconnaît l'objectif à valeur constitutionnelle de clarté et d'intelligibilité de la norme au motif que son titre ne reflète pas exactement son champ d'application. • CE 7 oct. 2015, *SNES,* n° 386436 : *Lebon ; AJDA 2015. 1890 ; ibid. 2212, note Brunet ; JCP Adm. 2015. 842.*

244. De même, et curieusement, l'indication de la date de l'acte n'est pas indispensable. • CE 30 juin 1952, *Sté Balanciaga : Lebon 340.*

245. Les actes réglementaires n'ont pas à être motivés. • CE 5 juill. 1989, *Saubot : préc. note 213.* ♦ Cependant, des règles communautaires peuvent imposer la motivation des actes réglementaires • CE 28 juill. 2000, *Assoc. FO consommateurs : Lebon 352 ; Europe 2001, n° 47, note Cassia.*

246. En ne recherchant pas si le vice de forme tenant à l'insuffisance de motivation de la décision attaquée avait été susceptible d'exercer une influence sur le sens de cette décision ou avait privé la société intéressée d'une garantie, circonstances qui sont sans incidence sur les conséquences qui s'attachent à une illégalité tenant en une insuffisance de *motivation, la cour administrative* d'appel de Bordeaux n'a pas commis d'erreur de droit. • CE 7 déc. 2016, *CARSAT d'Aquitaine,* n° 386304 : *AJDA 2016. 2407 .*

3° VICE DE PROCÉDURE

a. Consultation

BIBL. Cassia, Vers une impunité contentieuse des avis rendus par les organismes consultatifs ?, *JCP Adm. 2010. Actu. 789.* – Delaunay, Les réformes tendant à améliorer les relations avec les administrations, *AJDA 2011. 1180 .* – Noyer et Melleray, L'apport au contentieux administratif de la loi n° 2011-525 du 17 mai 2011 de simplification et d'amélioration de la qualité du droit, *Dr. adm. 2011, études 15.* – Hostiou, Simplification du droit, sécurité juridique et nouvel office du juge administratif, *RFDA 2012. 423 .*
Nota. Les éléments ci-dessous doivent se lire désormais à la lumière des nouveaux principes gouvernant la validité des consultations, qu'elles soient obligatoires ou facultatives. V. note 273.

247. Sur la consultation du Conseil d'État, V. notes 198 s.

248. Une autorité administrative est tenue de se conformer aux règles de procédure à caractère réglementaire qu'elle a elle-même édictées aussi longtemps qu'elle n'a pas décidé de procéder à leur abrogation ; dès lors si une consultation est prévue elle doit avoir lieu. • CE 15 mai 2000, *Territoire de Nouvelle-Calédonie,* n° 193725 : *préc. note 132.*

249. Au regard de la Constitution la création d'un organe consultatif est du domaine du règlement. • Cons. const. 30 déc. 1980, n° 80-120 L : *Rec. Cons. const. 78 ; RJC II-95 ; JO 31 déc., p. 3244* • Cons. const. 5 mai 1998, n° 98-183 L : *Rec. Cons. const. 243 ; RJC II-152 ; JO 7 mai, p. 6964 ; D. 2000. 55, obs. Philip ; AJDA 1998. 494, chron. Schoettl .*

250. L'illégalité ou l'annulation de la décision instituant l'organisme consultatif emporte celle des décisions prises après son avis. • CE, sect., 23 mars 1962, *Revers : Lebon 202* • CE, sect., 1er juill. 1983, *Raveau : Lebon 288, concl. Robineau ; Rev. adm. 1984. 46, note Pacteau.*

1. Consultation obligatoire

251. Origine de l'obligation. L'obligation de consultation peut être contenue dans un texte de droit interne, qu'il s'agisse d'une loi. • CE 27 mars 1981, *SGEN CFDT,* n° 12300 B. ♦ ... D'une ordonnance. • CE 27 avr. 1998, *Conféd. synd. médicaux français,* n° 185645 B • CE 24 févr. 1999, *Assoc. patients de la médecine d'orientation anthroposophique : Lebon 29 ; AJDA 1999. 823, note Ricci ; Dr. adm. 1999, n° 227, obs. J.-C. B. ; RFDA 1999. 437 .* ♦ ... Ou d'un règlement. • CE, sect., 8 janv. 1982, *SARL « Chocolat de régime Dardenne »,* n° 17270 : *préc. note 40* • CE 26 mai 1995, *Synd. gén. affaires culturelles CFDT,* n° 145749 B.

252. Elle peut être également contenue dans un texte de droit communautaire. • CE, ass., 11 mars 1994, *Union transporteurs en commun de voyageurs des Bouches-du-Rhône : Lebon 116 ; RFDA 1994. 1004, concl. du Marais ; D. 1995. 49, note Pastorel* • CE 6 déc. 2006, *Assoc. utilisateurs et distributeurs agrochimie européenne,* n° 282417 : *Lebon 498*

; *RDSS 2007. 165, note Megerlin.* ♦ ... Et concerner un organisme communautaire. • CE, ass., 11 mars 1994, *Union transporteurs en commun de voyageurs des Bouches-du-Rhône : préc.*

253. Si l'autorité réglementaire a toujours la faculté d'instituer une fonction consultative dans tout domaine où elle a un pouvoir de décision, le législateur dispose également de pareille faculté dans les domaines qui lui sont réservés par la Constitution ; il a, dès lors, la possibilité dans ces domaines de faire précéder la décision d'une autorité administrative de l'avis d'une commission même créée par voie réglementaire. • Cons. const. 28 nov. 1973, n° 73-80 L § 1 : *Rec. Cons. const. 45 ; RJC II. 57 ; JO 6 déc., p. 12949 ; RSC 1974. 855, note Larguier ; JCP 1975. 2740, note Rassat.* ♦ Cependant, dans le cas où, sans y être légalement tenue, elle sollicite l'avis d'un organisme consultatif, l'administration, auteur de l'acte, doit procéder à cette consultation dans des conditions régulières. • CE 20 déc. 2017, n° 410381 B : *AJFP 2018. 229* . ♦ Comp. • CE 18 nov. 2020, n° 436471 B : *AJDA 2020. 2289* .

254. La consultation est réputée obligatoire lorsque l'acte doit être pris après avis conforme. • CE 29 janv. 1969, *Chanebout : Lebon 43* • CE 5 févr. 1990, *Brancourt : Lebon 844* .

255. Le juge vérifie si la consultation est ou non obligatoire. • CE 1er déc. 1999, *Synd. compagnies aériennes autonomes : préc. note 203* • CE 11 févr. 2004, n° 261288 A. ♦ En cas de doute, le juge interprète le texte prévoyant la consultation et le texte contesté. • CE, ass., 12 déc. 1969, *André : Lebon 757* • CE 27 avr. 2011, n° 334041 B : *préc. note 43.* ♦ Il apprécie le caractère obligatoire de la consultation à la date d'édition du texte. • CE, sect., 30 juill. 2003, *GEMTROT,* n° 237201 A : *préc. note 134.*

V. pour d'autres décisions dans le même sens : .

256. Il apprécie le caractère obligatoire de la consultation en fonction de l'objectif poursuivi. Ainsi lorsque le règlement se borne à codifier des dispositions réglementaires et à assurer la cohérence rédactionnelle des textes et l'harmonisation de l'état du droit, l'autorité administrative n'est pas tenue de procéder aux consultations auxquelles l'édiction des dispositions est en principe soumise. • CE 12 févr. 2007, n° 285464 B : *préc. note 101.* ♦ ... De l'importance des modifications introduites par la disposition contestée. • CE 11 oct. 2010, n° 329373 B : *AJDA 2011. 471* .

257. Consultation impossible. Lorsque la consultation est impossible que l'on peut s'en dispenser. C'est en particulier le cas lorsque l'organisme à consulter n'est pas encore mis en place. • CE, ass., 28 mai 1971, *Barrat : préc. note 100* • CE 30 déc. 1998, *Synd. nat. CGT-FO de l'ANPE,* n° 177854 B. ♦ Cependant, après quelque temps, il faut que des circonstances particulières aient empêché la constitution de l'organisme faute de quoi la consultation est réputée absente. • CE 10 janv. 2001, *Ch. nat. des prestataires animaliers,* n° 212940 : *Lebon 3* *; RFDA 2001. 516* .

258. Encore faut-il que l'administration apporte la preuve de l'impossibilité dans laquelle elle était de réaliser la consultation. • CE 8 avr. 2015, *Synd. nat. médecins biologistes,* n° 371236 : *AJDA 2015. 1450* .

259. Consultation anticipée. Si l'organisme rend son avis sur un projet de texte réglementaire avant la promulgation de la loi pour l'application de laquelle ce texte doit être pris, l'autorité compétente n'est tenue, dans l'hypothèse d'une consultation obligatoire, de le saisir de nouveau que si le texte législatif porté à la connaissance de ses membres a ultérieurement fait l'objet d'une modification susceptible d'avoir une incidence sur l'appréciation à laquelle il s'est livré. • CE 17 nov. 2017, *SYNERPA,* n° 400939 § 8 B : *AJDA 2017. 2282* *; ibid. 2403, chron. Roussel et Nicolas* .

260. Rôle du juge. Le juge vérifie que la consultation a bien eu lieu. • CE, ass., 11 juill. 2001, *FNSEA,* n° 219494 : *préc. note 152* • CE 5 mai 2003, *Synd. juridiction administrative : Dr. adm. 2003, n° 183, note R.S.* (annulation d'un décret en Conseil d'État). ♦ ... Qu'elle a été menée selon une procédure régulière. • CE 24 mars 2004, *Cne de Marin,* n° 248910 B. ♦ ... Que les règles concernant la convocation de l'organisme, sa composition et le quorum ont été respectées. • CE, ass., 29 juin 2001, *Grouliet et a.,* n° 212347 : *Lebon 291* • CE 11 mai 2004, *Assoc. AC !,* n° 255886 : *préc. note 161.* ♦ ... Que c'est bien l'organisme et non son président (ou secrétaire général) seul qui a délivré l'avis. • CE 3 déc. 1975, *Tribouillier : Lebon 615* • CE 2 juill. 2007, *Assoc. AC !,* n° 290593 : *Lebon 293* . ♦ ... Que l'organisme a été régulièrement constitué et composé. • CE 17 oct. 2007, *Dpt des Bouches-du-Rhône,* n° 294447 B • CAA Douai, 29 mars 2007, *Mme Jonckers,* n° 06DA00582 B. ♦ ... Que l'organisme a bien été en mesure de donner un avis en étant correctement informé (V. note 275) et suffisamment tôt. • CE, sect., 31 mai 2000, *Sté Wellcome Fondation Limited,* n° 213882 : *Lebon 205, concl. Boissard* *; RD publ. 2001. 364, obs. Guettier (a contrario).* ♦ ... Qu'il a pu valablement débattre collégialement et non sous forme de simple consultation individuelle. • CE 17 mai 1999, *Sté Smithkline Beecham Laboratoires pharmaceutiques,* n° 196475 B. ♦ ... Qu'il a disposé de suffisamment de temps. • CE 29 juill. 2002, *Conseil nat. Ordre des médecins : Lebon T. 592.* ♦ ... Même si aucun délai n'est imparti. • CE

17 mai 2006, *Synd. nat. CFDT personnels ministère chargé de l'agriculture,* n° 274629 B. ♦ ... Que l'organisme consulté est bien compétent *ratione temporis.* • CE 6 août 2008, *Assoc. « Vent de colère »,* n° 297723 : *AJDA 2008. 2117, note Le Baut-Ferrerèse ; ibid. 2008. 2315, obs. P.-A. J.* ♦ ... Ou *ratione materiae.* • CE, ass. 28 déc. 2009, *Synd. nat. du travail, de l'emploi et de la formation CFDT,* n° 316479 : *AJDA 2010. 568, note Marc .*

261. S'agissant du quorum, à défaut de détermination des règles relatives à celui-ci dans l'acte fixant la composition et les règles de fonctionnement de l'organisme ou d'habilitation expresse, par ces textes, à fixer le quorum dans le règlement intérieur de l'organisme, celui-ci délibère valablement si la majorité de ses membres titulaires ou suppléants sont présents et dans le cas où cette majorité n'est pas réunie lors de la première réunion, quel que soit le nombre de membres présents lors d'une réunion suivante dûment convoquée. • CE 19 févr. 2003, *Brésillon : Dr. adm. 2003, n° 12, note R.S.* ♦ On notera que, dans le silence des textes, le Président d'un organisme collégial ne peut se prévaloir d'une voix prépondérante en cas de partage, une telle règle ne résultant d'aucun principe général du droit ni d'aucune règle générale de procédure. • CE, ass., 5 juin 1959, *Naud : Lebon 343* • CE 9 déc. 2005, *Assemblée nationale,* n°s 271315 et 274396 : *Lebon 557 .* ♦ Jugé qu'une position spontanée émise par l'organisme à consulter ne peut tenir lieu de consultation. • CE 6 sept. 2006, *Féd. nat. Synd. salariés des mines et de l'énergie CGT,* n° 276075 : *préc. note 255* • CE 28 déc. 2007, *Org. producteurs marins pêcheurs de l'Île d'Yeu,* n° 296977 : *Dr. adm. 2008. 48, note Glaser.*

262. Le juge vérifie également que l'avis a bien été rendu par la personne compétente. • CE 7 avr. 1999, *Sté Soucas,* n° 183619 B. ♦ ... Quelle était, en fonction du texte saisi, la procédure applicable et si celle-ci a été respectée • CE, ass., 27 oct. 2000, *SNES,* n° 205811 : *préc. note 255.* ♦ ... Que le délai s'écoulant entre l'avis et la prise de l'acte, même s'il est long, n'a pas conduit à rendre indispensable un nouvel avis compte tenu de l'absence de changement de circonstance de droit ou de fait. • CE 8 nov. 1991, *Union laitière normande,* n° 81461 B • CE 27 févr. 1998, *Thomassin,* n° 182760 B. ♦ ... Que l'éventuelle irrégularité a bien eu une incidence sur la décision prise. • CE, sect., 31 mai 2000, *Sté Wellcome Fondation Limited : préc. note 261.* ♦ L'autorité administrative peut saisir l'organisme consultatif d'une nouvelle demande d'avis sur un même texte dès lors que cela ne révèle pas un détournement de procédure. • CE 28 avr. 2006, *Cne de Toulon,* n° 278087 B.

2. Consultation facultative

263. Dès lors que la consultation est facultative, le fait qu'elle n'ait pas été mise en œuvre avant l'édiction du texte réglementaire n'entache pas celui-ci d'illégalité. • CE, sect., 4 mai 1979, *Comité d'action des prisonniers : Lebon 182* • CE 1er déc. 1999, *Synd. compagnies aériennes autonomes : préc. note 203* • CE 18 oct. 2006, *Région Pays de la Loire,* n° 284563 B.

264. Possibilité de consulter. Il a toujours été admis que le Gouvernement puisse s'entourer d'avis avant de prendre un acte • CE, sect., 22 avr. 1955, *Union propriété bâtie de France : Lebon 210 ; AJDA 1995. 270, concl. Heumann* • CE 19 mars 2007, *Mme Le Gac,* n° 300467 : *préc. note 21* ♦ ... Sauf lorsque le texte fixant la procédure d'adoption a indiqué précisément les conditions de celle-ci. • CE, sect., 8 janv. 1982, *SARL « Chocolat de régime Dardenne » : préc. note 40.*

265. Pour ce faire, le Premier ministre et les ministres ont le pouvoir, dans le cadre de leur compétence d'organisation de leurs services, de créer des organismes consultatifs. • CE, sect., 27 nov. 1953, *Marette : Lebon 517 ; D. 1954. 754, concl. Guionin* (V. aussi notes 45 s.). ♦ Cependant, une fois ces organismes mis en place, il n'est pas possible de se dispenser de les consulter. • CE, sect., 27 nov. 1953, *Marette : préc.*

266. Consultation anticipée. Si l'organisme rend son avis sur un projet de texte réglementaire avant la promulgation de la loi pour l'application de laquelle ce texte doit être pris, l'autorité compétente n'est pas tenue, dans l'hypothèse d'une consultation facultative, de saisir de nouveau l'organisme consulté mais apprécie librement l'utilité pour elle d'être éclairée par un nouvel avis compte tenu de la modification du texte législatif. En outre, elle conserve la possibilité d'apporter à son projet les modifications qui lui paraissent utiles, quelle qu'en soit l'importance, sans être dans l'obligation de saisir à nouveau l'organisme consulté. • CE 17 nov. 2017, n° 400939 B § 8 : *AJDA 2017. 2282 ; ibid. 2403, chron. Roussel et Nicolas .*

267. Absence d'avis. Dans le cas où aucun texte n'impose la consultation d'un organisme, il ne peut être tenu rigueur de n'y avoir pas procédé. • CE, ass., 18 avr. 1980, *SNES : Lebon 183 ; D. 1980. 602, note Toulemonde* • CE 5 juill. 1989, *Saubot : préc. note 213* • CE 29 avr. 2002, *Ch. des métiers de Haute-Corse,* n° 235000 : *Lebon 157* • CE 30 déc. 2002, *SNUDI-FO,* n° 234626 B.

268. Ainsi, lorsqu'un règlement est soumis à l'avis d'un organisme consultatif sans que cette procédure soit obligatoire, l'autorité compétente conserve la faculté de prendre l'acte avant que l'avis soit rendu. • CE, sect., 28 avr.

1967, *Féd. nat. synd. pharmaceutiques : Lebon 180* • CE 27 févr. 1981, *Synd. personnels CGT min. industrie : Lebon 110*. ♦ ... De modifier le projet après la consultation. • CE, sect., 15 mars 1974, *Synd. nat. fonctionnaires CGT-FO fonctionnaires du commerce extérieur : Lebon 188 ; AJDA 1974. 434, concl. Braibant, chron. Franc et Boyon ; D. 1975. 152, note Pacteau ; JCP 1975. 17923, note Auby* • CE, ass., 18 avr. 1980, *SNES : préc. note 267* • CE 8 juill. 1988, *Union nat. synd. de médecins des hôpitaux publics : Lebon 281*.

269. Enfin, un décret pris après consultation facultative d'un organisme peut être modifié sans que cet organisme soit à nouveau consulté. • CE 17 oct. 1997, *Féd. synd. gén. de l'éducation nationale*, n° 159856 B.

270. Procédure régulière. Si la consultation a lieu, il faut, là encore, que la procédure en soit régulière (convocation, composition, quorum, etc.). • CE, ass., 18 avr. 1980, *SNES : préc. note 267* • CE 27 nov. 1992, *Féd. Interco CFDT : préc. note 13* • CE 9 juill. 2003, *UFC « Que choisir ? »*, n° 220803 B. ♦ ... Faute de quoi le texte pris après cette consultation sera annulé. • CE, ass., 9 déc. 1966, *Berland : Lebon 651*. ♦ Ainsi, il faut que tous les dossiers, et pas certains seulement, soient soumis à la consultation. • CE 27 juill. 2001, *Charreau*, n° 224198 : *Lebon 399*.

271. L'autorité administrative ne doit pas profiter de la demande d'avis pour se départir de son pouvoir et le faire exercer en fait par l'organe consulté. • CAA Lyon, 20 avr. 2006, *Cne de Villars-les-Dombes*, n° 00LY00959 : *Lebon 701*.

272. S'il est de bonne pratique, lorsqu'un membre d'une commission administrative à caractère consultatif est en situation de devoir s'abstenir de siéger pour l'examen d'une question, qu'il quitte la salle où se tient la séance pendant la durée de cet examen, toutefois, la circonstance que l'intéressé soit resté dans la salle n'entraîne l'irrégularité de l'avis rendu par la commission que si, en raison notamment de son rôle dans celle-ci, de l'autorité hiérarchique, scientifique ou morale qui est la sienne ou de la nature de ses liens d'intérêt, sa simple présence pendant les délibérations a pu influencer les positions prises par d'autres membres de l'instance. • CE, sect., 22 juin 2015, *Sté Zambon France*, n° 361962 : *Lebon ; AJDA 2015. 1447 ; ibid. 1626, chron. Lessi et Dutheillet de Lamothe*.

3. Effet des irrégularités affectant l'avis

BIBL. Domino et Bretonneau, La jurisprudence « Danthony » : bilan après 18 mois, *AJDA 2013. 1733*. – Roux, Danthony, cinq ans après, *Dr. adm. 2016. 138.*

273. Si les actes administratifs doivent être pris selon les formes et conformément aux procédures prévues par les lois et règlements, un vice affectant le déroulement d'une procédure administrative préalable, suivie à titre obligatoire ou facultatif, n'est de nature à entacher d'illégalité la décision prise que s'il ressort des pièces du dossier qu'il a été susceptible d'exercer, en l'espèce, une influence sur le sens de la décision prise ou qu'il a privé les intéressés d'une garantie ; l'application de ce principe n'est pas exclue en cas d'omission d'une procédure obligatoire, à condition qu'une telle omission n'ait pas pour effet d'affecter la compétence de l'auteur de l'acte. • CE, ass., 23 déc. 2011, *Danthony*, n° 335033 : *GAJA, 22ᵉ éd., n° 110 ; Lebon 649 ; RFDA 2012. 284, concl. Dumortier ; ibid. 296, note Cassia ; AJDA 2012. 195, chron. Domino et Bretonneau ; ibid. 1484, étude Mialot ; JCP Adm. 2012. 2089, note Broyelle ; Dr. adm. 2012. 22, note Melleray* • CE 29 avr. 2013, *Batz*, n° 359472 B : *JCP Adm. 2013. 2356, note Bosseboeuf* • CE 31 janv. 2014, *B.*, n° 369178 : *AJDA 2014. 258 ; JCP Adm. 2014. 150.* ♦ Il appartient au juge administratif d'écarter, le cas échéant de lui-même, un moyen tiré d'un vice de procédure qui, au regard de ce principe, ne lui paraît pas de nature à entacher d'illégalité la décision attaquée ; en statuant ainsi, le juge ne relève pas d'office un moyen qu'il serait tenu de communiquer préalablement aux parties. • CE 17 févr. 2012, *Sté Chiesi SA*, n° 332509 : *Lebon 43, concl. Vialettes ; RFDA 2012. 296, note Cassia ; AJDA 2012. 353*. ♦ Commet une erreur de droit un juge qui, ayant admis que la consultation ne présente pas le caractère d'une garantie, ne recherche pas si l'irrégularité de la consultation a eu une incidence sur le sens de la délibération attaquée. • CE, sect., 23 oct. 2015, *Sté CFA Méditerranée*, n° 369113 : *Lebon ; AJDA 2015. 2007 ; ibid. 2382, concl. Bohnert ; RDI 2016. 36, obs. Foulquier ; JCP Adm. 2016. 2248, note Martin.*

274. Influence sur le sens de la décision prise. Le fait que les délibérations par lesquelles les conseils d'administration des deux écoles normales supérieures ont pris parti sur le principe de la fusion avec l'autre établissement ont été émises lors d'une réunion organisée en commun, sous la présidence unique du président du conseil d'administration de l'un des deux établissements, y compris pendant le débat et le scrutin. En effet, eu égard au nombre et à la qualité des personnes irrégulièrement présentes, et en dépit du fait que les administrateurs étaient informés depuis plusieurs mois du projet de regroupement, de telles modalités de délibération ne peuvent être regardées comme dépourvues d'incidence sur le sens des votes, même si ceux-ci ont été émis de façon distincte. • CE, ass., 23 déc. 2011,

Danthony, n° 335033 : *préc. note 273.* ♦ ... Le fait de ne pas soumettre à la Haute Autorité de santé le décret relatif à la formation des chiropracteurs. • CE 17 juill. 2015, *Cons. nat. Ordre des médecins,* n° 354103 : *Lebon.* ♦ ... Le fait que au moment où il a donné son avis, le comité était irrégulièrement composé, compte tenu du nombre des personnes concernées et de leur qualification pour émettre en connaissance de cause un avis technique. • CAA Marseille, 7 févr. 2012, *Assoc. Avenir d'Allet,* n° 09MA01576 : *AJDA 2012. 1363.*

275. Privation d'une garantie. A privé les intéressés d'une garantie le fait que, si les comités techniques paritaires des deux écoles ont été consultés sur le projet de statuts de la nouvelle École normale supérieure, ils ne l'ont été que lors d'une réunion commune tenue postérieurement aux délibérations des conseils d'administration formulant la demande de regroupement. • CE, ass., 23 déc. 2011, *Danthony,* n° 335033 A : *préc. note 273.* ♦ ... A également privé d'une garantie suffisante le fait que le siège dans un conseil d'enquête un militaire ayant déjà siégé dans la même affaire. • CE 22 févr. 2012, n° 343052 B : *AJDA 2012. 409.* ♦ Il en va de même pour : la commission de classification des films qui n'a pas suffisamment motivé l'avis à partir duquel le ministre accorde ou refuse le visa d'exploitation. • CE 29 juin 2012, *Assoc. Promouvoir,* n° 335771 B : *AJDA 2012. 1957, note Pacteau.* ♦ ... Les listes de candidats à un poste de professeur au CNAM ne comportant qu'un seul nom alors que au moins un autre candidat répondait aux exigences minimales pour être légalement nommé. • CE, sect., 4 oct. 2012, *Rousseaux,* n° 347312 A : *RFDA 2012. 1195, concl. Keller.* ♦ Rappr. allant dans le même sens avant la décision *Danthony.* • CE 25 nov. 2009, *Assoc. Promouvoir,* n° 328677 B : *AJDA 2010. 614 ; JCP 2010. 675, note de la Moréna.* ♦ ... Le fait de ne pas procéder, avant le décret attaqué, à une publication régulière dans un journal d'annonces légales de l'arrondissement de résidence du demandeur de la demande de changement de nom. • CE 29 avr. 2013, *Batz,* n° 359472 B : *préc. note 273.* ♦ ... Le fait : de ne pas procéder à la consultation d'un organisme devant émettre un avis préalable sur l'agrément des organismes collecteurs paritaires. • CE 13 nov. 2013, *CGT-FO,* n° 351776 B : *AJDA 2014. 595.* ♦ ... Le fait de ne pas mettre la requérante, qui l'avait demandé, en mesure de consulter son dossier avant que soit prise à son encontre une mesure en considération de sa personne. • CE 31 janv. 2014, *B.,* n° 369178 : *préc. note 273* • CE 24 juill. 2019, n° 418061 B : *AJDA 2019. 1605 ; JCP Adm. 2019. 568.* ♦ ... De prendre un arrêté dès le lendemain du jour de la clôture de la consultation du public (...) et sans qu'ait été établie la synthèse des observations et propositions recueillies lors de la consultation en matière environnementale. • CE 12 juill. 2019, n° 424600 B : *AJDA 2019. 1481 ; ibid. 2129, note de Fournoux.*

276. Absence d'influence sur le sens de la décision prise. La transmission du projet de décret initial 3 jours avant la séance au cours de laquelle il en a été discuté, dès lors que les débats portés au procès-verbal de cette réunion attestent que les membres du comité ont été à même d'exprimer utilement leur opinion sur l'ensemble des questions soulevées par ce texte. • CE 27 avr. 2012, *Synd. nat. enseignement technique agricole SNETAP-FSU,* n° 348637 B : *AJDA 2012. 916.* ♦ ... Le défaut de publication de l'avis invitant les personnes intéressées à faire connaître leur avis dès lors qu'elles on été mises en mesure de faire connaître leurs observations du fait d'une large procédure de consultation. • CE 19 juin 2013, *Féd. prof. entreprises du sport et des loisirs,* n° 352898 B : *AJDA 2013. 1310.* ♦ ... La présence, à la commission administrative paritaire, de la directrice-adjointe des ressources humaines du centre hospitalier, chargée d'assurer le secrétariat de la commission, et son intervention dans les débats relatifs à la notation de M. A. • CE 6 nov. 2013, *A.,* n° 359501 : *AJDA 2013. 2231.* ♦ Rappr. s'agissant d'une « note du rapporteur » faisant état des avis des personnes publiques consultées et des suites qui leur ont été réservées. • CE 17 juill. 2013, *Sté fr. de radiotéléphone – SFR et a.,* n° 350380 B : *AJDA 2013. 1548 ; ibid. 2326, note Sibileau.* L'irrégularité de la désignation de membres ne participant au groupe de travail qu'à titre consultatif. • CAA Nancy, 7 nov. 2013, *Sté Cap,* n° 12NC01453 : *AJDA 2014. 634, note Zavoli.* ♦ Rappr. pour d'autres hypothèses relatives à la composition irrégulière de l'organe chargé de donner l'avis. • CE 23 déc. 2015, *Union de la publicité extérieure,* n° 384524 : *AJDA 2016. 10.* ♦ ... La circonstance que le conseil municipal n'avait pas été informé de la teneur de l'avis du service des domaines. • CE, sect. 23 oct. 2015, *Sté CFA Méditerranée,* n° 369113 : *préc. note 273.*

277. Absence de privation d'une garantie. La lecture du rapport émanant de l'autorité ayant le pouvoir disciplinaire en séance ne peut être regardée, en elle-même, comme une garantie dont la seule méconnaissance suffirait à entacher d'illégalité la décision prise à l'issue de la procédure dès lors que ce rapport a bien été communiqué au fonctionnaire déféré devant le conseil de discipline et aux membres de celui-ci. • CE 12 févr. 2014, *B.,* n° 352878 : *JCP Adm. 2014. 175.*

278. Malgré cette nouvelle approche, le Conseil d'État admet que la consultation était obligatoire dans tous les cas de figure, même en cas d'impact neutre. • CE 13 mai 2016, *Sté Voltalis,* n° 375120 : *Lebon ; AJDA 2016. 985 ; JCP Adm. 2016. 2282, note Donier.*

4. Portée de l'avis

BIBL. Belrhali-Bernard, Les avis conformes du Conseil d'État, *AJDA 2008. 1181* .

279. Avis conforme. Si l'avis doit être conforme, l'autorité administrative doit décider conformément à cet avis dès lors que celui-ci n'a pas été rendu illégalement. • CE 11 févr. 1976, *Sté UAP : Lebon 94* (s'agissant d'un permis de construire). ♦ Aussi, lorsque l'avis est donné avec réserve, l'acte se doit de les reprendre dans son contenu. • CE 26 juill. 1996, *Assoc. utilisateurs de données publiques,* n° 160481 B. ♦ Dans ce cas, l'avis non conforme constitue un acte faisant grief qui peut être déféré au juge de l'excès de pouvoir. • CE 29 oct. 2013, *Vidon,* n° 346569 : *Lebon 259 ; AJDA 2013. 2183 ; JCP Adm. 2013. 887* • CE, avis, 16 déc. 2013, *Bekhouche,* n° 366791 : *Lebon 314 ; JCP Adm. 2014. 2108, note Cassia.*

280. Gouvernement non lié. Dans les autres cas, même lorsque la consultation est obligatoire, l'avis émis n'a pas à être obligatoirement suivi. • CE, sect., 28 avr. 1967, *Féd. nat. synd. pharmaceutiques : préc. note 268* • CE 9 juin 2004, *Simonnet,* n° 237186 B. ♦ Rappr. pour une mesure individuelle. • CE, sect., 30 juin 2003, *Stilinovic,* n° 248242 : *Lebon 258, concl. Lamy ; AJDA 2003. 1334, chron. Donnat et Casas ; AJFP 2004. 36, note Moniolle* .

281. Avis sur un texte. Lorsque l'avis est demandé sur un texte, l'organisme doit être mis à même d'exprimer son avis sur l'ensemble des questions soulevées par le texte. • CE, ass., 2 mai 1958, *Synd. aut. greffiers de l'État : Lebon 252* • CE 2 déc. 1981, *Assoc. « Fluvial Service »,* n° 16863 : *Lebon 456* . ♦ Et ce, même si le texte lui-même n'a pas nécessairement à être communiqué. • CE 6 juin 1979, *Havet,* n° 09161 : *Lebon 263* .

282. Il est possible, sans demander un nouvel avis, d'apporter au texte des modifications données qui ne posent pas de questions nouvelles ou qui résultent des observations faites dans l'avis. • CE 17 mai 1972, *Conseil nat. Ordre des médecins : Lebon 369* • CE 27 nov. 1992, *Féd. Interco CFDT : préc. note 13* • CE 7 juin 2006, *Assoc. AIDES et a.,* n° 285576 : *Lebon 282 ; AJDA 2006. 2233, note Rihal ; Dr. soc. 2006. 1037, concl. Devys ; RDSS 2006. 1047, note Gay* • CE 27 oct. 2008, *Féd. dptale. assoc. agréées de la pêche et de protection du milieu aquatique de l'Orne,* n° 307546 : *RFDA 2008. 1265.* ♦ V. s'agissant de la consultation du Conseil d'État. • CE 27 oct. 2000, *Louard,* n° 212967 : *Lebon. 465* • CE 19 mars 2007, *Mme Le Gac,* n° 300467 : *préc. note 21* • CE 9 juill. 2007, *Synd. EGF-BTP,* n° 297711 : *préc. note 106.* ♦ V. également notes 206 s. ♦ ... Faute de quoi un nouvel avis doit être demandé. • CE 3 oct. 2003, *Groupement agriculteurs biologistes et biodynamistes du Maine-et-Loire,* n° 253696 B. ♦ ... A moins que l'autorité ne renonce à prendre les mesures pour lesquelles un avis négatif a été rendu. • CE 8 avr. 1991, *Synd. nat. inspecteurs de la jeunesse, des sports et des loisirs,* n° 88310 B.

283. Saisi d'une disposition, l'organisme consulté est nécessairement mis à même d'exprimer son avis sur son entrée en vigueur et ses conditions d'application aux situations en cours. Par suite, si ne figuraient pas dans le projet de décret soumis les dispositions qui précisent que le délai de deux ans par ce texte court à compter de la date d'entrée en vigueur de ces dispositions à l'égard des contrôleurs des impôts et des contrôleurs du Trésor public affectés à l'étranger à cette date, ces dernières dispositions ne soulevaient pas de question nouvelle imposant de consulter à nouveau le comité. • CE 14 nov. 2011, *Lansiaux,* n° 345340 : *AJDA 2012. 106, concl. Botteghi* .

284. Avis sur des mesures d'avancement ou de promotion. L'administration n'est pas tenue de faire figurer sur le projet de liste d'aptitude qu'elle soumet à la commission administrative paritaire l'ensemble des agents ayant vocation à être promus. • CE 18 nov. 1992, *Leonetti,* n° 304987 B. ♦ Si, pour procéder à la consultation de la commission administrative paritaire sur son projet de tableau annuel d'avancement au grade supérieur d'un cadre d'emploi et sur son projet de liste d'aptitude au cadre d'emploi de la catégorie supérieure, l'autorité administrative compétente n'est pas tenue de faire figurer l'ensemble des agents remplissant les conditions pour être promus sur les projets de tableau et de liste soumis à la commission administrative paritaire, en revanche, elle doit, d'une part, préalablement à la présentation des projets de tableau et de liste, avoir procédé à un examen de la valeur professionnelle de chacun des agents remplissant les conditions pour être promus et, d'autre part, tenir à la disposition de la commission administrative paritaire les éléments sur lesquels elle s'est fondée pour établir ses projets de tableau et de liste après avoir comparé les mérites respectifs des agents. • CE 27 avr. 2011, *Cne de La Ciotat,* n° 304987 B : *AJDA 2011. 873* .

285. Avis sur des questions. Par ailleurs, la portée de l'avis est aussi fonction des compétences de l'organe consultatif. Ainsi, dès lors qu'il n'a à se prononcer que « sur les grandes orientations », ou sur des « questions », le texte définitif pourra être différent du texte soumis à l'avis, si toutes les orientations retenues ont fait l'objet d'un examen. • CE 11 oct. 1985, *Synd. gén. recherche agronomique : Lebon 278* • CE, ass., 23 oct. 1998, *Union des féd. CFDT des fonctions publiques : Lebon 360*. ♦ ... Dès lors que la question traitée par le texte n'est pas différente de celle pour laquelle l'organisme a été consulté. • CE 15 mai 2000, *Territoire de la Nouvelle-Calédonie*, n° 193725 : *préc. note 132*. ♦ C'est en particulier le cas lorsque l'organisme consulté n'a pas à être saisi du texte projeté. • CE, ass., 10 avr. 1992, *Assoc. nat. protection des salmonidés : Lebon 157*.

286. Étendue de l'avis. En étant appelé à émettre un avis sur une règle que se propose d'édicter le texte sur lequel il est consulté, l'organisme est nécessairement mis à même de s'exprimer sur l'entrée en vigueur de cette règle et ses conditions d'application dans le temps, lesquelles, dès lors, ne soulèvent pas de questions nouvelles par rapport à celles dont l'organisme a été saisi. • CE 14 nov. 2011, *M*[me] *Lansiaux et a.*, n° 345340 : *AJDA 2011. 2264*.

5. Nature juridique de l'avis

287. L'avis n'est pas un acte faisant grief et, dès lors, il ne peut être directement contesté par la voie du recours pour excès de pouvoir. • CE 12 déc. 1990, *Synd. sylviculteurs du Sud-Ouest : Lebon 357*. ♦ Cependant, dans l'hypothèse où un avis conforme est requis, celui-ci peut être contesté devant le juge par l'autorité consultante. • TA Poitiers, 20 févr. 1991, *Préfet de la Charente : JCP 1991. 393.*

b. Autres procédures

288. Lorsqu'un règlement doit être pris « sur le rapport » de tel ou tel ministre, l'absence de ce rapport conduit à l'annulation. • CE, ass., 14 avr. 1995, *Caisse aut. retraite des médecins français : Lebon 181*. ♦ En revanche, il importe peu que le rapport ne comporte pas la signature de tous les ministres rapporteurs. • CE 28 juill. 2000, *Tête : Lebon 319* ; *RFDA 2001. 121, concl. Savoie* ; *AJDA 2000. 796, chron. Guyomar et Collin*. ♦ La détermination des ministres sur le rapport desquels doit être pris l'acte réglementaire est de la compétence du règlement. • Cons. const. 20 févr. 1973, n° 73-76 L § 15 : *Rec. Cons. const. 29 ; RJC II-51 ; JO 25 févr., p. 2131.*

289. Le parallélisme des procédures obligatoires s'impose pour la modification ou l'abrogation des textes réglementaires. • CE, sect., 28 avr. 1967, *Féd. nat. synd. pharmaceutiques : préc. note 268* • CE 18 févr. 1994, *Gardedieu*, n° 112587 B.

4° VIOLATION DIRECTE DE LA RÈGLE DE DROIT

a. Vices tenant à l'acte lui-même, à son contenu

1. Violation de normes de valeur constitutionnelle

290. Constitution. Sous les limites indiquées à la note 295, l'acte réglementaire doit être conforme à la Constitution. • CE 22 janv. 1982, *Ah Won : préc. note 218* • CE 9 juill. 1986, *Ville de Paris : Lebon 196* ; *AJDA 1986. 547, chron. Azibert et de Boisdeffre ; RFDA 1987. 280, concl. Fornacciari* • CE 18 déc. 1996, *Toucas : Lebon 496*. ♦ Il appartient donc au juge administratif de vérifier si les mesures prises pour l'application de la loi n'ont pas elles-mêmes méconnu les exigences constitutionnelles. • CE 27 oct. 2011, *CFDT*, n° 343943 B : *AJDA 2011. 2098*.

291. Ainsi est annulée l'instruction par laquelle le ministre invite le conseil d'administration de France Télévisions à anticiper l'adoption d'une loi en cours de discussion ; les dispositions de l'instruction ministérielle et de la décision prise en conséquence par le conseil d'administration de France Télévisions empiètent sur les compétences du législateur fixées à l'art. 34 Const. et sont annulées. • CE 11 févr. 2010, *Borvo*, n° 324233 : *AJDA 2010. 1635, chron. Liéber et Botteghi* ; *RFDA 2010. 776, concl. Thiellay*.

292. Préambule. Il en va de même du préambule de 1958 (renvoi au préambule de 1946 et à la Déclaration des droits de l'homme et du citoyen). • CE, ass., 8 déc. 1978, *GISTI : Lebon 493, concl. Dondoux* ; *AJDA mars 1979. 38, chron. Dutheillet de Lamothe et Robineau ; GAJA, 22*[e] *éd., n° 80 ; D. 1979. 661, note Hamon.* ♦ ... Et des principes fondamentaux reconnus par les lois de la République. • CE 7 juin 1999, n° 188812 A. ♦ Rappr. • CE, avis cont., 29 déc. 1999, *Leboulch*, n° 210147 A *(a contrario)* ♦ ... Dès lors que les dispositions invoquées sont suffisamment précises. • CE 27 sept. 1985, *France Terre d'asile : Lebon 263* ; *D. 1986. IR 278, obs. Wacquet et Julien-Laferrière.*

293. L'objectif de valeur constitutionnelle de clarté et d'intelligibilité de la norme est opérant à l'encontre d'un décret. • CE 8 juill. 2005, *Féd. synd. gén. éducation nationale et de la recherche publique, SGEN-CFDT*, n° 266900 B • CE 7 oct. 2015, *SNES*, n° 386436 : *Lebon ; AJDA 2015. 1890* ; *ibid. 2212, note Brunet* *(a contrario)* • CE 11 déc. 2015, *Polynésie française*, n° 378622 : *AJDA 2016. 579* ; *ibid. 1236, note Pastorel*.

294. Réserves d'interprétation. Il en est de même encore des réserves d'interprétation données par le Conseil constitutionnel qui, conformément à l'art. 62 de la Constitution, s'imposent, et auxquelles le Conseil d'État ne manque pas de se référer. • CE, ass., 10 déc. 1988, *Bleton : Lebon 451. concl. Vigouroux ; AJDA 1989. 102, chron. Azibert et de Boisdeffre ; RFDA 1989. 522, notes Baldous et Négrin et note Dietsch ; JCP 1989. 21228, note Gabolde.* ♦ V. notes ss. Const. 58, art. 62.

295. Limite. Cependant, ces contrôles ne doivent pas conduire le juge administratif à apprécier la constitutionnalité de la loi sur la base de laquelle l'acte réglementaire a été pris (théorie de la « loi-écran »). • CE, sect., 6 nov. 1936, *Arrighi : Lebon 966* • CE 28 janv. 1972, *Conseil transitoire de la faculté des lettres de Paris : Lebon 86* • CE, sect., 3 févr. 1978, *CFDT et CGT : préc. note 20* • CE 11 févr. 2004, *Demas : préc. note 255.* ♦ ... Du moins si la loi contient en elle-même des dispositions de fond de nature à faire obstacle à ce que soient critiquées les dispositions réglementaires en cause. • CE 27 avr. 1987, *Traversac : RFDA 1989. 153* • CE 17 mai 1991, *Quintin : RD publ. 1991. 1429, concl. Abraham.* ♦ Ainsi, le législateur ayant posé le principe d'une condition d'activité à laquelle est subordonné le bénéfice de cette prestation, la conformité d'une telle condition, dans son principe, aux exigences constitutionnelles résultant des 10e et 11e al. Préamb. Const. 1946, qui impliquent la mise en œuvre d'une politique de solidarité nationale en faveur des personnes défavorisées, ne saurait être contestée devant le Conseil d'État, statuant au contentieux, en dehors de la procédure prévue à l'art. 61-1 Const. • CE 27 oct. 2011, *CFDT*, n° 343943 : *préc. note 290.* ♦ De même, si les motifs d'inconstitutionnalité allégués concernent non des dispositions réglementaires assurant directement la transposition de la directive, mais des dispositions réglementaires qui se bornent à réitérer les dispositions législatives transposant cette directive, mettant ainsi directement en cause la conformité à la Constitution de ces dispositions législatives, seule une QPC est possible. • CE 6 déc. 2012, *Sté Air Algérie*, n° 347870 §10 : *Lebon 298 ; AJDA 2012. 2380, chron. Domino et Bretonneau.*

2. Violation de dispositions internationales ou du droit de l'Union

296. La violation d'une norme internationale exécutoire peut être invoquée à l'appui d'un recours en annulation contre un règlement. • CE, ass., 30 mai 1952, *Kirkwood : Lebon 291 ; RD publ. 1952. 781, concl. Latournerie, note Waline ; S. 1953. 33, note Bouzat* • CE, sect., 7 avr. 2006, *Skandrani, req n° 275216 : Lebon 191.* ♦ Est illégale une circulaire qui réitère une règle jugée inconventionnelle. • CE 26 oct. 2012, *Lliboutry*, n° 346648 : *préc. note 46.*

297. Il en va de même de la violation : de règlements communautaires • CE 10 juill. 1970, *Synacomex : Lebon 477.* ♦ ... De directives. • CE, ass., 3 févr. 1989, *Cie Alitalia : préc. note 181* • CE, sect., 5 janv. 2000, *Assoc. fr. des banques*, n° 198492 : *préc. note 181* • CE 10 juin 1994, *Rassemblement des opposants à la chasse : Lebon 313.* ♦ ... De principes généraux du droit communautaire dès lors qu'il s'agit d'un règlement mettant en œuvre le droit communautaire. • CE, ass., 11 juill. 2001, *FNSEA*, n° 219494 : *préc. note 152.* ♦ V. déjà implicitement. • CE 5 mars 1999, *Rouquette et Lipietz : Lebon 37 ; RFDA 1999. 357, concl. Maugüé, note de Béchillon et Terneyre ; AJDA 1999. 420, chron. Raynaud et Fombeur ; RD publ. 1999. 1223, note Camby ; LPA 1er nov. 1999, p. 13, note Matt ; Dr. adm. 1999, n° 138, obs. C. M* • CAA Nantes, 29 déc. 2000, *SA Périmédical : AJDA 2001. 270, note Millet.*

298. Dans le cas des directives encore, est illégal un règlement interne qui est contraire aux objectifs de la directive. • CE, ass., 11 mars 1994, *Union transporteurs en commun de voyageurs des Bouches-du-Rhône : préc. note 252* • CE 12 avr. 2002, *Féd. industries de la parfumerie*, n° 230848 : *Lebon 134 ; RFDA 2002. 678.* ♦ Cependant, si la directive non encore transposée laisse un choix aux États, le Gouvernement ne commet pas d'illégalité en exerçant ce choix. • CE, ass., 30 juin 2000, *Ligue française des droits de l'homme*, n° 210412 : *préc. note 30.*

299. De même, seront annulés les actes qui auront été pris sans respecter les formes imposées par les règles communautaires : V. note 252.

300. En cas de difficultés, le juge interprétera des mesures réglementaires en tenant compte des objectifs contenus dans des directives communautaires pour assurer la compatibilité de ces deux normes. • CE, sect., 22 déc. 1989, *Cercle militaire mixte de la Caserne Mortier : Lebon 260* • CE 26 juin 1996, *Bourgeonnier : Lebon 247.*

301. V. également ss. Const. 58, art. 55, notes 135 s.

3. Violation de dispositions législatives

302. Sous la réserve des dispositions de l'art. 55 Const., les règlements ne peuvent méconnaître les dispositions d'une loi applicable à la date de leur édiction. • CE, ass., 12 mars 1982, *Conseil nat. Ordre des médecins : Lebon 109, concl. Verny ; AJDA 1982. 375, chron. Tiberghien et Lasserre* • CE 28 déc. 2005, *Union synd. magistrats administratifs*, n° 274527 A : *AJDA 2006. 940, note Pontier* • CE 19 mai 2006, *Synd. « Les entreprises du médicament » (LEEM)*, n° 282470 A.

V. pour d'autres décisions dans le même sens :

303. Pour ce faire, le juge va devoir interpréter : la loi et annuler les règlements qui en méconnaissent les termes mêmes. • CE 3 juill. 1959, *Feldzer : Lebon 419* (analyse syntaxique) • CE, sect., 27 oct. 1999, *Cne de Houdan : Lebon 326 ; AJDA 2000. 259, note Morand-Deviller ; JCP N. 1999. 1764, note Bourgois ; BJDU 199. 370, concl. Maugüé et note Touvet ; AJDI 2000. 547, obs. Lévy ; Gaz. Pal. 2000. 489, note Sillard* (analyse littérale) • CE 25 oct. 2002, *Assoc. « Protection des ayants droit »*, n° 233740 B : *Dr. adm. 2003, n° 30, note C.M.* (limite de compétence). ♦ ... La portée de la loi. • CE 7 oct. 1998, *CAPEB : Lebon 353*. ♦ ... Les objectifs poursuivis par le législateur. • CE 30 nov. 1998, *Ville de Saint-Malo : Lebon 448* • CE 30 nov. 1998, *Féd. nat. industrie hôtelière : Lebon 449 ; RFDA 1999. 392, concl. Chauvaux*. ♦ ... La volonté du législateur telle qu'elle résulte de l'interprétation de la loi. • CE 18 mars 1983, *Nguyen Ti Nam : JCP 1983. 20111, note Auby* • CE 15 févr. 2006, *Darphin*, n° 274997 : *Lebon 74 ; Gaz. Pal. 2006. 1874, concl. Guyomar.* ♦ ... Ou des travaux préparatoires. • CE, ass., 16 mars 1956, *Garrigou : Lebon 121 ; D. 1956. 253, concl. Laurent ; AJDA 1956. 199, note J.A. ; ibid. 1956. 220, chron. Fournier et Braibant.* ♦ Rappr. : • CE 30 déc. 2002, *Ordre des avocats à la Cour de Paris*, n° 234415 : *Lebon 487 ; AJDA 2003. 239, concl. Guyomar (a contrario)*. ♦ ... Ou qui vont au-delà des possibilités de dérogation que la loi prévoit. • CE 29 nov. 2002, *SNES*, n° 238653 : *RFDA 2003. 197 ; Dr. adm. 2003, n°s 9 et 37, note R.S ; AJDA 2002. 1512, note Viola ; LPA 4 juin 2003, p. 9, note Schwartz ; JCP Adm. 2002. 1295, note Koubi et Guglielmi.*

304. Il en va de même encore lorsque le règlement ajoute à la loi des restrictions qu'elle n'entendait pas introduire. • CE, ass., 6 déc. 1988, *Assoc. des pêcheurs aux filets et engins : Lebon 448 ; RD publ. 1989. 521, concl. Guillaume ; AJDA 1989. 82, chron. Azibert et de Boisdeffre* • CE, ass., 2 juill. 1993, *Synd. Féd. SUD des PTT : Lebon 191* • CE 9 avr. 1999, *Min. délégué au logement : Lebon 126*. ♦ ... Dénature les termes de celle-ci. • CE, sect., 21 déc. 1973, *Cne de Cours-de-Pile : Lebon 744 ; RD publ. 1974. 1529.* ♦ ... Ou les contredit. • CE 5 oct. 1998, *UNOSTRA : préc. note 239.* ♦ ... En modifie le champ d'application. • CE, ass., 27 oct. 1995, *Union maritime CFDT : Lebon 368 ; AJDA 1995. 875, chron. Stahl et Chauvaux*. ♦ ... Crée une discrimination sans rapport avec les objectifs de la loi. • CE 19 mai 1999, *Autour*, n° 185765 B.

305. Il en est de même encore lorsque le règlement méconnaît la portée de l'habilitation législative qui lui a été consentie. • CE 16 déc. 1994, *Aran : Lebon 556* • CE 19 mars 1997, *Dpt de la Loire : Lebon 97* • CE 27 avr. 1998, *Cornette de Saint-Cyr*, n° 184473 : *Lebon 177* • CE, sect., 13 mars 1998, *Féd. nat. stés d'économie mixte : Lebon 74*. ♦ V. aussi • CAA Lyon, 13 févr. 1996, *Vincent*, n° 94LY00320 : *Lebon 671*.

306. Il n'est pas possible de trouver dans l'incompatibilité de dispositions législatives à une norme internationale ou communautaire un fondement juridique habilitant les autorités administratives nationales à édicter des dispositions réglementaires qui se substituent à ces dispositions législatives incompatibles. • CE 27 juill. 2006, *Assoc. Avenir de la langue française*, n° 281629 : *Lebon 380 ; Dr. adm. 2007. 11, note E. G.*

4. Violation des principes généraux du droit

307. Valeur juridique. Les règlements sont tenus de respecter les principes généraux du droit au même titre que les lois écrites. Du reste, le juge les qualifie parfois de principes « ayant valeur législative ». • CE 7 févr. 1958, *Synd. propriétaires des forêts de chênes-lièges d'Algérie : Lebon 74 ; AJDA 1958. 130, concl. Grévisse* • CE 19 févr. 1960, *Féd. algérienne synd. de défense des irrigants : Lebon 129* • CE 31 janv. 2000, *Ajolet*, n° 201907 B. ♦ Seul le législateur peut écarter un principe général du droit. • Cons. const. 18 janv. 1995, n° 94-352 DC § 12.

308. Dès lors, il n'appartient qu'au législateur d'en déterminer l'étendue, d'en étendre ou d'en restreindre les limites. • CE, ass., 4 oct. 1974, *David : Lebon 464, concl. Gentot ; D. 1975. 369, note Auby ; AJDA 1974. 525, chron. Franc et Boyon ; JCP 1975. 19967, note Drago* • CE 29 oct. 2004, *Sueur*, n° 269814 : *Lebon 393, concl. Casas ; RFDA 2004. 1103, concl. Casas*.

309. En tout cas, ils ont incontestablement une valeur supérieure aux règlements et dès lors, toute autorité réglementaire est tenue de les respecter. • CE, sect., 26 juin 1959, *Synd. gén. ingénieurs-conseils*, n°s 92099 : *préc. note 135.*

310. Concurrence avec des « principes de valeur constitutionnelle ». Depuis le développement de la jurisprudence du Conseil constitutionnel relative aux « principes de valeur constitutionnelle » (V. notes ss. Const. 58, art. 61), le Conseil d'État applique également ces principes souvent de contenu équivalent à des principes généraux du droit, leur conférant en fait valeur constitutionnelle. Ainsi en est-il : de la liberté d'aller et venir. • CE, ass., 8 avr. 1987, *Peltier : Lebon 128, concl. Massot ; AJDA 1987. 327, chron. Azibert et de Boisdeffre ; JCP 1987. 20905, note Debène ; Rev. adm. 1987. 237, note Terneyre ; RFDA 1987. 608, note Pacteau.* ♦ ... De la gratuité de l'enseignement. • CE 27 avr. 1987, *Traversac : RFDA*

1989. 153. ♦ ... De l'égal accès des citoyens aux emplois publics. • CE, ass., 21 déc. 1990, *Amicale anciens élèves de l'ENS de St-Cloud : Lebon 378 ; Rev. adm. 1991. 34, note Ruiz-Fabri.* ♦ ... De l'égal accès à l'instruction. • CE, ass., 14 avr. 1995, *Koen : Lebon 168, concl. Aguila ; AJDA 1995. 501, chron. Stahl et Chauvaux ; RFDA 1995. 585, concl. Aguila ; JCP 1995. 22437, note Nguyen Van Tuong ; D. 1995. 481, note Koubi .*

311. Concurrence avec les principes fondamentaux reconnus par les lois de la République. De même, fait-il référence parfois aux principes fondamentaux reconnus par les lois de la République comme : le principe d'indépendance des professeurs d'université. • CE 29 mai 1992, n° 67622 A • CE 22 mars 2000, n° 195638 A. ♦ ... La liberté d'association. • CE, ass., 29 avr. 1994, *Haut-Commissaire de la République en Nouvelle-Calédonie,* n° 119562 A : *AJDA 1994. 499, chron. Maugüé et Touvet ; D. 1995. 242, note Orfila ; RFDA 1994. 947, concl. Denis-Linton .* ♦ Il en crée parfois lui-même comme le refus d'extrader un étranger lorsque la demande est présentée dans un but politique. • CE, ass., 3 juill. 1996, *Koné : Lebon 255 ; RFDA 1996. 870, concl. Delarue et notes Favoreu, Gaïa, Labayle, Delvolvé ; GAJA, 22e éd., n° 90 ; AJDA 1996. 722, chron. Chauvaux et Girardot ; D. 1996. 509, note Julien-Laferrière ; RD publ. 1996. 1751, note Braud ; JCP 1996. 22720, note Prétot ; LPA 27 déc. 1996, note Guiheux ; ibid. 20 déc. 1997, note Pélissier ; RTDH 1997. 762, note Pierucci ; Rev. belge dr. const. 1997. 123, note Larsonnier ; RGDIP 1997. 238, note Alland.*

312. Reste qu'il y subsiste parfois un doute. Ainsi, le droit de se faire assister d'un avocat lors d'une procédure, qui semble être une composante des droits de la défense (principe fondamental) est qualifié par le juge administratif de principe général du droit et, selon lui s'applique, à moins que cette assistance soit exclue par les lois régissant cette procédure ou soit incompatible avec le fonctionnement de l'organisme en cause. • CE, sect., 8 nov. 1963, *Lacour : Lebon 531* • CE 27 oct. 1999, *Min. défense : Lebon 325 .*

313. Concurrence avec les principes généraux du droit communautaire ou du droit de l'Union. Le juge applique parfois des principes généraux qui sont à la fois de droit français et de droit communautaire. Ainsi en est-il parfois du principe d'égalité que le juge ne qualifie pas. • *CE, ass., 11 juill. 2001, FNSEA,* n° 219494 : *préc. note 152.* ♦ ... Qui n'a pas la même portée que le principe de non-discrimination en droit communautaire. • CE 20 avr. 2005, *Union des familles en Europe,* n° 266572 B : *AJDA 2005. 2233, note Burgorgue-Larsen .* ♦ En revanche, il admet d'examiner une éventuelle violation du principe de confiance légitime. • CE, ass., 11 juill. 2001, *FNSEA,* n° 219494 : *préc. note 152* • CE 16 nov. 2005, *Sté métallurgique du Rhin,* n° 265179 B • CE 25 janv. 2006, *Sté « La laiterie de la montagne »,* n° 265964 : *Lebon 26* • CE 24 mars 2006, *Sté KPMG,* n° 288460 : *préc. note 103* • CE 30 mars 2007, *Sté ENEL,* n° 289687 : *Lebon 133 .*

314. Principes généraux du droit : l'égalité. Sont des principes généraux du droit : le principe d'égalité. • CE, sect., 9 mars 1951, *Sté Concerts du conservatoire : Lebon 151 ; GAJA, 22e éd., n° 59 ; S. 1951. 81, note C.H. ; Dr. soc. 1951. 168, concl. Letourneur, note Rivero* • Cons. const. 25 févr. 1982, n° 82-137 DC § 3 • Cons. const. 29 déc. 1989, n° 89-268 DC § 63. ♦ ... Le principe d'égalité devant la loi. • CE 22 janv. 1982, *Ah Won : préc. note 286* • CE, sect., 18 déc. 2002, *Duvignières,* n° 233618 : *préc. note 58* • CE, ass., 31 mai 2006, *GISTI,* n° 273638 A : *RFDA 2006. 1194, concl. Casas ; AJDA 2006. 1830, chron. Landais et Lénica* • CE 9 juill. 2007, *Synd. EGF-BTP,* n° 297711 : *préc. note 106.* ♦ ... Le principe d'égalité devant la justice. • CE, ass., 12 oct. 1979, *Rassemblement nouveaux avocats de France,* n° 01875 A : *JCP 1980. 19288, concl. Franc et note Boré ; D. 1979. 606, note Benavent ; AJDA 1980. 248, note Debouy.* ♦ ... Le principe d'égalité devant les charges publiques. • CE 23 juill. 2003, *Féd. nat. des assoc. tutélaires : Lebon T. 638* • CE 6 sept. 2006, *Union des familles en Europe,* n° 277752 : *Lebon 393 ; JCP Adm. 2006. 1224, note Jean-Pierre.* ♦ ... Le principe d'égalité d'accès aux emplois publics. • CE 3 oct. 1973, *Catsiapis,* n° 87572 A • CE 20 juin 2006, *Ferreira Nobre,* n° 277139 A. ♦ ... Le principe d'égalité de traitement des agents publics. • CE, ass., 28 juin 2002, *Chaumet,* n° 223212 : *Lebon 232 ; Cah. fonct. publ. 10/2002, p. 34, comm. Guyomar* • CE 9 févr. 2005, *Synd. nat. unitaire et indépendant des officiers de police,* n° 229547 A : *AJDA 2005. 1238, note Aubin ; JCP Adm. 2005, 1165, note Jean-Pierre* • CE 26 sept. 2007, *Chassagne,* n° 301479 B. ♦ ... Le principe d'égalité des usagers devant le service public. • CE 3 mai 2006, *Robbe,* n° 276291 A.

315. ... Les actes. Sont également des principes généraux du droit : le principe selon lequel toute décision administrative peut faire l'objet d'un recours en excès de pouvoir. • CE, ass., 17 févr. 1950, *Lamotte : préc. note 219.* ♦ ... Le principe de non-rétroactivité des actes administratifs. • CE, ass., 25 juin 1948, Sté *Journal « L'Aurore » : préc. note 150* • CE 25 janv. 2006, *Sté « La laiterie de la montagne »,* n° 265964 : *Lebon 26* • 12 juin 2006, *Carbonnel et a.,* nos 269407 et 278196 : *Lebon 290 .* ♦ ... Le principe selon lequel une décision administrative obtenue par fraude ne crée pas de droits au profit de son titulaire et peut être retirée à tout moment. • CE 30 mars 2016, *Sté Diversité TV France,* n° 395702 : *Lebon ; AJDA 2016. 636 ; ibid. 1159, étude Idoux, Nicinski et Glaser .*

316. ... La procédure contentieuse. Sont également des principes généraux du droit : le principe d'impartialité. • CE 16 janv. 2004, *Méry,* n° 254839 : *Lebon 10* • CE, sect., 27 oct. 2006, *Parent,* n° 276069 : *Lebon 454 ; LPA 20 déc. 2006, p. 4, concl. Guyomar ; AJDA 2007. 80, note Verpeaux* • CE 26 juill. 2007, *Piard,* n° 293908 B • CE 14 oct. 2015, *Sté Applicam,* n° 390968 : *AJDA 2015. 1955 ; RDI 2015. 581, obs. Braconnier ; AJCT 2016. 40, obs. Didriche ; JCP Adm. 2016. 2228, note Martin.* ♦ Sur l'impartialité des juridictions, V. ss art. 16 DDH ♦ ... Le principe du respect des droits de la défense. • CE 30 avr. 2004, *Assoc. « Radio diffusion Triomphe »,* n° 249693 : *Lebon 182 .* ♦ ... Le principe de la procédure contradictoire, • CE 15 oct. 2004, *Cts Renaudin,* n° 246939 : *Lebon 374 .* ♦ ... Le principe de légalité des délits et des peines (application aux sanctions administratives). • CE, ass., 7 juill. 2004, *Benkerrou,* n° 255136 : *Lebon 297 ; Courrier jur. finances 2004, n° 30, p. 9 ; Dr. adm. 2004, n° 155, note Breen ; AJDA 2004. 1695, chron. Landais et Lénica* • CE 15 déc. 2004, *Mouhoubi : JCP Adm. 2005. 1076, note Morreau.* ♦ ... Le principe selon lequel l'appel ne peut nuire à l'appelant. • CE 14 sept. 2015, n° 385534 : *Lebon ; AJDA 2015. 1670 ; ibid. 1846, chron. Odinet et Dutheillet de Lamothe ; AJCT 2016. 88, pratique Yazi-Roman .* ♦ ... Y compris en contentieux disciplinaire. • CE 21 sept. 2015, n° 375016 : *Lebon ; AJDA 2015. 1776 ; RTD com. 2015. 694, obs. Orsoni .* ♦ ... Le principe selon lequel, lors de l'audience, la personne poursuivie dans la procédure disciplinaire est mise à même de prendre la parole en dernier. • CE 7 déc. 2015, n° 376387 : *Lebon ; AJDA 2015. 2408 .* ♦ ... Le principe selon lequel il est interdit aux personnes publiques d'avoir recours à l'arbitrage. • CE 23 déc. 2015, *Sté Broadband Pacifique,* n° 376018 : *Lebon ; AJDA 2016. 7 ; ibid. 1182, note Gras .*

317. ... Procédure non contentieuse. Le principe d'impartialité s'impose également au pouvoir adjudicateur comme à toute autorité administrative. • CE 14 oct. 2015, *Sté Revet-Sens,* n° 390968 B : *AJDA 2015. 1955 ; RDI 2015. 581, obs. Braconnier ; AJCT 2016. 40, obs. Didriche* • CE 12 sept. 2018, *Synd. mixte des ordures ménagères de la vallée de Chevreuse,* n° 420454 B : *AJDA 2018. 1749 ; ibid. 2246, note Agresta et Hul ; JCP Adm. 2018. 2316, note Linditch.*

318. ... Fonction publique. Sont également des principes généraux du droit : l'obligation de régler la situation des agents devenus inaptes à l'exercice de leurs fonctions. • CE 2 oct. 2002, n° 227868 A : *AJDA 2002. 1294, concl. Piveteau , note de Montecler ; Dr. adm. 2002, n° 200, note D. P.* ♦ ... Le principe selon lequel lorsqu'un agent non titulaire se trouve de manière définitive atteint d'une inaptitude physique à occuper son emploi, il appartient à l'employeur public de le reclasser dans un autre emploi et, en cas d'impossibilité, de prononcer, dans les conditions prévues pour l'intéressé, son licenciement. • CE 13 juin 2016, n° 387373 A : *AJDA 2016. 1207 .* ♦ ... *A contrario,* s'agissant d'un stagiaire. • CE 17 févr. 2016, n° 381429 : *AJDA 2016. 1047 .* ♦ ... Le principe de reclassement des agents en CDI. • CE, sect., avis, 25 sept. 2013, *M*[me] *Sadlon,* n° 365139 A (concl. Botteghi) § 3 : *AJDA 2013. 1831 ; JCP Adm. 2013. 776* • CE 18 déc. 2013, n° 366369 B : *JCP Adm. 2014. 35.* ♦ ... Le principe selon lequel il incombe à l'administration, avant de pouvoir prononcer le licenciement d'un agent contractuel recruté en vertu d'un contrat à durée indéterminée, motivé par la suppression de l'emploi permanent qu'il occupait dans le cadre d'une modification de l'organisation du service ou par l'affectation d'un fonctionnaire sur cet emploi, de chercher à reclasser l'intéressé. • CE 25 sept. 2013, n° 365139 A (concl. de Brichambaut) : *AJDA 2013. 1831 ; ibid. 2199, chron. Bretonneau ; AJFP 2013. 305, note Chrestia ; Rev. UE 2014. 254, chron. Giacobbo-Peyronnel et Huc* • CE 26 juin 2015, n° 373460. ♦ ... Lorsqu'il a été médicalement constaté qu'un salarié se trouve, de manière définitive, atteint d'une inaptitude physique à occuper son emploi, il incombe à l'employeur public, avant de pouvoir prononcer son licenciement, de chercher à reclasser l'intéressé dans un autre emploi. • CE 25 mai 2018, n° 407336 A : *AJCT 2018. 531, obs. Guillaumont ; AJDA 2018. 1065 ; Dr. adm. 2018. 50, note Gallo.*

319. ... Divers. Sont également des principes généraux du droit : le principe de sécurité juridique. V. note 103. ♦ ... Le principe selon lequel l'appréciation d'un jury de concours doit porter sur les mérites du candidat. • CE, sect., 4 oct. 2012, *Rousseaux,* n° 347312 : *préc. note 275.* ♦ ... Le principe de la prescription trentenaire des obligations de faire. • CE ass., 8 juill. 2005, *Sté Alusuisse-Lonza-France,* n° 247976 : Lebon 311, concl. Guyomar ; *AJDA 2005. 1829, chron. Landais et Lénica ; RFDA 2006. 375, note Plessix .* ♦ ... Le principe de laïcité et de neutralité, V. notes ss. Const. 58, art. 1er.

320. ... Autres. Selon le principe général, applicable aux entreprises dont le personnel est doté d'un statut réglementaire et qui n'est pas incompatible avec les nécessités de la mission de service public qui leur est confiée, les frais qu'un salarié expose pour les besoins de son activité professionnelle et dans l'intérêt de son employeur doivent, dès lors qu'ils résultent d'une sujétion particulière, être supportés par ce dernier. • CE 17 juin 2014, *ERDF et a.*, n° 368867 : *AJDA 2014. 1295 ; ibid. 1963, note Seurot ; JCP 2014. 535.*

321. Absence des principes généraux du droit. Ne sont pas des principes généraux du droit : le droit à la prescription de l'action disciplinaire. • CE 12 mars 2014, *CAT Foyer Saint-Philibert*, n° 367260 : *AJDA 2014. 1446, note Melleray ; AJFP 2014. 285 ; JCP Adm. 2014. 2182, note Jean-Pierre.* ♦ ... Le principe selon lequel une partie ne saurait se contredire dans la procédure au détriment d'une autre partie. • CE 2 juill. 2014, *Sté Pace Europe*, n° 368590 : *AJDA 2014. 1414 ; ibid. 1935 ; ibid. 1897, concl. Dumortier, chron. Lessi et Dutheillet de Lamothe.* ♦ ... Le principe selon lequel la Commission nationale des comptes de campagne et des financements politiques aurait, lorsqu'un compte de campagne n'est pas présenté par un membre de l'ordre des experts-comptables et des comptables agréés, l'obligation d'inviter le candidat à en régulariser la présentation. • CE 8 juill. 2015, n° 387041 : *Lebon ; AJDA 2015. 1392 ; AJCT 2016. 88, pratique Yazi-Roman.* ♦ ... Le principe selon lequel il serait interdit à l'administration de désigner un magistrat du second grade du corps judiciaire comme maître de stage d'un candidat au recrutement aux fonctions de magistrat de premier grade. • CE 27 juill. 2015, n° 374747.

5. Violation de dispositions réglementaires

322. Sont illégaux les règlements en contrariété avec un règlement qui leur est hiérarchiquement supérieur. • CE 10 juill. 1953, *Bernardeau : Lebon 365* • CE, ass., 19 mai 1983, *Club sportif et familial de La Fève : préc. note 132* • CE 24 janv. 2001, *Féd. nat. Union des jeunes magistrats : Lebon 31.*

b. Vice tenant aux motifs

323. Défaut de base légale. Sont irréguliers les règlements dépourvus de tout fondement juridique. Il en va ainsi par exemple en cas d'utilisation de la possibilité de prendre par la voie réglementaire des dispositions législatives au-delà de la date limite fixée par la loi d'habilitation. • CE, sect., 8 mars 1957, *Rozé : Lebon 147, concl. Mosset ; AJDA 1957. 182, note Fournier-Braibant.* ♦ ... L'application par anticipation d'une législation ou d'une réglementation future n'ayant pas de chance sérieuse d'aboutir est irrégulière pour défaut de base légale. • CE, ass., 2 févr. 1987, *Sté « TV 6 » : Lebon 29 ; RFDA 1987. 29, concl. Fornacciari.*

324. Dans ces hypothèses, le juge pourra néanmoins ne pas annuler le règlement en procédant à une substitution de base légale. • CE, sect., 8 mars 1957, *Rozé : préc. note 323.*

325. Erreur de droit. Sont irréguliers les règlements pris sur la base d'un texte régulier mais inexactement interprété par l'autorité administrative. Il en va ainsi par exemple de l'arrêté fixant le *numerus clausus* uniquement sur le nombre de praticiens exerçant la profession sans tenir compte des besoins de la population • CE 15 oct. 1999, *Synd. nat. directeurs d'école de masso-kinésithérapie : Lebon 314.*

326. Erreur manifeste d'appréciation. Le juge contrôle que la décision de l'administration ne repose pas sur une appréciation manifestement erronée • CE 27 oct. 2000, *Louard : Lebon 465* • CE 15 oct. 1999, *Sté « Jean d'Auberval » : préc. note 214.*

E. COMPÉTENCE JURIDICTIONNELLE

327. Les recours contre les décrets réglementaires et contre les actes réglementaires du Président de la République, du Premier ministre et des ministres sont de la compétence du Conseil d'État statuant en premier et dernier ressort. • CE 4 déc. 1957, *Brandstetter : Lebon 651* • CE, sect., 29 juill. 1980, *Dubasque : Lebon 308.* – V. CJA, art. R. 311-1, **C. pr. adm.**

328. Il en va de même des refus de prendre un décret réglementaire ou un acte réglementaire relevant normalement de la compétence des ministres. V. arrêts cités ss. notes 167 s. ♦ Il en va de même du refus de modifier ou d'abroger. V. arrêts cités ss. notes 180 s.

329. Si d'aventure un tribunal administratif s'est déclaré compétent pour connaître d'un litige relevant de la compétence directe du Conseil d'État, celui-ci annule et statue directement sur le litige, se considérant comme saisi en premier ressort. • CE, sect., 23 juin 1995, *Assoc. « Défense Tuileries » : Lebon 268 ; CJEG 1995. 376, concl. Arrighi de Casanova ; RFDA 1995. 838.*

III. LES DÉLÉGATIONS

A. CONDITIONS DE VALIDITÉ

330. Les délégations de compétence, qu'il s'agisse d'une délégation de pouvoir ou d'une délégation de signature sont des actes à caractère réglementaire. • CE 29 juin 1990, *Marin : Lebon 830* (jugé dans le cadre d'une commune).

1° GÉNÉRALITÉS

331. Pas de délégation sans texte. La délégation doit être autorisée par un texte. • CE, sect., 23 janv. 1959, *Allote de la Fuye : Lebon 57* • CE 20 févr. 1981, *Assoc. « Défense et promotion des langues de France »*, n° 21181 B. ♦ ... Qui doit être régulièrement publié. • CE 27 juill. 2001, *Assoc. « Stiftung*

Jean Arp » : préc. note 137. ♦ ... Et avoir au moins le même niveau dans la hiérarchie des normes que le texte qui attribue au délégant sa compétence. • CE 18 mai 1984, *Assoc. Administrateurs civils du secrétariat d'État à la culture*, n° 00691 : *Lebon 183.* ♦ Il est possible qu'un même texte autorise la délégation de compétence et procède à la délégation. • CE, sect., 17 févr. 1978, *Nicoud : Lebon 83.* ♦ Si le texte organisant la délégation viole le texte qui l'autorise, la délégation est illégale. • CE, ass., 12 déc. 1969, *André : Lebon 757.* ♦ Le texte autorisant la délégation doit être visé dans l'acte de délégation (jugé dans le cadre de la déconcentration). • CE 27 avr. 1960, *Mallea : Lebon 270.*

332. Le Premier ministre peut, conformément aux dispositions du présent art., déléguer son pouvoir réglementaire. • CE 27 mai 1966, *Sté de crédit commercial et immobilier : Lebon 365.*

333. La délégation doit nécessairement être expresse. • CE 8 févr. 1950, *Chauvet : Lebon 85.* ♦ Une délégation prise par un fonctionnaire irrégulièrement nommé aux fonctions qu'il occupe n'est pas prise par une autorité incompétente, dès lors que ce fonctionnaire doit être regardé comme légalement investi de ces fonctions tant que sa nomination n'est pas annulée. • CE, sect., 16 mai 2001, *Préfet de police c/ Ihsen Mtimet : Lebon 234.* ♦ L'absence de mention de la délégation de signature dans les visas de l'acte signé par délégation est sans incidence sur la régularité de l'acte. • CE 24 janv. 2001, *Féd. nat. Union des jeunes magistrats : préc. note 322.*

334. Délégation suffisamment précise. La délégation doit être explicite quant à l'identité du délégataire. • CE 7 févr. 1992, *SACER*, n° 115914 B. ♦ Dès lors que le délégataire se voit retirer la délégation, il est incompétent. • CE 10 juill. 1987, *SA « Presse-Alliance » : Lebon 251.* ♦ Il est possible que plusieurs délégataires reçoivent compétence pour signer les mêmes textes. • CE 23 juin 2000, *Synd. prof. radios affiliées*, n° 194772 B.

335. La délégation doit être explicite quant au contenu de la compétence déléguée. • CE 27 avr. 1987, *Sté Mercure Étoile Paris : Lebon 147 ; AJDA 1987. 527, concl. Van Ruymbeke* • CE 10 oct. 1997, *Pantaléon : Lebon 338.* ♦ Ainsi une délégation qui se réfère simplement « aux délégations antérieures » est illégale • CE 16 janv. 1998, *Dpt d'Indre-et-Loire*, n° 172268. ♦ Une délégation autorisant à signer tout acte, arrêté, décision, ou convention autres que des décrets est suffisamment précise. • CE 18 mai 1956, *Sté d'encouragement des courses de lévriers : Lebon T. 606.* ♦ ... Elle autorise le délégataire à signer, au nom du ministre, des observations en défense devant le juge administratif. • CE 20 déc. 2000, *Géniteau : Lebon 634 ; D. 2001. 1713, note Raynouard ; D. 2001. 383, obs. Lienhard ; RTD civ. 2001. 238, obs. Molfessis ; AJDA 2001. 489, note Pontier ; Gaz. Pal. 8 juill. 2001, note Mitrovic.* ♦ ... Et semble bien l'autoriser à signer également des conventions quand bien même ce terme ne serait pas utilisé (elles sont considérées comme un « acte »). • CE 7 févr. 1992, *SACER : préc. note 330.* ♦ Une délégation de signature autorisant à signer « les actes réglementaires à l'exclusion des décrets » autorise son titulaire à signer le refus de donner suite à la demande d'abrogation d'un décret qui n'est pas un acte réglementaire. • CE 8 juill. 2005, *Trobas*, n° 262182 B.

336. Une délégation donnée « dans la limite des attributions du délégataire » est régulière dès lors que lesdites attributions sont définies, y compris dans un arrêté non publié. • CE, sect., 27 juill. 1990, *Sté coop. agricole « Coop 2000 » : Lebon 226.*

337. Pas de délégation totale. Le délégant ne peut transférer qu'une partie de ses attributions. • CE 21 juill. 1972, *Féd. nat. conseils de parents d'élèves : Lebon 556.*

338. Publicité. L'acte de délégation doit être publié faute de quoi elle est inopposable et les actes pris en application de cette délégation sont illégaux. • CE 3 mai 1974, *Harel : Lebon T. 823* • CE 4 févr. 2004, *Caisse des dépôts et consignations c/ Mme Mandereau : AJDA 2004. 1317.* ♦ En revanche si l'acte de délégation est publié, les actes publiés postérieurement sont dès lors légalement pris par le délégataire. • CE 2 avr. 1997, *Synd. nat. aut. directeurs de conservatoires et écoles de musique*, n° 138657 B. ♦ Il en va de même des actes pris antérieurement dès lors qu'ils entrent en vigueur après la publication de l'acte de délégation. • CE 29 janv. 1965, *Mollaret : Lebon 61.* ♦ Des circonstances exceptionnelles peuvent néanmoins conduire à autoriser des délégations simplement effectuées sous la forme d'un télégramme. • CE 20 mars 1953, *Ibry : Lebon 139.* ♦ Cette obligation de publicité ne s'applique pourtant pas dans les organismes privés, même s'agissant de l'édiction d'actes administratifs. • CE 27 juin 2001, *CPAM de Haute-Garonne : RD publ. 2001. 1563, concl. Fombeur.*

2° CAS PARTICULIER DES DÉLÉGATIONS DE SIGNATURE DES MEMBRES DU GOUVERNEMENT

BIBL. Petit, Le nouveau régime de la délégation de signature des membres du Gouvernement, *JCP Adm. 2005. n° 1361.* – Liebert-Champagne, La réforme des délégations de signature, de nouvelles modalités alliant efficacité et respect du droit, *AJDA 2005. 1723.*

339. Les membres du Gouvernement peuvent, par arrêté, déléguer leur signature (à l'exception de la signature des décrets) aux membres (directeur et chef) de leur cabinet et à leurs adjoints ou à des fonctionnaires de leurs services dont la liste est limitativement énumérée par le Décr. du 27 juill. 2005 *(JO 28 juill., texte n° 3).* ♦ Le Conseil d'État vérifie que l'acte de nomination des signataires des arrêtés a bien été publié au *Journal officiel.* • CE 17 déc. 2007, *Sté Solgar Vitamin's,* n° 295235 : *préc. note 35.* ♦ A défaut d'arrêté la délégation appartient aux directeurs d'administrations centrales. • CE 4 juin 2007, *Ligue de l'enseignement,* n° 289792 *AJDA 2007. 1101* ; *Dr. adm. 2007. 97 ; ibid. 2008. 14 note Glaser.* ♦ V. sous régime du texte précédent : • CE 11 févr. 1953, *Labelle : Lebon 600* • CE 20 févr. 1985, *Sebe : Lebon 50* • CE 13 mars 1992, *Diadema,* n° 98709 B • CE 18 oct. 2000, *Assoc. Promouvoir : Lebon 425* . ♦ L'absence de la mention « Pour le ministre et par délégation » est sans effet sur la légalité de l'acte pris par délégation. • CE 4 févr. 1970, *Barré : Lebon 80.*

B. EFFET DES DÉLÉGATIONS

340. Contrairement à la délégation de signature, la délégation de pouvoir a pour effet de dessaisir le déléguant des compétences transférées. • CE 5 mai 1950, *Buission : Lebon 258.*

C. DURÉE DES DÉLÉGATIONS

341. La délégation de pouvoir subsiste tant que le délégant ne l'a pas abrogée, même si des changements ont affecté la personne du délégant ou du délégataire. • CE, sect., 28 juin 1957, *Sté X... : Lebon 425 ; RD publ. 1957. 1072, concl. Méric.* ♦ Dès lors que le délégataire se voit retirer la délégation, il est incompétent. • CE 10 juill. 1987, *SA « Presse-Alliance » : préc. note 334.* ♦ En cas de changement de délégataire, cette incompétence ne vaut toutefois qu'à partir de la date de publication au *Journal officiel* du nom du nouveau délégataire • CE 30 déc. 1998, *Ch. agriculture des Alpes-Maritimes : préc. note 239.*

342. Depuis l'entrée en vigueur du Décr. n° 2005-850 du 27 juill. 2005 *(JO 28 juill.)*, les principes jurisprudentiels ci-dessous ne s'appliquent plus aux délégations de signature accordées aux chefs et directeurs de cabinet des ministres et à leurs adjoints. La délégation de signature prend fin dès lors qu'un changement affecte la personne du délégant ou du délégataire. • CE 21 déc. 1994, *Sté Grands Magasins « Galeries Lafayette »,* n° 145377 B : *LPA 22 mars 1995, p. 12, concl. Arrighi de Casanova.* ♦ La date à prendre en considération est celle de la cessation de fonction du délégant, c'est-à-dire pour un ministre, la date de la publication au *Journal officiel* de la nomination de son successeur. • CE 17 mars 1999, *Boulay : Lebon 69* . ♦ Cependant, tant qu'un gouvernement est chargé de l'expédition des affaires courantes, le titulaire de la délégation est demeuré compétent pour ces affaires jusqu'au jour de la publication au *Journal officiel* du décret portant nomination des membres du nouveau gouvernement. • CE 27 juill. 2001, *Assoc. « Stiftung Jean Arp » : préc. note 137.* ♦ De même, lorsque le déléguant obtient dans le gouvernement suivant une nouvelle nomination, ses fonctions n'ont pas été interrompues et la délégation reste valable. • CE 29 mai 1991, *Féd. nat. des radio-répondeurs : Lebon 215* . ♦ En revanche, dès lors qu'un ministre a interrompu ses fonctions et a été remplacé, fût-ce temporairement, par un intérimaire, les délégations disparaissent et il doit les reprendre à son retour : • CE 13 juill. 1951, *SPA : Lebon 403.*

343. La délégation de signature peut être transférée à une autre personne « dans la limite de ces compétences » ; le premier délégataire perd donc la délégation dans les attributions relevant du second délégataire. • CE 7 févr. 1992, *SACER : préc. note 334.* ♦ Elle peut également être retirée, voire de manière implicite, par l'attribution à un nouveau fonctionnaire de la délégation précédemment consentie à un autre. • CE 10 juill. 1987, *SA « Presse-Alliance » : préc. note 334.*

344. Lorsque la délégation de signature est accordée « en cas d'absence ou d'empêchement », le Conseil vérifie que le délégataire normalement compétent n'était pas présent et capable de signer lui-même. • CE, sect., 29 mars 2000, *Conféd. nat. des synd. dentaires,* n° 198264 : *préc. note 135.*

D. SUBDÉLÉGATIONS

345. La subdélégation d'une partie des attributions d'un délégataire est possible dès lors que sont suffisamment précisées les mesures que le subdélégué pourra prendre. • CE 21 oct. 1977, *Assoc. fr. producteurs de films : Lebon 397* • CE, sect., 17 mars 1995, *Synd. casinos autorisés de France : Lebon 131* ; *AJDA 1995. 375, chron. Touvet et Stahl* ; *RD publ. 1995, concl. Denis-Linton.* ♦ Le délégataire de pouvoir ne peut déléguer sa signature que pour les pouvoirs qui lui ont été délégués. • CE, ass., 12 déc. 1969, *André : préc. note 331.* ♦ Sauf pour les délégations de signature des ministres aux fonctionnaires les plus éminents de leur ministère (Décr. n° 2005-850 du 27 juill. 2005, art. 3), le délégataire de signature ne peut subdéléguer sa signature que si le déléguant a été, au préalable, autorisé à subdéléguer. • CE 24 juill. 1987, *ACIDEF : Lebon T. 540.*

346. En revanche, il n'appartient pas au délégataire de signature de déléguer les pouvoirs qui appartiennent au délégant et dont il ne peut disposer même s'il peut les exercer. • CE 19 juin 1981, *Conféd. nat. groupements auto-*

nomes de l'enseignement public : RD publ. 1982. 872 • CE 13 mai 1988, SA « Automobiles Citroën » : Dr. adm. 1988, n° 329.

E. RÔLE DU JUGE

347. S'agissant d'une question de compétence, les irrégularités relatives aux délégations et subdélégations sont des moyens d'office. • CE, ass., 13 juill. 1968, *Moreau : Lebon 441* • CE 14 janv. 1987, *Gosset*, n° 59145 B. ♦ Le juge vérifie que le délégataire n'a pas excédé les limites de la délégation. • CE 24 janv. 1973, *Synd. nat. conseillers du développement agricole : Lebon 59.*

Décret n° 2005-850 du 27 juillet 2005,

Relatif aux délégations de signature des membres du Gouvernement.

Art. 1er A compter du jour suivant la publication au *Journal officiel* de la République française de l'acte les nommant dans leurs fonctions ou à compter du jour où cet acte prend effet, si ce jour est postérieur, peuvent signer, au nom du ministre ou du secrétaire d'État et par délégation, l'ensemble des actes, à l'exception des décrets, relatifs aux affaires des services placés sous leur autorité :

1° Les secrétaires généraux des ministères, les directeurs d'administration centrale, les chefs des services à compétence nationale mentionnés au premier alinéa de l'article 2 du décret du 9 mai 1997 susvisé et les chefs des services que le décret d'organisation du ministère rattache directement au ministre ou au secrétaire d'État ;

2° Les chefs de service, directeurs adjoints, sous-directeurs, les chefs des services à compétence nationale mentionnés au deuxième alinéa de l'article 2 du décret du 9 mai 1997 susvisé *[n° 97-464 relatif à la création et à l'organisation des services à compétence nationale]* *(Décr. n° 2013-810 du 9 sept. 2013, art. 1er)* « ainsi que les hauts fonctionnaires et les hauts fonctionnaires adjoints mentionnés aux articles R. 1143-1 et R. 1143-2 du code de la défense » ;

3° Le chef d'état-major des armées, le délégué général pour l'armement, les chefs d'état-major de l'armée de terre, de la marine et de l'armée de l'air, le chef du contrôle général des armées, le major général des armées, les majors généraux de l'armée de terre, de la marine, de l'armée de l'air et de la gendarmerie et les sous-chefs de l'état-major des armées ;

4° Les chefs des services composant la direction générale de la gendarmerie nationale et les sous-chefs d'état-major de l'armée de terre, de la marine et de l'armée de l'air.

Cette délégation s'exerce sous l'autorité du ou des ministres et secrétaires d'État dont relèvent les agents, ainsi que, le cas échéant, de leur supérieur hiérarchique immédiat.

Le changement de ministre ou de secrétaire d'État ne met pas fin à cette délégation, sous réserve des dispositions de l'article 4.

Les agents chargés, par un acte publié au *Journal officiel* de la République française, de la suppléance ou de l'intérim des agents mentionnés aux 1° et 3° disposent de la même délégation dans les mêmes conditions.

Art. 2 *(Décr. n° 2014-828 du 22 juill. 2014, art. 1er-1°)* « I. — » Les ministres et secrétaires d'État peuvent, par un arrêté publié au *Journal officiel* de la République française, donner délégation pour signer tous actes, à l'exception des décrets, au directeur et au chef de leur cabinet, ainsi qu'à leurs adjoints, en ce qui concerne les affaires pour lesquelles délégation n'est pas donnée à l'une des personnes mentionnées à l'article 1er. Cette délégation prend fin en même temps que les pouvoirs du ministre ou du secrétaire d'État qui l'a donnée.

Les actes relevant, dans un même ministère, des attributions de plusieurs responsables de directions ou services mentionnés à l'article 1er peuvent également être signés conjointement par ceux-ci au nom du ministre.

(Décr. n° 2014-828 du 22 juill. 2014, art. 1er-2°) « II. — Les ministres et secrétaires d'État peuvent, par un arrêté publié au *Journal officiel* de la République française, donner délégation au chef du bureau du cabinet et à ses adjoints pour signer tous actes, à l'exception des décrets, dans la limite de leurs attributions.

« Ils peuvent également donner délégation aux agents du bureau du cabinet pour signer, dans les mêmes affaires, toutes pièces justificatives relatives aux dépenses et aux opérations de régularisation, notamment tous documents comptables relatifs à l'engagement, à la liquidation et à l'ordonnancement de la dépense et tous ordres de recettes. »

Art. 3 Les personnes mentionnées aux 1° et 3° de l'article 1er peuvent donner délégation pour signer tous actes relatifs aux affaires pour lesquelles elles ont elles-mêmes reçu délégation :

1° Aux magistrats, aux fonctionnaires de catégorie A et aux agents contractuels chargés de fonctions d'un niveau équivalent, qui n'en disposent pas au titre de l'article 1er ;

2° Aux officiers ainsi qu'aux membres du corps du contrôle général des armées, qui n'en disposent pas au titre de l'article 1er.

Elles peuvent en outre donner délégation aux fonctionnaires de catégories B et C, aux agents contractuels chargés de fonctions d'un niveau équivalent et aux sous-officiers placés sous leur autorité, pour signer, dans les mêmes affaires, toutes pièces justificatives relatives aux dépenses et aux opérations de régularisation, notamment tous documents comptables relatifs à l'engagement, à la liquidation et à l'ordonnancement de la dépense et tous ordres de recettes.

(Décr. n° 2013-810 du 9 sept. 2013, art. 2) « Les personnes mentionnées au 1° de l'article 1er, lorsqu'elles exercent également les fonctions de haut fonctionnaire prévues à l'article R. 1143-1 du code de la défense, peuvent donner délégation aux agents mentionnés aux 1° et 2° du présent article pour signer tous actes relatifs aux affaires pour lesquelles elles ont elles-mêmes reçu délégation au titre de ces fonctions. »

La délégation prévue au présent article entre en vigueur le lendemain de la publication au *Journal officiel* de la République française de l'arrêté désignant le ou les titulaires de la délégation et précisant les matières qui en font l'objet. Elle peut être abrogée à tout moment par un acte contraire. Elle prend fin en même temps que les fonctions de celui qui l'a donnée.

Art. 4 Le ministre ou le secrétaire d'État peut mettre fin, par arrêté publié au *Journal officiel* de la République française, à tout ou partie de la délégation dont dispose un agent en application de l'article 1er.

Cet arrêté met fin de plein droit aux délégations consenties par l'agent sur le fondement de l'article 3.

Art. 5 Le décret n° 47-233 du 23 janvier 1947 autorisant les ministres à déléguer, par arrêté, leur signature et le décret n° 88-91 du 27 janvier 1988 autorisant le ministre de la défense à déléguer, par arrêté, sa signature sont abrogés.

Il en est de même des délégations données par les ministres et les secrétaires d'État sur le fondement de ces dispositions.

Art. 6 Le présent décret entre en vigueur le premier jour du troisième mois qui suit sa publication.

Les agents mentionnés à l'article 1er qui sont alors en fonction disposent à compter de cette date de la délégation prévue au même article.

Décret n° 2017-1063 du 18 mai 2017,

Relatif aux cabinets ministériels.

Art. 1er *(Décr. n° 2020-862 du 11 juill. 2020, art. 1er)* Le cabinet d'un ministre ne peut comprendre plus de quinze membres.

(Décr. n° 2020-1113 du 4 sept. 2020, art. 1er) « Par dérogation au premier alinéa, le cabinet du ministre chargé de la santé peut comprendre, en outre, un conseiller en charge du covid-19. »

Le cabinet d'un ministre délégué ne peut comprendre plus de treize membres.

Le cabinet d'un secrétaire d'État ne peut comprendre plus de huit membres.

(Décr. n° 2020-1380 du 13 nov. 2020, art. 1er) « Le cabinet du membre du Gouvernement exerçant les attributions de porte-parole du Gouvernement peut comprendre, en outre, un membre supplémentaire. »

Art. 2 Les nominations des membres des cabinets ministériels sont faites par arrêté ministériel après avoir été soumises au Premier ministre qui s'assure du respect des dispositions de l'article 1er. Cet arrêté, publié au *Journal officiel*, précise les titres des personnes concernées et l'emploi auquel elles sont appelées au sein du cabinet. Nul ne peut exercer des tâches au sein d'un cabinet ministériel s'il ne figure sur cet arrêté.

Art. 3 Nul ne peut être nommé membre d'un cabinet ministériel s'il ne jouit de ses droits civils et politiques.

Art. 4 Tout membre d'un cabinet ministériel doit, conformément à l'article 11 de la loi n° 2013-907 du 11 octobre 2013 relative à la transparence de la vie publique, adresser une déclaration de situation patrimoniale et une déclaration d'intérêts à la Haute Autorité pour la transparence de la vie publique.

Circulaire du 24 mai 2017,

Relative à une méthode de travail gouvernemental exemplaire, collégiale et efficace.

A la suite de l'élection du Président de la République, le Gouvernement va engager la mise en œuvre rapide du programme approuvé par les Français. Celle-ci implique une méthode de travail renouvelée. L'objectif est de revenir à un fonctionnement marquant l'autorité de l'État et prenant en compte le long terme. Dans le même temps, le Gouvernement doit renouer avec les Français l'indispensable confiance sans laquelle il n'est pas d'administration efficace. L'organisation de l'action gouvernementale doit ainsi répondre à une triple exigence d'exemplarité, de collégialité et d'efficacité.

Cette méthode de travail doit être mise en place sans délai. A cet égard, en votre qualité de ministre, vous jouez un rôle essentiel, en étant à la fois membre du collectif gouvernemental et chef de l'administration de votre ministère. La présente circulaire précise les enjeux auxquels nous devons répondre à titre individuel et collectif.

1 Exemplarité

L'exemplarité est le fondement de la confiance accordée par les Françaises et les Français au Gouvernement. Chacun de ses membres doit traduire cette exigence dans son comportement, que ce soit dans l'exercice de ses fonctions ou en dehors de ses engagements publics. L'intégrité, la dignité et la probité sont au cœur de l'action publique.

D'une part, vous devez strictement respecter les obligations légales qui vous sont applicables et notamment celles issues de la loi du 11 octobre 2013 modifiée relative à la transparence de la vie publique. Il vous faut déclarer à la Haute Autorité pour la transparence de la vie publique les intérêts que vous détenez au jour de votre nomination et au cours des cinq années précédentes. Je souhaite en outre que vous me fassiez part de tout intérêt antérieur à ces cinq ans susceptible d'influencer ou de paraître influencer une décision publique à laquelle vous serez associé. Vous devez aussi déposer une déclaration de situation patrimoniale et confier la gestion de vos instruments financiers à un intermédiaire agréé dans des conditions excluant tout droit de regard de votre part pendant la durée de vos fonctions ministérielles. En cas de questionnement, vous pouvez vous adresser à la Haute Autorité pour la transparence de la vie publique.

D'autre part, vous devez adopter un comportement modeste et respectueux de chacun. Il convient de limiter l'usage des deniers publics au strict accomplissement de la mission ministérielle en ne tirant pas profit de ses fonctions pour soi-même ou pour ses proches : les cadeaux doivent être remis au service du mobilier national ou du protocole, les offres de séjour privé doivent être refusées, l'embauche de membres de sa famille par contrat proscrite*[,]* etc. De manière générale, les dépenses à caractère personnel ou familial ne peuvent évidemment être mises à la charge de l'État. Vous devez veiller à la bonne application de cet impératif pour vous-mêmes et pour l'ensemble de vos collaborateurs. Le secrétariat général du Gouvernement est à votre disposition pour toute précision sur ces questions. Je lui ai demandé de vous adresser un mémento des règles applicables à la fonction de membre du Gouvernement.

Cette exemplarité a un sens : si l'État doit être ferme et fort, ses serviteurs doivent être sobres et dignes ; il en va naturellement ainsi pour les membres du Gouvernement.

2 Collégialité

Comme l'a souhaité le Président de la République, le Conseil des ministres doit redevenir le lieu institutionnel de discussion entre le Président de la République, le Premier ministre et les ministres. Il s'agit d'y échanger sur les politiques publiques à mener et les réformes à engager. Ces échanges doivent se tenir très en amont afin de pouvoir être pris en compte dans la préparation des textes. Il ne peut s'agir de le faire lors de la délibération du conseil des ministres postérieurement à l'examen par le Conseil d'État d'un projet de loi, d'ordonnance ou de décret. Ces échanges, au cœur de la collégialité, permettront d'accélérer la mise en œuvre des priorités publiques.

L'action gouvernementale est une action collective fondée sur une claire répartition des responsabilités.

En premier lieu, chaque ministre est compétent dans les domaines fixés par son décret d'attribution ; il a en charge une administration. C'est à lui de mener dans son secteur la politique gouvernementale. Pour autant il doit veiller à la bonne information de ses collègues.

En deuxième lieu, le Premier ministre dirige l'action du gouvernement. A ce titre il rend des arbitrages qui doivent être préparés dans des conditions permettant à chacun de présenter son point de vue. Il s'agit d'avoir tous les échanges nécessaires préalablement à la décision.

En troisième lieu, une fois les arbitrages rendus, ceux-ci doivent être appliqués. Ils prendront la forme écrite d'un "bleu" de Matignon. Celui-ci m'engagera et il conviendra de s'y tenir. C'est l'application d'un principe simple de loyauté. La liberté intellectuelle et la collégialité ont pour corollaires *[corollaire]* naturels *[naturel]* la solidarité. Chaque membre du Gouvernement pourra voir les décisions prises être plus ou moins proches de ses positions initiales. Mais une fois cette décision prise, il doit en être pleinement solidaire. C'est le gage indispensable de la cohérence de l'action gouvernementale.

La discrétion est le nécessaire complément de la collégialité et de la solidarité. Cette discrétion doit s'appliquer aux membres du Gouvernement mais aussi à l'ensemble de leurs équipes. Je vous demande de leur rappeler l'ensemble de ces principes.

La collégialité implique aussi que chacun de vous, sur les dossiers dont il a la charge, cherche d'abord à s'entendre avec ses collègues avant de recourir à un arbitrage de ma part. L'excès de demandes d'arbitrage est une source de dysfonctionnements déjà ancienne et traduit de faibles capacités internes de négociation ainsi qu'une mauvaise appréhension des modes de travail collectifs.

En cas de demande d'un arbitrage, et hors l'hypothèse où je réunirai autour de moi pour rendre celui-ci les ministres compétents, je vous demande de veiller à ce que les directeurs d'administration centrale jouent sous votre autorité le rôle qui doit être le leur. De façon générale, appliquant les directives que vous leur donnerez et dont vous vous assurerez de la bonne application, c'est à eux de préparer et réaliser les réformes et les projets de texte traduisant les priorités du Gouvernement. Il doit notamment en aller ainsi pour les projets de loi. C'est à eux de venir personnellement en réunion interministérielle d'arbitrage présenter vos positions, puis d'aller au Conseil d'État défendre le texte que j'aurai arbitré, de vous seconder dans le travail parlementaire puis de défendre avec le secrétariat général du Gouvernement le texte au Conseil constitutionnel. Je n'hésiterai pas à faire appel à eux pour éclairer les décisions relevant de ma compétence. Je souhaite recevoir régulièrement les notes importantes qu'ils préparent pour la mise en œuvre de l'action gouvernementale.

L'administration française est compétente, neutre et loyale. C'est une force de notre pays. Je vous demande de vous appuyer sur elle. Les directeurs d'administration centrale sont nommés en Conseil des ministres. Il vous appartient de travailler de manière étroite avec eux. Comme l'a indiqué le Président de la République, vous serez ainsi à même de décider si vous devez opérer des changements parmi ceux placés sous votre autorité.

3 Efficacité

Vous êtes les chefs des administrations placées sous votre autorité. Vous devez exercer pleinement cette responsabilité et vous appuyer sur elles.

Les tâches respectives des membres des cabinets ministériels et des directeurs d'administration centrale viennent d'être rappelées et encadrées. D'une part, les cabinets doivent être centrés sur des fonctions politiques et veiller à l'explication de l'action et de la communication relative à celle-ci. D'autre part, les directeurs d'administration centrale ont en charge de mener à bien les politiques publiques dans le cadre de l'action gouvernementale. De manière simple, il convient désormais d'éviter de doubler au cabinet les fonctions de l'administration. Ceci appauvrit le lien entre le ministre et ses services et crée des décalages nuisibles à la cohérence de l'action publique. Par ailleurs, pour être pleinement efficace la méthode de travail gouvernementale s'appuiera également sur une nouvelle gouvernance entre les cabinets du Président de la République et du Premier ministre avec la nomination de conseillers conjoints.

Conformément aux engagements du Président de la République, les cabinets ministériels ont été resserrés par le décret du 18 mai 2017 qui doit être strictement respecté. L'effectif d'un cabinet de ministre est de dix, celui d'un ministre délégué de huit et celui d'un secrétaire d'État de cinq. En application de la loi du 11 octobre 2013 modifiée relative à la transparence de la vie publique, les membres des cabinets ministériels sont soumis à des obligations de déclaration d'intérêts et de patrimoine. Un membre de cabinet ministériel ne respectant pas ces obligations s'exposerait notamment à des sanctions pénales.

L'administration de votre ministère doit s'engager pour la mise en œuvre des priorités politiques déterminées par le Gouvernement auprès du chef de l'État. Dès lors, vous devez organiser des modalités de travail efficaces avec vos directeurs d'administration centrale, qui seront tous nommés ou confirmés dans les six mois, pour prendre en charge sous votre autorité ces politiques publiques. Des circuits courts de décision et une bonne circulation d'information doivent permettre de rendre les modes de fonctionnement plus efficaces. Il est nécessaire que vous rencontriez vos directeurs individuellement et collectivement très régulièrement, et que vous vous appuyiez pleinement sur les services placés sous votre responsabilité.

Vous devez faire appel aux secrétaires généraux, chargés des fonctions support*[s]* mais aussi et surtout de la cohérence d'ensemble du pilotage, pour vérifier la cohérence des objectifs fixés aux directeurs et l'adéquation des moyens alloués. Le secrétariat général du Gouvernement est également à votre disposition pour vérifier cette cohérence globale au plan interministériel. Il peut, si vous le souhaitez, afin de faciliter la mise en route de ces nouvelles méthodes de travail, avec la délégation aux cadres dirigeants, mettre à votre disposition un accompagnement à la mise en place de cette gouvernance.

Je vous demande de préparer, sur la base des orientations fixées par le Président de la République, un projet de feuille de route de votre ministère pour les années à venir. Ce projet devra m'être remis pour le 15 juin. Sur cette base, sera élaboré le programme de travail du Gouvernement que je présenterai dans ma déclaration de politique générale devant le Parlement. Vos programmes ministériels seront ainsi mis en place et vous fixerez sa feuille de route à chaque directeur d'administration centrale. Il s'agit que toute l'administration centrale ainsi que l'ensemble des services déconcentrés se mobilisent pour la réalisation rapide et efficace de ce programme.

Je ferai tous les six mois le point avec vous sur la mise en œuvre de ce programme et de ces feuilles de route ministérielles. Pour votre part, vous examinerez avec vos directeurs d'administration centrale la bonne réalisation des objectifs que vous leur aurez fixés afin de mesurer la correcte réalisation de vos programmes ministériels.

Exemplarité, collégialité et efficacité permettront au Gouvernement de mener à bien le programme ambitieux de réforme que le Président de la République a présenté à nos concitoyens.

Circulaire du 26 juillet 2017,

Relative à la maîtrise du flux des textes réglementaires et de leur impact.

Les tentatives opérées jusqu'à présent de maîtrise du flux des textes réglementaires n'ont pas produit des résultats à la hauteur des enjeux. Traduction d'une politique publique, la norme peut aussi être une contrainte pour la compétitivité des entreprises, l'administration des collectivités territoriales, le fonctionnement des services déconcentrés et la vie quotidienne de nos concitoyens. La complexité, l'empilement et le nombre des normes font de la maîtrise de la production réglementaire un enjeu d'efficacité de l'action publique et de démocratie.

C'est pourquoi à l'occasion de la préparation des nouvelles normes réglementaires traduisant les choix du Gouvernement, nous devons veiller à maîtriser leur impact et réduire les normes existantes.

La maîtrise du flux des textes réglementaires constitue la première étape d'un exercice de simplification normative plus large qui a vocation à porter également sur les textes de loi. Dans le cadre de la réforme constitutionnelle annoncée par le Président de la République, il reviendra ainsi au Parlement de définir les modalités d'un meilleur encadrement de la production législative.

1 *Toute nouvelle norme réglementaire doit être compensée par la suppression ou, en cas d'impossibilité avérée, la simplification d'au moins deux normes existantes.*

L'entrée en vigueur d'un décret réglementaire comportant des mesures constitutives de normes nouvelles contraignantes (obligations de mise en conformité, nouvelles formalités administratives, etc.) opposables aux acteurs de la société civile (entreprises, associations, particuliers), aux services déconcentrés et aux collectivités territoriales est désormais conditionnée par l'adoption simultanée d'au moins deux mesures d'abrogation ou, de manière subsidiaire, de deux mesures de simplification de normes existantes.

Afin d'être considérées comme valables, ces abrogations ou, à titre subsidiaire, ces simplifications doivent répondre à deux conditions préalables :

— d'une part, elles interviennent dans le même champ ministériel ou dans le cadre d'une même politique publique que la norme créée. Dans le cas spécifique où la norme créée s'applique aux collectivités territoriales, les abrogations ou, à titre subsidiaire, les simplifications proposées doivent impérativement concerner des normes s'appliquant aux collectivités territoriales ;

— d'autre part, elles doivent apparaître qualitativement de niveau équivalent et non pas simplement répondre à cet objectif quantitatif.

Le secrétariat général du Gouvernement s'assurera du respect tant de la lettre que de l'interprétation de ces deux règles. En cas de difficulté, le projet ou les projets de décret comportant la règle nouvelle et les simplifications qui sont proposées seront soumis par le secrétariat général du Gouvernement à l'arbitrage de mon cabinet. Cette validation préalable conditionnera la décision de poursuivre, modifier ou abandonner le projet de texte considéré.

Ne sont pas inclus dans ce cadre les projets de décret qui sont par nature sans impact sur la charge administrative des acteurs de la société civile (procédure pénale, textes d'organisation des administrations centrales, dispositions statutaires applicables aux agents de l'État, dispositions de nature budgétaire) ainsi que les décrets pris pour la première application de la loi ou d'une ordonnance (et dont la publication conditionne l'entrée en vigueur de ces textes).

Tous les autres projets de décret sont soumis à la règle de la double compensation des mesures nouvelles par des simplifications ou des abrogations, qu'il s'agisse de décrets du pouvoir réglementaire autonome ou de décrets pris pour l'application de lois et ordonnances déjà entrées en vigueur.

Cette règle nouvelle implique que vous procédiez à un exercice d'évaluation du stock de normes que recouvre votre champ de politique publique. Le secrétariat général du Gouvernement se tient à votre disposition pour vous appuyer dans cet inventaire.

2 *L'impact de la réglementation doit être mieux mesuré et, in fine, ne pas se traduire par des contraintes excessives.*

Le travail de mesure préalable de l'impact des normes réglementaires doit être poursuivi et intensifié s'agissant des mesures ayant une incidence sur les entreprises, les collectivités territoriales, les services déconcentrés de l'État et les particuliers, et qui ne sont pas une condition de l'entrée en vigueur d'une norme de niveau supérieur.

J'appelle votre attention sur l'exigence de qualité du chiffrage des impacts. Le secrétariat général du Gouvernement centralisera les éléments de chiffrage — produits par vos services à travers les fiches d'impact qui lui seront systématiquement adressées par voie dématérialisée — afin de retracer, par semestre, l'évolution des charges et des économies induites par la production réglementaire. L'évolution du solde entre les charges et les économies fera l'objet d'un suivi régulier par département ministériel.

3 *Une vigilance particulière sera portée à la transposition des directives européennes.*

Toute mesure allant au-delà des exigences minimales de la directive est en principe proscrite. Les dérogations à ce principe, qui peuvent résulter de choix politiques, supposent la présentation d'un dossier explicitant et justifiant la mesure qui sera soumise à l'arbitrage de mon cabinet. Ce travail ne doit pas porter sur le seul flux de transpositions mais également sur le stock. Une mission d'inspection aura prochainement en charge un travail inédit d'inventaire. Toutes les surtranspositions identifiées dans vos champs ministériels et qui n'auront pu être justifiées feront l'objet d'un réalignement sur le niveau de contrainte exigé par l'Union européenne.

4 *Prohibition des dispositions non normatives.*

Le Conseil constitutionnel rappelle que, sous réserve de dispositions particulières prévues par la Constitution, la loi a pour vocation d'énoncer des règles et doit par suite être revêtue d'une portée normative. Il juge donc contraire à la Constitution une disposition dépourvue de portée normative (n° 2016-741 DC du 8 décembre 2016). Il convient de veiller avec soin à ne pas insérer de telles dispositions dans les lois et règlements.

Je vous prie de veiller à la bonne mise en œuvre de ces méthodes dans les administrations placées sous votre autorité.

Le secrétariat général du Gouvernement est chargé de l'exécution de la présente circulaire, qui s'applique à compter du 1er septembre 2017.

Art. 22 Les actes du Premier ministre sont contresignés, le cas échéant, par les ministres chargés de leur exécution.

COMMENTAIRE

V. sur le Code en ligne.

1° NOTION D'ACTES DU PREMIER MINISTRE

1. Les actes du Premier ministre qui doivent être contresignés sont aussi bien des actes réglementaires qu'individuels ou de simples décisions informelles. • CE, ass., 4 juin 1993, *Assoc. anciens élèves de l'ENA : Lebon 168 ; JCP 1973. 22127, note Vandendriessche ; RFDA 1993. 657, concl. Schwartz.*

2. Sont dispensés du contreseing les actes du Premier ministre concernant un service qui lui est attaché et pour lequel il doit être regardé comme le seul « ministre chargé de l'exécution ». • CE 3 déc. 1980, *SNESUP : Lebon 454.*

2° CONTRESIGNATAIRES

a. Notion de « ministre »

1. Secrétaires d'État

3. Un secrétaire d'État « autonome », c'est-à-dire qui n'est pas placé sous l'autorité d'un ministre, doit être regardé comme un ministre au sens des dispositions du présent art. Dès lors, il lui est possible de contresigner seul un décret du Premier ministre pris dans le domaine de ses attributions. • CE 21 janv. 1977, *Peron-Magnan : Lebon 30.*

4. En revanche, les secrétaires d'État rattachés à un ministre n'ont pas la qualité de « ministre » au sens du présent art. • CE 8 juill. 1988, *Union nat. synd. de médecins des hôpitaux publics : Lebon 281.* ♦ Dès lors, l'absence de contreseing de leur part sur un décret rentrant dans le domaine de leurs attributions n'entache pas celui-ci d'illégalité. • CE 28 mai 1984, *Ordre avocats de Saint-Denis de la Réunion : Lebon 478 ; D. 1985. 182, note Miclo* • CE 11 juill. 2001, *MEDEF : Lebon 363.* ♦ Leurs signatures peuvent simplement s'ajouter, sur le décret à contresigner, à celle du ministre auprès de qui ils sont délégués. • CE 21 juill. 1972, *Féd. nat. conseils de parents d'élèves des écoles publiques : Lebon 556.* ♦ Il en va de même pour les ministres délégués. • CE 12 févr. 2007, *Sté « Les Laboratoires Jolly-Jatel »,* n° 290164 B.

5. La délégation de signature faite à un secrétaire d'État délégué auprès d'un ministre doit être suffisamment précise et ne concerner que certaines seulement des affaires qui relèvent des attributions du ministre. • CE 21 juill. 1972, *Féd. nat. conseils de parents d'élèves des écoles publiques : préc. note 4.*

2. Gouvernement démissionnaire

6. Les ministres d'un gouvernement démissionnaire ont compétence pour contresigner les décrets nécessaires à l'expédition des affaires courantes. • CE, ass., 19 oct. 1962, *Brocas : Lebon 553 , AJDA 1962. 612, chron. de Laubadère ; D. 1962. 702, concl. Bernard ; RD publ. 1962. 1181, concl. Bernard.*

b. Notion de « ministres chargés de l'exécution »

7. Les « ministres chargés de l'exécution » au sens du présent art. sont ceux qui ont compétence pour signer ou contresigner les mesures réglementaires ou individuelles que comporte nécessairement l'exécution du décret en cause. • CE 27 avr. 1962, *Sicard : Lebon 279 ; AJDA 1962. 284, chron. Galabert et Gentot* • CE 30 mai 2007, *Union nat. laïque des anciens supplétifs,* n° 282553 A. ♦ V. également les décisions mentionnées note 8.

8. Dès lors, si le décret en cause ne demande pas de mesure d'exécution, quelle qu'elle soit, il n'a pas à être contresigné. • CE, ass., 10 juill. 1981, *Union patronale des Hauts-de-Seine,* n° 20836 A • CE 21 oct. 2019, n° 430062.

V. pour d'autres décisions dans le même sens : 🏛.

9. La compétence des ministres dans le domaine concerné par le texte n'implique pas nécessairement qu'ils doivent contresigner le texte... • CE 23 déc. 1981, n° 15309 A : *CJEG 1982. 118, note Papin ; D. 1982. IR 347, obs. Bon* • CE 27 mai 2002, n° 227338 A : *RFDA 2002. 854*. ♦ ... Et ce même si les personnes visées par le texte relèvent, pour leur activité, de ce ministère. • CE 28 déc. 2018, n° 404792 : *AJDA 2019. 765, note Peyen*.

10. Le contreseing du ministre des Finances, même s'il est souvent présent, n'est pas rendu nécessaire (sauf texte contraire : art. 15 de l'Ord. du 9 oct. 1945) par le seul fait que la décision a des répercussions financières. • CE, ass., 26 nov. 1976, *Soldani*, n° 97328 A : *AJDA 1977. 26, concl. Latournerie, chron. Nauwelaert et Fabius* • CE, ass., 4 juin 1993, *Assoc. anciens élèves de l'ENA : préc. note 1.* ♦ De même, le fait que les préfets se voient confier une compétence par un décret n'oblige pas nécessairement que celui-ci soit contresigné du ministre de l'Intérieur. • CE 12 avr. 2002, *Féd. industrie de la Parfumerie*, n° 230848 A : *RFDA 2002. 678*.

11. Un ministre qui a contresigné la loi au titre des ministres « responsables » n'a pas nécessairement à contresigner les décrets d'application au titre des ministres « chargés de l'exécution ». • CE, sect., 21 déc. 1973, *Cne de Cours-de-Pile*, n° 85192 A : *RD publ. 1974. 1529.*

12. Il ne faut pas prendre en compte les termes des décrets relatifs aux attributions des ministres mais bien l'existence de mesures d'exécution nécessaires. • CE, ass., 8 juill. 1994, *Tête*, n° 141301 A : *BJDU 1994, n° 4, p. 31, concl. Lasvignes ; AJDA 1994. 686 et 747, chron. Touvet et Stahl ; JCP 1994. IV. 2095, obs. Rouault ; D. 1995. Somm. 378, obs. Bon*.

13. Le défaut de contreseing de ministres qui ne sont intéressés qu'accessoirement par les effets de l'acte n'entache pas sa validité. • CE 30 oct. 1958, *Houillères du Nord : Lebon 512* • CE 9 oct. 1987, *Synd. auton. enseignants de médecine*, n° 71667 A.

14. Modification des actes. S'agissant des modifications apportées au décret initial, les contreseings requis sont fonction de celles-ci et peuvent donc être moins nombreux que sur le décret d'origine. • CE, ass., 9 mai 1958, *Conseil nat. Ordre des pharmaciens : Lebon 269 ; S. 1958. 220, concl. Tricot* • CE, ass., 2 juill. 1982, *Huglo : Lebon 257 ; AJDA 1982. 657, concl. Biancarelli ; D. 1983. 327, note Dugrip* • CE 29 juill. 1998, *Synd. avocats de France*, n° 188715 A : *AJDA 1998. 1010, concl. Schwartz*.

3° ABSENCE DE CONTRESEING

a. Nature de l'absence de contreseing

15. Le juge vérifie la présence des contreseings. • CE 3 oct. 1986, *François Poncet : Lebon 224*.

16. L'absence de contreseing constitue un vice de forme et non une question de compétence. • CE, ass., 12 juill. 1957, *Ch. commerce d'Orléans : Lebon 474* • CE, sect., 31 déc. 1976, *Comité de défense des riverains de l'aéroport de Paris-Nord : préc. note 7* • CE, sect., 25 févr. 1977, *Nicoud : Lebon 115 ; AJDA 1977. 544, concl. Guillaume.*

17. Dès lors, la présence de contreseings non nécessaires est sans influence sur la légalité de l'acte. • CE 30 oct. 1958, *Union mutuelle immobilière : Lebon T. 811 ; AJDA 1959. 2. 20.* ♦ De même, la présence de contreseings superflus n'oblige pas les autres ministres du Gouvernement à contresigner. • CE 27 nov. 1992, *Féd. Interco CFDT : Lebon 427 ; AJDA 1993. 208, note Aubry*.

18. Le vice de forme ne peut être couvert par le fait que le ministre qui n'a pas contresigné ait approuvé les termes du texte lors d'une réunion à laquelle il participait personnellement. • CE, sect., 31 déc. 1976, *Comité de défense des riverains de l'aéroport de Paris-Nord : préc. note 7.* ♦ ... Ait donné son accord par lettre. • CE, sect., 2 juill. 1965, *Synd. nat. parcs automobiles : Lebon 397.*

b. Effet de l'absence de contreseing

19. Faute d'avoir été contresigné par tous les ministres chargés de son exécution, le décret dont s'agit doit être annulé. • CE 27 avr. 1962, *Sicard : préc. note 7.* ♦ ... Ou du moins les dispositions pour lesquelles le contreseing était nécessaire. • CE, sect., 1er juin 1979, *Assoc. « Défense et promotion des langues de France » : Lebon 252, concl. Hagelsteen*.

20. Le ministre dont le contreseing a été omis a du reste compétence pour contester lui-même la validité de l'acte. • CE 25 janv. 1963, *Lemaresquier : Lebon 45.*

21. De même, dès lors qu'il n'a pas été contresigné par un ministre, le décret est inapplicable aux fonctionnaires qui relèvent de ce ministère. • CE, sect., 19 déc. 1980, *Eck : Lebon 480*.

Art. 23 **Les fonctions de membre du Gouvernement sont incompatibles avec l'exercice de tout mandat parlementaire, de toute fonction de représentation professionnelle à caractère national et de tout emploi public ou de toute activité professionnelle.**

Une loi organique fixe les conditions dans lesquelles il est pourvu au remplacement des titulaires de tels mandats, fonctions ou emplois.

Le remplacement des membres du Parlement a lieu conformément aux dispositions de l'article 25.

Sur l'application de l'art. 23 Const. 58, V. ci-dessous L. org. n° 58-1099 du 17 nov. 1958.

Sur les attributions des ministres, V. ci-dessous Décr. n° 59-178 du 22 janv. 1959.

Sur le traitement des membres du Gouvernement, V. CGI, art. 80 undecies A, ss. Const. 58, art. 6 ; L. de finances rectificative pour 2002, n° 2002-1050 du 6 août 2002, art. 14, ss. Const. 58, art. 6 et Décr. n° 2012-983 du 23 août 2012, ss. Const. 58, art. 6.

Sur le plafonnement des rémunérations, V. ci-dessous L. n° 92-108 du 3 févr. 1992 relative aux conditions d'exercice des mandats locaux, art. 23.

Sur la mise en œuvre de la révision constitutionnelle, V. ci-dessous Circ. du 15 avr. 2009.

Sur la prévention des conflits d'intérêts et la transparence de la vie publique, V. ci-dessous L. n° 2013-907 du 11 oct. 2013, art. 1er, 2, 4 à 12, 19, 20, 22, 23, 25, 26.

Sur l'organisation et le fonctionnement de la Haute Autorité pour la transparence de la vie publique, V. ci-dessous Décr. n° 2013-1204 du 23 déc. 2013.

Sur les déclarations de situation patrimoniale et les déclarations d'intérêts adressées à la Haute Autorité pour la transparence de la vie publique, V. ci-dessous Décr. n° 2013-1212 du 23 déc. 2013.

Sur la procédure de vérification de la situation fiscale des membres du Gouvernement, V. ci-dessous Décr. n° 2014-386 du 29 mars 2014.

Sur les emplois de collaborateurs de ministres, V. ci-dessous L. n° 2017-1339 du 15 sept. 2017, art. 11.

BIBL. ▶ AVRIL, Réflexions sur l'incompatibilité édictée par l'article 23 de la Constitution, *Mél. P. Gélard, LGDJ 2000, p. 145.* – LASCOMBE, Les incompatibilités ministérielles : brèves considérations sur un objet aléatoire, *LPA 31 juill. 2014, p. 30.* – KERLÉO, Un angle mort du droit gouvernemental ?, *AJDA 2020. 1* ; Les multiples enjeux déontologiques des affaires Delevoye, *AJDA 2020. 274*.

COMMENTAIRE

V. sur le Code en ligne.

[V. références des décisions du Conseil constitutionnel dans le tableau DC]

1. La qualité de membre du gouvernement du territoire de la Nouvelle-Calédonie n'entre dans aucune des catégories de fonctions ainsi énoncées. • Cons. const. 30 août 1984, n° 84-178 DC § 5.

2. Les dispositions du présent art. mettent en place une incompatibilité et non une inéligibilité. Dès lors, un membre du Gouvernement peut être candidat à une élection parlementaire. • Cons. const. 21 juin 1967, n° 67-439 AN : *Rec. Cons. const. 133.* ♦ ... Sans être tenu de démissionner au préalable de ses fonctions gouvernementales. • Cons. const. 28 janv. 1976, n° 75-821 AN : *Rec. Cons. const. 77.*

3. En exprimant le souhait que les membres de son Gouvernement n'exercent pas en même temps des fonctions de maire, le Premier ministre n'a édicté aucune règle de droit positif et n'a porté atteinte à aucune liberté fondamentale. • CE, ord. réf., 22 mars 2001, *Meyet,* n° 231601 : *Lebon T. 1130.*

4. Sur la situation des anciens ministres, anciens parlementaires, V. notes ss. Const. 58, art. 25.

Ordonnance n° 58-1099 du 17 novembre 1958,

Portant loi organique pour l'application de l'article 23 de la Constitution.

Art. 1er Pour chaque membre du Gouvernement, les incompatibilités établies à l'article 23 de la Constitution prennent effet à l'expiration d'un délai de un mois à compter de sa nomination. Pendant ce délai, le parlementaire membre du Gouvernement ne peut prendre part à aucun scrutin *(L. org. n° 2013-906 du 11 oct. 2013, art. 7)* « et ne peut percevoir aucune indemnité en tant que parlementaire ». Les incompatibilités ne prennent pas effet si le Gouvernement est démissionnaire avant l'expiration dudit délai.

Les mesures nécessaires pour remplacer un membre du Gouvernement dans son mandat, sa fonction ou son emploi sont prises dans le mois qui suit et comme il est dit aux articles 2, 3 et 4 ci-après.

Art. 2 Le remplacement d'un membre du Gouvernement dans son mandat parlementaire a lieu dans les conditions prévues par les lois organiques relatives à la composition et à la durée des pouvoirs de l'Assemblée nationale et du Sénat.

Quiconque a été appelé à remplacer, dans les conditions prévues à l'article 5 de chacune desdites lois organiques *[V. désormais C. élect., art. L.O. 176 et L.O. 319. – **C. élect.**]*, un parlementaire nommé membre du Gouvernement ne peut, lors de l'élection suivante, faire acte de candidature contre lui *[V. C. élect., art. L.O. 135 et L.O. 296. – **C. élect.**]*.

Art. 3 Le remplacement d'un membre du Gouvernement dans ses fonctions de représentation professionnelle à caractère national a lieu conformément aux statuts de l'organisation professionnelle intéressée.

Art. 4 Le membre du Gouvernement titulaire d'un emploi public est remplacé dans ses fonctions et placé *(L. org. n° 2013-906 du 11 oct. 2013, art. 7)* « d'office, pendant la durée de ses fonctions, en position de disponibilité ou dans la position équivalente prévue par son statut ne lui permettant pas d'acquérir de droits à l'avancement et de droits à pension. »

Art. 5 Lors de la cessation de ses fonctions gouvernementales le membre du Gouvernement auquel il a été fait application des dispositions des articles 2, 3 et 4 ci-dessus perçoit une indemnité d'un montant égal au traitement qui lui était alloué en sa qualité de membre du Gouvernement.

Cette indemnité est versée pendant *(L. org. n° 2013-906 du 11 oct. 2013, art. 7)* « trois » mois, à moins que l'intéressé n'ait repris auparavant une activité rémunérée.

(L. org. n° 2013-906 du 11 oct. 2013, art. 7) « Cette indemnité ne peut être perçue par l'intéressé s'il a omis de déclarer à la Haute Autorité pour la transparence de la vie publique, au titre de la loi n° 2013-907 du 11 octobre 2013 relative à la transparence de la vie publique, tout ou partie de son patrimoine ou de ses intérêts. »

Pour le calcul de l'indemnité, V. ss. Const. 58, art. 6, L. n° 2002-1050 du 6 août 2002, art. 14-II ; cette indemnité est imposable à l'impôt sur le revenu suivant les règles applicables aux traitements et salaires (V. ss. Const. 58, art. 6, CGI, art. 80 undecies A).

Décret n° 59-178 du 22 janvier 1959,

Relatif aux attributions des ministres.

Art. 1er Les attributions des ministres sont fixées par décrets délibérés en Conseil des ministres après avis du Conseil d'État.

Art. 2 *(Décr. n° 2014-34 du 16 janv. 2014, art. 1er)* Lorsqu'il estime se trouver en situation de conflit d'intérêts pour l'exercice de certains de ses pouvoirs, le Premier ministre délègue ceux-ci, dans les conditions prévues au deuxième alinéa de l'article 21 de la Constitution, au ministre premièrement nommé dans le décret relatif à la composition du Gouvernement.

Art. 2-1 *(Décr. n° 2014-34 du 16 janv. 2014, art. 1er)* Le ministre qui estime se trouver en situation de conflit d'intérêts en informe par écrit le Premier ministre en précisant la teneur des questions pour lesquelles il estime ne pas devoir exercer ses attributions. Un décret détermine, en conséquence, les attributions que le Premier ministre exerce à la place du ministre intéressé.

Ce dernier s'abstient de donner des instructions aux administrations placées sous son autorité ou dont il dispose, lesquelles reçoivent leurs instructions directement du Premier ministre.

Art. 2-2 *(Décr. n° 2014-34 du 16 janv. 2014, art. 1er)* Le membre du Gouvernement placé auprès d'un ministre qui estime se trouver en situation de conflit d'intérêts en informe par écrit le Premier ministre et le ministre auprès duquel il est placé en précisant la teneur des questions pour lesquelles il estime ne pas devoir exercer ses attributions. Un décret détermine, en conséquence, les attributions exercées directement par le ministre auprès duquel il est placé, à la place du membre du Gouvernement intéressé. Ce dernier s'abstient de donner des instructions aux services dont il dispose.

Loi n° 92-108 du 3 février 1992,

Relative aux conditions d'exercice des mandats locaux.

Art. 23 Le membre du Gouvernement titulaire de mandats électoraux ne peut percevoir *(L. n° 2011-412 du 14 avr. 2011, art. 27)* « au titre de ses mandats locaux plus d'une demi-fois le montant de l'indemnité parlementaire prévue à l'article 1er de l'ordonnance n° 58-1210 du 13 décembre 1958 portant loi organique relative à l'indemnité des membres du Parlement ».

Circulaire du 15 avril 2009,

Relative à la mise en œuvre de la révision constitutionnelle (procédure législative).

La loi organique relative à l'application des articles 34-1, 39 et 44 de la Constitution vient d'être promulguée. Avec sa publication, et sous réserve des précisions qui seront apportées par le règlement de chaque assemblée, sont désormais applicables l'ensemble des nouvelles règles de la procédure législative issues de la révision constitutionnelle voulue par le Président de la République.

Nous entrons ainsi dans une nouvelle période de la vie de nos institutions, qui se traduira par le renouvellement des relations du Gouvernement et du Parlement, notamment pour ce qui concerne le déroulement de la procédure législative.

Outre la modification des règles relatives à la fixation de l'ordre du jour des assemblées, en vigueur depuis le 1er mars, deux nouveautés concernant le travail législatif méritent particulièrement attention.

1. D'une part, l'article 39 de la Constitution révisée impose que les projets de loi soient, sous réserve de quelques exceptions, accompagnés d'une étude d'impact.

Je vous demande de veiller à ce que cette obligation de méthode nouvelle, destinée à améliorer la qualité des projets de loi et à mieux éclairer le Parlement sur la portée des réformes que lui soumet le Gouvernement, soit mise en œuvre dès à présent, sans attendre le 1er septembre prochain, même si ce n'est qu'à compter de cette date fixée par la loi organique que la Conférence des présidents de l'assemblée saisie en premier pourra s'opposer à l'inscription à l'ordre du jour du projet.

La loi organique définit le contenu de l'étude d'impact. Cette étude n'est pas assimilable à un exposé des motifs enrichi, mais constitue un outil d'évaluation et d'aide à la décision. Sa préparation doit être engagée dès le stade des réflexions préalables sur le projet de réforme. L'étude doit ensuite être affinée au fur et à mesure de l'élaboration du projet.

C'est au ministre principalement responsable du projet de réforme de prendre en charge la responsabilité de l'étude d'impact. Ses services doivent prendre l'attache du secrétariat général du Gouvernement dès la mise en chantier du projet de réforme dans le double but d'arrêter le cahier des charges de l'étude et de déterminer les concours susceptibles d'être recherchés auprès d'autres administrations pour contribuer aux travaux d'évaluation préalable.

Le Conseil d'État ne sera saisi du projet de loi que si l'étude d'impact est jugée suffisante par mon cabinet et par le secrétaire général du Gouvernement. Dans l'affirmative, elle sera transmise au Conseil d'État puis déposée, avec le projet de loi, sur le bureau de l'assemblée saisie après la délibération du conseil des ministres.

2. D'autre part, le nouvel article 42 de la Constitution prévoit désormais que, sauf exceptions limitées, le texte discuté dans l'hémicycle est le texte adopté par la commission saisie au fond et non plus le texte du projet initial du Gouvernement ou le texte transmis par l'autre assemblée.

Ce changement substantiel du mode de discussion des textes conduit à modifier les modalités selon lesquelles les membres du Gouvernement participent au travail législatif, en particulier au cours des séances des commissions.

Ainsi que l'a jugé le Conseil constitutionnel, les membres du Gouvernement tiennent directement de la Constitution le droit de participer aux travaux des commissions consacrés à l'examen des projets et des propositions de loi ainsi que des amendements dont ils font l'objet et d'assister aux votes destinés à arrêter le texte sur lequel la discussion portera en séance.

Votre participation active aux travaux des commissions est nécessaire pour que vous puissiez utilement faire valoir le point de vue du Gouvernement sur le texte que vous défendez ainsi que, le cas échéant, pour opposer les irrecevabilités découlant des articles 40 et 41 de la Constitution.

Je vous demande de participer pleinement à cette étape désormais essentielle de la discussion législative qu'est l'examen en commission. Votre participation sera déterminante pour assurer le nouvel équilibre recherché par le Constituant, qui consiste à renforcer le rôle du Parlement, sans priver le Gouvernement des moyens de mener son action.

Vous devrez donc vous rendre disponibles à l'égard des assemblées et veiller, par un travail approfondi avec les commissions, à ce que les questions posées par les textes que vous défendez au nom du Gouvernement soient dûment examinées en amont de la séance publique.

Loi n° 2013-907 du 11 octobre 2013,

Relative à la transparence de la vie publique.

Les dispositions de la L. n° 2013-907 du 11 oct. 2013 sont applicables en Polynésie française, en Nouvelle-Calédonie et dans les îles Wallis-et-Futuna (L. préc., art. 35).

CHAPITRE Ier. *LA PRÉVENTION DES CONFLITS D'INTÉRÊTS ET LA TRANSPARENCE DANS LA VIE PUBLIQUE*

Art. 1er Les membres du Gouvernement, les personnes titulaires d'un mandat électif local ainsi que celles chargées d'une mission de service public exercent leurs fonctions avec dignité, probité et intégrité et veillent à prévenir ou à faire cesser immédiatement tout conflit d'intérêts. *(L. n° 2016-1691 du 9 déc. 2016, art. 29)* « Les membres des autorités administratives indépendantes et des autorités publiques indépendantes exercent également leurs fonctions avec impartialité. »

SECTION I. *Obligations d'abstention*

Art. 2 *(L. n° 2017-1339 du 15 sept. 2017, art. 6)* « I. — » Au sens de la présente loi, constitue un conflit d'intérêts toute situation d'interférence entre un intérêt public et des intérêts publics ou privés qui est de nature à influencer ou à paraître influencer l'exercice indépendant, impartial et objectif d'une fonction.

Lorsqu'ils estiment se trouver dans une telle situation :

1° Les membres des collèges d'une autorité administrative indépendante ou d'une autorité publique indépendante s'abstiennent de siéger *(L. n° 2016-1691 du 9 déc. 2016, art. 29)* « ou, le cas échéant, de délibérer ». Les personnes qui exercent des compétences propres au sein de ces autorités sont suppléées suivant les règles de fonctionnement applicables à ces autorités ;

2° Sous réserve des exceptions prévues au deuxième alinéa de l'article 432-12 du code pénal, les personnes titulaires de fonctions exécutives locales sont suppléées par leur délégataire, auquel elles s'abstiennent d'adresser des instructions ;

3° Les personnes chargées d'une mission de service public qui ont reçu délégation de signature s'abstiennent d'en user ;

4° Les personnes chargées d'une mission de service public placées sous l'autorité d'un supérieur hiérarchique le saisissent ; ce dernier, à la suite de la saisine ou de sa propre initiative, confie, le cas échéant, la préparation ou l'élaboration de la décision à une autre personne placée sous son autorité hiérarchique.

Un décret en Conseil d'État fixe les modalités d'application du présent article ainsi que les conditions dans lesquelles il s'applique aux membres du Gouvernement *[V. ci-dessous Décr. n° 2014-90 du 31 janv. 2014]*.

(L. n° 2017-1339 du 15 sept. 2017, art. 6) « II. — Un décret en Conseil d'État détermine les modalités de tenue d'un registre accessible au public, recensant les cas dans lesquels

un membre du Gouvernement estime ne pas devoir exercer ses attributions en raison d'une situation de conflit d'intérêts, y compris en Conseil des ministres.

« Ce registre est publié par voie électronique, dans un standard ouvert, aisément réutilisable et exploitable par un système de traitement automatisé. »

....

SECTION II. *Obligations de déclaration*

Art. 4 I. — Chacun des membres du Gouvernement, dans les deux mois qui suivent sa nomination, adresse personnellement au président de la Haute Autorité pour la transparence de la vie publique prévue à l'article 19 de la présente loi une déclaration exhaustive, exacte et sincère de sa situation patrimoniale concernant la totalité de ses biens propres ainsi que, le cas échéant, ceux de la communauté ou les biens indivis. Ces biens sont évalués à la date du fait générateur de la déclaration comme en matière de droits de mutation à titre gratuit.

Dans les mêmes conditions, chacun des membres du Gouvernement adresse au président de la Haute Autorité, ainsi qu'au Premier ministre, une déclaration faisant apparaître les intérêts détenus à la date de sa nomination et dans les cinq années précédant cette date. La même obligation s'applique en cas de modification des attributions d'un membre du Gouvernement.

Durant l'exercice de ses fonctions, un membre du Gouvernement dont la situation patrimoniale ou les intérêts détenus connaissent une modification substantielle en fait, dans le délai d'un mois, déclaration à la Haute Autorité. S'il s'agit d'une modification substantielle des intérêts détenus, il en fait également déclaration au Premier ministre.

Les obligations de déclaration prévues aux deux premiers alinéas s'appliquent à tout membre du Gouvernement dans les deux mois qui suivent la cessation de ses fonctions pour une cause autre que le décès. Les déclarations sont adressées personnellement au président de la Haute Autorité. La déclaration de situation patrimoniale comporte une récapitulation de l'ensemble des revenus perçus par le membre du Gouvernement et, le cas échéant, par la communauté depuis le début de l'exercice des fonctions de membre du Gouvernement.

Le membre du Gouvernement peut joindre des observations à chacune de ses déclarations.

Lorsque le membre du Gouvernement a établi depuis moins *(L. n° 2017-1339 du 15 sept. 2017, art. 8)* « d'un an » une déclaration de situation patrimoniale en application du premier alinéa du présent I, de l'article 11 de la présente loi ou de l'article L.O. 135-1 du code électoral, aucune nouvelle déclaration mentionnée à la première phrase du premier alinéa du présent I n'est exigée et la déclaration prévue au quatrième alinéa du même I est limitée à la récapitulation mentionnée à la dernière phrase du même alinéa et à la présentation mentionnée au dernier alinéa du II.

II. — La déclaration de situation patrimoniale porte sur les éléments suivants :

1° Les immeubles bâtis et non bâtis ;

2° Les valeurs mobilières ;

3° Les assurances-vie ;

4° Les comptes bancaires courants ou d'épargne, les livrets et les autres produits d'épargne ;

5° Les biens mobiliers divers d'une valeur supérieure à un montant fixé par voie *réglementaire* ;

6° Les véhicules terrestres à moteur, bateaux et avions ;

7° Les fonds de commerce ou clientèles et les charges et offices ;

8° Les biens mobiliers, immobiliers et les comptes détenus à l'étranger ;

9° Les autres biens ;

10° Le passif.

Le cas échéant, la déclaration de situation patrimoniale précise, pour chaque élément mentionné aux 1° à 10° du présent II, s'il s'agit de biens propres, de biens de la communauté ou de biens indivis.

Les déclarations de situation patrimoniale déposées en application du quatrième alinéa du I comportent, en plus des éléments mentionnés aux mêmes 1° à 10°, une présentation des événements majeurs ayant affecté la composition du patrimoine depuis la précédente déclaration.

III. — La déclaration d'intérêts porte sur les éléments suivants :

1° Les activités professionnelles donnant lieu à rémunération ou gratification exercées à la date de la nomination ;

2° Les activités professionnelles ayant donné lieu à rémunération ou gratification exercées au cours des cinq dernières années ;

3° Les activités de consultant exercées à la date de la nomination et au cours des cinq dernières années ;

4° Les participations aux organes dirigeants d'un organisme public ou privé ou d'une société à la date de la nomination ou lors des cinq dernières années ;

5° Les participations financières directes dans le capital d'une société à la date de la nomination ;

6° Les activités professionnelles exercées à la date de la nomination par le conjoint, le partenaire lié par un pacte civil de solidarité ou le concubin *[Dispositions déclarées non conformes à la Constitution par la décision du Conseil constitutionnel nº 2013-676 DC du 9 octobre 2013]* ;

7° Les fonctions bénévoles susceptibles de faire naître un conflit d'intérêts ;

8° *[Dispositions déclarées non conformes à la Constitution par la décision du Conseil constitutionnel nº 2013-676 DC du 9 octobre 2013.]*

9° Les fonctions et mandats électifs exercés à la date de la nomination.

La déclaration précise le montant des rémunérations, indemnités ou gratifications perçues par le membre du Gouvernement au titre des éléments mentionnés aux 1° à 5° *[Dispositions déclarées non conformes à la Constitution par la décision du Conseil constitutionnel nº 2013-676 DC du 9 octobre 2013]* et 9° du présent III.

IV. — Un décret en Conseil d'État, pris après avis de la Commission nationale de l'informatique et des libertés, précise le modèle et le contenu des déclarations prévues aux I à III et fixe leurs conditions de mise à jour et de conservation.

V. — Lorsque son président n'a pas reçu les déclarations de situation patrimoniale ou d'intérêts dans les délais prévus au I, la Haute Autorité pour la transparence de la vie publique adresse à l'intéressé une injonction tendant à ce qu'elles lui soient transmises dans un délai d'un mois à compter de la notification de l'injonction.

La même procédure est applicable en cas de déclaration incomplète ou lorsqu'il n'a pas été donné suite à une demande d'explications adressée par la Haute Autorité en application du II de l'article 20.

Sur les déclarations de situation patrimoniale et déclarations d'intérêts adressées à la Haute Autorité pour la transparence de la vie publique, V. ci-dessous Décr. nº 2013-1212 du 23 déc. 2013.

Art. 5 I. — La Haute Autorité pour la transparence de la vie publique transmet à l'administration fiscale la déclaration de situation patrimoniale mentionnée au premier alinéa du I de l'article 4. Celle-ci fournit à la Haute Autorité, dans les trente jours suivant cette transmission, tous les éléments lui permettant d'apprécier l'exhaustivité, l'exactitude et la sincérité de la déclaration de situation patrimoniale, notamment les avis d'imposition de l'intéressé à l'impôt sur le revenu et, le cas échéant, à l'impôt *(L. nº 2017-1837 du 30 déc. 2017, art. 31)* « sur la fortune immobilière ».

Dans un délai de trois mois suivant la réception des éléments mentionnés au premier alinéa du présent I, la Haute Autorité rend publiques la déclaration de situation patrimoniale et la déclaration d'intérêts. Elle peut assortir cette publication de toute appréciation qu'elle estime utile quant à l'exhaustivité, à l'exactitude et à la sincérité de l'une ou l'autre déclaration, après avoir mis l'intéressé à même de présenter ses observations. Les électeurs peuvent adresser à la Haute Autorité toute observation écrite relative à ces déclarations de situation patrimoniale et à ces déclarations d'intérêts.

II. — La procédure prévue au I du présent article est applicable à la déclaration de situation patrimoniale déposée après la cessation des fonctions gouvernementales, en application du quatrième alinéa du I de l'article 4.

III. — Ne peuvent être rendus publics les éléments des déclarations suivants :

1° L'adresse personnelle de la personne soumise à déclaration ;

2° Les noms du conjoint, du partenaire lié par un pacte civil de solidarité ou du concubin ;

3° Les noms des autres membres de la famille.

Pour la déclaration de situation patrimoniale, ne peuvent être rendus publics, s'agissant des biens immobiliers : les indications, autres que le nom du département, relatives à la localisation des biens ; les noms des personnes qui possédaient auparavant les biens mentionnés dans la déclaration ; pour les biens qui sont en situation d'indivision, les noms des autres propriétaires indivis ; pour les biens en nue-propriété : les noms des usufruitiers ; pour les biens en usufruit : les noms des nus-propriétaires.

Pour la déclaration d'intérêts, ne peuvent être rendus publics, s'agissant des biens immobiliers : les indications, autres que le nom du département, relatives à la localisation des biens. S'il s'agit du conjoint, du partenaire lié par un pacte civil de solidarité, du concubin *[Dispositions déclarées non conformes à la Constitution par la décision du Conseil constitutionnel n° 2013-676 DC du 9 octobre 2013]* :

a) Les noms des personnes qui possédaient auparavant des biens mentionnés dans cette déclaration ;

b) Pour les biens qui sont en situation d'indivision, les noms des autres propriétaires indivis ;

c) Pour les biens en nue-propriété, les noms des usufruitiers ;

d) Pour les biens en usufruit, les noms des nus-propriétaires.

Ne peuvent être rendus publics, s'agissant des biens mobiliers : les noms des personnes qui détenaient auparavant les biens mobiliers mentionnés dans la déclaration de situation patrimoniale ; les noms des personnes qui détenaient auparavant des biens mobiliers mentionnés dans la déclaration d'intérêts s'il s'agit du conjoint, du partenaire lié par un pacte civil de solidarité, du concubin *[Dispositions déclarées non conformes à la Constitution par la décision du Conseil constitutionnel n° 2013-676 DC du 9 octobre 2013]*.

Ne peuvent être rendus publics, s'agissant des instruments financiers : les adresses des établissements financiers et les numéros des comptes détenus.

Le cas échéant :

— l'évaluation rendue publique de la valeur des biens détenus en communauté correspond à la moitié de leur valeur vénale ;

— l'évaluation rendue publique de la valeur des biens indivis correspond à la part des droits indivis détenus par le déclarant.

Les éléments mentionnés au présent III ne peuvent être communiqués qu'à la demande expresse du déclarant ou de ses ayants droit ou sur requête des autorités judiciaires lorsque leur communication est nécessaire à la solution du litige ou utile pour la découverte de la vérité.

IV. — Les informations contenues dans les déclarations d'intérêts rendues publiques conformément et dans les limites fixées au présent article sont réutilisables dans les conditions prévues aux articles L. 321-1, L. 321-2, L. 322-1 et L. 322-2 du code des relations entre le public et l'administration.

V. — Un décret en Conseil d'État, pris après avis de la Commission nationale de l'informatique et des libertés, précise les modalités d'application du présent article

Art. 6 La Haute Autorité pour la transparence de la vie publique peut demander à toute personne mentionnée à l'article 4 de la présente loi communication des déclarations qu'elle a souscrites en application des articles 170 à 175 A du code général des impôts.

Elle peut, si elle l'estime utile, demander les déclarations, mentionnées au premier alinéa du présent article, souscrites par le conjoint séparé de biens, le partenaire lié par un pacte civil de solidarité ou le concubin de toute personne mentionnée à l'article 4.

A défaut de communication dans un délai de deux mois des déclarations mentionnées aux deux premiers alinéas du présent article, elle peut demander à l'administration fiscale copie de ces mêmes déclarations, qui les lui transmet dans les trente jours.

La Haute Autorité peut demander à l'administration fiscale d'exercer le droit de communication prévu à la section I du chapitre II du titre II de la première partie du livre des procédures fiscales, en vue de recueillir toutes informations utiles à l'accomplissement de sa mission de contrôle. Ces informations sont transmises à la Haute Autorité dans les soixante jours suivant sa demande.

Elle peut, aux mêmes fins, demander à l'administration fiscale de mettre en œuvre les procédures d'assistance administrative internationale.

Les agents de l'administration fiscale sont déliés du secret professionnel à l'égard des membres et des rapporteurs de la Haute Autorité, au titre des vérifications et contrôles qu'ils mettent en œuvre pour l'application de la présente loi.

Art. 7 La Haute Autorité pour la transparence de la vie publique contrôle la variation de la situation patrimoniale des membres du Gouvernement telle qu'elle résulte de leurs déclarations, des éventuelles observations et explications qu'ils ont pu formuler et des autres éléments dont elle dispose.

Lorsqu'elle constate une évolution de la situation patrimoniale pour laquelle elle ne dispose pas d'explications suffisantes, après que le membre du Gouvernement a été mis en mesure de présenter ses observations, la Haute Autorité pour la transparence de la vie publique publie au *Journal officiel* un rapport spécial, assorti des observations de l'intéressé, et transmet le dossier au parquet.

Art. 8 Les instruments financiers détenus par les membres du Gouvernement et les présidents et membres des autorités administratives indépendantes et des autorités publiques indépendantes intervenant dans le domaine économique sont gérés dans des conditions excluant tout droit de regard de leur part pendant la durée de leurs fonctions. *(L. n° 2016-1691 du 9 déc. 2016, art. 29)* « Ces personnes justifient des mesures prises auprès de la Haute Autorité pour la transparence de la vie publique. »

Les conditions d'application du présent article sont fixées par décret en Conseil d'État.

Art. 8-1 *(L. n° 2017-1339 du 15 sept. 2017, art. 22)* I. — Sans préjudice des articles 4, 8, 9 et 10, le Président de la République peut, avant la nomination de tout membre du Gouvernement et à propos de la personne dont la nomination est envisagée, solliciter la transmission :

1° Par le président de la Haute Autorité pour la transparence de la vie publique, des informations indiquant, à la date de la demande et compte tenu des éléments dont dispose la Haute Autorité, si cette personne a, le cas échéant, satisfait ou non aux obligations de transmission d'une déclaration d'intérêts et d'activités, d'une déclaration d'intérêts ou d'une déclaration de situation patrimoniale et à la justification des mesures prises pour gérer ses instruments financiers dans des conditions excluant tout droit de regard de sa part, ainsi que si cette personne se trouve dans une situation pouvant constituer un conflit d'intérêts et les mesures nécessaires pour prévenir ou faire cesser immédiatement ce conflit d'intérêts ;

2° Par l'administration fiscale, d'une attestation constatant qu'à la date de la demande et en l'état des informations dont dispose cette administration, elle satisfait ou non aux obligations de déclaration et de paiement des impôts dont elle est redevable ;

3° Du bulletin n° 2 du casier judiciaire.

Est réputée satisfaire aux obligations de paiement mentionnées au 2° du présent I la personne qui a, en l'absence de toute mesure d'exécution du comptable, acquitté ses impôts ou constitué des garanties jugées suffisantes par le comptable ou, à défaut, conclu un accord contraignant avec le comptable en vue de payer ses impôts, ainsi que les éventuels intérêts échus, pénalités ou amendes, à condition qu'elle respecte cet accord.

L'attestation mentionnée au même 2° ne constitue pas une prise de position formelle de l'administration fiscale sur la situation fiscale de la personne.

II. — Lorsqu'il s'agit d'un autre membre du Gouvernement, le Premier ministre est également destinataire des informations transmises en application du I.

Art. 9 Tout membre du Gouvernement, à compter de sa nomination, fait l'objet d'une procédure de vérification de sa situation fiscale, dans les conditions prévues au titre II de la première partie du livre des procédures fiscales, au titre *(L. n° 2017-1339 du 15 sept. 2017, art. 24)* « des impositions de toute nature dont il est redevable ». Cette procédure *est placée sous le contrôle de* la Haute Autorité pour la transparence de la vie publique *(L. n° 2016-1691 du 9 déc. 2016, art. 33)* « qui, lorsqu'elle constate qu'un membre du Gouvernement ne respecte pas ses obligations fiscales, en informe :

« 1° Le Président de la République, lorsqu'il s'agit du Premier ministre ;

« 2° Le Président de la République et le Premier ministre, lorsqu'il s'agit d'un autre membre du Gouvernement. »

Les conditions d'application du présent article sont fixées par décret en Conseil d'État.

Art. 10 I. — Lorsqu'elle constate qu'un membre du Gouvernement se trouve en situation de conflit d'intérêts, la Haute Autorité pour la transparence de la vie publique lui enjoint de faire cesser cette situation.

Après avoir mis à même l'intéressé de faire valoir ses observations dans un délai d'un mois, elle peut décider de rendre publique cette injonction.

II. — Le présent article n'est pas applicable au Premier ministre.

Art. 11 I. — Adressent également au président de la Haute Autorité pour la transparence de la vie publique une déclaration de situation patrimoniale et une déclaration d'intérêts, établies dans les conditions prévues aux quatre premiers alinéas du I et aux II et III de l'article 4, dans les deux mois qui suivent leur entrée en fonctions :

1° Les représentants français au Parlement européen *(L. n° 2017-1339 du 15 sept. 2017, art. 31)* « , dont la déclaration d'intérêts indique, outre les éléments mentionnés au III du même article 4, les participations directes ou indirectes détenues à la date de leur entrée en fonction qui leur confèrent le contrôle d'une société *(L. n° 2018-509 du 25 juin 2018, art. 8)* « , d'une entreprise ou d'un organisme » dont l'activité consiste principalement dans la fourniture de prestations de conseil » ;

2° Les titulaires d'une fonction de président de conseil régional, de président de l'Assemblée de Corse, de président du conseil exécutif de Corse, de président de l'assemblée de Guyane, de président de l'assemblée de Martinique, de président du conseil exécutif de Martinique, de président d'une assemblée territoriale d'outre-mer, de président de conseil *(L. n° 2016-483 du 20 avr. 2016, art. 11)* « départemental », de président du conseil de la métropole de Lyon, de président élu d'un exécutif d'une collectivité d'outre-mer, de maire d'une commune de plus de 20 000 habitants ou de président élu d'un établissement public de coopération intercommunale à fiscalité propre dont la population excède 20 000 habitants ou dont le montant des recettes *(L. n° 2016-483 du 20 avr. 2016, art. 11)* « totales » de fonctionnement figurant au dernier compte administratif est supérieur à 5 millions d'euros ainsi que les présidents des autres établissements publics de coopération intercommunale dont le montant des recettes *(L. n° 2016-483 du 20 avr. 2016, art. 11)* « totales » de fonctionnement figurant au dernier compte administratif est supérieur à 5 millions d'euros ;

3° Les conseillers régionaux, les conseillers à l'assemblée de Guyane, les conseillers à l'assemblée de Martinique, les conseillers exécutifs de Martinique, les conseillers exécutifs de Corse, les conseillers *(L. n° 2016-483 du 20 avr. 2016, art. 11)* « départementaux », les adjoints aux maires des communes de plus de 100 000 habitants et les vice-présidents des établissements publics de coopération intercommunale à fiscalité propre de plus de 100 000 habitants et du conseil de la métropole de Lyon lorsqu'ils sont titulaires d'une délégation *(L. n° 2016-483 du 20 avr. 2016, art. 11)* « de fonction ou » de signature, respectivement, du président du conseil régional, du président du conseil exécutif, du président du conseil *(L. n° 2016-483 du 20 avr. 2016, art. 11)* « départemental », du maire, du président de l'établissement public de coopération intercommunale ou du président du conseil de la métropole de Lyon, dans les conditions fixées par la loi. Les délégations *(L. n° 2016-483 du 20 avr. 2016, art. 11)* « de fonction ou » de signature sont notifiées sans délai par l'exécutif de chaque collectivité territoriale ou établissement public de coopération intercommunale au président de la Haute Autorité pour la transparence de la vie publique ;

4° Les membres des cabinets ministériels et les collaborateurs du Président de la *République* ;

5° Les collaborateurs du président de l'Assemblée nationale et du président du Sénat ;

(L. n° 2017-1339 du 15 sept. 2017, art. 10) « 5° *bis* Les membres de l'organe chargé de la déontologie parlementaire dans chaque assemblée, sauf lorsqu'ils sont déjà soumis à cette obligation au titre du I de l'article L.O. 135-1 du code électoral ; »

(L. n° 2016-1691 du 9 déc. 2016, art. 29) « 6° Les membres des collèges et, le cas échéant, les membres des commissions investies de pouvoirs de sanction, ainsi que les directeurs généraux et secrétaires généraux et leurs adjoints des organismes suivants : l'Agence française de lutte contre le dopage, l'Autorité de la concurrence, l'Autorité de contrôle des nuisances aéroportuaires, l'Autorité de contrôle prudentiel et de résolution, l'Autorité des marchés financiers, l'Autorité de régulation des activités ferroviaires et routières, l'Autorité de régulation des communications électroniques *(L. n° 2019-1063 du 18 oct. 2019, art. 9)* « , des postes et de la distribution de la presse », l'Autorité *(L. n° 2020-366 du*

30 mars 2020, art. 2) « nationale des jeux », l'Autorité de sûreté nucléaire, le Comité consultatif national d'éthique pour les sciences de la vie et de la santé, la Commission nationale d'aménagement cinématographique, la Commission nationale d'aménagement commercial, la Commission nationale des comptes de campagne et des financements politiques, la Commission nationale consultative des droits de l'homme, la Commission nationale de contrôle des techniques de renseignement, la Commission nationale du débat public, la Commission nationale de l'informatique et des libertés, la Commission du secret de la défense nationale, le Comité d'indemnisation des victimes des essais nucléaires, la Commission d'accès aux documents administratifs, la Commission des participations et des transferts, la Commission de régulation de l'énergie, le Conseil supérieur de l'audiovisuel, le Contrôleur général des lieux de privation de liberté, le Défenseur des droits, la Haute Autorité pour la diffusion des œuvres et la protection des droits sur internet, la Haute Autorité de santé, la Haute Autorité pour la transparence de la vie publique, le Haut Conseil du commissariat aux comptes, le Haut Conseil de l'évaluation de la recherche et de l'enseignement supérieur, le Médiateur national de l'énergie ; »

(L. n° 2017-55 du 20 janv. 2017, art. 50) « 6° *bis* Les médiateurs mentionnés à la section I du chapitre III du titre Ier du livre II du code du cinéma et de l'image animée, à l'article 144 de la loi n° 2014-344 du 17 mars 2014 relative à la consommation et à l'article L. 214-6 du code de la propriété intellectuelle ; »

7° Toute autre personne exerçant un emploi ou des fonctions à la décision du Gouvernement pour lesquels elle a été nommée en conseil des ministres ;

(L. n° 2016-483 du 20 avr. 2016, art. 11) « 8° Les directeurs, directeurs adjoints et chefs de cabinet des autorités territoriales mentionnées au 2°. Les arrêtés de nomination sont notifiés sans délai par le président de l'exécutif de chaque collectivité territoriale ou établissement public de coopération intercommunale au président de la Haute Autorité pour la transparence de la vie publique. »

Les déclarations d'intérêts des personnes mentionnées aux 4° à *(L. n° 2016-483 du 20 avr. 2016, art. 11)* « 8° » sont également adressées au président de l'autorité indépendante ou à l'autorité hiérarchique.

Toute modification substantielle de la situation patrimoniale ou des intérêts détenus donne lieu, dans un délai de deux mois, à une déclaration dans les mêmes formes.

II. — Toute personne mentionnée aux 1° à 3° du I du présent article adresse au président de la Haute Autorité pour la transparence de la vie publique une nouvelle déclaration de situation patrimoniale deux mois au plus tôt et un mois au plus tard avant l'expiration de son mandat ou de ses fonctions ou, en cas de dissolution de l'assemblée concernée ou de cessation du mandat ou des fonctions pour une cause autre que le décès, dans les deux mois qui suivent la fin du mandat ou des fonctions.

Toute personne mentionnée aux 4° à *(L. n° 2016-483 du 20 avr. 2016, art. 11)* « 8° » du même I est soumise à la même obligation dans les deux mois qui suivent la fin des fonctions.

(L. n° 2016-483 du 20 avr. 2016, art. 11) « Lorsqu'une déclaration de situation patrimoniale a été établie depuis moins *(L. n° 2017-1339 du 15 sept. 2017, art. 8)* « d'un an » en application du présent article, de l'article 4 de la présente loi ou de l'article L.O. 135-1 du code électoral, aucune nouvelle déclaration mentionnée au premier alinéa du I du présent article n'est exigée et la déclaration prévue au premier alinéa du présent II est limitée à la récapitulation mentionnée à la dernière phrase du quatrième alinéa du I de l'article 4 et à la présentation mentionnée au dernier alinéa du II du même article 4. »

III. — Les obligations *(L. n° 2016-483 du 20 avr. 2016, art. 11)* « et les dispenses prévues au présent article » sont applicables aux présidents et aux directeurs généraux :

1° Des sociétés et autres personnes morales, quel que soit leur statut juridique, dans lesquelles plus de la moitié du capital social est détenue directement par l'État ;

2° Des établissements publics de l'État à caractère industriel et commercial ;

3° Des sociétés et autres personnes morales, quel que soit leur statut juridique, dans lesquelles plus de la moitié du capital social est détenue, directement ou indirectement, séparément ou ensemble, par les personnes mentionnées aux 1° et 2° et dont le chiffre d'affaires annuel, au titre du dernier exercice clos avant la date de nomination des intéressés, est supérieur à 10 millions d'euros ;

4° Des offices publics de l'habitat mentionnés à l'article L. 421-1 du code de la construction et de l'habitation gérant un parc comprenant plus de 2 000 logements au 31 décembre de l'année précédant celle de la nomination des intéressés ;

5° Des sociétés et autres personnes morales, quel que soit leur statut juridique, autres que celles mentionnées aux 1° et 3° du présent III, dont le chiffre d'affaires annuel, au titre du dernier exercice clos avant la date de nomination des intéressés, dépasse 750 000 €, dans lesquelles les collectivités régies par les titres XII et XIII de la Constitution, leurs groupements ou toute autre personne mentionnée aux 1° à 4° du présent III détiennent, directement ou indirectement, plus de la moitié du capital social ou qui sont mentionnées au 1° de l'article L. 1525-1 du code général des collectivités territoriales.

La déclaration d'intérêts d'une personne mentionnée au présent III est également adressée au ministre qui a autorité sur l'intéressé ou qui exerce la tutelle de l'organisme.

La nomination des personnes mentionnées au présent III est, le cas échéant, subordonnée à la justification du dépôt de la déclaration de situation patrimoniale exigible lors de la cessation de fonctions précédentes. Elle est considérée comme nulle si, à l'issue du délai *(L. n° 2018-727 du 10 août 2018, art. 66)* « d'un mois prévu au V de l'article 4 », l'une des déclarations prévues lors de l'entrée en fonctions en application du premier alinéa du I n'a pas été transmise à la Haute Autorité de la transparence de la vie publique.

(L. n° 2018-202 du 26 mars 2018, art. 27) « III *bis*. — Les obligations et les dispenses prévues au présent article sont applicables :

« 1° Aux présidents des fédérations sportives délégataires mentionnées à l'article L. 131-14 du code du sport et des ligues professionnelles qu'elles créent en application de l'article L. 132-1 du même code ;

« 2° Au président du Comité national olympique et sportif français ;

« 3° Au président du Comité paralympique et sportif français ;

« 4° Aux représentants légaux des organismes chargés de l'organisation d'une compétition sportive internationale attribuée dans le cadre d'une sélection par un comité international, de niveau au moins équivalent à un championnat d'Europe, organisée de façon exceptionnelle sur le territoire français et ayant obtenu des lettres d'engagement de l'État, ainsi qu'aux délégataires de pouvoir ou de signature de ces représentants lorsque ces délégataires sont autorisés à engager, pour le compte de ces organismes, une dépense supérieure ou égale à un montant fixé par décret. Le président de la Haute Autorité pour la transparence de la vie publique est informé sans délai, par le ministère chargé des sports, de la désignation de ces représentants légaux et, par ces organismes, de ces délégations de pouvoir ou de signature » ;

(L. n° 2019-812 du 1er août 2019, art. 3) « 5° Au président, au directeur général et au responsable de la haute performance de l'Agence nationale du sport. »

IV. — Un décret en Conseil d'État, pris après avis de la Commission nationale de l'informatique et des libertés, précise le modèle et le contenu des déclarations prévues au présent article et fixe leurs conditions de mise à jour et de conservation.

V. — Le V de l'article 4 et les articles 6 et 7 sont applicables aux personnes mentionnées au présent article. L'article 10 est applicable aux personnes mentionnées au présent article, à l'exclusion des personnes mentionnées au 1° du I.

(L. n° 2016-483 du 20 avr. 2016, art. 11) « Pour les personnes mentionnées aux 4°, 7° et 8° du I du présent article, la Haute Autorité communique ses avis, pris en application du 2° du I de l'article 20, à la commission de déontologie de la fonction publique mentionnée à l'article 25 *octies* de la loi n° 83-634 du 13 juillet 1983 portant droits et obligations des fonctionnaires. »

Art. 12 I. — Les déclarations d'intérêts déposées en application de l'article 11 sont rendues publiques, dans les limites définies au III de l'article 5, par la Haute Autorité pour la transparence de la vie publique, selon des modalités déterminées par décret en Conseil d'État, pris après avis de la Commission nationale de l'informatique et des libertés. Les électeurs peuvent adresser à la Haute Autorité toute observation écrite relative à ces déclarations d'intérêts.

Les informations contenues dans les déclarations d'intérêts rendues publiques conformément au présent I et dans les limites définies au III de l'article 5 sont réutilisables dans les conditions prévues aux articles L. 321-1, L. 321-2, L. 322-1 et L. 322-2 du code des relations entre le public et l'administration.

(L. n° 2017-1339 du 15 sept. 2017, art. 32) « II. — Les déclarations de situation patrimoniale déposées par les personnes mentionnées au 1° du I de l'article 11 de la présente loi sont rendues publiques, dans les limites définies au III de l'article 5, par la Haute Autorité pour la transparence de la vie publique, dans les conditions prévues aux deuxième et troisième alinéas du présent II.

« Ces déclarations de situation patrimoniale sont, aux seules fins de consultation, tenues à la disposition des électeurs inscrits sur les listes électorales dans toutes les préfectures de la circonscription d'élection de la personne concernée ou, pour les représentants français au Parlement européen élus dans la section Pacifique, au haut-commissariat en Nouvelle-Calédonie, au haut-commissariat en Polynésie française et à l'administration supérieure à Wallis-et-Futuna.

« Ces électeurs peuvent adresser à la Haute Autorité toute observation écrite relative aux déclarations qu'ils ont consultées. »

Les dispositions issues de la L. n° 2017-1339 du 15 sept. 2017 sont applicables en Polynésie française, dans les îles Wallis-et-Futuna et en Nouvelle-Calédonie (L. préc., art. 32).

Sur les déclarations de situation patrimoniale et déclarations d'intérêts adressées à la Haute Autorité pour la transparence de la vie publique, V. ci-dessous Décr. n° 2013-1212 du 23 déc. 2013.

....

SECTION III. *Financement de la vie politique*

....

Art. 18 Le président de la Commission nationale des comptes de campagne et des financements politiques a l'obligation de déclarer au service mentionné à l'article L. 561-23 du code monétaire et financier, dès qu'il en a connaissance, les faits dont il soupçonne qu'ils sont en relation avec une infraction à la législation fiscale.

SECTION III *BIS*. *De la transparence des rapports entre les représentants d'intérêts et les pouvoirs publics*

(L. n° 2016-1691 du 9 déc. 2016, art. 25)

Art. 18-1 Un répertoire numérique assure l'information des citoyens sur les relations entre les représentants d'intérêts et les pouvoirs publics.

Ce répertoire est rendu public par la Haute Autorité pour la transparence de la vie publique. Cette publication s'effectue dans un format ouvert librement utilisable et exploitable par un système de traitement automatisé, dans les conditions prévues au titre II du livre III du code des relations entre le public et l'administration.

Ce répertoire fait état, pour chaque représentant d'intérêts, des informations communiquées en application de l'article 18-3 de la présente loi. Il est commun à la Haute Autorité, pour la mise en œuvre des règles prévues à la sous-section 2, ainsi qu'à l'Assemblée nationale et au Sénat pour la mise en œuvre des règles déterminées sur le fondement de la sous-section 1 de la présente section.

Art. 18-2 Sont des représentants d'intérêts, au sens de la présente section, les personnes morales de droit privé, les établissements publics ou groupements publics exerçant une activité industrielle et commerciale, les organismes mentionnés au chapitre Ier du titre Ier du livre VII du code de commerce et au titre II du code de l'artisanat, dont un dirigeant, un employé ou un membre a pour activité principale ou régulière d'influer sur la décision publique, notamment sur le contenu d'une loi ou d'un acte réglementaire en entrant en communication avec :

1° Un membre du Gouvernement, ou un membre de cabinet ministériel ;

2° Un député, un sénateur, un collaborateur du Président de l'Assemblée nationale ou du Président du Sénat, d'un député, d'un sénateur ou d'un groupe parlementaire, ainsi *qu'avec les agents* des services des assemblées parlementaires ;

3° Un collaborateur du Président de la République ;

4° Le directeur général, le secrétaire général, ou leur adjoint, ou un membre du collège ou d'une commission investie d'un pouvoir de sanction d'une autorité administrative indépendante ou d'une autorité publique indépendante mentionnée au 6° du I de l'article 11 de la présente loi ;

5° Une personne titulaire d'un emploi ou d'une fonction mentionné au 7° du même I ;

6° Une personne titulaire d'une fonction ou d'un mandat mentionné aux 2°, 3° ou 8° dudit I.

7° Un agent public occupant un emploi mentionné par le décret en Conseil d'État prévu au I de l'article 25 *quinquies* de la loi n° 83-634 du 13 juillet 1983 portant droits et obligations des fonctionnaires.

Sont également des représentants d'intérêts, au sens de la présente section, les personnes physiques qui ne sont pas employées par une personne morale mentionnée au premier alinéa du présent article et qui exercent à titre individuel une activité professionnelle répondant aux conditions fixées au même premier alinéa.

Ne sont pas des représentants d'intérêts au sens de la présente section :

a) Les élus, dans l'exercice de leur mandat ;

b) Les partis et groupements politiques, dans le cadre de leur mission prévue à l'article 4 de la Constitution ;

c) Les organisations syndicales de fonctionnaires et, dans le cadre de la négociation prévue à l'article L. 1 du code du travail, les organisations syndicales de salariés et les organisations professionnelles d'employeurs ;

d) Les associations à objet cultuel ;

e) Les associations représentatives des élus dans l'exercice des missions prévues dans leurs statuts.

Art. 18-3 Tout représentant d'intérêts communique à la Haute Autorité pour la transparence de la vie publique, par l'intermédiaire d'un téléservice, les informations suivantes :

1° Son identité, lorsqu'il s'agit d'une personne physique, ou celle de ses dirigeants et des personnes physiques chargées des activités de représentation d'intérêts en son sein, lorsqu'il s'agit d'une personne morale ;

2° Le champ de ses activités de représentation d'intérêts ;

3° Les actions relevant du champ de la représentation d'intérêts menées auprès des personnes mentionnées aux 1° à 7° de l'article 18-2, en précisant le montant des dépenses liées à ces actions durant l'année précédente ;

4° Le nombre de personnes qu'il emploie dans l'accomplissement de sa mission de représentation d'intérêts et, le cas échéant, son chiffre d'affaires de l'année précédente ;

5° Les organisations professionnelles ou syndicales ou les associations en lien avec les intérêts représentés auxquelles il appartient.

Toute personne exerçant, pour le compte de tiers, une activité de représentation d'intérêts au sens du même article 18-2 communique en outre à la Haute Autorité pour la transparence de la vie publique l'identité de ces tiers.

Un décret en Conseil d'État, pris après un avis public de la Haute Autorité pour la transparence de la vie publique, précise :

a) Le rythme et les modalités des communications prévues au présent article ainsi que les conditions de publication des informations correspondantes ;

b) Les modalités de présentation des activités du représentant d'intérêts.

SOUS-SECTION 1. *Détermination et mise en œuvre des règles applicables aux assemblées parlementaires*

Art. 18-4 Les règles applicables aux représentants d'intérêts au sein de chaque assemblée parlementaire sont déterminées et mises en œuvre dans le respect des conditions fixées à l'article 4 *quinquies* de l'ordonnance n° 58-1100 du 17 novembre 1958 relative au fonctionnement des assemblées parlementaires.

SOUS-SECTION 2. *Règles applicables aux autorités gouvernementales et administratives et aux collectivités locales*

Art. 18-5 Les représentants d'intérêts exercent leur activité avec probité et intégrité. Ils sont tenus de :

1° Déclarer leur identité, l'organisme pour lequel ils travaillent et les intérêts ou entités qu'ils représentent dans leurs relations avec les personnes mentionnées aux 1° et 3° à 7° de l'article 18-2 ;

2° S'abstenir de proposer ou de remettre à ces personnes des présents, dons ou avantages quelconques d'une valeur significative ;

(L. n° 2017-1339 du 15 sept. 2017, art. 5) « 2° *bis* S'abstenir de verser toute rémunération aux collaborateurs du président de la République, aux membres de cabinet ministériel et aux collaborateurs d'un député, d'un sénateur ou d'un groupe parlementaire ; »

3° S'abstenir de toute incitation à l'égard de ces personnes à enfreindre les règles déontologiques qui leur sont applicables ;

4° S'abstenir de toute démarche auprès de ces personnes en vue d'obtenir des informations ou des décisions par des moyens frauduleux ;

5° S'abstenir d'obtenir ou d'essayer d'obtenir des informations ou décisions en communiquant délibérément à ces personnes des informations erronées ou en recourant à des manœuvres destinées à les tromper ;

6° S'abstenir d'organiser des colloques, manifestations ou réunions, dans lesquels les modalités de prise de parole par les personnes mentionnées aux 1° et 3° à 7° de l'article 18-2 sont liées au versement d'une rémunération sous quelque forme que ce soit ;

7° S'abstenir d'utiliser, à des fins commerciales ou publicitaires, les informations obtenues auprès des personnes mentionnées aux 1° et 3° à 7° de l'article 18-2 ;

8° S'abstenir de vendre à des tiers des copies de documents provenant du Gouvernement, d'une autorité administrative ou publique indépendante ou d'utiliser du papier à en-tête ainsi que le logo de ces autorités publiques et de ces organes administratifs ;

9° S'attacher à respecter l'ensemble des règles prévues aux 1° à 8° du présent article dans leurs rapports avec l'entourage direct des personnes exerçant les fonctions mentionnées aux 1° et 3° à 7° de l'article 18-2.

Les présentes dispositions peuvent être précisées au sein d'un code de déontologie des représentants d'intérêts défini par décret en Conseil d'État, pris après un avis public de la Haute Autorité pour la transparence de la vie publique.

Art. 18-6 La Haute Autorité pour la transparence de la vie publique s'assure du respect des articles 18-3 et 18-5 par les représentants d'intérêts.

Elle peut se faire communiquer, sur pièce, par les représentants d'intérêts, toute information ou tout document nécessaire à l'exercice de sa mission, sans que le secret professionnel puisse lui être opposé.

Elle peut également procéder à des vérifications sur place dans les locaux professionnels des représentants d'intérêts, sur autorisation du juge des libertés et de la détention du tribunal de grande instance de Paris, dans des conditions fixées par décret en Conseil d'État.

La Haute Autorité protège la confidentialité des informations et documents auxquels elle a accès pour l'exercice de sa mission, à l'exception des informations et documents dont la publication est prévue à la présente section.

La Haute Autorité peut être saisie :

1° Par les personnes mentionnées aux 1° à 7° de l'article 18-2 sur la qualification à donner, au regard du même article 18-2, à l'activité d'une personne physique ou d'une personne morale mentionnée aux premier et neuvième alinéas dudit article 18-2 ;

2° Par les personnes qui y sont assujetties sur le respect des obligations déontologiques déterminées en application de l'article 18-5.

La Haute Autorité ou, par délégation, son président rend son avis dans un délai de deux mois à compter de sa saisine. Ce délai peut être prolongé de deux mois par décision de son président, après qu'il a informé l'auteur de la saisine.

Elle peut également être saisie par l'une des associations agréées par elle dans les conditions prévues à l'article 20.

Art. 18-7 Lorsque la Haute Autorité pour la transparence de la vie publique constate, de sa propre initiative ou à la suite d'un signalement, un manquement aux règles prévues aux articles 18-3 et 18-5, elle :

1° Adresse au représentant d'intérêts concerné une mise en demeure, qu'elle peut rendre publique, de respecter les obligations auxquelles il est assujetti, après l'avoir mis en état de présenter ses observations ;

2° Avise la personne entrant dans le champ des 1° et 3° à 7° de l'article 18-2 qui aurait répondu favorablement à une sollicitation effectuée par un représentant d'intérêts mentionné au 1° du présent article et, le cas échéant, lui adresse des observations, sans les rendre publiques.

Art. 18-8 Un décret en Conseil d'État, pris après avis de la Commission nationale de l'informatique et des libertés et de la Haute Autorité pour la transparence de la vie publique, fixe les modalités d'application de la présente sous-section.

SOUS-SECTION 3. *Sanctions pénales*

Art. 18-9 Le fait, pour un représentant d'intérêts, de ne pas communiquer, de sa propre initiative ou à la demande de la Haute Autorité pour la transparence de la vie publique, les informations qu'il est tenu de communiquer à cette dernière en application de l'article 18-3 est puni d'un an d'emprisonnement et de 15 000 € d'amende.

Art. 18-10 Le fait, pour un représentant d'intérêts auquel la Haute Autorité pour la transparence de la vie publique a préalablement adressé, en application de l'article 18-7, une mise en demeure de respecter les obligations déontologiques prévues à l'article 18-5, de méconnaître à nouveau, dans les trois années suivantes, la même obligation est puni d'un an d'emprisonnement et de 15 000 € d'amende.

SECTION IV. *La Haute Autorité pour la transparence de la vie publique*

Art. 19 I. — La Haute Autorité pour la transparence de la vie publique est une autorité administrative indépendante.

(L. n° 2019-828 du 6 août 2019, art. 35) « II. — Le président de la Haute Autorité est nommé par décret du président de la République.

« Outre son président, la Haute Autorité comprend :

« 1° Deux conseillers d'État, dont au moins un en activité au moment de sa nomination, élus par l'assemblée générale du Conseil d'État ;

« 2° Deux conseillers à la Cour de cassation, dont au moins un en activité au moment de sa nomination, élus par l'ensemble des magistrats du siège hors hiérarchie de la cour ;

« 3° Deux conseillers-maîtres à la Cour des comptes, dont au moins un en activité au moment de sa nomination, élus par la chambre du conseil ;

« 4° Deux personnalités qualifiées n'ayant pas exercé de fonctions de membre du Gouvernement, de mandat parlementaire ou de fonctions énumérées au I de l'article 11 depuis au moins trois ans, nommées par le Président de l'Assemblée nationale, après avis conforme de la commission permanente de l'Assemblée nationale chargée des lois constitutionnelles, rendu à la majorité des trois cinquièmes des suffrages exprimés ;

« 5° Deux personnalités qualifiées n'ayant pas exercé de fonctions de membre du Gouvernement, de mandat parlementaire ou de fonctions énumérées au même I depuis au moins trois ans, nommées par le Président du Sénat, après avis conforme de la commission permanente du Sénat chargée des lois constitutionnelles, rendu à la majorité des trois cinquièmes des suffrages exprimés ;

« 6° Deux personnalités qualifiées n'ayant pas exercé de fonctions de membre du Gouvernement, de mandat parlementaire ou de fonctions énumérées au I de l'article 11 depuis au moins trois ans, nommées par décret.

« Les modalités d'élection ou de désignation des membres mentionnés aux 1° à 6° du présent II assurent l'égale représentation des hommes et des femmes.

« Lorsque la Haute Autorité émet un avis en application des 3° à 5° du II de l'article 25 *octies* de la loi n° 83-634 du 13 juillet 1983 portant droits et obligations des fonctionnaires, le référent déontologue de l'administration dont relève l'intéressé peut assister aux séances de la Haute Autorité, sans voix délibérative. »

III. — Les membres de la Haute Autorité sont nommés pour une durée de six ans, non renouvelable.

IV. — Le mandat des membres de la Haute Autorité est incompatible avec toute autre fonction ou tout autre mandat dont les titulaires sont assujettis aux obligations déclaratives prévues aux articles 4 et 11 de la présente loi.

Les membres se conforment aux obligations de dépôt des déclarations prévues au 6° du I de l'article 11. Leurs déclarations de situation patrimoniale et leurs déclarations d'intérêts sont *(L. n° 2017-55 du 20 janv. 2017, art. 50)* « rendues publiques, dans les limites définies au III de l'article 5, par la Haute Autorité pour la transparence de la vie publique, selon les modalités déterminées au dernier alinéa du I et au IV du même article 5. »

V. — La Haute Autorité est assistée de rapporteurs désignés *(L. n° 2017-55 du 20 janv. 2017, art. 48)* « , après avis du président de la Haute Autorité, » par :

1° Le vice-président du Conseil d'État parmi les membres, en activité ou honoraires, du Conseil d'État et du corps des conseillers de tribunaux administratifs et cours administratives d'appel ;

2° Le premier président de la Cour de cassation parmi les magistrats, en activité ou honoraires, de la Cour de cassation et des cours et tribunaux ;

3° Le premier président de la Cour des comptes parmi les magistrats, en activité ou honoraires, de la Cour des comptes et des chambres régionales des comptes.

(L. n° 2019-828 du 6 août 2019, art. 35) « Le Président de la Haute Autorité peut également faire appel à des rapporteurs choisis parmi les fonctionnaires de catégorie A, à l'exclusion de ceux exerçant les fonctions de référent déontologue. »

Les agents de la Haute Autorité sont soumis au secret professionnel.

VI. — *Abrogé par L. n° 2017-55 du 20 janv. 2017, art. 48.*

VII. — Un décret en Conseil d'État fixe les modalités d'application du présent article.

(L. n° 2017-55 du 20 janv. 2017, art. 48) « Le règlement intérieur de la Haute Autorité précise les règles de procédure applicables devant elle. »

Les mandats des membres de la Haute Autorité pour la transparence de la vie publique nommés en application des 1° à 5° du II de l'art. 19, dans sa rédaction antérieure à la L. n° 2019-828 du 6 août 2019, se poursuivent jusqu'à leur terme (L. préc., art. 35).

Sur l'organisation et le fonctionnement de la Haute Autorité pour la transparence de la vie publique, V. ci-dessous Décr. n° 2013-1204 du 23 déc. 2013.

Art. 20 I. — La Haute Autorité exerce les missions suivantes :

1° Elle reçoit des membres du Gouvernement, en application de l'article 4 de la présente loi, des députés et des sénateurs, en application de l'article L.O. 135-1 du code électoral, et des personnes mentionnées à l'article 11 de la présente loi leurs déclarations de situation patrimoniale et leurs déclarations d'intérêts, en assure la vérification, le contrôle et, le cas échéant, la publicité, dans les conditions prévues à la section II du présent chapitre ;

2° Elle se prononce sur les situations pouvant constituer un conflit d'intérêts, au sens de l'article 2, dans lesquelles peuvent se trouver les personnes mentionnées aux articles 4 et 11 et, le cas échéant, leur enjoint d'y mettre fin dans les conditions prévues à l'article 10 ;

3° Elle répond aux demandes d'avis des personnes mentionnées au 1° du présent I sur les questions d'ordre déontologique qu'elles rencontrent dans l'exercice de leur mandat ou de leurs fonctions. Ces avis, ainsi que les documents sur la base desquels ils sont rendus, ne sont pas rendus publics ;

4° Elle se prononce, en application de l'article 23, sur la compatibilité de l'exercice d'une activité libérale ou d'une activité rémunérée au sein d'un organisme ou d'une entreprise exerçant son activité dans un secteur concurrentiel conformément aux règles du droit privé avec des fonctions gouvernementales *(L. n° 2017-55 du 20 janv. 2017, art. 50)* « , des fonctions de membre d'une autorité administrative indépendante ou d'une autorité publique indépendante » ou des fonctions exécutives locales énumérées au 2° du I de l'article 11 exercées au cours des trois années précédant le début de cette activité ;

5° A la demande du Premier ministre ou de sa propre initiative, elle émet des recommandations pour l'application de la présente loi, qu'elle adresse au Premier ministre et aux autorités publiques intéressées qu'elle détermine. Elle définit, à ce titre, des recommandations portant sur les relations avec les représentants d'intérêts *(L. n° 2016-1691 du 9 déc. 2016, art. 25)* « , au sens de l'article 18-2, » et la pratique des libéralités et avantages donnés et reçus dans l'exercice des fonctions et mandats mentionnés aux articles 4 et 11 ;

(L. n° 2016-1691 du 9 déc. 2016, art. 26) « 6° Elle répond aux demandes d'avis des personnes mentionnées aux 1° et 3° à 7° de l'article 18-2 sur les questions relatives à leurs relations avec les représentants d'intérêts et au répertoire des représentants d'intérêts prévu à l'article 18-1 » ;

(L. n° 2019-828 du 6 août 2019, art. 35) « 7° Elle apprécie le respect des principes déontologiques inhérents à l'exercice d'une fonction publique, dans les conditions prévues par la loi n° 83-634 du 13 juillet 1983 précitée. »

(L. n° 2017-55 du 20 janv. 2017, art. 48) « Le rapport annuel d'activité établi par la Haute Autorité ne contient aucune information nominative autre que celles que la Haute Autorité a précédemment publiées en application des articles 7, 10 et 23. » *(L. n° 2019-828 du*

6 août 2019, art. 35) « Ce rapport comprend un suivi statistique annuel des saisines reçues par la Haute Autorité pour la transparence de la vie publique au titre des 3° à 5° du II de l'article 25 *octies* de la loi n° 83-634 du 13 juillet 1983 précitée. »

II. — Lorsqu'il est constaté qu'une personne mentionnée aux articles 4 et 11 ne respecte pas ses obligations prévues aux articles 1er, 2, 4, 11 et 23, la Haute Autorité pour la transparence de la vie publique peut se saisir d'office ou être saisie par le Premier ministre, le président de l'Assemblée nationale ou le président du Sénat.

Elle peut également être saisie, dans les mêmes conditions, par les associations se proposant, par leurs statuts, de lutter contre la corruption, qu'elle a préalablement agréées en application de critères objectifs définis par son règlement *(L. n° 2017-55 du 20 janv. 2017, art. 48)* « intérieur ».

La Haute Autorité pour la transparence de la vie publique peut demander aux personnes mentionnées aux articles 4, 11 et 23 toute explication ou tout document nécessaire à l'exercice de ses missions prévues au I du présent article. Elle peut entendre ou consulter toute personne dont le concours lui paraît utile.

Elle peut charger un ou plusieurs de ses membres ou rapporteurs de procéder ou de faire procéder par les agents de ses services à des vérifications portant sur le contenu des déclarations prévues à l'article L.O. 135-1 du code électoral et aux articles 4 et 11 de la présente loi et sur les informations dont elle dispose.

....

Art. 22 Lorsque la Haute Autorité constate qu'une personne mentionnée aux articles 4 ou 11 ne respecte pas les obligations prévues aux articles 1er, 2, 4 et 11 ou se trouve dans la situation prévue au second alinéa de l'article 7, elle informe du manquement à l'obligation :

1° Le Président de la République, lorsqu'il s'agit du Premier ministre ;

2° Le Premier ministre, lorsqu'il s'agit d'un autre membre du Gouvernement ;

3° Le président du Parlement européen, lorsqu'il s'agit d'un représentant français au Parlement européen ;

4° Le président de l'assemblée délibérante, lorsqu'il s'agit d'une personne mentionnée au 3° du I de l'article 11 ;

5° L'autorité de nomination, lorsqu'il s'agit d'une personne mentionnée aux 4° *(L. n° 2016-483 du 20 avr. 2016, art. 11)* « , 5° *(L. n° 2017-1339 du 15 sept. 2017, art. 10)* « , 5° *bis* » ou 8° » du même I ;

6° Le président de l'autorité administrative indépendante ou de l'autorité publique indépendante, ainsi que l'autorité de nomination, lorsqu'il s'agit d'une personne mentionnée au 6° dudit I ;

7° Le ministre qui a autorité ou qui exerce la tutelle sur l'organisme concerné, lorsqu'il s'agit d'une personne mentionnée au 7° du même I ou au III de l'article 11.

Art. 23 I. — Au regard des exigences prévues à l'article 1er, la Haute Autorité se prononce sur la compatibilité de l'exercice d'une activité libérale ou d'une activité rémunérée au sein d'une entreprise *(L. n° 2016-1691 du 9 déc. 2016, art. 27)* « ou au sein d'un établissement public ou d'un groupement d'intérêt public dont l'activité a un caractère industriel et commercial » avec des fonctions gouvernementales *(L. n° 2017-55 du 20 janv. 2017, art. 50)* « , des fonctions de membre d'une autorité administrative indépendante ou d'une autorité publique indépendante » ou des fonctions exécutives locales énumérées au 2° du I de l'article 11 exercées au cours des trois années précédant le début de cette activité.

Afin d'assurer ce contrôle, la Haute Autorité est saisie :

1° Soit par la personne concernée, préalablement au début de l'exercice de l'activité envisagée ;

2° Soit par son président, dans un délai de deux mois à compter de la connaissance de l'exercice non autorisé d'une activité exercée dans les conditions prévues au premier alinéa du présent I.

(L. n° 2016-483 du 20 avr. 2016, art. 11) « La Haute Autorité rend son avis dans un délai de deux mois à compter de sa saisine. » Elle met la personne concernée en état de présenter ses observations, sauf lorsqu'elle rend un avis de compatibilité sur saisine de la personne concernée.

L'absence d'avis de la Haute Autorité dans ce délai vaut avis de compatibilité.

II. — Les avis de compatibilité peuvent être assortis de réserves dont les effets peuvent s'imposer à la personne concernée pendant une période maximale expirant trois ans après la fin de l'exercice des fonctions gouvernementales *(L. nº 2017-55 du 20 janv. 2017, art. 50)* « , des fonctions de membre d'une autorité administrative indépendante ou d'une autorité publique indépendante » ou des fonctions exécutives locales.

Lorsque la Haute Autorité rend un avis d'incompatibilité, la personne concernée ne peut pas exercer l'activité envisagée pendant une période expirant trois ans après la fin de l'exercice des fonctions gouvernementales *(L. nº 2017-55 du 20 janv. 2017, art. 50)* « , des fonctions de membre d'une autorité administrative indépendante ou d'une autorité publique indépendante » ou des fonctions exécutives locales.

La Haute Autorité notifie sa décision à la personne concernée et, le cas échéant, à l'organisme ou à l'entreprise au sein duquel celle-ci exerce d'ores et déjà ses fonctions en violation du premier alinéa du I. *(L. nº 2016-1691 du 9 déc. 2016, art. 27)* « Elle notifie, le cas échéant, un avis d'incompatibilité ou un avis de compatibilité avec réserves à l'ordre professionnel régissant l'activité au titre de laquelle l'avis est rendu. » Les actes et contrats conclus en vue de l'exercice de cette activité :

1° Cessent de produire leurs effets lorsque la Haute Autorité a été saisie dans les conditions fixées au 1° du I ;

2° Sont nuls de plein droit lorsque la Haute Autorité a été saisie dans les conditions fixées au 2° du I.

(L. nº 2016-1691 du 9 déc. 2016, art. 27) « Lorsqu'elle est saisie en application des 1° ou 2° du I et qu'elle rend un avis d'incompatibilité ou un avis de compatibilité assorti de réserves, la Haute Autorité peut, après avoir recueilli les observations de la personne concernée, le rendre public. L'avis ainsi rendu public ne contient aucune information de nature à porter atteinte à la vie privée de la personne concernée, au secret médical, au secret en matière commerciale et industrielle ou à l'un des secrets mentionnés au 2° de l'article L. 311-5 du code des relations entre le public et l'administration. »

Elle peut rendre un avis d'incompatibilité lorsqu'elle estime ne pas avoir obtenu de la personne concernée les informations nécessaires.

III. — Par délégation de la Haute Autorité et dans les conditions prévues par son règlement *(L. nº 2017-55 du 20 janv. 2017, art. 48)* « intérieur », le président de la Haute Autorité peut rendre un avis de compatibilité, dans le cas où l'activité envisagée est manifestement compatible avec les fonctions antérieures de l'intéressé, ou un avis d'incompétence, d'irrecevabilité ou constatant qu'il n'y a pas lieu à statuer.

IV. — Lorsqu'elle a connaissance de l'exercice, par une personne mentionnée au I, d'une activité exercée en violation d'un avis d'incompatibilité ou d'une activité exercée en violation des réserves prévues par un avis de compatibilité, et après que la personne concernée a été mise en mesure de produire des explications, la Haute Autorité publie au *Journal officiel* un rapport spécial comprenant l'avis rendu et les observations écrites de la personne concernée.

Elle transmet au procureur de la République le rapport spécial mentionné au premier alinéa du présent IV et les pièces en sa possession relatives à cette violation de son avis.

....

SECTION VI. *Protection des lanceurs d'alerte*

....

CHAPITRE II. *DISPOSITIONS PÉNALES*

Art. 26 I. — Le fait, pour une personne mentionnée aux articles 4 ou 11 de la présente loi, de ne pas déposer l'une des déclarations prévues à ces mêmes articles, d'omettre de déclarer une partie substantielle de son patrimoine ou de ses intérêts ou de fournir une évaluation mensongère de son patrimoine est puni d'une peine de trois ans *d'emprisonnement et de 45 000 € d'amende.*

Peuvent être prononcées, à titre complémentaire, l'interdiction des droits civiques, selon les modalités prévues aux articles 131-26 et 131-26-1 du code pénal, ainsi que l'interdiction d'exercer une fonction publique, selon les modalités prévues à l'article 131-27 du même code.

II. — Le fait, pour une personne mentionnée aux articles 4, 11 ou 23, de ne pas déférer aux injonctions de la Haute Autorité pour la transparence de la vie publique ou de ne pas lui communiquer les informations et pièces utiles à l'exercice de sa mission est puni d'un an d'emprisonnement et de 15 000 € d'amende.

III. — Le fait de publier, hors les cas prévus par la présente loi, ou de divulguer, de quelque manière que ce soit, tout ou partie des déclarations, des informations ou des observations mentionnées aux articles L.O. 135-1 et L.O. 135-3 du code électoral et aux articles 4, 6 et 11 de la présente loi est puni des peines mentionnées à l'article 226-1 du code pénal.

Décret n° 2013-1204 du 23 décembre 2013,

Relatif à l'organisation et au fonctionnement de la Haute Autorité pour la transparence de la vie publique.

CHAPITRE Ier. *FONCTIONNEMENT DE LA HAUTE AUTORITÉ*

Art. 1er Chacune des institutions mentionnées aux 1° à 3° du II de l'article 19 de la loi n° 2013-907 du 11 octobre 2013 susvisée *[V. cet art. ci-dessus]* élit, en qualité de membre de la Haute Autorité pour la transparence de la vie publique, une femme et un homme.

Lorsque le mandat d'un membre de la Haute Autorité prend fin, pour quelque cause que ce soit, le président notifie à l'institution ayant procédé à sa nomination qu'elle aura à désigner son successeur dans un délai de trente jours.

Art. 2 La Haute Autorité se réunit sur convocation de son président dans des conditions fixées par le règlement général mentionné à l'article 6.

Les séances de la Haute Autorité ne sont pas publiques. Sauf décision contraire du président, le secrétaire général ou son représentant assiste aux réunions.

Toute personne dont la contribution paraît utile peut être entendue sur invitation du président.

Art. 3 L'ordre du jour des réunions est fixé par le président, qui le joint à la convocation.

Art. 4 La Haute Autorité ne peut valablement délibérer que si au moins la moitié de ses membres est présente.

Lorsque ce quorum n'est pas atteint, le président peut convoquer à nouveau la Haute Autorité sur le même ordre du jour dans un délai minimal déterminé par le règlement général mentionné à l'article 6. Elle siège alors valablement quel que soit le nombre de membres présents.

Art. 5 Les délibérations sont adoptées à la majorité des voix des membres présents. Le président a voix prépondérante en cas de partage égal des voix.

Art. 6 Le règlement général prévu au VII de l'article 19 de la loi n° 2013-907 du 11 octobre 2013 susvisée est publié au *Journal officiel* de la République française.

CHAPITRE II. *ORGANISATION ADMINISTRATIVE ET FINANCIÈRE*

Art. 7 Le président de la Haute Autorité pour la transparence de la vie publique a autorité sur le personnel. Il est ordonnateur des recettes et des dépenses de la haute autorité.

Art. 8 *Abrogé par Décr. n° 2020-173 du 27 févr. 2020, art. 17.*

Art. 9 Sous l'autorité du président, le secrétaire général est chargé de la direction et du fonctionnement des services, dont il assure la gestion administrative et financière.

Le secrétaire général prépare les délibérations de la Haute Autorité et les décisions de son président et en assure l'exécution.

Le président de la Haute Autorité pour la transparence de la vie publique peut donner délégation au secrétaire général aux fins de signer tous actes préparatoires aux décisions de la haute autorité.

Le secrétaire général peut également recevoir délégation du président aux fins de signer tous actes ayant pour objet le recrutement, la gestion et la rémunération du personnel des services, ainsi que tous marchés et conventions nécessaires à leur fonctionnement.

Ces délégations sont publiées au *Journal officiel* de la République française.

Art. 10 I. — La Haute Autorité emploie des fonctionnaires, des magistrats et des militaires placés auprès d'elle dans une position conforme à leurs statuts respectifs.

II. — Les agents publics de catégorie A ou assimilés peuvent, dans les limites de leurs attributions, recevoir délégation de signature du président de la Haute Autorité.

Art. 11 Le comptable assignataire des recettes et des dépenses de la haute autorité est le contrôleur budgétaire et comptable ministériel des services du Premier ministre.

Art. 12 *(Décr. n° 2020-173 du 27 févr. 2020, art. 17)* « Les agents de la haute autorité » ont droit au remboursement de leurs frais de déplacement et de séjour dans les conditions prévues par le décret du 3 juillet 2006 susvisé *[n° 2006-781 fixant les conditions et les modalités de règlement des frais occasionnés par les déplacements temporaires des personnels civils de l'État, V.* ***C. fonct. publ.****]*.

Art. 13 Les rapporteurs désignés par les autorités mentionnées aux 1° à 3° du V de l'article 19 de la loi n° 2013-907 du 11 octobre 2013 susvisée perçoivent des indemnités dont les montants sont fixés par arrêté conjoint du Premier ministre et du ministre chargé du budget.

CHAPITRE III. *DISPOSITIONS TRANSITOIRES ET FINALES*

Art. 14 Jusqu'à la première réunion de la Haute Autorité et pour une durée maximale de trente jours à compter de sa propre nomination, le président exerce les prérogatives du collège nécessaires au fonctionnement courant de la Haute Autorité.

Art. 15 A l'ouverture de la première séance de la Haute Autorité, il est procédé au tirage au sort des institutions mentionnées aux 1° à 3° du II de l'article 19 de la loi n° 2013-907 du 11 octobre 2013 susvisée, dont la durée du mandat des membres sera de quatre ans et deux ans. A cet effet, il est établi des bulletins libellés au nom de chacune des trois institutions concernées. La durée du mandat des deux membres de l'institution dont le nom est tiré au sort en premier lieu est de deux ans. La durée du mandat des deux membres de l'institution dont le nom est tiré au sort en second lieu est de quatre ans.

Cette opération fait l'objet d'un procès-verbal, signé par chacun des membres de la Haute Autorité, qui est transmis à chacune des institutions mentionnées aux 1° à 3° du II de l'article 19 de la même loi. Le procès-verbal est publié au *Journal officiel*.

Art. 16 A l'ouverture de la première séance de la Haute Autorité, il est procédé au tirage au sort de celui des membres mentionnés aux 4° et 5° du II de l'article 19 de la loi n° 2013-907 du 11 octobre 2013 susvisée dont la durée du mandat sera de trois ans.

Cette opération fait l'objet d'un procès-verbal, signé par chacun des membres de la Haute Autorité, qui est transmis à chacune des autorités de nomination mentionnées aux 4° et 5° du II de l'article 19 de la même loi. Le procès-verbal est publié au *Journal officiel* de la République française.

....

Art. 18 Les dispositions du second alinéa de l'article 7 et des articles 8, 12 et 13 du présent décret peuvent être modifiées par décret.

Art. 19 Le décret n° 96-763 du 1er septembre 1996 modifié relatif à la Commission pour la transparence financière de la vie politique est abrogé.

Art. 20 Le présent décret est applicable sur l'ensemble du territoire de la République.

Décret n° 2013-1212 du 23 décembre 2013,

Relatif aux déclarations de situation patrimoniale et déclarations d'intérêts adressées à la Haute Autorité pour la transparence de la vie publique.

CHAPITRE PREMIER. *ÉTABLISSEMENT ET CONSERVATION DES DÉCLARATIONS*

Art. 1er I. — Les déclarations de situation patrimoniale des membres du Parlement et des personnes visées au I de l'article 4 et *(Décr. n° 2017-1574 du 15 nov. 2017, art. 1er)* « aux I, III et III *bis* de l'article 11 » de la loi n° 2013-907 du 11 octobre 2013 susvisée *[relative à la transparence de la vie publique, V. ci-dessus] (Décr. n° 2016-570 du 11 mai 2016, art. 2)* « comportent les éléments mentionnés à l'annexe n° 1.

« II. — Les déclarations de situation patrimoniale de fin de mandat ou de fonctions des membres du Parlement et des personnes visées au I de l'article 4 et *(Décr. n° 2017-1574 du 15 nov. 2017, art. 1er)* « aux I, III et III *bis* de l'article 11 » de la loi n° 2013-907 du 11 octobre 2013 susvisée comportent en outre les éléments mentionnés à l'annexe n° 2.

« III. — Les modifications substantielles de la situation patrimoniale des membres du Parlement et des personnes visées au I de l'article 4 et *(Décr. n° 2017-1574 du 15 nov. 2017, art. 1er)* « aux I, III et III *bis* de l'article 11 » de la loi n° 2013-907 du 11 octobre 2013 sont déclarées en actualisant les déclarations mentionnées au I et en indiquant la nature et la date de l'événement ayant conduit à la modification de la situation patrimoniale. »

Art. 2 *(Décr. n° 2016-570 du 11 mai 2016, art. 3)* « I. — » Les déclarations d'intérêts des personnes visées au I de l'*(Décr. n° 2021-538 du 30 avr. 2021, art. 1er)* « article 4, » *(Décr. n° 2017-1574 du 15 nov. 2017, art. 1er)* « aux I, III et III *bis* de l'article 11 » de la loi n° 2013-907 du 11 octobre 2013 susvisée *(Décr. n° 2021-538 du 30 avr. 2021, art. 1er)* « et au II de l'article 10-1 de l'ordonnance n° 58-1360 du 29 décembre 1958 portant loi organique relative au Conseil économique, social et environnemental » *(Décr. n° 2016-570 du 11 mai 2016, art. 3)* « comportent les éléments mentionnés à l'annexe n° 3.

« II. — Les déclarations d'intérêts et d'activités des membres du Parlement comportent en outre les éléments mentionnés à l'annexe n° 4.

« III. — Les modifications substantielles des intérêts détenus par les personnes mentionnées au I et au II, de même que, pour les membres du Parlement, les éléments de nature à modifier la liste des activités conservées, sont déclarés en actualisant les déclarations mentionnées au I et au II et en indiquant la nature et la date de l'évènement ayant conduit à la modification. »

Art. 3 *Abrogé par Décr. n° 2016-570 du 11 mai 2016, art. 4.*

Art. 4 *(Décr. n° 2016-570 du 11 mai 2016, art. 5)* Les déclarations mentionnées au présent chapitre sont transmises à la Haute Autorité pour la transparence de la vie publique par l'intermédiaire d'un téléservice. Elles peuvent être accompagnées de toute pièce utile à leur examen par la Haute Autorité ainsi que de toute observation de la part du déclarant.

Une délibération de la Haute Autorité précise les modalités de fonctionnement du téléservice mentionné au premier alinéa du présent article ainsi que le format dans lequel les éléments figurant aux annexes 1 à 4 sont déclarés.

(Décr. n° 2021-538 du 30 avr. 2021, art. 1er) « Les personnes mentionnées au II de l'article 10-1 de l'ordonnance n° 58-1360 du 29 décembre 1958 portant loi organique relative au Conseil économique, social et environnemental adressent également leurs déclarations d'intérêts à l'organe chargé de la déontologie au Conseil économique, social et environnemental contre remise d'un récépissé ou par courrier en recommandé avec avis de réception. »

Art. 5 La Haute Autorité conserve les déclarations ainsi que les observations des électeurs mentionnées au I de l'article L.O. 135-2 du code électoral et aux articles 5 et 12 de la loi n° 2013-907 du 11 octobre 2013 susvisée jusqu'à l'expiration d'un délai de cinq ans à compter de la fin des fonctions ou du mandat au titre desquels elles ont été déposées.

CHAPITRE II. *PUBLICATION DES DÉCLARATIONS*

Art. 6 I. — A l'exception des éléments mentionnés au III de l'article L.O. 135-2 du code électoral et au III de l'article 5 de la loi n° 2013-907 du 11 octobre 2013 susvisée, sont diffusés *[diffusées]* sur un site internet public unique d'accès gratuit, et dont l'autorité responsable est la Haute Autorité pour la transparence de la vie publique :

a) Les déclarations de situation patrimoniale et d'intérêts des membres du Gouvernement ainsi que des modifications substantielles de celles-ci ;

b) Les déclarations d'intérêts et d'activités des membres du Parlement ainsi que des modifications substantielles de celles-ci ;

c) Les déclarations d'intérêts des représentants français au Parlement européen et des titulaires de mandats électifs locaux ainsi que des modifications substantielles de celles-ci.

II. — *(Décr. n° 2016-570 du 11 mai 2016, art. 6)* « Une délibération » de la Haute Autorité pour la transparence de la vie publique après avis de la Commission nationale de l'informatique et des libertés détermine les conditions de fonctionnement de ce site *(Décr. n° 2016-570 du 11 mai 2016, art. 6)* « ainsi que le format dans lequel les déclarations sont rendues publiques ».

La Haute Autorité prend les mesures techniques nécessaires pour assurer l'intégrité du site. Elle assure l'information des personnes sur le recueil et la publicité des données les concernant.

III. — Les déclarations diffusées en application du I demeurent accessibles au public pendant la durée des fonctions ou du mandat au titre desquels elles ont été déposées. Toutefois, lorsque la déclaration est déposée après la fin des fonctions, les éléments demeurent accessibles six mois après la fin des fonctions.

Art. 7 Les éléments des déclarations de situation patrimoniale ouverts à la consultation des électeurs en application des I et III de l'article L.O. 135-2 du code électoral sont transmis par la Haute Autorité pour la transparence de la vie publique à l'autorité compétente visée aux 1° à 4° du I du même article sur support informatique. Après réception, l'autorité compétente les met à disposition sur support papier *(Décr. n° 2016-570 du 11 mai 2016, art. 7)* « ou sur support informatique », aux seules fins de consultation, dans des conditions fixées par arrêté du ministre de l'intérieur et du ministre des outre-mer pris après avis de la Haute Autorité pour la transparence de la vie publique.

Ces éléments demeurent accessibles pendant la durée du mandat de la personne assujettie aux obligations déclaratives. Toutefois, lorsque la déclaration est déposée, après la fin des fonctions, ces éléments demeurent accessibles six mois après la fin des fonctions.

Les observations des électeurs relatives aux déclarations qu'ils ont consultées sont adressées au président de la Haute Autorité par lettre recommandée avec demande d'avis de réception.

Pour un motif de bonne administration, est exclue du champ d'application du droit des usagers de saisir l'administration par voie électronique la demande de consultation en préfecture des déclarations de situation patrimoniale des parlementaires (Décr. n° 2015-1423 du 5 nov. 2015).

Art. 8 Le présent décret est applicable sur l'ensemble du territoire de la République.

ANNEXES
ANNEXE 1

Contenu de la déclaration initiale de situation patrimoniale

(Décr. n° 2016-570 du 11 mai 2016)

1° L'identification du déclarant :
— le nom, le prénom et la date de naissance du déclarant ;
— pour les personnes mariées, le régime matrimonial ;
— l'adresse postale, l'adresse électronique et les coordonnées téléphoniques du déclarant ;
— le mandat ou les fonctions au titre desquels le déclarant effectue la déclaration ainsi que la date d'élection ou de nomination dans ce mandat ou ces fonctions ;

2° Les immeubles bâtis et non bâtis :
— l'adresse, la nature et la superficie du bien ;
— le mode d'acquisition du bien ;
— la nature juridique du bien, à savoir s'il s'agit d'un bien propre, d'un bien commun ou d'un bien indivis ;
— la quote-part du bien détenue par le déclarant ou, le cas échéant, par la communauté ;
— le droit réel exercé sur le bien par le déclarant ou, le cas échéant, par la communauté, à savoir la pleine propriété, l'usufruit ou la nue-propriété ;
— la date d'acquisition du bien ;
— le prix d'acquisition du bien et le montant des travaux effectués depuis cette acquisition ;
— la valeur vénale, à la date du fait générateur de la déclaration, de la quote-part du bien détenue par le déclarant ou, le cas échéant, par la communauté ;

3° Les parts de sociétés civiles immobilières :
— la dénomination de la société ;
— l'actif de la société à la date du fait générateur de la déclaration et, pour chaque bien immobilier détenu, les informations mentionnées au 2° ;
— le passif de la société à la date du fait générateur de la déclaration ;

— le pourcentage du capital de la société détenu par le déclarant ou, le cas échéant, par la communauté ;
— le droit réel exercé sur les parts de la société par le déclarant ou, le cas échéant, par la communauté, à savoir la pleine propriété, l'usufruit ou la nue-propriété ;
— la valeur vénale totale, à la date du fait générateur de la déclaration, des parts détenues par le déclarant ou, le cas échéant, par la communauté ;
4° Les autres valeurs mobilières non cotées en Bourse :
— la dénomination de la société ;
— le pourcentage du capital de la société détenu par le déclarant ou, le cas échéant, par la communauté ;
— le droit réel exercé sur les parts de la société par le déclarant ou, le cas échéant, par la communauté, à savoir la pleine propriété, l'usufruit ou la nue-propriété ;
— la valeur vénale totale, à la date du fait générateur de la déclaration, des parts détenues par le déclarant ou, le cas échéant, par la communauté ;
5° Les instruments financiers :
— le nom du titulaire du compte sur lequel les instruments sont détenus ;
— l'établissement teneur du compte ;
— la nature et le numéro du compte ;
— le solde du compte à la date du fait générateur de la déclaration ;
6° Les assurances vie :
— le nom du souscripteur du contrat d'assurance vie ;
— l'établissement teneur du contrat ;
— la référence du contrat ;
— la date de souscription du contrat ;
— la valeur de rachat du contrat à la date du fait générateur de la déclaration ;
7° Les comptes bancaires courants et les produits d'épargne :
— le nom du titulaire du compte ;
— l'établissement teneur du compte ;
— la nature et le numéro de compte ;
— le solde du compte à la date du fait générateur de la déclaration ;
8° Les biens mobiliers divers, lorsque leur valeur unitaire est égale ou supérieure à 10 000 € :
— la description du bien ;
— la valeur du bien à la date du fait générateur de la déclaration ;
— la méthode employée par le déclarant pour apprécier la valeur du bien ;
9° Les véhicules à moteur :
— le type de véhicule ;
— la marque du véhicule ;
— l'année d'achat ;
— la valeur d'acquisition ;
— la valeur à la date du fait générateur de la déclaration ;
10° Les fonds de commerce, les clientèles, les charges et les offices :
— la nature du bien ;
— l'actif à la date du fait générateur de la déclaration ;
— le passif à la date du fait générateur de la déclaration ;
— le résultat fiscal de l'année précédant le fait générateur de la déclaration ;
— le cas échéant, la valeur du fonds de commerce à la date du fait générateur de la déclaration ;
11° Les autres biens, dont les comptes courants de société ou les stock-options, d'une valeur unitaire supérieure ou égale à 10 000 € :
— la nature du bien ;
— pour les comptes courants de société ou les stock-options, la dénomination de la société ;
— la valeur vénale à la date du fait générateur de la déclaration ;
12° Le montant des espèces détenues, à la date du fait générateur de la déclaration, lorsqu'il est supérieur à 10 000 € ;
13° Les biens mobiliers, immobiliers et les comptes détenus à l'étranger :
— la nature du bien et sa localisation ;
— la valeur vénale du bien à la date du fait générateur de la déclaration ;
14° Les éléments du passif, y compris les dettes de nature fiscale :
— l'identification et l'adresse du créancier ;
— la nature, la date et l'objet de la dette ;
— le montant total et la durée de l'emprunt ;
— la somme restant à rembourser à la date du fait générateur de la déclaration ;
— le montant des mensualités.

ANNEXE 2

Contenu de la déclaration de situation patrimoniale de fin de mandat ou de fonctions

(Décr. n° 2016-570 du 11 mai 2016)

1° La date de fin de mandat ou de fonctions ;

2° Les revenus perçus chaque année depuis le début du mandat ou des fonctions au titre desquels la déclaration est effectuée et, si le déclarant est marié sous le régime de la communauté, les revenus perçus par son conjoint :

— les indemnités d'élus ;

— les traitements et salaires ;

— les pensions, retraites ou rentes ;

— les revenus professionnels commerciaux, non commerciaux ou agricoles ;

— les revenus de capitaux mobiliers ;

— les revenus fonciers ;

— les plus-values mobilières et immobilières ;

— les autres revenus ;

3° Les événements majeurs ayant affecté la composition du patrimoine du déclarant depuis le début du mandat ou des fonctions au titre desquels la déclaration est effectuée :

— la nature et la date de l'événement ;

— les conséquences de l'événement sur la composition du patrimoine du déclarant.

ANNEXE 3

Contenu de la déclaration d'intérêts

(Décr. n° 2016-570 du 11 mai 2016 ; mod. par Décr. n° 2021-538 du 30 avr. 2021, art. 1er)

1° L'identification du déclarant :

— le nom, le prénom et la date de naissance du déclarant ;

— l'adresse postale, l'adresse électronique et les coordonnées téléphoniques du déclarant ;

— le mandat ou les fonctions au titre desquels le déclarant effectue la déclaration ainsi que la date d'élection ou de nomination dans ce mandat ou ces fonctions ;

— pour les membres du Conseil économique, social et environnemental, le nom de l'organisation qui a désigné le déclarant ;

— pour les dirigeants d'organismes publics, le nom de l'organisme dirigé ;

— pour les dirigeants d'entreprises publiques, le chiffre d'affaires de l'entreprise l'année précédant la nomination et, le cas échéant, le nom du groupe auquel appartient l'entreprise ;

— pour les dirigeants d'organismes publics de l'habitat, le nombre de logements gérés par l'organisme l'année précédant la nomination ;

2° Les activités professionnelles donnant lieu à rémunération ou gratification exercées à la date de l'élection ou de la nomination ou au cours des cinq dernières années précédant la déclaration :

— l'identification de l'employeur ;

— la description de l'activité professionnelle exercée ;

— la période d'exercice de l'activité professionnelle ;

— la rémunération ou la gratification perçue annuellement pour chaque activité ;

3° Les activités de consultant exercées à la date de l'élection ou de la nomination ou au cours des cinq années précédant la date de la déclaration :

— l'identification de l'employeur ;

— la description de l'activité professionnelle exercée ;

— la période d'exercice de l'activité professionnelle ;

— la rémunération ou la gratification perçue annuellement pour chaque activité ;

4° La participation aux organes dirigeants d'un organisme public ou privé ou d'une société à la date de l'élection ou de la nomination et au cours des cinq années précédant la date de la déclaration :

— la dénomination de l'organisme ou la société ;

— la description de l'activité exercée au sein des organes dirigeants ;

— la période pendant laquelle le déclarant a participé à des organes dirigeants ;

— la rémunération ou la gratification perçue annuellement pour chaque participation ;

5° Les participations financières directes dans le capital d'une société à la date de l'élection ou de la nomination :

— la dénomination de la société ;

— le nombre de part *[parts]* détenues dans la société et, lorsqu'il est connu, le pourcentage du capital social détenu ;

— l'évaluation de la participation financière ;

— la rémunération ou la gratification perçue pendant l'année précédant l'élection ou la nomination ;

(Décr. nº 2017-1679 du 13 déc. 2017, art. 1er) « 5° *bis* Pour les membres du Parlement et les représentants français au Parlement européen, les participations qui confèrent directement ou indirectement le contrôle d'une société dont l'activité consiste principalement dans la fourniture de prestations de conseil :

« — la dénomination de la société contrôlée ;

« — le nombre de parts détenues dans la société et le pourcentage du capital social détenu.

« Pour les membres du Parlement, cette obligation s'applique également aux participations qui confèrent directement ou indirectement le contrôle d'un organisme ou d'une entreprise autre qu'une société dont l'activité consiste principalement dans la fourniture de prestations de conseil ; »

6° Les activités professionnelles exercées à la date de l'élection ou de la nomination par le conjoint, le partenaire lié par un pacte civil de solidarité ou le concubin :

— les nom et prénom du conjoint, du partenaire lié par un pacte civil de solidarité ou du concubin ;

— l'identification de l'employeur ;

— la description de l'activité professionnelle exercée ;

7° Les fonctions bénévoles susceptibles de faire naître un conflit d'intérêts :

— le nom et l'objet social de la structure ou de la personne morale dans laquelle les fonctions sont exercées ;

— la description des activités et des responsabilités exercées ;

8° Les fonctions et mandats électifs exercés à la date de l'élection ou de la nomination :

— la nature des fonctions et des mandats exercés ;

— la date de début et de fin de fonction ou de mandat ;

— les rémunérations, indemnités ou gratifications perçues annuellement pour chaque fonction ou mandat.

ANNEXE 4

CONTENU COMPLÉMENTAIRE DE LA DÉCLARATION D'INTÉRÊTS ET D'ACTIVITÉS DES MEMBRES DU PARLEMENT

(Décr. nº 2016-570 du 11 mai 2016)

1° Les collaborateurs parlementaires :

— les nom et prénom du collaborateur parlementaire ;

— le nom des autres employeurs du collaborateur parlementaire ;

— la description des autres activités professionnelles exercées par le collaborateur parlementaire ;

2° La liste des activités professionnelles ou d'intérêt général, même non rémunérées, que le parlementaire envisage de conserver.

Décret nº 2014-90 du 31 janvier 2014,

Portant application de l'article 2 de la loi nº 2013-907 du 11 octobre 2013 relative à la transparence de la vie publique.

CHAPITRE Ier. *DISPOSITIONS RELATIVES AUX MEMBRES DES COLLÈGES DES AUTORITÉS ADMINISTRATIVES INDÉPENDANTES ET DES AUTORITÉS PUBLIQUES INDÉPENDANTES*

Art. 1er Lorsqu'un membre du collège autre que le président estime que sa participation à une délibération le placerait en situation de conflit d'intérêts, il en informe par écrit le président dès qu'il a connaissance de cette situation ou, au plus tard, au début de la réunion au cours de laquelle l'affaire en cause est délibérée.

Le président informe les autres membres du collège sans délai des conflits d'intérêts dont il a connaissance en vertu du premier alinéa ou de ceux qui le concernent.

Art. 2 Le membre du collège qui décide de s'abstenir ne peut prendre part à aucune réunion ni émettre aucun avis en rapport avec la délibération en cause.

Art. 3 Pour la détermination des règles de quorum applicables aux délibérations du collège, s'il n'est pas possible de recourir à un suppléant, il n'est pas tenu compte du membre qui s'abstient de siéger au motif qu'il s'estime en situation de conflit d'intérêts.

Art. 4 Lorsqu'un membre du collège d'une autorité administrative indépendante ou d'une autorité publique indépendante s'abstient de siéger au motif qu'il s'estime en situation de conflit d'intérêts, il en est fait mention au procès-verbal de la réunion.

CHAPITRE II. *DISPOSITIONS RELATIVES AUX TITULAIRES DE FONCTIONS ÉLECTIVES LOCALES*

Art. 5 Le présent article est applicable aux titulaires d'une fonction de président de conseil régional, de président du conseil exécutif de Corse, de président de l'assemblée de Guyane, de président du conseil exécutif de Martinique, de président de conseil général, de président élu d'un exécutif d'une collectivité d'outre-mer, de maire ou de président d'un établissement public de coopération intercommunale à fiscalité propre.

Lorsqu'elles estiment se trouver en situation de conflit d'intérêts, qu'elles agissent en vertu de leurs pouvoirs propres ou par délégation de l'organe délibérant, les personnes mentionnées au précédent alinéa prennent un arrêté mentionnant la teneur des questions pour lesquelles elles estiment ne pas devoir exercer leurs compétences et désignant, dans les conditions prévues par la loi, la personne chargée de les suppléer.

Par dérogation aux règles de délégation prévues aux articles L. 2122-18, L. 3221-3, L. 4231-3, L. 4422-25 et L. 5211-9 du code général des collectivités territoriales, elles ne peuvent adresser aucune instruction à leur délégataire.

Art. 6 Le présent article est applicable aux conseillers régionaux, aux conseillers exécutifs de Corse, aux conseillers exécutifs de Martinique, aux conseillers à l'assemblée de Guyane, aux conseillers généraux, aux conseillers municipaux et aux vice-présidents et membres du bureau d'un établissement public de coopération intercommunale à fiscalité propre lorsqu'ils sont titulaires, dans les conditions fixées par la loi, d'une délégation de signature, respectivement, du président du conseil régional, du président du conseil exécutif de Corse, du président du conseil exécutif de Martinique, du président de l'assemblée de Guyane, du président du conseil général, du maire ou du président d'un établissement public de coopération intercommunale à fiscalité propre.

Lorsqu'elles estiment se trouver en situation de conflit d'intérêts, les personnes mentionnées au précédent alinéa en informent le délégant par écrit, précisant la teneur des questions pour lesquelles elles estiment ne pas devoir exercer leurs compétences.

Un arrêté du délégant détermine en conséquence les questions pour lesquelles la personne intéressée doit s'abstenir d'exercer ses compétences.

CHAPITRE III. *DISPOSITIONS RELATIVES AUX AUTRES PERSONNES CHARGÉES D'UNE MISSION DE SERVICE PUBLIC*

Art. 7 Les personnes chargées d'une mission de service public, à l'exception de celles visées aux chapitres Ier et II du présent décret, lorsqu'elles estiment se trouver en situation de conflit d'intérêts :

1° Si elles sont titulaires d'une délégation de signature, en informent sans délai le délégant par écrit, précisant la teneur des questions pour lesquelles elles estiment ne pas devoir exercer leurs compétences. Elles s'abstiennent de donner des instructions aux personnes placées sous leur autorité relativement à ces questions ;

2° Si elles sont placées sous l'autorité d'un supérieur hiérarchique, informent sans délai celui-ci par écrit, précisant la teneur des questions pour lesquelles elles estiment ne pas devoir exercer leurs compétences. Lorsque ce dernier estime qu'il y a lieu de confier le traitement de l'affaire à une autre personne placée sous son autorité, la personne dessaisie du dossier ne peut prendre part à aucune réunion ni émettre aucun avis en rapport avec les questions en cause.

CHAPITRE IV. *DISPOSITIONS FINALES*

Art. 8 Le présent décret est applicable sur l'ensemble du territoire de la République.

Décret n° 2014-386 du 29 mars 2014,

Relatif à la procédure de vérification de la situation fiscale des membres du Gouvernement prévue à l'article 9 de la loi n° 2013-907 du 11 octobre 2013 relative à la transparence de la vie publique.

Art. 1er Dès la publication d'un décret portant nomination du Premier ministre ou relatif à la composition du Gouvernement, la Haute Autorité pour la transparence de la vie publique saisit le directeur général des finances publiques aux fins de procéder à la vérification de la situation fiscale du ou des membres du Gouvernement nommés.

Art. 2 La vérification porte sur les impositions dues et non encore prescrites au titre de l'impôt sur le revenu et, le cas échéant, de l'impôt de solidarité sur la fortune.

Art. 3 Dans le délai d'un mois suivant la nomination du membre du Gouvernement, le directeur général des finances publiques rend compte à la Haute Autorité pour la transparence de la vie publique des constats réalisés et, le cas échéant, de la nécessité de poursuivre les investigations ou de l'engagement des procédures prévues par le titre II de la première partie du livre des procédures fiscales.

Art. 4 Au vu du rapport établi en application de l'article 3 ou sur la base d'éléments dont elle dispose par ailleurs, la Haute Autorité pour la transparence de la vie publique peut demander au directeur général des finances publiques de lui fournir des informations complémentaires ou de procéder à de nouvelles investigations.

Le directeur général des finances publiques transmet à la Haute Autorité pour la transparence de la vie publique les informations demandées ou lui rend compte, le cas échéant, de l'état d'avancement des investigations complémentaires dans un délai de quinze jours suivant la demande.

Art. 5 En cas de poursuite des investigations ou de l'engagement des procédures prévues au titre II de la première partie du livre des procédures fiscales au-delà des délais mentionnés aux articles 3 et 4, le directeur général des finances publiques rend compte à la Haute Autorité pour la transparence de la vie publique des constats réalisés et des résultats obtenus et, le cas échéant, de l'état d'avancement de ces investigations et procédures au plus tard deux mois après la nomination du membre du Gouvernement.

Au-delà du délai de deux mois mentionné à l'alinéa précédent, le directeur général des finances publiques rend compte à la Haute Autorité pour la transparence de la vie publique des constats réalisés et des résultats obtenus dans les meilleurs délais possibles et, le cas échéant, de l'état d'avancement des investigations et procédures en cours selon une périodicité qui ne peut excéder trois mois.

Loi n° 2017-1339 du 15 septembre 2017,

Pour la confiance dans la vie politique.

Art. 11 I. — Il est interdit à un membre du Gouvernement de compter parmi les membres de son cabinet :

1° Son conjoint, partenaire lié par un pacte civil de solidarité ou concubin ;

2° Ses parents ou les parents de son conjoint, partenaire lié par un pacte civil de solidarité ou concubin ;

3° Ses enfants ou les enfants de son conjoint, partenaire lié par un pacte civil de solidarité ou concubin.

La violation de cette interdiction emporte l'illégalité de l'acte de nomination et, le cas échéant, la cessation de plein droit du contrat.

Un décret en Conseil d'État détermine les modalités selon lesquelles le membre du Gouvernement rembourse les sommes versées en violation de cette interdiction.

Aucune restitution des sommes versées ne peut être exigée du membre du cabinet.

Le fait, pour un membre du Gouvernement, de compter l'une des personnes mentionnées aux 1° à 3° parmi les membres de son cabinet est puni d'une peine de trois ans d'emprisonnement et de 45 000 € d'amende.

II. — Le membre du Gouvernement informe sans délai la Haute Autorité pour la transparence de la vie publique du fait qu'il compte parmi les membres de son cabinet :

1° Son frère ou sa sœur, ou le conjoint, partenaire lié par un pacte civil de solidarité ou concubin de celui-ci ou celle-ci ;

2° L'enfant de son frère ou de sa sœur, ou le conjoint, partenaire lié par un pacte civil de solidarité ou concubin de cet enfant ;

3° Son ancien conjoint, la personne ayant été liée à lui par un pacte civil de solidarité ou son ancien concubin ;

4° L'enfant, le frère ou la sœur des personnes mentionnées au 3° du présent II ;

5° Le frère ou la sœur de la personne mentionnée au 1° du I.

III. — Lorsqu'un membre de cabinet ministériel a un lien familial au sens des I ou II avec un autre membre du Gouvernement, il en informe sans délai le membre du Gouvernement dont il est le collaborateur et la Haute Autorité pour la transparence de la vie publique.

[Dispositions déclarées non conformes à la Constitution par la décision n° 2017-752 DC du 8 septembre 2017.]

V. — Les II, III *[Dispositions déclarées non conformes à la Constitution par la décision n° 2017-752 DC du 8 septembre 2017.]* du présent article s'appliquent sans préjudice des articles 432-10 à 432-13 et 432-15 du code pénal.

TITRE IV **Le Parlement**

Art. 24 *(L. const. n° 2008-724 du 23 juill. 2008, art. 9)* **Le Parlement vote la loi. Il contrôle l'action du Gouvernement. Il évalue les politiques publiques.**

Il comprend l'Assemblée nationale et le Sénat.

Les députés à l'Assemblée nationale, dont le nombre ne peut excéder cinq cent soixante-dix-sept, sont élus au suffrage direct.

Le Sénat, dont le nombre de membres ne peut excéder trois cent quarante-huit, est élu au suffrage indirect. Il assure la représentation des collectivités territoriales de la République.

Les Français établis hors de France sont représentés à l'Assemblée nationale et au Sénat.

Sur le fonctionnement des assemblées parlementaires, V. ci-dessous Ord. n° 58-1100 du 17 nov. 1958.

Sur le licenciement des collaborateurs parlementaires à l'Assemblée nationale et au Sénat, V. ci-dessous L. n° 2017-1339 du 15 sept. 2017, art. 19.

BIBL. ► Fortier, L'indépendance administrative des assemblées politiques, *RPP juill.-août 1981, p. 36.* - Reydellet, Le bicamérisme a-t-il un avenir en France ?, *RD publ. 2001. 1779.* - Robbe, La représentation des collectivités locales par le Sénat, *LGDJ 2001.* - Pinon, La personnalité de fait des assemblées parlementaires, un cadavre bien vivant, *RD publ. 2003. 283.* - Domingo, QPC et contentieux administratif des assemblées parlementaires, *JCP 2010. 2303.* - Potier, La modernisation du droit des élections par les trois lois du 14 avril du « paquet électoral », *JCP Adm. 2011. 2242.* - Baudu, QPC et contrôle des actes interne du Parlement : un déni de justice conforme à la Constitution, *Constitutions 2011. 306.* - Camguilhem, L'illusoire personnalité juridique des assemblées parlementaires, *RD publ. 2013. 867.* - Avril, Renforcer le Parlement : Qu'est-ce à dire ?, *Pouvoirs 2013, n° 146, p. 9* ; Le bicamérisme à la française : un enjeu pour la démocratie, Actes du colloque du 17 avr. 2014, disponibles sur le *site du Sénat.* - Derosier, Le bicamérisme : un défi et un enjeu démocratique, *LPA 4 mars 2015.* - Collectif, Le Sénat pour quoi faire ?, *Pouvoirs 2016, n° 159.*

COMMENTAIRE

V. sur le Code en ligne.

[V. références des décisions du Conseil constitutionnel dans le tableau DC]

1° RÔLE DU PARLEMENT

BIBL. Baudu, L'évaluation parlementaire, problème ou solution ?, *RFFP 2011, n° 133, p. 131.* – Baghestani, À propos de la loi tendant à renforcer les moyens du Parlement en matière de contrôle de l'action du Gouvernement et l'évaluation des politiques publiques, *LPA 20 avr. 2011.* – Mastor et Sorbara, Réflexion sur le rôle du Parlement à la lumière de la décision du Conseil constitutionnel sur la contestation des génocides reconnus par la loi, *RFDA 2012. 507* ✎. – Jan, Le Parlement et la Cour des comptes, *Pouvoirs n° 146, p. 105*. – Amédro, L'évaluation des politiques publiques : structure et portée constitutionnelle d'une nouvelle fonction parlementaire, *RD publ. 2013. 1137*. – Sagalovitsch, Pour une juridictionnalisation du contrôle parlementaire des lois inappliquées, *RFDC 2014. 369*. – Migaud, Les cinq défis de l'évaluation, *Gestion et fin. publ., n° 3/4 2015, p. 91*. – Türk, Reddition de comptes et Parlement, *RFAP 2016, n° 160, p. 1257*.

1. Sur le vote de la loi, V. notes ss. Const. 58, art. 42 s.

2. Sur la mission de contrôle du Parlement, V. notes ss. Const. 58, art. 49 et 52-1.

3. Sur les limites aux pouvoirs du Parlement pour exercer sa mission de contrôle et d'évaluation des politiques publiques, V. notes ss. DDH, art. 16.

4. Évaluation des politiques publiques. Pour la réalisation de cette mission, l'Assemblée nationale a pu mettre en place dans le cadre de son règlement un comité permanent de contrôle et d'évaluation des politiques publiques. Cependant, les missions de ce comité ne peuvent porter que sur le contrôle de l'action du Gouvernement et l'évaluation des politiques publiques. Elles consistent en un simple rôle d'information contribuant à permettre à l'Assemblée nationale d'exercer son contrôle sur la politique du Gouvernement et d'évaluer les politiques publiques, dans les conditions prévues par la Constitution. Dès lors, la présentation de ses rapports ne peut donner lieu à un débat contradictoire dont le compte rendu est joint au rapport. • Cons. const. 25 juin 2009, n° 2009-581 DC § 58.

5. En vertu des dispositions des art. 57 LOLF et L.O. 111-9 CSS qui réservent respectivement aux commissions chargées des finances et aux commissions saisies au fond du projet de LFSS le suivi et le contrôle de l'application de ces textes, celui-ci est exclu de la compétence du Comité. • Cons. const. 25 juin 2009, n° 2009-581 DC § 59.

6. Si, par application des dispositions de l'art. 47-2 Const., la Cour des comptes a vocation à assister ledit comité dans l'évaluation des politiques publiques, il n'appartient pas au règlement mais à la loi de déterminer les modalités selon lesquelles un organe du Parlement peut demander cette assistance. • Cons. const. 25 juin 2009, n° 2009-581 DC § 60.

7. Il résulte de la combinaison des art. 20 et 21 Const. et de l'art. 5 *bis* de l'Ord. du 17 nov. 1958 que seules les commissions permanentes ont la possibilité de convoquer toute personne dont elles estiment l'audition nécessaire. Dès lors, le comité ne saurait imposer la présence des responsables administratifs des politiques publiques lors de la présentation des rapports relatifs à ces politiques. • Cons. const. 25 juin 2009, n° 2009-581 DC § 61.

8. Les recommandations du comité transmises au Gouvernement comme le rapport de suivi de leur mise en œuvre ne sauraient, en aucun cas, adresser une injonction au Gouvernement. • Cons. const. 25 juin 2009, n° 2009-581 DC § 62.

9. Suivi de l'exécution des lois promulguées. Les règlements des assemblées peuvent mettre en œuvre des dispositions permettant le suivi de l'exécution des lois promulguées contribuant à permettre d'exercer le contrôle sur l'action du Gouvernement dans les conditions prévues par la Const. • Cons. const. 6 juin 2019, ⚖ n° 2019-782 DC.

BIBL. Melleret, Les parlementaires ont-ils intérêt pour agir contre les ordonnances de l'art. 38, *LPA 21 mars 2005, n° 56, p. 4*. – Bertile, L'intérêt à agir des parlementaires devant le juge administratif, *RFDC 2006. 831*. – Sagalovitsch, Pour la reconnaissance d'un intérêt à agir du Parlement devant le Conseil d'État, *AJDA 2008. 321* ✎. – Carpentier, L'intérêt à agir du Parlement et des parlementaires devant le Conseil d'État, *AJDA 2008. 777* ✎. – Labetoulle, Le recours pour excès de pouvoir du parlementaire, *RJEP mai 2010, repère 5*. – Cassia, Fallait-il reconnaître, par voie législative, une présomption des parlementaires à agir en annulation ?, *JCP Adm. 2011. 192*. – Bordie, L'application des lois, les parlementaires et le Conseil d'État : le malentendu, *AJDA 2012. 2202* ✎. – Camby, L'intérêt du parlementaire à agir devant le juge administratif, *RD publ. 2013. 97*. – Pierucci, La contestation par les parlementaires de la légalité des actes réglementaires en matière budgétaire a-t-elle encore un avenir ?, *Mélanges Lascombe, Dalloz 2020. 437*.

10. Intérêt à agir en justice des parlementaires. Malgré des analyses des différents commissaires du Gouvernement, le juge esquive la question et rejette au fond. • CE, ass., 24 nov. 1978, ⚖ *Schwartz et Deferre*, n° 04546 A : *AJDA 1979. 45, concl Latournerie ; ibid. 48, note Bazex* • CE, ass., 20 mai 1985, ⚖ *Labbé et Gaudin*, n° 64146 A : *RFDA 1985. 554, concl. Roux ; AJDA 1985. 412, chron. Hubac et Schoettl ; D. 1986. 12, note Griesbeck* • CE 2 févr. 1987, ⚖ *Joxe et Bollon*, n° 82436 A : *RFDA 1987. 176, concl. Massot ; AJDA 1987. 332, chron. Azibert et de Boisdeffre ; ibid. 351, note Bazex* • CE 29 oct. 2004, ⚖ *Sueur*, n° 269814 B : *RFDA 2004. 1103, concl. Casas* ✎ ; *AJDA 2004. 2383, chron. Landais et Lénica* ✎.

11. Dans d'autres cas le Conseil d'État dénie la qualité à agir des parlementaires (Décr. portant délégation de signature ministérielle). • CE 27 févr. 1987, ⚖ n° 64347 A : *RD publ. 1987. 1669, concl. Vigouroux ; AJDA 1987. 332, chron. Azibert et de Boisdeffre.* ♦ Un parlementaire ne peut, en tant que tel, justifier d'un intérêt lui donnant qualité pour demander l'annulation des décisions ayant respectivement décidé d'un arbitrage et interdit d'intenter un recours contre la sentence arbitrale. • CE 26 juill. 2011, n° 347086 B : *AJDA 2011. 1959, note Cassia*. ♦ Le recours contre le refus du Premier ministre de prendre les décrets d'application d'une loi doit émaner d'une personne ayant un intérêt à agir, ce qui n'est pas le cas d'un parlementaire. • CE 23 nov. 2011, n° 341258 A : *AJDA 2012. 781, note Brunet*. ♦ M. Dosière, qui se prévaut pour agir de sa seule qualité de parlementaire, ne justifie pas, à ce titre, d'un intérêt lui donnant qualité pour attaquer la décision d'octroi de la subvention accordée, par le Président de la République, à une commune pour divers travaux d'intérêt local. • CE 26 avr. 2013, n° 358456 : *AJDA 2013. 1781 ; Dr. adm. 2013. 48, note Boda*. ♦ La seule qualité de parlementaire ne confère pas un intérêt donnant qualité pour agir contre l'arrêté litigieux, alors même que, selon le requérant, la décision contenue dans cet arrêté relève de la seule compétence du législateur et a une incidence sur les finances publiques. • CE 1er juin 2016, n° 389095. ♦ V. déjà : • CAA Paris, 29 janv. 2015, *Mamère et de Rugy*, n° 13PA04740 : *AJDA 2015. 1104, concl. Bonneau-Mathelot*.

12. A l'inverse, l'intérêt à agir des parlementaires a été admis implicitement pour contester qu'un traité dont la ratification ou l'approbation est intervenue sans avoir été autorisée par la loi puisse être regardé comme régulièrement ratifié ou approuvé au sens de l'art. 55 Const. 58. • CE, ass., 9 juill. 2010, *Féd. nat. libre pensée*, n° 327663 A (concl. Keller) : *Lebon 268, concl. Keller ; AJDA 2010. 1397 ; ibid. 1635 ; ibid. 1950 ; ibid. 1635, chron. Liéber et Botteghi, note Legrand ; D. 2010. 2868, obs. Boskovic, Corneloup, Jault-Seseke, Joubert et Parrot ; RFDA 2010. 980, concl. Keller ; ibid. 995, note Rambaud et Roblot-Troizier ; ibid. 2011. 173, chron. Santulli ; Cah. Cons. const. 2011. 206, note Roblot-Troizier ; Dr. adm. 2010. 130, note Platon ; ibid. 2011. 7, étude Corre.*

13. L'intérêt à agir des parlementaires peut également être admis lorsqu'ils se prévalent, en sus de leur mandat, d'une autre qualité, telle que : président du comité des finances locales. • CE, ass., 9 nov. 1988, *Fourcade*, n° 75506 : *Lebon 398*. ♦ ... Consommateur de produits pétroliers. • CE 14 mars 2003, *Migaud, n° 251935 : D. 2003. 947 ; RFDA 2003. 520, note Gaudemet ; ibid. 2004. 971, concl. Stahl*. ♦ ... Actionnaire d'une société privatisée. • CE 27 sept. 2006, *Bayrou et a.*, n° 290716 : *Lebon 404, concl. Glaser ; AJDA 2006. 2056, chron. Landais et Lénica ; RFDA 2006. 1147, concl. Glaser ; ibid. 1163, note de Bellescize*. ♦ ... Usagers du service public de la télévision. • CE 11 févr. 2010, *Borvo*, n° 324233 : *AJDA 2010. 1635, chron. Liéber et Botteghi ; RFDA 2010. 776, concl. Thiellay ; Constitutions 2010. 238, obs. Disant ; ibid. 288, obs. Le Bot*. ♦ V. cependant • CE 23 nov. 2011, *Masson*, n° 341258 : *préc. note 11.*

14. Droit des parlementaires. Le libre exercice du mandat parlementaire constitue une liberté fondamentale au sens de l'art. L. 521-2 CJA. Il en résulte que les parlementaires ont le droit de visiter les établissements pénitentiaires. • CE, ord., 2 juin 2020, n° 440787 : *AJDA 2020. 1091*. ♦ Comp. • TA Lille, 16 avr. 2020 : *JCP Adm. 2020. 264, obs. Moysan.*

15. Obligations déclaratives. V. notes ss. DDH, art. 2 et 16.

2° MISSION DE REPRÉSENTATION CONFIÉE AU PARLEMENT

16. Représentation. Si députés et sénateurs sont élus au suffrage universel, direct pour les premiers, indirect pour les seconds, chacun d'eux représente au Parlement la Nation tout entière et non la population de sa circonscription d'élection. Une disposition se bornant à rappeler que des élections législatives et sénatoriales se tiennent dans tel ou tel lieu n'est pas, sous cette réserve, contraire à la Constitution. • Cons. const. 12 févr. 2004, n° 2004-490 DC § 14. ♦ Sous les mêmes réserves une disposition indiquant que telle portion du territoire national est représentée au Parlement par « X » député(s) ou sénateur(s) n'est pas contraire à la Constitution. • Cons. const. 15 févr. 2007, n° 2007-547 DC § 9. ♦ De même les députés représentant les Français établis hors de France représenteront au Parlement la Nation tout entière et non la population de leur circonscription d'élection ; il n'est dès lors pas indispensable de prévoir pour eux un mode de scrutin particulier. • Cons. const. 8 janv. 2009, n° 2008-573 DC § 30.

a. Assemblée nationale

17. Il résulte des dispositions du présent art. combinées avec celles des art. 2 et 3 Const. et 6 de la DDH que l'Assemblée nationale, désignée au suffrage universel direct, doit être élue sur des bases essentiellement démographiques ; si le législateur peut tenir compte d'impératifs d'intérêt général susceptibles d'atténuer la portée de cette règle fondamentale, il ne saurait le faire que dans une mesure limitée • Cons. const. 8 janv. 2009, n° 2008-573 DC § 24. ♦ V. déjà ajoutant « ... et en fonction d'impératifs précis ». • Cons. const. 1er juill. 1986, n° 86-208 DC § 21 • Cons. const. 18 nov. 1986, n° 86-218 DC § 7. ♦ V. notes ss. Const. 58, art. 3.

18. Sur le critère démographique, V. ss. Const. 58, art. 3, notes 48 s.

19. A la différence de la représentation au Sénat (V. ci-dessous), aucun impératif d'intérêt général n'impose que toute collectivité d'outre-mer constitue au moins une circonscription (sont implicitement visées les collectivités de Saint-Barthélemy et Saint-Martin) ; là encore, donc, la règle fondamentale du critère démographique doit être respectée. • Cons. const. 8 janv. 2009, n° 2008-573 DC § 24. ♦ Dès lors, Saint-Martin et Saint-Barthélemy peuvent constituer une seule circonscription. • Cons. const. 18 févr. 2010, n° 2010-602 ; DC § 18.

20. Sur le découpage des circonscriptions, V. ss. Const. 58, art. 3, note 34, et art. 25, notes 48 s.

b. Sénat

21. Le Sénat doit, dans la mesure où il assure la représentation des collectivités territoriales de la République, être élu par un corps électoral qui est lui-même l'émanation de ces collectivités. • Cons. const. 9 avr. 1992, n° 92-308 DC § 26 • Cons. const. 6 juill. 2000, n° 2000-431 DC § 5 • Cons. const. 9 déc. 2010, n° 2010-618 DC § 28. • Cons. const. 21 juill. 2011, n° 2011-634 DC § 6. ♦ ... Par suite, ce corps électoral doit être essentiellement composé de membres des assemblées délibérantes des collectivités territoriales. Toutes les catégories doivent être représentées, reflétant, en particulier pour les communes, leur diversité et en tenant compte, pour chaque catégorie de collectivités territoriales et les différents types de communes, de la population qui y réside. • Cons. const. 6 juill. 2000, n° 2000-431 DC § 5 • Cons. const. 9 déc. 2010, n° 2010-618 DC § 28 • Cons. const. 21 juill. 2011, n° 2011-634 DC § 6. ♦ Le corps électoral des sénateurs est dans une très large majorité composé d'élus et de représentants des communes ; que les élections départementales et régionales soient reportées après élections des sénateurs ne conduit donc pas à ce que ceux-ci soient désignés par un collège en majeure partie composé d'élus exerçant leur mandat au-delà de son terme. • Cons. const. 16 mai 2013, n° 2013-*667 DC § 64.*

22. Il s'ensuit que la désignation des conseillers municipaux a une incidence sur l'élection des membres de cette assemblée parlementaire, ce qui implique que seuls les « nationaux français » ont le droit de vote et d'éligibilité aux élections effectuées pour la désignation de l'organe délibérant d'une collectivité territoriale de la République et notamment pour celle des conseillers municipaux ou des membres du Conseil de Paris. • Cons. const. 9 avr. 1992, n° 92-308 DC § 26. ♦ Si le nombre des délégués d'un conseil municipal doit être fonction de la population de la commune et si, dans les communes les plus peuplées, des délégués supplémentaires, choisis en dehors du conseil municipal, peuvent être élus par lui pour le représenter, c'est à la condition que la participation de ces derniers au collège sénatorial conserve un caractère de correction démographique et ne constitue donc pas une part substantielle, voire majoritaire, du collège des électeurs sénatoriaux. • Cons. const. 6 juill. 2000, n° 2000-431 DC § 6 et 7.

23. Si le présent art. impose que les différentes collectivités territoriales soient représentées au Sénat, il n'exige pas : que chaque catégorie de collectivités dispose d'une représentation propre. • Cons. const. 9 mai 1991, n° 91-290 DC § 28. ♦ ... De distinguer les élus de l'assemblée départementale et ceux de l'assemblée régionale au sein du collège électoral qui élit les sénateurs. • Cons. const. 9 déc. 2010, n° 2010-618 DC § 28.

24. C'est à juste titre que le législateur organique a estimé que le report en mars 2008 des élections locales imposait de reporter également l'élection de la série des sénateurs à renouveler en 2007 afin d'éviter que cette dernière ne soit désignée par un collège en majeure partie composé d'élus exerçant leur mandat au-delà de son terme normal. • Cons. const. 15 déc. 2005, n° 2005-529 DC § 6. ♦ Le report d'un an du renouvellement des autres séries est justifié par la volonté de rapprocher l'élection des sénateurs de la désignation par les citoyens de la majeure partie de leur collège électoral dès lors que la prolongation des mandats sénatoriaux en cours revêt un caractère exceptionnel et transitoire. • Même décision § 7.

25. En disposant que « le nombre de sénateurs élus dans les départements est de 304 », la loi implique seulement que, sous réserve d'exceptions prévues par d'autres textes ayant valeur de loi organique, les sénateurs soient élus dans le cadre du département, mais ne fait pas obstacle à ce que les dispositions législatives relatives au régime électoral du Sénat organisent la participation au collège électoral sénatorial de délégués de collectivités territoriales autres que le département. • Cons. const. 9 mai 1991, n° 91-290 DC. • Cons. const. 14 janv. 1999, n° 98-407 DC § 15.

26. Les dispositions combinées de l'art. 6 de la DDH et des art. 3 et 24 Const. imposent au législateur de modifier la répartition par département des sièges de sénateurs pour tenir compte des évolutions de la population des collectivités territoriales dont le Sénat assure la représentation ; ces dispositions n'exigent pas pour autant que cette prise en compte intervienne avant l'entrée en vigueur de la loi déférée. • Cons. const. 6 juill. 2000, n° 2000-431 DC § 11 • Cons. const. 24 juill. 2003, n° 2003-475 DC § 5. ♦ La réduction des disparités de représentation entre les départements pouvait être atteint sans augmentation du nombre de sièges, mais le choix de la procédure d'augmentation du nombre de sièges n'est, par elle-même, contraire ni à une règle ni à un principe de valeur constitutionnelle. • Cons. const. 24 juill. 2003, n° 2003-476 DC § 8.

c. Assemblée des Français de l'étranger

27. Le Conseil d'État est compétent en premier ressort pour examiner les griefs soulevés à propos des opérations électorales relatives aux délégués à l'Assemblée des Français de l'étranger. • CE 31 août 2007, *Chazot et Graf,* n° 296060 : *Lebon 404 ; JCP Adm. 2007. 823 ; RFDA 2007. 1140*. ♦ Il en va de même pour la propagande électorale relative à cette élection. • CE 10 août 2007, *L.,* n° 296013 : *Dr. adm. 2008. 19, note Glaser.*

3° FONCTIONNEMENT DES ASSEMBLÉES

BIBL. Desclaudures, Le droit administratif des assemblées parlementaires, *Thèse Lille 2, 1999.* – Bon, Le contrôle des actes non législatifs du Parlement : toujours un déni de justice, *in Mél. Favoreu, Renouveau du droit constitutionnel, Dalloz 2007. 1080.* – Domingo, Les actes internes du Parlement : étude sur l'autonomie parlementaire, *LGDJ 2008.* – Barella, L'autonomie des assemblées parlementaires, *RD publ 2013. 843.* – Gicquel, La codification de pratiques parlementaires et la modification du règlement de l'Assemblée nationale par la résolution du 11 oct. 2017, *JCP 2018. 1288.* – Landais, Représentativité des groupes parlementaires au Bureau de l'Assemblée nationale, *RFDC 2018. 355.*

28. Généralités. Bien que le présent art. ne prévoie pas l'existence d'une loi organique relative au fonctionnement des assemblées, le Conseil constitutionnel place l'Ord. n° 58-1100 du 17 nov. 1958 relative au fonctionnement des assemblées parlementaires dans le bloc de constitutionnalité lorsqu'il examine la constitutionnalité des règlements des assemblées. • Cons. const. 8 juill. 1968, n° 66-28 DC § 2 et 3. ♦ Il en résulte que les dispositions relatives au fonctionnement des assemblées n'ont pas de caractère organique. • Cons. const. 13 déc. 2012, n° 2012-658 DC § 40, 59 et 62.

29. Le principe de la séparation des pouvoirs a pour corollaire l'autonomie des assemblées. • Cons. const. *13 mai 2011, Synd. fonctionnaires du Sénat,* n° 2011-129 QPC § 5. ♦ Rappr. dès lors qu'il n'a pas soulevé d'office le moyen relatif à la constitutionnalité de l'art. 76 de la loi déférée (relatif à la gestion du patrimoine des assemblées). • Cons. const. 26 juin 2003, n° 2003-472 (sol impl.). ♦ Il s'agit également de l'autonomie financière. • Cons. const. 25 juill. 2001, n° 2001-448 DC § 25 • Cons. const. 27 déc. 2001, n° 2001-456 DC § 47.

30. Le pouvoir des organes constitutionnels étatiques de disposer d'un système judiciaire interne et de réglementer de manière autonome la protection juridictionnelle de leurs employés et les rapports juridiques avec des tiers ne se trouvent pas en jeu. Il n'est pas question d'imposer aux États un modèle constitutionnel donné réglant d'une manière ou d'une autre les rapports et l'interaction entre les différents pouvoirs étatiques. Le choix du législateur de préserver l'autonomie et l'indépendance du Parlement en lui reconnaissant l'immunité face aux juridictions ordinaires ne saurait constituer en soi un objet de contestation devant la Cour. • CEDH 28 avr. 2009, *Savino et a. c/ Italie,* n° 17214/05 § 91 et 92.

31. Période de crise sanitaire. Les dispositifs mis en place par la Conférence des présidents de l'Assemblée nationale ne semblent pas avoir conduit à refuser à des députés qui se seraient présentés pour participer aux débats, de défendre leurs amendements ou de prendre part aux votes. • Cons. const. 11 mai 2020, n° 2020-800 DC § 6.

a. Personnel des assemblées

BIBL. Palau, L'évolution du statut des personnels des assemblées parlementaires, *RFDC 1998. 328.* – Boda, Le régime contentieux des actes parlementaires relatifs aux agents des assemblées : retour sur un droit administratif « spécial », *RD publ. 2011. 839.* – Jeannard, Les mutations du droit de la fonction publique parlementaire, *RFDA 2011. 995*.

32. Compétence du juge administratif. Le juge administratif est compétent, en vertu des dispositions de l'Ord. n° 58-1100 du 17 nov. 1958 modifiée, pour connaître de tous les litiges individuels concernant les agents titulaires des assemblées parlementaires. Il en va ainsi : d'un refus de reconstitution de carrière • CE 18 oct. 1961, *Girard : Lebon T. 968 ; AJDA 1962. 58.* ♦ Pour le régime antérieur, constatant le déni de justice. • CE, ass., 31 mai 1957, *Girard : Lebon 360 ; D. 1957. 430.* ♦ ... D'un refus de titularisation d'un stagiaire. • CE, ass., 12 janv. 1968, *Barbier : Lebon 39.* ♦ ... D'un refus d'admettre des candidats à se présenter au concours de recrutement des personnels des assemblées. • CE 4 nov. 1987, *Cazes : Lebon 343 ; AJDA 1988. 298, obs. S.S.* ♦ ... De la contestation des modalités de calcul de l'ancienneté pour services accomplis sous les drapeaux. • CE 10 juin 1998, *Maillard : Lebon 220 ; Dr. adm. 1998. 346, note R. S.* ♦ ... De l'avancement. • CE 9 déc. 2005, *Assemblée nationale,* n° 271315 : *Lebon 557 ; AJDA 2006. 564 ; AJFP 2006. 140*.

33. Le juge doit, pour réaliser son office, interpréter le règlement portant statut du personnel, ce qui le conduit à annuler certaines décisions prises par le conseil de discipline pour non-respect des procédures (en l'espèce interdiction de se faire assister d'un avocat alors que le règlement ne l'interdit pas). • CAA Paris, 13 mai 2003 : *AJDA 2003. 1436, note Heu*. ♦ Dès lors que les textes régissant la procédure disciplinaire des fonctionnaires des assemblées n'excluent pas expressément l'application de garanties offertes aux agents publics (assistance d'un avocat en l'espèce) et que ces garanties ne sont pas incompatibles avec le fonctionnement des assemblées, il y a lieu de les appliquer. • CE 9 févr. 2004, *Président du Sénat : Lebon 61 ; RFDA 2004. 429.*

34. Le juge administratif est en revanche incompétent pour connaître des actes réglementaires des assemblées parlementaires relatifs au statut de leurs fonctionnaires. • CAA Paris, 18 mai 2006, *Becq et Szabo,* n°s 05PA03662 et 05PA03663 : *AJDA 2006. 1482, note Trouilly*. ♦ Si la juridiction administrative est compétente pour apprécier la légalité des dispositions du règlement intérieur d'une assemblée parlementaire relatives au statut du personnel lorsque celle-ci est contestée, par voie d'exception, à l'appui d'un recours dont le juge administratif est saisi par un agent titulaire de cette assemblée dans le cadre d'un litige d'ordre individuel. • CE 19 janv. 1996, *Escriva,* n° 148631 : *Lebon 10* • CE 16 avr. 2010, *Président de l'Assemblée nationale,* n° 326534. ♦ Les agents des assemblées parlementaires ne sont pas recevables à contester de telles dispositions par voie d'action. • CE 28 janv. 2011, *Patureau,* n° 335708 : *Lebon 23 ; AJDA 2011. 197 ; ibid. 1851, note Chifflot ; AJFP 2011. 199, note Jeannard*. ♦ Il en va de même : pour une organisation syndicale. • Cons. const. 13 mai 2011, *Synd. fonctionnaires du Sénat,* n° 2011-129 QPC § 5. ♦ ... Et pour les arrêtés, adoptés à la suite d'une réunion du bureau de l'Assemblée nationale, modifiant le règlement de la caisse de retraites et de sécurité sociale du personnel de l'Assemblée nationale, dont l'annulation ne peut être regardée comme portant sur des litiges *d'ordre individuel* concernant les fonctionnaires de l'Assemblée nationale. • CAA Paris, 30 janv. 2006, *Synd. nat. agents et fonctionnaires de l'Assemblée nationale,* n° 06PA00449.

35. Il en découle que si l'art. 8 de l'Ord. du 17 nov. 1958 ne prévoit pas de voie d'action directe ouverte aux agents de l'Assemblée nationale à l'encontre des décisions des bureaux des assemblées en matière statutaire, ceux-ci peuvent contester ces décisions, par voie d'exception, à l'occasion des litiges relatifs à leur situation individuelle qu'ils portent devant la juridiction administrative ; que les dispositions de cet article ne peuvent, par suite, être sérieusement regardées comme portant atteinte au droit à un recours juridictionnel effectif. • CE, QPC, 24 sept. 2010, *Decurey,* n° 341685 : *Lebon T. 952 ; AJDA 2010. 1797* • CE 28 janv. 2011, *Patureau,* n° 335708 : *préc. note 29* • Cons. const. 13 mai 2011, *Synd. fonctionnaires du Sénat,* n° 2011-129 QPC § 5. ♦ Il n'y a pas non plus contrariété avec l'art. 6, § 1, Conv. EDH. • CE 28 janv. 2011, *Patureau,* n° 335708 : *préc. note 29.*

36. Les litiges relatifs aux élections au comité d'hygiène et sécurité du Sénat ne sont pas des litiges d'« ordre individuel ». • TA Paris, 15 juin 2006, *Szabo,* n° 0315844/5 : *AJDA 2006. 1959, note M. B.* ♦ Les dispositions de l'art. 6 § 1 Conv. EDH sont applicables au contentieux des personnels des assemblées parlementaires. • CEDH 28 avr. 2009, *Savino c/ Italie,* n° 17214/05 : *AJDA 2009. 1938, chron. Flauss* • CE 28 janv. 2011, *Patureau,* n° 335708 : *préc. note 34.*

37. Rapprochement avec le droit de la fonction publique d'État. Les fonctionnaires parlementaires sont en droit d'obtenir communication de leur dossier. • CE, ass., 12 janv. 1968, *Barbier : Lebon 39.* ♦ Le principe d'égal accès à la fonction publique s'applique aux fonctionnaires parlementaires. • CE 4 nov. 1987, *Cazes : préc. note 32.* ♦ Le recours à une voix prépondérante est entaché d'irrégularité dès lors qu'il n'est prévu par aucun texte. • CE 9 déc. 2005, *Assemblée nationale,* n° 271315 : *Lebon 557 ; AJDA 2006. 564 ; AJFP 2006. 140* • CE 16 avr. 2010, *Assemblée nationale,* n° 326534 : *préc. note 34.*

b. Urbanisme et travaux

38. Marchés de travaux. Dès lors que les autorités de l'Assemblée nationale n'ont pas édicté de réglementation particulière en la matière, ses marchés de travaux sont des contrats administratifs régis par le code des marchés publics. La juridiction administrative est dès lors compétente pour en connaître. • CE, ass., 5 mars 1999, *Président de l'Assemblée nationale,* n° 163328 : *Lebon 42, concl. Bergeal ; AJDA 1999. 409, chron. Raynaud et Fombeur ; D. 1999. 627, note Brunet ; Dr. adm. déc. 1999, chron. Haquet ; JCP 1999. 10090, note Desclodures ; Rev. adm. 1999. 164, note Molandin ; RD publ. 1999. 1785, note Thiers ; RFDC 1999. 615, note Trémeau.* ♦ Rappr. estimant qu'un organe législatif relève de la notion d'État au sens des directives communautaires en matière de marchés publics de travaux : • CJCE 17 déc. 1998, *Commission c/ Royaume de Belgique,* n° C-323/96 § 28.

39. Urbanisme. La loi du 2 juill. 2003 donne aux autorités compétentes du Sénat la possibilité de fixer les règles d'urbanisme régissant le jardin du Luxembourg ainsi que la possibilité de délivrer le permis de construire en application de ces règles. • CAA Paris, 10 mars 2008, n° 05PA04644 : *AJDA 2008. 1007, concl. Bachini*. ♦ Si l'art. 60 de la L. du 1er août 2003, qui a complété l'art. 8 de l'Ord. du 17 nov. 1958, n'a explicitement mentionné, au titre des litiges en matière de contrats sur lesquels la juridiction administrative est compétente pour se prononcer, que les litiges relatifs aux marchés publics, il résulte des travaux parlementaires que l'intention du législateur a été de rendre compatibles les dispositions de l'ordonnance avec les exigences de publicité et de mise en concurrence découlant notamment du droit de l'Union européenne. Elles ne sauraient donc être interprétées comme excluant que le juge administratif puisse connaître de recours en contestation de la validité de contrats susceptibles d'être soumis à des obligations de publicité et de mise en concurrence. • CE 10 juill. 2020, n° 434582 A : *AJDA 2020. 1452 ; RDI 2020. 538, chron. Foulquier ; AJCT 2020. 587, obs. Durand ; AJ contrat 2020. 499, obs. Dreyfus ; JCP Adm. 2020. 2322, note Vila.*

40. Responsabilité. Le président de l'assemblée concernée est compétent pour engager au nom de l'État devant la juridiction administrative une action en réparation des désordres survenus à la suite de travaux. • CE 3 juin 1987, *Assemblée nationale*, n° 52798 : *Lebon 193* • CE 31 mai 1989, *Président du Sénat*, n° 64253.

c. Autonomie financière

BIBL. May, Le régime financier des assemblées parlementaires, *RFAP 1993. 537*. – Dussart, L'autonomie financière des pouvoirs publics constitutionnels, *éd. CNRS 2000*.

41. La règle selon laquelle les pouvoirs publics constitutionnels déterminent eux-mêmes les crédits nécessaires à leur fonctionnement est inhérente au principe de leur autonomie financière, qui garantit la séparation des pouvoirs. • Cons. const. 27 déc. 2001, n° 2001-456 DC § 47. ♦ V. déjà. • Cons. const. 25 juill. 2001, n° 2001-448 DC § 25. ♦ V. également de manière plus ancienne, le budget des services administratifs de la chambre est préparé, voté, exécuté et réglé en dehors de toute intervention du ministre des finances ou de ses agents ; si les dépenses en sont inscrites au budget du ministère des finances, cette mesure, qui n'a que le caractère d'une mesure d'ordre, ne porte aucune atteinte à l'indépendance absolue qui appartient aux autorités compétentes de la chambre, sous le seul contrôle de l'assemblée elle-même. • CE 19 janv. 1921, *Buquet : Lebon 62*.

Ordonnance n° 58-1100 du 17 novembre 1958,

Relative au fonctionnement des assemblées parlementaires.

Art. 1er L'Assemblée nationale et le Sénat siègent à Paris.

Lorsque les circonstances exigent le transfert du siège des pouvoirs publics dans une autre ville, le Gouvernement prend en accord avec les présidents des assemblées toutes mesures nécessaires pour permettre au Parlement de siéger à proximité du lieu où se trouvent le Président de la République et le Gouvernement.

Art. 2 *(L. n° 2003-710 du 1er août 2003, art. 60)* Le Palais Bourbon et l'hôtel de Lassay sont affectés à l'Assemblée nationale.

Le palais du Luxembourg, l'hôtel du Petit-Luxembourg, leurs jardins et leurs dépendances historiques sont affectés au Sénat.

(L. n° 2005-844 du 26 juill. 2005, art. 1er) « La salle des séances du Congrès et ses accès sont affectés à l'Assemblée nationale et au Sénat. Cette salle est réservée aux réunions du Congrès et aux réunions parlementaires. A titre exceptionnel, les bureaux de l'Assemblée nationale et du Sénat définissent conjointement les conditions de ses autres utilisations.

« Les autres locaux nécessaires à la tenue du Congrès du Parlement, sis au château de Versailles, sont, en tant que de besoin et gratuitement, mis à la disposition de l'Assemblée nationale et du Sénat. »

Les immeubles acquis ou construits par l'Assemblée nationale ou le Sénat sont affectés à l'assemblée concernée sur décision de son bureau.

Art. 3 Les présidents des assemblées parlementaires sont chargés de veiller à la sûreté intérieure et extérieure des assemblées qu'ils président. *(L. n° 2003-710 du 1er août 2003, art. 60)* « Ces dispositions s'appliquent aux immeubles affectés aux assemblées ainsi qu'aux immeubles dont elles ont la jouissance à quelque titre que ce soit. »

Ils peuvent, à cet effet, requérir la force armée et toutes les autorités dont ils jugent le concours nécessaire. Cette réquisition peut être adressée directement à tous officiers et fonctionnaires, qui sont tenus d'y déférer immédiatement sous les peines prévues par la loi.

Les présidents des assemblées parlementaires peuvent déléguer leur droit de réquisition aux questeurs ou à l'un d'entre eux.

Art. 4 Il est interdit d'apporter des pétitions à la barre des deux assemblées parlementaires.

Les règlements de ces deux assemblées fixeront les conditions dans lesquelles des pétitions écrites pourront leur être présentées.

Toute infraction aux dispositions des alinéas qui précèdent, toute provocation par des discours proférés publiquement ou par des écrits ou imprimés affichés ou distribués à un rassemblement sur la voie publique ayant pour objet la discussion, la rédaction ou l'apport à l'une des assemblées parlementaires de pétitions, déclarations ou adresses, que la provocation ait été ou non suivie d'effet, sera punie *(L. n° 92-1336 du 16 déc. 1992, art. 276)* « de six mois d'emprisonnement et de 7 500 € d'amende ».

Art. 4 *bis* *(L. n° 2009-689 du 15 juin 2009, art. 1er)* Le Président d'une assemblée parlementaire peut saisir le Conseil d'État d'une proposition de loi déposée par un membre de cette assemblée, avant l'examen de cette proposition en commission.

L'auteur de la proposition de loi, informé par le Président de l'assemblée concernée de son intention de soumettre pour avis au Conseil d'État cette proposition, dispose d'un délai de cinq jours francs pour s'y opposer.

L'avis du Conseil d'État est adressé au Président de l'assemblée qui l'a saisi, qui le communique à l'auteur de la proposition.

(L. n° 2013-1116 du 6 déc. 2013, art. 4) « Les trois premiers alinéas du présent article ne sont pas applicables à une proposition de loi présentée en application de l'article 11 de la Constitution et transmise au Conseil constitutionnel dans les conditions prévues à l'article 45-1 de l'ordonnance n° 58-1067 du 7 novembre 1958 portant loi organique sur le Conseil constitutionnel *[V. cet art. ss. Const. 58, art. 11]*. »

Art. 4 *ter* *(L. n° 2011-525 du 17 mai 2011, art. 69)* Toute disposition législative prévoyant la remise régulière par le Gouvernement d'un rapport au Parlement sans préciser la durée de son application est abrogée à l'expiration d'un délai de cinq ans suivant l'année de son entrée en vigueur.

Cet art. n'est pas applicable : 1° aux art. L. 2131-7, L. 3132-2 et L. 4142-2 CGCT ; 2° aux art. L. 111-10 et L. 313-14 CESEDA ; 3° à l'art. L. 114-2-1 CASF ; 4° à l'art. 34 de la loi n° 99-641 du 27 juill. 1999 portant création d'une couverture maladie universelle ; 5° à l'art. 52 de la loi n° 2003-239 du 18 mars 2003 pour la sécurité intérieure (L. n° 2011-525 du 17 mai 2011, art. 69).

Art. 4 *quater* *(L. n° 2017-1339 du 15 sept. 2017, art. 3)* Chaque assemblée, après consultation de l'organe chargé de la déontologie parlementaire, détermine des règles destinées à prévenir et à faire cesser les conflits d'intérêts entre un intérêt public et des intérêts privés dans lesquels peuvent se trouver des parlementaires.

Elle précise les conditions dans lesquelles chaque député ou sénateur veille à faire cesser immédiatement ou à prévenir les situations de conflit d'intérêts dans lesquelles il se trouve ou pourrait se trouver, après avoir consulté, le cas échéant, l'organe chargé de la déontologie parlementaire à cette fin.

Elle veille à la mise en œuvre de ces règles dans les conditions déterminées par son règlement.

Elle détermine également les modalités de tenue d'un registre public recensant les cas dans lesquels un parlementaire a estimé devoir ne pas participer aux travaux du Parlement en raison d'une situation de conflit d'intérêts telle qu'elle est définie au premier alinéa.

Le registre mentionné à l'avant-dernier alinéa est publié par voie électronique, dans un standard ouvert, aisément réutilisable et exploitable par un système de traitement automatisé.

Art. 4 *quinquies* *(L. n° 2016-1691 du 9 déc. 2016, art. 25)* Le bureau de chaque assemblée parlementaire détermine les règles applicables aux représentants d'intérêts entrant en communication avec les personnes mentionnées au 2° de l'article 18-2 de la loi n° 2013-907 du 11 octobre 2013 relative à la transparence de la vie publique. Ces règles sont rendues publiques.

L'organe chargé, au sein de chaque assemblée, de la déontologie parlementaire s'assure du respect de ces règles par les représentants d'intérêts. Il peut, à cet effet, être saisi par les personnes mentionnées au premier alinéa du présent article au sein de l'assemblée concernée. Il peut se faire communiquer toute information ou tout document nécessaire à l'exercice de sa mission.

Lorsqu'il est constaté un manquement aux règles déterminées par le bureau, l'organe chargé de la déontologie parlementaire saisit le président de l'assemblée concernée. Celui-ci peut adresser au représentant d'intérêts concerné une mise en demeure, qui peut être rendue publique, de respecter les obligations auxquelles il est assujetti, après l'avoir mis en état de présenter ses observations. *[Dispositions déclarées non conformes à la Constitution par la décision du Conseil constitutionnel n° 2016-741 DC du 8 décembre 2016.]*

Lorsque l'organe chargé de la déontologie parlementaire constate qu'une personne mentionnée au premier alinéa a répondu favorablement à une sollicitation effectuée par un représentant d'intérêts en méconnaissance des règles arrêtées par le bureau, il en avise la personne concernée et, sans les rendre publiques, lui adresse des observations.

Art. 4 *sexies* *(L. n° 2017-1339 du 15 sept. 2017, art. 20)* Le bureau de chaque assemblée, après consultation de l'organe chargé de la déontologie parlementaire, définit le régime de prise en charge des frais de mandat et arrête la liste des frais éligibles.

Les députés et sénateurs sont défrayés sous la forme d'une prise en charge directe, d'un remboursement sur présentation de justificatifs ou du versement d'une avance par l'assemblée dont ils sont membres, dans la limite des plafonds déterminés par le bureau.

Le bureau de chaque assemblée détermine également les modalités selon lesquelles l'organe chargé de la déontologie parlementaire contrôle que les dépenses donnant lieu aux prises en charge directe, remboursements et avances mentionnés au deuxième alinéa correspondent à des frais de mandat. *(L. n° 2020-1721 du 29 déc. 2020, art. 190)* « Le bureau détermine également les modalités selon lesquelles l'organe chargé de la déontologie parlementaire contrôle les dépenses qui ont été engagées au titre de l'indemnité représentative de frais de mandat, dans les quatre années suivant l'année d'engagement de ces dépenses. »

Les décisions prises pour définir le régime de prise en charge mentionné au premier alinéa et organiser le contrôle mentionné au troisième alinéa font l'objet d'une publication selon les modalités déterminées par le bureau.

Art. 4 *septies* *(L. n° 2017-1339 du 15 sept. 2017, art. 4)* Le bureau de chaque assemblée définit les conditions dans lesquelles l'organe chargé de la déontologie parlementaire peut demander communication, aux membres de l'assemblée concernée, d'un document nécessaire à l'exercice de ses missions.

Art. 5 Le règlement de chaque assemblée parlementaire fixe la composition et le mode de désignation des membres des commissions mentionnées à l'article 43 de la Constitution ainsi que les règles de leur fonctionnement.

(L. n° 2010-838 du 23 juill. 2010, art. 6) « Lorsqu'il est procédé à un vote en commission selon la procédure prévue au cinquième alinéa de l'article 13 de la Constitution, le scrutin doit être dépouillé au même moment dans les deux assemblées. »

Art. 5 *bis* *(L. n° 96-517 du 14 juin 1996)* Une commission spéciale ou permanente peut convoquer toute personne dont elle estime l'audition nécessaire, réserve faite, d'une part, des sujets de caractère secret et concernant la défense nationale, les affaires étrangères, la sécurité intérieure ou extérieure de l'État, d'autre part, du respect du principe de la séparation de l'autorité judiciaire et des autres pouvoirs.

Le fait de ne pas répondre à la convocation est puni de 7 500 € d'amende.

Art. 5 ter *(L. n° 2011-140 du 3 févr. 2011, art. 1er)* « I. — » *(L. n° 96-517 du 14 juin 1996)* Les commissions permanentes ou spéciales *(L. n° 2011-140 du 3 févr. 2011, art. 1er)* « et les instances permanentes créées au sein de l'une des deux assemblées parlementaires pour contrôler l'action du Gouvernement ou évaluer des politiques publiques dont le champ dépasse le domaine de compétence d'une seule commission permanente » peuvent demander à l'assemblée à laquelle elles appartiennent, pour une mission déterminée et une durée n'excédant pas six mois, de leur conférer, dans les conditions et limites prévues par cet article, les prérogatives attribuées aux commissions d'enquête par l'article 6 ci-dessous.

(L. n° 2011-140 du 3 févr. 2011, art. 1er) « II. — Lorsque les instances permanentes créées au sein de l'une des deux assemblées parlementaires pour contrôler l'action du Gouvernement ou évaluer des politiques publiques dont le champ dépasse le domaine de compétence d'une seule commission permanente disposent, dans les conditions définies au I, des prérogatives mentionnées à l'article 6, les rapporteurs qu'elles désignent exercent leur mission conjointement. »

Art. 6 *(L. n° 77-807 du 19 juill. 1977 ; L. n° 91-698 du 20 juill. 1991)* I. — Outre les commissions mentionnées à l'article 43 de la Constitution, seules peuvent être éventuellement créées au sein de chaque assemblée parlementaire des commissions d'enquête ; les dispositions ci-dessous leur sont applicables.

Les commissions d'enquête sont formées pour recueillir des éléments d'information soit sur des faits déterminés, soit sur la gestion des services publics ou des entreprises nationales, en vue de soumettre leurs conclusions à l'assemblée qui les a créées.

Il ne peut être créé de commission d'enquête sur des faits ayant donné lieu à des poursuites judiciaires et aussi longtemps que ces poursuites sont en cours. Si une commission a déjà été créée, sa mission prend fin dès l'ouverture d'une information judiciaire relative aux faits sur lesquels elle est chargée d'enquêter.

Les membres des commissions d'enquête sont désignés de façon à y assurer une représentation proportionnelle des groupes politiques.

Les commissions d'enquête ont un caractère temporaire. Leur mission prend fin par le dépôt de leur rapport et, au plus tard, à l'expiration d'un délai de six mois à compter de la date de l'adoption de la résolution qui les a créées. Elles ne peuvent être reconstituées avec le même objet avant l'expiration d'un délai de douze mois à compter de la fin de leur mission.

II. — Les articles *(L. n° 2017-1241 du 8 août 2017, art. 6)* « L. 132-5 et L. 143-4 » du code des juridictions financières sont applicables aux commissions d'enquête dans les mêmes conditions qu'aux commissions des finances.

Les rapporteurs des commissions d'enquête exercent leur mission sur pièces et sur place. Tous les renseignements de nature à faciliter cette mission doivent leur être fournis. Ils sont habilités à se faire communiquer tous documents de service, à l'exception de ceux revêtant un caractère secret et concernant la défense nationale, les affaires étrangères, la sécurité intérieure ou extérieure de l'État, et sous réserve du respect du principe de la séparation de l'autorité judiciaire et des autres pouvoirs.

Toute personne dont une commission d'enquête a jugé l'audition utile est tenue de déférer à la convocation qui lui est délivrée, si besoin est, par un huissier ou un agent de la force publique, à la requête du président de la commission. A l'exception des mineurs de seize ans, elle est entendue sous serment. Elle est, en outre, tenue de déposer, sous réserve des dispositions des articles 226-13 et 226-14 du code pénal. *(L. n° 2008-1187 du 14 nov. 2008, art. 2)* « Les dispositions du troisième alinéa de l'article 41 de la loi du 29 juillet 1881 sur la liberté de la presse lui sont applicables. »

(L. n° 2001-420 du 15 mai 2001, art. 17) « Toute personne qui participe ou a participé aux travaux *(L. n° 2010-1249 du 22 oct. 2010, art. 12)* « *(L. n° 2013-672 du 26 juill. 2013, art. 24)* « de l'Autorité de contrôle prudentiel et de résolution », de l'Autorité des marchés financiers ou des autorités auxquelles elles ont succédé » *(L. n° 2013-672 du 26 juill. 2013, art. 31)* « , toute personne qui participe ou a participé à l'accomplissement des missions du Haut Conseil de stabilité financière ainsi que toute personne mentionnée au premier alinéa *(Ord. n° 2014-158 du 20 févr. 2014, art. 9)* « du I de l'article L. 511-33 » du code monétaire et financier » est déliée du secret professionnel à l'égard de la commission, lorsque celle-ci a décidé l'application du secret conformément aux dispositions du premier alinéa du IV. Dans ce cas, le rapport publié à la fin des travaux de la commission, ni aucun autre document public, ne pourra faire état des informations recueillies par levée du secret professionnel. »

III. — La personne qui ne comparaît pas ou refuse de déposer ou de prêter serment devant une commission d'enquête est passible de deux ans d'emprisonnement et de 7 500 € d'amende.

Le refus de communiquer les documents visés au deuxième alinéa du II est passible des mêmes peines.

Dans les cas visés aux deux précédents alinéas, le tribunal peut en outre prononcer l'interdiction, en tout ou partie, de l'exercice des droits civiques mentionnés à l'article 131-26 du code pénal, pour une durée maximale de deux ans à compter du jour où la personne condamnée a subi sa peine.

En cas de faux témoignage ou de subornation de témoin, les dispositions des articles *(L. nº 92-1336 du 16 déc. 1992, art. 277)* « 434-13, 434-14 et 434-15 » du code pénal sont respectivement applicables.

Les poursuites prévues au présent article sont exercées à la requête du président de la commission ou, lorsque le rapport de la commission a été publié, à la requête du bureau de l'assemblée intéressée.

IV. — Les auditions auxquelles procèdent les commissions d'enquête sont publiques. Les commissions organisent cette publicité par les moyens de leur choix. Toutefois, elles peuvent décider l'application du secret ; dans ce cas, les dispositions du dernier alinéa du présent article sont applicables.

(L. nº 2011-140 du 3 févr. 2011, art. 2) « Les personnes entendues par une commission d'enquête sont admises à prendre connaissance du compte-rendu de leur audition. Cette communication a lieu sur place lorsque l'audition a été effectuée sous le régime du secret. Aucune correction ne peut être apportée au compte-rendu. Toutefois, l'intéressé peut faire part de ses observations par écrit. Ces observations sont soumises à la commission, qui peut décider d'en faire état dans son rapport. »

L'assemblée intéressée peut décider, par un vote spécial, et après s'être constituée en comité secret, de ne pas autoriser la publication de tout ou partie du rapport d'une commission d'enquête.

Sera punie des peines prévues à l'article 226-13 du code pénal toute personne qui, dans un délai de *(L. nº 2008-696 du 15 juill. 2008, art. 27)* « vingt-cinq ans, sous réserve des délais plus longs prévus à l'article L. 213-2 du code du patrimoine », divulguera ou publiera une information relative aux travaux non publics d'une commission d'enquête, sauf si le rapport publié à la fin des travaux de la commission a fait état de cette information.

Art. 6 *bis* *(L. nº 2009-689 du 15 juin 2009, art. 2)* I. — Le règlement de chaque assemblée parlementaire fixe la composition et le mode de désignation des membres des commissions chargées des affaires européennes mentionnées à l'article 88-4 de la Constitution ainsi que les règles de leur fonctionnement.

II. — Les commissions chargées des affaires européennes suivent les travaux conduits par les institutions de l'Union européenne. A cet effet, le Gouvernement leur communique les projets ou propositions d'actes des Communautés européennes et de l'Union européenne dès leur transmission au Conseil de l'Union européenne. Le Gouvernement peut également leur communiquer, de sa propre initiative ou à la demande de leur Président, tout document nécessaire. Il les tient en outre informées des négociations en cours.

Art. 6 *ter* *(L. nº 83-609 du 8 juill. 1983)* I. — La délégation parlementaire dénommée Office parlementaire d'évaluation des choix scientifiques et technologiques a pour mission d'informer le Parlement des conséquences des choix de caractère scientifique et technologique afin, notamment, d'éclairer ses décisions. A cet effet, elle recueille des informations, met en œuvre des programmes d'études et procède à des évaluations.

II. — *(L. nº 2000-121 du 16 févr. 2000)* « La délégation est composée de dix-huit députés et dix-huit sénateurs désignés de façon à assurer, au sein de chaque assemblée, une représentation proportionnelle des groupes politiques. Les députés sont désignés au début de chaque législature pour la durée de celle-ci. Les sénateurs sont désignés après chaque renouvellement partiel du Sénat.

« Après chacun de ses renouvellements, la délégation élit son Président et son premier vice-président qui ne peuvent appartenir à la même assemblée. »

III. — *(L. nº 2000-121 du 16 févr. 2000)* « La délégation est assistée d'un conseil scientifique composé de vingt-quatre personnalités choisies en raison de leurs compétences dans les domaines des sciences et de la technologie. »

Les membres du conseil scientifique sont désignés pour trois ans dans les conditions prévues par le règlement intérieur de la délégation.

Le conseil scientifique est saisi dans les conditions prévues par le règlement intérieur de la délégation, chaque fois que celle-ci l'estime nécessaire.

IV. — La délégation peut recueillir l'avis des organisations syndicales et professionnelles les plus représentatives au niveau national, ainsi que des associations de protection de l'environnement ou de défense des usagers et consommateurs.

V. — La délégation est saisie par :

1° le bureau de l'une ou l'autre assemblée, soit à son initiative, soit à la demande d'un président de groupe, soit à la demande de soixante députés ou de quarante sénateurs.

2° une commission spéciale ou permanente.

VI. — La délégation dispose des pouvoirs définis par l'article 164, paragraphe IV, de l'ordonnance n° 58-1374 du 30 décembre 1958 modifiée, portant loi de finances pour 1959.

En cas de difficultés dans l'exercice de sa mission, la délégation peut demander, pour une durée n'excédant pas six mois, à l'assemblée d'où émane la saisine de lui conférer les prérogatives attribuées par l'article 6 ci-dessus aux commissions parlementaires d'enquête, à leurs présidents et à leurs rapporteurs. Lorsque la délégation bénéficie de ces prérogatives, les dispositions relatives au secret des travaux des commissions d'enquête et des commissions de contrôle sont applicables.

VII. — Les travaux de la délégation sont *(L. n° 2020-1674 du 24 déc. 2020, art. 30)* « publics », sauf décision contraire de sa part.

Les résultats des travaux exécutés et les observations de la délégation sont *(L. n° 2020-1674 du 24 déc. 2020, art. 30)* « rendus publics ».

(Abrogé par L. n° 2020-1674 du 24 déc. 2020, art. 30) « *Après avoir recueilli l'avis de l'auteur de la saisine, la délégation peut les rendre publics.* »

Toutefois, lorsque la délégation a obtenu le bénéfice des dispositions de l'article 6 ci-dessus, la décision de publication ne peut être prise que par l'assemblée intéressée, dans les conditions fixées par son règlement pour la publication des rapports des commissions d'enquête et de contrôle.

VIII. — La délégation établit son règlement intérieur ; celui-ci est soumis à l'approbation des bureaux des deux assemblées.

IX. — Les dépenses afférentes au fonctionnement de la délégation sont financées et exécutées comme dépenses des assemblées parlementaires dans les conditions fixées par l'article 7 ci-dessous.

……………………………………………………………………………………………

Art. 6 *septies* *(L. n° 99-585 du 12 juill. 1999)* I. — Il est constitué, dans chacune des deux assemblées du Parlement, une délégation parlementaire aux droits des femmes et à l'égalité des chances entre les hommes et les femmes. Chacune de ces délégations compte trente-six membres.

II. — Les membres des délégations sont désignés en leur sein par chacune des deux assemblées de manière à assurer une représentation proportionnelle des groupes parlementaires et équilibrée des hommes et des femmes ainsi que des commissions permanentes.

La délégation de l'Assemblée nationale est désignée au début de la législature pour la durée de celle-ci.

La délégation du Sénat est désignée après chaque renouvellement partiel de cette assemblée.

III. — Sans préjudice des compétences des commissions permanentes ou spéciales ni de celles des *(L. n° 2009-689 du 15 juin 2009, art. 2)* « commissions chargées des affaires européennes », les délégations parlementaires aux droits des femmes et à l'égalité des chances entre les hommes et les femmes ont pour mission d'informer les assemblées de la politique suivie par le Gouvernement au regard de ses conséquences sur les droits des femmes et sur l'égalité des chances entre les hommes et les femmes. En ce domaine, elles assurent le suivi de l'application des lois.

En outre, les délégations parlementaires aux droits des femmes et à l'égalité des chances entre les hommes et les femmes peuvent être saisies sur les projets ou propositions de loi par :

— le bureau de l'une ou l'autre assemblée, soit à son initiative, soit à la demande d'un Président de groupe ;

— une commission permanente ou spéciale, à son initiative ou sur demande de la délégation.

Enfin, les délégations peuvent être saisies par *(L. n° 2009-689 du 15 juin 2009, art. 2)* « les commissions chargées des affaires européennes » sur les textes soumis aux assemblées en application de l'article 88-4 de la Constitution.

Elles demandent à entendre les ministres. Le Gouvernement leur communique les informations utiles et les documents nécessaires à l'accomplissement de leur mission.

IV. — Les délégations établissent, sur les questions dont elles sont saisies, des rapports comportant des recommandations qui sont déposés sur le bureau de l'assemblée dont elles relèvent et transmis aux commissions parlementaires compétentes, ainsi qu'aux *(L. n° 2009-689 du 15 juin 2009, art. 2)* « commissions chargées des affaires européennes ». Ces rapports sont rendus publics.

Elles établissent en outre, chaque année, un rapport public dressant le bilan de leur activité et comportant, le cas échéant, des propositions d'amélioration de la législation et de la réglementation dans leurs domaines de compétence.

V. — Chaque délégation organise la publicité de ses travaux dans les conditions définies par le règlement de chaque assemblée.

La délégation de l'Assemblée nationale et celle du Sénat peuvent décider de tenir des réunions conjointes.

VI. — Les délégations établissent leur règlement intérieur.

....

Art. 6 *nonies* *(L. n° 2007-1443 du 9 oct. 2007) (L. n° 2013-1168 du 18 déc. 2013, art. 12)* « I. — Il est constitué une délégation parlementaire au renseignement, commune à l'Assemblée nationale et au Sénat.

« Elle exerce le contrôle parlementaire de l'action du Gouvernement en matière de renseignement et évalue la politique publique en ce domaine. A cette fin, elle est destinataire des informations utiles à l'accomplissement de sa mission. Lui sont notamment communiqués :

« 1° La stratégie nationale du renseignement ;

« 2° Des éléments d'information issus du plan national d'orientation du renseignement ;

« 3° Un rapport annuel de synthèse exhaustif des crédits consacrés au renseignement et le rapport annuel d'activité des services spécialisés de renseignement *(L. n° 2015-912 du 24 juill. 2015, art. 21)* « mentionnés à l'article L. 811-2 du code de la sécurité intérieure et des services autorisés par le décret en Conseil d'État mentionné à l'article L. 811-4 du même code, à recourir à certaines techniques mentionnées au titre V du livre VIII dudit code, concernant leurs activités de renseignement ; »

« 4° Des éléments d'appréciation relatifs à l'activité générale et à l'organisation des services spécialisés de renseignement *(L. n° 2015-912 du 24 juill. 2015, art. 21)* « et des services autorisés par le décret en Conseil d'État mentionné à l'article L. 811-4 du même code, à recourir à certaines techniques mentionnées au même titre V, concernant leurs activités de renseignement ».

(L. n° 2015-912 du 24 juill. 2015, art. 21) « 5° Les observations que la Commission nationale de contrôle des techniques de renseignement adresse au Premier ministre en application de l'article L. 833-10 dudit code ainsi qu'une présentation, par technique et par finalité, des éléments statistiques figurant dans le rapport d'activité de la commission mentionné à l'article L. 833-9 du même code. »

(L. n° 2017-1510 du 30 oct. 2017, art. 16) « 6° Les observations que la Commission nationale de contrôle des techniques de renseignement adresse au Premier ministre en application de l'article L. 855-1 C du même code. »

(L. n° 2015-912 du 24 juill. 2015, art. 21) « La délégation peut saisir pour avis la Commission nationale de contrôle des techniques de renseignement en application de l'article L. 833-11 dudit code. »

« En outre, la délégation peut solliciter du Premier ministre la communication de tout ou partie des rapports de l'inspection des services de renseignement ainsi que des rapports des services d'inspection générale des ministères portant sur les services de renseignement qui relèvent de leur compétence.

« Ces documents, ces informations et ces éléments d'appréciation ne peuvent porter ni sur les opérations en cours de ces services, ni sur les instructions données par les pouvoirs publics à cet égard, ni sur les procédures et méthodes opérationnelles, ni sur les échanges avec des services étrangers ou avec des organismes internationaux compétents dans le domaine du renseignement. »

II. — « La délégation parlementaire au renseignement est composée de quatre députés et de quatre sénateurs. » Les présidents des commissions permanentes de l'Assemblée nationale et du Sénat chargées respectivement des affaires de sécurité intérieure et de défense sont membres de droit de la délégation parlementaire au renseignement. La fonction de Président de la délégation est assurée alternativement, pour un an, par un député et un sénateur, membres de droit.

Les autres membres de la délégation sont désignés par le Président de chaque assemblée de manière à assurer une représentation pluraliste. Les deux députés qui ne sont pas membres de droit sont désignés au début de chaque législature et pour la durée de celle-ci. Les deux sénateurs sont désignés après chaque renouvellement partiel du Sénat.

(L. n° 2013-1168 du 18 déc. 2013, art. 12) « III. — La délégation peut entendre le Premier ministre, les ministres compétents, le secrétaire général de la défense et de la sécurité nationale, le coordonnateur national du renseignement, le directeur de l'Académie du renseignement *(L. n° 2015-912 du 24 juill. 2015, art. 21)* « , » les directeurs en fonction des services mentionnés au I *(L. n° 2015-912 du 24 juill. 2015, art. 21)* « , accompagnés des collaborateurs de leur choix en fonction de l'ordre du jour de la délégation ainsi que toute personne placée auprès de ces directeurs et occupant un emploi pourvu en conseil des ministres ». La délégation peut également entendre les directeurs des autres administrations centrales ayant à connaître des activités des services.

(L. n° 2015-912 du 24 juill. 2015, art. 21) « La délégation peut entendre le Premier ministre, chaque semestre, sur l'application des dispositions de la loi n° 2015-912 du 24 juillet 2015 relative au renseignement.

« Elle peut également entendre les personnes spécialement déléguées par le Premier ministre en application de l'article L. 821-4 du code de la sécurité intérieure pour délivrer des autorisations de mise en œuvre de techniques de renseignement mentionnées au titre V du livre VIII du même code.

« La délégation peut inviter le président de la Commission nationale de contrôle des techniques de renseignement à lui présenter le rapport d'activité de la commission ainsi que les observations que la commission adresse au Premier ministre en application de l'article L. 833-10 dudit code et les avis que la délégation demande à la commission en application de l'article L. 833-11 du même code. Elle peut inviter le président de la Commission du secret de la défense nationale à lui présenter le rapport d'activité de la commission. »

IV. — Les membres de la délégation sont autorisés ès qualités à connaître des informations ou des éléments d'appréciation définis au *(L. n° 2013-1168 du 18 déc. 2013, art. 12)* « I » et protégés au titre de l'article 413-9 du code pénal, à l'exclusion des données dont la communication pourrait mettre en péril l'anonymat, la sécurité ou la vie d'une personne relevant ou non des services intéressés, ainsi que les modes opératoires propres à l'acquisition du renseignement.

Les agents des assemblées parlementaires désignés pour assister les membres de la délégation doivent être habilités, dans les conditions définies pour l'application de l'article 413-9 du code pénal, à connaître des mêmes informations et éléments d'appréciation.

V. — Les travaux de la délégation parlementaire au renseignement sont couverts par le secret de la défense nationale.

Les membres de la délégation et les agents des assemblées mentionnés au IV sont astreints au respect du secret de la défense nationale pour les faits, actes ou renseignements dont ils ont pu avoir connaissance en ces qualités.

VI. — Chaque année, la délégation établit un rapport public dressant le bilan de son activité, qui ne peut faire état d'aucune information ni d'aucun élément d'appréciation protégés par le secret de la défense nationale.

Dans le cadre de ses travaux, la délégation peut adresser des recommandations et des observations au Président de la République et au Premier ministre. Elle les transmet au Président de chaque assemblée.

VII. — La délégation parlementaire au renseignement établit son règlement intérieur. Celui-ci est soumis à l'approbation du bureau de chaque assemblée.

Les dépenses afférentes au fonctionnement de la délégation sont financées et exécutées comme dépenses des assemblées parlementaires dans les conditions fixées par l'article 7.

(L. n° 2013-1168 du 18 déc. 2013, art. 12) « VIII. — La délégation parlementaire au renseignement exerce les attributions de la commission de vérification prévue à l'article 154 de la loi de finances pour 2002 (n° 2001-1275 du 28 décembre 2001). »

Art. 6 *decies* *(L. n° 2017-256 du 28 févr. 2017, art. 99)* I. — Il est constitué, dans chacune des deux assemblées du Parlement, une délégation parlementaire aux outre-mer.

II. — Chaque délégation comprend :

1° Les députés ou sénateurs élus dans les collectivités mentionnées à l'article 72-3 de la Constitution ;

2° Un nombre identique de membres désignés au sein de chaque assemblée de manière à assurer la représentation proportionnelle des groupes politiques et une représentation équilibrée des commissions permanentes.

La délégation de l'Assemblée nationale est désignée au début de la législature pour la durée de celle-ci.

La délégation du Sénat est désignée après chaque renouvellement partiel de cette assemblée.

III. — Sans préjudice des compétences des commissions permanentes ou spéciales ni de celles des commissions chargées des affaires européennes, les délégations parlementaires aux outre-mer ont pour mission d'informer les assemblées sur la situation des collectivités mentionnées à l'article 72-3 de la Constitution et sur toute question relative aux outre-mer. Elles veillent à la prise en compte des caractéristiques, des contraintes et des intérêts propres de ces collectivités et au respect de leurs compétences. Elles participent à l'évaluation des politiques publiques menées dans les collectivités mentionnées au même article 72-3 de la Constitution *(L. n° 2020-1525 du 7 déc. 2020, art. 14)* « , en particulier au regard des objectifs de convergence poursuivis par les plans mentionnés aux articles 7 et 8 de la loi n° 2017-256 du 28 février 2017 de programmation relative à l'égalité réelle outre-mer et portant autres dispositions en matière sociale et économique ».

Les délégations aux outre-mer peuvent demander à entendre les ministres. Le Gouvernement leur communique les informations utiles et les documents nécessaires à l'accomplissement de leur mission. Les prérogatives et les moyens des délégations parlementaires aux outre-mer sont déterminés par l'assemblée dont elles relèvent.

IV. — Les délégations établissent, sur les questions dont elles se sont saisies, des rapports comportant des recommandations, qui sont déposés sur le bureau de l'assemblée dont elles relèvent. Ces rapports sont rendus publics.

Elles établissent en outre, chaque année, un rapport public dressant le bilan de leur activité.

V. — Chaque délégation organise la publicité de ses travaux dans les conditions définies par le règlement de l'assemblée dont elle relève.

La délégation de l'Assemblée nationale et celle du Sénat peuvent décider de tenir des réunions conjointes.

VI. — Les délégations établissent leur règlement intérieur.

Art. 7 Chaque assemblée parlementaire jouit de l'autonomie financière.

Les crédits nécessaires au fonctionnement des assemblées parlementaires font l'objet de propositions préparées par les questeurs de chaque assemblée et arrêtées par une commission commune composée des questeurs des deux assemblées. Cette commission délibère sous la présidence d'un président de chambre à la Cour des comptes désigné par le premier président de cette juridiction. Deux magistrats de la Cour des comptes désignés par la même autorité assistent à la commission ; ils ont voix consultative dans ses délibérations.

Les propositions ainsi arrêtées sont inscrites au projet de loi budgétaire auquel est annexé un rapport explicatif établi par la commission mentionnée à l'alinéa précédent.

Art. 7 *bis* *(L. n° 2008-696 du 15 juill. 2008, art. 28)* Chaque assemblée parlementaire est propriétaire de ses archives et responsable de leur conservation et de leur mise en valeur. Elle détermine les conditions dans lesquelles ses archives sont collectées, conservées, classées et communiquées.

Art. 7 *ter* *(L. n° 2019-1332 du 11 déc. 2019, art. 3)* A la demande de la bibliothèque de l'une ou l'autre des assemblées parlementaires, les administrations mentionnées à l'article

L. 100-3 du code des relations entre le public et l'administration lui transmettent gratuitement un exemplaire des documents qu'elles publient.

Art. 8 L'État est responsable des dommages de toute nature causés par les services des assemblées parlementaires.

Les actions en responsabilité sont portées devant les juridictions compétentes pour en connaître.

(L. n° 83-634 du 13 juill. 1983) « Les agents titulaires des services des assemblées parlementaires sont des fonctionnaires de l'État dont le statut et le régime de retraite sont déterminés par le bureau de l'assemblée intéressée, après avis des organisations syndicales représentatives du personnel. Ils sont recrutés par concours selon des modalités déterminées par les organes compétents des assemblées. La juridiction administrative est appelée à connaître de tous litiges d'ordre individuel concernant ces agents, et se prononce au regard des principes généraux du droit et des garanties fondamentales reconnues à l'ensemble des fonctionnaires civils et militaires de l'État visées à l'article 34 de la Constitution. » *(L. n° 2003-710 du 1er août 2003, art. 60)* « La juridiction administrative est également compétente pour se prononcer sur les litiges individuels en matière de marchés publics. »

Dans les instances ci-dessus visées *(L. n° 2003-710 du 1er août 2003, art. 60)* « qui sont les seules susceptibles d'être engagées contre une assemblée parlementaire, » l'État est représenté par le Président de l'assemblée intéressée *(L. n° 2003-710 du 1er août 2003, art. 60)* « , qui peut déléguer cette compétence aux questeurs ».

(L. n° 2003-710 du 1er août 2003, art. 60) « La décision d'engager une procédure contentieuse est prise par le Président de l'assemblée concernée, qui la représente dans ces instances. Le Président peut déléguer cette compétence aux questeurs de l'assemblée qu'il préside. S'agissant du recouvrement des créances de toute nature, des modalités spécifiques peuvent être arrêtées par le bureau de chaque assemblée. »

Art. 8 *bis* *(L. n° 2017-1339 du 15 sept. 2017, art. 12)* I. — Les députés et les sénateurs peuvent employer sous contrat de droit privé des collaborateurs qui les assistent dans l'exercice de leurs fonctions et dont ils sont les employeurs directs.

II. — Les députés et les sénateurs bénéficient à cet effet d'un crédit affecté à la rémunération de leurs collaborateurs.

Le bureau de chaque assemblée définit les conditions d'emploi des collaborateurs parlementaires.

Les députés et les sénateurs définissent les tâches confiées à leurs collaborateurs et en contrôlent l'exécution.

III. — Le bureau de chaque assemblée s'assure de la mise en œuvre d'un dialogue social entre les représentants des parlementaires employeurs et les représentants des collaborateurs parlementaires.

Art. 8 *ter* *(L. n° 2017-1339 du 15 sept. 2017, art. 13)* Dès lors qu'ils en sont informés, les parlementaires avisent le bureau de leur assemblée des fonctions exercées par leurs collaborateurs au sein d'un parti ou d'un groupement politique et des activités de ces collaborateurs au profit de représentants d'intérêts au sens de l'article 18-2 de la loi n° 2013-907 du 11 octobre 2013 relative à la transparence de la vie publique.

Art. 8 *quater* *(L. n° 2017-1339 du 15 sept. 2017, art. 14)* I. — Il est interdit à un député ou à un sénateur d'employer en tant que collaborateur parlementaire, au sens de l'article 8 *bis* :

1° Son conjoint, partenaire lié par un pacte civil de solidarité ou concubin ;

2° Ses parents ou les parents de son conjoint, partenaire lié par un pacte civil de solidarité ou concubin ;

3° Ses enfants ou les enfants de son conjoint, partenaire lié par un pacte civil de solidarité ou concubin.

La violation de cette interdiction emporte la rupture de plein droit du contrat. Cette rupture ne donne lieu à aucune restitution entre les parties.

Le bureau de chaque assemblée détermine les modalités selon lesquelles le député ou le sénateur rembourse les sommes versées en vertu des contrats conclus en violation de l'interdiction mentionnée au présent I.

Le fait, pour un député ou un sénateur, d'employer un collaborateur en méconnaissance de l'interdiction mentionnée au présent I est puni d'une peine de trois ans d'emprisonnement et de 45 000 € d'amende.

II. — Le député ou le sénateur informe sans délai le bureau et l'organe chargé de la déontologie parlementaire de l'assemblée à laquelle il appartient du fait qu'il emploie comme collaborateur :

1° Son frère ou sa sœur, ou le conjoint, partenaire lié par un pacte civil de solidarité ou concubin de celui-ci ou celle-ci ;

2° L'enfant de son frère ou de sa sœur, ou le conjoint, partenaire lié par un pacte civil de solidarité ou concubin de cet enfant ;

3° Son ancien conjoint, la personne ayant été liée à lui par un pacte civil de solidarité ou son ancien concubin ;

4° L'enfant, le frère ou la sœur des personnes mentionnées au 3° du présent II ;

5° Le frère ou la sœur de la personne mentionnée au 1° du I.

III. — Lorsqu'un collaborateur parlementaire a un lien familial au sens des I ou II avec un autre député ou sénateur, il en informe sans délai le député ou le sénateur dont il est le collaborateur, le bureau et l'organe chargé de la déontologie parlementaire de l'assemblée dans laquelle il est employé.

IV. — Lorsque l'organe chargé de la déontologie parlementaire constate en application des II et III, de sa propre initiative ou à la suite d'un signalement, qu'un député ou un sénateur emploie comme collaborateur une personne mentionnée aux mêmes II et III d'une manière qui serait susceptible de constituer un manquement aux règles de déontologie de l'assemblée à laquelle ce député ou ce sénateur appartient, il peut faire usage d'un pouvoir d'injonction pour faire cesser cette situation. Il rend publique cette injonction.

V. — Les II, III et IV du présent article s'appliquent sans préjudice des articles 432-10 à 432-13 et 432-15 du code pénal.

....

Art. 9 *bis* *(L. n° 96-62 du 29 janv. 1996)* L'arrestation ou toute autre mesure privative ou restrictive de liberté susceptible d'être décidée à l'encontre d'un membre du Parlement fait, à peine de nullité, l'objet d'une demande d'autorisation formulée par le procureur général près la cour d'appel compétente et transmise par le garde des sceaux, ministre de la justice, au Président de l'assemblée intéressée. Cette demande indique précisément les mesures envisagées ainsi que les motifs invoqués.

L'autorisation donnée par le Bureau de l'assemblée intéressée ne vaut que pour les faits mentionnés dans la demande prévue au premier alinéa.

Art. 10 En temps de paix, les membres de l'Assemblée nationale et du Sénat ne peuvent accomplir aucun service militaire pendant les sessions si ce n'est de leur propre consentement.

Les membres de l'Assemblée nationale et du Sénat accomplissant un service militaire ne peuvent participer aux délibérations de l'assemblée à laquelle ils appartiennent ni, si ce n'est par délégation, aux votes de cette assemblée.

Art. 11 Les membres de l'Assemblée nationale et du Sénat demeurent en fonctions à la mobilisation ou dans le cas d'agression manifeste mettant le pays dans la nécessité de pourvoir à sa défense ou dans les cas prévus par la charte des Nations Unies ou en période de tension extérieure.

Toutefois, les parlementaires appartenant à la disponibilité ou à la première réserve sont astreints à suivre intégralement les obligations de leur classe de mobilisation.

Les parlementaires soumis ou non à des obligations militaires qui n'appartiennent ni à la disponibilité ni à la première réserve pourront demander à être mobilisés ou à *contracter un engagement dans une unité combattante* ou dans un service de la zone de combat sans être tenus de donner leur démission de député ou de sénateur.

Il appartient, le cas échéant, à chaque assemblée de fixer les conditions d'exercice du mandat des parlementaires visés aux deux alinéas précédents, sous réserve des dispositions de l'ordonnance n° 58-1066 du 7 novembre 1958 portant loi organique autorisant exceptionnellement les parlementaires à déléguer leur droit de vote *[V. ce texte ss. Const. 58, art. 27]*.

Art. 12 Les membres des assemblées parlementaires ne peuvent être nommés ou promus dans l'ordre national de la Légion d'honneur ni recevoir la médaille militaire ou toute autre décoration, sauf pour faits de guerre ou actions d'éclat assimilables à des faits de guerre.

Loi n° 2017-1339 du 15 septembre 2017,

Pour la confiance dans la vie politique.

Art. 19 I. — La cessation du mandat du parlementaire constitue un motif spécifique de licenciement du collaborateur reposant sur une cause réelle et sérieuse.

L'ancien député ou sénateur notifie le licenciement à son collaborateur après un délai minimal de cinq jours francs, qui court à compter du lendemain du dernier jour du mandat.

Le collaborateur est dispensé d'exécuter le préavis auquel il a droit en application de l'article L. 1234-1 du code du travail. Il bénéficie des indemnités mentionnées aux articles L. 1234-5, L. 1234-9 et L. 3141-28 du même code.

Sont remis au collaborateur les documents prévus aux articles L. 1234-19 et L. 1234-20 dudit code ainsi qu'une attestation d'assurance chômage.

II. — Les collaborateurs parlementaires qui l'acceptent peuvent, lorsqu'ils font l'objet d'une procédure de licenciement pour un motif autre que personnel, bénéficier d'un parcours d'accompagnement personnalisé, qui débute par une phase de prébilan, d'évaluation des compétences et d'orientation professionnelle en vue de l'élaboration d'un projet professionnel.

Ce parcours, dont les modalités sont précisées par décret, comprend notamment des mesures d'accompagnement et d'appui au projet professionnel, ainsi que des périodes de formation et de travail.

L'accompagnement personnalisé est assuré par l'institution mentionnée à l'article L. 5312-1 du code du travail, dans des conditions prévues par décret.

III. — Dans des conditions définies par décret, l'institution mentionnée à l'article L. 5312-1 du code du travail propose et assure les prestations relatives au dispositif d'accompagnement mentionné au IV du présent article au profit du collaborateur parlementaire, compte tenu de la contribution de ce dernier, lorsqu'il a perçu une indemnité compensatrice de préavis. Le montant de cette contribution ne peut excéder celui de l'indemnité compensatrice de préavis.

IV. — Le bénéficiaire du dispositif d'accompagnement mentionné au II du présent article est placé sous le statut de stagiaire de la formation professionnelle et perçoit, pendant une durée maximale de douze mois, une allocation supérieure à celle à laquelle le collaborateur aurait pu prétendre au titre de l'allocation d'assurance mentionnée à l'article L. 5422-1 du code du travail pendant la même période.

Le salaire de référence servant au calcul de cette allocation est le salaire de référence retenu pour le calcul de l'allocation d'assurance du régime d'assurance chômage mentionnée au même article L. 5422-1.

Pour bénéficier de cette allocation, le bénéficiaire doit justifier d'une ancienneté d'au moins douze mois à la date du licenciement.

Le montant de cette allocation ainsi que les conditions dans lesquelles les règles de *l'assurance chômage* s'appliquent aux bénéficiaires du dispositif, en particulier les conditions d'imputation de la durée d'exécution de l'accompagnement personnalisé sur la durée de versement de l'allocation d'assurance mentionnée audit article L. 5422-1, sont définis par décret.

Art. 25 **Une loi organique fixe la durée des pouvoirs de chaque assemblée, le nombre de ses membres, leur indemnité, les conditions d'éligibilité, le régime des inéligibilités et des incompatibilités.**

Elle fixe également les conditions dans lesquelles sont élues les personnes appelées à assurer, en cas de vacance du siège, le remplacement des députés ou des sénateurs jusqu'au renouvellement général ou partiel de l'assemblée à laquelle ils appartenaient *(L. const. n° 2008-724 du 23 juill. 2008, art. 10-1°)* **« ou leur remplacement temporaire en cas d'acceptation par eux de fonctions gouvernementales ».**

(L. const. n° 2008-724 du 23 juill. 2008, art. 10-2°) **« Une commission indépendante, dont la loi fixe la composition et les règles d'organisation et de fonctionnement, se prononce par un avis public sur les projets de texte et propositions de loi délimitant les circonscriptions pour l'élection des députés ou modifiant la répartition des sièges de députés ou de sénateurs. »**

Sur l'application de l'art. 25 de la Constitution, V. C. élect., art. L.O. 119 (Nombre de députés), L.O. 135 (Députés. Éligibilité et inéligibilité), L.O. 142 (Députés. Incompatibilités), L.O. 176 s. (Députés. Remplacement), L.O. 296 (Sénateurs. Éligibilité et inéligibilité), L.O. 297 (Sénateurs. Incompatibilités), L.O. 319 s. (Sénateurs. Remplacement), L.O. 567-9 (Commission prévue par l'art. 25 Const. 58). — ***C. élect.***

Sur la commission prévue à l'art. 25 de la Constitution, V. C. élect., art. L. 567-1 s. — ***C. élect.***

Sur la composition de l'Assemblée nationale et la durée du mandat des députés, V. C. élect., art. L.O. 119 s., L.O. 384-1, L.O. 394-1 et L.O. 394-2. — ***C. élect.***

Sur le mode de scrutin relatif à l'élection des députés, V. ***C. élect.****, art. L. 123 s.*

Sur la composition du Sénat et la durée du mandat des sénateurs, V. ***C. élect.****, art. L.O. 274 s. et L.O. 438-1 s.*

Sur la composition du collège électoral, la désignation des délégués municipaux, des délégués de l'Assemblée de Corse et l'élection des sénateurs, V. ***C. élect.****, art. L. 279 s.*

Sur les conditions d'éligibilité, V. ***C. élect.****, art. L.O. 127 s. (députés) et L.O. 296 (sénateurs) ; V.* ***C. élect.****, L. org. n° 83-499 du 17 juin 1983 relative à la représentation au Sénat des Français établis hors de France, art. 2.*

Sur les incompatibilités parlementaires, V. ***C. élect.****, art. L.O. 137 s. (députés) et art. L.O. 297 (sénateurs) ; V. CJF, art. L.O. 222-2, in* ***CJA*** *; V.* ***C. élect.****, L. org. n° 83-499 du 17 juin 1983 relative à la représentation au Sénat des Français établis hors de France), art. 3.*

BIBL. ▸ V. ss. Const. 58, art. 24. - Baudu, La situation matérielle des anciens députés et sénateurs, un « privilège » parlementaire ?, *RFDC 2009, n° 80, p. 697.* - Potier, La modernisation du droit des élections par les trois lois du 14 avril du « paquet électoral », *JCP Adm. 2011. 2242.* - Baudu, L'indemnité représentative de frais de mandat des députés et des sénateurs, manne financière scandaleuse ou indemnité parlementaire justifiée ?, *RFFP 2013, n° 123, p. 169.* - Gicquel, Le Conseil constitutionnel et le mandat parlementaire, *NCCC 2013, n° 38, p. 69.* - Qazbir, Le mandat parlementaire face au nouveau régime du cumul, *RFDC 2015. 633.* - Seurot, Faut-il constitutionnaliser le mode de scrutin aux élections législatives ?, *RFDC 2015. 657.*

COMMENTAIRE

V. sur le Code en ligne.

[V. références des décisions du Conseil constitutionnel dans le tableau DC]

A. DURÉE DES POUVOIRS DES ASSEMBLÉES – ÉLECTIONS PARTIELLES

1. Le législateur organique peut librement modifier la durée du mandat de chaque assemblée sous réserve du respect des règles et principes de valeur constitutionnelle. • Cons. const. 9 mai 2001, n° 2001-444 DC § 3. ♦ V. déjà solution impl. • Cons. const. 29 nov. 1995, *n° 95-367 DC.* ♦ *Cette modification peut* être faite dans un but d'intérêt général. • Cons. const. 15 déc. 2005, n° 2005-529 DC § 5.

2. Le législateur organique, compétent en vertu du 2e al. du présent art. pour fixer le délai dans lequel il doit être procédé à des élections législatives et sénatoriales partielles en cas de vacance de siège, peut modifier ce délai dans un but d'intérêt général et sous réserve du respect des règles et principes de valeur constitutionnelle, notamment ceux résultant de l'art. 3 Const. 58. • Cons. const. 21 déc. 2020, n° 2020-811 DC § 2.

3. En permettant à l'autorité administrative de déroger au délai de trois mois fixé par les art. L.O. 178 et L.O. 322 C. élect. pour organiser des élections partielles en cas de vacance d'un siège de député ou de sénateur, y compris pour les vacances déjà constatées à la date d'entrée en vigueur de la L. org., d'organiser ces élections dès que la situation sanitaire le permet et, au plus tard, le 13 juin 2021, le législateur organique a entendu éviter que la tenue de ces élections et les campagnes électorales qui doivent les précéder contribuent à la propagation de l'épidémie de covid-19 et a ainsi poursuivi l'objectif de valeur constitutionnelle de protection de la santé. • Cons. const. 21 déc. 2020, n° 2020-811 DC § 5. ♦ Dès lors que, d'une part, le législateur organique a prévu que l'autorité administrative est tenue d'engager les opérations électorales relatives à ces élections partielles dès que la situation sanitaire, laquelle doit être appréciée localement, les rend possibles et d'autre part, si cette dérogation au délai de droit commun de trois mois s'applique notamment à des sièges qui sont déjà vacants à la date de son entrée en vigueur, ces vacances ne pourront en tout état de cause excéder neuf mois puisque le premier tour des élections partielles visant à pourvoir ces sièges doit avoir lieu au plus tard le 13 juin 2021, le délai maximal retenu par le législateur n'est pas manifestement inapproprié à l'objectif qu'il s'est assigné, compte tenu de la situation sanitaire actuelle et de son évolution prévisible. • Cons. const. 21 déc. 2020, n° 2020-811 DC § 6 et 7.

B. INDÉPENDANCE DES PARLEMENTAIRES

BIBL. Gazagne-Jammes, Retour sur le dispositif de la loi Sapin 2 visant à encadrer les relations entre les représentants d'intérêts et les pouvoirs publics, *RFDC 2018. 497.*

4. Les parlementaires ayant la qualité d'une personne chargée d'une mission de service public, ils peuvent être poursuivis pour détournement de fonds publics. • Crim. 27 juin 2018, n° 18-80.069 P : *AJDA 2018. 1364* ; *D. 2018. 1795, note Beaussonie et Rossefi-Guibal* ; *ibid. 2018. 1791, avis Petitprez* ; *JCP Adm. 2018. 602* ; *ibid. 2019. 2082, note Mésa.*

5. Les règles particulières du statut du parlementaire découlent de la nature de ses fonctions (concourir au vote de la loi, au contrôle de l'action du Gouvernement et à l'évaluation des politiques publiques) ; dès lors le député, eu égard à la nature de sa mission constitutionnelle, et quand bien même il lui est possible d'employer des collaborateurs recrutés par contrat de droit privé, ne saurait être regardé comme une « entreprise » ni même comme un « établissement employant moins de onze salariés » au sens des dispositions citées au point de l'art. L. 2312-5 C. trav., dont les dispositions ne sont pas, en ce qu'il s'agit des collaborateurs parlementaires, applicables à l'Assemblée nationale. • CAA Paris, 21 mars 2018, n° 16PA01871 : *AJDA 2018. 2125, note Nguyên Duy* .

1° INDEMNITÉ DES PARLEMENTAIRES

BIBL. Villeneuve, Réglementation des frais de mandats des députés, un pas de plus vers la transparence de la vie politique ?, *JCP Adm. 2018. 2.*

6. Relèvent de la loi organique aussi bien la fixation du montant de l'indemnité parlementaire que la détermination tant de ses règles de perception par les intéressés que des conditions dans lesquelles son montant peut, le cas échéant, être cumulé avec toute rémunération publique. • Cons. const. 21 févr. 1992, n° 92-306 DC § 1.

7. Il a été jugé que le régime des pensions des anciens députés fait partie du statut du parlementaire dont les règles particulières résultent de la nature des fonctions. Ainsi, ce statut se rattache à l'exercice de la souveraineté nationale par les membres du Parlement et que dès lors, il n'appartient pas au juge administratif de connaître des litiges relatifs au régime de pensions des parlementaires. • CE, ass., 4 juill. 2003, *Papon*, n° 254850 A : *AJDA 2003. 1603, chron. Donnat et Casas* ; *RFDA 2003. 917, concl. Vallée* . ♦ V. déjà. • CE 18 févr. 1955, *Buyat : Lebon T. 755.* ♦ Il en va de même : de l'allocation de secours à d'anciens députés se trouvant sans emploi. • CE 29 déc. 1995, *Sabaty*, n° 153187 : *Lebon T. 611* . ♦ ... De la pension de réversion de la veuve d'un ancien député. • CE 28 déc. 2009, n° 320432.

8. La CEDH va dans le même sens : le droit pour le requérant de percevoir sa pension de député, qui se rattache directement à l'exercice de son ancien mandat de député, est un droit de nature politique qui, comme tel, échappe au champ d'application de l'art. 6, § 1, Conv. EDH. • CEDH 15 oct. 2005, *Papon c/ France*, n° 344/04.

9. Les crédits destinés à la rémunération des assistants reversés aux groupes doivent, cependant, faire l'objet d'un usage déterminé et sont destinés, soit à la rémunération de leurs collaborateurs, soit au règlement de leurs dépenses de fonctionnement et non à être transférés aux sénateurs à titre personnel, fût-ce pour une activité politique. • Crim. 27 juin 2018, n° 18-80.069 P : *AJDA 2018. 1364* .

10. L'indemnité représentative de frais de mandat est destinée à couvrir des dépenses liées à l'exercice du mandat de député. Elle est donc indissociable du statut des députés, dont les règles particulières résultent de la nature de leurs fonctions, lesquelles se rattachent à l'exercice de la souveraineté nationale par les membres du Parlement. Il s'ensuit que ni les relevés des comptes bancaires consacrés à l'indemnité représentative de frais de mandat, ni la déclaration sur l'honneur du bon usage de cette indemnité ne constituent des documents administratifs communicables. • CE 27 juin 2019, n° 427725 A : *AJDA 2019. 1372* ; *D. 2019. 1819, note Fargeaud* .

2° RESPECT DES OBLIGATIONS FISCALES

11. Le parlementaire, qui n'a pas contesté les attestations qui lui ont été notifiées par l'administration fiscale, n'avait pas (...) acquitté ses impôts, ni constitué des garanties suffisantes, ni conclu un accord contraignant en vue de payer ses impôts. Il a certes partiellement régularisé sa situation fiscale avant l'échéance du délai qui lui était laissé à cette fin et en totalité postérieurement à ce délai. Toutefois, compte tenu de l'importance des sommes dues et de l'ancienneté de sa dette fiscale qui porte sur plusieurs années et sur plusieurs impôts, il y a lieu de prononcer l'inéligibilité de M. Robert à tout mandat pour une durée de trois ans à compter de la présente décision et, par suite, de le déclarer démissionnaire d'office. • Cons. const. 6 juill. 2018, *Robert,* n° 2018-1 OF : *AJDA 2018. 1424.*

3° PRÉVENTION DE L'ENRICHISSEMENT ET DES CONFLITS D'INTÉRÊTS

BIBL. Bergougnous, La prévention des conflits d'intérêts au sein des assemblées : *soft law* et droit parlementaire, *Constitutions 2011. 188*. – Melki, Les conflits d'intérêts ; prévenir et guérir, *JCP 2001, n° 24, p. 1130.* – Gicquel, Sur la déontologie parlementaire : le nouveau cours de la moralisation de la vie politique, *in* Mél. Jean-Claude Masclet, Publication de la Sorbonne, *2003. 221.* – Anziani, La déontologie, condition du renouveau du Parlement, *Pouvoirs n° 146, p. 91.* – Prat et Janvier, Les conflits d'intérêts chez les élus, *Pouvoirs n° 147, p. 53.* – Bui-Xuan, La moralisation de la vie publique, *Dr. adm. 2014. Étude 1.* – Villeneuve, Transparence de la vie publique et prévention des conflits d'intérêts, *JCP Adm. 2014. 2017.* – Benetti, Les lois du 11 octobre 2013 relatives à la transparence de la vie publique : du remède au trouble, *AJDA 2014. 157*. – Brignant, Les atteintes à la probité revues et corrigées, *JCP Adm. 2014. 2173.* – Bomberger, L'inspiration internationale du droit français en matière de conflits d'intérêts, *Dr. adm. 2015. 10.* – Villeneuve, Transparence de la vie politique et prévention des confits d'intérêts, *JCP Adm. 2014. 2017.* – Villeneuve, Les lois pour la confiances dans la vie politiques, l'esprit et la lettre, *JCP Adm. 2017. 2276.* – Rambaud, Confiance dans la vie politique : la révolution attendra, *AJDA 2017. 2237*. – Kerléo, Les dispositions relatives aux élus et aux membres du gouvernement, *AJDA 2017. 2246*. – Untermaïer-Kerléo, Les lois pour la confiance dans la vie politique : toujours plus de déontologie mais pas de choc de confiance, *Dr. adm. 2018. 1.* – Jourdan, En matière de lobbying, la transparence progresse lentement, *JCP Adm. 2018. 514.* – Roblot-Troizier, Un nouvel élan pour la déontologie parlementaire, *JCP Adm. 2019. 2194.* – Derosier, La déontologie politique favorise la confiance indispensable à la démocratie, *JCP Adm. 2019. 2195.* – Kerléo, La modification du règlement de l'Assemblée nationale, de petites innovations sur la déontologie, *JCP Adm. 2019. 2196.* – Villeneuve, Transparence des élus, stop ou encore ?, *JCP Adm. 2019. 763.*

12. Il appartient au législateur organique, en vertu du présent art., de fixer les règles concernant le régime des inéligibilités des membres du Parlement et, à ce titre, les règles relatives au contrôle de la situation patrimoniale des membres du Parlement et à la prévention des conflits d'intérêts. • Cons. const. 9 oct. 2013, n° 2013-675 DC § 25 • Cons. const. 8 sept. 2017, n° 2017-753 DC § 23. ♦ De même, est-il, à ce titre, compétent pour fixer les règles relatives au contrôle de la régularité de la situation fiscale des membres du Parlement lors de leur entrée en fonction. • Cons. const. 8 sept. 2017, n° 2017-753 DC § 16.

13. La notion de « part substantielle » de patrimoine dans le cadre de l'obligation de déclaration de patrimoine des ministres vise les seules omissions significatives au regard du montant omis ou de son importance dans le patrimoine considéré. • Cons. const. 23 juin 2017, *M*^me^ *B.*, n° 2017-639 QPC • Crim. 22 nov. 2017, n° 16-86.475 P : *AJDA 2017. 2336*.

14. Sur les obligations déclaratives, V. notes ss. DDH, art. 2 et 16.

15. Le paragraphe IV de l'art. 8 *quater* de l'Ord. du 17 nov. 1958 prévoit que, si l'organe chargé de la déontologie parlementaire peut, face à une situation de conflit d'intérêts, faire usage d'un pouvoir d'injonction pour la faire cesser, en revanche, lorsqu'il fait usage de ce pouvoir, il doit rendre publique cette injonction. Dès lors, en prévoyant que la publication par le déontologue de l'injonction qu'il peut adresser à un député ne constitue qu'une faculté, le règlement de l'AN est contraire à la Const. • Cons. const. 4 juill. 2019, n° 2019-785 DC § 18.

4° CONTRÔLE PAR LA HAUTE AUTORITÉ POUR LA TRANSPARENCE DE LA VIE PUBLIQUE

16. La HATVP a procédé à l'examen des déclarations de M. Serge Dassault, sénateur de l'Essonne. Après instruction du dossier et recueil de ses observations, la Haute Autorité estime qu'il existe, au regard des différents éléments dont elle a connaissance, un doute sérieux quant à l'exhaustivité, l'exactitude et la sincérité de ses déclarations, en raison notamment de l'omission d'avoirs détenus à l'étranger. En application de l'art. 40 C. pr. pén., la Haute Autorité a jugé nécessaire de porter ces faits, susceptibles de constituer des infractions pénales, à la connaissance du procureur de la République financier et lui a transmis l'ensemble du dossier. * HATVP, décis., 17 mars 2015.

17. L'appréciation dont la HATVP estime utile d'assortir la déclaration de situation patrimoniale d'un député constitue une prise de position quant au respect de l'obligation d'exhaustivité, d'exactitude et de sincérité qui pèse sur l'auteur de cette déclaration. Alors même qu'elle est dépourvue d'effets juridiques, cette prise de position d'une autorité administrative, qui est rendue publique avec la déclaration de situation patrimoniale est de nature à produire, sur la personne du député qu'elle concerne, des effets notables, notamment en termes de réputation, qui au demeurant sont susceptibles d'avoir une influence sur le comportement des personnes, et notamment des électeurs, auxquelles elle s'adresse. Dans ces conditions, une telle prise de position doit être regardée comme faisant grief au député dont la déclaration de situation patrimoniale fait l'objet de l'appréciation ainsi rendue publique. Il s'ensuit que Mme A. est recevable à demander l'annulation de la délibération du 24 oct. 2018 relative à sa déclaration de situation patrimoniale. • CE, ass., 19 juill. 2019, n° 426389 A : *AJDA 2019. 1544 ; ibid. 1994, chron. Malverti et Beaufils ; JCP Adm. 2019. 518.*

5° RÉSERVE PARLEMENTAIRE

BIBL. Villeneuve, Le clair-obscur de la suppression de la réserve parlementaire, *JCP Adm. 2018. 74.* – Türk, Requiem pour la « réserve parlementaire », *RFFP 2018, n° 141, p. 217.* – V. également bibl. ss. le 2° *supra*.

18. Les dispositions organiques mettant fin à la pratique de la réserve parlementaire ne sauraient cependant, sans porter atteinte au présent art., être interprétées comme limitant le droit d'amendement du Gouvernement en matière financière. • Cons. const. 8 sept. 2017, n° 2017-753 DC § 19.

C. CONDITIONS D'ÉLIGIBILITÉ, RÉGIME DES INÉLIGIBILITÉS ET INCOMPATIBILITÉS

19. *V. également* les notes sous les art. pertinents du code électoral [V. **C. élect.**].

20. Il appartient au législateur organique de fixer les règles concernant le régime des inéligibilités et des incompatibilités des membres du Parlement. • Cons. const. 9 oct. 2013, n° 2013-675 DC § 25 • Cons. const. 8 sept. 2017, n° 2017-753 DC§ 23. ♦ V. déjà • Cons. const. 11 janv. 1995, n° 5-354 DC § 4 • Cons. const. 12 avr. 2011, n° 2011-628 DC § 12. ♦ Et, implicitement. • Cons. const. 10 mars 1988, n° 88-242 DC § 8 à 15.

21. Il en résulte qu'une inéligibilité pour l'élection des députés, en cas de condamnation pour manquement au devoir de probité, est entachée d'incompétence dès lors qu'elle est prévue dans une loi ordinaire. • Cons. const. 8 déc. 2016, n° 2016-741 DC § 143. ♦ En revanche, l'instauration d'une peine complémentaire obligatoire d'inéligibilité à l'encontre de toute personne coupable d'un crime ou d'un des délits ... ne modifie ni les conditions d'éligibilité des membres du Parlement ni le régime d'inéligibilité qui leur sont applicables. • Cons. const. 8 sept. 2017, n° 2017-752 DC § 4 s.

1° INÉLIGIBILITÉS

22. Si une cause d'inéligibilité apparaît en cours de mandat, il appartient au Conseil constitutionnel de prononcer la déchéance du parlementaire, à moins que le parlementaire ait d'ores et déjà démissionné de son mandat. • Cons. const. 18 juill. 2001, *Hoarau*, n° 2001-14 D : *Rec. Cons. const. 97 ; JO 21 juill., p. 11795 ; LPA 27 juill. 2001, p. 24, note Schoettl* • Cons. const. 29 juin 2006, *Thien Ah Koon*, n° 2006-18 D : *Rec. Cons. const. 71 ; JO 5 juill., p. 10084* • Cons. const. 22 mars 2007, *Goldberg*, n° 2007-19 D : *Rec. Cons. const. 103 ; JO 24 mars p. 5531* • Cons. const. 22 déc. 2016, n° 2016-23 D • Cons. const. 11 juill. 2019, n° 2019-24 D. ♦ *Contra* • Cons. const. 5 sept. 1996, *Tapie*, n° 96-10 D : *Rec. Cons. const. 111 ; RJC VI-7 ; JO 8 sept., p. 13434 ; D. 1997. 259, note Ghévontian ; ibid. 1998. 149, obs. Ghévontian* .

23. Ont ainsi été déchus : un parlementaire définitivement condamné pour complicité de tentatives de destruction d'édifices appartenant à autrui et détention sans autorisation d'armes et de munitions. • Cons. const. 12 mai 1960, *Pouvanna Tetuaapua*, n° 60-1 D : *Rec. Cons. const. 43 ; JO 14 mai, p. 4411.* ♦ ... Un autre capable d'omission volontaire d'empêcher un crime. • Cons. const. 17 mars 1964, *Lenormand*, n° 64-3 D : *Rec. Cons. const. 51 ; JO 26 mars, p. 2745.* ♦ ... Un autre encore après la perte de ses droits civiques. • Cons. const. 6 août 2009, *Masdeu-Arus*, n° 2009-20 D : *JO 9 août, p. 13279.*

24. Il en va de même d'un parlementaire dont : la liquidation judiciaire a été prononcée. • Cons. const. 5 sept. 1996, *Tapie*, n° 96-10 D : *préc. note 19.* ♦ ... L'inéligibilité a été prononcée par un juge. • Cons. const. 4 mai 2000, *Weber*, n° 2000-12 D : *Rec. Cons. const. 76 ; JO 7 mai, p. 6924.* ♦ ... Placé sous tutelle. • Cons. const. 13 déc. 2004, *d'Attilo*, n° 2004-16 D : *Rec. Cons. const. 231 ; JO 29 déc., p. 22245.*

25. Dans l'hypothèse où le parlementaire aurait été relevé de la peine entraînant son inéligibilité, le Conseil prononce le non-lieu à statuer. • Cons. const. 16 mars 2006, *Mancel,* n° 2006-17 D : *Rec. Cons. const. 48 ; JO 21 mars, p. 4230.*

26. De même, si, par application de l'art. 471 C. pr. pén., la peine d'inéligibilité privant du droit d'éligibilité est exécutoire par provision, les effets de cette condamnation sur l'exercice en cours du mandat parlementaire sont régis par l'art. 569 du même code, en vertu duquel il est sursis à l'exécution de l'arrêt de la cour d'appel jusqu'au prononcé de l'arrêt de la Cour de cassation. En l'espèce et en l'état du pourvoi en cassation formé, le Conseil doit, jusqu'au prononcé de l'arrêt de la Cour de cassation, surseoir à statuer sur la requête du ministre d'État, garde des Sceaux, ministre de la Justice et des Libertés, tendant à faire constater la déchéance encourue de plein droit. • Cons. const. 22 oct. 2009, *Flosse,* n° 2009-20 D : *JO 25 oct., p. 18080.*

2° *INCOMPATIBILITÉS*

a. Généralités

BIBL. Boudon, Sur le cumul des mandats : quelle originalité française ?, *RD publ. 2010. 1691.* – Verpeaux, La fin du cumul des mandats : tout s'éclaircit ?, *JCP Adm. 2014. 2112.* – Hourquebie, Le cumul des mandats : clap de fin !, *AJDA 2014. 733* .

27. Exclusivité de la compétence organique. Le régime des incompatibilités des membres du Parlement ressortit au domaine d'intervention de la loi organique. • Cons. const. 30 mars 2000, n° 2000-426 DC § 8. ♦ Dès lors, une loi, n'ayant pas le caractère organique, ne peut instituer un nouveau cas d'incompatibilité. • Cons. const. 30 août 1984, n° 84-178 DC § 6. ♦ De même, la loi organique ne peut renvoyer au règlement de chaque assemblée le soin de déterminer l'autorité chargée de se prononcer sur les demandes de ses membres quand ceux-ci sollicitent l'autorisation de prendre, en cours de mandat, des fonctions et emplois mentionnés par ladite disposition. • Cons. const. 20 janv. 1972, n° 71-46 DC. ♦ Le règlement d'une assemblée ne peut prévoir des peines de moindre gravité que celles mises en place par la loi organique. • Cons. const. 17 juin 1959, n° 59-2 DC • Cons. const. 24 juin 1959 : *59-3 DC.* ♦ Dès lors, le renvoi de la L. org. à la loi ordinaire ne peut porter que s'agissant des lois adoptées à la date de la L. org. • Cons. const. 13 févr. 2014, n° 2014-689 DC § 12.

28. *La loi organique peut limiter le cumul* des mandats de parlementaire et de conseiller municipal en fixant un seuil de population de la commune au-delà duquel ce cumul est interdit pour autant que ce seuil ne soit par arbitraire. Le choix du seuil de 3 500 habitants, qui constitue par ailleurs un palier de changement de mode de scrutin, n'est pas arbitraire. • Cons. const. 30 mars 2000, n° 2000-427 DC. ♦ La modification, par le législateur ordinaire, du seuil de population figurant à l'art. L. 252 C. élect., alors que n'est pas par ailleurs modifié, par le législateur organique, le seuil audelà duquel ce cumul est interdit, a pour effet de priver de son fondement constitutionnel la disposition organique fixant ce seuil. • Cons. const. 30 mai 2000, n° 2000-429 DC § 21. ♦ La modification simultanée des deux textes rend en revanche l'abaissement du seuil conforme à la Const. • Cons. const. 16 mai 2013, n° 2013-668 DC § 3.

29. Il résulte du présent art. ainsi que des dispositions organiques prises pour son application que l'incompatibilité instaurée par l'art. L. 46 C. élect. ne s'applique pas au mandat de député. • Cons. const. 28 nov. 2014, *Dominique de L.,* n° 2014-432 QPC § 7.

30. En revanche, les règles d'incompatibilité entre fonctions exécutives locales relèvent, quant à elles, de la loi ordinaire (Const. 58, art. 34) que les détenteurs desdites fonctions soient ou non parlementaires. • Cons. const. 30 mars 2000, n° 2000-426 DC § 8.

31. Des actes réglementaires du ministre de l'Intérieur peuvent venir préciser des dispositions organiques. Ils doivent être conformes à celles-ci. • CE, ass., 6 avr. 2001, *Flosse,* n° 227063 : *Lebon 183 ; RFDA 2001. 784 .*

32. Cadre de l'intervention du législateur. Si le législateur peut prévoir des incompatibilités entre mandats électoraux ou fonctions électives et activités ou fonctions professionnelles, la restriction apportée à l'exercice de fonctions publiques doit être justifiée, au regard des exigences découlant de l'art. 6 DDH, par la nécessité de protéger la liberté de choix de l'électeur, l'indépendance de l'élu ou l'indépendance des juridictions contre les risques de confusion ou de conflit d'intérêts. • Cons. const. 30 mars 2000, n° 2000-426 DC § 15. ♦ V. notes ss. DDH, art. 6. ♦ Tel n'est pas le cas d'incompatibilités qui ne seraient pas justifiées géographiquement. • Cons. const. 30 mars 2000, n° 2000-426 DC § 15.

33. Ne répond pas à ces exigences une disposition qui a pour objet d'interdire à un parlementaire de continuer à exercer une fonction de conseil, quelle qu'en soit la nature, lorsqu'il ne l'exerçait pas avant le début de son mandat dans le cadre d'une profession libérale soumise à un statut législatif ou réglementaire ou dont le titre est protégé. • Cons. const. 9 oct. 2013, n° 2013-675 DC § 52 et 53.

34. Sur le lien avec le principe d'égalité et la nécessité d'assurer le choix de l'électeur et l'indépendance de l'élu, V. notes ss. DDH, art. 16.

b. Différentes incompatibilités

35. Parlementaires européens. Les compétences spécifiques exercées par le Parlement européen sont différentes de celles de l'Assemblée nationale et du Sénat qui participent à l'exercice de la souveraineté nationale ; eu égard à la spécificité du mandat des représentants au Parlement européen et des contraintes inhérentes à son exercice, il était en particulier loisible à la loi ordinaire, dont relève leur situation, de décider que le cumul dudit mandat et d'une fonction exécutive locale ne permettrait pas à leur titulaire d'exercer l'un et l'autre de manière satisfaisante. • Cons. const. 30 mars 2000, n° 2000-426 DC § 12.

36. Parlementaires en mission. Le parlementaire en mission ne cesse pas d'appartenir au Parlement et continue donc de bénéficier de l'inviolabilité. • Cons. const. 9 nov. 1989, n° 89-262 DC § 6.

37. Le Conseil d'État a accepté de contrôler la réalité de la mission ainsi confiée et a estimé que, dès lors qu'un rapport rendu public a été remis, la mission était réelle. • CE 25 sept. 1998, *Mégret : Lebon 341 ; RFDA 1999. 355, note Baghestani-Perrey et Verpeaux ; LPA 2 juin 1999, p. 10, note Gicquel.*

38. La décision du Gouvernement de faire publier le rapport d'un parlementaire en mission est susceptible de recours. • CE, sect., 21 oct. 1988, *Église de scientologie de Paris,* n°s 68638 et 69439 A (concl. Van Ruymbeke) : *AJDA 1988. 719, chron. Azibert et de Boisdeffre.*

39. Incompatibilité avec des fonctions publiques non électives. Les dispositions de l'art. L.O. 142 C. élect. font obstacle à ce qu'un député exerce des fonctions publiques non électives, et donc puisse souscrire un engagement à servir dans la réserve opérationnelle. • TA Lyon, 10 oct. 2018, n° 1702577 : *JCP Adm. 2018. 805.*

c. Appréciation du Conseil constitutionnel

40. Intervention du Conseil constitutionnel. Le Conseil constitutionnel ne peut être saisi directement ni par le parlementaire concerné. • Cons. const. 20 déc. 1976, *Dassault I,* n° 76-3 I : *Rec. Cons. const. 73 ; RJC IV-2 ; JO 23 déc., p. 7405.* ♦ ... Ni par un électeur. • Cons. const. 24 nov. 1987, *Faure,* n° 87-6 I : *Rec. Cons. const. 56 ; RJC IV-4 ; JO 26 nov., p. 13812 ; LPA 8 avr. 1988, p. 8, note Peuchot ; AIJC 1987. 579, obs. Genevois* • Cons. const. 1er févr. 1990, *Tapie II,* n° 89-10 I : *Rec. Cons. const. 44 ; RJC IV-9 ; JO 2 févr., p. 1418* • Cons. const. 4 nov. 2004, *Delattre,* n° 2004-18 I : *Rec. Cons. const. 162.* ♦ Il ne connaît des éventuels litiges relatifs aux incompatibilités qu'après que la question a été examinée par le bureau de l'assemblée concernée (C. élect., art. L.O. 151). • Cons. const. 7 juin 1977, *Dassault II,* n° 77-4 I : *Rec. Cons. const. 79 et 81 ; RJC IV-3 ; JO 20 oct., p. 5084 ; JO 9 juin, p. 3180 ; RD publ. 1977. 1574, note Philip.*

41. Le Conseil estime que les règles relatives aux incompatibilités doivent s'interpréter strictement. • Cons. const. 18 oct. 1977, *Dassault III,* n° 77-5 I § 7 : *RJC IV-3 ; RD publ. 1977. 1574, note Philip.*

42. Compatibilité. Sont compatibles avec le mandat parlementaire : la participation même majoritaire au capital d'une entreprise travaillant pour l'État dès lors que cette fonction n'est pas assimilable à celle de chef de l'entreprise. • Cons. const. 18 oct. 1977, *Dassault III,* n° 77-5 I : *préc. note 38* • Cons. const. 23 déc. 2004, *Serge Dassault,* n° 2004-19 I : *JO 29 déc., p. 22245.* ♦ ... Les fonctions de PDG d'une société ne présentant pas exclusivement un objet financier. • Cons. const. 6 mars 1990, *Tapie I,* n° 89-9 I : *Rec. Cons. const. 50 ; RJC IV-8 ; JO 9 mars, p. 2910 ; RFDC 1990. 317, note Philip.* ♦ ... Les fonctions de membre du conseil de surveillance d'une société de prestation de services en matière de valeur immobilière dès lors que celui-ci n'exerce que des responsabilités d'avis et de contrôle et n'assure pas la direction et la gestion de cette société. • Cons. const. 14 sept. 1995, *Marini,* n° 95-11 I : *Rec. Cons. const. 223 ; RJC IV-10 ; JO 16 sept., p. 13666 ; JCP 1995. 22513, note Nguyen Van Tuong ; AJDA 1995. 700, note Schrameck ; RFDC 1995. 792, note Guyon.* ♦ ... Les fonctions de vice-président d'une SA de HLM qui ne peut être assimilée à une société ayant un but lucratif au sens de l'art. L.O. 146-4° C. élect. • Cons. const. 15 juill. 1976, *Boileau,* n° 76-2 I : *Rec. Cons. const. 71 ; RJC IV-1 ; JO 18 juill., p. 4307.* ♦ ... Les fonctions de maître de conférences (assimilées à celles de professeur des universités). • Cons. const. 19 déc. 2013, *Dion,* n° 2013-30 I : *AJDA 2014. 352, note Camby ; D. 2014. 19, obs. Laffaille ; AJFP 2014. 101, note Toulemonde.*

43. Jugé également que les établissements hospitaliers n'étant pas des établissements publics nationaux, il n'y a pas d'incompatibilité avec les fonctions de chirurgien chef dans un tel établissement. Le Conseil estime en l'espèce qu'il ne convient pas d'appliquer les dispositions interdisant le cumul avec l'exercice de fonctions publiques non électives dès lors qu'il existe des dispositions spécifiques pour les établissements publics. • Cons. const. 8 juill. 1966, *Benoist,* n° 66-1 I : *Rec. Cons. const. 43 ; RJC IV-1.* ♦ De même, les fonctions de juge au tribunal de commerce ne sont pas incompatibles puisque seuls les magistrats relevant du statut de la magistrature sont visés par l'art. L.O. 140 C. élect. • Cons. const. 19 déc. 1996, *Gen-*

tien, n° 96-16 I : *Rec. Cons. const. 139 ; RJC IV-16 ; JO 27 déc., p. 19225.*

44. De même, si les sociétés mentionnées dans la déclaration de D. entrent dans le champ d'application de l'art. L.O. 146, il n'exerce au sein de ces sociétés aucune des fonctions qui sont visées par le premier alinéa de cet art. Par ailleurs, il ne résulte pas des éléments d'information dont dispose le Cons. const. que D. exerce en fait, au jour de la présente décision, directement ou par personne interposée, la direction de l'une ou de plusieurs des sociétés entrant dans le champ d'application de l'art. L.O. 146, qu'il s'agisse de celles ayant fait l'objet de sa nouvelle déclaration ou des sociétés appelées à participer au capital de celles-ci. • Cons. const. 18 mars 2009, *Serge Dassault,* n° 2009-27 I : *JO 22 mars, p. 5203.*

45. Incompatibilité. Retenant un critère géographique, le Conseil a jugé incompatibles avec le mandat de parlementaire les fonctions de président de l'assemblée des chambres françaises de commerce et d'industrie qui ont la qualité d'établissements publics nationaux (C. élect., art. L.O. 145). • Cons. const. 14 sept. 1995, *Trémège,* n° 95-12 I : *Rec. Cons. const. 221 ; RJC IV-11 ; JO 16 sept., p. 13667 ; JCP 1995. 22513, note Nguyen Van Tuong ; AJDA 1995. 701, note Schrameck .* ♦ Préférant le critère du contrôle, il estime que le législateur organique a entendu interdire à un parlementaire d'exercer des fonctions dirigeantes au sein d'établissements publics relevant de la tutelle de l'État. • Cons. const. 28 janv. 1999, *Natali,* n° 98-17 I : *Rec. Cons. const. 40 ; RJC IV-20 ; JO 31 janv., p. 1652 ; AJDA 1999. 236, note Schoettl ; D. 2000. 195, obs. Ghévontian ; RFDC 2000. 357, note Ghévontian ; AIJC 1999. 642, chron. de Cacqueray.*

46. Sont également incompatibles avec le mandat parlementaire les fonctions de membre du conseil d'administration d'une société bénéficiant d'avantages financiers assurés par l'État ou d'une collectivité publique (C. élect., art. L.O. 146-1). • Cons. const. 18 janv. 1996, *Beaumont,* n° 95-15 I : *Rec. Cons. const. 23 ; RJC IV-15 ; JO 24 janv., p. 1183.* ♦ ... Ou d'une société dont l'activité principale consiste dans l'exécution de travaux, de prestations de fournitures ou de services pour le compte ou sous le contrôle de l'État. • Cons. const. 6 déc. 1988, *Garrec,* n° 88-7 I : *Rec. Cons. const. 262 ; RJC IV-5 ; JO 8 déc., p. 15386* • Cons. const. 7 nov. 1989, *Gatel,* n° 89-8 I : *Rec. Cons. const. 97 ; RJC IV-6 ; JO 11 nov., p. 14101 ; RFDC 1990. 121, note Philip.* ♦ ... *Ou d'une collectivité locale* (C. élect., art. L.O. 146-3°) • Cons. const. 19 janv. 1996, *Braouezec,* n° 95-13 I : *Rec. Cons. const. 26 ; RJC IV-14 ; JO 24 janv., p. 1183* • Cons. const. 19 janv. 1996, *Josselin,* n° 95-14 I : *Rec. Cons. const. 28 ; RJC IV-14 ; JO 24 janv., p. 1184.* ♦ Même si cette « société » se présente sous la forme d'une association. • Cons. const. 20 juill. 2006, *Pélissart et a.,* 2006-20/21 I : *JO 25 juill., p. 11110.* ♦ ... La présidence d'un GIP dès lors que le parlementaire a été nommé par arrêté ministériel « en qualité de représentant de l'État » à son conseil d'administration, au sein duquel la majorité des droits de vote est détenue par l'État et l'Agence française de développement ; de plus le groupement d'intérêt public est soumis au contrôle de la Cour des comptes et d'un commissaire du gouvernement désigné par arrêté du ministre des affaires étrangères. • Cons. const. 14 févr. 2008, *Morange,* n° 2008-23 I : *JO 17 févr., p. 2957.* ♦ ... De membre du conseil d'administration d'une société à but lucratif dont l'objet est l'achat ou la vente de terrains destinés à des constructions, quelle que soit leur nature, ou qui exerce une activité de promotion immobilière ou, à titre habituel, de construction d'immeubles en vue de leur vente telle que l'INEA. • Cons. const. 14 déc. 2010, *Marini,* n° 2010-28 I : *JO 16 déc., p. 22078.*

47. De même, il est impossible à un parlementaire de commencer à exercer les fonctions de membre du conseil de surveillance d'une société à but lucratif dont l'objet est l'achat ou la vente de terrains destinés à des constructions. • Cons. const. 14 déc. 2010, *Marini,* n° 2010-28 I : *JO 16 déc., p. 22078.* ♦ ... Ou de gérant d'une entreprise personnelle à responsabilité limitée dès lors que celle-ci est destinée à remplir des fonctions de conseil que le parlementaire n'exerçait pas préalablement. • Cons. const. 12 juill. 2011, *Taugourdeau,* n° 2011-29 I : *JO 14 juill., p. 12248.*

48. Les fonctions de professeur associé ne sont pas assimilables à celles de professeur titulaire et sont donc incompatibles avec le mandat parlementaire. • Cons. const. 14 févr. 2008, *Plagnol, Moscovici et Le Maire,* n° 2008-24/25/26 I : *JO 17 févr., p. 2958 ; AJDA 2008. 1154, note Toulemonde .*

D. REMPLACEMENT DES PARLEMENTAIRES

49. La lettre par laquelle le ministre de l'intérieur fait connaître au président d'une assemblée le nom du suppléant appelé à remplacer le parlementaire décédé élu en même temps que lui est insusceptible de recours (acte de gouvernement). • CE 25 mars 1987, *Goujon,* n° 79899 : *Lebon 103 ; RFDA 1987. 541.*

50. Cas général. En précisant que le parlementaire dont le siège est devenu vacant est remplacé jusqu'au renouvellement général ou partiel de l'assemblée à laquelle il appartenait, le présent art. a entendu donner au remplacement un caractère définitif ; ainsi un député ou un sénateur qui est remplacé pour cause d'acceptation d'une fonction ou mission incompatible avec son mandat perd définitivement sa qualité de membre du Parlement et ne saurait la retrouver qu'à la suite d'une nouvelle élection. • Cons. const. 5 juill. 1977, n° 77-80/81 DC.

51. Parlementaire devenu ministre. Le remplacement d'un parlementaire ayant accepté des fonctions gouvernementales ne peut être que temporaire. Il ne peut donc pas renoncer à reprendre son mandat une fois terminées lesdites fonctions. • Cons. const. 8 janv. 2009, n° 2008-572 DC § 8. ♦ Le recours contre la décision de « retour » d'un ministre ancien parlementaire dans son assemblée d'origine est enfermé, comme en matière de remplacement des élus en cours de mandat, dans le délai de recours contre l'élection initiale. • CE, sect., 30 nov. 2011, *Torregrosa*, n° 348161 : *AJDA 2012. 659, note Dolez*.

E. COMMISSION CONSULTATIVE INDÉPENDANTE

52. Composition. L'indépendance de la commission prévue au présent article est suffisamment assurée dès lors que les fonctions de membre de la commission sont incompatibles avec l'exercice de tout mandat électif régi par le code électoral et qu'il est interdit que ces membres, qui ne peuvent révéler le contenu des débats, votes et documents de travail internes puissent, dans l'exercice de leurs attributions, recevoir d'instructions de quelque autorité que ce soit. Par ailleurs son président est ordonnateur des crédits de la commission qui n'est pas soumise à la loi du 10 août 1922 relative à l'organisation du contrôle des dépenses engagées. • Cons. const. 8 janv. 2009, n° 2008-573 DC § 6.

53. Pour assurer l'indépendance de la commission, les membres désignés par le Conseil d'État, la Cour de cassation et la Cour des comptes, doivent être élus uniquement par ceux qui, à la date de l'élection, exercent un service effectif dans leur corps. • Cons. const. 8 janv. 2009, n° 2008-573 DC § 5. ♦ Les partis ou groupements politiques ne doivent ni directement, ni indirectement y être représentés. • Cons. const. 8 janv. 2009, n° 2008-573 DC § 9.

54. La nomination du président de cette commission par le Président de la République est susceptible de recours. • CE 13 déc. 2017, n° 411788 A : *AJDA 2017. 2493 ; ibid. 2018. 521, concl. Domino ; ibid. 491, chron. Roussel et Nicolas ; JCP Adm. 2018. 2093, note Hul ; concl. Domino ; Dr. adm. 2018. 19, note Eveillard ; ibid. 2019. 2, étude Sponchiado.*

55. Rôle. La commission n'a pas à donner son avis sur un texte qui fixe les modalités générales de la délimitation des circonscriptions et de la répartition des sièges. • Cons. const. 8 janv. 2009, n° 2008-573 DC § 13. ♦ Dès lors qu'elle a été consultée une fois sur l'avant-projet d'ordonnance, elle ne doit pas être consultée de nouveau même si, après l'avis du Conseil d'État, le Gouvernement apporte des modifications sur lesquelles elle ne se sera pas prononcée. • Cons. const. 18 févr. 2010, n° 2010-602 DC § 2 à 4.

Art. 26 **Aucun membre du Parlement ne peut être poursuivi, recherché, arrêté, détenu ou jugé à l'occasion des opinions ou votes émis par lui dans l'exercice de ses fonctions.**

(L. const. n° 95-880 du 4 août 1995) **« Aucun membre du Parlement ne peut faire l'objet, en matière criminelle ou correctionnelle, d'une arrestation ou de toute autre mesure privative ou restrictive de liberté qu'avec l'autorisation du Bureau de l'assemblée dont il fait partie. Cette autorisation n'est pas requise en cas de crime ou délit flagrant ou de condamnation définitive.**

« La détention, les mesures privatives ou restrictives de liberté ou la poursuite d'un membre du Parlement sont suspendues pour la durée de la session si l'assemblée dont il fait partie le requiert.

« L'assemblée intéressée est réunie de plein droit pour des séances supplémentaires pour permettre, le cas échéant, l'application de l'alinéa ci-dessus. »

Sur les modalités de prévention et de règlement des conflits d'intérêts, V. ci-dessous, le code de déontologie des députés, la décision du Bureau du 6 avr. 2011 relative au respect du code de déontologie des députés et l'Instruction générale du Bureau du Sénat, chap. XX bis s.

BIBL. ▶ Potier, La modernisation du droit des élections par les trois lois du 14 avril du « paquet électoral », *JCP Adm. 2011. 2242.* – Baudu, La réforme des régimes de pension des anciens députés et sénateurs : la fin d'un privilège parlementaire ?, *Dr. soc. 2011. 834*. – Parent, Le code vestimentaire des hémicycles sous la Vᵉ République, Mythes ou réalités, *RDP 2013. 142.*

COMMENTAIRE

V. sur le Code en ligne.

[V. références des décisions du Conseil constitutionnel dans le tableau DC]

1. V. notes ss. Const. 58, art. 53-2.

a. Irresponsabilité

2. La mission qu'exerce un parlementaire à la demande du Gouvernement ne s'inscrit pas dans l'exercice de sa fonction de parlementaire ; dès lors, le rapport qu'il établit dans ce cadre, ne saurait être regardé comme un acte accompli par lui « dans l'exercice de ses fonctions ». • Crim. 12 août 1987, n° 86-96.533 • Cons. const. 9 nov. 1989, n° 89-262 DC § 6. ♦ De même, toutes les déclarations d'un parlementaire ne sont pas des actes de la fonction parlementaire et peuvent donc donner lieu à poursuite. • Crim. 7 mars 1988, *Forni : Bull. crim. n° 113 ; JCP 1988. 21133, note Jeandidier.*

3. Une déclaration faite par un parlementaire devant une commission dont il n'est pas membre n'est pas couverte par les présentes dispositions et peut donc être utilisée comme moyen de preuve au soutien de sa déclaration de culpabilité. • Crim. 16 déc. 1997, n° 96-82.509 P.

4. Un fonctionnaire pris à parti à la tribune par un parlementaire pour un travail effectué dans le cadre de ses fonctions peut obtenir réparation de l'État. • CE, sect., 28 mars 1969, *Jannès : Lebon 190 ; AJDA 1969. 504, note Silvera.*

5. Le régime de sanction prévu par le règlement de l'Assemblée nationale fait partie du statut du parlementaire, dont les règles particulières découlent de la nature de ses fonctions ; ce régime se rattachant à l'exercice de la souveraineté nationale par les membres du Parlement, il en résulte qu'il n'appartient pas au juge administratif de connaître des litiges relatifs aux sanctions infligées par les organes d'une assemblée parlementaire aux membres de celle-ci. • CE, ord., 28 mars 2011, *Gremetz,* n° 347869 : *AJDA 2011. 648 ; D. 2011. 1540, note Renaudie .*

6. *Position de la CEDH.* L'immunité accordée aux députés a pour finalité de leur permettre de participer de façon constructive aux débats parlementaires et de représenter leurs électeurs sur des questions d'intérêt public en formulant librement leurs propos ou leurs opinions, sans risque de poursuites devant un tribunal ou une autre autorité. • Comm. EDH 17 janv. 1996, *Young c/ Irlande,* n° 25646/94 : *DR 84-B, p. 122.* ♦ Elle poursuit un but légitime, *à savoir assurer la pleine indépendance* des parlementaires et celle du parlement en prévenant toute éventualité de *fumus persecutionis* et, au-delà, protéger l'organisation constitutionnelle et le maintien de la séparation des pouvoirs législatif et judiciaire. • CEDH 8 juill. 2008, *Kart c/ Turquie,* n° 8917/05 § 80 : *AJDA 2008. 1931, chron. Flauss .* ♦ La Cour de Strasbourg estime dès lors qu'une règle de l'immunité parlementaire qui rejoint et reflète des règles généralement reconnues au sein des États signataires, du Conseil de l'Europe et de l'Union européenne ne saurait, en principe, être considérée comme imposant une restriction disproportionnée au droit d'accès à un tribunal tel que le consacre l'art. 6, § 1, Conv. EDH. De même que le droit d'accès à un tribunal est inhérent à la garantie d'un procès équitable accordée par cet art., de même certaines restrictions à l'accès doivent être tenues pour lui être inhérentes ; on en trouve un exemple dans les limitations généralement admises par la communauté des nations comme relevant de la doctrine de l'immunité parlementaire. • CEDH 17 déc. 2002, *A. c/ Royaume-Uni,* n° 35373/97 § 83 : *AJDA 2003. 607, chron. Flauss* • CEDH 30 janv. 2003, *Cordova c/ Italie,* n° 45649/99 : *AJDA 2003. 607, chron. Flauss* • CEDH 30 janv. 2003, *Cordova c/ Italie (n° 1),* n° 400877/98 § 55 : *RSC 2003. 618, obs. Massias ; RD publ. 2004. 1063, obs. Burgorgue-Larsen ; JCP 2003. I. 160, chron. Sudre* • CEDH 30 janv. 2003, *Cordova c/ Italie (n° 2),* n° 45649/99 § 55 : *préc.*

7. Lorsqu'un État reconnaît une immunité aux membres de son Parlement, la protection des droits fondamentaux peut s'en trouver affectée. Toutefois, il serait contraire au but et à l'objet de la Conv. EDH que les États contractants, en adoptant l'un ou l'autre des systèmes normalement utilisés pour assurer une immunité aux membres du Parlement, soient ainsi exonérés de toute responsabilité au regard de la Conv. EDH dans le domaine d'activité concerné. • CEDH 30 janv. 2003, *Cordova c/ Italie, (n° 1),* n° 400877/98 § 58 : *préc. note 6* • CEDH 30 janv. 2003, *Cordova c/ Italie, (n° 2),* n° 45649/99 § 59 : *préc. note 6* • CEDH 16 nov. 2006, *Tsalkitis c/ Grèce,* n° 11801/04 § 46 : *AJDA 2007. 902, chron. Flauss ; RD publ. 2010. 868, obs. Gonzalez.* ♦ Par ex. en l'espèce, les victimes de déclarations diffamatoires prononcées au Parlement ne sont pas totalement privées de voies de redressement. Lorsque les remarques litigieuses émanent du député de leur circonscription, ces personnes peuvent notamment adresser une requête au Parlement par l'intermédiaire d'un autre député en vue d'obtenir une rétractation. Dans des cas extrêmes, des déclarations délibérément fausses peuvent être sanctionnées par le Parlement comme un outrage envers lui. Le président de chaque chambre exerce un contrôle général sur les débats. La Cour estime que tous ces éléments sont pertinents pour la question de la proportionnalité de l'immunité dont a bénéficié le député en l'espèce. • CEDH 17 déc. 2002, *Royaume-Uni,* n° 35373/97 § 86 : *préc. note 6.* ♦ V. pour des propos négationnistes instillés dans le discours d'un parlementaire : • CEDH 3 oct. 2019, *Allemagne,* n° 55225/14 : *JCP Adm. 2019. 656.*

8. V. s'agissant des parlementaires européens : • Trib. UE, 31 mai 2018, n° T-325/17 : *JCP Adm. 2018. 2301, note Mésa.*

9. Sanction des parlementaires. Le régime des peines disciplinaires applicables aux membres de l'Assemblée se rattache à l'exercice de la souveraineté nationale par les membres du Parlement ; dès lors, il n'appartient pas au juge administratif de connaître des litiges relatifs aux sanctions infligées par les organes d'une assemblée parlementaire aux membres de celle-ci. • CE 28 mars 2011, *Grémetz,* n° 347869 B. ♦ ... Ni des actions en réparation des préjudices résultant directement de la mise en œuvre de ce pouvoir disciplinaire. • TA Paris, 24 juin 2015, *Aubert,* n° 1500257 : *AJDA 2015. 1692, concl. Weidenfeld* • CAA Paris, 12 juill. 2016, *Aubert,* n° 15PA03424 : *AJDA 2017. 41, chron. Sorin ; ibid. 2016. 2058, concl. Cantié ; Constitutions 2016. 402, chron. Bachschmidt ; ibid. 470, chron. Domingo* • CE 3 mars 2017, *Aubert,* n° 403398 : *AJDA 2017. 498.*

b. Inviolabilité

10. En l'absence d'un lien évident avec une activité parlementaire, l'immunité ne saurait jouer et est dès lors contraire à l'art. 6, § 1 Conv. EDH. • CEDH 30 janv. 2003, *Cordova c/ Italie, (n° 2),* n° 45649/99 § 55 : *préc. note 6* • CEDH 3 juin 2004, *De Jorio c/ Italie,* n° 73936/01 § 53.

11. Le Gouvernement n'étaye pas suffisamment son argument selon lequel le caractère provisoire de l'immunité parlementaire n'empêcherait pas le requérant de renouveler sa demande de poursuites pénales dès que le mandat de C. T. viendrait à son terme. En effet, cet argument se fonde sur l'hypothèse que C. T. ne serait plus député. Or, le Gouvernement ne fournit aucune information sur le statut actuel de C. T. En tout état de cause, la Constitution grecque ne prévoit pas de limite quant au renouvellement du mandat parlementaire. En l'occurrence, le mandat de C. T. pouvait être renouvelé de manière consécutive dans le futur, privant ainsi définitivement le requérant de son droit de demander l'engagement des poursuites pénales. Au demeurant, la Cour considère que la suspension de toute poursuite pénale contre un député pendant son mandat parlementaire entraînerait l'écoulement d'un laps de temps important entre la commission des actes incriminés et l'ouverture des poursuites pénales rendant celles-ci aléatoires, notamment en ce qui concerne la preuve. • CEDH 16 nov. 2006, *Tsalkitis c/ Grèce,* n° 11801/04 § 50 : *préc. note 7.* ♦ Les différentes formes que peut revêtir l'immunité parlementaire peuvent en effet servir la protection d'une démocratie politique effective, pierre angulaire du système de la Convention, dans la mesure notamment où elles tendent à protéger l'autonomie législative et l'opposition parlementaire. L'impossibilité pour le requérant de renoncer au bénéfice de son inviolabilité s'inscrit dans la perspective des buts légitimes ainsi définis. En ce sens, elle admet qu'une renonciation individuelle du requérant ne peut suppléer une décision de l'Assemblée parlementaire. La non-levée de l'immunité parlementaire du requérant n'a pas porté atteinte au droit de l'intéressé à un tribunal au point de passer pour disproportionnée au but légitime poursuivi. • CEDH 3 déc. 2009, *Kart c/ Turquie,* n° 8917/05 § 80, 112 et 113 : *préc. note 6.*

12. Aucune condamnation à une peine privative de liberté non assortie de sursis rendue par une décision susceptible de voies de recours ne peut être prononcée à l'encontre d'un membre du Parlement sans autorisation du bureau de l'assemblée concernée. • Crim. 4 févr. 1997, n° 93-82.930 P.

13. Le prononcé d'une condamnation définitive entraînant l'inéligibilité met en œuvre de la procédure de déchéance de plein droit constatée par le Conseil constitutionnel. • Crim. 10 oct. 1988 : *Bull. crim. n° 334.* ♦ ... Qu'il s'agisse d'une condamnation pénale. • Cons. const. 12 mai 1960, *Pouvanaa Tetuaapua dit Oopa,* n° 60-1 D : *Rec. Cons. const. 43 ; RJC VI-2* • Cons. const. 10 sept. 1997, *Pradille,* n° 97-11 D : *Rec. Cons. const. 158 ; RJC VI-8 ; JO 12 sept., p. 13280* • Cons. const. 16 sept. 2014, *Gaston Flosse,* n° 2014-22 D : *JO 17 sept., p. 15235.* ♦ ... Ou d'une condamnation pour faillite personnelle. • Cons. const. 5 sept. 1996, *Tapie,* n° 96-10 D : Rec. Cons. const. *111 ; RJC VI-7 ; JO 8 sept., p. 13434 ; D. 1997. 259, note Ghévontian ; ibid. 1998. 149, obs. Ghévontian.* ♦ V. notes ss. Const. 58, art. 25.

Code de déontologie des députés,

mis à jour en octobre 2019.

Considérant que le respect des actes du pouvoir législatif est un objectif énoncé par la Déclaration des droits de l'homme et du citoyen de 1789 ; que selon l'article III de la Déclaration : « Le principe de toute Souveraineté réside essentiellement dans la Nation. Nul corps, nul individu ne peut exercer d'autorité qui n'en émane expressément. » ; que selon l'article VI : « La loi est l'expression de la volonté générale. Tous les citoyens ont droit de concourir personnellement, ou par leurs représentants, à sa formation. » ;

Considérant que l'article 3 de la Constitution dispose que : « La souveraineté nationale appartient au peuple qui l'exerce par ses représentants et par la voie du référendum. » ; qu'aux termes de l'article 24 : « Le Parlement vote la loi. Il contrôle l'action du Gouvernement. Il évalue les politiques publiques. » ; que selon l'article 26 : « Aucun membre du Parlement ne peut être poursuivi, recherché, arrêté, détenu ou jugé à l'occasion des opinions ou votes émis par lui dans l'exercice de ses fonctions. » ; que l'article 27 dispose que : « Tout mandat impératif est nul. » ;

Considérant qu'en toutes circonstances, les députés doivent faire prévaloir les intérêts publics dont ils ont la charge et que le respect de ce principe est l'une des conditions essentielles de la confiance des citoyens dans l'action de leurs représentants à l'Assemblée nationale ;

Qu'en conséquence, les députés ont le devoir de respecter les principes énoncés dans le présent code.

Art. 1er *Intérêt général.* Les députés doivent agir dans le seul intérêt de la Nation et des citoyens qu'ils représentent, à l'exclusion de toute satisfaction d'un intérêt privé ou de l'obtention d'un bénéfice financier ou matériel pour eux-mêmes ou leurs proches.

Art. 2 *Indépendance.* En aucun cas, les députés ne doivent se trouver dans une situation de dépendance à l'égard d'une personne morale ou physique qui pourrait les détourner du respect de leurs devoirs tels qu'énoncés dans le présent code.

Ils s'assurent de l'objet et des modalités de financement des structures et activités auxquelles ils participent.

Art. 3 *Objectivité.* Les députés ne peuvent intervenir dans une situation personnelle qu'en considération des seuls droits et mérites de la personne.

Art. 4 *Responsabilité.* Les députés doivent rendre compte de leurs décisions et de leurs actions aux citoyens qu'ils représentent.

A cette fin, les députés doivent agir de manière transparente dans l'exercice de leur mandat.

Art. 5 *Probité.* Les députés veillent à ce que les moyens et indemnités mis à leur disposition soient utilisés conformément à leur destination.

Ils s'abstiennent d'utiliser les locaux ou les moyens de l'Assemblée nationale pour promouvoir des intérêts privés.

Art. 6 *Exemplarité.* Dans l'exercice de son mandat, chaque député doit se conformer aux principes énoncés dans le présent code et les promouvoir. Tout manquement au code de déontologie peut être sanctionné dans les conditions prévues à l'article 80-4 du Règlement de l'Assemblée nationale.

Art. 7 *Obligations déclaratives.*

1°) Déclarations de dons, avantages et invitations à un voyage : en application du deuxième alinéa de l'article 80-1-2 du Règlement de l'Assemblée nationale, les députés déclarent au déontologue les dons, avantages et invitations à un événement sportif ou culturel d'une valeur qu'ils estiment supérieure à 150 euros dont ils ont bénéficié à raison de leur mandat.

Ces déclarations, ainsi que les acceptations d'invitations à un voyage mentionnées au troisième alinéa de l'article 80-1-2 du Règlement de l'Assemblée nationale sont rendues publiques sur le site de l'Assemblée nationale.

Les dons peuvent être consignés auprès du déontologue.

Ils peuvent être vendus aux enchères par l'Assemblée nationale au profit d'œuvres ou d'organismes d'intérêt général, dès lors que le député les lui cède.

2°) Déclarations relatives à l'absence de participation à certains travaux de l'Assemblée nationale : les députés déclarent leurs décisions de ne pas participer aux travaux de l'Assemblée nationale dans les conditions prévues à l'article 80-1-1 du Règlement. Un registre centralisé de ces déclarations est publié en données ouvertes sur le site internet de l'Assemblée nationale.

Art. 8 *Respect du code de déontologie.*

Ainsi qu'il est dit à l'article 80-3-1 du Règlement de l'Assemblée nationale, le déontologue de l'Assemblée nationale peut être saisi par tout député qui souhaite, pour son cas personnel, le consulter sur le respect des principes énoncés dans le code de déontologie. Les demandes de consultation et les avis donnés sont confidentiels et ne peuvent être rendus publics que par le député concerné.

Le déontologue peut également être saisi par tout fonctionnaire ou contractuel des services de l'Assemblée nationale ou tout collaborateur parlementaire qui souhaite, pour son cas personnel, le consulter sur une question d'ordre déontologique en lien avec ses fonctions. Les demandes de consultation et les avis sont confidentiels.

Le déontologue peut demander à un député communication des documents nécessaires à l'exercice des missions qui lui sont confiées par la loi ou le Règlement de l'Assemblée nationale.

En l'absence de suite donnée à une demande de communication, il requiert du député intéressé la communication des documents dont il fixe la liste, dans un délai qu'il fixe. Il en informe le président de l'Assemblée nationale.

En l'absence de transmission des documents demandés au terme de ce délai, il prend en compte cette circonstance dans l'avis ou la décision qu'il lui appartient de rendre.

Décision du Bureau du 6 avril 2011,

Relative au respect du code de déontologie des députés.

Article 1er

Le déontologue de l'Assemblée nationale

Aux fins d'assurer le respect des principes énoncés dans le code de déontologie des députés, il est institué un « déontologue de l'Assemblée nationale ».

Article 2

Désignation du déontologue de l'Assemblée nationale - durée de ses fonctions

Le déontologue de l'Assemblée nationale est une personnalité indépendante désignée par les trois cinquièmes des membres du Bureau de l'Assemblée nationale, sur proposition de son Président et avec l'accord d'au moins un président d'un groupe d'opposition.

Il exerce ses fonctions pour la durée de la législature et son mandat n'est pas renouvelable. Il ne peut en être démis qu'en cas d'incapacité ou de manquement à ses obligations, sur décision des trois cinquièmes des membres du Bureau sur proposition de son Président et avec l'accord d'au moins un président d'un groupe d'opposition.

Article 3

Missions du déontologue de l'Assemblée nationale

Le déontologue de l'Assemblée nationale recueille les déclarations des députés mentionnées à l'article 4. Il est responsable de leur conservation. Il ne les communique qu'au Bureau, par l'intermédiaire du Président de l'Assemblée nationale, lorsque celui-ci statue en application de l'article 5.

Il peut être saisi par tout député qui souhaite, pour son cas personnel, le consulter sur le respect des principes énoncés dans le code de déontologie. Les demandes de consultation et les avis rendus sont confidentiels et ne peuvent être rendus publics que par le député concerné.

Dans le rapport annuel public qu'il remet au Président de l'Assemblée nationale et au Bureau, le déontologue fait toute proposition aux fins d'améliorer le respect des principes énoncés dans le code de déontologie et rend compte des conditions générales d'application de ces principes sans faire état d'éléments relatifs à un cas personnel.

Hormis dans le cadre de la communication mentionnée au premier alinéa, le déontologue de l'Assemblée nationale et ses collaborateurs sont tenus au secret professionnel et ne peuvent faire état d'aucune information recueillie dans l'exercice de leurs fonctions sous peine d'être poursuivis en application des dispositions de l'article 226-13 du code pénal et, pour le déontologue de l'Assemblée nationale, d'être démis de ses fonctions par le Bureau dans les conditions prévues à l'article 2.

Article 4

Déclaration d'intérêts, de voyages, de dons et avantages

Dans les trente jours qui suivent leur élection les députés déclarent au déontologue leurs intérêts personnels, ainsi que ceux de leurs ascendants ou descendants directs, de leur conjoint, de leur concubin ou partenaire de pacte civil de solidarité, de nature à les placer en situation de conflit d'intérêts entendue comme une situation d'interférence entre les devoirs du député et un intérêt privé qui, par sa nature et son intensité, peut raisonnablement être regardé comme pouvant influencer ou paraître influencer l'exercice de ses fonctions parlementaires. Il appartient aux députés d'apprécier la nécessité de déclarer tout intérêt d'une personne dont ils sont proches et qui serait de nature à les placer dans une telle situation. Pour l'application du présent alinéa, ils remplissent le formulaire figurant en annexe.

Les députés doivent déclarer, dans les mêmes conditions et sans délai, toute modification substantielle de leur situation ou celle de l'un de leurs ascendants ou descendants directs, de leur conjoint, de leur concubin ou partenaire de pacte civil de solidarité.

Ils doivent déclarer au déontologue de l'Assemblée nationale tout don ou avantage d'une valeur supérieure à 150 euros dont ils ont bénéficié.

Ils doivent déclarer au déontologue de l'Assemblée nationale tout voyage accompli à l'invitation, totale ou partielle, d'une personne morale ou physique.

Le refus de procéder aux déclarations prévues au présent article ou le fait de procéder à une déclaration fausse ou incomplète est constitutif d'un manquement au sens de l'article 5.

Article 5

Manquements au code de déontologie

Lorsqu'il constate un manquement aux principes énoncés dans le code de déontologie, le déontologue en informe le député concerné ainsi que le Président de l'Assemblée nationale. Il fait au député toutes préconisations nécessaires pour lui permettre de se conformer à ses devoirs. Si le député conteste avoir manqué à ses devoirs ou estime ne pas devoir suivre les préconisations du déontologue, le déontologue de l'Assemblée nationale saisit le Président de l'Assemblée nationale, qui doit alors saisir le Bureau afin que celui-ci statue, dans les deux mois, sur ce manquement. Cette saisine n'est pas rendue publique.

Le Bureau peut entendre le député concerné. Cette audition est de droit à la demande du député.

Si le Bureau conclut à l'existence d'un manquement, il rend publiques ses conclusions. Il en informe le député qui doit prendre toutes dispositions pour se conformer à ses devoirs.

Article 6

Entrée en vigueur

Les dispositions de l'article 4 entrent en vigueur après le prochain renouvellement général de l'Assemblée nationale.

Instruction générale du Bureau du Sénat du 14 décembre 1960,

à jour au 1er avril 2020.

....

CHAPITRE XX *BIS* *OBLIGATIONS DÉONTOLOGIQUES ET DÉCLARATIVES APPLICABLES AUX MEMBRES DU SÉNAT*

Les déclarations d'intérêts et d'activités adressées au Bureau par les membres du Sénat en application de l'article L.O. 135-1 du code électoral sont transmises à la délégation du Bureau en charge des conditions d'exercice du mandat de sénateur.

Conformément à l'article 91 *quinquies* du Règlement du Sénat, les membres du Sénat déclarent, dès leur acceptation, les invitations à des déplacements financés par des organismes extérieurs, ainsi que, dans un délai de trente jours suivant leur remise, les cadeaux, dons et avantages en nature, dès lors que leur valeur excède un montant de 150 euros.

Ces déclarations sont transmises, selon leur objet, à la délégation du Bureau en charge des conditions d'exercice du mandat de sénateur ou à la délégation du Bureau en charge des activités internationales. La liste en est rendue publique sur le site internet du Sénat.

Les membres du Sénat déclarent en outre les décisions de ne pas participer aux travaux du Sénat qu'ils peuvent prendre dans les conditions prévues à l'article 91 *ter* du Règlement du Sénat. Ces déclarations sont transmises à la délégation du Bureau en charge des conditions d'exercice du mandat de sénateur et mentionnées sur le registre des déports prévu à cet article. Ce registre est publié en données ouvertes sur le site internet du Sénat.

Annexe au XX bis de l'Instruction générale du Bureau
Décision interprétative.

Le Bureau considère que les actes de harcèlement, quelle qu'en soit la nature, constituent un manquement au principe déontologique de dignité mentionné au 2 de l'article 91 *bis* du Règlement du Sénat.

Par conséquent, ces actes pourront donner lieu aux sanctions de censure et de censure avec exclusion temporaire prévues aux articles 94 et 95 du Règlement du Sénat, en application de l'article 99 *ter* dudit Règlement.

CHAPITRE XX *TER* *COMITÉ DE DÉONTOLOGIE PARLEMENTAIRE DU SÉNAT*

I. — Fonctionnement

Lorsque le comité de déontologie parlementaire est saisi d'une demande d'avis en application de l'ordonnance n° 58-1100 du 17 novembre 1958 relative au fonctionnement des assemblées parlementaires ou des 1 et 2 de l'article 91 *septies* du Règlement du Sénat, celle-ci lui est transmise par le président du Sénat. L'avis rendu par le comité est adressé au président du Sénat.

Lorsque le comité de déontologie parlementaire est saisi d'une demande de conseil par un membre du Sénat en application du 5 de l'article 91 *septies* du Règlement du Sénat, son président ou son vice-président est habilité, par délégation, à répondre à cette demande.

II. — Demandes de communication de documents

Le comité de déontologie parlementaire peut demander aux membres du Sénat communication des documents nécessaires à l'exercice des missions qui lui sont confiées par la loi ou le Règlement du Sénat.

En l'absence de suite donnée à une demande de communication, le président ou le vice-président du comité de déontologie parlementaire requiert du membre du Sénat intéressé la communication, dans un délai qu'il fixe, des documents dont il dresse la liste. Il en informe le président du Sénat.

En l'absence de transmission des documents demandés au terme de ce délai, le comité de déontologie parlementaire prend en compte cette circonstance dans l'avis ou la décision qu'il lui appartient de rendre.

III. — Publications

Le comité de déontologie parlementaire élabore un guide déontologique à l'attention des membres du Sénat. Ce guide précise la portée des obligations déontologiques afin de permettre aux membres du Sénat d'appréhender et de prévenir les situations de conflits d'intérêts qu'ils pourraient rencontrer dans l'exercice de leur mandat.

Le comité de déontologie parlementaire rend public, à la fin de chaque année parlementaire, un rapport présentant la synthèse des principaux sujets traités et les principaux avis et conseils rendus au cours de l'année écoulée. Ce rapport ne contient pas d'informations permettant l'identification de personnes concernées par ces avis et conseils.

IV. — Statut des membres

Les membres du comité de déontologie parlementaire ne perçoivent aucune indemnité, ni ne bénéficient d'aucun avantage d'aucune sorte.

Art. 27 **Tout mandat impératif est nul.**

Le droit de vote des membres du Parlement est personnel.

La loi organique peut autoriser exceptionnellement la délégation de vote. Dans ce cas, nul ne peut recevoir délégation de plus d'un mandat.

Sur les cas où la délégation de vote est autorisée, V. ci-dessous Ord. nº 58-1066 du 7 nov. 1958.

COMMENTAIRE

V. sur le Code en ligne.

[V. références des décisions du Conseil constitutionnel dans le tableau DC]

a. Nullité du mandat impératif. – Qualité de représentant du peuple

1. Les membres du Parlement ont la qualité de représentants du peuple. • Cons. const. 9 mai 1991, nº 91-290 DC § 53. ♦ Si députés et sénateurs sont élus au suffrage universel, direct pour les premiers, indirect pour les seconds, chacun d'eux représente au Parlement la Nation tout entière et non la population de sa circonscription d'élection. • Cons. const. 15 mars 1999, nº 99-410 DC § 9. ♦ V. sur le fondement des art. 1er et 3 Const. (sans mention du présent art.). • Cons. const. 18 juill. 2014, *Jean-Louis M. et Jacques B.*, nº 2014-407 QPC § 19. ♦ A ce titre, ils sont appelés à voter la loi dans les conditions fixées par la Constitution et les lois organiques prises pour son application. En conséquence, il n'appartient pas au législateur de faire bénéficier certains parlementaires, en raison de leur élection dans une circonscription déterminée, de prérogatives particulières dans le cadre de la procédure d'élaboration de la loi. Il en résulte que les dispositions organisant, au profit des parlementaires de Corse, une information particulière concernant les projets de lois soumis pour avis à l'Assemblée de Corse sont contraires aux dispositions du présent art. • Cons. const. 9 mai 1991, nº 91-290 DC § 53. ♦ Le législateur ne saurait faire bénéficier certains parlementaires, en raison de leur élection dans une circonscription déterminée, de prérogatives particulières dans le cadre de la procédure d'élaboration de la loi, du contrôle de l'action du Gouvernement et de l'évaluation des politiques publiques. • Cons. const. 18 juill. 2014, *Jean-Louis M. et Jacques B.*, nº 2014-407 QPC § 19. ♦ *Ces principes de valeur constitutionnelle* s'opposent à toute division par catégories des électeurs ou des éligibles. • Cons. const. 18 nov. 1982, nº 82-146 DC § 7 • Cons. const. 18 juill. 2014, *Jean-Louis M. et Jacques B.*, nº 2014-407 QPC § 19.

2. Des dispositions relatives au financement public des partis et groupements politiques ne sont pas relatives à l'exercice du mandat parlementaire ou aux prérogatives qui s'y rapportent ; dès lors, elles ne concernent ni la procédure d'élaboration de la loi ni aucune autre fonction dont l'exercice par le Parlement résulte de la Const. et n'instituent pas une division en catégories d'électeurs ou d'éligibles. • Cons. const. 18 juill. 2014, *Jean-Louis M. et Jacques B.*, nº 2014-407 QPC § 20.

3. L'obligation faite aux candidats à la présidence d'un conseil régional de remettre aux membres du conseil, préalablement à chaque tour de scrutin, une déclaration écrite présentant les grandes orientations politiques, économiques et sociales de leur action pour la durée de leur mandat ne saurait être regardée comme conférant à ce mandat un caractère impératif. • Cons. const. 6 mars 1998, nº 98-397 DC § 9.

4. Curieusement, le Conseil constitutionnel a admis qu'il peut exister « un lien étroit entre l'élu d'une circonscription et les électeurs » que le législateur entend assurer. • Cons. const. 1er juill. 1986, nº 86-208 DC § 22.

b. Caractère personnel du vote

BIBL. Rouvillois, Heurs et malheurs d'un principe : le vote personnel des députés, *RD publ. 1998. 781*. – Potier, Brefs retours sur le caractère personnel du vote en droit parlementaire et sur son avenir, *JCP Adm. 2014. 139*. – Lagarde, La réforme du règlement intérieur du Sénat destinée à lutter contre l'absentéisme parlementaire, *RD publ. 2016. 1477*.

5. Principe. En prévoyant que le droit de vote pourra être délégué dans les « cas de force majeure », la loi organique peut être regardée comme respectant le principe constitutionnel selon lequel le vote ne peut qu'exceptionnellement être délégué, dès lors qu'il appartiendra aux bureaux des Assemblées, chargés d'apprécier lesdits cas de force majeure, de veiller à la stricte application de ce principe. • Cons. const. 22 déc. 1962, nº 61-16 DC § 4 • Cons. const. 31 juill. 1962, nº 62-19 DC

§ 3. ♦ A l'inverse, autoriser la délégation compte tenu des « obligations » découlant de l'exercice du mandat parlementaire ou d'un mandat dans les conseils élus des collectivités territoriales de la République, sans que ces « obligations » soient soumises à l'appréciation des bureaux des Assemblées, enlèverait à la délégation de vote le caractère de dérogation exceptionnelle qu'a voulu lui conférer la Constitution. • Cons. const. 22 déc. 1961, n° 61-16 DC § 5. ♦ Les dispositions des règlements des assemblées doivent être interprétées de façon que les pouvoirs qu'elles attribuent aux groupes politiques et à leurs présidents ne portent pas atteinte au caractère personnel du vote. • Cons. const. 20 nov. 1969, n° 69-37 DC § 8.

6. L'Ord. n° 58-1066 du 7 nov. 1958 n'apporte aucune restriction à l'autorisation conférée aux membres du Parlement de déléguer leur droit de vote ; en conséquence, la disposition du règlement selon laquelle la délégation de vote n'est pas valable dans les scrutins secrets n'est pas conforme au présent art. • Cons. const. 17 mai 1973, n° 73-49 DC § 9.

7. Il est nécessaire de s'assurer que les membres de l'assemblée se sont personnellement prononcés sur la décision de tenir des jours supplémentaires de séance conformément à l'al. 3 de l'art. 28 Const. • Cons. const. 15 déc. 1995, n° 95-368 DC § 21.

8. N'est pas contraire aux présentes dispositions la possibilité laissée au bureau du Congrès de choisir s'il y a lieu de faire procéder à un scrutin public à la tribune ou si un scrutin public ordinaire suffit pour l'adoption du projet de révision. • Cons. const. 28 juin 1999, n° 99-415 DC § 2.

9. Contestation des résultats. La circonstance que, dans le cadre d'un scrutin public, le nombre de suffrages favorables à l'adoption d'un texte soit supérieur au nombre de députés effectivement présents au point de donner à penser que les délégations de vote utilisées, tant par leur nombre que par les justifications apportées, excèdent les limites prévues par le présent art. ne saurait entacher de nullité la procédure d'adoption de ce texte que s'il est établi, d'une part, qu'un ou des députés ont été portés comme ayant émis un vote contraire à leur opinion et, d'autre part, que, sans la prise en compte de ce ou ces votes, la majorité requise n'aurait pu être atteinte. • Cons. const. 23 janv. 1987, n° 86-225 DC § 4 • Cons. const. 20 janv. 2011, n° 2010-624 DC § 9.

10. Il n'y a pas atteinte au présent art., quelles que soient les conditions dans lesquelles il a été procédé par l'Assemblée nationale à un vote au scrutin public sur l'ensemble de la loi présentement déférée, dès lors qu'il n'est pas établi, ni même allégué, qu'un des députés qui figurent au procès-verbal de séance au nombre de ceux ayant émis un vote favorable ne se serait pas prononcé dans ce sens. • Cons. const. 23 janv. 1987, n° 86-225 DC § 5. ♦ ... Que le résultat du scrutin public portant sur les deux amendements dont le rejet est contesté, tel qu'il a été publié au *Journal officiel* des débats du Sénat, confirme le résultat proclamé, après vérification, par le Président du Sénat en séance publique. • Cons. const. 20 janv. 2011, n° 2010-624 DC § 9.

c. Quorum

11. La disposition proposée, n'ayant pas pour objet de supprimer l'exigence d'un quorum mais seulement de fixer les conditions dans lesquelles la vérification du quorum peut être demandée, n'est pas contraire à la Constitution. • Cons. const. 3 juin 1986, n° 86-206 DC § 7.

Ordonnance n° 58-1066 du 7 novembre 1958,

Portant loi organique autorisant exceptionnellement les parlementaires à déléguer leur droit de vote.

Art. 1er Les membres du Parlement ne sont autorisés à déléguer leur droit de vote *que dans les cas suivants* :

1° Maladie, accident ou événement familial grave empêchant le parlementaire de se déplacer ;

2° Mission temporaire confiée par le Gouvernement ;

3° Service militaire accompli en temps de paix ou en temps de guerre ;

4° Participation aux travaux des assemblées internationales en vertu d'une désignation faite par l'Assemblée nationale ou le Sénat ;

5° En cas de session extraordinaire, absence de la métropole ;

(L. org. n° 62-1 du 3 janv. 1962) « 6° Cas de force majeure appréciés par décision des bureaux des assemblées. »

(L. org. n° 2010-837 du 23 juill. 2010, art. 3) « Il ne peut y avoir de délégation lors d'un scrutin destiné à recueillir l'avis de la commission permanente compétente de chaque

assemblée sur une proposition de nomination selon la procédure prévue au cinquième alinéa de l'article 13 de la Constitution. »

Art. 2 La délégation doit être écrite, signée et adressée par le délégant au délégué. Pour être valable, elle doit être notifiée au Président de l'assemblée à laquelle appartient le parlementaire avant l'ouverture du scrutin ou du premier des scrutins auxquels l'intéressé ne peut prendre part. La notification doit indiquer le nom du parlementaire appelé à voter aux lieu et place du délégant ainsi que le motif de l'empêchement. La délégation ainsi que sa notification doivent, en outre, indiquer la durée de l'empêchement. A défaut, la délégation est considérée comme faite pour une durée de huit jours. Sauf renouvellement dans ce délai, elle devient caduque à l'expiration de celui-ci.

Toute délégation peut être retirée, dans les mêmes formes, au cours de sa période d'application.

En cas d'urgence, la délégation et sa notification peuvent être faites par télégramme, sous réserve de confirmation immédiate dans les formes prévues ci-dessus.

Art. 28 *(L. const. n° 95-880 du 4 août 1995)* **Le Parlement se réunit de plein droit en une session ordinaire qui commence le premier jour ouvrable d'octobre et prend fin le dernier jour ouvrable de juin.**

Le nombre de jours de séance que chaque assemblée peut tenir au cours de la session ordinaire ne peut excéder cent vingt. Les semaines de séance sont fixées par chaque assemblée.

Le Premier ministre, après consultation du Président de l'assemblée concernée, ou la majorité des membres de chaque assemblée peut décider la tenue de jours supplémentaires de séance.

Les jours et les horaires des séances sont déterminés par le règlement de chaque assemblée.

COMMENTAIRE

V. sur le Code en ligne.

[V. références des décisions du Conseil constitutionnel dans le tableau DC]

1. Travaux de commission. Si le Parlement ne peut exercer son pouvoir de décision qu'au cours des sessions ordinaires ou extraordinaires, aucune disposition de la Constitution ne fait obstacle à ce que les travaux d'une commission mixte paritaire soient accomplis en dehors des sessions ordinaires ou extraordinaires. • Cons. const. 30 oct. 1981, n° 81-129 DC § 2 • Cons. const. 30 oct. 1981, n° 81-130 DC § 3.

2. Détermination des semaines et jours de séance. Il ressort des dispositions du 4e al. du présent art. éclairées par les travaux préparatoires de la loi constitutionnelle du 4 août 1995, que le Constituant a entendu habiliter le règlement de chaque assemblée non seulement à fixer *a priori* des jours et horaires de séance mais encore à déterminer des procédures permettant la tenue d'autres séances dès lors que leur mise en œuvre est subordonnée à la double condition que le plafond de 120 jours de séance n'aura pas été dépassé, et qu'il s'agit de semaines au cours desquelles l'Assemblée aura décidé de tenir séance. • Cons. const. 8 nov. 1995, n° 95-366 DC § 11 • Cons. const. 15 déc. 1995, n° 95-368 DC § 12.

3. Les jours de séance peuvent être définis comme ceux au cours desquels une séance a été ouverte dès lors que ce « jour de séance » ne se prolonge pas au-delà de l'heure d'ouverture de la séance du lendemain et en tout état de cause au-delà d'une période de 24 h. • Cons. const. 15 déc. 1995, n° 95-368 DC § 17.

4. Même si le Sénat a fixé les jours pendant lesquels il tient, en principe, séance au mardi, mercredi et jeudi, cette disposition n'interdit pas que, par application des dispositions de l'al. 3 du présent art., il doive siéger d'autres jours. • Cons. const. 15 déc. 1995, n° 95-368 DC § 18.

5. Jours supplémentaires de séance, V. aussi la note 2.

6. La procédure différente prévue par le 3e al. du présent art. ne trouve à s'appliquer que dans le cas où le plafond de cent vingt jours de séance fixé par le 2e al. du même art. a été dépassé ou dans le cas où il s'agit de tenir séance durant des semaines au cours desquelles l'assemblée aurait décidé de ne pas en tenir. • Cons. const. 8 nov. 1995, n° 95-366 DC § 11 • Cons. const. 15 déc. 1995, n° 95-368 DC § 12. ♦ Dès lors, la disposition du règlement qui prévoit que l'Assemblée (ou le Sénat) peut à tout moment décider des semaines au cours desquelles elle ne tient pas séance ne saurait pour faire obstacle au pouvoir du Premier ministre de décider la tenue de jours supplémentaires de séance. • Cons. const. 8 nov. 1995, n° 95-366 DC § 12 • Cons. const. 15 déc. 1995, n° 95-368 DC § 16.

7. Il est possible que, sur proposition du Président du Sénat, de la Conférence des présidents, d'un Président de groupe ou d'un Président de commission permanente ou spéciale, le Sénat puisse, à la majorité des membres le composant, décider par scrutin public de tenir des jours supplémentaires de séance dès lors que les modalités du scrutin public permettent de s'assurer que les sénateurs se seront personnellement prononcés sur une telle décision. • Cons. const. 15 déc. 1995, n° 95-368 DC § 21.

8. Dès lors qu'il n'appartient pas aux assemblées de déterminer les modalités de publicité que le Gouvernement doit donner à ses décisions, la disposition du règlement qui impose la publication au *JO* de la décision du Premier ministre de tenir des jours de séance supplémentaires doit être comprise comme imposant la publication, à l'initiative de l'Assemblée nationale elle-même, de la décision qui lui aura été communiquée par le Premier ministre. • Cons. const. 8 nov. 1995, n° 95-366 DC § 8.

9. Il est possible au règlement de l'Assemblée de limiter la tenue de séances supplémentaires à la demande du Gouvernement au seul examen des textes et des demandes visés à l'al. 3 de l'art. 48 Const. 58. Le règlement d'une assemblée ne saurait faire obstacle au pouvoir que le Gouvernement tient du 2e al. du présent art. de disposer de l'ordre du jour de la moitié des semaines de séance fixées par chaque assemblée en vertu des dispositions du 2e al. de l'art. 28 Const. ; il ne saurait dès lors avoir pour objet ou pour effet de priver le Gouvernement d'obtenir de droit que se tiennent des jours de séance pour l'examen des textes et des débats dont il demande l'inscription à l'ordre du jour des deux semaines de séance sur quatre qui lui sont réservées par priorité. • Cons. const. 11 déc. 2014, n° 2014-705 DC § 19 et 21 • Cons. const. 11 juin 2015, n° 2015-712 DC § 52.

Art. 29 **Le Parlement est réuni en session extraordinaire à la demande du Premier ministre ou de la majorité des membres composant l'Assemblée nationale, sur un ordre du jour déterminé.**

Lorsque la session extraordinaire est tenue à la demande des membres de l'Assemblée nationale, le décret de clôture intervient dès que le Parlement a épuisé l'ordre du jour pour lequel il a été convoqué et au plus tard douze jours à compter de sa réunion.

Le Premier ministre peut seul demander une nouvelle session avant l'expiration du mois qui suit le décret de clôture.

COMMENTAIRE

V. sur le Code en ligne.

[V. références des décisions du Conseil constitutionnel dans le tableau DC]

1. Si, en vertu de la présente disposition, le Parlement ainsi réuni en session extraordinaire ne peut délibérer que sur les questions inscrites à l'ordre du jour par le Président de la République, celle-ci ne fait pas obstacle à ce que le Président de la République modifie, à la demande du Premier ministre, la détermination d'un ordre du jour qu'il avait préalablement arrêté. • Cons. const. 27 juill. 1995, n° 95-365 DC.

2. Aucune disposition de la Constitution n'impose au Parlement d'épuiser l'ordre du jour sur lequel il a été convoqué avant la fin de la session extraordinaire ni n'interdit que ses travaux se poursuivent au cours de la session qui suit cette session extraordinaire. • Cons. const. 30 oct. 1981, n° 81-129 DC § 3 • Cons. const. 30 oct. 1981, n° 81-130 DC § 3.

3. Les dispositions du règlement du Sénat, spécifiant que le procès-verbal de la dernière séance d'une session est soumis à l'approbation du Sénat avant que cette séance ne soit levée, permettent de la prolonger au-delà des limites de durée fixées pour les sessions par les art. 29 et 30 Const., et par suite sont contraires à ceux-ci. • Cons. const. 24 juin 1959, n° 59-3 DC.

Art. 30 **Hors les cas dans lesquels le Parlement se réunit de plein droit, les sessions extraordinaires sont ouvertes et closes par décret du Président de la République.**

[V. références des décisions du Conseil constitutionnel dans le tableau DC]

V. comm. ss. l'art. précédent. ♦ Le Conseil constitutionnel vérifie la présence du contreseing du Premier ministre. • Cons. const. 23 août 1985, n° 85-197 DC § 3.

Art. 31 **Les membres du Gouvernement ont accès aux deux assemblées. Ils sont entendus quand ils le demandent.**

Ils peuvent se faire assister par des commissaires du Gouvernement.

COMMENTAIRE

V. sur le Code en ligne.

[V. références des décisions du Conseil constitutionnel dans le tableau DC]

1. La durée d'intervention du Gouvernement ne peut être limitée par le règlement d'une assemblée. • Cons. const. 17 juin 1959, n° 59-2 DC. ♦ Il en va de même du nombre des interventions. • Cons. const. 17 mai 1973, n° 73-49 DC § 3.

2. La possibilité offerte aux membres du Gouvernement d'être entendus par les assemblées quand ils le demandent, est absolue. Dès lors, aucune disposition du règlement d'une assemblée ne peut limiter la prise de parole à quelques parlementaires. • Cons. const. 20 nov. 1969, n° 69-37 DC § 1. ♦ ... Ni réduire ce droit du Gouvernement, fût-ce dans le cadre d'une procédure simplifiée d'adoption des lois. • Cons. const. 3 avr. 1998, n° 98-398 DC § 3.

3. De même, il est loisible au Gouvernement de faire connaître son opinion à tous les stades de la procédure législative aussi bien sur le texte soumis à la délibération de chaque assemblée que sur les amendements dont il fait l'objet. Dès lors, il lui est possible de faire connaître, dès les premiers stades du débat, sa préférence pour le texte adopté par l'Assemblée nationale sans avoir à attendre de recourir aux dispositions de l'art. 45, al. 4, Const. • Cons. const. 25 juill. 1989, n° 89-257 DC § 3.

Art. 32 **Le Président de l'Assemblée nationale est élu pour la durée de la législature. Le Président du Sénat est élu après chaque renouvellement partiel.**

COMMENTAIRE

V. sur le Code en ligne.

Le Conseil constitutionnel s'estime incompétent pour contrôler l'élection des présidents des assemblées qui s'effectue donc sous le seul contrôle de celles-ci. • Cons. const. 16 avr. 1986, *Mme Piat : Rec. Cons. const. 41 ; JO 17 avr., p. 5525.*

Art. 33 **Les séances des deux assemblées sont publiques. Le compte rendu intégral des débats est publié au *Journal officiel*.**

Chaque assemblée peut siéger en comité secret à la demande du Premier ministre ou d'un dixième de ses membres.

COMMENTAIRE

V. sur le Code en ligne.

[V. références des décisions du Conseil constitutionnel dans le tableau DC]

1. V. Ord. n° 58-1100 du 17 nov. 1958, art. 6-IV al. 3.

2. Le règlement d'une assemblée ne peut prévoir qu'elle siège en comité secret de droit à la demande du Premier ministre, la faculté de décider étant laissée à l'assemblée elle-même. • Cons. const. 17 juin 1959, n° 59-2 DC.

3. L'Ord. n° 58-1066 du 7 nov. 1958 n'apporte aucune restriction à l'autorisation conférée aux membres du Parlement de déléguer leur droit de vote ; en conséquence, la disposition selon laquelle la délégation de vote n'est pas valable dans les scrutins secrets n'est pas conforme à l'art. 27 Const. • Cons. const. 17 mai 1973, n° 73-49 DC § 9.

TITRE V Des rapports entre le Parlement et le Gouvernement

Art. 34 *(Abrogé par L. const. n° 2008-724 du 23 juill. 2008, art. 11-1°)* ***« La loi est votée par le Parlement. »***

La loi fixe les règles concernant :

— les droits civiques et les garanties fondamentales accordées aux citoyens pour l'exercice des libertés publiques ; *(L. const. n° 2008-724 du 23 juill. 2008, art. 11-2°)* **« la liberté, le pluralisme et l'indépendance des médias ; » les sujétions imposées par la défense nationale aux citoyens en leur personne et en leurs biens ;**

– la nationalité, l'état et la capacité des personnes, les régimes matrimoniaux, les successions et libéralités ;

– la détermination des crimes et délits ainsi que les peines qui leur sont applicables ; la procédure pénale ; l'amnistie, la création de nouveaux ordres de juridiction et le statut des magistrats ;

– l'assiette, le taux et les modalités de recouvrement des impositions de toutes natures ; le régime d'émission de la monnaie.

La loi fixe également les règles concernant :

– le régime électoral des assemblées parlementaires *(L. const. n° 2008-724 du 23 juill. 2008, art. 11-3°)* « , des assemblées locales et des instances représentatives des Français établis hors de France ainsi que les conditions d'exercice des mandats électoraux et des fonctions électives des membres des assemblées délibérantes des collectivités territoriales ; »

– la création de catégories d'établissements publics ;

– les garanties fondamentales accordées aux fonctionnaires civils et militaires de l'État ;

– les nationalisations d'entreprises et les transferts de propriété d'entreprises du secteur public au secteur privé.

La loi détermine les principes fondamentaux :

– de l'organisation générale de la défense nationale ;

– de la libre administration des collectivités *(L. const. n° 2003-276 du 28 mars 2003, art. 2)* « territoriales », de leurs compétences et de leurs ressources ;

– de l'enseignement ;

(L. const. n° 2005-205 du 1er mars 2005, art. 3) « – de la préservation de l'environnement ; »

– du régime de la propriété, des droits réels et des obligations civiles et commerciales ;

– du droit du travail, du droit syndical et de la sécurité sociale.

Les lois de finances déterminent les ressources et les charges de l'État dans les conditions et sous les réserves prévues par une loi organique.

(L. const. n° 96-138 du 22 févr. 1996) « Les lois de financement de la sécurité sociale déterminent les conditions générales de son équilibre financier et, compte tenu de leurs prévisions de recettes, fixent ses objectifs de dépenses, dans les conditions et sous les réserves prévues par une loi organique. »

(L. const. n° 2008-724 du 23 juill. 2008, art. 11-4°) « Des lois de programmation déterminent les objectifs de l'action de l'État.

« Les orientations pluriannuelles des finances publiques sont définies par des lois de programmation. Elles s'inscrivent dans l'objectif d'équilibre des comptes des administrations publiques. »

Les dispositions du présent article pourront être précisées et complétées par une loi organique.

Sur le contenu des lois de finances, V. CJF, art. L.O. 132-1, L.O. 132-2-1, et L. org. n° 2001-692 du 1er août 2001 relative aux lois de finances, App., v° Gouvernance financière.

Sur le contenu des lois de financement de la sécurité sociale, V. CJF, art. L.O. 132-3 et L.O. 132-3-1, ss. Const. 58, art. 47-2, et CSS, art. L.O. 111-3 à L.O. 111-10-2, App., v° Gouvernance financière.

Sur la loi de programmation de finances publiques (LPFP), V. App., v° Gouvernance financière, L. org. n° 2012-1403 du 17 déc. 2012.

Sur le rapport sur la mise en application d'une loi, V. ci-dessous L. n° 2004-1343 du 9 déc. 2004, art. 67.

Sur les autorités administratives indépendantes et les autorités publiques indépendantes, V. ci-dessous L. org. n° 2017-54 du 20 janv. 2017, art. 1er et L. n° 2017-55 du 20 janv. 2017, in **CRPA**.

Sur la simplification du droit et des procédures en vigueur, V. ci-dessous Circ. 12 janv. 2018.

COMMENTAIRE

V. sur le Code en ligne.

PLAN DES ANNOTATIONS

[V. références des décisions du Conseil constitutionnel dans les tableaux DC et QPC]

BIBL. Bergougnous, Le Conseil constitutionnel et le législateur, *NCCC 2013, n° 38, p. 7*. – Villeneuve, La fabrique de la loi : 2015, année légistique, *JCP Adm. 2015. 864*. – Camby, La loi, *LGDJ, coll. Systèmes, 2015*.

1. V. s'agissant des « lois de pays », notes ss. Const. 58, art. 77.

2. V. s'agissant des lois référendaires, notes ss. Const. 58, art. 11.

3. V. s'agissant des lois de programmation, notes ss. Const. 58, art. 70.

4. ***Activité du Parlement.*** Le Parlement français ne peut procéder qu'aux votes prévus par la Constitution. Dès lors, le droit reconnu au Parlement français par le « traité établissant une Constitution pour l'Europe » de s'opposer à une modification du traité selon le mode simplifié ainsi que la faculté qui lui est conférée, le cas échéant selon des procédures propres à chacune de ses deux chambres, d'émettre un avis motivé ou de former un recours devant la Cour de justice dans le cadre du contrôle du respect du principe de subsidiarité, nécessite une révision de la Constitution afin de permettre l'exercice de cette prérogative. • Cons. const. 19 nov. 2004, n° 2004-505 DC § 41 • Cons. const. 20 déc. 2007, n° 2007-560 DC *§ 28 à 32 s.*

BIBL. Bon, L'arrêt « La Fleurette » aujourd'hui, *in Confluences. Mél. Morand-Deviller, Montchrestien 2007, p. 185*. – Pacteau, La responsabilité publique du fait des lois. La sortie du tunnel ?, *in Confluences. Mél. Morand-Deviller, Montchrestien 2007, p. 489*. – Melleray, Les arrêts « GIE AXA Courtage » et « Gardedieu » remettent-ils en cause les cadres traditionnels de la responsabilité des personnes publiques ?, *in Terres du droit, Mél. Jégouzo, Dalloz, 2009, p. 489*. – Disant, La responsabilité de l'État du fait de la loi inconstitutionnelle, *RFDA 2011. 1181* ✐. – Cerda-Guzman, De la distinctions entre responsabilité de l'État du fait des conventions internationales et responsabilité du fait des lois, *RFDA 2012. 38* ✐. – Oum Oum, Le fait illicite non fautif, fondement de la responsabilité de l'État du fait des lois inconventionnelles, *RFDA 2013. 627* ✐. – Alberton, Le législateur peut-il rester irresponsable ?, *AJDA 2014. 2350* ✐. – Dutus, La responsabilité de l'État et les promesses du législateur, *AJDA 2021. 598* ✐.

5. ***Responsabilité du fait des lois.*** Lorsqu'il apparaît que le législateur n'a pas voulu faire supporter par les victimes le préjudice causé par des dispositions législatives, l'État doit les réparer sur le fondement de l'égalité devant les charges publiques. • CE, ass., 14 janv. 1938, *SA produits laitiers « La Fleurette » : Lebon 25 ; GAJA, 22e éd., n° 46 ; S. 1938. 25, concl. Roujou et note Laroque ; D. 1938. 41, concl. et note Rolland ; RD publ. 1938. 87, concl. et note Jèze.* ♦ Il en va de même pour des dispositions organiques ou constitutionnelles. • CAA Paris, 8 oct. 2003, n° 02PA00651 : *AJDA 2004. 277, concl. Folscheid* ✐. ♦ Il est loisible aux intéressés, pour le cas où l'application de la loi leur occasionnerait un préjudice anormal et spécial, d'en demander réparation sur le fondement du principe constitutionnel d'égalité de tous devant les charges publiques. • Cons. const. 4 juill. 1989, n° 89-254 DC § 24. ♦ Il appartient au juge administratif de connaître d'un litige qui tend à la condamnation de l'État à la réparation d'un préjudice dont l'origine est située par le requérant dans des dispositions législatives, même de nature constitutionnelle. • CAA Paris, 8 oct. 2003, n° 02PA00651 : *préc.* ♦ Le juge administratif est compétent pour connaître d'une action relevant du régime de la responsabilité de l'État du fait de son activité législative. • T. confl. 31 mars 2008, *Boiron*, n° 3632 A : *AJDA 2008. 1116* ✐.

6. La responsabilité de l'État peut également

être engagée du fait des lois inconventionnelles en raison des obligations de l'État d'assurer le respect des conventions internationales pour réparer l'ensemble des préjudices qui en résultent. • CE, ass., 8 févr. 2007, *Gardedieu*, n° 279522 : *Lebon 78, concl. Derepas ; RFDA 2007. 631, concl. Derepas ; ibid. 525, note Pouyaud ; ibid. 789, note Canedo-Paris ; AJDA 2007. 585, chron. Lénica et Boucher ; JCP Adm. 2007. 2083, note Broyelle* • CAA Paris, 4 avr. 2007, n° 04PA00786 : *AJDA 2007. 1085, concl. Folscheid* • TA Saint-Denis de la Réunion, 18 oct. 2010, *SCM Gervais Scemama*, n° 0901373 : *AJDA 2011. 912, note Cazet*. ♦ … D'une loi adoptée en méconnaissance des engagements internationaux de la France, au nombre desquels figure le respect des principes de sécurité juridique et de confiance légitime reconnus par le droit communautaire et, désormais, par le droit de l'Union européenne. • CE 23 juill. 2014, *Sté d'éditions et de protection route*, n° 354365 : *AJDA 2014. 2538, note Broyelle ; JCP Adm. 2014. 689 ; Dr. adm. 2015. 9, note Éveillard ; JCP 2015. 2083, note Paulliat.*

7. En revanche ce mécanisme de responsabilité est inapplicable lorsque la loi accorde un avantage que le requérant juge insuffisant. • CAA Bordeaux, 23 mars 2006, *De Jesus Dias*, n° 03BX02319 : *JCP Adm. 2006. 1139, concl. Chemin.* ♦ … Si la loi instaure une imposition que l'opérateur économique peut librement répercuter sur le prix de vente des produits soumis au prélèvement obligatoire institué. • CAA Bordeaux, 25 oct. 2018, n° 16BX01702 : *AJDA 2019. 194, note Joannard-Lardant*.

8. La responsabilité de l'État ne peut être engagée s'il ressort de l'objet ou des termes de la loi ou de ses travaux préparatoires que le législateur a entendu exclure que la responsabilité de l'État puisse être engagée en raison d'un dommage anormal que l'application de ces dispositions pourrait causer. • CE, sect., 22 nov. 1957, *Cie de navigation Fraissinet : Lebon 635* • CE 11 juill. 1990, *Sté Stambouli Frères*, n° 91158 : *Lebon 963 ; D. 1991. 286, obs. Bon et Terneyre* • CE, sect., 30 juill. 2003, *ADARC*, n° 215957 : *AJDA 2003. 1815, chron. Donnat et Casas*. ♦ Le silence de la loi ne doit pas être interprété comme excluant l'indemnisation. • CE 2 nov. 2005, *Sté coop. Ax'ion*, n° 266564 : *Lebon 468 ; AJDA 2006. 142, chron. Landais et Lénica ; D. 2005. 2900 ; RFDA 2006. 349, concl. Guyomar ; ibid. 355, note Guettier ; AJDA 2014. 118, note Maugüé* • CE 1er févr. 2012, *Bizouerne et a.*, n° 347205 : *Lebon 14 ; AJDA 2012. 1075, note Belrhali-Bernard ; RFDA 2012. 333, concl. Roger-Lacan ; JCP Adm. 2012. 2146, note Pacteau ; Dr. adm. 2012. 53, note Broyelle* • CE 9 mai 2012, *Sté Godet Frères*, n° 335613 : *Lebon 216 ; AJDA 2012. 977 ; Dr. adm. 2012. 79, note Broyelle.*

9. Le préjudice doit être spécial au requérant. • CE, sect., 25 janv. 1963, *Bovero : Lebon 53 ; AJDA 1963. 94 chron. Gentot et Fourré.* • CE 23 juill. 2014, *Sté d'éditions et de protection route*, n° 354365 : *préc. note 6.* ♦ Il doit par ailleurs être anormalement grave. • CE, ass., 22 oct. 1943, *Sté Éts Lacaussade : Lebon 231* • CE 2 nov. 2005, *Sté coop. Ax'ion*, n° 266564 : *préc. note 8.* ♦ Le préjudice résultant de la prolifération des animaux sauvages appartenant à des espèces dont la destruction a été interdite en application de ces dispositions doit faire l'objet d'une indemnisation par l'État lorsque, excédant les aléas inhérents à l'activité en cause, il revêt un caractère grave et spécial et ne saurait, dès lors, être regardé comme une charge incombant normalement aux intéressés. • CE, sect., 30 juill. 2003, *ADARC*, n° 215957 : *préc. note 8.* ♦ Si la requérante n'ignorait pas les risques graves résultant de la présence inadéquate en milieu désormais urbanisé des chais qu'elle exploitait, ni l'intention de l'administration d'en éviter la réalisation, l'existence de tels risques ne résultait pas des seules caractéristiques propres de l'installation et des conditions dans lesquelles la requérante s'est installée en 1782 et exploitait depuis lors son installation ; le dommage résultant de la fermeture de l'installation excédait dès lors, à la date à laquelle la mesure est intervenue, en partie les aléas que comporte nécessairement son exploitation. • CE 9 mai 2012, *Sté Godet Frères*, n° 335613 : *préc. note 8.* ♦ Il convient donc que le juge s'assure que le préjudice excède les aléas inhérents à l'activité en cause. • CE 1er févr. 2012, *Bizouerne et a.*, n° 347205 : *préc. note 8.* ♦ … Excède les aléas que comporte normalement pour leur titulaire la détention de permis exclusifs de recherches (à propos de la fracturation hydraulique). • CAA Versailles, 21 déc. 2017, *Sté Schuepbach Energy Llc.*, n° 16VE01097 : *AJDA 2018. 1625, note Bompard*.

10. Le préjudice doit évidemment être direct et certain. • CE, ass., 1er déc. 1961, *Lacombe : Lebon 674 ; D. 1962. 89, concl. Dutheillet de Lamothe ; AJDA 1962. 24, chron. Galabert et Gentot.*

11. Par ailleurs, si la responsabilité de l'État du fait des lois est susceptible d'être engagée, d'une part, sur le fondement de l'égalité des citoyens devant les charges publiques, d'autre part, en raison des obligations qui sont les siennes pour assurer le respect des conventions internationales par les autorités publiques, c'est à la condition que, dans un cas comme dans l'autre, l'existence d'un lien de causalité suffisamment direct entre l'intervention de la loi et le préjudice invoqué puisse être établi. • CE 17 déc. 2008, *Clinique du Plateau,* n° 306951. ♦ Rappr. • CE, ass., 22 oct. 2010, *Bleitrach*, n° 301572 : *Lebon 399, concl. Roger-Lacan ; AJDA 2010. 2207, chron. Botteghi et Lallet* • CE 20 déc. 2013, *Mme Fano*, n° 335235 : *Lebon T. 826 ; AJDA 2014. 1241*. ♦ V. encore, estimant que l'inconventionnalité alléguée n'était pas à l'origine du dommage. • TA Nantes, 18 oct. 2013, *Sté Le Doyenné*, n° 1010001 : *AJDA 2014. 693, concl. Gille*. ♦ Rappr., s'agissant de la responsabilité de l'administration du fait d'un règlement. • CE 12 mai 2004, *SA Gillot*, n° 236834 : *AJDA 2004. 1487, note Deguergue*. ♦ Rappr. s'agissant de la mise en œuvre de la responsabilité du fait des lois inconventionnelles. • CE 5 oct. 2015, *Sté Lilly France*, n° 371832 : *Lebon ; AJDA 2015. 1889 ; ibid. 2227, concl. Decout-Paolini ; JCP Adm. 2015. 850 ; Dr. adm. 2016. 4, chron. Platon.* ♦ ... Ou de l'État pris dans son ensemble. • CE 9 mai 2012, *Sté Godet Frères*, n° 335613 : *Lebon 216 ; AJDA 2012. 2014, chron. Maugüe*. ♦ Ce n'est pas non plus le cas si c'est l'interprétation jurisprudentielle de la loi et non la loi elle-même qui est contestée. • CE 23 juill. 2014, *Sté d'éditions et de protection route*, n° 354365 : *préc. note 6.*

12. Le Conseil d'État a étendu ces principes aux règlements légalement édictés. • CE, sect., 22 févr. 1963, *Cne de Gavarnie : Lebon 113.* ♦ ... Aux conventions internationales : V. annotations ss. Const. 58, art. 55. ♦ ... A la coutume internationale : V. annotations ss. Préamb. Const. 1946, al. 14.

13. Responsabilité du fait des lois inconstitutionnelles. V. notes ss. Const. 58, art. 62.

14. Absence de responsabilité en cas de carence de la loi. Dès lors qu'il n'appartient pas au juge administratif de contrôler l'usage que fait le législateur de ses pouvoirs, les requérants ne peuvent utilement faire valoir qu'en adoptant une loi ne prévoyant pas l'incrimination précitée, la responsabilité de l'État se trouvait engagée du fait d'une faute commise par le législateur. • CAA Douai, 15 déc. 2016, *Assoc. « Générations mémoire harkis »*, n° 14DA01951 : *JCP Adm. 2017. 2198.*

I. CHAMP DE COMPÉTENCE DU LÉGISLATEUR

A. LIMITES À LA COMPÉTENCE DU LÉGISLATEUR

1° INTERDICTION AU LÉGISLATEUR D'EMPIÉTER SUR LE POUVOIR CONSTITUANT

15. Sur l'interdiction de porter atteinte aux priorités des ordres du jour, V. notes ss. Const. 58, art. 48.

16. Le législateur ne saurait déléguer sa compétence dans un cas non prévu par la Constitution. • Cons. const. 17 janv. 2002, n° 2001-454 DC § 20 et 21.

17. De même, s'il est possible que la loi organique prévue au dern. al. du présent art. détermine des matières qui sont du domaine de la loi, elle ne peut pas réglementer la procédure législative. • Cons. const. 7 janv. 1988, n° 87-234 DC.

2° INTERDICTION AU LÉGISLATEUR ORDINAIRE D'EMPIÉTER SUR LA COMPÉTENCE D'AUTRES LÉGISLATEURS

18. Le législateur « ordinaire » ne doit pas empiéter sur les compétences du législateur organique. • Cons. const. 30 août 1984, n° 84-177 DC § 5 et 6. ♦ V. notes ss. Const. 58, art. 46. ♦ ... Ou financier. • Cons. const. 8 janv. 1991, n° 90-283 DC § 47 • Cons. const. 30 mai 2000, n° 2000-429 DC § 14 • Cons. const. 3 mars 2009, n° 2009-577 DC § 34.

3° INTERDICTION DE S'AUTOLIMITER

19. Principe. Le législateur ne peut se lier lui-même. • Cons. const. 27 juill. 1982, n° 82-142 DC § 6 • Cons. const. 1er juill. 1986, n° 86-208 DC § 29. ♦ Des dispositions législatives qui viendraient à limiter le droit d'initiative des parlementaires ou à empêcher dans l'avenir le vote de lois contraires sont donc inopérantes. • Cons. const. 27 juill. 1982, n° 82-142 DC § 6 • Cons. const. 26 janv. 1995, n° 94-358 DC § 56. ♦ Il en va de même de dispositions qui imposent un certain contenu à des lois futures. • Cons. const. 27 juill. 1982, n° 82-142 DC § 7 • Cons. const. 26 janv. 1995, n° 94-358 DC § 56.

20. Des dispositions mettant en place un « principe de non-régression » (V. ss Charte envir., art. 5) ne sont cependant pas contraire à la Const. 58 dès lors que le législateur peut abroger lesdites dispositions (V. note 51). • Cons. const. 4 août 2016, n° 2016-737 DC § 11.

21. Promesses. Le législateur ne pouvant lui-même se lier, une disposition législative posant le principe de l'intervention d'une loi ultérieure ne saurait constituer une promesse dont le non-respect constituerait une faute susceptible d'engager, devant le juge administratif, la responsabilité de l'État. • CE 27 juin 2016, n° 382319 : *Lebon ; AJDA 2016. 1960 ; ibid. 2017. 67, note Jacquemet-Gauché ; JCP Adm. 2016. 591.* ♦ Sur les promesses de l'administration, V. notes ss. DDH, art. 16.

22. Organisation du travail législatif. En revanche, il n'est pas interdit au législateur, dans le respect de ces règles, d'organiser le travail législatif dans les matières où il est expédient d'assurer pendant des années la régularité, la périodicité et la continuité de ce travail, nécessaires à la réalisation du but poursuivi. • Cons. const. 27 juill. 1982, n° 82-142 DC § 10 s.

B. ÉTENDUE DE LA COMPÉTENCE DU LÉGISLATEUR

23. Sur la faculté pour le législateur de mettre en place des expérimentations. V. notes ss. Const. 58, art. 37-1 et 72.

24. Sur l'entrée en vigueur immédiate des lois. V. notes ss. Const. 58, art. 21.

25. Sur les empiétements éventuels du législateur sur le pouvoir réglementaire. V. notes ss. Const. 58, art. 37. V. notes ss. Const. 58, 41.

26. Généralités. Seul le législateur peut déroger à un principe général du droit. • Cons. const. 26 juin 1969, n° 69-55 L § 5 : *Rec. Cons. const. 27 ; RJC II-36 ; JO 13 juill., p. 7161 ; GDCC, 11e éd., n° 18 ; JCP 1969. 2290 bis, note Voisset.*

27. Il appartient au législateur de fixer les conditions de mise en vigueur des règles qu'il édicte. • Cons. const. 23 mai 1979, n° 79-104 DC § 9 • Cons. const. 29 déc. 1986, n° 86-223 DC § 14 • Cons. const. 28 juill. 1989, n° 89-260 DC § 40 • Cons. const. 25 juill. 1990, n° 90-277 DC § 26. ♦ De même, il est loisible au législateur, sans méconnaître aucun principe, ni aucune règle constitutionnelle, de donner à une mesure, définie de façon suffisamment claire et précise pour satisfaire aux exigences découlant du présent art., un effet différé. • Cons. const. 10 juin 1998, n° 98-401 DC § 10.

28. De même encore, la détermination du champ d'application d'une loi est, dans le respect de la Constitution, librement opérée par le législateur lui-même. • Cons. const. 20 juill. 1983, n° 83-162 DC § 8. ♦ ... Qui ne peut, surtout en matière pénale, s'en remettre à des décisions administratives. • Cons. const. 5 mai 1998, n° 98-399 DC § 7.

29. De même encore, lorsque la définition des obligations auxquelles est soumise l'exercice d'une activité relève du législateur, il n'appartient qu'à la loi de fixer le régime des sanctions administratives dont la méconnaissance de ces obligations peut être assortie. • CE, sect., 18 juill. 2008, *Féd. hospitalisation privée*, n° 300304 : *AJDA 2008. 1815, chron. Geffray et Liéber.*

1° QUALITÉ DE LA LÉGISLATION

BIBL. *Preuvot, L'amélioration de l'application* des lois : un enjeu dans la relation Parlement/Gouvernement, *RD publ. 2012. 39.*

30. Aucune exigence constitutionnelle n'impose qu'un projet ou une proposition de loi présente un objet analogue ; la complexité de la loi et l'hétérogénéité de ses dispositions ne sauraient, à elles seules, porter atteinte à l'objectif de valeur constitutionnelle d'accessibilité et d'intelligibilité de la loi. • Cons. const. 12 mai 2011, n° 2011-629 DC § 6.

31. La circonstance que les orientations mentionnées dans la loi soient énoncées en des termes généraux ne saurait par elle-même conférer à l'autorité réglementaire chargée d'en déterminer les conditions d'application le pouvoir de fixer des règles ou des principes fondamentaux que la Constitution réserve à la loi. • Cons. const. 1er juill. 1980, n° 80-115 DC § 2.

a. Portée normative

32. Généralités. V. notes ss. DDH, art. 6.

33. Loi de programme ou de programmation. Le grief tiré du défaut de portée normative, pas plus que le grief tiré de leur imprécision, ne peut être utilement soulevé à l'encontre de la catégorie des lois de programme à caractère économique et social. • Cons. const. 7 juill. 2005, n° 2005-516 DC § 7. ♦ V. déjà • Cons. const. 21 avr. 2005, n° 2005-512 DC § 12. ♦ V. également notes ss. Const. 58, art. 70.

34. Ainsi, l'al. 20 du présent art. prévoyant que des lois de programmation déterminent les objectifs de l'action de l'État, il est possible au législateur d'approuver un rapport annexé à une loi sur les objectifs et les moyens de la sécurité intérieure, quand bien même il serait dépourvu de caractère normatif. • Cons. const. 10 mars 2011, n° 2011-625 DC § 3.b.

35. Des dispositions d'une loi qui, prises sur le fondement de l'antépénultième al. de l'art. 34, se bornent à fixer des objectifs à l'action de l'État sont dépourvues de portée normative et ne sauraient dès lors être regardées comme applicables au litige au sens des dispositions permettant la mise en œuvre de la QPC. • CE, QPC, 18 juill. 2011, *Féd. dptale des chasseurs de la Meuse*, n° 340512 : *AJDA 2011. 1527 ; ibid. 2311 ; ibid. 2012. 1047. Étude Groulier ; D. 2011. 2121 ; ibid. 2694, obs. Trébulle ; Constitutions 2012. 147, obs. Foucher.*

36. Absence de sanction dans une loi d'interdiction. Il ne résulte d'aucun engagement international de la France, d'aucune règle ni d'aucun principe que la victime d'un manquement à une interdiction posée par la loi disposerait d'un droit propre à l'incrimination pénale d'un tel manquement. • CE 24 oct. 2019, n° 407932 A : AJDA 2019. 2149 ; *ibid., 2474, chron. Malverti et Beaufils ; AJCT 2020. 102, obs. Lasserre Capdeville.* ♦ Rapp. S'agissant d'une prise de position de la CNIL annonçant qu'elle ne sanctionnera pas pendant un an une pratique pourtant prohibée par un règlement de l'UE. • CE 16 oct. 2019, n° 433069 A (concl. Lallet) : *AJDA 2019. 2474, chron. Malverti et Beaufils* ; *Légipresse 2019. 588 ; ibid. 694, étude Thiérache et A. Gautron* ; *RFDA 2019. 1075, concl. Lallet*.

b. Clarté de la législation

BIBL. Verpeaux, La loi du 11 décembre 2019 ou l'obsolescence abrogée, *ADJA 2020. 624*.

37. Sur l'objectif de valeur constitutionnelle d'accessibilité et d'intelligibilité de la loi qui trouve son fondement dans les art. 4, 5, 6 et 16 DDH, V. notes ss. DDH, art. 5. ♦ Le principe de clarté de la loi découle désormais tout à la fois du l'obligation faite au législateur d'exercer pleinement sa compétence et du principe d'intelligibilité. • Cons. const. 27 juill. 2006, n° 2006-540 DC § 9 • Cons. const. 19 juin 2008, n° 2008-564 DC § 25. ♦ V. *infra* **3°**.

38. Sur les réserves d'interprétation, V. notes ss. Const. 58, art. 62.

39. La loi doit répondre à l'exigence de clarté qui découle du présent art. • Cons. const. 29 déc. 1983, n° 83-164 DC § 30 • Cons. const. 28 avr. 2005, n° 2005-514 DC § 14. ♦ S'agissant des actes administratifs, V. Const. 58, art. 21.

V. pour d'autres décisions dans le même sens :.

40. Dès lors, une disposition peu claire et par trop imprécise ou encore d'une complexité inutile doit être déclarée contraire à la Constitution. • Cons. const. 7 déc. 2000, n° 2000-435 DC § 52 et 53. ♦ ... En particulier en matière fiscale dès lors qu'aucun élément d'intérêt général ne justifie cette complexité. • Cons. const. 29 déc. 2005, n° 2005-530 DC § 88. ♦ ... Exception faite des cas dans lesquels le Conseil constitutionnel peut en donner une interprétation permettant d'éviter l'inconstitutionnalité. • Cons. const. 24 juill. 1991, n° 91-298 DC § 33 • Cons. const. 12 janv. 2002, n° 2001-455 DC § 9. ♦ ... En particulier en ayant recours aux travaux préparatoires. • Cons. const. 21 avr. 2005, n° 2005-512 DC § 18 s. ♦ De même, une disposition tautologique à la portée normative incertaine est contraire à la Constitution. • Cons. const. 29 juill. 2004, n° 2004-500 DC § 15 • Cons. const. 12 août 2004, n° 2004-503 DC § 29. ♦ Sur le principe de l'acte clair, V. note 104.

41. *Pourtant, le juge* ne sanctionne pas toujours cette complexité. Des motifs d'intérêt général suffisants peuvent justifier la complexité de la loi. • Cons. const. 29 déc. 2005, n° 2005-530 DC § 80.

42. Ainsi jugé que la complexité introduite par la loi déférée, pour réelle qu'elle soit, n'est pas à elle seule de nature à rendre celle-ci contraire à la Const. • Cons. const. 18 juill. 2001, n° 2001-447 DC § 29. ♦ Il en va de même si la loi déférée : accroît la complexité des mécanismes qu'elle instaure. • Cons. const. 19 déc. 2000, n° 2000-437 DC § 3. ♦ ... Met en œuvre une législation plus complexe que la législation antérieure. • Cons. const. 29 avr. 2004, n° 2004-494 DC § 14. ♦ ... Refond une législation en vue de l'adapter à l'évolution des données techniques et des pratiques, ainsi que pour tirer les conséquences d'une directive communautaire, dès lors qu'elle définit de façon précise les nouvelles règles de procédure et de fond applicables. • Cons. const. 29 juill. 2004, n° 2004-499 DC § 3.

43. Il convient par ailleurs que la loi : ne crée pas de confusion dans l'esprit des citoyens. • Cons. const. 6 juill. 1994, n° 94-341 DC § 6. ♦ ... N'ajoute pas une complexité inutile à la mise en œuvre d'un art. déjà en vigueur. • Cons. const. 11 déc. 2003, n° 2003-486 DC § 13. ♦ ... Prémunisse les sujets de droits contre une interprétation contraire à la Constitution ou contre le risque d'arbitraire, d'adopter des dispositions suffisamment précises et des formules non équivoques. • Cons. const. 12 janv. 2002, n° 2001-455 DC § 9. ♦ ... Sans reporter sur des autorités administratives ou juridictionnelles le soin de fixer des règles dont la détermination n'a été confiée par la Constitution qu'à la loi. • Cons. const. 21 avr. 2005, n° 2005-512 DC § 9 • Cons. const. 18 juill. 2013, n° 2013-673 DC § 14. ♦ ... Même si ces autorités conservent le pouvoir d'appréciation et, en cas de besoin, d'interprétation inhérent à l'application d'une règle de portée générale à des situations particulières. • Cons. const. 13 janv. 2005, n° 2004-509 DC § 25.

44. Lorsqu'il impose une obligation limitant une liberté constitutionnellement protégée, le législateur doit le faire dans des termes suffisamment précis pour respecter le principe de clarté. • Cons. const. 12 janv. 2002, n° 2001-455 DC § 9. ♦ Il en va de même lorsqu'il décide de sanctionner pénalement les obligations qu'il édicte du fait de l'obligation fixée à l'art. 8 DDH de respecter le principe de légalité des délits et des peines. • Cons. const. 23 juill. 1996, n° 96-378 DC § 25 à 28 • Cons. const. 10 juin 2004, n° 2004-496 DC (sol. impl.).

45. Jugé qu'une disposition de caractère pénal peu claire, ne doit pas être appliquée. • Crim. 16 janv. 2002 : *D. 2002. 1225, note Dobkine*. ♦ En revanche, lorsqu'une disposition est claire, elle doit être appliquée et il appartient au législateur, le cas échéant, de la modifier dans un sens plus conforme à l'équité. • CE, ass., 19 mai 2004, *CRAM d'Île-de-France*, n° 216039 : *Lebon 228* ; *AJDA 2004. 1362, chron. Landais et Lénica*.

46. Codification. La codification est de la compétence législative dès lors qu'elle touche à des dispositions relevant du domaine de la loi ; un code mis en œuvre par la voie réglementaire ne peut ni abroger ni modifier au fond aucune des dispositions législatives en vigueur au moment de son intervention. • CE 1er oct.

1971, *Cts Vitrin,* n° 78392 : *Lebon 574* • CE 3 juin 1983, *Mme Vincent,* n° 31680 : *Lebon 227*. ♦ V. déjà. • CE 3 janv. 1962, *Ville d'Aix-en-Provence : Lebon 2.* ♦ V. également dans le cadre de la jurisprudence électorale du Conseil constitutionnel. • Cons. const. 17 mai 1978, *Puy-de-Dôme (1re circ.),* n° 78-858 AN : *Rec. Cons. const. 92.* ♦ Il est possible que le législateur délègue cette compétence par une loi d'habilitation, permettant au Gouvernement d'agir par voie d'ordonnances. • Cons. const. 16 déc. 1999, n° 99-421 DC § 26. ♦ Le juge administratif ne corrige pas de lui-même une erreur matérielle, constituée par un renvoi erroné lors d'une opération de codification opérée par le législateur. • CE sect., 1er juill. 2005, *Hermann et Scheer,* n° 255720 : *Lebon 281* ; *BJCL 2005. 549, concl. Séners ; JCP Adm. 2005. 1307, chron. Glaser et Séners* (sol. impl.). ♦ V. notes ss. Const. 58, art. 38.

47. Lorsque la codification opérée par décret n'est pas conforme au texte législatif d'origine, il convient d'appliquer ce dernier sans tenir compte de la codification. • CE 15 févr. 1984, *Assoc. industrielle du Territoire de Belfort et régions limitrophes : Lebon 66.* • CE 3 juin 1992, *SA BEM,* n° 107563 : *Lebon 221* ; *Dr. fisc. 1993. 672, concl. Martin.* • CE 9 juill. 2010, *SA Genefim,* n° 317086. ♦ V. également : l'abrogation d'une loi à la suite de sa codification à droit constant ne modifie ni la teneur ni la portée des dispositions transférées. • Crim. 19 oct. 2004, n° 04-82.485 P.

48. Saisi, dans le cadre de l'art. 37, al. 2, Const. 58, d'une demande de déclassement de dispositions codifiées, le Cons. const. se prononce en général sur les dispositions d'origine et non sur les dispositions codifiées. • Cons. const. 17 déc. 1992, n° 92-171 L : *JO 20 déc.*

49. Contrôle des conditions d'application de la législation. Les commissions permanentes peuvent confier à un ou plusieurs de leurs membres une mission d'information temporaire portant, notamment, sur les conditions d'application d'une législation. • Cons. const. 6 juin 1990, n° 90-275 DC. ♦ Le député qui a été le rapporteur d'une loi ou, à défaut, un autre député désigné par une commission permanente, présente à celle-ci un rapport sur l'application de la loi à l'issue d'un délai de six mois suivant son entrée en vigueur mais ce rapport ne saurait en aucun cas adresser une injonction au Gouvernement. • Cons. const. 26 févr. 2004, n° 2004-493 DC.

2° CAPACITÉ À MODIFIER OU À ABROGER LA LOI

a. Principe

50. Compétence générale. Les lois ordinaires ayant toutes la même valeur juridique, il en découle qu'une loi peut toujours, fût-ce implicitement, abroger ou modifier une loi antérieurement promulguée ou y déroger. Autres formulations : il est à tout moment loisible au législateur, dans le domaine qui lui est assigné, d'apprécier l'opportunité de modifier des textes antérieurs ou d'abroger ceux-ci en leur substituant, le cas échéant, d'autres dispositions ; il est à tout moment loisible au législateur, statuant dans le domaine de sa compétence, de modifier des textes antérieurs ou d'abroger ceux-ci en leur substituant, le cas échéant, d'autres dispositions. • Cons. const. 27 juill. 1982, n° 82-142 DC § 6 • Cons. const. 7 juill. 2017, *Alain C.,* n° 2017-642 QPC § 13. ♦ V. aussi la jurisprudence traditionnelle du Conseil d'État. • CE, sect., 1er avr. 1960, *Guanter : Lebon 249 ; S. 1960. 239, note Sirat* • CE 23 nov. 2005, n° 285601 A : *AJDA 2006. 357, chron. Landais et Lénica* ; *ibid. 2006. 712, note Slama* ; *RFDA 2006. 32, concl. Keller* ; *AJFP 2006. 253, étude Slama* ; *JCP Adm. 2006. 1099, note Yeng-Seng.*

V. pour d'autres décisions dans le même sens : .

51. L'abrogation peut être implicite dès lors qu'il n'y a pas de doute sur l'intention du législateur. • CE 24 juin 2002, *Wolny,* n° 227983 : *Lebon T. 605* ; *Dr. adm. 2002, n° 158, note D. P. ; JCP Adm. 2002. 1254, note Fuchs.* ♦ Le Conseil procède donc à un contrôle du texte ancien et du texte nouveau et conclut soit à leur compatibilité, le texte ancien continuant à s'appliquer. • CE 7 févr. 1990, *Rivière,* n° 82592 : *Lebon 27* • CE 6 avr. 2001, *SNES,* n° 219379 : *Lebon 170* ; *Rev. dr. local 2001, n° 33, p. 56, note Woerling ; AJDA 2002. 63, note Toulemonde* • CE 19 mars 2001, *Synd. nat. des industriels et professionnels de l'aviation générale,* n° 202349 : *Lebon 138* • CE, réf., 21 nov. 2005, *Boisvert,* n° 287217 : *Lebon 517* ; *AJDA 2006. 357, chron. Landais et Lénica* • CAA Paris, 9 juin 2006, *Assoc. « Congrégation du Vajra triomphant »,* n° 04PA01642 : *Lebon 601* (sol. impl.). ♦ ... Soit à leur incompatibilité et applique dès lors le texte le plus récent. • CAA Paris, 21 févr. 2006, *Langlois,* n° 03PA01680 : *Lebon 589*. ♦ ... Ce qui le conduit parfois à distinguer selon les dispositions d'un même texte. • CE 30 avr. 2004, *OPAC Oise Habitat,* n° 252658 : *Lebon T. 275*.

52. S'il n'appartient pas au juge administratif d'apprécier la conformité d'une loi à la Constitution (V. Const. 58, art. 61, notes 1 à 3), il lui revient de constater l'abrogation implicite de dispositions législatives inconciliables avec une disposition constitutionnelle (ou législative) postérieure. • CE, ass., 16 déc. 2005, *Synd. nat. des huissiers de justice,* n° 259584 : *Lebon 570* ; *AJDA 2006. 357, chron. Landais et Lénica* ; *RFDA 2006. 41, concl. Stahl* ; *Dr. adm. 2006. 29.* ♦ ... Concluant à la compatibilité de la loi nouvelle avec elles. • CAA Paris, 9 juin 2006, *Assoc. « Congrégation du Vajra triomphant »*, n° 04PA01642 : *préc. note 51.* ♦ ... Ou à leur incompatibilité. • CE, ass., 16 déc. 2005, *Synd. nat. des huissiers de justice*, n° 259584 : *préc.* • CE 12 janv. 2009, *Assoc. France Nature Environnement*, n° 289080 : *Dr. adm. 2009. 75, note Fort.*

53. Il est même possible au législateur d'abroger des dispositions qui ne sont pas encore en vigueur. • Cons. const. 21 janv. 1993, n° 92-317 DC § 9.

54. De même, il importe peu à cet égard, que les dispositions modifiées, complétées ou abrogées résultent d'une loi votée par le Parlement ou d'une loi adoptée par voie de référendum. • Cons. const. 9 janv. 1989, n° 89-265 DC § 8.

55. Dès lors, le législateur peut adopter, pour la réalisation ou la conciliation d'objectifs de nature constitutionnelle, des modalités nouvelles dont il lui appartient d'apprécier l'opportunité et qui peuvent comporter la modification ou la suppression de dispositions qu'il estime excessives ou inutiles. • Cons. const. 29 juill. 1986, n° 86-210 DC § 2 • Cons. const. 18 déc. 1997, n° 97-393 DC § 32 • Cons. const. 14 août 2003, n° 2003-483 DC § 7 • Cons. const. 18 juin 2010, *Épx L.*, n° 2010-8 QPC § 8 • Cons. const. 18 déc. 2014, n° 2014-706 DC § 32 • Cons. const. 4 août 2016, n° 2016-737 DC § 11.

56. Application de l'adage « lex specialis derogat generalis ». La disposition contestée, qui constitue une disposition générale, n'a ni pour objet ni pour effet de déroger aux dispositions législatives spécifiques applicable en la matière. • Cons. const. 11 oct. 2013, *Karamoko F.*, n° 2013-347 QPC § 5.

57. Invitation à améliorer la loi. Il est loisible au législateur de modifier les dispositions relatives aux conditions d'accès au mandat de juges des tribunaux de commerce afin de renforcer les exigences de capacités nécessaires à l'exercice de ces fonctions juridictionnelles. • Cons. const. 4 mai 2012, *EURL David Ramirez*, n° 2012-41 QPC § 32. ♦ ... Relatives au travail des personnes incarcérées afin de renforcer la protection de leurs droits. • Cons. const. 14 juin 2013, *Yacine T. et a.*, n° 2013-320/321 QPC § 9 • Cons. const. 25 sept. 2015, *Johny M.*, n° 2015-485 QPC 11. ♦ ... Pour préciser les délais dans lesquels la chambre de l'instruction statue en matière de détention provisoire lorsqu'elle est saisie sur renvoi de la Cour de cassation. • Cons. const. 29 janv. 2015, *Maxime T.*, n° 2014-446 QPC § 14 • Cons. const. 29 janv. 2015, *Maxime T.*, n° 2014-446 QPC § 14.

BIBL. Boyer-Capelle, L'« effet cliquet » à l'épreuve de la question prioritaire de constitutionnalité, *AJDA 2011. 1718*.

58. Absence d'« effet cliquet ». Il n'y a pas de principe de « non-retour en arrière » en matière de libertés publiques dit mécanisme de l'« effet cliquet ». • Cons. const. 22 avr. 1997, n° 97-389 DC § 25 • Cons. const. 29 août 2002, n° 2002-461 DC § 63 s. • Cons. const. 20 nov. 2003, n° 2003-484 DC § 56 • Cons. const. 4 déc. 2003, n° 2003-485 DC § 35 • Cons. const. 29 juill. 2004, n° 2004-499 DC § 24 s. • Cons. const. 6 août 2009, n° 2009-588 DC § 4. ♦ V. déjà. • Cons. const. 29 juill. 1986, n° 86-210 DC § 17. ♦ Il en va de même en matière de protection de l'environnement. • Cons. const. 10 déc. 2020, n° 2020-809 DC § 13 et 14. ♦ Seul reste de l'« effet cliquet » le fait que la modification législative ne doit pas aboutir à priver de garanties légales des exigences de caractère constitutionnel. • Cons. const. 29 juill. 1986, n° 86-210 DC § 3. ♦ V. *infra* note 64.

59. Possibilité d'introduire des dérogations. Le législateur peut toujours déroger à une loi. • Cons. const. 30 déc. 1982, n° 82-155 DC § 31. ♦ Il lui est loisible d'adopter des dispositions nouvelles permettant dans certaines conditions de déroger à des prescriptions qu'il avait antérieurement édictées. • Cons. const. 28 juill. 1993, n° 93-322 DC § 8 • Cons. const. 3 août 1994, n° 94-347 DC § 7. ♦ De même, aucun principe ou règle de valeur constitutionnelle n'interdit à la loi de revenir sur une exonération fiscale acquise sous l'empire d'une loi antérieure ou d'en réduire la durée. • Cons. const. 29 déc. 1983, n° 83-164 DC § 3. ♦ Il a, du reste, le pouvoir de prendre dans ce domaine des mesures rétroactives. • Cons. const. 29 déc. 1986, n° 86-223 DC § 6.

60. Possibilité de prendre des dispositions rétroactives. V. comm. ss. DDH, art. 16.

61. Conséquence de l'abrogation ou de la modification. Une loi abrogée ne peut plus être appliquée. • Crim. 16 janv. 2002 : *préc. note 45.* ♦ Lorsque de nouvelles dispositions législatives font disparaître une notion, l'entrée en vigueur de la nouvelle loi prive d'effet tous les autres textes qui se référaient à la notion disparue. • CE, ass., 2 avr. 2003, *Sarrat*, n° 249475 : *Lebon 164* ; *RFDA 2003. 803, concl. Vallée et note Pradel* ; *AJDA 2003. 932, chron. Donnat et Casas* ; *AJFP, juill. 2003, p. 21, note Guillaumont* ; *JCP Adm. 2003, n° 1398, note Guillaumont* • CE 4 juill. 2003, *Papon*, n° 254850 : *Lebon 307* ; *AJDA 2003. 1603, chron. Donnat et Casas* ; *RFDA 2003. 917, concl. Vallée*.

62. Si l'abrogation d'un texte ou d'une disposition ayant procédé à l'abrogation ou à la modification d'un texte ou d'une disposition antérieure n'est pas, par elle-même, de nature à faire revivre le premier texte dans sa version initiale, une telle remise en vigueur peut intervenir si le législateur le prévoit expressément.

• CE 28 oct. 2009, *Sté coop. agricole L'Armorique maraîchère*, n° 306708 : *Lebon T. 623* ; *Dr. adm. 2009. n° 166* ; *JCP Adm. 2010. 2001, note Bailleul.*

63. Conséquence de l'inconstitutionnalité de l'abrogation. La déclaration d'inconstitutionnalité d'une disposition abrogative a pour effet de maintenir en vigueur la disposition ancienne. Le Conseil en tire du reste les conséquences sur les autres dispositions de la loi partiellement censurée. • Cons. const. 28 juill. 1987, n° 87-230 DC § 13 • Cons. const. 28 déc. 2000, n° 2000-441 DC § 42.

b. Limites au pouvoir de modification ou d'abrogation

64. Ces modifications ne doivent pas aboutir à priver de garanties légales des exigences de caractère constitutionnel. • Cons. const. 20 janv. 1984, n° 83-165 DC § 27 • Cons. const. 22 juill. 2010, *Alain C.*, n° 2010-4/17 QPC § 15. ♦ En particulier, il ne saurait, sans motif d'intérêt général suffisant, ni porter atteinte aux situations légalement acquises ni remettre en cause les effets qui peuvent légitimement être attendus de telles situations. • Cons. const. 19 déc. 2013, n° 2013-682 DC § 14.

65. Sur l'ensemble de ces questions V. nos développements ss. DDH, art. 16, commentaires et annotations : I. D. 2.b. ♦ Sur l'effet cliquet, V. note 55.

3° MISE EN ŒUVRE PAR LE LÉGISLATEUR DE SON POUVOIR LÉGISLATIF : INCOMPÉTENCE NÉGATIVE

BIBL. Schmitter, L'incompétence négative du législateur, *AIJC 1989. 137.* – Vallée, Inconstitutionnalité négative et question préalable de constitutionnalité, *AJDA 2009. 1585* . – Conseil constitutionnel, Le contrôle des incompétences négatives, *site du Conseil constitutionnel*, A la une, *juill.-août 2014.*

66. Sur cette question en matière fiscale, V. notes 225 s.

67. Notion. Il y a violation de la Constitution : lorsque le législateur n'exerce pas les compétences qu'il tire de la Constitution. • Cons. const. 8 janv. 1991, n° 90-283 DC § 47. ♦ On parle alors d'« incompétence négative » selon les termes que le Conseil utilise lui-même. • Cons. const. 21 janv. 1997, n° 96-387 DC. ♦ Ceci est vrai en particulier lorsque le législateur n'assortit pas de garanties légales des dispositions qui pourraient affecter certains principes constitutionnels. • Cons. const. 28 juill. 1993, n° 93-322 DC § 12 • Cons. const. 23 juill. 1996, n° 96-378 DC § 27 et 28. ♦ ... Lorsqu'il ne fixe pas les règles minimales précisant le cadre de l'exercice du pouvoir réglementaire. • Cons. const. 13 janv. 2000, n° 99-423 DC § 8. ♦ Les deux causes peuvent parfois se combiner. • Cons. const. 23 juill. 1996, n° 96-378 DC § 27 et 28 • Cons. const. 5 mai 1998, n° 98-399 DC § 7.

68. Dans certains cas, le Conseil exige du législateur une mise en œuvre précise de ses compétences. Ainsi, lorsque le législateur autorise, en droit du travail, un accord collectif à déroger à une règle qu'il a lui-même édictée et à laquelle il a entendu conférer un caractère d'ordre public, il doit définir de façon précise l'objet et les conditions de cette dérogation, ce qui est le cas en l'espèce. • Cons. const. 28 déc. 2006, n° 2006-545 DC § 5.

69. Le plein exercice de sa compétence par le législateur, ainsi que l'objectif de valeur constitutionnelle d'intelligibilité et d'accessibilité de la loi, qui découle des art. 4, 5, 6 et 16 DDH, lui imposent d'adopter des dispositions suffisamment précises et des formules non équivoques. • Cons. const. 27 juill. 2006, n° 2006-540 DC § 9 • Cons. const. 19 juin 2008, n° 2008-564 DC § 25 • Cons. const. 9 juin 2011, n° 2011-631 DC § 13 • Cons. const. 28 juill. 2011, n° 2011-639 DC § 7. • Cons. const. 5 oct. 2012, *Synd. des transports d'Ile-de-France*, n° 2012-277 QPC § 3 (implicitement).

70. L'incompétence négative est du reste parfois soulevée d'office par le Conseil attestant ainsi du rôle éminent qu'il lui accorde • Cons. const. 27 juill. 2000, n° 2000-433 DC § 59 s.

71. Afin de permettre au législateur de procéder à la correction de l'incompétence négative constatée, le Conseil peut, si la déclaration immédiate d'inconstitutionnalité des dispositions contestées est de nature à méconnaître une exigence constitutionnelle et à entraîner des conséquences manifestement excessives, décider qu'il y a lieu de reporter les effets de la déclaration d'inconstitutionnalité. • Cons. const. 19 juin 2008, *OGM*, n° 2008-564 DC § 58 : *JO 26 juin, p. 10228.* ♦ Rappr. : • CE, ass., 11 mai 2004, *Assoc. AC.*, n° 255886 : *Lebon 197* . ♦ V. ss. Const. 58, art. 21, notes 154 s.

72. Il n'appartient pas au juge administratif d'apprécier si une loi est entachée d'incompétence négative et par suite méconnaît la Constitution. • CE 21 mars 2007, *Dpt de Seine-Saint-Denis*, n° 277892 B. ♦ La notion est, en revanche, étendue par le Conseil d'État au pouvoir réglementaire agissant, suite à une habilitation (Const. 58, art. 38) par ordonnance dans le domaine législatif. • CE, ass., 3 juill. 1998, *Synd. des médecins de l'Ain*, n° 188004 A : *RFDA 1998. 642, concl. Maugüé* ; *AJDA 1998. 559, chron. Raynaud et Fombeur* ; *Dr. soc. 1998. 817, note Prétot* ; *RDSS 1998. 755, note Dubouis* ; *LPA 13 août 1999, p. 17, note Trémeau.*

73. Le grief tiré de l'incompétence négative

du législateur ne peut être utilement présenté devant le Cons. const. qu'à l'encontre de dispositions figurant dans la loi qui lui est soumise et à la condition de contester les insuffisances du dispositif qu'elles instaurent. • Cons. const. 28 déc. 2018, ♔ n° 2018-777 DC § 73.

74. Une incompétence négative ne peut résulter du montant des crédits ouverts en lois de finances ou du niveau des plafonds des autorisations d'emplois fixé par une LF. • Cons. const. 28 déc. 2018, ♔ n° 2018-777 DC § 73.

75. Dans le cadre du contrôle de constitutionnalité prévu à l'art. 61-1 Const. 58 (QPC), l'incompétence négative ne peut être invoquée que dans le cas où cette méconnaissance affecte par elle-même un droit ou une liberté que la Const. garantit. • Cons. const. 18 juin 2012, ♔ *Féd. de l'énergie et des mines – FO,* n° 2012-254 QPC § 3 • Cons. const. 28 mars 2013, ♔ *SARL Majestic Champagne,* n° 2012-298 QPC § 5 • Cons. const. 25 oct. 2013, ♔ *Sté Boulanger,* n° 2013-351 QPC § 13. ♦ V., dans une rédaction légèrement différente : • Cons. const. 18 juin 2010, *SNC Kimberly Clark,* n° 2010-5 QPC § 4. ♦ V. annotations ss. Const. 58, art. 61-1.

a. Présence d'incompétence négative

76. Insuffisante précision de la loi. Les dispositions législatives doivent être suffisamment précises, en particulier lorsqu'elles limitent l'exercice d'une liberté ou d'un droit. • Cons. const. 18 sept. 1986, n° 86-217 DC § 35 • Cons. const. 17 juill. 1985, n° 85-189 DC § 17 • Cons. const. 7 déc. 2000, n° 2000-435 DC § 5 • Cons. const. 7 août 2008, n° 2008-568 DC § 15. ♦ Ceci est particulièrement vrai en matière pénale : pour permettre la détermination des auteurs d'infractions et exclure l'arbitraire dans le prononcé des peines et le bénéfice des immunités pénales. • Cons. const. 5 mai 1998, n° 98-399 DC § 7. ♦ ... Pour la mise en place de fichiers et de traitements d'informations nominatives portant sur des infractions, condamnations et mesures de sûreté. • Cons. const. 29 juill. 2004, n° 2004-499 DC § 11. ♦ Rappr., s'agissant du régime des traitements de données à caractère personnel relatives aux condamnations pénales, aux infractions ou aux mesures de sûreté connexes. • Cons. const. 12 juin 2018, ♔ n° 2018-765 DC § 46. ♦ ... Pour la transmission aux services de police et de gendarmerie nationales ainsi qu'à la police municipale d'images captées par des systèmes de vidéosurveillance dans des parties non ouvertes au public d'immeubles d'habitation. • Cons. const. 25 févr. 2010, ♔ n° 2010-604 DC § 22 et 23. ♦ ... La mise en œuvre de la signature électronique par l'intermédiaire de la carte nationale d'identité. • Cons. const. 22 mars 2012, n° 2012-652 DC § 14. ♦ ... Priver la personne gardée à vue du libre choix de son avocat. • Cons. const. 17 févr. 2012, *Ordre des avocats au barreau de Bastia,* n° 2011-223 QPC § 7.

77. Ambiguïté de la loi. Le législateur doit faire en sorte que les lois soient assorties de prescriptions et de précisions interdisant toute interprétation ou pratique abusive. • Cons. const. 29 déc. 1983, n° 83-164 DC § 30 • Cons. const. 9 juin 2011, n° 2011-631 DC § 14. ♦ Aussi, dès lors qu'un texte est susceptible d'au moins deux interprétations, il appartient au seul législateur, dans les domaines de sa compétence, de lever cette ambiguïté et ce d'autant plus que des arguments en faveur de l'une et de l'autre interprétations peuvent être trouvés dans les travaux préparatoires. • Cons. const. 10 juill. 1985, n° 85-191 DC § 5. ♦ Dès lors seront contraire à la Constitution : une loi dont l'imprécision porte au principe d'égalité devant la loi une atteinte disproportionnée par rapport à l'objectif d'intérêt général. • Cons. const. 6 déc. 2001, n° 2001-452 DC § 7. ♦ ... Une disposition trop imprécise que les travaux parlementaires n'éclairent pas. • Cons. const. 28 juill. 2011, n° 2011-639 DC § 10.

78. Le législateur n'a pas pleinement exercé sa compétence : en ne posant ni la règle que la servitude (de pose d'antenne sur des propriétés) doit être établie par une autorité de l'État ni le principe d'une procédure destinée à informer les intéressés des motifs rendant nécessaire l'établissement de la servitude et à leur permettre de faire connaître leurs observations. • Cons. const. 13 déc. 1985, n° 85-198 DC § 12. ♦ ... En instituant une obligation préalable à l'établissement du plan social, sans préciser les effets de son inobservation et, en particulier, en laissant aux autorités administratives et juridictionnelles le soin de déterminer si cette obligation est une condition de validité du plan social, et si son inobservation rend nulles et de nul effet les procédures de licenciement subséquentes. • Cons. const. 13 janv. 2000, n° 99-423 DC § 8. ♦ ... En omettant de préciser les conditions de forme de la saisine d'un « hébergeur » par un tiers estimant que le contenu hébergé « est illicite ou lui cause un préjudice » et en ne déterminant pas les caractéristiques essentielles du comportement fautif de nature à engager, le cas échéant, la responsabilité pénale des intéressés. • Cons. const. 27 juill. 2000, n° 2000-433 DC § 61. ♦ ... En ne définissant ni la portée de l'obligation qu'il a posée, ni les conditions financières de sa mise en œuvre, ni celles de son application dans le temps. • Cons. const. 13 août 2015, ♔ n° 2015-718 DC § 19.

79. Renvoi sans précision au pouvoir réglementaire. Si le législateur peut déléguer la mise en œuvre de la sauvegarde des droits et des libertés constitutionnellement garantis au pouvoir réglementaire, il doit toutefois déterminer lui-même la nature des garanties nécessaires. • Cons. const. 23 juill. 1996, n° 96-

378 DC § 27. ♦ Il en est de même si le renvoi au pouvoir réglementaire est défini de manière trop générale. • Même décision *§ 27 et 28* • Cons. const. 28 juill. 2011, n° 2011-639 DC § 10. • Cons. const. 13 août 2015, n° 2015-718 DC § 24. ♦ En particulier lorsque sont en jeu des questions relatives à des libertés. • Cons. const. 19 juin 2008, n° 2008-564 DC § 57 • Cons. const. 13 août 2015, n° 2015-718 DC § 36.

80. De même, s'il peut confier à une collectivité locale la tâche d'assurer le recouvrement d'une imposition perçue à son profit, il doit en déterminer les règles avec une précision suffisante. • Cons. const. 29 déc. 1998, n° 98-405 DC § 59. ♦ De même encore ne saurait-il renvoyer à une convention conclue entre des collectivités territoriales le soin de désigner l'une d'entre elles comme chef de file pour l'exercice d'une compétence ou d'un groupe de compétences relevant des autres sans définir les pouvoirs et les responsabilités afférents à cette fonction • Cons. const. 26 janv. 1995, n° 94-358 DC § 57.

81. Ne peuvent être purement et simplement renvoyés au pouvoir réglementaire, sans être assortie d'aucune limite : la fixation de la date à laquelle des dispositions législatives entreront en vigueur. • Cons. const. 29 déc. 1986, n° 86-223 DC § 14 • Cons. const. 28 juill. 1989, n° 89-260 DC § 40 • Cons. const. 25 juill. 1990, n° 90-277 DC § 26. ♦ ... La fixation de l'importance de la représentation des salariés au Conseil d'administration ou de surveillance des entreprises du secteur public qui met en cause des principes fondamentaux touchant soit au droit du travail, soit aux obligations civiles et commerciales. • Cons. const. 20 juill. 1983, n° 83-162 DC § 18. ♦ ... La détermination des conditions dans lesquelles est assurée, dans le secteur public, la représentation d'une personne privée pour l'exercice de ses droits patrimoniaux qui met en cause un principe fondamental du droit de propriété et des obligations civiles et commerciales. • Cons. const. 20 juill. 1983, n° 83-162 DC § 27. ♦ ... La détermination des catégories d'obligations applicables aux organismes de placement collectif en valeurs mobilières qui met en cause le même principe. • Cons. const. 28 juill. 1989, n° 89-260 DC § 37. ♦ ... La possibilité de déroger aux règles législatives de création de catégories d'établissements publics. • Cons. const. 28 juill. 1993, n° 93-322 DC § 12. ♦ ... Le choix, pour l'organisation d'élections cantonales partielles, *de toute date à sa convenance dans le délai* dérogatoire de 6 mois (au lieu de 3), suivant l'ouverture de la vacance sans préciser les conditions ni les limites de ce choix. • Cons. const. 5 janv. 1988, n° 87-233 DC § 6 et 7. ♦ ... La détermination de la fraction du produit de la taxe d'apprentissage affectée aux centres de formation d'apprentis et aux sections d'apprentissage. • Cons. const. 29 nov. 2013, n° 2013-684 DC § 26.

82. Enfin, le législateur ne peut abandonner au pouvoir réglementaire la détermination du champ d'application des règles qu'il pose. • Cons. const. 26 juill. 1984, n° 84-173 DC § 4 • Cons. const. 5 mai 1998, n° 98-399 DC § 7 • Cons. const. 18 mars 2009, n° 2009-578 DC § 6 • Cons. const. 13 août 2015, n° 2015-718 DC § 24. ♦ ... Ou lui confier la compétence pour modifier le champ d'application de la loi. • Cons. const. 1er août 2013, *Sté Natixis Asset Management,* n° 2013-336 QPC § 18.

83. Par extension, il n'est pas possible, dans certaines matières relevant de sa compétence, de renvoyer les précisions faisant défaut dans la loi aux seules autorisations délivrées par la Commission nationale de l'informatique et des libertés. • Cons. const. 29 juill. 2004, n° 2004-499 DC § 12. ♦ De même il n'est pas possible de renvoyer à la Cour des comptes le pouvoir de coordonner les modalités des certifications des comptes des établissements publics de santé par les commissaires aux comptes, sans fixer l'étendue et les limites de ce pouvoir. • Cons. const. 16 juill. 2009, n° 2009-584 DC § 31.

84. En revanche, le renvoi au pouvoir réglementaire du soin d'édicter une « charte des droits et devoirs du citoyen français », sans force normative et ne faisant que rappeler les principes, valeurs et symboles essentiels de la République, n'est pas frappé d'incompétence négative. • Cons. const. 9 juin 2011, n° 2011-631 DC § 14.

85. Renvoi à la négociation collective. V. point V. ss. Préamb. Const. 1946, al. 8.

86. Renvoi à l'employeur. En permettant, par les dispositions contestées, aux opérateurs de plateforme de fixer eux-mêmes, dans une « charte », les éléments de leur relation avec les travailleurs indépendants qui ne pourront être retenus par le juge pour caractériser l'existence d'un lien de subordination juridique et, par voie de conséquence, l'existence d'un contrat de travail, le législateur leur a permis de fixer des règles qui relèvent de la loi et, par conséquent, a méconnu l'étendue de sa compétence. • Cons. const. 20 déc. 2019, n° 2019-794 DC § 28.

87. Renvoi à des lois futures. Compte tenu du caractère particulièrement sensible de la matière concernée (traitement de données individuelles), le législateur ne pouvait pas se contenter, ainsi que le prévoit la disposition critiquée éclairée par les débats parlementaires, de poser une règle de principe et d'en renvoyer intégralement les modalités d'application à des lois futures. • Cons. const. 29 juill. 2004, n° 2004-499 DC § 12.

b. Absence d'incompétence négative

1. Conditions à remplir par le législateur

88. Principes. Le législateur n'a pas méconnu l'étendue de sa compétence dès lors que les dispositions législatives : ne comportent pas de lacune. • Cons. const. 14 janv. 1999, n° 98-407 DC § 31 • Cons. const. 9 nov. 1999, n° 99-419 DC § 22 s. ♦ ... Sont suffisamment précises. • Cons. const. 15 janv. 1992, n° 91-304 DC § 10 • Cons. const. 6 mars 1998, n° 98-397 DC § 17 • Cons. const. 20 juin 1998, n° 98-401 DC § 16 • Cons. const. 16 janv. 2001, n° 2000-439 DC § 12. ♦ ... Se réfèrent à une directive communautaire elle-même suffisamment précise. • Cons. const. 28 déc. 2000, n° 2000-441 DC § 30. ♦ ... Énumèrent limitativement et précisément les dérogations autorisées. • Cons. const. 18 déc. 1998, n° 98-404 DC § 10. ♦ ... Ne sont ni obscures, ni ambiguës. • Cons. const. 12 mai 2011, n° 2011-629 DC § 21 • Cons. const. 9 juin 2011, n° 2011-631 DC § 14. ♦ ... Que les critères retenus ne revêtent pas un caractère équivoque. • Cons. const. 4 avr. 2014, ⚖ *Sté Sephora,* n° 2014-373 QPC § 13.

89. Si un doute subsiste, le Conseil constitutionnel procède à l'interprétation de la loi pour en éclairer le sens. • Cons. const. 7 déc. 2000, n° 2000-436 DC § 40. ♦ Il pourra au besoin émettre des réserves « constructives » (sur cette notion V. notes ss. Const. 58, art. 62) pour conclure à l'absence d'incompétence négative. • Cons. const. 4 août 2016, ⚖ n° 2016-736 DC § 36.

90. Non-intervention dans une matière qui n'est pas législative. Le législateur n'entache pas la loi d'incompétence négative en n'intervenant pas dans des matières qui ne sont rangées, ni par le présent art. ni par d'autres dispositions de la Constitution, dans le domaine de la loi. Tel est le cas de la définition du rôle du rapporteur d'une commission administrative à caractère consultatif. • Cons. const. 20 nov. 2003, n° 2003-484 DC § 34.

91. Encadrement suffisant de l'autorité administrative. Le législateur encadre suffisamment l'action de l'autorité administrative en fixant les conditions objectives nécessaires et suffisantes pour la délivrance de l'agrément qui ne peut être refusé que par une décision motivée. • Cons. const. 29 déc. 1999, n° 99-424 DC § 32. ♦ De même peut-il : charger le conseil d'administration de l'Office français de protection des réfugiés et apatrides d'arrêter, au vu de leur situation effective, la liste des « pays d'origine sûrs » répondant à la définition donnée dans la loi : pays qui « veille au respect des principes de la liberté, de la démocratie et de l'État de droit, ainsi que des droits de l'homme et des libertés fondamentales ». • Cons. const. 4 déc. 2003, n° 2003-485 DC § 32. ♦ ... Subordonner à l'avis conforme d'une commission administrative dont il a défini les règles générales de composition et qui doit notamment s'assurer qu'il n'est pas porté atteinte à l'embryon, les décisions individuelles relatives à des études à finalités médicales. • Cons. const. 27 juill. 1994, n° 94-343/344 DC § 11. ♦ ... Renvoyer à un décret en Conseil d'État la seule définition des seuils et des conditions de mise en œuvre de l'obligation d'information préalable imposée aux collectivités territoriales et leurs établissements publics informant l'État avant toute opération affectant le compte du Trésor. • Cons. const. 29 déc. 2003, n° 2003-489 DC § 34. ♦ Le législateur encadre également suffisamment l'action de l'autorité administrative : en confiant à un décret le soin de préciser les cas dans lesquels l'Autorité de régulation des télécommunications pourra utiliser les trois modalités de contrôle que le législateur a lui-même fixées. • Cons. const. 1er juill. 2004, n° 2004-497 DC § 5. ♦ ... En renvoyant à un décret en Conseil d'État le soin de fixer la liste des États dont l'état civil est défaillant et dans lesquels le dispositif sera appliqué à titre expérimental, les conditions de mise en œuvre des mesures d'identification des personnes par leurs empreintes génétiques, la durée de l'expérimentation dans les limites fixées par la loi et, enfin, les modalités d'habilitation des personnes autorisées à procéder à ces mesures. • Cons. const. 15 nov. 2007, n° 2007-557 DC § 21. ♦ ... En faisant référence à la « définition communautaire », le pouvoir réglementaire devant prendre en considération, sans être tenu de le retenir, le seuil d'étiquetage fixé par les art. 12 et 24 du règlement 1829/2003 susvisé et par l'art. 21 de la directive 2001/18/CE lorsque la présence d'organismes génétiquement modifiés autorisés est fortuite ou techniquement inévitable. • Cons. const. 19 juin 2008, n° 2008-564 DC § 28 et 29. ♦ ... En confiant au Conseil d'État le soin de préciser les diplômes, les titres homologués ou la durée et les modalités de validation de l'expérience professionnelle qui justifient de la qualification permettant l'exercice de certaines professions. • Cons. const. 24 juin 2011, *Assoc pour le développement économique,* n° 2011-139 QPC § 9. ♦ ... En se bornant à renvoyer au décret le soin de définir, dans le respect de ces exigences constitutionnelles, les conditions de l'enregistrement, de la conservation et du transfert du pli au bureau de vote ; il n'a pas habilité le pouvoir réglementaire à adopter des dispositions qui mettent en cause les règles concernant le régime électoral des assemblées parlementaires ou des instances représentatives des Français établis hors de France. • Cons. const. 18 juill. 2013, ⚖ n° 2013-673 DC § 16. ♦ ... En confiant à l'autorité administrative le soin d'accorder certaines dérogations dans des conditions fixées par la loi. • Cons. const. 4 avr.

2014, *Sté Sephora,* n° 2014-373 QPC § 13. ♦ ... En confiant seulement au décret le soin de définir les conditions dans lesquelles la contribution en nature est apportée pour s'assurer que la mise à disposition d'encarts publicitaires soit d'une valeur équivalente à celle de la contribution financière. • Cons. const. 13 août 2015, n° 2015-718 DC § 40. ♦ ... En dispensant l'autorité administrative, en cas d'urgence absolue, d'avoir à préalablement aviser et convoquer pour être entendu l'étranger à expulser. • Cons. const. 5 oct. 2016, *Nabil F.,* n° 2016-580 QPC § 12. ♦ ... En renvoyant au pouvoir réglementaire la détermination des motifs d'intérêt général susceptibles de justifier, compte tenu des circonstances de l'espèce, de déroger aux règles de publicité et de mise en concurrence préalables en matière de marché public, dès lors qu'il a précisé que ces dérogations ne sauraient s'appliquer que dans le cas où, en raison notamment de l'existence d'une première procédure infructueuse, d'une urgence particulière, de son objet ou de sa valeur estimée, le recours à ces règles serait manifestement contraire à de tels motifs. • Cons. const. 3 déc. 2020, n° 2020-807 DC § 43.

92. Détail de la loi suffisant. Le législateur n'a pas méconnu l'étendue de sa compétence dès lors qu'il a déterminé avec une précision suffisante : les conditions dans lesquelles doit être mis en œuvre le principe de la participation des salariés. • Cons. const. 20 juill. 1983, n° 83-162 DC § 35. ♦ ... Les fins d'intérêt général qui doivent être respectées pour pouvoir interdire la division d'une propriété foncière. • Cons. const. 17 juill. 1985, n° 85-189 DC § 17. ♦ ... Que d'une part, la désignation des membres de la Commission des opérations de bourse, dans sa nouvelle composition, devra intervenir au plus tard à l'expiration du mandat des membres la composant présentement, et que, d'autre part, le ministre chargé de l'économie sera tenu de constater, sans délai, la date d'installation de la Commission dans sa nouvelle composition. • Cons. const. 28 juill. 1989, n° 89-260 DC § 42. ♦ ... Les conditions générales d'accès des ressortissants des États membres de la CEE autres que la France à certains emplois de la fonction publique. • Cons. const. 23 juill. 1991, n° 91-293 DC § 12. ♦ ... Le législateur ne méconnaît pas non plus l'étendre de sa compétence dès lors : qu'il a défini avec précision la procédure spécifique d'adoption du budget en cas de rejet du projet de budget initial en prévoyant, en particulier, que le nouveau projet de budget doit être approuvé par le bureau, s'il existe même si cette existence dépend de la décision du président du conseil régional d'accorder ou non des délégations. • Cons. const. 6 mars 1998, n° 98-397 DC § 17. ♦ ... Qu'il a défini avec suffisamment de précisions quant à son objet et à sa portée l'obligation de création de logement sociaux mise à la charge des communes. • Cons. const. 7 déc. 2000, n° 2000-436 DC § 40. ♦ ... Qu'il a défini de manière précise les termes ou expressions qu'il utilise. • Même décision, § 55 • Cons. const. 24 juill. 2015, *Assoc. French Data Network et a.,* n° 2015-478 QPC § 11 à 14. ♦ ... Qu'il définit de façon limitative et précise les motifs de refus de validation des attestations d'accueil, fixe à un mois le délai dans lequel le maire, comme le cas échéant le préfet, sur recours hiérarchique, doivent se prononcer de façon explicite ou implicite et qu'il prévoit qu'en cas de refus résultant d'une manifestation non équivoque de volonté de l'hébergeant de faire visiter son logement, les conditions normales de logement sont réputées ne pas être remplies. • Cons. const. 20 nov. 2003, n° 2003-484 DC § 17. ♦ ... Qu'il définit de façon précise l'objet et les conditions, de fond comme de forme, que doivent respecter les accords collectifs pour pouvoir déroger, le cas échéant dans un sens défavorable aux salariés, à des règles d'ordre public qu'il a lui-même édictées. • Cons. const. 29 avr. 2004, n° 2004-494 DC § 10. ♦ ... Qu'il a prévu une simple faculté de déroger, par accord collectif, aux règles fixées en matière de communication d'informations au comité d'entreprise par d'autres dispositions du code du travail ; déterminé la périodicité et le contenu obligatoires du rapport qui, dans une telle hypothèse, se substitue à ces documents, ainsi que les modalités de sa communication aux membres du comité d'entreprise ; encadré de façon précise la possibilité de conclure un accord collectif dérogatoire et n'a pas privé les représentants des salariés des informations nécessaires pour que soit assurée la participation des travailleurs à la détermination collective des conditions de travail et à la gestion de l'entreprise. • Cons. const. 28 déc. 2006, n° 2006-545 DC § 7. ♦ ... Qu'il définit de façon suffisamment précise, quant à leur objet et à leur portée, les obligations mises à la charge de collectivités dont il rend obligatoire l'adhésion à un syndicat. • Cons. const. 22 févr. 2007, n° 2007-448 DC § 12. ♦ ... Qu'il assortit les échanges d'informations qu'il a autorisés de limitations et précautions propres à assurer la conciliation qui lui incombe entre, d'une part, le droit au respect de la vie privée et, d'autre part, les exigences de solidarité découlant du Préambule de 1946. • Cons. const. 3 mars 2007, n° 2007-553 DC § 7. ♦ ... Qu'il a prévu des garanties suffisantes afin qu'il ne résulte pas de la procédure prévue aux art. L. 246-1 et L. 246-3 CSI une atteinte disproportionnée au droit au respect de la vie privée, aux droits de la défense, au droit à un procès équitable, y compris pour les avocats et journalistes. • Cons. const. 24 juill. 2015, *Assoc. French Data Network et a.,* n° 2015-478 QPC § 19. ♦ ... Que l'obligation qu'il impose aux distributeurs de services audiovisuels d'avoir à mettre à disposition gratuite des services d'initiative locale destinés aux informations de la vie locale ne s'applique qu'aux abonnés situés dans la zone géographique de la collectivité ou du groupement qui édite le service, et est limitée au transport et à la diffusion des programmes de ces services sans que soit imposée la réalisation de travaux de raccordement ou de génie civil, et qu'il a entendu expressément exclure du champ de cette obligation la prise en charge de la numérisation des programmes. • Cons. const. 23 mars 2016, *Iliade et a.*, n° 2015-529 QPC § 8. ♦ ... Que, en faisant référence à la « conviction professionnelle formée dans le respect de la charte déontologique » de l'organisme qui emploie le journaliste, il a défini le critère en fonction duquel ce dernier pourra refuser d'accomplir un acte demandé par son employeur en renvoyant aux exigences et aux usages propres à la profession de journaliste, le cas échéant rappelés par cette charte déontologique, auxquels l'intéressé a marqué son attachement. Ce critère ne présente pas un caractère équivoque. • Cons. const. 10 nov. 2016, n° 2016-738 DC § 7. ♦ ... Qu'il a déterminé les prestations susceptibles d'être allouées aux assurés du régime d'assurance vieillesse des avocats et a défini la nature de la condition exigée pour l'attribution de chacune de ces prestations. • Cons. const. 20 mai 2020, *Emmanuel W.*, n° 2020-840 QPC § 7.

93. Il en est de même lorsque, en l'absence de disposition particulière dans la loi, il est clair que le législateur a entendu renvoyer aux règles de droit commun en la matière (recouvrement des créances d'un établissement public administratif). • Cons. const. 18 juill. 2001, n° 2001-447 DC § 21.

94. Les précisions à apporter par le législateur sont d'autant moins contraignantes que l'on se place dans les matières pour lesquelles il doit simplement déterminer les principes fondamentaux. Ainsi, en est-il s'agissant du droit du travail et de la sécurité sociale, dès lors : qu'il a prévu le principe même de la majoration de l'aide accordée par l'État aux entreprises et précisé les catégories de bénéficiaires. • Cons. const. *20 juin 1998, n° 98-401 DC § 14.* ♦ ... Qu'il a précisé la nature des organisations syndicales susceptibles de bénéficier d'une aide. • Même décision *§ 17.* ♦ ... Qu'il a posé le principe et définit les conditions et critères du droit à prestation. • Cons. const. 18 déc. 1998, n° 98-404 DC § 13. ♦ ... Qu'il a prévu que le taux d'un prélèvement social sera compris entre 50 % et 75 % des sommes en cause. • Cons. const. 18 juill. 2001, n° 2001-447 DC § 21. ♦ ... Qu'il a défini un critère principal de répartition des concours versés par un fonds, les deux autres critères ne servant qu'à le moduler. • Même décision, § 26. ♦ ... Qu'il précise et complète des dispositions préexistantes relatives aux pouvoirs de police administrative appartenant d'ores et déjà à l'autorité préfectorale en cas d'urgence, lorsque le rétablissement de l'ordre public exige des mesures de réquisition. • Cons. const. 13 mars 2003, n° 2003-467 DC § 4.

95. En revanche, les précisions doivent être plus grandes dès lors qu'il appartient au législateur de fixer les règles comme par exemple en matière fiscale. • Cons. const. 21 déc. 1999, n° 99-422 DC § 19 • Cons. const. 16 janv. 2001, n° 2000-439 DC § 12. ♦ V. notes 225 s.

2. Validité de l'intervention du pouvoir réglementaire

96. *Principe.* Dès lors que le législateur a respecté sa compétence, il appartient normalement au pouvoir réglementaire de prendre les mesures d'application de la loi dans les limites fixées par celle-ci. • Cons. const. 17 janv. 1989, n° 88-248 DC § 13. ♦ ... Et à la condition de ne pas en altérer la portée. • Cons. const. 8 janv. 1991, n° 90-283 DC § 36.

97. Dès lors que l'autorité réglementaire est dûment habilitée à agir par le législateur, celle-ci n'empiète pas sur la compétence reconnue au législateur par le présent art. lorsqu'elle exerce sa compétence dans le cadre de l'habilitation reçue • CE, ass., 27 oct. 1989, *Cottrel*, n° 95511 A : *Lebon 215 ; RFDA 1990. 48, concl. Guillenchmidt ; AJDA 1990. 60, note N.B.* • CE 29 juill. 1994, *Assoc. défense des infirmiers libéraux*, n° 147217 A • CE, sect., 13 mars 1998, *Féd. nat. stés d'économie mixte*, n° 148415 A • CE 23 févr. 2000, *Guez*, n° 173290 A. ♦ V. aussi *a contrario* notes ss. Const. 58, art. 21.

98. *Habilitation du pouvoir réglementaire.* Ainsi le législateur peut-il confier à l'autorité réglementaire le soin : d'agréer, après avoir vérifié si elles répondent aux conditions fixées par le législateur, les fondations ou associations susceptibles de recevoir des dons donnant aux entreprises un avantage fiscal. • Cons. const. 29 déc. 1984, n° 84-184 DC § 26. ♦ ... De fixer, de manière à ne pas créer, entre familles, des différences de traitement injustifiées, la fraction et les divers plafonds prévus par la loi pour la fixation du montant de l'allocation de garde d'enfants qu'il a créé et dont il a précisé qu'elle serait d'une part plafonnée et d'autre part majorée selon l'âge de l'enfant gardé et les ressources de la personne ou du ménage. • Cons. const. 18 déc. 1997, n° 97-393 DC § 46. ♦ ... De préciser les conditions, de nature administrative et technique, dans lesquelles le Conseil supérieur de l'audiovisuel constate la part d'audience des services de télévision par voie hertzienne. • Cons. const.

11 juill. 2001, n° 2001-450 DC § 26. ♦ ... De fixer le montant en deçà duquel il n'y aura pas lieu à compensation par l'État des pertes de recettes, la loi ayant apporté une limite concernant les cotes d'imposition très faibles. • Cons. const. 30 déc. 1987, n° 87-237 DC § 6. ♦ ... De faire varier le nombre de ces représentants des salariés dans la fourchette fixée par la loi. • Cons. const. 20 juill. 1983, n° 83-162 DC § 35. ♦ ... De fixer les modalités de mise en œuvre des règles déterminées par la loi précisant dans quels cas le droit de préemption est susceptible ou non d'être exercé ainsi que les catégories de personnes et notamment les collectivités territoriales qui peuvent être titulaires de l'exercice de ce droit. • Cons. const. 29 mai 1990, n° 90-274 DC § 24. ♦ ... De fixer les plafonds de cumul de ressources des intéressés et, le cas échéant, de leur conjoint ou de leur concubin et de déterminer la modulation, selon l'état des personnes, des montants de prestation de dépendance pris en compte pour la tarification d'établissements qui accueillent ces personnes, la loi ayant précisé que le bénéfice de cette prestation était soumis à des conditions d'âge, de ressources, de degré de la dépendance subie. • Cons. const. 21 janv. 1997, n° 96-387 DC § 6. ♦ ... De fixer la limite d'âge, prévue par la loi, pour que les personnes handicapées bénéficient de l'allocation compensatrice pour tierce personne, le législateur pouvait prévoir que la fixation de cet âge serait effectuée par décret. • Même affaire. ♦ ... De fixer le coefficient multiplicateur applicable à une activité déterminée, en tenant compte, comme l'a précisé le législateur, des risques particuliers que l'activité exercée dans les installations classées, tant par sa nature que par son volume, fait courir à l'environnement. • Cons. const. 21 déc. 1999, n° 99-422 DC § 19. ♦ ... De fixer les modalités de répartition d'une dotation entre les collectivités en tenant compte notamment de l'éloignement de chacune d'entre elles avec la métropole dès lors qu'il s'agit d'une subvention versée par l'État aux collectivités d'outre-mer pour l'exercice d'une compétence facultative. • Cons. const. 17 juill. 2003, n° 2003-474 DC § 21. ♦ ... De fixer les délais dans lesquels l'OFPRA statue selon une procédure dite « prioritaire ». • Cons. const. 4 déc. 2003, n° 2003-485 § 57. ♦ ... De fixer, s'agissant d'une procédure administrative, le délai de délivrance du document provisoire de séjour permettant de déposer une demande d'asile. • Même décision § 63. ♦ Rappr. s'agissant d'édicter une charte sans valeur normative. • Cons. const. 9 juin 2011, n° 2011-631 DC § 14. ♦ ... De fixer la valeur de certains seuils dès lors qu'il a précisé la nature et les critères de ceux-ci. • Cons. const. 16 mai 2019, n° 2019-781 DC § 22.

99. Il est possible, dès lors qu'il s'agit simplement de déterminer une méthodologie que le législateur renvoie directement au ministre pour la fixer. • Cons. const. 24 juill. 2008, n° 2008-567 DC § 6.

100. Le pouvoir réglementaire, une fois également habilité, peut, par exemple, sans violer les dispositions du présent art. : fixer les conditions exigées pour être admis au concours des écoles vétérinaires en imposant aux candidats de se présenter dans un certain délai après l'obtention du baccalauréat ou d'autres diplômes. • CE 16 mars 1998, *Assoc. élèves, parents d'élèves et professeurs des classes préparatoires vétérinaires : Lebon 85 ; Dr. adm. 1998, n° 149, note R.S.* ♦ ... Déterminer les conditions dans lesquelles un médecin doit communiquer un pronostic fatal aux proches d'un patient. • CE 30 avr. 1997, *Synd. des médecins d'Aix : Lebon 171* . ♦ ... Procéder à la définition des fonctions correspondant aux divers cadres d'emploi et emplois de niveau hiérarchique différents en se référant au critère démographique des communes où ces emplois sont exercés. • CE, ass., 27 oct. 1989, *Féd. CGT services publics : Lebon 209 ; RFDA 1990. 48, concl. Guillenchmidt ; AJDA 1990. 60, note N.B* . ♦ ... Créer ou diversifier un mécanisme de loterie. • CE 22 mars 1978, *Sté d'encouragement pour l'amélioration des races de chevaux : Lebon 146* • CE 17 mars 1995, *Synd. casinos autorisés de France : Lebon 131* . ♦ ... Imposer aux casinos le contrôle de l'identité des joueurs à l'aide d'un document probant. • CE 25 mai 1994, *Casinos de France : Lebon 256* . ♦ ... Organiser la profession de commissaire aux comptes, déterminer son régime disciplinaire et les conditions dans lesquelles les commissaires aux comptes sont groupés en organismes professionnels. • CE 23 févr. 2000, *Guez : préc. note 97.*

101. Dès lors que le législateur n'indique pas l'étendue de la compétence réglementaire, celui-ci reste limité à la simple mise en œuvre des dispositions de la loi. Elle ne peut avoir pour seul objet que de préciser la nature des données qui sont fournies au titre de chacun des éléments du rapport énumérés par cet art. et d'organiser la procédure de transmission de ce rapport à l'inspecteur du travail. • Cons. const. 16 déc. 1993, n° 93-328 DC § 11. ♦ De même, le renvoi à un décret du soin de fixer notamment « les conditions dans lesquelles les agents de l'administration sont habilités à procéder aux visites » prévues doit s'entendre comme la simple mise en œuvre des règles fixées par la disposition prévoyant ces visites. • Cons. const. 28 déc. 1990, n° 90-286 DC § 17.

102. Possibilité de recours à une autorité administrative indépendante. V. notes ss. Const. 58, art. 21.

103. Pouvoir de police générale. Sur la compétence du pouvoir réglementaire en matière de police générale, V. notes ss. Const. 58, art. 37.

C. PROTECTION DE LA COMPÉTENCE DU LÉGISLATEUR

104. Sont annulés les règlements qui : violent les dispositions législatives, V. notes ss. Const. 58, art. 21. ♦ ... Empiètent sur le pouvoir du législateur en dehors de toute habilitation donnée en vertu de l'art. 38 Const. Cependant, l'habilitation peut parfois résulter d'un texte ancien non encore abrogé. • CE, ass., 5 mars 2003, *Ordre des avocats à la cour d'appel de Paris,* n° 238039 : *Lebon 89 ; AJDA 2003. 718, chron. Donnat et Casas ; D. 2003. 851, note Dreyfus ; Dr. adm. 2003, n° 105, note Ménémésis* • CE 30 juill. 2003, *Conseil régional d'Alsace,* n° 251201 : *AJDA 2004. 389, note Le Goff* • CE 11 févr. 2010, *Borvo,* n° 324233 : *AJDA 2010. 295* .

105. Néanmoins, sauf si le texte est clair, le juge administratif peut, par l'interprétation qu'il donne des dispositions législatives, éviter d'avoir à sanctionner l'illégalité qui pourrait l'entacher. • CE, ass., 27 oct. 1999, *Cne de Houdan,* n° 188685 : *Lebon 326 ; AJDA 2000. 259, note Morand-Deviller ; JCP N 1999. 1764, note Bourgois ; BJDU 199. 370, concl. Maugüé et note Touvet ; AJDI 2000. 547, obs. Lévy ; Gaz. Pal. 2000. 489, note Sillard* • CE 30 déc. 2002, *Ordre des avocats à la cour de Paris,* n° 234415 : *Lebon 487* • CE 12 févr. 2003, *Forte,* n° 235869 : *Lebon 33 ; Dr. soc. 2003. 717, note Chaumette* .

106. Le juge recherche l'interprétation aussi bien dans les travaux préparatoires. • CE, ass., 16 mars 1956, *Garrigou : Lebon 121 ; D. 1956. 253, note Laurent ; AJDA 1956. 199, note J.A. ; ibid. 1956. 220, Chron. Fournier et Braibant* • CE 12 févr. 1982, *Cne d'Aurillac : Lebon 68 ; AJDA 1982. 469, note Gaudemet* • CE 16 avr. 1986, *CFDT : Lebon 104, concl. Boyon* • CE 15 mai 1987, *Ordre des avocats à la cour de Paris : Lebon 175 ; RFDA 1988. 145, concl. Marimbert* • CE sect., 27 mai 1994, *Sté Frank Alexandre,* n° 135410 : *Lebon 261 ; RFDA 1995. 43, concl. Lasvignes* • CE 26 mars 2004, *Vivier et Piccirillo,* n° 248758 : *Lebon T. 548* . ♦ ... Que dans le rapprochement des différentes dispositions du texte. • CE 18 mars 1983, *Nguyen Ti Nam : JCP 1983. 20111, note Auby.*

II. ÉTENDUE DU DOMAINE DE LA LOI

107. Sur les lois de finances, V. notes ss. Const. 58, art. 47, et LOLF du 1er août 2001, App., v° *Gouvernance financière.*

108. Sur les LFSS, V. notes ss. CSS, art. L.O. 111-3 s., App., v° *Gouvernance financière,* et notes ss. Const. 58, art. 47-1.

109. Sur les lois de programmation des finances publiques, V. notes ss. L. org. n° 2012-1403 du 17 déc. 2012, App., v° *Gouvernance financière.*

110. Sur les lois de programmation, V. notes ss. Const. 58, art. 70.

111. Généralités. La loi votée n'exprime la volonté générale que dans le respect de la Constitution. • Cons. const. 23 août 1985, n° 85-197 DC § 27. ♦ Dès lors, les dispositions du présent art. ne sauraient se dispenser, dans l'exercice de sa compétence, du respect des principes et des règles de valeur constitutionnelle qui s'imposent à tous les organes de l'État. • Cons. const. 16 janv. 1982, n° 81-132 DC § 18 • Cons. const. 25 juin 1986, n° 86-207 DC § 51.

112. Quelle que soit la matière concernée, qu'elle soit mentionnée au présent art. dans la rubrique des « règles » ou des « principes », il est possible au pouvoir réglementaire d'intervenir. • Cons. const. 27 nov. 1959, n° 59-1 L : *Rec. Cons. const. 67 ; RJC II-1 ; JO 14 janv., p. 442 ; D. 1960. 518, note Hamon ; RD publ. 1960. 1018, note Waline ; GDCC, 11e éd., n° 5.* ♦ En effet, il appartient au pouvoir réglementaire d'édicter les mesures nécessaires pour l'application des « règles ». • Cons. const. 19 févr. 1963, n° 63-23 L : *Rec. Cons. const. 29 ; RJC II-13 ; JO 16 mai, p. 4466 ; D. 1964. 92, note Hamon ; RD publ. 1966. 107, note Courvoisier et Hamon* • Cons. const. 24 oct. 1980, n° 80-116 L § 1 : *Rec. Cons. const. 68 ; RJC. II-90 ; JO 25 oct., p. 2491* • Cons. const. 12 oct. 1982, n° 82-126 L : *Rec. Cons. const. 102 ; RJC II-99 ; JO 13 oct., p. 3062* • CE 3 juill. 1996, *Meyet : Lebon 259 ; D. 1997. 485, note Verpeaux* .

A. ÉTENDUE CONSTITUTIONNELLE

113. Le domaine de la loi est déterminé non seulement au présent art. mais aussi par d'autres dispositions de la Constitution. • Cons. const. 2 juill. 1965, n° 65-34 L § 1 : *Rec. Cons. const. 75 ; RJC II-20 ; JO 23 août, p. 7517 ; Penant, 1966. 347, note Lampué ; D. 1967. 613, note Hamon.* ♦ ... Par certaines dispositions de lois organiques. • Cons. const. 17 févr. 1961, n° 61-12 L : Rec. Cons. const. 34 ; RJC II-6 ; JO *19 mars, p. 2793 ; S. 1961. 255, note Hamon.*

114. Si le droit des marchés publics est bien de la compétence législative. • Cons. const. 25 juin 2003, n° 2003-473 DC § 6 s. ♦ Ni le présent art. ni aucune autre règle de valeur constitutionnelle n'exige que les conditions de passation des marchés et contrats passés par l'État soient définies par la loi. Dès lors, la question de savoir si le choix du cocontractant de l'État devra ou non être précédé d'une procédure de publicité et de mise en concurrence relève du décret en Conseil d'État prévu par le second al. de l'art. L. 34-3-1 C. marchés, sous le contrôle de la juridiction administrative. • Cons. const. 22 août 2002, n° 2002-460 DC • CE, ass., 5 mars 2003, *Ordre des avocats à la cour d'appel de Paris,* n° 238039 : *préc. note 104.* ♦ De même aucune règle ni aucun principe de valeur constitutionnelle n'impose de confier à des personnes distinctes la conception, la réalisation, la transformation, l'exploitation et le financement d'équipements publics, ou la gestion et le financement de services ou n'interdit non plus qu'en cas d'allotissement, les offres portant simultanément sur plusieurs lots fassent l'objet d'un jugement commun en vue de déterminer l'offre la plus satisfaisante du point de vue de son équilibre global. • Cons. const. 25 juin 2003, n° 2003-473 DC § 18. ♦ De même encore aucune règle ni aucun principe de valeur constitutionnelle n'interdit à une personne publique de confier à un tiers, pour une période déterminée, une mission globale ayant pour objet la conception, le financement, la construction ou la transformation, l'entretien, la maintenance, l'exploitation ou la gestion d'ouvrages, d'équipements ou de biens immatériels nécessaires au service public. • Cons. const. 24 juill. 2008, n° 2008-567 DC § 9. ♦ Le recours au crédit-bail ou à l'option d'achat anticipé pour préfinancer un ouvrage public ne se heurte, dans son principe, à aucun impératif constitutionnel. Toutefois, la généralisation de telles dérogations au droit commun de la commande publique ou de la domanialité publique doit être réservée à des situations répondant à des motifs d'intérêt général. • Cons. const. 25 juin 2003, n° 2003-473 DC § 18.

115. Toutefois, la généralisation de telles dérogations au droit commun de la commande publique ou de la domanialité publique serait susceptible de priver de garanties légales les exigences constitutionnelles inhérentes à l'égalité devant la commande publique, à la protection des propriétés publiques et au bon usage des deniers publics. • Cons. const. 25 juin 2003, n° 2003-473 DC • Cons. const. 24 juill. 2008, n° 2008-567 DC. ♦ Ainsi, en présumant satisfaite la condition d'urgence sous la seule réserve que l'évaluation préalable ne soit pas défavorable, les dispositions contestées, qui ont pour effet de limiter la portée de l'évaluation préalable et d'empêcher le juge d'exercer son contrôle sur le caractère d'urgence, privent de garanties légales les exigences constitutionnelles inhérentes à l'égalité devant la commande publique, à la protection des propriétés *publiques et au bon usage* des deniers publics. • Même affaire § 14.

116. Sur les dispositions qui ne mettent en cause aucun des principes fondamentaux, ni aucune des règles que le présent art a placés dans le domaine de la loi et ont, par conséquent, un caractère réglementaire, V. Const. 58, ss. art. 37.

B. FIXATION DES RÈGLES PAR LA LOI

117. Principe. Si le présent al. confie au législateur le soin de « fixer les règles », la mise en œuvre de cette compétence ne saurait faire obstacle à l'exercice par l'autorité réglementaire des pouvoirs qu'elle tient de l'al. 1er de l'art. 37 Const. • Cons. const. 30 janv. 1968, n° 68-35 DC § 1.

118. La présence de parlementaires dans un organe qui dépend du pouvoir exécutif ne fait pas naître une présomption de valeur législative. Elle n'a le caractère législatif que si les missions, même purement consultatives, de l'organe considéré ont un caractère législatif. En effet, elles garantissent alors le respect d'un principe relevant lui-même de la loi. • Cons. const. 20 févr. 1973, n° 73-76 L § 12 : *JO 25 févr., p. 2131.* ♦ Nature juridique de diverses dispositions relatives à l'urbanisme : • Cons. const. 30 déc. 1980, n° 80-120 L § 1 et 2 : *JO 31 déc., p. 3244.* ♦ Protection des monuments naturels et des sites. Dans le cas contraire, aucune raison ne justifiait de retenir le caractère législatif de la fixation de la composition de la commission. • Cons. const. 18 sept. 2008, n° 2008-212 L. ♦ Nationalisation et code monétaire et financier : *JO 21 sept., p. 14606.*

119. Conflit de lois. Le législateur est compétent pour adopter une règle matérielle dérogeant à la loi étrangère désignée par la règle de conflit de lois française. • Cons. const. 5 août 2011, *Elke B. et a.,* n° 2011-159 QPC § 5 (sol. impl.) • Cons. const. 17 mai 2013, n° 2013-669 DC § 29.

1° DROITS CIVIQUES ET GARANTIES FONDAMENTALES ACCORDÉES AUX CITOYENS POUR L'EXERCICE DES LIBERTÉS PUBLIQUES ; LA LIBERTÉ, LE PLURALISME ET L'INDÉPENDANCE DES MÉDIAS ; LES SUJÉTIONS IMPOSÉES PAR LA DÉFENSE NATIONALE AUX CITOYENS EN LEUR PERSONNE ET EN LEURS BIENS

a. Les droits civiques

120. Seul le pouvoir législatif peut mettre en place des incompatibilités avec certaines fonctions électives. • CE 27 févr. 1998, *Synd. nat. Trésor CGT : Lebon T. 679.*

121. Sur la nécessité de fixer des règles communes en matière référendaire, V. ss. Const. 58, art. 11, note 11.

b. Les garanties fondamentales accordées aux citoyens pour l'exercice des libertés publiques

122. V. aussi ss. Const. 58, art. 3.

1. Accès au juge

123. Le présent art. s'oppose à ce que le législateur, s'agissant d'une matière aussi fondamentale que celle des droits et libertés des citoyens, confie à une autre autorité l'exercice du choix des affaires qui pourraient être jugées ou par un tribunal collégial ou par un juge unique. • Cons. const. 23 juill. 1975, n° 75-56 DC § 6.

124. Les dispositions de la procédure à suivre devant les juridictions relèvent de la compétence législative dès lors qu'elles concernent la procédure pénale (V. notes 192 s.) et qu'elles ne mettent pas en cause les règles ou les principes fondamentaux placés par la Const. dans le domaine de la loi. • Cons. const. 13 avr. 2012, *Stéphane C. et a.*, n° 2012-231/234 QPC § 12. ♦ Il en va ainsi des questions relatives au principe d'impartialité des juridictions. • Cons. const. 7 déc. 2012, *Sté Pyrénées services et a.*, n° 2012-286 QPC § 4.

125. Sur le fondement de ces dispositions, il appartient au législateur seul d'attribuer une compétence juridictionnelle à un ordre de juridiction. • Cons. const. 14 mai 1980, n° 80-113 L § 3: *Rec. Cons. const. 61 ; RJC II-87 ; JO 17 mai, p. 1231 ; RD publ. 1980. 1668, note Favoreu* • T. confl., 20 oct. 1997, *Albert : Lebon 536* • CE 1er déc. 1997, *CPAM Sarthe : Lebon 446* • CE 12 juin 1998, *Conseil nat. Ordre des médecins : Lebon T. 679*. ♦ ... De garantir le libre exercice du droit d'agir en justice. • Cons. const. 2 déc. 1980, n° 80-119 L § 7 : *Rec. Cons. const. 74 ; RJC II-93 JO 4 déc., p. 2850 ; RD publ. 1981. 623, obs. Favoreu*. ♦ ... De définir les voies de recours. • Cons. const. 10 mai 1988, n° 88-157 L § 14 : *Rec. Cons. const. 56 ; RJC II-129 ; JO 15 mai, p. 7134 ; RD publ. 1989. 399, chron. Favoreu*. ♦ ... De fixer les limites de la compétence des juridictions de l'ordre administratif et de l'ordre judiciaire. • Cons. const. 20 févr. 1987, n° 87-149 L § 17 : *Rec. Cons. const. 22 ; RJC II-121 ; JO 26 févr., p. 2208 ; RD publ. 1987. 399, note Favoreu ; AIJC 1987. 582, chron. Genevois* • CE, ass., 30 mars 1962, *Assoc. nat. de la meunerie : Lebon 233 ; AJDA 1962. 185, chron. Galabert et Gentot ; D. 1962. 631, concl. Bernard*. ♦ ... De fixer le principe de l'encadrement du régime financier et de la tarification, notamment par les collectivités territoriales et l'assurance maladie, des personnes morales de droit privé gérant des établissements et services intervenant dans le champ de l'action sociale. • CE 21 nov. 2008, *Assoc. Faste Sud Aveyron*, req n° 293960 : *Dr. adm. 2009, n° 1*. ♦ ... De déterminer les règles relatives à la composition et de définir la nature du texte règlementaire déterminant les règles de fonctionnement de la commission nationale consultative de prévention des violences lors des manifestations sportives, compte tenu du rôle confié à cette commission et eu égard au caractère de garanties essentielles que représentent, pour les personnes intéressées par une telle mesure, la composition de la commission et l'obligation de recourir à un décret en Conseil d'État pour définir ses conditions de fonctionnement et ce, même si son avis ne lie pas l'autorité administrative. • Cons. const. 28 nov. 2019, n° 2019-283 L § 3.

126. En revanche, relèvent de la compétence réglementaire les dispositions de la procédure à suivre devant les juridictions dès lors qu'elles ne concernent pas la procédure pénale (V. *infra* note 193) et qu'elles ne mettent en cause aucune des règles, ni aucun des principes fondamentaux placés par la Constitution dans le domaine de la loi (par ex. l'assiette, le taux ou les modalités de recouvrement des impositions, le respect du contradictoire). • Cons. const. 21 déc. 1972, n° 72-75 L § 1 : *Rec. Cons. const. 36 ; RJC II-50 ; JO 31 déc., p. 13900* • Cons. const. 14 mai 1980, n° 80-113 L § 1 : *préc. note 125* • Cons. const. 24 oct. 1980, n° 80-116 L § 1 : *Rec. Cons. const. 68 ; RJC. II-90 ; JO 25 oct., p. 2491* • Cons. const. 10 mai 1988, n° 88-157 L § 1 : *préc. note 125* • Cons. const. 13 avr. 2012, *Stéphane C. et a.*, n° 2012-231/234 QPC § 12 • CE, sect., 4 juill. 1969, *Ordre avocats à la cour d'appel de Paris : Lebon 358 ; AJDA 1970. 43, note Molinier* • CE 3 déc. 1969, *Chevrot : Lebon 550 ; D. 1970. 69, concl. Gentot* • CE, ass., 12 oct. 1979, *Rassemblement nouveaux avocats de France : Lebon 371 ; JCP 1980. 19288, concl. Franc et note Boré ; D. 1979. 606, note Benavent ; AJDA 1980. 248, note Debouy* • CE 9 juill. 1986, *Ville de Paris : Lebon 196 ; AJDA 1986. 547, chron. Azibert et de Boisdeffre ; RDFA 1987. 280, concl. Fornacciari* • CE 27 mars 1996, *Simmonet : Lebon T. 696*. ♦ ... La désignation de la juridiction compétente au sein d'un ordre juridictionnel, dans un domaine étranger à la procédure pénale. • Cons. const. 20 févr. 1987, n° 87-149 L § 17 : *préc. note 125.*

127. Procédures autres que pénales. V. ss. Const. 58, art. 37.

128. Le recours en cassation constitue pour les justiciables une garantie fondamentale dont, en vertu du présent art., il appartient seulement à la loi de fixer les règles. • Cons. const. 14 mai 1980, n° 80-113 L § 1 : *préc. note 125.*

2. Libertés essentielles

129. Sur le fondement de ces dispositions, il appartient au législateur d'opérer la conciliation nécessaire entre le respect des libertés et la sauvegarde de l'ordre public sans lequel l'exercice des libertés ne saurait être assuré. • Cons. const. 25 janv. 1985, n° 85-187 DC § 3.

♦ Rappr. : • Cons. const. 13 mars 2003, n° 2003-467 DC § 20. ♦ ... Entre, d'une part, la prévention des atteintes à l'ordre public et la recherche des auteurs d'infractions, toutes deux nécessaires à la sauvegarde de droits et de principes de valeur constitutionnelle, et, d'autre part, le respect des autres droits et libertés constitutionnellement protégés. • Cons. const. 29 nov. 2013, *Sté Wesgate Charters Ltd,* n° 2013-357 QPC § 5.

130. Liberté d'association. Le législateur est seul compétent pour : attribuer à l'administration le pouvoir de nommer les présidents des fédérations départementales de chasse. • Cons. const. 20 févr. 1987, n° 87-149 L § 10 : *préc. note 125.* ♦ ... Imposer aux associations de nouvelles obligations. • CE 25 mars 1988, *Sté centrale canine : Lebon 132* . ♦ ... Prévoir un contrôle sur les associations. • CE, ass., 16 déc. 1988, *Assoc. pêcheurs aux filets : Lebon 448 ; AJDA 1989. 82, chron. Alibert et de Boisdeffre ; D. 1990. 201, note Llorens et Soler-Couteaux ; RD publ. 1989. 521, concl. Guillaume.* ♦ V. note 11 ss. Préamb. Const. 1946, al. 1er.

131. Liberté d'expression et de communication. Le législateur est seul compétent pour réglementer l'exercice de la liberté de communication. • Cons. const. 17 mars 1964, n° 64-27 L § 2 : *AJDA 1964. 302 ; RD publ. 1964. 1125, obs. Bouisson ; D. 1965. 189. obs. Hamon* • Cons. const. 19 mars 1964, n° 64-27 L § 2 : *ibid.* ♦ Rappr. • Cons. const. 30 janv. 1968, n° 68-50 L § 3 : *D. 1969. 1, obs. Hamon et Vaudiaux ; AJDA 1968. 111, note de Laubadère* • Cons. const. 26 juill. 1984, n° 84-173 DC § 4 • Cons. const. 6 oct. 2010, *Mathieu P.,* 2010-45 QPC § 6.

132. La circulaire n'ayant nullement pour objet ou pour effet d'imposer à des personnes privées l'obligation d'user de certains mots ou expressions, mais se bornant à donner instruction aux administrations de renoncer, dans les formulaires administratifs et correspondances émanant de l'administration, à l'emploi du terme « Mademoiselle » n'a fixé aucune règle qu'il reviendrait au législateur de fixer en vertu de l'art. 34 Const. • CE 26 déc. 2012, *Assoc. « Libérez les Mademoiselles ! »,* n° 358226 : *Lebon 501 ; RFDA 2013. 233, concl. Bourgeois-Machureau ; AJDA 2013. 4 ; JCP Adm. 2013. 30, obs. Tollinchi, et 31, obs. Pauliat.*

133. Sur l'exercice de cette liberté : V. comm. ss. DDH, art. 11.

134. Liberté du commerce et de l'industrie. La liberté du commerce et de l'industrie est une liberté publique au sens de l'art. 34 Const. 58. • CE, sect., 28 oct. 1960, *Martial de Laboulaye : Lebon 570* • CE 17 mai 2006, *Wissous,* n° 293110.

135. Il appartient au législateur seul de limiter l'accès à une profession. • CE, ass., 22 juin 1963, *Synd. personnel soignant de la Guadeloupe : Lebon 386* • CE 27 juin 1997, *Hayat : Lebon 264* (sol. impl.). ♦ Il peut dès lors interdire à une personne physique ou morale de détenir plus d'un débit de boissons. • Cons. const. 27 févr. 1967, n° 67-44 L § 6 : *Rec. Cons. const. 26 ; RJC II-27 ; JO 19 mars, p. 2673.* ♦ Il peut également fixer une exigence de majorité et de capacité professionnelle pour accéder à une profession. • CE, ass., 16 déc. 1988, *Assoc. pêcheurs aux filets : préc. note 130.*

136. Il lui appartient également : de fixer les règles auxquelles une profession est soumise comme par exemple de déterminer les cas dans lesquels la propagande ou la publicité en faveur des boissons alcooliques peut être autorisée. • Cons. const. 8 janv. 1991, n° 90-283 DC § 36. ♦ ... D'autoriser le gouvernement à fixer les cas dans lesquels le secret médical peut être levé. • CE 30 avr. 1997, *Synd. des médecins d'Aix : préc. note 100.* ♦ Dès lors que le critère utilisé par le législateur est suffisamment clair et précis et qu'il vise à limiter les positions dominantes, il n'est pas contraire au principe de liberté du commerce et de l'industrie. • Cons. const. 17 juill. 2003, n° 2003-474 DC.

137. Il peut seul encore interdire l'utilisation de matériels non agréés. • CE 9 mai 1994, *SARL Vie France : Lebon T. 737* .

138. Le pouvoir réglementaire ne peut apporter à cette liberté une atteinte excédant celle autorisée par la loi. • CE 9 nov. 1988, *Cie tahitienne maritime : D. 1989. 202, note Soler-Couteaux et Llorens ; RD publ. 1989. 242, concl. Guillaume.* ♦ Dès lors, un décret ne peut réglementer les périodes de soldes alors que la loi ne prévoyait qu'un régime d'autorisation préalable du maire. • CE 22 mars 1991, *Assoc. féd. nouveaux consommateurs et Sté Tousalon,* n° 111425 : *Lebon T. 679 ; AJDA 1991. 650, obs. Théron ; RTD com. 1991.383, obs. Orsoni* .

139. En revanche, relèvent de la compétence réglementaire : la détermination des modalités d'application de la réglementation à laquelle une profession est soumise. • Cons. const. 30 juill. 1963, n° 63-25 L : *RJC II-14* • CE 27 juin 1997, *Hayat : préc. note 135.* ♦ ... La création dans une profession d'un conseil consultatif sans modifier les conditions d'exercice de celle-ci. • CE 28 janv. 1976, *Union nat. des synd. d'opticiens : AJDA 1976. 420.* ♦ ... La détermination des conditions d'obtention du diplôme requis pour exercer une profession. • CE 22 avr. 1970, *Assoc. nat. assistantes sociales : Lebon 267.*

140. Le pouvoir réglementaire peut encore, dans le cadre de la loi ou de la réglementation européenne, imposer des prescriptions techniques pour garantir la sécurité des travailleurs.

• CE 20 déc. 2006, *Sté Perpignan échafaudage*, n° 273814. ♦ Il peut également imposer : le respect des fermetures hebdomadaires prévues par la loi. • CE 15 mai 2006, *Sté Siega*, n° 270280. ♦ ... La sécurité publique. • CE 2 juin 2006, *STRMN*, n° 293843. ♦ ... L'nterdiction d'insérer dans les envois postaux de billets de banque, de pièces et de métaux précieux, précédemment autorisée, sans remettre en cause la liberté du commerce et de l'industrie. • CE 10 oct. 2014, *Synd. négociants indépendants en métaux précieux*, n° 370408 : *Lebon*.

141. Sur l'exercice de cette liberté, V. DDH, art. 4, comm. ss. Const. 58, préamb.

142. Droit au travail. De même c'est le législateur qui doit poser des règles propres à assurer au mieux le droit pour chacun d'obtenir un emploi tout en permettant l'exercice de ce droit par le plus grand nombre d'intéressés possible en interdisant le cumul de pensions de retraite et de certaines activités et en prévoyant que le cumul d'une pension et d'une activité salariée, dans les cas où il est autorisé, donne lieu à une contribution de solidarité assise sur les salaires. • Cons. const. 28 mai 1983, n° 83-156 DC § 4. ♦ ... En faisant contribuer les personnes exerçant une activité professionnelle à l'indemnisation de celles qui en sont privées. • Cons. const. 16 janv. 1986, n° 85-200 DC § 4.

143. Droits individuels. Il appartient au législateur de déterminer la mise en œuvre du volet « santé » de la carte « Vitale » : consentement du patient à l'enregistrement des données le concernant ; durée pendant laquelle ces données restent inscrites ; modalité pour en obtenir la suppression. • CE, ass., 3 juill. 1998, *Synd. des médecins de l'Ain : préc. note 72.* ♦ Rappr. : • CE 1er déc. 1997, *Union professions de santé libérales SOS Action santé : Lebon 449*.

144. Étendue du droit d'accès aux documents administratifs. Seul le législateur peut déterminer l'étendue du droit d'accès aux documents administratifs. • CE 29 avr. 2002, *Ullmann : RFDA 2002. 135, concl. Piveteau ; Dr. adm. 2002, n° 100, note D.P ; AJDA 2002. 691, note Raimbault*. ♦ Pour plus de détails sur l'accès aux documents administratifs, V. notes ss. L. n° 78-753 du 17 juill. 1978.

145. Liberté de culte. Ne relève pas de la compétence du législateur, dès lors qu'elle ne porte pas atteinte à la liberté de culte, la détermination du régime applicable aux établissements publics du culte dans les départements d'Alsace et de Moselle. • CE 19 déc. 2007, *Vassaux*, n° 294439 : *Lebon 505 ; JCP Adm. 2008. 2054, note Tawil.*

146. Droit à la vie privée. Le législateur doit assurer la conciliation entre le respect de la vie privée et d'autres exigences constitutionnelles, telles que la recherche des auteurs d'infractions et la prévention d'atteintes à l'ordre public, nécessaires, l'une et l'autre, à la sauvegarde de droits et principes de valeur constitutionnelle. • Cons. const. 25 févr. 2010, n° 2010-604 DC § 22 • Cons. const. 22 mars 2012, n° 2012-652 DC § 7. ♦ En autorisant la transmission aux services de police et de gendarmerie nationales ainsi qu'à la police municipale d'images captées par des systèmes de vidéosurveillance dans des parties non ouvertes au public d'immeubles d'habitation sans prévoir les garanties nécessaires à la protection de la vie privée des personnes qui résident ou se rendent dans ces immeubles, le législateur a omis d'opérer entre les exigences constitutionnelles précitées la conciliation qui lui incombe. • Cons. const. 25 févr. 2010, n° 2010-604 DC § 23. ♦ En l'état actuel des moyens de communication et eu égard au développement généralisé des services de communication au public en ligne ainsi qu'à l'importance prise par ces services dans la vie économique et sociale, les conditions générales dans lesquelles la carte nationale d'identité délivrée par l'État peut permettre à une personne de s'identifier sur les réseaux de communication électronique et de mettre en œuvre sa signature électronique, notamment à des fins civiles et commerciales, affectent directement la vie privée et l'état et la capacité des personnes et, par suite, relèvent du domaine de la loi. • Cons. const. 22 mars 2012, n° 2012-652 DC § 13.

147. La méconnaissance par le législateur de sa compétence dans la détermination de ces garanties dans le cadre d'une procédure de réquisition administrative de données de connexion affecte par elle-même le droit au respect de la vie privé. • Cons. const. 24 juill. 2015, *Assoc. French Data Network et a.*, n° 2015-478 QPC § 10. ♦ En ne définissant dans la loi ni les conditions d'exploitation, de conservation et de destruction des renseignements collectés dans le cadre des mesures de surveillance internationale, ni celles du contrôle par la Commission nationale de contrôle des techniques de renseignement de la légalité des autorisations délivrées en application de ce même article et de leurs conditions de mise en œuvre, le législateur n'a pas déterminé les règles concernant les garanties fondamentales accordées aux citoyens pour l'exercice des libertés publiques. • Cons. const. 23 juill. 2015, n° 2015-713 DC § 78.

148. La notion d'« informations ou documents » aux art. L. 851-1 et L. 851-2 CSI, qui ne peut être entendue comme comprenant le contenu de correspondances ou les informations consultées, a suffisamment été définie par le législateur. • Cons. const. 23 juill. 2015, n° 2015-713 DC § 55.

149. En définissant les techniques de recueil de renseignement qui peuvent être mises en œuvre par les services de renseignement et les finalités pour lesquelles elles peuvent l'être tout en confiant au pouvoir réglementaire le soin d'organiser ces services visés aux articles L. 811-2 et L. 811-4 CSI, le législateur n'est pas resté en deçà de la compétence que lui attribue le présent art. Il a pu renvoyer au pouvoir réglementaire le soin de déterminer les services non spécialisés qui pourront recourir aux techniques de recueil de renseignement ainsi que celles de ces techniques qu'il leur sera loisible de mettre en œuvre. • Cons. const. 23 juill. 2015, n° 2015-713 DC § 15. ♦ Le législateur s'est fondé sur l'art. 21 Const. pour confier au Premier ministre le pouvoir d'autoriser, après l'avis préalable de la Commission nationale de contrôle des techniques de renseignement, la mise en œuvre des techniques de recueil de renseignement dans le cadre de la police administrative. • Cons. const. 23 juill. 2015, n° 2015-713 DC § 18.

150. La captation d'images voire de sons par les autorités publiques au moyen d'une caméra aéroportée est susceptible, par le survol rapproché et mobile de lieux publics ou de lieux privés qu'il permet, de porter atteinte à la liberté proclamée par l'art. 2 DDH qui implique le respect de la vie privée. Il est par suite de nature à affecter les garanties apportées aux citoyens pour l'exercice des libertés publiques. Le procédé peut, par ailleurs, être utilisé aux fins de recueillir des preuves à l'appui de poursuites judiciaires et se rattache alors à la procédure pénale. A ce double titre, cette captation relève de matières réservées au législateur, celui-ci pouvant seul, en en fixant les éléments principaux, définir les conditions permettant d'assurer la conciliation entre le respect de la vie privée et la sauvegarde de l'ordre public, comme il l'a fait pour la vidéoprotection et les caméras individuelles. • CE, avis, 20 sept. 2020, n° 401214 § 4.

151. Sur l'exercice de cette liberté, V. DDH, art. 2, comm. ss. Const. 58, préamb.

152. Liberté d'aller et de venir. Le décret attaqué ajoute le recueil, dans le composant électronique des passeports, de l'image numérisée des empreintes digitales de deux doigts, fixe la durée de validité des titres ainsi que leurs modalités de renouvellement et ne pose aucune condition à la délivrance de ceux-ci ; il n'a, par conséquent, ni pour objet ni pour effet de fixer des règles relatives aux garanties *fondamentales accordées aux citoyens pour* l'exercice des libertés publiques ; par suite, les dispositions du décret attaqué relatives au passeport électronique pouvaient être adoptées par le pouvoir réglementaire. • CE, ass., 26 oct. 2011, *Assoc. pour la promotion de l'image,* n° 317827 : *AJDA 2012. 35, chron. Guyomar et Domino ; ibid. 2011. 2036 ; D. 2011. 2602 ; Dr. adm. 2012. 1, note Tchen.* ♦ Rappr. s'agissant de la liberté de manifester. • CE 23 févr. 2011, *SNES,* n° 329477 : *Lebon T. 724 ; AJDA 2011. 416 ; D. 2011. 2823 ; AJ pénal 2011. 240, obs. Péchillon .* ♦ Sur l'exercice de cette liberté : V. notes ss. DDH, art. 2.

153. Sur l'exercice de cette liberté, V. DDH, art. 2, comm. ss. Const. 58, préamb.

c. Liberté, pluralisme et indépendance des médias

154. Il appartient au législateur de concilier, en l'état de la maîtrise des techniques et des nécessités économiques, l'exercice de la liberté de communication (DDH, art. 11), avec, d'une part, les contraintes inhérentes à la communication audiovisuelle et, d'autre part, les objectifs de valeur constitutionnelle que sont la sauvegarde de l'ordre public, le respect de la liberté d'autrui et la préservation du caractère pluraliste des courants d'expression socioculturels auxquels ces modes de communication, par leur influence, sont susceptibles de porter atteinte. • Cons. const. 20 déc. 2018, n° 2018-773 DC § 32.

155. Pour la réalisation de ces objectifs de valeur constitutionnelle, il est loisible au législateur de soumettre les différentes catégories de services de communication audiovisuelle à un régime d'autorisation administrative. • Cons. const. 20 déc. 2018, n° 2018-773 DC § 32. ♦ Le législateur a ainsi pu permettre au CSA, en vue de prévenir toute diffusion par voie audiovisuelle ou radiophonique de contenus comportant un risque grave d'atteinte à l'ordre public, à la liberté d'autrui ou au caractère pluraliste des courants d'expression socioculturels, de refuser de conclure une convention aux fins de diffusion d'un service de radio ou de télévision n'utilisant pas des fréquences assignées par ce conseil si la diffusion de ce service comporte un risque grave d'atteinte à la dignité de la personne humaine, à la liberté et à la propriété d'autrui, au caractère pluraliste de l'expression des courants de pensée et d'opinion, à la protection de l'enfance et de l'adolescence, à la sauvegarde de l'ordre public, aux besoins de la défense nationale ou aux intérêts fondamentaux de la Nation, dont le fonctionnement régulier de ses institutions. Il en est de même lorsque la diffusion dudit service, eu égard à sa nature même, constituerait une violation des lois en vigueur. • Cons. const. 20 déc. 2018, n° 2018-773 DC § 33 s. ♦ Rappr., s'agissant de la résiliation de certaines conventions : • Cons. const. 20 déc. 2018, n° 2018-773 DC § 60 s.

156. Pluralisme des courants de pensée et d'opinions. Dès lors que cet objectif, qui n'a de valeur que dans la vie politique (Const.

58, art. 4) et les médias (Const. 58, art. 34), est invoqué à l'appui d'une disposition législative étrangère à ces domaines, il est inopérant. • Cons. const. 22 mai 2010, *Union des familles d'Europe,* n° 2010-3 QPC § 8. ♦ V. notes ss. Const. 58, art. 4.

d. Les sujétions imposées par la défense nationale aux citoyens en leur personne et en leurs biens

157. Relève de la compétence du législatif : la détermination de l'autorité compétente pour décréter de la mobilisation générale. • Cons. const. 9 mai 1967, n° 67-45 L : *Rec. Cons. const. 29 ; RJC II-28 ; JO 19 juin, p. 6109.* ♦ ... La détermination des catégories de prestations comporte la réparation par l'État des conséquences dommageables de sujétions imposées par la Défense nationale aux victimes de guerre et assimilés ainsi qu'à leurs ayants-cause. • CE, ass., 29 janv. 1965, *Assoc. républicaine des anciens combattants : Lebon 58.* ♦ ... La reconnaissance de la qualité de combattants. • Cons. const. 27 nov. 1968, n° 68-8 FNR : *Rec. Cons. const. 29 ; RJC III-6 ; JO 1er déc., p. 11302.* ♦ ... La fixation des règles permettant d'assurer aux personnes victimes de dommages corporels dus à des faits de guerre et assimilés, ainsi qu'à leurs ayants cause, une réparation, par l'État, des conséquences dommageables de telles sujétions et de déterminer les catégories de prestations que comporte cette réparation et de fixer, pour chacune d'elles, les conditions à remplir par leurs bénéficiaires. • Cons. const. 28 déc. 1990, n° 90-285 DC § 63.

158. En revanche, le pouvoir réglementaire est compétent pour déterminer l'autorité compétente pour la délivrance de la carte d'ancien combattant, les modalités d'instruction de la demande et le modèle des cartes. • CE 3 mai 1995, *Synd. CGT-FO personnels des services dptaux et des éts de l'Office national des anciens combattants : Lebon T. 615.*

2° LA NATIONALITÉ, L'ÉTAT ET LA CAPACITÉ DES PERSONNES, LES RÉGIMES MATRIMONIAUX, LES SUCCESSIONS ET LES LIBÉRALITÉS

a. Généralités

159. Sur la déchéance de nationalité, V. notes ss. DDH, art. 2, 6 et 8.

160. Les règles relatives au mariage relèvent de l'état des personnes ; par suite, le grief tiré de ce que l'art. 34 Const. ne confierait pas au législateur la compétence pour fixer les qualités et conditions requises pour pouvoir contracter mariage doit être écarté. • Cons. const. 17 mai 2013, n° 2013-669 DC § 20.

161. Le législateur fixe les règles relatives à l'adoption de personnes nées à l'étranger ou dont le lieu de naissance n'est pas connu et peut imposer que ces adoptions soient portées sur un registre d'état civil dans un délai déterminé. • Cons. const. 17 sept. 1964, n° 64-30 L : *Rec. Cons. const. 41 ; RJC II-18 ; JO 14 oct., p. 9239.* ♦ Il détermine également de la procédure par laquelle est délivré le certificat de nationalité même s'il appartient au pouvoir réglementaire de définir, au sein de l'ordre judiciaire, les compétences pour la mise en œuvre de cette procédure. • Cons. const. 16 mars 1986, n° 86-145 L : *Rec. Cons. const. 22 ; RJC II-119 ; JO 23 mars, p. 4953 ; RD publ. 1989. 399, note Favoreu.*

162. De même il est de la compétence du législateur : de fixer les règles relatives à la typographie du nom de famille et la distinction qu'il convient d'opérer entre les doubles noms et les noms composés. • CE 4 déc. 2009, *Lavergne,* n° 315818 : *JCP Adm. 2010. 2037, note Dieu.* ♦ ... De permettre à une personne de s'identifier sur les réseaux de communication électronique et de mettre en œuvre sa signature électronique. • Cons. const. 22 mars 2012, n° 2012-652 DC § 13.

163. En revanche, il est de la compétence du pouvoir réglementaire de fixer le format et le modèle du livret de famille. • CE 25 juill. 1975, *Sté « Les éditions des mairies » : Lebon T. 854.*

b. Grands problèmes de société

164. Dans ce cadre, il n'appartient pas au Cons. const. de se substituer au législateur et de fixer les conditions : de l'IVG. • Cons. const. 15 janv. 1975, n° 74-54 DC. ♦ ... De la sélection des embryons : (IVG). • Cons. const. 27 juill. 1994, n° 94-343/344 DC. ♦ ... De l'adoption. • Cons. const. 6 oct. 2010, *Isabelle D. et Isabelle B.,* n° 2010-39 QPC § 9. ♦ ... Du mariage. • Cons. const. 28 janv. 2011, *Corinne C. et a.,* n° 2010-92 QPC § 9 • Cons. const. 17 mai 2013, n° 2013-669 DC § 20. ♦ ... De la recherche de ses origines. • Cons. const. 30 sept. 2011, *Louis C. et a.,* n° 2011-173 QPC § 6. ♦ ... Du mariage de personnes du même sexe. • Cons. const. 28 janv. 2011, *Corinne C. et a.,* n° 2010-92 QPC • Cons. const. 17 mai 2013, n° 2013-669 DC. ♦ ... Des greffes autogéniques. • Cons. const. 16 mai 2012, *Sté Cryo-Save France,* n° 2012-249 QPC.

165. Ainsi, dans l'exercice de la compétence que lui attribue le présent art. le législateur a pu, en maintenant le principe selon lequel la faculté d'une adoption au sein du couple est réservée aux conjoints, estimer que la différence de situation entre les couples mariés et ceux qui ne le sont pas pouvait justifier, dans l'intérêt de l'enfant, une différence de traitement quant à l'établissement de la filiation adoptive à l'égard des enfants mineurs. • Cons. const. 6 oct. 2010, *Isabelle D. et Isabelle*

B., n° 2010-39 QPC § 9. ♦ ... En maintenant le principe selon lequel le mariage est l'union d'un homme et d'une femme, estimer que la différence de situation entre les couples de même sexe et les couples composés d'un homme et d'une femme peut justifier une différence de traitement quant aux règles du droit de la famille. • Cons. const. 28 janv. 2011, *Corinne C. et a.*, n° 2010-92 QPC § 9. ♦ ... En disposant que les personnes décédées sont présumées ne pas avoir consenti à une identification par empreintes génétiques, faire obstacle aux exhumations afin d'assurer le respect dû aux morts. • Cons. const. 30 sept. 2011, *Louis C. et a.*, n° 2011-173 QPC § 6.

3° DÉTERMINATION DES CRIMES ET DÉLITS AINSI QUE DES PEINES QUI LEUR SONT APPLICABLES ; LA PROCÉDURE PÉNALE ; L'AMNISTIE ; LA CRÉATION DE NOUVEAUX ORDRES DE JURIDICTION ET LE STATUT DES MAGISTRATS

166. Principe. Le législateur tient du présent art. l'obligation de fixer lui-même le champ d'application de la loi pénale. • Cons. const. 24 juin 2011, *Kiril Z.*, n° 2011-133 QPC § 8 • Cons. const. 27 févr. 2015, *Olivier J.*, n° 2014-452 QPC § 5 • Cons. const. 11 mai 2020, n° 2020-800 DC § 10.

167. Régime des personnes détenues en prison. Il appartient au législateur de déterminer les conditions et les modalités d'exécution des peines privatives de liberté dans le respect de la dignité de la personne, de garantir les droits et libertés dont ces personnes continuent de bénéficier dans les limites inhérentes aux contraintes de la détention. Il en résulte que le législateur doit assurer la conciliation entre, d'une part, l'exercice de ces droits et libertés que la Constitution garantit et, d'autre part, l'objectif de valeur constitutionnelle de sauvegarde de l'ordre public ainsi que les finalités qui sont assignées à l'exécution des peines privatives de liberté. • Cons. const. 25 sept. 2015, *Johny M.*, n° 2015-485 QPC § 5. ♦ V., déjà, dans des formulations moins générales : • Cons. const. 19 nov. 2009, n° 2009-593 DC § 4. • Cons. const. 25 avr. 2014, *Angelo R.*, n° 2014-393 QPC § 5. ♦ S'agissant des conditions de détention, V. notes ss. préamb. Const. 1946, al. 1er.

168. La disposition législative qui institue les deux sanctions disciplinaires les plus graves (le placement en cellule disciplinaire et le confinement *en cellule individuelle ordinaire*) fixe leur durée maximum en prévoyant une durée plus brève pour les mineurs de plus de 16 ans qui peuvent, à titre exceptionnel, être placés dans une cellule disciplinaire, consacre le droit des détenus faisant l'objet de l'une de ces sanctions d'accéder à un « parloir » hebdomadaire dans les conditions qui seront fixées par décret en Conseil d'État, conditionne le maintien de ces sanctions à leur caractère compatible avec l'état de santé de la personne qui en fait l'objet et garantit le droit de la personne détenue d'être assistée d'un avocat au cours de la procédure disciplinaire et le droit d'une personne placée en quartier disciplinaire ou en confinement de saisir le juge des référés en application de l'art. L. 521-2 CJA, ne méconnaît pas ces exigences constitutionnelles. • Cons. const. 19 nov. 2009, n° 2009-593 DC § 5. ♦ De même, le renvoi à un décret en Conseil d'État le soin de déterminer le régime disciplinaire des personnes détenues, de fixer le contenu des fautes et les différentes sanctions disciplinaires encourues selon le degré de gravité des fautes commises, de préciser la composition de la commission de discipline ainsi que la procédure applicable, n'est pas contraire à ces mêmes dispositions sous réserve que les auteurs du décret ne définissent pas des sanctions portant atteinte aux droits et libertés dont ces personnes bénéficient dans les limites inhérentes aux contraintes de la détention. • Même affaire, § 6.

169. Nonobstant, le ministre est compétent au titre de son pouvoir réglementaire d'organisation des services placés sous son autorité pour édicter des « mesures de bon ordre » dont l'objet est d'apporter des réponses immédiates aux actes transgressifs de faible gravité pour lesquels le seul entretien visant au rappel au bon ordre apparaît insuffisant dès lors que, si certains des faits pouvant conduire à la prise de telles mesures sont voisins de ceux pouvant fonder une sanction, ils s'en distinguent notamment par leur intensité, leur gravité, leur durée ou les conditions de leur occurrence et que si le libellé de certaines mesures de bon ordre peut être très proche, voire identique à celui de certaines sanctions, ces mesures – qui ne peuvent jamais consister en une privation de promenade ni d'activité éducative et sont d'une durée très courte – ne peuvent, au regard de ce qui les motive et des conditions de leur mise en œuvre, être regardées comme des sanctions. • CE 24 sept. 2014, *Assoc. Ban public*, n° 362472 B : *AJDA 2015. 19* ; *JCP Adm. 2014. 767.*

170. Détention provisoire. Il appartient au législateur, compétent pour fixer les règles concernant la procédure pénale, de fixer celles concernant les garanties fondamentales accordées aux personnes placées en détention provisoire. Celles-ci bénéficient des droits et libertés constitutionnellement garantis dans les limites inhérentes à la détention provisoire. Parmi ces droits et libertés figure le droit de mener une vie familiale normale qui découle de l'al. 10 Préamb. Const. 1946 (V. ss. cet al.). • Cons. const. 21 janv. 2021, *Christophe G.*, n° 2020-874/875/876/877 QPC § 6. ♦ S'agissant des conditions de détention, V. ss. Préamb. Const. 1946, al. 1er.

171. Travail pénitentiaire. Sur le travail des personnes détenues, V. ss. Préamb. Const. 1946, al. 1er.

a. Détermination des crimes et délits et des peines

1. Étendue de la compétence législative

172. Crimes et délits. Par les dispositions du présent al., le constituant a entendu, en matière répressive, conférer au législateur une compétence pour la détermination des infractions les plus graves ; l'échelle de gravité résulte de la distinction opérée par la loi entre les crimes et les délits, d'une part, et les contraventions de police, d'autre part, ainsi qu'entre les peines qui leur sont respectivement applicables. • Cons. const. 23 sept. 1987, n° 87-151 L § 3 : *Rec. Cons. const. 53 ; RJC II-125 ; JO 26 sept., p. 11260 ; AJDA 1988. 60, note Prétot ; RD publ. 1989. 399, obs. Favoreu ; RFDA 1988. 273, note Genevois.*

173. Dans le respect des art. 8 et 9 DDH (V. comm. ss. DDH, art. 8 et 9), il revient au législateur de fixer, dans le respect des principes constitutionnels, les règles concernant la détermination des crimes et délits, ainsi que des peines qui leur sont applicables. • Cons. const. 16 juin 1999, n° 99-411 DC § 12 • Cons. const. 10 mars 2011, n° 2011-625 DC § 75 • CE 3 févr. 1967, *Conféd. gén. vignerons du Midi : Lebon 55 ; AJDA 1967. 164, concl. Galmot ; ibid. 1967. 159, note Lecat-Massot.* ♦ Cette détermination par le législateur de la peine correctionnelle applicable n'a pas pour effet de modifier le caractère éventuellement réglementaire de la disposition ainsi sanctionnée. • Cons. const. 17 mars 1964, n° 64-28 L : *Rec. Cons. const. 35 ; RJC II-15 ; JO 13 avr., p. 3376 ; D. 1965. 681, obs. Hamon.* ♦ Le législateur n'a méconnu aucun principe de valeur constitutionnelle du droit pénal, ni la compétence que lui assigne le présent art. pour fixer les règles concernant les garanties fondamentales accordées aux citoyens pour l'exercice des libertés publiques, en adoptant des dispositions visant à protéger l'honneur et la mémoire des harkis et des anciens membres des formations supplétives ou assimilés sans assortir les interdictions édictées de sanctions pénales. • CE, QPC, 26 janv. 2012, *Cté Harkis et vérité,* n° 353067 : *Lebon. T. 922 ; AJDA 2012. 186.*

174. Aucun principe ou règle de valeur constitutionnelle n'interdit au législateur d'ériger en infraction le manquement à des obligations qui ne résultent pas directement de la loi elle-même ; ainsi la méconnaissance par une personne des obligations résultant d'une convention ayant force obligatoire à son égard peut faire l'objet d'une répression pénale. • Cons. const. 10 nov. 1982, n° 82-145 DC § 3.

175. Il est loisible au législateur : d'instaurer, lorsque sont stockés des contenus illicites, un régime spécifique de responsabilité pénale des « hébergeurs » distinct de celui applicable aux auteurs et aux éditeurs de messages ; toutefois c'est à la condition de respecter le principe de la légalité des délits et des peines et les présentes dispositions. • Cons. const. 27 juill. 2000, n° 2000-433 DC § 60. ♦ ... D'instituer une qualification pénale particulière pour réprimer la conduite lorsque le conducteur a fait usage de stupéfiants et de préciser que celle-ci est constituée dès lors que l'usage de produits ou de plantes classés comme stupéfiants est établi par une analyse sanguine même s'il renvoie au pouvoir réglementaire, sous le contrôle du juge compétent, le soin de fixer, en l'état des connaissances scientifiques, médicales et techniques, les seuils minima de détection témoignant de l'usage de stupéfiants. • Cons. const. 9 déc. 2011, *Jérémy M.,* n° 2011-204 QPC § 5. ♦ ... De fixer les règles relatives à la communication avec les détenus compte tenu des contraintes inhérentes à la détention, il s'en est remis en l'espèce au pouvoir réglementaire pour déterminer la portée du délit de communication irrégulière avec une personne détenue. Il en résulte que le législateur, qui n'a pas fixé lui-même le champ d'application de la loi pénale, a méconnu les exigences découlant du principe de légalité des délits et des peines. • Cons. const. 24 janv. 2017, *Mme Audrey J.,* n° 2016-608 QPC § 4. ♦ Comp. s'agissant de dispositions qui n'ont pas pour objet de préciser la définition de cette infraction pénale mais de définir, dans le cadre du service public pénitentiaire, la nature des biens et objets qui peuvent être échangés entre une personne détenue et l'extérieur ainsi que les modalités autorisées de communication avec une telle personne. • CE 11 avr. 2018, n° 417471 : *AJDA 2018. 830 ; JCP Adm. 2018. 399.*

176. En ne déterminant pas les caractéristiques essentielles du comportement fautif de nature à engager, le cas échéant, la responsabilité pénale des intéressés, le législateur a méconnu la compétence qu'il tient du présent art. • Cons. const. 27 juill. 2000, n° 2000-433 DC § 61.

177. Les contraventions de grande voirie ne sont pas des contraventions de police, mais le législateur est néanmoins compétent pour instituer de telles infractions dès lors que le montant des amendes dont elles sont passibles, excède celui prévu pour les contraventions de police. • Cons. const. 23 sept. 1987, n° 87-151 L § 5 : *préc. note 172.*

178. En renvoyant à un arrêté ministériel la détermination du format dans lequel les supports informatiques doivent sous peine de sanction être remis à l'administration, le législateur n'a pas, s'agissant d'une simple norme technique de présentation de ces supports, méconnu l'étendue de sa compétence. • Cons. const. 29 déc. 2016, n° 2016-743 DC § 10.

179. Immunités pénales. Le présent art. donne également compétence au législateur pour prévoir, sous réserve du respect des règles et principes de valeur constitutionnelle et, en particulier, du principe d'égalité, que certaines personnes physiques ou morales bénéficieront d'une immunité pénale. • Cons. const. 5 mai 1998, n° 98-399 DC § 7 • Cons. const. 21 janv. 2016, n° 2015-727 DC § 25. ♦ Dès lors, en soumettant à l'appréciation du ministre de l'intérieur la « vocation humanitaire » des associations, notion dont la définition n'a été précisée par aucune loi et de la reconnaissance de laquelle peut résulter le bénéfice de l'immunité pénale prévue, la disposition critiquée fait dépendre le champ d'application de la loi pénale de décisions administratives et viole le présent art. • Cons. const. 5 mai 1998, n° 98-399 DC. ♦ V. déjà, implicitement. • Cons. const. 16 juill. 1996, n° 96-377 DC § 13. ♦ V. également note 76. ♦ V. pour le respect du principe d'égalité, notes ss. DDH, art. 6.

180. Exécution des peines. Dès lors que d'une part l'exécution des peines privatives de liberté en matière correctionnelle et criminelle a été conçue non seulement pour protéger la société et assurer la punition du condamné, mais aussi pour favoriser l'amendement de celui-ci et préparer son éventuelle réinsertion, et d'autre part que la sauvegarde de la dignité de la personne contre toute forme d'asservissement et de dégradation est au nombre des droits inaliénables et sacrés que possède tout être humain (Préamb. Const. 1946, al 1er) et qu'elle ne constitue un principe à valeur constitutionnelle, il appartient au législateur, compétent pour fixer les règles concernant le droit pénal et la procédure pénale, de déterminer les conditions et les modalités d'exécution des peines privatives de liberté dans le respect de la dignité de la personne. • Cons. const. 19 nov. 2009, n° 2009-593 DC § 3. ♦ Ainsi, si le régime disciplinaire des personnes détenues ne relève pas en lui-même des matières que la Constitution range dans le domaine de la loi, il appartient cependant au législateur de garantir les droits et libertés dont ces personnes continuent de bénéficier dans les limites inhérentes aux contraintes de la détention. • Même affaire, *§ 4.*

181. Si le législateur peut renvoyer à un décret en Conseil d'État le soin de déterminer le régime disciplinaire des personnes détenues, de fixer le contenu des fautes et les différentes sanctions disciplinaires encourues selon le degré de gravité des fautes commises, de préciser la composition de la commission de discipline ainsi que la procédure applicable, c'est sous réserve que les auteurs du décret ne définissent pas des sanctions portant atteinte aux droits et libertés dont ces personnes bénéficient dans les limites inhérentes aux contraintes de la détention. • Cons. const. 19 nov. 2009, n° 2009-593 DC § 6.

182. Contraventions de police. Les contraventions ainsi que leurs peines sont de la compétence du pouvoir réglementaire. • Cons. const. 19 févr. 1963, n° 63-22 L : *Rec. Cons. const. 27 ; RJC II-12 ; 20 avr., p. 3696 ; D. 1964. 92, note Hamon ; RSC 1964. 367, note Legal ; RD publ. 1966. 107, note Courvoisier et Hamon* • CE, sect., 12 févr. 1960, *Sté Eky : Lebon 101 ; D. 1960. 264, note L'Huillier ; S. 1960. 131, concl. Kahn ; JCP 1960. 11629 bis, note Vedel* • CE 22 nov. 1991, n° 706946 B.

V. pour d'autres décisions dans le même sens :

183. De même, l'art. 34 Const. ne mentionne pas les règles concernant la détermination des infractions punies de peines de police. • CE 13 sept. 1995, *Assoc. « Collectif pour la défense du droit et des libertés »,* n° 139446 B • CE 30 déc. 1996, *Assoc. Act Up-Paris,* n° 151626. ♦ ... Dès lors que ces peines ne sont pas privatives de liberté. • Cons. const. 28 nov. 1973, n° 73-80 L § 11 : *Rec. Cons. const. 45 ; RJC II-57 ; JO 6 déc., p. 12949 ; D. 1974. 269 ; RSC 1974. 855, note Larguier ; JCP 1975. 2740, note Rassat.* ♦ ... Sauf si la loi le prévoit et dans les limites qu'elle fixe (théorie de la loi écran). • CE, sect., 3 févr. 1978, *CFDT et CGT,* n° 01155 A : *AJDA 1978. 388, note Durupty ; RD publ. 1979. 535, note Waline* • Crim. 26 févr. 1974, *Schiavon,* n° 73-91.411 P. ♦ Une contravention peut en revanche être assortie d'une peine de confiscation dont il appartient au juge administratif de s'assurer qu'elle n'est pas disproportionnée. • Cons. const. 26 nov. 2010, *Thibaut G.,* n° 2010-66 QPC § 5.

184. En édictant une mesure de police visant à traiter les comportements violents en marge des manifestations et en rendant passible de contravention la dissimulation volontaire du visage afin d'échapper à l'identification en cas de risque de perturbation de l'ordre public, le pouvoir réglementaire n'a pas excédé ses compétences, dans la mesure d'une part où le décret attaqué n'avait pas pour objet de réglementer la liberté de manifestation, et notamment pas d'interdire de manifester en dissimulant son visage, ni d'autre part, pour effet d'y porter atteinte, dès lors que ses dispositions ne peuvent régir le comportement des manifestants participant dans le respect de l'ordre public à une manifestation. • CE 23 févr. 2011, *SNES,* n° 329477 : *préc. note 152.* ♦ La circonstance que l'incrimination d'un acte a pour effet de limiter l'exercice d'une liberté publique garantie par des dispositions constitutionnelles ne saurait, par elle-même, avoir pour conséquence de réserver au pouvoir législatif la compétence pour édicter ces contraventions, dès lors qu'elles n'ont pas pour objet de réglementer l'exercice de cette liberté mais seulement d'y apporter les limitations nécessaires à la sauvegarde de l'ordre public. • CE 19 juill. 2011, *Ligue des droits de l'homme*, n° 343430 : *Lebon T. 929 ; AJDA 2011. 2136, note Lasserre Capdeville ; D. 2011. 2330, note Salcedo.*

185. Le législateur peut créer une nouvelle catégorie de peine complémentaire qui sera applicable à certaines contraventions de la cinquième classe en cas de négligence caractérisée, le pouvoir réglementaire restant compétent, sous le contrôle des juridictions compétentes, pour en définir les éléments constitutifs. • Cons. const. 22 oct. 2009, n° 2009-590 DC § 28.

186. Seuls des décrets en Conseil d'État peuvent définir les contraventions et déterminer les règles qu'elles sanctionnent. • CE 19 oct. 2001, *Meyet*, n° 225706 : *Lebon 472 ; Dr. adm. 2002, n° 1, note D. P.*

187. Peines non pénales. Seules les peines pénales entrent sous le coup du présent art. • CE, ass., 12 oct. 1979, *Rassemblement nouveaux avocats de France : préc. note 126* • CE, ass., 31 oct. 1980, *Féd. nat. des unions de jeunes avocats : Lebon 395 ; JCP 1983. 20003, note Auby ; RD publ. 1981. 499, concl. Franc.* ♦ Il en résulte que, outre les contraventions de grande voirie dans les limites fixées à la note 177, peuvent être créées par le pouvoir réglementaire : une amende civile (sous forme de décret). • CE 12 oct. 1979, *Rassemblement des nouveaux avocats de France : préc. note 126.* ♦ ... Des sanctions disciplinaires infligées aux détenus qui ne sont pas des peines aux sens des dispositions du présent art. • CE, sect. 4 mai 1979, *Comité d'action des prisonniers : Lebon 182.* ♦ ... Des sanctions administratives (amendes). • CE, ass., 6 févr. 1981, *Sté Varoise de transport : Lebon 51 ; AJDA 1981. 599, concl. Baquet* • CAA Paris, 7 août 2003, *Turkish Airlines : Lebon T. 621.* ♦ Le pouvoir réglementaire peut, dans ce cadre, fixer une échelle de peines pouvant aller jusqu'au retrait de la carte professionnelle. • CE, ass., 7 juill. 2004, *Benkerrou : Lebon 297 ; RFDA 2004. 913, concl. Guyomar ; ibid. 2004. 1130, note Degoffe et Haquet ; AJDA 2004. 1695, chron. Landais et Lénica ; Dr. adm. 2004, n° 155, note Breen.*

188. Peines complémentaires. Les peines complémentaires, comme l'insertion dans la presse de la condamnation pénale, ont une nature déterminée selon celle de la peine principale et sont donc, selon le cas de la compétence du législateur • Cons. const. 13 nov. 1985, n° 85-142 L : *préc. note 182.* ♦ ... Ou du pouvoir réglementaire. • Cons. const. 8 août 1985, n° 85-139 L § 1 : *préc. note 182.*

2. Contenu de la compétence législative

189. Lutte contre l'arbitraire ; clarté de la définition des infractions. Il appartient au législateur, dans l'exercice de sa compétence, de fixer des règles de droit pénal et de procédure pénale de nature à exclure l'arbitraire dans la recherche des auteurs d'infractions, le jugement des personnes poursuivies ainsi que dans le prononcé et l'exécution des peines. • Cons. const. 4 août 2011, n° 2011-635 DC § 22. ♦ V. notes ss. DDH, art. 8.

190. Il revient encore au législateur de fixer ou modifier le délai au-delà duquel l'inobservation d'une disposition législative est constitutive d'un délit. • Cons. const. 26 juin 1969, n° 69-55 L § 1 s. : *préc. note 26.*

191. Il est loisible au législateur : de prévoir de nouvelles infractions en déterminant les peines qui leur sont applicables ; toutefois il lui incombe d'assurer ce faisant la conciliation des exigences de l'ordre public et de la garantie de libertés constitutionnellement protégées. • Cons. const. 18 janv. 1995, n° 94-352 DC § 23 • Cons. const. 13 mars 2003, n° 2003-467 DC § 60. ♦ ... De prévoir des mesures d'investigation spéciales en vue de constater des crimes et délits d'une gravité et d'une complexité particulières, d'en rassembler les preuves et d'en rechercher les auteurs, sous réserve que ces mesures soient conduites dans le respect des prérogatives de l'autorité judiciaire, gardienne de la liberté individuelle, et que les restrictions qu'elles apportent aux droits constitutionnellement garantis soient nécessaires à la manifestation de la vérité, proportionnées à la gravité et à la complexité des infractions commises et n'introduisent pas de discriminations injustifiées. • Cons. const. 2 mars 2004, n° 2004-492 DC § 6.

192. En revanche, le seul fait que le Conseil supérieur de la télématique puisse saisir le procureur de la République des faits dont il est informé et de nature à motiver des poursuites pénales, ne donne pas à ce Conseil le pouvoir d'édicter de nouvelles incriminations et peut dès lors être décidé par décret. • CE 28 juill. 2000, *Assoc. Premier Janvier 1998 : Lebon T. 793.*

b. Procédure pénale

193. Principes. Il résulte du présent art. et de l'art. 37 Const. que les dispositions de la procédure à suivre devant les juridictions relèvent de la compétence réglementaire dès lors qu'elles ne concernent pas la procédure pénale et qu'elles ne mettent pas en cause les règles ou les principes fondamentaux placés par la Const. dans le domaine de la loi. • Cons. const.

13 avr. 2012, *Stéphane C. et a.*, n° 2012-231/234 QPC § 12 • CE 19 juill. 2017, n° 408221. ♦ Sur les autres procédures, V. ss. Const. 58, art. 37.

194. Concernant la procédure pénale, l'obligation faite au législateur de fixer lui-même le champ d'application de la loi pénale s'impose notamment pour éviter une rigueur non nécessaire lors de la recherche des auteurs d'infractions. • Cons. const. 27 févr. 2015, *Olivier J.*, n° 2014-452 QPC § 5.

195. Le présent al. s'oppose à ce que le législateur, s'agissant d'une matière aussi fondamentale que celle des droits et libertés des citoyens, confie à une autre autorité la détermination des règles de procédure pénale. • Cons. const. 23 juill. 1975, n° 75-56 DC.

196. L'attribution de compétence au législateur en matière de procédure pénale s'impose notamment pour éviter une rigueur non nécessaire lors de la recherche des auteurs d'infractions. • Cons. const. 30 juill. 2010, *Daniel Walbuger et a.*, n° 2010-14/22 QPC § 23 • Cons. const. 18 nov. 2011, *Élise A. et a.*, n° 2011-191/194/195/196/197 QPC § 13 • Cons. const. 17 févr. 2012, *Ordre des avocats au barreau de Bastia*, n° 2011-223 QPC § 4 • Cons. const. 4 déc. 2013, n° 2013-679 DC § 70. ♦ V. ss. DDH, art. 9.

197. Sur le fondement de ces dispositions, il appartient au législateur de déterminer les catégories de personnes compétentes pour constater les infractions aux dispositions pénalement sanctionnées, en rassembler les preuves et en rechercher les auteurs, ainsi que les modalités suivant lesquelles elles exécutent leurs missions. • Cons. const. 27 déc. 1990, n° 90-281 DC § 7. ♦ ... De déterminer les agents ou les catégories d'agents habilités à constater des infractions pénales. • Cons. const. 29 déc. 1992, n° 92-172 L : *Rec. Cons. const. 132 ; RJC II-141 ; JO 1er janv., p. 100.* ♦ ... De prescrire l'envoi direct d'un procès-verbal d'infraction au procureur de la République. • Cons. const. 20 févr. 1987, n° 87-149 L § 23 : *préc. note 125.* ♦ ... De modifier l'organisme chargé de la mission de recherche et de constatation d'infraction faisant l'objet de sanctions pénales qu'il avait précédemment désigné. • CE 30 déc. 2003, *Union nat. CGT affaires sociales*, n° 245702 : *Lebon T. 620*. ♦ ... De prévoir les conditions et modalités selon lesquelles une atteinte au principe d'indépendance peut être mise en œuvre afin que celle-ci demeure proportionnée lorsqu'il permet la *saisie d'éléments couverts par le secret du délibéré*. • Cons. const. 4 déc. 2015, *Gilbert A.*, n° 2015-506 QPC § 13.

198. Dans l'exercice de cette compétence, il incombe au législateur notamment de préserver l'exercice des droits de la défense, de veiller au respect dû au droit de propriété et de placer sous le contrôle de l'autorité judiciaire, conformément à l'art. 66 Const., toute mesure affectant, au sens dudit art., la liberté individuelle ; qu'en particulier, la protection de cette liberté rend nécessaire l'intervention de l'autorité judiciaire lorsque peut être mise en cause l'inviolabilité du domicile de toute personne habitant le territoire de la République. • Cons. const. 27 déc. 1990, n° 90-281 DC § 8.

199. De même, le législateur peut prévoir des règles de procédure pénale différentes selon les faits, les situations et les personnes auxquelles elles s'appliquent, pourvu que les différences ne procèdent pas de discriminations injustifiées et que soient assurées des garanties égales aux justiciables. • Cons. const. 20 janv. 1981, n° 80-127 DC § 31 • Cons. const. 3 sept. 1986, n° 86-213 DC § 23. ♦ ... Notamment quant au respect du principe des droits de la défense. • Cons. const. 3 sept. 1986, n° 86-213 DC § 12 • Cons. const. 2 mars 2004, n° 2004-492 DC § 31 s. • Cons. const. 13 juill. 2011, *Samir A.*, n° 2011-153 QPC § 3.

200. Sous certaines réserves, ces règles peuvent consister en une procédure simplifiée de jugement dès lors que la personne qui fait l'objet d'une telle procédure conserve, quant au respect des droits de la défense, des garanties équivalentes à celles dont elle aurait bénéficié si l'affaire avait été directement portée devant le tribunal correctionnel. • Cons. const. 29 août 2002, n° 2002-461 DC § 75 s. ♦ Dans le cadre d'une telle procédure simplifiée, si la victime peut former une demande de dommages et intérêts et, le cas échéant, s'opposer à l'ordonnance pénale, il appartient au législateur de déterminer les formes selon lesquelles cette demande peut être présentée et les effets de l'éventuelle opposition de la victime et de garantir le droit du prévenu de limiter son opposition aux seules dispositions civiles de l'ordonnance pénale ou à ses seules dispositions pénales. • Cons. const. 22 oct. 2009, n° 2009-590 DC § 14.

201. Ainsi, les règles de composition et de procédure dérogatoires au droit commun qui trouvent, selon le législateur, leur justification dans les caractéristiques spécifiques du terrorisme ne sauraient, sans qu'il soit porté atteinte au principe d'égalité devant la justice, être étendues à des infractions qui ne présentent pas les mêmes caractéristiques. • Cons. const. 3 sept. 1986, n° 86-213 DC § 24.

202. Les dispositions relatives à la prise d'empreintes génétiques dans le cadre d'une procédure d'enquête sont formulées en termes assez clairs et précis pour satisfaire aux prescriptions du présent art. ; en particulier les « personnes susceptibles de fournir des renseignements sur les faits en cause » sont celles qui sont déjà tenues de comparaître devant l'officier de police judiciaire en vertu de l'art. 62 C. pr. pén.

• Cons. const. 13 mars 2003, n° 2003-467 DC § 54.

203. Transaction pénale. Il appartient au législateur de déterminer le champ de la transaction pénale, la désignation des autorités habilitées à transiger ainsi que les conditions de l'homologation de la transaction une fois conclue. Cette autorité ne peut être qu'un magistrat du siège dès lors que l'action publique a été mise en mouvement. • CE, ass., 7 juill. 2006, *Assoc. France Nature Environnement*, n° 283178 : *Lebon 328* ; *AJDA 2006. 2055, chron. Landais et Lénica.* ♦ En précisant que le procureur de la République n'est pas tenu d'être présent à l'audience d'homologation, le législateur n'a pas méconnu les présentes dispositions. • Cons. const. 22 juill. 2005, n° 2005-520 DC. ♦ En renvoyant au pouvoir réglementaire le soin de fixer la valeur de l'objet volé en deçà de laquelle il est possible de proposer à l'auteur d'un vol une transaction pénale, procédure ayant pour objet l'extinction de l'action publique, le législateur a méconnu sa compétence dans des conditions affectant l'égalité devant la procédure pénale. • Cons. const. 23 sept. 2016, *Synd. de la magistrature*, n° 2016-569 QPC § 17.

c. Amnistie

204. L'amnistie est de la compétence du législateur et peut être prononcée dans un but d'apaisement politique ou social. • Cons. const. 20 juill. 1988, n° 88-244 DC § 15 • Cons. const. 11 janv. 1990, n° 89-271 DC § 21. ♦ La dérogation ainsi apportée au principe de la séparation des pouvoirs trouve son fondement dans les dispositions du présent art. • Cons. const. 8 juill. 1989, n° 89-258 DC § 8. ♦ Elle ne méconnaît pas le principe de la présomption d'innocence dans la mesure où elle a pour effet d'interdire les poursuites pénales. • Même décision *§ 10.* ♦ ... Et où elle ne fait obstacle ni à la réhabilitation ni à l'action en révision devant toute juridiction compétente tendant à faire établir l'innocence du condamné. • Même décision.

205. Il est de l'essence même d'une mesure d'amnistie d'enlever pour l'avenir tout caractère délictueux à certains faits pénalement répréhensibles, en interdisant toute poursuite à leur égard ou en effaçant les condamnations qui les ont frappés. • Cons. const. 8 juill. 1989, n° 89-258 DC § 8. ♦ Il appartient, dès lors au législateur, d'apprécier quelles sont les infractions et, le cas échéant, les personnes auxquelles doit s'appliquer le bénéfice de l'amnistie. • Cons. const. 9 janv. 1989, n° 89-265 DC § 6 • Cons. const. 11 janv. 1990, n° 89-271 DC § 21. ♦ En général sauf mesure individuelle accordée par décret du Président de la République, sont exceptés du bénéfice de l'amnistie les faits constituant des manquements à l'honneur, à la probité ou aux bonnes mœurs. • CE 20 juin 2003, *Stilinovic*, n° 248242 : *Lebon 258, concl. Lamy* ; *AJDA 2003. 1334, chron. Donnat et Casas* . ♦ Dans ce cas, le législateur peut prévoir que le Président de la République peut, sous le contrôle du juge, déroger à cette limite par une décision individuelle. • CE 31 janv. 1986, *Legrand : Lebon 23.* ♦ Il appartient au juge de déterminer si les faits sont ou non des manquements de ce type. • CE 6 juin 2003, *Genot*, n° 222152 : *Lebon T. 659* . ♦ Il n'appartient pas au juge d'ajouter aux conditions que fixe ainsi le législateur. • Crim. 25 juill. 1990, *Z.*, n° 90-80.362 P.

206. Le principe d'égalité ne s'oppose pas à ce que le législateur délimite ainsi le champ d'application de l'amnistie dès lors que les catégories retenues sont définies de manière objective et ne conduisent pas à introduire de discrimination entre les auteurs d'agissements identiques au regard de l'amnistie. • Cons. const. 29 juill. 1986, n° 86-210 DC § 17 • Cons. const. 11 janv. 1990, n° 89-271 DC § 21 s. ♦ Les décrets individuels d'amnistie qui résultent de l'application de ces lois, sont malgré leur lien avec la matière pénale, soumis au juge administratif qui assure le contrôle de leur légalité. • CE, ass., 24 nov. 1961, *Électricité de Strasbourg : Lebon 660 ; RD publ. 1962. 339, concl. Heumann ; AJDA 1962. 18, chron. Galabert et Gentot* • CE 22 nov. 1963, *Dalmas de Polignac : Lebon 565 ; RD publ. 1964. 692, concl. Henry* • CE 5 mars 1997, *Félix : Lebon T. 683* .

207. On ne saurait déduire des termes du présent al. qui ne concernent pas seulement le droit pénal et de la place qui y est faite à l'amnistie, que la Constitution aurait limité la compétence du législateur en matière d'amnistie au domaine des crimes et délits et, plus généralement, des infractions pénalement réprimées. • Cons. const. 20 juill. 1988, n° 88-244 DC § 14. ♦ Ainsi que le législateur a pu étendre le champ d'application de la loi d'amnistie à des sanctions disciplinaires ou professionnelles. • Même décision *§ 15.* ♦ Cependant, sont en général exclus de l'amnistie les faits constituant des manquements à la probité, aux bonnes mœurs ou à l'honneur ; dans ce cas le législateur peut prévoir que le Président de la République peut, sous le contrôle du juge, déroger à cette limite par une décision individuelle. • CE 31 janv. 1986, *Legrand : Lebon 23* • Crim. 14 nov. 1963, n° 62-92.270 P : *D. 1964. 265, note Ch. D.*

208. S'il est exact, notamment en matière pénale, que l'amnistie ne comporte pas normalement la remise en l'état de la situation de ses bénéficiaires, le législateur peut juger opportun d'apporter une exception à cette règle, sous l'expresse réserve que la remise en l'état ne soit pas contraire aux droits et libertés de personnes tierces. • Cons. const. 20 juill. 1988, n° 88-244 DC § 20. ♦ Ainsi, la réintégration de représentants du personnel ou délégués syndicaux licenciés pour faute lourde, c'est-à-dire ayant abusé de leur fonction ou mandat protégé, excéderait manifestement, pour l'employeur victime, les sacrifices d'ordre personnel ou patrimonial qui peuvent être demandés aux individus dans l'intérêt général. • Même décision *§ 26.*

209. Les contestations relatives au bénéfice de l'amnistie sont soumises à l'autorité ou à la juridiction saisie de la poursuite. • CE, sect., 14 mai 1971, *Ferreux : Lebon 363* • CE 4 mai 1998, *Sté de bourse Patrice Wargny : Lebon 192 ; Dr. adm. 1998, n° 380, note Colin.*

210. Si la loi d'amnistie entre en vigueur entre le délibéré et la lecture de la décision, celle-ci est réputée avoir implicitement refusé le bénéfice de l'amnistie. • CE 28 juill. 2000, *Laniel : Lebon T. 839* .

d. Création de nouveaux ordres de juridiction

211. Constituent un ordre de juridiction au sens du présent art. et voient dès lors leurs règles constitutives relever de la compétence du législateur : les tribunaux d'instance à compétence exclusive en matière pénale. • Cons. const. 18 juill. 1961, n° 61-14 L : *Rec. Cons. const. 38 ; RJC II-7 ; JO 13 oct., p. 9358 ; GDCC, 11e éd., n° 11 ; D. 1961. 541, note Hamon ; S. 1961. 253, note Hamon ; AJDA 1961. 625, note de Laubadère.* ♦ ... Les tribunaux pour enfants, à raison de la spécificité de leurs justiciables. • Cons. const. 21 déc. 1964, n° 64-31 L : *Rec. Cons. const. 43 ; RJC II-18 ; JO 30 déc., p. 11862 ; D. 1965. 641, obs. Hamon ; AJDA 1964. 100, note de Laubadère.* ♦ ... Les chambres de l'expropriation, à raison de leur compétence limitée mais exclusive. • Cons. const. 9 févr. 1965, n° 65-33 L : *Rec. Cons. const. 73 ; RJC II-19 ; JO 22 mars, p. 2312 ; D. 1967. 405, obs. Hamon.* ♦ ... La Cour de cassation, à raison de la compétence et de la composition de l'assemblée plénière. • Cons. const. 20 juill. 1977, n° 77-99 L : *Rec. Cons. const. 63 ; RJC II-77 23 juill., p. 3902 ; RD publ. 1979. 1663, note Favoreu ; D. 1978. 701, obs. Hamon.* ♦ ... Les conseils de prud'hommes, à raison du caractère paritaire, de leur composition et de la nature de leurs attributions. • Cons. const. 13 juin 1991, n° 91-166 L : *Rec. Cons. const. 74 ; RJC II-136 ; JO 19 juin, p. 7957* • Cons. const. 17 janv. 2008, n° 2007-561 DC § 15. ♦ ... Un tribunal militaire à compétence spéciale. • CE, ass., 2 mars 1962, *Ruben de Servens : Lebon 143 ; S. 1962. 147, note Bourdoncle ; D. 1962. 109, note Morange ; JCP 1962. 1711, chron. Lamarque ; JCP 1962. 12613, concl. Henry ; AJDA 1962, chron. Galabert et Gentot.* ♦ ... La section des assurances sociales du Conseil national de l'ordre des médecins. • CE, ass., 13 juill. 1962, *Conseil nat. ordre des médecins : Lebon 479 ; RD publ. 1962. 739, concl. Braibant.* ♦ ... Une juridiction professionnelle pouvant prononcer des déchéances de la qualité d'artisan. • CE, sect., 30 juin 1967, *Caisse de compensation de l'ORGANIC : Lebon 286.* ♦ ... La commission de recours des réfugiés. • Cons. const. 4 déc. 2003, n° 2003-485 DC § 62. ♦ ... La CDBF. • Cons. const. 3 mars 2005, n° 2005-198 L : *JO 9 mars, p. 3250 ; LPA 24 mars 2005, p. 7, note Schoettl.*

212. Indépendance juridictionnelle et compétence législative. Dans ce cadre, relèvent de la compétence du législateur les règles constitutives de ces juridictions assurant leur indépendance (et en l'espèce en particulier la mixité entre membres du Conseil d'État et de la Cour des comptes). • Cons. const. 3 mars 2005, n° 2005-198 L : *préc. note 211.* ♦ V. déjà au sujet de la composition d'une juridiction. • Cons. const. 9 févr. 1965, n° 65-33 L : *préc. note 211* • Cons. const. 20 juill. 1977, n° 77-99 L : *préc. note 211.* ♦ ... Les modalités de désignation de leurs membres. • Cons. const. 21 déc. 1964, n° 64-31 L : *préc. note 211* • Cons. const. 9 oct. 1985, n° 85-141 L : *Rec. Cons. const. 115 ; RJC II-115 ; JO 11 oct., p. 11831 ; RD publ. 1986. 395, note Favoreu.* ♦ ... La fixation des règles garantissant l'indépendance des membres des tribunaux administratifs. • CE 29 déc. 1993, *Synd. juridiction administrative : Lebon 550* .

213. Dans le respect de ce principe, le pouvoir réglementaire peut fixer les règles touchant à la composition et au fonctionnement des juridictions. • Cons. const. 3 mars 2005, n° 2005-198 L § 5 : *préc. note 211.* ♦ Sur la question de l'indépendance des juridictions, V. notes ss. DDH, art. 16.

214. Ainsi, si le caractère limité du mandat des membres relève du domaine de la loi, le législateur peut laisser au pouvoir réglementaire le soin d'en préciser la durée, dès lors que, sous le contrôle du juge administratif, il fixe cette durée de sorte qu'il ne soit porté atteinte ni à l'impartialité ni à l'indépendance des membres. • Cons. const. 4 déc. 2003, n° 2003-485 DC § 62. ♦ ... De même, relèvent de la compétence réglementaire, à condition de ne pas porter atteinte à l'indépendance de la juridiction, les modalités d'indemnisation des conseillers prud'hommes dans l'intérêt du bon emploi des deniers publics et d'une bonne administration de la justice. • Cons. const. 28 déc. 2006, n° 2006-545 DC § 24.

215. Ainsi, relèvent de la compétence réglementaire : la détermination du nombre, du siège, et du ressort de chacune des juridictions. • Cons. const. 18 juill. 1961, n° 61-14 L : *préc. note 211* • Cons. const. 14 oct. 2010, n° 2010-220 L • Cons. const. 8 déc. 2011, n° 2011-641 DC § 9 • Cons. const. 26 mars 2020, n° 2020-285 L • CE, sect., 27 janv. 1961, *Daunizeau,* n° 46910 A : *AJDA 1961. 75, chron. Galabert et Gentot* • CE 18 nov. 1964, *Martin : Lebon 557* • CE 27 oct. 2000, n° 212967 A • Cons. const. 21 mars 2019, n° 2019-778 DC § 380. ♦ ... Leur organisation interne. • Cons. const. 1er avr. 1971, n° 71-68 L : *Rec. Cons. const. 35 ; RJC II-45. JO 4 avr., p. 3244.* ♦ ... La création d'une cour d'appel et corrélativement la modification du ressort d'autres cours. • CE 11 juill. 1969, *Honnet et Vigo,* n° 74949 et 74988 A. ♦ ... Le choix du mode de scrutin pour l'élection de conseillers prud'homaux. • CE 4 nov. 1992, nos 116910 et 116911 B. ♦ ... Dans le respect du principe des règles constitutives imposées par la loi, la détermination du nombre des membres du Conseil d'État et de la Cour des comptes composant la CDBF, les dispositions qui traitent de la suppléance de la présidence de la juridiction, de son siège et de la situation administrative de ses membres et les dispositions relatives au choix et au mode de nomination des commissaires du Gouvernement, des rapporteurs et du greffier, lesquels n'appartiennent pas à la formation de jugement. • Cons. const. 3 mars 2005, n° 2005-198 L : *préc. note 211.*

216. Relèvent encore de la compétence réglementaire les règles de procédure ne relevant pas de la procédure pénale. • Cons. const. 23 févr. 1988, n° 88-153 L : *Rec. Cons. const. 44 ; RJC II-126 ; JO 13 mars, p. 3393 ; RD publ. 1989. 399, Chron. Favoreu ; AIJC 1988. 398, chron. Genevois* • Cons. const. 3 mars 2005, n° 2005-198 L : *préc. note 211.* ♦ Il en va ainsi en particulier de la procédure applicable devant les juridictions administratives dès lors qu'elles ne mettent en cause aucune des matières réservées au législateur ou d'autres règles ou principes de valeur constitutionnelle. • Cons. const. 14 oct. 2010, *Union synd. magistrats administratifs,* n° 2010-54 QPC § 3. ♦ V. déjà. • CE 17 déc. 2003, *Meyet,* n° 258253 A.

217. Mais les dispositions du présent art. n'obligent pas le législateur, lorsqu'il crée un nouvel ordre de juridiction, à adopter dans un même texte législatif, d'une part, les règles *d'organisation et de fonctionnement* de cet ordre de juridiction et, d'autre part, les règles statutaires applicables aux juges qui le composeront. Il peut adopter les premières de ces règles avant les secondes ; qu'en pareil cas, toutefois, les premières ne pourront recevoir application que lorsque les secondes auront été promulguées. • Cons. const. 29 août 2002, n° 2002-461 DC § 13.

218. Les deux critères retenus par le législateur pour autoriser le pouvoir réglementaire à spécialiser, au sein d'un même département ou, à titre exceptionnel, entre deux tribunaux d'un même ressort de cour d'appel situés dans des départements différents, lorsque leur proximité géographique et les spécificités territoriales le justifient, certaines juridictions civiles ou pénales sont celui du volume des affaires concernées et celui de la technicité des matières en cause. En retenant le premier, le législateur a entendu, au nom de l'objectif de valeur constitutionnelle de bonne administration de la justice, permettre que des contentieux représentant un faible volume d'activité par juridiction puissent être regroupés au sein d'une seule juridiction départementale. En retenant le second critère, le législateur a entendu, au nom du même objectif, favoriser, pour des contentieux techniques appelant des compétences particulières, la spécialisation au sein d'une même juridiction des magistrats chargés de les juger. Par ailleurs, le législateur a prévu que la spécialisation contentieuse en matière pénale ne pourrait porter sur toutes les infractions jugées à juge unique et a précisé celles devant être écartées. En retenant ainsi de tels critères objectifs et rationnels, qui ne sont pas inintelligibles, pour déterminer les cas dans lesquels une spécialisation contentieuse départementale peut être prévue par le pouvoir réglementaire, le législateur n'a pas méconnu l'étendue de sa compétence. • Cons. const. 21 mars 2019, n° 2019-778 DC § 375.

219. Protection matérielle de l'indépendance des juridictions. V. ss. DDH, art. 16, note 242.

e. Statut des magistrats

220. Principe. En visant le statut des magistrats, le présent art. n'a pas entendu donner à ces termes un sens différent de celui qui leur a attribué à l'art. 64 Const. Dès lors, les juges consulaires ne sont pas au nombre des magistrats visés ici. • CE, ass., 2 févr. 1962, *Beausse : Lebon 82 ; AJDA 1962. 147, chron. Galabert et Gentot.*

221. Sur la situation des magistrats honoraires appelés à exercer encore des activités juridictionnelles, V. notes ss. DDH, art. 16.

222. Magistrats de l'ordre administratif. Les membres du corps de TA et CAA ne sont pas des magistrats au sens de l'art. 64 Const., dont le statut est régi par une loi organique, mais des fonctionnaires de l'État, pour lesquels l'art. 34 Const. ne réserve au législateur que la définition des garanties fondamentales. • CE, QPC, 21 févr. 2014, n° 359716 § 3 : *AJDA 2014. 423 ; JCP Adm. 2014. 238.* Dès lors, si les règles de recrutement des membres de ce corps et notamment le principe du concours relèvent de la compétence du législateur, les modalités d'organisation de ce recrutement comme par exemple la fixation des conditions à remplir pour être admis à concourir (âge, nombre de candidatures) et les règles relatives au classement à l'occasion du recrutement dans le corps, relèvent de la compétence du pouvoir réglementaire. • CE 5 nov. 2003, n° 253515 B : *AJDA 2004. 827, concl. Schwartz ; Dr. adm. 2004, n° 66, note R. S.* ♦ Il en va de même de la détermination des règles relatives à la notation et à l'évaluation dont font l'objet les membres du corps des TA et CAA. • CE 3 mai 2006, n° 274689 B.

223. Divers. Le pouvoir réglementaire peut ainsi légalement prévoir la participation des magistrats au comité d'hygiène, de sécurité et des conditions de travail institué au sein du ministère de la justice. • CE 12 févr. 2014, n° 353470 B.

4° ASSIETTE, TAUX ET MODALITÉS DE RECOUVREMENT DES IMPOSITIONS DE TOUTE NATURE ; RÉGIME D'ÉMISSION DE LA MONNAIE

224. Sur les impositions de toute nature et les LF, V. notes ss. LOLF du 1er août 2001, art. 40, App., *v° Gouvernance financière.*

225. Absence de reconnaissance de la qualité d'imposition de toute nature. Ne sont pas des impositions de toute nature : les cotisations sociales, V. note 372. ♦ ... Les dispositions qui n'ont pas modifié la nature des cotisations portant sur une assiette correspondant à l'ensemble des revenus des travailleurs indépendants. • Cons. const. 13 déc. 2012, n° 2012-659 DC § 12. ♦ ... Les redevances payées en contrepartie d'un droit. • Cons. const. 4 août 2016, n° 2016-737 DC § 29. ♦ ... La taxe tréfoncière qui est la contrepartie versée par le titulaire de la concession au propriétaire du terrain qu'il exploite. • Cons. const. 29 mars 2019, *Sté Vermilion REP,* n° 2019-771 QPC § 9.

226. Le régime applicable aux cotisations à des organismes professionnels ne concerne ni l'assiette, le taux ou le recouvrement d'une imposition qui relève du législateur en vertu du présent art., ni celui d'une contribution au sens de l'art. 13 DDH. • CE 23 oct. 1981, *Synd. de l'architecture,* n° 17983 : *Lebon 388 ; AJDA 1981. 597, chron. Tiberghien et Lasserre.* ♦ Bien que ces cotisations obligatoires ne soient ni des impositions de toute nature ni des taxes parafiscales, seul le législateur est compétent pour les établir. • CE 23 févr. 2000, *Guez : préc. note 97.* ♦ En délégant au pouvoir réglementaire le soin de déterminer les conditions dans lesquelles les commissaires aux comptes sont groupés dans des organismes professionnels, le législateur a pu déléguer au pouvoir réglementaire le soin de confier aux conseils régionaux des compagnies de commissaires aux comptes la mission de fixer et de recouvrer le montant des cotisations dues par les membres de la compagnie régionale. • Même décision. ♦ Rappr. : • CE 16 févr. 2001, *Union nat. interprof. pour l'emploi dans l'industrie et le commerce,* n° 208609 : *Lebon 65* .

227. Les cotisations, perçues par des organismes de droit privé, tendent au financement d'activités menées, en faveur de leurs membres et dans le cadre défini par le législateur, par les organisations interprofessionnelles constituées par produit ou groupe de produits et sont acquittées par les membres de ces organisations ; par suite, elles ne constituent pas des impositions de toutes natures et le grief tiré de la méconnaissance par le législateur des exigences du présent art. doit être rejeté. • Cons. const. 17 févr. 2012, *Sté Chaudet et Fille et a.,* n° 2011-221 QPC § 4. ♦ Si la majoration forfaitaire du prix du transport a pour objet de « prendre en compte » le coût de l'écotaxe sur l'activité des entreprises de transport de marchandises, elle est perçue en totalité par l'entreprise de transport et ne constitue pas une modalité de recouvrement de cette taxe. Il s'agit d'une mesure de régulation des tarifs contractuels dans le secteur des transports et non d'un impôt de l'État ou d'une recette publique. • Cons. const. 23 mai 2013, n° 2013-670 DC § 11.

228. Impositions de toute nature. Sont des impositions de toute nature les exemples suivants : dès lors qu'elle n'ouvre aucun droit aux prestations servies par un régime de sécurité sociale, sont des impositions de toutes natures, la contribution additionnelle aux prélèvements sociaux sur les revenus du patrimoine et de placement, destinée à financer le fonds national des solidarités actives. • Cons. const. 9 août 2012, n° 2012-654 DC § 57. ♦ ... La cotisation dont les recettes concourent au financement du fonds national d'aide au logement. • Cons. const. 18 déc. 2014, n° 2014-706 DC § 41. ♦ ... La cotisation de solidarité due par les pluriactifs indépendants qui n'exercent pas l'activité de chef d'exploitation agricole à titre principal. • Cons. const. 11 déc. 2015, *Christian B.,* n° 2015-509 QPC § 5. ♦ Rappr. • Civ. 2e, QPC, 13 juin 2013, n° 13-400.19. ♦ V. déjà, implicitement, pour la cotisation de solidarité due par les personnes percevant une pension de retraire d'un régime obligatoire lorsqu'elles perçoivent une rémunération au titre d'une activité salariée. • Cons. const. 16 janv. 1986, n° 85-200 DC § 16 à 19.

a. Étendue de la compétence législative en matière fiscale

1. Principe

229. Il appartient au législateur d'une part de déterminer, au titre de la définition de l'assiette, non seulement les règles concernant le taux d'une imposition, mais aussi, les catégories de redevables et d'autre part de fixer les modalités de recouvrement dudit impôt. • Cons. const. 8 janv. 1991, n° 90-283 DC § 43. ♦ De même, il n'appartient qu'à la loi de déterminer le champ d'application d'un avantage fiscal. • Cons. const. 30 déc. 1987, n° 87-237 DC § 11. ♦ En habilitant le pouvoir réglementaire à fixer les règles concernant l'assiette de la taxe contestée, le législateur a méconnu l'étendue de sa compétence. • Cons. const. 5 août 2015, n° 2015-715 DC § 51. ♦ V. s'agissant de l'incompétence d'un préfet pour instituer un texte non prévu par la loi : • CE 17 juin 2019, n° 414002 B : *AJDA 2019. 2032*.

230. Lorsqu'il définit une imposition, le législateur doit déterminer ses modalités de recouvrement, lesquelles comprennent les règles régissant le contrôle, le recouvrement, le contentieux, les garanties et les sanctions applicables à cette imposition. • Cons. const. 30 mars 2012, *Sté Unibail Rodamco,* n° 2012-225 QPC § 3 • Cons. const. 28 mars 2013, *SARL Majestic Champagne,* n° 2012-298 QPC § 5 • Cons. const. 25 oct. 2013, *Sté Boulanger,* n° 2013-351 QPC § 14 • Cons. const. 8 oct. 2014, *Sté Praxair SAS,* n° 2014-419 QPC § 9.

231. Les présentes dispositions permettent la mise en œuvre de celles de l'art. 14 DDH qui n'instituent pas un droit ou une liberté garantie par la Constitution. • Cons. const. 18 juin 2010, *SNC Kimberly,* n° 2010-5 QPC § 4 • Cons. const. 30 juill. 2010, *Épx P. et a.,* n° 2010-19/27 QPC § 16 • CE 22 juin 2011, *Épx Kargaci,* n° 347813 : *Lebon T. 858 ; AJDA 2011. 1760* (sol. impl.).

2. Mise en œuvre

232. Généralités. Ainsi, en renvoyant à un décret en Conseil d'État le soin de définir le mode de calcul du « potentiel financier » annuel moyen, d'arrêter la liste des investissements à prendre en compte pour déterminer le champ d'application du prélèvement en cause et de fixer, sans l'encadrer suffisamment, le taux de ce prélèvement, le législateur a habilité le pouvoir réglementaire à fixer les règles concernant l'assiette et le taux d'une imposition et a ainsi méconnu l'étendue de sa compétence. • Cons. const. 18 mars 2009, n° 2009-578 DC § 6. ♦ Les prestations faisant l'objet d'un tarif proportionnel sont déterminées par le pouvoir réglementaire et le seuil peut être *modifié par arrêté ; par suite,* en habilitant le pouvoir réglementaire à fixer les règles concernant l'assiette de la taxe contestée, le législateur a méconnu l'étendue de sa compétence. • Cons. const. 5 août 2015, n° 2015-715 DC § 51. ♦ Pourtant, en ne fixant que la nature et les modalités d'une contribution environnementale destinée à inciter les redevables à adopter des comportements conformes à des objectifs d'intérêt général, le législateur n'a pas méconnu l'étendue de ses compétences. • Cons. const. 29 déc. 2003, n° 2003-488 DC § 13.

233. En renvoyant à un décret en Conseil d'État le soin de fixer les délais dans lesquels doivent être opérées les déductions auxquelles ont droit les personnes assujetties à la taxe sur la valeur ajoutée, le législateur ne porte pas atteinte au droit de propriété garanti par les art. 2 et 17 DDH.

234. En prévoyant que le conseil municipal pourra instituer la majoration forfaitaire de la part communale de taxe d'habitation due au titre des logements meublés non affectés à l'habitation principale dans les communes classées dans les zones géographiques où existe un déséquilibre marqué entre l'offre et la demande de logements, le législateur a précisément fixé les règles d'assiette de la nouvelle majoration. • Cons. const. 29 déc. 2014, n° 2014-708 DC § 8. ♦ Il a également précisément défini les contribuables qui pourront obtenir, sur réclamation, un dégrèvement de cette majoration en indiquant qu'il s'agit de ceux se trouvant dans l'impossibilité d'affecter le logement à un usage d'habitation principale imputable à une cause étrangère à leur volonté. • Même affaire.

235. Détermination du taux et de l'assiette et QPC. La méconnaissance par le législateur de l'étendue de sa compétence dans la détermination de l'assiette ou du taux d'une imposition n'affecte par elle-même aucun droit ou liberté que la Const. garantit. • Cons. const. 8 oct. 2014, *Sté Praxair SAS,* n° 2014-419 QPC § 10 • Cons. const. 29 janv. 2015, *Sté ThyssenKrupp Electrical Steel Ugo SAS,* n° 2014-445 QPC § 9 • Cons. const. 29 janv. 2015, *Sté ThyssenKrupp Electrical Steel Ugo SAS,* n° 2014-445 QPC § 9 • Cons. const. 22 avr. 2016, *Sté Sofadig Exploitation,* n° 2016-537 QPC § 13 • Cons. const. 30 mars 2017, *Sté SNF,* n° 2016-622 QPC § 9 • Cons. const. 3 oct. 2017, *Sté Valeo systèmes de contrôle moteur,* n° 2017-657 QPC § 7. ♦ V. cependant note 236. ♦ Comp. dans le cadre d'une instance DC dans laquelle toutes les exigences constitutionnelles peuvent être invoquées. • Cons. const. 18 déc. 2014, n° 2014-706 DC § 42. ♦ V. déjà, en limitant la compétence du pouvoir réglementaire à l'introduction dans le CGI de la « traduction mathématique des taux et des montants qui résultent de l'application » de la réduction générale de 10 %, le législateur n'a pas méconnu l'étendue de sa compétence. • Cons. const. 28 déc. 2010, n° 2010-622 DC § 22.

236. Détermination du taux et de l'assiette, QPC et égalité devant les charges publiques. Le pouvoir donné par la loi à l'administration de fixer, contribuable par contribuable, les modalités de détermination de l'assiette d'une imposition méconnaît la compétence du législateur dans des conditions qui affectent, par elles-mêmes, le principe d'égalité devant les charges publiques. • Cons.

const. 28 nov. 2014, *Sté ING Direct NV et ING Bank NV*, n° 2014-431 QPC § 9. ♦ Il en va de même lorsque le législateur permet aux collectivités territoriales ou à leurs groupements de fixer cette assiette contribuable par contribuable. • Cons. const. 30 mars 2017, *Sté SNF*, n° 2016-622 QPC § 10.

237. Liberté de détermination de l'assiette. La détermination de l'assiette est libre, sous la réserve des principes et des règles de valeur constitutionnelle. • Cons. const. 29 déc. 1989, n° 89-270 DC § 4 ♦ En particulier, pour assurer le respect du principe d'égalité, le législateur doit fonder son appréciation sur des critères objectifs et rationnels. • Cons. const. 29 déc. 1983, n° 83-164 DC § 10. ♦ V. ss. DDH, art. 13, note 58. ♦ ... En fonction des buts qu'il se propose. • Cons. const. 30 déc. 1996, n° 96-385 DC § 29 • Cons. const. 18 déc. 1997, n° 97-393 DC § 14 • Cons. const. 8 déc. 1998, n° 98-404 DC § 25 • Cons. const. 23 juill. 1999, n° 99-416 DC § 21 • Cons. const. 19 déc. 2000, n° 2000-437 DC § 32 • Cons. const. 28 déc. 2000, n° 2000-442 DC § 22 • Cons. const. 29 déc. 2003, n° 2003-488 DC § 11. ♦ ... Et dans le respect des principes et des règles de valeur constitutionnelle et compte tenu des caractéristiques de chaque impôt. • Cons. const. 31 juill. 2003, n° 2003-477 DC § 2. ♦ ... Dès lors, s'agissant des limites supérieures des taux d'imposition, elles ne doivent pas avoir un caractère confiscatoire. • Cons. const. 28 déc. 2000, n° 2000-441 DC § 28.

238. L'ISF ne figure pas au nombre des impositions sur le revenu ; en instituant cet impôt, le législateur a entendu frapper la capacité contributive que confère la détention d'un ensemble de biens et de droits et dès lors la prise en compte de cette capacité contributive n'implique pas que les seuls biens productifs de revenus entrent dans l'assiette de cet impôt. • Cons. const. 29 sept. 2010, *Épx M.*, n° 2010-44 QPC § 11 • Cons. const. 11 févr. 2011, *Laurence N.*, n° 2010-99 QPC § 5. ♦ ... De même, a-t-il pu dès lors ne pas prévoir dans ce cadre l'application du quotient familial. • Cons. const. 29 sept. 2010, *Épx M.*, n° 2010-44 QPC § 14. ♦ En prévoyant, par les dispositions précitées, que doivent être pris en compte chaque année, pour le plafonnement de l'ISF, les revenus des bons ou contrats de capitalisation et des placements de même nature, notamment des contrats d'assurance-vie, l'instruction litigieuse ne se borne pas à interpréter l'article 885 V *bis* CGI, mais comporte des dispositions qu'il *n'appartenait qu'au législateur de prévoir.* • CE 28 juill. 2011, *SA Axa France-Vie*, n° 2011-638 DC § 18.

239. La disposition contestée, qui subordonne le bénéfice du régime des sociétés mères à la condition que les bénéfices sur lesquels sont prélevés les produits des titres perçus par la société mère soient afférents à une activité soumise à l'impôt sur les sociétés ou à un impôt équivalent, ne permet pas d'apprécier les activités soumises à l'impôt au sens de cette disposition ; en particulier, celle-ci ne permet pas de savoir si cette appréciation s'effectue pour les activités de la filiale, y compris lorsque cette dernière a été exonérée de l'impôt en application du régime fiscal des sociétés mères, ou si elle s'effectue aussi pour les activités des filiales de cette filiale. • Cons. const. 29 déc. 2014, n° 2014-708 DC § 31.

240. Aucun principe ou règle de valeur constitutionnelle n'interdit de façon générale et absolue l'imposition de sommes versées à titre d'indemnités. • Cons. const. 29 déc. 1999, n° 99-424 DC § 21.

241. Fixation de l'assiette par référence. Aucune règle ou principe de valeur constitutionnelle ne fait obstacle à ce que, dans l'exercice de la compétence qu'il tient du présent al., le législateur puisse, pour un impôt déterminé, retenir un élément d'assiette qui sert déjà de base à un autre impôt. • Cons. const. 29 déc. 1984, n° 84-184 DC § 17.

242. Ainsi peut-il fixer le taux d'un impôt par référence à des éléments qu'il détermine • Cons. const. 30 déc. 1981, n° 81-133 DC § 14 • Cons. const. 29 déc. 1986, n° 86-223 DC § 11. ♦ ... Par exemple en fixant le tarif d'une taxe indirecte en liant sa progression aux variations d'un élément du taux d'un impôt direct. • Cons. const. 30 déc. 1981, n° 81-133 DC § 14. ♦ ... Ou en faisant référence à des ressources équivalentes à celles procurées par une ancienne taxe. • Cons. const. 29 déc. 1986, n° 86-223 DC § 11. ♦ ... Ou en choisissant pour assiette d'un impôt d'État, eu égard à la finalité poursuivie, le montant des impôts directs locaux acquittés par les intéressés. • Cons. const. 25 juill. 1990, n° 90-277 DC § 21.

243. De même peut-il déterminer les personnes physiques assujetties à la taxe départementale sur le revenu et se référer à la détermination faite par l'art. 4 B CGI des personnes qui, pour l'application de l'impôt sur le revenu perçu au profit de l'État, sont regardées comme ayant leur domicile fiscal en France • Cons. const. 24 juill. 1991, n° 91-298 DC § 30.

244. Fixation du fait générateur par référence. En définissant le fait générateur de la nouvelle imposition en référence à une décision d'agrément du Conseil supérieur audiovisuel préalablement au transfert du contrôle de la société titulaire de l'autorisation à la suite de l'apport, la cession ou l'échange des titres alors que cet *agreement* ne s'impose pas dans tous les cas, le législateur n'a pas suffisamment précisé le fait générateur de l'imposition. • Cons. const. 28 déc. 2011, n° 2011-644 DC § 17.

245. Détermination des modalités de

recouvrement et QPC. L'incompétence négative du législateur en matière de définition des modalités de recouvrement d'une imposition peut être invoquée en QPC si un droit ou une liberté garanti par la Const. est affecté. • Cons. const. 30 mars 2012, *Sté Unibail Rodamco,* n° 2012-225 QPC § 4 (impl.).

246. L'absence de détermination des modalités de recouvrement d'une imposition affecte le droit à un recours effectif garanti par l'art. 16 DDH (en ne précisant pas les règles contentieuses et les sanctions applicables aux personnes assujetties). • Cons. const. 28 mars 2013, *SARL Majestic Champagne,* n° 2012-298 QPC § 6 • Cons. const. 25 oct. 2013, *Sté Boulanger,* n° 2013-351 QPC § 15 • Cons. const. 8 oct. 2014, *Sté Praxair SAS,* n° 2014-419 QPC § 11 et 15 • Cons. const. 3 oct. 2017, *Sté Valeo systèmes de contrôle moteur,* n° 2017-657 QPC § 8. ♦ En omettant de définir les modalités de recouvrement de la taxe additionnelle à la contribution sur la valeur ajoutée des entreprises, le législateur a méconnu l'étendue de la compétence. • Cons. const. 28 mars 2013, *SARL Majestic Champagne,* n° 2012-298 QPC § 7.

247. En revanche, la méconnaissance, par le législateur, de l'étendue de sa compétence dans la détermination des modalités de recouvrement d'une imposition n'affecte pas par elle-même le droit de propriété. • Cons. const. 8 oct. 2014, *Sté Praxair SAS,* n° 2014-419 QPC § 11.

248. Si le législateur peut confier à une collectivité locale la tâche d'assurer le recouvrement d'une imposition perçue à son profit, il doit en déterminer les règles avec une précision suffisante. • Cons. const. 29 déc. 1998, n° 98-405 DC § 59 • Cons. const. 25 oct. 2013, *Sté Boulanger,* n° 2013-351 QPC §14. ♦ Méconnait sa compétence le législateur qui ne prévoient pas les modalités de recouvrement de la taxe additionnelle à la contribution sur la valeur ajoutée des entreprises. • Cons. const. 28 mars 2013, *SARL Majestic Champagne,* n° 2012-298 QPC § 7. ♦ ... Qui se borne à prévoir que le recouvrement de la taxe est opéré par les soins de l'administration de la commune ou de l'établissement public de coopération *intercommunale percevant la taxe, à compter* du .... • Cons. const. 25 oct. 2013, *Sté Boulanger,* n° 2013-351 QPC § 16.

249. Toutefois, s'agissant des règles de recouvrement, en l'absence de disposition particulière dans la loi, le législateur peut, fût-ce en intention, renvoyer : aux règles de droit commun applicables au recouvrement des créances d'un établissement public administratif. • Cons. const. 18 juill. 2011, n° 2011-447 DC § 21. ♦ ... A des règles de valeurs législatives. • Cons. const. 3 oct. 2017, *Sté Valeo systèmes de contrôle moteur,* n° 2017-657 QPC § 8.

250. Détermination de la juridiction compétente au contentieux. Dès lors qu'il résulte de la jurisprudence constante du Tribunal des conflits que le contentieux des impositions qui ne sont ni des contributions indirectes ni des impôts directs est compris dans le contentieux général des actes et des opérations de puissance publique relevant de la juridiction administrative et qu'il résulte de la jurisprudence constante du Conseil d'État que le contentieux de la contribution au service public de l'électricité relève, à ce titre, de la compétence de la juridiction administrative, doivent être écartés, en tout état de cause, les griefs tirés de ce qu'en ne désignant pas la juridiction compétente pour connaître du contentieux de cette imposition, le législateur aurait méconnu l'étendue de sa compétence. • Cons. const. 8 oct. 2014, *Sté Praxair SAS,* n° 2014-419 QPC § 16.

251. Égalité en matière fiscale. V. comm. et annotations ss. DDH, art. 6 et 13.

b. Étendue de la compétence réglementaire en matière fiscale

252. Si l'art. 34 Const. réserve à la loi la fixation des règles concernant l'assiette, le taux et les modalités de recouvrement des impositions de toute nature, il ne s'ensuit pas que le législateur doive fixer lui-même le taux de chaque impôt ; il lui appartient seulement de déterminer les limites à l'intérieur desquelles le pouvoir réglementaire est habilité à arrêter le taux d'une imposition. • Cons. const. 28 déc. 2000, n° 2000-442 DC § 32. ♦ Il en va de même des exonérations dès lors que celles-ci ont été clairement précisées par la loi. • Cons. const. 20 mars 1997, n° 97-388 DC § 15. ♦ Le pouvoir réglementaire est également compétent pour fixer les mesures d'application des règles législatives concernant l'assiette et le recouvrement des impositions. • Cons. const. 4 avr. 1968, n° 68-51 L : *Rec. Cons. const. 25 ; RJC II-33 ; JO 4 avr., p. 3855* • Cons. const. 29 févr. 1972, n° 72-72 L : *Rec. Cons. const. 29 ; RJC II-48 ; JO 18 mars, p. 2849* • Cons. const. 30 déc. 1980, n° 80-126 DC § 2. • Cons. const. 30 déc. 1987, n° 87-237 DC § 11 • Cons. const. 18 mars 2009, n° 2009-578 DC § 5. ♦ ... Ou celles relatives aux avantages fiscaux. • Cons. const. 30 déc. 1987, n° 87-237 DC § 11.

253. Ainsi, le législateur n'a pas méconnu le champ de sa propre compétence : en prévoyant que le barème de la nouvelle taxe est fixé par le pouvoir réglementaire dans la limite de 30 000 francs par demande d'inscription. • Cons. const. 28 déc. 2000, n° 2000-442 DC. ♦ ... En chargeant l'établissement public d'arrêter le montant de la redevance dans le cadre défini et « sur le fondement des prescriptions de l'État qui en constituent le fait générateur ». • Cons. const. 16 janv. 2001, n° 2000-439 DC.

♦ ... En prévoyant que les contributions des employeurs destinées au financement des prestations complémentaires de retraite et de prévoyance sont exclues de l'assiette des cotisations des assurances sociales, des accidents du travail et des allocations familiales pour la partie inférieure à un montant fixé par décret. • Cons. const. 20 mars 1997, n° 97-388 DC § 15. ♦ ... En renvoyant à un décret le soin de préciser les modalités pratiques permettant la perception d'une imposition. • Cons. const. 29 déc. 2009, n° 2009-599 DC § 35.

254. De même, le fait de renvoyer à un décret en Conseil d'État le soin de fixer les délais dans lesquels doivent être opérées les déductions auxquelles ont droit les personnes assujetties à la taxe sur la valeur ajoutée, ne porte pas atteinte au droit de propriété garanti par les art. 2 et 17 DDH. • Cons. const. 18 juin 2010, *SNC Kimberly Clark,* n° 2010-5 QPC § 5. ♦ ... Il en est de même pour le fait de renvoyer au décret le soin de fixer les taux de cette cotisation et de ne prévoir aucun encadrement de la détermination de ces taux. • Cons. const. 18 déc. 2014, n° 2014-706 DC § 42.

255. En revanche, en remettant à la seule décision des chambres de commerce et d'industrie le soin de fixer le taux de la taxe additionnelle à la taxe professionnelle instituée pour pourvoir aux dépenses ordinaires de ces organismes, le législateur est resté en deçà de sa compétence. • Cons. const. 30 déc. 1987, n° 87-239 DC § 5.

5° RÉGIME ÉLECTORAL DES ASSEMBLÉES PARLEMENTAIRES ET DES ASSEMBLÉES LOCALES

256. Au nombre des règles relevant de la compétence du législateur en vertu du présent art. figurent celles qui régissent le fonctionnement de la commission des comptes de campagne et des financements politiques, autorité administrative. • Cons. const. 20 janv. 1993, n° 92-316 DC § 23. ♦ ... De manière générale, les règles relatives à l'attribution du droit de suffrage, à l'éligibilité, au mode de scrutin, à la répartition des sièges ainsi que celles qui concernent l'ouverture des recours qui peuvent être éventuellement formés contre les élections et les effets des décisions juridictionnelles par lesquelles il est statué sur ces recours. • Cons. const. 4 déc. 1962, n° 62-20 L: *Rec. Cons. const. 34; RJC II-11; JO 7 déc., p. 12025; S. 1964. 61, note Hamon.* ♦ ... Celles attribuant *le siège restant après division par deux* du nombre total des sièges à pourvoir lorsque ce nombre total est impair. • Cons. const. 18 nov. 1982, n° 82-146 DC § 4.

257. Les dispositions du présent al. ne sont pas applicables aux référendums qui constituent des scrutins d'une autre nature. • CE, ass., 10 sept. 1992, *Meyet: Lebon 327, concl. Kessler ; AJDA 1992. 643, chron. Maugüé et Schwartz ; D. 1993. 293, note Gohin ; LPA 21 oct. 1992, p. 11, note Célérier; RD publ. 1992. 1799, concl. Kessler; ibid. 1992. 1822, note Le Bos-Le Pourhiet; RFDA 1993. 55, note Pouyaud .* ♦ Sur cette question, V. notes ss. Const. 58, art. 11. ♦ Elles ne sont pas non plus applicables à la fixation des règles d'éligibilité des membres des chambres de métiers. • CE 2 mai 2002, *Weber,* n° 221089.

a. Régime électoral des assemblées parlementaires

258. La loi peut, dès lors qu'elle se conforme aux prescriptions organiques qui fixent le nombre des membres de l'Assemblée nationale, changer le mode de scrutin applicable à l'élection des députés sans l'intervention préalable d'une nouvelle loi organique; les dispositions qui prévoient la délimitation d'un nombre de circonscriptions électorales égal au nombre de députés composant l'Assemblée nationale, tel qu'il a été fixé par les lois organiques en vigueur, satisfont à cette exigence. • Cons. const. 1er juill. 1986, n° 86-208 DC § 3. ♦ Dans les mêmes conditions, elle peut proroger la durée du mandat de l'Assemblée nationale pour rétablir la logique des institutions de 1958 dès lors qu'il était souhaitable, compte tenu de sa place dans le fonctionnement des institutions, que l'élection présidentielle précède les élections législatives. • Cons. const. 9 mai 2001, n° 2001-444 DC § 4.

259. Le législateur a l'obligation de définir le régime électoral des assemblées parlementaires dans des termes et suivant des modalités qui assurent qu'il puisse être pourvu en toute hypothèse à la désignation des représentants du peuple. • Cons. const. 1er juill. 1986, n° 86-208 DC § 11. ♦ Tel est le cas en l'espèce, l'entrée en vigueur de la loi nouvelle et l'abrogation corrélative des dispositions antérieures définissant le régime électoral étant clairement subordonnées à la publication des ordonnances délimitant les circonscriptions électorales. • Même décision.

260. Sont du domaine du règlement les mesures d'application relatives aux opérations électorales (nomination des assesseurs, rôles des délégués des candidats). • CE 27 oct. 1965, *Lallemand: Lebon 549.*

b. Régime électoral des instances représentatives des Français établis hors de France

261. A ce titre, le législateur détermine la durée du mandat des élus qui composent l'Assemblée des Français de l'étranger et peut décider une prorogation ou une cessation anticipée du mandat en cours; que, toutefois, dans l'exercice de cette compétence, il doit se conformer aux principes constitutionnels, qui impliquent notamment que les électeurs soient appelés à exercer leur droit de suffrage selon une périodicité raisonnable. • Cons. const. 6 juin 2013, n° 2013-671 DC § 4. ♦ Pour la mise en œuvre de ces conditions, V. ss. Const. 58, art. 3.

c. Régime électoral des assemblées locales

262. Le législateur, au titre du présent art., peut légitimement rechercher les moyens de susciter une plus forte participation des citoyens aux consultations électorales. • Cons. const. 6 déc. 1990, n° 90-280 DC § 25.

263. Il appartient à la loi de fixer le délai dans lequel il doit être procédé à des élections cantonales partielles ; cependant, en raison des garanties d'objectivité qui doivent présider à toute consultation électorale, le délai susceptible d'être retenu ne doit pas ouvrir à l'autorité administrative une possibilité de choix telle qu'elle puisse engendrer l'arbitraire. • Cons. const. 5 janv. 1988, n° 87-233 DC § 5.

264. Sur le fondement de ces dispositions, il appartient au législateur, sous réserve du respect des dispositions et principes de valeur constitutionnelle, de modifier librement les règles relatives à ces élections. • Cons. const. 13 janv. 1994, n° 93-331 DC § 4 • Cons. const. 6 juill. 1994, n° 94-341 DC § 5 • Cons. const. 6 févr. 1996, n° 96-372 DC § 1 s.

265. Sur la prorogation ou la réduction du mandat des assemblées locales, V. ss. Const. 58, art. 3, notes 20 s.

6° CRÉATION DES CATÉGORIES D'ÉTABLISSEMENTS PUBLICS

a. Notion de catégories d'établissements publics

266. Catégorie d'établissements publics. Compte tenu du fait qu'ils sont sans équivalent sur le plan national, constituent une catégorie d'établissements publics : la RATP. • Cons. const. 27 nov. 1959, n° 59-1 L : *préc. note 112.* ♦ ... Le syndicat des transports parisiens. • Cons. const. 12 déc. 1967, n° 67-47 L § 2 : *Rec. Cons. const. 34 ; RJC II-30 ; JO 24 déc., p. 12616* • Cons. const. 31 mai 1999, n° 99-186 L : *Rec. Cons. const. 69 ; RJC II-155 ; JO 3 juin, p. 8198 ; RFDC 1999. 609, note Nicolas ; AJDA 1999. 497, note Schoettl* . ♦ ... Les agences financières de bassins. • Cons. const. 23 juin 1982, n° 82-124 L § 5 : *Rec. Cons. const. 99 ; RJC II-97 ; JO 24 juin, p. 1994 ; RD publ. 1983. 348, note Favoreu ; D. 1984. 467, obs. Hamon.* ♦ ... Le Centre national d'art et de culture Georges-Pompidou. • Cons. const. 10 nov. 1982, n° 82-127 L : *Rec. Cons. const. 103 ; RJC II-99 ; JO 11 nov., p. 3393 ; RD publ. 1983. 348, note Favoreu ; D. 1984. 467, obs. Hamon.*

267. Constituent encore une catégorie d'établissements publics, en raison de l'originalité et de l'ampleur de la mission qui leur est confiée : l'Institut national de la consommation. • Cons. const. 5 déc. 1989, n° 89-162 L : *Rec. Cons. const. 100 ; RJC II-134 ; JO 10 déc., p. 15352 ; AIJC 1989. 986, note Genevois.* ♦ ... L'établissement public national chargé des diagnostics et opérations de fouilles d'archéologie préventive. • Cons. const. 16 janv. 2001, n° 2000-439 DC § 5.

268. Constituent également une catégorie d'établissements publics les établissements publics à caractère culturel, scientifique et professionnel. • Cons. const. 28 juill. 1993, n° 93-322 DC § 6. ♦ ... Les centres de gestion (composés d'élus des collectivités et chargés d'effectuer des tâches de recrutement et de gestion des personnels de leurs collectivités). • Cons. const. 20 janv. 1984, n° 83-168 DC § 5. ♦ ... Les caisses de crédit municipal. • Cons. const. 17 mars 1987, n° 87-150 L : *Rec. Cons. const. 32 ; RJC II-124 ; JO 20 mars, p. 3194 ; RD publ. 1989. 399, note Favoreu ; AJCI 1987. 581, note Genevois.* ♦ ... Les associations syndicales autorisées (ASA) instituées par la loi du 21 juin 1865. • CE 25 oct. 2004, *Asaro,* n° 258540 : *Lebon 387 ; AJDA 2005. 91, concl. Mitjavile* .

269. Absence de catégorie d'établissements publics. Entrent dans une catégorie existante, parce que leur activité s'exerce sur le même territoire et qu'ils ont une spécialité analogue à d'autres établissements : l'ANVAR. • Cons. const. 30 mai 1979, n° 79-107 L : *Rec. Cons. const. 44 ; RJC II-84 ; JO 1er juin, p. 1278 ; RD publ. 1979. 1970, note Favoreu ; D. 1980. 121, note Gaudemet.* ♦ ... L'ANPE. • Cons. const. 25 juill. 1979, n° 79-108 L : *Rec. Cons. const. 45 ; RJC II-84 ; JO 27 juill., p. 1954 ; RD publ. 1979. 1666, note Favoreu ; D. 1980. 201, note Hamon.* ♦ ... L'Institut de recherche, d'informatique et d'automatique. • Cons. const. 13 sept. 1979, n° 79-109 L : *Rec. Cons. const. 49 ; RJC II-86 ; JO 14 sept., p. 2222 ; RD publ. 1979. 1671, Favoreu.* ♦ ... L'INRA. • CE 11 oct. 1985, *Synd. gén. recherche agronomique : Lebon 278 ; RFDA 1986. 409, concl. Lasserre ; RD publ. 1987. 828.* ♦ ... L'Agence pour les économies d'énergie. • Cons. const. 25 mars 1982, n° 82-122 L : Rec. Cons. const. 97 ; RJC II-97 ; JO 26 mars, p. 927. ♦ ... Le CNEXO. • Cons. const. 12 oct. 1983, n° 83-133 L : *Rec. Cons. const. 86 ; RJC II-102 ; JO 14 oct., p. 3097 ; RD publ. 1986. 395 ; D. 1985. 351, obs. Hamon.* ♦ ... Le CEA. • CE, ass., 24 nov. 1978, *Synd. nat. personnel de l'énergie atomique : Lebon 465 ; AJDA mars 1979. 34, chron. Dutheillet de Lamothe et Robineau, concl. Latournerie et note Bazex.* ♦ ... L'UGAP. • CE 29 juill. 1994, *CAMIF : Lebon 365* . ♦ ... Météo-France. • CE 12 avr. 1995, *Synd. nat. des ingénieurs et techniciens de la météorologie : Lebon T. 615* . ♦ ... L'EP de gestion du quartier d'affaires de La Défense. • Cons. const. 22 févr. 2007, n° 2007-448 DC § 11.

270. En revanche il n'y a pas lieu de retenir parmi les critères déterminant l'appartenance d'établissements publics à une même catégorie la condition qu'ils présentent le même caractère administratif, industriel et commercial, ou autre. • Cons. const. 25 juill. 1979, n° 79-108 L : *préc. note 269* • Cons. const. 17 mars 1987, n° 87-150 L § 5 : *préc. note 268.*

271. GIP. Il convient, par analogie, d'estimer que la compétence législative de créations des catégories de groupements d'intérêt public relève de la compétence du législateur. • T. confl., 14 févr. 2000, *GIP « Habitat et interventions sociales »,* n° 3170 : *Lebon 748 ; AJDA 2000. 410, chron. Guyomar et Collin ; JCP 2000. 1547, chron. Boiteau ; JCP 2000. 10301, note Eveno ; AJFP juill.-août 2000, p. 13, note Mekhantar .*

b. Contenu des règles constitutives

272. Les règles de création des catégories d'établissements publics concernent nécessairement leurs éléments constitutifs au nombre desquelles figurent : les principes gouvernant la composition des organes de direction. • Cons. const. 23 juin 1982, n° 82-124 L § 5 : *préc. note 266* • Cons. const. 20 janv. 1984, n° 83-168 DC § 8 • Cons. const. 12 déc. 1967, n° 67-47 L § 4 : *préc. note 266.* ♦ ... Les conditions de leur élection ou de leur désignation, la détermination des catégories de personnes représentées au sein des conseils des établissements. • Cons. const. 28 juill. 1993, *Éts universitaires dérogatoires,* n° 93-322 DC § 6 • Cons. const. 16 janv. 2001, n° 2000-439 DC § 5. ♦ ... Les catégories de ressources dont peuvent bénéficier ces établissements. • Cons. const. 12 mai 1964, n° 64-29 L § 2 : *Rec. Cons. const. 37 ; RJC II-16 ; JO 31 mai, p. 4643 ; S. 1964. 334, note Hamon* • Cons. const. 6 oct. 1976, n° 76-93 L § 4 : *Rec. Cons. const. 63 ; RJC II-70 ; JO 9 oct., p. 5953 ; RD publ. 1977. 460, note Favoreu et Philip* • Cons. const. 28 juill. 1993, n° 93-322 DC § 6. ♦ ... La nature et les fonctions des composantes internes ainsi que les conditions de désignation ou d'élection de leurs organes de direction et d'administration dès lors que ces composantes sont dotées de compétences qui leur sont propres. • Même décision. ♦ ... Les règles qui fixent le cadre général de l'organisation et du fonctionnement de certains établissements présentant un caractère spécifique. • *Cons. const. 17 mars 1964,* n° 64-27 L : *préc. note 131* • Cons. const. 30 janv. 1968, n° 68-50 L § 3 : *Rec. Cons. const. 23 ; RJC II-32 ; JO 1er févr., p. 1196 ; Rev. adm. 1968. 160, note Brachet ; AJDA 1968. 111, note de Laubadère ; JCP 1968. 15627, note Favoreu ; D. 1969. 1, chron. Hamon.* ♦ ... Le rattachement d'une catégorie d'établissements publics à une personne publique. • CE 25 oct. 2004, *Asaro,* n° 258540 : *préc. note 268.* ♦ Les règles de création de catégories d'établissements publics confèrent au préfet un pouvoir hiérarchique au sein d'un établissement public. • CE 20 févr. 2013, *Féd. Chimie Énergie CFDT,* n° 360307 : *Lebon.*

273. En revanche, relève de la compétence du pouvoir réglementaire le choix de la dénomination de l'établissement. • Cons. const. 24 nov. 1987, n° 87-152 L : *Rec. Cons. const. 58 ; RJC II-125 ; JO 26 nov., p. 13812 ; RD publ. 1989. 399, note Favoreu ; AIJC 1987. 583, note Genevois* • Cons. const. 18 oct. 1988, n° 88-159 L : *Rec. Cons. const. 154 ; RJC II-132 ; JO 20 oct., p. 13201 ; RD publ. 1989. 399, note Favoreu* • Cons. const. 4 déc. 2008, *Agence nationale de l'accueil des étrangers et des migrations,* n° 2008-214 L : *JO 7 déc. 2008, p. 18675* • Cons. const. 22 nov. 2018, n° 2018-277 L. ♦ Cette dénomination est du reste sans influence ; par ex. un établissement public industriel et commercial peut prendre l'appellation de « société ». • CE, ass., 13 déc. 1957, *Sté nat. des surplus : Lebon 677.*

274. De même le pouvoir réglementaire peut-il : modifier les compétences d'un établissement public existant dès lors que cette extension n'a pas pour conséquence de modifier les règles constitutives. • CE 3 mai 1995, n° 145497 B • CE 9 juill. 1997, *Sté « Maison Balland-Brugneaux » : Lebon T. 633 .* ♦ ... Réserver le poste de directeur d'un établissement public à une catégorie de fonctionnaires. • CE 27 oct. 1993, n° 77987. ♦ ... Déterminer les modalités d'exécution de la mission confiée à l'établissement. • Cons. const. 12 déc. 1967, n° 67-47 L § 4 : *préc. note 266.* ♦ ... Fixer le nombre de membres du conseil d'administration sous réserve de respecter les principes fixés par la loi. • Même décision. ♦ ... Dresser la liste des emplois de direction des établissements publics dont l'importance justifie qu'ils soient pourvus en Conseil des ministres. • Cons. const. 8 juin 1995, n° 95-177 L : *Rec. Cons. const. 211 ; RJC II-146 ; JO 10 juin 1995, p. 9008 ; AJDA 1995. 519, note Schrameck ; RD publ. 1995. 862, note Luchaire ; LPA 15 nov. 1985, p. 26, note Camby ; RFDC 1995. 584, note Favoreu ; D. 1997. 122, note Trémeau .* ♦ Rappr. pour les membres d'une autorité administrative indépendante : • Cons. const. 12 févr. 2009, *Commission des sondages,* n° 2009-215 L : *JO 15 févr., p. 2782.* ♦ ... Fixer des règles d'éligibilité des membres des chambres de métiers. • CE 2 mai 2002, *Weber,* n° 221089. ♦ ... Déterminer les modalités d'exécution de la mission confiée à un établissement public en désignant l'organe compétent pour exercer ses attributions. • Cons. const. 10 déc. 2015, n° 2015-261 L. ♦ Rappr. • Cons. const. 19 nov.

2015, n° 2015-260 L • Cons. const. 15 oct. 2019, n° 2019-281 L. ♦ ... Déterminer le siège des CROUS et les modalités de leur répartition sur le territoire national. • Cons. const. 15 oct. 2015, n° 2015-258 L. ♦ ... Déterminer les conditions de renouvellement du mandat du président du conseil d'administration de l'établissement. • Cons. const. 17 sept. 2020, n° 2020-287 L.

275. Les règles applicables à la suppression des établissements publics suivent les mêmes principes. Dès lors, lorsqu'un établissement public ne constitue pas, à lui seul une catégorie d'établissements, il peut être supprimé par le pouvoir réglementaire. • CE 6 mars 1991, *Synd. CGT du CEPME,* n° 31468 B.

276. En déterminant les collectivités territoriales et groupements représentés au conseil d'administration de l'EPPLD, ainsi que les principes régissant l'attribution des droits de vote à leurs représentants, le législateur a suffisamment précisé, sur ce point, les règles constitutives de l'établissement public. • Cons. const. 27 sept. 2018, *Cté d'entreprise de l'EP d'aménagement de la Défense Seine Arche,* n° 2018-734 QPC § 8.

c. Caractère de l'établissement public

277. La détermination du caractère « administratif » ou « industriel et commercial » de l'établissement public créé est de la compétence du pouvoir réglementaire. • Cons. const. 30 mai 1979, n° 79-107 L : *préc. note 269* • Cons. const. 17 mars 1987, n° 87-150 L § 5 : *préc. note 268* • Cons. const. 5 déc. 1989, n° 89-162 L : *préc. note 267* • CE, ass., 29 janv. 1965, *L'Herbier : Lebon 60.* ♦ Il est donc loisible au pouvoir réglementaire de transformer un EPA en EPIC. • CE 28 juill. 1993, *Synd. gén. de la Caisse des dépôts et consignations : Lebon T. 551* .

278. Lorsque le législateur fixe lui-même le caractère de l'établissement, le Conseil constitutionnel semble estimer qu'il serait possible à un acte réglementaire de modifier ce caractère. • Cons. const. 30 mai 1979, n° 79-107 L § 2 : *préc. note 269.* ♦ Pourtant le Conseil constitutionnel s'assure que le caractère attribué par le législateur à l'établissement créé est bien conforme à ses missions, à ses modalités d'intervention et à l'origine de ses ressources. • Cons. const. 16 janv. 2001, n° 2000-439 DC § 6. ♦ Le Conseil d'État semble au contraire refuser au pouvoir réglementaire la possibilité de modifier le caractère attribué par le législateur. • CE 5 janv. 1972, *SEITA : Lebon 6* • CE, sect., 16 déc. 1983, *Office municipal de tourisme de la vallée de X... : Lebon 519* .

279. Le choix du caractère par le pouvoir réglementaire n'est pas libre. Il ne doit pas dénaturer les règles constitutives telles qu'elles sont définies par la loi. • Cons. const. 17 mars 1987, n° 87-150 L § 5 : *préc. note 268.* ♦ Le pouvoir réglementaire doit donc respecter le lien logique entre le caractère de l'établissement et ses missions (critère essentiel), ses modalités d'intervention et l'origine de ses ressources. • CE 29 déc. 1993, *Sté « Saumons Pierre Chevance » : Lebon 380* • T. confl., 23 oct. 1989, *Marescaux : Lebon 296* • T. confl., 19 févr. 1990, *Espie : AJDA 1990. 468, concl. Stirn* . ♦ ... Faute de quoi le juge procédera à une requalification. • CE 4 juill. 1986, *Berger : Lebon T. 564* *; D. 1988. 90, note Moreau et Fatôme* • CE 6 févr. 1987, *Maurice : JCP 1988. 20971, note Guettier* • T. confl., 26 oct. 1987, *Centre français du commerce extérieur : JCP 1988. 21042, note Dufau.*

280. Le juge peut aussi, tout en maintenant le caractère retenu, corriger le choix ainsi fait en se référant à l'activité réellement exercée par l'établissement (établissements publics à visage inversé). • T. confl., 24 juin 1968, *Sté « Distilleries bretonnes » : Lebon 801, concl. Gégout ; AJDA 1969. 311, note de Laubadère* • CE 24 avr. 1981, *FORMA : Lebon 1981* (sol. impl.).

281. Le juge peut encore admettre le « double visage » de l'établissement, certaines de ses missions ayant un caractère administratif, d'autres un caractère industriel et commercial. • T. confl., 10 févr. 1949, *Guis : Lebon 590* • CE, sect., 17 avr. 1959, *Abadie : Lebon 241, concl. Henry* • CE 21 oct. 1988, *SARL Cetra : Lebon 364* *; Rev. adm. 1988. 529, note Terneyre.* ♦ ... Conduisant ainsi à un partage de la compétence juridictionnelle. • T. confl., 23 nov. 1959, *Sté mobilière et immobilière de meunerie : Lebon 870 ; RD publ. 1960. 676, note Waline* • T. confl., 28 sept. 1998, *Sté « Grands Moulins italiens » : Lebon 544* • CE 8 nov. 1982, *Préfet de Paris : Lebon 460 ; AJDA 1983. 170, chron. Lasserre et Delarue* • CE 12 nov. 1984, *Sté Interfrost : Lebon 450 ; RFDA 1985, concl. Genevois* • CE 9 juin 1986, *Cne de Kinztheim : Lebon T. 565* • CE 7 déc. 1984, *CEMA : Lebon 413* • CE 29 avr. 1994, *GIE « Groupetudebois » : Lebon T. 786* *; Dr. adm. 1994, n° 395.*

282. Cependant, si l'une des activités est trop marginale et ne concerne que certains services, l'autre caractère conservera sa prédominance. C'est le cas des chambres de commerce qui restent des établissements publics administratifs. • T. confl., 13 déc. 1976, *CCI de Marseille : Lebon 705* • T. confl., 23 févr. 1978, *Marchand : Lebon 643 ; D. 1978. 584, note Delvolvé.* ♦ ... Même après l'intervention de la loi du 8 août 1994 qui a précisé qu'il s'agissait d'établissements publics « économiques ». • T. confl., 18 déc. 1995, *Préfet de la région Île-de-France : Lebon T. 700* *; Dr. adm. 1996. 69.*

283. Enfin, le juge peut, lui-même, pallier la

carence du législateur ou du pouvoir réglementaire en fixant le caractère de l'établissement. • CE, ass., 20 déc. 1985, *Synd. nat. industrie de l'alimentation animale : Lebon 381 ; AJDA 1986. 80, chron. Hubac et Azibert ; RD publ. 1987. 787, concl. Racine* • T. confl., 19 févr. 1990, *Centre nat. pour l'aménagement des structures des exploitations agricoles,* n° 02591 : *Lebon 387 ; Dr. adm. 1990, n° 206.*

7° GARANTIES FONDAMENTALES ACCORDÉES AUX FONCTIONNAIRES CIVILS ET MILITAIRES DE L'ÉTAT

284. Principe. Seul le législateur peut supprimer ou modifier des garanties obtenues par les fonctionnaires • CE, ass., 28 déc. 2009, *Synd. nat. du travail, de l'emploi et de la formation CFDT,* n° 316479 : *Lebon 504 ; AJDA 2010. 568, note Marc .* ♦ ... Même par des lois antérieures à 1958. • CE, ass., 4 nov. 1960, *Synd. personnel de l'assemblée de l'Union française : Lebon 596.*

285. En revanche, le pouvoir réglementaire peut : déterminer, dans un statut particulier d'un corps de fonctionnaires de l'État, des fonctions que doivent assurer les agents qui appartiennent à ce corps. • CE 28 oct. 1974, *Synd. nat. lycées et collèges,* n° 88525 A. ♦ ... Fixer la durée du travail et les horaires pour les agents de l'État. • CE, sect., 29 juill. 1980, *Synd. gén. CGT personnel de l'éducation nationale : Lebon 308 ; Rev. adm. 1984. 47, note Pacteau.* ♦ Il en va de même s'agissant de primes accordées à des personnels n'ayant ni la qualité de fonctionnaire ni même celle d'agent public. • CE 27 juill. 2001, *Synd. nat. pénitentiaire FO-Direction,* n° 215550 A : *AJFP janv. févr. 2002. 39, note Mekhantar .*

286. Le législateur peut, par exception au principe fixé par les lois selon lequel les emplois publics sont occupés par des fonctionnaires, permettre que ces emplois soient pourvus par des agents contractuels soumis à un régime de droit public, sous réserve de définir précisément les catégories d'emplois publics concernées ainsi que les conditions dans lesquelles le recrutement de tels agents est autorisé pour les autres emplois publics. Il peut, sans méconnaître l'étendue de sa compétence, renvoyer au pouvoir réglementaire la détermination des emplois de l'État, parmi ceux de direction, ouverts à un recrutement par la voie contractuelle ainsi que la liste des établissements publics dont les caractéristiques et l'importance justifient que leur directeur général *puisse être un agent contractuel.* • *Cons.* const. 1er août 2019, n° 2019-790 DC § 27. ♦ Aucune exigence constitutionnelle n'impose que tous les emplois participant à l'exercice de « fonctions régaliennes » soient occupés par des fonctionnaires. • Cons. const. 1er août 2019, n° 2019-790 DC § 36.

287. Accès à la fonction publique. Constituent une garantie fondamentale au sens du présent al. le principe consacrant l'existence d'un concours public. • Cons. const. 19 févr. 1963, n° 63-23 L : *préc. note 112.* ♦ ... La détermination de conditions exigées pour pouvoir se présenter au concours. • Cons. const. 12 mars 1990, n° 91-165 L : *Rec. Cons. const. 36 ; RJC II-135 ; JO 14 mars, p. 3647 ; RFDC 1991. 303, note Renoux.*

288. En revanche, est de la compétence du pouvoir réglementaire la détermination : des modalités du choix des jurys • Cons. const. 12 mars 1990, n° 91-165 L : *préc. note 287.* ♦ ... Des conditions à remplir de la part des candidats. • Cons. const. 19 févr. 1963, n° 63-23 L : *préc. note 112* • Cons. const. 12 mars 1990, n° 91-165 L : *préc. note 287* • CE 5 nov. 2003, *Synd. juridiction administrative et Mme Balbin,* n° 253515 : *préc. note 222.* ♦ ... Des modalités dans lesquelles les dossiers individuels des candidats pourront être consultés par les jurys. • Cons. const. 15 juill. 1976, n° 76-67 DC.

289. Déroulement de la carrière. Le pouvoir réglementaire est compétent pour : fixer les modalités de reclassement et de reconstitution de carrière des fonctionnaires. • Cons. const. 22 mai 2003, n° 2003-194 L § 2 : *JO 3 juin, p. 9469 ; AJDA 2003. 1268, note Schoettl .* ♦ ... Créer une position de congé spécial dès lors qu'il agit dans les formes requises. • CE, sect., 22 mars 1985, *Desbordes : Lebon 86 ; AJDA 1985. 503, note Salon.* ♦ ... Déterminer des conditions d'attribution à certains professeurs du titre de professeur émérite. • Cons. const. 12 sept. 1984, n° 84-179 DC § 10.

290. De même il lui appartient de déterminer les conditions d'avancement. • Cons. const. 30 juin 1961, n° 61-2 FNR : *Rec. Cons. const. 47 ; RJC III-1 ; JO 12 juill., p. 6410 ; S. 1961. 350, note Hamon.*

291. Avantages pécuniaires. Le législateur est compétent en matière de droit à pension reconnu aux anciens fonctionnaires au regard duquel ceux-ci sont dans la même situation statutaire que face aux droits et obligations attachés à leur fonction durant la période active de leur carrière. • Cons. const. 16 janv. 1986, n° 85-200 DC § 11 • CE, sect., 13 juill. 1962, *Cohen : Lebon 482.* ♦ Mais l'intangibilité des droits à pensions de retraite liquidés n'est pas un principe de valeur constitutionnelle. • Cons. const. 3 août 1994, n° 94-348 DC § 14.

292. Ainsi, constitue une garantie fondamentale au sens du présent al. : le droit de recevoir une rémunération après service fait. • CE, ass., 7 déc. 1962, *Féd. gén. fonctionnaires CGT-FO : Lebon 667* • CE, ass., 11 juill. 1984, *Union groupements de cadres supérieurs fonction publique : Lebon 258 ; AJDA 1984. 627, concl. Labetoulle.* ♦ ... La fixation de l'âge de la retraite des fonctionnaires. • Cons. const. 12 sept.

1984, n° 84-179 DC • Cons. const. 14 août 2003, n° 2003-483 DC § 15. ♦ ... L'institution d'une bonification pour les enfants légitimes, naturels ou adoptés ainsi que la soumission de cette bonification à la condition que l'activité des intéressés ait été interrompue. • Cons. const. 14 août 2003, n° 2003-483 DC § 30. ♦ ... Le droit de percevoir une pension. • CAA Nantes, 7 déc. 1994, *Rieul,* n° 93NT00813 : *Lebon T. 738*. ♦ ... La définition des cas de jouissance immédiate ou différée de ce droit à pension. • CE 7 févr. 2001, *Mme Bazan-Jurbert : Lebon 48*.

293. En revanche, est de la compétence du pouvoir réglementaire : la fixation des modalités de revalorisation des rémunérations. • CE, ass., 11 juill. 1984, *Union groupements de cadres supérieurs fonction publique : préc. note 292.* ♦ ... Le soin d'ajuster, de manière à assurer la constance du rapport entre durée de cotisation et durée moyenne de retraite, les durées d'assurance et de services nécessaires pour bénéficier d'une pension au taux plein. • Cons. const. 14 août 2003, n° 2003-483 DC § 15. ♦ ... La détermination des cas d'interruption pour l'obtention de la bonification pour enfants légitimes, naturels ou adoptés. • Même décision *§ 30.* ♦ ... La détermination des règles relatives à la notation et à l'évaluation dont font l'objet les fonctionnaires (y compris les membres du corps des TA et CAA). • CE 3 mai 2006, *Synd. juridiction administrative et Union synd. magistrats administratifs,* n° 274689 : *préc. note 222.*

294. Autres droits du fonctionnaire. Constituent une garantie fondamentale au sens du présent al. : l'existence de commissions administratives paritaires ainsi que le principe de la désignation par voie d'élection de représentants du personnel. • CE, sect., 22 avr. 1966, *Féd. nat. synd. de police : Lebon 274 ; AJDA 1966. 355, concl. Galabert.* ♦ Mais il appartient au pouvoir réglementaire de fixer les modalités de désignation éventuellement par la voie de l'élection. • CE 18 avr. 1980, *SNES : Lebon 183 ; D. 1980. 602, note Toulemonde.* ♦ Est encore une garantie fondamentale le droit d'être affecté à un emploi pour exercer les missions afférentes au grade que le fonctionnaire *détient dans son corps.* • *CE ass.,* 28 déc. 2009, *Synd. nat. du travail, de l'emploi et de la formation CFDT,* n° 316479 : *préc. note 284.* ♦ ... L'obligation pour l'administration de recueillir l'accord du fonctionnaire intéressé pour l'affecter à un emploi ne correspondant pas à de telles missions. • Même affaire.

295. De même, seul le législateur peut instaurer des restrictions au libre choix du conjoint de certains agents de la fonction publique. • CE, ass., 18 janv. 1980, *Bargain : Lebon 29 ; AJDA 1980. 91, chron. Robineau et Feffer.*

296. En matière de solidarité nationale, le législateur peut choisir de faire spécialement appel à l'effort des salariés du secteur privé et du secteur public bénéficiant d'un régime de rémunération assorti d'une limitation de la durée légale du temps de travail. • Cons. const. 22 juill. 2011, *Bruno L. et a.,* n° 2011-148/154 QPC § 21.

297. Contractuels. La loi prévoyant que, sauf dispositions législatives ou réglementaires contraires, sont applicables aux agents contractuels les chapitres II et IV de la loi du 13 juill. 1983, relatifs respectivement aux garanties des fonctionnaires et à leurs obligations et à leur déontologie, et que tout agent contractuel de droit public est soumis aux obligations résultant des principes d'égalité et de continuité inhérents au service public, la mise en place de contractuels ne méconnaît pas le respect de ces principes. • Cons. const. 1er août 2019, n° 2019-790 DC § 35.

8° NATIONALISATIONS D'ENTREPRISES ET TRANSFERTS DE PROPRIÉTÉ D'ENTREPRISES DU SECTEUR PUBLIC AU SECTEUR PRIVÉ

a. Nationalisation

298. Notion de nationalisation. La nationalisation, au sens de l'art. 34 Const., implique que le transfert de propriété d'une entreprise résulte d'une décision de la puissance publique à laquelle le ou les propriétaires sont obligés de se plier ; que la prise de participations dans le capital d'entreprises ne saurait, en raison du caractère contractuel de l'opération, constituer une nationalisation. • Cons. const. 19 janv. 1984, n° 83-167 DC § 22.

299. Ni le présent art. ni aucune autre disposition ou principe de valeur constitutionnelle ne s'opposent à ce que, aux côtés de l'État, d'autres personnes morales de droit public soient actionnaires des sociétés nationalisées. • Cons. const. 16 janv. 1982, n° 81-132 DC § 68.

300. Étendue de la compétence du législateur. La présente disposition, tout comme celle qui confie à la loi la détermination des principes fondamentaux du régime de la propriété, ne saurait dispenser le législateur, dans l'exercice de sa compétence, du respect des principes et des règles de valeur constitutionnelle qui s'imposent à tous les organes de l'État. • Cons. const. 16 janv. 1982, n° 81-132 DC § 18. ♦ Dès lors, il appartient au Conseil constitutionnel de vérifier si le législateur n'a pas commis en nationalisant d'erreur manifeste d'appréciation ou restreint le champ de la propriété privée et de la liberté d'entreprendre au point de méconnaître les dispositions précitées de la Déclaration de 1789. • Même décision *§ 20.*

301. Il appartient au législateur de prononcer la nationalisation de sociétés ayant leur siège social en France et, à ce titre, de transférer à l'État l'ensemble des actions de ces sociétés avec toutes les conséquences entraînées par ces transferts sur l'administration et la disposition des patrimoines sociaux ; les limites éventuellement rencontrées hors du territoire national en ce qui concerne les effets de ces nationalisations constitueraient un fait qui ne saurait restreindre en quoi que ce soit l'exercice de la compétence dévolue au législateur par l'art. 34 Const. • Cons. const. 11 févr. 1982, n° 82-139 DC § 2. ♦ Ainsi peut-il déterminer lui-même les sociétés devant être nationalisées conformément aux critères retenus par lui. • Même décision *§ 5.*

b. Transfert de propriété au secteur privé

302. Notion de privatisation. La dissolution d'une entreprise du secteur public doit s'entendre comme un transfert du secteur public au secteur privé et relève à ce titre, comme la fixation du délai dans lequel cette dissolution aura lieu, de la compétence du législateur. • Cons. const. 29 janv. 1960, n° 60-3 L : *Rec. Cons. const. 30 ; RJC II-2 ; JO 17 févr., p. 1567 ; D. 1960. 461, note Hamon ; RD publ. 1960. 1019, note Waline.*

303. Sur les limites à la privatisation. V. Préamb. Const. 1946, al. 9, notes 13 s.

304. Étendue de la compétence du législateur. Le présent art. n'impose, par lui-même, aucune modalité particulière pour la réalisation du transfert de propriété. • Cons. const. 7 janv. 1988, n° 87-232 DC § 9. ♦ Il laisse au législateur l'appréciation de l'opportunité des transferts du secteur public au secteur privé et la détermination des biens ou des entreprises sur lesquels ces transferts doivent porter. • Cons. const. 25 juin 1986, n° 86-207 DC § 51. ♦ Mais, il n'implique pas que toute opération de transfert du secteur public au secteur privé soit directement décidée par le législateur ; il lui appartient simplement de poser des règles dont l'application incombera aux autorités ou aux organes désignés par lui. • Cons. const. 16 janv. 1982, n° 81-132 DC § 39 • Cons. const. 25 juin 1986, n° 86-207 DC § 72 • Cons. const. 9 avr. 1996, n° 96-375 DC § 4. ♦ Ainsi, en prévoyant que pourront être transférées au secteur privé sous condition d'approbation de l'autorité administrative, des entreprises dont plus de la moitié du capital est détenue par l'État et qui remplissent à la fois des conditions de taille et de chiffre d'affaires tout en maintenant à leur égard les procédures applicables aux entreprises dont le transfert doit être approuvé par la loi, le législateur a posé des règles qui ne sont contraires à aucun principe de valeur constitutionnelle. • Cons. const. 9 avr. 1996, n° 96-375 DC § 5.

305. Dès lors, il n'est pas loisible au législateur d'attribuer aux seuls organes des entreprises concernées un pouvoir discrétionnaire d'appréciation et de décision soustrait à tout contrôle et d'une étendue excessive. • Cons. const. 25 juin 1986, n° 86-207 DC § 72. ♦ De même, seul le législateur peut décider le transfert au secteur privé des services publics dont l'existence et le fonctionnement seraient exigés par la Constitution. • Cons. const. 9 avr. 1996, n° 96-375 DC § 5.

306. De même, les dispositions du présent art. ne sauraient dispenser le législateur, dans l'exercice de sa compétence, du respect des principes et des règles de valeur constitutionnelle qui s'imposent à tous les organes de l'État. • Cons. const. 25 juin 1986, n° 86-207 DC § 51.

307. Il est encore de la compétence du législateur de mettre en place une commission composée d'experts indépendants et ayant pour mission d'évaluer la valeur des entreprises publiques avant leur transfert au secteur privé. • Cons. const. 18 oct. 1988, n° 88-159 L : *préc. note 273* • Cons. const. 6 mars 1998, n° 98-182 L : *Rec. Cons. const. 184 ; RJC II-152 ; JO 10 mars, p. 3629 ; RFDC. 1999.130, note Philip ; ibid. 1998. 320, note Roux ; AJDA 1998. 308, note Schoettl.*

308. En revanche, le choix de la dénomination de la commission chargée de l'évaluation des entreprises à privatiser est de la compétence du règlement. • Cons. const. 6 mars 1998, n° 98-182 L : *préc. note 303.*

C. DÉTERMINATION DES PRINCIPES FONDAMENTAUX PAR LA LOI

1° ORGANISATION GÉNÉRALE DE LA DÉFENSE NATIONALE

309. Relève de la compétence du législatif la détermination de l'autorité compétente, en cas de rupture des communications avec le gouvernement, pour prescrire la mise en garde ainsi que les mesures nécessaires à l'exécution des plans de défense intérieure ou extérieure. • Cons. const. 9 mai 1967, n° 67-45 L : *préc. note 157.*

310. Il en allait de même des règles touchant au service militaire actif. • Cons. const. 18 nov. 1982, n° 82-128 L : *Rec. Cons. const. 104 ; RJC II-99 ; JO 19 nov., p. 3476.*

311. Relève également de la compétence du législatif : les règles qui ont pour objet d'assurer aux personnes victimes de dommages résultant des sujétions imposées par la défense nationale une réparation, par l'État, des conséquences dommageables de telles sujétions. • Cons. const. 15 oct. 2019, n° 2019-279 L. ♦ ... Une disposition qui prévoit que les conjoints survivants de certains pensionnés perçoivent une majoration spéciale proportionnelle à la durée, au moins égale à cinq ans, du mariage ou du PACS et des soins apportés de manière constante à ces derniers, détermine ainsi les catégories de bénéficiaires de la prestation et les conditions qu'ils doivent remplir pour en bénéficier. • Cons. const. 15 oct. 2019, n° 2019-280 L.

312. En revanche, relève de la compétence du pouvoir réglementaire une disposition qui fixe les montants et le barème des prestations perçues par les conjoints survivants de certains pensionnés en fonction de l'indice de la pension et de la durée du mariage ou du PACS, ainsi que des soins apportés de manière constante à la personne reconnue grand invalide de guerre. • Cons. const. 15 oct. 2019, n° 2019-280 L.

2° LIBRE ADMINISTRATION DES COLLECTIVITÉS LOCALES, DE LEURS COMPÉTENCES ET DE LEURS RESSOURCES

313. V. notes ss. Const. 58, art. 72. V. notes ss. Const. 58, 72-2 ainsi que **CGCT**, notes ss. art. L. 1111-1.

314. Il résulte des présentes dispositions que relèvent du domaine de la loi la définition des procédures de passation des marchés passés par les collectivités territoriales, leurs groupements et les établissements publics locaux ainsi que la définition des règles et modalités encadrant l'usage de ces procédures. Il appartient au législateur, lorsqu'il définit les règles applicables à la commande publique, de respecter les principes d'égalité devant la commande publique et de bon usage des deniers publics qui découlent des art. 6, 14 et 15 DDH. • Cons. const. 3 déc. 2020, n° 2020-807 DC § 42 et 54.

3° ENSEIGNEMENT

315. Au nombre de ces principes figure l'obligation de consulter un conseil créé par la loi pour : la détermination des conditions de reconnaissance des établissements de l'enseignement privé. • Cons. const. 27 avr. 1977, n° 77-96 L § 1 : *Rec. Cons. const. 52 ; RJC II-72 ; JO 30 avr., p. 2513.* ♦ ... La détermination *a priori* du nombre d'étudiants pouvant avoir accès aux filières médicales et pharmaceutiques ainsi que l'institution d'un concours de recrutement. • Cons. const. 19 déc. 1991, 91-167 L : *Rec. Cons. const. 134 ; RJC II-137 JO 22 déc., p. 16810 ; Rev. adm. 1992. 33, note Étien ; RFDC 1992. 105, note Favoreu.* ♦ ... Le fait de donner compétence à l'État pour accorder l'habilitation à délivrer le titre d'ingénieur. • Cons. const. 18 mars 1999, n° 99-185 L : *Rec. Cons. const. 67 ; RJC II-154 ; JO 20 mars, p. 4171 ; AJDA 1999. 499, note Schoettl ; AIJC 1999. 593, chron. Fatin-Rouge.* ♦ ... L'indépendance du personnel enseignant de l'enseignement supérieur vis-à-vis des étudiants empêchant ceux-ci de contrôler de quelque manière que ce soit le déroulement des carrières des enseignants. • CE, sect., 5 avr. 1974, *Leroy,* n° 88572 A : *AJDA 1974. 441, concl. Théry ; D. 1974. 649, note Durupty.* ♦ ... L'exigence constitutionnelle d'égal accès à l'éducation. • Cons. const. 11 juill. 2001, n° 2001-450 DC § 31 s. • CAA Paris, 6 nov. 2003, *UNI,* n° 02PA02821 : *AJDA 2004. 343, note Legrand ; Dr. adm. 2004. 27, note Boumédiène.* ♦ ... L'obligation d'avoir à respecter une durée minimale de l'année scolaire en tant que garantie du principe d'égal accès à l'enseignement. • Cons. const. 11 juill. 2019, n° 2019-278 L.

316. En revanche, ne relève pas de ces principes et n'est donc de la compétence réglementaire le fait : d'assigner aux enseignants une mission limitée au seul enseignement mais étendue à d'autres formes d'actions éducatives. • CE 28 oct. 1974, n° 88525 A. ♦ ... De prévoir la participation des parents des élèves et des délégués des élèves aux conseils de classe et de leur participation à l'examen des cas individuels. • CE, sect., 14 nov. 1975, *Simon,* n° 95445 A : *AJDA 1976. 426, note Zoller.* ♦ ... De déterminer le contenu des programmes scolaires. • Cons. const. 31 janv. 2006, n° 2006-203 L : *JO 2 févr., p. 1747 ; LPA 16 févr. 2006, p. 3, note Schoettl.* ♦ ... De répartir la durée de l'année scolaire en différentes périodes d'enseignement et la détermination du calendrier scolaire. • Cons. const. 11 juill. 2019, n° 2019-278 L.

4° RÉGIME DE LA PROPRIÉTÉ, DES DROITS RÉELS ET DES OBLIGATIONS CIVILES ET COMMERCIALES

a. Régime de la propriété

317. Le législateur ne doit pas porter atteinte au principe fondamental reconnu par les lois de la République qui garantit l'importance du rôle de l'autorité judiciaire dans la protection de la propriété immobilière privée. • Cons. const. 25 juill. 1989, n° 89-256 DC § 23 (V. notes ss. Const. 58, art. 61).

1. Compétence législative

318. Principe. Il appartient au législateur : de fixer les principes fondamentaux de la propriété et des droits réels, de définir les modalités selon lesquelles les droits des propriétaires de fonds voisins doivent être conciliés. • Cons. const. 12 nov. 2010, *Pierre B.,* n° 2010-60 QPC § 4. ♦ ... De définir les règles relatives à l'acquisition ou la conservation de la propriété. • Cons. const. 19 janv. 2012, *Khadija A., EPS M.,* n° 2011-212 QPC § 4. ♦ ... De définir les modalités selon lesquelles les droits des propriétaires de fonds voisins doivent être conciliés, les servitudes de voisinage étant au nombre des mesures qui tendent à assurer cette conciliation. • Cons. const. 7 mai 2014, *Sté Casuca,* n° 2014-394 QPC § 11.

319. La mitoyenneté des murs séparatifs est au nombre des mesures qui tendent à assurer cette conciliation. • Cons. const. 12 nov. 2010, *Pierre B.,* n° 2010-60 QPC § 4. ♦ Il en est de même pour le régime des servitudes. • Cons. const. 10 nov. 2011, *Jeannette R., épse D.,* n° 2011-193 QPC § 4.

320. La fixation des principes fondamentaux du régime de la propriété s'étend à la propriété de l'État et des autres personnes publiques. Dès lors les présentes dispositions font obstacle à ce que le domaine public puisse être durablement grevé de droits réels sans contrepartie appropriée eu égard à la valeur réelle de ce patrimoine comme aux missions de service public auxquelles il est affecté. • Cons. const. 21 juill. 1994, n° 94-346 DC § 3.

321. Le domaine public est protégé par des garanties constitutionnelles qui, en particulier, interdisent au législateur lorsqu'il modifie les dispositions relatives au domaine public de ne pas priver de garanties légales les exigences constitutionnelles qui résultent de l'existence et de la continuité des services publics auxquels il est affecté (« dont ce domaine est le siège » dans la décision 2003-473 DC). • Cons. const. 21 juill. 1994, n° 94-346 DC § 3 • Cons. const. 23 juin 2003, 2003-473 DC § 29. ♦ ... Et qui résident dans les droits et libertés des personnes à l'usage desquelles il est affecté, ainsi que dans la protection du droit de propriété que l'art. 17 DDH accorde aux propriétés publiques comme aux propriétés privées. • Même décision.

322. A défaut d'habilitation par la loi, l'administration pénitentiaire ne peut procéder à des retenues sur la part disponible des détenus ou des confiscations d'office des sommes trouvées irrégulièrement en leur possession, ces deux opérations constituant une privation de propriété. • CE 10 févr. 2016, n° 375426 : *AJDA 2016. 284* . ♦ Rappr. s'agissant du compte nominatif d'un détenu. • TA Lille, 21 nov. 2019, n° 1707513 : *AJDA 2020. 1055, concl. Babski* .

323. Contenu des principes fondamentaux de la propriété. Sont des principes fondamentaux de la propriété et ne peuvent donc être supprimés par un acte réglementaire l'obligation : faite à l'administration de prendre l'avis d'un comité de propriétaires forestiers lorsqu'il est saisi d'un recours contre le refus d'agrément d'un plan de gestion. • Cons. *const. 27 avr. 1977, n° 77-98 L § 3 : Rec. Cons. const. 56 ; RJC II-74 ; JO 30 avr., p. 2513.* ♦ ... De consulter la section compétente du Conseil d'État avant de refuser une autorisation de défrichement. • Même affaire, § 4. ♦ ... De prendre l'avis de la commission des clauses abusives avant que ne soient interdites ou réglementées certaines clauses des contrats entre professionnels et consommateurs. • Cons. const. 8 déc. 1992, n° 92-170 L : *Rec. Cons. const. 114 ; RJC II-139 ; JO 11 déc. p. 16911 ; Rev. adm. 1992. 521, note Etien.* ♦ ... De déterminer les terrains frappés d'occupation temporaire ainsi que leurs propriétaires. • Cons. const. 29 févr. 1972, n° 72-71 L : *Rec. Cons. const. 27 ; RJC II-47 ; JO 18 mars, p. 2848.* ♦ ... D'informer les propriétaires ou détenteurs de droits de chasse de la constitution d'une association communale ou intercommunale de chasse agréée du fait de la diminution qui en résulte de l'usage qu'il est possible de faire de cette propriété ou de ce droit. • Cons. const. 20 févr. 1987, n° 87-149 L § 12 : *préc. note 125.*

324. De même, c'est au législateur de prévoir : le caractère inopposable au propriétaire ayant obtenu l'autorisation de démolir un immeuble du droit au maintien dans les lieux du locataire. • Cons. const. 4 déc. 1962, n° 62-21 L : *Rec. Cons. const. 34 ; RJC II-12 ; JO 7 déc., p. 12025.* ♦ ... L'interdiction faite aux propriétaires de terrains ou aux titulaires de droits réels d'exploiter des carrières souterraines. • Cons. const. 26 janv. 1967, n° 67-43 L : *Rec. Cons. const. 25 ; RJC II-27 ; JO 19 févr., p. 1793.* ♦ ... L'abrogation du régime juridique applicable aux terrains communaux sur lesquels des personnes sont titulaires de droits de jouissance exclusifs. • Cons. const. 2 juin 1976, n° 76-89 L § 2 : *Rec. Cons. const. 52 ; RJC II-66 ; JO 6 juin, p. 3476.* ♦ ... La détermination des conditions dans lesquelles l'acte de transfert des voies privées dans le domaine public pourra être effectué. • Cons. const. 20 févr. 1973, n° 73-76 L § 10 : *Rec. Cons. const. 29 ; RJC II-51 ; JO 25 févr., p. 2131.* ♦ ... La prescription d'une enquête publique préalable à l'édiction d'un arrêté de lotir. • Même décision *§ 13.* ♦ ... La définition des périmètres sensibles et les éléments indispensables à cette définition. • Même décision ♦ ... L'audition du ministère public, chargé de veiller aux intérêts des personnes présumées absentes, avant que soit donnée l'autorisation de délaisser leurs biens. • Même décision, § 23. *§ 16.* ♦ ... La nomination par l'autorité judiciaire des experts qu'elle souhaite. • Cons. const. 28 nov. 1973, n° 73-80 L § 15 : *préc. note 182.* ♦ ... L'obligation faite au juge de l'expropriation de distinguer l'indemnité principale des indemnités complémentaires. • Cons. const. 10 mai 1988, n° 88-157 L § 17 : *préc. note 125.* ♦ ... Les procédures de nomination des membres des comités pouvant adopter des interdictions de pêche en vue de la préservation des espèces. • Cons. const. 5 sept. 1996, n° 96-178 L : *Rec. 113 ; RJC II-148 ; JO 8 sept., p. 13433 ; RFDC 1996. 836.* ♦ ... L'institution d'une police spéciale de la chasse. • Cons. const. 20 juill. 2000, n° 2000-434 DC § 22.

325. De même, c'est au législateur qu'il revient : de fixer des règles de procédure d'expropriation différentes selon les situations, pourvu que ces différences ne procèdent pas de discriminations injustifiées et que soient assurées aux propriétaires de biens expropriés des garanties équivalentes. • Cons. const. 25 juill. 1989, n° 89-256 DC § 25. ♦ ... De déterminer les modalités d'utilisation des cours d'eau non navigables et non flottables. • CE 7 déc. 1962, *Assoc « Les forces motrices autonomes » : Lebon 664.* ♦ ... De soumettre à autorisation, de manière générale, tous travaux susceptibles de compromettre le caractère boisé des terrains en nature de bois, forêts ou parcs non soumis au régime forestier. • CE, sect., 23 févr. 1973, *Sardier : Lebon 164.* ♦ ... D'interdire le défrichement d'un espace boisé protégé. • CE 3 mai 1974, *SA Goron : Lebon 164.* ♦ ... D'interdire l'exportation d'œuvres d'art. • CE, ass., 12 déc. 1969, *Heli de Talleyrand-Périgord : Lebon 574 ; AJDA 1970. 34, concl. Kahn* • CE 5 oct. 1977, *Sté Elido World Corporation : Lebon 721.* ♦ ... De créer une nouvelle servitude de passage. • CE 22 mai 1996, *Perreault : Lebon T. 670.* ♦ ... D'apporter au droit de propriété les limitations qu'il estime nécessaires à la mise en œuvre de l'objectif de valeur constitutionnelle que constitue la possibilité pour toute personne de disposer d'un logement décent, à la condition que celles-ci n'aient pas un caractère de gravité tel que le sens et la portée de ce droit en soient dénaturés. • Cons. const. 29 juill. 1998, n° 98-403 DC § 7. ♦ ... D'instaurer un régime d'insaisissabilité des sommes reçues par un liquidateur dans l'exercice de ses fonctions au nom de l'entreprise mise en liquidation et déposées à la Caisse des dépôts et consignations. • CE 9 févr. 2000, *Min. économie et finances : Lebon 37.* ♦ ... D'autoriser une autorité administrative à décider la destruction de denrées animales impropres à la consommation humaine. • CE 28 mai 2014, *Brunet*, n° 358154 : *Lebon ; JCP Adm. 2014. 472.* ♦ ... D'autoriser l'administration pénitentiaire à opérer des retenues sur le compte des détenus. • CE 10 févr. 2016, n° 375426 : *AJDA 2016. 284 ; ibid. 1022, note Monot-Fouletier ; AJ pénal 2016. 282, obs. Otero.*

326. En prévoyant que les plafonds des loyers fixés par le représentant de l'État dans le département, lorsque le primo-acquéreur d'un logement le loue dans les dix ans qui suivent l'acquisition consécutive à la première mise en vente du bien acquis en accession à la propriété lorsque ce logement a été construit sur des terrains qui étaient détenus par des personnes publiques, sont « arrêtés par référence au niveau des loyers qui y sont pratiqués pour des logements locatifs sociaux de catégories similaires », le législateur n'a pas méconnu l'étendue de sa compétence. • Cons. const. 17 janv. 2013, n° 2012-660 DC § 8.

327. L'autorité administrative ne pouvant fixer des maxima et minima de loyer en matière de baux à ferme différents de ceux proposés par des commissions consultatives paritaire et départementale, assurant aux bailleurs et aux preneurs que le prix des baux à ferme sera fixé selon des conditions appréciées par leurs représentants élus dans un cadre territorial proche, sous la réserve de l'intervention éventuelle d'une commission paritaire nationale, ces dispositions instituent une garantie relative au droit de propriété et aux obligations civiles et commerciales. • Cons. const. 27 juill. 2018, n° 2018-274 L.

328. En ne prévoyant pas de droit de rétrocession pour les propriétaires dont les terrains grevés d'un emplacement réservé ont été acquis par le bénéficiaire de cet emplacement à la suite de l'exercice du droit de délaissement, le législateur n'a pas méconnu sa compétence. • Cons. const. 21 juin 2013, *Jean-Sébastien C.*, n° 2013-325 QPC § 6.

329. Conciliation avec les droits des propriétaires de fonds voisins. La mitoyenneté des murs séparatifs est au nombre des mesures qui tendent à assurer la conciliation des droits des propriétaires de fonds voisins. • Cons. const. 12 nov. 2010, *Pierre B.*, n° 2010-60 QPC § 4.

2. Compétence réglementaire

330. Le pouvoir réglementaire peut : fixer des *quantum* de production aux viticulteurs et de leur imposer de placer une partie de leur production hors quantum. • CE, sect., 28 oct. 1960, *de Laboulaye : Lebon 570 ; AJDA 1961. 20, concl. Heumann.* ♦ ... Organiser la police de la chasse. • CE 9 déc. 1988, *FDSEA de la Moselle : Lebon 435.* ♦ ... Fixer les règles de consultation de la Commission supérieure des monuments historiques. • CE 23 mars 1998, *Bayon de Colomb de la Tour : Lebon T. 681.* ♦ ... Fixer des règles particulières destinées à assurer la conservation du gibier par des « prélèvements raisonnés sur les espèces dont la chasse est autorisée ». • Cons. const. 20 juill. 2000, n° 2000-434 DC § 22. ♦ ... Désigner l'autorité administrative de l'État auprès de laquelle doivent être faites les oppositions au transfert du certificat d'immatriculation par le comptable du Trésor ou les demandes de certificat de non-opposition par le propriétaire d'un véhicule dans le but de le céder, fixer la durée de validité de ce dernier certificat et indiquer le service et le fichier chargés d'enregistrer et de conserver l'adresse ou le changement d'adresse de ce propriétaire. • Cons. const. 7 mai 2008, n° 2008-210 L. ♦ V. aussi, d'une manière plus générale ss. art. 37 Const. ♦ ...

Interdire l'insertion dans les envois postaux de billets de banque, de pièces et de métaux précieux, précédemment autorisée. • CE 10 oct. 2014, n° 370408 B : *préc. note 140.* ♦ ... Créer un label. • CE 22 sept. 2014, n° 360394 B : *AJDA 2014. 2454*. ♦ ... Fixer la durée de validité du classement d'un hôtel en hôtel de tourisme. • Cons. const. 17 sept. 2020, n° 2020-287 L.

b. Obligations civiles et commerciales

331. Compétence législative. Relève de la compétence du législateur : l'autorisation donnée d'approuver dans les statuts de certaines sociétés, de dispositions comportant des dérogations importantes au droit commun des sociétés anonymes. • Cons. const. 14 oct. 1960, n° 60-9 L : *Rec. Cons. const. 38 ; RJC II-5 ; JO 12 nov., p. 10167 ; D. 1961. 109, note Hamon.* ♦ ... L'obligation faite à des employeurs de respecter une convention qu'ils n'ont pas signée. • Cons. const. 8 juill. 1966, n° 66-39 L : *Rec. Cons. const. 28 ; RJC II-24 ; JO 3 août, p. 6735.* ♦ ... La fixation du principe de la compensation et son étendue. • Cons. const. 24 oct. 1980, n° 80-116 L § 6 : *25 oct., p. 2491.* ♦ ... La fixation des règles concernant la responsabilité de la puissance publique en matière fiscale et le droit du contribuable à obtenir des intérêts moratoires dans le cas d'un dégrèvement d'impôts accordé par l'administration ou la juridiction. • Même décision § 9 et 10. ♦ ... La soumission de contrats à des conditions spéciales. • Cons. const. 4 juin 1984, n° 84-137 L : *Rec. Cons. const. 113 ; RJC II-104 ; JO 6 juin, p. 1757.* ♦ ... L'institution d'une période d'observation suite à un jugement de redressement judiciaire. • Cons. const. 23 févr. 1988, n° 88-153 L : *préc. note 216.* ♦ ... La détermination des principes fondamentaux applicables aux procédures d'offre publique d'achat ou d'échange, de maintien de cours et d'offre de retrait. • Cons. const. 28 juill. 1989, n° 89-260 DC § 28. ♦ ... L'obligation de consulter la commission des clauses abusives avant l'intervention de décrets pouvant être relatifs à des clauses de contrats dans le domaine de la consommation. • Cons. const. 8 déc. 1992, n° 92-170 L : *Rec. Cons. const. 114 ; RJC II-139 ; JO 11 déc., p. 16911 ; Rev. adm. 1992. 521, note Étien.* ♦ ... Les dispositions qui mettent en cause les conditions essentielles de l'exercice d'une profession ou d'une activité économique. En l'espèce, il appartient au législateur de déterminer les conditions essentielles de l'exer*cice de l'activité économique de portage sala*rial ainsi que dans la fixation des principes applicables au « salarié porté ». • Cons. const. 11 avr. 2014, *CGT-FO*, n° 2014-388 QPC § 5.

332. Il en va de même des dispositions : qui dérogent aux règles relatives à la répétition de l'indu en prévoyant qu'est fixé à 12 mois le délai à l'expiration duquel la propriété des créances nées de trop-perçus de cotisations ou de majorations de retard est transférée aux organismes de sécurité sociale. • Cons. const. 8 août 1985, n° 85-139 L § 6 et 7 : *préc. note 182.* ♦ ... Qui posent les règles de revalorisation de la rente viagère et de la rente de réversion au conjoint. • Même affaire. ♦ ... Qui mettent en cause l'existence même de droits de créances privilégiées. • Cons. const. 13 nov. 1985, n° 85-142 L § 5 : *préc. note 182.* ♦ ... Qui dérogent au principe selon lequel la fixation des rémunérations salariales ainsi que leurs accessoires relèvent de contrats librement passés entre employeurs et salariés. • Cons. const. 11 juin 1963, n° 63-5 FNR : *Rec. Cons. const. 37 ; RJC III-3 ; JO 14 juin, p. 5306 ; D. 1964. 109, note Hamon.* ♦ ... Qui fixent un délai de prescription pour une action en paiement d'une créance. • CE 27 nov. 2006, *Crampon*, n° 296018 : *Lebon 495*. ♦ ... Qui imposent aux organismes conventionnés de verser à la caisse nationale la totalité des cotisations exigibles et non celles réellement encaissées. • CE, sect., 5 févr. 1971, *Féd. nat. Mutualité française : Lebon 103 ; AJDA 1971. 290.* ♦ ... Qui imposent aux établissements de soins privés de prendre une assurance. • CE 31 oct. 1984, *Synd. prof. « Union hospitalière privée »*, n° 17631. ♦ ... Qui limitent les droits et libertés des employeurs dès lors qu'il n'est pas porté atteinte à leur substance. • Cons. const. 16 janv. 1991, n° 90-284 DC § 3. ♦ ... Qui mettent à la charge des notaires acquéreurs de charges des cotisations arriérées dues par leurs prédécesseurs. • CE 14 mai 1993, *Beaumanoir*, n° 85822 : *Lebon 154.* ♦ ... Qui imposent au praticien et à la personne examinée de respecter un délai de réflexion avant la décision éventuelle de pratiquer une intervention chirurgicale. • CE 27 avr. 1998, *Cornette de Saint-Cyr : Lebon 177*. ♦ ... Qui mettent à la charge des opérateurs télécom l'obligation de contracter à leur frais avec une société d'audit privée désignée par l'administration. • CE, sect., 14 avr. 1999, *France Télécom*, n° 187570 : *Lebon 135*. ♦ ... Qui instituent une responsabilité pécuniaire et personnelle des agents comptables des organismes de sécurité sociale qui, à l'exception des comptables des caisses nationales, ont la qualité de salariés de droit privé. • CE 28 avr. 2004, *Assoc. nat. des dirigeants des agences comptables*, n° 246941 : *Lebon 175*. ♦ ... Qui permettent à une personne de s'identifier sur les réseaux de communication électronique et de mettre en œuvre sa signature électronique. • Cons. const. 22 mars 2012, n° 2012-652 DC § 13.

333. Des dispositions relatives aux assurances complémentaires obligatoires gérées dans le cadre contractuel privé, même régulé, relèvent des principes fondamentaux des obligations civiles et commerciales et non pas de la sécurité sociale au sens du présent art. • Cons. const. 13 juin 2013, n° 2013-672 DC § 5. ♦ En se bornant à édicter une obligation relative aux modalités de paiement de la part des dépenses prise en charge par les organismes d'assurance maladie complémentaire sans assortir cette obligation des garanties assurant la protection des droits et obligations respectifs du professionnel de santé et de l'organisme d'assurance maladie complémentaire, le législateur a méconnu l'étendue de sa compétence. • Cons. const. 21 janv. 2016, n° 2015-727 DC § 48.

334. Les droits patrimoniaux des créanciers et des débiteurs doivent être conciliés par le législateur pour permettre le paiement des obligations civiles et commerciales, l'exécution forcée sur les biens du débiteur étant au nombre des mesures qui tendent à assurer cette conciliation. • Cons. const. 13 juill. 2011, *Jean-Jacques C.*, n° 2011-151 QPC § 4 • Cons. const. 16 déc. 2011, *Noël C.*, n° 2011-206 QPC § 4.

335. Sur les différentes libertés économiques, V. notes ss. DDH, art. 4.

336. Compétence réglementaire. En revanche, il est possible au pouvoir réglementaire : de modifier le mode de calcul et de révision des baux à ferme. • Cons. const. 27 nov. 1959, n° 59-1 FNR : *Rec. Cons. const. 71 ; RJC III-1 ; JO 14 janv., p. 441 ; GDCC, 11e éd., n° 6 ; S. 1960. 102, note Giffard ; D. 1960. 533, note Hamon ; Gaz. Pal. 1960. 1. 13, note De Felice ; S. 1960. 55, chron. de Surgy ; Dr. soc. 1961. 147, note Teitgen ; RD publ. 1960. 1011, note Waline.* ♦ ... De mettre en place des obligations à l'égard des entreprises ayant passé des contrats avec des collectivités locales. • Cons. const. 12 mai 1964, n° 64-29 L : *préc. note 272.* ♦ ... D'imposer à des sociétés l'obligation de publier divers documents pour l'information des actionnaires et des tiers. • Cons. const. 2 juill. 1965, n° 65-35 L : *Rec. Cons. const. 79 ; RJC II-22 ; JO 23 août, p. 7517 ; D. 1967. 445, note Hamon ; AJDA 1967. 159, Lecat et Massot* • CE 29 nov. 1985, *SARL « Verrerie cristallerie d'Arcques » : Dr. adm. 1986, n° 43.* ♦ ... D'autoriser des sociétés de développement régional à limiter leur champ d'activité en contrepartie d'avantages fiscaux qu'elles sont en droit de refuser. • Cons. const. 9 mars 1981, n° 81-121 L : *Rec. Cons. const. 53 ; RJC II-96 ; JO 11 mars 1981, p. 753.* ♦ ... De prévoir la possibilité de désigner dans un contrat, par élection de domicile, la juridiction compétente. • CE, ass., 12 oct. 1979, *Rassemblement nouveaux avocats de France : préc. note 126.* ♦ ... De fixer le lieu où doivent être accomplies les formalités de constitution d'une société. • Cons. const. 13 sept. 1979, n° 79-110 L : *RJC II-86.* ♦ ... De limiter le montant des dépôts dans les caisses d'épargne. • CE 27 mars 1981, *Metzmeyer : Lebon 165.* ♦ ... D'imposer l'usage de clauses types dans certains contrats d'assurance. • CE 27 juill. 1984, *Union nat. synd. français d'architectes : Lebon 274* • CE 8 mars 1993, *Sté ASCCO International : Lebon T. 552.* ♦ Rappr. • CE 24 janv.1973, *Synd. nat. conseillers du développement agricole : Lebon 59.* ♦ ... D'instituer une forclusion en édictant les conditions de délai qui doivent être respectées pour contester, devant la juridiction compétente, les états exécutoires. • CE 13 mars 1992, *Cne des Mureaux*, n° 115606 : *Lebon 117.* ♦ ... De créer un service de création et de diffusion de bases de données juridiques à des fins commerciales. • CE 17 déc. 1997, *Ordre des avocats à la Cour de Paris : Lebon 491.* ♦ ... De reconnaître les souffrances endurées par les orphelins de certaines victimes de la déportation. • CE, ass., 6 avr. 2001, *Pelletier*, n° 224945 : *Lebon 173 ; RFDA 2001. 712, concl. Austry ; AJDA 2001. 444, chron. Guyomar et Collin.* ♦ En particulier cette disposition constitutionnelle n'a pas eu pour effet de retirer au Premier ministre les attributions de police générale qu'il exerçait antérieurement. Un décret peut donc fixer les conditions dans lesquelles un aéroclub peut faire exécuter, par des membres, des vols à des non-membres, à titre onéreux. • CE 19 mars 2001, *Synd. nat. des industriels et professionnels de l'aviation générale*, n° 202349 : *préc. note 51.* ♦ Le pouvoir réglementaire peut également fixer la surface d'unité de distribution à partir de laquelle les distributeurs sont assujettis à l'obligation créée par le législateur. • Cons. const. 17 janv. 2017, *Sté Alinéa*, n° 2016-604 QPC § 9.

5° PRÉSERVATION DE L'ENVIRONNEMENT

337. La loi constitutionnelle du 1er mars 2005 réserve au législateur le soin de préciser « les conditions et les limites » dans lesquelles doit s'exercer le droit de toute personne à accéder aux informations relatives à l'environnement détenues par les autorités publiques et à participer à l'élaboration des décisions publiques ayant une incidence sur l'environnement. • Cons. const. 19 juin 2008, n° 2008-564 DC § 49 • CE 3 oct. 2008, *Cne d'Annecy*, n° 297931 : *Lebon 322 ; AJDA 2008. 2166, chron. Geffray et Liéber ; RFDA 2008. 1158, concl. Aguila et note Janicot ; ibid. 2008. 1237, chron. Rambaud et Roblot-Troizier ; Dr. adm. 2008. 152, note Melleray ; JCP Adm. 2008.2279, note Billet ; RJ envir. 2009. 435, note Boyer ; RD publ. 2009. 425, note Gros.* ♦ ... Même si une loi ancienne prévoyait un tel renvoi. • CE 24 juill. 2009, *Cté de recherche et d'information indépendantes sur le génie génétique*, n° 305314 : *AJDA 2009. 1818, chron. Liéber et Botteghi ; RFDA 2009. 963, concl. Geffray ; ibid. 2009. 1272, chron. Rambaud* *et Roblot-Troizier ; Envir. oct. 2009, p. 36, note Trouilly.*

338. En revanche, des dispositions compétemment prises dans le domaine réglementaire, tel qu'il était déterminé antérieurement, demeurent applicables postérieurement à l'entrée en vigueur de cet al., alors même qu'elles seraient intervenues dans un domaine désormais réservé à la loi. • CE, ass., 3 oct. 2008, *Cne d'Annecy,* n° 297931 : *préc. note 337.* • CE 24 juill. 2009, *Cté de recherche et d'information indépendantes sur le génie génétique (CRII-GEN),* n° 305314 : *préc. note 337.* ♦ Postérieurement, un tel décret est pris par une autorité incompétente. • Mêmes affaires.

339. Le nombre de représentants de chacune des catégories de membres du Haut Comité pour la transparence et l'information sur la sécurité nucléaire, autres que parlementaires, figurant au deuxième alinéa de l'art. 23 de la loi du 13 juin 2006, ne met en cause ni les principes fondamentaux de la préservation de l'environnement qui relèvent de la loi en vertu de l'art. 34 de la Const., ni le droit, dont les conditions et les limites sont définies par la loi en vertu de l'art. 7 de la Charte envir., d'accéder aux informations relatives à l'environnement ou de participer à l'élaboration des décisions publiques ayant une incidence sur l'environnement, ni aucun des autres principes ou règles placés par la Constitution dans le domaine de la loi ; dès lors, ce nombre a le caractère réglementaire. • Cons. const. 18 sept. 2008, n° 2008-211 L : *JO 21 sept., p. 14606.*

340. Le pouvoir réglementaire ne méconnaît pas l'étendue de sa compétence en adoptant des dispositions se bornant à mettre en œuvre, à travers la soumission de la pêche professionnelle d'une espèce de poissons menacée d'extinction à des régimes d'autorisations individuelles comportant la délimitation de certaines zones et périodes de pêche et la fixation de quotas de pêche dont une partie serait affectée au repeuplement, les dispositions législatives qui instaurent une police spéciale de la pêche et prévoient notamment que cette police spéciale comporte la fixation de périodes de pêche et l'adoption de mesures utiles à la reproduction, au développement et à la conservation des espèces, et celles qui prévoient le principe de l'institution de régimes d'autorisation de la pêche, notamment professionnelle, de certaines espèces ou groupes d'espèces pendant certaines périodes et dans certaines zones, avec des engins et pour des volumes déterminés. • *CE, ass., 12 juill. 2013, Féd. nat. de la pêche en France,* n° 344522 § 5 : *Lebon ; RFDA 2014. 97, concl. Cortot-Boucher ; ibid. 115, note Robbe ; ibid. 2013. 1259, chron. Roblot-Toizier et Tusseau ; AJDA 2013. 1737, chron. Domino et Bretonneau ; Dr. adm. 2013. 84, note Pissaloux ; JCP Adm. 2013. 651.*

6° DROIT DU TRAVAIL, DROIT SYNDICAL ET DE LA SÉCURITÉ SOCIALE

a. Droit du travail

341. Pour déterminer les principes fondamentaux du droit du travail, il incombe au législateur d'assurer la mise en œuvre des principes économiques et sociaux du Préambule de la Constitution de 1946, tout en les conciliant avec les libertés constitutionnellement garanties. • Cons. const. 12 janv. 2002, n° 2001-455 DC § 46 et 53 • Cons. const. 13 janv. 2005, n° 2004-509 DC § 24 • Cons. const. 28 déc. 2006, n° 2006-545 DC § 4. ♦ Il incombe au législateur de poser des règles propres à assurer le droit pour chacun d'obtenir un emploi tout en permettant l'exercice de ce droit par le plus grand nombre. • Cons. const. 28 mai 1983, n° 83-156 DC § 4 • Cons. const. 10 juin 1998, n° 98-401 DC § 26. ♦ V. notes ss. Préamb. Const. 46, al. 5. ♦ Il a la possibilité de renvoyer à la négociation collective le soin de préciser les modalités concrètes de mise en œuvre de ces normes. • Cons. const. 29 avr. 2004, n° 2004-494 DC § 8 • Cons. const. 29 juill. 2005, n° 2005-523 DC § 8.

342. Compétence législative. Relève de la compétence du législateur en vertu des dispositions du présent al. le principe selon lequel une convention collective du travail peut contenir des dispositions plus favorables aux travailleurs que celles des lois en vigueur. • Cons. const. 12 juill. 1967, n° 67-46 L : *Rec. Cons. const. 31 ; RJC II-29 ; JO 24 sept., p. 9443* • Cons. const. 25 juill. 1989, n° 89-257 DC § 11. ♦ La fixation des rémunérations salariales, ainsi que de leurs accessoires de toute nature relevant des contrats librement passés entre employeurs et salariés, ne peut recevoir de limitation de portée générale que par la loi. • Cons. const. 11 juin 1963, n° 63-5 FNR : *préc. note 332.*

343. De même, seul le législateur peut : étendre à tous les salariés du secteur privé une prime de transport jusqu'alors limitée à la région parisienne. • Cons. const. 11 juin 1963, n° 63-5 FNR : *préc. note 332.* ♦ ... Imposer un examen contradictoire de l'état de santé des salariés en cas d'absence pour maladie ou accident. • Cons. const. 18 janv. 1978, n° 77-92 DC § 4. ♦ ... Ajouter le 8 mai à la liste des jours fériés, modifiant ainsi les obligations relatives aux conditions de travail et de rémunération. • Cons. const. 23 mai 1979, n° 79-11 FNR : *Rec. Cons. const. 57 ; RJC III-7 ; JO 25 mai, p. 1218 ; RD publ. 1979. 1679,* chron. Favoreu. ♦ ... Obliger les employeurs, dans le cadre des élections prud'homales, à communiquer à l'administration les listes des salariés qu'il emploie et conférer auxdits salariés le droit de présenter leurs observations écrites sur ces listes. • Cons. const. 13 juin 1991, n° 91-166 L : *préc. note*

211. ♦ ... Autoriser l'inspecteur du travail à saisir le juge des référés pour faire cesser le travail du dimanche. • CE, ass., 21 oct. 1994, *Sté Tapis Saint-Maclou : Lebon 451 ; Dr. soc. 1995. 139, concl. Bonichot ; AJDA 1994. 918, chron. Touvet et Stahl*. ♦ ... Modifier le champ d'application du code du travail maritime. • CE, ass., 27 oct. 1995, *Union maritime CFDT,* n° 87630 : *Lebon 368 ; AJDA 1995. 875, chron. Stahl et Chauvaux*. ♦ ... Déterminer les conditions de négociations des accords collectifs et de concertation entre les employeurs et les salariés ou leurs organisations représentatives. • Cons. const. 16 déc. 1993, n° 93-328 DC • Cons. const. 6 nov. 1996, n° 96-383 DC. ♦ ... Renvoyer à un accord collectif le soin de déterminer le niveau et les modalités des réductions de salaires, sans en fixer le montant maximal, sans pour autant méconnaître la compétence qu'il tient du présent art. • Cons. const. 25 juin 1998, n° 98-402 DC § 7. ♦ ... Après avoir défini les droits et obligations touchant aux conditions et aux relations de travail, laisser aux employeurs et aux salariés, ou à leurs organisations représentatives, le soin de préciser, notamment par la voie de la négociation collective, les modalités concrètes d'application des normes qu'il édicte. • Cons. const. 28 déc. 2006, n° 2006-545 DC § 5 • Cons. const. 16 août 2007, n° 2007-556 DC § 28 et 8. ♦ ... Renvoyer à un accord collectif le soin de fixer le jour hebdomadaire de repos dans le cadre des principes fixés par l'al. 11 du préambule de 1946. Le législateur a pu fixer ce jour au dimanche et ensuite déroger à cette règle dès lors qu'il n'a pas privé de garanties légales les exigences constitutionnelles résultant de cet al. • Cons. const. 6 août 2009, n° 2009-588 DC § 3.

344. Enfin, dans ce cadre, il est loisible au législateur : de fixer la durée légale hebdomadaire du travail effectif et d'instituer des mécanismes d'incitation financière propres à favoriser, dès l'entrée en vigueur de la loi, la réduction du temps de travail et la sauvegarde de l'emploi. • Cons. const. 10 juin 1998, n° 98-401 DC § 3. ♦ ... D'investir des personnes de fonctions particulières dans l'intérêt de l'ensemble des travailleurs et de doter ces personnes *d'un statut destiné à leur* permettre un exercice normal de leurs fonctions. • Cons. const. 16 janv. 1991, n° 90-284 DC § 3. ♦ ... De renvoyer à la négociation collective les modalités d'application de normes qu'il édicte ou, en l'absence de convention collective, de prévoir que ces modalités d'application seront déterminées par décret. • Cons. const. 9 déc. 2004, n° 2004-507 DC § 11.

345. En matière de solidarité nationale, le législateur peut choisir de faire spécialement appel à l'effort des salariés du secteur privé et du secteur public bénéficiant d'un régime de rémunération assorti d'une limitation de la durée légale du temps de travail. • Cons. const. 22 juill. 2011, *Bruno L. et a.,* n° 2011-148/154 QPC § 21.

346. Il appartient encore au législateur : de définir précisément les conditions de mise en œuvre du principe de la contrepartie en repos hebdomadaire pour les heures complémentaires accomplies au-delà du contingent annuel. • Cons. const. 7 août 2008, n° 2008-568 DC § 15. ♦ ... De préciser les « entreprises publiques » auxquelles une dérogation à l'obligation d'instituer un dispositif de participation des salariés aux résultats de l'entreprise s'applique. • Cons. const. 1er août 2013, *Sté Natixis Asset Management,* n° 2013-336 QPC § 18. ♦ ... De définir avec une précision suffisante quant à leur objet et à leur portée, les catégories de dépenses qui revêtent pour une collectivité territoriale un caractère obligatoire, tels certains des frais exposés par les personnes accueillies dans des établissements et services relevant du champ de l'action sociale, qu'ils soient gérés par des personnes morales de droit privé ou de droit public. • CE 9 juill. 2018, *Dpt du Val d'Oise,* n° 407426 B : *RDSS 2018. 889, note Decout-Paolini ; AJDA 2018. 1421*.

347. Compétence réglementaire. En revanche, le pouvoir réglementaire peut : autoriser le ministre à revenir sur des décisions prises par l'inspecteur du travail. • CE, ass., 29 mars 1968, *Manufacture pneumatiques Michelin : Lebon 215 ; RD publ. 1969. 320, concl. Vught ; AJDA 1968. 335, chron. Massot et Dewost.* ♦ ... Limiter la liberté des parties contractantes en imposant des contrats types pour certaines catégories d'emplois. • CE 24 janv. 1973, *Synd. nat. conseillers du développement agricole : Lebon 59.* ♦ ... Interdire la distribution de tracts (syndicaux en l'espèce) aux automobilistes. • CE, sect., 3 févr. 1978, *CFDT et CGT : préc. note 182* • CE 2 oct. 1991, *Chaline le Garrec : Lebon T. 658.* ♦ ... Déterminer l'autorité dont dépendent les inspecteurs de travail. • Cons. const. 6 avr. 1993, n° 93-174 L : *Rec. Cons. const. 31 ; RJC II-142 ; JO 8 avr., p. 6105.* ♦ ... Instaurer une procédure orale devant le conseil des prud'hommes. • CE 27 mars 1996, *Simmonet,* n° 122004. ♦ ... Instaurer une majoration pour retard de versement d'une contribution des entreprises à l'Office des Migrations Internationales. • CE sect., 15 mars 2002, *OMI,* n° 221020 : *Lebon 103 ; AJDA 2002. 630, concl. Boissard*. ♦ ... Déterminer le salaire minimum. • Cons. const. 28 avr. 2005, n° 2005-514 DC § 22. ♦ ... Fixer les modalités d'indemnisation des conseillers prud'hommes dans l'intérêt du bon emploi des deniers publics et d'une bonne administration de la justice sans porter atteinte à l'impartialité et à l'indépendance de la juridiction. • Cons. const.

28 déc. 2006, n° 2006-545 DC § 5. ♦ ... Choisir le mode de scrutin pour l'élection de conseillers prud'homaux ne constitue pas un principe fondamental du droit du travail. • CE 4 nov. 1992, *Faure : Lebon T. 665*.

348. De même, si l'indépendance de l'inspection du travail doit être rangée au nombre des principes fondamentaux du droit du travail, la détermination de l'autorité administrative chargée des attributions en cause au sein du « système d'inspection du travail » relève du pouvoir réglementaire. • Cons. const. 17 janv. 2008, n° 2007-561 DC § 14.

349. A l'inverse, le pouvoir réglementaire ne peut déroger au principe du repos dominical que pour des motifs prévus par la loi ; tel n'est pas le cas d'une dérogation justifiée par le souci d'apaiser la situation relative aux établissements de bricolage dans la région Île-de-France marquée par de nombreux conflits sociaux et litiges dans l'attente de l'intervention d'un nouveau régime législatif encadrant le travail dominical. • CE, ord., 12 févr. 2014, *Féd. employés et cadres CGT-FO,* n° 374727 : *JCP Adm. 2014. 229, note Tukov.*

350. Renvoi à des conventions collectives. V. ss. Préamb. Const. 1946, al. 8.

b. Droit syndical

351. Le législateur est compétent en vertu du présent art. pour déterminer les principes fondamentaux du droit syndical. • Cons. const. 22 oct. 1982, n° 82-144 DC § 9 • Cons. const. 25 juill. 1989, n° 89-257 DC § 22.

352. Compétence législative. Le législateur peut seul : définir les conditions d'exercice du droit syndical. • Cons. const. 22 oct. 1982, n° 82-144 DC § 9 • CE 26 sept. 1996, avis n° 359702 : *EDCE 1997. 290.* ♦ ... Tracer avec précision, dans cette matière, la limite séparant les actes et comportement licites des actes et comportements fautifs. • Même affaire. ♦ ... Prévoir que les négociations collectives devront porter sur « les conditions dans lesquelles pourra être facilitée la collecte des cotisations syndicales ». • Cons. const. 20 juill. 1983, n° 83-162 DC § 84. ♦ ... Tenir compte des difficultés que présente l'exercice des fonctions de représentant élu du personnel ou de responsable syndical dont la protection découle d'exigences constitutionnelles. • Cons. const. 20 juill. 1988, n° 88-244 DC § 24. ♦ ... Conférer aux organisations syndicales des prérogatives susceptibles d'être exercées en faveur aussi bien de leurs *adhérents que des membres d'un groupe social* dont un syndicat estime devoir assurer la défense. • Cons. const. 25 juill. 1989, n° 89-257 DC § 22.

353. Compétence réglementaire. En précisant, d'une part, les critères permettant de déterminer les organisations syndicales appelées à bénéficier de la mise à disposition d'un local et de la faculté de tenir des réunions mensuelles d'information durant les heures de service et, d'autre part, les critères de répartition entre organisations syndicales du contingent global de crédit de temps syndical, le pouvoir réglementaire s'est borné à déterminer les conditions d'attribution de certaines facilités d'exercice des droits syndicaux, réservées en tout ou partie, compte tenu soit des nécessités du service, soit de l'objet même de ces facilités, aux organisation syndicales les plus représentatives au sens de la L. n° 83-634 du 13 juill. 1983, et n'a ni défini lui-même de façon générale les critères de représentativité des organisations syndicales, ni porté à l'exercice du droit syndical une restriction qui relèverait de la loi. Il n'a, par suite, pas empiété sur la compétence réservée au législateur. • CE 23 juill. 2014, *Synd. nat. collèges et lycées,* n° 358349 : *Lebon ; AJDA 2014. 1583*.

c. Sécurité sociale

354. Étendue de la compétence. La présente disposition englobe dans ces termes l'ensemble des systèmes de protection sociale quelles que soient leurs modalités de gestion administrative et financière et, notamment, sans distinguer suivant que la protection est aménagée selon un mécanisme d'assurance ou d'assistance. • CE 12 juin 1998, *Féd. aveugles et handicapés visuels de France : Lebon 223* • CE 22 oct. 2003, *GISTI et Ligue des droits de l'homme,* n° 248237 : *Lebon 414 ; RDSS 2004. 155, concl. Stahl ; Dr. adm. 2004, n° 17, note Lombard ; AJDA 2004. 347, note Tourette ; RFDA 2003. 1251*. ♦ V. aussi • CE 4 mai 1981, *Sté de gestion du Figaro : Lebon 204.* ♦ En dehors de la fixation des principes fondamentaux, ressortit à la compétence du pouvoir réglementaire la détermination de leurs modalités d'application, à condition qu'elles n'en dénaturent pas la portée ; par suite, en déléguant au pouvoir réglementaire la fixation du montant de la participation forfaitaire laissée à la charge des assurés sociaux, le législateur n'a pas méconnu l'art. 34 Const. 58. • Cons. const. 12 août 2004, n° 2004-504 DC § 20.

355. En revanche, des dispositions relatives aux assurances complémentaires obligatoires gérées dans le cadre contractuel privé, même régulé, ne relèvent pas de la sécurité sociale au sens du présent art. mais des principes fondamentaux des obligations civiles et commerciales. • Cons. const. 13 juin 2013, n° 2013-672 DC § 5. ♦ V. *supra* note 333. ♦ De même, les modalités du financement des soins de suite et de réadaptation ne relèvent pas des principes fondamentaux de la sécurité sociale qu'il incombe au législateur de déterminer. • Cons. const. 17 déc. 2015, n° 2015-723 DC § 46.

356. Organisation de la sécurité sociale. Constituent un principe fondamental au sens du présent al. les dispositions : imposant l'administration des caisses de sécurité sociale par des représentants des employeurs et des salariés et par conséquent, la détermination des conditions que doivent remplir les personnes appelées à composer ces conseils. • Cons. const. 15 oct. 1980, n° 80-115 L : *Rec. Cons. const. 67 ; RJC II-90 ; JO 16 oct., p. 2404.* ♦ ... Imposant l'administration des caisses de sécurité sociale par des représentants des personnes assujetties aux régimes gérés par ces caisses. • Cons. const. 31 janv. 2017, n° 2017-267 L. ♦ ... Imposant aux organismes de sécurité sociale une structure administrative comportant un directeur et un agent comptable. • Cons. const. 13 nov. 1985, n° 85-142 L § 13 : *préc. note 182.* ♦ ... Imposant l'autonomie financière des organismes de sécurité sociale. • CE, ass., 9 déc. 1966, *Féd. nat. organismes de sécurité sociale : Lebon 652 ; AJDA 1967. 16, note Braibant.*

357. Il y a lieu de ranger au nombre des principes fondamentaux de la sécurité sociale la détermination des conditions selon lesquelles une solidarité financière peut être organisée entre les différents régimes de sécurité sociale. Les dispositions contestées fixent le critère en fonction duquel s'opère la compensation financière entre les régimes obligatoires de base d'assurance vieillesse de salariés et ceux des non-salariés. Celles de ces dispositions faisant référence à l'impossibilité de définir les capacités contributives des non-salariés dans les mêmes conditions que celles des salariés sont dépourvues de toute portée normative et ne sauraient confier au pouvoir réglementaire la faculté de décider qu'il y a lieu d'opérer une conciliation prenant en compte les capacités contributives. • Cons. const. 20 oct. 2015, *Caisse autonome de retraite des médecins de France,* n° 2015-495 QPC § 16.

358. A l'inverse, relève de la compétence du pouvoir réglementaire la détermination pour ces organismes des modalités d'exercice : de la tutelle de l'État. • Cons. const. 8 août 1985, n° 85-139 L § 4 : *préc. note 182* • CE, ass., 27 nov. 1964, *Caisse centrale de secours mutuel agricole : Lebon 584 ; AJDA 1965. 95, chron. Puybasset et Puissochet* • CE 4 mai 1981, *Sté de gestion du Figaro : Lebon 204* . ♦ ... Des règles de gestion telles que celles relatives à la comptabilité et au circuit financier et à la gestion de leurs ressources. • Cons. const. 8 août 1985, n° 85-139 L § 5 et 15 : *préc. note 182.* ♦ ... De leur relation avec les assurés. • Même décision *§ 2.* ♦ ... De la procédure de concertation avec les syndicats de médecins. • Même décision *§ 3.*

359. Régimes de sécurité sociale. Relèvent de la compétence du législateur : la création d'un nouveau régime de sécurité sociale, la détermination de son organisation et de son champ d'application. • Cons. const. 27 nov. 2001, n° 2001-451 DC § 6. ♦ ... L'existence même d'un régime de sécurité sociale. • Cons. const. 20 oct. 2015, *Caisse autonome de retraite des médecins de France,* n° 2015-495 QPC § 16. ♦ ... Les principes relatifs aux différents régimes de sécurité sociale. • Cons. const. 7 avr. 1960, n° 60-4 L : *Rec. Cons. const. 31 ; RJC II-2 ; JO 29 avr., p. 3958 ; D. 1960. 668, note Hamon ; S. 1961. 104, note Hamon ; RD publ. 1960. 1017, note Waline.* ♦ ... Qu'il s'agisse des prestations familiales, de l'assurance maladie, maternité invalidité, ou de l'assurance vieillesse. • Cons. const. 17 déc. 1970, n° 70-66 L § 2 : *Rec. Cons. const. 47 ; RJC II-43 ; JO 27 déc., p. 12135.* ♦ ... Même s'ils relèvent d'un autre code que celui de la sécurité sociale. • Cons. const. 8 juill. 1960, n° 60-6 L : *Rec. Cons. const. 34 ; RJC II-4 ; JO 1er août, p. 7149 ; S. 1961. 104, note Hamon.* ♦ Il en va ainsi même si ce régime est facultatif. • CE, ass., 10 mai 1968, *Deboulay : Lebon 295.*

360. Ainsi relèvent de la loi l'existence même d'un régime spécial. • Cons. const. 2 juill. 1965, n° 65-34 L : *préc. note 113.* • Cons. const. 18 juin 2012, *Féd. de l'énergie et des mines – FO,* n° 20123-254 QPC § 3. ♦ C'est le cas pour le régime : des assurances sociales agricoles. • Cons. const. 8 juill. 1960, n° 60-6 L : *préc. note 305* • Cons. const. 27 nov. 2001, n° 2001-451 DC. ♦ ... Des sapeurs-pompiers. • Cons. const. 12 mai 1964, n° 64-29 L : *préc. note 272.* ♦ ... Des marins du commerce • Cons. const. 2 juill. 1965, n° 65-34 L : *préc. note 113.* ♦ ... De la mutualité sociale agricole. • Cons. const. 17 déc. 1970, n° 70-66 L § 2 : *préc. note 305.* ♦ ... Des mines. • Cons. const. 7 juin 1977, n° 77-9 FNR : *Rec. Cons. const. 75 ; RJC III-6 ; JO 9 juin, p. 3179.* ♦ ... Du personnel navigant. • Cons. const. 28 févr. 1984, n° 84-136 L : *Rec. Cons. const. 111 ; RJC II-104 ; JO 2 mars, p. 764 ; D. 1985. 352, obs. Hamon.*

361. Il en est de même encore : de l'existence d'un régime d'assurance vieillesse ou d'assurance invalidité volontaire. • Cons. const. 6 avr. 1988, n° 88-156 L : *Rec. Cons. const. 47 ; RJC II-128 ; JO 8 avr., p. 4667 ; RD publ. 1989. 399,* note Favoreu ; *AIJC 1988. 401, chron. Genevois.* ♦ ... D'allocation spéciale vieillesse. • Cons. const. 6 mars 1990, n° 90-163 L : *RJC II-134.*

362. Prestations, allocations et bénéficiaires. De même sont de la compétence du législateur : la détermination des catégories de prestations que comporte l'assurance maladie. • Cons. const. 7 avr. 1960, n° 60-5 L : *Rec. Cons. const. 32 ; RJC II-2 ; JO 29 avr., p. 3958 ; D. 1960. 669, note Hamon ; S. 1961. 104, note Hamon ; RD publ. 1960, note Waline* • Cons. const. 27 nov. 2001, n° 2001-451 DC § 6. • Cons. const. 27 nov. 2001, n° 2011-451 DC

§ 6. ♦ … La détermination des prestations et des catégories de bénéficiaires ainsi que la définition de la nature des conditions exigées pour l'attribution des prestations, et notamment l'exigence de conditions d'âge et d'ancienneté de services. • Cons. const. 2 juill. 1965, n° 65-34 L : *préc. note 113* • Cons. const. 18 juin 2012, *Féd. de l'énergie et des mines – FO,* n° 2012-254 QPC § 3 • Cons. const. 22 déc. 2016, n° 2016-742 DC § 36. ♦ V. pour l'assurance maladie et maternité agricole. • Cons. const. 17 déc. 1970, n° 70-66 L § 2 : *préc. note 359.* ♦ … L'allocation spéciale vieillesse. • Cons. const. 6 mars 1990, n° 90-173 L : *RJC II-134.* ♦ … La mise sous condition de ressources des allocations familiales. • Cons. const. 18 déc. 1997, n° 97-393 DC § 34. ♦ Doivent être assimilées à des prestations sociales les réductions tarifaires à caractère social que l'État impose par voie de mesure générale en faveur de certaines catégories d'usagers à l'exploitant d'un service public. • CE 22 oct. 2003, *GISTI,* n° 248237 : *préc. note 354.*

363. Est un principe fondamental du droit de la sécurité social au sens du présent art. la règle : fixant l'existence d'allocations spéciales en faveur de certaines catégories de travailleurs et déterminant le taux et la nature des conditions d'octroi desdites allocations (par ex. catégories de bénéficiaires). • Cons. const. 7 avr. 1960, n° 60-4 L : *préc. note 359* • Cons. const. 20 janv. 1961, n° 61-11 L : *Rec. Cons. const. 33 ; RJC II-6 ; JO 18 févr., p. 1833 ; D. 1962. 177, note Hamon ; S. 1962. 63, note Hamon* • Cons. const. 22 déc. 1961, n° 61-17 L : *Rec. Cons. const. 43 ; RJC II-9 ; JO 7 févr., p. 1377 ; S. 1963. 279, note Hamon* • Cons. const. 30 juill. 1963, n° 63-26 L : *Rec. Cons. const. 33 ; RJC II-14 ; JO 12 août, p. 7487 ; D. 1964. 311, note Hamon* • Cons. const. 22 févr. 1979, n° 79-106 L : *Rec. Cons. const. 43 ; RJC II-83 ; JO 23 févr., p. 458* • Cons. const. 18 déc. 1997, n° 97-393 DC § 46 (s'agissant de l'allocation de garde d'enfant). • Cons. const. 18 juin 2012, *Féd. de l'énergie et des mines – FO,* n° 20123-254 QPC § 5. ♦ … Fixant l'existence même des prestations familiales, la détermination des catégories de personnes appelées à en bénéficier ainsi que la nature des conditions que doivent remplir les bénéficiaires. • Cons. const. 8 nov. 1972, n° 72-74 L : *Rec. Cons. const. 34 ; RJC II-49 ; JO 19 nov., p. 12046* • Cons. const. 18 déc. 2014, n° 2014-706 DC § 29. ♦ … Fixant les pensions d'invalidité et de vieillesse, la nature des conditions exigées pour leur attribution et la *détermination du fait que la durée de* cotisation nécessaire pour obtenir une pension à taux plein est fonction de paramètres tels que l'espérance de vie à l'âge à partir duquel la liquidation d'une pension complète peut être demandée. • Cons. const. 10 juin 2004, n° 2004-197 L : *JO 13 juin, p. 19561 ; LPA 28 juin 2004, p. 16, note Schoettl.* ♦ … Déterminant pour chaque assuré une participation forfaitaire pour certains actes et consultations pris en charge par l'assurance maladie, ainsi que les exceptions qui lui sont apportées ; en revanche, ressortissent à la compétence du pouvoir réglementaire les modalités d'application de ces principes, à condition qu'elles n'en dénaturent pas la portée. • Cons. const. 12 août 2004, n° 2004-504 DC § 20. ♦ … Fixant la nature des conditions exigées pour l'attribution d'une prestation. • CE 13 mars 2013, *Ménétrier,* n° 360815 : *Lebon.*

364. Il en va de même s'agissant du principe de la participation du personnel à la gestion des risques au sein des houillères. • Cons. const. 7 juin 1977, n° 77-9 FNR : *préc. note 360.*

365. En revanche le « principe contributif » n'est pas une norme constitutionnelle relevant des principes fondamentaux de la protection sociale. • Cons. const. 23 juill. 1999, n° 99-416 DC § 28. ♦ L'attribution de prestations sans aucune contrepartie financière est donc possible. • Cons. const. 23 juill. 1999, n° 99-416 DC § 29. ♦ Aucune autre disposition constitutionnelle ne s'oppose au choix du législateur de supprimer tout versement de contributions salariales pour le financement d'un régime de protection sociale, même si l'objet exclusif de ce dernier est en principe de servir un revenu de remplacement à caractère contributif. • Cons. const. 4 sept. 2018, n° 2018-769 DC § 40 et 41.

366. Seul le législateur peut : modifier la disposition du code de la sécurité sociale fixant le principe fondamental selon lequel lorsque l'état d'un assuré nécessite le recours à des traitements ou thérapeutiques particulièrement onéreux, ledit assuré bénéficie de la réduction ou de la suppression du ticket modérateur. • CE 22 nov. 1963, *Féd. nat. malades, infirmes et paralysés : Lebon 566, concl. Bernard ; AJDA 1964. 27, chron. Fourré et Puybasset.* ♦ …. Déterminer la règle qui prévoit la majoration de sa participation aux tarifs de certaines prestations en cas de consultation directe d'un médecin non traitant, ainsi que les exceptions à ces règles ; revient au pouvoir réglementaire le soin de fixer le montant de cette participation forfaitaire, ainsi que celui de cette majoration. • Cons. const. 12 août 2004, n° 2004-504 DC § 39. ♦ … Déterminer les catégories de personnes appelées à bénéficier d'une prestation sociale ainsi que de définir la nature des conditions exigées pour son attribution. • CE 22 oct. 2003, *GISTI,* n° 248237 : *préc. note 354.* ♦ … Fixer le principe de l'encadrement du régime financier et de la tarification, notamment par les collectivités territoriales et l'assurance maladie, des personnes morales de droit privé gérant des établissements et services intervenant dans le champ de l'action sociale. • CE 21 nov. 2008, *Assoc. Faste Sud Aveyron,* n° 293960 : *préc. note 125.*

367. En revanche, relèvent de la compétence du pouvoir réglementaire : la détermination du contenu d'une catégorie de prestation. • Cons. const. 7 avr. 1960, n° 60-5 L : *préc. note 362.* ♦ ... Les dispositions relatives à l'ouverture, l'extinction des droits à prestations, ainsi que la forme et le montant de celles-ci. • Cons. const. 8 août 1985, n° 85-139 L § 9 : *préc. note 182.* ♦ ... La fixation du point de départ des effets du fait générateur d'une prestation de sécurité sociale. • CE 7 mars 1990, *UNAF : Lebon 541.* ♦ ... La précision des conditions à remplir pour faire partie d'une catégorie de bénéficiaires d'une prestation. • CE 24 févr. 1967, *Caisse nat. assurance vieillesse mutuelle agricole : Lebon 90.* ♦ ... Ou les détails de ces conditions. • Cons. const. 22 déc. 1961, n° 61-17 L : *préc. note 363* • Cons. const. 19 nov. 1975, n° 75-85 L : *Rec. Cons. const. 40 ; RJC II-64* • Cons. const. 22 févr. 1979, n° 79-106 L : *préc. note 363* • CE, sect., 24 nov. 1967, *Delcroix : Lebon 441.* ♦ ... La fixation des montants et du barème des prestations familiales en fonction des ressources des bénéficiaires. • Cons. const. 18 déc. 2014, n° 2014-706 DC § 29. ♦ ... Une allocation de préretraite agricole dès lors qu'elle est liée à la modernisation des structures agricoles et doit donc être regardée comme une aide économique. • Cons. const. 24 mai 2007, n° 2007-209 L.

368. Les droits de plaidoirie, qui sont dus, pour chaque plaidoirie, par les clients des avocats ou la partie condamnée aux dépens et sont ensuite reversés à la Caisse nationale des barreaux français, ne constituent pas une cotisation personnelle desdits avocats grevant leurs revenus professionnels. • Cons. const. 29 juin 2018, *Sté Guillemin et Miska,* n° 2018-716 QPC § 8.

369. Assujettis. De même sont de la compétence du législateur la détermination des catégories de personnes assujetties à l'obligation de cotiser ainsi que le partage de cette obligation entre employeurs et salariés. • Cons. const. 20 déc. 1960, n° 60-10 L : *Rec. Cons. const. 39 ; RJC II-5 ; JO 31 déc., p. 12111 ; S. 1962. 63, note Hamon* • Cons. const. 27 nov. 2001, n° 2001-451 DC § 6. ♦ Rappr. : • CE 22 avr. 1992, *Synd. picard des industriels de la métallurgie : Lebon T. 666.*

370. Cotisations. Les cotisations sociales sont des versements à caractère obligatoire ouvrant des droits aux prestations servies par un régime de sécurité sociale. • Cons. const. 26 mars 2015, *Cté défense des travailleurs frontaliers du Haut-Rhin,* n° 2015-460 QPC § 13. ♦ Elles ne relèvent pas de la catégorie des impositions de toute nature. • Cons. const. 13 déc. 2012, n° 2012-659 DC § 12. • Cons. const. 6 août 2014, n° 2014-698 DC § 12. ♦ Pour des exemples *a contrario*, V. note 229.

371. De même relèvent de la compétence du législateur la détermination des éléments de l'assiette des cotisations sociales et la fixation du principe d'exonération et de leur limitation. • Cons. const. 20 mars 1997, n° 97-388 DC § 15 • Cons. const. 27 nov. 2001, n° 2001-451 DC § 6 • Cons. const. 13 déc. 2012, n° 2012-659 DC § 12 • CE, ass., 10 juill. 1996, *URSSAF Haute-Garonne,* n° 131678 : *Lebon 276.*

372. En revanche, c'est au Gouvernement qu'il appartient de fixer le taux des cotisations. • Cons. const. 20 déc. 1960, n° 60-10 L : *préc. note 369* • Cons. const. 27 nov. 2001, n° 2001-451 DC § 7 • Cons. const. 13 déc. 2012, n° 2012-659 DC § 12 • CE, ass., 10 juill. 1996, *URSSAF Haute-Garonne,* n° 131678 : *préc. note 371.* ♦ Il est loisible au législateur, sans méconnaître l'étendue de sa compétence, de prévoir d'augmenter, à raison d'un trimestre par année, les durées d'assurance et de services nécessaires pour bénéficier d'une pension au taux plein, tout en laissant à un décret le soin d'ajuster cette évolution, à partir de 2009, de manière à assurer la constance du rapport que la loi a elle-même déterminé. • Cons. const. 14 août 2003, n° 2003-483 DC § 15. ♦ Rappr. • Cons. const. 12 août 2004, n° 2004-504 DC § 20.

373. Choix du praticien. Constitue un principe fondamental de la sécurité sociale le libre choix des établissements de santé par les assurés sociaux. • CE, sect., 2 déc. 1966, *Féd. hosp. de France et Synd. nat. centres privés de réadaptation fonctionnelle : Lebon 634.*

374. Limitation quantitative des actes médicaux. Seul le législateur peut décider d'une telle limitation. • CE, ass., 20 déc. 1995, *Collectif nat. Kiné-France : Lebon 441, concl. Maugüé* ; • CE 30 avr. 1997, *Synd. nat. masseurs-kinésithérapeutes : Lebon 177.*

375. Conventions. Seul le législateur peut prendre toute mesure touchant au champ d'application des conventions médicales comme par exemple fixer les conditions à remplir pour être conventionné. • CE, ass., 17 déc. 1993, *Groupement nat. éts de gérontologie : Lebon 370 ; AJDA 1994. 71* • CE 10 juin 1994, *Conféd. fr. synd. de biologistes : Lebon T. 738.* ♦ Ainsi, figure au nombre des principes relevant du présent al. celui selon lequel les tarifs des soins applicables aux assurés sociaux sont fixés par voie de conventions passées sous le contrôle de l'autorité administrative. • CE, ass., 13 juill. 1962, *Conseil nat. ordre des médecins : préc. note 211* • Cons. const. 22 janv. 1990, n° 89-269 DC § 20 • Cons. const. 16 janv. 1991, n° 90-287 DC § 27 • Cons. const. 29 juill. 1991, n° 91-296 DC § 27.

d. Droit de grève

376. Le législateur ne peut renvoyer au décret le soin de réglementer l'exercice du droit de grève. • Cons. const. 22 juill. 1980, n° 80-117 DC § 7 (sol. impl.). ♦ En revanche il lui est loisible de renvoyer au décret ou de confier à la convention collective le soin de préciser les modalités d'application des règles fixées par lui pour l'exercice du droit de grève, en particulier lorsque la loi fixe l'objet, encadre le contenu et précise les conditions de la mise en œuvre du décret, qui doit se borner à prévoir les modalités d'application de la loi. • Cons. const. 16 août 2007, n° 2007-556 DC § 7 et 8. ♦ V. comm. ss. Préamb. Const. 1946, al. 7.

III. DIFFÉRENTES CATÉGORIES DE LOIS

377. Lois de finances. V. L. org. n° 2001-692 du 1er août 2001 relative aux finances publiques, *App., v° Gouvernance financière.*

378. Lois de financement de la sécurité sociale. V. CSS, *App., v° Gouvernance financière.*

379. Lois de programmation. Les dispositions contestées, qui ne se bornent pas à déterminer un objectif de l'action de l'État mais fixent une obligation, même applicable dans le futur, n'ont pas le caractère de dispositions relevant d'une loi de programmation. • Cons. const. 13 août 2015, n° 2015-718 DC § 18.

380. Lois de programmation des finances publiques. V. L. org. n° 2012-1403 du 17 déc. 2012 relative à la programmation et à la gouvernance des finances publiques, *App., v° Gouvernance financière.*

381. Objectif d'équilibre des comptes des administrations publiques. Si cet objectif d'équilibre s'impose au législateur lorsqu'il définit les orientations pluriannuelles des finances publiques, il résulte de la décision du Conseil constitutionnel que cet objectif peut également être poursuivi par le législateur au moyen de dispositions normatives. • Cons. const. 18 janv. 2018, n° 2017-760 DC § 12 (implicite).

IV. INTERVENTION DU LÉGISLATEUR ORGANIQUE

382. Dans l'exercice de la compétence qui lui est ainsi dévolue par les dix-huitième, dix-neuvième et vingt-deuxième al. du présent art., le législateur organique doit respecter les principes et les règles de valeur constitutionnelle. • Cons. const. 13 déc. 2012, n° 2012-658 DC § 9.

383. Le 22e al. du présent art. permet que des dispositions de nature organique soient prises pour fixer le cadre des lois de programmation relatives aux orientations pluriannuelles des finances publiques. Sur ce fondement et sur celui des 18e et 19e al. du présent art. en ce qui concerne les LF et les LFSS, le législateur organique peut, pour que les règles énoncées au § 1 de l'art. 3 du TSCG prennent effet, adopter des dispositions encadrant ces lois relatives, notamment, à l'objectif de moyen terme ainsi qu'à la trajectoire d'ajustement de la situation budgétaire des administrations publiques, au mécanisme de correction de cette dernière et aux institutions indépendantes intervenant tout au long du processus budgétaire (Haut Conseil des Finances publiques). • Cons. const. 9 août 2012, n° 2012-653 DC § 24 • Cons. const. 13 déc. 2012, n° 2012-658 DC § 8. ♦ Sur ces dispositions, V. L. org. n° 2012-1403 du 17 déc. 2012 relative à la programmation et à la gouvernance des finances publiques, *App., v° Gouvernance financière.*

384. Dès lors que des dispositions sont relatives au fonctionnement des assemblées, elles n'ont pas de caractère organique. • Cons. const. 13 déc. 2012, n° 2012-658 DC § 40, 59 et 62. ♦ Il en va de même de dispositions qui ne seraient pas relatives à l'indépendance ou à la compétence du HCFP. • Cons. const. 13 déc. 2012, n° 2012-658 DC § 43 et 60. ♦ ... Des dispositions ne concernant ni les LPFP, ni les LF, ni les LFSS. • Cons. const. 13 déc. 2012, n° 2012-658 DC § 56.

Loi n° 2004-1343 du 9 décembre 2004,

De simplification du droit.

Art. 67 A l'issue d'un délai de six mois suivant la date d'entrée en vigueur d'une loi, le Gouvernement présente au Parlement un rapport sur la mise en application de cette loi.

Ce rapport mentionne les textes réglementaires publiés et les circulaires édictées pour la mise en œuvre de ladite loi, ainsi que, le cas échéant, les dispositions de celle-ci qui n'ont pas fait l'objet des textes d'application nécessaires et en indique les motifs.

Loi organique nº 2017-54 du 20 janvier 2017,

Relative aux autorités administratives indépendantes et autorités publiques indépendantes.

Art. 1er Toute autorité administrative indépendante ou autorité publique indépendante est instituée par la loi.

La loi fixe les règles relatives à la composition et aux attributions ainsi que les principes fondamentaux relatifs à l'organisation et au fonctionnement des autorités administratives indépendantes et des autorités publiques indépendantes.

....

Circulaire du 12 janvier 2018,

Relative à la simplification du droit et des procédures en vigueur.

....

Lorsque ces simplifications *[du stock de normes en vigueur]* nécessiteront d'adopter des mesures de nature législative, elles ne seront *a priori* pas réunies en un projet de loi de simplification. Un tel projet réunissant des dispositions diverses relevant de plusieurs politiques publiques ne peut satisfaire la politique d'ensemble nécessaire en matière de simplification.

....

Art. 34-1 *(L. const. nº 2008-724 du 23 juill. 2008, art. 12)* **Les assemblées peuvent voter des résolutions dans les conditions fixées par la loi organique.**

Sont irrecevables et ne peuvent être inscrites à l'ordre du jour les propositions de résolution dont le Gouvernement estime que leur adoption ou leur rejet serait de nature à mettre en cause sa responsabilité ou qu'elles contiennent des injonctions à son égard.

Sur les résolutions votées par les assemblées, V. ci-dessous L. org. nº 2009-403 du 15 avr. 2009, art. 1er à 6.

COMMENTAIRE

V. sur le Code en ligne.

[V. références des décisions du Conseil constitutionnel dans le tableau DC]

1. En renvoyant au règlement des assemblées le soin de déterminer la procédure à suivre pour l'examen de ces propositions de résolution, la loi organique méconnaît l'étendue de la compétence qui lui a été attribuée par la Constitution. • Cons. const. 9 avr. 2009, nº 2009-579 DC § 4.

2. Il ressort des dispositions du second al. du présent art. que, pour permettre au Gouvernement d'empêcher l'inscription à l'ordre du jour d'une résolution dont l'adoption ou le rejet serait de nature à mettre en cause sa responsabilité ou qui contient des injonctions à l'égard du Gouvernement, il n'est pas possible à son auteur de la modifier après l'inscription. • Cons. const. 9 avr. 2009, nº 2009-579 DC § 6 et 7.

Loi organique nº 2009-403 du 15 avril 2009,

Relative à l'application des articles 34-1, 39 et 44 de la Constitution.

CHAPITRE Ier. *DISPOSITIONS RELATIVES AUX RÉSOLUTIONS PRISES EN VERTU DE L'ARTICLE 34-1 DE LA CONSTITUTION*

Art. 1er Le nombre de propositions de résolution déposées par un ou plusieurs membres d'une assemblée n'est pas limité.

Ces propositions de résolution peuvent également être déposées au nom d'un groupe par son Président.

Art. 2 Le Président de chaque assemblée transmet sans délai toute proposition de résolution au Premier ministre. *[Dispositions déclarées non conformes à la Constitution par la décision du Conseil constitutionnel n° 2009-579 DC du 9 avr. 2009.]*

Art. 3 Lorsque le Gouvernement estime qu'une proposition de résolution est irrecevable en application du second alinéa de l'article 34-1 de la Constitution, il informe de sa décision le Président de l'assemblée intéressée avant que l'inscription à l'ordre du jour de cette proposition de résolution ne soit décidée.

Aucune irrecevabilité ne peut être opposée après l'expiration de ce délai *[Dispositions déclarées non conformes à la Constitution par la décision du Conseil constitutionnel n° 2009-579 DC du 9 avr. 2009]*.

Art. 4 Lorsque le Président d'un groupe envisage de demander l'inscription d'une proposition de résolution à l'ordre du jour d'une assemblée, il en informe le Président de cette assemblée au plus tard quarante-huit heures avant que l'inscription à l'ordre du jour ne soit décidée. Le Président de l'assemblée en informe sans délai le Premier ministre.

Art. 5 Une proposition de résolution ne peut être inscrite à l'ordre du jour d'une assemblée moins de six jours francs après son dépôt.

Une proposition de résolution ayant le même objet qu'une proposition de résolution antérieure ne peut être inscrite à l'ordre du jour de la même session ordinaire.

Art. 6 *[Dispositions déclarées non conformes à la Constitution par la décision du Conseil constitutionnel n° 2009-579 DC du 9 avr. 2009.]*

Les propositions de résolution sont examinées et votées en séance. Elles ne peuvent faire l'objet d'aucun amendement.

Art. 35 La déclaration de guerre est autorisée par le Parlement.

(L. const. n° 2008-724 du 23 juill. 2008, art. 13) **« Le Gouvernement informe le Parlement de sa décision de faire intervenir les forces armées à l'étranger, au plus tard trois jours après le début de l'intervention. Il précise les objectifs poursuivis. Cette information peut donner lieu à un débat qui n'est suivi d'aucun vote.**

« Lorsque la durée de l'intervention excède quatre mois, le Gouvernement soumet sa prolongation à l'autorisation du Parlement. Il peut demander à l'Assemblée nationale de décider en dernier ressort.

« Si le Parlement n'est pas en session à l'expiration du délai de quatre mois, il se prononce à l'ouverture de la session suivante. »

BIBL. ▸ AILINCAI, Le contrôle parlementaire de l'intervention des forces armées à l'étranger. Le droit constitutionnel français à l'épreuve du droit comparé, *RD publ. 2011. 129.* – BACHSCHMIDT, Mars 2011 : l'intervention militaire en Libye devant le Parlement, *Constitutions 2011. 312*.

COMMENTAIRE

V. sur le Code en ligne.

[V. références des décisions du Conseil constitutionnel dans le tableau DC]

Par l'al. 2 du présent art., le constituant a entendu permettre qu'à tout le moins l'ensemble des groupes d'une assemblée soient informés de ces interventions. • Cons. const. 25 juin 2009, n° 2009-581 DC § 47. ♦ Dès lors, les dispositions prévoyant que l'information prévue par ce texte « prend la forme d'une communication du Gouvernement portée à la connaissance des sénateurs. Cette information peut donner lieu à un débat sans vote » ne sont pas contraires à la Constitution. • Cons. const. 25 juin 2009, n° 2009-582 DC § 29 et 30.

Art. 36 L'état de siège est décrété en conseil des ministres.

Sa prorogation au-delà de douze jours ne peut être autorisée que par le Parlement.

BIBL. ▸ **État d'urgence classique.** DEROSIER, L'état d'urgence : un régime exceptionnel et provisoire, *JCP Adm. 2016. 957.* – VERPEAUX, L'état d'urgence et la Constitution, *JCP Adm. 2016. 2012.* – QUINART, Conseiller l'État sur l'état d'urgence : entre légalité et opportunité, *AJDA 2016. 426*. – DORÉ et NGUYEN DUY, Le contrôle du juge administratif à l'épreuve du terrorisme : l'exemple des interdictions de sortie du territoire, *AJDA 2016. 896*. – MASTOR et SAINT-BONNET, De l'inadaptation de l'état d'urgence face à la menace djihadiste, *Pouvoirs n° 158, p. 51.* –

RENAULT, Du rififi chez les juges. Le juge administratif est-il le nouveau gardien des libertés publiques ?, *AJDA 2016. 1677*. – LE BOT, Prorogation de l'état d'urgence et mesures de lutte antiterroriste, *AJDA 2016. 1914*. – VERPEAUX, L'état d'urgence et les perquisitions administratives : la leçon de droit du Conseil d'État, *JCP Adm. 2016. 2256*. – WACHSMANN, Contrôle des mesures prises au titre de l'état d'urgence et Conv. EDH, *AJDA 2016. 2425*. – BONNET, Les juges constitutionnels et l'état d'urgence, *Dr. adm. 2016. 15*. – HENNETTE-VAUCHEZ et SLAMA, Le droit administratif de l'état d'urgence dans la durée, *AJDA 2017. 137*. – RANÇON, L'état d'urgence face à l'État de droit, *Mémoire Sciences Po. Lille, 2017*. – TUKOV, Le faux procès médiatique du projet de loi renforçant la sécurité intérieure et la lutte contre le terrorisme, *JCP Adm. 2017. 484*. – HENNETTE-VAUCHEZ et SLAMA, État d'urgence : l'émergence d'un droit administratif de l'ennemi ?, *AJDA 2017. 1801*. – VANDENDRIESSCHE, Le contrôle du Conseil d'État sur les mesures prises au titre de l'état d'urgence, *AJDA 2018. 1322*. – ESPUGLAS-LABATUT, Pour la constitutionnalisation de l'état d'urgence, *RFDC 2018. 485*. – GICQUEL, L'état d'urgence au service de l'état de droit, *Mélanges Lascombe, Dalloz 2020. 79*.

État d'urgence sanitaire (L. n° 2020-290 du 23 mars 2020). PETIT, L'état d'urgence sanitaire, *AJDA 2020. 833*. – VILLENEUVE, État d'urgence sanitaire, un objet juridique mal identifié, *JCP Adm. 2020. 183*. – BLIGH, Réquisitionner en situation d'urgence sanitaire, *AJDA 2020. 1098*. – GUILLAUMIN, L'état d'urgence sanitaire : de l'empirisme avant toute chose, *JCP A 2020. 2132*. – VILLENEUVE, Retour de l'État d'urgence, *JCP Adm. 2020. 2140*. – MESA, La responsabilité pénale du maire en cas de menace sanitaire, *JCP Adm. 2020. 2172*. – DAL FARRA, La responsabilité de l'État et de ses représentants dans la gestion de l'épidémie de covid-19, *AJDA 2020. 1463*. – VILLENEUVE, La fin sans fin de l'état d'urgence sanitaire, *JCP Adm. 2020. 2215*. – Dossier, Covid-19, les leçons d'une crise, *AJDA 2020. 1691*. – SYMCHOWICZ, État d'urgence sanitaire et contrôle juridictionnel des mesures de police, *AJDA 2020. 2001*. – CAMBY, Circonstances exceptionnelles et confinements du droit, *Mélanges Lascombe, Dalloz 2020. 25*.

COMMENTAIRE

V. sur le Code en ligne.

[V. références des décisions du Conseil constitutionnel dans les tableaux DC et QPC]

I. ÉTATS D'URGENCE ET CONSTITUTION

1. État d'urgence classique. Si la Constitution, au présent art., vise expressément l'état de siège, elle n'a pas pour autant exclu la possibilité pour le législateur de prévoir un régime d'état d'urgence pour concilier, comme il vient d'être dit, les exigences de la liberté et la sauvegarde de l'ordre public ; ainsi, la Constitution n'a pas eu pour effet d'abroger la loi du 3 avr. 1955 relative à l'état d'urgence, qui, d'ailleurs a été modifiée sous son empire. • Cons. const. 25 janv. 1985, n° 85-187 DC § 4 • Cons. const. 18 févr. 2016, *Ligue des droits de l'homme,* n° 2016-536 QPC § 5. ♦ La Const. n'exclut pas la possibilité pour le législateur de prévoir un régime d'état d'urgence. Il lui appartient, dans ce cadre, d'assurer la conciliation entre, d'une part, la prévention des atteintes à l'ordre public et, d'autre part, le respect des droits et libertés reconnus à tous ceux qui résident sur le territoire de la République parmi lesquels figurent : la liberté d'aller et de venir, composante de la liberté personnelle protégée par les art. 2 et 4 DDH. • Cons. const. 22 déc. 2015, *Cédric D.,* n° 2015-527 QPC § 8 • Cons. const. 1er déc. 2017, *Ligue des droits de l'homme,* n° 2017-677 QPC § 3 • Cons. const. 11 janv. 2018, *Assoc. La cabane juridique,* n° 2017-684 QPC § 3. ♦ ... Le droit d'expression collective des idées et des opinions, protégé par l'art. 11 DDH. • Cons. const. 19 févr. 2016, *Ligue des droits de l'homme,* n° 2016-535 QPC § 3. ♦ ... Le droit au respect de la vie privée, en particulier l'inviolabilité du domicile protégée par l'art. 2 DDH. • Cons. const. 2 déc. 2016, *Raïme A.,* n° 2016-600 QPC § 6 • Cons. const. 1er déc. 2017, *Ligue des droits de l'homme,* n° 2017-677 QPC § 3.

2. État d'urgence sanitaire. La Constitution n'exclut pas la possibilité pour le législateur de prévoir un régime d'état d'urgence sanitaire. Il lui appartient, dans ce cadre, d'assurer la conciliation entre l'objectif de valeur constitutionnelle de protection de la santé et le respect des droits et libertés reconnus à tous ceux qui résident sur le territoire de la République. • Cons. const. 11 mai 2020, n° 2020-800 DC § 17 • Cons. const. 13 nov. 2020, n° 2020-808 DC § 5.

II. DÉCLENCHEMENT ET FIN DE L'ÉTAT D'URGENCE CLASSIQUE

A. ÉTAT D'URGENCE CLASSIQUE

3. Le décret instaurant l'état d'urgence et le refus d'y mettre fin sont susceptibles de recours en excès de pouvoir. • CE, réf., 14 nov. 2005, *Rolin et Hoffer (2 esp.),* nos 286835 A et 286837 A : *JCP Adm. 2005, n° 1373, note Gauthier ; AJDA 2006. 501, note Chrestia ; Dr. adm. 2006. 7* • CE 9 déc. 2005, *Allouache et a.,* n° 287777 A : *Dr. adm. 2006. 7.* ♦ Une fois le législateur intervenu pour prolonger l'état d'urgence, il n'est plus possible de contester le décret l'ayant instauré. • CE, ass., 24 mars 2006, *Rolin et Boisvert*, n°s 286834 A et 287218 A : *AJDA 2006. 1033, chron. Landais et Lenica*. • CE, ord., 27 janv. 2016, n° 396220 A : *AJDA 2016. 126 ; D. 2016. 259, et les obs. ; ibid. 663, point de vue Bouleau ; JCP Adm. 2016. 2038, note Verpeaux.*

4. Si le Président de la République dispose d'un large pouvoir d'appréciation pour faire ou non usage de la faculté qui lui est reconnue par la loi de mettre fin à l'état d'urgence avant l'expiration du délai de trois mois prévu par celle-ci, le silence de la loi sur les conditions de mise en œuvre de cette faculté ne saurait être interprété, eu égard à la circonstance qu'un régime de pouvoirs exceptionnels a des effets qui, dans un État de droit, sont par nature limités dans le temps et dans l'espace, comme faisant échapper sa décision à tout contrôle de la part du juge de la légalité ; il appartient, en conséquence, au juge des référés de se prononcer sur les conclusions subsidiaires des requérants qui tendent à ce qu'il soit enjoint au Président de la République de faire usage de la faculté de mettre fin, par décret en conseil des ministres, à l'état d'urgence avant l'expiration du délai de trois mois ou, à tout le moins, de réexaminer la situation. • CE, ord., 27 janv. 2016, n° 396220 A : *préc. note 3.*

5. Le péril imminent résultant d'atteintes graves à l'ordre public qui a conduit, à la suite d'attentats d'une nature et d'une gravité exceptionnelles, à déclarer l'état d'urgence n'a pas disparu ; les mesures qui ont été arrêtées, sous le contrôle du juge administratif, à qui il appartient de s'assurer qu'elles sont adaptées, nécessaires et proportionnées à la finalité qu'elles poursuivent, ont permis d'atteindre des résultats significatifs ; en se fondant, dans l'exercice du pouvoir d'appréciation étendu qui est le sien, pour s'abstenir de prendre un décret mettant fin à l'état d'urgence, sur ce que leur prolongation, leur renouvellement ou le prononcé d'autres mesures contribuent à prévenir le péril imminent auquel le pays est exposé, sans qu'il soit aujourd'hui possible de distinguer entre les mesures prévues par les art. 6, 8 et 11 de la loi du 3 avr. 1955, le Président de la République n'a pas porté une atteinte grave et manifestement illégale à une liberté fondamentale. • CE, ord., 27 janv. 2016, n° 396220 A : *préc. note 3.*

B. ÉTAT D'URGENCE SANITAIRE

6. Principe. L'état d'urgence sanitaire vise à permettre aux pouvoirs publics de prendre des mesures afin de faire face à une crise sanitaire grave. Le législateur a estimé, au regard des données scientifiques disponibles sur la situation sanitaire, que l'épidémie de covid-19 se répandait à une vitesse élevée contribuant, compte tenu par ailleurs des capacités actuelles de prise en charge des patients par le système de santé, à un état de catastrophe sanitaire mettant en péril, par sa nature et sa gravité, la santé de la population. Il a par ailleurs considéré, au regard de la dynamique de l'épidémie et de la période hivernale à venir, que cet état devrait perdurer au moins durant les quatre mois à venir. Cette appréciation est corroborée par les avis des 19 et 26 oct. 2020 du comité de scientifiques prévu par l'art. L. 3131-19 CSP. • Cons. const. 13 nov. 2020, n° 2020-808 DC § 6.

7. Il est mis fin sans délai aux mesures prévues dans le cadre de l'état d'urgence sanitaire lorsqu'elles ne sont plus nécessaires. Quand la situation sanitaire le permet, il doit être mis fin à l'état d'urgence sanitaire par décret en conseil des ministres avant l'expiration du délai fixé par la loi le prorogeant. • Cons. const. 13 nov. 2020, n° 2020-808 DC § 7 et 8. ♦ Le législateur, compétent pour établir un régime d'état d'urgence sanitaire, l'est également pour confier au pouvoir réglementaire le soin d'en anticiper la fin par rapport au terme qu'il a fixé, lorsque les conditions n'en sont plus réunies. • Cons. const. 13 nov. 2020, n° 2020-808 DC § 14.

8. Régime transitoire de sortie de l'état d'urgence sanitaire. Il est cependant loisible au législateur, une fois l'état d'urgence levé et dans les territoires où il est levé, d'autoriser le Premier ministre à prendre par décret, sur le rapport du ministre chargé de la santé, dans l'intérêt de la santé publique et aux seules fins de lutter contre la propagation de l'épidémie de covid-19, des mesures organisant la sortie de l'état d'urgence sanitaire. • Cons. const. 9 juill. 2020, n° 2020-803 DC (sol. impl.). ♦ De même, en prévoyant un régime transitoire de sortie de l'état d'urgence sanitaire, le législateur a entendu permettre aux pouvoirs publics de prendre des mesures visant à lutter contre la propagation de l'épidémie de covid-19. Il a dès à présent estimé qu'un risque important de propagation de l'épidémie persisterait au-delà de la période d'application de l'état d'urgence sanitaire, jusqu'au 1er avr. 2021. Compte tenu des éléments mentionnés au § 6 de la Décis. n° 2020-808 DC (V. note 6), il n'a pas, en l'état des connaissances, procédé à une appréciation manifestement inadéquate au regard de la situation présente. • Cons. const. 13 nov. 2020, n° 2020-808 DC § 12.

III. ÉTENDUE DU CONTRÔLE DU JUGE

A. ÉTAT D'URGENCE CLASSIQUE

9. Compte tenu du péril imminent ou de la calamité publique ayant conduit à la déclaration de l'état d'urgence, il appartient au ministre de l'intérieur de déterminer si le comportement d'une personne constitue une menace pour la sécurité et l'ordre publics et l'assigner à résidence, **sous l'entier contrôle du juge de l'excès de pouvoir**. • CE, sect., ord., 11 déc. 2015, n° 395009 A § 27 : *AJDA 2016. 247, chron. Dutheillet de Lamothe et Odinet ; ibid. 2015. 2404 ; AJCT 2016. 202, étude Jobart ; RFDA 2016. 105, concl. Domino ; ibid. 123, note Roblot-Troizier ; Dr. adm. 2016. 25, note Éveillard.* ♦ Il appartient au Conseil d'État statuant en référé de s'assurer, en l'état de l'instruction devant lui, que l'autorité administrative, opérant la conciliation nécessaire entre le respect des libertés et la sauvegarde de l'ordre public, n'a pas porté d'atteinte grave et manifestement illégale à une liberté fondamentale, que ce soit dans son appréciation : de la menace que constitue le comportement de l'intéressé, compte tenu de la situation ayant conduit à la déclaration de l'état d'urgence, ou dans la détermination des modalités de l'assignation à résidence. • CE, sect., ord., 11 déc. 2015, n° 395009 A § 27 : *préc.* ♦ ... De la menace que constitue le lieu de réunion, compte tenu de la situation ayant conduit à la déclaration de l'état d'urgence, ou dans la détermination des modalités de sa fermeture. • CE, ord., 25 févr. 2016, n° 397153 : *AJDA 2016. 408 ; ibid. 1303, note Alonso .* ♦ Le juge des référés, s'il estime que les conditions définies à l'art. L. 521-2 CJA sont réunies, peut prendre toute mesure qu'il juge appropriée pour assurer la sauvegarde de la liberté fondamentale à laquelle il a été porté atteinte. • CE, sect., ord., 11 déc. 2015, n° 395009 A § 27 : *préc.* • CE, ord., 25 févr. 2016, n° 397153 : *préc.*

10. Malgré la déclaration des autorités françaises visant l'art. 15 Conv. EDH prévoyant la possibilité de déroger à cette Conv. en cas d'urgence, un contrôle de proportionnalité d'une mesure de police prise dans ce cadre est possible. • TA Paris, 16 avr. 2018, n° 1706126/3-1 : *AJDA 2018. 1343, concl. Doré .*

B. ÉTAT D'URGENCE SANITAIRE

11. Il n'appartient pas au Cons. const., qui ne dispose pas d'un pouvoir général d'appréciation et de décision de même nature que celui du Parlement, de remettre en cause l'appréciation par le législateur de l'existence d'une catastrophe sanitaire et de sa persistance prévisible dans les quatre prochains mois, dès lors que, comme c'est le cas en l'espèce, cette appréciation n'est pas, en l'état des connaissances, manifestement inadéquate au regard de la situation présente de l'ensemble du territoire français. • Cons. const. 13 nov. 2020, n° 2020-808 DC § 6.

12. Les mesures prévues dans le cadre de l'état d'urgence sanitaire ne peuvent en tout état de cause être prises qu'aux seules fins de garantir la santé publique. Elles doivent être strictement proportionnées aux risques sanitaires encourus et appropriées aux circonstances de temps et de lieu. Le juge est chargé de s'assurer que de telles mesures sont adaptées, nécessaires et proportionnées à la finalité qu'elles poursuivent. • Cons. const. 13 nov. 2020, n° 2020-808 DC § 7. ♦ Dans l'actuelle période d'état d'urgence sanitaire, il appartient aux différentes autorités compétentes, en particulier au Premier ministre, de prendre, en vue de sauvegarder la santé de la population, toutes dispositions de nature à prévenir ou à limiter les effets de l'épidémie. Ces mesures, qui peuvent limiter l'exercice des droits et libertés fondamentaux doivent, dans cette mesure, être nécessaires, adaptées et proportionnées à l'objectif de sauvegarde de la santé publique qu'elles poursuivent. • CE, ord., 8 avr. 2020, n° 439827 § 3 : *AJDA 2020. 756 ; ibid. 1298, note Schmitz ; D. 2020. 1195, obs. Céré, Falxa et Herzog-Evans .*

IV. MISE EN ŒUVRE DE L'ÉTAT D'URGENCE SANITAIRE

A. ÉTAT D'URGENCE CLASSIQUE

13. Principe. Si le législateur prolonge l'état d'urgence par une nouvelle loi, les mesures de fermeture provisoire et d'interdiction de réunions prises antérieurement ne peuvent être prolongées sans être renouvelées. • Cons. const. 18 févr. 2016, *Ligue des droits de l'homme*, n° 2016-535 QPC § 9 • CE 22 déc. 2016, n° 406013.

14. Assignation à résidence. Eu égard à son objet et à ses effets, notamment aux restrictions apportées à la liberté d'aller et venir, une décision prononçant l'assignation à résidence d'une personne, prise par l'autorité administrative en application de l'art. 6 de la L. du 3 avr. 1955, porte, en principe et par elle-même, sauf à ce que l'administration fasse valoir des circonstances particulières, une atteinte grave et immédiate à la situation de cette personne. • CE, sect., ord., 11 déc. 2015, n° 395009 § 20 : *préc. note 9.* ♦ Sur l'assignation à résidence, V. notes ss. DDH, art. 2 et 16 et Const. 58, art. 66.

15. Liberté de déplacement. Dans ce contexte très particulier, et compte tenu des incidents provoqués par certains supporters des clubs qui devaient se déplacer ou recevoir à l'occasion des rencontres concernées, le ministre de l'intérieur n'a pas commis d'erreur d'appréciation en estimant que le déplacement des supporters des clubs, entre les départements dans lesquels se trouvent les villes où siègent ces clubs et les villes (ou devaient avoir lieu) des rencontres de championnat, était susceptible d'occasionner des troubles graves pour l'ordre public. • CE 30 déc. 2016, *Assoc. nat. supporters,* n° 395337 : *AJDA 2017. 12* .

16. Liberté de réunion. Des dispositions qui permettent à l'autorité administrative d'ordonner la fermeture provisoire des salles de spectacle, débits de boissons et lieux de réunion de toute nature ainsi que d'interdire les réunions de nature à provoquer ou à entretenir le désordre restreignent la liberté de se réunir et dès lors portent atteinte au droit d'expression collective des idées et des opinions. • Cons. const. 19 févr. 2016, *Ligue des droits de l'homme,* n° 2016-535 QPC § 6. ♦ Sur la liberté de réunion V. notes ss. DDH, art. 11.

17. Fermeture des lieux de culte. Sur le contrôle de la fermeture d'un lieu de culte dans le cadre de l'état d'urgence. V. notes ss. Const. 58, art. 1er.

18. Interdiction de séjour. En prévoyant qu'une interdiction de séjour peut être prononcée à l'encontre de toute personne « cherchant à entraver, de quelque manière que ce soit, l'action des pouvoirs publics », le législateur a permis le prononcé d'une telle mesure sans que celle-ci soit nécessairement justifiée par la prévention d'une atteinte à l'ordre public. De plus, le législateur n'a soumis cette mesure d'interdiction de séjour, dont le périmètre peut notamment inclure le domicile ou le lieu de travail de la personne visée, à aucune autre condition et il n'a encadré sa mise en œuvre d'aucune garantie. Il n'a dès lors pas assuré une conciliation équilibrée entre, d'une part, l'objectif de valeur constitutionnelle de sauvegarde de l'ordre public et, d'autre part, la liberté d'aller et de venir et le droit de mener une vie familiale normale. • Cons. const. 9 juin 2017, *Émile L.,* n° 2017-635 QPC § 5 à 7.

19. Contrôles d'identité, fouilles de bagages et visites de véhicules. Il peut être procédé à ces opérations, dans les lieux désignés par la décision du préfet, à l'encontre de toute personne, quel que soit son comportement et sans son consentement. S'il est loisible au législateur de prévoir que les opérations mises en œuvre dans ce cadre peuvent ne pas être liées au comportement de la personne, la pratique de ces opérations de manière généralisée et discrétionnaire serait incompatible avec la liberté d'aller et de venir et le droit au respect de la vie privée. Or, en prévoyant que ces opérations peuvent être autorisées en tout lieu dans les zones où s'applique l'état d'urgence, le législateur a permis leur mise en œuvre sans que celles-ci soient nécessairement justifiées par des circonstances particulières établissant le risque d'atteinte à l'ordre public dans les lieux en cause. • Cons. const. 1er déc. 2017, *Ligue des droits de l'Homme,* n° 2017-677 QPC § 6.

20. Dissolution d'associations cultuelles. V. notes ss. Const. 58, art. 1er.

21. Perquisitions administratives. V. notes ss. DDH, art. 2, « protection du domicile » et « Conditions d'exercice du droit de propriété ».

22. Consultation habituelle de sites internet terroristes. V. note ss. DDH, art. 10, « Communication en ligne ».

23. Autres éléments. L'application de l'état d'urgence ne fait apparaître, ni au regard des exigences de la sûreté, ni pour la libre expression du suffrage, ni pour la sincérité du scrutin, des circonstances qui imposeraient d'envisager le report des élections régionales. • CE, ord., 1er déc. 2015, n° 394888 : *AJDA 2016. 275, note Rambaud ; ibid. 2015. 2300* . ♦ L'état d'urgence ne justifie pas que l'usage du tabac soit autorisé dans les lycées. • TA Cergy-Pontoise, ord., 21 avr. 2016, *Cté nat. contre le tabagisme,* n° 1602883 : *AJDA 2016. 814* .

24. Pour d'autres contrôles de la mise en œuvre de l'état d'urgence, V. • TA Paris, 27 nov. 2015, nos 1519030 et 1519031 (2 esp.) : *AJDA 2016. 269, note Fallon ; ibid. 2015. 2296* .

25. Intervention du Défenseur des droits. V. le bilan établi par le Défenseur des droits : http://www.defenseurdesdroits.fr/fr/actualites/conference-de-presse-bilan-de-l'etat-d'urgence et *AJDA 2016. 412.*

B. ÉTAT D'URGENCE SANITAIRE

26. Compétence. Le législateur a institué une police spéciale donnant aux autorités de l'État mentionnées aux art. L. 3131-15 à L. 3131-17 CSP la compétence pour édicter, dans le cadre de l'état d'urgence sanitaire, les mesures générales ou individuelles visant à mettre fin à une catastrophe sanitaire telle que l'épidémie de covid-19, en vue, notamment, d'assurer, compte tenu des données scientifiques disponibles, leur cohérence et leur efficacité sur l'ensemble du territoire concerné et de les adapter en fonction de l'évolution de la situation. Si le maire, y compris en période d'état d'urgence sanitaire, autorisé à prendre les mesures de police générale nécessaires au bon ordre, à la sûreté, à la sécurité et à la salubrité publiques dans sa commune, peut, le cas échéant, à ce titre, prendre des dispositions destinées à contribuer à la bonne application, sur le territoire de la commune, des mesures décidées par les autorités compétentes de l'État, notamment en interdisant, au vu des circonstances locales, l'accès à des lieux où sont susceptibles de se produire des rassemblements, la police spéciale instituée par le législateur fait obstacle, pendant la période où elle trouve à s'appliquer, à ce que le maire prenne au titre de son pouvoir de police générale des mesures destinées à lutter contre la catastrophe sanitaire, à moins que des raisons impérieuses liées à des circonstances locales en rendent l'édiction indispensable et à condition de ne pas compromettre, ce faisant, la cohérence et l'efficacité de celles prises dans ce but par les autorités compétentes de l'État. • CE, ord., 17 avr. 2020, n° 440057 : *AJDA 2020. 815 ; ibid. 1013, note Faure ; JCP Adm. 2020. 252, obs. Youhnovski Sagon.*

27. Confinement. Si un confinement total de la population dans certaines zones peut être envisagé, les mesures demandées au plan national ne peuvent, s'agissant en premier lieu du ravitaillement à domicile de la population, être adoptées, et organisées sur l'ensemble du territoire national, compte tenu des moyens dont l'administration dispose, sauf à risquer de graves ruptures d'approvisionnement qui seraient elles-mêmes dangereuses pour la protection de la vie et à retarder l'acheminement des matériels indispensables à cette protection. En outre, l'activité indispensable des personnels de santé ou aidants, des services de sécurité de l'exploitation des réseaux, ou encore des personnes participant à la production et à la distribution de l'alimentation rend nécessaire le maintien en fonctionnement, avec des cadences adaptées, des transports en commun, dont l'utilisation est restreinte aux occurrences énumérées par le décret du 16 mars 2020 (*AJDA 2020. 596*). Par ailleurs, la poursuite de ces diverses activités vitales dans des conditions de fonctionnement optimales est elle-même tributaire de l'activité d'autres secteurs ou professionnels qui directement ou indirectement leur sont indispensables, qu'il n'apparaît ainsi pas possible d'interrompre totalement. Par suite, il n'apparait pas que le Premier ministre ait fait preuve d'une carence grave et manifestement illégale en ne décidant pas un confinement total de la population sur l'ensemble du territoire selon les modalités demandées par le syndicat requérant. • CE, ord., 22 mars 2020, n° 439674 : *AJDA 2020. 655 ; ibid. 851, note Vallar ; D. 2020. 687, note Parinet-Hodimont ; AJCT 2020. 175, obs. Renard ; JCP Adm. 2020. 182, note Boda.* ♦ En l'état actuel de l'épidémie, si l'économie générale des arrêtés ministériels et du décret du 16 mars 2020 ne révèle pas une telle carence, celle-ci est toutefois susceptible d'être caractérisée si leurs dispositions sont inexactement interprétées et leur non-respect inégalement ou insuffisamment sanctionné. Il y a lieu d'enjoindre au Premier ministre et au ministre de la santé, de prendre dans les quarante-huit heures les mesures suivantes : – préciser la portée de la dérogation au confinement pour raison de santé ; – réexaminer le maintien de la dérogation pour « déplacements brefs à proximité du domicile » compte tenu des enjeux majeurs de santé publique et de la consigne de confinement ; – évaluer les risques pour la santé publique du maintien en fonctionnement des marchés ouverts, compte tenu de leur taille et de leur niveau de fréquentation. • CE, ord., 22 mars 2020, n° 439674 : *préc.*

28. L'interdiction de déplacement et la fermeture des établissements recevant du public à l'exception de ceux qui fournissent des biens et services de première nécessité à l'échelle de l'ensemble du territoire national ne présentaient pas, à la date à laquelle elles ont été édictées et au regard de l'objectif de protection de la santé publique poursuivi, un caractère disproportionné, malgré la gravité de l'atteinte portée à la liberté d'aller et venir, à la liberté du commerce et de l'industrie, à la liberté d'entreprendre, et malgré l'atteinte portée, selon les requérants, au droit de propriété, en dépit des disparités observées entre départements en termes de prévalence de l'épidémie. • CE 22 déc. 2020, n° 439804 B § 12 : *AJDA 2021. 6 ; JCP Adm. 2021. 14.*

29. Rétention administrative. Le nombre de personnes retenues dans les centres de rétention administrative a diminué dans des proportions très importantes depuis que l'épidémie de covid-19 a atteint la France. Le nombre des personnes nouvellement placées en rétention s'est, de même, très substantiellement réduit et devrait être marginal dans la période à venir. • CE, ord., 27 mars 2020, n° 439720 : *AJDA 2020. 700 .* ♦ Sur la protection de la santé dans le cadre des centres de rétention, V. note ss. Préamb. Const. 1946, al. 11.

30. Réquisition. Le Premier ministre peut ordonner la réquisition de toute personne et de tous biens et services nécessaires à la lutte contre la catastrophe sanitaire. Ces réquisitions doivent être « nécessaires à la lutte contre la catastrophe sanitaire », strictement proportionnées aux risques sanitaires encourus et appropriées aux circonstances de temps et de lieu. Il y est mis fin sans délai lorsqu'elles ne sont plus nécessaires. Le juge est chargé de s'assurer que ces mesures sont adaptées, nécessaires et proportionnées à la finalité qu'elles poursuivent. En outre, elles donnent lieu à indemnisation, dans les conditions prévues par le code de la défense. Il en résulte que, en adoptant les dispositions contestées, le législateur a procédé à une conciliation équilibrée entre les exigences constitutionnelles précitées. • Cons. const. 11 mai 2020, n° 2020-800 DC § 21, 22 et 24.

31. Droit électoral. L'urgence sanitaire peut conduire à admettre des « entorses » au code électoral. • CE, ord., 11 mars 2020, n° 439434 : *AJDA 2020 ; JCP Adm. 2020. 2185, note Muscatelli.*

32. Chômage partiel et critères de vulnérabilité. Si le législateur a laissé au Premier ministre un large pouvoir d'appréciation pour définir les critères selon lesquelles une personne doit être regardée comme vulnérable, il lui incombe, dans la mise en œuvre de ce pouvoir réglementaire, de justifier de critères pertinents au regard de l'objet de la mesure et cohérents entre eux. S'il pouvait à ce titre, notamment, prendre en compte l'évolution de la situation sanitaire et la moindre circulation du virus à la date à laquelle il a pris le décret litigieux, ainsi que le renforcement des mesures de protection des personnes lors de leurs déplacements et sur leur lieu de travail, pour retenir une liste de situations et de pathologies plus étroite que précédemment, il ne pouvait, ce faisant, en exclure des situations ou pathologies exposant, en l'état des connaissances scientifiques, à un risque de développer une forme grave d'infection au virus SARS-CoV-2 équivalent ou supérieur à celui de situations ou pathologies pour lesquelles il a estimé ne pas devoir mettre fin à la mesure. • CE 15 oct. 2020, n° 444425 : *AJDA 2020. 1993 ; JCP Adm. 2020. 582.*

33. Traitement des données des porteurs du virus et des personnes contacts. V. notes ss. DDH., art. 2.

34. Liberté d'aller et de venir, et protection des données médicales et personnelles. V. notes ss. DDH, art. 2.

35. Fermeture des marchés. Fermeture provisoire et règlementation de l'ouverture des établissements recevant du public. V. notes ss. DDH, art. 4.

36. Fermeture provisoire et règlementation de l'ouverture des lieux de réunion. V. notes ss. DDH, art. 11.

37. « Endroits où il se fait de grands rassemblements ». On comparera avec intérêt : la situation des lieux de cultes • CE, ord., 29 nov. 2020, n° 446930 : *AJDA 2020. 2343 ; ibid. 2457, tribune Melleray ; AJ fam. 2020. 620 ; JCP 2020. 692, obs. Pauliat.* ♦ ... Et celle des universités. • CE, ord., 10 déc. 2020, n° 447015 : *AJDA 2020. 2471 ; ibid. 2457, tribune Melleray ; JCP Adm. 2021. 2032, note Hul.*

38. Droit de recevoir les traitements appropriés. V. note ss. Préamb. Const. 1946, al. 1er.

39. Droit des détenus. V. ss. DDH, art. 16, et Préamb. Const. 1946, al. 1er.

40. Droit à la santé. V. note ss. Préamb. Const. 1946, al. 11.

41. Liberté vestimentaire et port du masque. V. ss. DDH, art. 10.

42. Liberté du commerce et de l'industrie. V. notes ss. DDH, art. 4.

43. Liberté de manifestation. V. notes ss. DDH, art. 11.

44. Liberté de culte et de manifester de sa religion. V. notes ss. Const. 58, art. 1er.

Art. 37 Les matières autres que celles qui sont du domaine de la loi ont un caractère réglementaire.

Les textes de forme législative intervenus en ces matières peuvent être modifiés par décrets pris après avis du Conseil d'État. Ceux de ces textes qui interviendraient après l'entrée en vigueur de la présente Constitution ne pourront être modifiés par décret que si le Conseil constitutionnel a déclaré qu'ils ont un caractère réglementaire en vertu de l'alinéa précédent.

Sur le Conseil d'État, V. **CJA**, *art. L. 112-1 s. et R. 123-5 s.*

COMMENTAIRE

V. sur le Code en ligne.

[V. références des décisions du Conseil constitutionnel dans le tableau DC]

1. La Constitution n'a pas entendu frapper d'inconstitutionnalité une disposition de nature réglementaire contenue dans une loi, mais a voulu, à côté du domaine réservé à la loi, reconnaître à l'autorité réglementaire un domaine propre et conférer au Gouvernement, par la mise en œuvre des procédures spécifiques des art. 37, al. 2, et 41, Const. 58, le pouvoir d'en assurer la protection contre d'éventuels empiétements de la loi. • Cons. const. 30 juill. 1982, n° 82-143 DC § 11 • Cons. const. 20 juill. 1983, n° 83-162 DC § 96 • Cons. const. 19 janv. 1984, n° 83-167 DC § 36 • Cons. const. 27 juill. 2000, n° 2000-433 DC § 22. • Cons. const. 15 mars 2012, n° 2012-649 DC § 10. ♦ Du reste, le Conseil estime même que, loin d'avoir méconnu l'étendue de sa compétence, le législateur peut assortir certaines dispositions de précisions dont certaines relèvent du pouvoir réglementaire et qui, au demeurant, avaient jusqu'ici été traitées comme telles. • Cons. const. 13 mars 2003, n° 2003-467 DC § 45. ♦ V. également, distinguant la portée de la procédure de déclassement et la QPC s'agissant de loi du pays (Nouvelle-Calédonie). • Cons. const. 22 juin 2012, *Ét. Bargibant SA,* n° 2012-258 QPC § 2.

2. Le Conseil n'accepte plus, à l'occasion d'un contrôle de la constitutionnalité de la loi en application de l'art. 61 Const., de procéder à un tri des dispositions qui, dans une loi, ont un caractère réglementaire, autorisant ainsi à les modifier par voie réglementaire sans avoir recours, au préalable, à la procédure du présent art. Les saisissants ne peuvent donc plus se prévaloir de ce que le législateur est intervenu dans le domaine réglementaire pour demander que soit déclaré le caractère réglementaire de la disposition. • Cons. const. 15 mars 2012, n° 2012-649 DC § 10. ♦ *Ab. jur.* • Cons. const. 21 avr. 2005, n° 2005-512 DC § 23.

3. Il en résulte que ces empiétements ne peuvent être invoqués à l'appui d'une question prioritaire de constitutionnalité, la méconnaissance par le législateur du domaine du règlement ne constitue pas, en tout état de cause, une violation d'un droit ou d'une liberté garanti par la Constitution. • CE, QPC, 15 juill. 2010, *Région Lorraine*, n° 340492 : *Lebon T. 700 ; AJDA 2010. 2258, note Verpeaux* .

4. Il n'est cependant pas possible à la loi de modifier la répartition des compétences organisées par les art. 34 et 37 Const. 58 et de fournir ainsi un fondement à la compétence du législateur dans des domaines réglementaires. • Cons. const. 8 sept. 1961, 61-3 FNR § 5 : *Rec. Cons. const. 48 ; RJC III-2 ; JO 9 sept., p. 8427 ; D. 1963. 381, note Hamon ; AJDA 1961. 543, note de Laubadère* • Cons. const. 18 oct. 1961, 61-4 FNR § 4 : *Rec. Cons. const. 50 ; RJC III-3 ; JO 19 oct., p. 9538 ; D, 1963. 382. Hamon ; AJDA 1961. 626, note de Laubadère* • Cons. const. 30 janv. 1968, n° 68-50 L : *Rec. Cons. const. 23 ; RJC II-32 ; JO 1er févr., p. 1196 ; Rev. adm. 1968. 160, note Brachet ; AJDA 1968. 111, note de Laubadère ; JCP 1968. 15627, note Favoreu ; D. 1969. 1, chron. Hamon.* ♦ V. s'agissant du législateur organique : • Cons. const. 9 avr. 2009, n° 2009-579 DC § 16.

A. DOMAINE DU RÈGLEMENT AUTONOME

5. Relèvent du pouvoir réglementaire autonome toutes les mesures qui ne mettent pas en cause les principes fondamentaux ou les règles que l'art. 34 Const. place dans le domaine de la loi. • Cons. const. 30 déc. 1980, n° 80-120 L § 1 : *Rec. Cons. const. 78 ; RJC II-95 ; JO 31 déc., p. 3244* • Cons. const. 22 mai 2003, n° 2003-195 L : *JO 3 juin 9469 ; AJDA 2003. 1269, note Schoettl* . ♦ Pour plus de détails sur les hypothèses spécifiques de compétence réglementaire, V. notes ss. Const. 58, art. 34 et, s'agissant du respect du principe de libre administration des collectivités territoriales, notes ss. Const. 58, art. 72 et 72-2.

6. Le Cons. const. s'assure également que les dispositions dont le déclassement est demandé ne sont pas de celles dont la LOLF impose l'inclusion dans une loi de finances. • Cons. const. 10 nov. 2017, n° 2017-270 L. ♦ ... Ou de celles déterminant les orientations pluriannuelles des finances publiques. • Cons. const. 17 nov. 2016, n° 2016-264 L. ♦ ... Ou de celles dont l'inclusion dans une loi de programmation des finances publiques est permise par la loi organique (n° 2012-1403) relative à la programmation et à la gouvernance des finances publiques. Sur ces point, V. *infra* la partie « Gouvernance financière ». • Cons. const. 17 nov. 2016, n° 2016-264 L.

7. Mesures de police. Il appartient au Premier ministre, en vertu de ses pouvoirs propres conférés par le présent art., d'édicter des mesures de police applicables à l'ensemble du territoire et justifiées par les nécessités de l'ordre public, au nombre desquelles figurent les impératifs de santé publique. • CE 19 mars 2007, *Le Gac*, n° 300467 A : *RFDA 2007. 770, concl. Derepas ; ibid. 1283, chron. Roblot-Troizier ; RTD eur. 2008. 835, chron. Ritleng, Bouveresse et Kovar* . ♦ ... Tendant à ce que l'abattage des animaux soit effectué dans des conditions conformes à l'ordre public, à la salubrité et au respect des libertés publiques. • CE 5 juill. 2013, *Œuvre d'assistance aux bêtes d'abattoirs*, n° 361441 A : *AJDA 2013. 1415 ; Dr. adm. 2013. 85, note Éveillard.* ♦ Lorsque le législateur est intervenu dans ce domaine, il incombe au Premier ministre d'exercer son pouvoir de police générale sans méconnaître la loi ni en altérer la portée. • CE 19 mars 2007, *Le Gac*, n° 300467 A : *préc.*

8. Il appartient au Premier ministre d'adopter par voie réglementaire les mesures propres à assurer la sécurité des personnes sur les autoroutes et les ouvrages d'art concédés du réseau routier national. Il peut apporter au libre exercice de l'activité de service public de dépannage des véhicules en panne ou accidentés sur l'ensemble du domaine concédé ainsi que sur les aires de repos et de stationnement qui en sont des installations annexes, une restriction qui, en se limitant à l'obtention préalable d'un agrément délivré par le représentant de l'État dans les conditions prévues par les contrats de concession, a principalement pour objet de s'assurer que les entreprises sélectionnées seront en mesure de remplir leurs missions dans l'ensemble du périmètre de la concession, et répond aux objectifs de la sécurité routière sur des voies où les conditions de circulation conjuguent vitesse élevée et importance du trafic. • CE 25 sept. 2013, *Sté Rapidépannage*, n° 363184 : *Lebon ; AJDA 2013. 1888 ; ibid. 2506, note Clément Benelbaz* .

9. Eu égard au caractère irrémédiable de l'atteinte portée aux droits du propriétaire par une telle mesure, le Premier ministre n'était pas compétent, dans le cadre de son pouvoir de police générale, en dehors de toute habilitation par la loi, pour prendre des dispositions autorisant les agents de l'administration à procéder à la destruction de denrées qu'ils avaient saisies. • CE 28 mai 2014, *Brunet*, n° 358154 : *Lebon.*

10. Détermination des règles de procédure. Il résulte de l'art. 34 Const. et du présent art. que les dispositions de la procédure à suivre devant les juridictions relèvent de la compétence réglementaire dès lors qu'elles ne concernent pas la procédure pénale (V. ss. Const. 58, art. 34) et qu'elles ne mettent pas en cause les règles ou les principes fondamentaux placés par la Const. dans le domaine de la loi [par ex. l'assiette, le taux ou les modalités de recouvrement des impositions (V. ss. Const. 58, art. 34) ; le respect du contradictoire (V. ss. DDH, art. 16)]. • Cons. const. 13 avr. 2012, *Stéphane C. et a.*, n° 2012-231/234 QPC § 12.

11. Les règles de procédures civiles et administratives ne sont pas au nombre de celles qui doivent être fixées par le législateur. • Cons. const. 24 oct. 1980, n° 80-116 L § 1 s. : *Rec. Cons. const. 68 ; RJC. II-90 ; JO 25 oct., p. 2491* • Cons. const. 8 août 1985, n° 85-139 L § 10 : *Rec. Cons. const. 94 ; RJC II-105 ; JO 21 août, p. 9609 ; RD publ. 1986. 395, chron. Favoreu* • Cons. const. 10 mai 1988, n° 88-157 L § 3 et 12 : *Rec. Cons. const. 56 ; RJC II-129 ; JO 15 mai, p. 7134 ; RD publ. 1989. 399, chron. Favoreu* • CE 9 juill. 1986, *Ville de Paris : Lebon 196 ; RFDA 1987. 280, concl. Fornacciari* • CE 25 mai 2005, *Ruhlmann*, n° 2657189 : *Lebon 209 ; Gaz. Pal. 3-4 juin 2005, p. 1913, concl. Aguila ; JCP 2005. 10136, note Salhi.* ♦ V. aussi ss. Const. 58, art. 34, notes 119 (s'agissant des procédures non pénales) et 181 (s'agissant de la procédure pénale).

12. Il en va de même des règles relatives à la procédure devant la CDBF qui ne concernent ni les règles constitutives de cette juridiction, ni la procédure pénale au sens de l'art. 34 Const. 58. • Cons. const. 3 mars 2005, n° 2005-198 L : *AJDA 2005. 1672, note Lascombe et Vandendriessche ; LPA 24 mars 2005, p. 7, note Schoettl.* ♦ ... De la détermination des conditions de mise en œuvre de la procédure de récusation. • Cons. const. 25 nov. 2011, *Michel G.*, n° 2011-199 QPC § 14. ♦ ... Des mesures qui se bornent à dispenser le juge de l'obligation de tenir une audience pour rejeter des demandes répétées et manifestement infondées qui, eu égard à leur nature, n'appellent pas de débat contradictoire. • CE 13 nov. 2013, n° 352667 B : *D. 2014. 2021, obs. Laude .* ♦ ... De la détermination des conséquences sur la procédure du défaut de paiement de la contribution pour l'aide juridique ou du droit dû par les parties à l'instance d'appel. • Cons. const. 13 avr. 2012, *Stéphane C. et a.*, n° 2012-231/234 QPC § 12. ♦ ... De la détermination des conditions dans lesquelles le juge judiciaire peut être saisi d'une contestation portant sur les modalités d'organisation de la consultation des salariés. • CE 19 juill. 2017, n° 408221.

13. Procédure disciplinaire. Si le caractère contradictoire de la procédure est de nature législative... • Cons. const. 13 nov. 1985, n° 85-142 L § 11 : *Rec. Cons. const. 116 ; RJC II-115 ; JO 20 nov., p. 13457 ; RD publ. 1986. 395, chron. Favoreu.* ♦ ... Les dispositions mettant en application ce principe dans une procédure disciplinaire sont de nature réglementaire. • Cons. const. 13 nov. 1985, n° 85-142 L § 11 : *préc.* ♦ ... Sauf lorsqu'il est statué sur des moyens devant être soulevés d'office. • CE, ass., 12 oct. 1979, *Rassemblement nouveaux avocats de France*, n° 01875, 01905, 01948 à 01951 A : *JCP 1980. 19288, concl. Franc et note Boré ; D. 1979. 606, note Benavent ; AJDA 1980. 248, note Debouy.* ♦ De même, la désignation des personnes ou organismes autorisés à agir devant les conseils régionaux de discipline concernant une procédure administrative est de nature réglementaire ainsi que les règles de représentation devant ces conseils qui s'inscrivent dans le cadre des exceptions au monopole des avocats. • Cons. const. 8 août 1985, n° 85-139 L § 18 : *Rec. Cons. const. 94 ; RJC II-105 ; JO 21 août, p. 9609 ; RD publ. 1986. 395, chron. Favoreu.*

14. La détermination des règles de déontologie, de la procédure et des sanctions disciplinaires applicables à une profession (avocats) ne relève ni du droit pénal ni de la procédure pénale. • Cons. const. 29 sept. 2011, *Michael C. et a.*, n° 2011-171/178 QPC § 5. ♦ V. pour les commissaires aux comptes. • CE 23 févr. 2000, *Guez*, n° 196110 B. ♦ ... Pour les vétérinaires. • Cons. const. 25 nov. 2011, *Michel G.*, n° 2011-199 QPC § 14. ♦ ... Pour les pharmaciens. • Cons. const. 25 avr. 2014, n° 2014-247 L § 2. ♦ Sur le régime disciplinaire des personnes détenues, V. ss. Const. 58, art. 34 C. ♦ Sur le régime disciplinaire des militaires, V. ss. Const. 58, art. 66.

15. Il en va de même des dispositions mettant en application, dans une procédure disciplinaire, le caractère contradictoire de la procédure, même si celui-ci est de nature législative. • Cons. const. 13 nov. 1985, n° 85-142 L § 11 : *RJC II-115 ; JO 20 nov., p. 13457, RD publ. 1986. 395, chron. Favoreu* • Cons. const. 25 nov. 2011, *Michel G.*, n° 2011-199 QPC § 14.

16. Détermination des sanctions disciplinaires. Le législateur ayant entendu, en l'espèce (profession d'avocat), que les fautes disciplinaires des avocats puissent faire l'objet de sanctions comprenant, le cas échéant, l'interdiction temporaire ou définitive d'exercer leur activité, n'a pas méconnu l'étendue de sa compétence en renvoyant au Décr. le soin de fixer les sanctions disciplinaires qui, par leur objet et leur nature, sont en rapport avec l'exercice de cette profession réglementée. • Cons. const. 29 sept. 2011, *Michael C. et a.*, n° 2011-171/178 QPC § 6.

17. Procédures non juridictionnelles. Des dispositions organisant le mode de délibération d'une commission administrative ont un caractère réglementaire. • Cons. const. 9 avr. 2009, n° 2009-216 L. ♦ Il en va de même de la procédure de règlement des contestations concernant le paiement des frais et honoraires des avocats. • Cons. const. 29 sept. 2011, *Michael C. et a.*, n° 2011-171/178 QPC § 7.

18. Organisation et fonctionnement des services de l'État. Relève par nature du pouvoir réglementaire : de fixer les modalités d'organisation d'un service public de l'État. • CE 17 déc. 1997, n° 181611 A. ♦ V. aussi • CE 27 juin 1997, n° 171970 A. ♦ ... De déterminer les conditions de publication d'un acte administratif. • CE 15 avr. 1996, n° 145489 B. ♦ ... La détermination de l'autorité administrative habilitée à exercer les attributions au nom de l'État. • Cons. const. 12 mai 1964, n° 64-29 L § 1 : *RJC II-16 ; JO 31 mai, p. 4643 ; S. 1964. 334, note Hamon* • CE 4 nov. 1996, n° 134295 A • Cons. const. 22 déc. 2016, n° 2016-265 L • Cons. const. 7 nov. 2019, n° 2018-28 L. ♦ ... Le rattachement à tel ou tel ministère ou au Premier ministre d'un conseil ou d'une commission appartenant à l'administration de l'État. • Cons. const. 27 avr. 1977, n° 77-96 L : *RJC II-72 ; JO 30 avr., p. 2513* • Cons. const. 24 mars 2005, n° 2005-199 L : *AJDA 2005. 693* • Cons. const. 24 mars 2005, n° 2005-200 L : *AJDA 2005. 693*. ♦ ... Des dispositions qui ont pour objet de poser le principe d'une action de centralisation et de coordination menée par le pouvoir exécutif dans le domaine du contrôle des matériels de guerre, armes et munitions ; elles n'ont ni pour objet ni pour effet d'encadrer la fabrication et le commerce de ces matériels, armes et munitions. • Cons. const. 3 mars 2016, n° 2016-262 L. ♦ ... Des dispositions qui ont pour seul objet de déterminer le ministre compétent pour exercer, au nom de l'État, la tutelle sur certains organismes. • Cons. const. 28 févr. 2017, n° 2017-268 L. ♦ ... Des dispositions désignant l'autorité administrative chargée d'assister le comité de surveillance des investissements d'avenir dans sa mission. • Cons. const. 10 nov. 2017, n° 2018-270 L.

19. Création, organisation et fonctionnement d'organes consultatifs ou mémoriels. Si l'organe met en cause des garanties essentielles ou règles que l'art. 34 Const. 58 place dans le domaine de la loi, la compétence législative s'impose. • Cons. const. 28 nov. 2019, n° 2019-283 L § 3. ♦ Il importe peu que l'avis lie ou non l'autorité administrative. • Cons. const. 28 nov. 2019, n° 2019-283 L § 3. ♦ A l'inverse, un organe dont la mission limitée ne met en cause ni les principes fondamentaux ni aucun des autres principes relevant de l'art. 34 Const. 58 entre dans la compétence du règlement. • Cons. const. 28 nov. 2019, n° 2019-283 L § 5, 7 et 12.

20. Ainsi en est-il des dispositions créant des conseils ayant compétence pour émettre des avis sur les projets de loi et de décret concernant l'éducation populaire et la jeunesse qui leur sont soumis. • Cons. const. 16 juin 2016, n° 2016-263 L. ♦ ... Une conférence des finances publiques associant les représentants de l'État, des collectivités territoriales et des organismes de sécurité sociale. • Cons. const. 17 nov. 2016, n° 2016-264 L. ♦ ... Un comité chargé de proposer, sur l'ensemble du territoire national, des lieux et des actions qui garantissent la pérennité à travers les générations de la mémoire du crime d'esclavage. • Cons. const. 11 oct. 2018, n° 2018-275 L. ♦ ... Un comité chargé d'évaluer l'application de la loi ouvrant à la concurrence les jeux d'argent et de hasard en ligne et fixant ses modalités de fonctionnement. • Cons. const. 15 oct. 2015, n° 2015-259 L. ♦ Rappr. s'agissant de dispositions créant des organismes chargés d'élaborer des bilans (comités, observatoires, etc.). • Cons. const. 27 juill. 2018, n° 2018-274 L. ♦ Rappr. s'agissant de la création d'une commission de concertation sur la mise en œuvre de l'octroi de mer. • Cons. const. 31 janv. 2017, n° 2017-266 L.

21. Dénomination des organes ou d'un dispositif légal. En général relèvent aussi de la compétence du pouvoir réglementaire les questions relatives à la dénomination d'organes sauf à ce que ce choix conduise à dénaturer le pouvoir qui lui est confié par la loi. • Cons. const. 27 avr. 1977, n° 77-98 L § 3 : *Rec. Cons. const. 56 ; RJC II-74 ; JO 30 avr., p. 2513* • Cons. const. 18 oct. 1988, n° 88-159 L : *Rec. Cons. const. 154 ; RJC II-132 ; JO 20 oct., p. 13201 ; RD publ. 1989. 399, note Favoreu ; AIJC 1988, chron. Genevois* • Cons. const. 6 mars 1998, n° 98-182 L : *Rec. Cons. const. 184 ; RJC II-152 ; JO 10 mars, p. 3629 ; RFDC 1999. 130, note Philip ; ibid. 1998. 320, note Roux ; AJDA 1998. 308, note Schoettl*. ♦ L'appellation d'un dispositif légal est réglementaire, sous réserve que cette appellation n'en dénature pas la portée. • Cons. const. 12 févr. 2004, n° 2004-196 L : *JO 15 févr., p. 2133.* ♦ Relève également de la compétence du pouvoir réglementaire, le choix de la dénomination d'un produit d'épargne bénéficiant d'une incitation fiscale tel que le « livret de développement durable ». • Cons. const. 28 juill. 2011, n° 2011-226 L : *JO 29 juill., p. 12955.*

22. Contraventions non assorties de peines privatives de liberté. Les contraventions ainsi que leurs peines sont de la compétence du pouvoir réglementaire dès lors que ces peines ne sont pas privatives de liberté. • Cons. const. 28 nov. 1973, n° 73-80 L § 11 : *Rec. Cons. const. 45 ; RJC II-57 ; JO 6 déc., p. 12949 ; D. 1974. 269 ; RSC 1974. 855, note Larguier ; JCP 1975. 2740, note Rassat* • CE 3 févr. 1967,

Conféd. gén. vignerons du Midi : Lebon 55 ; AJDA 1967. 164, concl. Galmot ; ibid. 1937. 159, note Lecat-Massot.

B. VALEUR JURIDIQUE DU RÈGLEMENT AUTONOME

23. Même s'ils interviennent dans des matières qui n'appartiennent normalement pas au domaine de la loi, les règlements autonomes sont soumis au principe de la légalité. Ils ne doivent pas porter atteinte à des règles de nature législative. • CE 17 déc. 1997, n° 181611 A. ♦ V. aussi • CE 27 juin 1997, n° 171970 A. ♦ ... Violer un principe général du droit. • CE, sect., 26 juin 1959, *Synd. gén. ingénieurs-conseils : Lebon 394 ; GAJA 22e éd., n° 70 ; RD publ. 1959, concl. Fournier ; AJDA 1959. 153, chron. Combarnous et Galabert ; D. 1959. 541, note L'Huillier ; Rev. adm. 1959. 381, note Georgel ; S. 1959. 202, note Drago* • CE, sect., 28 oct. 1960, *de Laboulaye : Lebon 570 ; AJDA 1961. 20, concl. Heumann ; Dr. soc. 1961. 141, note Teitgen et concl.* • CE, sect., 27 janv. 1961, *Daunizeau : Lebon 57 ; AJDA 1961. 75, chron. Galabert et Gentot* • CE, ass., 13 juill. 1962, *Conseil nat. ordre des médecins : Lebon 479 ; RD publ. 1962. 739, concl. Braibant.*

C. DÉCLASSEMENT DE DISPOSITIONS LÉGISLATIVES

24. Principes. Il est toujours loisible au législateur d'abroger lui-même des dispositions de nature réglementaire figurant dans des textes législatifs. Dès lors, en vertu de l'habilitation qui lui est conférée en application de l'art. 38 Const., le Gouvernement peut également procéder à des abrogations sans recourir à la procédure prévue au présent art. • Cons. const. 16 déc. 1999, n° 99-421 DC § 26. ♦ De même, des dispositions ne relevant pas de matières réservées à la compétence du législateur peuvent être validées par la loi, même de manière rétroactive. • Cons. const. 22 juill. 1980, n° 80-119 DC § 7 à 9.

25. Il n'est pas possible au pouvoir réglementaire de procéder au remplacement de dispositions à caractère législatif par des dispositions réglementaires dès lors que les matières traitées par ces dispositions législatives relèvent bien de la compétence du Parlement. • CE, ass., 13 juill. 1962, *Conseil nat. ordre des médecins : préc. note 23.* ♦ S'agissant de dispositions qui ne relèvent pas du domaine de la loi mais qui figurent dans un texte législatif, le *pouvoir réglementaire ne peut les modifier* d'après consultation du Conseil constitutionnel. • Même décision.

26. Le refus opposé par le Gouvernement d'engager la procédure de déclassement se rattache à l'exercice du pouvoir réglementaire et peut donc faire l'objet d'un recours en excès de pouvoir. • CE, sect., 3 déc. 1999, *Assoc. ornithologique et mammalogique de Saône-et-Loire et Rassemblement opposant à la chasse,* n° 164789 : *Lebon 379, concl. Lamy ; RFDA 2000. 409, note Dubouis ; ibid. 2000. 664, notes Favoreu, B.G., de Béchillon, Carcassonne ; AJDA 2000. 120, chron. Guyomar et Collin ; D. 2000. 272, note Toulemonde ; RD publ. 2000. 1, obs. Camby ; ibid. 2000. 289, note Cassia et Saulnier ; JCP 2000. 10319, note Evain ; Rev. adm. 2000. 359, note Favre ; Rev. Marché commun 2000. 533, note Chaltiel ; LPA 11 févr. 2000, note Romi ; ibid. 7 mars 2000, note Roblot ; JCP 2000. 1543, chron. Boiteau ; GAJA, 18e éd., n° 103.* ♦ Le Premier ministre dispose cependant d'un délai raisonnable pour entreprendre cette procédure lorsqu'il apparaît que les dispositions réglementaires prises sous la forme législative sont contraires à des conventions internationales. • Même décision. ♦ Dès lors que ces dispositions ne sont pas entachées d'illégalité, il est loisible au Gouvernement de ne procéder qu'à une modification des règles en cause. • CE 21 juin 2000, *Weber et Centonze : Lebon 281 ; RFDA 2000. 904* . ♦ A l'occasion d'un recours contre le refus du Premier ministre d'engager la procédure de déclassement, le Conseil d'État s'assure que les dispositions dont le déclassement est demandé sont bien de nature réglementaire. • CE 29 avr. 2002, *Ullmann,* n° 228830 : *Lebon 156 ; RFDA 2000. 135, concl. Piveteau ; Dr. adm. 2002, n° 100, note D.P. ; AJDA 2002. 691, note Raimbault* .

27. Intervention du Conseil constitutionnel. Lorsqu'il est saisi dans les conditions prévues à l'al. 2 du présent art., il appartient seulement au Cons. const. d'apprécier si les dispositions qui lui sont soumises relèvent du domaine législatif ou du domaine réglementaire. • Cons. const. 8 juin 1995, n° 95-177 L : *D. 1997. 122, obs. Trémeau* .

28. Le Conseil constitutionnel pratique dans ce cadre un véritable « déclassement », terme utilisé par lui. • Cons. const. 7 nov. 2000, n° 2000-190 L : *Rec. Cons. const. 162 ; JO du 10 nov., p. 17837 ; AIJC 2000. 701, chron. Fatin-Rouge.* ♦ Il rend les dispositions législatives prises hors du domaine de la loi à leur véritable nature réglementaire. • Cons. const. 13 nov. 1985, n° 85-143 L : *Rec. Cons. const. 121 ; RJC II-118 ; JO 20 nov., p. 13459.*

29. Cette délégalisation peut être opérée pour une disposition dans son ensemble. • Cons. const. 25 juill. 1979, n° 79-108 L : *RJC II-84 ; RD publ.* 1979. 1666, note Favoreu ; *D. 1980. 201, note Hamon.* ♦ ... Ou simplement ne toucher qu'une partie de la disposition, par exemple un alinéa. • Cons. const. 27 nov. 1959, n° 59-1 L : *Rec. Cons. const. 67 ; RJC II-1 ; JO 14 janv., p. 442 ; D. 1960. 518, note Hamon ; RD publ. 1960. 1018, note*

Waline ; GDCC 11e éd., n° 5. ♦ ... Une expression. • Cons. const. 9 oct. 1985, n° 85-141 L : *Rec. Cons. const. 115 ; RJC II-115 ; JO 11 oct., p. 11831 ; RD publ. 1986. 395, note Favoreu.* ♦ ... Voire éventuellement un mot. • Même décision. ♦ Le Conseil peut aussi limiter le déclassement seulement à un aspect de son contenu. Il la déclassera alors, par exemple, « en tant qu'elle a pour effet ... ». • Cons. const. 6 oct. 1992, n° 92-169 L : *Rec. Cons. const. 99 ; RJC II-138 ; JO 8 oct., p. 14006.* ♦ ... Ou « en tant qu'elles concernent ». • Cons. const. 16 mars 1986, n° 86-145 L : *Rec. Cons. const. 22 ; RJC II-119 ; JO 23 mars, p. 4953 ; RD publ. 1989. 399, note Favoreu.*

30. Il a également admis qu'il peut ainsi déclasser des dispositions contenues dans des ordonnances ratifiées, qu'elles aient été prises en vertu de l'art. 38 Const. 58 ou de l'ancien art. 92 Const. 58. • Cons. const. 27 nov. 1959, n° 59-1 L : *préc. note 29.* ♦ ... Des dispositions ratifiées d'une ordonnance. • Cons. const. 29 févr. 1972, n° 72-73 L § 4 : *Rec. Cons. const. 31 ; RJC II-48 ; JO 18 mars, p. 2849 ; AJDA 1972. 638, note Toulemonde* • Cons. const. 17 janv. 2008, n° 2007-561 DC § 4 • Cons. const. 18 sept. 2008, *Nationalisation et code monétaire et financier,* n° 2008-212 L : *JO 21 sept., p. 14606.* ♦ ... Des dispositions réglementaires validées par une loi. • Cons. const. 10 mars 1966, n° 66-36 L : *Rec. Cons. const. 23 ; RJC II-23 ; JO 20 mars, p. 2302* • Cons. const. 24 juill. 1985, n° 85-140 L : *Rec. Cons. const. 113 ; RJC II-114 ; JO 6 août, p. 8989 ; RD publ. 1986. 395, chron. Favoreu ; RFDA 1986. 831, note Mathieu ; JCP 1986. 20614, note Nguyen Quoc Vinh.*

31. A l'inverse, si les dispositions restent de nature réglementaire (ordonnance non ratifiée), le Cons. const. prononce le non-lieu à statuer. • Cons. const. 28 févr. 2017, n° 2017-269 L.

32. Saisi d'une demande de déclassement de dispositions codifiées, le Cons. const. se prononce en général sur les dispositions d'origine et non sur les dispositions codifiées. • Cons. const. 3 nov. 1977, n° 77-101 L : *Rec. Cons. const. 70 ; JO 6 nov.* • Cons. const. 10 mai 1988, n° 88-157 L : *JO 15 mai, p. 7134.* • Cons. const. 17 déc. 1992, n° 92-171 L : *Rec. Cons. const. 123 ; JO 20 déc.*

33. De même, se prononce-t-il sur des textes antérieurs à 1958 dès lors que ceux-ci ont été modifiés depuis l'entrée en vigueur de la Const. 58. • Cons. const. 2 déc. 1980, n° 80-118 L : *JO 4 déc., p. 2849.*

34. Intervention du Conseil d'État. Pour déterminer si un texte doit être soumis au Conseil constitutionnel ou au Conseil d'État pour réaliser le déclassement d'une mesure législative, il convient de se placer à la date de publication de la loi. • Cons. const. 27 févr. 1967, n° 67-44 L § 2 : *Rec. Cons. const. 26 ; RJC II-27 ; JO 19 mars, p. 2673.* ♦ Cependant, pour celles des dispositions de la loi qui ont été modifiées après l'entrée en vigueur de la Constitution, le Conseil constitutionnel est seul compétent. • Même décision *§ 3.*

35. L'absence de consultation du Conseil d'État vicie l'acte. • CE, ass., 13 juill. 1962, *Conseil nat. ordre des médecins : préc. note 23.*

36. Les dispositions du présent al. sont applicables aux lois locales maintenues en vigueur dans les départements d'Alsace et de Moselle. • CE 21 juin 2000, *Weber et Centonze : préc. note 26* • CE 19 déc. 2007, *Vassaux,* n° 294439 : *Lebon 505 ; JCP Adm. 2008. 2054, note Tawil.* ♦ En revanche elles ne le sont pas à un décret-loi, texte qui n'a pas la forme législative. • CE, sect., 14 juin 1968, *Constantin : Lebon 364.*

37. De même, sauf dispositions contraires, le pouvoir réglementaire peut modifier par décrets simples, des « décrets de déclassement » qui ont été pris après avis du Conseil d'État. • CE 1er févr. 1967, *Synd. groupe des industries métallurgiques : Lebon 51* • CE 15 mars 1972, *Féd. fr. Synd. prof. de pilotes maritimes : Lebon 210* • CE 18 mai 1984, *Picard : Dr. adm. 1984, n° 257.* ♦ Notation importante : cette jurisprudence est peut-être abandonnée par extension de la décision (V. ss. Const. 58, art. 21, note 170). • CE, ass., 3 juill. 1998, *Synd. nat. environnement CFDT : Lebon 272.*

38. Les « décrets de déclassement » n'ont pas nécessairement à être portés devant l'Assemblée générale du Conseil d'État ; c'est au vice-président du Conseil d'État, sur proposition du Président de la section compétente, d'en décider. • CE 11 oct. 1985, *Synd. gén. recherche agronomique : Lebon 278.*

39. Il est possible au Conseil d'État statuant au contentieux d'annuler un tel décret pour être intervenu dans une matière législative. • CE 27 nov. 2006, *Crampon,* n° 296018 : *Lebon 495.*

Art. 37-1 *(L. const. n° 2003-276 du 28 mars 2003, art. 3)* **La loi et le règlement peuvent comporter, pour un objet et une durée limités, des dispositions à caractère expérimental.**

BIBL. ► PISSALOUX, Réflexions sur l'expérimentation normative, *Dr. adm. 2003, n° 19.* – RRAPI, Bilan des expérimentations prévues par la loi du 13 août 2004 : la difficile introduction du concept d'expérimentation en France, *JCP Adm. 2008. 2290.* – Conseil constitutionnel, Article 37-1 de la Constitution et principe d'égalité, *site du Conseil constitutionnel, A la une, févr.*

2016. – Duteillet de Lamothe et Janicot, Les expérimentations : comment innover dans la conduite des politiques publiques ?, *AJDA 2019. 2038*.

COMMENTAIRE

V. sur le Code en ligne.

[V. références des décisions du Conseil constitutionnel dans le tableau DC]

A. PRINCIPE

1. Le présent art. n'est pas au nombre des dispositions comportant des droits ou libertés garantis par la Const. • CE 11 déc. 2019, n° 434741 B : *AJDA 2019. 2583*.

B. MISE EN ŒUVRE

2. L'entrée en vigueur progressive d'un arrêté pour assurer, aussi rapidement que possible l'entrée en vigueur de prescriptions légales intéressant la santé et la salubrité publiques, pouvait ne pas porter atteinte au principe d'égalité. • CE, sect., 13 oct. 1967, *Peny,* n° 64778 A. ♦ De même, la limitation géographique provisoire d'un texte qui doit ensuite être progressivement étendu à l'ensemble du territoire n'est pas contraire au principe d'égalité des citoyens. • CE 21 févr. 1968, n° 68615 A • CE 18 déc. 2002, n° 234950 B : *AJDA 2003. 748, note Faure*. ♦ Il convient néanmoins que l'expérimentation soit limitée dans le temps. • CE 24 juin 1993, *avis sect. travaux publics TGV Nord,* n° 353605 : *EDCE 1993. 338.* ♦ V. aussi sur le principe d'égalité : *EDCE 1996. 48.* ♦ C'est ainsi qu'une expérimentation pour une durée de 5 ans reconductible sans que des critères d'évolution soient précisés pour déterminer comment elle pourrait être généralisée est irrégulière. • CAA Paris, 6 nov. 2003, n° 02PA02821 : *AJDA 2004. 343, note Legrand ; Dr. adm. 2004. 27, note Boumédiène.*

3. Avant la révision de 2003. Le Conseil constitutionnel avait déjà précisé, il est vrai dans les cas très particuliers des établissements publics à caractère scientifique et culturel, que le législateur pouvait prévoir la possibilité d'expérimentations, sous réserve que leur nature et leur portée soient précisées ainsi que les cas dans lesquels elles peuvent être entreprises, les conditions et les procédures selon lesquelles elles doivent faire l'objet d'une évaluation en vue de leur maintien, de leur modification, de leur généralisation ou de leur abandon. • Cons. const. *28 juill. 1993,* n° 93-322 DC § 9. ♦ En revanche, il estimait aussi qu'en ouvrant au législateur, fût-ce à titre expérimental, dérogatoire et limité dans le temps, la possibilité d'autoriser la collectivité territoriale de Corse à prendre des mesures relevant du domaine de la loi, la loi déférée est intervenue dans un domaine qui ne relève que de la Constitution. • Cons. const. 17 janv. 2002, n° 2001-454 DC § 21.

4. Depuis la révision de 2003. Dès lors que rien ne s'oppose, sous réserve des prescriptions des art. 7, 16 et 89 Const. 58, à ce que le pouvoir constituant introduise dans le texte de la Const. des dispositions nouvelles qui, dans les cas qu'elles visent, dérogent à des règles ou principes de valeur constitutionnelle, il était loisible au pouvoir constituant d'introduire dans la Const. la présente disposition. • Cons. const. 12 août 2004, n° 2004-503 DC § 9.

5. Mise en œuvre législative. Le présent art. permet au Parlement d'autoriser, dans la perspe ctive de leur éventuelle généralisation, des expérimentations dérogeant, pour un objet et une durée limités, au principe d'égalité devant la loi dès lors que sont définis de façon suffisamment précise l'objet et les conditions de cette expérimentation et que celle-ci ne méconnaît pas d'autres exigences de valeur constitutionnelle. • Cons. const. 12 août 2004, n° 2004-503 DC § 9 • Cons. const. 21 mars 2019, n° 2019-778 DC § 311.

V. pour d'autres décisions dans le même sens : • Cons. const. 16 juill. 2009, n° 2009-584 DC § 38 • Cons. const. 4 août 2011, n° 2011-635 DC § 19 • Cons. const. 19 déc. 2013, n° 2013-682 DC § 60 • Cons. const. 21 janv. 2016, n° 2015-727 DC § 35.

6. En adoptant les dispositions contestées, le législateur a restreint le champ des expérimentations de nouveaux modes d'organisation des soins à l'optimisation des parcours de soins des patients souffrant de pathologies chroniques, précisément énuméré les règles législatives auxquelles ces expérimentations peuvent déroger et fixé à quatre ans la durée maximale de ces expérimentations. • Cons. const. 19 déc. 2013, n° 2013-682 DC § 61. ♦ Un art. peut prévoir le remplacement, à titre expérimental, pour une durée de trois ans, de la procédure d'enquête publique par une participation du public par voie électronique pour les seuls projets soumis à l'autorisation environnementale mentionnée au chap. unique du titre VIII du livre Ier C. envir., à la condition que ces projets aient donné lieu à une concertation préalable sous l'égide d'un garant et en excluant du champ de l'expérimentation les projets soumis à l'organisation de plusieurs enquêtes publiques qui, en application des deux premiers al. du I de l'art. L. 123-6 C. envir., font l'objet d'une enquête unique. Ces dispositions législatives définissent ainsi de façon suffisamment précise l'objet de l'expérimentation qu'elles instituent, ainsi que ses conditions, aucune exigence constitutionnelle n'imposant au législateur de déterminer les modalités de l'évaluation consécutive à l'expérimentation. • CE 17 déc. 2020, n° 427389 § 7 : *JCP Adm. 2021. 10.*

7. Sur ce fondement, le législateur peut limiter le dispositif de preuve par tests génétiques aux demandeurs de visas de certains des États dont l'état civil est défaillant. • Cons. const. 15 nov. 2007, n° 2007-557 DC § 13. ♦ ... Prévoir que le mécanisme des citoyens assesseurs sera expérimenté dans le ressort de certaines cours d'appel jusqu'au terme qu'il a précisément fixé. • Cons. const. 4 août 2011, n° 2011-635 DC § 19 et 20. ♦ ... Expérimenter de nouveaux modes d'organisation des soins, pour une durée n'excédant pas quatre ans, dans le cadre de projets pilotes visant à optimiser les parcours de soins des patients souffrant de pathologies chroniques. • Cons. const. 19 déc. 2013, n° 2013-682 DC § 60. ♦ ... Autoriser la création expérimentale des salles de consommation à moindre risque pour les usagers de drogues. • Cons. const. 21 janv. 2016, n° 2015-727 DC § 40. ♦ ... Créer une cour criminelle appelée à connaître de certains crimes relevant des cours d'assises. • Cons. const. 21 mars 2019, n° 2019-778 DC § 311.

8. Le législateur, ayant décidé lui-même de déroger au principe d'égalité devant la loi, ne pouvait, sans méconnaître le présent art., renvoyer au pouvoir réglementaire le soin de fixer la durée des expérimentations. • Cons. const. 16 juill. 2009, n° 2009-584 DC § 39.

9. En revanche, le législateur ne méconnaît pas sa compétence en renvoyant à un arrêté du garde des sceaux le soin de déterminer les cours d'appel dans le ressort desquelles l'expérimentation des citoyens assesseurs aura lieu. • Cons. const. 4 août 2011, n° 2011-635 DC § 20.

10. Il résulte de la combinaison des dispositions du présent art. et de l'art. 38 Const. 58 que le Gouvernement ne saurait être autorisé à procéder à la généralisation d'une expérimentation par le Parlement, sans que ce dernier *dispose d'une évaluation* de celle-ci ou, lorsqu'elle n'est pas arrivée à son terme, sans avoir précisément déterminé les conditions auxquelles une telle généralisation pourra avoir lieu. • Cons. const. 20 déc. 2019, n° 2019-794 DC § 53.

11. La circonstance que des dispositions s'appliquent à la seule prochaine élection présidentielle mais de manière générale ne donne pas à ces dispositions le caractère de dispositions à caractère expérimental au sens de l'at. 37-1 Const. 58. • Cons. const. 25 mars 2021, n° 2021-815 DC § 16.

12. Mise en œuvre par le pouvoir réglementaire. Il n'appartient pas au pouvoir réglementaire de procéder à une mise en œuvre de la loi à titre expérimental lorsque la loi ne l'a pas elle-même prévu. • CE 15 mars 2017, n° 391654 B : *AJDA 2017. 601 ; D. 2017. 1149, obs. Damas ; AJDI 2017. 282, obs. de La Vaissière ; Constitutions 2017. 280, chron. Domingo ; Dr. adm. 2017. 36, note Boda.*

13. Les dérogations autorisées par les décrets ne peuvent être accordées que dans le respect des normes supérieures applicables. Si, ainsi que le souligne la requérante, le décret attaqué ne désigne pas précisément les normes réglementaires auxquelles il permet de déroger, il limite ces dérogations, d'une part, aux règles qui régissent l'octroi des aides publiques afin d'en faciliter l'accès, d'autre part, aux seules règles de forme et de procédure applicables dans les matières énumérées afin d'alléger les démarches administratives et d'accélérer les procédures. Enfin, il ne permet une dérogation que sous conditions qu'elle réponde à un motif d'intérêt général, qu'elle soit justifiée par les circonstances locales, qu'elle ne porte pas atteinte aux intérêts de la défense ou à la sécurité des personnes et des biens et qu'elle ne porte pas une atteinte disproportionnée aux objectifs poursuivis par les dispositions auxquelles il est dérogé. Il résulte que le décret contesté, dont le champ et la durée d'application sont limités, n'autorise, dans le respect des normes supérieures, que des dérogations dont l'objet est limité et dont les conditions de mise en œuvre sont définies de façon précise. Par suite, il ne méconnaît ni les présentes dispositions, ni la loi. • CE 17 juin 2019, n° 421871 A : *AJDA 2019. 1253 ; JCP Adm. 2019. 420.*

14. Il résulte du présent art. que le pouvoir réglementaire peut, dans le respect des normes supérieures, autoriser des expérimentations permettant de déroger à des normes à caractère réglementaire sans méconnaître le principe d'égalité devant la loi dès lors que ces expérimentations présentent un objet et une durée limités et que leurs conditions de mise en œuvre sont définies de façon suffisamment précise. A cet égard, s'il peut ne pas préciser d'emblée les normes réglementaires susceptibles de faire l'objet d'une dérogation, ni, le cas échéant, les règles ayant vocation à s'y substituer, il est nécessaire qu'il identifie précisément les matières dans le champ desquelles cette dérogation est possible ainsi que les objectifs auxquels celle-ci doit répondre et les conditions auxquelles elle est soumise. • CE 17 juin 2019, n° 421871 A : *préc. note 13.* ♦ ... Instituer, à titre expérimental, des règles dérogatoires au droit commun applicables à un échantillon sans méconnaître par là même le principe d'égalité devant la loi, dès lors que ces expérimentations présentent un objet et une durée limités, que leurs conditions de mise en œuvre sont définies de façon suffisamment précise et que la différence de traitement instituée est en rapport avec l'objet de l'expérimentation. • CE 6 nov. 2016, n° 422207 B : *AJDA 2019. 2268* ; *JCP Adm. 2019. 709.*

15. Dans l'hypothèse où les dérogations sont expérimentées en raison d'une différence de situation propre à la portion de territoire ou aux catégories de personnes objet de l'expérimentation et n'ont, de ce fait, pas nécessairement vocation à être généralisées au-delà de son champ d'application, la différence de traitement instituée à titre expérimental doit être en rapport avec l'objet de l'expérimentation et ne pas être manifestement disproportionnée avec cette différence de situation. • CE 6 nov. 2016, n° 422207 : *préc. note 14.*

16. Il appartient au Premier ministre, au terme de l'expérimentation de normes relevant de sa compétence et au vu des résultats de celle-ci, de décider soit du retour au droit applicable antérieurement, soit de la pérennisation de tout ou partie des normes appliquées pendant l'expérimentation, pour le champ d'application qu'il détermine, sous réserve que le respect du principe d'égalité n'y fasse pas obstacle. • CE 6 nov. 2019, n° 422207 B : *AJDA 2019. 2268*.

Art. 38 **Le Gouvernement peut, pour l'exécution de son programme, demander au Parlement l'autorisation de prendre par ordonnances, pendant un délai limité, des mesures qui sont normalement du domaine de la loi.**

Les ordonnances sont prises en Conseil des ministres après avis du Conseil d'État. Elles entrent en vigueur dès leur publication mais deviennent caduques si le projet de loi de ratification n'est pas déposé devant le Parlement avant la date fixée par la loi d'habilitation. *(L. const. n° 2008-724 du 23 juill. 2008, art. 14)* **« Elles ne peuvent être ratifiées que de manière expresse. »**

A l'expiration du délai mentionné au premier alinéa du présent article, les ordonnances ne peuvent plus être modifiées que par la loi dans les matières qui sont du domaine législatif.

COMMENTAIRE

V. sur le Code en ligne.

PLAN DES ANNOTATIONS

[V. références des décisions du Conseil constitutionnel dans les tableaux DC et QPC]

BIBL. Le Pourhiet, Les ordonnances. La confusion des pouvoirs en droit public français, *LGDJ, 2011.* – Feldman, Le leurre de la ratification expresse des ordonnances de l'article 38 de la Constitution, *RDP 2011.* – Thomas, Les ordonnances et le temps, *RD publ. 2015. 913.* – Conseil constitutionnel, Les ordonnances de l'article 38 de la Constitution, *site du Conseil constitutionnel, A la une, mars, 2015.* – Genevois, L'application de l'article 38 de la *Constitution : un régime juridique* cohérent et nullement baroque, *RFDA 2018. 755* . – Boudon, Propos malicieux sur les ordonnances de l'article 38 de la Constitution, *AJDA 2019. 1492* . – Chagnollaud (alias Dr. Watson), Cauchemar en cuisine : Sherlock Holmes et les ordonnances de l'article 38, *AJDA 2020. 2242.* – Brunet, Beaucoup de bruit pour pas grand-chose ?, *AJDA 2020. 2337* .

A. DOMAINE D'APPLICATION

1. Domaine de la loi. Le domaine de l'habilitation peut comprendre toute matière qui relève du domaine de la loi. • Cons. const. 16 déc. 1999, n° 99-421 DC § 8. ♦ En revanche, il ne couvre pas les domaines que les art. 46, 47, 47-1, 74 et 77 Const. réservent à la loi organique, aux lois de finances et aux lois de financement de la sécurité sociale. • Même décision *§ 15* • Cons. const. 2 déc. 2004, n° 2004-506 DC § 6. ♦ Aussi les ordonnances ne peuvent-elles contenir de mesures qui relèvent normalement du domaine exclusif des lois de finances. • Cons. const. 4 juin 1984, n° 84-170 DC § 5 (solution impl.) • Cons. const.

30 déc. 1995, n° 95-370 DC § 29. ♦ ... Ou des lois organiques. • Cons. const. 5 janv. 1982, n° 81-134 DC • CE, ass., 4 nov. 2005, *Président de la Polynésie française,* n° 280003 : *RFDA 2005. 1129, concl. Vérot*.

2. Le champ de l'habilitation pouvant comprendre toute matière qui relève du domaine de la loi, est par conséquent inopérant le grief selon lequel les dispositions contestées seraient entachées d'incompétence négative. • Cons. const. 21 mars 2019, n° 2019-778 DC § 51 et 78.

3. Dans les autres matières, le recours aux ordonnances est possible, y compris pour délimiter des circonscriptions électorales. • Cons. const. 1er juill. 1986, n° 86-208 DC § 7. ♦ ... Fixer le nombre de députés élus par les Français établis hors de France et la répartition des députés entre les départements, les collectivités d'outre-mer, la Nouvelle-Calédonie et les circonscriptions législatives des Français établis hors de France. • Cons. const. 8 janv. 2009, n° 2008-573 DC § 15 s. ♦ ... Adopter des mesures fiscales. • Cons. const. 30 déc. 1995, n° 95-370 DC § 18 s. ♦ ... Ou intéressant la libre administration des collectivités territoriales (art. 72 Const.) • Cons. const. 23 juin 2003, n° 2003-473 DC § 11. ♦ ... Sans que ce recours soit limité à l'intervention de mesures urgentes. • Cons. const. 1er juill. 1986, n° 86-208 DC § 8.

4. Codification. La codification répond à l'objectif de valeur constitutionnelle d'intelligibilité et d'accessibilité de la loi, qui découle des art. 4, 5, 6 et 16 DDH. • Cons. const. 16 déc. 1999, n° 99-421 DC § 13 • Cons. const. 23 juin 2003, n° 2003-473 DC § 5 • Cons. const. 17 janv. 2008, n° 2007-561 DC § 4. ♦ Le recours aux ordonnances est possible également pour réaliser une codification. • Cons. const. 16 déc. 1999, n° 99-421 DC • Cons. const. 23 juin 2003, n° 2003-473 DC. ♦ ... Sans que le Gouvernement soit limité à l'opérer à droit constant. Il peut modifier, compléter et codifier diverses législations, sans en bouleverser l'économie générale, pour adapter celles-ci à l'évolution des circonstances de droit et de fait et abroger des dispositions désuètes ainsi que, le cas échéant, modifier celles dont la pratique aurait révélé le caractère inadéquat. • Cons. *const. 23 juin 2003, n° 2003-473* DC § 29. ♦ Les dispositions de l'art. 11, al. 2, ne sauraient, sans méconnaître le présent art., être interprétées comme imposant au Gouvernement de faire connaître au Parlement la teneur des ordonnances qu'il entend prendre sur le fondement de l'habilitation qu'il demande pour l'exécution de son programme. • Cons. const. 9 avr. 2009, n° 2009-579 DC § 21.

5. Expérimentation. Sur les possibilités de généraliser une expérimentation par voix d'ordonnances, V. notes ss. Const. 58, art. 37-1 Const.

B. FONCTIONNEMENT

1° LOI D'HABILITATION

6. Initiative. Le Gouvernement peut seul demander au Parlement l'autorisation de prendre des ordonnances • Cons. const. 20 janv. 2005, n° 2004-510 DC § 27 • Cons. const. 31 juill. 2014, n° 2014-700 DC § 6. ♦ ... Mais peut le faire en déposant soit un projet de loi, soit un amendement à un texte en cours d'examen. • Cons. const. 16 mars 2006, n° 2006-534 DC § 5. • Cons. const. 17 mai 2013, n° 2013-669 DC § 78 • Cons. const. 23 janv. 2014, n° 2013-687 DC § 16. ♦ Un tel amendement peut être déposé devant la seconde assemblée saisie, fût-ce immédiatement avant la réunion de la commission mixte paritaire. • Cons. const. 16 mars 2006, n° 2006-534 DC § 8. ♦ En l'absence d'initiative du Gouvernement, une disposition l'habilitant à agir par voie d'ordonnance est contraire à la Constitution. Telle est le cas si la disposition figure dès l'origine dans une proposition de loi. • Cons. const. 20 janv. 2005, n° 2004-510 DC § 28 s. ♦ En présence d'une initiative du Gouvernement, s'il est possible à la commission mixte parlementaire d'élaborer un texte réduisant le champ ou la portée de l'habilitation, elle ne peut, à l'inverse, étendre le champ de cette habilitation restant en discussion. • Cons. const. 31 juill. 2014, n° 2014-700 DC § 9.

7. Lorsque la disposition autorisant le Gouvernement à agir par voie d'ordonnance est contenue dans une loi non exclusivement consacrée à cette question le Cons. const. s'assure que l'habilitation ainsi donnée ne constitue pas un « cavalier législatif ». • Cons. const. 8 déc. 2011, n° 2011-641 DC § 24.

8. Contenu de la loi d'habilitation. Le mot « programme » à l'al. 1er du présent art. n'a pas une signification analogue au mot « programme » de l'al. 1er de l'art. 49 Const. Il est donc possible au Gouvernement de demander l'autorisation d'agir par ordonnances, quand bien même il n'aurait pas fait approuver son programme par l'Assemblée. • Cons. const. 12 janv. 1977, n° 76-72 DC • Cons. const. 7 sept. 2017, n° 2017-751 DC § 7. ♦ S'il était assimilé au même mot contenu à l'art. 49 Const. 58 il n'y aurait aucune place, pour une éventuelle justification de recours aux dispositions du présent art., aux notions de circonstances imprévues ou de situation requérant des mesures d'urgence. Cette assimilation donnerait un champ d'application indéterminé à la procédure d'habilitation prévue par le présent art., au détriment du respect des prérogatives du Parlement. • Cons. const. 7 sept. 2017, n° 2017-751 DC § 7.

9. Le mot « programme » contenu au présent art. signifie que le Gouvernement doit indiquer avec précision, lors du dépôt d'un projet de loi d'habilitation, quelle est la finalité des mesures qu'il se propose de prendre. • Cons. const. 12 janv. 1977, n° 76-72 DC. ♦ ... Et leurs domaines d'intervention • Cons. const. 25 juin 1986, n° 86-207 DC § 13 • Cons. const. 4 sept. 2018, n° 2018-769 DC § 87.

V. pour d'autres décisions dans le même sens : .

10. Degré de précision. Dès lors que le législateur a seulement entendu autoriser le Gouvernement à tirer les conséquences, par ordonnances, de la loi qu'il a adoptée et assurer ainsi la coordination des dispositions législatives en vigueur avec celles de cette loi, les conditions de précisions sont suffisamment remplies. • Cons. const. 16 juill. 2009, n° 2009-584 DC § 23.

11. Cependant, le présent art. n'impose pas au Gouvernement de faire connaître au Parlement la teneur des ordonnances qu'il prendra en vertu de cette habilitation. • Cons. const. 25 juin 1986, n° 86-207 DC § 21 • Cons. const. 21 mars 2019, n° 2019-778 DC § 49 • Cons. const. 3 juill. 2020, *Sofiane A.*, n° 2020/851/852 QPC § 8 • Cons. const. 13 nov. 2020, n° 2020-808 DC § 28.

V. pour d'autres décisions dans le même sens : .

12. De même, les dispositions de l'art. 39, al. 3, (étude d'impact) ne sauraient, sans méconnaître le présent art, être interprétées comme imposant au Gouvernement de faire connaître au Parlement la teneur des ordonnances qu'il entend prendre sur le fondement de l'habilitation qu'il demande pour l'exécution de son programme • Cons. const. 9 avr. 2009, n° 2009-579 DC § 21. ♦ Dès lors, le gouvernement peut faire dépendre la teneur des ordonnances des résultats de travaux et d'études dont il ne connaîtra que plus tard les conclusions. • Cons. const. 25 juin 1986, n° 86-207 DC § 21. ♦ Dès lors, si la finalité de l'autorisation accordée au Gouvernement et le domaine dans lequel les ordonnances pourront intervenir sont définis avec une précision suffisante la loi d'habilitation satisfait aux exigences du présent art. • Cons. const. 1er juill. 1986, n° 86-208 DC § 18.

13. Est assez précise une demande autorisant le Gouvernement : à transposer notamment deux directives susceptibles d'être adoptées au cours du délai d'habilitation en matière de passation des marchés publics et dont les propositions ont d'ailleurs été communiquées aux *assemblées parlementaires en application* de l'art. 88-4 Const. • Cons. const. 23 juin 2003, n° 2003-473 DC § 8. ♦ ... A alléger les règles régissant la commande publique en vue de rendre plus aisées la conclusion et l'exécution des contrats passés avec des personnes privées pour la réalisation d'équipements ou la fourniture de services. • Même décision *§ 15.* ♦ ... A favoriser l'embauche par l'institution d'un contrat de travail sans limitation de durée comportant pendant une période déterminée des règles de rupture et un régime indemnitaire spécifiques, garantissant au salarié, pendant cette période, une indemnité en cas de rupture à l'initiative de l'employeur. • Cons. const. 22 juill. 2005, n° 2005-521 DC § 5. ♦ ... A aménager les règles de décompte des effectifs utilisées pour la mise en œuvre de dispositions relatives au droit du travail ou d'obligations financières imposées par d'autres législations, pour favoriser l'embauche par les entreprises de salariés âgés de moins de vingt-six ans. • Même décision *§ 9.* ♦ ... A adapter les dispositions d'une loi portant réforme territoriale dans les départements et régions d'outre-mer en application du premier al. de l'art. 73 Const. • Cons. const. 9 déc. 2010, n° 2010-618 DC § 70. ♦ ... A prendre les mesures de coordination nécessaires pour adapter à la loi déférée l'ensemble des dispositions législatives en vigueur à l'exception de celles du code civil dès lors que, bien qu'elles concernent l'ensemble des dispositions législatives, son objet est limité. • Cons. const. 17 mai 2013, n° 2013-669 DC § 76 s. ♦ ... A prendre des mesures pour préciser et compléter les règles budgétaires, financières, fiscales et comptables applicables à la métropole du Grand Paris, pour préciser et compléter les règles relatives au fonctionnement des conseils de territoire et à l'administration des territoires de la métropole ainsi que celles relatives aux concours financiers de l'État applicables à cet établissement public de même que les dispositions relatives aux modalités de calcul et de répartition des dotations territoriales et aux transferts des personnels, et enfin pour préciser le territoire d'intervention de l'État et l'organisation de ses services déconcentrés. • Cons. const. 23 janv. 2014, n° 2013-687 DC § 18. ♦ ... A modifier les dispositions relatives à la réparation financière des irrégularités de licenciement, en fixant un référentiel obligatoire établi notamment en fonction de l'ancienneté pour les dommages et intérêts alloués par le juge en cas de licenciement sans cause réelle et sérieuse, à l'exclusion des licenciements entachés par une faute de l'employeur d'une exceptionnelle gravité, notamment par des actes de harcèlement ou de discrimination et à supprimer en conséquence les dispositions relatives au référentiel indicatif existant et à modifier les planchers et les plafonds des dommages et intérêts fixés par le C. trav. pour sanctionner les autres irrégularités liées à la rupture du contrat de travail. • Cons. const. 7 sept. 2017, n° 2017-751 DC § 31.

14. En revanche, eu égard à l'atteinte susceptible d'être portée à la liberté de l'enseignement par la mise en place d'un régime d'autorisation administrative, en confiant au Gouvernement, sans autre indication, le soin de préciser « les motifs pour lesquels les autorités compétentes peuvent refuser d'autoriser l'ouverture » de tels établissements, le législateur a insuffisamment précisé les finalités des mesures susceptibles d'être prises par voie d'ordonnance. • Cons. const. 26 janv. 2017, n° 2016-745 DC § 13. ♦ De même, en se bornant à indiquer qu'il reviendrait au Gouvernement de « redéfinir » les missions, l'organisation et le financement des institutions, organismes et services concourant à l'insertion professionnelle et au maintien dans l'emploi des personnes handicapées, le législateur a insuffisamment précisé les finalités des mesures susceptibles d'être prises par voie d'ordonnance. • Cons. const. 4 sept. 2018, n° 2018-769 DC § 88.

15. Codification. Est assez précise une demande autorisant le Gouvernement : à codifier « à droit constant », les dispositions à codifier étant déjà en vigueur au moment de la demande d'habilitation. • Cons. const. 16 déc. 1999, n° 99-421 DC § 14. ♦ ... A réaliser les modifications nécessaires à « harmoniser l'état du droit » en se bornant à remédier aux incompatibilités pouvant apparaître entre des dispositions soumises à codification. • Même décision. ♦ ... A modifier, compléter et codifier diverses législations dès lors qu'est précisée la finalité des mesures à prendre, que l'économie générale des codes n'en est pas modifiée et que les modifications affectent des dispositions dont la pratique a révélé le caractère inadéquat. • Cons. const. 23 juin 2003, n° 2003-473 DC § 28 et 29.

16. Justification de la demande d'habilitation. L'urgence est au nombre des justifications que le Gouvernement peut invoquer pour recourir au présent art. • Cons. const. 16 déc. 1999, n° 99-421 DC § 13. ♦ ... Sans que cela soit le seul motif. • Cons. const. 1er juill. 1986, n° 86-208 DC § 8 • Cons. const. 2 déc. 2004, n° 2004-506 DC § 5. ♦ L'encombrement de l'ordre du jour est au nombre des éléments qui peuvent conforter l'urgence. • Cons. const. 23 juin 2003, n° 2003-473 DC § 5.

17. Contrôle du Conseil constitutionnel sur la loi d'habilitation. Les dispositions d'une loi d'habilitation ne sauraient avoir ni pour objet ni pour effet de dispenser le Gouvernement, dans l'exercice des pouvoirs qui lui sont conférés en application du présent art. (ni par elles-mêmes, ni par les conséquences qui en découlent nécessairement), de respecter les règles et principes de valeur constitutionnelle, ainsi que les normes internationales et européennes applicables. • Cons. const. 23 juin 2003, n° 2003-473 DC § 10 • Cons. const. 2 déc. 2004, n° 2004-506 DC § 7 • Cons. const. 22 juill. 2005, n° 2005-521 DC § 11 • Cons. const. 17 mai 2013, n° 2013-669 DC § 80 • Cons. const. 3 juill. 2020, *Sofiane A.*, n° 2020/851/852 QPC § 8 • Cons. const. 13 nov. 2020, n° 2020-808 DC § 29. ♦ ... Notamment les exigences résultant de l'art. 66 Const. 58 s'agissant des modalités de l'intervention du juge judiciaire en cas de prolongation d'une mesure de détention provisoire. • Cons. const. 3 juill. 2020, *Sofiane A.*, n° 2020/851/852 QPC § 15.

18. Il appartient donc au Conseil constitutionnel, d'une part, de vérifier, entre autres, que la loi d'habilitation ne comporte aucune disposition qui permettrait de méconnaître les règles et principes de valeur constitutionnelle, d'autre part, de n'admettre la conformité à la Constitution de la loi d'habilitation que sous l'expresse condition qu'elle soit interprétée et appliquée dans le strict respect de la Constitution. • Cons. const. 25 juin 1986, n° 86-207 DC § 15 • Cons. const. 30 déc. 1995, n° 95-370 DC § 28. ♦ Dès lors, le Conseil peut considérer que la loi d'habilitation n'est conforme à la Constitution que dans les limites et sous la réserve de l'interprétation qu'il a énoncée. • Cons. const. 25 juin 1986, n° 86-207 DC § 26 • Cons. const. 23 juin 2003, n° 2003-473 DC § 18 à 20.

19. De même peut-il subordonner la constitutionnalité de la loi d'habilitation au fait que les ordonnances futures respectent les principes constitutionnels et n'admettre la constitutionnalité de la loi d'habilitation que sous cette réserve. • Cons. const. 5 janv. 1982, n° 81-134 DC § 5 • Cons. const. 1er juill. 1986, n° 86-208 DC § 8 • Cons. const. 30 déc. 1995 : *préc. note 17* • Cons. const. 25 juin 1986, n° 86-207 DC § 13 • Cons. const. 16 déc. 1999, n° 99-421 DC § 24.

20. Dans le cadre d'une QPC, le Cons. const. ne saurait être saisi, sur le fondement de cet art. 61-1, que de griefs tirés de ce que les dispositions d'une loi d'habilitation portent atteinte, par elles-mêmes ou par les conséquences qui en découlent nécessairement, aux droits et libertés que la Constitution garantit. • Cons. const. 3 juill. 2020, *Sofiane A.*, n° 2020/851/852 QPC § 9. ♦ V. déjà : Les dispositions d'une loi d'habilitation qui se bornent à délimiter le champ de l'habilitation donnée au Gouvernement sur le fondement du présent art. pour prendre par ordonnance des mesures qui sont normalement du domaine de la loi, ne sont, par leur nature même, pas susceptibles de porter atteinte aux droits et libertés que la Constitution garantit. • CE, QPC, 23 janv. 2015, n° 380339 : *AJDA 2015. 587, concl. Bretonneau*.

21. Ainsi, les dispositions contestées n'excluant pas toute intervention d'un juge lors de la prolongation d'un titre de détention provisoire venant à expiration durant la période d'application de l'état d'urgence sanitaire, elles ne portent atteinte ni par elles-mêmes, ni par les conséquences qui en découlent nécessairement, aux exigences de l'art. 66 Const. 58 imposant l'intervention d'un juge dans le plus court délai possible en cas de privation de liberté. L'inconstitutionnalité alléguée par les requérants ne pourrait résulter que de l'ordonnance prise sur le fondement de ces dispositions. • Cons. const. 3 juill. 2020, *Sofiane A.*, n° 2020/851/852 QPC § 14.

22. Absence de restriction à la demande d'habilitation. La Constitution ne soumet le recours à cette procédure à aucune autre condition que celles énoncées à l'art. 38 et à l'art. 13 : « le Président de la République signe les ordonnances et les décrets délibérés en Conseil des ministres ». • Cons. const. 25 juin 1986, n° 86-207 DC § 3.

23. Dès lors, le recours aux présentes dispositions n'est pas une atteinte au droit d'amendement des parlementaires dès lors que ceux-ci pourront notamment exercer ce droit au cours de la procédure législative visant à l'adoption des projets de loi de ratification des ordonnances. • Cons. const. 16 déc. 1999, n° 99-421 DC § 19. ♦ ... Et, à l'expiration du délai imparti au Gouvernement, déposer toute proposition de loi visant à modifier les ordonnances intervenues dans les matières qui relèvent du domaine de la loi. • Même décision *§ 20.*

24. De même, si le recours à cette procédure a des incidences sur les modalités du contrôle de constitutionnalité des lois, cette circonstance, conséquence nécessaire d'une procédure prévue par la Constitution, ne peut avoir pour effet d'interdire ou de limiter l'usage de cet art. • Cons. const. 1er juill. 1986, n° 86-208 DC.

25. De même, il n'est pas utile de consulter le Conseil économique, social et environnemental pour l'adoption d'une loi d'habilitation se référant à des objectifs de caractère économique et social mais ne comportant pas de prévision de dépenses chiffrées pour la réalisation de ces objectifs. • Cons. const. 25 juin 1986, n° 86-207 DC § 8.

26. Effet de l'habilitation. Une habilitation donnée par le Parlement sur le fondement du présent art. élargit de façon temporaire le pouvoir réglementaire dont le Gouvernement dispose, en l'autorisant à adopter des mesures qui relèvent du domaine normalement réservé à la loi, que ce soit en vertu de l'art. 34 Const. 58 ou d'autres dispositions de celle-ci. • CE, ass., 16 déc. 2020, n° 440258 A § 6 (concl. *Villette) : AJDA 2021. 258, chron. Malverti et Beaufils ; ibid. 2020. 2463 ; D. 2021. 18 ; AJFP 2021. 75 ; AJCT 2021. 143, obs. Durand ; RFDA 2021. 171, concl. Villette ; JCP Adm. 2020. 736 ; ibid. 2021. 2037, note Pauliat.*

27. Les dispositions de l'art. 41 permettent au Gouvernement de s'opposer à l'intervention du Parlement dans une matière ayant fait l'objet d'une habilitation. Cependant, il s'agit là d'une simple faculté. • Cons. const. 23 janv. 1987, n° 86-224 DC § 14.

28. Les dispositions d'une loi d'habilitation qui se bornent à délimiter le champ de l'habilitation donnée au Gouvernement sur le fondement du présent art. pour prendre par ordonnance des mesures qui sont normalement du domaine de la loi ne sont, par leur nature même, pas susceptibles de porter atteinte aux droits et libertés que la Constitution garantit. • CE, QPC, 23 janv. 2015, n° 380339 : *AJDA 2015. 587, concl. Bretonneau .*

29. Nouvelle habilitation. L'habilitation conférée au Gouvernement ne vise pas à permettre la prolongation ou le rétablissement des précédentes habilitations prévues par les lois des 23 mars et 17 juin 2020, mais seulement à autoriser la prolongation ou le rétablissement, sous réserve de certaines modifications, des mesures adoptées, par voie d'ordonnances, sur le fondement de ces habilitations. L'ensemble de ces mesures est suffisamment défini par le renvoi, dans la loi déférée, aux dispositions des deux lois précitées qui prévoyaient lesdites habilitations. Par conséquent, en renvoyant à ces dispositions, le législateur a suffisamment précisé le domaine d'intervention de l'habilitation conférée au Gouvernement. L'habilitation contestée autorise seulement le Gouvernement à prolonger ou à rétablir ces mesures ou à les modifier dans la seule mesure nécessaire, d'une part, à cette prolongation ou ce rétablissement et, d'autre part, à leur adaptation aux conditions particulières de l'état de la situation sanitaire. Il appartiendra au Gouvernement qui mettra en œuvre l'habilitation contestée de respecter les règles et principes de valeur constitutionnelle. Le cas échéant, le Cons. const. pourra ultérieurement être saisi des ordonnances prises sur le fondement de cette habilitation, une fois le délai d'habilitation expiré ou leur ratification intervenue, pour examiner leur conformité aux exigences constitutionnelles. Il en résulte que les dispositions contestées ne méconnaissent pas le présent art. • Cons. const. 13 nov. 2020, n° 2020-808 DC § 31 à 33.

2° ORDONNANCES

a. Généralités

30. Gouvernement habilité. Sauf précisions contraires apportées par la loi d'habilitation, le gouvernement autorisé à agir par ordonnances est celui en fonction à la date de signature d'une ordonnance même s'il diffère de celui en fonction à la date de l'entrée en vigueur de la loi d'habilitation. • CE, sect., 5 mai 2006, *M. Schmitt*, n° 282352 : *Lebon 220 ; AJDA 2006. 1362, chron. Landais et Lénica ; Dr.*

adm. 2006. 110; RFDA 2006. 678, concl. Keller et note Boyer-Mérentier; JCP Adm. 2006. 1753, chron. Plessix; ibid. Act. 412.

31. Mise en œuvre. Une loi d'habilitation a pour objet normal de confier à une ou plusieurs ordonnances le soin de poser des règles de compétence, de procédure ou de fond en vue de la réalisation des finalités qu'elle énonce. • Cons. const. 25 juin 1986, n° 86-207 DC § 78.

32. Dans la procédure d'élaboration de l'ordonnance, les consultations prévues par des dispositions législatives antérieures doivent être menées en plus de celles édictées par la loi d'habilitation. • CE 27 avr. 1998, *Conféd. synd. médicaux français: Lebon T. 684*. ♦ En revanche, si la loi d'habilitation ne prévoit pas de consulter l'assemblée d'un TOM, cette consultation n'est pas obligatoire, la Constitution ne le prévoyant que pour les lois. • CE 24 oct. 2001, *Gouvernement de la Polynésie française*, n° 227331: *Lebon 481; RFDA 2002. 73, concl. Maugüé*.

33. Contenu des ordonnances. Le pouvoir réglementaire est, dans ce cadre, obligé de ne pas méconnaître sa compétence sous peine que sa décision soit frappée d'« incompétence négative ». • CE, ass., 3 juill. 1998, *Synd. des médecins de l'Ain: Lebon 277; RFDA 1998. 642, concl. Maugüé; AJDA 1998. 559, chron. Raynaud et Fombeur; Dr. soc. 1998. 817, note Prétot; RDSS 1998. 755, note Dubouis; LPA 13 août 1999, p. 17, note Trémeau.* ♦ Il peut néanmoins renvoyer à des décrets les modalités d'application ou d'adaptation des mesures contenues dans l'ordonnance. • CE 3 févr. 1999, *Nodière: Lebon 8; Dr. adm. 1999, n° 132, obs. C. M.*

34. Les ordonnances peuvent procéder à l'abrogation de dispositions législatives antérieures. Ceci est particulièrement vrai pour des ordonnances de codification et n'impose dès lors aucune prévision expresse dans la loi d'habilitation. • Cons. const. 16 déc. 1999, n° 99-421 DC § 8. ♦ Elles peuvent aussi comporter des dispositions législatives qui dérogent à d'autres dispositions de même valeur juridique que celles-ci soient ou non comprises dans une ordonnance. • CE 26 nov. 2001, *Assoc. Liberté Information Santé: RFDA 2002. 65, concl. Boissard; Dr. adm. 2002, n° 44, obs. S. B.* ♦ Elles peuvent encore déroger à un principe général du droit si la loi d'habilitation l'implique nécessairement. • CE 29 oct. 2004, *Sueur*, n° 269814: *Lebon 393, concl. Casas; RFDA 2004. 1103, concl. Casas*.

35. De plus, le pouvoir réglementaire peut, dans ce cadre, comme il est loisible au législateur, abroger des dispositions de nature réglementaire figurant dans des textes législatifs sans avoir à recourir préalablement à la procédure prévue à l'art. 37 Const. • Cons. const. 16 déc. 1999, n° 99-421 DC § 26.

36. Enfin, le pouvoir réglementaire doit tenir compte des circonstances particulières et éventuellement prendre des dispositions permettant de pallier les éventuelles carences des partenaires conventionnels en assurant la continuité des mécanismes juridiques en place. • CE 7 mai 1999, *Féd. nat. médecins radiologues: Lebon T. 586; Dr. adm. 1999, n° 177, obs. C. M.*

37. Les ordonnances peuvent contenir aussi bien des dispositions relevant normalement du domaine de la loi que de celui du règlement. Les dispositions de nature réglementaire d'une ordonnance non ratifiée peuvent être modifiées par décret qui, comme l'ordonnance, doit être un décret en Conseil d'État délibéré en Conseil des ministres. • CE 30 juin 2003, *Féd. ovine du Sud-Ouest*, n° 236571: *Lebon 292; RFDA 2003. 830*. ♦ Il en résulte que, même non ratifiée, une ordonnance peut déroger à des dispositions législatives. • CE 6 déc. 2013, *Région Guyane*, n° 357249: *AJDA 2013. 2468*.

b. Nature juridique

38. Alors même que les mesures adoptées suite à l'habilitation législative ont la même portée que si elles avaient été prises par la loi, les ordonnances prises en vertu du présent art conservent le caractère d'actes administratifs, aussi longtemps qu'elles n'ont pas fait l'objet d'une ratification, qui ne peut être qu'expresse, par le Parlement. A ce titre, elles doivent respecter, outre les règles de compétence, de forme et de procédure qui leur sont applicables, les règles et principes de valeur constitutionnelle et les engagements internationaux de la France, elles ne peuvent intervenir dans le domaine de la loi, abroger ou modifier des lois ou y déroger que dans la limite de l'habilitation conférée par le législateur et, sauf à ce que cette habilitation ait permis d'y déroger, elles sont soumises au respect des principes généraux du droit s'imposant à toute autorité administrative. • CE, ass., 16 déc. 2020, n° 440258 A § 5: *préc. note 26.* ♦ V. de manière plus laconique. ♦ Une ordonnance non ratifiée ne revêt pas le caractère de disposition législative. • Cons. const. 10 févr. 2012, *Patrick E.*, n° 2011-219 QPC § 3 • CE 12 oct. 2016, n° 396170 B § 2: *AJDA 2016. 2153, chron. Dutheillet de Lamothe et Odinet* • CE 11 juin 2020, n° 437851 § 14.

39. Toutefois, conformément au dernier al. du présent art., à l'expiration du délai de l'habilitation, les dispositions d'une ordonnance ne peuvent plus être modifiées que par la loi dans les matières qui sont du domaine législatif. • Cons. const. 28 mai 2020, *Force 5*, n° 2020-843 QPC § 11. ♦ Les dispositions d'une ordonnance qui relèvent du domaine de la loi ne peuvent plus, après l'expiration du délai de l'habilitation conférée au Gouvernement, être modifiées ou abrogées que par le législateur ou sur le fondement d'une nouvelle habilitation qui serait donnée au Gouvernement. • CE, ass., 11 déc. 2006, *Conseil national de l'Ordre des médecins,* n° 279517 A : *AJDA 2007. 133, chron. Landais et Lénica* • CE, ass., 16 déc. 2020, n° 440258 A § 6 : *préc. note 26.*

40. L'expiration du délai fixé par la loi d'habilitation fait ainsi obstacle à ce que l'autorité investie du pouvoir réglementaire fasse droit à une demande d'abrogation portant sur les dispositions d'une ordonnance relevant du domaine de la loi, quand bien même celles-ci seraient illégales. • CE, ass., 11 déc. 2006, *Conseil National de l'Ordre des médecins,* n° 279517 A : *préc. note 39* • CE, ass., 16 déc. 2020, n° 440258 A § 6 : *préc. note 26.*

41. Jusqu'à l'expiration du délai de l'habilitation, les ordonnances ne sont pas soumises au contrôle de constitutionnalité. • Cons. const. 10 févr. 2012, *Patrick E.,* n° 2011-219 QPC § 3. ♦ Elles n'en sont pas moins soumises au contrôle du juge de l'excès de pouvoir. • Cons. const. 8 août 1985, n° 85-196 DC § 23. ♦ En effet, l'adoption de dispositions législatives par voie d'ordonnances conduit à les faire relever temporairement du régime contentieux des actes réglementaires. • Cons. const. 16 déc. 1999, n° 99-421 DC § 9. ♦ Elles peuvent donc voir leur légalité contestée dans le cadre d'un recours pour excès de pouvoir. • CE, sect., 3 nov. 1961, *Damiani : Lebon 607.* ♦ ... Ou d'une exception d'illégalité à l'occasion de la contestation de décisions administratives ultérieures ayant pour fondement une ordonnance. • CE 1er déc. 1997, *CPAM Sarthe,* n° 176352 : *Lebon 446* • CE 8 déc. 2000, *Hoffer,* n° 199072 : *Lebon 584* ; *AJDA 2000. 985, chron. Guyomar et Collin* ; *RFDA 2001. 454, concl. Maugüé* .

42. Une fois le délai d'habilitation expiré, les ordonnances doivent être regardées comme des dispositions législatives. • Cons. const. 28 mai 2020, *Force 5,* n° 2020-843 QPC § 11. ♦ Dès lors, à compter de cette date ou une fois leur ratification intervenue, le Cons. const. pourra, le cas échéant, examiner la conformité des ordonnances aux exigences constitutionnelles. • Cons. const. 13 nov. 2020, n° 2020-808 DC § 3. ♦ Les ordonnances doivent, dès lors, faire l'objet d'une QPC, dès lors qu'il s'agit de s'assurer de leur conformité aux droits et libertés *que la Const. garantit.* • Cons. const. 3 juill. 2020, *Sofiane A.,* n° 2020-851/852 QPC § 9 • CE 28 sept. 2020, n° 441059 B : *AJDA 2020. 1826* ; *JCP Adm. 2020. 552.* ♦ Il suit de là que, lorsque le délai d'habilitation est expiré, la contestation, au regard des droits et libertés que la Const. garantit, des dispositions d'une ordonnance relevant du domaine de la loi n'est recevable qu'au travers d'une QPC. • CE, ass., 16 déc. 2020, n° 440258 A § 7 : *préc. note 26.* ♦ Une QPC portant sur les dispositions d'une ordonnance, est recevable si le délai d'habilitation est expiré et qu'elle porte sur la contestation, au regard des droits et libertés que la Constitution garantit, de dispositions de l'ordonnance qui relèvent du domaine de la loi. Il appartient au CE, statuant sur la transmission au Cons. const. d'une QPC soulevée à l'encontre de dispositions d'une ordonnance, de déterminer si les dispositions critiquées de l'ordonnance relèvent du domaine de la loi ou de la compétence réglementaire. • CE 21 déc. 2020, n° 441399 B § 10 et 18 : *AJDA 2020. 2582* ; *JCP Adm. 2021. 20.* ♦ V. notes ss. Const. 58, art. 61-1 pour des ex. de mise en œuvre.

43. Si le Cons. const., jugeant que ces dispositions portent atteinte aux droits et libertés que la Const. garantit, les déclare inconstitutionnelles, elles sont, en vertu de l'art. 62 Const. 58, abrogées à compter de la publication de sa décision ou d'une date ultérieure qu'elle fixe, le Cons. const. pouvant en outre déterminer les conditions et limites dans lesquelles les effets que la disposition a produits sont susceptibles d'être remis en cause. • CE, ass., 16 déc. 2020, n° 440258 A § 7 : *préc. note 26.*

44. La circonstance qu'une QPC puisse, dans une telle hypothèse, être soulevée, ne saurait cependant faire obstacle à ce que le juge annule l'ordonnance dont il est saisi par voie d'action ou écarte son application au litige dont il est saisi, si elle est illégale pour d'autres motifs, y compris du fait de sa contrariété avec d'autres règles de valeur constitutionnelle que les droits et libertés que la Const. garantit. • CE, ass., 16 déc. 2020, n° 440258 A § 7 : *préc. note 26.* ♦ V. déjà. • CE 1er juill. 2020, n° 429132 B : *AJDA 2020. 1384* ; *JCP Adm. 2020. 414* • CE 1er juill. 2020, n° 428134 B : *AJDA 2020. 1388* ; *ibid. 2266, note Lamy* . ♦ V. note 53.

45. Par ailleurs, lorsque la QPC porte sur les dispositions d'une ordonnance qui ne relèvent pas du domaine de la loi, ces dispositions, dès lors qu'elles sont réglementaires, ne sont pas au nombre des dispositions législatives susceptibles d'être renvoyées au Cons. const. La QPC ainsi soulevée ne peut faire l'objet d'une transmission au Cons. const., sans préjudice de l'examen par le juge des moyens soulevés à l'appui du recours pour excès de pouvoir formé contre l'ordonnance ou à l'appui de la contestation par voie d'exception de la légalité de l'ordonnance, mettant en cause la conformité à la Const. de ces dispositions réglementaires. • CE 21 déc. 2020, n° 441399 B § 18 : *préc. note 42.*

46. De même, une fois le délai d'habilitation expiré, la constitutionnalité des dispositions d'une ordonnance pourrait être contestée dans le cadre du contrôle a priori (jurisprudence néo-calédonienne : V. note ss. Const. 58, art. 61), qui permet au Cons. const. de contrôler des dispositions législatives en vigueur (qui résulteraient, ici, d'une ordonnance non ratifiée) à l'occasion du contrôle d'une loi qui les modifie, les complète ou affecte leur domaine. • Cons. const. 19 nov. 2020, *Sté Getzner France,* n° 2020-866 QPC § 8 (sol. impl.).

c. Intervention du juge administratif

47. Moment du contrôle. La loi par laquelle le Parlement ratifie une ordonnance donnant à celle-ci rétroactivement valeur législative, il en résulte que, d'une part, qu'un recours pour excès de pouvoir tendant à son annulation devient, à compter de cette ratification, sans objet. • CE, ass., 16 déc. 2020, n° 440258 A § 12 : *préc. note 26.* ♦ V. déjà. • Cons. const. 29 févr. 1972, n° 72-73 L § 3 : *Rec. Cons. const. 31 ; RJC II-48 ; JO 18 mars, p. 2849 ; AJDA 1972. 638, note Toulemonde* • Cons. const. 23 janv. 1987, n° 86-224 DC § 25 • CE, ass., 24 nov. 1961, *Féd. nat. synd. de police : Lebon 658 ; AJDA 1962. 114, note J.T. ; S. 1953. 59, note Hamon ; D. 1962. 424, note Fromont.*

V. pour d'autres décisions dans le même sens : .

48. A compter de la ratification, l'ordonnance ne peut plus être utilement contestée par voie d'exception qu'au regard des droits et libertés que la Const. garantit, par le moyen d'une QPC, et des engagements internationaux de la France produisant des effets directs dans l'ordre juridique interne. • CE, ass., 16 déc. 2020, n° 440258 A § 12 : *préc. note 26.*

49. Il en est ainsi, par ex., si la loi de ratification s'avérait incompatible avec les dispositions de l'art. 6 § 1 Conv. EDH en portant atteinte au droit à un procès équitable. • CE 8 déc. 2000, *Hoffer,* n° 199072 : *préc. note 41.* ♦ La ratification des ordonnances n'est pourtant pas une atteinte au droit au recours juridictionnel ni au procès équitable. • Cons. const. 17 janv. 2008, n° 2007-561 DC § 4.

50. *Une fois l'ordonnance ratifiée, le conflit ne peut plus être élevé et chaque ordre de juridictions retrouve compétence pour le contrôle de conventionnalité.* • T. confl. 19 mars 2007, *(Préfet de l'Essonne) Samzun,* n° 3622.

51. De manière curieuse, le contrôle est également impossible, du moins sur la question d'un vice de procédure, si le législateur a validé celle-ci dans le but de faire échapper l'ordonnance, en attendant sa ratification, à une annulation contentieuse de ce chef. • CE 12 févr. 1997, *Synd. nat. inspecteurs des affaires sanitaires et sociales : RFDA 1997. 471, concl. Maugüé* .

52. La ratification prochaine de l'ordonnance n'est pas une situation d'urgence justifiant l'intervention du juge des référés. • CE, réf., 11 avr. 2001, *Hoffer,* n° 232358 B.

53. Étendue du contrôle. La légalité des ordonnances peut être contestée par voie d'action, au moyen d'un recours pour excès de pouvoir formé dans le délai de recours contentieux devant le Conseil d'État, compétent pour en connaître en premier et dernier ressort, qui peut en prononcer l'annulation rétroactive, ou par la voie de l'exception, à l'occasion de la contestation d'un acte ultérieur pris sur leur fondement, devant toute juridiction, qui peut en écarter l'application, sous réserve, le cas échéant, d'une question préjudicielle. • CE, ass., 16 déc. 2020, n° 440258 A § 5 : *préc. note 26.*

54. Le requérant ayant le choix des moyens qu'il entend soulever, en particulier lorsque des principes voisins peuvent trouver leur source dans la Constitution, dans des engagements internationaux ou dans des principes généraux du droit, il appartient au juge, à défaut de précision quant à la source du principe invoqué, d'opérer son contrôle au regard de la norme de référence la plus conforme à l'argumentation dont il est saisi et à la forme de sa présentation. • CE, ass., 16 déc. 2020, n° 440258 A : *préc. note 26.*

55. Lorsqu'il est saisi, par voie d'action, d'un recours pour excès de pouvoir dirigé contre une ordonnance, le Conseil d'État peut, alors même que le délai d'habilitation est expiré et qu'une question prioritaire de constitutionnalité a été soulevée, annuler cette ordonnance, avant l'expiration du délai de trois mois à compter de la présentation de la question, sans se prononcer sur son renvoi au Conseil constitutionnel, si un motif autre que la méconnaissance des droits et libertés garantis par la Constitution ou les engagements internationaux de la France est de nature à fonder cette annulation et que l'intérêt d'une bonne administration de la justice commande qu'il ne soit pas sursis à statuer. • CE, ass., 16 déc. 2020, n° 440258 A § 10 : *préc. note 26.*

56. Si le Conseil constitutionnel déclare inconstitutionnelle une disposition d'une ordonnance dont le Conseil d'État est saisi par voie d'action, il appartient à ce dernier de tirer les conséquences, sur les conclusions de la requête, de la décision du Conseil constitutionnel, puis d'accueillir ou de rejeter le surplus des conclusions, en fonction du bien-fondé des moyens autres que ceux tirés de la méconnaissance des droits et libertés garantis par la Constitution. • CE, ass., 16 déc. 2020, n° 440258 A § 11 : *préc. note 26.*

57. La loi d'habilitation doit être interprétée

et appliquée, sous le contrôle du Conseil d'État, dans le strict respect des principes constitutionnels. • Cons. const. 16 déc. 1999, n° 99-421 DC § 24. ♦ Ainsi le juge administratif pourra s'assurer que les ordonnances ne violent pas des dispositions constitutionnelles (autres que celles garantissant des droits et libertés si le délai d'habilitation est expiré). • CE ass., 7 juill. 2006, *Assoc. France Nature Environnement,* n° 283178 : *AJDA 2006. 2053, chron. Landais et Lénica* ♦ ... Des principes constitutionnels • CE 26 nov. 2001, n° 222741 A : *RFDA 2002. 65, concl. Boissard* . ♦ ... Les principes généraux du droit et les règles et principes de valeur constitutionnelle. • CE 4 nov. 1996, *Assoc. défense des stés de course,* n° 177162 A : *RFDA 1996. 1099, concl. Maugüé* • CE 12 févr. 1997, n° 180079 B : *RFDA 1997. 463, concl. Maugüé* • CE, ass., 28 mars 1997, *Sté Baxter,* n° 179049 A : *RFDA 1997. 450, concl. Bonichot* *et obs. Mélin-Soucramanien* . • CE 30 avr. 1997, n° 180838 A : *RFDA 1997. 474, concl. Maugüé* .

58. Le juge administratif s'assure que le Gouvernement n'outrepasse pas sa délégation en particulier en vérifiant que les dispositions des ordonnances sont bien au nombre de celles que le Gouvernement était autorisé à prendre. • CE, sect., 3 nov. 1961, *Damiani : Lebon 607* • CE 17 déc. 1969, *Conseil nat. Ordre des pharmaciens : Lebon 584* • CE 16 nov. 2020, n° 440418 B : *AJDA 2020. 2237* ; *JCP Adm. 2020. 673.*

V. pour d'autres décisions dans le même sens : .

59. Les dispositions qui excèdent l'habilitation consentie par le législateur sont annulées. • CE, ass., 24 nov. 1961, *Féd. nat. synd. de police : préc. note 47.* ♦ ... Ou réputées non écrites. • T. confl., 20 oct. 1997, *Albert,* n° 03032 : *Lebon 536* . ♦ ... A moins qu'elles ne dérogent à aucune disposition législative. • CE, ass., 16 déc. 2020, n° 440258 A § 15 : *préc. note 26.*

60. Il s'assure également que les dispositions des ordonnances ne touchent pas à des domaines qui ne relèvent pas de la loi mais, par exemple de la loi organique. • CE, ass., 4 nov. 2005, *Président de la Polynésie française,* n° 280003 : *préc. note 1* • CE, ass., 16 déc. 2020, n° 440258 A § 15 : *préc. note 26.*

61. Sur les conséquences d'une annulation partielle sur la ratification, V. note 82.

62. La procédure d'urgence peut être mise *en œuvre pour demander la suspension* d'une disposition d'une ordonnance. • CE, réf., 20 mars 2001, *Synd. nat. horlogers,* n° 230462 : *Lebon 143* .

63. Il n'appartient pas au juge administratif, à travers le contrôle qu'il peut opérer sur l'ordonnance, de se prononcer sur la constitutionnalité de la loi d'habilitation. • CE 29 oct. 2004, *Sueur,* n° 269814 : *préc. note 34.*

64. Codification. Ainsi, dans le cadre de la codification, le Conseil d'État s'assure-t-il que le Gouvernement ne codifie que des dispositions non abrogées. • CE, réf., 20 mars 2001, *Synd. nat. horlogers,* n° 230462 : *préc. note 62.* ♦ ... Que les abrogations opérées ont bien été limitées aux seules dispositions devenues sans objet, c'est-à-dire redondantes avec d'autres ou obsolètes. • CE 13 juill. 2006, *France Nature Environnement,* n° 286711 : *préc. note 58.* ♦ ... Que les contreseings nécessaires sont bien recueillis, c'est-à-dire ceux du Premier ministre et des ministres responsables. • CE 5 nov. 2001, *Sté agrégés des universités,* n° 224380 A : *RFDA 2002. 163* . ♦ ... Que les modifications ont bien été limitées à ce qui est nécessaire pour assurer le respect de la hiérarchie des normes. • CE 25 mars 2002, *Tiraspolsky,* n° 224221 B. ♦ ... Et la cohérence rédactionnelle des textes. • CE 5 nov. 2001, *Sté agrégés des universités,* n° 224380 A : *préc.* • CE 11 févr. 2002, n° 227273 A : *RFDA 2002. 432* . ♦ Si l'une de ces limites est violée, le juge annule les dispositions codifiées. • CE 26 nov. 2001, n° 222741 A : *RFDA 2002. 65, concl. Boissard* . ♦ Le gouvernement peut profiter de la codification pour inclure dans la partie législative de l'ordonnance des dispositions réglementaires déclarées illégales par le Conseil d'État en raison de leur appartenance au domaine de la loi. • CE 27 mai 2002, n° 227338 A : *RFDA 2002. 854* . ♦ ... Mais non abroger, compte tenu des termes de la délégation, des dispositions de forme législative adoptées postérieurement à l'entrée en vigueur de la Constitution et portant sur une matière réglementaire. • CE 13 juill. 2006, *France Nature Environnement,* n° 286711 : *préc. note 58.*

65. Au cas où une erreur matérielle serait décelée par le juge une fois le délai de l'habilitation expiré, celui-ci ne procède pas à l'annulation du texte erroné mais confère aux dispositions codifiées leur exacte portée et prévoit que le texte ainsi rétabli sera rendu opposable par des mesures de publicité appropriées. • CE 25 mars 2002, *Caisse d'assurance-accidents agricole du Bas-Rhin,* n° 224055 : *Lebon 110* .

66. La seule circonstance qu'une ordonnance non encore ratifiée soit soumise au régime contentieux des actes administratifs ne fait pas obstacle à ce que ses dispositions dérogent à d'autres dispositions législatives. • CE 6 déc. 2013, *Région Guyane,* n° 357249 : *Lebon ; AJDA 2013. 2468* .

67. Contrôle de conventionnalité. Les ordonnances doivent également respecter, outre les prescriptions de la loi d'habilitation, les normes internationales. • Cons. const. 25 juin 1986, n° 86-207 DC § 24 • CE 4 nov. 1996, *Assoc. défense des stés de course,* n° 177162 : *Lebon 427 ; RFDA 1996. 1099, concl. Maugüé* • CE, ass., 28 mars 1997, *Sté Baxter,* n° 179049 : *préc. note 57* • CE 8 déc. 2000, *Hoffer,* n° 199072 : *préc. note 41* • CE 29 oct. 2004, *Sueur,* n° 269814 : *préc. note 34.*

d. Caducité

68. Le dépôt en temps utile du projet de loi portant ratification d'ordonnances a simplement pour effet de faire obstacle à la survenance de la caducité de cet acte administratif sans pour autant imposer au Parlement un délai pour se prononcer sur ledit projet. Dès lors, le dépôt du projet de loi de ratification ne saurait être constitutif d'une situation d'urgence justifiant l'intervention du juge des référés. • CE 11 mai 2001, *Marza et Mairau,* n° 233433.

69. Le fait qu'un nouveau gouvernement succède à celui qui a déposé le projet de loi de ratification n'oblige pas celui-ci à procéder au dépôt d'un nouveau projet pour éviter la caducité des ordonnances. • CE 16 févr. 2001, *Centre du château de Gleteins,* n° 220118 : *Lebon 71 ; AJDA 2001. 296, note C. L.*

70. L'absence de dépôt du projet de loi de ratification dans le délai défini par la loi d'habilitation rend les ordonnances caduques, ce que le Conseil d'État ne peut que constater. • CE 2 avr. 2003, *Conseil régional de Guadeloupe,* n° 246748 : *Lebon 162 ; RFDA 2003. 622 ; Dr. adm. 2003, n° 163, note C.M.* ♦ La caducité (ou l'annulation pour excès de pouvoir) d'une ordonnance a pour conséquence, selon le cas, de maintenir en application le régime antérieur ou de le remettre en vigueur. • Cons. const. 1er juill. 1986, n° 86-208 DC § 11.

3° RATIFICATION

71. L'absence d'inscription à l'ordre du jour du projet de loi de ratification d'une ordonnance ne constitue pas un changement de circonstances rendant illégales les dispositions de l'ordonnance considérée. • CE 16 févr. 2001, *Centre du château de Gleteins,* n° 220118 : *préc. note 69.* ♦ Les dispositions de l'art. 39, al. 4, Const. ne sauraient conduire à exiger que le Gouvernement dépose, en même temps que le projet de loi de ratification des ordonnances, l'étude d'impact des ordonnances précédemment prises en vertu des art. 38 ou 74-1 Const. et entrées en vigueur « dès leur publication ». • Cons. const. 9 avr. 2009, n° 2009-579 DC § 22. ♦ Aucune exigence constitutionnelle n'impose au législateur, lorsqu'il ratifie une ordonnance autorisant une expérimentation, de disposer d'une évaluation de celle-ci. • Cons. const. 21 déc. 2020, n° 2020-810 DC § 42.

72. Dès lors qu'une ordonnance est ratifiée, ses dispositions peuvent faire l'objet d'une QPC. • Cons. const. 14 oct. 2011, *Assoc. France Nature Environnement,* n° 2011-183/184 QPC. ♦ A l'inverse, les dispositions d'une ordonnance non ratifiée restant règlementaires, il n'y a pas lieu à statuer sur leur délégalisation dans le cadre de l'art. 37 Const. • Cons. const. 28 févr. 2017, n° 2017-269 L.

a. Modes de ratification

73. Ratification expresse. Lorsque le législateur modifie une disposition législative en procédant à sa ratification expresse, la nouvelle disposition a nécessairement un effet rétroactif et se substitue à la disposition primitive. • CE, sect., 19 déc. 1969, *Piard : Lebon 593.* ♦ En effet, la ratification confère valeur législative à l'ordonnance à compter de sa signature. • Cons. const. 10 mars 1966, n° 66-36 L : *Rec. Cons. const. 23 ; RJC II-23 ; JO 20 mars, p. 2302* • CE 8 déc. 2000, *Hoffer,* n° 199072 : *préc. note 41.* ♦ Une loi peut procéder à la ratification expresse d'ordonnances ayant déjà fait l'objet, lorsque cela était possible, d'une ratification implicite. • Cons. const. 2 déc. 2004, n° 2004-506 DC § 13.

74. Une ordonnance précédemment étendue aux TOM y a valeur législative, même si la loi procédant à la ratification de cette ordonnance n'est pas elle-même étendue aux TOM. • CE 17 mai 2002, *Hoffer,* n° 232359 : *préc. note 47.*

75. Ratification implicite. Autrefois admise par le juge constitutionnel. • Cons. const. 23 janv. 1987, n° 86-224 DC § 24. ♦ ... Et administratif. • CE 10 juill. 1972, *Cie Air Inter : Lebon 537* (la ratification implicite est désormais impossible). ♦ Elle vaut toujours pour les ordonnances implicitement ratifiées avant la révision de 2008, celle-ci n'ayant pas d'effet rétroactif. • CE, QPC, 11 mars 2011, *Benzoni,* n° 341658 : *Lebon ; AJDA 2011. 534 ; D. 2012. 704, obs. Centre de droit et d'économie du sport, Université de Limoges ; RFDA 2012. 455, chron. Labayle, Sudre, Dupré de Boulois et Milano.*

b. Contrôle des lois de ratification

76. Le Conseil constitutionnel peut examiner la conformité à la Constitution d'une ordonnance à travers la loi autorisant sa ratification. • Cons. const. 4 juin 1984, n° 84-170 DC § 5 • Cons. const. 17 janv. 2008, n° 2007-561 DC § 6 • Cons. const. 21 mars 2018, n° 2018-761 DC. ♦ Ainsi la déclaration de conformité de la disposition prévoyant la ratification d'une ordonnance ne s'oppose pas à ce que le Cons. const. connaisse des dispositions de l'ordonnance ratifiée pour examiner leur conformité à la Constitution. • Cons. const. 21 déc. 2020, n° 2020-810 DC § 43.

77. Si la décision relative à la loi d'habilitation contient des réserves d'interprétation, il vérifie que les ordonnances ratifiées ont bien respecté ces réserves. • Cons. const. 2 déc. 2004, n° 2004-506 DC § 17. ♦ En revanche, est inopérant à l'encontre d'une loi de ratification le grief tiré de ce que l'ordonnance ratifiée aurait outrepassé les limites de l'habilitation. • Même affaire *§ 25.* • Cons. const. 17 janv. 2008, n° 2007-561 DC § 4. ♦ ... Le champ d'une loi d'habilitation ne s'imposant pas au législateur lors de l'adoption de la loi de ratification. • Cons. const. 21 mars 2018, n° 2018-761 DC § 74.

78. Lorsqu'il modifie, notamment à l'occasion de sa ratification, les dispositions d'une ordonnance entrées en vigueur, le législateur est tenu au respect des exigences constitutionnelles qui encadrent le pouvoir du législateur en matière de rétroactivité de la loi, ainsi que celles qui protègent le droit au maintien des conventions légalement conclues (V. ss. DDH, art. 16). • Cons. const. 12 févr. 2015, n° 2015-710 DC § 7.

79. Saisi d'une loi de ratification implicite, il appartient au Conseil constitutionnel de dire si la loi comporte effectivement ratification de tout ou partie des dispositions de l'ordonnance en cause et, dans l'affirmative, si les dispositions auxquelles la ratification confère valeur législative sont conformes à la Constitution. • Cons. const. 23 janv. 1987, n° 86-224 DC § 24. ♦ En revanche, ce contrôle devient impossible si les dispositions expressément ratifiées avaient déjà fait l'objet d'une ratification tacite et sont dès lors considérées comme déjà promulguées. • Cons. const. 2 déc. 2004, n° 2004-506 DC § 13.

80. L'éventuelle déclaration de non-conformité à la Constitution prive d'effet la loi de ratification faisant en sorte que l'ordonnance en cause et demeure dans sa totalité, jusqu'à l'intervention d'une loi la ratifiant, un texte de valeur réglementaire dont la régularité juridique ne peut être appréciée par le Conseil constitutionnel. • Cons. const. 23 janv. 1987, n° 86-224 DC § 25.

81. Il est également possible que le juge administratif s'assure que, en ratifiant les ordonnances, le législateur n'a pas procédé à une validation qui violerait les dispositions d'accords internationaux. • CE 8 déc. 2000, *Hoffer,* n° 199072 : *préc. note 41.* ♦ En revanche, est inopérant le moyen tiré de ce que l'ordonnance ratifiée aurait outre-passé les limites de l'habilitation ou que la ratification aurait porté atteinte au droit à un recours juridictionnel effectif qui découle de l'art. 16 DDH. • CE, QPC, 5 févr. 2014, *Sté d'éd. Canal Plus,* n° 373258 § 5 : *AJDA 2014. 315*. ♦ ... Ou au principe de séparation des pouvoirs. • CE 20 mai 2014, *SELARL Tant D'M,* n° 370820 : *AJDA 2014. 1065 ; JCP Adm. 2014. 445.*

82. Une ordonnance que le Conseil d'État a partiellement annulée est ratifiée dans la rédaction résultant de son annulation. • CE 20 mai 2014, *SELARL Tant D'M,* n° 370820 : *préc. note 81.*

83. Une fois la ratification effectuée, il est possible au Conseil constitutionnel de déclasser (art. 37 Const.) une disposition contenue dans l'ordonnance. • Cons. const. 29 févr. 1972, n° 72-73 L § 4 : *préc. note 47.*

Art. 39 L'initiative des lois appartient concurremment au Premier ministre et aux membres du Parlement.

Les projets de loi sont délibérés en Conseil des ministres après avis du Conseil d'État et déposés sur le bureau de l'une des deux assemblées. *(L. const. n° 96-138 du 22 févr. 1996)* « Les projets de loi de finances et de loi de financement de la sécurité sociale sont soumis en premier lieu à l'Assemblée nationale. » *(L. const. n° 2003-276 du 28 mars 2003, art. 4)* « Sans préjudice du premier alinéa de l'article 44, les projets de loi ayant pour principal objet l'organisation des collectivités territoriales *(Abrogé par L. const. n° 2008-724 du 23 juill. 2008, art. 15-1°)* *« et les projets de loi relatifs aux instances représentatives des Français établis hors de France »* sont soumis en premier lieu au Sénat. »

(L. const. n° 2008-724 du 23 juill. 2008, art. 15-2°) « La présentation des projets de loi déposés devant l'Assemblée nationale ou le Sénat répond aux conditions fixées par une loi organique.

« Les projets de loi ne peuvent être inscrits à l'ordre du jour si la Conférence des présidents de la première assemblée saisie constate que les règles fixées par la loi organique sont méconnues. En cas de désaccord entre la Conférence des présidents et le Gouvernement, le Président de l'assemblée intéressée ou le Premier ministre peut saisir le Conseil constitutionnel qui statue dans un délai de huit jours.

« Dans les conditions prévues par la loi, le Président d'une assemblée peut soumettre pour avis au Conseil d'État, avant son examen en commission, une proposition de loi déposée par l'un des membres de cette assemblée, sauf si ce dernier s'y oppose. »

Sur l'examen des conditions de présentation de projets de loi, V. Ord. n° 58-1067 du 7 nov. 1958, art. 26-1, ss. Const. 58, art. 63.

Sur la présentation des projets de loi déposés devant l'Assemblée nationale ou le Sénat, V. ci-dessous L. org. n° 2009-403 du 15 avr. 2009, art. 7 s.

Sur la mise en œuvre de la révision constitutionnelle (procédure législative), V. Circ. du 15 avr. 2009, ss. Const. 58, art. 23.

COMMENTAIRE

V. sur le Code en ligne.

[V. références des décisions du Conseil constitutionnel dans le tableau DC]

A. L'INITIATIVE DES LOIS

1. Si chaque Caisse nationale d'assurance maladie transmet avant le 30 juin de chaque année au ministre chargé de la Sécurité sociale et au Parlement des propositions tenant compte des objectifs de santé publique et relatives à l'évolution de ses charges et de ses produits au titre de l'année suivante et aux mesures nécessaires pour atteindre l'équilibre prévu par le cadrage financier pluriannuel des dépenses d'assurance maladie, ces propositions ne lient pas les pouvoirs publics et ne méconnaissent donc pas l'al. 1er du présent art. • Cons. const. 12 août 2004, n° 2004-504 DC § 29 s.

2. Aucune exigence constitutionnelle n'impose qu'un projet ou une proposition de loi présente un objet analogue. • Cons. const. 12 mai 2011, n° 2011-629 DC § 6.

1° INITIATIVE DU GOUVERNEMENT

3. Sur la question des lettres rectificatives : V. ss. Const. 58, art. 44, notes 36 s.

4. Notion de projet de loi. C'est la délibération du Conseil des ministres qui donne à un texte le caractère d'un projet de loi, au sens de l'art. 39 Const. La signature du Premier ministre et celle du ministre chargé de soutenir la discussion devant le Parlement n'ont lieu d'être apposées que sur le décret décidant de l'assemblée sur le bureau de laquelle un projet de loi sera déposé. • Cons. const. 24 mars 2005, *Hauchemaille et Meyet,* n° 2005-31 REF : *JO 31 mars p. 5834 ; RFDA 2005. 1040, note Fatin-Rouge Stéfanini ; AJDA 2005. 692* (sol. impl.). ♦ L'exposé des motifs, qui, conformément à la tradition républicaine, accompagne un projet de loi, présente les motifs pour lesquels son adoption est proposée et a pour objet, non seulement d'en présenter les principales caractéristiques, mais encore de mettre en valeur l'intérêt qui s'attache à son adoption, est inséparable de ce projet. • Cons. const. 7 avr. 2005, *de Villiers et Peltier,* n° 20005-33 REF : *JO 9 avr., p. 6457.* ♦ La circonstance que le projet d'art. reprenne en substance les termes d'un accord conclu entre l'État et des représentants des départements est sans incidence sur la régularité de la procédure d'adoption. • Cons. const. 29 déc. 2013, n° 2013-685 DC § 58.

5. Dépôt au Parlement. Ce dépôt est dépourvu d'objet lorsque le Président de la République décide, au vu de la proposition qui lui est faite par le Gouvernement, de soumettre le projet de loi au référendum en application de l'art. 11 Const. 58. • Cons. const. 24 mars 2005, *Hauchemaille et Meyet,* n° 2005-31 REF : *préc. note 4.*

6. Interdiction de toute limitation. Des dispositions législatives ne peuvent limiter le droit d'initiative du Gouvernement • Cons. const. 27 juill. 1982, n° 82-142 DC § 8 • Cons. const. 20 déc. 1994, n° 94-350 DC § 4 • Cons. const. 26 janv. 1995, n° 94-358 DC § 56. ♦ ... Ni lui enjoindre de déposer un projet de loi. • Cons. const. 21 déc. 1966, n° 66-7 FNR § 6 : *Rec. Cons. const. 37 ; RJC III-5 ; JO 31 déc. p. 11780* • Cons. const. 17 janv. 1979, n° 78-102 DC • Cons. const. 22 janv. 1990, n° 89-269 DC § 38 • Cons. const. 4 mai 2000, n° 2000-428 DC § 13 • Cons. const. 7 déc. 2000, n° 2000-435 DC § 55. ♦ Ainsi, le fait de prévoir la consultation de l'Assemblée de Corse sur les projets de loi comportant des dispositions spécifiques à la Corse ne saurait ni avoir une quelconque incidence sur la régularité de cette procédure législative ni limiter le droit d'initiative du Gouvernement en matière législative. • Cons. const. 9 mai 1991, n° 91-290 DC § 48. ♦ De même le législateur ne peut enjoindre au Premier ministre de donner une réponse aux propositions de modifications législatives émanant d'organes délibérants de collectivités territoriales, ce même si le Premier ministre fixe le délai dans lequel il fournira ladite réponse. • Même décision *§ 49 et 50* • Cons. const. 7 déc. 2000, n° 2000-435 DC § 41 et 61.

7. Le plus souvent le Conseil estime que des dispositions de cet ordre sont sans portée normative. • Cons. const. 20 déc. 1994, n° 94-350 DC § 4 • Cons. const. 26 janv. 1995, n° 94-358 DC § 56. ♦ V. ss. Const. 58, art. 61, note 106.

8. En revanche le Conseil admet que le législateur puisse fixer un programme de travail au Gouvernement assorti de dates et de délais précis pour la préparation des lois de plan dès lors qu'il s'agit non d'injonctions empiétant sur les droits du Gouvernement mais de l'organisation du travail législatif. • Cons. const. 27 juill. 1982, n° 82-142 DC § 16.

9. *Actes de gouvernement.* Ne sont pas susceptibles d'être discutés devant le Conseil d'État les actes pris par l'exécutif dans le cadre de sa participation à la fonction législative, qu'il s'agisse du dépôt ou du retrait d'un projet de loi. • CE, ass., 19 janv. 1934, *Cie Marseillaise de navigation à vapeur Fraissinet : Lebon 98 ; S. 1937. 41, note Alibert.* ♦ V. annotations ss. Const. 58, art. 31.

10. *Conseil des ministres.* L'absence du Premier ministre lors du Conseil des ministres au cours duquel est délibéré un projet de loi peut être couverte par la signature, par lui, du décret de présentation. • Cons. const. 12 sept. 1984, n° 84-179 DC § 6.

BIBL. Bouvier, La fin du secret des avis du Conseil d'État sur les projets de loi ?, *AJDA 2015. 558*. – De Kersauson et Bardet, Tempête sur les avis, *JCP Adm. 2015. 174* ; Une activité consultative record pour le Conseil d'État en 2015, *AJDA 2016. 1036*. – Hertzog, Où commence la procédure législative ? A propos des règles applicables à l'initiative des lois, *Mélanges Lascombe, Dalloz 2020. 405*. – Malverti et Beaufils, A l'école de l'avis, *AJDA 2021. 270*.

11. *Intervention du Conseil d'État.* La présente disposition n'impose la consultation du Conseil d'État et la délibération en conseil des ministres que pour les projets de loi avant leur dépôt sur le bureau de la première assemblée saisie et non pour les amendements. • Cons. const. 30 mars 2006, n° 2006-535 DC § 8 • Cons. const. 9 déc. 2010, n° 2010-618 DC § 3 et 8.

12. Si le Conseil des ministres délibère sur les projets de loi et s'il lui est possible d'en modifier le contenu, c'est, comme l'a voulu le constituant, à la condition d'être éclairé par l'avis du Conseil d'État ; par suite, l'ensemble des questions posées par le texte adopté par le Conseil des ministres doit avoir été soumis au Conseil d'État lors de sa consultation. • Cons. const. 3 avr. 2003, n° 2003-468 DC § 7. • Cons. const. 13 déc. 2012, n° 2012-658 DC § 51. ♦ Voir déjà, s'agissant des « lettres rectificatives ». • Cons. const. 28 déc. 1990, n° 90-285 DC § 4.

13. *Doivent ainsi obligatoirement* être joints au projet, et donc intervenir avant la saisine du Conseil d'État, les avis implicites ou exprès des organes de la Polynésie française sur les projets de loi qui comportent des dispositions relatives à l'organisation particulière de la Polynésie. • Cons. const. 12 févr. 2004, n° 2004-490 DC § 20. ♦ ... Les avis du HCFP portant sur les LPFP, LF, LFSS et lois de règlement. • Cons. const. 13 déc. 2012, n° 2012-658 DC § 52 et 53. ♦ Toutefois, s'agissant des avis du HCFP, si, par suite des circonstances, ils venaient à être rendus postérieurement à l'avis du Conseil d'État, le Conseil apprécierait, le cas échéant, le respect des dispositions de la LOPGFP au regard des exigences de la continuité de la vie de la Nation. • Cons. const. 13 déc. 2012, n° 2012-658 DC § 54.

14. Ainsi, dès lors que le Gouvernement modifie la nature de la question posée au Conseil d'État par un changement substantiel du projet après la consultation et sans que cette option n'ait été évoquée à aucun moment lors de la consultation de la commission permanente du Conseil d'État cette disposition est adoptée selon une procédure irrégulière. • Cons. const. 3 avr. 2003, n° 2003-468 DC § 8.

15. Il n'est pas possible de contester la méconnaissance des exigences relatives aux projets de loi concernant leur examen obligatoire par le Conseil d'État s'agissant d'articles qui, insérés en première lecture par l'Assemblée nationale, présentent un lien direct avec les dispositions qui figuraient dans le projet de loi. • Cons. const. 9 déc. 2010, n° 2010-618 DC § 10 • Cons. const. 23 janv. 2014, n° 2013-687 DC § 12.

16. Aucune disposition constitutionnelle n'impose au Gouvernement de rendre public l'avis qu'il sollicite du Conseil d'État sur l'un de ses projets d'amendement. • Cons. const. 4 avr. 2019, n° 2019-780 DC § 6.

17. *Exclusivité de l'initiative en matière financière.* Seul le Premier ministre dispose de l'initiative des lois en matière de loi de finances, les parlementaires ne peuvent agir dans cette matière que par voie d'amendement dans les limites fixées par la Constitution et la LOLF • Cons. const. 4 juin 1984, n° 84-170 DC § 3 • Cons. const. 24 juill. 1991, n° 91-298 DC § 6 • Cons. const. 30 mai 2000, n° 2000-429 DC § 14. ♦ Un parlementaire peut néanmoins proposer par voie d'amendement, dans le cadre d'une loi ordinaire, de procéder à la reconnaissance de l'utilité publique d'une dépense alors même qu'il s'agit en fait d'ouvrir rétroactivement des crédits comme seule le peut l'autorité budgétaire compétente. • C. comptes, 22 oct. 2004, *Droits de pêche dans la ZEE de la Polynésie française : Rev. Trésor 2005. 444, note Lascombe et Vandendriessche* • C. comptes, 23 nov. 2004, *Droits de pêche dans la ZEE de la Polynésie française :* Rev. Trésor 2005. 444, note *Lascombe et Vandendriessche.*

18. Il est néanmoins possible de donner, tout en se conformant aux règles constitutionnelles et organiques régissant la préparation des projets de loi de finances, la possibilité à un organisme de proposer, lors de l'élaboration du projet de loi de finances de l'année, les crédits nécessaires à l'accomplissement de ses missions. • Cons. const. 17 janv. 1989, n° 88-248 DC § 5.

2° INITIATIVE DES PARLEMENTAIRES

BIBL. Généralités : Bachschmidt, Le succès méconnu des lois d'initiative parlementaire, *RFD const. 2009. 343*. – **Rôle du Conseil d'État** : Gahdoun, L'amélioration de la fabrication des lois, *AJDA 2008. 1872*. – Gonod, Le Conseil d'État, conseil du Parlement, *RFDA 2008. 871* ; L'examen des propositions de loi par le Conseil d'État : procédure novatrice ou simple gadget ?, *RFDA 2009. 890*. – Roblot-Troizier et Sorbara, Limites et perspectives de la nouvelle fonction législative du Conseil d'État, *AJDA 2009. 1994*. – Bouchez, Le Conseil d'État, conseil du Parlement, premières consultations du Conseil d'État sur des propositions de loi, *JCP Adm. 2011. 2161*. – Gonod, Brèves remarques sur une présentation du Conseil d'État conseiller du Parlement, *JCP Adm. 2011. 2179*. – Schoettl, L'examen des propositions de lois par le Conseil d'État, *in L'examen de la constitutionnalité de la loi par le Conseil d'État, Dalloz 2011*. – Todorova, Le Conseil d'État, conseiller du Parlement : premier bilan, *RFDC 2013. 125*.

19. Le législateur ne peut pas plus limiter l'initiative des parlementaires eux-mêmes. • Cons. const. 27 juill. 1982, n° 82-142 DC § 6 • Cons. const. 26 janv. 1995, n° 94-358 DC § 56.

20. Ainsi, réserver aux seules lois de finances la création et la modification en cours d'année d'une ressource fiscale limiterait l'initiative parlementaire à un simple droit d'amendement puisque le Gouvernement a seul l'initiative en matière de loi de finances. • Cons. const. 4 juin 1984, n° 84-170 DC § 3 • Cons. const. 24 juill. 1991, n° 91-298 DC § 6. ♦ Les dispositions de l'art. L. 1412-1-1 CSP prévoyant : « tout projet de réforme sur les problèmes éthiques et les questions de société soulevés par les progrès de la connaissance dans les domaines de la biologie, de la médecine et de la santé doit être précédé d'un débat public sous forme d'états généraux », applicables aux projets de loi, ont valeur législative ; dès lors, le grief tiré de ce que le recours à une proposition de loi et donc l'absence d'un débat public seraient constitutifs d'un « détournement de procédure » doit en tout état de cause être écarté. • Cons. const. 1er août 2013, n° 2013-674 DC § 3.

21. L'initiative parlementaire en matière législative ne peut s'exercer sous la forme de résolutions qui ne peuvent contenir que des mesures et décisions d'ordre intérieur ayant trait au fonctionnement et à la discipline de ladite assemblée. • Cons. const. 17 juin 1959, n° 59-2 DC • Cons. const. 24 juin 1959 : *59-3 DC*.

22. La circonstance qu'une proposition de loi ait contenu une disposition similaire à celle d'un projet de LFR antérieurement déposé ne saurait faire obstacle au droit d'initiative des lois reconnu aux membres du Parlement par le présent art. • Cons. const. 27 juill. 1995, n° 95-365 DC § 5.

23. Le mode de présentation spécifique de la proposition de loi portant sur un objet mentionné au 1er al. de l'art. 11 Const. et à laquelle est applicable la procédure prévue aux 3e à 6e al. du même art. permettant à des membres d'une assemblée, en s'associant, le cas échéant, avec des membres de l'autre assemblée, de signer et déposer de telles propositions de loi, celles-ci peuvent indifféremment être déposées sur le Bureau de l'assemblée qu'ils choisissent. • Cons. const. 5 déc. 2013, n° 2013-681 DC § 4.

24. Les modalités de communication de l'avis rendu par le Conseil d'État sur une proposition de loi sont, dans leur ensemble, au nombre des conditions que la loi doit fixer en vertu du dernier al. du présent art. Il en résulte que les règlements des assemblées ne peuvent prévoir les modalités selon lesquelles cet avis est rendu public. • Cons. const. 11 juin 2015, n° 2015-712 DC § 18.

B. PRIORITÉ À L'ASSEMBLÉE NATIONALE

BIBL. Havas, Le droit de priorité en matière législative : l'article 39, alinéa 2, de la Constitution, *RD publ. 2007. 1209*.

25. V. notes ss. LOLF du 1er août 2001, art. 40 [*v° Gouvernance financière*] et pour les LFSS, ss. art. L.O. 111-7 CSS [ss. Const. 58, art. 47-1].

26. Les amendements qui introduisent des mesures financières entièrement nouvelles doivent en premier lieu être soumis à l'Assemblée nationale. • Cons. const. 29 déc. 1989, n° 89-268 DC § 22.

27. Les amendements du gouvernement doivent respecter, lorsqu'il s'agit d'une mesure financière entièrement nouvelle, les dispositions de l'art. C. 39. Ils doivent donc être soumis en premier lieu à l'Assemblée nationale. • Cons. const. 28 déc. 1976, n° 76-73 DC § 2. ♦ Même principe s'agissant des LFSS. • Cons. const. 14 déc. 2006, n° 2006-544 DC § 5.

C. PRIORITÉ AU SÉNAT

28. Le principe de la priorité du Sénat en matière de dépôt de projets de loi dont l'objet principal est relatif à l'organisation des collectivités territoriales s'applique aux lois organiques prévues à l'art. 72-1, le référendum local entrant dans ce champ puisque qu'il intéresse le fonctionnement des organes locaux et le régime juridique de leurs actes. • Cons. const. 30 juill. 2003, n° 2003-482 DC § 2 ♦ ... Portant dispositions statutaires et institutionnelle relatives à l'outre-mer • Cons. const. 15 févr. 2007, n° 2007-547 DC § 2. ♦ Il en va de même d'une L. org. ayant pour principal objet l'organisation d'une collectivité territoriale. • Cons. const. 6 déc. 2007, n° 2007-559 DC § 1. ♦ ... Ou relatifs à son évolution institutionnelle. • Cons. const. 30 juill. 2009, n° 2009-587 DC.

29. Il en va encore ainsi d'une loi fixant le nombre des conseillers territoriaux composant l'assemblée délibérante de chaque département et de chaque région dès lors qu'au nombre des règles d'organisation des collectivités territoriales figure la fixation des effectifs de leur assemblée délibérante. • Cons. const. 23 juin 2011, n° 2011-632 DC § 4.

30. Elle n'a pas en revanche à s'appliquer au projet de loi organique prévu à l'art. 74, al. 4, Const. et relatif à l'expérimentation locale de normes nouvelles dans la perspective de leur éventuelle intégration dans la législation nationale. • Cons. const. 30 juill. 2003, n° 2003-478 DC § 2. ♦ ... Ni à celui, prévu à l'art. 72-2 Const. et relatif aux recettes fiscales et aux autres ressources propres des collectivités territoriales représentant, pour chaque catégorie de collectivités, une part déterminante de l'ensemble de leurs ressources. • Cons. const. 29 juill. 2004, n° 2004-500 DC § 1 et 2.

31. La priorité du Sénat s'exerçant sans préjudice des dispositions du 1er al. de l'art. 44 Const. relatif au droit d'amendement des membres du Parlement et du Gouvernement, une disposition résultant d'un amendement adopté en première lecture à l'Assemblée nationale ne viole pas le présent art. • Cons. const. 3 déc. 2009, n° 2009-594 DC § 4 • Cons. const. 9 déc. 2010, n° 2010-618 DC § 8.

D. RECEVABILITÉ DES PROJETS DE LOI

BIBL. Haquet, Les études d'impact des projets de loi : espérances, scepticisme et compromis, *AJDA 2009. 1986*. – Sirinelli, La justiciabilité des études d'impact des projets de loi, *RD publ. 2010. 1367*. – Mission d'information sur la simplification législative, Rapport n° 2268 (XIV° Lég.), *AJDA 2014. 1917*. – Pontier, Études d'impact : l'interprétation en retrait de leur exigence par le Conseil constitutionnel : l'exemple de la délimitation des régions, *JCP Adm. 2014. 2334*. – Hutier, Retour sur un moyen récurrent : les malfaçons de l'étude d'impact des projets de loi, *RFDC 2015. 73*. – Combrade, Faut-il s'inquiéter de l'externalisation de l'évaluation législative ?, *AJDA 2018. 2417*. – Pauliat, L'État peut-il sous-traiter une partie de l'activité législative ?, *JCP Adm. 2018. 932* ; Étude d'impact et exposé des motifs d'un projet de loi : un partenaire privé peut participer à la rédaction, *JCP Adm. 2020. 46*.

32. Notion d'étude d'impact. Avant la révision de 2008, l'étude d'impact sur les projets de loi constituait une simple orientation du travail gouvernemental. • CE 9 juill. 2007, *Synd. EGF-BTP*, n° 297711 A (concl. Boulouis). ♦ De même si l'étude d'impact annexée par le Gouvernement à l'exposé des motifs d'un projet de loi avait pour vocation de contribuer à la bonne information du Parlement sur les incidences du texte qui lui est soumis, ses éventuelles imperfections étaient sans incidence sur la conformité à la Constitution de la loi définitivement votée. • Cons. const. 7 déc. 2000, n° 2000-436 DC § 3.

33. Prévoir que les projets de loi sont précédés de l'exposé de leurs motifs consacre une tradition républicaine qui a pour objet de présenter les principales caractéristiques de ces projets et de mettre en valeur l'intérêt qui s'attache à leur adoption. • Cons. const. 9 avr. 2009, n° 2009-579 DC § 11. ♦ En revanche, le législateur organique excède sa compétence en prévoyant que les projets de loi doivent faire l'objet d'une étude d'impact « dès le début de leur élaboration ». • Cons. const. 9 avr. 2009, n° 2009-579 DC § 13. ♦ Une étude d'impact peut être commune à plusieurs projets de loi ayant un objet analogue. • Cons. const. 11 févr. 2010, n° 2010-603 DC § 5.

34. Le caractère éventuellement incomplet de l'étude d'impact dans l'état antérieur à son dépôt sur le bureau de la première assemblée saisie est sans incidence. • Cons. const. 5 août 2015, n° 2015-715 DC § 5. ♦ V. déjà • Cons. const. 9 avr. 2009, n° 2009-579 DC § 13.

35. Même si les progrès notables sont à mettre au crédit des administrations, la qualité des études d'impact ou, s'agissant des lois de finances, des évaluations préalables, doit encore être sensiblement améliorée. * CE, Rapport public pour 2012, p. 135.

36. La circonstance qu'un prestataire privé a participé, sous la direction et le contrôle du Premier ministre, à la rédaction de son exposé des motifs et de son étude d'impact ne méconnaît pas le présent art. ni aucune autre règle constitutionnelle ou organique. • Cons. const. 20 déc. 2019, n° 2019-794 DC § 6.

37. Portée de l'obligation. Les présentes dispositions n'imposent la présentation d'une étude d'impact, la consultation du Conseil d'État et une délibération en Conseil des ministres que pour les projets de loi avant leur dépôt sur le bureau de la première assemblée saisie et non pour les amendements. • Cons.

const. 17 nov. 2016, n° 2016-739 DC § 6 • Cons. const. 3 déc. 2020, n° 2020-807 DC § 3. ♦ ... Ou les propositions de loi. • Cons. const. 4 avr. 2019, n° 2019-780 DC § 5.

38. Les amendements, même du Gouvernement, n'ont pas à faire l'objet d'études d'impact. • Cons. const. 9 déc. 2010, n° 2010-618 DC § 8 • Cons. const. 13 mars 2014, n° 2014-690 DC § 48. ♦ Il en résulte qu'est inopérant le grief tiré de la méconnaissance des exigences relatives à la présentation des projets de loi à l'encontre de dispositions nouvelles introduites par voie d'amendement au cours de l'examen du projet de loi. • Cons. const. 5 août 2015, n° 2015-715 DC § 7 • Cons. const. 4 sept. 2018, n° 2018-769 DC § 5. ♦ Il en va de même s'agissant d'articles qui, rétablis dans une rédaction différente, par voie d'amendement, en première lecture à l'Assemblée nationale, d'articles supprimés par le Sénat, présentent un lien direct avec les dispositions qui figuraient dans le projet de loi. • Cons. const. 23 janv. 2014, n° 2013-687 DC § 12.

39. L'élaboration d'études particulières répondant à chacune des prescriptions des alinéas 2 à 11 de l'art. 8 de la loi organique n° 2005-403 du 15 avr. 2009 ne saurait être exigée que pour autant que ces prescriptions ou l'une ou l'autre d'entre elles trouvent effectivement à s'appliquer compte tenu de l'objet des dispositions du projet de loi en cause. • Cons. const. 9 avr. 2009, n° 2009-579 DC § 15. ♦ De même, si, par suite de circonstances, tout ou partie d'un document constituant l'étude d'impact d'un projet de loi venait à être mis à la disposition de la première assemblée saisie de ce projet après la date de dépôt de ce dernier, le Conseil constitutionnel apprécierait, le cas échéant, le respect des dispositions de la loi organique au regard des exigences de la continuité de la vie de la Nation. • Cons. const. 9 avr. 2009, n° 2009-579 DC § 17.

40. En toute hypothèse, imposer au Gouvernement d'informer le Parlement sur les orientations principales et le délai prévisionnel de publication des dispositions réglementaires qu'il doit prendre dans l'exercice de la compétence exclusive qu'il tient des art. 13 et 21 de la Constitution constitue une injonction méconnaissant le principe de séparation des compétences du pouvoir législatif et du pouvoir réglementaire. • Cons. const. 9 avr. 2009, n° 2009-579 DC § 16. ♦ Il en va de même s'agissant du contenu des ordonnances qui pourrait résulter d'un projet de loi d'habilitation. • Même décision. *§ 21.*

41. Les dispositions de cet al. ne s'appliquent pas aux PLF et PLFSS. Il en résulte que l'absence dans l'exposé des motifs de ces lois des précisions indiquant si, dans leur article préliminaire, les hypothèses ayant permis le calcul du solde structurel sont les mêmes que celles ayant permis de le calculer pour cette même année dans le cadre de la LPFP ne peut permettre à la Conférence des présidents de l'Assemblée nationale de refuser l'inscription du PLF à l'ordre du jour. • Cons. const. 13 déc. 2012, n° 2012-658 DC § 25. ♦ De même, l'étude d'impact d'un projet de loi ordinaire n'est pas tenue de faire figurer des éléments d'évaluation relatifs à des dispositions figurant dans le PLF et dans le PLFSS de l'année. • Cons. const. 16 janv. 2014, n° 2013-683 DC § 4.

42. Aucune exigence constitutionnelle n'impose au législateur, lorsqu'il ratifie une ordonnance autorisant une expérimentation, de disposer d'une évaluation de celle-ci. • Cons. const. 21 déc. 2020, n° 2020-810 DC § 42.

43. Le Cons. const., saisi dans le cadre de l'art. 61 Const., note simplement que, saisie d'une demande tendant à constater que les règles relatives aux études d'impact étaient méconnues, la Conférence des présidents de l'assemblée sur le bureau de laquelle le projet a été déposé n'y a pas donné suite. • Cons. const. 16 mai 2013, n° 2013-667 DC § 4 • Cons. const. 16 janv. 2014, n° 2013-683 DC § 4. ♦ ... Ou que, saisie d'une demande tendant à constater que les règles relatives aux études d'impact étaient méconnues, la Conférence des présidents de l'assemblée sur le bureau de laquelle le projet a été déposé, n'y a pas donné suite. • Cons. const. 16 mai 2013, n° 2013-667 DC § 4 • Cons. const. 16 janv. 2014, n° 2013-683 DC § 4.

44. Intervention de la conférence des présidents. Prévoir que la conférence des présidents de l'assemblée sur le bureau de laquelle un projet de loi a été déposé en premier lieu doit se prononcer dans un délai de dix jours sur le respect des prescriptions du présent article et de la L. org. qui en découle n'est pas contraire à la Constitution. • Cons. const. 9 avr. 2009, n° 2009-579 DC § 19. ♦ Le Cons. const. accepte de contrôler le respect de ce délai : dès lors qu'une réunion de la Conférence des présidents, à l'occasion de laquelle l'étude d'impact aurait pu être contestée, a eu lieu dans les dix jours du dépôt de cette dernière, le grief fondé sur l'impossibilité de contester dans le délai requis le contenu de l'étude d'impact manque en fait. • Cons. const. 9 juin 2011, n° 2011-631 DC § 4.

45. Intervention du Conseil constitutionnel... Dans le cadre de la présente procédure. Le Conseil constitutionnel avise immédiatement de sa saisine le Premier ministre et les présidents de l'Assemblée nationale et du Sénat. Les règles relatives à la notification et à la publication de ses décisions telles qu'elles sont définies par la L. org. sont conformes à la

Constitution. • Cons. const. 9 avr. 2009, n° 2009-579 DC § 20.

46. Lorsqu'il est saisi, en application du 4e al. du présent art., d'un projet de loi pour lequel le respect des conditions de présentation fixées par la L. org. prise en application du 3e al. du même art. fait l'objet d'un désaccord entre la Conférence des présidents de la première assemblée saisie et le Premier ministre, le Cons. const. ne peut statuer que sur la seule question de savoir si ladite présentation du projet de loi a respecté les conditions fixées par ladite L. org. ; il ne saurait donc se prononcer sur la conformité des dispositions contenues dans ce projet à d'autres règles constitutionnelles, conformité qui ne pourrait faire l'objet de son appréciation que s'il en était saisi dans les conditions prévues aux art. 61 et 61-1 Const. 58. • Cons. const. 1er juill. 2014, n° 2014-12 FNR § 3 : *AJDA 2014. 1351 ; LPA 2014, n° 171, Combrade ; RFDC 2015. 194, p. 6 ; Hutier.*

47. Il ne saurait être fait grief à l'étude d'impact de ne pas comporter de développements sur l'évolution du nombre des emplois publics dès lors que le Gouvernement ne mentionne pas la modification de ce nombre dans les objectifs poursuivis par ce projet de loi ; il n'est en outre pas établi que le projet a été soumis à des consultations dans des conditions qui auraient dû être exposées dans l'étude d'impact. • Cons. const. 1er juill. 2014, n° 2014-12 FNR § 6 : *préc. note 46.*

48. Dans le cadre du contrôle a priori. Il convient que la Conférence des présidents a été saisie d'une demande tendant à constater que les règles relatives aux études d'impact étaient méconnues. • Cons. const. 13 août 2015, n° 2015-718 DC § 4 ♦ *Ab. Jur.* • Cons. const. 16 mai 2013, n° 2013-667 DC § 4 • Cons. const. 17 mai 2013, n° 2013-669 DC § 4. ♦ En revanche, il importe peu que saisie de cette question, elle n'y ait pas donné suite. • Cons. const. 16 janv. 2014, n° 2013-683 DC § 4. ♦ Dès lors que, saisie d'une demande tendant à constater que les règles relatives aux études d'impact étaient méconnues, la Conférence des présidents a estimé que tel n'était pas le cas, il y a lieu pour le Cons. const. de se prononcer sur le grief tiré de ce que l'étude d'impact méconnaîtrait l'art. 8 L. org. du 15 avr. 2009. • Cons. const. 10 déc. 2020, n° 2020-809 DC § 4.

49. L'étude d'impact jointe au projet de loi à l'origine de la loi déférée traitait de l'ensemble des questions énumérées par l'art. 8 L. org. du 15 avr. 2009. Au regard du contenu de cette étude, le grief tiré de la méconnaissance de ces dispositions doit être écarté. • Cons. const. 10 déc. 2020, n° 2020-809 DC § 5.

Loi organique n° 2009-403 du 15 avril 2009,

Relative à l'application des articles 34-1, 39 et 44 de la Constitution.

CHAPITRE II. *DISPOSITIONS RELATIVES À LA PRÉSENTATION DES PROJETS DE LOI PRISES EN VERTU DE L'ARTICLE 39 DE LA CONSTITUTION*

Art. 7 Les projets de loi sont précédés de l'exposé de leurs motifs.

Art. 8 Les projets de loi font l'objet d'une étude d'impact *[Dispositions déclarées non conformes à la Constitution par la décision du Conseil constitutionnel n° 2009-579 DC du 9 avr. 2009]*. Les documents rendant compte de cette étude d'impact sont joints aux projets de loi dès leur transmission au Conseil d'État. Ils sont déposés sur le bureau de la première assemblée saisie en même temps que les projets de loi auxquels ils se rapportent.

Ces documents définissent les objectifs poursuivis par le projet de loi, recensent les options possibles en dehors de l'intervention de règles de droit nouvelles et exposent les motifs du recours à une nouvelle législation.

Ils exposent avec précision :

— l'articulation du projet de loi avec le droit européen en vigueur ou en cours d'élaboration, et son impact sur l'ordre juridique interne ;

— l'état d'application du droit sur le territoire national dans le ou les domaines visés par le projet de loi ;

— les modalités d'application dans le temps des dispositions envisagées, les textes législatifs et réglementaires à abroger et les mesures transitoires proposées ;

— les conditions d'application des dispositions envisagées dans les collectivités régies par les articles 73 et 74 de la Constitution, en Nouvelle-Calédonie et dans les Terres australes et antarctiques françaises, en justifiant, le cas échéant, les adaptations proposées et l'absence d'application des dispositions à certaines de ces collectivités ;

— l'évaluation des conséquences économiques, financières, sociales et environnementales, ainsi que des coûts et bénéfices financiers attendus des dispositions envisagées

pour chaque catégorie d'administrations publiques et de personnes physiques et morales intéressées, en indiquant la méthode de calcul retenue ;
— l'évaluation des conséquences des dispositions envisagées sur l'emploi public ;
— les consultations qui ont été menées avant la saisine du Conseil d'État ;
(L. org. n° 2010-704 du 28 juin 2010, art. 3) « — s'il y a lieu, les suites données par le Gouvernement à l'avis du Conseil économique, social et environnemental ; »
— la liste prévisionnelle des textes d'application nécessaires *[Dispositions déclarées non conformes à la Constitution par la décision du Conseil constitutionnel n° 2009-579 DC du 9 avr. 2009]*.

Art. 9 La Conférence des présidents de l'assemblée sur le bureau de laquelle le projet de loi a été déposé dispose d'un délai de dix jours suivant le dépôt pour constater que les règles fixées par le présent chapitre sont méconnues.

Lorsque le Parlement n'est pas en session, ce délai est suspendu jusqu'au dixième jour qui précède le début de la session suivante.

....

Art. 11 L'article 8 n'est pas applicable aux projets de révision constitutionnelle, aux projets de loi de finances, aux projets de loi de financement de la sécurité sociale, aux projets de loi de programmation visés au vingt et unième alinéa de l'article 34 de la Constitution ainsi qu'aux projets de loi prorogeant des états de crise.

Les dispositions des projets de loi par lesquelles le Gouvernement demande au Parlement, en application de l'article 38 de la Constitution, l'autorisation de prendre des mesures par ordonnances sont accompagnées, dès leur transmission au Conseil d'État, des documents visés aux deuxième à septième alinéas et à l'avant-dernier alinéa de l'article 8. Ces documents sont déposés sur le bureau de la première assemblée saisie en même temps que les projets de loi comprenant les dispositions auxquelles ils se rapportent.

[Dispositions déclarées non conformes à la Constitution par la décision du Conseil constitutionnel n° 2009-579 DC du 9 avr. 2009.]

L'article 8 n'est pas applicable aux projets de loi présentés au titre de l'article 53 de la Constitution. Toutefois, le dépôt de ces projets est accompagné de documents précisant les objectifs poursuivis par les traités ou accords, estimant leurs conséquences économiques, financières, sociales et environnementales, analysant leurs effets sur l'ordre juridique français et présentant l'historique des négociations, l'état des signatures et des ratifications, ainsi que, le cas échéant, les réserves ou déclarations interprétatives exprimées par la France.

....

CHAPITRE IV. *DISPOSITIONS TRANSITOIRES*

Art. 20 Le chapitre II et l'article 15 *[Dispositions résultant de la décision du Conseil constitutionnel n° 2009-579 DC du 9 avr. 2009]* sont applicables aux projets de loi déposés à compter du 1er septembre 2009.

Art. 40 Les propositions et amendements formulés par les membres du Parlement ne sont pas recevables lorsque leur adoption aurait pour conséquence soit une diminution des ressources publiques, soit la création ou l'aggravation d'une charge publique.

BIBL. ▶ KERLÉO, Plaidoyer en faveur d'une réforme de l'article 40 de la Constitution, *RFDC 2014. 507.*

COMMENTAIRE

V. sur le Code en ligne.

[V. références des décisions du Conseil constitutionnel dans le tableau DC]

1. V. aussi notes ss. LOLF du 1er août 2001, art. 47, App., v° *Gouvernance financière*.

2. Principe. Le présent art. apporte, en ce qui concerne les membres du Parlement, une limitation aux principes posés aux art. 39, al. 1er, et 44, al. 1er, en vue d'éviter que des dispositions particulières ayant une incidence financière directe, puissent être votées sans qu'il soit tenu compte des conséquences qui pourraient en résulter pour la situation d'ensemble des finances publiques. • Cons. const. 23 juill. 1975, n° 75-57 DC § 4.

3. L'irrecevabilité ainsi mise en place est « sans aucune réserve ». Elle s'applique donc à tout amendement qui constitue ainsi une autorisation, indirecte mais certaine, de créer ou d'aggraver la charge publique, y compris s'il est adopté dans le cadre de l'examen d'une loi d'habilitation. • Cons. const. 5 janv. 1982, n° 81-134 DC § 2.

4. Caractère obligatoire du contrôle de recevabilité. Il résulte des termes mêmes de cet art., qui établit une irrecevabilité de caractère absolu, qu'il soit procédé à un examen systématique de la recevabilité, au regard de cet art., des propositions et amendements formulés par les sénateurs et cela antérieurement à l'annonce de leur dépôt et par suite avant qu'ils ne puissent être publiés, distribués et mis en discussion, afin que seul soit accepté le dépôt des propositions et amendements qui, à l'issue de cet examen, n'auront pas été déclarés irrecevables. Il impose également que l'irrecevabilité financière puisse être soulevée à tout moment non seulement à l'encontre des amendements, mais également à l'encontre des modifications apportées par les commissions aux textes dont elles ont été saisies. • Cons. const. 25 juin 2009, n° 2009-581 DC § 38 • Cons. const. 25 juin 2009, n° 2009-582 DC § 25. ♦ V. déjà • Cons. const. 14 juin 1978, n° 78-94 DC § 3 et 4 • Cons. const. 23 mai 1991, n° 91-292 DC § 9 • Cons. const. 15 janv. 1992, n° 91-301 DC § 17 • Cons. const. 29 juill. 2005, n° 2005-519 DC § 28 • Cons. const. 14 déc. 2006, n° 2006-544 DC §§ 12 et 13 • Cons. const. 11 juin 2015, n° 2015-712 DC § 13. ♦ Rappr. • Cons. const. 5 déc. 2013, n° 2013-681 DC § 8. ♦ ... En l'absence d'une disposition dans le règlement du Sénat indiquant la possibilité pour le Gouvernement ou pour tout sénateur présent de soulever à tout moment en commission l'irrecevabilité financière d'un amendement ou d'une proposition de loi, le Conseil constitutionnel précise que les dispositions qui prévoient un examen systématique et préalable de cette recevabilité par le président de la commission saisie au fond, éventuellement après consultation du président de la commission des finances, ne sauraient avoir pour objet ou pour effet de faire obstacle à ce que l'irrecevabilité financière des amendements et des propositions de loi puisse être soulevée à tout moment lors de leur examen en commission. • Cons. const. 11 juin 2015, n° 2015-712 DC § 14. ♦ De même, il résulte de ces dispositions que chaque assemblée doit avoir mis en œuvre un contrôle de recevabilité effectif et systématique au moment du dépôt des amendements, y compris auprès de la commission saisie au fond ; ainsi, des dispositions qui permettent à la commission saisie au fond de se réunir « pour *examiner les amendements du rapporteur ainsi* que les amendements déposés au plus tard l'avant-veille de cette réunion » après avoir permis leur dépôt et leur mise en distribution, sans exiger un examen préalable de recevabilité, sont contraires à la Constitution. • Cons. const. 25 juin 2009, n° 2009-582 DC § 20.

5. Cette irrecevabilité s'applique tant aux dispositions modificatives qu'aux dispositions additionnelles. • Cons. const. 25 juin 2009, n° 2009-582 DC § 27. ♦ Il ne saurait être dérogé à l'exigence d'examen systématique de la recevabilité des propositions de loi au regard du présent art. pour le dépôt des propositions de loi présentées en application du 3ᵉ al. de l'art. 11 Const. 58. • Cons. const. 5 déc. 2013, n° 2013-681 DC § 8.

6. La mise en œuvre de cette disposition est assurée, au cours de la procédure législative, dans les conditions prévues par les règlements des deux assemblées du Parlement. • Cons. const. 23 juill. 1975, n° 75-57 DC § 2. ♦ Dès lors, il appartient à chaque assemblée parlementaire de déterminer les modalités d'exercice de ce premier contrôle et, notamment, l'autorité chargée de l'exercer ; il est également nécessaire que puisse être constatée, au cours de la procédure législative, l'irrecevabilité des propositions qui auraient, à tort, été déclarées recevables au moment où elles étaient formulées. • Cons. const. 14 juin 1978, n° 78-94 DC § 6. ♦ Ce contrôle s'applique aussi aux propositions de loi déposées dans l'intervalle des sessions. • Cons. const. 23 mai 1991, n° 91-292 DC § 10.

7. Le délai d'examen du texte en commission en premier lecture à l'Assemblée nationale, inférieur à quarante-huit heures pour déposer des amendements devant la commission des affaires sociales, n'a pas fait obstacle au contrôle préalable de la recevabilité financière des amendements au regard du présent art. • Cons. const. 20 déc. 2019, n° 2019-795 DC § 10.

8. Intervention du Conseil constitutionnel. Il est de la mission du Conseil constitutionnel de statuer sur le point de savoir si, au cours de l'élaboration de la loi, il a été fait de l'art. susrappelé une application conforme à la lettre et à l'esprit de cette disposition. • Cons. const. 23 juill. 1975, n° 75-57 DC § 2. ♦ Dès lors que les amendements déclarés irrecevables auraient eu une incidence financière directe se traduisant soit par une diminution de ressources soit par l'aggravation d'une charge publique, il a été fait une exacte application du présent art. • Même décision *§ 4.* ♦ Il en résulte que le Conseil constitutionnel ne peut être saisi du texte non débattu de propositions de loi dont l'examen au titre de l'irrecevabilité relève des seules instances parlementaires compétentes, conformément aux règlements de ces assemblées. • Cons. const. 13 janv. 1994, n° 93-329 DC § 7.

9. Mais le Conseil constitutionnel ne peut être saisi de la question de savoir si une proposition ou un amendement formulé par un membre du Parlement a été adopté en méconnaissance du présent art. que si la question de la recevabilité de cette proposition ou de cet amendement a été soulevée devant le Parlement. • Cons. const. 20 juill. 1977, n° 77-82 DC § 4 et 5 • Cons. const. 29 déc. 1983, n° 83-164 DC § 42 • Cons. const. 24 juill. 2003, n° 2003-476 § 4. ♦ Une simple discussion sur cette irrecevabilité sans qu'une contestation réelle quant au contenu soit intervenue, est insuffisante. • Cons. const. 13 janv. 1994, n° 93-329 DC § 19 • Cons. const. 24 juill. 2003, n° 2003-476 DC § 4 : *préc.*

10. Dès lors que la question de la recevabilité de la proposition de loi a été soulevée il y a lieu, pour le Conseil, d'examiner le grief. • Cons. const. 13 janv. 1994, n° 93-329 DC § 4, 5 et 18 • Cons. const. 9 nov. 1999, n° 99-419 DC § 12. ♦ Il appartient alors au Conseil constitutionnel de se prononcer sur la régularité de la procédure suivie en examinant si le texte inscrit à l'ordre du jour, dont la discussion a donné lieu au texte définitivement adopté, est ou non contraire aux présentes dispositions. • Cons. const. 16 janv. 1982, n° 81-132 DC § 2 • Cons. const. 13 janv. 1994, n° 93-329 DC § 7.

11. De même le Conseil contrôle-t-il l'étendue de l'irrecevabilité prononcée. En effet, celle-ci doit frapper la proposition dans son ensemble lorsque les dispositions qu'elle énonce forment un tout indissociable. • Cons. const. 18 janv. 1978, n° 77-91 DC § 1 et 2.

12. Cette jurisprudence a été étendue aux LFSS dans le cadre de l'application de l'art. L.O. 111-3 CSS. • Cons. const. 19 déc. 1996, n° 96-384 DC • Cons. const. 18 déc. 1997, n° 97-393 DC • Cons. const. 18 déc. 1998, n° 98-404 DC.

13. La transmission d'une proposition de loi déposée en application du 3e al. de l'art. 11 Const. 58 au Cons. const. ayant pour effet de suspendre la procédure parlementaire d'examen de la proposition, le Conseil sera appelé à se prononcer sur la conformité à la Const. d'une telle proposition avant toute discussion devant les assemblées; dès lors, il examinera à ce stade sa conformité au présent art. même si la question de sa recevabilité financière n'a pas été soulevée au préalable. • Cons. const. 5 déc. 2013, n° 2013-681 DC § 8.

14. Effet sur les ressources publiques. Dès lors que la compensation entre une diminution des ressources publiques entraînée par une proposition de loi et la majoration prévue par ailleurs peut être regardée comme réelle au moment de l'examen de la recevabilité, que cette majoration est immédiate et bénéficie à la même personne publique que celle dont les ressources sont diminuées, la proposition n'a pas à être déclarée irrecevable. • Cons. const. 2 juin 1976, n° 76-64 DC § 1 • Cons. const. 9 nov. 1999, n° 99-419 DC § 13 s. ♦ Il en va ainsi même si le mécanisme de compensation est supprimé par l'adoption d'un amendement déposé par le gouvernement. • Cons. const. 9 nov. 1999, n° 99-419 DC § 15.

15. Même lorsqu'il s'agit d'un impôt liquidé suivant le système de la répartition, des mesures d'exonération, de déduction, de réduction, d'abattement ou d'octroi de primes, atteignant, en définitive, la substance de la matière imposable, entraînent l'obligation corrélative, pour rétablir le niveau de la ressource, de variations d'autres éléments, de taux ou d'assiette, de l'impôt en cause, et sont donc justiciables des dispositions de l'art. 40. • Cons. const. 23 juill. 1975, n° 75-57 DC § 6.

16. Effet sur les charges publiques. L'expression « charge publique » doit être entendue comme englobant, outre les charges de l'État, toutes celles antérieurement visées par l'art. 10 du décret du 19 juin 1956 sur le mode de présentation du budget de l'État et, en particulier, celles des divers régimes d'assistance et de Sécurité sociale ; cette interprétation est confirmée tant par les débats du Comité consultatif constitutionnel que par le rapprochement entre les termes de l'art. 40 et ceux du projet de loi déposé le 16 janv. 1958 qui tendaient à la révision de l'art. 17 de la Const. du 27 oct. 1946. • Cons. const. 30 mai 1961, n° 60-11 DC § 2. ♦ Ainsi des dépenses du Sénat, lesquelles font partie des charges de l'État. • Cons. const. 24 juill. 2003, n° 2003-476 DC § 2.

17. Le présent art. ne concerne cependant que les augmentations de dépenses présentant un caractère direct et certain ; il est donc concevable que puisse être déclarée recevable une proposition de loi entraînant une augmentation des « charges de gestion » pouvant résulter, pour les services compétents, des tâches de gestion imposées par la proposition, dès lors qu'elle ne présente pas nécessairement ces caractères. • Cons. const. 9 nov. 1999, n° 99-419 DC § 19. ♦ A l'inverse, lorsque l'amendement entraîne nécessairement une dépense nouvelle il n'est pas recevable même s'il est compensé par la création ou l'augmentation d'une recette. • Cons. const. 12 mars 1963, n° 63-21 DC § 4 • Cons. const. 16 janv. 1982, n° 81-132 DC § 2 • Cons. const. 5 janv. 1982, n° 81-134 DC § 2.

Art. 41 S'il apparaît au cours de la procédure législative qu'une proposition ou un amendement n'est pas du domaine de la loi ou est contraire à une délégation accordée en vertu de l'article 38, le Gouvernement *(L. const. n° 2008-724 du 23 juill. 2008, art. 16)* « ou le Président de l'assemblée saisie » peut opposer l'irrecevabilité.

En cas de désaccord entre le Gouvernement et le Président de l'assemblée intéressée, le Conseil constitutionnel, à la demande de l'un ou de l'autre, statue dans un délai de huit jours.

Sur l'examen des fins de non-recevoir, V. Ord. n° 58-1067 du 7 nov. 1958, art. 27 s., ss. Const. 58, art. 63.

COMMENTAIRE

V. sur le Code en ligne.

[V. références des décisions du Conseil constitutionnel dans le tableau DC]

1. Il résulte des termes du présent art. que cette irrecevabilité doit pouvoir être soulevée à l'encontre des modifications apportées par les commissions aux textes dont elles ont été saisies. • Cons. const. 25 juin 2009, n° 2009-582 DC § 26. ♦ De même, cette irrecevabilité s'applique tant aux dispositions modificatives qu'additionnelles. • Même décision. *§ 27.*

A. MISE EN ŒUVRE

2. Compétence du Gouvernement. La faculté d'opposer cette irrecevabilité résulte de la seule initiative du Gouvernement prise sans que celui-ci ait à exposer au cours d'un débat préalable les raisons de nature à déterminer son appréciation. Dès lors les dispositions du règlement d'une assemblée qui permettraient à tout parlementaire de demander au Gouvernement d'opposer l'irrecevabilité en provoquant, de ce fait, un débat sur cette demande, sont contraires à la Constitution. • Cons. const. 8 nov. 1995, n° 95-366 DC § 21.

3. Simple faculté. L'utilisation par le Gouvernement de l'irrecevabilité prévue au présent art. est une simple faculté. • Cons. const. 30 juill. 1982, n° 82-143 DC § 11. ♦ Cette faculté s'exerce même si le Gouvernement est temporairement autorisé à agir par ordonnance dans la matière considérée. • Cons. const. 23 janv. 1987, n° 86-224 DC § 14.

4. Le Gouvernement peut, au cours de la procédure législative, opposer l'irrecevabilité à tout amendement qu'il estime ne pas être du domaine de la loi, à tout moment tant que la discussion de cet amendement n'est pas close. • Cons. const. 18 oct. 1961, n° 61-4 FNR § 2 : *Rec. Cons. const. 50 ; RJC III-3 ; JO 19 oct., p. 9538 ; D. 1963, Jur., p. 382, note Hamon ; AJDA 1961. 626, note de Laubadère.* ♦ De même peut-il l'opposer durant toute la procédure à une proposition de loi. • Cons. const. 21 déc. 1966, n° 66-7 FNR § 6 : *Rec. Cons. const. 37 ; RJC III-5 ; JO 31 déc., p. 11780* • Cons. const. 23 janv. 1987, n° 86-224 DC § 14.

5. Intervention du Président de l'Assemblée. Le Président de l'Assemblée devant laquelle l'irrecevabilité est soulevée peut, avant de se prononcer, consulter les présidents des commissions parlementaires que le règlement désigne, voire le membre du bureau désigné à cet effet, sans qu'il soit porté atteinte à ses prérogatives constitutionnelles. • Cons. const. 8 nov. 1995, n° 95-366 DC § 20 • Cons. const. 15 déc. 1995, n° 95-368 DC § 23.

6. Lorsque l'irrecevabilité est opposée à un amendement, la discussion de cet amendement et, le cas échéant de l'art. sur lequel il porte, est réservée jusqu'à ce que le Président de l'assemblée ait statué. • Cons. const. 8 nov. 1995, n° 95-366 DC § 20 • Cons. const. 15 déc. 1995, n° 95-368 DC § 23.

7. La liste des propositions ou des amendements, adressée par le président de la commission saisie au fond au président du Sénat, n'a qu'une valeur indicative. Elle ne saurait ni lier l'appréciation de ce dernier sur la nécessité de leur opposer l'irrecevabilité prévue par le présent art. ni le limiter dans l'exercice de cette prérogative qu'il peut mettre en œuvre de sa propre initiative. • Cons. const. 11 juill. 2019, n° 2019-786 DC § 16.

B. INTERVENTION DU CONSEIL CONSTITUTIONNEL

8. Intervention dans le cadre de l'art. 41. Dans l'hypothèse où le Président de l'Assemblée concernée estimerait, contrairement au Gouvernement, la proposition ou l'amendement recevable, lui ou le Gouvernement peut saisir le Conseil constitutionnel. • Cons. const. 27 nov. 1959, n° 59-1 FNR : *Rec. Cons. const. 71 ; RJC III-1 ; JO 14 janv., p. 441 ; GDCC 11e éd., n° 6 ; S. 1960. 102, note Giffard ; D. 1960. 533, note Hamon ; Gaz. Pal. 1960. 1. 13, note De Felice ; S. 1960. 55, chron. de Surgy ; Dr. soc. 1961. 147, note Teitgen ; RD publ. 1960. 1011, note Waline* • Cons. const. 30 juin 1961, n° 61-2 FNR : *Rec. Cons. const. 47 ; RJC III-1 ; JO 12 juill., p. 6410 ; S. 1961. 350, note Hamon* • Cons. const. 8 sept. 1961, n° 61-3 FNR : *Rec. Cons. const. 48 ; RJC III-2 ; JO 9 sept., p. 8427 ; D. 1963. 381, note Hamon ; AJDA 1961. 543, note de Laubadère* • Cons. const. 18 oct. 1961, n° 61-4 FNR : *préc. note 4* • Cons. const. 11 juin 1963, n° 63-5 FNR : *Rec. Cons. const. 37 ; RJC III-3 ; JO 14 juin, p. 5306 ; D. 1964. 109, note Hamon* • Cons. const. 22 mai 1964, n° 64-6 FNR : *Rec. Cons. const. 47 ; RJC III-4 ; JO 31 mai, p. 4643 ; S. 1964. 338 note Hamon* • Cons. const. 21 déc. 1966, n° 66-7 FNR : *préc. note 4* • Cons. const. 27 nov. 1968, n° 68-8 FNR : *Rec. Cons. const. 29 ; RJC III-6 ; JO 1er déc. p. 11302* • Cons. const. 7 juin 1977, n° 77-9 FNR : *Rec. Cons. const. 75 ; RJC III-6 ; JO 9 juin, p. 3179* • Cons. const. 26 avr. 1979, n° 79-

10 FNR : *Rec. Cons. const. 55 ; RJC III-7 ; JO 27 avr., p. 972 ; RD publ. 1979. 1675, note Favoreu* • Cons. const. 23 mai 1979, n° 79 11 FNR : *Rec. Cons. const. 57 ; RJC III-7 ; JO 25 mai, p. 1218 ; RD publ. 1979. 1679, chron. Favoreu.*

9. Lorsqu'il est saisi, en application du présent art., le Conseil constitutionnel ne peut statuer que sur la seule question de savoir si la proposition ou l'amendement qui lui est déféré est du domaine de la loi ou a un caractère réglementaire ; il ne saurait donc, à aucun titre, se prononcer sur la conformité de ces textes à la Constitution dans les conditions prévues à l'art. 61 Const. • Cons. const. 26 avr. 1979, n° 79-10 FNR § 5 : *préc. note 8.*

10. Il est possible de faire de l'irrecevabilité prévue au présent art. et destinée à garantir le pouvoir réglementaire de tout empiètement du législatif qu'il ne souhaiterait pas, un usage détourné (mais jusqu'alors unique). En déposant une proposition de loi visant à abroger des dispositions à caractère réglementaire, les parlementaires peuvent conduire le Conseil constitutionnel à discuter la constitutionnalité du règlement en question : « Considérant que le décret du 7 janv. 1959 relatif au prix des baux à ferme, que la proposition dont la recevabilité est présentement en discussion tend à abroger par le motif qu'il excéderait la compétence réglementaire... ». • Cons. const. 27 nov. 1959, n° 59-1 FNR : *préc. note 8.*

11. Intervention dans le cadre de l'art. 61, al. 2. Le Conseil admet d'examiner dans le cadre du contrôle de la constitutionnalité de la loi votée la régularité de l'usage de l'irrecevabilité prévue au présent art. • Cons. const. 13 janv. 1994, n° 93-329 DC § 18.

12. Il aligne pourtant cette possibilité sur sa jurisprudence relative à l'art. 40 (V. ci-dessus) et estime donc qu'il ne peut être saisi que si la question de la recevabilité de l'amendement dont il s'agit a été soulevée devant l'assemblée concernée. • Cons. const. 13 janv. 1994, n° 93-329 DC § 18 • Cons. const. 29 juill. 1994, n° 94-345 DC § 18 et 21. ♦ Une simple discussion sur cette irrecevabilité, sans qu'une contestation réelle quant au contenu soit intervenue, est insuffisante. • Cons. const. 13 janv. 1994, n° 93-329 DC § 19.

Art. 42 *(L. const. n° 2008-724 du 23 juill. 2008, art. 17)* **La discussion des projets et des propositions de loi porte, en séance, sur le texte adopté par la commission saisie en application de l'article 43 ou, à défaut, sur le texte dont l'assemblée a été saisie.**

Toutefois, la discussion en séance des projets de révision constitutionnelle, des projets de loi de finances et des projets de loi de financement de la sécurité sociale porte, en première lecture devant la première assemblée saisie, sur le texte présenté par le Gouvernement et, pour les autres lectures, sur le texte transmis par l'autre assemblée.

La discussion en séance, en première lecture, d'un projet ou d'une proposition de loi ne peut intervenir, devant la première assemblée saisie, qu'à l'expiration d'un délai de six semaines après son dépôt. Elle ne peut intervenir, devant la seconde assemblée saisie, qu'à l'expiration d'un délai de quatre semaines à compter de sa transmission.

L'alinéa précédent ne s'applique pas si la procédure accélérée a été engagée dans les conditions prévues à l'article 45. Il ne s'applique pas non plus aux projets de loi de finances, aux projets de loi de financement de la sécurité sociale et aux projets relatifs aux états de crise.

Sur la mise en œuvre de la révision constitutionnelle (procédure législative), V. Circ. du 15 avr. 2009, ss. Const. 58, art. 23.

BIBL. ▶ Bertrand, L'exigence de clarté et de sincérité du débat parlementaire. Étude sur un concept régulateur de la procédure législative sous la Ve République, *RD publ. 2011. 431.* – Chamussy, La procédure parlementaire et le Conseil constitutionnel, *NCCC, 2013, n° 38, p. 37.*

COMMENTAIRE

V. sur le Code en ligne.

[V. références des décisions du Conseil constitutionnel dans le tableau DC]

BIBL. Bertrand, L'exigence de clarté et de sincérité du débat parlementaire. Étude sur un concept régulateur de la procédure législative sous la Ve République, *RD publ. 2011. 431.*

1. Dès lors que la discussion en séance publique a lieu sur le texte du projet de loi et non sur le texte modifié par la commission, la loi est adoptée selon une procédure irrégulière et doit être déclarée contraire à la Const. • Cons. const. 24 oct. 2012, n° 2012-655 DC. ♦ Sur le contrôle du respect de la procédure législative par le Conseil constitutionnel, V. notes ss. Const. 58, art. 61.

2. Le respect des exigences de clarté et de sincérité du débat parlementaire (V. notes ss. Const. 58, art. 3) impose que, dès lors que le règlement d'une assemblée prévoit une limitation du temps de parole, il soit laissé à celui qui dirige les échanges la faculté de permettre que chacun soit suffisamment informé et éclairé pour voter et donc autoriser un dépassement de la limite fixée. Tous les articles du règlement fixant un tel temps de parole sont donc conformes à la Constitution mais sous cette réserve. • Cons. const. 25 juin 2009, n° 2009-581 DC § 20 • Cons. const. 11 juin 2015, n° 2015-712 DC § 26. ♦ De même, si la Conférence des présidents peut décider qu'un seul orateur par groupe et un seul sénateur ne figurant sur la liste d'aucun groupe interviendront dans la discussion générale et fixer, dans ce cas, les temps de parole de chacun des orateurs, c'est sous réserve que de telle manière qu'ils privent d'effet les exigences de clarté et de sincérité du débat parlementaire. • Cons. const. 11 juin 2015, n° 2015-712 DC § 21 et 30.

3. Les dispositions du présent art. combinées avec celles de l'art. 43 Const. font obstacle à ce que soit organisé sur le projet de texte déposé ou transmis un débat d'orientation en séance publique avant son examen par la commission à laquelle ce texte a été renvoyé. • Cons. const. 25 juin 2009, n° 2009-582 DC § 18.

4. Lorsque, par application de l'art. 45, al. 4, Const. 58, l'Assemblée nationale est saisie par le Gouvernement d'une demande tendant à ce qu'elle statue définitivement, les dispositions du 1er al. du présent art., selon lesquelles la discussion des projets et des propositions de loi porte, en séance, sur le texte adopté par la commission saisie en application de l'art. 43 Const. 58, ne sont pas applicables. • Cons. const. 5 août 2015, n° 2015-715 DC § 17.

5. Une mesure de clôture automatique de la discussion générale qui pourrait avoir pour effet d'interdire aux membres d'un groupe d'opposition d'intervenir dans la discussion d'un article méconnaîtrait les exigences de clarté et de sincérité du débat parlementaire. • Cons. const. 25 juin 2009, n° 2009-581 DC § 29. ♦ V. déjà : • Cons. const. 3 juin 1986, n° 86-206 DC § 2. ♦ La procédure de clôture, qui préserve l'exigence que deux orateurs d'avis contraire soient intervenus dans le débat et qui prévoit un débat sur cette demande de clôture, n'est pas contraire à la Const. dès lors que, dans le cadre de la discussion de la proposition de clôture, laquelle encadre strictement le temps de parole de chacun des orateurs, il appartient au président de séance d'appliquer ces limitations du temps de parole en veillant au respect des exigences de clarté et de sincérité du débat parlementaire. • Cons. const. 11 juin 2015, n° 2015-712 DC § 32 (réserve d'interprétation).

6. En exigeant la présence dans l'hémicycle de la majorité des membres du groupe dont le Président demande la vérification du quorum, en confiant le soin de cette vérification au Président de séance en réduisant de trois heures à quinze minutes la durée de l'interruption de séance à l'issue de laquelle un vote a valablement lieu quel que soit le nombre de membres présents, le règlement de l'assemblée se borne à modifier l'une des conditions dans lesquelles le quorum est vérifié mais n'a pas pour objet de supprimer l'exigence d'un quorum. • Cons. const. 25 juin 2009, n° 2009-581 DC § 31.

7. Sur les liens entre le présent art. et la procédure accélérée, V. ss. Const. 58, art. 45.

A. INCIDENTS DE PROCÉDURE

8. Exception d'irrecevabilité (pour les deux assemblées, avant 2009 ; désormais Sénat uniquement). L'adoption d'une exception d'irrecevabilité, dont l'objet est de faire reconnaître que le texte proposé était contraire à une ou plusieurs dispositions constitutionnelles, a pour effet de le repousser. Elle n'interdit pas que soit déposée une proposition qui, sans être identique, traite de la même question. • Cons. const. 9 nov. 1999, n° 99-419 DC § 9. ♦ ... Et ne saurait lier le Conseil constitutionnel dans l'exercice de son contrôle (Const. 58, art. 61). • Même décision § 7.

9. La limitation de l'intervention au soutien de cette motion de procédure, qui préserve la possibilité effective, pour les parlementaires, de contester la conformité à la Constitution des dispositions du texte, n'est dès lors pas contraire à la Constitution. • Cons. const. 9 avr. 2003, n° 2003-470 DC § 10 • Cons. const. 22 juin 2006, n° 2006-537 DC § 6.

10. Motion de rejet préalable. La suppression de l'exception d'irrecevabilité et de la question préalable pour leur remplacement par un seule « motion de rejet préalable » dont « l'objet est de faire reconnaître que le texte proposé est contraire à une ou plusieurs dispositions constitutionnelles ou de faire décider qu'il n'y a pas lieu à délibérer » est conforme à la Constitution dès lors qu'est préservée la possibilité effective, pour les députés, de contester la conformité à la Constitution des dispositions d'un texte. • Cons. const. 25 juin 2009, n° 2009-581 DC § 41.

11. Motions de procédure. Les motions de procédure ne trouvant pas leur origine dans des dispositions de valeur constitutionnelle, les règlements des assemblées en définissent les conditions de mise en œuvre. • Cons. const. 7 nov. 1990, n° 90-278 DC § 11. ♦ Il est possible que le règlement d'une assemblée limite la durée des interventions à l'appui d'une motion de procédure. • Cons. const. 8 juill. 1999, n° 99-417 DC • Cons. const. 22 juin 2006, n° 2006-537 DC § 6.

12. La question préalable a pour objet, selon

les termes du quatrième alinéa de l'art. 91 de son règlement, « de faire décider qu'il n'y a pas lieu à délibérer » ; son vote « entraîne le rejet du texte à l'encontre duquel elle a été soulevée ». • Cons. const. 19 juin 2008, n° 2008-564 DC § 7. ♦ Ne trouvant pas de fondement dans des dispositions de valeur constitutionnelle et d'autres procédures étant à la disposition des parlementaires pour s'opposer à l'ensemble du texte en discussion, il est loisible à une assemblée, dans le cadre de son règlement, d'en interdire le dépôt à l'encontre d'un texte discuté dans le cadre de la séance mensuelle réservée à un ordre du jour fixé par une assemblée (Const. 58, art. 48, al. 3). • Cons. const. 9 avr. 2003, n° 2003-470 DC § 11. ♦ De même, rien ne fait donc obstacle à ce que l'examen de la loi déférée se poursuive au Sénat après le vote par les députés de la question préalable. • Cons. const. 19 juin 2008, n° 2008-564 DC § 7.

13. Par ailleurs, la question préalable peut être utilisée pour accélérer la procédure d'adoption des projets ou propositions de lois et est possible dès lors qu'elle n'affecte pas la régularité de la procédure législative. • Cons. const. 18 nov. 1986, n° 86-218 DC. ♦ Tel est le cas, en particulier, lorsque de nombreux amendements sont déposés. Cependant, il ne doit pas, par un usage excessif de cette procédure, être porté atteinte au droit d'amendement conféré aux parlementaires et à l'utilisation par les parlementaires et le Gouvernement des procédures mises à leur disposition par la Constitution à ces fins. • Cons. const. 30 déc. 1995, n° 95-370 DC § 8 à 12. ♦ Pourtant, l'adoption d'une question préalable qui empêche que soient discutés les amendements n'est pas une entrave à l'exercice de ce droit. • Cons. const. 19 juin 2008, n° 2008-564 DC § 11 • Cons. const. 29 déc. 2012, n° 2012-662 DC § 6.

B. TEMPS LÉGISLATIF PROGRAMMÉ

BIBL. Kouomou Simo, Le temps législatif programmé à l'Assemblée nationale, *RD publ. 2013. 889.* – Portelli, Le temps parlementaire, *Pouvoirs, 2013, n° 146, p. 71.* – Benetti, Le retour du temps législatif programmé, *Constitution, 2013. 374.*

14. En prévoyant, à l'art. 44 Const., que le droit d'amendement s'exerce « en séance ou en commission selon les conditions fixées par les règlements des assemblées », le constituant a entendu permettre que, dans le cadre de la procédure instituée par les règlements impartissant des délais pour l'examen d'un texte en séance, les amendements ne puissent être discutés que lors de l'examen du texte en commission. • Cons. const. 9 avr. 2009, n° 2009-579 DC § 40.

15. V. ss. Const. 58, art. 44, notes 48 s.

C. PROCÉDURE SIMPLIFIÉE OU ABRÉGÉE

16. Il est possible que le règlement d'une assemblée détermine des modalités d'examen, de discussion et de vote permettant d'accélérer la procédure législative dès lors que ces modalités respectent en particulier le droit d'amendement des parlementaires et les prérogatives constitutionnelles du Gouvernement. • Cons. const. 7 nov. 1990, n° 90-278 DC § 7 • Cons. const. 23 mai 1991, n° 91-292 DC § 23 et 24 • Cons. const. 15 janv. 1992, n° 91-301 DC § 28 et 29. ♦ ... Parmi lesquelles : le droit d'être entendu quand il le demande. • Cons. const. 3 avr. 1998, n° 98-398 DC § 3. ♦ ... La fixation de l'ordre du jour prioritaire. • Cons. const. 23 mai 1991, n° 91-292 DC § 28. ♦ ... Le droit de demander un vote unique sur tout ou partie du texte. • Même décision § 29. ♦ ... Le droit de s'opposer à l'examen de tout amendement qui n'a pas été antérieurement soumis à la commission. • Même décision.

17. Il est possible, dans le cadre de la procédure abrégée, de fixer un délai limite de dépôt des amendements en commission dès lors que le délai choisi est déterminé de façon à ne pas faire obstacle à l'exercice effectif du droit d'amendement et que n'est pas interdite la possibilité de déposer ultérieurement des sous-amendements. • Cons. const. 7 nov. 1990, n° 90-278 DC § 9. ♦ Ces délais ne sont toutefois pas applicables aux sous-amendements, aux amendements portant sur des art. sur lesquels le Gouvernement ou la commission saisie au fond a déposé un ou plusieurs amendements après l'expiration desdits délais et aux amendements susceptibles d'être mis en discussion commune avec des art. additionnels présentés par le Gouvernement ou la commission saisie au fond après l'expiration des mêmes délais. • Cons. const. 10 mars 1994, n° 94-338 DC § 22.

18. Il est possible également : d'accroître le rôle législatif préparatoire de la commission saisie au fond du texte d'un tel projet ou d'une telle proposition • Cons. const. 7 nov. 1990, n° 90-278 DC § 6 • Cons. const. 10 mars 1994, n° 94-338 DC § 19. ♦ ... De permettre au Président de l'assemblée de mettre au voix l'ensemble du texte, y compris les amendements adoptés par la commission saisie au fond lorsqu'il n'en existe pas d'autres, à condition de permettre à un parlementaire de reprendre un amendement écarté en commission. • Cons. const. 7 nov. 1990, n° 90-278 DC § 12.

19. A l'inverse, n'est pas conforme à ces exigences : une procédure interdisant à tout membre de l'assemblée saisie du texte de reprendre en séance plénière un amendement au motif qu'il aurait été écarté par la commission saisie au fond. • Cons. const. 7 nov. 1990, n° 90-278 DC § 12 • Cons. const. 15 janv. 1992, n° 91-301 DC § 31. ♦ ... Un recours à la procédure d'adoption simplifiée sans que la commission saisie au fond ait été au préalable mise à même de procéder à l'examen de ce texte. • Cons. const. 23 mai 1991, n° 91-292 DC § 26.

20. La procédure simplifiée n'est pas applicable dans le cadre de la procédure organique ou dans le cadre de la révision constitutionnelle. • Cons. const. 23 mai 1991, n° 91-292 DC § 30.

21. Il doit être possible, en particulier au Gouvernement, mais aussi au Président de la commission saisie au fond et à un Président de groupe parlementaire, de s'opposer à la mise en œuvre de la procédure simplifiée. • Cons. const. 23 mai 1991, n° 91-292 DC § 27.

Art. 43 *(L. const. n° 2008-724 du 23 juill. 2008, art. 18)* **Les projets et propositions de loi sont envoyés pour examen à l'une des commissions permanentes dont le nombre est limité à huit dans chaque assemblée.**

A la demande du Gouvernement ou de l'assemblée qui en est saisie, les projets ou propositions de loi sont envoyés pour examen à une commission spécialement désignée à cet effet.

BIBL. ► DORD, Vers un rééquilibrage des pouvoirs publics en faveur du Parlement, *RFDC 2009. 99.* – CARTIER-MOLIN, La portée du nouveau rôle législatif des commissions parlementaires, *RD publ. 2010. 1399.* – JOZEFOWICZ, La réforme des règlements des assemblées parlementaires : entre impératifs constitutionnels, amélioration du débat et ouverture du pluralisme, *RFDC 2010. 329.* – BACHSCHMIDT, Mai 2011 : dans les deux assemblées, premier rejet d'un projet de loi par une commission, *Constitution 2011. 313.* – BERGOUGNOUS, La présence des ministres en commission : l'adaptation du bicamérisme rationalisé à la révision de 2008, *Constitutions 2011. 309.* – URVOAS, La lente mais irrépressible renaissance des commissions parlementaires, *Pouvoirs 2013, n° 146, p. 21.* – KROLIK, Le renouveau des commissions parlementaires permanentes ?, *RFDC 2014. 345.*

COMMENTAIRE

V. sur le Code en ligne.

[V. références des décisions du Conseil constitutionnel dans le tableau DC]

1. Les dispositions du présent art. combinées avec celle de l'art. 42 Const. font obstacle à ce que soit organisé sur le projet de texte déposé ou transmis un débat d'orientation en séance publique avant son examen par la commission à laquelle ce texte a été renvoyé. • Cons. const. 25 juin 2009, n° 2009-582 DC § 18.

2. Composition des commissions. L'ord. du 17 nov. 1958 [V. ce texte] laisse aux assemblées parlementaires le soin de fixer la composition des commissions prévues au présent art. • Cons. const. 31 juill. 1962, n° 62-19 DC § 1 • Cons. const. 6 juin 1968, n° 68-36 DC. ♦ De même, les fonctions de membre du bureau d'une commission n'existant qu'en application du règlement des assemblées, celles-ci peuvent déterminer des règles particulières d'éligibilité à ces fonctions. • Cons. const. 18 mai 1971, n° 71-42 DC § 2 • Cons. const. 10 mars 1994, n° 94-338 DC § 6.

3. Il n'est pas possible, sans habilitation, de déléguer cette compétence de l'assemblée à son Président. • Cons. const. 20 nov. 1969, n° 69-37 DC § 4.

4. Fonctionnement des commissions. Il est possible aux assemblées d'accorder aux parlementaires le droit de participer aux réunions de commissions dont ils ne sont pas membres dès lors qu'ils ne prennent pas part aux votes qui y ont lieu. • Cons. const. 10 mars 1994, n° 94-338 DC § 6 et 18.

5. Examen avant la séance publique. Les projets ou propositions de loi doivent être examinés en commission, avant leur discussion en séance publique, lors de chacune de ses lectures. • Cons. const. 10 oct. 1984, n° 84-181 DC § 3. ♦ Dès lors que cet examen a eu lieu, il importe peu que le rapport issu des travaux de la commission ne comporte pas de conclusion en particulier sur les nombreux amendements qui ont été présentés. • Même décision *§ 1.*

6. Procédure simplifiée. V. ss. Const. 58, art. 42, notes 15 s.

A. COMMISSIONS SPÉCIALES

7. Constitution. Il appartient à chaque assemblée parlementaire de déterminer par son règlement les modalités suivant lesquelles aussi bien le Gouvernement que l'assemblée sont mis à même de formuler une demande tendant à ce qu'un projet ou une proposition de loi soit soumis à une commission spécialement créée à cet effet. • Cons. const. 23 mai 1991, n° 91-292 DC § 12 • Cons. const. 15 janv. 1992, n° 91-301 DC § 20.

8. Les dispositions en vertu desquelles la

constitution d'une commission spéciale est de droit lorsqu'elle est demandée par le Gouvernement sont susceptibles de recevoir application, même dans l'intervalle des sessions. • Cons. const. 23 mai 1991, n° 91-292 DC § 14.

9. Publicité des travaux. V. note 14.

10. Prérogatives d'enquête des commissions spéciales. Les commissions spéciales (ou permanentes) peuvent demander à l'assemblée à laquelle elles appartiennent, pour une mission déterminée avec précision et une durée n'excédant pas six mois, de leur conférer les prérogatives attribuées aux commissions d'enquête, dès lors qu'il s'agit pour elles, par un simple rôle d'information, de permettre à l'assemblée d'exercer, pendant les sessions ordinaires et extraordinaires, le contrôle de l'assemblée sur la politique du Gouvernement, dans les conditions prévues par la Constitution. • Cons. const. 14 oct. 1996, n° 96-381 DC § 1 et 3 • Cons. const. 14 oct. 1996, n° 96-382 DC § 10. ♦ Dans ce cas, l'ensemble des dispositions prévues par l'art. 6 de l'ord. du 17 nov. 1958 relatif aux commissions d'enquête s'impose aux travaux de ces commissions. • Cons. const. 14 oct. 1996, n° 96-381 DC § 6 • Cons. const. 14 oct. 1996, n° 96-382 DC § 8.

11. Les commissions spéciales cessant d'exister lorsque le Parlement s'est définitivement prononcé sur le texte qui a provoqué leur création ou lorsque ce dernier a été retiré, le fait de leur attribuer des prérogatives d'enquête ne saurait être entendu comme leur permettant de poursuivre leurs travaux au-delà. • Cons. const. 14 oct. 1996, n° 96-381 § 4 • Cons. const. 14 oct. 1996, n° 96-382 DC § 9.

B. COMMISSIONS PERMANENTES

12. La détermination de l'appellation des commissions permanentes est laissée au choix de l'assemblée concernée qui la fixe dans son règlement ; elle en détermine le champ des compétences librement, la Constitution étant muette sur ces deux questions. Elle peut donc modifier aussi l'une et l'autre. • Cons. const. 10 oct. 2002, n° 2002-462 DC. ♦ Le renvoi immédiat du projet de loi de finances de l'année à la commission chargée des finances dans chaque assemblée, s'il déroge au présent art., trouve sa justification dans les particularités des LF et constitue une règle de procédure que la L. org. est habilitée à fixer en vertu de l'art. 47 Const. • Cons. const. 25 juill. 2001, n° 2001-448 DC § 92 • Cons. const. 18 mai 2004, n° 2004-495 DC § 5 • Cons. const. 13 oct. 2005, n° 2005-526 DC § 1.

13. En réduisant de trois heures à quinze minutes la durée de l'interruption de séance de la commission à l'issue de laquelle un vote a valablement lieu quel que soit le nombre de membres présents, le règlement de l'assemblée se borne à modifier l'une des conditions dans lesquelles le quorum est vérifié mais n'a pas pour objet de supprimer l'exigence d'un quorum. • Cons. const. 25 juin 2009, n° 2009-581 DC § 10.

14. Publicité des travaux. Une commission permanente (ou une commission spéciale) peut décider la publicité, par les moyens de son choix, de tout ou partie de ses travaux. • Cons. const. 7 nov. 1990, n° 90-278 DC § 2. ♦ ... Sans que le compte rendu des travaux de commissions soit exhaustif, les exigences de clarté et de sincérité du débat parlementaire, qui s'appliquent aux travaux des commissions, imposent qu'il soit précisément rendu compte des interventions faites devant celles-ci, des motifs des modifications proposées aux textes dont elles sont saisies et des votes émis en leur sein ; il en va notamment ainsi pour les projets et propositions de loi dont la discussion porte, en séance, sur le texte adopté par la commission. • Cons. const. 25 juin 2009, n° 2009-581 DC § 12. ♦ Les rapports des commissions ne sont pas pourvus de portée normative et ne peuvent donc être invoqués à l'appui d'un recours en annulation. • CE, ass., 5 mars 1999, *Rouquette : Lebon 37* ; *RFDA 1999. 357, concl. Maugüé* , *note de Béchillon et Terneyre* .

15. Mission d'information. Il est possible qu'une commission permanente confie à un ou plusieurs de ses membres une « mission d'information » dès lors que celle-ci revêt un caractère temporaire et se limite à un simple rôle d'information contribuant à permettre à l'Assemblée nationale d'exercer, pendant les sessions ordinaires et extraordinaires, son contrôle sur la politique du Gouvernement dans les conditions prévues par la Constitution. • Cons. const. 6 juin 1990, n° 90-275 DC. ♦ Il en va de même des missions de suivi et des rapports fait sur la mise en application des lois votées. • Cons. const. 26 févr. 2004, n° 2004-493 DC • Cons. const. 25 juin 2009, n° 2009-581 DC § 55.

16. Prérogatives d'enquête des commissions permanentes. V. note 10. ♦ Seule une commission permanente peut exercer le suivi de l'application d'une loi. • Cons. const. 26 févr. 2004, n° 2004-493 DC.

17. Examen des pétitions. La disposition du RAN prévoyant qu'une commission examinant une pétition peut décider d'auditionner des ministres permet en conséquence à une commission permanente d'imposer à un ministre une telle audition ; cette disposition méconnaît le principe de la séparation des pouvoirs. • Cons. const. 4 juill. 2019, n° 2019-785 DC § 47.

Art. 44 **Les membres du Parlement et le Gouvernement ont le droit d'amendement.** *(L. const. n° 2008-724 du 23 juill. 2008, art. 19)* **« Ce droit s'exerce en séance ou en commission selon les conditions fixées par les règlements des assemblées, dans le cadre déterminé par une loi organique. »**

Après l'ouverture du débat, le Gouvernement peut s'opposer à l'examen de tout amendement qui n'a pas été antérieurement soumis à la commission.

Si le Gouvernement le demande, l'assemblée saisie se prononce par un seul vote sur tout ou partie du texte en discussion en ne retenant que les amendements proposés ou acceptés par le Gouvernement.

Sur le droit d'amendement, V. ci-dessous L. org. n° 2009-403 du 15 avr. 2009, art. 13 s.

BIBL. ▶ MATHIEU, Le droit d'amendement : en user sans en abuser : *AJDA 2006. 306* ✐. – GAHDOUN, L'amélioration de la fabrication des lois, *AJDA 2008. 1872.* ✐ – CAMBY et SERVENT, Le travail parlementaire sous la Ve République, *Clefs, Montchrestien, 2011.* – CAMBY, Jurisprudence constitutionnelle et droit d'amendement : cavaliers, entonnoir et coquille vide, *AJDA 2016. 240* ✐. – SAGALOVITSCH, Vers des amendements parlementaires en Conseil d'État, *AJDA 2019. 1912.* – BAUDU, La rénovation du droit d'amendement parlementaire en matière budgétaire, une réforme inutile, *Mélanges Lascombe, Dalloz 2020. 311.*

COMMENTAIRE

V. sur le Code en ligne.

[V. références des décisions du Conseil constitutionnel dans le tableau DC]

1. Les dispositions des art. 31, 40, 41, 42 et 44 Const. ainsi que celles de l'art. 38 Const. impliquent que le Gouvernement puisse participer aux travaux des commissions consacrés à l'examen des projets et propositions de loi ainsi que des amendements dont ceux-ci font l'objet et assister aux votes destinés à arrêter le texte sur lequel portera la discussion en séance. • Cons. const. 9 avr. 2009, n° 2009-579 DC § 33 s. ♦ Les dispositions des règlements des assemblées sont conformes à la Const., sous réserve d'être interprétées dans ce sens. • Cons. const. 25 juin 2009, n° 2009-582 DC § 7 à 10.

I. DROIT D'AMENDEMENT

2. Sur l'exercice du droit d'amendement dans le cadre d'une procédure simplifiée. V. Const. 58, art. 42, notes 15 s.

3. Sur l'exercice du droit d'amendement dans le cadre des lois d'habilitation, V. Const. 58, art. 38, notes 6 et 23.

4. S'agissant des amendements introduisant des mesures financières entièrement nouvelles : V. notes ss. LOLF du 1er août 2001, art. 40, App., v° *Gouvernance financière*.

5. Sur la recevabilité des amendements : V. notes ss. Const. 58, art. 40, 41 et 45.

6. Sur la recevabilité des amendements après réunion de la Commission mixte paritaire : V. *Const. 58, art. 45, notes 67 s.*

7. Sur les conditions de recevabilité prévues à l'art. 47 Const. 58, V. notes ss. LOLF du 1er août 2001, art. 40, App., v° *Gouvernance financière*.

8. Sur les conditions de recevabilité prévues à l'art. 47-1 Const. 58, V. notes ss. art. L.O. 111-7 LOLFSS.

9. Sur les amendements dans le cadre de la procédure prévue à l'art. 88-4 Const. 58 : V. comm. ss. cet art.

A. PRINCIPE

1° GARANTIE D'UN USAGE EFFECTIF

a. Amendement

10. Dans les limites indiquées ci-dessous, le droit d'amendement, corollaire de l'initiative législative, doit pouvoir être exercé le plus largement possible dans les conditions prévues par la Constitution. • Cons. const. 29 déc. 1989, n° 89-268 DC § 21 • Cons. const. 29 mai 1990, n° 90-274 DC § 5. ♦ Ceci est vrai également pour le Gouvernement. • Cons. const. 18 déc. 1997, n° 97-393 DC § 21. ♦ En effet, le bon déroulement du débat démocratique et, partant, le bon fonctionnement des pouvoirs publics constitutionnels supposent que soit pleinement respecté le droit d'amendement conféré aux parlementaires, et que parlementaires comme Gouvernement puissent utiliser sans entrave les procédures mises à leur disposition à ces fins. • Cons. const. 3 avr. 2003, n° 2003-468 DC § 4. ♦ Dès lors les règlements des assemblées doivent faire en sorte de respecter aussi bien les prérogatives conférées au Gouvernement que les droits des membres de l'assemblée concernée en ce qui concerne l'exercice effectif du droit d'amendement. • Cons. const. 7 nov. 1990, n° 90-278 DC § 7 et 12 • Cons. const. 23 mai 1991, n° 91-292 DC § 23 et 24 • Cons. const. 15 janv. 1992, n° 91-301 DC § 29 • Cons. const. 10 mars 1994, n° 94-338 DC § 19.

11. Le droit de déposer des amendements implique aussi le droit de les retirer. Il n'appartient pas au Cons. const. de contrôler les motifs pour lesquels l'auteur d'un amendement décide de le retirer. • Cons. const. 20 janv. 2011, n° 2010-624 DC § 6.

12. Il résulte de la combinaison de l'art. 6 DDH, du 1er al. des art. 34 et 39 Const. 58, ainsi que du présent art. et des art. 40, 41, 45, 47 et 47-1, que le droit d'amendement qui appartient aux membres du Parlement et au Gouvernement doit pouvoir s'exercer pleinement au cours de la première lecture des projets et des propositions de loi par chacune des deux assemblées. Il ne saurait être limité, à ce stade de la procédure et sous réserve du respect des exigences de clarté et de sincérité du débat parlementaire, que par les règles de recevabilité (Cavaliers législatifs : V. notes ss. Const. 58, art. 45), notamment par la nécessité, pour un amendement, de présenter un lien, même indirect, avec le texte déposé ou transmis. • Cons. const. 17 nov. 2016, n° 2016-739 DC § 4 • Cons. const. 28 déc. 2017, n° 2017-759 DC § 3. ♦ V. déjà, avant la révision de 2008. • Cons. const. 30 mars 2006, n° 2006-535 DC § 6. ♦ Aucune disposition constitutionnelle ne fait obstacle à ce que des amendements puissent être déposés devant la seconde assemblée saisie, y compris immédiatement avant la réunion de la commission mixte paritaire, dès lors qu'ils respectent les règles de recevabilité. • Cons. const. 17 nov. 2016, n° 2016-739 DC § 5.

13. Le droit d'amendement doit se concilier avec la notion de clarté et de sincérité du débat parlementaire. • Cons. const. 21 avr. 2005, n° 2005-512 DC § 4 • Cons. const. 13 oct. 2005, n° 2005-526 DC § 5 • Cons. const. 19 janv. 2006, n° 2005-532 DC § 24 et 25 • Cons. const. 12 févr. 2009, n° 2009-575 DC § 5 et 6. ♦ V., pour une hypothèse particulière, • Cons. const. 11 avr. 2013, n° 2013-666 DC § 4. ♦ Les dispositions nouvelles introduites à l'Assemblée nationale par voie d'amendement du Gouvernement n'ont, ni en raison de leur nombre, ni en raison de leur objet, porté atteinte au respect des exigences de clarté et de sincérité du débat parlementaire. • *Cons. const.* 17 nov. 2016, n° 2016-739 DC § 5.

14. En dépit du cumul de l'engagement de la procédure accélérée et de l'introduction de nombreuses dispositions par voie d'amendement, la loi déférée n'a pas été adoptée selon une procédure contraire à la Const. • Cons. const. 17 nov. 2016, n° 2016-739 DC § 9.

15. Ne peut être utilement invoqué le grief tiré de ce que les dispositions contestées, issues d'un amendement adopté au cours de l'unique lecture ayant précédé la réunion de la commission mixte paritaire, auraient dû figurer, du fait de leur portée, dans le projet de loi initial. • Cons. const. 30 mars 2006, n° 2006-535 DC § 6.

16. Il doit y avoir eu, dans l'élaboration de la loi, la possibilité d'un exercice réel du droit d'amendement dont la réalité se mesure à l'ampleur des discussions devant les assemblées, au nombre et à l'importance des modifications apportées au cours des débats. • Cons. const. 23 juill. 1975, n° 75-57 DC § 5. ♦ ... Ou au fait que les amendements n'ont pas été indûment déclarés irrecevables, qu'ils ont pu être soutenus et que leur rejet a résulté de votes des assemblées. • Cons. const. 16 janv. 1982, n° 81-132 DC § 3. ♦ Ainsi, de nombreux amendements ayant été présentés en commission et en séance publique, la seule circonstance qu'aucun d'entre eux n'ait été adopté par le Sénat n'a pas vicié la procédure d'adoption de la loi. • Cons. const. 3 avr. 2003, n° 2003-468 DC § 5.

17. Le droit de déposer des amendements suppose que les parlementaires qui se présentent pour participer aux débats, défendre leurs amendements ou prendre part aux votes, ne se voient pas refuser cette possibilité. • Cons. const. 11 mai 2020, n° 2020-800 DC § 6.

18. Absence d'atteinte au droit d'amendement. Ne constitue pas une atteinte au droit d'amendement des parlementaires l'instauration d'un délai pour l'exercice de leur droit d'amendement dès lors que ce délai est de nature à assurer la clarté et la sincérité du débat parlementaire. • Cons. const. 22 juin 2006, n° 2006-537 DC § 8. ♦ V. déjà en matière budgétaire, • Cons. const. 13 oct. 2005, n° 2005-526 DC § 5. ♦ Le Cons. const. s'assure que, en première lecture, le délai retenu à l'Assemblée nationale pour le dépôt en commission des amendements au projet de loi n'a pas fait obstacle à l'exercice effectif par les députés de leur droit d'amendement. • Cons. const. 10 déc. 2018, n° 2018-775 DC § 7 • Cons. const. 21 déc. 2018, n° 2018-776 DC § 6 • Cons. const. 20 déc. 2019, n° 2019-795 DC § 7.

19. Ne constitue pas une atteinte au droit d'amendement des parlementaires l'adoption par une assemblée d'une question préalable qui empêche de débattre des amendements. • Cons. const. 19 juin 2008, n° 2008-564 DC § 11. ♦ Si le droit d'amendement peut s'exercer à chaque stade de la procédure, il est soumis à des limitations particulières lorsque le Gouvernement invite l'Assemblée nationale à statuer définitivement (Const. 58, art. 45). Dans ce cas, dans l'hypothèse où l'Assemblée nationale est appelée à se prononcer sur le dernier texte voté par elle, ne peuvent être déposés, discutés et mis aux voix que des amendements votés par le Sénat lors de la dernière lecture par lui du texte en discussion ; en effet, aucune exigence constitutionnelle n'impose l'examen préalable systématique des amendements en commission lors de la lecture définitive. • Cons. const. 13 août 2015, n° 2015-720 DC § 6.

20. Il en va de même de la suppression du droit de réplique d'un « orateur contre » sur chaque amendement alors que, dans le même temps, demeurent applicables les dispositions relatives aux explications de vote sur chaque amendement. • Cons. const. 11 juin 2015, n° 2015-712 DC § 29.

21. De même encore, la circonstance que, lors de l'examen du texte en séance publique à l'Assemblée nationale, le Gouvernement ayant déposé quatre amendements, l'un d'entre eux a été déposé après l'expiration du délai de dépôt opposable aux amendements des députés. En effet, cette circonstance n'a pas fait obstacle à l'exercice effectif par les députés de leur droit d'amendement, notamment sous forme de sous-amendements à l'amendement du Gouvernement. • Cons. const. 4 avr. 2019, n° 2019-780 DC § 4.

22. Atteinte au droit d'amendement. En revanche, constitue une atteinte au droit d'amendement le retrait par le Gouvernement d'un article sur lequel des amendements ont déjà été adoptés, dans le but de lui substituer une solution alternative par le vote d'un article additionnel. • Cons. const. 27 juill. 2006, n° 2006-540 DC § 3.

23. Les dispositions organiques mettant fin à la pratique de la réserve parlementaire ne sauraient cependant, sans porter atteinte à l'art. 44 Const. 58, être interprétées comme limitant le droit d'amendement du Gouvernement en matière financière. • Cons. const. 8 sept. 2017, n° 2017-753 DC § 19.

b. Sous-amendement

24. Le droit de sous-amendement est indissociable du droit d'amendement, reconnu aux membres du Parlement et au Gouvernement par l'art. 44 Const. 58. • Cons. const. 17 mai 1973, n° 73-49 DC § 5 • Cons. const. 3 juin 1986, n° 86-206 DC § 5. ♦ Dès lors, une réglementation de la recevabilité des sous-amendements ne peut risquer d'aboutir à la suppression arbitraire du droit de présenter un sous-amendement. • Cons. const. 17 mai 1973, n° 73-49 DC § 6.

25. Ainsi il n'est pas possible de prévoir *qu'est irrecevable un sous-amendement ayant* « pour effet de dénaturer l'esprit » de l'amendement auquel il s'applique compte tenu du caractère éminemment subjectif et tellement imprécis de la formule. • Cons. const. 17 mai 1973, n° 73-49 DC § 7.

26. En revanche, peut être déclaré irrecevable un sous-amendement ayant pour « effet de contredire le sens » de l'amendement auquel il s'applique dès lors qu'il s'agit d'un détournement de procédure ayant pour but non de proposer une modification de l'amendement mais l'annulation d'un texte soumis à la discussion d'une assemblée. • Cons. const. 17 mai 1973, n° 73-49 DC § 8.

27. Le droit de sous-amendement peut s'exercer au-delà des limitations de délais fixées pour l'exercice du droit d'amendement. • Cons. const. 13 oct. 2005, n° 2005-526 DC § 4 • Cons. const. 22 juin 2006, n° 2006-537 DC § 9 • Cons. const. 25 juin 2009, n° 2009-581 DC § 35 • Cons. const. 11 juin 2015, n° 2015-712 DC § 11 et 37.

c. Rôle du Conseil constitutionnel

28. Principe. Le bon déroulement du débat démocratique suppose que soit pleinement respecté le droit d'amendement conféré aux parlementaires, et que parlementaires comme Gouvernement puissent utiliser sans entrave les procédures mises à leur disposition à ces fins sans qu'il soit fait un usage manifestement excessif de ce droit. • Cons. const. 30 déc. 1995, n° 95-370 DC § 10 et 11 • Cons. const. 3 avr. 2003, n° 2003-468 DC § 3 • Cons. const. 29 déc. 2012, n° 2012-662 DC § 4 et 5. ♦ V. déjà : • Cons. const. 18 nov. 1986, n° 86-218 DC § 2 s. ♦ Dès lors, face à la multiplicité des amendements, l'usage « à rebours » de la question préalable n'entache pas d'inconstitutionnalité la loi déférée. • Cons. const. 30 déc. 1995, n° 95-370 DC § 12 : *préc.* ♦ V. notes ss. Const. 58, art. 42.

29. Mise en œuvre. Le Conseil vérifie que les restrictions faites au droit d'amendement durant la procédure d'adoption d'un texte n'ont pas, « au regard du contenu des amendements et des conditions générales du débat, revêtu un caractère substantiel susceptible d'entacher de nullité la procédure législative ». • Cons. const. 13 janv. 1994, n° 93-329 DC § 22 • Cons. const. 20 janv. 1994, n° 93-334 DC § 6.

30. Peuvent être écartés des amendements violant des dispositions faisant partie du bloc de constitutionnalité. Ainsi, c'est à bon droit qu'ont pu être écartés 2 870 amendements violant le principe d'égalité. • Cons. const. 13 janv. 1994, n° 93-329 DC § 20. ♦ A l'inverse, l'art. 74 Const. ne saurait être interprété comme faisant obligation de soumettre, au cours d'un débat parlementaire, le texte d'un amendement à l'avis de l'assemblée territoriale intéressée. • Cons. const. 23 mai 1979, n° 79-104 DC § 5.

31. En revanche, l'introduction d'amendement, à caractère législatif dans un projet de loi organique est admise. • Cons. const. 19 juin 2001, n° 2001-445 DC § 51.

2° SPÉCIFICITÉ DES AMENDEMENTS DU GOUVERNEMENT

32. Les dispositions du 2e al. de l'art. 39 Const. n'imposant l'avis du Conseil d'État et la délibération en Conseil des ministres que pour les projets de loi et non pour les amendements, ces derniers n'ont pas à être soumis à ces formalités. • Cons. const. 13 janv. 1994, n° 93-329 DC § 11 • Cons. const. 25 janv. 1995, n° 94-357 DC § 8. ♦ ... Et ce, quelle que soit leur portée. • Cons. const. 16 mars 2006, n° 2006-534 DC § 6 et 7 (sol. impl.). ♦ Le législateur organique ne peut renvoyer au règlement des assemblées la faculté d'imposer au Gouvernement l'élaboration d'études d'impact sur ses amendements sans préciser le contenu de celles-ci ni les conséquences d'un manquement à cette obligation. • Cons. const. 9 avr. 2009, n° 2009-579 DC § 39.

33. Les dispositions de l'art. 39 Const. 58 et la L. org. du 15 avr. 2009 n'imposent la présentation d'une étude d'impact, la consultation du Conseil d'État et la délibération en conseil des ministres que pour les projets de loi avant leur dépôt sur le bureau de la première assemblée saisie et non pour les amendements. • Cons. const. 17 nov. 2016, n° 2016-739 DC § 6. ♦ V. déjà. • Cons. const. 9 déc. 2010, n° 2010-618 DC § 3. ♦ Il en va de même dans le cadre des lois de finances et de la LOLF s'agissant d'une évaluation préalable. • Cons. const. 28 déc. 2017, n° 2017-759 DC § 5.

34. Aucune disposition constitutionnelle n'impose au Gouvernement de rendre public l'avis qu'il sollicite du Conseil d'État sur l'un de ses projets d'amendement. • Cons. const. 4 avr. 2019, n° 2019-780 DC § 6.

35. Dès lors que l'exposé des motifs d'un amendement, présenté par le Gouvernement en nouvelle lecture à l'Assemblée nationale, a pour objet de modifier une disposition qui restait en discussion à ce stade de la procédure, précise que son objet est de tirer les conséquences des engagements du Gouvernement en faveur de l'hôpital public en prévoyant un relèvement chiffré des sous-objectifs « dépenses relatives aux établissements de santé » et « contribution de l'assurance maladie aux dépenses en établissements et services pour personnes âgées », le Gouvernement s'est borné à faire usage du droit qu'il tient des présentes dispositions et a suffisamment informé les députés de la portée de l'amendement. • Cons. const. 20 déc. 2019, n° 2019-795 DC § 8.

36. Lettre rectificative. Une lettre rectificative signée du Premier ministre constitue non un amendement apporté par le Gouvernement mais la mise en œuvre du pouvoir d'initiative des lois. • Cons. const. 28 déc. 1990, n° 90-285 DC § 4 • Cons. const. 27 juill. 2000, n° 2000-433 DC § 3. ♦ Il est dès lors juridiquement fondé que les dispositions issues de ces lettres soient soumises au Conseil des ministres, au Conseil d'État et ensuite à la procédure de l'art. 42 Const. pour l'examen et le vote des projets de loi. • Cons. const. 29 déc. 1978, n° 78-100 § 11 • Cons. const. 28 déc. 1990, n° 90-285 DC § 6.

37. Le fait que la lettre rectificative n'ait pas été contresignée n'en affecte pas la régularité dès lors que ce document comporte par lui-même toutes les dispositions nécessaires à la production de ses effets juridiques au regard de l'art. 39, al. 1er Const. • Cons. const. 28 déc. 1990, n° 90-285 DC § 5.

B. PROCÉDURE

1° GÉNÉRALITÉS

38. Il résulte des dispositions combinées du présent art. avec celles des art. 39 et 45 Const. que le droit d'amendement peut, [sous réserve des limitations posées à l'art. 45 Const. 58 (V. notes 21 s. ss. cet art.)], s'exercer à chaque stade de la procédure législative. • Cons. const. 8 juill. 1989, n° 89-258 DC § 3 • Cons. const. 26 janv. 1995, n° 94-358 DC § 41. ♦ Dès lors, la méconnaissance de l'art. 39 Const. est inopérante s'agissant d'amendements déposés par le Gouvernement, avant la réunion de la CMP, dans l'exercice du droit qu'il tient du 1er al. du présent art. • Cons. const. 12 janv. 2002, n° 2001-455 DC § 4.

V. pour d'autres décisions dans le même sens : .

39. Par suite, des amendements peuvent tendre au rétablissement de dispositions qui avaient été écartées en première lecture par les deux assemblées. • Cons. const. 29 mai 1990, n° 90-274 DC § 5. ♦ ... Être présentés en seconde délibération même s'ils n'ont pas été examinés lors de la première. • Cons. const. 20 janv. 1993, n° 92-316 DC § 4 • Cons. const. 10 mars 1994, n° 94-338 DC § 26 (sol. impl.).

40. Les amendements venant en concurrence peuvent, au choix du règlement de l'assemblée, faire l'objet d'une discussion séparée ou commune, ou encore fixer qu'en principe ils font l'objet d'une discussion commune sauf si le bureau décide qu'ils seront discutés séparément. • Cons. const. 3 juin 1986, n° 86-206 DC § 5.

2° DÉLAI DE DÉPÔT. LIMITES AU DROIT D'AMENDEMENT

41. Dans le respect du principe de clarté et de sincérité du débat parlementaire, il est possible au règlement des assemblées de limiter dans le temps le moment du dépôt des amendements en commission sous réserve que Président de la commission saisie au fond puisse fixer un autre délai pour le dépôt des amendements et permettre de garantir le caractère effectif de l'exercice du droit d'amendement conféré aux parlementaires par le présent art. • Cons. const. 25 juin 2009, n° 2009-581 DC § 35 et 44 • Cons. const. 11 déc. 2014, n° 2014-705 DC § 46 • Cons. const. 11 juin 2015, n° 2015-712 DC § 12. ♦ Il en va de même, sous la même réserve, pour la fixation d'un délai de dépôt des amendements en séances publique dès lors que la possibilité donnée à la conférence des présidents de fixer un autre délai doit permettre de garantir ce même droit. • Cons. const. 25 juin 2009, n° 2009-581 DC § 44. ♦ V. déjà : • Cons. const. 13 oct. 2005, n° 2005-526 DC § 5. ♦ V. déjà. • Cons. const. 22 juin 2006, n° 2006-537 DC § 10.

42. Les délais, qui visent uniquement les amendements émanant des députés, n'interdisent pas de déposer ultérieurement des sous-amendements. • Cons. const. 13 oct. 2005, n° 2005-526 DC § 5 : *JO 20 oct., p. 16610* • Cons. const. 25 juin 2009, n° 2009-581 DC § 36 et 44 • Cons. const. 11 déc. 2014, n° 2014-705 DC § 46. ♦ Le délai limite de dépôt des amendements fixé par la Conférence des présidents n'est applicable ni aux amendements du Gouvernement ni aux sous-amendements. • Cons. const. 11 juin 2015, n° 2015-712 DC § 11 et 38.

43. Si les amendements n'ont pu être déposés, en vue de l'examen en commission, en nouvelle lecture, à l'Assemblée nationale, qu'à compter du 29 juin à 10 heures 50 (laissant un délai de 6 heures pour les déposer), après l'échec de la CMP, les dispositions du texte servant de base à ces amendements étaient connues dès l'issue de l'examen par le Sénat, en première lecture, des articles du projet de loi. Par ailleurs, à ce stade de la procédure, compte tenu de l'état d'avancement des travaux législatifs, les délais retenus, à l'Assemblée nationale, pour le dépôt des amendements en commission et en séance publique, n'ont pas fait obstacle à l'exercice effectif par les députés de leur droit d'amendement ni altéré la clarté et la sincérité des débats. • Cons. const. 4 août 2016, n° 2016-736 DC § 8 et 9.

3° PRÉSENCE DU GOUVERNEMENT EN COMMISSION

44. Le Gouvernement a la possibilité de participer aux travaux des commissions lorsque celles-ci débattent et votent les amendements déposés devant elles. • Cons. const. 9 avr. 2009, n° 2009-579 DC § 36 • Cons. const. 25 juin 2009, n° 2009-582 DC § 10.

C. AMENDEMENTS NON SOUMIS EN COMMISSION

45. Opposition du Gouvernement. Aucune disposition de la Constitution ne proscrit, en l'absence d'opposition du Gouvernement, la discussion et le vote en séance publique d'amendements qui n'auraient pas été « examinés préalablement en commission ». • Cons. const. 20 janv. 1993, n° 92-316 DC § 3.

46. La demande du Gouvernement peut également concerner un sous-amendement. • Cons. const. 3 juin 1986, n° 86-206 DC § 3 et 4.

47. Délai. La demande du Gouvernement tendant à ce que l'Assemblée ne délibère pas d'un amendement qui n'a pas été soumis antérieurement à la commission peut être présentée jusqu'au moment où l'amendement est appelé en séance. • Cons. const. 10 mars 1994, n° 94-338 DC § 24 et 25.

II. TEMPS LÉGISLATIF PROGRAMMÉ (ASSEMBLÉE NATIONALE)

48. Principe. En prévoyant, à l'art. 44 Const., que le droit d'amendement s'exerce « en séance ou en commission selon les conditions fixées par les règlements des assemblées », le constituant a entendu permettre que, dans le cadre de la procédure instituée par ces règlements impartissant des délais pour l'examen d'un texte en séance, les amendements ne puissent être discutés que lors de l'examen du texte en commission. • Cons. const. 9 avr. 2009, n° 2009-579 DC § 40.

49. Dès lors qu'il est prévu que « lorsqu'un amendement est déposé par le Gouvernement ou par la commission après la forclusion du délai de dépôt des amendements des membres du Parlement, les règlements des assemblées, s'ils instituent une procédure impartissant des délais pour l'examen d'un texte, doivent prévoir d'accorder un temps supplémentaire de discussion, à la demande d'un Président de groupe, aux membres du Parlement », que le droit d'expression de tous les groupes parlementaires, « en particulier celui des groupes d'opposition et des groupes minoritaires », est garanti et que la parole peut être donnée à tout parlementaire qui en fait la demande pour une explication de vote personnelle sur l'ensemble du texte, les règlements des assemblées peuvent organiser une procédure dans laquelle le temps d'intervention est limité (dite du « temps législatif programmé »). • Cons. const. 9 avr. 2009, n° 2009-579 DC § 41.

50. Dans le cadre de cette procédure, un amendement déposé par un député appartenant à un groupe dont le temps de parole est épuisé peut être mis aux voix sans débat. En revanche, le président d'un groupe dont le temps de parole est épuisé a toujours la possibilité de demander un scrutin public sur l'ensemble d'un texte. • Cons. const. 25 juin 2009, n° 2009-581 DC § 23.

51. Il n'appartient pas au Cons. const. de se prononcer sur la décision de la Conférence des présidents de l'AN relative à la répartition du temps de parole pour l'examen d'un projet de loi soumis au temps législatif programmé. • Cons. const. 24 oct. 2019, n° 2019-2 AUTR : *AJDA 2020. 383*.

52. Réserves. Il est dès lors possible que la Conférence des présidents organise la discussion des textes et fixe la durée maximale de leur examen en attribuant un temps minimum à chaque groupe ainsi qu'aux députés non inscrits. Il convient cependant que la durée maximale ne soit pas fixée de telle manière qu'elle prive d'effet les exigences de clarté et de sincérité du débat parlementaire. • Cons. const. 25 juin 2009, n° 2009-581 DC § 22 et 25. ♦ Il en va de même du temps de discussion supplémentaire accordé à la demande d'un Président de groupe, aux députés lorsqu'un amendement est déposé par le Gouvernement ou la commission après l'expiration des délais de forclusion. • Même décision *§ 25.* ♦ L'octroi de ce temps de parole supplémentaire est décidé par la Conférence des présidents mais encore faut-il qu'elle en soit saisie pour qu'elle puisse statuer. • Cons. const. 9 juin 2011, n° 2011-631 DC § 7.

53. Si la fixation de délais pour l'examen d'un texte en séance permet de décompter le temps consacré notamment aux demandes de suspension de séance et aux rappels au règlement, les députés ne peuvent être privés de toute possibilité d'invoquer les dispositions du règlement afin de demander l'application de dispositions constitutionnelles. • Cons. const. 25 juin 2009, n° 2009-581 DC § 26.

54. Le Cons. const. s'assure que le temps fixé n'est pas manifestement disproportionné au regard des exigences de clarté et de sincérité du débat parlementaire. • Cons. const. 9 juin 2011, n° 2011-631 DC § 6. ♦ V. déjà, implicitement, • Cons. const. 9 nov. 2010, n° 2010-617 DC § 4. ♦ ... Et ne porte pas atteinte à l'art. 51-1 Const. 58. • Cons. const. 17 mai 2013, *n°* 2013-669 DC § 7 • Cons. const. 5 août 2015, n° 2015-715 DC § 10.

55. Selon le dixième alinéa de l'art. 49 RAN, une fois par session, un président de groupe peut obtenir, de droit, un allongement exceptionnel de la durée du temps législatif programmé dans une limite maximale fixée par la Conférence des présidents ; le président d'un groupe d'opposition a formulé une demande d'allongement exceptionnel en Conférence des présidents, et cette demande a été satisfaite. • Cons. const. 17 mai 2013, n° 2013-669 DC § 6 et 7.

III. PROCÉDURE D'EXAMEN EN COMMISSION

BIBL. Derosier, La législation en commission au Sénat : pérennisation d'une expérimentation, *JCP Adm. 2018. 95.*

56. La procédure d'examen en commission qui prévoit que, à la demande du président du Sénat, du président de la commission saisie au fond, du président d'un groupe ou du Gouvernement, le droit d'amendement des sénateurs et du Gouvernement s'exerce uniquement en commission n'est pas contraire à la Const. dès lors, d'une part, qu'elle ne peut être mise en œuvre que pour les textes autres que les projets de révision constitutionnelle, de loi de finances et de loi de financement de la sécurité sociale, que les amendements déposés en commission feront l'objet d'un examen systématique de leur recevabilité au regard de l'art. 40 Const., que le Gouvernement, le président de la commission saisie au fond ou d'un président de groupe disposent d'un droit d'opposition à sa mise en œuvre, tant avant l'examen en commission que dans les trois jours qui suivent la publication de son rapport, que le délai limite de dépôt des amendements fixé par la Conférence des présidents n'est applicable ni aux amendements du Gouvernement ni aux sous-amendements, qu'est préservée la possibilité effective pour les sénateurs de déposer et discuter une exception d'irrecevabilité et, d'autre part, sous la réserve qu'il appartiendra au président de la commission et au président de séance d'appliquer les différentes limitations du temps de parole en veillant au respect des exigences de clarté et de sincérité du débat parlementaire. • Cons. const. 16 janv. 2018, n° 2017-757 DC § 9 et 10 • Cons. const. 28 déc. 2017, n° 2017-759 DC § 3. ♦ V. déjà : • Cons. const. 11 juin 2015, n° 2015-712 DC § 35 à 40. ♦ L'application de la réduction des durées maximales d'intervention à cinq minutes pour les représentants des commissions et deux minutes et demie pour chacune des explications de vote doivent respecter les exigences de clarté et de sincérité du débat parlementaire et ne permettent pas de limiter le temps de parole du Gouvernement. • Cons. const. 16 janv. 2018, n° 2017-757 DC § 16.

57. Sur la mise en œuvre de cette procédure à l'Assemblée nationale, V. • Cons. const. 4 juill. 2019, n° 2019-785 DC § 35 s.

IV. VOTE BLOQUÉ

58. Principe. Ces dispositions ont pour objet de permettre au Gouvernement d'obtenir, par une procédure ne mettant pas en jeu sa responsabilité politique, un résultat analogue à celui qui ne pouvait être atteint sous le régime de la Constitution de 1946 et en vertu de la coutume parlementaire, que par la pratique de la question de confiance. • Cons. const. 15 janv. 1960, ⚖ n° 59-5 DC § 2.

59. Notion de « partie de texte ». La notion de « partie de texte » ne renvoie pas à la notion d'article. En effet, cela ferait obstacle à ce que l'Assemblée soit éventuellement appelée, notamment en cas de vote par division, à émettre un seul vote sur une partie seulement d'un art. du texte en discussion et sur les amendements s'y rapportant. • Cons. const. 15 janv. 1960, ⚖ n° 59-5 DC § 3 et 8. ♦ De même, il est possible que le Gouvernement demande à l'assemblée de se prononcer par un seul vote sur tout le texte, lors même qu'elle s'est déjà prononcée par un seul vote sur une partie de ce texte. • Même décision *§ 5 et 9.* ♦ Le fait que le Gouvernement demande à l'assemblée de se prononcer par un seul vote n'a pas pour conséquence d'interdire à celle-ci de discuter de toutes les dispositions du texte. • Même décision *§ 6 et 10.*

60. Par cette procédure, le Gouvernement peut obtenir que l'assemblée se prononce par un seul vote sur tout le texte en discussion en ne retenant que les amendements qu'il a proposés ou acceptés ; le vote à émettre ainsi sur la totalité du texte porte alors nécessairement et simultanément sur tous les art. ou parties d'art. du texte, amendés le cas échéant par les dispositions nouvelles proposées ou acceptées par le Gouvernement, que ces art. ou parties d'art. aient été ou non déjà mis aux voix et qu'ils aient été ou non réservés lors de leur examen par l'assemblée saisie. • Cons. const. 15 janv. 1960, ⚖ n° 59-5 DC § 4.

61. Le Conseil constitutionnel vérifie si l'usage du vote bloqué n'a pas pour conséquence de porter atteinte à la clarté et à la sincérité du débat parlementaire. • Cons. const. 11 févr. 2010, ⚖ n° 2010-603 DC § 9.

62. La suppression de l'« orateur contre » sur chaque amendement, dans le cadre de la procédure de vote bloqué, ne peut avoir pour effet de faire obstacle aux explications de vote sur l'ensemble des dispositions faisant l'objet du vote bloqué et, sous cette réserve, ne méconnaît pas les exigences de clarté et de sincérité du débat parlementaire. • Cons. const. 11 juin 2015, ⚖ n° 2015-712 DC § 8.

Loi organique n° 2009-403 du 15 avril 2009,

Relative à l'application des articles 34-1, 39 et 44 de la Constitution.

CHAPITRE III. *DISPOSITIONS RELATIVES AU DROIT D'AMENDEMENT PRISES EN VERTU DE L'ARTICLE 44 DE LA CONSTITUTION*

Art. 13 Les amendements sont présentés par écrit et sont sommairement motivés.

Les amendements des membres du Parlement cessent d'être recevables après le début de l'examen du texte en séance publique. Les règlements des assemblées peuvent déterminer les conditions dans lesquelles est fixée une date antérieure à compter de laquelle ces amendements ne sont plus recevables. Ces délais ne s'appliquent pas aux sous-amendements.

Après l'expiration de ces délais, sont seuls recevables les amendements déposés par le Gouvernement ou par la commission saisie au fond. Ces délais peuvent être ouverts de nouveau pour les membres du Parlement dans les conditions prévues par les règlements des assemblées.

[Dispositions déclarées non conformes à la Constitution par la décision du Conseil constitutionnel n° 2009-579 DC du 9 avr. 2009.]

Art. 14 *[Dispositions déclarées non conformes à la Constitution par la décision du Conseil constitutionnel n° 2009-579 DC du 9 avr. 2009.]*

Art. 15 Les règlements des assemblées peuvent déterminer les conditions dans lesquelles des amendements des membres du Parlement, à la demande de leur auteur, ou des amendements de la commission saisie au fond peuvent faire l'objet d'une évaluation préalable communiquée à l'assemblée avant leur discussion en séance.

Art. 16 Les règlements des assemblées peuvent, s'ils instituent une procédure d'examen simplifiée d'un texte et si la mise en œuvre de cette procédure ne fait pas l'objet d'une opposition du Gouvernement, du Président de la commission saisie au fond ou du Président d'un groupe, prévoir que le texte adopté par la commission saisie au fond est seul mis en discussion en séance.

Art. 17 Les règlements des assemblées peuvent, s'ils instituent une procédure impartissant des délais pour l'examen d'un texte en séance, déterminer les conditions dans lesquelles les amendements déposés par les membres du Parlement peuvent être mis aux voix sans discussion.

Lorsqu'un amendement est déposé par le Gouvernement ou par la commission après la forclusion du délai de dépôt des amendements des membres du Parlement, les règlements des assemblées, s'ils instituent une procédure impartissant des délais pour l'examen d'un texte, doivent prévoir d'accorder un temps supplémentaire de discussion, à la demande d'un Président de groupe, aux membres du Parlement.

Art. 18 Les règlements des assemblées, lorsqu'ils instituent une procédure impartissant des délais pour l'examen d'un texte en séance, garantissent le droit d'expression de tous les groupes parlementaires, en particulier celui des groupes d'opposition et des groupes minoritaires.

Art. 19 Les règlements des assemblées peuvent, s'ils instituent une procédure impartissant des délais pour l'examen d'un texte, déterminer les conditions dans lesquelles la parole peut être donnée, à l'issue du vote du dernier article de ce texte, pour une durée limitée et en dehors de ces délais, à tout parlementaire qui en fait la demande pour une explication de vote personnelle.

CHAPITRE IV. *DISPOSITIONS TRANSITOIRES*

Art. 20 Le chapitre II et l'article 15 *[Dispositions résultant de la décision du Conseil constitutionnel nº 2009-579 DC du 9 avr. 2009]* sont applicables aux projets de loi déposés à compter du 1er septembre 2009.

Art. 45 **Tout projet ou proposition de loi est examiné successivement dans les deux assemblées du Parlement en vue de l'adoption d'un texte identique.** *(L. const. nº 2008-724 du 23 juill. 2008, art. 20-1º)* **« Sans préjudice de l'application des articles 40 et 41, tout amendement est recevable en première lecture dès lors qu'il présente un lien, même indirect, avec le texte déposé ou transmis. »**

Lorsque, par suite d'un désaccord entre les deux assemblées, un projet ou une proposition de loi n'a pu être adopté après deux lectures par chaque assemblée ou, si le Gouvernement a *(L. const. nº 2008-724 du 23 juill. 2008, art. 20-2º-a)* **« décidé d'engager la procédure accélérée sans que les Conférences des présidents s'y soient conjointement opposées », après une seule lecture par chacune d'entre elles, le Premier ministre** *(L. const. nº 2008-724 du 23 juill. 2008, art. 20-2º-b)* **« ou, pour une proposition de loi, les présidents des deux assemblées agissant conjointement, ont » la faculté de provoquer la réunion d'une commission mixte paritaire chargée de proposer un texte sur les dispositions restant en discussion.**

Le texte élaboré par la commission mixte peut être soumis par le Gouvernement pour approbation aux deux assemblées. Aucun amendement n'est recevable sauf accord du Gouvernement.

Si la commission mixte ne parvient pas à l'adoption d'un texte commun ou si ce texte n'est pas adopté dans les conditions prévues à l'alinéa précédent, le Gouvernement peut, après une nouvelle lecture par l'Assemblée nationale et par le Sénat, demander à l'Assemblée nationale de statuer définitivement. En ce cas, l'Assemblée nationale peut reprendre soit le texte élaboré par la commission mixte, soit le dernier texte voté par elle, modifié le cas échéant par un ou plusieurs des amendements adoptés par le Sénat.

BIBL. ▶ BAUDU, L'incertaine renaissance parlementaire en matière budgétaire, RD publ. 2010. 1423. – OLIVA, La « reconstitution » du droit constitutionnel financier, *RFDC 2014. 1021.*

COMMENTAIRE

V. sur le Code en ligne.

PLAN DES ANNOTATIONS

[V. références des décisions du Conseil constitutionnel dans le tableau DC]

1. Il ressort du présent art. que, comme le rappelle d'ailleurs l'art. 109 du règlement de l'Assemblée nationale, le fait qu'un projet de loi examiné par le Parlement soit rejeté par l'une ou l'autre de ses deux assemblées n'interrompt pas les procédures prévues pour parvenir à l'adoption d'un texte définitif. • Cons. const. 19 juin 2008, n° 2008-564 DC § 7.

2. La circonstance que plusieurs procédures prévues par la Constitution, dont celles du présent art., soient utilisées cumulativement pour accélérer l'examen d'une loi, n'est pas à elle seule de nature à rendre inconstitutionnelle l'ensemble de la procédure législative ayant conduit à l'adoption de cette loi. • Cons. const. 30 déc. 1995, n° 95-370 DC § 13.

3. Le présent art. détermine les procédures suivant lesquelles un projet ou une proposition de loi peut être adopté, le choix entre ces différentes modalités n'emportant aucun effet sur la force juridique du texte, lequel a valeur de loi ordinaire. • Cons. const. 21 janv. 1993, n° 92-317 DC § 9.

I. PROCÉDURE LÉGISLATIVE

4. Sur les dispositions imposant le respect des exigences de clarté et de sincérité du débat parlementaire et les généralités sur cette exigence, V. ss Const. 58, art. 3

5. D'une manière générale, la durée des temps de parole et le nombre des orateurs ne sauraient être fixés de telle manière que soient privées d'effet les exigences de clarté et de sincérité du débat parlementaire. • Cons. const. 4 juill. 2019, n° 2019-785 DC § 9, 22 et 29. • Cons. const. 11 juill. 2019, n° 2019-786 DC § 10.

A. ADOPTION EN TERMES IDENTIQUES

6. Généralités. Lorsque toutes les dispositions d'une loi ont été votées successivement dans un texte identique par les deux assemblées, le texte est définitif. • Cons. const. 22 juill. 1980, n° 80-117 DC § 1 à 3 • Cons. const. 25 juin 1986, n° 86-207 DC § 3.

7. Dès lors que la durée des débats et le nombre d'amendements déposés et discutés montre que la procédure suivie a permis à l'une et l'autre assemblée de discuter du texte, il importe peu que des travaux aient eu lieu dans le cadre d'une assemblée non encore saisie du texte ou qu'une assemblée ait été mieux informée que l'autre. • Cons. const. 25 juin 1986, n° 86-207 DC § 10 et 11 • Cons. const. 13 janv. 1994, n° 93-329 DC § 13.

8. Il est possible qu'une disposition législative trouve son origine dans une disposition additionnelle introduite par voie d'amendement durant la seconde lecture, dès lors qu'elle a été votée par les deux assemblées. • Cons. const. 22 juill. 1980, n° 80-117 DC § 3. ♦ Dès lors, un amendement délibéré par les deux assemblées, peut avoir été introduit lors de la deuxième lecture devant l'une d'elles, alors même qu'une disposition identique avait été retirée par le gouvernement du projet originel lors de la première lecture. • Cons. const. 26 juill. 1984, n° 84-172 DC § 11.

9. Il est toujours loisible à une assemblée parlementaire, saisie d'un projet ou d'une proposition de loi, de ne pas adopter un article lorsque celui-ci est mis aux voix, y compris après avoir adopté un amendement le modifiant. Il est également loisible au Sénat, saisi en première lecture de la loi déférée, d'adopter un article additionnel reprenant une disposition précédemment amendée puis rejetée, dans une rédaction qui, au demeurant, différait non seulement de celle qu'il avait décidé de supprimer mais également de celle qui lui avait été initialement soumise dès lors que cela n'altère pas la sincérité des débats et ne porte atteinte à aucune autre exigence de valeur constitutionnelle. • Cons. const. 21 avr. 2005, n° 2005-512 DC § 4.

10. Bien que la suite de la procédure ait été régulière tant devant le Sénat que devant l'Assemblée nationale, une irrégularité de procédure durant la première lecture entraîne l'inconstitutionnalité de la loi qui ne peut être regardée comme adoptée selon une procédure régulière. • Cons. const. 24 déc. 1979, n° 79-110 DC.

11. Rappel d'un article adopté en termes identiques. Il est possible de rappeler en nouvelle lecture un article adopté en termes identiques par les deux assemblées pour remédier à l'inconstitutionnalité qu'il peut présenter. En revanche, procéder à la suppression d'un article ainsi adopté sans que cette suppression vise à assurer le respect de la Constitution, à corriger une erreur matérielle ou à opérer une coordination avec des textes en cours d'examen à la date à laquelle elle est adoptée est contraire au présent article. • Cons. const. 26 janv. 2017, n° 2016-745 DC § 7. ♦ Sur les conséquences d'une telle suppression irrégulière, V. notes ss. Const. 58, art. 62.

B. COMMISSION MIXTE

BIBL. Hyest, La CMP : lieu mystérieux de pouvoir, *Pouvoirs, 2013, n° 146, p. 83.*

1° GÉNÉRALITÉS

12. Composition. L'Ord. du 17 nov. 1958 ne comporte aucune disposition particulière en ce qui concerne le mode de désignation des membres des CMP ; elle laisse donc aux assemblées parlementaires le soin de déterminer et par la suite de modifier ces règles. • Cons. const. 6 juin 1968, n° 68-36 DC.

13. Aucune règle de valeur constitutionnelle n'exige que, pour la constitution d'une CMP, les noms de ses membres aient fait au préalable l'objet d'une publication au *Journal officiel.* • Cons. const. 30 oct. 1981, n° 81-129 DC § 1 • Cons. const. 30 oct. 1981, n° 81-130 DC § 1.

14. La mise en œuvre des dispositions prévoyant que, sous réserve que le groupe disposant du plus grand nombre de sièges de titulaires conserve au moins un siège de suppléant, chaque groupe dispose d'au moins un siège de titulaire ou de suppléant au sein de la CMP ne saurait, sans méconnaître les dispositions du présent art., avoir pour effet de priver le groupe majoritaire du droit de revendiquer un nombre de titulaires dans la CMP représentatif *de l'effectif de ce groupe* au sein de l'AN. • Cons. const. 4 juill. 2019, n° 2019-785 DC § 42.

15. Déclenchement. Le fait qu'un projet de loi examiné par le Parlement soit rejeté par l'une ou l'autre des deux assemblées n'interrompt pas les procédures prévues pour parvenir à l'adoption d'un texte définitif, l'adoption d'une question préalable qui « entraîne le rejet du texte à l'encontre duquel elle a été soulevée » ne fait pas obstacle à ce que l'examen de la loi déférée se poursuive. • Cons. const. 19 juin 2008, n° 2008-564 DC § 5. ♦ L'adoption de la question préalable par une assemblée équivaut à une lecture devant celle-ci. • Même décision *§ 8.*

16. Fonctionnement. La faculté de recourir à la réunion d'une CMP est réservée par le présent art. au Premier ministre (au sein de l'exécutif depuis le 1er mars 2009) ; le Conseil veille à ce que cette attribution de compétence ait été respectée. • Cons. const. 23 août 1985, n° 85-197 DC § 26.

17. Aucune disposition de la Constitution ne fait obstacle à ce que les travaux d'une CMP soient accomplis en dehors des sessions dès lors qu'il ne s'agit pas, pour le Parlement, d'exercer son pouvoir de décision, ce qu'il ne peut faire qu'au cours des sessions ordinaires ou extraordinaires. • Cons. const. 30 oct. 1981, n° 81-129 DC § 2 • Cons. const. 30 oct. 1981, n° 81-130 DC § 3.

18. La CMP n'est pas tenue de respecter le règlement de l'assemblée dans laquelle elle siège. • Cons. const. 30 déc. 1982, n° 82-155 DC § 1 et 2.

19. Les dispositions du présent art. sont applicables de plein droit à la nouvelle délibération demandée par le Président de la République en application de l'art. 10 al. 2 Const. • Cons. const. 23 août 1985, n° 85-197 DC § 24.

20. La CMP ne fait que « proposer un texte ». Sa proposition peut aboutir au texte tel qu'il a été adopté par le Sénat lors de la lecture précédente. • Cons. const. 19 juin 2008, n° 2008-564 DC § 12.

2° RÔLE

21. Principe. La CMP n'intervient que sur les « dispositions restant en discussion », V. note 32.

22. Absence d'un texte de compromis. Il n'appartient pas au Cons. const. de contrôler pour quels motifs ou dans quelles conditions une CMP ne parvient pas à l'adoption d'un texte commun. • Cons. const. 13 août 2015, n° 2015-718 DC § 8. ♦ Lorsque la CMP ne s'accorde ni sur la rédaction, ni sur la suppression d'une des dispositions restant en discussion, elle doit être regardée comme n'étant pas parvenue « à l'adoption d'un texte commun ». Le désaccord persistant sur l'art. 1er du texte soumis à la CMP, il était possible, dans une telle circonstance, de conclure à l'échec de la CMP pour l'ensemble des dispositions restant en discussion. • Cons. const. 17 janv. 2002, n° 2001-454 DC § 3. ♦ Il ressort du rapport établi conjointement par les rapporteurs des deux assemblées à l'issue de la réunion de la CMP, d'une part, que la commission a constaté l'impossibilité de parvenir à l'adoption d'un texte commun, et, d'autre part, que ce constat n'a pas été contesté. • Cons. const. 13 août 2015, n° 2015-718 DC § 8.

23. Le Conseil n'a pas à rechercher les raisons qui ont conduit à l'échec de la CMP. • Cons. const. 30 déc. 1982, n° 82-155 DC § 1 et 2.

C. « DERNIER MOT » À L'ASSEMBLÉE NATIONALE

BIBL. Conseil constitutionnel, La lecture définitive par l'Assemblée nationale, *site du Conseil constitutionnel, A la une, sept. 2015.*

24. Généralités. La faculté de demander à l'Assemblée nationale de statuer en dernier ressort est réservée au Gouvernement ; le Conseil veille à ce que cette attribution de compétence ait été respectée. • Cons. const. 23 août 1985, n° 85-197 DC § 26. ♦ Aucune disposition constitutionnelle ne permet d'écarter les présentes dispositions lors d'une nouvelle délibération demandée par le Président de la République conformément à l'art. 10 Const. • Même décision *§ 24.*

25. La faculté ouverte au Gouvernement par le présent art. ne saurait en rien limiter le droit qui lui est reconnu par l'art. 31 Const. d'être entendu à tout moment par l'une ou l'autre assemblées. • Cons. const. 25 juill. 1989, n° 89-257 DC § 3.

26. Notion de dernier texte adopté par l'Assemblée nationale. La CMP n'étant pas parvenue à l'adoption d'un texte commun et le Gouvernement, faisant application du présent art. après une nouvelle lecture par l'une et l'autre des deux assemblées, ayant demandé à l'Assemblée nationale de statuer définitivement, celle-ci ne peut, à ce stade de la procédure, se prononcer que sur le dernier texte voté par elle, à savoir celui qu'elle a adopté postérieurement à la réunion de la CMP. • Cons. const. 31 déc. 1981, n° 81-136 DC § 8 s.

27. Amendements du Sénat. Dans l'hypothèse où l'Assemblée est appelée à se prononcer sur le dernier texte voté par elle, ne peuvent être adoptés que les amendements votés par le Sénat lors de la dernière lecture par lui du texte en discussion. • Cons. const. 9 mai 1991, n° 91-290 DC § 4 • Cons. const. 15 janv. 2015, n° 2014-709 DC § 11. ♦ ... Et non ceux qui auraient été adoptés lors de la première lecture, quand bien même le Sénat aurait, en adoptant la question préalable, renoncé à amender à ce stade de la procédure. • Cons. const. 9 mai 1991, n° 91-290 DC § 5. ♦ Il résulte de la combinaison des art. 42, 44 et *du présent art. que, excepté pour les textes* visés au 2e al. de l'art. 42, lors de la nouvelle lecture d'un texte dans l'une ou l'autre des assemblées du Parlement, le droit d'amendement s'exerce en commission ou en séance et, lorsque la commission saisie du texte adopte ce dernier, la discussion en séance porte sur le texte adopté par la commission et comportant, le cas échéant, les modifications introduites par amendement en commission. • Cons. const. 15 janv. 2015, n° 2014-709 DC § 12. ♦ Chacune des modifications apportées lors de l'examen en nouvelle lecture d'un texte adopté par le Sénat peut être reprise par amendement devant l'Assemblée nationale lorsqu'elle statue définitivement ; il en va ainsi soit que ces modifications apportées par le Sénat en nouvelle lecture aient pour origine des amendements adoptés par la commission qui n'ont pas été supprimés en séance publique, soit que ces modifications apportées par le Sénat en nouvelle lecture proviennent d'amendements adoptés en séance publique, soit que ces modifications résultent de la combinaison d'amendements adoptés par la commission puis modifiés par des amendements adoptés en séance publique. • Cons. const. 15 janv. 2015, n° 2014-709 DC § 13. ♦ Il n'est possible de déclarer irrecevables en lecture définitive à l'Assemblée nationale des amendements correspondant à des modifications introduites par amendements en commission, puis non modifiés lors de l'examen en séance en nouvelle lecture au Sénat, que si le texte examiné par le Sénat est finalement rejeté par lui, et non s'il est adopté. • Cons. const. 15 janv. 2015, n° 2014-709 DC § 14.

28. L'art. 2 du projet de loi ayant été rejeté par le Sénat en séance publique, les modifications introduites en commission ne pouvaient être considérées comme adoptées par le Sénat. Dès lors, des amendements déposés à l'Assemblée et reprenant le texte de ceux adoptés seulement en commission sont irrecevables. • Cons. const. 4 août 2016, n° 2016-737 DC § 5.

29. Toutefois, le Cons. const. ne peut être saisi de la conformité de la procédure quant à l'exercice du droit d'amendement au regard des dispositions de la dernière phrase du dernier al. du présent art. que si la question de la recevabilité de l'amendement dont il s'agit a été soulevée devant l'assemblée parlementaire concernée. • Cons. const. 15 janv. 2015, n° 2014-709 DC § 15.

30. Rôle de la Commission. Lorsque l'Assemblée nationale est saisie par le Gouvernement d'une demande tendant à ce qu'elle statue définitivement, les dispositions du 1er al. de l'art. 42 Const. 58, selon lesquelles la discussion des projets et des propositions de loi porte, en séance, sur le texte adopté par la commission saisie en application de l'art. 43 Const. 58, ne sont pas applicables à cette lecture définitive. • Cons. const. 5 août 2015, n° 2015-715 DC § 17. ♦ De même, aucune exigence constitutionnelle n'impose l'examen préalable systématique des amendements en commission lors de la lecture définitive. • Cons. const. 13 août 2015, n° 2015-720 DC § 6.

D. PROCÉDURE ACCÉLÉRÉE

31. En prévoyant que, lorsque le Gouvernement décide d'engager la procédure accélérée prévue au présent art., il en informe le Président du Sénat, « en principe, lors du dépôt du projet de loi », les dispositions du règlement du Sénat ne contraignent pas le Gouvernement à décider de la procédure accélérée dès le dépôt du projet de loi mais lui permettent, postérieurement à ce dépôt, de faire part à tout moment de sa décision d'engager une telle procédure. Ces dispositions sont conformes à la Const., dès lors qu'elles permettent aux deux conférences des présidents, avant le début de l'examen du texte en première lecture, d'exercer la prérogative que leur reconnaît le présent art. • Cons. const. 25 juin 2009, n° 2009-582 DC § 15 • Cons. const. 11 déc. 2014, n° 2014-705 DC § 43.

32. Le Gouvernement, postérieurement au dépôt d'un projet ou d'une proposition de loi, peut faire part à tout moment de sa décision d'engager la procédure accélérée. Dès lors que les Conférences des présidents des deux assemblées sont en mesure, avant le début de l'examen du texte en première lecture, d'exercer la prérogative qui leur est accordée de s'y opposer conjointement, il n'y a pas altération de la clarté et de la sincérité du débat parlementaire. • Cons. const. 15 mars 2012, n° 2012-649 DC § 3 • Cons. const. 17 nov. 2016, n° 2016-739 DC § 7 • Cons. const. 21 mars 2019, n° 2019-778 DC § 12.

33. En dépit du cumul de l'engagement de la procédure accélérée et de l'introduction de nombreuses dispositions par voie d'amendement, la loi déférée n'a pas été adoptée selon une procédure contraire à la Const. • Cons. const. 17 nov. 2016, n° 2016-739 DC § 9. ♦ La procédure accélérée n'a pas eu pour effet (même si des amendements ont été déposé par le Gouvernement devant la deuxième assemblée saisie, de priver les parlementaires de la première assemblée saisie de leurs prérogatives, dès lors qu'ils ont pu, après l'échec de la commission mixte paritaire, délibérer et exercer leur droit d'amendement en nouvelle lecture. • Cons. const. 21 mars 2019, n° 2019-778 DC § 13.

34. Aucune disposition constitutionnelle n'impose au Gouvernement de justifier l'engagement de la procédure accélérée. • Cons. const. 15 mars 2012, n° 2012-649 DC § 4.

35. L'al. 4 de l'art. 42 Const. 58 prévoyant que les règles de délai prévues à l'al. 3 du même art. ne s'appliquent pas lorsque le Gouvernement a engagé la procédure accélérée, il n'est pas possible d'imposer un délai avant le début de la discussion en séance de tout projet ou proposition de loi ayant fait l'objet d'un tel engagement. • Cons. const. 11 déc. 2014, n° 2014-705 DC § 40.

E. DISPOSITIONS RESTANT EN DISCUSSION

36. Il résulte des termes de cet art. que la CMP ne peut proposer un texte que si celui-ci porte sur des dispositions restant en discussion, c'est-à-dire qui n'ont pas été adoptées dans les mêmes termes par l'une et l'autre des deux assemblées. • Cons. const. 28 déc. 1976, n° 76-74 DC § 4 et 5 • Cons. const. 20 janv. 1981, n° 80-127 DC § 2. ♦ La CMP peut donc proposer des textes sur des dispositions ne figurant pas parmi celles discutées par l'Assemblée nationale puisque ajoutées par le Sénat lors de la lecture précédant la constitution de la CMP dans le cadre de l'exercice normal de sa fonction législative et de son droit d'amendement. • Cons. const. 28 déc. 1976, n° 76-74 DC § 4 et 5 • Cons. const. 20 janv. 1981, n° 80-127 DC § 2. ♦ En revanche, la CMP ne peut elle-même introduire une disposition nouvelle dans le texte qui lui est soumis. • Cons. const. 18 mars 2009, n° 2009-578 DC.

37. Une disposition introduite sous forme d'amendement en première lecture devant une assemblée et rejetée par la seconde reste en discussion au sens du présent art. Dès lors, elle peut être examinée par la CMP qui peut proposer une rédaction de compromis sans violer le présent art. • Cons. const. 9 déc. 2010, n° 2010-618 DC § 10.

II. RECEVABILITÉ DES AMENDEMENTS (CAVALIERS LÉGISLATIFS)

A. EN PREMIÈRE LECTURE (CAVALIERS LÉGISLATIFS)

1° PRINCIPE

BIBL. Camby, Jurisprudence constitutionnelle et droit d'amendement : cavaliers, entonnoir et coquille vide, *AJDA 2016. 240*.

38. Il résulte de la combinaison des dispositions des art. 6 DDH, du 1er al. des art. 34, et 39 Const. 58 ainsi que des art. 40, 41, 44, 45, 47 et 47-1 Const. 58 que le droit d'amendement qui appartient aux membres du Parlement et au Gouvernement doit pouvoir s'exercer pleinement au cours de la première lecture des projets et des propositions de loi par chacune des deux assemblées. Il ne saurait être limité, à ce stade de la procédure et dans le respect des exigences de clarté et de sincérité du débat parlementaire, que par les règles de recevabilité, notamment par la nécessité, pour un amendement, de présenter un lien même indirect avec le texte déposé ou transmis. • Cons. const. 21 mars 2019, n° 2019-778 DC

§ 7 • Cons. const. 21 déc. 2020, n° 2020-810 DC § 14. ♦ V. pour une formulation plus ancienne. • Cons. const. 19 janv. 2006, n° 2005-532 DC § 24 et 25 • Cons. const. 19 juin 2008, n° 2008-564 DC § 9 • Cons. const. 12 févr. 2009, n° 2009-575 DC § 6.

39. Ni les dispositions constitutionnelles mentionnées à la note 38 ni aucune autre ne font obstacle à ce que des amendements puissent être déposés devant la seconde assemblée saisie, y compris peu de temps avant la réunion de la CMP, dès lors qu'ils respectent les règles de recevabilité mentionnées ci-dessus. • Cons. const. 21 mars 2019, n° 2019-778 DC § 8 • Cons. const. 21 déc. 2020, n° 2020-810 DC § 15 (relatives au lien même indirect avec le texte : V. *infra*). ♦ Combinaison de ce constat avec la mise en œuvre de la procédure accélérée, V. note 33.

40. Ce contrôle peut être mis en œuvre d'office. • Cons. const. 12 mai 2011, n° 2011-629 DC § 2 et 4 • Cons. const. 4 sept. 2018, n° 2018-769 DC § 8 et 5. ♦ ... Peut conduire à des déclarations d'inconstitutionnalité portant sur de nombreuses dispositions d'un même texte. • Cons. const. 4 août 2011, n° 2011-640 DC (en l'espèce, 16 art. concernés, certains entièrement, d'autres partiellement) • Cons. const. 27 juin 2019, n° 2019-784 DC (8 art. concernés sur 13 adoptés).

V. pour d'autres décisions dans le même sens : .

41. Ce contrôle peut être mis en œuvre dans le cadre d'une loi organique. • Cons. const. 28 juill. 2011, n° 2011-637 DC § 22.

42. Cas particulier des lois de ratification d'ordonnances. L'appréciation du lien avec le texte déposé se fait au regard de l'ensemble des dispositions des ordonnances que le texte initial tend à ratifier. • Cons. const. 25 janv. 2007, n° 2007-546 DC § 6 • Cons. const. 4 août 2011, n° 2011-640 DC § 26 s.

2° LIENS INDIRECTS AVEC LE TEXTE

a. Généralités

43. Avant la révision de 2008. Les amendements ne doivent pas être dépourvus de tout lien avec le texte en discussion. • Cons. const. 10 juill. 1985, n° 85-191 DC § 2 • Cons. const. 1er mars 2007, n° 2007-552 DC.

V. pour d'autres décisions dans le même sens : .

44. Le cadre dans lequel les amendements peuvent intervenir est déterminé aussi bien par *l'objet du texte déposé que par son* titre et son exposé des motifs. • Cons. const. 12 janv. 1989, n° 88-251 DC § 5. ♦ L'objet à prendre en compte est celui du texte déposé sur le bureau de la première assemblée saisie. • Cons. const. 16 mars 2006, n° 2006-534 DC § 13 • Cons. const. 1er mars 2007, n° 2007-552 DC.

45. Il convient donc que le texte de l'amendement soit « étroitement spécifié » et donc étroitement lié au texte en discussion. • Cons. const. 29 mai 1990, n° 90-274 DC § 7 • Cons. const. 25 juill. 1990, n° 90-277 DC § 5. ♦ Cette règle s'applique aussi bien aux amendements parlementaires qu'aux amendements du Gouvernement. • Cons. const. 13 déc. 1985, n° 85-198 DC § 2 s.

46. L'amendement du Gouvernement, dès lors qu'il répond à ce critère, peut, même devant la deuxième assemblée saisie et avant la réunion de la commission mixte paritaire, demander au Gouvernement l'autorisation d'agir par voie d'ordonnance. • Cons. const. 16 mars 2006, n° 2006-534 DC § 5 et 8.

47. Après la révision de 2008. C'est bien le contenu même du projet ou de la proposition initiale qui est pris en compte ; l'exposé des motifs ou le titre du projet ou de la proposition, s'ils constituent des indices, ne constituent que des indices du contenu matériel des dispositions. • Cons. const. 4 août 2011, n° 2011-640 DC. ♦ Un amendement ayant un lien avec les dispositions figurant dans les projets de loi est donc recevable. • Cons. const. 9 déc. 2010, n° 2010-618 DC § 10.

48. En cette matière, aucune exigence constitutionnelle n'impose la motivation des décisions d'irrecevabilité prononcées à ce titre par les instances parlementaires, pas davantage que l'existence d'un recours au sein de l'assemblée en cause. • Cons. const. 21 mars 2019, n° 2019-778 DC § 11.

49. Le Cons. const. : soulève d'office de plus en plus souvent ce cas d'inconstitutionnalité. • Cons. const. 26 janv. 2017, n° 2016-745 DC § 190. ♦ ... Demande au Gouvernement de présenter des observations complémentaires sur la place de certaines dispositions dans le texte. • Cons. const. 8 déc. 2011, n° 2011-641 DC § 20 s. ♦ ... Et rappelle désormais ce qu'était le périmètre initial du texte. • Cons. const. 20 déc. 2019, n° 2019-794 DC § 57.

50. Le Cons. const. estime, en conséquence, que, dès lors que les articles contestés, insérés en première lecture par l'Assemblée nationale, présentent un lien direct avec les dispositions qui figuraient dans le projet de loi, sont inopérants les griefs tirés de la méconnaissance des exigences relatives aux projets de loi concernant leur examen obligatoire par le Conseil d'État, leur dépôt par priorité sur le bureau du Sénat et leur présentation. • Cons. const. 9 déc. 2010, n° 2010-618 DC §10 • Cons. const. 23 janv. 2014, n° 2013-687 DC § 12.

51. Cas des textes « fourre-tout ». Aucune exigence constitutionnelle n'impose que les dispositions d'un projet ou d'une proposition de loi présentent un objet analogue. • Cons. const. 15 mars 2012, n° 2012-649 DC § 8. ♦ La recevabilité des amendements s'apprécie plus largement lorsque le texte porte « diverses dispositions » et concerne naturellement des « aspects variés » de la matière qu'il traite. • Cons. const. 10 juill. 1985, n° 85-191 DC § 2 • Cons. const. 21 janv. 1993, n° 92-317 DC § 5. ♦ ... Touche un très large domaine. • Cons. const. 16 janv. 1991, n° 90-287 DC § 5. ♦ ... A pour but de modifier dans son ensemble la législation sur un domaine particulier • Cons. const. 27 juill. 2000, n° 2000-433 DC § 7. ♦ Sur la constitutionnalité de ce type de lois, V. Const. 58, ss. art. 34, note 26.

52. Pourtant, même dans ce cas, le lien au moins direct avec le texte en discussion doit être maintenu, le Cons. const. soulevant même d'office le moyen. • Cons. const. 12 mai 2011, n° 2011-629 DC. ♦ Ainsi n'a pas de lien avec une loi de simplification du droit : une disposition relative au recrutement des auditeurs du Conseil d'État. • Cons. const. 12 mai 2011, n° 2011-629 DC § 18. ♦ ... Un article définissant les caractéristiques du service d'envoi recommandé ou instituant un régime d'immunité pénale en faveur des membres de la mission interministérielle de vigilance et de lutte contre les dérives sectaires. • Cons. const. 15 mars 2012, n° 2012-649 DC § 17 et 20.

53. Libellé. Le Cons. const. indique parfois que la disposition présente « un lien » avec le texte en discussion sans préciser la nature direct ou indirecte de celui-ci. • Cons. const. 4 août 2011, n° 2011-635 DC § 5. ♦ ... Dans un texte modifiant certaines dispositions du C. trav. relatives aux accords de gestion prévisionnelle de l'emploi et à la politique de gestion des âges des entreprises, une disposition prorogeant le dispositif d'exclusion de l'assiette de certaines cotisations et contributions du versement d'un bonus exceptionnel à leurs salariés, par les employeurs implantés dans certaines régions ou collectivités d'outre-mer. • Cons. const. 28 févr. 2013, n° 2013-665 DC § 5.

b. Mise en œuvre

54. Limite au contrôle opéré. S'il appartient au Cons. const. de déclarer contraires à la Constitution les dispositions introduites en *méconnaissance* de cette règle de procédure, dans ce cas, le Cons. const. ne préjuge pas de la conformité du contenu de ces dispositions aux autres exigences constitutionnelles. • Cons. const. 20 déc. 2019, n° 2019-794 DC § 55.

55. Absence de lien même indirect. Est sans lien, même indirect, avec le texte tendant à moderniser les établissements de santé, à faciliter l'accès de tous à des soins de qualité, à favoriser la prévention et la santé publique et, enfin, à modifier l'organisation territoriale du système de santé, un amendement changeant la dénomination de l'École nationale supérieure de sécurité sociale. • Cons. const. 16 juill. 2009, n° 2009-584 DC § 42 et 43. ♦ ... Dans une proposition destinée à favoriser l'accès au crédit des petites et moyennes entreprises, un amendement exonérant les experts-comptables, lorsqu'ils donnent des consultations juridiques, de la déclaration de soupçon prévue par le code monétaire et financier et un amendement complétant l'art. 2011 C. civ. par une disposition de portée générale relative à la fiducie. • Cons. const. 14 oct. 2009, n° 2009-589 DC. ♦ ... Dans un texte relatif à l'entrepreneur individuel à responsabilité limité, des amendements relatifs à l'établissement public OSEO, réformant le régime d'indexation des loyers ou habilitant le Gouvernement à transposer par ordonnance une directive sur le droit des actionnaires dans les sociétés cotées. • Cons. const. 10 juin 2010, n° 2010-607 DC § 2 à 6. ♦ ... Dans la loi relative à la réforme des retraites, des amendements relatifs à la réforme de l'organisation des services de santé au travail et plus généralement au fonctionnement de ce service. • Cons. const. 9 nov. 2010, n° 2010-617 DC § 23 et 24. ♦ ... Dans une L. org. relative la Polynésie française, des amendements relatifs à la Nouvelle-Calédonie. • Cons. const. 28 juill. 2011, n° 2001-637 DC § 21 et 22. ♦ ... Dans la loi modifiant la loi portant réforme de l'hôpital, notamment un amendement inscrivant dans le CSP des règles relatives à la profession d'assistant dentaire. • Cons. const. 4 août 2011, n° 2011-640 DC § 8. ♦ ... Dans une loi relative à la répartition des contentieux et à l'allégement de certaines procédures juridictionnelles, une disposition supprimant la référence à l'acte de naissance provisoire en cas d'accouchement secret ; assouplissant les règles relatives à la détermination de la mairie compétente pour célébrer le mariage ; obligeant certaines sociétés commerciales à établir des comptes consolidés ; imposant la motivation des refus d'inscription initiale d'un expert judiciaire sur une liste de cour d'appel ou la liste nationale ; habilitant le Gouvernement à refondre le code de la consommation par voie d'ordonnances. • Cons. const. 8 déc. 2011, n° 2011-641 DC § 20 s. ♦ ... Dans un texte modifiant certaines dispositions du C. trav. relatives aux accords de gestion prévisionnelle de l'emploi et à la politique de gestion des âges des entreprises, une disposition prorogeant le dispositif d'exclusion de l'assiette de certaines cotisations et contributions du versement d'un bonus exceptionnel à leurs salariés par les employeurs implantés dans certaines régions ou collectivités d'outre-mer. • Cons. const. 28 févr. 2013, n° 2013-665 DC § 5. ♦ ... Dans un projet ne modifiant à l'origine aucune disposition du code civil, un amendement modifiant ce cadre. • Cons. const. 4 déc. 2013, n° 2013-679 DC § 81. ♦ ... Dans une loi relative à la croissance et la transformation des entreprises, des dispositions interdisant la mise à disposition de certains ustensiles en plastique à usage unique. • Cons. const. 16 mai 2019, n° 2019-781 DC § 15. ♦ ... Dans une proposition de loi visant à lutter contre les contenus haineux sur internet, des dispositions applicables à tout contrôle judiciaire ainsi qu'à tout sursis probatoire, quelle que soit l'infraction en cause, et des dispositions modifiant les règles relatives à l'appel des décisions rendues à juge unique en matière correctionnelle. • Cons. const. 18 juin 2020, n° 2020-801 DC § 29 et 30.

56. Pour d'autres ex. de dispositions déclarées contraires à la Const. en application du présent art., V. • Cons. const. 3 déc. 2020, n° 2020-807 DC § 60 s. (pour 26 art.).

57. Présence de lien même indirect. Existe un lien indirect dans un texte relatif, selon l'intitulé de son titre I, à l'organisation des transports ferroviaires et guidés, un article modifiant et précisant le régime juridique, patrimonial, comptable et financier de l'organisation des transports, y compris ferroviaires et guidés, de voyageurs en Île-de-France. • Cons. const. 3 déc. 2009, n° 2009-594 DC § 6. ♦ ... Dans un texte dont le projet initial contenait déjà des dispositions sur la cour d'assises et l'assignation à résidence, une disposition supprimant l'obligation de motivation spéciale ou les conditions de majorité qualifiée pour ordonner le placement sous surveillance électronique. • Cons. const. 4 août 2011, n° 2011-635 DC § 5. ♦ ... Dans la loi modifiant la loi portant réforme de l'hôpital, un amendement relatif à l'expérimentation du dossier médical personnel sur support portable. • Cons. const. 4 août 2011, n° 2011-640 DC § 8. ♦ ... Dans un texte dont le projet initial comportait des dispositions relatives à l'organisation et à la spécialisation de certaines juridictions, à leurs compétences et à la procédure applicable devant elles, diverses dispositions relatives à l'organisation et aux compétences des juridictions financières, ainsi qu'aux procédures applicables devant elles, et ce, alors même que les juridictions financières n'étaient en rien visées dans le projet initial. • Cons. const. 8 déc. 2011, n° 2011-641 DC § 4. ♦ ... Dans un texte modifiant certaines dispositions du code du travail relatives aux accords de gestion prévisionnelle de l'emploi et à la politique de gestion des âges des entreprises, une disposition permettant, pendant une durée de trois ans, l'accès au corps des inspecteurs du travail d'agents relevant du corps des contrôleurs du travail par la voie d'un *examen professionnel ouvert dans la limite d'un* contingent annuel. • Cons. const. 28 févr. 2013, n° 2013-665 DC § 4. ♦ ... Dans un texte destiné à parvenir à un nouveau système énergétique centré sur la sobriété, des articles destinés à faciliter l'implantation d'éoliennes dès lors qu'ils tendent à accélérer la transition vers un système énergétique sobre dans un contexte de hausse inéluctable des prix de l'énergie. • Cons. const. 11 avr. 2013, n° 2013-666 DC § 31. ♦ ... Dans un texte comportant un chapitre relatif au crédit et à l'assurance, un amendement relatif au registre national des crédits aux particuliers. • Cons. const. 13 mars 2014, n° 2014-690 DC § 47. ♦ ... Dans une LPFP (partie relative à la gestion des finances publiques et à l'information et au contrôle du Parlement) dans le cadre d'un nouveau dispositif de contractualisation entre les collectivités territoriales et l'État dont l'objet est de « consolider la capacité d'autofinancement » de ces collectivités et d'organiser leur « contribution à la réduction des dépenses publiques et du déficit public », un amendement prévoyant notamment la fixation pour chaque collectivité d'un objectif d'évolution des dépenses réelles de fonctionnement, sa modulation selon certains critères et l'application d'une « reprise financière » si l'exécution budgétaire ne respecte pas cet objectif. • Cons. const. 18 janv. 2018, n° 2017-760 DC § 4.

58. Pour d'autres applications de ce principe, V. • Cons. const. 3 mars 2016, n° 2016-728 DC.

B. AUTRES LECTURES (JURISPRUDENCE « DE L'ENTONNOIR »)

59. Les principes ci-dessous s'appliquent aux LFSS. • Cons. const. 18 déc. 2001, n° 2001-453 DC § 37 • Cons. const. 15 déc. 2011, n° 2011-642 DC § 3. ♦ ... Aux LF. • Cons. const. 27 déc. 2001, n° 2001-457 DC § 20 s. • Cons. const. 28 déc. 2011, n° 2011-645 DC § 14 s. • Cons. const. 29 nov. 2013, n° 2013-684 DC § 39 • Cons. const. 29 déc. 2013, n° 2013-685 DC § 155.

1° AMENDEMENTS AVANT LA CMP

60. Principe. Il ressort de l'économie de l'al. 1er de l'art. 45 Const. que, comme le rappellent d'ailleurs les règlements de l'Assemblée nationale et du Sénat, les adjonctions ou modifications qui peuvent être apportées après la première lecture par les membres du Parlement et par le Gouvernement doivent être en relation directe avec une disposition restant en discussion. Toutefois, ne sont pas soumis à cette dernière obligation les amendements destinés à assurer le respect de la Constitution, à opérer une coordination avec des textes en cours d'examen ou à corriger une erreur matérielle. Doivent être regardées comme adoptées selon une procédure irrégulière les adjonctions ou modifications apportées à un projet ou à une proposition de loi dans des conditions autres que celles précisées. • Cons. const. 19 janv. 2006, n° 2005-532 DC § 26 et 27 • Cons. const. 6 sept. 2018, n° 2018-770 DC § 114.

V. pour d'autres décisions dans le même sens : .

61. Ces exceptions sont limitées dans leur portée : l'exception relative à la nécessité d'assurer le respect de la Const. se limite aux amendements destinés à rendre conforme à la Const. le texte en discussion ; l'exception relative à la correction d'erreurs matérielles ne concerne que la correction des erreurs que comporte le texte examiné. Il en résulte que les amendements destinés à tirer les conséquences nécessaires d'une décision du Cons. const. prononçant l'abrogation avec effet différé d'une disposition législative dans un autre texte en cours d'examen ou dans un texte promulgué depuis le début de l'examen du texte en discussion sont contraires à la Const. • Cons. const. 11 juill. 2019, n° 2019-786 DC § 24. ♦ L'exception relative à la nécessité d'assurer une coordination avec un texte en cours d'examen recouvre le cas où un tel texte a été promulgué après le début de l'examen du texte qui fait l'objet de l'amendement. • Cons. const. 11 juill. 2019, n° 2019-786 DC § 25.

62. Disposition restant en discussion. Selon le Cons. const., « une disposition restant en discussion » est une disposition qui n'a pas été adoptée dans les mêmes termes par l'une et l'autre assemblée ; il est possible de procéder à la réécriture complète d'un article qui n'avait été conçu que pour permettre un amendement futur (coquille vide). • Cons. const. 13 mars 2014, n° 2014-690 DC § 37 et 38. ♦ De même, dès lors qu'un art. dont l'ensemble des dispositions est relatif au même objet n'a pas été adopté dans les mêmes termes par l'une et l'autre assemblées, il faut considérer que la totalité de ses dispositions reste en discussion, même celles adoptées, le cas échéant, en termes identiques. Des adjonctions ou des modifications peuvent donc y être apportées en nouvelle lecture, dans la mesure où elles présentaient un lien direct avec au moins l'une des dispositions de cet article. • Cons. const. 25 oct. 2018, n° 2018-771 DC § 4.

63. Une disposition relative à l'information du Parlement, même lorsque le sujet correspond au droit substantiel modifié par les dispositions en discussion, n'a avec lui qu'un lien indirect. • Cons. const. 29 déc. 2013, *n° 2013-684 DC § 38 et 39* • Cons. const. 9 oct. 2014, n° 2014-701 DC § 51.

64. Ce contrôle peut être opéré d'office. • Cons. const. 12 mai 2011, n° 2011-629 DC § 25 • Cons. const. 31 juill. 2014, n° 2014-700 DC § 13 • Cons. const. 9 oct. 2014, n° 2014-701 DC § 13, 48 et 49.

2° PROPOSITIONS DE LA CMP

65. Dans le cadre d'une demande d'habilitation, dès lors que seul le Gouvernement peut demander au Parlement l'autorisation de prendre des ordonnances, si la CMP peut élaborer un texte réduisant le champ ou la portée de l'habilitation, elle ne peut, à l'inverse, étendre le champ de cette habilitation restant en discussion sans méconnaître les exigences du 1er al. de l'art. 38 Const. • Cons. const. 31 juill. 2014, n° 2014-700 DC § 9.

3° AMENDEMENTS APRÈS LA CMP

BIBL. Camby, Droit d'amendement et commission mixte paritaire, *RD publ. 2000. 1599.*

a. Succès de la CMP

66. Selon les dispositions du présent art., lorsque le Gouvernement soumet pour approbation aux deux assemblées le texte élaboré par la commission mixte paritaire, « aucun amendement n'est recevable sauf accord du Gouvernement ». Il n'est donc pas possible de contester cette restriction au droit d'amendement. • Cons. const. 19 juin 2008, n° 2008-564 DC § 13.

67. Le Conseil estime qu'il ressort de l'économie du présent art. que des adjonctions ne sauraient, en principe, être apportées au texte soumis à la délibération des assemblées après la réunion de la CMP car ces adjonctions, pourraient être adoptées sans avoir fait l'objet d'un examen lors des lectures antérieures à la réunion de la CMP et, en cas de désaccord entre les assemblées, sans avoir été soumises à la procédure de conciliation. • Cons. const. 25 juin 1998, n° 98-402 DC § 2 et 3 • Cons. const. 29 juill. 1998, n° 98-403 DC § 50 et 51 • Cons. const. 8 juill. 1999, n° 99-414 DC § 13 • Cons. const. 23 juill. 1999, n° 99-416 DC § 55 • Cons. const. 30 mai 2000, n° 2000-429 DC § 24 et 26. ♦ Il indique désormais que ces adjonctions n'étaient pas, à ce stade de la procédure, en relation directe avec une disposition restant en discussion. • Cons. const. 12 mai 2011, n° 2011-629 DC § 9 • Cons. const. 4 août 2011, n° 2011-640 DC § 35.

68. Par ailleurs, le Conseil précise que les dispositions adoptées en termes identiques avant la réunion de la CMP ne sauraient, en principe, être modifiées après cette réunion, ce qui interdit de supprimer un article voté en termes identiques. • Cons. const. 29 juin 2000, n° 2000-430 DC § 5 • Cons. const. 7 déc. 2000, n° 2000-435 DC § 57 et 58.

69. Dès lors, les seuls amendements susceptibles d'être adoptés en plus de ceux en relation directe avec une disposition du texte en discussion doivent être dictés par la nécessité d'assurer le respect de la Constitution, d'opérer une coordination avec des textes en cours d'examen ou de corriger une erreur matérielle. • Cons. const. 25 juin 1998, n° 98-402 DC § 2 et 3 • Cons. const. 29 juill. 1998, n° 98-403 DC

§ 50 et 51 • Cons. const. 8 juill. 1999, n° 99-414 DC § 13 • Cons. const. 23 juill. 1999, n° 99-416 DC § 55 • Cons. const. 30 mai 2000, n° 2000-429 DC § 24 et 26 • Cons. const. 29 juin 2000, n° 2000-430 DC § 5 • Cons. const. 20 juill. 2000, n° 2000-434 DC § 4 s. • Cons. const. 12 mai 2011, n° 2011-629 DC § 9.

70. Compte tenu des modifications, présentées par le Gouvernement au cours du débat parlementaire, des prévisions économiques initiales associées au PLFSS, les dispositions de l'art. contesté ont pour objet d'assurer, par le surcroît de ressources qu'elles prévoient, la sincérité des conditions générales de l'équilibre financier des régimes obligatoires de base de la sécurité sociale tel que déterminé dans le projet de loi de financement initial et sont, dès lors, destinées à assurer le respect de la Const. • Cons. const. 15 déc. 2011, n° 2011-642 DC § 5.

71. Le Conseil soulève même d'office ces questions. • Cons. const. 8 juill. 1999, n° 99-414 DC § 13 • Cons. const. 27 déc. 2001, n° 2001-457 DC § 23 • Cons. const. 5 août 2004, n° 2004-501 DC § 24 s. • Cons. const. 4 août 2011, n° 2011-640 DC § 33 s. • Cons. const. 15 mars 2012, n° 2012-649 DC § 22 s. ♦ V. l'application faite pour tenir compte de modifications intervenues dans une autre loi en discussion. • Cons. const. 29 juin 2000, n° 2000-430 DC • Cons. const. 27 déc. 2001, n° 2001-457 DC § 23.

72. Même si l'amendement a été « esquissé » ou « ébauché » avant la CMP, dès lors que son contenu apparaît en fait comme nouveau compte tenu de sa portée et de son ampleur, il ne pouvait être soumis à la délibération des assemblées. • Cons. const. 18 déc. 2001, n° 2001-453 DC § 37.

b. Échec de la CMP

73. Les principes applicables aux amendements sont les mêmes que ceux examinés précédemment en cas de succès de la CMP ; les seuls amendements susceptibles d'être adoptés en plus de ceux en relation directe avec une disposition du texte en discussion doivent être dictés par la nécessité d'assurer le respect de la Constitution, d'opérer une coordination avec des textes en cours d'examen ou de corriger une erreur matérielle. • Cons. const. 6 août 2014, n° 2014-698 DC § 23.

74. Par ailleurs, la réécriture globale en nouvelle lecture d'un art. constituant une disposition restant en discussion introduite par amendement ne viole pas les dispositions du présent art. et n'est pas contraire à l'exigence constitutionnelle de clarté et de sincérité des débats parlementaires, même si cela conduit à ce que cette disposition ne soit adoptée qu'à l'occasion d'une seule lecture. • Cons. const. 11 avr. 2013, n° 2013-666 DC § 4.

Art. 46 **Les lois auxquelles la Constitution confère le caractère de lois organiques sont votées et modifiées dans les conditions suivantes.**

(L. const. n° 2008-724 du 23 juill. 2008, art. 21) **« Le projet ou la proposition ne peut, en première lecture, être soumis à la délibération et au vote des assemblées qu'à l'expiration des délais fixés au troisième alinéa de l'article 42. Toutefois, si la procédure accélérée a été engagée dans les conditions prévues à l'article 45, le projet ou la proposition ne peut être soumis à la délibération de la première assemblée saisie avant l'expiration d'un délai de quinze jours après son dépôt. »**

La procédure de l'article 45 est applicable. Toutefois, faute d'accord entre les deux assemblées, le texte ne peut être adopté par l'Assemblée nationale en dernière lecture qu'à la majorité absolue de ses membres.

Les lois organiques relatives au Sénat doivent être votées dans les mêmes termes par les deux assemblées.

Les lois organiques ne peuvent être promulguées qu'après déclaration par le Conseil constitutionnel de leur conformité à la Constitution.

COMMENTAIRE

V. sur le Code en ligne.

[V. références des décisions du Conseil constitutionnel dans le tableau DC]

A. EXCLUSIVITÉ DE LA COMPÉTENCE DU LÉGISLATEUR ORGANIQUE

1. Dès lors que la Constitution donne à une disposition un caractère organique celle-ci doit être adoptée selon la procédure prévue au présent art. Une loi ordinaire ne peut donc pas contenir de dispositions ayant un caractère organique. • Cons. const. 30 août 1984, n° 84-177 DC § 5 et 6 • Cons. const. 21 mars 2019, n° 2019-778 DC § 387.

V. pour d'autres décisions dans le même sens : • Cons. const. 29 déc. 1984, n° 84-184 DC § 42 • Cons. const. 29 déc. 2003, n° 2003-488 DC § 21 s • Cons. const. 19 nov. 2009, n° 2009-593 DC § 9 • Cons. const. 8 déc. 2016, n° 2016-741 DC § 143.

2. Toutefois, le rappel ou la simple application par la loi ordinaire d'une règle fixée par la loi organique ne constitue pas une violation de la Constitution. • Cons. const. 18 sept. 1986, n° 86-217 DC § 53 • Cons. const. 30 mars 2000, n° 2000-426 DC § 23. ♦ De même, les dispositions d'une loi ordinaire ne sauraient avoir pour objet ou pour effet de s'imposer à une disposition organique applicable en l'espèce. • Cons. const. 13 févr. 2014, n° 2014-688 DC § 17.

3. La méconnaissance par le législateur du domaine que la Const. a réservé à la loi organique ne peut être invoquée dans le cadre d'une QPC. • Cons. const. 4 mai 2012, *EURL David Ramirez,* n° 2012-241 QPC § 20. ♦ ... Ou dans le cadre de la procédure prévue à l'al. 9 de l'art. 74 Const. • Cons. const. 26 juin 2014, n° 2014-2 LOM § 8.

4. Il en résulte logiquement que le recours aux ordonnances de l'art. 38 Const. est impossible dans les matières réservées aux lois organiques. • Cons. const. 5 janv. 1982, n° 81-134 DC § 4. ♦ ... Et que les validations législatives mettant en cause des dispositions touchant à un domaine relevant des lois organiques doivent être faites par le législateur organique. • Cons. const. 26 juin 1987, n° 87-228 DC § 4 • Cons. const. 19 nov. 1997, n° 97-390 DC § 2. ♦ Dès lors, des dispositions que la Constitution réserve au législateur organique contenues dans une ordonnance doivent être annulées. • CE, ass., 4 nov. 2005, *Président de la Polynésie française,* n° 280003 : *Lebon 475 ; RFDA 2005. 1129, concl. Vérot* .

5. Il en résulte encore que le législateur organique ne peut : autoriser le législateur ordinaire à prendre des dispositions qui sont normalement de sa seule compétence. • Cons. const. 21 févr. 1992, n° 92-305 DC § 17. ♦ ... Étendre à une matière de sa compétence des dispositions de valeur législative ordinaires qui sont en cours de discussion au parlement et qui pourraient donc être adoptées par la seule assemblée nationale sans qu'elle statue à la majorité absolue. • Cons. const. 11 janv. 1990, n° 89-263 DC § 6. ♦ L'extension n'est possible que si lesdites dispositions sont antérieures à la loi organique en discussion. • Cons. const. 4 mai 1990, n° 90-273 DC § 19.

6. *Il est loisible au législateur organique* de rendre applicable à des matières relevant du domaine de la loi organique des dispositions ayant valeur de loi ordinaire. Celles-ci sont rendues applicables dans leur rédaction en vigueur à la date de l'adoption définitive de cette loi organique. • Cons. const. 9 juill. 2008, n° 2008-566 DC § 3.

B. PROCÉDURE D'ADOPTION

7. *Généralités.* Le délai de quinze jours prévu au présent art. doit être effectif. Il n'est donc pas possible dans ce cas, même en l'absence de dispositions des règlements des assemblées s'appliquant spécifiquement au dépôt des projets ou propositions de lois organiques, de s'en remettre aux règles de la procédure ordinaire qui prévoient le rattachement artificiel « à la dernière séance que le Sénat a tenue antérieurement » des projets ou propositions de loi déposés dans l'intervalle des sessions. • Cons. const. 15 janv. 1992, n° 91-301 DC § 23. ♦ Cependant, compte tenu des circonstances particulières de l'espèce (adoption de la L. org. en urgence pour faire face aux conséquences de l'épidémie du covid-19), il n'y a pas lieu de juger que cette L. org., adoptée sans que soient respectés les délais du présent art., l'ait été en violation des règles de procédure qui y sont prévues. • Cons. const. 26 mars 2020, n° 2020-799 DC.

8. Les projets de lois organiques prévues à l'art. 72-1 Const. doivent être prioritairement déposés devant le Sénat en application des dispositions de l'art. 39 Const. • Cons. const. 30 juill. 2003, n° 2003-482 DC § 2. ♦ En revanche, tel ne doit pas être le cas du projet de loi organique prévu à l'art. 74 al. 4 Const. et relatif à l'expérimentation locale de normes nouvelles dans la perspective de leur éventuelle intégration dans la législation nationale. • Cons. const. 30 juill. 2003, n° 2003-478 DC § 2 • Cons. const. 15 févr. 2007, n° 2007-547 DC § 2.

9. Le Conseil s'assure également que les autres dispositions constitutionnelles relatives à la procédure d'adoption des lois sont respectées, comme les règles relatives à la fixation de l'ordre du jour. • Cons. const. 14 nov. 2013, n° 2013-677 DC § 3 s.

BIBL. Delcamp, La notion de loi organique relative au Sénat : entre affirmation du bicamérisme et parlementarisme rationnalisé, *RFDC 2011. 465.* – Camby, La loi organique relative au Sénat, *AJDA 2013. 160* .

10. *Notion de « lois organiques relatives au Sénat ».* Sont des lois organiques relatives au Sénat les dispositions organiques qui ont pour objet de poser, de modifier ou d'abroger des règles concernant le Sénat ou qui, sans se donner cet objet à titre principal, n'ont pas moins pour effet de poser, de modifier ou d'abroger des règles le concernant. En revanche, si une loi organique ne présente pas ces caractères, la seule circonstance que son application affecterait indirectement la situation du Sénat ou de ses membres ne saurait la faire regarder comme relative au Sénat. • Cons. const. 10 juill. 1985, n° 85-195 DC § 5, 7 et 8. ♦ Des dispositions organiques qui ne modifient ni n'instaurent des règles applicables au Sénat ou à ses membres différentes de celles qui le sont à l'Assemblée nationale ou à ses membres ne sont pas relatives au Sénat. • Cons. const. 13 févr. 2014, n° 2014-689 DC § 5.

11. Une loi organique relative aux parlementaires n'est pas relative au Sénat. V., s'agissant d'une loi relative au cumul des mandats électoraux et des fonctions électives : • Cons. const. 28 déc. 1985, n° 85-205 DC (sol. impl.). ♦ Pour une loi relative à la déclaration de patrimoine et/ou aux incompatibilités. • Cons. const. 11 janv. 1994*94-354 DC,* n° 94-354 DC § 1 • Cons. const. 30 mars 2000, n° 2000-427 DC § 2 • Cons. const. 16 mai 2013, n° 2013-668 DC • Cons. const. 9 oct. 2013, n° 2013-675 DC. ♦ Dès lors, une loi relative au Parlement ou concernant les deux assemblées n'est pas relative au Sénat ; seules des dispositions concernant spécifiquement les sénateurs (conditions d'âge et d'éligibilité propre) sont relatives au Sénat. • Cons. const. 12 avr. 2011, n° 2011-628 DC § 1.

12. Une L. org. dont les mêmes dispositions concernent les deux assemblées n'est pas relative au Sénat. V. la L. org. : relative à la nomination des présidents de l'audiovisuel public. • Cons. const. 3 mars 2009, n° 2009-576 DC § 1. ♦ ... Relative à l'application des art. 34-1, 39 et 44 Const. • Cons. const. 9 avr. 2009, n° 2009-579 DC § 1. ♦ ... Relative à l'application de l'al. 5 de l'art. 13 Const. • Cons. const. 12 juill. 2010, n° 2010-658 DC § 1. ♦ ... Relative à l'application de l'art. 11 Const. 58. • Cons. const. 5 déc. 2013, n° 2013-681 DC § 1.

13. *A fortiori*, n'est pas relative au Sénat une L. org. modifiant la date d'expiration des pouvoirs de l'Assemblée nationale. • Cons. const. 9 mai 2001, n° 2001-444 DC § 1.

14. Même si l'art. L.O. 296 C. élect. pose le principe de l'identité des conditions d'éligibilité et d'inéligibilité entre les députés et les sénateurs, à l'exception de la condition d'âge, cette disposition générale n'interdit pas que des dispositions spéciales, ayant également le caractère de loi organique, s'appliquent par dérogation simplement aux députés. • Cons. const. 10 juill. 1985, n° 85-195 DC § 15.

15. Sont relatives au Sénat des dispositions : qui sont relatives au nombre des sénateurs et à la durée de leur mandat. • Cons. const. 15 févr. 2007, n° 2007-547 DC § 2. ♦ ... Qui abaissent l'âge d'éligibilité pour être sénateur de 30 à 24 ans (alors que cet âge, pour les députés, est abaissé de 23 à 18 ans). • Cons. const. 16 mai 2013, n° 2013-668 DC. ♦ ... Qui fixent les inéligibilités particulières applicables à *l'élection des sénateurs représentant* les Français établis hors de France, différentes de celles posées pour les députés représentant ces Français. Même décision. • Cons. const. 16 mai 2013, n° 2013-668 DC. ♦ ... Qui, s'agissant des sénateurs élus à la représentation proportionnelle, se distinguent de celles relatives aux conditions dans lesquelles il est procédé à des élections partielles pour le remplacement des sièges vacants de députés. • Cons. const. 13 févr. 2014, n° 2014-689 DC § 4.

16. Le Conseil constitutionnel s'assure que, lorsqu'une loi organique (certaines des dispositions d'une loi organique) est (sont) relative(s) au Sénat, elle(s) a (ont) bien été adoptée(s) en termes identiques par les deux assemblées. • Cons. const. 15 févr. 2007, n° 2007-547 DC § 2 • Cons. const. 9 avr. 2009, n° 2009-579 DC § 1 • Cons. const. 12 avr. 2011, n° 2011-628 DC § 1 • Cons. const. 12 avr. 2011, n° 2011-628 DC § 1. ♦ Si tel n'est pas le cas, ils déclarent les dispositions concernées contraires à la Const. • Cons. const. 13 févr. 2014, n° 2014-689 DC § 4.

17. L'exigence de l'accord du Sénat ne signifie pas que ces dispositions ne puissent faire l'objet d'une CMP. • Cons. const. 6 déc. 2007, n° 2007-559 DC § 1 (sol. impl.).

18. « Dernier mot » à l'Assemblée. Lorsqu'en matière organique le Gouvernement demande à l'Assemblée nationale de statuer définitivement, celle-ci doit se prononcer à la majorité des deux tiers en faveur du texte, faute de quoi une formalité substantielle de la procédure organique n'est pas respectée. • Cons. const. 11 janv. 1990, n° 89-263 DC § 6.

19. Cavaliers organiques. Sont irrecevables des amendements qui visent à modifier des dispositions organiques mais trouvent leur fondement dans d'autres art. de la Const. que celui ou ceux ayant servi de fondement aux dispositions du projet de loi organique initial. • Cons. const. 28 juill. 2016, n° 2016-732 DC § 101 et 102 • Cons. const. 4 août 2016, n° 2016-737 DC § 4 (sol. impl. *a contrario*).

C. CONTRÔLE DE CONSTITUTIONNALITÉ

20. Ordonnances organiques. Le contrôle obligatoire de la constitutionnalité des lois organiques permet de garantir qu'elles sont conformes à la Constitution. Il en est ainsi même si la loi organique trouve son origine dans une ordonnance prise dans le cadre des dispositions provisoires de l'art. 92 Const., le Conseil constitutionnel ayant estimé que ces ordonnances bénéficiaient d'une présomption de constitutionnalité. • Cons. const. 15 janv. 1960, n° 60-6 DC.

21. Saisine. Il appartient normalement au Premier ministre de saisir le Conseil de la constitutionnalité des lois organiques. Cependant, le Conseil a parfois été saisi « par délégation du Premier ministre » par le ministre de la Justice, s'agissant de lois organiques relatives à la magistrature. • Cons. const. 12 juill. 1967, n° 67-33 DC • Cons. const. 12 juill. 1967, n° 67-34 DC.

22. Il n'est pas possible que le Conseil soit saisi sur le fondement de l'al. 2 de l'art. 61 de la Const. par 60 députés ou 60 sénateurs des dispositions organiques d'une telle loi, la transmission obligatoire du texte au Conseil constitutionnel effectuée en application des dispositions de l'al. 1er étant exclusive de toute autre procédure. • Cons. const. 21 févr. 1992, n° 92-305 DC § 1 à 3. ♦ Les parlementaires peuvent néanmoins présenter des observations auxquelles le Gouvernement pourra répliquer. • Cons. const. 9 avr. 2009, n° 2009-579 DC (visas) • Cons. const. 4 déc. 2013, n° 2013-680 DC (visas). ♦ En revanche, les parlementaires peuvent saisir le Conseil des dispositions législatives que pourrait contenir la loi organique. • Même décision.

23. Étendue du contrôle. Pour ce qui concerne le contrôle qu'il exerce sur les lois organiques, le Conseil constitutionnel doit être regardé comme s'étant prononcé sur la conformité à la Constitution de chacune des dispositions de la loi organique qui lui est soumise. • CE, QPC, 19 nov. 2014, n° 380570 : *AJDA 2015. 431*.

24. Le Conseil vérifie non seulement le respect des conditions d'adoption des lois organiques (V. notes 1 et 10) mais également qu'elles ne comportent pas de dispositions contraires à la Const. • Cons. const. 11 août 1960, n° 60-7 DC • Cons. const. 19 juin 2001, n° 2001-445 DC § 9. ♦ ... En ce inclus les principes qui découlent de la DDH. • Cons. const. 21 févr. 1992, n° 92-305 DC § 12. ♦ En effet, une loi organique ne peut tenir en échec des dispositions constitutionnelles claires et précises qui n'appellent aucune interprétation ou en modifier les conditions d'exercice. • Cons. const. 23 août 1985, n° 85-197 DC § 16. ♦ S'y ajoute, lorsque la Constitution y fait référence comme c'est le cas à l'art. 88-3 Const., un contrôle par rapport aux traités, (en l'espèce, le traité de Maastricht et une directive communautaire d'application). • Cons. const. 20 mai 1998, n° 98-400 DC.

25. Le Cons. const. veille à ce que le législateur organique n'excède pas sa compétence. Ainsi est-il dans son pouvoir, sous réserve de l'application immédiate de mesures répressives *plus douces : de fixer les règles* d'entrée en vigueur des dispositions organiques qu'il édicte. • Cons. const. 21 févr. 1992, n° 92-305 DC § 112. ♦ ... De limiter les hypothèses de dérogation au principe du caractère exclusif des fonctions de magistrat. • Cons. const. 19 juin 2001, n° 2001-445 DC § 18. ♦ ... De lier la compétence du pouvoir réglementaire pour dresser la liste des collectivités territoriales admises à participer à une expérimentation de l'art. 74 al. 4 Const. aux seules collectivités qui, répondant aux conditions posées par la loi d'habilitation, ont fait connaître au représentant de l'État, après délibération motivée, leur décision de participer à l'expérimentation. • Cons. const. 30 juill. 2003, n° 2003-478 DC § 5 et 6. ♦ Il en va de même lorsqu'il prévoit que le législateur peut décider, au vu de l'évaluation de l'expérimentation, soit de mettre fin à celle-ci, soit de la prolonger en en modifiant, le cas échéant, les modalités, soit de généraliser les mesures prises à titre expérimental. • Même décision.

26. En revanche, le législateur organique ne peut pas prendre des dispositions qui ne sont pas « organiques » au sens de la Constitution. Ainsi, ne peut-il, se fondant sur le dern. al. de l'art. 34 Const. réglementer la procédure législative. • Cons. const. 7 janv. 1988, n° 87-234 DC. ♦ De même le Conseil s'assure-t-il que le législateur organique : n'empiète pas sur les compétences du constituant. • Cons. const. 15 févr. 2007, n° 2007-547 DC § 13. ♦ ... Impose au Gouvernement des limites à son droit d'initiative. • Cons. const. 9 avr. 2009, n° 2009-579 DC § 13. ♦ ... Imposent des limites aux compétences qui sont les siennes dans le cadre de la séparation des compétences entre le pouvoir législatif et le pouvoir réglementaire. • Même décision *§ 16.*

27. De même, le Conseil vérifie que le législateur organique épuise, comme le législateur ordinaire, sa compétence • Cons. const. 30 juill. 2003, n° 2003-478 DC § 5 et 6. ♦ ... En ne renvoyant pas celle-ci à tort au pouvoir réglementaire (incompétence négative). • Cons. const. 21 févr. 1992, n° 92-305 DC § 6 et 30 • Cons. const. 27 janv. 1994, n° 93-336 DC § 3 • Cons. const. 19 juin 2001, n° 2001-445 DC § 10. ♦ V. déjà • Cons. const. 26 janv. 1967, n° 67-31 DC § 4. ♦ ... Ou au règlement des assemblées. • Cons. const. 20 janv. 1972, n° 71-46 DC § 3 • Cons. const. 9 avr. 2009, n° 2009-579 DC § 4 et 39.

28. En revanche, les dispositions organiques contenues dans une loi référendaire ne peuvent être contrôlées par le Conseil constitutionnel. • Cons. const. 6 nov. 1962, n° 62-20 DC.

29. Empiétement du législateur organique sur le législateur ordinaire. Seules doivent revêtir la forme organique celles des lois auxquelles la Constitution confère ce caractère. • Cons. const. 30 juin 1993, n° 93-318 DC. ♦ Le Conseil constitutionnel s'assure donc que le législateur organique ne dépasse pas sa compétence en statuant dans des matières qui relèvent de la loi ordinaire. • Cons. const. 28 janv. 1976, n° 75-62 DC § 3 • Cons. const. 15 mars 1999, n° 99-410 DC § 59. ♦ Cep., dans ce dernier cas, la disposition (ou les éléments de la disposition) n'est pas frappée d'inconstitutionnalité de ce seul fait ; elle est simplement déclassée. • Cons. const. 19 juin 2001, n° 2001-445 DC § 51 • Cons. const. 12 févr. 2004, n° 2004-490 DC § 15 • Cons.

const. 8 janv. 2009, n° 2008-572 DC § 11 • Cons. const. 3 mars 2009, n° 2009-576 DC § 4 • Cons. const. 30 juill. 2009, n° 2009-587 DC § 8 • Cons. const. 13 déc. 2012, n° 2012-658 DC § 40, 43, 56, 59, 60 et 62 • Cons. const. 14 janv. 2021, n° 2020-812 DC § 18 et 20 • Cons. const. 25 mars 2021, n° 2021-815 DC § 6. ♦ ... Et peut même avoir été introduite dans le texte sous la forme d'un amendement. • Cons. const. 19 juin 2001, n° 2001-445 DC § 51. ♦ Pourtant, la disposition ordinaire étant contenue dans une loi organique, le juge constitutionnel en contrôle également la constitutionnalité de manière automatique. • Cons. const. 28 janv. 1976, n° 75-62 DC • Cons. const. 19 nov. 1997, n° 97-390 DC § 12. ♦ Nonobstant, les parlementaires peuvent saisir le Conseil de ces dispositions de nature législative. • Cons. const. 21 févr. 1992, n° 92-305 DC § 1 à 3 (sol. impl.).

30. Cependant, si l'ensemble de la L. org. est constitué de dispositions ne relevant pas de cette matière, elle est déclarée contraire à la Constitution. • Cons. const. 7 janv. 1988, n° 87-234 DC.

31. Ainsi, ne relèvent pas de la compétence organique : la fixation des règles concernant le régime électoral des assemblées, la détermination du mode de scrutin, le découpage des circonscriptions dès lors que les dispositions organiques relatives au nombre de parlementaires sont respectées. • Cons. const. 1er juill. 1986, n° 86-208 DC § 3 et 4. ♦ ... La validation des actes accomplis par des magistrats dont la nomination a été annulée, même si la validation de ces nominations relève du législateur organique. • Cons. const. 26 juin 1987, n° 87-228 DC § 3, 4, 9 et 10. ♦ ... La fixation du plafond des dépenses de campagne et les conditions dans lesquelles les dons peuvent être consentis. • Cons. const. 10 mars 1988, n° 88-242 DC § 24. ♦ ... L'autorisation de ratifier un traité ou d'approuver un accord international même si celui-ci touche à des questions organiques. • Cons. const. 30 juin 1993, n° 93-318 DC § 6 et 7 • Cons. const. 30 juin 1993, n° 93-319 DC § 6 et 7. ♦ ... Des dispositions qui ont pour but d'améliorer le fonctionnement de la Cour de cassation. • Cons. const. 19 juin 2001, n° 2001-445 DC § 49. ♦ ... Des dispositions instituant un comité composé de membres du CESE et de divers représentants, chargé de proposer des évolutions de la composition du Conseil. • Cons. const. 14 janv. 2021, n° 2020-812 DC § 20.

32. Certaines dispositions de lois organiques peuvent être organiques non en raison des objets qu'elles traitent mais du fait de leur inséparabilité d'avec d'autres dispositions ayant ce caractère. • Cons. const. 25 juill. 2001, n° 2001-448 DC § 113 • Cons. const. 15 févr. 2007, n° 2007-547 DC § 65.

33. Effet du contrôle. Lorsque la loi organique renvoie à des dispositions législatives anciennes qu'elle rend applicables à la matière qu'elle traite, cette référence confère valeur organique aux dispositions législatives de renvoi, avec l'inconvénient habituel de les « cristalliser », pour l'application de la loi organique, dans leur rédaction en vigueur lors de l'adoption définitive de cette loi par le Parlement. • Cons. const. 4 mai 1990, n° 90-273 DC § 19 • Cons. const. 20 mai 1998, n° 98-400 DC § 11. ♦ Il n'est en revanche pas possible que le législateur organique renvoie aux dispositions d'une loi non encore adoptée, fût-elle en cours de débat au Parlement. • Cons. const. 16 déc. 1999, n° 99-420 DC.

34. Effet du contrôle et QPC. V. notes ss. Const. 58, art. 61-1.

D. CONTRÔLE DE CONVENTIONNALITÉ

35. V. notes ss. Const. 58, art. 55.

Art. 47 Le Parlement vote les projets de loi de finances dans les conditions prévues par une loi organique.

Si l'Assemblée nationale ne s'est pas prononcée en première lecture dans le délai de quarante jours après le dépôt d'un projet, le Gouvernement saisit le Sénat, qui doit statuer dans un délai de quinze jours. Il est ensuite procédé dans les conditions prévues à l'article 45.

Si le Parlement ne s'est pas prononcé dans un délai de soixante-dix jours, les dispositions du projet peuvent être mises en vigueur par ordonnance.

Si la loi de finances fixant les ressources et les charges d'un exercice n'a pas été déposée en temps utile pour être promulguée avant le début de cet exercice, le Gouvernement demande d'urgence au Parlement l'autorisation de percevoir les impôts et ouvre par décret les crédits se rapportant aux services votés.

Les délais prévus au présent article sont suspendus lorsque le Parlement n'est pas en session.

(Abrogé par L. const. n° 2008-724 du 23 juill. 2008, art. 22-I) « La Cour des comptes assiste le Parlement et le Gouvernement dans le contrôle de l'exécution des lois de finances. »

Sur les documents à fournir au Parlement à l'appui du projet de loi de finances, V. Ord. n° 58-1374 du 30 déc. 1958, art. 164-II (JO 31 déc.).

Sur les lois de finances, V. L. org. n° 2001-692 du 1er août 2001 (LOLF), v° Gouvernance financière.

BIBL. ▶ BAUDU, L'incertaine renaissance parlementaire en matière budgétaire, *RD publ. 2010. 1423*. – OLIVA, La "reconstitution" du droit constitutionnel financier, *RFDC 2014. 1021*. – LOMBARD, Les dispositions financières dans les règlements des assemblées parlementaires sous la Ve République, *RD publ. 2016. 1499*. – OLIVA, Soixante ans de constitution financière et fiscale : réflexions sur les développements du constitutionnalisme financier en France, *Gestion et fin. publ. nov./déc. 2018, p. 100*.

COMMENTAIRE

V. sur le Code en ligne.

1. Dans l'exercice de la compétence qui lui est ainsi dévolue par le premier al. du présent art., le législateur organique doit respecter les principes et les règles de valeur constitutionnelle. • Cons. const. 13 déc. 2012, n° 2012-658 DC § 9.

2. V. notes ss. LOLF, art. 40, App., v° *Gouvernance financière*.

3. Les règles prévues au présent art. ne sont pas au nombre des droits et libertés garantis par la Constitution qui peuvent être invoqués à l'appui d'une QPC. • CE, QPC, 20 juin 2012, n° 358830 : *AJDA 2012. 1254*.

4. Il résulte du présent art. en particulier que, quel que puisse être l'intérêt de la production par le Gouvernement de rapports sur des politiques publiques, seuls peuvent être prévus par une loi de finances, en vertu de la LOLF, des rapports susceptibles d'améliorer l'information et le contrôle du Parlement sur la gestion des finances publiques. • Cons. const. 28 déc. 2017, n° 2017-758 DC § 138.

Art. 47-1 *(L. const. n° 96-138 du 22 févr. 1996)* **Le Parlement vote les projets de loi de financement de la sécurité sociale dans les conditions prévues par une loi organique.**

Si l'Assemblée nationale ne s'est pas prononcée en première lecture dans le délai de vingt jours après le dépôt d'un projet, le Gouvernement saisit le Sénat qui doit statuer dans un délai de quinze jours. Il est ensuite procédé dans les conditions prévues à l'article 45.

Si le Parlement ne s'est pas prononcé dans un délai de cinquante jours, les dispositions du projet peuvent être mises en œuvre par ordonnance.

Les délais prévus au présent article sont suspendus lorsque le Parlement n'est pas en session et, pour chaque assemblée, au cours des semaines où elle a décidé de ne pas tenir séance, conformément au deuxième alinéa de l'article 28.

(Abrogé par L. const. n° 2008-724 du 23 juill. 2008, art. 22-I) ***« La Cour des comptes assiste le Parlement et le Gouvernement dans le contrôle de l'application des lois de financement de la sécurité sociale. »***

Sur les conditions de vote des lois de financement de la sécurité sociale, V. CSS, art. L.O. 111-3 à L.O. 111-10-2, App., v° Gouvernance financière.

COMMENTAIRE

V. sur le Code en ligne.

1. Dans l'exercice de la compétence qui lui est ainsi dévolue par le premier al. du présent art., le législateur organique doit respecter les principes et les règles de valeur constitutionnelle. • Cons. const. 13 déc. 2012, n° 2012-658 DC § 9.

2. V. ss. Const. 58, art. 47-1, notes ss. CSS, art. L.O. 111-7.

Art. 47-2 *(L. const. n° 2008-724 du 23 juill. 2008, art. 22-II)* **La Cour des comptes assiste le Parlement dans le contrôle de l'action du Gouvernement. Elle assiste le Parlement et le Gouvernement dans le contrôle de l'exécution des lois de finances et de l'application des lois de financement de la sécurité sociale ainsi que dans l'évaluation des politiques publiques. Par ses rapports publics, elle contribue à l'information des citoyens.**

Les comptes des administrations publiques sont réguliers et sincères. Ils donnent une image fidèle du résultat de leur gestion, de leur patrimoine et de leur situation financière.

Sur la Cour des comptes, V. ci-dessous CJF, art. L. 111-13 s., L. 132-0-1 s., L. 143-6 s. et LOLF, art. 58, App., v° Gouvernance financière.

BIBL. ▶ Crucis, L'article 47-2 de la Constitution, la réforme de la Cour des comptes et la responsabilité du gestionnaire de fonds publics, *AJDA 2009. 1407*. – Barque, Le Conseil constitutionnel et la sincérité de la loi de règlement, *JCP Adm. 2009. 2254*. – Miller et Advielle, Les chambres régionales et territoriales des comptes et la fiabilité des comptes, *AJDA 2011. 1776*. – Jan, Parlement et Cour des comptes, *Pouvoirs 2013, n° 146, p. 107*. – Esclassan, La Cour des comptes informateur des citoyens : une fonction en pleine évolution, *RFFP 2016, n° 135*. – Dossier spécial, La certification et la transparence des comptes publics, *Gestion et fin. publ. n° 5-2016, p. 6 s.* – Pierre-Abele, La certification des comptes des collectivités, outil de qualité comptable et de transparence, *JCP Adm. 2017. 2071*. – Pauliat, L'évaluation des politiques publiques : un outil pour répondre à la défiance des citoyens, *JCP Adm. 2020. 2245*.

COMMENTAIRE

V. sur le Code en ligne.

[V. références des décisions du Conseil constitutionnel dans le tableau DC]

1. V. notes ss. LOLF, art. 58, App., v° *Gouvernance financière*.

2. Si, par application des dispositions du présent art., la Cour des comptes a vocation à assister ledit comité de contrôle et d'évaluation des politique publiques créé par le règlement de l'Assemblée nationale dans l'évaluation des politiques publiques, il n'appartient pas au règlement mais à la loi de déterminer les modalités selon lesquelles un organe du Parlement peut demander cette assistance. • Cons. const. 25 juin 2009, n° 2009-581 DC § 60.

3. C'est par la loi de règlement que sont connus les comptes des administrations publiques ; la sincérité de la loi de règlement doit s'entendre comme imposant l'exactitude des comptes. • Cons. const. 25 juill. 2001, n° 2001-448 DC § 60 et 61 • Cons. const. 6 août 2009, n° 2009-585 DC § 2.

4. Dès lors que le texte concerné n'est ni une LF ni une LFSS, ses dispositions n'ont ni pour objet ni pour effet de déroger aux exigences qui résultent de la première phrase de l'al. 2 du présent art. • Cons. const. 16 janv. 2014, n° 2013-683 DC § 8.

Code des juridictions financières

Cour des comptes. Évaluation des politiques publiques

Art. L. 111-13 *(L. n° 2011-140 du 3 févr. 2011, art. 4)* La Cour des comptes contribue à l'évaluation des politiques publiques.

Cour des comptes. Certification des comptes

Art. L. 111-14 *(Ord. n° 2016-1360 du 13 oct. 2016, art. 1er)* En certifiant les comptes ou en rendant compte au Parlement de la qualité des comptes des administrations publiques dont elle n'assure pas elle-même la certification, la Cour des comptes s'assure que ces comptes sont réguliers, sincères et donnent une image fidèle du résultat de leur gestion, de leur patrimoine et de leur situation financière.

……………………………………………………………………

Cour des comptes. Relations avec le Parlement et avec le Gouvernement

Art. L. 132-0-1 *(Ord. n° 2016-1360 du 13 oct. 2016, art. 8)* Les attributions et compétences que la Cour des comptes exerce à la demande du Parlement ou du Gouvernement sont définies par l'article 58 de la loi organique n° 2001-692 du 1er août 2001 relative aux lois de finances et par les articles L. 132-0-1 et suivants du présent code.

Cour des comptes. Relations avec le Parlement et avec le Gouvernement. Exécution des lois de finances

Art. L. 132-0-2 *(Ord. n° 2016-1360 du 13 oct. 2016, art. 8)* La Cour des comptes assiste le Parlement et le Gouvernement dans le contrôle de l'exécution des lois de finances.

Art. L.O. 132-1 *(L. org. n° 94-1132 du 27 déc. 1994)* La Cour des comptes établit un rapport sur chaque projet de loi de règlement. Ce rapport est remis au Parlement, sitôt son arrêt par la Cour des comptes. Il est ultérieurement annexé au projet de loi de règlement.

La Cour établit la déclaration générale de conformité entre les comptes individuels des comptables et les comptes généraux de l'État. Cette déclaration est annexée au projet de loi de règlement.

Art. L. 132-2 La liste des communes ayant bénéficié de subventions exceptionnelles en vertu des dispositions de *(Ord. nº 2016-1360 du 13 oct. 2016, art. 8)* « l'article L. 2335-2 du code général des collectivités territoriales » et le montant détaillé de ces subventions font l'objet d'une publication dans le rapport annuel de la Cour des comptes sur le projet de loi de règlement du budget de l'État.

Cour des comptes. Relations avec le Parlement et avec le Gouvernement. Certification des comptes

Art. L.O. 132-2-1 *(L. org. nº 2005-881 du 2 août 2005, art. 12)* Chaque année, la Cour des comptes établit un rapport présentant le compte rendu des vérifications qu'elle a opérées en vue de certifier la régularité, la sincérité et la fidélité des comptes des organismes nationaux du régime général et des comptes combinés de chaque branche et de l'activité de recouvrement du régime général, relatifs au dernier exercice clos, établis conformément aux dispositions du livre Ier du code de la sécurité sociale. Ce rapport est remis au Parlement et au Gouvernement sitôt son arrêt par la Cour des comptes, et au plus tard le 30 juin de l'année suivant celle afférente aux comptes concernés.

Art. L. 132-2-2 *(L. nº 2011-900 du 29 juill. 2011, art. 63 ; Ord. nº 2016-1360 du 13 oct. 2016, art. 8)* Les rapports de certification des comptes des administrations publiques soumises par la loi à l'obligation de certification de leurs comptes sont obligatoirement transmis sans délai à la Cour des comptes qui en établit une synthèse et, sur cette base, émet un avis sur la qualité des comptes de ces administrations publiques. Cet avis est transmis au Premier ministre, au ministre chargé du budget et aux présidents des assemblées parlementaires.

Cour des comptes. Relations avec le Parlement et avec le Gouvernement. Application des lois de financement de la sécurité sociale

Art. L.O. 132-3 *(L. org. nº 96-646 du 22 juill. 1996)* Chaque année, la Cour des comptes établit un rapport sur l'application des lois de financement de la sécurité sociale. *(L. org. nº 2010-1380 du 13 nov. 2010, art. 4)* « Ce rapport comprend l'avis de la cour mentionné au 2° du VIII de l'article L.O. 111-3 du code de la sécurité sociale *[V. cet art. ss. Const. 58, art. 47-1]*. » Ce rapport présente, en outre, une analyse de l'ensemble des comptes des organismes de sécurité sociale soumis à son contrôle et fait une synthèse des rapports et avis émis par les organismes de contrôle placés sous sa surveillance. Ce rapport est remis au Parlement *(L. org. nº 2005-881 du 2 août 2005, art. 13)* « et au Gouvernement » sitôt son arrêt par la Cour des comptes.

Les réponses faites aux observations de la Cour des comptes sont jointes au rapport.

Art. L.O. 132-3-1 *(L. org. nº 2005-881 du 2 août 2005, art. 14)* La Cour des comptes peut être saisie, par les commissions parlementaires saisies au fond des projets de loi de financement de la sécurité sociale, de toute question relative à l'application des lois de financement de la sécurité sociale et procède, dans ce cadre et à la demande de ces commissions, aux enquêtes sur les organismes soumis à son contrôle. Les conclusions de ces enquêtes sont communiquées à la commission dont la demande d'enquête émane. La commission statue sur leur publication.

Art. L. 132-4 *(L. nº 2004-1370 du 20 déc. 2004, art. 2 ; Ord. nº 2016-1360 du 13 oct. 2016, art. 8)* La Cour des comptes établit, en liaison avec les chambres régionales des comptes, un programme trisannuel des travaux à mener notamment sur l'évaluation comparative des coûts et des modes de gestion des établissements *(L. nº 2009-1646 du 24 déc. 2009, art. 49)* « sanitaires et médico-sociaux financés par l'assurance maladie, quel que soit leur statut public ou privé ». Elle en rend compte dans le rapport mentionné à l'article L.O. 132-3.

Cour des comptes. Relations avec le Parlement et avec le Gouvernement. Enquêtes et évaluations de politiques publiques

Art. L. 132-5 *(Ord. nº 2016-1360 du 13 oct. 2016, art. 8)* La Cour des comptes procède aux enquêtes qui lui sont demandées par les commissions parlementaires compétentes sur la gestion des services ou organismes soumis à son contrôle *(L. nº 2011-1862 du 13 déc. 2011, art. 42)* « ou à celui des chambres régionales ou territoriales des comptes ».

Art. L. 132-6 *(L. nº 2011-140 du 3 févr. 2011, art. 3 ; Ord. nº 2016-1360 du 13 oct. 2016, art. 8)* Au titre de l'assistance au Parlement dans le domaine de l'évaluation des politiques publiques prévue par l'article 47-2 de la Constitution, la Cour des comptes peut être saisie d'une demande d'évaluation d'une politique publique par le Président de l'Assemblée nationale ou le Président du Sénat, de leur propre initiative ou sur proposition d'une commission permanente dans son domaine de compétence ou de toute instance permanente créée au sein d'une des deux assemblées parlementaires pour procéder à l'évaluation de politiques publiques dont le champ dépasse le domaine de compétence d'une seule commission permanente.

Les demandes formulées au titre du premier alinéa ne peuvent porter ni sur le suivi et le contrôle de l'exécution des lois de finances ou de financement de la sécurité sociale, ni sur l'évaluation de toute question relative aux finances publiques ou aux finances de la sécurité sociale.

L'assistance de la Cour des comptes prend la forme d'un rapport. Ce rapport est communiqué à l'autorité qui est à l'origine de la demande, dans un délai qu'elle détermine après consultation du premier Président de la Cour des comptes et qui ne peut excéder douze mois à compter de la saisine de la Cour des comptes.

Le Président de l'Assemblée nationale ou le Président du Sénat, lorsqu'il est à l'initiative de la demande d'assistance de la Cour des comptes, et, dans les autres cas, la commission permanente ou l'instance permanente à l'origine de la demande d'assistance de la Cour des comptes statue sur la publication du rapport qui lui a été transmis.

Art. L. 132-7 *(Ord. nº 2016-1360 du 13 oct. 2016, art. 8)* Le Premier ministre peut demander à la Cour des comptes la réalisation de toute enquête relative à l'exécution des lois de finances, à l'application des lois de financement de la sécurité sociale ainsi que de toute enquête sur la gestion des services ou organismes soumis à son contrôle ou à celui des chambres régionales ou territoriales des comptes.

Les conclusions de ces enquêtes sont communiquées au Premier ministre dans un délai fixé après consultation du premier président de la Cour des comptes.

Le Premier ministre peut décider de leur publication.

. . . .

Cour des comptes. Règles générales de procédure. Exercice du droit à communication

Art. L. 141-12 *(Ord. nº 2016-1360 du 13 oct. 2016, art. 11)* Dans le cadre de sa mission de contrôle de l'application des lois de financement de la sécurité sociale, la Cour des comptes, sans préjudice des dispositions des articles L. 211-1 et L. 211-4, est habilitée à recueillir, en liaison avec les chambres régionales des comptes, des informations auprès des établissements mentionnés à l'article L. 6111-1 du code de la santé publique. Les rapports de certification des établissements mentionnés à l'article L. 6161-3 du code de la santé publique sont transmis sans délai à la Cour des comptes.

. . . .

Cour des comptes. Rapport public

Art. L. 143-6 La Cour des comptes adresse au Président de la République et présente au Parlement *(Ord. nº 2005-647 du 6 juin 2005, art. 1er)* « un rapport public annuel et des rapports publics thématiques, dans lesquels » elle expose ses observations *(Ord. nº 2016-1360 du 13 oct. 2016, art. 13)* « et recommandations » et dégage les enseignements qui peuvent en être tirés.

Art. L. 143-7 *(Ord. nº 2005-647 du 6 juin 2005, art. 1er)* Les rapports publics de la Cour des comptes portent à la fois sur les services, organismes et entreprises directement contrôlés par elle et sur les collectivités territoriales, établissements, sociétés, groupements et organismes qui relèvent de la compétence des chambres régionales et territoriales des comptes en vertu des dispositions du livre II.

Art. L. 143-8 Les rapports publics de la Cour des comptes, auxquels sont jointes les réponses des ministres et des représentants des collectivités territoriales, des établissements, sociétés, groupements et organismes intéressés *(Ord. n° 2016-1360 du 13 oct. 2016, art. 13)* « ainsi que de toute autre personne explicitement mise en cause », *(Ord. n° 2005-647 du 6 juin 2005, art. 1er)* « sont publiés » au *Journal officiel* de la République française. Le délai de leur transmission à la Cour des comptes et les conditions de leur insertion dans le rapport sont fixés par décret en Conseil d'État.

Art. L. 143-9 *(Ord. n° 2016-1360 du 13 oct. 2016, art. 13)* Le rapport public annuel comporte des observations relatives au fonctionnement, à l'activité, aux moyens et aux résultats du contrôle de la Cour des comptes et des chambres régionales et territoriales des comptes.

Le rapport public annuel comporte une présentation des suites données aux observations et recommandations de la Cour des comptes et des chambres régionales et territoriales des comptes, établie sur la base de comptes rendus que les destinataires de ces observations ont l'obligation de leur fournir.

Art. 48 *(L. const. n° 2008-724 du 23 juill. 2008, art. 23)* **Sans préjudice de l'application des trois derniers alinéas de l'article 28, l'ordre du jour est fixé par chaque assemblée.**

Deux semaines de séance sur quatre sont réservées par priorité, et dans l'ordre que le Gouvernement a fixé, à l'examen des textes et aux débats dont il demande l'inscription à l'ordre du jour.

En outre, l'examen des projets de loi de finance, des projets de loi de financement de la sécurité sociale et, sous réserve des dispositions de l'alinéa suivant, des textes transmis par l'autre assemblée depuis six semaines au moins, des projets relatifs aux états de crise et des demandes d'autorisation visées à l'article 35 est, à la demande du Gouvernement, inscrit à l'ordre du jour par priorité.

Une semaine de séance sur quatre est réservée par priorité et dans l'ordre fixé par chaque assemblée au contrôle de l'action du Gouvernement et à l'évaluation des politiques publiques.

Un jour de séance par mois est réservé à un ordre du jour arrêté par chaque assemblée à l'initiative des groupes d'opposition de l'assemblée intéressée ainsi qu'à celle des groupes minoritaires.

Une séance par semaine au moins, y compris pendant les sessions extraordinaires prévues à l'article 29, est réservée par priorité aux questions des membres du Parlement et aux réponses du Gouvernement.

COMMENTAIRE

V. sur le Code en ligne.

[V. références des décisions du Conseil constitutionnel dans le tableau DC]

1. Principe. Le législateur ne peut imposer l'organisation d'un débat en séance publique car une telle obligation pourrait faire obstacle aux prérogatives que le Gouvernement ou chacune des assemblées, selon les cas, tiennent du présent art. pour la fixation de l'ordre du jour. • Cons. const. 20 nov. 2003, n° 2003-484 DC § 100.

2. Conférence des présidents. Le Président de l'Assemblée, de son propre chef ou à la demande d'un président de groupe, peut convoquer la Conférence des Présidents pour qu'elle puisse exercer, le cas échéant, les prérogatives qui lui sont reconnues par les art. 39, al. 4, et 45, al. 2 Const. • Cons. const. 25 juin 2009, n° 2009-581 DC § 14.

3. Si le temps de parole dont disposent les présidents de commission ou leur délégué ayant assisté à la Conférence des Présidents et fait des propositions d'inscription à l'ordre du jour peut être limité en séance publique lors des explications de vote sur ces propositions, c'est sous réserve que le président de séance applique cette limitation du temps de parole en veillant au respect des exigences de clarté et de sincérité du débat parlementaire. Des dépassements sont donc possibles. • Cons. const. 25 juin 2009, n° 2009-581 DC § 20.

4. Ordre du jour du Gouvernement. Cette priorité ne peut être remise en cause puisqu'il s'agit d'une « décision du gouvernement » qui n'a pas à être votée par l'assemblée. • Cons. const. 17 juin 1959, n° 59-2 DC. ♦ Il n'est pas possible de limiter à la seule Conférence des Présidents le pouvoir de déroger à la règle suivant laquelle telle matinée est réservée aux travaux des commissions permanentes. • Cons. const. 20 nov. 1969, n° 69-37 DC § 5. ♦ Il en va de même des séances de questions. • Cons. const. 15 déc. 1995, n° 95-368 DC § 26 • Cons. const. 8 juill. 1999, n° 99-417 DC § 3.

5. Le Gouvernement peut décider l'inscription à l'ordre du jour prioritaire de l'Assemblée d'une proposition de résolution de l'art. 88-4 Const. • Cons. const. 17 déc. 1992, n° 92-314 DC § 13 et 17. ♦ Le Président de l'assemblée ne peut s'opposer à la poursuite de la discussion d'un projet de loi inscrit à l'ordre du jour du gouvernement quand bien même cette poursuite de la discussion serait contraire à la Constitution. • Cons. const. 24 déc. 1979, n° 79-110 DC § 5.

6. Le Gouvernement choisit l'ordre dans lequel sont examinés les textes et les débats dont il demande l'inscription par priorité. • Cons. const. 25 juin 2009, n° 2009-581 DC § 19. ♦ Toutefois, les informations données par le Gouvernement sur l'ordre du jour qu'il entend suivre dans les semaines à venir ne sont qu'indicatives. • Cons. const. 8 nov. 1995, n° 95-366 DC § 5 • Cons. const. 15 déc. 1995, n° 95-368 DC § 8. ♦ Celui-ci doit-il pouvoir décider de la modification de son choix initial en ce qui concerne tant les semaines qui lui sont réservées que l'ordre des textes et des débats dont il demande par priorité l'inscription à l'ordre du jour ? Dès lors, la disposition prévoyant que l'ordre du jour est fixé par le Sénat « sur la base des conclusions de la conférence des présidents » et que la conférence détermine, au début de chaque session ordinaire, les semaines de séance, les répartit entre le Sénat et le Gouvernement avec l'accord de celui-ci et « prend acte » des demandes d'inscription par priorité présentées par le Gouvernement est conforme à la Constitution. • Cons. const. 25 juin 2009, n° 2009-582 DC § 22. ♦ ... Il peut également modifier les semaines qu'il prévoit de réserver, et dès lors fait connaître ses choix « à titre indicatif ». • Cons. const. 25 juin 2009, n° 2009-581 DC § 18.

7. Il est possible que le règlement d'une assemblée invite le Gouvernement à informer la Conférence des présidents des affaires dont il prévoit de demander l'inscription à l'ordre du jour de l'Assemblée et de la période envisagée pour leur discussion dès lors que, les informations susceptibles d'être ainsi données n'ayant qu'un caractère indicatif, elles ne sauraient lier le Gouvernement. • Cons. const. 4 juill. 2019, n° 2019-785 DC § 6.

8. Séances de questions. L'ajout des termes « au moins » à l'al. 2 du présent art. rend caduque la jurisprudence limitant le nombre de séances hebdomadaires utilisables pour les questions des parlementaires. • Cons. const. 21 janv. 1964, n° 63-25 DC.

9. Les questions peuvent être posées par les seuls membres du Parlement ; il n'est donc pas possible de prévoir que certains organes du parlement, tels que les commissions, en posent par le truchement de leur Président. • Cons. const. 20 nov. 1969, n° 69-37 DC § 6.

10. Les réponses sont apportées par le Gouvernement et il est dès lors loisible au Premier ministre de désigner à cet effet un des membres du Gouvernement sans que les parlementaires puissent intervenir dans ce choix. • Cons. const. 21 janv. 1964, n° 63-25 DC § 3.

11. Il ne peut y avoir de vote à l'issue du débat suivant une question orale. • Cons. const. 24 juin 1959, n° 59-3 DC.

12. Dès lors que l'action du Gouvernement, responsable devant le Parlement, est dirigé par le Premier ministre, la Gouvernement est représenté, pour répondre aux membres du Parlement, par celui des membres du Gouvernement que le Premier ministre a désigné sans que ce choix puisse faire l'objet d'une demande, d'une ratification ou d'une récusation par un membre du Parlement ; par suite, il ne peut y avoir une séance de questions à un ministre. • Cons. const. 11 déc. 2014, n° 2014-705 DC § 13.

13. Semaines gouvernementales. Il n'est possible au règlement de l'Assemblée de limiter la tenue de séances supplémentaires à la demande du Gouvernement au seul examen des textes et des demandes visés à l'al. 3 de l'art. 48 Const. Le règlement d'une assemblée ne saurait faire obstacle au pouvoir que le Gouvernement tient du 2e al. du présent art. de disposer de l'ordre du jour de la moitié des semaines de séance fixées par chaque assemblée en vertu des dispositions du 2e al. de l'art. 28 Const. ; il ne saurait dès lors avoir pour objet ou pour effet de priver le Gouvernement d'obtenir de droit que se tiennent des jours de séance pour l'examen des textes et des débats dont il demande l'inscription à l'ordre du jour des deux semaines de séance sur quatre qui lui sont réservées par priorité. • Cons. const. 11 déc. 2014, n° 2014-705 DC § 19 et 21 • Cons. const. 11 juin 2015, n° 2015-712 DC § 52.

14. Semaine de contrôle. En vertu du 4e al. du présent art., si chaque assemblée est tenue de réserver une semaine de séance sur quatre par priorité au contrôle de l'action du Gouvernement et à l'évaluation des politiques publiques, le constituant n'a pas pour autant entendu lui imposer que ladite semaine de séance leur fût entièrement consacrée. Il en résulte que, dès lors que durant la semaine concernée plusieurs débats relatifs au contrôle de l'action du Gouvernement ou à l'évaluation des politiques publiques ont eu lieu, l'inscription des conclusions de la CMP sur le projet de loi organique relatif à l'indépendance de l'audiovisuel public n'a ainsi méconnu aucune exigence constitutionnelle. • Cons. const. 14 nov. 2013, ⚖ n° 2013-677 DC § 4 et 5.

15. Fenêtre parlementaire (sous réserve, à transposer à la séance mensuelle de l'opposition ou de la minorité). Les dispositions du règlement ne sauraient conduire à ce que plus d'une séance par mois soit réservée par priorité à un ordre du jour d'initiative parlementaire. • Cons. const. 8 juill. 1999, ⚖ n° 99-417 DC § 3. ♦ Cette disposition a pour seul objet d'attribuer compétence à chaque assemblée pour fixer l'ordre du jour prioritaire d'une séance par mois et ne comporte aucune règle en ce qui concerne tant le contenu de cet ordre du jour que l'origine du texte qui y est inscrit. Dès lors, il est possible qu'une proposition de loi inscrite à l'ordre du jour fixé par une assemblée ait un objet comparable à celui d'un projet de loi antérieur et que le Gouvernement utilise, lors de son examen, son droit d'amendement • Cons. const. 27 nov. 2001, ⚖ n° 2001-451 DC § 3. ♦ La question préalable, qui a pour conséquence d'entraîner le rejet du texte auquel elle s'applique, ne trouvant pas de fondement dans des dispositions de valeur constitutionnelle et d'autres procédures étant à la disposition des parlementaires pour s'opposer à l'ensemble du texte en discussion, il est loisible à une assemblée, dans le cadre de son règlement, d'en interdire le dépôt à l'encontre d'un texte discuté dans le cadre de la séance mensuelle réservée à un ordre du jour fixé par une assemblée. • Cons. const. 9 avr. 2003, ⚖ n° 2003-470 DC § 11. ♦ De même, la limitation, dans ce cadre, à 15 minutes, sauf décision contraire de la Conférence des Présidents, de l'intervention au soutien d'une exception d'irrecevabilité, préserve la possibilité effective, pour les membres de l'Assemblée nationale, de contester la conformité à la Constitution des dispositions du texte et n'est dès lors pas contraire à la Constitution. • Cons. const. 9 avr. 2003, ⚖ n° 2003-470 DC § 10. ♦ L'inscription à l'ordre du jour de la semaine prévue au 4ᵉ al. du présent art d'un débat sans vote ou d'une séance de questions portant sur les conclusions de certains rapports d'enquête, d'information ou d'évaluation n'étant prévue que « prioritairement », la modification apportée permet que cette inscription puisse également porter sur tout autre sujet d'évaluation et de contrôle. • Cons. const. 4 juill. 2019, ⚖ n° 2019-785 DC § 6.

16. Séance mensuelle de l'opposition ou de la minorité. Il résulte des termes du présent article que le Gouvernement ainsi que les groupes d'opposition et les groupes minoritaires dans le cadre du jour de séance mensuel qui leur est réservé ont le droit de demander que le Sénat se prononce sur une proposition de résolution relative aux projets ou propositions d'acte transmis sur le fondement de l'art. 88-4 Const. et dénommée « résolution européenne » avant l'expiration du délai d'un mois prévu pour que soit considéré comme adopté le texte de la résolution adopté par la commission des affaires européennes. • Cons. const. 25 juin 2009, n° 2009-581 DC § 65 • Cons. const. 25 juin 2009, n° 2009-582 DC § 32. ♦ V. déjà • Cons. const. 17 déc. 1992, n° 92-314 DC § 13 et 17.

Art. 49 Le Premier ministre, après délibération du Conseil des ministres, engage devant l'Assemblée nationale la responsabilité du Gouvernement sur son programme ou éventuellement sur une déclaration de politique générale.

L'Assemblée nationale met en cause la responsabilité du Gouvernement par le vote d'une motion de censure. Une telle motion n'est recevable que si elle est signée par un dixième au moins des membres de l'Assemblée nationale. Le vote ne peut avoir lieu que quarante-huit heures après son dépôt. Seuls sont recensés les votes favorables à la motion de censure qui ne peut être adoptée qu'à la majorité des membres composant l'Assemblée. *(L. const. n° 95-880 du 4 août 1995)* « Sauf dans le cas prévu à l'alinéa ci-dessous, un député ne peut être signataire de plus de trois motions de censure au cours d'une même session ordinaire et de plus d'une au cours d'une même session extraordinaire. »

Le Premier ministre peut, après délibération du Conseil des ministres, engager la responsabilité du Gouvernement devant l'Assemblée nationale sur le vote d'un *(L. const. n° 2008-724 du 23 juill. 2008, art. 24-1°)* « projet de loi de finances ou de financement de la sécurité sociale ». Dans ce cas, ce *(L. const. n° 2008-724 du 23 juill. 2008, art. 24-2°)* « projet » est considéré comme adopté, sauf si une motion de censure, déposée dans les vingt-quatre heures qui suivent, est votée dans les conditions prévues à l'alinéa précédent. *(L. const. n° 2008-724 du 23 juill. 2008, art. 24-3°)* « Le Premier ministre peut, en outre, recourir à cette procédure pour un autre projet ou une proposition de loi par session. »

Le Premier ministre a la faculté de demander au Sénat l'approbation d'une déclaration de politique générale.

COMMENTAIRE

V. sur le Code en ligne.

BIBL. Toulemonde, L'article 49 al. 3 peut-il demeurer la clef de voûte des institutions ?, *Mélanges Lascombe, Dalloz 2020. 467*. – Waline, Éloge de la question de confiance, *Mélanges Lascombe, Dalloz 2020. 39*.

[V. références des décisions du Conseil constitutionnel dans le tableau DC]

1. Le présent art. constitue la seule voie possible de mise en cause de la responsabilité du Gouvernement ; il n'est donc pas possible d'utiliser la technique des résolutions pour ce faire. • Cons. const. 17 juin 1959, n° 59-2 DC.

2. Alinéa 1er. Le fait pour le Gouvernement de demander à l'Assemblée nationale l'approbation de son programme ou d'engager sa responsabilité sur une déclaration de politique générale exclut toute intervention du Sénat dans le déroulement de cette procédure ; la lecture à la tribune du Sénat de ce programme ou de cette déclaration constitue donc un acte de simple information qui ne saurait être confondu avec la procédure prévue au dern. al. du présent art. ; par conséquent, cette lecture ne saurait donner lieu, immédiatement ou à terme, à une réponse d'un membre du Sénat. • Cons. const. 2 juin 1976, n° 76-64 DC § 4.

3. Alinéa 2. Sur son utilisation durant la mise en œuvre de l'art. 16, V. ss. cet art.

4. Alinéa 3. L'exercice de cette prérogative par le Premier ministre n'est soumis à aucune condition autre que celles résultant de ce texte. • Cons. const. 12 août 2004, n° 2004-503 DC § 4. ♦ Le Conseil vérifie l'existence de la délibération en Conseil des ministres en contrôlant sur le relevé de décisions du Conseil. • Cons. const. 30 déc. 1995, n° 95-370 DC § 7.

5. Dans la mesure où le Conseil des ministres a délibéré sur l'engagement de la responsabilité du Gouvernement sur un projet de loi, les conditions posées par la Constitution pour la mise en œuvre du présent al. se trouvent réunies. • Cons. const. 9 janv. 1990, n° 89-264 DC § 4 • Cons. const. 29 déc. 1989, n° 89-268 DC § 6 et 7 • Cons. const. 22 janv. 1990, n° 89-269 DC § 5. ♦ Il importe peu dès lors que le Premier ministre soit un intérimaire, dûment nommé par le Président de la République. En effet, le Premier ministre intérimaire possédant l'intégralité des pouvoirs attachés à la fonction qui lui était confiée, il a compétence pour engager la responsabilité du Gouvernement sur le vote d'un texte. • Cons. const. 9 janv. 1990, n° 89-264 DC § 5 • Cons. const. 29 déc. 1989, n° 89-268 DC § 8 • Cons. const. 22 janv. 1990, n° 89-269 DC § 6. ♦ Il est également indifférent qu'aucun communiqué du Conseil des ministres ne fasse état de la délibération prévue au présent al. dès lors qu'un extrait de relevé de décision prouve que le Conseil a bien délibéré. • Cons. const. 12 août 2004, n° 2004-503 DC § 5.

6. Une seule délibération du conseil des ministres suffit pour engager, lors des lectures successives d'un même texte, la responsabilité du Gouvernement qui en a ainsi délibéré. • Cons. const. 4 août 2016, n° 2016-736 DC § 3. ♦ V. déjà, implicitement. • Cons. const. 5 août 2015, n° 2015-715 DC § 12 et 13.

7. L'engagement de la responsabilité du Gouvernement sur le vote d'un projet ou proposition de loi devant l'Assemblée nationale peut intervenir à tout moment lors de l'examen du texte par l'Assemblée nationale, sans qu'il soit nécessaire que les amendements dont il fait l'objet et qui sont retenus par le Gouvernement aient été débattus en commission. • Cons. const. 5 août 2015, n° 2015-715 DC § 13. ♦ Les modifications apportées à l'art. 42 Const. 58 par la révision constitutionnelle de 2008 n'ont eu ni pour objet ni pour effet de modifier les conditions dans lesquelles la prérogative conférée au Premier ministre par le présent al. est mise en œuvre. • Cons. const. 5 août 2015, n° 2015-715 DC.

8. Alinéa 4. Les conditions dans lesquelles le Sénat se prononce sur l'action du Gouvernement sont définies par cet al. ; il s'ensuit que les débats d'initiative sénatoriale qui peuvent être inscrits à l'ordre du jour « à la demande d'un groupe politique, d'une commission, de la commission chargée des affaires européennes ou d'une délégation » ne sauraient, que le Gouvernement soit présent ou non, faire l'objet d'aucun vote. • Cons. const. 25 juin 2009, n° 2009-582 DC § 34 et 35.

Art. 50 **Lorsque l'Assemblée nationale adopte une motion de censure ou lorsqu'elle désapprouve le programme ou une déclaration de politique générale du Gouvernement, le Premier ministre doit remettre au Président de la République la démission du Gouvernement.**

COMMENTAIRE

V. sur le Code en ligne.

Art. 50-1 *(L. const. n° 2008-724 du 23 juill. 2008, art. 25)* **Devant l'une ou l'autre des assemblées, le Gouvernement peut, de sa propre initiative ou à la demande d'un groupe parlementaire au sens de l'article 51-1, faire, sur un sujet déterminé, une déclaration qui donne lieu à débat et peut, s'il le décide, faire l'objet d'un vote sans engager sa responsabilité.**

COMMENTAIRE

V. sur le Code en ligne.

Les propos du Premier ministre tenus dans le cadre de la déclaration faite en application du présent art., ne peuvent être contestés devant le juge administratif, indépendamment des mesures en cause. • CE, ord., 18 mai 2020, n° 440366 § 15 : *AJDA 2020. 1032* ; *D. 2020. 1110* ; *AJ fam. 2020. 329*.

Art. 51 *(L. const. n° 95-880 du 4 août 1995)* **La clôture de la session ordinaire ou des sessions extraordinaires est de droit retardée pour permettre, le cas échéant, l'application de l'article 49. A cette même fin, des séances supplémentaires sont de droit.**

COMMENTAIRE

V. sur le Code en ligne.

Art. 51-1 *(L. const. n° 2008-724 du 23 juill. 2008, art. 26)* **Le règlement de chaque assemblée détermine les droits des groupes parlementaires constitués en son sein. Il reconnaît des droits spécifiques aux groupes d'opposition de l'assemblée intéressée ainsi qu'aux groupes minoritaires.**

BIBL. ▶ Dord, Vers un rééquilibrage des pouvoirs publics en faveur du Parlement, *RFDC 2009. 99.* – Fatin-Rouge, Stefanini, Le Conseil constitutionnel dans la révision constitutionnelle du 23 juillet 2008 sur la modernisation des institutions, *RFDC 2009. 269.* – Vidal-Naquet, L'institutionnalisation de l'opposition. Quel statut pour quelle opposition ?, *RFDC 2009. 153.* – Jozefowicz, La réforme des règlements des assemblées parlementaires : entre impératifs constitutionnels, amélioration du débat et ouverture du pluralisme, *RFDC 2010. 329.* – Benetti, Le président du groupe majoritaire, *Pouvoirs 2013, n° 146, p. 33.* – Bergougnous, Les binômes majorité/opposition, *Pouvoirs 2013, n° 146, p. 43.* – Hérin, Les groupes minoritaires : un nouveau concept entre droit et politique, *Pouvoirs 2013, n° 146, p. 57.* – Vidal-Naquet, Le renouveau de l'opposition, *Pouvoirs 2013, n° 146, p. 133.* – Rozenberg et Thiers (dir.), L'opposition parlementaire, *Doc. fr. 2013.* – Jouve, Les droits de l'opposition à la suite de la révision constitutionnelle de 2008 : atténuation ou renforcement de la démocratie majoritaire, *RD publ. 2014. 445.* – Monge, Les groupes minoritaires de l'article 51-1 Const. : de l'artifice juridique à la réalité politique d'un contre-pouvoir, *RFDC 2015. 633.* – Landais, Représentativité des groupes parlementaires au Bureau de l'Assemblée nationale, *RFDC 2018. 355.*

COMMENTAIRE

V. sur le Code en ligne.

[V. références des décisions du Conseil constitutionnel dans le tableau DC]

1. *Il n'appartient pas à l'Assemblée nationale* d'apprécier elle-même la conformité de la déclaration politique d'un groupe au présent art. et par là même de vérifier si ce groupe respecte les principes de la souveraineté nationale et de la démocratie, ce contrôle pouvant empêcher la création d'un groupe politique. • Cons. const. 17 juin 1959, n° 59-2 DC. ♦ De même, l'obligation faite à chaque groupe de rendre publique une déclaration politique formulant les objectifs et les moyens de la politique qu'il préconise n'est pas contraire à la Constitution dès lors qu'elle n'emporte aucun contrôle sur le contenu de cette déclaration. • Cons. const. 18 mai 1971, n° 71-42 DC § 1. ♦ De même encore, en requérant des groupes politiques une déclaration d'appartenance à la majorité ou à l'opposition et en conférant, en cas de contestation, un pouvoir de décision au bureau de l'Assemblée nationale, la résolution a méconnu le premier al. du présent art. • Cons. const. 22 juin 2006, n° 2006-537 DC § 13.

2. Le règlement du Sénat reconnaissant une catégorie spécifique de sénateurs qui, bien que n'étant ni inscrits, ni apparentés, ni rattachés administrativement à un groupe déterminé, n'en forment pas moins une réunion administrative représentée par un délégué élu, ce délégué peut participer à la nomination de membres de certaines formations (en l'espèce commission d'enquête). • Cons. const. 15 janv. 1992, n° 91-301 DC § 8.

3. Les dispositions de la L. org. du 15 avr. 2009 qui octroient des prérogatives particulières aux présidents de groupe, dans leur rédaction actuelle, ne permettent pas que ces prérogatives puissent être partagées entre plusieurs personnes. Il en va ainsi aussi bien pour les dispositions de la L. org. relatives aux résolutions prises en vertu de l'art. 34-1 de la Constitution que pour celles relatives à l'opposition à l'engagement de la procédure d'examen simplifié. • Cons. const. 28 févr. 2013, n° 2013-664 DC § 7.

4. En l'espèce, la durée du temps législatif programmé pour l'examen en deuxième lecture du projet de loi a été fixée à vingt-cinq heures ; il en résulte qu'il n'a pas été porté atteinte au présent art. • Cons. const. 17 mai 2013, n° 2013-669 DC § 7.

Art. 51-2 *(L. const. n° 2008-724 du 23 juill. 2008, art. 26)* **Pour l'exercice des missions de contrôle et d'évaluation définies au premier alinéa de l'article 24, des commissions d'enquête peuvent être créées au sein de chaque assemblée pour recueillir, dans les conditions prévues par la loi, des éléments d'information.**

La loi détermine leurs règles d'organisation et de fonctionnement. Leurs conditions de création sont fixées par le règlement de chaque assemblée.

COMMENTAIRE

V. sur le Code en ligne.

[V. références des décisions du Conseil constitutionnel dans le tableau DC]

BIBL. Derosier, Réflexions sur les possibilités de création d'une commission d'enquête parlementaire, l'exemple de la commission sur les sondages de l'Élysée, *RFDC 2011. 175.*

1. La disposition de la résolution portant règlement de l'Assemblée nationale prévoyant les modalités selon lesquelles les personnes entendues par une commission d'enquête sont admises à prendre connaissance du compte rendu de leur audition et à faire part de leurs observations relève des conditions « d'organisation et de fonctionnement » des commissions d'enquête. Il n'appartient dès lors qu'au législateur et non au règlement des assemblées de déterminer ces règles. • Cons. const. 25 juin 2009, n° 2009-581 DC § 52.

2. Conformément au principe de la séparation des pouvoirs, l'art. 6 de l'Ord. du 17 nov. 1958, d'une part, interdit que soient créées des commissions d'enquête sur des faits ayant donné lieu à des poursuites judiciaires et aussi longtemps que ces poursuites sont en cours et, d'autre part, impose que toute commission d'enquête prenne fin dès l'ouverture d'une information judiciaire relative aux faits sur lesquels elle est chargée d'enquêter ; en outre, il prévoit que les commissions d'enquête ont un caractère temporaire et que leur mission prend fin, au plus tard, à l'expiration d'un délai de *six mois à compter de la date de l'adoption* de la résolution qui les a créées. N'ont pas pour effet de restreindre la portée de ces dispositions les dispositions du règlement du Sénat qui prévoient, notamment, que, sous réserve que la demande soit formulée au plus tard une semaine avant la réunion de la Conférence des présidents qui doit prendre acte de cette demande, chaque groupe a droit à la création d'une commission d'enquête par année parlementaire dès lors que l'adoption de toute proposition de résolution tendant à créer une commission d'enquête est subordonnée à la conformité de cette proposition avec l'art. 6 de l'ord. 1958 susvisé. • Cons. const. 25 juin 2009, n° 2009-582 DC § 4 à 6. ♦ V. sur la mise en place des conditions permettant la création d'une commission d'enquête ou d'une mission d'information par un président de groupe d'opposition ou minoritaire à l'Assemblée nationale. • Cons. const. 11 déc. 2014, n° 2014-705 DC § 59.

3. L'usage par une commission d'enquête à l'encontre du Président de la République des prérogatives des paragraphes II à IV de l'art. 6 de l'Ord. du 17 nov. 1958 (pouvoirs de coercition) porterait atteinte au principe de la séparation des pouvoirs ainsi qu'aux exigences constitutionnelles qui résultent du 2e al. de l'art. 67 Const. 58. • Cons. const. 19 nov. 2014, n° 2014-703 DC § 33 (sol. impl.).

4. L'art. 6 de l'Ord. du 17 nov. 1958 prévoit qu'outre les commissions mentionnées au présent art., seules peuvent être éventuellement créées au sein de chaque assemblée parlementaire, dans des conditions et pour une durée maximale de 6 mois, des commissions d'enquête (et des commissions de contrôle aujourd'hui disparues). • Cons. const. 8 juill. 1968, n° 66-28 DC § 2. ♦ Le règlement de l'assemblée ne peut allonger ce délai en prévoyant que « les délais impartis aux commissions d'enquête sont suspendus pendant l'intersession qui suit la session au cours de laquelle ces commissions ont été nommées ». • Même décision § 3.

5. L'acte par lequel le président de l'Assemblée nationale rend public le rapport d'une commission d'enquête parlementaire est indissociable de la fonction parlementaire de contrôle dont les commissions créées par cette Assemblée et les rapports qu'elles élaborent, notamment en vue de les rendre publics, sont l'un des éléments ; qu'il échappe de ce fait par nature au contrôle du juge de l'excès de pouvoir. • CE 16 avr. 2010, *Féd. chrétienne des témoins de Jéhovah de France,* n° 304176 : *Lebon 114.* ♦ Les rapports des commissions d'enquête n'ont pas le caractère d'un acte administratif et ne sont donc pas susceptibles de recours en excès de pouvoir. • CE 30 mars 2001, *Assoc. Vajra triomphant,* n° 211419 : *Lebon T. 1079 ; Dr. adm. 2001, n° 177, note C.M.* • CAA Nantes, 30 juill. 2003, *Assoc. « L'arbre du milieu » : Lebon T. 606.* ♦ Rappr., s'agissant du rapport d'un parlementaire en mission, • CE, sect., 21 oct. 1988, *Église de scientologie de Paris : Lebon 354, concl. Van Ruymbeke ; AJDA 1988. 719, chron. Azibert et de Boisdeffre.* ♦ En revanche, les dossiers élaborés par les Renseignements généraux à la demande de l'Assemblée nationale et sur le fondement desquels une commission d'enquête élabore son rapport sont des documents administratifs communicables. • CAA Paris, 18 nov. 2004, *Église universelle du royaume de Dieu,* n° 03PA00345 : *AJDA 2005. 396* • CE 3 juill. 2006, *Féd. chrétienne des témoins de Jéhovah de France,* n° 284296 : *Lebon 322 ; Dr. adm. 2006. 128 ; JCP Adm. 2006. 1261, note Tawil.*

6. Les conclusions des commissions d'enquête (ou des commissions permanentes ou spéciales exerçant des prérogatives d'enquête) sont dépourvues de tout caractère obligatoire et le rapport présenté ne saurait en aucun cas adresser une injonction au Gouvernement. • Cons. const. 26 févr. 2004, n° 2004-493 DC. ♦ Le règlement d'une assemblée peut prévoir que la fonction de Président ou celle de rapporteur d'une commission d'enquête doit revenir de plein droit à un membre du groupe auquel appartient le premier signataire de la proposition de résolution. • Cons. const. 9 avr. 2003, n° 2003-470 DC § 20. ♦ Prévoir que des documents en la possession de la commission d'enquête peuvent être rendus publics lorsque la commission n'adopte pas de rapport est contraire au § IV de l'art. 6 Ord. du 17 nov. 1958. • Cons. const. 11 déc. 2014, n° 2014-705 DC § 63.

7. Les conclusions d'une commission d'enquête parlementaire ne sont pas au nombre des motifs qui peuvent servir de base à une décision administrative. • TA Lille, 1er juill. 2003, *Schneerberger : AJDA 2004. 461 .* ♦ En revanche, le ministre de la Justice peut, dans une circulaire invitant les procureurs à une vigilance accrue contre le phénomène sectaire, reprendre les caractéristiques du phénomène telles qu'elles sont exposées dans un rapport parlementaire et joindre en annexe la liste des mouvements susceptibles de présenter un caractère sectaire sans se réapproprier le contenu de ces documents donnés à titre purement informatif. • CE 18 mai 2005, *Assoc. spirituelle de l'église de scientologie d'Île-de-France,* n° 259982 : *Lebon 201 ; RFDA 2005. 585, note Carius .*

8. Les dispositions de l'art. 41 de la L. du 29 juill. 1881 sur la liberté de la presse dans sa rédaction issue de la L. n° 2008-1187 du 14 nov. 2008 sont immédiatement applicables (rétroactivité *in mitius*). • Crim. 8 juin 2010, n° 09-86.626 P. ♦ De ces dispositions il résulte que les personnes entendues dans le cadre d'une commission d'enquête parlementaire ne peuvent être poursuivies pour diffamation, injure ou outrage, dès lors que leurs propos sont en lien avec l'objet de l'enquête. Le législateur a ainsi entendu donner à ces personnes une protection similaire à celle des témoins devant les juridictions, afin de préserver la libre parole devant les commissions d'enquête et d'accroître la crédibilité de cet outil du pouvoir de contrôle du Parlement. • CAA Paris, 10 mars 2011, *Féd. chrétienne des témoins de Jéhovah de France,* n° 10PA01353 : *LPA 13/14 sept. 2011, note Camby.*

9. La CEDH constate que le refus de comparaître devant une commission parlementaire d'enquête, de prêter serment ou de répondre à ses questions, est passible d'un emprisonnement de deux ans et d'une amende de 7 500 EUR, ce qui est constitutif d'une coercition. L'utilisation dans la procédure pénale dirigée contre les requérants des déclarations qu'ils ont faites sous cette contrainte devant la commission parlementaire d'enquête pose donc une question quant au respect de leurs droits de se taire et de ne pas contribuer à leur propre incrimination. Il en résulte que le rapport de la commission parlementaire ne peut pas constituer le support exclusif des poursuites. • CEDH 19 mars 2015, *Corbet c/ France,* n° 7494/11 § 33 et 37 : *Constitutions 2015. 208, chron. Bachschmidt ; JCP Adm. 2015. 302.* ♦ Il en résulte que l'art. 6 Conv. EDH doit s'appliquer à l'enquête parlementaire dans la mesure où celle-ci sert de fondement à l'examen des infractions reprochées au requérant devant la juridiction pénale. • CEDH 23 nov. 2017, *Haarde c/ Islande,* n° 66847/12 § 79 : *JCP Adm. 2017. 815.*

TITRE VI **Des traités et accords internationaux**

Art. 52 Le Président de la République négocie et ratifie les traités.

Il est informé de toute négociation tendant à la conclusion d'un accord international non soumis à ratification.

Sur l'élaboration et la conclusion des accords internationaux, V. ci-dessous Circ. 30 mai 1997.

COMMENTAIRE

V. sur le Code en ligne.

[V. références des décisions du Conseil constitutionnel dans le tableau DC]

1. Autorités compétentes. Seules les autorités de l'État ont compétence pour engager internationalement la France. • Cons. const. 25 févr. 1982, n° 82-137 DC § 4. ♦ Aucune convention, de quelque nature que ce soit, ne peut être passée entre une collectivité territoriale ou un groupement et un État étranger. • Cons. const. 26 janv. 1995, n° 94-358 DC § 52.

2. Dès lors, en prévoyant que les présidents des conseils généraux des départements et des conseils régionaux d'outre-mer participeraient à leur demande à la signature d'accords signés directement par les autorités de la République, le législateur a méconnu les exigences constitutionnelles. • Cons. const. 7 déc. 2000, n° 2000-435 DC § 27. ♦ De même, la décision des autorités compétentes de la République de signer un accord international ne saurait être soumise à une quelconque autorisation préalable d'une assemblée délibérante. • Même décision *§ 24 et 27.*

3. En revanche, le législateur peut autoriser des présidents d'assemblées délibérantes à négocier et signer des accords dans les domaines de compétence de l'État, dès lors que, agissant comme représentants de l'État et au nom de la République française, ils doivent, pour ce faire, avoir expressément reçu des autorités de la République les pouvoirs appropriés et que ces accords demeurent soumis aux procédures prévues par les art. 52 et 53 Const. • Cons. const. 6 avr. 1996, n° 96-373 DC § 11 • Cons. const. 7 déc. 2000, n° 2000-435 DC § 17 et 18.

4. Il peut également ouvrir aux collectivités territoriales la possibilité d'adhérer à un organisme public de droit étranger ou de participer au capital d'une personne morale de droit étranger qui a pour objet exclusif, dans le cadre de la coopération transfrontalière, l'exploitation d'un service public ou la réalisation d'un équipement local intéressant toutes les personnes publiques participantes ; cette coopération entre collectivités territoriales doit s'effectuer dans le respect des engagements internationaux de la France. Dès lors, cette adhésion ou cette participation doit être autorisée par décret en Conseil d'État et faire l'objet d'une convention avec les collectivités territoriales étrangères adhérentes ou participantes. Cette convention qui détermine la durée, les conditions, les modalités financières et de contrôle de cette adhésion ou participation ne doit pas comporter une participation au capital ou aux charges d'une même personne morale de droit étranger des collectivités territoriales et de leurs groupements supérieure à 50 % de ce capital ou de ces charges ; elle entre en vigueur seulement à compter de sa transmission au représentant de l'État dans le département qui exerce le contrôle de légalité. • Cons. const. 26 janv. 1995, n° 94-358 DC § 52.

5. V. également notes ss. CGCT, art. L. 1112-1. – CGCT.

6. Notion de traité ou d'accord. Il y a lieu de distinguer les traités ou accords : des déclarations de caractère politique n'ayant pas, par elles-mêmes d'effets juridiques et, dès lors, non soumises aux règles fixées pour la ratification des traités. • Cons. const. 29 déc. 1978, n° 78-99 DC § 2. ♦ ... Qui ne peuvent être utilement invoquées à l'appui d'un recours en excès de pouvoir. • CE 23 févr. 2001, *TAT,* n° 205949 : *Lebon T. 787*. ♦ ... Des arrangements administratifs signés par des fonctionnaires n'ayant pas qualité pour engager l'État. • CE, sect., 18 juin 1965, *Chatelain : Lebon 336* • CE 28 juill. 2000, *Centre cardio-thoracique de Monaco : Lebon T. 809 ; JCP 2001. 10521, concl. Fombeur.* ♦ ... Des conventions de droit interne conclues entre l'État d'une part et des collectivités territoriales de la République d'autre part. • Cons. const. 19 juill. 1983, n° 83-160 DC § 11 et 12.

7. En revanche, la notion de traité ou accord doit être étendue à tout acte faisant corps avec un traité international comme ses protocoles annexés et les déclarations interprétatives collectives qui les accompagnent. • Cons. const. 9 avr. 1992, n° 92-308 DC § 1er à 4. ♦ A l'inverse, les déclarations interprétatives unilatérales par lesquelles la France précise le sens et la portée d'une convention ne sont pas un traité ou un élément de traité. • Cons. const. 15 juin 1999, n° 99-412 DC § 4.

8. Actes de Gouvernement. Les actes faits par les représentants officiels de la France lors de la négociation d'un traité international se rattachent à la conduite des relations internationales et sont donc, en tant qu'actes de Gouvernement, insusceptibles de recours pour excès de pouvoir. • CE, sect., 1er juin 1951, *Sté Étains et Wolfram du Tonkin : Lebon 312 ; RJPUF 1951. 254, note J.D.V.* • CE 23 juill. 1961, *Sté indochinoise d'électricité : Lebon 519* • CE, sect., 13 juill. 1979, *SA COPAREX :*

Lebon 320 ; AJDA 1980. 371, concl. Bacquet • CE 29 sept. 1995, *Greenpeace France : Lebon 347 ; AJDA 1995. 684, chron. Stahl et Chauvaux ; RFDA 1996. 383 ; RD publ. 1996. 256, concl. Sanson ; ibid. 1996. 1162, note Sabète ; JCP 1996. 22582, note Moreau ; D. 1996. 205, note Braconnier*. ♦ ... Et insusceptibles d'engager la responsabilité de l'État. • CE 20 oct. 1967, *Sté française d'entreprise de dragages et de travaux publics : JCP 1968. 15393, note Ruzié* • CE 8 mars 1968, *Sté Rizeries indochinoises : Lebon 167* • CE 3 oct. 1986, *Bastide : Dr. adm. 1986, n° 590.*

9. Il en est ainsi : des instructions données aux représentants de la France dans les pays étrangers. • CE 18 déc. 1926, *Arnaud : Lebon 1149.* ♦ ... Du refus de mettre en œuvre la protection diplomatique. • CE 23 déc. 1904, *Poujade : Lebon 783* • CE 8 avr. 1927, *Arnaudon : Lebon 458.* ♦ ... Du retrait de la protection diplomatique. • CE 12 févr. 1904, *Bachatori : Lebon 106.* ♦ ... De la décision de suspendre l'application d'un traité. • CE, ass., 18 déc. 1992, *Mahmedi : Lebon 446, concl. Lamy ; RFDA 1993. 333, note Ruzié ; AJDA 1993. 82, obs. Maugüé et Schwartz ; D. 1994. 1, note Julien-Laferrière*. ♦ ... Du refus d'entreprendre des négociations. • CE 25 mars 1988, *Sapvin : Lebon 133*. ♦ ... Du refus de saisir la CIJ. • CE 9 janv. 1952, *Gény : Lebon 19* • CE 25 mars 1988, *Sapvin : préc.* ♦ ... Du brouillage d'une station de radio d'un État étranger. • T. confl., 2 févr. 1950, *RTF c/ Sté de gérance du poste de Radio-Andorre : Lebon 652 ; RD publ. 1950. 418, note Waline.* ♦ ... Des mesures réglementaires prises en exécution d'une résolution du Conseil de sécurité de l'ONU instituant un embargo. • CE 29 déc. 1997, *Sté Héli-Union : Lebon 501 ; RGDIP 2000. 541, note Poirat.* ♦ ... Du refus de communiquer à un syndicat les propositions faites par le Gouvernement en vue de la désignation par le Conseil des CE des organisations représentatives appelées à siéger dans un organe consultatif. • CE 10 févr. 1978, *CFDT : Lebon 61 ; D. 1978. 217, obs. Delvolvé.* ♦ ... Du vote émis par le représentant de la France dans le cadre d'un organisme international. • CE, ass., 23 nov. 1984, *Assoc. Les Verts : Lebon 382.*

10. Il accepte néanmoins d'examiner les actes détachables des relations internationales. • CE 27 juin 1924, *Goldsmith et Strauss : Lebon 607* • CE 24 mai 1967, *Covo : Lebon 712* • CE 8 janv. 1988, *Comm. urbaine de Strasbourg : Lebon 3 ; JCP 1988. 21084, note Drago ; AJDA 1988. 137, chron. Azibert et de Boisdeffre ; RFDA 1988. 25, concl. Dael ; Rev. adm. 1988. 146, note Terneyre.* ♦ ... Tels que le rejet d'une demande d'extradition. • CE, ass., 15 oct. 1993, *Colonie royale de Hong-Kong : Rec. 267.* ♦ ... Ou le retrait de l'acte proposant une personnalité en tant qu'administrateur de la BERD. • CE 20 oct. 2000, *Bukspan : Lebon T. 1054 ; RD publ. 2001. 311, concl. Mitjavile.* ♦ ... Le refus du garde des sceaux de prêter l'assistance de la France en vue d'assurer le retour d'un enfant emmené à l'étranger par l'un de ses parents. • CE 30 juin 1999, *Guichard : Lebon T. 578 ; Dr. adm. 1999. 256, obs. R.S. ; D. 2000. 1, note Boulanger ; JDI 2000. 725, note Barrière-Brousse ; Rev. crit. DIP 2000. 641, S. et V. Corneloup.* ♦ ... La décision par laquelle le ministre de l'environnement transmet à la Commission européenne la liste des sites dont la France demande l'inscription dans un réseau particulier. • CE 27 sept. 1999, *Assoc. « Coordination nationale Natura 2000 » : Lebon T. 578 ; LPA 8 févr. 2000, p. 11, note Romi* • CE 10 janv. 2001, *Ch. d'agriculture des Alpes-Maritimes : Lebon 2*. ♦ ... Les décisions de la commission mixte de surveillance du tunnel du Mont-Blanc. • CE 5 nov. 2001, *Assoc. respect du site du Mont-Blanc,* n° 232685 : *Lebon 535*. ♦ ... La faute commise par l'État dans l'application d'une convention. • CE 13 nov. 2002, *Sté Hélistransport,* n° 232366 : *Lebon T. 578*. ♦ ... Une mesure de police tirant les conséquences d'une résolution du Conseil de sécurité. • CE 3 nov. 2004, *Assoc. secours mondial de France,* n° 262626 : *Lebon T. 548*.

BIBL. Cerda-Guzman, De la distinction entre responsabilité de l'État du fait des conventions internationales et responsabilité du fait des lois, *RFDA 2012. 38*. – Oum Oum, Le fait illicite non fautif, fondement de la responsabilité de l'État du fait des lois inconventionnelles, *RFDA 2013. 627*.

11. Responsabilité du fait des traités. La responsabilité de l'État sur la base de la rupture de l'égalité devant les charges publiques est envisageable pour ce qui concerne les traités internationaux. • CE, ass., 30 mars 1966, *Cie gén. d'énergie radioélectrique : Lebon 257 ; RD publ. 1966. 774, concl. Bernard et note Waline ; D. 1966. 582, note Lachaume ; JCP 1967. 15000, note Dehaussy ; AJDA 1966. 350, chron. Puissochet et Lecat ; GAJA, 20e éd., n° 78.* ♦ V. déjà. • CE, sect., 22 déc. 1961, *SNCF : Lebon 738, concl. Combarnous ; AJDA 1962. 16, chron. Galabert et Gentot ; RD publ. 1962. 646, chron. Chevallier.*

12. Elle répond aux mêmes conditions strictes que la responsabilité du fait des lois (V. comm. ss. Const. 58, art. 34). Il faut que le traité soit entré en vigueur dans l'ordre interne. • CE 29 déc. 2004, *Almayrac,* n° 262190 : *Lebon 465 ; AJDA 2005. 427, chron. Landais et Lenica ; RFDA 2005. 586, concl. Stahl ; ibid. 840, chron. Ruzié ; Dr. adm. 2005. 42 ; JCP Adm. 2005. 1109, note Rouault* • CE 27 juin 2016, n° 382319 : *AJDA 2017. 67, note Jacquemet-Gauché ; ibid. 2016. 1960*. ♦ Atténuation éventuelle de l'exigence que le traité soit régulièrement introduit en droit interne (V. notes ss. Const. 58, art. 55). • CE, sect., 13 juill. 1979, *SA COPAREX : Lebon 320 ; AJDA 1980. 371, concl. Bacquet* • CE, sect., 11 févr. 2011, *Mlle Susilawati*, n° 325253 : *Lebon 36 ; RFDA 2011. 573, concl. Roger-Lacan ; AJDA 2011. 906, note Belrhali-Bernard ; JCP Adm. 2011. 2103, note Pacteau.* ♦ ... Il convient également que qu'il n'ait pas entendu exclure l'indemnisation. • CE 9 juill. 1980, *Doussous : Lebon 311* • CE 3 oct. 1986, *Bastide : Lebon 630.* ♦ ... Et qu'il y ait un lien de causalité entre le traité et le préjudice. • CE 16 juin 1984, *Tizon et Millet : Lebon 194 ; RFDA 1985. 117, note Bon ; D. 1986. 54, obs. Moderne.*

13. Par ailleurs, le préjudice subi doit être anormal ou spécial. • CE, ass., 30 mars 1966, *Cie gén. d'énergie radioélectrique : préc. note 11* • CE 9 déc. 1987, *Cie gén. des goudrons et bitumes : Lebon 405 ; D. 1988. 369, obs. Moderne et Bon* • CE 25 mars 1988, *Sté Sapvin : Lebon 133* • CAA Paris, 16 juill. 1992, *Yasline Aga Khan : RFDA 1993. 156, note Godefrin* • CE 26 mars 2003, *Santinacci : Dr. adm. 2003 n° 139.* ♦ V. déjà, • CE, sect., 22 déc. 1961, *SNCF : Lebon 738, concl. Combarnous ; AJDA 1962. 16, chron. Galabert et Gentot ; RD publ. 1962. 646, chron. Chevallier.* ♦ ... Et d'une gravité suffisante. • CE 16 juin 1984, *Tizon et Millet : préc. note 12.* ♦ ... Par ailleurs, le préjudice doit être direct et certain. • CE 11 déc. 2015, *Min. affaires étrangères et développement international c/ B.*, n° 383835 : *Lebon ; AJDA 2016. 645.*

14. Ces conditions ont été remplies dans trois hypothèses. • CE, sect., 29 oct. 1976, *Cts Burgats*, n° 94218 : *Lebon 452 ; RD publ. 1977. 213, concl. Massot ; JCP 1977. 18606, note Julien-Laferrière ; D. 1978. 77, note Vier et Lamouroux ; AJDA 1977. 30, chron. Nauwelaers et Fabius* (condition remplie) • CE 29 déc. 2004, *Almayrac*, n° 262190 : *préc. note 12* • CE 11 févr. 2011, *Mlle Susilawati*, n° 325253 : *préc. note 12.*

15. Dans le cas où la mise en œuvre de l'engagement international suppose des réalisations importantes et financières coûteuses, la responsabilité de l'État ne sera engagée que si la mise en œuvre de la disposition tarde trop. • CE, ass., 22 oct. 2010, *Mme Bleitrach*, n° 301572 : *Lebon 399, concl. Roger-Lacan ; AJDA 2010. 2212, chron. Botteghi et Lallet.*

16. Le Conseil d'État a étendu les règles précédentes aux préjudices résultant d'une règle coutumière. • CE 4 oct. 1999, *Synd. Copropriétaires du 14-16 Bd Flandrin : Lebon 297 ; JCP 2000. 10387, note Faupin ; RGDIP 2000. 263, note Poirat.* ♦ V. déjà. • CE 23 oct. 1987, *Nachfolger : RFDA. 1987. 963, concl. Massot ; RD publ. 1988. 836, note Auby ; AJDA 1987. 725, chron. Azibert et de Boisdeffre.* ♦ V. notes ss. Préamb. 1946, al. 14. ♦ ... D'un acte de Gouvernement relatifs aux relations internationales. • CE 27 juin 2016, n° 382319 : *préc. note 12.* ♦ V. notes ss. Const. 58, art. 21.

17. La responsabilité sans faute de l'État sur le terrain de l'égalité devant les charges publiques doit être écartée au motif que le préjudice subi par les requérants trouve son origine directe dans le fait d'un État étranger. • CE 20 déc. 2013, *Fano et a.*, n° 335235 : *Lebon T. 826 ; AJDA 2014. 1241 ; JCP Adm. 2014. 40 ; Dr. adm. 2014. 28, note Ziani.*

Circulaire du 30 mai 1997,

Relative à l'élaboration et à la conclusion des accords internationaux.

I. TYPOLOGIE DES ACCORDS INTERNATIONAUX

En droit international *[le droit des traités est codifié par la convention de Vienne du 23 mai 1969 à laquelle la France n'est pas partie, mais dont elle respecte celles de ses dispositions qui se limitent à codifier la coutume internationale ou des principes généraux du droit international]*, le terme « traité » désigne tout accord destiné à produire des effets de droit et régi par le droit international, conclu par écrit entre deux ou plusieurs sujets de droit international. Le droit international – qui n'est pas formaliste – laisse toute liberté aux parties quant à l'appellation donnée à leur engagement.

La pratique française distingue les accords dits en forme solennelle – désignés à l'article 52 de la Constitution par le terme « traités » –, conclus au nom des chefs d'État, et les accords en forme simplifiée, conclus au niveau des gouvernements. Les pouvoirs de signature des accords en forme solennelle sont signés par le Président de la République. Ils doivent faire l'objet d'une ratification ; l'instrument de ratification est également signé par le Président de la République. Les pouvoirs de signature des accords en forme simplifiée sont signés par le ministre des affaires étrangères de même que, le cas échéant, les instruments d'approbation de ces accords. Sous cette réserve, l'entrée en vigueur des accords de l'une et l'autre forme est soumise aux mêmes procédures constitutionnelles. Leur portée juridique est identique au regard du droit international comme du droit interne.

Le choix de la forme solennelle se fait en fonction des précédents, de la nécessité qu'a l'État étranger d'adopter cette forme en raison de son droit interne ou de considérations politiques qui conduisent à donner une plus grande solennité à l'engagement. L'article 53 de la Constitution commande la forme solennelle dans un certain nombre de cas : traités de paix et traités de commerce.

Le terme de convention est souvent utilisé pour des accords bilatéraux et multilatéraux qui portent sur des matières techniques. Elle est traditionnelle pour certaines catégories d'accords : conventions consulaires, conventions fiscales.

Lorsqu'un accord complète ou modifie un accord existant, il peut être appelé « protocole additionnel », « protocole modifiant l'accord... » ou, à la rigueur, « avenant ».

En revanche, il faut éviter les expressions « mémorandum d'accord » ou « protocole d'accord », susceptibles de créer une confusion sur la portée de l'engagement souscrit.

Dans leurs contacts avec des pays anglo-saxons, les négociateurs français peuvent se voir proposer des « mémorandums d'entente » ou « *memorandum of understanding* ». Ces instruments ne sont pas toujours considérés par les juristes de ces pays comme des accords internationaux, mais comme des engagements de bonne foi qui ne lient pas les signataires. Or cette distinction est inconnue dans la conception française du droit international qui reconnaît à tout engagement pris au nom du gouvernement la valeur d'un accord international créant des obligations. Il faut donc éviter de conclure des textes portant l'appellation « *memorandum of understanding* », afin de ne pas aboutir à des situations où le gouvernement français se considérerait comme lié sans que la réciproque soit vraie. Si toutefois cette formule est imposée aux négociateurs français dans un cadre multilatéral par exemple, ils devront faire préciser par toutes les parties que ces instruments sont bien contraignants et que la France en exigera le respect.

A côté des accords internationaux conclus au nom des chefs d'État ou de gouvernement, la pratique internationale admet la conclusion d'arrangements administratifs, conclus avec leurs homologues étrangers par des ministres. Ces arrangements constituent une catégorie inconnue du droit international. En conséquence, tout en engageant l'État, ils présentent l'inconvénient de n'offrir aucune sécurité quant à leur exécution par l'autre partie. Il ne faut donc recourir à ces instruments que dans des circonstances particulières, pour compléter ou préciser un accord existant, ou, à la rigueur, pour organiser une coopération administrative de portée limitée. Dans tous les cas, les ministres ne peuvent s'engager que dans la stricte limite de leurs attributions et la compétence de la partie étrangère doit être vérifiée autant que possible. Pour un texte qui relèverait soit en France, soit en ce qui concerne la partie étrangère, de plusieurs ministres, il ne peut être fait usage de la technique de l'arrangement administratif.

Art. 53 Les traités de paix, les traités de commerce, les traités ou accords relatifs à l'organisation internationale, ceux qui engagent les finances de l'État, ceux qui modifient des dispositions de nature législative, ceux qui sont relatifs à l'état des personnes, ceux qui comportent cession, échange ou adjonction de territoire, ne peuvent être ratifiés ou approuvés qu'en vertu d'une loi.

Ils ne prennent effet qu'après avoir été ratifiés ou approuvés.

Nulle cession, nul échange, nulle adjonction de territoire n'est valable sans le consentement des populations intéressées.

COMMENTAIRE

V. sur le Code en ligne.

[V. références des décisions du Conseil constitutionnel dans le tableau DC]

1. V. également al. 2 du préamb. de la présente Constitution.

A. AUTORISATION LÉGISLATIVE DE RATIFICATION OU D'APPROBATION

2. Types de loi. L'autorisation de ratifier (ou d'approuver) peut, sans qu'il y ait lieu de rechercher si les dispositions contenues dans cet accord relèvent du champ d'application des lois organiques, être accordée par le législateur ordinaire. • Cons. const. 30 juin 1993, n° 93-318 DC § 6 et 7 • Cons. const. 30 juin 1993, n° 93-319 DC § 6 et 7. ♦ ... Par le peuple. • Cons. const. 23 sept. 1992, n° 92-313 DC § 9. ♦ ... Ou encore, en matière de traités engageant les finances de l'État par une loi de finances, fût-ce implicitement en débloquant les sommes nécessaires à la mise en œuvre des opérations contenues dans ces traités. • Cons. const. 30 déc. 1975, n° 75-60 DC. ♦ Dès lors que le traité a vocation à s'appliquer à une COM et que son contenu implique une modification du statut particulier de cette collectivité, l'avis de l'assemblée de la collectivité est nécessaire pour que le parlement puisse se prononcer sur la loi autorisant la ratification. • Cons. const. 17 janv. 1989, n° 88-247 DC (rendu sous le régime des TOM).

3. Étendue de la compétence parlementaire. La suppression, dans le règlement de l'Assemblée nationale, de l'interdiction de présenter des amendements aux projets de lois autorisant la ratification d'un traité, comme l'absence, depuis l'origine, de toute référence aux amendements dans l'art. 47 du règlement du Sénat, ne sauraient être interprétées comme accordant aux membres du Parlement compétence pour assortir de réserves, de conditions ou de déclarations interprétatives l'autorisation de ratifier un traité ou d'approuver un accord international non soumis à ratification. • Cons. const. 9 avr. 2003, n° 2003-470 DC § 18. ♦ Le seul pouvoir reconnu au Parlement en matière de traités et d'accords internationaux par la Constitution est celui d'en autoriser ou d'en refuser la ratification ou l'approbation dans les cas mentionnés au présent art. Il en résulte que, si le Gouvernement peut être obligé d'accompagner le projet de loi autorisant la ratification d'un traité des « réserves ou déclarations interprétatives exprimées par la France », les réserves ainsi visées sont celles exprimées avant le dépôt du projet de loi. Par suite, la disposition ne porte pas atteinte à la liberté du pouvoir exécutif, à l'occasion de la ratification d'un traité ou d'un accord, de déposer des réserves, de renoncer à des réserves qu'il avait envisagé de déposer et dont il avait informé le Parlement ou, après la ratification, de lever des réserves qu'il aurait auparavant formulées. • Cons. const. 9 avr. 2009, n° 2009-579 DC § 25.

4. Notion de traité engageant les finances de l'État. Engage les finances de l'État un accord qui crée une charge financière certaine, directe et immédiate de l'État et qui, compte tenu de leur nature et de leur montant limité, n'excède pas les dépenses de fonctionnement courant incombant normalement aux administrations dans le cadre de leurs compétences habituelles. • CE, ass., avis, 22 mars 2011, n° 385018. ♦ Un traité qui ne fait que prévoir des *assouplissements aux règles* de flux spécifiques de déchets imposées par le règlement européen ne crée aucune charge financière certaine et directe. • CE, ass., 9 juill. 2017, *Féd. Nat. Libre pensée*, n° 327663 : *Lebon, concl. Keller ; AJDA 2010. 1397 ; ibid. 1635 ; ibid. 1950 ; RFDA 2010. 980, concl. Keller ; ibid. 995, note Rambaud et Roblot-Troizier ; ibid. 2011. 173, chron. Santulli ; JCP Adm. 2017. 512.*

5. Contrôle du Conseil constitutionnel. Le Conseil constitutionnel peut être saisi de la loi autorisant la ratification d'un traité. Une telle demande entraîne, par voie de conséquence, l'examen par le Conseil de la convention dont la ratification est autorisée. • Cons. const. 22 juill. 1980, n° 80-116 DC § 1. ♦ V. déjà implicitement. • Cons. const. 30 déc. 1976, n° 76-71 DC § 4 • Cons. const. 25 juill. 1991, n° 91-294 DC § 1. ♦ Cette possibilité n'a pas disparu avec l'élargissement de la saisine prévue à l'art. 54 Const. 58. • Cons. const. 30 juin 1993, n° 93-318 DC • Cons. const. 30 juin 1993, n° 93-319 DC • Cons. const. 31 déc. 1997, n° 97-394 DC § 24 • Cons. const. 19 nov. 2004, n° 2004-505 DC § 33 et 35 • Cons. const. 20 déc. 2007, n° 2007-560 DC § 23 et 27 • Cons. const. 4 nov. 2010, n° 2010-614 DC. ♦ Cependant, si l'autorisation est accordée par le peuple, le Conseil est incompétent • Cons. const. 23 sept. 1992, n° 92-313 DC § 9.

6. De même, la loi autorisant la ratification d'un traité, n'ayant d'autre objet que de permettre la ratification, n'est pas applicable au litige au sens et pour l'application des dispositions de l'art. 23-5 l'Ord. n° 58-1067 du 7 nov. 1958 ; elle est, par sa nature même, insusceptible de porter atteinte à des droits et libertés au sens des dispositions de l'art. 61-1 Const. 58. • CE, QPC, 14 mai 2010, *M. Senad B.*, n° 312305 : *AJDA 2010. 1048 ; JCP 2010. 608, note Sorbara ; Gaz. Pal. 27 mai 2010, p. 8.*

7. Contenu de la loi d'autorisation. Le champ d'application territoriale d'une convention internationale est déterminé par ses stipulations ou par les règles statutaires de l'organisation internationale sous l'égide de laquelle elle a été conclue et ne relève donc pas de la loi qui en autorise la ratification. • Cons. const. 17 janv. 1989, n° 88-247 DC § 4. ♦ La loi autorisant la ratification ou l'approbation d'un avenant à un traité vaut autorisation implicite de ratification de la convention initiale et des avenants précédents s'ils ne sont pas séparables de l'avenant dont la ratification est autorisée. • CE, ass., 5 mars 2003, *Aggoun*, n° 242860 : *Lebon 77 ; Dr. adm. 2003, n° 112 ; AJDA 2003. 726, chron. Donnat et Casas ; RGDIP 2003. 492, note Laugnier-Deslandes ; RFDA 2003. 1214, concl. Stahl ; ibid. 2003. 1223, note Lachaume .*

8. Catégories de traités. Constitue un engagement international qui ne peut être ratifié qu'en vertu d'une loi un traité touchant à des questions de souveraineté : par ex. la décision du Conseil des communautés européennes relative à l'élection des parlementaires européens au suffrage universel direct. • Cons. const. 30 déc. 1976, n° 76-71 DC (sol. impl.).

9. Constituent également des engagements internationaux, qui ne peuvent être ratifiés qu'en vertu d'une loi, les traités touchant à la compétence législative du Parlement, c'est-à-dire portant sur des matières relevant du domaine de la loi (art. 34 Const. en l'espèce). • Cons. const. 19 juin 1970, n° 70-39 DC § 6 • CE, sect. finances avis, 14 mai 1996, n° 359175 : *EDCE 1996. 320.* ♦ ... Ou énonçant des règles qui diffèrent de celles posées par des dispositions de forme législative. • CE, ass., 9 juill. 2010, *Féd. nat. libre pensée,* n° 327663 : *Lebon 268, concl. Keller ; RFDA 2010. 980, concl. Keller ; ibid. 995, note Rambaud et Roblot-Troizier ; AJDA 2010. 1635, chron. Liéber et Botteghi ; D. 2010. 2868, chron. Boskovic et a .; Cah. Cons. const. 2010. 206, note Roblot-Troizier ; Dr. adm. 2010. 130, note Platon ; ibid. 2011. 7, étude Corre.* ♦ ... Et non uniquement ceux qui modifient des dispositions législatives existantes. • CE, ass., 5 mars 2003, *Aggoun,* n° 242860 : *préc. note 7.* ♦ Ainsi, aurait dû faire l'objet d'une autorisation législative, comme touchant aux principes fondamentaux du régime de la propriété, des droits réels et des obligations civiles et commerciales, la ratification d'une convention mettant en cause le caractère saisissable de biens auxquels peuvent s'appliquer les voies d'exécution prévues par le code de procédure civile. • CE 23 févr. 2000, *Bamba Dieng : Lebon 72 ; RGDIP 2000. 811, note Poirat ; JDI 2001. 81, note Dehaussy.*

10. Il en est de même : des accords qui engagent les finances de l'État, tels qu'un accord de prêt ou de garantie en faveur d'États étrangers. • Cons. const. 30 déc. 1975, n° 75-60 DC. ♦ ... D'un accord international qui oblige l'État à acquérir des terrains. • CE, ass., 18 déc. 1998, *SARL parc d'activité de Blotzheim : Lebon 483, concl. Bachelier ; AJDA 1999. 127, chron. Raynaud et Fombeur ; RGDI pub. 1999. 753, note Poirat ; RFDA 1999. 331, concl. Bachelier ; JDI 1999. 675, note Dehaussy ; LPA 23 mai 2000, p. 6, note Béquain.* ♦ ... D'un accord qui prévoit l'adoption d'un budget pour son fonctionnement même si ledit budget doit faire l'objet d'un consensus. – V. Rapport d'activité de la section des Finances du Conseil d'État, *EDCE 2002, n° 53, p. 94.* ♦ V. pour une forme aussi curieuse qu'anormale d'autorisation d'approuver un accord dont on peut penser qu'il engage les finances de l'État. • C. comptes, 22 oct. 2004, *Droits de pêche dans la ZEE de la Polynésie française : Rev. Trésor 2005. 444, note Lascombe et Vandendriessche* • C. comptes, 23 nov. 2004, *Droits de pêche dans la ZEE de la Polynésie française : Rev. Trésor 2005. 444, note Lascombe et Vandendriessche.*

11. Pour parvenir à déterminer si la ratification du traité ou l'approbation de l'accord doit être ou non précédée de l'autorisation parlementaire, le CE procède à une analyse du traité et, au besoin, l'interprète avec réserve pour aboutir à la solution. • CE, ass., 9 juill. 2010, *Féd. nat. libre pensée,* n° 327663 : *préc. note 9.*

12. *Modification ultérieure du traité.* Dès lors qu'un accord international a été ratifié, les modifications qui découlent nécessairement de l'application de ses dispositions s'imposent à la France, même en l'absence de toute procédure d'approbation sur autorisation législative (respect de la règle *Pacta sunt servanda*). • Cons. const. 29 avr. 1978, n° 78-93 DC • CE, ass., 18 déc. 1998, *SARL parc d'activité de Blotzheim : préc. note 10.* ♦ A l'inverse, s'il s'agit de modifier ou de compléter le traité au-delà de ses dispositions primitives, une autorisation législative est nécessaire avant la promulgation. • Cons. const. 30 déc. 1976, n° 76-71 DC § 4 • Cons. const. 9 avr. 1992, n° 92-308 DC § 8. ♦ V. également à propos de l'art. 53, le rapport d'activité de la section des finances du Conseil d'État, *EDCE 2002, n° 53, p. 94.*

B. CONSULTATION D'AUTODÉTERMINATION

13. *Champ d'application.* Les dispositions de cet art. doivent être interprétées comme étant applicables, non seulement dans l'hypothèse où la France céderait à un État étranger, ou bien ferait acquisition de celui-ci un territoire, mais aussi dans l'hypothèse où un territoire cesserait d'appartenir à la République pour constituer un État indépendant ou y être rattaché. • Cons. const. 30 déc. 1975, n° 75-59 DC § 2. ♦ En effet, ces dispositions font application aux traités et accords internationaux relevant du titre VI Const. des principes de libre détermination des peuples et de libre manifestation de leur volonté, spécifiquement prévus pour les territoires d'outre-mer par l'al. 2 du préambule. • Cons. const. 2 juin 1987, n° 87-226 DC § 5.

14. Le terme « territoire » au sens du présent art. a, pour ce qui concerne la consultation, un sens propre et non l'ancien sens de TOM ; la consultation pouvait donc porter sur une fraction d'un TOM (d'une COM actuellement). • Cons. const. 30 déc. 1975, n° 75-59 DC § 3. ♦ Cependant, l'art. 53 fait application des principes de libre détermination des peuples et de libre manifestation de leur volonté, spécifiquement prévus pour les TOM par l'al. 2 du préambule. • Cons. const. 2 juin 1987, n° 87-226 DC. ♦ Par ailleurs, l'art. 53 ne s'applique pas à des terrains loués à une organisation internationale. • CE 26 janv. 1986, *Girod de l'Ain,* n° 52699.

15. *Portée de la consultation.* Le référendum du présent art. n'a pas de caractère décisionnel ; c'est une simple « consultation », préalable indispensable à l'échange, l'adjonction, la cession ou l'accession à l'indépendance, mais ne réalisant pas celle-ci. Le vote d'une loi est nécessaire pour que les territoires dont les populations se sont prononcées, à la majorité des suffrages exprimés, pour l'indépendance, cessent de faire partie de la République française. • Cons. const. 30 déc. 1975, n° 75-59 DC § 8 • Cons. const. 8 août 1985, n° 85-196 DC § 7. ♦ V. déjà sous l'empire de la Const. de 1946. • CE, ass., 27 juin 1958, *Georger et Teivassigamany : Lebon 403 ; D. 1959. 121, note Gilli ; AJDA 1958. 306, chron. Fournier et Combarnous.*

16. L'île de Mayotte étant un territoire au sens du présent art., elle ne saurait sortir de la République française sans le consentement de sa propre population. Dès lors que sa population a refusé l'accession à l'indépendance, l'île de Mayotte fait partie de la République française. • Cons. const. 30 déc. 1975, n° 75-59 DC § 3 à 5.

17. Clarté de la question. La question posée aux populations intéressées doit satisfaire à la double exigence de loyauté et de clarté de la consultation ; la question posée aux votants ne doit pas comporter d'équivoque, notamment en ce qui concerne la portée des orientations envisagées. • Cons. const. 2 juin 1987, n° 87-226 DC § 7.

18. Intervention du Conseil constitutionnel. Si le Conseil peut examiner la constitutionnalité de la question posée (V. note 17), il n'a pas à être consulté sur l'organisation des opérations électorales dès lors qu'il ne s'agit pas d'un référendum mais d'une simple consultation. • CE, ass., 30 oct. 1998, *Sarran et Levacher : Lebon 369 ; RFDA 1998. 1081, concl. Maugüé, note Alland ; RFDA 1999. 57, notes Dubouis, Mathieu et Verpeaux, Gohin ; AJDA 1998. 982, chron. Raynaud et Fombeur ; ibid. 1998. 1039, note Mathieu et Verpeaux ; Europe, mars 1999, note Simon ; RD publ. 1999. 919, note Flauss ; LPA 23 juill. 1999, note Aubin ; JDI 1999. 675, note Dehaussy ; D. 2000. 153, note Aubin ; LPA 7 oct. 1999, p. 11 et 8 oct. 1999, p. 4, note Ricci ; GAJA 18e éd., n° 100.*

19. Le consentement de la population est la seule condition nécessaire de l'accession d'une collectivité à l'indépendance que fixe la Constitution. Le législateur organique ne peut ajouter une autre condition, telle que la révision préalable de la Constitution, élément qui relève de la seule compétence du constituant. • Cons. const. 15 févr. 2007, n° 2007-547 DC § 13.

Art. 53-1 *(L. const. n° 93-1256 du 25 nov. 1993)* **La République peut conclure avec les États européens qui sont liés par des engagements identiques aux siens en matière d'asile et de protection des Droits de l'homme et des libertés fondamentales, des accords déterminant leurs compétences respectives pour l'examen des demandes d'asile qui leur sont présentées.**

Toutefois, même si la demande n'entre pas dans leur compétence en vertu de ces accords, les autorités de la République ont toujours le droit de donner asile à tout étranger persécuté en raison de son action en faveur de la liberté ou qui sollicite la protection de la France pour un autre motif.

COMMENTAIRE

V. sur le Code en ligne.

[V. références des décisions du Conseil constitutionnel dans le tableau DC]

1. Art. ajouté suite à la déclaration d'inconstitutionnalité de la loi relative à la maîtrise de l'immigration, pour pouvoir, nonobstant, lui permettre d'entrer en vigueur. • Cons. const. 13 août 1993, n° 93-325 DC.

2. Le présent art., né de la volonté du constituant d'assurer la pleine application des accords de Schengen et Dublin, implique que chaque pays fasse confiance aux autres parties pour traiter comme il le ferait lui-même une demande *d'admission au statut de réfugié politique* ; que si l'obligation résultant du préambule de la Constitution en ce qui concerne le droit d'asile subsiste, elle n'implique un examen de la demande d'asile par la France et un droit au séjour en France que dans la mesure où la responsabilité de l'instruction de la demande incombe à la France en vertu des accords internationaux ; que l'art. 29 de la loi du 11 mai 1998 ne saurait être interprété comme impliquant que l'invocation du préambule constitutionnel confère un droit automatique au séjour, sous peine de faire perdre tout effet utile à la convention de Dublin. • CE, réf., 2 mai 2001, *Dziri*, n° 232997 : *Lebon 227*.

3. Le droit constitutionnel d'asile, qui a le caractère d'une liberté fondamentale, a pour corollaire le droit de solliciter le statut de réfugié ; que ce droit implique que l'étranger qui sollicite la reconnaissance de la qualité de réfugié soit en principe autorisé à demeurer sur le territoire jusqu'à ce qu'il ait été statué sur sa demande. C'est seulement dans le cas où celle-ci est manifestement infondée que le ministre de l'intérieur peut, après avis du ministre des affaires étrangères, lui refuser l'accès au territoire. • CE, réf., 25 mars 2003, *Sulaimanov*, n° 255237 : *Lebon 146*. • CE, ord., 29 août 2013, *A.*, n° 371572 : *AJDA 2013. 2382, note Brami*. ♦ La demande doit être présentée dans les conditions prévues par la législation ; dès lors, après le rejet d'une demande présentée après l'expiration du délai légal, l'intéressé n'est pas en droit de se voir accorder une nouvelle autorisation provisoire de séjour. • CE, réf., 5 oct. 2005, *Messan Abalo*, n° 285631 : *AJDA 2006. 204, note Ribes*.

4. Le juge des référés peut, en cas d'urgence, ordonner toutes mesures nécessaires lorsque, dans l'exercice d'un de ses pouvoirs, l'administration a porté au droit constitutionnel d'asile une atteinte grave et manifestement illégale. • CE 3 mai 2004, *Dogan épse Antil*, n° 258085 : *Lebon T. 854 ; D. 2004. 1711*. ♦ Les conditions dans lesquelles les requérants ont été traités au centre de Debrecen et leur tentative pour se voir reconnaître le statut de réfugié démontrent qu'un risque sérieux existe, en l'espèce, que leurs demandes d'asile ne soient pas traitées par les autorités hongroises dans des conditions conformes à l'ensemble des garanties exigées par le respect du droit d'asile ; dès lors, les décisions du préfet de la Haute-Garonne de rejeter les demandes d'admission au séjour au titre de l'asile des requérants, en vue d'une réadmission en Hongrie, doivent être regardées comme portant une atteinte grave et manifestement illégale à leur droit, constitutionnellement garanti, de solliciter le statut de réfugié. • CE, ord., 29 août 2013, *A.*, n° 371572 : *préc. note 3*.

5. Le présent art. pourrait faire obstacle à un moyen tiré de la contrariété à la Const. d'une disposition appliquant un règlement communautaire pris dans le cadre de la détermination de l'État compétent pour l'examen d'une demande d'asile. • CE 20 janv. 2017, *La CIMADE et a.*, n° 394686 : *AJDA 2017. 821, concl. Domino (sol. impl.)*.

6. Il ne résulte cependant pas (...) qu'il serait impossible de mobiliser un minimum d'agents, notamment pour traiter les demandes des personnes se trouvant dans une situation de vulnérabilité particulière. Il ne résulte pas davantage de l'instruction que les mesures de protection et de distanciation sociale seraient irréalisables, dès lors, notamment, que l'OFII a indiqué à l'audience que la mise en œuvre d'un accueil était, pour ce qui le concerne, envisageable dans des conditions de sécurité satisfaisantes, que le dispositif de fixation de rendez-vous téléphoniques en GUDA, opéré par la plateforme gérée par l'OFII, permet d'éviter tout regroupement désordonné de demandeurs d'asile dans les GUDA, que des préfectures continuent à assurer, y compris dans des départements particulièrement touchés par l'épidémie, le fonctionnement des GUDA et que, si la prise des empreintes digitales doit s'accompagner de mesures sanitaires appropriées, il ne résulte pas de l'instruction que de telles mesures ne puissent être mises en œuvre (injonction de reprendre l'enregistrement des demandes d'asile). • CE, ord., 30 avr. 2020, n° 440250 : *AJDA 2020. 920 ; ibid. 1748, note Aubin ; AJ fam. 2020. 269*. ♦ Comp. • CE, ord., 9 avr. 2020, n° 439895 : *AJ fam. 2020. 269*.

Art. 53-2 (*L. const. n° 99-568 du 8 juill. 1999*) **La République peut reconnaître la juridiction de la Cour pénale internationale dans les conditions prévues par le traité signé le 18 juillet 1998.**

COMMENTAIRE

V. sur le Code en ligne.

[V. références des décisions du Conseil constitutionnel dans le tableau DC]

1. Interrogé sur la conformité à la Constitution du traité de Rome portant statut de la Cour pénale internationale, le Conseil constitutionnel devait estimer que ces dispositions étaient contraires aux immunités dont disposent les parlementaires, le Président de la République et du régime de la responsabilité des ministres. L'insertion de cet art. a permis la ratification de ce traité. • Cons. const. 22 janv. 1999, n° 98-408 DC § 16.

2. Sur le respect par le traité mentionné au présent art. des dispositions de l'art. 8 DDH, V. ss. DDH, art. 8, note 4.

Art. 54 (*L. const. n° 92-554 du 25 juin 1992*) **Si le Conseil constitutionnel, saisi par le Président de la République, par le Premier ministre, par le Président de l'une ou l'autre assemblée ou par soixante députés ou soixante sénateurs, a déclaré qu'un engagement international comporte une clause contraire à la Constitution, l'autorisation de ratifier ou d'approuver l'engagement international en cause ne peut intervenir qu'après la révision de la Constitution.**

COMMENTAIRE

V. sur le Code en ligne.

[V. références des décisions du Conseil constitutionnel dans le tableau DC]

1. Exclusivité de la compétence du Conseil constitutionnel. Il n'appartient pas aux tribunaux civils de se prononcer sur la validité du contenu d'une convention au regard des dispositions de la Constitution. • Paris, 18 juin 1968, *Dame Klarsfeld c/ OFAJ : JCP 1969. 15725* • Crim. 27 févr. 1990, *Touvier,* n° 89-86.692 P. ♦ Il n'appartient pas au Conseil d'État, statuant au contentieux, de se prononcer sur la conformité du traité ou de l'accord à la Constitution. • CE 8 juill. 2002, *Cne de Porta,* n° 239366 : *Lebon 260 ; AJDA 2002. 1005, chron. Donnat et Casas ; RGDIP 2003. 491, note S. L.-D ; RD publ. 2003. 1481.* • CE 28 avr. 2004, *Cne de Chamonix Mont-Blanc,* n° 245255 : *Lebon T. 546.* • CE, ass., 9 juill. 2010, *Féd. nat. libre pensée,* n° 327663 : *Lebon 268, concl. Keller ; RFDA 2010. 980, concl. Keller ; ibid. 995, note Rambaud et Roblot-Troizier ; AJDA 2010. 1635, chron. Liéber et Botteghi ; D. 2010. 2868, chron. Boskovic et a. ; Cah. Cons. const. 2010. 206, note Roblot-Troizier ; Dr. adm. 2010. 130, note Platon ; ibid. 2011. 7, étude Corre.* ♦ Le CE se reconnaît cependant la possibilité d'interpréter l'accord international pour vérifier le respect des dispositions de l'art. 53 Const. 58. • CE, ass., 9 juill. 2010, *Féd. nat. libre pensée,* n° 327663 : *préc.*

2. Saisine du Conseil constitutionnel. Dans le cadre de cet art. le Conseil constitutionnel peut être saisi par chacune des autorités mentionnées agissant seule. Il peut être également saisi conjointement par plusieurs de ces autorités. • Cons. const. 31 déc. 1997, n° 97-394 DC • Cons. const. 22 janv. 1999, n° 98-408 DC.

3. Il doit être saisi après la signature de l'engagement international et avant que ne soit adopté, dans l'ordre juridique interne, le texte qui en autorise la ratification ou l'approbation. • Cons. const. 2 sept. 1992, n° 92-312 DC § 10. ♦ Une fois la ratification autorisée, la seule voie ouverte est celle de la contestation de la validité de la loi d'autorisation conformément à l'art. 61, al. 2, Const., une telle demande devant s'entendre entraînant, par voie de conséquence, l'examen de la convention. • Cons. const. 22 juill. 1980, n° 80-116 DC § 1 • Cons. const. 30 juin 1993, n° 93-318 DC • Cons. const. 25 juill. 1991, n° 91-294 DC § 1. ♦ Sauf si cette loi a été adoptée par référendum. • Cons. const. 23 sept. 1992, n° 92-313 DC § 9.

4. La recevabilité d'une saisine dans le cadre du présent art. n'est en aucune façon tributaire du processus de ratification de l'engagement international en cause dans les autres États qui en sont signataires et ne dépend pas davantage de la réalisation des conditions mises à l'entrée en vigueur d'un traité au plan international. • Cons. const. 2 sept. 1992, n° 92-312 DC § 10.

5. Une fois la révision constitutionnelle réalisée, il n'est pas possible de saisir à nouveau le Conseil dans le cadre du présent art. sauf dans deux hypothèses ; d'une part, s'il apparaît que la Constitution, une fois révisée, demeure contraire à une ou plusieurs stipulations du traité ; d'autre part, s'il est inséré dans la Constitution une disposition nouvelle qui a pour effet de créer une incompatibilité avec une ou des stipulations du traité dont s'agit. • Cons. const. 2 sept. 1992, n° 92-312 DC § 5.

6. Types de traités concernés. Le Conseil accepte de contrôler la conformité à la Constitution d'actes pris pour la mise en œuvre des traités communautaires, dès lors que ces actes doivent être ratifiés pour entrer en vigueur. • Cons. const. 19 juin 1970, n° 70-39 DC § 7 • Cons. const. 30 déc. 1976, n° 76-71 DC. ♦ ... De toutes transformations ou dérogations résultant d'une modification des traités, susceptibles de donner lieu à l'application des art. figurant au présent titre de la Const., c'est à dire ne découlant pas nécessairement de leur mise en œuvre. • Cons. const. 30 déc. 1976, n° 76-71 DC § 4 • Cons. const. 9 avr. 1992, n° 92-308 DC § 8. ♦ Rappr. • Cons. const. 29 avr. 1978, n° 78-93 DC. ♦ ... D'un traité dénommé « traité établissant une Constitution pour l'Europe » qui conserve le caractère d'un traité international souscrit par des États. • Cons. const. 19 nov. 2004, n° 2004-505 DC § 9.

7. Le Cons. const. refuse cependant, à l'occasion du contrôle de la constitutionnalité d'un traité plus récent, de contrôler la constitutionnalité de celles des dispositions de ce traité « qui reprennent des engagements antérieurement souscrits par la France ». • Cons. const. 19 nov. 2004, n° 2004-505 DC § 8. ♦ V. déjà • Cons. const. 9 avr. 1992, n° 92-308 DC § 5 à 8.

8. Rôle du Conseil constitutionnel. Le Conseil constitutionnel s'assure que les engagements internationaux que la France souhaite ratifier ne portent pas atteinte à des dispositions ou des principes ayant valeur constitutionnelle. Dès lors que l'engagement ne contient aucune stipulation de ce type, il peut être ratifié sans révision constitutionnelle préalable. • Cons. const. 19 juin 1970, n° 70-39 DC § 7 • Cons. const. 30 déc. 1976, n° 76-71 DC § 5 • Cons. const. 22 mai 1985, n° 85-188 DC • Cons. const. 2 sept. 1992, n° 92-312 DC § 10. ♦ En revanche, au cas où des engagements internationaux contiennent une clause contraire à la Constitution remettant en cause les droits ou libertés constitutionnellement garantis ou portant atteinte aux conditions essentielles d'exercice de la souveraineté nationale, l'autorisation de les ratifier appelle une révision constitutionnelle. • Cons. const. 19 nov. 2004, n° 2004-505 DC § 9 • Cons. const. 13 oct. 2005, n° 2005-524/525 DC • Cons. const. 20 déc. 2007, n° 2007-560 DC • Cons. const. 31 juill. 2017, n° 2017-749 DC § 11. ♦ V. déjà. • Cons. const. 9 avr. 1992, n° 92-308 DC § 14 • Cons. const. 31 déc. 1997, n° 97-394 DC • Cons. const. 22 janv. 1999, n° 98-408 DC • Cons. const. 15 juin 1999, n° 99-412 DC. ♦ V. comm. et annotations ss. Préamb. Const. 1946, al. 15.

9. Le Cons. const. peut également être saisi de la loi autorisant la ratification du traité, ce qui le conduit là encore à examiner la conformité à la Const. du traité lui-même. • Cons. const. 22 juill. 1980, n° 80-116 DC § 1. ♦ V. Const. 58, art. 53, note 5.

10. Dans le cas où le Cons. const. est saisi, sur le fondement du présent art., d'un accord qui devait être signé et conclu tant par l'UE que par chacun des États membres de celle-ci, il lui appartient de distinguer entre, d'une part, les stipulations de cet accord qui relèvent d'une compétence exclusive de l'UE en application d'engagements antérieurement souscrits par la France ayant procédé à des transferts de compétences consentis par les États membres et, d'autre part, les stipulations de cet accord qui relèvent d'une compétence partagée entre l'UE et les États membres ou d'une compétence appartenant aux seuls États membres. S'agissant des stipulations de l'accord qui relèvent d'une compétence partagée entre l'UE et les États membres ou d'une compétence appartenant aux seuls États membres, il revient au Cons. const., de déterminer si ces stipulations contiennent une clause contraire à la Constitution, remettent en cause les droits et libertés constitutionnellement garantis ou portent atteinte aux conditions essentielles d'exercice de la souveraineté nationale. S'agissant, en revanche, des stipulations de l'accord qui relèvent d'une compétence exclusive de l'UE, il revient seulement au Cons. const., saisi afin de déterminer si l'autorisation de ratifier cet accord implique une révision constitutionnelle, de veiller à ce qu'elles ne mettent pas en cause une règle ou un principe inhérent à l'identité constitutionnelle de la France. En l'absence d'une telle mise en cause, il n'appartient qu'au juge de l'UE de contrôler la compatibilité de l'accord avec le droit de l'UE. • Cons. const. 31 juill. 2017, n° 2017-749 DC § 12 à 14.

11. Est soustrait au contrôle du Cons. const. l'examen : de la conformité à la Const. de celles des stipulations du traité qui reprennent des engagements antérieurement souscrits par la France. • Cons. const. 9 août 2012, n° 2012-653 DC § 11. ♦ ... De la compatibilité d'un engagement international avec les autres engagements internationaux et européens de la France. • Cons. const. 31 juill. 2017, n° 2017-749 DC § 30. ♦ ... De la compatibilité d'un engagement international avec les stipulations des traités mentionnés à l'art. 88-1 Const. 58. • Cons. const. 31 juill. 2017, n° 2017-749 DC § 30.

12. Intervention consultative du Conseil d'État. Les formations administratives du Conseil d'État peuvent être saisies par le Gouvernement (Ord. 31 juill. 1945, art. 23) pour donner leur avis sur la constitutionnalité des traités avant même leur signature. Ainsi a-t-il estimé que violait la Constitution une convention reconnaissant des « minorités nationales » était contraire à l'unicité du peuple français et dès lors à l'art. 1 Const. • CE, ass., 6 juill. 1995, avis n° 357466 : *EDCE 1995. 397.* ♦ ... La convention portant statut de la Cour pénale internationale contraire aux dispositions constitutionnelles relatives à la responsabilité pénale du Président de la République, des membres du Gouvernement et du Parlement. • CE, ass., 29 févr. 1996, avis n° 358597 : *EDCE 1996. 227.* ♦ ... Un accord ne comportant pas de règles destinées à garantir que l'extradition ne serait accordée que dans le respect des principes constitutionnels de liberté individuelle et des droits de la défense. • CE, ass., 4 juill. 1996, avis n° 359213 : *EDCE 1996. 288.* ♦ ... La Charte européenne des langues régionales, méconnaissant l'art. 2 Const. • CE, sect., 24 sept. 1996, avis n° 359461 : *EDCE 1996. 303.*

13. Le mandat d'arrêt européen est contraire au principe fondamental reconnu par les lois de la République selon lequel l'État doit se réserver le droit de refuser l'extradition pour les infractions qu'il considère comme des infractions à caractère politique. Dès lors, la modification de la Constitution est un préalable nécessaire à la transposition de la décision-cadre. • CE, ass., 26 sept. 2002, avis n° 368282 : *EDCE 2003, n° 54, p. 192.*

Art. 55 Les traités ou accords régulièrement ratifiés ou approuvés ont, dès leur publication, une autorité supérieure à celle des lois, sous réserve, pour chaque accord ou traité, de son application par l'autre partie.

COMMENTAIRE

V. sur le Code en ligne.

Plan des annotations

[V. références des décisions du Conseil constitutionnel dans le tableau DC]

1. *Principe : application au droit conventionnel.* Le présent art. définit les conditions dans lesquelles les traités et accords internationaux ont une autorité supérieure à celle des lois. • Cons. const. 30 oct. 1981, n° 81-130 DC § 7. ♦ Il s'applique même dans le silence de la loi. • Cons. const. 3 sept. 1986, n° 86-216 DC § 6 • Cons. const. 20 juill. 1993, n° 93-321 DC § 37 • Cons. const. 13 août 1993, n° 93-325 DC § 85. ♦ ... Et concerne toutes les conventions telles qu'elles y sont définies sans que le législateur puisse en limiter le champ d'application aux seules conventions internationales dûment ratifiées et non dénoncées, excluant ainsi les traités seulement approuvés. • Cons. const. 3 sept. 1986, n° 86-216 DC § 5.

2. Le présent art. édicte en réalité une règle de conflit de normes qu'il appartient au juge du fond de mettre en œuvre, lors même que celui-ci n'est pas compétent pour vérifier la constitutionnalité des lois au stade de leur application. • CE 5 janv. 2005, *Deprez et Baillard,* n° 257341 : *Dr. adm. 2005. 51 ; RFDA 2005. 56, note Bonnet ; AJDA 2005. 845, note Burgorgue-Larsen ; JCP Adm. 2005. 1075, concl. Chauvaux.* ♦ Il s'applique également au droit dérivé de l'Union (règlements et directives). • Même décision.

3. *Droit international non écrit.* Le présent art. ne concerne que les normes conventionnelles de droit international et non le droit international non écrit. Il n'est dès lors pas possible de l'invoquer en ce qui concerne la coutume internationale. • CE, ass., 6 juin 1997, *Aquarone,* n° 148683 : *Lebon 206, concl. Bachelier ; AJDA 1997. 630, chron. Chauvaux et Girardot ; RGDIP 1997. 1053, note Alland ; JCP 1997. 22945, note Teboul ; LPA 6 févr. 1998, note Martin.* ♦ V. notes ss. Préamb. Const. 1946, al. 14.

4. La situation ambiguë des principes généraux du droit de l'Union est différente, V. note 157.

5. *Engagements administratifs.* Le présent art. Const. s'applique aux « engagements administratifs conclus avec leurs homologues par les ministres » dès lors qu'ils interviennent dans le domaine de compétence des ministres signataires. • CE 28 juill. 2000, *Centre cardio-thoracique de Monaco : Lebon T. 809 ; JCP 2001. 10521, concl. Fombeur.*

I. CONDITIONS D'APPLICATION DU TRAITÉ EN DROIT INTERNE

6. Le texte invoqué doit être un traité international engageant les États. Tel n'est pas le cas des stipulations du code mondial antidopage, qui constitue le premier appendice de la convention internationale contre le dopage dans le sport, reproduites à titre d'information et ne faisant pas partie intégrante de la présente Convention, qui ne produisent pas d'effets entre les États ni, par voie de conséquence, à l'égard de particuliers et ne peuvent donc pas être utilement invoquées. • CE 23 oct. 2009, *Davitiali*, n° 321554 : *Lebon T. 744 ; D. 2010. 400, chron. Centre de droit et d'économie du sport, Université de Limoges ; AJDA 2010. 407* • CE 18 juill. 2011, *Gwennaëlle A.*, n° 338390 : *D. 2012. 704, obs. Centre de droit et d'économie du sport, Université de Limoges*. ♦ Il en résulte que le code mondial antidopage n'a pas d'effet direct en France. • CE 29 avr. 2013, *Denis*, n° 356642 : *Lebon T. 425 ; AJDA 2013. 952 ; RFDA 2013. 891, chron. Santulli*.

7. S'agissant d'un moyen mélangé de fait et de droit, il est impossible d'invoquer pour la première fois la méconnaissance des stipulations d'un traité en cassation. • Civ. 1re, 3 nov. 1993, n° 92-13.402 P • Crim. 8 nov. 1993, *Saïdi Djalel*, n° 93-80.794 P • Civ. 1re, 2 mars 1994, *Zanga*, n° 91-17.142 P.

A. LE TRAITÉ DOIT ÊTRE INTRODUIT DANS L'ORDRE INTERNE

1° RATIFICATION

a. Nécessité d'une ratification

1. Généralités

8. Les engagements internationaux ne sont applicables en France que lorsqu'ils ont été ratifiés ou approuvés. • Cons. const. 29 avr. 1978, n° 78-93 DC. ♦ Dans le cas d'un accord non soumis à ratification dit « en forme *simplifiée* », l'approbation, qui tient lieu d'engagement de l'État, peut résulter de la signature par le Président de la République d'un décret de publication dudit accord au *Journal officiel*. • CE, ass., 13 juill. 1965, *Sté Navigator : Lebon 423, concl. Founier ; AJDA 1965. 470, chron. Puybasset et Puissochet ; AFDI 1966. 846, obs. Kiss ; JDI 1967. 385, note Pinto.*

9. Ainsi, parce qu'elle n'a pas été ratifiée (il s'agit d'une résolution de l'ONU) par la France la Déclaration universelle des droits de l'homme ne peut être invoquée par les requérants. • CE 18 avr. 1951, *Élections de Nolay : Lebon 189* • CE 5 janv. 2005, *Deprez et Baillard : préc. note 2.* • TA Paris, 3 avr. 2013, *Fond. Franz Weber et a.*, n° 1115219 § 20 : *Dr. adm. 2013. 55, note Duvigneau.*

V. pour d'autres décisions dans le même sens : .

10. Il en allait de même de la « Charte des droits fondamentaux de l'Union européenne » avant la ratification du traité de Lisbonne. • CE 5 janv. 2005, *Deprez et Baillard*, n° 257341 : *préc. note 2* • CE, sect., 10 avr. 2008, *Conseil nat. des barreaux*, n° 296845 : *AJDA 2008. 1089, chron. Boucher et Bourgeois-Machureau ; RFDA 2008. 575, concl. Guyomar ; ibid. 2008. 711, note Labayle et Mehdi* • CE 10 juin 2009, *Sté « L'Oasis du désert »*, n° 318066 : *AJDA 2009. 1511* • CE 6 mai 2009, *FNATH, Assoc. Accidentés de la vie, Assoc. nat. défense des victimes de l'amiante*, n° 312462 : *AJDA 2010. 283, note Rihal*.

11. Le défaut d'adhésion ou de ratification empêche que le traité soit applicable. • CE, sect., 30 nov. 1962, *Cie de développement agricole et industriel : Lebon 644 ; AJDA 1963. 92, chron. Gentot et Fourré* • T. com. Paris, 4 déc. 1991, *Cté économique des États de l'Ouest africain : JDI 1992. 693, note Mahiou.* ♦ Très curieusement, la Cour des comptes a admis qu'un accord non soumis à ratification simplement mentionné par le législateur dans une loi puisse produire des effets comme s'il avait été approuvé par le Gouvernement. • C. comptes, 22 oct. 2004, *Droits de pêche dans la ZEE de la Polynésie française : Rev. Trésor 2005. 444, note Lascombe et Vandendriessche ; RFDA 2006. 810.*

12. En revanche, une fois la ratification effectuée, il n'est plus possible d'écarter l'application des dispositions du traité. • Civ. 1re, 6 juill. 1988, *Bouzlifa : Bull. civ. n° 226 ; AFDI 1989. 845.* ♦ ... A moins que le traité ne soit pas encore internationalement en vigueur, V. note 24.

13. Pourtant, si le litige oppose les ressortissants de deux États, il n'est possible d'invoquer les dispositions d'une convention internationale que dans l'hypothèse où les deux États l'ont ratifiée. • Bastia, 10 oct. 1991, *Mme X. c/ M. Y. : AFDI 1992. 1038.*

2. Existence, application et validité des réserves

14. La ratification peut être faite avec des réserves dont il faut dès lors tenir compte. Dans ce cas, il faut écarter les dispositions réservées ou ne les appliquer que dans le sens fixé par la réserve. • CE 6 juill. 1992, n° 122874 B • CE 3 juill. 1996, n° 140872 A • Crim. 20 juin 1996, n° 95-82.997 P • Crim. 27 nov. 1996, *« Commandos anti-IVG »*, n° 96-86.223 P : *RGDIP 1998. 205* • Crim. 23 juin 1999, n° 98-80.561 P • Crim. 7 déc. 2004, n° 04-80.010 P • Civ. 1re, 11 juill. 2006, n° 02-

20.389 P • CE 13 févr. 2008, n° 306787 : *RFDA 2008. 781.*

15. Lorsqu'un traité ou un accord a fait l'objet de réserves, visant, pour l'État qui exprime son consentement à être lié par cet engagement, à exclure ou à modifier l'effet juridique de certaines de ses clauses dans leur application à son endroit, il incombe au juge administratif, après s'être assuré qu'elles ont fait l'objet des mêmes mesures de publicité que ce traité ou cet accord, de faire application du texte international en tenant compte de ces réserves. De telles réserves définissant la portée de l'engagement que l'État a entendu souscrire et n'étant pas détachables de la conduite des relations internationales, il n'appartient pas au juge administratif d'en apprécier la validité. • CE, ass., 12 oct. 2018, *SARL Super coiffeur,* n° 408567 A : *D. 2018. 2023 ; AJDA 2018. 1991 ; ibid. 2390, chron. Nicolas et Faure ; RFDA 2018. 1161, note Touboul ; RTD eur. 2018. 707, note Jacqué ; JCP Adm. 2018. 797 ; ibid. 2019. 2141, note Chan-Tung ; Dr. adm. 2019. 7, note Eveillard.* ♦ Comp. • CE 8 juill. 2002, *Cne de Porta,* n° 239366 A : *RFDA 2002. 1031 ; ibid. 113, note Ruzié ; AJDA 2002. 1005, chron. Donnat et Casas ; Constitutions 2012. 295, note Levade ; RGDIP 2003. 491, note S. L.-D ; RDP 2003. 1481* • CE, ass., 23 déc. 2011, n° 303678 A : *RFDA 2012. 1, concl. Boucher ; ibid. 19, avis d'amicus curiae Guillaume ; ibid. 26, note Alland ; ibid. 2013. 420, chron. Santulli ; AJDA 2012. 201, chron. Domino et Bretonneau ; Constitutions 2012. 295, obs. Levade ; RTD eur. 2012. 929, obs. Ritleng ; Dr. adm. 2012. 11, étude Gautier.*

b. Régularité de la ratification

16. Le juge s'assure de l'existence de l'autorisation législative préalable à la ratification. • CE, ass., 18 déc. 1998, *SARL parc d'activité de Blotzheim : Lebon 483, concl. Bachelier ; AJDA 1999. 127, chron. Raynaud et Fombeur ; RGDIP 1999. 753, note Poirat ; RFDA 1999. 315, concl. Bachelier ; JDI 1999. 675, note Dehaussy ; LPA 23 mai 2000, p. 6, note Béquain* • CE 23 févr. 2000, *Bamba Dieng,* n° 157922 : *Lebon 72 ; RGDIP 2000. 811, note Poirat ; JDI 2001. 81 note Dehaussy* • CE, ass., 9 juill. 2010, *Féd. nat. libre pensée,* n° 327663 : *Lebon 268, concl. Keller ; RFDA 2010. 980, concl. Keller ; ibid. 995, note Rambaud et Roblot-Troizier ; AJDA 2010. 1635, chron. Liéber et Botteghi ; D. 2010. 2868, chron. Boskovic et a. ; Cah. Cons. const. 2010. 206, note Roblot-Troizier ; Dr. adm. 2010. 130, note Platon ; ibid. 2011. 7, étude Corre* (a contrario) • Civ. 1re, 29 mai 2001, *Assoc. pour la sécurité et la navigation aérienne en Afrique et à Madagascar : RGDIP 2001. 1033, note Ondoua.* ♦ ... Y compris par la voie de l'exception d'irrecevabilité. • CE, ass., 5 mars 2003, *Aggoun,* n° 242860 : *Lebon 77 ; Dr. adm. 2003, n° 112 ; AJDA 2003. 726, chron. Donnat et Casas ; RGDIP 2003. 492, note S. L.-D. ; RFDA 2003. 1214, concl. Stahl ; ibid. 2003. 1223, note Lachaume* • CE 16 juin 2003, *Cavaciuti,* n° 246794 : *Lebon T. 614 ; RFDA 2003. 1235, chron. Ruzié .* ♦ Cependant, il ne s'agit pas là d'un moyen d'ordre public, qui dès lors ne peut être soulevé pour la première fois en cassation. • CE 27 avr. 2001, *Mehyaoui,* n° 188155. ♦ V. déjà • CE 12 avr. 1991, *Abbad : Lebon T. 710.*

17. En matière de mise en œuvre de la responsabilité du fait des traités, le juge exige également que l'incorporation en droit interne soit régulière pour que l'éventuelle responsabilité de l'État puisse être engagée. • CE 11 févr. 2011, *Mlle Susilawati,* n° 325253 : *Lebon 36 ; RFDA 2011. 573, concl. Roger-Lacan ; AJDA 2011. 906, note Belrhali-Bernard ; JCP Adm. 2011. 2103, note Pacteau.* ♦ V. ss. Const. 58, art. 52, note 11.

18. En revanche, il ne lui appartient pas, dès lors que la ratification ou l'approbation a été autorisée en vertu d'une loi, de se prononcer sur le moyen tiré de ce que la loi autorisant cette ratification ou cette approbation serait contraire à la Constitution. • CE 8 juill. 2002, *Cne de Porta,* n° 239366 : *préc. note 15* • CE 28 avr. 2004, *Cne de Chamonix-Mont-Blanc,* n° 245255 B.

2° PUBLICATION

a. Nécessité d'une publication

19. *Principe.* Un traité non publié n'est pas susceptible de produire des effets de droit en France et les requérants ne peuvent, dès lors, s'en prévaloir. • CE, sect., 13 juill. 1961, *Sté indochinoise d'électricité : Lebon 519* • CE 5 nov. 1971, *Erdinger : Lebon T. 901* • CE 23 déc. 1981, *Cne de Thionville : Lebon 484 ; CJEG 1982. 118, note Papin ; D. 1982. IR 347, obs. Bon* • CE 12 nov. 2001, *Watenne,* n° 217491 : *RFDA 2002. 403, chron. Ruzié .* ♦ V. déjà. • CE, sect., 11 déc. 1959, *Commissaire du Gouvernement près de la Commission de répartition de l'indemnité des nationalisations tchécoslovaques : Lebon 674.* ♦ A l'inverse, la publication permet au traité ratifié de produire ses effets. • Paris, 18 juin 1968, *Dame Klarsfeld c/ OFAJ : JCP 1969. 15725* • CE 16 déc. 1991, *SA « Ressources Management Corporation » : Lebon T. 804 .* ♦ Très curieusement, la Cour des comptes a admis qu'un accord non soumis à ratification, simplement mentionné par le législateur dans une loi puisse produire des effets comme s'il avait été régulièrement publié. • C. comptes, 22 oct. 2004, *Droits de pêche dans la ZEE de la Polynésie française : préc. note 11.*

20. Il importe peu que l'accord ait été largement diffusé et qu'il soit mentionné dans la liste des traités liant la France. • CE 19 juill. 1991, *Uny et Auban : RFDA 1991. 990, obs. Ruzié*.

21. Ces principes s'appliquent à la décision de suspension de l'application d'un traité. • CE, ass., 18 déc. 1992, *Mahmedi : Lebon 446, concl. Lamy ; RFDA 1993. 333, note Ruzié ; AJDA 1993. 82, obs. Maugüé et Schwartz ; D. 1994. 1, note Julien-Laferrière*.

22. L'application d'une convention non publiée constitue une erreur de droit. • CE 17 févr. 1971, *Hagège et Chiche : Lebon 131 ; D. 1971. 729, note Silvera.* ♦ ... Et est susceptible d'engager la responsabilité de l'État. • CE 24 janv. 1958, *Sté Ultrabois : Lebon 39.*

23. La décision de publier ou non un accord international est un acte insusceptible de recours pour excès de pouvoir (acte de gouvernement) et ne peut, dès lors, engager la responsabilité de l'État. • CE 4 nov. 1970, *de Malglaive : Lebon 635.*

24. Entrée en vigueur au plan interne. La date de publication est également la date d'entrée en vigueur, en France, de la convention et non de son entrée en vigueur sur le plan international. • Cons. const. 25 févr. 1992, n° 92-307 DC § 37 • Civ. 1re 15 mai 1984, *Tran Tho Dong : Bull. civ. I, n° 135* • CE, ass., 8 avr. 1987, *Procopio : Lebon 316 ; AJDA 1987. 472, concl. Schrameck* • CE, ass., 30 juin 2000, *Ligue française pour la défense des droits de l'homme : Lebon 252 ; AJDA 2000. 831, concl. Fombeur ; Europe 2001, n° 11, obs. Cassia* • CE 7 juill. 2000, *Féd. nat. assoc. tutélaires*, n° 213461 : *Lebon T. 781 ; Rev. crit. DIP 2001. 242, note Poirat* • CE 17 déc. 2003, *Heskes*, n° 239677 : *Lebon 514 ; RFDA 2004. 364*. ♦ Il en va de même pour les règlements communautaires. • CJCE 10 oct. 1973, *Variola*, n° 34/73 § 14 et 15 : *Rec. CJCE 981.* ♦ S'agissant des directives, elles entrent en vigueur à l'expiration de la période de transposition. • CJCE 5 avr. 1979, *Ratti*, n° 178/78 § 40 s. : *Rec. CJCE 1629* • CE, ass., 3 févr. 1989, *Cie Alitalia*, n° 74052 : *Lebon 44 ; GAJA, 21e éd., n° 85 ; AJDA 1989. 387, note Fouquet ; ibid. 2014. 99, note Guyomar et Collin ; RFDA 1989. 391, concl. Chahid-Nouraï, note Beaud.* ♦ Cependant, entre la publication et l'expiration de la période de transposition, les États doivent s'abstenir de prendre des dispositions qui viendraient compromettre la réalisation de l'objectif prescrit. • CJCE 18 déc. 1997, *Inter-environnement Wallonie*, n° C-129/96 § 45 : *Rec. CJCE I-7411 ; AJDA 1998, 451, note Couvert-Castera ; Europe 1998, n° 42, note Rigaux* • CE 10 janv. 2001, *France Nature Environnement : Lebon 9 ; RFDA 2001. 536 ; Europe 2001, n° 152 ; Dr. adm. 2001, n° 69* • CE 29 oct. 2004, *Sueur*, n° 269814 : *Lebon 393, concl. Casas ; RFDA 2004. 1103, concl. Casas*. ♦ Rappr. • Cons. const. 16 déc. 1999, n° 99-421 DC § 14.

25. Cependant, lorsque la France ratifie et publie un traité qui n'a pas encore recueilli le nombre nécessaire de signatures pour être internationalement en vigueur, le traité ne deviendra applicable en France que lorsque tous les instruments de ratification exigés par le traité auront été déposés. • Cons. const. 3 août 1993, n° 93-324 DC § 4. ♦ ... Ou à la date fixée par le traité lui-même après le dernier dépôt exigé. • Soc. 29 avr. 1993, *Caisse autonome mutuelle de retraite des agents des chemins de fer c/ Djaidir : Gaz. Pal. 11 et 12 mars 1994, p. 13, concl. Chauvy.* ♦ Il en va de même lorsque le traité prévoit une date d'entrée en vigueur postérieure à celle de sa publication. • Crim. 7 juin 1988, *Monllo : Bull. crim. n° 257* • CE 14 mars 2001, *Benattia : Lebon 122*.

26. Lorsque le traité prévoit que son entrée en vigueur est subordonnée à une condition (en l'espèce, signature d'un accord complémentaire), il est nécessaire que cette condition soit remplie pour que le traité s'applique. • CE, ass., 27 mai 1955, *Sté Kovit : Lebon 308.*

27. Sortie de vigueur. Le traité restera en vigueur jusqu'à la date prévue par son dispositif ou jusqu'à sa dénonciation ou sa suspension par les autorités françaises. A compter des ces dates, si la mesure est régulièrement prise par le Gouvernement et portée à la connaissance du public, il n'est plus possible de s'en prévaloir. • CE 18 déc. 1992, *Mahmedi : préc. note 21* • CE 19 mars 1993, *Gachar : Lebon 74*.

b. Régularité de la publication

28. Le juge s'assure de l'existence d'une publication régulière. • CE 23 déc. 1981, *Cne de Thionville : préc. note 19* • CE 12 nov. 2001, *Watenne*, n° 217491 : *préc. note 19* • CE 16 déc. 1991, *SA Ressources Management Corporation*, n° 54611 : *Lebon T. 804*. ♦ V. déjà • CE, sect., 11 déc. 1959, *Commissaire du Gouvernement près de la Commission de répartition de l'indemnité des nationalisations tchécoslovaques : Lebon 674.*

29. Pour être régulière, la publication doit être faite au *Journal officiel* de la République française. • CE 30 oct. 1964, *Sté « Prosagor » et a. : Lebon 496* • CE 20 oct. 1967, *Sté française d'entreprise de dragages et de travaux publics : JCP 1968. 15393, note Ruzié* • TGI Seine, 13 oct. 1959 : *Rev. crit. DIP 1961. 140* • Cons. const. 9 avr. 1992, n° 92-308 DC § 6. ♦ Rappr. • CE 11 avr. 1962, *Sté Savana : Lebon 261.* ♦ ... Ou au *Journal officiel des Communautés européennes.* • Cons. const. 9 avr. 1992, n° 92-308 DC § 6 • CJCE 10 oct. 1973, *Variola*, n° 34/73

§ 14 et 15 : *préc. note 24* • CJCE 2 févr. 1977, *Amsterdam Bulb,* n° 50/76 : *Rec. CJCE 137.*

30. Il convient que cette publication ait été faite conformément au décret du 14 mars 1953, par décret du Président de la République. • CE, ass., 13 juill. 1965, *Sté Navigator : Lebon 423, concl. Founier ; AJDA 1965. 470, chron. Puybasset et Puissochet ; AFDI 1966. 846, obs. Kiss ; JDI 1967. 385, note Pinto.*

31. Le texte publié doit être conforme à l'original ; les rectificatifs éventuels doivent répondre aux mêmes exigences de régularité de publication. • CE 16 mars 1966, *Cartel d'action morale et sociale et Union féminine civique et sociale : Lebon 211, concl. Bertrand ; JCP 1967. 15057, note Rousseau.*

32. Lorsque le juge administratif est saisi d'un recours dirigé contre un acte portant publication d'un traité ou d'un accord international, il ne lui appartient pas de se prononcer sur la validité de ce traité ou de cet accord au regard d'autres engagements internationaux souscrits par la France. En revanche, sous réserve des cas où serait en cause l'ordre juridique intégré que constitue l'Union européenne, peut être utilement invoqué, à l'appui de conclusions dirigées contre une décision administrative qui fait application des stipulations inconditionnelles d'un traité ou d'un accord international, un moyen tiré de l'incompatibilité des stipulations, dont il a été fait application par la décision en cause, avec celles d'un autre traité ou accord international. • CE, ass., 23 déc. 2011, n° 303678 A : *préc. note 15.* ♦ A la condition, notamment, que ce dernier soit applicable à la situation dont le requérant se prévaut. • CE, ass. plén., 11 avr. 2014, n° 362237 A : *RFDA 2014. 789, chron. Santulli.*

B. LE TRAITÉ DOIT ÊTRE INVOCABLE PAR LES PARTICULIERS

1° EFFET DIRECT DU TRAITÉ

BIBL. El Boudouhi, Le juge interne, juge de droit commun du droit international ? État des lieux de l'invocabilité du droit international conventionnel en droit interne, *RFDA 2014. 371.*

a. Règles de droit international

33. Principe. Les stipulations d'un traité ou d'un accord régulièrement introduit dans l'ordre juridique interne conformément au présent art. peuvent utilement être invoquées à l'appui d'une demande tendant à ce que soit annulé un acte administratif ou écartée l'application d'une loi ou d'un acte administratif incompatibles avec la norme juridique qu'elles contiennent, dès lors qu'elles créent des droits dont les particuliers peuvent directement se prévaloir. Sous réserve des cas où est en cause un traité pour lequel la CJUE dispose d'une compétence exclusive pour déterminer s'il est d'effet direct, une stipulation doit être reconnue d'effet direct par le juge administratif lorsque, eu égard à l'intention exprimée des parties et à l'économie générale du traité invoqué, ainsi qu'à son contenu et à ses termes, elle n'a pas pour objet exclusif de régir les relations entre États et ne requiert l'intervention d'aucun acte complémentaire pour produire des effets à l'égard des particuliers. L'absence de tels effets ne saurait être déduite de la seule circonstance que la stipulation désigne les États parties comme sujets de l'obligation qu'elle définit. • CE, ass., 11 avr. 2012, *GISTI,* n° 322326 : *Lebon 142 ; AJDA 2012. 729, obs. Aguila ; ibid. 936, chron. Domino et Bretonneau ; ibid. 2014. 125, note Girardot ; D. 2012. 1712, note Bonnet ; RFDA 2012. 547, concl. Dumortier et note Gautier ; ibid. 961, chron. Mayeur-Carpentier, Clément-Wilz et Martucci ; ibid. 2013. 417, chron. Santulli ; Constitutions 2012. 297, obs. Levade ; JCP Adm. 2012. 2171, note Minet ; Dr. adm. 2012. 76, note Fleury.* • CE 27 oct. 2015, *Allenbach et a.,* n° 393026 : *Lebon ; AJDA 2015. 2005 ; ibid. 2374, chron. Dutheillet de Lamothe et Odinet ; Constitutions 2015. 540, chron. Sermier ; JCP Adm. 2016. 2023, note Marani ; Dr. adm. 2016. 12, note Éveillard ; Dr. adm. 2016. 4, chron. Platon.* ♦ Rappr. • CJUE 21 déc. 2011, *Air Transport Association of America,* n° C-366/10 : *AJDA 2012. 119 ; RTD eur. 2012. 247, obs. Bosse-Platière et Flaesch-Mougin ; ibid. 2012. 464, obs. Thieffry ; ibid. 531, obs. Grard.* ♦ *Ab. jur.* • Crim. 20 déc. 1951, *Montaud dit Johnston : JCP 1952. 7014, obs. Blin* • CE 20 avr. 1984, *Valton : Lebon 148.* ♦ A l'inverse, ne peuvent être invoquées les stipulations d'une convention bilatérale qui ne mettent pas à la charge des parties contractantes d'obligation de protection des biens de leurs propres ressortissants. • CE 20 déc. 2013, *Fano et a.,* n° 335235 : *Lebon T. 826 ; AJDA 2014. 1241 ; Dr. adm. 2014. 28, note Ziani ; JCP Adm. 2014. 40.* ♦ ... Des stipulations, qui ont pour objet exclusif de régir les relations entre États et requièrent l'intervention d'actes complémentaires pour produire des effets à l'égard des particuliers. • CE 30 déc. 2016, *Assoc. nat. supporters,* n° 395337 : *AJDA 2017. 12.*

34. Il était d'ores et déjà admis et il est donc logiquement toujours admis que les traités relatifs aux droits de l'homme créent des droits dans le patrimoine des particuliers. • CE 15 févr. 1999, *Cimpœsu : Lebon T. 602.* ♦ ... Ou du moins certains articles (art. 15 de la conv. contre la torture du 10 déc. 1984). • CE 7 nov. 2001, *Elser : Lebon T. 788.*

35. Cas des collectivités territoriales. N'étant pas des « hautes parties contractantes », les collectivités territoriales peuvent se prévaloir des dispositions de traités internationaux leur créant des droits et donc de la CEDH. • CE 29 janv. 2003, *Ville d'Annecy : Dr. adm. 2003, n° 81, note Tchen ; AJDA 2003. 613, concl. Vallée ; RFDA 2003. 961, note Potteau ; RGDIP 2003. 504, note A. G.* ♦ V. cependant. • CE 27 oct. 2015, *Allenbach et a.*, n° 393026 : *préc. note 33.* ♦ En revanche, elles ne peuvent se prévaloir ni de l'art. 6, § 1, ni de l'art. 1er du protocole 1 CEDH dans les litiges concernant la répartition de ressources financières publiques entre personnes publiques et donc contre l'État. • CE 29 janv. 2003, *Ville de Champagne-sur-Seine : Dr. adm. 2003 n° 81, note Tchen ; AJDA 2003. 613, concl. Vallée ; RFDA 2003. 961, note Potteau ; RGDIP 2003. 505, note A. G.* • CE 23 mai 2007, *Dpt des Landes*, n° 288378 : *Lebon ; AJDA 2007. 1646, note Merley .* ♦ Rappr. pour un établissement public de coopération intercommunale. • CE 19 nov. 2008, *Cté urb. de Strasbourg*, n° 312095 : *Lebon T. 621 ; AJDA 2009. 425, note Verpeaux .* ♦ En revanche, une section de commune semble pouvoir se prévaloir de l'art. 1er du protocole 1 CEDH. • CAA Lyon, 24 nov. 2009, *Féd. des ayants droit des sections de cne de la Haute-Loire*, n° 07LY02310 : *AJDA 2010. 559, note Yolka .*

36. Mesures d'application. Les mesures prises par les autorités nationales pour assurer l'application des normes internationales doivent être édictées dans le respect des règles de répartition des compétences en droit interne. • CE 7 juill. 2004, *EURL Écosphère : Dr. adm. 2004, n° 154.*

37. Jugé auparavant que les dispositions du traité régulièrement ratifié et publié ne peuvent être invoquées devant un juge si elles nécessitent l'édiction de mesure d'application. • T. corr. Montpellier, 3 oct. 1977 : *Gaz. Pal. 1978. 219, note Pettiti* • CE 30 déc. 2002, *Féd. fr. de basket-ball*, n° 219646 : *Lebon 485 ; AJDA 2003. 388, note Lagarde ; JCP Adm. 2003. 1326, note Sola* • CE 28 juill. 2004, *Comité de réflexion, d'information et de lutte antinucléaire*, n° 254944 : *Lebon T. 565* • CE 20 avr. 2005, *Collectif contre les nuisances du TGV*, n° 258968 : *AJDA 2005. 1787, note Delaunay* • CE 4 août 2006, *Comité de réflexion, d'information et de lutte antinucléaire*, n° 254948 : *Lebon 382 ; Dr. adm. 2006. 151 ; Dr. envir. 2006. 365, note Gros.* ♦ Rappr. • CE 20 avr. 1984, *Valton : Lebon 148.*

38. Solutions acquises. Les dispositions de l'art. 5, § 3, de la convention relative aux droits des personnes handicapées, signée à New York le 30 mars 2007, requièrent l'intervention d'actes complémentaires pour produire des effets à l'égard des particuliers. • CE 4 juill. 2012, *Conf. fr. pour la promotion sociale des aveugles et des amblyopes*, n° 341533 § 7 et 8 : *Lebon 261 ; RFDA 2012. 1038 .* ♦ De même la Charte sociale européenne n'est pas invocable. • CE 4 juill. 2012, *Conf. fr. pour la promotion sociale des aveugles et des amblyopes*, n° 341533 § 7 : *préc. (a contrario).* ♦ V. déjà • CE 15 mai 1995, *Raut : Lebon 610* • CAA Paris, 8 févr. 2000, *Cne de Savigny-le-Temple : Lebon T. 782* • CE 2 avr. 2004, *Bisiaux : RFDA 2004. 794* • CE 7 juin 2006, *Assoc. Aides et a.*, n° 285576 : *Lebon 282 ; AJDA 2006. 2233, note Rihal ; Dr. soc. 2006. 1037, concl. Devys ; RDSS 2006. 1047, note Gay .* ♦ V. cependant, se référant à l'esprit de la Charte sociale, • TGI Nantes, 15 oct. 2012 : *JCP Adm. 2012. 754.* ♦ En revanche, l'art. 24 de la Charte sociale européenne est d'effet direct. • CE 10 févr. 2014, *A.*, n° 358992 : *AJDA 2014. 380 .* ♦ V. également pour les Conv. dont l'effet direct dépend de l'art. considéré, note 41.

39. Solutions à vérifier. Il convient donc de réexaminer les décisions ci-dessous à la lumière de cette évolution jurisprudentielle. Jusqu'alors n'engendraient pas de droits : le pacte international relatif aux droits économiques, sociaux et culturels. • CE, ass., 5 mars 1999, *Rouquette : Lebon 37 ; RFDA 1999. 357, concl. Maugüé , note de Béchillon et Terneyre ; AJDA 1999. 420, chron. Raynaud et Fombeur ; RD publ. 1999. 1223, note Camby ; LPA 1er nov. 1999, p. 13, note Matt ; Dr. adm. 1999. 138, obs. C. M.* • CE 26 sept. 2005, *Assoc. « Collectif contre l'handiophobie » : Lebon 391 .* ♦ ... La convention de Berne relative à la conservation de la vie sauvage. • CE, sect., 8 déc. 2000, *Cne de Breil-sur-Roya : Lebon 581 ; AJDA 2001. 775, note Février* • CE 9 mai 2001, *Divakaran : RFDA 2001. 1289, chron. Ruzié* • CE, réf., 9 mai 2006, *Féd. transpyrénéenne des éleveurs de montagne*, n° 292398 : *Lebon 236 .* ♦ ... Certaines dispositions de l'accord OMC. • CE, sect., 31 mai 2000, *Sté Wellcome Foundation Limited : Lebon 205 ; RD publ. 2001. 364, obs. Guettier.* ♦ ... Les normes adoptées par l'OAIC. • CE, sect., 23 nov. 2001, *Cie nat. Air France : RFDA 2002. 767, chron. Ruzié .* ♦ ... Les dispositions des accords franco-russes relatifs à l'apurement du contentieux relatif aux « emprunts russes ». • CE 21 févr. 2003, *Uran*, n° 226489 : *Lebon 45 ; Dr. adm. 2003. 96, note G. L. C. ; RFDA 2003. 428 .* ♦ ... Les résolutions du Conseil de sécurité de l'ONU. • Civ. 1re, 25 avr. 2006, n° 02-17.344 P. ♦ ... La convention de Paris de 1902 pour la protection des oiseaux utiles à l'agriculture. • CE 9 nov. 2007, *Ligue pour la préservation de la faune sauvage et la défense des non-chasseurs*, n° 289063 : *AJDA 2008. 90, concl. Guyomar ; RGDIP 2008. 210, note Matringe.* ♦ ... La Convention européenne pour la protection des animaux de compagnie du 13 nov. 1987. • CE 18 juin 2008, *Landes*, n° 298857 : *Lebon T. 571.*

40. De même, ne créaient pas de droits certains art. des traités communautaires (droit originaire) comme en particulier les art. 92 et 93-1 du traité de Rome CEE. • CE, sect., 10 févr. 1967, *Sté Éts Petitjean : Lebon 63 ; RTD eur. 1967. 681, concl. Questiaux ; AJDA 1967. 267, note Lecat-Massot* • CE, ass., 26 oct. 1990, *Féd. nat. commerce extérieur des produits alimentaires,* n° 69726 : *Lebon 294 ; RFDA 1991. 159, concl. Fouquet.* ♦ ... L'art. 87 du même traité. • CE 5 mars 2003, *Union nat. des SPIC : JDA 2003. 722, chron. Donnat et Casas ; AJDA 2003. 1257, note Laget.* ♦ ... Les art. 11, 12 et 14 du traité sur l'Union européenne. • CE 11 déc. 2006, *Dispans,* n° 279690 : *Lebon 509 ; AJDA 2007. 421, concl. Olson ; RGDIP 2007. 213, note Le Floch.*

41. Convention relative aux droits de l'enfant (CIDE). La question était et reste parfois très controversée, conduisant à une solution différente article par article, aboutissant à un véritable dépeçage du texte. Ainsi, si la Cour de cassation estime que la CIDE (New York 20 janv. 1990) ne crée d'obligation qu'à la charge des États parties. • Civ. 1re, 10 mars 1993, *Le Jeune c/ Mme Sorel : D. 1993. 361, note Massip ; Rev. crit. DIP 1993. 449, note Lagarde ; JCP 1993. 3688, note Rubellin-Devichi* • Soc. 13 juill. 1994, *CPAM de la Seine-et-Marne c/ Ponnau : D. 1995. 91, note Massip.*

42. Le juge administratif, plus nuancé, distingue selon les articles de cette convention avec, qui plus est, une jurisprudence souvent hésitante dont nous ne donnons que quelques ex. Ainsi il estime que ne créent pas de droits à l'égard des particuliers : l'art. 9 CIDE. • CE 29 juill. 1994, *Préfet de la Seine-Maritime,* n° 143866 : *Lebon T. 732 ; RGDIP 1995. 467, obs. Alland* • CE 18 janv. 2002, *Medjani,* n° 214664 : *RFDA 2002. 767, chron. Ruzié* • CE 8 juill. 2005, *Mme Chen,* n° 261675 : *RFDA 2005. 1204, chron. Ruzié* ♦ *Ab. jur.* • CE 2 mai 2001, *Cai,* n° 222974 : *RFDA 2001. 1289, chron. Ruzié.* ♦ ... Les art. 8 et 10. • TA Lyon, 19 févr. 1993, Cts Bensalem. ♦ .... L'art. 2-1. • CE 10 juill. 1996, *Aghane : RFDA 1997. 400, chron. Ruzié.* ♦ ... Les art. 24-1, 26-1 et 27-1. • CE, sect., 23 avr. 1997, *GISTI : Lebon 142, concl. Abraham ; AJDA 1997. 482, chron. Chauvaux et Girardot ; RGDIP 1998. 207, note Alland.* ♦ ... Les art. 12-1, 12-2 et 14-1. • CE 3 juill. 1996, *Paturel : Lebon 256.* ♦ ... L'art. 3-2. • CE 6 oct. 2000, *Assoc Promouvoir : Lebon 391 ; AJDA 2000. 1060, concl. Boissard ; RFDA 2001. 463, chron. Ruzié.* ♦ ... L'art. 18. • CE 28 déc. 2001, *Zinoun : RFDA 2002. 403, chron. Ruzié.* ♦ ... Les art. 6 et 28. • CE 29 déc. 1997, *Épx Soba : Lebon T. 626.* ♦ ... L'art. 20. • CE 6 juin 2001, *Mosquera,* n° 213745 : *Lebon T. 787.* ♦ ... L'art. 12-2. • CE 27 juin 2008, *Mme Etarh,* n° 291561 : *AJDA 2008. 1296.*

43. CIDE... création des droits à l'égard des particuliers. Créent des droits à l'égard des particuliers : l'art. 16. • CE 10 mars 1995, *Demirpence : Lebon T. 610* • CE 21 févr. 1997, *Douad : RFDA. 1997. 871, chron. Ruzié.* ♦ ... L'art. 7. • CE 13 janv. 1997, *Benely,* n° 181137 : *RFDA 1997. 401.* ♦ ... *Contra.* • CE 18 janv. 2002, *Medjani,* n° 214664 : *préc.* ♦ ...L'art. 10. • CE 1er avr. 1998, *Auble : Lebon T. 668.* ♦ ... L'art. 37. • CE 14 févr. 2001, n° 220271 : *Lebon 58* • CE, sect., 31 oct. 2008, *Sect. fr. Observatoire international des prisons,* n° 293785 : *Lebon 375, concl. Guyomar ; D. 2009. 134, note Herzog-Evans ; ibid. 1918, obs. Gouttenoire et Bonfils ; AJ pénal 2008. 500, note Péchillon ; RFDA 2009. 73, concl. Guyomar ; ibid. 145, chron. Santulli ; AJDA 2008. 2393, chron. Geffray et Liéber ; Dr. adm. 2009. 10, note Melleray.* ♦ ... L'art. 3-1, qui fait de l'intérêt supérieur de l'enfant une considération primordiale pour l'ensemble des autorités publiques. • TA Amiens, 18 janv. 1995, *Giammalva : Quot. Jur. 1995, n° 73, p. 2* • CE 22 sept. 1997, *Cinar,* n° 161364 : *Lebon 319 ; D. 1998. 297, note Desnoyer ; RFDA 1998. 562, concl. Abraham ; JDI 1998. 721, note Barrière-Brousse ; RGDIP 1998. 208* • CE 6 nov. 2000, *GISTI,* n° 204784 B • CE 30 juill. 2003, *Observatoire international des prisons,* n° 253973 B • CE 24 mars 2004 : *Lebon 139 ; JCP Adm. 2004. 1040, note Dubos ; D. 2005. 129, note Boulanger ; RFDA 2004. 794* • CAA Lyon, 27 juill. 2004 : *AJDA 2005. 286* (*a contrario*) • CAA Marseille, 15 nov. 2004, *Mme El Kanete : AJDA 2005. 396* • CE 7 avr. 2006, *Préfet du Val-d'Oise c/ Egglay,* n° 274713 : *Lebon T. 686* • CE 7 juin 2006, *Assoc. Aides et a.,* n° 285576 : *AJDA 2006. 2233, note Rihal ; Dr. soc. 2006. 1037, concl. Devys ; RDSS 2006. 1047, note Gay* • CAA Versailles, 27 mars 2007, *Elokan,* n° 05VE00376 : *JCP Adm. 2007. 2242, chron. Belaval et Saulnier-Cassia* • CE 4 mai 2007, *Attia,* n° 288864 : *RFDA 2007. 833, chron. Ruzié* (sol. impl.) • CE, sect., 31 oct. 2008, *Sect. fr. Observatoire international des prisons,* n° 293785 : *Lebon 375, concl. Guyomar ; AJDA 2008. 1393, chron. Geffray et Liéber ; Dr. adm. 2009. 10, note Melleray* • CE 25 juin 2014, n° 359359 : *Lebon ; AJDA 2014. 1415.* Quant à l'art. 2-1 interdisant toute discrimination, il peut être invoqué en rapport avec certains droits reconnus par la Convention sous réserve que ces droits soient eux-mêmes directement applicables. • CE 6 nov. 2000, *GISTI : Lebon T. 872 ; RFDA 2001. 463, chron Ruzié.*

44. Convention d'Aarhus. Il en va de même de la convention d'Aarhus sur l'accès à l'information, la participation du public au processus décisionnel et l'accès à la justice en matière d'environnement. • CE, réf., 9 mai 2006, *Féd. transpyrénéenne des éleveurs de montagne,* n° 292398 A • CE 23 févr. 2009, *Féd. transpyrénéenne des éleveurs de montagne,* n° 292397 : *JCP Adm. 2009. act. 300.* L'art. 6 § 2, 3 et 7 de cette convention produit des effets directs en droit interne. • CE 6 juin 2007, *Cne de Groslay,* n°s 292942, 293109 et 293158 A : *Lebon 237.* ♦ Il en est de même pour l'art. 6 § 9. • CE, ass., 12 avr. 2013, *Assoc. coordination interrégionale stop THT et a.,* n° 342409 A : *AJDA 2013. 1046, chron. Domino et Bretonneau ; RFDA 2013. 610, concl. Lallet ; ibid. 1061, note Canedo-Paris .* ♦ ... Alors que créent seulement des obligations entre les États les art. 8 et 6 §4, 8 et 9. • CE 26 oct. 2007, *Union féd. consommateurs « Que choisir » de la Côte-d'Or,* n°s 291109, 291143 et 291144. ♦ ... Mais également l'art. 6 § 4, 6, 8 et 9. • CE, sect., 23 avr. 2009, *Assoc. France Nature Environnement,* n° 306242 : *Dr. adm. 2009. 89.* ♦ ... Ou encore l'art. 6 § 3, 6 et 9. • CE, ass., 12 avr. 2013, *Assoc. coordination interrégionale Stop THT et a.,* n° 342409 A (concl. Lallet) : *D. 2013. 1008 ; AJDA 2013. 1046, chron. Domino et Bretonneau ; RFDA 2013. 610, concl. Lallet ; Constitutions 2013. 261, obs. Carpentier .* ♦ ... Alors que l'art. 8 n'en produit pas. • CE 20 mars 2013, *Robin des toits et a.,* n° 354321 § 9 : *RFDA 2013. 891, chron. C. Santulli .*

45. Cas particulier de la convention-cadre des Nations unies sur les changements climatiques et de l'Accord de Paris, adopté le 12 déc. 2015. Si les stipulations de la CCNUCC et de l'Accord de Paris requièrent l'intervention d'actes complémentaires pour produire des effets à l'égard des particuliers et sont, par suite, dépourvues d'effet direct, elles doivent néanmoins être prises en considération dans l'interprétation des dispositions de droit national qui, se référant aux objectifs qu'elles fixent, ont précisément pour objet de les mettre en œuvre. • CE 19 nov. 2020, n° 427301 A : *AJDA 2020. 2287 ; ibid. 2021. 217 ; ibid. 226, note Cassella ; D. 2020. 2292 ; JCP Adm. 2020. 676 ; ibid. 2337, note Radiguet.* ♦ V. également : • TA Paris, 3 févr. 2021, n° 1904967 : *AJDA 2021. 239 ; JCP Adm. 2021. 103.*

46. Divers. Il en va de même de la convention pour la protection du milieu marin de l'Atlantique Nord-Est. • CE 4 août 2006, *Comité de réflexion, d'information et de lutte anti-nucléaire,* n° 254948 : *Lebon 382 ; Dr. adm. 2006. 151 ; Dr. envir. 2006. 365, note Gros.*

b. Cas particulier du droit dérivé de l'Union

47. Règlements. Les règlements sont directement applicables dans les États membres sans mesure de réception ou mise en œuvre de modalités d'exécution dont la conséquence pourrait faire obstacle à cet effet direct. • CJCE 7 févr. 1973, *Commission c/ Italie,* n° 39/72 : *Rec. CJCE 101.* ♦ Le droit dérivé produit donc des effets immédiats et accorde aux particuliers des droits que les juridictions nationales ont l'obligation de protéger. • CJCE 14 déc. 1972, *Politi,* n° 43/71 : *Rec. CJCE 1049* • CJCE 10 oct. 1973, *Variola,* n° 34/73 : *préc. note 24.*

48. Certaines dispositions réglementaires peuvent néanmoins nécessiter, pour leur mise en œuvre, l'adoption de mesures d'application par les États membres. Dès lors, eu égard à la marge d'appréciation dont disposent les États membres pour la mise en œuvre desdites dispositions, il ne saurait être considéré que des particuliers peuvent tirer des droits de ces dispositions en l'absence de mesures d'application adoptées par les États membres. • CJCE 11 janv. 2001, *Monte Arcosu,* n° C-403/98 : *Rec. CJCE, p. I-103, pts 26-28 ; Europe 2001, comm. n° 92, Rigaux, pp. 16-17.* ♦ Rappr. • CJCE 24 juin 2004, *Handlbauer,* n° C-278/02 : *Europe 2004. 279, note Simon.* ♦ L'adoption de ces mesures par le législateur suppose un contrôle identique à celui qu'il exerce sur les lois de transposition d'une directive. • Cons. const. 12 juin 2018, n° 2018-765 DC. ♦ V. notes ss. Const. 58, art. 88-1.

49. Directives. Selon la Cour de justice, il convient, quel que soit le cas, que la norme que contiennent les directives soit claire, précise et inconditionnelle. • CJCE 4 déc. 1974, *Van Duyn,* n° 41/74 § 9 s. : *Rec. CJCE 1337 ; RTDE 1976. 141, note Lyon-Caen* • CJCE 23 nov. 1977, *Enka,* n° 38/77 § 8 s. : *Rec. CJCE 2203.* ♦ Dès lors, les requérants peuvent s'en prévaloir, une fois le délai de transposition dépassé contre l'État et ceux agissant en son nom. • CJCE 5 avr. 1979, *Ratti,* n° 148/78, § 24 : *Rec. CJCE 1629.* ♦ ... Mais non entre particuliers. • CJCE 26 févr. 1986, *Marshall,* n° 152/84 § 48 : *Rec. CJCE 723 ; JTDE 1993. 57, note Bertrand* • CJCE, plén., 14 juill. 1994, *Faccini Dori,* n° C-91/92 : *Rec. CJCE I-3325.*

50. Directive et effet direct. L'invocabilité de la directive n'est cependant pas forcément subordonnée à l'effet direct des dispositions en cause. Ainsi, en appliquant le droit national, et notamment les dispositions d'une loi nationale spécialement introduite en vue d'exécuter une directive, la juridiction nationale est tenue d'interpréter son droit national à la lumière du texte et de la finalité de la directive. • CJCE 10 avr. 1984, *Von Colson,* n° 14/83 § 26 : *Rec. CJCE 1891 ; D. 1985. Somm. 23, obs. Cartou ; CMLR 1985. 505, obs. Curtin.* ♦ Selon la Cour, cette obligation a été imposée notamment en cas d'absence d'effet direct d'une disposition d'une directive, soit que la disposition pertinente n'est pas suffisamment claire, précise et inconditionnelle pour produire un tel effet, soit que le litige oppose exclusivement des particuliers. • CJCE 4 juill. 2006, *Adeneler*, n° C-212/04, § 113 : *Rec. CJCE I-6057 ; Europe 2006. Comm. 276, note Idot.*

51. Il en est de même de l'invocabilité d'interprétation comme de l'invocabilité de réparation : ainsi lorsqu'un État membre méconnaît l'obligation qui lui incombe (TFUE, art. 288, al. 3) de prendre toutes les mesures nécessaires pour atteindre le résultat prescrit par une directive, la pleine efficacité de cette norme de droit communautaire impose un droit à réparation sans que l'effet direct soit exigé. • CJCE 19 nov. 1991, *Francovich*, n° C-6/90 & 9/90, § 39 : *Rec. CJCE I-5357 ; RFDA 1992. 1, note Dubouis ; AJDA 1992. 145, note Le Mire ; RTDE 1992. 27, note Schockweiler ; Europe, déc. 1991, p. 1, obs. Simon ; JDI 1992. 426, note Constantinesco.*

52. Dès lors que la directive est suffisamment précise et inconditionnelle, elle peut être invoquée à l'appui d'un recours direct contre un acte individuel une fois passé le délai de transposition (V. notes ss. Const. 58, art. 88-1). • CE, ass., 30 oct. 2009, *Perreux*, n° 298348 A (concl. Guyomar) : *AJDA 2009. 2385, chron. Lieber et Botteghi ; ibid. 2014. 120, note Raynaud ; Dr. adm. 2009. Étude 21, note Gautier ; JCP Adm. 2010. 2036, note Dubos et Katz ; GAJA, 21e éd., n° 109.*

53. Accord international relevant d'une compétence exclusive de l'UE. Il revient seulement au Cons. const., saisi afin de déterminer si l'autorisation de ratifier cet accord implique une révision constitutionnelle, de veiller à ce qu'elle ne mette pas en cause une règle ou un principe inhérent à l'identité constitutionnelle de la France (V. ss Const. 58, art. 88-1). En l'absence d'une telle mise en cause, il n'appartient qu'au juge de l'UE de contrôler la compatibilité de l'accord avec le droit de l'UE. • Cons. const. 31 juill. 2017, n° 2017-749 DC § 14.

54. Autres. V. pour un accord mixte de l'Union. • CE 10 févr. 2016, *Cté défense des travailleurs frontaliers du Haut-Rhin*, n° 383004 B : *AJDA 2016. 289* .

c. Conditions d'application de la règle internationale du droit de l'Union

55. Suspension d'application. Il est possible, une fois le traité en vigueur, que le Gouvernement en suspende l'application dans le respect des règles internationales relatives à cette question. • Civ. 1re, 6 mars 1984, *M. Krylac c/ Mme L. : Bull. civ. I, n° 85 ; RGDIP 1985. 358* • CE, ass., 18 déc. 1992, *Mahmedi : préc. note 21.*

56. Application au cas d'espèce. A supposer même que la convention crée des droits et obligations dans le chef du particulier, encore faut-il qu'elle soit applicable au cas d'espèce. • CE 3 déc. 1993, *Assoc. chasseurs et pêcheurs de la Bidassoa*, n° 103532 : *Lebon 338 ; RFDA 1994. 824, note Ruzié ; RGDIP 1995. 153, note Alland.*

57. De même, le Conseil d'État déduit de la coexistence du pacte relatif aux droits civils et politiques et du pacte relatif aux droits économiques, sociaux et culturels, du reste ouverts à la signature le même jour, qu'ils ont des champs d'application distincts et que les dispositions de l'un ne sauraient être invoquées pour des droits protégés par l'autre. • CE, ass., avis cont., 15 avr. 1996, *Doukouré : Lebon 126 ; AJDA 1996. 565, chron. Chauvaux et Girardot ; RFDA 1996. 808, concl. Martin ; ibid. 1239, note Dhommeaux ; ibid. 1997. 966, note Sudre* .

58. Application aux seules personnes visées. La Convention n'est applicable qu'aux personnes qu'elle vise. Ainsi, la Convention relative aux droits de l'enfant ne vise que l'enfant défini comme être humain n'ayant pas atteint l'âge de la majorité et n'est donc pas pertinente relativement à des héritiers non mineurs. • Civ. 1re, 25 juin 1996, *Mazurek : RGDIP 1998. 203.*

59. Lorsqu'une convention crée des droits dans le chef du particulier, le juge considère parfois qu'elle s'applique aussi bien aux personnes physiques qu'aux personnes morales. Il en va ainsi, lors même que la convention parle de « ressortissants », d'une convention établissant une clause d'égalité fiscale au profit des ressortissants de deux États. • Com. 15 nov. 1994, *SA Firehouse corporation : LPA 1995, n° 36, note Brandeau.*

60. Application aux situations postérieures à l'entrée en vigueur et antérieures à la fin de vigueur. La convention ne peut être invoquée que pour des situations postérieures à son entrée en vigueur. • TGI Guéret, 10 nov. 1992, *URSAFF de la Creuse c/ Schildt : AFDI 1993. 960.* ♦ ... Et ne s'applique plus dès lors qu'elle n'est plus en vigueur. • Civ. 1re, 23 mars 1994, *Sté Hilmarton c/ Sté Omnium de traitement et de valorisation*, n° 91-20.528 P.

61. Pluralité d'accords internationaux. En cas de pluralité d'accords internationaux relatifs à la même matière et entre les mêmes parties, le juge applique les règles traditionnelles en matière de conflit de normes dans le temps en appliquant la convention la plus récente. • CE 11 mai 1994, *Assoc. bananière camerounaise : Lebon 228 ; RFDA 1994. 824, note Ruzié* • CE 5 sept. 2001, *Benkhnata* : Lebon 421 . ♦ Dans les autres cas, il y a lieu de définir les modalités d'application respectives conformément à leurs stipulations et en fonction des principes du droit international public relatif à la combinaison entre elles des conventions internationales. • CE 21 avr. 2000, *Zaidi :*

Lebon 159 ; *RFDA 2000. 707*. ♦ ... En particulier lorsque les parties concernées par les deux conventions ne sont pas identiques. • CAA Marseille, 17 juin 2003, *Liverani : AJDA 2003. 2110* . ♦ Rappr. : • CE 25 oct. 2000, *Cucicea-Lambot : Lebon 460* ; *AJDA 2001. 284, concl. Maugüé* ; *Dr. adm. 2001. 11, note C. M.* ♦ V. déjà • CE 22 mai 1992, *Larachi*, n° 99475 : *Lebon 203* ; *RD publ. 1992. 1793, concl. Abraham*.

62. Il n'appartient pas au Cons. const., lorsqu'il est saisi en application de l'art. 61. Const. de la loi autorisant la ratification ou l'approbation d'un engagement international, d'apprécier la conformité de celui-ci aux stipulations d'un autre engagement international. • Cons. const. 17 juill. 1980, n° 80-116 DC § 7 • Cons. const. 25 juill. 1991, n° 91-294 DC § 60.

63. Sous réserve des cas où serait en cause l'ordre juridique intégré que constitue l'Union européenne, il peut être utilement invoqué, à l'appui de conclusions dirigées contre une décision administrative qui fait application des stipulations inconditionnelles d'un traité, un moyen tiré de l'incompatibilité des stipulations, dont il a été fait application par la décision en cause, avec celles d'un autre traité ou accord international. Il incombe dans ce cas au juge administratif, après avoir vérifié que les stipulations de cet autre traité ou accord sont entrées en vigueur dans l'ordre juridique interne et sont invocables devant lui, de définir, conformément aux principes du droit coutumier relatifs à la combinaison entre elles des conventions internationales, les modalités d'application respectives des normes internationales en débat conformément à leurs stipulations, de manière à assurer leur conciliation, en les interprétant, le cas échéant, au regard des règles et principes à valeur constitutionnelle et des principes d'ordre public. Dans l'hypothèse où, au terme de cet examen, il n'apparaît possible ni d'assurer la conciliation de ces stipulations entre elles, ni de déterminer lesquelles doivent dans le cas d'espèce être écartées, il appartient au juge administratif de faire application de la norme internationale dans le champ de laquelle la décision administrative contestée a entendu se placer et pour l'application de laquelle cette décision a été prise et d'écarter, en conséquence, le moyen tiré de son incompatibilité avec l'autre norme internationale invoquée, sans préjudice des conséquences qui pourraient en être tirées en matière d'engagement de la responsabilité de l'État tant dans l'ordre international que dans l'ordre interne. • CE, ass., 23 déc. 2011, *Kandyrine de Brito Paiva*, n° 303678 : *préc. note 32*. ♦ *Ab. jur.* : il n'appartient pas au juge administratif statuant au contentieux de se prononcer sur la validité d'un engagement international au regard d'autres engagements internationaux. • CE 30 juill. 2003, *Assoc. Gurekin et Coordination des comités de soutien aux prisonniers politiques basques*, n° 237649 : *Lebon T. 614* ; *RFDA 2003. 1235, chron. Ruzié* . ♦ *Ab. jur.* partiellement. • CE, ass., 18 déc. 1998, *SARL Parc d'activité de Blotzheim : préc. note 16* • CE 8 juill. 2002, *Cne de Porta*, n° 239366 : *préc. note 18*. ♦ Jurisprudence maintenue cependant lorsque le juge administratif est saisi d'un recours dirigé contre un acte portant publication d'un traité ou d'un accord international ; dans ce cas il ne lui appartient pas de se prononcer sur la validité de ce traité ou de cet accord au regard d'autres engagements internationaux souscrits par la France. • CE, ass., 23 déc. 2011, *Kandyrine de Brito Paiva*, n° 303678 : *préc. note 32* • CE, ass., 18 déc. 1998, *SARL Parc d'activité de Blotzheim : préc. note 16* • CE 8 juill. 2002, *Cne de Porta*, n° 239366 : *préc. note 18*. ♦ Jurisprudence maintenue cependant lorsque le juge administratif est saisi d'un recours dirigé contre un acte portant publication d'un traité ou d'un accord international ; dans ce cas, il ne lui appartient pas de se prononcer sur la validité de ce traité ou de cet accord au regard d'autres engagements internationaux souscrits par la France. • CE, ass., 23 déc. 2011, *Kandyrine de Brito Paiva*, n° 303678 : *préc. note 32*.

64. Dans l'ordre juridique communautaire, les droits fondamentaux garantis par la Conv. EDH sont protégés en tant que principes généraux du droit communautaire ; il appartient en conséquence au juge administratif, saisi d'un moyen tiré de la méconnaissance par une directive des stipulations de la Conv. EDH, de rechercher si la directive est compatible avec les droits fondamentaux garantis par ces stipulations. En l'absence de difficulté sérieuse, il revient au juge administratif d'écarter le moyen invoqué, et, dans le cas contraire, de saisir la CJUE d'une question préjudicielle. • CE, sect., 10 avr. 2008, *Conseil nat. des barreaux*, n° 296845 : *Lebon 129, concl. Guyomar* ; *AJDA 2008. 1089, chron. Boucher et Bourgeois-Machureau* ; *RFDA 2008. 575, concl. Guyomar* ; *ibid. 711, note Labaye et Mehdi* .

65. Application aux seuls territoires concernés. De même, certains traités peuvent être inapplicables dans les territoires d'outre-mer et il y a lieu dès lors de maintenir l'application du texte antérieurement applicable à ce territoire. • CE, ass., 15 oct. 1993, *Royaume-Uni de Grande-Bretagne et d'Irlande du Nord et Gouverneur de la Colonie royale de Hongkong*, n° 142578 : *Lebon 267, concl. Vigouroux* ; *AJDA 1993. 848, chron. Maugüé et Touvet* ; *D. 1994. 108, note Julien-Laferrière* ; *RFDA 1994. 21, note Labayle* ; *JDI 1994. 89, note Chappel*. ♦ Pourtant, en l'absence de dispositions expresses dans ce sens, il faut en déduire que le traité s'applique partout, même dans les COM et dans les collectivités à statut spécial. • CE, sect., 14 mai 1993, *Mme Smets,* n° 130120 : *Lebon T. 542 ; AJDA 1993. 500, concl. Vigouroux .*

2° RÉCIPROCITÉ

66. Pour le Cons. const., l'exigence de réciprocité est réputée remplie, s'agissant d'un traité multilatéral, dès lors que le dernier État signataire a déposé son instrument de ratification. • Cons. const. 9 avr. 1992, n° 92-308 DC § 16 • Cons. const. 20 mai 1998, n° 98-400 DC § 5.

a. Droit international général

67. Principe. Le Cons. const. estime que la règle de réciprocité n'a d'autre portée que de constituer une réserve mise à l'application du présent art. et ne trouve donc à s'appliquer que dans le cas où il existe une discordance entre un texte de loi et les stipulations d'un traité. En effet, cette règle, si elle affecte la supériorité des traités ou accords sur les lois, n'est pas une condition de la conformité des lois à la Constitution. • Cons. const. 30 déc. 1980, n° 80-126 DC § 6.

68. Dès lors, elle ne fait nullement obstacle à ce qu'une loi française édicte des mesures ayant pour objet d'harmoniser la législation nationale avec les dispositions découlant d'un traité, alors même que celles-ci ne seraient pas appliquées par l'ensemble des parties signataires. • Cons. const. 30 déc. 1980, n° 80-126 DC § 6. ♦ ... Accorde des droits à des étrangers alors même que l'État dont ils sont ressortissants ne donnerait pas les mêmes droits à des Français. • Cons. const. 30 oct. 1981, n° 81-130 DC § 7.

69. Le recours au ministère des affaires étrangères pour déterminer si une convention est appliquée de manière réciproque est contraire à la Conv. EDH dès lors que le juge s'estime lié par les appréciations du ministre. • CEDH 13 févr. 2003, *Chevrol c/ France,* n° 49636/99 : *Dr. adm. 2003, n° 93 ; AJDA 2003. 1984, note Rambaud ; D. 2003. 931, note Moutouh ; RTDH 2003. 1379, obs. Michel ; RFDA 2004. 983, chron. Labayle et Sudre .*

70. Pour le juge civil, en l'absence d'initiative prise par le Gouvernement pour dénoncer une convention ou suspendre son application, il n'appartient pas aux juges d'apprécier le respect de la condition de réciprocité. • Civ. 1re, *6 mars 1984, M. Krylac c/ Mme L... : préc. note 55* • Civ. 1re, 23 mars 1994, *Nguyen,* n° 92-14.573 P. ♦ Pourtant, il ne recherche si la condition de réciprocité est bien respectée, que si le moyen est soulevé devant lui par l'une des parties ; il ne s'agit pas d'un moyen d'ordre public. • Civ. 1re, 6 mars 1984, *M. Krylac c/ Mme L. : préc. note 55.* ♦ En revanche, la chambre criminelle soulève d'office le moyen. • Crim. 2 mars 1972, *Krstic,* n° 70-91.365 P.

71. Il en va de même du Conseil d'État. Il revient au juge administratif, dans l'exercice des pouvoirs d'instruction qui sont les siens, après avoir recueilli les observations du ministre des affaires étrangères et, le cas échéant, celles de l'État en cause, de soumettre ces observations au débat contradictoire, afin d'apprécier si des éléments de droit et de fait suffisamment probants au vu de l'ensemble des résultats de l'instruction sont de nature à établir que la condition tenant à l'application du traité par l'autre partie est, ou non, remplie. • CE, ass., 9 juill. 2010, *Chériet-Benseghir,* n° 317747 : *Lebon 251, concl. Dumortier ; AJDA 2010. 1635, chron. Liéber et Botteghi ; ibid. 2014. 123, note Fabius ; D. 2010. 2868, obs. Boskovic et a .; RFDA 2010. 1133, concl. Dumortier ; ibid. 1146, note Lachaume ; ibid. 2011. 173, chron. Santulli ; Dr. adm. 2010. 131, note Gautier ; Cah. Cons. const. 2010. 206, note Roblot-Troisier.*

72. Conséquence de l'absence de réciprocité. Les stipulations d'une convention internationale non réciproquement appliquée ne peuvent plus être utilement invoquées devant un juge pour contester l'application de la loi française. • CE, ass., 9 avr. 1999, *Chevrol-Benkeddach : Lebon 115 ; RFDA 1999. 937, note Lachaume ; AJDA 1999. 401, chron. Raynaud et Fombeur ; RGDIP 1999. 787, concl. Schwartz ; Dr. adm. 1999, n° 226, obs. R.S. ; JDI 2001. 81, note Dehaussy* • Civ. 1re, 23 mars 1994, *Nguyen : préc. note 70.*

73. Traités non concernés. Dans certaines hypothèses, compte tenu de l'objet de l'engagement international (favoriser la paix et la sécurité du monde et assurer le respect des principes généraux du droit public international), les obligations nées s'imposent à chacun des États parties indépendamment des conditions de leur exécution par les autres États parties. Ainsi, la réserve de réciprocité mentionnée au présent art. n'a pas lieu de s'appliquer. • Cons. const. 22 janv. 1999, n° 98-408 DC. ♦ Il en va ainsi en particulier des traités de protection des droits de l'homme. • Cons. const. 22 janv. 1999, n° 98-408 DC • Civ. 1re, 15 nov. 1989, *Lalanne et Sulter : Bull. civ. I, n° 346* • CE 22 mai 1992, *Larachi : préc. note 55.*♦ ... Et, peut-être, des traités de protection de l'environnement. • TA Strasbourg, 19 mai 1993, *Assoc. « Alsace Nature » : Lebon 507.*

b. Droit de l'Union

74. La condition de réciprocité est sans objet pour le droit de l'Union, aussi bien pour les traités (droit originaire). • CJCE 22 mars 1977, *Steinike et Weinling c/ RFA,* n° 78/76 : *Rec. CJCE*

595 ; JDI 1978. 373, note Kovar • CJCE 25 sept. 1979, *Commission c/ France*, n° 232/78 : *Rec. CJCE 2729 ; JDI 1981. 108, note R. K. ; Gaz. Pal. 1980. II. 208, note Mégret ; JDI 1981. 145, note S. D.* • Ch. mixte, 24 mai 1975, *Sté Cafés J. Vabre : D. 1975. 497, concl. Touffait ; Gaz. Pal. 1975. 2. 470, note R.C. ; AJDA 1975. 567, note Boulouis ; JDI 1975. 802, note Ruzié ; Rev. crit. DIP 1976. 567, note Foyer et Holleaux ; RGDIP 1976. 690, obs. Rousseau ; Cah. dr. eur. 1975. 655, note Kovar* • Cons. const. 22 janv. 1999, n° 98-400 DC § 5. ♦ ... Que pour le droit dérivé. • CJCE 11 janv. 1990, *Blanguernon*, n° C-38/89 : *Rec. CJCE I-83 ; RJF 1990, n° 501.* ♦ Rappr. • CJCE 22 févr. 1989, *Cowal*, n° 186/67 : *Rec. CJCE 195.*

C. INTERPRÉTATION DES TRAITÉS

1° Droit international

a. Principe

75. Généralités. Le juge administratif peut interpréter directement les traités. • CE 24 févr. 1992, *Amine : Lebon 73* • CE, ass. avis cont., 15 avr. 1996, *Doukouré : préc. note 57* • CE, avis, 4 avr. 1997, *Jammet : Lebon 129* • CE 20 oct. 2000, *Bukspan*, n° 201061 : *Lebon T. 1054 ; RD publ. 2001. 311, concl. Mitjavile* • CE 27 oct. 2000, *Louard*, n° 212967 : *Lebon 465* • CE, ass. avis cont., 12 avr. 2002, *SA financière Labeyrie*, n° 239693 : *Lebon 137 ; D. 2002. 1467 ; GAJF, 5e éd. 2009, n° 55.* • CE, ass., 28 juin 2002, *Sté Schneider Electric*, n° 23276 : *Lebon 233 concl. Austry ; RFDA 2002. 1124, concl. Austry* • CE 9 nov. 2005, *Altun*, n° 254882 : *Lebon 494 ; AJDA 2006. 269, concl. Donnat*. ♦ ... Voire les règles de droit qui en dérivent. • CE 9 oct. 1996, *Union nat. CGT des affaires sociales : Lebon 383.* ♦ ... Même si le traité est fort ancien. • CE 3 déc. 1993, *Assoc. chasseurs et pêcheurs de la Bidassoa*, n° 103532 : *préc. note 56.* ♦ Cette interprétation est faite sous le contrôle du juge de cassation. • CE 29 déc. 2004, *Caisse nat. suisse d'assurance en cas d'accident*, n° 251537 : *Lebon T. 547*. ♦ ... Qui ordonne le sursis à exécution d'un arrêt de cour administrative d'appel qui aurait commis une erreur de droit dans l'interprétation du traité. • CE 14 nov. 2001, *SA Andritz : RFDA 2002. 403, chron. Ruzié*.

76. Dans ce cadre, le juge a tendance à privilégier une interprétation littérale de la stipulation à appliquer plutôt que de rechercher l'intention des auteurs de la convention. • CE 16 févr. 1990, *SAS France : RJF 1990 n° 393, concl. Martin* • CE 30 déc. 1996, *Benmiloud*, n° 128611 : *Lebon 519*. ♦ Le juge profitera d'éventuelles stipulations dérogatoires contenues dans la convention elle-même pour interpréter, de manière restrictive, la portée des autres dispositions. • CE, sect., 19 oct. 2005, *CGT*, n°s 283471, 284421, 284473, 284646 et 285374 : *AJDA 2005. 2162, chron. Landais et Lénica*. ♦ L'interprétation tient pourtant compte des caractéristiques du droit interne lorsque cela est nécessaire. Ainsi, l'expression « tribunal établi par la loi » contenue à l'art. 6 Conv. EDH doit s'entendre des textes pris en conformité avec les art. 34 et 37 Const., c'est-à-dire tant des textes réglementaires que législatifs. • CE 27 oct. 2000, *Louard*, n° 212967 : *Lebon 465*.

77. Le juge peut néanmoins recourir encore à l'interprétation du ministre des Affaires étrangères ou d'un autre ministre. • CE 13 févr. 1963, *Lallemant : RD publ. 1963. 809.* ♦ ... Mais celle-ci ne le lie pas. • CE, ass., 29 juin 1990, *GISTI : Lebon 171, concl. Abraham ; GAJA, 21e éd., n° 88 ; AJDA 1990. 631, note Teboul ; RFDA 1990. 923, note Lachaume ; RD publ. 1990. 1579, note Sabiani ; D. 1990. 560, note Sabourin ; JCP 1990. 21579, note Tercinet ; JDI 1990. 965, note Julien-Laferrière ; LPA 19 sept. 1990, note Flauss ; Rev. crit. DIP 1991. 79, note Lagarde ; RGDIP 1991. 109, obs. Buffet-Tchakaloff ; RGDIP 1991. 753, note Rousseau* • CE, sect., 29 janv. 1993, *Bouilliez : Lebon 15.* ♦ ... Et doit être considérée comme un simple élément soumis à la discussion contradictoire des parties et non qui le lie automatiquement. • CE 10 juin 1992, *Gacem : RFDA 1992. 1053, obs. Ruzié*. ♦ Ainsi un jugement qui se fonde sur la seule interprétation ministérielle encourt l'annulation en appel. • CAA Nancy, 31 déc. 1992, *Assoc. de sauvegarde des vallées et de prévention des pollutions : Lebon 603.* ♦ Au contraire, le juge administratif n'hésite pas à écarter une interprétation gouvernementale qui lui paraît erronée. • CE 21 déc. 1994, *Serra Garriga*, n° 117501 : *Lebon 569 ; Rev. crit. DIP 1995. 291, obs. Lagarde*. ♦ A l'inverse, il signale, à titre incident, que l'interprétation du ministre est bien conforme aux dispositions d'un accord, montrant par là qu'il a effectué une vérification et lui-même interprété le texte. • CE 9 févr. 1996, *Ettalibi : RFDA 1996. 830, chron. Ruzié*. ♦ L'interprétation donnée par le ministre est, quant à elle, insusceptible de recours pour excès de pouvoir (acte de Gouvernement). • CE 14 janv. 1987, *Sté navale et commerciale Delmas-Vieljeux : Lebon 4 ; AJDA 1987. 359, obs. Prétot.*

78. La Cour de cassation admet que les tribunaux civils puissent eux aussi interpréter directement un traité international. • Civ. 1re, 19 déc. 1995, *Banque africaine de développement : Bull. civ. I, n° 470 ; RGDIP 1996. 867, note Alland ; Gaz. Pal. 26 juin 1996, note Cohen-Jonathan.* ♦ V. déjà. • Soc. 29 avr. 1993, *Caisse autonome mutuelle de retraite des agents de chemins de fer c/ Djaidir et a. : préc. note 25.*

79. Cependant, l'interprétation du ministre, dès lors qu'elle porte sur des questions d'ordre public, revêt une portée générale et s'impose à l'autorité judiciaire. • Crim. 26 janv. 1984 : *Bull. crim. n° 34.*

b. Présence d'une juridiction internationale

BIBL. Raimondi, La relation de la Cour de Strasbourg avec les juges internes, *AJDA 2016. 2434*.

80. Lorsqu'une juridiction internationale est elle-même chargée d'appliquer et donc d'interpréter le traité (par ex. la CEDH), sa jurisprudence ne lie pas le juge interne. • CE 24 nov. 1997, *Sté Amibu : Lebon 441.* ♦ Pourtant, le juge interne ne manque pas, parfois, de s'inspirer des interprétations ainsi données. • CE, ass., 30 nov. 2001, *Diop : AJDA 2001. 1039, chron. Guyomar et Collin ; GAJA, 22e éd., n° 99 ; RFDA 2002. 573, concl. Courtial* • Crim. 6 mars 1991, *Dabbertin Rolf : Bull. crim. n° 115* • Crim. 18 mai 1998 : *Bull. crim. n° 168.*

81. L'alignement sur cette jurisprudence internationale conduit le juge interne à tenir compte des revirements de jurisprudence de l'organe juridictionnel international. Ainsi, la CEDH étant revenue sur sa jurisprudence en matière d'application de l'art. 6, § 1, Conv. EDH. • CEDH 8 déc. 1999, *Pellegrin c/ France : AJDA 2000. 530, chron. Flauss ; RTDH 2000. 819, note Wachsmann ; AFDI 1999. 747 et 766, chron. Coussirat-Coustère ; JDI 2000. 139, note Tavernier ; Les grands arrêts de la Cour européenne des droits de l'homme, PUF 2003, p. 171 s.* ♦ ... Le Conseil d'État juge maintenant comme elle que ces stipulations ne s'appliquent pas aux litiges relatifs aux agents des pouvoirs publics occupant des emplois comportant une participation à l'exercice de la puissance publique. • CE 23 févr. 2000, *L'Hermitte : Lebon 101 ; Dr. adm. 2000, n° 93, note R.S. ; JCP 2000. 10371, note Moniolle ; AJFP juill.-août 2000, p. 4, note Aubin ; LPA 29 janv. 2001, p. 10, note Fialaire* • CE, ass., 11 juill. 2001, *Préaud : Lebon 345 ; RFDA 2001. 1047, concl. Bergeal ; AJDA 2001. 841, chron. Guyomar et Collin.* ♦ Ceci conduit à refuser le bénéfice des dispositions de l'art. 6, § 1, Conv. EDH, y compris à des magistrats honoraires qui, demeurant attachés à l'institution à laquelle ils appartenaient, conservent vocation à exercer des fonctions qui les font participer à l'exercice de la puissance publique et à la sauvegarde des intérêts généraux de l'État. • CE 25 juin 2003, *Decheix : Dr. adm. 2003, n° 199, note M.G.*

82. Cela n'empêche pas que les juges internes puissent donner à la jurisprudence de la *CEDH des interprétations divergentes.* Par exemple, le juge judiciaire déduit de l'interprétation donnée par la CEDH que l'art. 6 Conv. EDH est applicable à l'ensemble de la matière fiscale. • Cass., ass. plén., 14 juin 1996, *Kloechner : Bull. ass. plén., n° 5 ; RJF 1996, n° 407* • CEDH 24 févr. 1994, *Bendenoum : RJF 1994, n° 503.* ♦ ... Alors que le Conseil d'État limite cette application aux seules pénalités fiscales. • CE, sect., 31 mars 1995, *SARL « Auto industrie Méric » : Lebon 154 ; AJDA 1995. 480 ; RFDA 1995. 1181.* ♦ Voir aussi s'agissant de la possibilité pour le juge de moduler une sanction pécuniaire infligée par une autorité administrative. • Com. 29 avr. 1997, *Ferreira : RJF 1997 n° 641* • Com. 21 oct. 1997, *Marbotte : RJF 1998 n° 361* • CE, sect. avis cont., 5 avr. 1996, *Houdmond,* n° 176611 : *Lebon 116* • CE, avis cont., 8 juill. 1998, *Fattell,* n° 195664 : *Lebon T. 853 ; RJF 1998 n° 970* • CE, sect., 28 juill. 1999, *GIE « Mumm-Perrier-Jouët »,* n° 188973 : *Lebon 257, concl. Bonichot ; LPA 8 déc. 1999, p. 9, concl. Bonichot ; AJDA 1999. 783, chron. Fombeur et Guyomar.* ♦ De même, il estime que si les stipulations combinées de l'art. 5 Conv. EDH et de l'art. 1er du premier protocole additionnel peuvent être utilement invoquées pour soutenir que la loi fiscale serait à l'origine de discriminations injustifiées entre contribuables, elles sont en revanche sans portée dans les rapports institués entre la puissance publique et un contribuable à l'occasion de l'établissement et du recouvrement de l'impôt. • CE, avis cont., 12 avr. 2002 : *SA Financière Labeyrie.*

83. En toute hypothèse, sauf le cas prévu à l'art. 626-1 C. pr. pén., et en l'absence de procédures organisées pour prévoir le réexamen d'une affaire définitivement jugée, une condamnation de la France par la CEDH ne permet pas de réouvrir une procédure juridictionnelle. La décision interne ainsi considérée comme contraire, la CEDH conserve l'autorité de la chose jugée. • CE 11 févr. 2004, n° 257682 A : *JCP Adm. 2004, n° 1153, obs. Tchen ; ibid., n° 1166, note Tabaka ; AJDA 2004. 439, chron. Donnat et Casas ; RFDA 2005. 163, note Andriantsimbazovina* • CE, sect., 4 oct. 2012, *Baumet,* n° 328502 : *Lebon 347 ; RFDA 2013. 103, note Sudre ; Dr. adm. 2013. 8, note Sirinelli ; JCP Adm. 2013. 23060, note Hoffmann.* ♦ En revanche, le constat par la CEDH d'une méconnaissance des droits garantis par la Convention constitue un élément nouveau qui doit être pris en considération par l'autorité investie du pouvoir de sanction et il lui incombe, en conséquence, lorsqu'elle est saisie d'une demande en ce sens et que la sanction prononcée continue de produire des effets, d'apprécier si la poursuite de l'exécution de cette sanction méconnaît les exigences de la Conv. EDH et, dans ce cas, d'y mettre fin, en tout ou en partie, eu égard aux intérêts dont elle a la charge, aux motifs de la sanction et à la gravité de ses effets ainsi qu'à la nature et à la gravité des manquements constatés par la CEDH. • CE, ass., 30 juill. 2014, *Vernes,* n° 358564 A : *AJDA 2014. 1580 ; JCP Adm. 2014. 685.*

84. A l'inverse, lorsque la CEDH a constaté par un arrêt que la mise à exécution d'un décret accordant l'extradition d'une personne à l'État qui la réclame emporterait violation de l'une des stipulations de la Conv. EDH, l'exécution de cet arrêt implique qu'il ne puisse être procédé à l'extradition de la personne sur le fondement de ce décret ; si un tel arrêt de la Cour ne fait pas obstacle à ce que soit ultérieurement reprise une décision d'extradition à l'égard de la personne réclamée, au vu d'éléments nouveaux de nature à satisfaire aux exigences de la convention et, en particulier, de garanties apportées par l'État requérant, une telle décision doit alors prendre la forme d'un nouveau décret et suppose que la chambre de l'instruction, préalablement saisie de ces éléments nouveaux, ait été consultée à nouveau et n'ait pas repoussé la demande d'extradition. • CE, sect., 22 déc. 2017, n° 408811 A : *AJDA 2018. 6*.

2° DROIT DE L'UNION EUROPÉENNE ORIGINAIRE ET DÉRIVÉ

BIBL. Minet, Le statut particulier du droit de l'Union européenne en droit français, *RFDA 2013. 1199*.

85. Le juge interne doit renvoyer pour interprétation à la CJCE dès lors qu'une difficulté d'interprétation apparaît (TFUE, art. 367). • CJCE 6 oct. 1982, *Cilfit,* n° 283/81 § 7 : *Rec. CJCE 3415* • CJCE 22 févr. 1990, *Faillite Acciaerie e Ferriere Busseni,* n° 221/88 § 13 : *Rec. CJCE 495* • CE, sect., 10 juill. 1970, *Synacomex : Lebon 477 ; AJDA 1970. 485, note Denoix de Saint-Marc ; JCP 1971. 16701, note Ruzié* • CE, ass., 28 mars 1997, *Sté Baxter : Lebon 114 ; RFDA 1997. 450, concl. Bonichot et obs. Mélin-Soucramanien* • CE 14 juin 2006, *SA Cedillac,* n° 288163 : *Lebon 297 ; DF 2006. 812, concl. Vallée* • Com. 29 mars 1994, *Jacquier : RJF 1994, n° 870.* • CE 22 mai 2013, *Kiss,* n° 351183 : *AJDA 2013. 1815, note Alberton* • CE, ass., 24 févr. 2017, n° 391000 : *Lebon ; AJDA 2017. 436 ; ibid. 740, chron. Odinet et Roussel ; D. 2017. 500, obs. de Montecler* • Civ. 1re, 12 juill. 2017, n° 16-22.548 : *AJDA 2017. 1483 ; D. 2017. 1530 ; JCP Adm. 2017. 524.*

V. pour d'autres décisions dans le même sens : .

86. Il doit en particulier interroger la CJCE lorsque, saisi d'un moyen tiré de la méconnaissance par un décret de transposition d'une directive, d'une disposition ou d'un principe de valeur constitutionnelle, et ayant recherché s'il existe une règle ou un principe général du droit communautaire qui, eu égard à sa nature et à sa portée, tel qu'il est interprété en l'état actuel de la jurisprudence du juge communautaire, garantit par son application l'effectivité du respect de la disposition ou du principe constitutionnel invoqué, il estime qu'il y a de ce point de vue une difficulté sérieuse. • CE, ass., 8 févr. 2007, *Sté Arcelor Atlantique et Lorraine,* n° 287110 A : *GAJA, 22e éd., n° 105 ; RFDA 2007. 384, concl. Guyomar ; ibid. 564, note Levade ; ibid. 2007. 578, note Magnon ; ibid. 2007. 789, note Canedo-Paris ; AJDA 2007. 577, chron. Lénica et Boucher ; JCP Adm. 2007. 2081, note Drago.* – V. note 94. ♦ Sur le lien avec l'obligation constitutionnelle de transposition, V. notes ss. Const. 58, art. 88-1.

87. Cependant cette obligation ne s'impose pas lorsque la question soulevée n'est pas pertinente. • CJCE, ass. plén., 16 juill. 1998, *Impérial chimical industries,* n° 264/96 : *Rec. CJCE 4695 ; RJF 1998, n° 1382 ; Europe 1998, n° 316, obs. Rigaux ; Europe 1998, n° 329, obs. Idot ; JCP 1998. 189, chron. Boutard-Labarde ; RTD com. 1998. 981, note Jazottes*. ♦ ... Lorsque la disposition a déjà fait l'objet d'une interprétation par la CJCE. • CE, sect., 10 févr. 1967, *Sté Éts Petitjean : préc. note 40* • CE 11 juill. 2007, *Sté Easy jet airlines Cie Ldt,* n° 299787 : *Lebon 332*.

88. Il en va de même lorsque la disposition ne laisse place à aucun doute raisonnable d'interprétation (théorie de l'acte clair). • CJCE 6 oct. 1982, *Cilfit,* n° 283/81 : *Rec., p. 3415* • CE 31 oct. 1990, n° 92091 A • CE, sect., 5 nov. 2003, *Assoc. pour la protection des animaux sauvages et a.,* n° 258777 A (concl. Lamy) : *RFDA 2004. 601, concl. Lamy ; JCP Adm. 2004. 1029, note Gautier* • CE 1er févr. 2006, n° 239962 A : *RFDA 2006. 1187, concl. Chauvaux* • CE 12 juin 2006, *Carbonnel et a.,* n° 269407 A. ♦ Il incombe au Conseil d'État, en tant que juridiction dont les décisions ne sont pas susceptibles de faire l'objet d'un recours juridictionnel de droit interne, d'interroger la Cour sur le fondement de l'al. 3 de l'art. 267 TFUE afin d'écarter le risque d'une interprétation erronée du droit de l'Union. Dès lors que le Conseil d'État a omis de saisir la Cour alors même que l'interprétation qu'il a retenue des dispositions du droit de l'Union ne s'imposait pas avec une telle évidence qu'elle ne laissait place à aucun doute raisonnable, la France a manqué à ses obligations. • CJCE 4 oct. 2018, n° C-416/17 : *AJDA 2018. 1933 ; ibid. 2280, chron. Bonneville, Broussy, Cassagnabère et Gänser ; D. 2019. 240, note Cazau ; RFDA 2019. 139, note Iliopoulou-Penot*.

89. Pourtant, l'art. 267 TFUE permet toujours à une juridiction nationale, si elle le juge opportun, de déférer à nouveau à la Cour des questions d'interprétation. • CJCE 27 mars 1963, *Da Costa,* aff. jointes nos 28 à 30/62 § 39 : *Rec. CJCE p. 61.* ♦ L'autorité dont est revêtu un arrêt rendu en matière préjudicielle ne fait pas obstacle à ce que le juge national destinataire de cet arrêt puisse estimer nécessaire de saisir de nouveau la Cour avant de trancher le litige au principal lorsqu'il se heurte à des difficultés de compréhension ou d'application de l'arrêt, lorsqu'il pose à la Cour une nouvelle question de droit, ou encore lorsqu'il lui soumet de nouveaux éléments d'appréciation susceptibles de conduire la Cour à répondre différemment à une question déjà posée. • CJCE 6 mars 2003, *Kaba*, n° C-466/00 : *Rec. CJCE I-2219 ; CDE 2004, pp. 727-762, obs. Iliopoulou, Clément-Witz ; CMLR 2004. 851, note Varju.*

90. De même, un arrêt de la CJUE constatant, en vertu de l'art. 267 TFUE, l'invalidité d'un acte d'une institution, bien qu'il ne soit adressé directement qu'au juge qui a saisi la Cour, dispose également d'un effet *erga omnes* et constitue une raison suffisante pour tout autre juge de considérer cet acte comme non valide pour les besoins d'une décision qu'il doit rendre. • CJCE 13 mai 1981, *International Chemical Corporation*, n° 66/80, § 13 : *Rec. CJCE 1191 ; RTDE 1982. 484, obs. Labayle.* ♦ Cette constatation n'a cependant pas pour effet d'enlever aux juridictions nationales la compétence que leur reconnaît cet art. ; il appartient donc à ces juridictions d'apprécier l'existence d'un intérêt à soulever à nouveau une question déjà tranchée par la Cour dans le cas ou celle-ci a constaté précédemment l'invalidité d'un acte d'une institution de la Communauté. Un tel intérêt pourrait notamment exister s'il subsistait des questions relatives aux motifs, à l'étendue et éventuellement aux conséquences de l'invalidité précédemment établie. • Même affaire, § 14.

91. Une fois la disposition interprétée, le juge statue dans le sens retenu par la CJCE. • CE 8 déc. 2000, n° 181533 A : *Dr. adm. 2001, n° 72, note R. S.* • CE 28 avr. 2006, n° 242727 A : *AJDA 2006. 1462 ; RJS 2006. 564, concl. Devys ; RDSS 2006. 722, note Boulmier .* ♦ ... Et ce, même si l'interprétation donnée par la Cour l'a été dans le cadre d'affaires précédemment jugées par elle. • CE 27 juill. 2006, n° 281629 A • CE 13 déc. 2006, n° 291595 B • CE 6 nov. 2019, n° 416948 et 420225 (2 espèces) : *AJDA 2019. 2273 .* ♦ En effet, un arrêt rendu à titre préjudiciel a pour objet de trancher une question de droit et lie le juge national quant à l'interprétation des dispositions et actes communautaires en cause. • CJCE 3 févr. 1977, *Benedetti*, n° 52/76 : *Rec. CJCE, p. 163, § 16.* ♦ Cependant, lorsque l'atteinte à la sécurité juridique qui résulterait de l'application de la décision de la CJUE présente un caractère exceptionnel, le juge peut estimer que les effets passés de l'acte national irrégulier doivent être regardés comme définitifs. • CE, ass., 19 juill. 2017, n° 370321 A : *AJDA 2017. 1477 ; ibid. 1879, chron. Odinet et Roussel ; JCP Adm. 2017. 521 ; ibid. 2017. 2275, note Minescaut.*

92. Le juge interne indique clairement dans sa décision la référence à la décision de la CJUE. • CE, ass., 25 janv. 2002, *Ligue pour la protection des oiseaux*, n°s 224850, 225596, 225693 et 225769 : *préc. note 85* • CE 15 juill. 2004, n° 245357 A • CE 27 juill. 2005, n° 267979 A.

93. Le juge s'estime désormais lié par l'ensemble de la décision rendue par la CJCE même si celle-ci excède la limite de la question posée. • Com. 26 juill. 1985, *Sté Roquette : Bull. civ. IV, n° 290 ; D. 1986. 250* • Crim. 26 sept. 1994, *Trehel : RJF 1994, n° 1393* • CE ass., 11 déc. 2006, *Sté De Groot En Slot Allium BV*, n° 234560 : *Lebon 512, concl. Séners ; AJDA 2007. 136, chron. Landais et Lénica .* ♦ Le juge interne doit également tenir compte des décisions de la CJCE par lesquelles celle-ci indique que la France a manqué à ses obligations dans la transposition d'une directive, ce qui conduit, de plano, à rendre les règles internes inapplicables. • CE 23 mars 1992, *Sté « Klochner France » : Lebon 132 .*

94. Dès lors, si la CJCE, saisie, estime qu'une directive respecte les principes communautaires qui, eu égard à leur nature et leur portée, garantissent l'effectivité du respect d'une disposition ou du principe constitutionnel interne invoqué, le juge interne administratif doit estimer que le règlement de transposition de la directive respecte la Constitution. • CE 3 juin 2009, *Sté Arcelor Atlantique et Lorraine*, n° 287110 : *AJDA 2009. 1710, note Lafaille .* – V. note 86.

95. Le législateur doit également adapter la législation pour qu'elle soit conforme à l'interprétation donnée par le juge communautaire. • Cons. const. 29 déc. 2009, n° 2009-600 DC § 4.

96. L'exigence d'interprétation conforme ne saurait être considérée comme *contra legem* au motif qu'elle implique un revirement jurisprudentiel. Les juridictions nationales sont donc tenues de modifier une jurisprudence établie qui repose sur une interprétation du droit national incompatible avec le droit de l'Union. Le principe de confiance légitime ne peut, en principe, être invoqué devant le juge national pour se prévaloir d'une législation nationale contraire au droit de l'Union. • CJUE 19 avr. 2016, *Dansk industri*, n° C-441/14 : *AJDA 2016. 1060, chron. Broussy, Cassagnabère et Ganser .*

II. VALEUR JURIDIQUE DES TRAITÉS EN DROIT INTERNE

97. Le juge refuse de se prononcer sur le bien-fondé des stipulations d'un accord international. • CE 8 juill. 2002, *Cne de Porta*, n° 239366 : *préc. note 18.*

A. PLACE DES TRAITÉS PAR RAPPORT À LA CONSTITUTION

BIBL. Madeira, Le maniement délicat de la primauté constitutionnelle à travers le contrôle de la conventionalité de la loi : les apports de la jurisprudence récente du Conseil d'État, *Dr. adm. 2017. 7.*

1° LES TRAITÉS NE FONT PAS PARTIE DES NORMES DE RÉFÉRENCE

a. Traités classiques

98. Incompétence du Conseil constitutionnel. Si les dispositions du présent art. confèrent aux traités, dans les conditions qu'elles définissent, une autorité supérieure à celle des lois, elles ne prescrivent ni n'impliquent que le respect de ce principe doive être assuré dans le cadre du contrôle de la conformité des lois à la Const. Il n'appartient donc pas au Conseil constitutionnel, saisi en application de l'art. 61 Const., d'examiner la conformité à un traité de la loi qui lui est déférée. • Cons. const. 15 janv. 1975, n° 74-54 DC § 3 • Cons. const. 15 janv. 2015, n° 2014-709 DC § 4. ♦ … De se prononcer sur le défaut de compatibilité d'une disposition législative aux engagements internationaux et européens de la France. • Cons. const. 17 déc. 2015, n° 2015-723 DC § 9.

V. pour d'autres décisions dans le même sens : .

99. Le moyen tiré du défaut de compatibilité d'une disposition législative aux engagements internationaux et européens de la France ne saurait être regardé comme un grief d'inconstitutionnalité. • Cons. const. 28 mai 2014, n° 2014-694 DC § 2.

100. Il n'appartient pas non plus au Cons. const., saisi en application des art. 61 et 61-1 Const. 58, d'examiner la compatibilité d'une loi avec les engagements internationaux et européens de la France. • Cons. const. 17 mai 2013, n° 2013-669 DC § 16 • Cons. const. 22 juill. 2010, *Alain C.*, n° 2010-4/17 QPC § 11 • Cons. const. 3 févr. 2012, *Mohammed Akli B.*, n° 2011-217 QPC § 3 • CE, QPC, 14 mai 2010, *M. Senad B.*, n° 312305 : *AJDA 2010. 1048 ; JCP 2010. 608, note Sorbara ; Gaz. Pal. 27 mai 2010, p. 8.* ♦ L'examen d'un tel grief et la transmission de telles questions préjudicielles relèvent de la compétence des juridictions administratives et judiciaires. • Cons. const. 23 janv. 2015, *Ahmed S.*, n° 2014-439 QPC § 7.

101. *Il en va de même* des principes du droit communautaire (à propos du principe de confiance légitime). • Cons. const. 30 déc. 1996, n° 96-385 DC § 18. ♦ Celui-ci ne peut dès lors servir de base à une QPC. • CE, QPC, 25 juin 2010, *Mortagne*, n° 326363 : *Lebon 217* .

102. Compétence des juridictions de fond. L'examen du grief d'inconventionnalité relève de la compétence des juridictions administratives et judiciaires. • Cons. const. 22 juill. 2010, *Alain C.*, n° 2010-4/17 QPC § 11 • Cons. const. 3 févr. 2012, *Mohammed Akli B.*, n° 2011-217 QPC § 3.

103. Il appartient au juge administratif et au juge judiciaire de prendre toutes les mesures provisoires ou conservatoires nécessaires, de suspendre immédiatement tout éventuel effet de la loi incompatible avec le droit de l'Union, d'assurer la préservation des droits que les justiciables tiennent des engagements internationaux et européens de la France et de garantir la pleine efficacité de la décision juridictionnelle à intervenir. • Cons. const. 12 mai 2010, n° 2010-605 DC § 14. ♦ … Y compris lorsqu'ils transmettent une question prioritaire de constitutionnalité, les juges administratif et judiciaire conservent la faculté ou, lorsque leurs décisions ne sont pas susceptibles d'un recours juridictionnel de droit interne, de l'obligation de saisir la CJUE d'une question préjudicielle en application de l'art. 267 TFUE. • Cons. const. 12 mai 2010, n° 2010-605 DC § 15.

104. C'est aux divers organes de l'État qu'il incombe de veiller, dans le cadre de leurs compétences respectives, à l'application des conventions internationales. • Cons. const. 29 déc. 1989, *LF pour 1990*, n° 96-375 DC § 9 • Cons. const. 5 mai 1998, n° 98-399 DC § 12. ♦ Il en résulte que, lorsqu'il est autorisé par le législateur à agir par voie d'ordonnance pour réaliser la codification de texte, le Gouvernement doit respecter le principe de suprématie du traité sur la loi prévu au présent art. et doit donc modifier les normes législatives pour les rendre compatibles avec les traités internationaux. • Cons. const. 16 déc. 1999, n° 99-421 DC § 14. ♦ Le juge du référé-liberté peut donc écarter une loi en cas de méconnaissance manifeste d'une règle de droit de l'Union. • CE 16 juin 2010, *Diakité*, n° 340250 : *Lebon ; AJDA 2010. 1230 ; ibid. 1662 ; ibid. 1355, chron. Liéber et Botteghi , note Le Bot ; RFDA 2011. 377, chron. Clément-Wilz, Martucci et Mayeur-Carpentier ; Constitutions 2010. 399, obs. Barthélémy et Boré ; RTD eur. 2010. 975, chron. Ritleng, Kovar et Bouveresse* . ♦ Rappr. s'agissant de la Conv. EDH. • CE, ass., 14 févr. 2014, *Lambert et a.*, n° 375081 : *Lebon avec les concl. ; AJDA 2014. 374 ; ibid. 790, chron. Bretonneau et Lessi ; ibid. 1225, tribune Cassia ; D. 2014. 488 ; ibid. 2021, obs. Laude ; AJ fam. 2014. 145, obs. Dionisi-Peyrusse ; RFDA 2014. 255, concl. Keller ; RDSS 2014. 506, note Thouvenin ; JCP Adm. 2014. 2284, note Pauliat et a. ; Dr. adm. 2015. 5, chron. Platon.*

b. Traités mentionnés dans la Constitution

105. Il en est de même lorsque la Constitution fait expressément référence au traité (comme par ex. aux art. 53-2, 88-1 et 88-3 Const.). • Cons. const. 12 mai 2010, n° 2010-605 DC § 16. ♦ Dans le cas de l'art. 88-1 Const. (V. notes ss. Const. 58 art. 88-1) dont découle une exigence constitutionnelle de transposition des directives communautaires, le Conseil constitutionnel contrôle néanmoins la constitutionnalité de la loi de transposition à la disposition constitutionnelle susvisée et vérifie que la loi de transposition adoptée par le Parlement ne viole pas les dispositions conventionnelles. • Cons. const. 12 mai 2010, n° 2010-605 DC § 18. ♦ V. cependant, alors qu'il ne s'agit pas de lois de transposition. • Cons. const. 3 août 1993, n° 93-324 DC § 3, 4 et 10 (*a contrario*) • Cons. const. 20 mai 1998, n° 98-400 DC § 4. ♦ Il faut cependant que le traité ainsi visé soit entré en vigueur. • Cons. const. 3 août 1993, n° 93-324 DC § 4.

106. Cependant, s'agissant du traité mentionné à l'art. 88-2 Const., il appartient au Cons. const. saisi de dispositions législatives relatives au mandat d'arrêt européen de contrôler la conformité à la Const. de celles de ces dispositions législatives qui procèdent de l'exercice, par le législateur, de la marge d'appréciation que prévoit l'art. 34 TUE dans sa rédaction alors applicable. • Cons. const. 4 avr. 2013, *Jérémy F.*, n° 2013-314P QPC § 5 • Cons. const. 14 juin 2013, *Jérémy F.*, n° 2013-314 QPC § 6. ♦ V. comm. et annotations ss. Const. 58, art. 88-2.

2° LES TRAITÉS ONT UNE VALEUR INFÉRIEURE À LA CONSTITUTION

107. En imposant l'examen par priorité des moyens de constitutionnalité avant les moyens tirés du défaut de conformité d'une disposition législative aux engagements internationaux de la France, le législateur organique a entendu garantir le respect de la Constitution et rappeler sa place au sommet de l'ordre juridique interne. • Cons. const. 3 déc. 2009, n° 2009-595 DC § 14 et 22. ♦ Le législateur organique n'a fait cependant qu'imposer, en tout état de cause, l'ordre d'examen des moyens soulevés devant la juridiction saisie sans restreindre la compétence de cette dernière, après avoir appliqué les dispositions relatives à la question prioritaire de constitutionnalité, de veiller au respect et à la supériorité sur les lois des traités ou accords légalement ratifiés ou approuvés et des normes de l'Union européenne. Ainsi, elle ne méconnaît pas le présent art. • Même décision. ♦ V. déjà • Cons. const. 20 déc. 2007, n° 2007-560 DC § 8.

108. Tout en confirmant la place de la Constitution au sommet de l'ordre juridique interne, les dispositions du préambule, des art. 3, 53 et du titre XIV de la Const. 58, de l'art. 3 DDH et de l'al. 14 Préamb. Const. 1946, permettent à la France de participer à la création et au développement d'une organisation européenne permanente, dotée de la personnalité juridique et investie de pouvoirs de décision par l'effet de transferts de compétences consentis par les États membres. • Cons. const. 31 juill. 2017, n° 2017-749 DC § 10.

109. Traités internationaux. Dès lors, la violation par un traité d'un « principe fondamental reconnu par les lois de la République », c'est-à-dire un principe de valeur constitutionnelle, permet d'écarter l'application du traité en cause. • CE, ass., 3 juill. 1996, *Koné*, n° 169219 A : *RFDA 1996. 870, concl. Delarue et notes Favoreu, Gaïa, Labayle et Delvolvé ; AJDA 1996. 722, chron. Chauvaux et Girardot ; D. 1996. 509, note Julien-Laferrière ; RD publ. 1996. 1751, note Braud ; JCP 1996. 22720, note Prétot ; LPA 27 déc. 1996, note Guiheux ; ibid. déc. 1997, note Pélissier ; RTDH 1997. 762, note Pierucci ; Rev. belge dr. const. 1997. 123, note Larsonnier ; RGDIP 1997. 238, note Alland ; AJDA 2008. 792, note Chassin ; GAJA, 22e éd., n° 90* (l'actualité de l'arrêt « *Koné* » et la non-extradition en matière politique, plaidoyer pour une nouvelle acception des principes généraux du droit). ♦ De même, la suprématie conférée par le présent art. aux engagements internationaux sur les lois ne s'applique pas, dans l'ordre interne, aux dispositions de nature constitutionnelle. • CE, ass., 30 oct. 1998, *Sarran et Levacher*, n° 200286 A : *Lebon 369 ; RFDA 1998. 1081, concl. Maugüé, note Alland ; ibid. 1999. 57, notes Dubouis , Mathieu, Verpeaux et Gohin ; AJDA 1998. 982, chron. Raynaud et Fombeur ; ibid. 1039, note Mathieu et Verpeaux ; ibid. 2014. 114, note Fombeur ; Europe, mars 1999, note Simon ; RD publ. 1999. 919, note Flauss ; LPA 23 juill. 1999, note Aubin ; ibid. 7 oct. 1999, p. 11 ; ibid. 8 oct. 1999, p. 4, note Ricci ; JDI 1999. 675, note Dehaussy ; D. 2000. 153, note Aubin ; GAJA, 22e éd., n° 93* • Cass., ass. plén., 2 juin 2000, *Fraisse*, n° 99-60.274 P : *RD publ. 2000. 1037, note Prétot ; Europe août-sept. 2000, note Simon ; RGDIP 2000. 811, note Poirat ; D. 2000. 865, note Mathieu et Verpeaux ; LPA 11 déc. 2000, note Jan ; Gaz. Pal. 24-28 déc. 2000, note Flauss.* ♦ Néanmoins, la CEDH admet de contrôler la conventionalité de dispositions organiques et constitutionnelles au regard de la Conv. EDH (et plus particulièrement de l'art. 3 du PA n° 1) en tenant compte de la structure constitutionnelle de l'État. • CEDH 11 janv. 2005, *Py c/ France*, n° 6628901 : *RFDA 2006. 139, note Roblot-Troizier et Sorbara*. ♦ V. aussi notes ss. Const. 58, art. 88-1.

110. Nonobstant la mention dans la Const. du traité signé à Lisbonne le 13 déc. 2007, il ne revient pas au Cons. const. de contrôler la compatibilité d'une loi avec les stipulations de ce traité. • Cons. const. 12 mai 2010, n° 2010-605 DC § 16. – Pour plus de détails, V. notes 105 s.

111. Normes de droit de l'Union. En revanche, pour la CJUE, un acte (communautaire) de droit de l'Union né du traité, issu d'une source autonome, ne pourrait, en raison de sa nature spécifique, se voir judiciairement opposer un texte interne quel qu'il soit, sans perdre son caractère et sans que soit mise en cause la base juridique de l'Union elle-même. • CJCE 15 juill. 1964, n° 6/64 : *Rec. CJCE 1141 ; JDI 1965. 697, note Kovar ; RTDE 1984. 425, note De Witte.* ♦ Dès lors aucune disposition de droit interne, fût-elle constitutionnelle, ne peut justifier qu'un acte de droit de l'Union ne reçoive pas application sur le territoire d'un État membre. • CJCE 17 déc. 1970, *Internationale Handelsgessellschaft,* n° 11/70 § 3 : *Rec. CJCE 1125* • CJCE 2 juill. 1996, *Commission c/ Luxembourg,* n° C-473/93 § 38 : *Rec. CJCE I-3207* • CJCE 16 déc. 2008, *Michaniki,* n° C-213/07 : *AJDA 2009. 252, chron. Broussy, Donnat et Lambert.* • CJUE 8 sept. 2010, *Winner Wetten,* n° C-409/06 : *AJDA 2010. 2305 chron. Aubert, Broussy et Donnat.* ♦ Le juge de l'Union vérifiera donc la conformité d'une mesure nationale, justifiée au regard du droit constitutionnel interne, à l'une des libertés fondamentales consacrées par le droit de l'Union. En effet, cette conformité à la Constitution nationale ne lui confère pas *ipso facto* un brevet de conformité au droit de l'Union. • CJCE 12 juin 2003, *Schmidberger,* n° C-112/00 : *Rec. CJCE 2003. 5659 ; Europe 2003. 272, obs. Rigaux et Simon* • CJCE 14 oct. 2004, *Oméga,* n° C-36/02 : *Dr. adm. 2005. 11, note Cassia.* ♦ Ainsi, la règle nationale qui oblige une juridiction nationale à suivre la position juridique d'une cour constitutionnelle ne saurait empêcher le juge de renvoi de saisir la CJUE d'une demande préjudicielle. • CJUE 15 janv. 2013, *Krizan et a.,* n° C-416/10 : *JCP Adm. 2013. 78, obs. Picod.*

112. De même, l'art. 53 Charte UE n'autorise pas, de manière générale, un État membre à appliquer le standard de protection des droits fondamentaux garanti par sa Constitution lorsqu'il est plus élevé que celui qui découle de la Charte et à l'opposé, le cas échéant, à l'application de dispositions du droit de l'Union. En effet, cette interprétation porterait atteinte au principe de la primauté du droit de l'Union, en ce qu'elle permettrait à un État membre de faire obstacle à l'application d'actes du droit de l'Union pleinement conformes à la Charte, dès lors qu'ils ne respecteraient pas les droits fondamentaux garantis par la Constitution de cet État. En revanche, cet art. confirme que, lorsqu'un acte du droit de l'Union appelle des mesures nationales de mise en œuvre, il reste loisible aux autorités et aux juridictions nationales d'appliquer des standards nationaux de protection des droits fondamentaux, pourvu que cette application ne compromette pas le niveau de protection prévu par la Charte, telle qu'interprétée par la Cour, ni la primauté, l'unité et l'effectivité du droit de l'Union. • CJUE 26 févr. 2013, *Melloni,* n° C-399/11 § 58 et 60 : *AJDA 2013. 1154, chron. Aubert, Brouzzy et Cassagnabère.* ♦ De même, lorsqu'une juridiction d'un État membre est appelée à contrôler la conformité aux droits fondamentaux d'une disposition ou d'une mesure nationale qui, dans une situation dans laquelle l'action des États membres n'est pas entièrement déterminée par le droit de l'Union, met en œuvre ce droit au sens de l'art. 51, §1 Charte UE, il reste loisible aux autorités et aux juridictions nationales d'appliquer des standards nationaux de protection des droits fondamentaux, pourvu que cette application ne compromette pas le niveau de protection prévu par la Charte, telle qu'interprétée par la Cour, ni la primauté, l'unité et l'effectivité du droit de l'Union. • CJUE 26 févr. 2013, *Aklagaren c/ Akerberg Fransson,* n° C-617/10 § 29 : *AJDA 2013. 1154, chron. Aubert, Brouzzy et Cassagnabère.*

113. En revanche, pour le Conseil d'État, la Constitution garde sa suprématie sur le droit communautaire, y compris ses principes généraux. • CE 3 déc. 2001, *Synd. nat. industrie pharmaceutique,* n° 226514 : *Lebon 624 ; Dr. adm. 2002, n° 55, note Cassia ; RFDA 2002. 166 ; Europe 2002, n° 4, p. 6, note Rigaux et Simon ; AJDA 2002. 1219, note Valembois* • CE, réf., 3 juin 2005, *Olziibat,* n° 281001 : *Dr. adm. 2005. 14, note Cassia.*

114. Principes fondamentaux du droit de l'Union. Le juge de l'Union a mis en œuvre des principes fondamentaux qui sont issus des « traditions constitutionnelles communes des États membres ». • CJCE 17 déc. 1970, *Internationale Handelsgesellschaft,* n° 11/70 : *préc. note 111.* ♦ En fait partie la dignité de la personne humaine qui, dès lors, peut être invoquée pour contester la légalité d'une décision de l'Union. • CJCE 9 oct. 2001, *Pays-Bas c/ Parlement et Conseil,* n° C-377/98 § 70 : *Rec. CJCE 2001 I-7079.* ♦ ... Ou pour justifier une mesure nationale portant atteinte à une disposition de droit de l'Union n'ayant pas cette valeur. • CJCE 14 oct. 2004, *Oméga,* n° C-36/02 : *préc. note 111.*

B. PLACE DES TRAITÉS PAR RAPPORT À LA LOI

1° LA RÈGLE DE DROIT INTERNE CONTRAIRE À UN TRAITÉ INTERNATIONAL OU AU DROIT DE L'UNION EST ÉCARTÉE

a. Les traités ont une autorité supérieure à celle des lois

115. Un traité ayant, en application du présent art., une autorité supérieure à celle des lois, il appartient aux divers organes de l'État de veiller dans le cadre de leurs compétences respectives à son application. S'agissant en l'espèce du TSCG, le législateur sera notamment tenu d'en respecter les stipulations lors de l'adoption des LF et des LFSS. • Cons. const. 9 août 2012, n° 2012-653 DC § 18.

116. Principe. Le juge doit écarter la loi qui y

serait contraire même si celle-ci est postérieure à la convention internationale. Pour le droit de l'Union (originaire). • Ch. mixte, 24 mai 1975, *Sté Cafés J. Vabre : préc. note 74* • CE, ass., 20 oct. 1989, *Nicolo*, n° 108219 A (concl. Frydman) : *AJDA 1989. 756, chron. Honorat et Baptiste ; ibid. 788, note Simon ; ibid. 2014. 100, note Long ; RFDA 1989. 656, note Genevois ; Gaz. Pal. 12 nov. 1989, obs. Chabanol ; ibid. 993, note Favoreu ; ibid. 1000, note Dubouis ; GAJA, 22e éd., n° 84 ; LPA 15 nov. 1989, note Gruber ; ibid. 1990. 267, obs. Ruzié ; RTD eur. 1989. 787, note Isaac ; D. 1990. 57, note Kovar ; ibid. 135, note Sabourin ; JDI 1990. 5, chron. Dehaussy ; RGDIP 1990. 91, note Boulouis ; Rev. crit. DIP 1990. 139, note Lagarde ; RD publ. 1990. 801, note Touchard ; Rev. Marché commun 1990. 384, note Lachaume.* ♦ V. également : Les 30 ans de l'arrêt « Nicolo », *Dossier AJDA 2019. 2096* s.. ♦ V. également, s'agissant des directives de l'Union, note ss. Const. 58, art. 88-1.

V. pour d'autres décisions dans le même sens : .

117. Il convient donc que le juge recherche lequel du texte interne ou international s'applique à la situation juridique concernée. • Com. 13 juin 1989, *Sté Méridionale des bois et matériaux c/ Sté nouvelle d'exploitation Secam : Bull. civ. III, n° 127.*

118. Le Cons. const. applique également ce principe dans sa fonction de juge électoral. • Cons. const. 21 oct. 1988, *Val-d'Oise (5e circ.)*, n° 88-1082 AN : *Rec. Cons. const. 183 ; JO 25 oct., p. 13474 ; RFDA 1988. 908, note Genevois ; AJDA 1989. 128, note Wachsmann ; D. 1989. 285, note Luchaire.*

119. La Cour des comptes estime même qu'un accord en forme simplifiée qui n'a été ni régulièrement approuvé ni régulièrement publié mais simplement mentionné par le législateur dans une loi a une autorité supérieure à celle des lois. • C. comptes, 22 oct. 2004, *Droits de pêche dans la ZEE de la Polynésie française : préc. note 19.*

120. Lois concernées. Il importe peu que la loi puisse avoir le caractère d'ordre public. • Cass., ass. plén., 14 oct. 1977, *Bloch c/ SA Filtex : D. 1978. 417, note Lagarde.* ♦ Le juge administratif accepte de contrôler la conventionnalité d'une loi org. dans la mesure où les dispositions contestées ne se bornent pas à tirer les conséquences nécessaires de dispositions constitutionnelles. • CE 6 avr. 2016, n° 380570 : *Lebon ; AJDA 2016. 695 ; ibid. 948, chron. Dutheillet de Lamothe et Odinet ; JCP Adm. 2016. 337 ; Dr. adm. 2016. 50, note Éveillard.* ♦ Le Conseil d'État contrôle la compatibilité d'une loi organique avec un traité dès lors que ses dispositions ne se bornent pas à tirer les conséquences nécessaires de la Const. • CE 6 avr. 2016, n° 380570 : *Lebon ; AJDA 2016. 695 ; ibid. 948, chron. Dutheillet de Lamothe et Odinet ; AJFP 2016. 305 ; Constitutions 2016. 307, chron. Domingo ; Dr. adm. 2016. 68.*

121. Le juge administratif ou judiciaire admet même d'écarter des lois (y compris de validation) déclarées conformes à la Constitution par le Conseil constitutionnel. • CE 5 mai 1995, *SARL « Der » : Lebon 192 ; RD publ. 1995. 1102, concl. Scanvic ; AJDA 1995. 936, note Hamoniaux* • Soc. 24 avr. 2001, *Assoc. « Être enfant au Chesnay »*, n° 00-44.148 P : *RDFA 2001. 1055, note Frouin et Matthieu* • Com. 20 nov. 2001, *SARL Civa : RFDA 2002. 797, note Lamarque* • Civ. 2e, 21 déc. 2006, *CRAMA : D. 2007. 447 ; Dr. soc. 2007. 319, note Lhernould et Martin*. ♦ ... Y compris dans le cadre d'une QPC. • CAA Paris, 18 juin 2012, *Fondation d'entreprise Louis Vuitton pour la création*, n° 11PA00758 : *AJDA 2012. 1496, chron. Sirinelli ; RFDA 2012. 650, concl. Vidal ; AJCT 2012. 508, note Grand ; JCP Adm. 2012. 2285, note Gillig.* ♦ *Contra* • Civ. 1re, 20 juin 2000, *Crédit Lyonnais : RFDA 2000. 1189, concl. Sainte-Rose, note Matthieu* • CE 19 nov. 2014, *A.*, n° 359223 : *AJDA 2014. 2280*. ♦ V. notes ss. DDH, art. 16.

122. On notera la séquence suivante : refus de transmettre une QPC pour absence de caractère sérieux d'une question relative à un problème de contrariété de certaines dispositions au droit à un procès équitable. • Com. 3 sept. 2013, n° 13-40.033 : *D. 2013. 2396*. ♦ La cour d'appel qui avait renvoyé la QPC juge que les ordonnances prises sur le fondement des dispositions contestées violent l'exigence d'impartialité garantie par l'art. 6 § 1 Conv. EDH. • Pau, 19 juin 2014. ♦ Transmission par le Conseil d'État (le caractère sérieux de l'atteinte à l'impartialité de la juridiction est retenu) des dispositions concernées suite à une QPC présentée par les personnes concernées à l'appui de leur recours pour excès de pouvoir contre le refus du Premier ministre d'abroger lesdites dispositions. • CE, QPC, 6 avr. 2016, n° 396364. ♦ Conformité desdites dispositions à la Constitution. • Cons. const. 1er juill. 2016, *Sté Famille Michaud Apiculteurs SA*, n° 2016-548 QPC.

123. Le même principe s'applique aux « lois du pays ». • CE 2 févr. 2011, *Haut-Commissaire de la République en Polynésie française et Sté Digitel Tahiti*, n° 343991 : *Lebon 27 ; AJDA 2011. 249 ; Dr. adm. 2011. 40, note Troianiello.*

124. Conséquences. Le juge tire de la supériorité des traités aux lois toutes les conséquences, en admettant que le traité devait être appliqué de façon rétroactive si son dispositif le prévoit. • Rouen, 9 juill. 1958 : *Rev. crit. DIP 1961. 140* • Civ. 1re, 15 mai 1984 : *Bull. n° 160* • CE, ass., 8 avr. 1987, *Procopio : Lebon 316 ; AJDA 1987. 472, concl. Schrameck* • CE 27 avr. 2001, *Mehyaoui*, n° 188155 • CE, ass.,

5 mars 2003, Aggoun, n° 242860 : *préc. note 16.* ♦ V. aussi • CE 28 juill. 2000, *Centre cardio-thoracique de Monaco : préc. note 5* (point développé dans les concl.). ♦ ... Que le pouvoir réglementaire ne peut prendre les mesures d'application d'une loi contraire à un traité. • CE, sect., 20 mars 1992, *Séguéla*, n° 108088 : *Lebon 125 ; CJEG 1992. 436, concl. Hagelsteen et note Gœhring-Crinon ; LPA 26 juin 1992, chron. Célérier.*

125. Toutes les dispositions du traité doivent s'appliquer, y compris celles qui permettent, dans certains cas, de déroger à certaines dispositions conventionnelles rendant ainsi la loi compatible avec le traité. • CE 28 févr. 2001, *Union française des industries pétrolières*, n° 209419 A. ♦ C'est en particulier le cas des traités qui prévoient que les États peuvent prendre ou maintenir une législation contraire au traité pour des raisons touchant à l'ordre public. • CE 15 mai 2000, n° 202666 A. ♦ Rappr. pour une convention qui renvoie au sens des législations nationales pour les termes qu'elle ne définit pas. • CE 27 juill. 2001, n° 215124 B : *RFDA 2001. 1289, chron. Ruzié .* ♦ A l'inverse, lorsque la convention ne laisse aucune place à la dérogation, une loi qui dispose qu'elle s'applique dans le silence des traités doit être écartée. • CE 15 juin 2001, *Cabre Martin : RFDA 2001. 1289, chron Ruzié .* ♦ Lorsque le traité limite son application géographique, il ne peut être appliqué que pour la partie du territoire national qu'il concerne. • CE 10 janv. 2003, n° 223395 A : *JCP 2003. 10054, concl. Maugüé ; AJDA 2003. 683, note Magnon ; JCP Adm. 2003. 1590, note Tchen ; Dr. adm. 2003, n° 86, note C. M.*

BIBL. David, Le Conseil d'État et le contrôle de la conventionalité procédurale de la loi : autopsie d'un refus, *AJDA 2018. 1255 .*

126. Procédure législative. Cependant, le juge administratif ne peut être utilement saisi d'un moyen tiré de ce que la procédure d'adoption de la loi n'aurait pas été conforme aux stipulations d'un traité ou accord. • CE 27 oct. 2015, *Allenbach et a.*, n° 393026 : *préc. note 33.*

b. Les traités sont source de légalité

127. Il appartient au juge administratif de vérifier la « conventionnalité » des actes administratifs, réglementaires ou individuels, et d'annuler les actes qui seraient incompatibles avec le droit conventionnel. • CE 29 juill. 1994, *SA coopérative d'achats mutualiste des instituteurs de France*, n° 130503 A • CE 8 déc. 2000, *Assoc. Église de scientologie de Paris*, n° 181533 : *préc. note 91* • CE 15 juill. 2004, *Docquier : Lebon 328* (*a contrario*) • CE 8 févr. 2006, *Assoc. d'accueil aux médecins et personnels de santé réfugiés en France*, n° 277258 : *Lebon 64 .* ♦ V. déjà • CE, ass., 30 mai 1952, *Kirkwood : Lebon 291 ; RD publ. 1952, 781, concl. Latournerie, note Waline ; S. 1953. 33 note Bouzat.* ♦ ... Éventuellement telles qu'interprétées par la CJCE. • CE 6 nov. 2019, n° 416948 et 420225 (2 espèces) : *préc. note 91.* ♦ Il en va de même des actes qui seraient simplement contraires au droit communautaire « par défaut » c'est-à-dire en tant qu'ils ne prévoient pas quelque chose. • CE 24 mai 2006, *SNC Cereal Partners France*, n° 276658 : *Dr. adm. 2006. 167, note E.G.* ♦ V. Pour un refus de la CNIL d'examiner une demande de modification d'un signalement « Schengen » : • CE, sect., 7 avr. 2006, *Skandrani*, n° 275216 A. ♦ Le juge pourra du reste ordonner à l'administration d'avoir à prendre, dans un délai raisonnable, les mesures nécessaires permettant de respecter ces obligations conventionnelles. • CE, ass., 29 juin 2001, *Vassilikiotis*, n° 213229 A (concl. Lamy) : *RFDA 2001. 980 ; AJDA 2001. 1046, chron. Guyomar et Collin ; LPA 24 oct. 2001, note Damarey.*

128. Il en découle également que, lorsqu'il apparaît que les dispositions réglementaires prises sous la forme législative sont contraires à des conventions internationales, le Premier ministre doit, dans un délai raisonnable, engager la procédure de déclassement prévue à l'art. 37, al. 2, Const. • CE, sect., 3 déc. 1999, *Assoc. ornithologique et mammalogique de Saône-et-Loire et Rassemblement des opposants à la chasse*, n° 164789 : *Lebon 379, concl. Lamy ; RFDA 2000. 409, note Dubouis ; ibid. 664, notes Favoreu , B.G ., de Béchillon et Carcassonne ; AJDA 2000. 120, chron. Guyomar et Collin ; D. 2000. 272, note Toulemonde ; RD publ. 2000. 1, obs. Camby ; ibid. 289, note Cassia et Saulnier ; JCP 2000. 10319, note Évain ; Rev. adm. 2000. 359, note Favre ; Rev. Marché commun 2000. 533, note Chaltiel ; LPA 11 févr. 2000, note Romi ; ibid. 7 mars 2000, note Roblot ; JCP 2000. 1543, chron. Boiteau ; GAJA, 18e éd., n° 103.* ♦ Les titulaires du pouvoir réglementaire d'exécution des lois doivent s'abstenir de prendre les mesures réglementaires qu'implique nécessairement l'application de la loi dès lors que le respect des engagements internationaux de la France y ferait obstacle. • CE, ass., 7 juill. 2004, *Danthony : AJDA 2004. 1836* • CE 13 juill. 2008, *Masson*, n° 300458 : *AJDA 2008. 1466 .*

129. Il est possible également de contester la conventionnalité d'une circulaire à caractère impératif. Dès lors que celle-ci réitère les dispositions d'une loi, le juge contrôle la conventionnalité de la loi. • CE 2 déc. 2011, *CFTC*, n° 333472 : *Lebon 602 ; AJDA 2011. 2380 .*

130. En revanche, il n'est pas possible de contester la conventionnalité d'un acte de Gouvernement, y compris s'agissant du droit au recours prévu à l'art. 13 Conv. EDH. • CE 30 déc.

2015, *Dupin*, n° 384321 : *Lebon ; AJDA 2016. 12 ; Dr. adm. 2016. 35, note Éveillard.*

131. Compétence. La réserve de compétence au profit de la juridiction administrative, fondée sur le principe général reconnu par les lois de la République (V. notes ss. Préamb. Const. 46, al. 1er), telle que précisée par le Cons. const., ne concernant que le contentieux de l'annulation et de la réformation et non le contentieux de l'appréciation de légalité et de l'interprétation, il est dès lors possible que le juge judiciaire apprécie la conventionnalité d'un acte administratif au regard du droit de l'Union. • T. confl. 17 oct. 2011, *SCEA du Chéneau*, n° 3828 : *Lebon 698 ; AJDA 2012. 27, chron. Guyomar et Domino ; ibid. 2011. 2041 ; D. 2011. 3046, note Donnat ; ibid. 2012. 244, obs. Fricero ; RFDA 2011. 1122, concl. Sarcelet ; ibid. 1129, note Seiller ; ibid. 1136, note Roblot-Troizier ; ibid. 2012. 339, étude Mestre ; ibid. 377, chron. Clément-Wilz, Martucci et Mayeur-Carpentier ; Constitutions 2012. 294, obs. Levade ; RTD civ. 2011. 735, obs. Remy-Corlay ; RTD eur. 2012. 135, étude Ritleng ; Dr. adm. 2012. 10, note Melleray ; JCP 2011. 1423, note Plessix ; JCP Adm. 2011. 2354, note Pauliat.*

c. Recherche de compatibilité

132. En fait, le juge recherche plus la simple compatibilité des deux normes entre elles plutôt que la conformité de la loi nationale à la règle internationale. • CE, sect., 9 juill. 1997, *Assoc. Ekin : Lebon 300 ; RFDA 1997. 1284, concl. Denis-Linton et note Pacteau ; LPA 14 nov. 1997 p. 19, note Tamion.* • CE, sect., 2 juin 1999, *Meyet : Lebon 160 ; LPA 8 juin 1999, concl. Bonichot ; ibid. 11 oct. 1999, note Desfougères ; AJDA 1999. 560, chron. Raynaud et Fombeur ; RD publ. 2000. 371, obs. Guettier ; ibid. 563, note Desmoulin ; RFDC 2000. 359, note Verpeaux* • CE 30 juill. 2003, *Observatoire international des prisons*, n° 253973 : *Lebon T. 633* • CE 7 avr. 2004, *Teglas*, n° 257012 : *Lebon 158* • CE 16 févr. 2004, *Dubourg de la Tour*, n° 258400 : *Lebon T. 565* • CE 7 avr. 2006, *Sté Phytoservice*, n° 257110 : *Lebon 193 ; DF 2006. 710, concl. Verclytte* • CE 1er juin 2011, *Sté Koné*, n° 346405 : *Lebon 266 ; Dr. adm. 2011. 85, note Brenet.*

133. Cette recherche se fait également par rapport aux dérogations que la convention admet de façon à vérifier que les dérogations mises en œuvre par la loi leur sont compatibles. • *CE 2 déc. 2011, CFTC, n° 333472 : préc. note 129.*

134. Dans le cas où la règle interne n'est pas incompatible avec la norme internationale mais ne suffit pas à réaliser toutes les exigences, le juge peut réaliser une application mixte des deux normes. • CE, ass., 19 avr. 1991, *Belgacem : Lebon 152, concl. Abraham ; D. 1991. 399, note Prétot ; Rev. crit. DIP 1991. 677, note Turpin ; Rev. adm. 1991. 239, note Ruiz-Fabri ; JCP 1991. 21757, obs. Nguyen Van Tuong ; LPA 8 juill. 1991, p. 10, note Reydellet ; AJDA 1991. 551, note Julien-Laferrière .* ♦ Il peut également en réaliser une application combinée lorsque cela est possible. • CE 7 avr. 2004, *Teglas*, n° 257012 : *Lebon 159* • CE 11 juin 2004, *Mensah*, n° 257303 : *Lebon T. 547 .* ♦ Il peut encore procéder à une annulation « en tant que » dès lors que l'incompatibilité ne concerne qu'une norme internationale d'application limitée (en l'espèce aux seuls enfants mineurs). • CE 7 juin 2006, *Assoc. Aides et a.*, n° 285576 : *préc. note 38.*

135. Les personnes privées ne peuvent, d'un commun accord, écarter l'application à une situation donnée de dispositions internationales réputées d'ordre public. • Com. 25 mai 1993, *Sté Lusal : Bull. civ. III, n° 121 ; Rev. crit. DIP 1993. 461, note Rémery .*

136. La compatibilité de la loi avec les stipulations de la Conv. EDH ne fait pas obstacle à ce que, dans certaines circonstances particulières, l'application de dispositions législatives puisse constituer une ingérence disproportionnée dans les droits garantis par cette convention. Il appartient par conséquent au juge d'apprécier concrètement si, au regard des finalités des dispositions législatives en cause, l'atteinte aux droits et libertés protégés par la convention qui résulte de la mise en œuvre de dispositions, par elles-mêmes compatibles avec celle-ci, n'est pas excessive. • CE, ass., 31 mai 2016, *Mme Gonzalez Gomez*, n° 396848 : *Lebon ; AJDA 2016. 1092 ; ibid. 1398, chron. Dutheillet de Lamothe et Odinet ; D. 2016. 1470, obs. de Montecler ; ibid. 1472, note Fulchiron ; ibid. 1477, note Haftel ; AJ fam. 2016. 360, obs. Dionisi-Peyrusse .*

137. Enfin, il est possible qu'une loi, compatible avec les dispositions internationales au moment de son intervention se trouve frappée d'incompatibilité postérieurement du fait d'un changement de circonstance de droit ou de fait, ce dont le juge doit alors s'assurer. • CE, sect., 2 juin 1999, *Meyet : préc. note 132.*

138. Si l'examen juridictionnel conclut à la compatibilité des dispositions nationales et internationales, les premières trouvent à s'appliquer. • CE 6 oct. 2000, *Le Pen : Lebon 403* . ♦ Il en va de même s'agissant d'une décision individuelle. • CE 3 nov. 2004, *Bhutia*, n° 240632 : Lebon 417 ; Dr. adm. 2004. 175, *note F. D.*

139. Cas particulier des conventions de double imposition. Si une convention bilatérale conclue en vue d'éviter les doubles impositions peut, en vertu du présent art., conduire à écarter, sur tel ou tel point, la loi fiscale nationale, elle ne peut pas, par elle-même, directement servir de base légale à une décision relative à l'imposition ; il incombe donc au juge de l'impôt, saisi d'une contestation relative à une telle convention, de se placer d'abord au regard de la loi fiscale nationale pour rechercher si, à ce titre, l'imposition contestée a été valablement établie et, dans l'affirmative, sur le fondement de quelle qualification ; ensuite, le cas échéant, il rapproche cette qualification des stipulations de la convention, de déterminer – en fonction des moyens invoqués devant lui ou même, s'agissant de déterminer le champ d'application de la loi, d'office – si cette convention fait ou non obstacle à l'application de la loi fiscale. • CE, ass., 28 juin 2002, *Sté Schneider Électric,* n° 232276 : *Lebon 233, concl. Austry ; RFDA 2002. 1124, concl. Austry ; RJF oct. 2002, p. 755, chron. Olléon ; RJF févr. 2002, p. 113, note L'estoile-Campi et Juilhard ; DF 2002. 1133, note Dibout.* ♦ En revanche, et eu égard à l'objet d'une telle convention, un moyen tiré de la méconnaissance de ces stipulations par des dispositions législatives de portée générale ne sauraient être utilement invoqué à l'appui d'un REP contre les dispositions réglementaires prises pour l'application de telles dispositions. • CE 12 juill. 2013, *Gibier,* n° 359314 : *Lebon.*

140. *Contrôle de conventionnalité.* La CEDH contrôle la conventionnalité des mesures nationales d'exécution du droit communautaire. • CEDH 30 juin 2005, *Bosphorus Hava Yollari Turizm Ve Ticaret Anonim Sirketi c/ Irlande,* n° 54036/98 : *JCP Adm. 2005. 1311, note Szymczak ; AJDA 2005. 1886, chron. Flauss.* – V. comm. et annotations ss. Préamb. Conv. EDH.

2° EXTENSION AU DROIT DÉRIVÉ

141. *Principes.* Un texte législatif doit être écarté dans la mesure où il est incompatible avec des actes de droit dérivé pris sur le fondement des traités communautaires. • CE 20 déc. 2000, *Géniteau,* n° 213415 : *Lebon 634 ; D. 2001. 1713, note Raynouard ; D. 2001. 383, obs. Lienhard ; RTD civ. 2001. 238, obs. Molfessis ; AJDA 2001. 489, note Pontier ; Gaz. Pal. 8 juill. 2001, note Mitrovic.* ♦ Il appartient donc aux autorités administratives nationales, sous le contrôle du juge, d'exercer les pouvoirs qui leur sont conférés par la loi en donnant à celle-ci, dans tous les cas où elle se trouve dans le champ d'application d'une règle communautaire, une interprétation qui, dans la mesure où son texte le permet, soit conforme au droit communautaire et notamment aux objectifs fixés par les directives. Il appartient donc aux autorités administratives nationales, le cas échéant, dans l'hypothèse où des dispositions législatives se révéleraient incompatibles avec des règles communautaires, de donner instruction à leurs services de n'en point faire application. • CE 30 juill. 2003, *Assoc. « Avenir de la langue française » : Lebon 347 ; RFDA 2003. 1039 ; AJDA 2003. 2156, note Pontier ; Dr. adm. 2003, n° 219, note Lombard ; LPA 20 avr. 2004, note Melleray* • CE 27 juill. 2006, *Assoc. « Avenir de la langue française »,* n° 281629 : *Lebon 380 ; Dr. adm. 2007. 24, note E. G.* ♦ Ces autorités ne peuvent toutefois trouver dans une telle incompatibilité un fondement juridique les habilitant à édicter des dispositions de caractère réglementaire qui se substitueraient à des dispositions législatives incompatibles. • Même affaire.

142. Les dispositions du droit communautaire dérivé n'ont vocation à s'appliquer en droit interne que dans la mesure où elles sont conformes au droit communautaire originaire et aux principes généraux du droit communautaire ; cette conformité peut faire l'objet d'un renvoi en appréciation de validité : V. • CE, réf., 29 oct. 2003, *Sté Techna,* n° 260768 : *AJDA 2004. 465, obs. Cassia ; ibid. 540, note Courrier* • CE 17 déc. 2003, *Lhopiteau,* n° 240957 : *Lebon 515 ; RFDA 2004. 207.*

143. *Primauté du droit de l'Union.* Il appartient au juge national d'exclure ou de laisser inappliquées les dispositions nationales susceptibles de faire obstacle à la pleine exécution du droit communautaire. • CJCE 9 mars 1978, *Simmenthal,* n° 106/77 : *Rec. CJCE 629, concl. Reischl* • CAA Douai, 26 avr. 2005, *Sté Segafredo Zanetti France,* n° 02DA00376 : *AJDA 2005. 1556, note Michel* • CE 29 mars 2006, *Centre d'exportation du livre français,* n° 274923 : *Lebon 173 ; AJDA 2006. 1396, note Cartier-Bresson ; CJEG 2006. 375, note Girardot ; Dr. adm. 2006. 112, note Bazex et Blazy* • CE 14 juin 2006, *Avis, SA Cedillac,* n° 288163 : *Lebon 297* • CAA Nancy, 19 mars 2007, *Office nat. interprof. Élevage et production,* req n° 05NA00955 : *JCP Adm. 2007. 2271, chron. Giltard et Plessix.* ♦ Le juge national, chargé d'appliquer, dans le cadre de sa compétence, les dispositions du droit de l'Union, a l'obligation d'assurer le plein effet de ces normes en laissant au besoin inappliquée, de sa propre autorité, toute disposition contraire de la législation nationale, même postérieure, sans qu'il ait à demander ou à attendre l'élimination préalable de celle-ci par voie législative ou par tout autre procédé constitutionnel. • CJUE 26 févr. 2013, *Aklagaren c/ Akerberg Fransson,* n° C-617/10 § 29 : *préc. note 112.*

144. Il en résulte qu'une société est fondée à demander l'annulation de contrats lorsque ceux-ci ont été attribués selon une procédure incompatible avec une directive communautaire. • CE 1er juin 2011, *Sté Koné,* n° 346405 : *préc. note 132.*

145. V. égal. notes ss. Const. 58, art. 88-1.

a. Règlements

146. *Caractère obligatoire du règlement de l'Union.* Les règlements communautaires sont obligatoires dans tous leurs éléments. • CJCE 7 févr. 1973, *Commission c/ Italie,* n° 39/72 : *préc. note 47.* ♦ Il est donc impossible d'en faire une application sélective. • CJCE 30 nov. 1972, *Granaria,* n° 18/72 : *Rec. CJCE 1172.* ♦ ... D'y apporter des modifications ou des adjonctions. • CJCE 11 févr. 1971, *Norddeutsches Vieh und Fleischkontor,* n° 39/70 : *Rec. CJCE 49.* ♦ ... Ou d'édicter des règles qui en affectent le contenu ou la portée. • CJCE 18 févr. 1970, *Bollmann,* n° 40/69 : *Rec. CJCE 69.*

147. Que le règlement prévoie l'existence de mesures d'application ou non, les autorités nationales doivent donc prendre les mesures nécessaires à son application pour que celui-ci puisse produire tous ses effets juridiques, ce qui peut se traduire par la mise en place de sanctions pénales. • CJCE 7 déc. 1995, *Commission c/ France,* n° C-52/95 : *Rec. CJCE I-4443.* ♦ L'application doit être uniforme sur l'ensemble du territoire de l'Union. • CJCE 27 mai 1993, *Peter,* n° C-290/91 : *Rec. CJCE I-2981 ; Europe 1993, n° 281.*

148. Le Cons. const. estime de même que les règlements sont obligatoires dans tous leurs éléments et directement applicables dans tout État membre, en vertu de l'art. 189 du traité du 25 mars 1957 régulièrement ratifié et publié en France. • Cons. const. 30 déc. 1977, n° 77-89 DC § 5.

149. Mise en œuvre. En matière de droit communautaire, il a été jugé que devaient être écartées les règles internes contraires aux actes dérivés, c'est-à-dire aux règlements. • CE 24 sept. 1990, *Boisdet : Lebon 251 ; AJDA 1990, 863, chron. Honorat et Schwartz ; LPA 12 oct. 1990, concl. Laroque ; RFDA 1991. 172, note Dubouis ; RGDIP 1991. 964, note Rousseau* • Crim. 22 oct. 1970, *Sté « Les fils d'Henri Ramel »,* n° 69-90.850 P : *D. 1971. 221, rapp. Mazard, note Rideau.* ♦ Ainsi, doit être annulé un acte réglementaire interne contraire à un règlement communautaire. • CE, sect., 22 déc. 1978, *Synd. viticole des Hautes Graves de Bordeaux : préc. note 85.* ♦ Rappr. de l'analyse faite par le juge d'un décret pris pour l'application d'une loi jugée conforme à une décision communautaire. • CE 10 janv. 2001, *Région Guadeloupe : Lebon 7 ; RFDA 2001. 537 .*

150. Des circulaires prescrivant l'application d'une décision communautaire sans en méconnaître la portée ou le sens, ne sauraient, à supposer même que cette décision communautaire soit irrégulière, engager la responsabilité de l'État tenu, aussi longtemps que la Cour de justice des communautés n'a pas constaté cette illégalité, d'appliquer ces dispositions en vertu du traité. • CE 12 mai 2004, *Sté Gillot : Lebon 221 ; AJDA 2004. 1008, obs. Royer ; RFDA 2004. 1021, concl. Séners ; RJEP 2004. 346, concl. Séners.*

151. Le contrôle de constitutionnalité des règlements réitérant un règlement de l'Union doit s'opérer comme celui des règlements assurant directement la transposition d'une directive. • CE 20 janv. 2017, *La CIMADE et a.,* n° 394686 : *AJDA 2017. 821, concl. Domino (sol. impl.).* ♦ V. déjà, de manière également implicite. • CE 1er août 2013, *Assoc. gén. des producteurs de maïs (AGPM),* n° 358103 B : *AJDA 2013. 1656 ; D. 2014. 104, obs. Trébulle .*

152. Le contrôle de constitutionnalité des lois réitérant un règlement de l'Union doit s'opérer comme celui des règlements assurant directement la transposition d'une directive. • Cons. const. 6 déc. 2019, *Saisda C.,* n° 2019-818 QPC § 7. ♦ V. notes ss. art. 88-1 Const. 58.

b. Directives

153. Portée de la directive de l'Union. La directive communautaire est un acte de portée générale fixant des objectifs à atteindre par l'intermédiaire d'actes nationaux destinés à les traduire en droit interne. • CJCE 22 févr. 1984, *Kloppenburg,* n° 70/83 : *Rec. CJCE 1075.*

154. La forme et les moyens des mesures à prendre par les organes nationaux sont fonction du résultat que le Conseil ou la Commission entendent voir atteint. • CJCE 23 nov. 1977, *Enka,* n° 38/77 : *préc. note 49.* ♦ L'instrument national doit donc être choisi en vu d'assurer l'effet utile de la directive et d'en atteindre les buts. • CJCE 8 avr. 1976, *Royer,* n° 48/75 : *Rec. CJCE 497.* ♦ Il doit donc s'agir d'un acte contraignant à caractère normatif. • CJCE 13 oct. 1987, *Commission c/ Pays-Bas,* n° 239/85 : *Rec. CJCE 3989* • CJCE 15 mars 1990, *Commission c/ Pays-Bas,* n° C-339/87 : *Rec. CJCE I. 851.* ♦ Il doit s'agir de l'acte qui en droit interne aurait été nécessaire pour atteindre le même objectif. • CJCE 2 déc. 1986, *Commission c/ Belgique,* n° 239/85 : *Rec. CJCE 3645* • CE 28 sept. 1984, *Conféd. nat. Stés protection des animaux : Lebon T. 512 ; AJDA 1984. 695, concl. Jeanneney ; RD publ. 1985. 811, note Auby.*

155. Dans ces limites, et sous le contrôle du juge, les autorités nationales sont seules compétentes pour décider de la forme à donner et pour fixer les moyens propres à faire produire aux directives leurs effets en droit interne. • CE, sect., 1er févr. 2006, *Féd. européenne des réalisateurs de l'audiovisuel,* n° 239962 : *préc. note 86.*

156. Obligation de transposer. V. notes ss. Const. 58, art. 88-1.

c. Principes généraux du droit de l'Union

BIBL. Dubouis, Les principes généraux du droit communautaire, un instrument périmé de protection des droits fondamentaux, Mél. Jeanneau, *Dalloz 2002, p. 77.* – Ruiz-Fabri, Principes généraux du droit communautaire et droit comparé, *Droits, 2007/5 p. 27.* – Simon, Les principes généraux du droit communautaire, *in* Caudal, Les principes généraux du droit, *Economica 2008, p. 287.* – Bertrand, Retour sur un classique. Quelques remarques sur la catégorie des principes généraux du droit de l'Union européenne, *RFDA 2013. 1217* .

157. La CJCE a toujours jugé que toute autorité chargée d'appliquer les règlements communautaires est tenue au respect des principes généraux du droit communautaire. • CJCE 27 sept. 1979, *Eridania,* n° 230/78 : *Rec. CJCE 2749* • CJCE 17 avr. 1997, *EARL de Kerlast,* n° C-15/95 § 36 : *Rec. CJCE I-1961.* ♦ Le juge administratif admet lui aussi la supériorité des principes généraux du droit communautaire par rapport aux lois. • CE 3 déc. 2001, *Synd. nat. industrie pharmaceutique : préc. note 111.* ♦ Cependant, le principe de confiance légitime, qui fait partie des principes généraux du droit communautaire, ne trouve à s'appliquer dans l'ordre juridique national que dans le cas où la situation juridique dont a à connaître le juge administratif français est régie par le droit communautaire. • CE, ass., 24 mars 2006, *Sté KPMG,* n°s 288460, 288465, 288474 et 288485 : *Lebon 154* ; *AJDA 2006. 1028, chron. Landais et Lénica* , *ibid. 2214, étude Tesoka* ; *JCP Adm. 2006. 1120, note Bélorgey* ; *RFDA 2006. 463, concl. Aguila* ; *ibid. 2006. 483, note Moderne* ; *Dr. adm. 2006. 71* ; *RD publ. 2007. 285, note Woehrling* ; *D. 2006. 1190, étude Cassia* • CE 7 juill. 2006, *Sté Poweo et Féd. française combustibles, carburants et chauffage,* n° 289012 : *Lebon 325* ; *RJEP, n° 639, p. 70, concl. Verclytte* • CE 30 mars 2007, *Sté ENEL,* n° 289687 : *Lebon 133* . ♦ Celui-ci ne peut dès lors servir de base à une QPC. • CE, QPC, 25 juin 2010, *Mortagne,* n° 326363.

3° Mise en œuvre

158. Une juridiction nationale peut, lorsque le droit interne le permet, exceptionnellement et au cas par cas, limiter dans le temps certains effets d'une déclaration d'illégalité d'une disposition du droit national qui a été adoptée en méconnaissance des obligations de droit de l'Union, à la condition qu'une telle limitation s'impose par une considération impérieuse liée à la protection de l'environnement et compte tenu des circonstances spécifiques de l'affaire dont elle est saisie. Cette faculté exceptionnelle ne saurait toutefois être exercée que lorsque toutes les conditions suivantes sont remplies : que la disposition du droit national attaquée constitue une mesure de transposition correcte du droit de l'Union en matière de protection de l'environnement ; que l'adoption et l'entrée en vigueur d'une nouvelle disposition du droit national ne permettent pas d'éviter les effets préjudiciables sur l'environnement découlant de l'annulation de la disposition du droit national attaquée ; que l'annulation de cette dernière aurait pour conséquence de créer un vide juridique en ce qui concerne la transposition du droit de l'Union en matière de protection de l'environnement qui serait plus préjudiciable à celui-ci, en ce sens que cette annulation se traduirait par une protection moindre et irait ainsi à l'encontre même de l'objectif essentiel du droit de l'Union, et qu'un maintien exceptionnel des effets de la disposition du droit national attaquée ne couvre que le laps de temps strictement nécessaire à l'adoption des mesures permettant de remédier à l'irrégularité constatée. • CJUE 28 juill. 2016, *France Nature Environnement,* n° C-379/15 : *AJDA 2016. 1541* ; *ibid. 2226* ; *ibid. 2209, chron. Broussy, Cassagnabère et Gänser, note Mamoudy* ; *D. 2016. 1701* ; *Rev. UE 2016. 449* , *édito. Chaltiel.* ♦ Sur les conditions précitées, V. • CJUE 28 févr. 2012, *Inter-Environnement Wallonie et Terre Wallonne,* n° C-41/11 : *AJDA 2012. 995, chron. Aubert, Broussy et Donnat* ; *RFDA 2012. 961, chron. Mayeur-Carpentier, Clément-Wilz et Martucci* .

159. Si le Conseil d'État ne saurait, dans le cadre du recours pour excès de pouvoir contre les dispositions d'un décret, maintenir provisoirement en vigueur, eu égard à leur portée, les dispositions jugées contraires au droit de l'Union, faute de pouvoir porter, par avance, une appréciation circonstanciée, au regard des conditions énoncées par la Cour, sur les décisions dont la légalité pourrait être mise en cause en raison de l'annulation du décret litigieux, il appartient, en revanche, aux juridictions administratives devant lesquelles il serait soutenu à bon droit qu'un plan ou programme pris en application du décret attaqué ou qu'un acte pris sur le fondement d'un de ces plans ou programmes est illégal au motif qu'il a été pris sur le fondement des dispositions en cause ou que la procédure d'adoption du plan ou programme a méconnu la directive, d'apprécier s'il y a lieu de maintenir provisoirement en vigueur l'acte attaqué et de vérifier, à ce titre, si les conditions rappelées sont remplies. • CE 3 nov. 2016, *Assoc. France Nature Environnement,* n° 360212 : *Lebon* ; *AJDA 2016. 2136* ; *Dr. adm. 2017. 6, note Clémendot.*

a. Responsabilité

160. Responsabilité du fait du non-respect des traités. Il est possible d'engager la responsabilité de l'État s'il ne respecte pas ses engagements conventionnels. • CE, ass., 8 févr. 2007, *Gardedieu,* n° 279522 : *Lebon 78, concl. Derepas* ; *RFDA 2007. 361 concl. Derepas* ; *AJDA 2007. 585, chron. Lénica et Boucher* ; *JCP Adm. 2007. 2083, note Broyelle* ; *RFDA 2007. 525, note Pouyaud* ; *ibid. 2007. 789 note Canedo-Paris* • CE 5 oct. 2015, *Sté Lilly France,* n° 371832 : *Lebon* ; *AJDA 2015. 1889* ; *ibid. 2227, concl. Decout-Paolini* ; *JCP Adm. 2015. 850* ; *Dr. adm. 2016. 4, chron. Platon.* ♦ Le juge administratif engageait déjà la responsabilité de l'État pour manquement au droit communautaire. • CE, ass., 28 févr. 1992, *Sté Arizona Tobacco products et SA Philip Morris Fr.*, n° 87753 : *Lebon 78 ; AJDA 1992. 210, concl. Laroque ; ibid. 1992. 329, chron. Maugüé et Schwartz ; RFDA 1992. 425, note Dubouis ; D. 1992. 208, chron. Kovar* • TA Clermont-Ferrand, 23 sept. 2004, *SA Fontanille*, n° 0101282 : *AJDA 2005. 385, note Weisse-Marchal* • CAA Paris, 23 janv. 2006, *Sté Slamon Arc-en-Ciel*, n° 04PA01092 : *Lebon T. 780*. ♦ En effet, la responsabilité de l'État pour violation du droit communautaire est inhérente au système des traités. • CJCE 30 nov. 2003, n° C-224/01, *Köbler : AJDA 2003. 2146, chron. Bélorgey, Gervasoni et Lambert ; ibid. 2004. 423, note Courtial ; Dr. adm. 2003, n° 227 ;*. ♦ Encore faut-il qu'il y ait un lien de causalité entre le dommage et la disposition internationale non respectée. • TA Lille, 10 nov. 2009, *Camuset*, n° 0702487 : *AJDA 2010. 514, concl. Minet*. ♦ Tel est le cas si le juge a mis en œuvre l'exception d'inconventionnalité. • TA Nantes, 18 oct. 2013, *SAS Le Doyenné*, n° 1010001 : *AJDA 2014. 693, concl. Gille*.

161. Il en va de même si la violation est le fait d'une juridiction suprême d'un État membre dès lors que la méconnaissance du droit communautaire par cette juridiction est « suffisamment caractérisée », c'est-à-dire « dans le cas exceptionnel où le juge a méconnu de manière manifeste le droit applicable ». • CJCE 30 nov. 2003, n° C-224/01, *Köbler : préc. note 146* • CJCE 13 juin 2006, *Traghetti del Mediterraneo*, n° C-173/03 : *AJDA 2006. 1193.* ♦ De même, si la France, après avoir été condamnée pour une transposition incorrecte d'une directive, ne prend pas les mesures nécessaires pour exécuter l'arrêt de la CJCE, elle peut voir sa responsabilité engagée et être condamnée à une astreinte. • CJCE 14 mars 2006, *Commission c/ Rép. française*, n° C-177-04 : *AJDA 2006. 1158, chron. Broussy, Donnat et Lambert*.

162. La responsabilité de l'État pour des dommages causés aux particuliers du fait d'une violation du droit de l'Union européenne, par une décision d'une juridiction nationale de l'ordre judiciaire statuant en dernier ressort, n'est susceptible d'être engagée que si, par cette décision, ladite juridiction a méconnu de manière manifeste le droit applicable, ou si cette violation intervient malgré l'existence d'une jurisprudence bien établie de la CJUE. • Cass., ass. plén., 18 nov. 2016, n° 15-21.438 P : *D. 2016. 2410 ; AJ pénal 2017. 125, note Sordino ; JCP Adm. 2016. 910.*

163. *De même, la responsabilité de l'État est* engagée pour carence dans la mise en œuvre des réglementations européennes. • TA Rennes, 25 oct. 2007, *Assoc. « Halte aux marées vertes »*, n° 0400630 : *AJDA 2008. 470, concl. Rémy*.

164. Compétence. Lorsque le redevable choisit de rechercher la responsabilité de l'État du fait de la méconnaissance de l'obligation qui incombe au législateur d'assurer le respect des conventions internationales, (...) une telle action relève du régime de la responsabilité de l'État du fait de son activité législative et donc de la juridiction administrative. • T. confl. 31 mars 2008, *Boiron*, n° 3632 : *Lebon 553 ; AJDA 2008. 1116*.

b. Mise en œuvre de la règle

165. Procédure. La question de savoir si l'incompatibilité des dispositions de droit interne et international doit être soulevée d'office est controversée. Le Conseil d'État n'y procède pas, qu'il s'agisse de dispositions internes de nature législative. • CE, sect., 6 déc. 1995, *SA « SAMEP » : RJF 1996, n° 61* • CE, ass., 6 déc. 2002, *Maciolak : AJDA 2003. 493, chron. Donnat et Casas* • CE 27 juin 2005, *Bahri*, n° 251766 : *AJDA 2005. 1434*. ♦ V. égal. note 170. ♦ ... Ou réglementaires. • CE 15 janv. 1995, *SARL « Constructions industrielles pour l'agriculture » : Lebon 35.* ♦ Il appartient donc au requérant d'avancer des arguments montrant en quoi l'acte en cause serait contraire à la convention invoquée. • CE 22 janv. 2007, *Assoc. « Les amis des Tuileries »*, n° 269360 : *RFDA 2007. 833, chron. Ruzié*. ♦ V. cependant une décision dans laquelle le juge fait référence « au principe du respect de la dignité humaine tel que garanti notamment par le le pacte international relatif aux droit civils et politiques de New York » sans préciser un article précis. • CE 6 avr. 2007, *Comité Harkis et Vérité*, n° 282390 : *RFDA 2007. 833, note Ruzié*. ♦ En revanche, la Cour de cassation a une position plus nuancée. Ainsi la chambre criminelle accepte-t-elle de soulever d'office l'incompatibilité. • Crim. 7 juin 1979, n° 89-80.673 P • Crim. 1er févr. 1990, *Pompes funèbres*, n° 89-80.673 P. ♦ ... De même que la chambre sociale. • Soc. 8 janv. 1997, *Dalmont : RJS 1997, n° 192.* ♦ Enfin, certains tribunaux administratifs n'hésitent pas non plus à le faire. • TA Strasbourg, 19 mai 1993, *Assoc. « Alsace-Nature » : Lebon 507.*

166. Eu égard à son office, qui consiste à assurer la sauvegarde des libertés fondamentales, il appartient au juge des référés, saisi sur le fondement de l'art. L. 521-2 CJA, de prendre, en cas d'urgence, toutes les mesures qui sont de nature à remédier aux effets résultant d'une atteinte grave et manifestement illégale portée, par une autorité administrative, à une liberté fondamentale, y compris lorsque cette atteinte résulte de l'application de dispositions législatives qui sont manifestement incompatibles avec les engagements européens ou internationaux de la France, ou dont la mise en œuvre entraînerait des conséquences manifestement contraires aux exigences nées de ces engagements. • CE, ass., 31 mai 2016, *Mme Gonzalez Gomez*, n° 396848 : *préc. note 136.* ♦ *Ab. jur.* • CE, ord., 9 déc. 2005, *Allouache*, n° 287777 : *Lebon 562 ; AJDA 2005. 2374 ;*

ibid. 2006. 1875, étude Girardot ; *D. 2006. IR 12* (référé-liberté). ♦ V. pourtant, n'étant pas expressément abandonné : en toute hypothèse, eu égard à l'office du juge des référés, qui juge en l'état de la jurisprudence, le moyen tiré de l'incompatibilité d'une loi n'est pas de nature à faire naître un doute sérieux sur la légalité de la décision dont la suspension est demandée dès lors qu'il conviendrait que l'inconventionnalité soit « découverte » par ce juge. Il doit dès lors appliquer la loi et non l'écarter en attendant le jugement au fond. • CE 30 déc. 2002, *Carminati*, n° 240430 : *Lebon* ; *AJDA 2003. 1065, note Le Bot* ; *ibid. 2007. 1274, étude Groulier* ; *D. 2003. 397* ; *Dr. adm. 2003, n° 74, note M. G.* (référé-suspension). ♦ Dans l'hypothèse où le juge du fond a, à plusieurs reprises, déclaré la loi contestée contraire au droit communautaire, ce moyen est de nature à faire naître un doute sérieux sur la légalité de l'acte administratif pris sur le fondement de cette loi. • CE 21 oct. 2005, *Assoc. Aides et a.*, n° 285577 : *Lebon 438* ; *AJDA 2006. 944, note Rihal* ; *ibid. 1875, étude Girardot* ; *RGDIP 2006. 730, note Haupais* • CE 9 déc. 2005, *Alouache et a.*, n° 287777 : *préc.*

167. Le moyen tiré de l'incompatibilité d'un traité peut aussi être soulevé par voie d'exception sans que puisse y faire obstacle la circonstance que le décret de publication dont la légalité est ainsi nécessairement contestée n'a pas été attaqué dans le délai de recours contentieux. • CE 5 mars 2003, *Aggoun*, n° 242860 : *préc. note 16* • CE 16 juin 2003, *Cavaciuti*, n° 246794 : *préc. note 16.*

168. Droit de l'Union. La Cour de justice n'impose pas que le juge interne soulève d'office les moyens tirés des règles de droit de droit de l'Union contraignantes. • CJCE, ass. plén., 14 déc. 1995, *Van Schjndel et Van Veen*, n° C-430/93 § 22 : *Rec. CJCE I-4705* ; *RJF 1996, n° 398.* ♦ Mais elle ne l'interdit pas. • CJCE, ass. plén., 11 juill. 1991, *Verholen*, n° C-87/90 : *Rec. CJCE 3757.* ♦ En revanche, si la règle communautaire doit être considérée comme étant d'ordre public, le moyen doit être soulevé d'office (art. 81 CE par ex.). • CJCE 14 déc. 1995, *Peterbroeck*, n° C-312/93 : *Rec. CJCE I-4599* ; *RJF 1996, n° 399* ; *Europe 1996, chron. 4, note Canivet et Huglo.* ♦ ... Les juridictions nationales devant, dans toute la mesure du possible, interpréter le droit national conformément au droit communautaire. • CJCE 26 sept. 2000, *Rijksdienst voor Pensioenen*, n° C-262/97 § 39 : *Rec. CJCE 7321.*

169. Règlements. Le moyen paraît devoir être soulevé d'office par le juge interne. • CE, sect., 10 juill. 1970, *Synacomex* : *préc. note 76* • Com. 30 mai 2000, *Assoc. fabricants industriels de rillettes du Mans*, n° 98-15.327 P : *Europe 2000, n° 206.* ♦ Cependant, le Conseil d'État estime, dans une décision difficile à interpréter, que l'incompatibilité vis-à-vis d'un règlement ne peut pas être soulevée pour la première fois en cassation lorsqu'elle résulte d'une interprétation du règlement donnée par la CJCE. • CE 11 mai 2001, *Sté « CED viande » : Lebon T. 876* .

170. Directives. Le juge interne estime qu'il n'est pas tenu de soulever d'office. • CE, sect., 11 janv. 1991, *SA « Morgane » : Lebon 9* ; *RFDA 1991. 652, concl. Hagelsteen* ; *AJDA 1991. 111* ; *ibid. 149* • CE 28 juill. 1993, *Bach : Lebon 237* • CE 20 déc. 2000, *Géniteau*, n° 213415 : *préc. note 141* • CE, ass., 13 mai 2011, *M'Rida*, n° 316734 : *Lebon 211, concl. Geffray* ; *AJDA 2011. 1136, chron. Domino et Bretonneau* ; *D. 2011. 1422* ; *RFDA 2011. 789, concl. Geffray* ; *ibid. 806, note Verpeaux* .

171. Cependant, si le requérant ou le défendeur soulève l'incompatibilité avec certains art. d'une directive, le juge s'estime saisi de l'ensemble du texte communautaire et confronte les dispositions nationales à d'autres art. que ceux invoqués. • CE, sect., 10 juill. 1995, *TF1 : Lebon 299* ; *AJDA 1995. 637, concl. Toutée* • CE 27 mars 2000, *Féd. nat. industrie hôtelière : Lebon 133* ; *Europe 2000, n° 225.*

172. Il en résulte que le moyen de l'incompatibilité avec une directive ne peut pas être soulevé pour la première fois en cassation. • Com. 9 juill. 1996, *DGI c/ Sté Clairgel : RJF 1996, n° 1258* • CE 28 juill. 1993, *Bach : Lebon 237* • CE 27 nov. 2000, *SA Laboratoire de contactologie appliquée : Europe 2001, n° 99.*

173. Cependant, la chambre criminelle soulève d'office un moyen tiré du droit communautaire dès lors qu'il est de pur droit. • Crim. 2 juin 1993, n° 92-83.576 P • Crim. 10 avr. 1995, *Gelain*, n° 94-81.138 P • Crim. 12 juin 1995, n° 94-81.241 P.

174. Juge des référés. La limitation du pouvoir du juge des référés évoquée s'agissant du droit international général (V. note 166) n'est pas applicable en matière communautaire. En effet, le juge communautaire oblige le juge interne à écarter toute règle du droit national qui l'empêche d'accorder des mesures provisoires et donc de suspendre l'application d'une disposition nationale dont un doute sérieux d'incompatibilité avec le droit communautaire apparaît fondé. • CJCE 19 juin 1990, *Factortame*, n° C-213/89 : *Rec. CJCE I-2433 § 23.* ♦ Le juge des référés s'est du reste déjà prononcé sur la suspension d'un décret transposant une directive, au motif qu'il existait un doute sérieux quant à la validité de la directive par rapport au traité instituant la Communauté et à certains principes généraux du droit communautaire, alors que la CJCE ne s'est pas encore prononcée sur cette validité. • CE, réf., 29 oct. 2003, *Sté Techna*, n° 260768 : *préc. note 142.*

TITRE VII Le Conseil constitutionnel

BIBL. ▶ La nomination des membres du Conseil constitutionnel, *Site internet du Conseil constitutionnel. A la une, avr. 2016.*

Art. 56 **Le Conseil constitutionnel comprend neuf membres, dont le mandat dure neuf ans et n'est pas renouvelable. Le Conseil constitutionnel se renouvelle par tiers tous les trois ans. Trois des membres sont nommés par le Président de la République, trois par le Président de l'Assemblée nationale, trois par le Président du Sénat.** *(L. const. n° 2008-724 du 23 juill. 2008, art. 27)* **« La procédure prévue au dernier alinéa de l'article 13 est applicable à ces nominations. Les nominations effectuées par le Président de chaque assemblée sont soumises au seul avis de la commission permanente compétente de l'assemblée concernée. »**

En sus des neuf membres prévus ci-dessus, font de droit partie à vie du Conseil constitutionnel les anciens Présidents de la République.

Le Président est nommé par le Président de la République. Il a voix prépondérante en cas de partage.

Sur les commissions permanentes compétentes pour émettre un avis sur les nominations des membres du Conseil constitutionnel, V. ci-dessous L. n° 2010-838 du 23 juill. 2010, art. 3.

COMMENTAIRE

V. sur le Code en ligne.

[V. références des décisions du Conseil constitutionnel dans le tableau DC]

1. *Pouvoir public constitutionnel.* Le Cons. const. figure au nombre des pouvoirs publics constitutionnels. • Cons. const. 15 déc. 2011, n° 2011-642 DC § 7.

2. Le législateur ne peut, sans méconnaître sa compétence, soumettre le Cons. const. au contrôle de la Cour des comptes. • Cons. const. 15 déc. 2011, n° 2011-642 DC § 7.

3. Sur l'autonomie financière du Cons. const., V. DDH, art. 16, note 344.

4. *Membres nommés.* Il n'appartient pas au Conseil d'État de connaître des décisions par lesquelles le Président de la République nomme un membre du Conseil constitutionnel. • CE, ass., 9 avr. 1999, *Ba : Lebon 124 ; RFDA 1999. 566, concl. Salat-Baroux ; Cah. Cons. const. 1999. 109, obs. Robert ; AJDA 1999. 409, chron. Raynaud et Fombeur.*

5. *Membres de droit.* La qualité de membre de droit du Conseil constitutionnel des anciens Présidents de la République fait obstacle à leur remplacement au sein du Conseil. • Cons. const. 11 janv. 1995, n° 94-354 DC. ♦ Ils n'en sont pas moins éligibles. • CE 20 oct. 1989, *Sitbon : Lebon 206* • Cons. const. 8 juin 1993, n° 93-1171 AN : *Rec. Cons. const. 56 ; JO 12 juin, p. 8418.* ♦ Mais une fois élus, ils tombent sous le coup d'une incompatibilité les obligeant à se mettre en « congé » du Conseil ce qui leur interdit de prendre part, pendant la durée de leur mandat, à ses travaux. • Cons. const. 7 nov. 1984, n° 84-983 AN : *Rec. Cons. const. 117 ; JO 10 nov., p. 3490 ; AJDA 1985. 93, note Cliquennois* • Cons. const. 11 janv. 1995, n° 94-354 DC • Cons. const. 8 juin 1993, n° 93-1171 AN : *préc.*

6. *Président du Conseil constitutionnel.* Il est possible de démissionner de la présidence du Conseil constitutionnel sans démissionner du Conseil lui-même ; le Président successeur assure alors un mandat entier. V. *Pouvoirs 1986, n° 38, p. 166 ;* Duverger, Une fraude à la Constitution ?, *in Le Monde 22 févr. 1986 ;* Luchaire, La nomination de Monsieur Badinter au Conseil constitutionnel, *in Le Monde 26 févr. 1986.* ♦ Lorsque le Président du Conseil suspend l'exercice de ses fonctions sans pour autant démissionner de la présidence, le doyen d'âge le remplace dans la plénitude de ses fonctions et dès lors préside les séances et dispose en cas de partage d'une voix prépondérante. – V. Communiqué du Conseil constitutionnel du 24 mars 1999, *www.conseil-constitutionnel.fr.*

Loi n° 2010-838 du 23 juillet 2010,

Relative à l'application du cinquième alinéa de l'article 13 de la Constitution.

Art. 3 Dans chaque assemblée parlementaire, la commission permanente compétente pour émettre un avis sur les nominations des membres du Conseil constitutionnel, effectuées sur le fondement du premier alinéa de l'article 56 de la Constitution, est la commission chargée des lois constitutionnelles.

Art. 57 Les fonctions de membre du Conseil constitutionnel sont incompatibles avec celles de ministre ou de membre du Parlement. Les autres incompatibilités sont fixées par une loi organique.

Sur l'organisation du Conseil constitutionnel, V. ci-dessous Ord. n° 58-1067 du 7 nov. 1958.

Sur les obligations des membres du Conseil constitutionnel, V. ci-dessous Décr. n° 59-1292 du 13 nov. 1959.

COMMENTAIRE

V. sur le Code en ligne.

Ordonnance n° 58-1067 du 7 novembre 1958,

Portant loi organique sur le Conseil constitutionnel.

TITRE Ier. ORGANISATION DU CONSEIL CONSTITUTIONNEL

Art. 1er Les membres du Conseil constitutionnel, autres que les membres de droit, sont nommés par des décisions du Président de la République, du Président de l'Assemblée nationale et du Président du Sénat.

Le Président du Conseil constitutionnel est nommé par décision du Président de la République. Il est choisi parmi les membres du conseil, nommés ou de droit.

Les décisions ci-dessus sont publiées au *Journal officiel*.

Art. 2 Le premier Conseil constitutionnel comprend trois membres désignés pour trois ans, trois membres désignés pour six ans et trois membres désignés pour neuf ans. Le Président de la République, le Président de l'Assemblée nationale et le Président du Sénat désignent chacun un membre de chaque série.

Art. 3 *(Ord. n° 59-223 du 4 févr. 1959)* Avant d'entrer en fonction, les membres nommés du Conseil constitutionnel prêtent serment devant le Président de la République.

Ils jurent de bien et fidèlement remplir leurs fonctions, de les exercer en toute impartialité dans le respect de la Constitution et de garder le secret des délibérations et des votes et de ne prendre aucune position publique, de ne donner aucune consultation sur les questions relevant de la compétence du Conseil.

Acte est dressé de la prestation de serment.

Art. 4 *(L. org. n° 95-63 du 19 janv. 1995)* Les fonctions de membre du Conseil constitutionnel sont incompatibles avec celles de membre du Gouvernement ou du Conseil économique, social et environnemental *(L. org. n° 2011-333 du 29 mars 2011, art. 40-1°)* « , ainsi qu'avec celles de Défenseur des droits ». Elles sont également incompatibles avec l'exercice de tout mandat électoral.

Les membres du Gouvernement ou du Conseil économique, social et environnemental *(L. org. n° 2011-333 du 29 mars 2011, art. 40-2°)* « , le Défenseur des droits » ou les titulaires d'un mandat électoral nommés au Conseil constitutionnel sont réputés avoir opté pour ces dernières fonctions s'ils n'ont pas exprimé une volonté contraire dans les huit jours suivant la publication de leur nomination.

Les membres du Conseil constitutionnel nommés à des fonctions gouvernementales *(L. org. n° 2011-333 du 29 mars 2011, art. 40-3°)* « ou aux fonctions de Défenseur des droits », désignés comme membres du Conseil économique, social et environnemental ou qui acquièrent un mandat électoral sont remplacés dans leurs fonctions.

(L. org. n° 2013-906 du 11 oct. 2013, art. 3-1°) « L'exercice des fonctions de membre du Conseil constitutionnel est incompatible avec l'exercice de toute fonction publique et de toute autre activité professionnelle ou salariée.

« Les membres du Conseil constitutionnel peuvent toutefois se livrer à des travaux scientifiques, littéraires ou artistiques. »

(L. org. n° 2013-906 du 11 oct. 2013, art. 6-I) « Les fonctions de membre du Conseil constitutionnel sont incompatibles avec l'exercice de la profession d'avocat. »

Sur les incompatibilités applicables aux membres du Parlement, V. ***C. élect.****, art. L.O. 137 s.*

Art. 5 Pendant la durée de leurs fonctions, les membres du Conseil constitutionnel ne peuvent être nommés à aucun emploi public ni, s'ils sont fonctionnaires publics, recevoir une promotion au choix.

Art. 6 Le Président et les membres du Conseil constitutionnel reçoivent respectivement une indemnité égale aux traitements afférents aux deux catégories supérieures des emplois de l'État classés hors échelle.

(Abrogé par L. org. n° 2013-906 du 11 oct. 2013, art. 3-2°) « Les indemnités sont réduites de moitié pour les membres du Conseil qui continuent d'exercer une activité compatible avec leur fonction. »

Art. 7 *(Ord. n° 59-223 du 4 févr. 1959)* Un décret pris en conseil des ministres sur proposition du Conseil constitutionnel, définit les obligations imposées aux membres du Conseil afin de garantir l'indépendance et la dignité de leurs fonctions. Ces obligations doivent notamment comprendre l'interdiction pour les membres du Conseil constitutionnel, pendant la durée de leurs fonctions, de prendre aucune position publique sur les questions ayant fait ou susceptibles de faire l'objet de décisions de la part du Conseil, ou de consulter sur les mêmes questions.

Sur les obligations des membres du Conseil constitutionnel, V. ci-dessous Décr. n° 59-1292 du 13 nov. 1959.

Art. 8 Il est pourvu au remplacement des membres du Conseil huit jours au moins avant l'expiration de leurs fonctions.

Art. 9 Un membre du Conseil constitutionnel peut démissionner par une lettre adressée au Conseil. La nomination du remplaçant intervient au plus tard dans le mois de la démission. Celle-ci prend effet de la nomination du remplaçant.

Art. 10 Le Conseil constitutionnel constate, le cas échéant, la démission d'office de celui de ses membres qui aurait exercé une activité ou accepté une fonction ou un mandat électif incompatible avec sa qualité de membre du Conseil ou qui n'aurait pas la jouissance des droits civils et politiques.

Il est alors pourvu au remplacement dans la huitaine.

Art. 11 Les règles posées à l'article 10 ci-dessus sont applicables aux membres du Conseil constitutionnel qu'une incapacité physique permanente empêche définitivement d'exercer leurs fonctions.

Art. 12 Les membres du Conseil constitutionnel désignés en remplacement de ceux dont les fonctions ont pris fin avant leur terme normal achèvent le mandat de ceux qu'ils remplacent. A l'expiration de ce mandat, ils peuvent être nommés comme membre du Conseil constitutionnel s'ils ont occupé ces fonctions de remplacement pendant moins de trois ans.

Décret n° 59-1292 du 13 novembre 1959,

Sur les obligations des membres du Conseil constitutionnel.

Art. 1er Les membres du Conseil constitutionnel ont pour obligation générale de s'abstenir de tout ce qui pourrait compromettre l'indépendance et la dignité de leurs fonctions.

Art. 2 Les membres du Conseil constitutionnel s'interdisent en particulier pendant la durée de leurs fonctions :

De prendre aucune position publique ou de consulter sur des questions ayant fait ou étant susceptibles de faire l'objet de décisions de la part du Conseil ;

D'occuper au sein d'un parti ou groupement politique tout poste de responsabilité ou de direction et, de façon plus générale, d'y exercer une activité inconciliable avec les dispositions de l'article 1er ci-dessus ;

De laisser mentionner leur qualité de membre du Conseil constitutionnel dans tout document susceptible d'être publié et relatif à toute activité publique ou privée.

Art. 3 Les membres du Conseil constitutionnel tiennent le Président informé des changements qui pourraient survenir dans leurs activités extérieures au Conseil.

Art. 4 Tout membre du Conseil constitutionnel qui entend solliciter un mandat électif doit demander sa mise en congé pour la durée de la campagne électorale. La mise en congé est de droit.

Art. 5 Le Conseil constitutionnel apprécie, le cas échéant, si l'un de ses membres a manqué aux obligations générales et particulières mentionnées aux articles 1er et 2 du présent décret.

Art. 6 Dans le cas prévu à l'article 5 ci-dessus, le Conseil constitutionnel se prononce au scrutin secret à la majorité simple des membres le composant, y compris ses membres de droit.

Art. 7 Pour l'application des dispositions du présent décret, le Conseil constitutionnel peut recourir, s'il y a lieu, à la procédure prévue à l'article 10 de l'ordonnance susvisée du 7 novembre 1958 *[no 58-1067, V. ci-dessus]*.

Art. 8 Lorsqu'en application des articles 10 et 11 de l'ordonnance du 7 novembre 1958 *[no 58-1067, V. ci-dessus]*, le Conseil constitutionnel a constaté la démission d'office de l'un de ses membres, il notifie immédiatement sa décision au Président de la République ainsi qu'à l'autorité à qui il appartient de pourvoir au remplacement de l'intéressé.

Art. 58 Le Conseil constitutionnel veille à la régularité de l'élection du Président de la République.

Il examine les réclamations et proclame les résultats du scrutin.

COMMENTAIRE

V. sur le Code en ligne.

1. V. annotations au ***C. élect.***, App., vo *Élection du Président de la République*.

2. Le Conseil constitutionnel doit être consulté sur toutes les mesures, même permanentes, qui touchent à l'organisation des élections présidentielles. • Cons. const. 14 mars 2001, *Hauchemaille,* no 2001-95 PDR : *Rec. Cons. const. 53 ; JO 17 mars p. 4260 ; AIJC 2001. 597, note Lamouroux ; AJDA 2001. 964, note Maillard Desgrées Du Loû ; D. 2001. 1828, note Jan* • CE 30 déc. 2002, *Meyet,* no 244423 : *Lebon 491*. ♦ Il n'est cependant pas consulté sur les décrets portant création de centres de vote à l'étranger, ceux-ci n'ayant pas le caractère de mesure d'organisation de l'élection. • CE 29 avr. 2002, *Meyet,* no 242440 : *Lebon T. 592 ; Dr. adm. 2002, no 101, note D.P.*

3. En vertu de la mission générale de contrôle de la régularité de l'élection du Président de la République qui lui est conférée par l'art. 58 Const. 58, le Cons. const. peut exceptionnellement statuer sur les requêtes mettant en cause l'élection à venir, dans les cas où l'irrecevabilité qui serait opposée à ces requêtes risquerait de compromettre gravement l'efficacité de son contrôle de l'élection, vicierait le déroulement général des opérations électorales ou porterait atteinte au fonctionnement normal des pouvoirs publics. • Cons. const. 19 avr. 2007, *Galland : RFDA 2007. 591, note Schoettl*.

Art. 59 Le Conseil constitutionnel statue, en cas de contestation, sur la régularité de l'élection des députés et des sénateurs.

Sur la procédure suivie devant le Conseil constitutionnel pour le contentieux de l'élection des députés et des sénateurs, V. ***C. élect.***, *Règl. du Cons. const. du 31 mai 1959.*

COMMENTAIRE

V. sur le Code en ligne.

1. En vertu de la mission de contrôle de la régularité des élections des députés et des sénateurs qui lui est conférée par le présent art., le Cons. const. peut exceptionnellement statuer sur les requêtes mettant en cause des élections à venir, dans les cas où l'irrecevabilité qui serait opposée à ces requêtes risquerait de compromettre gravement l'efficacité de son contrôle de l'élection des députés et des sénateurs, vicierait le déroulement général des opérations électorales ou porterait atteinte au fonctionnement normal des pouvoirs publics. • Cons. const. 17 sept. 2020, *Hauchemaille,* n° 2020-29 ELEC. ♦ V. annotations ***C. élect.*** et, sur les actes préparatoires à l'élection, V. notes ss. L. 172. – ***C. élect.***

2. L'annexe 1 du mémento à l'usage des candidats aux élections sénatoriales du 27 sept. 2020 élaboré par le ministre de l'intérieur rappelle, dans un tableau, la liste des départements ou collectivités appartenant à la série 2 ainsi que le nombre de sièges de sénateurs dans chacun de ces départements ou collectivités ; elle n'a que la valeur d'une circulaire se bornant à reproduire les dispositions législatives applicables à cette élection figurant au C. élect. Dès lors, les conditions qui permettent exceptionnellement au Cons. const. de statuer avant la proclamation des résultats des élections ne sont pas remplies. • Cons. const. 17 sept. 2020, *Hauchemaille,* n° 2020-29 ELEC.

3. Le juge administratif est incompétent pour connaître de la décision du secrétaire général du Conseil constitutionnel refusant d'enregistrer une requête de contentieux préélectoral. • TA Paris, réf., 11 oct. 2002, *Feler : AJDA 2003. 101 ; RFDA 2003. 22.*

Art. 60 Le Conseil constitutionnel veille à la régularité des opérations de référendum *(L. const. n° 2003-276 du 28 mars 2003, art. 12-III)* **« prévues aux articles 11 et 89 »** *(L. const. n° 2005-204 du 1er mars 2005, art. 2-II)* **« et au titre XV. Il en proclame les résultats ».**

COMMENTAIRE

V. sur le Code en ligne.

[V. références des décisions du Conseil constitutionnel dans le tableau DC]

1. V. notes ss. Ord. n° 58-1067 du 7 nov. 1958, annexe V « Référendum ». – ***C. élect.***

2. Étendue de la compétence du Conseil en matière référendaire. L'ajout de la révision du 28 mars 2003 confirme la limitation du contrôle du Conseil constitutionnel aux seuls référendums des art. 11 et 89 comme l'avait indiqué le Conseil d'État. • CE, ass., 30 oct. 1998, *Sarran et Levacher : Lebon 369 ; RFDA 1998. 1081, concl. Maugüé , note Alland ; ibid. 1999. 57, notes Dubouis , Mathieu, Verpeaux et Gohin AJDA 1998. 982, chron. Raynaud et Fombeur ; ibid. 1998. 1039, note Mathieu et Verpeaux ; Europe, mars 1999, note Simon ; RD publ. 1999. 919, note Flauss ; LPA 23 juill. 1999, note Aubin ; ibid. 7 oct. 1999, p. 11 ; ibid. 8 oct. 1999, p. 4, note Ricci ; JDI 1999. 675, note Dehaussy ; D. 2000. 153, note Aubin ; GAJA, 17e éd., n° 102.*

3. Il résulte du présent art. et des dispositions de l'art. 46 de l'ord. du 7 nov. 1958 que les décrets relatifs à l'organisation de ces référendums doivent être préalablement soumis au Conseil constitutionnel. • CE, ass., 10 sept. 1992, *Meyet : Lebon 327, concl. Kessler ; AJDA 1992. 643, chron. Maugüé et Schwartz ; D. 1993. 293, note Gohin ; LPA 21 oct. 1992, p. 11, note Célérier ; RD publ. 1992. 1799, concl. Kessler ; ibid. 1992. 1822, note Le Bos-Le Pourhiet ; RFDA 1993. 55, note Pouyaud .* ♦ Cette consultation est la condition de la régularité des opérations. • Cons. const. 25 oct. 1988, *Diémert et Bannel,* n° 88-13 REF : *Rec. Cons. const. 191 ; JO 26 oct., p. 13521 ; RFDA 1988. 887, note Genevois.* ♦ Le Conseil d'État vérifie que cette consultation a bien eu lieu mais non la régularité de cet avis. • CE 20 mai 2005, *Hoffer,* n° 279955 : *Lebon T. 705 .*

4. Actes préparatoires au référendum. Le Conseil constitutionnel accepte de contrôler la légalité du décret par lequel le Président de la République décide de soumettre un projet de loi au référendum, fixe la date de la consultation et son organisation dans la mesure où l'irrecevabilité qui serait opposée à ces requêtes risquerait de compromettre gravement l'efficacité du contrôle par le Conseil des opérations référendaires. • Cons. const. 25 juill. 2000, *Hauchemaille I : JO 29 juill., p. 11768 ; RFDA 1009, note Ghévontian ; LPA 2 août 2000, note Schoettl ; Dr. adm. 2000 (10), p. 4, note Maligner ; ibid. 11 janv. 2001, p. 13, note Jan ; D. 2001. 1844, obs. Ghévontian ; AIJC 2000, p. 707, chron. Fatin-Rouge* • Cons. const. 23 août 2000, *Hauchemaille,* n° 2000-24 REF • Cons. const. 6 sept. 2000, *Hauchemaille,* n° 2000-26 REF : *JO 9 sept., p. 14164 ; Rec. Cons. const. 140 ; Dr. adm. 2000, chron. 16, comm. Maligner ; LPA 13 sept. 2000, note Schoettl* • Cons. const. 23 août 2000, *Larrouturou,* n° 2000-23 REF : *JO 26 août, p. 13166 ; Rec. Cons. const. 137 ; Dr. adm. 2000. Chron. 16,* comm. Maligner ; LPA 29 août 2000, note *Schoettl* • Cons. const. 6 sept. 2000, *Pasqua,* n° 2000-25 REF : *JO 9 sept., p. 14165 ; Rec. Cons. const. 144 ; LPA 13 sept. 2000, note Schoettl ; RFDA 2000. 1011* • Cons. const. 11 sept 2000, *Meyet* • Cons. const. 24 mars 2005, *Hauchemaille et Meyet,* n° 2005-31 REF : *JO*

31 mars, p. 5834 ; AJDA 2005. 692 ; *RFDA 2005. 1040, note Fatin-Rouge Stéfanini* • Cons. const. 7 avr. 2005, *de Villiers et Peltier,* n° 2005-33 REF : *JO 9 avr., p. 6457 ; Rec. Cons. const. 61 ; LPA 25 avr. 2005, p. 14, comm. Schoettl ; RD publ. 2005. 587, comm. Camby ; RFDC 2005. 606, note Fatin-Rouge Stefanini* • Cons. const. 7 avr. 2005, *Génération écologie,* n° 2005-34 REF : *JO 9 avr. 6458 ; Rec. Cons. const. 64 ; LPA 25 avr. 2005, p. 14, comm. Schoettl ; RD. publ. 2005. 587, comm. Camby ; RFDC 2005. 606, note Fatin-Rouge Stefanini* • Cons. const. 25 mai 2005, *Hauchemaille et Le Mailloux,* n° 2000-21 REF : *AJDA 2005. 1292, note Schoettl*. ♦ Rappr. en matière électorale : • Cons. const. 11 juin 1981, *Delmas,* n° 81-1 REF : *Rec. Cons. const. 97 ; RJC V-2 ; JO 12 juin, p. 1725 ; AJDA 1981. 357, note Goyard ; ibid. 1981. 481, note Feffer ; RD publ. 1981. 1347, note Favoreu ; ibid. 1982. 138, note Philip ; JCP 1982. 19775, note Franck ; D. 1981. 589, note Luchaire ; Rev. adm. 1981. 272, note De Villiers ; Gaz. Pal. 24 nov. 1981, p. 4.*

5. Tel est le cas par exemple, dans le cadre de l'art. 11, d'un recours qui prétendrait que le traité est contraire à la Constitution dès lors que cet art. exclut effectivement qu'il puisse être mis en œuvre dans ce cas. C'est ainsi que le Conseil va contrôler la constitutionnalité du « traité instituant une Constitution pour l'Europe » par rapport à la Charte de l'environnement de 2004 introduite dans le préambule le 1er mars 2005, c'est-à-dire après qu'il se soit prononcé le 19 nov. 2004 dans le cadre de l'art. 54 Const. et par une révision distincte de celle induite par cette décision du 10 nov. 2004. • Cons. const. 24 mars 2005, *Hauchemaille et Meyet,* n° 2005-31 REF : *préc. note 4.* ♦ Mais il n'appartient pas au Conseil constitutionnel, se prononçant, comme en l'espèce, en application de l'art. 60 et non de l'art. 61 Const., d'apprécier la constitutionnalité des dispositions législatives mises en cause. • Même décision.

6. Le Conseil d'État considérait que ce décret n'est pas susceptible de voir sa légalité contestée devant le Conseil d'État (à l'époque : acte de gouvernement). • CE 29 avr. 1970, *Cté chômeurs de Marne,* n° 77651 : *Lebon 279*. ♦ Il s'estime maintenant incompétent sur la base de l'exception de recours parallèle. • CE, ass., 1er sept. 2000, *Larrouturou : Lebon 365, concl. Savoie* ; *RFDA 2000. 989, concl. Savoie* ; *ibid. 2000. 1004, note Ghévontian* ; *AJDA 2000. 803, chron. Guyomar et Collin* ; *LPA 29 août 2000, p. 14, note Schoettl.* ♦ En revanche, le Conseil d'État reste compétent pour les autres actes préparatoires. • Cons. const. 3 mai 2005, *Rassemblement pour la France,* n° 2005-36 REF : *JO 5 mai, p. 7872.*

7. Contestation sur les opérations. Le Conseil constitutionnel a un rôle juridictionnel lorsqu'il statue sur les réclamations afférentes au déroulement des opérations de référendum, c'est-à-dire sur les contestations formulées à l'issue du scrutin sur les opérations effectuées ; il les examine et les tranche définitivement. • Cons. const. 25 oct. 1988, *Diémert et Bannel,* n° 88-13 REF : *préc. note 3.* ♦ Il lui est possible en cas de fraude d'annuler des suffrages exprimés illégalement. • Cons. const. 23 sept. 1992 : *Résultats référendum 1992 ; Rec. Cons. const. 91 ; JO 25 sept., p. 13335.*

8. Le rôle exercé en cette matière par le Conseil constitutionnel ne fait pas obstacle à ce que le contrôle de la justification des dépenses exposées par les formations habilitées, ainsi que le calcul de la somme qui leur sera remboursée par l'État, soient confiés à la Commission nationale des comptes de campagne et des financements politiques instituée par l'art. L. 52-14 C. élect. • Cons. const. 24 mars 2005, *Hauchemaille et Meyet,* n° 2005-31 REF : *préc. note 4.*

9. Constitutionnalité de la question posée. Le Conseil constitutionnel qui, en vertu du présent art. veille à la régularité des opérations référendaires et en proclame les résultats, n'est pas compétent pour juger la constitutionnalité de la question posée ou de la loi ainsi adoptée. • Cons. const. 6 nov. 1962, n° 62-20 DC § 3 • Cons. const. 23 sept. 1992, n° 92-313 DC. ♦ En effet, ni l'art. 60 Const. qui détermine le rôle du Conseil constitutionnel en matière de référendum, ni l'art. 11 Const. ne prévoient de formalité entre l'adoption d'un projet de loi par le peuple et sa promulgation par le Président de la République. • Cons. const. 6 nov. 1962, n° 62-20 DC § 3 • Cons. const. 23 sept. 1992, n° 92-313 DC § 3.

10. A l'inverse, dès lors qu'il s'agit d'un référendum organisé dans le cadre de l'autodétermination (Const. 58, art. 53 et Préamb. Const. 58, al. 2), le Conseil constitutionnel peut examiner la question posée et la déclarer contraire à la Constitution si elle est posée de manière équivoque. • Cons. const. 8 août 1985, n° 85-196 DC § 7 • Cons. const. 4 mai 2000, n° 2000-428 DC § 14 s.

Art. 61 **Les lois organiques, avant leur promulgation,** *(L. const. n° 2008-724 du 23 juill. 2008, art. 28)* **« les propositions de loi mentionnées à l'article 11 avant qu'elles ne soient soumises au référendum, » et les règlements des assemblées parlementaires, avant leur mise en application, doivent être soumis au Conseil constitutionnel, qui se prononce sur leur conformité à la Constitution.**

(L. const. nº 74-904 du 29 oct. 1974) « Aux mêmes fins, les lois peuvent être déférées au Conseil constitutionnel, avant leur promulgation, par le Président de la République, le Premier ministre, le Président de l'Assemblée nationale, le Président du Sénat ou soixante députés ou soixante sénateurs. »

Dans les cas prévus aux deux alinéas précédents, le Conseil constitutionnel doit statuer dans le délai d'un mois. Toutefois, à la demande du Gouvernement, s'il y a urgence, ce délai est ramené à huit jours.

Dans ces mêmes cas, la saisine du Conseil constitutionnel suspend le délai de promulgation.

Sur les déclarations de conformité à la Constitution, V. Ord. nº 58-1067 du 7 nov. 1958, art. 17 s., ss. Const. 58, art. 63.

COMMENTAIRE

V. sur le Code en ligne.

PLAN DES ANNOTATIONS

[V. références des décisions du Conseil constitutionnel dans les tableaux DC et QPC]

1. Sur l'absence de contrôle de constitutionnalité avant l'entrée en vigueur de la Const. 58, V. notes ss. Const. 58, art. 61-1.

2. La Const. 58 se « place au sommet de l'ordre juridique interne ». • Cons. const. 3 déc. 2009, n° 2009-595 DC § 14. ♦ V. également, dans le cadre d'une QPC. • Cons. const. 2 oct. 2020, *Geoffrey F. et a.*, n° 2020-858/859 QPC § 8.

I. ACTE DONT LA CONSTITUTIONNALITÉ EST CONTRÔLÉE

3. La compétence du Cons. const. est strictement délimitée par la Constitution ainsi que par les dispositions de la L. org. du 7 nov. 1958 prise pour l'application du titre VII de celle-ci ; le Conseil ne saurait donc être appelé à se prononcer sur d'autres cas que ceux qui sont limitativement prévus par ces textes. • Cons. const. 6 nov. 1962, n° 62-20 DC § 1. • Cons. const. 24 oct. 2019, n° 2019-2 AUTR.

4. Il ne lui appartient pas de se prononcer : sur des décrets, même pour rechercher si le contenu de ceux-ci impliquait la compétence législative. • Cons. const. 29 déc. 1984, n° 84-184 DC § 4. ♦ ... Sur la décision de la Conférence des présidents de l'Assemblée nationale relative à la répartition du temps de parole pour l'examen d'un projet de loi. • Cons. const. 24 oct. 2019, n° 2019-2 AUTR.

5. Le contrôle de constitutionnalité a pour objet non de gêner ou de retarder l'exercice du pouvoir législatif mais d'assurer sa conformité à la Constitution. • Cons. const. 23 août 1985, n° 85-197 DC § 20. ♦ L'un des buts de ce contrôle est de permettre à la loi votée, qui n'exprime la volonté générale que dans le respect de la Constitution, d'être sans retard amendée à cette fin. • Même décision *§ 27.*

A. RÈGLEMENTS DES ASSEMBLÉES

BIBL. de Caqueray, Quand trop de contrôle tue le contrôle : la raréfaction des résolutions modifiant les règlements des assemblées, *RFDC 2015. 377.*

6. Les règlements des assemblées doivent être obligatoirement soumis au contrôle du Cons. const. dans leur ensemble. • Cons. const. 14 mai 1959, n° 59-1 DC. ♦ ... Puis, au fur et à mesure de leur modification. • Cons. const. 15 janv. 1960, n° 59-5 DC. ♦ Le règlement du Congrès est, comme les règlements des assemblées, obligatoirement soumis au Conseil constitutionnel. • Cons. const. 20 déc. 1963, n° 63-24 DC • Cons. const. 28 juin 1999, n° 99-415 DC • Cons. const. 22 juin 2009, n° 2009-583 DC. ♦ Il en va de même du règlement de la Haute Cour qui est une assemblée parlementaire (V. ss. Const. 58, art. 68). • Cons. const. 19 nov. 2014, n° 2014-703 DC § 25 et 37.

7. Dès lors qu'une disposition du règlement n'est pas conforme à la Constitution, elle n'entre pas en vigueur (V. Const. 58, art. 62) et la modification destinée à y être substituée doit être à nouveau soumise au Conseil. • Cons. const. 20 nov. 1969, n° 69-37 DC • Cons. const. 15 janv. 1970, n° 69-38 DC. ♦ Il en est de même si la disposition du règlement est imprécise, le Cons. const. ne pouvant dès lors exercer son contrôle faute de connaître exactement la portée de la règle adoptée. • Cons. const. 1er avr. 2021, n° 2021-814 DC.

8. Un changement de circonstances de droit justifie un nouvel examen de dispositions, même déjà déclarées conformes à la Const., du règlement d'une assemblée. • Cons. const. 11 juin 2015, n° 2015-712 DC § 52.

9. En raison des exigences propres à la hiérarchie des normes juridiques dans l'ordre interne, la conformité à la Constitution des règlements des assemblées parlementaires doit s'apprécier au regard tant de la Const. elle-même que des L. org. prévues par celle-ci ainsi que des mesures législatives prises pour son application (notamment dans cette dernière catégorie l'Ord. du 17 nov. 1958 ; V. *infra* note 26). • Cons. const. 25 juin 2009, n° 2009-581 DC § 2 • Cons. const. 11 juin 2015, n° 2015-712 DC § 1 • Cons. const. 11 juill. 2019, n° 2019-786 DC § 2. ♦ V. déjà avec des formulations plus anciennes mais approchantes. • Cons. const. 8 juill. 1966, n° 66-28 DC § 2 et 3 • Cons. const. 24 juin 1999, n° 99-413 DC § 1.

10. On notera que les pratiques parlementaires qui se démarquent des règlements ne sont pas contrôlées par le Conseil constitutionnel comme le montre la décision citée en référence qui entérine une pratique ancienne. • Cons. const. 10 oct. 2002, n° 2002-462 DC.

11. Des dispositions qui ne sont relatives ni à l'organisation ou au fonctionnement d'une assemblée, ni à la procédure législative, ni au contrôle de l'action du Gouvernement ne sont pas au nombre de celles qui peuvent figurer dans le règlement. • Cons. const. 11 déc. 2014, n° 2014-705 DC § 8. ♦ Il en est ainsi des dispositions qui habilitent les questeurs à déterminer et mettre en œuvre les conditions de la négociation d'un « statut » des collaborateurs parlementaires avec les organisations représentatives de ces derniers, qui sont liés par un contrat de droit privé aux députés qu'ils assistent. • Même affaire § 7 et 8.

B. LES LOIS ORGANIQUES

12. V. notes ss. Const. 58, art. 46.

C. LES LOIS

BIBL. Les lois adoptées par le Peuple français à la suite d'un référendum, *Site internet du Conseil constitutionnel, A la une, mai 2014.*

13. Seules les lois parlementaires peuvent être déférées au Conseil constitutionnel. • Cons. const. 6 nov. 1962, n° 62-20 DC • Cons. const. 23 sept. 1992, n° 92-313 DC. ♦ Peuvent faire l'objet d'une saisine dans ce cadre les lois parlementaires autorisant la ratification d'un traité. • Cons. const. 22 juill. 1980, n° 80-116 DC § 1 • Cons. const. 4 nov. 2010, n° 2010-614 DC.

II. NORMES CONSTITUTIONNELLES DE RÉFÉRENCE

14. La conformité d'une loi à la Constitution ne saurait être appréciée au regard de déclarations relatives à l'application qui en serait faite. • Cons. const. 25 juill. 1984, n° 84-176 DC § 14.

A. NORMES CONSTITUTIONNELLES DE RÉFÉRENCE ÉCRITES

1° NOTION DE CONSTITUTION

a. Totalité des dispositions constitutionnelles

15. Le Cons. const. se réfère dans le cadre du contrôle de constitutionnalité des lois, explicitement à différents art. de la Const. comme par ex. l'art. 3 (égalité du vote interdisant le vote plural). • Cons. const. 17 janv. 1979, n° 78-101 DC. ♦ ... L'art. 66 (liberté individuelle). • Cons. const. 9 janv. 1980, n° 79-109 DC. ♦ V. déjà, dans le cadre de la délégalisation prévue à l'art. 37, al. 2. • Cons. const. 28 nov. 1973, n° 73-80 L § 11 : *Rec. Cons. const. 45 ; RJC II-57 ; JO 6 déc., p. 12949 ; D. 1974. 269 ; RSC 1974. 855, note Larguier ; JCP 1975. 2740, note Rassat.* ♦ ... Ou encore l'art. 1er qui pourtant ne contient que l'affirmation de principes généraux. • Cons. const. 21 janv. 1997, n° 96-387 DC § 10.

b. Préambule

16. Conseil constitutionnel. Le Cons. const. accepte à partir de 1971 d'élargir son contrôle de la constitutionnalité des lois en appréciant celle-ci par rapport à l'ensemble du texte constitutionnel, en ce et y compris son préambule. • Cons. const. 16 juill. 1971, n° 71-44 DC § 2. ♦ Le Cons. const. avait déjà mentionné le préambule dans les visas d'une décision dans le cadre de son contrôle de la conformité des traités à la Constitution. • Cons. const. 19 juin 1970, n° 70-39 DC.

17. Les normes constitutionnelles de références comprennent maintenant les « textes auxquels la Constitution fait référence dans son préambule ». • Cons. const. 16 juill. 1971, n° 71-44 DC § 2. ♦ ... Et le Préamb. Const. 1946. • Cons. const. 15 janv. 1975, n° 74-54 DC. ♦ Ceci conduira le Conseil à accorder une valeur constitutionnelle à la DDH. • Cons. const. 27 déc. 1973, n° 73-51 DC § 2. ♦ ... Dans toutes ses dispositions. • Cons. const. 16 janv. 1982, n° 81-132 DC. ♦ ... Au Préamb. Const. 1946. • Cons. const. 15 janv. 1975, n° 74-54 DC. ♦ ... Et aux « principes particulièrement nécessaires à notre temps » qui y sont contenus. • Cons. const. 15 janv. 1975, n° 74-54 DC. ♦ ... Ainsi qu'à la Charte de l'environnement dans toutes ses dispositions. • Cons. const. 19 juin 2008, n° 2008-564 DC § 18 et 49.

18. La DDH et le Préamb. Const. 1946 sont souvent utilisés conjointement dans des décisions où le Conseil rappelle l'ensemble de l'al. 1er du préambule. • Cons. const. 9 mai 1991, n° 91-290 DC • Cons. const. 27 juill. 1994, n° 94-343/344 DC § 2 s. • Cons. const. 22 janv. 1999, n° 98-408 DC § 8 s.

19. Ces textes doivent faire l'objet d'une lecture actualisée tenant compte de l'évolution qu'ont pu connaître les droits et libertés consacrés. • Cons. const. 16 janv. 1982, n° 81-132 DC § 16 • Cons. const. 8 janv. 1991, n° 90-283 DC § 7.

20. Conseil d'État. Sans indiquer précisément la valeur qu'il lui accorde, le Conseil d'État fait également référence au préambule de la Constitution tel qu'interprété par le Conseil constitutionnel. • CE, ass., 10 déc. 1988, *Bleton : Lebon 451, concl. Vigouroux ; AJDA 1989. 102, chron. Azibert et de Boisdeffre ; RFDA 1989. 522, note Baldous et Négrin et note Dietsch ; JCP 1989. 21228, note Gabolde.* ♦ ... Et y puise des principes généraux du droit. • CE, sect., 26 juin 1959, *Synd. gén. ingénieurs-conseils : Lebon 394 ; GAJA, 22e éd., n° 70 ; RD publ. 1959, concl. Fournier ; AJDA 1959. 153, chron. Combarnous et Galabert ; D. 1959. 541, note L'Huillier ; Rev. adm. 1959. 381, note Georgel ; S. 1959. 202, note Drago.* ♦ ... Qu'il semble parfois placer sur le même plan que le préambule. • CE, ass., 8 déc. 1978, *GISTI,* n° 10097 A (concl. Dondoux) : *AJDA mars 1979. 38, chron. Dutheillet de Lamothe et Robineau ; GAJA, 22e éd., n° 80 ; D. 1979. 661, note Hamon.*

21. Il ne manque pas, par ailleurs, de se référer directement au préambule et donc à la DDH pour vérifier la légalité de certaines dispositions réglementaires. • CE 2 mars 1988, *Blet et Sabiani : Dr. adm. 1988, n° 250* • CE 7 déc. 1990, *Buret : AJDA* 1990. 405, obs. Salon • CE, ass., 21 déc. 1990, *Amicale des anciens élèves de l'ENS de Saint-Cloud : Lebon 378 ; Rev. adm. 1991. 34, note Ruiz-Fabri.* ♦ Il procède de même avec le préambule de 1946. • CE 11 mai 1998, *Aldige : Lebon T. 708.* ♦ V. déjà • CE 11 juill. 1956, *Amicale des*

Annamites de Paris : Lebon 317. ♦ ... Et à la Charte de l'environnement. • CE 6 avr. 2006, *Ligue pour la protection des oiseaux,* n° 283103 : *AJDA 2006. 1584, chron. Landais et Lénica* • CE ass., 3 oct. 2008, *Cne d'Annecy,* n° 297931 : *AJDA 2008. 2166, chron. Geffray et Liéber ; JCP Adm. 2008. 2279, note Billet ; RFDA 2008. 1147, concl. Aguila et note Janicot ; Dr adm. 2008. 152, note Melleray.* ♦ Cependant, les dispositions de celle-ci renvoyant à l'intervention du législateur ne peuvent être invoquées directement tant que le législateur n'est pas intervenu. • CE 23 févr. 2009, *Féd. transpyrénéenne des éleveurs de montagne,* n° 292397 : *Lebon T. 597 ; AJDA 2009. 400 (sol. impl.).*

22. Il en résulte que l'existence d'une loi appliquant les dispositions des textes auxquels renvoie le préambule fait écran et conduit à ne contrôler les dispositions réglementaires que par rapport à cette loi, fût-elle antérieure sous réserve, s'agissant de dispositions législatives antérieures à l'entrée en vigueur de la Charte, qu'elles ne soient pas incompatibles avec les exigences qui découlent de cette charte. • CE 19 juin 2006, *Assoc. Eau et rivières de Bretagne,* n° 282456 : *Lebon T. 703 ; AJDA 2006. 1584, chron. Landais et Lénica* • CE 26 oct. 2007, *Tissot,* n° 299883. • CE 23 avr. 2009, *Assoc. France Nature Environnement,* n° 306242 : *AJDA 2009. 858*.

23. Le principe de précaution, prévu par le charte de l'environnement, est d'application directe. • CE 6 avr. 2006, *Ligue pour la protection des oiseaux,* n° 283103 : *AJDA 2006. 1584, chron. Landais et Lénica*. ♦ ... Mais ne peut être invoqué qu'en matière environnementale. • CE 2 sept. 2009, *Assoc. Réseau d'alerte et d'intervention pour les droits de l'homme,* n° 318584 : *JCP Adm. 2009. 2253, note Dieu.*

24. Cependant, il n'appartient pas au Conseil d'État, statuant aux contentieux, de se prononcer sur la conformité de la loi avec les principes posés par le préambule. • CE 21 déc. 1990, *Conféd. nat. assoc. familiales catholiques : Lebon 368, concl. Stirn*.

2° LOIS ORGANIQUES

25. Même si l'appartenance des lois organiques au bloc de constitutionnalité est contestée, les lois de finances voient leur constitutionnalité contrôlée par rapport aux dispositions de la loi organique n° 2001-692 du 1er août 2001 modifiée relative aux lois de finances (LOLF). • Cons. const. 29 déc. 2005, n° 2005-530 DC. ♦ V. Pour l'Ord. du 2 janv. 1959 portant loi organique sur les lois de finances, V. • Cons. const. 11 août 1960, n° 60-8 DC § 5 • Cons. const. 24 déc. 1979, n° 79-110 DC. ♦ Il en est de même des lois de financement de la sécurité sociale dont la constitutionnalité par rapport aux dispositions organiques les régissant est vérifiée. • Cons. const. 19 déc. 1996, n° 96-384 DC. ♦ De même encore, la constitutionnalité des règlements des assemblées s'apprécie tant au regard de la Constitution que des lois organiques prévues par elle. • Cons. const. 8 juill. 1968, n° 66-28 DC • Cons. const. 25 juin 2009, n° 2009-581 DC § 2 • Cons. const. 11 juin 2015, n° 2015-712 DC § 1.

3° ORDONNANCE DU 17 NOVEMBRE 1958

26. La conformité à la Constitution des règlements des assemblées parlementaires doit s'apprécier par rapport à l'Ord. n° 58-1100 du 17 nov. 1958 relative au fonctionnement des assemblées parlementaires bien qu'elle ne soit pas qualifiée d'« organique » par la Constitution. • Cons. const. 8 juill. 1966, n° 66-28 DC § 2 et 3. ♦ ... Ainsi que les modifications qui lui ont été apportées. • Cons. const. 25 juin 2009, n° 2009-581 DC § 2 • Cons. const. 11 juin 2015, n° 2015-712 DC § 1.

27. Ces textes législatifs ne s'imposent à une assemblée parlementaire, lorsqu'elle modifie ou complète son règlement, qu'autant qu'ils sont conformes à la Constitution. • Cons. const. 25 juin 2009, n° 2009-581 DC § 2 • Cons. const. 11 juill. 2019, n° 2019-786 DC § 2.

V. pour d'autres décisions dans le même sens : .

4° RÈGLEMENTS DES ASSEMBLÉES

BIBL. Le Conseil constitutionnel et les règlements des assemblées parlementaires, *Site internet du Conseil constitutionnel, A la une, janv. 2015.*

28. Les règlements des assemblées n'ont pas par eux-mêmes valeur constitutionnelle et ne font donc pas partie des « normes constitutionnelles de références ». • Cons. const. 22 juill. 1980, n° 80-117 DC § 3 • Cons. const. 9 nov. 1999, n° 99-419 DC § 7. ♦ Dès lors, la seule méconnaissance des dispositions réglementaires invoquées ne saurait avoir pour effet de rendre la procédure législative contraire à la Constitution. • Cons. const. 10 oct. 1984, n° 84-181 DC § 4 et 5 • Cons. const. 21 avr. 2005, n° 2005-512 DC § 5 • Cons. const. 19 juin 2008, n° 2008-564 DC § 5 • Cons. const. 18 févr. 2010, n° 2010-602 § 6. ♦ La méconnaissance de dispositions du règlement ne saurait, à elle seule, avoir pour effet de rendre la procédure législative contraire à la Const. • Cons. const. 16 mai 2013, n° 2013-667 DC § 8. ♦ Il n'est donc pas possible de demander au Cons. const. de déclarer contraire à la Const. une interprétation donnée de certaines dispositions du règlement. • Cons. const. 20 janv. 1981, n° 80-127 DC § 3. ♦ Cette jurisprudence vaut également pour l'art. 151-4 RAN qui, bien que mettant en œuvre l'art. 88-4 (• Cons. const. 10 mars 1994, n° 94-338 DC § 31), n'a pourtant pas de portée particulière. • Cons. const. 19 juin 2008, n° 2008-564 DC § 5.

29. Tout en indiquant que les règlements des assemblées parlementaires n'ont pas par eux-mêmes une valeur constitutionnelle, le Cons. const. précise que, en tout état de cause, aucune des dispositions du règlement de l'Assemblée nationale n'interdit au président de séance de suspendre la séance pendant les explications de vote. • Cons. const. 12 mai 2010, n° 2010-605 DC § 4. • Cons. const. 16 mai 2013, n° 2013-667 DC § 6. ♦ De même, si, en cas de doute sur le résultat du vote à main levée, le règlement prévoit qu'il est procédé au vote par assis et levé et que, si le doute persiste, le vote par scrutin public ordinaire est de droit, le Cons. const. constate que, en l'espèce, il n'a pas été demandé de procéder par scrutin public après qu'il a été procédé une première fois à un vote par assis et levé. • Cons. const. 16 mai 2013, n° 2013-667 DC § 7.

30. Cependant, il doit être possible aux parlementaires de pouvoir faire, sans restriction, un « rappel au règlement » dès lors qu'il s'agit pour eux de demander l'application de dispositions constitutionnelles. • Cons. const. 31 mai 1994, n° 94-339 DC § 4 à 6.

5° NORMES INTERNATIONALES

BIBL. V., y compris s'agissant de la question dans le cadre du contrôle *a priori*, Bibl. ss. Const. 58, art. 61-1.

31. Les traités internationaux ne font pas partie des normes de référence. Il en résulte qu'il n'appartient pas au Conseil constitutionnel saisi en application du présent art. ou de l'art. 61-1 Const. 1958 d'examiner la compatibilité d'une loi avec les engagements internationaux et européens de la France. Ainsi, nonobstant la mention dans la Constitution du traité signé à Lisbonne le 13 déc. 2007, il ne revient pas au Conseil constitutionnel de contrôler la compatibilité d'une loi avec les stipulations de ce traité. • Cons. const. 12 mai 2010, n° 2010-605 DC § 16 (régulation du secteur des jeux d'argent et de hasard en ligne : *JO 13 mai, p. 8897*). ♦ Sur cette question, V. ss. Const. 58, art. 55, notes 90 s.

32. *Il en va de même des principes* du droit communautaire (à propos du principe de confiance légitime). • Cons. const. 30 déc. 1996, n° 96-385 DC § 18. ♦ Celui-ci ne peut dès lors servir de base à une QPC. • CE, QPC, 25 juin 2010, *Mortagne,* n° 326363 : *Lebon 217*.

B. NORMES CONSTITUTIONNELLES DE RÉFÉRENCE NON ÉCRITES

1° PRINCIPES FONDAMENTAUX RECONNUS PAR LES LOIS DE LA RÉPUBLIQUE

33. Par sa décision du 16 juill. 1971, le Conseil place dans le bloc de constitutionnalité les principes fondamentaux reconnus par les lois de la République, expression que l'on retrouve à l'al. 1er du Préamb. Const. 1946. • Cons. const. 16 juill. 1971, n° 71-44 DC § 2. ♦ V. ss. Préamb. Const. 1946, comm., al. 1er.

2° PRINCIPES OU OBJECTIFS DE VALEUR CONSTITUTIONNELLE

34. Un objectif de valeur constitutionnelle, n'ayant pas le rang de principe constitutionnel, n'a pas le caractère de liberté fondamentale au sens de l'art. L. 512-2 CJA et ne peut être utilement invoqué directement par un requérant à l'encontre d'une décision le touchant. • CE, réf., 3 mai 2002, *Assoc. de réinsertion sociale du Limousin et a.*, n° 245697 : *Lebon 168 ; AJDA 2003. 818, note Deschamps*.

a. Notion

35. En vertu de l'art. 34 Const., la loi fixe les règles concernant les garanties fondamentales accordées aux citoyens pour l'exercice des libertés publiques. Dans le cadre de cette mission, il appartient au législateur d'opérer la conciliation nécessaire entre le respect des libertés et certains principes sans lesquels l'exercice des libertés ne saurait être assuré. • Cons. const. 25 janv. 1985, n° 85-187 DC § 3. ♦ Dès lors, le Conseil s'estime compétent pour vérifier que le législateur a bien réalisé cette conciliation et n'a pas, ce faisant, excédé ce qui est nécessaire à garantir l'exercice d'une liberté. • Cons. const. 27 juill. 1982, n° 82-141 DC § 4.

36. La conciliation s'opère en l'état actuel des techniques et de leur maîtrise. • Cons. const. 27 juill. 1982, n° 82-141 DC § 5 • Cons. const. 11 juill. 2001, n° 2001-450 DC § 16.

37. Dès lors que les modalités retenues ne sont pas manifestement inappropriées à l'objectif poursuivi (V. notes 127 s.), il est à tout moment loisible au législateur, statuant dans le domaine qui lui est réservé par l'art. 34 Const. 58, d'adopter, pour la réalisation ou la conciliation d'objectifs de valeur constitutionnelle, des modalités nouvelles dont il lui appartient d'apprécier l'opportunité. • Cons. const. 25 janv. 2007, n° 2007-546 DC § 13.

38. Seront ainsi déclarées contraires à la Constitution des dispositions contraignantes : qui n'apportent aucune garantie supplémentaire pour l'exercice ou la protection d'une liberté. • Cons. const. 27 juill. 2000, n° 2000-433

DC § 14. ♦ ... Qui permettent que l'installation d'un système de vidéosurveillance puisse résulter du silence gardé par l'administration. la recherche des auteurs d'infractions portant ainsi une atteinte disproportionnée à la sauvegarde de la vie privée. • Cons. const. 18 janv. 1995, n° 94-352 DC § 12.

39. Certaines libertés sont parfois considérées comme essentielles sans pourtant qu'il soit réellement possible ni d'établir une hiérarchie entre elles, ni d'être assuré que ce sont toujours les mêmes libertés qui sont ainsi magnifiées. Ainsi peut-on signaler que la libre communication des pensées et des opinions constitue une liberté fondamentale, d'autant plus précieuse que son exercice est l'une des garanties essentielles du respect des autres droits et libertés et de la souveraineté nationale. • Cons. const. 10 oct. 1984, n° 84-181 DC § 37. ♦ Il en va de même : du pluralisme des courants d'idées et d'opinions. • Cons. const. 3 avr. 2003, n° 2003-468 DC § 12. ♦ ... Des courants d'expression socioculturels (objectif de valeur constitutionnelle dont le respect est l'une des conditions de la démocratie). • Cons. const. 18 sept. 1986, n° 86-217 DC § 11 • Cons. const. 11 juill. 2001, n° 2001-450 DC § 15.

40. Le Cons. const. est parfois confronté à la mise en jeu, par la loi, de plusieurs libertés. Dans ce cas il cherche à les concilier par des « principes » ou des « objectifs » de valeur constitutionnelle. • Cons. const. 25 juill. 1979, n° 79-105 DC § 1. ♦ Le Conseil recherche s'il y a bien « équilibre » entre une liberté et un principe. • Cons. const. 27 juin 2001, n° 2001-446 DC § 5. ♦ ... Ou du moins si la conciliation n'est pas manifestement déséquilibrée. • Cons. const. 19 janv. 2006, n° 2005-532 DC § 21.

b. Inventaire

BIBL. Faure, Les objectifs de valeur constitutionnelle : une nouvelle catégorie juridique ?, *RFDC 1995. 47*. – Moysan, L'accessibilité et l'intelligibilité de la loi, *AJDA 2001. 428*. – Cassard-Valembois, De l'usage de la *gomme, comme* du crayon, par le Conseil constitutionnel face aux malfaçons législatives, *Constitution 2011. 316*.

41. Un même élément (par ex. le principe du pluralisme des courants d'idées et d'opinions) peut être qualifié : ... tantôt de « principe ». • Cons. const. 11 janv. 1990, n° 89-271 DC § 12. ♦ ... Tantôt d'« exigence constitutionnelle ». • Cons. const. 4 mai 2000, n° 2000-428 DC § 21. ♦ ... Tantôt d'« objectif à valeur constitutionnelle ». • Cons. const. 28 mai 2010, *Union des familles en Europe*, n° 2010-3 QPC § 8.

1. Principes effectivement consacrés

42. Principes constitutionnels. Il peut s'agir de « principes constitutionnels » ou « principes à valeur constitutionnelle » résultant de la combinaison de plusieurs dispositions. Par ex. : la liberté d'aller et de venir (DDH, art. 2 et 4). • Cons. const. 12 juill. 1979, n° 79-107 DC § 3. ♦ ... La sauvegarde de la dignité de la personne humaine contre toute forme d'asservissement et de dégradation. • Cons. const. 27 juill. 1994, n° 94-343/344 DC § 1 • Cons. const. 19 janv. 1995, n° 94-359 DC § 7. ♦ ... Le principe d'égalité entre les groupes parlementaires (DDH, art. 6 et Const. 58, art. 3) • Cons. const. 28 févr. 2013, n° 2013-664 DC § 4. ♦ ... Le principe de clarté et de sincérité des débats parlementaires (DDH, art. 6 et Const. 58, art. 3). • Cons. const. 13 oct. 2005, n° 2005-526 DC § 5. ♦ ... La liberté personnelle du salarié (Const. 58, art. 34 et Préamb. Const. 1946, al. 6). • Cons. const. 25 juill. 1989, n° 89-257 DC § 23 et 24.

43. Sont aussi des principes constitutionnels sans qu'un rattachement précis à des dispositions constitutionnelles soit clair : la continuité du service public. • Cons. const. 25 juill. 1979, n° 79-105 DC § 1 • Cons. const. 27 janv. 1994, n° 93-337 DC § 19 et 20 • Cons. const. 16 mai 2019, n° 2019-781 DC § 71 • Cons. const. 1er août 2019, n° 2019-790 DC § 48. ♦ ... L'unicité du peuple français. • Cons. const. 15 juin 1999, n° 99-412 DC § 5.

V. pour d'autres décisions dans le même sens : .

BIBL. Apchain, Retour sur la notion de bonne administration de la justice, *AJDA 2012. 587*.

44. Objectifs de valeur constitutionnelle. Il peut s'agir d'« objectifs de valeur constitutionnelle » pour : la sauvegarde de l'ordre public. • Cons. const. 27 juill. 1982, n° 82-141 DC § 5 • Cons. const. 17 janv. 2008, n° 2007-561 DC § 53. ♦ ... Le respect de la liberté d'autrui et la préservation du caractère pluraliste des courants d'expression socioculturels. • Cons. const. 27 juill. 1982, n° 82-141 DC § 5 • Cons. const. 27 juill. 2000, n° 2000-433 DC § 10. ♦ ... La sécurité des personnes et des biens ainsi que la recherche des auteurs d'infractions (éléments pris ensemble ou séparément). • Cons. const. 20 janv. 1981, n° 80-127 DC § 56 • Cons. const. 10 nov. 2011, *Ekaterina B., épouse D., et a.*, n° 2011-192 QPC § 21. ♦ ... Le droit pour chacun de disposer d'un logement décent. • Cons. const. 19 janv. 1995, n° 94-359 DC § 7 • Cons. const. 5 oct. 2016, *SOREQA SPLA*, n° 2016-581 QPC § 7. ♦ ... La lutte contre la fraude et l'évasion fiscales (V. également ss. art. 13 DDH). • Cons. const. 29 déc. 1999, n° 99-424 DC § 52 • Cons. const. 16 sept. 2011, *Sté Heatherbrae Ltd*, n° 2011-165 QPC § 5. ♦ ... La lutte contre la fraude sociale. • Cons. const. 14 juin 2019, *Hanen S.*, n° 2019-789 QPC § 10. ♦ ... Le pluralisme des quotidiens d'information politique et générale. • Cons. const. 28 déc. 2000, n° 2000-441 DC § 18. ♦ ... La liberté de communication, qui découle de l'art. 11 DDH, le pluralisme et l'indépendance des médias. • Cons. const. 3 mars 2009, n° 2009-577 DC § 3. ♦ ... La bonne administration de la justice. • Cons. const. 28 déc. 2006, n° 2006-545 DC § 24 • Cons. const. 2 déc. 2011, *Wathik M.*, n° 2011-203 QPC § 5. • CE, QPC, 5 juin 2013, *Sté MSO Sablirot*, n° 366671 : *AJDA 2013. 1778* • Cons. const. 29 nov. 2013, *Christophe D.*, n° 2013-356 QPC § 5. ♦ ... Le bon emploi des deniers publics. • Cons. const. 28 déc. 2006, n° 2006-545 DC § 24 • Cons. const. 11 avr. 2014, *Antoine H.*, n° 2014-390 QPC § 4. ♦ ... La protection de la santé (V. également ss. Préamb. Const. 1946, al. 11). • Cons. const. 16 mai 2012, *Mathieu E.*, n° 2012-248 QPC § 6 • Cons. const. 24 janv. 2020, *Sté nat. d'exploitation industrielle des tabacs et allumettes*, n° 2019-821 QPC § 8. ♦ ... La protection de l'environnement, patrimoine commun des êtres humains. • Cons. const. 31 janv. 2020, *Union des industries de la protection des plantes*, n° 2019-823 QPC § 4. ♦ ... La sauvegarde de la propriété intellectuelle. • Cons. const. 20 mai 2020, *La quadrature du net*, n° 2020-841 QPC § 6.

V. pour d'autres décisions dans le même sens : .

45. Certains objectifs peuvent en inclure d'autres. Ainsi l'objectif de protection de la santé et de sauvegarde de l'ordre public inclut la lutte contre la fraude. • Cons. const. 24 janv. 2020, *Sté nat. d'exploitation industrielle des tabacs et allumettes*, n° 2019-821 QPC § 8.

46. Intelligibilité et accessibilité de la loi. Il en va de même de l'accessibilité et l'intelligibilité de la loi dans les art. 4, 5, 6 et 16 de la Déclaration de 1789 (alors que le principe de clarté de la loi découle de l'art. 34 Const. 58). • Cons. const. 16 déc. 1999, n° 99-421 DC § 13. ♦ V. comm. ss. DDH, art. 5.

47. Aucune exigence constitutionnelle n'impose que les dispositions d'un projet ou d'une proposition de loi présentent un objet analogue ; la complexité de la loi et l'hétérogénéité de ses dispositions ne sauraient, à elles seules, porter atteinte à l'objectif de valeur constitutionnelle d'accessibilité et d'intelligibilité de la loi. • Cons. const. 15 mars 2012, n° 2012-649 DC § 8.

48. Exigences constitutionnelles. *Il est encore possible de trouver l'expression « exigence constitutionnelle » un temps utilisée pour le pluralisme des quotidiens d'information politique et générale.* • Cons. const. 10 oct. 1984, n° 84-181 DC. ♦ ... Et maintenant pour l'équilibre financier de la sécurité sociale. • Cons. const. 21 déc. 1999, n° 99-422 DC § 52 • Cons. const. 12 août 2004, n° 2004-504 DC § 18. ♦ ... Sachant que cet équilibre n'a pas à être strictement réalisé chaque année pour chaque branche et pour chaque régime. • Cons. const. 18 déc. 2001, n° 2001-453 DC. ♦ ... Le pluralisme des courants d'idées (de pensées) et d'opinions. • Cons. const. 4 mai 2000, n° 2000-428 DC § 21. ♦ ... Le bon usage des deniers publics. • Cons. const. 29 déc. 2003, n° 2003-489 DC § 33 • Cons. const. 10 mars 2011, n° 2011-625 DC § 7. ♦ ... L'équilibre financier de la sécurité sociale. • Cons. const. 12 août 2004, n° 2004-504 DC § 18.

2. Principes non consacrés

49. Lien entre emplois de droit public et service public. Aucun principe constitutionnel ne fait obstacle à ce que le législateur prévoit que des personnes recrutées au titre d'un emploi d'avenir professeur participant à l'exécution du service public de l'éducation nationale soient soumises à un régime de droit privé. • Cons. const. 24 oct. 2012, n° 2012-656 DC § 10. ♦ ... Des corps de fonctionnaires soient maintenus dans une entreprise privée qui ne serait plus investie directement par la loi d'une mission de service public. • Cons. const. 12 oct. 2012, *Synd. de défense des fonctionnaires*, n° 2012-281 QPC § 11. ♦ V. *contra* • CE, ass., 18 nov. 1993, avis n° 355255 : *GACE 3e éd., n° 24.*

c. Conciliation avec certaines libertés

50. Droit de grève. Peuvent limiter, voire interdire, le droit de grève : le principe de continuité des services. • Cons. const. 25 juill. 1979, n° 79-105 DC • Cons. const. 16 août 2007, n° 2007-556 DC § 10. ♦ ... Le principe de protection de la santé et de la sécurité des personnes et des biens comme par exemple dans des industries détenant et utilisant des matières nucléaires. • Cons. const. 22 juill. 1980, n° 80-117 DC § 4. ♦ Même dans ce cadre, les procédures mises en œuvre pour assurer la sécurité des sites ne doivent pas, par leur incidence sur le droit de grève, être excessives par rapport aux buts recherchés. • CAA Nantes, 8 nov. 2001, *Cogema : AJDA 2002. 264, note Millet* .

51. Liberté de communication. Cette liberté peut, du fait de l'influence considérable que les moyens de la communication audiovisuelle sont susceptibles d'exercer sur les spectateurs, devoir se concilier avec la sauvegarde de l'ordre public, le respect de la liberté d'autrui et la préservation du caractère pluraliste des courants d'expression socioculturels. Dès lors sont justifiées des dispositions venant encadrer le fonctionnement de la télévision hertzienne. • Cons. const. 27 juill. 1982, n° 82-141 DC § 5

• Cons. const. 18 sept. 1986, n° 86-217 DC § 8 et 9 • Cons. const. 27 juill. 2000, n° 2000-433 DC § 10 • CE, sect., 31 janv. 2007, *Sté France Antilles,* n° 294896 : *Lebon 29, concl. Glaser*. ♦ ... Favoriser l'introduction de la diffusion numérique par voie hertzienne terrestre des services de télévision privés. • Cons. const. 11 juill. 2001, n° 2001-450 DC § 15 et 16. ♦ ... Favoriser le développement des télévisions locales et numériques. • Cons. const. 1er juill. 2004, n° 2004-497 DC § 24 (loi relative aux communications électroniques). ♦ Elle doit aussi céder le pas devant le principe d'unicité du peuple français qui se traduit par l'obligation faite aux personnes morales de droit public et aux personnes de droit privé dans l'exercice d'une mission de service public d'utiliser le français. • Cons. const. 15 juin 1999, n° 99-412 DC § 5 s.

52. Limite au droit de propriété. Peuvent ainsi limiter le droit de propriété les principes ou objectifs de valeur constitutionnelle suivants : la réalisation de travaux d'intérêt national qui permet l'utilisation d'une procédure exceptionnelle d'expropriation. • Cons. const. 25 juill. 1989, n° 89-256 DC § 17 s. ♦ ... Le droit de chacun à un logement décent qui permet par exemple des réquisitions. • Cons. const. 19 janv. 1995, n° 94-359 DC § 7 • Cons. const. 29 juill. 1998, n° 98-403 DC § 7. ♦ Rappr. : • Cons. const. 29 mai 1990, n° 90-274 DC § 21 s. ♦ ... La protection de la santé et de la sécurité des personnes et des biens qui permet d'interdire la publicité et la propagande pour des marques de tabac. • Cons. const. 8 janv. 1991, n° 90-283 DC § 10 et 11. ♦ ... La recherche des auteurs d'infractions qui permet de prévoir des visites dans des lieux privés pour réprimer le travail clandestin. • Cons. const. 22 avr. 1997, n° 97-389 DC § 75.

53. Liberté d'entreprendre. Peuvent limiter cette liberté : la nécessité de préserver le pluralisme des quotidiens d'information politique et générale. ♦ ... L'intérêt général. V. note 61. ♦ ... La sauvegarde de l'ordre public. V. note 66. ♦ ... Le droit de chacun d'obtenir un emploi et donc le droit au reclassement de salariés licenciés. • Cons. const. 13 janv. 2005, n° 2004-509 DC § 28. ♦ ... Le 11e al. du Préamb. Const. 1946 relatif à la protection de la santé. • Cons. const. 16 juill. 2009, n° 2009-584 DC § 19. ♦ ... Le 10e al. du Préamb. Const. 1946 qui dispose que : « La Nation assure à l'individu et à la famille les conditions nécessaires à leur développement. ». • Cons. const. 6 août 2009, n° 2009-588 DC § 3.

54. Liberté syndicale. Elle doit se concilier avec la liberté personnelle du salarié qui permet d'imposer, lorsque des organisations syndicales représentatives introduisent une action en justice à l'effet non seulement d'intervenir spontanément dans la défense d'un salarié mais aussi de promouvoir à travers un cas individuel, une action collective, que le salarié concerné ait été mis à même de donner son assentiment en pleine connaissance de cause et puisse conserver la liberté de conduire personnellement la défense de ses intérêts et mettre un terme à cette action. • Cons. const. 25 juill. 1989, n° 89-257 DC § 23 et 24.

55. Liberté d'aller et venir. Elle constitue en elle-même un principe de valeur constitutionnelle pour le Conseil constitutionnel. • Cons. const. 12 juill. 1979, n° 79-107 DC § 3. ♦ ... Ou une liberté constitutionnellement protégée. • Cons. const. 18 janv. 1995, n° 94-352 DC § 3. ♦ ... Et doit être conciliée avec la sauvegarde de l'ordre public autorisant la mise en place de contrôles d'identité y compris au poste de police dès lors que la personne n'a pas pu ou pas voulu justifier sur place de son identité. • Cons. const. 20 janv. 1981, n° 80-127 DC § 58. ♦ ... L'expulsion d'étrangers qui constituent une menace. • Cons. const. 3 sept. 1986, n° 86-216 DC § 14. ♦ ... La mise en œuvre d'un régime spécifique pour le séjour des étrangers. • Cons. const. 28 juill. 1989, n° 89-261 DC § 12 • Cons. const. 13 août 1993, n° 93-325 DC § 2. ♦ ... Et avec la recherche des auteurs d'infractions. • Cons. const. 18 janv. 1995, n° 94-352 DC § 3. ♦ ... La lutte contre l'insécurité routière. V. note 68. ♦ ... La prévention des atteintes à l'ordre public et la recherche des auteurs d'infractions, toutes deux nécessaires à la sauvegarde de droits et de principes de valeur constitutionnelle. • Cons. const. 22 avr. 1997, n° 97-389 DC § 16 • Cons. const. 13 mars 2003, n° 2003-467 DC § 8 • Cons. const. 18 nov. 2011, *Élise A. et a.,* nos 2011-191/194/195/196/197 QPC § 14. ♦ ... La préservation des atteintes au droit de propriété. • Cons. const. 13 mars 2003, n° 2003-467 DC § 70.

56. Protection de la vie privée. Elle doit se concilier elle aussi avec la recherche des auteurs d'infractions • Cons. const. 13 mars 2003, n° 2003-467 DC • Cons. const. 25 févr. 2010, n° 2010-604 DC § 22 et 23. ♦ ... Y compris par l'installation de systèmes de vidéosurveillance. • Cons. const. 18 janv. 1995, n° 94-352 DC § 3 s. ♦ Elle doit se concilier également avec la sauvegarde de l'ordre public. • Cons. const. 13 mars 2003, n° 2003-467 DC § 20 • Cons. const. 29 juill. 2004, n° 2004-499 DC § 4 • Cons. const. 25 févr. 2010, n° 2010-604 DC § 22 et 23. ♦ Dans ce cadre, des dispositions qui fixent clairement les conditions et modalités selon lesquelles les données nominatives contenues dans les fichiers intéressant la sécurité publique peuvent être communiquées aux personnes intéressées ou dressent limitativement la liste des décisions judiciaires au titre desquelles une personne peut être inscrite dans le fichier des personnes recherchées, dans le respect des dispositions de la loi du 6 janv. 1978 sur la CNIL, assurent, entre le respect de la vie privée et la sauvegarde de l'ordre public, une conciliation qui n'est pas manifestement déséquilibrée. • Cons. const. 29 juill. 2004, n° 2004-499 DC § 24 s. ♦ De même, et dans le respect de la même loi de 1978, aucune norme constitutionnelle ne s'oppose par principe à l'utilisation à des fins administratives de données nominatives recueillies dans le cadre d'activités de police judiciaire ; que, toutefois, cette utilisation méconnaîtrait les exigences résultant des art. 2, 4, 9 et 16 DDH si, par son caractère excessif, elle portait atteinte aux droits ou aux intérêts légitimes des personnes concernées. • Cons. const. 13 mars 2003, n° 2003-467 DC § 32. ♦ Le respect de la vie privée doit aussi se concilier avec la préservation des atteintes au droit de propriété. • Cons. const. 13 mars 2003, n° 2003-467 DC § 70. ♦ .. Avec la sauvegarde de la propriété intellectuelle. • Cons. const. 20 mai 2020, *La quadrature du net*, n° 2020-841 QPC § 6.

57. Liberté de la femme. Elle doit s'équilibrer avec le principe de dignité humaine et permet de tolérer l'IVG en cas de détresse dès lors qu'il n'y a pas mise en place d'une pratique eugénique. • Cons. const. 27 juin 2001, n° 2001-446 DC § 5.

58. Droit au juge et garantie des droits. Le droit des personnes intéressées à exercer un recours juridictionnel effectif, le droit à un procès équitable ainsi que la recherche des auteurs d'infractions doivent se concilier avec les exigences constitutionnelles inhérentes à la sauvegarde des intérêts fondamentaux de la Nation. • Cons. const. 10 nov. 2011, *Ekaterina B., épse D., et a.*, n° 2011-192 QPC § 22.

d. Autres éléments de conciliation entre libertés

59. Fraude fiscale. Dans certaines hypothèses, il est plus difficile de déterminer la nature réelle de l'élément de conciliation. Ainsi, dans le cas de la lutte contre la fraude fiscale, ce qui est maintenant un « objectif de valeur constitutionnelle » ne fut un temps qu'une infraction inexcusable dont l'exercice des libertés et droits individuels ne saurait entraver la répression. • Cons. const. 29 déc. 1983, n° 83-164 DC § 28. ♦ Elle est ensuite qualifiée de « nécessité » qui doit se concilier là encore avec la liberté individuelle. • Cons. const. 29 déc. 1984, n° 84-184 DC § 35.

60. Lutte contre l'abstention. De même le Conseil parle-t-il d'objectif légitime à propos de la lutte contre l'absentéisme électoral, justifiant ainsi l'organisation concomitante d'élections et la prorogation de certains mandats électifs. • Cons. const. 6 déc. 1990, n° 90-280 DC.

61. Intérêt général. De même encore le Conseil évoque-t-il les « fins d'intérêt général ayant valeur constitutionnelle » dont la poursuite motive la vérification d'identité. • Cons. const. 20 janv. 1981, n° 80-127 DC § 59.

62. Du reste, l'intérêt général est souvent utilisé pour réaliser la conciliation entre les objectifs d'une loi et la liberté ou le droit qu'elle entrave. Il en est en particulier ainsi de l'égalité à laquelle le législateur peut déroger pour des raisons d'intérêt général pourvu que la différence de traitement ainsi créée soit en rapport avec l'objectif de la loi qui l'établit. • Cons. const. 22 déc. 1986, n° 86-220 DC § 7 • Cons. const. 12 janv. 2002, n° 2001-455 DC § 106. ♦ Dès lors, si l'inégalité n'est justifiée ni par une différence de situation ni par l'intérêt général, la disposition est déclarée contraire à la Constitution. • Cons. const. 30 déc. 1991, n° 91-302 DC § 7 • Cons. const. 6 déc. 2007, n° 2007-559 DC § 26.

63. L'objectif d'intérêt général peut justifier que le législateur fasse d'une activité (archéologie préventive) une mission de service public. Mais aucun principe ni aucune règle de valeur constitutionnelle ne lui imposent d'accorder, en la matière, des droits exclusifs à un établissement public spécialisé ; il lui est donc loisible d'associer des personnes privées à l'exécution du service public sous réserve que des procédures de contrôle administratif et scientifique soient mises en place pour assurer tant la qualité des prestations que la continuité des opérations. • Cons. const. 31 juill. 2003, n° 2003-480 DC § 10.

64. De même, l'intérêt général peut conduire à limiter la liberté d'entreprendre qui n'est ni générale ni absolue. • Cons. const. 4 juill. 1989, n° 89-254 DC § 5 • Cons. const. 27 nov. 2001, n° 2001-451 DC § 18.

65. Le Conseil évoque également les « besoins essentiels du pays ». • Cons. const. 25 juill. 1979, n° 79-105 DC § 1. ♦ ... Et précise que l'intérêt général peut être inspiré notamment par des préoccupations sociales. • Cons. const. 6 déc. 2001, n° 2001-452 DC § 6.

66. Sauvegarde de l'ordre public. La sauvegarde (ou la prévention) de l'ordre public qui est nécessaire à la sauvegarde de droits et de principes de valeur constitutionnelle limite la liberté d'entreprendre. • Cons. const. 27 juill. 1982, n° 82-141 DC § 5 • Cons. const. 27 juill. 2000, n° 2000-433 DC § 10 • Cons. const. 19 janv. 2006, n° 2005-532 DC § 9. ♦ ... La liberté d'aller et de venir des étrangers. • Cons. const. 28 juill. 1989, n° 89-261 DC § 12. ♦ ... Le droit de mener une vie familiale normale et le droit au mariage. • Cons. const. 20 nov. 2003, n° 2003-484 DC § 38 s. • Cons. const. 20 juill. 2006, n° 2006-539 DC § 13 s. ♦ ... Le respect de la vie privée. • Cons. const. 19 janv. 2006 : *préc.*

67. Mais la sauvegarde de l'ordre public est aussi un élément de conciliation autorisant le maintien de l'état d'urgence. • Cons. const. 25 janv. 1985, n° 85-187 DC § 3. ♦ ... La recherche des auteurs d'infractions, tout en préservant le respect de la vie privée et des autres droits et libertés constitutionnellement protégés. • Cons. const. 13 mars 2003, n° 2003-467 DC § 20 • Cons. const. 2 mars 2004, n° 2004-492 DC § 4 • Cons. const. 25 févr. 2010, n° 2010-604 DC § 22 • Cons. const. 17 déc. 2010, *Michel F.*, n° 2010-80 QPC § 4 • Cons. const. 18 nov. 2011, *Élise A. et a.*, n° 2011-191/194/195/196/197 QPC § 14 ♦ ... La mise en place d'un traitement informatique des données des demandes de validation des attestations d'accueil d'étrangers sans porter atteinte à la vie privée, dans le respect de la loi informatique et liberté. • Cons. const. 20 nov. 2003, n° 2003-484 DC § 23.

68. Dans le même ordre d'idée, le Conseil fait référence : à la « sauvegarde des intérêts nationaux » limitant la liberté d'entreprendre. • Cons. const. 4 juill. 1989, n° 89-254 DC § 6. ♦ ... A la lutte contre l'insécurité routière limitant la liberté d'aller et de venir. • Cons. const. 16 juin 1999, n° 99-411 DC § 14.

e. Justification de dispositions ou de procédures

69. Les principes constitutionnels peuvent également justifier des dispositions législatives qui, dans l'absolu, pourraient voir leur constitutionnalité contestée. Il en va ainsi également du pluralisme des quotidiens d'information politique et générale qui justifie l'abandon par l'État d'une partie de ses créances à l'égard d'un quotidien en difficulté. • Cons. const. 28 déc. 2000, n° 2000-441 DC § 18.

70. Il en va de même de l'utilisation de certaines procédures. Ainsi l'accessibilité et l'intelligibilité de la loi permettent de justifier, vu l'urgence, le recours à la procédure des ordonnances pour l'adoption de la partie législative de certains codes. • Cons. const. 16 déc. 1999, n° 99-421 DC § 13. ♦ ... Sans pour autant interdire au législateur de mettre en œuvre des dispositions complexes. • Cons. const. 18 juill. 2001, n° 2001-447 DC § 29. ♦ ... Ni l'empêcher de modifier dans plusieurs textes de suite les mêmes dispositions. • Cons. const. 12 janv. 2002, n° 2001-455 DC § 101.

71. On peut encore rapprocher de ce procédé l'impossibilité de ratifier la charte européenne des langues régionales sans procéder au préalable à la révision de la Constitution du fait de l'unicité du peuple français et de sa traduction linguistique. • Cons. const. 15 juin 1999, n° 99-412 DC § 5.

f. Ne constituent pas des règles et principes de valeur constitutionnelle ou des exigences constitutionnelles

72. Les règles et principes de valeur constitutionnelle n'imposent pas par eux-mêmes aux autorités administratives de motiver leurs décisions dès lors qu'elles ne prononcent pas une sanction ayant le caractère d'une punition. • Cons. const. 1er juill. 2004, n° 2004-497 DC § 14 (loi relative aux communications électroniques). ♦ Le principe de l'interdiction du recours à l'arbitrage par les personnes publiques, invoqué par les requérants, a valeur législative et non constitutionnelle. • Cons. const. 2 déc. 2004, n° 2004-506 DC § 32. ♦ L'appartenance au domaine public d'un bien affecté au service public n'est pas un principe constitutionnel ; il est simplement nécessaire que les biens affectés à un service public soient soumis à un régime juridique garantissant la continuité du service public. • Cons. const. 14 avr. 2005, n° 2005-513 DC § 7. ♦ ... Le principe du double degré de juridiction. • Cons. const. 12 févr. 2004, n° 2004 491 DC § 4. ♦ Le principe d'autonomie des universités. • CE 23 nov. 2017, *CPU*, n° 395652 : *AJDA 2016. 2304* ; *JCP Adm. 2017. 919.*

73. Aucune exigence constitutionnelle n'impose aux établissements de santé privés exerçant des missions de service public d'assurer toutes les missions de service public susceptibles d'être confiées à un établissement de santé. • Cons. const. 16 juill. 2009, n° 2009-584 DC § 4. ♦ ... Ne garantit l'autonomie de gestion des établissements publics de santé. • Même affaire § 9.

III. PROCÉDURE

74. Sur la procédure en matière de lois organiques, V. notes ss. Const. 58, art. 46.

75. Le refus du Premier ministre de demander au Conseil constitutionnel de statuer selon la procédure d'urgence est indissociable de la procédure législative et touche donc aux rapports entre les pouvoirs publics. Il ne peut dès lors faire l'objet d'un recours devant le juge administratif (acte de gouvernement). • CE 9 oct. 2002, *Meyet et Bouget*, n° 235856 : *Lebon 329* ; *AJDA 2002. 1099, obs. F. A.*

A. SAISINE

1° SAISISSANTS

BIBL. Benetti, La saisine parlementaire (au titre de l'art. 61 de la Const.), *NCCC, 2013, n° 38, p. 85.* – Savonitto, Saisir ou ne pas saisir le Conseil constitutionnel ?, *AJDA 2020. 2359*.

76. Saisine par le Président de la République. Il n'est pas possible au juge administratif d'enjoindre au Président de la République de saisir le Conseil constitutionnel pour contrôler la constitutionnalité d'une loi. L'abstention d'agir est un acte de gouvernement. • CE, réf., 7 nov. 2001, n° 239761 B : *RD publ. 2001. 1645, obs. Jan* ; *LPA 22 mars 2002, p. 15, note Curtil.*

77. Saisine par les membres du Parlement. La saisine du Conseil constitutionnel par les membres du Parlement résulte indivisiblement d'une ou plusieurs lettres signées par au moins soixante députés ou soixante sénateurs. • Cons. const. 30 déc. 1996, n° 96-386 DC § 4. ♦ Aucune disposition de la Constitution ou de la loi organique relative au Conseil constitutionnel ne permet aux autorités ou aux parlementaires habilités à déférer une loi au Conseil constitutionnel de le dessaisir en faisant obstacle à la mise en œuvre du contrôle de constitutionnalité engagé ; dès lors, hormis les cas d'erreur matérielle, de fraude ou de vice du consentement, le Conseil constitutionnel ne saurait prendre en compte des déclarations par lesquelles les parlementaires ont indiqué qu'ils entendaient « retirer » leur signature. • Cons. const. 30 déc. 1996, n° 96-386 DC § 4 • Cons. const. 16 déc. 1999, n° 99-421 DC § 3.

78. Un parlementaire individuellement (ou quelques parlementaires agissant conjointement) ne peut pas mettre en cause devant le Conseil constitutionnel la conformité à la Constitution d'autres dispositions d'une loi dont le Conseil est par ailleurs régulièrement saisi. • Cons. const. 30 déc. 1977, n° 77-89 DC § 2 • Cons. const. 30 déc. 1981, n° 81-133 DC § 3. ♦ Dès lors, un mémoire envoyé par un parlementaire sous sa seule signature est irrecevable. • Cons. const. 9 nov. 1999, n° 99-419 DC § 3 • Cons. const. 11 juill. 2001, n° 2001-450 DC § 3 • Cons. const. 11 déc. 2008, n° 2008-571 DC § 3. ♦ ... Même si ce(s) parlementaire(s) est (sont) par ailleurs auteur(s) d'une saisine elle-même recevable et que le mémoire prend la forme d'un « mémoire ampliatif » ou « supplémentaire ». • Cons. const. 4 mai 2000, n° 2000-428 DC § 2 et 3 • Cons. const. 13 janv. 2005, n° 2004-509 DC § 2 s. • Cons. const. 15 nov. 2007, n° 2007-557 DC § 3 et 4. ♦ Il en va de même d'un recours par lequel un parlementaire demande a être ajouté à la liste des signataires d'un autre recours. • Cons. const. 23 janv. 2014, n° 2013-687 DC § 3 • Cons. const. 12 mai 2010, n° 2010-605 DC.

79. En revanche, les parlementaires saisissants peuvent, tous ensemble, présenter des observations complémentaires par un courrier séparé ; le Conseil les étudiera. • Cons. const. 12 mai 2010, n° 2010-605 DC.

80. Les parlementaires peuvent saisir le Conseil des dispositions législatives que pourrait contenir la loi organique. • Cons. const. 21 févr. 1992, n° 92-305 DC § 1 à 3.

81. Saisine par un particulier. Cette désignation des autorités habilitées à soumettre au *Conseil l'examen de la conformité* à la Constitution du texte d'une loi adoptée par le Parlement avant sa promulgation interdit cette saisine à toute autre personne. • Cons. const. 18 nov. 1982, n° 82-146 DC § 1 • Cons. const. 30 août 1984, n° 84-178 DC § 1. ♦ V. désormais ss. Const. 58 art. 61-1.

BIBL. Vedel, Les portes étroites, *JCP 1991. 2344* ; L'accès des citoyens au juge constitutionnel. La porte étroite, *La Vie judiciaire, 11-17 mars 1991*. – De Bechillon, Réflexions sur le statut des « portes étroites » devant le Conseil constitutionnel, *http://www.leclubdesjuristes.com, janv. 2017*. – Connil, Histoire et typologie des « portes-étroites » devant le Conseil constitutionnel, *http://www.leclubdesjuristes.com, janv. 2017*. – Perroud, Le Conseil constitutionnel et les portes étroites, *Juspoliticum.com, 16 mars 2017*.

82. Contributions extérieures ou « Portes étroites ». L'adoption ou le refus d'adopter par le Conseil constitutionnel des dispositions de son règlement intérieur sur le fondement de l'art. 56 Ord. du 7 nov. 1958 portant loi organique sur le Conseil constitutionnel visant à régir la procédure des « contributions extérieures » transmises au Conseil constitutionnel n'est pas des questions dont il appartient à la juridiction administrative de connaître. • CE 11 avr. 2019, n° 425063 B : *AJDA 2019. 839*. ♦ V. la notion de « portes étroites », Bibl., *supra*.

83. Les contributions extérieures dans le cadre d'une saisine en vertu du présent art. sont désormais publiées par le Conseil constitutionnel : V. • Cons. const. communiqué du 24 mai 2019. ♦ V. déjà, contenant une liste desdites contributions : • Cons. const. 21 mars 2019, n° 2019-778 DC. ♦ Comp. • CADA, avis, 7 févr. 2019 : *AJDA 2020. 1591*.

84. Saisines conjointes. Les saisines conjointes sont possibles ; le Conseil les joint alors pour y statuer par une seule décision. • Cons. const. 28 déc. 1976, n° 76-73 DC (en l'espèce, le Premier ministre et 60 députés) • Cons. const. 7 oct. 2010, n° 2010-613 DC (saisine par les présidents des deux assemblées) • Cons. const. 7 août 2020, n° 2020-805 DC (saisine par le président de l'Assemblée nationale, 60 députés et 60 sénateurs).

2° OBSERVATIONS

85. Les présidents des assemblées peuvent présenter des observations suite à une saisine du Premier ministre. • Cons. const. 30 janv. 1968, n° 68-35 DC. ♦ ... Ou des parlementaires. • Cons. const. 9 juin 2011, n° 2011-631 DC.

B. MOMENT DE LA SAISINE

1° RÈGLES GÉNÉRALES

86. Principe. Le contrôle de constitutionnalité établi par la Constitution du 4 oct. 1958 s'exerce à titre préventif après le vote de la loi et avant sa promulgation. • Cons. const. 23 août 1985, n° 85-197 DC § 20 • Cons. const. 25 juill. 1984, n° 84-176 DC § 13. ♦ Dès lors le Conseil ne peut être saisi ni avant le vote définitif de la loi. • Cons. const. 8 nov. 1976, n° 76-69 DC. ♦ ... Ni une fois la loi promulguée. • Cons. const. 7 nov. 1997, n° 97-392 DC. ♦ Cette disposition, éclairée par les débats qui se sont tenus tant devant le Comité consultatif constitutionnel que devant le Conseil d'État, exclut un contrôle de constitutionnalité de la loi au stade de son application, exception faite de la mise en œuvre des dispositions de l'art. 55 Const. obligeant le juge à se conformer à la règle de conflit de normes édictée par cet art. • CE 5 janv. 2005, *Deprez et Baillard*, n° 257341 : *Dr. adm. 2005. 51 ; RFDA 2005. 56, note Bonnet ; AJDA 2005. 845, note Burgorgue-Larsen ; JCP Adm. 2005. 1075, concl. Chauvaux.* ♦ ... Ou aux principes réglant les conflits de normes dans le temps. • CE, réf., 21 nov. 2005, *Boisvert*, n° 287217 : *AJDA 2006. 357, chron. Landais et Lénica* • CE, ass., 16 déc. 2005, *Synd. nat. huissiers de justice*, n° 259584 : *Lebon 570 ; AJDA 2006. 357, chron. Landais et Lénica*. ♦ V. Const. 58, art. 34, note 50.

87. Limite. Lorsque le Conseil a rendu une décision en application du présent art. il ne peut être saisi d'un nouveau recours contre le même texte, même si celui-ci n'a pas encore été promulgué. • Cons. const. 4 juill. 2001, n° 2001-449 DC § 3.

2° CONTRÔLE DES LOIS PROMULGUÉES

BIBL. Genevoix, Un exemple de l'influence du contrôle *a posteriori* sur le contrôle *a priori* : l'application de la jurisprudence « État d'urgence en Nouvelle-Calédonie », *RFDA 2013. 1*. – Site internet du Conseil constitutionnel, Contrôle des lois déjà en vigueur à l'occasion du contrôle *a priori* des lois, *A la une, juin 2013.*

88. Principe. Il n'appartient pas au Cons. const. d'apprécier la conformité à la Constitution d'une loi qui a été promulguée. • Cons. const. 14 mai 1980, n° 80-113 L § 11 : *Rec. Cons. const. 61 ; RJC II-87 ; JO 17 mai, p. 1231 ; RD publ. 1980. 1668, note Favoreu* • Cons. const. 24 juill. 2003, n° 2003-475 DC § 10. ♦ ... Même si celle-ci n'est pas encore publiée. • Cons. const. 7 nov. 1997, n° 97-392 DC.

89. Exception : « jurisprudence néo-calédonienne ». Dans un premier temps, le Conseil a admis que l'on puisse contester la constitutionnalité de dispositions législatives déjà promulguées lors de l'examen de la constitutionnalité d'une loi nouvelle modifiant, complétant, affectant le domaine de la loi ancienne. • Cons. const. 25 janv. 1985, n° 85-187 DC § 10 • Cons. const. 16 juill. 1996, n° 96-377 DC § 10 • Cons. const. 13 déc. 2012, n° 2012-659 DC § 14 • Cons. const. 29 déc. 2012, n° 2012-662 DC § 20. ♦ ... Ou son champ d'application. • Cons. const. 20 mars 1997, n° 97-388 DC § 11. ♦ Il a ensuite étendu ce contrôle aux lois qui affectent le domaine, complètent ou, même « sans en changer la portée », modifient la loi ancienne. • Cons. const. 8 juill. 1999, n° 99-414 DC § 2 • Cons. const. 2 déc. 2004, n° 2004-506 DC § 12. ♦ ... Tout en continuant à utiliser souvent la seule première formule. • Cons. const. 13 juill. 2006, n° 2006-538 DC § 11 • Cons. const. 21 mars 2019, n° 2019-778 DC § 247 et 254.

V. pour d'autres décisions dans le même sens : .

90. Il a été admis : qu'un simple déplafonnement de cotisations puisse avoir pour effet d'affecter le domaine d'application de la disposition. • Cons. const. 13 déc. 2012, n° 2012-659 DC § 14. ♦ ... Que la création d'une tranche supplémentaire de taxation à l'impôt sur le revenu puisse conduire à censurer une disposition qui n'est pas modifiée par la loi nouvelle mais qui a simplement des effets sur son application. • Cons. const. 29 déc. 2012, n° 2012-662 DC § 20.

91. C'est ainsi qu'à l'occasion de l'examen obligatoire de la constitutionnalité de la L. org. de 1999 relative à la Nouvelle-Calédonie, le Cons. const. a déclaré contraires à la Const. deux dispositions de la L. du 25 janv. 1985 relative au redressement et à la liquidation judiciaires des entreprises. • Cons. const. 15 mars 1999, n° 99-410 DC § 39 s. ♦ V., pour d'autres exemples positifs d'application, • Cons. const. 13 déc. 2012, n° 2012-659 DC § 15. ♦ ... Et en matière fiscale. • Cons. const. 29 déc. 2012, n° 2012-662 DC § 20 • Cons. const. 8 déc. 2016, n° 2016-741 DC § 104. ♦ ... En matière électorale. • Cons. const. 16 mai 2013, n° 2013-667 DC § 51.

92. De même, le Conseil estime que, en raison d'un changement des circonstances de droit, il y a lieu, pour lui, de procéder à l'examen de l'ensemble des dispositions de la loi organique, alors même que certaines d'entre elles ont une rédaction ou un contenu identiques à ceux de dispositions antérieurement déclarées conformes à la Const. par le Cons. const. ou figurant dans une loi adoptée par le peuple français à la suite d'un référendum. • Cons. const. 15 mars 1999, n° 99-410 DC § 4.

93. Le Cons. const. a encore profité d'un contrôle de ce type pour édicter une réserve d'interprétation sur un dispositif d'aide à l'emploi dont il n'avait pas été saisi à l'occasion de sa reprise partielle dans un nouveau dispositif. Il précise ainsi que les collectivités territoriales et les autres personnes publiques ne sauraient recourir au contrat d'accompagnement dans l'emploi que dans le cadre de contrats de travail à durée déterminée étendant ainsi la réserve établie dans cette décision aux contrats d'avenir signés par ces même personnes publiques. • Cons. const. 24 oct. 2012, n° 2012-656 DC § 19. ♦ Dans cette hypothèse, des contrats ayant pu être signés avant que la réserve ne soit émise, celle-ci ne s'applique qu'aux contrats conclus postérieurement à la publication de la décision. • Cons. const. 24 oct. 2012, n° 2012-656 DC § 19. ♦ Il en va de même s'agissant de la délivrance de l'agrément à l'adoption par les autorités administratives qui doivent vérifier, dans chaque cas, le respect de l'exigence de conformité de l'adoption à l'intérêt de l'enfant qu'implique l'al. 10 Préamb. Const. 46. • Cons. const. 17 mai 2013, n° 2013-669 DC § 53.

94. En revanche, il ne saurait en être ainsi : lorsqu'il s'agit de la simple mise en application d'une loi déjà promulguée. • Cons. const. 25 janv. 1985, n° 85-187 DC § 10. ♦ ... Lorsque la loi ne comporte aucune disposition modifiant des dispositions législatives en vigueur, les complétant ou affectant leur domaine. • Cons. const. 20 déc. 1994, n° 94-350 DC. ♦ ... Lorsqu'une loi procède à la ratification expresse d'ordonnance ayant déjà fait l'objet d'une ratification implicite. • Cons. const. 2 déc. 2004, n° 2004-506 DC § 4. ♦ ... Lorsque la loi nouvelle est elle-même censurée, dès lors qu'elle ne peut plus être considérée comme ayant de ce fait modifié, complété ou affecté le domaine de la première loi. • Cons. const. 28 févr. 2012, n° 2012-647 DC (sol. impl.). ♦ ... Lorsque la loi procède à un simple redéploiement d'autorisations d'engagement et de crédits de paiement au titre du budget général. • Cons. const. 20 déc. 2018, n° 2018-775 DC § 19.

95. La disposition promulguée ainsi déclarée contraire à la Const. est neutralisée. • Cons. const. 18 oct. 2013, *Sté Allianz IARD et a.*, n° 2013-349 QPC § 2. ♦ V. comm. et annotations ss. Const. 58, art. 62.

96. Jurisprudence « par ricochet ». La question est posée du contrôle de constitutionnalité d'une loi promulguée à l'occasion d'une loi reprenant les mêmes termes qu'une loi ancienne. Ainsi le Conseil a-t-il émis (d'office qui plus est) une réserve d'interprétation à propos de dispositions de la loi de modernisation sociale reprenant « la formulation retenue par la loi susvisée du 9 mai 2001 relative à l'égalité professionnelle » qui n'avait pas été soumise au contrôle du Conseil. • Cons. const. 12 janv. 2002, n° 2001-455 DC § 112 à 115. ♦ Sur l'autorité des interprétations « par ricochet », V. Const. 58, art. 62.

C. PORTÉE DE LA SAISINE

1° EFFET DE LA SAISINE

97. Conseil autrefois saisi de toute la loi (pour mémoire). L'effet de cette saisine est de mettre en œuvre, avant la clôture de la procédure législative, la vérification par le Cons. const. de toutes les dispositions de la loi déférée y compris de celles qui n'ont fait l'objet d'aucune critique de la part des auteurs de la saisine. • Cons. const. 30 déc. 1996, n° 96-386 DC § 4. ♦ ... Et ce, même si les auteurs de la saisine se bornent à inviter le Cons. const. à s'assurer que la loi ne contient aucune disposition qui serait contraire à tel ou tel principe constitutionnel. • Cons. const. 3 sept. 1986, n° 86-214 DC § 1 • Cons. const. 3 sept. 1986, n° 86-215 DC § 1 • Cons. const. 7 déc. 2000, n° 2000-435 DC § 45 s. ♦ Le Conseil précisait parfois que le caractère limité de la saisine n'affecte pas la possibilité pour le Conseil de faire porter son contrôle sur les autres dispositions de la loi et d'en tirer toutes conséquences de droit. • Cons. const. 25 févr. 1992, n° 92-307 DC § 1. ♦ Même si le Cons. const. soulève encore d'office certaines inconstitutionnalités (V. notes 99 et 107), avec la QPC (V. ss. Const., art. 61-1), il n'est pas sûr que le principe exposé ici se maintienne (V. note 102).

98. Du reste, le Conseil terminait généralement ses décisions par le considérant suivant : « Considérant qu'en l'espèce, il n'y a pas lieu pour le Conseil constitutionnel de soulever d'office aucune question de conformité à la Constitution en ce qui concerne les autres dispositions de la loi soumise à son examen ». • Cons. const. 11 août 1960, n° 60-8 DC • Cons. const. 7 janv. 1988, n° 87-232 DC • Cons. const. 5 janv. 1988, n° 87-233 DC • Cons. const. 5 mai 1998, n° 98-399 DC. ♦ ... Ou, encore, par : « Considérant qu'il n'y a pas lieu pour le Conseil constitutionnel de soulever d'office aucune autre question de conformité à la Constitution ». • Cons. const. 29 déc. 1999 : *99-425 DC*. ♦ Il n'utilise plus ce considérant dit « balai ». ♦ Sur la valeur juridique de ce « considérant », V. Const. 58, art. 62. ♦ Désormais, il précise au contraire : le Conseil constitutionnel n'a soulevé d'office aucune autre question de conformité à la Constitution et ne s'est donc pas prononcé sur la constitutionnalité des autres dispositions que celles examinées dans la présente décision. • Cons. const. 10 nov. 2016, n° 2016-738 DC § 32 • Cons. const. 8 mars 2018, n° 2018-763 DC § 31.

99. Si dans leurs observations en réplique, les requérants contestent des dispositions non mentionnées dans leurs saisines initiales, le Cons. const. n'est pas tenu d'y répondre dès lors qu'il ne recourt pas aux moyens d'offices. • Cons. const. 18 juill. 2013, n° 2013-673 DC. ♦ V. déjà, mais les répliques n'étaient pas revêtues de 60 signatures. • Cons. const. 2 mars 2004, n° 2004-492 DC.

100. Saisine du dispositif. Le Conseil estime qu'une saisine portant sur un article mettant en œuvre un dispositif porte nécessairement aussi sur l'article qui rend ce dispositif applicable outre-mer. • Cons. const. 24 oct. 2012, n° 2012-656 DC § 5 s.

101. Absence de grief (saisine blanche). En effet, quand bien même les auteurs de la saisine n'invoquent à l'encontre de la loi aucun grief particulier, il appartient au Cons. const. de relever toute disposition de la loi déférée qui méconnaîtrait des règles ou principes de valeur constitutionnelle. • Cons. const. 2 févr. 1995, n° 95 DC § 1 et 2 • Cons. const. 2 févr. 1995, n° 95-362 DC § 1. ♦ V. égal., sans que le Conseil indique expressément l'étendue de son pouvoir, • Cons. const. 26 août 1986, n° 86-211 DC § 1 • Cons. const. 2 févr. 1995, n° 95-361 DC. ♦ V., par ex., une « saisine blanche » incontestablement préventive par les présidents des deux assemblées parlementaires • Cons. const. 7 oct. 2010, n° 2010-613 DC.

102. Avant la mise en place de la QPC, le Cons. const. tirait pour conséquence d'une saisine blanche que la loi est, s'il ne relevait pas d'inconstitutionnalité d'office, totalement conforme ; il le précisait à la fois dans les moyens et le dispositif. • Cons. const. 26 août 1986, n° 86-211 DC. ♦ Sans renoncer à la possibilité de soulever un moyen d'office, il se contente depuis la mise en place de la QPC de conclure à la constitutionnalité dans le dispositif alors qu'il indique dans les motifs qu' « il n'y a pas lieu d'examiner spécialement ces dispositions d'office », laissant ainsi ouverte la possibilité d'une QPC. • Cons. const. 26 mai 2011, n° 2011-630 DC • Cons. const. 9 juin 2011, n° 2011-631 DC § 81. ♦ Il en est ainsi également si la saisine émane du Premier ministre. • Cons. const. 21 avr. 2016, n° 2016-730 DC. ♦ Il en est ainsi également si la saisine émane du Premier ministre. • Cons. const. 21 avr. 2016, n° 2016-730 DC.

103. S'agissant d'une saisine blanche du Premier ministre, le Cons. const. se contente de vérifier si la loi a été adoptée selon une procédure régulière. Il relève par ailleurs qu'aucun motif particulier d'inconstitutionnalité ne ressort des travaux parlementaires et que, dès lors, il n'y a pas lieu, pour lui, d'examiner spécialement d'office des dispositions de la loi déférée. • Cons. const. 28 nov. 2019, n° 2019-793 DC.

104. N'est pas une saisine blanche la saisine qui, sans contester la constitutionnalité de loi, saisit le Cons. const. « afin qu'il examine, au regard du droit au respect de la vie privée, de la *liberté de communication* et du droit à un recours au juridictionnel effectif, les articles (liste des articles déférés)... ». • Cons. const. 23 juill. 2015, n° 2015-713 DC §1 • Cons. const. 26 nov. 2015, n° 2015-722 DC § 1.

105. Substitution de motifs. Le Conseil peut dès lors procéder à une substitution de motif. • Cons. const. 20 janv. 1984, n° 83-165 DC § 17.

106. Moyens inopérants. Certains moyens développés par les parlementaires sont considérés comme inopérants soit parce qu'ils concernent une disposition elle-même inopérante soit parce qu'ils concernent une disposition qui renvoie à une future loi et dont la constitutionnalité ne pourra être vérifiée qu'une fois cette loi votée. • Cons. const. 18 déc. 2003, n° 2003-487 § 14 • Cons. const. 5 août 2004, n° 2004-501 DC § 14. ♦ ... Soit parce que la disposition par rapport à laquelle la constitutionnalité est contestée n'est pas encore en vigueur. • Cons. const. 29 déc. 2003, n° 2003-489 DC § 16. ♦ ... Soit parce que la loi organique prévue par l'art. de la Constitution invoqué n'est pas encore promulguée. • Même décision *§ 21*.

107. Moyens d'office. Le Cons. const. peut également soulever certains moyens (ou certaines questions de constitutionnalité) d'office. • Cons. const. 20 janv. 1981, n° 80-127 DC § 74 s. • Cons. const. 18 nov. 1982, n° 82-146 DC § 5 s. • Cons. const. 22 janv. 1990, n° 89-269 DC § 32 s. • Cons. const. 27 nov. 2001, n° 2001-451 DC § 42 s. • Cons. const. 29 août 2002, n° 2002-461 DC § 89 s. • Cons. const. 14 déc. 2006, n° 2006-544 DC § 35 s. • Cons. const. 10 mars 2011, n° 2011-625 DC § 64 s. • Cons. const. 24 oct. 2012, n° 2012-656 DC § 12 s. ♦ ... Y compris dans le cadre de la QPC. • Cons. const. 17 sept. 2010, *Assoc. sportive Football Club de Metz*, n° 2010-28 QPC § 9 (V. Const. 58, art. 61-1, note 303). ♦ ... Ce qui le conduira parfois à prononcer la constitutionnalité de dispositions dont il n'est pas saisi « sous réserve d'interprétation ». • Cons. const. 25 févr. 1992, n° 92-307 DC § 34 • Cons. const. 24 oct. 2012, n° 2012-656 DC § 19 s. ♦ C'est en particulier le cas s'agissant des cavaliers budgétaires : V. notes ss. LOLF 1er août 2001, art. 1er et 5, App., *v° Gouvernance financière*. ♦ ... Ou législatifs : V. note ss. Const. 58, art. 45. ♦ ... Mais aussi lorsque la constitutionnalité d'une disposition a été abondamment discutée durant les débats parlementaires. • Cons. const. 16 août 2007, n° 2007-555 DC § 18. ♦ Il peut également soulever d'office le défaut de précision d'une loi d'habilitation (Const. 58, art. 38). • Cons. const. 4 sept. 2018, n° 2018-769 DC § 87.

108. De même, lorsque la disposition dont il est saisi ne peut s'apprécier qu'à travers d'autres dispositions dont elle est le prolongement, le Conseil l'examine tant en fonction de son contenu propre que du contenu de ces autres dispositions. • Cons. const. 29 juill. 1991, n° 91-297 DC § 18.

109. Dans ces cas, le Cons. const. invite désormais le Gouvernement à présenter les observations complémentaires qu'ils vise et publie. • Cons. const. 8 déc. 2011, n° 2011-641 DC. ♦ V. déjà pour des observations publiées sous forme d'annexe aux observations principales et visées sans autres précisions dans les visas de la décision. • Cons. const. 4 août 2011, n° 2011-640 DC.

110. Sélection d'un motif. A l'inverse, le

Conseil peut ne pas répondre à tous les moyens soulevés par les saisissants dès lors qu'un seul suffit à prononcer l'inconstitutionnalité de la loi. Il utilise alors la formule « sans qu'il soit besoin d'examiner tout autre moyen ... ». • Cons. const. 28 févr. 1984, n° 84-169 DC • Cons. const. 2 juin 1987, n° 87-226 DC § 10 • Cons. const. 3 avr. 2003, n° 2003-468 DC § 11. ♦ Il omet parfois de répondre à un moyen alors même qu'il conclut à la constitutionnalité de la loi. • Cons. const. 30 déc. 1975, n° 75-60 DC (V. le texte de la saisine publié *in* Muas, La pratique institutionnelle de la Ve République, *Doc. fr. 1978, p. 339*).

111. Sélection de certaines dispositions de l'article déféré. Même saisi d'un article entier, le Cons. const. circonscrit son examen compte tenu des griefs développés dans les saisines. • Cons. const. 28 déc. 2017, n° 2017-758 DC § 6 et 21.

2° OBJET DE LA SAISINE

112. Dispositions absentes. Il résulte du présent art. que ne peuvent être déférés au Conseil constitutionnel que les textes qui ont le caractère de lois, c'est-à-dire ceux qui, au terme de la procédure législative, ont été définitivement adoptés dans l'ensemble de leurs dispositions ; est donc exclue toute contestation d'une disposition qui ne figure pas dans la loi soumise à l'examen du Conseil constitutionnel même si est contestée sa suppression irrégulière. • Cons. const. 29 déc. 1989, n° 89-268 DC § 12. ♦ ... Ou son absence. • Cons. const. 16 janv. 1982, n° 81-132 DC § 43 • Cons. const. 22 avr. 1997, n° 97-389 DC § 5.

113. Ainsi, si le législateur n'a pas jugé utile de préciser les conséquences qu'entraînerait la constatation de l'inéligibilité d'un ou plusieurs candidats figurant sur une liste, cette circonstance n'est pas de nature à faire regarder la loi organique comme contraire à la Constitution. • Cons. const. 10 juill. 1985, n° 85-195 DC § 25. ♦ De même lorsque le législateur ne traite pas dans la loi soumise à l'examen du Conseil constitutionnel d'une question simplement envisagée dans les travaux préparatoires, il n'est pas tenu de fixer les règles qui pourraient y être applicables ; elles pourront faire l'objet, en tant que de besoin, de dispositions législatives ultérieures. • Cons. const. 16 janv. 1982, n° 81-132 DC § 43. ♦ Ceci du moins tant que le législateur ne reste pas en deçà de sa compétence. • Cons. const. 13 déc. 1985, n° 85-198 DC § 12. ♦ V. sur ce point ss. Const. 58, art. 34, notes 67 s.

114. Dispositions inopérantes (neutrons législatifs). Jugé un temps que les dispositions qui, en raison de leur caractère inopérant, sont dépourvues de tout effet juridique ne sont pas susceptibles de voir leur constitutionnalité contestée (neutron législatif). • Cons. const. 27 juill. 1982, n° 82-142 DC § 6 • Cons. const. 19 juill. 1983, n° 83-160 DC § 5 • Cons. const. 19 déc. 1996, n° 96-384 DC § 12 • Cons. const. 10 juin 1998, n° 98-401 DC § 19 • Cons. const. 14 août 2003, n° 2003-483 DC § 4. ♦ ... Ou que le grief invoqué à leur encontre est inopérant. • Cons. const. 12 janv. 2002, n° 2011-455 DC § 60. ♦ Cette jurisprudence est abandonnée dès lors que le Conseil a jugé que la loi a pour vocation d'énoncer des règles et doit par suite être revêtue d'une portée normative. • Cons. const. 29 juill. 2004, n° 2004-500 DC § 12. ♦ V. désormais notes ss. DDH, art. 6.

115. Cependant, doit toujours être considéré comme applicable le principe selon lequel des orientations contenues dans des rapports annexés à des lois et qui ne constituent pas de véritable programmation n'ont donc pas de valeur normative. • Cons. const. 22 août 2002, n° 2002-460 DC § 20 et 21 • Cons. const. 29 août 2002, n° 2002-461 DC § 90. ♦ Cette analyse avait déjà été menée par le Conseil d'État. • CE, ass., 5 mars 1999, *Rouquette : Lebon 37 ; RFDA 1999. 357, concl. Maugüé, note de Béchillon et Terneyre ; AJDA 1999. 420, chron. Raynaud et Fombeur ; RD publ. 1999. 1223, note Camby ; LPA 1er nov. 1999, p. 13, note Matt ; Dr. adm. 1999. 138, obs. C.M.* • CE, ass., 5 mars 1999, *Conf. nat. des groupes autonomes de l'enseignement public : Lebon 40 ; AJDA 1999. 420, chron. Raynaud et Fombeur.* ♦ Rappr. : • CE 5 déc. 1984, *Goulet : Lebon 398.*

3° CONSÉQUENCE DE LA SAISINE

116. La saisine du Conseil a pour conséquence de suspendre le délai de promulgation jusqu'au rendu de la décision. Cependant, une fois la décision du Conseil rendue, le Président de la République procède à la promulgation ; il n'est pas possible de saisir le Conseil à nouveau, pour encore retarder celle-ci. • Cons. const. 4 juill. 2001, n° 2001-449 DC § 3.

D. ÉTENDUE DE LA COMPÉTENCE DU CONSEIL

117. La loi votée n'exprime la volonté générale que dans le respect de la Constitution. • Cons. const. 23 août 1985, n° 85-197 DC § 27. ♦ V. aussi les décisions citées ss. Const. 58, art. 34, notes 106 s.

1° LIMITATION AU SEUL CONTRÔLE DE CONSTITUTIONNALITÉ

118. Rôle du Cons. const. En vertu du présent art., le Cons. const. a compétence pour se prononcer sur la conformité à la Const. d'une loi soumise à son examen. Dès lors, il ne lui appartient pas de : donner suite à la demande en interprétation dont il a été saisi. • Cons. const. 24 juill. 1991, n° 91-298 DC § 33. • Cons. const. 22 oct. 2009, n° 2009-590 DC § 6. ♦ Rappr. dans le cadre de la QPC. • Cons. const. 14 juin 2013, *Philippe W.*, n° 2013-322 QPC § 12. ♦ ... De faire porter son contrôle sur des critiques d'ordre rédactionnel qui sont sans rapport avec des dispositions constitutionnelles. • Cons. const. 3 sept. 1986, n° 86-216 DC § 20. ♦ ... De faire des propositions comme peut être amené à le faire le Conseil d'État dans l'exercice de ses fonctions administratives. • Cons. const. 18 nov. 1986, n° 86-218 DC § 10. ♦ ... D'adresser des injonctions au législateur. • Cons. const. 14 août 2003, n° 2003-483 DC § 26.

119. Fraude à la loi. De même, la seule éventualité d'abus contraires à la Const. dans l'application d'une disposition législative n'entraîne pas l'inconstitutionnalité de celle-ci. • Cons. const. 20 juill. 1983, n° 83-162 DC § 85 • Cons. const. 25 juin 1986, n° 86-207 DC § 76. ♦ Il en va de même de l'éventualité d'un détournement de la loi lors de son application. • Cons. const. 27 nov. 2001, n° 2001-451 DC • Cons. const. 16 mai 2019, n° 2019-781 DC § 9. ♦ Il appartient aux juridictions compétentes d'empêcher, de priver d'effet et, le cas échéant, de réprimer de telles pratiques. • Cons. const. 17 mai 2013, n° 2013-669 DC § 30.

2° LIMITATION AU SEUL CONTRÔLE AU REGARD DU DROIT APPLICABLE À LA DATE DE L'ADOPTION DE LA DISPOSITION CONTESTÉE

120. La conformité à la Constitution d'une disposition s'apprécie au regard du droit applicable lors de son adoption. • Cons. const. 28 déc. 2017, n° 2017-758 DC § 18. ♦ Il en résulte que le grief tiré de ce qu'un mécanisme de limitation de la hausse des taux de taxe d'habitation pourrait être adopté à l'avenir ou de ce que le dégrèvement pourrait être remplacé par un autre dispositif doit être écarté. • Cons. const. 28 déc. 2017, n° 2017-758 DC.

3° LIMITATION AU CONTRÔLE PAR RAPPORT À LA CONSTITUTION

121. L'appréciation de la constitutionnalité des dispositions que le législateur estime devoir prendre résulte de la confrontation de celle-ci avec les seules exigences de caractère constitutionnel. • Cons. const. 13 août 1993, n° 93-325 DC § 2. ♦ Elle ne saurait être tirée de la comparaison entre les dispositions de lois successives. • Cons. const. 28 juill. 1989, n° 89-261 DC § 15 • Cons. const. 13 août 1993, n° 93-325 DC. ♦ ... Ou de la conformité de la loi avec les stipulations de conventions internationales. • Cons. const. 13 août 1993, n° 93-325 DC • Cons. const. 23 juill. 1999, n° 99-416 DC § 16.

a. Absence de contrôle d'opportunité

1. Absence de pouvoir général d'appréciation

BIBL. Delvolvé, Constitution et société, *RFDA 2013. 923*.

122. Ni le présent art. (ni l'art. 61-1 Const. 58) ne confère pas au Cons. const. un pouvoir général d'appréciation et de décision identique à celui du Parlement, mais lui donne seulement compétence pour se prononcer sur la conformité à la Const. des lois déférées à son examen. • Cons. const. 15 janv. 1975, n° 74-54 DC § 1 • Cons. const. 30 juill. 2010, *Daniel Walbuger et a.*, n° 2010-14/22 QPC § 30 • Cons. const. 20 déc. 2019, n° 2019-794 DC § 36. ♦ V. ss. art. 62 Const. 58 lorsque les mesures à prendre pour qu'il soit remédié à la situation supposent des choix que seul le législateur peut faire. ♦ V. pour une formule du même ordre relativement au Congrès de Nouvelle-Calédonie • Cons. const. 9 déc. 2011, *Patelise F.*, n° 2011-205 QPC § 9.

V. pour d'autres décisions dans le même sens :.

123. Dès lors, certaines questions relèvent de la seule appréciation du législateur. Le Conseil juge ainsi en particulier s'agissant de « questions de société ». • Cons. const. 15 janv. 1975, n° 74-54 DC (IVG) • Cons. const. 27 juill. 1994, n° 94-343/344 DC (sélection des embryons) • Cons. const. 17 mai 2013, n° 2013-669 DC (mariage de personnes du même sexe). ♦ ... De « questions éthiques et sociales ». • Cons. const. 11 juin 2010, *Vivianne L.*, n° 2010-2 QPC *§14* (loi dite « anti-Perruche » : naissance d'enfant handicapé). ♦ Ainsi se contente-t-il d'affirmer : le législateur a estimé que (la dissimulation du visage dans l'espace public peut) constituer un danger pour la sécurité publique que cette dissimulation du visage méconnaît les exigences minimales de la vie en société ; il a également estimé que les femmes dissimulant leur visage, volontairement ou non, se trouvent placées dans une situation d'exclusion et d'infériorité manifestement incompatible avec les principes constitutionnels de liberté et d'égalité. • Cons. const. 7 oct. 2010, n° 2010-613 DC § 4.

124. Le Conseil juge également ainsi dans le cas où le choix du législateur relève d'appréciations techniques ou scientifiques. • Cons. const. 27 juill. 1994, n° 94-343/344 DC § 10 • Cons. const. 27 juin 2001, n° 2001-446 DC § 4. ♦ Dès lors, il n'appartient pas au Cons. const. de remettre en cause, au regard de l'état des connaissances scientifiques, les dispositions prises par le législateur en matière de vaccination obligatoire ni de rechercher si l'objectif de protection de la santé que s'est assigné le législateur aurait pu être atteint par d'autres voies, dès lors que les modalités retenues par la loi ne sont pas manifestement inappropriées à l'objectif visé. • Cons. const. 20 mars 2015, *Épx L.,* n° 2015-458 QPC § 9 et 10 • Cons. const. 22 nov. 2019, *Sté Prato Corbara,* n° 2019-814 QPC § 8. ♦ Rappr., s'agissant de la suspension de l'importation et de la mise sur le marché national à titre gratuit ou onéreux des conditionnements, contenants ou ustensiles comportant du bisphénol A : • Cons. const. 17 sept. 2015, *Assoc. Plastics Europe,* n° 2015480 QPC § 6. ♦ De même le Conseil se contente-t-il d'affirmer : le législateur a estimé, au regard des données scientifiques disponibles sur la situation sanitaire, que l'épidémie de covid-19 se répand à une vitesse élevée contribuant, compte tenu par ailleurs des capacités actuelles de prise en charge des patients par le système de santé, à un état de catastrophe sanitaire mettant en péril, par sa nature et sa gravité, la santé de la population. Il n'appartient pas au Conseil constitutionnel de remettre en cause l'appréciation, corroborée par les avis du comité de scientifiques, par le législateur de l'existence d'une catastrophe sanitaire et de sa persistance prévisible dans les quatre prochains mois. • Cons. const. 13 nov. 2020, n° 2020-808 DC § 6.

125. De même, le Cons. const. n'a pas à apprécier l'existence ou non d'un consensus scientifique en cas d'appréciation scientifique problématique. Il ne remet donc pas en cause l'appréciation du législateur, au regard de l'état des connaissances et des techniques, et les dispositions ainsi prises par le législateur. • Cons. const. 27 juill. 1994, n° 94-343/344 DC § 10 • Cons. const. 27 juin 2001, n° 2001-446 DC § 4 • Cons. const. 16 mai 2012, *Sté Cryo Save France,* n° 2012-249 QPC § 8.

126. Dès lors, il ne lui appartient pas : de substituer sa propre appréciation à celle du législateur. • Cons. const. 19 janv. 1981, n° 80-127 DC § 13 • Cons. const. 25 juill. 1984, n° 84-176 DC § 10 • Cons. const. 17 mai 2013, n° 2013-669 DC § 22. ♦ ... De rechercher si l'objectif que s'est assigné le législateur pouvait être atteint par d'autres voies. • Cons. const. 13 janv. 1994, n° 93-331 DC § 4 • Cons. const. 19 déc. 2013, n° 2013-682 DC § 12. ♦ ... De rechercher si les circonscriptions ont fait l'objet de la délimitation la plus équitable possible ou de faire des propositions en ce sens, comme peut être amené à le faire le Conseil d'État *dans l'exercice de ses fonctions administratives.* • Cons. const. 18 nov. 1986, n° 86-218 DC § 10. ♦ ... De rechercher les motivations des parlementaires lors de l'usage de telle ou telle procédure. • Cons. const. 18 nov. 1986, n° 86-218 DC § 2 s. ♦ ... De rechercher si le découpage des circonscriptions a fait l'objet de la délimitation la plus équitable possible. • Même décision § 10.

V. pour d'autres décisions dans le même sens : .

127. Il en résulte que le Conseil estime qu'une « critique qui porte en réalité sur l'opportunité de la loi ne saurait être retenue ». • Cons. const. 12 sept. 1984, n° 84-179 DC § 14. ♦ ... Ou encore que « l'appréciation de l'intérêt général appartient au législateur ». • Cons. const. 20 juill. 1983, n° 83-162 DC § 80. ♦ ... Qu'il ne lui appartient pas de déterminer dans quelle mesure le législateur aurait entendu prononcer certaines abrogations au vu de la déclaration de non-conformité à la Constitution de lois présentement examinées. • Cons. const. 29 juill. 1986, n° 86-210 DC § 28 • Cons. const. 18 sept. 1986, n° 86-217 DC § 98. ♦ ... Qu'il ne saurait se prononcer sur l'opportunité des objectifs que le législateur assigne à l'action de l'État, dès lors que ceux-ci ne sont pas manifestement inadéquats à la mise en œuvre de cette exigence constitutionnelle. • Cons. const. 20 déc. 2019, n° 2019-794 DC § 36.

2. Existence d'un contrôle de l'erreur manifeste

BIBL. Goesel-Le-Bihan, Le contrôle de l'objectif poursuivi par le législateur dans la jurisprudence récente du Conseil constitutionnel, *RFDC 2014. 269.*

128. Il lui appartient néanmoins de rechercher si les dispositions introduites par la loi ne sont pas manifestement inappropriées aux objectifs que s'est assigné le législateur. • Cons. const. 6 déc. 1990, n° 90-280 DC § 26 • Cons. const. 21 mars 2018, n° 2018-761 DC § 27.

V. pour d'autres décisions dans le même sens : .

129. En particulier lorsqu'il s'agit de réaliser la conciliation entre une liberté et un objectif à valeur constitutionnelle. • Cons. const. 27 juill. 2000, n° 2000-433 DC § 41 • Cons. const. 27 nov. 2001, n° 2001-451 DC § 18. ♦ Le Conseil utilise parfois l'expression réduite « entachée d'erreur manifeste ». • Cons. const. 16 janv. 1982, n° 81-132 DC § 20 • Cons. const. 19 déc. 2000, n° 2000-437 DC § 46 • Cons. const. 13 mars 2003, n° 2003-467 DC § 50 • Cons. const. 29 déc. 2004, n° 2004-511 DC § 22 • Cons. const. 18 oct. 2010, *Rachid M. et a.,* n° 2010-55 QPC § 6.

130. Ainsi n'est entachée d'aucune erreur manifeste d'appréciation la fixation à 50 % de la part des revenus au-delà de laquelle le paiement d'impôts directs ouvre droit à restitution. • Cons. const. 16 août 2007, n° 2007-555 DC § 26. ♦ ... Un dispositif permettant d'empêcher l'accès aux services de communication au public en ligne diffusant des images pornographiques représentant des mineurs. • Cons. const. 10 mars 2011, n° 2011-625 DC § 7.

131. De même, s'agissant de la nécessité et de la détermination des peines attachées aux infractions, le Conseil vérifie l'absence d'erreur manifeste d'appréciation. • Cons. const. 16 juill. 1996, n° 96-377 DC § 7 • Cons. const. 16 juin 1999, n° 99-411 DC § 13. ♦ ... Ou de disproportion manifeste entre ces infractions et ces peines. • Cons. const. 29 juill. 1994, n° 94-345 DC § 27 • Cons. const. 9 août 2007, n° 2007-554 DC § 8.

132. Par extension, il s'estime compétent pour vérifier que les dispositions contestées ne sont pas fondées sur des critères qui ne seraient ni objectifs ni rationnels. • Cons. const. 8 juill. 1999, n° 99-414 DC § 8. ♦ ... Arbitraires. • Cons. const. 30 mars 2000, n° 2000-427 DC § 1. ♦ ... Absence d'abus de droit. • Cons. const. 30 déc. 1995, n° 95-370 DC § 8 s.

b. Existence d'un contrôle de proportionnalité

133. Adéquation des moyens mis en œuvre aux objectifs de la loi. De même, le Conseil constitutionnel ne manque pas de contrôler l'adéquation des moyens que le législateur met en œuvre pour la réalisation des objectifs et effectue un contrôle de la proportionnalité de ces moyens par rapport aux atteintes aux libertés qu'ils supposent pour atteindre le but. Il a ainsi considéré : que la création d'une « dotation de solidarité urbaine » entre les communes dans la mesure où celle-ci n'entraîne qu'une « diminution minime de la progression de la dotation globale de fonctionnement » ne porte donc pas atteinte au principe de libre administration des communes. • Cons. const. 6 mai 1991, n° 91-291 DC § 13. ♦ ... Que le choix d'un taux de déclenchement d'une contribution différent du taux de progression de l'objectif national des dépenses d'assurance maladie satisfait à l'exigence d'objectivité et de rationalité au regard du double objectif de contribution des entreprises exploitant des spécialités pharmaceutiques au financement de l'assurance maladie et de modération des dépenses de médicaments que s'est assigné le législateur. • Cons. const. 19 déc. 2000, n° 2000-437 DC § 33. ♦ ... Qu'il était loisible à la loi organique de ne faire figurer, dans le dispositif de limitation de cumul du mandat de parlementaire et de mandats électoraux locaux, le mandat de conseiller municipal qu'à partir d'un certain seuil de population, à condition que le seuil retenu ne soit pas arbitraire, condition remplie en l'espèce, dès lors que le seuil de 3 500 habitants détermine, en vertu de l'art. L. 252 C. élect., un changement de mode de scrutin pour l'élection des membres des conseils municipaux. • Cons. const. 30 mars 2000, n° 2000-427 DC § 1. ♦ ... Que la prolongation de onze semaines du mandat de l'Assemblée nationale élue en 1997 apparaît comme « strictement nécessaire à la réalisation de l'objectif de la loi organique » modifiant le calendrier électoral de 2002. • Cons. const. 9 mai 2001, n° 2001-444 DC § 5. ♦ ... Que le choix du champ d'application de la loi relative aux 35 heures est en rapport direct avec l'objectif primordial que s'est assigné le législateur de diminuer le taux de chômage grâce aux effets positifs escomptés de la réduction de la durée du travail sur les effectifs employés par les entreprises du secteur concurrentiel. • Cons. const. 20 juin 1998, n° 98-401 DC § 33. ♦ ... Que le crédit d'impôt résultant de la construction ou de l'acquisition d'une habitation principale postérieurement à l'entrée en vigueur de la loi ne représente pas un avantage fiscal manifestement disproportionné par rapport à l'objectif de favoriser l'accession à la propriété et répond ainsi à un but d'intérêt général. • Cons. const. 16 août 2007, n° 2007-555 DC § 19. ♦ ... Que l'inclusion de la CSG, la CRDS, le prélèvement social sur les revenus du patrimoine et les produits de placement ainsi que la contribution additionnelle affectée à la Caisse nationale de solidarité pour l'autonomie dans les impôts directs pris en compte pour la détermination du « bouclier fiscal » n'est pas inappropriée à éviter que l'impôt présente un caractère confiscatoire et/ ou constitue une rupture caractérisée de l'égalité devant les charges publiques. • Cons. const. 16 août 2007, n° 2007-555 DC § 24 et 25.

134. De même, n'est pas manifestement inappropriée à l'objectif poursuivi l'application immédiate d'un nouveau régime électoral destiné à remédier à l'instabilité du fonctionnement des institutions. • Cons. const. 6 déc. 2007, n° 2007-559 DC § 15. ♦ ... La réduction d'impôt de solidarité sur la fortune au titre de certains investissements dans les petites et moyennes entreprises compte tenu du risque affectant de tels placements. • Cons. const. 16 août 2007, n° 2007-555 DC § 31.

135. Il en est de même, pour assurer l'intégrité, la sécurité et la fiabilité des opérations de jeux, veiller à la transparence de leur exploitation, prévenir les risques d'une exploitation des appareils de jeux de hasard ou d'adresse à des fins frauduleuses ou criminelles et lutter contre le blanchiment d'argent et prévenir le risque d'accoutumance, des dispositions limitant strictement l'utilisation « d'appareils à sous » à des événements et lieux eux-mêmes soumis à un régime d'autorisation préalable et organisant le contrôle de la fabrication, du commerce et de l'exploitation de ces appareils. • Cons. const. 18 oct. 2010, *Rachid M. et a.*, n° 2010-55 QPC § 6.

136. V. également pour une conciliation qui n'est pas manifestement déséquilibrée entre liberté contractuelle, droit d'obtenir un emploi d'un part et liberté d'entreprendre d'autre part, les dispositions relatives aux conditions dans lesquelles un accord de performance collective peut modifier certains éléments de l'organisation du travail, de la rémunération des salariés ou de leur mobilité géographique ou professionnelle. • Cons. const. 21 mars 2018, n° 2018-761 DC § 24 s.

137. A l'inverse, il a estimé que ne présentait pas cette adéquation : une taxe sur l'électricité permettant de lutter contre l'« effet de serre » dès lors qu'en France, la consommation d'électricité contribue très faiblement aux rejets de gaz carbonique et permet, par substitution à celle des produits énergétiques fossiles, de lutter contre l'« effet de serre ». • Cons. const. 28 déc. 2000, n° 2000-441 DC § 35 et 37. ♦ ... Le crédit d'impôt résultant de la construction ou de l'acquisition d'une habitation principale antérieurement à l'entrée en vigueur de la loi dès lors qu'il a pour objectif de soutenir la consommation et le pouvoir d'achat et que cet avantage fiscal fait supporter à l'État des charges manifestement hors de proportion avec l'effet incitatif attendu. • Cons. const. 16 août 2007, n° 2007-555 DC § 20.

138. S'agissant de l'application du principe d'égalité, si le Conseil admet qu'il ne s'oppose ni à ce que le législateur règle de façon différente des situations différentes, ni à ce qu'il déroge à l'égalité pour des raisons d'intérêt général, c'est, dans l'un et l'autre cas, à la condition que la différence de traitement qui en résulte soit en rapport direct avec l'objet de la loi qui l'établit. • Cons. const. 18 déc. 2003, n° 2003-487 DC § 20 • Cons. const. 28 avr. 2005, n° 2005-514 DC § 30. ♦ Rappr. : • Cons. const. 6 déc. 2007, n° 2007-559 DC § 26. ♦ V. déjà • Cons. const. 21 janv. 1981, n° 80-128 DC § 4.

139. Dès lors, si la différence de traitement est injustifiée au regard de l'objectif, la mesure inégalitaire n'est pas conforme à la Constitution. • Cons. const. 16 août 2007, n° 2007-555 DC § 20.

140. Adéquation aux objectifs de la loi des contraintes pesant sur les libertés. Le Conseil contrôlera également si l'atteinte aux libertés n'est pas excessif eu égard aux buts poursuivis par la législation. C'est ainsi qu'il est contraire à la Constitution : de placer des mineurs de moins de treize ans en garde à vue en dehors de cas exceptionnels et d'infractions graves. • Cons. const. 11 août 1993, n° 93-326 DC § 26 s. ♦ ... D'élargir à 40 km la zone frontalière permettant de réaliser des contrôles d'identité. • Cons. const. 5 août 1993, n° 93-323 DC § 16. ♦ Est également contraire un article d'une loi dont l'imprécision porte au principe d'égalité devant la loi une atteinte disproportionnée par rapport à l'objectif d'intérêt général. • Cons. const. 6 déc. 2001, n° 2001-452 DC § 7. ♦ Sur la question de la rigueur nécessaire des mesures restreignant la liberté individuelle. V. DDH, art. 9, annotations ss. Const. 58, Préamb. pt. II.

141. C'est dans le cadre de ce contrôle de proportionnalité qu'il y a lieu pour le Conseil d'examiner la constitutionnalité des lois de validation. • Cons. const. 21 déc. 1999, n° 99-422 DC § 64. ♦ V. ss. DDH, art. 16, notes 562 s.

142. La disproportion peut également résulter du cumul des contraintes que le législateur met en œuvre. Ainsi a-t-il jugé que la définition restrictive du licenciement économique qui a pour effet de ne permettre à l'entreprise de licencier que si sa pérennité est en cause porte à la liberté d'entreprendre une atteinte manifestement excessive au regard de l'objectif poursuivi du maintien de l'emploi. • Cons. const. 12 janv. 2002, n° 2001-455 DC § 50. ♦ En revanche la mise en place de nouvelles contraintes qui conduisent à un allongement de la procédure n'est pas manifestement excessive au regard de l'objectif poursuivi. • Même décision *§ 54.*

E. CAS D'OUVERTURE

1° INCOMPÉTENCE

a. Empiétements non sanctionnés

143. Empiétement sur le domaine réglementaire. V. ss. Const. 58, art. 37, notes 1 s.

144. Empiétement partiel du législateur organique sur le législateur ordinaire. V. ss. Const. 58, art. 46, notes 28 s.

b. Empiétements sanctionnés

145. Empiétement du législateur ordinaire ou organique sur le constituant. V. ss. Const. 58, art. 89, note 2.

146. Empiétement du législateur ordinaire sur la compétence d'autres législateurs. Le Conseil sanctionne l'empiétement du législateur ordinaire sur le législateur organique en prononçant l'inconstitutionnalité des dispositions organiques comprises dans une loi ordinaire, V. notes ss. Const. 58, art. 46. ♦ ... Ou sur le législateur financier. • Cons. const. 8 janv. 1991, n° 90-283 DC § 47 • Cons. const. 29 août 2002, n° 2002-461 DC § 91 s.

147. Empiétement total du législateur organique sur le législateur ordinaire. V. ss. Const. 58, art. 46, note 27.

148. Empiétement du législateur financier sur la compétence du législateur ordinaire. Le Conseil frappe d'inconstitutionnalité les dispositions non financières qui seraient contenues dans une loi de finances (cavaliers budgétaires). • Cons. const. 29 déc. 1984, n° 84-184 DC § 51.

149. Empiétement du législateur social

sur la compétence du législateur ordinaire. Le Conseil frappe d'inconstitutionnalité les dispositions non « sociales » qui seraient contenues dans une loi de financement de la sécurité sociale (cavaliers sociaux). ♦ V. notes ss. CSS, art. L.O. 111-3, *App.*, v° *Gouvernance financière*.

c. Exercice insuffisant de la compétence législative (incompétence négative)

150. Il y a violation de la Constitution lorsque le législateur n'exerce pas les compétences qu'il tire de la Constitution, qu'il s'agisse du législateur ordinaire. V. ss. Const. 58, art. 34, notes 67 s. ♦ ... Ou du législateur organique. V. ss. Const. 58, art. 46, note 23. ♦ On parle alors d'« incompétence négative » selon les termes que le Conseil lui-même utilise. • Cons. const. 21 janv. 1997, n° 96-387 DC.

2° VICE DE PROCÉDURE

BIBL. Metzger, Du caractère facultatif de dispositions légales impératives, *AJDA 2013. 489*.

151. Respect des règles constitutionnelles de procédure. Le Conseil estime qu'il est de sa compétence de vérifier que la loi a bien été adoptée dans le respect des règles de valeur constitutionnelle relatives à la procédure législative. • Cons. const. 23 juill. 1975, n° 75-57 DC § 1 • Cons. const. 24 oct. 2012, n° 2012-655 DC (violation de l'art. 42). ♦ Le Conseil constitutionnel se prononce sur la régularité de la procédure législative au regard des règles que la Constitution a elle-même fixées ou auxquelles elle a expressément renvoyé. • Cons. const. 17 juill. 2003, n° 2003-474 DC § 10. ♦ Ce contrôle, le Conseil l'exerce par rapport au texte de la Constitution en vigueur au moment du dépôt du projet de loi. Dès lors qu'à cette date la Constitution ne renvoyait pas à une loi organique, le grief tiré du non-respect de celle-ci ne saurait être utilement invoqué. • Cons. const. 17 juill. 2003, n° 2003-474 DC § 11. ♦ Cependant, le Conseil fait une application non littérale des dispositions relatives à la procédure législative afin de ne pas entraver l'action du législateur par des censures formalistes. • Cons. const. 27 juill. 1978, n° 78-95 DC § 2 • *Cons. const. 25 juill. 2001, n° 2001-448 DC § 75.*

152. Constitue également un vice de procédure le fait pour le Gouvernement de présenter devant le Parlement un projet de loi contenant des éléments qui n'étaient pas présents dans le texte soumis au Conseil d'État ou qui en sont sensiblement différents. En effet, si le conseil des ministres délibère sur les projets de loi et s'il lui est possible d'en modifier le contenu, c'est, comme l'a voulu le constituant, à la condition d'être éclairé par l'avis du Conseil d'État ; par suite, l'ensemble des questions posées par le texte adopté par le conseil des ministres doivent avoir été soumises au Conseil d'État lors de sa consultation. • Cons. const. 3 avr. 2003, n° 2003-468 DC § 7 et 8. ♦ V. déjà, s'agissant des « lettres rectificatives », • Cons. const. 28 déc. 1990, n° 90-285 DC § 4.

153. Respect de la procédure consultative préalable. Le défaut de consultation des assemblées territoriales entraîne l'inconstitutionnalité de l'ensemble de la loi si elle concerne uniquement ces territoires. • Cons. const. 22 juill. 1980, n° 80-122 DC. ♦ ... Ou des seules dispositions procédant à l'extension de la loi à ces territoires dans les autres cas. • Cons. const. 16 déc. 1981, n° 81-131 DC (jurisprudence transposable aux COM).

154. Il peut s'agir de contrôler le respect des règles relatives au droit d'amendement, qu'il s'agisse de leur recevabilité en général. V. notes ss. Const. 58, art. 44 et art. 45. ♦ ... Ou une fois la commission mixte paritaire réunie, V. notes ss. Const. 58, art. 45. ♦ Il peut s'agir encore du respect des règles procédurales à caractère organique telles que le vote de la première partie de la loi de finances avant que ne soit entamée la discussion de la seconde partie. • Cons. const. 24 déc. 1979, n° 79-110 DC.

155. Ce contrôle amène le Cons. const. éventuellement à interpréter des dispositions constitutionnelles. Ainsi a-t-il estimé qu'aucune disposition constitutionnelle ne permet d'écarter, pour la conclusion de cette phase complémentaire, les dispositions de l'art. 45 Const. 58 qui sont applicables de plein droit à la nouvelle délibération demandée par le Président de la République, les termes « nouvelle lecture » employés par l'art. 23 de l'Ord. du 7 nov. 1958 ayant force de loi organique ne pouvant être interprétés comme ayant une signification différente de celle des mots « nouvelle délibération » employés à l'art. 10 Const. 58 dont l'art. 23 précité n'est qu'un cas d'application. • Cons. const. 23 août 1985, n° 85-197 DC § 24.

3° DÉTOURNEMENT DE PROCÉDURE

156. Le Conseil admet de contrôler que la procédure utilisée ne l'est pas abusivement mais n'a jamais admis ce moyen jusqu'alors. Ainsi, il estime que la circonstance que plusieurs procédures aient été utilisées cumulativement pour accélérer l'examen de la loi n'est pas, à elle seule, de nature à rendre inconstitutionnelle l'ensemble de la procédure législative. • Cons. const. 30 déc. 1995, n° 95-370 DC § 13. ♦ ... Qu'il en va de même de l'utilisation de la question préalable par le Sénat dans le seul but de renvoyer aussitôt le texte à l'Assemblée nationale dès lors que le bon déroulement du débat démocratique, supposant que soit pleinement respecté le droit d'amendement des parlementaires et du Gouvernement, est assuré. • Même décision *§ 8 s.*

157. De même a-t-il refusé d'admettre que le recours aux ordonnances ait pu avoir comme fondement la volonté d'éviter le contrôle de constitutionnalité des dispositions envisagées dès lors que le Gouvernement n'est pas dispensé dans ce cas de respecter les règles et les principes constitutionnels. • Cons. const. 1er juill. 1986, no 86-208 DC § 8. ♦ ... Même si la date choisie pour le dépôt du projet de loi de ratification conduit à rendre peu probable l'examen de ce projet avant la fin de la législature. • Cons. const. 8 août 1985, no 85-196 DC § 21 s.

4o VIOLATION DE LA CONSTITUTION

158. C'est la violation la plus fréquente. Elle renvoie aussi bien à la violation d'un art. de la Constitution que du préambule, des principes fondamentaux reconnus par les lois de la République. • Cons. const. 16 juill. 1971, no 71-44 DC § 2. ♦ V. notes ss. le II du présent art.

Art. 61-1 *(L. const. no 2008-724 du 23 juill. 2008, art. 29)* **Lorsque, à l'occasion d'une instance en cours devant une juridiction, il est soutenu qu'une disposition législative porte atteinte aux droits et libertés que la Constitution garantit, le Conseil constitutionnel peut être saisi de cette question sur renvoi du Conseil d'État ou de la Cour de cassation qui se prononce dans un délai déterminé.**

Une loi organique détermine les conditions d'application du présent article.

Sur la question prioritaire de constitutionnalité, V. ci-dessous Ord. no 58-1067 du 7 nov. 1958, art. 23-1 s. ; CESEDA, art. R. 532-59 s. ; CJF, art. L.O. 142-2 ; CJA, art. L.O. 771-1, L.O. 771-2, R.* 771-3 s. ; COJ, art. L.O. 461-1, L.O. 461-2 et R.* 461-1 ; C. pr. civ., art. 126-1 s. ; C. pr. pén., art. L.O. 630, R.* 49-21 s. ; Décr. no 93-1425 du 31 déc. 1993, art. 22-1 et 39-1 ; Décr. no 2020-1717 du 28 déc. 2020, art. 10 et 91 ; Décis. du 4 févr. 2010 portant règlement intérieur sur la procédure suivie devant le Conseil constitutionnel ; Règl. 31 mai 1959 applicable à la procédure suivie devant le Conseil constitutionnel pour le contentieux de l'élection des députés et des sénateurs, art. 16-1 ; Circ. du ministère de la justice et des libertés no CIV/04/10 du 24 févr. 2010 ; Circ. du ministère de la justice et des libertés no SG/SADJPV du 1er mars 2010 relative à la présentation du principe de continuité de l'aide juridictionnelle en cas d'examen de la QPC par le Conseil d'État, la Cour de cassation et le Conseil constitutionnel.*

BIBL. GÉN. ▸ **Ouvrages :** JAN, Le procès constitutionnel, *2e éd., LGDJ 2010.* – ROUSSEAU (ss. dir.), La question prioritaire de constitutionnalité, Guide pratique, *Gaz. Pal. - Lextenso 2010.*

▸ **Articles :** ALBERTON, *AJDA 2008. 967* (exception d'inconstitutionnalité et exception d'inconventionnalité). – AMSON, *Gaz. Pal. 25-26 juill. 2008, p. 2* (réflexions critiques). – BAGHESTANI, *LPA 15 févr. 2010, p. 4.* – BAILLON-PASSE, *LPA 19 févr. 2010, p. 3* (questions pratiques devant le juge *a quo*). – BENETTI, *AJDA 2010. 74* (genèse de la réforme - 1990 à 2009). – BERNAUD, *Economica 2009, p. 1438* (art. 61-1) (la Constitution de la République française [ss. dir. Luchaire, Cognac et Prétot]). – BERNAUD et FATIN-ROUGE, *RFDC 2008, no hors-série, p. 169* (réflexions autour des art. 61-1 et 62, al. 2). – BLACHER, *LPA 18 mars 2010.* – BLÉRY, *Procédures 2010. Focus 28* (QPC, jurisprudence Cesareo et office du juge : l'impossible conciliation). – BON, *RFDA 2009. 1107*. – BORZEIX, *Gaz. Pal. 28 févr.-2 mars 2010, p. 18* (exception de procédure ou question préjudicielle ?). – BRIAND, *Gaz. Pal. 17-19 janv. 2010, p. 17* (règles du procès équitable) ; *AJ fam. 2010. 127* (devant le JAF). – BURGOGUE-LARSEN, *RFDA 2009. 787* (question préjudicielle de constitutionnalité et contrôle de conventionalité). – CADIET, *JCP 2010. 546, no 12.* – CASSIA, *RFDA 2008. 877* ; *AJDA 2009. Tribune 2193* (question sur le caractère prioritaire). – CHAIX, *Politeia 2009. 489* (fin heureuse d'une exception française ?). – CHAUVAUX, *RD publ. 2009. 566* (1990-2009 : réflexions sur un retard). – Collectif, *PUAM 2009* (contrôle de constitutionnalité par voie préjudicielle. La saisine par les citoyens). – CROZE, *Procédures 2010. Étude 2 ; JCP 2010. 269* (aspects procéduraux). – DEBOISSY, *Dr. fisc. 2010. Actu. 42* (la fin d'un angle mort). – DE LAMY, *D. 2009. 177*. – DE LA ROSA, *RFDC 2009. 817* (l'art. 6, § 1er, Conv. EDH, le Conseil constitutionnel et la question préjudicielle de constitutionnalité). – DELCROS, *Gaz. Pal. 2007. Doctr. 3705* (l'avocat devant le Conseil constitutionnel ?). – DEUMIER, *RTD civ. 2010. 67* (la QPC : prioritaire mais pas première...). – Dossier, *RD publ. 2009, no 3* (l'exception d'inconstitutionnalité : un chantier difficile). – DRAGO, *JCP 2008. I. 217* (prolégomènes d'une pratique contentieuse) ; *JCP 2010. 2* (une Constitution proche du *citoyen) ; Mél. S. Guinchard, Dalloz 2010, p. 439* (quels principes directeurs pour le procès constitutionnel ?). – DUBRULLE, *AJDA 2007. 127* (un contrôle de constitutionnalité ?). – FATIN-ROUGE, *RFDC 2009. 269.* – FERRAIUOLO, *LPA 26 févr. 2010, p. 3* (point de vue d'un praticien). – Y. GAUDEMET, *RD publ. 2009. 582* (brouillard sur les institutions) ; *RJEP 2010. Repère 2* (questions à la QPC). – GENEVOIS, *RFDA 2010. 1* (le contrôle *a priori* de constitutionnalité au service du contrôle *a posteriori*). – GROSHENS, *RD publ. 2009. 589* (à propos du Conseil constitutionnel) ; *RJEP 2010. Repère 2* (questions à la QPC). – GUILLAUME, *LPA 23 févr. 2010,* *p. 3* (le règlement intérieur sur la procédure suivie devant le Conseil constitutionnel). - HUGLO, *LPA 25 janv. 2010* (de nouvelles obligations pour les avocats) ; *Gaz. Pal. 26-27 mars 2010, p. 19* (la QPC, le droit de l'environnement et l'avocat) ; *JCP 2010. 547* (rôle du praticien dans la mise en œuvre de la QPC). - JAN, *LPA 18 déc. 2009, p. 6.* - LEPAGE, *LPA 19 sept. 2008, p. 3* (pratique judiciaire et rapports de pouvoir). - LE PRADO, *Dr. et patr., oct. 2009, p. 20 ; AJDA 2010. 94* (point de vue d'un avocat). - LESSI et DUTHEILLET DE LAMOTHE, Cinq ans de QPC devant le juge administratif : retour d'expérience !, *AJDA 2015. 755*. - MATHIEU, *JCP 2009. Actu. 214* (projet de loi organique) ; *ibid. 280* (améliorations apportées par l'Assemblée nationale au projet de loi organique) ; *ibid. 602* (une nouvelle voie de droit). - D. MAZEAUD et REVET, *RDC 2009. 1313* (influences du dispositif quant aux relations contractuelles). - MOLFESSIS, *RLDA janv. 2010. 51* (abécédaire). - DE MONTALIVET, *Dr. adm. 2010. Étude 6* (étendue et limites d'un nouveau droit) ; QPC et droit administratif, *Dr. adm. 2015, chron. n° 3.* - NICOD, *AIJC 2008. 59* (une procédure eurocompatible ?). - PERES, *RDC 2010. 539* (la QPC et le contrat). - PFERSMANN, *LPA 19 déc. 2008, p. 103* (une nouvelle procédure de contrôle concret *a posteriori*). - PINI, *AIJC 2007, Vol. XXIII, p. 41* (projet de réforme). - PRÉTOT, *Economica 2009, p. 1476* (art. 62, al. 2) ; *JCP S 2010. 1023* (premières réflexions) ; La Constitution de la République française [ss. dir. Luchaire, Conac et Prétot]. - RENAUDIE, *Gaz. Pal. 21-23 mars 2010, p. 10.* - RIDEAUX, *RD publ. 2009. 602* (contrôle de constitutionnalité et contrôle de conventionalité : les orphelins de la pyramide). - ROBLOT-TROZIER, *AJDA 2008. 1866* (impact sur les droits et libertés) ; *AJDA 2010. 80* (devant les juridictions ordinaires : entre méfiance et prudence). - ROUSSEAU, *JCP 2008. I. 175* (vers la fin de l'exception française ?) ; *RD publ. 2009. 631* (un big bang juridictionnel) ; *Gaz. Pal. 24-26 janv. 2010, p. 13* (vive la QPC ! La quoi ?) ; *ibid. 23-27 mai 2010, p. 16* (toujours "vive la-QPC" ? oui !) ; *BJS Sociétés 2010, p. 216* (l'argument de constitutionnalité en droit des affaires). - ROUX, *JCP 2008. I. 175* (fin de l'exception française ?) ; *RD publ. 2009. 645* (l'abandon de la jurisprudence IBG : une question d'opportunité ou de logique ?). - SUDRE, *RD publ. 2009. 671* (question préjudicielle de constitutionnalité et Conv. EDH). - THIBAUD, *Politeia 2007, n° 11, p. 199.* - TRON, *Gaz. Pal. 17-18 mars 2010, p. 7* (égalité devant l'impôt et QPC). - VERPEAUX, *JCP 2007. I. 204* (premières réflexions) ; *AJDA 2008. 1879* (renouveau constitutionnel) ; *AJDA 2009. 1474* (projet de loi organique) ; *AIJC 2008. 11* (projet de loi organique) ; *LPA 25 juin 2009* (une nouvelle compétence pour la Cour de cassation) ; *AJDA 2010. 88* (constitutionnalité de la question prioritaire). - WEISBUCH, *Les Annonces de la Seine, n° 45 (suppl.), p. 2.*

▸ **Droit comparé :** ARNOLD, *AIJC 2007, vol. XXIII, p. 24* (Allemagne). - BON, *AIJC 2007, vol. XXIII, p. 34* (Espagne). - DI MANNO, *AIJC 2007, vol. XXIII, p. 36* (Italie). - KUCSKO-STADLMAYER, *AIJC 2007, vol. XXIII, p. 27* (Autriche). - VANSNICK, *AIJC 2007, vol. XXIII, p. 29* (Belgique).

COMMENTAIRE

V. sur le Code en ligne.

PLAN DES ANNOTATIONS

BIBL. ***Avant la révision de 2008.*** Favoreu, La question préjudicielle de constitutionnalité, retour sur un débat récurrent, *in Mél. Philippe Ardant, LGDJ 1999.* – Braibant, Le contrôle de la constitutionnalité des lois par le Conseil d'État, *in* Le nouveau constitutionnalisme, *Mél. Gérard Conac, Economica 2001.*

▸ ***Au lendemain de la révision.*** Verpeaux, Question préjudicielle et renouveau constitutionnel, *AJDA 2008. 1879* ✐. – Cassia, Le renvoi préjudiciel en appréciation de constitutionnalité, une « question » d'actualité, *RFDA 2008. 877* ✐. – Chauvaux, L'exception d'inconstitutionnalité, 1990-2009 : réflexions sur un retard, *RD publ. 2009. 566.* – Gaudemet, Brouillard dans les Institutions : à propos de l'exception d'inconstitutionnalité, *RD publ. 2009. 582.* – Rousseau, La question préjudicielle de constitutionnalité : un big bang juridictionnel, *RD publ. 2009. 631.* – Mathieu, Le Conseil constitutionnel se prépare à recevoir les premières QPC, *JCP 2010. 238.*

▸ ***Généralités.*** Magnon, LA QPC, beaucoup *de bruit pour quoi ?, AJDA 2010. 1673* ✐. – Auby, Procédés de l'urbanisme ordinaire au crible de la QPC, *Dr. adm. 2010. 10.* – Sabete, De l'insuffisante argumentation des décisions du Conseil constitutionnel, *AJDA 2011. 885* ✐. – de Montalivet, QPC et droit administratif, *Dr. adm. 2011. Chron. 2.* – Éveillard, Abrogation implicite ou inconstitutionnalité de la loi ?, les vicissitudes de l'abrogation implicite de la loi par une disposition constitutionnelle postérieure, entre postériorité et supériorité, *RFDA 2011. 353* ✐. – Yolka, QPC, Le Bon, la Brute et le Truand, *JCP Adm. 2011. 190.* – Domingo, QPC : question de procédure administrative contentieuse, *JCP Adm. 2011. 2163.* – Dossier, *La QPC en amont et en aval, RFDA 2011. 691* ✐. – Viala, De la puissance à l'acte : la QPC et les nouveaux horizons de l'interprétation conforme, *RD publ. 2011. 965.* – Disant, La QPC, *LGDJ 2011* ; Droit de la QPC, *Lamy 2011.* – Levade, QPC et interprétation : quand la Cour de cassation se fait gardienne de l'esprit de la réforme, *D. 2011. 2707* ✐. – Troizier, QPC et interprétations jurisprudentielles ou l'impartialité d'un juge statuant sur la constitutionnalité de sa propre jurisprudence, *RFDA 2011. 1215* ✐. – Zinamsgvarov, Les effets secondaires de la QPC, *RD publ. 2011. 1613.* – Gaudemet, La QPC. Étude critique, *Les éd. du CRIDON, 2011.* – Dord, La QPC et le Parlement : une bienveillance réciproque, *NCCC 2012, no 38, p. 23.* – Santolini, La question prioritaire de constitutionnalité au regard du droit comparé, *RFDC janv. 2013, no 93, p. 83.* – Urvoas, La QPC, *Rapport d'information no 842 du 27 mars 2013, Ass. nat.* – Dubout, L'efficacité structurelle de la question prioritaire de constitutionnalité en question, *RD publ. 2013. 107.* - Magnon, La doctrine, la QPC et le Conseil constitutionnel : quelle distance ?, *RD publ. 2013. 135.* - de Montalivet, QPC et droit administratif, *Dr. adm. 2014. Chron. 1.* - Badinter, Aux origines de la QPC, *RFDC 2014. 777.* - Philip, L'évolution de l'ouvrage des grandes décisions du Conseil constitutionnel, *RFDC 2014. 1029.* - Magnon, La QPC est-elle une « question préjudicielle » ?, *AJDA 2015. 254* ✎. - La QPC en pratique, *Site internet du Conseil constitutionnel, A la une, déc. 2015*

▸ ***Contrôle de conventionnalité et de constitutionnalité.*** Alberton, Peut-on encore dissocier exception d'inconstitutionnalité et exception d'inconventionnalité ?, *AJDA 2008. 967* ✎. - Rideau, Contrôle de constitutionnalité et contrôle de conventionnalité : les orphelins de la pyramide, *RD publ. 2009. 602.* - Roux, L'abandon de la jurisprudence IVG : une question d'opportunité ou de logique ?, *RD publ. 2009. 645.* - Sudre, Question préjudicielle de constitutionnalité et Convention européenne des droits de l'homme, *RD publ. 2009. 671.* - Guillaume, Question prioritaire de constitutionnalité et Convention européenne des droits de l'homme, *NCCC 2011, n° 32, p. 37.* - Andriantsimbazovina, La conception des libertés par le Conseil constitutionnel et la Cour européenne des droits de l'homme, *NCCC 2011, n° 32, p. 19.* - Mathieu, Les décisions du Conseil constitutionnel et de la Cour européenne des droits de l'homme : Coexistence Autorité - Conflits - Régulation, *NCCC 2011, n° 32, p. 45.* - Tinière, QPC et droit européen des droits de l'homme, entre équivalence et complémentarité, *RFDA 2012. 621* ✎. - Jauréguiberry, L'influence des droits fondamentaux européens sur le contrôle *a posteriori*, *RFDA 2013. 10* ✎. - Grewe, Contrôle de constitutionnalité et contrôle de conventionnalité : à la recherche d'une frontière introuvable, *RFDC 2014. 961.* - Akandji-Kombé, Les appréciations en conventionnalité du Conseil constitutionnel, *AJDA 2015. 732* ✎. - Larrouturou, La QPC est-elle une voie de recours à épuiser avant de saisir la CEDH ?, *RD publ. 2015. 111.*

▸ ***Bilan.*** Lallet et Domino, An I après QPC, *AJDA 2011. 382* ✎. - Domino et Bretonneau, QPC : deux ans, déjà l'âge de raison ?, *AJDA 2012. 422* ✎. - Lessi et Dutheillet de Lamothe, Cinq ans de QPC devant le juge administratif : retour d'expérience !, *AJDA 2015. 755* ✎. - Les cinq ans de la QPC au Conseil constitutionnel - quelques chiffres, *Site internet du Conseil constitutionnel, A la une, avr. 2015.*

1. Le juge administratif se refuse à contrôler la constitutionnalité des lois (théorie de la loi écran). • CE, sect., 6 nov. 1936, *Arrighi : Lebon 966 ; D. 1938. 1, concl. Latournerie, note Eisenmann ; S. 1937. 33, note Mastre* • CE, ass., 20 oct. 1989, *Roujansky : JCP 1989. 21371, concl. Frydman ; RFDA 1989. 993* • CE 3 déc. 1999, *Él. européennes : Lebon 409* • CE 21 févr. 2003, *Uran : RFDA 2003. 4281.* ♦ ... Y compris par rapport à un principe de valeur constitutionnelle. • CE 13 févr. 2008, ⚖ *Assoc. Forum des réfugiés*, n° 295443 : *RFDA 2008. 535, note Vidal-Naquet* ✎. V. aussi : de Montalivet, QPC et droit administratif, *Dr. adm. 2014. Chron. 1.*

2. Il revient cependant au juge administratif de constater l'abrogation implicite de dispositions législatives inconciliables avec une disposition constitutionnelle postérieure. • CE, sect., 1er avr. 1960, *Sieur Guanter : Lebon 249* • CE, sect., 7 juill. 1967, *Él. mun. de Guagno : Lebon 303* • CE, ass., 2 avr. 2003, ⚖ *Sarrat*, n° 249475 : *Lebon 164* ✎ ; *AJDA 2003. 932, chron. Donnat et Casas* ✎ ; *D. 2003. 1797, concl. Vallée* ✎ ; *RFDA 2003. 803, concl. Vallée* ✎ • CE, ass., 16 déc. 2005, ⚖ *Synd. nat. des huissiers de justice*, n° 259584 : *Lebon 570* ✎ ; *AJDA 2006. 357, chron. Landais et Lénica* ✎ ; *RFDA 2006. 41, concl. Stahl* ✎ ; *Dr. adm. 2006. 29.* ♦ ... Concluant à la compatibilité de la loi nouvelle avec elles. • CAA Paris, 9 juin 2006, ⚖ *Assoc. « Congrégation du Vajra triomphant »*, n° 04PA01642 : *Lebon 601* ✎. ♦ ... Ou à leur incompatibilité. • CE, ass., 16 déc. 2005, ⚖ *Synd. nat. des huissiers de justice*, n° 259584 : *Lebon 570* ✎ : *AJDA 2006. 357, chron. Landais et Lénica* ✎ ; *RFDA 2006. 41, concl. Stahl* ✎ ; *Dr. adm. 2006. 29* • CE 12 janv. 2009, *Assoc. France Nature Environnement*, n° 289080 : *Dr. adm. 2009, n° 75, note Fort.*

3. Il en va de même si une loi se trouve être incompatible avec des dispositions constitutionnelles nouvelles introduites par une révision. • CE 24 juill. 2009, ⚖ n° 305314 A : *AJDA 2009. 1818, chron. Liéber et Botteghi* ✎ ; *RFDA 2009. 963, concl. Geffray* ✎ ; *Constitutions 2010. 117* ✎*. obs. Le Bot.* ♦ La combinaison de cette solution avec la recevabilité d'une QPC basée sur des dispositions constitutionnelles nouvelles reste délicate. ♦ Comp. avec • CE 3 nov. 2010, ⚖ n° 342502 A : *ADJA 2010. 2135.*

4. Il n'appartient pas au Cons. const., lorsqu'il est saisi en application du présent art., d'examiner la conformité d'une disposition législative aux stipulations d'un traité ou d'un accord international. Ainsi, le grief tiré de la violation de la convention précitée ne peut qu'être écarté. • Cons. const. 19 nov. 2020, ⚖ *Sté Getzner France*, n° 2020-866 QPC § 22. ♦ V. déjà. • Cons. const. 12 mai 2010, ⚖ n° 2010-605 DC § 10 à 12. ♦ V. notes ss. Const. 58, art. 55 et 88-1.

I. FONCTIONNEMENT DE LA QPC

5. La loi constitutionnelle du 23 juill. 2008 de modernisation des institutions de la Ve République, entend accorder aux citoyens des droits nouveaux, en ouvrant au justiciable la faculté de contester, par voie d'exception, la conformité aux droits et libertés garantis par la Constitution de dispositions législatives, et faire progresser l'État de droit en prévoyant la sortie de vigueur des dispositions déclarées inconstitutionnelles à cette occasion. • CE, ass., 16 déc. 2020, n° 440258 A: *AJDA 2020. 2463 ; D. 2021. 18 ; JCP Adm. 2020. 736 ; JCP 2021. 2037, note Pauliat.*

A. DROITS ET LIBERTÉS GARANTIS PAR LA CONSTITUTION

1° N'ENTRENT PAS DANS LES DROITS ET LIBERTÉS GARANTIS PAR LA CONSTITUTION

BIBL. Les normes constitutionnelles non invocables en QPC, *Site internet du Conseil constitutionnel, A la une, mai 2015.*

6. Constitution stricto sensu. Ne sont pas au nombre des droits et libertés garantis par la Const. 58 et ne sont dès lors pas invocables par la procédure de la QPC : le principe selon lequel l'organisation de la République est décentralisée (Const. 58, art. 1er). • CE, QPC, 15 sept. 2010, *Thalineau,* n° 330734 : *Lebon ; AJDA 2010. 1736 ; AJDI 2011. 26, chron. Gilbert ; AJCT 2010. 180, obs. Moliner-Dubost .* ♦ ... L'al. 2 de l'art. 1er Const. 58 relatif à l'égal accès des femmes et des hommes aux mandats électoraux et fonctions électives, ainsi qu'aux responsabilités professionnelles et sociales. • Cons. const. 24 avr. 2015, *Conf. présidents d'université,* n° 2015-465 QPC § 10. ♦ ... L'al. 2 de l' art. 72 Const. 58 selon lequel « Les collectivités territoriales ont vocation à prendre les décisions pour l'ensemble des compétences qui peuvent le mieux être mises en œuvre à leur échelon ». • Cons. const. 26 avr. 2013, *Cne de Maing,* n° 2013-304 QPC. ♦ ... L'habilitation donnée au législateur de déterminer les conditions de mise en œuvre de la consultation prévue à l'art. 72-1 Const. 58. • Cons. const. 2 juill. 2010, *Cne de Dunkerque,* n° 2010-12 QPC. ♦ ... Le dernier al. de l'art. 72-2 Const. 58 disposant que la loi prévoit des dispositifs de péréquation destinés à favoriser l'égalité entre les collectivités territoriales. • Cons. const. 22 sept. 2010, *Cne de Besançon,* n° 2010-29/37 QPC § 5. ♦ ... L'autonomie dont sont dotées certaines collectivités d'outre-mer régies par l'al. 7 de l'art. 74, Const. 58. • Cons. const. 28 mars 2014, *Collectivité de Saint-Barthélemy, n° 2014-386 QPC.* ♦ ... L'art. 75-1 Const. 58 relatif à l'appartenance des langues régionales au patrimoine de la France. • Cons. const. 20 mai 2011, *Cécile L. et a.,* n° 2011-130 QPC. ♦ ... L'exigence constitutionnelle de transposition des directives découlant de l'art. 88-1 Const. 58. • Cons. const. 12 mai 2010, n° 2010-605 DC § 19. ♦ ... L'art. 37-1 Const. 58. • CE 11 déc. 2019, n° 434741 B : *AJDA 2019. 2583 .*

7. Les dispositions de l'art. 34 Const. 58 n'instituent pas, en elles-mêmes, un droit ou une liberté qui puisse être invoqué à l'appui d'une QPC. • CE, QPC, 9 juill. 2010, *Hôtel-grill de Villejuif,* n° 339854 • CE, QPC, 9 juill. 2010, *Sté Cie pour le financement des technologies modernes,* n° 332551. ♦ V. cependant note 19.

8. De même, ne peut être invoqué à l'appui d'une QPC le grief tiré de la méconnaissance de la procédure d'adoption d'une loi. • Cons. const. 22 juill. 2010, *Alain C.,* n° 2010-4/17 QPC § 7 • Cons. const. 28 févr. 2014, *Marc S. et a.,* n° 2013-370 QPC § 11 • CE 5 févr. 2014, *Sté d'édition Canal Plus,* n° 373258 § 4 : *AJDA 2014. 315 ; JCP Adm. 2014. 145* • CE 16 nov. 2016, *Frogier,* n° 402744 : *AJDA 2016. 2248 ; JCP Adm. 2016. 905.* ♦ ... La méconnaissance par le législateur du domaine que la Constitution a réservé à la loi organique. • Cons. const. 4 mai 2012, *EURL David Ramirez,* n° 2012-241 QPC § 20 • Cons. const. 28 mars 2014, *Collectivité de Saint-Barthélemy,* n° 2014-386 QPC § 8.

9. DDH. De même, ne peuvent être invoquées à l'appui d'une QPC les dispositions de l'art. 14 DDH (qui sont mises en œuvre par les dispositions de l'art. 34 Const. 58). • Cons. const. 18 juin 2010, *SNC Kimberly Clark,* n° 2010-5 QPC § 4 • CE, QPC, 16 juill. 2010, *Sté de brasseries et casinos « Les flots bleus »,* n° 339292 : *Lebon T. 743 ; AJDA 2010. 1457* • Cons. const. 30 juill. 2010, *Épx P. et a.,* n° 2010-19/27 QPC § 16.

10. Préamb. Const. 1946. L'al. 9 du Préambule (obligation de nationalisation) n'institue pas un droit ou une liberté que la Const. garantit. • Cons. const. 26 mars 2015, *Frédéric P.,* n° 2015-459 QPC § 6.

11. Charte de l'environnement. De même, ne peuvent être invoqués à l'appui d'une QPC : les sept alinéas précédant les dix articles de la Charte. • Cons. const. 7 mai 2014, *Sté Casuca,* n° 2014-394 QPC § 6. ♦ ... Les dispositions de l'art. 6 de la Charte envir. • Cons. const. 23 nov. 2012, *Antoine de M.,* n° 2012-283 QPC § 22.

12. Principes à valeur constitutionnelle. Certains principes n'ont pas valeur constitutionnelle, comme le principe de confiance légitime. • CE, QPC, 25 juin 2010, *Mortagne,* n° 326363 : *Lebon 217 .* ♦ ... Qui n'est garanti par aucune norme constitutionnelle. • Cons. const. 30 déc. 1996, n° 96-385 DC § 18 • Cons. const. 7 nov. 1997, n° 97-391 DC § 6. ♦ ... Le principe de non-rétroactivité de la loi fiscale. • CE, QPC, 25 juin 2010, *Mortagne,* n° 326363 : *préc.* ♦ ... Dès lors qu'aucune règle ou principe de valeur constitutionnelle ne s'oppose à ce qu'une disposition fiscale ait un caractère rétroactif. • Cons. const. 29 déc. 1984, n° 84-184 DC § 33. ♦ … L'annualité budgétaire. • CE, QPC, 25 juin 2010, *Région Lorraine,* n° 339842 : *Lebon T. 700 ; AJDA 2010. 1296* . ♦ … Le principe de sincérité des lois de finances. • CE, QPC, 15 juill. 2010, *Région Lorraine,* n° 340492 : *Lebon T. 700 ; AJDA 2010. 2258, note Verpeaux* .

13. *A fortiori* en est-il ainsi des éléments qui ne constituent pas des principes de valeur constitutionnelle. • Cons. const. 12 oct. 2012, *Synd. de défense des fonctionnaires,* n° 2012-281 QPC § 11. ♦ V. l'inventaire ss. Const. 58, art. 61.

14. Autres. Il en est de même pour les dispositions contenues dans des engagements internationaux. • Cons. const. 22 juill. 2010, *Alain C. et a.,* n° 2010-4/17 QPC § 12. ♦ Les dispositions du 5° du § II de l'art. 34 de la LOLF, aux termes desquelles la loi de finances de l'année, dans la seconde partie, « autorise l'octroi des garanties de l'État et fixe leur régime ». • Cons. const. 27 sept. 2013, *Sté Scor SE,* n° 2013-344 QPC § 9. ♦ L'invocation du « principe de légalité des actes administratifs » ne permet pas de caractériser un droit ou une liberté au sens du présent art. • CE 11 déc. 2019, n° 434741 B : *préc. note 6.*

15. Objectifs de valeur constitutionnelle. V. point 3° c.

2° ENTRENT DANS LES DROITS ET LIBERTÉS GARANTIS PAR LA CONSTITUTION

a. Les normes constitutionnelles écrites de fond relatives aux droits et libertés

16. Constituent, par ex., des droits et libertés au sens du présent art. le principe de libre administration des collectivités territoriales (Const. 58, art. 72). • CE, QPC, 18 mai 2010, *Cne de Dunkerque,* n° 306643 : *RFDA 2010. 71, concl. Geffray* . ♦ … La nécessité d'une compensation financière à la création ou à l'extension de compétences. • CE, QPC, 19 juill. 2010, *Dpt Val-de-Marne,* n° 340028 : *AJDA 2010. 1453* . ♦ … De la protection de la liberté individuelle par l'autorité judiciaire (Const. 58, art. 66). • CE, QPC, 24 sept. 2010, *Danielle A.,* n° 339110 : *AJDA 2010. 1800* . ♦ … Le droit de propriété (DDH art. 2 et 17). • Cons. const. 17 sept. 2010, *SARL l'Office central d'accession au logement,* n° 2010-26 QPC § 6. ♦ … La liberté d'entreprendre (DDH art. 4). • Cons. const. 6 oct. 2010, *Mathieu Pitte,* n° 2010-45 QPC § 6. ♦ … Le principe de laïcité (Const. 58, art. 1er). • Cons. const. 2 juin 2017, *Coll. Terr. Guyane,* n° 2017-633 QPC § 8.

b. Les principes fondamentaux reconnus par les lois de la République

17. Peuvent être invoquées au titre des droits et libertés au sens du présent art. : la liberté d'association. • Cons. const. 28 mai 2010, *Union des familles en Europe,* n° 2010-3 QPC. ♦ … L'atténuation de la responsabilité pénale des mineurs. • Cons. const. 16 sept. 2010, *Jean-Victor C.,* n° 2010-25 QPC § 18 • Cons. const. 9 déc. 2016, *Ibrahim B.,* n° 2016-601 QPC. ♦ … L'indépendance des professeurs d'université. • Cons. const. 6 août 2010, *Jean C. et a.,* n° 2010-20/21 QPC § 6.

18. La mise en œuvre de la QPC peut du reste permettre de dégager un principe fondamental nouveau tel que le maintien en vigueur, tant qu'elles n'ont pas été remplacées par les dispositions de droits communs ou harmonisées avec elles, des dispositions législatives ou réglementaires particulières aux départements du Bas-Rhin, du Haut-Rhin et de la Moselle. • Cons. const. 5 août 2011, *Sté SOMODIA,* n° 2011-157 QPC § 4.

3° PEUVENT, SOUS CERTAINES CONDITIONS, ENTRER DANS LES DROITS ET LIBERTÉS GARANTIS PAR LA CONSTITUTION

BIBL. Guerrini, Les moyens périphériques aux droits et libertés que la Constitution garantit, *RD publ. 2012. 1639.*

a. L'incompétence négative

BIBL. Le contrôle des incompétences négatives, *Site internet du Conseil constitutionnel, A la une, juill.-août 2014.*

19. Principe. La méconnaissance par le législateur de sa propre compétence ne peut être invoquée à l'appui d'une QPC que dans le cas où cette méconnaissance affecte par elle-même un droit ou une liberté que la Constitution garantit. • Cons. const. 18 juin 2012, *Féd. de l'énergie et des mines – FO,* n° 2012-254 QPC § 3. ♦ Il en va ainsi même si la question touche la détermination de l'assiette ou du taux d'une imposition. • Cons. const. 7 janv. 2020, *Sté Casden Banque populaire,* n° 2019-819 QPC § 22. ♦ Pour une mise en œuvre par le Conseil d'État, • CE 4 avr. 2012, *Féd. de l'énergie et des mines – FO,* n° 353781. ♦ Pour une mise en œuvre à l'égard du législateur du pays en Nouvelle-Calédonie. • Cons. const. 12 avr. 2019, *Sté Magenta,* n° 2019-774 QPC § 15.

V. pour d'autres décisions dans le même sens : .

20. Limites. Il ne peut y avoir incompétence négative s'agissant de textes antérieurs à la Const. 58. • Cons. const. 17 sept. 2010, *Assoc. sportive Football Club de Metz,* n° 2010-

28 QPC § 9 • Cons. const. 3 déc. 2010, *Sté ZEturf limited,* n° 2010-73 QPC § 9. ♦ Il en résulte que, la compétence de l'auteur d'un acte s'appréciant à la date de l'acte, si la disposition contestée est antérieure à la règle constitutionnelle de partage de compétence invoquée à l'appui de l'incompétence négative du législateur, le moyen est inopérant. • CE 3 nov. 2010, *Mme Le Fur,* n° 342502 : *Lebon 294 ; ADJA 2010. 2135.* ♦ Comp. cependant. • CE 24 juill. 2009, *Comité de recherche et d'information indépendantes sur le génie génétique,* n° 305314 : *AJDA 2009. 1818, chron. Lieber et Botteghi ; RFDA 2009. 963, concl. Geffray ; Constitutions 2010. 117, obs. Le Bot .* ♦ ... A moins qu'elle n'ait été modifiée depuis l'entrée en vigueur de la Constitution. • Cons. const. 6 avr. 2012, *Pierre G.,* n° 2012-230 QPC § 5 (sol impl.). ♦ Rappr. dans le cadre de l'art. 37, al. 2, Const. • Cons. const. 2 déc. 1980, n° 80-118 L : *JO 4 déc., p. 2849.* ♦ ... Ou que, même si elles n'ont pas été modifiées, elles soient inséparables de dispositions qui l'ont été. • Cons. const. 4 déc. 2015, *Gilbert A.,* n° 2015-506 QPC § 11.

21. Elle ne peut l'être à l'encontre d'une disposition législative antérieure à la révision de la Const. ayant conféré cette compétence au législateur. Ainsi, les dispositions contestées ayant été édictées antérieurement à l'intervention de la L. const. du 23 juill. 2008, la méconnaissance par le législateur de la compétence qui lui a été conférée par les dispositions de l'art. 34 Const. telles que modifiées par cette L. const. ne peut être invoquée utilement à leur encontre. • CE 20 déc. 2011, *Briand,* n° 346960 : *AJDA 2012. 13 .*

22. Le Cons. const. peut soulever ce grief d'office. • Cons. const. 22 sept. 2010, *Sté Esso SAF,* n° 2010-33 QPC • Cons. const. 1er août 2013, *Sté Natixis Asset Management,* n° 2013-336 QPC § 16 • Cons. const. 23 mars 2016, *Sté Iliad et a.,* n° 2015-529 QPC.

23. Incompétence négative et fiscalité. V. notes ss. Const. 58, art. 34.

24. Absence d'incompétence. S'il n'y a pas d'incompétence négative, le grief ne peut qu'être écarté. Le Conseil indique qu'il n'y a pas d'incompétence « en tout état de cause ». • Cons. const. 4 avr. 2014, *Synd. nat. médecins biologiques,* n° 2014-389 QPC § 5. ♦ Il en va ainsi lorsque les dispositions ne relèvent pas du domaine de la loi. • Cons. const. 24 juin 2011, *Assoc. pour le développement économique,* n° 2011-139 QPC § 9 • Cons. const. *8 déc. 2017, Dpt. de La Réunion, n°* 2017-678 QPC § 9. ♦ ... Si les dispositions contestées n'affectent aucun des droits et libertés garantis par la Const. • Cons. const. 28 janv. 2011, *SARL du Parc d'activités de Blotzheim et a.,* n° 2010-95 QPC § 4 • Cons. const. 18 juin 2012, *Féd. de l'énergie et des mines – FO,* n° 2012-254 QPC § 6 • Cons. const. 14 févr. 2014, *Cts L.,* n° 2013-367 QPC § 10. ♦ ... Si les dispositions constitutionnelles n'imposent pas au législateur d'intervenir lui-même. • Cons. const. 8 déc. 2017, *Dpt. de La Réunion,* n° 2017-678 QPC § 9.

25. De même n'y a-t-il pas incompétence négative si le législateur confie au pouvoir réglementaire le soin de décider de la reprise d'opérations suspendues par le législateur lui-même en raison de leurs possibles conséquences sur la santé publique. • Cons. const. 20 mars 2015, *Épx L.,* n° 2015-458 QPC § 9 et 10 (sol. impl.) • Cons. const. 17 sept. 2015, *Assoc. Plastics Europe,* n° 2015-480 QPC § 10.

26. Le grief tiré de la méconnaissance de l'étendue de sa compétence par le législateur dans des conditions affectant par elle-même la liberté d'aller et de venir, la liberté individuelle, la liberté d'expression et de communication et le droit d'expression collective des idées et des opinions ne peut qu'être écarté dès lors que, si les dispositions législatives contestées ont pour objet de reconnaître à l'État la mission générale de maintien de l'ordre public, elles ne définissent pas les conditions d'exercice de cette mission et notamment les moyens pouvant être utilisés à cette fin. • Cons. const. 12 mars 2021, *Marc A.,* n° 2021-889 QPC § 6.

27. Présence d'incompétence. Si, en revanche, il y a bien incompétence négative, et le fait que le législateur n'ait pas pris les dispositions minimales qu'il lui incombait de prendre débouche sur une atteinte à un droit ou une liberté garanti, cette méconnaissance de l'étendue de sa compétence conduira à déclarer la disposition ainsi touchée non conforme à la Const. V. s'agissant : du droit de propriété • Cons. const. 22 sept. 2010, *Sté Esso SAF,* n° 2010-33 QPC • Cons. const. 7 oct. 2011, *Simone S. et a.,* n° 2011-176 QPC § 5 • Cons. const. 27 sept. 2013, *Épx L.,* n° 2013-343 QPC § 7. ♦ ... Du droit au recours effectif. • Cons. const. 28 mars 2013, *SARL Majestic Champagne,* n° 2012-298 QPC § 7 ♦ ... De la liberté d'entreprendre. • Cons. const. 1er août 2013, *Sté Natixis Asset Management,* n° 2013-336 § 19 • Cons. const. 6 oct. 2010, *Mathieu Pitte,* n° 2010-45 QPC § 6 • Cons. const. 11 avr. 2014, *CGT-FO et a.,* n° 2014-388 QPC. ♦ ... De la liberté de communication. • Cons. const. 6 oct. 2010, *Mathieu Pitte,* n° 2010-45 QPC. ♦ V. déjà • CE, QPC, 9 juill. 2010, *Pitte : req n° 337320.* ♦ Il en va de même lorsque le législateur renvoie à un décret là où il aurait dû préciser « les conditions et les limites » dans lesquelles doit s'exercer le droit de toute personne de participer à l'élaboration des décisions publiques ayant une incidence sur l'environnement. • Cons. const. 7 mai 2014, *Féd. environnement durable et a.,* n° 2014-395 QPC § 11. ♦ La méconnaissance, par le législateur, de sa compétence dans la détermination des conditions essentielles de l'organisation et du régime intérieur des établissements pénitentiaires prive de garanties légales l'ensemble des droits et libertés constitutionnellement garantis dont bénéficient les détenus dans les limites inhérentes à la détention. • Cons. const. 25 avr. 2014, *Angelo R.*, n° 2014-393 QPC § 7. ♦ En prévoyant que la procédure de fusion peut également être engagée « pour fusionner plusieurs branches afin de renforcer la cohérence du champ d'application des conventions collectives », le législateur n'a pas déterminé au regard de quels critères cette cohérence pourrait être appréciée. Il a ainsi laissé à l'autorité ministérielle une latitude excessive dans l'appréciation des motifs susceptibles de justifier la fusion. • Cons. const. 29 nov. 2019, *Féd. nat. des synd. du spectacle, du cinéma, de l'audiovisuel et de l'action culturelle CGT et a.*, n° 2019-816 QPC § 24. ♦ Le pouvoir donné par la loi à l'administration de fixer, contribuable par contribuable, les modalités de détermination de l'assiette d'une imposition méconnaît la compétence du législateur dans des conditions qui affectent, par elles-mêmes, le principe d'égalité devant les charges publiques. • Cons. const. 28 nov. 2014, *Sté ING Direct NV et ING Bank NV*, n° 2014-431 QPC § 9. ♦ La méconnaissance par le législateur de sa compétence dans la détermination de ces garanties dans le cadre d'une procédure de réquisition administrative de données de connexion affecte par elle-même le droit au respect de la vie privée. • Cons. const. 24 juill. 2015, *Assoc. French Data Network et a.*, n° 2015-478 QPC § 10. ♦ Il y a incompétence négative lorsque le législateur autorise un accord collectif à déroger à une règle qu'il a lui-même édictée et à laquelle il a entendu conférer un caractère d'ordre public, sans définir d'une façon précise l'objet et les conditions de cette dérogation. • Cons. const. 5 oct. 2016, *CDC*, n° 2016-579 QPC § 7. ♦ En retenant les termes « en particulier », le législateur du pays a permis qu'un nombre indéterminé de produits ou services, autres que de première nécessité ou de grande consommation, puissent faire l'objet d'une réglementation, au seul motif de leur impact sur le budget des ménages. • Cons. const. 12 avr. 2019, *Sté Magenta*, n° 2019-774 QPC § 20. ♦ En prévoyant que la procédure de fusion peut également être engagée « pour fusionner plusieurs branches afin de renforcer la cohérence du champ d'application des conventions collectives », le législateur n'a pas déterminé au regard de quels critères cette cohérence pourrait être appréciée. Il a ainsi laissé à l'autorité ministérielle une latitude excessive dans l'appréciation des motifs susceptibles de justifier la fusion. • Cons. const. 29 nov. 2019, *Féd. nat. des synd. du spectacle, du cinéma, de l'audiovisuel et de l'action culturelle CGT et a.*, n° 2019-816 QPC § 24.

28. Cas particulier. L'invocation de l'art. 7 Charte envir. présente une particularité par rapport au grief tiré de l'incompétence négative du législateur, classiquement entendue : cet article pose non seulement une règle de compétence mais consacre également un droit à l'information et un droit à la participation. Dès lors que sa méconnaissance est invoquée, il n'y a pas lieu pour le juge constitutionnel de chercher davantage si la méconnaissance par le législateur de sa compétence affecte un droit ou une liberté. • Cons. const. 14 oct. 2011, *Assoc. France Nature Environnement*, n° 2011-183/184 QPC § 6 • Cons. const. 23 nov. 2012, *Antoine de M.*, n° 2012-283 QPC § 21 s. ♦ Il en résulte encore que des dispositions législatives adoptées antérieurement à l'entrée en vigueur de la Charte peuvent être examinées sous l'angle de cet art. • Cons. const. 23 nov. 2012, *Antoine de M.*, n° 2012-283 QPC § 26 s.

b. Le principe de séparation des pouvoirs

29. Le principe de séparation des pouvoirs contenu à l'art. 16 DDH peut servir de fondement à une QPC dès lors qu'en découlent et que sont en fait invoqués le droit à un recours juridictionnel effectif. • CE, QPC, 14 avr. 2010, *Lazare*, n° 329290 : *Lebon 108* ; *RFDA 2010. 696, concl. de Salins*. • CE, QPC, 9 juin 2010, *Pipolo*, n° 338028 : *Dr. fisc. 2010, n° 25, Actu. 386* • CE, QPC, 24 sept. 2010, *Decurey*, n° 341685 : *Lebon T. 952* ; *AJDA 2010. 1797* (a contrario) • Com. 14 déc. 2010 : *Bull. QPC, n° 9* • CE, QPC, 19 janv. 2011, *EARL Schmittseppel*, n° 343389 : *RFDA 2011. 614, chron. Roblot-Troizier et Tusseau*. ♦ ... Le principe d'indépendance indissociable des fonctions juridictionnelles. • Cons. const. 2 juill. 2010, *Cts C.*, n° 2010-10 QPC § 3. ♦ ... La garantie des droits en portant atteinte à des situations juridiquement acquises. • CE, QPC, 9 juin 2010, *Pipolo*, n° 338028 : *préc.* (sol impl.) • Cons. const. 30 juill. 2010, *Épx P.*, n° 2010 19/27 QPC § 17 • CE, QPC, 25 juin 2010, *Cne de Besançon*, n° 326358 • Cons. const. 22 sept. 2010, *Cne de Besançon*, n° 2010-29/37 QPC § 11 et 12. ♦ ... Les droits de la défense. • CE 26 janv. 2011, *SAS Auxa*, n° 344204 : *Lebon T. 762* ; *AJDA 2011. 192* ; *RFDA 2011. 614, chron. Roblot-Troizier et Tusseau* ; *Cah. Cons. const. 2011. 202, chron. Drago*. ♦ ... Le principe de sécurité juridique. • CE, QPC, 17 déc. 2010, *Le Normand de Bretteville*, n° 343752 : *Lebon T. 944* ; *RFDA 2011. 617, chron. Roblot-Troizier et Tusseau* ; *Dr. adm. 2011. 49, note Hoepffner.*

c. Les objectifs de valeur constitutionnelle

30. Intelligibilité et accessibilité de la loi. La méconnaissance de l'objectif de valeur constitutionnelle d'intelligibilité et d'accessibilité de la loi, qui découle des art. 4, 5, 6 et 16 DDH ne peut, en elle-même, être invoquée à l'appui d'une QPC. • Cons. const. 22 juill. 2010, *Alain C.*, n° 2010-4/17 QPC § 9 • CE, QPC, 26 nov. 2010, *Cachard*, n° 342958 : *Lebon T. 952* ; *AJDA 2011. 349* • Cons. const. 23 nov. 2012, *Antoine de M.*, n° 2012-283 QPC § 28 • CE, QPC, 12 mars 2021, n° 448007 B : *AJDA 2021. 592* ; *JCP Adm. 2021. 186.* ♦ Le Cons. const. estime en effet qu'il s'agit avant tout d'un élément se rattachant à la compétence du législateur. • Cons. const. 19 nov. 2009, n° 2009-592 DC § 6. ♦ V. notes 2 s. ss. DDH, art. 5.

V. pour d'autres décisions dans le même sens : .

31. S'agissant des dispositions de droit local, rédigées en allemand, n'ayant pas donné lieu à une publication de la traduction officielle prévue par les lois du 1er juin 1924, l'atteinte à l'objectif de valeur constitutionnelle d'accessibilité de la loi qui résulte de l'absence de version officielle en langue française d'une disposition législative peut être invoquée à l'appui d'une QPC. • Cons. const. 30 nov. 2012, *Christian S.*, n° 2012-285 QPC § 12.

32. Le Conseil d'État refuse de transmettre une QPC basée sur ce motif dès lors que la disposition législative contestée ne porte pas atteinte, en tout état de cause, à cet objectif. • CE, QPC, 9 juill. 2010, *SARL Veneur*, n° 340142. ♦ Il en est de même lorsque la disposition contestée, interprétée par le Conseil d'État statuant au contentieux, ne présente aucune difficulté particulière d'interprétation qui, eu égard notamment à son ambiguïté et à son caractère contradictoire ou incompréhensible, serait source d'insécurité juridique. • CE, QPC, 25 juin 2010, *Mortagne*, n° 326363 : *préc. note 12.*

33. Pour la Cour de cassation, une QPC basée sur l'objectif de valeur constitutionnelle d'intelligibilité et d'accessibilité de la loi ne présente pas de caractère sérieux dès lors que la disposition législative n'est contestée qu'en ce qu'elle laisse place à l'interprétation, laquelle relève de l'office du juge. • Cass., QPC, 31 mai 2010, n° 09-70.716.

34. Faculté d'agir en responsabilité. En principe, tout fait quelconque de l'homme qui cause à autrui un dommage oblige celui par la faute duquel il est arrivé à le réparer ; la faculté d'agir en responsabilité met en œuvre cette exigence constitutionnelle qui découle des dispositions de l'*art.* 4 DDH et *peut* dès *lors* être invoquée au soutien d'une QPC. • Cons. const. 18 juin 2010, *Épx L.*, n° 2010-8 QPC § 10.

35. Pluralisme des courants de pensée et d'opinion. Dès lors que cet objectif, qui n'a de valeur que dans la vie politique (Const. 58, art. 4) et les médias (Const. 58, art. 34) est invoqué à l'appui d'une disposition législative étrangère à ces domaines, il est inopérant. • Cons. const. 9 déc. 2004, n° 2004-507 DC § 24 (sol. impl.) • Cons. const. 28 mai 2010, *Union des familles en Europe*, n° 2010-3 QPC § 8. ♦ A l'inverse, dans ces domaines, il peut être utilement invoqué. • Cons. const. 12 janv. 2012, *Sénat, Loiret*, n° 2011-4538 SEN : *JO 14 janv., p. 750* ; *D. 2012. 327, obs. Cassia* ; *AJDA 2012. 961, note Dord* ; *Constitutions 2012. 343, chron. Ghévontian* .

36. Autres objectifs. Ne peut être en lui-même invoqué à l'appui d'une QPC l'objectif de valeur constitutionnelle de bonne administration de la justice. • Cons. const. 10 déc. 2010, *Mme Barta Z.*, n° 2010-77 QPC § 4. ♦ ... L'objectif de valeur constitutionnelle de sauvegarde de l'ordre public. • Cons. const. 17 oct. 2014, *Ch. synd. cochers chauffeurs CGT-Taxis*, n° 2014-422 QPC § 12. ♦ ... L'objectif de valeur constitutionnelle du bon emploi des deniers publics. • Cons. const. 5 déc. 2014, *Sté laboratoires de biologie médicale Bio Dômes Unilabs SELAS*, n° 2014-434 QPC § 4. ♦ ... L'objectif de valeur constitutionnelle de lutte contre la fraude et l'évasion fiscales. • Cons. const. 27 sept. 2018, *Xavier B.*, n° 2018-735 QPC § 27.

37. Ces objectifs peuvent néanmoins constituer le fondement sur lequel le législateur peut apporter des restrictions à des droits ou libertés constitutionnels. • Cons. const. 31 janv. 2020, *Union des industries de la protection des plantes*, n° 2019-823 QPC § 6.

B. TEXTES CONTRE LESQUELS PEUT ÊTRE MISE EN ŒUVRE LA PROCÉDURE DE LA QPC

38. Lorsqu'une QPC porte sur plusieurs dispositions, il appartient au juge saisi de raisonner disposition par disposition et non de considérer la demande dans son ensemble. • CE, QPC, 14 avr. 2010, *Labane*, n° 336753 : *Lebon 110* ; *AJDA 2010. 1018, concl. Courrèges* . ♦ Le renvoi peut dès lors n'être que partiel. • CE, QPC, 14 avr. 2010, *Labane*, n° 336753 : *préc.* • CE, QPC, 23 avr. 2010, *Cachard*, n° 327174 : *AJDA 2010. 870* • CE, QPC, 2 juin 2010, *Assoc. Pensionnés civils et militaires en Nouvelle-Calédonie*, n° 326444 • CE, QPC, 9 juill. 2010, *Épx Mathieu*, n° 339081 : *Lebon T. 704* ; *AJDA 2010. 1404* .

39. Il est possible de soulever une QPC portant sur les dispositions législatives adoptées pour se substituer à celles déclarées contraires à la Const. par le Cons. const. dans le cadre d'une précédente QPC. • CE 13 juin 2012, *Mme A., Vve B.*, n° 358451 : *AJDA 2012. 1936* ; *Dr. adm. 2012. 75, note Martin et Batot.*

40. Exception. Le Conseil d'État estime que l'autorité qui s'attache, en vertu de l'art. 62 Const., à une décision du Cons. const., la déclaration d'inconstitutionnalité des termes « XXX » doit être regardée comme s'appliquant également aux dispositions antérieures identiques, dans leur substance et dans leur rédaction. Il appartient donc au juge saisi d'un litige portant sur l'application de telles dispositions de le constater, sans qu'il y ait lieu de saisir le Cons. const. d'une nouvelle QPC, dès lors qu'au regard des dispositions de l'al. 2 du même art., d'une part, les dispositions en cause ont auparavant été abrogées, de sorte qu'une nouvelle décision du Conseil constitutionnel ne pourrait avoir cet effet, et, d'autre part, que le litige soumis au juge est au nombre de ceux pour lesquels le requérant peut bénéficier des effets de la déclaration d'inconstitutionnalité prononcée par cette décision. • CE 16 janv. 2015, *Sté Métropole Télévision,* n° 386031 § 5: *Lebon; AJDA 2015. 79 ; ibid. 1043, note Barbé* .

41. En l'absence de mise en cause, à l'occasion d'une QPC soulevée sur des dispositions législatives se bornant à tirer les conséquences nécessaires de dispositions précises et inconditionnelles d'une directive de l'UE, d'une règle ou d'un principe inhérent à l'identité constitutionnelle de la France, une telle question n'est pas au nombre de celles qu'il appartient au Conseil d'État de transmettre au Conseil constitutionnel. • CE 14 sept. 2015, *Sté NotreFamille.com,* n° 389806 : *AJDA 2015. 2441, note Rassu* .

1° NOTION DE DISPOSITION LÉGISLATIVE

42. La simple référence à un code ne permet pas de déterminer quelle disposition législative est réellement contestée. • C. comptes, 28 oct. 2010, *Lycée G.-Clemenceau de Sartène: AJDA 2010. 2491, chron. Groper et Michaut ; Gestion et fin. publ. 2011. 760, obs. Lascombe et Vandendriessche.*

a. Ne sont pas des dispositions législatives

43. Les règlements administratifs. • CE, QPC, 21 mai 2010, *Soresi,* n° 315825 • CE, QPC, 2 juin 2010, *Ponsart,* n° 338965 • Cass., QPC, 18 juin 2010, n° 09-72.655 • Cass., QPC, 18 juin 2010, n° 09-72.657 • Soc. 13 juill. 2012, n° 12-40.049 P. ♦ Le juge du fond peut, dans ce cadre et en application de l'art. 37 Const. 58, procéder à un tri entre les dispositions législatives et réglementaires d'un même art. invoqué par le requérant. • CE, QPC, 1er juill. 2011, *Lignon et a.,* n° 348413 : *Lebon T. 1113* . ♦ Dès lors que l'écrit, distinct et motivé ne visait que l'inconstitutionnalité de l'art. R. 13-65 C. expr., la QPC est irrecevable. • Civ. 3e, QPC, 24 juin 2011 : *D. 2011. 1905* . ♦ Dès lors une QPC visant le Décr. du 16 fructidor an III ou l'Ord. du 1er juin 1828 sont irrecevables. • Cass., QPC, 8 mars 2012, *C.: AJDA 2012. 525 ; AJFP 2012. 113, obs. Mekhantar ; Constitutions 2012. 300, obs. Barthélémy et Boré ; RFDA 2012. 915, étude Mestre* . ♦ V. cependant note 67.

44. Les ord. non ratifiées. • CE, QPC, 11 mars 2011, *Alexandre A.,* n° 341568 • Cons. const. 10 févr. 2012, *Patrick E.,* n° 2011-219 QPC § 3 • Cons. const. 26 sept. 2014, *Assoc. France Nature Environnement,* n° 2014-416 QPC (*a contrario*) • CE 15 févr. 2016, n° 392083 : *Lebon ; AJDA 2016. 1376* • CE 13 juill. 2016, *Synd. nat. entreprises des loisirs marchands,* n° 396170 : *Lebon ; AJDA 2016. 1484 ; JCP Adm. 2016. 804.* ♦ Les mêmes dispositions peuvent faire l'objet d'une QPC une fois la ratification réalisée. • Cons. const. 7 juin 2013, *Mohamed T.,* n° 2013-318 QPC. • Cons. const. 26 sept. 2014, *Assoc. France Nature Environnement,* n° 2014-416 QPC (*a contrario*). ♦ Lorsqu'il est saisi de dispositions législatives partiellement modifiées par une ord. non ratifiée et que ces modifications ne sont pas séparables des autres dispositions, il revient au Cons. const. de se prononcer sur celles de ces dispositions qui revêtent une nature législative, en prenant en compte l'ensemble des dispositions qui lui sont renvoyées (y compris celles issues des modifications introduites par ordonnances). • Cons. const. 5 juill. 2013, *Sté Numéricâble SAS et a.,* n° 2013-331 QPC § 3. ♦ Le Conseil, saisi de deux versions d'un texte, ne pourra pas statuer sur celle issue d'une ordonnance non ratifiée. • Cons. const. 19 sept. 2014, *Laurent D.,* n° 2014-412 QPC § 8.

45. Dès lors, il n'appartient pas au Cons. const. d'examiner les mesures réglementaires prises pour l'application d'une disposition dont la constitutionnalité est contestée. • Cons. const. 21 oct. 2011, *Bruno L. et a.,* n° 2011-190 QPC § 8. ♦ ... D'apprécier la constitutionnalité d'une disposition réglementaire fixant une peine complémentaire dont la possibilité est ouverte par la loi. • Cons. const. 26 nov. 2010, *Thibaut G.,* n° 2010-66 QPC § 5. ♦ ... D'apprécier le caractère excessif ou non de l'effet de seuil contesté qui dépend de la durée d'assurance et du montant de fraction de l'allocation aux vieux travailleurs salariés, tous deux déterminés, non par la loi, mais par le pouvoir réglementaire. • Cons. const. 20 mai 2020, *Emmanuel W.,* n° 2020-840 QPC § 10.

46. Saisi d'une disposition de forme législative, le Cons. const. peut soulever d'office la question de sa véritable nature juridique et conclure que, s'agissant d'une disposition de nature réglementaire, il n'y a pas lieu d'en connaître. • Cons. const. 22 juill. 2011, *Claude C.,* n° 2011-152 QPC. ♦ A l'inverse, saisi de dispositions issues d'un décret figurant en annexe d'une loi votée par le Parlement, il y a lieu de considérer ces dispositions comme « législatives ». • CE, QPC, 17 oct. 2011, *Cts*

Boccara, n° 351085 : *Lebon T. 721* ; *AJDA 2011. 2036* . ♦ Le Cons. const. mentionne cette loi dans les visas. • Cons. const. 13 janv. 2012, *Cts B.*, n° 2011-208 QPC.

47. On notera cependant que si les dispositions réglementaires se bornent à réitérer les dispositions législatives transposant une directive, mettant ainsi directement en cause la conformité à la Const. de ces dispositions législatives, seules une QPC est susceptible d'en permettre l'examen. • CE 6 déc. 2012, *Sté Air Algérie*, n° 347870 A § 10 : *AJDA 2012. 2380, chron. Domino et Bretonneau* ; *RFDA 2013. 653, note Cassia* . ♦ A l'inverse et de manière plus originale, la Cour de cassation a pu estimer que, sous le couvert de la critique des art. L. 5125-31, L. 5125-32 et L. 5424-18 CSP, la question posée ne tend en réalité qu'à contester la conformité à la Const. des dispositions réglementaires de l'art. R. 5125-29 de ce même code, d'où il suit qu'elle n'est pas recevable. • Civ. 1re, 17 mars 2011, n° 10-40.077. ♦ On notera que, depuis, la même chambre a estimé que la question présentait un caractère sérieux. • Civ. 1re, 14 nov. 2013, n° 13-16.794.

48. Les actes conférant, confirmant ou maintenant les titres nobiliaires antérieurement à l'instauration de la République constituent des actes de la puissance souveraine dans l'exercice de son pouvoir administratif, y compris en ce qu'ils fixent, le cas échéant, les règles de transmission de ces titres. Par suite, les lettres patentes du roi Louis XV de juin 1742 ne sont pas au nombre des dispositions législatives susceptibles d'être renvoyées. • CE 12 févr. 2021, n° 440401 B : *AJDA 2021. 367* ; *JCP Adm. 2021. 136*.

49. Les conventions internationales. • CE, QPC, 14 mai 2010, *Rujovic*, n° 312305 : *Lebon 165* ; *AJDA 2010. 1048* ; *RFDA 2010. 709, concl. Burguburu* . ♦ Les actes de droit dérivé comme les règlements communautaires. • Cass., QPC, 18 juin 2010, n° 09-72.655 • Cass., QPC, 18 juin 2010, n° 09-72.657.

50. Dès lors que le grief invoqué par les requérants trouve son origine non dans la loi elle-même mais dans les modalités d'application de celle-ci fixée dans les actes pris par les organes chargés de cette application, la QPC n'est pas recevable. • CE, QPC, 16 juill. 2010, *Bessis et Synd. dentistes solidaires et indépendants*, n° 328283.

51. Les termes du règlement intérieur du barreau de Paris sont sans incidence sur la conformité des dispositions contestées à la Constitution. • Cons. const. 29 sept. 2011, *Marie-Claude A.*, n° 2011-179 QPC § 6.

52. Les décisions de justice. En tant que tel, un arrêt rendu par une juridiction suprême, même refusant de transmettre une QPC de même nature que celle examinée. • Cons. const. 31 janv. 2014, *Michel P.*, n° 2013-363 QPC § 11.

b. Sont des dispositions législatives entrant dans le champ de la QPC

53. Le Conseil a vérifié la forme législative de la disposition contestée et s'assure, lorsque celle-ci trouve son origine dans une disposition réglementaire, qu'elle a bien depuis reçu valeur législative. • Cons. const. 17 sept. 2010, *Assoc. Sportive Football Club de Metz*, n° 2010-28 QPC.

54. Les lois du pays de Nouvelle-Calédonie entrent également dans le champ de compétence. • Cons. const. 9 déc. 2011, *Patelise F.*, n° 2011-205 QPC • Cons. const. 26 avr. 2013, *Assoc. « Ensemble pour la planète »*, n° 2013-308 QPC • Cons. const. 7 janv. 2020, *Sté Casden Banque populaire*, n° 2019-819 QPC. ♦ V. déjà • Cons. const. 3 déc. 2009, n° 2009-595 DC § 33 et 34 • Soc. 12 oct. 2011, *Patelise Fotutata* : *RFDA 2012. 342, rapport Struillou* . ♦ ... Indépendamment de leur domaine d'intervention. • Cons. const. 22 juin 2012, *Ét. Bargibant SA*, n° 2012-258 QPC § 3 • CE 11 févr. 2013, *Assoc. « Ensemble pour la planète »*, n° 363844 § 5 • Cons. const. 26 avr. 2013, *Assoc. « Ensemble pour la planète »*, n° 2013-308 QPC § 2. ♦ Dès lors qu'une loi du pays de Nouvelle-Calédonie n'a pas fait l'objet d'un déclassement par le Conseil d'État constatant qu'elle est intervenue dans un domaine étranger à ces lois. • Cons. const. 22 juin 2012, *Ét. Bargibant SA*, n° 2012-258 QPC § 3. ♦ ... Y compris lorsque les lois du pays procèdent à la validation de dispositions à caractère réglementaire. • CE 11 avr. 2012, *Ét. Bargibant SA*, n° 356339 : *RFDA 2012. 977, note Sénac* ; *AJDA 2012. 791* .

55. Peuvent également faire l'objet d'une QPC des dispositions législatives qui ne se limitent pas à la transcription « mécanique » d'une directive de l'Union. • Cons. const. 4 avr. 2014, *Sté Séphora*, n° 2014-373 QPC § 7.

1. Textes antérieurs à 1958

56. Sous réserve des éléments indiqués à la note 43, sont susceptibles de faire l'objet d'une QPC des textes législatifs antérieurs à 1958. • Cons. const. 5 août 2011, *Elke B. et a.*, n° 2011-159 QPC • Cons. const. 9 sept. 2011, *Catherine F., Épse L.*, n° 2011-161 QPC (codifié depuis) • Cons. const. 2 déc. 2011, *Lucienne Q.*, n° 2011-202 QPC (même si, en l'espèce, la loi de 1838 sur les aliénés avait été codifiée en l'état, puis modifiée deux fois). ♦ ... Même s'ils ont été adoptés sous le régime de Vichy. • Cons. const. 14 oct. 2010, *Cie agricole de La Crau*, n° 2010-52 QPC • Cons. const. 7 oct. 2011, *Éric A.*, n° 2011-177 QPC • Cons. const. 14 nov. 2014, *Alain L.*, n° 2014-426 QPC. ♦ ... Ou s'il s'agit d'une ordonnance du Gouvernement provisoire de la République française. • Cons. const. 27 janv. 2012, *Éric M.,* n° 2011-211 QPC • Cons. const. 28 mars 2014, *Joël M.,* n° 2014-385 QPC.

57. Il importe peu que le texte, adopté par la « Convention nationale » le 19 juill. 1793, ait été « décrété » et porte l'appellation de « décret ». • Cons. const. 21 nov. 2014, *Barbara D. et a.,* n° 2014-430 QPC.

58. Il en va de même de textes datant d'avant la révolution de 1789 et donc d'édits. • Cons. const. 2 déc. 2011, *Cts D.,* n° 2011-201 QPC (même si, en l'espèce, le texte avait été codifié en l'état).

59. Il en va de même encore d'une loi abrogée depuis 1945 mais dont les effets continuent d'avoir des conséquences sur les personnes à qui cette loi s'est appliquée avant cette date. • Cons. const. 5 oct. 2018, *Jaime Rodrigo F.,* n° 2018-737 QPC.

60. Il n'est cependant pas possible d'invoquer utilement les droits et libertés que la Const. garantit à l'encontre de dispositions de nature législative antérieures à 1958 dont les effets sur la situation en litige ont été définitivement produits avant l'entrée en vigueur de cette Const. • CE, QPC, 4 mai 2016, n° 395466 : *Lebon ; AJDA 2016. 925 ; ibid. 1168, chron. Dutheillet de Lamothe et Odinet ; JCP Adm. 2016. 408.*

2. Textes émanant de l'exécutif

61. Disposition législative émanant de l'exécutif. Peuvent faire l'objet d'une QPC les dispositions des ordonnances de l'art. 38 Const. 58 dès lors qu'elles sont ratifiées. • CE 19 févr. 2010, n° 322407 A (sol. impl.) • Cass., QPC, 18 juin 2010, n° 09-72.655 (sol. impl.) ♦ ... Y compris si cette ratification est implicite. • Cons. const. 25 avr. 2014, *Province Sud de Nouvelle-Calédonie,* n° 2014-392 QPC § 10.

V. pour d'autres décisions dans le même sens : .

62. De même, à compter de l'expiration du délai de l'habilitation, les ordonnances doivent être regardées comme des dispositions législatives dès lors que leurs dispositions ne peuvent plus être modifiées que par la loi dans les matières qui sont du domaine législatif. • Cons. const. 28 mai 2020, *Force 5,* n° 2020-843 QPC § 11. ♦ Elles sont dès lors des dispositions législatives au sens du présent art. Leur conformité aux droits et libertés que la Constitution garantit ne peut donc être contestée que par une question prioritaire de constitutionnalité. • Cons. const. 3 juill. 2020, *Sofiane A.,* n° 2020/851/852 QPC § 10 • CE, ass., 16 déc. 2020, n° 440258 A : *préc. note 7.* ♦ V. dans une formulation désormais positive pour inclure la possibilité de mise en œuvre d'une jurisprudence néo-calédonienne (V. notes ss. Const. 58, art. 61) : • Cons. const. 19 nov. 2020, *Sté Getzner France,* n° 2020-866 QPC § 8. ♦ V. déjà implicitement : • Cons. const. 28 mai 2020, *Force 5,* n° 2020-843 QPC § 11. ♦ V. pour des ex. de mise en œuvre : • Cons. const. 15 janv. 2021, *Krzystof B.,* n° 2020-872 QPC • Cons. const. 29 janv. 2021, *Ion Andronie R.,* n° 2020-878/879 QPC.

63. Dès lors (...) qu'en cas de ratification, la juridiction administrative cesse d'être compétente pour connaître d'une demande d'annulation de l'ordonnance, elle ne peut plus être utilement contestée par voie d'exception qu'au regard des droits et libertés que la Constitution garantit, par le moyen d'une question prioritaire de constitutionnalité, et des engagements internationaux de la France produisant des effets directs dans l'ordre juridique interne. • CE, ass., 16 déc. 2020, n° 440258 A : *préc. note 7.* ♦ Rappr. • CE, QPC, 13 juin 2018, *Conseil national de l'ordre des infirmiers,* n° 408325 B : *AJDA 2018. 1246* .

64. Il en va de même des ordonnances ratifiées, fût-ce rétroactivement, de l'art. 74-1 Const. • CE, QPC, 17 déc. 2010, *Synd. mixte chargé de la gestion du contrat urbain de cohésion sociale de l'agglomération de Papeete,* n° 343800 (sol. impl.). ♦ ... Des ordonnances, y compris organiques, de l'ancien art. 92 Const. 58. • Cass., QPC, 21 oct. 2010, n° 10-40.038 (sol. impl.) • Cons. const. 5 oct. 2012, *Élisabeth B.,* n° 2012-278 QPC.

65. Lorsque l'ordonnance a été modifiée par le législateur au moment de sa ratification, la QPC ne peut porter que sur les dispositions contenues dans la loi, la rédaction résultant de l'ordonnance n'ayant jamais acquis de nature législative. • Cons. const.12 oct. 2012, *Sté Groupe Canal Plus et a.,* n° 2012-280 QPC § 1.

66. Dispositions législatives faisant référence au pouvoir réglementaire. Dans une décision originale, le Cons. const. accepte de contrôler une disposition législative prévoyant la mise en œuvre d'une peine réglementaire lorsque celle-ci est prévue par un règlement. Dès lors, le Cons. const. va devoir nécessairement se prononcer sur la constitutionnalité de la disposition réglementaire. • Cons. const. 26 nov. 2010, *Thibaut G.,* n° 2010-66 QPC. ♦ La Cour de cassation procédant au renvoi a en effet estimé en l'espèce que la question de la conformité au principe de nécessité et de proportionnalité des peines de la confiscation, en application d'un texte réglementaire, du véhicule appartenant à une personne poursuivie pour une contravention de la 5e classe, punie par la loi, à titre principal, d'une amende n'excédant pas 1 500 €, présente un caractère sérieux. • Crim. 14 sept. 2010, *Thibaut G.,* n° 10-90.090.

67. Cas particulier. Le fait que le Décr. n° 48-1985 du 8 déc. 1948 portant refonte du code des douanes ait été annexé à la LF n° 48-1973 du 31 déc. 1948 lui confère valeur législative. • Cons. const. 13 janv. 2012, *Cts B.*, n° 2011-208 QPC (visas).

68. « Validation » par le législateur. En reconduisant, d'abord à titre provisoire par les modifications successives de l'échéance fixée au second alinéa puis de manière pérenne, les dispositions contestées, le législateur leur a implicitement, mais nécessairement, conféré un caractère législatif. • Cons. const. 28 nov. 2014, *Sté ING Direct NV et ING Bank NV*, n° 2014-431 QPC § 5. ♦ Rappr. • CE 25 janv. 1957, *Sté Ét. Charlionais : Lebon 54* • CE 31 mai 1963, *Sté X.*, n° 49046 : *Lebon 335.* ♦ V. également des décrets pris par le Gouvernement dans le cadre de la L. n° 56-619 du 23 juin 1956, dite « loi-cadre Deferre », et « approuvés » par les assemblées parlementaires de la IVe République. • CE 11 mars 2015, *Tehevini*, n° 382754 § 4 : *Lebon* • Cons. const. 14 avr. 2016, *Jean-Marc P.*, n° 2016-533 QPC (visas).

69. Codification (à droit constant) par décret. Ces dispositions, instaurées par une ordonnance ayant valeur législative (ord. du GPRF), ont été codifiées par décret à droit constant et revêtent le caractère de dispositions législatives. • Cons. const. 28 nov. 2014, *Dominique de L.*, n° 2014-432 QPC § 6 • Cons. const. 1er juin 2018, *Sté Elengy*, n° 2018-708 QPC. ♦ Parfois, sans rechercher si la codification a été effectuée à droit constant ou non, le Cons. const. se contente de viser la loi prévoyant que, ont force de loi les dispositions contenues dans la partie législative du code X annexées au Décr. n° X. • Cons. const. 14 avr. 2016, n° 2016-534 QPC (visas). ♦ V. également, la combinaison de plusieurs éléments et implicitement. • Cons. const. 24 févr. 2017, *SCI Hyéroise*, n° 2016-612 QPC.

3. Disposition abrogée ou modifiée

70. Au moment où la QPC est soulevée. La modification ou l'abrogation ultérieure de la disposition contestée ne fait pas disparaître l'atteinte éventuelle à ces droits et libertés et n'ôte pas son effet utile à la procédure voulue par le constituant ; par suite, elle ne saurait faire obstacle, par elle-même, à la transmission de la question au Conseil constitutionnel au motif de l'absence de caractère sérieux de cette dernière. • Cons. const. 23 juill. 2010, *Philippe E.*, n° 2010-16 QPC § 2 • CE 28 sept. 2011, *Q.*, n° 348858 : *AJDA 2011. 1871* • Cass., QPC, 28 sept. 2010, n° 10-40.033. ♦ *Ab. jur.* • *Cass., QPC, 15 juin 2010,* n° 09-17.283 • Cass., QPC, 25 juin 2010, n° 09-71-801. ♦ V. pour une hypothèse encore plus originale d'un texte dans sa rédaction antérieure à deux modifications dont une largement abrogative. • Cons. const. 2 déc. 2011, *Lucienne Q.*, n° 2011-202 QPC.

V. pour d'autres décisions dans le même sens : .

71. Le Cons. const. ne se prononce que sur la constitutionnalité du texte tel qu'il lui a été renvoyé par le Conseil d'État ou la Cour de cassation même si le texte a été modifié depuis ; il utilise la formule : « dans sa rédaction soumise au Cons. const. ». • Cons. const. 14 oct. 2011, *Assoc. France Nature Environnement*, n° 2011-183/184 QPC § 7.

72. Avant son entrée en vigueur. Une disposition législative qui n'est pas autoexécutoire (V. notes ss. Const. 58, art. 31) n'entre en vigueur qu'une fois les décrets d'application pris ; si ces décrets interviennent après l'abrogation de la disposition (remplacée en l'espèce par une ordonnance non ratifiée), celle-ci n'est jamais entrée en vigueur. Une disposition législative, jamais entrée en vigueur, est insusceptible d'avoir porté atteinte à un droit ou à une liberté que la Constitution garantit et ne peut, par suite, faire l'objet d'une question prioritaire de constitutionnalité. • Cons. const. 10 févr. 2012, *Patrick E.*, n° 2011-219 QPC § 5.

73. Depuis que la QPC a été soulevée. Le Cons. const. se prononce sur le texte tel qu'il était à la date à laquelle la QPC a été soulevée. • Cons. const. 3 déc. 2010, *Sté ZEturf limited*, n° 2010-73 QPC § 1.

74. Si, entre le moment où la QPC est posée et le moment où le Cons. const. statue, les dispositions ont fait l'objet d'une codification sans que les dispositions aient été modifiées sur le fond, le Cons. const. les étudie dans ses motifs dans leur rédaction applicables au litige mais indique dans le dispositif les deux numérotations ; dès lors ce qui a été jugé pour l'ancienne numérotation est valable pour la nouvelle. • Cons. const. 26 nov. 2010, *Mlle Danielle S.*, n° 2010-71 QPC • Cons. const. 6 juin 2014, *Cne de Guyancourt*, n° 2014-397 QPC § 1. ♦ Si, postérieurement à la saisine du Cons. const., les dispositions contestées ont été modifiées et que cette modification n'est pas applicable aux procédures antérieures, elle est sans incidence sur l'examen, par le Conseil, des dispositions renvoyées. • Cons. const. 24 juin 2011, *Kiril Z.*, n° 2011-133 QPC § 6.

75. Dispositions qui seront prochainement modifiées ou remplacées. A supposer même que des dispositions nouvelles, résultant d'un projet de loi déposé auprès du Parlement, puissent avoir pour conséquence d'abroger ou modifier la disposition contestée, cela, en tout état de cause, ne fait pas disparaître l'atteinte éventuelle aux droits et libertés que la Const. garantit et n'ôte donc pas son effet utile à la QPC. • Cons. const. 17 juin 2020, *Daniel D. et a.*, n° 2020-849 QPC § 15.

4. Interprétations jurisprudentielles de dispositions législatives (doctrine du « droit vivant »)

BIBL. Roux, QPC et interprétation jurisprudentielle de dispositions législatives : le conflit entre la Cour de cassation et le Conseil constitutionnel a-t-il vraiment pris fin ?, *LPA 8 juill. 2011*.

76. Sur la doctrine du « droit vivant », V. notes ss. Const. 58, art. 62.

77. En posant une QPC, tout justiciable a le droit de contester la constitutionnalité de la portée effective qu'une interprétation jurisprudentielle constante confère à cette disposition. • Cons. const. 6 oct. 2010, *Isabelle D. et Isabelle B.*, n° 2010-39 QPC § 2 • Cons. const. 13 avr. 2018, *Sté Life Sciences Holdings France*, n° 2018-699 QPC § 4 • Cons. const. 19 juin 2020, *Théo S.*, n° 2020-845 QPC § 5. ♦ ... Ou au silence d'une disposition. • Cons. const. 6 mai 2011, *Cts. C.*, n° 2011-127 QPC § 5. ♦ Il peut s'agir d'une jurisprudence constante du Tribunal des conflits. • Cons. const. 25 avr. 2014, *Province Sud de Nouvelle-Calédonie*, n° 2014-392 QPC § 13.

V. pour d'autres décisions dans le même sens appliquant la « théorie du droit vivant » : .

78. Le Conseil se contente parfois d'indiquer dans sa décision l'état de la jurisprudence sans reprendre le considérant de principe. • Cons. const. 22 nov. 2013, *Charly K.*, n° 2013-354 QPC § 5 • Cons. const. 7 juin 2019, *Laura A.*, n° 2019-788 QPC § 8 • Cons. const. 3 avr. 2020, *Marc S. et a.*, n° 2019-832/833 QPC § 11.

V. pour d'autres décisions dans le même sens : .

79. A l'inverse, il n'est pas possible de poser une QPC sur un arrêt en tant que tel, celui-ci n'étant pas une disposition législative. • Cons. const. 31 janv. 2014, *Michel P.*, n° 2013-363 QPC § 11.

80. Le Conseil d'État et la Cour de cassation donnent implicitement la même solution. • CE, QPC, 18 juin 2010, *Lantz*, n° 338638 • CE, QPC, 16 juill. 2010, *SCI La Saulaie*, n° 334665 A : *AJDA 2010. 1453* ; *RFDA 2010. 1257, chron. Roblot-Troizier et Rambaud* • Cass., QPC, 30 nov. 2010, n° 10-16.828 P. ♦ *Ab. jur.* • *Cass., QPC, 19 mai 2010 :* *D. 2010. 1352* ; *ibid. 2011. 2298, obs. Mallet-Bricout et Reboul-Maupin* ; *RTD civ. 2010. 810, obs. Théry* • Cass., QPC, 8 juill. 2010, n° 10-80.764 P : *Cah. Cons. const. 2011, n° 31, p. 236, obs. Disant.*

81. Jurisprudence abandonnée. La Cour de cassation avait jugé à l'inverse : • Cass., QPC, 19 mai 2010, n° 09-70.161 : *D. 2010. 1352* ; *ibid. 2011. 2298, obs. Mallet-Bricout et Reboul-Maupin* ; *RTD civ. 2010. 810, obs. Théry* • Cass., QPC, 19 mai 2010, n° 09-83.328 : *D. 2010. 1351* ; *ibid. 2236* , *point de vue Nico* ; *RSC 2011. 190, obs. de Lamy* • Cass., QPC, 19 mai 2010, n° 09-87.651 : *D. 2010. 1351* ; *RSC 2011. 185, obs. B. de Lamy* • Cass., QPC, 31 mai 2010, n° 09-87.578 : *D. 2010. 1486* ; *RSC 2010. 640, obs. Francillon* ; *ibid. 2011. 178, obs. de Lamy* • Cass., QPC, 11 juin 2010, n° 10-81.810 : *D. 2010. 1714* • Cass., ass. plén., QPC, 8 juill. 2010, n° 10-60.189 : *D. 2010. 2264, note Bernaud et Petit* ; *ibid. 2011. 840, obs. équipe de recherche en droit social de Lyon 2* ; *RDT 2010. 564, rapp. Béraud* • Cass., QPC, 8 juill. 2010, n° 10-80-764 : *Cah. Cons. const. 2011, n° 31, p. 236, obs. Disant.* ♦ Elle avait également refusé de transmettre des QPC relatives : à divers art. du code pénal au motif qu'elles visaient en réalité à contester, non les dispositions, mais l'interprétation que la Cour en avait donné au regard du caractère spécifique de la motivation des arrêts de cour d'assises. • Cass., QPC, 19 mai 2010, n° 09-82.582 : *D. 2010. 1352* ; *ibid. 2236, point de vue Nico* ; *RSC 2011. 190, obs. de Lamy* ; *RTD civ. 2010. 508, obs. Deumier* . ♦ ... A la responsabilité pénale des personnes morales. • Cass., QPC, 11 juin 2010, n° 09-87.884 : *D. 2010. 1712* ; *ibid. 2732, obs. Roujou de Boubée, Garé et Mirabail* ; *ibid. 2011. 1859, obs. Mascala* ; *RSC 2011. 177, obs. de Lamy* .

82. Jurisprudence actuelle. La Cour de cassation estime néanmoins qu'est irrecevable une QPC qui ne vise aucune disposition législative et se borne à contester une règle jurisprudentielle sans préciser le texte législatif dont la portée serait, en application de cette règle, de nature à porter atteinte à un principe constitutionnel. • Civ. 1re, QPC, 27 sept. 2011, n° 11-13.488 P : *D. 2011. 2707, note Levade* ; *ibid. 2012. 244, obs. Fricero* ; *AJDI 2011. 880* . ♦ De même, si la QPC ne tend qu'à contester la constitutionnalité de la portée donnée par la décision rendue dans la même instance à une disposition législative. • Civ. 1re, QPC, 14 mai 2013, n° 13-10.109 • Civ. 1re, QPC, 18 juin 2014, n° 10-40.023.

83. La jurisprudence dégagée par la Cour nationale du droit d'asile n'a pas été soumise au Conseil d'État ; or, il appartient à ce dernier, placé au sommet de l'ordre juridictionnel administratif, de s'assurer que cette jurisprudence garantit le droit au recours, faute de quoi elle ne peut être regardée comme un changement de circonstances de nature à remettre en cause la constitutionnalité des dispositions contestées. • Cons. const. 8 avr. 2011, *Ismaël A.*, n° 2011-120 QPC § 9. ♦ La contestation doit concerner la portée que donne à une disposition législative précise l'interprétation qu'en fait la juridiction suprême de l'un ou l'autre ordre. • Soc., QPC, 28 nov. 2012, n° 11-17.941 P : *D. 2012. 2899* ; *ibid. 2013. 2812, obs. Centre du droit de la concurrence* ; *Dr. soc. 2013. 173, obs.*

Mouly ; ibid. 362, chron. Dumortier, Florès, Lallet et Struillou ; RDT 2013. 269, obs. Scaglia ; Constitution 2013. 78, obs. Radé et Gervier.

84. L'interprétation jurisprudentielle peut trouver son origine dans la seule décision de renvoi sans qu'une décision antérieure de la juridiction suprême ne l'ait précédemment donnée. • Cons. const. 20 sept. 2013, *Alain G.,* n° 2013-340 QPC § 5 • Cons. const. 6 oct. 2017, *Sté de participations financières,* n° 2017-660 QPC § 6 ♦ V. déjà de manière plus implicite. • Cons. const. 21 oct. 2011, *Jean-Louis C.,* n° 2011-185 QPC. ♦ ... Même si celle-ci opère un revirement de jurisprudence sur ce point. • Cons. const. 28 sept. 2017, *Sté BPCE,* n° 2017-654 QPC § 8. ♦ ... Et *a fortiori* dans une jurisprudence certes unique mais antérieure, implicitement confirmée par la décision de renvoi. • Cons. const. 7 oct. 2015, *Jean-Pierre E.,* n° 2015-488 QPC § 3. ♦ V. implicitement encore. • Cons. const. 3 févr. 2016, *Sté métro Holding France SA venant aux droits de la Sté CRFP Cash,* n° 2015-520 QPC § 4 • Cons. const. 9 mars 2017, *Épx V.,* n° 2016-615 QPC § 8.

85. Il n'est pas possible d'assimiler à une interprétation les mesures réglementaires prises pour l'application d'une disposition dont la constitutionnalité est contestée. • Cons. const. 21 oct. 2011, *Bruno L. et a.,* n° 2011-190 QPC § 8. ♦ De même, la question posée ne présente pas, à l'évidence, un caractère sérieux, dès lors qu'elle revient, dans la procédure en cause, à contester la qualification appliquée aux faits poursuivis par le ministère public et les juges du fond qui est soumise au contrôle de la Cour de cassation. • Crim. 7 juin 2011, n° 10-88.315 P : *D. 2011. 1763 .*

86. L'interprétation contestée ne doit pas être erronée. • Soc. 16 nov. 2011, n° 11-40.071 P : *D. 2012. 901, obs. Lokiec et Porta ; Constitutions 2012. 107, obs. Radé .*

87. Une interprétation jurisprudentielle constante peut, du reste, permettre au Cons. const. de conclure à la constitutionnalité de la disposition. • Cons. const. 13 janv. 2012, *Ahmed S.,* n° 2011-210 QPC § 5 • Cons. const. 7 févr. 2020, *Justin A.,* n° 2019-826 QPC § 10.

V. pour d'autres décisions dans le même sens : .

88. L'interprétation peut également conduire à ne pas renvoyer la question au Cons. const. : si cette interprétation résulte directement de dispositions que le Cons. const. a déjà déclarées *conformes à la Const. • CE 1er oct. 2014,* n° 383557 B : *AJDA 2014. 1921 ; AJCT 2015. 81, prat. Yazi-Roman ; JCP Adm. 2014. 786* • CE 11 déc. 2020, n° 444762 B : *AJDA 2020. 2466 ; JCP Adm. 2020. 729.* ♦ ... Si cette interprétation ne restreint pas la portée des dispositions que la L. du 9 déc. 1905, not. son art. 28, a pour but d'expliciter. • CE 22 févr. 2019, n° 423702 : *AJDA 2019. 1486 .* ♦ V. pour une interprétation plus innovante : • CE 16 nov. 2016, n° 403738 B : *AJDA 2016. 2463 ; AJCT 2017. 164, obs. Hédin .*

89. Sur l'impartialité des juridictions suprêmes des deux ordres de juridictions à transmettre au Cons. const. des dispositions dont l'interprétation à donner et ainsi contestée a été fixée par elles, V. note 215.

90. Une nouvelle jurisprudence peut constituer un changement de circonstance. V. note 128.

c. Ne sont pas des dispositions législatives entrant dans le champ de la QPC

91. Généralités. Les lois autorisant la ratification d'un traité qui n'ont d'autre objet que de permettre une telle ratification. • CE, QPC, 14 mai 2010, *Rujovic,* n° 312305 : *préc. note 49.* ♦ Les dispositions législatives qui rappellent l'applicabilité d'une convention internationale. • CE, QPC, 14 mai 2010, *Rujovic,* n° 312305 : *préc.* ♦ Les lois organiques n'entrent pas non plus dans le champ de la QPC. • CE, QPC, 29 juin 2011, *Président de l'Assemblée de la Polynésie française,* n° 347214 : *Lebon T. 1014 ; AJDA 2011. 1355 .*

92. Les dispositions législatives qui ne portent pas atteinte à un droit ou une liberté constitutionnellement protégés du fait de l'interprétation qu'en donne le juge. • CE, QPC, 18 juin 2010, *Lantz,* n° 336638 • CE, QPC, 16 juill. 2010, *SCI La Saulaie,* n° 334665 : *préc. note 77.*

93. Dispositions non entrées en vigueur. Une disposition législative qui n'est pas auto exécutoire (V. notes ss. Const. 58, art. 31) n'entre en vigueur qu'une fois les décret d'application pris ; si ces décrets n'ont pas été pris, la disposition législative n'est jamais entrée en vigueur. Elle est est insusceptible d'avoir porté atteinte à un droit ou une liberté que la Const. garantit et ne peut, par suite, faire l'objet d'une QPC. • Cons. const. 10 févr. 2012, *Patrick E.,* n° 2011-219 QPC § 5 • Cons. const. 26 mars 2015, *Cté de défense des travailleurs frontaliers du Haut-Rhin et a.,* n° 2015-460 QPC § 7.

94. Dispositions législatives qui se bornent à tirer les conséquences nécessaires de dispositions inconditionnelles et précises d'une directive de l'Union. En l'absence de mise en cause d'une règle ou d'un principe inhérent à l'identité constitutionnelle de la France, le Cons. const. n'est pas compétent pour contrôler la conformité aux droits et libertés que la Const. garantit de telles dispositions législatives. • Cons. const. 17 déc. 2010, *Kamel D.,* n° 2010-79 QPC § 3. ♦ Il n'y a dès lors pas lieu de renvoyer une QPC dans ce cas.

• CE, QPC, 8 juill. 2015, n° 390154 : *Lebon ; AJDA 2015. 1390 ; ibid. 2035, note Haguenau-Moizard ; JCP Adm. 2015. 641.* ♦ Le Cons. const. prononce alors le non-lieu à statuer. • Même affaire • Cons. const. 4 avr. 2014, *Sté Sephora,* n° 2014-373 QPC § 7 (*a contrario*).

95. Cas des dispositions déclarées non conformes dans le cadre de la jurisprudence néo-calédonienne. L'autorité qui s'attache aux décisions du Cons. const. fait obstacle à ce qu'il soit de nouveau saisi afin d'examiner la conformité à la Const. de dispositions déclarées contraires à celle-ci. • Cons. const. 18 oct. 2013, *Sté Allianz IARD et a.,* n° 2013-349 QPC § 3.

96. Dispositions législatives adoptées par référendum. Les lois référendaires ne peuvent faire l'objet d'un contrôle de constitutionnalité par le Cons. const. • Cons. const. 25 avr. 2014, *Province Sud de Nouvelle-Calédonie,* n° 2014-392 QPC § 8. ♦ Rappr. dans le cadre du contrôle *a priori*. • Cons. const. 6 nov. 1962, n° 62-20 DC • Cons. const. 23 sept. 1992, n° 92-313 DC.

97. Lois d'habilitation. V. notes ss. Const. 58, art. 38.

2° NOTION DE DISPOSITION LÉGISLATIVE DÉJÀ DÉCLARÉE CONFORME À LA CONSTITUTION

98. Décisions rendues dans le cadre de l'art. 37 Const. 58. Dès lors que, lorsqu'il est saisi dans les conditions prévues à l'al. 2 de l'art. 37 Const. 58, il appartient seulement au Cons. const. d'apprécier si les dispositions qui lui sont soumises relèvent du domaine législatif ou du domaine réglementaire, une disposition législative examinée dans ce cadre ne peut être considérée comme déjà déclarée conforme à la Const. • Cons. const. 8 juin 1995, n° 95-177 L : *D. 1997. 122, obs. Trémeau ; AJDA 1995. 519*.

BIBL. Loi organique et QPC, *Site internet du Conseil constitutionnel, A la une, nov. 2012.*

99. Dispositions organiques. Bien qu'organiques, les dispositions prises dans le cadre des ordonnances de l'ancien art. 92 Const. 58 n'ont pas été contrôlées par le Conseil constitutionnel même si elles bénéficient d'une présomption de constitutionnalité. • Cons. const. 5 oct. 2012, *Élisabeth B.,* n° 2012-278 QPC (sol. impl.).

100. Les lois organiques étant automatiquement soumises au Cons. const. dans la totalité de leurs dispositions, elles ne peuvent, sauf changement de circonstances, faire l'objet d'une QPC. Il en va de même d'une disposition contenue dans une ord. de l'art. 92 Const. reprise dans une loi org. • Cons. const. 18 oct. 2012, *A. N., Hauts-de-Seine (13e circonscription),* n° 2012-4563/4600 AN : *JO 19 oct. 2012, p. 1629 ; AJDA 2013. 65 note Dolez* • Cons. const. 18 oct. 2012, *A.N., Val-de-Marne (1re circonscription),* n° 2012-4565/4567/4568/4574/4575/4576/4577 AN : *JO 19 oct. 2012, p. 16299 ; LPA, 22 nov. 2012, n° 234, p. 9-14, note Camby.* ♦ Pour ce qui concerne le contrôle qu'il exerce sur les lois organiques, le Cons. const. doit être regardé comme s'étant prononcé sur la conformité à la Const. de chacune des dispositions de la loi organique qui lui est soumise ; dès lors, sauf changement dans les circonstances, les lois organiques promulguées doivent être regardées, dans leur intégralité, comme conformes à la Const., alors même que la décision du Cons. const. qui les a examinées ne mentionne pas expressément les dispositions critiquées dans ses motifs. • CE 29 juin 2011, *Président de l'Assemblée de la Polynésie française,* n° 347214 : *préc. note 91* • CE, QPC, 19 nov. 2014, n° 380570 : *AJDA 2015. 431*.

a. Disposition législative déclarée conforme à la Constitution dans les motifs et le dispositif

101. Le Cons. const. doit se prononcer si la disposition n'a été déclarée conforme que dans les motifs. • Cons. const. 17 mars 2011, *Épx B.,* n° 2010-104 QPC § 4 • Cons. const. 21 juill. 2017, *Alexis K. et a.,* n° 2017-646/647 QPC § 6.

V. pour d'autres décisions dans le même sens : .

102. Il doit se prononcer également, et cette fois sur le fond, dès lors que la disposition a été déclarée conforme dans le dispositif mais ne l'a pas été dans les motifs ; il faut considérer que la disposition n'a pas été déclarée conforme dans les motifs dès lors que le Cons. const. n'a mentionné cette disposition, dans ses motifs que par voie de conséquence des déclarations de non-conformité auxquelles il procédait par ailleurs, sans examiner le contenu des dispositions critiquées par le requérant. • CE, QPC, 24 oct. 2011, *Souffou,* n° 348771 : *AJDA 2012. 546, note Verpeaux ; ibid. 2011. 2041 ; RFDA 2012. 528, chron. Roblot-Troizier et Tusseau*. ♦ Le Conseil s'assure avoir bien « spécialement examiné » la disposition contestée. • Cons. const. 6 mai 2011, *Abderrahmane L.,* n° 2011-125 QPC § 10 • Cons. const. 30 juin 2011, *Dpt de la Seine-Saint-Denis,* n° 2011-142/145 QPC § 17 et 18. ♦ En particulier à l'époque où le Conseil avait pour pratique de ne faire figurer dans le dispositif de ses décisions que les censures. • Cons. const. 30 juill. 2010, *Épx P. et a.,* n° 2010-19/27 QPC § 5 • Cons. const. 5 juill. 2013, *Sté Numéricâble SAS et a.,* n° 2013-331 QPC § 7 • Cons. const. 20 sept. 2013, *Alain G.,* n° 2013-340 QPC § 7 (sol. impl.).

103. Une disposition simplement mentionnée dans les motifs de la décision n'est pas implicitement déclarée conforme. • Cons. const. 14 févr. 2014, *Cts L.,* n° 2013-367 QPC. ♦ … Statuant sur un art. mentionné dans la décision. • Cons. const. 20 avr. 2012, *Assoc. Cercle de réflexion et de proposition d'actions sur la psychiatrie,* n° 2012-235 QPC.

104. Cas particulier des lois organiques. Pour ce qui concerne le contrôle qu'il exerce sur les lois organiques, le Conseil constitutionnel doit être regardé comme s'étant prononcé sur la conformité à la Constitution de chacune des dispositions de la loi organique qui lui est soumise ; dès lors, sauf changement dans les circonstances, les lois organiques promulguées doivent être regardées, dans leur intégralité, comme conformes à la Constitution, alors même que la décision du Conseil constitutionnel qui les a examinées ne mentionne pas expressément les dispositions critiquées dans ses motifs. • CE, QPC, 29 juin 2011, n° 347214 B : *AJDA 2011.1355* • CE, QPC, 19 nov. 2014, n° 380570 : *AJDA 2015. 431* • Cons. const. 16 nov. 2017, *Isabelle Muller-Quoy et a.,* n° 2017-4999/5007/5078 AN QPC.

105. Dans le cas où le Cons. const. a, dans les motifs et le dispositif de sa décision, déclaré conforme à la Const. la disposition contestée, il n'y a pas lieu pour le juge de transmettre cette QPC. • CE 18 déc. 2015, *Union dptale des assoc. familiales des Hauts-de-Seine, Meyer, Confédération nationale des assoc. familiales catholiques, Union des familles en Europe,* n° 370459 : *AJDA 2015. 2466* ; *AJ fam. 2016. 60* .

106. Différence de fondement ou de grief. Dès lors que la disposition faisant l'objet de la question a été examinée dans les motifs de la décision et déclarée conforme dans le dispositif, il importe peu que le Conseil constitutionnel ne se soit pas expressément prononcé sur le fondement invoqué par le requérant ; la QPC n'a pas à être transmise. • CE, QPC, 19 mai 2010, *Cne de Buc,* n° 330310 : *AJDA 2010. 1050* . ♦ Ainsi, même si le grief d'inconstitutionnalité soulevé en l'espèce par la société requérante diffère de celui qui avait justifié la censure, il n'y a pas lieu, pour le Conseil constitutionnel, de se prononcer sur la QPC dès lors qu'il a déjà statué. • Cons. const. 4 déc. 2020, *Sté Ambulances secours rapides du bassin,* n° 2020-870 QPC. ♦ V. cependant note 279, le problème lorsqu'il peut être analysé sous l'angle d'une question présentant un caractère nouveau.

107. Article contenant un ensemble de dispositions. Le Conseil constitutionnel estime que, dès lors qu'il a examiné un article dans les motifs d'une décision et qu'il l'a déclaré conforme *dans le dispositif de sa décision,* les dispositions contenues dans cet art. ne peuvent plus faire l'objet d'une QPC alors même que, ledit art. ajoutant plusieurs dispositions à un code, le Conseil constitutionnel ne s'est prononcé spécifiquement, dans ses motifs, que sur quelques-unes d'entre elles. En l'espèce, il n'avait pas spécifiquement mentionné dans ses motifs la disposition contestée ; la question de sa constitutionnalité ne peut pas néanmoins lui être posée. • Cons. const. 2 juill. 2010, *Section française de l'Observatoire international des prisons,* n° 2010-9 QPC. ♦ En revanche, le Conseil constitutionnel admet d'examiner les autres dispositions d'un article déjà examiné dès lors qu'elles n'ont pas expressément été déclarées conformes. • Cons. const. 7 janv. 2016, *Assoc. Expert-comptable média association,* n° 2015-510 QPC § 4 • Cons. const. 25 nov. 2016, *Sté Eurofrance,* n° 2016-598 QPC § 5 • Cons. const. 2 déc. 2016, *Raïme A.,* n° 2016-600 QPC § 5. ♦ Rappr. • CE, QPC, 23 juill. 2010, *Monnot,* n° 340114.

108. Disposition déclarée conforme mais modifiée depuis. Même si les modifications non examinées par le Cons. const. ont été apportées à une disposition déclarée conforme n'ont pas, par la suite, été examinées par le Cons. const., il peut néanmoins ne pas les examiner dès lors que ces modifications ne constituent pas un changement de circonstance de droit. • Cons. const. 30 juill. 2010, *Épx P. et a.,* n° 2010-19/27 QPC § 10. ♦ Tel est le cas de l'assimilation des personnes pacsées aux couples mariés alors que jusque-là, seules les personnes en concubinage notoire leur étaient assimilées dans le cadre de l'ISF. • Cons. const. 29 sept. 2010, *Épx M.,* n° 2010-44 QPC § 9. ♦ ... De la mise en place d'un plafonnement légal pour l'exonération des indemnités de mise à la retraite et plus seulement un plafonnement conventionnel. • Cons. const. 20 sept. 2013, *Alain G.,* n° 2013-340 QPC § 7. ♦ ... D'un simple changement de dénomination. • CE, QPC, 21 oct. 2013, *B.,* n° 370480 : *AJDA 2014. 660* . ♦ Il est pourtant possible que ces modifications, même apparemment mineures, soient considérées comme un changement de circonstance. • Cons. const. 5 juill. 2013, *Sté Numéricâble SAS et a.,* n° 2013-331 QPC § 8. ♦ Parfois même, le Conseil se contente d'indiquer que les dispositions qu'il examine sont celles issues d'une rédaction plus récente que celle en vigueur au moment où il s'est prononcé sans rechercher si ces modifications sont ou non un changement de circonstances de droit. • Cons. const. 13 déc. 2013, *Sté Sud-Radio Services et a.,* n° 2013-359 QPC § 1 • Cons. const. 27 oct. 2017, *Mikhail P.,* n° 2017-670 QPC § 6. ♦ V. *infra,* note 127.

109. De même, n'est-il pas utile que le Conseil se prononce sur des dispositions déjà déclarées conformes mais modifiées par la suite si la modification est sans portée quant à la constitutionnalité de la disposition déférée. • Cons. const. 30 juill. 2010, *Épx P. et a.,* n° 2010-19/27 QPC § 10. ♦ Tel est le cas d'une disposition ne faisant que relever le niveau de garanties dont bénéficie la personne faisant l'objet de la disposition. • Cons. const. 30 juill. 2010, *Épx P. et a.*, n° 2010-19/27 QPC § 8. ♦ ... Si la rédaction de l'art. contesté est la même que celle d'un art. plus ancien déjà soumis au Cons. const. • Cons. const. 29 sept. 2010, *Épx M.*, n° 2010-44 QPC § 9. ♦ ... Si la disposition se borne à préciser la portée du texte dans un cas particulier non encore envisagé (scrutin binominal). • CE, QPC, 22 juin 2015, *Wilmotte*, n° 387515 : *AJDA 2015. 1239*. ♦ Il importe peu que le mécanisme contesté ait été un temps supprimé, dès lors qu'il est rétabli à l'identique, fût-ce sous une autre appellation (« impôt sur les grandes fortunes » rétabli comme « impôt de solidarité sur la fortune »). • Même affaire.

110. Il en va de même de modifications qui se sont bornées, d'une part, à tenir compte par coordination de l'interdiction faite à toutes les personnes morales autres que les partis et groupements politiques de financer les dépenses électorales et, d'autre part, à préciser les règles existantes en matière de compte de campagne. • Cons. const. 8 avr. 2011, *Jean-Paul Huchon*, n° 2011-117 QPC § 7. ♦ ... D'une modification qui donne au juge la faculté de ne pas prononcer l'inéligibilité du candidat, notamment lorsque ce dernier est de bonne foi. • Cons. const. 8 avr. 2011, *Jean-Paul Huchon*, n° 2011-117 QPC § 8.

111. A l'inverse, si c'est la modification elle-même qui fait l'objet de la QPC, et que celle-ci est substantielle, le Conseil peut l'examiner. • Cons. const. 17 déc. 2010, *Boubakar B.*, n° 2010-81 QPC. ♦ De même procède-t-il à un nouvel examen si la disposition déclarée conforme lors du précédent examen a été substantiellement modifiée. • Cons. const. 13 juill. 2012, *Saïd K.*, n° 2012-264 QPC § 3 • Cons. const. 4 août 2017, *La Quadrature du net et a.*, n° 2017-648 QPC. ♦ V. également les hypothèses de changement de circonstances, note 127.

112. Le Conseil d'État, en cas de doute, procède au renvoi, laissant au Cons. const. le soin de décider si la disposition a déjà été déclarée conforme. • CE, QPC, 9 juill. 2010, *Épx Mathieu*, n° 339081 : *préc. note 38* • Cons. const. 29 sept. 2010, *Épx M.*, n° 2010-44 QPC § 9.

113. Néanmoins, l'absence de caractère sérieux de la question peut l'emporter sur le fait que celle-ci n'ait pas été tranchée par le Cons. const. Jugé que, si, en raison des modifications législatives intervenues depuis la décision du Cons. const. n° 89-260 DC, les dispositions en cause dans la présente instance ne peuvent être regardées ayant déjà été déclarées conformes à la Const., il résulte néanmoins de cette décision que les moyens de M. A ne soulèvent pas une question sérieuse dès lors que la disposition contestée est similaire à celle déclarée conforme à l'époque. • CE 16 juill. 2010, *Beslay*, n° 321056.

114. Dispositions déclarées conformes sous réserve. Il n'y a pas lieu à renvoyer au Cons. const. une disposition qu'il a déclarée conforme sous réserve. • Com. 23 juin 2015, n° 15-40.012. ♦ Encore faut-il que la disposition soit couverte par la réserve pour qu'elle puisse être considérée comme ayant déjà été déclarée conforme. • CE 9 mai 2017, n° 407999 A : *AJDA 2017. 966*. ♦ Saisi néanmoins, le Cons. const. s'assure que la réserve est bien respectée pour prononcer le non-lieu. • Cons. const. 30 juin 2011, *Dpt de la Seine-Saint-Denis*, n° 2011-142/145 QPC § 18. ♦ De même, dès lors que les réserves d'interprétation énoncées dans ses précédentes décisions ne s'appliquent pas au cas soumis au juge du filtre, alors même que les motifs de ces décisions devraient conduire à une telle application, le Cons. const. estime que cette difficulté dans la détermination du champ d'application d'une réserve d'interprétation, qui affecte la portée de la disposition législative critiquée, constitue un changement des circonstances justifiant le réexamen des dispositions contestées. • Cons. const. 7 juill. 2017, *Alain C.*, n° 2017-642 QPC § 8 • Cons. const. 7 juill. 2017, *Amar H. et a.*, n° 2017-643/650 QPC § 12.

115. Dispositions déclarées conformes à la seule procédure parlementaire. Si le Cons. const. a jugé que les dispositions n'étaient pas contraires à la Const., il a relevé, dans les motifs de sa décision, que la critique dont il était saisi ne portait que sur le respect de la procédure parlementaire (...). Dès lors, la condition que les dispositions contestées n'aient pas déjà été déclarées conformes à la Constitution dans les motifs et le dispositif d'une décision du Cons. const. doit être regardée comme remplie. • CE 26 janv. 2018, n° 415512 B : *AJDA 2018. 196*.

116. Disposition modificatrice déclarée conforme. Il n'y a pas lieu à renvoyer au Cons. const. une disposition qu'il a déclarée conforme sous réserve. • Com., QPC, 23 juin 2015, n° 15-40.012. ♦ V. également. • CE, QPC, 31 mai 2010, *Exbrayat*, n° 338727 : *Lebon 175* ; *AJDA 2010. 1355, chron. Liéber et Botteghi*. ♦ V. pourtant. • Cons. const. 30 juill. 2010, *Daniel Walbuger et a.*, n° 2010-14/22 QPC.

117. Disposition identique ou similaire déclarée conforme. Le Cons. const. ayant déclaré conformes à la Const. des dispositions, lesquelles reprennent les dispositions antérieures contestées, la conformité à la Const. de ces dispositions plus anciennes ne saurait être contestée en l'absence de tout changement de circonstance. • CE 28 sept. 2016, n° 397231 : *Lebon* ; *AJDA 2016. 1845*. ♦ Un article comportant des dispositions identiques à celles contestées dans la présente QPC ayant été déclaré conforme, il n'y a pas lieu, sans changement de circonstances, de les examiner à nouveau. • Cons. const. 15 sept. 2017, *CGT-FO,* n° 2017-653 QPC § 20. ♦ Il en va de même d'une disposition similaire dans sa substance à une disposition postérieure déclarée conforme à la Constitution, sous réserve : elle sera conforme sous la même réserve. • CE, QPC, 7 juill. 2017, n° 410620 § 4 : *Lebon.*

118. Combinaison de dispositions. Le Cons. const. accepte d'examiner la constitutionnalité d'une disposition légale compte tenu de sa combinaison avec d'autres dispositions légales mais se prononce disposition par disposition et non sur leur combinaison. • Cons. const. 24 juin 2016, *Alec W. et a.,* n° 2016-545 QPC.

b. Non-lieu à statuer

BIBL. Benetti, Échec au renvoi : les décisions QPC de « non-lieu à statuer », *RD publ. 2012. 593.* – Girard, Le « non-lieu à statuer » devant le Conseil constitutionnel : un élément révélateur de son ambivalence entre organe politique et cour constitutionnelle, *www.cairn.info. (RFDC 2015, n° 1).*

119. Dans l'hypothèse où il s'est déjà prononcé sur la constitutionnalité (qu'il ait déclaré la conformité ou la contrariété) de la disposition qui lui est soumise, le Conseil constitutionnel prononce le non-lieu à statuer. • Cons. const. 30 juill. 2010, *Épx. P. et a.,* n° 2010-19/27 QPC § 10 • Cons. const. 9 oct. 2014, *Maurice L. et a.,* n° 2014-420/421 QPC § 10 • Cons. const. 4 déc. 2020, *Sté Ambulances secours rapides du bassin,* n° 2020-870 QPC. ♦ ... Y compris si cette vérification a eu lieu lors d'une précédente QPC. • Cons. const. 6 août 2010, *Pierre-Joseph F.,* n° 2010-51 QPC • Cons. const. 6 oct. 2010, *Cne de Bron,* n° 2010-59 QPC • Cons. const. 12 nov. 2010, *Charles S.,* n° 2010-61 QPC • Cons. const. 19 févr. 2016, *Josette B.-M.,* n° 2015-522 QPC § 7 • Cons. const. 29 mars 2018, *Rouchdi B. et a.,* n° 2017-695 QPC § 24. ♦ ... Ou lors d'une QPC du même jour. • Cons. const. 30 juin 2011, *Dpt de la Seine-Saint-Denis,* n° 2011-142/145 QPC § 28.

120. Ce non-lieu sera partiel : dans le cas où une autre disposition est contestée dans la même QPC. • Cons. const. 30 juill. 2010, *Daniel Walbuger et a.,* n° 2010-14/22 QPC § 13 • Cons. const. 6 août 2010, *Miloud K.,* n° 2010-30/34/35/47/48/49/50 QPC • Cons. const. 22 sept. 2010, *Bulent A. et a., n°* 2010-31 QPC § 1 et 4 • Cons. const. 12 nov. 2010, *Féd. nat. CFTC du synd. de la métallurgie,* n° 2010-63/64/65 QPC § 7 et 8. ♦ ... Dans le cas où il a déjà examiné et déclaré conformes certains éléments de la disposition contestée. • Cons. const. 7 janv. 2016, *Assoc. Experts-comptables média association,* n° 2015-510 QPC § 4 • Cons. const. 25 nov. 2016, *Sté Eurofrance,* n° 2016-598 QPC § 5 • Cons. const. 2 déc. 2016, *Raïme A.,* n° 2016-600 QPC § 5.

121. Au besoin, il s'assure qu'il n'y a pas de changement de circonstances avant de prononcer le non-lieu à statuer. • Cons. const. 30 juill. 2010, *Daniel Walbuger et a.,* n° 2010-14/22 QPC § 13 • Cons. const. 19 mai 2017, *Olivier D.,* n° 2017-630 QPC • Cons. const. 4 déc. 2020, *Sté Ambulances secours rapides du bassin,* n° 2020-870 QPC.

V. pour d'autres décisions dans le même sens : .

122. Il y a également non-lieu à statuer si le Cons. const. est saisi d'une QPC portant sur une disposition réglementaire ou une disposition législative qui n'est pas en vigueur. • Cons. const. 10 févr. 2012, *Patrick E.,* n° 2011-219 QPC § 5. ♦ ... Si les dispositions dont est saisi le Cons. const. ne peuvent manifestement pas conduire à la violation des droits constitutionnellement garantis invoquée par le requérant. • Cons. const. 14 juin 2019, n° 2019-790 QPC (absence de désignation par les requérants de l'autre disposition législative entraînant le cumul de poursuites dénoncé).

c. Changement de circonstances

BIBL. Gervier, Le changement des circonstances dans la jurisprudence du Conseil constitutionnel, *RD publ. 2012. 89.* – QPC et changement des circonstances, *Site internet du Conseil constitutionnel, A la une, nov. 2013.*

123. Principe. N'est pas contraire aux dispositions du présent art. combinées avec celles de l'art. 62 Const. 58 le fait qu'une disposition législative déclarée conforme à la Constitution dans les motifs et le dispositif d'une décision du Cons. const. puisse être de nouveau soumise à son examen lorsqu'un tel réexamen est justifié par les changements intervenus, depuis la précédente décision, dans les normes de constitutionnalité applicables ou dans les circonstances, de droit ou de fait, qui affectent la portée de la disposition législative critiquée. • Cons. const. 3 déc. 2009, n° 2009-595 DC § 13. ♦ Il en va de même d'une disposition organique. • Cons. const. 21 févr. 2012, *Marine Le Pen,* n° 2012-233 QPC § 5.

124. Le juge du fond recherche si le Cons. const. a déjà, dans une précédente décision, indiqué que les éléments invoqués par le requérant ne constituent pas un changement de circonstance. • TA Strasbourg, 5 oct. 2016, *Préfet du Haut-Rhin,* n° 1601891 : *AJDA 2017. 226, note Rihal ; ibid. 2016. 1838 .*

1. Constitue un changement de circonstances

125. Changement d'un texte. Peut constituer un changement de circonstances une révision constitutionnelle (rendant possible un nouvel examen d'une disposition organique). • Cons. const. 21 févr. 2012, *Marine Le Pen,* n° 2012-233 QPC § 5 • Cons. const. 23 janv. 2015, n° 2014-4909 SEN. ♦ V., pourtant, la non-reconnaissance d'un changement de circonstances interdisant le réexamen d'une disposition organique malgré une modification constitutionnelle et législative importante : • Cons. const. 18 oct. 2012, *Hauts-de-Seine (13e circ.),* n° 2012-4563/4600 AN : *préc. note 100.*

126. Il en va de même lorsqu'une disposition déclarée conforme a fait, par la suite, l'objet de modifications : elle peut constituer un changement de circonstances de droit. • CE, QPC, 9 juill. 2010, n° 339081 : *préc. note 38.* ♦ Rappr., s'agissant d'une modification substantielle de la législation depuis la décision de conformité introduisant la notion de bonne foi et conduisant à une augmentation significative des manquements susceptibles de justifier le rejet du compte du candidat : • CE, QPC, 28 janv. 2011, n° 338199 B : *AJDA 2011. 188 ; RFDA 2011. 723, note Türk.* ♦ ... De l'adoption du PACS s'agissant de la conformité de dispositions relatives aux conditions de délivrance de la carte de séjour « vie privée et familiale » : • CE 22 févr. 2013, n° 364341 § 8.

127. Il en va de même de la modification d'un article rendant nécessaire de se pencher à nouveau sur un autre article déclaré conforme et non modifié, dès lors que ces deux articles se lisent ensemble. • Cons. const. 13 juill. 2012, *Saïd K.,* n° 2012-264 QPC § 3 • Cons. const. 5 juill. 2013, *Sté Numéricable SAS et a.,* n° 2013-331 QPC § 8. ♦ ... Ou se combinent. • Cons. const. 2 mars 2018, *Ousmane K. et a.,* n° 2017-694 QPC § 7. ♦ Il en va de même : lorsque les modifications affectent une disposition et que, par l'effet d'un renvoi, la disposition déjà déclarée conforme s'en trouve affectée. • Cons. const. 26 mars 2015, *Cté de défense des travailleurs frontaliers du Haut-Rhin et a.,* n° 2015-460 QPC § 9. ♦ ... Lorsque les modifications étendent le champ d'application de la disposition déclarée. • Cons. const. 24 janv. 2017, *Ahmed M. et a.,* n° 2016-606/607 QPC § 10. ♦ V. également la décision de renvoi. • CE, QPC, 21 janv. 2015, *Cté de défense des travailleurs frontaliers du Haut-Rhin et a.,* n° 383004.

128. Changement de jurisprudence. Peut constituer un changement de circonstances l'adoption d'une interprétation jurisprudentielle constante intervenant postérieurement à la décision par laquelle le Conseil constitutionnel a déclaré la disposition législative en cause conforme à la Const. 58. Ce changement de circonstances est de nature à conduire à ce que le Conseil constitutionnel soit à nouveau saisi d'une disposition précédemment jugée conforme à la Const. 58. • Cons. const. 8 avr. 2011, *Ismaël A.,* n° 2011-120 QPC § 9 (sol. impl.) • Cons. const. 19 juin 2020, *Théo S.,* n° 2020-845 QPC § 10.

129. De même, l'adoption d'une telle interprétation jurisprudentielle est susceptible de constituer une circonstance nouvelle de nature à permettre que soit posée une QPC relative à cette disposition. • CE 20 déc. 2018, n° 418637 B : *AJDA 2019. 12 ; ibid. 1395, note Barbé ; JCP Adm. 2019. 13.*

130. Il en va également ainsi lorsque le Cons. const. lui-même modifie sa jurisprudence. • Cons. const. 6 mai 2011, *Abderrahmane L.,* n° 2011-125 QPC § 11 • Cons. const. 15 févr. 2019, *Paulo M.,* n° 2018-764 QPC § 5 • Cons. const. 20 mai 2020, *La quadrature du net,* n° 2020-841 QPC § 5.

V. pour d'autres décisions dans le même sens : .

131. Encore faut-il que sa jurisprudence ait réellement changé. Si une ambiguïté a pu laisser croire que tel était le cas, le Conseil doit préciser, par une interprétation apportée dans la décision nouvelle, le sens exact de la décision précédemment rendue pour lever toute incertitude. • Cons. const. 19 mai 2017, *Olivier D.,* n° 2017-630 QPC § 8.

132. Le Conseil d'État va dans le même sens en estimant que les développements de la jurisprudence du Cons. const., depuis la décision par laquelle il a estimé la disposition législative conforme à la Constitution, permettent le renvoi de la QPC. • CE, QPC, 15 avr. 2016, n° 396696 B : *AJDA 2016. 753.* ♦ Interprétation validée par le Cons. const. • Cons. const. 1er juill. 2016, *Stéphane R.,* n° 2016-550 QPC § 5.

133. Le Conseil constitutionnel admet encore qu'une difficulté dans la détermination du champ d'application d'une réserve d'interprétation, qui affecte la portée de la disposition législative critiquée, constitue un changement des circonstances. • Cons. const. 7 juill. 2017, *Alain C.,* n° 2017-642 QPC § 8 • Cons. const. 7 juill. 2017, *Amar H. et a.,* n° 2017-643/650 QPC § 12.

134. Changement de circonstances de fait. Peut constituer un changement de circonstances, une évolution factuelle ayant contribué à banaliser le recours à la garde à vue, y compris pour des infractions mineures (plus de 790 000 mesures de garde à vue ont été décidées en 2009) et ayant renforcé l'importance de la phase d'enquête policière dans la constitution des éléments sur le fondement desquels une personne mise en cause est jugée. • Cons. const. 30 juill. 2010, *Daniel Walbuger et a.,* n° 2010-14/22 QPC § 14 à 18. ♦ ... L'évolution défavorable des charges exposées depuis la date du transfert du RMI aux départements amplifié par une dynamique moindre des ressources disponibles pour en assurer le financement. • CE, QPC, 20 avr. 2011, n° 346204 B : *AJDA 2011. 820 ; JCP Adm. 2011. 320, obs. Houser ; Dr. adm. 2011. 73, note Pissaloux.*

2. Ne constitue pas un changement de circonstances

135. Changement d'un texte. Ne constitue pas un changement des circonstances l'introduction dans la Constitution d'une disposition spécifique aux transferts de compétences s'agissant des transferts intervenus avant cette révision. • CE, QPC, 20 avr. 2011, *Dpts de la Seine-Saint-Denis et de l'Hérault,* n° 346205 B.

136. Il en va de même de l'évolution du cadre juridique (substitution du CSA à l'ancienne CNCL) et du matériel de délivrance des droits d'usage de la ressource radioélectrique. • CE 13 juill. 2011, n° 347030 A : *AJDA 2011. 1461* . ♦ Le report de la date de cessation totale de la publicité sur les chaînes du groupe France Télévisions ne saurait caractériser un changement des circonstances de droit permettant de justifier une QPC, dès lors que, même si elle a été créée pour compenser la disparition de la publicité à la télévision publique, la taxe mise à la charge des opérateurs de communications électroniques constitue une recette du budget général de l'État concourant aux conditions générales de l'équilibre budgétaire. • CE 10 oct. 2011, n° 350872 B : *AJDA 2012. 119* . ♦ Sur la simple actualisation des montants entre lesquels varie le montant par habitant alloué aux communes selon leur population au titre de la dotation de base de la DGF : • CE 17 sept. 2013, n° 370023 : *AJDA 2013. 2291* . ♦ Sur la modification du mode de désignation des conseillers prud'hommes et du fonctionnement des conseils de prud'hommes au regard de l'inéligibilité frappant les présidents de ces conseils s'agissant des élections législatives. • Cons. const. 16 nov. 2017, *Isabelle Muller-Quoy et a.,* n° 2017-4999/5007/5078 AN QPC. ♦ ... Du fait que la L. du 23 mars 2019 ait donné une nouvelle rédaction de la disposition, applicable à compter du 1er juin 2019, dès lors que la rédaction contestée, issue de la L. du 27 mai 2014, est seule applicable au litige. • Cons. const. 4 déc. 2020, *Sté Ambulances secours rapides du bassin,* n° 2020-870 QPC.

137. Changement de jurisprudence. Ne *constitue pas un changement* des circonstances une décision QPC indiquant que le principe de légalité des peines impose au législateur de fixer les sanctions disciplinaires en des termes suffisamment clairs et précis pour exclure l'arbitraire mais qui, statuant sur des dispositions législatives prévoyant les peines disciplinaires applicables à certaines professions réglementées, ne conduit ni à une modification de la répartition des compétences entre le pouvoir législatif et le pouvoir réglementaire, ni à une modification de la portée du principe de légalité des peines lorsqu'il s'applique à une sanction disciplinaire ayant le caractère d'une punition. • Cons. const. 19 mai 2017, *Olivier D.,* n° 2017-630 QPC § 7 et 8. ♦ ... Le seul fait que le Conseil d'État ou la Cour de cassation renvoie au Cons. const. une disposition législative déjà déclarée conforme à la Const. par le Cons. const. • Cons. const. 13 juin 2018, *Mohamed M.,* n° 2018-713/714 QPC § 6. ♦ ... La décision qui retient, en se référant aux travaux préparatoires de la loi, qu'il y a lieu, pour déterminer si des communes sont comprises, au sens du recensement général de la population, dans une agglomération de plus de 50 000 habitants de se référer à la notion d'unité urbaine retenue par l'INSEE. • CE 20 déc. 2018, n° 418637 : *préc. note 128.* ♦ ... La mention explicite du principe de sincérité du scrutin dans des décisions du Conseil constitutionnel postérieures aux décisions déclarant les dispositions contestées conformes à la Constitution. • Cons. const. 17 juin 2020, *Patricia W.,* n° 2020-850 QPC § 7.

138. Il en va de même du fait que le Conseil constitutionnel ait précisé, dans une décision postérieure à celle par laquelle il a examiné la disposition contestée, que le principe d'individualisation des peines découle de l'art. 8 DDH. • Cons. const. 17 mars 2011, *Épx B.,* n° 2010-104 QPC § 4. ♦ Contra. • CE, QPC, 17 déc. 2010, *Épx B.,* n° 331113.

139. Changement de circonstances de fait. Ne constitue pas un changement de circonstances : une augmentation plus rapide des charges que des ressources en matière de RMI. • Cons. const. 30 juin 2011, *Dpt de la Seine-Saint-Denis,* n° 2011-142/145 QPC § 17. ♦ ... Le nombre de plaintes introduites par des justiciables devant le CSM depuis l'institution de cette faculté par la loi const. du 23 juill. 2008, ou les modalités d'examen des requêtes exercées par la commission d'admission des requêtes s'agissant des plaintes manifestement infondées ou manifestement irrecevables. • CE, QPC, 19 nov. 2014, n° 380570 : *préc. note 97.* ♦ ... L'extension du champ d'application de dispositions jusque-là appliquées aux communes de plus de 3 500 habitants, aux communes d'au moins 1 000 habitants, les dispositions prévoyant cette extension ayant du reste été déclarées conformes à la Constitution. • Cons. const. 17 juin 2020, *Patricia W.,* n° 2020-850 QPC § 7. ♦ ... Pour remettre en cause la constitutionnalité du mode de scrutin applicable dans les communes de plus de 1000 habitants, le taux d'abstention des électeurs lors du scrutin qui s'est tenu le 15 mars 2020 et le contexte particulier lié à l'épidémie de covid-19. • Cons. const. 17 juin 2020, *Patricia W.*, n° 2020-850 QPC § 7.

3° NOTION DE DISPOSITION LÉGISLATIVE APPLICABLE AU LITIGE OU À LA PROCÉDURE OU CONSTITUANT LE FONDEMENT DES POURSUITES

BIBL. QPC – la notion de « disposition applicable au litige », *Site internet du Conseil constitutionnel, A la une, oct. 2012.*

140. Principe. Dès lors que la disposition contestée n'est pas applicable au litige, il n'y a pas lieu de transmettre la question. • CE, QPC, 2 juin 2010, *Assoc. Pensionnés civils et militaires en Nouvelle-Calédonie*, n° 326444 • CE, QPC, 9 juill. 2010, *Momont et Assoc. « Je ne parlerai qu'en présence de mon avocat »*, n° 339398 • Cass., QPC, 29 sept. 2010, n° 10-15.674. ♦ Au besoin, le juge opère un tri entre les différents éléments de la disposition contestée. • CE, QPC, 11 avr. 2014, *B.*, n° 371921. ♦ ... Même si elle est très voisine de celle applicable. • CE 16 juill. 2010, *Union dptale des Assoc. familiales de la Sarthe*, n° 327420.

141. Le juge administratif adopte une interprétation souple de cette notion. • CE, QPC, 14 avr. 2010, *Union des familles en Europe*, n° 323830 : *Lebon 107* ; *AJDA 2010. 1013, concl. Courrèges*. ♦ Il s'agit d'une notion autonome « au sens et pour l'application de l'article 23-5 de l'ordonnance du 7 novembre 1958 ». • CE, QPC, 14 avr. 2010, *Labane*, n° 336753 : *préc. note 38.*

142. Les dispositions contestées sont celles en vigueur au moment des faits. • Crim. 12 oct. 2012, n° 10-90.106. • Cons. const. 16 sept. 2010, *Jean-Victor C.*, n° 2010-25 QPC § 1. ♦ Lorsque la QPC vise plusieurs dispositions législatives, la Cour de cassation procède au tri entre les dispositions jugées applicables au litige et celles qui ne le sont pas. • Com. 19 oct. 2012 : *D. 2010. 2511, obs. Lienhard* ; *Rev. sociétés 2011. 190, obs. Roussel Galle*.

143. Il convient qu'il y ait donc un litige. Dès lors que le recours est tardif, il n'y a pas lieu de statuer sur la demande de renvoi au Cons. const. de la QPC soulevée. • CE 4 avr. 2012, *Schoettl et Cire*, n° 353834 : *Lebon 140 ; AJDA 2012. 737*.

144. Faute de préciser la disposition législative qui est contestée, la QPC ne satisfait pas à la condition imposant de contester une disposition législative applicable au litige ou à la procédure ; elle doit, par conséquent, être rejetée. • Cons. const. 11 déc. 2020, *SEN, Haute-Saône, M. André Kornmann*, n° 2020-5684 SEN/QPC.

145. Si, tant que le Cons. const. n'est pas saisi, la QPC constitue un incident dans l'instance de sorte que l'extinction de cette dernière rend la QPC sans objet, une fois la QPC renvoyée au Cons. const., le désistement des requérants est sans effet sur la procédure qui se poursuit normalement. • Cons. const. 16 mai 2012, *Cts L.*, n° 2012-247 QPC (sol. impl.).

146. Inapplicabilité au litige. Ne peuvent être contestées à l'appui d'un recours contre une instruction ministérielle des dispositions législatives qui ne sont pas en lien avec la matière traitée dans l'instruction. • CE, QPC, 9 juill. 2010, *Momont et Assoc. « Je ne parlerai qu'en présence de mon avocat »*, n° 339398. ♦ Ne sont pas applicables au litige : les dispositions législatives qui ne sont pas réitérées dans l'instruction ministérielle applicable au litige. • Même affaire ♦ ... Une disposition relative aux libéralités entre personnes physiques dans une affaire concernant les libéralités entre personnes morales. • Cass., QPC, 14 sept. 2010, n° 10-13.616. ♦ ... Une disposition non applicable *ratione temporis*. • Cass., QPC, 14 sept. 2010, n° 10-40.021. ♦ ... Une disposition relative accordant un avantage aux fonctionnaires de l'État et non aux fonctionnaires mais dont il existe un équivalant pour les fonctionnaires parlementaires. • CE, QPC, 24 sept. 2010, *Decurey*, n° 341685 : *préc. note 29.* ♦ ... Des dispositions qui n'ont été ni appliquées par l'administration, ni l'objet, à quelque stade que ce soit, d'une demande de la part du requérant tendant à obtenir le bénéfice du régime qu'elles instaurent, ni invoquées par les parties à l'appui des moyens qu'elles ont soulevés devant les juges du fond ou des moyens de cassation. • CE, QPC, 15 juill. 2010, n° 327512 B. ♦ ... Des dispositions dont l'abrogation pour inconstitutionnalité serait sans influence sur le litige (en l'espèce appréciation de la légalité de la décision attaquée). • CE 19 janv. 2011, *EARL Schmittseppel et Noir*, n° 343389 B : *préc. note 29.* ♦ ... Les dispositions appliquées au fond du litige dans le cadre d'un recours ou révision ou en rectification d'erreur matérielle. • CE 4 oct. 2010, n° 328505 B. ♦ ... Des dispositions relatives à la possibilité de prononcer des amendes pour gestion de fait au stade de la déclaration de gestion de fait. • CE 8 oct. 2012, n° 360838 B : *AJDA 2012. 1927*. ♦ Comp. • C. comptes 26 janv. 2012, *OCID – Gestion de fait des deniers du dpt des Bouches-du-Rhône : Gestion et fin. publ. 2014, n°s 3-4, p. 106, chron. Damarey, Lascombe et Vandendriessche.* ♦ Une disposition qui érige en contravention pénale, passible d'une amende, certaines infractions fiscales n'est pas applicable à un litige concernant une instance civile engagée par la redevable afin d'obtenir restitution de fonds versés par elle à ce titre. • Com., QPC, 3 sept. 2013, *Sté Boulanger*, n° 13-40.035. ♦ Des dispositions qui, si elles ne permettent pas aux instances de l'ordre des médecins d'engager des poursuites disciplinaires à l'encontre d'un médecin exerçant des fonctions de contrôle, ne fondent pas l'irrecevabilité opposée à M. B... en tant qu'elles n'incluent pas les instances ordinales parmi les personnes pouvant engager des poursuites disciplinaires contre les médecins exerçant une fonction de contrôle. • CE, QPC, 13 janv. 2014, n° 372804 B : *AJDA 2014. 135 ; JCP Adm. 2014. 97 ; Dr. adm. 2014. 63, note Biagini-Girard.* ♦ ... Une disposition législative qui, faute de décret d'application, n'est pas entrée en vigueur. • CE 28 avr. 2014, n° 375709 B : *JCP Adm. 2014. 401.* ♦ ... Une disposition non invoquée par les parties à l'appui des moyens qu'elles ont soulevés devant le juge, non appliquée par lui et insusceptible de l'être en cassation au titre des moyens qu'il lui appartient de relever d'office. • CE 7 févr. 2018, n° 416291 B : *AJDA 2018. 302 ; JCP Adm. 2018. 160 ; ibid. 2250, note Pouvreau.* ♦ *Idem* en appel. • CE 21 janv. 2021, n° 444766 B : *AJDA 2021. 181 ; JCP Adm. 2021. 72.*

147. Des dispositions d'une loi qui, prises sur le fondement de l'antépénultième al. de l'art. 34, se bornent à fixer des objectifs à l'action de l'État sont dépourvues de portée normative et ne sauraient dès lors être regardées comme applicables au litige. • CE, QPC, 18 juill. 2011, n° 340512 : *AJDA 2011. 1527* . ♦ De même, une loi non normative ne peut faire l'objet d'une QPC dès lors qu'elle n'est pas applicable au litige. • CE 21 oct. 2015, n° 392400 A : *Constitutions 2015. 588, chron. Domingo ; JCP Adm. 2015. 892.*

148. Les art. L. 211-1 et L. 211-2 CJA, qui disposent que, sous certaines réserves, les tribunaux administratifs sont juges de droit commun en premier ressort du contentieux administratif et que les cours administratives d'appel connaissent en appel des jugements rendus par les tribunaux administratifs n'induisent pas l'incompétence de toute juridiction pour connaître des actes qui ne sont pas détachables de la conduite des relations extérieures de la France. Il en résulte que ces articles ne peuvent être regardés comme applicables au litige, au sens de l'art. 23-5 Ord. 7 nov. 1958. Il s'ensuit qu'il n'y a pas lieu de renvoyer au Cons. const. la QPC soulevée. • CE, QPC, 9 sept. 2020, n° 439520 : *AJDA 2020. 2373, concl. Lallet ; JCP Adm. 2020. 520.*

149. En refusant à une personne l'inscription sur le registre du sceau de France de la trans*mission d'un titre nobiliaire et en inscrivant* une autre personne comme ayant succédé à un tel titre, qui ne se confond pas avec le nom, le ministre ne fait pas application des dispositions du code civil relatives à l'établissement, au contenu et à la tenue des actes de l'état civil et aux changements de prénoms et de nom, qui ont un tout autre objet. Au demeurant, si le requérant invoque l'incompétence négative qui entacherait ces dispositions législatives faute de comporter des règles relatives à la transmission des titres nobiliaires, un tel grief ne peut être utilement présenté qu'à l'encontre de dispositions applicables au litige et à la condition de contester les insuffisances du dispositif qu'elles instaurent et non pour revendiquer la création d'un régime dédié. • CE 12 févr. 2021, n° 440401 B : *préc. note 48.*

150. Applicabilité au litige. Des dispositions « non dénuées de rapport avec les termes du litige » sont applicables au litige. • CE, QPC, 8 oct. 2010, n° 338505 A : *AJDA 2010. 2433, concl. Liébert ; RFDA 2010. 1257, chron. Roblot-Troizier et Rambaud ; ibid. 2011. 353, note Éveillard ; JCP Adm. 2011. 2263, obs. Marty* • CE, QPC, 21 mars 2011, n° 345193 • CE 2 févr. 2012, n° 355137 B : *AJDA 2012. 240 ; D. 2012. 367 ; RFDA 2012. 528, chron. Roblot-Troizier et Tusseau* . ♦ Il en va de même pour : des dispositions dont la constitutionnalité est contestée en tant qu'elles ne sont pas appliquées au litige en cause et que le requérant en réclame l'application. • CE, QPC, 14 avr. 2010, n° 336753 A : *préc. note 38* • CE, QPC, 9 juill. 2010, n° 339261. ♦ ... Une disposition qui est susceptible de deux interprétations dont l'une la rend applicable au litige et l'autre non. • CE, QPC, 18 mai 2010, n° 306643 A : *préc. note 16.* ♦ ... Une disposition appliquée au litige par anticipation, c'est-à-dire alors même qu'elle n'était pas encore en vigueur à la date où elle a été appliquée. • CE, QPC, 18 mai 2010, n° 306643 A : *préc.* ♦ ... Une disposition sans laquelle le requérant n'aurait pas fait l'objet de la décision attaquée. • CE, QPC, 9 juill. 2010, n° 339261. ♦ ... Une disposition dont il pourrait être fait application au litige alors même qu'elle n'était pas en vigueur à la date de la décision administrative litigieuse. • CE, QPC, 22 sept. 2010, n° 326332 : *AJDA 2010. 1796* . ♦ ... Une disposition qui présente un rapport d'indissociabilité avec celle, également contestée, dont l'application est à l'origine du litige. • CE 28 mai 2010, n° 337840 A : *AJDA 2010. 1376, concl. Thiellay* • CE, QPC, 18 juin 2010, n° 337898 B : *AJDA 2010. 1236* . ♦ ... Une disposition pourtant déclarée inconventionnelle par une CAA, dès lors que le juge de cassation pourrait revenir sur cette inconventionnalité et l'appliquer au litige. • CE 28 janv. 2011, n° 330481 : *AJDA 2011. 188* . ♦ ... Une disposition abrogée. • Cons. const. 23 juill. 2010, *Philippe E.,* n° 2010-16 QPC.

151. Est encore applicable au litige un ensemble de dispositions ayant vocation à faire l'objet d'un contrôle global dès lors qu'elles régissent de manière indissociable la procédure mise en œuvre, même s'il n'est fait application que de certaines d'entre elles. • CE, QPC, 18 juin 2010, *Sté Office central d'accession au logement*, n° 337989 : *AJDA 2010. 1236.* ♦ ... Présentant une cohérence telle qu'elles doivent faire l'objet d'une appréciation d'ensemble. • CE, QPC, 28 janv. 2011, *Huchon*, n° 338199 : *préc. note 126.*

152. Une QPC est recevable dès lors qu'elle est soulevée à l'appui d'un recours pour excès de pouvoir dirigé contre une instruction fiscale, qui est une instance au sens de l'art. 23-5 de l'Ord. n° 58-1067, alors même que l'instruction en cause se borne à prescrire à l'administration fiscale d'appliquer les dispositions législatives contestées et que leur inconstitutionnalité alléguée est l'unique moyen invoqué par les requérants au soutien de ce recours. • CE, QPC, 9 juill. 2010, *Épx Mathieu*, n° 339081 : *préc. note 38.* ♦ V., s'agissant d'un recours contre une circulaire relative à la vie quotidienne de services, • CE, QPC, 4 mai 2011, *Lliboutry*, n° 346648 : *Lebon T. 1115.*

153. Enfin, dans le cadre d'un recours en responsabilité du fait de l'inconstitutionnalité d'une disposition législative, son « application au litige » semble être automatique. • CE, QPC, 17 déc. 2010, *Le Normand de Bretteville*, n° 343752 : *préc. note 29.*

154. Une interprétation jurisprudentielle constante d'une disposition législative doit être prise en compte dans le cadre de la QPC. S'incorporant à la disposition, elle est applicable au litige. • Cons. const. 6 oct. 2010, *Isabelle D. et Isabelle B.*, n° 2010-39 QPC.

155. Compétence exclusive des juridictions de renvoi. Il n'appartient pas au Conseil constitutionnel, saisi d'une QPC, de remettre en cause la décision par laquelle le Conseil d'État ou la Cour de cassation a jugé, en application de l'art. 23-5 Ord. 7 nov. 1958, qu'une disposition était ou non applicable au litige ou à la procédure ou constituait ou non le fondement des poursuites. • Cons. const. 28 mai 2010, *Cts L.*, n° 2010-1 QPC § 6 • Cons. const. 26 nov. 2010, *Mlle Danielle S.*, n° 2010-71 QPC § 11. ♦ Dès lors, le Conseil doit rejeter les conclusions des requérants tendant à ce que le Cons. const. se prononce sur la conformité à la Const. de dispositions législatives qui ne figurent pas dans la question renvoyée par le Conseil d'État. • Même décision, § 7. ♦ ... Les conclusions du Premier ministre tendant à ce que le Cons. const. ne se prononce pas sur la conformité à la Const. de dispositions figurant au nombre de celles incluses dans la question renvoyée par le Conseil d'État. • Même décision.

4° CAS PARTICULIER DES DISPOSITIONS DÉJÀ DÉCLARÉES CONTRAIRES À LA CONSTITUTION

156. V. notes ss. Const. 58, art. 62.

II. MISE EN ŒUVRE DE LA QPC

A. PRIORITÉ DE LA QUESTION

1° GÉNÉRALITÉS

157. En imposant l'examen par priorité des moyens de constitutionnalité avant les moyens tirés du défaut de conformité d'une disposition législative aux engagements internationaux de la France, le législateur organique a entendu garantir le respect de la Constitution et rappeler sa place au sommet de l'ordre juridique interne, mais n'a fait qu'imposer, en tout état de cause, l'ordre d'examen des moyens soulevés devant la juridiction saisie sans restreindre la compétence de cette dernière, après avoir appliqué les dispositions relatives à la question prioritaire de constitutionnalité, de veiller au respect et à la supériorité sur les lois des traités ou accords légalement ratifiés ou approuvés et des normes de l'Union européenne. Ainsi, elle ne méconnaît ni l'art. 55 Const. 58 ni l'art. 88-1 Const. 58. • Cons. const. 2 oct. 2020, *Geoffrey F. et a.*, n° 2020-858/859 QPC § 8 • Cons. const. 3 déc. 2009, n° 2009-595 DC § 14 et 22. ♦ Sur les liens entre QPC et conventionnalité, V. notes 286 s.

158. Quand bien même il serait dans un cas où il n'est pas tenu de prononcer le sursis, le juge doit se prononcer prioritairement sur la QPC et ensuite sur le maintien en détention (en l'espèce : demande de mise en liberté) de la personne concernée. • Crim. 2 sept. 2010, n° 10-84.027 P : *D. 2011. 124, chron. Lazerges-Cousquer, Leprieur et Degorce ; AJ pénal 2010. 556, obs. Perrier.* ♦ Le juge ne peut refuser d'examiner préalablement la QPC au motif que la requête en QPC doit faire l'objet d'une mise en état permettant le recueil des observations du ministère public et des parties préalablement à sa soumission à la chambre d'instruction. • Même affaire.

159. De même, le juge appelé à se prononcer sur le caractère sérieux d'une QPC ne peut, pour réfuter ce caractère sérieux, se fonder sur l'interprétation de la disposition législative contestée qu'impose sa conformité aux engagements internationaux de la France, que cette interprétation soit formée simultanément à la décision qu'il rend ou l'ait été auparavant. Il n'appartient pas non plus au Cons. const. saisi d'une telle QPC de tenir compte de cette interprétation pour conclure à la conformité aux droits et libertés que la Const. garantit. En revanche, ces mêmes exigences ne s'opposent nullement à ce que soit contestée, dans le cadre d'une QPC, la portée effective qu'une telle interprétation confère à une disposition législative, si l'inconstitutionnalité alléguée procède bien de cette interprétation. • Cons. const. 2 oct. 2020, *Geoffrey F. et a.*, n° 2020-858/859 QPC § 9 et 10.

160. Le Conseil d'État n'est pas tenu, lorsqu'à l'appui d'une requête est soulevée devant lui une QPC, sur laquelle il lui incombe de se prononcer dans un délai de trois mois, de statuer au préalable sur la recevabilité de cette requête. • CE, QPC, 21 nov. 2014, n° 384353 : *AJDA 2015. 348, note Christelle ; ibid. 2014. 2279 ; D. 2015. 2145, obs. Martin et Synvet* . ♦ Il en va de même en cas de contestation de l'intérêt à agir. • CE, QPC, 15 mai 2019, n° 428478 : *AJDA 2019. 1079 ; JCP Adm. 2019. 346.*

161. De même encore, le CE statue sur la QPC présentée avant de constater son incompétence au fond et de renvoyer l'affaire à la juridiction d'appel compétente. • CE 3 juin 2019, n° 424377 : *AJDA 2019. 1195 ; JCP Adm. 2019. 408.*

162. La Cour de cassation a néanmoins estimé que cette priorité pouvait être contraire à l'art. 267 TFUE ; elle a posé, avant-dire droit, une question préjudicielle en ce sens à la CJUE. • Cass., QPC, 16 avr. 2010, *Aziz Malki : D. 2010. 1079 ; ibid. 13 mai 2010, n° 19, édito. Rome ; ibid. 1254, note Levade ; ibid. 1336, obs. Sargos ; ibid. 1234, note Cassia ; AJDA 2010. 1024, note Manin ; JCP 2010. 464, obs. Mathieu ; Gaz. Pal. 25-27 avr. 2010, p. 12, obs. Rousseau et Lévy ; Le Monde, 23 avr. 2010, p. 9, obs. Roger ; ibid., p. 15, obs. Carcasonne et Molfessis ; ibid. 4 mai 2010, obs. Drago ; LPA 27 mai 2010, p. 6, note Chaltiel ; ibid. 31 mai 2010, p. 7, note Roux ; Procédures 2010. Repère 6, obs. Croze ; Gaz. Pal. 23-27 mai 2010, p. 8, avis de l'avocat général Domingo ; RFDA 2010. 449, note Gautier ; ibid. 458, note Gaïa* .

163. Le caractère prioritaire de la QPC oblige le juge à fonder sa décision sur un motif d'inconstitutionnalité s'il existe et non sur un motif d'inconventionnalité. • CE 22 juill. 2016, n° 387277 B : *AJDA 2016. 2141 ; Dr. adm. 2017. 7, étude Madeira.*

2° CONVENTIONNALITÉ DE LA QPC

BIBL. Auby, QPC et droit de l'Union européenne, l'état du débat, *Dr. adm. 2010. 8.* – Domingo, L'articulation des normes : question prioritaire de constitutionnalité et question préjudicielle à la Cour de justice de l'Union européenne, *RFDA 2010. 445* . – Gahdoun, Repenser la priorité de la QPC, *RD publ. 2010. 1709.* – Labayle, La question prioritaire de constitutionnalité : question prioritaire de *constitutionnalité et question préjudicielle* : ordonner le dialogue des juges ?, *RFDA 2010. 659* . – Manin, La question prioritaire de constitutionnalité et le droit de l'Union européenne, *AJDA 2010. 2188* . – Millet, Le dialogue des juges à l'épreuve de la QPC, *RD publ. 2010. 1729.* – Scanvic, La question de constitutionnalité est-elle vraiment prioritaire ?, *AJDA 2010. 1459* . – Simon et Rigaux, La priorité de la question prioritaire de constitutionnalité : harmonie(s) et dissonance(s) des monologues juridictionnels croisés, *Cah. Cons. const. 2010, n° 29, p. 63.* – Simon et Rigaux, Solange, le mot magique du dialogue des juges, *Europe juill. 2010, repère n° 7.* – Gautier, QPC et droit communautaire, Retour sur une tragédie en cinq actes, *Dr. adm. 2011. 19.*

164. Est incompatible avec les exigences inhérentes à la nature même du droit de l'Union toute disposition d'un ordre juridique national ou toute pratique, législative, administrative ou judiciaire, qui aurait pour effet de diminuer l'efficacité du droit de l'Union par le fait de refuser au juge compétent pour appliquer ce droit le pouvoir de faire, au moment même de cette application, tout ce qui est nécessaire pour écarter les dispositions législatives nationales formant éventuellement obstacle à la pleine efficacité des normes de l'Union. • CJCE 9 mars 1978, *Simmenthal,* n° 106/77 § 22 : *Rec. CJCE 629 ; Rev. dr. int. dr. comp. 1978. 24, note Ganshof van der Meersch ; RDT eur. 1978. 381, note Carreau* • CJCE 19 juin 1990, *Factortame e.a.,* n° C. 213/89 § 20 : *Rec. CJCE ; AJDA 1990. 834, note Le Mire ; RFDA 1990. 912, note Bonichot ; JDI 1991. 447, note Simon.* ♦ Les juridictions nationales ont la faculté la plus étendue de saisir la Cour si elles considèrent qu'une affaire pendante devant elles soulève des questions comportant une interprétation ou une appréciation en validité des dispositions du droit de l'Union nécessitant une décision de leur part. • CJCE 16 janv. 1974, *Rheinmühlen-Düsseldorf,* n° 166/73 § 3 : *Rec. CJCE 33 ; JDI 1976, 198, note R.K.* • CJCE 27 juin 1991, *Mecanarte,* n° C. 348/89 § 44 : *Rec. CJCE I-3277* • CJCE 16 déc. 2008, *Cartesio,* n° C. 210/06 § 88 : *Rec. CJCE I-9641 ; AJDA 2009. 247, chron. Broussy, Donnat, Lambert ; D. 2009. 465, note Kovar ; JCP 2009. II. 11027, note Menjucq ; Europe 2009, comm. 64.* ♦ L'existence d'une règle de droit interne liant les juridictions ne statuant pas en dernière instance à l'appréciation portée en droit par une juridiction de degré supérieur ne saurait, de ce seul fait, les priver de la faculté prévue à l'art. 267 TFUE de saisir la Cour des questions d'interprétation du droit de l'Union. • CJCE 16 janv. 1974, *Rheinmühlen-Düsseldorf,* n° 166/73 § 4 et 5 : *préc.* • CJCE 16 déc. 2008, *Cartesio,* n° C. 210/06 § 94 : *préc.* ♦ La juridiction qui ne statue pas en dernière instance doit être libre, notamment si elle considère que l'appréciation en droit faite au degré supérieur pourrait l'amener à rendre un jugement contraire au droit de l'Union, de saisir la Cour des questions qui la préoccupent. • CJUE 9 mars 2010, *ERG e.a.,* n° C. 378/08

§ 32. ♦ L'efficacité du droit de l'Union se trouverait menacée si l'existence d'un recours obligatoire devant la cour constitutionnelle pouvait empêcher le juge national, saisi d'un litige régi par le droit de l'Union, d'exercer la faculté qui lui est attribuée par l'art. 267 TFUE de soumettre à la Cour de justice les questions portant sur l'interprétation ou sur la validité du droit de l'Union, afin de lui permettre de juger si une règle nationale est ou non compatible avec celui-ci. • CJCE 27 juin 1991, *Mecanarte,* n° C. 348/89 § 39, 45 et 46 : *préc.*

165. L'art. 267 TFUE s'oppose à une législation d'un État membre qui instaure une procédure incidente de contrôle de constitutionnalité des lois nationales, pour autant que le caractère prioritaire de cette procédure a pour conséquence d'empêcher, tant avant la transmission d'une question de constitutionnalité à la juridiction nationale chargée d'exercer le contrôle de constitutionnalité des lois que, le cas échéant, après la décision de cette juridiction sur ladite question, toutes les autres juridictions nationales d'exercer leur faculté ou de satisfaire à leur obligation de saisir la Cour de questions préjudicielles. En revanche, l'art. 267 TFUE ne s'oppose pas à une telle législation nationale pour autant que les autres juridictions nationales restent libres : a) de saisir, à tout moment de la procédure qu'elles jugent approprié, et même à l'issue de la procédure incidente de contrôle de constitutionnalité, la Cour de toute question préjudicielle qu'elles jugent nécessaire ; b) d'adopter toute mesure nécessaire afin d'assurer la protection juridictionnelle provisoire des droits conférés par l'ordre juridique de l'Union ; et c) de laisser inappliquée, à l'issue d'une telle procédure incidente, la disposition législative nationale en cause si elles la jugent contraire au droit de l'Union. Il appartient à la juridiction de renvoi de vérifier si la législation nationale en cause au principal peut être interprétée conformément à ces exigences du droit de l'Union. • CJUE 22 juin 2010, *Melki et Abdeli,* n° C-188/10 et C-189/10 § 57 : *AJDA 2010. 1578, chron. Aubert, Broussy et Donnat ; Gaz. Pal. 27-29 juin, p. 19, obs. Rousseau ; JCP 2010. 716, obs. Lucazeau ; D. 2010. 1640, note Donnat.* ♦ Rappr. • CJUE, ord., 1er mars 2011, *Claude Chartry c/ Belgique,* n° C-457/09 : *Constitutions 2011. 330, chron. Levade.*

166. Si l'art. 55 Const. 58 confère aux traités, dans les conditions qu'il définit, une autorité supérieure à celle des lois, il ne prescrit ni n'implique que le respect de ce principe doive être assuré dans le cadre du contrôle de la conformité des lois à la Const. Or, pour mettre en œuvre le droit reconnu par l'art. 61-1 Const. 58 à tout justiciable de voir examiner, à sa demande, le moyen tiré de ce qu'une disposition législative méconnaît les droits et libertés que la Const. garantit, l'al. 5 de l'art. 23-2 et l'al. 2 de l'art. 23-5 Ord. n° 58-1067 du 7 nov. 1958 précisent l'articulation entre le contrôle de conformité des lois à la Const., qui incombe au Cons. const., et le contrôle de leur compatibilité avec les engagements internationaux ou européens de la France, qui incombe aux juridictions administratives et judiciaires ; dès lors, le moyen tiré du défaut de compatibilité d'une disposition législative aux engagements internationaux et européens de la France ne saurait être regardé comme un grief d'inconstitutionnalité et l'examen d'un tel grief, fondé sur les traités ou le droit de l'Union européenne, relève de la compétence des juridictions administratives et judiciaires. • Cons. const. 12 mai 2010, n° 2010-605 DC § 10 à 12.

167. L'autorité qui s'attache aux décisions du Conseil constitutionnel en vertu de l'art. 62 Const. 58 ne limite pas la compétence des juridictions administratives et judiciaires pour faire prévaloir les engagements internationaux sur une disposition législative incompatible avec eux, même lorsque cette dernière a été déclarée conforme à la Const. • Cons. const. 12 mai 2010, n° 2010-605 DC § 13.

168. L'art. 23-3 de l'Ord. n° 58-1067 du 7 nov. 1958 prévoyant que le juge qui transmet une question prioritaire de constitutionnalité, dont la durée d'examen est strictement encadrée, peut, d'une part, statuer sans attendre la décision relative à la question prioritaire de constitutionnalité si la loi ou le règlement prévoit qu'il statue dans un délai déterminé ou en urgence et, d'autre part, prendre toutes les mesures provisoires ou conservatoires nécessaires, l'autorise à suspendre immédiatement tout éventuel effet de la loi incompatible avec le droit de l'Union, assurer la préservation des droits que les justiciables tiennent des engagements internationaux et européens de la France et garantir la pleine efficacité de la décision juridictionnelle à intervenir. • Cons. const. 12 mai 2010, n° 2010-605 DC § 14.

169. Ni l'art. 61-1 Const. 58 ni les art. 23-1 s. de l'Ord. n° 58-1067 du 7 nov. 1958 ne font obstacle à ce que le juge saisi d'un litige dans lequel est invoquée l'incompatibilité d'une loi avec le droit de l'Union européenne fasse, à tout moment, ce qui est nécessaire pour empêcher que des dispositions législatives qui feraient obstacle à la pleine efficacité des normes de l'Union soient appliquées dans ce litige et ne privent pas davantage les juridictions administratives et judiciaires, y compris lorsqu'elles transmettent une question prioritaire de constitutionnalité, de la faculté ou, lorsque leurs décisions ne sont pas susceptibles d'un recours juridictionnel de droit interne, de l'obligation de saisir la CJUE d'une question préjudicielle en application de l'art. 267 TFUE. Il en résulte qu'il n'appartient pas au Cons. const. saisi en application des art. 61 ou 61-1 Const. 58, d'examiner la compatibilité d'une loi avec les engagements internationaux et européens de la France. Ainsi, nonobstant la mention dans la Const. du traité signé à Lisbonne le 13 déc. 2007, il ne revient pas au Cons. const. de contrôler la compatibilité d'une loi avec les stipulations de ce traité. • Cons. const. 12 mai 2010, n° 2010-605 DC § 14 à 16 • CE, QPC, 14 mai 2010, *Rujovic,* n° 312305 : *préc. note 49.* ♦ Ainsi, un grief tiré du défaut de compatibilité d'une disposition législative aux engagements internationaux de la France ne saurait être regardé comme un grief d'inconstitutionnalité et ne peut donc être soulevé dans le cadre de la QPC. • Cons. const. 22 juill. 2010, *Alain C.,* n° 2010-4/17 QPC § 11 • Cass., QPC, 24 sept. 2010, n° 10-40.026

170. Lorsque l'interprétation ou l'appréciation de la validité d'une disposition du droit de l'Union européenne détermine la réponse à la question prioritaire de constitutionnalité, il appartient au Conseil d'État de saisir sans délai la CJUE. Il convient alors de regarder la QPC comme non sérieuse en l'état. • CE, ass., 31 mai 2016, *M. Jacob,* n° 393881 : *AJDA 2016. 1095 ; ibid. 1392, chron. Dutheillet de Lamothe et Odinet ; RFDA 2016. 989, concl. Cortot-Boucher ; ibid. 1003, note Labayle et Mehdi ; JCP Adm. 2016. 487 ; ibid. 2017. 2077, note Dilloard ; Dr. adm. 2016. 51, note Éveillard* • CE 27 juin 2016, *AFEP et a.,* n° 399024 : *AJDA 2016. 2444, note Barbé .* ♦ Une fois la réponse de la CJCE obtenue, une nouvelle QPC peut être déposée et, si elle est pertinente, transmise. • CE 6 oct. 2017, *Sté participation financière,* n° 399757.

171. Le juge administratif, juge de droit commun de l'application du droit de l'Union européenne, en assure l'effectivité, soit en l'absence de QPC, soit au terme de la procédure d'examen d'une telle question, soit à tout moment de cette procédure, lorsque l'urgence le commande, pour faire cesser immédiatement tout effet éventuel de la loi contraire au droit de l'Union ; le juge administratif dispose de la possibilité de poser à tout instant, dès qu'il y a lieu de procéder à un tel renvoi, en application de l'art. 267 TFUE, une question préjudicielle à la CJUE. • CE 27 juin 2016, *Sté APSIS,* n° 398585 : *Lebon ; AJDA 2016. 2444, note Barbé* • CE 27 juin 2016 *AFEP,* n° 399024 : *AJDA 2016. 2444, note Barbé .*

172. Au besoin, le Cons. const. renvoie lui-*même. C'est le cas par ex. lorsque, saisi de dis*positions législatives relatives au mandat d'arrêt européen découlant nécessairement des actes pris par les institutions de l'UE, le Cons. const. doit, pour répondre à la question posée, se fonder sur une interprétation des décisions de l'UE que, conformément à l'art. 267 TFUE, la CJUE est seule compétente à donner. • Cons. const. 4 avr. 2013, *Jérémy F.,* n° 2013-314P QPC § 5 et 7. ♦ En revanche, tel n'est pas le cas lorsque la validité des textes contestés est sans effet sur l'appréciation de la conformité des dispositions contestées aux droits et libertés que la Constitution garantit. • Cons. const. 25 oct. 2019, *Fairouz H.,* n° 2019-811 QPC § 4.

173. Sur les conséquences de ces principes sur le contrôle par le Cons. const., tant dans le cadre de la QPC que du contrôle *a priori*, des lois de transposition de directives, V. ss. Const. 58, art. 88-1, notes 12 s.

174. Lien entre QPC et conventionnalité. V. note 286.

175. On notera que le tribunal des conflits a tranché une question de la compétence juridictionnelle sur la base de l'inconventionnalité de la loi validant la compétence administrative en absence de motifs impérieux d'intérêt général et ce « sans qu'il soit besoin de surseoir à statuer en considération d'une QPC présentée devant le Conseil d'État » relative à la même disposition. • T. confl. 13 déc. 2010, *Sté Green Yellow et a.,* n° 3800 : *AJDA 2011. 439, concl. Guyomar et note Richer .*

B. PROCÉDURE DE LA QPC

BIBL. Savonitto, L'absence de double filtrage des QPC. Argument pour sa suppression ?, *RFDC 2013. 107.*

176. La conformité à la Const. de dispositions législatives ne peut être utilement contestée devant le Conseil d'État, statuant au contentieux en dehors de la procédure prévue au présent art. • CE 22 sept. 2017, n° 404921 B : *AJDA 2018. 229, note Charruau ; ibid. 2017. 1809 ; AJFP 2018. 49 ; Dr. adm. 2018. 3, note Éveillard.*

177. Si par ces dispositions le constituant a d'abord reconnu à tout justiciable le droit de soutenir, à l'appui de sa demande, qu'une disposition législative porte atteinte aux droits et libertés que la Constitution garantit, a, ensuite, confié au Conseil d'État et à la Cour de cassation, juridictions placées au sommet de chacun des deux ordres de juridiction reconnus par la Constitution, la compétence pour juger si le Conseil constitutionnel doit être saisi de cette question de constitutionnalité et a, enfin, réservé au Conseil constitutionnel la compétence pour statuer sur une telle question et, le cas échéant, déclarer une disposition législative contraire à la Constitution, l'objectif de valeur constitutionnelle de bonne administration de la justice qui résulte des art. 12, 15 et 16 DDH impose au législateur organique de ne pas méconnaître le droit de poser une QPC. • Cons. const. 3 déc. 2009, n° 2009-595 DC § 3 et 4.

178. Vu l'art. 46 de la loi constitutionnelle du 23 juill. 2008, les présentes dispositions n'entreront en vigueur que lorsque aura été prise la loi organique précisant leurs modalités d'application. • CE, sect., 31 déc. 2008, *Assoc. déf. droits des militaires,* n° 307405 : *Lebon 452* ; *AJDA 2009. 149, chron. Liéber et Botteghi*. ♦ L'entrée en vigueur de la loi organique étant prévue le premier jour du troisième mois suivant celui de sa promulgation (1er mars 2010), le législateur a pu prévoir que seules les questions prioritaires de constitutionnalité présentées à compter de cette date dans un écrit ou un mémoire distinct et motivé seront recevables. La loi organique sera applicable aux instances en cours à la date de son entrée en vigueur. • Cons. const. 3 déc. 2009, n° 2009-595 DC § 37.

179. Afin de faire face aux conséquences de l'épidémie du virus covid-19, le délai dans lequel le Conseil d'État ou la Cour de cassation doit se prononcer sur le renvoi d'une QPC au Cons. const. et celui dans lequel ce dernier doit statuer sur une telle question sont suspendus jusqu'au 30 juin 2020 sans que soit remis en cause l'exercice de ce recours ni n'interdit qu'il soit statué sur une QPC durant cette période. • Cons. const. 26 mars 2020, n° 2020-799 DC.

1° INTERVENTION DU JUGE DU FOND

a. Procédure

1. Absence de moyen d'office

180. Les termes du présent art. imposant au législateur organique de réserver aux seules parties à l'instance le droit de soutenir qu'une disposition législative porte atteinte aux droits et libertés que la Constitution garantit, l'interdiction faite à la juridiction saisie de soulever d'office une QPC ne méconnaît pas la Constitution. • Cons. const. 3 déc. 2009, n° 2009-595 DC § 9. ♦ Il n'est pas possible de considérer que le juge du fond, en rédigeant la question qu'il transmet au Conseil, s'est saisi d'office. • CE, QPC, 24 sept. 2010, *Decurey,* n° 341685 : *préc. note 29.*

181. Le fait que le juge saisi de la QPC soit dans une situation lui interdisant de prononcer le sursis ne lui permet pas de reporter sa décision sur la QPC après qu'il ait statué sur la question de fond (en l'espèce, maintien en liberté). • Crim. 2 sept. 2010, *David Makhout,* n° 10-84.027.

2. Auteur de la question

182. QPC posée par un intervenant. Les parties ayant déclaré, par mémoires distincts et motivés, s'associer à la question soulevée par l'intervenant, le CE a pu rejeter la fin de non-recevoir opposée par le Gouvernement. • CE, QPC, 14 juin 2010, *Assoc. nat. stés exercice libéral,* n° 328937 : *AJDA 2010. 1959*. ♦ Un intervenant justifiant d'un intérêt lui donnant qualité pour intervenir au soutien des conclusions présentées par une des parties au litige est susceptible d'intervenir au soutien d'une QPC soulevée par cette partie ; en revanche, il n'est pas recevable, eu égard aux conséquences susceptibles d'en résulter quant au règlement du litige tel que déterminé par les conclusions des parties, à soulever de sa propre initiative une QPC qui n'aurait pas été invoquée par l'une des parties. • CE 22 févr. 2013, *Zoia,* n° 356245 : *AJDA 2013. 440*. ♦ Sauf si la QPC a pour objet de permettre à l'intervenant de se voir reconnaître la qualité de partie à l'instance. • CE 7 déc. 2016, n° 403514 : *AJDA 2016. 2410* ; *JCP Adm. 2016. 968.*

183. QPC posée par la personne invitée à présenter des observations ou tiers opposant. A qualité pour soulever une QPC, la personne ayant présenté des observations et qui aurait qualité pour former tierce opposition contre un jugement qui annulerait la décision en cause sans qu'elle ait été présente ni représentée à l'instance. • CE, QPC, 30 mars 2015, *Kosciusko-Morizet,* n° 387322 : *Lebon* ; *AJDA 2015. 666* ; *JCP Adm. 2015. 2374, note Otero.*

184. QPC posée par une organisation syndicale. Une QPC émanant d'une organisation syndicale peut être transmise au Cons. const. alors même que la même QPC posée par un individu ne l'a pas été. • CE, QPC, 21 mars 2011, *Synd. fonctionnaires du Sénat,* n° 345216 : *AJDA 2011. 593* ; *JCP Adm. 2011. 2212, note Domingo.*

b. Juridictions devant lesquelles la QPC peut être posée

185. Cour d'assises. Le législateur organique ayant entendu tenir compte, dans l'intérêt de la bonne administration de la justice, des spécificités de l'organisation de la cour d'assises et du déroulement du procès devant la cour d'assise, il a pu, à bon droit interdire que la question prioritaire de constitutionnalité soit présentée devant cette cour dès lors qu'il permettait que cette question soit posée au cours de l'instruction pénale qui précède le procès criminel et également à l'occasion de la déclaration d'appel d'un arrêt rendu par la cour d'assises en premier ressort ou du pourvoi en cassation formé contre un arrêt rendu par la cour d'assises en appel. • Cons. const. 3 déc. 2009, n° 2009-595 DC § 10.

186. Juridictions relevant du Conseil d'État. Ont déjà transmis des QPC : la chambre disciplinaire nationale d'un ordre professionnel. • CE, QPC, 24 sept. 2010, *Marie-Line A.,* n° 341548 • CE, QPC, 13 janv. 2014, *B.,* n° 372804 : *préc. note 146.* ♦ ... Une cour régionale des pensions. • CE, QPC, 24 sept. 2010, *René A.*, n° 342161. ♦ ... Une chambre territoriale des comptes. • CE 4 mars 2011, *Clark*, n° 344766 : *Lebon T. 1113*. ♦ ... La Cour des comptes. • C. comptes 28 oct. 2010, *Lycée G. Clemenceau de Sartène : préc. note 42.* ♦ ... La CDBF. *CDBF, 22 mai 2014, *Consortium de réalisation (CDR) et EP de financement et de restructuration (EPFR)-QPC*, arrêt n° 192-694/695-I. ♦ Il y a désormais une procédure spécifique devant la CNDA, V. Décr. n° 2016-463 du 14 avr. 2016.

V. pour d'autres décisions dans le même sens : .

187. Juridictions relevant de la Cour de cassation. A déjà transmis des QPC un tribunal des affaires de sécurité sociale. • Cass., QPC, 30 sept. 2010, n° 10-40.029 • Civ. 2e, QPC, 29 juin 2017, n° 17-40.039. ♦ ... Un tribunal pour enfants. • Crim., QPC, 27 avr. 2011, n° 11-90.015. ♦ ... La commission arbitrale des journalistes. • Soc., QPC, 9 mars 2012, n° 11-40.109. ♦ ... Un conseil de prud'hommes. • Soc., QPC, 14 déc. 2010, n° 10-40.050. ♦ ... Le juge de la mise en état d'un TGI. • Com., QPC, 4 juill. 2017, n° 17-40.037 : *AJ fam. 2017. 437, obs. Paillard*. ♦ ... Le tribunal de l'application des peines. • Crim., QPC, 4 sept. 2018, n° 18-90.018.

188. Conseil constitutionnel, juge électoral. Une QPC peut être directement présentée devant le Cons. const. lorsque celui-ci intervient comme juge électoral. • Cons. const. 12 janv. 2012, *Sénat, Loiret*, n° 2011-4538 SEN : *préc. note 35* • Cons. const. 11 déc. 2020, *SEN, Haute-Saône, M. André Kornmann*, n° 2020-5684 SEN/QPC.

V. pour d'autres décisions dans le même sens : .

189. Tribunal des conflits. Une QPC ne pouvant être présentée que devant les juridictions qui relèvent du Conseil d'État ou de la Cour de cassation, une telle question ne peut être présentée devant le Tribunal des conflits. • T. confl. 4 juill. 2011, *Bidalou*, n° 3803 : *Lebon 695 ; RFDA 2012. 397.*

c. Instances au cours desquelles la QPC peut être posée

190. Le juge n'est pas tenu, lorsqu'à l'appui d'une requête est soulevée une QPC, de statuer au préalable sur la recevabilité de la requête et peut donc renvoyer cette QPC. • CE, QPC, *21 nov. 2014*, *Sté Mutuelle des transports assurances*, n° 384353 : *Lebon ; AJDA 2015. 348, note Christelle ; ibid. 2014. 2279 ; D. 2015. 2145, obs. Martin et Synvet ; JCP Adm. 2015. 2103, chron. Le Bot.* ♦ Cependant, dès lors que la requête au fond est irrecevable, il n'y a pas lieu pour le juge d'examiner la QPC posée. • CE 28 sept. 2011, *Sté Alsass*, n° 349820 : *AJDA 2011. 1868* • CAA Paris, 27 juin 2011, *Serrano*, n° 11PA01606 : *AJDA 2011. 2311*.

191. Aide juridictionnelle. La procédure d'admission à l'aide juridictionnelle n'est pas, en tout état de cause, au sens du présent art., une instance en cours à l'occasion de laquelle une QPC peut être posée. • Cons. const. 21 nov. 2014, *Jean-Louis M.*, n° 2014-440 QPC § 9.

192. Référés. Une question prioritaire de constitutionnalité peut être soulevée devant le juge administratif des référés statuant, en première instance ou en appel, sur le fondement de l'art. L. 521-2 CJA. • CE, QPC, 16 juin 2010, *Mme Diakité*, n° 340250 : *AJDA 2010. 1662, note Le Bot ; Constitutions 2010. 399, obs. Barthélémy et Boré* • CE, QPC, 21 mars 2011, *Aboubakarova*, n° 347232 : *Lebon T. 782 ; AJDA 2011. 644 ; JCP Adm. 2011. 2368.* ♦ ... De l'art. L. 521-1 CJA. • CE, QPC, 21 oct. 2010, *Conf. nat. présidents des unions régionales des médecins libéraux*, n° 343527 : *Lebon 392 ; AJDA 2010. 2021* • CE, QPC, 19 févr. 2014, *Cne de Thonon-les-Bains*, n° 373999 • CE 22 juill. 2016, n° 400913 : *Lebon ; AJDA 2016. 2079*.

193. Le juge des référés peut en toute hypothèse, y compris lorsqu'une question prioritaire de constitutionnalité est soulevée devant lui, rejeter une requête qui lui est soumise pour incompétence de la juridiction administrative, irrecevabilité ou défaut d'urgence. • CE, sect., ord., 11 déc. 2015, *Cédric D.*, n° 395009 § 10 : *AJDA 2016. 247, chron. Dutheillet de Lamothe et Odinet*. ♦ ... V. déjà • CE, QPC, 19 nov. 2010, *Benzoni*, n° 344014 : *Lebon T. 911*. ♦ S'il ne rejette pas les conclusions qui lui sont soumises pour l'un de ces motifs, il lui appartient de se prononcer, en l'état de l'instruction, sur la transmission au Conseil d'État de la QPC ou, pour le juge des référés du Conseil d'État, sur le renvoi de la question au Cons. const. Même s'il décide de renvoyer la question, il peut, s'il estime les conditions remplies : prendre les mesures provisoires ou conservatoires nécessaires, compte tenu tant de l'urgence que du délai qui lui est imparti pour statuer, en faisant usage de l'ensemble des pouvoirs que cet article lui confère. • CE, sect., ord., 11 déc. 2015, *Cédric D.*, n° 395009 § 10 : *préc.* ♦ ... V. déjà. • CE, QPC, 16 juin 2010, *Mme Diakité*, n° 340250 : *préc. note 192.* ♦ ... Ordonner à titre provisoire la suspension de l'exécution de l'acte attaqué. • CE, QPC, 21 oct. 2010, *Conf. nat. présidents des unions régionales des médecins libéraux*, n° 343527 : *préc. note 192.*

194. La seule circonstance que la QPC soulevée par l'intéressé est renvoyée au Cons. const. n'implique pas d'ordonner immédiatement la suspension des effets de la décision, dans l'attente de la décision du Cons. const. • CE, sect., ord., 11 déc. 2015, *Cédric D.*, n° 395009 § 22 : *préc. note 201.*

195. Le juge des référés ayant estimé qu'il n'était pas nécessaire pour lui d'examiner la QPC portant sur le fondement légal de la décision litigieuse, dès lors que la condition d'urgence prévue à l'art. L. 521-1 CJA n'était pas satisfaite et que la demande de suspension ne pouvait, par suite, qu'être rejetée doit être ainsi réputé avoir refusé de transmettre cette question par son ordonnance. • CE 29 avr. 2013, *Agopian*, n° 366058 § 6 : *AJDA 2013. 952 ; JCP Adm. 2013. 436.* ♦ Le juge des référés ne peut rejeter la requête comme mal fondée sans s'être prononcé sur le moyen tiré de l'inconstitutionnalité de la disposition législative critiquée dans le cadre d'une QPC dont il est saisi. • CE 16 janv. 2015, n° 374070 : *AJDA 2015. 77.*

196. Excès de pouvoir. Il est possible de poser une QPC directement devant le Conseil d'État à l'occasion d'un recours pour excès de pouvoir dirigé contre le décret d'application de la disposition contestée. • CE, QPC, 23 avr. 2010, *Cachard*, n° 327174 : *préc. note 38.* ♦ ... Contre une circulaire ou une instruction. • CE, QPC, 9 juill. 2010, *Épx Mathieu*, n° 339081 : *préc. note 38.*

197. Recours en rectification d'erreur matérielle ou recours en révision. L'objet des recours en révision et en rectification d'erreur matérielle à l'encontre d'une décision du Conseil d'État statuant au contentieux n'est pas de remettre en question l'appréciation d'ordre juridique portée par ce dernier sur les mérites de la cause qui lui était soumise et dès lors, ne peuvent être regardées comme applicables au présent litige les dispositions dont il a été fait application dans la décision entreprise ; la QPC n'est pas possible. • CE 4 oct. 2010, *Épx De Keguelin*, n° 328505 : *préc. note 146.*

198. Moyens d'office. Lorsque le juge soulève un moyen d'office, les parties, peuvent contester la constitutionnalité du texte législatif qu'ils n'avaient pu contester jusqu'alors. • Soc. 28 nov. 2012, n° 11-17.941 : *préc. note 83.*

199. Renvoi devant l'Assemblée plénière. Lorsque la chambre saisie a ordonné le renvoi devant l'Assemblée plénière de l'examen du pourvoi, l'Assemblée plénière se prononce sur le pourvoi en l'état des moyens présentés par les parties avant l'arrêt de renvoi, qui n'entraîne pas la réouverture de l'instruction. Une QPC déposée après ce renvoi n'est, dès lors, pas recevable. • Cass., ass. plén., 17 déc. 2018, n° 17-84.509 P : *RSC 2019. 434, obs. Cordier.*

d. Délai de dépôt

200. Une chambre d'instruction ne peut refuser d'examiner une QPC au motif que celle-ci a été déposée la veille de l'audience dans un domaine pour lequel il n'est pas possible de surseoir à statuer (liberté d'une personne) et qu'elle doit faire l'objet d'une mise en état d'examen permettant de recueillir les observations du ministère public et des parties. • Crim. 2 sept. 2010, n° 10-84.027 P. ♦ V. aussi note 228.

e. Forme de la question

201. En exigeant que le moyen tiré de ce qu'une disposition législative porte atteinte aux droits et libertés garantis par la Const. soit présenté dans un écrit distinct et motivé, le législateur organique a entendu faciliter le traitement de la QPC et permettre que la juridiction saisie puisse juger, dans le plus bref délai afin de ne pas retarder la procédure, si cette question doit être transmise au Conseil d'État ou à la Cour de cassation. • Cons. const. 3 déc. 2009, n° 2009-595 DC § 8. ♦ Il est donc possible que le mémoire distinct porte sur un autre objet dès lors qu'il répond à ces conditions. • Cons. const. 13 juin 2014, *David V.*, n° 2014-401 QPC (commentaire aux NCCC).

202. Une QPC qui n'est pas présentée par un mémoire distinct est irrecevable. • CE, QPC, 9 avr. 2010, *Matelly*, n° 312251 : *AJDA 2010. 763.* ♦ Il en va de même lorsque le requérant demande, dans un mémoire complémentaire ultérieur, le renvoi au Cons. const. de nouvelles dispositions, non critiquées dans le mémoire d'origine. • CE, QPC, 21 févr. 2014, *Marc-Antoine*, n° 359716 § 7 : *AJDA 2014. 423 ; JCP Adm. 2014. 238.*

V. pour d'autres décisions dans le même sens : .

203. Une QPC qui fait référence à un code sans préciser les art. visés ne permet pas de déterminer quelle disposition législative est réellement contestée. • C. comptes, 28 oct. 2010, *Lycée Georges-Clemenceau de Sartène : préc. note 42.*

f. Caractère contradictoire de la procédure

204. S'il ne résulte pas de cette disposition que les observations formulées par les autres parties au litige doivent à peine d'irrégularité être communiquées à la partie qui a soulevé la question prioritaire de constitutionnalité, le principe du caractère contradictoire de la procédure interdit au juge administratif de se fonder sur des éléments invoqués par une partie et qui n'auraient pas été soumis au débat contradictoire. • CE 12 févr. 2016, n° 393700 : *Lebon ; AJDA 2016. 1047.*

g. Motivation de la décision

205. A partir de la question présentée par le requérant, le juge formule lui-même la question posée sous la forme d'un conflit de normes et peut ne pas mentionner l'ensemble des normes de référence invoquées par le requérant dans sa demande et reprises pourtant dans les visas de l'arrêt. • CAA Paris, QPC, 28 mars 2010, *Lahcène Aoued,* n° 09PA00376 : *AJDA 2010. 1030, note Le Lièvre* . ♦ V. cependant les limites fixées au juge du fond, note 230.

h. Non-lieu à statuer et QPC

206. Dès lors que la vice-présidente de section du tribunal administratif de Paris estimait qu'il avait été entièrement répondu à la demande de M. A., privant ainsi sa requête d'objet, c'est sans erreur de droit qu'elle a décidé de constater par ordonnance d'une part, qu'il n'y avait pas lieu de statuer sur la requête et, d'autre part, que la QPC qu'il avait soulevée ne pouvait en conséquence être transmise. • CE 4 févr. 2013, *Laurent,* n° 362163 : *AJDA 2013. 320* .

i. Recours contre la décision

207. Lorsqu'un tribunal administratif a refusé de transmettre au Conseil d'État la QPC qui lui a été soumise, il appartient à l'auteur de cette question de contester ce refus, à l'occasion de l'appel formé contre le jugement qui statue sur le litige, dans le délai de recours contentieux et par un mémoire distinct et motivé, que le refus de transmission précédemment opposé l'ait été par une décision distincte du jugement, dont il joint alors une copie, ou directement par ce jugement. Une telle contestation peut être formée sans condition de délai par le défendeur à l'appel, par la voie du recours incident. Si tel n'est pas le cas, il n'est pas possible ensuite au défendeur à l'appel de présenter la même QPC devant le juge de cassation. • CE, QPC, 30 nov. 2020, n° 443970 B : *AJDA 2020. 2345* .

208. Lorsqu'un tribunal administratif ou une cour administrative d'appel a refusé de transmettre au Conseil d'État la QPC qui lui a été soumise, il appartient à l'auteur de cette question de contester ce refus, à l'occasion du pourvoi en cassation formé contre l'arrêt qui statue sur le litige, dans le délai de recours contentieux et par un mémoire distinct et motivé, que le refus de transmission précédemment opposé *l'ait été par une décision distincte de l'arrêt,* dont il joint alors une copie, ou directement par cet arrêt. • CE, QPC, 1er févr. 2011, n° 342536 A : *AJDA 2011.1209, note Caille* ; *Rev. dr. fisc. 2011, n° 13, p. 36, concl. Olléon.*

V. pour d'autres décisions dans le même sens : .

209. Dans la mesure où l'arrêt refusant de transmettre une QPC a été versé au dossier, la circonstance que le requérant n'ait pas accompagné son mémoire d'une telle copie n'est pas de nature à faire obstacle à la recevabilité de la contestation. • CE 23 déc. 2015, n° 387277 B : *AJDA 2016. 817* . ♦ A cette occasion, le juge de cassation peut confirmer le refus de transmission en procédant à une substitution de motif. • CE 15 févr. 2016, n° 392083 B : *préc. 53.* ♦ V. pour une hypothèse pour laquelle le Conseil d'État confirme le refus de transmettre tout en jugeant l'affaire au fond après avoir censuré le juge d'appel. • CE 12 juill. 2017, n° 402042 B : *AJDA 2017. 1480* ; *JCP Adm. 2017. 518.*

210. Les dispositions de l'art. 23-5 de l'Ord. 7 nov. 1958 n'ont ni pour objet ni pour effet de permettre à celui qui a déjà présenté une QPC devant une juridiction statuant en dernier ressort (en première instance) de s'affranchir des conditions, définies par les dispositions de la L. org. et du CJA, selon lesquelles le refus de transmission peut être contesté (devant le juge d'appel puis, le cas échéant) devant le juge de cassation. • CE, QPC, 1er févr. 2011, n° 342536 : *préc. note 208.* • CE, QPC, 30 nov. 2020, *Sté La Rotonde,* n° 443970 : *préc. note 207.* ♦ Dès lors qu'elle est présentée hors délai, il ne peut être fait droit à une QPC portant sur la même question que celle qui a été soumise, par les mêmes moyens, à la CAA ayant refusé la transmission. • CE 1er févr. 2012, n° 351795 B : *préc. note 208.* ♦ Les requérants formulent en appel par mémoire distinct une QPC portant sur la conformité des mêmes dispositions législatives aux mêmes droits et libertés garantis par la Constitution, en soutenant désormais qu'elles constituent le fondement légal des opérations électorales et non celui de l'arrêté préfectoral comme ils l'avaient soutenu en première instance. Il ne peut être fait droit à leur demande dès lors qu'il leur appartenait de soulever ce moyen dans le cadre d'une contestation en appel du refus de transmission par le TA. • CE 16 nov. 2016, n° 398262 B : *préc. note 208.* ♦ A l'inverse, dès lors que la QPC ainsi posée ne porte pas, par les mêmes moyens, sur la même question que celle soumise à la CAA, elle est recevable. • CE 1er févr. 2012, n° 351795 B : *préc. note 208* • CE, QPC, 9 juill. 2012, n° 356749 B.

211. Ces dispositions ne font pas obstacle à ce qu'un requérant qui s'est pourvu en cassation contre le rejet apposé (...) à sa demande de sursis à exécution, puisse contester devant le Conseil d'État le refus de transmission d'une QPC que lui a opposé le juge d'appel, par une décision distincte de cet arrêt, sans attendre de se pourvoir en cassation contre l'arrêt qui statuera sur le fond. • CE 28 janv. 2015, n° 382605 B : *AJDA 2015. 191* ; *RDI 2015. 184, obs. Foulquier* ; *JCP Adm. 2015. 130.*

212. Le délai de trois mois imparti au Conseil d'État pour statuer, à peine de dessaisissement, sur une QPC n'est pas applicable au jugement de la contestation d'une décision de refus de transmission, par les juges du fond, d'une question prioritaire de constitutionnalité ; aucune autre disposition ne fixe un délai au Conseil d'État pour statuer sur une telle contestation. • CE 17 oct. 2012, n° 356983 B : *AJDA 2012. 1988* ; *RDI 2013. 143, obs. Hostiou* ; *JCP Adm. 2012. 724.*

j. Absence de décision du juge du fond

213. Lorsqu'une juridiction administrative a omis de statuer sur la QPC qui lui a été soumise, il appartient à l'auteur de cette question de contester une telle méconnaissance des dispositions de l'art. 23-2 Ord. 7 nov. 1958 à l'occasion du pourvoi en cassation formé contre la décision qui statue sur le litige. Dans une telle hypothèse, lorsque le requérant a présenté à l'appui de son pourvoi en cassation un mémoire en contestation d'un refus de transmission, les conclusions en annulation de cette décision alléguée ne peuvent, en raison de l'absence de toute décision statuant sur la transmission de la QPC, qu'être regardées comme irrecevables. Le TA de Bordeaux a omis de statuer sur la QPC soulevée. Alors même que les dispositions dont l'inconstitutionnalité était invoquée n'étaient pas applicables au litige soumis au TA, ce dernier a entaché son jugement d'irrégularité en omettant de statuer sur cette QPC. M. A... est donc fondé à en demander l'annulation. • CE 26 avr. 2018, n° 400477 B : *AJDA 2018. 946*.

2° INTERVENTION DU CONSEIL D'ÉTAT OU DE LA COUR DE CASSATION

BIBL. Liéber et Botteghi, Le juge administratif, juge constitutionnel de droit commun, *AJDA 2010. 1355*. – Levade, QPC et interprétation : quand la Cour de cassation se fait gardienne de l'esprit de la réforme, *D. 2011. 2707*. – Drago, La Cour de cassation, juge constitutionnel, *RD publ. 2011. 1438*. – Rousseau, La Cour a ses raisons, la raison a les siennes, *RD publ. 2011. 1464*. – Platon, Les interférences entre l'office du juge ordinaire et celui du Conseil constitutionnel : « malaise dans le contentieux constitutionnel » ?, *RFDA 2012. 639*. – de Montalivet, QPC et droit administratif, *Dr. adm. 2012. Chron. 8*. – Ghezzou, La juridiction administrative : nouveaux regards à la suite de la réforme constitutionnelle du 23 juillet 2008, *JCP Adm. 2014. 2232*. – de Montalivet, QPC et droit administratif, *Dr. adm. 2015. Chron. 3.*

214. Juridictions suprêmes et impartialité. Le requérant demande le renvoi sans examen au Cons. const. de la QPC transmise par le TGI de Nanterre, aux motifs que lorsqu'elle examine une QPC qui intervient dans le cadre d'une procédure portant sur une accusation en matière pénale, il existe un risque que la Cour de cassation ne soit pas considérée comme un organe satisfaisant pleinement l'exigence d'impartialité objective au sens de l'art. 6, § 1, Conv. EDH, dès lors que la QPC porte sur une interprétation jurisprudentielle dont la Cour de cassation est l'auteur et qu'elle a appliquée constamment et à de très nombreuses reprises ; dès lors qu'aux termes de l'art. L. 411-1 COJ, il y a, pour toute la République, une Cour de cassation, la requête dirigée contre la Cour, dans son ensemble, ne peut être accueillie. • Cass., ass. plén., QPC, 20 mai 2011, *Y. : Dr. adm. 2011. 93, note Melleray.* ♦ Aucune règle ni aucun principe ne fait obstacle à ce qu'une des chambres de la Cour de cassation ayant contribué à forger, sur certains points, l'interprétation à donner de dispositions législatives statue, en application du présent art., sur le bien-fondé du renvoi au Cons. const. d'une QPC mettant en cause la portée effective que cette interprétation jurisprudentielle a conférée à une disposition législative. • CE 28 nov. 2013, *Sté Natixis Asset Management,* n° 364093 : *AJDA 2014. 387*.

215. La circonstance que le Conseil d'État a, dans ses formations contentieuses, fixé sur certains points l'interprétation à donner des dispositions législatives en litige ne fait pas obstacle à ce qu'il statue, ainsi que le lui prescrit l'art. 61-1 Const. 58, sur le bien-fondé du renvoi au Cons. const. de la QPC que les requérants soulèvent et n'est, en tout état de cause, pas incompatible avec les stipulations des art. 6 et 13 Conv. EDH. • CE, QPC, 12 sept. 2011, *Dion (Cne de Megève),* n° 347444 : *Lebon T. 1112* ; *RFDA 2012. 461, chron. Dupré de Boulois et Milano* ; *Dr. adm. 2011. 93, note Melleray.* ♦ Si le Conseil d'État est simultanément chargé par la Constitution de l'exercice de fonctions administratives et placé au sommet de l'un des deux ordres de juridiction qu'elle reconnaît, ces dispositions n'ont ni pour objet ni pour effet de porter les avis rendus par les formations administratives du Conseil d'État à la connaissance de ses membres siégeant au contentieux ; au demeurant, les membres du Conseil d'État qui ont participé à un avis rendu sur un projet d'acte soumis par le Gouvernement ne participent pas au jugement des recours mettant en cause ce même acte ; enfin, il appartient au surplus à toute partie qui s'y croit fondée de faire verser au dossier les pièces permettant de s'assurer de la régularité des consultations des formations administratives du Conseil d'État. • CE 27 juin 2014, *d'Amécourt,* n° 380636 : *AJDA 2014. 2067, concl. Domino*.

a. Saisine du Conseil d'État ou de la Cour de cassation

216. En dehors des cas et conditions où il est saisi sur le fondement de l'art. 61-1 Const., il n'appartient pas au Conseil d'État, statuant au contentieux, de se prononcer sur un moyen tiré de la non-conformité de la loi à une norme de valeur constitutionnelle ; par suite, le moyen invoqué par les requérants à l'appui de leur recours pour excès de pouvoir et qui tend à l'appréciation de la conformité à la Const. de ces dispositions législatives ne peut qu'être écarté. • CE 8 févr. 2012, *Sandras,* n° 349640 : *Lebon T. 581.*

217. Il n'est pas possible de contester devant le Conseil d'État (ou la Cour de cassation) que celui-ci n'est pas valablement saisi de la QPC posée suite à la dénaturation de celle-ci par le juge qui l'a transmise. • CE, QPC, 24 sept. 2010, *Decurey,* n° 341685 : *préc. note 29.*

218. Le Conseil d'État ne se prononce que sur les dispositions législatives ayant fait l'objet de la transmission. • CE 26 nov. 2010, *Cachard,* n° 342958 : *préc. note 30.* ♦ Il n'est pas possible de redéposer devant le Conseil d'État (ou la Cour de cassation) une QPC identique à celle que le juge du fond a refusé de transmettre. • CE, QPC, 1er févr. 2011, *SARL Prototype technique industrie,* n° 342536 : *préc. note 208.* ♦ ... A moins que celle-ci ne se fonde sur des moyens différents. • CE, QPC, 17 juill. 2012, *Rodriguez,* n° 357574 : *AJDA 2012. 1482.*

219. Si une QPC vise la même disposition législative qu'une QPC déjà transmise mais sur un autre moyen sérieux, il y a lieu de transmettre tant que le Cons. const. ne s'est pas prononcé. • CE 24 nov. 2010, *Camoin,* n° 340970 : *Lebon T. 911 ; AJDA 2011. 293 (sol. impl.)* • Cons. const. 12 nov. 2010, *Charles S.,* n° 2010-61 QPC (sol impl.).

220. Type d'instance. V. note 190.

221. La Cour de cassation estime que lorsque la QPC est soulevée à l'occasion d'un pourvoi, le mémoire qui la présente doit être déposé dans le délai d'instruction du pourvoi. • Crim 29 sept. 2010, n° 10-80.582.

222. Alors même que le ministre a soutenu, avant le prononcé par l'ordonnance transmettant au Conseil d'État la question posée devant le TA d'Orléans, que ce dernier était territorialement incompétent pour connaître du contentieux de l'assiette de la cotisation sur la valeur ajoutée des entreprises à laquelle cette société *a été assujettie, et quand bien même cette* position serait fondée, il y a lieu pour le Conseil d'État de se prononcer sur le renvoi au Conseil constitutionnel de la QPC qui lui a été transmise par cette juridiction. • CE, QPC, 9 juill. 2012, *SAS Bineau Agri Service,* n° 359478 : *AJDA 2012. 1428.*

223. QPC dans un litige clos. Lorsqu'une juridiction a statué au fond sur la requête présentée devant elle afin de respecter les dispositions législatives ou réglementaires qui lui imposent de statuer en urgence ou dans un délai déterminé, après avoir transmis au Conseil d'État la QPC qui a été soulevée devant elle, cette question ne peut être regardée comme ayant perdu son objet pour ce seul motif ; il y a lieu, dès lors, d'examiner la QPC transmise par le président du tribunal administratif de Saint-Pierre-et-Miquelon alors même qu'il a rejeté, dans le délai de trois jours prévu par le II de l'art. L. 542 C. élect., la requête tendant à l'annulation du refus d'enregistrement de la liste électorale et que, aucun recours n'ayant été formé contre l'élection du conseil territorial, sa décision ne peut plus être contestée. • CE, QPC, 4 juin 2012, *Morel,* n° 357693 : *Lebon T. 956 ; AJDA 2012. 1645, concl. Hédary.*

224. Dès lors que le juge de cassation n'a pas admis le pourvoi, l'instance à l'occasion de laquelle la QPC a été posée est éteinte. Il n'est pas possible au requérant d'en saisir directement le Cons. const. • Cons. const. 14 oct. 2015, *Pierre G.,* n° 2015-491 QPC.

225. QPC et incompétence du Conseil d'État. Saisi d'une QPC posée dans le cadre d'une affaire pour laquelle le Conseil d'État n'est pas compétent (compétence d'une autre juridiction administrative), celui-ci décide d'examiner la QPC et, la jugeant sérieuse, de la transmettre au Cons. const. • CE, QPC, 29 avr. 2013, *Bosc,* n° 364240 : *AJDA 2013. 953.*

b. Procédure devant le Conseil d'État et la Cour de cassation

226. Procès équitable. Les dispositions relatives à la procédure à suivre devant le Conseil d'État et la Cour de cassation doivent s'interpréter comme prescrivant devant ces juridictions la mise en œuvre de règles de procédure conformes aux exigences du droit à un procès équitable, en tant que de besoin complétées de modalités réglementaires d'application, prises par décret en Conseil des ministres, après consultation du Conseil constitutionnel et avis du Conseil d'État. • Cons. const. 3 déc. 2009, n° 2009-595 DC § 28.

227. Absence de sursis. Dès lors que, si l'intéressé est privé de liberté à raison de l'instance et si la loi prévoit que la Cour de cassation statue dans un délai déterminé ou lorsque le Conseil d'État ou la Cour de cassation est tenu de se prononcer en urgence, la juridiction ne doit pas surseoir à statuer en attendant la décision du Conseil d'État ou de la Cour de cassation ou, s'il a été saisi, du Conseil constitutionnel, une décision définitive peut avoir été rendue dans une instance à l'occasion de laquelle le Conseil constitutionnel a été saisi d'une QPC sans attendre qu'il ait statué. Dans une telle hypothèse, ni ce mécanisme ni l'autorité de la chose jugée ne sauraient priver le justiciable de la faculté d'introduire une nouvelle instance pour qu'il puisse être tenu compte de la décision du Conseil constitutionnel. • Cons. const. 3 déc. 2009, n° 2009-595 DC § 18 et 23. ♦ V. pour une mise en œuvre. • Crim. 8 juill. 2020, n° 20-81.739 P § 9 : *AJDA 2020. 1383* ; *D. 2020. 1462* .

228. Recevabilité de la question. V. aussi note 201.

229. La question peut être posée dans une note en délibéré. Dans l'intérêt d'une bonne justice, le juge peut décider de rouvrir l'instruction. • CE 28 janv. 2011, *Huchon,* n° 338199 : *préc. note 114.* ♦ La non-prise en compte de la note en délibéré doit s'assimiler à un refus de transmission et ne peut donc être contestée qu'à l'occasion d'un pourvoi. • CE, QPC, 1er févr. 2011, *SARL Prototype technique industrie,* n° 342536 : *préc. note 208.*

230. Le Conseil d'État juge se prononce sur le renvoi de la QPC telle qu'elle a été soulevée dans le mémoire distinct produit devant la juridiction qui la lui a transmise, quelle que soit l'interprétation que cette juridiction en a donnée dans sa décision de transmission. • CE, QPC, 24 sept. 2010, *Decurey,* n° 341685 : *préc. note 29* ♦ En effet, si la question posée peut être « reformulée » par le juge à l'effet de la rendre plus claire ou de lui restituer son exacte qualification, il n'appartient pas au juge de la modifier ou d'en modifier l'objet et la portée ; dans une telle hypothèse, il y a lieu de considérer que la Cour de cassation est régulièrement saisie et se prononce sur le renvoi de la QPC telle qu'elle a été soulevée dans le mémoire distinct produit devant la juridiction qui la lui a transmise. • Soc. 14 déc. 2010, n° 10-40.050 • Cass., ass. plén., 20 mai 2011, n° 11-90.033 P • Soc., QPC, 5 oct. 2011, n° 11-40.052 P • Soc., QPC, 2 oct. 2013, n° 13-40.051 P : *RJS 2013, n° 871.* ♦ Il ne lui appartient pas d'opérer un tri dans les moyens d'inconstitutionnalité ni d'en soulever d'office. • CE, QPC, 16 juill. 2010, *Sté de brasseries et casinos « Les flots bleus »,* n° 339292 : *préc. note 6.* ♦ Toutefois, lorsque la juridiction de fond a écarté un moyen soulevé par le requérant, celui-ci ne peut le réintroduire en cassation. • Soc., QPC, 20 mars 2013, n° 12-40.104 P : *AJDA 2013. 663* ; *D. 2013. 841* ; *AJ pénal 2013. 234* ; *Dr. soc. 2013. 576, chron. Tournaux* .

231. Dès lors que le mémoire présenté par le requérant devant le juge du fond se bornait à contester la constitutionnalité d'une disposition particulière, le requérant n'est pas recevable à contester pour la première fois devant le Conseil d'État la constitutionnalité d'une autre disposition, fût-elle voisine. • CE 22 juin 2011, *Épx Kargaci,* n° 347813 : *Lebon T. 1121* ; *AJDA 2011. 1760* .

232. Il n'est pas possible de présenter devant le Conseil d'État un moyen d'inconstitutionnalité qui n'aurait pas été précédemment soumis au juge ayant procédé au renvoi. • CE, QPC, 16 juill. 2010, *Sté de brasseries et casinos « Les flots bleus »,* n° 339292 : *préc. note 230* • CE, QPC, 24 sept. 2010, *Decurey,* n° 341685 : *préc. note 29* • CE 10 sept. 2010, *SCI Benoît du Louroux,* n° 341063 : *Lebon T. 940* ; *ADJA 2010. 1678* • Soc., QPC, 20 mars 2013 : *préc. note 230.*

233. Cet examen peut le conduire à conclure à l'irrecevabilité de la question : ainsi, lorsque le requérant se borne à produire des écritures tendant à la réduction d'une cotisation à laquelle il est assujetti, il n'est pas possible de regarder sa demande comme l'écrit distinct exigé par l'art. R. 771-3 CJA, alors même que la QPC qu'il pose n'est fondée que sur le moyen de la non-conformité de la disposition à la Const., qu'elle est motivée et transmise avec la mention exigée. • CE, QPC, 2 juin 2010, *Ponsart,* n° 338965. ♦ Le Conseil d'État n'a pas à informer préalablement les parties d'une telle irrecevabilité. • CE 10 sept. 2010, *SCI Benoît du Louroux,* n° 341063 : *préc. note 232.* ♦ Dans ce cas, le Conseil d'État peut, par une même décision, rejeter la QPC posée comme irrecevable et immédiatement juger l'affaire au fond. • CE, QPC, 21 mai 2010, *Soresi,* n° 315825.

234. Lorsque le requérant ne motive que partiellement sa question, le juge ne transmet que les dispositions législatives pour lesquelles la motivation est présente. • CE, QPC, 2 juin 2010, *Assoc. Pensionnés civils et militaires en Nouvelle-Calédonie,* n° 326444.

235. Sur la nécessité d'un mémoire distinct et motivé, V. note 201.

236. Ministère d'avocat. Lorsque le moyen tiré de ce qu'une disposition législative porte atteinte aux droits et libertés garantis par la Constitution est soulevé à l'occasion d'un pourvoi en cassation, le moyen doit être présenté, à peine d'irrecevabilité, selon les formes applicables à la procédure du pourvoi en cassation. Devant la Cour de cassation, les parties sont tenues, sauf dispositions contraires, de constituer avocat au Conseil d'État et à la Cour de cassation et qu'aucune disposition spéciale ne dispense du ministère d'un avocat au Conseil d'État et à la Cour de cassation les pourvois formés contre la décision attaquée. • Civ. 2e, QPC, 11 juill. 2013, n° 13-60.190.

237. Lien avec le litige au fond. Si le préfet a informé la CAA qu'il entendait se désister purement et simplement de son appel, celle-ci n'a pas, à la date de la présente décision, donné acte de ce désistement ; dès lors, la QPC transmise par le président de la CAA n'a pas perdu son objet et il y a donc lieu, pour le Conseil d'État, de se prononcer sur le renvoi de cette question au Conseil constitutionnel. • CE, QPC, 1er févr. 2012, *Cne Les Angles,* n° 353945 : *Lebon T. 956* ; *AJDA 2012. 242* .

♦ V. à l'inverse lorsqu'il a été donné acte du désistement : • CE, QPC, 31 mars 2014, *Stés ERDF et GRDF,* n° 374855 : *JCP Adm. 2014. 332.* ♦ Le Conseil d'État n'a pas à se prononcer sur le renvoi au Cons. const. d'une QPC transmise par une juridiction du fond lorsque le requérant s'est désisté de ses conclusions. • CE 31 mars 2014, *Cne de Saint-Germain-en-Laye,* n° 374855 : *Lebon ; AJDA 2014. 1865.*

238. Non-respect du délai. En prévoyant la transmission de plein droit de la question au Conseil constitutionnel si le Conseil d'État ou la Cour de cassation ne s'est pas prononcé dans un délai de trois mois, le législateur organique a mis en œuvre les dispositions du présent art. qui disposent que le Conseil d'État ou la Cour de cassation « se prononce dans un délai déterminé ». • Cons. const. 3 déc. 2009, n° 2009-595 DC § 27. ♦ V. pour une saisine sans que la Cour de cassation se soit prononcée. • Cons. const. 16 déc. 2011, *Noël C.,* n° 2011-206 QPC • Cons. const. 31 janv. 2014, *Michel P.,* n° 2013-363 QPC. ♦ V., pour une saisine sans que le Conseil d'État se soit prononcé, • Cons. const. 23 nov. 2012, *Antoine de M.,* n° 2012-283 QPC.

239. Lorsque deux QPC portant sur la même disposition législative et fondées sur les mêmes griefs sont posées par le même requérant, le délai est réputé respecté quand la Cour de cassation s'est prononcée sur l'une des deux questions dans le délai. • Cons. const. 15 févr. 2012, *Zafer E.,* n° 2012-237 QPC.

240. Renonciation, désistement. Si l'extinction, pour quelque cause que ce soit, de l'instance à l'occasion de laquelle la question a été posée est sans conséquence sur l'examen de la question, à compter de la saisine du Conseil constitutionnel, il est, avant cette saisine, possible au juge du fond de constater la renonciation du requérant. • Cass., QPC, 17 sept. 2010, n° 10-12.125. ♦ Si le requérant, postérieurement à la transmission de sa QPC au Conseil d'État, déclare se désister, rien ne s'oppose à lui en donner acte si ce désistement est pur et simple. • CE 26 oct. 2017, n° 412907 B : *JCP Adm. 2017. 527.* ♦ V. déjà. • CE, QPC, 31 mars 2014, *Stés ERDF et GRDF,* n° 374855 : *préc. note 237.*

241. Intervention. Eu égard au caractère accessoire, par rapport au litige principal, d'une QPC, une intervention, aussi bien en demande qu'en défense, n'est recevable qu'à la condition que son auteur soit également intervenu dans le cadre de l'action principale. • CE, QPC, *6 mars 2015, Cté Harkis et Vérité,* n° 373400 : *Lebon ; AJDA 2015. 480.* ♦ V. déjà. • CE 17 févr. 2011, *Doré,* n° 344445 : *Lebon T. 1086.* ♦ L'intérêt pour intervenir s'apprécie au regard du litige au fond et non au regard de la QPC. L'admission de l'intervention se fait en l'état du dossier et ne vaut que pour l'examen de la QPC. L'admission n'a pas à être mentionnée dans le dispositif. • Cons. const. 26 janv. 2012, *Comité Harkis et Vérité,* n° 353067 : *Lebon T. 956 ; AJDA 2012. 186.* ♦ En revanche, dès lors, Mme B., ayant présenté, dans le cadre d'un litige devant le tribunal administratif, une QPC mettant en cause la conformité aux droits et libertés garantis par la Const. de dispositions déjà renvoyées par un précédent jugement à la demande de Mme A., elle justifie d'un intérêt la rendant recevable à intervenir devant le Conseil d'État, au soutien de la demande de renvoi au Cons. const. de la QPC invoquée par Mme A. • CE 4 avr. 2011, *Moussa,* n° 345661 : *AJDA 2011. 757.*

242. Toutefois, le Conseil d'État ne pouvant examiner des motifs d'inconstitutionnalité qui n'ont pas été soumis au TA qui lui a transmis la question, l'intervenant n'est pas recevable à invoquer de tels motifs, hormis le cas où il établirait les avoir soumis à la juridiction qui a différé sa décision ; tel n'étant pas le cas de Mme B., celle-ci ne peut soulever, au soutien de son intervention, des motifs d'inconstitutionnalité différents de ceux présentés par Mme A. à l'appui de la question transmise précédemment. • CE 4 avr. 2011, *Moussa,* n° 345661 : *préc. note 241.*

243. Aide juridictionnelle. Comme en dispose l'art. L. 53-1 du Décr. du 19 déc. 1991, l'aide juridictionnelle demeure acquise à son bénéficiaire en cas d'examen par le Conseil d'État d'une QPC, laquelle, au demeurant, est en l'espèce dispensée du ministère d'avocat. • CE 4 avr. 2011, *Moussa,* n° 345661 : *préc. note 241.*

244. Conclusions à fin de sursis. Eu égard au délai de 3 mois imparti au Conseil d'État pour se prononcer sur le renvoi au Cons. const. d'une QPC, les conclusions à fin de sursis à statuer de Mme B. ne peuvent qu'être rejetées, sans qu'y fassent obstacle les stipulations de la Conv. EDH. • CE 4 avr. 2011, *Moussa,* n° 345661 : *préc. note 241.*

245. Rectification d'erreur matérielle. Un tel recours contre une décision de non transmission d'une QPC au Cons. const. qui n'aurait pas examiné tous les motifs soulevé par le requérant est sans objet dès lors que, depuis lors, le Cons. const. s'étant prononcé sur la constitutionnalité de la disposition contestée, il est réputé avoir examiné tous les motifs d'inconstitutionnalité qui auraient pu être soulevés à son encontre. • CE 24 nov. 2010, *Camoin,* n° 340970 : *préc. note 219.*

246. Refus de renvoyer et Conv. EDH. Le pouvoir conféré à la Cour de cassation et au Conseil d'État de ne pas renvoyer la QPC au Cons. const. si celle-ci n'est pas nouvelle et ne présente pas un caractère sérieux n'est pas en contradiction avec la Conv. EDH. dès lors que la décision est motivée au regard de ces critères de non-renvoi et qu'aucune apparence d'arbitraire n'est de nature à affecter l'équité des procédures en cause n'apparaît. • CEDH 17 sept. 2015, *Renard et a. c/ France*, n° 3569/12 : *AJDA 2015. 1719* ; *JCP Adm. 2015. 801.*

c. Contrôles opérés par le Conseil d'État et la Cour de cassation

BIBL. Roblot-Troizier, Le non-renvoi des QPC par le Conseil d'État, *RFDA 2011. 691*. – Saint-James, Les décisions de la Cour de cassation et du Conseil d'État de ne pas transmettre une QPC : la place des cours souveraines en question ?, *RD publ. 2012. 607*. – Maziau, L'appréhension de la Constitution par la Cour de cassation, *RFDC 2015. 453.*

247. En prévoyant que le Conseil d'État ou la Cour de cassation prennent leur décision de transmettre au Cons. const. après avoir vérifié que la disposition contestée commande l'issue du litige, la validité de la procédure ou constitue le fondement des poursuites et que, sauf changement de circonstances, elle n'a pas déjà été déclarée conforme à la Const. par le Cons. const. dans les motifs et le dispositif de sa décision, vérifications qui ont déjà été faites par le juge de première instance ou d'appel, le législateur organique autorise ces juridictions suprêmes à refuser de transmettre des QPC qui ne répondraient pas à ces critères ou à ne transmettre qu'une partie des dispositions dont elles ont été saisies par le juge du fond. • CE, QPC, 2 juin 2010, *Assoc. Pensionnés civils et militaires en Nouvelle-Calédonie*, n° 326444 • CE, QPC, 18 juin 2010, *Sté Office central d'accession au logement*, n° 337898 : *AJDA 2010. 1236*.

248. De même, les juridictions suprêmes opéreront le tri, parmi les dispositions qui leur sont transmises par le juge du fond, entre celles pour lesquelles la question posée est nouvelle et/ou sérieuse et les autres. • CE, QPC, 27 oct. 2010, *Jean-Claude A.*, n° 342925. ♦ Les juridictions suprêmes peuvent également procéder par substitution de motif et refuser de transmettre une disposition non pour défaut de caractère sérieux mais du fait de son caractère réglementaire. • CE 15 févr. 2016, n° 392083 : *Lebon* ; *AJDA 2016. 1376*.

249. En revanche, lorsqu'une juridiction a transmis au Conseil d'État, dans les conditions prévues par la loi organique, une QPC soulevée dans le cours d'une instance ouverte devant elle, le Conseil d'État n'est pas saisi de la requête à l'appui de laquelle est invoqué le moyen tiré de ce qu'une disposition législative porte atteinte aux droits et libertés garantis par la Const. et il ne lui appartient dès lors pas d'apprécier la recevabilité de cette requête, ni la compétence de la juridiction administrative pour en connaître. • CE, QPC, 21 mars 2011, *Synd. fonctionnaires du Sénat*, n° 345216 : *préc. note 184.*

250. Dès lors qu'une loi de validation est fondée sur un motif impérieux d'intérêt général, il n'y a pas lieu de renvoyer la QPC. • CE 7 févr. 2018, n° 414552 : *AJDA 2018. 1254*.

1. Disposition commandant l'issue du litige

251. La décision par laquelle le Conseil d'État ou la Cour de cassation a jugé, en application de l'art. 23-5 de l'Ord. 7 nov. 1958, qu'une disposition était ou non applicable au litige ou à la procédure ou constituait ou non le fondement des poursuites, ne peut être remise en cause devant le Cons. const. • Cons. const. 28 mai 2010, *Cts L.*, n° 2010-1 QPC § 6. ♦ V. note 155.

2. Caractère sérieux de la question

252. Fondement de la QPC. Le caractère sérieux de la QPC peut dépendre du grief invoqué. Ainsi a été considérée comme ne présentant pas un caractère sérieux une QPC relative à une disposition du C. com. fondée sur l'art. 8 DDH. • Com., QPC, 10 juill. 2012, n° 12-13.256. ♦ ... Alors qu'a été renvoyée au Cons. const. une QPC portant sur la même disposition mais fondée sur l'art. 4 DDH. • Crim., QPC, 27 juin 2014 : *D. 2014. 1446*.

253. Interprétation jurisprudentielle. Dès lors qu'une interprétation du texte permet d'éliminer le doute sur sa constitutionnalité, le juge y procède et conclut que le moyen n'est pas sérieux. • CE, QPC, 19 mai 2010, n° 331025 B : *AJ pénal 2010. 350* • CE 21 janv. 2015, *Sté EURL 2B*, n° 382902 A (concl. Vialette) : *AJDA 2015. 135* ; *ibid. 880, note Éveillard* ; *AJCT 2015. 289, obs. Mehl-Schouder* ; *ibid. 388, étude Bonnefont*. ♦ V. pour un ex. dans lequel l'interprétation donnée par le Conseil d'État contredit celle du juge d'appel. • CE, QPC, 23 nov. 2018, n° 421016 B : *AJDA 2018. 2321* ; *JCP Adm 2018. 884.* ♦ Il en va de même s'il peut se référer à une interprétation antérieure. • CE, QPC, 25 juin 2010, n° 326363 A : *préc. note 12* • CE, QPC, 16 juill. 2010, n° 334665 A : *préc. note 77* • CE, QPC, 21 oct. 2011, n° 351424 : *ADJA 2011. 2427, note Sabatakakis.*

254. Contrairement à ce que soutient D., ces dispositions n'ont ni pour objet ni pour effet de laisser aux présidents d'université le soin de décider si les auteurs présumés de faits commis au sein de l'établissement disposeront d'un double degré de juridiction, mais seulement de permettre que le CNESER soit directement saisi d'une poursuite disciplinaire lorsqu'une section disciplinaire n'a pu être constituée au sein de l'université concernée. • CE, QPC, 10 oct. 2011, *D.*, n° 350969 : *AJDA 2012. 664, note Roynier*.

255. … Clarté du texte. Pour la Cour de cassation, une QPC basée sur l'objectif de valeur constitutionnelle d'intelligibilité et d'accessibilité de la loi ne présente pas de caractère sérieux dès lors que la disposition législative n'est contestée qu'en ce qu'elle laisse place à l'interprétation, laquelle relève de l'office du juge. • Cass., QPC, 31 mai 2010, n° 09-70.716. ♦ … N'est ni imprécise ni équivoque du fait de l'interprétation qu'en donne à plusieurs reprises la Cour de cassation. • Cass., QPC, 28 sept. 2010, n° 10-40.027. ♦ Pour la solution retenue par le Conseil d'État et le Cons. const., V. note 30. ♦ De même, dans une décision très contestable, la Cour estime que n'a pas de caractère sérieux une QPC relative à l'art. 24 *bis* de la loi du 29 juill. 1881 relative à la liberté de la presse (dans sa rédaction de la loi du 13 juill. 1990, « loi Gayssot ») dans la mesure où l'incrimination critiquée se réfère à des textes régulièrement introduits en droit interne, définissant de façon claire et précise l'infraction de contestation de l'existence d'un ou de plusieurs crimes contre l'humanité tels qu'ils sont définis par l'art. 6 du statut du tribunal militaire international annexé à l'accord de Londres du 8 août 1945. • Cass., QPC, 19 mai 2010 : *D. 2010. 1286*.

256. … Précision du texte. Le Conseil d'État s'appuie également sur la précision du texte pour rejeter une QPC fondée sur l'incompétence négative du législateur : en posant le principe de conditions particulières d'exercice des professionnels de santé exerçant à titre libéral dans les établissements d'hébergement pour personnes âgées dépendantes, il a indiqué que ces conditions peuvent porter sur des modes de rémunération particuliers, notamment sur le paiement direct du professionnel par l'établissement, et précisé qu'elles donnent lieu à la conclusion d'un contrat entre eux, le législateur n'est donc pas resté en deçà de la compétence. • CE 20 mai 2011, n° 347098 : *AJDA 2011. 1808*. ♦ V. s'agissant de la notion de « grands événements » et d'« organisateur » dans le CSI, le CE précisant que les établissements et installations qui peuvent être interdits d'accès sont ceux qui accueillent ce grand événement (…), à l'exclusion de tout autre local et des voies publiques permettant d'y accéder. • CE 21 févr. 2018, n° 414827 B : *AJDA 2018. 426 ; ibid. 1571, note Veron*.

257. … Contrôle au fond et principe d'égalité. La question n'est pas sérieuse dès *lors que, le principe d'égalité étant invoqué,* les entreprises dont la décision d'augmenter leur capital avait été arrêtée postérieurement au (…) se trouvaient dans une situation objectivement différente de celle des entreprises dont l'émission de nouveaux titres avait été approuvée antérieurement, à une date où l'effet incitatif de la mesure ne pouvait jouer. • CE, QPC, 24 sept. 2010, *Sté Autoroutes du sud de la France,* n° 341141. ♦ Les établissements visés constituent, eu égard notamment au caractère spécialisé de leur activité de vente de produits à caractère pornographique et à leurs conditions d'accès et de fréquentation, une catégorie de contribuables spécifique. • CE, QPC, 22 sept. 2010, *Sté Manirys,* n° 341064. ♦ Il n'y a pas une rupture caractérisée de l'égalité entre les contribuables. • CE 23 juill. 2010, *Guibourt,* n° 340115 • CE, QPC, 23 déc. 2010, *Caisse régionale de Crédit agricole mutuel de Centre-Ouest,* n° 321068. ♦ La question n'est pas non plus sérieuse dès lors que le moyen tiré de ce que le législateur doit traiter différemment des personnes se trouvant dans des situations différentes. • CE 5 févr. 2014, *Sté d'édition Canal Plus,* n° 373258 § 6 : *préc. note 8.*

258. De même, il ne saurait être soutenu que la sanction de la perte de validité du permis de conduire constituerait une sanction automatique contraire au principe de nécessité et de proportionnalité des peines dès lors que par l'ensemble des dispositions relatives au permis à points, le législateur a institué un régime de sanction où la peine est individualisée sans qu'une autorité judiciaire ou administrative ait à en assurer la modulation dans chaque cas d'espèce, et qui répond à l'objectif d'intérêt général de la lutte contre des atteintes à la sécurité routière dont la nature et la fréquence rendraient matériellement impossible la répression effective si une telle modulation était permise et que ce régime est entouré de garanties. • CE, QPC, 4 oct. 2010, *Mme Repplinger,* n° 341845 : *Lebon 364 ; AJDA 2010. 1852*.

259. Il en va de même d'une disposition : créant un avantage pour des personnes handicapées qui ne peut sérieusement être regardée comme créant une rupture d'égalité. • CE, QPC, 24 sept. 2010, *Decurey,* n° 341685 : *préc. note 29.* ♦ … Qui, si elle rend possible des visites en tout lieux et des saisies, prévoit tout au long de la procédure l'intervention d'un juge dont les décisions motivées sont soumises à un recours effectif. • Cass., QPC, 22 sept. 2010, n° 10-90.099. ♦ … Qui ne porte pas obstacle mais se contente de différer, dans l'intérêt d'une bonne administration de la justice, l'examen d'un pourvoi. • Cass., QPC, 22 sept. 2010, n° 10-90-095. ♦ … Qui, relative à l'indemnisation des terrains qui ne peuvent recevoir la qualification de terrain à bâtir, est destinée à assurer l'équilibre entre les intérêts des expropriés, indemnisés de leur préjudice certain et les expropriants, protégés de la spéculation foncière à l'annonce d'un projet d'expropriation. • Cass., QPC, 21 oct. 2010, *Séguier d'Agoult c/ Dpt de l'Isère : AJDA 2011. 447, note Hostiou*. ♦ … Prévoyant le bénéfice de l'admission à la retraite et de la liquidation de la pension à l'ensemble des fonctionnaires ayant élevé des enfants, sous la seule réserve qu'ils aient interrompu leur activité, les dispositions contestées reconnaissent la même possibilité de choix aux femmes et aux hommes. • CE, QPC, 28 juin 2010, *Garcia,* n° 338537 : *AJDA 2010. 2013.*

260. Il en va de même encore d'une question qui invoque l'absence de clarté d'un texte qui ne présente pas ce défaut, que ce soit au regard de l'art. 8 DDH. • Cass., QPC, 17 sept. 2010, n° 10-13.686 • Cass., QPC, 22 sept. 2010, n° 10-82.148. ♦ ... Ou de l'exigence constitutionnelle de clarté de la loi. • Cass., QPC, 17 sept. 2010, n° 10-13.686.

261. ... Contrôle au fond et autres droits et libertés constitutionnels. La question n'est pas sérieuse dès lors que : le caractère rétroactif de la loi est justifié par un motif d'intérêt général suffisant. • CE 26 janv. 2011, *SAS Auxa,* n° 344204 : *préc. note 29.* ♦ .... L'atteinte à une liberté n'est pas excessive eu égard aux objectifs poursuivis. • CE, QPC, 8 oct. 2010, *Groupement de fait brigade sud de Nice et M. Zamolo,* n° 340849 : *Lebon 373 ; AJDA 2010. 1914 ; RFDA 2010. 1257, chron. Roblot-Troisier et Rambaud.* ♦ ... La disposition, si elle rend possible des visites en tous lieux et des saisies, prévoit tout au long de la procédure l'intervention d'un juge dont les décisions motivées sont soumises à un recours effectif. • Cass., QPC, 22 sept. 2010, n° 10-90.099. ♦ ... La disposition ne porte pas obstacle mais se contente de différer, dans l'intérêt d'une bonne administration de la justice, l'examen d'un pourvoi. • Cass., QPC, 22 sept. 2010, n° 10-90-095. ♦ ... Le caractère modulable de la sanction au-delà du minimum non disproportionné à l'infraction que le texte impose permet au juge d'individualiser suffisamment sa décision. • CE, QPC, 4 mai 2011, *Sté Isa Paris,* n° 346550 : *AJDA 2011. 1454.* ♦ ... Les exceptions à l'obligation de recueillir le consentement de la personne concernée pour mettre ou conserver en mémoire informatisée des données à caractère personnel relatives à la santé concilient le respect de la vie privée et la protection de la santé publique. • Crim., QPC, 6 mai 2014, n° 13-86.267. ♦ ... Les dispositions dont s'agit ont pour seul objet de permettre à leurs propriétaires de conserver leurs droits d'antériorité et, par suite, eu égard à leur portée, ne portent pas une atteinte injustifiée au droit de propriété. • CE, QPC, 8 juill. 2015, *Féd. moulins de France,* n° 384204 : *Lebon ; AJDA 2015. 2353.*

262. De même, ne soulève aucune question sérieuse au regard du droit de propriété une disposition qui, alors même qu'elle s'applique à tous les bâtiments, locaux et installations irrégulièrement construits ou transformés, quels que soient la date de leur édification, leur destination ou leur usage et que le législateur n'a prévu aucune prescription, autorise le maire à s'opposer à un raccordement définitif aux réseaux publics de constructions irrégulières, dès lors qu'elle a pour but d'assurer le respect des règles d'utilisation des sols en faisant obstacle à ce que ce raccordement aboutisse à conforter des situations irrégulières. • CE 23 mars 2016, n° 392638 : *AJDA 2016. 369.*

263. ... Méthode. Pour réaliser cette analyse, le juge fait parfois une référence explicite à la jurisprudence du Cons. const. • CE 29 sept. 2010, *Sté Snerr Théâtre de Paris,* n° 341065 • CE, QPC, 4 oct. 2010, *Mme Repplinger,* n° 341845 : *préc. note 258.* ♦ L'analyse peut également se contenter de reprendre les arguments développés par le Cons. const. sans mentionner explicitement la décision à partir de laquelle le juge élabore son raisonnement. • CE 1er juin 2011, *Angonin,* n° 344791 : *AJDA 2011. 2351, note Verpeaux.* ♦ Comp. avec • Cons. const. 8 avr. 2011, *Lucien M.,* n° 2011-118 QPC. ♦ V. ss. Const. 58, art. 62.

264. Cette référence le conduit parfois à se placer sur le terrain du « caractère nouveau de la question ». • CE, QPC, 28 juin 2010, *Garcia,* n° 338537 : *préc. note 259.* ♦ V. note 283.

265. Le juge en profite parfois pour préciser sa jurisprudence antérieure de façon à ne pas devoir renvoyer au Cons. const. l'examen de l'interprétation qui était jusqu'alors la sienne. V. par ex. pour la prise en compte des terres exploitées selon un mode de culture biologique dans le cadre d'une opération de remembrement. • CE 14 sept. 2011, *Pierre,* n° 348394 : *Lebon 441 ; AJDA 2011. 1764.*

266. Il convient, par ailleurs, que l'argumentation développée par le justiciable soit convaincante et non qu'elle se contente de développer des moyens qui manquent en fait. • CE 12 mai 2011, *Gonzales-Mestres,* n° 318652 : *AJDA 2011. 1519.*

267. Doute. En cas de doute sur le fait de savoir si la disposition invoquée à l'appui de la QPC garantit ou non un droit ou une liberté constitutionnelle, et tant que le Conseil constitutionnel n'a pas clairement tranché la question, le Conseil d'État renvoie au Conseil constitutionnel sans trancher lui-même le débat. • CE, QPC, 23 avr. 2010, *SNC Kimberly Clark,* n° 327166 : *Lebon T. 640 ; RFDA 2010. 704, concl. Boucher* • CE, QPC, 14 avr. 2010, *Union des familles en Europe,* n° 323830 : *préc. note 141.*

268. Il en est de même lorsque le juge doute de l'interprétation à donner. • CE 28 janv. 2011, *Mongaboure,* n° 330481 : *préc. note 150.* ♦ Comp. • Cons. const. 6 oct. 2010, *Épx Anastasio,* n° 2010-43 QPC § 4.

269. Lorsque le doute est dû à l'interprétation qu'il convient de donner d'une disposition du droit de l'Union, le Conseil d'État renvoi à la CJUE. En l'état, la QPC ne peut être regardée comme présentant un caractère sérieux mais si, à la suite de la décision de la CJUE, le requérant présentait à nouveau au Conseil d'État la QPC invoquée, l'autorité de la chose jugée par la décision du Conseil d'État ne ferait pas obstacle au réexamen de la conformité à la Constitution. • CE, ass., 31 mai 2016, *M. Jacob,* n° 393881 : *préc. note 170.*

270. Absence de caractère sérieux. Ne présente pas un caractère sérieux une question relative à une disposition qui n'a pas les effets que les parties prétendent. • CE, QPC, 19 mai 2010, n° 331025 A : *préc. note 253.* • CE 24 avr. 2012, n° 340538 B. ♦ ... Qui n'affecte en rien les droits ou libertés constitutionnels invoqués. • CE, QPC, 9 juill. 2010, *Momont et Assoc. « Je ne parlerai qu'en présence de mon avocat »,* n° 339398. ♦ ... Qui, si elle empêche les requérants de contester une décision par voie d'action, leur ouvre la possibilité de le faire par la voie de l'exception et ne peut dès lors être regardée comme portant atteinte au droit à un recours juridictionnel effectif. • CE, QPC, 9 juill. 2010, *Momont et Assoc. « Je ne parlerai qu'en présence de mon avocat »,* n° 339398. ♦ ... Qui conteste la constitutionnalité de la rétroactivité d'une loi de ratification d'une ordonnance alors que celle-ci est expressément prévue par la Const. • CE 5 févr. 2014, *Sté d'édition Canal Plus,* n° 373258 A § 5 : *préc. note 8.* ♦ ... Qui constitue une dérogation favorable à l'exercice du droit de propriété tout en limitant cette dérogation aux irrégularités les moins graves. • CE, QPC, 12 sept. 2018, n° 419092 : *AJDA 2018. 2431* .

271. Il en va de même d'une question ayant pour seul objet de dénoncer la durée estimée non raisonnable d'une procédure de liquidation judiciaire dans un cas particulier. • Cass., QPC, 14 sept. 2010, n° 10-40.020. ♦ ... D'une question dont la réalité manque en fait. • CE, QPC, 24 sept. 2010, *Marie-Line A.,* n° 341548.

272. Ne présente pas de caractère sérieux une QPC qui conteste la constitutionnalité d'une disposition législative remplaçant une disposition déclarée contraire à la Const. dans le cadre d'une précédente QPC dès lors que l'analyse de la nouvelle disposition montre que le législateur a supprimé les éléments qui avaient conduit le Cons. const. à procéder à l'abrogation de l'ancienne disposition. • CE, QPC, 13 juin 2012, *Mme A., Vve B.,* n° 358451 : *préc. note 38.*

273. Présence d'un caractère sérieux. Dans les circonstances de l'espèce, présente un caractère sérieux une question relative à un texte dont on a lieu de croire qu'il crée des sanctions automatiques portant atteinte au principe d'individualisation des peines. • Cass., QPC, 22 sept. 2010, n° 10-85.866. ♦ ... Qu'il déroge au principe d'application immédiate de la loi pénale plus douce. • Cass., QPC, 22 sept. 2010, n° 10-90.094. ♦ ... Qu'il porte atteinte à la présomption d'innocence. • Cass., QPC, 24 sept. 2010, n° 10-40.026. ♦ ... Qu'il porte atteinte à la liberté d'entreprendre. • Cass., QPC, 28 sept. 2010, n° 10-40.033. ♦ ... Qu'il ne permet pas d'accorder une juste indemnité en cas d'expropriation. • Cass., QPC, 21 oct. 2010, n° 10-40.038. ♦ Présente également un caractère sérieux, une question relative à l'incompétence négative dont seraient l'objet certaines dispositions du texte. • CE, QPC, 19 juill. 2017, *Synd. CGT-FO,* n° 408221.

274. Il en va de même si le texte impose à un particulier un transfert de propriété sans indemnisation pécuniaire préalable. • Cass., QPC, 8 juill. 2011 : *AJDA 2011. 1405* .

275. Il est possible que les juridictions modifient leur analyse. Ainsi après avoir estimé, à plusieurs reprises, qu'une QPC posée sur l'art. L. 12-1 C. expr. ne présentait pas de caractère sérieux. • Civ. 3e, QPC, 26 mai 2011 : *AJDA 2011. 1504, note Hostiou ; AJDI 2012. 93, chron. Gilbert* • Civ. 3e, QPC, 15 déc. 2011 : *AJDA 2012. 509* . ♦ La Cour de cassation a accepté de transmettre au Cons. const. une QPC identique estimant que celle-ci, visant le caractère non contradictoire de la procédure suivie devant le juge de l'expropriation, pourrait être une atteinte au principe des droits de la défense et du procès équitable protégé par l'art. 16 DDH. • Civ. 3e, QPC, 15 mars 2012 : *AJDA 2012. 575 ; D. 2012. 881* .

276. La question du caractère sérieux peut du reste évoluer dans le temps. V. par ex., refusant de transmettre une disposition. • Crim, QPC, 15 févr. 2011, n° 10-90.124 • Crim., QPC, 19 juin 2013, n° 12-88.072. ♦ ... Et, acceptant de transmettre cette même disposition. • Crim., QPC, 6 mai 2014, n° 13-86.775.

3. Caractère nouveau de la question

BIBL. J.-E. Gicquel, La question nouvelle, condition de renvoi d'une QPC au Conseil constitutionnel, *LPA 8 déc. 2011.* – Barque, La question nouvelle dans la procédure de la QPC. Un critère discret aux effets considérables sur le contentieux constitutionnel, *RFDA 2014. 353* .

277. En prévoyant que le Cons. const. est saisi de la QPC si « la question est nouvelle » le législateur organique a entendu imposer que le Cons. const. soit saisi de l'interprétation de toute disposition constitutionnelle dont il n'a pas encore eu l'occasion de faire application. Dans les autres cas, le Conseil d'État et la Cour de cassation peuvent apprécier l'intérêt de saisir le Cons. const. en fonction de la nouveauté ou du caractère sérieux de la question, dès lors, qu'une question prioritaire de constitutionnalité ne peut être nouvelle au sens de ces dispositions au seul motif que la disposition législative contestée n'a pas déjà été examinée par le Cons. const. • Cons. const. 3 déc. 2009, n° 2009-595 DC § 21.

278. Absence d'application de la norme de référence. Ainsi est nouvelle une question qui conteste une disposition sur le fondement d'un art. de la Const. qui a été adopté après la loi dont la disposition est issue, dès lors que cette disposition nouvelle n'est pas dénuée de rapport avec les termes du litige. • CE, QPC, 8 oct. 2010, *Daoudi,* n° 338505 : *préc. note 108* • Cons. const. 17 déc. 2010, *Kamel D.,* n° 2010-79 QPC • CE, QPC, 21 mars 2011, *Lany et a.,* n° 345193. ♦ ... Sur le fondement d'un article de la Charte de l'environnement dont le Cons. const. n'a encore jamais fait application. • Cass., QPC, 27 janv. 2011, n° 10-40.056.

279. Est également nouvelle une question qui conteste une disposition sur le fondement d'un article de la charte qui n'a été appliqué par le Cons. const. que s'agissant de l'un de ses aspects : si le Cons. Const. a examiné la conformité de dispositions législatives à l'art. 7 Charte envir., il ne s'est prononcé que sur le droit dont dispose toute personne à accéder aux informations relatives à l'environnement détenues par les autorités publiques, et pas sur le droit de participer à l'élaboration des décisions publiques ayant une incidence sur l'environnement mentionné au même article ni sur la portée de celui-ci. • CE, QPC, 18 juill. 2011, *Assoc. France Nature Environnement,* n° 340539 : *AJDA 2011. 1524*.

280. De même, le moyen tiré de ce qu'un principe fondamental reconnu par les lois de la République impliquerait que des règles de prescription soient prévues en matière disciplinaire soulève une question nouvelle ; qu'ainsi, il y a lieu de renvoyer au Cons. const. la question QPC invoquée. • CE QPC, 21 sept. 2011, *M.G. et a.,* n° 350385 : *AJDA 2011. 1814*. ♦ De même encore est nouveau le moyen tiré d'un principe de valeur constitutionnel le dégagé par le Cons. const. après qu'il s'est prononcé sur la constitutionnalité de la disposition contestée. • *CE, QPC, 23 juill. 2012, Synd. déf. fonctionnaires,* n° 356381 : *AJDA 2012. 1483*.

281. A l'inverse, la question n'est pas nouvelle, dès lors que le Cons. const. a eu l'occasion à plusieurs reprises de faire application de la disposition invoquée, y compris au regard des dispositions contestées ou de dispositions analogues. • CE, QPC, 19 mai 2010, *Théron,* n° 331025 : *préc. note 253.* ♦ Pourtant, alors même que le Cons. const. a eu l'occasion à plusieurs reprises de faire application de la disposition invoquée, la question sera nouvelle si le requérant invoque une combinaison de dispositions qui n'a pas encore été examinée par le Cons. const. • CE, QPC, 8 avr. 2011, *Assoc. pour le droit à l'initiative économique,* n° 345637 : *Lebon T. 1119*.

282. La Cour de cassation se contente d'affirmer, pour estimer que la question ne présente pas de caractère nouveau, « que la question ne porte pas sur l'interprétation d'une disposition constitutionnelle dont le Conseil constitutionnel n'aurait pas encore eu l'occasion de faire application ». • Cass., QPC, 19 mai 2010, n° 09-70.161 • Cass., QPC, 31 mai 2010, n° 09-87.578 • Cass., QPC, 8 juill. 2010, n° 10-90.048 • Cass., QPC, 14 sept. 2010, n° 10-40.022.

283. Curieusement le juge conclut parfois à l'absence de « caractère nouveau » alors qu'il s'agit d'une absence de « caractère sérieux » ; le Cons. const., par sa décision n° 2003-483 DC, a déjà jugé qu'une disposition reconnaissant un avantage en matière de retraite à l'ensemble des fonctionnaires ayant élevé des enfants, sous réserve qu'ils aient interrompu leur activité, ne méconnaissait aucune règle de valeur constitutionnelle, notamment le principe d'égalité. • CE 28 juin 2010, *Garcia,* n° 338537 : *préc. note 259.*

284. Intérêt de la question du fait qu'elle... constitue un débat de société. La Cour de cassation va justifier du caractère « nouveau » de la question du mariage homosexuel, en estimant que celle-ci fait aujourd'hui l'objet d'un large débat dans la société, en raison, notamment, de l'évolution des mœurs et de la reconnaissance du mariage entre personnes de même sexe dans les législations de plusieurs pays étrangers. • Cass., QPC, 16 nov. 2010 : *D. 2011. 209, obs. Gallmeister, note Roux* ; *AJ fam. 2010. 545*. ♦ V. s'agissant de la liberté de conscience de maires dans l'application de la loi sur le « mariage pour tous ». • CE, QPC, 18 sept. 2013, *Meyer et a.,* n° 369834 : *AJDA 2013. 1775*.

285. ... Est souvent posée. Attendu que la question fréquemment invoquée devant la Cour de cassation et portant sur la constitutionnalité des dispositions susvisées dont il se déduit l'absence de motivation des arrêts de cours d'assises statuant, avec ou sans jury, sur l'action publique présente un caractère nouveau au sens que le Conseil constitutionnel donne à ce critère alternatif de saisine. • Crim., QPC, 19 janv. 2011, n° 10-85.159 P : *D. 2011. 800, obs. Lavric*, *note Perrier* ; *RSC 2011. 423, obs. Danet* • CE 23 avr. 2010, *Cachard,* n° 327174 : *préc. note 38* (sol. impl.).

286. ... Présente ou peut présenter un problème de compatibilité avec la Conv. EDH. La question de la motivation des arrêts d'assises. • Cons. const. 1er avr. 2011, *Xavier P.,* n° 2011-113/115 QPC. ♦ V. également l'application faite par le juge du fond d'une décision du Cons. const. • CE 2 mars 2011, *Union des familles d'Europe*, n° 323830 : *Lebon T. 741* ; *AJDA 2011. 964, concl. Landais*.

287. … Présente, bien que déjà traitée par le Cons. const., une difficulté nouvelle. Tel est le cas des implications du principe de participation des travailleurs (Préamb. Const. 1946, al. 8) s'agissant de personnes publiques qui emploient simultanément des agents de droit public et des personnels de droit privé, ce moyen soulève une question nouvelle. • CE, QPC, 10 nov. 2010, *Féd. nat. CGT des personnes des organismes sociaux*, n° 340106. ♦ … De la question de savoir si la mise en conformité du droit national au droit de l'Union un motif d'intérêt général suffisant de nature à justifier l'atteinte portée à des situations légalement acquises. • CE, QPC, 17 déc. 2010, *Le Normand de Bretteville*, n° 343752 : *préc. note 29*.

288. … Présente un aspect nouveau compte tenu de certaines évolutions. Présente ou peut présenter un problème de compatibilité avec la Conv. EDH, le cas des charges pesant sur les collectivités territoriales du fait d'un certain nombre de compétences qu'elles exercent désormais. • CE QPC, 20 avr. 2011, *Dpt de l'Hérault*, n° 346204 : *Lebon T. 774* • CE, QPC, 20 avr. 2011, *Dpt de la Somme*, n° 346460 : *Dr. adm. 2011. 73, note Pissaloux*.

289. Absence de précisions. Pourtant la haute juridiction administrative ne précise pas toujours en quoi la question posée est nouvelle. • CE, QPC, 23 avr. 2010, *Cachard*, n° 327174 : *préc. note 38* • CE, QPC, 19 juill. 2017, n° 411070 : *AJDA 2017. 1530*. ♦ … Ou non. • CE, QPC, 16 avr. 2010, *Assoc. Alcaly*, n° 320667 : *Lebon T. 947* ; *AJDA 2010. 812*.

290. Lien entre caractères nouveau et sérieux. Dans de nombreux cas, le Conseil d'État lie les caractères nouveau et sérieux de la question, affirmant que celle-ci ne présente ni l'un ni l'autre. • CE, QPC, 25 juin 2010, *Mortagne*, n° 326363 : *préc. note 12* • CE, QPC, 9 juill. 2010, *Sulzer*, n° 338913 • CE, QPC, 9 juill. 2010, *Sulzer*, n° 338914 ♦ … Ou se contente, à l'issue d'un examen, souvent approfondi, du caractère sérieux de la question, d'affirmer incidemment de l'absence de caractère nouveau de celle-ci : la question « qui n'est pas nouvelle, ne présente pas un caractère sérieux ». • CE, QPC, 7 juin 2010, *CH de Dieppe*, n° 338531 : *Lebon 192* ; *AJDA 2010. 1178*.

V. pour d'autres décisions dans le même sens : 🏛.

291. La Cour de cassation se contente d'affirmer « que la question, ne porte pas sur l'interprétation d'une disposition constitutionnelle dont le Conseil constitutionnel n'aurait pas encore eu l'occasion de faire application ». • Cass., QPC, 19 mai 2010, n° 09-70.161 • Cass., QPC, 31 mai 2010, n° 09-87.578 • Cass., QPC, 8 juill. 2010, n° 10-90.048 • Cass., QPC, 14 sept. 2010, n° 10-40.022.

292. A l'inverse, la QPC peut présenter simultanément ces deux caractères. • CE, QPC, 10 nov. 2010, *Féd. nat. CGT des personnels des organismes sociaux*, n° 340106 • CE, QPC, 20 avr. 2011, *Dpt de la Somme*, n° 346460 : *préc. note 288*.

4. Portée du contrôle

293. Parmi les droits et libertés invoqués par les requérants à l'appui de leur question, le Conseil d'État indique ceux qui lui semblent les plus pertinents en les faisant précéder par l'adverbe « notamment ». • CE, QPC, 14 avr. 2010, *Union des familles en Europe*, n° 323830 : *préc. note 141* • CE, QPC, 24 sept. 2010, *Danielle A.*, n° 339110 : *préc. note 16* • CE, QPC, 8 juill. 2011, *Éric A.*, n° 345846.

294. La Cour de cassation opère parfois un tri parmi les droits et libertés garantis ; ainsi, au sujet du même art. L. 2122-2 C. trav., elle transmet une QPC fondée sur le principe de la liberté syndicale. • Cass., QPC, 8 juill. 2010, n° 10-60.189 • Cass., QPC, 20 sept. 2010, n° 10-40.025. ♦ … Et refuse de transmettre une QPC fondée sur le principe d'égalité (art. 6 DDH), moyen qu'elle estime non sérieux. • Cass., QPC, 20 sept. 2010, n° 10-40.023. ♦ Il est à noter que le Conseil constitutionnel, qui déclarera la disposition conforme à la Const., l'a examinée quant à la violation du principe d'égalité, en soulevant d'office la question. • Cons. const. 7 oct. 2010, *CGT-FO et a.*, n° 2010-42 QPC § 7.

BIBL. Roblot-Troizier, Le non-renvoi des QPC par le Conseil d'État, *RFDA 2011. 691*. – Perrier, Le non-renvoi des QPC par la Cour de cassation, *RFDA 2011. 711*. – Jacquinot, L'utilisation par les juges du fond des arrêts de non-renvoi d'une QPC, *AJDA 2012. 2097*.

295. La décision par laquelle le Conseil d'État décide qu'il n'y a pas lieu de renvoyer au Cons. const. une QPC n'est pas revêtue de l'autorité absolue de la chose jugée ; par suite, ne peut être invoquée l'autorité de la chose jugée qui s'attacherait à une précédente décision du CE refusant de renvoyer au Cons. const. une QPC présentée par un autre requérant et portant sur les mêmes dispositions en litige. • CE, QPC, 21 mars 2011, *Synd. fonctionnaires du Sénat*, n° 345216 : *préc. note 184*. ♦ En revanche, dès lors que le Conseil d'État a jugé, par une décision, rendue dans un litige opposant les mêmes parties, qu'il n'y avait pas lieu de renvoyer au Cons. const. une QPC mettant en cause la conformité des mêmes dispositions législatives à la même disposition constitutionnelle, le défendeur est, alors même que les requérants présentent une argumentation différente, fondé à opposer à cette nouvelle demande de renvoi des dispositions l'autorité qui s'attache à la chose précédemment jugée par le Conseil d'État. • CE, QPC, 3 févr. 2012, *Bessis, Synd. prof. dentistes solidaires et indépendants*, n° 354068 : *AJDA 2012. 244*.

296. La décision par laquelle le Conseil d'État ou la Cour de cassation décident qu'il n'y a pas lieu de renvoyer au Cons. const. une QPC n'est pas susceptible d'être contestée devant la CEDH dès lors qu'elle n'est pas entachée d'arbitraire. Il est conforme au fonctionnement de pareil mécanisme que le juge vérifie s'il peut ou doit poser une question, en s'assurant que celle-ci doit être résolue pour permettre de trancher le litige dont il est appelé à connaître. • CEDH 22 juin 2000, *Coëme et a. c/ Belgique*, n° 32492/96 § 114 • CEDH 5 nov. 2002, *Coëme et a. c/ Belgique*, n° 32576/96 § 42.

297. La décision par laquelle le Conseil d'État a jugé que le moyen invoqué dans le présent litige, tiré de ce que les dispositions contestées portent atteinte aux droits et libertés garantis par la Const., soulevait une question présentant un caractère sérieux et a, par conséquent, renvoyé la QPC ainsi soulevée au Cons. const. conduit à ce que ce moyen doive être regardé comme étant propre à créer, en l'état de l'instruction, un doute sérieux quant à la légalité des décisions attaquées pour l'application des dispositions de l'article L. 521-1 CJA. • CE 18 déc. 2015, *Cne d'Éguilles*, n° 394717 : *AJDA 2015. 2461*.

3° INTERVENTION DU CONSEIL CONSTITUTIONNEL

298. Généralités. Le législateur organique a pu prévoir que le règlement intérieur du Conseil constitutionnel fixe les règles de procédure applicables « devant lui ». • Cons. const. 3 déc. 2009, n° 2009-595 DC § 36.

299. Impartialité. V. ss. Const. 58, art. 63, notes 1 s.

300. Incompétence du juge administratif. Le juge des référés ne peut être saisi d'une requête tendant à la mise en œuvre de l'une des procédures régies par le livre V du CJA que pour autant que le litige auquel se rattache ou est susceptible de se rattacher la mesure d'urgence qu'il lui est demandé de prescrire n'échappe manifestement pas à la compétence de la juridiction administrative ; le juge des référés ne peut donc faire usage de ses pouvoirs pour enjoindre au Cons. const. de prendre des actes juridictionnels en application du règlement intérieur sur la procédure suivie devant lui pour les QPC. • CE, ord., 6 juin 2016, n° 400382 : *Dr. adm. 2016. 55, note Charité*.

a. Étendue de la compétence du Conseil constitutionnel

301. Principe. Les règles constitutionnelles et organiques relatives à la QPC ne s'opposent pas à ce qu'à l'occasion d'une même instance soit soulevée une QPC portant sur plusieurs dispositions législatives dès lors que chacune de ces dispositions est applicable au litige ou à la procédure, ou constitue le fondement des poursuites ; elles n'interdisent pas davantage au requérant d'invoquer à l'appui d'une même question prioritaire de constitutionnalité l'atteinte à plusieurs droits et libertés que la Constitution garantit. • Cons. const. 26 juill. 2013, *Sté Somaf et a.*, n° 2013-334/335 QPC § 5. ♦ Toutefois, pour exercer le droit qui lui est reconnu par le présent art., toute partie à une instance doit, devant la juridiction saisie, spécialement désigner, dans un écrit distinct et motivé, d'une part, soit les dispositions pénales qui constituent le fondement des poursuites, soit les dispositions législatives qu'elle estime applicables au litige ou à la procédure et dont elle soulève l'inconstitutionnalité et, d'autre part, ceux des droits ou libertés que la Const. garantit auxquels ces dispositions porteraient atteinte. • Cons. const. 26 juill. 2013, *Sté Somaf et a.*, n° 2013-334/335 QPC § 5. ♦ Il appartient aux juridictions saisies d'une question prioritaire de constitutionnalité de s'assurer du respect de ces exigences ; il revient en particulier au Conseil d'État ou à la Cour de cassation, lorsque de telles questions leur sont transmises ou sont posées devant eux, de vérifier que chacune des dispositions législatives visées par la question est applicable au litige puis, au regard de chaque disposition législative retenue comme applicable au litige, que la question est nouvelle ou présente un caractère sérieux. • Cons. const. 26 juill. 2013, *Sté Somaf et a.*, n° 2013-334/335 QPC § 5. ♦ En cas de non-respect de ces principes, le Cons. const. n'est pas valablement saisi et prononce le non-lieu à statuer. • Cons. const. 26 juill. 2013, *Sté Somaf et a.*, n° 2013-334/335 QPC § 10.

302. Une argumentation tendant à remettre en cause l'appréciation du caractère sérieux de la QPC par la décision de renvoi, et doit donc être écartée. Tel est le cas si l'une des parties estime qu'il n'y aurait pas lieu pour le Cons. const. de statuer, dans la mesure où il pourrait résulter d'une autre interprétation des dispositions contestées, conforme au droit de l'UE, une absence de différence de traitement, privant ainsi la QPC de son objet. • Cons. const. 3 avr. 2020, *Marc S. et a.*, n° 2019-832/833 QPC § 8. ♦ De même, l'argumentation, soutenue par la partie au litige à l'occasion duquel la QPC a été posée, selon laquelle il n'y aurait pas lieu pour le Cons. const. de statuer, dans la mesure où les griefs de la requérante seraient, en réalité, dirigés contre un décret, n'est pas de nature à remettre en cause la recevabilité de la question prioritaire de constitutionnalité dont le Conseil constitutionnel est saisi, telle que renvoyée. • Cons. const. 13 nov. 2020, n° 2020-864 QPC § 4.

303. Lien avec l'affaire au fond. Le Cons. const. n'étant pas compétent pour connaître de l'instance à l'occasion de laquelle la question prioritaire de constitutionnalité a été posée, seuls l'écrit ou le mémoire « distinct et motivé » ainsi que les mémoires et conclusions propres à cette question prioritaire de constitutionnalité devront lui être transmis. • Cons. const. 3 déc. 2009, n° 2009-595 DC § 27.

304. En prévoyant que l'extinction, pour quelque cause que ce soit, de l'instance à l'occasion de laquelle la question a été posée est sans conséquence sur l'examen de la question ; le législateur a délié, à compter de la saisine du Cons. const., la QPC et l'instance à l'occasion de laquelle elle a été posée, entendant ainsi tirer les conséquences de l'effet qui s'attache aux décisions du Cons. const. • Cons. const. 3 déc. 2009, n° 2009-595 DC § 31.

305. Applicabilité de la disposition au litige. Il n'appartient pas au Cons. const., saisi d'une QPC, de remettre en cause la décision par laquelle le Conseil d'État ou la Cour de cassation a jugé, en application de l'art. 23-5 de l'Ord. 7 nov. 1958, qu'une disposition était ou non applicable au litige ou à la procédure ou constituait ou non le fondement des poursuites. • Cons. const. 28 mai 2010, *Cts L.*, n° 2010-1 QPC § 6 • Cons. const. 26 nov. 2010, *Mlle Danielle S.*, n° 2010-71 QPC § 11 • Cons. const. 24 juin 2011, *Kiril Z.*, n° 2011-133 QPC § 5 • Cons. const. 30 mars 2012, *Omar S.*, n° 2012-227 QPC § 1. ♦ Il ne lui appartient pas plus de se prononcer sur cette question s'il est saisi, sans décision de renvoi, par effet de l'expiration des délais. • Cons. const. 16 déc. 2011, *Noël C.*, n° 2011-206 QPC (sol. impl.). ♦ Toutefois, en l'absence de précision, dans la décision du Conseil d'État ou de la Cour de cassation, sur la version des dispositions renvoyée au Conseil constitutionnel, la question prioritaire de constitutionnalité doit être regardée comme portant sur les dispositions applicables au litige à l'occasion duquel elle a été posée (V. note 341). • Cons. const. 19 sept. 2014, *Laurent D.*, n° 2014-412 QPC § 6.

306. Le Cons. const. ne peut se prononcer que sur les dispositions qui lui sont renvoyées dans leur rédaction applicable au litige. • Cons. const. 30 mars 2012, *Omar S.*, n° 2012-227 QPC § 1. ♦ Par suite, les conclusions de l'association intervenante tendant à ce que le Conseil examine l'article dans sa rédaction actuelle doivent en tout état de cause être écartées. • Cons. const. 30 mars 2012, *Omar S.*, n° 2012-227 QPC § 2.

307. Le Cons. const. ne peut pas se prononcer sur une question dont il n'est pas saisi. S'il accepte d'examiner des griefs relatifs à une disposition législative, en tant que cette disposition législative ne traite pas une situation lorsque cette situation n'est par ailleurs traitée par aucune autre disposition législative, ce raisonnement ne s'applique pas quand une autre disposition traite de la situation particulière. En l'espèce, il existe des dispositions particulières qui portent sur la situation particulière des personnes liées par un PACS : elles figurent dans l'art. 12 de la L. du 15 nov. 1999 et le 7° de l'art. L. 313-11 CESEDA, dispositions sur lesquelles ne portait pas la QPC. • Cons. const. 22 mai 2013, *Jory Orlando T.*, n° 2013-312 QPC § 3 à 5 • Cons. const. 29 nov. 2013, *Azdine A.*, n° 2013-358 QPC § 5. ♦ Il en va de même lorsque les griefs soulevés à l'encontre des dispositions d'un code sont en fait relatifs à d'autres articles du même code dont le Cons. const. n'est pas saisi. • Cons. const. 20 sept. 2013, *SCI de la Perrière Neuve et a.*, n° 2013-342 QPC § 5.

308. Le plus souvent, la juridiction ayant procédé au renvoi précise quelle version exacte d'un texte est renvoyée. • Cons. const. 28 mars 2013, *SARL Majestic Champagne*, n° 2012-298 QPC §2. ♦ Cependant, lorsque la juridiction n'a pas apporté cette précision le Cons. const. doit, alors que ce n'est pas son office, revenir sur l'origine du litige. • Cons. const. 27 janv. 2012, *COFACE*, n° 2011-213 QPC • Cons. const. 30 mars 2012, *Omar S.*, n° 2012-227 QPC § 2 • Cons. const. 5 avr. 2013, *CCI de Brest*, n° 2013-300 QPC § 1. ♦ Il en va de même encore lorsque la rédaction de la décision de renvoi est maladroite. • Cons. const. 17 mai 2013, *Jérôme P.*, n° 2013-310 QPC § 1 à 4. ♦ De même, lorsque le Cons. const. est saisi d'une disposition comportant plusieurs alinéas ou phrases, il se réserve la possibilité de restreindre le champ de la saisine aux seuls alinéas ou phrases effectivement contestés par la QPC. • Cons. const. 17 déc. 2010, *Boubakar B.*, n° 2010-81 QPC • Cons. const. 22 nov. 2013, *Charly K.*, n° 2013-354 QPC § 3.

309. En l'absence de décision juridictionnelle déterminant l'objet de la QPC, il incombe au Cons. const. d'identifier les dispositions contestées à partir du mémoire distinct et motivé déposé par le requérant. Là encore, il lui appartient de déterminer la version des textes qui lui est soumise. • Cons. const. 23 nov. 2012, *Antoine de M.*, n° 2012-283 QPC §1. ♦ En particulier lorsque la formulation de la QPC par le requérant est contournée. • Cons. const. 31 janv. 2014, *Michel P.*, n° 2013-363 QPC § 1 à 3.

310. Si, postérieurement à la saisine du Cons.

const., les dispositions contestées ont été modifiées et que cette modification n'est pas applicable aux procédures antérieures, elle est sans incidence sur l'examen, par le Conseil, des dispositions renvoyées. • Cons. const. 24 juin 2011, *Kiril Z.*, n° 2011-133 QPC § 6. ♦ De même une disposition abrogée est applicable au litige. • Cons. const. 23 juill. 2010, *Philippe E.*, n° 2010-16 QPC.

311. Dans l'hypothèse d'une erreur manifeste de la décision de renvoi, le Conseil rétablit le texte sur lequel porte en fait la QPC. • Cons. const. 21 nov. 2014, *Nadav B.*, n° 2014-428 QPC § 3.

312. Disposition dont le Conseil est saisi. Lorsque le Conseil est saisi d'une disposition qui, bien qu'applicable au litige, ne permet pas de répondre à la situation contestée, il ne peut que le constater. Ainsi, saisi d'une éventuelle violation du principe d'égalité, il constate que « à supposer qu'elle existe » elle ne peut résulter que d'un article qui ne lui a pas été soumis. • Cons. const. 28 avr. 2017, *Sté La Noé père et fils*, n° 2017-626 QPC § 6.

b. Procédure

BIBL. Cartier, Le secrétariat général du Gouvernement défenseur attitré de la loi dans le cadre du contentieux de la QPC, *LPA 21 févr. 2013, n° 38, p. 4*. – Charité, Étrangère au pouvoir du juge constitutionnel, l'injonction, pourquoi le serait-elle ?, *AJDA 2015. 2253*.

313. Le contrôle de constitutionnalité opéré par le Cons. const. en tant que juge électoral ne peut être conduit selon les mêmes modalités que celles prévues par le Cons. const. dans le cadre de la procédure QPC ordinaire. • Cons. const. 12 janv. 2012, *Sénat, Loiret*, n° 2011-4538 SEN : *préc. note 188* (sol. impl., le règlement du 4 févr. 2010 n'étant pas visé).

1. Intervention

BIBL. Barthélémy et Boré, L'intervention devant le Conseil constitutionnel, *Constitutions 2011. 345*. – Site internet du Conseil constitutionnel, Les interventions devant le Conseil constitutionnel dans la procédure de QPC, *À la une, juill.-août 2011*. – Cocco-Ortu, L'intervention dans le cadre du contrôle *a posteriori* de la loi en droit français et italien, *RD publ. 2013. 351*. – Site internet du Conseil constitutionnel, Les interventions en QPC, *À la une, oct. 2014*.

314. L'intervention d'un tiers à la procédure est admise (désormais art. 6 Règl. int.) si celui-ci justifie d'un intérêt spécial comme par ex. si l'objet du litige consiste à remettre en cause un avantage dont il bénéficie, au détriment des parties. Son mémoire est versé à la procédure et communiqué pour que l'ensemble des parties et autorités de l'État puisse y répondre. • Cons. const. 7 oct. 2010, *CGT-FO et a.*, n° 2010-42 QPC • Cons. const. 23 nov. 2018, *Thomas T.*, n° 2018-745 QPC.

V. pour d'autres décisions dans le même sens : .

315. Il en va de même si la personne a posé une QPC portant sur les mêmes dispositions que celles dont le Cons. const. est saisi. • Cons. const. 26 mars 2015, *Frédéric P.*, n° 2015-459 QPC. ♦ ... Et que cette question n'a pas fait l'objet d'un refus de transmission. • Cons. const. 4 déc. 2015, *Gilbert A.*, n° 2015-506 QPC § 8. ♦ Rappr. pour le cas où la personne a soulevé l'irrégularité d'une procédure dans une affaire encore pendante. • Cons. const. 2 mars 2018, *Assoc. presse judiciaire*, n° 2017-693 QPC.

316. Sont recevables des interventions émanant de parties en défense de contestations électorales déposées devant le tribunal administratif, à l'occasion desquelles l'auteur de ces contestations a déposé une QPC. • Cons. const. 17 juin 2020, *Daniel D. et a.*, n° 2020-849 QPC § 13.

317. L'intervention peut se faire tant pour se joindre à la demande y compris avec des arguments différents que le Conseil examinera. • Cons. const. 13 avr. 2018, *Sté Life Sciences Holdings France*, n° 2018-699 QPC § 7. ♦ ... Que pour défendre, avec le Premier ministre, la conformité des dispositions contestées. • Cons. const. 13 mai 2011, *Sté Système U Centrale nationale et a.*, n° 2011-126 QPC • Cons. const. 17 févr. 2012, *Sté Chaudet et Fille et a.*, n° 2011-221 QPC • Cons. const. 21 nov. 2014, *Pierre T.*, n° 2014-429 QPC • Cons. const. 26 mars 2015, *Frédéric P.*, n° 2015-459 QPC • Cons. const. 17 juin 2020, *Daniel D. et a.*, n° 2020-849 QPC § 13. ♦ L'intervenant peut présenter des arguments conduisant, par un raisonnement inverse à celui du demandeur, à considérer que la disposition est néanmoins contraire à la Const. • Cons. const. 17 oct. 2014, *Ch. synd. cochers chauffeurs CGT-Taxis*, n° 2014-422 QPC.

318. Le seul fait que les intervenants soient appelés en leur qualité à appliquer les dispositions contestées ne justifie pas que chacun d'eux soit admis à intervenir. • Cons. const. 18 oct. 2013, *Franck M. et a.*, n° 2013-353 QPC § 1.

319. L'intervention peut émaner tout autant de particuliers que de personnes morales ; celles-ci peuvent être des associations ou des syndicats. • Cons. const. 22 nov. 2013, *Charly K.*, n° 2013-354 QPC • Cons. const. 7 déc. 2018, *Fond. Ildys*, n° 2018-752 QPC § 6. ♦ Ainsi, a pu intervenir, s'agissant d'une disposition du code de commerce relative au mandat et à la discipline des juges consulaires, la Conférence générale des juges consulaires de

France. • Cons. const. 4 mai 2012, *EURL David Ramirez,* n° 2012-241 QPC. ♦ S'agissant d'une disposition relative aux gens du voyage, intervention de l'assoc. « France Liberté Voyage ». • Cons. const. 5 oct. 2012, *Jean-Claude P.,* n° 2012-279 QPC. ♦ ... S'agissant d'une disposition du C. trav., la fédération des entreprises du commerce et de la distribution. • Cons. const. 4 avr. 2014, *Sté Séphora,* n° 2014-373 QPC. ♦ ... S'agissant de la présence de l'avocat pendant la garde à vue, l'ordre des avocats aux avocats du barreau de Marseille. • Cons. const. 21 nov. 2014, *Nadav B.,* n° 2014-428 QPC. ♦ S'agissant du droit de présentation des greffiers des tribunaux de commerce, le Conseil nat. des greffiers des tribunaux de commerce. • Cons. const. 26 mars 2015, *Frédéric P.,* n° 2015-459 QPC. ♦ ... S'agissant de dispositions du code du travail, le syndicat indépendant des artistes-interprètes et l'union nationale des syndicats autonomes spectacle et communication. • Cons. const. 29 nov. 2019, *Féd. nat. des synd. du spectacle, du cinéma, de l'audiovisuel et de l'action culturelle CGT et a.,* n° 2019-816 QPC.

320. Le Cons. const. s'assure au besoin que le représentant de la personne morale a bien été autorisé à présenter l'intervention par les organes compétents de la personne morale en question. • Cons. const. 12 avr. 2019, *Sté Magenta,* n° 2019-774 QPC § 10 et 11.

321. Dès lors que l'intervention est recevable, l'intervenant doit être invité à présenter des observations orales à l'audience. • Cons. const. 26 nov. 2010, *Danielle S.,* n° 2010-71 QPC • Cons. const. 9 juin 2011, *Abdellatif B. et a. : 2011-135/140 QPC.* ♦ Chaque intervenant est libre de présenter ou non des observations orales. • Cons. const. 8 oct. 2014, *Sté Praxair SAS,* n° 2014-419 QPC.

322. Des interventions, précisant ne pas entendre produire d'observations « à ce stade » mais se réserver le droit d'en établir au vu des mémoires déposés par les parties au litige, ne comprennent pas d'observations sur le bien-fondé de la question et ne satisfont pas dès lors aux exigences posées le règlement intérieur. • Cons. const. 14 juin 2013, *Philippe W.,* n° 2013-322 QPC § 3. ♦ Il en va ainsi même si des éléments de fonds sont contenus dans un mémoire postérieur parvenu au-delà du délai règlementaire. • Cons. const. 18 mai 2018, *Arlette R.,* n° 2018-705 QPC § 5. ♦ ... Lorsque que, bien qu'ayant posé une QPC relative aux mêmes dispositions, le mémoire en intervention ne comprend pas d'observation sur le bien-fondé de la question. • Cons. const. 4 déc. 2015, *Gilbert A.,* n° 2015-506 QPC § 8.

323. Les refus d'interventions ne sont pas toujours justifiés dans la décision mais simplement indiqués dans les « commentaires ». • Cons. const. 10 nov. 2011, *Ekaterina B., épse D., et a.,* n° 2011-192 QPC. • Cons. const. 17 mai 2013, *Jérôme P.,* n° 2013-310 QPC. ♦ Dans sa décision, le Cons. const. indique simplement, sans plus de précision, que l'intervenant potentiel ne justifiait pas d'un intérêt spécial à intervenir. • Cons. const. 28 mars 2013, *SARL Majestic Champagne,* n° 2012-298 QPC § 1. ♦ Dans d'autres cas, le Conseil constitutionnel est un peu plus précis, estimant que la personne morale ayant demandé à intervenir ne justifie pas d'un intérêt spécial à intervenir dans la procédure des présentes QPC. • Cons. const. 18 mars 2015, *John et a.,* n°s 2014-453/454 QPC et 2015-462 QPC § 2 • Cons. const. 11 oct. 2019, *Union nat. des étudiants en droit, gestion, AES, sciences économiques, politiques et sociales,* n° 2019-809 QPC § 4. ♦ Enfin, il peut exposer clairement les raisons du refus : si la fédération rassemble des établissements privés d'enseignement supérieur à but non lucratif qui sont exclus du bénéfice de l'exonération de taxe d'habitation prévue au 1° du § II de l'art. 1408 CGI, cette exclusion ne résulte pas des dispositions contestées. • Cons. const. 7 déc. 2018, *Fond. Ildys,* n° 2018-752 QPC § 6.

324. Justifie un refus d'intervention le fait que celle-ci ne satisfasse pas aux exigences posées par le règlement intérieur. Ainsi en est-il d'une intervention tardive dès lors que seules de secondes observations présentées après le délai de trois semaines comportent des griefs et une argumentation juridique au soutien de la QPC, les premières observations demandant uniquement qu'elle « prospère ». • Cons. const. 18 mai 2018, *Arlette R. et a.,* n° 2018-705 QPC § 5.

325. Une partie intervenante ne saurait modifier par ses conclusions l'objet de la QPC renvoyée au Cons. const. • Cons. const. 4 avr. 2014, *Sté Sephora,* n° 2014-373 QPC § 4. ♦ De même, l'intervention n'est admise que dans la mesure où elle concerne les dispositions que le Conseil constitutionnel retient dans le champ de la saisine tel qu'il le circonscrit (V. c. ci dessous). Les autres griefs ne portent dès lors pas sur les dispositions contestées. • Cons. const. 20 oct. 2017, *CGT-FO,* n° 2017-9665 QPC § 4.

2. Saisine de la CEDH

326. Les justiciables sont recevables à saisir le Cons. const. de conclusions aux fins de transmission d'une demande d'avis consultatif à la CEDH dans le cadre d'une QPC (application du Prot. 16 Conv. EDH : V. *infra*). • Cons. const. 23 nov. 2018, *Thomas T.,* n° 2018-745 QPC § 5 • Cons. const. 5 avr. 2019, *Sing Kwon C.,* n° 2019-772 QPC § 7.

3. Parties

BIBL. Dilloard, Les observations du Premier ministre dans le cadre de la QPC, *RD publ. 2014. 967*.

327. Le Conseil reconnaissant comme partie à l'instance devant lui toutes les personnes qui étaient présentes à la procédure devant le juge du fond ou devant le Conseil d'État ou la Cour de cassation, il reçoit et communique les observations produites dans l'intérêt de ces personnes même si elles n'ont pas été mentionnées dans les arrêts de renvoi. • Cons. const. 18 oct. 2010, *Rachid M. et a.*, n° 2010-55 QPC.

328. Si, tant que le Cons. const. n'est pas saisi, la QPC constitue un incident dans l'instance de sorte que l'extinction de cette dernière rend la QPC sans objet, une fois la QPC renvoyée au Cons. const., le désistement des requérants est sans effet sur la procédure qui se poursuit normalement même si le requérant ne produit pas d'observation devant le Cons. const. • Cons. const. 16 mai 2012, *Cts L.*, n° 2012-247 QPC (sol. impl.).

329. Lorsque le requérant ne produit pas devant le Cons. const., celui-ci se réfère au mémoire qu'il a déposé devant la juridiction suprême qui lui a renvoyé la question. • Cons. const. 14 oct. 2010, *Union synd. magistrats administratifs*, n° 2010-54 QPC • Cons. const. 16 mai 2012, *Cts L.*, n° 2012-247 QPC.

4. Moyens

330. Moyens soulevés. Les moyens doivent être soulevés dans les premières observations ; les secondes observations ne peuvent avoir d'autre objet que de répondre aux premières (du règlement intérieur du 4 févr. 2010, art. 1er). Aussi le Cons. const. ne répond-il pas à des moyens soulevés pour la première fois dans les secondes observations. • Cons. const. 18 sept. 2020, *Suzanne A. et a.*, n° 2020-856 QPC § 3 ♦ V. déjà, implicitement. • Cons. const. 25 mars 2011, *Mme Selamet B.*, n° 2011-111 QPC (sol. impl.).

331. Moyens d'office. Le Cons. const. peut, dans le cadre de la QPC comme dans le cadre du contrôle *a priori* (V. ss. Const. 58, art. 61, *note* 107), soulever certains moyens d'office. • Cons. const. 17 sept. 2010, *Assoc. sportive football club de Metz*, n° 2010-28 QPC • Cons. const. 15 janv. 2021, *Mickaël M.*, n° 2020-873 QPC § 4.

V. pour d'autres décisions dans le même sens :.

332. Il peut du reste dans ce cas, si ce moyen permet de conclure à l'inconstitutionnalité du texte, se contenter d'examiner ce moyen et non ceux des requérants. • Cons. const. 22 sept. 2010, *Sté Esso SAF*, n° 2010-33 QPC • Cons. const. 15 janv. 2021, *Mickaël M.*, n° 2020-873 QPC § 10. ♦ Il peut également conclure à l'inconstitutionnalité sans utiliser le moyen soulevé d'office. • Cons. const. 23 mars 2016, *Cherif Y.*, n° 2015-530 QPC.

V. pour d'autres décisions dans le même sens :.

333. Par ce procédé, le Cons. const. peut se saisir d'office de questions que je juge du fond s'est refusé de lui transmettre dès lors que la disposition législative n'emporte pas les conséquences juridiques critiquées par le demandeur. • Cons. const. 8 juill. 2011, *Tarek J.*, n° 2011-147 QPC • Crim., 27 avr. 2011, n° 11-90.015. ♦ ... En ne les estimant pas sérieuses. • Cons. const. 13 juill. 2011, *Samir A.*, n° 2011-153 QPC § 2 • Crim. QPC, 23 nov. 2010, n° 10-81.309 • 15 déc. 2010, n° 10-84.112.

334. Il peut également s'interroger sur le caractère législatif ou non des dispositions contestées. • Cons. const. 28 nov. 2014, *Sté ING Direct NV et ING Bank NV*, n° 2014-431 QPC § 5.

335. Lorsque le Cons. const. envisage de soulever d'office un grief, il en informe les parties et les autorités qui peuvent y répondre (Règl. QPC, art. 7). • Cons. const. 17 sept. 2010, *Assoc. Sportive Football Club de Metz*, n° 2010-28 QPC.

V. pour d'autres décisions dans le même sens :.

336. Il peut en résulter soit une annulation de la disposition. • Cons. const. 8 juill. 2011, *Tarek J.*, n° 2011-147 QPC • Cons. const. 11 avr. 2014, *CGT-FO et a.*, n° 2014-388 QPC. ♦ ... Soit un non-lieu à statuer. • Cons. const. 22 juill. 2011, *Claude C.*, n° 2011-152 QPC.

337. Le Conseil peut aussi renoncer à soulever le moyen qu'il avait ainsi envisagé et résoudre la difficulté par une réserve d'interprétation. • Cons. const. 7 oct. 2011, *Éric A.*, n° 2011-177 QPC • Cons. const. 30 mars 2012, *Omar S.*, n° 2012-227 QPC § 14.

5. Autres éléments de procédure

338. Jonction. Dès lors qu'il est possible de joindre plusieurs QPC pour qu'il y soit statué par une seule décision, le Cons. const. procède à la jonction. • Cons. const. QPC, 22 juill. 2010, *Alain C. et a.*, n° 2010-4/17 QPC. ♦ ... Y compris entre des QPC émanant du Conseil d'État et de la Cour de cassation. • Cons. const. 30 juill. 2010, *Épx. P. et a.*, n° 2010-19/27 QPC • Cons. const. 29 sept. 2011, *Michael C. et a.*, n° 2011-171/178 QPC • Cons. const. 14 oct. 2011, *Assoc. France Nature Environnement*, n° 2011-183/184 QPC.

339. Audiences publiques. Les audiences publiques sont, sur décisions du Président du Conseil, le plus souvent consultables sur le site internet du Cons. const. ; les parties, consultées, peuvent demander à ce qu'il n'en soit pas ainsi. • Cons. const. 10 déc. 2010, *Alain D. et a.,* n° 2010-72/75/82 QPC (en l'espèce, altération des facultés mentales résultant d'une maladie).

340. Note en délibéré. Il est possible de présenter une note en délibéré devant le Cons. const. Celle-ci est mentionnée dans les visas ainsi que la réponse des autres parties. • Cons. const. 2 déc. 2011, *Banque populaire Côte d'Azur,* n° 2011-200 QPC • Cons. const. 25 mai 2018, *Épx P.,* n° 2018-707 QPC • Cons. const. 6 sept. 2019, *Alaitz A.,* n°s 2019-799/800 QPC. ♦ Le Gouvernement peut également présenter une telle note. • Cons. const. 16 nov. 2018, *Murielle B.,* n° 2018-744 QPC • Cons. const. 6 sept. 2019, *Alaitz A.,* n°s 2019-799/800 QPC • Cons. const. 31 juill. 2020, n° 200-853 QPC.

a. Étendue du champ de la saisine

341. Possibilité de circonscrire la saisine. Le Cons. const. se reconnaît cependant la faculté, sous réserve de la divisibilité du texte, de circonscrire le champ de sa saisine aux seules dispositions législatives renvoyées qui sont effectivement mises en cause par la question ou applicables au litige à l'occasion duquel elle a été posée et au besoin, il précise les textes ou parties de texte et, lorsque ceux-ci ont été abondamment modifiés, l'état des textes dont il examine la constitutionnalité. • Cons. const. 16 sept. 2010, *Jean-Victor C.,* n° 2010-25 QPC § 1 • Cons. const. 19 oct. 2017, *Épx T.,* n° 2017-663 QPC § 1 • Cons. const. 15 févr. 2019, *Charles-Henri M.,* n° 2018-765 QPC § 1. ♦ C'est en particulier le cas lorsque ni la juridiction de renvoi ni les écritures des parties ne précisent la version du texte concernée. • Cons. const. 25 nov. 2016, *Cne de Coti-Chiavari,* n° 2016-597 QPC § 1 ♦ Il peut procéder de la sorte alors même que la juridiction ayant procédé au renvoi a elle-même déjà limité la QPC. • CE 11 avr. 2014, *B.,* n° 371921 (par rapport à la demande présentée par le requérant). • Cons. const. 20 juin 2014, *Épx M.,* n° 2014-404 QPC.

342. Lorsque la juridiction de renvoi identifie correctement la version du texte sur lequel le Cons. const. doit se prononcer, celui-ci estime ne pas avoir à établir la version des dispositions contestées dont il est saisi. • Cons. const. 24 juin 2016, *Jérôme C.,* n° 2016-546 QPC § 1. ♦ Il peut, lorsque la juridiction de renvoi s'est trompée quant à la version concernée, procéder à la rectification. • Cons. const. 24 juin 2016, *Alec W. et a.,* n° 2016-545 QPC § 1.

343. Par ailleurs, la détermination du champ de la QPC s'opère exclusivement à partir des griefs du requérant et ne prend pas en compte ceux des intervenants. • Cons. const. 16 févr. 2018, *Farouk B.* n° 2017-691 QPC § 9 à 11.

344. V. par ex. s'agissant des dispositions de l'état du texte : • Cons. const. 25 janv. 2019, *Sté Ambulances-taxis du Thoré,* n° 2018-757 QPC § 1. ♦ Ainsi le Cons. const. peut-il être amené à se prononcer sur une rédaction qui a été en vigueur très peu de temps. • Cons. const. 29 juin 2012, *Dpts de la Seine-Saint-Denis et du Var,* n° 2012-255/265 QPC • Cons. const. 22 avr. 2016, *Sté Sofadig Exploitation,* n° 2016-537 QPC § 1. ♦ De même le Conseil précise-t-il, lorsque le texte a connu plusieurs versions, celle qui, étant applicable au litige, sera examinée. • Cons. const. 12 oct. 2012, *Sté Groupe Canal Plus et a.,* n° 2012-280 QPC § 1 • Cons. const. 20 sept. 2019, *Abdelnour B.,* n° 2019-802 QPC § 1. ♦ Lorsque plusieurs versions d'un même texte sont applicables au litige, le Cons. const. se prononce sur les deux versions. • Cons. const. 27 janv. 2012, *Sté COVED SA,* n° 2011-214 QPC § 7 • Cons. const.29 janv. 2015, *Sté ThyssenKrupp Electrical Steel Ugo SAS,* n° 2014-445 QPC §1 à 3. ♦ Il en résulte que le Cons. const. peut être amené à se prononcer plusieurs fois sur le même article dans ses différentes rédactions. • Cons. const. 13 juill. 2012, *Saïd K.,* n° 2012-264 QPC § 3. ♦ Le Conseil peut aussi indiquer que s'agissant d'une version il a déjà déclaré les dispositions conformes et qu'il y a donc non-lieu à statuer alors que pour une autre version, il va statuer. • Cons. const. 22 juill. 2016, *Patrick S.,* n° 2016-556 QPC § 9.

V. pour d'autres décisions dans le même sens :

345. V. s'agissant : de certains articles d'un texte. • Cons. const. 12 oct. 2012, *Synd. de défense des fonctionnaires,* n° 2012-281 QPC § 9. ♦ ... Ou d'un code. • Cons. const. 29 nov. 2019, *Féd. nat. des synd. du spectacle, du cinéma, de l'audiovisuel et de l'action culturelle CGT et a.,* n° 2019-816 QPC § 8. ♦ ... De certains articles parmi ceux déférés. • Cons. const. 24 juill. 2015, *Assoc. French Data network et a.,* n° 2015-478 QPC § 7 • Cons. const. 2 mars 2018, *Ousmane K. et a.,* n° 2017-694 QPC § 5. ♦ ... De certains paragraphes. • Cons. const. 21 juin 2013, *SA Assistance sécurité gardiennage,* n° 2013-327 QPC § 3 (paragraphe d'article). ♦ ... De certains alinéas, voire d'un seul alinéa du texte. • Cons. const. 17 déc. 2010, *Boubakar B.,* n° 2010-81 QPC § 3 • Cons. const. 6 sept. 2019, *Alaitz A.,* n°s 2019-799/800 QPC § 4. ♦ ... D'une phrase ou d'un point numéroté. • Cons. const. 21 sept. 2012, *Assoc. Comité radicalement anti-corrida Europe et a.,* n° 2012-271 QPC § 3 (phrase d'alinéa). ♦ ... De quelques mots dans le texte. • Cons. const. 5 oct. 2012, *Élisabeth B.,* n° 2012-278 QPC • Cons. const. 6 févr. 2014, *Épx M.,* n° 2013-365 QPC § 3. ♦ ... D'un mot. • Cons. const. 6 juin 2014, *Sté Beve-*

rage and Restauration Organisation SA, n° 2014-399 QPC § 3. ♦ ... D'une référence chiffrée renvoyant à une autre disposition. • Cons. const. 17 janv. 2017, *Sté Alinéa*, n° 2016-604 QPC § 3. ♦ ... D'un tableau ou d'un extrait de tableau. • Cons. const. 17 sept. 2015, *Sté Gurdebeke SA*, n° 2015-482 QPC § 3 • Cons. const. 17 juill. 2015, *SARL Holding Désile*, n° 2015-476 QPC § 4.

V. pour d'autres décisions dans le même sens : .

346. Le Cons. const. peut dès lors : être conduit à exclure de la QPC dont il est saisi quelques mots pour ne retenir qu'une partie de l'expression contestée. • Cons. const. 24 janv. 2017, *Mme Audrey J.*, n° 2016-608 QPC. ♦ ... Être conduit à devoir examiner une combinaison complexe de points, alinéas et mots ou expressions dont il précise chaque élément. • Cons. const. 27 sept. 2019, *Union de défense active des forains*, n° 2019-805 QPC § 6.

347. Il importe peu que, devant le Cons. const., le requérant limite ses griefs à une seule des dispositions renvoyées, et ne demande plus la censure de l'ensemble de ces dispositions que comme une conséquence de l'inconstitutionnalité qu'il défend à ce stade. • Cons. const. 20 avr. 2012, *SA Paris Saint-Germain football*, n° 2012-238 QPC.

348. Le juge précise également en quoi les dispositions en question sont concernées ; en l'espèce, les dispositions doivent être regardées comme figurant au nombre des dispositions législatives dont il résulte « que, selon la loi française, le mariage est l'union d'un homme et d'une femme ». • Cons. const. 28 janv. 2011, *Corinne C. et a.*, n° 2010-92 QPC § 3.

349. Il importe peu que la Cour de cassation fasse référence à un article sans distinction entre ses dispositions ; dès lors que la question posée par le requérant ne porte que sur un élément d'un article par ailleurs divisible, le Cons. const. statue sur cet élément. • Cons. const. 6 mai 2011, *Synd. SUD AFP*, n° 2011-128 QPC § 3 • Cons. const. 7 oct. 2011, *Sté travaux industriels maritimes et terrestres*, n° 2011-175 QPC § 3.

350. Lorsque les dispositions contestées correspondent seulement à certains al. d'un art. mais que ce renvoi ne correspond pas à un dispositif homogène, isolable des autres dispositions de l'art., l'ensemble de l'art. est examiné. • Cons. const. 12 juill. 2013, *Agnès B.*, n° 2013-332 QPC. ♦ Il en va de même lorsque les dispositions contestées peuvent difficilement être disjointes des autres éléments de l'article renvoyé au Conseil. • Cons. const. 13 juin 2014, *David V.*, n° 2014-401 QPC.

351. Saisi formellement, par le même requérant, de trois QPC portant sur la même disposition, le Cons. const. estime qu'il est saisi d'une seule QPC. • Cons. const. 9 juill. 2014, *Franck I.*, n° 2014-406 QPC.

352. Saisine « en tant que ». Le CE renvoie parfois une QPC sur une disposition « en tant que » : La question de la conformité à la Constitution des dispositions des art. L. 228-1 s. CSI en tant qu'elles ne prévoient pas de régime particulier pour les mesures individuelles de contrôle administratif et de surveillance susceptibles d'être prises à l'égard de personnes ayant fait l'objet de mesures d'assignation à résidence de longue durée sur le fondement de la L. du 6 avril 1955 est renvoyée au Conseil constitutionnel. • CE, QPC, 1er déc. 2017, n° 415740. ♦ Du fait du caractère *erga omnes* de ses décisions (V. ss. Const. 58, art. 62), le Cons. const. ne tient pas compte des renvois « en tant que », visant à limiter l'interrogation sur la conformité à la Const. d'une disposition à un aspect seulement de cette dernière. • Cons. const. 10 févr. 2017, *Épx G.*, n° 2016-610 QPC • Cons. const. 16 févr. 2018, *Farouk B.*, n° 2017-691 QPC. ♦ V. l'usage fait des réserves dans ce cadre ss. Const. 58, art. 62.

V. pour d'autres décisions dans le même sens : .

b. Contrôle opéré par le Conseil constitutionnel

353. Il n'appartient pas au Cons. const., saisi d'une QPC, de remettre en cause la décision par laquelle le Conseil d'État ou la Cour de cassation a jugé, en application de l'art. 23-5 de l'Ord. 7 nov. 1958, qu'une disposition était ou non applicable au litige ou à la procédure ou constituait ou non le fondement des poursuites. • Cons. const. 28 mai 2010, *Cts L.*, n° 2010-1 QPC § 6 • Cons. const. 26 nov. 2010, *Mlle Danielle S.*, n° 2010-71 QPC § 11. ♦ V. note 143.

354. Il ne peut dès lors statuer sur des dispositions qui ne figurent pas dans la question renvoyée par le Conseil d'État quand bien même elles seraient connexes (en l'espèce : hospitalisation à la demande de tiers et hospitalisation d'office). • Cons. const. 26 nov. 2010, *Mlle Danielle S.*, n° 2010-71 QPC § 12.

355. En raison du caractère abstrait du contrôle exercé dans le cadre de la QPC, il n'appartient pas au Cons. const. d'examiner la constitutionnalité de la disposition déférée au regard de la situation du requérant mais seulement de rechercher si la disposition porte, en elle-même, atteinte aux droits et libertés que la Constitution garantit. • Cons. const. 17 mars 2011, *Synd. mixte chargé de la gestion du contrat urbain de cohésion sociale de l'agglomération de Papeete*, n° 2010-107 QPC (sol. impl.).

356. Le présent art. ne confère pas au Cons. const. un pouvoir général d'appréciation et de décision de même nature que celui du Parlement. Cet article lui donne seulement compétence pour se prononcer sur la conformité d'une disposition législative aux droits et libertés que la Constitution garantit. • Cons. const. 30 juill. 2010, *Daniel Walbuger et a.*, n° 2010-14/22 QPC § 30 • Cons. const. 28 févr. 2020, *Gérard F.*, n° 2019-827 QPC § 16. ♦ V., l'étude de cette question de manière générale sous Const. 58, art. 61 (pt. III. B. 3°. a. 1.). ♦ V. annotations ss. Const 58, art. 62 lorsque les mesures à prendre pour qu'il soit remédié à la situation supposent des choix que seul le législateur peut faire.

357. De même, comme dans le cadre de son contrôle *a priori* (V. ss. Const. 58, art. 61), il ne lui appartient de procéder à l'interprétation du texte qui lui est déféré que dans la mesure où cette interprétation est nécessaire à l'appréciation de sa constitutionnalité. • Cons. const. 14 juin 2013, *Philippe W.*, n° 2013-322 QPC § 12. ♦ Rappr. dans le cadre du contrôle *a priori* : • Cons. const. 24 juill. 1991, n° 91-298 DC § 33. ♦ La question de la désignation de l'autorité chargée d'assurer le paiement des heures de délégation syndicale des maîtres des établissements privés sous contrat prises en dehors de leur temps de travail n'étant pas nécessaire à l'appréciation de la constitutionnalité de la disposition prévoyant que les maîtres des établissements d'enseignement privés ne sont pas liés à l'établissement par un contrat de travail et ne précisant pas le régime des heures de délégation syndicale prises en dehors de leur temps de travail. • Cons. const. 14 juin 2013, *Philippe W.*, n° 2013-322 QPC § 12.

358. En revanche, le Cons. const. peut profiter de son contrôle pour inviter le législateur à apporter une modification aux dispositions législatives qui, si elles ne sont pas inconstitutionnelles, appellent, malgré tout, des précisions. ♦ V. notes ss Const. 58, art. 62

Ordonnance n° 58-1067 du 7 novembre 1958,

Portant loi organique sur le Conseil constitutionnel.

TITRE II. FONCTIONNEMENT DU CONSEIL CONSTITUTIONNEL

CHAPITRE II *BIS. DE LA QUESTION PRIORITAIRE DE CONSTITUTIONNALITÉ (L. org. n° 2009-1523 du 10 déc. 2009, art. 1er).*

SECTION I. *Dispositions applicables devant les juridictions relevant du Conseil d'État ou de la Cour de cassation (L. org. n° 2009-1523 du 10 déc. 2009, art. 1er).*

Afin de faire face aux conséquences de l'épidémie du virus covid-19, les délais mentionnés aux art. 23-4, 23-5 et 23-10 ont été suspendus jusqu'au 30 juin 2020 (L. org. n° 2020-365 du 30 mars 2020).

Art. 23-1 *(L. org. n° 2009-1523 du 10 déc. 2009, art. 1er)* Devant les juridictions relevant du Conseil d'État ou de la Cour de cassation, le moyen tiré de ce qu'une disposition législative porte atteinte aux droits et libertés garantis par la Constitution est, à peine d'irrecevabilité, présenté dans un écrit distinct et motivé. Un tel moyen peut être soulevé pour la première fois en cause d'appel. Il ne peut être relevé d'office.

Devant une juridiction relevant de la Cour de cassation, lorsque le ministère public n'est pas partie à l'instance, l'affaire lui est communiquée dès que le moyen est soulevé afin qu'il puisse faire connaître son avis.

Si le moyen est soulevé au cours de l'instruction pénale, la juridiction d'instruction du second degré en est saisie.

Le moyen ne peut être soulevé devant la cour d'assises. En cas d'appel d'un arrêt rendu par la cour d'assises en premier ressort, il peut être soulevé dans un écrit accompagnant la déclaration d'appel. Cet écrit est immédiatement transmis à la Cour de cassation.

Art. 23-2 *(L. org. n° 2009-1523 du 10 déc. 2009, art. 1er)* La juridiction statue sans délai par une décision motivée sur la transmission de la question prioritaire de constitutionnalité au Conseil d'État ou à la Cour de cassation. Il est procédé à cette transmission si les conditions suivantes sont remplies :

1° La disposition contestée est applicable au litige ou à la procédure, ou constitue le fondement des poursuites ;

2° Elle n'a pas déjà été déclarée conforme à la Constitution dans les motifs et le dispositif d'une décision du Conseil constitutionnel, sauf changement des circonstances ;

3° La question n'est pas dépourvue de caractère sérieux.

En tout état de cause, la juridiction doit, lorsqu'elle est saisie de moyens contestant la conformité d'une disposition législative, d'une part, aux droits et libertés garantis par la

Constitution et, d'autre part, aux engagements internationaux de la France, se prononcer par priorité sur la transmission de la question de constitutionnalité au Conseil d'État ou à la Cour de cassation.

La décision de transmettre la question est adressée au Conseil d'État ou à la Cour de cassation dans les huit jours de son prononcé avec les mémoires ou les conclusions des parties. Elle n'est susceptible d'aucun recours. Le refus de transmettre la question ne peut être contesté qu'à l'occasion d'un recours contre la décision réglant tout ou partie du litige.

Art. 23-3 *(L. org. n° 2009-1523 du 10 déc. 2009, art. 1er)* Lorsque la question est transmise, la juridiction sursoit à statuer jusqu'à réception de la décision du Conseil d'État ou de la Cour de cassation ou, s'il a été saisi, du Conseil constitutionnel. Le cours de l'instruction n'est pas suspendu et la juridiction peut prendre les mesures provisoires ou conservatoires nécessaires.

Toutefois, il n'est sursis à statuer ni lorsqu'une personne est privée de liberté à raison de l'instance ni lorsque l'instance a pour objet de mettre fin à une mesure privative de liberté.

La juridiction peut également statuer sans attendre la décision relative à la question prioritaire de constitutionnalité si la loi ou le règlement prévoit qu'elle statue dans un délai déterminé ou en urgence. Si la juridiction de première instance statue sans attendre et s'il est formé appel de sa décision, la juridiction d'appel sursoit à statuer. Elle peut toutefois ne pas surseoir si elle est elle-même tenue de se prononcer dans un délai déterminé ou en urgence.

En outre, lorsque le sursis à statuer risquerait d'entraîner des conséquences irrémédiables ou manifestement excessives pour les droits d'une partie, la juridiction qui décide de transmettre la question peut statuer sur les points qui doivent être immédiatement tranchés.

Si un pourvoi en cassation a été introduit alors que les juges du fond se sont prononcés sans attendre la décision du Conseil d'État ou de la Cour de cassation ou, s'il a été saisi, celle du Conseil constitutionnel, il est sursis à toute décision sur le pourvoi tant qu'il n'a pas été statué sur la question prioritaire de constitutionnalité. Il en va autrement quand l'intéressé est privé de liberté à raison de l'instance et que la loi prévoit que la Cour de cassation statue dans un délai déterminé.

SECTION II. *Dispositions applicables devant le Conseil d'État et la Cour de cassation (L. org. n° 2009-1523 du 10 déc. 2009, art. 1er).*

Art. 23-4 *(L. org. n° 2009-1523 du 10 déc. 2009, art. 1er)* Dans un délai de trois mois à compter de la réception de la transmission prévue à l'article 23-2 ou au dernier alinéa de l'article 23-1, le Conseil d'État ou la Cour de cassation se prononce sur le renvoi de la question prioritaire de constitutionnalité au Conseil constitutionnel. Il est procédé à ce renvoi dès lors que les conditions prévues aux 1° et 2° de l'article 23-2 sont remplies et que la question est nouvelle ou présente un caractère sérieux.

Art. 23-5 *(L. org. n° 2009-1523 du 10 déc. 2009, art. 1er)* Le moyen tiré de ce qu'une disposition législative porte atteinte aux droits et libertés garantis par la Constitution peut être soulevé, y compris pour la première fois en cassation, à l'occasion d'une instance devant le Conseil d'État ou la Cour de cassation. Le moyen est présenté, à peine d'irrecevabilité, dans un mémoire distinct et motivé. Il ne peut être relevé d'office.

En tout état de cause, le Conseil d'État ou la Cour de cassation doit, lorsqu'il est saisi de moyens contestant la conformité d'une disposition législative, d'une part, aux droits et libertés garantis par la Constitution et, d'autre part, aux engagements internationaux de la France, se prononcer par priorité sur le renvoi de la question de constitutionnalité au Conseil constitutionnel.

Le Conseil d'État ou la Cour de cassation dispose d'un délai de trois mois à compter de la présentation du moyen pour rendre sa décision. Le Conseil constitutionnel est saisi de la question prioritaire de constitutionnalité dès lors que les conditions prévues aux 1° et 2° de l'article 23-2 sont remplies et que la question est nouvelle ou présente un caractère sérieux.

Lorsque le Conseil constitutionnel a été saisi, le Conseil d'État ou la Cour de cassation sursoit à statuer jusqu'à ce qu'il se soit prononcé. Il en va autrement quand l'intéressé est privé de liberté à raison de l'instance et que la loi prévoit que la Cour de cassation statue dans un délai déterminé. Si le Conseil d'État ou la Cour de cassation est tenu de se prononcer en urgence, il peut n'être pas sursis à statuer.

Art. 23-6 *Abrogé par L. org. n° 2010-830 du 22 juill. 2010, art. 12.*

Art. 23-7 *(L. org. n° 2009-1523 du 10 déc. 2009, art. 1er)* La décision motivée du Conseil d'État ou de la Cour de cassation de saisir le Conseil constitutionnel lui est transmise avec les mémoires ou les conclusions des parties. Le Conseil constitutionnel reçoit une copie de la décision motivée par laquelle le Conseil d'État ou la Cour de cassation décide de ne pas le saisir d'une question prioritaire de constitutionnalité. Si le Conseil d'État ou la Cour de cassation ne s'est pas prononcé dans les délais prévus aux articles 23-4 et 23-5, la question est transmise au Conseil constitutionnel.

La décision du Conseil d'État ou de la Cour de cassation est communiquée à la juridiction qui a transmis la question prioritaire de constitutionnalité et notifiée aux parties dans les huit jours de son prononcé.

SECTION III. *Dispositions applicables devant le Conseil constitutionnel (L. org. n° 2009-1523 du 10 déc. 2009, art. 1er).*

Art. 23-8 *(L. org. n° 2009-1523 du 10 déc. 2009, art. 1er)* Le Conseil constitutionnel, saisi en application des dispositions du présent chapitre, avise immédiatement le Président de la République, le Premier ministre et les présidents de l'Assemblée nationale et du Sénat. Ceux-ci peuvent adresser au Conseil constitutionnel leurs observations sur la question prioritaire de constitutionnalité qui lui est soumise.

Lorsqu'une disposition d'une loi du pays de la Nouvelle-Calédonie fait l'objet de la question prioritaire de constitutionnalité, le Conseil constitutionnel avise également le Président du gouvernement de la Nouvelle-Calédonie, le Président du congrès et les présidents des assemblées de province.

Art. 23-9 *(L. org. n° 2009-1523 du 10 déc. 2009, art. 1er)* Lorsque le Conseil constitutionnel a été saisi de la question prioritaire de constitutionnalité, l'extinction, pour quelque cause que ce soit, de l'instance à l'occasion de laquelle la question a été posée est sans conséquence sur l'examen de la question.

Art. 23-10 *(L. org. n° 2009-1523 du 10 déc. 2009, art. 1er)* Le Conseil constitutionnel statue dans un délai de trois mois à compter de sa saisine. Les parties sont mises à même de présenter contradictoirement leurs observations. L'audience est publique, sauf dans les cas exceptionnels définis par le règlement intérieur du Conseil constitutionnel.

Art. 23-11 *(L. org. n° 2009-1523 du 10 déc. 2009, art. 1er)* La décision du Conseil constitutionnel est motivée. Elle est notifiée aux parties et communiquée soit au Conseil d'État, soit à la Cour de cassation ainsi que, le cas échéant, à la juridiction devant laquelle la question prioritaire de constitutionnalité a été soulevée.

Le Conseil constitutionnel communique également sa décision au Président de la République, au Premier ministre et aux présidents de l'Assemblée nationale et du Sénat ainsi que, dans le cas prévu au dernier alinéa de l'article 23-8, aux autorités qui y sont mentionnées.

La décision du Conseil constitutionnel est publiée au *Journal officiel* et, le cas échéant, au *Journal officiel* de la Nouvelle-Calédonie.

Art. 23-12 *(L. org. n° 2009-1523 du 10 déc. 2009, art. 1er)* Lorsque le Conseil constitutionnel est saisi d'une question prioritaire de constitutionnalité, la contribution de l'État à la rétribution des auxiliaires de justice qui prêtent leur concours au titre de l'aide juridictionnelle est majorée selon des modalités fixées par voie réglementaire.

Code de l'entrée et du séjour des étrangers et du droit d'asile

Question prioritaire de constitutionnalité

Art. R.* 532-59 Le moyen tiré de ce qu'une disposition législative porte atteinte aux droits et libertés garantis par la Constitution est soulevé, conformément aux dispositions de l'article 23-1 de l'ordonnance n° 58-1067 du 7 novembre 1958 portant loi organique sur le Conseil constitutionnel, à peine d'irrecevabilité, dans un mémoire distinct et motivé.

Ce mémoire, ainsi que, le cas échéant, l'enveloppe qui le contient, portent la mention "question prioritaire de constitutionnalité".

Art. R.* 532-60 L'irrecevabilité tirée du défaut de présentation, dans un mémoire distinct et motivé, du moyen mentionné à l'article R.* 532-59, peut être opposée sans qu'il soit fait application de l'article R. 532-12 et du deuxième alinéa de l'article R. 532-26.

Art. R.* 532-61 Sauf s'il apparaît de façon certaine, au vu du mémoire distinct, qu'il n'y a pas lieu de transmettre la question prioritaire de constitutionnalité, notification de ce mémoire est faite à l'autre partie. Il lui est imparti un bref délai pour présenter ses observations. Copie du mémoire est communiquée au ministre chargé de l'asile.

Art. R.* 532-62 La Cour nationale du droit d'asile n'est pas tenue de transmettre une question prioritaire de constitutionnalité mettant en cause, par les mêmes motifs, une disposition législative dont le Conseil d'État, la Cour de cassation ou le Conseil constitutionnel est déjà saisi. En cas d'absence de transmission pour cette raison, elle diffère sa décision sur le fond, jusqu'à ce qu'elle soit informée de la décision du Conseil d'État, de la Cour de cassation ou, le cas échéant, du Conseil constitutionnel.

Art. R.* 532-63 Le président de la Cour nationale du droit d'asile ou les présidents qu'il désigne à cet effet peuvent, par ordonnance, statuer sur la transmission d'une question prioritaire de constitutionnalité.

Art. R.* 532-64 L'application des dispositions de la présente section ne fait pas obstacle à l'usage des pouvoirs que le président de la Cour nationale du droit d'asile et les présidents désignés à cet effet tiennent des dispositions de l'article R. 532-3.

Art. R.* 532-65 La décision qui statue sur la transmission de la question prioritaire de constitutionnalité est notifiée aux parties et au ministre chargé de l'asile, dans les formes prévues par les articles R. 532-16 à R. 532-18.

La notification d'une décision de transmission mentionne que des observations peuvent être produites devant le Conseil d'État, dans le délai d'un mois. Elle indique les modalités selon lesquelles ces observations peuvent être présentées.

La notification d'une décision de refus de transmission mentionne que cette décision ne peut être contestée qu'à l'occasion d'un recours en cassation formé contre la décision de la Cour nationale du droit d'asile statuant sur le fond. Elle mentionne aussi que cette contestation devra faire l'objet d'un mémoire distinct et motivé, accompagné d'une copie de la décision de refus de transmission.

Art. R.* 532-66 Le refus de transmission dessaisit la Cour nationale du droit d'asile du moyen d'inconstitutionnalité. La décision qui règle le litige vise le refus de transmission.

La formation de jugement peut, toutefois, déclarer non avenu le refus de transmission et procéder à la transmission, lorsque ce refus a été exclusivement motivé par le constat que la condition prévue par le 1° de l'article 23-2 de l'ordonnance n° 58-1067 du 7 novembre 1958 portant loi organique sur le Conseil constitutionnel n'était pas remplie, si elle entend fonder sa décision sur la disposition législative qui avait fait l'objet de la question qui n'a pas été transmise.

Code des juridictions financières

Cour des comptes. Dispositions relatives aux activités juridictionnelles

Art. L.O. 142-2 *(L. org. n° 2009-1523 du 10 déc. 2009, art. 2-IV)* I. — La transmission au Conseil d'État, par une juridiction régie par le présent code, d'une question prioritaire de constitutionnalité obéit aux règles définies par les articles 23-1 à 23-3 de l'ordonnance n° 58-1067 du 7 novembre 1958 portant loi organique sur le Conseil constitutionnel *[V. ces art. ci-dessus]*.

II. — Devant une juridiction financière, l'affaire est communiquée au ministère public dès que le moyen tiré de ce qu'une disposition législative porte atteinte aux droits et libertés garantis par la Constitution est soulevé, afin qu'il puisse faire connaître son avis.

Code de justice administrative

La question prioritaire de constitutionnalité

Art. L.O. 771-1 *(L. org. n° 2009-1523 du 10 déc. 2009, art. 2-I)* La transmission par une juridiction administrative d'une question prioritaire de constitutionnalité au Conseil d'État obéit aux règles définies par les articles 23-1 à 23-3 de l'ordonnance n° 58-1067 du 7 novembre 1958 portant loi organique sur le Conseil constitutionnel *[V. ces art. ci-dessus]*.

Art. L.O. 771-2 *(L. org. n° 2009-1523 du 10 déc. 2009, art. 2-I)* Le renvoi par le Conseil d'État d'une question prioritaire de constitutionnalité au Conseil constitutionnel obéit aux règles définies par les articles 23-4, 23-5 et 23-7 de l'ordonnance n° 58-1067 du 7 novembre 1958 précitée *[V. ces art. ci-dessus]*.

....

La question prioritaire de constitutionnalité. Dispositions applicables devant les tribunaux administratifs et les cours administratives d'appel

Art. R.* 771-3 *(Décr. n° 2010-148 du 16 févr. 2010, art. 1er)* Le moyen tiré de ce qu'une disposition législative porte atteinte aux droits et libertés garantis par la Constitution est soulevé, conformément aux dispositions de l'article 23-1 de l'ordonnance n° 58-1067 du 7 novembre 1958 portant loi organique sur le Conseil constitutionnel *[V. cet art. ci-dessus]*, à peine d'irrecevabilité, dans un mémoire distinct et motivé. Ce mémoire, ainsi que, le cas échéant, l'enveloppe qui le contient, portent la mention : « question prioritaire de constitutionnalité ».

Art. R.* 771-4 *(Décr. n° 2010-148 du 16 févr. 2010, art. 1er)* L'irrecevabilité tirée du défaut de présentation, dans un mémoire distinct et motivé, du moyen visé à l'article précédent peut être opposée sans qu'il soit fait application des articles R. 611-7 et R. 612-1.

Art. R.* 771-5 *(Décr. n° 2010-148 du 16 févr. 2010, art. 1er)* Sauf s'il apparaît de façon certaine, au vu du mémoire distinct, qu'il n'y a pas lieu de transmettre la question prioritaire de constitutionnalité, notification de ce mémoire est faite aux autres parties. Il leur est imparti un bref délai pour présenter leurs observations.

Pour l'application de l'art. 61-1 Const. 58, les dispositions de cet art. sont applicables devant les juridictions relevant du Conseil d'État qui ne sont régies ni par le CJA ni par le CJF.

La partie qui, dans une instance devant l'une de ces juridictions, soutient qu'une disposition législative porte atteinte aux droits et libertés garantis par la Constitution présente ses observations dans un mémoire distinct et motivé, à peine d'irrecevabilité relevée d'office (Décr. n° 2010-148 du 16 févr. 2010, art. 2).

Art. R.* 771-6 *(Décr. n° 2010-148 du 16 févr. 2010, art. 1er)* La juridiction n'est pas tenue de transmettre une question prioritaire de constitutionnalité mettant en cause, par les mêmes motifs, une disposition législative dont le Conseil d'État ou le Conseil constitutionnel est déjà saisi. En cas d'absence de transmission pour cette raison, elle diffère sa décision sur le fond, jusqu'à ce qu'elle soit informée de la décision du Conseil d'État ou, le cas échéant, du Conseil constitutionnel.

Pour l'application de l'art. 61-1 Const. 58, les dispositions de cet art. sont applicables devant les juridictions relevant du Conseil d'État qui ne sont régies ni par le CJA ni par le CJF.

La partie qui, dans une instance devant l'une de ces juridictions, soutient qu'une disposition législative porte atteinte aux droits et libertés garantis par la Constitution présente ses observations dans un mémoire distinct et motivé, à peine d'irrecevabilité relevée d'office (Décr. n° 2010-148 du 16 févr. 2010, art. 2).

Art. R.* 771-7 *(Décr. n° 2010-148 du 16 févr. 2010, art. 1er)* Les présidents de tribunal administratif et de cour administrative d'appel, le vice-président du tribunal administratif de Paris, les présidents de formation de jugement des tribunaux et des cours ou les magistrats désignés à cet effet par le chef de juridiction peuvent, par ordonnance, statuer sur la transmission d'une question prioritaire de constitutionnalité.

Art. R.* 771-8 *(Décr. n° 2010-148 du 16 févr. 2010, art. 1er)* L'application des dispositions de la présente section ne fait pas obstacle à l'usage des pouvoirs que les présidents de tribunal administratif et de cour administrative d'appel, le vice-président du tribunal administratif de Paris et les présidents de formation de jugement des tribunaux et des cours tiennent des dispositions de l'article R. 222-1.

Art. R.* 771-9 *(Décr. n° 2010-148 du 16 févr. 2010, art. 1er)* La décision qui statue sur la transmission de la question prioritaire de constitutionnalité est notifiée aux parties, dans les formes prévues par les articles R. 751-2 à R. 751-4 et R. 751-8.

La notification d'une décision de transmission mentionne que des observations peuvent être produites devant le Conseil d'État, dans le délai d'un mois. Elle indique les modalités selon lesquelles ces observations peuvent être présentées.

La notification d'une décision de refus de transmission mentionne que cette décision ne peut être contestée qu'à l'occasion d'un recours formé contre la décision qui règle tout ou partie du litige. Elle mentionne aussi que cette contestation devra faire l'objet d'un mémoire distinct et motivé, accompagné d'une copie de la décision de refus de transmission.

Pour l'application de l'art. 61-1 Const. 58, les dispositions des 2e et 3e al. de cet art. sont applicables devant les juridictions relevant du Conseil d'État qui ne sont régies ni par le CJA ni par le CJF.

La partie qui, dans une instance devant l'une de ces juridictions, soutient qu'une disposition législative porte atteinte aux droits et libertés garantis par la Constitution présente ses observations dans un mémoire distinct et motivé, à peine d'irrecevabilité relevée d'office (Décr. n° 2010-148 du 16 févr. 2010, art. 2).

Art. R.* 771-10 *(Décr. n° 2010-148 du 16 févr. 2010)* Le refus de transmission dessaisit la juridiction du moyen d'inconstitutionnalité. La décision qui règle le litige vise le refus de transmission.

La formation de jugement peut, toutefois, déclarer non avenu le refus de transmission et procéder à la transmission, lorsque ce refus a été exclusivement motivé par la constatation que la condition prévue par le 1° de l'article 23-2 de l'ordonnance n° 58-1067 du 7 novembre 1958 portant loi organique sur le Conseil constitutionnel *[V. art. ci-dessus]* n'était pas remplie, si elle entend fonder sa décision sur la disposition législative qui avait fait l'objet de la question qui n'a pas été transmise.

Pour l'application de l'art. 61-1 Const. 58, les dispositions de cet art. sont applicables devant les juridictions relevant du Conseil d'État qui ne sont régies ni par le CJA ni par le CJF.

La partie qui, dans une instance devant l'une de ces juridictions, soutient qu'une disposition législative porte atteinte aux droits et libertés garantis par la Constitution présente ses observations dans un mémoire distinct et motivé, à peine d'irrecevabilité relevée d'office (Décr. n° 2010-148 du 16 févr. 2010, art. 2).

Art. R.* 771-11 *(Décr. n° 2010-148 du 16 févr. 2010, art. 1er)* La question prioritaire de constitutionnalité soulevée pour la première fois devant les cours administratives d'appel est soumise aux mêmes règles qu'en première instance.

Art. R.* 771-12 *(Décr. n° 2010-148 du 16 févr. 2010, art. 1er)* Lorsque, en application du dernier alinéa de l'article 23-2 de l'ordonnance n° 58-1067 du 7 novembre 1958 portant loi organique sur le Conseil constitutionnel *[V. cet art. ci-dessus]*, l'une des parties entend contester, à l'appui d'un appel formé contre la décision qui règle tout ou partie du litige, le refus de transmission d'une question prioritaire de constitutionnalité opposé par le premier juge, il lui appartient, à peine d'irrecevabilité, de présenter cette contestation avant l'expiration du délai d'appel dans un mémoire distinct et motivé, accompagné d'une copie de la décision de refus de transmission.

La contestation du refus de transmission par la voie du recours incident doit, de même, faire l'objet d'un mémoire distinct et motivé, accompagné d'une copie de la décision de refus de transmission.

Pour l'application de l'art. 61-1 Const. 58, les dispositions de cet art. sont applicables devant les juridictions relevant du Conseil d'État qui ne sont régies ni par le CJA ni par le CJF.

La partie qui, dans une instance devant l'une de ces juridictions, soutient qu'une disposition législative porte atteinte aux droits et libertés garantis par la Constitution présente ses observations dans un mémoire distinct et motivé, à peine d'irrecevabilité relevée d'office (Décr. n° 2010-148 du 16 févr. 2010, art. 2).

La question prioritaire de constitutionnalité. Dispositions applicables devant le Conseil d'État

Art. R.* 771-13 *(Décr. n° 2010-148 du 16 févr. 2010, art. 1er)* Le mémoire distinct prévu par l'article 23-5 de l'ordonnance n° 58-1067 du 7 novembre 1958 portant loi organique sur le Conseil constitutionnel *[V. cet art. ci-dessus]* ainsi que, le cas échéant, l'enveloppe qui le contient portent la mention : « question prioritaire de constitutionnalité ».

Art. R.* 771-14 *(Décr. n° 2010-148 du 16 févr. 2010, art. 1er)* L'irrecevabilité tirée du défaut de présentation, dans un mémoire distinct et motivé, du moyen tiré de ce qu'une disposition législative porte atteinte aux droits et libertés garantis par la Constitution peut être opposée sans qu'il soit fait application des articles R. 611-7 et R. 612-1.

Art. R.* 771-15 *(Décr. n° 2010-148 du 16 févr. 2010, art. 1er)* Le mémoire distinct par lequel une partie soulève, devant le Conseil d'État, un moyen tiré de ce qu'une disposition législative porte atteinte aux droits et libertés garantis par la Constitution est notifié aux autres parties, au ministre compétent et au Premier ministre. Il leur est imparti un bref délai pour présenter leurs observations.

Il n'est pas procédé à la communication du mémoire distinct lorsqu'il apparaît de façon certaine, au vu de ce mémoire, que les conditions prévues à l'article 23-4 de l'ordonnance n° 58-1067 du 7 novembre 1958 portant loi organique sur le Conseil constitutionnel *[V. cet art. ci-dessus]* ne sont pas remplies.

Art. R.* 771-16 *(Décr. n° 2010-148 du 16 févr. 2010, art. 1er)* Lorsque l'une des parties entend contester devant le Conseil d'État, à l'appui d'un appel ou d'un pourvoi en cassation formé contre la décision qui règle tout ou partie du litige, le refus de transmission d'une question prioritaire de constitutionnalité précédemment opposé, il lui appartient, à peine d'irrecevabilité, de présenter cette contestation avant l'expiration du délai de recours dans un mémoire distinct et motivé, accompagné d'une copie de la décision de refus de transmission.

La contestation du refus de transmission par la voie du recours incident doit, de même, faire l'objet d'un mémoire distinct et motivé, accompagné d'une copie de la décision de refus de transmission.

Art. R.* 771-17 *(Décr. n° 2010-148 du 16 févr. 2010, art. 1er)* Lorsqu'une question prioritaire de constitutionnalité est posée à l'appui d'un pourvoi en cassation, le Conseil d'État se prononce sur le renvoi de cette question au Conseil constitutionnel sans être tenu de statuer au préalable sur l'admission du pourvoi.

Art. R.* 771-18 *(Décr. n° 2010-148 du 16 févr. 2010, art. 1er)* Le Conseil d'État n'est pas tenu de renvoyer au Conseil constitutionnel une question prioritaire de constitutionnalité mettant en cause, par les mêmes motifs, une disposition législative dont le Conseil constitutionnel est déjà saisi. En cas d'absence de transmission pour cette raison, il diffère sa décision jusqu'à l'intervention de la décision du Conseil constitutionnel.

Art. R.* 771-19 *(Décr. n° 2010-148 du 16 févr. 2010, art. 1er)* L'application des dispositions de la présente section ne fait pas obstacle à l'usage des pouvoirs que les présidents de *(Décr. n° 2016-899 du 1er juill. 2016, art. 1er-12°)* « chambre » tiennent des dispositions des articles R. 122-12 et R. 822-5.

Art. R.* 771-20 *(Décr. n° 2010-148 du 16 févr. 2010, art. 1er)* Lorsqu'une question prioritaire de constitutionnalité a été transmise au Conseil d'État par *(Décr. n° 2016-463 du 14 avr. 2016, art. 2)* « une juridiction administrative », les parties, le ministre compétent et le Premier ministre peuvent produire des observations dans le délai d'un mois courant à compter de la notification qui leur a été faite de la décision de transmission ou, le cas échéant, dans le délai qui leur est imparti par le président de la section du contentieux ou par le président de la *(Décr. n° 2016-899 du 1er juill. 2016, art. 1er-12°)* « chambre » chargée de l'instruction.

Si la requête dont est saisie la juridiction qui a décidé le renvoi est dispensée du ministère d'avocat devant cette juridiction, la même dispense s'applique à la production des observations devant le Conseil d'État ; dans le cas contraire, et sauf lorsqu'elles émanent d'un ministre ou du Premier ministre, les observations doivent être présentées par un avocat au Conseil d'État et à la Cour de cassation.

Art. R.* 771-21 *(Décr. n° 2010-148 du 16 févr. 2010, art. 1er)* La décision qui se prononce sur le renvoi au Conseil constitutionnel d'une question prioritaire de constitutionnalité est notifiée aux parties, au ministre compétent et au Premier ministre dans les formes prévues aux articles R. 751-2 à R. 751-4.

Code de l'organisation judiciaire

Question prioritaire de constitutionnalité

Art. L.O. 461-1 *(L. org. n° 2009-1523 du 10 déc. 2009, art. 2-II)* La transmission par une juridiction de l'ordre judiciaire d'une question prioritaire de constitutionnalité à la Cour de cassation obéit aux règles définies par les articles 23-1 à 23-3 de l'ordonnance n° 58-1067 du 7 novembre 1958 portant loi organique sur le Conseil constitutionnel.

Art. L.O. 461-2 *(L. org. n° 2009-1523 du 10 déc. 2009, art. 2-II)* Le renvoi par la Cour de cassation d'une question prioritaire de constitutionnalité au Conseil constitutionnel obéit aux règles définies par les articles 23-4 à 23-7 de l'ordonnance n° 58-1067 du 7 novembre 1958 précitée *[V. ces art. ci-dessus]*.

....

Art. R.* 461-1 *(Décr. n° 2010-1216 du 15 oct. 2010, art. 1er)* Dès réception d'une question prioritaire de constitutionnalité transmise par une juridiction, l'affaire est distribuée à la chambre qui connaît des pourvois dans la matière considérée.

La question peut être examinée par la formation prévue au premier alinéa de l'article L. 431-1 du présent code ou à l'article 567-1-1 du code de procédure pénale lorsque la solution paraît s'imposer.

Code de procédure civile

La question prioritaire de constitutionnalité. La transmission par le juge de la question prioritaire de constitutionnalité à la Cour de cassation

Art. 126-1 *(Décr. n° 2010-148 du 16 févr. 2010, art. 3)* La transmission d'une question prioritaire de constitutionnalité à la Cour de cassation obéit aux règles définies par les articles 23-1 à 23-3 de l'ordonnance n° 58-1067 du 7 novembre 1958 portant loi organique sur le Conseil constitutionnel *[V. ces art. ci-dessus]* et aux dispositions prévues par le présent chapitre.

Art. 126-2 *(Décr. n° 2010-148 du 16 févr. 2010, art. 3)* A peine d'irrecevabilité, la partie qui soutient qu'une disposition législative porte atteinte aux droits et libertés garantis par la Constitution présente ce moyen dans un écrit distinct et motivé, y compris à l'occasion d'un recours contre une décision réglant tout ou partie du litige dans une instance ayant donné lieu à un refus de transmettre la question prioritaire de constitutionnalité.

Le juge doit relever d'office l'irrecevabilité du moyen qui n'est pas présenté dans un écrit distinct et motivé.

Les autres observations des parties sur la question prioritaire de constitutionnalité doivent, si elles sont présentées par écrit, être contenues dans un écrit distinct et motivé. A défaut, elles ne peuvent être jointes à la décision transmettant la question à la Cour de cassation.

Art. 126-3 *(Décr. n° 2010-148 du 16 févr. 2010, art. 3)* Le juge qui statue sur la transmission de la question prioritaire de constitutionnalité est celui qui connaît de l'instance au cours de laquelle cette question est soulevée, sous réserve des alinéas qui suivent.

Le magistrat chargé de la mise en état, ainsi que le magistrat de la cour d'appel chargé d'instruire l'affaire, statue par ordonnance sur la transmission de la question prioritaire de constitutionnalité soulevée devant lui. Lorsque la question le justifie, il peut également renvoyer l'affaire devant la formation de jugement, le cas échéant sans clore l'instruction, pour qu'elle statue sur la transmission de la question. Cette décision de renvoi est une mesure d'administration judiciaire.

Le président de la formation de jugement du tribunal paritaire des baux ruraux, *(Décr. n° 2018-928 du 29 oct. 2018, art. 1er)* « du tribunal judiciaire spécialement désigné en application de l'article L. 211-16, de la cour d'appel spécialement désignée en application de l'article L. 311-16 du code de l'organisation judiciaire » et de la Cour nationale de l'incapacité et de la tarification de l'assurance des accidents du travail statuent sur la transmission de la question.

Art. 126-4 *(Décr. n° 2010-148 du 16 févr. 2010, art. 3)* Le juge statue sans délai, selon les règles de procédure qui lui sont applicables, sur la transmission de la question prioritaire de constitutionnalité, le ministère public avisé et les parties entendues ou appelées.

Ceux-ci sont avisés par tout moyen de la date à laquelle la décision sera rendue. Les parties sont en outre avisées qu'elles devront, le cas échéant, se conformer aux dispositions de l'article 126-9.

Art. 126-5 *(Décr. n° 2010-148 du 16 févr. 2010, art. 3)* Le juge n'est pas tenu de transmettre une question prioritaire de constitutionnalité mettant en cause, par les mêmes motifs, une disposition législative dont la Cour de cassation ou le Conseil constitutionnel est déjà saisi. En cas d'absence de transmission pour cette raison, il sursoit à statuer sur le fond, jusqu'à ce qu'il soit informé de la décision de la Cour de cassation ou, le cas échéant, du Conseil constitutionnel.

Art. 126-6 *(Décr. n° 2010-148 du 16 févr. 2010, art. 3)* Le refus de transmettre la question dessaisit la juridiction du moyen tiré de la question prioritaire de constitutionnalité.

Toutefois, lorsque ce refus a été exclusivement motivé par la constatation que la disposition législative contestée n'était pas applicable au litige ou à la procédure en cause, la juridiction peut, si elle entend à l'occasion de l'examen de l'affaire faire application de cette disposition, rétracter ce refus et transmettre la question.

Art. 126-7 *(Décr. n° 2010-148 du 16 févr. 2010, art. 3)* Le greffe avise les parties et le ministère public par tout moyen et sans délai de la décision statuant sur la transmission de la question prioritaire de constitutionnalité à la Cour de cassation.

En cas de décision de transmission, l'avis aux parties précise que celle-ci n'est susceptible d'aucun recours et que les parties qui entendent présenter des observations devant la Cour de cassation doivent se conformer aux dispositions de l'article 126-9, qui est reproduit dans l'avis, ainsi que le premier alinéa de l'article 126-11. L'avis est adressé par lettre recommandée avec demande d'avis de réception aux parties qui n'ont pas comparu.

En cas de décision de refus de transmission, l'avis aux parties précise que celle-ci ne peut être contestée qu'à l'occasion d'un recours formé contre une décision tranchant tout ou partie du litige.

La question prioritaire de constitutionnalité. Le renvoi par la Cour de cassation de la question prioritaire de constitutionnalité au Conseil constitutionnel

Art. 126-8 *(Décr. n° 2010-148 du 16 févr. 2010, art. 3)* Le renvoi par la Cour de cassation d'une question prioritaire de constitutionnalité au Conseil constitutionnel obéit aux règles définies par les articles 23-4 à 23-7 de l'ordonnance n° 58-1067 du 7 novembre 1958 précitée *[V. ces art. ci-dessus]* et aux dispositions prévues par le présent chapitre.

Art. 126-9 *(Décr. n° 2010-148 du 16 févr. 2010, art. 3)* Les parties disposent d'un délai d'un mois à compter de la décision de transmission pour faire connaître leurs éventuelles observations. Celles-ci sont signées par un avocat au Conseil d'État et à la Cour de cassation, dans les matières où la représentation est obligatoire devant la Cour de cassation.

Art. 126-10 *(Décr. n° 2010-1216 du 15 oct. 2010, art. 2-1°)* Lorsque la question prioritaire de constitutionnalité est soulevée à l'occasion d'un pourvoi, le mémoire distinct prévu à l'article 23-5 de l'ordonnance n° 58-1067 du 7 novembre 1958 porte la mention : « question prioritaire de constitutionnalité ».

Les autres parties au pourvoi disposent d'un délai d'un mois pour remettre un mémoire en réponse sur la question prioritaire de constitutionnalité. Celui-ci est établi, remis et communiqué suivant les règles régissant le pourvoi.

Art. 126-11 *(Décr. n° 2010-148 du 16 févr. 2010, art. 3)* Le (Décr. n° 2010-1216 du 15 oct. *2010, art. 2-2°)* « président de la formation à laquelle l'affaire est distribuée » ou son délégué, à la demande de l'une des parties ou d'office, peut, en cas d'urgence, réduire le délai prévu par les articles 126-9 et 126-10.

Il fixe la date de l'audience au cours de laquelle sera examinée la question prioritaire de constitutionnalité.

Le procureur général en est avisé pour lui permettre de faire connaître son avis.

Art. 126-12 *(Décr. n° 2010-1216 du 15 oct. 2010, art. 2-3°)* La Cour de cassation n'est pas tenue de renvoyer au Conseil constitutionnel une question prioritaire de constitutionnalité mettant en cause, par les mêmes motifs, une disposition législative dont le Conseil constitutionnel est déjà saisi. En cas d'absence de transmission pour cette raison, elle diffère sa décision jusqu'à l'intervention de la décision du Conseil constitutionnel.

Art. 126-13 *(Décr. n° 2010-148 du 16 févr. 2010, art. 3)* Le greffe notifie aux parties la décision prise par le *(Décr. n° 2010-1216 du 15 oct. 2010, art. 2-3°)* « président de la formation » ou son délégué en application du premier alinéa de l'article 126-11, ainsi que la date de l'audience.

Code de procédure pénale

De la question prioritaire de constitutionnalité

Art. L.O. 630 *(L. org. n° 2009-1523 du 10 déc. 2009, art. 2-III)* Les conditions dans lesquelles le moyen tiré de ce qu'une disposition législative porte atteinte aux droits et libertés garantis par la Constitution peut être soulevé dans une instance pénale, ainsi que les conditions dans lesquelles le Conseil constitutionnel peut être saisi par la Cour de cassation de la question prioritaire de constitutionnalité, obéissent aux règles définies par les articles 23-1 à 23-7 de l'ordonnance n° 58-1067 du 7 novembre 1958 portant loi organique sur le Conseil constitutionnel *[V. ces art. ci-dessus]*.

....

De la question prioritaire de constitutionnalité. Dispositions applicables devant les juridictions d'instruction, de jugement, d'application des peines et de la rétention de sûreté

Art. R.* 49-21 *(Décr. n° 2010-148 du 16 févr. 2010, art. 4)* Conformément aux dispositions de l'article 23-1 de l'ordonnance n° 58-1067 du 7 novembre 1958 portant loi organique sur le Conseil constitutionnel *[V. ces art. ci-dessus]*, la partie qui soutient, à l'appui d'une demande déposée en application des règles du présent code devant une juridiction d'instruction, de jugement, d'application des peines ou de la rétention de sûreté, qu'une disposition législative porte atteinte aux droits et libertés garantis par la Constitution doit, à peine d'irrecevabilité, présenter ce moyen dans un écrit distinct et motivé.

La juridiction doit relever d'office l'irrecevabilité du moyen qui n'est pas présenté dans un écrit distinct et motivé.

Art. R.* 49-22 *(Décr. n° 2010-148 du 16 févr. 2010, art. 4)* Au cours de l'instruction pénale, le moyen tiré de ce qu'une disposition législative porte atteinte aux droits et libertés garantis par la Constitution est présenté, à l'appui d'une demande, dans un écrit distinct et motivé déposé au greffe de la chambre de l'instruction et qui est visé par le greffier avec l'indication du jour du dépôt.

Cet écrit peut être également déposé au greffe du juge d'instruction, du juge des libertés et de la détention ou du juge des enfants. Le greffier l'adresse alors sans délai à la chambre de l'instruction.

Art. R.* 49-23 *(Décr. n° 2010-148 du 16 févr. 2010, art. 4)* Lorsque le moyen tiré de ce qu'une disposition législative porte atteinte aux droits et libertés garantis par la Constitution est présenté par la personne mise en examen devant le Président de la chambre de l'instruction saisi conformément aux dispositions de l'article 187-1 à l'occasion de l'appel d'une ordonnance de placement en détention provisoire, il est examiné par ce magistrat. Ce dernier peut toutefois renvoyer cet examen à la chambre de l'instruction lorsque la question le justifie.

Art. R.* 49-24 *(Décr. n° 2010-148 du 16 févr. 2010, art. 4)* Lorsque le moyen tiré de ce qu'une disposition législative porte atteinte aux droits et libertés garantis par la Constitution est soulevé par une personne détenue, à l'appui d'une demande qui peut être formée par remise au chef de l'établissement pénitentiaire, l'écrit distinct et motivé peut également être remis au chef de l'établissement pénitentiaire. Cet écrit est visé par ce dernier, avec l'indication du jour du dépôt, et il est adressé sans délai, en original ou en copie, au greffe de la juridiction saisie.

Art. R.* 49-25 *(Décr. n° 2010-148 du 16 févr. 2010, art. 4)* La juridiction statue sans délai, selon les règles de procédure qui lui sont applicables, sur la transmission de la question prioritaire de constitutionnalité, après que le ministère public et les parties, entendues ou appelées, ont présenté leurs observations sur la question prioritaire de constitutionnalité.

La juridiction peut toutefois statuer sans recueillir les observations du ministère public et des parties s'il apparaît de façon certaine, au vu du mémoire distinct, qu'il n'y a pas lieu de transmettre la question prioritaire de constitutionnalité.

Dès lors qu'elles sont présentées par écrit, les observations du ministère public et des autres parties doivent figurer dans un écrit distinct et motivé. A défaut, elles ne peuvent être jointes à la décision transmettant la question à la Cour de cassation.

Art. R.* 49-26 *(Décr. n° 2010-148 du 16 févr. 2010, art. 4)* La juridiction n'est pas tenue de transmettre une question prioritaire de constitutionnalité mettant en cause, par les mêmes motifs, une disposition législative dont la Cour de cassation ou le Conseil constitutionnel est déjà saisi. En cas d'absence de transmission pour ce motif, elle sursoit à statuer sur le fond, jusqu'à ce qu'elle soit informée de la décision de la Cour de cassation ou, le cas échéant, du Conseil constitutionnel.

Art. R.* 49-27 *(Décr. n° 2010-148 du 16 févr. 2010, art. 4)* Le refus de transmettre la question dessaisit la juridiction du moyen tiré de la question prioritaire de constitutionnalité.

Toutefois, lorsque ce refus a été exclusivement motivé par la constatation que la disposition législative contestée n'était pas applicable à la procédure en cause ou ne constituait pas le fondement des poursuites, la juridiction peut, si elle entend à l'occasion de l'examen de l'affaire faire application de cette disposition, rétracter ce refus et transmettre la question.

Art. R.* 49-28 *(Décr. n° 2010-148 du 16 févr. 2010, art. 4)* Le greffe avise les parties et le ministère public par tout moyen et sans délai de la décision statuant sur la transmission de la question prioritaire de constitutionnalité à la Cour de cassation.

En cas de décision de transmission, l'avis aux parties précise que celle-ci n'est susceptible d'aucun recours et que les parties qui entendent présenter des observations devant la Cour de cassation doivent se conformer aux dispositions de l'article R.* 49-30, qui est reproduit dans l'avis, ainsi que le premier alinéa de l'article R.* 49-32. L'avis est adressé par lettre recommandée avec demande d'avis de réception aux parties qui n'ont pas comparu.

En cas de décision de refus de transmission, l'avis aux parties précise que celle-ci ne peut être contestée qu'à l'occasion d'un recours formé contre une décision ayant statué sur la demande au cours de la procédure.

Art. R.* 49-29 *(Décr. n° 2010-148 du 16 févr. 2010, art. 4)* Lorsqu'il est soulevé pour la première fois en cause d'appel, le moyen tiré de ce qu'une disposition législative porte atteinte aux droits et libertés garantis par la Constitution est présenté dans un écrit distinct et motivé.

Lorsque la décision ayant refusé de transmettre la question prioritaire de constitutionnalité est contestée à l'occasion d'un recours contre la décision ayant statué sur la demande au cours de la procédure, le moyen tiré de ce qu'une disposition législative porte atteinte aux droits et libertés garantis par la Constitution est également présenté dans un écrit distinct et motivé.

De la question prioritaire de constitutionnalité. Dispositions applicables devant la Cour de cassation

Art. R.* 49-30 *(Décr. n° 2010-148 du 16 févr. 2010, art. 4)* Les parties disposent d'un délai d'un mois à compter de la décision de transmission de la question de constitutionnalité à la Cour de cassation pour faire connaître leurs éventuelles observations devant la Cour. Elles sont signées par un avocat au Conseil d'État et à la Cour de cassation, conformément aux règles prévues par l'article 585, sauf lorsqu'elles émanent de la personne condamnée, de la partie civile en matière d'infraction à la loi sur la presse ou du demandeur en cassation lorsque la chambre criminelle est saisie d'un pourvoi en application des articles 567-2, 574-1 et 574-2.

Art. R.* 49-31 *(Décr. n° 2010-1216 du 15 oct. 2010, art. 3-1°)* Lorsque la question prioritaire de constitutionnalité est soulevée à l'occasion d'un pourvoi, le mémoire distinct prévu à l'article 23-5 de l'ordonnance n° 58-1067 du 7 novembre 1958 porte la mention : "question prioritaire de constitutionnalité".

Les autres parties au pourvoi disposent d'un délai d'un mois pour remettre un mémoire en réponse sur la question prioritaire de constitutionnalité. Celui-ci est établi, remis et communiqué suivant les règles régissant le pourvoi.

Art. R.* 49-32 *(Décr. n° 2010-148 du 16 févr. 2010, art. 4)* Le *(Décr. n° 2010-1216 du 15 oct. 2010, art. 3-2°)* « président de la formation à laquelle l'affaire est distribuée » ou son délégué, à la demande d'une des parties ou d'office, peut, en cas d'urgence, réduire le délai prévu aux articles R.* 49-30 et R.* 49-31.

Il fixe la date de l'audience au cours de laquelle sera examinée la question prioritaire de constitutionnalité.

Le procureur général en est avisé pour lui permettre de faire connaître son avis.

Art. R.* 49-33 *(Décr. n° 2010-1216 du 15 oct. 2010, art. 3-3°)* La Cour de cassation n'est pas tenue de renvoyer au Conseil constitutionnel une question prioritaire de constitutionnalité mettant en cause, par les mêmes motifs, une disposition législative dont le Conseil constitutionnel est déjà saisi. En cas d'absence de transmission pour cette raison, elle diffère sa décision jusqu'à l'intervention de la décision du Conseil constitutionnel.

Art. R.* 49-34 *(Décr. n° 2010-148 du 16 févr. 2010, art. 4)* Le greffe notifie aux parties la décision prise par le *(Décr. n° 2010-1216 du 15 oct. 2010, art. 3-4°)* « président de la formation » ou son délégué en application du premier alinéa de l'article R.* 49-32, ainsi que la date de l'audience.

Décret n° 93-1425 du 31 décembre 1993,

Relatif à l'aide juridictionnelle en Nouvelle-Calédonie et dans les îles Wallis-et-Futuna.

Aide juridictionnelle. Question prioritaire de constitutionnalité

Art. 22-1 *(Décr. n° 2010-149 du 16 févr. 2010, art. 4)* En cas d'examen par le Conseil d'État, la Cour de cassation ou le Conseil constitutionnel d'une question prioritaire de constitutionnalité, les dispositions du *(Décr. n° 2020-1717 du 28 déc. 2020, art. 186)* « décret n° 2020-1717 du 28 décembre 2020 portant application de la loi n° 91-647 du 10 juillet 1991 relative à l'aide juridique et relatif à l'aide juridictionnelle et à l'aide à l'intervention de l'avocat dans les procédures non juridictionnelles », notamment ses articles 53-1 et 93-1, sont applicables.

....

Aide juridictionnelle. Question prioritaire de constitutionnalité. Contribution de l'État à la rétribution des avocats

Art. 39-1 *(Décr. n° 2010-149 du 16 févr. 2010, art. 4-2°)* La rétribution allouée pour les missions d'aide juridictionnelle en application du barème prévu à l'article 39 est majorée d'un coefficient de seize unités de valeur en cas d'intervention devant le Conseil constitutionnel saisi d'une question prioritaire de constitutionnalité.

Décret n° 2020-1717 du 28 décembre 2020,

Portant application de la loi n° 91-647 du 10 juillet 1991 relative à l'aide juridique et relatif à l'aide juridictionnelle et à l'aide à l'intervention de l'avocat dans les procédures non juridictionnelles.

Aide juridictionnelle. Question prioritaire de constitutionnalité

Art. 10 I. — L'aide juridictionnelle est maintenue lorsque la personne formule une nouvelle demande dans les cas suivants :

1° Pour se défendre en cas d'exercice d'une voie de recours ;

2° Pour les instances nées ou les pourparlers transactionnels menés au cours des procédures d'exécution effectuées avec le bénéfice de l'aide juridictionnelle ;

3° En cas de procédure participative.

II. — L'aide juridictionnelle est maintenue sans qu'il soit nécessaire de formuler une nouvelle demande dans les cas suivants :

1° En cas de médiation ordonnée par le juge ;

2° En cas d'application par la juridiction saisie de la procédure de saisine pour avis du Conseil d'État ou de la Cour de cassation ou en cas d'examen par le Conseil d'État, la Cour de cassation ou le Conseil constitutionnel d'une question prioritaire de constitutionnalité. S'il y a lieu, un avocat au Conseil d'État et à la Cour de cassation est désigné sans formalité par le président de l'ordre sur la demande du bénéficiaire de l'aide ou du bureau d'aide juridictionnelle initialement saisi.

Aide juridictionnelle. Question prioritaire de constitutionnalité. Rétribution des avocats et des avocats au Conseil d'État et à la Cour de cassation

Art. 91 En cas d'intervention dans le cadre de l'examen d'une question prioritaire de constitutionnalité par le Conseil d'État ou la Cour de cassation :

1° La rétribution versée par l'État aux avocats est établie selon les barèmes applicables aux différentes missions d'aide juridictionnelle et majorée d'un coefficient de seize unités de valeur en cas d'intervention ultérieure devant le Conseil constitutionnel ;

2° La rétribution versée par l'État aux avocats au Conseil d'État et à la Cour de cassation est de 191 € hors taxes. Cette rétribution est majorée de 382 € hors taxes en cas d'intervention ultérieure devant le Conseil constitutionnel.

Décision du 4 février 2010,

Portant règlement intérieur sur la procédure suivie devant le Conseil constitutionnel pour les questions prioritaires de constitutionnalité.

Art. 1er La décision du Conseil d'État ou de la Cour de cassation qui saisit le Conseil constitutionnel d'une question prioritaire de constitutionnalité est enregistrée au secrétariat général du Conseil constitutionnel. Ce dernier en avise les parties à l'instance ou, le cas échéant, leurs représentants.

Le Président de la République, le Premier ministre, les présidents de l'Assemblée nationale et du Sénat en sont également avisés ainsi que, s'il y a lieu, le président du gouvernement de la Nouvelle-Calédonie, le président du congrès et les présidents des assemblées de province.

Cet avis mentionne la date avant laquelle les parties ou les autorités précitées peuvent présenter des observations écrites et, le cas échéant, produire des pièces au soutien de celles-ci. Ces observations et pièces sont adressées au secrétariat général du Conseil constitutionnel dans les conditions fixées à l'article 2. Les observations et pièces adressées postérieurement à cette date, laquelle ne peut être reportée, ne sont pas versées à la procédure.

Une copie de ces premières observations et, le cas échéant, des pièces produites à leur soutien est notifiée aux parties et autorités précitées qui peuvent, dans les mêmes conditions, présenter des observations avant la date qui leur est fixée. Ces secondes observations ne peuvent avoir d'autre objet que de répondre aux premières. Une copie en est également notifiée aux parties et autorités précitées.

Art. 2 L'accomplissement de tout acte de procédure ainsi que la réception de tout document et de toute pièce sont mentionnés au registre du secrétariat général du *Conseil constitutionnel.*

Art. 3 Au cours de l'instruction, les actes et pièces de procédure ainsi que les avertissements ou convocations sont notifiés par voie électronique. Ils font l'objet d'un avis de réception également adressé par voie électronique. A cette fin, toute partie communique au secrétariat général du Conseil constitutionnel l'adresse électronique à laquelle ces notifications lui sont valablement faites.

En tant que de besoin et pour garantir le caractère contradictoire de la procédure, le secrétariat général du Conseil constitutionnel peut recourir à tout autre moyen de communication.

Lorsqu'une partie a chargé une personne de la représenter, ces notifications sont faites à son représentant.

Art. 4 Tout membre du Conseil constitutionnel qui estime devoir s'abstenir de siéger en informe le Président.

Une partie ou son représentant muni à cette fin d'un pouvoir spécial peut demander la récusation d'un membre du Conseil constitutionnel par un écrit spécialement motivé accompagné des pièces propres à la justifier. La demande n'est recevable que si elle est enregistrée au secrétariat général du Conseil constitutionnel avant la date fixée pour la réception des premières observations.

La demande est communiquée au membre du Conseil constitutionnel qui en fait l'objet. Ce dernier fait connaître s'il acquiesce à la récusation. Dans le cas contraire, la demande est examinée sans la participation de celui des membres dont la récusation est demandée.

Le seul fait qu'un membre du Conseil constitutionnel a participé à l'élaboration de la disposition législative faisant l'objet de la question de constitutionnalité ne constitue pas en lui-même une cause de récusation.

Art. 5 Le président inscrit l'affaire à l'ordre du jour du conseil et fixe la date de l'audience. Il en informe les parties et autorités mentionnées à l'article 1er.

Il désigne un rapporteur parmi les membres du Conseil constitutionnel.

Art. 6 Lorsque, pour les besoins de l'instruction, le conseil décide de recourir à une audition, les parties et les autorités mentionnées à l'article 1er sont invitées à y assister. Il leur est ensuite imparti un délai pour présenter leurs observations.

(Décis. n° 2011-120 ORGA du 21 juin 2011, art. 1er-I) « Lorsqu'une personne justifiant d'un intérêt spécial adresse des observations en intervention relatives à une question prioritaire de constitutionnalité *(Décis. n° 2013-128 ORGA du 22 nov. 2013, art. 1er-I)* « avant la date fixée en application du troisième alinéa de l'article 1er et mentionnée sur le site internet du Conseil constitutionnel », celui-ci décide que l'ensemble des pièces de la procédure lui est adressé et que ces observations sont transmises aux parties et autorités mentionnées à l'article 1er. Il leur est imparti un délai pour y répondre. En cas d'urgence, le président du Conseil constitutionnel ordonne cette transmission.

(Décis. n° 2013-128 ORGA du 22 nov. 2013, art. 1er-II) « Le dépassement du délai échu à cette date » n'est pas opposable à une partie qui a posé devant une juridiction relevant du Conseil d'État ou de la Cour de cassation, devant le Conseil d'État ou devant la Cour de cassation une question prioritaire de constitutionnalité mettant en cause une disposition législative dont le Conseil constitutionnel est déjà saisi lorsque, pour cette raison, cette question n'a pas été renvoyée ou transmise.

« Si ces observations en intervention comprennent des griefs normaux, cette transmission tient lieu de communication au sens de l'article 7 du présent règlement.

« Lorsque ces observations en intervention ne sont pas admises par le Conseil constitutionnel, celui-ci en informe l'intéressé. »

Les modifications issues de la Décis. n° 2011-120 ORGA du 21 juin 2011 sont applicables aux QPC renvoyées au Cons. const. à compter du 1er juill. 2011 (Décis. préc., art. 2).

Les modifications issues de la Décis. n° 2013-128 ORGA du 22 nov. 2013 sont applicables aux QPC renvoyées au Cons. const. à compter du 22 nov. 2013 (Décis. préc., art. 2).

Art. 7 Les griefs susceptibles d'être relevés d'office sont communiqués aux parties et autorités mentionnées à l'article 1er pour qu'elles puissent présenter leurs observations dans le délai qui leur est imparti.

Art. 8 Le président assure la police de l'audience. Il veille à son bon déroulement et dirige les débats.

L'audience fait l'objet d'une retransmission audiovisuelle diffusée en direct dans une salle ouverte au public dans l'enceinte du Conseil constitutionnel.

Le président peut, à la demande d'une partie ou d'office, restreindre la publicité de l'audience dans l'intérêt de l'ordre public ou lorsque les intérêts des mineurs ou la protection de la vie privée des personnes l'exigent. Il ne peut ordonner le huis clos des débats qu'à titre exceptionnel et pour ces seuls motifs.

Art. 9 Dès l'ouverture de l'audience, l'emploi de tout appareil permettant d'enregistrer, de fixer ou de transmettre la parole ou l'image, autre que ceux nécessaires à la retransmission citée à l'article précédent, est interdit dans la salle d'audience comme dans la salle ouverte au public.

Le président peut toutefois, après avoir recueilli l'avis des parties présentes, ordonner la diffusion de l'audience sur le site internet du Conseil constitutionnel.

Il peut aussi en ordonner la conservation si elle présente un intérêt pour la constitution d'archives historiques du Conseil constitutionnel.

Art. 10 A l'audience, il est donné lecture de la question prioritaire de constitutionnalité et d'un rappel des étapes de la procédure.

(Décis. n° 2011-120 ORGA 21 juin 2011, art. 1er-II) « Les représentants des parties et des personnes dont les observations en intervention ont été admises », s'ils sont avocats au Conseil d'État et à la Cour de cassation ou avocats et, le cas échéant, les agents désignés par les autorités visées à l'article 1er, sont ensuite invités à présenter leurs éventuelles observations orales.

V. notes ss. art. 6.

Art. 11 Seuls les membres du Conseil constitutionnel qui ont assisté à l'audience peuvent participer à la délibération.

Sans préjudice de l'application de l'article 58 de l'ordonnance du 7 novembre 1958 susvisée *[n° 58-1067, V. cet art. ss. Const. 58, art. 63]*, cette délibération n'est pas publique.

Art. 12 Les décisions du Conseil constitutionnel comportent le nom des parties et de leurs représentants, les visas des textes applicables et des observations communiquées, les motifs sur lesquels elles reposent et un dispositif. *(Abrogé par Décis. 24 juin 2010)* « *Elles indiquent le nom du rapporteur.* » Elles mentionnent le nom des membres qui ont siégé à la séance au cours de laquelle elles ont été prises.

Elles sont signées par le président, le secrétaire général et le rapporteur et sont communiquées, notifiées et publiées conformément à l'article 23-11 de l'ordonnance du 7 novembre 1958 susvisée *[n° 58-1067, V. cet art. ci-dessus]*.

Art. 13 Si le Conseil constitutionnel constate qu'une de ses décisions est entachée d'une erreur matérielle, il peut la rectifier d'office, après avoir provoqué les explications des parties et des autorités mentionnées à l'article 1er. Les parties et les autorités mentionnées à l'article 1er peuvent, dans les vingt jours de la publication de la décision au *Journal officiel*, saisir le Conseil constitutionnel d'une demande en rectification d'erreur matérielle d'une de ses décisions.

Règlement du 31 mai 1959,

Applicable à la procédure suivie devant le Conseil constitutionnel pour le contentieux de l'élection des députés et des sénateurs.

Art. 16-1 *(Décis. du 22 févr. 2013)* Lorsqu'une question prioritaire de constitutionnalité est soulevée à l'occasion d'une procédure en cours devant lui, le Conseil constitutionnel procède selon les dispositions du règlement intérieur sur la procédure suivie devant le Conseil constitutionnel pour les questions prioritaires de constitutionnalité.

Le Conseil peut toutefois, par décision motivée, rejeter sans instruction contradictoire préalable les questions prioritaires de constitutionnalité qui ne réunissent pas les conditions prévues par la seconde phrase du troisième alinéa de l'article 23-5 de l'ordonnance du 7 novembre 1958.

Circulaire CIV/04/10 du 24 février 2010,

Relative à la présentation de la question prioritaire de constitutionnalité (BOMJL nº 2010-2 du 30 avr. 2010).

Introduction et présentation synthétique de la réforme.

La révision constitutionnelle du 23 juillet 2008 *[L. const. nº 2008-724]* a introduit dans la Constitution du 4 octobre 1958 un article 61-1 disposant que : « Lorsque, à l'occasion d'une instance en cours devant une juridiction, il est soutenu qu'une disposition législative porte atteinte aux droits et libertés que la Constitution garantit, le Conseil constitutionnel peut être saisi de cette question sur renvoi du Conseil d'État ou de la Cour de cassation qui se prononce dans un délai déterminé. » *[...]*

La loi organique nº 2009-1523 du 10 décembre 2009 relative à l'application de l'article 61-1 de la Constitution détermine les conditions d'application de cette réforme. A cet effet, elle complète l'ordonnance nº 58-1067 du 7 novembre 1958 portant loi organique sur le Conseil constitutionnel *[ci-après Ord.]* par un chapitre II *bis* consacré à la question prioritaire de constitutionnalité.

Ces dispositions sont complétées par un décret nº 2010-148 du 16 février 2010, qui précise la procédure applicable devant les juridictions administratives, civiles et pénales, et un décret nº 2010-149 du même jour, organisant la continuité de l'aide juridictionnelle en cas d'examen de la question prioritaire de constitutionnalité par le Conseil d'État, la Cour de cassation et le Conseil constitutionnel.

Pour permettre le contrôle par le Conseil constitutionnel, par voie d'exception, des dispositions législatives promulguées, la réforme instaure un dispositif en trois étapes.

La première étape se déroule devant toute juridiction relevant du Conseil d'État ou de la Cour de cassation. A l'occasion d'une instance en cours, une partie peut désormais soulever un moyen tiré de ce qu'une disposition législative porte atteinte aux droits et libertés que la Constitution garantit. Ce moyen est qualifié par la loi organique de question prioritaire de constitutionnalité.

Lorsqu'une telle question est posée devant une juridiction judiciaire, il incombe à celle-ci de statuer sans délai sur sa transmission à la Cour de cassation. Cette transmission doit être ordonnée dès lors que la disposition législative contestée est applicable au litige ou à la procédure ou constitue le fondement des poursuites, qu'elle n'a pas déjà, sauf changement des circonstances, été déclarée conforme à la Constitution par le Conseil constitutionnel et que la question n'est pas dépourvue de caractère sérieux. Cette transmission impose, en principe, à la juridiction initialement saisie de surseoir à statuer sur le fond de l'affaire.

La deuxième étape se déroule devant la Cour de cassation, qui est chargée de se prononcer sur le renvoi au Conseil constitutionnel des questions prioritaires de constitutionnalité transmises par une juridiction judiciaire ou soulevées à l'occasion d'un pourvoi en cassation. La Cour de cassation se prononce dans un délai de trois mois suivant sa saisine. Si elle estime n'y avoir lieu à un tel renvoi, elle en informe la juridiction devant laquelle la question a été soulevée, pour permettre à celle-ci de statuer sur l'affaire.

Enfin, troisième étape, lorsque la Cour de cassation renvoie la question au Conseil constitutionnel, celui-ci statue sur la conformité à la Constitution de la disposition législative en cause. La décision du Conseil constitutionnel revêt une portée générale, qui excède l'affaire au cours de laquelle la question prioritaire de constitutionnalité a été posée. La disposition déclarée inconstitutionnelle est abrogée et la disposition déclarée constitutionnelle ne pourra plus faire l'objet d'une question prioritaire de constitutionnalité, sauf « changement des circonstances » *— V. nº 1.3.2.*

La présente circulaire a pour objet de présenter l'application de cette réforme devant les juridictions judiciaires. Après une présentation de l'objet de la question prioritaire de constitutionnalité (1), sont successivement abordés l'examen de la transmission d'une question prioritaire de constitutionnalité par les juridictions civiles (2) et pénales (3), puis l'examen du renvoi de la question par la Cour de cassation (4).

Les dispositions relatives à la continuité de l'aide juridictionnelle en cas d'examen de la question prioritaire de constitutionnalité par la Cour de cassation et le Conseil constitutionnel feront l'objet d'une circulaire distincte.

1. *L'objet de la question prioritaire de constitutionnalité*

1.1. La contestation d'une disposition législative

Il appartiendra à la jurisprudence du Conseil constitutionnel de préciser la portée exacte de la notion de « disposition législative » au sens de l'article 61-1 de la Constitution. Au vu, notamment, des débats parlementaires ayant précédé la révision constitutionnelle puis l'adoption de la loi organique, il est néanmoins possible de distinguer les éléments suivants.

1.1.1. *Ce qui est inclus dans le champ*

Toute disposition de forme législative, votée par le Parlement et promulguée par le Président de la République, peut faire l'objet d'une question prioritaire de constitutionnalité. En outre, il convient de préciser le statut des ordonnances, ainsi que celui des lois du pays de la Nouvelle-Calédonie.

Cas des lois antérieures à 1958.

Entrent dans le champ de la nouvelle procédure les lois adoptées antérieurement à l'entrée en vigueur de la Constitution du 4 octobre 1958. Il résulte clairement des travaux préparatoires de la loi constitutionnelle du 23 juillet 2008 *[L. const. n° 2008-724]* que le constituant a entendu que toutes les dispositions législatives antérieures à 1958 et non expressément abrogées pourraient être visées par une question prioritaire de constitutionnalité. Cette volonté correspond à l'objectif de sécurité juridique poursuivi par la nouvelle procédure, qui a notamment pour objet de purger l'ordre juridique des lois contraires à la Constitution. *[V., en ce sens, rapport de M. Jean-Luc Warsmann, pour la Commission des lois de l'Assemblée nationale, n° 1898, p. 8.]*

Cas des lois promulguées depuis l'entrée en vigueur de la Constitution de la Ve République.

Elles entrent, naturellement, dans le champ de la nouvelle procédure. Le fait qu'elles seraient intervenues en dehors du domaine attribué à la loi par l'article 34 de la Constitution est, à cet égard, sans incidence : ces dispositions conservent leur caractère législatif tant que le Gouvernement n'a pas procédé à leur modification par décret, après constatation par le Conseil constitutionnel de leur caractère réglementaire, selon la procédure prévue au second alinéa de l'article 37 de la Constitution.

Cas des lois organiques.

S'agissant des lois organiques dont l'intervention est prévue par certaines dispositions de la Constitution, elles doivent, avant leur promulgation, être soumises au Conseil constitutionnel, qui en contrôle l'ensemble des dispositions (article 46 de la Constitution). Pour autant, cette circonstance ne permet pas de les exclure, par principe, du périmètre de la question prioritaire de constitutionnalité : en effet, les justiciables peuvent invoquer un changement des circonstances, de droit ou de fait, pour solliciter le réexamen par le Conseil constitutionnel de dispositions déjà déclarées conformes à la Constitution *[V. n° 1.3.2.]*.

Cas des ordonnances organiques prises sur le fondement de l'ancien article 92 de la Constitution.

S'agissant des ordonnances organiques prises par le Gouvernement, en 1958 et 1959, pour mettre en place les institutions de la Ve République, l'ancien article 92 de la Constitution leur a expressément conféré force de loi. Elles doivent, dès lors, être regardées comme des dispositions législatives au sens de l'article 61-1 et pourront ainsi faire l'objet de questions prioritaires de constitutionnalité. Elles n'ont, d'ailleurs, jamais été soumises au contrôle du Conseil constitutionnel.

Cas des ordonnances des articles 38 et 74-1 de la Constitution.

Dès lors qu'elles ont été ratifiées par le législateur, les ordonnances de l'article 38 acquièrent rétroactivement valeur législative *[V. par exemple, CE, 8 déc. 2000, Hoffer et a. : n° 199072]*. Il en est de même des ordonnances de l'article 74-1 de la Constitution, propres aux collectivités d'outre-mer visées à l'article 74 et à la Nouvelle-Calédonie.

Cas des lois du pays de la Nouvelle-Calédonie.

L'article 3 de la loi organique du 10 décembre 2009 a expressément prévu que les dispositions d'une loi du pays de la Nouvelle-Calédonie peuvent faire l'objet d'une question prioritaire de constitutionnalité.

1.1.2. *Ce qui est exclu du champ*

Certains actes votés par le Parlement ne peuvent pas être contestés par la voie de la nouvelle procédure.

Ainsi, ni les règlements des assemblées, ni les résolutions mentionnées aux articles 34-1 et 88-4 de la Constitution, ni les avis prévus à l'article 88-6 ne sont des dispositions législatives. Ils ne peuvent donc faire l'objet d'une question prioritaire de constitutionnalité.

Les actes réglementaires du Gouvernement n'entrent pas dans le champ de l'article 61-1.

Le contrôle de leur conformité à la Constitution continue de relever du Conseil d'État *[sous réserve des dispositions de l'art. 111-5 C. pén. attribuant compétence aux juridictions pénales pour apprécier la légalité des actes administratifs, y compris réglementaires, lorsque, de cet examen, dépend la solution du procès pénal qui leur est soumis]*.

En particulier, tant qu'elles n'ont pas été ratifiées par le législateur, les dispositions des ordonnances prises sur le fondement des articles 38 ou 74-1 de la Constitution et qui relèvent du domaine de la loi demeurent, formellement, des actes réglementaires ; elles ne peuvent, en conséquence, faire l'objet de la nouvelle procédure *[à l'inverse des lois de ratification et des ordonnances ratifiées, V. n° 1.1.1]*.

De la même manière, les décrets-lois intervenus avant l'entrée en vigueur de la Constitution de la Ve République ne sont pas, en principe, des dispositions législatives au sens de l'article 61-1 de la Constitution : pris par le Gouvernement sur la base d'une habilitation donnée par le Parlement, il s'agit d'actes réglementaires *[V. CE, ass., 25 juin 1937, Union des véhicules industriels]*. Il n'en va autrement que s'ils ont postérieurement été ratifiés ou modifiés par une loi, ou même simplement repris tels quels ou visés dans une loi.

1.2. La norme constitutionnelle invoquée à l'appui de la question prioritaire de constitutionnalité

Généralités.

En vertu de l'article 61-1 de la Constitution, le moyen doit se fonder sur une atteinte aux « droits et libertés que la Constitution garantit ».

Certaines des normes figurant dans la Constitution ne pourront être invoquées, à l'appui des questions prioritaires de constitutionnalité : en particulier, il ne sera pas possible de soutenir que la disposition législative contestée a été prise en méconnaissance de règles constitutionnelles à caractère procédural, telles que celles précisant les conditions d'élaboration et d'adoption de la loi. Doit toutefois être distinguée l'hypothèse dans laquelle serait invoquée « l'incompétence négative » du législateur, c'est-à-dire le fait pour le Parlement de « reporter sur des autorités administratives ou juridictionnelles le soin de fixer des règles dont la détermination n'a été confiée par la Constitution qu'à la loi » *[Cons. const. 12 août 2004, loi relative aux libertés et responsabilités locales, consid. 29 : n° 2004-503 DC]*, lorsque cette insuffisance de la loi aura privé le justiciable du bénéfice d'un droit ou d'une liberté constitutionnellement garanti. Il appartiendra au Conseil constitutionnel de se prononcer sur cette question, qui n'a pas été tranchée lors des débats parlementaires *[V. le rapport de M. Warsmann, p. 46-47 ; le rapport de M. Hugues Portelli, rapporteur pour la Commission des lois du Sénat, n° 637, p. 40]*.

Il n'en demeure pas moins que les normes constitutionnelles susceptibles d'être invoquées par les justiciables sont très larges, puisqu'il s'agit de l'ensemble des droits et libertés figurant dans le « bloc de constitutionnalité ». Les justiciables pourront, en principe, se prévaloir de l'ensemble des droits et libertés en vertu desquels le Conseil constitutionnel assure le contrôle de constitutionnalité *a priori*, dans le cadre de la procédure de l'article 61 *[V. Rapport de M. Warsmann, p. 22]*.

Droits et libertés garantis par des dispositions de la Constitution elle-même.

Seront ainsi invocables les droits et libertés protégés par des dispositions de la Constitution elle-même, tels que l'égalité de tous les citoyens devant la loi sans distinction d'origine, de race ou de religion, le respect de toutes les croyances et le principe de laïcité *(art. 1er)*, ou encore l'interdiction de toute détention arbitraire et le principe selon lequel l'autorité judiciaire est gardienne de la liberté individuelle *(art. 66)*.

Droits et libertés garantis par le Préambule de la Constitution.

Figurent également au nombre des droits et libertés pouvant être invoqués par les justiciables ceux qui sont énoncés dans les textes cités par le Préambule de la Constitution, aux termes duquel « Le peuple français proclame solennellement son attachement aux Droits de l'homme et aux principes de la souveraineté nationale tels qu'ils ont été définis par la Déclaration de 1789, confirmée et complétée par le préambule de la Constitution de 1946, ainsi qu'aux droits et devoirs définis dans la Charte de l'environnement de 2004 ».

Déclaration des droits de l'homme et du citoyen.

Ainsi, la Déclaration des droits de l'homme et du citoyen du 26 août 1789 constitue une source particulièrement riche de normes invocables par les justiciables dans le cadre de la nouvelle procédure. En effet, elle proclame un certain nombre de droits et libertés individuels auxquels le Conseil constitutionnel, par sa jurisprudence, donne une portée adaptée à l'époque contemporaine. Outre le principe d'égalité, énoncé à l'article 1er, peuvent être cités la liberté d'opinion et de communication *(art. 10 et 11)*, les principes fondamentaux de la procédure pénale tels que la non-rétroactivité des lois, la présomption d'innocence, le principe de légalité des délits et des peines, la nécessité des peines *(art. 7 à 9)*, ou encore le droit de propriété *(art. 17)*.

Préambule de la Constitution de 1946.

Le Préambule de la Constitution de 1946 comporte également l'affirmation de droits et libertés qui pourront être invoqués par les justiciables. D'une part, elle *[Const. 1946]* proclame une série de principes politiques, économiques et sociaux « particulièrement nécessaires à notre temps », dont la jurisprudence constitutionnelle a précisé la portée. Il s'agit notamment du droit de grève, de la liberté syndicale ou encore du droit d'asile. D'autre part, elle fait référence aux « principes fondamentaux reconnus par les lois de la République ». Le Conseil constitutionnel a progressivement dégagé les critères permettant d'identifier ces principes auxquels il a reconnu valeur constitutionnelle : il s'agit de principes affirmés par une législation intervenue sous un régime républicain antérieur à l'entrée en vigueur du Préambule de 1946 et qui n'ont connu aucune exception au fil des différentes lois successives. Figurent notamment parmi ces principes la liberté d'association *[Cons. const. 15 juill. 1971 : no 71-44 DC]*, les droits de la défense *[Cons. const. 2 déc. 1976 : no 76-70 DC]* ou encore la liberté de l'enseignement *[Cons. const. 23 nov. 1977 : no 77-87 DC]*.

Charte de l'environnement de 2004.

La Charte de l'environnement a été adossée à la Constitution par la loi constitutionnelle no 2005-205 du 1er mars 2005. Le Conseil constitutionnel a reconnu que l'ensemble des droits et devoirs énoncés dans la charte avait valeur constitutionnelle *[Cons. const. 19 juin 2008 : no 2008-564 DC]*. Parmi les droits et libertés que pourront invoquer les justiciables à l'appui d'unequestion prioritaire de constitutionnalité figure, par exemple, l'obligation pour les autorités publiques d'adopter des mesures provisoires et proportionnées afin de parer à la réalisation d'un dommage dont la réalisation, bien qu'incertaine en l'état des connaissances scientifiques, pourrait affecter de manière grave et irréversible l'environnement *(art. 5)*.

Cas des objectifs à valeur constitutionnelle.

Il n'est pas certain que les objectifs à valeur constitutionnelle *[Au nombre desquels figurent notamment la sauvegarde de l'ordre public, le pluralisme des courants d'expression socio-culturels ou encore la bonne administration de la justice]*, dégagés par le Conseil constitutionnel, puissent être invoqués à l'appui d'une question prioritaire de constitutionnalité. Le Conseil constitutionnel n'en a pas fait application, à ce jour, pour censurer les dispositions législatives soumises à son contrôle, mais plutôt pour fonder la compétence du législateur et contrôler la conciliation entre de tels objectifs et certains principes constitutionnels. C'est ainsi que la possibilité pour toute personne de disposer d'un logement décent est un objectif à valeur constitutionnelle qui justifie certaines limites posées par la loi au droit de propriété *[Cons. const. 29 juill. 1998 : no 98-403 DC]*. Ces objectifs ne paraissent pas constituer, en eux-mêmes, des droits dont pourraient se prévaloir les justiciables *[V., en ce sens, rapport préc. de M. Hugues Portelli, p. 40].* Il conviendra par conséquent d'être attentif à la jurisprudence du Conseil constitutionnel sur ce point.

1.3. Une condition obstacle : la disposition ne doit pas avoir déjà été déclarée conforme à la Constitution, sauf changement des circonstances

1.3.1. *Le principe : la disposition contestée n'a pas déjà été déclarée conforme à la Constitution dans les motifs et le dispositif d'une décision du Conseil constitutionnel*

Quelle que soit la juridiction devant laquelle la question prioritaire de constitutionnalité est soulevée, celle-ci ne peut être transmise à la Cour de cassation ou renvoyée par la Cour au Conseil constitutionnel que si la disposition contestée « n'a pas déjà été déclarée conforme à la Constitution dans les motifs et le dispositif d'une décision du Conseil constitutionnel, sauf changement des circonstances » *(2° de l'art. 23-2 de l'ordonnance organique n° 58-1067 du 7 novembre 1958, s'agissant des juridictions relevant de la Cour de cassation ; art. 23-4 s'agissant de la Cour de cassation).*

Ne doivent être prises en compte, pour apprécier si cette condition est remplie, que les décisions rendues par le Conseil constitutionnel dans le cadre de son office de juge de la constitutionnalité de la loi, que ce soit sur le fondement de l'article 61 ou désormais de l'article 61-1 de la Constitution, et non pas, par exemple, les décisions qu'il rend pour le déclassement de dispositions ayant forme législative.

La précision selon laquelle la disposition contestée ne doit pas avoir été déclarée conforme, non seulement dans le dispositif, mais également dans les motifs d'une décision du Conseil constitutionnel, vise à tenir compte d'une évolution de la jurisprudence du conseil. Jusqu'en 1993, le Conseil constitutionnel faisait figurer dans le dispositif de ses décisions un article déclarant conformes à la Constitution l'ensemble des dispositions dont il ne prononçait pas la censure. Pour autant, il ne se livrait pas à un contrôle exhaustif de ces dispositions ; seules les violations graves et manifestes de la Constitution étaient relevées d'office *[C'est ce qu'exprime le « considérant-balai » qui concluait habituellement les motifs des décisions du Conseil, aux termes duquel, « en l'espèce, il n'y a pas lieu, pour le Conseil constitutionnel, de soulever d'office aucune question de conformité à la Constitution en ce qui concerne les autres dispositions de la loi soumise à son examen ». Cette formule n'avait pas pour objet de conférer un brevet de constitutionnalité à ces « autres dispositions », mais uniquement d'indiquer qu'elles n'étaient pas entachées d'une inconstitutionnalité manifeste, ce qui n'exclut pas qu'elles soient contraires à un principe constitutionnel n'ayant pas été invoqué par les requérants.].*

La pratique du conseil a évolué : il limite aujourd'hui la déclaration de conformité, dans le dispositif de ses décisions, aux seuls articles discutés devant lui et examinés dans les motifs desdites décisions.

La rédaction du 2° de l'article 23-2 *[Ord. n° 58-1067]* a donc pour objectif de permettre le contrôle de constitutionnalité, par la voie de la nouvelle procédure, de dispositions certes déclarées conformes dans le dispositif de décisions du Conseil constitutionnel intervenues avant 1993, mais qui n'ont pas été expressément examinées dans les motifs de ces décisions.

1.3.2. *L'exception : le changement des circonstances autorisant la question prioritaire de constitutionnalité*

Exceptionnellement, en raison du changement des circonstances, qu'il s'agisse des circonstances de droit ou des circonstances de fait, il pourra être justifié de poser à nouveau la question de la constitutionnalité d'une loi au Conseil constitutionnel, alors même que celui-ci l'aurait déjà déclarée conforme à la norme suprême, dans les motifs et le dispositif d'une de ses décisions.

Comme le Conseil constitutionnel l'a lui-même précisé à l'occasion de l'examen de la loi organique du 10 décembre 2009 *[Cons. const. 3 déc. 2009, n° 2009-595 DC : Cah. Cons. const.]*, la réserve du « changement des circonstances » vise « les changements intervenus, depuis la précédente décision, dans les normes de constitutionnalité applicables ou dans les circonstances, de droit ou de fait, qui affectent la portée de la disposition législative critiquée » ; en revanche, il ne s'agit nullement de prendre en compte les circonstances propres au cas d'espèce qui a donné lieu à l'instance au cours de laquelle la question prioritaire de constitutionnalité a été soulevée.

Ainsi, parmi les changements dans les circonstances de droit, l'adoption, en 2005, de la Charte de l'environnement, au rang de norme constitutionnelle, est susceptible d'avoir une incidence sur la constitutionnalité de lois qui avaient été déclarées conformes par le Conseil constitutionnel avant son entrée en vigueur.

Au titre des changements dans les circonstances de fait pouvant appeler à réexaminer une question tranchée de longue date, dans un autre état de la société, il est possible de mentionner les changements intervenus dans les domaines marqués par une évolution rapide des techniques, comme la bioéthique ou les technologies de l'information et de la communication, ou encore les évolutions démographiques, s'agissant par exemple d'une loi procédant à la délimitation de circonscriptions électorales.

2. *La procédure applicable à la question prioritaire de constitutionnalité posée devant les juridictions civiles*

Préliminaire : champ d'application.

La présente partie expose les règles s'appliquant aux instances dont les juridictions civiles sont saisies. Ces règles sont prévues, outre par la loi organique, par le nouveau titre V *bis* inséré dans le livre premier du code de procédure civile et comprenant les articles 126-1 à 126-12.

Conformément à l'article 749 du code de procédure civile, ces dispositions du code de procédure civile s'appliquent devant toutes les juridictions civiles. On peut notamment citer, sans exhaustivité : le tribunal de grande instance, en ce compris les juges et juridictions spécialisés de ce tribunal (juge des enfants, juge aux affaires familiales, juge de l'exécution, juge des libertés et de la détention en matière civile, juge de l'expropriation, commission d'indemnisation des victimes d'infraction, etc.), le tribunal d'instance (y compris le juge des tutelles), le tribunal de commerce, le conseil de prud'hommes, le tribunal paritaire des baux ruraux, le tribunal des affaires de sécurité sociale, le tribunal du contentieux de l'incapacité, la cour nationale de l'incapacité et de l'assurance des accidents du travail, la cour d'appel.

En revanche, sont exclues *[exclus]* du champ de la réforme non seulement les commissions administratives et les autorités administratives indépendantes, mais aussi les tribunaux arbitraux, dès lors qu'ils ne constituent pas des juridictions relevant du Conseil d'État ou de la Cour de cassation. Pour ceux-ci, une question prioritaire de constitutionnalité ne pourra être posée qu'à l'occasion d'une instance en recours contre leur décision ou leur sentence, portée devant une juridiction judiciaire *[V. en ce sens, rapport de M. Jean-Luc Warsmann, préc., p. 41 à 44]*.

Enfin, une question prioritaire de constitutionnalité peut être soulevée dans toute instance en cours devant une juridiction judiciaire civile, qu'elle soit contentieuse ou gracieuse, au fond ou provisoire.

2.1. La présentation de la question prioritaire de constitutionnalité

2.1.1. *L'auteur de la question prioritaire de constitutionnalité*

2.1.1.1. *Une faculté ouverte à toutes les parties à un procès civil*

En exigeant que la question prioritaire de constitutionnalité soit soulevée « à l'occasion d'une instance » et en précisant que cette question constitue un moyen *(Const. 4 oct. 1958, art. 61-1 ; Ord. n° 58-1067, art. 23-1)*, qui vient donc nécessairement au soutien d'une prétention, le Constituant et le législateur organique réservent aux seules parties à une instance le droit de poser une telle question et interdisent qu'une instance ait pour seul objet de poser une question prioritaire de constitutionnalité.

Si seules les parties peuvent soulever une question prioritaire de constitutionnalité, toute partie peut le faire, dès lors que ce moyen vient au soutien de ses prétentions. Si le défendeur ou la partie intervenante sera le plus souvent amené à poser une question prioritaire de constitutionnalité, le demandeur peut également soulever une telle question. Le ministère public, lorsqu'il est partie à une instance, peut aussi soulever une question prioritaire de constitutionnalité.

2.1.1.2. *L'interdiction pour le juge de relever d'office une question prioritaire de constitutionnalité*

En revanche, le Constituant a souhaité que la question prioritaire de constitutionnalité soit un nouveau droit dont la mise en œuvre sera laissée à la seule appréciation des parties, ce qui conduit l'article 23-1 de l'ordonnance de 1958 *[n° 58-1067]* à préciser que la question ne peut être relevée d'office par une juridiction. Cette exclusion vaut pour toutes les juridictions et quelle que soit la procédure, par exemple en matière gracieuse. L'article 23-5 de l'ordonnance de 1958 *[n° 58-1067]* prévoit d'ailleurs la même interdiction pour la Cour de cassation.

La juridiction n'ayant pas le pouvoir de relever d'office une question prioritaire de constitutionnalité, elle ne peut pas modifier dans sa substance la question posée, par exemple en examinant la disposition contestée au regard d'un droit ou d'une liberté constitutionnels qui ne seraient pas invoqués par l'auteur de la question.

Sur la possibilité en revanche pour la juridiction de reformuler la question prioritaire de constitutionnalité, V. n° 2.2.3.3.

2.1.2. *L'exigence d'un écrit distinct et motivé*

La question prioritaire de constitutionnalité doit être présentée par écrit (1), dans un acte distinct (2) et motivé (3). Cette triple exigence a pour but de permettre un traitement rapide de la question prioritaire de constitutionnalité, conformément au souhait du législateur organique. Sa méconnaissance est sanctionnée par l'irrecevabilité du moyen *(Ord. n° 58-1067, art. 23-1)*, qui doit être relevée d'office par le juge devant lequel la question est posée ***(C. pr. civ.**, art. 126-2).*

2.1.2.1. *Un écrit*

L'obligation de présenter par écrit le moyen tiré de ce qu'une disposition législative porte atteinte aux droits et libertés garantis par la Constitution est prévue par l'article 23-1 de l'ordonnance de 1958 *[n° 58-1067]*. Cette disposition transversale s'applique donc non seulement aux procédures écrites mais également aux procédures orales.

Lorsque la procédure est écrite, la question prioritaire de constitutionnalité devra être présentée par des conclusions répondant au formalisme applicable à la procédure considérée : c'est ainsi que devant le tribunal de grande instance, ces conclusions devront respecter les prescriptions des articles 753 et 815 du code de procédure civile.

Lorsque la procédure est orale, cet écrit ne sera soumis à aucun formalisme particulier (en dehors de l'exigence de motivation, cf. *infra*). L'exigence d'un écrit n'a pas pour effet de déroger aux règles générales régissant les procédures orales. Ainsi, la partie ne pourra se contenter d'adresser ses écritures à la juridiction, mais devra se présenter à l'audience pour se référer à cet écrit. Cette exigence résulte de la disposition, déclinée pour chaque juridiction, en vertu de laquelle, lorsque la procédure est orale, la référence que les parties font à leurs prétentions est notée au dossier ou consignée dans un procès-verbal *(voir **C. pr. civ.**, art. 843 pour le tribunal d'instance, art. 871 pour le tribunal de commerce ; **C. trav.**, art. R. 1453-4 pour le conseil de prud'hommes)*. La question prioritaire de constitutionnalité étant un moyen venant au soutien d'une prétention, elle doit être présentée conformément aux règles de procédure applicables à l'instance considérée.

2.1.2.2. *Un écrit distinct*

L'exigence d'un écrit distinct a pour objet de permettre à la juridiction d'identifier rapidement la présentation d'une question prioritaire de constitutionnalité, de façon à la traiter sans délai.

Cette exigence permet également de répondre à l'obligation faite à la juridiction de joindre, à l'appui de la décision transmettant ou renvoyant la question, les écritures des parties portant sur cette question. Le Conseil constitutionnel, dans sa décision précitée du 3 décembre 2009, relève en effet que « n'étant pas compétent pour connaître de l'instance à l'occasion de laquelle la question prioritaire de constitutionnalité a été posée, seuls l'écrit ou le mémoire « distinct et motivé » ainsi que les mémoires et conclusions propres à cette question prioritaire de constitutionnalité devront lui être transmis ».

2.1.2.3. *Un écrit motivé*

L'acte écrit doit contenir la motivation venant au soutien de la question prioritaire de constitutionnalité. Il ressort de la jurisprudence portant sur les actes de procédure devant être motivés *(par ex. **C. pr. civ.**, art. 82 pour le contredit, art. 574 pour l'opposition)*, que le moyen doit être articulé. On peut en déduire qu'outre l'indication de la disposition législative contestée, le moyen devra permettre d'identifier à quel droit ou liberté constitutionnellement garanti cette disposition est susceptible de porter atteinte. Sans que l'exigence de motivation n'impose un argumentaire détaillé, il sera cependant nécessaire que l'écrit permette de comprendre en quoi, pour l'auteur de la question, la disposition législative contrevient à la norme constitutionnelle invoquée.

2.1.3. *Le moment auquel la question prioritaire de constitutionnalité doit être soulevée*

La question prioritaire de constitutionnalité peut en principe être présentée à tous les stades d'un procès. La loi organique précise ainsi que la question peut être soulevée, y compris pour la première fois, en appel ou en cassation *(Ord. n° 58-1067, art. 23-1 et 23-5)*.

La question prioritaire de constitutionnalité ne peut pas pour autant être soulevée à tout moment d'une instance.

D'une part, en application de l'article 61-1 de la Constitution, l'instance à l'occasion de laquelle la question est posée doit être *« en cours »*. Ce critère doit être compris par référence aux concepts procéduraux mis en œuvre par le code de procédure civile. L'instance qui fait l'objet d'une interruption *(**C. pr. civ.**, art. 369 s.)* ou d'une suspension (**C. pr. civ.**, art. 377 : la suspension résulte d'un sursis à statuer, d'une radiation ou d'un retrait du rôle) n'est pas en cours. La question ne peut donc être posée qu'après la reprise de l'instance dans les conditions prévues par les dispositions du code de procédure civile.

D'autre part, la question prioritaire de constitutionnalité n'est pas une prétention autonome mais un moyen, dont le régime suit celui applicable à la prétention au soutien de laquelle il vient.

C'est pourquoi, en principe, une question prioritaire de constitutionnalité ne pourra plus être soulevée après la clôture des débats ou, pour la procédure écrite, la clôture de l'instruction, sauf à rouvrir les débats ou rabattre la clôture, dans les conditions prévues par le code de procédure civile *[Pour le cas particulier des instances en cours lors de l'entrée en vigueur de la réforme, V. n° 5.1.]*.

En outre, lorsque la question prioritaire de constitutionnalité vient au soutien d'une prétention devant être soulevée à un stade particulier de l'instance, elle devra également être présentée à ce stade de l'instance ; tel sera par exemple le cas d'une question prioritaire de constitutionnalité venant au soutien d'une exception de procédure, qui doit, à peine d'irrecevabilité, être soulevée simultanément et avant toute défense au fond ou fin de non-recevoir *(C. pr. civ., art. 74)*.

2.2. L'examen de la question prioritaire de constitutionnalité

2.2.1. *Le juge compétent pour examiner la transmission de la question prioritaire de constitutionnalité*

L'article 126-3 du code de procédure civile pose le principe que le juge qui statue sur la transmission de la question prioritaire de constitutionnalité est celui qui connaît de l'instance au cours de laquelle cette question est soulevée. C'est ainsi, par exemple, que la transmission de la question prioritaire de constitutionnalité soulevée dans une procédure au fond du tribunal de commerce sera tranchée par la formation collégiale de ce tribunal chargée de statuer sur l'affaire.

De même, le juge des référés est compétent pour en connaître lorsque la question prioritaire de constitutionnalité est soulevée à l'occasion d'une procédure de référé.

Toutefois, deux séries d'atténuations ou d'exceptions sont prévues.

D'une part, le juge ou le conseiller de la mise en état, instruisant les affaires relevant d'une procédure écrite respectivement devant le tribunal de grande instance et la cour d'appel, ainsi que le magistrat de la cour d'appel chargé d'instruire les affaires jugées selon une procédure orale, pourront statuer sur la transmission d'une question prioritaire de constitutionnalité, à moins qu'ils ne préfèrent, lorsque la question le justifie, renvoyer l'affaire à la formation de jugement *[Sur la procédure, V. n° 2.2.2.4.]*. On relèvera que cette disposition ne concerne pas les autres procédures qui connaissent d'un juge rapporteur, par exemple devant le tribunal de commerce ou le conseil de prud'hommes : pour ces juridictions, seule la formation de jugement est compétente pour connaître de la question prioritaire de constitutionnalité.

D'autre part, devant les juridictions échevinales que sont le tribunal paritaire des baux ruraux, le tribunal des affaires de sécurité sociale, le tribunal du contentieux de l'incapacité et la cour nationale de l'incapacité et de la tarification de l'assurance des accidents du travail, il est donné compétence au Président de la formation de jugement pour statuer sur la transmission *(C. pr. civ., art. 126-3)*. A la différence du cas précédent, il s'agit d'une compétence qui n'est pas partagée avec la formation de jugement. Cette disposition interdira de statuer par un même jugement sur le refus de transmettre la question prioritaire de constitutionnalité et le fond ; si la juridiction souhaite entendre les plaidoiries au fond et mettre l'affaire en délibéré dans son entier, il sera nécessaire d'établir deux décisions, une première consacrée à la transmission de la question et, en cas de refus de transmission, une seconde sur le fond de l'affaire.

2.2.2. *L'instruction de la transmission de la question prioritaire de constitutionnalité*

2.2.2.1. *L'obligation de statuer sans délai sur la transmission de la question*

Le juge doit statuer « sans délai » sur la transmission de la question prioritaire de constitutionnalité (Ord. n° 58-1067, art. 21-3). Cette exigence peut, à la lumière des débats parlementaires, être comprise comme imposant au juge de statuer dès que les éléments dans le débat lui permettent d'apprécier si les conditions mises à la transmission sont remplies et d'user en tant que de besoin des pouvoirs dont il dispose pour permettre cet examen sans retard. L'examen « sans délai » de la transmission de la question n'impose donc pas de statuer immédiatement ; l'ordonnance organique impose d'ailleurs elle-même de communiquer l'affaire au ministère public avant de statuer sur la question. En revanche, il ressort des débats parlementaires que l'examen ne saurait être différé.

C'est pourquoi la question prioritaire de constitutionnalité ne pourra être « jointe au fond », comme le sont habituellement les incidents d'instance, les exceptions de procédure ou les fins de non-recevoir, qu'à la condition que cela ne retarde pas son examen par la juridiction.

En pratique, si la question prioritaire de constitutionnalité est soulevée alors que l'instruction ou les débats sur le fond doivent encore se poursuivre, la juridiction devra statuer sur la question prioritaire de constitutionnalité par une décision autonome et préalable, après des débats consacrés à cette question et, le cas échéant, aux incidents d'instance, exceptions de procédure ou fins de non-recevoir de nature à mettre fin à l'affaire *[sur l'examen des incidents, exceptions et fins de non-recevoir, V. n° 2.2.2.4 ; sur la faculté et les conditions selon lesquelles une juridiction peut rétracter une décision de refus de transmission rendue avant d'examiner le fond de l'affaire, V. n° 2.2.3.4]*. Il pourra également être débattu des points qui devraient être immédiatement tranchés, pour éviter des conséquences irrémédiables ou manifestement excessives pour les droits d'une partie *(Ord. n° 58-1067, art. 23-3, al. 4)*.

Ce n'est que dans le cas contraire, où l'affaire est en état d'être jugée au fond, que la transmission de la question prioritaire de constitutionnalité pourra être débattue et examinée en même temps que le fond de l'affaire. Ce cas concernera par exemple une question soulevée à un stade avancé des débats ou dans une procédure rapide, soit qu'elle se caractérise par l'urgence, soit qu'elle ne nécessite pas d'instruction complémentaire. A noter toutefois que le fait que les débats porteront sur l'affaire dans son entier n'autorisera pas pour autant la juridiction, si elle transmet la question, à statuer sur le fond de l'affaire, la transmission de la question s'accompagnant en principe d'un sursis à statuer dans l'attente de la décision sur la question prioritaire de constitutionnalité *(Ord. n° 58-1067, art. 23-3, al. 1er)*. *[Sur les cas dans lesquels le juge pourra ou devra statuer immédiatement sans surseoir, V. n° 2.2.3.3.]*

2.2.2.2. *L'ordre d'examen des questions*

Le législateur organique a choisi d'utiliser l'expression de « question prioritaire de constitutionnalité » pour manifester :

— d'une part, que la question doit être examinée sans délai, de sorte que son temps d'examen, le cas échéant, par la Cour de cassation et le Conseil constitutionnel s'impute sur le temps de la procédure et ne la retarde pas ;

— d'autre part, qu'elle doit être examinée avant une éventuelle exception d'inconventionnalité.

1° S'il appartient en principe à la juridiction de respecter l'ordre normal d'examen des questions qui lui sont soumises, il ne doit toutefois pas en résulter un retard dans la transmission de la question prioritaire de constitutionnalité.

Lorsque la question prioritaire de constitutionnalité se rapporte à un incident d'instance, une exception de procédure ou une fin de non-recevoir, elle devra très logiquement être examinée avant le fond de l'affaire.

Inversement, lorsque la question prioritaire de constitutionnalité est afférente au fond de l'affaire, le juge, en principe, examinera préalablement les exceptions de procédure de nature à mettre fin à l'instance et les fins de non-recevoir, sauf si cet examen devait retarder la transmission de la question prioritaire de constitutionnalité.

2° Lorsqu'une disposition législative est contestée tant au regard de sa conformité aux droits et libertés garantis par la Constitution qu'au regard des engagements internationaux de la France, la juridiction doit se prononcer en premier lieu sur la transmission de la question prioritaire de constitutionnalité *(Ord. n° 58-1067, art. 23-2, al. 5).* Cette règle concerne tant le droit de l'Union européenne que les conventions internationales auxquelles la France est partie ; elle jouera notamment en cas d'invocation par une partie d'un droit ou d'une liberté garantis tant par la Constitution que par la Convention européenne de sauvegarde des droits de l'homme et des libertés fondamentales. Elle doit trouver à s'appliquer que la question de conventionnalité émane d'une partie ou qu'elle soit relevée d'office par le juge.

Cette priorité donnée à la Constitution impose au juge de statuer d'abord sur la transmission de la question prioritaire de constitutionnalité. S'il refuse de transmettre cette question, le juge statue alors sur la question de conventionalité. S'il la transmet, le juge sursoit en principe à statuer, y compris sur la question de conventionnalité ; le schéma procédural est alors le suivant :

— si la disposition est déclarée non conforme à la Constitution, elle est abrogée. La question de la compatibilité de la loi avec une convention internationale ne se pose plus, ce qui ne prive pas le juge de l'obligation de veiller au respect des conventions, le cas échéant en assurant leur application directe ;

— si la disposition n'est pas déclarée non conforme à la Constitution – soit que la Cour de cassation ne renvoie pas la question au Conseil constitutionnel, soit que celui-ci déclare la disposition conforme à la Constitution – le juge statue sur la question de conventionnalité.

En ce qui concerne, plus particulièrement, le droit de l'Union européenne, la transmission de la question prioritaire de constitutionnalité à la Cour de cassation ne fait pas obstacle, le cas échéant, à ce que la formation de jugement saisisse la Cour de justice de l'Union européenne d'une question préjudicielle, si les conditions en sont remplies.

2.2.2.3. *L'hypothèse de non-transmission des questions sérielles*

Dans le cas où la question de la constitutionnalité d'une disposition législative se posera dans une série de litiges analogues, il sera le plus souvent sans intérêt pour le juge du fond de transmettre plusieurs questions prioritaires de constitutionnalité à la Cour de cassation, puisque celle-ci et, le cas échéant, le Conseil constitutionnel procèdent à un contrôle objectif de la disposition contestée, détachable du litige lui-même.

Pour apporter une solution pragmatique à ces questions sérielles, l'article 126-5 du code de procédure civile permet au juge, sous certaines conditions, de ne pas transmettre une question prioritaire de constitutionnalité mettant en cause une disposition législative dont la Cour de cassation ou le Conseil constitutionnel – sur renvoi de cette dernière ou du Conseil d'État – est déjà saisi.

Deux conditions doivent être remplies.

En premier lieu, la juridiction doit être en mesure de surseoir à statuer dans l'attente de la décision de la Cour de cassation ou, le cas échéant, du Conseil constitutionnel *[V. n° 2.2.3.3.]*.

En second lieu, la contestation doit être fondée sur les mêmes motifs que la précédente question prioritaire de constitutionnalité transmise, c'est-à-dire invoquer le même droit ou la même liberté constitutionnels par une argumentation juridique comparable.

Pour permettre aux juridictions de mettre en œuvre cette disposition, la Cour de cassation diffusera sur ses sites internet et intranet la liste des questions prioritaires de constitutionnalité qui lui auront été transmises, ainsi que celles qu'elle aura renvoyées au Conseil constitutionnel, avec la précision de la disposition contestée et du droit ou de la liberté constitutionnels invoqués.

En cas d'absence de transmission pour ce motif, le juge sursoit à statuer sur le fond de l'affaire, jusqu'à ce qu'il soit informé de la décision de la Cour de cassation ou, le cas échéant, du Conseil constitutionnel.

2.2.2.4. *L'instruction de la question prioritaire de constitutionnalité*

Généralités.

Le juge statue sur la transmission de la question prioritaire de constitutionnalité selon les règles de procédure qui lui sont applicables *(C. pr. civ., art. 126-4)*, sous réserve des précisions suivantes.

Dès que la question prioritaire de constitutionnalité est soulevée, la juridiction communique l'affaire au ministère public, s'il n'est pas déjà partie à l'affaire, pour lui permettre de faire connaître son avis *(Ord. n° 58-1067, art. 23-1)*. La communication précise la date de l'audience à laquelle l'affaire sera examinée *(C. pr. civ., art. 429)*. Si l'affaire présente un caractère d'urgence immédiate, le ministère public sera invité par la juridiction à se joindre à l'audience en cours.

La juridiction statue après avoir entendu ou appelé les parties à l'instance *(C. pr. civ., art. 126-4)*.

Dans les procédures contradictoires, la question sera donc débattue à l'audience, dans des conditions fixées par la juridiction, qui devront lui permettre de respecter l'exigence d'un examen sans délai de la transmission de la question. A cette fin, il appartient à la juridiction d'user des pouvoirs dont elle dispose, conformément à la mission qui lui est donnée de veiller au bon déroulement de l'instance *(C. pr. civ., art. 3)*. Pour mémoire, le renvoi d'une affaire à une audience ultérieure relève du pouvoir discrétionnaire du juge en dehors des cas où il s'impose pour recueillir l'avis du ministère public.

En procédure orale, ainsi qu'il a été indiqué, la question prioritaire de constitutionnalité sera évoquée à l'audience, après la remise d'un écrit distinct et motivé *[V. n° 2.1.2.1.]* ; l'affaire sera alors soit renvoyée à une prochaine audience, soit examinée sur le champ, sous réserve que le ministère public puisse faire connaître son avis.

Lorsque la procédure est écrite, il convient de distinguer selon qu'un magistrat de la mise en état a ou non été désigné. Dans l'affirmative, l'affaire doit être appelée à l'audience dans les conditions prévues par l'article 774 du code de procédure civile *[V. ci-après sur le renvoi à la formation de jugement]*. En l'absence de désignation d'un magistrat de la mise en état, l'affaire est appelée à une audience dont la date est portée à la connaissance des parties par le greffe dans les conditions prévues par les articles 826 et 971 du code *[**C. pr. civ.**]*, régissant respectivement le tribunal de grande instance et la cour d'appel ; les parties sont avisées dans les mêmes conditions des délais impartis pour conclure sur la question prioritaire de constitutionnalité.

L'audition de la partie ou des parties s'impose en principe également dans le cas où la juridiction statue sur la demande sans débat, soit que l'affaire relève de la matière gracieuse, soit que la juridiction statue par ordonnance sur requête. Dans ces procédures, une question prioritaire de constitutionnalité ne pourra être posée avant toute décision de la juridiction que par l'auteur de la requête, qui est en effet la seule partie à l'instance. Il s'agira du cas dans lequel le requérant, craignant que sa requête ne se heurte à un rejet motivé par l'application d'une disposition législative, entendrait contester cette disposition. Selon le cas, l'audience sera exclusivement consacrée à la question prioritaire de constitutionnalité, portera également sur les incidents d'instance, exceptions de procédure ou fin de non-recevoir *[V. n° 2.2.2.2.]*, voire, si l'affaire est en état d'être jugée au fond et que la juridiction l'estime utile, sera consacrée à l'entier litige. Dans tous les cas, les débats se dérouleront conformément aux règles ordinaires qui régissent le procès. Si le ministère public, partie jointe, est présent, il prend la parole en dernier pour faire connaître son avis ; à défaut ses conclusions écrites sont communiquées aux parties *(**C. pr. civ.**, art. 431, 443)*.

Les observations complémentaires de l'auteur de la question, ainsi que celles en réplique des autres parties sont présentées suivant les règles applicables à la procédure. Aussi, lorsque la procédure est écrite, les observations sont-elles présentées sous forme de conclusions établies et communiquées conformément aux règles de droit commun *(TGI : **C. pr. civ.**, art. 753, 815, 816)*.

Si la procédure est orale, ces observations peuvent être présentées verbalement à l'audience ; la partie peut également se référer à ses écritures qui ne sont soumises à aucun formalisme ; les observations orales ou la référence aux écritures sont notées au dossier ou, le cas échéant consignées dans un procès-verbal *[V. par ex. pour le TI, **C. pr. civ.**, art. 843]*.

Une particularité, résultant du dernier alinéa de l'article 126-2 du code de procédure civile, doit toutefois être soulignée. Lorsque la procédure est écrite ou qu'une partie entend, dans une procédure orale, se référer à ses écritures, celles-ci doivent en outre être contenues « dans un écrit distinct et motivé ». Autrement dit, la partie devra établir des conclusions spécialement consacrées à la question prioritaire de constitutionnalité. A la différence de ce qui vaut pour la question elle-même, la sanction n'est toutefois pas l'irrecevabilité ou la nullité de ces écritures, qui sont donc en tout état de cause examinées, mais seulement l'impossibilité de joindre ces observations à la décision, si celle-ci ordonne la transmission de la question prioritaire de constitutionnalité à la Cour de cassation. Dès lors, la partie qui souhaite faire connaître ses observations à la Cour de cassation et, le cas échéant, au Conseil constitutionnel, sera tenue de le faire suivant les règles régissant les débats devant ces juridictions *[Pour la Cour de cassation, V. n° 4.1.1]*. Ce formalisme est justifié, notamment, par la circonstance que, « le Conseil constitutionnel n'étant pas compétent pour connaître de l'instance à l'occasion de laquelle la question prioritaire de constitutionnalité a été posée, seuls l'écrit ou le mémoire "distinct et motivé" ainsi que les mémoires et conclusions propres à cette question prioritaire de constitutionnalité devront lui être transmis » *[Cons. const. 3 déc. 2009 : n° 2009-595DC]*.

Cas du juge et du conseiller de la mise en état et du magistrat chargé d'instruire l'affaire devant la cour d'appel.

Le deuxième alinéa de l'article 126-3 précise le régime procédural de l'examen de la question par le juge ou le conseiller de la mise en état ou le magistrat chargé d'instruire l'affaire devant la cour d'appel.

Cette disposition concerne les procédures écrites devant le tribunal de grande instance et la cour d'appel, ainsi que la procédure orale devant la cour d'appel.

Il est prévu que le magistrat chargé de la mise en état ou de l'instruction statue par ordonnance sur la transmission de la question prioritaire de constitutionnalité.

Toutefois, il dispose également de la faculté, si la question le justifie, de renvoyer l'examen de la question prioritaire de constitutionnalité devant la formation de jugement du tribunal ou de la cour. Cette décision constitue une simple mesure d'administration judiciaire, qui n'est donc soumise à aucun formalisme, ni à aucune obligation de motivation. Le greffe en avise les parties, en leur précisant la date de l'audience à laquelle l'affaire sera appelée devant la formation de jugement pour examiner la question prioritaire de constitutionnalité.

Le renvoi à la formation de jugement par le juge ou le conseiller de la mise en état ne s'accompagne pas nécessairement de la clôture de l'instruction, ce point étant également laissé à l'appréciation discrétionnaire du magistrat chargé de la mise en état.

Ce mécanisme très souple permettra au magistrat chargé de la mise en état ou de l'instruction de l'affaire devant la cour d'appel de choisir le traitement le plus efficace de la question. Il pourra ainsi, par exemple, préférer renvoyer les questions ayant un lien étroit avec l'examen du fond de l'affaire ou dont la complexité lui apparaîtrait justifier un examen collégial de la transmission. Dans ce cas, le magistrat pourra préférer ne pas clore la mise en état, si celle-ci doit être poursuivie. Au contraire, si le magistrat considère que son instruction est terminée, il pourra renvoyer la question en clôturant l'instruction et permettre ainsi à la formation de jugement de statuer sur l'entier litige, évitant d'allonger inutilement le traitement de l'affaire.

Cette dernière solution sera notamment utile dans l'hypothèse d'une question prioritaire de constitutionnalité soulevée tardivement au cours de la mise en état.

La décision de renvoi à la formation de jugement peut être prise à tout moment, y compris donc avant tout débat, auquel cas les parties en sont avisées par le greffe. Il sera également possible de décider d'un renvoi après avoir entendu les parties. Dans ce cas, notamment en l'absence d'ordonnance de clôture de l'instruction, les débats pourront ne pas être réitérés, si les parties ne s'opposent pas à ce que le magistrat chargé de la mise en état ou de l'instruction, s'il le souhaite, tienne seul l'audience en qualité de rapporteur, à charge d'en rendre compte à la formation de jugement dans son délibéré *[**C. pr. civ.**, art. 786, dans le cas du juge et du conseiller de la mise en état ; art. 945-1 pour le magistrat chargé d'instruire l'affaire devant la cour d'appel]*.

2.2.2.5. *La mise en délibéré de l'affaire*

Compte tenu du bref délai imparti par l'article 126-9 du code de procédure civile aux parties pour présenter leurs éventuelles observations devant la Cour de cassation, il est prévu qu'elles soient avisées, non seulement de la date à laquelle la décision sera rendue, mais également qu'elles devront, en cas de décision de transmission, se conformer aux dispositions de l'article 126-9 relatif à la présentation des observations devant la Cour de cassation *(C. pr. civ., art. 126-4)*.

Cet avis est donné par tout moyen. Pour les parties comparantes – c'est-à-dire présentes ou représentées –, l'avis sera donné dans les conditions prévues par l'article 450 du code de procédure civile, c'est-à-dire en principe par le Président lorsqu'il met l'affaire en délibéré. Toutefois, pour les parties non comparantes, le greffe leur adressera cet avis par lettre simple.

L'obligation de statuer sans délai devrait conduire à éviter toute prorogation du délibéré. Si une telle prorogation était faite, il conviendrait de veiller à adresser aux parties et au ministère public l'avis de prorogation prévu par le dernier alinéa de l'article 450 du code de procédure civile.

2.2.3. *La décision statuant sur la transmission de la question prioritaire de constitutionnalité*

2.2.3.1. *La forme de la décision statuant sur la question prioritaire de constitutionnalité*

La juridiction statue sur la question prioritaire de constitutionnalité, selon les règles de procédure qui lui sont applicables, par une ordonnance, un jugement ou un arrêt, sans que cette qualification ait, en tout état de cause, de conséquence sur le régime de cette décision *(C. pr. civ., art. 126-4)*.

Les règles générales régissant la forme et le contenu des décisions de justice s'appliquent à l'établissement de cette décision *(C. pr. civ., art. 454 à 456)*.

La décision sur la transmission de la question doit être motivée *(Ord. n° 58-1067, art. 23-2, al. 1er)*. Cette motivation doit permettre d'apprécier en quoi les conditions posées par l'article 23-2 de l'ordonnance organique *[n° 58-1067]* pour procéder à la transmission de la question sont ou non regardées comme remplies.

2.2.3.2. *Les conditions de la transmission de la question*

Outre les conditions de recevabilité déjà évoquées (instance en cours, écrit distinct et motivé), qui seraient soulevées par une partie ou relevées d'office par le juge, l'article 61-1 de la Constitution définit la nature de la question et l'article 23-2 de l'Ord. org. du 7 novembre 1958 *[n° 58-1067]* fixe trois conditions cumulatives qui déterminent sa transmission à la Cour de cassation.

Le préalable : la disposition législative est critiquée au regard des droits et libertés que la Constitution garantit (renvoi).

A titre préalable, le juge doit s'assurer que la question entre dans le champ de la réforme, c'est-à-dire que la contestation porte sur une disposition législative, au regard d'un droit ou d'une liberté garantis par la Constitution *[V. nos 1.1 et 1.2.]*.

Il convient de relever que si cette condition préalable n'est pas remplie, la juridiction pourra cependant, sous certaines conditions, donner une suite à la contestation de la disposition. En effet, si le droit ou la liberté n'est pas garanti par la Constitution mais qu'il est jugé qu'en l'espèce la disposition contrevient au droit de l'Union européenne ou à une convention internationale à laquelle la France est partie, le juge, chargé de mettre en œuvre les engagements internationaux de la France, écartera l'application de la disposition contestée pour trancher le litige. Toutefois, il ne pourra statuer en ce sens qu'après avoir rejeté la demande de transmission de la question prioritaire de constitutionnalité *[V. n° 2.2.2.2.]*. En outre, si la disposition critiquée ne peut faire l'objet d'une question prioritaire de constitutionnalité parce qu'elle présente en réalité un caractère réglementaire (par exemple parce qu'elle est issue d'une ordonnance non ratifiée), la contestation de sa conformité à la Constitution pourra s'il y a lieu conduire la juridiction à inviter les parties, à la demande de l'une d'elles, à saisir la juridiction administrative d'une question préjudicielle et à surseoir à statuer dans l'attente de la décision statuant sur cette question, comme pour toute contestation de la légalité d'un acte réglementaire. Le juge pourra de même, le cas échéant, faire directement application d'une disposition de la

Constitution. La réforme est, en effet, dépourvue d'incidence sur le contrôle de constitutionnalité que les juridictions peuvent opérer sur des actes autres que des lois.

Les trois conditions de l'article 23-2 de l'ordonnance organique du 7 novembre 1958.

1° La disposition contestée est applicable au litige ou à la procédure. En matière civile, le juge doit s'assurer en outre que la disposition contestée est applicable au litige ou à la procédure *(Ord. n° 58-1067, art. 23-2, 1°)*.

Cette condition sera assurément remplie si le juge estime que, pour trancher le litige conformément aux règles de droit qui lui sont applicables, il sera nécessaire de faire application de la disposition contestée.

Mais il ressort des débats parlementaires que la formule retenue par la loi organique est plus large et n'impose pas que la disposition commande l'issue de l'affaire *[V. rapport préc. de J.-L. Warsmann, p. 52]*. La condition pourra ainsi être considérée comme remplie alors même que la juridiction devrait se prononcer sur la transmission de la question prioritaire de constitutionnalité avant d'avoir statué sur un incident d'instance, une exception de procédure ou une fin de non-recevoir *[V. n° 2.2.2.2]*.

A noter également que la présentation d'une question prioritaire de constitutionnalité doit venir au soutien d'une prétention elle-même susceptible d'être examinée, faute de quoi la disposition législative contestée ne pourrait être considérée comme applicable au litige. C'est ainsi, par exemple, qu'une question qui viendrait au soutien d'une demande reconventionnelle ou additionnelle ne se rattachant pas aux prétentions originaires par un lien suffisant serait irrecevable *(C. pr. civ., art. 70)*, de même qu'une question prioritaire de constitutionnalité venant au soutien d'une prétention irrecevable en appel comme nouvelle *(C. pr. civ., art. 564)*.

On relèvera enfin que le refus de transmettre la question, avant toute décision sur le fond, au seul motif que la condition d'application au litige ou à la procédure n'est pas remplie, n'interdit pas à la juridiction, si elle entend, à l'occasion de l'examen du fond de l'affaire, faire application de la disposition considérée, de rétracter le refus de transmission et de procéder à cette transmission *[V. n° 2.2.3.4.]*.

2° La disposition contestée n'a pas déjà été déclarée conforme à la Constitution dans les motifs ou le dispositif d'une décision du Conseil constitutionnel, sauf changement des circonstances *(Ord. n° 58-1067, art. 23-2, 2°) [Sur cette condition, V. n° 1.3.]*.

3° La question n'est pas dépourvue de caractère sérieux. Le contrôle dévolu au juge du fond se limite à s'assurer que la question n'est pas dépourvue de caractère sérieux *(Ord. n° 58-1067, art. 23-2, 3°)*. En effet, il appartient au seul Conseil constitutionnel d'apprécier la conformité de la loi à la Constitution.

Pour bien comprendre la portée du contrôle devant être opéré par le juge du fond, on peut relever que le Conseil d'État ou la Cour de cassation doivent apprécier si la question est nouvelle ou présente un caractère sérieux *(Ord. n° 58-1067, art. 23-4)*, critère qui impose un examen plus approfondi de la pertinence de la question *[V. n° 4.1.2]*. La notion de « caractère sérieux » est fréquemment définie comme « de nature à faire naître un doute dans un esprit éclairé ».

Quant au contrôle devant être opéré par les juges du fond, les travaux préparatoires font apparaître que : « Cette condition vise à écarter les questions fantaisistes dont l'objet n'a souvent qu'un caractère dilatoire » *[V. le rapport de Hugues Portelli, fait au nom de la commission des lois, 29 sept. 2009, n° 637, p. 43]*. Par conséquent, si l'examen de la transmission de la question prioritaire de constitutionnalité par le juge du fond ne conduit pas à un véritable examen de la constitutionnalité de la disposition contestée, elle impose néanmoins une analyse sommaire de la compatibilité de cette disposition avec les droits et libertés que la Constitution garantit.

Le juge pourra ainsi refuser de transmettre les questions dilatoires ou manifestement non fondées. En revanche, dès lors que l'hésitation est permise, il conviendra que la question soit transmise.

2.2.3.3. *Les règles propres à la décision ordonnant la transmission de la question prioritaire de constitutionnalité*

1° Rédaction de la décision de transmission. La juridiction transmet la question prioritaire de constitutionnalité lorsque l'ensemble des conditions qui ont été exposées sont réunies, sauf à préférer ne pas transmettre la question dans le cas des affaires de série *[V. n° 2.2.3.]*.

La question prioritaire de constitutionnalité transmise à la Cour de cassation doit ressortir clairement du dispositif de la décision. Il pourra donc être privilégié une reproduction de la question prioritaire de constitutionnalité dans le dispositif, plutôt qu'une référence aux écritures de l'auteur de la question.

La reprise dans la décision de la question posée ne pourra être l'occasion de la modifier dans sa substance *[V. n° 2.1.1.2.]*. En revanche, le juge ayant pour office de porter une appréciation sur la question posée, il dispose nécessairement de la faculté de restituer à la question son exacte qualification, sans s'arrêter à la formulation retenue par la partie qui soulève la question. A titre d'illustration, cette « reformulation » ne pourra pas conduire à substituer à la disposition contestée une autre disposition, mais elle devrait autoriser le juge à énoncer le texte législatif contenant la règle explicitement contestée par la partie. De même, cette reformulation ne permettra pas au juge de suggérer un examen de la disposition contestée au regard d'un autre droit ou d'une autre liberté constitutionnels que celui ou celle invoqué par la partie, mais l'autorisera à préciser le texte ou le principe constitutionnel invoqué par la partie.

En outre, une reformulation s'imposera également lorsque la juridiction ne procède qu'à une transmission partielle d'une question prioritaire de constitutionnalité. Cette hypothèse correspondra notamment au cas dans lequel seule une partie de la question prioritaire de constitutionnalité, contestant plusieurs dispositions, répond aux conditions posées par l'article 23-2 de l'ordonnance organique *[n° 58-1067]*.

Enfin, il sera nécessaire que la décision identifie les écrits des parties devant être transmis à la Cour de cassation, sans qu'il soit pour autant nécessaire de les annexer : il s'agira de l'écrit distinct et motivé par lequel a été soulevée la question prioritaire de constitutionnalité, ainsi que les éventuels écrits en réponse et en réplique et l'avis du ministère public, s'ils sont contenus dans des écrits eux-mêmes distincts et motivés *[V. n° 2.2.2.4.]*.

2° Le sursis à statuer : principe et exceptions. La décision qui transmet la question prononce également, en principe, un sursis à statuer, puisque la solution apportée à la question est en principe déterminante pour la poursuite de l'instance *(Ord. n° 58-1067, art. 23-3, al. 1er)*.

Contrairement au droit commun, le sursis à statuer ne suspend pas en lui-même le cours de l'instruction *(Ord. n° 58-1067, art. 23-3, al. 1er)*. Il est donc nécessaire que la décision prononçant le sursis précise les suites données à l'instance. Si aucun acte d'instruction n'est à prévoir et que les débats ne peuvent utilement se poursuivre dans l'attente de la décision de la Cour de cassation ou du Conseil constitutionnel, la décision de transmission indique que le sursis à statuer suspend le cours de l'affaire et que l'instance sera poursuivie à la diligence de la juridiction, dès qu'elle sera informée de la décision relative à la question prioritaire de constitutionnalité *(C. pr. civ., art. 378 et 379 ; sur l'information de la juridiction, V. n° 2.4). — Si la juridiction considère nécessaire de poursuivre l'instruction de l'affaire ou les échanges entre les parties, elle en précise les modalités. Lorsque, dans ce dernier cas, l'affaire est confiée au juge de la mise en état, celui-ci pourra ainsi reprendre l'instruction de l'affaire (le cas échéant après rabat de l'ordonnance de clôture, si le renvoi à la formation de jugement s'est accompagné de la clôture de l'instruction, V. n° 2.2.2.4).*

La juridiction qui sursoit à statuer peut en outre prendre les mesures provisoires ou conservatoires qui s'imposent dans l'attente de la décision statuant sur la question prioritaire de constitutionnalité *(Ord. n° 58-1067, art. 23-3, al. 1er)*.

Un certain nombre d'exceptions au sursis à statuer sont toutefois prévues, pour tenir compte des cas de privation de liberté *(a)*, d'urgence *(b)* ou de risque grave pour les parties *(c)*.

a) L'obligation de statuer sans attendre lorsque l'instance a pour objet de mettre fin à une mesure privative de liberté. Le sursis à statuer est interdit lorsque l'instance a pour objet de mettre fin à la mesure privative de liberté *(Ord. n° 58-1067, art. 23-3, al. 2)*.

Si les cas de la privation de liberté concernent essentiellement la matière pénale, deux relèvent de la matière civile : la rétention administrative des étrangers et l'hospitalisation sans consentement. Il ressort des travaux préparatoires que la notion de mesure privative de liberté doit être entendue strictement et ne saurait donc concerner toute mesure de contrainte, telle qu'une assignation à résidence en matière de droit des étrangers *(sur la faculté de statuer sans surseoir dans cette matière, V. ci-après)*.

La juridiction qui transmet la question doit donc statuer immédiatement sur le sort de la mesure privative de liberté. Elle appliquera à cette fin les règles de droit en vigueur, y compris donc la disposition dont la constitutionnalité est contestée, sauf à l'écarter si elle est contraire aux engagements internationaux de la France. En effet, une fois que la juridiction a statué prioritairement sur la transmission de la question, en application de l'article 23-2 de l'ordonnance de 1958 *[n° 58-1067]*, la juridiction est à nouveau libre d'examiner les éventuelles exceptions d'inconventionnalité *[V. n° 2.2.2.2.]*.

b) La faculté de statuer sans attendre dans les procédures d'urgence ou lorsqu'un délai est imparti pour statuer. Le juge qui transmet une question de constitutionnalité est autorisé à statuer sans attendre la décision relative à cette question si la loi ou le règlement prévoit qu'il statue dans un délai déterminé ou en urgence *(Ord. n° 58-1067, art. 23-3, al. 3)*.

Se trouvent ainsi visées les procédures de référé ou empruntant la forme des référés.

Se trouvent également visés les cas dans lesquels le juge est tenu par un délai. Il s'agira par exemple du droit des étrangers, pour les cas dans lesquels le juge des libertés et de la détention doit statuer sur une mesure d'assignation à résidence *(**CESEDA**, art. R. 552-10, le juge statue sans délai)*. On peut également citer le délai de dix jours qui est imparti pour statuer en matière électorale *(par ex. : C. élect., art. R. 14, pour les élections politiques ; C. com., art. R. 723-27, C. trav., art. R. 1441-54 et R. 1441-176, pour les élections de juges consulaires et conseillers prud'homaux ; art. R. 2143-5, R. 2314-29, R. 2324-25, R. 4613-12, pour les élections professionnelles)*. Il s'agira également de certaines procédures en matière de droit des personnes et de la famille *(par ex. : C. civ., art. 175-2 : le Président du tribunal de grande instance statue dans les dix jours de la contestation de la décision de sursis à la célébration du mariage, prise par le procureur de la République, ou de son renouvellement ; art. 353 : le tribunal de grande instance statue dans un délai de six mois suivant la demande aux fins d'adoption dans le cadre d'un placement en vue d'une telle adoption plénière ; C. pr. civ., art. 1193 : l'appel en matière de placement provisoire doit être jugé dans les trois mois de la déclaration d'appel ; art. 1061-1 : le tribunal d'instance statue dans les 24 heures de la requête en matière de contestations de funérailles)*.

La faculté de statuer sans surseoir est laissée à l'appréciation du juge, ce dont on peut déduire qu'elle devrait relever de son pouvoir discrétionnaire de veiller au bon déroulement de l'instance. En pratique, le juge pourra avoir égard aux éventuelles demandes des parties sur ce point, apprécier le degré d'urgence de l'affaire et la nature des droits en cause, ainsi que la possibilité ou non, pour préserver ces droits, d'assortir sa décision de transmission de mesures provisoires ou conservatoires ou de se contenter de statuer sur les points strictement nécessaires. En outre, lorsqu'un délai lui est imparti, le juge ne devrait statuer immédiatement que si l'attente de la décision sur la question prioritaire de constitutionnalité devrait le conduire à dépasser ce délai.

Lorsqu'il est statué sans attendre, la juridiction rend un jugement sur le fond, qui la dessaisit de la contestation qu'il tranche. La notification de cette décision constitue le point de départ du délai de recours ouvert aux parties. Ce recours ne peut toutefois pas porter sur la transmission de la question, qui n'est susceptible d'aucun recours *[V. n° 2.3.]*.

c) La faculté de statuer sans attendre sur les points qui doivent être immédiatement tranchés. Lorsque le sursis risque d'entraîner des conséquences irrémédiables ou manifestement excessives pour les droits d'une partie, la juridiction qui transmet une question prioritaire de constitutionnalité peut trancher les points qui doivent l'être immédiatement *(Ord. n° 58-1067, art. 23-3, al. 4)*. Cette disposition a un champ d'application plus vaste que la précédente, aucune condition tenant à un délai pour statuer ou à une procédure d'urgence n'étant posée. En l'occurrence, il s'agira en matière de contentieux de trancher au fond une partie des demandes présentées, ce qui différencie cette hypothèse des mesures simplement provisoires susceptibles d'être prises par la juridiction qui transmet la question.

Comme dans la précédente hypothèse, il s'agit d'une décision sur le fond qui dessaisit le juge de la contestation qu'il tranche et est susceptible de recours immédiat de ce chef.

3° L'envoi de la décision de transmission à la Cour de cassation, aux parties et au ministère public. La décision de transmission de la question est adressée par le greffe ou le secrétariat de la juridiction à la Cour de cassation dans les huit jours de son prononcé ; sont joints à cet envoi les écrits distincts des parties et du ministère public sur la question prioritaire de constitutionnalité *(Ord. n° 58-1067, art. 23-2, dernier al.)*. Aucun formalisme particulier n'est requis. Toutefois, cette diligence devant être accomplie dans un délai légal et le délai imparti par la Cour de cassation pour statuer sur la transmission de la question courant à compter de la réception de la décision de transmission, il sera nécessaire de procéder à cet envoi suivant un moyen permettant d'en justifier l'envoi et la réception. En outre, des instructions élaborées par la direction des services judiciaires pourront préciser les modalités selon lesquelles il sera procédé à un envoi « documentaire » de la décision à la Cour de cassation.

La décision ordonnant la transmission de la question n'étant susceptible d'aucun recours, elle n'a pas à être notifiée. En revanche, le greffe ou le secrétariat de la juridiction en avise les parties et le ministère public *(C. pr. civ., art. 126-7)*.

Cet avis est adressé sans délai, ce qui, dans le contexte de cet article, devra conduire à adresser l'avis dès le prononcé de la décision, dans la mesure où celui-ci fait courir le délai d'un mois pour présenter ses éventuelles observations devant la Cour de cassation.

Cette rapidité explique que l'avis soit adressé par tout moyen, sauf pour les parties qui n'ont pas comparu – n'étant ni présentes ni représentées –, auxquelles l'avis est adressé par lettre recommandée avec demande d'avis de réception.

S'agissant d'un simple avis, celui-ci n'est en aucune façon soumis au régime des notifications.

Ainsi, même lorsqu'il est recouru à une lettre recommandée avec demande d'avis de réception, la preuve de sa réception par le destinataire est sans effet sur la régularité de l'accomplissement de cette formalité et son efficacité. En outre, lorsque le destinataire de l'acte réside à l'étranger, il ne sera pas soumis aux règles régissant les notifications internationales ; si le destinataire n'a pas comparu, il sera recouru au dispositif postal équivalent à la lettre recommandée avec demande d'avis de réception pour l'État dans le ressort duquel réside le destinataire. Enfin, les articles 677 et 678 du code de procédure civile, régissant la notification des jugements, ne trouvent pas à s'appliquer, de sorte que l'avis est adressé soit aux parties, soit au mandataire qui les représente.

L'avis a pour objet d'adresser aux parties et au ministère public la décision rendue. Celui qui est envoyé aux parties précise en outre que la décision n'est susceptible d'aucun recours et que les parties qui entendent présenter des observations devant la Cour de cassation doivent se conformer aux dispositions de l'article 126-9 du code de procédure civile, qui est reproduit, ainsi que le premier alinéa de l'article 126-11 de ce code, relatifs au délai pour faire connaître d'éventuelles observations et au ministère d'avocat au Conseil d'État et à la Cour de cassation.

2.2.3.4. *Les règles propres à la décision refusant de transmettre la question*

Le contenu de la décision.

Le refus de transmettre la question est prononcé lorsque l'une au moins des conditions précédemment examinées n'est pas remplie. Il peut, selon le cas, être inclus dans une décision tranchant tout ou partie du litige, ou faire l'objet d'une décision exclusivement consacrée à la question prioritaire de constitutionnalité.

Dans le premier cas, le régime applicable à la décision est celui de la décision au fond.

Dans le second, la décision mentionne qu'elle n'est susceptible de contestation qu'à l'occasion d'un recours contre une décision réglant tout ou partie du litige. Elle mentionne également les modalités de poursuite de l'affaire (rappel à une audience ultérieure, mesure d'instruction).

L'avis et la notification de la décision.

Dans tous les cas, les parties et le ministère public sont avisés sans délai de la décision, par un avis adressé par tout moyen *(sur ces règles, V. n° 2.2.3.3.)*. L'avis aux parties précise que le refus de transmettre la question prioritaire de constitutionnalité ne peut être contesté qu'à l'occasion d'un recours réglant tout ou partie du litige *(C. pr. civ., art. 126-7)*. Dans le cas particulier où la juridiction refuse de transmettre la question et statue au fond dans une même décision, l'avis fera ressortir que le refus de transmission ne peut être contesté que si le recours contre la décision a pour objet de contester la solution donnée au litige lui-même *(Ord. n° 58-1067, art. 23-2, dernier alinéa)*.

En tout état de cause, cet avis ne dispense pas de la notification de la décision, puisque celle-ci est susceptible de recours. La notification est faite par voie de signification, à moins que les règles applicables à la procédure considérée ne prévoient une notification en la forme ordinaire par le greffe.

La faculté de rétractation du refus de transmission.

Le refus de transmission de la question a l'autorité de la chose jugée, ce qui dessaisit la juridiction du moyen tiré de la question prioritaire de constitutionnalité *(C. pr. civ., art. 126-6)*. Toutefois, la juridiction qui entend, à l'occasion de l'examen de l'affaire, faire application de la disposition contestée peut rétracter ce refus de transmission précédemment rendu, s'il était exclusivement fondé sur la constatation que la disposition n'était pas applicable à l'affaire. Cette rétractation vient ainsi contrebalancer l'obligation de statuer sans délai.

La rétractation ayant pour seul objet de permettre la transmission de la question, elle ne peut être prononcée que si la juridiction constate dans sa décision que les autres conditions posées à la transmission de la question sont réunies. De façon plus générale, la décision de rétraction est une forme particulière de décision de transmission, qui est donc soumise aux règles régissant cette décision *[V. n° 2.2.3.3]*. Inversement, la juridiction ayant l'obligation de motiver le refus de transmission, elle doit, si elle décide d'appliquer la disposition sans pour autant rétracter le refus de transmission, motiver ce refus de rétractation au regard des critères posés pour la transmission *[V. n° 2.2.3.2]*.

La rétractation n'est pas conçue comme une procédure autonome, de sorte qu'elle n'a pas à être spécialement demandée par l'auteur de la question et que la juridiction peut d'office rétracter son refus et transmettre la question si les conditions sont réunies. En outre, la décision de rétractation n'a ni à être précédée, ni à être suivie d'une réouverture des débats puisque la rétractation intervient après que les parties ont débattu de l'affaire dans son entier.

C'est pourquoi le second alinéa de l'article 126-6 du code de procédure civile prévoit que la rétractation est prononcée à l'occasion de l'examen du fond de l'affaire et s'accompagne de plein droit de la transmission de la question.

2.3. Le recours contre la décision statuant sur la transmission *[de la]* question prioritaire de constitutionnalité

Préliminaire : l'absence de recours contre la décision de transmission.

La décision qui ordonne la transmission de la question prioritaire de constitutionnalité n'est susceptible d'aucun recours *(Ord. n° 58-1067, art. 23-2, dernier alinéa)*. Au sens de la loi organique, cette interdiction de tout recours exclut y compris l'appel-nullité ou le recours en cassation, sachant au surplus que ce dernier n'aurait pas de sens puisque la décision a justement pour objet de transmettre la question à l'appréciation de la Cour de cassation.

Les développements qui suivent aux 2.3.1. et 2.3.2. ne concernent donc que le recours contre la décision qui refuse de transmettre la question prioritaire de constitutionnalité *[Sur le cas de la rétractation du refus de transmission, V. n° 2.2.3.4.]*.

2.3.1. *L'obligation de former la contestation à l'occasion d'un recours contre la décision réglant tout ou partie du litige*

La décision refusant de transmettre la question prioritaire de constitutionnalité n'est susceptible de contestation qu'à l'occasion d'un recours formé contre une décision réglant tout ou partie du litige *(Ord. n° 58-1067, art. 23-2, dernier alinéa)*. Cette notion se rapproche en matière civile de celle de décision sur le fond *(C. pr. civ., art. 480)*, tout en étant plus restrictive. Elle peut ainsi être comprise comme une décision qui tranche dans son dispositif tout ou partie du principal, ou celle qui statue sur une exception de procédure tendant à faire déclarer la procédure irrégulière ou éteinte, un*[e]* fin de non-recevoir ou un incident mettant fin à l'instance.

Lorsque la décision de refus de transmission règle également tout ou partie du litige, le refus peut immédiatement être contesté. En revanche, lorsque la décision est exclusivement consacrée à la question prioritaire de constitutionnalité, aucun recours immédiat ne sera possible. Ainsi qu'il a été dit pour la décision de transmission, l'absence de recours immédiat au sens de la loi organique exclut y compris l'appel-nullité et le pourvoi.

En outre, la formulation retenue par la loi organique interdit que la contestation du refus de transmission soit présentée de façon autonome, mais impose qu'elle s'inscrive dans le recours formé contre la décision tranchant tout ou partie du litige. Cette absence de recours autonome explique que la contestation devra, selon le régime applicable à la décision tranchant tout ou partie du litige, être faite à l'occasion d'un appel, d'une opposition ou d'un pourvoi en cassation contre cette dernière décision.

Les développements qui suivent sont consacrés à l'appel *[Sur le pourvoi, V. nº 4.2.]*.

2.3.2. *L'examen de la contestation à l'occasion du recours*

2.3.2.1. *La déclaration d'appel et la présentation de la contestation du refus de transmission*

La contestation du refus de transmission est faite à l'occasion de l'appel contre le fond de la décision. Dès lors, lorsque le refus de transmission a été prononcé dans une décision autonome, cette décision doit être indiquée dans la déclaration d'appel et jointe à celle-ci, en plus de la décision sur le fond *(C. pr. civ., art. 901, pour la procédure avec représentation obligatoire, et 933 pour la procédure sans représentation obligatoire)*.

En outre, le moyen de question prioritaire de constitutionnalité doit être présenté dans un acte écrit, distinct et motivé *(C. pr. civ., art. 126-2, al. 1er ; sur ces conditions, V. nº 2.1.2.)*. En l'occurrence, il s'agira pour l'appelant de conclure dans cet écrit distinct à la réformation de la décision de première instance ayant refusé de transmettre la question et, en conséquence, à la transmission de cette question, et de présenter les motifs venant au soutien de ce moyen.

Dans la procédure avec représentation obligatoire, le moyen sera donc présenté dans des conclusions autonomes, qui devront être déposées au greffe dans le délai imparti à l'appelant : en application de l'article 915 du code de procédure civile, dans sa rédaction en vigueur, le dépôt doit intervenir, à peine de radiation, dans les quatre mois suivant la déclaration d'appel, sauf délai réduit ou prorogé par le conseiller de la mise en état ; en application du décret nº 2009-1524 du 9 décembre 2009 relatif à la procédure d'appel avec représentation obligatoire en matière civile, pour les appels formés à compter du 1er janvier 2011, ce délai sera réduit à trois mois et sanctionné par la caducité de l'appel *(C. pr. civ., art. 908, dans sa version issue du décret)*. En outre, à compter d'une date fixée par l'arrêté prévu par l'article 930-1 du code *[C. pr. civ.]*, issu de ce même décret, et au plus tard le 1er janvier 2013, ces conclusions devront être remises par voie dématérialisée.

Dans la procédure sans représentant obligatoire, le moyen sera présenté dans des conclusions écrites, librement communiquées entre parties, et auquel *[auxquelles]* son auteur se référera à l'audience *(C. pr. civ., art. 946)*.

2.3.2.2. *L'instruction de la contestation et l'arrêt de la cour*

Formellement, la loi organique n'impose de statuer sans délai sur la question prioritaire de constitutionnalité qu'au juge saisi de ce moyen pour la première fois, de sorte que la cour d'appel n'est pas tenue de statuer sans délai sur la question. Celle-ci présente toutefois, à tous les stades de la procédure, un caractère prioritaire. En outre, si le refus de transmission doit être réformé en appel, la transmission devra intervenir avant toute décision sur le fond, sauf à statuer immédiatement dans les cas et conditions qui ont été précédemment exposés et auxquels il est renvoyé *[V. nº 2.2.3.3.]*.

Il sera donc opportun que le conseiller de la mise en état ou le magistrat chargé d'instruire l'affaire veille à ce que la question puisse faire l'objet d'un examen sans retard. Ces magistrats disposent à cet effet de la faculté de statuer sur la question prioritaire de constitutionnalité, à moins qu'ils ne préfèrent la renvoyer à la formation collégiale, dans les conditions qui ont été précédemment exposées *(C. pr. civ., art. 126-3 ; V. nº 2.2.2.4.)*.

Il convient également de renvoyer à la présentation qui a été faite des règles relatives aux débats sur la question prioritaire de constitutionnalité, qui n'appellent pas de développement propre à la cour d'appel. Notamment, il conviendra de communiquer l'affaire au ministère public, pour que celui-ci fasse connaître son avis, à moins qu'il ne soit déjà partie à l'instance, soit qu'il soit mentionné dans la déclaration d'appel comme intimé, soit qu'il s'agisse d'une affaire communicable. En effet, le ministère public n'est pas, par le seul fait de la communication qui lui a été faite en première instance de la question prioritaire de constitutionnalité, partie à l'appel.

Dans le contexte de la réforme de la procédure d'appel avec représentation obligatoire, applicable aux appels formés à compter du 1er janvier 2011, les échanges entre les parties ont lieu dans un premier temps sans que le conseiller de la mise en état ne soit tenu d'intervenir, selon des délais fixés par le code de procédure civile ; les conclusions sont néanmoins remises au greffe, permettant au conseiller d'en prendre connaissance pour mettre l'affaire en état ; dès remise des conclusions distinctes et motivées relatives à une question prioritaire de constitutionnalité, le conseiller de la mise en état sera donc mis en situation de faire communiquer l'affaire au ministère public et convoquer l'affaire à une audience pour débattre de la question.

Du fait de l'effet dévolutif de l'appel, la cour ou le magistrat chargé de la mise en état ou de l'instruction qui statue sur la contestation du refus de transmission se prononce sur cette transmission. Sa décision suit donc le régime qui a été présenté, notamment quant aux mentions figurant dans l'arrêt ou l'ordonnance, aux avis adressés aux parties et au ministère public et aux recours, à savoir le pourvoi ou l'opposition, selon le cas, en cas de refus de transmission, et l'absence de tout recours en cas de transmission.

L'appelant ne peut limiter son appel à la seule contestation du refus de transmettre la question prioritaire de constitutionnalité, de sorte que la cour d'appel est, par l'effet dévolutif, saisie du litige lui-même. Aussi, en cas de réformation de la décision de première instance et de transmission de la question, c'est la cour d'appel qui connaîtra de la poursuite de l'affaire, que la disposition contestée soit ou non déclarée inconstitutionnelle.

2.3.3. *L'examen de l'appel contre la décision qui a statué sur le fond malgré la transmission de la question*

Lorsqu'elle est saisie d'un appel contre la décision qui a statué sur le fond en même temps qu'elle transmettait la question ou sans attendre la décision de la Cour de cassation ou du Conseil constitutionnel sur cette question, la cour d'appel doit surseoir à statuer ; comme la juridiction de première instance, elle peut toutefois ne pas surseoir si elle est elle-même tenue de se prononcer dans un délai déterminé ou en urgence *(Ord. n° 58-1067, art. 23-3, al. 3)* ; la cour d'appel qui décide de statuer sans attendre se prononce dans les mêmes conditions que la juridiction de première instance (à moins que dans l'intervalle le Conseil constitutionnel n'ait rendu une décision déclarant inconstitutionnelle la disposition contestée).

Les dispositions selon lesquelles il n'est pas sursis à statuer lorsqu'une personne est privée de liberté à raison de l'instance ni lorsque l'instance a pour objet de mettre fin à une mesure privative de liberté sont également applicables pour le jugement de l'appel, de même que celles qui permettent de statuer sur les points qui doivent être immédiatement tranchés lorsque le sursis à statuer risquerait d'entraîner des conséquences irrémédiables ou manifestement excessives pour les droits d'une partie.

En toute hypothèse, en matière civile, en cas de pourvoi, la Cour de cassation sursoit à toute décision sur le pourvoi dans l'attente de la décision du Conseil constitutionnel *(Ord. n° 58-1067, art. 23-3, dernier al.)*.

2.4. La suite de la procédure en cas de transmission de la question prioritaire de constitutionnalité à la Cour de cassation

Pour l'examen par la Cour de cassation de la question prioritaire de constitutionnalité qui lui est transmise : V. n° 4.1.

L'information de la décision sur la question prioritaire de constitutionnalité.

La juridiction qui a transmis une question prioritaire de constitutionnalité et les parties à l'instance sont informées des suites données à cette transmission par l'envoi des décisions rendues par la Cour de cassation et, le cas échéant, par le Conseil constitutionnel : la décision de la Cour de cassation est communiquée à la juridiction qui a transmis la question et notifiée aux parties dans les huit jours de son prononcé *(Ord. n° 58-1067, art. 23-7, al. 2)* ; il en va de même de la décision du Conseil constitutionnel, qui est en outre communiquée à la Cour de cassation et publiée au *Journal officiel* *(Ord. n° 58-1067, art. 23-11, al. 1er et 3)*. Pour mémoire, le Conseil constitutionnel statue dans les trois mois suivant sa saisine *(Ord. n° 58-1067, art. 23-10)*.

La poursuite de l'instance.

Dès que la juridiction qui a transmis la question est informée de la décision statuant sur cette question, elle poursuit l'instance, suivant les règles qui lui sont applicables en cas de sursis à statuer. C'est ainsi, par exemple, que devant le tribunal de grande instance, les avocats des parties sont informés de la reprise selon les modalités prévues par l'article 826 du code de procédure civile. Devant le tribunal d'instance, le greffe avise les parties, verbalement ou par lettre simple, de l'audience à laquelle l'affaire sera appelée *(C. pr. civ., art. 842)*.

Lorsque l'affaire a été communiquée au ministère public aux seules fins de la question prioritaire de constitutionnalité, celui-ci ne participe pas à la poursuite de l'instance, à moins qu'il ne souhaite intervenir comme partie principale, pour la défense de l'ordre public *(C. pr. civ., art. 423)*, ou comme partie jointe, lorsqu'il l'estime nécessaire *(C. pr. civ., art. 426)*.

La poursuite de l'instance a lieu en tenant compte de la décision rendue par la Cour de cassation ou, en cas de renvoi, par le Conseil constitutionnel. Ainsi, en l'absence de renvoi de la question au Conseil constitutionnel ou en cas *[de]* rejet de cette question ou de déclaration de conformité par ce dernier, la juridiction qui connaît de l'affaire applique au litige, en tant que de besoin, la disposition qui était contestée.

La décision du Conseil constitutionnel qui déclare inconstitutionnelle la disposition législative contestée abroge cette disposition à compter de la publication de cette décision au *Journal officiel* ou d'une date ultérieure qu'elle fixe. Le Conseil constitutionnel détermine les conditions et limites dans lesquelles les effets que la disposition a produits sont susceptibles d'être remis en cause *(Const. 58, art. 62, al. 2)*. La juridiction qui connaît de l'affaire poursuit donc l'instance en se conformant à la décision du Conseil constitutionnel.

Les cas dans lesquels l'instance s'est éteinte avant toute décision sur la question prioritaire de constitutionnalité.

Lorsque la juridiction, qui reçoit la décision de la Cour de cassation ou du Conseil constitutionnel, a entre temps été dessaisie de l'affaire, la communication de cette décision est purement informative et n'a pas pour effet de la saisir à nouveau de l'instance.

Ceci concerne essentiellement le cas dans lequel la juridiction a transmis la question sans surseoir à statuer sur la prétention à laquelle elle se rapportait. Dans cette hypothèse, la partie qui a posé la question prioritaire de constitutionnalité ne peut, si elle entend préserver ses droits dans l'attente d'une décision sur la question, que former un recours, dans les délais de droit commun, contre la décision ayant statué sur le fond de l'affaire.

Le cas dans lequel la juridiction a été dessaisie de l'affaire avant retour de la décision sur la question recouvre également l'hypothèse dans laquelle l'instance s'est éteinte, pour quelque cause que ce soit, après la saisine du Conseil constitutionnel. En effet, si l'extinction de l'instance principale entraîne, par voie de conséquence, celle de l'instance devant la Cour de cassation aux fins d'examen du renvoi de la question, il en va différemment après renvoi de la question prioritaire de constitutionnalité au Conseil constitutionnel : dès lors qu'il est saisi, ce dernier statue sur la question, nonobstant l'extinction, pour quelque cause que ce soit, de l'instance à l'occasion de laquelle la question a été posée *(Ord. n° 58-1067, art. 23-9)*. Cette solution s'explique par le caractère objectif de la décision du Conseil constitutionnel.

3. *La procédure applicable à la question prioritaire de constitutionnalité posée devant les juridictions pénales*

3.1. Le champ d'application de la question prioritaire de constitutionnalité

3.1.1. *Les juridictions pénales relevant de la Cour de cassation*

La question prioritaire de constitutionnalité peut être soulevée devant toutes les juridictions pénales relevant de la Cour de cassation, y compris pour la première fois en cause d'appel.

Elle peut donc être soulevée devant les juridictions d'instruction, de jugement, d'application des peines et de la rétention de sûreté ainsi que le rappelle l'article R.* 49-21 du code de procédure pénale.

Sont donc concernées les juridictions suivantes :

— au stade de l'instruction : le juge d'instruction, le juge des libertés et de la détention, le juge des enfants, la chambre de l'instruction et le Président de la chambre de l'instruction ;

— au stade du jugement : la juridiction de proximité et le tribunal de police, le juge des enfants, le tribunal pour enfants et la chambre spéciale des mineurs de la cour d'appel, le tribunal correctionnel siégeant à juge unique ou en formation collégiale, la chambre correctionnelle de la cour d'appel,

— au stade de l'application des peines et des mesures de sûreté : le juge de l'application des peines, le tribunal de l'application des peines et la chambre d'application des peines de la cour d'appel, les juridictions régionale*[s]* de la rétention de sûreté et la juridiction nationale de la rétention de sûreté.

3.1.2. *Une exception : la cour d'assises*

Le législateur organique a cependant tenu à apporter une exception à ce principe et a exclu les cours d'assises du champ de la question prioritaire de constitutionnalité.

Cette exclusion se justifie par la composition particulière de cette juridiction et le principe de continuité des débats en vertu duquel les débats ne peuvent être interrompus et doivent continuer jusqu'à ce que la cause soit terminée par l'arrêt de la cour d'assises.

Il demeure que la contestation d'une disposition législative peut être réglée avant l'ouverture du procès criminel puisqu'il est possible de soulever la question prioritaire de constitutionnalité au cours de l'instruction pénale.

En outre, ainsi qu'il est rappelé au dernier alinéa de l'article 23-1 de l'ordonnance du 7 novembre 1958 portant loi organique sur le Conseil constitutionnel *[n° 58-1067]*, la question prioritaire de constitutionnalité peut être soulevée en cas d'appel d'un arrêt de cour d'assises rendu en premier ressort.

A cette occasion, la question prioritaire de constitutionnalité, soulevée dans un écrit distinct et motivé, est jointe à la déclaration d'appel faite au greffe de la cour d'assises qui a rendu la décision attaquée. Elle est alors immédiatement transmise à la Cour de cassation, dont la chambre criminelle est chargée de désigner la cour d'assises d'appel, de telle sorte que la question prioritaire de constitutionnalité sera examinée avant l'ouverture des débats devant la cour d'assises statuant en appel.

3.2. La présentation de la question prioritaire de constitutionnalité

3.2.1. *L'auteur de la question prioritaire de constitutionnalité*

Ainsi que le rappelle le Conseil constitutionnel dans le considérant 9 de sa décision du 3 décembre 2009, les termes de l'article 61-1 de la Constitution imposent de réserver aux seules parties à l'instance le droit de soutenir qu'une disposition législative porte atteinte aux droits et libertés que la Constitution garantit.

Cette faculté est donc ouverte à toutes les parties au procès pénal : la partie civile, la personne mise en examen, le prévenu, ainsi que la personne condamnée.

Cette faculté est également ouverte au témoin assisté qui, bien qu'il ne soit pas à strictement parler une partie à la procédure, bénéficie de certains droits de la personne mise en examen. Ainsi, le témoin assisté, quand il saisit la chambre de l'instruction d'une requête en nullité sur le fondement de l'article 173 du code de procédure pénale, peut également soulever une question prioritaire de constitutionnalité.

Le ministère public, en sa qualité de partie au procès pénal, peut soulever une question prioritaire de constitutionnalité *[Cette faculté, rappelée par le premier président et le procureur général de la Cour de cassation lors de leur audition à l'occasion des débats parlementaires, est expressément évoquée dans les rapports de la commission des lois de l'Assemblée nationale et du Sénat (p. 10 du rapport n° 1898 de la commission des lois de l'Assemblée nationale et p. 38 du rapport n° 637 de la commission des lois du Sénat)]*. En pratique, il lui appartiendra surtout de formuler des observations sur la question prioritaire de constitutionnalité soulevée par une des parties. En effet, il devrait être exceptionnel que le ministère public chargé de requérir l'application de la loi soulève en même temps son inconstitutionnalité, en dehors de l'hypothèse de dispositions législatives anciennes tombées en désuétude.

En revanche, l'article 23-1 de l'ordonnance du 7 novembre 1958 portant loi organique sur le Conseil constitutionnel *[n° 58-1067]* précise qu'un juge ne peut relever d'office le moyen tiré de ce qu'une disposition législative porte atteinte aux droits et libertés que la Constitution garantit et donc formuler une question prioritaire de constitutionnalité.

Le constituant a en effet souhaité, comme en témoigne les débats parlementaires, que seuls les justiciables puissent poser une question prioritaire de constitutionnalité. Ceux-ci sont libres d'exercer ou non le droit que la Constitution leur a conféré et le juge ne saurait interférer dans ce choix.

3.2.2. *Le moment auquel la question prioritaire de constitutionnalité doit être soulevée*

La question prioritaire de constitutionnalité ne peut être soulevée qu'à l'appui d'une demande, ainsi que le rappelle le Conseil constitutionnel dans le considérant 3 de sa décision du 3 décembre 2009.

Cela emporte pour conséquence, d'une part, que la question ne peut donc être soulevée seule et de façon indépendante au cours de la procédure, d'autre part, que son régime juridique suit celui des demandes à l'occasion desquelles la question est soulevée.

Dès lors, devant les juridictions d'instruction, la question prioritaire de constitutionnalité doit être soulevée à l'appui des demandes formulées par les parties, par exemple une demande de mise en liberté ou une requête en nullité.

Devant les juridictions de jugement, lorsque la question prioritaire de constitutionnalité vient au soutien d'une exception de procédure devant être soulevée à un stade particulier de la procédure, elle devra également être présentée à ce stade de la procédure. Ainsi, la question prioritaire de constitutionnalité soulevée à l'appui d'une exception de nullité ou d'une exception préjudicielle doit être également soulevée avant toute défense au fond en application des articles 385 et 386 du code de procédure pénale.

En revanche, lorsque la question prioritaire de constitutionnalité vient au soutien d'une demande qui peut être déposée à tout moment de la procédure, par exemple une demande de supplément d'information, elle pourra être soulevée à tout moment de la procédure.

Enfin, aux termes du premier alinéa des articles 23-1 et 23-5 de l'ordonnance du 7 novembre 1958 portant loi organique sur le Conseil constitutionnel *[n° 58-1067]*, la question peut être soulevée non seulement en première instance, mais aussi pour la première fois en appel ou en cassation.

Aux termes du dernier alinéa de l'article 23-2 *[Ord. n° 58-1067]*, la cour d'appel peut également connaître de la question prioritaire de constitutionnalité lorsqu'une partie conteste le refus de transmission de la question.

Cette contestation ne peut alors intervenir qu'à l'occasion d'un recours formé contre la décision de première instance ayant statué sur la demande au cours de la procédure. En effet, la question prioritaire de constitutionnalité est un moyen de procédure soulevé à l'appui d'une demande et ne saurait donc faire l'objet d'un examen en appel indépendamment de l'appel sur la demande à l'occasion de laquelle ce moyen a été soulevé.

3.2.3. *L'exigence d'un écrit distinct et motivé*

La question prioritaire de constitutionnalité doit être présentée dans un écrit distinct et motivé.

Cette exigence résulte de la volonté de faciliter le traitement de la question et de permettre à la juridiction qui en est saisie de statuer sur sa transmission dans le plus bref délai afin de ne pas retarder la procédure ainsi que le rappelle le Conseil constitutionnel dans le considérant 8 de sa décision du 3 décembre 2009.

Il en résulte que la question prioritaire de constitutionnalité ne peut figurer, par exemple, dans les observations écrites formulées en réponse au projet de réquisitoire définitif ou dans des conclusions de nullité déposées devant la juridiction de jugement, et ce même s'il s'agit d'une partie distincte de ces documents. En outre, elle doit figurer intégralement dans l'écrit distinct exigé.

Cet écrit distinct doit toujours être visé par le greffe.

L'article R.* 49-22 du code de procédure pénale précise qu'au cours de l'instruction, l'écrit distinct et motivé est déposé au greffe de la chambre de l'instruction et est alors visé par le greffier avec l'indication du jour du dépôt. Il peut également être déposé au greffe du juge d'instruction, du juge des libertés et de la détention ou du juge des enfants statuant en qualité de juge d'instruction. Il est alors également visé par le greffier avec l'indication du jour du dépôt puis est transmis sans délai au greffe de la chambre de l'instruction.

L'article R.* 49-24 du code de procédure pénale règle le cas de la question soulevée par une personne détenue. Celle-ci peut remettre l'écrit distinct et motivé au chef de l'établissement pénitentiaire lorsqu'elle peut déjà former une demande par déclaration auprès de ce dernier, par exemple une demande de mise en liberté en application de l'article 148-7 du code de procédure pénale ou une déclaration d'appel en application de l'article 503 du code de procédure pénale. Le chef de l'établissement pénitentiaire doit alors viser l'écrit, avec l'indication du jour du dépôt, et l'adresser sans délai, en original ou en copie, au greffe de la juridiction saisie de la demande.

L'article R.* 49-29 *[C. pr. pén.]* maintient cette exigence lorsque la question prioritaire de constitutionnalité est soulevée en appel, qu'il s'agisse de la première fois ou de la contestation d'un refus de transmission de la question soulevée en première instance à l'occasion d'un recours formé contre la décision de première instance ayant statué sur la demande au cours de la procédure.

L'exigence de motivation de l'écrit distinct emporte pour conséquence qu'il doit comporter la mention de la disposition législative contestée ainsi que les droits ou les libertés que la Constitution garantit auxquels la disposition contestée est susceptible de porter atteinte. Sans qu'on ne puisse exiger un argumentaire détaillé, il importe que la juridiction puisse comprendre en quoi, pour l'auteur de la question, la disposition législative attaquée contrevient à une norme constitutionnelle.

Aux termes *[de]* l'article R.* 49-21 du code de procédure pénale, le non-respect de ce formalisme est sanctionné par l'irrecevabilité de la question. Il est également précisé que cette irrecevabilité doit être constatée d'office par la juridiction.

3.3. L'examen de la question prioritaire de constitutionnalité

3.3.1. *Le juge compétent pour examiner la transmission de la question prioritaire de constitutionnalité*

Il résulte des articles 23-1 et 23-2 de l'ordonnance du 7 novembre 1958 portant loi organique sur le Conseil constitutionnel *[n° 58-1067]* que la juridiction devant laquelle la question prioritaire de constitutionnalité est soulevée est compétente pour statuer sur sa transmission ou non à la Cour de cassation.

Le seul tempérament apporté à ce principe concerne l'instruction puisque le troisième alinéa de l'article 23-1 *[Ord. n° 58-1067]* réserve son examen à la juridiction d'instruction du second degré.

Ainsi, comme on l'a vu précédemment, la question peut être soulevée à l'appui d'une demande à tout moment au cours de l'instruction, que ce soit devant le juge d'instruction, le juge des libertés et de la détention ou le juge des enfants mais, l'examen de la question est réservé à la chambre de l'instruction ou au Président de celle-ci.

Cette solution se justifie par le fait que la chambre de l'instruction est la seule juridiction compétente, au cours de l'instruction, pour statuer sur la validité de la procédure, le juge d'instruction, le juge des libertés et de la détention ou le juge des enfants ne disposant pas du pouvoir d'annuler un acte ou une pièce de la procédure.

Enfin, l'article R.* 49-23 du code de procédure pénale règle le cas de la question soulevée à l'appui d'un « référé-liberté » (art. 187-1 du code de procédure pénale). Dans ce cas, le Président de la chambre de l'instruction ou, en cas d'empêchement, le magistrat qui le remplace peut également examiner la question. Ce dernier peut toutefois décider de renvoyer cet examen à la chambre de l'instruction lorsque la question le justifie.

3.3.2. *L'instruction de la transmission de la question prioritaire de constitutionnalité*

Il résulte de l'article 23-1 de l'ordonnance du 7 novembre 1958 portant loi organique sur le Conseil constitutionnel *[n° 58-1067]* que la juridiction doit statuer « sans délai » sur la transmission de la question à la Cour de cassation.

Le sens de cette exigence peut, à la lumière des débats parlementaires, être compris comme imposant à la juridiction de statuer dès qu'elle sera à même d'apprécier les conditions de la transmission. Si cette exigence n'impose pas à la juridiction de statuer immédiatement, elle ne peut toutefois différer l'examen de la question.

En pratique, et dans l'intérêt des justiciables, l'instruction de la question doit donc *intervenir dans les délais les plus brefs.*

Le législateur organique a précisé *[V. Ord. n° 58-1067 du 7 nov. 1958, art. 23-2]* que quand elle est saisie de moyens contestant la conformité d'une disposition législative, d'une part, aux droits et libertés garantis par la Constitution et, d'autre part, aux engagements internationaux de la France, la juridiction doit se prononcer en premier sur la question prioritaire de constitutionnalité.

Cette priorité d'examen se justifie par la volonté d'assurer la prééminence de la Constitution au sein de notre ordre juridique et par l'effet *erga omnes* de la déclaration d'inconstitutionnalité qui conduit à l'abrogation de la disposition législative contestée.

En revanche, il n'a pas été institué d'autres priorités d'examen au profit de la question prioritaire de constitutionnalité.

En effet, l'obligation de statuer « sans délai » sur la transmission n'interdit pas à la juridiction d'examiner d'autres moyens de défense présentant un caractère préalable et de nature à mettre fin à la procédure sans examen au fond.

L'article R.* 49-25 *[C. pr. pén.]* détermine la procédure selon laquelle il est statué sur la question prioritaire de constitutionnalité par renvoi aux règles habituellement applicables devant la juridiction compétente.

Cette procédure d'examen est par principe contradictoire, et comprend donc les observations du ministère public et celles des parties, formulées oralement ou par écrit.

Si elles le sont par écrit, elles doivent figurer dans un écrit distinct et motivé afin d'en permettre l'examen par la Cour de cassation dans l'hypothèse d'une transmission de la question. A défaut, elles ne pourraient être transmises avec la décision transmettant la question prioritaire de constitutionnalité à la Cour de cassation.

Toutefois, dans l'intérêt d'une bonne administration de la justice, la juridiction pourra se dispenser de recueillir les observations du ministère public et des parties lorsqu'il apparaîtra certain, au vu du mémoire distinct, qu'il n'y a pas lieu à transmettre la question *(C. pr. pén., art. R.* 49-25)*. Tel pourrait être notamment le cas de questions portant sur des critiques déjà examinées et rejetées par le Conseil constitutionnel, saisi lors de l'adoption de la loi, ou à l'occasion d'une précédente question prioritaire de constitutionnalité, en l'absence de changement des circonstances.

3.4. La décision statuant sur la transmission de la question prioritaire de constitutionnalité

Les règles générales régissant la forme et le contenu des décisions de justice s'appliquent. Ainsi, par exemple, le jugement ou l'arrêt pourra être qualifié de contradictoire, contradictoire à signifier ou défaut.

3.4.1. *La motivation de la décision statuant sur la transmission*

Quelle que soit la nature de la décision, de transmission ou non, le jugement ou l'arrêt doit être motivé au regard des trois conditions déterminées par le législateur organique à l'article 23-12 de l'ordonnance du 7 novembre 1958 portant loi organique sur le Conseil constitutionnel *[nº 58-1067]*.

1° Les juridictions pénales doivent apprécier si la disposition législative contestée est applicable à la procédure ou constitue le fondement des poursuites.

Il en résulte qu'il n'est pas nécessaire que la disposition législative contestée commande la validité de la procédure pour faire l'objet d'une transmission, il suffit qu'elle soit applicable à la procédure (contrôle du caractère opérant du moyen).

2° Pour l'appréciation de la condition selon laquelle la disposition législative contestée ne doit pas avoir été déjà déclarée conforme à la Constitution dans les motifs et le dispositif d'une décision du Conseil constitutionnel, sauf changement de circonstances, il convient de se reporter à la première partie de la circulaire.

3° Les juridictions pénales doivent également vérifier si la question n'est pas dépourvue de caractère sérieux pour déterminer son éventuelle transmission, à l'instar des juridictions civiles *[V. nº 2.2.3.2]*.

3.4.2. *La décision de transmission*

Aux termes de l'article 23-3 de l'ordonnance du 7 novembre 1958 portant loi organique sur le Conseil constitutionnel *[nº 58-1067]*, la juridiction de première instance ou d'appel qui décide de transmettre la question sursoit à statuer jusqu'à réception de la décision de la Cour de cassation ou, s'il a été saisi, du Conseil constitutionnel.

Le législateur organique a, cependant, prévu un certain nombre de tempéraments et exceptions au principe du sursis à statuer.

En premier lieu, le sursis à statuer ne suspend pas le cours de l'instruction. Aussi, le juge d'instruction, informé d'une question prioritaire de constitutionnalité soulevée à l'appui d'une demande formulée au cours de l'instruction, peut continuer d'informer et de procéder à tous les actes d'information qu'il juge utile à la manifestation de la vérité.

En second lieu, il est fait exception au sursis à statuer en cas de privation de liberté, quand la juridiction est tenue de statuer dans des délais déterminés ou quand le sursis entraînerait des conséquences irrémédiables ou manifestement excessives pour les droits d'une partie.

En effet, en application du deuxième alinéa de l'article 23-3 de l'ordonnance *[n° 58-1067]*, la juridiction ne peut pas surseoir à statuer lorsqu'une personne est privée de liberté à raison de l'instance ou lorsque l'instance a pour objet de mettre fin à une mesure privative de liberté.

Cette exception au sursis à statuer porte sur le contentieux de la détention provisoire, tant au cours de l'instruction qu'à la clôture de l'instruction lorsque le prévenu ou l'accusé est renvoyé en détention provisoire ou encore dans l'hypothèse d'un renvoi de comparution immédiate assorti du placement en détention provisoire du prévenu.

En revanche, en application du troisième alinéa de l'article 23-3 de l'ordonnance *[n° 58-1067]*, la juridiction dispose d'une faculté de surseoir ou non lorsque la loi prévoit qu'elle doit statuer dans un délai déterminé.

Par exemple, la chambre de l'instruction aura la faculté de surseoir à statuer lorsqu'elle transmettra une question soulevée à l'appui d'une requête en nullité en application des dispositions de l'article 194 du code de procédure pénale.

La question prioritaire de constitutionnalité doit ressortir clairement du dispositif de la décision. La juridiction qui décide de la transmission de la question prioritaire de constitutionnalité a la possibilité d'en reformuler les termes. Dans cette hypothèse, la question reformulée doit figurer dans le dispositif de la décision. En toute hypothèse la décision de transmission est adressée à la Cour de cassation avec « les mémoires ou les conclusions des parties » aux termes du dernier alinéa de l'article 23-2 de l'ordonnance du 7 novembre 1958 portant loi organique sur le Conseil constitutionnel *[n° 58-1067]*. La Cour de cassation, et éventuellement le Conseil constitutionnel, seront donc destinataires dans tous les cas de la formulation initiale de la question.

Dans un objectif de simplicité et de rapidité, les parties sont informées de la décision de transmission par un simple avis du greffe, adressé sans délai et par tout moyen. Cet avis viendra compléter, pour les parties qui ont comparu, l'information qui leur aura été directement donnée par le tribunal à l'audience.

Cependant, il résulte du deuxième alinéa de l'article R.* 49-28 du code de procédure pénale que, pour les autres parties qui n'ont pas comparu, l'avis leur est adressé sans délai par lettre recommandée avec demande d'avis de réception. Cela n'exclut pas que, dans le cas où la décision de transmission est qualifiée de contradictoire à signifier, la signification de cette décision intervienne ensuite, à l'occasion de la signification de la décision statuant sur l'affaire.

En outre, cet avis comprend les informations utiles aux parties, notamment le rappel des délais dans lesquels les parties pourront faire connaître leurs observations devant la Cour de cassation.

Enfin, il convient de rappeler qu'aux termes du dernier alinéa de l'article 23-2 de l'ordonnance du novembre 1958 portant loi organique sur le Conseil constitutionnel *[n° 58-1067]* la décision de transmission est adressée à la Cour de cassation dans les huit jours de son prononcé avec les mémoires ou les conclusions des parties.

Cette décision n'est susceptible d'aucun recours.

3.4.3. *L'hypothèse de non-transmission des questions sérielles*

Il peut arriver qu'une juridiction soit saisie de questions prioritaires de constitutionnalité mettant en cause pour les mêmes motifs une disposition législative dont la Cour de cassation ou le Conseil constitutionnel est déjà saisi.

Dans cette hypothèse, il sera le plus souvent inutile pour le juge du fond de transmettre à nouveau ces questions prioritaires de constitutionnalité à la Cour de cassation, puisque celle-ci procède à un contrôle objectif de la disposition contestée et ne s'intéresse pas à cette occasion au fond de l'affaire.

Aussi, il est prévu, à l'article R.* 49-26 du code de procédure pénale, que la juridiction n'est pas tenue de transmettre cette question.

Il convient toutefois que la contestation de la disposition législative soit fondée sur les mêmes motifs que pour les questions déjà transmises : ce sont donc les mêmes droits et libertés constitutionnelles qui doivent être invoqués aux termes d'une argumentation juridique de même nature pour fonder la contestation de la disposition législative attaquée.

Les juridictions pourront procéder à cette vérification en consultant, sur le site intranet de la Cour de cassation, la liste des questions prioritaires de constitutionnalité qui lui auront été transmises.

Il est également précisé, qu'en cas de non-transmission pour ce motif, la juridiction sursoit à statuer sur le fond jusqu'à ce qu'elle soit informée de la décision de la Cour de cassation ou, le cas échéant, du Conseil constitutionnel.

Aussi, lorsque la juridiction est tenue de statuer sans surseoir parce qu'une personne est privée de liberté à raison de l'instance ou lorsque l'instance a pour objet de mettre fin à une mesure privative de liberté ou que la juridiction envisage de le faire parce qu'elle est tenue de statuer dans un délai déterminé, elle ne peut faire application des dispositions relatives aux questions sérielles et doit transmettre la question à la Cour de cassation.

3.4.4. *La décision de refus de transmission*

Cette décision intervient lorsque l'une au moins des conditions précédemment examinées n'est pas remplie.

Elle peut figurer dans la décision relative à la demande à l'appui de laquelle la question a été posée ou bien dans une décision spécifique consacrée à la question prioritaire de constitutionnalité.

Dans tous les cas, l'avis aux parties précise, en application du troisième alinéa de l'article R.* 49-28 du code de procédure pénale, que la question ne peut être contestée qu'à l'occasion d'un recours formé contre une décision ayant statué sur la demande au cours de la procédure.

Aux termes de l'article R.* 49-27 du code de procédure pénale, le refus de transmettre la question dessaisit la juridiction du moyen tiré de la question prioritaire de constitutionnalité.

Toutefois, la juridiction peut, si elle entend à l'occasion de l'examen de l'affaire faire application de la disposition législative contestée, rétracter ce refus de transmission lorsqu'il a été exclusivement motivé par la constatation que cette disposition n'était pas applicable à la procédure en cause ou ne constituait pas le fondement des poursuites et, ainsi, décider de transmettre la question.

Il résulte de ces dispositions que la juridiction peut d'office rétracter son précédent refus de transmission sans que l'auteur de la question ou une autre partie ne le lui demande.

En outre, le débat sur la question ayant déjà eu lieu, il n'est pas nécessaire pour la juridiction de rouvrir les débats pour se rétracter.

3.5. La suite de la procédure en cas de transmission de la question prioritaire de constitutionnalité à la Cour de cassation

La suite de la procédure en cas de transmission de la question prioritaire de constitutionnalité à la Cour de cassation et, le cas échéant, au Conseil constitutionnel ne diffère pas de ce qui a été présenté au 2.3 de la circulaire. Il convient donc de s'y reporter.

En revanche, une attention particulière doit être portée à l'hypothèse d'une disposition législative déclarée inconstitutionnelle à la suite d'une question prioritaire de constitutionnalité transmise au Conseil constitutionnel alors même que la décision pénale à l'occasion de laquelle cette question a été soulevée est devenue définitive.

En effet, il convient de rappeler, qu'aux termes de l'article 23-9 de l'ordonnance du 7 novembre 1958 portant loi organique sur le Conseil constitutionnel *[n° 58-1067]*, l'extinction pour quelque cause que ce soit de l'instance à l'occasion de laquelle la question a été posée est sans conséquence sur l'examen de la question par le Conseil constitutionnel.

Bien évidemment, il s'agit d'une question largement théorique s'agissant d'une condamnation au fond.

En tout état de cause, il appartiendra au justiciable qui estime avoir été condamné sur le fondement d'une disposition inconstitutionnelle de faire appel s'il est condamné avant que le Conseil constitutionnel ne statue et, ensuite, de former un pourvoi s'il est condamné en appel avant que le Conseil constitutionnel ne statue. En effet, dans ce cas, la Cour de cassation devra attendre la décision du Conseil constitutionnel en application des dispositions de l'article 23-3, alinéa 5 *[Ord. n° 58-1067]*. La Cour de cassation n'est en effet jamais tenue de statuer dans un délai déterminé quand elle est saisie d'un pourvoi sur une condamnation en appel. Dans ces conditions elle n'aura pas la possibilité de se prononcer avant la décision du Conseil constitutionnel.

En revanche, en matière de détention provisoire, compte tenu des délais dans lesquels les juridictions du fond et la Cour de cassation sont tenues de statuer, il peut arriver que la décision soit devenue définitive avant que le Conseil constitutionnel ne déclare la disposition législative inconstitutionnelle.

Aussi, le Conseil constitutionnel, dans sa réserve d'interprétation figurant au considérant 18 de sa décision du 3 décembre 2009, prévoit que le justiciable conserve la faculté d'introduire une nouvelle instance pour qu'il puisse être tenu compte de la décision du Conseil constitutionnel lorsque ce dernier a été saisi de la question et a déclaré la disposition législative contestée inconstitutionnelle. Il en résulte que le justiciable pourra toujours déposer une demande de mise en liberté sur le fondement de la décision du Conseil constitutionnel.

4. *La question prioritaire de constitutionnalité devant la Cour de cassation*

En application de la loi organique, la Cour de cassation peut être saisie d'une demande de renvoi d'une question prioritaire de constitutionnalité dans deux hypothèses différentes :

1° soit sur transmission d'une question par le juge du fond *(Ord. n° 58-1067, art. 23-2 et 23-4)* ; dans ce cas, la saisine de la Cour de cassation est la suite de la procédure examinée aux points 2 et 3 ;

2° soit dans une instance à l'occasion d'un pourvoi au cours de laquelle est soulevé, y compris pour la première fois, le moyen tiré de ce qu'une disposition législative porte atteinte aux droits et libertés garantis par la Constitution *(Ord. n° 58-1067, art. 23-5)*.

4.1. La procédure aux fins de renvoi de la question prioritaire de constitutionnalité

La Cour de cassation doit statuer sur la question prioritaire de constitutionnalité dans un délai de trois mois suivant sa saisine. Pour garantir une telle célérité, la loi organique soumet l'examen de la question prioritaire de constitutionnalité à une formation particulière présidée par le premier président de la Cour de cassation.

4.1.1. *L'examen de la question prioritaire de constitutionnalité par la formation statuant sur le renvoi*

Le premier président est destinataire de l'ensemble des questions prioritaires de constitutionnalité transmises, selon le cas, par les juridictions judiciaires relevant de la Cour de cassation ou les chambres de la Cour de cassation *(Ord. n° 58-1067, art. 23-6, al. 1er)*.

Dès qu'il reçoit une telle question, il avise le procureur général, pour que celui-ci puisse faire connaître son avis *(Ord. n° 58-1067, art. 23-6 ; C. pr. civ., art. 126-10)*.

Le premier Président détermine en outre la ou les chambres spécialement concernées pour permettre de constituer la formation statuant sur le renvoi. En effet, la formation de la Cour de cassation chargée d'examiner les renvois, présidée par le premier président, est composée de l'ensemble des présidents des chambres et de deux conseillers de chaque chambre spécialement concernée, à moins que le premier président, considérant que la solution paraît s'imposer, ne renvoie la question devant une formation présidée par lui-même et composée du président et d'un conseiller de la chambre spécialement concernée *(Ord. n° 58-1067, art. 23-6, al. 2 à 3 ; COJ, art. R.* 461-2 à R.* 461-5)*.

Les parties à l'instance principale peuvent produire des observations devant la formation de renvoi. En revanche, elles ne sont pas tenues de le faire. En effet, la Cour de cassation est saisie par les écritures des parties jointes à la décision de transmission, de sorte que les parties qui ont présenté leurs observations devant la juridiction saisie de l'instance principale dans un écrit distinct et motivé peuvent, si elles ne souhaitent pas les compléter, s'en contenter, sans comparaître devant la Cour de cassation.

Dans les matières dans lesquelles la représentation est obligatoire devant la Cour de cassation, les observations que les parties entendent présenter doivent être signées par un avocat au Conseil d'État et à la Cour de cassation.

En matière civile, le ministère d'avocat aux conseils est obligatoire en toute matière, à la seule exception du contentieux électoral.

En matière pénale, tel est le cas sauf lorsque les observations émanent de la personne condamnée, de la partie civile en matière d'infraction à la loi sur la presse ou du demandeur en cassation lorsque la chambre criminelle est saisie d'un pourvoi en application des articles 567-2, 574-1 et 574-2 du code de procédure pénale.

En outre, ces observations doivent être remises à la Cour de cassation dans un délai d'un mois courant, selon le cas, à compter du prononcé de la décision ordonnant la transmission de la question ou de la communication du mémoire soulevant la question prioritaire de constitutionnalité à l'occasion d'un pourvoi *(C. pr. civ., art. 126-9 et 126-10 ; C. pr. pén., art. R.* 49-30 et R.* 49-31)*. Ce délai peut être réduit en cas d'urgence par le premier président ou son délégué, à la demande d'une partie ou d'office ; le greffe notifie cette décision aux parties *(C. pr. civ., art. 126-11, al. 1er, et 126-12 ; C. pr. pén., art. R.* 49-32 et R.* 49-33)*.

En revanche, ce délai est hors du domaine d'application des articles 643, 644 et 1023 du code de procédure civile, relatifs aux augmentations de délais en cas d'éloignement, sachant au surplus que de telles augmentations seraient incompatibles avec le délai de trois mois imparti par le législateur organique à la Cour de cassation pour statuer sur le renvoi.

Le renvoi de la question prioritaire de constitutionnalité est examiné à l'issue d'une audience de la formation, dont la date est fixée par le premier président ; le procureur général en est avisé et les parties en reçoivent notification *(C. pr. civ., art. 126-11, al. 2, et 126-12 ; C. pr. pén., art. R.* 49-32 et R.* 49-33)*.

En application des règles générales régissant la procédure devant la Cour de la cassation, auxquelles il n'est pas dérogé, le premier président désigne un conseiller de la formation en qualité de rapporteur, chargé de faire un rapport oral ; les débats ont lieu en audience publique, sous les réserves prévues par l'article 11-1 de la loi n° 72-626 du 5 juillet 1972 ; après le rapport fait à l'audience, les avocats au Conseil d'État et à la Cour de cassation sont entendus, s'il en font la demande, et le procureur général fait connaître son avis *(C. pr. civ., art. 1012 à 1019 ; C. pr. pén., art. 602)*.

4.1.2. *La décision statuant sur le renvoi de la question prioritaire de constitutionnalité*

La formation statue sur le renvoi de la question prioritaire de constitutionnalité par un arrêt motivé, dans un délai de trois mois suivant la réception de la décision de transmission ou la remise du mémoire présenté à l'occasion d'un pourvoi. Si la Cour de cassation n'a pu se prononcer dans ce délai, l'affaire est transmise au Conseil constitutionnel *(Ord. n° 58-1067, art. 23-4, 23-5, al. 3, et 23-7)*.

Le renvoi est décidé par la Cour de cassation lorsque les conditions suivantes sont réunies :

— d'une part, la Cour de cassation vérifie, à l'instar de la juridiction ayant transmis la question, qu'il est soutenu qu'une disposition législative, qui n'a pas déjà été déclarée conforme à la Constitution, sauf changement des circonstances, porte atteinte aux droits et *libertés que la Constitution garantit [V. n° 1.1.1]* et que la disposition contestée est applicable au litige ou à la procédure, ou qu'elle constitue le fondement des poursuites ;

— d'autre part, la Cour de cassation s'assure que la question est nouvelle ou présente un caractère sérieux *(Ord. n° 58-1067, art. 23-4 et 23-5, al. 3)*. Le caractère sérieux correspond donc à un examen plus approfondi que celui effectué par le juge du fond ; quant au caractère nouveau, le Conseil constitutionnel, dans sa décision du 3 décembre 2009, est venu préciser que : « le législateur organique a entendu, par l'ajout de ce critère, imposer que le Conseil constitutionnel soit saisi de l'interprétation de toute disposition constitutionnelle dont il n'a pas encore eu l'occasion de faire application ; que, dans les autres cas, il a entendu permettre au Conseil d'État et à la Cour de cassation d'apprécier l'intérêt de saisir le Conseil constitutionnel en fonction de ce critère alternatif ; que, dès lors, une question prioritaire de constitutionnalité ne peut être nouvelle au sens de ces dispositions au seul motif que la disposition législative contestée n'a pas déjà été examinée par le Conseil constitutionnel » *(Cons. const. 3 déc. 2009, n° 2009-595 DC, cons. n° 21)*.

La décision de la formation de renvoi est publique *(C. pr. civ., art. 1016, rappelant L. n° 72-626, art. 11-2)*.

Elle est communiquée à la juridiction qui a transmis la question et notifiée aux parties, par le greffe, dans les huit jours de son prononcé *(Ord. n° 58-1067, art. 23-7, al. 2)*.

Lorsque la Cour de cassation renvoie la question au Conseil constitutionnel, elle joint à son arrêt les écritures des parties exclusivement consacrées à la question. Le Conseil constitutionnel est venu préciser que « seuls l'écrit ou le mémoire "distinct et motivé" ainsi que les mémoires et conclusions propres à cette question prioritaire de constitutionnalité devront lui être transmis » *(Décis. préc., cons. n° 27)*, ce dont il ressort que sont transmis au Conseil constitutionnel non seulement les observations éventuelles ou les mémoires spéciaux présentés devant la Cour de cassation, mais également les écritures jointes à la décision de transmission de la question rendue par la juridiction saisie de l'affaire *[V. en ce sens Cahier Cons. const., préc., II, A, 2, c.]*

4.2. Les règles propres à la question prioritaire de constitutionnalité soulevée à l'occasion d'un pourvoi en cassation

Une partie peut, à l'occasion d'un pourvoi en cassation, soulever une question prioritaire de constitutionnalité, y compris pour la première fois. En revanche, comme les juridictions du fond, la Cour de cassation ne peut relever d'office une telle question *(Ord. n° 58-1067, art. 23-5)*.

La partie qui soulève le moyen tiré de ce qu'une disposition législative porte atteinte aux droits et libertés garantis par la Constitution le présente dans un mémoire distinct et motivé, à peine d'irrecevabilité. La question prioritaire de constitutionnalité étant un moyen venant au soutien d'une prétention, ce mémoire répond pour le surplus au régime applicable au pourvoi.

Ainsi ce mémoire doit-il être remis et communiqué selon les modalités et dans les délais impartis à son auteur pour établir, selon le cas, le mémoire ampliatif ou le mémoire en réponse ou pour former un pourvoi incident.

Dès que ce mémoire est remis à la cour, il est transmis au premier Président pour que celui-ci puisse le soumettre à la formation chargée d'examiner les renvois au Conseil constitutionnel.

Parallèlement, les autres parties disposent d'un délai d'un mois pour remettre un mémoire en réponse au mémoire soulevant la question prioritaire de constitutionnalité ; ce mémoire est établi, remis et communiqué suivant les règles régissant le pourvoi *(C. pr. civ., art. 126-10 ; C. pr. pén., art. R.* 49-30)*.

En outre, la formation de la Cour de cassation saisie du pourvoi ne peut se prononcer sur un moyen contestant la conformité de la disposition considérée aux engagements internationaux de la France qui serait également invoqué par l'auteur de la question de constitutionnalité, avant que la formation de renvoi de la Cour de cassation ne se soit prononcée sur la question de constitutionnalité *(Ord. n° 58-1067, art. 23-5)*.

Enfin, lorsque cette formation de renvoi saisit le Conseil constitutionnel de la question prioritaire de constitutionnalité, la formation qui connaît du pourvoi sursoit à toute décision sur le pourvoi jusqu'à ce que le Conseil constitutionnel ait statué *(Ord. n° 58-1067, art. 23-3, dernier al.)*.

Toutefois, la Cour de cassation statue immédiatement quand l'intéressé est privé de liberté à raison de l'instance et que la loi prévoit un délai pour statuer, ce qui ne concerne que la matière pénale. La Cour de cassation peut également ne pas surseoir lorsqu'elle est tenue de se prononcer en urgence *(Ord. n° 58-1067, art. 23-5, al. 4)*.

5. *Les dispositions finales*

5.1. L'entrée en vigueur de la réforme

L'article 61-1 de la Constitution, la loi organique du 10 décembre 2009 et le décret du 16 février 2010 entrent en vigueur le 1er mars 2010. Cette réforme est applicable aux procédures en cours suivant un régime transitoire particulier *(L. org. n° 2009-1523 du 10 déc. 2009, art. 5 ; Décr. n° 2010-148 du 16 févr. 2010, art. 7)*.

Dans les instances en cours lors de cette entrée en vigueur, une question prioritaire de constitutionnalité doit, pour être recevable, être présentée sous la forme d'un écrit distinct et motivé produit à compter du 1er mars 2010.

Dans le cas particulier où l'instruction de l'affaire serait close lors de l'entrée en vigueur de la réforme, la présentation d'une question prioritaire de constitutionnalité autorise la juridiction à rouvrir l'instruction dans les conditions suivantes :

D'une part, cette réouverture est laissée à l'appréciation de la juridiction, qui y procède si elle l'estime nécessaire.

D'autre part, la réouverture est faite pour les seuls besoins de l'examen de la question prioritaire de constitutionnalité. Elle n'autorise donc pas les parties à présenter de nouvelles prétentions ou de nouveaux moyens, sous réserve que la juridiction ne préfère rouvrir les débats ou l'instruction dans leur entier.

Enfin, cette règle ne concerne que les instances pour lesquelles l'instruction de l'affaire est close au 1er mars 2010, sans que la juridiction ne soit déjà dessaisie par le prononcé de sa décision sur le fond. S'agissant d'une disposition purement transitoire, elle ne s'applique donc pas aux questions prioritaires de constitutionnalité qui seraient ultérieurement soulevées après clôture des débats ou de l'instruction : une fois que cette disposition aura épuisé ses effets, la réouverture éventuelle des débats ou le rabat de la clôture sera régi par le droit commun de la procédure.

En pratique, dans les procédures écrites avec une phase d'instruction préalable aux débats (tribunal de grande instance, procédure avec représentation obligatoire devant la cour d'appel), cette règle transitoire autorise la juridiction à rabattre la clôture de l'instruction pour entendre les parties sur la question prioritaire de constitutionnalité. Dans les procédures orales sans phase d'instruction préalable, cette règle ne concernera que le cas des affaires mises en délibéré, pour lesquelles la juridiction disposera de la faculté de rouvrir les débats.

5.2. L'application de la réforme outre-mer

La réforme, qui met en œuvre la Constitution, s'applique sur l'ensemble du territoire de la République *[V. Décr. n° 2010-148 du 16 févr. 2010, art. 6 (JO 18 févr.)]*.

La réforme est donc applicable dans tous les départements et toutes les collectivités d'outre-mer, ainsi qu'en Nouvelle-Calédonie. Pour cette dernière, les lois de pays peuvent d'ailleurs faire l'objet d'une question prioritaire de constitutionnalité *(L. org. n° 99-209 du 19 mars 1999 relative à la Nouvelle-Calédonie, art. 107, al. 2, inséré par la L. org. n° 2009-1523 du 10 déc. 2009, art. 3)*.

La mise en œuvre de la loi organique du 10 décembre 2009 relève de la compétence de l'État.

Il s'ensuit que les dispositions insérées dans le code de procédure civile s'appliquent y compris dans les collectivités normalement compétentes pour édicter les règles de procédure civile, à savoir la Polynésie française et la Nouvelle-Calédonie.

Ainsi qu'il a été indiqué, les délais de distance ne trouvent pas à s'appliquer à l'instance aux fins de renvoi se déroulant devant la Cour de cassation *[V. n° 4.1.1]*.

La présente circulaire peut être consultée, avec un dossier documentaire, sur le site intranet de la direction des affaires civiles et du sceau.

De la même façon, vous trouverez, sur le site intranet de la direction des services judiciaires, un ensemble de documents permettant d'assurer la gestion du traitement de ce contentieux, notamment des instructions au greffe et les modes opératoires informatiques.

En outre, la Cour de cassation a mis en ligne un espace accessible depuis son intranet dédié à la question prioritaire de constitutionnalité, avec de nombreuses fiches pratiques à destination des juridictions, et son bureau du droit constitutionnel est disponible pour répondre aux questions des juridictions.

Le site internet du Conseil constitutionnel permet également d'accéder à de nombreuses informations utiles. L'ensemble de la jurisprudence du Conseil constitutionnel y est présentée sous forme de tables analytiques ; les rubriques 4 « Droits et libertés » et 5 « Principe d'égalité » présentent ainsi de manière analytique et structurée les principaux droits et libertés susceptibles d'être invoqués dans le cadre de la question prioritaire de constitutionnalité. Un tableau recense les dispositions législatives déjà jugées conformes à la Constitution. En outre, à compter de l'entrée en vigueur de la réforme, le Conseil constitutionnel diffusera sur son site la liste des questions prioritaires de constitutionnalité qui lui auront été renvoyées.

Enfin, la présente circulaire sera complétée par le secrétariat général (service de l'accès au droit à la justice et de l'aide aux victimes).

Circulaire SG/SADJPV du 1er mars 2010,

Relative à la présentation du principe de continuité de l'aide juridictionnelle en cas d'examen de la question prioritaire de constitutionnalité par le Conseil d'État, la Cour de cassation et le Conseil constitutionnel (BOMJL n° 2010-02 du 30 avr.).

Annexes : les sept formulaires (imprimé d'attestation de mission) mentionnés dans la circulaire sont disponibles sur l'intranet justice "Aide juridictionnelle" du Secrétariat général.

INTRODUCTION

La loi constitutionnelle n° 2008-724 du 23 juillet 2008 a introduit dans la Constitution un article 61-1 qui reconnaît à tout justiciable la faculté de soutenir à l'occasion d'une instance en cours devant une juridiction de l'ordre judiciaire ou administratif qu'une disposition législative porte atteinte aux droits et libertés que la Constitution garantit *(V. annexe 1)*. Le Conseil constitutionnel peut être saisi de cette question, dite question prioritaire de constitutionnalité, sur renvoi du Conseil d'État ou de la Cour de cassation.

La loi organique du 10 décembre 2009 est venue préciser les conditions de mise en œuvre de ce droit nouveau en fixant les principales règles procédurales applicables aux questions prioritaires de constitutionnalité ainsi soulevées par les justiciables. Elle instaure notamment une procédure d'examen contradictoire, tant par le Conseil d'État et la Cour de cassation chargés de se prononcer sur le renvoi de ces questions au Conseil constitutionnel, que par le Conseil constitutionnel saisi le cas échéant.

Afin d'assurer l'effectivité du droit ainsi reconnu aux justiciables assistés d'un auxiliaire de justice au titre de l'aide juridictionnelle, l'article 23-12 de l'ordonnance du 7 novembre 1958 portant loi organique sur le Conseil constitutionnel *[n° 58-1067]*, issu de la loi organique du 10 décembre 2009, prévoit que la rétribution de cet auxiliaire qui prête son concours devant le Conseil constitutionnel est majorée selon des modalités fixées par voie réglementaire *(V. annexe 2)*.

Tel est l'objet du décret n° 2010-149 du 16 février 2010 qui complète à cet effet les dispositions régissant l'aide juridictionnelle tant en métropole que dans les départements d'outre-mer, les collectivités ultra-marines et la Nouvelle-Calédonie *(V. annexe 3)*.

Ce décret précise également que l'aide juridictionnelle initialement accordée demeure acquise à son bénéficiaire devant le Conseil d'État et la Cour de cassation chargés de se prononcer sur le renvoi de la question prioritaire de constitutionnalité au Conseil constitutionnel puis, devant le Conseil constitutionnel saisi le cas échéant de cette question.

Le principe de continuité de l'aide juridictionnelle s'applique quelle que soit la juridiction du fond saisie d'une question prioritaire de constitutionnalité, qu'elle ait son siège :

— en métropole, dans les départements d'outre-mer, à Saint-Barthélemy, à Saint-Martin, à Saint-Pierre-et-Miquelon ou en Polynésie française (art. 53-1 du décret du 19 décembre 1991) *[Décr. n° 91-1266 du 19 déc. 1991, art. 53-1, V.* ***C. pr. civ.****]* ;

— à Mayotte (art. 29-1 du décret du 2 avril 1996) *[Décr. n° 96-292 du 2 avr. 1996, art. 29-1]* ;

— ou en Nouvelle-Calédonie et dans les îles Wallis-et-Futuna (art. 22-1 du décret du 31 décembre 1993) *[Décr. n° 93-1425 du 31 déc. 1993, art. 22-1]*.

De même, lorsque la question prioritaire de constitutionnalité est posée pour la première fois devant le Conseil d'État ou la Cour de cassation, le bénéfice de l'aide juridictionnelle devant ces juridictions est maintenu en cas de renvoi de la question au Conseil constitutionnel.

La présente circulaire a pour objet de préciser les modalités de désignation et de rétribution des auxiliaires de justice appelés à prêter leur concours au titre de l'aide juridictionnelle, devant les cours suprêmes et le Conseil constitutionnel.

I. DÉSIGNATION DES AUXILIAIRES DE JUSTICE

A. *Devant les juridictions du fond*

La juridiction du fond devant laquelle est soulevée une question prioritaire de constitutionnalité doit statuer sans délai par une décision motivée sur la transmission de la question au Conseil d'État ou à la Cour de cassation lorsque les conditions posées par l'article 23-2 de l'ordonnance du 7 novembre 1958 *[nº 58-1067]* sont remplies, à savoir :

— La disposition contestée est applicable au litige ou à la procédure, ou constitue le fondement des poursuites ;

— Elle n'a pas déjà été déclarée conforme à la Constitution dans les motifs et le dispositif d'une décision du Conseil constitutionnel, sauf changement de circonstance ;

— La question n'est pas dépourvue de caractère sérieux.

Aussi, il importe que la juridiction et le bureau d'aide juridictionnelle veillent à l'instruction dans les plus brefs délais d'une demande d'aide juridictionnelle encore pendante afin de garantir à la partie concernée l'assistance d'un avocat, notamment dans les procédures où la représentation des parties à l'instance est obligatoire.

Lorsque la demande d'aide a été formée en cours d'instance auprès du bureau d'aide juridictionnelle, il appartient au secrétaire du bureau ou de la section du bureau d'en informer le Président de la juridiction saisie, conformément aux dispositions de l'article 43 du décret du 19 décembre 1991 *[nº 91-1266, V.* ***C. pr. civ.****]*. Cette information revêt une importance particulière lorsqu'une question prioritaire de constitutionnalité a déjà été soulevée par l'adversaire du demandeur à l'aide.

Lorsque la demande d'aide a été formée devant la juridiction par une partie ayant déjà fait le choix d'un avocat, l'admission provisoire à l'aide juridictionnelle peut être prononcée soit par la juridiction compétente ou son Président, soit par le Président du bureau d'aide juridictionnelle ou de la section compétente du bureau, en application de l'article 20 de la loi relative à l'aide juridictionnelle *[L. nº 91-647 du 10 juill. 1991, V.* ***C. pr. civ.****]*. A cet égard, il est rappelé que lorsque la demande d'aide juridictionnelle est formée après que la partie concernée, ou son avocat, a eu connaissance de la date d'audience et moins d'un mois avant celle-ci, il est statué sur cette demande selon la procédure d'admission provisoire *(Décr. nº 91-1266 du 19 déc. 1991, art. 41, V.* ***C. pr. civ.****)*.

Par ailleurs, dans certaines procédures, notamment en matière pénale, il est toujours possible à la juridiction devant laquelle est soulevée une question prioritaire de constitutionnalité de faire application des règles relatives aux commissions ou désignations d'office, afin de garantir au justiciable, qui aurait à se défendre vis-à-vis d'une telle question, l'assistance d'un avocat à l'audience. Cet avocat pourra alors saisir le bureau d'aide juridictionnelle au lieu et place de la personne qu'il a assistée pendant ou après l'instance *(L. nº 91-647 du 10 juill. 1991, art. 19, V.* ***C. pr. civ.****)*.

Lorsque la demande d'aide juridictionnelle, encore pendante, a été formée par une partie qui n'a pas fait choix d'un avocat, la décision statuant sur la transmission de la question prioritaire de constitutionnalité doit être rendue en considération du droit constitutionnellement garanti à toute personne à un recours effectif devant une juridiction.

Ainsi, dans le cas où la question prioritaire de constitutionnalité, soulevée par le demandeur à l'aide dans les procédures sans représentation obligatoire, est susceptible d'être rejetée, il appartient à la juridiction, sous réserve de circonstances particulières, d'attendre que l'intéressé ait effectivement pu bénéficier de l'assistance du conseil auquel *il a droit pour statuer.*

B. *Devant le Conseil d'État et la Cour de cassation*

Les modalités de désignation de l'auxiliaire de justice diffèrent selon que le Conseil d'État et la Cour de cassation sont saisis d'une question prioritaire de constitutionnalité à l'occasion d'une instance devant ces juridictions ou sur renvoi par une juridiction du fond.

1) Le Conseil d'État et la Cour de cassation sont saisis d'une question prioritaire de constitutionnalité à l'occasion d'une instance devant ces juridictions.

Les modalités de désignation de l'avocat au Conseil d'État et à la Cour de cassation au titre de l'aide juridictionnelle obéissent aux règles de droit commun définies par le décret du 19 décembre 1991 *[nº 91-1266, V.* ***C. pr. civ.****]*.

Ainsi, il appartient au justiciable de déposer une demande d'aide selon le cas, auprès du bureau d'aide juridictionnelle près le Conseil d'État ou du bureau près la Cour de cassation en produisant le cas échéant le document attestant l'acceptation de l'avocat au Conseil d'État et à la Cour de cassation choisi par lui.

En matière de cassation, lorsque le demandeur à l'aide n'a pas fait le choix d'un avocat et doit répondre à la question prioritaire de constitutionnalité soulevée par le demandeur au pourvoi, il importe que la désignation de l'avocat, en cas d'admission à l'aide, intervienne dans la mesure du possible sur-le-champ par le Président de l'ordre des avocats au Conseil d'État et à la Cour de cassation ou son délégué.

2) Le Conseil d'État et la Cour de cassation sont saisis d'une question prioritaire de constitutionnalité renvoyée par une juridiction du fond.

Lorsque le Conseil d'État et la Cour de cassation sont saisis d'une question prioritaire de constitutionnalité transmise par une juridiction du fond, les parties peuvent produire des observations.

Lorsque la question est soulevée dans des matières où la représentation des parties est obligatoire devant le Conseil d'État ou la Cour de cassation, ces observations doivent être présentées par un avocat au Conseil d'État et à la Cour de cassation *(art. R. 771-20 CJA, art. 126-9 C. pr. civ., et art. R. 49-30 C. pr. pén.)*.

Par ailleurs, les observations doivent être présentées dans un délai très bref. Ainsi, devant le Conseil d'État, les observations peuvent être produites dans le délai d'un mois à compter de la notification de la décision de transmission de la question prioritaire de constitutionnalité par les juridictions administratives *(CJA, art. R.* 771-9)*.

Devant la Cour de cassation, les parties peuvent faire connaître leurs éventuelles observations dans un délai d'un mois à compter de la décision de transmission *(C. pr. civ., art. 126-7 et 126-9, et C. pr. pén., art. R* 49-30)*.

Aussi, il importe que la désignation d'un avocat au Conseil d'État et à la Cour de cassation intervienne rapidement afin de permettre à la partie bénéficiaire de l'aide juridictionnelle de présenter ses observations.

A cet effet, l'article 53-1 du décret du 19 décembre 1991 *[nº 91-1266, V.* ***C. pr. civ.****]*, issu du décret du 16 février 2010, prévoit une procédure accélérée de désignation devant le bureau d'aide juridictionnelle qui a prononcé l'admission pour l'instance au cours de laquelle la question prioritaire de constitutionnalité a été soulevée.

Ainsi, l'aide juridictionnelle demeurant acquise à son bénéficiaire en cas d'examen par le Conseil d'État et la Cour de cassation d'une question prioritaire de constitutionnalité dont ils sont saisis par les juridictions du fond, il n'y a pas lieu de formaliser une nouvelle décision d'admission ni de saisir à cette fin le bureau d'aide juridictionnelle établi près le Conseil d'État ou la Cour de cassation d'une nouvelle demande d'admission.

La désignation de l'avocat au Conseil d'État et à la Cour de cassation intervient selon les modalités prévues lorsqu'il est nécessaire de recourir à un nouvel auxiliaire de justice après admission à l'aide juridictionnelle. Elle est effectuée par le Président de l'ordre des avocats au Conseil d'État et à la Cour de cassation, à la demande du bureau ou de la section du bureau ayant prononcé initialement l'admission à l'aide juridictionnelle, saisi par le bénéficiaire de l'aide *(Décr. nº 91-1266 du 19 déc. 1991, art. 53-1, al. 2. –* ***C. pr. civ.****)* ou son mandataire (avocat, avoué).

Ainsi, lorsque la question prioritaire est soulevée à l'occasion d'une instance devant la cour d'appel, la demande de désignation sera présentée par le secrétaire de la section du bureau chargée d'examiner les demandes relatives aux affaires portées devant cette cour d'appel.

Afin de faciliter le traitement de son dossier, il peut être demandé au bénéficiaire de l'aide ou à son mandataire de justifier de la demande de désignation d'un avocat au Conseil d'État et à la Cour de cassation par la production, selon le cas, de la notification ou de l'avis de la décision de transmission de la question prioritaire de constitutionnalité.

Cette demande, accompagnée de la décision d'admission à l'aide, est alors adressée sans délai par le bureau d'aide juridictionnelle au :

Président de l'ordre des avocats au Conseil d'État et à la Cour de cassation
5, quai de l'Horloge
75001 PARIS
Téléphone : 01 43 29 36 80
Fax : 01 43 54 17 59
Courriel : ordre.avocats.conseils@wanadoo.fr

Le bureau d'aide juridictionnelle peut y joindre la notification ou l'avis de la décision de transmission de la question prioritaire de constitutionnalité.

A réception, le Président de l'ordre des avocats au Conseil d'État et à la Cour de cassation, ou son délégué, désigne l'avocat chargé de prêter son concours au bénéficiaire de l'aide juridictionnelle. Il avise de cette désignation :

— l'avocat intéressé à qui il transmet la copie de la décision du bureau ;

— le secrétaire du bureau d'aide juridictionnelle qui en informe immédiatement le bénéficiaire de l'aide juridictionnelle, en l'invitant à se mettre en rapport avec cet auxiliaire de justice, ainsi que le secrétariat de la section du contentieux du Conseil d'État ou le greffe de la Cour de cassation *(Décr. n° 91-1266 du 19 déc. 1991, art. 82. —* ***C. pr. civ.****)*.

II. INTERVENTION DE L'AUXILIAIRE DE JUSTICE DEVANT LE CONSEIL CONSTITUTIONNEL

En application du principe de continuité, l'aide juridictionnelle demeure acquise à son bénéficiaire devant le Conseil constitutionnel saisi d'une question prioritaire de constitutionnalité sans qu'il soit besoin de prononcer une nouvelle admission.

Lorsque la question prioritaire de constitutionnalité a été soulevée devant les juges du fond, l'avocat ayant prêté son concours au bénéficiaire de l'aide juridictionnelle peut poursuivre sa mission d'assistance devant le Conseil constitutionnel saisi de cette question par le Conseil d'État ou la Cour de cassation.

Lorsqu'un avocat au Conseil d'État et à la Cour de cassation a prêté son concours au bénéficiaire de l'aide juridictionnelle devant le Conseil d'État ou la Cour de cassation à l'occasion de la transmission d'une question prioritaire de constitutionnalité par les juges du fond ou à l'occasion d'une instance devant ces juridictions, il peut intervenir au même titre devant le Conseil constitutionnel.

Il en résulte que devant le Conseil constitutionnel saisi d'une question prioritaire de constitutionnalité initialement soulevée devant le juge du fond le bénéficiaire de l'aide juridictionnelle peut choisir d'être représenté par l'avocat qui prêtait son concours ou par l'avocat au Conseil d'État et à la Cour de cassation désigné devant le Conseil d'État et la Cour de cassation.

En toutes hypothèses, le bénéficiaire de l'aide a droit à l'assistance d'un seul avocat *(L. n° 91-247 du 10 juill. 1991, art. 25. —* ***C. pr. civ.****)*.

III. RÉTRIBUTION DE L'AUXILIAIRE DE JUSTICE

L'avocat au Conseil d'État et à la Cour de cassation prêtant son concours devant ces juridictions, saisies d'une question prioritaire de constitutionnalité, perçoit une rétribution éventuellement majorée en cas d'intervention ultérieure devant le Conseil constitutionnel (A).

La rétribution de l'avocat, déjà désigné au titre de l'aide juridictionnelle dans l'instance au fond au cours de laquelle est soulevée une question prioritaire de constitutionnalité et qui prête ultérieurement son concours devant le Conseil constitutionnel, est majorée (B).

A *Rétribution de l'avocat au Conseil d'État et à la Cour de cassation*

Pour les diligences accomplies devant le Conseil d'État et la Cour de cassation saisis par les juridictions du fond d'une question prioritaire de constitutionnalité, la rétribution de l'avocat au Conseil d'État et à la Cour de cassation pour son intervention est, comme dans la procédure de saisine pour avis, fixée à 191 euros H.T. *(Décr. n° 91-1266 du 19 déc. 1991, art. 93-1. —* ***C. pr. civ.****)*.

En application du premier alinéa de l'article 104 du décret du 19 décembre 1991 *[n° 91-1266, V.* ***C. pr. civ.****]*, cette somme est payée à l'achèvement de la mission d'assistance par le comptable assignataire compétent sur production de :

— l'attestation de mission *(V. annexe 4)* ;

— la décision d'admission à l'aide juridictionnelle prononcée par le bureau saisi pour l'instance devant les juges du fond au cours de laquelle la question prioritaire de constitutionnalité a été soulevée ;

— sa désignation par le président de l'ordre des avocats au Conseil d'État et à la Cour de cassation.

Pour les diligences accomplies à l'occasion d'une instance devant le Conseil d'État ou la Cour de cassation, au cours de laquelle est soulevée une question prioritaire de constitutionnalité, la rétribution de l'avocat au Conseil d'État et à la Cour de cassation qui prête son concours est celle prévue pour cette instance, soit 382 € H.T. *(Décr. n° 91-1266 du 19 déc. 1991, art. 93-1, al. 1er. – **C. pr. civ.**)*.

Cette somme est payée à l'achèvement de la mission d'assistance sur production de :

— l'attestation de mission ;

— la décision d'admission à l'aide juridictionnelle prononcée par le bureau d'aide juridictionnelle établi près le Conseil d'État ou le bureau établi près la Cour de cassation.

En toute hypothèse, si l'avocat au Conseil d'État et à la Cour de cassation prête ultérieurement son concours au bénéficiaire de l'aide juridictionnelle devant le Conseil constitutionnel, sa rétribution est majorée en application de l'article 23-12 de l'ordonnance du 7 novembre 1958 portant loi organique sur le Conseil constitutionnel *[n° 58-1067]*. Cette majoration est fixée à 382 euros *(Décr. n° 91-1266 du 19 déc. 1991, art. 93-1. – **C. pr. civ.**)*.

L'attestation de mission, complétée par une nouvelle ligne de majoration *(V. annexe 4)*, est alors délivrée par le secrétariat de la section du contentieux du Conseil d'État ou le greffe de la Cour de cassation à l'achèvement de la mission d'assistance devant le Conseil constitutionnel au vu de la décision rendue par ce dernier.

B. *Rétribution de l'avocat*

La rétribution de l'avocat ayant prêté son concours au bénéficiaire de l'aide juridictionnelle devant la juridiction du fond saisie d'une question prioritaire de constitutionnalité est majorée, en application de l'article 23-12 de l'ordonnance du 7 novembre 1958 portant loi organique sur le Conseil constitutionnel *[n° 58-1067]*, en cas d'intervention ultérieure devant le Conseil constitutionnel.

L'article 90-1 du décret du 19 décembre 1991 *[n° 91-1266, V. **C. pr. civ.**]*, dans sa rédaction issue du décret du 16 février 2010, fixe cette majoration à 16 unités de valeur. Elle est également applicable aux avocats des barreaux de Mayotte et de Nouvelle-Calédonie désignés au titre de l'aide juridictionnelle dans les conditions prévues par les textes dont ils relèvent. – *V. s'agissant de Mayotte, Décr. n° 96-22 du 2 avr. 1996, art. 54-1, et s'agissant de la Nouvelle-Calédonie, Décr. n° 93-1425 du 31 déc. 1993, art. 39-1.*

Cette majoration vient compléter la rétribution prévue par le barème pour la mission d'assistance dans l'instance au cours de laquelle la question prioritaire de constitutionnalité a été invoquée *(Décr. n° 91-1266 du 19 déc. 1991, art. 90-1. – **C. pr. civ.**)*. Elle est donc perçue à l'achèvement de cette mission d'assistance.

Les imprimés d'attestations de mission *(V. annexes 5 à 7)* ont été complétés par un nouveau cas de majoration qui sera renseigné par le greffier en chef ou le secrétaire de la juridiction au vu de la décision du Conseil constitutionnel qui mentionne le nom de l'auxiliaire de justice ayant assisté le bénéficiaire de l'aide juridictionnelle.

Cette majoration peut se cumuler avec les majorations prévues par le barème de l'article 90 du décret du 19 décembre 1991 *[n° 91-1266, V. **C. pr. civ.**]*. Ainsi, les majorations dues en cas de mesures d'instruction ordonnées par les juridictions civiles, dans la limite de 16 unités de valeur, peuvent se cumuler avec la nouvelle majoration de l'article 90-1 du décret du 19 décembre 1991.

Nota : le moyen tiré de ce qu'une disposition législative porte atteinte aux droits et libertés garantis par la Constitution ne constitue pas un incident donnant lieu à une décision du magistrat chargé de l'instruction de l'affaire dans les cas prévus aux 1° à 4° de l'article 771 du code de procédure civile et aux articles 911, 912 et 944 du même code. Aussi, il ne peut donner lieu à la majoration prévue par le barème de l'article 90 en cas d'incidents devant le tribunal de grande instance ou la cour d'appel.

C. *Incidence des diligences accomplies par l'avocat devant le Conseil constitutionnel sur le montant de l'indemnité allouée au titre de l'article 37*

En toute matière, l'avocat du bénéficiaire de l'aide juridictionnelle partielle ou totale peut demander au juge de condamner la partie tenue aux dépens ou qui perd son procès, et non bénéficiaire de l'aide juridictionnelle, à lui payer une somme au titre des honoraires et frais, non compris dans les dépens, que le bénéficiaire de l'aide aurait exposés s'il n'avait pas eu cette aide *(L. n° 91-647 du 10 juill. 1991, art. 37. – **C. pr. civ.**)*.

Lorsque la juridiction du fond, qui a transmis au Conseil d'État ou à la Cour de cassation une question prioritaire de constitutionnalité, statue sur le fond au vu de la décision rendue par le Conseil constitutionnel, il lui appartient de régler le sort de l'indemnité éventuellement réclamée par l'avocat du bénéficiaire de l'aide juridictionnelle sur le fondement de l'article 37 *[L. nº 91-647, V.* ***C. pr. civ.****]* en tenant compte de son intervention devant le Conseil constitutionnel.

Il en va de même pour le Conseil d'État et la Cour de cassation chaque fois que la question prioritaire, transmise au Conseil constitutionnel, a été soulevée à l'occasion d'une instance devant ces juridictions.

IV. DATE D'ENTRÉE EN VIGUEUR

Les dispositions de la loi organique du 9 décembre 2009 et du décret nº 2010-149 du 16 février 2010 entrent en vigueur le 1er mars 2010.

Ainsi, les principes de continuité de l'aide juridictionnelle et de majoration de la rétribution des auxiliaires de justice qui prêtent leur concours au titre de l'aide juridictionnelle lorsque le Conseil constitutionnel est saisi d'une question prioritaire de constitutionnalité s'appliquent aux instances au cours desquelles le moyen de la conformité à la Constitution d'une disposition législative a été soulevé.

Art. 62 *(L. const. nº 2008-724 du 23 juill. 2008, art. 30)* **« Une disposition déclarée inconstitutionnelle sur le fondement de l'article 61 ne peut être promulguée ni mise en application.**

« Une disposition déclarée inconstitutionnelle sur le fondement de l'article 61-1 est abrogée à compter de la publication de la décision du Conseil constitutionnel ou d'une date ultérieure fixée par cette décision. Le Conseil constitutionnel détermine les conditions et limites dans lesquelles les effets que la disposition a produits sont susceptibles d'être remis en cause. »

Les décisions du Conseil constitutionnel ne sont susceptibles d'aucun recours. Elles s'imposent aux pouvoirs publics et à toutes les autorités administratives et juridictionnelles.

COMMENTAIRE

V. sur le Code en ligne.

PLAN DES ANNOTATIONS

[V. références des décisions du Conseil constitutionnel dans les tableaux DC et QPC]

I. TECHNIQUES PERMETTANT D'ÉVITER L'INCONSTITUTIONNALITÉ

A. SÉPARABILITÉ

1. La déclaration d'inconstitutionnalité peut porter sur l'ensemble de la loi. • Cons. const. 24 déc. 1979, n° 79-110 DC. ♦ Elle peut également porter aussi bien sur une partie de la loi que sur un ou plusieurs art. • Cons. const. 20 janv. 1981, n° 80-127 DC. ♦ ... Qu'un alinéa. • Cons. const. 27 juill. 2006, n° 2006-540 DC § 57. ♦ ... Que quelques mots. • Cons. const. 27 juill. 1982, n° 82-141 DC • Cons. const. 7 mars 2014, *Sté Nlle d'exploitation Sthrau'hôtel,* n° 2013-368 QPC. ♦ ... Qu'un mot. • Cons. const. 27 juill. 2006, n° 2006-540 DC § 61 • Cons. const. 8 juin 2012, *Christian G.,* n° 2012-250 QPC § 6. ♦ ... Voire un chiffre. • Cons. const. 28 juill. 1987, n° 87-230 DC § 13.

V. pour d'autres décisions appliquant dans le même sens les principes précédents :

2. Si les dispositions ainsi frappées d'inconstitutionnalité peuvent être séparées du reste de la loi, le Conseil se limitera à cette simple déclaration d'inconstitutionnalité. • Cons. const. 9 janv. 1980, n° 79-109 DC • Cons. const. 20 janv. 1981, n° 80-127 DC • Cons. const. 11 août 1993, n° 93-326 DC • Cons. const. 19 janv. 2006, n° 2005-532 DC § 6.

3. S'il estime en revanche que ces dispositions sont inséparables du reste de la loi, il précisera dans son dispositif que c'est dès lors la loi, dans son ensemble, qui doit être regardée comme non conforme à la Constitution. • Cons. const. 22 juill. 1980, n° 80-122 DC • Cons. const. 27 juill. 1982, n° 82-141 DC • Cons. const. 28 juill. 1993, n° 93-322 DC § 12. ♦ Il en va de même lorsque ne sont pas divisibles les deux paragraphes d'un article. • Cons. const. 10 mars 2011, n° 2011-625 DC § 56. ♦ L'inséparabilité peut aussi conduire, lorsque seuls certains mots sont frappés, à la déclaration de non-conformité de l'article dans lequel ils se situent. • Cons. const. 20 juill. 1983, n° 83-162 DC § 18 • Cons. const. 5 mai 1998, n° 98-399 DC § 8.

4. La séparabilité ou l'inséparabilité peuvent résulter du texte même de l'article inconstitutionnel. • Cons. const. 9 mai 1991, n° 91-290 DC § 14. ♦ ... Mais peut aussi se déduire des débats parlementaires auxquels il a donné lieu. • Cons. const. 12 mars 1963, n° 63-21 DC § 6 • Cons. const. 5 mai 1998, n° 98-399 DC § 8. ♦ Elles peuvent encore résulter à la fois du texte lui-même et des débats. • Cons. const. 26 janv. 1967, n° 67-31 DC § 6 • Cons. const. 9 juill. 1970, n° 70-40 DC § 6. ♦ Parfois, et de manière assez surprenante, le Conseil ne s'interroge pas sur la séparabilité des dispositions qu'il déclare non conformes à la Constitution alors même qu'il apparaît nettement qu'elles étaient, dans l'esprit des parlementaires, une condition de l'adoption du texte dont elles sont séparées par la décision. • Cons. const. 27 juill. 2006, n° 2006-540 DC § 58 à 61.

5. Le choix ainsi fait par le Conseil de la séparabilité permet de faire échapper la loi ou un aspect de la loi à une déclaration de non-conformité. Parfois pourtant, c'est au prix de réserves d'interprétation qui peuvent frapper d'autres art. • Cons. const. 10 oct. 1984, n° 84-181 DC § 56.

6. La séparabilité est également utilisée dans le cadre de la déclaration d'inconstitutionnalité organisée par l'art. 61-1 Const. 58. • Cons. const. 11 juin 2010, *Viviane L.,* n° 2010-2 QPC § 23.

B. RÉSERVES D'INTERPRÉTATION

BIBL. Jan, Les réserves d'interprétation du Conseil constitutionnel, *Regard sur l'actualité 2004, n° 306, p. 82.* – Boulet, QPC et réserves d'interprétation, *RFDA 2011. 753*.

7. Si le Conseil refuse d'interpréter une loi lorsque les auteurs de la saisine lui en font expressément la demande, il admet néanmoins qu'il peut le faire « dans la mesure où cette interprétation est nécessaire à l'appréciation de sa constitutionnalité ». • Cons. const. 24 juill. 1991, n° 91-298 DC § 33 • Cons. const. 12 janv. 2002, n° 2001-455 DC § 9 • Cons. const. 22 oct. 2009, n° 2009-590 DC § 6. ♦ En particulier, il n'y a pas lieu pour le Conseil de se substituer aux autorités judiciaires compétentes lorsque la loi leur donne la possibilité d'apprécier au cas par cas, comme il leur appartient de le faire, si un supplément d'enquête ou d'instruction est nécessaire ou si les éléments de preuve rassemblés par les fonctionnaires et agents chargés de fonctions de police judiciaire suffisent à établir la culpabilité de la personne mise en cause et permettent, le cas échéant, la détermination de la peine. • Même affaire.

8. Le Conseil peut se référer à une de ses réserves antérieures pour s'assurer que la loi nouvelle y est bien conforme. • Cons. const. 6 déc. 2007, n° 2007-559 DC § 5 et 8.

9. Saisi, dans le cadre d'une QPC, d'une loi déclarée conforme sous réserve que le Cons. const. s'assure du respect de celle-ci pour estimer qu'il n'y a pas lieu de statuer à nouveau. • Cons. const. 30 juin 2011, *Dpt de la Seine-Saint-Denis,* n° 2011-142/145 QPC § 18.

1° TECHNIQUE DES RÉSERVES

10. Le Conseil peut prononcer la constitutionnalité de la loi ou de certaines de ses dispositions avec des réserves à caractère interprétatif. Il utilise plusieurs formules telles que : « sous réserve d'interprétation » ou « sous cette réserve ». • Cons. const. 25 juill. 1989, n° 89-257 DC § 26 • Cons. const. 3 mars 2009, n° 2009-577 DC § 19. ♦ ... Ou « sous cette stricte réserve d'interprétation ». • Cons. const. 16 juin 1999, n° 99-411 DC § 17. ♦ ... Ou « toute autre interprétation serait contraire aux dispositions de la Constitution » ou à tel principe constitutionnel. • Cons. const. 10 oct. 1984, n° 84-181 DC § 44 • Cons. const. 8 janv. 2009, n° 2008-573 DC § 26.

V. pour d'autres décisions appliquant dans le même sens les principes précédents : 🏛.

11. Le Conseil utilise la technique des réserves y compris dans le contrôle qu'il opère en application de l'art. 61-1 Const. 58. • Cons. const. 18 juin 2010, *Épx L.,* n° 2010-8 QPC § 18 • Cons. const. 29 sept. 2010, *Jean-Yves G.,* n° 2010-38 QPC § 7 • Cons. const. 11 févr. 2011, *Monique P.,* n° 2010-101 QPC § 5.

12. La réserve peut porter sur un article entier. Ou sur quelques mots contenus dans cet article. Ainsi peut-on lire : « sous réserve de cette interprétation, les mots « dans les meilleurs délais » ne sauraient avoir pour portée de priver les magistrats concernés du pouvoir de contrôle qu'il leur appartient d'exercer ». • Cons. const. 11 août 1993, n° 93-326 DC § 3.

13. La réserve peut encore conditionner la séparabilité du texte : on pourra lire par exemple : « si l'al. 1er peut être regardé comme séparable de l'al. 2 et donc échapper à une déclaration de non-conformité à la Constitution, ce n'est qu'à la condition impérative que l'art. 13 ainsi privé de son al. 2 soit entendu comme ... ». • Cons. const. 10 oct. 1984, n° 84-181 DC § 56.

BIBL. Rosa, La référence aux travaux parlementaires dans la jurisprudence du Conseil constitutionnel : un instrument de renforcement de la légitimité du juge et du législateur, *RFDC 2014. 641.*

14. Le Conseil justifie parfois son interprétation en précisant qu'elle est conforme aux travaux préparatoires. • Cons. const. 10 oct. 1984, n° 84-181 DC § 44 • Cons. const. 12 janv. 2002, n° 2001-455 DC § 16 • Cons. const. 13 janv. 2003, n° 2003-465 DC § 6 • Cons. const. 27 juill. 2006, n° 2006-540 DC § 50 ♦ ... Ou à l'intention du législateur. • Cons. const. 18 juill. 2001, n° 2001-447 DC § 7. ♦ ... Ou aux dispositions de la directive communautaire à transposer. • Cons. const. 27 juill. 2006, n° 2006-540 DC § 37 et 41.

15. Cette technique est aussi appliquée dans le cadre du contrôle de la constitutionnalité du règlement des assemblées. • Cons. const. 4 juill. 2019, 🏛 n° 2019-785 DC. ♦ La réserve peut également permettre de confirmer la constitutionnalité d'une disposition ancienne du règlement d'une assemblée alors que, la Constitution ayant été révisée, la disposition en cause ne peut conserver la même portée. • Cons. const. 11 juin 2015, 🏛 n° 2015-712 DC § 52.

16. Le Conseil reprend désormais dans le dispositif de la décision l'indication des réserves qu'il a indiquées dans le corps de la décision. Dans ce cas il est hors de doute que les réserves s'imposaient. • Cons. const. 6 avr. 1996, n° 96-373 DC. ♦ Lorsque le Conseil n'agissait pas ainsi, il fallait admettre que les réserves s'imposent par le fait qu'elles sont le soutien nécessaire et constituent le fondement même du dispositif. V. note 125.

2° TYPES DE RÉSERVES

a. Réserves limitatives

17. Il s'agit de réserves qui, parmi les interprétations possibles, interdisent celles qui mettraient une disposition en contradiction avec la Constitution. Par exemple, le Conseil utilise l'expression « ne saurait signifier ». • Cons. const. 19 janv. 1984, n° 83-167 DC § 26. ♦ ... Ou « ne saurait s'appliquer... ». • Cons. const. 15 févr. 2007, n° 2007-547 DC § 42. ♦ ... Ou « n'a pas pour effet ». • Cons. const. 29 déc. 1984, n° 84-184 DC § 27 • Cons. const. 14 févr. 2014, 🏛 *SELARL PJA, ès qualités de liquidateur de la Sté Maflow France,* n° 2013-366 QPC § 8 • Cons. const. 15 mars 2018, 🏛 n° 2018-762 DC § 6.

♦ ... Ou « ne peut avoir ni pour effet ni pour objet ». • Cons. const. 19 juill. 1983, n° 83-160 DC § 5 • Cons. const. 30 déc. 1995, n° 95-370 DC § 16. ♦ ... Ou « n'équivaut ni en droit ni en fait ». • Cons. const. 20 juill. 1983, n° 83-162 DC § 73 et 77. ♦ ... Ou « ne saurait s'entendre comme ». • Cons. const. 25 févr. 1992, n° 92-307 DC § 32. ♦ ... Ou « ne sauraient avoir pour portée ». • Cons. const. 11 août 1993, n° 93-326 DC § 3. ♦ ... Ou « ne saurait viser, à un titre quelconque ». • Cons. const. 30 déc. 1995, n° 95-370 DC § 16. ♦ ... Ou « le surplus de cet art. ne peut être regardé comme conforme à celle-ci [la Constitution] que dans la mesure où ... ». • Cons. const. 16 juill. 1996, n° 96-377 DC § 19. ♦ ... Ou « la disposition, si elle ne précise pas... ne peut être entendue comme ayant une autre portée ». • Cons. const. 17 janv. 2002, n° 2001-454 DC § 7. ♦ ... Ou « cette disposition n'a pour seule portée ... » • Cons. const. 13 janv. 2003, n° 2003-465 DC § 6. ♦ ... Ou « cette disposition ne prendra effet qu'à cette date ... ». • Cons. const. 30 nov. 2006, n° 2006-543 DC § 26 et 27. ♦ ... Ou « doivent s'entendre comme ne régissant « tel élément que ... ». • Cons. const. 15 févr. 2007, n° 2007-547 DC § 52. ♦ Ou « à l'exclusion de tout autre élément ». • Cons. const. 12 févr. 2009, n° 2009-575 DC § 4. ♦ ... Ou « ne sauraient permettre ». • Cons. const. 14 mai 2012, *Assoc. Temps de vie*, n° 2012-242 QPC § 10. ♦ ... Ou « ne sauraient autoriser ». • Cons. const. 7 nov. 2019, n° 2019-791 DC § 11. ♦ ... Ou « ne sauraient être ouverts ». • Cons. const. 19 nov. 2014, n° 2014-703 DC § 41. ♦ ... Ou « ne sauraient être interprétées ». • Cons. const. 9 sept. 2016, *Mukhtar A.*, n° 2016-561/562 QPC § 12 • Cons. const. 29 nov. 2019, *Féd. nat. des synd. du spectacle, du cinéma, de l'audiovisuel et de l'action culturelle CGT et a.*, n° 2019-816 QPC § 39. ♦ ... Ou « ne sauraient mettre fin ». • Cons. const. 29 nov. 2019, *Féd. nat. des synd. du spectacle, du cinéma, de l'audiovisuel et de l'action culturelle CGT et a.*, n° 2019-816 QPC § 30.

18. Dans ce cadre, le Cons. const. peut limiter la portée d'une disposition dont le caractère trop général le conduit à estimer que dans certains cas l'application du texte ne serait pas équilibré. Tel est le cas par ex. d'une privation de liberté de plus de 24 h. consécutive à un mandat d'amener délivré à l'encontre d'une personne qui n'encourt pas une peine de prison correctionnelle ou une peine plus grave. • Cons. const. 24 juin 2011, *Kiril Z.*, n° 2011-133 QPC § 13.

19. Il s'agit encore d'indiquer les limites que doit respecter le pouvoir réglementaire dans l'exécution de la loi. Ainsi le Conseil précise-t-il : que les mesures d'ordre réglementaire visées par ce texte doivent être regardées comme s'appliquant uniquement à celles prévues dans la loi adoptée par le Parlement et relative aux évaluations servant de base à certains impôts directs locaux. • Cons. const. 30 janv. 1968, n° 68-35 DC § 3 et 4. ♦ ... Qu'un décret relatif aux magistrats exerçant à titre temporaire ne peut avoir pour objet que des dispositions pécuniaires et en aucun cas statutaires. • Cons. const. 10 janv. 1995, n° 94-355/356 DC § 17. ♦ ... Qu'un décret de transfert au secteur privé de certaines entreprises ne saurait concerner les services publics dont l'existence et le fonctionnement seraient exigés par le Constitution. • Cons. const. 9 avr. 1996, n° 96-375 DC § 5. ♦ ... Que le décret en Conseil d'État qui déterminera le régime disciplinaire des personnes détenues, fixera le contenu des fautes et les différentes sanctions disciplinaires encourues selon le degré de gravité des fautes commises et précisera la composition de la commission de discipline ainsi que la procédure applicable, ne définit pas des sanctions portant atteinte aux droits et libertés dont ces personnes bénéficient dans les limites inhérentes aux contraintes de la détention. • Cons. const. 19 nov. 2009, n° 2009-593 DC § 6. ♦ ... Que les ministres chargés de l'énergie et de l'économie n'arrêtent un prix sans suffisamment tenir compte des conditions économiques de production d'électricité par les centrales nucléaires. • Cons. const. 7 nov. 2019, n° 2019-791 DC § 11.

20. Il peut du reste s'agir de limiter la portée des ordonnances que le pouvoir exécutif est autorisé à prendre dans le cadre d'une loi d'habilitation. • Cons. const. 23 juin 2003, n° 2003-473 DC § 18. ♦ Ainsi, en l'espèce, les ordonnances ne pourront permettre la conclusion de contrats non soumis au droit commun de la commande publique que « dans des situations répondant à des motifs d'intérêt général tels que l'urgence qui s'attache, en raison de circonstances particulières ou locales, à rattraper un retard préjudiciable ou bien la nécessité de tenir compte des caractéristiques techniques, fonctionnelles ou économiques d'un équipement déterminé ». • Même décision.

21. Il peut encore s'agir de limiter la durée d'une législation portant atteinte à un principe constitutionnel à une durée qui ne devra pas excéder la mesure strictement nécessaire à la satisfaction des objectifs d'intérêt général poursuivis. • Cons. const. 15 févr. 2007, n° 2007-547 DC § 61.

22. Il peut également s'agir, dans le cadre de la QPC, de remettre en cause une jurisprudence qui, jusque-là, donnait du texte (ou du silence du texte) une interprétation que le Cons. const. estime non conforme aux droits et libertés garantis par la Const. • Cons. const. 6 mai 2011, *Cts. C.*, n° 2011-127 QPC § 5 et 9.

23. Il en va de même d'une doctrine ou d'une interprétation administrative. • Cons.

const. 13 juill. 2011, *Dpt de la Haute-Savoie*, n° 2011-149 QPC § 6.

b. Réserves neutralisantes

24. Il est possible encore que l'interprétation donnée par le Conseil conduise en fait à vider la disposition de son contenu en l'interprétant de manière identique au droit antérieur. • Cons. const. 25 févr. 1992, n° 92-307 DC § 11. ♦ Ainsi, précise-t-il : que la retenue sur traitement consécutive à une absence de service fait n'a que le caractère d'une mesure comptable indépendante de tout caractère de sanction. • Cons. const. 20 juill. 1977, n° 77-83 DC § 1. ♦ ... Qu'il est possible aux sénateurs de déposer des propositions de lois dans l'intervalle des sessions dès lors que cette autorisation s'interprète comme signifiant que ces propositions ne peuvent être imprimées, distribuées et annoncées qu'après que le bureau se soit prononcé sur leur recevabilité au titre de l'art. 40 Const. • Cons. const. 15 janv. 1992, n° 91-301 DC § 16 s. ♦ ... Que l'expression « fonds de roulement » ne peut viser que le « fonds de réserve » rendant ainsi un caractère évaluatif à la mesure. • Cons. const. 30 déc. 1991, n° 91-302 DC § 30. ♦ ... Que l'expression « détournement de procédure » comme signifiant « fraude à la loi », argument qui, avant même le texte législatif permettait à l'administration de refuser la délivrance d'un acte. • Cons. const. 22 avr. 1997, n° 97-389 DC § 4. ♦ ... Que la disposition prévoyant l'enseignement de la langue corse « dans le cadre de l'horaire normal des écoles maternelles et élémentaires de Corse » comme maintenant le caractère facultatif de cet enseignement. • Cons. const. 17 janv. 2002, n° 2001-454 DC § 24. ♦ ... Que le délit d'aide au séjour irrégulier d'un étranger en France commis en bande organisée ne saurait concerner les organismes humanitaires d'aide aux étrangers. • Cons. const. 2 mars 2004, n° 2004-492 DC § 18. ♦ ... Que des dispositions favorisant un accès équilibré des femmes et des hommes aux différentes filières de formation professionnelle et d'apprentissage ne peuvent faire prévaloir la considération du sexe sur celle des capacités. • Cons. const. 16 mars 2006, n° 2006-233 DC § 18. ♦ ... Que la disposition prévoyant que les réserves ou déclarations interprétatives exprimées par la France doivent être jointes au projet de loi autorisant la ratification d'un traité ne porte pas atteinte à la liberté du pouvoir exécutif, à l'occasion de la ratification d'un traité ou d'un accord, de déposer des réserves, de renoncer à des réserves qu'il avait envisagé de déposer et dont il avait informé le Parlement ou, après la ratification, de lever des réserves qu'il aurait auparavant formulées. • Cons. const. 9 avr. 2009, n° 2009-579 DC § 25. ♦ ... Que les dispositions relatives à la compétence du Bureau de la Haute Cour pour l'organisation des travaux ne sauraient avoir pour effet de permettre à ce Bureau de fixer les règles relatives aux débats devant la Haute Cour. • Cons. const. 19 nov. 2014, n° 2014-703 DC § 25. ♦ ... Que les dispositions contestées ne sauraient, sans priver de garanties légales les exigences qui résultent de l'art. 13 DDH, être interprétées comme permettant à l'administration de refuser cet agrément pour un autre motif que celui tiré de ce que l'opération de restructuration en cause ne satisfait pas aux conditions fixées par la loi. • Cons. const. 28 nov. 2014, *Sté ING Direct NV et ING Bank NV*, n° 2014-431 QPC § 11. ♦ ... Le renvoi à un décret ne saurait s'interpréter comme conférant au pouvoir réglementaire la faculté de décider de ne pas soumettre à l'interdiction certaines des substances en cause sauf à dénaturer le principe posé par le législateur d'une interdiction générale de l'utilisation des produits phytopharmaceutiques contenant une ou des substances actives de la famille des néonicotinoïdes ou présentant des modes d'action identiques. • Cons. const. 10 déc. 2020, n° 2020-809 DC § 16.

25. Cette technique peut également permettre au Cons. const. de vider de toute portée une disposition : ces dispositions ne sauraient avoir pour objet ni pour effet de permettre que soient rendues publiques les déclarations d'intérêts déposées par les personnes exerçant certaines fonctions ou certains emplois publics. • Cons. const. 9 oct. 2013, n° 2013-676 DC § 22.

26. Il en va de même lorsque le Conseil estime que les dispositions législatives « ne fixent qu'un objectif » et sont donc dépourvues de caractère normatif. • Cons. const. 12 janv. 2002, n° 2001-455 DC § 112 à 115.

27. Cette technique peut également permettre au Cons. const. de neutraliser une jurisprudence donnant une interprétation de la loi qui pourrait être contraire à un droit ou à une liberté constitutionnel. • Cons. const. 20 sept. 2013, *Alain G.*, n° 2013-340 QPC § 5 et 6 • Cons. const. 19 juin 2020, *Théo S.*, n° 200-845 QPC § 6 et 26. ♦ Par ex. : ces dispositions ne sauraient permettre aux services fiscaux et douaniers de se prévaloir de pièces ou documents obtenus par une autorité administrative ou judicaire dans des conditions déclarées ultérieurement illégales par le juge. • Cons. const. 4 déc. 2013, n° 2013-679 DC § 33. ♦ Comp. • CE, sect., 6 déc. 1995, n° 90914 A : *RTD com. 1996. 567, obs. Blanchèr*.

28. Cette technique de l'interprétation neutralisante est parfois utilisée par le Conseil d'État. • CE, ass., 28 déc. 2009, *Synd. nat. du travail, de l'emploi et de la formation CFDT*, n° 316479 : *Lebon 504* ; *AJDA 2010. 568, note Marc*.

29. Elle peut encore avoir un effet pour

l'avenir. Ainsi peut-il, alors même que les dispositions règlementaires d'application sont actuellement conformes à la réserve émise, limiter les possibilités, à législation inchangée, de modification des textes règlementaires. • Cons. const. 26 mars 2015, ♖ *Cté de défense des travailleurs frontaliers du Haut-Rhin et a.*, n° 2015-460 § 23.

c. Réserves constructives

30. Il est encore possible que le Conseil précise le sens du texte. Le Conseil admet en effet que « en raison des termes très généraux dans lesquels (cet) art. est formulé, il échet pour le Conseil constitutionnel d'en préciser la portée ». • Cons. const. 30 janv. 1968, n° 68-35 DC § 3 et 4. ♦ Ainsi le Conseil précise-t-il le contenu de la lettre recommandée que le syndicat doit envoyer au salarié en faveur de qui il entreprend une action. • Cons. const. 25 juill. 1989, n° 89-257 DC § 26. ♦ De même précise-t-il, alors que la loi n'en dit rien, que la constatation de l'inexécution du service doit se faire *in concreto* et n'impliquer dès lors aucune appréciation du comportement personnel de l'agent. • Cons. const. 20 juill. 1977, n° 77-83 DC § 3. ♦ Il peut encore préciser : qu'en tout état de cause, dans le texte considéré, le montant global des sanctions éventuellement prononcées ne dépasse pas le montant le plus élevé de l'une des sanctions encourues. • Cons. const. 28 juill. 1989, n° 89-260 DC § 22. ♦ ... Que l'autorité chargée de réaliser les contrôles d'identité doit justifier, dans tous les cas, des circonstances particulières établissant le risque d'atteinte à l'ordre public qui motive le contrôle. • Cons. const. 5 août 1993, n° 93-323 DC § 9. ♦ ... Que si l'art. considéré n'a pas précisé les « droits » du salarié auxquels les agissements incriminés sont susceptibles de porter atteinte, il doit être regardé comme ayant visé les droits de la personne au travail. • Cons. const. 12 janv. 2002, n° 2001-455 DC § 83. ♦ ... Qu'il appartiendra aux autorités compétentes, à l'occasion de l'autorisation de nouveaux services numériques et de l'attribution des trois services compensatoires, de veiller au respect du pluralisme des courants de pensée et d'opinions compte tenu des ressources radioélectriques alors disponibles. • Cons. const. 27 févr. 2007, n° 2007-550 DC § 16. ♦ ... Qu'il incombera à chaque loi de finances de fixer le montant de la compensation financière par l'État de la perte de recettes publicitaires de France Télévision afin qu'elle soit à même d'exercer les missions de service public qui lui sont confiées. • Cons. const. 3 mars 2009, n° 2009-577 DC § 18. ♦ ... Que le droit à un recours juridictionnel effectif impose que la décision du ministère public déclarant irrecevable la réclamation ou la demande d'exonération d'une amende pour certaines des contraventions au code de la route adressées au titulaire du certificat d'immatriculation puisse être contestée devant la juridiction de proximité. • Cons. const. 29 sept. 2010, *Jean-Yves G.*, n° 2010-38 QPC § 7. ♦ ... Que l'équilibre des droits des parties interdit que le juge des libertés et de la détention puisse rejeter la demande de mise en liberté sans que le demandeur ou son avocat ait pu avoir communication de l'avis du juge d'instruction et des réquisitions du ministère public. • Cons. const. 17 déc. 2010, *David. M.*, n° 2010-62 QPC § 7. ♦ ... Que la protection constitutionnelle de la liberté individuelle par l'autorité judiciaire exige que la durée du placement en chambre de sûreté, qui doit être consignée dans tous les cas par les agents de la police ou de la gendarmerie nationales, soit prise en compte dans la durée de la garde à vue. • Cons. const. 8 juin 2012, *Mickaël D.*, n° 2012-253 QPC § 9. ♦ ... Qu'en matière de privation de liberté, le droit à un recours juridictionnel effectif impose que le juge judiciaire soit tenu de statuer dans les plus brefs délais. • Cons. const. 29 janv. 2015, ♖ *Maxime T.*, n° 2014-446 QPC § 8.

31. Il indique également le sens d'une disposition en utilisant des formules plus générales telle que « cet article doit être interprété comme ... ». • Cons. const. 12 janv. 2002, n° 2001-455 DC § 16. ♦ ... Ou « ne sauraient faire obstacle ». • Cons. const. 18 juin 2010, *Épx L.*, n° 2010-8 QPC § 18. ♦ ... Ou « ne saurait être interprétées comme excluant... ». • Cons. const. 11 févr. 2011, *Monique P.*, n° 2010-101 QPC § 5 • Cons. const. 13 juill. 2011, *Samir A.*, n° 2011-153 QPC § 7. ♦ ... Ou « la taxe ne saurait être assise que sur... ». • Cons. const. 8 juin 2012, *COPACEL et a.*, n° 2012-251 QPC § 6.

32. Ainsi peut-il mettre fin à une interprétation jurisprudentielle limitant de manière excessive la portée d'un texte en l'interprétant par exemple comme ayant un sens limitatif. • Cons. const. 13 juill. 2011, *Samir A.*, n° 2011-153 QPC § 7. ♦ Rappr. • Cons. const. 18 juin 2010, *Épx L.*, n° 2010-8 QPC § 18.

33. Sans indiquer nécessairement qu'il s'agit d'une réserve, le Conseil peut « corriger » la loi et pratiquement se substituer au législateur en précisant certains points qu'il a négligés. Ainsi précise-t-il que le droit à l'image collective des sportifs, s'il n'est pas une rémunération, est néanmoins soumis à la CSG et CRDS. • Cons. const. 9 déc. 2004, n° 2004-507 DC § 6. ♦ Il peut encore pallier ainsi une éventuelle incompétence négative. • Cons. const. 4 août 2016, ♖ n° 016-736 DC § 36.

34. De même le Conseil peut-il préciser le contenu des décrets d'application en indiquant ce qu'ils devront obligatoirement prévoir. Ainsi par exemple oblige-t-il le pouvoir réglementaire à prévoir un concours de recrutement avec des épreuves permettant de vérifier les connaissances juridiques de candidats à un recrutement exceptionnel dans la magistrature. • Cons. const. 19 févr. 1998, n° 98-396 DC § 9. ♦ De même précise-t-il à propos de la majoration de l'aide accordée aux entreprises dans le cadre de la loi sur les 35 heures qu'il appartiendra au pouvoir réglementaire, compétent, conformément à l'art. 37 Const., pour fixer le montant de la majoration et pour déterminer les seuils d'effectifs d'ouvriers et les niveaux de rémunération donnant droit à la majoration, de définir ces critères de manière à éviter toute discrimination injustifiée entre entreprises et branches concernées. • Cons. const. 10 juin 1998, n° 98-401 DC § 14. ♦ ... Ou encore qu'il veille à ce que les conditions de délivrance de l'autorisation soient objectives et strictement justifiées au regard des nécessités. • Cons. const. 27 nov. 2001, n° 2001-451 DC § 25.

35. La réserve constructive peut encore indiquer : à quelle condition la mise en œuvre d'un texte peut ne pas violer le principe d'égalité. • Cons. const. 20 juill. 2012, *Georges R.*, n° 2012-266 QPC § 13. ♦ ... Qu'il appartient aux autorités judiciaires, sous le contrôle de la Cour de cassation, de veiller au respect de cette exigence. • Cons. const. 29 janv. 2015, *Maxime T.*, n° 2014-446 QPC § 8.

36. Enfin, il peut encore préciser à quelles conditions d'intervention future du législateur, la constitutionnalité de la loi actuelle est subordonnée. Ainsi par exemple, si à la date à laquelle le Cons. const. se prononce sur la loi déférée, le législateur n'a adopté aucune disposition relative au statut des membres des juridictions de proximité, il en résulte que, dans le silence de la loi sur l'entrée en vigueur de son titre II, les juridictions de proximité ne pourront être mises en place qu'une fois promulguée une loi fixant les conditions de désignation et le statut de leurs membres. • Cons. const. 29 août 2002, n° 2002-461 DC § 15. ♦ ... A l'inverse, l'intervention future du législateur peut être simplement rendue nécessaire par l'imprécision des conséquences procédurales de la réserve. • Cons. const. 17 déc. 2010, *David. M.*, n° 2010-62 QPC § 7.

37. La précision de ces réserves constructives peut parfois être très grande. Ainsi, le juge *constitutionnel a-t-il précisé* les informations que les autorités administratives devront donner aux citoyens pour leur permettre de comprendre un scrutin particulièrement complexe mais a également précisé le contenu des bulletins de vote. • Cons. const. 3 avr. 2003, n° 2003-468 DC § 18 et 19. ♦ De même précise-t-il que la loi devra comporter des garanties appropriées permettant de satisfaire au principe d'indépendance, indissociable de l'exercice de fonctions juridictionnelles, et aux exigences de capacité qui découlent de l'art. 6 de la Déclaration de 1789. • Cons. const. 29 août 2002, n° 2002-461 DC § 15. ♦ Ou encore invite-t-il à l'usage du pouvoir réglementaire pour que soient prescrites des règles de procédure conformes aux exigences du droit à un procès équitable. • Cons. const. 3 déc. 2009, n° 2009-595 DC § 28.

d. Réserves protectrices

38. Il est enfin possible que le Conseil ajoute au texte une garantie en indiquant qu'il appartient aux autorités administratives ou à telle ou telle juridiction d'assurer le respect de l'interprétation qu'il vient de donner. Ainsi trouve-t-on par exemple la formule : « il appartiendra donc aux autorités administratives et judiciaires compétentes de veiller au respect de cette exigence ». • Cons. const. 28 juill. 1989, n° 89-260 DC § 22. ♦ ... Ou également, dans des termes voisins, « il appartiendra à l'autorité administrative compétente, sous le contrôle du juge. » • Cons. const. 9 avr. 1996, n° 96-375 DC § 5 • Cons. const. 27 nov. 2001, n° 2001-451 DC § 25. ♦ ... Ou « dans l'exercice de ses compétences, le Conseil supérieur de l'audiovisuel est, à l'instar de toute autorité administrative, soumis à un contrôle de légalité ». • Cons. const. 15 janv. 1992, n° 91-304 DC § 13. ♦ ... Ou « toute décision infligeant une sanction peut faire l'objet d'un recours de pleine juridiction devant le juge administratif » recours qui « ne peut conduire à aggraver la situation du requérant ». • Cons. const. 25 févr. 1992, n° 92-307 DC § 30. ♦ ... Ou encore, « il appartient à l'autorité judiciaire de contrôler les conditions relatives à la réalité et à la pertinence des raisons ayant motivée les opérations de contrôle d'identité » telles que le Conseil les a fixées. • Cons. const. 5 août 1993, n° 93-323 DC § 10. ♦ ... Ou « il appartiendra cependant au pouvoir réglementaire, comme aux autorités juridictionnelles, dans l'application des sanctions de suspension, de perte ou de reversement de l'aide, de veiller au respect des garanties constitutionnelles, notamment quant aux droits de la défense ». • Cons. const. 10 juin 1998, n° 98-401 DC § 15. ♦ ... Ou encore « en l'absence de précision sur l'élément moral de l'infraction, il appartiendra au juge de faire application des dispositions générales de l'art. 121-3 C. pén. aux termes desquelles il n'y a point de crime ou de délit sans intention de le commettre ». • Cons. const. 16 juin 1999, n° 99-411 DC § 17. ♦ ... Ou encore « il appartiendra à un décret en Conseil d'État, sous le contrôle du juge administratif, de fixer cette durée de sorte qu'il ne soit porté atteinte ni à l'impartialité ni à l'indépendance des membres de la Commission ». • Cons. const. 4 déc. 2003, n° 2003-485 DC § 62.

39. Le juge constitutionnel peut encore conditionner la constitutionnalité d'une disposition législative à la façon dont le juge tiendra compte de certains éléments lorsqu'il aura à juger en application de cette disposition. Ainsi, s'agissant des sanctions à infliger pour avoir refusé un prélèvement externe, il appartiendra à la juridiction répressive, lors du prononcé de la peine sanctionnant ce refus, de proportionner cette dernière à celle qui pourrait être infligée pour le crime ou le délit à l'occasion duquel le prélèvement a été demandé. • Cons. const. 13 mars 2003, n° 2003-467 DC § 57. ♦ De même s'agissant du racolage, il appartiendra cependant à la juridiction compétente de prendre en compte, dans le prononcé de la peine, la circonstance que l'auteur a agi sous la menace ou par contrainte. • Cons. const. 13 mars 2003, n° 2003-467 DC § 63. ♦ La liberté individuelle ne saurait, toutefois, être tenue pour sauvegardée si l'autorité judiciaire ne contrôlait pas, à cette occasion, la durée de l'incarcération. • Cons. const. 9 sept. 2016, *Mukhtar A.*, n° 2016-561/562 QPC § 21. ♦ Le Conseil peut également subordonner cette constitutionnalité au caractère intentionnel de l'infraction : les dispositions contestées doivent être interprétées comme prévoyant une amende applicable aux personnes qui ont agi sciemment et dans la connaissance soit du caractère erroné des informations qu'elles ont fournies, soit de la violation des engagements qu'elles avaient pris envers l'administration, soit des agissements, manœuvres ou dissimulations. • Cons. const. 8 oct. 2014, *Sté SGI*, n° 2014-418 QPC § 9. ♦ De même, le principe d'égalité devant la justice, interdit-il de priver la partie ayant choisi de se faire assister par un défenseur syndical devant le conseil de prud'hommes de continuer à être représentée, dans tous les cas, par ce même défenseur devant la cour d'appel compétente. • Cons. const. 12 mars 2020, *Pierre V.*, n° 2019-831 QPC § 8.

40. Le juge peut enfin indiquer que la loi ne peut « faire obstacle » à la mise en œuvre de certains droits. • Cons. const. 18 juin 2010, *Épx L.*, n° 2010-8 QPC § 18.

e. Réserves injonctives

41. Si le législateur peut prévoir des mesures d'investigation spéciales en vue de constater des crimes et délits d'une gravité et d'une complexité particulières, d'en rassembler les preuves et d'en rechercher les auteurs, c'est sous réserve que ces mesures soient conduites dans le respect des prérogatives de l'autorité judiciaire, gardienne de la liberté individuelle, et que les restrictions qu'elles apportent aux droits constitutionnellement garantis soient nécessaires à la manifestation de la vérité, proportionnées à la gravité et à la complexité des infractions commises et n'introduisent pas de discriminations injustifiées. Il appartient à l'autorité judiciaire de veiller au respect de ces principes, rappelés à l'art. préliminaire du C. pr. pén., dans l'application des règles de procédure pénale spéciales instituées par la loi en matière de lutte contre la criminalité et à la délinquance organisées. • Cons. const. 2 mars 2004, n° 2004-492 DC § 6. ♦ Le respect des droits de la défense exige que la personne présentée au premier président de la cour d'appel ou au magistrat qu'il a désigné puisse être assistée par un avocat et avoir, le cas échéant, connaissance des réquisitions du procureur général. • Cons. const. 9 sept. 2016, *Mukhtar A.*, n° 2016-561/562 QPC § 13.

42. On doit encore signaler un type particulier de réserves injonctives permettant de ne pas déclarer contraire à la Const. une disposition par l'injonction donnée au législateur d'avoir à purger cette inconstitutionnalité rapidement. • Cons. const. 3 avr. 2003, n° 2003-468 DC § 22 à 28. ♦ ... Ou d'avoir à trancher rapidement entre deux solutions. • Cons. const. 9 déc. 2010, n° 2010-618 DC § 37. ♦ L'injonction peut être faite également au pouvoir réglementaire de prendre les décrets d'application de façon à respecter les dispositions des 10e et 11e al. du Préamb. Const. 1946. • Cons. const. 23 juill. 1999, n° 99-416 DC § 11 • Cons. const. 26 mars 2015, *Cté de défense des travailleurs frontaliers du Haut-Rhin et a.*, n° 2015-460 QPC § 15.

43. Enfin, le Cons. const. peut aussi formuler une injonction au juge d'avoir à donner plein effet aux précisions qui lui ont permis de déclarer la disposition conforme à la Const. • Cons. const. 21 mars 2019, *Adama S.*, n° 2018-768 QPC § 12.

f. Réserves correctrices d'irrégularité de procédure

44. Dès lors que, dans le cadre d'une demande d'habilitation, seul le Gouvernement peut demander au Parlement l'autorisation de prendre des ordonnances, la CMP ne peut étendre le champ de cette habilitation restant en discussion sans méconnaître les exigences du 1er al. de l'art. 38 Const. Il y a dès lors lieu les dispositions ainsi adoptées ne sauraient être interprétées que comme autorisant le Gouvernement à prendre par ordonnance les mesures nécessaires pour favoriser l'égal accès des femmes et des hommes au sein des seuls collèges des instances qualifiées d'« autorités administratives indépendantes « et » autorités publiques indépendantes » par la loi. • Cons. const. 31 juill. 2014, n° 2014-700 DC § 9.

g. Réserves transitoires

45. V. note 105.

3° EFFETS DES RÉSERVES

46. Modulation dans le temps. Le Cons. const. précise au besoin que la réserve d'interprétation qu'il édicte s'applique uniquement pour l'avenir et ce, aussi bien dans le cadre de la QPC. • Cons. const. 17 déc. 2010, *David. M.*, n° 2010-62 QPC § 7 • Cons. const. 18 nov. 2011, *Élise A. et a.*, n° 2011-191/194/195/196/197 QPC § 20 • Cons. const. 18 juin 2012, *Sté Olano Carla et a.*, n° 2012-257 QPC § 9. ♦ V. les hypothèses de mise en œuvre, note 63. ♦ ... Que du contrôle *a priori*, lorsque le Cons. const. procède au contrôle d'une loi déjà promulguée. • Cons. const. 24 oct. 2012, n° 2012-656 DC § 19. ♦ V. ce cas note 117 ss. Const. 58, art. 61.

47. V. égal. note 132.

48. V. aussi l'effet des réserves sur une QPC postérieure, notes ss. Const. 58, art. 61-1 Const.

C. SUBSTITUTION DE MOTIF

49. Le Cons. const. semble admettre qu'il lui serait possible, pour éviter de prononcer l'inconstitutionnalité d'une disposition législative portant atteinte aux droits et libertés que la Const. garantit, de substituer un autre motif d'intérêt général à ceux retenus par le législateur. • Cons. const. 18 janv. 2016, *Robert M. et a.*, n° 2015-516 QPC § 7 (sol. impl.). ♦ V. déjà l'ajout par le Cons. const. d'un intérêt général surabondant. • Cons. const. 11 févr. 2010, n° 2010-603 DC.

D. DOCTRINE DU DROIT VIVANT

BIBL. Zagrebelsky, La doctrine du droit vivant et la question de constitutionnalité, *Constitutions 2010. 9*.

50. Dans le cadre de la QPC, le Cons. const. se prononce sur la constitutionnalité des lois telles qu'elles sont interprétées par le juge. Ceci lui permet de déclarer les dispositions législatives conformes « telles qu'interprétées par… ». ♦ Il est cependant nécessaire que la décision juridictionnelle confère à la disposition législative une interprétation jurisprudentielle constante. • Cons. const. 6 mai 2011, *Cts C.*, n° 2011-127 QPC § 5 • Cons. const. 8 juin 2012, *Christian G.*, n° 2012-250 QPC (sol. impl. *a contrario*) • Cons. const. 13 juill. 2018, *Cne de Ploudiry*, n° 2018-727 QPC § 6.

51. Les dispositions contestées telles qu'interprétées par la Cour de cassation organisent une transition progressive entre deux régimes successifs de représentation syndicale au comité d'entreprise. • Cons. const. 3 févr. 2012, *Franck S.*, n° 2011-216 QPC § 7. ♦ Les dispositions contestées ont, ainsi qu'il résulte de la jurisprudence constante du Conseil d'État, pour objet de réprimer les manquements graves et répétés aux obligations qui s'attachent aux fonctions de maire et de mettre ainsi fin à des comportements dont la particulière gravité est avérée. • Cons. const. 13 janv. 2012, *Ahmed S.*, n° 2011-210 QPC § 5. ♦ La décision peut, ainsi qu'il résulte de la jurisprudence constante de la Cour de cassation, faire l'objet, devant la cour d'appel, d'un recours en annulation formé, selon les règles applicables en matière d'arbitrage et par lequel sont appréciés notamment le respect des exigences d'ordre public, la régularité de la procédure et le principe du contradictoire. L'impossibilité de se pourvoir en cassation contre la décision de la commission arbitrale des journalistes ne viole ni le principe d'égalité devant la justice, ni le droit à un recours juridictionnel effectif. • Cons. const. 14 mai 2012, *Sté Yonne républicaine et a.*, n°s 2012-243/244/245/246 QPC § 13. ♦ La Cour de cassation ayant jugé que toute personne commençant à exercer une activité non salariée non agricole dans un département d'outre-mer doit bénéficier de ce dispositif d'exonération, même si elle exerçait auparavant une activité non salariée non agricole dans une autre partie du territoire national, dans ces conditions, la disposition contestée ne méconnaît pas le principe d'égalité devant la loi et les charges publiques. • Cons. const. 5 avr. 2013, *Annick D., épse L.*, n° 2013-301 QPC § 8.

52. Parfois le Cons. const. opère lui-même l'interprétation des dispositions législatives contestées dès lors que celle-ci n'a pas été opérée préalablement par le juge du fond. • Cons. const. 1er juin 2018, *Sté Elengy*, n° 2018-708 QPC § 8. ♦ Rappr., en matière pénale, l'interprétation permettant au Conseil de définir l'élément constitutif de l'incrimination. • Cons. const. 1er juin 2018, *Assoc. Al Badr*, n° 2018-710 QPC § 8 et 9.

E. CLAUSE DE REVOYURE

53. Dès lors que la disposition contestée n'est qu'une étape dans un processus plus vaste de réforme de la législation concernée, le Cons. const. se réserve le droit à l'avenir de revenir sur la constitutionnalité de la disposition contestée : sans préjudice de la possibilité pour le Conseil constitutionnel de réexaminer ces questions en fonction notamment de la façon dont sera traitée la situation des contribuables restant assujettis à la taxe d'habitation dans le cadre d'une réforme annoncée de la fiscalité locale, le grief tiré de la méconnaissance, par les dispositions contestées, de l'égalité devant les charges publiques doit être écarté. • Cons. const. 28 déc. 2017, n° 2017-58 DC § 15.

F. INCONSTITUTIONNALITÉ DE DATE À DATE

54. Dès lors que, durant la période pendant laquelle la disposition a été en vigueur, une modification législative est intervenue permettant que soit respectée la disposition constitutionnelle précédemment violée (création de la procédure de participation du public en application de l'art. 7 de la Charte de l'environnement), la disposition contestée n'est inconstitutionnelle qu'entre son entrée en vigueur et l'entrée en vigueur de la disposition régularisant la situation. • Cons. const. 28 mai 2020, *Force 5,* n° 2020-843 QPC § 12.

II. PORTÉE DES DÉCISIONS DU CONSEIL CONSTITUTIONNEL

BIBL. Magnon, Sur un pont aux ânes ? L'autorité des décisions du Conseil constitutionnel, pour une distinction entre « autorité » et « force » de chose jugée, *RFDA 2013. 859.* – Portelli, Autorité de la chose jugée et jurisprudence constitutionnelle : sur quels cas emblématiques ?, *JCP Adm. 2014. 727.*

55. Bien que le Conseil d'État ne se place pas sur le terrain du présent art., il refuse de connaître d'un règlement du Conseil définissant un régime particulier d'accès à ses archives au motif que ce règlement ne revêt pas un caractère administratif, son objet n'étant pas dissociable des conditions dans lesquelles il exerce les missions qui lui sont confiées par la Constitution. • CE, ass., 25 oct. 2002, *Brouant,* n° 235600 : *Lebon 345, concl. Goulard ; RFDA 2003. 1, concl. Goulard ; ibid. 8, note Favoreu et note Gonod et Jouanjan ; AJDA 2002. 1332, chron. Donnat et Casas ; D. 2002. 3287, chron. Favoreu ; RD publ. 2002. 1855, note Camby ; JCP 2002. 306, note Chaminade.*

56. On notera que la CJUE estime que la règle nationale qui oblige une juridiction nationale à suivre la position juridique d'une cour constitutionnelle ne saurait empêcher le juge de renvoi de saisir la CJUE d'une demande préjudicielle. • CJUE 15 janv. 2013, *Krizan et a.,* n° C-416/10 : *JCP Adm. 2013. 78, obs. Picod.*

A. CONSÉQUENCE D'UNE DÉCLARATION DE CONFORMITÉ

57. Considérant balai. Ne conduisant pas à instaurer une présomption irréfragable de constitutionnalité, les formules, « qu'il n'y a lieu pour le Conseil de soulever d'office aucune autre inconstitutionnalité ». • Cons. const. 6 août 2009, n° 2009-585 DC § 8 • Cons. const. 19 nov. 2009, n° 2009-592 DC § 13. ♦ ... Ou « qu'il n'y a lieu pour le Conseil de soulever d'office des questions de conformité à la Constitution s'agissant des autres dispositions de la loi soumises à son examen ». • Cons. const. 13 août 1993, n° 93-325 DC § 134. ♦ ... Ou « qu'en l'espèce il n'y a lieu pour le Conseil constitutionnel de ne soulever d'office aucune autre question de conformité à la Constitution en ce qui concerne les autres dispositions de la loi soumise à son examen. • Cons. const. 8 janv. 1991, n° 90-283 DC § 48 • Cons. const. 21 janv. 1994, n° 93-333 DC § 33. ♦ Le Conseil ne décerne de « brevet de constitutionnalité » qu'aux dispositions sur lesquelles il s'est prononcé « dans les motifs et le dispositif » de sa décision. • Cons. const. 17 mars 2011, *Épx B.,* n° 2010-104 QPC.

58. Il en va de même si ces formules sont suivies dans le dispositif par un art. disposant : « la loi ... est conforme (n'est pas contraire) à la Constitution ». • Cons. const. 25 janv. 1985, n° 85-187 DC • Cons. const. 28 déc. 1990, n° 90-286 DC • Cons. const. 20 mars 1997, n° 97-388 DC. ♦ ... Ou « les autres dispositions sont conformes à la Constitution ». • Cons. const. 29 déc. 1984, n° 84-184 DC. • Cons. const. 8 janv. 1991, n° 90-283 DC. ♦ ... En particulier lorsqu'une longue période de temps le légitime, le Conseil a lui-même admis qu'il peut ainsi être amené à déclarer contraire à la Constitution une disposition contenue dans une loi qu'il avait précédemment examinée et déclarée conforme après avoir indiqué qu'il n'y avait lieu pour lui de ne rien soulever d'office. • Cons. const. 15 mars 1999, n° 99-410 DC § 44. ♦ V. la décision précédente. • Cons. const. 25 janv. 1985, n° 85-187 DC. ♦ V. aussi la solution retenue pour rejeter une demande de nouvel examen d'une loi déclarée conforme et qui ne fait aucune allusion au contenu de la décision précédente. • Cons. const. 4 juill. 2001, n° 2001-449 DC.

59. Le Conseil n'utilise plus ce considérant dit « balai ». Désormais, il précise au contraire : « le Conseil constitutionnel n'a soulevé d'office aucune autre question de conformité à la Constitution et ne s'est donc pas prononcé sur la constitutionnalité des autres dispositions que celles examinées dans la présente décision ». • Cons. const. 10 nov. 2016, n° 2016-738 DC § 32.

60. Cas particulier des lois transposant une directive de l'Union. Même si le Cons. const. s'assure, en application de l'art. 88-1 Const. 58 (V. notes ss. Const. 58, art. 88-1), que la loi de transposition d'une directive ne contrevient pas aux dispositions expresses de la directive, faute de quoi elle serait contraire aux dispositions dudit art. 88-1, le contrôle exercé par le Cons. const. dans ce cadre est restreint et la décision qu'il rend n'a pas l'autorité de la chose jugée au sens que le présent art. attache à ses décisions. Il appartient dès lors aux juridictions administratives et judiciaires d'exercer le contrôle de compatibilité de la loi au regard des engagements européens de la France et, le cas échéant, de saisir la Cour de justice de l'Union européenne à titre préjudiciel. • Cons. const. 27 juill. 2006, n° 2006-540 DC § 20 • Cons. const. 19 juin 2008, *OGM,* n° 2008-564 DC § 45.

61. Sur les conséquences d'une précédente

déclaration de conformité dans le cadre de la QPC, V. notes ss. Const. 58, art. 61-1.

62. Cas particulier des lois ratifiant une ordonnance. La déclaration de conformité à la Const. d'une loi de ratification ne porte que sur les articles de l'ordonnance expressément examinés par le Cons. const. dans la décision de contrôle. • Cons. const. 2 déc. 2004, n° 2004-506 DC • Cons. const. 17 janv. 2008, n° 2007-561 DC • Cons. const. 21 mars 2018, n° 2018-761 DC.

63. Modulation dans le temps. V. note 42.

64. Décisions QPC comportant des réserves. Celles-ci sont applicables immédiatement. • Cons. const. 26 nov. 2010, n° 2010-71 QPC § 39. ♦ Parfois, le Cons. const. précise que la réserve n'est pas applicable aux affaires en cours : « sous cette réserve d'interprétation, applicable aux demandes de mise en liberté formées à compter de la publication de la décision ». • Cons. const. 17 déc. 2010, *David. M.*, n° 2010-62 QPC § 7. ♦ ... Aux auditions réalisées postérieurement à la publication de la décision. • Cons. const. 18 nov. 2011, *Élise A. et a.*, n° 2011-191/194/195/196/197 QPC § 20 • Cons. const. 18 juin 2012, *Sté Olano Carla et a.*, n° 2012-257 QPC § 9.

65. Portée indirecte sur le pouvoir réglementaire. Implicitement, le Cons. const. indique parfois que le pouvoir réglementaire, dans l'exercice de sa compétence, se doit de respecter les principes ou exigences constitutionnelles dégagés et ce sous le contrôle du juge administratif. • Cons. const. 25 nov. 2011, *Albin R.*, n° 2011-198 QPC § 4.

B. CONSÉQUENCE D'UNE DÉCLARATION D'INCONSTITUTIONNALITÉ

BIBL. Bonnet, L'amorce d'une « véritable révolution juridique » : la réponse du juge ordinaire et du Parlement à la censure par le Conseil constitutionnel d'une loi promulguée, *RFDA 2005. 1049*.

1° DANS LE CADRE DE L'ARTICLE 61 DE LA CONSTITUTION DE 1958

66. Exception au prononcé de l'inconstitutionnalité d'une disposition inconstitutionnelle. La déclaration de non-conformité de la disposition contestée n'est pas prononcée dès lors qu'elle aurait pour effet de faire subsister dans la législation en vigueur une erreur matérielle conduisant à une disparité de traitement contraire, dans le cas d'espèce, au principe. • Cons. const. 18 déc. 2001, n° 2001-453 DC § 76 et 77. ♦ ... De méconnaître la volonté du constituant de voir la loi favoriser une autre garantie constitutionnelle, en l'espèce l'égal accès des femmes et des hommes aux mandats électoraux et fonctions électives. • Cons. const 3 avr. 2003, n° 2003-468 DC § 27 et 28. ♦ Il en va de même si l'intérêt général le commande. • Cons. const. 15 déc. 2005, n° 2005-528 DC § 20 à 24.

67. Suppression irrégulière au cours des débats. Le Cons. const. n'ayant pas le pouvoir de rétablir un article irrégulièrement supprimé au cours des débats parlementaires, il lui revient de s'assurer que l'irrégularité constatée n'a pas rendu la procédure législative contraire à la Const. en portant une atteinte inconstitutionnelle aux exigences de clarté et de sincérité des débats parlementaires. • Cons. const. 26 janv. 2017, n° 2016-745 DC § 5 et 8.

68. Report d'une censure dans le temps. Si la déclaration immédiate d'inconstitutionnalité des dispositions contestées est de nature à méconnaître une exigence constitutionnelle et à entraîner des conséquences manifestement excessives, il y a lieu de reporter les effets de la déclaration d'inconstitutionnalité, afin de permettre au législateur de procéder, avant une date que le Conseil fixe, à la correction, en l'espèce, de l'incompétence négative constatée. • Cons. const. 19 juin 2008, n° 2008-564 DC § 58. ♦ Il en va de même si elle a pour conséquence de violer un principe fondamental. • Cons. const. 4 août 2011, n° 2011-635 DC § 53.

69. Principes. Les décisions prises en application de l'art. 61 Const. revêtent un caractère absolu et définitif, ainsi qu'il résulte de l'art. 62 qui fait obstacle à la promulgation et à la mise en application de toute disposition déclarée inconstitutionnelle. • Cons. const. 15 janv. 1975, n° 74-54 DC § 4.

70. Loi totalement contraire. Une loi déclarée contraire à la Constitution ne peut être promulguée. A l'inverse, dès lors que la loi n'est pas promulguée, il n'y a pas violation de l'art. 62 Const. 58. • Cons. const. 25 juill. 1984, n° 84-174 DC.

71. Loi partiellement contraire. Lorsqu'une loi n'est pas déclarée contraire à la Constitution dans sa totalité, sa promulgation est possible, soit après amputation des dispositions déclarées contraires à la Constitution, soit après substitution à celles-ci de nouvelles dispositions réalisant une mise en conformité avec la Constitution. • Cons. const. 23 août 1985, n° 85-197 DC § 20.

72. Si le Président de la République décide de promulguer la loi votée amputée de la ou des dispositions déclarées non conformes à la Constitution, la procédure législative est close par la promulgation, de telle sorte qu'il est nécessaire de recourir à une nouvelle procédure législative pour compléter, le cas échéant, la loi promulguée par des dispositions se substituant à celles déclarées non conformes à la Constitution. • Cons. const. 23 août 1985, n° 85-197 DC § 22.

73. Lorsque le Président de la République décide de recourir à la seconde lecture prévue par l'art. 23 de l'ord. du 7 nov. 1958, cette décision a évidemment pour objet de réaliser la mise en conformité de la loi votée avec la Constitution en substituant aux dispositions non conformes à celle-ci des dispositions nouvelles faisant droit à la décision du Conseil constitutionnel ; dans ce cas, il ne s'agit pas du vote d'une loi nouvelle, mais de l'intervention, dans la procédure législative en cours, d'une phase complémentaire résultant du contrôle de constitutionnalité. • Cons. const. 23 août 1985, n° 85-197 DC § 23.

74. Effet sur le droit antérieur. La déclaration d'inconstitutionnalité d'une disposition abrogative a pour effet de maintenir en vigueur la disposition ancienne. Le Conseil en tire du reste les conséquences sur les autres dispositions de la loi partiellement censurée. • Cons. const. 28 juill. 1987, n° 87-230 DC § 13 • Cons. const. 28 déc. 2000, n° 2000-441 DC § 42.

75. Inconstitutionnalité dans le cadre d'une « jurisprudence néo-calédonienne ». A compter de la date à partir de laquelle la déclaration d'inconstitutionnalité prend effet, la disposition inconstitutionnelle ne peut plus être appliquée. • Cons. const. 18 oct. 2013, *Sté Allianz IARD et a.*, n° 2013-349 QPC § 2. ♦ V. déjà. • Douai, 30 mars 2000 : cité par J. Bonnet, L'amorce d'une « véritable révolution juridique » : la réponse du juge ordinaire et du Parlement à la censure par le Conseil constitutionnel d'une loi promulguée, *RFDA 2005. 1049 (spéc. p. 1051).* ♦ V. également, implicitement. • CE 24 mars 2004, *Henri X.*, n° 257331. ♦ Si le Cons. const. a précisé que l'inconstitutionnalité n'était pas applicable aux contrats en cours à la date d'effet retenue, lesdits contrats ne sont pas privés de fondement légal. • Cons. const. 18 oct. 2013, *Sté Allianz IARD et a.*, n° 2013-349 QPC § 2. ♦ Sur l'autorité de la chose jugée, V. annotations ss. III, ci-dessous.

76. Le Conseil précise parfois que l'inconstitutionnalité prononcée dans ce cadre a pour effet de maintenir en vigueur la rédaction ancienne de la disposition censurée. • Cons. const. 18 déc. 2014, n° 2014-706 DC § 40. ♦ Le juge administratif en tire pour conséquence qu'un décret d'application de la disposition en cause n'est pas privé de base légale pour la période antérieure à la modification censurée. • CE 19 juill. 2017, n° 407191 : *Lebon ; JCP Adm. 2017. 541.*

2° DANS LE CADRE DE L'ARTICLE 61-1 DE LA CONSTITUTION DE 1958

BIBL. De Béchillon, Remettre en cause la chose jugée en application d'une loi inconstitutionnelle ?, *JCP 2010. 237.* – Austry, QPC fiscale et effets de la décision dans le temps, *NCCC 2011, n° 33, p. 69.* – Godiveau, La réécriture de la loi au carrefour des temps juridictionnel et parlementaire, *RD publ. 2012. 987.* – Site internet du Conseil constitutionnel, Les effets dans le temps des décisions QPC, *À la une, sept. 2014.*

77. Principe. Si, en principe, la déclaration d'inconstitutionnalité doit bénéficier à l'auteur de la QPC et la disposition déclarée contraire à la Constitution ne peut être appliquée dans les instances en cours à la date de la publication de la décision du Conseil constitutionnel, les dispositions du présent art. réservent à ce dernier le pouvoir tant de fixer la date de l'abrogation et de reporter dans le temps ses effets que de prévoir la remise en cause des effets que la disposition a produits avant l'intervention de cette déclaration. • Cons. const. 25 mars 2011, *Marie-Christine D.*, n° 2010-108 QPC § 5 • Cons. const. 25 mars 2011, *Jean-Pierre B.*, n° 2010-110 QPC § 8 • Cons. const. 14 oct. 2011, *Assoc. France Nature Environnement*, n° 2011-183/184 QPC § 10 • Cons. const. 21 oct. 2011, *Jean-Louis C.*, n° 2011-185 QPC § 7 • CE, ass., 13 mai 2011, *M'Rida*, n° 316734 : *Lebon 211, concl. Geffray ; RFDA 2011. 806, note Verpeaux ; AJDA 2011. 1136, chron. Domino et Bretonneau ; RFDA 2012. 461, chron. Dupré de Boulois et Milano* • CE, ass., 13 mai 2011, *Lazare*, n° 329290 : *Lebon 235 ; AJDA 2011. 991 ; ibid. 1136, chron. Domino et Bretonneau ; D. 2011. 1482 ; RFDA 2011. 772, concl. Thiellay ; ibid. 806, note Verpeaux ; RDSS 2011. 749, note Cristol ; Constitutions 2011. 403, obs. Bioy ; JCP Adm. 2011. 2257, note Pacteau* • Cons. const. 10 nov. 2011, *Ekaterina B., Épse D., et a.*, n° 2011-192 QPC § 38 • Cons. const. 2 déc. 2011, *Wathik M.*, n° 2011-203 QPC § 13. • Cons. const. 28 mars 2013, *SARL Majestic Champagne*, n° 2012-298 QPC § 8.

78. Il n'est pas possible de remettre en cause la décision du Conseil constitutionnel sur les conditions dans lesquelles cette déclaration d'inconstitutionnalité prend effet. • Cons. const. 27 déc. 2012, *Maryse L.*, n° 2012-284R QPC § 2. ♦ ... Sur les motifs pour lesquels le Cons. const. a jugé les conclusions irrecevables. • Cons. const. 11 déc. 2015, *Pierre G.*, n° 2015-491R QPC § 2 • Cons. const. 28 nov. 2019, *Fairouz H.*, n° 2019-811R QPC. ♦ ... Ou ne portant pas sur les dispositions contestées. • Cons. const. 16 févr. 2018, *Sté Norbail-Immobilier*, n° 2017-681 R QPC. ♦ En toute hypothèse de telles demandes ne constituent pas une demande de rectification d'erreur matérielle.

79. Sur l'autorité de la chose jugée, V. notes 117 s.

a. Abrogation immédiate

80. Le Cons. const. indique parfois clairement, dans le corps même de la décision, que les dispositions en cause « ne sont plus en vigueur » et que, dès lors, aucun motif ne justifie de reporter la prise d'effet de la déclaration d'inconstitutionnalité. • Cons. const. 14 juin 2019, *Hanen S.,* n° 2019-789 QPC § 21 • Cons. const. 21 juin 2019, *SFOIP,* n° 2019-791 QPC § 16 • Cons. const. 15 janv. 2021, *Krzystof B.,* n° 2020-872 QPC § 12 • Cons. const. 29 janv. 2021, *Ion Andronie R.,* n° 2020-878/879 QPC § 14 • Cons. const. 26 mars 2021, *Sté Akka technologies,* n° 2021-892 QPC § 26. ♦ Rappr. pour des dispositions d'ores et déjà réécrites, les nouvelles dispositions ayant été déclarées conformes : • Cons. const. 23 sept. 2016, *Georges F. et a.,* n° 2016-567/568 QPC § 10 et 11.

81. Le Cons. const. précise parfois que la déclaration d'inconstitutionnalité peut être invoquée dans les instances en cours. • Cons. const. 30 juill. 2010, *Région Languedoc-Roussillon,* n° 2010-15/23 QPC § 9 • Cons. const. 22 sept. 2010, *Sté Esso SAF,* n° 2010-33 QPC § 5 • Cons. const. 4 févr. 2011, *Comité Harkis et Vérité,* n° 2010-93 QPC § 12 • Cons. const. 6 mai 2011, *Synd. SUD AFP,* n° 2011-128 QPC § 6 • Cons. const. 9 sept. 2011, *Catherine F., Épse, L.,* n° 2011-161 QPC. ♦ ... Ou plus généralement dans les instances en cours qui n'ont pas été définitivement jugées. • Cons. const. 9 sept. 2011, *Hovanes A.,* n° 2011-160 QPC § 6 • Cons. const. 14 oct. 2016, *Épx F.,* n° 2016-587 QPC § 9. ♦ ... Ou encore dans les instances en cours et dont l'issue dépend de l'application des dispositions déclarées inconstitutionnelles. • Cons. const. 7 oct. 2011, *Simone S. et a.,* n° 2011-176 QPC § 6. ♦ ... Ou encore dans les instances en cours et dans lesquelles la procédure conduit à une situation qui répond à l'hypothèse de l'inconstitutionnalité relevée. • Cons. const. 26 mars 2021, *Sté Akka technologies,* n° 2021-892 QPC § 26.

V. pour d'autres décisions appliquant dans le même sens les principes précédents : .

82. Doivent être entendues comme de telles instances, pour l'application des décisions du *Cons. const.* qui déterminent les modalités d'application dans le temps des déclarations d'inconstitutionnalité qu'il prononce, celles qui n'ont pas donné lieu à des décisions devenues irrévocables. Il s'ensuit que, contrairement à ce que soutient le ministre, la société « X » peut se prévaloir, dans la présente instance, y compris devant le Conseil d'État, juge de cassation, de la déclaration d'inconstitutionnalité. • CE 28 nov. 2016, n° 390638 B : *AJDA 2016. 2306*.

83. Même en l'absence de prescription sur les effets produits par la décision d'abrogation, le principe selon lequel le requérant doit bénéficier de la déclaration d'abrogation permet de soutenir que le décret d'application des dispositions déclarées inconstitutionnelles est privé de base légale. • CE 30 mai 2018, n° 400912 A : *AJDA 2018. 1127* ; *Dr. adm. 2018. 54, note Éveillard.*

84. Absence total d'effet. La remise en cause des actes de procédure pénale consécutifs à une mesure prise sur le fondement des dispositions déclarées contraires à la Const. conduisant à méconnaître l'objectif de valeur constitutionnelle de sauvegarde de l'ordre public, aurait des conséquences manifestement excessives. Par suite, les mesures prises sur le fondement des dispositions déclarées contraires à la Const. ne peuvent, dans le cadre de l'ensemble des procédures pénales qui leur sont consécutives, être contestées sur le fondement de cette inconstitutionnalité. • Cons. const. 23 sept. 2016, *Georges F. et a.,* n° 2016-567/568 QPC § 10 et 11. ♦ Il en va de même d'une éventuelle méconnaissance de l'objectif de valeur constitutionnelle de recherche des auteurs d'infractions. • Cons. const. 15 janv. 2021, *Krzystof B.,* n° 2020-872 QPC § 13 • Cons. const. 29 janv. 2021, *Ion Andronie R.,* n° 2020-878/879 QPC § 15.

85. Neutralisation de l'effet rétroactif. A l'inverse l'abrogation immédiate peut ne s'appliquer que pour l'avenir. La déclaration d'inconstitutionnalité est applicable à toutes les décisions ordonnant une expertise prononcée postérieurement à la publication de la présente décision. • Cons. const. 23 nov. 2012, *Maryse L.,* n° 2012-284 QPC § 5. ♦ ... Aux jugements d'ouverture d'une procédure de redressement judiciaire rendus postérieurement à la publication de la présente décision. • Cons. const. 7 déc. 2012, *Sté Pyrénées services et a.,* n° 2012-286 QPC § 6 • Cons. const. 7 mars 2014, *Marc V.,* n° 2013-372 QPC § 11. ♦ ... Les salariés des entreprises dont le capital est majoritairement détenu par des personnes publiques ne peuvent demander, y compris dans les instances en cours, qu'un dispositif de participation leur soit applicable au titre de la période pendant laquelle les dispositions déclarées inconstitutionnelles étaient en vigueur. • Cons. const. 1er août 2013, *Sté Natixis Asset Management,* n° 2013-336 QPC § 22.

86. Limitation de l'effet dans l'avenir. La déclaration d'inconstitutionnalité ne peut conduire à ce que les sommes versées au titre de la participation sur le fondement de ces dispositions donnent lieu à répétition. • Cons. const. 1er août 2013, *Sté Natixis Asset Management,* n° 2013-336 QPC § 22.

87. Caractère d'ordre public. Cependant, même en l'absence de précisions dans ce sens, la déclaration d'inconstitutionnalité doit bénéficier à l'auteur de la question prioritaire de constitutionnalité et la disposition déclarée contraire à la Constitution ne peut être appliquée dans les instances en cours à la date de la publication de la décision du Cons. const. • Cons. const. 25 mars 2011, *Marie-Christine D.*, n° 2010-108 QPC § 5 • Cons. const. 25 mars 2011, *Jean-Pierre B.*, n° 2010-110 QPC § 8. ♦ V. déjà. • Cons. const. 26 nov. 2010, *Mlle Danielle S.*, n° 2010-71 QPC § 41 • CAA Paris, 18 janv. 2011, *Laouardj*, n° 09PA05732.

88. Les dispositions déclarées contraires à la Const. disparaissent de l'ordre juridique pour l'avenir au jour de la publication de la décision. • Cons. const. 2 juill. 2010, *Cts C. et a.*, n° 2010-10 QPC § 5 • Cons. const. 17 déc. 2010, *Boubakar B.*, n° 2010-81 QPC § 8.

89. Les dispositions déclarées contraires disparaissent sans effet rétroactif y compris s'agissant d'une loi validant un contrat ; dès lors le juge administratif pourra être amené à apprécier la validité du contrat de concession du fait de cette abrogation. • Cons. const. 11 févr. 2011, *Alban Salim B.*, n° 2010-100 QPC § 5.

90. Dans les cas où cette abrogation entraîne certaines conséquences, le Cons. const. les précise. Ainsi indique-t-il que les tribunaux maritimes commerciaux siégeront, à compter de la décision, dans la composition des juridictions pénales de droit commun pour exercer la compétence que leur reconnaît le code disciplinaire et pénal de la marine marchande. • Cons. const. 2 juill. 2010, *Cts C. et a.*, n° 2010-10 QPC § 4. ♦ Même solution s'agissant du tribunal correctionnel de Wallis-et-Futuna. • Cons. const. 1er avr. 2016, *Jean-Marc E. et a.*, n° 2016-532 QPC § 10. ♦ Le Cons. const. précise également : que les commissions départementales (nationales) d'aide sociale siégeront désormais, sans préjudice de modifications ultérieures, sans les membres dont la présence n'est pas conforme à la Const. • Cons. const. 25 mars 2011, *Jean-Pierre B.*, n° 2010-110 QPC § 9 • Cons. const. 8 juin 2012, *Christian G.*, n° 2012-250 QPC § 8. ♦ ... Que les décisions par lesquelles une chambre de l'instruction s'est réservée la compétence (alors que cette compétence est jugée inconstitutionnelle) pour statuer sur les demandes de mise en liberté et prolonger, le cas échéant, la détention provisoire cessent de produire effet. • Cons. const. 17 déc. 2010, *Boubakar B.*, n° 2010-81 QPC § 8. ♦ ... Que les décisions rendues antérieurement par le conseil d'administration de l'AFP ne sont pas affectées, si elles ont acquis un caractère définitif, par la déclaration d'inconstitutionnalité *frappant le système électoral mis* en œuvre pour la désignation de ce conseil. • Cons. const. 6 mai 2011, *Synd. SUD AFP*, n° 2011-128 QPC § 6.

91. Le juge du fond les met alors les décisions en application. • Crim. 16 juin 2010, n° 09-86.558. • Civ. 2e, 9 déc. 2010, n° 10-60.206 P.

92. Il s'assure cependant que l'instance est bien en cours. • CE, ass., 13 mai 2011, *Delannoy et Verzèle*, n° 317808 : *Lebon 238* ; *RFDA 2011. 772, concl. Thiellay* ; *ibid. 806, note Verpeaux*.

93. Exception au caractère d'ordre public. Les décisions rendues antérieurement par les commissions départementales (nationales) d'aide sociale ne peuvent être remises en cause sur le fondement de cette inconstitutionnalité que si une partie l'a invoquée à l'encontre d'une décision n'ayant pas acquis un caractère définitif au jour de la publication de la présente décision. • Cons. const. 25 mars 2011, *Jean-Pierre B.*, n° 2010-110 QPC § 9 • Cons. const. 8 juin 2012, *Christian G.*, n° 2012-250 QPC § 8 • Cons. const. 20 mars 2015, *Valérie C., épse D.*, n° 2014-457 QPC § 9. ♦ Le Cons. const. peut réserver la possibilité de se prévaloir de la déclaration d'inconstitutionnalité aux seules personnes qui se trouvent dans la situation que la décision concerne. • Cons. const. 9 sept. 2011, *Hovanes A.*, n° 2011-160 QPC § 6.

94. Situations nées antérieurement. La déclaration d'inconstitutionnalité peut être invoquée à l'encontre des prélèvements non atteints par la prescription. • Cons. const. 14 oct. 2010, *Cie agricole de La Crau*, n° 2010-52 QPC § 9. ♦ V. aussi. • Cons. const. 25 mars 2011, *Jean-Pierre B.*, n° 2010-110 QPC § 9.

95. Le Cons. const. précise parfois l'absence d'effet sur le passé. Les décisions rendues antérieurement par le Conseil d'administration de l'AFP ne sont pas affectées, si elles ont acquis un caractère définitif, par la déclaration d'inconstitutionnalité frappant le système électoral mis en œuvre pour la désignation de ce Conseil. • Cons. const. 6 mai 2011, *Synd. SUD AFP*, n° 2011-128 QPC § 6. ♦ Les personnes intéressées peuvent demander, à compter du jour de publication de la présente décision, leur inscription immédiate sur la liste électorale dans les conditions déterminées par la loi. • Cons. const. 27 janv. 2012, *Éric M.*, n° 2011-211 QPC § 9. ♦ Lorsqu'une affaire a été définitivement jugée à la date d'abrogation de la disposition, la mention de cette qualification d'inceste ne peut plus figurer au casier judiciaire. • Cons. const. 16 sept. 2011, *Claude N.*, n° 2011-163 QPC § 4 • Cons. const. 17 févr. 2012, *Bruno L.*, n° 2011-222 QPC § 6. ♦ L'abrogation peut être invoquée à l'occasion des recours en annulation qui seraient formés, après la publication de la présente décision, à l'encontre des décisions portant cessation de l'état militaire intervenues sur le fondement des dispositions déclarées inconstitutionnelles. • Cons. const. 3 févr. 2012, *Cédric S.*, n° 2011-218 QPC § 10.

96. Le Conseil peut encore précisément circonscrire les effets de l'abrogation immédiate de façon à éviter les effets d'aubaine en prévoyant que la déclaration d'inconstitutionnalité peut être invoquée uniquement à l'encontre des impositions contestées avant la date de publication de la décision. • Cons. const. 25 oct. 2013, *Sté Boulanger,* n° 2013-351 QPC § 18 • Cons. const. 6 févr. 2014, *Sté TF1 SA,* n° 2013-362 QPC § 9. ♦ Pour les même raisons, le Conseil peut préciser que la déclaration d'inconstitutionnalité peut être invoquée uniquement à l'encontre des impositions contestées avant une date antérieure à sa décision; en l'espèce, il tient compte de la date d'effet d'une modification législative rétroactive ayant corrigé l'inconstitutionnalité à l'origine de l'abrogation. • Cons. const. 28 mars 2013, *SARL Majestic Champagne,* n° 2012-298 QPC § 9. ♦ Il peut encore prévoir que l'abrogation immédiate prononcée pour empêcher la signature de nouveaux contrats prévus par la disposition abrogée ne s'applique pas aux contrat en cours d'exécution pour l'année considérée compte tenu des conséquences excessives que cela entraînerait. • Cons. const. 18 juill. 2014, *Sté Roquette Frères,* n° 2014-410 QPC § 11.

b. Abrogation différée

BIBL. Tilli, La modulation dans le temps des effets des décisions d'inconstitutionnalité, *RD publ. 2011. 1591.* – Eynard, La modulation des effets dans le temps des déclarations d'inconstitutionnalité prononcées dans le cadre des QPC, *RFDC 2018. 317.*

1. Justification

97. Absence de pouvoir général d'appréciation. Le Conseil constitutionnel ne disposant pas (comme dans son contrôle *a priori* : V. notes ss. Const. 58, art. 61) d'un pouvoir général d'appréciation et de décision identique à celui du Parlement, il convient, lorsque les mesures à prendre pour qu'il soit remédié à la situation supposent des choix que seul le législateur peut faire, que l'abrogation soit différée. • Cons. const. 30 juill. 2010, *Daniel Walbuger et a.,* n° 2010-14/22 QPC § 30 • Cons. const. 17 *janv. 2013, Cts M., n° 2012-288* QPC § 3. ♦ ... En particulier s'agissant de « questions de société ». • Cons. const. 6 oct. 2010, *Isabelle D. et Isabelle B.,* n° 2010-39 QPC (adoption par des couples homosexuels) • Cons. const. 28 janv. 2011, *Corinne C. et a.,* n° 2010-92 QPC (mariage homosexuel) • Cons. const. 16 mai 2012, *Sté Cryo-Save France,* n° 2012-249 QPC (greffes autogéniques). ♦ Dans le cas où le choix du législateur relève d'appréciations techniques ou scientifiques. • Cons. const. 6 avr. 2018, *Synd. secondaire Le Signal,* n° 2018-698 QPC § 8.

V. pour d'autres décisions dans le même sens : .

98. V. pour une transposition de ces principes au législateur néo-calédonnien (Congrès de Nouvelle-Calédonie) : • Cons. const. 9 déc. 2011, *Patelise F.,* n° 2011-205 QPC § 9 • Cons. const. 23 nov. 2012, *Assoc. France Nature Environnement et a.,* n° 2012-282 QPC § 8.

99. Il n'appartient pas au Conseil constitutionnel d'indiquer les modifications qui doivent être retenues pour qu'il soit remédié à l'inconstitutionnalité constatée. • Cons. const. 6 sept. 2019, *Alaitz A.,* n°s 2019-799/800 QPC § 11. ♦ Le Cons. const. renvoie donc au législateur : le soin de trancher les questions de société et donc de déterminer les conséquences qu'il convient de tirer de la situation particulière des enfants élevés par deux personnes de même sexe. • Cons. const. 6 oct. 2010, *Isabelle D. et Isabelle B.,* n° 2010-39 QPC § 9. ♦ ... S'il convient d'autoriser le mariage des couples homosexuels. • Cons. const. 28 janv. 2011, *Corinne C. et a.,* n° 2010-92 QPC § 9. ♦ ... Le soin de déterminer quels phénomènes naturels justifie la mise en œuvre d'une procédure spécifique d'expropriation pour cause d'utilité publique. • Cons. const. 6 avr. 2018, *Synd. secondaire Le Signal,* n° 2018-698 QPC § 8.

100. Dès lors que l'abrogation de dispositions législatives du fait de l'atteinte qu'elles portent au principe d'égalité a pour effet de replacer les personnes concernées dans une situation d'inégalité à raison de leur nationalité résultant des dispositions antérieures, il convient de permettre au législateur de remédier à l'inconstitutionnalité constatée en différant l'effet de cette abrogation. • Cons. const. 28 mai 2010, *Cts L.,* n° 2010-1 QPC § 12. ♦ Il en va de même si l'abrogation conduit à la suppression d'un droit. • Cons. const. 25 mars 2011, *Marie-Christine D.,* n° 2010-108 QPC § 6. ♦ ... Risque de porter atteinte à l'ordre public. • Cons. const. 26 nov. 2010, *Mlle Danielle S.,* n° 2010-71 QPC § 41 • Cons. const. 9 juin 2011, *Abdellatif B. et a.,* n° 2011-135/140 QPC § 16. ♦ ... A la protection de la santé. • Cons. const. 26 nov. 2010, *Mlle Danielle S.,* n° 2010-71 QPC § 41 • Cons. const. 9 juin 2011, *Abdellatif B. et a.,* n° 2011-135/140 QPC § 16. ♦ ... A la disparition d'une juridiction spécialisée pour les mineurs violant ainsi le principe fondamental en matière de justice pénale des mineurs. • Cons. const. 8 juill. 2011, *Tarek J.,* n° 2011-147 QPC § 12. ♦ ... A accorder un droit partiellement contraire à un autre droit garanti par la Const. • Cons. const. 15 févr. 2019, *Charles-Henri M.,* n° 2018-765 QPC § 12.

101. Conséquences manifestement excessives. Il en va de même encore si l'abrogation immédiate risque d'avoir des conséquences manifestement excessives. • Cons. const. 14 oct. 2011, *Assoc. France Nature Environnement,* n° 2011-183/184 QPC § 10 • Cons. const. 26 févr. 2021, *Nadine F.*, n° 2020-885 QPC § 13.

V. pour d'autres décisions dans le même sens : .

102. Il peut s'agir : de conséquences manifestement excessives pour la sécurité juridique. • Cons. const. 6 oct. 2010, *Mathieu Pitte*, n° 2010-45 QPC § 7. ♦ ... De conséquences conduisant à dispenser toutes les personnes condamnées pour certains faits de terrorisme de l'obligation, prévue par le législateur, d'accomplir des mesures probatoires avant de pouvoir bénéficier d'une libération conditionnelle. • Cons. const. 6 sept. 2019, *Alaitz A.*, n°s 2019-799/800 QPC § 11. ♦ ... De conséquences conduisant à étendre l'inconstitutionnalité. • Cons. const. 27 sept. 2019, *Union de défense active des forains*, n° 2019-805 QPC § 32. ♦ ... De conséquences financières pour les finances de l'État. • Cons. const. 15 oct. 2020, *Cté de Cnes Chinon, Vienne et Loire*, n° 2020-862 QPC § 12.

103. Autres conséquences. Il en va de même encore si l'abrogation immédiate : risque d'avoir des conséquences incohérentes avec le but recherché. • Cons. const. 13 juill. 2012, *Assoc. France Nature Environnement*, n° 2012-262 QPC § 8. ♦ V. aussi • Cons. const. 27 juill. 2012, *FDSEA du Finistère*, n° 2012-270 QPC § 9. ♦ ... Empêche toute dérogation aux interdictions précitées. • Cons. const. 27 juill. 2012, *Union dptale pour la sauvegarde de la vie, de la nature et de l'environnement*, n° 2012-269 QPC § 8. ♦ ... Méconnaît les objectifs de prévention des atteintes à l'ordre public et de recherche des auteurs d'infractions. • Cons. const. 29 nov. 2013, *Sté Westgate Charters Ltd*, n° 2013-357 QPC § 10 • Cons. const. 4 avr. 2014, *Jacques J.*, n° 2014-387 QPC § 9. ♦ ... A pour effet de faire disparaître toute voie de droit permettant de contester une décision de recourir à un expert ainsi que toute règle relative à la prise en charge des frais d'expertise. • Cons. const. 27 nov. 2015, *Sté Foot Locker France*, n° 2015-500 QPC § 12.

2. Préservation de l'effet utile des décisions

104. Principe. Afin de préserver l'effet utile d'une décision reportant l'effet d'une abrogation à la solution des instances actuellement en cours, il appartient, d'une part, aux juridictions de surseoir à statuer jusqu'à sa date d'effet dans les instances dont l'issue dépend de l'application des dispositions déclarées inconstitutionnelles et, d'autre part, au législateur de prévoir une application des nouvelles dispositions à ces instances en cours à la date de la décision prononçant l'inconstitutionnalité. • Cons. const. 28 mai 2010, *Cts L.*, n° 2010-1 QPC § 12. • Cons. const. 27 sept. 2013, *Épx L.*, n° 2013-343 QPC § 9. ♦ V. pour une application • CE, ass., 13 mai 2011, *M'Rida*, n° 316734 : *préc. note 77* • CE 16 mars 2016, n° 381606 : *Lebon ; AJDA 2016. 1325*. ♦ Rappr. reportant les délais de prescription applicables à la mise en mouvement de l'action publique par la partie civile en matière d'apologie des crimes de guerre et des crimes contre l'humanité jusqu'à l'entrée en vigueur d'une nouvelle loi et au plus tard à la date fixée pour l'abrogation de la disposition inconstitutionnelle. • Cons. const. 16 oct. 2015, *Assoc. Cté rwandaise de France*, n° 2015-492 QPC § 9. ♦ Les mêmes principes peuvent s'adresser aux administrations. • Cons. const. 19 sept. 2014, *Sté PV-CP Distribution*, n° 2014-413 QPC § 8. ♦ Méconnaît l'autorité de la chose jugée, qui s'attache tant à la décision qu'aux motifs qui en constituent le support nécessaire, une juridiction qui ne sursoit pas à statuer alors qu'aucune nouvelle disposition législative n'était applicable à l'instance. • CE 6 déc. 2012, *Amyn, vve Chalid*, n° 342215 : *AJDA 2012. 2356 ; Gaz. Pal. 2012, n°s 354-355, p. 30.* ♦ Le Cons. const. peut en plus fixer une date limite d'entrée en vigueur de la nouvelle loi. • Cons. const. 13 janv. 2011, *Claude G.*, n° 2010-83 QPC § 7. ♦ Il peut encore prévoir que l'annulation s'applique immédiatement dans les instances en cours. • Cons. const. 20 juin 2014, *Cne de Salbris*, n° 2014-405 QPC § 9. ♦ V. pour une application dans le cas d'une loi déjà abrogée mais dont le Conseil constate néanmoins l'inconstitutionnalité. • Cons. const. 14 nov. 2014, *Alain L.*, n° 2014-426 QPC § 8.

BIBL. Charité, Réserves d'interprétation transitoires dans la jurisprudence QPC, *AJDA 2015. 1622*. – Jacquinot, Regard critique sur la notion de réserve transitoire dans la jurisprudence du Conseil constitutionnel, *AJDA 2018. 2007*.

105. Réserves transitoires. Le Conseil peut également, dans le même but, prévoir, sous la forme d'une réserve d'interprétation, une solution temporaire s'appliquant aux instances en cours, en attendant l'intervention du législateur. • Cons. const. 6 juin 2014, *Sté orange SA*, n° 2014-400 QPC § 11 • Cons. const. 4 mars 2021, *Oussama C.*, n° 2020-886 QPC § 13 • Cons. const. 26 mars 2021, *Brahim N.*, n° 2021-893 QPC § 8. ♦ V. pour une mise en œuvre de la réserve : • CE 12 déc. 2018, n° 417244 A : *AJDA 2019. 825, note Schmitz ; ibid. 2018. 2469 ; AJ pénal 2019. 96, obs. Frinchaboy* • Cons. const. 4 mars 2021, *Oussama C.*, n° 2020-886 QPC § 13.

V. pour d'autres décisions dans le même sens : .

106. Afin de faire cesser l'inconstitutionnalité constatée à compter de la publication de la présente décision, il y a lieu de juger que les dispositions contestées ne sauraient être interprétées comme permettant, à compter de cette publication, pour des faits d'escroquerie en bande organisée, le recours à la garde à vue prolongée jusqu'à 96 heures. • Cons. const. 9 oct. 2014, *Maurice L. et a.*, n° 2014-420/421 QPC § 26. ♦ La mise en jeu de la responsabilité solidaire de l'une des personnes antérieurement soumises à imposition commune, par le premier acte de recouvrement forcé pour obtenir le paiement de cotisations supplémentaires d'impôt sur le revenu au titre de la période de cette imposition commune, dès lors qu'elle n'a pas été destinataire de la décision d'imposition doit être regardée comme constituant un évènement lui ouvrant un délai propre de réclamation. • Cons. const. 4 déc. 2015, *Gabor R.*, n° 2015-503 QPC § 16. ♦ ... Le report de l'annulation ne saurait être interprété comme permettant la saisie d'éléments couverts par le secret du délibéré. • Cons. const. 4 déc. 2015, *Gilbert A.*, n° 2015-506 QPC § 19. ♦ Il y a lieu de faire une application des dispositions inconstitutionnelles devant permettre, pour la détermination des durées d'émission dont les partis et groupements politiques habilités peuvent bénéficier, la prise en compte de l'importance du courant d'idées ou d'opinions qu'ils représentent, évaluée en fonction du nombre de candidats qui déclarent s'y rattacher et de leur représentativité, appréciée notamment par référence aux résultats obtenus lors des élections intervenues depuis les précédentes élections législatives. • Cons. const. 31 mai 2017, *Assoc. En Marche !*, n° 2017-651 QPC § 15. ♦ ... Il y a lieu d'imposer que l'Agence française de lutte contre le dopage se saisisse de toutes les décisions rendues postérieurement à la présente décision et de toutes les décisions rendues antérieurement à cette décision dont elle ne s'est pas encore saisie dans les délais légaux. • Cons. const. 2 févr. 2017, *Axel N.*, n° 2017-688 QPC § 13 • CE 11 avr. 2018, n° 413349 B § 5 et 6 : *AJDA 2018. 821 ; ibid. 1237, concl. Domino*. ♦ Il y a lieu de juger que l'exemption pénale prévue au 3° de l'art. L. 622-4 CESEDA doit s'appliquer également aux actes tendant à faciliter ou à tenter de faciliter, hormis l'entrée sur le territoire, la circulation constituant l'accessoire du séjour d'un étranger en situation irrégulière en France lorsque ces actes sont réalisés dans un but humanitaire. • Cons. const. 6 juill. 2018, *Cédric H.*, n° 2018-717/718 QPC § 24. ♦ ... Il y a lieu de juger que les avis défavorables pris sur le fondement des dispositions litigieuses par les magistrats judiciaires après la date de cette publication peuvent être contestés devant le président de la chambre de l'instruction dans les conditions prévues par la 2e phrase de l'al. 4 de l'art. 145-4 C. pr. pén. • Cons. const. 8 févr. 2019, *Sect. française OIP*, n° 2018-763 QPC § 12. ♦ ... Il y a lieu de juger que l'al. 1er de l'art. 800-2 C. pr. pén. doit être interprété comme permettant aussi à une juridiction pénale prononçant une condamnation ou une décision de renvoi devant une juridiction de jugement, d'accorder à la personne citée comme civilement responsable, mais mise hors de cause, une indemnité au titre des frais non payés par l'État et exposés par celle-ci. • Cons. const. 5 avr. 2019, *Sté Uber B.V.*, n° 2019-773 QPC § 11. ♦ ... Il y a lieu de juger que, jusqu'à l'entrée en vigueur d'une nouvelle loi, le juge des libertés et de la détention doit informer le prévenu qui comparaît devant lui en application de l'art. 396 C. pr. pén. de son droit de se taire. • Cons. const. 4 mars 2021, *Oussama C.*, n° 2020-886 QPC § 13.

107. Absence de préservation de l'effet utile. En revanche, il n'utilise pas cette possibilité et ne préserve donc pas l'effet utile de sa décision en matière d'actes de procédure pénale qu'il s'agisse d'une censure... • Cons. const. 30 juill. 2010, *Daniel W.*, n° 2010-14/22 QPC • Cons. const. 22 sept. 2010, *Samir M. et a.*, n° 2010-32 QPC § 9 • Cons. const. 9 oct. 2014, *Maurice L. et a.*, n° 2014-420/421 QPC § 27 • Cons. const. 4 déc. 2015, *Gilbert A.*, n° 2015-506 QPC § 20 • Cons. const. 14 sept. 2018, *Mehdi K.*, n° 2018-730 QPC § 12. ♦ ... Ou d'une réserve d'interprétation. • Cons. const. 17 déc. 2010, *David. M.*, n° 2010-62 QPC § 7 • Cons. const. 18 nov. 2011, *Élise A. et a.*, nos 2011-191/194/195/196/197 QPC § 20.

108. Il en va de même s'agissant : du versement des pensions de reversion aux enfants issus de lits composés d'un nombre différent d'orphelins estimant qu'il appartient au législateur d'apprécier les suites qu'il convient de donner à la déclaration d'inconstitutionnalité, laissant éventuellement au législateur le choix de déterminer s'il y a lieu ou non de remplacer cette disposition. • Cons. const. 25 mars 2011, *Marie-Christine D.*, n° 2010-108 QPC § 6. ♦ ... De la confiscation des biens introduits en France en violation du droit douanier. • Cons. const. 13 janv. 2012, *Cts B.*, n° 2011-208 QPC § 7. ♦ ... De l'hospitalisation ou du maintien en hospitalisation des malades mentaux. • Cons. const. 26 nov. 2010, *Mlle Danielle S.*, n° 2010-71 QPC § 41 • Cons. const. 20 avr. 2012, *Assoc. Cercle de réflexion et de proposition d'actions sur la psychiatrie*, n° 2012-235 QPC § 31. ♦ ... Des schémas régionaux du climat, de l'air et de l'énergie adoptés avant la décision du Conseil qui ne sont pas remis en cause. • Cons. const. 7 mai 2014, *Féd. environnement durable et a.*, n° 2014-395 QPC § 16.

109. Il est possible dès lors que les requérants, bien qu'ayant prouvé l'inconstitutionnalité de la loi, ne tirent aucune évolution (ou aucune évolution immédiate) de leur situation. • Cons. const. 30 juill. 2010, *Daniel W.*, n° 2010-14/22 QPC • Cons. const. 6 oct. 2010, *Mathieu Pitte*, n° 2010-45 QPC § 7. ♦ De même, un requérant auteur d'une QPC, ayant débouché sur une déclaration d'inconstitutionnalité différée dans le temps, ne peut demander l'annulation d'un texte réglementaire pris sur le fondement de cette disposition avant la date de son abrogation. • CE 14 nov. 2012, *Assoc. France Nature Environnement*, n° 340539 § 3 : *Lebon T. 940 ; AJDA 2012. 2377, chron. Domino et Bretonneau*.

110. L'effet différé n'interdit pas au juge du fond de considérer que la disposition inconstitutionnelle doit être immédiatement écartée si elle est par ailleurs inconventionnelle. • Cass., ass. plén., 15 avr. 2011, n° 10-17.049 P : *D. 2011. 1713, obs. Bernaud et Gay ; AJ pénal 2011. 311, obs. Mauro ; Constitutions 2011. 326, obs. Levade*. ♦ Il appartient au juge du litige, s'il n'a pas fait droit aux conclusions d'une requête en tirant les conséquences de la déclaration d'inconstitutionnalité d'une disposition législative prononcée par le Cons. const., d'examiner, dans l'hypothèse où un moyen en ce sens est soulevé devant lui, s'il doit écarter la disposition législative en cause du fait de son incompatibilité avec une stipulation conventionnelle ou, le cas échéant, une règle du droit de l'Union. • CAA Paris, 12 juill. 2019, n° 18PA03025 : *AJDA 2019. 2621, note Lamy*.

111. Alors même que, selon les motifs de la décision du Cons. const., la déclaration d'inconstitutionnalité doit, en principe, bénéficier à l'auteur de la QPC, l'absence de prescriptions relatives à la remise en cause des effets produits par l'art. contesté avant son abrogation doit, en l'espèce, eu égard, d'une part, à la circonstance que la QPC a été soulevée à l'occasion du recours pour excès de pouvoir dirigés contre des actes réglementaires, d'autre part, à la circonstance que le Cons. const. a décidé de reporter dans le temps les effets abrogatifs de sa décision, être regardée comme indiquant que le Cons. const. n'a pas entendu remettre en cause les effets que la disposition déclarée contraire à la Const. avait produits avant la date de son abrogation. • CE 26 juill. 2018, *Quadrature du Net*, n° 394922 B : *D. 2018. 1756, obs. de Montecler ; AJDA 2018. 1586 ; ibid. 2027, note Bréchot ; JCP 2018. 382.*

3. Nécessaire intervention du législateur

112. Le renvoi par le Cons. const. au législateur pour les raisons indiquées ci-dessus suppose l'intervention de celui-ci. Durant la période transitoire (avant la date limite fixée par le Cons. const.), les dispositions continuent de *recevoir application dès lors qu'il appartient au* législateur de tirer les conséquences de cette déclaration d'inconstitutionnalité. Tel est en particulier le cas tant que la loi ne donne pas au juge les moyens de remédier à l'inconstitutionnalité. • CE 19 oct. 2020, n° 439372 A : *AJDA 2020. 1991 ; D. 2020. 2121, obs. de Montecler ; AJ pénal 2020. 593, obs. Céré ; JCP Adm. 2020. 581 ; ibid. 2295, note Parinet-Hodimont.*

c. Constatation de la disparition de l'inconstitutionnalité

113. L'entrée en vigueur « X », du nouvel art. dans sa rédaction résultant de la loi « Y » a mis fin à l'inconstitutionnalité constatée. • Cons. const. 23 mai 2014, *France Hydro Électricité*, n° 2014-396 QPC § 9. ♦ Rappr. *a contrario*. • Cons. const. 9 oct. 2014, *Maurice L. et a.*, n° 2014-420/421 QPC § 14 s.

d. Responsabilité du fait des lois inconstitutionnelles

114. La responsabilité du fait des lois peut être engagée en raison des exigences inhérentes à la hiérarchie des normes, pour réparer l'ensemble des préjudices qui résultent de l'application d'une loi méconnaissant la Const. 58 (ou les engagements internationaux de la France : V. notes ss. Const. 58, art. 34). Toutefois, il résulte des dispositions des art. 61, 61-1 et 62 Const. 58 que la responsabilité de l'État n'est susceptible d'être engagée du fait d'une disposition législative contraire à la Const. que si le Cons. const. a déclaré cette disposition inconstitutionnelle sur le fondement de l'art. 61-1, lors de l'examen d'une QPC, ou bien encore, sur le fondement de l'art. 61, à l'occasion de l'examen de dispositions législatives qui la modifient, la complètent ou affectent son domaine (jurisprudence néo-calédonienne : V. ss. cet art.). En outre, l'engagement de cette responsabilité est subordonné à la condition que la décision du Cons. const., qui détermine les conditions et limites dans lesquelles les effets que la disposition a produits sont susceptibles d'être remis en cause, ne s'y oppose pas, soit qu'elle l'exclut expressément, soit qu'elle laisse subsister tout ou partie des effets pécuniaires produits par la loi qu'une action indemnitaire équivaudrait à remettre en cause. • CE, ass., 24 déc. 2019, n°s 425981 et 428162 A (2 espèces) : *AJDA 2020. 7 ; D. 2020. 746, note Roux ; AJCT 2020. 214, obs. Renard ; RFDA 2020. 136, concl. Sirinelli ; ibid. 149, note Roblot-Troizier ; JCP adm. 2020. 14 ; ibid. 2076, note Boda.* ♦ V. déjà. • TA Paris, 7 févr. 2017, n° 1505725/3-1 : *AJDA 2017. 545, obs. Disant ; ibid. 698, concl. Doré ; Dr. adm. 2017. 30, note Éveillard* • CAA Paris, 5 oct. 2018, *Sté Paris Clichy*, n° 17PA01180 et • *Sté hôtelière Parie Eiffel Suffren*, n° 17 PA01188 (2 espèces) : *AJDA 2018. 2352*, concl. Delamarre. ♦ V. également annonçant cette solution. • CE 17 déc. 2010, n° 343752 B : *RFDA 2011. 611, chron. Roblot-Troizier et Tusseau*. ♦ V. les conséquences curieuses sur la responsabilité de l'autorité administrative mettant en œuvre une loi déclarée par la suite inconstitutionnelle.

• Civ. 1re, 26 juin 2019, n° 18-12.630 P: *AJDA 2019. 2568, note Ducharme ; D. 2019. 1393 ; AJCT 2019. 514, obs. Renard et Péchillon .*

115. Le Cons. const. tient désormais compte de cette décision dans l'analyse des effets de la déclaration d'inconstitutionnalité estimant que les dispositions du présent art. réservent au Cons. const. le pouvoir de s'opposer à l'engagement de la responsabilité de l'État du fait des dispositions déclarées inconstitutionnelles ou d'en déterminer les conditions ou limites particulières. • Cons. const. 30 avr. 2020, *Maxime O.*, n° 2020-836 QPC § 11 • Cons. const. 20 mai 2020, *Emmanuel W.*, n° 2020-840 QPC § 20.

3° RECTIFICATION PAR VOIE DE CONSÉQUENCE

BIBL. Charité, Quand le Conseil constitutionnel réécrit la loi, *AJDA 2018. 261* .

116. Le 2e al. du II de l'art. 32 de la L. org. tendant à renforcer la stabilité des institutions et la transparence de la vie politique en Polynésie française est déclaré contraire à la Const. Par voie de conséquence, au 1er al. de ce II, les mots : « sont insérés deux articles 172-1 et 172-2 ainsi rédigés » sont remplacés par les mots : « est inséré un article 172-2 ainsi rédigé ». • Cons. const. 6 déc. 2007, n° 2007-559 DC. ♦ V. • Cons. const. 6 août 2008, n° 2009-588 DC • Cons. const. 8 juin 2012, *Christian G.*, n° 2012-250 QPC.

III. AUTORITÉ DE LA CHOSE JUGÉE ET DE LA CHOSE INTERPRÉTÉE

BIBL. Disant, L'autorité de la chose interprétée par le Conseil constitutionnel, *LGDJ 2010*. – Site internet du Conseil constitutionnel, L'autorité des décisions du Conseil constitutionnel, *À la une, janv. 2014*.

117. Malgré l'absence de recours prévue par le présent art., reste cependant possible le recours en rectification d'erreur matérielle. • Cons. const. 23 oct. 1987, *Haute-Garonne*, n° 87-1026 AN : *Rec. Cons. const. 55 ; JO 27 oct., p. 12508* • Cons. const. 16 févr. 2018, *Sté Norbail-Immobilier*, n° 2017-681 R QPC. ♦ ... Sous réserve qu'il s'agisse bien d'un tel recours, V. note 78. ♦ ... Le recours contre les décisions à caractère non juridictionnel telles que l'établissement de la liste des candidats autorisés à se présenter à l'élection présidentielle. • Cons. const. 17 mai 1969, *Ducatel c/ Krivine*, n° 69-18 PDR : *Rec. Cons. const. 78 ; JCP 1970. 16271, note Claisse ; GDCC 15e éd., n° 11.*

A. GÉNÉRALITÉS

118. Principe. Toutes les décisions du Conseil constitutionnel ont l'autorité de la chose jugée qu'il s'agisse des décisions en matière électorale. • Cons. const. 23 oct. 1987, *Haute-Garonne*, n° 87-1026 AN : *préc. note 117* • Cons. const. 20 avr. 1989, *Meurthe-et-Moselle (2e circ.)*, n° 88-1127 AN : *Rec. Cons. const. 32 ; JO 23 avr., p. 5245 ; AIJC 1989. 477, chron. Genevois.* ♦ ... Ou des décisions prises dans le cadre du contrôle de constitutionnalité des lois. • Cons. const. 20 juill. 1988, n° 88-244 DC § 18. ♦ Le principe s'applique en cas de succession d'un contrôle *a priori* et d'une QPC. En effet, en toute hypothèse, l'autorité qui s'attache aux décisions du Cons. const. fait obstacle à ce qu'il soit de nouveau saisi afin d'examiner la conformité à la Const. de dispositions déclarées contraire à la Const. • Cons. const. 18 oct. 2013, *Sté Allianz IARD et a.*, n° 2013-349 QPC § 3. ♦ V. pour les conséquences tirées par le juge du fond, note 137.

119. L'autorité qui s'attache aux décisions du Conseil constitutionnel en vertu de l'art. 62 Const. 58 ne limite pas la compétence des juridictions administratives et judiciaires pour faire prévaloir ces engagements sur une disposition législative incompatible avec eux, même lorsque cette dernière a été déclarée conforme à la Const. • Cons. const. 12 mai 2010, n° 2010-605 DC § 13.

120. Changement de circonstances. Si l'autorité qui s'attache aux décisions du Conseil constitutionnel fait obstacle à ce qu'il soit saisi d'une QPC relative à une disposition déclarée contraire à la Constitution, un changement de circonstances peut néanmoins conduire à un nouvel examen de dispositions identiques aux précédentes. • Cons. const. 14 janv. 2016, *Alain D.*, n° 2015-513/514/526 QPC § 8. ♦ En l'espèce, dans la mesure où le montant des sanctions pécuniaires avait constitué un élément d'appréciation pour caractériser l'existence de sanctions de mêmes natures réprimant le manquement et le délit d'initié, une limitation du montant constitue un changement de circonstances justifiant le réexamen au fond des dispositions critiquées. • Cons. const.14 janv. 2016, *Alain D.*, n° 2015-513/514/526 QPC § 10.

121. Dispositif. L'autorité de la chose jugée est limitée à la déclaration d'inconstitutionnalité et ne peut être invoquée à l'encontre d'une autre loi conçue dans des termes différents. • Cons. const. 20 juill. 1988, n° 88-244 DC § 18. ♦ ... D'une loi ayant un objet différent. • Cons. const. 19 sept. 2014, *Sté Red Bull. On Premise et a.*, n° 2014-417 QPC § 8 • Cons. const. 29 déc. 2015, n° 2015-726 DC § 12 • Cons. const. 29 déc. 2016, n° 2016-744 DC § 16 • Cons. const. 24 févr. 2017, *SCI Hyéroise*, n° 2016-612 QPC § 9. ♦ ... D'une loi instituant une condition d'une nature différente de la condition de nationalité qui avait été déclarée contraire à la Const. même si les effets de cette nouvelle condition sont, dans certains cas, très proches de ceux de la condition préalablement censurée. • Cons. const. 4 déc. 2015, *Nicole B., veuve B.*, n° 2015-504/505 QPC § 9. ♦ ... De la même loi rédigée dans des termes voisins mais sur lesquels le Cons. const. ne s'est pas prononcé. • CE, QPC, 18 mai 2016, *Sté Natixis*, n° 397316. ♦ Cela oblige le Cons. const. à se prononcer à nouveau pour, au besoin, reprendre la même argumentation et déclarer la nouvelle rédaction également contraire à la Const. • Cons. const. 8 juill. 2016, *Sté Natixis*, n° 2016-552 QPC § 6 et 7.

122. En revanche elle peut l'être : lorsque les dispositions de la loi, bien que rédigées sous une forme différente, ont, en substance, un objet analogue à celui des dispositions législatives déclarées contraires à la Const. • Cons. const. 8 juill. 1989, n° 89-258 DC § 13 • Cons. const. 29 déc. 2013, n° 2013-685 DC § 10 à 12 • Cons. const. 29 déc. 2016, n° 2016-744 DC § 14. ♦ ... Lorsque les dispositions de cette loi ont un objet analogue à celui des dispositions législatives sur lesquelles le Cons. const. s'est déjà prononcé. • Cons. const. 24 févr. 2017, *SCI Hyéroise*, n° 2016-612 QPC § 7. ♦ Dès lors, une disposition qui laisse subsister les éléments ayant conduit à déclarer une disposition inconstitutionnelle méconnaît l'autorité et doit être déclarée non conforme à la Constitution. • Cons. const. 8 juill. 1989, n° 89-258 DC § 18.

123. A l'inverse, dès lors que les critiques développées dans la saisine portent sur des dispositions identiques à celles que le Conseil constitutionnel a déclarées conformes à la Constitution dans une précédente décision, elles se heurtent à l'autorité de la chose jugée. • Cons. const. 2 sept. 1992, n° 92-312 DC § 18, 36 et 43. ♦ Dès lors il considère la demande sans objet. • Cons. const. 13 sept. 1979, n° 79-109 L § 1 : *Rec. Cons. const. 49 ; RJC II-86 ; JO 14 sept., p. 2222 ; RD publ. 1979. 1671, Favoreu* • Cons. const. 23 août 1985, n° 85-197 DC § 30 s. • Cons. const. 6 avr. 1996, n° 96-373 DC § 3 et 34.

124. L'autorité de la chose jugée dans le cadre des décisions prises dans le cadre de l'art. 37, al. 2, est relative. Ainsi le Conseil constitutionnel est-il amené à reprendre exactement la même décision dès lors que le législateur a rétabli dans la forme législative une disposition préalablement déclarée de valeur réglementaire par le Conseil. • Cons. const. 18 oct. 1988, n° 88-159 L : *Rec. Cons. const. 154 ; RJC II-132 ; JO 20 oct., p. 13201 ; RD publ. 1989. 399, note Favoreu ; AIJC 1988, chron. Genevois* • Cons. const. 6 mars 1998, n° 98-182 L : *Rec. Cons. const. 184 ; RJC II-152 ; JO 10 mars, p. 3629 ; RFDC 1999.130, note Philip ; ibid. 1998. 320, note Roux ; AJDA 1998. 308, note Schoettl*.

125. Motifs de la décision. L'autorité de la chose jugée s'attache non seulement au dispositif de la décision mais également aux motifs qui en sont le soutien nécessaire et en constituent le fondement même. • Cons. const. 16 janv. 1962, n° 62-18 L § 1 : *Rec. Cons. const. 31 ; RJC II-9 ; JO 25 févr. ; GDCC 19e éd., n° 13 ; S. 1963. 303, note Hamon* • Cons. const. 8 juill. 1989, n° 89-258 DC § 12. ♦ Dès lors que la censure des dispositions reprises repose sur l'absence de critère objectifs et rationnels en rapport avec l'objectif poursuivi par le législateur, il y a lieu pour le Conseil, pour apprécier la constitutionnalité de ces nouvelles dispositions d'examiner précisément l'objectif poursuivi par le législateur, celui-ci pouvant être différent. • Cons. const. 19 sept. 2014, *Sté Red Bull. On Premise et a.*, n° 2014-417 QPC § 8.

126. Obiter dictum. Lorsque les motifs ne sont pas le soutien nécessaire du dispositif, il n'y a pas lieu pour l'autorité de la chose jugée ou interprétée de jouer. • CE, sect., 22 juin 2007, *Lesourd*, n° 288206 : *Lebon 253, concl. Olson ; AJDA 2007. 2133, chron. Boucher et Bourgeois-Machureau ; JCP Adm. 2007. 2255, note Cassia ; Dr. adm. 2007. 140, note Melleray ; RFDA 2007. 1007, note Olson* • Cass., ass. plén. 10 oct. 2001, *Breisacher : Bull. ass. plén. n° 11 ; RD publ. 2001. 1613, note Chagnollaud et note Prétot ; RFDA 2001. 1169, note Jouanjan et note Wachsmann ; RFDC 2002. 51, concl. de Gouttes ; LPA 30 oct. 2001, p. 11, note Avril et Gicquel.*

127. Il est cependant possible que le juge du fond retienne l'interprétation donnée par le Cons. const. par un effet d'« autorité persuasive » (Genevois), sans citer la décision du Cons. const. qu'il applique. V. pour une application implicite de la décision n° 2008-564 DC • CE, ass., 3 oct. 2008, *Cne d'Annecy*, n° 297931 : *AJDA 2008. 2166, chron. Geffray et Liéber ; JCP Adm. 2008. 2279, note Billet ; RFDA 2008. 1147, concl. Aguila et note Janicot ; Dr. adm. 2008. 152, note Melleray.* ♦ ... Et de la décision n° 2004-496 DC. • CE, ass., 8 févr. 2007, *Sté Arcelor Atlantique et Lorraine*, n° 287110 : *Lebon 55, concl. Guyomar ; RFDA 2007. 384, concl. Guyomar ; ibid. 564 note Levade ; ibid. 578, note Magnon ; ibid. 789, note Canedo-Paris ; AJDA 2007. 577, chron. Lénica et Boucher ; JCP Adm. 2007. 2081, note Drago.* ♦ ... Y compris lorsqu'il s'agit de principes dégagés par le Cons. const. pour la mise en œuvre de ses décisions. • CE, ass., 13 mai 2011, *M'Rida*, n° 316734 : préc. note 77 • CE, ass., 13 mai 2011, *Lazare*, n° 329290 : préc. note 77.

1° UTILISATION PAR LE CONSEIL CONSTITUTIONNEL

128. Le Conseil ne manque dès lors pas l'occasion de rappeler qu'il a déjà tranché le débat et qu'il est inutile d'y revenir. • Cons. const. 16 janv. 1962, n° 62-18 L § 1 : *préc. note 125* • Cons. const. 13 juill. 2006, n° 2006-538 DC § 21 • Cons. const. 24 juin 2010, n° 2010-608 DC § 2. ♦ Ainsi indique-t-il : que « la redevance pour droit d'usage des postes de radiodiffusion et de télévision est une taxe parafiscale comme il résulte des décisions du 11 août 1960 et 21 nov. 1979 ». • Cons. const. 30 déc. 1980, n° 80-126 DC § 11. ♦ ... Que pour les motifs énoncés dans une précédente décision, la qualité de citoyen ou le droit de vote et d'éligibilité dans les mêmes conditions à tous. • Cons. const. 14 janv. 1999, n° 98-407 DC § 12. ♦ ... Qu'un amendement ayant le même objet qu'une proposition de loi jugée irrecevable dans le cadre de l'art. 41 Const. est dès lors, lui aussi, irrecevable. • Cons. const. 18 oct. 1961, n° 61-4 FNR § 4 : *Rec. Cons. const. 50 ; RJC III-3 ; JO 19 oct., p. 9538 ; D. 1963, Jur., p. 382. Hamon ; AJDA 1961. 626, note de Laubadère.*

129. Le Conseil se réfère encore à ses propres décisions lorsque, saisie d'une nouvelle loi rédigée sous une forme différente, celle-ci a en substance un objet analogue à la loi précédemment déclarée contraire. • Cons. const. 8 juill. 1989, n° 89-258 DC § 13 • Cons. const. 9 avr. 1996, n° 96-373 DC § 5. ♦ Il en va de même lorsque, dans une précédente décision, il avait précisé les conditions de constitutionnalité de la loi future. • Cons. const. 29 déc. 2003, n° 2003-489 DC § 21. ♦ Appliquée dans • Cons. const. 29 juill. 2004, n° 2004-500 DC § 1. ♦ Il procède ainsi également dans le cadre du contrôle de la compatibilité d'un traité à la Constitution. • Cons. const. 31 déc. 1997, n° 97-394 DC § 27 • Cons. const. 20 déc. 2007, n° 2007-560 DC. ♦ Sauf s'il s'agit d'un traité modifiant des dispositions en vigueur et non visant à les unifier ou à les y substituer. • Même affaire (sol. impl.).

130. Le Conseil procède donc par référence à ses décisions antérieures dès lors que cela est possible. • Cons. const. 6 déc. 2007, n° 2007-559 DC § 2 • Cons. const. 30 juill. 2009, n° 2009-587 DC § 18 et 19 • Cons. const. 6 août 2009, n° 2009-585 DC § 5 • Cons. const. 22 oct. 2009, n° 2009-590 DC § 12. ♦ Il peut *également se référer* à une réserve d'interprétation antérieure. • Cons. const. 6 déc. 2007, n° 2007-559 DC § 5 et 8 • Cons. const. 24 juin 2010, n° 2010-608 DC § 12. ♦ ... Et s'en servir de base pour justifier la constitutionnalité d'une disposition modifiée depuis. • Cons. const. 13 déc. 2013, *Sté Sud-Radio Services et a.*, n° 2013-359 QPC § 6.

131. Le Conseil statue également par référence dans le cadre d'une décision de contrôle *a priori* lorsque le législateur n'a pas tenu compte dans le cadre d'une loi nouvelle d'une abrogation (même différée dans le temps) prononcée dans une décision QPC antérieure. • Cons. const. 4 août 2011, n° 2011-635 DC § 53.

132. De même, dans le cadre d'une QPC, mentionne-t-il « vu le code de la sécurité sociale, ensemble la décision du Cons. const. n° 2010-8 QPC du 18 juin 2010 » indiquant par là même que ce code est visé dans l'interprétation précédemment donnée. • Cons. const. 6 mai 2011, *Cts. C.*, n° 2011-127 QPC. ♦ V. égal. pour des décisions mentionnées dans les visas puis dans le corps de la décision • Cons. const. 23 sept. 2011, *Djamel B.*, n° 2011-167 QPC § 6. ♦ Il indique encore : « pour les mêmes motifs que ceux retenus dans les décisions du 26 novembre 2010 et du 9 juin 2011 susvisées » lorsqu'il s'agit d'examiner la constitutionnalité d'une disposition quasiment identique à celle déjà examinée antérieurement. • Cons. const. 2 déc. 2011, *Lucienne Q.*, n° 2011-202 QPC § 13.

133. Pour statuer par référence, encore faut-il que la Constitution n'ait pas subi de modifications qui pourraient conduire à une solution jurisprudentielle différente. • Cons. const. 20 déc. 2007, n° 2007-560 DC (sol. impl.).

2° *ATTITUDE DES JURIDICTIONS*

134. Il appartient aux autorités juridictionnelles compétentes d'appliquer la loi, le cas échéant sous les réserves que le Cons. const. a pu être conduit à formuler pour en admettre la conformité à la Const. • Cons. const. 12 janv. 2002, n° 2001-455 DC § 9. ♦ Pour l'application et l'interprétation d'une loi, aussi bien les autorités administratives que le juge sont liés par les réserves d'interprétation énoncées par le Cons. const. statuant sur la conformité de cette loi à la Const. dans le cadre du contrôle *a priori* • CE 23 mai 2012, *GISTI*, n° 352534 : *AJDA 2012. 1038*. ♦ V. déjà • CE, ass., 11 mars 1994, *SA « La Cinq »*, n° 115052 : *Lebon 117, concl. Frydman ; AJDA 1994. 402, chron. Maugüé et Touvet ; RFDA 1994. 429, concl. Frydman*. ♦ ... Ou du contrôle *a posteriori* (QPC). • CE 26 mars 2012, *Dana*, n° 340466 : *Lebon 128*. ♦ Au besoin le juge doit appliquer l'interprétation d'office. • CE, ass., 11 mars 1994, SA « La Cinq », n° 115052 : *Lebon 117, concl. Frydman ; AJDA 2004. 402, chron. Maugüé et Touvet ; RFDA 1994. 429, concl. Frydman*.

135. Le Conseil d'État a déjà indiqué que l'interprétation ainsi donnée des dispositions disposait de l'autorité qui s'attache à la chose jugée. • CE 29 oct. 2004, n° 269814 A (concl. Casas) : *RFDA 2004. 1103, concl. Casas ; AJDA 2004. 2383, chron. Landais et Lénica ; ibid. 2005. 16, ét. Linnotte*. ♦ Désormais le Conseil d'État indique clairement que les réserves d'interprétation dont une décision du

Conseil constitutionnel assortit la déclaration de conformité à la Const. d'une disposition législative sont revêtues de l'autorité absolue de la chose jugée et lient le juge administratif pour l'application et l'interprétation de cette disposition. • CE 15 mai 2013, n° 340554 B § 4 : *AJDA 2013. 1639, concl. Lallet ; JCP Adm. 2014. 461, note Bezzina.*

136. Tous les justiciables peuvent se prévaloir, à l'appui de leur recours devant les juridictions, d'une décision d'inconstitutionnalité rendue par le Cons. const. dans le cadre de la procédure QPC. • CE 7 déc. 2018, n° 414928 : *AJDA 2019. 673* .

a. Juge administratif

137. Eu égard à l'autorité qui s'attache, en vertu du présent art., à la décision du Cons. const. du 6 févr. 2014, la déclaration d'inconstitutionnalité des termes « ou aux personnes en assurant l'encaissement, » doit être regardée comme s'appliquant également aux dispositions identiques, dans leur substance et dans leur rédaction, qui figuraient auparavant au II de l'art. ; il appartient au juge saisi d'un litige portant sur l'application de ces dispositions de le constater, sans qu'il y ait lieu de saisir le Cons. const. d'une nouvelle QPC, dès lors qu'au regard des dispositions du 2e al. du présent art., d'une part, les dispositions en cause ont auparavant été abrogées, de sorte qu'une nouvelle décision du Cons. const. ne pourrait avoir cet effet, et, d'autre part, que le litige soumis au juge est au nombre de ceux pour lesquels le requérant peut, en vertu de l'art. 2 de la décision du 6 févr. 2014, bénéficier des effets de la déclaration d'inconstitutionnalité prononcée par cette décision. • CE 16 janv. 2015, *Sté M6*, n° 386031 § 5 : *Lebon ; AJDA 2015. 79 ; ibid. 1043, note Barbé* . ♦ Il résulte nécessaire de la décision du Cons. const. déclarant contraire à la Const. une disposition du code de procédure pénale et précisant que l'abrogation immédiate de cette disposition s'applique aux affaires en cours, que l'article réglementaire d'application de cette disposition est dépourvu de base légale ainsi que les mesures individuelles prises sur son fondement. • CAA Marseille, 5 juin 2015, *Min. de la justice*, n° 14MA04852 : *AJDA 2015. 1477, chron. Revert ; ibid. 2067* .

138. Il y a eu parfois des divergences de jurisprudence entre le Conseil constitutionnel et le Conseil d'État. Ainsi la Haute Juridiction administrative a-t-elle estimé que les contraventions assorties de peines de prison sont du domaine réglementaire. • CE, sect., 3 févr. 1978, *CFDT et CGT : Lebon 47 ; AJDA 1978. 388, note Durupty ; RD publ. 1979. 535, note Waline.* ♦ ... Mais il est vrai en contradiction avec une décision prise par le Conseil constitutionnel dans le cadre de l'art. 37, al. 2 Const. • Cons. const. 28 nov. 1973, n° 73-80 L § 11 : *Rec. Cons. const. 45 ; RJC II-57 ; JO 6 déc., p. 12949 ; D. 1974. 269 ; RSC 1974. 855, note Larguier ; JCP 1975. 2740, note Rassat.* ♦ De même a-t-elle estimé que le silence gardé par l'administration peut valoir décision d'acceptation en vertu d'une disposition à caractère réglementaire. • CE 27 févr. 1970, *Cne de Bozas : Lebon 139.* ♦ ... Alors que le juge constitutionnel, il est vrai toujours dans son rôle de répartiteur, estime que seul le législateur peut décider d'une telle solution, le silence de l'administration valant normalement décision de rejet. • Cons. const. 26 juin 1969, n° 69-55 L § 5 : *Rec. Cons. const. 27 ; RJC II-36 JO 13 juill. ; GDCC, 15e éd., n° 12 ; JCP 1969. 2290 bis, note Voisset.*

139. Ces divergences sont anciennes et, désormais, le Conseil d'État ne manque pas de faire référence aux décisions du Conseil constitutionnel. • CE 1er juill. 1983, n° 20838 A. ♦ ... Y compris à ses interprétations. • CE 16 avr. 1986, n° 45170 : *AJDA 1986. 294, chron. Azibert et Fornacciari* • CE 26 nov. 2001, n° 222741 A : *RFDA 2002. 65, concl. Boissard* • CE 5 déc. 2011, n° 333809 A : *AJDA 2011. 2384* . ♦ ... Et à l'interprétation que donne le Conseil des dispositions de la Constitution. • CE, ass., 7 mai 2013, *Féd. CFTC de l'agriculture et Féd. gén. travailleurs de l'agriculture, de l'alimentation, des tabacs et services annexes, FO*, n° 362280 § 1 A (concl. Pellissier) : *RFDA 2013. 1251, note Le Pourhiet ; ibid. 868, concl. Pellissier ; ibid. 882, note Roman et Hennette-Vauchez ; AJDA 2013. 1564, chron. Domino et Bretonneau ; Dr. adm. 2013. 61, note Éveillard.* ♦ V. également les décisions mentionnées au B. Spécificité des décisions QPC.

140. Les réserves d'interprétation dont le Cons. const. a assorti sa décision sont revêtues de l'autorité absolue de la chose jugée et lient le juge pour l'application et l'interprétation de la loi. • CE 6 déc. 2017, n° 403944 § 16 A : *AJDA 2017. 2439 ; JCP Adm. 2017. 844.*

141. Faute de préciser la disposition législative qui est contestée, la QPC ne satisfait pas à la condition imposant de contester une disposition législative applicable au litige ou à la procédure ; elle doit, par conséquent, être rejetée. • Cons. const. 11 déc. 2020, *SEN, Haute-Saône, M. André Kornmann*, n° 2020-5684 SEN QPC.

142. Il s'assure du respect de ces réserves par le pouvoir réglementaire. • CE 17 mars 1999, n° 194491 B • CE 6 mai 2009, n° 312462 A : *AJDA 2010. 283, note Rihal* • CE 23 mai 2012, n° 352534 B : *préc. note 134.* ♦ ... Et trouve même dans celles-ci des motifs d'annulation. • CE, ass., 10 déc. 1988, *Bleton*, n° 77713 A : *AJDA 1989. 102, chron. Azibert et de Boisdeffre ; RFDA 1989. 522, note Baldous et*

Négrin et note Dietsch ; JCP 1989. 21228, note Gabolde. • CAA Paris, 6 nov. 2003, n° 02PA02821 : *Lebon 561 ; AJDA 2004. 343, note Legrand ; Dr. adm. 2004. 27, note Boumédiène* • CE 29 oct. 2004, *Sueur*, n° 269814 A (concl. Casas) : *RFDA 2004. 1103, concl. Casas (a contrario).* ♦ ... V. aussi, implicitement : • CE, ass.,11 mars 1994, *SA « La Cinq »*, n° 115052 A : *préc. note 134* • CE 8 déc. 2000, n° 217046 A : *RFDA 2001. 279 ; D. 2001. 955, concl. Maugüé ; Dr. adm. 2001, n° 31, note C.M.* ♦ V. aussi s'agissant de la doctrine fiscale. • CE 8 juin 2016, n° 383259 A : *AJDA 2016. 1205.*

143. Le Conseil d'État en tire même argument pour modifier sa jurisprudence. • CE, ass., 20 déc. 1985, *SA Ets Outters : Lebon 382 ; D. 1986. 283, note Favoreu.* ♦ ... Ou vider un décret de son sens. • CE, sect., 22 juin 2007, *Lesourd*, n° 288206 : *préc. note 126.*

144. De même, il trouvera dans l'autorité de la chose jugée, argument pour écarter un moyen et estimera qu'un décret n'empiète pas sur la compétence législative dès lors que le conseil constitutionnel l'a admis. • CE 8 déc. 2000, n° 217046 A : *préc. note 142.* ♦ De même, il trouvera, dans l'autorité de la chose interprétée, argument pour écarter un moyen. • CE 26 mars 2012, n° 340466 A : *préc. note 134.*

145. Il ne ressort nullement de la décision que le Cons. const. aurait interprété les dispositions en cause comme excluant, en toute hypothèse, toute possibilité d'indemnisation. Dès lors, en jugeant que si les dispositions n'instituent pas un droit à indemnisation mais ne font pas obstacle à ce que le propriétaire soit indemnisé dans des cas exceptionnels, le juge d'appel n'a pas méconnu le présent art. • CE 22 sept. 2017, n° 400825 B : *AJDA 2017. 1807 ; JCP Adm. 2017. 2308, note Hostiou.*

146. Une circulaire qui explique des dispositions législatives abrogées par le Cons. const. est réputée caduque ; les conclusions à son encontre deviennent sans objet. • CE 23 déc. 2016, n° 395091 : *AJDA 2017. 660.*

147. Interprétation « par ricochet ». Cependant, le juge administratif ne s'estime pas lié par les réserves interprétatives émises par le Conseil à propos de dispositions « qui reprennent la formulation retenue » dans une loi antérieure dont le Conseil constitutionnel n'aurait pas été saisi. Il les assimile à un *obiter dictum.* • CE, sect., 22 juin 2007, *Lesourd*, n° 288206 : *préc. note 126.* ♦ V. les comm. ss. : • Cons. const. 12 janv. 2002, n° 2001-455 DC § 112 à 115. ♦ V. déjà implicitement • CE 21 févr. 1996, *Mutuelle antillaise d'assurances : Lebon 737 ; AJDA 1996. 322, concl. Piveteau.*

148. Intervention du législateur. Dès lors que, pendant le temps laissé par le Cons. const. au législateur pour modifier les dispositions constitutionnelles d'une loi, celui-ci a procédé aux modifications, le motif d'illégalité des dispositions dont l'abrogation est demandée a disparu ; la requête dans ce sens n'a, dès lors, plus lieu d'être. • CE 20 mars 2017, *OIP*, n° 395126 : *Lebon ; AJDA 2017. 655 ; JCP Adm. 2017. 236.*

b. Juge judiciaire

149. La Cour de cassation a, parfois, refusé de se plier à la décision du Conseil constitutionnel relative au caractère législatif des peines d'emprisonnement pouvant assortir des contraventions. • Crim. 26 févr. 1974, *Schiavon*, n° 73-91.411 P. ♦ De même a-t-elle refusé de tenir compte du principe constitutionnel de liberté de conscience des maîtres de l'enseignement privé. • Cass., ass. plén., 19 mai 1978, *Roy : D. 1978. 541, concl. Schmelck et note Ardant.* ♦ *Contra* : • Cons. const. 23 nov. 1977, n° 77-87 DC § 2 et 3. ♦ Elle a encore admis le principe de la fouille des véhicules même en l'absence d'infraction. • Crim. 8 nov. 1979, *Trignol : JCP 1980. 19337 ; AJDA 1978. 218, note Rivero.* ♦ *Contra* : • Cons. const. 12 janv. 1977, n° 76-75 DC § 2.

150. Mais ces exceptions sont anciennes et maintenant, le plus souvent, elle applique les principes qui viennent d'être dégagés vis-à-vis du Conseil d'État et refuse donc simplement de se considérer comme liée par les *obiter dictum* du Conseil constitutionnel. • Cass., ass. plén., 10 oct. 2001, *Breisacher : préc. note 126.* ♦ ... Ou par les décisions de conformité relatives à des lois violant un engagement international. • Soc. 25 avr. 2001, *Assoc. « Être enfant au Chesnay » : RFDA 2001. 1055, note Frouin et Matthieu.*

151. En revanche, la Cour s'estime liée par les autres éléments des décisions du Conseil constitutionnel et n'hésite plus à s'inspirer de celles-ci et en particulier des interprétations qu'elles contiennent. Ainsi la chambre criminelle a-t-elle admis, avant même un changement législatif, d'apprécier la légalité de tous les actes réglementaires ou non portant atteinte à la liberté individuelle, le Conseil constitutionnel considérant que l'autorité judiciaire assure la sauvegarde de la liberté individuelle « sous tous ses aspects ». • Crim. 25 avr. 1985, *Bogdan et Vuckovic : Bull. crim. n° 159 ; D. 1985. 329, concl. Dontenwille.* ♦ V. la décision de référence. • Cons. const. 29 déc. 1983, n° 83-164 DC § 28.

B. SPÉCIFICITÉ DES DÉCISIONS QPC

BIBL. Viala, De la puissance à l'acte : la QPC et les nouveaux horizons de l'interprétation conforme, *RD publ. 2011. 965.* – Borzeix, La

QPC : quelle confiance légitime, quelle sécurité juridique ?, *RD publ. 2011. 981*.

152. Avec la QPC, ces références se multiplient ; ainsi le Conseil d'État rappelle que les motifs des décisions du Cons. const. qui sont le soutien nécessaire de sa décision, s'imposent à toutes les autorités administratives ou juridictionnelles en vertu du présent art. et en tire argument pour rejeter le recours. • CE 2 mars 2011, *Union des familles d'Europe*, n° 323830 : *Lebon T. 741* ; *AJDA 2011. 477, concl. Landais*. ♦ V. égal. la plupart des décisions mentionnées ci-dessous.

1° EFFETS DES DÉCISIONS DU CONSEIL CONSTITUTIONNEL SUR LA TRANSMISSION DE LA QPC

153. Pour s'assurer du caractère sérieux (ou « nouveau » par une utilisation nous semble-t-il erronée de ce critère) de la QPC, le juge fait souvent une référence explicite à la jurisprudence du Cons. const. : il résulte de la jurisprudence du Cons. const. que le principe de la présomption d'innocence ne peut être utilement invoqué en dehors du domaine répressif. • CE 29 sept. 2010, *Sté Snerr Théâtre de Paris*, n° 341065. ♦ Le Cons. const. a, par sa décision n° 2003-483 DC, déjà jugé qu'une disposition reconnaissant un avantage en matière de retraite à l'ensemble des fonctionnaires ayant élevé des enfants, sous réserve qu'ils aient interrompu leur activité, ne méconnaissait aucune règle de valeur constitutionnelle, notamment le principe d'égalité. • CE, QPC, 28 juin 2010, *Garcia*, n° 338537. ♦ Ainsi que l'a relevé le Cons. const. (n° 99-411 DC sur le retrait de points), ces garanties assurent le respect des droits de la défense et peuvent donc être transposées à l'invalidation du permis. • CE, QPC, 4 oct. 2010, *Mme Repplinger*, n° 341845 : *Lebon 364*.

154. Appelé à se prononcer sur la conformité à la Constitution de dispositions similaires, relatives au pouvoir de sanction de la Commission des opérations de bourse, et insérées dans la loi relative à la sécurité et à la transparence du marché financier, le Cons. const. a jugé, (n° 89-260 DC), que le principe selon lequel nul ne peut être condamné deux fois pour les mêmes faits ne reçoit, en tout état de cause, pas application au cas de cumul entre sanctions pénales et sanctions administratives ; si, en raison des modifications législatives intervenues depuis cette décision, les dispositions en cause dans la présente instance ne peuvent être regardées ayant déjà été déclarées conformes à la Const., il résulte néanmoins de cette décision que les moyens de M. A. mettant en cause le cumul entre sanction administrative et condamnation pénale ne soulèvent pas une question sérieuse. • CE 16 juill. 2010, *Beslay*, n° 321056.

155. L'analyse peut également se contenter de reprendre les arguments développés par le Cons. const. sans mentionner explicitement la décision à partir de laquelle le juge élabore son raisonnement. • CE 1er juin 2011, *Angonin*, n° 344791 : *AJDA 2011. 2351, note Verpeaux*. ♦ Comp. avec • Cons. const. 8 avr. 2011, *Lucien M.*, n° 2011-118 QPC.

2° EFFETS DES DÉCISIONS QPC RENDUES PAR LE CONSEIL CONSTITUTIONNEL

BIBL. Brimo, Les conséquences de la modulation dans le temps des effets des décisions QPC, *RD publ. 2011. 1189*. – Connil, L'étendue de la chose jugée par le Conseil constitutionnel lors d'une QPC : observations dubitatives sur l'état de la jurisprudence, *RFDA 2011. 742*. – Tilli, La modulation dans le temps des effets des décisions d'inconstitutionnalité *a posteriori*, *RD publ. 2011. 1591*. – Quinart, Quand le Conseil constitutionnel propose la loi, *AJDA 2014. 142*.

a. Décisions de conformité

156. Le Cons. const. ayant déclaré la disposition législative conforme à la Const., le moyen tiré de qu'elle porte atteinte aux droits et libertés doit être écarté. • CE 15 déc. 2010, *Sté Collectif pour la défense de l'Université et a.*, n° 329056 : *Lebon 501* ; *AJDA 2011. 1791, note Verpeaux*. ♦ V. égal. s'agissant d'autres dispositions déclarées conformes à la Const. • CE 15 déc. 2010, *Synd. nat. enseignement supérieur et a.*, n° 316927 : *Lebon 494* ; *AJDA 2011. 539, note Melleray* ; *ibid. 1791, note Verpeaux* • CE 2 mars 2011, *Union des familles en Europe*, n° 323830 : *préc. note 152* • CE, ass., 4 juill. 2011, *Él. rég. d'Île-de-France*, n° 338033 : *Lebon 317* ; *RFDA 2011. 723, note Türk*. ♦ ... Que le pouvoir du conseil d'administration en matière de répartition des obligations de services des enseignants-chercheurs ne portait aucune atteinte par lui-même au principe d'égalité entre les fonctionnaires d'un même corps, les dispositions contestées, qui ne font que reproduire les termes de la loi et préciser que les règles fixées par le conseil d'administration dans ce domaine ne doivent pas avoir pour effet de compromettre les engagements pris par chaque établissement dans le cadre du contrat pluriannuel qui le lie à l'État, ne sauraient pas avoir pour conséquence, en elle-même, une méconnaissance du principe d'égalité entre les enseignants-chercheurs. • CE 15 déc. 2010, *Sté Collectif pour la défense de l'Université et a.*, n° 329056 : *préc.*

157. Les réserves d'interprétation dont une décision du Conseil constitutionnel assortit la déclaration de conformité à la Constitution d'une disposition législative sont revêtues de l'autorité absolue de la chose jugée et lient tant les autorités administratives que le juge pour l'application et l'interprétation de cette disposition. • CE 10 févr. 2016, *Cté défense travailleurs frontaliers du Haut-Rhin,* n° 383004 § 33 : *Lebon ; AJDA 2016. 289 ; JCP Adm. 2016. 139.*

158. Le Cons. const. lui-même peut renvoyer à une décision précédente de conformité pour estimer, pour les mêmes motifs et sous les mêmes réserves, une disposition pratiquement identique (rédaction nouvelle ne supprimant qu'un al. permettant l'alourdissement des sanctions en cas de récidive) est conforme à la Const. • Cons. const. 22 juill. 2016, *Patrick S.,* n° 2016-556 QPC § 13.

159. Il est possible que le Cons. const., après avoir considéré la disposition contestée conforme à la Const., propose néanmoins qu'elle soit modifiée. • Cons. const. 28 févr. 2020, *Gérard F.,* n° 2019-827 QPC § 14. ♦ Il avait déjà invité le législateur à apporter une modification aux dispositions législatives qui, si elles ne sont pas inconstitutionnelles appellent, malgré tout, des précisions. • Cons. const. 4 mai 2012, *EURL David Ramirez,* n° 2012-241 QPC § 32 • Cons. const. 14 juin 2013, *Yacine T. et a.,* n° 2013-320/321 QPC § 9 • Cons. const. 29 janv. 2015, *Maxime T.,* n° 2014-446 QPC § 14 • Cons. const. 25 sept. 2015, *Johny M.,* n° 2015-485 QPC § 11.

b. Décisions de non-conformité

BIBL. Magnon, Premières réflexions sur les effets des décisions de censures du Conseil constitutionnel. Quel(s) bénéfice(s) pour le citoyen de la QPC ?, *RFDA 2011. 761* .

160. Constitue un moyen d'ordre public tiré de la méconnaissance du champ d'application de la loi la prise en compte, lors de l'appel d'un jugement confirmant la légalité d'une décision administrative, le fait que les dispositions législatives sur lesquelles cette décision se fondait aient été déclarées contraires à la Const. par le Cons. const. • CAA Paris, 11 avr. 2011, *Mme Aouina c/ Agence nat. pour l'indemnisation des Français d'outre-mer,* n° 09PA04360 : *AJDA 2011. 2244, concl. Seulin* . ♦ Le moyen peut dès lors être soulevé d'office, y compris en cassation. • CE, ass., 13 mai 2011, *M'Rida,* n° 316734 : *préc. note 77.* ♦ Rappr. avec l'impossibilité de soulever d'office l'inconventionnalité de la même disposition. • CE 27 juin 2005, *Bahri,* n° 251766 : *AJDA 2005. 1434* .

161. D'une manière qui nous semble contestable mais qui veut pallier l'impossibilité dans laquelle se trouve le Cons. const. d'abroger les dispositions législatives « en tant que », le Conseil d'État estime toutefois, que si, compte tenu des motifs qui sont le support nécessaire de la décision du Cons. const. et eu égard à l'objet du litige, les parties ne peuvent utilement demander aucune remise en cause des effets de la disposition déclarée inconstitutionnelle en se prévalant des droits et libertés auxquels le Cons. const. a jugé que cette disposition portait atteinte, il appartient au juge de faire application de la disposition en cause pour le règlement du litige. • CE 4 mai 2012, *Min. du budget, des comptes publics, de la fonction publique et de la réforme de l'État c/ Mme Diderot,* n° 337490 : *Lebon T. 964 ; AJDA 2012. 980* .

162. Dès lors qu'il résulte de la décision du Cons. const. que ces dispositions doivent être désormais entendues comme ouvrant droit à la pension qu'elles prévoient à toutes les personnes de nationalité française, quelle que soit la date à laquelle elles ont acquis cette nationalité, qui ont subi en Algérie (...) des dommages physiques du fait d'attentat ou de tout autre acte de violence en relation avec les évènements survenus sur ce territoire, ce motif, qui justifie le dispositif de l'arrêt attaqué, doit, eu égard au caractère prioritaire de la QPC soulevée, être substitué au motif retenu par la cour. • CE 22 juill. 2016, n° 387277 B : *AJDA 2016. 2141* .

163. Il appartient au seul Cons. const., lorsque, saisi d'une QPC, il a déclaré contraire à la Const. la disposition législative ayant fondé l'imposition litigieuse, de prévoir si, et le cas échéant dans quelles conditions, les effets que la disposition a produits avant l'intervention de cette déclaration sont remis en cause, au regard des règles, notamment de recevabilité, applicables à la date de sa décision. Une décision par laquelle le Cons. const. déclare inconstitutionnelle une disposition législative n'est pas au nombre des décisions juridictionnelles ou avis mentionnés aux 3e et 5e al. de l'art. L. 190 LPF, et ne constitue pas en elle-même un événement ayant une incidence directe sur le principe même de l'imposition, son régime ou son mode de calcul, susceptible d'ouvrir un nouveau délai de réclamation. • CE, avis, 11 janv. 2019, *SCI Maximoise de création,* n° 424819 A : *AJDA 2019. 77 ; ibid. 1301, note de Fontennelle ; AJ fam. 2019. 65, obs. Paillard* . ♦ Lorsque le Cons. const. précise, dans une décision déclarant une disposition législative contraire à la Const., que cette déclaration d'inconstitutionnalité est applicable à toutes les affaires non jugées définitivement à la date de publication de sa décision, cette déclaration peut être invoquée dans toutes les procédures contentieuses en cours, quelle que soit la période d'imposition sur laquelle porte le litige. Elle peut l'être aussi à l'appui de toute réclamation encore susceptible d'être formée eu égard aux délais fixés par les art. R. 196-1 et R. 196-2 LPF. • CE, avis, 6 févr.

2019, n° 425509 : *AJDA 2019. 1226, note Benzina*.

164. Constatant que les dispositions déclarées contraires à la Const., dans leur rédaction contestée, ne sont plus en vigueur, le Conseil constitutionnel peut toutefois estimer que la remise en cause des mesures adoptées sur leur fondement méconnaîtrait les objectifs de valeur constitutionnelle de sauvegarde de l'ordre public et de recherche des auteurs d'infractions et aurait des conséquences manifestement excessives. Il exclut que dès lors ces mesures puissent être contestées sur ce fondement. • Cons. const. 20 sept. 2019, *Abdelnour B.*, n° 2019-802 QPC § 17.

165. L'autorité des décisions visées par le présent art. fait obstacle à ce que le Conseil soit saisi d'une QPC relative à une disposition déclarée contraire à la Constitution, sauf changement des circonstances. • Cons. const. 24 janv. 2020, *Hassan S.*, n° 2019-822 QPC § 5. ♦ Toutefois, dès lors que les dispositions déclarées inconstitutionnelles figurent dans une autre rédaction du même art. que celle déclarée contraire à la Constitution, il y a lieu pour le Conseil constitutionnel de statuer sur la nouvelle QPC. • Cons. const. 30 avr. 2020, *Maxime O.*, n° 2020-836 QPC § 7.

1. Non-conformité immédiate

166. En principe, la déclaration d'inconstitutionnalité doit bénéficier à l'auteur de la QPC et la disposition déclarée contraire à la Constitution ne peut être appliquée dans les instances en cours à la date de la publication de la décision du Cons. const. • Cons. const. 25 mars 2011, *Marie-Christine D.*, n° 2010-108 QPC § 5 • Cons. const. 5 avr. 2019, *Sing Kwon C.*, n° 2019-772 QPC § 16.

V. pour d'autres décisions dans le même sens : .

167. Il peut par ailleurs, en matière pénale, estimer que les peines définitivement prononcées cessent de recevoir application. • Cons. const. 7 juin 2013, *Mohamed T.*, n° 2013-318 QPC § 21.

168. Le Cons. const. ayant déclaré le mécanisme des cessions gratuites de terrains contraire à la Const. (• Cons. const. 22 sept. 2010, *Sté Esso SAF*, n° 2010-33 QPC), le juge, saisi d'une demande d'indemnisation dans le cadre d'un permis de construire, ne peut que constater que cette cession ne repose sur aucun fondement légal et constitue donc une emprise qu'il appartient seul au juge judiciaire de connaître. • CAA Lyon, 26 oct. 2010, *Serre*, n° 08LY01737 : *AJDA 2011. 182*. ♦ ... Estimer que la voie qui devait être élargie grâce à la cession gratuite, ne pourra plus l'être. • CAA Marseille, 21 oct. 2010, *Tardieu*, n° 08MA03841 : *AJDA 2010. 2439, note Durand*.

169. Même en l'absence de cette précision, le juge doit en tenir compte dans les instances en cours. • CAA Douai, 16 nov. 2010, *CH de Senlis*, n° 09DA00402 : *AJDA 2011. 399, concl. Minne*.

170. Lorsque la décision du Cons. const. n'abroge qu'une disposition procédurale (en l'espèce, la date d'entrée en vigueur rétroactive de la loi : • Cons. const. 11 juin 2010, *Vivianne L.*, n° 2010-2 QPC § 23), le juge devra combler la lacune qui en résulte. • CAA Douai, 16 nov. 2010, *CH de Senlis*, n° 09DA00402 : *préc. note 169*.

171. Le Cons. const. peut encore préciser que l'abrogation, même immédiate, ne peut ouvrir droit à aucune demande de réparation même si sa mise en œuvre peut avoir causé un préjudice. • Cons. const. 11 avr. 2014, *Antoine H.*, n° 2014-390 QPC § 8.

172. Il résulte de la décision du Cons. const. (n° 2010-2 QPC) et des motifs qui en sont le support nécessaire qu'elle n'emporte abrogation, conformément à l'al. 2, art. 62 Const., (...) que dans la mesure où cette disposition rend les règles nouvelles applicables aux instances en cours et ne définit par ailleurs pas d'autres conditions et limites pour la remise en cause des effets que cette disposition avait produits avant cette date. Les consorts L. n'ayant engagé une instance en réparation des conséquences dommageables résultant de la myopathie de leur fils que postérieurement à la date d'entrée en vigueur de la loi, la disposition déclarée contraire à la Const., relative aux personnes disposant d'une instance en cours, ne leur était ainsi pas applicable. • CE, ass., 13 mai 2011, *Lazare*, n° 329290 : *préc. note 77*. ♦ A l'inverse, la Cour de cassation estime que, si l'autorité absolue que la Const. confère à la décision du Cons. const. s'attache non seulement à son dispositif mais aussi à ses motifs, c'est à la condition que ceux-ci soient le support nécessaire de celui-là ; le dispositif de la décision 2010-2 QPC du 11 juin 2010 énonce que le 2 du § II de l'art. 2 de la L. n° 2005-102 du 11 févr. 2005 est contraire à la Const. ; dès lors, faute de mention d'une quelconque limitation du champ de cette abrogation, soit dans le dispositif, soit dans des motifs clairs et précis qui en seraient indissociables, il ne peut être affirmé qu'une telle déclaration d'inconstitutionnalité n'aurait d'effet que dans une mesure limitée. • Civ. 1re, 15 déc. 2011, *Marzec* : *RFDA 2012. 364, avis Chevallier* ; *Dr. adm. 2012. 20, note Malleray*.

2. Non-conformité différée

BIBL. Austry, QPC fiscale et effets de la décision dans le temps, *NCCC 2011, n° 33, p. 69*.

173. Lorsque le Cons. const., après avoir abrogé une disposition déclarée inconstitutionnelle, use du pouvoir que lui confèrent les dispositions précitées, soit de déterminer lui-même les conditions et limites dans lesquelles les effets que la disposition a produits sont susceptibles d'être remis en cause, soit de décider que le législateur aura à prévoir une application aux instances en cours des dispositions qu'il aura prises pour remédier à l'inconstitutionnalité constatée, il appartient au juge, saisi d'un litige relatif aux effets produits par la disposition déclarée inconstitutionnelle, de les remettre en cause en écartant, pour la solution de ce litige, le cas échéant d'office, cette disposition, dans les conditions et limites fixées par le Cons. const. ou le législateur. • CE, ass., 13 mai 2011, *M'Rida,* n° 316734 : *préc. note 77* • CE 26 juill. 2011, *Cie agricole de La Crau,* n° 322419 : *AJDA 2011. 2532, note Arvis* • CE 21 oct. 2011, *Bettahar,* n° 314268 : *Lebon T. 1044 ; JCP Adm. 2011. 684.*

174. Le Cons. const. ayant déclaré contraires à la Const. les dispositions (...) et jugé que : « afin de permettre au législateur de remédier à l'inconstitutionnalité constatée, l'abrogation des dispositions précitées prendra effet à compter du 1er janvier 2011 », il appartient, afin de préserver l'effet utile de la présente décision à la solution des instances actuellement en cours, d'une part, aux juridictions de surseoir à statuer jusqu'au 1er janv. 2011 dans les instances dont l'issue dépend de l'application des dispositions déclarées inconstitutionnelles et, d'autre part, au législateur de prévoir une application des nouvelles dispositions à ces instances en cours à la date de la présente décision. • CE, ass., 13 mai 2011, *M'Rida,* n° 316734 : *préc. note 77* • CE 21 oct. 2011, *Bettahar,* n° 314268 : *préc. note 173.*

175. S'il a décidé que la déclaration d'inconstitutionnalité prenait effet, sous certaines conditions, au « X », l'autorité qui s'attache aux décisions du Cons. const. fait obstacle, en l'absence de changement des circonstances, à ce qu'il soit de nouveau saisi afin d'examiner la conformité à la Const. de ces dispositions, dans cette rédaction. Par suite, même si l'argumentation à l'appui du grief d'inconstitutionnalité diffère de celle qui avait justifié leur censure, il n'y a pas lieu, pour le Cons. const., de se prononcer sur la QPC relative à ces dispositions. • Cons. const. 24 janv. 2020, *Hassan S.,* n° 2019-822 QPC § 7.

3. Contrôle à double détente

176. Dans sa décision n° 2010-108 QPC, le Cons. const. a jugé que l'art. L. 43 C. pens. retr., dans sa version alors en vigueur, était contraire à la Const. au seul motif que, dans le cas où deux lits au moins étaient représentés par un ou plusieurs orphelins, la division à parts égales entre les lits, quel que soit le nombre d'enfants qui en étaient issus, conduisait à ce que la part de la pension due à chaque enfant soit fixée en fonction du nombre d'enfants issus de chaque lit ; en revanche, le Cons. const. n'a pas remis en cause le principe selon lequel, lorsqu'un conjoint survivant est en concours avec un enfant issu d'un autre lit, le partage de la pension s'opère à parts égales entre les lits. L'art. L. 43 préc. adopté par le législateur suite à cette abrogation prévoit qu'il est procédé à un partage égal entre tous les enfants pour les lits représentés par un ou plusieurs orphelins, mettant ainsi fin à l'inconstitutionnalité relevée. Pour le reste, les nouvelles dispositions législatives maintenant le principe d'un partage égal entre lits lorsqu'un conjoint survivant est en concours avec un enfant issu d'un autre lit sont conformes à la Const. • CE, QPC, 13 juin 2012, *Mme A., Vve B.,* n° 358451 : *Dr. adm. 2012. 75, note Martin et Batot.*

3° QPC ET CONVENTIONNALITÉ

BIBL. Gouttenoire, Cohérence des contrôles de conventionnalité et de constitutionnalité en matière de droit des personnes et de la famille, *NCCC, 2013, n° 39, p. 63.*

177. Si le contrôle de conformité des lois à la Const. incombe au Cons. const., le contrôle de leur compatibilité avec les engagements internationaux ou européens de la France incombe aux juridictions administratives et judiciaires ; dès lors, le moyen tiré du défaut de compatibilité d'une disposition législative aux engagements internationaux et européens de la France ne saurait être regardé comme un grief d'inconstitutionnalité et l'examen d'un tel grief, fondé sur les traités ou le droit de l'Union européenne, relève de la compétence des juridictions administratives et judiciaires. • Cons. const. 12 mai 2010, n° 2010-605 DC § 10 à 12.

178. Dans l'hypothèse où sont soulevées à la fois une QPC et une inconventionnalité des mêmes dispositions critiquées, le juge examinera successivement les deux problèmes. • CE, QPC, 11 mars 2011, *Alexandre A.,* n° 341588 • CE 9 nov. 2011, *Alexandre A.,* n° 341588. ♦ ... Et pourra, en cas d'inconstitutionnalité différée, se fonder sur l'inconventionnalité pour ne pas appliquer la disposition au litige en cours. • Civ. 1re, 9 avr. 2013, n° 11-27.071 : *D. 2013. 1106, note Douchy-Oudot ; ibid. 1100, avis Chevalier ; ibid. 2014. 689, obs. Douchy-Oudot ; AJ fam. 2013. 308, obs. Salvage-Gerest ; RTD civ. 2013. 589, obs. Hauser.* ♦ Il ressort des constatations auxquelles se sont souverainement livrés les juges du fond que M. B. a été victime d'un attentat en Algérie et qu'il est de nationalité française depuis sa réintégration dans cette nationalité ; il remplit, dès lors, les conditions fixées pour bénéficier d'une pension d'invalidité, sans que puisse lui être opposée, conformément à ce que le Cons. const. a jugé, la date à laquelle il a acquis la nationalité française. Dès lors, ce motif, qui justifie le dispositif de l'arrêt attaqué, doit, eu égard au caractère prioritaire de la question de constitutionnalité soulevée, être substitué au motif retenu par la cour régionale des pensions de Toulouse laquelle s'est fondée sur les stipulations des art. 1er et 14 Conv. EDH pour reconnaître le droit de M. B. au bénéfice d'une pension. • CE 22 juill. 2016, n° 387277 : *Lebon ; AJDA 2016. 2141 ; JCP Adm. 2016. 683.*

179. Si, dans l'exercice du contrôle de conformité des lois à la Const. qui lui incombe selon la procédure définie à l'art. 61-1 Const., le Cons. const. a le pouvoir d'abroger les dispositions législatives contraires à la Const., les juridictions administratives et judiciaires, auxquelles incombent le contrôle de la compatibilité des lois avec le droit de l'Union européenne ou les engagements internationaux de la France, peuvent déclarer que des dispositions législatives incompatibles avec le droit de l'Union ou ces engagements sont inapplicables au litige qu'elles ont à trancher ; il appartient, par suite, au juge du litige, s'il n'a pas fait droit à l'ensemble des conclusions du requérant en tirant les conséquences de la déclaration d'inconstitutionnalité d'une disposition législative prononcée par le Cons. const., d'examiner, dans l'hypothèse où un moyen en ce sens est soulevé devant lui, s'il doit, pour statuer sur les conclusions qu'il n'a pas déjà accueillies, écarter la disposition législative en cause du fait de son incompatibilité avec une stipulation conventionnelle ou, le cas échéant, une règle du droit de l'Union européenne dont la méconnaissance n'aurait pas été préalablement sanctionnée. • CE, ass., 13 mai 2011, *M'Rida,* n° 316734 : *préc. note 77.*

180. Il résulte des motifs qui sont le soutien nécessaire de la décision du Cons. const., et qui s'imposent à toutes les autorités administratives ou juridictionnelles en vertu du présent art., que la loi n'a institué aucun monopole de représentation des familles au profit de l'UNAF ; dès lors, le moyen tiré de ce qu'un tel monopole constituerait une discrimination injustifiée dans la mise en œuvre de la liberté d'association, au regard des stipulations combinées des art. 11 et 14 Conv. EDH, ne peut qu'être écarté. • CE 2 mars 2011, *Union des familles en Europe,* n° 323830 : *préc. note 152.*

181. Les États adhérents à la Conv. EDH sont *tenus de respecter les décisions* de la CEDH (• CEDH 14 oct. 2010, *Brusco c/ France,* n° 1466/07), sans attendre d'être attaqués devant elle ni d'avoir modifié leur législation ; pour que le droit à un procès équitable consacré par l'art. 6, § 1, Conv. EDH soit effectif et concret, il faut, en règle générale, que la personne placée en garde à vue puisse bénéficier de l'assistance d'un avocat dès le début de la mesure et pendant ses interrogatoires (et ce quand bien même le Cons. const. aurait différé l'effet de l'inconstitutionnalité qu'il a prononcée de la même disposition : • Cons. const. 30 juill. 2010, n° 2010-14/22 QPC). • Cass., ass. plén., 15 avr. 2011 : *D. 2011. 1713, obs. Bernaud et Gay ; AJ pénal 2011. 311, obs. Mauro ; Constitutions 2011. 326, obs. Levade .*

182. Une loi déclarée conforme à la Const. par le Cons. const. dans le cadre d'une QPC peut cependant se révéler inconventionnelle ; dès lors son application est écartée par le juge du fond. • CAA Paris, 18 juin 2012, *Fondation d'entreprise Louis-Vuitton pour la création,* n° 11PA00758 : *AJCT 2012. 508, note Grand ; AJDA 2012. 1496, chron. Sirinelli ; RFDA 2012. 650, concl. Vidal ; JCP Adm. 2012. 2285, note Gillig.*

C. ATTITUDE DU LÉGISLATEUR

183. Le motif soutien nécessaire du dispositif d'une décision s'impose au législateur. • Cons. const. 30 mai 2000, n° 2000-429 DC § 20. ♦ Il en résulte que si le législateur ordinaire modifie une disposition qui est, par ailleurs, considérée par le conseil comme la base légale d'une disposition organique, il prive de fondement cette disposition organique, ce que seul le législateur organique peut faire. Dès lors, la modification législative est contraire à la Const. • Cons. const. 30 mai 2000, n° 2000-429 DC § 21.

184. Par ailleurs, le législateur ne manque pas de tirer les conséquences des décisions de non-conformité. En effet, le Conseil explique souvent les raisons qui le conduisent à déclarer une disposition contraire. Il suffit dès lors au législateur de suivre les « conseils » du Conseil. Celui-ci saisi du nouveau texte constatera que le législateur a respecté « les exigences explicitées par la décision du ... ». • Cons. const. 29 déc. 1984, n° 84-184 DC § 34. ♦ V. aussi • Cons. const. 6 déc. 2001, n° 2001-452 DC § 10 et 11.

D. AUTORITÉ DES DÉCISIONS DU CONSEIL CONSTITUTIONNEL FACE AU POUVOIR CONSTITUANT

185. Le pouvoir constituant étant souverain (V. notes ss. Const. 58, art. 89), une révision constitutionnelle empêche les requérant de se prévaloir utilement de l'autorité de chose jugée attachée aux décisions du Conseil et permet de lever les obstacles d'ordre constitutionnel relevés par le Conseil. Est ainsi possible la ratification d'un traité précédemment jugé contraire à la Const. • Cons. const. 2 sept. 1992, n° 92-312 DC § 19 s. ♦ ... La promulgation d'une loi reprenant peu ou prou les mêmes dispositions qu'une loi jugée contraire à la Const. • Cons. const. 30 mai 2000, n° 2000-429 DC § 6.

Art. 63 **Une loi organique détermine les règles d'organisation et de fonctionnement du Conseil constitutionnel, la procédure qui est suivie devant lui et notamment les délais ouverts pour le saisir de contestations.**

Sur le Conseil constitutionnel, V. ci-dessous Ord. n° 58-1067 du 7 nov. 1958.

BIBL. ► JAQUELOT, Regards comparés sur l'abstention et les récusations au sein du Conseil constitutionnel et de la Cour constitutionnelle italienne : histoire d'une impartialité reprogrammée, *Constitutions 2011. 347*.

COMMENTAIRE

V. sur le Code en ligne.

[V. références des décisions du Conseil constitutionnel dans les tableaux DC et QPC]

BIBL. Jaquelot, Regards comparés sur l'abstention et les récusations au sein du Conseil constitutionnel et de la Cour constitutionnelle italienne : histoire d'une impartialité reprogrammée, *Constitution 2011. 347.*

1. Obligation de se déporter. Lorsqu'un membre du Conseil a eu à connaître de la question traitée alors qu'il exerçait une autre fonction ou a un intérêt dans l'affaire jugée, il est de tradition qu'il se déporte, c'est-à-dire ne siège pas dans le cadre du dossier en cause. Il est curieux de noter que ce déport semble pouvoir n'être que partiel et puisse ne concerner que l'examen d'un seul art. alors que ce membre sera présent et votera lorsqu'il s'agira de statuer sur l'ensemble de la décision. Les membres qui se déportent ne sont pas remplacés. • Cons. const. 5 mai 1998, n° 98-399 DC • Cons. const. 9 déc. 2010, n° 2010-618 DC • Cons. const. 7 août 2014, n° 2014-696 DC. ♦ Il en va de même en matière électorale. • Cons. const. 6 févr. 1998, *AN 1re de Paris,* n° 97-2120/2164/2196/2215/2259 AN:*JO 11 févr. p. 2186.* ♦ … En matière d'incompatibilité parlementaire. • Cons. const. 18 mars 2009, *Serge Dassault II,* n° 2009-27 I : *JO 22 mars, p. 5203.*

2. Cette pratique concerne également les membres de droit. • Cons. const. 6 nov. 2008, n° 2008-4520/22 : *JO 13 nov., p. 17344* • Cons. const. 18 mars 2009, *Serge Dassault II,* n° 2009-27 I : *préc. note 1.*

3. Cette pratique est particulièrement fréquente dans le cadre de la QPC ; un simple doute sur la partialité doit normalement conduire un membre (ou plusieurs) du Cons. const. à se déporter. • Cons. const. 22 juill. 2010, *Alain C. et a.,* n° 2010-4/17 QPC • Cons. const. 2 févr. 2018, *Assoc. Wikimédia France et a.,* n° 2017-687 QPC. ♦ Il peut s'agir du Président, dans ce cas, le Conseil est présidé par le doyen d'âge. • Cons. const. 4 févr. 2011, *Jean-Louis de L.,* n° 2010-96 QPC • Cons. const. 17 sept. 2015, *Épx B.,* n° 2015-481 QPC.

V. pour d'autres décisions dans le même sens :.

4. Récusation. En application de l'art. 4 du règlement de procédure sur les QPC, le Cons. const. peut être saisi d'une demande de récusation. • Cons. const. 30 juin 2011, *Dpts de la Seine-Saint-Denis et de l'Hérault,* n° 2011-143 QPC. ♦ Dans ce cas, le fait que le membre du Conseil visé se déporte permet au Conseil de ne pas examiner la demande. • Cons. const. 13 janv. 2012, *Cts B.,* n° 2011-208 QPC. ♦ V., pour une affaire où il est simplement indiqué que les requérants ont été avertis que le membre de droit visé ne siégerait pas, • Cons. const. 21 sept. 2012, *Assoc. Comité radicalement anti-corrida Europe,* n° 2012-271 QPC.

BIBL. Gonod, La réforme des archives : une occasion manquée, *AJDA 2008. 1597*.

5. Archives. Le régime des archives du Conseil constitutionnel, qui n'est pas dissociable des conditions dans lesquelles le Conseil exerce ses missions, relève du domaine de la loi organique. • Cons. const. 9 juill. 2008, n° 2008-566 DC § 3. ♦ V. déjà • CE ass., 25 oct. 2002, *Brouant,* n° 235600 : *Lebon 345, concl. Goulard ; AJDA 2002. 1332, chron. Donnat et Casas ; ibid. 1429, note Jacquelot ; RFDA 2003. 1, concl. Goulard ; ibid. 8, note Favoreu ; ibid. 14, note Gonod et Jouanjan*. ♦ Rappr. : • TA Paris, réf., 11 oct. 2002, *Feler : AJDA 2003. 101 ; RFDA 2003. 22.*

6. En permettant la libre consultation des archives qui procèdent de l'activité du Conseil constitutionnel à l'expiration d'un délai de 25 ans, l'art. 1er de la loi organique ne porte pas atteinte à l'indépendance du Conseil constitutionnel. • Cons. const. 9 juill. 2008, n° 2008-566 DC § 7. ♦ De même, garantit l'indépendance du Conseil le fait que l'autorisation de consulter des documents d'archives publiques avant l'expiration du délai de 25 ans est délivrée par l'administration des archives « après accord de l'autorité dont émanent les documents » et qu'un dispositif identique est prévu pour l'ouverture anticipée des fonds. • Même décision. ♦ … Que, si la conservation des documents d'archives publiques non encore sélectionnés est assurée « sous le contrôle scientifique et technique de l'administration des archives », ce contrôle ne confère pas à cette administration de pouvoir de décision mais a seulement pour objet d'assister le Conseil constitutionnel dans la protection et la conservation de ses archives. Dès lors, il ne porte pas atteinte non plus à l'indépendance du Conseil. • Même décision § 9. ♦ ... Que les décrets en Conseil d'État applicables aux archives du Conseil constitutionnel devront donner lieu à une consultation du Conseil constitutionnel et à une délibération du conseil des ministres. • Même décision § 11.

7. Décisions. Il en va de même du refus de faire figurer sur le site internet du Conseil, au nombre des affaires en instance, un recours en rectification d'erreur matérielle. • CE, réf., 20 janv. 2005, *Hoffer,* n° 276677. ♦ ... De retirer des commentaires de jurisprudence publiés sur le site du Conseil. • CE 9 nov. 2005, *Moitry,* n° 258180 : *AJDA 2006. 147, concl. Donnat ; JCP Adm. 2006. 1042, note Cassia ; Dr. adm. 2006. 9.*

Ordonnance n° 58-1067 du 7 novembre 1958,

Portant loi organique sur le Conseil constitutionnel.

TITRE II. FONCTIONNEMENT DU CONSEIL CONSTITUTIONNEL

CHAPITRE Ier. *DISPOSITIONS COMMUNES*

Art. 13 Le Conseil constitutionnel se réunit sur la convocation de son Président ou en cas d'empêchement de celui-ci sur la convocation du plus âgé de ses membres.

Art. 14 Les décisions et les avis du Conseil constitutionnel sont rendus par sept conseillers au moins, sauf cas de force majeure dûment constatée au procès-verbal.

Art. 15 Un décret pris en conseil des ministres sur proposition du Conseil constitutionnel, détermine l'organisation du secrétariat général.

Sur l'organisation du secrétariat général du Conseil constitutionnel, V. Décr. n° 59-1293 du 13 nov. 1959.

Art. 16 Les crédits nécessaires au fonctionnement du Conseil constitutionnel sont inscrits au budget général. Le Président est ordonnateur des dépenses.

CHAPITRE II. *DES DÉCLARATIONS DE CONFORMITÉ À LA CONSTITUTION*

Art. 17 Les lois organiques adoptées par le Parlement sont transmises au Conseil constitutionnel par le Premier ministre. La lettre de transmission indique, le cas échéant, qu'il y a urgence.

Les règlements et les modifications aux règlements adoptés par l'une ou l'autre assemblée sont transmis au Conseil constitutionnel par le Président de l'assemblée.

Art. 18 *(L. org. n° 74-1101 du 26 déc. 1974)* Lorsqu'une loi est déférée au Conseil constitutionnel à l'initiative de parlementaires, le Conseil est saisi par une ou plusieurs lettres comportant au total les signatures d'au moins soixante députés ou soixante sénateurs.

Le Conseil constitutionnel, saisi conformément aux articles 54 ou 61 (alinéa 2) de la Constitution, avise immédiatement le Président de la République, le Premier ministre et les présidents de l'Assemblée nationale et du Sénat. Ces derniers en informent les membres des assemblées.

Art. 19 L'appréciation de la conformité à la Constitution est faite sur le rapport d'un membre du Conseil dans les délais fixés par le troisième alinéa de l'article 61 de la Constitution.

Art. 20 La déclaration du Conseil constitutionnel est motivée. Elle est publiée au *Journal officiel.*

Art. 21 La publication d'une déclaration du Conseil constitutionnel constatant qu'une disposition n'est pas contraire à la Constitution met fin à la suspension du délai de promulgation.

Art. 22 *Dans les cas où le Conseil* constitutionnel déclare que la loi dont il est saisi contient une disposition contraire à la Constitution et inséparable de l'ensemble de cette loi, celle-ci ne peut être promulguée.

Art. 23 Dans le cas où le Conseil constitutionnel déclare que la loi dont il est saisi contient une disposition contraire à la Constitution sans constater en même temps qu'elle est inséparable de l'ensemble de cette loi, le Président de la République peut soit promulguer la loi à l'exception de cette disposition, soit demander aux chambres une nouvelle lecture.

Dans le cas où le Conseil constitutionnel déclare que le règlement parlementaire qui lui a été transmis contient une disposition contraire à la Constitution, cette disposition ne peut pas être mise en application par l'assemblée qui l'a votée.

CHAPITRE III. *DE L'EXAMEN DES TEXTES DE FORME LÉGISLATIVE*

Art. 24 Dans les cas prévus à l'article 37 (alinéa 2) de la Constitution, le Conseil constitutionnel est saisi par le Premier ministre.

Art. 25 Le Conseil constitutionnel se prononce dans le délai d'un mois. Ce délai est réduit à huit jours quand le Gouvernement déclare l'urgence.

Art. 26 Le Conseil constitutionnel constate, par une déclaration motivée, le caractère législatif ou réglementaire des dispositions qui lui ont été soumises.

CHAPITRE III *BIS*. *DE L'EXAMEN DES CONDITIONS DE PRÉSENTATION DES PROJETS DE LOI (L. org. n° 2009-403 du 15 avr. 2009, art. 10).*

Art. 26-1 *(L. org. n° 2009-403 du 15 avr. 2009, art. 10)* Le Conseil constitutionnel, saisi conformément au quatrième alinéa de l'article 39 de la Constitution, avise immédiatement le Premier ministre et les présidents de l'Assemblée nationale et du Sénat.

La décision du Conseil constitutionnel est motivée et notifiée aux présidents de l'Assemblée nationale et du Sénat et au Premier ministre. Elle est publiée au *Journal officiel*.

CHAPITRE IV. *DE L'EXAMEN DES FINS DE NON-RECEVOIR*

Art. 27 Au cas prévu par le deuxième alinéa de l'article 41 de la Constitution, la discussion de la proposition de loi ou de l'amendement auquel le Gouvernement a opposé l'irrecevabilité est immédiatement suspendue.

L'autorité qui saisit le Conseil constitutionnel en avise aussitôt l'autorité qui a également compétence à cet effet selon l'article 41 de la Constitution.

Art. 28 Le Conseil se prononce dans le délai de huit jours par une déclaration motivée.

Art. 29 La déclaration est notifiée au Président de l'assemblée intéressée et au Premier ministre.

CHAPITRE V. *DE L'EXERCICE DES ATTRIBUTIONS DU CONSEIL CONSTITUTIONNEL EN MATIÈRE D'ÉLECTION À LA PRÉSIDENCE DE LA RÉPUBLIQUE*

Art. 30 Les attributions du Conseil constitutionnel en matière d'élection à la Présidence de la République sont déterminées par la loi organique relative à cette élection.

Art. 31 Lorsqu'il est saisi par le Gouvernement, dans le cas prévu à l'article 7 de la Constitution, pour constater l'empêchement du Président de la République, le Conseil constitutionnel statue à la majorité absolue des membres le composant.

CHAPITRE VI. *DU CONTENTIEUX DE L'ÉLECTION DES DÉPUTÉS ET DES SÉNATEURS*

Art. 32 Le ministre de l'intérieur *(L. org. n° 2011-410 du 14 avr. 2011, art. 14-I-1°-a)* « communique » sans délai à l'assemblée intéressée les noms des personnes proclamées élues.

Les procès-verbaux des commissions chargées du recensement, auxquels *(L. org. n° 2007-223 du 21 févr. 2007, art. 12-I)* « le représentant de l'État » joint l'expédition de l'acte de naissance et le bulletin n° 2 du casier judiciaire des élus et de leurs remplaçants, sont tenus à la disposition des personnes inscrites sur les listes électorales *(L. org. n° 2011-410 du 14 avr. 2011, art. 14-I-1°-b)* « ou les listes électorales consulaires » et des personnes ayant fait une déclaration de candidature, pendant un délai de dix jours.

Passé ce délai, les procès-verbaux et leurs annexes sont déposés aux archives départementales *(L. org. n° 2011-410 du 14 avr. 2011, art. 14-I-1°-c)* « , à celles de la collectivité ou du service de l'État concerné. » Ils ne peuvent être communiqués qu'au Conseil constitutionnel, sur demande de ce Conseil.

Art. 33 *(L. org. n° 2011-410 du 14 avr. 2011, art. 14-I-2°-a)* « L'élection d'un député ou d'un sénateur peut être contestée devant le Conseil constitutionnel jusqu'au dixième jour qui suit la proclamation des résultats de l'élection, au plus tard à dix-huit heures. »

Le droit de contester une élection appartient à toutes les personnes inscrites sur les listes électorales *(L. org. n° 2011-410 du 14 avr. 2011, art. 14-I-2°-b)* « ou les listes électorales consulaires » de la circonscription dans laquelle il a été procédé à l'élection ainsi qu'aux personnes qui ont fait acte de candidature.

Art. 34 Le Conseil constitutionnel ne peut être saisi que par une requête écrite adressée au secrétariat général du Conseil *(L. org. n° 2007-223 du 21 févr. 2007, art. 12-I)* « ou au représentant de l'État.

« Le représentant de l'État avise, par voie électronique, le secrétaire général et assure la transmission de la requête dont il a été saisi. »

Le secrétaire général du Conseil donne sans délai avis à l'assemblée intéressée des requêtes dont il a été saisi ou avisé.

Art. 35 Les requêtes doivent contenir le nom, les prénoms et qualité du requérant, le nom des élus dont l'élection est attaquée, les moyens d'annulation invoqués.

Le requérant doit annexer à la requête les pièces produites au soutien de ses moyens. Le Conseil peut lui accorder exceptionnellement un délai pour la production d'une partie de ces pièces.

La requête n'a pas d'effet suspensif. Elle est dispensée de tous frais de timbre ou d'enregistrement.

Art. 36 Le Conseil constitutionnel forme, en son sein, trois sections composées chacune de trois membres désignés par le sort. Il est procédé à des tirages au sort séparés entre les membres nommés par le Président de la République, entre les membres nommés par le Président du Sénat et entre les membres nommés par le Président de l'Assemblée nationale.

Chaque année, dans la première quinzaine d'octobre, le Conseil constitutionnel arrête une liste de dix rapporteurs adjoints choisis parmi les maîtres des requêtes du Conseil d'État et les conseillers référendaires à la Cour des comptes.

Les rapporteurs adjoints n'ont pas voix délibérative.

Art. 37 Dès réception d'une requête, le Président en confie l'examen à l'une des sections et désigne un rapporteur qui peut être choisi parmi les rapporteurs adjoints.

Art. 38 Les sections instruisent les affaires dont elles sont chargées et qui sont portées devant le Conseil assemblé.

Toutefois, le Conseil, sans instruction contradictoire préalable, peut rejeter, par décision motivée, les requêtes irrecevables ou ne contenant que des griefs qui manifestement ne peuvent avoir une influence sur les résultats de l'élection.

La décision est aussitôt notifiée à l'assemblée intéressée.

Art. 39 Dans les autres cas, avis est donné au membre du Parlement dont l'élection est contestée, ainsi que le cas échéant au remplaçant. La section leur impartit un délai pour prendre connaissance de la requête et des pièces au secrétariat du Conseil et produire leurs observations écrites.

Art. 40 Dès réception de ces observations ou à l'expiration du délai imparti pour les produire, l'affaire est rapportée devant le Conseil qui statue par une décision motivée.

La décision est aussitôt notifiée à l'assemblée intéressée.

Art. 41 Lorsqu'il fait droit à une requête, le Conseil peut, selon les cas, annuler l'élection contestée ou réformer la proclamation faite par la commission de recensement et proclamer le candidat qui a été régulièrement élu.

Art. 41-1 *(L. org. n° 90-383 du 10 mai 1990)* Le Conseil, si l'instruction fait apparaître qu'un candidat se trouve dans l'un des cas mentionnés *(L. org. n° 2011-410 du 14 avr. 2011, art. 14-I-3°)* « à l'article L.O. 136-1 » du code électoral, prononce son inéligibilité *conformément à cet article* et, s'il s'agit du candidat proclamé élu, annule son élection.

Art. 42 Le Conseil et les sections peuvent, le cas échéant, ordonner une enquête et se faire communiquer tous documents et rapports ayant trait à l'élection *(L. org. n° 90-383 du 10 mai 1990)* « notamment les comptes de campagne établis par les candidats intéressés, ainsi que l'ensemble des documents, rapports et décisions éventuellement réunis ou établis par la commission instituée par l'article L. 52-14 du code électoral. »

Le rapporteur est commis pour recevoir sous serment les déclarations des témoins. Procès-verbal est dressé par le rapporteur et communiqué aux intéressés, qui ont un délai de trois jours pour déposer leurs observations écrites.

Art. 43 Le Conseil et les sections peuvent commettre l'un de leurs membres ou un rapporteur adjoint pour procéder sur place à d'autres mesures d'instruction.

Art. 44 Pour le jugement des affaires qui lui sont soumises, le Conseil constitutionnel a compétence pour connaître de toute question et exception posée à l'occasion de la requête. En ce cas, sa décision n'a d'effet juridique qu'en ce qui concerne l'élection dont il est saisi.

Art. 45 Sous réserve d'un cas d'inéligibilité du titulaire ou du remplaçant qui se révélerait ultérieurement, le Conseil constitutionnel statue sur la régularité de l'élection tant du titulaire que du remplaçant.

....

CHAPITRE VII. *DE LA SURVEILLANCE DES OPÉRATIONS DE RÉFÉRENDUM ET DE LA PROCLAMATION DES RÉSULTATS*

Art. 46 Le Conseil constitutionnel est consulté par le Gouvernement sur l'organisation des opérations de référendum. Il est avisé sans délai de toute mesure prise à ce sujet.

Art. 47 Le Conseil constitutionnel peut présenter des observations concernant la liste des organisations habilitées à user des moyens officiels de propagande.

Art. 48 Le Conseil constitutionnel peut désigner un ou plusieurs délégués choisis, avec l'accord des ministres compétents, parmi les magistrats de l'ordre judiciaire ou administratif et chargés de suivre sur place les opérations.

Art. 49 Le Conseil constitutionnel assure directement la surveillance du recensement général.

Art. 50 Le Conseil examine et tranche définitivement toutes les réclamations.
Dans le cas où le Conseil constitutionnel constate l'existence d'irrégularités dans le déroulement des opérations, il lui appartient d'apprécier si, eu égard à la nature et à la gravité de ces irrégularités, il y a lieu soit de maintenir lesdites opérations, soit de prononcer leur annulation totale ou partielle.

Art. 51 Le Conseil constitutionnel proclame les résultats du référendum. Mention de la proclamation est faite dans le décret portant promulgation de la loi adoptée par le peuple.

CHAPITRE VIII. *DE LA CONSULTATION DU CONSEIL CONSTITUTIONNEL DANS DES CIRCONSTANCES EXCEPTIONNELLES*

Art. 52 Lorsqu'il est consulté par le Président de la République dans les cas prévus au premier alinéa de l'article 16 de la Constitution, le Conseil constitutionnel se réunit immédiatement.

Art. 53 Il émet un avis sur la réunion des conditions exigées par le texte visé à l'article précédent. Cet avis est motivé et publié.

Art. 54 Le Président de la République avise le Conseil constitutionnel des mesures qu'il se propose de prendre.
Le Conseil constitutionnel lui donne sans délai son avis.

TITRE III. DISPOSITIONS DIVERSES ET DISPOSITIONS TRANSITOIRES

Art. 55 Les modalités d'application de la présente ordonnance pourront être déterminées par décret en conseil des ministres, après consultation du Conseil constitutionnel et avis du Conseil d'État.

Art. 56 Le Conseil constitutionnel complétera par son règlement intérieur les règles de procédure *(L. org. n° 2009-1523 du 10 déc. 2009)* « applicables devant lui » édictées par le titre II de la présente ordonnance. Il précisera notamment les conditions dans lesquelles auront lieu les enquêtes et mesures d'instruction prévues aux articles 42 *(L. org. n° 2013-1114 du 6 déc. 2013, art. 2-2°)* « , 43 et 45-5 » sous la direction d'un rapporteur. — *Sur le règlement applicable pour le contentieux de l'élection des députés et des sénateurs, V.* ***C. élect.***, *Règl.*

31 mai 1959, mod. par Décis. n° 86-39 ORGA du 5 mars 1986 ; Décis. n° 87-47 du 24 nov. 1987 (JO 26 nov.), Décis. n° 91-59 ORGA du 9 juill. 1991 (JO 12 juill.), Décis. n° 95-74 ORGA du 28 juin 1995 (JO 29 juin) ; Décis. n° 2013-126 ORGA du 22 févr. 2013 (JO 27 févr.).

Sur le règlement applicable pour les réclamations relatives aux opérations de référendum, V. Décis. 5 oct. 1988. — ***C. élect.***

....

Art. 58 *(L. org. n° 2008-695 du 15 juill. 2008)* Les articles L. 211-3, L. 212-1, L. 212-2, L. 212-3, L. 212-4, L. 213-3, L. 214-1, L. 214-3, L. 214-4, L. 214-5, L. 214-9 et L. 214-10 du code du patrimoine s'appliquent aux archives qui procèdent de l'activité du Conseil constitutionnel. Ces archives peuvent être librement consultées à l'expiration du délai fixé au 1° du I de l'article L. 213-2 du même code.

....

TITRE VIII De l'autorité judiciaire

Art. 64 Le Président de la République est garant de l'indépendance de l'autorité judiciaire.

Il est assisté par le Conseil supérieur de la magistrature.

Une loi organique porte statut des magistrats.

Les magistrats du siège sont inamovibles.

Sur le statut de la magistrature, V. ***C. pr. civ.****, Ord. n° 58-1270 du 22 déc. 1958 et Décr. n° 93-21 du 7 janv. 1993.*

Art. 65 *(L. const. n° 2008-724 du 23 juill. 2008, art. 31)* Le Conseil supérieur de la magistrature comprend une formation compétente à l'égard des magistrats du siège et une formation compétente à l'égard des magistrats du parquet.

La formation compétente à l'égard des magistrats du siège est présidée par le premier président de la Cour de cassation. Elle comprend, en outre, cinq magistrats du siège et un magistrat du parquet, un conseiller d'État désigné par le Conseil d'État, un avocat ainsi que six personnalités qualifiées qui n'appartiennent ni au Parlement, ni à l'ordre judiciaire, ni à l'ordre administratif. Le Président de la République, le Président de l'Assemblée nationale et le Président du Sénat désignent chacun deux personnalités qualifiées. La procédure prévue au dernier alinéa de l'article 13 est applicable aux nominations des personnalités qualifiées. Les nominations effectuées par le président de chaque assemblée du Parlement sont soumises au seul avis de la commission permanente compétente de l'assemblée intéressée.

La formation compétente à l'égard des magistrats du parquet est présidée par le procureur général près la Cour de cassation. Elle comprend, en outre, cinq magistrats du parquet et un magistrat du siège, ainsi que le conseiller d'État, l'avocat et les six personnalités qualifiées mentionnés au deuxième alinéa.

La formation du Conseil supérieur de la magistrature compétente à l'égard des magistrats du siège fait des propositions pour les nominations des magistrats du siège à la Cour de cassation, pour celles de premier président de cour d'appel et pour celles de président de tribunal de grande instance. Les autres magistrats du siège sont nommés sur son avis conforme.

La formation du Conseil supérieur de la magistrature compétente à l'égard des magistrats du parquet donne son avis sur les nominations qui concernent les magistrats du parquet.

La formation du Conseil supérieur de la magistrature compétente à l'égard des magistrats du siège statue comme conseil de discipline des magistrats du siège. Elle comprend alors, outre les membres visés au deuxième alinéa, le magistrat du siège appartenant à la formation compétente à l'égard des magistrats du parquet.

La formation du Conseil supérieur de la magistrature compétente à l'égard des magistrats du parquet donne son avis sur les sanctions disciplinaires qui les concernent. Elle comprend alors, outre les membres visés au troisième alinéa, le magistrat du parquet appartenant à la formation compétente à l'égard des magistrats du siège.

Le Conseil supérieur de la magistrature se réunit en formation plénière pour répondre aux demandes d'avis formulées par le Président de la République au titre de l'arti-

cle 64. Il se prononce, dans la même formation, sur les questions relatives à la déontologie des magistrats ainsi que sur toute question relative au fonctionnement de la justice dont le saisit le ministre de la justice. La formation plénière comprend trois des cinq magistrats du siège mentionnés au deuxième alinéa, trois des cinq magistrats du parquet mentionnés au troisième alinéa, ainsi que le conseiller d'État, l'avocat et les six personnalités qualifiées mentionnés au deuxième alinéa. Elle est présidée par le premier président de la Cour de cassation, que peut suppléer le procureur général près cette Cour.

Sauf en matière disciplinaire, le ministre de la justice peut participer aux séances des formations du Conseil supérieur de la magistrature.

Le Conseil supérieur de la magistrature peut être saisi par un justiciable dans les conditions fixées par une loi organique.

La loi organique détermine les conditions d'application du présent article.

Sur le Conseil supérieur de la magistrature, V. **C. pr. civ.**, *L. org. n° 94-100 du 5 févr. 1994.*

Sur les commissions permanentes compétentes pour émettre un avis sur les nominations des personnalités qualifiées membres du Conseil supérieur de la magistrature, V. ci-dessous L. org. n° 2010-838 du 23 juill. 2010, art. 5.

COMMENTAIRE

V. sur le Code en ligne.

Loi n° 2010-838 du 23 juillet 2010,

Relative à l'application du cinquième alinéa de l'article 13 de la Constitution.

Art. 5 Dans chaque assemblée parlementaire, la commission permanente compétente pour émettre un avis sur les nominations des personnalités qualifiées membres du Conseil supérieur de la magistrature, effectuées sur le fondement du deuxième alinéa de l'article 65 de la Constitution, est la commission chargée des lois constitutionnelles.

Art. 66 Nul ne peut être arbitrairement détenu.

L'autorité judiciaire, gardienne de la liberté individuelle, assure le respect de ce principe dans les conditions prévues par la loi.

Plan des annotations

BIBL. Tokov, L'autorité judiciaire gardienne exclusive de la liberté individuelle ?, *AJDA 2016. 936*. – Cadiot et Jacquemet-Gauché, La liberté n'a pas de prix… et pourtant, il nous appartient de le fixer, *AJDA 2019. 2033*.

[V. références des décisions du Conseil constitutionnel dans les tableaux DC et QPC]

1. Les principes résultant du présent art. doivent être respectés, à l'égard des mineurs comme des majeurs. • Cons. const. 29 août

2002, n° 2002-461 DC § 27 • Cons. const. 8 juill. 2011, *Tarek J.*, n° 2011-147 QPC § 11 (sol. impl.).

A. NOTION DE LIBERTÉ INDIVIDUELLE

2. Le Conseil limite la liberté individuelle à la seule sûreté personnelle. C'est ainsi qu'il ne range plus le droit au mariage et la liberté d'aller et de venir comprenant le droit de quitter le territoire national dans la liberté individuelle mais dans les « libertés et droits fondamentaux » de tous ceux qui résident en France. • Cons. const. 22 avr. 1997, n° 97-389 DC § 10. ♦ ... Qu'il place maintenant la liberté d'aller et de venir sur le même plan que la liberté individuelle, mais l'en distingue. • Cons. const. 16 juin 1999, n° 99-411 DC § 2 et 20. ♦ V. déjà • Cons. const. 18 janv. 1995, n° 94-352 DC § 3.

3. Il procède de même avec le droit à la vie privée qu'il rattache désormais à l'art. 2 de la DDH. • Cons. const. 23 juill. 1999, n° 99-416 DC § 45 • Cons. const. 21 déc. 1999, n° 99-422 DC § 52.

4. La liberté individuelle fut un temps considérée comme découlant d'un principe fondamental reconnu par les lois de la République. • Cons. const. 12 janv. 1977, n° 76-75 DC § 1. ♦ Le Cons. const. rattache désormais la liberté individuelle au présent art. • Cons. const. 29 déc. 1983, n° 83-164 DC § 25 • Cons. const. 29 déc. 1984, n° 84-184 DC § 33. ♦ V. déjà, implicitement • Cons. const. 9 janv. 1980, n° 79-109 DC • Cons. const. 19 janv. 1981, n° 80-1237 DC • 20 janv. 1981, n° 80-1237 DC.

5. Ne porte pas atteinte à la liberté individuelle. Un « prélèvement externe » c'est-à-dire n'impliquant aucune intervention corporelle interne, ne comportant donc aucun procédé douloureux, intrusif ou attentatoire à la dignité des intéressés. • Cons. const. 13 mars 2003, n° 2003-467 DC § 55 • Cons. const. 16 sept. 2010, *Jean-Victor C.*, n° 2010-25 QPC § 12. ♦ ... La mise à exécution immédiate de la peine d'emprisonnement prononcée dans les circonstances prévues par la loi ne fait pas obstacle à l'exercice du droit, dont dispose le prévenu en vertu de l'art. 148-1 C. pr. pén., de demander sa mise en liberté. • Cons. const. 8 déc. 2005, n° 2005-527 DC § 6. ♦ ... Le placement sous surveillance judiciaire des personnes condamnées bénéficiant d'une réduction de peine, y compris lorsqu'elle se présente sous la forme d'un placement sous surveillance électronique mobile, constitue, dans les conditions prévues par le législateur, une mesure d'exécution de la peine. • Même décision, § 14. ♦ ... Une disposition qui se borne à instaurer une procédure de réquisition de données techniques. • Cons. const. 19 janv. 2006, n° 2005-532 DC § 6. ♦ ... La procédure de recueil automatisé de données relatives aux véhicules. • Même décision, § 16. ♦ ... Un droit de communication et de saisie de documents par le service des douanes. • Cons. const. 27 janv. 2012, *Sté COVED SA*, n° 2011-214 QPC § 4. ♦ ... L'habilitation donnée aux agents des douanes, dans le cadre de la lutte contre la fraude en matière douanière, à visiter les navires y compris dans leurs parties affectées à un usage privé ou de domicile sans que de telles visites puissent avoir lieu sans avoir été préalablement autorisées par un juge. • Cons. const. 29 nov. 2013, *Sté Wesgate Charters Ltd*, n° 2013-357 QPC § 7. ♦ Rappr. • Cons. const. 4 déc. 2013, n° 2013-679 DC § 39.

6. Le Défenseur des droits constate que le dispositif de sécurité, dit « encagement », mis en œuvre dans une de ces affaires, qui a consisté à encercler les manifestants, n'était pas disproportionné compte tenu de sa faible durée et de l'impératif de sûreté tenant à la visite officielle du Chef de l'État. Toutefois, il regrette au regard du caractère pacifique de certains manifestants, que les forces de l'ordre n'aient pas adopté un traitement différencié selon les comportements des personnes présentes. * Défenseur des droits 4 mars 2016 : *JCP Adm. 2016. 250.*

7. Le droit à la vie n'entrant pas dans le champ de la liberté individuelle au sens du présent art. • Cass., ass. plén., 28 juin 2019, n° 19-17.330 P : *AJDA 2019. 1373 ; D. 2019. 1344*.

8. Usage de la liberté individuelle dans la voie de fait. Il n'y a voie de fait de la part de l'administration, justifiant, par exception au principe de séparation des autorités administratives et judiciaires (V. ss. art. 16 DDH), la compétence des juridictions de l'ordre judiciaire pour en ordonner la cessation ou la réparation, que dans la mesure où l'administration soit a procédé à l'exécution forcée, dans des conditions irrégulières, d'une décision, même régulière, portant atteinte à la liberté individuelle ou aboutissant à l'extinction d'un droit de propriété, soit a pris une décision qui a les mêmes effets d'atteinte à la liberté individuelle ou d'extinction d'un droit de propriété et qui est manifestement insusceptible d'être rattachée à un pouvoir appartenant à l'autorité administrative. • T. confl., 17 juin 2013, *Bergoend*, n° C-3911 A : *RFDA 2013. 1041, note Delvolvé* • Cass., ass. plén., 28 juin 2019, n° 19-17.330 P : *préc. note 7.*

B. NOTION D'AUTORITÉ JUDICIAIRE

9. L'autorité judiciaire qui, en vertu du présent art., assure le respect de la liberté individuelle, comprend à la fois les magistrats du siège et ceux du parquet. • Cons. const.

11 août 1993, n° 93-326 DC § 5 • Cons. const. 21 mars 2019, n° 2019-778 DC § 179.

10. Pour la CEDH, le parquet ne constitue pas un « juge ou un magistrat habilité par la loi à exercer des fonctions judiciaires » au sens de l'art. 5, § 3 Conv. EDH. • CEDH, gr. ch., 29 mars 2010, *Medvedyev c/ France*, n° 3394/03 : *AJDA 2010. 648 ; D. 2010. 1386, obs. Lavric, note Renucci ; ibid. 952, entretien Spinosi ; ibid. 970, point de vue Rebut ; ibid. 1390, note Hennion-Jacquet ; RFDA 2011. 987, chron. Labayle et Sudre ; RSC 2010. 685, obs. Marguénaud*. ♦ Rappr. • CEDH 23 nov. 2010, *Moulin c/ France*, n° 37104/06 § 56 : *AJDA 2011. 889, chron. Burgorgue-Larsen ; D. 2011. 338, obs. Lavric, note Pradel ; ibid. 2010. 2761, édito. Rome ; ibid. 2011. 26, point de vue Fourment ; ibid. 277, note Renucci ; RFDA 2011. 987, chron. Labayle et Sudre ; RSC 2011. 208, obs. Roets* • Crim. 15 déc. 2010, n° 10-83.674 P : *D. 2011. 338, obs. Lavric, note Pradel ; RSC 2011. 142, obs. Giudicelli*.

11. Il résulte encore du présent art. que la police judiciaire doit être placée sous la direction et le contrôle de l'autorité judiciaire. • Cons. const. 11 mai 2020, n° 2020-800 DC § 53.

12. En prévoyant que l'habilitation d'un officier de police judiciaire est délivrée par le procureur général près la cour d'appel dans le ressort de laquelle intervient la première affectation du fonctionnaire et que cette habilitation n'a pas à être renouvelée en cas de changement d'affectation, le législateur n'a, dès lors qu'il a maintenu la possibilité pour l'autorité judiciaire de retirer ou de suspendre cette habilitation, pas méconnu le présent art. dès lors que ces dispositions ne remettent pas en cause la direction et le contrôle de la police judiciaire par l'autorité judiciaire. • Cons. const. 21 mars 2019, n° 2019-778 DC § 171. ♦ Il en va de même des dispositions étendant, sous certaines conditions, les pouvoirs des agents de police judiciaire en enquête de flagrance et en enquête préliminaire en leur permettant notamment de procéder à des constatations ou à des examens techniques ou scientifiques en ayant recours à des personnes qualifiées, de requérir une telle personne afin de procéder à l'ouverture de scellés pour réaliser une copie de données informatiques et de requérir d'un organisme public ou de certaines personnes morales de droit privé la mise à disposition d'informations non protégées par un secret prévu par la loi, contenues dans un système informatique ou un traitement de données nominatives. • Cons. const. 21 mars 2019, n° 2019-778 DC § 172.

13. De même, ne remettent pas en cause la direction et le contrôle de la police judiciaire par l'autorité judiciaire, les dispositions : permettant à un officier de police judiciaire ou à un agent de police judiciaire de requérir, sans autorisation du procureur de la République, tout organisme public de lui remettre des informations intéressant l'enquête sans que puisse lui être opposée, sans motif légitime, l'obligation au secret professionnel. • Cons. const. 21 mars 2019, n° 2019-778 DC § 175. ♦ ... Donnant à des agents de police judiciaire adjoints et à des agents assermentés des services de transport de constater certaines contraventions aux interdictions et obligations en vigueur pendant l'état d'urgence sanitaire dès lors que la prérogative ainsi reconnue à ces agents est limitée au constat des contraventions qui ne nécessite pas d'actes d'enquête de leur part et qu'elle se borne à leur permettre de constater les contraventions sanctionnant la violation des interdictions ou obligations édictées en matière d'usage des services de transport ferroviaire ou guidé et de transport public routier de personnes et est limitée au cas où de telles contraventions sont commises dans les véhicules et emprises immobilières de ces services de transport. • Cons. const. 11 mai 2020, n° 2020-800 DC § 53.

C. PROTECTION DE LA LIBERTÉ INDIVIDUELLE

14. Il résulte du présent art. un principe selon lequel la liberté individuelle ne saurait être entravée par une rigueur qui ne soit nécessaire. • Cons. const. 9 juin 2011, n° 2011-631 DC § 66. ♦ V. également les références mentionnées note 16. ♦ Il incombe dès lors au législateur d'assurer la conciliation entre, d'une part, la prévention des atteintes à l'ordre public et la recherche des auteurs d'infractions, toutes deux nécessaires à la sauvegarde de droits et de principes de valeur constitutionnelle, et, d'autre part, la protection des droits et libertés constitutionnellement garantis, au nombre desquels figure le respect de la vie privée, l'inviolabilité du domicile et le secret des correspondances. • Cons. const. 16 sept. 2010, *Jean-Victor C.*, n° 2010-25 QPC § 11 • Cons. const. 9 juin 2011, n° 2011-631 DC § 66 • Cons. const. 23 juill. 2015, n° 2015-713 DC § 2. ♦ V. déjà • Cons. const. 18 janv. 1995, n° 94-352 DC § 3. ♦ Rappr. • Cons. const. 29 nov. 2013, *Sté Wesgate Charters Ltd*, n° 2013-357 QPC § 5.

15. Les atteintes portées à l'exercice de cette liberté doivent être adaptées, nécessaires et proportionnées aux objectifs poursuivis. • Cons. const. 22 déc. 2015, *Cédric D.*, n° 2015-527 QPC § 4 • Cons. const. 19 févr. 2016, *Ligue des droits de l'Homme*, n° 2016-536 QPC § 3 • Cons. const. 11 mai 2020, n° 2020-800 DC § 30 • Cons. const. 19 juin 2020, *Éric G.*, n° 2020-844 QPC § 3.

1° *ÉLÉMENTS À PRENDRE EN COMPTE DANS LA PROTECTION DE LA LIBERTÉ INDIVIDUELLE*

a. Recherche des auteurs d'infractions

16. Si le législateur peut prévoir des mesures d'investigation spéciales en vue de constater des crimes et délits d'une gravité et d'une complexité particulières, d'en rassembler les preuves et d'en rechercher les auteurs, c'est sous réserve que ces mesures soient conduites dans le respect des prérogatives de l'autorité judiciaire, gardienne de la liberté individuelle. • Cons. const. 2 mars 2004, n° 2004-492 DC § 6 • Cons. const. 16 sept. 2010, *Jean-Victor C.*, n° 2010-25 QPC § 11. ♦ Sur la question de la rigueur nécessaire des mesures restreignant la liberté individuelle, V. notes ss. DDH, art. 9, pt. II.

17. La recherche des auteurs d'infractions est nécessaire à la sauvegarde de principes et droits de valeur constitutionnelle • Cons. const. 22 avr. 1997, n° 97-389 DC § 16 • Cons. const. 13 mars 2003, n° 2003-467 DC § 8 • Cons. const. 18 nov. 2011, *Élise A. et a.*, n° 2011-191/194/195/196/197 QPC § 13 • Cons. const. 21 mars 2019, n° 2019-778 DC § 212. ♦ Il incombe à l'autorité judiciaire d'exercer un contrôle effectif sur le respect des conditions de forme et de fond par lesquelles le législateur a entendu assurer la conciliation entre, d'une part, l'exercice des libertés constitutionnellement garanties et, d'autre part, les besoins de la recherche des auteurs d'infractions, qui sont nécessaires l'un et l'autre à la sauvegarde de droits de valeur constitutionnelle • Cons. const. 5 août 1993, n° 93-323 DC § 5 • Cons. const. 22 avr. 1997, n° 97-389 DC § 16. ♦ De même, il appartiendra au décret prévu au V de l'art. 21 de la loi déférée de déterminer une durée de conservation conciliant, d'une part, la nécessité d'identifier les auteurs d'infractions et, d'autre part, celle de rechercher le relèvement éducatif et moral des mineurs délinquants. • Cons. const. 13 mars 2003, n° 2003-467 DC § 38. ♦ Sont placées sous le contrôle de l'autorité judiciaire, gardienne de la liberté individuelle, d'une part les perquisitions, visites domiciliaires et saisies de nuit dans le cas de crimes et délits particulièrement graves relevant de la criminalité et de la délinquance organisée qui viennent d'être commis. • Cons. const. 2 mars 2004, n° 2004-492 DC § 46 ♦ ... Les enregistrements de paroles et d'images pour les mêmes infractions. • Cons. const. 2 mars 2004, n° 2004-492 DC § 64. ♦ Les procédures spéciales mises en œuvre dans le cadre d'infractions commises en bande organisée sont de nature à affecter gravement l'exercice de droits et libertés constitutionnellement protégés, tels que la liberté individuelle, l'inviolabilité du domicile et le secret de la vie privée ; dès lors l'autorité judiciaire, gardienne de la liberté individuelle, ne saurait autoriser leur utilisation que dans la mesure nécessaire à la recherche des auteurs d'infractions particulièrement graves et complexes, elle-même indispensable à la sauvegarde de principes et droits de valeur constitutionnelle. • Cons. const. 2 mars 2004, n° 2004-492 DC § 67 s.

18. Cet élément entre en compte également en matière de détention provisoire. • Cons. const. 29 août 2002, n° 2002-461 DC § 67 (sol impl.) ♦ ... De rétention avant comparution. • Cons. const. 17 déc. 2010, *Michel F.*, n° 2010-80 QPC § 4.

19. Ne porte pas atteinte à la liberté individuelle (V. en général note 4) la décision de l'officier de police judiciaire de procéder à un prélèvement biologique aux fins de rapprochement ou de conservation au fichier national automatisé des empreintes génétiques, intervenant nécessairement dans le cadre d'une enquête ou d'une instruction judiciaire, qui est placé sous le contrôle du procureur de la République ou du juge d'instruction lesquels dirigent son activité ; de plus le fichier est placé sous le contrôle d'un magistrat. • Cons. const. 16 sept. 2010, *Jean-Victor C.*, n° 2010-25 QPC § 12. ♦ V. déjà • Cons. const. 13 mars 2003, n° 2003-467 DC § 52. ♦ La prolongation, par le procureur de la République, de certains actes d'enquête, pour une durée maximale de quarante-huit heures à compter de l'ouverture de l'information, est permise dès lors que, pour les actes d'enquête qui sont subordonnés à une autorisation préalable du juge des libertés et de la détention, ces dispositions ne conduisent pas à excéder la durée initialement fixée par le juge des libertés et de la détention. • Cons. const. 21 mars 2019, n° 2019-778 DC § 214.

b. Inviolabilité du domicile

20. Ce n'est que lorsque la perquisition se déroule dans le cadre de la police judiciaire que l'intervention de l'autorité judiciaire est requise. • Cons. const.19 févr. 2016, *Ligue des droits de l'homme*, n° 2016-536 QPC § 3 (*a contrario*). ♦ V. déjà, implicitement. • Cons. const. 25 mars 2014, n° 2014-693 DC § 11 • Cons. const. 23 juill. 2015, n° 2015-713 DC § 9. ♦ V. note sur l'inviolabilité du domicile ss. DDH, art. 2.

c. Séparation des autorités chargées de l'action publique et des autorités de jugement

21. En matière de délits et de crimes, la séparation des autorités chargées de l'action publique et des autorités de jugement concourt à la sauvegarde de la liberté individuelle. • Cons. const. 2 févr. 1995, n° 95-360 DC § 5. ♦ S'agissant de la séparation des autorités ou des fonctions de poursuite et de jugement sous l'angle de l'impartialité de la juridiction, V. ss. DDH, art. 16, notes 296 s.

22. Le fait que le procureur de la République dirige la police judiciaire, décide de poursuivre et exerce l'action publique à l'audience n'est pas contraire à la Const. • Cons. const. 20 janv. 1981, n° 80-127 DC § 33.

23. Procédure de comparution sur reconnaissance préalable de culpabilité (« plaider coupable »). Le principe de séparation des autorités de poursuites et de jugement est respecté, même si l'intéressé a accepté la peine proposée par le procureur, dès lors que seule a valeur de jugement l'ordonnance d'homologation, dûment motivée, prise par le président du TGI (ou par le juge du siège délégué par lui), celui-ci exerçant, lors de la séance d'homologation, la plénitude du pouvoir d'appréciation qui incombe au juge du fond ; en effet, le président du TGI peut refuser l'homologation s'il estime que la nature des faits, la personnalité de l'intéressé, la situation de la victime ou les intérêts de la société justifient une audience correctionnelle ordinaire ou, selon l'économie générale des dispositions du C. pr. pén. relatives à la comparution sur reconnaissance préalable de culpabilité, si les déclarations de la victime apportent un éclairage nouveau sur les conditions dans lesquelles l'infraction a été commise ou sur la personnalité de son auteur, le dernier devant exercer, (réserve d'interprétation). • Cons. const. 2 mars 2004, n° 2004-492 DC § 107 • Cons. const. 8 déc. 2011, n° 2011-641 DC § 16. ♦ Sous la même réserve, les dispositions contestées, qui étendent le recours à la procédure de comparution sur reconnaissance préalable de culpabilité sans modifier les art. 495-8 s. C. pr. pén. relatifs à cette procédure, ne méconnaissent pas l'art. 66 Const. • Cons. const. 8 déc. 2011, n° 2011-641 DC § 17.

2° INTERVENTION DE L'AUTORITÉ JUDICIAIRE

24. Principe. Le présent art. réaffirme que la liberté individuelle voit sa garde confiée à l'autorité judiciaire. • Cons. const. 12 janv. 1977, n° 76-75 DC § 2. ♦ Ce principe est un droit constitutionnellement garanti qui peut servir de base à une QPC. • CE, QPC, 24 sept. 2010, ⚖ *Danielle A.*, n° 339110.

25. Il appartient à l'autorité judiciaire d'en assurer la sauvegarde sous tous ses aspects. • Cons. const. 29 déc. 1983, n° 83-164 DC § 28. ♦ Ceci conduira le juge pénal à étendre son contrôle, avant même le changement législatif intervenu depuis lors, à l'appréciation de la légalité de tous les actes, réglementaires ou non, portant atteinte à la liberté individuelle. • Crim. 25 avr. 1985, *Bogdan et Vuckovic : Bull. crim. n° 159 ; D. 1985. 329, concl. Dontenwille.*

26. Par ailleurs, il résulte du présent article que, lorsqu'un magistrat du siège a, dans la plénitude des pouvoirs que lui confère son rôle de gardien de la liberté individuelle, décidé par une décision juridictionnelle qu'une personne doit être mise en liberté, il ne peut être fait obstacle à cette décision, fût-ce dans l'attente, le cas échéant, de celle du juge d'appel. • Cons. const. 20 nov. 2003, n° 2003-484 DC § 74. ♦ Cependant, il est possible que le parquet, faisant appel de cette décision, demande, dans un bref délai (en l'espèce 4 h) et lorsque l'intéressé ne dispose pas de garanties de représentation effectives ou en cas de menace grave pour l'ordre public, que soit admis le caractère suspensif du recours. Ce caractère suspensif de l'appel ne peut être prononcé que par un juge du siège qui, « sans délai », c'est-à-dire dans le délai le plus bref, appréciera si l'individu dispose de garanties effectives de représentation ou constitue une menace grave pour l'ordre public. • Même décision *§ 76.* ♦ Un allongement limité (en l'espèce le délai est porté de 4 à 6 h) du délai accordé au parquet est sans incidence sur la constitutionnalité de la mesure. • Cons. const. 9 juin 2011, n° 2011-631 DC § 33.

27. Police judiciaire. Il résulte du présent art. que la police judiciaire doit être placée sous la direction et le contrôle de l'autorité judiciaire. • Cons. const. 10 mars 2011, n° 2011-625 DC § 59. ♦ Dès lors, il saurait être possible de conférer la qualité d'agent de police judiciaire aux membres du cadre d'emplois des directeurs de police municipale sans les mettre à la disposition des officiers de police judiciaire. • Cons. const. 10 mars 2011, n° 2011-625 DC § 78. ♦ ... De confier le pouvoir d'opérer des contrôles d'identité à des fins de police judiciaire aux agents de police municipale, qui, relevant des autorités communales, ne sont pas mis à la disposition des officiers de police judiciaire. • Cons. const. 10 mars 2011, n° 2011-625 DC § 60. ♦ De même, si le législateur peut prévoir des mesures d'investigation spéciales en vue de constater des crimes et délits d'une gravité et d'une complexité particulières, d'en rassembler les preuves et d'en rechercher les auteurs, c'est sous réserve (...) que ces mesures soient conduites dans le respect des prérogatives de l'autorité judiciaire à qui il incombe en particulier de garantir que leur mise en œuvre soit nécessaire à la manifestation de la vérité. • Cons. const. 28 mars 2014, n° 2014-693 DC § 12.

28. Sur la distinction entre mesures de police administrative et de police judicaire, V. ss. DDH, art. 16.

29. Monopole en matière de peines d'emprisonnement. Le présent art. exige que toute privation de liberté soit placée sous le contrôle de l'autorité judiciaire. • Cons. const. 19 juin 2020, ⚖ *Eric G.*, n° 2020-844 QPC § 7.

30. Une autorité administrative, agissant dans le cadre de prérogatives de puissance publique, peut exercer un pouvoir de sanction dès lors que la sanction susceptible d'être infligée est exclusive de toute privation de liberté. • Cons. const. 28 juill. 1989, n° 89-260 DC § 6. ♦ ... Et dans une formulation voisine. • Cons. const. 27 juill. 2000, n° 2000-433 DC § 50 • Cons. const. 30 mars 2006, n° 2006-535 DC § 36 • Cons. const. 10 juin 2009, n° 2009-580 DC § 14.

31. Le présent art. s'oppose à ce que le pouvoir de prononcer des mesures privatives de liberté soit confié à une juridiction qui ne serait composée que de juges non professionnels, mais n'interdit pas, par lui-même, que ce pouvoir soit exercé par une juridiction pénale de droit commun au sein de laquelle siègent de tels juges. • Cons. const. 20 janv. 2005, n° 2004-510 DC § 16 • Cons. const. 4 août 2011, n° 2011-635 DC § 10. ♦ Ainsi, il ne s'oppose pas à ce que soient dévolues à la juridiction de proximité des compétences en matière pénale dès lors que ne lui est pas confié le pouvoir de prononcer des mesures privatives de liberté ; en n'attribuant à cette juridiction que le jugement des contraventions de police, le législateur a satisfait à cette condition. • Cons. const. 29 août 2002, n° 2002-461 DC § 19 • Cons. const. 4 août 2011, n° 2011-635 DC § 10 • Cons. const. 8 juill. 2011, *Tarek J.*, n° 2011-147 QPC § 5.

32. Dans le cas où le pouvoir de prononcer des mesures privatives de liberté est confié à une juridiction qui serait partiellement composée de juges non professionnels, doivent être apportées en pareil cas des garanties appropriées permettant de satisfaire au principe d'indépendance, indissociable de l'exercice de fonctions judiciaires, ainsi qu'aux exigences de capacité, qui découlent de l'art. 6 DDH. • Cons. const. 20 janv. 2005, n° 2004-510 DC § 17 • Cons. const. 4 août 2011, n° 2011-635 DC § 10 • Cons. const. 8 juill. 2011, *Tarek J.*, n° 2011-147 QPC § 5. ♦ Ces garanties doivent être de nature législative et relèvent de l'art. 16 DDH. • Cons. const. 2 juill. 2010, *Cts C. et a.*, n° 2010-10 QPC § 4.

33. Par ailleurs, s'il s'agit de formations correctionnelles de droit commun, la proportion des juges non professionnels doit rester minoritaire. • Cons. const. 20 janv. 2005, n° 2004-510 DC § 17 • Cons. const. 4 août 2011, n° 2011-635 DC § 10 • Cons. const. 8 juill. 2011, *Tarek J.*, n° 2011-147 QPC § 5 • Cons. *const. 1er avr. 2016, Jean-Marc E. et a.*, n° 2016-532 QPC § 8. ♦ V. déjà le principe selon lequel les fonctions normalement réservées à des magistrats de carrière ne peuvent être confiées que pour une part limitée à des personnes qui n'entendent pas pour autant embrasser la carrière judiciaire. • Cons. const. 21 févr. 1992, n° 92-305 DC § 64 • Cons. const. 10 janv. 1995, n° 94-355 DC § 8 • Cons. const. 20 févr. 2003, n° 2003-466 DC § 4.

34. Les exigences résultant du présent art. (et de l'art. 64 Const. 58) n'imposent pas que les citoyens appelés par le tirage au sort à participer occasionnellement et en qualité d'assesseurs à l'exercice de la justice pénale soient soumis aux droits et obligations applicables à l'ensemble des magistrats sous la seule réserve des dispositions spécifiques qu'impose l'exercice à titre temporaire ou partiel de leurs fonctions. • Cons. const. 4 août 2011, n° 2011-635 DC § 11.

35. Ces principes ne s'appliquent qu'aux juridictions correctionnelles de droit commun. • Cons. const. 20 janv. 2005, n° 2004-510 DC § 17 • Cons. const. 4 août 2011, n° 2011-635 DC § 10. ♦ Dès lors, le fait que le tribunal pour enfants soit majoritairement composé de juges non professionnels n'est pas contraire au présent art. • Cons. const. 8 juill. 2011, *Tarek J.*, n° 2011-147 QPC § 6. ♦ Rappr. s'agissant des tribunaux maritimes commerciaux. • Cons. const. 2 juill. 2010, *Cts. C. et a.*, n° 2010-10 QPC.

36. Remise en liberté. Le législateur ne peut retirer à l'autorité judiciaire le pouvoir d'apprécier s'il y a lieu d'ordonner la remise en liberté de la personne privée de sa liberté. • Cons. const. 21 févr. 2008, n° 2008-562 DC § 22. ♦ Ainsi, en subordonnant à l'avis favorable d'une commission administrative le pouvoir du tribunal de l'application des peines d'accorder la libération conditionnelle, le législateur a méconnu tant le principe de la séparation des pouvoirs que celui de l'indépendance de l'autorité judiciaire. • Cons. const. 21 févr. 2008, n° 2008-562 DC § 34. ♦ De même, en subordonnant à l'avis favorable de 2 médecins le pouvoir du juge des libertés et de la détention d'ordonner la sortie immédiate de la personne hospitalisée suite à une décision d'irresponsabilité pénale pour cause de trouble mental ou à un jugement ou à un arrêt de déclaration d'irresponsabilité pénale pour cause de trouble mental, le législateur a méconnu les exigences du présent art. et de l'art. 64 Const. 58. • Cons. const. 21 oct. 2011, *Jean-Louis C.*, n° 2011-185 QPC § 6.

37. Intervention du législateur. Dès lors qu'une limite doit être apportée à la liberté individuelle, il est nécessaire que le législateur prévoit l'intervention de l'autorité judiciaire de telle sorte que lui soient conservés toute la responsabilité et tout le pouvoir de contrôle qui lui reviennent. • Cons. const. 29 déc. 1983, n° 83-164 DC § 28. ♦ La loi doit dès lors donner au juge le contrôle effectif de la nécessité de toute mesure qui porterait atteinte à la liberté individuelle et le pouvoir d'y mettre fin à tout moment. • Cons. const. 29 déc. 1984, n° 84-184 DC § 34.

38. Si le législateur peut déroger au principe général selon lequel le silence de l'administration pendant un délai déterminé vaut rejet d'une demande, il ne peut le faire, compte tenu des risques que peut comporter pour la liberté individuelle l'installation de systèmes de vidéosurveillance, s'agissant de l'autorisation d'installer de tels systèmes sans porter une atteinte excessive à la liberté individuelle. • Cons. const. 18 janv. 1995, n° 94-352 DC § 12.

39. Des dispositions législatives peuvent, par le fait qu'elles ne sont ni suffisamment claires ni suffisamment précises, porter atteinte à la liberté individuelle lors de leur mise en œuvre ; elles doivent dès lors être déclarées contraires à la Constitution. • Cons. const. 20 janv. 1993, n° 92-316 DC § 15. ♦ De même, si le législateur peut interdire le port ou le transport sans motif légitime d'objets pouvant constituer une arme au sens de l'art. 132-75 C. pén., l'extension de cette interdiction à tous les objets pouvant être utilisés comme projectiles, lesquels sont susceptibles d'être saisis, est de nature par sa formulation générale et imprécise à entraîner des atteintes excessives à la liberté individuelle. • Cons. const. 18 janv. 1995, n° 94-352 DC § 18. ♦ V. aussi • Cons. const. 12 janv. 1977, n° 76-75 DC § 5 • Cons. const. 29 déc. 1983, n° 83-164 DC § 30 • Cons. const. 29 déc. 1984, n° 84-184 DC § 35.

40. Intervention du juge judiciaire. V. notes 44 s. ♦ Les recours tendant à l'annulation des décisions administratives relatives à l'entrée et au séjour des étrangers en France constituent l'exercice de prérogatives de puissance publique et relèvent donc de la juridiction administrative. • Cons. const. 28 juill. 1989, n° 89-261 DC § 22 • T. confl. 3 déc. 1979, *Fentrouci : Lebon 579* • CE, ass., 29 juin 1990, *Préfet du Doubs c/ Mme Olmos Quintero et Imanbaccus,* n° 115687 A : *Lebon 184 ; RFDA 1990. 530, concl. Faugère ; AJDA 1990. 709, chron. Honorat et Schwartz* • CE 29 juill. 1998, *Mwinyl : Lebon T. 945 ; AJDA 1999. 936, concl. Abraham*. ♦ Il en est de même du pouvoir d'adresser des injonctions à l'administration permettant de priver ses décisions de leur caractère exécutoire. • T. confl., 12 mai 1997, *Préfet de police c/ TGI de Paris,* n° 0305 A : *RFDA 1997. 514, concl. Arrighi de Casanova ; D. 1997. 567, note Legrand*. ♦ Enfin, il n'appartient pas au juge civil d'apprécier la légalité des actes administratifs ou d'interpréter les actes administratifs individuels. • T. confl. 16 juin 1923, *Septfonds : Lebon 498 ; S. 1923. 49, note Hauriou ; D. 1924. 41, concl. Matter* • T. confl. 17 févr. 1997, *Préfet de la région Île-de-France,* n° 03045 A : *Gaz. Pal. 19 déc. 1997, p. 16, concl. Sainte-Rose, note Petit.*

41. De même, si les dispositions contestées de l'art. L. 3131-15 CSP permettent au Premier ministre, dans les circonscriptions territoriales où l'état d'urgence sanitaire est déclaré et pour garantir la santé publique, d'interdire aux personnes de sortir de leur domicile, elles précisent que la mesure doit être strictement proportionnée aux risques sanitaires encourus et appropriée aux circonstances de temps et de lieu, qu'il y est mis fin sans délai lorsqu'elle n'est plus nécessaire et qu'elles réservent expressément les déplacements indispensables aux besoins familiaux ou de santé. Les dispositions contestées donnent ainsi au Premier ministre, lorsque la situation l'exige et que les conditions posées sont remplies, la possibilité non d'interdire, par une mesure individuelle, à une personne déterminée de sortir de son domicile, mais de prendre un acte réglementaire à caractère général, ayant pour objet de viser un ensemble de personnes se trouvant dans une circonscription territoriale dans laquelle l'état d'urgence sanitaire est déclaré, et qui n'a d'autre but, conformément à l'objectif de valeur constitutionnelle de protection de la santé, que de protéger la santé de l'ensemble de la population en prévenant la propagation incontrôlée d'une épidémie. La contestation d'une telle mesure, eu égard à sa nature et à son objet, n'est pas au nombre de celles que le présent art. réserve à la compétence de l'autorité judiciaire. • CE 22 juill. 2020, *Cassia,* n° 440149 B : *AJDA 2020. 1509 ; ibid. 2444, note Bioy ; JCP 2020. 477.*

42. Cependant la CEDH considère que, du fait de leur statut de dépendance vis-à-vis du pouvoir exécutif, les membres du ministère public français ne remplissent pas l'exigence d'indépendance qui compte, au même titre que l'impartialité, parmi les garanties inhérentes à la notion autonome de « magistrat » au sens de l'art. 5 § 3 Conv. EDH. • CEDH 23 nov. 2010, *Moulin c/ France,* n° 37104/06 § 56 : *AJDA 2011. 889, chron. Burgorgue-Larsen ; D. 2011. 338, obs. Lavric, note Pradel ; ibid. 2010. 2761, édito. Rome ; ibid. 2011. 26, point de vue Fourment ; ibid. 277, note Renucci ; RFDA 2011. 987, chron. Labayle et Sudre ; RSC 2011. 208, obs. Roets*. ♦ C'est à tort que la chambre de l'instruction a retenu que le ministère public est une autorité judiciaire au sens de l'art. 5 § 3 Conv. EDH, alors qu'il ne présente pas les garanties d'indépendance et d'impartialité requises par ce texte et qu'il est partie poursuivante. • Crim. 15 déc. 2010, n° 10-83.674 P : *D. 2011. 338, obs. Lavric, note Pradel ; RSC 2011. 142, obs. Giudicelli*.

D. INTERDICTION DE LA DÉTENTION ARBITRAIRE

43. Principe. Le présent art. ne vise que les mesures privatives de liberté et non les mesures restrictives de liberté. • Cons. const. 16 juin

1999, n° 99-411 DC § 20 • Cons. const. 9 juin 2011, n° 2011-631 DC § 68 • Cons. const.27 févr. 2015, *Pierre T. et a.*, n° 2014-450 QPC § 8.

44. Toute privation de liberté doit être nécessaire, adaptée et proportionnée aux objectifs de préservation de l'ordre public et de protection de la santé qu'elles poursuivent. • Cons. const. 8 juin 2012, *Mickaël D.*, n° 2012-253 QPC § 7. ♦ Rappr., pour une formule plus générale, • Cons. const. 26 nov. 2010, *Mlle Danielle S.*, n° 2010-71 QPC § 16 • Cons. const. 9 juin 2011, *Abdellatif B. et a.*, nos 2011-135/140 QPC § 7.

45. La liberté individuelle ne peut être tenue pour sauvegardée que si le juge intervient dans le plus court délai possible. • Cons. const. 9 janv. 1980, n° 79-109 DC § 4 • Cons. const. 26 nov. 2010, *Mlle Danielle S.*, n° 2010-71 QPC § 25 • Cons. const. 9 juin 2011, *Abdellatif B. et a.*, n° 2011-135/140 QPC § 13 • Cons. const. 11 mai 2020, n° 2020-800 DC § 41 • Cons. const. 29 janv. 2021, *Ion Andronie R.*, n° 2020-878/879 QPC § 4. ♦ Il doit également statuer dans le plus court délai possible. • Cons. const. 26 nov. 2010, *Mlle Danielle S.*, n° 2010-71 QPC § 39. ♦ ... Y compris lorsque le juge intervient sur envoi de la Cour de cassation. • Cons. const. 29 janv. 2015, *Maxime T.*, n° 2014-446 QPC § 8. ♦ Cependant, si le présent art. exige que toute privation de liberté soit placée sous le contrôle de l'autorité judiciaire, il n'impose pas que cette dernière soit saisie préalablement à toute mesure de privation de liberté. • Cons. const. 26 nov. 2010, *Mlle Danielle S.*, n° 2010-71 QPC § 20 • Cons. const. 9 juin 2011, *Abdellatif B. et a.*, n° 2011-135/140 QPC § 8 • Cons. const. 6 oct. 2011, *Oriette P.*, n° 2011-174 QPC § 8. ♦ En revanche, le rôle de l'autorité judiciaire, gardienne de la liberté individuelle, impose qu'au-delà d'une certaine durée, le maintien de la privation de liberté ne puisse se faire sans une décision de l'autorité judiciaire. • Cons. const. 26 nov. 2010, *Mlle Danielle S.*, n° 2010-71 QPC § 23 s. • Cons. const. 9 juin 2011, *Abdellatif B. et a.*, n° 2011-135/140 QPC § 13.

46. Il appartient au juge de motiver spécialement sa décision en fonction de la gravité de l'atteinte ainsi portée à la liberté individuelle. • Cons. const. 13 août 1993, n° 93-325 DC § 42 et 110 • Cass., ch. mixte, 15 déc. 1988, nos 87-16.576 et 87-16.577 P : *JCP 1989. 21263, obs. Dugrip.* ♦ L'intervention de l'autorité judiciaire est conditionnée par l'importance de l'atteinte portée à la liberté. • T. confl. 20 juin 1994, *Madaci et Youbi*, n° 02932 A : *AJDA 1994. 556 ; ibid. 496, chron. Maugüé et Touvet ; D. 1995. 193, note Didier ; ibid. 1994. 212 ; ibid. 1995. 193, note Didier* • T. confl. 25 avr. 1994, *Dulangi*, n° 2920 : *AJDA 1994. 496, chron. Maugüé et Touvet .*

47. Des dispositions qui, bien que visant à éviter que les difficultés de fonctionnement de la justice provoquées par les mesures d'urgence sanitaire prises pour lutter contre la propagation de l'épidémie de covid-19, maintiennent de plein droit des personnes en détention provisoire sans que l'appréciation de la nécessité de ce maintien soit obligatoirement soumise, à bref délai, au contrôle du juge judiciaire sont contraires au présent art, l'objectif poursuivi n'étant pas de nature à justifier que l'appréciation de la nécessité du maintien en détention soit, durant de tels délais, soustraite au contrôle systématique du juge judiciaire. • Cons. const. 29 janv. 2021, *Ion Andronie R.*, n° 2020-878/879 QPC § 6 s.

1° DANS LE CADRE RÉPRESSIF

48. Principe. Une détention prononcée par l'autorité administrative qui pourrait se prolonger sept jours sans l'intervention d'un juge du siège doit être considérée comme arbitraire. • Cons. const. 9 janv. 1980, n° 79-109 DC § 4. ♦ De même, dès que la mise en liberté d'une personne a été décidée par une décision juridictionnelle, il ne peut être fait obstacle à cette décision, fût-ce en l'attente d'un appel, à moins que le recours n'ait été déclaré suspensif par un magistrat du siège. • Cons. const. 22 avr. 1997, n° 97-389 DC § 60 et 63. ♦ Il incombe au législateur d'assurer la conciliation entre, d'une part, la prévention des atteintes à l'ordre public et la recherche des auteurs d'infractions toutes deux nécessaires à la sauvegarde de droits et de principes de valeur constitutionnelle et, d'autre part, l'exercice des libertés constitutionnellement garanties au nombre desquelles figurent la liberté d'aller et venir, l'inviolabilité du domicile, le secret des correspondances et le respect de la vie privée, ainsi que la liberté individuelle. • Cons. const. 4 déc. 2013, n° 2013-679 DC § 70 • Cons. const. 27 févr. 2015, *Olivier J.*, n° 2014-452 QPC § 5.

49. Audition libre et enquête préliminaire. Une personne à l'encontre de laquelle il apparaît qu'il existe des raisons plausibles de soupçonner qu'elle a commis, ou tenté de commettre, une infraction peut être entendue par les enquêteurs en dehors du régime de la garde à vue dès lors qu'elle n'est pas maintenue à leur disposition sous la contrainte. • Cons. const. 18 nov. 2011, *Élise A. et a.*, nos 2011-191/194/195/196/197 QPC § 18 et 20. ♦ Les mêmes principes s'appliquent à l'enquête préliminaire. • Cons. const. 18 juin 2012, *Sté Olano Carla et a.*, n° 2012-257 QPC § 8 et 9. ♦ En imposant que toute personne convoquée par un officier de police judiciaire soit tenue de comparaître et en prévoyant que l'officier de police judiciaire puisse, avec l'autorisation préalable du procureur de la République, imposer cette comparution par la force publique à l'égard des personnes qui n'y ont pas répondu ou dont on peut craindre qu'elles n'y répondent pas, le législateur a assuré, entre la prévention des atteintes à l'ordre public et la recherche des auteurs d'infraction, d'une part, et l'exercice des libertés constitutionnellement garanties, d'autre part, une conciliation qui n'est pas déséquilibrée. • Cons. const. 18 juin 2012, *Sté Olano Carla et a.*, n° 2012-257 QPC § 7.

50. Garde à vue. Les évolutions de la procédure pénale, qui ont renforcé l'importance de la phase d'enquête policière dans la constitution des éléments sur le fondement desquels une personne mise en cause est jugée, doivent être accompagnées des garanties appropriées encadrant le recours à la garde à vue ainsi que son déroulement et assurant la protection des droits de la défense. • Cons. const. 30 juill. 2010, *Daniel Walbuger et a.*, n° 2010-14/22 QPC § 18 et 25 • Cons. const. 18 nov. 2011, *Élise A. et a.*, n°s 2011-191/194/195/196/197 QPC § 28. ♦ Rappr. • CEDH 14 oct. 2010, *Brusco c/ France*, n° 1466/07 § 54 : *D. 2010. 2783, chron. Pradel* ; *D. 2010. 2950, note Renucci* ; *RSC 2011. 211, obs. Roets*. ♦ V. également. • Cass., ass. plén., 15 avr. 2011 : *D. 2011. 1713, obs. Bernaud et Gay* ; *AJ pénal 2011. 311, obs. Mauro* ; *Constitutions 2011. 326, obs. Levade*. ♦ S'agissant de délits qui ne sont pas susceptibles de porter atteinte en eux-mêmes à la sécurité, à la dignité ou à la vie des personnes, la possibilité de porter à quatre-vingt-seize heures la durée maximale de la garde à vue porte à la liberté individuelle et aux droits de la défense une atteinte qui ne peut être regardée comme proportionnée au but poursuivi. • Cons. const. 4 déc. 2013, n° 2013-679 DC § 75 • Cons. const. 9 oct. 2014, *Maurice L. et a.*, n° 2014-420/421 QPC § 13 • Cons. const. 11 déc. 2015, *Amir F.*, n° 2015-508 QPC § 13.

51. Les décisions prises en la matière par les officiers de police judiciaire doivent être portées, le plus rapidement possible, à la connaissance du procureur de la République afin que celui-ci soit à même d'en assurer effectivement le contrôle. • Cons. const. 11 août 1993, n° 93-326 DC § 3. ♦ Le délai de la garde à vue de 24 h peut être prolongé par le parquet. • Cons. const. 11 août 1993, n° 93-326 DC § 4 et 5. ♦ ... Mais, au-delà (48 h), l'intervention d'un juge du siège est indispensable. • Cons. const. 20 janv. 1981, n° 80-127 DC § 25 • Cons. const. 30 juill. 2010, *Daniel Walbuger et a.*, n° 2010-14/22 QPC § 26. ♦ Rappr. : • Cons. const. 22 avr. 1997, n° 97-389 DC § 54 • Cons. const. 17 déc. 2010, *Michel F.*, n° 2010-80 QPC § 10. ♦ Il en va de même pour des crimes ou délits constituant des actes de terrorisme ; si la durée totale de la garde à vue peut être portée à 6 jours, elle ne peut l'être que par le juge des libertés à qui il appartient de vérifier que les circonstances précises permettant cette prolongation sont réunies. • Cons. const. 22 sept. 2010, *Bulent A. et a.*, n° 2010-31 QPC § 5.

52. La Conv. EDH (art. 5 § 3) impose que les personnes arrêtées soient présentées « aussitôt » à un juge ou un magistrat habilité par la loi à exercer des fonctions judiciaires ; le terme « aussitôt » ne doit pas être élargi de manière inacceptable (4 jours). • CEDH 29 nov. 1988, *Brogan c/ Royaume-Uni*, n° 11209/84 § 62 • CEDH 23 nov. 2010, *Moulin c/ France*, n° 37104/06 § 47 s.

53. Il n'est cependant pas nécessaire que ce magistrat soit un juge d'instruction. • Cons. const. 20 janv. 1981, n° 80-127 DC § 25 • CEDH, gr. ch., 29 mars 2010, *Medvedyev c/ France*, n° 3394/03 § 112. ♦ La Cour a constaté une violation, en matière d'infraction de droit commun, pour un délai de 3 jours et 23 heures. • CEDH 6 nov. 2008, *Kandjov c/ Bulgarie*, n° 68294/01 § 66.

54. Si les dispositions contestées suppriment le principe selon lequel le gardé à vue doit être présenté devant le procureur de la République avant que celui-ci autorise la prolongation de la garde à vue, elles prévoient toutefois que le procureur de la République peut toujours subordonner son autorisation de prolongation à la présentation de la personne devant lui. D'autre part, le déroulement de la garde à vue demeure placé sous le contrôle du procureur de la République, à qui il appartient d'apprécier si le maintien de la personne en garde à vue et, le cas échéant, la prolongation de cette mesure sont nécessaires à l'enquête et proportionnés à la gravité des faits que la personne est soupçonnée d'avoir commis. • Cons. const. 21 mars 2019, n° 2019-778 DC § 180.

55. S'agissant des mineurs de moins de treize ans, la garde à vue doit être exceptionnelle et réservée à des infractions graves. Sa mise en œuvre doit être subordonnée à la décision et soumise au contrôle d'un magistrat spécialisé dans la protection de l'enfance. • Cons. const. 11 août 1993, n° 93-326 DC § 28. ♦ V. également ss. Const. 58, art. 61, le principe fondamental reconnu par les lois de la République : « Atténuation de la responsabilité pénale des mineurs en fonction de l'âge ». ♦ V. également ss. Préamb. Const. 1946, al. 1er, le PFRLR : « Atténuation de la responsabilité pénale des mineurs en fonction de l'âge ».

56. Rappr. s'agissant de l'obligation faite au contrevenant à la police des transports ferroviaires ou guidés de devoir demeurer à la disposition des agents de police judiciaire adjoints « pendant le temps nécessaire à l'information et à la décision de l'officier de police judiciaire » ou « le temps nécessaire à son arrivée ou à celle d'un agent de police judiciaire agissant sous son contrôle » dès lors que le contrevenant refuse ou se déclare dans l'impossibilité de justifier de son identité. Ces dispositions sont conformes à la Const. dès lors que l'agent de l'exploitant, informe l'officier de police judiciaire dans le plus bref délai et que la décision de ce dernier intervient également dans le plus bref délai possible. • Cons. const. 10 mars 2011, n° 2011-625 DC § 47.

57. Ces dispositions n'interdisent pas que, avant l'expiration du délai au-delà duquel la personne doit obligatoirement être présentée à un magistrat du siège, le déroulement de la garde à vue soit placée sous le contrôle du procureur de la République. • Cons. const. 30 juill. 2010, *Daniel Walbuger et a.*, n° 2010-14/22 QPC § 26 • Cons. const. 17 déc. 2010, *Michel F.*, n° 2010-80 QPC § 10 (sol. impl.).

58. Sur la question de la rigueur nécessaire des mesures restreignant la liberté individuelle, V. notes ss. DDH, art. 9, pt. II. ♦ Sur la présence de l'avocat pendant la garde à vue, V. notes ss. DDH, art. 16.

59. Sur la garde à vue des étrangers en situation irrégulière, V. note 93.

60. Exécution de mandats. Dès lors que la privation de liberté de 4 ou 6 jours organisée lorsque la personne est arrêtée en vertu d'un mandat d'arrêt à plus de 200 km du siège du juge d'instruction qui a délivré le mandat est permise en cas de circonstances matérielles objectivement et précisément déterminées par la loi et qui rendent impossible la présentation immédiate de la personne arrêtée devant le juge qui a ordonné l'arrestation et que, en cas de dépassement des délais, la personne est, sauf « circonstances insurmontables », libérée sur ordre du juge d'instruction saisi de l'affaire, la privation de liberté en cause, rendue nécessaire pour garantir la présentation de la personne arrêtée devant ce juge, est strictement encadrée et proportionnée au but poursuivi. • Cons. const. 24 juin 2011, *Kiril Z.*, n° 2011-133 QPC § 11. ♦ Cependant, en matière de mandat d'amener, ce délai serait disproportionné si la privation de liberté se prolongeait au-delà de 24 heures à l'encontre d'une personne qui n'encourt pas une peine d'emprisonnement correctionnelle ou un peine plus grave. • Même affaire § 13.

61. La mesure de privation de liberté étant ordonnée par le juge et exécutée sous son contrôle, l'exigence de l'intervention d'un juge du siège est satisfaite. Le procureur de la République intervenant comme une autorité d'exécution du mandat, la question de savoir s'il est indépendant ou non est donc sans incidence sur la question posée. • Cons. const. 24 juin 2011, *Kiril Z.*, n° 2011-133 QPC § 12.

62. Rétention avant comparution. Le placement en rétention avant comparution est conforme aux présentes dispositions sous la réserve que le magistrat devant lequel cette personne est appelée à comparaître ne soit pas mis en mesure de porter une appréciation immédiate sur l'opportunité de cette rétention ; dès lors, ce magistrat doit être informé sans délai de l'arrivée de la personne déférée dans les locaux de la juridiction. • Cons. const. 17 déc. 2010, *Michel F.*, n° 2010-80 QPC § 10. ♦ Rappr. • Cons. const. 11 août 1993, n° 93-326 DC § 3. ♦ De même ce placement méconnaîtrait la protection constitutionnelle de la liberté individuelle si la personne retenue n'était pas effectivement présentée à un magistrat du siège avant l'expiration du délai de 20 heures. • Cons. const. 17 déc. 2010, *Michel F.*, n° 2010-80 QPC § 11. ♦ Rappr. • Cons. const. 20 janv. 1981, n° 80-127 DC § 25. ♦ Il en va de même en cas de déferrement à l'issue de la garde à vue. • Cons. const. 6 mai 2011, *Abderrahmane L.*, n° 2011-125 QPC § 8.

63. Détention provisoire. Le principe de présomption d'innocence, proclamé par l'art. 9 DDH, ne fait pas obstacle à ce que l'autorité judiciaire soumette à des mesures restrictives ou privatives de liberté, avant toute déclaration de culpabilité, une personne à l'encontre de laquelle existent des indices suffisants quant à sa participation à la commission d'un délit ou d'un crime ; que c'est toutefois à la condition que ces mesures soient prononcées selon une procédure respectueuse des droits de la défense et apparaissent nécessaires à la manifestation de la vérité, au maintien de ladite personne à la disposition de la justice, à sa protection, à la protection des tiers ou à la sauvegarde de l'ordre public. • Cons. const. 29 août 2002, n° 2002-461 DC § 66. ♦ De même, ne se heurte à aucune exigence constitutionnelle l'obligation faite au juge d'instruction de motiver l'ordonnance par laquelle il refuse de suivre les réquisitions du procureur de la République tendant au placement en détention provisoire. • Cons. const. 29 août 2002, n° 2002-461 DC § 65. ♦ De même encore, s'il résulte en principe de ces dispositions que, lorsqu'un magistrat du siège a, dans la plénitude des pouvoirs que lui confère l'art. 66 Constitution en tant que gardien de la liberté individuelle, décidé par une décision juridictionnelle qu'une personne doit être mise en liberté, il ne peut être fait obstacle à cette décision, fût-ce dans l'attente, le cas échéant, de celle du juge d'appel, il est cependant loisible au législateur d'instituer une procédure de « référé-détention » donnant au procureur de la République un délai de quatre heures, à compter de la notification d'une ordonnance de mise en liberté rendue contrairement à ses réquisitions, pour interjeter appel devant le président de la chambre de l'instruction et saisir le premier président de la cour d'appel afin de déclarer cet appel suspensif, cette dernière saisine suspendant les effets de l'ordonnance pendant un délai maximal de deux jours ouvrables. • Cons. const. 29 août 2002, n° 2002-461 DC § 69 s.

64. En tant que gardien de la liberté individuelle, il incombe au juge judiciaire de veiller à ce que la détention provisoire soit, en toutes circonstances, mise en œuvre dans des conditions respectant la dignité des personnes et de s'assurer que cette privation de liberté est exempte de tout traitement inhumain et dégradant. • Crim. 8 juill. 2020, n° 20-81.739 P : *AJDA 2020. 1383* ; *D. 2020. 1462*. ♦ V. ss. Préamb. Const. 1946, al. 1er.

65. La disposition de l'ordonnance maintient, de par le seul effet de la loi et sans décision judiciaire, des personnes en détention, au-delà de la durée du terme fixé dans le mandat de dépôt ou l'ordonnance de prolongation, retirant ainsi à la juridiction compétente le pouvoir d'apprécier, dans tous les cas, s'il y avait lieu d'ordonner la mise en liberté de la personne détenue. Par ailleurs, ce même texte conduit à différer, à l'égard de tous les détenus, l'examen systématique, par la juridiction compétente, de la nécessité du maintien en détention et du caractère raisonnable de la durée de celle-ci. Or, l'exigence d'un contrôle effectif de la détention provisoire ne peut être abandonnée à la seule initiative de la personne détenue ni à la possibilité pour la juridiction compétente d'ordonner, à tout moment, d'office ou sur demande du ministère public, la mainlevée de la mesure de détention. Aussi la disposition de l'ordonnance ne saurait-elle être regardée comme compatible avec l'art. 5 Conv. EDH et la prolongation qu'elle prévoit n'est-elle régulière que si la juridiction qui aurait été compétente pour prolonger la détention rend, dans un délai rapproché courant à compter de la date d'expiration du titre ayant été prolongé de plein droit, une décision par laquelle elle se prononce sur le bien-fondé du maintien en détention. Même en tenant compte des circonstances de fait exceptionnelles résultant du contexte épidémique, lorsque la personne n'a pas encore été jugée en première instance, un tel délai ne peut être supérieur à un mois en matière délictuelle et à trois mois en matière criminelle. Après une condamnation en première instance, cette limite est portée à trois mois en matière tant correctionnelle que criminelle, les faits reprochés à l'intéressé ayant alors déjà été examinés au fond par une juridiction. Dans cet office, il appartient au juge d'exercer le contrôle qui aurait été le sien s'il avait dû statuer sur la prolongation de la détention provisoire, et ce dans le cadre d'un débat contradictoire tenu. A défaut d'un tel contrôle et sauf s'il est détenu pour autre cause, l'intéressé doit être immédiatement remis en liberté. • Crim. 26 mai 2020, n° 20-81.971 P : *D. 2020. 1274, note Perrier* ; *AJ pénal 2020. 346, étude Raschel* .

66. Injonctions pénales. Sous l'empire de l'ancienne conception de la liberté individuelle, le Cons. const. a jugé que certaines mesures susceptibles de faire l'objet d'une injonction pénale peuvent être de nature à porter atteinte à la liberté individuelle. Dans le cas où elles sont prononcées par un tribunal, elles constituent des sanctions pénales ; dès lors, le prononcé et l'exécution de telles mesures, même avec l'accord de la personne susceptible d'être pénalement poursuivie, ne peuvent, s'agissant de la répression de délits de droit commun, intervenir à la seule diligence d'une autorité chargée de l'action publique mais requièrent la décision d'une autorité de jugement. • Cons. const. 2 févr. 1995, n° 95 DC § 6. ♦ Jugé depuis qu'aucune des mesures pouvant faire l'objet de la transaction n'étant de nature à porter atteinte à la liberté individuelle au sens de l'art. 66 Const., il était loisible au législateur de confier ce pouvoir d'homologation à un magistrat du parquet ou à un magistrat du siège. • Cons. const. 30 mars 2006, n° 2006-535 DC § 42.

67. Surveillance électronique. Le placement sous surveillance électronique dont pourra être assorti le contrôle judiciaire qui a pour effet de restreindre la liberté individuelle en imposant à la personne concernée, de « ne s'absenter de son domicile ou de la résidence fixée par le juge d'instruction qu'aux conditions et pour les motifs déterminés par ce magistrat », ne pourra être mis en œuvre qu'avec l'accord exprès de l'intéressé et permettra, dans certaines circonstances, d'éviter sa détention provisoire ; il ne porte dès lors pas une atteinte excessive à la liberté individuelle. • Cons. const. 29 août 2002, n° 2002-461 DC § 83 s. ♦ Le placement sous surveillance judiciaire des personnes condamnées bénéficiant d'une réduction de peine, y compris lorsqu'elle se présente sous la forme d'un placement sous surveillance électronique mobile, constitue une mesure d'exécution de la peine. • Cons. const. 8 déc. 2005, n° 2005-527 DC § 14.

68. Incompétent pour connaître d'une demande de suspension du placement sous surveillance électronique, le juge administratif est compétent pour enjoindre à l'administration de faire cesser les dysfonctionnements du dispositif de surveillance électronique. Une requête en ce sens, quand bien même les dysfonctionnements porteraient gravement atteinte à une liberté fondamentale, n'est pas urgente au sens de l'art. L. 521-2 CJA. • CE 26 oct. 2011, *Jean-Jacques B.*, n° 350081 : *AJDA 2012. 434, note Éveillard* ; *Dr. adm. 2012. 9, note Fleury.*

69. Rétention judiciaire. Même si la rétention judiciaire n'est pas une peine, elle doit être assimilée à la détention. En effet, elle aboutit à priver totalement une personne de sa liberté pendant une période déterminée dans le cours d'un procès pénal. Dès lors, elle ne saurait être assortie de garanties moindres que celles assurées aux personnes placées en détention provisoire. • Cons. const. 13 août 1993, n° 93-325 DC § 114 • Cons. const. 22 avr. 1997, n° 97-389 DC § 65 et 67.

70. Rétention de sûreté. Si la rétention de sûreté n'est pas une mesure répressive, elle doit néanmoins respecter le principe, résultant des art. 9 DDH de 1789 et 66 Const., selon lequel la liberté individuelle ne saurait être entravée par une rigueur qui ne soit nécessaire (V. note 16). Dès lors, eu égard à la privation totale de liberté qui résulte de la rétention, la définition du champ d'application de cette mesure doit être nécessaire, proportionnée et en adéquation avec l'existence d'un trouble de la personnalité conduisant à ce que l'individu présente une particulière dangerosité caractérisée par une probabilité très élevée de récidive. Sous certaines réserves, les dispositions l'instituant répondent à ces conditions. • Cons. const. 21 févr. 2008, n° 2008-562 DC § 8 à 23. ♦ Ainsi il appartiendra à la juridiction régionale de la rétention de sûreté, de vérifier que la personne condamnée a effectivement été mise en mesure de bénéficier, pendant l'exécution de sa peine, de la prise en charge et des soins adaptés au trouble de la personnalité dont elle souffre. • Même affaire § 21. ♦ Rappr. : • CEDH 11 mai 2004, *Morsink c/ Pays-Bas*, n° 48865/99 § 67 s. ♦ Toutefois, eu égard à sa nature privative de liberté, à la durée de cette privation, à son caractère renouvelable sans limite et au fait qu'elle est prononcée après une condamnation par une juridiction, la rétention de sûreté ne saurait être appliquée à des personnes condamnées avant la publication de la loi ou faisant l'objet d'une condamnation postérieure à cette date pour des faits commis antérieurement. • Cons. const. 21 févr. 2008, n° 2008-562 DC § 10.

71. Contrôles d'identité. Il revient à l'autorité judiciaire de contrôler les conditions relatives à la légalité, la réalité et la pertinence des raisons qui ont motivé le contrôle d'identité et d'apprécier, s'il y a lieu, le comportement des personnes concernées. • Cons. const. 5 août 1993, n° 93-323 DC § 10. ♦ Viole le présent art. le fait de confier le pouvoir d'opérer des contrôles d'identité à des fins de police judiciaire aux agents de police municipale, qui, *relevant des autorités communales*, ne sont pas mis à la disposition des officiers de police judiciaire. • Cons. const. 10 mars 2011, n° 2011-625 DC § 60. ♦ V. notes ss. DDH, art. 2 « liberté d'aller et de venir », y compris pour la jurisprudence rendue à l'époque où les contrôles d'identité relevaient du présent art.

72. Fouille des véhicules. Des dispositions trop générales et imprécises sont, en cette matière, contraires à la liberté individuelle. • Cons. const. 12 janv. 1977, n° 76-75 DC § 2. ♦ L'autorisation de fouille de véhicules afin d'y découvrir des armes doit être donnée par l'autorité judiciaire. • Cons. const. 18 janv. 1995, n° 94-352 DC § 19. ♦ Lorsqu'il existe à l'égard du conducteur ou d'un passager une ou plusieurs raisons plausibles de soupçonner qu'il a commis, comme auteur ou comme complice, un crime ou un délit flagrant ou une tentative, un officier de police judiciaire peut procéder à la visite des véhicules circulant ou arrêtés sur la voie publique ou dans des lieux accessibles au public. • Cons. const. 13 mars 2003, n° 2003-467 DC § 14. ♦ De même, ils peuvent, pour prévenir une atteinte grave à la sécurité des personnes et des biens, procéder non seulement à des contrôles d'identité mais aussi, avec l'accord du conducteur ou, à défaut, sur instructions du procureur de la République communiquées par tous moyens, à la visite des véhicules circulant, arrêtés ou stationnant sur la voie publique ou dans des lieux accessibles au public. • Cons. const. 13 mars 2003, n° 2003-467 DC § 15.

73. Exécution des peines. En droit pénal les décisions relatives aux modalités d'exécution des peines sont par nature distinctes de celles par lesquelles celles-ci sont prononcées ; par suite, l'application de ceux des principes fondamentaux reconnus par les lois de la République qui régissent les condamnations ne s'impose pas en ce qui concerne les décisions relatives aux modalités d'exécution des peines. De même, aucune disposition de la Constitution ni aucun principe fondamental reconnu par les lois de la République n'exclut que les modalités d'exécution des peines privatives de liberté soient décidées par des autorités autres que des juridictions • Cons. const. 22 nov. 1978, n° 78-98 DC § 4 et 6 • Cons. const. 3 sept. 1986, n° 86-214 DC § 2.

2° DANS LE CADRE PRÉVENTIF

74. Assignation à résidence. La mesure d'assignation à résidence que l'autorité administrative peut prendre à l'égard d'un étranger qui pourrait être placé en rétention dans des locaux ne relevant pas de l'administration pénitentiaire si l'exécution de l'obligation de quitter le territoire demeure une perspective raisonnable et s'il présente des garanties de représentation ne comporte aucune privation de la liberté individuelle. • Cons. const. 9 juin 2011, n° 2011-631 DC § 68. ♦ Les dispositions qui permettent au ministre de l'intérieur, lorsque l'état d'urgence a été déclaré, de « prononcer l'assignation à résidence, dans le lieu qu'il fixe, de toute personne résidant dans la zone fixée » par le décret déclarant l'état d'urgence ne comportent pas, tant par leur objet que par leur portée, de privation de la liberté individuelle. • Cons. const. 22 déc. 2015, *Cédric D.*, n° 2015-527 QPC § 5. ♦ Rappr. s'agissant des arrêts simples dans le cadre de la discipline militaire. V. note 122. ♦ Sur l'éventuelle atteinte à la liberté d'aller et de venir, V. notes ss. DDH, art. 2.

75. La plage horaire maximale de l'astreinte à domicile dans le cadre de l'assignation à résidence, fixée à douze heures par jour, ne saurait être allongée sans que l'assignation à résidence soit alors regardée comme une mesure privative de liberté. • Cons. const. 22 déc. 2015, *Cédric D.*, n° 2015-527 QPC § 5.

76. Si une mesure d'assignation à résidence de la nature de celle qui a été prise à l'égard du requérant apporte des restrictions à l'exercice de certaines libertés, en particulier la liberté d'aller et venir, elle ne présente pas, compte tenu de sa durée et de ses modalités d'exécution, le caractère d'une mesure privative de liberté au sens de l'art. 5 Conv. EDH. • CE, ord., 11 déc. 2015, *Cédric D.*, n° 395009 § 24 : *Lebon ; AJDA 2016. 247, chron. Dutheillet de Lamothe et Odinet ; ibid. 2015. 2404 ; AJCT 2016. 202, étude Jobart ; RFDA 2016. 105, concl. Domino ; ibid. 123, note Roblot-Troizier*. ♦ La seule prolongation dans le temps d'une mesure d'assignation à résidence ordonnée dans les conditions prévues par l'art. 6 de la L. du 3 avr. 1955 n'a toutefois pas pour effet de modifier sa nature et de la rendre assimilable à une mesure privative de liberté. • Cons. const. 16 mars 2017, *Sofiyan I.*, n° 2017-624 QPC § 7. ♦ La seule prolongation dans le temps d'une mesure d'assignation à résidence ordonnée dans les conditions prévues par l'art. 6 de la L. du 3 avr. 1955 n'a toutefois pas pour effet de modifier sa nature et de la rendre assimilable à une mesure privative de liberté. • Cons. const. 16 mars 2017, *Sofiyan I.*, n° 2017-624 QPC § 7. ♦ V. également, estimant que l'assignation à résidence relève de l'art. 2 Prot. add. n° 4 Conv. EDH. • CEDH 22 févr. 1994, *Raimondo c/ Italie*, n° 12954/87 § 39 : *RSC 1995. 388, obs. Massias ; ibid. 1994. 614, obs. Pettiti ; JDI 1995. 748, obs. Decaux et Tavernier ; AFDI 1994. 658, obs. Coussirat-Coustère ; JCP 1995. I. 3823, chron. Sudre* • CEDH 9 févr. 2006, *Freimanis et Lidums c/ Lettonie*, n° 73443/01 § 87. ♦ Sauf si l'intensité et les effets de la mesures sont excessifs. • CEDH 28 nov. 2002, *Lavens c/ Lettonie*, n° 58442/00 § 63 : *AJDA 2003. 603, chron. Flauss*. ♦ V. notes ss. Conv. EDH, art. 5.

77. Pour d'autres exemples de mesure d'assignation à résidence dans le cadre de l'état d'urgence : • CAA Paris, 20 juin 2016, n°s 16PA01209 et 16PA01210. • CAA Paris, 8 juill. 2016, n° 16PA01153 : *AJDA 2016. 2102, note Romnicianu*.

78. Sur l'étendue des pouvoirs du ministre, V. notes ss. DDH, art. 2.

79. Maintien dans un local de gendarmerie. L'officier de gendarmerie, ayant fait conduire et retenir pendant plusieurs heures une personne, représentant syndical, dans des locaux dépendant de son autorité, en connaissance de l'absence de fondement légal de la mesure et jusqu'à l'achèvement de la visite présidentielle est coupable d'atteinte arbitraire à la liberté individuelle par dépositaire de l'autorité publique. • Crim. 24 mai 2016, n° 15-80.848 : *AJDA 2016. 1783 ; D. 2016. 1136 ; AJ pénal 2016. 383, obs. Perrier*.

80. Perquisition. Des mesures de perquisition qui, ne pouvant avoir d'autre but que de préserver l'ordre public et de prévenir les infractions, relèvent de la seule police administrative, y compris lorsqu'elles ont lieu dans un domicile, n'affectent pas la liberté individuelle. • Cons. const. 19 févr. 2016, *Ligue des droits de l'homme*, n° 2016-536 QPC § 3. ♦ Sur l'éventuelle atteinte à la vie privée, V. note ss. DDH, art. 2.

3° DANS LE CADRE DU DROIT DES ÉTRANGERS

81. Principe. L'étranger ne peut être maintenu en rétention que pour le temps strictement nécessaire à son départ, l'administration devant exercer toute diligence à cet effet. • Cons. const. 20 nov. 2003, n° 2003-484 DC § 66 • Cons. const. 9 juin 2011, n° 2011-631 DC § 75. ♦ V. également note 74.

82. L'autorité judiciaire doit conserver la possibilité d'interrompre à tout moment la prolongation du maintien en rétention, de sa propre initiative ou à la demande de l'étranger, lorsque les circonstances de droit ou de fait le justifient. • Cons. const. 20 nov. 2003, n° 2003-484 DC § 66 • Cons. const. 9 juin 2011, n° 2011-631 DC § 75. ♦ En cas d'annulation de la mesure d'éloignement par le juge administratif, il est mis fin immédiatement au maintien en rétention de l'étranger, qui est alors muni d'une autorisation provisoire de séjour jusqu'à ce que le préfet ait à nouveau statué sur son cas. • Même affaire § 50. ♦ Dès lors la prolongation jusqu'à 45 jours de la rétention n'est pas contraire à la Const. • Cons. const. 9 juin 2011, n° 2011-631 DC § 75.

83. En revanche, en permettant de prolonger de 12 mois la rétention administrative d'un étranger condamné à une peine d'interdiction du territoire pour des actes de terrorisme prévus par le titre II du livre IV C. pén. ou à ceux à l'encontre desquels une mesure d'expulsion a été prononcée pour un comportement lié à des activités à caractère terroriste pénalement constatées « lorsque, malgré les diligences de l'administration, l'éloignement ne peut être exécuté en raison soit du manque de coopération de l'étranger, soit des retards subis pour obtenir du consulat dont il relève les documents de voyage nécessaires », ces dispositions apportent à la liberté individuelle une atteinte contraire au présent art. • Cons. const. 9 juin 2011, n° 2011-631 DC § 76.

84. V. s'agissant de la rétention d'un demandeur d'asile faisant l'objet d'une requête aux fins de prise en charge ou de reprise en chargée adressée à l'État jugé responsable de l'examen de la demande d'asile et présentant un risque non négligeable de fuite : • Cons. const. 15 mars 2018, n° 2018-762 DC § 12 s.

85. Prononcé de la rétention. Si la rétention peut être prononcée par une autorité administrative, le législateur doit prévoir, selon des modalités appropriées, l'intervention de l'autorité judiciaire pour que celle-ci exerce la responsabilité et le pouvoir de contrôle qui lui reviennent. • Cons. const. 25 févr. 1992, n° 92-307 DC § 15. ♦ Rappr. • Cons. const. 22 avr. 1997, n° 97-389 DC § 54. ♦ Lorsque la loi prévoit que l'étranger doit être informé, dans « les meilleurs délais » de ses droits il faut entendre cette expression comme signifiant « le plus bref délai possible » si des raisons objectives interdisent que l'étranger soit immédiatement informé. • Cons. const. 20 nov. 2003, n° 2003-484 DC § 51.

86. Même si le maintien d'un étranger en zone de transit n'entraîne pas à l'encontre de l'intéressé un degré de contrainte sur sa personne comparable à celui qui résulterait de son placement dans un centre de rétention, des dispositions qui ne prévoient pas l'intervention dans les meilleurs délais de l'autorité judiciaire pour autoriser le maintien durable d'un étranger en zone de transit violent le présent art. • Cons. const. 25 févr. 1992, n° 92-307 DC § 17. ♦ Rappr. • CEDH 25 juin 1996, *Amuur c/ France,* n° 19776/92 : *RTDH 1997. 655, note Kazatchkine.*

87. Prolongation. Il est possible à l'autorité administrative de réitérer le maintien en rétention d'un étranger, mais dans les seuls cas où l'intéressé s'est refusé à déférer à la mesure d'éloignement prise à son encontre et une fois seulement. • Cons. const. 22 avr. 1997, n° 97-389 DC § 52. ♦ En toute hypothèse, dès lors que le contrôle de l'autorité judiciaire sur le maintien en rétention (au-delà de 48 heures) d'un étranger qui a fait l'objet d'une mesure d'éloignement du territoire français est garanti, *qu'en particulier l'autorité judiciaire* conserve la possibilité d'interrompre à tout moment la prolongation du maintien en rétention, de sa propre initiative ou à la demande de l'étranger, lorsque les circonstances de droit ou de fait le justifient, le législateur peut allonger la durée de rétention, sous la réserve que l'étranger ne peut être maintenu en rétention que pour le temps strictement nécessaire à son départ, l'administration devant exercer toute diligence à cet effet. • Cons. const. 20 nov. 2003, n° 2003-484 DC § 64 s. ♦ *Ab. jur.* • Cons. const. 3 sept. 1986, n° 86-216 DC § 22 • Cons. const. 13 août 1993, n° 93-325 DC § 100.

88. Ne porte pas atteinte au présent art. la disposition qui porte à 5 jours le délai d'intervention de l'autorité judiciaire. • Cons. const. 9 juin 2011, n° 2011-631 DC § 72. ♦ Le délai de garde à vue doit être pris en compte pour déterminer le délai avant l'expiration duquel une juridiction de l'ordre judiciaire doit intervenir. Dès lors qu'en cas de renouvellement de la garde à vue par le procureur de la République, la durée de celle-ci peut être portée à 48 heures, les dispositions contestées ne sauraient, sans méconnaître le présent art., permettre que l'étranger privé de sa liberté soit effectivement présenté à un magistrat du siège après l'expiration d'un délai de sept jours à compter du début de la garde à vue. • Même affaire § 73.

89. Le juge judiciaire est donc compétent pour apprécier, à la demande du préfet, la légalité d'une arrestation, de la mesure de rétention administrative qui en résulte et pour ordonner, si besoin est, la mise en liberté de la personne intéressée. • Civ. 2e, 28 juin 1995, *Bechta : AJDA 1996. 72, note Legrand ; JCP 1995. 22504, concl. Sainte Rose.* • T. confl., 5 juin 2000, *Yldirim : Lebon 761.* ♦ Ce qui n'interdit pas que la rétention fasse l'objet d'un recours pour excès de pouvoir devant le juge administratif. • CE, avis cont., 26 mai 1995, *Yilmaz : Lebon 216 ; LPA 9 août 1995, p. 11, concl. du Marais.*

90. De même appartient-il au juge judiciaire d'apprécier la régularité des conditions de détention. • Civ. 2e, 21 oct. 1999, *Teifour : Bull. civ. n° 160.* ♦ En revanche, le juge judiciaire ne peut étendre son contrôle à la légalité de la décision de reconduite à la frontière. • CE 23 févr. 1990, *Sioui : Lebon 902 ; RFDA 1990. 525, concl. Abraham* • Civ. 2e, 28 juin 1995, *Li : Bull. civ. n° 217 ; JCP 1995. 22505.*

91. Est dès lors illégal, comme contraire au présent art., le décret qui prévoit la consignation à bord des navires des étrangers du fait des entraves qu'elle entraîne à leur liberté dès lors qu'aucune disposition dudit décret ne garantit, selon des modalités appropriées, l'intervention de l'autorité judiciaire pour que celle-ci exerce le pouvoir de contrôle qui lui revient. • CE 1er oct. 2001, *Assoc. nat. d'assistance aux frontières pour les étrangers : Lebon 443.*

92. Contrôle d'identité. Les étrangers peuvent être tenus de détenir, de porter et de produire, en dehors de la recherche d'auteur d'infractions et en l'absence de circonstances particulières relatives à la prévention d'atteinte à l'ordre public, des documents attestant la régularité de leur entrée et de leur séjour. • Cons. const. 13 août 1993, n° 93-325 DC § 14. ♦ Cependant, les contrôles ainsi opérés doivent se fonder exclusivement sur des critères objectifs évitant toute discrimination de quelque nature qu'elle soit entre les personnes. • Cons. const. 13 août 1993, n° 93-325 DC § 16.

93. Garde à vue. Le ressortissant d'un pays tiers, en séjour irrégulier en France, qui n'encourt pas l'emprisonnement prévu par l'art. L. 621-1 CESEDA lorsque ce dernier, non disposé à quitter le territoire national volontairement, soit n'a pas été préalablement soumis à l'une des mesures coercitives prévues à l'art. 8 de la Dir. 2008/115/CE, soit en a déjà fait l'objet, ne peut être placé en garde à vue à l'occasion d'une procédure de flagrant délit diligentée de ce seul chef. • Civ. 1re, 5 juill. 2012 : *JCP Adm. 2012. 498.* ♦ Voir déjà • Civ. 1re, 5 juin 2012 : *Dr. adm. 2012. 74, note Tchen.* ♦ Rappr. • CJUE 28 avr. 2011, *El Dridi*, n° C-61/11 : *D. 2011. 1880, obs. Poissonnier* ; *AJDA 2011. 1617, chron. Aubert, Broussy et Donnat* • CJUE 6 déc. 2011, *Achughbabian*, n° C-329/11 : *D. 2011. 2999* ; *AJDA 2012. 310, chron. Aubert, Broussy et Donnat*.

94. Écrou extraditionnel. Des dispositions ne sauraient, sans imposer une rigueur non nécessaire méconnaissant la liberté individuelle ni porter une atteinte disproportionnée à la liberté d'aller et venir, être interprétées comme excluant la possibilité pour le magistrat du siège saisi aux fins d'incarcération dans le cadre d'une procédure d'extradition de laisser la personne réclamée en liberté sans mesure de contrôle dès lors que celle-ci présente des garanties suffisantes de représentation. • Cons. const. 9 sept. 2016, *Mukhtar A.*, n° 2016-561/562 QPC § 12. ♦ Sur le respect des droits de la défense et du droit au recours dans ce cadre, V. notes ss. DDH, art. 16.

95. Si aucune disposition législative ne prévoit de durée maximale au placement sous écrou extraditionnel et qu'il n'existe pas d'obligation d'un réexamen périodique du bien-fondé de la détention par un juge, la personne réclamée peut solliciter à tout instant de la procédure, qu'elle soit juridictionnelle ou administrative, sa mise en liberté devant la chambre de l'instruction. Toutefois, la liberté individuelle ne saurait être tenue pour sauvegardée si l'autorité judiciaire ne contrôlait pas, à cette occasion, la durée de l'incarcération, en tenant compte notamment des éventuels recours exercés par la personne et des délais dans lesquels les autorités juridictionnelles et administratives ont statué. Ce contrôle exige que l'autorité judiciaire fasse droit à la demande de mise en liberté lorsque la durée totale de la détention, dans le cadre de la procédure d'extradition, excède un délai raisonnable. • Cons. const. 9 sept. 2016, *Mukhtar A.*, n° 2016-561/562 QPC § 19 à 21.

96. Assignation à résidence. Si la mesure d'assignation à résidence est susceptible d'inclure une astreinte à domicile, la plage horaire de cette dernière ne saurait dépasser douze heures par jour sans que l'assignation à résidence soit alors regardée comme une mesure privative de liberté, contraire aux exigences du présent art., dans la mesure où elle n'est pas soumise au contrôle du juge judiciaire. • Cons. const. 30 nov. 2017, *Kamel D.*, n° 2017-674 QPC §15 (réserve d'interprétation). ♦ La seule prolongation dans le temps d'une telle mesure d'assignation à résidence n'a pas pour effet de modifier sa nature et de la rendre assimilable à une mesure privative de liberté. • Cons. const. 30 nov. 2017, *Kamel D.*, n° 2017-674 QPC §16.

4° DANS LE CADRE HOSPITALIER

NB. Ces éléments sont intervenus avant la réforme issue de la L. n° 2011-803 du 5 juill. 2011 (*JO 6 juill., p. 11705*). Celle-ci, tenant compte des décisions du Cons. const., a substitué les « soins psychiatriques sur décision du représentant de l'État » à l'« hospitalisation d'office » et les « soins psychiatriques à la demande d'un tiers » à l'« hospitalisation à la demande d'un tiers ». Néanmoins, ces modifications n'ont pas permis d'expurger toutes les difficultés. En témoigne la décision • Cons. const. 6 oct. 2011, *Oriette P.*, n° 2011-174 QPC.

BIBL. Avant la réforme de juillet 2011. Noguellou, L'hospitalisation forcée, *Dr. adm. 2011. Focus n° 1.*

Depuis la réforme de juillet 2011. Péchillon, Le nouveau cadre juridique des soins sous contrainte en psychiatrie : une réforme polémique, *JCP Adm. 2011. 2295.* – Pena, Internement psychiatrique, liberté individuelle et dualisme juridictionnel : la nouvelle donne, *RFDA 2011. 951*. – Blay-Grabarczyk, Le régime de l'hospitalisation sous contrainte, *RFDA 2012. 629*. – Castaing, La volonté des personnes admises en soins psychiatriques sans consentement : quel droit pour quel juge ?, *AJDA 2013. 153*.

97. Principe. L'hospitalisation sans son consentement d'une personne atteinte de troubles mentaux doit respecter le principe, résultant du présent art., selon lequel la liberté individuelle ne saurait être entravée par une rigueur qui ne soit nécessaire. • Cons. const. 26 nov. 2010, *Mlle Danielle S.*, n° 2010-71 QPC § 16 • Cons. const. 9 juin 2011, *Abdellatif B. et a.*, n° 2011-135/140 QPC § 7 • Cons. const. 6 oct. 2011, *Oriette P.*, n° 2011-174 QPC § 6 • Cons. const. 2 déc. 2011, *Lucienne Q.*, n° 2011-202 QPC § 10.

98. Dans ce cadre, il incombe au législateur

d'assurer la conciliation entre, d'une part, la protection de la santé des personnes souffrant de troubles mentaux ainsi que la prévention des atteintes à l'ordre public nécessaire à la sauvegarde de droits et principes de valeur constitutionnelle et, d'autre part, l'exercice des libertés constitutionnellement garanties (au nombre desquelles figurent la liberté d'aller et venir et le respect de la vie privée) auxquels il ne doit être porté que des atteintes adaptées, nécessaires et proportionnées aux objectifs poursuivis. • Cons. const. 26 nov. 2010, *Mlle Danielle S.*, n° 2010-71 QPC § 16 • Cons. const. 9 juin 2011, *Abdellatif B. et a.*, n° 2011-135/140 QPC § 7 • Cons. const. 6 oct. 2011, *Oriette P.*, n° 2011-174 QPC § 6 • Cons. const. 2 déc. 2011, *Lucienne Q.*, n° 2011-202 QPC § 10.

a. Cas général

1. Conditions d'admission

99. Hospitalisation à la demande d'un tiers (HDT). Les conditions dans lesquelles une hospitalisation à la demande d'un tiers (HDT) peut être prononcée sont définies en des termes qui assurent le respect des principes de nécessité et d'adéquation et sont assorties d'un niveau de garanties qui assurent la proportionnalité de la mesure. • Cons. const. 26 nov. 2010, *Mlle Danielle S.*, n° 2010-71 QPC § 22. ♦ En particulier, en est-il ainsi dès lors que la demande d'admission doit être présentée soit par un membre de la famille du malade, soit par une personne susceptible d'agir dans l'intérêt de celui-ci, ce qui implique qu'elle justifie de relations antérieures à la demande lui donnant qualité pour agir dans son intérêt. • Même affaire, § 18. ♦ V. déjà • CE 3 déc. 2003, *CHS de Caen*, n° 244867 : *Lebon 488*. ♦ Rappr. : l'admission en soins sous contrainte à la demande d'un tiers est une décision individuelle privative de liberté prise par le directeur d'établissement et à ce titre doit respecter un certain formalisme. • CE 13 nov. 2013, *Assoc. CRPA*, n° 352667 : *Lebon T. 397 ; AJDA 2013. 2285 ; JCP Adm. 2013. 918.* ♦ L'autorité judiciaire est seule compétente pour statuer sur l'ensemble des conséquences dommageables d'une mesure d'hospitalisation à la demande d'un tiers. • CE 20 déc. 2013, *Monteil-Jouve*, n° 352747 : *Lebon T. 511 ; JCP Adm. 12014. 41.* ♦ Rappr. • T. confl. 17 févr. 1997, *Préfet de la Région Île-de-France*, n° 03045 : *Lebon 524 ; JCP 1997. 22885, concl. Sainte-Rose.*

100. Aucune règle ou principe constitutionnel n'impose que l'accueil des personnes atteintes *de troubles mentaux hospitalisées sans leur* consentement soit confié à des établissements de santé publics. • Cons. const. 26 nov. 2010, *Mlle Danielle S.*, n° 2010-71 QPC § 21. ♦ Les établissements de santé privés habilités à prendre en charge des personnes hospitalisées sans leur consentement étant soumis aux mêmes obligations que les établissements publics, les décisions d'admission sans consentement dans les établissements privés ou publics de personnes atteintes de troubles mentaux sont subordonnées aux mêmes formalités et contrôles. • Même affaire.

101. Hospitalisation d'office (HO). Peuvent justifier la mise en œuvre d'une mesure privative de liberté et dès lors qu'une personne est hospitalisée d'office si les troubles mentaux dont elle souffre nécessitent des soins et compromettent la sûreté des personnes ou portent atteinte, de façon grave, à l'ordre public. • Cons. const. 9 juin 2011, *Abdellatif B. et a.*, n° 2011-135/140 QPC § 8 • Cons. const. 6 oct. 2011, *Oriette P.*, n° 2011-174 QPC § 7.

102. Ne méconnaît pas les exigences tirées du présent art. : la compétence du préfet pour ordonner l'HO au vu d'un certificat établi par un psychiatre exerçant dans l'établissement accueillant le malade. • Cons. const. 9 juin 2011, *Abdellatif B. et a.*, n° 2011-135/140 QPC § 9. ♦ ... La compétence du maire de la commune ou, à Paris, du commissaire de police, pour ordonner, en cas de danger imminent pour la sûreté des personnes, toutes les mesures provisoires, y compris des mesures portant atteinte à la liberté individuelle. • Cons. const. 6 oct. 2011, *Oriette P.*, n° 2011-174 QPC § 8.

103. Dès lors que le législateur n'a permis qu'une mesure de privation de liberté provisoire soit ordonnée après un simple avis médical uniquement en cas de danger imminent pour la sûreté des personnes et ne s'applique qu'aux personnes dont le comportement révèle des troubles mentaux manifestes, ces dispositions ne méconnaissent pas les présentes exigences constitutionnelles. • Cons. const. 6 oct. 2011, *Oriette P.*, n° 2011-174 QPC § 9.

104. En revanche, n'assure pas que l'HO soit réservée aux cas dans lesquels elle est adaptée, nécessaire et proportionnée à l'état du malade ainsi qu'à la sûreté des personnes ou à la préservation de l'ordre public le fait que, si le certificat médical établis par l'établissement dans les 24 heures suivant l'HO ne confirme pas que l'intéressé doit faire l'objet de soins en hospitalisation, l'HO puisse, à défaut d'être levée par l'autorité administrative compétente, se poursuivre sans que soit prévu un réexamen à bref délai de la situation de la personne hospitalisée, un tel réexamen étant seul de nature à permettre le maintien de la mesure. • Cons. const. 9 juin 2011, *Abdellatif B. et a.*, n° 2011-135/140 QPC § 10. ♦ ... Qu'une mesure de privation de liberté provisoire puisse être prononcée, même en cas de danger imminent pour la sûreté des personnes dont le comportement révèle des troubles mentaux manifestes, sur le fondement de la seule notoriété publique. • Cons. const. 6 oct. 2011, *Oriette P.*, n° 2011-174 QPC § 10.

2. Maintien de l'hospitalisation

105. Principe. Même si les motifs médicaux et les finalités thérapeutiques qui justifient la privation de liberté des personnes atteintes de troubles mentaux hospitalisées sans leur consentement peuvent être pris en compte pour la fixation de ce délai, les dispositions prévoyant que l'hospitalisation sans consentement peut être maintenue au-delà de 15 j sans intervention d'une juridiction de l'ordre judiciaire, méconnaissent les exigences du présent art. • Cons. const. 26 nov. 2010, *Mlle Danielle S.*, n° 2010-71 QPC § 25. ♦ En outre, ni l'obligation faite à certains magistrats de l'autorité judiciaire de visiter périodiquement les établissements accueillant des personnes soignées pour des troubles mentaux, ni les recours juridictionnels dont disposent ces personnes pour faire annuler la mesure d'hospitalisation ou y mettre fin ne suffisent à satisfaire à ces exigences. • Cons. const. 26 nov. 2010, *Mlle Danielle S.*, n° 2010-71 QPC § 25. ♦ Il en va de même pour les mêmes motifs s'agissant de l'hospitalisation d'office. • Cons. const. 9 juin 2011, *Abdellatif B. et a.*, n° 2011-135/140 QPC § 13. ♦ Rappr. • CEDH 18 nov. 2010, *Baudouin c/ France*, n° 35935/03 § 101 : *D. 2011. 1713, obs. Bernaud et Gay ; AJ Pénal 2011. 144, obs. Péchillon ; JCP 2011. 189, note Grabarczyk* • CEDH 14 avr. 2011, *Patoux c/ France*, n° 35079/06 § 73 : *JCP Adm. 2011. 307, obs. Albert.*

106. Toute procédure de maintien en HO doit être précédée d'une procédure contradictoire qui ne peut, sous peine d'irrégularité, intervenir plus de 3 j avant l'expiration de la période d'hospitalisation en cours. • CE, sect., 27 mai 2011, *Kupferstein*, n° 330267 : *Lebon T. 1056 ; AJDA 2011. 1786, concl. Landais*. ♦ Par ailleurs, l'arrêté de maintien doit être pris dans les délais légaux dès lors que ceux-ci sont constitutifs d'une garantie pour les intéressés. • CE, sect., 27 mai 2011, *Kupferstein*, n° 330266 : *Lebon T. 1057.*

107. Une disposition qui se borne à imposer l'examen du malade dans les 15 j puis 1 mois après l'hospitalisation et ensuite au moins tous les mois, par un psychiatre de l'établissement qui transmet son certificat médical au représentant de l'État dans le département et à la commission départementale des hospitalisations psychiatriques, n'a pas pour objet le maintien en hospitalisation et n'est donc contraire à aucun droit ou liberté que la Constitution garantit ; elle doit être déclarée conforme à la Const. • Cons. const. 6 oct. 2011, *Oriette P.*, n° 2011-174 QPC § 12 • Cons. const. 2 déc. 2011, *Lucienne Q.*, n° 2011-202 QPC § 11.

108. Réexamen périodique. Des dispositions qui imposent un réexamen périodique, au maximum tous les six mois, des mesures de soins sans consentement sous la forme de l'hospitalisation complète sur lesquelles une juridiction judiciaire s'est déjà prononcée ne font pas obstacle à ce que le juge des libertés et de la détention puisse être saisi à tout moment aux fins d'ordonner la mainlevée immédiate de la mesure et assurent, entre les exigences du présent art. et l'objectif de valeur constitutionnelle de bonne administration de la justice, une conciliation qui n'est pas déséquilibrée. • Cons. const. 20 avr. 2012, *Assoc. Cercle de réflexion et de proposition d'actions sur la psychiatrie*, n° 2012-235 QPC § 17.

b. Situation particulière

109. Principe. En raison de la spécificité de la situation des personnes ayant commis des infractions pénales en état de trouble mental ou qui présentent, au cours de leur hospitalisation, une particulière dangerosité, le législateur peut assortir de conditions particulières la levée de la mesure de soins sans consentement dont ces personnes font l'objet. Toutefois, il lui appartient d'adopter les garanties légales contre le risque d'arbitraire encadrant la mise en œuvre de ce régime particulier. • Cons. const. 20 avr. 2012, *Assoc. Cercle de réflexion et de proposition d'actions sur la psychiatrie*, n° 2012-235 QPC § 25. ♦ V. déjà, mais ne concernant que les personnes ayant commis des infractions, • Cons. const. 21 oct. 2011, *Jean-Louis C.*, n° 2011-185 QPC § 6.

110. Hospitalisation en unité pour malades difficiles (UMD). Méconnaissent les exigences du présent art., en n'apportant pas les garanties légales contre le risque d'arbitraire, des dispositions qui font découler d'une hospitalisation en unité pour malades difficiles, laquelle décision, prise par l'autorité administrative, est imposée sans garanties légales suffisantes, des règles plus rigoureuses que celles applicables aux autres personnes admises en hospitalisation complète, not. en ce qui concerne la levée de ces soins. • Cons. const. 20 avr. 2012, *Assoc. Cercle de réflexion et de proposition d'actions sur la psychiatrie*, n° 2012-235 QPC § 26. ♦ En revanche, le régime juridique de privation de liberté auquel sont soumises les personnes prises en charge dans une unité pour malades difficiles n'étant pas différent de celui applicable aux autres personnes faisant l'objet de soins sans leur consentement sous la forme d'une hospitalisation complète, le législateur n'a pas privé de garanties légales la protection constitutionnelle de la liberté individuelle en renvoyant au décret le soin de fixer les modalités de prise en charge en unité pour malades difficiles des personnes faisant l'objet d'une mesure de soins psychiatriques sans leur consentement en hospitalisation complète et qui présentent pour autrui un danger tel que les soins, la surveillance et les mesures de sûreté nécessaires ne peuvent être mis en œuvre que dans une unité spécifique. • Cons. const. 14 févr. 2014, *Cts L.*, n° 2013-367 QPC § 10.

111. Irresponsables pénaux. Méconnaissent les exigences du présent art. des dispositions qui subordonnent à l'avis favorable de deux médecins le pouvoir du juge des libertés et de la détention d'ordonner la sortie immédiate de la personne hospitalisée, suite à une décision d'irresponsabilité pénale pour cause de trouble mental ou à un jugement ou arrêt de déclaration d'irresponsabilité pénale pour cause de trouble mental. • Cons. const. 21 oct. 2011, *Jean-Louis C.*, n° 2011-185 QPC § 6.

112. Présentent également un risque d'arbitraire les dispositions qui font découler de la décision de transmission au représentant de l'État par l'autorité judiciaire (transmission possible quelles que soient la gravité et la nature de l'infraction commise en état de trouble mental sans que soit prévue l'information préalable de la personne intéressée ou une procédure adaptée) des règles plus rigoureuses que celles applicables aux autres personnes soumises à une obligation de soins psychiatriques, not. en ce qui concerne la levée de ces soins. • Cons. const. 20 avr. 2012, *Assoc. Cercle de réflexion et de proposition d'actions sur la psychiatrie*, n° 2012-235 QPC § 28.

113. Mesures d'isolement ou de contention dans le cadre des soins psychiatriques sans consentement. Les dispositions contestées ne méconnaissent pas le présent art. Si le législateur a prévu que le recours à l'isolement et à la contention ne peut être décidé par un psychiatre que pour une durée limitée, il n'a pas fixé cette limite ni prévu les conditions dans lesquelles, au-delà d'une certaine durée, le maintien de ces mesures est soumis au contrôle du juge judiciaire. Il s'ensuit qu'aucune disposition législative ne soumet le maintien à l'isolement ou sous contention à une juridiction judiciaire dans des conditions répondant aux exigences du présent art. • Cons. const. 19 juin 2020, *Éric G.*, n° 2020-844 QPC § 8.

c. Conditions d'hospitalisation du patient

114. Principe. Compte tenu des conditions dans lesquelles l'hospitalisation sans consentement est possible, qu'il s'agisse de l'HDT ou de l'HO, le législateur avait procédé à une conciliation entre, d'une part, la protection de la santé et la protection de l'ordre public et, d'autre part, les libertés constitutionnellement *garanties, qui n'est pas manifestement* disproportionnée dès lors que son droit d'émettre ou de recevoir des courriers est garanti en tout état de cause et que son avis sur son traitement est pris en considération. • Cons. const. 26 nov. 2010, *Mlle Danielle S.*, n° 2010-71 QPC § 31 et 32.

115. Obligation de soins. La question est traitée égal. sous l'angle de la liberté personnelle. – V. notes ss. DDH, art. 2.

116. Le grief tiré de la violation de la liberté individuelle manque en fait, dès lors que les dispositions qui permettent que des personnes qui ne sont pas prises en charge en « hospitalisation complète » soient soumises à une obligation de soins psychiatriques pouvant comporter, le cas échéant, des séjours en établissement, et les dispositions contestées n'autorisent pas l'exécution d'une telle obligation sous la contrainte. Ces personnes ne sauraient se voir administrer des soins de manière coercitive ni être conduites ou maintenues de force pour accomplir les séjours en établissement prévus par le programme de soins ; aucune mesure de contrainte à l'égard d'une personne prise en charge hors « hospitalisation complète » ne peut être mise en œuvre sans que la prise en charge ait été préalablement transformée en hospitalisation complète. • Cons. const. 20 avr. 2012, *Assoc. Cercle de réflexion et de proposition d'actions sur la psychiatrie*, n° 2012-235 QPC § 12.

5° PROTECTION DE LA SANTÉ (COVID-19)

117. En cas d'interdiction de toute sortie, les mesures de mise en quarantaine, de placement et de maintien en isolement constituent une privation de liberté. Il en va de même lorsqu'elles imposent à l'intéressé de demeurer à son domicile ou dans son lieu d'hébergement pendant une plage horaire de plus de douze heures par jour. • Cons. const. 11 mai 2020, n° 2020-800 DC § 33.

118. Ces mesures ne pouvant être mises en œuvre dans la poursuite de l'objectif de valeur constitutionnelle de protection de la santé que dans les cas où elles sont adaptées, nécessaires et proportionnées à l'état des personnes affectées ou susceptibles d'être affectées par la maladie à l'origine de la catastrophe sanitaire, elles ne portent qu'une atteinte proportionnée à la liberté individuelle. • Cons. const. 11 mai 2020, n° 2020-800 DC § 40. ♦ Cependant, si les mesures de mise en quarantaine ou de placement en isolement interdisant toute sortie de l'intéressé hors du lieu où se déroule la quarantaine ou l'isolement ne peuvent se poursuivre au-delà d'un délai de quatorze jours sans que le juge des libertés et de la détention, préalablement saisi par le préfet, ait autorisé cette prolongation, aucune intervention systématique d'un juge judiciaire n'est prévue dans les autres hypothèses (V. note 45). Dès lors, ces dispositions ne sauraient, sans méconnaître les exigences du présent art., permettre la prolongation des mesures de mise en quarantaine ou de placement en isolement imposant à l'intéressé de demeurer à son domicile ou dans son lieu d'hébergement pendant une plage horaire de plus de douze heures par jour sans l'autorisation du juge judiciaire. • Cons. const. 11 mai 2020, n° 2020-800 DC § 43.

6° PLACEMENT EN CELLULE DE DÉGRISEMENT

119. La conduite dans un local de police ou de gendarmerie d'une personne trouvée en état d'ivresse sur la voie publique et le placement de celle-ci dans ce local ou en chambre de sûreté jusqu'à ce qu'elle ait recouvré la raison sont des mesures relevant de la police administrative dont l'objet est de prévenir les atteintes à l'ordre public et de protéger la personne dont il s'agit. Les agents de la police et de la gendarmerie nationales, seuls investis de cette mission de sécurité publique, opèrent un tel placement après avoir constaté par eux-mêmes l'état d'ivresse qui est un fait matériel se manifestant dans le comportement de la personne. La privation de liberté ne peut se poursuivre après que la personne a recouvré la raison. • Cons. const. 8 juin 2012, *Mickaël D.*, n° 2012-253 QPC § 5 et 6.

120. Prévu, organisé et limité par la loi, le placement en chambre de sûreté, qui constitue une privation de liberté, n'est pas une détention arbitraire. • Cons. const. 8 juin 2012, *Mickaël D.*, n° 2012-253 QPC § 6. ♦ Rappr. • CEDH 4 avr. 2000, *Witold Litwa c/ Pologne*, n° 26629/95 § 61. ♦ Eu égard à la brièveté de cette privation de liberté organisée à des fins de police administrative par les dispositions contestées, l'absence d'intervention de l'autorité judiciaire ne méconnaît pas les exigences de l'art. 66 Const. • Cons. const. 8 juin 2012, *Mickaël D.*, n° 2012-253 QPC § 8. ♦ Rappr. • Cons. const. 9 juin 2011, n° 2011-631 DC § 73.

121. Toutefois, lorsque la personne est placée en garde à vue après avoir fait l'objet d'une mesure de privation de liberté dans le cadre d'un placement en chambre de sûreté, la protection constitutionnelle de la liberté individuelle par l'autorité judiciaire exige que la durée de ce placement, qui doit être consignée dans tous les cas par les agents de la police ou de la gendarmerie nationales, soit prise en compte dans la durée de la garde à vue. • Cons. const. 8 juin 2012, *Mickaël D.*, n° 2012-253 QPC § 9.

7° DISCIPLINE DES MILITAIRES

122. Les arrêts militaires (simples) n'instituent pas une sanction disciplinaire entraînant une privation de liberté ; le grief tiré de ce que le législateur aurait insuffisamment encadré les modalités d'exécution d'une sanction qui affecte la liberté individuelle est inopérant à l'encontre des dispositions. • Cons. const. 27 févr. 2015, *Pierre T. et a.*, n° 2014-450 QPC § 8. ♦ Le CJM pose une limite de soixante jours à la durée maximale de la sanction des arrêts simples et institue les garanties procédurales applicables lorsqu'une procédure de sanction est engagée ; compte tenu des obligations particulières attachées à l'état militaire et des restrictions à l'exercice de la liberté d'aller et de venir qui en résultent, en prévoyant la sanction des arrêts parmi les sanctions disciplinaires applicables aux militaires sans en définir plus précisément les modalités d'application, le législateur n'a pas méconnu l'étendue de sa compétence. • Cons. const. 27 févr. 2015, *Pierre T. et a.*, n° 2014-450 QPC § 9.

Art. 66-1 *(L. const. n° 2007-239 du 23 févr. 2007)* **Nul ne peut être condamné à la peine de mort.**

COMMENTAIRE

V. sur le Code en ligne.

L'application de la peine de mort à une personne ayant fait l'objet d'une extradition accordée par le Gouvernement français serait contraire à l'ordre public français. • CE, sect., 27 févr. 1987, *Fidan*, n° 78665 : *Lebon*. ♦ Si l'un des faits à raison desquels l'extradition est demandée est puni de la peine capitale par la loi de la partie requérante, cette extradition ne peut être légalement accordée pour ce fait qu'à condition que la partie requérante donne des assurances suffisantes que la peine de mort encourue ne soit pas prononcée ou ne sera pas exécutée. • CE, ass., 15 oct. 1993, *Aylor*, n° 144590 : *Lebon, concl. Vigouroux ; AJDA 1993. 887 ; ibid. 848, chron. Maugüé et Touvet ; RFDA 1993. 1166, concl. Vigouroux* ; ibid. 1994. 21, étude Labayle ; *ibid. 1182, chron. Giakoumopoulos, Keller, Labayle et Sudre ; RSC 1994. 491, obs. Rolin* • CE 8 avr. 1998, *Stacy*, n° 186510 : *Lebon*. ♦ V. la position de la CEDH ss. Prot. Add. n° 13 Conv. EDH.

TITRE IX La Haute Cour

(L. const. n° 2007-238 du 23 févr. 2007)

Art. 67 *(L. const. n° 2007-238 du 23 févr. 2007)* **Le Président de la République n'est pas responsable des actes accomplis en cette qualité, sous réserve des dispositions des articles 53-2 et 68.**

Il ne peut, durant son mandat et devant aucune juridiction ou autorité administrative française, être requis de témoigner non plus que faire l'objet d'une action, d'un acte d'information, d'instruction ou de poursuite. Tout délai de prescription ou de forclusion est suspendu.

Les instances et procédures auxquelles il est ainsi fait obstacle peuvent être reprises ou engagées contre lui à l'expiration d'un délai d'un mois suivant la cessation des fonctions.

BIBL. ▶ Auvret, La réforme de la responsabilité du Président de la République, *RD publ. 2007. 409.* - Cazals (de), La Ve République face à l'instauration d'une destitution politique inédite du Président de la République. Retour sur la révision du titre IX de la Constitution du 4 octobre 1958, *RFD const., n° 71, juill. 2007. 451.* - Marcovici, Jurisprudences et révision constitutionnelle : l'exemple de 2007, *RD publ. 2007. 1237.* - Benetti, Brèves remarques sur le projet de loi organique portant application de l'article 68 de la Constitution, *Constitutions 2011. 186*. - Pluen, L'inapplicabilité du nouveau régime de responsabilité du Président de la République, *RD publ. 2009. 1401.* - Gonod, Retour à la Constitution de l'an VIII ?, *AJDA 2011. 2313.* - Cassia, Repenser le statut contentieux du Président de la République, *AJDA 2012. 1.* - Verpeaux, La destitution du Président de la République peut être prononcée !, *JCP Adm. 2014. 2335.* - Martinez, L'action en justice du Président de la République : un citoyen comme un autre ?, *RFDC 2014. 533.* - Goesel-Le Bihan, La responsabilité du chef de l'État : et la jurisprudence du Conseil constitutionnel, *AJDA 2018. 1865*.

Ancien art. 67 *(Abrogé par L. const. n° 2007-238 du 23 févr. 2007)* ***Il est institué une Haute Cour de justice.***

Elle est composée de membres élus, en leur sein et en nombre égal, par l'Assemblée nationale et par le Sénat après chaque renouvellement général ou partiel de ces assemblées. Elle élit son président parmi ses membres.

Une loi organique fixe la composition de la Haute cour, les règles de son fonctionnement ainsi que la procédure applicable devant elle.

COMMENTAIRE

V. sur le Code en ligne.

[V. références des décisions du Conseil constitutionnel dans les tableaux DC et QPC]

1. Principe. Sous la seule réserve prévue à l'art. 53-2 Const. 58 pour la Cour pénale internationale, le Président de la République n'est responsable devant aucune juridiction des actes accomplis en cette qualité. • Cons. const. 19 nov. 2014, n° 2014-703 DC § 5.

2. Mise en œuvre. La responsabilité de Jacques Chirac, maire de Paris, découle du mandat reçu de la collectivité des Parisiens. Elle résulte également de l'autorité hiérarchique exercée par lui sur l'ensemble du personnel de la Ville de Paris et singulièrement sur ses collaborateurs immédiats (...). Le dossier et les débats ont établi que Jacques Chirac a été l'initiateur et l'auteur principal des délits d'abus de confiance, détournements de fonds publics, ingérence et prise illégale d'intérêts ; sa culpabilité résulte de pratiques pérennes et réitérées qui lui sont personnellement imputables et dont le développement a été grandement favorisé par une parfaite connaissance des rouages de la *municipalité. En multipliant les connexions* entre son parti et la municipalité parisienne, Jacques Chirac a su créer et entretenir entre la collectivité territoriale et l'organisation politique une confusion telle qu'elle a pu entraîner ses propres amis politiques ; le gain en résultant, nonobstant les économies de salaires payés par la Mairie de Paris, a pu prendre la forme, soit d'un renforcement des effectifs du parti politique dont il était le président, soit d'un soutien à la contribution intellectuelle pour l'élaboration du programme politique de ce parti. Par l'ensemble de ces agissements, Jacques Chirac a engagé les fonds de la Ville de Paris pour un montant d'environ 1 400 000 euros. Attendu que l'ancienneté des faits, l'absence d'enrichissement personnel, l'indemnisation de la Ville de Paris, l'âge et l'état de santé actuel de Jacques Chirac, dont la dégradation est avérée, ainsi que les éminentes responsabilités de chef d'État (...) sont à prendre en considération mais ne sauraient occulter le fait que Jacques Chirac a manqué à la probité qui pèse sur les personnes publiques chargées de la gestion des fonds ou des biens qui leur sont confiés, cela au mépris de l'intérêt général des Parisiens. Le recours à une peine d'emprisonnement de 2 ans avec sursis apparaît tout à la fois adapté à la personnalité du prévenu ainsi qu'à la nature et la gravité des faits qu'il a commis. • T. corr. Paris, 15 déc. 2011.

3. Si l'immunité dont bénéficie le chef de l'État en vertu des dispositions du présent art. peut être de nature à créer un déséquilibre entre les parties à un procès pénal, en ce que son statut le protège de toute attaque judiciaire sans pour autant lui interdire d'agir comme un justiciable ordinaire, le respect du principe d'égalité des armes doit s'apprécier *in concreto* dans une instance en cours. • TGI Paris, 28 janv. 2010, n° 0418396040 (affaire « Clearstream »). ♦ Le statut particulier du Chef de l'État n'a pas eu pour effet que chacune des parties ne puisse, tout au long des procédures engagées, présenter ses propres armes et discuter celles de son adversaire. Le procès équitable a donc été garanti non seulement par l'équilibre entre les parties, mais aussi par l'effectivité du débat contradictoire. Les parties ne peuvent dès lors contester le pouvoir d'agir du Président de la République comme un citoyen ordinaire. A supposer que l'organisation judiciaire française et la Conv. EDH soient incompatibles, seule la réforme de la Constitution serait en mesure de résoudre cette contradiction. • Versailles, 8 janv. 2010, n° 09/02791. ♦ La question posée ne présente pas un caractère sérieux en ce qu'elle vise, en réalité, à préciser le champ d'application de l'art. 2 C. pr. pén., au regard de l'art. 67 Const. 58, ce qui relève de l'office du juge judiciaire. • Cass., ass. plén., QPC, 10 nov. 2010, n° 10-85.678 P. ♦ Le Président de la République, en sa qualité de victime, était recevable, en application de l'art. 2 C. pr. pén., à exercer les droits de la partie civile pendant la durée de son mandat. • Cass., ass. plén., 15 juin 2012, n° 10-80.678 P : *D. 2012. 1617 ; ibid. 1916, note Beaud ; AJDA 2012. 1188 ; RFDA 2012. 1203, note Desaulnay.*

4. Le requérant se plaint du déséquilibre créé par rapport au Président de la République parce que ce dernier serait protégé par le présent art. 67 de toute action prévue pour sanctionner les abus de sa constitution de partie civile. La Cour de cassation a considéré que les conditions d'ouverture de ces actions n'étaient pas réunies en fait puisque le requérant n'était pas bénéficiaire d'un non-lieu ou d'une relaxe et que M. Sarkozy n'avait pas mis en mouvement l'action publique. Dans ces conditions, l'intervention du Président dans la procédure n'a pas privé le requérant d'une égalité de traitement quant à la possibilité d'exercer les actions précitées. Au demeurant, si sa culpabilité n'avait pas été retenue, et si M. Sarkozy avait mis en mouvement l'action publique, le requérant aurait pu les engager dans le délai d'un mois suivant la cessation des fonctions du Président de la République (al. 3 du présent art.). • CEDH 18 oct. 2018, *Thiam c/ France,* n° 80018/12 § 63 : *D. 2018. 2092 ; AJDA 2018. 2050 ; AJ pénal 2018. 587, obs. Lavric.* ♦ Le requérant allègue ensuite que l'équité du procès eût exigé sa confrontation avec le Président de la République devant le juge d'instruction ou au cours des débats devant le tribunal. La Cour relève que le Président de la République ne peut être requis de témoigner en vertu de son statut protecteur. Son absence au procès repose ainsi sur un motif juridique sérieux, prévu par la Constitution, et sur des considérations objectives de protection qui s'attachent à la fonction des gouvernants, ce qui ne heurte pas en tant que tel l'art. 6 Conv. EDH. • CEDH 18 oct. 2018, *Thiam c/ France,* n° 80018/12 § 64 : *préc.*

5. La seule nomination des juges par le Président de la République ne crée pas pour autant une dépendance à son égard dès lors qu'une fois nommés, ceux-ci, inamovibles, ne reçoivent ni pressions ni instructions dans l'exercice de leurs fonctions juridictionnelles. • Cass., ass. plén., 15 juin 2012, n° 10-85.678 P : *préc. note 3* • CEDH 18 oct. 2018, *Thiam c/ France,* n° 80018/12 § 64 : *préc. note 4.*

6. Aucune disposition constitutionnelle, légale ou conventionnelle ne prévoit l'immunité ou l'irresponsabilité pénale des membres du cabinet du Président de la République. • Crim. 19 déc. 2012, *Assoc. Anticor,* n° 12-81.043 : *AJDA 2013. 8.*

7. Une demande de communication de documents administratifs ne saurait être regardée comme ayant la nature d'une action, d'un acte d'information, d'instruction ou de poursuite au sens des présentes dispositions. • TA Paris, 17 févr. 2012, *Avrillier,* n° 0920763/7-1 : *AJDA 2012. 1112, concl. Reuland.*

8. Les documents comptables de la présidence de la République sont au nombre des documents administratifs communicables au sens de la L. du 17 juill. 1978. • CE 27 nov. 2000, *Assoc. Comité tous frères,* n° 188431 : *Lebon 559 ; AJDA 2001. 94.* ♦ Il en va de même des factures et commandes concernant les sondages et des études commandés par l'Élysée. • TA Paris, 17 févr. 2012, *Avrillier,* n° 0920763/7-1 : *préc. note 7.*

Art. 68 *(L. const. n° 2007-238 du 23 févr. 2007)* **Le Président de la République ne peut être destitué qu'en cas de manquement à ses devoirs manifestement incompatible avec l'exercice de son mandat. La destitution est prononcée par le Parlement constitué en Haute Cour.**

La proposition de réunion de la Haute Cour adoptée par une des assemblées du Parlement est aussitôt transmise à l'autre qui se prononce dans les quinze jours.

La Haute Cour est présidée par le président de l'Assemblée nationale. Elle statue dans un délai d'un mois, à bulletins secrets, sur la destitution. Sa décision est d'effet immédiat.

Les décisions prises en application du présent article le sont à la majorité des deux tiers des membres composant l'assemblée concernée ou la Haute Cour. Toute délégation de vote est interdite. Seuls sont recensés les votes favorables à la proposition de réunion de la Haute Cour ou à la destitution.

Une loi organique fixe les conditions d'application du présent article.

Sur l'application de l'art. 68, V. ci-dessous L. org. n° 2014-1392 du 24 nov. 2014.

BIBL. ▸ V. Bibl. ss. Const. 58, art. 67, et celle très complète établie par DOMINGO *in RFDC 2002. 79.*

COMMENTAIRE

V. sur le Code en ligne.

[V. références des décisions du Conseil constitutionnel dans les tableaux DC et QPC]

1. Nature de la Haute Cour. La Haute Cour ne constitue pas une juridiction chargée de juger le Président de la République pour des infractions commises par lui en cette qualité mais une assemblée parlementaire compétente pour prononcer sa destitution en cas de manquement à ses devoirs manifestement incompatibles avec l'exercice de son mandat. • Cons. const. 19 nov. 2014, n° 2014-703 DC § 5 : *AJDA 2014. 2213.*

2. Il en résulte qu'il appartient au législateur organique de fixer les conditions d'application du présent art. dans le respect de cet art. ainsi que de l'exigence de clarté et de sincérité des débats devant le Parlement constitué en Haute Cour ; il ne saurait apporter aux prérogatives du Président de la République et au principe de la séparation des pouvoirs d'autres atteintes que celles qui sont expressément prévues par cet art. • Cons. const. 19 nov. 2014, n° 2014-703 DC § 8 : *préc. note 1.* ♦ Il en résulte également que le respect du principe de la séparation des pouvoirs ainsi que l'exigence de clarté et de sincérité des débats devant la Haute Cour imposent que les règles relatives aux débats devant la Haute Cour qui n'ont pas été prévues par le législateur organique soient fixées par un règlement de la Haute Cour, soumis à l'examen du Cons. const. en application de l'art. 61 Const. • Cons. const. 19 nov. 2014, n° 2014-703 DC § 25.

3. Résolution tendant à la réunion de la Haute Cour. Le présent art. n'a pas entendu conférer aux membres du Parlement un droit individuel à proposer la réunion de la Haute Cour. Dès lors, le législateur organique pouvait exiger qu'une proposition de résolution tendant à la réunion de la Haute Cour recueille la signature d'au moins un dixième des membres *de l'assemblée devant laquelle elle est déposée.* • Cons. const. 19 nov. 2014, n° 2014-703 DC § 11 : *préc. note 1.* ♦ En revanche, en limitant le droit de chaque membre du Parlement à la signature d'une seule proposition de résolution par mandat présidentiel, il a apporté une restriction d'une ampleur telle qu'elle en méconnaît la portée du présent art. • Cons. const. 19 nov. 2014, n° 2014-703 DC § 12 : *préc. note 1.*

4. Bureau de la Haute Cour. Le président de l'Assemblée nationale, qui préside la Haute Cour, préside également de droit le Bureau de la Haute Cour sans qu'il soit désigné comme un des vingt-deux membres de ce Bureau. • Cons. const. 19 nov. 2014, n° 2014-703 DC § 22.

5. Procédure devant la Haute Cour. Le respect du principe de la séparation des pouvoirs ainsi que l'exigence de clarté et de sincérité des débats devant la Haute Cour imposent que les règles relatives aux débats devant la Haute Cour qui n'ont pas été prévues par le législateur organique soient fixées par un règlement de la Haute Cour, soumis à l'examen du Cons. const. en application de l'art. 61 Const. 58 ; la compétence conférée au Bureau de la Haute Cour pour l'organisation des travaux ne sauraient avoir pour effet de permettre à ce Bureau de fixer les règles relatives aux débats devant la Haute Cour (réserve d'interprétation). • Cons. const. 19 nov. 2014, n° 2014-703 DC § 25 : *préc. note 1.*

6. Audition du Président de la République devant la commission. Les dispositions, qui permettent au Président de la République de s'exprimer sur sa demande devant la commission chargée de recueillir toute information nécessaire à l'accomplissement de sa mission par la Haute Cour, ne sauraient, sans porter atteinte au principe de la séparation des pouvoirs ainsi qu'aux exigences constitutionnelles qui résultent du 2e al. de l'art. 67 Const. 58, permettre à la commission de faire usage des prérogatives des paragraphes II à IV de l'art. 6 de l'Ord. du 17 nov. 1958 (pouvoirs de coercition) lorsqu'elle entend le Président de la République, son représentant ou la personne qui l'assiste ; ces dispositions n'ont pas non plus pour objet ou pour effet de permettre, dans le cadre des travaux d'élaboration du rapport par la commission, de fixer de manière réduite le temps de parole du Président de la République, de son « représentant » ou de la personne qui l'assiste (réserve d'interprétation). • Cons. const.

19 nov. 2014, n° 2014-703 DC § 33 : *préc. note 1.*

7. Débats devant la Haute Cour. Les débats devant la Haute Cour sur la proposition de destitution du Président de la République ne sauraient être ouverts sans que la Haute Cour ait, au préalable, adopté son règlement. • Cons. const. 19 nov. 2014, n° 2014-703 DC § 41 : *préc. note 1.*

8. Les dispositions prévoyant la participation du Premier ministre aux débats devant la Haute Cour alors que la procédure de destitution du présent art. ne le met pas en cause et qu'une telle participation n'est pas prévue par cet article sont contraires à la Constitution. • Cons. const. 19 nov. 2014, n° 2014-703 DC § 36 : *préc. note 1.* ♦ Le respect du principe de la séparation des pouvoirs ainsi que l'exigence de clarté et de sincérité des débats devant la Haute Cour imposent en particulier que le temps minimal de parole des membres de la Haute Cour et les conditions dans lesquelles le temps de parole du Président de la République peut être fixé soient déterminés par le règlement de la Haute Cour ; en confiant au Bureau de la Haute Cour le pouvoir de fixer les conditions dans lesquelles le temps de parole est limité, le législateur organique a méconnu ces exigences constitutionnelles. • Cons. const. 19 nov. 2014, n° 2014-703 DC § 37 : *préc. note 1.*

9. En l'absence de toute disposition, dans la loi organique, organisant les modalités du scrutin autres que celles prévues au présent art., il appartiendra au règlement de la Haute Cour d'y pourvoir. • Cons. const. 19 nov. 2014, n° 2014-703 DC § 39 : *préc. note 1.*

10. En interdisant en tout état de cause que les débats devant la Haute Cour durent plus de quarante-huit heures, le législateur organique a, compte tenu du délai prévu à l'al. du présent art., imposé à ces débats des restrictions qui ne peuvent être regardées comme nécessaires et qui sont de nature à porter une atteinte injustifiée au principe de clarté et de sincérité des débats. • Cons. const. 19 nov. 2014, n° 2014-703 DC § 40 : *préc. note 1.*

Loi organique n° 2014-1392 du 24 novembre 2014,

Portant application de l'article 68 de la Constitution.

Art. 1er La décision de réunir la Haute Cour résulte de l'adoption d'une proposition de résolution par les deux assemblées du Parlement, dans les conditions fixées par l'article 68 de la Constitution.

La proposition de résolution est motivée. Elle justifie des motifs susceptibles de caractériser un manquement au sens du premier alinéa de l'article 68 de la Constitution. Elle est signée par au moins un dixième des membres de l'assemblée devant laquelle elle est déposée.

[Dispositions déclarées non conformes à la Constitution par la décision du Conseil constitutionnel n° 2014-703 DC du 19 novembre 2014.]

La proposition de résolution est communiquée sans délai par le Président de cette assemblée au Président de la République et au Premier ministre.

Aucun amendement n'est recevable à aucun stade de son examen dans l'une ou l'autre assemblée.

L'examen de la proposition de résolution ne peut faire l'objet de plus d'une lecture dans chaque assemblée.

Art. 2 Le Bureau de l'assemblée devant laquelle la proposition de résolution a été déposée vérifie sa recevabilité au regard des conditions posées à l'article 1er.

Si le Bureau constate que ces conditions ne sont pas réunies, la proposition de résolution ne peut être mise en discussion.

Si le Bureau constate que ces conditions sont réunies, la proposition de résolution est envoyée pour examen à la commission permanente compétente en matière de lois constitutionnelles, qui conclut à son adoption ou à son rejet. Sans préjudice des dispositions de l'article 48 de la Constitution, la proposition de résolution est inscrite à l'ordre du jour de l'assemblée au plus tard le treizième jour suivant les conclusions de la commission. Le vote intervient au plus tard le quinzième jour.

Lorsque la clôture de la session du Parlement fait obstacle à l'application des deux dernières phrases de l'avant-dernier alinéa du présent article, l'inscription à l'ordre du jour intervient au plus tard le premier jour de la session ordinaire suivante.

Art. 3 La proposition de résolution adoptée par une assemblée est immédiatement transmise à l'autre assemblée. Elle est envoyée pour examen à la commission permanente compétente en matière de lois constitutionnelles, qui conclut à son adoption ou à son rejet.

La proposition de résolution est inscrite de droit à l'ordre du jour de l'assemblée au plus tard le treizième jour suivant sa transmission. Le vote intervient de droit au plus tard le quinzième jour.

Lorsque la clôture de la session du Parlement fait obstacle à l'application du deuxième alinéa, l'inscription à l'ordre du jour intervient au plus tard le premier jour de la session ordinaire suivante.

Art. 4 Le rejet de la proposition de résolution par l'une des deux assemblées met un terme à la procédure.

Art. 5 Lorsqu'une proposition de résolution tendant à la réunion de la Haute Cour a été adoptée par chacune des assemblées, le Bureau de la Haute Cour se réunit aussitôt.

Le Bureau de la Haute Cour est composé de vingt-deux membres désignés, en leur sein et en nombre égal, par le Bureau de l'Assemblée nationale et par celui du Sénat, en s'efforçant de reproduire la configuration politique de chaque assemblée.

Il est présidé par le Président de la Haute Cour.

Le Bureau prend les dispositions nécessaires pour organiser les travaux de la Haute Cour.

Art. 6 Une commission constituée de six vice-présidents de l'Assemblée nationale et de six vice-présidents du Sénat est chargée de recueillir toute information nécessaire à l'accomplissement de sa mission par la Haute Cour. La composition de la commission s'efforce de reproduire la configuration politique de chaque assemblée.

La commission dispose des prérogatives reconnues aux commissions d'enquête aux II à IV de l'article 6 de l'ordonnance n° 58-1100 du 17 novembre 1958 relative au fonctionnement des assemblées parlementaires dans les mêmes limites que celles fixées au deuxième alinéa de l'article 67 de la Constitution.

Sur sa demande, le Président de la République ou son représentant est entendu par la commission. Il peut se faire assister par toute personne de son choix.

La commission élabore, dans les quinze jours suivant l'adoption de la résolution, un rapport qui est distribué aux membres de la Haute Cour, communiqué au Président de la République et au Premier ministre et rendu public.

Art. 7 Les débats de la Haute Cour sont publics.

Outre les membres de la Haute Cour, peut seul y prendre part le Président de la République *[Dispositions déclarées non conformes à la Constitution par la décision du Conseil constitutionnel n° 2014-703 DC du 19 novembre 2014]*.

Le temps de parole est limité *[Dispositions déclarées non conformes à la Constitution par la décision du Conseil constitutionnel n° 2014-703 DC du 19 novembre 2014]*. Le Président de la République peut prendre ou reprendre la parole en dernier.

Pour l'application des deuxième et troisième alinéas, le Président de la République peut, à tout moment, se faire assister ou représenter par toute personne de son choix.

[Dispositions déclarées non conformes à la Constitution par la décision du Conseil constitutionnel n° 2014-703 DC du 19 novembre 2014.]

La Haute Cour est dessaisie si elle n'a pas statué dans le délai d'un mois prévu au troisième alinéa de l'article 68 de la Constitution.

Art. 8 L'ordonnance n° 59-1 du 2 janvier 1959 portant loi organique sur la Haute Cour de justice est abrogée.

TITRE X **De la responsabilité pénale des membres du Gouvernement**

(L. const. n° 93-952 du 27 juill. 1993)

Art. 68-1 **Les membres du Gouvernement sont pénalement responsables des actes accomplis dans l'exercice de leurs fonctions et qualifiés crimes ou délits au moment où ils ont été commis.**

Ils sont jugés par la Cour de justice de la République.

La Cour de justice de la République est liée par la définition des crimes et délits ainsi que par la détermination des peines telles qu'elles résultent de la loi.

Art. 68-2 **La Cour de justice de la République comprend quinze juges : douze parlementaires élus, en leur sein et en nombre égal, par l'Assemblée nationale et par le Sénat après chaque renouvellement général ou partiel de ces assemblées et trois magistrats du siège à la Cour de cassation, dont l'un préside la Cour de justice de la République.**

Toute personne qui se prétend lésée par un crime ou un délit commis par un membre du Gouvernement dans l'exercice de ses fonctions peut porter plainte auprès d'une commission des requêtes.

Cette commission ordonne soit le classement de la procédure, soit sa transmission au procureur général près la Cour de cassation aux fins de saisine de la Cour de justice de la République.

Le procureur général près la Cour de cassation peut aussi saisir d'office la Cour de justice de la République sur avis conforme de la commission des requêtes.

Une loi organique détermine les conditions d'application du présent article.

Sur la Cour de justice de la République, V. ci-dessous L. org. n° 93-1252 du 23 nov. 1993.

COMMENTAIRE

V. sur le Code en ligne.

BIBL. Dal Farra, La responsabilité de l'État et de ses représentants dans la gestion de l'épidémie de covid-19, *AJDA 2020. 1463*.

[V. références des décisions du Conseil constitutionnel dans les tableaux DC et QPC]

1. Exclusivité. Sauf dispositions de l'art. 53-2 Const., les membres du Gouvernement ne peuvent être jugés pour les crimes et délits commis dans l'exercice de leurs fonctions que par la Cour de justice de la République. • Cons. const. 22 janv. 1999, n° 98-408 DC § 16 • Cass., ass. plén., 23 déc. 1999, *Royal*, n° 99-86.298 P : *Gaz. Pal. 16 févr. 2000, p. 15, note Burgelin.*

2. Composition. La participation parlementaire est une caractéristique qui n'est pas rare dans le contexte des décisions relatives à la poursuite pénale d'un membre du gouvernement pour des actes accomplis dans l'exercice de fonctions ministérielles. Ce fait n'est pas en soi suffisant pour soulever une question au regard de l'art. 6 Conv. EDH. • CEDH 23 nov. 2017, n° 66847/12 § 86 : *JCP Adm. 2017. 815.*

3. Compétence. Seuls relèvent de la CJR les *délits commis dans l'exercice des fonctions*. • T. corr. Lyon, 20 avr. 1995, *Noir : Inédit.* ♦ ... C'est-à-dire ceux en rapport avec la conduite des affaires de l'État, y compris lorsque le ministre s'exprime en tant que membre du gouvernement. • Crim. 12 juin 1987 : *Bull. crim. n° 243* • Crim. 23 févr. 1988 : *Bull. crim. n° 90* • Crim. 19 avr. 1988 : *Pouvoirs 1988, n° 49, p. 175.*

4. En revanche, ne relèvent pas de la compétence de la Cour les délits commis « à l'occasion » des fonctions ministérielles (et non « dans l'exercice »). • Crim. 13 déc. 2000, *Toubon : Bull. crim. n° 375.* ♦ ... Et non les comportements concernant la vie privée ou les mandats locaux. • Crim. 26 juin 1995, *Carignon*, n° 95-82.333 P. ♦ Abandon de la jurisprudence • Crim. 14 mars 1964, *Frey : Bull. crim. n° 12* • Crim. 28 mai 1986, *Rallite : Bull. crim. n° 180 ; Pouvoirs 1986. n° 39, p. 169 ; JCP 1987. 20734, note Chambon* • Crim. 16 févr. 2000 : *D. 2001. 660, note Bück*.

5. Pour ces délits, les juridictions de droit commun restent compétentes. • T. corr. Lyon, 20 avr. 1995, *M. Noir : inédit.*

6. La Cour est compétente pour juger les délits de presse. • Cass., ass. plén., 23 déc. 1999, *Royal : préc. note 1.*

7. Procédure. La commission des requêtes apprécie souverainement et sans que ses actes soient soumis à recours les suites qu'elle entend donner aux plaintes en se bornant à informer les plaignants. Elle peut décider de classer sans suite et dispose donc de l'opportunité des poursuites. • Cons. const. 19 nov. 1993, n° 93-327 DC § 13.

8. La commission d'instruction de la Cour n'est saisie que des faits visés dans le réquisitoire introductif du procureur général. • Cass., ass. plén., 23 déc. 1999, *Royal : préc. note 1* ♦ La commission d'instruction, saisie des seuls faits visés à l'art. 432-16 C. pén., sur le fondement duquel Mme X., membre du Gouvernement, avait été mise en examen, n'était pas tenue d'attendre l'issue de la procédure pendante devant le TGI de Paris, dans l'information suivie contre des tiers du chef de détournement de fonds publics, délit visé à l'art. 433-4 C. pén. dès lors qu'il s'agit d'infractions distinctes et que la procédure suivie devant la commission d'instruction est indépendante de celles diligentées devant d'autres juridictions pénales. • Cass., ass. plén. 22 juill. 2016, Lagarde, n° 16-80.133 : *AJDA 2016. 1543* ; *D. 2016. 1650* ; *AJ pénal 2016. 496, obs. Perrier*.

9. L'arrêt de la commission d'instruction renvoyant un prévenu devant la Cour étant devenu définitif à la suite du rejet du pourvoi formé contre celui-ci, des griefs fondés sur des causes de nullité postérieures et étrangères auxdits arrêts sont inopérants lorsqu'ils sont présentés devant la CJR statuant sur le fond. • Cass., ass. plén., 23 juill. 2010, *Pasqua*, n° 10-85.505.

10. L'arrêt de la commission d'instruction, après avoir constaté que Mme X., en sa qualité de dépositaire de l'autorité publique, avait la disposition de fonds publics, relève des manquements dans leur surveillance qui constituent autant de charges à son encontre d'avoir commis des négligences et retient que ces fautes ont rendu possible le détournement de fonds publics par des tiers. Il n'appartient pas à la Cour de cassation, qui n'a d'autre pouvoir que de vérifier si la qualification qui leur a été donnée par l'arrêt attaqué justifie la saisine de la Cour de justice de la République, d'apprécier la valeur des charges dont la commission a retenu l'existence à l'encontre de la personne mise en examen. • Cass., ass. plén., 22 juill. 2016, *Lagarde*, n° 16-80.133 : *préc. note 8.*

11. Les décisions de la Cour sont susceptibles d'un pourvoi en cassation. • Crim. 12 juill. 2000, *Jeanjean*, n° 00-83.577 P.

12. Les procédures suivies devant la juridiction pénale ordinaire et devant la CJR sont indépendantes dans leur rapport entre elles, aucune primauté de l'une sur l'autre ne résultant de la Const. * CJR 19 déc. 2016, n° 2016/001 : *AJDA 2016. 2468.*

13. Compétence d'ordre public du juge financier. Le renvoi des ministres devant la Cour ne fait pas obstacle à ce que le juge des comptes déclare le ministre comptable de fait à raison d'actes commis dans l'exercice de ses fonctions. • CE 6 janv. 1995, *Nucci* : *Lebon 6* ; *Rev. Trésor 1992. 385* ; *AJDA 1995. 161*.

Loi organique n° 93-1252 du 23 novembre 1993,

Sur la Cour de justice de la République.

TITRE Ier. DE L'ORGANISATION DE LA COUR DE JUSTICE DE LA RÉPUBLIQUE

CHAPITRE Ier. *DE LA COMPOSITION ET DU FONCTIONNEMENT DE LA COUR DE JUSTICE DE LA RÉPUBLIQUE*

Art. 1er Les juges parlementaires à la Cour de justice de la République sont élus au scrutin majoritaire ; le scrutin est secret. Nul n'est élu s'il n'a réuni la majorité absolue des suffrages exprimés. Pour chaque titulaire, un suppléant est élu dans les mêmes conditions.

Les juges magistrats sont élus pour trois ans parmi les magistrats du siège hors hiérarchie à la Cour de cassation par l'ensemble de ces magistrats. L'un d'entre eux est désigné dans les mêmes formes en qualité de président de la Cour de justice de la République. Pour chaque titulaire, un suppléant est élu dans les mêmes conditions.

Art. 2 Dès leur élection, les juges parlementaires prêtent serment devant l'assemblée qui les a désignés.

Ils jurent et promettent de bien et fidèlement remplir leurs fonctions, de garder le secret des délibérations et des votes et de se conduire en tout comme dignes et loyaux magistrats.

Art. 3 Les membres de la Cour de justice de la République sont tenus d'assister aux audiences et aux délibérations auxquelles ils sont convoqués.

En cas d'absence non justifiée par un motif grave, ils sont déclarés démissionnaires par la Cour de justice de la République statuant soit d'office, soit à la requête du ministère public. Il est pourvu à leur remplacement dans les conditions fixées par la présente loi organique.

Art. 4 Tout juge de la Cour de justice de la République, tout membre de la commission d'instruction instituée à l'article 11 peut être récusé pour l'une des causes prévues par le code de procédure pénale en matière correctionnelle.

La Cour de justice de la République statue, dès l'ouverture des débats, sur les causes de récusation des juges.

Le premier président de la Cour de cassation statue sur la récusation des membres de la commission d'instruction, dans les formes prévues en matière correctionnelle.

Art. 5 Tout juge qui souhaite s'abstenir, même en dehors des cas prévus par le code de procédure pénale en matière correctionnelle, est tenu de le déclarer à la Cour de justice de la République qui statue sur sa demande.

Art. 6 En cas de récusation ou d'empêchement temporaire de l'un des juges, il est remplacé par son suppléant.

En cas de cessation définitive des fonctions d'un juge titulaire en cours de mandat, son suppléant devient titulaire.

Le juge suppléant temporairement empêché, devenu titulaire ou ayant cessé définitivement ses fonctions en cours de mandat est remplacé par un juge élu dans les conditions prévues à l'article 1er. S'il s'agit d'un magistrat, il est élu pour la durée du mandat restant à courir.

Art. 7 Les fonctions des juges parlementaires prennent fin :

— en même temps que les pouvoirs de l'Assemblée nationale ou à chaque renouvellement partiel du Sénat, selon l'assemblée à laquelle ils appartiennent ;

— lorsqu'ils cessent d'appartenir à l'Assemblée nationale ou au Sénat ;

— en cas de démission volontaire.

Art. 8 Le ministère public près la Cour de justice de la République est exercé par le procureur général près la Cour de cassation, assisté *(L. n° 2007-287 du 5 mars 2007, art. 33-II)* « d'un premier avocat général et de deux avocats généraux qu'il désigne ».

Art. 9 Le greffier en chef de la Cour de cassation est, de droit, greffier de la Cour de justice de la République.

Art. 10 Le personnel nécessaire au fonctionnement de la Cour de justice de la République est mis à la disposition de cette juridiction par le greffier en chef de la Cour de cassation.

Art. 11 La commission d'instruction se compose de trois membres titulaires et de trois membres suppléants désignés pour trois ans parmi les magistrats du siège hors hiérarchie à la Cour de cassation par l'ensemble de ces magistrats.

Son président est choisi dans la même forme parmi les membres titulaires.

Les dispositions de l'article 6 concernant les magistrats de la Cour de cassation juges à la Cour de justice de la République sont applicables aux membres de la commission d'instruction.

CHAPITRE II. *DE LA COMMISSION DES REQUÊTES PRÈS LA COUR DE JUSTICE DE LA RÉPUBLIQUE*

Art. 12 La commission des requêtes près la Cour de justice de la République se compose de trois magistrats du siège hors hiérarchie à la Cour de cassation, de deux conseillers d'État et de deux conseillers maîtres à la Cour des comptes désignés pour cinq ans.

Les magistrats à la Cour de cassation sont élus par l'ensemble des magistrats du siège hors hiérarchie de la cour. L'un d'entre eux est désigné dans la même forme comme président de la commission.

Les conseillers d'État sont désignés par l'assemblée générale du Conseil d'État.

Les conseillers maîtres à la Cour des comptes sont désignés par la chambre du conseil.

Dans les mêmes formes, il est procédé à la désignation par chacune de ces juridictions d'un membre suppléant.

TITRE II. DE LA PROCÉDURE

CHAPITRE Ier. *DE LA MISE EN MOUVEMENT DE L'ACTION PUBLIQUE*

Art. 13 Sous peine d'irrecevabilité, la plainte portée auprès de la commission des requêtes par une personne qui se prétend lésée par un crime ou un délit commis par un membre du Gouvernement dans l'exercice de ses fonctions doit contenir le nom du membre du Gouvernement visé par ladite plainte et l'énoncé des faits allégués à son encontre ; elle doit être signée par le plaignant.

Aucune constitution de partie civile n'est recevable devant la Cour de justice de la République.

Les actions en réparation de dommages ayant résulté de crimes et délits poursuivis devant la Cour de justice de la République ne peuvent être portées que devant les juridictions de droit commun.

Art. 14 La commission des requêtes apprécie la suite à donner aux plaintes qu'elle reçoit.

Elle avise le plaignant de la suite réservée à sa plainte.

Les actes de la commission des requêtes ne sont susceptibles d'aucun recours.

Art. 15 En cas de plainte insuffisamment motivée ou insuffisamment justifiée par les pièces produites, la commission des requêtes peut faire procéder à toutes investigations utiles selon les formes prévues par les articles 75, 76 et 77-1 du code de procédure pénale.

Les pouvoirs conférés par ces articles au procureur de la République sont exercés par l'un des membres de la commission, magistrat à la Cour de cassation.

Art. 16 Lorsque la commission des requêtes ordonne la transmission de la procédure au procureur général près la Cour de cassation, elle est tenue dans sa décision de qualifier pénalement les faits à raison desquels il y a lieu de poursuivre.

Art. 17 Le procureur général près la Cour de cassation peut aussi agir d'office, après avoir recueilli l'avis conforme de la commission des requêtes.

Ses réquisitions doivent contenir les mentions énumérées à l'article 13.

CHAPITRE II. *DE LA PROCÉDURE DEVANT LA COMMISSION D'INSTRUCTION DE LA COUR DE JUSTICE DE LA RÉPUBLIQUE*

Art. 18 Dans la mesure où il n'y est pas dérogé par le présent chapitre, la commission d'instruction procède à tous les actes qu'elle juge utiles à la manifestation de la vérité selon les règles édictées par le code de procédure pénale et spécialement celles relatives aux droits de la défense.

Ces pouvoirs sont exercés, jusqu'à la réunion de la commission d'instruction, par le président de cette commission.

Art. 19 La commission d'instruction informe en vertu d'un réquisitoire du procureur général près la Cour de cassation. Le réquisitoire est pris contre personne dénommée.

Le procureur général est tenu, dans son réquisitoire, de viser la décision de la commission des requêtes près la Cour de justice de la République ou, lorsqu'il agit d'office, l'avis conforme de cette commission.

Art. 20 La commission d'instruction peut requalifier les faits qui sont soumis à son appréciation.

Si l'instruction révèle des faits nouveaux distincts de ceux ayant donné lieu à la saisine de la commission d'instruction, celle-ci ordonne communication du dossier au procureur général pour que ce magistrat prenne ses réquisitions. La commission d'instruction ne peut informer sur ces faits nouveaux que si la commission des requêtes donne un avis conforme.

Art. 21 Les auditions et interrogatoires des membres du Gouvernement sont effectués par la commission d'instruction. Il en va de même des confrontations auxquelles ils participent.

Art. 22 Les décisions de caractère juridictionnel sont rendues par la commission d'instruction après réquisitions du procureur général.

Art. 23 Aussitôt que l'information lui paraît terminée, la commission d'instruction communique le dossier au procureur général pour que ce magistrat prenne ses réquisitions. Les membres du Gouvernement mis en examen et leurs avocats en sont avisés. Ils disposent d'un délai de vingt jours à compter de cet avis pour demander à la commission de statuer sur d'éventuelles nullités. La commission d'instruction peut dire qu'il n'y a pas lieu à suivre ou, si elle estime que les faits reprochés aux membres du Gouvernement constituent un crime ou un délit, ordonner le renvoi de l'affaire devant la Cour de justice de la République.

Art. 24 Dans les conditions et formes déterminées par le titre Ier du livre III du code de procédure pénale, les arrêts de la commission d'instruction peuvent faire l'objet de pourvois en cassation qui sont portés devant l'assemblée plénière de la Cour de cassation.

Art. 25 Lorsque la Cour de cassation annule un arrêt rendu par la commission d'instruction, elle renvoie l'affaire devant celle-ci, composée de membres titulaires ou suppléants autres que ceux qui ont rendu l'arrêt annulé. Les dispositions du second alinéa de l'article L. 131-4 du code de l'organisation judiciaire sont applicables.

CHAPITRE III. *DES DÉBATS ET DU JUGEMENT*

Art. 26 Dans la mesure où il n'y est pas dérogé par le présent chapitre, les règles fixées par le code de procédure pénale concernant les débats et les jugements en matière correctionnelle sont applicables devant la Cour de justice de la République.

Art. 27 Dès que l'arrêt de renvoi est devenu définitif, le président de la Cour de justice de la République fixe, à la requête du procureur général, la date d'ouverture des débats.

Art. 28 A la diligence du procureur général, les prévenus sont cités à comparaître dans les délais et formes prévus au titre IV du livre II du code de procédure pénale.

Art. 29 En cas de crime, si le prévenu ne se présente pas, il est procédé contre lui par contumace.

Art. 30 Il est délivré à chaque prévenu une copie de toutes les pièces de la procédure.

Art. 31 S'il y a lieu de procéder à un supplément d'information, la Cour de justice de la République commet par arrêt un de ses membres magistrats, qui procède à tous les actes d'instruction nécessaires dans les conditions prévues par le chapitre Ier du titre III du livre Ier du code de procédure pénale.

Art. 32 La Cour de justice de la République, après clôture des débats, statue sur la culpabilité des accusés. Il est voté séparément pour chaque accusé sur chaque chef d'accusation. Le vote a lieu par bulletins secrets à la majorité absolue.

Si l'accusé est déclaré coupable, il est voté sans désemparer sur l'application de la peine. Toutefois, après deux votes dans lesquels aucune peine n'aura obtenu la majorité des voix, la peine la plus forte proposée dans ce vote sera écartée pour le vote suivant et ainsi de suite en écartant chaque fois la peine la plus forte jusqu'à ce qu'une peine soit prononcée par la majorité absolue des votants.

Art. 33 Dans les conditions et formes déterminées par le titre Ier du livre III du code de procédure pénale, les arrêts de la Cour de justice de la République peuvent faire l'objet de pourvois en cassation qui sont portés devant l'assemblée plénière de la Cour de cassation.

La Cour de cassation doit statuer dans un délai de trois mois.

Art. 34 Lorsque la Cour de cassation annule un arrêt rendu par la Cour de justice de la République, elle renvoie l'affaire devant celle-ci, composée de juges titulaires ou suppléants autres que ceux qui ont rendu l'arrêt annulé.

Les dispositions du second alinéa de l'article L. 131-4 du code de l'organisation judiciaire sont applicables.

TITRE III. DISPOSITIONS DIVERSES

Art. 35 Les magistrats à la Cour de cassation, les conseillers d'État et les conseillers maîtres à la Cour des comptes admis à l'honorariat en cours de mandat continuent à siéger jusqu'à l'expiration de celui-ci.

....

Art. 68-3 *(L. const. nº 95-880 du 4 août 1995)* **Les dispositions du présent titre sont applicables aux faits commis avant son entrée en vigueur.**

TITRE XI **Le Conseil économique, social et environnemental** *(L. const. nº 2008-724 du 23 juill. 2008, art. 32).*

Art. 69 **Le** *(L. const. nº 2008-724 du 23 juill. 2008, art. 33-1º)* **« Conseil économique, social et environnemental », saisi par le Gouvernement, donne son avis sur les projets de loi, d'ordonnance ou de décret ainsi que sur les propositions de loi qui lui sont soumis.**

Un membre du *(L. const. nº 2008-724 du 23 juill. 2008, art. 33-1º)* **« Conseil économique, social et environnemental » peut être désigné par celui-ci pour exposer devant les assemblées parlementaires l'avis du Conseil sur les projets ou propositions qui lui ont été soumis.**

(L. const. nº 2008-724 du 23 juill. 2008, art. 33-2º) **« Le Conseil économique, social et environnemental peut être saisi par voie de pétition dans les conditions fixées par une loi organique. Après examen de la pétition, il fait connaître au Gouvernement et au Parlement les suites qu'il propose d'y donner. »**

Sur la saisine par voie de pétition du CESE, V. L. org. nº 58-1360, art. 4-1, ss. Const. 58, art. 71.

COMMENTAIRE

V. sur le Code en ligne.

1. La saisine du CESE pour avis sur un projet de loi relève exclusivement du Premier ministre. Celle-ci ne saurait ainsi être autorisée par voie de pétition citoyenne. *CESE, Délibération du bureau, 26 févr. 2013, « *Mariage pour tous* » : *JCP Adm. 2013. 196, note Pauvert.*

2. La décision par laquelle le bureau du CESE statue sur la recevabilité d'une pétition présentée sur le fondement du présent art., en vérifiant si les conditions posées par l'art. 4-1 Ord. du 28 juin 2010 sont remplies, a le caractère d'une décision administrative susceptible de recours pour excès de pouvoir. • CE 15 déc. 2017, *Brillault,* nº 402259 A : *AJDA 2017. 2493 ; ibid. 2018. 491, chron. Roussel et Nicolas ; Dr. adm. 2018. 18, note Eveillard.* ♦ V. déjà. • TA Paris, 30 juin 2014, *Brillault,* nº 1305796/6 : *AJDA 2014. 1354 ; ibid. 2076, note de Dieuleveult ; JCP Adm. 2014. 623, obs. Pauvert.* ♦ Ab. Jur. • CAA Paris, 6 juin 2016, *Brillault,* nº 14PA03850 : *AJDA 2016. 1494, chron. Sorin ; RFDA 2016. 799, concl. Romnicianu ; ibid. 811.*

3. Si le CESE peut être régulièrement saisi par voie de pétition d'une question à caractère économique, social ou environnemental alors même qu'un projet de loi qui n'est pas sans lien avec celle-ci est soumis au Parlement, il ne peut être saisi aux fins de donner un avis sur un projet de loi que par le Gouvernement. • CE 15 déc. 2017, *Brillault,* nº 402259 A : *préc. note 2.*

4. Une consultation du public ne peut être organisée par le CESE que pour l'exercice de ses missions. Ainsi, d'une part, une telle consultation ne peut intervenir qu'afin d'éclairer le Conseil dans le cadre de ses attributions consultatives prévues au présent art. et à l'art. 70 Const. 58 et, d'autre part, le Premier ministre, le président de l'Assemblée nationale ou le président du Sénat, auxquels est reconnue la possibilité de demander au CESE de recourir à la consultation du public, ne peuvent exercer une telle faculté qu'en complément d'une demande d'avis qu'ils ont eux-mêmes formée, sur le fondement des mêmes art. • Cons. const. 14 janv. 2021, nº 2020-812 DC § 9.

Art. 70 *(L. const. nº 2008-724 du 23 juill. 2008, art. 34)* **Le Conseil économique, social et environnemental peut être consulté par le Gouvernement et le Parlement sur tout problème de caractère économique, social ou environnemental. Le Gouvernement peut également le consulter sur les projets de loi de programmation définissant les orientations pluriannuelles des finances publiques. Tout plan ou tout projet de loi de programmation à caractère économique, social ou environnemental lui est soumis pour avis.**

BIBL. ▸ BAGHESTANI, À propos de la L. org. du 28 juin 2010 relative au CESE, *LPA 26 oct. 2010.* – JÉGOUZO, Le Conseil économique, social et environnemental : une renaissance ?, *AJDA 2010. 1729.* – PINON, Le Conseil économique, social et environnemental : entre évolution et révolution, *Dr. adm. 2010. 15.* – TOUZEAU, Le Conseil économique, social et environnemental après la loi organique du 28 juin 2010 : une assemblée constitutionnelle mal identifiée, *RD publ. 2011. 637.*

[V. références des décisions du Conseil constitutionnel dans le tableau DC]

1. Nouvelle définition des lois de programme (avant la révision du 23 juill. 2008). La catégorie des lois de programme à caractère économique et social est définie, depuis le 1er janv. 2005, par le seul avant-dern. al. de l'art. 34 Const. • Cons. const. 7 juill. 2005, nº 2005-516 DC § 7.

2. Les dispositions du présent art. et celle de l'avant dern. al. de l'art. 34 Const. renvoient à une même catégorie de loi pour lesquelles l'avis du Conseil économique, social et environnemental est obligatoire. • Cons. const. 25 juin 1986, nº 86-207 DC § 7. ♦ L'omission de cette formalité substantielle a entaché la régularité de la procédure mise en œuvre pour son approbation. • Cons. const. 21 avr. 2005, nº 2005-512 DC § 14. ♦ Néanmoins, si au moment du dépôt du projet de loi et compte tenu des dispositions alors en vigueur, celui-ci répond pas à la définition d'une loi de programme, il ne peut être fait grief au Gouvernement de ne pas avoir consulté le Conseil économique, social et environnemental. • Cons. const. 7 juill. 2005, nº 2005-516 DC § 6.

3. En effet, même si les termes de plan ou de planification ne figurent pas à l'art. 34 Const. des matières réservées à la loi, il n'en demeure pas moins que, par son objet même, le contenu d'un plan national pluriannuel touche à des matières réservées à la loi. • Cons. const. 27 juill. 1982, nº 82-142 DC § 1.

4. Dans ce domaine, il est possible au législateur d'organiser le travail législatif dans les matières où il est expédient d'assurer pendant des années la régularité, la périodicité et la continuité de ce travail, nécessaires à la réalisation du but poursuivi sous réserve, d'une part, du droit du législateur de modifier à tout moment la législation ainsi édictée ou d'y déroger et, d'autre part, des droits du Gouvernement en ce qui concerne notamment le domaine qui lui est réservé, les procédures dont il dispose pour le protéger et les conditions de sa propre organisation et de son fonctionnement interne. • Cons. const. 27 juill. 1982, nº 82-142 DC.

5. Un art. qui se réfère aux objectifs économiques et sociaux figurant dans un document signé par l'État et le territoire des îles Wallis-et-Futuna, trouve sa place dans une loi de programme. • Cons. const. 17 juill. 2003, nº 2003-474 DC § 6.

6. Contenu des lois de programme. Les lois de programmes n'ont pas de contenu normatif mais constituent un catalogue d'objectifs qualitatif et quantitatif. Le grief tiré de leur défaut de portée normative ou de leur imprécision ne peut être utilement soulevé à leur encontre. • Cons. const. 7 juill. 2005, nº 2005-516 DC § 7.

Art. 71 **La composition du** *(L. const. nº 2008-724 du 23 juill. 2008, art. 35 et 36)* **« Conseil économique, social et environnemental, dont le nombre de membres ne peut excéder deux cent trente-trois, » et ses règles de fonctionnement sont fixées par une loi organique.**

Sur le CESE, V. ci-dessous L. org. nº 58-1360 du 29 déc. 1958.

COMMENTAIRE

V. sur le Code en ligne.

[V. références des décisions du Conseil constitutionnel dans le tableau DC]

1. Composition. Seule la loi organique peut fixer les règles relatives à la composition et au fonctionnement du CESE. Une loi ordinaire ne peut pas, dès lors, instituer un nouveau cas d'incompatibilité applicable aux membres du Conseil économique, social et environnemental. • Cons. const. 30 août 1984, nº 84-178 DC § 7.

2. Une disposition prévoyant qu'une organisation appelée à désigner plus d'un membre du CESE procède à ces désignations de telle sorte que l'écart entre le nombre des hommes désignés, d'une part, et des femmes désignées, d'autre part, ne soit pas supérieur à un, la même règle s'appliquant à la désignation des personnalités qualifiées, est conforme à la Const., les mandats de membres du CESE s'assimilant à des responsabilités professionnelles. • Cons. const. 24 juin 2010, nº 2010-608 DC § 6.

3. Les recours contre la désignation des membres du Conseil économique, social et environnemental relèvent de la compétence du Conseil d'État qui exerce un contrôle normal. • CE 23 juill. 1993, *Féd. des Synd. de Polynésie française : Lebon T. 900*. ♦ Jugé que le gouvernement peut, au titre des personnalités désignées au titre de leurs compétences, désigner des représentants d'organisations syndicales. • CE 9 juill. 1969, *CFDT : Lebon T. 911 ; AJDA 1969. 709.* ♦ ... Doit avoir pris connaissance de toutes les propositions faites avant de procéder à la désignation d'un représentant des activités économiques et sociales des TOM et DOM. • CE, ass., 11 mai 1973, *Sanglier : Lebon 344 ; AJDA 1973. 428, note Larger ; RD publ. 1973. 1747, note Waline.* ♦ Jugé également qu'un « attaché de direction » ne pouvait être considéré comme un « représentant de l'industrie ». • CE 27 sept. 1985, *Favie : Lebon T. 700.*

4. Il est loisible au pouvoir réglementaire de désigner une personnalité représentant chacun des départements, régions ou collectivités territoriales d'outre-mer mentionnés aux art. 73 et 74 Const. ainsi que la Nouvelle-Calédonie, sans méconnaître les dispositions de l'art. 7 de l'Ord. du 29 déc. 1958, ni porter atteinte au principe d'égalité, lequel n'impose pas de traiter différemment des situations différentes. • CE 21 nov. 2016, *Féd. gén. autonome des fonctionnaires – Union régionale de La Réunion,* nº 394762 : *AJDA 2017. 381*.

5. Les délibérations par lesquelles les organisations professionnelles, organismes de droit privé, procèdent à la désignation ou au remplacement des membres du CESE ne revêtent pas le caractère d'acte administratif et sont, dès lors, insusceptibles de recours devant le Conseil d'État. • CE, ass., 4 juill. 2003, *Mme Marcilhacy,* n° 239509 : *Lebon 310*.

6. Les membres nommés au CESE au titre des représentants des salariés et autres ne peuvent être considérés comme des représentants des organismes représentatifs qui les ont désignés et ne sauraient donc voir leur mandat remis en cause par ces organismes. Les organismes en question ne peuvent donc désigner un membre que dans la mesure où un poste est vacant mais ne peuvent changer en cours de mandat la personne désignée. La décision du Premier ministre qui tirerait les conséquences d'un tel changement de représentant doit donc être annulée. • CE, ass., 4 juill. 2003, *Mme Marcilhacy,* n° 239509 : *préc. note 3.* ♦ Une telle éviction n'ouvre pas droit au versement de la rémunération intégrale en qualité de membre mais à une indemnité en réparation du préjudice subi. • CE 2 nov. 2005, *Mme Marcilhacy,* n° 263059 : *Lebon 471*.

7. Le Conseil économique, social et environnemental ayant pour mission d'assurer la représentation de l'ensemble des salariés, qu'ils soient de droit privé ou bien fonctionnaires ou agents publics, une organisation syndicale de salariés représentative dans les champs de la fonction publique a vocation à y être représentée alors même qu'elle ne serait pas représentative dans le seul champ relevant du droit du travail. • CE 30 déc. 2009, *Union synd. Solidaires,* n° 310284 : *AJDA 2010. 376, chron. Liéber et Botteghi*.

8. Sous réserve qu'elle soit limitée dans le temps et revête un caractère exceptionnel et transitoire, la prorogation de la durée du mandat des membres du Conseil économique, social et environnemental n'est pas contraire à la Constitution. • Cons. const. 30 juill. 2009, n° 2009-586 DC. ♦ V. dans le même sens pour tenir compte d'une réforme en cours : • Cons. const. 7 août 2020, n° 2020-806 DC.

9. Si, aux termes de l'art. 10 Ord. du 29 déc. 1958, « les contestations auxquelles peut donner lieu la désignation de ses membres sont jugées par le Conseil d'État », la requête de M. X., qui tend à ce que lui soient versées les rémunérations et indemnités afférentes à son mandat de membre du CES jusqu'à la date à laquelle il a cessé d'exercer son mandat de représentant de la Féd., n'entre pas dans le champ d'application de l'art. préc., en dépit de la circonstance que le litige ainsi soulevé n'est pas sans lien avec ledit mandat ; dès lors, le Conseil d'État n'est pas compétent pour connaître en premier et dernier ressort dudit litige ; il y a lieu, par suite, de transmettre cette requête au tribunal administratif de Paris. • CE 10 févr. 1997, n° 165035.

10. Fonctionnement. Aux termes de l'art. 23 de l'Ord. n° 58-1360 du 29 déc. 1958, dans sa rédaction applicable au moment des faits, « les comptes [du CES (et donc du CESE, désormais)] sont soumis au contrôle de la Cour des comptes » ; selon les dispositions du I de l'art. L. 312-1 CJF, est justiciable de la CDBF « *c)* tout représentant, administrateur ou agent des autres organismes qui sont soumis soit au contrôle de la Cour des comptes ... » ; dès lors, le secrétaire général et les questeurs du CES au moment des faits étant respectivement agent, pour le premier, et représentants, pour les suivants, du CES sont, de ce fait, justiciables de la CDBF. * CDBF 23 avr. 2012, *CES n° 182-682 : AJDA 2012. 857*.

11. Le CES (et donc le CESE, désormais), assemblée consultative auprès des pouvoirs publics, est, en tant qu'organe de l'État, soumis au code des marchés publics. * CDBF 23 avr. 2012, *CES n° 182-682 : préc. note 10* • CE 30 déc. 2013, *Corbin,* n° 358826 : *AJDA 2014. 12 ; JCP Adm. 2014. 64.*

12. La nomination par décret d'une personnalité associée au sein d'une section de CESE revêt le caractère d'une décision individuelle créatrice de droits qui ne peut, dès lors, être abrogée, à l'initiative de l'autorité de nomination ou sur la demande d'un tiers, que dans le délai de quatre mois suivant son édiction et à la condition qu'elle soit illégale. • CE 26 mars 2018, n° 406356 B : *AJDA 2018. 654 ; JCP Adm. 2018. 329.*

13. Le nombre des personnes appelées à participer aux travaux des commissions ne saurait, sans méconnaître les art. 69 et 70 Const. 58 relatifs aux attributions du Conseil, que constituer une part limitée du nombre des membres d'une commission, fixée de telle sorte qu'il n'en résulte pas un déséquilibre dans sa composition ou son fonctionnement. • Cons. const. 14 janv. 2021, n° 2020-812 DC § 25.

Ordonnance n° 58-1360 du 29 décembre 1958,

Portant loi organique relative au Conseil économique, social et environnemental (L. org. *n° 2020-1022 du 10 août 2020).*

TITRE Ier. MISSION ET ATTRIBUTIONS

Art. 1er Le Conseil économique, social et environnemental est auprès des pouvoirs publics une assemblée consultative.

(L. org. n° 2010-704 du 28 juin 2010, art. 1er) « Représentant les principales activités du pays, le Conseil favorise leur collaboration et assure leur participation à la politique économique, sociale et environnementale de la Nation.

« Il examine les évolutions en matière économique, sociale ou environnementale et *(L. org. n° 2021-27 du 15 janv. 2021, art. 1er)* « recommande » les adaptations qui lui paraissent nécessaires. »

(L. org. n° 2021-27 du 15 janv. 2021, art. 2) « Pour l'exercice de ses attributions, le Conseil peut consulter, après information des collectivités territoriales ou de leurs groupements concernés, une ou plusieurs instances consultatives créées auprès de ces collectivités ou groupements.

« Il promeut une politique de dialogue et de coopération avec ses homologues européens et étrangers. »

Art. 2 *(L. org. n° 2010-704 du 28 juin 2010, art. 2)* Le Conseil économique, social et environnemental est obligatoirement saisi pour avis, par le Premier ministre, des projets de loi de plan et des projets de loi de programmation à caractère économique, social ou environnemental. Il peut être au préalable associé à leur élaboration.

Il peut être saisi pour avis, par le Premier ministre, des projets de loi de programmation définissant les orientations pluriannuelles des finances publiques, des projets de loi, d'ordonnance ou de décret ainsi que des propositions de loi entrant dans le domaine de sa compétence.

Il peut également être consulté, par le Premier ministre, le président de l'Assemblée nationale ou le président du Sénat, sur tout problème de caractère économique, social ou environnemental.

Il peut être saisi de demandes d'avis par le Premier ministre, par le président de l'Assemblée nationale ou par le président du Sénat.

Dans les cas prévus aux deux premiers alinéas, le Conseil économique, social et environnemental donne son avis dans le délai d'un mois si le Premier ministre déclare l'urgence.

Art. 3 Le Conseil économique, social et environnemental peut, de sa propre initiative, appeler l'attention du Gouvernement *(L. org. n° 2010-704 du 28 juin 2010, art. 4)* « et du Parlement » sur les réformes qui lui paraissent *(L. org. n° 2010-704 du 28 juin 2010, art. 4)* « nécessaires ».

(L. org. n° 2010-704 du 28 juin 2010, art. 4) « Il contribue à l'évaluation des politiques publiques à caractère économique, social ou environnemental. »

Art. 4 Chaque année, le Premier ministre fait connaître la suite donnée aux avis du Conseil économique, social et environnemental.

Art. 4-1 *(L. org. n° 2021-27 du 15 janv. 2021, art. 3)* Le Conseil économique, social et environnemental peut être saisi par voie de pétition de toute question à caractère économique, social ou environnemental.

La pétition est rédigée en français et adressée par écrit, par voie postale ou par voie électronique, au Conseil économique, social et environnemental. Elle est présentée dans les mêmes termes par au moins 150 000 personnes âgées de seize ans et plus, de nationalité française ou résidant régulièrement en France. La période de recueil des signatures est d'un an à compter du dépôt de la pétition.

Les informations recueillies auprès des signataires afin de garantir leur identification sont précisées par décret en Conseil d'État, pris après avis de la Commission nationale de l'*informatique* et des libertés.

La pétition est adressée par un mandataire unique au président du Conseil économique, social et environnemental. Le bureau statue sur sa recevabilité au regard des conditions fixées au présent article et informe le mandataire de sa décision concernant la recevabilité de la pétition. A compter de cette décision, le Conseil dispose d'un délai de six mois pour se prononcer par un avis en assemblée plénière sur les questions soulevées par les pétitions recevables et sur les suites qu'il propose de leur donner.

L'avis est adressé au Premier ministre, au président de l'Assemblée nationale, au président du Sénat et au mandataire de la pétition. Il est publié au *Journal officiel*.

Art. 4-2 *(L. org. n° 2021-27 du 15 janv. 2021, art. 4)* Lorsque le Conseil économique, social et environnemental associe le public à l'exercice de ses missions par une consultation ou la participation aux travaux de ses commissions, les modalités de cette association doivent présenter des garanties de sincérité, d'égalité, de transparence et d'impartialité. La définition du périmètre du public associé assure une représentativité appropriée à l'objet de la consultation ou de la participation.

Le Conseil met à la disposition du public associé une information claire et suffisante sur l'objet de la consultation ou de la participation ainsi que sur les modalités de celles-ci, lui assure un délai raisonnable pour y prendre part et veille à ce que les résultats ou les suites envisagées soient, au moment approprié, rendus publics.

Art. 4-3 *(L. org. n° 2021-27 du 15 janv. 2021, art. 4)* Pour l'exercice de ses missions, le Conseil économique, social et environnemental peut, à son initiative ou à la demande du Premier ministre, du président de l'Assemblée nationale ou du président du Sénat, recourir à la consultation du public dans les matières relevant de sa compétence. Il peut organiser une procédure de tirage au sort pour déterminer les participants de la consultation. A cette fin, il nomme un ou plusieurs garants tenus à une obligation de neutralité et d'impartialité, chargés de veiller au respect des garanties mentionnées à l'article 4-2.

La procédure de tirage au sort assure une représentation équilibrée du territoire de la République, notamment des outre-mer, et garantit la parité entre les femmes et les hommes parmi les participants.

Le Conseil publie les résultats de ces consultations et les transmet au Premier ministre ainsi qu'au président de l'Assemblée nationale et au président du Sénat.

Art. 5 Le Conseil économique, social et environnemental peut désigner l'un de ses membres pour exposer devant les assemblées parlementaires l'avis du Conseil sur les projets ou propositions qui lui ont été soumis.

Art. 6 *(L. org. n° 2021-27 du 15 janv. 2021, art. 5)* Les avis sont adoptés soit par l'assemblée, soit par les commissions permanentes ou temporaires. Les commissions sont saisies par le bureau du Conseil économique, social et environnemental.

Le bureau peut, à son initiative ou à la demande du Gouvernement ou de l'assemblée parlementaire à l'origine de la consultation, décider le recours à une procédure simplifiée. Dans un délai de trois semaines, la commission compétente émet un projet d'avis, qui doit être approuvé par le bureau. Ce projet devient l'avis du Conseil économique, social et environnemental au terme d'un délai de trois jours à compter de son approbation par le bureau, sauf si le président ou au moins un tiers des membres du Conseil demandent, dans ce délai, qu'il soit examiné par l'assemblée plénière.

Les avis sont transmis par le bureau du Conseil au Premier ministre, au président de l'Assemblée nationale et au président du Sénat.

Art. 6-1 *(L. org. n° 2021-27 du 15 janv. 2021, art. 6)* Sans préjudice des concertations préalables prévues à l'article L. 1 du code du travail et sous réserve des engagements internationaux de la France, lorsque le Conseil économique, social et environnemental est consulté sur un projet de loi portant sur des questions à caractère économique, social ou environnemental, le Gouvernement ne procède pas aux consultations prévues en application de dispositions législatives ou réglementaires, à l'exception de la consultation des collectivités mentionnées aux articles 72 et 72-3 de la Constitution, des instances nationales consultatives dans lesquelles elles sont représentées, des autorités administratives ou publiques indépendantes et des commissions relatives au statut des magistrats, des fonctionnaires et des militaires.

Le Conseil économique, social et environnemental peut solliciter l'avis des instances consultatives compétentes sur les sujets faisant l'objet de la consultation prévue au premier alinéa du présent article.

TITRE II. COMPOSITION ET ORGANISATION

Art. 7 *(L. org. n° 2021-27 du 15 janv. 2021, art. 7)* I. — Le Conseil économique, social et environnemental est composé de cent soixante-quinze membres. Il comprend :

1° Cinquante-deux représentants des salariés ;

2° Cinquante-deux représentants des entreprises, des exploitants agricoles, des artisans, des professions libérales, des mutuelles, des coopératives et des chambres consulaires ;

3° Quarante-cinq représentants au titre de la cohésion sociale et territoriale et de la vie associative, dont huit représentants des outre-mer ;

4° Vingt-six représentants au titre de la protection de la nature et de l'environnement.

II. — Les membres mentionnés aux 1° et 2° du I sont désignés, pour chaque catégorie, par les organisations syndicales et professionnelles les plus représentatives ainsi que par les établissements fédérateurs des réseaux consulaires.

Un comité composé de trois députés désignés par le président de l'Assemblée nationale et de trois sénateurs désignés par le président du Sénat, de manière à assurer une représentation pluraliste, ainsi que de trois membres du Conseil économique, social et environnemental désignés par le président du Conseil économique, social et environnemental, d'un membre du Conseil d'État désigné par le vice-président du Conseil d'État et d'un magistrat de la Cour des comptes désigné par le premier président de la Cour des comptes est chargé de proposer, au plus tard six mois avant la fin de chaque mandature, des évolutions de la composition du Conseil.

Un décret en Conseil d'État précise la répartition et les conditions de désignation des membres du Conseil.

Chaque organisation ou autorité veille à ce que la différence entre le nombre d'hommes et le nombre de femmes qu'elle désigne ou propose ne soit pas supérieure à un.

III. — Les membres du Conseil sont répartis en groupes dans les conditions fixées par son règlement.

Art. 7-1 *(L. n° 2000-294 du 5 avr. 2000, art. 17)* Conformément aux dispositions *(L. org. n° 2010-704 du 28 juin 2010, art. 8)* « des articles L.O. 139 et L.O. 297 » du code électoral, la qualité de membre du Conseil économique, social et environnemental est incompatible avec le mandat de député *(L. org. n° 2010-704 du 28 juin 2010, art. 8)* « et celui de sénateur ». Elle est également incompatible avec le mandat de représentant au Parlement européen.

(L. org. n° 2017-54 du 20 janv. 2017, art. 3) « Sauf s'il y est désigné en cette qualité, aucun membre ne peut, pendant la durée de ses fonctions, siéger au sein d'une autorité administrative indépendante ou d'une autorité publique indépendante. »

Art. 8 *Abrogé par L. n° 84-499 du 27 juin 1984, art. 7.*

Art. 9 Les membres du Conseil économique, social et environnemental sont désignés pour cinq ans.

(L. org. n° 2010-704 du 28 juin 2010, art. 9) « Ils ne peuvent accomplir plus de deux mandats consécutifs. »

Si, *(L. org. n° 2010-704 du 28 juin 2010, art. 9)* « en cours de mandat », un membre du Conseil vient à perdre la qualité au titre de laquelle il a été désigné, il est déclaré démissionnaire d'office et remplacé.

(L. org. n° 2010-704 du 28 juin 2010, art. 9) « Les membres du Conseil dont le siège devient vacant pour quelque cause que ce soit sont remplacés pour la durée du mandat restant à courir. Si cette durée est inférieure à trois ans, il n'est pas tenu compte de ce remplacement pour l'application du deuxième alinéa. »

Art. 10 Les contestations auxquelles peut donner lieu leur désignation sont jugées par le Conseil d'État.

Art. 10-1 *(L. org. n° 2021-27 du 15 janv. 2021, art. 13)* I. — Pour les membres du Conseil économique, social et environnemental, constitue un conflit d'intérêts toute situation d'interférence entre un intérêt public et des intérêts publics ou privés, extérieurs à l'organisation qu'ils représentent, qui est de nature à influencer ou à paraître influencer l'exercice indépendant, impartial et objectif de leurs fonctions.

II. — Dans les deux mois qui suivent leur désignation, les membres du Conseil adressent personnellement à l'organe chargé de la déontologie du Conseil et au président de la Haute Autorité pour la transparence de la vie publique une déclaration faisant apparaître les intérêts détenus à la date de leur désignation et dans les cinq années précédant cette date.

Toute modification substantielle des intérêts détenus donne lieu, dans un délai de deux mois, à une déclaration dans les mêmes formes.

Les membres du Conseil peuvent joindre des observations à leur déclaration d'intérêts.

Les III et IV de l'article 4 de la loi n° 2013-907 du 11 octobre 2013 relative à la transparence de la vie publique s'appliquent à la déclaration d'intérêts des membres du Conseil.

Le V du même article 4, le I de l'article 10, les deux derniers alinéas du II de l'article 20 et l'article 26 de la même loi s'appliquent aux membres du Conseil.

Lorsque la Haute Autorité constate qu'un membre du Conseil ne respecte pas les obligations prévues au présent article, elle en informe le président du Conseil.

Art. 11 *(L. org. nº 84-499 du 27 juin 1984, art. 3)* Il est créé au sein du Conseil économique, social et environnemental des *(L. org. nº 2021-27 du 15 janv. 2021, art. 8)* « commissions permanentes » pour l'étude des principaux problèmes *(L. org. nº 2010-704 du 28 juin 2010, art. 11)* « de caractère économique, social ou environnemental. »

(L. org. nº 2021-27 du 15 janv. 2021, art. 8) « Des délégations permanentes et des commissions temporaires peuvent être créées au sein du Conseil pour l'étude de questions particulières qui excèdent le champ de compétence d'une commission permanente.

« Le règlement du Conseil fixe la liste, les compétences et la composition des commissions permanentes et des délégations. »

Art. 12 Les *(L. org. nº 2021-27 du 15 janv. 2021, art. 9)* « commissions » sont composées de membres du Conseil économique, social et environnemental.

(L. org. nº 2021-27 du 15 janv. 2021, art. 9) « Peuvent participer aux travaux des commissions, avec voix consultative et pour une mission déterminée :

« 1° Des représentants des instances consultatives créées auprès des collectivités territoriales ou de leurs groupements ;

« 2° Des personnes tirées au sort selon des modalités respectant les garanties mentionnées à l'article 4-2.

« Les modalités de désignation et de participation aux travaux des commissions des personnes mentionnées aux 1° et 2° du présent article sont fixées par le règlement du Conseil. Leur désignation et la durée de leur mission sont rendues publiques.

« Les commissions peuvent, à leur initiative, entendre toute personne entrant dans leur champ de compétences. »

Art. 13 *Abrogé par L. org. nº 2021-27 du 15 janv. 2021, art. 8.*

Art. 14 *(L. org. nº 92-730 du 30 juill. 1992, art. 1er)* « L'assemblée du Conseil économique, social et environnemental élit son bureau. Celui-ci se compose du président et *(L. org. nº 2021-27 du 15 janv. 2021, art. 11)* « d'un représentant par groupe ». »

Le secrétaire général du Conseil *(L. org. nº 2021-27 du 15 janv. 2021, art. 11)* « assiste aux réunions » du bureau. Il en tient procès-verbal.

Lorsqu'ils n'en font pas partie, les présidents des *(L. org. nº 2021-27 du 15 janv. 2021, art. 11)* « commissions permanentes » peuvent être appelés à assister, avec voix consultative, aux réunions du bureau.

TITRE III. FONCTIONNEMENT

Art. 15 Sur proposition du bureau, le Conseil économique, social et environnemental arrête son règlement qui doit être approuvé par décret.

Art. 15-1 *(L. org. nº 2021-27 du 15 janv. 2021, art. 12)* Sur proposition du bureau, le Conseil économique, social et environnemental arrête un code de déontologie qui doit être approuvé par décret. Ce code précise les règles applicables aux membres du Conseil ainsi qu'aux personnes extérieures participant à ses travaux.

Un organe chargé de la déontologie s'assure du respect du code de déontologie. Sa composition est fixée par le règlement du Conseil.

Art. 16 *(L. org. nº 84-499 du 27 juin 1984, art. 5)* Le Conseil économique, social et environnemental se réunit selon les modalités définies par son règlement intérieur. Il peut tenir des séances spéciales à la demande du Gouvernement *(L. org. nº 2010-704 du 28 juin 2010, art. 14)* « , du président de l'Assemblée nationale ou du président du Sénat ».

Art. 17 Les membres du Conseil sont convoqués dans chacun des cas prévus à l'article précédent par le président du Conseil économique, social et environnemental.

Art. 18 *(L. org. nº 84-499 du 27 juin 1984, art. 6)* « Les séances de l'assemblée sont publiques sauf décision contraire de celle-ci ; les séances des *(L. org. nº 2021-27 du 15 janv. 2021, art. 10)* « commissions » ne sont pas publiques. »

(L. org. nº 2010-704 du 28 juin 2010, art. 15) « Les procès-verbaux de ces séances sont transmis dans un délai de cinq jours au Premier ministre si le Conseil a été saisi à son initiative, ou au président de l'Assemblée nationale ou au président du Sénat si le Conseil a été saisi à l'initiative de l'une ou l'autre assemblée. »

Art. 19 Les membres du Gouvernement et les commissaires désignés par eux *(L. org. n° 2010-704 du 28 juin 2010, art. 16)* « ainsi que les membres du Parlement » ont accès à l'assemblée du Conseil et aux *(L. org. n° 2021-27 du 15 janv. 2021, art. 10)* « commissions » *(L. org. n° 2010-704 du 28 juin 2010, art. 16)* « pour les affaires qui les concernent respectivement ». Ils sont entendus lorsqu'ils le demandent.

Art. 20 Le droit de vote est personnel tant au sein de l'assemblée qu'au sein des *(L. org. n° 2021-27 du 15 janv. 2021, art. 10)* « commissions ». Il ne peut être délégué.

Art. 21 Les avis et rapports du Conseil en assemblée sont adressés par le bureau au premier ministre dans le délai fixé, le cas échéant, par le Gouvernement qui en assure la publication au *Journal officiel*. *(L. org. n° 2010-704 du 28 juin 2010, art. 17)* « Ils sont également adressés au président de l'Assemblée nationale et au président du Sénat. »

Art. 22 Les membres du Conseil économique, social et environnemental reçoivent une rémunération dont le montant ne peut être supérieur au tiers de l'indemnité parlementaire et des indemnités calculées par jour de présence.

(L. org. n° 2021-27 du 15 janv. 2021, art. 14) « Les membres du Conseil économique, social et environnemental perçoivent une indemnité représentative de frais. L'utilisation de cette indemnité, pour chaque membre du Conseil, doit être en lien avec l'exercice de son mandat. La liste des frais de mandat est arrêtée par le bureau, sur proposition des questeurs et après avis de l'organe chargé de la déontologie. »

Le montant de cette rémunération et de ces indemnités est fixé par décret.

(L. org. n° 2021-27 du 15 janv. 2021, art. 14) « Le montant des indemnités des personnes désignées en application des 1° et 2° de l'article 12 est fixé par décret.

« Les membres du Conseil économique, social et environnemental remettent au président un rapport de leur activité annuelle. Ce rapport est rendu public sur le site internet du Conseil. »

Art. 23 *(L. org. n° 2010-704 du 28 juin 2010, art. 19)* « Les crédits nécessaires au fonctionnement du Conseil économique, social et environnemental sont gérés par le Conseil » sans que soient applicables les dispositions de la loi du 10 août 1922 sur le contrôle des dépenses engagées.

Les comptes sont soumis au contrôle de la Cour des comptes.

Art. 23 *bis* *(L. org. n° 92-730 du 30 juill. 1992, art. 2)* Les services administratifs du Conseil économique, social et environnemental sont placés sous l'autorité du président, agissant par délégation du bureau.

Les décisions relatives à l'administration du personnel sont prises au nom du bureau et sur proposition du secrétaire général par le président du Conseil économique, social et environnemental.

Art. 24 Le secrétaire général du Conseil économique, social et environnemental est nommé par décret sur proposition du bureau.

Sous l'autorité du président, il dirige les services du Conseil et organise les travaux de ses formations.

Art. 25 Le Gouvernement met à la disposition du Conseil les locaux nécessaires à son fonctionnement.

....

Art. 28 Des décrets en Conseil d'État préciseront en tant que de besoin les modalités d'application de la présente ordonnance ainsi que les mesures transitoires qui se révéleraient nécessaires.

TITRE XI *BIS* Le Défenseur des droits

(L. const. n° 2008-724 du 23 juill. 2008, art. 41)

Art. 71-1 Le Défenseur des droits veille au respect des droits et libertés par les administrations de l'État, les collectivités territoriales, les établissements publics, ainsi que par tout organisme investi d'une mission de service public, ou à l'égard duquel la loi organique lui attribue des compétences.

Il peut être saisi, dans les conditions prévues par la loi organique, par toute personne s'estimant lésée par le fonctionnement d'un service public ou d'un organisme visé au premier alinéa. Il peut se saisir d'office.

La loi organique définit les attributions et les modalités d'intervention du Défenseur des droits. Elle détermine les conditions dans lesquelles il peut être assisté par un collège pour l'exercice de certaines de ses attributions.

Le Défenseur des droits est nommé par le Président de la République pour un mandat de six ans non renouvelable, après application de la procédure prévue au dernier alinéa de l'article 13. Ses fonctions sont incompatibles avec celles de membre du Gouvernement et de membre du Parlement. Les autres incompatibilités sont fixées par la loi organique.

Le Défenseur des droits rend compte de son activité au Président de la République et au Parlement.

Sur les demandes d'avis présentées par le Défenseur des droits au Conseil d'État, V. ci-dessous CJA, art. R. 123-3-1 et R. 123-24-2.

Sur les commissions permanentes compétentes pour émettre un avis sur la nomination du Défenseur des droits, V. ci-dessous L. n° 2010-838 du 23 juill. 2010, art. 4.

Sur le Défenseur des droits, V. ci-dessous L. org. n° 2011-333 du 29 mars 2011 et L. n° 2011-334 du 29 mars 2011.

Sur la procédure applicable devant le Défenseur des droits, V. ci-dessous Décr. n° 2011-904 du 29 juill. 2011.

Sur l'organisation et le fonctionnement des services du Défenseur des droits, V. ci-dessous Décr. n° 2011-905 du 29 juill. 2011.

BIBL. ▸ NOGUELLOU, Le Défenseur des droits, *Dr. adm. 2011, Focus n° 7*. – DORD, Le Défenseur des droits ou la garantie rationnalisée des droits et libertés, *AJDA 2011. 958*. – VERPEAUX, Il est né le Défenseur des droits, *JCP Adm. 2011. 2178*. – MATUTANO, Une autorité constitutionnelle indépendante : le défenseur des droits, *Dr. adm. 2011. 16*. – ROBLOT-TROIZIER et TUSSEAU, Le Défenseur des droits : une autorité administrative à indépendance constitutionnelle, *RFDA 2011. 611*. – AUMOND, Le Défenseur des droits : une peinture en clair-obscur, *RFDA 2011. 913*. – BROUSSOLLE, La loi organique du 29 mars 2011 relative au défenseur des droits, *LPA 18 mai 2011*. – PAULIAT, Le défenseur des droits. Quelle place dans le concert européen ?, *Regard sur l'act. 2011, n° 370, p. 67*. – COLIN, Un *amicus curiae* en devenir : le délégué du Défenseur des droits, *Dr. adm. 2012. Étude n° 12*. – NOGUELLOU, Le premier rapport du Défenseur de droits, *Dr. adm. 2012. Focus n° 40*. – MOUCHETTE, L'« autonomie budgétaire » du défenseur des droits : complément ou obstacle à son indépendance ?, *RFDC 2014. 557*. – SENGHOR, L'action du défenseur des droits en matière de déontologie de la sécurité, *AJDA 2015. 91*.

COMMENTAIRE

V. sur le Code en ligne.

[V. références des décisions du Conseil constitutionnel dans les tableaux DC et QPC]

1. En érigeant le Défenseur des droits en « autorité constitutionnelle indépendante », le législateur organique rappelle qu'il constitue une autorité administrative dont l'indépendance trouve son fondement dans la Const. mais n'a pas pour effet de faire figurer le Défenseur des droits au nombre des pouvoirs publics constitutionnels. • Cons. const. 29 mars 2011, n° 2011-626 DC § 5.

2. Si le législateur organique peut, pour garantir l'indépendance du Défenseur des droits et de ses adjoints, prévoir qu'ils bénéficient d'une immunité pénale, il doit, dans la définition de l'étendue de cette immunité, concilier le but ainsi poursuivi avec le respect des autres règles et principes de valeur constitutionnelle et, en particulier, le principe d'égalité ; dès lors, l'immunité pénale reconnue au Défenseur des droits et à ses adjoints ne saurait s'appliquer qu'aux opinions qu'ils émettent et aux actes qu'ils accomplissent pour l'exercice de leurs fonctions et ne saurait exonérer le Défenseur des droits et ses adjoints des sanctions encourues en cas de méconnaissance des règles prévues par les art. 20 et 29 de la L. org., sur les secrets protégés par la loi, et par son art. 22, sur la protection des lieux privés. • Cons. const. 29 mars 2011, n° 2011-626 DC § 6.

3. Les délégations consenties par le Défenseur des droits à ses adjoints ne peuvent avoir pour effet de le dessaisir de ses attributions.

• Cons. const. 29 mars 2011, n° 2011-626 DC § 10.

4. L'indépendance accordée au Défenseur des droits implique que le Premier ministre mette fin aux fonctions des adjoints sur sa proposition. • Cons. const. 29 mars 2011, n° 2011-626 DC § 11. ♦ Le Conseil d'État, saisi par le Premier ministre pour avis, a considéré que la reconduction des adjoints dans leurs fonctions en cas de disparition brutale du Défenseur, serait contraire aux termes mêmes de la loi et que ceux-ci interdisaient que les défenseures adjointes en place puissent être reconduites : « Je me vois donc dans l'obligation de procéder à la désignation de personnalités nouvelles pour vice-présider les trois collèges de l'institution, dans les délais les plus brefs ». * Courrier de J. Toubon, Défenseur des droits, 17 juill. 2014.

5. La consultation des collèges assistant le Défenseur des droits n'a ni pour objet ni pour effet de limiter ses attributions ; le Défenseur des droits est seul compétent pour convoquer les collèges, fixer leur ordre du jour et apprécier les questions nouvelles qu'il doit soumettre à leur avis ; en outre, il n'est pas lié par les délibérations des collèges. • Cons. const. 29 mars 2011, n° 2011-626 DC § 12.

6. L'art. 16 DDH et l'art. 64 Const. 58 garantissent l'indépendance de l'ensemble des juridictions ainsi que le caractère spécifique de leurs fonctions, sur lesquelles ne peuvent empiéter ni le législateur, ni le Gouvernement, non plus qu'aucune autorité administrative ; dès lors les attributions du Défenseur des droits en matière disciplinaire ne sauraient le conduire à remettre en cause cette indépendance qui, dans ce domaine, est garantie par les procédures particulières qui leur sont propres. Ainsi, les conditions dans lesquelles la responsabilité disciplinaire des magistrats de l'ordre judiciaire peut être engagée étant prévues par l'art. 65 Const., le Défenseur des droits ne saurait être autorisé à donner suite aux réclamations des justiciables portant sur le comportement d'un magistrat dans l'exercice de ses fonctions ; il lui est simplement permis d'aviser le ministre de la justice de faits découverts à l'occasion de l'accomplissement de ses missions et susceptibles de conduire à la mise en œuvre d'une procédure disciplinaire à l'encontre d'un magistrat. • Cons. const. 29 mars 2011, n° 2011-626 DC § 16.

7. Il faut admettre, par extension de la jurisprudence relative à La HALDE, que le Défenseur des droits n'a pas la qualité d'intervenant aux litiges administratifs mais simplement d'observateur. En effet, en donnant à La HALDE le droit de présenter des observations par elle-même ou par un représentant dont rien n'interdit qu'il soit un avocat, la loi ne lui a pas conféré la qualité de partie ; dès lors la cour d'appel qui, alors qu'elle devait se borner à entendre la HALDE en ses observations, a déclaré son intervention recevable, a violé les textes applicables. • Soc. 2 juin 2010, *Sté Yusen Air & Sea service France*, n° 08-40.628 P : *RDT 2010. 457, obs. Serverin et Grumbach*. ♦ De même, en admettant, dans un recours de plein contentieux, l'intervention de La HALDE, la CAA, qui devait se limiter à prendre en compte ses observations, et à l'entendre à l'audience, a commis une erreur de droit. • CE 22 févr. 2012, *Ch. rég. d'agriculture PACA, Mme Arnaud-Éraud*, n° 343410 : *Lebon T. ; AJDA 2012. 410*. ♦ La participation au débat contentieux de La HALDE sur le fondement des dispositions prévoyant que son audition par les juridictions est, si elle le demande, de droit, ne lui confère pas la qualité d'intervenante au litige, mais celle de simple observatrice. Par suite, ses productions sont visées sans être analysées et il n'est pas répondu à ses moyens propres dans les motifs de la décision, y compris en excès de pouvoir. • CE, ass., 11 avr. 2012, *GISTI*, n° 322326 : *AJDA 2012. 729, obs. Aguila ; ibid. 936, chron. Domino et Bretonneau ; D. 2012. 1712, note Bonnet ; Dr. soc. 2012. 1014, étude Akandji-Kombé ; RFDA 2012. 547, concl. Dumortier ; ibid. 560, note Gautier ; ibid. 961, chron. Mayeur-Carpentier, Clément-Wilz et Martucci ; RDSS 2012. 940, note S. Biagini-Girard ; Constitutions 2012. 297, obs. Levade ; JCP Adm. 2012. 2171, note Minet*. ♦ Comp. • CE, ass., 30 oct. 2009, *Mme Perreux*, n° 298348 : *Lebon 407, concl. Guyomar ; GAJA, 18e éd. n° 117 ; AJDA 2009. 2385, chron. Lieber et Botteghi ; ibid. 2010. 1412, étude Coutron ; D. 2010. 553, note G. Calvès ; ibid. 351, note Chrestia ; AJFP 2010. 76 ; RFDA 2009. 1125, concl. Guyomar ; ibid. 1146, note Cassia ; ibid. 2010. 126, note Canedo-Paris ; ibid. 201, chron. Santulli ; RTD eur. 2010. 223, note Ritleng ; ibid. 453, chron. Ritleng, Bouveresse et Kovar ; Dr. adm. 2009. Étude 21, note Gautier ; JCP Adm. 2010. 2036, note Dubos et Katz*.

8. La décision du Défenseur des droits de présenter des observations devant une juridiction est indissociable de la procédure juridictionnelle à laquelle elle se rapporte. Dès lors qu'il s'agit d'une procédure devant le juge judiciaire, la juridiction administrative n'est pas compétente pour en connaître. • CE 30 janv. 2019, *Sté Exane*, n° 411132 B : *AJDA 2019. 257 ; Dr. adm. 2019. 30, note Éveillard*. ♦ S'il s'agit d'une procédure devant le juge administratif, une telle décision est insusceptible de recours. • CAA Paris, 6 avr. 2017, *Sté Exane*, n° 15PA03145 : *AJDA 2017. 1186, concl. Romnicianu*.

9. Lorsqu'il émet des recommandations, sans faire usage de la faculté dont il dispose de la rendre publique, le Défenseur des droits n'énonce pas des règles qui s'imposeraient aux personnes privées ou aux autorités publiques, mais recommande aux personnes concernées les mesures qui lui semblent de nature à remédier à tout fait ou à toute pratique qu'il estime être discriminatoire, ou à en prévenir le renouvellement. Par suite, ces recommandations, alors même qu'elles auraient une portée générale, ne constituent pas des décisions administratives susceptibles de faire l'objet d'un recours pour excès de pouvoir. Il en est de même du refus de faire usage des pouvoirs que le Défenseur des droits tient de ces dispositions. • CE 22 mai 2019, n° 414410 B : *AJDA 2019. 1134* ; *JCP Adm. 2019. 372.*

Code de justice administrative

Conseil d'État. Demande d'avis présentée par le Défenseur des droits

Art. R. 123-3-1 *(Décr. n° 2009-926 du 29 juill. 2009)* L'examen d'une proposition de loi *(Décr. n° 2011-904 du 29 juill. 2011, art. 19)* « ou d'une demande d'avis présentée par le Défenseur des droits » est attribué par le vice-président du Conseil d'État à l'une des cinq premières sections mentionnées à l'article R. 123-2.

....

Art. R. 123-24-2 *(Décr. n° 2011-904 du 29 juill. 2011, art. 20)* Le Défenseur des droits et les agents qu'il désigne peuvent participer avec voix consultative aux séances au cours desquelles est examinée une demande d'avis qu'il a adressée au Conseil d'État.

Loi n° 2010-838 du 23 juillet 2010,

Relative à l'application du cinquième alinéa de l'article 13 de la Constitution.

Art. 4 Dans chaque assemblée parlementaire, la commission permanente compétente pour émettre un avis sur la nomination du Défenseur des droits, effectuée sur le fondement du quatrième alinéa de l'article 71-1 de la Constitution, est la commission chargée des lois constitutionnelles.

Loi organique n° 2011-333 du 29 mars 2011,

Relative au Défenseur des droits.

TITRE Ier. DISPOSITIONS GÉNÉRALES

Art. 1er Le Défenseur des droits est nommé par décret en conseil des ministres, après application de la procédure prévue au dernier alinéa de l'article 13 de la Constitution.

Il ne peut être mis fin à ses fonctions que sur sa demande ou en cas d'empêchement dans des conditions définies par décret en Conseil d'État.

Art. 2 Le Défenseur des droits, autorité *(L. org. n° 2017-54 du 20 janv. 2017, art. 5-1°-a)* « administrative » indépendante, ne reçoit *(L. org. n° 2017-54 du 20 janv. 2017, art. 5-1°-b)* « et ne sollicite », dans l'exercice de ses attributions, aucune instruction.

Le Défenseur des droits et ses adjoints ne peuvent être poursuivis, recherchés, arrêtés, détenus ou jugés à l'occasion des opinions qu'ils émettent ou des actes qu'ils accomplissent dans l'exercice de leurs fonctions.

Art. 3 Les fonctions de Défenseur des droits et celles de ses adjoints sont incompatibles avec celles de membre du Gouvernement, du Conseil constitutionnel, du Conseil supérieur de la magistrature et du Conseil économique, social et environnemental ainsi qu'avec tout mandat électif.

Le membre du Gouvernement, du Conseil constitutionnel, du Conseil supérieur de la magistrature, du Conseil économique, social et environnemental ou le titulaire d'un mandat électif qui est nommé Défenseur des droits ou adjoint est réputé avoir opté pour ces dernières fonctions s'il n'a pas exprimé de volonté contraire dans les huit jours suivant la publication au *Journal officiel* de sa nomination.

Les fonctions de Défenseur des droits et celles de ses adjoints sont, en outre, incompatibles avec toute autre fonction ou emploi public et toute activité professionnelle ainsi qu'avec toute fonction de président et de membre de conseil d'administration, de président et de membre de directoire, de président et de membre de conseil de surveillance, et d'administrateur délégué dans toute société, entreprise ou établissement.

Dans un délai d'un mois suivant la publication de sa nomination comme Défenseur des droits ou comme un de ses adjoints, la personne nommée doit cesser toute activité incompatible avec ses nouvelles fonctions. Si elle est fonctionnaire ou magistrat, elle est placée en position de détachement de plein droit pendant la durée de ses fonctions et ne peut recevoir, au cours de cette période, aucune promotion au choix.

TITRE II. DISPOSITIONS RELATIVES AUX COMPÉTENCES ET À LA SAISINE DU DÉFENSEUR DES DROITS

Art. 4 Le Défenseur des droits est chargé :

1° De défendre les droits et libertés dans le cadre des relations avec les administrations de l'État, les collectivités territoriales, les établissements publics et les organismes investis d'une mission de service public ;

2° De défendre et de promouvoir l'intérêt supérieur et les droits de l'enfant consacrés par la loi ou par un engagement international régulièrement ratifié ou approuvé par la France ;

3° De lutter contre les discriminations, directes ou indirectes, prohibées par la loi ou par un engagement international régulièrement ratifié ou approuvé par la France ainsi que de promouvoir l'égalité ;

4° De veiller au respect de la déontologie par les personnes exerçant des activités de sécurité sur le territoire de la République ;

(L. org. n° 2016-1690 du 9 déc. 2016) « 5° D'orienter vers les autorités compétentes toute personne signalant une alerte dans les conditions fixées par la loi, de veiller aux droits et libertés de cette personne. *[Dispositions déclarées non conformes à la Constitution par la décision n° 2016-740 DC du 8 décembre 2016.]* »

Art. 5 Le Défenseur des droits peut être saisi :

1° Par toute personne physique ou morale qui s'estime lésée dans ses droits et libertés par le fonctionnement d'une administration de l'État, d'une collectivité territoriale, d'un établissement public ou d'un organisme investi d'une mission de service public ;

2° Par un enfant qui invoque la protection de ses droits ou une situation mettant en cause son intérêt, par ses représentants légaux, les membres de sa famille, les services médicaux ou sociaux ou toute association régulièrement déclarée depuis au moins cinq ans à la date des faits et se proposant par ses statuts de défendre les droits de l'enfant ;

3° Par toute personne qui s'estime victime d'une discrimination, directe ou indirecte, prohibée par la loi ou par un engagement international régulièrement ratifié ou approuvé par la France, ou par toute association régulièrement déclarée depuis au moins cinq ans à la date des faits se proposant par ses statuts de combattre les discriminations ou d'assister les victimes de discriminations, conjointement avec la personne s'estimant victime de discrimination ou avec son accord ;

4° Par toute personne qui a été victime ou témoin de faits dont elle estime qu'ils constituent un manquement aux règles de déontologie dans le domaine de la sécurité.

Le Défenseur des droits peut être saisi des agissements de personnes publiques ou privées.

Il peut en outre se saisir d'office ou être saisi par les ayants droit de la personne dont les droits et libertés sont en cause.

Il est saisi des réclamations qui sont adressées à ses adjoints.

Art. 6 La saisine du Défenseur des droits est gratuite.

Elle est précédée de démarches préalables auprès des personnes publiques ou des organismes mis en cause, sauf lorsqu'elle est présentée au titre des compétences mentionnées aux 2° à 4° de l'article 4.

La saisine du Défenseur des droits n'interrompt ni ne suspend par elle-même les délais de prescription des actions en matière civile, administrative ou pénale, non plus que ceux relatifs à l'exercice de recours administratifs ou contentieux.

Art. 7 Une réclamation peut être adressée à un député, à un sénateur ou à un représentant français au Parlement européen, qui la transmet au Défenseur des droits s'il estime qu'elle appelle son intervention. Le Défenseur des droits informe le député, le sénateur ou le représentant français au Parlement européen des suites données à cette transmission.

Les membres du Parlement peuvent, de leur propre initiative, saisir le Défenseur des droits d'une question qui leur paraît appeler son intervention.

Sur la demande de l'une des commissions permanentes de son assemblée, le président de l'Assemblée nationale ou le président du Sénat peut transmettre au Défenseur des droits, dans les domaines de sa compétence, toute pétition dont l'assemblée a été saisie.

Le Défenseur des droits instruit également les réclamations qui lui sont transmises par le Médiateur européen ou un homologue étranger et qui lui paraissent relever de sa compétence et appeler son intervention.

Art. 8 Lorsqu'il se saisit d'office ou lorsqu'il est saisi autrement qu'à l'initiative de la personne s'estimant lésée ou, s'agissant d'un enfant, de ses représentants légaux, le Défenseur des droits ne peut intervenir qu'à la condition que cette personne ou, le cas échéant, ses ayants droit aient été avertis et ne se soient pas opposés à son intervention. Toutefois, il peut toujours se saisir des cas lui paraissant mettre en cause l'intérêt supérieur d'un enfant et des cas relatifs à des personnes qui ne sont pas identifiées ou dont il ne peut recueillir l'accord.

Art. 9 Lorsque le Défenseur des droits transmet une réclamation à une autre autorité indépendante investie d'une mission de protection des droits et libertés, il peut accompagner cette transmission de ses observations et demander à être informé des suites données à celles-ci.

Le Défenseur des droits est associé, à sa demande, aux travaux de la Commission nationale de l'informatique et des libertés et de la Commission d'accès aux documents administratifs.

Art. 10 Le Défenseur des droits ne peut être saisi ni ne peut se saisir des différends susceptibles de s'élever entre les personnes publiques et organismes mentionnés au 1° de l'article 4.

Il ne peut être saisi ni ne peut se saisir, sauf au titre de ses compétences mentionnées au 3° *(L. org. n° 2016-1690 du 9 déc. 2016)* « et au 5° » du même article 4, des différends susceptibles de s'élever entre, d'une part, ces personnes publiques et organismes et, d'autre part, leurs agents, à raison de l'exercice de leurs fonctions.

(L. org. n° 2016-1690 du 9 déc. 2016) « Il ne peut ni être saisi ni se saisir, au titre de ses compétences mentionnées au 5° du même article 4, des différends qui ne relèvent pas des situations prévues par la loi. »

TITRE III. DISPOSITIONS RELATIVES À L'INTERVENTION DU DÉFENSEUR DES DROITS

CHAPITRE Ier. *DISPOSITIONS RELATIVES AUX COLLÈGES*

Art. 11 I. — Le Défenseur des droits préside les collèges qui l'assistent pour l'exercice de ses attributions en matière de défense et de promotion des droits de l'enfant, de lutte contre les discriminations et de promotion de l'égalité *(L. org. n° 2016-1690 du 9 déc. 2016)* « , d'orientation et de protection des lanceurs d'alerte », ainsi que de déontologie dans le domaine de la sécurité.

Sur proposition du Défenseur des droits, le Premier ministre nomme les adjoints du Défenseur des droits, dont :

— un Défenseur des enfants, vice-président du collège chargé de la défense et de la promotion des droits de l'enfant, choisi pour ses connaissances ou son expérience dans ce domaine ;

— un adjoint, vice-président du collège chargé de la déontologie dans le domaine de la sécurité, choisi pour ses connaissances ou son expérience dans ce domaine ;

— un adjoint, vice-président du collège chargé de la lutte contre les discriminations et de la promotion de l'égalité, choisi pour ses connaissances ou son expérience dans ce domaine.

II. — Les adjoints sont placés auprès du Défenseur des droits et sous son autorité.

Le Défenseur des droits peut déléguer ses attributions à ses adjoints, dans leur domaine de compétence, à l'exception de celles mentionnées aux articles 19, 29, 31, 32, 36 et au dernier alinéa des articles 18 et 25.

Chaque adjoint peut suppléer le Défenseur des droits à la présidence des réunions du collège dont il est le vice-président et le représenter, dans son domaine de compétence, auprès des organisations rassemblant les autorités indépendantes de pays tiers chargées de la protection des droits et libertés.

Art. 12 Le Défenseur des droits peut convoquer une réunion conjointe de plusieurs collèges et de ses adjoints afin de la consulter sur les réclamations ou les questions qui intéressent plusieurs de ses domaines de compétence, ou qui présentent une difficulté particulière.

Art. 13 Lorsqu'il intervient en matière de déontologie de la sécurité, le Défenseur des droits consulte, sur toute question nouvelle, un collège qu'il préside et qui comprend, outre son adjoint, vice-président :

— trois personnalités qualifiées désignées par le président du Sénat ;

— trois personnalités qualifiées désignées par le président de l'Assemblée nationale ;

— un membre ou ancien membre du Conseil d'État désigné par le vice-président du Conseil d'État ;

— un membre ou ancien membre de la Cour de cassation désigné conjointement par le premier président de la Cour de cassation et par le procureur général près ladite cour.

Les membres du collège sont désignés en raison de leurs connaissances ou de leur expérience dans le domaine de la déontologie de la sécurité.

Les désignations du président du Sénat et du président de l'Assemblée nationale concourent à une représentation équilibrée entre les femmes et les hommes.

Lorsque le Défenseur des droits préside les réunions du collège, son adjoint ne prend pas part au vote.

En cas de partage égal des voix, celle du président est prépondérante.

Art. 14 Lorsqu'il intervient en matière de défense et de promotion des droits de l'enfant, le Défenseur des droits consulte, sur toute question nouvelle, un collège qu'il préside et qui comprend, outre son adjoint, vice-président :

— deux personnalités qualifiées désignées par le président du Sénat ;

— deux personnalités qualifiées désignées par le président de l'Assemblée nationale ;

— une personnalité qualifiée désignée par le président du Conseil économique, social et environnemental ;

— un membre ou ancien membre de la Cour de cassation désigné conjointement par le premier président de la Cour de cassation et par le procureur général près ladite cour.

Les membres du collège sont désignés en raison de leurs connaissances ou de leur expérience en matière de défense et de promotion des droits de l'enfant.

Les désignations du président du Sénat et du président de l'Assemblée nationale concourent, dans chaque cas, à une représentation équilibrée entre les femmes et les hommes.

Lorsque le Défenseur des droits préside les réunions du collège, son adjoint ne prend pas part au vote.

En cas de partage égal des voix, celle du président est prépondérante.

Art. 15 Lorsqu'il intervient en matière de lutte contre les discriminations et de promotion de l'égalité, le Défenseur des droits consulte, sur toute question nouvelle, un collège qu'il préside et qui comprend, outre son adjoint, vice-président :

— trois personnalités qualifiées désignées par le président du Sénat ;

— trois personnalités qualifiées désignées par le président de l'Assemblée nationale ;

— une personnalité qualifiée désignée par le vice-président du Conseil d'État ;

— *une personnalité qualifiée* désignée par le premier président de la Cour de cassation.

Les membres du collège sont désignés en raison de leurs connaissances ou de leur expérience dans le domaine de la lutte contre les discriminations et de la promotion de l'égalité.

Les désignations du président du Sénat et du président de l'Assemblée nationale concourent à une représentation équilibrée entre les femmes et les hommes.

Lorsque le Défenseur des droits préside les réunions du collège, son adjoint ne prend pas part au vote.

En cas de partage égal des voix, celle du président est prépondérante.

Art. 16 Le mandat des adjoints du Défenseur des droits et celui des membres des collèges mentionnés aux articles 13, 14 et 15 cessent avec le mandat du Défenseur des droits. Celui des adjoints du Défenseur des droits n'est pas renouvelable.

Les adjoints du Défenseur des droits et le membre d'un collège qui cessent d'exercer leurs fonctions sont remplacés pour la durée de mandat restant à courir. Si cette durée est inférieure à deux ans, le mandat d'un adjoint du Défenseur des droits est alors renouvelable.

La qualité de membre du collège mentionné à l'article 13 est incompatible avec l'exercice, à titre principal, d'activités dans le domaine de la sécurité.

Il ne peut être mis fin aux fonctions des membres des collèges avant l'expiration de leur mandat qu'en cas de démission ou d'empêchement. Toutefois, tout membre d'un collège nommé dans les conditions prévues aux articles 13, 14 et 15 qui, sans justification, n'a pas assisté à trois séances consécutives peut être déclaré démissionnaire d'office par le collège statuant à la majorité des deux tiers de ses membres, après avoir été mis en mesure de présenter des observations. Le Défenseur des droits en informe l'autorité de nomination.

Art. 17 Aucun membre des collèges ne peut :

— participer à une délibération relative à un organisme au sein duquel il détient un intérêt direct ou indirect, exerce des fonctions ou détient un mandat ;

— participer à une délibération relative à un organisme au sein duquel il a, au cours des trois années précédant la délibération, détenu un intérêt direct ou indirect, exercé des fonctions ou détenu un mandat.

Les membres des collèges informent le Défenseur des droits des intérêts directs ou indirects qu'ils détiennent ou viennent à détenir, des fonctions qu'ils exercent ou viennent à exercer et de tout mandat qu'ils détiennent ou viennent à détenir au sein d'une personne morale.

Le Défenseur des droits veille au respect de ces obligations.

CHAPITRE II. *DISPOSITIONS RELATIVES AUX MOYENS D'INFORMATION DU DÉFENSEUR DES DROITS*

Art. 18 Le Défenseur des droits peut demander des explications à toute personne physique ou morale mise en cause devant lui. A cet effet, il peut entendre toute personne dont le concours lui paraît utile.

Les personnes physiques ou morales mises en cause doivent faciliter l'accomplissement de sa mission.

Elles sont tenues d'autoriser leurs agents et préposés à répondre à ses demandes. Ceux-ci sont tenus de répondre aux demandes d'explications qu'il leur adresse et de déférer à ses convocations. Les convocations doivent mentionner l'objet de l'audition.

Lorsque le Défenseur des droits est saisi, les personnes auxquelles il demande des explications peuvent se faire assister du conseil de leur choix. Un procès-verbal contradictoire de l'audition est dressé et remis à la personne entendue.

Si le Défenseur des droits en fait la demande, les ministres donnent instruction aux corps de contrôle d'accomplir, dans le cadre de leur compétence, toutes vérifications ou enquêtes. Ils l'informent des suites données à ces demandes.

Art. 19 Le Défenseur des droits peut demander au vice-président du Conseil d'État ou au premier président de la Cour des comptes de faire procéder à toutes études.

Art. 20 Les personnes physiques ou morales mises en cause communiquent au Défenseur des droits, sur sa demande motivée, toutes informations et pièces utiles à l'exercice de sa mission.

Le Défenseur des droits peut recueillir sur les faits portés à sa connaissance toute information qui lui apparaît nécessaire sans que son caractère secret ou confidentiel puisse lui être opposé, sauf en matière de secret concernant la défense nationale, la sûreté de l'État ou la politique extérieure. Le secret de l'enquête et de l'instruction ne peut lui être opposé.

Les informations couvertes par le secret médical ou par le secret professionnel applicable aux relations entre un avocat et son client ne peuvent lui être communiquées qu'à la demande expresse de la personne concernée. Toutefois, les informations couvertes par le secret médical peuvent lui être communiquées sans le consentement de la personne concernée lorsqu'elles sont relatives à des privations, sévices et violences physiques, sexuelles ou psychiques commis sur un mineur ou une personne qui n'est pas en mesure de se protéger en raison de son âge ou de son incapacité physique ou psychique.

Les personnes astreintes au secret professionnel ne peuvent être poursuivies en application de l'article 226-13 du code pénal pour les informations à caractère secret qu'elles ont pu révéler au Défenseur des droits, dès lors que ces informations entrent dans le champ de compétence de ce dernier tel que prévu à l'article 4 de la présente loi organique.

(L. org. n° 2016-1690 du 9 déc. 2016) « Les personnes ayant saisi le Défenseur des droits ne peuvent faire l'objet, pour ce motif, de mesures de rétorsion ou de représailles. »

Art. 21 Lorsque ses demandes formulées en vertu de l'article 18, à l'exception du dernier alinéa, ou de l'article 20 ne sont pas suivies d'effet, le Défenseur des droits peut mettre en demeure les personnes intéressées de lui répondre dans un délai qu'il fixe.

Lorsque la mise en demeure n'est pas suivie d'effet, il peut saisir le juge des référés d'une demande motivée aux fins d'ordonner toute mesure que ce dernier juge utile.

Art. 22 I. — Le Défenseur des droits peut procéder à :

1° Des vérifications sur place dans les locaux administratifs ou privés des personnes mises en cause ;

2° Des vérifications sur place dans les lieux, locaux, moyens de transport accessibles au public et dans les locaux professionnels exclusivement consacrés à cet usage.

Lors de ses vérifications sur place, le Défenseur des droits peut entendre toute personne susceptible de fournir des informations.

II. — L'autorité compétente peut s'opposer à une vérification sur place, dans les locaux administratifs d'une personne publique, au titre de l'une des compétences prévues par les 1° à 3° *(L. org. n° 2016-1690 du 9 déc. 2016)* « et 5° » de l'article 4, pour des motifs graves et impérieux liés à la défense nationale ou à la sécurité publique.

L'autorité compétente doit alors fournir au Défenseur des droits les justifications de son opposition.

Le Défenseur des droits peut saisir le juge des référés d'une demande motivée afin qu'il autorise les vérifications sur place. Les vérifications s'effectuent alors sous l'autorité et le contrôle du juge qui les a autorisées. Celui-ci peut se rendre dans les locaux administratifs durant l'intervention. A tout moment, il peut décider l'arrêt ou la suspension des vérifications.

III. — Le responsable de locaux privés est préalablement informé de son droit d'opposition à la visite ou à la vérification sur place. Lorsqu'il exerce ce droit, la visite ou la vérification sur place ne peut se dérouler qu'après l'autorisation du juge des libertés et de la détention du tribunal *(L. org. n° 2019-221 du 23 mars 2019, art. 10)* « judiciaire » dans le ressort duquel sont situés les locaux à visiter, qui statue dans des conditions fixées par décret en Conseil d'État. Toutefois, lorsque l'urgence, la gravité des faits à l'origine du contrôle ou le risque de destruction ou de dissimulation de documents le justifient, la visite peut avoir lieu sans que le responsable des locaux en ait été informé, sur autorisation préalable du juge des libertés et de la détention. Dans ce cas, le responsable des lieux ne peut s'opposer à la visite.

La visite s'effectue sous l'autorité et le contrôle du juge des libertés et de la détention qui l'a autorisée, en présence de l'occupant des lieux ou de son représentant, qui peut se faire assister d'un conseil de son choix ou, à défaut, en présence de deux témoins qui ne sont pas placés sous l'autorité des personnes chargées de procéder au contrôle.

L'ordonnance ayant autorisé la visite est exécutoire au seul vu de la minute. Elle mentionne que le juge ayant autorisé la visite peut être saisi à tout moment d'une demande de suspension ou d'arrêt de cette visite. Elle indique le délai et la voie de recours. Elle peut faire l'objet, suivant les règles prévues par le code de procédure civile, d'un appel devant le premier président de la cour d'appel. Celui-ci connaît également des recours contre le déroulement des opérations de visite.

Art. 23 Lorsque le Défenseur des droits est saisi, ou se saisit d'office, de faits donnant lieu à une enquête préliminaire ou de flagrance ou pour lesquels une information judiciaire est ouverte ou des poursuites judiciaires sont en cours, il doit recueillir l'accord préalable des juridictions saisies ou du procureur de la République, selon le cas, pour la mise en œuvre de l'article 18, à l'exception du dernier alinéa, des articles 20 et 22. Lorsqu'il intervient au titre de sa compétence prévue au 3° de l'article 4, il doit également recueillir l'accord préalable :

— des juridictions saisies ou du procureur de la République, pour la mise en œuvre de l'article 26 et du I de l'article 28, lorsque les faits donnent lieu à une enquête préliminaire ou de flagrance ou qu'une information judiciaire est ouverte ou des poursuites judiciaires sont en cours ;

— du procureur de la République, pour la mise en œuvre du II de l'article 28, lorsque les faits donnent lieu à une enquête préliminaire ou de flagrance.

CHAPITRE III. *DISPOSITIONS RELATIVES AUX POUVOIRS DU DÉFENSEUR DES DROITS*

Art. 24 Le Défenseur des droits apprécie si les faits qui font l'objet d'une réclamation ou qui lui sont signalés appellent une intervention de sa part.

Il indique les motifs pour lesquels il décide de ne pas donner suite à une saisine.

Art. 25 Le Défenseur des droits peut faire toute recommandation qui lui apparaît de nature à garantir le respect des droits et libertés de la personne lésée et à régler les difficultés soulevées devant lui ou à en prévenir le renouvellement.

Il peut recommander de régler en équité la situation de la personne dont il est saisi.

Les autorités ou personnes intéressées informent le Défenseur des droits, dans le délai qu'il fixe, des suites données à ses recommandations.

A défaut d'information dans ce délai ou s'il estime, au vu des informations reçues, qu'une recommandation n'a pas été suivie d'effet, le Défenseur des droits peut enjoindre à la personne mise en cause de prendre, dans un délai déterminé, les mesures nécessaires.

Lorsqu'il n'a pas été donné suite à son injonction, le Défenseur des droits établit un rapport spécial, qui est communiqué à la personne mise en cause. Le Défenseur des droits rend publics ce rapport et, le cas échéant, la réponse de la personne mise en cause, selon des modalités qu'il détermine.

Art. 26 Le Défenseur des droits peut procéder à la résolution amiable des différends portés à sa connaissance, par voie de médiation.

Les constatations effectuées et les déclarations recueillies au cours de la médiation ne peuvent être ni produites, ni invoquées ultérieurement dans les instances civiles ou administratives sans le consentement des personnes intéressées, sauf si la divulgation de l'accord est nécessaire à sa mise en œuvre ou si des raisons d'ordre public l'imposent.

Art. 27 Lorsque le Défenseur des droits estime, dans les conditions définies à l'article 24, que la réclamation d'une personne s'estimant victime d'une discrimination ou invoquant la protection des droits de l'enfant appelle une intervention de sa part, il l'assiste dans la constitution de son dossier et l'aide à identifier les procédures adaptées à son cas, y compris lorsque celles-ci incluent une dimension internationale.

Art. 28 I. — Le Défenseur des droits peut proposer à l'auteur de la réclamation et à la personne mise en cause de conclure une transaction dont il peut recommander les termes.

II. — Lorsqu'il constate des faits constitutifs d'une discrimination sanctionnée par les articles 225-2 et 432-7 du code pénal et L. 1146-1 et L. 2146-2 du code du travail, le Défenseur des droits peut, si ces faits n'ont pas déjà donné lieu à la mise en mouvement de l'action publique, proposer à l'auteur des faits une transaction consistant dans le versement d'une amende transactionnelle dont le montant ne peut excéder 3 000 € s'il s'agit d'une personne physique et 15 000 € s'il s'agit d'une personne morale et, s'il y a lieu, dans l'indemnisation de la victime. Le montant de l'amende est fixé en fonction de la gravité des faits ainsi que des ressources et des charges de l'auteur des faits.

La transaction proposée par le Défenseur des droits et acceptée par l'auteur des faits ainsi que, s'il y a lieu, par la victime doit être homologuée par le procureur de la République.

La personne à qui est proposée une transaction est informée qu'elle peut se faire assister par un avocat avant de donner son accord à la proposition du Défenseur des droits.

III. — Dans les cas prévus au II, le Défenseur des droits peut également proposer que la transaction consiste dans :

1° L'affichage d'un communiqué, dans des lieux qu'elle précise et pour une durée qui ne peut excéder deux mois ;

2° La transmission, pour information, d'un communiqué au comité d'entreprise ou aux délégués du personnel ;

3° La diffusion d'un communiqué, par son insertion au *Journal officiel* ou dans une ou plusieurs autres publications de presse, ou par la voie de services de communication électronique, sans que ces publications ou services de communication électronique puissent s'y opposer ;

4° L'obligation de publier la décision au sein de l'entreprise.

Les frais d'affichage ou de diffusion sont à la charge de l'auteur des faits, sans pouvoir toutefois excéder le montant maximal de l'amende transactionnelle prévue au II.

IV. — Les actes tendant à la mise en œuvre ou à l'exécution de la transaction mentionnée au même II sont interruptifs de la prescription de l'action publique.

L'exécution de la transaction constitue une cause d'extinction de l'action publique. Elle ne fait cependant pas échec au droit de la partie civile de délivrer citation directe devant le tribunal correctionnel. Le tribunal, composé d'un seul magistrat exerçant les pouvoirs conférés au président, ne statue alors que sur les seuls intérêts civils.

En cas de refus de la proposition de transaction ou d'inexécution d'une transaction acceptée et homologuée par le procureur de la République, le Défenseur des droits, conformément à l'article 1er du code de procédure pénale, peut mettre en mouvement l'action publique par voie de citation directe.

V. — Un décret précise les modalités d'application des II à IV.

Art. 29 Le Défenseur des droits peut saisir l'autorité investie du pouvoir d'engager les poursuites disciplinaires des faits dont il a connaissance et qui lui paraissent de nature à justifier une sanction.

Cette autorité informe le Défenseur des droits des suites réservées à sa saisine et, si elle n'a pas engagé de procédure disciplinaire, des motifs de sa décision.

A défaut d'information dans le délai qu'il a fixé ou s'il estime, au vu des informations reçues, que sa saisine n'a pas été suivie des mesures nécessaires, le Défenseur des droits peut établir un rapport spécial qui est communiqué à l'autorité mentionnée au premier alinéa. Il peut rendre publics ce rapport et, le cas échéant, la réponse de cette autorité selon des modalités qu'il détermine.

L'alinéa précédent ne s'applique pas à la personne susceptible de faire l'objet de la saisine du Conseil supérieur de la magistrature prévue à l'avant-dernier alinéa de l'article 65 de la Constitution.

Art. 30 Le Défenseur des droits, lorsqu'il a constaté une discrimination directe ou indirecte mentionnée au 3° de l'article 4 dans l'activité professionnelle d'une personne physique ou morale soumise à agrément ou autorisation par une autorité publique, ou à l'encontre de laquelle une telle autorité dispose du pouvoir de prendre des mesures conservatoires ou des sanctions pour non-respect de la législation relative aux discriminations ou au titre de l'ordre et des libertés publics*[,]* peut recommander à cette autorité publique de faire usage des pouvoirs de suspension ou de sanction dont elle dispose.

Le Défenseur des droits est tenu informé des suites données à sa recommandation.

Art. 31 Lorsque le Défenseur des droits est saisi d'une réclamation, non soumise à une autorité juridictionnelle, qui soulève une question touchant à l'interprétation ou à la portée d'une disposition législative ou réglementaire, il peut consulter le Conseil d'État. Le Défenseur des droits peut rendre public cet avis. Ce dernier est rendu dans des conditions fixées par décret en Conseil d'État.

Art. 32 Le Défenseur des droits peut recommander de procéder aux modifications législatives ou réglementaires qui lui apparaissent utiles.

Il peut être consulté par le Premier ministre sur tout projet de loi intervenant dans son champ de compétence.

Il peut également être consulté par le Premier ministre, le président de l'Assemblée nationale ou le président du Sénat sur toute question relevant de son champ de compétence.

Il contribue, à la demande du Premier ministre, à la préparation et à la définition de la position française dans les négociations internationales dans les domaines relevant de son champ de compétence.

Dans les cas prévus aux deuxième et troisième alinéas, le Défenseur des droits rend son avis dans un délai d'un mois.

Art. 33 Le Défenseur des droits ne peut remettre en cause une décision juridictionnelle.

Les juridictions civiles, administratives et pénales peuvent, d'office ou à la demande des parties, l'inviter à présenter des observations écrites ou orales. Le Défenseur des droits peut lui-même demander à présenter des observations écrites ou à être entendu par ces juridictions ; dans ce cas, son audition est de droit.

Sans préjudice de l'application du II de l'article 28, lorsqu'il apparaît au Défenseur des droits que les faits portés à sa connaissance sont constitutifs d'un crime ou d'un délit, il en informe le procureur de la République. Il lui fait savoir, le cas échéant, qu'une mission de médiation a été initiée en application de l'article 26.

Le procureur de la République informe le Défenseur des droits des suites données à ses transmissions.

Le Défenseur des droits porte à la connaissance de l'autorité judiciaire les affaires concernant un mineur susceptibles de donner lieu à des mesures d'assistance éducative prévues à l'article 375 du code civil ou toutes informations qu'il aurait recueillies à l'occasion de sa saisine par un mineur impliqué dans une procédure en cours.

Art. 34 Le Défenseur des droits mène toute action de communication et d'information jugée opportune dans ses différents domaines de compétence.

Il favorise à cette fin la mise en œuvre de programmes de formation. Il conduit et coordonne des travaux d'étude et de recherche. Il suscite et soutient les initiatives de tous organismes publics ou privés en ce qui concerne l'élaboration et l'adoption d'engagements visant à la promotion des droits et de l'égalité. Il identifie et promeut toute bonne pratique en la matière.

Art. 35 Le Défenseur des droits saisit les autorités locales compétentes de tout élément susceptible de justifier une intervention du service en charge de l'aide sociale à l'enfance.

Art. 36 I. — Le Défenseur des droits peut, après en avoir informé la personne mise en cause, décider de rendre publics ses avis, recommandations ou décisions avec, le cas échéant, la réponse faite par la personne mise en cause, selon des modalités qu'il détermine.

II. — Il présente chaque année au Président de la République, au président de l'Assemblée nationale et au président du Sénat :

1° Un rapport qui rend compte de son activité générale et comprend une annexe thématique relative à chacun de ses domaines de compétences énumérés à l'article 4. *(L. org. n° 2017-54 du 20 janv. 2017, art. 5)* « Ce rapport est présenté avant le 1er juin ; »

2° Un rapport consacré aux droits de l'enfant à l'occasion de la journée internationale des droits de l'enfant.

Les rapports visés aux 1° et 2° sont publiés et peuvent faire l'objet d'une communication du Défenseur des droits devant chacune des deux assemblées.

III. — Le Défenseur des droits peut également présenter tout autre rapport au Président de la République, au président de l'Assemblée nationale et au président du Sénat. Ce rapport est publié.

TITRE IV. DISPOSITIONS RELATIVES À L'ORGANISATION ET AU FONCTIONNEMENT DU DÉFENSEUR DES DROITS

Art. 37 *(L. n° 2017-55 du 20 janv. 2017, art. 49)* « Le Défenseur des droits » peut désigner, sur l'ensemble du territoire ainsi que pour les Français de l'étranger, des délégués, placés sous son autorité, qui peuvent, dans leur ressort géographique, instruire des réclamations et participer au règlement des difficultés signalées ainsi qu'aux actions mentionnées au premier alinéa de l'article 34. Afin de permettre aux personnes détenues de bénéficier des dispositions de la présente loi organique, il désigne un ou plusieurs délégués pour chaque établissement pénitentiaire.

Il peut leur déléguer, ainsi qu'à ses agents, les attributions mentionnées à l'article 18, à l'exception de son dernier alinéa, et aux articles 20 et 22. Pour l'exercice des pouvoirs mentionnés au même article 22, ces délégués et agents sont spécialement habilités par le procureur général près la cour d'appel de leur domicile.

Les agents du Défenseur des droits assermentés et spécialement habilités par le procureur de la République peuvent constater par procès-verbal les délits de discrimination, en particulier dans le cas où il est fait application de l'article 225-3-1 du code pénal.

Les habilitations mentionnées aux troisième et quatrième alinéas du présent article sont délivrées dans des conditions et selon des modalités fixées par décret en Conseil d'État.

Art. 38 Le Défenseur des droits, ses adjoints, les autres membres des collèges, les délégués et l'ensemble des agents placés sous son autorité sont astreints au secret professionnel pour les faits, actes ou renseignements dont ils ont connaissance en raison de leurs fonctions, sous réserve des éléments nécessaires à l'établissement des avis, recommandations, injonctions et rapports prévus par la présente loi organique.

Le Défenseur des droits peut toutefois, lorsqu'il a été saisi par un enfant, informer ses représentants légaux ainsi que les autorités susceptibles d'intervenir dans l'intérêt de l'enfant.

Sauf accord des intéressés, aucune mention permettant l'identification de personnes physiques ne peut être faite dans les documents publiés sous l'autorité du Défenseur des droits.

Loi n° 2011-334 du 29 mars 2011,

Relative au Défenseur des droits.

....

Art. 9 Les délégués du Défenseur des droits exercent leur activité à titre bénévole. Ils perçoivent une indemnité représentative de frais dont le montant et les modalités d'attribution sont fixés par le Défenseur des droits.

Art. 10 *Abrogé par L. n° 2017-55 du 20 janv. 2017, art. 49-I.*

Art. 11 Est puni de six mois d'emprisonnement et de 7 500 € d'amende le fait d'avoir fait ou laissé figurer le nom du Défenseur des droits, suivi ou non de l'indication de sa qualité, dans tout document de propagande ou de publicité, quelle qu'en soit la nature.

Est puni des mêmes peines le fait de faire figurer ou laisser figurer l'indication de la qualité passée de Défenseur des droits dans tout document de propagande ou de publicité, quelle qu'en soit la nature.

Art. 12 Est puni d'un an d'emprisonnement et de 15 000 € d'amende le fait de ne pas déférer aux convocations du Défenseur des droits, de ne pas lui communiquer les informations et pièces utiles à l'exercice de sa mission ou de l'empêcher d'accéder à des locaux administratifs ou privés, dans des conditions contraires à la loi organique n° 2011-333 du 29 mars 2011 relative au Défenseur des droits.

Art. 13 Les personnes physiques coupables des infractions prévues aux articles 11 et 12 encourent également les peines complémentaires suivantes :

1° L'interdiction des droits civiques, civils et de famille, suivant les modalités prévues par l'article 131-26 du code pénal ;

2° L'interdiction, pour une durée de cinq ans au plus, d'exercer une fonction publique ou d'exercer l'activité professionnelle ou sociale dans l'exercice ou à l'occasion de l'exercice de laquelle l'infraction a été commise ;

3° La confiscation prévue par l'article 131-21 du même code ;

4° L'affichage ou la diffusion de la décision prononcée, dans les conditions prévues par l'article 131-35 dudit code.

Art. 14 Les personnes morales déclarées responsables pénalement, dans les conditions prévues par l'article 121-2 du code pénal, des infractions définies aux articles 11 et 12 de la présente loi encourent, outre l'amende suivant les modalités prévues par l'article 131-38 du même code :

1° Pour une durée de cinq ans au plus, les peines mentionnées aux 2° à 7° de l'article 131-39 du même code ;

2° La confiscation dans les conditions et suivant les modalités prévues à l'article 131-21 du même code ;

3° L'affichage ou la diffusion de la décision prononcée, dans les conditions prévues par l'article 131-35 du même code ;

4° L'exclusion des marchés publics, suivant les modalités prévues au 5° de l'article 131-39 du même code.

L'interdiction mentionnée au 2° du même article 131-39 porte sur l'activité dans l'exercice ou à l'occasion de l'exercice de laquelle l'infraction a été commise.

....

Art. 22 Sont abrogés :

1° La loi n° 73-6 du 3 janvier 1973 instituant un Médiateur de la République ;

2° La loi n° 2000-196 du 6 mars 2000 instituant un Défenseur des enfants ;

3° La loi n° 2000-494 du 6 juin 2000 portant création d'une Commission nationale de déontologie de la sécurité ;

4° La loi n° 2004-1486 du 30 décembre 2004 portant création de la Haute Autorité de lutte contre les discriminations et pour l'égalité ;

5° L'article L. 221-5 du code de l'action sociale et des familles.

Décret n° 2011-904 du 29 juillet 2011,

Relatif à la procédure applicable devant le Défenseur des droits.

TITRE Ier. SAISINE DU DÉFENSEUR DES DROITS ET EXAMEN DES RÉCLAMATIONS

Art. 1er Toute personne physique ou morale qui saisit le Défenseur des droits indique par écrit, en apportant toutes précisions utiles, les faits qu'elle invoque au soutien de sa réclamation.

Toute association qui saisit le Défenseur des droits sur le fondement du 2° ou du 3° de l'article 5 de la loi organique du 29 mars 2011 susvisée *[n° 2011-333]* lui adresse une copie de ses statuts.

L'auteur d'une réclamation présentée au titre du 1° de l'article 4 de la loi organique susvisée produit tous éléments de nature à justifier des démarches qu'il a préalablement accomplies auprès des personnes publiques ou des organismes mis en cause.

Art. 2 Lorsque le Défenseur des droits n'est pas saisi par la personne dont les droits et libertés sont en cause, ou qu'il se saisit d'office, il informe cette personne ou, le cas échéant, ses ayants droit, par tout moyen.

En l'absence d'accord explicite de la personne ainsi informée, le Défenseur des droits ne peut faire usage des moyens d'information ni des pouvoirs dont il dispose avant l'expiration d'un délai de quinze jours à compter de l'information mentionnée à l'alinéa précédent.

La personne informée dans les conditions prévues au premier alinéa peut, à tout moment, s'opposer à l'intervention du Défenseur des droits. Celui-ci est alors tenu d'y mettre fin.

Le présent article ne s'applique pas aux cas prévus à la dernière phrase de l'article 8 de la loi organique du 29 mars 2011 susvisée.

TITRE II. MISE EN DEMEURE

Art. 3 I. — La mise en demeure prévue à l'article 21 de la loi organique du 29 mars 2011 susvisée est adressée par lettre recommandée avec demande d'avis de réception.

Lorsque la mise en demeure n'est pas suivie d'effet, le Défenseur des droits peut saisir le juge des référés compétent, conformément aux dispositions des articles 484 et suivants du code de procédure civile et aux dispositions de l'article R. 557-1 du code de justice administrative.

[...]

TITRE III. VÉRIFICATIONS SUR PLACE

CHAPITRE Ier. *DISPOSITIONS COMMUNES*

Art. 4 Lorsque, en application de l'article 22 de la loi organique du 29 mars 2011 susvisée, le Défenseur des droits procède à un contrôle sur place, il informe le responsable des lieux ou son représentant de l'objet des vérifications qu'il compte entreprendre ainsi que de l'identité et de la qualité des personnes chargées du contrôle.

Lors de leurs vérifications, les personnes chargées du contrôle présentent en réponse à toute demande en ce sens leur ordre de mission et, le cas échéant, leur habilitation à procéder aux contrôles.

Art. 5 Les missions de contrôle sur place font l'objet d'un procès-verbal.

Le procès-verbal énonce la nature, le jour, l'heure et le lieu des vérifications ou des contrôles effectués. Il indique également l'objet de la mission, les membres de celle-ci présents, les personnes rencontrées, le cas échéant, leurs déclarations, les demandes formulées par les membres de la mission ainsi que les éventuelles difficultés rencontrées. L'inventaire des pièces et documents dont les personnes chargées du contrôle ont pris copie est annexé au procès-verbal.

Lorsque la visite n'a pu se dérouler, le procès-verbal mentionne les motifs qui ont empêché ou entravé son déroulement, ainsi que, le cas échéant, les motifs de l'opposition du responsable des lieux.

Le procès-verbal est signé par les personnes chargées du contrôle qui y ont procédé et par le responsable des lieux ou par toute personne désignée par celui-ci. En cas de refus ou d'absence de signature, mention en est portée au procès-verbal.

Le procès-verbal est notifié au responsable des lieux par lettre recommandée avec demande d'avis de réception.

Lorsque la visite a lieu avec l'autorisation et sous le contrôle du juge, copie du procès-verbal de la visite lui est adressée par le Défenseur des droits.

CHAPITRE II. *DISPOSITIONS APPLICABLES AUX VÉRIFICATIONS SUR PLACE DANS DES LOCAUX PRIVÉS*

Art. 6 Le Défenseur des droits informe le responsable des lieux de son droit d'opposition à la vérification sur place au plus tard à son arrivée sur les lieux.

Art. 7 Lorsque le responsable des lieux exerce son droit d'opposition et que le Défenseur des droits saisit le juge des libertés et de la détention sur le fondement du III de l'article 22 de la loi organique du 29 mars 2011 susvisée afin que celui-ci autorise les vérifications sur place, le juge statue dans les quarante-huit heures.

L'ordonnance autorisant les vérifications sur place comporte l'adresse des lieux à visiter, le nom et la qualité du ou des agents habilités à procéder aux opérations de visite et de contrôle ainsi que les heures auxquelles ils sont autorisés à se présenter.

L'ordonnance, exécutoire au seul vu de la minute, est notifiée sur place, au moment de la visite, au responsable des lieux ou à son représentant qui en reçoit copie intégrale contre récépissé ou émargement au procès-verbal de visite.

L'acte de notification comporte mention des voies et délais de recours contre l'ordonnance ayant autorisé la visite et contre le déroulement des opérations de visite. Il mentionne également que le juge ayant autorisé la visite peut être saisi d'une demande de suspension ou d'arrêt de cette visite.

En l'absence du responsable des lieux ou de son représentant, l'ordonnance est notifiée, après la visite, par lettre recommandée avec demande d'avis de réception. A défaut de réception de la lettre recommandée, il est procédé à la signification de l'ordonnance par acte d'huissier de justice.

Le juge des libertés et de la détention peut, s'il l'estime utile, se rendre dans les locaux pendant l'intervention. A tout moment, il peut décider la suspension ou l'arrêt de la visite. La saisine du juge des libertés et de la détention aux fins de suspension ou d'arrêt des opérations de visite et de vérifications n'a pas d'effet suspensif.

Art. 8 L'ordonnance autorisant la visite peut faire l'objet d'un appel devant le premier *président de la cour d'appel* suivant les règles prévues par les articles 931 et suivants du code de procédure civile.

Cet appel est formé par déclaration remise ou adressée par lettre recommandée avec demande d'avis de réception au greffe de la cour dans un délai de quinze jours à compter de la notification de l'ordonnance. Cet appel n'est pas suspensif.

Le greffe du tribunal judiciaire transmet sans délai le dossier de l'affaire au greffe de la cour d'appel où les parties peuvent le consulter.

L'ordonnance du premier président de la cour d'appel est susceptible d'un pourvoi en cassation selon les règles prévues par les articles 974 et suivants du code de procédure civile.

Art. 9 Le premier président de la cour d'appel connaît des recours contre le déroulement des opérations de visite autorisées par le juge des libertés et de la détention.

Le recours est formé par déclaration remise ou adressée par lettre recommandée avec demande d'avis de réception au greffe de la cour dans un délai de quinze jours à compter de la notification du procès-verbal de la visite. Ce recours n'est pas suspensif.

L'ordonnance du premier président de la cour d'appel est susceptible d'un pourvoi en cassation selon les règles prévues par les articles 974 et suivants du code de procédure civile. Le délai du pourvoi en cassation est de quinze jours.

TITRE IV. HABILITATIONS À PROCÉDER AUX VÉRIFICATIONS SUR PLACE ET À CONSTATER LES DÉLITS DE DISCRIMINATION

Art. 11 Pour autoriser un de ses délégués ou agents à procéder à des vérifications sur place, le Défenseur des droits adresse au procureur général près la cour d'appel du domicile de l'intéressé une demande d'habilitation comportant les nom, prénoms, date et lieu de naissance, nationalité, profession, domicile de la personne en cause. Le procureur général, après avoir procédé à toutes les diligences qu'il juge utiles, notifie au Défenseur des droits la décision d'habilitation, dont la durée ne peut excéder six ans. La décision refusant l'habilitation doit être motivée.

Pour l'habilitation des agents à constater les délits de discrimination par procès-verbal, la procédure décrite au premier alinéa s'effectue auprès du procureur de la République près le tribunal judiciaire du domicile de l'intéressé.

Nul ne peut être habilité s'il a fait l'objet d'une condamnation, incapacité ou déchéance mentionnée au bulletin n° 2 du casier judiciaire.

L'habilitation peut être retirée en cas de manquement grave de l'agent ou du délégué à ses devoirs dans l'exercice ou à l'occasion de l'exercice de ses fonctions.

Lorsque le procureur général ou le procureur de la République envisage le retrait de l'habilitation, il doit convoquer l'intéressé quinze jours au moins avant la date de l'audition par lettre recommandée avec avis de réception indiquant les motifs pour lesquels il envisage ce retrait. L'agent peut prendre connaissance du dossier relatif aux faits qui lui sont reprochés. Lors de l'audition, il peut être assisté par toute personne de son choix.

La décision du procureur général ou du procureur de la République est notifiée à l'intéressé et au Défenseur des droits par lettre recommandée avec avis de réception. Elle peut faire l'objet d'un recours devant la cour d'appel.

Art. 12 Les agents habilités à constater les infractions pénales mentionnées au II de l'article 28 de la loi organique du 29 mars 2011 susvisée prêtent, devant le tribunal judiciaire dans le ressort duquel ils sont domiciliés, le serment suivant:

"Je jure de remplir mes fonctions avec rigueur, loyauté, impartialité et dignité et de respecter le secret professionnel."

TITRE V. CONCILIATION DES POUVOIRS D'ENQUÊTE DU DÉFENSEUR DES DROITS AVEC LES PROCÉDURES JUDICIAIRES EN COURS

Art. 13 Dans les cas prévus par l'article 23 de la loi organique du 29 mars 2011 susvisée, le Défenseur des droits recueille l'accord préalable écrit de l'autorité judiciaire compétente.

TITRE VI. RECOMMANDATION, INJONCTION ET RAPPORT SPÉCIAL

Art. 14 Le Défenseur des droits adresse les recommandations et injonctions prévues à l'article 25 de la loi organique susvisée par lettre recommandée avec demande d'avis de réception, en indiquant le délai dans lequel les personnes intéressées sont tenues de justifier des suites données à ses recommandations ou à ses injonctions. Ce délai court à compter du jour de la réception de la lettre recommandée.

Art. 15 Lorsqu'il établit un rapport spécial, le Défenseur des droits le communique aux personnes mises en cause et les invite à produire leurs observations dans un délai qui, sauf urgence, ne peut être inférieur à un mois avant de le rendre public.

TITRE VII. SAISINE DE L'AUTORITÉ COMPÉTENTE POUR ENGAGER DES POURSUITES DISCIPLINAIRES

Art. 16 Le Défenseur des droits saisit l'autorité investie du pouvoir d'engager les poursuites disciplinaires, sur le fondement de l'article 29 de la loi organique du 29 mars 2011 susvisée, par lettre recommandée avec demande d'avis de réception. L'autorité compétente en informe la personne mise en cause.

La lettre mentionnée au premier alinéa indique le délai dans lequel l'autorité compétente est tenue de justifier des suites données à sa saisine. Ce délai court à compter de la réception de la lettre.

Art. 17 Lorsqu'il établit un rapport spécial sur le fondement de l'avant-dernier alinéa de l'article 29 de la loi organique du 29 mars 2011 susvisée, le Défenseur des droits le communique à l'autorité visée à l'article 16 du présent décret, ainsi qu'à la personne mise en cause, par lettre recommandée avec demande d'avis de réception, et les invite à produire leurs observations dans un délai qui, sauf urgence, ne peut être inférieur à un mois avant de le rendre public.

....

TITRE X. DISPOSITIONS TRANSITOIRES ET FINALES

Art. 21 Les habilitations des personnes physiques délivrées avant l'entrée en vigueur du présent décret demeurent valables pendant un délai de six mois à compter de sa publication et tiennent lieu de l'habilitation prévue à l'article 37 de la loi organique du 29 mars 2011 susvisée pour opérer les vérifications sur place prévues par l'article 22 de cette loi au titre des missions définies au 3° de son article 4.

Art. 22 Le présent décret est applicable sur l'ensemble du territoire de la République.

Décret n° 2011-905 du 29 juillet 2011,

Relatif à l'organisation et au fonctionnement des services du Défenseur des droits.

TITRE Ier. ORGANISATION GÉNÉRALE

CHAPITRE Ier. *LE DÉFENSEUR DES DROITS*

SECTION I. *Nomination aux emplois et délégations de signature*

Art. 1er Le Défenseur des droits nomme le secrétaire général ainsi que les autres agents des services dont il dispose.

Art. 2 Le Défenseur des droits peut donner délégation à ses adjoints aux fins de signer tous les actes relatifs à leur domaine de compétence, dans les limites prévues au II de l'article 11 de la loi organique du 29 mars 2011 susvisée *[n° 2011-333]*.

SECTION II. *Empêchement*

Art. 3 Sauf démission, il ne peut être mis fin aux fonctions du Défenseur des droits avant l'expiration de leur durée normale qu'en cas d'empêchement constaté par un collège composé du vice-président du Conseil d'État, président, du premier président de la Cour de cassation et du premier président de la Cour des comptes.

Art. 4 Le collège prévu à l'article 3 est saisi par le Président de la République. Il procède à toutes consultations et vérifications utiles à l'exécution de sa mission. La décision constatant l'empêchement du Défenseur des droits est prise à l'unanimité des membres du collège.

Art. 5 Le vice-président du Conseil d'État, le premier président de la Cour de cassation et le premier président de la Cour des comptes sont suppléés, le cas échéant, selon les règles du corps auquel ils appartiennent.

CHAPITRE II. *LES COLLÈGES*

SECTION I. *Fonctionnement des collèges*

Art. 6 Chaque collège se réunit sur convocation du Défenseur des droits dans un délai déterminé par le règlement intérieur.

L'ordre du jour des réunions est fixé par le Défenseur des droits.

Art. 7 Un collège ne peut valablement délibérer que si au moins la moitié de ses membres ayant voix délibérative sont présents.

Lorsque ce quorum n'est pas atteint, le Défenseur des droits peut convoquer à nouveau le collège sur le même ordre du jour dans un délai minimal déterminé par le règlement intérieur. Le premier alinéa du présent article n'est alors pas applicable.

Art. 8 Les délibérations des collèges sont adoptées à la majorité des voix des membres présents ayant voix délibérative.

Art. 9 Le Défenseur des droits peut inviter tout agent des services, en fonction de l'ordre du jour, à assister aux réunions d'un collège.

Toute personne dont la contribution paraît utile peut être également entendue par un collège.

Art. 10 Le secrétaire général ou son représentant assiste aux réunions des collèges.

Art. 11 Les dispositions de la présente section sont applicables en cas de réunion conjointe de plusieurs collèges.

SECTION II. *Fin anticipée des fonctions des membres des collèges*

Art. 12 L'empêchement d'un membre d'un des collèges mentionnés aux articles 13, 14 et 15 de la loi organique du 29 mars 2011 susvisée est constaté par le collège auquel il appartient à l'unanimité de ses autres membres, après que le collège a procédé à toutes consultations et vérifications utiles.

En cas d'absence injustifiée d'un membre d'un collège à trois réunions consécutives du collège, l'intéressé est informé par lettre recommandée avec avis de réception qu'il est envisagé de mettre fin d'office à ses fonctions pour ce motif et du délai dont il dispose pour présenter ses observations écrites. Ce délai ne peut être inférieur à quinze jours. Le collège auquel il appartient se réunit sur convocation du Défenseur des droits et statue à la majorité des deux tiers de ses membres, après avoir entendu les observations de l'intéressé, si celui-ci en fait la demande. Le collège délibère hors la présence de l'intéressé.

TITRE II. ORGANISATION ADMINISTRATIVE

CHAPITRE Ier. *LE SECRÉTAIRE GÉNÉRAL (Décr. n° 2016-714 du 30 mai 2016, art. 2).*

Art. 13 *(Décr. n° 2016-714 du 30 mai 2016, art. 3)* Sous l'autorité du Défenseur des droits, le secrétaire général est chargé :

1° De diriger le fonctionnement des services et d'en assurer la gestion administrative et financière ;

2° De veiller à l'instruction et au traitement des réclamations ainsi que d'assurer le suivi de ses avis, recommandations, décisions et travaux.

Il peut recevoir délégation de signature du Défenseur des droits dans les limites de ses attributions.

Art. 14 *(Décr. n° 2016-714 du 30 mai 2016, art. 4)* Le secrétaire général assiste, sous l'autorité du Défenseur des droits, les adjoints de celui-ci dans l'exercice de leurs fonctions et prépare les délibérations des collèges mentionnés au chapitre II du titre Ier du présent décret.

CHAPITRE II. *DISPOSITIONS RELATIVES AU PERSONNEL*

Art. 15 Le Défenseur des droits emploie des fonctionnaires, des magistrats, des militaires placés auprès de lui dans une position conforme à leur statut respectif.

Art. 16 Le Défenseur des droits peut recruter des agents non titulaires de droit public dans les conditions prévues au dernier alinéa de l'article 3, aux articles 4 et 6 de la loi du 11 janvier 1984 susvisée *[n° 84-16, V.* ***C. fonct. publ.****]*.

Les agents contractuels ainsi recrutés sont soumis aux dispositions du décret du 17 janvier 1986 susvisé *[n° 86-83, V.* ***C. fonct. publ.****]*.

Art. 17 Les agents publics de catégorie A ou assimilés peuvent, dans les limites de leurs attributions, recevoir délégation de signature du Défenseur des droits.

TITRE III. DISPOSITIONS FINANCIÈRES, COMPTABLES ET DIVERSES

Art. 18 Le règlement intérieur des services du Défenseur des droits précise, notamment, les règles relatives au fonctionnement des collèges.

Il fixe également l'organisation administrative des services et leurs modalités de fonctionnement et d'intervention. Il détermine en outre les dispositions applicables à l'ensemble du personnel, notamment celles relatives à l'organisation du travail, à l'hygiène et à la sécurité du travail, ainsi que les conditions générales de rémunération des agents non titulaires.

Art. 19 Le comptable assignataire des recettes et des dépenses du Défenseur des droits est le contrôleur budgétaire et comptable ministériel des services du Premier ministre.

Art. 20 Des régies de recettes et d'avances peuvent être instituées conformément aux dispositions du décret du 20 juillet 1992 susvisé *[n° 92-681]*.

Art. 21 et 22 *Abrogés par Décr. n° 2020-173 du 27 févr. 2020, art. 16.*

Art. 23 *(Décr. n° 2020-173 du 27 févr. 2020, art. 16)* « Les » agents des services du Défenseur des droits peuvent prétendre au remboursement des frais de déplacement et de séjour qu'ils sont susceptibles d'engager à l'occasion des missions exécutées pour le compte du Défenseur des droits dans les conditions prévues par le décret du 3 juillet 2006 susvisé *[n° 2006-781 V.* ***C. fonct. publ.****]*.

Les délégués du Défenseur des droits peuvent prétendre, outre à l'indemnité représentative de frais prévue par l'article 9 de la loi n° 2011-334 du 29 mars 2011 susvisée, au remboursement de leurs frais de déplacement et de séjour, au titre de missions exécutées en dehors de leur ressort territorial, dans les mêmes conditions que celles décrites au premier alinéa du présent article.

....

Art. 24-1 *(Décr. n° 2011-1555 du 17 nov. 2011, art. 3)* L'article 21 du présent décret peut être modifié par décret.

TITRE XII Des collectivités territoriales

Art. 72 *(L. const. n° 2003-276 du 28 mars 2003, art. 5)* **Les collectivités territoriales de la République sont les communes, les départements, les régions, les collectivités à statut particulier et les collectivités d'outre-mer régies par l'article 74. Toute autre collectivité territoriale est créée par la loi, le cas échéant en lieu et place d'une ou de plusieurs collectivités mentionnées au présent alinéa.**

Les collectivités territoriales ont vocation à prendre les décisions pour l'ensemble des compétences qui peuvent le mieux être mises en œuvre à leur échelon.

Dans les conditions prévues par la loi, ces collectivités s'administrent librement par des conseils élus et disposent d'un pouvoir réglementaire pour l'exercice de leurs compétences.

Dans les conditions prévues par la loi organique, et sauf lorsque sont en cause les conditions essentielles d'exercice d'une liberté publique ou d'un droit constitutionnellement garanti, les collectivités territoriales ou leurs groupements peuvent, lorsque, selon le cas, la loi ou le règlement l'a prévu, déroger, à titre expérimental et pour un objet et une durée limités, aux dispositions législatives ou réglementaires qui régissent l'exercice de leurs compétences.

Aucune collectivité territoriale ne peut exercer une tutelle sur une autre. Cependant, lorsque l'exercice d'une compétence nécessite le concours de plusieurs collectivités territoriales, la loi peut autoriser l'une d'entre elles ou un de leurs groupements à organiser les modalités de leur action commune.

Dans les collectivités territoriales de la République, le représentant de l'État, représentant de chacun des membres du Gouvernement, a la charge des intérêts nationaux, du contrôle administratif et du respect des lois.

Sur l'expérimentation des collectivités territoriales, V. CGCT, art. L.O. 1113-1 s. et L.O. 5111-5. – **CGCT.**

BIBL. ▸ Généralités. BABUSIAUX, L'organisation territoriale de l'État est-elle en ligne avec les principes constitutionnels et le droit budgétaire ?, *Dr. adm. 2015. 2.* – Congrès des pouvoirs locaux et régionaux du Conseil de l'Europe, 21 mars 2016, La démocratie locale et régionale en France : *AJDA 2016. 516*. – FAURE, Les collectivités territoriales et les juges, *AJDA 2016. 582.*

Sur la révision de 2003 : Gohin, Le projet de loi constitutionnelle relatif à la décentralisation, *LPA 7 nov. 2002, p. 5* ; La réforme constitutionnelle de la décentralisation après la première lecture devant le Sénat, *LPA 26 nov. 2002, p. 5* ; L'adoption en termes identiques du projet de réforme constitutionnelle de la décentralisation, *LPA 3 janv. 2003, p. 4*. – Verpeaux, Décentralisation : en attendant le Congrès, *JCP Adm. 2003 1063*.

▸ **Postérieurement à la révision constitutionnelle de 2003 :** Brisson, Les nouvelles clefs constitutionnelles de répartition matérielle des compétences entre l'État et les collectivités locales, *AJDA 2003. 529*. – Dollat, Le principe d'indivisibilité et la loi constitutionnelle relative à l'organisation de la République française : de l'État unitaire à l'État uni ?, *RFDA. 2003. 670*. – Gohin, La nouvelle décentralisation et la réforme de l'État en France, *AJDA 2003. 522*. – Monjal, Les enjeux de la notion « d'intérêt communautaire » ou les faces cachées d'une réforme constitutionnelle décisive pour les EPCI, *AJDA 2003. 1701*. – Verpeaux, La loi constitutionnelle du 28 mars 2003 relative à l'organisation décentralisée de la République : libres propos, *RFDA 2003. 661* – Ferstenbert, Le transfert des personnels dans la loi relative aux libertés et responsabilités locales, *AJDA 2004. 1996*. – Frier, Les transferts de compétences dans les secteurs de la formation professionnelle, de l'éducation et de la culture, *AJDA 2004. 1984*. – Gohin, La contribution des juges au droit des collectivités territoriales, *JCP Adm. 2004. 1825*. – Janicot, Réflexions sur la notion de compétences propres appliquée aux collectivités territoriales en droit français, *AJDA 2004. 1575*. – Pontier, Les nouvelles compétences de la région, *AJDA 2004. 1968*. – Rihal, Les transferts de compétences, solidarité et santé, *AJDA 2004. 1978*. – Verpeaux, La loi du 13 août 2004 : le demi-succès de l'acte II de la décentralisation, *AJDA 2004. 1960*. – Lemouzy, Le rapport Caillosse sur la « clause générale de compétence », *JCP Adm., n° 27, juil. 2006. 927*. – Kada, L'Acte II de la décentralisation et le principe d'égalité, *RD. publ. 2005. 1273*. – Marcou, Le bilan en demi-teinte de l'Acte II : Décentraliser plus ou décentraliser mieux ?, *RFDA 2008. 295*. – Alcaraz, Le principe de libre administration des collectivités territoriales dans la jurisprudence constitutionnelle après la révision constitutionnelle du 28 mars 2003 : illustrations des limitations du contrôle de constitutionnalité, *RFDA 2009. 497*. – Faure, La révision constitutionnelle de 2003, Vérités dix ans après, *AJDA 2013. 1328*.

▸ **Réforme du 16 décembre 2010 :** Fleury, « Libertés, libertés locales chéries » (Autour de la clause générale de compétence), *JCP Adm. 2010, n° 22, p. 20*. – Réforme des collectivités territoriales, n° spécial, *JCP Adm. 2010. 2008* – Benchendikh, Le recours à la mutualisation par les intercommunalités à fiscalité propre : remède à la crise ou complexification de l'action publique locale ?, *Dr. adm. 2011. 6*. – Bottini, Identité constitutionnelle de la France et réforme territoriale, *AJDA 2011. 1876*. – Brisson, La loi du 16 décembre 2010 portant réforme territoriale ou le droits des collectivités territoriales en miettes, *Dr. adm. 2011. 5*. – Dantonel-Cor, La clause générale de compétence depuis la réforme du 16 décembre 2000 : le changement dans la continuité, *Dr. adm. 2011. 23*. – Merland, La loi du 16 décembre 2010 de réforme des collectivités territoriales et le renforcement de la légitimité démocratique des EPIC ?, *Dr. adm. 2011. 11*. – Pontier, Clarification de la répartition des compétences : le rapport Lefèvre, *JCP Adm. 2011. 2092*. – Dossier sur « La réforme des collectivités territoriales », *RFDA 2011. 225*. – Réforme des collectivités territoriales : quelle adéquation entre les objectifs poursuivis et la loi du 16 décembre 2010, Actes du colloque du 21 janv. 2011, Nantes, *JCP Adm. 2011. 2127*.

▸ **QPC et collectivités territoriales :** Drago, QPC et droit des collectivités territoriales : premier bilan, *JCP Adm. 2011. 2211*. – Maetz, QPC et personnes publiques, *AJDA 2011. 1411*. – Treppoz-Bruant, Libre administration des collectivité territoriales et QPC : entre espoir et amertume, *Dr. adm. 2012. Étude 18*. – de Montalivet, QPC et collectivités territoriales, *AJDA 2016. 586*.

▸ **Réforme du 27 janvier 2014 (préparation et mise en œuvre) :** Verpeaux, La jupe-culotte et le chemin de croix, La réforme des collectivités territoriales, *AJDA 2013. 1321*. – Degoffe, L'avenir de la commune, intercommunalité, la commune de demain, *AJDA 2013. 1335*. – Marcou, L'État et les collectivités territoriales : où va la décentralisation ?, *AJDA 2013. 1556* ; Décentralisation, acte III, scène 1, n° spécial, *JCP Adm. 2014. 2045*. – Faure, « Penser le changement » ou « Changer le pansement » ?, *AJDA 2014. 600*. – Brisson, Clarification des compétences et coordination des acteurs, *AJDA 2014. 605*. – Janicot, Les métropoles à statut particulier : le Grand Paris, Lyon et Aix-Marseille-Provence, *AJDA 2014. 613*. – Kada, Métropoles : vers un droit (peu) commun ?, *AJDA 2014. 619*. – Taillefait, Les pôles métropolitains et les pôles d'équilibre territoriaux et ruraux, *AJDA 2014. 625*.

▸ **Réforme du 7 août 2015 (préparation et mise en œuvre) :** Verpeaux, La réforme territoriale *ou la bataille des régions, JCP Adm. 2014. 2265* ; Acte III, Scène finale ?, JCP Adm. 2014. *2287*. – Faure, L'épisode constitutionnel de la réforme des collectivités territoriales (2014-2015), *RD publ. 2015. 1173*. – Pauliat et Deffigier, Le département peut-il encore rêver d'avenir ?, *RD publ. 2015. 1229*. – Pontier, La redéfinition des compétences : à la recherche de la cohérence, *RD publ. 2015. 1241*.

▸ **Bilan d'ensemble :** Décentralisation, arrêt sur image, *Dossier AJDA 2019. 2416*. – Pontier, La réforme de l'organisation territoriale de l'État, *AJDA 2020. 281*.

Ancien art. 72 *Les collectivités territoriales de la République sont les communes, les départements, les territoires d'outre-mer. Toute autre collectivité territoriale est créée par la loi.*

Ces collectivités s'administrent librement par des conseils élus et dans les conditions prévues par la loi.

Dans les départements et les territoires, le délégué du Gouvernement a la charge des intérêts nationaux, du contrôle administratif et du respect des lois.

COMMENTAIRE

V. sur le Code en ligne.

Plan des annotations

[V. références des décisions du Conseil constitutionnel dans les tableaux DC et QPC]

Nota. Bien que s'agissant parfois de décisions antérieures à la révision constitutionnelle du 28 mars 2003, les principes ci-dessous qu'elles contiennent nous semblent pouvoir être appliqués au nouvel art. 72.

V. aussi ss. Const. 58, art. 1er.

1. La ville de Paris, soumise à un régime particulier en raison de sa qualité de siège des pouvoirs publics, constitue, à elle seule, une catégorie de collectivités territoriales. • Cons. const. 6 août 2009, n° 2009-588 DC § 23 • Cons. const. 24 juin 2016, *Ville de Paris,* n° 2016-547 QPC § 6. ♦ Cependant, dès lors que, au regard de l'objet de la loi, aucune différence de situation ne se justifie, il y a violation du principe d'égalité entre les collectivités territoriales à traiter la situation de Paris d'une manière différente de celle des autres communes, y compris Lyon et Marseille. • Même décision, § 23. ♦ Ainsi, ce régime particulier ne la place pas dans une situation différente des autres communes au regard de l'objet des dispositions contestées, qui désignent l'autorité compétente pour déterminer les règles de repos hebdomadaire dominical des salariés des établissements de commerce de détail et aucun motif d'intérêt général ne justifie que, s'agissant du pouvoir de déterminer les dimanches durant desquels les établissements de commerce de détail sont autorisés à supprimer le repos hebdomadaire dominical, la ville de Paris soit traitée différemment de toutes les autres communes. • Cons. const. 24 juin 2016, *Ville de Paris,* n° 2016-547 QPC § 6 et 7.

I. CRÉATION DE COLLECTIVITÉS TERRITORIALES

2. Le législateur est compétent pour créer des catégories de collectivités territoriales. • Cons. const. 25 févr. 1982, n° 82-137 DC • Cons. const. 9 mai 1991, n° 91-290 DC § 27. ♦ ... Aussi bien en outre-mer qu'en métropole. • Cons. const. 25 févr. 1982, n° 82-138 DC § 3. ♦ L'entrée en vigueur d'une loi instituant une nouvelle catégorie de collectivités territoriales n'est pas subordonnée à l'adoption préalable d'une loi organique. • Cons. const. 9 mai 1991, n° 91-290 DC § 28.

3. Ces catégories peuvent ne contenir qu'une seule unité. C'est le cas par exemple : de la Corse. • Cons. const. 25 févr. 1982, n° 82-138 DC § 4 • Cons. const. 9 mai 1991, n° 91-290 DC § 18. ♦ ... De Mayotte. • Même décision, § 4. ♦ ... De Paris. • Même décision, § 4 • Cons. const. 28 déc. 1982, n° 82-149 DC. ♦ ... De Saint-Pierre-et-Miquelon. • Cons. const. 12 août 1986, n° 86-212 DC.

4. En créant des catégories de collectivités territoriales, le législateur peut les doter d'un statut spécifique. Il n'est limité que par les règles et principes de valeur constitutionnelle.

• Cons. const. 9 mai 1991, n° 91-290 DC § 19. ♦ Il est dès lors possible de créer une circonscription unique pour l'élection de l'assemblée délibérante de la collectivité sans nécessairement représenter les composantes territoriales du département. • Cons. const. 9 mai 1991, n° 91-290 DC § 15 s. ♦ Le législateur peut donc mettre en place des divisions administratives à Paris, Lyon et Marseille. • Cons. const. 28 déc. 1982, n° 82-149, DC § 6.

5. L'institution des conseillers territoriaux identiques pour la région et le département n'a pour effet ni de créer une nouvelle catégorie de collectivités qui résulterait de la fusion de la région et des départements, ni de porter atteinte à l'existence de la région et du département ou à la distinction entre ces collectivités. • Cons. const. 9 déc. 2010, n° 2010-618 DC § 21. ♦ Rappr. : en prévoyant que le territoire (Nouvelle-Calédonie) dispose d'un conseil élu, celle-ci a pu charger ses membres d'une double fonction territoriale et régionale, sans enfreindre aucune règle constitutionnelle. • Cons. const. 8 août 1985, n° 85-196 DC § 11.

6. Les dispositions de la L. du 16 janv. 2015 créent de nouvelles régions par regroupement de régions existantes et suppriment par là même des régions ; elles emportent transfert aux nouvelles régions de l'ensemble des droits et obligations des régions supprimées et mettent ainsi en cause les principes fondamentaux de la libre administration des collectivités territoriales. • CE 27 oct. 2015, *Mouvement Franche-Comté*, n° 390456 : *AJDA 2015. 2005 ; ibid. 2374, chron. Dutheillet de Lamothe et Odinet .*

7. Le Conseil d'État estime qu'il résulte de l'al. 1er du présent art. que le nom conféré à une collectivité territoriale de la République doit permettre de déterminer clairement la catégorie à laquelle elle appartient. • CE, avis, 21 févr. 2019, n° 396789 : *Dr. adm. 2019. 33, note Duranthon.*

II. PRINCIPE DE SUBSIDIARITÉ

8. Il résulte de la généralité des termes retenus par le constituant à l'al. 2 du présent art. que le choix du législateur d'attribuer une compétence à l'État plutôt qu'à une collectivité territoriale ne pourrait être remis en cause, sur le fondement de cette disposition, que s'il était manifeste qu'eu égard à ses caractéristiques et aux intérêts concernés, cette compétence pouvait être mieux exercée par une collectivité territoriale. • Cons. const. 7 juill. 2005, n° 2005-516 DC § 12. ♦ V. également. • Cons. const. 9 déc. 2010, n° 2010-618 DC § 46 • Cons. const. 23 janv. 2014, n° 2013-687 DC § 32. ♦ Dès lors, des dispositions tendant à développer l'énergie éolienne en prenant en compte les possibilités de raccordement au réseau électrique ainsi que la préservation de l'environnement peuvent, compte tenu de leurs finalités, confier aux préfets le soin de définir les zones dans lesquelles ce développement se fera. • Cons. const. 7 juill. 2005, n° 2005-516 DC § 13.

9. La présente disposition n'institue pas un droit ou une liberté qui puisse être invoqué à l'appui d'une question prioritaire de constitutionnalité sur le fondement de l'art. 61-1 Const. (QPC). • Cons. const. 26 avr. 2013, *Cne de Maing*, n° 2013-304 QPC § 7.

III. LIBRE ADMINISTRATION DES COLLECTIVITÉS TERRITORIALES

10. Les collectivités territoriales « s'administrent librement par des conseils élus », et « bénéficient de ressources dont elles peuvent disposer librement », chacune d'elles le fait « dans les conditions prévues par la loi ». • Cons. const. 20 janv. 1984, n° 83-168 DC § 4 • Cons. const. 29 mai 1990, n° 90-274 DC § 12 • Cons. const. 22 nov. 2013, *Cté de cnes du Val de Sèvre*, n° 2013-355 QPC § 4 • Cons. const. 28 mars 2014, *Collectivité de Saint-Barthélemy*, n° 2014-386 QPC § 6.

A. PRINCIPE

11. Généralités. La valeur constitutionnelle de ce principe est consacrée dès 1979. • Cons. const. 23 mai 1979, n° 79-104 DC § 9. ♦ Lorsque le maire et les adjoints agissent en qualité d'agents de l'État, le principe n'est pas directement en jeu et ne peut être invoqué dans le cadre d'une QPC. • Cons. const. 18 oct. 2013, *Franck M. et a.*, n° 2013-353 QPC § 11 (sol. impl.). ♦ Rappr. • Cons. const. 13 janv. 2012, *Ahmed S.*, n° 2011-210 QPC § 7.

12. La Charte européenne de l'autonomie locale, ratifiée par la France (17 janv. 2007), ne peut être invoquée par les collectivités territoriales. • CE 27 oct. 2015, n° 393026 A : *AJDA 2015. 2005 ; ibid. 2374, chron. Dutheillet de Lamothe et Odinet ; Constitutions 2015. 540, chron. Sermier ; JCP Adm. 2016. 2023, note Marani ; Dr. adm. 2016. 12, note Éveillard ; ibid. 2016. 4, chron. Platon.*

13. Principe de libre administration des collectivités territoriales et QPC. Le principe de libre administration des collectivités territoriales peut être invoqué à l'appui d'une QPC. • CE, QPC, 18 mai 2010, n° 306643 A : *RFDA 2010. 713, concl. Geffray* • Cons. const. 2 juill. 2010, Cne de Dunkerque, n° 2010-12 QPC • Cons. const. 22 sept. 2010, *Cne de Besançon et a.*, n° 2010-29/37 QPC • Cons. const. 18 oct. 2010, *Dpt du Val-de-Marne*, n° 2010-56 QPC • Cons. const. 28 janv. 2011, *SARL du Parc d'activités de Blotzheim et a.*, n° 2010-95 QPC • Cons. const. 17 mars 2011, *Synd. mixte chargé* *de la gestion du contrat urbain de cohésion sociale de l'agglomération de Papeete,* n° 2010-107 QPC • Cons. const. 8 juill. 2011, *Dpt des Landes,* n° 2011-146 QPC § 3 • Cons. const. 26 avr. 2013, *Cne de Puyravault,* n° 2013-303 QPC • Cons. const. 26 avr. 2013, *Cne de Couvrot,* n° 2013-315 QPC • Cons. const. 25 avr. 2014, *Cne de Thonon-les-Bains,* n° 2014-391 QPC. ♦ ... Y compris par un établissement public composé de collectivités territoriales. • Cons. const. 5 oct. 2012, *Synd. des transports d'Île-de-France,* n° 2012-277 QPC § 4.

14. Même s'il ne s'adresse qu'aux collectivités territoriales, le principe peut être soulevé par un établissement public de coopération intercommunale dès lors que, en raison du caractère abstrait de ce contrôle, il n'appartient pas au Cons. const. d'examiner la constitutionnalité de la disposition déférée au regard de la situation du requérant mais seulement de rechercher si la disposition porte, en elle-même, atteinte aux droits et libertés que la Constitution garantit. • Cons. const. 17 mars 2011, *Synd. mixte chargé de la gestion du contrat urbain de cohésion sociale de l'agglomération de Papeete,* n° 2010-107 QPC (sol. impl.). ♦ Le Cons. const. accepte d'examiner la méconnaissance de ce principe dans la mesure où est affectée la libre administration des communes faisant partie de ces établissements publics. • Cons. const. 26 avr. 2013, *Cne de Couvrot,* n° 2013-315 QPC § 10 • Cons. const. 14 juin 2013, *Cté de cnes Monts d'Or Azergues,* n° 2013-323 QPC § 6.

15. Droits et libertés que la Constitution garantit aux collectivités territoriales. Ne figurent pas parmi les droits et libertés que la Constitution garantit aux collectivités territoriales le principe de consultation des électeurs pour procéder à une fusion de communes. • Cons. const. 2 juill. 2010, *Cne de Dunkerque,* n° 2010-12 QPC. ♦ ... Le principe de péréquation entre collectivités territoriales posé à l'art. 72-2 Const. 58. • Cons. const. 22 sept. 2010, *Cnes de Besançon et a.,* n° 2010-29/37 QPC. ♦ ... Le principe budgétaire d'annualité. • CE, QPC, 25 juin 2010, *Région Lorraine,* n° 339842 : *Lebon T. 939 ; AJDA 2010. 1296.* ♦ ... Ou de sincérité. • CE, QPC, 15 juill. 2010, *Région Lorraine,* n° 340492 : *Lebon T. 939 ; AJDA 2010. 2258, note Verpeaux.*

16. La liberté d'administration des collectivités territoriales doit être regardée, dans la recherche et la constatation d'une voie de fait, comme une liberté fondamentale. • T. confl. 19 nov. 2007, *Maire de Limeil-Brévannes,* n° 3653 : *Lebon 608.* ♦ Il en va de même dans le cadre du référé-liberté. • CE, sect., 18 janv. 2001, *Cnes de Venelles et Morbelli,* n° 229247 : *Lebon 18, concl. Touvet ; RFDA 2001. 378, concl. Touvet ; ibid. 681, note Verpeaux.* ♦ Cependant, la convocation, à la supposer irrégulière, de deux conseillers municipaux par le maire ne concerne que les rapports internes au sein de la commune et ne peut, par suite, être regardée comme méconnaissant ce principe. • CE 23 oct. 2012, *Cne de Gignac-la-Nerthe,* n° 363251 : *Lebon T. 914 ; AJDA 2012. 2028 ; JCP Adm. 2012. 741.*

17. Le législateur peut, sur le fondement du présent art. et de l'art. 34 Const. 58, assujettir les collectivités territoriales et leurs groupements à des obligations ou les soumettre à des interdictions, à la condition, notamment, que les unes et les autres répondent à des fins d'intérêt général. • CE 4 juill. 2014, *Cne de Saint-Rémy-en-Rollat,* n° 377198 : *AJDA 2014. 2165.*

B. RÉPARTITION DES COMPÉTENCES

18. Ce principe ne s'applique que dans les conditions prévues par la loi qui doit définir la répartition des compétences entre l'État et les collectivités territoriales. • Cons. const. 29 mai 1990, n° 90-274 DC § 12 • Cons. const. 18 mars 1999, n° 99-184 L : *JO 20 mars, p. 4170 ; RJC II-153 ; AJDA 1999. 496, obs. Schoettl.* ♦ Rappr. • CE, QPC, 15 sept. 2010, *Thalineau,* n° 330734 : *Lebon T. 951 ; AJDA 2010. 1736.* ♦ Le législateur peut néanmoins déléguer au Gouvernement la compétence pour agir dans cette matière législative sous la forme d'ordonnance de l'art. 38 Const. • Cons. const. 23 juin 2003, n° 2003-473 DC § 11 et 16.

19. Le principe de la libre administration des collectivités territoriales prévu au présent art. (et le principe de libre disposition de leurs ressources prévu à l'art. 72-2) relève de la compétence du législateur. • Cons. const. 8 juill. 2011, *Dpt des Landes,* n° 2011-146 QPC § 3 • Cons. const. 13 juill. 2011, *Dpt de la Haute-Savoie,* n° 2011-149 QPC § 3 • Cons. const. 5 oct. 2012, *Synd. des transports d'Île-de-France,* n° 2012-277 QPC § 4 • Cons. const. 17 janv. 2013, n° 2012-660 DC § 15 • Cons. const. 26 avr. 2013, *Cne de Puyravault,* n° 2013-303 QPC § 3 • Cons. const. 19 avr. 2013, *Cne de Tourville-la-Rivière,* nos 2013-305/306/307 QPC § 12.

20. Relève de la compétence du législateur. En l'absence de toute disposition législative, il n'est pas possible à une collectivité : de modifier les règles concernant le régime électoral et la composition de son assemblée délibérante. • CE 2 avr. 1993, *Cne de Longjumeau c/ Wiltzer,* n° 127020 : *Lebon 91.* ♦ ... De créer un établissement public chargé de gérer son patrimoine. • CAA Nancy, 16 avr. 1998, *Région Nord-Pas-de-Calais,* n° 95NC01673 : *Lebon 680.* ♦ ... De restreindre la possibilité pour les collectivités de créer certains emplois. • CE 19 mars 1997, *Dpt de la Loire et a.,* n° 142266 : *Lebon 97.* ♦ ... D'imposer directement ou indirectement une dépense aux collectivités territoriales. • CE 5 janv. 2005, *Cne de Versailles*, n° 232888 : *Lebon 5* ; *JCP Adm. 2005. 1007, note Guillaumont* ; *AJDA 2005. 604, concl. Chauvaux* ; *RFDA 2005. 14, note Cassia* . ♦ Il en résulte que si des conventions de pur droit interne sont passées entre l'État et diverses collectivités territoriales, celles-ci puisent leur force obligatoire dans la loi et en sauraient limiter le pouvoir du législateur d'apporter des modifications à la législation. • Cons. const. 19 juill. 1983, n° 83-160 DC § 5.

21. En matière d'aménagement du territoire et d'urbanisme, la répartition des compétences, partagées depuis 1983 entre l'État et les collectivités territoriales, relève du domaine de la loi, de même que l'obligation faite à celles-ci de tenir compte des projets d'intérêt général dans l'élaboration de leurs documents locaux d'urbanisme. • Cons. const. 28 janv. 2011, *SARL du Parc d'activités de Blotzheim et a.*, n° 2010-95 QPC § 4.

22. En ne déterminant pas les modalités particulières de la participation financière susceptible d'être réclamée en contrepartie du transfert de biens entre la Société du Grand Paris et le STIF, personnes publiques, mais en renvoyant au décret le soin de fixer ces conditions, les dispositions contestées n'ont pas pour effet de priver de garanties légales les exigences découlant du principe constitutionnel de libre administration des collectivités territoriales qui composent le syndicat • Cons. const. 5 oct. 2012, *Synd. des transports d'Île-de-France*, n° 2012-277 QPC § 6.

23. Compétence réglementaire. S'il appartient au législateur, en vertu de l'art. 34 Const., de déterminer les principes fondamentaux de la libre administration des collectivités territoriales et de leurs compétences, la fixation des modalités de mise en œuvre de ces principes a le caractère réglementaire en application de l'art. 37 Const. • Cons. const. 28 janv. 2011, *SARL du Parc d'activités de Blotzheim et a.*, n° 2010-95 QPC § 4.

24. Il appartient au pouvoir réglementaire national (et de principe) de mettre en œuvre les dispositions législatives relatives aux collectivités territoriales. • Cons. const. 20 janv. 1984, n° 83-168 DC § 20 • Cons. const. 7 janv. 2002, n° 2001-454 DC § 12 • CE 1er avr. 1996, *Dpt. de la Loire*, n° 141958 : *Lebon 109* ; *Quot. jur. 6 juin 1996, note Moreno.* ♦ ... En particulier, dès lors que les dispositions législatives ne sont pas suffisamment précises pour que leur application soit possible avant et qu'il faille qu'un décret en détermine les conditions d'application pour l'ensemble des collectivités territoriales. • CE, avis cont., 20 mars 1992, *Préfet du Calvados*, n° 131852 : *Lebon 123* ; *AJDA 1992. 293, concl. Toutée* ; *JCP 1993. 22100, note Jouanjan* ; *RFDA 1994. 770, note Faure* . ♦ Le pouvoir réglementaire national ne doit cependant pas excéder les limites de l'habilitation législative qui lui est donnée. • CE 29 avr. 1981, *Ordre architectes : Lebon 197* • CE 13 janv. 1995, *Sté Baudin Châteauneuf*, n° 126294 : *Lebon 21* • CE 19 mars 1997, *Dpt. de la Loire et a.*, n° 142266 : *préc. note 20.*

25. Ainsi relève de la compétence réglementaire le soin de préciser la nature des « projets d'intérêt général », qui doivent présenter un caractère d'utilité publique dans la mesure où il s'agit là d'une simple mise en œuvre de la répartition des compétences qui fait logiquement prévaloir les règles nationales sur les règles locales dans la hiérarchie instaurée. • Cons. const. 28 janv. 2011, *SARL du Parc d'activités de Blotzheim et a.*, n° 2010-95 QPC § 5.

26. Si la « loi détermine les principes fondamentaux... de la libre administration des collectivités territoriales, de leurs compétences et de leurs ressources », il ne résulte ni de ces dispositions, ni d'aucune autre disposition constitutionnelle, que le législateur est tenu de fixer lui-même le montant des enveloppes visant à soutenir le financement des dépenses sociales résultant du versement des allocations individuelles de solidarité, ni de définir des critères de répartition du montant global du fonds entre ces deux enveloppes. • Cons. const. 8 déc. 2017, *Dpt. de La Réunion*, n° 2017-678 QPC § 7.

C. CONTENU DU PRINCIPE

27. Pour s'administrer librement, une collectivité territoriale doit, dans les conditions qu'il appartient à la loi de prévoir, disposer d'un conseil élu doté d'attributions effectives. • Cons. const. 8 août 1985, n° 85-196 DC § 10 • Cons. const. 19 janv. 1988, n° 87-241 DC § 6 • CE, QPC, 15 sept. 2010, *Thalineau*, n° 330734 : *préc. note 18* • Cons. const. 26 avr. 2013, *Cne de Puyravault*, n° 2013-303 QPC § 3. ♦ Si les collectivités territoriales s'administrent librement par des conseils élus, chacune d'elles le fait dans les conditions prévues par la loi. • Cons. const. 22 oct. 2009, n° 2009-591 DC § 8 • Cons. const. 13 janv. 2012, *Ahmed S.*, n° 2011-210 QPC § 6.

28. L'autonomie financière permet également la libre administration des collectivités territoriales. • Cons. const. 29 juill. 2004, n° 2004-500 DC § 20. ♦ Sur ce point, V. notes ss. Const. 58, art. 72-2. ♦ Les collectivités territoriales bénéficient en outre de la liberté contractuelle qui découle de l'art. 4 DDH (V. notes ss. cet art.). • Cons. const. 30 nov. 2006, n° 2006-543 DC § 28.

29. Le principe constitutionnel de libre administration des collectivités territoriales n'impose pas au législateur de consulter le comité des finances locales ou les collectivités territoriales avant d'adopter une mesure ayant une incidence sur les finances de ces collectivités. • CE, QPC, 25 juin 2010, *Région Lorraine*, n° 339842 : *AJDA 2010. 1296*.

30. Le principe de l'autonomie des collectivités territoriales, ne peut être invoqué pour dégager l'État de sa responsabilité internationale au regard de la Conv. EDH. • CEDH 26 sept. 2006, *Sté de gestion du port de Campoloro et Sté fermière de Campoloro c/ France*, n° 57516/00 : *AJDA 2006. 1752*.

1° EXISTENCE DE CONSEILS

a. Collectivités territoriales

1. Des conseils élus

31. Principe. Il résulte des dispositions combinées du présent art. et de l'art. 3 Const. que l'organe délibérant d'une collectivité territoriale de la République ne peut procéder que d'une élection effectuée au suffrage universel. • Cons. const. 9 avr. 1992, n° 92-308 DC § 26. ♦ Le législateur est seul compétent pour déterminer la composition de ces conseils et le statut de leurs membres. • Cons. const. 12 mai 1964, n° 64-29 L : *JO 31 mai ; Rec. Cons. const. 37 ; RJC II-16 ; S. 1964. 334, note Hamon.*

32. Si le principe selon lequel les collectivités territoriales s'administrent librement par des conseils élus implique que toute collectivité dispose d'une assemblée délibérante élue dotée d'attributions effectives, il n'interdit pas que les élus désignés lors d'un unique scrutin siègent dans deux assemblées territoriales. • Cons. const. 9 déc. 2010, n° 2010-618 DC § 23. ♦ V. déjà s'agissant de la Nouvelle-Calédonie : en prévoyant que le territoire dispose d'un conseil élu, le législateur a pu charger ses membres d'une double fonction territoriale et régionale, sans enfreindre aucune règle constitutionnelle. • Cons. const. 8 août 1985, n° 85-196 DC § 11.

33. Ces élections doivent intervenir selon une périodicité raisonnable. • Cons. const. 6 déc. 1990, n° 90-280 DC § 8 • Cons. const. 13 janv. 1994, n° 93-331 DC § 8 • Cons. const. 6 févr. 1996, n° 96-372 DC § 3. ♦ Des modifications exceptionnelles et limitées dans la durée des mandats des assemblées locales, en plus ou en moins, sont toutefois concevables dès lors qu'elles n'aboutissent pas à violer le principe de périodicité et que la nécessité en soit justifiée. • Cons. const. 23 mai 1979, n° 79-104 DC § 9 • Cons. const. 5 janv. 1988, n° 87-233 DC § 6 • Cons. const. 6 juill. 1994, n° 94-341 DC § 6 • Cons. const. 6 févr. 1996, n° 96-372 DC § 4. ♦ Il en résulte qu'un régime transitoire peut être mis en place, jusqu'au prochain renouvellement général des conseils, s'agissant d'une collectivité nouvelle créée après des élections générales récentes, et ce, dans le but d'éviter l'organisation d'une nouvelle élection à une date trop rapprochée. • Cons. const. 23 janv. 2014, n° 2013-687 DC § 74.

34. L'organe délibérant des collectivités appartenant à la même catégorie doit être élu selon les mêmes règles dans chacune d'elle. • Cons. const. 12 janv. 1983, n° 82-151 DC § 3 (sol. impl.). ♦ Il doit être doté d'un bureau élu. • Cons. const. 6 déc. 1990, n° 90-280 DC § 23. ♦ ... Et d'un règlement qu'il établit librement. • Cons. const. 14 janv. 1999, n° 98-407 DC § 26.

35. Périodicité. Le législateur, compétent en application de l'art. 34 Const. 58 pour fixer les règles concernant le régime électoral des assemblées locales, peut, à ce titre, déterminer la durée du mandat des élus qui composent l'organe délibérant d'une collectivité territoriale. Toutefois, dans l'exercice de cette compétence, il doit se conformer aux principes constitutionnels, qui impliquent notamment que les électeurs soient appelés à exercer leur droit de suffrage, garanti par l'art. 3 Const. 58, selon une périodicité raisonnable. • Cons. const. 17 juin 2020, *Daniel D. et a.*, n° 2020-849 QPC § 18. ♦ Le report du second tour des élections municipales au plus tard en juin 2020 ne méconnaît, compte tenu des conditions dans lesquelles il est organisé et du motif impérieux que constitue la crise sanitaire (covid-19), ni le droit de suffrage, ni le principe de sincérité du scrutin, ni celui d'égalité devant le suffrage. • Cons. const. 17 juin 2020, *Daniel D. et a.*, n° 2020-849 QPC § 20.

36. Incompatibilités. Sur le lien avec le principe d'égalité et la nécessité d'assurer le choix de l'électeur et l'indépendance de l'élu, V. notes ss. DDH, art. 16.

37. Le présent art. ne fait pas obstacle à ce que le législateur édicte une règle d'incompatibilité entre fonctions exécutives locales dans le but de favoriser leur plein exercice. • Cons. const. 30 mars 2000, n° 2000-426 DC § 6. ♦ Afin de permettre aux titulaires de fonctions exécutives locales de les exercer de façon satisfaisante, le législateur a prévu que sont incompatibles entre elles les fonctions de maire, de président de conseil général, de président de conseil régional et de président du conseil exécutif de Corse ; dès lors que la métropole de Lyon exerce de plein droit les compétences que les lois attribuent au département, le président du conseil de la métropole de Lyon exerce notamment toutes les attributions d'un président de conseil général, impliquant que le législateur, en l'absence de toute différence de situation pouvant justifier une différence de traitement au regard de l'objectif poursuivi, doive prévoir, de façon pérenne, que les fonctions de maire ne sont pas incompatibles avec celles de président du conseil de la métropole de Lyon même s'il pouvait y déroger à titre transitoire. • Cons. const. 23 janv. 2014, n° 2013-687 DC § 63 et 64.

38. Conflits d'intérêts. Le présent art. ne fait pas obstacle à ce que le législateur soumette les autorités territoriales (pour l'essentiel, les présidents des conseils délibératifs) à l'obligation de déclarer à une autorité administrative indépendante leurs intérêts publics et privés ni à ce que cette autorité contrôle l'exactitude et la sincérité de ces déclarations, se prononce sur les situations pouvant constituer un conflit d'intérêts et porte les éventuels manquements à la connaissance de l'autorité compétente pour que, le cas échéant, celle-ci en tire les conséquences. • Cons. const. 9 oct. 2013, n° 2013-676 DC § 60. ♦ … A l'obligation de déclarer à la HATVP les membres de leur famille employés au sein de leur cabinet ni à ce que cette autorité se prononce sur l'existence d'un conflit d'intérêts résultant de cette situation et lui interdise d'employer un membre de sa famille comme membre de son cabinet. • Cons. const. 8 sept. 2017, n° 2017-752 DC § 43 et 44.

39. Cependant, dès lors qu'il appartient au seul législateur (V. Const. 58, art. 34) de définir le régime des incompatibilités des élus locaux, et que tout texte édictant une incompatibilité ayant pour effet de porter une atteinte à l'exercice d'un mandat électif doit être strictement interprété, les présentes dispositions font obstacle à ce qu'une autorité administrative, fût-elle indépendante, institue des règles d'incompatibilité qui ne sont pas prévues par la loi. De même, cette autorité ne saurait adresser et donc rendre publique une injonction tendant à ce qu'il soit mis fin à une situation de conflit d'intérêts que si l'élu destinataire de cette injonction est en mesure de mettre fin à une telle situation sans démissionner de son mandat. • Cons. const. 9 oct. 2013, n° 2013-676 DC § 62. ♦ Rappr. s'agissant d'injonction destinées faire cesser les conflits d'intérêts relatifs aux emplois familiaux. • Cons. const. 8 sept. 2017, n° 2017-752 DC § 44.

40. Élections partielles. Il appartient à la loi de fixer le délai dans lequel il doit être procédé à des élections cantonales partielles ; cependant, en raison des garanties d'objectivité qui doivent présider à toute consultation électorale, le délai susceptible d'être retenu ne doit pas ouvrir à l'autorité administrative une possibilité de choix telle qu'elle puisse engendrer l'arbitraire. • Cons. const. 5 janv. 1988, n° 87-233 DC § 5. ♦ De même, les modalités retenues par le législateur ne doivent pas conduire à ce que soient remises en cause les conditions d'exercice de la libre administration des collectivités territoriales. • Cons. const. 16 mai 2013, n° 2013-667 DC § 20.

41. Bases démographiques. Sur l'égalité devant le suffrage et le découpage des circonscriptions. V. Const. 58, art. 3, notes 30 s.

BIBL. Deffigier, De quelques difficultés de délimitation des cantons, *JCP Adm. 2014. 2299.*

42. Les circonscriptions électorales doivent avoir des bases démographiques. • Cons. const. 8 août 1985, n° 85-196 DC § 16 et 17 • Cons. const. 7 juill. 1987, n° 87-227 DC § 4 à 6. ♦ L'organe délibérant d'une commune de la République doit être élu sur des bases essentiellement démographiques. • Cons. const. 7 juill. 1987, n° 87-227 DC § 5. ♦ … Selon une répartition des sièges et une délimitation des circonscriptions ou sections électorales respectant au mieux l'égalité devant le suffrage. • Cons. const. 9 déc. 2010, n° 2010-618 DC § 38 • Cons. const. 21 juill. 2011, n° 2011-634 DC § 4 • Cons. const. 28 juill. 2011, n° 2011-637 DC § 6. ♦ … Et résultant d'un recensement récent. • Cons. const. 7 juill. 1987, n° 87-227 DC § 5. ♦ Il convient, pour assurer le respect de ce principe, que le législateur tienne compte des derniers recensements pour réduire les écarts démographiques de représentation par rapport aux situations antérieures. • Cons. const. 10 janv. 2001, n° 2000-438 DC § 4.

43. En adoptant les dispositions contestées, le législateur s'est fixé l'objectif de maintenir, dans le cadre d'une circonscription régionale, un lien entre les résultats régionaux et les départements pour l'attribution des sièges aux différentes sections départementales ; par suite, les dispositions de cet article ne sauraient, sans instaurer des différences de traitement qui ne seraient pas en rapport direct avec cet objectif, conduire à ce que soit attribué à une section départementale un nombre de sièges tel que le rapport de ce nombre à la population du département s'écarte dans une mesure manifestement disproportionnée de la moyenne constatée dans la région. • Cons. const. 15 janv. 2015, n° 2014-709 DC § 26.

44. Il appartient ainsi au Gouvernement de retenir les chiffres de population les plus récents auxquels il est susceptible de se référer en tenant compte de la date des prochaines échéances électorales ainsi que des exigences d'une bonne administration, au nombre desquelles figure notamment le respect des contraintes et délais de consultation inhérents au processus d'élaboration et d'adoption des nouvelles délimitations. • CE 26 mai 2014, *ASERDEL*, n° 376548 : *AJDA 2014. 1066*.

45. Des exceptions limitées peuvent être apportées au caractère essentiellement démographique de la délimitation d'un canton, lorsque des considérations géographiques, au nombre desquelles figurent, ainsi que l'a jugé le Cons. const. (16 mai 2013), l'insularité, le relief, l'enclavement ou la superficie, ainsi que d'autres impératifs d'intérêt général, imposent de s'écarter de la ligne directrice que constitue un écart de plus ou moins 20 % par rapport à la moyenne de la population par canton au sein du département. • CE, sect., 5 nov. 2014, *Cnes de Ners et a.*, n° 379843 : *Lebon, concl. Bretonneau ; AJDA 2014. 2161 ; ibid. 2419, chron. Lessi et Dutheillet de Lamothe ; JCP Adm. 2014. 879.*

46. Le pouvoir réglementaire doit donc procéder au remodelage des circonscriptions lorsque cela devient nécessaire. • CE 6 janv. 1999, *Lavaurs*, n° 178608 : *Lebon 1 ; AJDA 1999. 443, concl. Daussun ; LPA 23 févr. 2000, p. 7, note Blanchet.* ♦ ... Le juge pouvant éventuellement lui enjoindre d'y procéder. • CE 21 janv. 2004, *Boulanger*, n° 254645 : *Lebon 14 ; AJDA 2004. 451, concl. Boissard ; RFDA 2004. 506, note Touvet .* ♦ Ces modifications ne doivent cependant pas aboutir, sauf pour des motifs d'intérêt général, à augmenter les disparités démographiques existantes. • CE, ass., 13 nov. 1998, *Le Déaut*, n° 187318 : *Lebon 396 ; AJDA 1998. 977, chron. Raynaud et Fombeur ; RFDA 1999. 826, concl. Touvet ; ibid 1999. 818, note Weisse-Marchal* • CE, ass., 21 janv. 2004, *Guinde et Dpt des Bouches-du-Rhône*, n° 255375 : *Lebon 11 ; AJDA 2004. 451, concl. Boissard ; RFDA 2004. 506, note Touvet .* ♦ A l'inverse, aucun principe n'imposent au Premier ministre de prévoir que les limites des cantons, qui sont des circonscriptions électorales, coïncident avec les limites des circonscriptions législatives, les périmètres des établissements publics de coopération intercommunale figurant dans le schéma départemental de coopération intercommunale ou les limites des « bassins de vie » définis par l'Institut national de la statistique et des études économiques. • CE 21 mai 2014, *Hiest*, n° 376166 : *AJDA 2014. 1063 .*

47. Afin de satisfaire à l'exigence, résultant de l'art. L. 3113-2 CGCT, de procéder au remodelage des limites cantonales sur des bases essentiellement démographiques, le Premier ministre a pu légalement se donner pour lignes directrices (V. ss. Const. 58, art. 21) de se fonder sur la population moyenne des cantons du département et de rapprocher la population de chaque canton de cette moyenne sans s'en écarter de plus de 20 %, dès lors, d'une part, *qu'il a vérifié, pour chaque canton*, s'il y avait lieu de s'écarter de ces lignes directrices en raison de considérations géographiques ou d'autres impératifs d'intérêt général et, d'autre part, qu'il s'est efforcé, lorsque tel n'était pas le cas, de réduire de façon plus importante l'écart à la moyenne, dans le respect des autres critères légaux et de la cohérence territoriale du découpage. • CE 3 nov. 2014, *Dpt de la Côte d'Or*, n° 377431 : *Lebon ; AJDA 2014. 2214 .*

48. Autres impératifs. Cependant, il ne s'ensuit pas que cette représentation doive être nécessairement proportionnelle à la population de chaque région (ou secteur) ni qu'il ne puisse être tenu compte d'autres impératifs d'intérêt général, lesquels peuvent intervenir dans une mesure limitée. • Cons. const. 23 août 1985, n° 85-197 DC § 35 • Cons. const. 7 juill. 1987, n° 87-227 DC § 5 • Cons. const. 28 juill. 2011, n° 2011-637 DC § 6 • Cons. const. 9 déc. 2010, n° 2010-618 DC § 38 • Cons. const. 21 juill. 2011, n° 2011-634 DC § 4 • Cons. const. 16 mai 2013, n° 2013-667 DC § 37. ♦ Rappr. • CE 26 mai 2014, *ASERDEL*, n° 376548 : *préc. note 44.*

49. C'est le cas par ex. pour tenir compte de l'impératif d'intérêt général qui s'attache à la représentation effective des archipels les moins peuplés et les plus éloignés. • Cons. const. 10 janv. 2001, n° 2000-438 DC § 4 • Cons. const. 28 juill. 2011, n° 2011-637 DC § 7. ♦ ... Pour tenir compte de contraintes géographiques (zone de montagne ; écart de +/– 40 %). • CE 5 nov. 2014, *Cnes de Ners et Ceccaldi*, n°s 379843 et 378140 (2 espèces) : *préc. note 45.*

50. En revanche, eu égard à l'importance de la réforme mise en œuvre, la volonté de ne pas s'écarter trop sensiblement du nombre des cantons fixé antérieurement à la réforme ne peut être regardée comme un impératif d'intérêt général susceptible de justifier des atteintes au principe d'égalité devant le suffrage. • Cons. const. 9 déc. 2010, n° 2010-618 § 40. ♦ De même, dès lors que, par leur généralité, les exceptions prévues pourraient donner lieu à des délimitations arbitraires de circonscriptions, les mots « d'ordre topographique, comme l'insularité, le relief, l'hydrographie ; d'ordre démographique, comme la répartition de la population sur le territoire départemental ; d'équilibre d'aménagement du territoire, comme l'enclavement, la superficie, le nombre de communes par canton » sont contraires à la Const. • Cons. const. 16 mai 2013, n° 2013-667 DC § 42. ♦ En fixant un nombre minimal de trois conseillers de Paris par secteur, le législateur a entendu assurer une représentation minimale de chaque secteur au conseil de Paris ; toutefois, dans les 1er, 2e et 4e arrondissements, le rapport du nombre des conseillers de Paris à la population de l'arrondissement s'écarte de la moyenne constatée à Paris dans une mesure qui est manifestement disproportionnée. • Cons. const. 16 mai 2013, n° 2013-667 DC § 51.

51. Composition minimale des conseils. La mise en œuvre du troisième al. du présent art. suppose que les conseils soient composés d'un nombre de conseiller suffisant pour assurer leur fonctionnement normal. • Cons. const. 9 déc. 2010, n° 2010-618 DC § 39. ♦ Ce seuil, fixé pour les conseils généraux des départements à 15 membres, n'a pas fait l'objet d'une erreur manifeste d'appréciation. • Même affaire. ♦ Les départements dans lesquels ce seuil minimum a été appliqué n'ont pas, du fait de la faiblesse de leur population, à être pris en compte pour apprécier le respect des bases démographiques. • Même affaire.

52. Contrôle de l'erreur manifeste. Le contrôle de la mise en œuvre du critère démographique est un contrôle minimal. • Cons. const. 23 août 1985, n° 85-197 DC § 43 et 35 (sol. impl.). ♦ En fixant un nombre minimal de trois conseillers de Paris par secteur, le législateur a entendu assurer une représentation minimale de chaque secteur au Conseil de Paris. Toutefois, dans les 1er, 2e, et 4e arrondissements, le rapport du nombre des conseillers de Paris à la population de l'arrondissement s'écarte de la moyenne constatée à Paris dans une mesure qui est manifestement disproportionnée. • Cons. const. 16 mai 2013, n° 2013-667 DC § 51.

2. Des conseils aux attributions effectives

53. Principe. L'organe délibérant doit être doté d'attributions effectives. • Cons. const. 28 déc. 1982, n° 82-149 DC § 2 • Cons. const. 8 août 1985, n° 85-196 DC § 10 • Cons. const. 19 janv. 1988, n° 87-241 DC § 6 • Cons. const. 9 mai 1991, n° 91-290 DC § 32 • Cons. const. 18 juill. 2001, n° 2001-447 DC § 6. ♦ Il est loisible au législateur d'énumérer limitativement ces attributions. • Cons. const. 16 sept. 2016, *Ass. des dpts de France,* n° 2016-565 QPC § 5.

54. L'obligation faite aux candidats à la présidence d'un organe délibérant d'avoir à remettre à ses membres une déclaration écrite présentant les grandes orientations de leur action pour la mandature, ne prive pas ledit organe de ses attributions effectives. • Cons. const. 6 mars 1998, n° 98-397 DC § 5. ♦ Le conseil ne doit pas être privé de ses attributions. C'est la raison pour laquelle, le Conseil estime que la mission chargée de faire des propositions au président du conseil général pour accorder l'allocation personnalisée d'autonomie doit être composée en majorité de représentants dudit conseil. • Cons. const. 18 juill. 2001, n° 2001-447 DC § 7.

55. La procédure instituée par l'art. 3, en prévoyant des modalités dérogatoires d'adoption du budget régional, lorsque celui-ci n'a pu être adopté dans les conditions de droit commun, a pour objet d'assurer le respect du principe de continuité des services publics, tout en évitant le dessaisissement des organes délibérants de la région au profit du représentant de l'État; que, loin de porter atteinte au principe de libre administration des collectivités locales, elle tend au contraire à le rendre plus effectif. • Cons. const. 6 mars 1998, n° 98-397 DC § 12.

56. Clause générale de compétence. Le principe de libre administration des collectivités territoriales n'induit pas nécessairement que toutes les collectivités territoriales doivent disposer d'une compétence générale, qui ne constitue pas un principe fondamental reconnu par les lois de la République, pour régler les affaires de leur collectivité. • Cons. const. 9 déc. 2010, n° 2010-618 DC § 54. ♦ Le 3e al. du présent art. n'implique pas, par lui-même, que les collectivités territoriales doivent pouvoir intervenir dans les domaines pour lesquels aucune autre personne publique ne dispose d'une compétence attribuée par la loi. • Cons. const. 16 sept. 2016, *Ass. des dpts de France,* n° 2016-565 QPC § 5.

b. Intercommunalité

BIBL. Verpeaux, L'émergence d'un droit constitutionnel de l'intercommunalité, *JCP Adm. 2014. 2274.* – Kada, L'intercommunalité sous les feux de la rampe, *RD publ. 2015. 1187.*

57. Création. Aucune exigence constitutionnelle n'impose une consultation des électeurs préalablement à la création d'un établissement public de coopération intercommunale à fiscalité propre. • Cons. const. 23 janv. 2014, n° 2013-687 DC § 80.

58. Le législateur a suffisamment défini les conditions de création des métropoles, les compétences transférées et les conditions du transfert des biens à celles-ci. • Cons. const. 9 déc. 2010, n° 2010-618 DC § 45 et 46. ♦ V. déjà. • Cons. const. 22 févr. 2007, n° 2007-548 DC § 15.

59. Les différences de traitement dans les conditions d'accès au statut de métropole sont en lien direct avec les objectifs poursuivis par le législateur, à savoir garantir qu'un nombre significatif de communautés urbaines et de communautés d'agglomération deviennent des métropoles (transformation automatique) et prendre en compte les particularités géographiques de quelques autres établissements de coopération intercommunale d'une taille significative et jouant un rôle particulier en matière d'équilibre du territoire (dispositif facultatif). • Cons. const. 23 janv. 2014, n° 2013-687 DC § 79.

60. Participation des communes. Affecte la libre administration des communes l'adhésion obligatoire de collectivités à un syndicat; elle ne peut donc résulter que de la loi, qui doit définir de façon suffisamment précise les obligations mises à la charge de ces collectivités quant à leur objet et à leur portée. • Cons. const. 22 févr. 2007, n° 2007-548 DC § 12. ♦ Rappr. • Cons. const. 23 janv. 2014, n° 2013-687 DC § 23 s. ♦ Les règles relatives à l'intégration des communes dans un EPCI. • Cons. const. 26 avr. 2013, *Cne de Puyra-*

vault, n° 2013-303 QPC § 10. ♦ Les règles relatives au retrait d'une commune d'un EPCI. • Cons. const. 26 avr. 2013, *Cne de Maing,* n° 2013-304 QPC § 6. ♦ Les règles relatives à la fusion des EPCI. • Cons. const. 26 avr. 2013, *Cne de Couvrot,* n° 2013-315 QPC § 10. ♦ ... Les règles relatives au rattachement à un établissement public de coopération intercommunale à fiscalité propre des communes isolées ou en situation d'enclave ou de discontinuité territoriale. • Cons. const. 25 avr. 2014, *Cne de Thonon-les-Bains,* n° 2014-391 QPC § 6.

61. Le principe de la libre administration des collectivités territoriales, non plus que le principe selon lequel aucune collectivité territoriale ne peut exercer une tutelle sur une autre ne font obstacle, en eux-mêmes, à ce que le législateur organise les conditions dans lesquelles les communes peuvent ou doivent exercer en commun certaines de leurs compétences dans le cadre de groupements. • Cons. const. 26 avr. 2013, *Cne de Puyravault,* n° 2013-303 QPC § 4 • Cons. const. 25 avr. 2014, *Cne de Thonon-les-Bains,* n° 2014-391 QPC § 4.

62. Il est possible de favoriser la coopération au sein d'un établissement public dès lors que les collectivités ne sont pas engagées, not. à titre financier, sans y avoir consenti. • Cons. const. 3 déc. 2009, n° 2009-594 DC § 20.

63. Composition des conseils. Aucune exigence constitutionnelle n'impose que tous les membres de l'organe délibérant d'un EPCI soient élus selon le même mode de scrutin. • Cons. const. 16 mai 2013, n° 2013-667 DC § 54. ♦ Les conseils doivent être mis en place dans les délais prévus ; les membres de la structure disposent néanmoins d'un droit au report. • CE 5 févr. 2014, *Z,* n° 371020 : *AJDA 2014. 1272, note Fort.*

64. Dès lors que des établissements publics de coopération entre les collectivités locales exercent en lieu et place de ces dernières des compétences qui leur auraient été sinon dévolues, leurs organes délibérants doivent être élus sur des bases essentiellement démographiques ; que s'il s'ensuit que la répartition des sièges doit respecter un principe général de proportionnalité par rapport à la population de chaque collectivité locale participante, *il* peut être toutefois tenu compte dans une mesure limitée d'autres considérations d'intérêt général et notamment de la possibilité qui serait laissée à chacune de ces collectivités de disposer d'au moins un représentant au sein du conseil concerné. • Cons. const. 26 janv. 1995, n° 94-358 DC § 48. ♦ En permettant un accord sur la détermination du nombre et de la répartition des sièges des conseillers communautaires et en imposant seulement que, pour cette répartition, il soit tenu compte de la population, ces dispositions permettent qu'il soit dérogé au principe général de proportionnalité par rapport à la population de chaque commune membre de l'établissement public de coopération intercommunale dans une mesure qui est manifestement disproportionnée. • Cons. const. 20 juin 2014, *Cne de Salbris,* n° 2014-405 QPC § 6. ♦ La volonté de respecter l'élection sur des bases essentiellement démographiques peut conduire à mettre en place des dérogations au principe du respect de l'écart de 20 % de la représentativité moyenne. • Cons. const. 19 févr. 2016, *Cne d'Eguilles,* n° 2015-521/528 QPC § 10 et 11.

65. En prévoyant ces deux dérogations au principe général de proportionnalité par rapport à la population de chaque commune, le législateur a entendu assurer la représentation de chaque commune au sein de l'organe délibérant de l'établissement public et éviter qu'une commune puisse disposer à elle seule de la majorité du nombre des membres de l'organe délibérant. • Cons. const. 5 mars 2015, n° 2015-711 DC § 7. ♦ En permettant d'attribuer à une commune une part des sièges excédant l'écart de 20 % à la moyenne lorsque cette attribution n'a pas pour effet d'accentuer l'écart qui résulterait d'une répartition selon les règles de droit commun, le législateur a entendu prendre en compte le fait que l'attribution des sièges à la représentation proportionnelle à la plus forte moyenne aboutit, dans certains cas, à de substantielles différences de représentation, lesquelles peuvent être ainsi corrigées. • Même affaire § 9 et 13. ♦ En permettant d'attribuer un second siège à une commune ayant obtenu un seul siège au titre de la répartition à la représentation proportionnelle à la plus forte moyenne, le législateur a entendu assurer une représentation plus adaptée de ces communes et réduire les écarts de représentation entre les plus petites communes et des communes plus peuplées. Toutefois, une telle attribution d'un second siège étant susceptible d'accroître l'écart à la moyenne de la commune à laquelle ce siège est attribué au-delà d'un seuil de 20 % et, le cas échéant, l'écart à la moyenne des autres communes membres de l'établissement public, elle ne saurait, sans méconnaître le principe d'égalité devant le suffrage, être réservée à certaines communes à l'exclusion d'autres communes dont la population serait égale ou supérieure. • Même affaire § 10 et 14.

66. Les délégués de chaque commune peuvent être choisis « parmi les citoyens éligibles au sein du conseil d'une des communes de la communauté de communes » dès lors qu'ils sont, comme c'est le cas, élus par l'organe délibérant de la commune qu'ils sont appelés à représenter. • Cons. const. 26 janv. 1995, n° 94-358 DC § 43.

2° MISE EN ŒUVRE DU PRINCIPE

67. Sur la combinaison du présent al. avec l'al. 5 du même art., V. le V ci-dessous.

68. Sur la combinaison du présent al. avec l'al. 6 du même art., V. le VI ci-dessous.

69. Conditions de mise en œuvre. Si le législateur peut, sur le fondement des dispositions des art. 34 et 72 Const., assujettir les collectivités territoriales ou leurs groupements à des obligations et à des charges, c'est à la condition que celles-ci répondent à des exigences constitutionnelles ou concourent à des fins d'intérêt général, qu'elles ne méconnaissent pas la compétence propre des collectivités concernées, qu'elles n'entravent pas leur libre administration et qu'elles soient définies de façon suffisamment précise quant à leur objet et à leur portée. • Cons. const. 7 déc. 2000, n° 2000-436 DC § 12 et 40 • Cons. const. 18 janv. 2018, n° 2017-760 DC § 11.

V. pour d'autres décisions dans le même sens : .

70. Il en va en particulier ainsi lorsque le législateur définit des catégories de dépenses qui revêtent pour une collectivité territoriale un caractère obligatoire. • Cons. const. 18 juill. 2001, n° 2001-447 DC § 24. ♦ V. déjà affirmant que, si le législateur peut définir des catégories de dépenses qui revêtent pour une collectivité territoriale un caractère obligatoire, les obligations ainsi mises à la charge d'une collectivité territoriale doivent être définies avec précision quant à leur objet et à leur portée et ne sauraient méconnaître la compétence propre des collectivités territoriales ni entraver leur libre administration • Cons. const. 29 mai 1990, n° 90-274 DC § 16.

71. Les règles édictées par le législateur sur le fondement des dispositions du présent art. et de l'art. 34 Const. ne doivent pas avoir pour effet de restreindre les ressources fiscales des collectivités territoriales au point d'entraver leur libre administration. • Cons. const. 24 juill. 1991, n° 91-298 DC § 38 • Cons. const. 25 juin 1998, n° 98-402 DC § 10 • Cons. const. 29 déc. 1998, n° 98-405 DC § 48 et 49 • Cons. const. 12 juill. 2000, n° 2000-432 DC § 4 • Cons. const. 28 déc. 2000, n° 2000-442 DC § 10. ♦ Il en va de même des règles prises en application de l'art. 72-2 Const. • Cons. const. 30 juin 2011, *Dpt de la Seine-Saint-Denis,* n° 2011-142/145 QPC § 14. ♦ V. notes ss. Const. 58, art. 72-2.

72. Absence d'entrave à la mise en œuvre du principe. Le prélèvement frappant les communes qui n'ont pas atteint l'objectif de logement social fixé par la loi, constitue un mécanisme de solidarité entre communes urbanisées qui, compte tenu de ses modalités de mise en œuvre, n'a pas pour effet de réduire les ressources globales des communes ni de diminuer leurs ressources fiscales au point d'entraver leur libre administration. • Cons. const. 7 déc. 2000, n° 2000-436 DC § 37 et 38 . ♦ Il en va de même de son durcissement. • Cons. const. 17 janv. 2013, n° 2012-660 DC § 21. ♦ V. déjà • Cons. const. 6 mai 1991, n° 91-291 DC § 31 et 32. ♦ Rappr. s'agissant de la mise en œuvre de l'objectif de mixité sociale par l'accroissement de la production de logements locatifs sociaux • Cons. const. 17 janv. 2013, n° 2012-660 DC § 32 s. ♦ De même les règles, qui prévoient la suppression progressive de la part salariale de l'assiette de la taxe professionnelle et instituent une compensation dont le montant, égal la première année à la perte de recettes pour chaque collectivité locale, sera indexé par la suite sur le taux d'évolution de la dotation globale de fonctionnement, avant d'être intégré dans cette dernière et réparti selon les critères de péréquation qui la régissent, n'ont pour effet ni de diminuer les ressources globales des collectivités locales ni de restreindre leurs ressources fiscales au point d'entraver leur libre administration. • Cons. const. 29 déc. 1998, n° 98-405 DC § 50.

73. Il en va de même lorsqu'il s'agit d'interdictions. • Cons. const. 8 juill. 2011, *Dpt des Landes,* n° 2011-146 QPC § 4. ♦ ... Ou de la mise en œuvre par le préfet d'un pouvoir de substitution. – V. note 110.

74. Le Cons. const. insiste parfois sur la fin d'intérêt général à laquelle doivent répondre les obligations. • Cons. const. 30 nov. 2006, n° 2006-543 DC § 29 • Cons. const. 8 juill. 2011, *Dpt des Landes,* n° 2011-146 QPC § 4 • Cons. const. 13 juill. 2011, *Dpt de la Haute-Savoie,* n° 2011-149 QPC § 4. ♦ Rappr. • Cons. const. 26 avr. 2013, *SARL SCMC,* n° 2013-309 QPC § 5.

75. Ce contrôle ce poursuit depuis la révision du 28 mars 2003, en particulier s'agissant des extensions ou créations de compétence entraînant des dépenses obligatoires, pour lesquelles, à la différence des transferts, il n'est pas fait obligation, par l'art. 72-2 Const. 58, d'attribuer des ressources correspondant aux charges. • Cons. const. 7 août 2008, n° 2008-569 DC § 13 • Cons. const. 29 déc. 2009, n° 2009-599 DC § 105. ♦ Sur ces points, V. notes ss. Const., art. 72-2.

76. Le Cons. const. réalise également ce contrôle dans le cadre de la QPC. • Cons. const. 22 sept. 2010, *Cne de Besançon et a.,* n° 2010-29/37 QPC § 7 • Cons. const. 18 oct. 2010, *Dpt du Val-de-Marne,* n° 2010-56 QPC § 6 • Cons. const. 30 juin 2011, *Dpts de la Seine-Saint-Denis et de l'Hérault,* n° 2011-143 QPC § 10. ♦ ... Y compris, là encore, pour des mesures intervenues après la révision constitutionnelle du 28 mars 2003. • Cons. const. 30 juin

2011, *Dpts de l'Hérault et des Côtes-d'Armor*, n° 2011-144 QPC § 12.

77. Lorsque la loi prévoit l'intervention du pouvoir réglementaire dans le mécanisme de financement, celui-ci doit agir de façon à permettre que la libre administration des collectivités territoriales ne soit pas entravée. • Cons. const. 30 juin 2011, *Dpts de la Seine-Saint-Denis et de l'Hérault*, n° 2011-143 QPC § 13.

78. Absence d'entrave aux prérogatives de l'État. Le principe de libre administration impose également au législateur de respecter les prérogatives de l'État qui ne peuvent être ni restreintes ni privées d'effet, même temporairement. • Cons. const. 25 févr. 1982, n° 82-137 DC § 4. ♦ Dès lors, et sauf la possibilité de dérogation à titre expérimental prévu à l'al. 4 du présent art., ce principe interdit que le pouvoir législatif puisse être confié à un des organes de la collectivité territoriale. • Cons. const. 9 mai 1991, n° 91-290 DC § 20 • Cons. const. 17 janv. 2002, n° 2001-454 DC § 20 et 21.

79. Le principe de libre administration des collectivités territoriales doit cependant se combiner avec les principes de liberté et surtout d'égalité devant lesquels il doit s'incliner. • Cons. const. 13 janv. 1994, n° 93-329 DC § 27 à 30 • Cons. const. 6 avr. 1996, n° 96-373 DC § 25 • Cons. const. 21 janv. 1997, n° 96-387 DC § 10 et 11 • Cons. const. 18 juill. 2001, n° 2001-447 DC § 6. ♦ V. déjà. • Cons. const. 18 janv. 1985, n° 84-185 DC § 18. ♦ De même, il ne saurait conduire à ce que les conditions essentielles de mise en œuvre des libertés publiques et, par suite, l'ensemble des garanties que celles-ci comportent, dépendent des décisions de collectivités territoriales et, ainsi, puissent ne pas être les mêmes sur l'ensemble du territoire de la République. • Cons. const. 9 avr. 1996, n° 96-373 DC § 25 • Cons. const. 17 janv. 2002, n° 2001-454 DC § 12.

80. Dans des conditions particulières et pour certaines raisons, le législateur peut limiter l'exercice du principe de libre administration des collectivités territoriales et leur liberté contractuelle sous le contrôle du juge constitutionnel. • Cons. const. 30 nov. 2006, n° 2006-543 DC § 28 s.

a. Ne portent pas atteinte au principe de libre administration

81. Entre dans la compétence de la collectivité concernée une disposition qui met en œuvre une politique d'aide sociale au sens de l'al. 11 Préamb. Const. 1946. • Cons. const. 18 oct. 2010, *Dpt du Val-de-Marne*, n° 2010-56 QPC § 5 (sol. impl.).

82. N'entravent pas la libre administration des collectivités concernées des dispositions : donnant aux maires différents pouvoirs à exercer en tant qu'agents de l'État. • Cons. const. 22 sept. 2010, *Cne de Besançon et a.*, n° 2010-29/37 QPC § 8 • Cons. const. 17 nov. 2016, n° 2016-739 DC § 31. ♦ ... Relatives à la mise en œuvre de mesures d'accompagnement social personnalisé. • Cons. const. 18 oct. 2010, *Dpt du Val-de-Marne*, n° 2010-56 QPC § 6.

83. De même, le législateur peut, sans porter atteinte à ce principe supprime une recette fiscale dont le montant par rapport à l'ensemble des recettes de la collectivité est faible. • Cons. const. 24 juill. 1991, n° 91-298 DC § 39. ♦ Rappr. s'agissant de la neutralisation de la hausse de la taxe d'habitation et de la compensation de la taxe foncière pour les départements. • Cons. const. 27 déc. 2019, n° 2019-796 DC § 23 et 35 s. ♦ ... Ou dès lors qu'il institue une compensation suffisante. • Cons. const. 29 déc. 1998, n° 98-405 DC § 50 • Cons. const. 12 juill. 2000, n° 2000-432 DC § 6. ♦ Il peut également : modifier un critère de l'assiette fiscale entraînant une nouvelle répartition du produit de l'impôt. • Cons. const. 25 juin 1998, n° 98-402 DC § 10 • Cons. const. 28 déc. 2000, n° 2000-442 DC § 10. ♦ ... Prévoir la création d'établissements publics de coopération intercommunale dans lesquels une commune peut être intégrée contre sa volonté exprimée. • CE 2 oct. 1996, *Cnes de Bourg-Charente, de Mainxe et de Gondeville*, n° 161696 : *Lebon 361* ; *RFDA 1997. 1209, note Cammarata et Gaïa*. ♦ V. aussi • CE 2 oct. 1996, *Cne de Civaux*, n° 165055 : *Lebon T. 764* ; *AJDA 1996. 1022, concl. Touvet*. ♦ ... Imposer une simple obligation de compatibilité des plans locaux d'urbanisme élaborés par les communes avec les orientations générales de développement à l'échelle de l'agglomération contenues dans les schémas de cohérence territoriale. • Cons. const. 7 déc. 2000, n° 2000-436 DC § 7. ♦ ... Créer une allocation personnalisée d'autonomie à la charge des départements compte tenu de la mise en œuvre de ressources correspondantes. • Cons. const. 18 juill. 2001, n° 2001-447 DC § 24. ♦ ... Et consolider ce financement par la suite. • Cons. const. 30 juin 2011, *Dpts de la Seine-Saint-Denis et de l'Hérault*, n° 2011-143 QPC § 11 s. ♦ ... Prévoir une sanction non automatique frappant la carence de la commune dès lors que d'une part, elle est décidée sur une base tenant compte d'éléments explicatifs, d'autre part qu'elle est précédée d'une procédure contradictoire permettant au maire, informé par le préfet de son intention formellement motivée d'engager la procédure de constat de carence, de présenter ses observations ; enfin, il doit être possible d'introduire ensuite un recours de pleine juridiction à l'encontre de l'arrêté préfectoral de carence. • Cons. const. 6 déc. 2001, n° 2001-452 DC § 10 et 11. ♦ ... Décider que les dépenses liées à l'organisation des référendums prévus à l'art. 72-1 Const. constituent, pour la collectivité qui a décidé d'y recourir, une dépense obligatoire. • Cons. const. 30 juill. 2003, n° 2003-482 DC § 10. ♦ … Prendre les dispositions permettant au préfet, en cas de carence de la collectivité territoriale, de prendre les mesures nécessaires à l'exécution des décisions de justice, au besoin en procédant à la vente d'un bien de la collectivité défaillante dès lors que celui-ci n'est pas indispensable au bon fonctionnement des services publics dont elle a la charge. • CE, sect., 18 nov. 2005, *Sté fermière de Campoloro*, n° 271898 : *Lebon 515* ; *AJDA 2006. 137, chron. Landais et Lénica* ; *RFDA 2006. 341, note Bon*. ♦ … Fixer le principe de l'encadrement du régime financier et de la tarification, notamment par les collectivités territoriales et l'assurance maladie, des personnes morales de droit privé gérant des établissements et services intervenant dans le champ de l'action sociale. • CE 21 nov. 2008, *Assoc. Faste Sud Aveyron*, req n° 293960 : *Dr. adm. 2009, n° 1*. ♦ … Prévoir un dispositif ouvrant aux conseils régionaux et à l'Assemblée de Corse une faculté dont ils ne sont pas contraints d'user. • Cons. const. 29 déc. 2009, n° 2009-599 DC § 93. ♦ … Prévoir une maîtrise d'ouvrage partagée entre le Syndicat des transports d'Île-de-France, autorité organisatrice des transports de la région parisienne, et la Régie autonome des transports parisiens, chargée d'exploiter les transports en commun sur Paris et sa proche banlieue, dès lors que cette maîtrise d'ouvrage est subordonnée à la signature d'une convention entre les deux parties, aucune d'entre elles n'étant dès lors engagée, notamment à titre financier, dans une telle opération sans y avoir consenti. • Cons. const. 3 déc. 2009, n° 2009-594 DC § 20. ♦ … Transférer à titre gratuit la propriété de l'infrastructure du réseau métropolitain et du réseau express régional du STIF à la RATP. • Cons. const. 3 déc. 2009, n° 2009-594 DC § 17. ♦ Rappr. • Cons. const. 5 oct. 2012, *Synd. des transports d'Île-de-France*, n° 2012-277 QPC § 6. ♦ … Aménager un dispositif ancien relevant de la compétence des départements depuis de nombreuses années. • Cons. const. 18 oct. 2010, *Dpt du Val-de-Marne*, n° 2010-56 QPC § 6. ♦ … Prévoir la contribution d'une collectivité territoriale au financement d'un centre public d'information et d'orientation. • Cons. const. 13 juill. 2011, *Dpt de la Haute-Savoie*, n° 2011-149 QPC § 5. ♦ Toutefois cette obligation ne peut, si la collectivité ne souhaite plus l'assumer : porter *sur des centres supplémentaires créés par l'État*, en son temps, à la demande de la collectivité. • Même affaire § 6. ♦ … Mettre en place un dispositif de péréquation des recettes provenant de la part départementale des droits de mutation à titre onéreux. • Cons. const. 29 juin 2012, *Dpts de la Seine-Saint-Denis et du Var*, n° 2012-255/265 QPC § 8. ♦ … Élever le seuil de logements locatifs sociaux pour les communes appartenant à une agglomération ou un établissement public de coopération intercommunale à fiscalité propre pour lesquels le parc de logements justifie un effort de production supplémentaire de logements locatifs sociaux et instaurer un seuil de logements locatifs sociaux pour certaines communes. • Cons. const. 17 janv. 2013, n° 2012-660 DC § 17. ♦ … Prévoir que l'assiette du droit de consommation sur les tabacs est définie par le conseil général par la fixation d'un pourcentage, supérieur à 66 % et au plus égal à 110 % du prix de vente au détail en France continentale. • Cons. const. 25 janv. 2013, *Sté Distrivit et a.*, n°s 2012-290/291 QPC § 18. ♦ … Déterminer les tarifs maximaux applicables à la taxe locale sur la publicité extérieure dans certaines communes, dès lors que le tarif de référence résultant du plafonnement prévu par les dispositions contestées, qui peut dans certains cas se révéler supérieur aux tarifs de droit commun et dans d'autres cas inférieur à ces tarifs, n'a pas pour effet, eu égard au produit de cette imposition et aux écarts de tarifs résultant de ces dispositions, de réduire les ressources propres de certaines communes dans des proportions telles que serait méconnue leur autonomie financière. • Cons. const. 19 avr. 2013, *Cne de Tourville-la-Rivière*, n°s 2013-305/306/307 QPC § 13. ♦ Rappr. • Cons. const. 28 mars 2014, *Collectivité de Saint-Barthélemy*, n° 2014-386 QPC § 11. ♦ … Prévoir la « CDIsation » des agents des communes polynésiennes. • CE, QPC, 17 juill. 2013, *Cne de Taiarapu-Est*, n° 368780 : *AJDA 2013. 2187*. ♦ … Confier, par dérogation aux autres cas, la police de la circulation au préfet de police de Paris et non au maire. • CE, QPC, 10 oct. 2013, *A.*, n° 370154 : *AJDA 2014. 196*. ♦ … Mettre en place une règle de compensation qui peut dans certains cas conduire à une diminution des ressources pour les budgets des communes ou de leurs groupements, et dans d'autres cas à une augmentation de ces ressources, en fonction de l'évolution de l'assiette locale de la taxe transférée. • Cons. const. 22 nov. 2013, *Cté de cnes du Val de Sèvre*, n° 2013-355 QPC § 6. ♦ Rappr. • Cons. const. 28 mars 2014, *Collectivité de Saint-Barthélemy*, n° 2014-386 QPC § 10. ♦ … Subordonner le versement des aides du fonds de soutien aux collectivités ayant souscrit des « emprunts toxiques » à la conclusion d'une transaction entre l'emprunteur et le prêteur sur les modalités de remboursement. • Cons. const. 29 déc. 2013, n° 2013-685 DC § 75. ♦ … Encadrer les conditions dans lesquelles il peut être mis fin aux fonctions d'un collaborateur de cabinet dès lors qu'il n'aboutit pas à interdire aux autorités de la collectivité d'y mettre fin. • Cons. const. 25 avr. 2014, *Province Sud de Nouvelle-Calédonie*, n° 2014-392 QPC § 13.

♦ ... Imposer aux centres de gestion de la fonction publique territoriale d'assurer pour leurs propres fonctionnaires et pour les fonctionnaires territoriaux une assistance juridique statutaire. • CE, QPC, 27 janv. 2014, *Centre de gestion de la fonction publique territoriale de l'Oise,* n° 373218 : *AJDA 2014. 1239* . ♦ ... Déterminer les rythmes scolaires. • CE 23 déc. 2014, *Cne de Fournels,* n° 375639 : *Lebon* ; *AJDA 2015. 8* ; *JCP Adm. 2015. 30.* ♦ ... Prévoir les modalités de calcul des ressources fiscales précédemment émises sur le territoire de la collectivité pour abonder la dotation globale de compensation et assurer la compensation financière des charges résultant des compétences transférées à la collectivité. • Cons. const. 1er juill. 2016, *Collectivité de Saint-Martin,* n° 2016-549 QPC § 8. ♦ ... Mettre en œuvre un mécanisme contraignant d'encadrement des dépenses réelles de fonctionnement de certaines collectivités territoriales, le législateur a entendu mettre en œuvre « l'objectif d'équilibre des comptes des administrations publiques » figurant à l'avant-dernier al. de l'art. 34 Const. dès lors qu'est prévue la possibilité de demander la conclusion d'un avenant modificatif susceptible, le cas échéant, de tenir compte des conséquences des évolutions législatives ou réglementaires affectant le niveau de dépenses réelles de fonctionnement des collectivités contractantes. • Cons. const. 18 janv. 2018, n° 2017-760 DC § 12 et 14.

84. Ne portent pas atteinte à la libre administration des collectivités territoriales des dispositions ouvrant une simple faculté aux collectivités territoriales et donc ne leur créant aucune obligation. • Cons. const. 4 août 2016, n° 2016-737 DC § 16. ♦ ... Mettant à la charge de la collectivité territoriale de la Guyane la rémunération des membres du clergé catholique compte tenu de la faible importance de ces dépenses. • Cons. const. 2 juin 2017, *Coll. territ. Guyane,* n° 2017-633 QPC § 15. ♦ ... Obligeant les communes qui mettent en place un régime indemnitaire tenant compte des conditions d'exercice des fonctions à prévoir également une part correspondant à l'engagement professionnel des agents dès lors qu'elles demeurent libres de fixer les plafonds applicables à chacune des parts, sous la seule réserve que leur somme ne dépasse pas le plafond global des primes octroyées aux agents de l'État. • Cons. const. 13 juill. 2018, *Cne de Ploudiry,* n° 2018-727 QPC § 8.

85. Ne portent pas non plus atteinte à la libre administration des collectivités territoriales : l'institution, par la loi, de sanctions réprimant les manquements des maires aux obligations qui s'attachent à leurs fonctions telles que la suspension ou la révocation, qui produit des effets pour l'ensemble des attributions du maire. • Cons. const. 13 janv. 2012, *Ahmed S.,* n° 2011-210 QPC § 7. ♦ Pour la mise en œuvre de ces dispositions sous le contrôle du juge de l'excès de pouvoir V. par ex. • CE 2 mars 2010, n° 328843 A : *AJDA 2010. 468* ; *ibid. 664, chron. Liéber et Botteghi* • CE 26 févr. 2014, n° 372015 : *AJDA 2014. 1384, note Lachaume* • CE 3 sept. 2019, n° 434072 • CE 19 déc. 2019, n° 434071. ♦ ... Des dispositions qui, transformant certains contrats en CDI, si elles emportent une limitation, de portée restreinte, à la liberté de gestion de leur personnel par les collectivités territoriales et établissements publics concernés, répondent à l'objectif d'accorder des garanties communes à l'ensemble des agents publics contractuels et de lutter contre la précarité dans la fonction publique. • CE 17 juill. 2013, n° 368943 : *AJDA 2013. 1547* . ♦ ... Des dispositions qui ne dessaisissent pas les communes de leurs compétences en matière d'urbanisme ou de compétence qui leur sont dévolues par la loi. • CE 11 juin 2012, n° 357452 : *AJDA 2012. 1758* (s'agissant des décisions de classement de monuments historiques). • Cons. const. 9 sept. 2011, *Cne de Tarascon,* n° 2014-411 QPC §10 (s'agissant de la décision de rendre opposables par anticipation certaines dispositions du projet de plan de prévention des risques naturels prévisibles). ♦ ... Des dispositions qui donnent aux préfets la possibilité de surseoir à l'exécution d'un PLU, dès lors que ces dispositions poursuivent un objectif d'intérêt général consistant à assurer la compatibilité du plan avec les principes et documents d'urbanisme qu'elles mentionnent. • CE 15 oct. 2014, n° 377088 : *AJDA 2014. 2342* ; *RDI 2015. 90, obs. Soler-Couteaux* . ♦ ... Des dispositions qui font contribuer les collectivités territoriales à l'effort de réduction des déficits publics à due proportion de leur part dans les dépenses de l'ensemble des administrations publiques ; le montant de la réduction de la dotation globale de fonctionnement représentant 1,9 % des recettes de ces collectivités territoriales, cette réduction n'entrave pas leur libre administration. • Cons. const. 29 déc. 2014, n° 2014-707 DC § 23. ♦ ... Des dispositions qui prévoient que les documents d'urbanisme élaborés par les communes et leurs groupements doivent être compatibles avec le plan d'aménagement et de développement durable de Corse. • Cons. const. 25 nov. 2016, *Cne de Coti-Chiavari,* n° 2016-597 QPC. ♦ ... Des dispositions qui fixent le nom d'une collectivité territoriale. • CE 28 déc. 2016, n° 403928 : *JCP Adm. 2017. 60* ; *Dr. adm. 2017. 49, note Éveillard.*

86. De même, des dispositions qui ont pour objet d'accroître les ressources des départements pour faire face aux dépenses qui sont mises à leur charge ne méconnaissent pas le présent art., dès lors que, malgré l'évolution des dépenses, elles n'ont pas eu pour effet d'entraver la libre administration des départements. • Cons. const. 30 juin 2011, *Dpt de la Seine-Saint-Denis,* n° 2011-142/145 QPC § 19 • TA Strasbourg, 5 oct. 2016, n° 1601891 : *AJDA 2017. 226, note Rihal ; ibid. 2016. 1838*.

87. Il appartient aux pouvoirs publics de prendre les mesures correctrices appropriées si, malgré les mécanismes compensateurs prévus, l'augmentation des dépenses en cause mettait en péril le principe de libre administration. • Cons. const. 30 juin 2011, *Dpts de la Seine-Saint-Denis et de l'Hérault,* n° 2011-143 QPC § 13. ♦ Ainsi un mécanisme de revoyure permet de pallier les éventuelles entraves à la libre administration des collectivités territoriales Ainsi, si le rapport « faisant apparaître, pour chaque catégorie de collectivités territoriales, la part des ressources propres dans l'ensemble des ressources ainsi que ses modalités de calcul et son évolution » révélait que la mesure contestée entravait la gestion d'une collectivité territoriale au point de porter à sa libre administration une atteinte d'une gravité telle que serait méconnu le présent art., il appartiendrait aux pouvoirs publics de prendre les mesures correctrices appropriées. • Cons. const. 27 déc. 2019, n° 2019-796 DC § 36.

88. Ne constituent pas une garantie essentielle mettant en cause les règles et les principes fondamentaux que la Const. a placés dans le domaine de la loi et ont donc ont un caractère réglementaire : l'obligation de recourir à un décret en Conseil d'État pour procéder au changement de nom d'une commune. • Cons. const. 13 avr. 2018, n° 2018-272 L. ♦ ... La création et la suppression d'arrondissements. Il en va de même pour l'obligation de recourir à un décret en Conseil d'État pour procéder au transfert du chef-lieu d'un arrondissement. • Cons. const. 27 juill. 2018, n° 2018-273 L § 2. ♦ Il en va de même encore du transfert du siège du chef-lieu de canton. • Cons. const. 27 juill. 2018, n° 2018-273 L § 3.

89. De même, ne mettent en cause la libre administration des collectivités territoriales et ont donc un caractère réglementaire les dispositions qui se bornent à fixer le montant en deçà duquel les collectivités territoriales, leurs groupements et les établissements publics locaux peuvent passer un marché ou un accord-cadre sans publicité ou mise en concurrence préalable. • Cons. const. 14 août. 2015, n° 2015-257 L.

90. Mise en œuvre de l'intercommunalité ou des regroupements. *La décision de procéder à la fusion de communes ne constitue pas un acte portant atteinte à la libre administration des collectivités territoriales.* • Cons. const. 2 juill. 2010, *Cne de Dunkerque,* n° 2010-12 QPC § 4. ♦ V. déjà, s'agissant de l'obligation faite à des communes d'adhérer à un établissement public : • Cons. const. 20 janv. 1984, n° 83-168 DC § 5 ♦ ... De l'adhésion obligatoire de trois collectivités à un syndicat mixte. • Cons. const. 22 févr. 2007, n° 2007-548 DC § 12 à 15.

91. De même, ne porte pas atteinte à la libre administration des collectivités territoriales la disposition imposant à des communes de faire partie d'un EPCI, not. lorsqu'elles souhaitent appartenir à un autre EPCI, le législateur ayant entendu favoriser « l'achèvement et la rationalisation de la carte de l'intercommunalité ». • Cons. const. 26 avr. 2013, *Cne de Puyravault,* n° 2013-303 QPC § 10. ♦ Comp. • Cons. const. 25 avr. 2014, *Cne de Thonon-les-Bains,* n° 2014-391 QPC § 8. ♦ ... Subordonnant le retrait d'une commune d'un EPCI à l'accord de l'organe délibérant de cet établissement et d'une majorité qualifiée des conseils municipaux des communes intéressées, le législateur ayant entendu éviter que le retrait d'une commune ne compromette le fonctionnement et la stabilité d'un tel établissement ainsi que la cohérence des coopérations intercommunales. • Cons. const. 26 avr. 2013, *Cne de Maing,* n° 2013-304 QPC § 6. ♦ ... Renforçant l'intercommunalité à fiscalité propre. • Cons. const. 26 avr. 2013, *Cne de Couvrot,* n° 2013-315 QPC § 10. ♦ ... Contraignant les collectivités territoriales et leurs groupements à adhérer à la métropole du Grand Paris dès lors que cette adhésion répond à une fin d'intérêt général : assurer la continuité territoriale et la continuité géographique dudit établissement. • Cons. const. 23 janv. 2014, n° 2013-687 DC § 25.

92. Il appartient au législateur compétent, en vertu de l'art. 34 Const., pour déterminer les principes fondamentaux de la libre administration des collectivités territoriales, de leurs compétences et de leurs ressources, de définir de façon suffisamment précise les modalités de fusion des EPCI. • Cons. const. 26 avr. 2013, *Cne de Couvrot,* n° 2013-315 QPC § 11.

93. En introduisant un dispositif de révision de la répartition des dotations en cas de changement de périmètre de l'EPCI fondée exclusivement sur la population des communes membres des EPCI, le législateur a retenu un critère qui n'a ni pour objet ni pour effet de restreindre les ressources de certaines communes concernées par la modification de périmètre des établissements publics de coopération intercommunale au point de dénaturer le principe de libre administration des collectivités territoriales. • Cons. const. 14 juin 2013, *Cté de cnes Monts d'Or Azergues,* n° 2013-323 QPC § 6.

94. Ne porte pas non plus atteinte à la libre administration des collectivités territoriales la création des métropoles substituées aux autres collectivités territoriales et, le cas échéant, aux établissements publics supprimés ou dont le périmètre a été réduit pour l'ensemble des droits et obligations attachés aux biens et, plus généralement, pour l'exercice de l'ensemble des compétences détenues de plein droit par la métropole. • Cons. const. 9 déc. 2010, n° 2010-618 DC § 46. ♦ ... La création de la métropole du Grand Paris, dès lors que les communes demeurent compétentes pour les compétences qui ne sont pas transférées de plein droit ou déléguées à celle-ci ; elles ne sont pas privées de l'exercice des compétences qui ne sont pas transférées de plein droit à la métropole. • Cons. const. 23 janv. 2014, n° 2013-687 DC § 32.

b. Portent atteinte au principe de libre administration

95. Sont contraires au principe de libre administration des collectivités territoriales les dispositions qui : frappent de nullité les nominations effectuées par une autorité territoriale libre, dans le respect de l'art. 42, al. 1er, du recrutement de ses agents. • Cons. const. 20 janv. 1984, n° 83-168 DC § 10. ♦ ... Permettent à un tiers d'imposer une charge à une collectivité. • Cons. const. 20 janv. 1984, n° 83-168 DC § 15. ♦ ... Interdisent à une catégorie de collectivités de recruter librement un collaborateur de cabinet. • Cons. const. 20 janv. 1984, n° 83-168 DC § 19. ♦ ... Limitent la liberté contractuelle des collectivités sans justification appropriée. • Cons. const. 20 janv. 1993, n° 92-316 DC § 43. ♦ ... Permettent au représentant de l'État de provoquer la suspension des actes des collectivités pendant 3 mois. • Cons. const. 20 janv. 1993, n° 92-316 DC § 57. ♦ ... Soumettent les collectivités territoriales à une obligation de résultat dans le cadre d'objectifs trop imprécis. • Cons. const. 7 déc. 2000, n° 2000-436 DC § 13. ♦ ... Infligent des sanctions au retard dans le respect de certaines obligations sans distinguer selon la nature ou la valeur des raisons à l'origine de ce retard. • Cons. const. 7 déc. 2000, n° 2000-436 DC § 46 et 47. ♦ ... Obligent les collectivités territoriales à motiver leurs décisions. • Cons. const. 10 mars 1988, n° 88-154 L. : *JO 13 mars, p. 3393 ; RJC II-127 ; RD publ. 1989. 399, chron. Favoreu ; AIJC 1998. 400, chron. Genevois.* ♦ ... Obligent les collectivités territoriales à consulter une commission ou un service de l'État. • CE 24 févr. 1992, n° 108527 B : *D. 1993. 371, obs. Bon* . ♦ Rappr. • CE, sect., 14 mai 1971, *Fasquelle*, n° 76196 A. ♦ ... Attribuent une subvention en fonction du choix opéré par les communes quant au prestataire de service. • CAA Versailles, 9 mars 2006, n° 03VE02793 B. ♦ ... Interdisent de moduler les aides allouées par le département aux communes et groupements de collectivités territoriales compétents en matière d'eau potable ou d'assainissement en fonction du mode de gestion du service en cause. • Cons. const. 8 juill. 2011, *Dpt des Landes*, n° 2011-146 QPC § 5.

96. Il en va de même de dispositions qui, dès lors qu'elles s'appliquent à des communes confrontées à une insuffisance de ressources et supportant des charges élevées, aboutissent, du fait de l'absence de plafonnement, à priver certaines d'entre elles d'une part substantielle de leurs recettes de fonctionnement. • Cons. const. 26 janv. 2017, n° 2016-745 DC § 68.

97. Les dispositions déférées peuvent aboutir à ce que plusieurs sièges demeurent vacants dans un conseil départemental, sans qu'il soit procédé à une élection partielle lorsque, pour chacun de ces sièges, le conseiller départemental puis son remplaçant ont démissionné, sont décédés ou ont été déclarés inéligibles pour une cause qui leur est propre et que cette vacance peut durer jusqu'à six ans. Nonobstant le caractère limité des hypothèses dans lesquelles une telle vacance peut survenir, sans qu'il soit procédé à une élection partielle, les modalités retenues par le législateur pourraient laisser plusieurs sièges vacants pendant toute la durée du mandat au point que, dans certains cas, il pourrait conduire à ce que le fonctionnement normal du conseil départemental soit affecté dans des conditions remettant en cause l'exercice de la libre administration des collectivités territoriales et le principe selon lequel elles s'administrent librement par des conseils élus. • Cons. const. 16 mai 2013, n° 2013-667 DC § 21.

98. Constitue une garantie essentielle mettant en cause les règles et les principes fondamentaux que la Const. a placés dans le domaine de la loi et a donc un caractère législatif la disposition prévoyant que le schéma d'aménagement de plage (...) est approuvé, après enquête publique, par décret en Conseil d'État, après avis de la commission départementale de la nature, des paysages et des sites, dès lors que ce schéma pouvant autoriser le maintien ou la reconstruction d'une partie des équipements ou constructions existants à l'intérieur de la bande littorale peut ainsi mettre en œuvre une disposition dérogatoire au droit commun. • Cons. const. 27 juill. 2018, n° 2018-273 L § 4.

99. Mise en œuvre de l'intercommunalité ou des regroupements. Ne porte pas atteinte à la libre administration des collectivités territoriales la disposition imposant le rattachement d'une commune à un EPCI à fiscalité propre dans le cadre de la mise en œuvre du schéma départemental de coopération intercommunal en particulier lors de sa révision, et ce même si le législateur a entendu favoriser « l'achèvement et la rationalisation de la carte de l'intercommunalité », dès lors que, entre autre, n'est prévue aucune consultation des conseils municipaux des communes intéressées par ce rattachement et, en particulier, du conseil municipal de la commune dont le rattachement est envisagé et que seul un avis négatif de l'organe délibérant de l'établissement public impose de suivre la proposition émise à la majorité qualifiée par la commission départementale de coopération intercommunale. • Cons. const. 25 avr. 2014, *Cne de Thonon-les-Bains,* n° 2014-391 QPC § 8. ♦ Comp. • Cons. const. 26 avr. 2013, *Cne de Puyravault,* n° 2013-303 QPC § 10. ♦ Compte tenu des conséquences qui résultent du rattachement de la commune nouvelle à un EPCI à fiscalité propre, les dispositions contestées portent à la libre administration des communes une atteinte manifestement disproportionnée dès lors que les dispositions contestées ne prévoient ni la consultation de l'organe délibérant de l'EPCI à fiscalité propre auquel le rattachement est envisagé, ni celle des organes délibérants des EPCI à fiscalité propre dont la commune nouvelle est susceptible de se retirer, ni la consultation des conseils municipaux des communes membres de ces EPCI. De plus, en cas de désaccord avec le projet de rattachement, ni ces EPCI, ni ces communes ne peuvent, contrairement à la commune nouvelle, provoquer la saisine de la commission départementale de coopération intercommunale. • Cons. const. 21 oct. 2016, *Cté de Cnes des sources du lac d'Annecy et a.,* n° 2016-588 QPC § 9.

D. POUVOIR RÉGLEMENTAIRE DES COLLECTIVITÉS TERRITORIALES

100. Le pouvoir réglementaire des collectivités territoriales avait déjà été admis implicitement par le Conseil constitutionnel. • Cons. const. 17 janv. 2002, n° 2001-454 DC § 12. ♦ Elles l'exercent, toujours sous le contrôle du juge de l'excès de pouvoir veillant au respect des normes législatives et réglementaires en vigueur, tout d'abord comme tout chef de service. • CE 9 juill. 1965, *Pouzenc : Lebon 421* • CE 25 juin 1975, *Biscarrat et Rouquairol : Lebon T. 907* • CE 13 févr. 1985, *Synd. communautaire d'aménagement de Cergy-Pontoise : Lebon 37 ; AJDA 1985. 271, obs. Moreau ; RFDA 1985. 367, note Douence et obs. Favoreu.* ♦ ... Même si dans cette dernière espèce, ce pouvoir est exercé du fait que la loi ne « renvoie pas à un décret le soin de préciser les modalités » • Même décision. ♦ Les collectivités disposent du pouvoir réglementaire pour organiser les services publics qu'elles créent et l'usage des services ou ouvrages qu'elles gèrent. • CE *25 janv. 1978, Imbert : RD publ. 1978. 1456, note Drago (a contrario).*

101. Enfin, dans certaines hypothèses, le législateur laisse directement aux collectivités le soin de prendre les mesures d'application de la loi dès lors qu'elles respectent les critères fixés par l'acte législatif. • CE, ass., 2 déc. 1994, *Cne de Cuers,* n° 148121 : *Lebon 522 ; RFDA 1996. 105, note Faure* • CE 2 déc. 1994, *Préfet de la Région Nord-Pas-de-Calais,* n° 1474962 : *Lebon 529 ; RFDA 1996. 105, note Faure.* ♦ ... Les prescriptions législatives et réglementaires en vigueur. • CE 5 oct. 1998, *Cne de Longjumeau,* n° 172597 : *LPA 1999 n° 94, note Brouant.* ♦ ... Et les conditions essentielles de mise en œuvre des libertés publiques. • Cons. const. 17 janv. 2002, n° 2001-454 DC § 12. ♦ Mais même dans l'hypothèse d'une délégation expresse du pouvoir législatif aux collectivités territoriales, l'intervention du pouvoir réglementaire national n'est pas exclue. • CE 9 oct. 2002, *Féd. personnels des services des dpts et des régions CGT-FO et Féd. nationale Interco CFDT (2 esp.),* n° 238070 : *Lebon T. 585 ; AJDA 2002. 1404, note de Montecler.*

IV. EXPÉRIMENTATION

BIBL. Pontier, La loi organique relative à l'expérimentation par les collectivités territoriales, *AJDA 2003. 1715.* – Janin, L'expérimentation juridique dans l'acte II de la décentralisation : observations sur une réforme, *JCP Adm. 2005. 1524.* – Crouzatier-Durant, L'expérimentation locale, *RFDA 2004. 21.* – Lapouze, L'expérimentation par les collectivités territoriales, *JCP Adm. 2006. 1050.* – de Montecler, Première expérimentation sur le fondement des art. 37-1 et 72 de la Constitution, *AJDA 2007. 11.* – Duteillet de Lamothe et Janicot, Les expérimentations : comment innover dans la conduite des politiques publiques ?, *AJDA 2019. 2038.*

102. V. notes ss. Const. 58, art. 37-1.

103. En dehors de la possibilité générale d'expérimentation mise en place à l'art. 37-1 Const. par la révision du 28 mars 2003, le Constituant introduit ici la possibilité pour les collectivités territoriales ou leurs groupements de déroger aux lois et règlements nationaux, ce que le Conseil constitutionnel avait dû refuser à la Corse avant la révision constitutionnelle. • Cons. const. 17 janv. 2002, n° 2001-454 DC § 21. ♦ Dans le cadre choisi par la loi, cette possibilité doit être ouverte à toutes les collectivités qui en font la demande. • Cons. const. 12 août 2004, n° 2004-503 DC § 12. ♦ ... Et prévenir les ruptures caractérisées d'égalité entre les citoyens. • Même décision, § 27.

V. ABSENCE DE TUTELLE ENTRE COLLECTIVITÉS TERRITORIALES

104. Seraient contraires au principe de libre administration en particulier des dispositions législatives mettant en cause au profit d'une collectivité territoriale les compétences propres d'autres collectivités ou établissant une tutelle d'une collectivité territoriale sur une autre.

• Cons. const. 17 janv. 2002, n° 2001-454 DC § 29 • TA Montpellier, 26 juin 1983, *Cne de Narbonne : Lebon 561 ; AJDA 1983. 678, note Dugrip* • TA Pau, 13 mars 1997, *Préfet des Landes : AJDA 1997. 542, note Rey* • CAA Bordeaux, 31 mai 2001, *Dpt des Landes : AJDA 2001. 957, note Pac* • CE 12 déc. 2003, *Dpt des Landes,* n° 236442 : *RFDA 2004. 518, concl. Séners et note Douence ; AJDA 2004. 195, chron. Donnat et Casas*. ♦ V. déjà • Cons. const. 25 juill. 1984, n° 84-174 DC § 5.

105. La compétence soumise à la tutelle éventuelle doit être celle des collectivités territoriales faute de quoi le grief est inopérant. • Cons. const. 27 sept. 2017, *Cté d'entreprise de l'éts public d'aménagement de la Défense Seine Arche,* n° 2018-734 QPC § 9.

106. En revanche, ne porte pas atteinte à ce principe : la possibilité donnée au représentant de l'État, en cas de carence de l'autorité organisatrice de transport et après mise en demeure infructueuse, d'arrêter lui-même les priorités de desserte ou d'approuver des plans de desserte prioritaire. • Cons. const. 28 déc. 1982, n° 82-149 DC § 11 • Cons. const. 6 déc. 2001, n° 2001-452 DC § 10 et 11 • Cons. const. 16 août 2007, n° 2007-556 DC § 19 s. ♦ Rappr. • Cons. const. 19 janv. 1988, n° 87-241 DC § 7. ♦ ... La modulation des aides allouées par le département aux communes et groupements de collectivités territoriales compétents en matière d'eau potable ou d'assainissement en fonction du mode de gestion du service en cause. • Cons. const. 8 juill. 2011, *Dpt des Landes,* n° 2011-146 QPC § 5. ♦ V. déjà • Cons. const. 6 déc. 2007, n° 2007-559 DC § 9.♦ ... La suppression des zones de développement de l'éolien qui a pour effet de ne plus subordonner l'obligation d'achat de l'électricité produite à l'implantation des éoliennes dans de telles zones alors que les éoliennes peuvent toujours être implantées hors des zones définies par le schéma régional éolien. • Cons. const. 11 avr. 2013, n° 2013-666 DC § 35. ♦ ... Le fait de contraindre des communes à être intégrées dans un EPCI à fiscalité propre exerçant des compétences communales. • Cons. const. 26 avr. 2013, n° 2013-303 QPC § 10. ♦ ... A être intégrées, dans les mêmes conditions, dans la métropole du Grand Paris. • Cons. const. 23 janv. 2014, n° 2013-687 DC § 32. ♦ ... Les dispositions qui prévoient que les documents d'urbanisme élaborés par les communes et leurs groupements doivent être compatibles avec le plan d'aménagement et de développement durable de la Corse. • Cons. const. 25 nov. 2016, *Cne de Coti-Chiavari,* n° 2016-597 QPC.

107. En prévoyant que plusieurs collectivités publiques, qui ne sauraient comprendre l'État et ses établissements publics, peuvent désigner l'une d'entre elles pour signer un contrat de partenariat et en disposant que la convention passée entre ces collectivités précise les conditions de ce transfert de compétences et en fixe le terme, la loi déférée a non seulement autorisé la collectivité désignée à organiser l'action commune de plusieurs collectivités, mais lui a également conféré un pouvoir de décision pour déterminer cette action commune, méconnaissant l'al. 5 du présent art. • Cons. const. 24 juill. 2008, n° 2008-567 DC § 33.

108. L'institution des conseillers territoriaux identiques pour le département et la région n'a pas pour effet de confier à la région le pouvoir de substituer ses décisions à celles du département ou de s'opposer à ces dernières ni celui de contrôler l'exercice de ses compétences et, par suite, il n'y a pas une tutelle de la région sur le département. • Cons. const. 9 déc. 2010, n° 2010-618 DC § 22.

109. La commission départementale de la coopération intercommunale ne peut être regardée comme une collectivité territoriale au sens de cet art., dès lors, en lui confiant certains pouvoirs, le législateur n'a pas méconnu les présentes dispositions. • CE, QPC, 21 sept. 2012, *Cne de Couvrot et a. (2ᵉ esp.),* n° 361632 : *AJDA 2012. 1766*.

VI. PRÉROGATIVES DE L'ÉTAT

110. Les dispositions du dernier al. du présent art. ne figurent pas au nombre des droits et libertés que la Const. garantit et ne peuvent donc être invoquées à l'appui d'une QPC. • Cons. const. 23 nov. 2012, *Assoc. France Nature Environnement et a.,* n° 2012-282 QPC § 24.

111. Sur les questions relatives aux relations extérieures des collectivités locales, V. Const. 58, art. 52, notes 1 s.

112. Si la Const. interdit la tutelle d'une collectivité territoriale sur une autre, elle n'interdit pas, bien au contraire, la tutelle de l'État sur les collectivités territoriales. • Cons. const. 17 mars 2011, *Synd. mixte chargé de la gestion du contrat urbain de cohésion sociale de l'agglomération de Papeete,* n° 2010-107 QPC § 5. ♦ La mise en œuvre du principe de libre administration est subordonnée au respect de la condition fixée à l'al. 6 du présent art., c'est-à-dire à l'existence d'un contrôle administratif capable d'assurer le respect des lois et la sauvegarde des intérêts nationaux dont le respect des engagements internationaux contractés à cette fin. • Cons. const. 25 févr. 1982, n° 82-137 DC § 4 • Cons. const. 28 déc. 1982, n° 82-149 DC § 11 et 13 • Cons. const. 9 mai 1991, n° 91-290 DC § 19 • CE 20 mai 2016, n° 397364 § 5 : *AJDA 2016. 1042 ; ibid. 2324, note Luchaire*. ♦ Il est donc nécessaire que le représentant de l'État et lui seul... • Cons. const. 17 janv. 2002, n° 2001-454 DC § 29.

♦ ... Ait la faculté de soumettre au contrôle juridictionnel tous les actes des collectivités territoriales et qu'il soit en mesure de le faire avant que ces actes ne soient exécutoires de plein droit. • Cons. const. 25 févr. 1982, n° 82-137 DC § 4. ♦ C'est là le fondement de l'intervention du préfet. • CE, sect., 28 févr. 1997, *Cne du Port,* n° 167483 A : *JCP 1997. 22897, note Dupont-Marillia ; AJDA 1997. 421, chron. Chauvaux et Stahl*. ♦ La responsabilité de l'État dans l'exercice de ce contrôle est susceptible d'être engagée pour faute lourde. • CE, sect., 18 nov. 2005, *Sté fermière de Campoloro,* n° 271898 A : *préc. note 83.* ♦ V. déjà • CE 6 oct. 2000, *Cne de Saint-Florent,* n° 205959 A : *AJDA 2001. 201, note Cliquennois*. ♦ ... Même lorsque le préjudice subi par la collectivité ou l'EPCI résulte de leur comportement fautif. • CAA Marseille, 15 avr. 2009, n° 07MA03382 : *AJDA 2009. 1546, concl. Paix*.

113. Le législateur n'a pas privé de garanties suffisantes l'exercice de la libre administration des collectivités territoriales en soumettant le schéma régional de développement économique, d'innovation et d'internationalisation à l'approbation préalable du représentant de l'État en vue d'assurer, sous le contrôle du juge, le respect de la légalité, notamment le respect des obligations internationales de la France, et des intérêts nationaux. • CE 20 mai 2016, n° 397364 § 5 : *préc. note 112.*

114. Ce contrôle ne doit pourtant pas vider de son sens le principe. • Cons. const. 20 janv. 1993, n° 92-316 DC § 57 • Cons. const. 17 mars 2011, *Synd. mixte chargé de la gestion du contrat urbain de cohésion sociale de l'agglomération de Papeete,* n° 2010-107 QPC § 6. ♦ Ainsi est contraire à la Const. une disposition qui, par la généralité des pouvoirs de contrôle ainsi conférés au représentant de l'État sur les actes du maire quelles que soient leur nature et leur portée, privent de garanties suffisantes l'exercice de la libre administration des communes. • Même affaire.

115. En vertu du dernier al. du présent art. il appartient au législateur de prévoir l'intervention du représentant de l'État pour remédier, sous le contrôle du juge, aux difficultés résultant de l'absence de décision de la part des autorités décentralisées compétentes en se substituant à ces dernières lorsque cette absence de décision risque de compromettre le fonctionnement des services publics et l'application des lois. • Cons. const. 16 août 2007, n° 2007-556 DC § 24 • *CE 11 déc. 2020,* n° 444762 B : *préc. note 69.* ♦ Sous réserve que l'exercice par le délégué du Gouvernement de ses pouvoirs de substitution doivent être définies quant à leur objet et à leur portée. • Cons. const. 6 déc. 2007, n° 2007-559 DC § 18. ♦ Dans ces cas, le législateur ne doit pas vider de son sens le principe en prévoyant des conséquences qui pourraient constituer une sanction incompatible avec le présent art. • Cons. const. 7 déc. 2000, n° 2000-436 DC § 47. ♦ Il convient donc que les conditions posées pour l'exercice par le préfet de ses pouvoirs de sanction et de substitution soient définies avec précision quant à leur objet et à leur portée, pour ne méconnaître ni l'art. 34 Const., ni le présent art. • Cons. const. 6 déc. 2001, n° 2001-452 DC § 11. ♦ ... Et soient en adéquation avec le but poursuivi. • Cons. const. 26 avr. 2013, *SARL SCMC,* n° 2013-309 QPC § 5. ♦ Rappr. • Cons. const. 17 janv. 2013, n° 2012-660 DC § 21.

116. Les dispositions litigieuses, qui donnent aux autorités compétentes de l'État le pouvoir de modifier les documents d'urbanisme locaux pour permettre, malgré l'opposition d'une commune ou d'un établissement public de coopération communale, l'exécution d'une opération revêtant un caractère d'utilité publique, ne portent pas à la libre administration des collectivités territoriales une atteinte qui excéderait la réalisation de l'objectif d'intérêt général poursuivi par cette opération déclarée d'utilité publique. • CE, QPC, 15 sept. 2010, *Thalineau,* n° 330734 : *préc. note 18.*

117. En confiant à la commission départementale de la coopération intercommunale le pouvoir de modifier le projet de schéma départemental de coopération intercommunale, le législateur n'a pas restreint ou privé d'effet les prérogatives de l'État énoncées par les présentes dispositions, d'autant que le représentant de l'État dans le département n'est tenu d'intégrer dans le schéma départemental de coopération intercommunale que celles des modifications adoptées par la commission qui sont conformes aux dispositions des I à III de l'art. L. 5210-1-1 CGCT. • CE, QPC, 21 sept. 2012, *Cne de Couvrot et a.,* n° 361632 (2 esp.) : *AJDA 2012. 1766*. . ♦ En prévoyant que les agents sont transférés aux communes membres en cas de restitution à celles-ci d'une compétence exercée par l'EPCI, le législateur a poursuivi des fins d'intérêt général tenant à la continuité dans l'exercice des compétences transférées et à la protection des garanties que les agents tirent de leur statut. Pour assurer l'effectivité de cette règle, il a confié au représentant de l'État dans le département le soin de fixer cette répartition dans la seule hypothèse d'une absence d'accord entre l'EP et les communes membres. Pour la mise en œuvre de la répartition, il appartient au représentant de l'État de veiller, sous le contrôle du juge de l'excès de pouvoir, à garantir un partage équilibré qui tienne compte des besoins effectifs de chaque commune au regard des conditions d'exercice de la compétence restituée et des ressources dont elle dispose, y compris celles résultant de la répartition des biens et de la redéfinition des relations financières avec l'EPCI en conséquence de la même restitution de compétence. • CE 11 déc. 2020, n° 444762 B : *préc. note 69.*

Art. 72-1 *(L. const. n° 2003-276 du 28 mars 2003, art. 6)* **La loi fixe les conditions dans lesquelles les électeurs de chaque collectivité territoriale peuvent, par l'exercice du droit de pétition, demander l'inscription à l'ordre du jour de l'assemblée délibérante de cette collectivité d'une question relevant de sa compétence.**

Dans les conditions prévues par la loi organique, les projets de délibération ou d'acte relevant de la compétence d'une collectivité territoriale peuvent, à son initiative, être soumis, par la voie du référendum, à la décision des électeurs de cette collectivité.

Lorsqu'il est envisagé de créer une collectivité territoriale dotée d'un statut particulier ou de modifier son organisation, il peut être décidé par la loi de consulter les électeurs inscrits dans les collectivités intéressées. La modification des limites des collectivités territoriales peut également donner lieu à la consultation des électeurs dans les conditions prévues par la loi.

Sur le référendum local, V. CGCT, art. L.O. 1112-1 s. – **CGCT.**

BIBL. ▶ FONBAUSTIER, La participation du public, *AJDA 2015. 517*. – RAMBAUD, Le droit d'interpellation citoyenne, *AJDA 2016. 22*.

COMMENTAIRE

V. sur le Code en ligne.

[V. références des décisions du Conseil constitutionnel dans les tableaux DC et QPC]

1. Droit de pétition. Le droit, pour dix mille habitants au moins originaires de quinze cantons essonniens différents, de demander, sous la forme d'une pétition, l'inscription d'un sujet à l'ordre du jour de l'assemblée départementale visant à permettre, sur initiative populaire, de demander l'inscription d'une question à l'ordre du jour de l'assemblée délibérante de la collectivité sans que cette inscription soit de droit, ne peut être regardé comme un droit différent du droit de pétition institué par le présent art., contrairement à ce que soutient le département ; dès lors, en adoptant les délibérations litigieuses, qui ont notamment pour effet d'étendre ce droit à des habitants non électeurs, le département a méconnu les dispositions constitutionnelles qui réservent au législateur le droit d'intervenir dans cette matière. • CAA Versailles, 6 nov. 2014, *Dpt de l'Essonne*, n° 13VE03124 : *AJDA 2015. 198*.

2. Référendum décisionnel. Le législateur peut déléguer au Gouvernement la compétence pour agir dans cette matière législative sous la forme d'ord. de l'art. 38 Constitution. • Cons. const. 23 juin 2003, n° 2003-473 DC § 16.

3. Les lois organiques prévues au présent art. s'appliquent à l'ensemble des collectivités locales régies par le titre XII de la Const. • Cons. const. 30 juill. 2003, n° 2003-482 DC § 5. ♦ Cependant, s'agissant de « lois de souveraineté », les projets dont elles sont issues n'ont pas à être soumis pour avis aux assemblées des collectivités d'outre-mer régies par l'art. 74 Const. • Cons. const. 30 juill. 2003, n° 2003-482 DC § 2. ♦ En revanche, ces projets doivent être prioritairement déposés devant le Sénat en vertu des dispositions de l'art. 39, al. 3, Const. dans sa rédaction issue de la loi constitutionnelle du 28 mars 2003. • Même décision.

4. La loi peut disposer, sans porter atteinte au principe de libre disposition des ressources des collectivités locales, que les dépenses engendrées par ces référendums ont, pour la collectivité qui décide d'y recourir, un caractère obligatoire. • Cons. const. 30 juill. 2003, n° 2003-482 DC § 10. ♦ Elle peut également subordonner le caractère décisionnel de ces référendums à la condition que la moitié au moins des électeurs inscrits y ait pris part. • Cons. const. 30 juill. 2003, n° 2003-482 DC § 11.

5. En incluant dans le corps électoral appelé à se prononcer sur l'adoption d'un projet de délibération ou d'acte relevant de la compétence d'une commune les citoyens de l'Union européenne inscrits sur les listes électorales complémentaires de cette commune, le législateur organique a fait une juste application des dispositions l'al. 2 du présent art. et de l'art. 88-3 Const. qui leur reconnaissent la qualité d'électeur de la commune. • Cons. const. 30 juill. 2003, n° 2003-482 DC § 14.

6. Le Conseil d'État contrôle que les référendums organisés dans ce cadre se sont déroulés sans fraude. • CE, ass., 17 oct. 2003, *Consultation des électeurs en Corse*, n° 258487 : *Lebon 428-1* ; *AJDA 2003. 2383, note Malligner* ; *RFDA 2003. 1140, concl. Boissard*. ♦ Le refus d'organiser un tel référendum peut être soumis au juge de l'excès de pouvoir. • TA Amiens, 5 juin 2007, *Dejans*, n° 0400069 : *AJDA 2007. 1724*.

7. Référendum consultatif. Le Constituant n'a pas imposé au législateur de prévoir la consultation des électeurs inscrits dans les collectivités intéressées lorsqu'il est envisagé de créer une collectivité territoriale dotée d'un statut particulier ou de modifier son organisation ainsi que lorsque sont modifiées les limites des collectivités territoriales. • Cons. const. 23 janv. 2014, n° 2013-687 DC § 61. ♦ … Ou lorsqu'une modification des limites des collectivités territoriales est envisagée. • Cons. const. 15 janv. 2015, n° 2015-709 DC § 5.

8. Jusqu'à l'introduction dans la Const. du présent art. les référendums sur l'évolution statutaire des collectivités à l'intérieur de la République ne pouvaient être organisés (en vertu de al. 2 du Préambule Const.) qu'en faveur des seules populations d'outre-mer. • Cons. const. 4 mai 2000, n° 2000-428 DC § 6 • Cons. const. 7 déc. 2000, n° 2000-435 DC § 43.

9. Les principes adoptés pour ces applications semblent trouver leur place dans le cadre élargi du présent art., le législateur étant libre de définir l'objet de la consultation. • Cons. const. 7 déc. 2000, n° 2000-435 DC § 44. ♦ … Le Conseil constitutionnel s'assurant au besoin que la question posée répond à l'exigence de clarté et de loyauté. • Cons. const. 4 mai 2000, n° 2000-428 DC § 14 s. ♦ Les résultats d'une consultation de ce type ne peuvent lier le pouvoir législatif. • Cons. const. 4 mai 2000, n° 2000-428 DC § 6. ♦ En effet, ces référendums sont de simples consultations et n'ont pas de caractère décisionnel. Dès lors toute phrase qui pourrait laisser à penser que le législateur serait tenu de se conformer à la décision de la population locale doit être déclarée contraire à la Constitution. • Cons. const. 4 mai 2000, n° 2000-428 DC § 13.

10. Le Conseil d'État contrôle que le décret organisant un tel référendum n'est pas entaché d'un vice pouvant affecter la régularité ou la sincérité de la consultation à venir, dont le résultat peut être contesté devant lui. • CE 4 déc. 2003, *Feler,* n° 262009 : *Lebon 491 ; Dr. adm. 2004, n° 2 ; AJDA 2004. 154, note Melleray ; ibid. 2004. 594, note Verpeaux ; RFDA 2004. 187 ; ibid. 2004. 549, concl. Thiellay ; JCP Adm. 2004. 1258, note Maillard Desgrées du Loû.* ♦ Ainsi, la circonstance que le même jour soient organisés un référendum sur le principe de la transformation de certaines communes d'un DOM-ROM en collectivité régie par l'art. 74 Const. et un référendum en vertu de l'al. 7 de l'art. 73 substituant à ce DOM-ROM l'institution d'une assemblée délibérante unique pour ces deux collectivités n'est pas de nature, par elle-même, à altérer la loyauté et la clarté de la consultation. • Même décision.

11. Il contrôle également que les référendums organisés dans ce cadre se sont déroulés sans fraude. • CE, ass., 17 oct. 2003, *Consultation des électeurs en Corse,* n° 258487 : *préc. note 6.*

12. L'habilitation donnée au législateur par la dernière phrase du troisième alinéa du présent art. n'institue pas un droit ou une liberté qui puisse être invoqué à l'appui d'une QPC. • Cons. const. 2 juill. 2010, *Cne de Dunkerque,* n° 2010-12 QPC.

13. Autres référendums locaux. En dehors des cas prévus par les lois organiques induites par le présent art., les collectivités territoriales peuvent, par application de l'art. L. 131-1 CRPA qui pose un cadre général d'association du public aux décisions administratives, consulter la population. Dans ce cas, il incombe à l'autorité administrative de déterminer les règles de la consultation conformément audit article et dans le respect des principes d'égalité et d'impartialité, dont il découle que la consultation doit être sincère. L'autorité administrative doit notamment mettre à disposition des personnes concernées une information claire et suffisante sur l'objet de la consultation et ses modalités afin de leur permettre de donner utilement leur opinion, leur laisser un délai raisonnable pour y participer et veiller à ce que les résultats ou les suites envisagées soient, au moment approprié, rendus publics. La régularité de la consultation implique également, d'une part, que la définition du périmètre du public consulté soit pertinente au regard de son objet, et, d'autre part, qu'afin d'assurer sa sincérité, l'autorité administrative prenne, en fonction de cet objet et du périmètre du public consulté, toute mesure relative à son organisation de nature à empêcher que son résultat soit vicié par des avis multiples émanant d'une même personne ou par des avis émis par des personnes extérieures au périmètre délimité. Il incombe enfin à l'autorité administrative de veiller au bon déroulement de la consultation dans le respect des modalités qu'elle a elle-même fixées. • CE, ass., 19 juill. 2017, *Assoc citoyenne « Pour Occitanie Pays Catalan » et a.,* n° 403928 A : *AJDA 2017. 1479 ; ibid. 1662, chron. Odinet et Roussel ; AJCT 2017. 634, obs. Mondou ; JCP Adm. 2017. 2228, concl. Daumas.*

Art. 72-2 *(L. const. n° 2003-276 du 28 mars 2003, art. 7)* **Les collectivités territoriales bénéficient de ressources dont elles peuvent disposer librement dans les conditions fixées par la loi.**

Elles peuvent recevoir tout ou partie du produit des impositions de toutes natures. La loi peut les autoriser à en fixer l'assiette et le taux dans les limites qu'elle détermine.

Les recettes fiscales et les autres ressources propres des collectivités territoriales représentent, pour chaque catégorie de collectivités, une part déterminante de l'ensemble de leurs ressources. La loi organique fixe les conditions dans lesquelles cette règle est mise en œuvre.

Tout transfert de compétences entre l'État et les collectivités territoriales s'accompagne de l'attribution de ressources équivalentes à celles qui étaient consacrées à leur exercice. Toute création ou extension de compétences ayant pour conséquence d'augmenter les dépenses des collectivités territoriales est accompagnée de ressources déterminées par la loi.

La loi prévoit des dispositifs de péréquation destinés à favoriser l'égalité entre les collectivités territoriales.

Sur l'autonomie financière des collectivités territoriales, V. CGCT, art. L.O. 1114-1 s. – **CGCT.**

BIBL. ▶ HERTZOG, L'ambiguë constitutionnalisation des finances locales, *AJDA 2003. 548* ; La Constitution financière de l'État décentralisé, *Annuaire des collectivités locales, 2004, p. 171* ; L'autonomie fiscale des collectivités territoriales : beaucoup de bruit... pour quoi ?, *AJDA 2003. 2057*. - RAYMOND, L'autonomie financière des collectivités locales et le Conseil constitutionnel, *RFFP n° 81, 2003, p. 43*. - BOUVIER, De l'autonomie financière des collectivités territoriales, *JCP Adm. 2004, n° 1615*. - HERTZOG, La loi organique relative à l'autonomie financière des collectivités territoriales : précisions et complications, *AJDA 2004. 2003*. - AREKIAN, L'autonomie financière des collectivités territoriales au regard de la loi organique du 29 juill. 2004, *Rev. Trésor 2005. 161*. - CRUCIS, La décentralisation en quête de financement, *JCP Adm., nos 1-2, janv. 2005. 52*. - STECKEL-MONTES, Un pouvoir fiscal local en trompe-l'œil, *RFDC 2005. 19*. - MARCOU, Le bilan en demi-teinte de l'Acte II : Décentraliser plus ou décentraliser mieux ?, *RFDA 2008. 295*. - VERPEAUX, Nouvelles modifications de la Constitution ? : Le rapport Balladur sur la réforme des collectivités locales, des raisons et des solutions, *RFDA 2009. 407*. - ALCARAZ, Le principe de libre administration des collectivités territoriales dans la jurisprudence constitutionnelle après la révision constitutionnelle du 28 mars 2003 : illustrations des limitations du contrôle de constitutionnalité, *RFDA 2009. 497*. - BARBE, La péréquation, principe constitutionnel, *RFDC 2010. 3*. - DECHAUX, Les garanties constitutionnelles de l'autonomie financière locale à l'épreuve des concours financiers étatiques, *RD publ. 2010. 349*. - PONTIER, « Eu égard aux relations financières », QPC dépenses des communes pour cartes nationales d'identité : conformité de la loi, *JCP Adm. 2010. 28*. - BOUVIER, Le Conseil constitutionnel et l'autonomie fiscale des collectivités territoriales : du quiproquo à la clarification, *Nouveaux Cahiers du Cons. const. 2011, n° 33, p. 55*. - FLEURY, Le principe de la libre administration des collectivités territoriales en matière financière, *Gestion et fin. publ. 2012, n° 2, p. 150*. - TREPPOZ-BRUANT, Libre administration des collectivités territoriales et QPC : entre espoir et amertume, *Dr. adm. 2012. Étude 18*. - OLIVA, Le principe de libre administration et d'autonomie financière, *RFFP 2012, n° 119, p. 49*. - HASTINGS-MARCHADIER, La péréquation financière horizontale et la Constitution, *AJDA 2013. 2294*. - ADVIELLE et VAN HERZELE, Vers une assurance renforcée sur la régularité et la sincérité des comptes des collectivités territoriales, *AJDA 2014. 557*. - BOUDINE, Observations sur l'autonomie financière des collectivités territoriales, *Gestion et fin. publ. 2014, n° 11/12, p. 108 et 2015, n° 3/4, p. 36*. - SPINDLER, L'évolution récente de l'autonomie financière des collectivités locales dans l'UE, *Gestion et fin. publ. 2015, n° 3/4, p. 36*. - CABANNES, Le contentieux des relations financières entre l'État et les collectivités territoriales, *AJDA 2016. 598*.

COMMENTAIRE

V. sur le Code en ligne.

[V. références des décisions du Conseil constitutionnel dans les tableaux DC et QPC]

1. *Notion d'autonomie financière.* L'autonomie financière permet la libre administration des collectivités territoriales. • Cons. const. 29 juill. 2004, n° 2004-500 DC § 20. ♦ Le respect de l'autonomie financière définie au présent art. ainsi que le principe d'égalité des collectivités territoriales devant les charges publiques s'apprécient par catégorie de collectivités territoriales. • Cons. const. 29 déc. 2009, n° 2009-599 DC § 46. ♦ Ainsi, en ne retenant pas le chiffre d'affaires consolidé au niveau national pour les entreprises qui possèdent des établissements situés dans plusieurs communes, le législateur a entendu imposer la valeur ajoutée dans la commune où le contribuable dispose de locaux ou emploie des salariés. • Même affaire. ♦ En revanche, il ne résulte ni du présent art. ni d'aucune autre disposition constitutionnelle que les collectivités territoriales bénéficient d'une autonomie fiscale. • Même affaire § 64.

2. Dès lors qu'il appartient au législateur de déterminer les conditions dans lesquelles les collectivités territoriales sont autorisées à déterminer l'assiette et le taux des impôts locaux, des dispositions ne sauraient être regardées comme contraires au principe d'autonomie financière des collectivités territoriales au seul motif qu'elles modifient les conditions dans lesquelles l'assiette de la taxe d'habitation peut être définie par les organes délibérants des communes ou des établissements publics de coopération intercommunale. • CE 4 avr. 2012, n° 356636 : *AJDA 2012. 734*. ♦ En adoptant les dispositions baissant la dotation forfaitaire, le législateur a entendu faire contribuer les communes à l'effort de réduction des déficits publics à due proportion de leurs recettes de fonctionnement respectives. Quand bien même cette contribution se traduirait, au-delà d'une réduction voire d'une suppression de cette dotation, par une diminution des recettes fiscales reversées par l'État, elle n'est pas d'une ampleur telle qu'elle entraverait la libre administration des communes ou qu'elle serait susceptible de porter atteinte à leur autonomie financière. • CE, QPC, 27 sept. 2017, *Cne de Salaise-sur-Somme*, n° 411954 : *AJDA 2018. 82*.

3. L'autonomie financière est au nombre des droits et libertés que la Constitution garantit. • Cons. const. 29 juin 2012, *Dpts de la Seine-Saint-Denis et du Var*, n° 2012-255/265 QPC § 9.

4. Catégorie de collectivités territoriales. Au sens du présent art. et sans en dénaturer le sens, le législateur organique a retenu les trois catégories que sont les communes, les départements et les régions, auxquelles il a assimilé, pour l'application de la présente loi, les collectivités dotées d'un statut particulier, notamment celles d'outre-mer. • Cons. const. 29 juill. 2004, n° 2004-500 DC § 5. ♦ Cependant, si les provinces de la Nouvelle-Calédonie sont des collectivités territoriales de la République, elles n'en sont pas moins régies par les dispositions du titre XIII de la Constitution ; il s'ensuit que l'art. 72-2 Const. ne leur est pas applicable de plein droit. • Même décision § 6.

1° *LIBRE DISPOSITION DES RESSOURCES*

5. Le principe de libre disposition de leurs ressources prévu au présent art. et le principe de la libre administration des collectivités territoriales prévu à l'art. 72 Const. 58 relèvent de la compétence du législateur. • Cons. const. 8 juill. 2011, *Dpt des Landes*, n° 2011-146 QPC § 3 • Cons. const. 13 juill. 2011, *Dpt de la Haute-Savoie*, n° 2011-149 QPC § 3. ♦ La question est parfois traitée sous le seul angle de la libre administration. • Cons. const. 19 avr. *2013, Cne de Tourville-la-Rivière, n° 2013-*305/306/307 QPC § 13. ♦ Pour ces cas, V. notes ss. Const. 58, art. 72.

6. L'al. 1er du présent art. n'interdit nullement au législateur d'autoriser l'État à verser aux collectivités territoriales des subventions dans un but déterminé. • Cons. const. 17 juill. 2003, n° 2003-474 DC § 15. ♦ Cependant, les règles édictées par le législateur sur le fondement des dispositions des art. 34 et 72 Const. ne doivent pas avoir pour effet de restreindre les ressources fiscales des collectivités territoriales au point d'entraver leur libre administration. • Cons. const. 24 juill. 1991, n° 91-298 DC § 38 • Cons. const. 25 juin 1998, n° 98-402 DC § 10 • Cons. const. 29 déc. 1998, n° 98-405 DC § 48 et 49 • Cons. const. 12 juill. 2000, n° 1000-432 DC § 4 • Cons. const. 28 déc. 2000, n° 2000-442 DC § 10. ♦ Rappr. • CE 4 avr. 2012, *Cté de cnes du Pays de Cunlhat*, n° 356636 : *préc. note 2.*

7. Aucune exigence constitutionnelle n'impose que la suppression ou la réduction d'une recette fiscale perçue par des collectivités territoriales soit compensée par l'allocation d'un montant de recettes comparable. • Cons. const. 27 déc. 2019, n° 2019-796 DC § 24. ♦ Le législateur a pu valablement poser la règle selon laquelle le taux de la taxe d'habitation pour 2020 est gelé au niveau de celui de 2019 afin de stabiliser la situation fiscale des contribuables pendant la suite de la réforme. • Cons. const. 27 déc. 2019, n° 2019-796 DC § 26.

8. Ne constituent pas une atteinte au principe de libre disposition des ressources : la disposition qui prévoit que les dépenses liées à l'organisation d'un référendum local (Const., art. 72-1) constituent une dépense obligatoire. • Cons. const. 30 juill. 2003, n° 2003-482 DC § 10. ♦ ... Celle qui impose aux collectivités et à leurs établissements publics d'informer l'État avant toute opération affectant le compte du Trésor dans les limites et aux conditions fixées par un décret. • Cons. const. 29 déc. 2003, n° 2003-489 DC § 29 à 33. ♦ ... Celle qui établit une « compensation relais » versée par l'État en lieu et place, provisoirement, d'une imposition supprimée. • Cons. const. 29 déc. 2009, n° 2009-599 DC § 28 à 30. ♦ ... Celle qui supprime les zones de développement de l'éolien. Cela a pour effet de ne plus subordonner l'obligation d'achat de l'électricité produite à l'implantation des éoliennes dans de telles zones, ce qui n'affecte pas en soi les recettes des communes. • Cons. const. 11 avr. 2013, n° 2013-666 DC § 35.

2° *PART DÉTERMINANTE DES RESSOURCES PROPRES*

9. Avant l'introduction de cette notion, le Conseil constitutionnel a jugé que le législateur peut déterminer les limites à l'intérieur desquelles une collectivité territoriale peut être habilitée à fixer elle-même le taux d'imposition en vue de pourvoir à ses dépenses ou de fixer d'autres limitations fiscales si cela n'a pas pour effet de restreindre ses ressources fiscales au point d'entraver sa libre administration.

• Cons. const. 25 juill. 1990, n° 90-277 DC § 14 • Cons. const. 24 juill. 1991, n° 91-298 DC § 37 et 38 • Cons. const. 25 juin 1998, n° 98-402 DC § 10 • Cons. const. 29 déc. 1998, n° 98-405 DC § 49 • Cons. const. 28 déc. 2000, n° 2000-442 DC § 10.

10. Ressources propres. Les recettes fiscales qui entrent dans la catégorie des ressources propres des collectivités territoriales s'entendent, au sens du présent art., du produit des impositions de toute nature non seulement lorsque la loi autorise ces collectivités à en fixer l'assiette, le taux ou le tarif, ou lorsqu'elle en détermine, par collectivité, le taux ou une part locale d'assiette, mais encore lorsqu'elle procède à une répartion de ces recettes fiscales au sein d'une catégorie de collectivités territoriales. • Cons. const. 29 juin 2012, *Dpt. De la Seine-Saint-Denis et du Var,* n° 2012-255/265 QPC § 6 • Cons. const. 28 déc. 2017, n° 2017-758 DC § 16 • Cons. const. 27 déc. 2019, n° 2019-796 DC § 20 et 35. ♦ V. déjà dans une formulation plus ancienne. • Cons. const. 29 juill. 2004, n° 2004-500 DC § 10 • Cons. const. 29 déc. 2009, n° 2009-599 DC § 61. ♦ Les ressources des fonds créés par l'art. 1648 AB CGI sont constituées d'une fraction du produit de la cotisation sur la valeur ajoutée des entreprises déterminée, selon le cas, dans chaque région ou chaque département ; ainsi elles sont elles-mêmes déterminées à partir d'une part locale d'assiette, elles constituent donc une ressource propre. • Cons. const. 29 déc. 2009, n° 2009-599 DC § 63.

11. Le grief tiré de ce que les régions perdraient le pouvoir de fixer le taux d'une de leurs ressources fiscales est inopérant. • Cons. const. 29 déc. 2009, n° 2009-599 DC § 64. ♦ Si la commune de Saint-Martin puis, à titre transitoire pour les années 2007 et 2008, la collectivité de Saint-Martin ont bénéficié d'une fraction du produit de l'octroi de mer redistribué par la Région de la Guadeloupe, cette fraction n'était pas une ressource propre de Saint-Martin. • Cons. const. 1er juill. 2016, *Collectivité de Saint-Martin,* n° 2016-549 QPC § 9. ♦ En dépit de l'ampleur du dégrèvement, la taxe d'habitation continue de constituer une ressource propre des communes. • Cons. const. 28 déc. 2017, n° 2017-758 DC § 17.

12. Part déterminante. Définir cette part déterminante comme celle garantissant la libre administration des collectivités territoriales relevant de cette catégorie, compte tenu des compétences qui leur sont confiées, présente à la fois un caractère tautologique et une portée normative incertaine qui ne respectent ni le principe de clarté de la loi ni l'exigence de précision que le présent art. requiert du législateur organique. • Cons. const. 29 juill. 2004, n° 2004-500 DC § 15. ♦ En revanche, la détermination du seuil minimal correspondant au niveau constaté au titre de l'année 2003 satisfait à ces obligations. • Même décision § 16.

13. Le Conseil peut censurer, le cas échéant, des actes législatifs ayant pour effet de porter atteinte au caractère déterminant de la part des ressources propres d'une catégorie de collectivités territoriales. • Cons. const. 29 juill. 2004, n° 2004-500 DC § 21. ♦ Le Conseil constitutionnel ne pourrait que censurer des actes législatifs ayant pour conséquence nécessaire de porter atteinte au caractère déterminant de la part des ressources propres d'une catégorie de collectivités territoriales. • Cons. const. 29 déc. 2005, n° 2005-530 DC § 96 • Cons. const. 29 déc. 2009, n° 2009-599 DC § 75.

14. Ainsi, il ne ressort pas des éléments fournis au Conseil constitutionnel que l'instauration de la contribution économique territoriale portera la part des ressources propres de chaque catégorie de collectivités territoriales à un niveau inférieur à celui de 2003. • Cons. const. 29 déc. 2009, n° 2009-599 DC § 76. ♦ V. déjà, avant la révision. • Cons. const. 12 juill. 2000, n° 2000-432 DC § 5 • Cons. const. 12 juill. 2000, n° 2000-442 DC § 10. ♦ V. également ss. Const. 58, art. 72, note 66.

15. En adoptant les dispositions contestées, le législateur a entendu faire contribuer les collectivités territoriales à l'effort de réduction des déficits publics à due proportion de leur part dans les dépenses de l'ensemble des administrations publiques ; le montant de la réduction de la dotation globale de fonctionnement représentant 1, 9 % des recettes de ces collectivités territoriales, cette réduction n'a pas pour effet de diminuer la part de leurs ressources propres et, partant, de porter atteinte à leur autonomie financière. • Cons. const. 29 déc. 2014, n° 2014-707 DC § 23. ♦ La perte pour l'année 2020 de la part du produit de la taxe d'habitation correspondant aux hausses de son taux intervenues en 2018 ou 2019 représente environ cent millions d'euros, soit 0, 1 % des recettes de fonctionnement. Cette réduction de ressources n'est pas d'une ampleur de nature à entraîner une atteinte aux exigences constitutionnelles résultant du présent art. et de l'art. 72 Const. 58. • Cons. const. 27 déc. 2019, n° 2019-796 DC § 23. ♦ V. pour la compensation totale de la perte des départements du fait du transfert de la taxe foncière. • Cons. const. 27 déc. 2019, n° 2019-796 DC § 35 s.

16. Aucune exigence constitutionnelle n'impose que la suppression ou la réduction d'une recette fiscale perçue par des collectivités territoriales soit compensée par l'allocation d'un montant de recettes comparable. • Cons. const. 27 déc. 2019, n° 2019-796 DC § 24.

17. Les stipulations de l'art. 9 de la charte européenne de l'autonomie locale du 15 oct.

1985, qui prévoient que les collectivités locales ont droit, dans le cadre de la politique économique nationale, à des ressources propres suffisantes dont elles peuvent disposer librement dans l'exercice de leurs compétences et que leurs ressources financières doivent être proportionnées aux compétences prévues par la Constitution ou la loi, ne garantissent pas aux collectivités locales un droit à une compensation spécifique des charges liées à l'exercice de chacune de leurs compétences. • CE 10 déc. 2015, n° 375581 B : *AJDA 2016. 1013, note Éveillard* ; *ibid. 2015. 2409* ; *AJCT 2016. 270, obs. Houser*.

3° TRANSFERT, EXTENSION ET CRÉATION DE COMPÉTENCES

a. Hypothèses dans lesquelles le présent art. ne s'applique pas

18. Transferts, extensions ou créations antérieurs à la révision du 28 mars 2003. Le Cons. const. s'assurait que les transferts, extensions ou créations de compétence, définis avec précision, n'avaient pas pour conséquence d'entraver leur libre administration. • Cons. const. 7 déc. 2000, n° 2000-436 DC § 12 et 40. ♦ V. Const. 58, art. 72, note 69 s.

19. Est inopérant le grief tiré de la violation du présent art. s'agissant d'une extension de compétence intervenue avant l'entrée en vigueur des présentes dispositions. • Cons. const. 30 juin 2011, *Dpts de la Seine-Saint-Denis et de l'Hérault,* n° 2011-143 QPC § 8 et 10 • Cons. const. 2 juin 2017, *Coll. Terr. Guyane,* n° 2017-633 QPC § 17 • Cons. const. 2 juin 2017, *Coll. terr. Guyane,* n° 2017-633 QPC § 17. ♦ Il en va de même de la consolidation, après la révision, du financement apporté par l'État lors de la création de cette compétence. • Cons. const. 30 juin 2011, *Dpts de la Seine-Saint-Denis et de l'Hérault,* n° 2011-143 QPC § 9. ♦ V. déjà • CE, sect., 20 avr. 2011, *Dpt de la Somme,* n° 346460 A : *AJDA 2011. 820* ; *JCP Adm. 2011. 325.*

20. Absence de transfert, d'extension ou de création. Ne crée ni ne transfère de compétences (et partant, n'impose pas au législateur de déterminer de façon suffisante un niveau de ressources destinées à supporter le coût éventuel de cet aménagement) le simple aménagement des conditions d'exercice de la compétence d'aide sociale de droit commun qui relève de la collectivité considérée. • Cons. const. 13 janv. 2005, n° 2004-509 DC § 12. ♦ Il *en est de même pour une compétence exercée* par la collectivité antérieurement à la révision constitutionnelle. • Cons. const. 18 oct. 2010, *Dpt du Val-de-Marne,* n° 2010-56 QPC § 6. ♦ De même, il ne résulte pas des présentes dispositions une obligation de garantir une compensation intégrale des charges résultant des transferts de compétences entre collectivités. • Cons. const. 1er juill. 2016, *Collectivité de Saint-Martin,* n° 2016-549 QPC § 12.

21. Ainsi, ne constituent pas une extension de compétences la disposition instituant un crédit d'impôt en matière d'apprentissage ou rendant possible la modification de la durée du contrat d'apprentissage, même si ces mesures, rendant l'apprentissage plus attrayant, ont pour effet d'augmenter le nombre d'apprentis et donc d'accroître les charges des régions dans ce domaine. • Cons. const. 13 janv. 2005, n° 2004-509 DC § 13. ♦ ... Celle qui aménage les conditions d'exercice de la compétence d'aide sociale de droit commun. • Cons. const. 18 oct. 2010, *Dpt du Val-de-Marne,* n° 2010-56 QPC § 6. ♦ ... Celle qui consolide un mécanisme de financement. • Cons. const. 30 juin 2011, *Dpts de la Seine-Saint-Denis et de l'Hérault,* n° 2011-143 QPC § 9 et 10. ♦ ... Celle qui modifie les conditions d'exercice des missions des services de protection maternelle et infantile et d'aide sociale à l'enfance exercées par les départements dès lors que n'est pas élargi le champ de leurs bénéficiaires ni créée une nouvelle prestation sociale. En effet, l'établissement d'un bilan de santé pour les enfants âgés de 3 à 4 ans, l'entretien psychosocial pour les femmes enceintes au cours de leur 4e mois de grossesse ainsi que la mise en œuvre d'actions sociales et médicosociales pour les parents en période postnatale relevaient déjà des attributions de la protection maternelle et infantile et ne sauraient dès lors être regardés comme remettant en cause la nature ou l'objet de cette compétence. • Cons. const. 15 mars 2011, *Dpt des Côtes-d'Armor,* n° 2010-109 QPC § 6.

22. Il en va de même dès lors que la loi leur permet, sans les y obliger, de charger leurs services de certaines activités. • Cons. const. 31 juill. 2003, n° 2003-480 DC § 17. ♦ ... Ou de créer d'autres activités. • Cons. const. 13 janv. 2005, n° 2004-509 DC § 11.

23. Il en va de même lorsque les compétences considérées sont exercées par le maire en tant qu'agent de l'État. • Cons. const. 22 sept. 2010, *Cne de Besançon et a.,* n° 2010-29/37 QPC § 7 • Cons. const. 17 nov. 2016, n° 2016-739 DC § 30. ♦ *Contra* implicitement. • CE 5 janv. 2005, *Cne de Versailles,* n° 232888 A • CE, avis cont., 6 avr. 2007, *Cne de Poitiers,* n° 299825 B • CE 14 sept. 2007, *Cne de Villeurbanne,* n° 299720 B. ♦ Le Cons. const. veille néanmoins dans ce cas à ce que le principe de libre administration des collectivités territoriales ne soit pas dénaturé. • Cons. const. 22 sept. 2010, *Cne de Besançon et a.,* n° 2010-29/37 QPC § 8 • Cons. const. 17 nov. 2016, n° 2016-739 DC § 31. ♦ V. notes ss. Const. 58, art. 72.

24. Modification des règles relatives à l'exercice de compétences transférées. Les dispositions du présent art. (et celles de l'art. 72 Const. 58) ne subordonnent pas la légalité de la modification des règles relatives à l'exercice de compétences transférées à la compensation des charges nouvelles qui en résultent. • CE 21 févr. 2018, n° 404879 A : *AJDA 2018. 423* ; *ibid. 845, chron. Roussel et Nicolas* ; *JCP Adm. 2018. 2148, note Kernéis-Cardinet.*

25. Par suite, l'absence d'adoption de l'arrêté constatant les dépenses résultant d'un accroissement des charges prévu par l'art. L. 1614-3 CGCT dans le délai de six mois fixé par l'art. L. 1614-5-1 ne saurait être utilement invoquée ni pour soutenir que le décret et l'arrêté litigieux étaient illégaux, à la date à laquelle ils sont intervenus, ni même qu'ils le seraient devenus, à l'expiration de ce délai de six mois. Il appartient seulement aux régions qui estiment que la réforme litigieuse leur aurait indûment imposé de telles charges de contester l'absence de compensation, notamment en demandant l'annulation du refus des ministres compétents de prendre l'arrêté prévu par l'art. L. 1614-3. • CE 21 févr. 2018, n° 404879 A : *préc. note 24.* ♦ Les arrêtés interministériels constatant le montant des dépenses devant être compensées par l'État du fait de la modification des règles relatives à l'exercice de compétences transférées à des collectivités territoriales, n'ont pas le caractère d'actes réglementaires. Le CE n'est donc pas compétent pour connaître en premier et dernier ressort des requêtes dirigées contre les décisions ministérielles refusant de prendre de tels actes. • CE 21 févr. 2018, n° 404879 A : *préc.*

26. Les règles créant des charges nouvelles pour les collectivités territoriales et impliquant une compensation par l'État en vertu du second alinéa de l'art. L. 1614-2 sont celles qui, tout à la fois, présentent un caractère obligatoire et sont propres aux compétences transférées. Ainsi, ne sont pas concernées par une telle compensation les charges nouvelles résultant notamment de la modification de règles de portée générale ayant une incidence financière sur l'exercice par les collectivités territoriales de leurs compétences. • CE 21 févr. 2018, n° 409286 A : *AJDA 2018. 423* ; *ibid., chron. Roussel et Nicolas* . ♦ Il appartient seulement aux départements qui estiment que la modification litigieuse leur aurait imposé des charges nouvelles de contester l'absence de compensation, notamment en demandant, le cas échéant, l'annulation du refus des ministres compétents de prendre l'arrêté constatant les dépenses résultant d'un accroissement des charges prévu par l'art. L. 1614-3 CGCT. • CE 21 févr. 2018, n° 409286 A : *préc.*

b. Principes gouvernant le contrôle opéré

27. Mise en œuvre du présent art. Le présent art. n'impose pas au législateur d'affecter des ressources particulières au financement d'un transfert, d'une création ou d'une extension de compétences. • Cons. const. 30 juin 2011, *Dpts de l'Hérault et des Côtes-d'Armor,* n° 2011-144 QPC § 7.

28. Des dispositions qui ont pour objet d'accroître les ressources des départements pour faire face aux dépenses qui sont mises à leur charge ne méconnaissent pas le présent art. • Cons. const. 30 juin 2011, *Dpt de la Seine-Saint-Denis,* n° 2011-142/145 QPC § 19 • TA Strasbourg, 5 oct. 2016, n° 1601891 : *AJDA 2017. 226, note Rihal* ; *ibid. 2016. 1838* .

29. Le principe de compensation financière mis en place au présent art. est susceptible de servir de fondement à une QPC. • CE, QPC, 19 juill. 2010, *Dpt du Val-de-Marne,* n° 340028.

30. Maintien du contrôle sur l'absence d'entrave à la libre administration. En plus du contrôle de la conformité de ces dispositifs au présent art., le Cons. const. continue de s'assurer que ceux-ci (que les règles fixées par la loi sur le fondement des 4e et 5e al. du présent art.) n'entravent pas la libre administration des collectivités territoriales pour les transferts, extensions et créations intervenus depuis la révision (ne restreignent pas les ressources des collectivités territoriales au point de dénaturer le principe de libre administration de ces collectivités). • Cons. const. 29 déc. 2009, n° 2009-599 DC § 105 • Cons. const. 30 juin 2011, *Dpts de l'Hérault et des Côtes-d'Armor,* n° 2011-144 QPC § 5 • Cons. const. 30 juin 2011, *Dpt de la Seine-Saint-Denis,* n° 2011-142/145 QPC § 14 et 19. ♦ V. déjà, • Cons. const. 13 janv. 2005, n° 2004-509 DC § 9. ♦ Dès lors, lorsque la loi prévoit l'intervention du pouvoir réglementaire dans le mécanisme de financement, celui-ci doit agir de façon à permettre que la libre administration des collectivités territoriales ne soit pas dénaturée. • Cons. const. 30 juin 2011, *Dpts de l'Hérault et des Côtes-d'Armor,* n° 2011-144 QPC § 11. ♦ De même, il appartient aux pouvoirs publics de prendre les mesures correctrices appropriées si, malgré les mécanismes compensateurs prévus, l'augmentation des dépenses en cause mettait en péril le principe de libre administration. • Même affaire.

31. Sur ces questions, V. Const. 58, art. 72, pt III C, 2°.

32. Distinction transferts et extensions ou créations de compétences. Une même disposition peut selon les cas s'analyser en un transfert de compétences ou en une création ou extension de compétences. • Cons. const. 30 juin 2011, *Dpt de la Seine-Saint-Denis,* n° 2011-142/145 QPC § 20. ♦ Il importe peu que la loi qualifie d'extension de compétences un dispositif dès lors que le coût de la mesure était antérieurement assuré par l'État, il y a transfert de compétences. • Même affaire § 24.

1. Transferts de compétences

33. Lorsqu'il transfère aux collectivités territoriales des compétences auparavant exercées par l'État, le législateur est tenu de leur attribuer des ressources correspondant aux charges constatées à la date du transfert. • Cons. const. 13 janv. 2005, n° 2004-509 DC § 8 et 9. ♦ Dès lors que ce principe est respecté il n'y a pas lieu de transmettre une QPC. • CE, QPC, 29 oct. 2010, *Dpt de la Haute-Garonne,* n° 342072 : *RFDA 2010. 1257, chron. Roblot-Troizier et Rambaud ; AJDA 2010. 1455 ; JCP Adm. 2011. 2058, note Pontier.*

34. Si les recettes provenant du mécanisme de péréquation venaient à diminuer, il appartiendrait à l'État de maintenir un niveau de ressources équivalant à celui qu'il consacrait à l'exercice de cette compétence avant son transfert. • Cons. const. 29 déc. 2003, n° 2003-489, DC § 23 • Cons. const. 29 déc. 2004, n° 2004-511 DC § 35. ♦ Le Cons. const. s'assure que le dispositif mis en œuvre assure ce maintien. • Cons. const. 30 juin 2011, *Dpt de la Seine-Saint-Denis,* n° 2011-142/145 QPC § 27.

35. Il y a attribution de ressources par l'affectation de ressources à un fonds destiné à abonder, dans le cadre de contrats d'objectifs et de moyens conclus entre l'État, les régions, les chambres consulaires et les branches professionnelles et les fonds régionaux. • Cons. const. 13 janv. 2005, n° 2004-509 DC § 13.

36. Une « aide au passage aérien » des résidents d'outre-mer s'ajoutant aux concours éventuellement consacrés au même objet par l'État, l'Union européenne et les collectivités concernées n'a pour objet ni de créer, ni de transférer à ces dernières de nouvelles compétences et n'est donc pas contraire à l'al. 4 du présent art. • Cons. const. 17 juill. 2003, n° 2003-474 DC § 17.

37. L'al. 4 du présent art. permet de renvoyer, conformément à l'art. 36 de la LOLF du 1er août 2001 aux termes duquel : « l'affectation, totale ou partielle, à une autre personne morale d'une ressource établie au profit de l'État ne peut résulter que d'une disposition de loi de finances », à la prochaine loi de finances le soin de préciser les conditions et modalités de la compensation qu'il impose, dès lors que celle-ci résultera de l'attribution de ressources constituées d'une partie du produit *d'un impôt perçu par l'État.* • Cons. const. 18 déc. 2003, n° 2003-487 DC § 10 à 15. ♦ Dans ce cas, la compensation ne peut voir sa constitutionnalité contestée qu'après l'adoption de la loi de finances qui en précise les conditions et modalités. • Même décision § 14.

38. En prenant en compte, pour le calcul de la compensation financière, les dépenses de fonctionnement et les dépenses d'investissement liées à la gestion de ce domaine routier, le législateur a retenu l'intégralité des charges afférentes au domaine public faisant l'objet du transfert ; en effet, le respect des dispositions du présent al. et du principe constitutionnel de libre administration des collectivités territoriales n'impose pas de compenser les charges résultant d'un éventuel développement de ce domaine dans le futur. • CE, QPC, 29 oct. 2010, n° 342072 : *préc. note 33.* ♦ Il en résulte que ne peut être regardé comme posant une question sérieuse le moyen selon lequel l'absence de prise en compte, dans les dépenses retenues pour le calcul de la compensation, des crédits nécessaires au développement et à la modernisation du réseau routier transféré et de ceux provenant des fonds de concours constituerait une méconnaissance des dispositions et du principe invoqués. • CE, QPC, 29 oct. 2010, n° 342072 : *préc. note 33.*

39. La carence d'une collectivité à exercer une compétence qui lui est transférée par la loi est susceptible de mettre en cause sa responsabilité et la collectivité qui se substitue à celle défaillante pour assurer la continuité du service public peut obtenir réparation. • CAA Nantes, 10 févr. 2017, n° 15NT01973 : *AJDA 2017. 1332, note Long ; AJCT 2017. 396, obs. Quessette et Lemoine ; JCP Adm. 2017. 2236, note Pauliat.*

2. Créations ou extensions de compétences

40. Les dispositions du présent art. ne visent, en ce qui concerne les créations et extensions de compétences, que celles qui présentent un caractère obligatoire. • Cons. const. 31 juill. 2003, n° 2003-480 DC § 14 à 17 • Cons. const. 13 janv. 2005, n° 2005-509 DC § 11 • Cons. const. 7 août 2008, n° 2008-569 DC § 13 • Cons. const. 29 déc. 2009, n° 2009-599 DC § 105 • Cons. const. 30 juin 2011, *Dpts de l'Hérault et des Côtes-d'Armor,* n° 2011-144 QPC § 7.

41. En cas de création ou d'extension de compétences ayant pour effet d'augmenter les dépenses obligatoires des collectivités territoriales, il n'est pas fait obligation au législateur d'accompagner ces créations ou extensions de compétences de ressources dont il lui appartient d'apprécier le niveau. • Cons. const. 7 août 2008, n° 2008-569 DC § 13 • Cons. const. 29 déc. 2009, n° 2009-599 DC § 105 • Cons. const. 30 juin 2011, *Dpts de l'Hérault et des Côtes-d'Armor,* n° 2011-144 QPC § 7.

42. Cependant, le Cons. const. vérifie que le législateur a suffisamment déterminé le niveau des ressources accompagnant cette création ou cette extension pour ne pas entraver le principe de libre administration. • Cons. const. 7 août 2008, n° 2008-569 DC § 13 • Cons.

const. 29 déc. 2009, n° 2009-599 DC § 105 • Cons. const. 30 juin 2011, *Dpts de l'Hérault et des Côtes-d'Armor,* n° 2011-144 QPC § 7. ♦ Le législateur ayant prévu, pour la mise en place du service d'accueil des enfants scolarisés dans les écoles maternelles ou élémentaires publiques ou privées sous contrat, une compensation versée à chaque commune qui l'aura mis en œuvre en fonction du nombre d'élèves accueillis avec un « montant minimal de cette compensation » versé en cas d'un trop faible nombre d'élèves accueillis, montant qui ne pourra être inférieur, pour chaque journée, à neuf fois le salaire minimum de croissance horaire par enseignant ayant participé au mouvement de grève, les dispositions du présent art. sont respectées. • Cons. const. 7 août 2008, n° 2008-569 DC § 14.

43. Constitue une extension de compétences une disposition qui permet aux jeunes actifs de moins de 25 ans de bénéficier du RSA. • Cons. const. 29 déc. 2009, n° 2009-599 DC § 106.

4° MÉCANISME DE PÉRÉQUATION

44. Avant la révision de 2003, il est admis que la loi peut, sans violer le principe de libre administration des collectivités territoriales, instituer un système de péréquation entre ces collectivités. • Cons. const. 5 janv. 1982, n° 81-134 DC § 12. ♦ Il avait été admis que le législateur puisse : prélever sur les ressources fiscales d'une collectivité territoriale dans le but d'accroître les ressources d'autres collectivités territoriales. Cela doit être défini avec précision quant à son objet et sa portée et ne saurait avoir pour conséquence d'entraver la libre administration des collectivités territoriales concernées. • Cons. const. 6 mai 1991, n° 91-291 DC § 30. ♦ ...Créer une « dotation de solidarité urbaine » entre les communes dans la mesure où celle-ci n'entraîne qu'une « diminution minime de la progression de la dotation globale de fonctionnement ». • Cons. const. 6 mai 1991, n° 91-291 DC § 13.

45. Une disposition, qui a pour but de concilier le principe de liberté avec celui d'égalité par l'instauration de mécanismes de péréquation financière, ne peut, en elle-même, être invoquée à l'appui d'une QPC. • Cons. const. 22 sept. 2010, *Cnes de Besançon et a.,* n° 2010-29/37 QPC § 5.

46. L'al. 5, qui a pour but de concilier le principe de liberté avec celui d'égalité par l'instauration de mécanismes de péréquation financière, n'impose pas que chaque type de ressource fasse l'objet d'une péréquation. • Cons. const. 17 juill. 2003, n° 2003-474 DC § 18. ♦ ... L"al. 5 a également pour bur d'assurer une redistribution des recettes qui sont réparties très inégalement à l'échelle du territoire national. • Cons. const. 29 juin 2012, *Dpts de la Seine-Saint-Denis et du Var,* n° 2012-255/265 QPC § 8. ♦ Rappr. Ce mécanisme peut, compte tenu de sa spécificité, être propre à la région Île-de-France sans violer le principe d'égalité. • Cons. const. 6 mai 1991, n° 91-291 DC § 24 et 25.

47. Cette péréquation peut corriger non seulement les inégalités affectant les ressources, mais également les inégalités relatives aux charges. • Cons. const. 29 juin 2012, *Dpts de la Seine-Saint-Denis et du Var,* n° 2012-255/265 QPC § 7 • Cons. const. 29 déc. 2013, n° 2013-685 DC § 64. ♦ Le principe d'égalité entre collectivités territoriales n'impose pas au législateur de faire porter tout dispositif de péréquation entre les collectivités territoriales à la fois sur leurs ressources et sur leurs charges. • CE, QPC, 21 sept. 2012, *Cne de Vitry-sur-Seine,* n° 360602 : *AJDA 2012. 1769* . ♦ La péréquation peut être opérée en regroupant les collectivités par catégorie dès lors que cela repose sur des critères objectifs et rationnels. • Cons. const. 29 déc. 2004, n° 2004-511 DC § 29 • Cons. const. 29 juin 2012, *Dpts de la Seine-Saint-Denis et du Var,* n° 2012-255/265 QPC § 7.

48. Cette péréquation peut être mise en œuvre par une dotation de l'État ou grâce à un fonds alimenté par des ressources des collectivités territoriales. • Cons. const. 29 déc. 2009, n° 2009-599 DC § 67 • Cons. const. 29 déc. 2013, n° 2013-685 DC § 64. ♦ Ce dispositif de redistribution peut s'accompagner, sans remettre en cause l'objectif de péréquation, d'un mécanisme de compensation par une dotation de l'État des pertes ou des gains de ressources résultant de la péréquation et destiné à assurer aux régions et aux départements une stabilité de leurs ressources. • Même affaire.

49. Respect du principe d'égalité devant les charges publiques. Il ne doit pas cependant résulter de cette péréquation de rupture caractérisée de l'égalité devant les charges publiques. • Cons. const. 29 juin 2012, *Dpts de la Seine-Saint-Denis et du Var,* n° 2012-255/265 QPC § 4 • Cons. const. 14 juin 2013, *Cté de cnes Monts d'Or Azergues,* n° 2013-323 QPC § 10 • Cons. const. 6 juin 2014, *Cne de Guyancourt,* n° 2014-397 QPC § 6. ♦ Dès lors le mécanisme doit être basé sur des critères objectifs et rationnels qui sont en lien avec l'objectif poursuivi. • Cons. const. 29 déc. 2013, n° 2013-685 DC § 64. ♦ V. ss. DDH, art. 13.

50. Respect du principe de libre administration. Les règles fixées par la loi sur le fondement du dernier al. du présent art. ne doivent pas restreindre les ressources des collectivités territoriales au point de dénaturer le principe de libre administration de ces collectivités. • Cons. const. 29 juin 2012, *Dpts de la Seine-Saint-Denis et du Var,* n° 2012-255/265 QPC § 7. ♦ V. déjà, le prélèvement sur les ressources fiscales d'une collectivité territoriale dans le but d'accroître les ressources d'autres collectivités territoriales doit être défini avec précision quant à son objet et sa portée et il ne saurait avoir pour conséquence d'entraver la libre administration des collectivités territoriales concernées. • Cons. const. 6 mai 1991, n° 91-291 DC § 31. ♦ Ni le montant du prélèvement plafonné ni les règles de répartition des ressources du fonds ne restreignent les ressources des départements au point de dénaturer le principe de leur libre administration. • Cons. const. 29 déc. 2013, n° 2013-685 DC § 67.

51. Respect du principe d'autonomie financière. Les dispositions contestées, portant sur des ressources perçues par les départements à partir d'une assiette locale et en fonction de taux pouvant être modulés par chaque conseil général, conduisent à redistribuer une fraction de cette ressource propre des départements au sein de cette catégorie de collectivités territoriales ; elles n'ont donc pas pour effet de modifier la part déterminante des ressources propres de cette catégorie et, par suite, ne méconnaissent pas le principe d'autonomie financière des départements. • Cons. const. 29 juin 2012, *Dpts de la Seine-Saint-Denis et du Var,* n° 2012-255/265 QPC § 9.

52. Contrôle de l'erreur manifeste. En tenant spécialement compte des charges supportées par les départements ruraux au titre de la gestion de l'espace, et de celles pesant sur les départements urbains au titre des difficultés sociales, le législateur n'a pas entaché son appréciation d'une erreur manifeste. • Cons. const. 29 déc. 2004, n° 2004-511 DC § 31.

53. Ainsi les règles, qui prévoient la suppression progressive de la part salariale de l'assiette de la taxe professionnelle et instituent une compensation dont le montant, égal la première année à la perte de recettes pour chaque collectivité locale, sera indexé par la suite sur le taux d'évolution de la dotation globale de fonctionnement, avant d'être intégré dans cette dernière et réparti selon les critères de péréquation qui la régissent, n'ont pour effet ni de diminuer les ressources globales des collectivités locales ni de restreindre leurs ressources fiscales au point d'entraver leur libre administration. • Cons. const. 29 déc. 1998, n° 98-405 DC § 50. ♦ La disposition contestée, limitant d'ailleurs cette péréquation à certaines charges consécutives à la cessation anticipée d'activité des agents des collectivités locales, ne méconnaît pas l'art. 72 Const., non plus qu'aucune règle ou principe de valeur constitutionnelle. • Cons. const. 5 janv. 1982, n° 81-134 DC § 12.

54. Contrôle du respect du principe d'égalité devant les charges publiques. Il ne résulte pas de rupture caractérisée de l'égalité des collectivités territoriales devant les charges publiques dès lors que les critères de détermination des départements contributeurs et des départements bénéficiaires comme les critères de redistribution retenus sont objectifs et rationnels, qu'ils sont en lien direct avec l'objectif poursuivi par le législateur de redistribuer les recettes provenant de la part départementale des droits de mutation à titre onéreux. • Cons. const. 29 juin 2012, *Dpts de la Seine-Saint-Denis et du Var,* n° 2012-255/265 QPC § 9. ♦ ... Que les critères de détermination des départements bénéficiaires comme les critères de redistribution retenus sont objectifs et rationnels et qu'ils sont en lien direct avec l'objectif poursuivi par le législateur de redistribuer une part des recettes provenant de la part départementale des droits de mutation à titre onéreux. • Cons. const. 29 déc. 2013, n° 2013-685 DC § 66. ♦ ... Que les critères de plafonnement des prélèvements sur les ressources des communes et des établissements publics de coopération intercommunale sont objectifs et rationnels en lien avec l'objectif poursuivi et que le plafonnement cumulé des prélèvements au titre d'un fonds de péréquation national et d'un fonds de péréquation régional ayant tous deux pour objet de répartir les ressources des communes selon leur richesse fiscale ne fait pas peser sur certaines communes des charges en matière de péréquation supérieures à celles dues par les autres communes ayant les mêmes caractéristiques. • Cons. const. 29 déc. 2013, n° 2013-685 DC § 137.

Art. 72-3 *(L. const. n° 2003-276 du 28 mars 2003, art. 8)* **La République reconnaît, au sein du peuple français, les populations d'outre-mer, dans un idéal commun de liberté, d'égalité et de fraternité.**

La Guadeloupe, la Guyane, la Martinique, La Réunion, Mayotte, *(L. const. n° 2008-724 du 23 juill. 2008, art. 37-1°)* **« Saint-Barthélemy, Saint-Martin, » Saint-Pierre-et-Miquelon, les îles Wallis-et-Futuna et la Polynésie française sont régis par l'article 73 pour les départements et les régions d'outre-mer et pour les collectivités territoriales créées en application du dernier alinéa de l'article 73, et par l'article 74 pour les autres collectivités.**

Le statut de la Nouvelle-Calédonie est régi par le titre XIII.

La loi détermine le régime législatif et l'organisation particulière des Terres australes et antarctiques françaises *(L. const. n° 2008-724 du 23 juill. 2008, art. 7-2°)* **« et de Clipperton ».**

COMMENTAIRE

V. sur le Code en ligne.

La mention faite par le législateur du « peuple corse, composante du peuple français » est contraire à la Constitution, laquelle ne connaît que le peuple français, composé de tous les citoyens français sans distinction d'origine, de race ou de religion. • Cons. const. 9 mai 1991, n° 91-290 DC § 13. ♦ Il en découle un principe d'unicité du peuple français. • Cons. const. 15 juin 1999, n° 99-412 DC § 10.

Art. 72-4 *(L. const. n° 2003-276 du 28 mars 2003, art. 8)* **Aucun changement, pour tout ou partie de l'une des collectivités mentionnées au deuxième alinéa de l'article 72-3, de l'un vers l'autre des régimes prévus par les articles 73 et 74, ne peut intervenir sans que le consentement des électeurs de la collectivité ou de la partie de collectivité intéressée ait été préalablement recueilli dans les conditions prévues à l'alinéa suivant. Ce changement de régime est décidé par une loi organique.**

Le Président de la République, sur proposition du Gouvernement pendant la durée des sessions ou sur proposition conjointe des deux assemblées, publiées au *Journal officiel*, peut décider de consulter les électeurs d'une collectivité territoriale située outre-mer sur une question relative à son organisation, à ses compétences ou à son régime législatif. Lorsque la consultation porte sur un changement prévu à l'alinéa précédent et est organisée sur proposition du Gouvernement, celui-ci fait, devant chaque assemblée, une déclaration qui est suivie d'un débat.

COMMENTAIRE

V. sur le Code en ligne.

[V. références des décisions du Conseil constitutionnel dans le tableau DC]

1. Sur la Nouvelle-Calédonie, V. Const. 58, art. 76 et 77.

2. La circonstance que le même jour soient organisés un référendum en vertu du présent art. et, dans certaines communes d'un DOM-ROM et un référendum sur le principe de la transformation de certaines communes de ce DOM-ROM en collectivité régie par l'art. 74 Const. n'est pas de nature, par elle-même, à altérer la loyauté et la clarté de la consultation. • CE 4 déc. 2003, *Feler*, n° 262009 : *Lebon 491 ; Dr. adm. 2004, n° 2 ; AJDA 2004. 154, note Melleray ; ibid. 2004. 594, note Verpeaux ; JCP Adm. 2004. 1258, note Maillard Desgrées Du Loû ; RFDA 2004. 549, concl. Thiellay*.

3. Le Conseil constitutionnel s'assure que les changements de régime prévus au premier al. du présent art. ont bien été adoptés selon une procédure régulière. • Cons. const. 15 févr. 2007, n° 2007-547 DC § 7 • Cons. const. 30 juill. 2009, n° 2009-587 DC § 22 s.

4. La création des conseillers territoriaux n'a ni pour objet ni pour effet d'instituer, dans les régions d'outre-mer, une assemblée unique dès lors que, si les conseils généraux et les conseils régionaux sont composés des mêmes élus, ces assemblées constituent des assemblées distinctes dotées de compétences propres et régies par des règles de fonctionnement et d'organisation différentes. • Cons. const. 9 déc. 2010, n° 2010-618 DC § 30.

Art. 73 *(L. const. n° 2003-276 du 28 mars 2003, art. 9)* **Dans les départements et les régions d'outre-mer, les lois et règlements sont applicables de plein droit. Ils peuvent faire l'objet d'adaptations tenant aux caractéristiques et contraintes particulières de ces collectivités.**

Ces adaptations peuvent être décidées par ces collectivités dans les matières où s'exercent leurs compétences et si elles y ont été habilitées *(L. const. n° 2008-724 du 23 juill. 2008, art. 38-1°)* **« , selon le cas, par la loi ou par le règlement ».**

Par dérogation au premier alinéa et pour tenir compte de leurs spécificités, les collectivités régies par le présent article peuvent être habilitées *(L. const. n° 2008-724 du 23 juill. 2008, art. 38-2°)* **« , selon le cas, par la loi ou par le règlement, » à fixer elles-mêmes les règles applicables sur leur territoire, dans un nombre limité de matières pouvant relever du domaine de la loi** *(L. const. n° 2008-724 du 23 juill. 2008, art. 38-2°)* **« ou du règlement ».**

Ces règles ne peuvent porter sur la nationalité, les droits civiques, les garanties des libertés publiques, l'état et la capacité des personnes, l'organisation de la justice, le

droit pénal, la procédure pénale, la politique étrangère, la défense, la sécurité et l'ordre publics, la monnaie, le crédit et les changes, ainsi que le droit électoral. Cette énumération pourra être précisée et complétée par une loi organique.

La disposition prévue aux deux précédents alinéas n'est pas applicable au département et à la région de La Réunion.

Les habilitations prévues aux deuxième et troisième alinéas sont décidées, à la demande de la collectivité concernée, dans les conditions et sous les réserves prévues par une loi organique. Elles ne peuvent intervenir lorsque sont en cause les conditions essentielles d'exercice d'une liberté publique ou d'un droit constitutionnellement garanti.

La création par la loi d'une collectivité se substituant à un département et une région d'outre-mer ou l'institution d'une assemblée délibérante unique pour ces deux collectivités ne peut intervenir sans qu'ait été recueilli, selon les formes prévues au second alinéa de l'article 72-4, le consentement des électeurs inscrits dans le ressort de ces collectivités.

Sur les adaptations des lois et règlements outre-mer, V. **CGCT**, *art. L.O. 3445-1 s., L.O. 4435-1 s., L.O. 6111-1 s. et L.O. 7311-1 s.*

BIBL. ▶ **Sur la révision de 2003 :** V. Bibl. ss. Const. 58, art. 72.

▶ **Postérieure à la révision constitutionnelle de 2003 :** CHICOT, Les départements-régions d'outre-mer dans la révision constitutionnelle, *Dr. adm. 2003. Chron. 20.* – GOHIN, L'outre-mer dans la réforme constitutionnelle de la décentralisation, *RFDA 2003. 678* . – LEMAIRE, Le nouveau statut de l'outre-mer français, *JCP Adm. 2003. 1583.* – LINGIBÉ, Le changement institutionnel du département-région d'outre mer : les marges de manœuvre, *JCP Adm. 2003. 1136.* – ORAISON, Quelques réflexions générales sur l'article 73 de la Constitution, corrigé et complété par la loi constitutionnelle du 28 mars 2003, *RFDA 2003. 684* . – THIELLAY, L'application des textes dans les outre-mers français, *AJDA 2003. 1032* . – FLAMENT-LÉVY, Nouvelle décentralisation et forme unitaire de l'État, *RFDA 2004. 59* . – CAILLE, Outre-mer : conflits, particularités, particularisme : Le Conseil d'État et la crise politique en Polynésie française, *RFDA 2005. 1117* . – CAPITOLIN, La clarté et la loyauté d'une consultation préalable à l'évolution institutionnelle au sein de la République, *RFDC, n° 64, oct. 2005. 781.* – GRÜNDLER, La République française, une et indivisible ?, *RD publ. 2007. 446.* – TESOKA, Vitalité et innovation du droit de l'outre-mer : Les transformations du pouvoir normatif des collectivités territoriales d'outre-mer par la loi organique du 21 février 2007, *RFDA 2007. 661* . – ORAISON, Le statut nouveau de collectivité d'outre-mer des îles de Saint-Barthélemy et de Saint-Martin, *RD publ. 2008. 153.* – BOYER, Sur quelques questions soulevées par l'habilitation des départements et régions d'outre-mer en matière législative, *RFDA 2009. 61* . – VERPEAUX, Nouvelles modifications de la Constitution ?, Le rapport Balladur sur la réforme des collectivités locales, des raisons et des solutions, *RFDA 2009. 407* .

▶ **Sur la révision de 2008 :** CAILLE, L'outre-mer dans la révision constitutionnelle du 23 juillet 2008, *AJDA 2008. 1887* . – JOS, Les nouvelles collectivités territoriales régies par l'article 73 de la Constitution : deux statuts « sur mesure » destinés à répondre aux aspirations des élus et électeurs locaux, *RFDA 2012. 73* .

▶ **Postérieure à la révision constitutionnelle de 2008 :** L'outre-mer à la recherche de l'égalité réelle, *AJDA 2018. 82 s.*

COMMENTAIRE

V. sur le Code en ligne.

[V. références des décisions du Conseil constitutionnel dans le tableau DC]

1. Il n'appartient pas au Conseil d'État d'apprécier l'opportunité de la décision du Président de la République d'organiser une consultation afin de recueillir, en application de l'*art. 73* précité Const., le consentement des électeurs sur le principe de l'une ou l'autre des deux évolutions institutionnelles envisagées par le dern. al. de cet art., ainsi que le choix de la date de cette consultation (acte de gouvernement). • CE 4 déc. 2003, *Feler*, n° 262009 : *Lebon 491* ; *Dr. adm. 2004, n° 2 ; AJDA 2004. 154, note Melleray* ; *ibid. 2004. 594, note Verpeaux* ; *JCP Adm. 2004. 1258, note Maillard Desgrées Du Loû ; RFDA 2004. 549, concl. Thiellay* .

2. En revanche, il revient au Conseil, lorsqu'il est saisi d'un recours pour excès de pouvoir contre le décret décidant d'organiser une telle consultation, de vérifier que ce décret n'est pas entaché d'un vice pouvant affecter la régularité ou la sincérité de la consultation à venir, dont le résultat peut être contesté devant lui. • CE 4 déc. 2003, *Feler : préc. note 1.*

3. Ainsi, la circonstance que le même jour

soient organisés un référendum en vertu de l'al. 7 du présent art., dans certaine commune du DOM, et un référendum sur le principe de la transformation de certaines communes de ce DOM en collectivité régie par l'art. 74 Const. n'est pas de nature, par elle-même, à altérer la loyauté et la clarté de la consultation. • CE 4 déc. 2003, *Feler,* n° 262009 : *préc. note 1.*

4. En prévoyant que « l'habilitation (prévue au présent art.) est accordée par la loi », le législateur organique n'a entendu autoriser que cette dernière à délivrer l'habilitation, en excluant les ordonnances prises sur le fondement de l'art. 38 Const. • Cons. const. 15 févr. 2007, n° 2007-547 DC § 37 et 41 • Cons. const. 21 juill. 2011, n° 2011-636 DC § 4. ♦ Il est loisible au législateur organique, agissant dans le cadre du présent art., d'interdire que les demandes présentées par les collectivités concernées pour pouvoir être habilitées ou les délibérations prises sur leur fondement soient soumises au référendum local ou à une consultation des électeurs. • Même affaire § 35.

5. Le principe d'identité législative prévu à l'al. 1er du présent art. n'est pas méconnu par le fait que, provisoirement, compte tenu du référendum ayant conduit les collectivités de la Guyane et de la Martinique à se prononcer en faveur de la création d'une collectivité unique exerçant les compétences dévolues au département et à la région tout en demeurant régie par l'art. 73 Const., le législateur se soit abstenu d'en fixer le nombre de conseillers territoriaux. • Cons. const. 9 déc. 2010, n° 2010-618 DC § 37.

6. Nécessité des adaptations. Pour apprécier des dispositions législatives d'adaptation outre-mer, le Cons. const. examine si les contraintes et caractéristiques particulières sont réunies et vérifie que les adaptations législatives sont cohérentes avec ces contraintes et caractéristiques. • Cons. const. 12 août 2004, n° 2004-503 DC § 16 à 18. ♦ Lorsqu'un grief est tiré de la différence de législation entre les départements d'outre-mer et la métropole, le Cons. const. l'examine en prenant en considération le premier al. de l'art. 73 Const. • Cons. const. 5 avr. 2013, *Annick D., épse L.,* n° 2013-301 QPC § 5.

7. La faiblesse des ressources, notamment fiscales, de ces collectivités territoriales et les écarts de prix du tabac entre ces territoires et la France continentale constituent, au sens du présent art., des « caractéristiques et contraintes particulières » de nature à permettre au législateur, d'une part, de donner aux conseils généraux de la Guadeloupe, de la Guyane, de la Martinique et de la Réunion le pouvoir d'arrêter les modalités de détermination de l'assiette et du taux du droit de consommation sur les tabacs ainsi que, d'autre part, d'affecter le produit de ce droit au budget de ces collectivités départementales. • Cons. const. 25 janv. 2013, *Sté Distrivit et a.,* n° 2012-290/291 QPC § 8.

8. La situation de l'emploi et celle des travailleurs indépendants dans les départements d'outre-mer constituent, au sens du présent art., des « caractéristiques et contraintes particulières » de nature à permettre au législateur d'adapter les modalités de détermination de l'assiette des cotisations et contributions sociales dues par ces travailleurs indépendants et de les exonérer du paiement de ces cotisations et contributions pendant une durée limitée. • Cons. const. 5 avr. 2013, *Annick D., Épse L.,* n° 2013-301 QPC § 6.

9. La situation géographique des départements d'outre-mer conduit à ce que les ports occupent une place particulière dans leur réseau de transports et leur économie générale ; ces circonstances constituent, au sens du présent art., des « caractéristiques et contraintes particulières » de nature à permettre au législateur, d'une part, de prévoir un nombre de représentants des collectivités territoriales et de leurs groupements plus élevé que pour le conseil de surveillance des ports de métropole, et, d'autre part, de prévoir que la nomination des personnalités qualifiées, dont celles élues par les chambres de commerce et d'industrie, intervient après avis des collectivités territoriales et de leurs groupements dont une partie du territoire est située dans la circonscription du port. • Cons. const. 22 mai 2013, *CCI de région des îles de Guadeloupe et a.,* n° 2013-303 QPC § 4. ♦ La population de Mayotte comportant, par rapport à l'ensemble de la population résidant en France, une forte proportion de personnes de nationalité étrangère, dont beaucoup en situation irrégulière, ainsi qu'un nombre élevé et croissant d'enfants nés de parents étrangers, cette collectivité est ainsi soumise à des flux migratoires très importants constituant, au sens du présent art., des caractéristiques et contraintes particulières de nature à permettre au législateur, afin de lutter contre l'immigration irrégulière, d'y adapter, dans une certaine mesure, non seulement les règles relatives à l'entrée et au séjour des étrangers, mais aussi celles régissant l'acquisition de la nationalité française à raison de la naissance et de la résidence en France. • Cons. const. 6 sept. 2018, n° 2018-770 DC § 43.

10. En instaurant une différence de traitement entre les partis et groupements politiques bénéficiant de la première fraction de l'aide publique selon, d'une part, qu'ils ont présenté des candidats en métropole ou, d'autre part, qu'ils n'en ont présenté que dans une ou plusieurs circonscriptions d'outre-mer, le législateur a entendu prendre en compte les particularités de la vie politique dans les collectivités d'outre-mer et, en particulier, l'existence de partis et groupements politiques dont l'audience est limitée à ces collectivités. • Cons. const. 18 juill. 2014, *Jean-Louis M. et Jacques B.*, n° 2014-407 QPC § 9.

11. En instituant deux enveloppes distinctes à destination, d'une part, des collectivités de métropole et, d'autre part, des collectivités d'outre-mer, le législateur a entendu tenir compte de la situation particulière de certaines d'entre elles et des charges spécifiques auxquelles elles doivent faire face en raison de leur contexte économique et social et du poids de leurs dépenses liées aux allocations individuelles de solidarité. • Cons. const. 8 déc. 2017, *Dpt. de La Réunion*, n° 2017-678 QPC § 7.

Art. 74 *(L. const. n° 2003-276 du 28 mars 2003, art. 10)* **Les collectivités d'outre-mer régies par le présent article ont un statut qui tient compte des intérêts propres de chacune d'elles au sein de la République.**

Ce statut est défini par une loi organique, adoptée après avis de l'assemblée délibérante, qui fixe :

– les conditions dans lesquelles les lois et règlements y sont applicables ;

– les compétences de cette collectivité ; sous réserve de celles déjà exercées par elle, le transfert de compétences de l'État ne peut porter sur les matières énumérées au quatrième alinéa de l'article 73, précisées et complétées, le cas échéant, par la loi organique ;

– les règles d'organisation et de fonctionnement des institutions de la collectivité et le régime électoral de son assemblée délibérante ;

– les conditions dans lesquelles ses institutions sont consultées sur les projets et propositions de loi et les projets d'ordonnance ou de décret comportant des dispositions particulières à la collectivité, ainsi que sur la ratification ou l'approbation d'engagements internationaux conclus dans les matières relevant de sa compétence.

La loi organique peut également déterminer, pour celles de ces collectivités qui sont dotées de l'autonomie, les conditions dans lesquelles :

– le Conseil d'État exerce un contrôle juridictionnel spécifique sur certaines catégories d'actes de l'assemblée délibérante intervenant au titre des compétences qu'elle exerce dans le domaine de la loi ;

– l'assemblée délibérante peut modifier une loi promulguée postérieurement à l'entrée en vigueur du statut de la collectivité, lorsque le Conseil constitutionnel, saisi notamment par les autorités de la collectivité, a constaté que la loi était intervenue dans le domaine de compétence de cette collectivité ;

– des mesures justifiées par les nécessités locales peuvent être prises par la collectivité en faveur de sa population, en matière d'accès à l'emploi, de droit d'établissement pour l'exercice d'une activité professionnelle ou de protection du patrimoine foncier ;

– la collectivité peut participer, sous le contrôle de l'État, à l'exercice des compétences qu'il conserve, dans le respect des garanties accordées sur l'ensemble du territoire national pour l'exercice des libertés publiques.

Les autres modalités de l'organisation particulière des collectivités relevant du présent article sont définies et modifiées par la loi après consultation de leur assemblée délibérante.

COMMENTAIRE

V. sur le Code en ligne.

[V. références des décisions du Conseil constitutionnel dans le tableau DC]

1. Sur la création des différentes collectivités d'outre-mer relevant de cet art., V. notes ss. Const. 58, art. 72-1.

a. Collectivités d'outre-mer

2. *Le principe de spécialité législative* prévu à l'al. 3 du présent art. n'a pas d'effet rétroactif. Les dispositions en vigueur à la date de la promulgation de la loi organique continuent d'être applicables de plein droit aux collectivités considérées. • Cons. const. 15 févr. 2007, n° 2007-547 DC § 40.

3. La consultation prévue à l'al. 6 du présent art. peut, s'agissant des propositions de loi, être organisée, à la demande des présidents de deux assemblées, par le représentant de l'État dans la collectivité. • Cons. const. 6 déc. 2007, n° 2007-559 DC § 32. ♦ Cependant, les présidents des assemblées parlementaires ne peuvent tirer de cette compétence le pouvoir d'enjoindre au représentant de l'État d'avoir à mettre en œuvre la procédure d'urgence. ♦ • Même affaire, § 33.

4. La loi organique relative à l'expérimentation par les collectivités territoriales n'a pas à recueillir l'avis des assemblées territoriales des COM. • Cons. const. 30 juill. 2003, n° 2003-

478 DC § 2. ♦ Même solution s'agissant de la loi organique relative au référendum local. • Cons. const. 30 juill. 2003, ⚖ n° 2003-482 DC § 2. ♦ De même, le législateur ayant rendu applicables les dispositions en cause sans les assortir de mesures d'adaptation tenant à l'organisation particulière des territoires concernés, la procédure de consultation des assemblées délibérantes des collectivités intéressées n'était pas obligatoire. • Cons. const. 16 mai 2013, ⚖ n° 2013-668 DC § 28.

5. Les députés élus dans les collectivités d'outre-mer régies par le présent art. doivent également être élus sur des bases essentiellement démographiques ; aucun impératif d'intérêt général n'impose que toute collectivité d'outre-mer constitue au moins une circonscription électorale ; il ne peut en aller autrement, si la population de cette collectivité est très faible, qu'en raison de son particulier éloignement d'un département ou d'une collectivité d'outre-mer. • Cons. const. 8 janv. 2009, ⚖ n° 2008-573 DC § 24. ♦ Ainsi, une seule circonscription peut regrouper le territoire des collectivités de Saint-Barthélemy et de Saint-Martin et, bien que la population totale soit faible, le législateur a pu prendre en compte leur situation géographique et statutaire particulière. • Cons. const. 18 févr. 2010, ⚖ n° 2010-602 § 18.

6. Il appartient au législateur organique, lorsqu'il répartit entre l'État et les collectivités régies par le présent art. la compétence d'établir, de calculer et de percevoir les impositions de toutes natures, de prévoir les dispositions contribuant à la mise en œuvre de l'objectif de valeur constitutionnelle de lutte contre la fraude fiscale qui découle de l'art. 13 DDH. • Cons. const. 21 janv. 2010, ⚖ n° 2009-597 DC.

7. En prévoyant que l'État peut conclure avec les autorités compétentes des îles Wallis-et-Futuna une convention afin de définir les modalités d'application de la prise en charge de la santé des personnes détenues, la disposition législative touche à la répartition des compétences entre l'État et cette collectivité, qui relève de la loi organique en vertu du présent art. ; elle est donc frappée d'incompétence. • Cons. const. 19 nov. 2009, ⚖ n° 2009-593 DC § 9.

8. Eu égard aux attributions conférées aux institutions des collectivités d'outre-mer régies par le présent art., dont le rôle ne se limite pas à la simple administration de ces collectivités, le législateur pouvait prévoir un régime d'incompatibilité concernant les magistrats judiciaires, plus strict que celui qui s'applique aux mandats électifs des autres collectivités territoriales. • Cons. const. 15 févr. 2007, ⚖ n° 2007-547 DC § 18.

9. Concernant la compétence pour réglementer les conditions particulières d'exercice de la profession d'avocat pour l'assistance et la représentation en justice des bénéficiaires de l'aide juridictionnelle en matière foncière. Dans la mesure où celles-ci relèvent de l'organisation de la justice, matière que la Const. réserve à la compétence de l'État, elles ne peuvent faire l'objet d'un tel transfert. • Cons. const. 27 juin 2019, ⚖ n° 2019-783 DC.

10. Sur la mise à en œuvre des principes de libre administration et d'autonomie financière à l'égard de ces collectivités, V. notes ss. Const. 58, art. 72 et 72-2.

b. Collectivités d'outre-mer autonomes

11. Principe d'autonomie. La mise en œuvre de dérogations à des règles ou principes de valeur constitutionnelle, que le pouvoir constituant introduit dans le texte de la Constitution par des dispositions nouvelles, ne saurait intervenir que dans la mesure strictement nécessaire à l'application du statut d'autonomie ; il en est ainsi des dispositions édictées en faveur de la population locale en vertu du dixième al. du présent art. • Cons. const. 12 févr. 2004, ⚖ n° 2004-490 DC § 8.

12. Intervention du législateur organique. Ont un caractère organique, outre les dispositions concernant les matières visées au présent art., les matières indissociables de celles-ci et notamment, s'agissant du fonctionnement des institutions de la Polynésie française, les règles fixant le régime de leurs actes et les modalités selon lesquelles s'exerce le contrôle de l'État sur ces institutions. • Cons. const. 12 févr. 2004, ⚖ n° 2004-490 DC § 11. ♦ Le constituant n'a pas entendu permettre, en l'absence d'intervention du législateur organique, une délégation de compétence à la collectivité régie par le présent art. pour fixer les règles « d'organisation et de fonctionnement des institutions de la collectivité » ; eu égard à la nature des personnes publiques que les syndicats mixtes en cause regroupent et aux missions qui sont confiées à ces établissements publics, les dispositions relatives à la constitution, par voie de convention, des syndicats mixtes qui associent des collectivités territoriales, des groupements de collectivités territoriales et d'autres personnes morales de droit public et au contrôle des comptes et des budgets de ces syndicats par la chambre territoriale des comptes et celles relatives à la réalisation de l'objet du syndicat mixte par voie d'exploitation directe ou par simple participation financière dans des sociétés ou organismes, sont relatives à l'organisation et au fonctionnement des institutions de la Polynésie française. • Cons. const. 26 juin 2014, ⚖ n° 2014-2 LOM § 8. ♦ Nonobstant, il n'appartient pas au Cons. const., saisi dans le cadre du 9e al. du présent art., de se prononcer sur cette répartition entre le législateur organique et le législateur ordinaire. • Même affaire.

13. En attribuant au pouvoir réglementaire, sans encadrement, le soin de décider, par l'édiction d'un décret en Conseil d'État, si la collectivité de Saint-Barthélemy est habilitée à participer à l'exercice des compétences de l'État dans le domaine de la sécurité sociale, le législateur organique a confié au pouvoir réglementaire la compétence qu'il tient de la Constitution et méconnu l'étendue de sa compétence. • Cons. const. 12 nov. 2015, n° 2015-721 DC § 18.

14. Notion de « loi du pays ». La dénomination « pays d'outre-mer » retenue par l'art. 1er de la L. org. n'emporte aucun effet de droit. • Cons. const. 12 févr. 2004, n° 2004-490 DC § 13. ♦ Les actes dits « lois du pays » procèdent des délibérations de l'assemblée de la Polynésie française et ont le caractère d'actes administratifs ; ils doivent dès lors respecter les principes généraux du droit, ainsi que les engagements internationaux applicables en Polynésie française. • Cons. const. 12 févr. 2004, n° 2004-490 DC § 90. ♦ Ces actes relèvent donc de la compétence du juge administratif quant au contentieux de leur légalité. • CE, sect., 1er févr. 2006, n° 286584 A : *Dr. adm. 2006. 63, note Caille* • CE 10 janv. 2007, n° 298217 A : *AJDA 2007. 117* • CE 25 nov. 2009, n° 328776 A : *AJDA 2010. 623, note Verpeaux ; Dr. adm. 2010, n° 8* • CE 6 avr. 2018, n° 416563 : *AJDA 2018. 1649*. ♦ Il appartient au Conseil d'État d'apprécier la légalité des « lois du pays » au regard de la Constitution, des lois organiques, des engagements internationaux et des principes généraux du droit. En revanche est inopérant le moyen tiré de ce que la procédure d'adoption de la « loi du pays » contestée serait irrégulière, faute d'avoir fait l'objet préalablement de la consultation du conseil supérieur de la fonction publique de la Polynésie française prévue par une délibération de l'assemblée territoriale. • CE 2 oct. 2020, n° 441297 B : *AJDA 2021. 159, note Verpeaux ; ibid. 2020. 1880 ; AJFP 2021. 36, comm. Calley*.

15. Les actes dits « lois du pays » qui ne sont pas relatifs aux impôts et aux taxes ne peuvent, en principe, pas faire l'objet d'un recours par voie d'action après leur promulgation par le président de la Polynésie française. Il en va toutefois différemment quand l'acte dit « loi du pays » a été prématurément promulgué, quand cette promulgation intervient avant l'expiration du délai d'un mois prévu à l'art. 178, *al. 1er, de la L. org. du 27 févr. 2004* portant statut d'autonomie de la Polynésie française ou, si le Conseil d'État a été saisi, avant l'expiration du délai de trois mois. • CE 22 juill. 2020, n° 440764 : *AJDA 2020. 1511*.

16. Répartition des compétences. La répartition et le transfert de compétences entre l'État et la Polynésie française, qui peut découler de la loi organique si la Polynésie française ne les exerçait pas antérieurement, sont effectifs dès l'entrée en vigueur de cette loi, sans que puisse y faire obstacle la circonstance que la compensation des charges qui en résulterait n'aurait pas eu lieu. • CE, avis, 12 mars 2010, *Sté Maxima*, n° 333820 B : *AJDA 2010. 528*.

17. Le conseil des ministres de la Polynésie française peut prendre des mesures d'application d'une loi dans un domaine de compétence transférée même s'il n'y a pas été expressément habilité par l'assemblée de la Polynésie française. • CE 24 sept. 2014, *Présidence Polynésie française c/ Sté Maxima*, n° 363252 : *Lebon 281 ; AJDA 2014. 1860*.

18. Les lois du pays polynésiennes ne peuvent régir la situation des agents de l'État. • CE, avis, 12 nov. 2012, *Kainuku*, n° 357533 : *AJDA 2012. 2192*. ♦ Elles ne doivent pas méconnaître cette liberté. • CE 16 oct. 2013, n° 365067 B : *AJDA 2014. 568, note Gohin*. ♦ Elles ne peuvent fixer ou étendre la liste des incompatibilités applicables aux membres de l'Autorité polynésienne de la concurrence. • CE 26 juill. 2018, n° 420112 B : *JCP Adm. 2018. 696*.

19. Les autorités compétentes de la Polynésie française ne sauraient, sans méconnaître la compétence du législateur organique, instituer des organes dont l'étendue des domaines et des actes qui sont susceptibles de leur être soumis, ainsi que les conditions dans lesquelles ces organes sont saisis et rendent leurs avis. Ces conditions sont telles qu'elles portent atteinte à l'équilibre des institutions de la collectivité ou modifient le régime de ces actes et relèvent, par suite, de l'organisation et du fonctionnement de ces institutions, au sens de l'al. 5 du présent art. • CE 10 mars 2015, *Haut-Commissaire de la République en Polynésie française*, n° 386585 : *AJDA 2015. 551*.

20. Compétences d'attribution relevant de l'État. L'État doit pouvoir disposer, par l'institution de taxes, d'une partie au moins des ressources nécessaires à l'exercice des missions qui demeurent à sa charge sur les collectivités d'outre-mer. • Cons. const. 15 févr. 2007, n° 2007-547 DC § 45 à 48 • CE 12 janv. 2007, *Flosse*, n° 293542 : *Lebon 12* • Cons. const. 3 mai 2007, *Compétences fiscales de la Polynésie française*, n° 2007-1 LOM : *JO 4 mai, p. 7906 ; AJDA 2007. 1076, note Schoettl.*

21. Ne sont pas une matière ressortissant à la compétence de la Polynésie française, dès lors qu'elles mettent en cause les garanties des libertés publiques : les règles relatives à l'étendue du droit des citoyens d'obtenir communication des documents administratifs et, partant, les règles relatives à l'accès aux documents administratifs. • Cons. const. 23 oct. 2014, n° 2014-5 LOM § 5. ♦ ... Le droit pénal et la procédure pénale. • Cons. const. 7 nov. 2014, n° 2014-6 LOM § 10. ♦ ... Le droit civil, uniquement pour les seules questions de nationalité, de droits civiques, de droit électoral (de droits civils, état et capacité des personnes, notamment les actes de l'état civil, absence, mariage, divorce, filiation) d'autorité parentale, des régimes matrimoniaux, successions et libéralités. • Cons. const. 19 nov. 2014, n° 2014-7 LOM § 6.

22. Compétences de droit commun dévolues aux autorités insulaires. Les droits des citoyens dans leurs relations avec l'administration de la Polynésie française et ses établissements publics ne figurant pas au nombre des matières dévolues à l'État par l'art. 14 L. org. du 27 févr. 2004, le législateur est intervenu dans une matière ressortissant à la compétence de la Polynésie française en rendant la prescription quadriennale (L. 31 déc. 1968) applicable aux créances sur la Polynésie française et ses établissements publics. • Cons. const. 11 sept. 2014, n° 2014-3 LOM § 4. ♦ Relève également de la compétence des autorités insulaires la L. du 11 juill. 1979 relative à la motivation des actes administratifs et à l'amélioration des relations entre l'administration et le public applicable aux actes administratifs des administrations de la Polynésie française et de ses établissements publics ou des autres personnes publiques créées par elle ou des personnes de droit privé chargées par elle d'une mission de service public. • Cons. const. 19 sept. 2014, n° 2014-4 LOM § 4. ♦ Il en est de même pour les règles relatives aux modalités et aux conditions dans lesquelles s'exerce le droit d'accès aux documents administratifs et aux règles de réutilisation des informations publiques applicables aux documents administratifs de la Polynésie française, de ses établissements publics et des personnes publiques créées par elle ou des personnes de droit privé chargées par elle d'une mission de service public. • Cons. const. 23 oct. 2014, n° 2014-5 LOM § 6.

Art. 74-1 *(L. const. n° 2008-724 du 23 juill. 2008, art. 39)* **« Dans les collectivités d'outre-mer visées à l'article 74 et en Nouvelle-Calédonie, le Gouvernement peut, par ordonnances, dans les matières qui demeurent de la compétence de l'État, étendre, avec les adaptations nécessaires, les dispositions de nature législative en vigueur en métropole ou adapter les dispositions de nature législative en vigueur à l'organisation particulière de la collectivité concernée, sous réserve que la loi n'ait pas expressément exclu, pour les dispositions en cause, le recours à cette procédure. »**

(L. const. n° 2003-276 du 28 mars 2003, art. 11) **Les ordonnances sont prises en conseil des ministres après avis des assemblées délibérantes intéressées et du Conseil d'État. Elles entrent en vigueur dès leur publication. Elles deviennent caduques en l'absence de ratification par le Parlement dans le délai de dix-huit mois suivant cette publication.**

BIBL. ▸ TISSOT, L'usage des ordonnances *in* « L'outre-mer : la nouvelle donne institutionnelle » dir. Faberon, *Doc. fr. 2004*. – JENNEQUIN, Les ordonnances de l'article 74-1 de la Constitution. Bilan de la pratique, *RFDA 2008. 921*.

COMMENTAIRE

V. sur le Code en ligne.

[V. références des décisions du Conseil constitutionnel dans le tableau DC]

1. Le juge contrôle que les matières pour lesquelles il est fait usage des ordonnances du présent art. relèvent bien de la compétence de l'État. • CE 29 déc. 2006, *R.-G. A.*, n° 287965 : *Inédit* • CE 12 janv. 2007, *Flosse*, n° 293965 : *Lebon 12 ; AJDA 2007. 493 ; Rev. Trésor com. 2007. 3278, obs. Orsoni.* ♦ Comme les ordonnances de l'art. 38 C. les ordonnances du présent art. ont une valeur réglementaire avant leur ratification. • Mêmes affaires implicitement.

2. Dès lors que la disposition ratifiant l'ordonnance est déclarée contraire à la Const. • Cons. const. 7 août 2008, n° 2008-568 DC § 35. ♦ La ratification n'a pas eu lieu. • Même décision (sol. impl.).

3. Une ratification intervenant plus de 18 mois après la publication de l'ordonnance peut intervenir avec effet rétroactif, donnant ainsi à l'ordonnance, bien que caduque pendant le laps de temps s'écoulant jusqu'à l'adoption de cette loi, valeur législative *ab intitio*. • Cons. const. 7 août 2008, n° 2008-568 DC (sol. impl.).

4. Une même ordonnance peut comporter des dispositions prises en vertu du présent art. et de l'art. 38 Const. et ce bien que les règles de ratification de ces deux catégories d'ordonnances soient différentes. • CE 15 juill. 2020, n° 436155 A : *AJDA 2020. 1450 ; JCP Adm. 2020. 427.*

Art. 75 **Les citoyens de la République qui n'ont pas le statut civil de droit commun seul visé à l'article 34 conservent leur statut personnel tant qu'ils n'y ont pas renoncé.**

[V. références des décisions du Conseil constitutionnel dans le tableau DC]

Il résulte de la combinaison des dispositions des art. 1er et 72-3 Const. de son préambule renvoyant à la DDH et au préambule de la Constitution de 1946 que les citoyens de la République qui conservent leur statut personnel jouissent des droits et libertés de valeur constitutionnelle attachés à la qualité de citoyen français et sont soumis aux mêmes obligations. En rappelant ce principe par la disposition critiquée, le législateur n'a pas méconnu l'art. 75 Const. ; que, dès lors qu'il ne remettait pas en cause l'existence même du statut civil de droit local, il pouvait adopter des dispositions de nature à en faire évoluer les règles dans le but de les rendre compatibles avec les principes et droits constitutionnellement protégés. • Cons. const. 17 juill. 2003, n° 2003-474 DC § 29.

Art. 75-1 *(L. const. n° 2008-724 du 23 juill. 2008, art. 40)* **Les langues régionales appartiennent au patrimoine de la France.**

BIBL. ▶ Benoît-Rohmer, Les langues officieuses de la République, *RFDC 2001. 3.* – Fraisseix, La France, les langues régionales et la Charte européenne des langues régionales et minoritaires, *RFDA 2001. 59*. – Lavialle, Du nominalisme juridique. Le nouvel article 75-1 de la Constitution du 4 octobre 1958, *RFDA 2008. 1110*. – Pontier, Langues régionales : la porte ouverte ?, *AJDA 2008. 2193*. – Le Bris, Les Langues régionales dans la Constitution, *RD publ. 2009. 788.* – Viguier, La primauté juridique de la langue française sur les langues régionales secondes, *RD publ. 2009. 1635.* – Chicot, L'article 75-1 de la Constitution et la notion de patrimoine linguistique, *JCP Adm. 2011. 2082.* – Malo, Les langues régionales dans la Constitution française : à nouvelles donnes, nouvelles réponses, *RFDC 2011. 69.* – Verpeaux, Langues régionales et QPC, l'impossible dialogue, *AJDA 2011. 1963*. – J.-E. Gicquel, Le Conseil constitutionnel et les langues régionales, *LPA 1er et 2 sept. 2011.* – Verpeaux, Constitution et langues : à propos du projet de loi constitutionnelle des langues régionales ou minoritaires, *JCP Adm. 2015. 2283.* – Bonnet, La charte européenne des langues régionales ou minoritaires, *AJDA 2015. 2246*. – Verpeaux, L'occasion manquée, *JCP Adm. 2015. 1041.*

COMMENTAIRE

V. sur le Code en ligne.

[V. références des décisions du Conseil constitutionnel dans le tableau DC]

1. Jugé, avant l'introduction du présent art. par la révision du 23 juill. 2008, que le principe de l'unicité du peuple français s'opposait à ce que soient reconnus des droits collectifs à quelque groupe que ce soit, en particulier défini par une communauté de langue. • Cons. const. 15 juin 1999, n° 99-412 DC § 6. ♦ Dès lors, en conférant des droits spécifiques à des « groupes » de locuteurs de langues régionales ou minoritaires, à l'intérieur de « territoires » dans lesquels ces langues sont pratiquées, la Charte européenne des langues régionales porte atteinte aux principes constitutionnels d'indivisibilité de la République, d'égalité devant la loi et d'unicité du peuple français. • Cons. const. 15 juin 1999, n° 99-412 DC § 10.

2. De même, jugé, avant l'introduction du présent art. que l'art. 2 Const. n'interdisait pas l'enseignement de langues régionales mais à titre simplement facultatif. • Cons. const. 9 avr. 1996, n° 96-373 DC § 92 • Cons. const. 17 janv. 2002, *n° 2001-454 DC § 24.* • *Cons. const. 27 déc. 2001,* n° 2001-456 DC § 49. ♦ ... Solution retenue déjà avant que le français soit défini comme langue de la République (1992) ; le Cons. const. admet même que les collectivités territoriales sont habilitées à promouvoir de tels enseignements. • Cons. const. 9 mai 1991, n° 91-290 DC § 37. ♦ L'intégration dans l'enseignement public des écoles « Diwan », dans lesquelles le breton est utilisé pour l'enseignement général et la communication au sein de l'établissement pose un problème de constitutionnalité. • Cons. const. 27 déc. 2001, n° 2001-456 DC § 51 et 52 • TA Rennes, 4 nov. 2004, *UNSA Éducation : Dr. adm. 2005. 48, note Taillefait.*

3. Le présent art. n'institue pas un droit ou une liberté que la Const. garantit au sens de l'art. 61-1 Const. 58 et ne peut dès lors être invoqué à l'appui d'une QPC. • Cons. const. 20 mai 2011, *Cécile L. et a.*, n° 2011-130 QPC § 3 • CE 28 déc. 2016, n° 403928 A (concl. Daumas) : *AJDA 2017. 1479 ; ibid. 1662, chron. Odinet et Roussel ; AJCT 2017. 634, obs. Mondou ; Constitutions 2017. 611, chron. Baubonne ; JCP Adm. 2017. 60.*

4. Il n'existe aucun droit constitutionnel à un enseignement des langues régionales au profit des élèves. L'introduction dans la Const. du présent art. n'a pas apporté de modification sur ce point. Dès lors, une disposition qui habilite les collectivités territoriales à définir par le biais d'un contrat les modalités selon lesquelles un enseignement des langues et cultures régionales peut être délivré dans les établissements scolaires n'est contraire à aucun droit ou liberté que la Const. garantit. • Cons. const. 20 mai 2011, *Cécile L. et a.*, n° 2011-130 QPC § 4.

5. Le Conseil d'État annule un arrêté et une

circulaire prévoyant un usage prioritaire des langues régionales et une introduction progressive du français dans les établissements d'enseignement maternel, élémentaire et du second degré ainsi qu'un arrêté fixant une parité horaire entre l'enseignement dispensé en langues régionales et celui en français, sans autre précision. Il annule également un « protocole d'accord », à caractère réglementaire, pour les même raisons. • CE 29 nov. 2002, *SNES : Lebon 415 ; RFDA 2003. 197 ; Dr. adm. 2003, nos 9 et 37, note R.S. ; AJDA 2002. 1512, note Viola ; LPA 4 juin 2003, p. 9, note Schwartz ; JCP Adm. 2002. 1295, note Koubi et Guglielmi.* ♦ ... Après en avoir suspendu l'exécution. • CE réf. 30 oct. 2001, *SNES et UNSA Éducation : Lebon 521.* ♦ Rappr. : • CE réf. 15 juill. 2002, *UNSA Éducation : RD publ. 2002. 1351, note Viola* • CE, sect., 29 nov. 2002, *Conseil national des groupes académiques : Dr. adm. 2003, nos 9 et 37, note R.S. ; AJDA 2002. 1512, note Viola ; LPA 4 juin 2003, p. 9, note Schwartz ; JCP Adm. 2002. 1295, note Koubi et Guglielmi.*

6. Les dispositions, qui prévoient la possibilité de dispenser en partie l'enseignement primaire et secondaire dans une autre langue que le français, ne créent pas au bénéfice des élèves le droit à l'organisation d'un enseignement bilingue ; l'administration a donc la faculté d'organiser un tel enseignement mais ne saurait, sans entacher sa décision d'illégalité, faire un usage manifestement erroné de son pouvoir d'appréciation ou fonder sa décision sur des faits matériellement inexacts. • CAA Bordeaux, 23 févr. 2010, *Assoc. Ikas-Bi*, n° 07BX01674 : *NCCC 2010, n° 29, p. 249, note Vidal-Naquet.*

7. Si les dispositions combinées du présent art. et de l'art. 2 Const. 58 n'interdisent pas que soit apposé sur la voie publique un panneau en langue régionale, encore faut-il que des circonstances particulières ou l'intérêt général le justifient. • TA Montpellier, 12 oct. 2010, *Mouvement républicain de salut public*, n° 0903420 : *AJDA 2011. 329, concl. de Monte.*

8. Apposer des panneaux portant la traduction en langue occitane du nom français de la commune sous les panneaux d'entrée d'agglomération indiquant celui-ci en français ne méconnait le présent art. même si la traduction est dépourvue de tout fondement historique. • CAA Marseille, 28 juin 2012, *Cne de Villeneuve-lès-Maguelone*, n° 10MA04419 : *AJDA 2012. 1856, note Salvage.*

9. L'adoption d'une « loi du pays » en Polynésie française au terme d'un débat qui s'est déroulé en tahitien est irrégulière car la langue empêche les tiers de prendre connaissance des motifs de leur adoption et de leur portée exacte, et de priver toute personne, y compris les membres de l'assemblée, des garanties d'accès et de compréhension indispensables au débat démocratique. • CE 13 juin 2013, *Mme Clark et a.*, n° 361767 : *AJDA 2013. 1251 ; ibid. 2029, note Pastorel.* ♦ V. déjà, avant l'introduction dans la Const. du présent art. • CE 22 févr. 2007, *Fritch*, n° 299649 : *Lebon 106 ; AJDA 2007. 453* • CE 29 mars 2006, *Haut-commissaire de la République en Polynésie française*, n° 282335 : *Lebon 179 ; AJDA 2006. 733 ; JCP Adm. 2006. Actu. n° 313 ; Dr. adm. 2006. 100* • CE 22 févr. 2007, *SCI caroline*, n° 300312 : *AJDA 2008. 1047, note Kissangoula.* – V. aussi. • CE, sect. Intérieur, avis, 24 sept. 1996, n° 359461 : *EDCE 1996. 303.* ♦ De même la délibération d'un conseil municipal prévoyant que certaines de ses séances se tiendraient en langue régionale est illégale. • CAA Marseille, 13 oct. 2011, *Préfet de Haute-Corse, Cne de Galéria*, n° 10MA02330 : *AJDA 2012. 1856, note Salvage ; JCP Adm. 2012. 2102, note Giansily.* ♦ En revanche, l'utilisation ponctuelle d'une langue autre que le français n'affecte pas la légalité d'une loi de pays de la Polynésie française. • CE 16 oct. 2013, *Féd. gén. du commerce*, n° 365141 : *AJDA 2014. 194.*

10. La Sté France Télévisions assure « la promotion de la langue française et, le cas échéant, des langues régionales » et met en valeur « la diversité du patrimoine culturel et linguistique de la France ». Il en résulte qu'elle est chargée d'une mission de service public de conception et de diffusion de programmes en langues régionales. Dès lors, la détermination de la part de chaque langue régionale dans le temps d'antenne consacré à de tels programmes relève de l'organisation du service public ; dès lors, une décision qui a un tel objet est susceptible, à la différence des décisions par lesquelles France Télévisions choisit les émissions en langue régionale qu'elle diffuse et arrête les conditions de leur programmation, d'être contestée par la voie du recours pour excès de pouvoir. • CE 30 déc. 2016, n° 390829 B : *AJDA 2017. 208 ; JAC 2017, n° 43, p. 12, obs. Pastor.*

TITRE XIII **Dispositions transitoires relatives à la Nouvelle-Calédonie**

(L. const. n° 98-610 du 20 juill. 1998)

Art. 76 Les populations de la Nouvelle-Calédonie sont appelées à se prononcer avant le 31 décembre 1998 sur les dispositions de l'accord signé à Nouméa le 5 mai 1998 et publié le 27 mai 1998 *Journal officiel* de la République française.

Sont admises à participer au scrutin les personnes remplissant les conditions fixées à l'article 2 de la loi n° 88-1028 du 9 novembre 1988.

Les mesures nécessaires à l'organisation du scrutin sont prises par décret en Conseil d'État délibéré en conseil des ministres.

***1.** [V. références des décisions du Conseil constitutionnel dans le tableau DC]*

Le décret prévu au dern. al. du présent art. n'a pas à être précédé de l'intervention du Conseil constitutionnel alors même que cette consultation trouve son fondement dans des dispositions constitutionnelles. En effet, ce fondement, constitué par l'art. 60 Const., ne prévoit l'intervention du Conseil que pour les référendums par lesquels le peuple français exerce sa souveraineté, ce qui n'est pas le cas du référendum prévu au présent art. • CE, ass., 30 oct. 1998, *Sarran et Levacher : Lebon 369 ; RFDA 1998. 1081, concl. Maugüé, note Alland ; ibid. 1999. 57, notes Dubouis, Mathieu et Verpeaux, Gohin ; AJDA 1998. 982, chron. Raynaud et Fombeur ; ibid. 1039, note Mathieu et Verpeaux ; Europe, mars 1999, note Simon ; RD publ. 1999. 919, note Flauss ; LPA 23 juill. 1999, note Aubin ; ibid. 7 oct. 1999, p. 11 ; ibid. 8 oct. 1999, p. 4, note Ricci ; JDI 1999. 675, note Dehaussy ; D. 2000. 153, note Aubin ; GAJA, 14e éd., n° 108.*

2. Sur la convention fiscale entre la France et la Nouvelle-Calédonie, V. • Cons. const. 22 juill. 2010, *M. Alain C. et a.*, n° 2010-4/17 QPC § 12 et 13. ♦ Sur la fonction publique. • Même décision § 21.

Art. 77 Après approbation de l'accord lors de la consultation prévue à l'article 76, la loi organique, prise après avis de l'assemblée délibérante de la Nouvelle-Calédonie, détermine, pour assurer l'évolution de la Nouvelle-Calédonie dans le respect des orientations définies par cet accord et selon les modalités nécessaires à sa mise en œuvre :

– les compétences de l'État qui seront transférées, de façon définitive, aux institutions de la Nouvelle-Calédonie, l'échelonnement et les modalités de ces transferts, ainsi que la répartition des charges résultant de ceux-ci ;

– les règles d'organisation et de fonctionnement des institutions de la Nouvelle-Calédonie et notamment les conditions dans lesquelles certaines catégories d'actes de l'assemblée délibérante *(L. const. n° 2007-237 du 23 févr. 2007)* « de la Nouvelle-Calédonie » pourront être soumises avant publication au contrôle du Conseil constitutionnel ;

– les règles relatives à la citoyenneté, au régime électoral, à l'emploi et au statut civil coutumier ;

– les conditions et les délais dans lesquels les populations intéressées de la Nouvelle-Calédonie seront amenées à se prononcer sur l'accession à la pleine souveraineté.

Les autres mesures nécessaires à la mise en œuvre de l'accord mentionné à l'article 76 sont définies par la loi.

(L. const. n° 2007-237 du 23 févr. 2007) « Pour la définition du corps électoral appelé à élire les membres des assemblées délibérantes de la Nouvelle-Calédonie et des provinces, le tableau auquel se réfèrent l'accord mentionné à l'article 76 et les articles 188 et 189 de la loi organique n° 99-209 du 19 mars 1999 relative à la Nouvelle-Calédonie est le tableau dressé à l'occasion du scrutin prévu audit article 76 et comprenant les personnes non admises à y participer. »

[V. références des décisions du Conseil constitutionnel dans le tableau DC]

1. Principe. La Nouvelle-Calédonie n'est pas régie par le titre XII de la Constitution mais par le présent titre, qui lui est spécifiquement consacré. Dès lors, lorsqu'un texte mentionne, sans autres précisions, les collectivités territoriales, il entend se référer à celle prévues à l'art. 72 et n'est donc pas applicable en Nouvelle-Calédonie. • CE, sect., 13 déc. 2006, *Genelle*, n° 279323 A : *JCP Adm. 2007. 2004, concl. Verclytte et note Gohin ; AJDA 2007. 363, chron. Lénica et Boucher.*

2. Transfert de compétences. Si le législateur est compétent pour rendre applicables en Nouvelle-Calédonie des dispositions législatives, c'est à la condition que ces dispositions n'interviennent pas dans des matières relevant des compétences ayant été transférées aux institutions de la Nouvelle-Calédonie, de façon définitive, par la L. org. dans le respect des orientations définies par l'accord de Nouméa auxquelles le présent titre confère valeur constitutionnelle. La méconnaissance du domaine des compétences ainsi définitivement transférées peut être invoquée à l'appui d'une QPC. • Cons. const. 4 déc. 2020, Pierre-Chanel T., n° 2020-869 QPC § 11 et 12.

3. Si il poursuit un objectif de protection de la santé publique, le dispositif national relatif à l'état d'urgence sanitaire qui contient des mesures exceptionnelles, temporaires et limitées à la mesure strictement nécessaire pour répondre à une catastrophe sanitaire et à ses conséquences, se rattache à la garantie des libertés publiques et ne relève donc pas de la compétence de la Nouvelle-Calédonie dès lors que l'art. 21 de la L. org. prévoit que l'État est compétent en matière de « garanties des libertés publiques ». • Cons. const. 4 déc. 2020, *Pierre-Chanel T.*, n° 2020-869 QPC § 14 et 17. ♦ Il en va de même des dispositions permettant au ministre chargé de la santé ou au haut-commissaire de prescrire ou d'adapter, dans les circonscriptions territoriales où l'état d'urgence sanitaire est déclaré, « toute mesure réglementaire relative à l'organisation et au fonctionnement du dispositif de santé », pour mettre fin à la catastrophe sanitaire, qui ne concernent que les mesures qui, parce qu'elles concernent l'ordre public ou les garanties des libertés publiques, relèvent de la compétence de l'État. • Cons. const. 4 déc. 2020, *Pierre-Chanel T.*, n° 2020-869 QPC § 18.

4. Loi organique. Il résulte que le présent art., en précisant qu'une loi organique doit « assurer l'évolution de la Nouvelle-Calédonie dans le respect des orientations définies » par l'accord de Nouméa, a renvoyé au législateur organique le soin de fixer les conditions dans lesquelles les institutions de la Nouvelle-Calédonie sont consultées, à la demande des présidents des assemblées parlementaires, sur les propositions de loi comportant des dispositions particulières à la Nouvelle-Calédonie. • Cons. const. 30 juill. 2009, n° 2009-587 DC. § 16. ♦ V. déjà mais implicitement. • Cons. const. 15 mars 1999, n° 99-410 DC. ♦ Cependant, méconnaît la séparation des pouvoirs le fait de permettre aux présidents des assemblées dans ce cadre de décider de réduire le délai de consultation du Congrès de Nouvelle-Calédonie. • Cons. const. 30 juill. 2009, n° 2009-587 DC § 16. ♦ V. déjà, s'agissant de la Polynésie française. • Cons. const. 6 déc. 2007, n° 2007-559 DC § 33.

5. Il résulte des dispositions du premier al. du présent art. que le contrôle du Conseil constitutionnel sur la loi organique doit s'exercer non seulement au regard de la Constitution, mais également au regard des orientations *définies par* l'accord de Nouméa, lequel déroge à un certain nombre de règles ou principes de valeur constitutionnelle ; toutefois, de telles dérogations ne sauraient intervenir que dans la mesure strictement nécessaire à la mise en œuvre de l'accord. • Cons. const. 15 mars 1999, n° 99-410 DC § 3 • Cons. const. 19 avr. 2018, n° 2018-764 DC § 3. ♦ Une mesure non nécessaire et contraire à une règle ou à un principe de valeur constitutionnelle est donc contraire à la Constitution. • Cons. const. 15 mars 1999, n° 99-410 DC § 16 et 17 • Cons. const. 30 juill. 2009, n° 2009-587 DC § 18 et 19. ♦ Dans les autres cas, le respect des dispositions de l'accord de Nouméa conditionne la constitutionnalité de la disposition. • Cons. const. 30 juill. 2009, n° 2009-587 DC § 6, 11 et 13. ♦ Au besoin, le Cons. const. fera une réserve d'interprétation pour garantir le respect des stipulations de cet accord. • Cons. const. 12 juill. 2011, n° 2011-633 DC § 5.

6. Les assemblées provinciales sont au nombre des institutions de la Nouvelle-Calédonie, leurs règles d'organisation et de fonctionnement relèvent donc de la loi organique prévue au présent art. • Cons. const. 15 mars 1999, n° 99-410 DC § 8. ♦ Dès lors, l'art. 72-2 Const. relatif à l'autonomie financière des collectivités territoriales ne leur est pas applicable de plein droit. • Cons. const. 29 juill. 2004, n° 2004-500 DC § 6.

7. Les dispositions du présent art. conduisent à réserver à la loi organique le régime des incompatibilités applicables au président et aux membres du gouvernement de la Nouvelle-Calédonie, ainsi qu'au président d'une assemblée de province. • Cons. const. 30 mars 2000, n° 2000-426 DC § 27.

8. Le législateur organique a pu, à bon droit, prévoir que les dispositions d'une loi du pays peuvent faire l'objet d'une question prioritaire de constitutionnalité. • Cons. const. 3 déc. 2009, n° 2009-595 DC § 34. ♦ V., pour une application, • Cons. const. 9 déc. 2011, *Patelise F.*, n° 2011-205 QPC.

9. « Loi du pays » ... contrôle. Le contrôle du Conseil constitutionnel sur les lois du pays de la Nouvelle-Calédonie doit s'exercer non seulement au regard de la Const., mais également au regard des orientations définies par l'accord de Nouméa et des lois organiques prises pour leur application. • Cons. const. 21 nov. 2014, n° 2014-4 LP • Cons. const. 1er avr. 2021, n° 2021-7 LP § 10.

10. ... Procédure d'adoption. Une loi du pays qui modifie le code des impôts applicable en Nouvelle-Calédonie, ayant exclusivement pour objet de créer une nouvelle imposition assise sur les prestations de services effectuées à titre onéreux ne revêt pas un « caractère économique » ; dès lors, le congrès ne devait pas être nécessairement précédé de la consultation du conseil économique et social de la Nouvelle-Calédonie. • Cons. const. 27 janv. 2000, n° 2000-1 LP. ♦ Une loi du pays ayant pour objet exclusif de créer des centimes additionnels au profit des provinces ne concernant pas les relations financières entre la Nouvelle-Calédonie, les provinces et les communes de Nouvelle-Calédonie, le gouvernement de la Nouvelle-Calédonie n'était pas tenu de consulter le comité des finances locales sur la proposition de loi du pays. • Cons. const. 27 févr. 2015, n° 2014-5 LP § 5.

11. ... Promulgation. La promulgation des

« lois du pays » est une condition de leur existence ; il n'est dès lors pas possible que le Congrès du territoire adopte des mesures d'application d'une loi du pays avant sa promulgation. • CE 12 janv. 2005, *Congrès de Nouvelle-Calédonie*, n° 255272 : *AJDA 2005. 552, concl. Donnat ; Dr. adm. 2005. 90, note F. D.* ♦ Si le texte même d'une loi du pays, à l'égard duquel les délais de recours de l'art. L.O. 176 sont expirés, ne peut plus être contesté à l'occasion d'une requête dirigée contre l'acte qui promulgue cette « loi », cet acte peut être contesté devant le Conseil d'État, au motif qu'il méconnaît les exigences qui découlent de l'art. L.O. 177 ou qu'il est entaché d'un vice propre. • CE 22 mars 2006, *Fritch*, n° 288490 : *AJDA 2006. 687 ; Dr. adm. 2006. 79.* ♦ La nature législative des « lois du pays » est du reste confirmée par la CEDH. • CEDH 11 janv. 2005, *Py c/ France : RFDA 2006. 139, note Roblot-Troizier et Sorbara*.

12. L'acte par lequel le président de la Polynésie française promulgue une loi du pays est susceptible de recours. • CE 22 janv. 2007, *Merceron*, n° 29160 : *AJDA 2007. 653*.

13. ... Spécificité. L'atteinte à la liberté d'entreprendre générée par une loi du pays, pour tenir compte des particularités économiques de la Nouvelle-Calédonie et des insuffisances de la concurrence sur de nombreux marchés, est justifiée par les objectifs de préservation de l'ordre public économique que le législateur s'est assignés et proportionnée à cette fin. • Cons. const. 1er oct. 2013, n° 2013-3 LP.

14. Préférence locale. Méconnaissent le principe de préférence locale des dispositions qui ne comportent aucune disposition favorisant l'accès à l'emploi dans la fonction publique au bénéfice des citoyens de la Nouvelle-Calédonie et des personnes qui justifient d'une durée suffisante de résidence. • Cons. const. 21 nov. 2014, n° 2014-4 LP.

15. Divers. La décision par laquelle un membre du gouvernement de Nouvelle-Calédonie refuse d'apposer son contreseing sur un arrêté du Gouvernement n'est pas détachable de l'acte pour lequel le contreseing est requis. Ce refus entache ledit acte d'un vice de forme susceptible d'entraîner son annulation. • CE, avis, 27 juill. 2001, *Président du Gouvernement de la Nouvelle-Calédonie : Lebon 398*.

16. Référendum d'autodétermination. Il résulte de l'accord de Nouméa et des art. 218 et 219 L. org. 19 mars 1999 qu'il est nécessaire, pour être électeur lors de la consultation sur l'accession à la pleine souveraineté, non seulement de remplir l'une des conditions de fond mentionnées à l'art. 218 mais également d'être inscrit sur une liste électorale du territoire de la Nouvelle-Calédonie en vigueur pour les consultations autres que celles qui sont propres au territoire. Ainsi, d'une part, en prévoyant une procédure d'inscription d'office sur cette liste, le législateur organique a entendu favoriser la participation la plus large possible à la consultation sur l'accession à la pleine souveraineté. D'autre part, cette procédure d'inscription d'office est instaurée, à titre exceptionnel, pour la seule année du scrutin sur l'accession à la pleine souveraineté, et elle ne fait pas obstacle au droit pour toute personne de demander volontairement son inscription sur les listes électorales. La différence de traitement qui en résulte entre les électeurs, selon qu'ils demeurent ou non en Nouvelle-Calédonie, est en conséquence justifiée par un motif d'intérêt général et est en rapport direct avec l'objet de la loi. Il s'ensuit que cette disposition ne méconnaît ni le principe d'égalité devant le suffrage, ni le principe d'égalité devant la loi. • Cons. const. 19 avr. 2018, n° 2018-764 DC § 9. ♦ En prévoyant que la commission mentionnée au 2e al. de l'art. L. 17 C. élect. procède à l'inscription d'office « sous réserve des vérifications nécessaires », le législateur organique a entendu permettre à celle-ci, lorsqu'elle l'estime nécessaire, de demander des pièces justificatives complémentaires afin de s'assurer que la condition de résidence ou de domicile fixée à cet article est remplie. Dès lors, ces dispositions ne méconnaissent pas les stipulations de l'accord de Nouméa. • Cons. const. 19 avr. 2018, n° 2018-764 DC § 10.

Art. 78 à 86 *Abrogés par L. const. n° 95-880 du 4 août 1995.*

TITRE XIV **De la francophonie et des accords d'association** *(L. const. n° 2008-724 du 23 juill. 2008, art. 42-II).*

Art. 87 *(L. const. n° 2008-724 du 23 juill. 2008, art. 42-I)* **La République participe au développement de la solidarité et de la coopération entre les États et les peuples ayant le français en partage.**

Art. 88 **La République** *(L. const. n° 95-880 du 4 août 1995)* **« peut » conclure des accords avec des États qui désirent s'associer à elle pour développer leurs civilisations.**

TITRE XV De l'Union européenne *(L. const. n° 2008-103 du 4 févr. 2008, art. 2-1°, en vigueur le 1er déc. 2009, date de publication du traité de Lisbonne).*

Art. 88-1 *(L. const. n° 2008-103 du 4 févr. 2008, art. 2-2°)* **La République participe à l'Union européenne constituée d'États qui ont choisi librement d'exercer en commun certaines de leurs compétences en vertu du traité sur l'Union européenne et du traité sur le fonctionnement de l'Union européenne, tels qu'ils résultent du traité signé à Lisbonne le 13 décembre 2007.**

COMMENTAIRE

V. sur le Code en ligne.

❑

Plan des annotations

I. RECONNAISSANCE D'UN ORDRE JURIDIQUE EUROPÉEN

A. AFFIRMATION D'UN ORDRE JURIDIQUE EUROPÉEN

1. Principe. Par le présent art. le Constituant a consacré l'existence d'un ordre juridique de l'Union européenne (communautaire) intégré à l'ordre juridique interne et distinct de l'ordre juridique international. • Cons. const. 19 nov. 2004, n° 2004-505 DC § 11 • Cons. const. 20 déc. 2007, n° 2007-560 DC § 7 • Cons. const. 9 août 2012, n° 2012-653 DC § 8.

2. Effet. Tout en confirmant la place de la Constitution au sommet de l'ordre juridique interne, cette disposition permet à la France de participer à la création et au développement d'une organisation européenne permanente, dotée de la personnalité juridique et investie de pouvoirs de décision par l'effet de transferts de compétences consentis par les États membres. • Cons. const. 19 nov. 2004, n° 2004-505 DC § 6 • Cons. const. 20 déc. 2007, n° 2007-560 DC § 8 • Cons. const. 9 août 2012, n° 2012-653 DC § 9 • Cons. const. 31 juill. 2017, n° 2017-749 DC § 10. ♦ V. également, malgré son appellation de « traité établissant une Constitution pour l'Europe », l'acte en question reste un traité international et n'appelle donc aucune remarque de constitutionnalité, cette dénomination étant sans incidence sur l'existence de la Constitution française et sa place au sommet de l'ordre juridique interne. • Cons. const. 19 nov. 2004, n° 2004-505 DC § 9 et 10.

3. Le présent art. n'attribue pas au Conseil constitutionnel la compétence de contrôler la compatibilité d'un engagement international avec les stipulations des traités mentionnés à cet art. • Cons. const. 31 juill. 2017, n° 2017-749 DC § 30.

4. Le respect du droit de l'Union européenne constitue une obligation, tant en vertu du traité sur l'Union européenne et du traité sur le fonctionnement de l'Union européenne qu'en application du présent art. Il résulte du principe d'effectivité issu des dispositions de ces traités, telles qu'elles ont été interprétées par la CJUE, que le juge national chargé d'appliquer les dispositions du droit de l'Union a l'obligation d'en assurer le plein effet en laissant au besoin inappliquée, de sa propre autorité, toute disposition contraire. Dès lors, il doit pouvoir, en cas de difficulté d'interprétation de ces normes, en saisir lui-même la CJUE à titre préjudiciel ou, lorsqu'il s'estime en état de le faire, appliquer le droit de l'Union, sans être tenu de saisir au préalable la juridiction administrative d'une question préjudicielle, dans le cas où serait en cause devant lui, à titre incident, la conformité d'un acte administratif au droit de l'Union européenne. • T. confl. 17 oct. 2011, *SCEA du Chéneau*, n° C3828 : *AJDA 2012. 27, chron. Guyomar et Domino ; ibid. 2011. 2041 ; D. 2011. 3046, note Donnat ; ibid. 2012. 244, obs. Fricero ; RFDA 2011. 1122, concl. Sarcelet ; ibid. 1129, note Seiller ; ibid. 1136, note Roblot-Troizier ; ibid. 2012. 339, étude Mestre ; Constitutions 2012. 294, obs. Levade ; RTD civ. 2011. 735, obs. Rémy-Corlay ; RTD eur. 2012. 135, étude Ritleng .*

5. En imposant l'examen par priorité des moyens de constitutionnalité avant les moyens tirés du défaut de conformité d'une disposition législative aux engagements internationaux de la France, le législateur organique a entendu garantir le respect de la Constitution et rappeler sa place au sommet de l'ordre juridique interne, mais n'a fait qu'imposer, en tout état de cause, l'ordre d'examen des moyens soulevés devant la juridiction saisie sans restreindre la compétence de cette dernière, après avoir appliqué les dispositions relatives à la question prioritaire de constitutionnalité, de veiller au respect et à la supériorité sur les lois des traités ou accords légalement ratifiés ou approuvés et des normes de l'Union européenne. Ainsi, elle ne méconnaît pas les dispositions du présent art. • Cons. const. 3 déc. 2009, n° 2009-595 DC § 14 et 22.

6. Nonobstant la mention dans la Constitution du traité signé à Lisbonne le 13 déc. 2007, il ne revient pas au Cons. const. de contrôler la compatibilité d'une loi avec les stipulations de ce traité. • Cons. const. 12 mai 2010, n° 2010-605 DC § 16.

7. Le TSCG, « prenant pour base » les traités sur lesquels l'Union européenne est fondée, n'est pas au nombre de ces traités. • Cons. const. 9 août 2012, n° 2012-653 DC § 11.

B. SEUIL DE TRANSFERTS DE COMPÉTENCES

8. Si les engagements contiennent une clause contraire à la Constitution, mettent en cause les droits et libertés constitutionnellement garantis ou portent atteinte aux conditions essentielles d'exercice de la souveraineté nationale, *l'autorisation de les ratifier* appelle une révision constitutionnelle. • Cons. const. 19 nov. 2004, n° 2004-505 DC § 7 • Cons. const. 20 déc. 2007, n° 2007-560 DC § 9 • Cons. const. 9 août 2012, n° 2012-653 DC § 10. ♦ V. déjà retenant seulement deux critères : clause contraire à la Constitution et atteinte aux conditions essentielles d'exercice de la souveraineté nationale. • Cons. const. 9 avr. 1992, n° 92-308 DC § 14 • Cons. const. 31 déc. 1997, n° 97-394 DC § 7.

9. Sont soustraites au contrôle de conformité à la Constitution les stipulations du traité qui reprennent des engagements antérieurement souscrits par la France. • Cons. const. 9 août 2012, n° 2012-653 DC § 1.

10. Sur la constitutionnalité du TSCG, V. notes ss. TSCG, art. 16, App., *v° Gouvernance financière*.

1° APPELLENT UNE RÉVISION

11. ... La mise en œuvre d'une politique monétaire et d'une politique de change uniques suivant des modalités telles qu'un État membre se trouvera privé de compétences propres. • Cons. const. 9 avr. 1992, n° 92-308 DC § 43. ♦ ... Les clauses d'un traité qui opèrent, au profit de la Communauté européenne, des transferts de compétences qui mettent en cause les conditions essentielles d'exercice de la souveraineté nationale, soit que ces transferts interviennent dans un domaine autre que l'établissement de l'Union économique et monétaire européenne ou que le franchissement des frontières extérieures communes, soit que ces clauses fixent d'autres modalités que celles prévues par le traité sur l'Union européenne signé le 7 févr. 1992 pour l'exercice des compétences dont le transfert a été autorisé par l'art. 88-2 Const. • Cons. const. 31 déc. 1997, n° 97-394 DC § 9. ♦ ... La substitution de la règle de la majorité qualifiée à celle de l'unanimité au sein du Conseil, privant ainsi la France de tout pouvoir d'opposition, ou de l'attribution d'une fonction décisionnelle au Parlement européen, lequel n'est pas l'émanation de la souveraineté nationale, ou de dispositions privant la France de tout pouvoir propre d'initiative. • Cons. const. 19 nov. 2004, n° 2004-505 DC § 29. ♦ V. déjà. • Cons. const. 9 avr. 1992, n° 92-308 DC § 49 • Cons. const. 31 déc. 1997, n° 97-394 DC § 24 et 28. ♦ Rappr. • Cons. const. 9 août 2012, n° 2012-653 DC § 34. ♦ ... Une disposition permettant, même en subordonnant un tel changement à une décision unanime, de substituer un mode de décision majoritaire à la règle de l'unanimité au sein du Conseil des ministres, en ce et y compris la clause de révision simplifiée du traité ; en effet, de telles modifications ne nécessiteront aucun acte de ratification ou d'approbation nationale de nature à permettre un contrôle de constitutionnalité. • Cons. const. 19 nov. 2004, n° 2004-505 DC § 29 et 35 s. ♦ ... Des dispositions qui transfèrent à l'Union européenne, et font relever de la « procédure législative ordinaire », des compétences dans le domaine du contrôle aux frontières, de la coopération judiciaire en matière civile, et de la coopération judiciaire en matière pénale et qui n'entraient dans le dispositif des traités antérieurs. • Cons. const. 19 nov. 2004, n° 2004-505 DC § 27. ♦ ... La création d'un parquet européen, habilité à poursuivre les auteurs d'infractions portant atteinte aux intérêts financiers de l'Union et à exercer devant les juridictions françaises l'action publique relative à ces infractions. • Cons. const. 19 nov. 2004, n° 2004-505 DC § 28.

12. Il en va de même des clauses du traité de Lisbonne qui transfèrent à l'Union européenne des compétences affectant les conditions essentielles d'exercice de la souveraineté nationale dans des domaines ou selon des modalités autres que ceux prévus par les traités mentionnés au présent art. • Cons. const. 20 déc. 2007, n° 2007-560 DC § 15. ♦ ... Du principe de l'adoption, sauf dispositions contraires, des actes législatifs, sur proposition de la seule Commission, conjointement par le Conseil des ministres, statuant à la majorité qualifiée, et par le Parlement européen, selon la « procédure législative ordinaire » conduisant à ce que, sauf exception, relèvent désormais de cette procédure toutes les matières de la compétence de l'Union, notamment celles qui intéressent l'« espace de liberté, de sécurité et de justice ». • Cons. const. 20 déc. 2007, n° 2007-560 DC § 16.

13. Le « principe de subsidiarité » qui implique que, dans les domaines ne relevant pas de la compétence exclusive de l'Union, celle-ci n'intervienne que « si, et dans la mesure où les objectifs de l'action envisagée ne peuvent pas être atteints de manière suffisante par les États membres, tant au niveau central qu'au niveau régional et local, mais peuvent l'être mieux, en raison des dimensions ou des effets de l'action envisagée, au niveau de l'Union », ne peut justifier l'absence de révision constitutionnelle dès lors que la mise en œuvre de ce principe pourrait ne pas suffire à empêcher que les transferts de compétence autorisés par le traité revêtent une ampleur ou interviennent selon des modalités telles que puissent être affectées les conditions essentielles d'exercice de la souveraineté nationale. • Cons. const. 20 déc. 2007, n° 2007-560 DC § 15.

2° N'APPELLENT PAS UNE RÉVISION

14. ... Un accord organisant le principe du libre franchissement par les personnes des frontières intérieures communes, mais prévoyant des possibilités de dérogation pour des motifs d'ordre public ou de sécurité nationale et réservant expressément les compétences de police de chaque État sur son territoire. • Cons. const. 25 juill. 1991, n° 91-294 DC § 20. ♦ ... Des dispositions qui sont relatives à la détermination des pays tiers dont les ressortissants doivent être munis d'un visa lors du franchissement des frontières extérieures des États membres, dès lors qu'elles concernent la période antérieure au 1er janv. 1996 ; en effet, la politique commune des visas à l'égard des pays tiers est décidée par le Conseil des ministres des Communautés à l'unanimité, sous la seule réserve de mesures de sauvegarde motivées par l'urgence et temporaires dans leurs effets. • Cons. const. 9 avr. 1992, n° 92-308 DC § 49. ♦ Des éléments de la « Charte des droits fondamentaux de l'Union » dont les dispositions interprétées en harmonie avec les traditions constitutionnelles communes aux États membres n'appellent, ni par leur contenu, ni par leurs effets sur les conditions essentielles d'exercice de la souveraineté nationale, de révision de la Constitution. • Cons. const. 19 nov. 2004, n° 2004-505 DC § 22 • Cons. const. 20 déc. 2007, n° 2007-560 DC § 12.

II. TRANSPOSITION DES DIRECTIVES

BIBL. Site internet du Conseil constitutionnel, La transposition des directives communautaires et le contrôle de constitutionnalité, *À la une, mars 2016*.

15. Dès lors que les dispositions contestées n'ont pas pour objet de transposer une directive européenne, le grief tiré de la méconnaissance du présent art. est inopérant. • Cons. const. 13 août 2015, n° 2015-718 DC § 62 • Cons. const. 4 août 2016, n° 2016-737 DC § 36.

16. Si un règlement européen, pourtant d'application directe, nécessite d'adapter la législation nationale, l'adoption de ces mesures suppose un contrôle identique à celui qu'il exerce sur les lois de transposition d'une directive. • Cons. const. 12 juin 2018, n° 2018-765 DC § 3.

A. OBLIGATION DE TRANSPOSER

17. La transposition des directives est « absolument obligatoire » • CJCE 6 mai 1980, *Commission c/ Belgique*, n° 102/79 : *Rec. CJCE 1473* • CJCE 10 avr. 1984, *Sabine von Colson et Elisabeth Kamman*, n° 14/83 § 15 : *Rec. CJCE 1891 ; D. 1985. Somm. 23, obs. Cartou ; CMLR 1985. 505, obs. Curtin* • CE, ass., 22 déc. 1978, *Cohn-Bendit*, n° 11604 : *Lebon 524 ; D. 1979. 155, concl. Genevois, note Pacteau ; D. 1979. 89, obs. Delvolvé ; JCP 1979. 19158, note Kovar ; Gaz. Pal. 1979. 1. 212, note Ruzié ; AJDA 1979. 27, chron. Dutheillet de Lamothe et Robineau ; Rev. adm. 1979. 630, note Vincent ; RGDIP 1979. 832, note Vallée ; Rev. crit. DIP 1979. 647, note Lyon-Caen ; JDI 1979. 589, note Goldman ; RTD eur.1979. 169, note Dubouis ; Rev. Marché commun 1979. 104, note Boulouis ; GAJA, 17e éd., n° 89.* ♦ Il n'est que dans l'hypothèse où le droit national est déjà en harmonie de manière claire et précise avec la directive que l'État peut se dispenser de transposer. • CJCE 7 nov. 1996, *Commission c/ Luxembourg,* n° C-221/94 : *Rec. CJCE I-5669 ; Europe 1997, n° 5, note Rigaux.*

1° EXIGENCE CONSTITUTIONNELLE

18. Principe. Conformément au présent art., la transposition en droit interne d'une directive communautaire résulte d'une exigence constitutionnelle. • Cons. const. 28 mai 2004, n° 2004-494 DC § 3 • Cons. const. 12 juin 2018, n° 2018-765 DC § 32.

V. pour d'autres décisions dans le même sens : .

19. Le Conseil d'État se range désormais à cette analyse d'abord en maintenant la référence à l'art. 55 Const. • CE, ass., 8 févr. 2007, *Sté Arcelor Atlantique et Lorraine,* n° 287110 A (concl. Guyomar) : *GAJA, 22e éd., n° 105 ; RFDA 2007. 384, concl. Guyomar ; ibid. 564, note Levade ; ibid. 578, note Magnon ; ibid. 789, note Canedo-Paris ; AJDA 2007. 577, chron. Lenica et Boucher ; JCP Adm. 2007. 2081, note Drago.* ♦ ... Puis en l'abandonnant. • CE, ass., 30 oct. 2009, *Mme Perreux,* n° 298348 A (concl. Guyomar) : *Dr. adm. 2009, étude n° 21, note Gautier ; JCP Adm. 2010. 2036, note Dubos et Katz ; AJDA 2009. 2385, chron. Lieber et Botteghi ; ibid. 2014. 120, note Raynaud ; GAJA, 22e éd., n° 107* • CE, avis cont., 21 mars 2011, *Jin et Thiero,* n° 345978 A : *AJDA 2011. 1688, note Alcaraz ; Constitutions 2011. 328, chron. Levade* • CAA Marseille, 17 juill. 2012, n° 10MA0463 : *AJDA 2012. 2450, concl. Vincent-Dominguez* • CE 3 oct. 2016, *Conféd. paysanne et a.,* n° 388649 A : *AJDA 2016. 1836 ; ibid. 2017. 288, note Tarlet et Léonard .*

20. Dès lors que la disposition est exigée par la directive à transposer, il y a lieu, s'agissant d'une question de compétence (V. note 14) ou de procédure d'adoption de la loi, de reporter les effets de la déclaration d'inconstitutionnalité pour que soit respectée l'exigence constitutionnelle. • Cons. const. 19 juin 2008, n° 2008-564 DC § 58. ♦ Il en va de même de dispositions réglementaires. • CE 24 juill. 2009, *Cté de recherche et d'information indépendantes sur le génie génétique,* n° 305314 : *Lebon 294 ; AJDA 2009. 181, chron. Liéber et Botteghi ; RFDA 2009. 963, concl. Geffray ; Constitution 2010. 117, obs. Le Bot.*

21. Lien avec la question préjudicielle. Si le contrôle des règles de compétence et de procédure ne se trouve pas affecté, il appartient au juge administratif, saisi d'un moyen tiré de la méconnaissance d'une disposition ou d'un principe de valeur constitutionnelle de rechercher s'il existe une règle ou un principe général du droit de l'Union européenne qui, eu égard à sa nature et à sa portée, tel qu'il est interprété en l'état actuel de la jurisprudence du juge de l'Union, garantit par son application l'effectivité du respect de la disposition ou du principe constitutionnel invoqué. Dans l'affirmative, il y a lieu pour le juge administratif, afin de s'assurer de la constitutionnalité du décret, de rechercher si la directive que ce décret transpose est conforme à cette règle ou à ce principe général du droit de l'Union. Il lui revient, en l'absence de difficulté sérieuse, d'écarter le moyen invoqué, ou, dans le cas contraire, de saisir la CJUE d'une question préjudicielle, dans les conditions prévues par l'art. 167 TFUE. En revanche, s'il n'existe pas de règle ou de principe général du droit de l'Union garantissant l'effectivité du respect de la disposition ou du principe constitutionnel invoqué, il revient au juge administratif d'examiner directement la constitutionnalité des dispositions réglementaires contestées. • CE 3 oct. 2016, *Conféd. paysanne et a.,* n° 388649 A : *préc. note 19.* ♦ Il en va de même lorsqu'il est soutenu qu'une directive méconnaît les stipulations de la Conv. EDH, dès lors qu'il résulte de l'art. 6, § 3, du TUE que les droits fondamentaux garantis par ces stipulations « font partie du droit de l'Union en tant que principes généraux ». • CE 6 mai 2019, n° 416088 B : *AJDA 2019. 967 ; JCP Adm. 2019. 2296, note Marti.*

22. QPC. Cependant, le respect de l'exigence constitutionnelle de transposition des directives ne relève pas des « droits et libertés que la Constitution garantit » et ne saurait, par suite, être invoqué dans le cadre d'une QPC. • Cons. const. 12 mai 2010, n° 2010-605 DC § 17.

2° PORTÉE DU CONTRÔLE DU JUGE CONSTITUTIONNEL

a. Vérification de la qualité de la transposition

23. Principe. Il appartient au Cons. const., saisi dans les conditions prévues par l'art. 61 Const. d'une loi ayant pour objet de transposer en droit interne une directive communautaire, de veiller au respect de l'exigence constitutionnelle de transposition. • Cons. const. 30 nov. 2006, n° 2006-543 DC § 5 • Cons. const. 12 juin 2018, n° 2018-765 DC § 3.

V. pour d'autres décisions dans le même sens : .

24. La loi de transposition peut ne pas contrevenir aux dispositions de la directive sous réserve de l'interprétation que donne le Conseil des dispositions de la loi. • Cons. const. 27 juill. 2006, n° 2006-540 DC § 37, 41 et 50.

25. Le Cons. const. peut du reste se saisir d'office du respect de cette exigence. • Cons. const. 30 nov. 2006, n° 2006-543 DC § 2 s.

26. Contrôle par rapport à la seule directive transposée. Cette censure sanctionne l'incompatibilité manifeste de la loi de transposition avec la seule directive à transposer et non à une autre directive communautaire. • Cons. const. 30 mars 2006, n° 2006-535 DC § 28. ♦ ... A la charte sociale européenne ou à la Conv. OIT n° 158. • Cons. const. 30 mars 2006, n° 2006-535 DC § 27.

27. De même, dès lors qu'une disposition n'a pas pour objet de transposer une directive, la violation de l'obligation de transposition ne peut être que rejetée. • Cons. const. 30 mars 2006, n° 2006-535 DC § 28 • Cons. const. 19 juin 2008, n° 2008-564 DC § 31 • Cons. const. 9 juin 2011, n° 2011-631 DC § 84 et 89.

28. Contrôle restreint. – Incompatibilité manifeste. Devant statuer avant la promulgation de la loi dans le délai prévu par l'art. 61 Const. 58, le Cons. const. ne peut saisir la CJUE d'une question préjudicielle et ne peut, en conséquence, déclarer non conforme au présent art. qu'une disposition législative manifestement incompatible avec la directive qu'elle a pour objet de transposer. • Cons. const. 27 juill. 2006, n° 2006-540 DC § 20 • Cons. const. 12 juin 2018, n° 2018-765 DC § 3.

V. pour d'autres décisions dans le même sens :.

29. Contrôle asymétrique. Compte tenu du caractère restreint du contrôle, il appartient aux juridictions administratives et judiciaires d'exercer le contrôle de compatibilité de la loi au regard des engagements européens de la France et, le cas échéant, de saisir la CJUE à titre préjudiciel. • Cons. const. 27 juill. 2006, n° 2006-540 DC § 20 • Cons. const. 30 nov. 2006, n° 2006-543 DC § 7 • Cons. const. 19 juin 2008, n° 2008-564 DC § 45 • Cons. const. 12 mai 2010, n° 2010-605 DC § 18 • Cons. const. 29 déc. 2015, n° 2015-726 DC § 5.

b. Immunité constitutionnelle de la loi de transposition

30. Principe. En revanche, il résulte de cette exigence que des dispositions législatives se bornant à tirer les conséquences nécessaires des dispositions inconditionnelles et précises d'une directive (ou des dispositions d'un règlement européen) ne peuvent être contestées devant le Cons. const. • Cons. const. 27 juill. 2006, n° 2006-540 DC § 35 • Cons. const. 12 juin 2018, n° 2018-765 DC § 3 • Cons. const. 25 oct. 2019, *Sté Air France*, n° 2019-810 QPC § 7. ♦ Encore faut-il que la disposition contestée se borne effectivement à tirer les conséquences de l'acte européen. • Cons. const. 6 déc. 2019, *Saisda C.*, n° 2019-818 QPC § 7.

V. pour d'autres décisions dans le même sens :.

31. En QPC, le juge du fond peut dès lors refuser de transmettre la question. • Soc. 15 juin 2011, n° 10-27.130. ♦ V. note 41. ♦ ... Le Cons. const. prononce alors le non-lieu à statuer. • Cons. const. 17 déc. 2010, *Kamel D.*, n° 2010-79 QPC • Cons. const. 4 avr. 2014, *Sté Sephora*, n° 2014-373 QPC § 7 (*a contrario*).

32. Le choix fait par le législateur de transposer une directive en introduisant des dispositions dont certaines sont formellement différentes de celles du règlement n'entraîne pas une inintelligibilité de la loi. • Cons. const. 12 juin 2018, n° 2018-765 DC § 7.

33. Il n'appartient qu'au juge communautaire, saisi le cas échéant à titre préjudiciel, de contrôler le respect par une directive communautaire, tant des compétences définies par les traités que des droits fondamentaux garantis par l'art. 6 TUE. • Cons. const. 10 juin 2004, n° 2004-496 DC § 7 • Cons. const. 25 oct. 2019, *Sté Air France*, n° 2019-810 QPC § 7.

V. pour d'autres décisions dans le même sens :.

34. Le Cons. const. doit donc, lorsqu'il est saisi d'une loi de transposition, indiquer celles des dispositions de la loi qui se bornent à tirer les conséquences nécessaires des dispositions précises et inconditionnelles et celles qui ne procèdent pas à cette transposition ; ces dernières sont les seules sur lesquelles il peut se prononcer. • Cons. const. 29 déc. 2015, n° 2015-726 DC § 7 et 8. ♦ V. également. • Cons. const. 2 oct. 2020, *Sté Bâtiment mayennais*, n° 2020-857 QPC § 16.

35. Limites générales au principe. Il ressort de la Const. et notamment de son art. 88-4 que l'exigence de transposition des directives n'a pas pour effet de porter atteinte à la répartition des matières entre le domaine de la loi et celui du règlement telle qu'elle est déterminée par la Constitution. • Cons. const. 19 juin 2008, n° 2008-564 DC § 53.

36. Dès lors, si une incompétence négative du législateur ne peut s'analyser comme une violation de l'obligation de transposition, elle doit être sanctionnée. • Cons. const. 19 juin 2008, n° 2008-564 DC § 55 (sol. impl.).

37. De même cette exigence constitutionnelle ne dispense pas le législateur du respect de l'objectif de valeur constitutionnelle d'accessibilité et d'intelligibilité de la loi. • Cons. const. 26 juill. 2018, n° 2018-768 DC § 4. ♦ Ab. jur. • Cons. const. 13 mars 2014, n° 2014-690 DC § 28 à 32.

38. Distinction selon le degré d'harmonisation imposé par la directive. Sans dispenser les États membres de l'UE de leur obligation de transposer les dispositions résultant de cette directive, son art. 1er leur confère une marge d'appréciation pour prévoir des dispositions complémentaires renforçant la protection du secret des affaires. Dès lors, il appartient au Conseil constitutionnel de se prononcer sur le grief tiré de ce que le législateur aurait méconnu la liberté d'entreprendre en ne prévoyant pas de telles dispositions complémentaires, s'ajoutant à celles tirant les conséquences nécessaires des dispositions inconditionnelles et précises de la directive. • Cons. const. 26 juill. 2018, n° 2018-768 DC § 14.

3° LIMITE À L'OBLIGATION CONSTITUTIONNELLE DE TRANSPOSITION

BIBL. Dubout, Les règles ou principes inhérents à l'identité constitutionnelle de la France : une supra-constitutionnalité ?, *RFDC 2010. 451*. – Millet, L'Union européenne et l'identité constitutionnelle des États membres, *LGDJ 2013*.

39. Il ne peut être fait obstacle à cette obligation constitutionnelle de transposition que si la directive à transposer allait à l'encontre d'une règle ou d'un principe inhérent à l'identité constitutionnelle de la France. • Cons. const. 27 juill. 2006, n° 2006-540 DC § 19 • Cons. const. 19 juin 2008, n° 2008-564 DC § 44 • Cons. const. 30 nov. 2006, n° 2006-543 DC § 6 ♦ … A moins que le constituant n'y ait consenti. • Mêmes affaires. ♦ V. pour une application de ce principe à un accord international relevant d'une compétence exclusive de l'UE : • Cons. const. 31 juill. 2017, n° 2017-749 DC. ♦ La jurisprudence antérieure parlait de « dispositions expresses de la Constitution ». • Cons. const. 10 juin 2004, n° 2004-496 DC § 7 • Cons. const. 1er juill. 2004, n° 2004-497 DC § 18 • Cons. const. 29 juill. 2004, n° 2004-498 DC § 4 • Cons. const. 29 juill. 2004, n° 2004-499 DC § 7.

40. Ces règles ou principes inhérents à l'identité constitutionnelle de la France ne doivent pas être protégés à l'identique par le droit de l'Union. • CE 3 juin 2009, *Sté Arcelor Atlantique et Lorraine*, n° 287110 A : *préc. note 18.*

41. En l'absence de mise en cause d'une règle ou d'un principe inhérent à l'identité constitutionnelle de la France, le Cons. const. n'est pas compétent pour contrôler la conformité aux droits et libertés que la Const. garantit de telles dispositions législatives. • Cons. const. 17 déc. 2010, *Kamel D.*, n° 2010-79 QPC §3. ♦ Il n'y a dès lors pas lieu de renvoyer une QPC dans ce cas. • CE 14 sept. 2015, n° 389806 B : *AJDA 2015. 2441, note Rassu ; D. 2015. 2214, obs. Larrieu, Le Stanc et Tréfigny ; RTD com. 2016. 123, obs. Pollaud-Dulian ; Dr. adm. 2016. 4, chron. Platon* • *CE 8 juill. 2015*, n° 390154 B : *AJDA 2015. 1390 ; ibid. 2035, note Haguenau-Moizard ; JCP Adm. 2015. 641* • CE 13 mars 2019, n° 424565 B : *AJDA 2019. 612 ; ibid. 1522, note Ytier* .

42. Notion de principe constitutionnel ayant le caractère de règle ou principe inhérent à l'identité constitutionnelle de la France. Ne constitue pas une règle ou un principe inhérent à l'identité constitutionnelle de la France dès lors qu'il ou elle est également protégé(e) par le droit de l'Union européenne, notamment par la Charte des droits fondamentaux de l'UE : la liberté d'expression et de communication. • Cons. const. 26 juill. 2018, n° 2018-768 DC § 10. ♦ V. déjà : • Cons. const. 1er juill. 2004, n° 2004-497 DC § 23 • CE 28 déc. 2016, n° 404625 § 5. ♦ … La liberté d'entreprendre. • Cons. const. 26 juill. 2018, n° 2018-768 DC § 12. ♦ V. déjà : • CE 28 déc. 2016, n° 404625 § 5 • CE 21 févr. 2018, *ONF*, n° 410678 § 8. ♦ … Le principe d'égalité devant la loi. • Cons. const. 26 juill. 2018, n° 2018-768 DC § 38. ♦ V. déjà : • CE, ass., 8 févr. 2007, *Sté Arcelor Atlantique et Lorraine*, n° 287110 A : *préc. note 18.*

4° APPLICATION PAR LE JUGE INTERNE

43. Le contrôle de constitutionnalité des actes réglementaires assurant directement la transposition d'une directive est appelé à s'exercer selon des modalités particulières dans le cas où sont transposées des dispositions précises et inconditionnelles. Il appartient au juge administratif, saisi d'un moyen tiré de la méconnaissance d'une disposition ou d'un principe de valeur constitutionnelle, de rechercher s'il existe une règle ou un principe général du droit communautaire qui, eu égard à sa nature et à sa portée, tel qu'il est interprété en l'état actuel de la jurisprudence du juge communautaire, garantit par son application l'effectivité du respect de la disposition ou du principe constitutionnel invoqué. Dans l'affirmative, il recherche si la directive transposée est conforme à cette règle ou à ce principe général du droit communautaire. En l'absence de difficulté sérieuse, il écarte le moyen invoqué. En cas de difficulté, il saisit la CJCE d'une question préjudicielle et est ensuite lié par la décision de celle-ci (V. Const. 58, art. 55, note 81). S'il n'existe pas de règle ou de principe général du droit communautaire garantissant l'effectivité du respect de la disposition ou du principe constitutionnel invoqué, le juge administratif examine directement la constitutionnalité des dispositions réglementaires contestées. • CE, ass., 8 févr. 2007, *Sté Arcelor Atlantique et Lorraine*, n° 287110 : *préc. note 18.* ♦ Le juge procédera de la même façon s'agissant d'un moyen tiré de la méconnaissance par une directive des stipulations de la Conv. EDH, et recherchera si la directive est compatible avec les droits fondamentaux garantis par ces stipulations qui, dans l'ordre juridique communautaire, sont protégés en tant que principes généraux du droit communautaire. • CE, sect., 10 avr. 2008, *Conseil nat. des barreaux,* n° 296845 : *Lebon 129, concl. Guyomar* ; *AJDA 2008. 1085, chron. Boucher et Bourgeois-Machureau* ; *RFDA 2008. 575, concl. Guyomar* ; *ibid. 711, note Labayle et Mehdi* . ♦ De même, il appartient au juge administratif de vérifier que les mesures prises pour l'application d'une loi de transposition n'ont pas elles-mêmes méconnu ces principes. • CE 6 déc. 2012, *Sté Air Algérie,* n° 347870 § 10 : *Lebon 398 ; AJDA 2012. 2380, chron. Domino et Bretonneau* ; *RFDA 2013. 653, note Cassia* .

44. Cependant, si les motifs d'inconstitutionnalité allégués concernent non des dispositions réglementaires assurant directement la transposition de la directive, mais des dispositions réglementaires qui se bornent à réitérer les dispositions législatives transposant cette directive, mettant ainsi directement en cause la conformité à la Constitution de ces dispositions législatives, seule une QPC est possible. • CE 6 déc. 2012, *Sté Air Algérie,* n° 347870 § 10 : *préc. note 43.* ♦ Rappr. • CE 27 oct. 2011, *CFDT,* n° 343943 : *Lebon T. 743* ; *AJDA 2011. 2098* .

45. La réserve de compétence au profit de la juridiction administrative, fondée sur le principe général reconnu par les lois de la République (V. notes ss. Préamb. Const. 46, al. 1er), telle que précisée par le Cons. const., ne concernant que le contentieux de l'annulation et de la réformation et non le contentieux de l'appréciation de légalité et de l'interprétation, il est dès lors possible que le juge judiciaire apprécie la conventionnalité d'un acte administratif au regard du droit de l'Union. En effet, il résulte du principe d'effectivité issu des dispositions des traités, telles qu'elles ont été interprétées par la CJUE, que le juge national chargé d'appliquer les dispositions du droit de l'Union a l'obligation d'en assurer le plein effet en laissant au besoin inappliquée, de sa propre autorité, toute disposition contraire ; qu'à cet effet, il doit pouvoir, en cas de difficulté d'interprétation de ces normes, en saisir lui-même la CJUE à titre préjudiciel ou, lorsqu'il s'estime en état de le faire, appliquer le droit de l'Union, sans être tenu de saisir au préalable la juridiction administrative d'une question préjudicielle, dans le cas où serait en cause devant lui, à titre incident, la conformité d'un acte administratif au droit de l'Union européenne. • T. confl. 17 oct. 2011, *SCEA du Chéneau,* n° 3828 : *Lebon 698* ; *AJDA 2011. 2041* ; *D. 2011. 3046, note Donnat* ; *JCP Adm. 2011. 2354, note Pauliat.*

B. CONSÉQUENCES DE L'OBLIGATION DE TRANSPOSER

1° MISE EN ŒUVRE DE LA TRANSPOSITION

46. Principe. Il appartient donc aux autorités internes compétentes (pouvoir législatif ou réglementaire), sous le contrôle du juge interne, d'édicter des dispositions soit identiques soit d'effet équivalent aux directives. • CJCE 1er févr. 1977, *Verbond van Naderlandse Ondernemingen,* n° 51/76 § 29 : *Rec. CJCE 113* • CE 28 sept. 1984, *Conf. nat. stés protection des animaux,* n° 28467 B : *AJDA 1984. 695, concl. Jeanneney; RD publ. 1985. 811, note Auby* • CE 8 juill. 1991, *Palazzi,* n° 95461 A : *AJDA 1991. 827, note Julien-Laferrière* ; *LPA 17 juill. 1992, note de Béchillon ; JCP 1992. 21870, note Haim* • CE, ass., 20 févr. 1998, *Ville de Vaucresson,* n° 159496 A : *RFDA 1998. 431, concl. Bergeal* ; *JCP 1998. 10169, obs. Cassia.* ♦ Il est souhaitable que la transposition des dispositions des directives soit la plus « littérale » possible pour éviter toute ambiguïté ; ainsi les dispositions de la loi du 17 juill. 1978 sur la communication des documents administratifs ne réalisent qu'une transposition partielle de la directive 90/313/CEE du 7 juin 1990 concernant la liberté d'accès à l'information en matière d'environnement, plusieurs notions de la loi ne recouvrant pas celles retenues par la directive. • CJCE 26 juin 2003, *Commission c/ France,* n° C-233/00 : *AJDA 2003. 2151, chron. Bélorgey, Gervasoni et Lambert* . ♦ En revanche, le mécanisme du rejet implicite prévu à l'art. 2 du Décr. 28 avr. 1988 pris pour l'application de la loi du 17 juill. 1978 a été jugé compatible avec les dispositions de la directive (notamment son art. 3, § 4) en tant qu'il est subsidiaire à la règle de la décision « écrite et motivée » et permet de protéger les administrés en leur donnant une possibilité de recours juridictionnel lorsque l'administration ne se conforme pas à ses obligations. • Même affaire.

47. Cependant, les autorités nationales restent seules compétentes pour décider de la forme à donner à l'exécution des directives et pour fixer elles-mêmes, sous le contrôle des juridictions nationales, les moyens propres à leur faire produire des effets en droit interne. • CJCE 10 avr. 1984, *Sabine von Colson et Élisabeth Kamman,* n° 14/83 : *préc. note 17* • CE, ass., 3 févr. 1989, *Cie Alitalia,* n° 74052 A : *GAJA, 22e éd., n° 83 ; AJDA 1989. 387, note Fouquet ; ibid. 2014. 99, note Guyomar et Collin* ; *RFDA 1989. 391, concl. Chahid-Nouraï, note Beaud* • CE, ass., 11 mars 1994, *Union transporteurs en commun de voyageurs des Bouches-du-Rhône,* n° 98465 A : *RFDA 1994. 1004, concl. du Marais* ; *D. 1995. 49, note Pastorel* . ♦ L'acte de transposition peut dès lors contenir des dispositions transitoires, en particulier pour régler le cas des situations en cours. • CE, ass., 20 févr. 1998, *Ville de Vaucresson,* n° 159496 A : *préc. note 46.* ♦ En revanche, il n'est pas possible de prendre en compte des situations nées postérieurement à l'expiration du délai de transposition. • CJCE

11 août 1995, *Commission c/ Allemagne,* n° C-431/92 § 28 s. : *Rec. CJCE I-2189.* ♦ De plus, si la directive subordonne l'introduction de dérogation à une procédure préalable de consultation d'organes communautaires, le pouvoir réglementaire ne peut se dispenser de respecter cette procédure. • CE, ass., 11 mars 1994, *Union transporteurs en commun de voyageurs des Bouches-du-Rhône,* n° 98465 A : *préc.*

48. Il est possible que la loi de transposition d'une directive prévoie elle-même un délai de réalisation pour la mise en œuvre de celle-ci ; tel est le cas lorsque la directive impose à l'État des aménagements importants. • CE 22 oct. 2010, *Bleitrach,* n° 301572 : *Lebon 399, concl. Roger-Lacan ; AJDA 2010. 2020 ; ibid. 2207, chron. Botteghi et Lallet ; D. 2011. 1299, chron. Boujeka ; RFDA 2011. 141, concl. Roger-Lacan ; RDSS 2011. 151, note Rihal ; RTD eur. 2011. 483, obs. Ritleng .*

49. S'il incombe au pouvoir réglementaire de prendre, dans la mesure où des motifs de sécurité juridique l'exigent, des mesures transitoires pour l'entrée en vigueur des dispositions réglementaires de transposition d'une directive, une période transitoire ne peut légalement avoir pour effet de repousser la transposition de la directive au-delà du délai de transposition prévu, lequel a d'ailleurs pour objet de garantir une telle période transitoire. • CE 3 nov. 2014, *Féd. auton. sapeurs-pompiers professionnels,* n° 375534 : *AJDA 2014. 2163 ; ibid. 2015. 463, note Éveillard ; JCP Adm. 2014. 899.*

50. Obligation de transposer et respect d'autres conventions internationales. Le juge réserve expressément les cas où serait en cause l'ordre juridique intégré que constitue l'Union européenne. • CE, ass., 23 déc. 2011, *Kandyrine de Brito Paiva,* n° 303678 : *RFDA 2012. 1, concl. Boucher ; ibid. 19, note Guillaume ; ibid. 26, note Alland ; AJDA 2012. 201, chron. Domino et Bretonneau ; Constitutions 2012. 295, obs. Levade ; Dr. adm. 2012. 11, étude Gautier.* ♦ Il appartient au juge administratif, saisi d'un moyen tiré de la méconnaissance par une directive d'un accord international conclu par l'Union, de rechercher si la directive est compatible avec ces stipulations. Si, afin d'assurer une interprétation uniforme du droit de l'Union, la CJUE dispose d'une compétence exclusive pour déterminer si les stipulations d'une convention internationale par laquelle l'Union est liée ont un contenu inconditionnel et suffisamment précis pour pouvoir être invoquées en justice, cette compétence doit s'entendre sous réserve que la question posée soit déterminante pour la solution du litige que la juridiction nationale doit trancher et qu'elle présente une difficulté sérieuse ; en l'absence de difficulté sérieuse sur ce point, il appartient donc au Conseil d'État statuant au contentieux, saisi d'un moyen mettant en cause la validité d'un acte de l'Union au regard d'une convention internationale à laquelle l'Union est partie, d'apprécier lui-même l'effet direct des stipulations en cause ; dans le cas contraire, il lui appartient de saisir la CJUE d'une question préjudicielle, dans les conditions prévues par l'art. 267 TFUE. Enfin, dans l'hypothèse où il reconnaît lui-même que les stipulations invoquées sont d'effet direct, il revient au juge administratif, en l'absence de doute sérieux sur la validité de la directive, d'écarter le moyen invoqué, ou, au contraire, en cas de doute sérieux, de saisir la CJUE d'une question préjudicielle afin qu'elle se prononce sur la validité de cette directive. • CE 6 déc. 2012, *Sté Air Algérie,* n° 347870 § 28 : *préc. note 43.* ♦ Si la CJUE s'est déjà prononcée, le juge se réfère à la solution qu'elle a dégagée. • CE 6 déc. 2012, *Sté Air Algérie,* n° 347870 § 29 : *préc. note 43.*

51. S'agissant d'un moyen tiré de la méconnaissance par une directive des stipulations de la CEDH, le juge recherchera si la directive est compatible avec les droits fondamentaux garantis par ces stipulations qui, dans l'ordre juridique communautaire, sont protégés en tant que principes généraux du droit communautaire. • CE, sect., 10 avr. 2008, *Conseil nat. des barreaux,* n° 296845 : *préc. note 43.*

52. La méconnaissance de conventions auxquelles l'Union n'est pas partie ne saurait être utilement invoquée pour contester la validité d'une directive de l'Union européenne. • CJUE 21 déc. 2011, *Air Transport Association of America,* n° C-366/10 : *AJDA 2012. 119 ; RTD eur. 2012. 247, obs. Bosse-Platière et Flaesch-Mougin ; ibid. 464, obs. Thieffry ; ibid. 531, obs. Grard .*

53. Obligation de transposer et jurisprudence. En application de la « théorie du droit vivant », la transposition d'une directive peut être assurée, du moins pour partie, par la jurisprudence qui peut ainsi avoir imposé des éléments non prévus dans les textes assurant la transposition. • CE 24 avr. 2013, *Radu,* n° 351460 : *AJDA 2013. 889 ; JCP Adm. 2013. 412* (sol impl.).

54. Contrôle du juge. Le juge de l'Union s'assure de la bonne transposition et au besoin condamne l'État si la transposition n'est pas satisfaisante. • CJUE 4 mars 2010, *Commission européenne c/ Rép. française,* n° C-241/08 : *AJDA 2010. 468* (mentionné).

55. Il en va désormais de même du juge constitutionnel s'agissant des lois, mais ce contrôle reste restreint : V. note 23.

56. Il en découle que le juge interne doit contrôler la compatibilité des actes administratifs assurant la transposition des directives aux objectifs de celles-ci. • CE 9 mai 2001, n° 223314 • CE 20 sept. 2019, n° 428274 : *AJDA 2019. 2223, chron. Malverti et Beaufils* . ♦ V. également les décisions du Conseil d'État, mentionnées note 46. ♦ ... Au besoin telles qu'elles ont été interprétées par la CJCE. • CE 28 avr. 2006, *Dellas,* n° 242727 : *Lebon 206* ; *AJDA 2006. 1462* ; *RJS 2006. 564, concl. Devys, RDSS 2006. 722, note Boulmier* . ♦ V. Const. 58, art. 55, notes 82 s.

57. Par ailleurs, il appartient aux autorités administratives nationales, sous le contrôle du juge, d'exercer les pouvoirs que la loi leur attribue en donnant à celle-ci dans le cas où elle se situe dans le champ d'application d'une règle communautaire, une interprétation qui, dans la mesure où le texte le permet, soit conforme au droit communautaire et notamment aux objectifs des directives sans pour autant que cela puisse autoriser à modifier par voie réglementaire des dispositions législatives. • CE, ass., 20 févr. 1998, *Ville de Vaucresson,* n° 159496 : *préc note 46.*

58. Le juge doit donc annuler les actes réglementaires d'exécution des lois contraires aux objectifs d'une directive même non transposée. • CE 24 févr. 1999, n° 195354 A : *AJDA 1999. 823, note Ricci* ; *Dr. adm. 1999 n° 227, obs. J.-C. B.* • CE 31 juill. 2019, n° 428530 A (concl. Odinet) : *AJDA 2019. 1607* ; *ibid. 2316, concl. Odinet* ; *JA 2019, n° 606, p. 12, obs. Autier* . ♦ ... Annuler des actes réglementaires nouveaux contraires aux objectifs d'une directive. • CE 7 déc. 1984, *Féd. française stés de protection de la nature : Lebon 410 ; RFDA 1985. 303, concl. Dutheillet de Lamothe ; AJDA 1985. 83, chron. Schoettl et Hubac ; RD publ. 1985. 811, note Auby* • CE 9 juill. 1993, *Assoc. « FO Consommateurs » : Lebon 212 ; AJDA 1994. 155, obs. Prétot* ; *CJEG 1993. 563, concl. Le Chatelier* • CE, ass., 11 mars 1994, *Union transporteurs en commun de voyageurs des Bouches-du-Rhône,* n° 98465 : *préc. note 47.* ♦ ... Constater, après que la CJCE a condamné la France pour manquement du fait de la contrariété d'un règlement (national) à une directive, que ce règlement était inapplicable. • CE 23 mars 1992, *Sté Klöchner France,* n° 54806 : *Lebon 133* .

59. Il appartient en conséquence au juge du fond, dès lors qu'il a constaté l'absence de disposition prise pour assurer la transposition de la directive, de rechercher si les conditions dans lesquelles l'avis [qu'elle impose] a été rendu répondent ou non aux objectifs de celle-ci. Ainsi, lorsque le préfet de région est l'autorité compétente pour autoriser le projet en cause, si la mission régionale d'autorité environnementale du Conseil général de l'environnement et du développement durable (...) peut être regardée comme une entité disposant, à son égard, d'une autonomie réelle lui permettant d'exercer la mission de consultation en matière environnementale, il n'en va en principe pas de même des services placés sous son autorité hiérarchique, telles les directions régionales de l'environnement, de l'aménagement et du logement. • CE 20 sept. 2019, n° 428274 : *préc. note 56.*

60. Il en résultera qu'un règlement de transposition, contraire à une loi, mais conforme aux objectifs de la directive, sera régulier, le moyen tiré de la violation de la loi ne pouvant être qu'écarté. • CE 20 déc. 2000, *Géniteau,* n° 213415 A : *D. 2001. 1713, note Raynouard* ; *ibid. 383, obs. Lienhard* ; *RTD civ. 2001. 238, obs. Molfessis* ; *AJDA 2001. 489, note Pontier* ; *Gaz. Pal. 8 juill. 2001, note Mitrovic.* ♦ De même le juge pourra ordonner à l'administration d'avoir à prendre, dans un délai raisonnable, les mesures nécessaires permettant de respecter ces obligations d'une directive. • CE, ass., 29 juin 2001, *Vassilikiotis,* n° 213229 A (concl. Lamy) : *AJDA 2001. 1046, chron. Guyomar et Collin* ; *LPA 24 oct. 2001, note Damarey ; RD publ. 2002. 752, chron. Guettier.* ♦ Enfin, le juge devra donner des actes assurant la transposition des directives une interprétation et une application conforme aux exigences du droit communautaire. • CJCE 10 avr. 1984, *Sabine von Colson et Élisabeth Kamman,* n° 14/83 : *préc. note 9.*

61. Enfin, le pouvoir réglementaire ne peut, à l'issue du délai de transposition de la directive, laisser subsister des dispositions réglementaires qui seraient contraires aux objectifs de la directive, que cette illégalité existe dès l'origine de l'acte, ou apparaisse du fait d'un changement des circonstances de droit ou de fait postérieur à cette date. • CE, ass., 3 févr. 1989, *Cie Alitalia,* n° 74052 A : *préc. note 47* • CE 10 juin 1994, n° 121768 A • CE 4 oct. 2019, n° 423647 B : *AJDA 2019. 1969* ; *JCP Adm. 2019. 652.* ♦ Rappr. • CJCE 15 oct. 1986, *Commission c/ Italie,* n° 168/85 § 11 : *Rec. CJCE 2945.* ♦ Il en découle également que, lorsqu'il apparaît que les dispositions réglementaires prises sous la forme législative sont contraires aux objectifs de directives communautaires, le Premier ministre doit, dans un délai raisonnable, engager la procédure de déclassement prévue à l'art. 37, al. 2, Const. • CE, sect., 3 déc. 1999, *Assoc. ornithologique et mammalogique de Saône-et-Loire et Rassemblement des opposants à la chasse,* n° 164789 A (concl. Lamy) : *GAJA, 18e éd., n° 103 ; RFDA 2000. 409, note Dubouis* ; *ibid. 664, notes Favoreu, B.G., de Béchillon et Carcassonne* ; *AJDA 2000. 120, chron. Guyomar et Collin* ; *D. 2000. 272, note Toulemonde* ; *RD publ. 2000. 1, obs. Camby ; ibid. 289, note Cassia et Saulnier ; JCP 2000. 10319, note Évain ; Rev. adm. 2000. 359, note Favre ; Rev. Marché commun 2000. 533, note Chaltiel ; LPA 11 févr. 2000, note Romi ; ibid.*

7 mars 2000, note Roblot ; JCP 2000. 1543, chron. Boiteau.

62. Le juge contrôle également que l'autorité qui réalise la transposition en a bien la compétence. • CE 28 déc. 1992, *Féd. Nat. exploitants d'abattoirs prestataires de service*, n° 129900 : *Lebon 459*. ♦ ... Que la procédure suivie est bien celle imposée par la directive. Si une consultation de la commission est obligatoire, le juge vérifie que le texte de transposition a bien été transmis pour avis. • CE 6 déc. 2006, *Assoc. utilisateurs et distributeurs agrochimie européenne*, n° 282417 : *Lebon 498 ; RDSS 2007. 165, note Megerlin*. ♦ ... Que la transposition ne viole pas des dispositions contenues dans les traités communautaires. • Même affaire.

63. Lorsque le redevable choisit de rechercher la responsabilité de l'État du fait de la méconnaissance de l'obligation qui incombe au législateur d'assurer le respect des conventions internationales, notamment faute d'avoir réalisé la transposition, dans les délais qu'elles ont prescrits, des directives communautaires, une telle action relève du régime de la responsabilité de l'État du fait de son activité législative et donc de la juridiction administrative. • T. confl. 31 mars 2008, *Boiron*, n° 3632 : *Lebon 553 ; AJDA 2008. 1116*.

2° INVOCABILITÉ DE LA DIRECTIVE

a. Antérieurement au délai de transposition

BIBL. Coutron, La lente conversion du Conseil d'État à l'effet direct des directives, *AJDA 2010. 1412*.

64. Principe. Une directive n'a pas à être appliquée. • CE, ass., 20 févr. 1998, *Ville de Vaucresson*, n° 159496 : *préc. note 46* • CE 26 janv. 2007, *Sté mines Sacilor Lormines*, n° 297578 : *Contrats et marché publics 2007. 83, obs. Zimmer.*

65. Attitude des États. Les États doivent s'abstenir de prendre des dispositions de nature à compromettre sérieusement les chances d'atteindre l'objectif visé par la directive. • CJCE 18 déc. 1997, *Inter-environnement Wallonie*, n° C-129/96 : *Rec. CJCE I-7411 ; AJDA 1998. 451, note Couvert-Castera ; Europe 1998, n° 42, note Rigaux* • CE 10 janv. 2001, *France Nature Environnement*, n° 217237 : *Lebon 9 ; Europe 2001, n° 152 ; Dr. adm. 2001, n° 69 ; Courrier jur. finances 2001, n° 8 (sol. impl.)* • CE 29 oct. 2004, *Sueur, n° 269814 : Lebon 393, concl. Casas ; RFDA 2004. 1103, concl. Casas*. ♦ Rappr. • Cons. const. 16 déc. 1999, n° 99-421 DC § 14. ♦ Le Conseil d'État estime également que, quand bien même la date limite de transposition d'une directive n'est pas expirée au moment où un décret en Conseil d'État est signé, celui-ci est illégal du fait que cette directive ayant des incidences sur le dispositif dudit décret est intervenue après l'examen du texte par les formations administratives de la haute assemblée. • CE, ass., 15 avr. 1996, *Union nat. pharmacies*, n° 110464 : *Lebon 127 ; Dr. adm. 1996. 250, note C. M.* ♦ Ceci devra conduire les préfets à déférer au juge de l'excès de pouvoir les dispositions réglementaires des collectivités territoriales qui leur paraissent contraires aux objectifs fixés par des directives même encore non transposées. • CE, sect., 8 déc. 2000, *Cne de Breil-s/-Roya*, n° 204756 : *Lebon 581 ; AJDA 2001. 775, note Février*.

66. Sur la possibilité de maintenir temporairement en vigueur un acte contraire au droit de l'Union, V. • CJUE 28 juill. 2016, *Assoc. France Nature Environnement*, n° C-379/15 : *AJDA 2016. 1541 ; ibid. 2226 ; ibid. 2209, chron. Broussy, Cassagnabère et Gänser, note Mamoudy ; D. 2016. 1701 ; Rev. UE 2016. 449, édito. Chaltiel.* ♦ V. déjà. • CJCE 18 déc. 1997, *Inter-environnement Wallonie*, n° C-129/96 : *préc. note 65.*

b. Directive transposée

67. Une fois transposée, une directive peut être invoquée par le particulier • CE 6 déc. 2006, *Assoc. utilisateurs et distributeurs de l'agrochimie européenne*, n° 282417 : *Lebon 498 ; RDSS 2007. 165, note Megerlin*. ♦ ... Y compris par voie d'exception. • CE 8 juill. 1991, *Palazzi*, n° 95461 : *préc. note 46.* ♦ Le juge s'assure, une fois la directive transposée, qu'aucune règle postérieure ne vient contredire ses dispositions. • CE 26 janv. 2007, *Synd prof. Géomatique*, n° 276928 : *Lebon 20*.

c. Absence de transposition à l'expiration du délai ou transposition incorrecte

68. Le fait de laisser passer le délai de transposition constitue un « manquement ». • CJCE 26 févr. 1976, *Commission c/ Italie*, n° 52/75 § 11 : *Rec. CJCE 277* • CJCE 1er mars 1983, *Commission c/ Belgique*, n° 300/81 § 11 : *Rec. CJCE 467.* ♦ ... Et ce d'autant plus qu'il est loisible aux États membres de demander une prorogation du délai de transposition. • CJCE 26 févr. 1976, *Commission c/ Italie*, n° 52/75 § 12 : *préc.* • CJCE 1er mars 1983, *Commission c/ Belgique*, n° 300/81 § 11 : *préc.*

69. Le juge administratif considère dès lors que le délai de transposition est impératif. • CE 10 janv. 2001, *Assoc. France Nature Environnement*, n° 217237 : *préc. note 65* ♦ Il considère également que le refus de prendre les décisions réglementaires nécessaires à satisfaire aux objectifs d'une directive communautaire est illégal. • CE, sect., 3 déc. 1999, *Assoc. ornithologique et mammalogique de Saône-et-Loire et Assoc. France Nature Environne-*

ment, n° 199622 : *Lebon 379, concl. Lamy* ; *RFDA 2000. 409, note Dubouis* ; *ibid. 664, notes Favoreu* , *B.G* ., *de Béchillon* , *Carcassonne* ; *AJDA 2000. 120, chron. Guyomar et Collin* ; *D. 2000. 272, note Toulemonde* ; *RD publ. 2000. 1, obs. Camby ; ibid. 289, note Cassia et Saulnier ; JCP 2000. 10319, note Évain ; ibid. 1543, chron. Boiteau, Rev. adm. 2000. 359, note Favre ; Rev. Marché commun 2000. 533, note Chaltiel ; LPA 11 févr. 2000, note Romi ; ibid. 7 mars 2000, note Roblot ; GAJA 18ᵉ éd., n° 103* • CE 10 déc. 2010, *La Cimade et a.*, n° 326704 : *AJDA 2010. 2400* .

70. Dans le cas où les dispositions d'une directive apparaissent, du point de vue de leur contenu, inconditionnelles et suffisamment précises, les particuliers sont fondés à les invoquer devant les juridictions nationales à l'encontre de l'État soit lorsque celui-ci s'est abstenu de transposer dans les délais la directive en droit national, soit lorsqu'il en fait une transposition incorrecte. • CJCE 19 janv. 1982, *Becker*, n° C-8/81 § 25 : *Rec. CJCE 53* • CJUE 12 déc. 2013, *Portgas – Sociedade de Produção e Distribuição de Gas SA*, n° C-425/12 § 18 : *AJDA 2014. 630, note Amilhat* ; *RFDA 2014. 335, chron. Mayeur-Carpentier, Clément-Wilz et Martucci* . ♦ Dès lors que la transposition des directives est une obligation constitutionnelle, il est possible, passé le délai de transposition, de se prévaloir des dispositions précises et inconditionnelles de la directive directement contre un acte administratif individuel. • CE, ass., 30 oct. 2009, *Mme Perreux*, n° 298348 : *préc. note 18* • CE, avis, 21 mars 2011, *Jin et Thiero*, n° 345978 : *préc. note 18* • CAA Marseille, 17 juill. 2012, *M. D.*, n° 10MA04633 : *préc. note 18* • CE 1er mars 2013, *Sté Roozen France et a. et CRIIRAD et a.*, n° 340859 § 28 : *RFDA 2013. 823, concl. de Lesquen* . ♦ En revanche, si le délai de transposition n'est pas expiré, la directive ne peut être utilement invoquée. • CE 18 juill. 2011, *Cne de Nîmes*, n° 339452 : *Lebon T. 820* ; *JCP Adm. 2011. 556.* ♦ Il en est de même si ses dispositions ne revêtent pas un caractère d'inconditionnalité suffisant. • TA Marseille, 24 févr. 2011, *Adem A.*, n° 1101063 : *Dr. adm. 2011. 50, note Thiele.* • *CE 1er mars 2013, Sté Roozen France et a. et CRIIRAD et a.*, n° 340859 § 28 : *préc.*

71. Le Conseil d'État rejoint ainsi les positions déjà exprimées par la CJCE qui admet que les particuliers puissent invoquer la directive contre les autorités de l'État qui n'ont pas procédé à la transposition. • CJCE 26 févr. 1986, *Marshall*, n° 152/84 § 48 : *Rec. CJCE 723 ; JTDE 1993. 57, note Bertrand.* ♦ ... Et par la CEDH qui admet que les directives puissent, dans certaines circonstances, avoir un effet direct entre État et particuliers. • CEDH 30 juin 2005, *Bosphorus Hava Yollari Turizm Ve Ticaret Anonim Sirketi c/ Irlande*, n° 45036/98 § 93 : *JCP Adm. 2005, n° 1311, note Szymczak ; AJDA 2005. 1886, chron. Flauss* .

72. Par ailleurs, les règles internes (législatives ou réglementaires) contraires aux objectifs des directives communautaires doivent être écartées, une fois passé le délai de transposition. • CE 8 juill. 1991, *Palazzi*, n° 95461 : *préc. note 46* • CE, ass., 28 févr. 1992, *SA Rothmans international France*, n° 56776 : *Lebon 81* • CE 28 févr. 1992, *Sté Arizona Tobacco products*, n° 87753 : *Lebon 78* ; *AJDA 1992.210, concl. Laroque* ; *ibid. 1992. 329, chron. Maugüé et Schwartz* ; *RFDA 1992. 425, note Dubouis* ; *D. 1992. 208, chron. Kovar* • CE 17 mars 1993, *Groupement pour le développement de la coiffure*, n° 73272 : *Lebon 68* • CE 5 oct. 1998, *Union industries chimiques*, n° 162562 : *Lebon T. 798* • CE 20 déc. 2000, *Géniteau*, n° 213415 : *préc. note 60* • CE 16 mars 2001, *Sté coopérative Greenpeace Energy EG*, n° 221225 : *Lebon 134* • CE 4 févr. 2004, *Leseine et Warnimont*, n° 225310 : *Lebon 23* ; *AJDA 2004. 554, note Lemoyne de Forges* . • Crim. 17 oct. 1994, *Rouchet : Bull. Crim. n° 332* • 10 avr. 1995, *Gelain : Bull. Crim. n° 152.* ♦ Ce qu'admet également la CJCE. • CJCE 19 sept. 2000, *Linster*, n° C-287/98 : *RFDA 2003. 568, note Dubos* . ♦ Dès lors est illégal le refus d'abroger ces règles contraires. • CE, sect., 10 juill. 2002, *Féd. CFDT Interco*, n° 232034 : *Lebon 269* ; *Dr. adm. 2002. n° 144.* ♦ De même, il est possible, dans le cadre du référé-suspension, d'invoquer, au titre du doute sérieux, un moyen tiré de l'incompatibilité du droit national avec une directive communautaire • CE 3 mars 2004, *Sté Ploudalmezeau Breiz Avel*, n° 259001 : *Lebon 123* ; *Dr. adm. 2004 n° 82, note Cassia* • CE, réf., 9 mai 2006, *Féd. transpyrénéenne des éleveurs de montagne*, n° 292398 : *Lebon 236* . ♦ Doit également être annulée une autorisation donnée en application de ces règles contraires. • CE 6 juin 2007, *Assoc. Le Réseau Sortir du nucléaire*, n° 292386 : *Lebon 242* .

73. Il en va de même des lois qui méconnaîtraient l'interprétation donnée par la CJCE d'une directive communautaire • CE, sect., 3 déc. 1999, *Assoc. ornithologique et mammalogique de Saône-et-Loire et Assoc. France Nature Environnement*, n° 199622 : *préc. note 69.* ♦ Par ailleurs, il n'est pas possible de prétexter de l'absence des règlements d'application de la loi de transposition de la directive pour en refuser l'application. • Paris, 6 avr. 2004, *Sté France Télécom : Dr. adm. 2004, n° 117, note Sénac de Montsembernard.*

74. Relèvent de la compétence du juge administratif. • T. confl. 31 mars 2008, *Sté Boiron*, n° 3631 : *Lebon 553* ; *RFDA 2008. 1073* . ♦ ... Et ouvrent droit à réparation les dommages causés aux particuliers du fait de la non-transposition de directives. • CE, ass., 28 févr. 1992, *Sté Arizona Tobacco products,* n° 87753 : *préc. note 72* • CJCE 19 nov. 1991, *Francovich c/ Italie*, n° C-6/90 : *Rec. CJCE I-5357 ; AJDA 1992. 143, note Le Mire ; ibid. 253, chron. Combrexelle, Honorat et Soulard ; D. 1992. 1 ; RDI 1992. 141, chron. Périnet-Marquet ; RFDA 1992. 1, note Dubouis ; RTD eur. 1992. 27, étude Schockweiler ; ibid. 1993. 81, chron. Traversa ; Europe, déc. 1991, p. 1, obs. Simon ; JDI 1992. 426, note Constantinesco.* ♦ ... Ou de leur transposition tardive. • TA Rennes, 2 mai 2001, *Sté Suez-Lyonnaise des eaux : AJDA 2001. 593 ; Europe 2001, n° 247 obs. Cassia.*

75. A l'inverse, une directive ne peut par elle-même créer des obligations dans le chef d'un particulier et ne peut donc être invoquée en tant que telle à l'encontre d'une telle personne devant une juridiction nationale. • CJCE 8 oct. 1987, *Kolpinghuis Nijmegen*, n° C-80/86 § 9 : *Rec CJCE 3939* • CJUE 12 déc. 2013, *Portgas – Sociedade de Produção e Distribução de Gas SA*, n° C-425/12 § 22 : *préc. note 70.* ♦ Pourtant, une entreprise privée, chargée en vertu d'un acte de l'autorité publique d'accomplir, sous le contrôle de cette dernière, un service d'intérêt public et disposant à cet effet de pouvoirs exorbitants par rapport aux règles applicables dans les relations entre particuliers, est obligée de respecter les dispositions inconditionnelles et suffisamment précises d'une directive non transposée et peut donc se les voir opposer par les autorités d'un État membre. • CJUE 12 déc. 2013, *Portgas – Sociedade de Produção e Distribução de Gas SA*, n° C-425/12 § 38 : *préc. note 70.*

d. Transposition au-delà du champ de la directive

76. Lorsqu'une législation nationale se conforme pour les solutions qu'elle apporte à des situations purement internes à celles retenues en droit communautaire afin, notamment, d'éviter l'apparition de discriminations à l'encontre des ressortissants nationaux ou d'éventuelles distorsions de concurrence, il existe un intérêt communautaire certain à ce que, pour éviter des divergences d'interprétation futures, les dispositions ou les notions reprises du droit communautaire reçoivent une interprétation uniforme, quelles que soient les conditions dans lesquelles elles sont appelées à s'appliquer. Il revient cependant au juge national, seul, d'apprécier la portée du renvoi interne au droit communautaire. • CJCE 17 juill. 1997, *Leur-Blœm*, n° C-28/97 : *D. 1998. 217, note Bergeres ; Dr. fisc. 1997. 1100, note Derouin.*

77. La jurisprudence *Leur-Blœm* n'entraîne aucune extension du champ de la directive, et dans une situation purement interne, le juge ne dispose pas de la légitimité pour écarter la loi pour incompatibilité avec la directive. • CE 17 janv. 2007, *Banque féd. du Crédit Mutuel*, n° 262967 : *Lebon.*

78. Lorsque le Conseil d'État est saisi d'une situation dans laquelle la directive doit guider l'interprétation d'un texte, il tente alors d'assurer la cohérence de son interprétation et, le cas échéant, de faire prévaloir une interprétation neutralisante. • CE 30 janv. 2013, *Sté Ambulances de France*, n° 346683 : *Lebon.*

Art. 88-2 (*L. const. n° 2008-103 du 4 févr. 2008, art. 2-2°*) **La loi fixe les règles relatives au mandat d'arrêt européen en application des actes pris par les institutions de l'Union européenne.**

COMMENTAIRE

V. sur le Code en ligne.

1. Il appartient au Cons. const. saisi de dispositions législatives relatives au mandat d'arrêt européen de contrôler la conformité à la Const. de celles de ces dispositions législatives qui procèdent de l'exercice, par le législateur, de la marge d'appréciation que prévoit l'art. 34 TUE, dans sa rédaction alors applicable. • Cons. const. 4 avr. 2013, *Jérémy F.*, n° 2013-314P QPC § 5 • Cons. const. 14 juin 2013, *Jérémy F.*, n° 2013-314 QPC § 6.

2. Pour juger de la conformité de la disposition législative prévoyant que la décision de la chambre de l'instruction est rendue « sans recours » aux droits et libertés que garantit la Const., il appartient au Cons. const. de déterminer si la disposition de ce texte qui prévoit que la chambre de l'instruction « statue sans recours dans le délai de trente jours, à compter de la réception de la demande » découle nécessairement de l'obligation faite à l'autorité judiciaire de l'État membre par le § 4 de l'art. 27 et le c) du § 3 de l'art. 28 de la décision-cadre de prendre sa décision au plus tard trente jours après la réception de la demande. • Cons. const. 4 avr. 2013, *Jérémy F.*, n° 2013-314P QPC § 7.

3. Au regard des termes de la décision-cadre, une appréciation sur la possibilité de prévoir un recours contre la décision de la juridiction initialement saisie au-delà du délai de trente jours et suspendant l'exécution de cette décision exige qu'il soit préalablement statué sur l'interprétation de l'acte en cause. Conformément à l'art. 267 TFUE, la CJUE est seule compétente pour se prononcer à titre préjudiciel sur une telle question. • Cons. const. 4 avr.

2013, Jérémy F., n° 2013-314P QPC § 7.

4. Dès lors que, saisie à titre préjudiciel par la décision du Cons. const. du 4 avr. 2013, la CJUE a dit pour droit que : « Les articles 27, paragraphe 4, et 28, paragraphe 3, sous *c)*, de la décision-cadre 2002/584/JAI du Conseil, du 13 juin 2002, relative au mandat d'arrêt européen et aux procédures de remise entre États membres, telle que modifiée par la décision-cadre 2009/299/JAI du Conseil, du 26 févr. 2009, doivent être interprétés en ce sens qu'ils ne s'opposent pas à ce que les États membres prévoient un recours suspendant l'exécution de la décision de l'autorité judiciaire qui statue, dans un délai de trente jours à compter de la réception de la demande, afin de donner son consentement soit pour qu'une personne soit poursuivie, condamnée ou détenue en vue de l'exécution d'une peine ou d'une mesure de sûreté privatives de liberté, pour une infraction commise avant sa remise en exécution d'un mandat d'arrêt européen, autre que celle qui a motivé cette remise, soit pour la remise d'une personne à un État membre autre que l'État membre d'exécution, en vertu d'un mandat d'arrêt européen émis pour une infraction commise avant ladite remise, pour autant que la décision définitive est adoptée dans les délais visés à l'article 17 », la disposition législative prévoyant que la décision de la chambre de l'instruction est rendue « sans recours » ne découle pas nécessairement des actes pris par les institutions de l'Union européenne relatifs au mandat d'arrêt européen. • Cons. const. 14 juin 2013, *Jérémy F.*, n° 2013-314 QPC § 7 et 8.

5. En privant les parties de la possibilité de former un pourvoi en cassation contre l'arrêt de la chambre de l'instruction statuant sur une telle demande, les dispositions contestées apportent une restriction injustifiée au droit à exercer un recours juridictionnel effectif. • Cons. const. 14 juin 2013, *Jérémy F.*, n° 2013-314 QPC § 9.

Art. 88-3 Sous réserve de réciprocité et selon les modalités prévues par le Traité sur l'Union européenne signé le 7 février 1992, le droit de vote et d'éligibilité aux élections municipales peut être accordé aux seuls citoyens de l'Union résidant en France. Ces citoyens ne peuvent exercer les fonctions de maire ou d'adjoint ni participer à la désignation des électeurs sénatoriaux et à l'élection des sénateurs. Une loi organique votée dans les mêmes termes par les deux assemblées détermine les conditions d'application du présent article.

COMMENTAIRE

V. sur le Code en ligne.

1. Le Cons. const. s'assure que les dispositions organiques déterminant les conditions d'application du présent art. ont bien été adoptées en termes identiques ce qui n'implique pas que ces dispositions ne puissent faire l'objet d'une CMP. • Cons. const. 16 mai 2013, n° 2013-668 DC (sol. impl.).

2. Dès lors que d'une part, la désignation des conseillers municipaux ayant une incidence sur l'élection des sénateurs et qu'en sa qualité d'assemblée parlementaire le Sénat participe à l'exercice de la souveraineté nationale et que d'autre part, seuls les citoyens français ont le droit de vote, il convient pour accorder le droit *de vote aux élections municipales* aux citoyens de l'Union de réviser la Const. • Cons. const. 9 avr. 1992, n° 92-308 DC § 26.

3. En disposant que le droit de vote et d'éligibilité des citoyens de l'Union aux élections municipales est accordé « selon les modalités prévues par le Traité sur l'Union européenne », le présent art. a expressément subordonné la constitutionnalité de la L. org. prévue pour son application à sa conformité aux normes communautaires. En conséquence, il résulte de la volonté même du constituant qu'il revient au Cons. const. de s'assurer que ladite L. org. respecte tant le paragraphe premier de l'art. 8 B du traité instituant la Communauté européenne, relatif au droit de vote et d'éligibilité des citoyens de l'Union aux élections municipales, que la directive susmentionnée du 19 déc. 1994 prise par le conseil de l'Union européenne pour la mise en œuvre de ce droit. Au nombre des principes posés par le paragraphe premier de l'art. 8 B figure celui selon lequel les citoyens de l'Union exercent leur droit de vote et d'éligibilité aux élections municipales dans l'État membre où ils résident « dans les mêmes conditions que les ressortissants de cet État ». • Cons. const. 20 mai 1998, n° 98-400 DC § 4 • Cons. const. 16 mai 2013, n° 2013-668 DC § 18.

4. Dès lors que le dernier instrument de ratification du traité sur l'Union européenne du 7 févr. 1992, dont est issu l'art. 8 B du traité instituant la Communauté européenne, a été déposé le 13 oct. 1993, il est satisfait à l'exigence de réciprocité prescrite tant par le présent art. que par le quinzième al. du Préambule de 1946 ; en cas de manquement d'un État membre aux obligations qui découlent du paragraphe premier de l'art. 8 B précité, il appartiendrait à la France de saisir la Cour de justice, sur le fondement de l'art. 170 CE. • Cons. const. 20 mai 1998, n° 98-400 DC § 5.

5. La mention, à peine de nullité, de la nationalité en regard des noms des candidats ressortissants d'un État membre de l'Union autre que la France dans les communes (de 2500 habitants et plus) n'est pas discriminatoire. • Cons. const. 20 mai 1998, n° 98-400 DC § 22. ♦ En effet, de telles mentions sont nécessaires à l'information des électeurs dès lors que les conseillers municipaux n'ayant pas la nationalité française ne peuvent ni, en vertu de l'art. L.O. 2122-4-1 CGCT, exercer des fonctions communales exécutives, ni, en vertu de l'art. L.O. 286-1 C. élect., participer à l'élection des sénateurs. • Cons. const. 16 mai 2013, n° 2013-668 DC § 19. ♦ L'omission de cette mention entraîne la nullité des bulletins et dans certaines circonstances l'annulation de l'élection. • CE 15 sept. 2004, *Jay: JCP Adm. 2004, n° 1663, note Moreau.*

6. En incluant dans le corps électoral appelé à se prononcer sur l'adoption d'un projet de délibération ou d'acte relevant de la compétence d'une commune les citoyens de l'Union européenne inscrits sur les listes électorales complémentaires de cette commune, le législateur organique a fait une juste application des dispositions du présent art. et de l'al. 2 de l'art. 72-1 Const., qui leur reconnaît la qualité d'électeurs de la commune. • Cons. const. 30 juill. 2003, n° 2003-482 DC § 14.

Art. 88-4 *(L. const. n° 2008-724 du 23 juill. 2008, art. 43 et 47-1-1°)* **Le Gouvernement soumet à l'Assemblée nationale et au Sénat, dès leur transmission au Conseil de l'Union européenne, les projets d'actes législatifs européens et les autres projets ou propositions d'actes de l'Union européenne.**

Selon des modalités fixées par le règlement de chaque assemblée, des résolutions européennes peuvent être adoptées, le cas échéant en dehors des sessions, sur les projets ou propositions mentionnés au premier alinéa, ainsi que sur tout document émanant d'une institution de l'Union européenne.

Au sein de chaque assemblée parlementaire est instituée une commission chargée des affaires européennes.

Sur la participation du Parlement national au processus décisionnel européen, V. ci-dessous Circ. 21 juin 2010.

COMMENTAIRE

V. sur le Code en ligne.

Circulaire du 21 juin 2010,

Relative à la participation du Parlement national au processus décisionnel européen.

La participation du Parlement au processus décisionnel européen est une exigence démocratique, à laquelle permettent de répondre de façon profondément renouvelée la révision de la Constitution intervenue en 2008 et la récente entrée en vigueur du traité signé à Lisbonne le 13 décembre 2007.

De nouveaux pouvoirs échoient désormais à l'Assemblée nationale et au Sénat, tant dans la conception de la politique européenne de la France que par voie d'intervention directe dans les travaux des institutions de l'Union européenne.

La faculté qu'ont les parlementaires d'adopter à l'intention du Gouvernement des résolutions est étendue par la nouvelle rédaction de l'article 88-4 de la Constitution à l'ensemble des projets d'actes soumis au Conseil de l'Union européenne ainsi qu'à tout document émanant des institutions de l'Union européenne.

Une possibilité nouvelle est ouverte aux Parlements nationaux par l'article 88-6 de la Constitution et le protocole n° 2 annexé aux traités sur l'Union européenne et sur le *fonctionnement de l'Union européenne* de contrôler au regard du principe de subsidiarité les projets d'acte législatif européens. Dans ce cadre, les assemblées peuvent émettre des avis motivés qu'elles adressent aux présidents du Parlement européen, du Conseil et de la Commission européenne. Ce contrôle peut aller jusqu'à la saisine de la Cour de justice de l'Union européenne si l'une ou l'autre des deux assemblées introduit un recours à l'encontre d'un acte définitivement adopté. Cette saisine est de droit à la demande de soixante députés ou soixante sénateurs.

J'entends que le Gouvernement tire toutes les conséquences de ces innovations, que ce soit pour mettre les assemblées à même d'exercer ces nouveaux pouvoirs ou pour prendre dûment en compte le rôle nouveau du Parlement dans l'élaboration des positions exprimées par les représentants du Gouvernement au sein du Conseil de l'Union européenne.

Je vous demande par conséquent de veiller personnellement à la mise en œuvre des procédures fixées par la présente circulaire, qui se substitue à la circulaire du 22 novembre 2005 relative à l'application de l'article 88-4 de la Constitution.

ANNEXE

I. Transmission des textes de l'Union européenne au titre de l'article 88-4 de la Constitution

1. Projets et propositions d'actes ne relevant pas de la politique extérieure et de sécurité commune

Dès réception des projets et propositions d'actes de l'Union européenne transmis au Conseil, le secrétariat général des affaires européennes (SGAE) les transmet au secrétariat général du Gouvernement (SGG) qui les adresse dans les vingt-quatre heures suivantes aux présidents des assemblées parlementaires ; les assemblées en assurent la publication.

Dès que la transmission aux assemblées des projets de textes est effectuée, le SGG confirme ce dépôt par courrier adressé au SGAE ainsi qu'au ministre chargé des affaires européennes. Le SGAE en assure la diffusion interministérielle.

2. Projets et propositions d'actes ainsi que documents relevant de la politique extérieure et de la sécurité commune

Dès réception des projets et propositions d'actes relevant de la PESC, le ministre des affaires étrangères les transmet au SGG qui les adresse dans les vingt-quatre heures suivantes aux présidents des assemblées parlementaires ; les assemblées en assurent la publication.

Dès que la transmission aux assemblées des projets de textes est effectuée, le SGG confirme ce dépôt par courrier adressé au SGAE ainsi qu'au ministre chargé des affaires européennes.

II. Transmission au titre de l'article 6 *bis* de l'ordonnance du 17 novembre 1958

[n° 58-1100, V. cet art. ss. Const. 58, art. 24]

Outre la transmission obligatoire des projets ou propositions d'actes de l'Union européenne, le Gouvernement (secrétariat général des affaires européennes) peut communiquer aux commissions des affaires européennes des assemblées, de sa propre initiative ou à la demande de leur président, tout document nécessaire.

A ce titre, il adresse notamment aux assemblées communications, rapports, livres verts, livres blancs et le programme de travail annuel de la Commission.

Sont également communiqués aux assemblées les ordres du jour prévisionnels des Conseils se tenant durant le semestre de chaque nouvelle présidence, dès leur transmission au Gouvernement par la présidence en exercice de l'Union européenne. Ces ordres du jour étant fréquemment modifiés en cours de semestre, en raison des contraintes de l'actualité, leurs modifications sont pareillement portées à la connaissance des assemblées. Il en va de même des ordres du jour de chacune des sessions du Conseil.

S'agissant plus particulièrement des mises en demeure et avis motivés adressés à la France dans le cadre des procédures précontentieuses, ces documents sont transmis par le SGAE sur demande écrite du président de la commission des affaires européennes. Lorsqu'un projet ou une proposition de loi a pour objectif de répondre à une demande formulée par la Commission européenne dans le cadre précontentieux ou d'exécuter un arrêt de la Cour de justice de l'Union européenne, ces documents sont transmis, à leur demande, aux présidents des commissions des assemblées parlementaires compétentes pour l'examen de ce projet de texte, avec copie au président de la commission des affaires européennes.

Dans le cas où les documents transmis sont soumis à des règles spécifiques de confidentialité et de diffusion, les services du Premier ministre déterminent les modalités particulières de leur transmission et de leur publication en relation avec les commissions chargées des affaires européennes.

III. Modalités et délais d'examen par le Parlement des textes transmis au titre de l'article 88-4 de la Constitution

1. Fiches d'impact simplifiées

Un soin particulier doit être apporté à la réalisation, dans un délai de trois semaines après transmission des projets d'acte aux assemblées, de la fiche d'impact simplifiée. Ces fiches sont transmises aux assemblées afin d'éclairer leur examen, suivant les termes de la circulaire du 27 septembre 2004 relative à la procédure de transposition en droit interne des directives et décisions-cadres négociées dans le cadre des institutions européennes.

2. Saisine du Conseil d'État pour avis

Conformément aux termes de la circulaire du Premier ministre en date du 30 janvier 2003, le Gouvernement peut décider de saisir le Conseil d'État, pour avis, des difficultés juridiques qui apparaissent en cours de négociation de projets d'actes de l'Union européenne.

Sur demande de l'une ou l'autre des assemblées, le Gouvernement examine l'opportunité d'une telle saisine pour les textes transmis au titre de l'article 88-4 de la Constitution.

3. Délais d'examen

Préalablement à sa participation aux négociations au sein des instances compétentes du Conseil de l'Union européenne, chaque ministre s'attachera à vérifier auprès du SGAE si le Parlement a manifesté son intention de prendre position sur un projet de texte en application de l'article 88-4.

Tel est notamment le cas lorsque est intervenu le dépôt d'une proposition de résolution dans un délai de huit semaines suivant la transmission d'un projet d'acte législatif de l'Union européenne au Parlement, tel que mentionné à l'article 4 du protocole n° 1 au traité sur le fonctionnement de l'Union européenne (protocole sur le rôle des parlements nationaux dans l'Union européenne). Pour les autres projets ou propositions d'actes transmis au Conseil de l'Union européenne, ce délai est de quatre semaines.

Par exception, des délais inférieurs peuvent être fixés d'un commun accord entre les assemblées et le Gouvernement, notamment pour les projets ou propositions d'actes soumis à des règles spécifiques d'adoption par les institutions européennes.

Si, dans ces délais, aucune proposition de résolution n'a été déposée, la réserve d'examen parlementaire peut être levée.

4. Procédure d'examen accélérée

Si l'adoption du texte par le Conseil est prévue dans un délai rapproché, le ministre compétent sur le fond ou le ministre chargé des affaires européennes demande aux assemblées qu'il soit examiné de façon accélérée en exposant les circonstances particulières qui motivent cette urgence et en fournissant les éléments nécessaires d'information sur le texte ainsi que sur le projet de position française.

5. Adoption de résolutions

Les propositions de résolution formulées par les députés ou les sénateurs dans le cadre de l'article 88-4 de la Constitution sont portées à la connaissance du Premier ministre.

IV. Prise en compte de l'intérêt attaché par le Parlement à l'examen d'un texte

En cas de doute sur l'existence ou sur l'état d'avancement d'une procédure parlementaire relative à un texte relevant de l'article 88-4 de la Constitution, il appartiendra aux ministres concernés, selon les cas :

— de se rapprocher du ministre chargé des relations avec le Parlement ou du ministre chargé des affaires européennes ;

— d'interroger le SGAE ou le ministre des affaires étrangères s'agissant des actes de la PESC (qui tiennent, chacun pour ce qui le concerne, un tableau des textes en cours d'examen au Parlement en vue du vote éventuel d'une résolution) ;

— *de consulter directement les documents* de l'Assemblée nationale et du Sénat reprenant les positions exprimées par le Parlement.

1. Dans la négociation des actes de l'Union européenne

Lorsqu'un texte a été soumis au Parlement en application de l'article 88-4 de la Constitution et qu'une proposition de résolution a été déposée sur ce texte dans les délais indiqués au point III, il convient de faire pleinement usage des dispositions de procédure permettant au Gouvernement de réserver la position de la France dans l'attente d'une prise de position des assemblées. A cet égard, deux hypothèses sont à distinguer :

a) Texte dont l'inscription à l'ordre du jour du conseil des ministres de l'Union européenne est demandée moins de quatorze jours avant la tenue du Conseil.

Sauf urgence ou motif particulier, le SGAE ou le ministre des affaires étrangères s'agissant des actes de la PESC donneront instruction à notre représentation permanente auprès de l'Union européenne de faire savoir au comité des représentants permanents (COREPER) que la France s'oppose à cette inscription en application du règlement intérieur du Conseil ;

b) Texte dont l'inscription à l'ordre du jour du conseil des ministres de l'Union européenne est demandée plus de quatorze jours avant la tenue du Conseil.

Le règlement intérieur du Conseil ne permet pas à un État membre, dans cette hypothèse, de s'opposer à l'inscription à l'ordre du jour.

Toutefois, sauf urgence ou motif particulier, le SGAE ou le ministre des affaires étrangères s'agissant des actes de la PESC donneront instruction à notre représentation permanente auprès de l'Union européenne de demander le report de l'adoption du texte à un ordre du jour ultérieur du conseil des ministres ou de subordonner le vote définitif par la France du texte à une prise de position du Parlement.

Le Gouvernement veillera en tout état de cause au respect du délai prévu par le protocole sur le rôle des parlements nationaux annexé au traité sur le fonctionnement de l'Union européenne, pour les projets et propositions d'actes entrant dans son champ d'application.

Cette attitude ne devra pas pour autant empêcher les représentants de la France de participer aux débats au sein des instances compétentes du Conseil de l'Union européenne. Si, à l'approche de l'expiration du délai prévu par le protocole, une proposition de résolution a été déposée et n'est pas encore adoptée, le Gouvernement informera le Parlement du calendrier prévu pour l'adoption du texte.

Le SGAE ou le service de la PESC examine, en liaison avec les ministères concernés, les suites à donner aux résolutions des assemblées, eu égard à la position française.

Pour les projets d'actes en cours de négociation, le SGAE ou le ministre des affaires étrangères, s'agissant des actes de la PESC, informe les assemblées de la manière dont leurs résolutions ont été prises en compte lors de la négociation de ces actes.

2. *Au sein du comité interministériel sur l'Europe*

Le comité interministériel sur l'Europe évoque les positions que le Parlement a prises ou s'apprête à prendre sur les textes transmis au titre de l'article 88-4 de la Constitution.

V. Participation des ministres aux débats parlementaires relatifs aux textes transmis au titre de l'article 88-4 de la Constitution

Dès qu'il en a connaissance, le ministre chargé des relations avec le Parlement informe le SGAE et le ministre chef de file compétent de l'inscription en séance publique d'un débat parlementaire relatif aux textes transmis au titre de l'article 88-4 de la Constitution.

Le ministre chef de file assure, en liaison avec le ministre chargé des affaires européennes, la représentation du Gouvernement au cours des débats parlementaires consacrés à l'examen des textes tant en commission que devant l'assemblée concernée.

Il y défend la position du Gouvernement telle qu'elle est définie, de manière interministérielle, et sous l'autorité du Premier ministre, par le SGAE ou par le ministre des affaires étrangères pour les actes de la PESC.

VI. Adoption définitive des textes par les institutions de l'Union européenne et information des assemblées

Lorsque les actes dont le projet a été transmis aux assemblées parlementaires en application de l'article 88-4 de la Constitution ont fait l'objet d'une adoption définitive par les institutions de l'Union européenne, d'un retrait ou encore d'une déclaration de caducité, le SGAE ou le ministre des affaires étrangères, s'agissant des actes de la PESC, en fait état au SGG pour information des assemblées.

VII. Contrôle du respect du principe de subsidiarité sur les projets d'actes législatifs européens

1. En vertu de l'article 88-6 de la Constitution et du protocole n° 2 annexé aux traités sur l'Union européenne et sur le fonctionnement de l'Union européenne, le Sénat et l'Assemblée nationale peuvent émettre un avis motivé sur la conformité d'un projet d'acte législatif au principe de subsidiarité.

Lorsque l'une ou l'autre des assemblées décide d'examiner un projet d'avis en séance publique, une concertation interministérielle est organisée pour définir la position qui sera défendue par le Gouvernement.

Lorsque l'avis adopté par l'une ou l'autre des assemblées conclut à la méconnaissance du principe de subsidiarité par un projet d'acte législatif européen, cet avis, destiné à la Commission européenne, au Conseil de l'Union européenne et au Parlement européen, est transmis pour information au Gouvernement. Le SGAE en assure la diffusion interministérielle.

2. Lorsque, en application de l'article 76 du traité sur le fonctionnement de l'Union européenne, la France envisage d'être à l'initiative d'un projet d'acte ou d'apporter son soutien à une telle initiative, le SGAE communique aux assemblées une fiche expliquant la position du Gouvernement.

VIII. Transmission des recours des assemblées devant la Cour de justice de l'Union européenne

En vertu de l'article 88-6 de la Constitution, chaque assemblée peut former un recours devant la Cour de justice de l'Union européenne contre un acte législatif européen pour violation du principe de subsidiarité. Ce recours est de droit à la demande de soixante députés ou sénateurs. Dès qu'une assemblée a décidé de former un tel recours, elle en informe le Premier ministre.

Le ministère des affaires étrangères (direction des affaires juridiques) transmet la requête au greffe de la Cour de justice de l'Union européenne au nom de l'assemblée à l'origine du recours. Dans sa lettre de transmission, le ministère des affaires étrangères précise le nom et l'adresse de l'agent ou de l'avocat de cette assemblée, avec lequel la Cour de justice échangera directement les pièces de procédure ultérieures.

IX. Motion prévue à l'article 88-7 de la Constitution

Dans le cadre de la préparation de l'examen d'une motion au titre de l'article 88-7 de la Constitution, une concertation interministérielle est organisée pour définir la position qui sera défendue par le Gouvernement en séance publique.

Art. 88-5 *(L. const. nº 2008-724 du 23 juill. 2008, art. 44)* **Tout projet de loi autorisant la ratification d'un traité relatif à l'adhésion d'un État à l'Union européenne** *(Abrogé par L. const. nº 2008-724 du 23 juill. 2008, art. 47-I-2º)* *« et aux Communautés européennes »* **est soumis au référendum par le Président de la République.**

Toutefois, par le vote d'une motion adoptée en termes identiques par chaque assemblée à la majorité des trois cinquièmes, le Parlement peut autoriser l'adoption du projet de loi selon la procédure prévue au troisième alinéa de l'article 89.

Le présent art. n'est pas applicable aux adhésions faisant suite à une conférence intergouvernementale dont la convocation a été décidée par le Conseil européen avant le 1er juill. 2004 (L. const. nº 2008-724 du 23 juill. 2008, art. 47-III).

COMMENTAIRE

V. sur le Code en ligne.

Art. 88-6 *(L. const. nº 2008-103 du 4 févr. 2008, art. 2-5º)* **L'Assemblée nationale ou le Sénat peuvent émettre un avis motivé sur la conformité d'un projet d'acte législatif européen au principe de subsidiarité. L'avis est adressé par le président de l'assemblée concernée aux présidents du Parlement européen, du Conseil et de la Commission européenne. Le Gouvernement en est informé.**

(L. const. nº 2008-724 du 23 juill. 2008, art. 47-I-3º) **« Chaque assemblée peut former un recours devant la Cour de justice de l'Union européenne contre un acte législatif européen pour violation du principe de subsidiarité. Ce recours est transmis à la Cour de justice de l'Union européenne par le Gouvernement.**

« A cette fin, des résolutions peuvent être adoptées, le cas échéant en dehors des sessions, selon des modalités d'initiative et de discussion fixées par le règlement de chaque assemblée. A la demande de soixante députés ou de soixante sénateurs, le recours est de droit. »

Sur la participation du Parlement national au processus décisionnel européen, V. Circ. 21 juin 2010 ss. Const. 58, art. 88-4.

BIBL. ▶ Le Bris, Le droit de regard du Parlement français sur la norme supranationale en formation, *RD publ. 2012. 947.*

COMMENTAIRE

V. sur le Code en ligne.

Art. 88-7 *(L. const. nº 2008-103 du 4 févr. 2008, art. 2-5º)* **Par le vote d'une motion adoptée en termes identiques par l'Assemblée nationale et le Sénat, le Parlement peut s'opposer à une modification des règles d'adoption d'actes de l'Union européenne dans les cas prévus, au titre de la révision simplifiée des traités ou de la coopération judiciaire civile, par le traité sur l'Union européenne et le traité sur le fonctionnement de l'Union européenne, tels qu'ils résultent du traité signé à Lisbonne le 13 décembre 2007.**

Sur la participation du Parlement national au processus décisionnel européen, V. Circ. 21 juin 2010 ss. Const. 58, art. 88-4.

COMMENTAIRE

V. sur le Code en ligne.

TITRE XVI De la révision

Art. 89 **L'initiative de la révision de la Constitution appartient concurremment au Président de la République sur proposition du Premier ministre et aux membres du Parlement.**

Le projet ou la proposition de révision doit être *(L. const. nº 2008-724 du 23 juill. 2008, art. 45)* **« examiné dans les conditions de délai fixées au troisième alinéa de l'article 42 et » voté par les deux assemblées en termes identiques. La révision est définitive après avoir été approuvée par référendum.**

Toutefois, le projet de révision n'est pas présenté au référendum lorsque le Président de la République décide de le soumettre au Parlement convoqué en Congrès ; dans ce cas, le projet de révision n'est approuvé que s'il réunit la majorité des trois cinquièmes des suffrages exprimés. Le bureau du Congrès est celui de l'Assemblée nationale.

Aucune procédure de révision ne peut être engagée ou poursuivie lorsqu'il est porté atteinte à l'intégrité du territoire.

La forme républicaine du Gouvernement ne peut faire l'objet d'une révision.

V. ci-dessous Règlement du Congrès du Parlement.

BIBL. ▶ **Sur la révision constitutionnelle de 2008 :** Caille, L'outre-mer dans la révision constitutionnelle du 23 juillet 2008, *AJDA 2008. 1887*. – Gahdoun, L'amélioration de la fabrication des lois : Entre rénovation et révolution, *AJDA 2008. 1872*. – Mathieu, Transformer la Vᵉ République sans la trahir : Cohérences et perspectives d'une révision constitutionnelle, *AJDA 2008. 1858*. – Roblot-Troizier, L'impact de la révision constitutionnelle sur les droits et libertés, *AJDA 2008. 1866*. – Verpeaux, Question préjudicielle et renouveau constitutionnel, *AJDA 2008. 1879*. – L'articulation des normes constitutionnelles et des normes administratives, *Dossier, RFDA 2008. 861*. – Levade, La révision du 23 juillet 2008. Temps et contretemps, *RFDC, nº 78, avr. 2009. 299*. – Mazeaud, La révision de la Constitution, *RFDC, nº 77, janv. 2009. 147*. – Verpeaux, Brèves considérations sur l'actualité renouvelée des lois organiques, *AJDA 2009. 1980*. – Levade, Les nouveaux équilibres de la Vᵉ République, RFDC, nº 82, *avr. 2010. 227.*

COMMENTAIRE

V. sur le Code en ligne.

[V. références des décisions du Conseil constitutionnel dans le tableau DC]

1. Une loi constitutionnelle adoptée en vertu du présent art. a la même valeur juridique que la Constitution. • Cons. const. 15 mars 1999, nº 99-410 DC. ♦ La responsabilité de l'État peut être mise en jeu du fait d'une disposition constitutionnelle (application de la jurisprudence *« La Fleurette »*). • CAA Paris, 8 oct. 2003, *Demaret*, nº 02PA00651 : *AJDA 2004. 277, concl. Folscheid*.

2. Pouvoir constituant. Le pouvoir constituant est distinct du pouvoir législatif qui ne peut dès lors intervenir dans un domaine qui ne relève que de la Constitution. • Cons. const. 17 janv. 2002, n° 2001-454 DC § 21. ♦ Il en va de même du législateur organique. • Cons. const. 15 févr. 2007, n° 2007-547 DC § 13.

3. Pour le Conseil d'État, seul le référendum de l'art. 89 peut avoir un objet constitutionnel. • CE, ass., 30 oct. 1998, *Sarran et Levacher : Lebon 369 ; RFDA 1998. 1081, concl. Maugüé , note Alland ; ibid. 1999. 57, notes Dubouis , Mathieu et Verpeaux et Gohin ; AJDA 1998. 982, chron. Raynaud et Fombeur ; ibid. 1998. 1039, note Mathieu et Verpeaux ; Europe, mars 1999, note Simon ; RD publ. 1999. 919, note Flauss ; LPA 23 juill. 1999, note Aubin ; JDI 1999. 675, note Dehaussy ; D. 2000. 153, note Aubin ; LPA 7 oct. 1999, p. 11 ; ibid. 8 oct. 1999, p. 4, note Ricci ; GAJA, 14e éd., n° 108.*

4. Pouvoir souverain. Sous réserve, d'une part, des limitations touchant aux périodes au cours desquelles une révision de la Constitution ne peut pas être engagée ou poursuivie, qui résultent des art. 7, 16 et 89, al. 4, du texte constitutionnel et, d'autre part, du respect des prescriptions du cinquième al. de l'art. 89 en vertu desquelles « la forme républicaine du gouvernement ne peut faire l'objet d'une révision », le pouvoir constituant est souverain ; il lui est loisible d'abroger, de modifier ou de compléter des dispositions de valeur constitutionnelle dans la forme qu'il estime appropriée ; qu'ainsi rien ne s'oppose à ce qu'il introduise dans le texte de la Constitution des dispositions nouvelles qui, dans le cas qu'elles visent, dérogent à une règle ou à un principe de valeur constitutionnelle ; que cette dérogation peut être aussi bien expresse qu'implicite. • Cons. const. 2 sept. 1992, n° 92-312 DC § 19 • Cons. const. 12 août 2004, n° 2004-503 DC § 9.

5. Cependant, le Conseil constitutionnel ne tenant ni de l'art. 61 Const., ni du présent article, ni d'aucune autre disposition de la Constitution le pouvoir de statuer sur une révision constitutionnelle, il n'est pas compétent pour exercer ce contrôle. • Cons. const. 26 mars 2003, n° 2003-469 DC.

6. Congrès. Le Président de la République qui convoque le Congrès par un décret contresigné peut par un décret pris dans les mêmes formes abroger le précédent ; le Congrès n'est dès lors plus convoqué. – Décr. 19 janv. 2000 : *JO 975.* ♦ ... Le choix opéré par le Président de la République entre la procédure du Congrès ou du référendum constituant pour l'adoption d'un projet de révision constitutionnelle. • CE, réf., 22 févr. 2005, *Hoffer,* n° 277842 : *Lebon T. 691.*

7. Le bureau du Congrès décide qu'il y a lieu de faire procéder à un scrutin public à la tribune, ou qu'un scrutin public ordinaire suffit pour l'adoption du projet de révision. • Cons. const. 28 juin 1999, n° 99-415 DC § 2.

8. Le règlement du Congrès est, comme les règlements des assemblées, obligatoirement soumis au Conseil constitutionnel. • Cons. const. 20 déc. 1963, n° 63-24 DC • Cons. const. 28 juin 1999, n° 99-415 DC • Cons. const. 22 juin 2009, n° 2009-583 DC.

9. Référendum. Le Conseil constitutionnel appelle de ses vœux un cadre législatif permanent en matière de référendums nationaux, estimant que la pérennisation des règles de portée générale régissant les opérations de référendum présenterait un grand intérêt : d'une part, cette pérennisation répondrait à l'exigence démocratique de stabilité des règles de droit relatives à l'expression du suffrage ; d'autre part, une législation permanente permettrait de simplifier la préparation du scrutin et de limiter le développement de contentieux. L'édiction de règles permanentes régissant l'organisation des référendums relève en effet de la loi, le droit de suffrage constituant un droit civique dont la loi fixe les règles (Const. 58, art. 34) ; le pouvoir réglementaire devant se borner à en fixer les modalités d'application. • Cons. const. 28 sept. 2000, *Obs. du Conseil constitutionnel sur le référendum : Rec. Cons. const. 158 ; JO 30 sept., p. 15476.*

Règlement du Congrès du Parlement,

Adopté par le Congrès du Parlement le 20 décembre 1963 et modifié les 28 juin 1999 et 22 juin 2009.

Art. 1er Le Bureau du Congrès est celui de l'Assemblée nationale. – *[Résol. 22 juin 2009.]*

Art. 2 Les vice-présidents suppléent le Président en cas d'absence. L'ordre de suppléance est établi par le Bureau.

Art. 3 1. Le Bureau a tous pouvoirs pour présider aux délibérations du Congrès et pour organiser et diriger tous les services dans les conditions déterminées par le présent Règlement.

2. Les questeurs, sous la haute direction du Bureau, sont chargés des services financiers et administratifs. – *[Résol. 22 juin 2009.]*

Art. 4 Le Bureau détermine par des règlements intérieurs l'organisation et le fonctionnement des services du Congrès, les modalités d'application, d'interprétation et d'exécution, par les différents services, des dispositions du présent Règlement.

Art. 5 Le Président est chargé de veiller à la sûreté intérieure et extérieure du Congrès. A cet effet, il fixe l'importance des forces militaires qu'il juge nécessaires ; elles sont placées sous ses ordres.

Art. 6 Les communications du Congrès sont faites par le Président.

Art. 7 Le Congrès se réunit en séance publique.

Art. 8 1. Le Président ouvre la séance, dirige les délibérations, fait observer le Règlement et maintient l'ordre ; il peut, à tout moment, suspendre ou lever la séance.

2. La police du Congrès est exercée, en son nom, par le Président.

3. Les secrétaires surveillent la rédaction du procès-verbal, constatent les votes et le résultat des scrutins ; la présence d'au moins deux d'entre eux au Bureau est obligatoire. A défaut de cette double présence, ou en cas de partage égal de leurs avis, le Président décide. – *[Résol. 22 juin 2009.]*

Art. 9 Avant de passer à l'ordre du jour, le Président donne connaissance au Congrès des communications qui le concernent.

Art. 10 1. Aucun membre du Congrès ne peut parler qu'après avoir demandé la parole au Président et l'avoir obtenue.

2. Le Président peut autoriser des explications de vote de cinq minutes chacune à raison d'un orateur par groupe de chacune des deux Assemblées.

3. Les membres du Congrès qui désirent intervenir s'inscrivent auprès du Président qui détermine l'ordre dans lequel ils sont appelés à prendre la parole.

4. L'orateur parle à la tribune.

5. L'orateur ne doit pas s'écarter de la question sinon le Président l'y rappelle. S'il ne défère pas à ce rappel, de même que si un orateur parle sans en avoir obtenu l'autorisation ou prétend poursuivre son intervention après avoir été invité à conclure, le Président peut lui retirer la parole. Dans ce cas, le Président ordonne que ses paroles ne figureront plus au procès-verbal et ce, sans préjudice de l'application des peines disciplinaires prévues à l'article 20.

Art. 11 Toute attaque personnelle, toute interpellation de membre du Congrès à membre du Congrès, toute manifestation ou interruption troublant l'ordre sont interdites.

Art. 12 Il est établi, pour chaque séance publique, un compte rendu intégral publié au *Journal officiel*. – *[Résol. 22 juin 2009.]*

Art. 13 1. Le vote des membres du Congrès est personnel.

2. Toutefois, leur droit de vote dans les scrutins publics peut être délégué par eux dans les conditions fixées par l'ordonnance n° 58-1066 du 7 novembre 1958 portant loi organique autorisant exceptionnellement les parlementaires à déléguer leur droit de vote.

3. La délégation de vote est toujours personnelle, rédigée au nom d'un seul membre du Congrès nommément désigné. Elle peut être transférée avec l'accord préalable du délégant à un autre délégué également désigné. Elle doit être notifiée au Président avant l'ouverture du scrutin ou du premier des scrutins auxquels elle s'applique. – *[Résol. 22 juin 2009.]*

Art. 14 Les votes s'expriment soit à main levée, soit par assis et levé, soit au scrutin public ordinaire, soit au scrutin public à la tribune ou dans les salles voisines de la salle des séances. – *[Résol. 22 juin 2009.]*

Art. 15 1. Le Congrès vote normalement à main levée en toutes matières.

2. En cas de doute sur le résultat du vote à main levée, il est procédé au vote par assis et levé ; si le doute persiste, le vote par scrutin public ordinaire est de droit.

3. Toutefois, lorsque la première épreuve à main levée est déclarée douteuse, le Président peut décider qu'il sera procédé par scrutin public ordinaire.

4. Nul ne peut obtenir la parole entre les différentes épreuves du vote.

Art. 16 1. Le vote par scrutin public est de droit :

2. 1° Sur décision du Président ou sur demande du Gouvernement ;

3. 2° Sur demande écrite émanant personnellement soit du président de l'un des groupes de chacune des Assemblées, soit de son délégué dont il a préalablement notifié le nom au Président du Congrès.

4. 3° Lorsque la Constitution exige une majorité qualifiée.

5. Il est procédé au scrutin public en la forme ordinaire lorsqu'il a lieu en application des 1° et 2°, ou à la tribune ou dans les salles voisines de la salle des séances si le Bureau en décide ainsi, lorsqu'il a lieu en application du 3° ci-dessus. — *[Résol. 28 juin 1999 et 22 juin 2009.]*

Art. 17 1. Lorsqu'il y a lieu à scrutin public, l'annonce en est faite par le Président. Le Président déclare le scrutin ouvert. L'ouverture d'un scrutin public ordinaire est prononcée cinq minutes après son annonce. L'ouverture d'un scrutin public à la tribune ou dans les salles voisines de la salle des séances interrompt tout débat.

2. Le scrutin public se déroule dans les conditions fixées par le Bureau. Le vote a lieu par bulletins ou par procédé électronique.

3. Le Président prononce la clôture du scrutin public. Son résultat est constaté par les secrétaires et proclamé par le Président. — *[Résol. 28 juin 1999 et 22 juin 2009.]*

Art. 18 1. Le pointage est de droit dans un scrutin public à la tribune ou dans les salles voisines de la salle des séances.

2. Le Président peut décider, après consultation des secrétaires, qu'il y a lieu à pointage d'un scrutin public ordinaire.

3. Lorsqu'il y a lieu à pointage d'un scrutin portant sur une demande de suspension de séance, la séance continue. — *[Résol. 22 juin 2009.]*

Art. 19 1. Le résultat des délibérations du Congrès est proclamé par le Président en ces termes : "Le Congrès a adopté" ou "Le Congrès n'a pas adopté".

2. Aucune rectification de vote n'est admise

Art. 20 Les dispositions du chapitre XIV du titre Ier du Règlement de l'Assemblée nationale relatives à la discipline sont applicables au Congrès *[V. ce chap., App., v° Règlements des Assemblées, RAN]*. — *[Résol. 22 juin 2009.]*

Art. 21 1. Si un fait délictueux est commis par un membre du Congrès dans les locaux du Congrès pendant que celui-ci est en séance, la délibération en cours est suspendue.

2. Séance tenante, le Président porte le fait à la connaissance du Congrès.

3. Si le fait visé à l'alinéa premier est commis pendant une suspension ou après la levée de la séance, le Président porte le fait à la connaissance du Congrès à la reprise de la séance ou au début de la séance suivante.

4. Le membre du Congrès est admis à s'expliquer, s'il le demande. Sur l'ordre du Président, il est tenu de quitter la salle des séances et retenu dans les locaux du Congrès.

5. En cas de résistance du membre du Congrès ou de tumulte dans le Congrès, le Président lève à l'instant la séance.

6. Le Bureau informe, sur-le-champ, le procureur général qu'un délit vient d'être commis dans les locaux du Congrès. — *[Résol. 22 juin 2009.]*

Art. 22 1. Les membres du Congrès peuvent s'excuser de ne pouvoir assister à une séance déterminée.

2. Les demandes doivent faire l'objet d'une déclaration écrite, motivée et adressée au Président.

Art. 23 1. Le Président de la République peut prendre la parole devant le Parlement réuni à cet effet en Congrès. A l'heure fixée pour sa déclaration il est introduit dans l'hémicycle sur l'ordre du Président du Congrès, lequel lui donne aussitôt la parole. Sa déclaration terminée, le Président de la République est reconduit hors de l'hémicycle dans les mêmes formes. La séance, au cours de laquelle aucun des membres du Congrès n'est autorisé à intervenir, est ensuite suspendue ou levée.

2. La séance peut être reprise pour un débat sur la déclaration du Président de la République hors la présence de celui-ci. Ce débat est de droit lorsqu'il est demandé par le président d'un groupe de l'une ou l'autre des deux assemblées au plus tard la veille de la réunion du Congrès à midi. Il peut également être décidé par le Bureau du Congrès.

3. Dans le cas où la déclaration du Président de la République donne lieu à un débat et sauf décision contraire du Bureau du Congrès, chaque groupe dispose d'un temps de parole de dix minutes pour l'orateur qu'il désigne. Un temps de parole de cinq minutes est attribué au député ou au sénateur n'appartenant à aucun groupe qui s'est fait inscrire le premier dans le débat.

4. Les inscriptions de parole sont faites par les présidents des groupes. Au vu de leurs indications, le Président du Congrès détermine l'ordre des interventions.

5. Aucun vote, de quelque nature qu'il soit, ne peut avoir lieu. – *[Résol. 22 juin 2009.]*

TITRE XVII *[ABROGÉ]* Dispositions transitoires

(Abrogé par L. const. n° 95-880 du 4 août 1995)

Supprimé par la loi constitutionnelle n° 95-880 du 4 août 1995, ce titre était consacré aux dispositions transitoires. Seules les dispositions de l'art. 92 présentent un intérêt juridique et sont annotées et commentées.

Art. 90 et 91 *Abrogés.*

Art. 92 *(Abrogé par L. const. n° 95-880 du 4 août 1995)* ***Les mesures législatives nécessaires à la mise en place des institutions et, jusqu'à cette mise en place, au fonctionnement des pouvoirs publics seront prises en Conseil des Ministres, après avis du Conseil d'État, par ordonnance ayant force de loi.***

Pendant le délai prévu à l'alinéa 1er de l'art. 91, le Gouvernement est autorisé à fixer par ordonnances ayant force de loi et prises en la même forme le régime électoral des assemblées prévues par la Constitution.

Pendant le même délai et dans les mêmes conditions, le Gouvernement pourra également prendre en toutes matières les mesures qu'il jugera nécessaires à la vie de la Nation, à la protection des citoyens ou à la sauvegarde des libertés.

La présente loi sera exécutée comme Constitution de la République et de la Communauté.

COMMENTAIRE

V. sur le Code en ligne.

[V. références des décisions du Conseil constitutionnel dans le tableau DC]

1. Les ordonnances de l'art. 92 Const., ayant valeur législative, ne peuvent pas être contestées devant le Conseil d'État par la voie de l'excès de pouvoir. • CE, sect., 12 févr. 1960, *Sté Eky : Lebon 101 ; D. 1960. 264, note L'Huillier ; S. 1960. 131, concl. Kahn ; JCP 1960. 11629 bis, note Vedel* • CE, ass., 4 nov. 1960, *Synd. personnel de l'assemblée de l'Union française : Lebon 596* • CE, sect., 27 janv. 1961, *Daunizeau : Lebon 57 ; AJDA 1961. 75, chron. Galabert et Gentot.* ♦ Ces ordonnances n'ont pas à être signées du Président de la République dès lors qu'elles sont prises avant l'entrée en fonction du Président élu sous l'empire des dispositions de la nouvelle Constitution. En effet, les pouvoirs du Président restaient, jusqu'à cette date, définis par les dispositions de la Constitution du 27 oct. 1946, laquelle ne conférait pas au Président la possibilité d'intervenir dans des prérogatives appartenant au Gouvernement. • CE, sect., 27 janv. 1961, *Daunizeau : préc.*

2. Les ordonnances de l'art. 92 Const., bien que non promulguées, ont été reconnues applicables. • Crim. 28 mai 1959 : *JCP 1959. 11152, note Vedel.* ♦ Rappr. : • CE 1er juill. 1960, *Fradin : Lebon 441 ; D. 1960. 690, concl. Braibant.*

3. Même si la loi organique trouve son origine dans une ordonnance prise dans le cadre des dispositions provisoires de l'art. 92 Const., le Conseil constitutionnel a estimé que ces ordonnances bénéficiaient d'une présomption de constitutionnalité. • Cons. const. 15 janv. 1960, n° 60-6 DC • Cons. const. 24 déc. 1979, n° 79-110 DC. ♦ Jugé cependant que ces ordonnances ne s'imposent aux assemblées parlementaires lorsqu'elles modifient ou complètent leur règlement que dans la mesure où elles sont conformes à la Const. • Cons. const. 14 oct. 1996, n° 96-381 DC § 2 • Cons. const. 14 oct. 1996, n° 96-382 DC § 2.

4. En toute hypothèse, cette présomption de constitutionnalité ne suffit pas à faire considérer que ces dispositions ont été déclarées conformes à la Const. au sens de l'art. 61-1 Const. 58. Une QPC est donc possible s'agissant de ces dispositions. • Cons. const. 5 oct. 2012, *Élisabeth B.*, n° 2012-278 QPC (sol. impl.).

Art. 93 *Abrogé par L. const. n° 95-880 du 4 août 1995.*

Décisions du Conseil constitutionnel: Contrôle de constitutionnalité des normes (décisions DC) (références)

1959	14 mai	59-1 DC. Règlement AN et Hte C. just. (non-lieu à statuer) : *Rec. Cons. const. 57 ; RJC I-1 ; JO 16 mai, p. 5093.*
1959	17 juin	59-2 DC. Règlement AN (non-conformité partielle) : *Rec. Cons. const. 58 ; RJC I-1 ; JO 3 juill., p. 6642 ; GDCC, 15e éd., no 2 ; D. 1959. 501, note Hamon.*
1959	24 juin	59-3 DC. Règlement du Sénat (non-conformité partielle) : *Rec. Cons. const. 61 ; RJC I-2 ; JO. 3 juill., p. 6643 ; D. 1959. 501, note Hamon.*
1959	24 juill.	59-4 DC. Règlement AN (conformité) : *Rec. Cons. const. 61 ; RJC I-2 ; JO 28 juill., p. 7522.*
1960	15 janv.	59-5 DC. Règlement AN (non-conformité partielle) : *Rec. Cons. const. 15 ; RJC I-2 ; JO 27 janv., p. 940 ; RD publ. 1965. 399, note Avril.*
1960	15 janv.	60-6 DC. Magistrats musulmans (conformité) : *Rec. Cons. const. 21 ; RJC. I-3 ; JO 20 janv., p. 629 ; D. 1960. 293, note Hamon ; S. 1960. 247, note Rousset.*
1960	11 août	60-7 DC. Juge de paix en Algérie (conformité) : *Rec. Cons. const. 22 ; RJC I-4 ; JO 13 août, p. 7599 ; S. 1961. 102, note Hamon.*
1960	11 août	60-8 DC. Redevance radio-télévision (non-conformité partielle) : *Rec. Cons. const. 25 ; RJC I-5 ; JO 13 août, p. 7599 ; GDCC, 16e éd., no 2 ; D. 1961. 470, note Hamon ; Rev. sc. législ. fin. 1961. 5, note Trotabas ; RD publ. 1960. 1020, note Waline ; S. 1960. 276, note Bourdoncle.*
1960	18 nov.	60-9 DC. Règlement du Sénat (conformité) : *Rec. Cons. const. 17 ; RJC I-5 ; JO 23 nov., p. 10445.*
1960	20 déc.	60-10 DC. Règlement AN (conformité) : *Rec. Cons. const. 18 ; RJC I-5 ; JO 3 janv., p. 110.*
1961	20 janv.	60-11 DC. Assurances maladie des exploitants agricoles (non-conformité partielle) : *Rec. Cons. const. 29 ; RJC I-6 ; JO 24 janv., p. 982 ; GDCC, 15e éd., no 5 ; D. 1962. 177, note Hamon ; S. 1961. 165, note Philip ; AJDA 1961. 87.*
1961	30 mai	61-12 DC. Règlement AN (conformité) : *Rec. Cons. const. 17 ; RJC I-6 ; JO 8 juin, p. 5206.*
1961	28 juill.	61-13 DC. Députés des TOM (conformité) : *Rec. Cons. const. 21 ; RJC I-7 ; JO 29 juill., p. 7008 ; S. 1962. 62, note Hamon.*
1961	28 juill.	61-14 DC. Sénateurs des TOM (conformité) : *Rec. Cons. const. 22 ; RJC I-7 ; JO 29 juill., p. 7009 ; S. 1962. 62, note Hamon.*
1961	22 déc.	61-15 DC. Éligibilité et incompatibilités parlementaires (conformité) : *Rec. Cons. const. 23 ; RJC I-8 ; JO 27 déc., p. 11970 ; D. 1963. 59, note Hamon.*

1961	22 déc.	61-16 DC. Délégation de vote (non-conformité partielle) : *Rec. Cons. const. 24 ; RJC I-8 ; JO 3 janv., p. 26 ; S. 1963. 305, note Hamon.*
1962	10 juill.	62-17 DC. Mandat des remplaçants (conformité) : *Rec. Cons. const. 23 ; RJC I-9 ; JO 13 juill., p. 6896 ; D. 1963. 45, note Hamon.*
1962	10 juill.	62-18 DC. Règlement AN (conformité) : *Rec. Cons. const. 17 ; RJC I-9 ; JO 15 juill., p. 6971 ; S. 1963. 277, note Hamon.*
1962	31 juill.	62-19 DC. Règlement du Sénat (conformité) : *Rec. Cons. const. 19 ; RJC I-10 ; JO 5 août, p. 7792 ; D. 1964. 69, note Hamon.*
1962	6 nov.	62-20 DC. Loi référendaire (incompétence pour statuer) : *Rec. Cons. const. 27 ; RJC I-11 ; JO 7 nov., p. 10778 ; GDCC, 16ᵉ éd., nº 4 ; D. 1963. 398, note Hamon.*
1963	12 mars	63-21 DC. Enregistrement, timbre et fiscalité immobilière (non-conformité partielle) : *Rec. Cons. const. 23 ; RJC I-12 ; JO 16 mars, p. 2568 ; D. 1964. 489, note Hamon.*
1963	11 juin	63-22 DC. Règlement du Sénat (conformité) : *Rec. Cons. const. 15 ; RJC I-12 ; JO 14 juin, p. 5306 ; S. 1964. 63, note Hamon.*
1963	30 juill.	63-23 DC. Statut de la magistrature (conformité) : *Rec. Cons. const. 19 ; RJC I-13 ; JO 8 août, p. 7347 ; Sirey, 1964, jur., p. 207, note Hamon.*
1963	20 déc.	63-24 DC. Règlement du Congrès (conformité) : *Rec. Cons. const. 16 ; RJC I-13 ; JO 21 déc., p. 11415.*
1964	21 janv.	63-25 DC. Règlement AN (non-conformité partielle) : *Rec. Cons. const. 23 ; RJC I-14 ; JO 29 janv., p. 1066.*
1964	15 oct.	64-26 DC. Règlement AN (conformité) : *Rec. Cons. const. 25 ; RJC I-14 ; JO 22 oct., p. 9432.*
1964	18 déc.	64-27 DC. Commission de vérification (non-conformité partielle) : *Rec. Cons. const. 29 ; RJC I-14 ; JO 24 déc., p. 11593 ; D. 1966. 17, note Hamon ; AJDA 1965. 100, note de Laubadère.*
1966	8 juill.	66-28 DC. Règlement du Sénat (non-conformité partielle) : *Rec. Cons. const. 15 ; RJC I-15 ; JO 24 juill., p. 6376.*
1966	8 juill.	66-29 DC. Composition de l'AN (conformité) : *Rec. Cons. const. 19 ; RJC I-16 ; JO 12 juill., p. 5974.*
1966	8 juill.	66-30 DC. Composition du Sénat (conformité) : *Rec. Cons. const. 20 ; RJC I-16 ; JO 12 juill., p. 5974.*
1967	26 janv.	67-31 DC. Statut de la magistrature (*Indépendance et inamovibilité des magistrats*) (non-conformité partielle) : *Rec. Cons. const. 19 ; RJC I-16 ; JO 19 févr., p. 1793 ; GDCC, 16ᵉ éd., nº 5 ; GDJC, p. 320.*
1967	11 mai	67-32 DC. Règlement AN (conformité) : *Rec. Cons. const. 15 ; RJC I-17 ; JO 15 mai, p. 5003.*
1967	12 juill.	67-33 DC. Statut de la magistrature (conformité) : *Rec. Cons. const. 21 ; RJC I-17 ; JO 29 juill., p. 7593.*

1967	12 juill.	67-34 DC. Congé spécial pour les magistrats du corps judiciaire (conformité) : *Rec. Cons. const. 22 ; RJC I-18 ; JO 29 juill., p. 7594.*
1968	30 janv.	68-35 DC. Impôts directs locaux (conformité) : *Rec. Cons. const. 19 ; RJC I-18 ; JO 1er févr., p. 1195.*
1968	6 juin	68-36 DC. Règlement du Sénat (conformité) : *Rec. Cons. const. 15 ; RJC I-19 ; JO 9 juin, p. 5547.*
1969	20 nov.	69-37 DC. Règlement AN (non-conformité partielle) : *Rec. Cons. const. 15 ; RJC I-19 ; JO 30 nov., p. 11682 ; GDJC, p. 199 ; RD publ. 1971. 172, note Emery et Sevrin.*
1970	15 janv.	69-38 DC. Règlement AN (conformité) : *Rec. Cons. const. 21 ; RJC I-20 ; JO 18 janv., p. 676.*
1970	19 juin	70-39 DC. Traité de Luxembourg (conformité) : *Rec. Cons. const. 15 ; RJC I-21 ; JO 21 juin, p. 5806 ; JCP 1970. 2354, note Ruzié ; GDJC, p. 238 ; Europe 1971, p. 60, note Goose ; RGDIP 1971. 239, note Rousseau ; RD publ. 1971. 171, note Emery et Gautron.*
1970	9 juill.	70-40 DC. Statut de la magistrature (non-conformité partielle) : *Rec. Cons. const. 25 ; RJC I-22 ; JO 19 juill., p. 6773 ; GDCC, 15e éd., no 10 ; GDJC, p. 320.*
1970	30 déc.	70-41 DC. Agence nationale pour l'amélioration de l'habitat (non-conformité partielle) : *Rec. Cons. const. 29 ; RJC I-22 ; JO 31 déc., p. 12322.*
1971	18 mai	71-42 DC. Règlement du Sénat (conformité) : *Rec. Cons. const. 19 ; RJC I-23 ; JO 30 mai, p. 5278.*
1971	17 juin	71-43 DC. Délai imparti au Sénat (conformité) : *Rec. Cons. const. 23 ; RJC I-24 ; JO 20 juin, p. 5953.*
1971	16 juill.	71-44 DC. Liberté d'association (non-conformité partielle) : *Rec. Cons. const. 29 ; RJC I-24 ; JO 18 juill., p. 7114 ; GDCC, 16e éd., no 6 ; D. 1974. 83, chron. Hamon ; AJDA 1971. 537, note Rivero ; RFDA 2014. 5, note Boudou ; RD publ. 1971. 1171, note Robert ; GADLF, nos 34-35.*
1971	16 juill.	71-45 DC. Statut de la magistrature (conformité) : *Rec. Cons. const. 25 ; RJC I-25 ; JO 18 juill., p. 7114.*
1972	20 janv.	71-46 DC. Incompatibilités parlementaires (non-conformité partielle) : *Rec. Cons. const. 21 ; RJC I-25 ; JO 25 janv., p. 1036 ; RD publ. 1972. 391, note Cotteret et Emeri ; GDJC, p. 80 ;* D. *1972. 79, note Robert.*
1972	28 juin	72-47 DC. Composition de l'AN (conformité) : *Rec. Cons. const. 23 ; RJC I-26 ; JO 29 juin, p. 6660.*
1972	28 juin	72-48 DC. Règlement du Sénat (conformité) : *Rec. Cons. const. 17 ; RJC I-26 ; JO 20 juill., p. 6828.*
1973	17 mai	73-49 DC. Règlement du Sénat (non-conformité partielle) : *Rec. Cons. const. 15 ; RJC I-27 ; JO 27 mai, p. 5759 ; RD publ. 1973. 1031, note Berlia.*

1973	5 juill.	73-50 DC. Exercice des fonctions de médiateur (conformité) : *Rec. Cons. const. 21 ; RJC I-28 ; JO 10 juill., p. 7462.*
1973	27 déc.	73-51 DC. Taxation d'office (non-conformité partielle) : *Rec. Cons. const. 25 ; RJC I-28 ; JO 28 déc., p. 14004 ; GDCC, 16ᵉ éd., nº 8 ; AJDA 1974. 236, note Gaudemet ; ibid. 1975. 357, note Lalumière ; D. 1974. 83, chron. Hamon ; JCP 1974. 17691, note Nguyen Quoc Dinh ; RD publ. 1974. 531 ; ibid. 1099, note Philip.*
1974	23 déc.	74-52 DC. Conseil constitutionnel (conformité) : *Rec. Cons. const. 19 ; RJC. I-29 ; JO 23 déc., p. 13097.*
1974	30 déc.	74-53 DC. LF pour 1975 (non-conformité partielle) : *Rec. Cons. const. 28 ; RJC I-29 ; JO 31 déc., p. 13297 ; RD publ. 1975. 182, chron. Favoreu et Philip ; AJDA 1975. 357, note Lalumière ; JCP 1975. II. 18037, note Franck ; D. 1975. 721, note Hamon ; GDJC, p. 204 ; Annales de Clermont, 1976. 207, note Montgroux.*
1975	15 janv.	74-54 DC. IVG (conformité) : *Rec. Cons. const. 19 ; RJC I-30 ; JO 16 janv., p. 671 ; GDCC, 16ᵉ éd., nº 9 ; RD publ. 1975. 185 et 1335, note Favoreu et Philip ; D. 1975. 529, note Hamon ; AJDA 1975. 134, note Rivero ; JCP 1975. 18030, note Bey ; RGDIP 1975. 1070, note Franck ; Rev. Marché commun 1975. 285, note Druesme ; RTD eur. 1975. 49, note Lagrange ; Annales de Clermont 1976. 207, note Montgroux ; AFDI 1975. 859, note Nguyen Quoc Dinh ; RID comp. 1975. 873, note Robert ; JDI 1975. 279, note Ruzié ; Cah. dr. eur. 1975. 873, note Rideau ; Gaz. Pal. 1976. I. 25, note Pellet ; GADLF, nᵒˢ 34-35.*
1975	15 mai	75-55 DC. Composition de l'AN (conformité) : *Rec. Cons. const. 15 ; RJC I-31 ; JO 16 mai.*
1975	23 juill.	75-56 DC. Juge unique (non-conformité partielle) : *Rec. Cons. const. 22 ; RJC I-32 ; JO 24 juill., p. 7533 ; RD publ. 1975. 1313, note Favoreu ; JCP 1975. 18200, note Franck ; GDJC, p. 10 ; D. 1977. 629, note Hamon et Levasseur ; AJDA 1976. 44, note Rivero.*
1975	23 juill.	75-57 DC. Taxe professionnelle (conformité) : *Rec. Cons. const. 24 ; RJC I-32 ; JO 24 juill., p. 7534 ; JCP 1975. 18184, note Bolle ; RD publ. 1975. 1324, note Favoreu et Philip ; Gaz. Pal. 1975. II. 754, note Franck ; D. 1976. 509, note Hamon ; AJDA 1976. 86, note Lalumière.*
1975	23 juill.	75-58 DC. Statut de la magistrature (conformité) : *Rec. Cons. const. 16 ; RJC I-33 ; JO 24 juill., p. 7533.*
1975	30 déc.	75-59 DC. Autodétermination des Comores (conformité) : *Rec. Cons. const. 26 ; RJC I-34 ; JO 3 janv., p. 182 ; RD publ. 1976. 557, note Favoreu ; AJDA 1976. 249, note Franck ; GDJC, p. 224 ; D. 1976. 537, note Hamon ; Gaz. Pal. 1976. II, p. 481, note Linotte ; JDI 1976. 392, note Ruzié.*
1975	30 déc.	75-60 DC. Consolidation des dettes commerciales (conformité) : *Rec. Cons. const. 28 ; RCJ I-35 ; JO 31 déc., p. 13652 ; RD publ. 1976. 995, note Philip ; ibid. 1977. 1005, note Cot et Philip ; AJDA 1976. 308, note Py ; JCP 1976. II. 18368, note Bolle ; D. 1976. 461, note Hamon ; JDI 1976. 405, note Ruzié ; Gaz. Pal. 1976. I. 388, note Franck ; GDJC, p. 231 ; Annales de Clermont 1976. 369, note Montgroux et Chiroux.*

1976	28 janv.	75-61 DC. Statut de la magistrature (conformité) : *Rec. Cons. const. 25 ; RJC I-36 ; JO 1er févr., p. 825.*
1976	28 janv.	75-62 DC. Vote des Français établis hors de France (conformité) : *Rec. Cons. const. 26 ; RJC I-36 ; JO 1er févr., p. 824 ; RD publ. 1977. 452, note Favoreu et Philip.*
1976	28 janv.	75-63 DC. Composition des assemblées parlementaires (conformité) : *Rec. Cons. const. 27 ; RJC I-37 ; JO 1er févr., p. 824.*
1976	2 juin	76-64 DC. Règlement du Sénat (non-conformité partielle) : *Rec. Cons. const. 21 ; RJC I-37 ; JO 6 juin, p. 3474 ; RD publ. 1977. 466, note Favoreu et Philip ; Annales de Clermont 1976. 223, note Montgroux.*
1976	14 juin	76-65 DC. Élection du Président de la République (conformité) : *Rec. Cons. const. 28 ; RJC I-38 ; JO 19 juin, p. 3687.*
1976	6 juill.	76-66 DC. Statut de la magistrature (conformité) : *Rec. Cons. const. 29 ; RJC I-38 ; JO 10 juill., p. 4161.*
1976	15 juill.	76-67 DC. Statut général des fonctionnaires (conformité) : *Rec. Cons. const. 35 ; RJC I-39 ; JO 20 juill., p. 4330 ; RD publ. 1977. 963, note Philip ; ibid. 468, note Favoreu et Philip ; ibid. 1978. 814, note Favoreu ; JCP 1977. 18760, note Nguyen Quoc Dinh.*
1976	15 juill.	76-68 DC. Composition du Sénat (conformité) : *Rec. Cons. const. 30 ; RJC I-39 ; JO 17 juill., p. 4287 ; RD publ. 1977. 450, note Favoreu.*
1976	8 nov.	76-69 DC. Prévention des accidents du travail (rejet) : *Rec. Cons. const. 37 ; RJC I-40 ; JO 9 nov., p. 6512 ; RD publ. 1978. 817, note Favoreu.*
1976	2 déc.	76-70 DC. Prévention des accidents du travail (conformité) : *Rec. Cons. const. 39 ; RJC I-41 ; JO 7 déc., p. 7052 ; RD publ. 1975. 817, note Favoreu ; Annales de Clermont 1976. 251, note Montgroux.*
1976	28 déc.	76-73 DC. LF pour 1977 (non-conformité partielle) : *Rec. Cons. const. 41 ; RJC I-43 ; JO 29 déc., p. 7580 ; RD publ. 1977. 963, note Philip ; AJDA 1977. 308, note Ducros ; JCP 1979. II. 19109, note Bergeres.*
1976	28 déc.	76-74 DC. LFR pour 1976 (non-conformité partielle) : *Rec. Cons. const. 45 ; RJC I-45 ; JO 29 déc., p. 7580 ; JCP 1979. II. 19109, note Bergeres ; RD publ. 1977. 963, note Philip ; AJDA 1977. 308, note Ducros.*
1976	28 déc.	76-76 DC. Députés de Mayotte et de Saint-Pierre-et-Miquelon (conformité) : *Rec. Cons. const. 31 ; RJC I-47 ; JO 13 janv., p. 344.*
1976	28 déc.	76-78 DC. Sénateurs de Mayotte et de Saint-Pierre-et-Miquelon (conformité) : *Rec. Cons. const. 32 ; RJC I-47 ; JO 13 janv., p. 344.*
1976	30 déc.	76-71 DC. Élection de l'Assemblée des Communautés (conformité) : *Rec. Cons. const. 15 ; RJC I-41 ; JO 31 déc., p. 7651 ; JCP 1977. 18704, note Franck ; Cah. dr. eur. 1977. 458, note Boulouis ; ibid. 895, note Rambaud ; AFDI 1976. 805, note Cocatre-Zielgien ; RTD eur. 1977. 696, note Darras et Pirotte ; ibid. 666, note Simon et Kovar ; JDI 1977. 66, note Ruzié ; AFDI 1977. 665, note Lachaume ; D. 1977. 201, note Hamon ; AFDI 1976. 805, note Coussirat-Coustère.*

1977	12 janv.	76-72 DC. Territoire des Afars et des Issas (conformité) : *Rec. Cons. const. 31 ; RJC I-42 ; JO 13 janv., p. 343 ; GDJC, p. 180 ; D. 1979. 181, note Hamon ; AJDA 1977. 258, note Lebreton ; RD publ. 1977. 468, note Favoreu et Philip ; JDI 1977. 185, note Montgroux.*
1977	12 janv.	76-75 DC. Fouille des véhicules (non-conformité partielle) : *Rec. Cons. const. 33 ; RJC I-45 ; JO 13 janv., p. 344 ; GDCC, 16e éd., nº 10 ; RD publ. 1978. 821, note Favoreu ; D. 1978. 173, note Léauté ; AJDA 1978. 215, note Rivero ; JCP 1980. 19337, note Davia.*
1977	12 janv.	76-77 DC. Statut de la magistrature (conformité) : *Rec. Cons. const. 23 ; JO 13 janv., p. 344.*
1977	5 juill.	77-79 DC. Emploi des jeunes (conformité) : *Rec. Cons. const. 35 ; RJC I-48 ; JO 6 juill., p. 3560 ; JCP 1979. 19186, note Debene ; D. 1979. 41, note Hamon ; GDJC, p. 169.*
1977	5 juill.	77-80/81 DC. Remplacement des députés et des sénateurs (non-conformité totale) : *Rec. Cons. const. 24 ; RJC I-48 ; JO 6 juill., p. 3561 ; RD publ. 1979. 1680, note Favoreu ; D. 1979. 121, note Hamon ; GDJC, p. 77.*
1977	20 juill.	77-82 DC. Coopération intercommunale (rejet) : *Rec. Cons. const. 37 ; RJC I-49 ; JO 22 juill., p. 3885 ; D. 1979. 1, note Hamon ; RD publ. 1978. 825, note Favoreu ; RD publ. 1979. 481, note Philip.*
1977	20 juill.	77-83 DC. Service fait (conformité) : *Rec. Cons. const. 39 ; RJC I-50 ; JO 22 juill., p. 3885 ; AJDA 1977. 599, note Denoix de Saint Marc ; RD publ. 1978. 827, note Favoreu.*
1977	20 juill.	77-84 DC. Vote des Français établis hors de France (conformité) : *Rec. Cons. const. 26 ; RJC I-51 ; JO 22 juill., p. 3885.*
1977	20 juill.	77-85 DC. Règlement du Sénat (conformité) : *Rec. Cons. const. 17 ; RJC I-51 ; JO 23 juill., p. 3901.*
1977	3 nov.	77-86 DC. Règlement de l'AN (conformité) : *Rec. Cons. const. 18 ; RJC I-52 ; JO 6 nov., p. 5347.*
1977	23 nov.	77-87 DC. Liberté d'enseignement et de conscience (conformité) : *Rec. Cons. const. 42 ; RJC I-52 ; JO 25 nov., p. 5529 ; GDCC, 12e éd., nº 25 ; RD publ. 1978. 830, Favoreu ; ibid. 1979. 65, note Plouvin ; AJDA 1978. 565, note Rivero ; Rev. adm. 1977. 586, note Plouvin ; Annales de Clermont 1978. 319, note Montgroux ; Gaz. Pal. 1978. I. 293, note Flauss ; GADLF, nº 37.*
1977	23 nov.	77-88 DC. Composition de l'AN (conformité) : *Rec. Cons. const. 2 ; RJC I-53 ; JO 25 nov., p. 5529.*
1977	30 déc.	77-89 DC. Prélèvement isoglucose (conformité) : *Rec. Cons. const. 46 ; RJC I-54 ; JO 31 déc., p. 6385 ; RD publ. 1979. 468, note Philip ; RTD eur. 1979. 145, note Isaac et Molinier.*
1977	30 déc.	77-90 DC. Prélèvement isoglucose (conformité) : *Rec. Cons. const. 44 ; RJC I-55 ; JO 31 déc., p. 6385 ; RD publ. 1979. 468, note Philip.*

1978	18 janv.	77-91 DC. Enseignement agricole privé (non-conformité totale) : *Rec. Cons. const. 19 ; RJC I-56 ; JO 19 janv., p. 423.*
1978	18 janv.	77-92 DC. Contre-visite médicale (conformité) : *Rec. Cons. const. 21 ; RJC I-57 ; JO 19 janv., p. 422 ; RD publ. 1978. 835, note Favoreu.*
1978	29 avr.	78-93 DC. Fonds monétaire international (conformité) : *Rec. Cons. const. 23 ; RJC I-58 ; JO 30 avr., p. 1943 ; RD publ. 1979. 476 et 483, note Philip ; D. 1979. 541, note Hamon ; Annales de Clermont 1978. 3, note Bringuier ; RGDIP 1979. 209, note Carreau ; JDI 1978. 577, note Ruzié.*
1978	14 juin	78-94 DC. Règlement du Sénat (non-conformité partielle) : *Rec. Cons. const. 15 ; RJC I-59 ; JO 16 juin, p. 2396 ; RD publ. 1979. 485, note Philip ; JCP 1979. 19106, note Bouscary.*
1978	27 juill.	78-95 DC. Enseignement professionnel agricole (non-conformité partielle) : *Rec. Cons. const. 26 ; RJC I-60 ; JO 27 juill., p. 2949 ; AJDA 1979. 29, note Franck ; RD publ. 1979. 486, note Philip.*
1978	27 juill.	78-96 DC. Monopole radio télévision (conformité) : *Rec. Cons. const. 29 ; RJC I-61 ; JO 29 juill., p. 2948 ; AJDA 1979. 29, note Franck ; D. 1980. 169, note Hamon ; RD publ. 1979. 499, note Philip ; Annales de Clermont 1978. 145, note Chenevoy.*
1978	27 juill.	78-97 DC. Réforme de la procédure pénale (conformité) : *Rec. Cons. const. 31 ; RJC I-62 ; JO 29 juill., p. 2948 ; AJDA 1979. 29, note Franck ; JCP 1980. 19309, note Nguyen Quoc Dinh ; RD publ. 1979. 502, note Philip.*
1978	22 nov.	78-98 DC. Exécution des peines privatives de liberté (conformité) : *Rec. Cons. const. 33 ; RJC I-63 ; JO 23 nov., p. 3928 ; RD publ. 1979. 1686, note Favoreu ; JCP 1980. 19309, note Nguyen Quoc Dinh.*
1978	29 déc.	78-99 DC. Compte spécial du Trésor « pertes et bénéfices de change » (conformité) : *Rec. Cons. const. 36 ; RJC I-64 ; JO 30 déc., p. 4413 ; RD publ. 1979. 475, note Philip ; JDI 1979. 79, note Ruzié.*
1978	29 déc.	78-100 DC. LFR pour 1978 (conformité) : *Rec. Cons. const. 38 ; RJC I-65 ; JO 30 déc., p. 4413 ; RD publ. 1979. 475, note Philip ; D. 1979. 117, note Hamon ; AFDI 1979. 855, note Lachaume.*
1979	17 janv.	78-101 DC. Conseils de prud'hommes (non-conformité partielle) : *Rec. Cons. const. 23 ; RJC, p. I-67 ; JO 18 janv., p. 173 ; D. 1981. 541, note Hamon ; RD publ. 1979. 1689, note Favoreu ; JCP 1980. 19367, note Franck.*
1979	17 janv.	78-102 DC. Adaptation du VIIe plan (non-conformité partielle) : *Rec. Cons. const. 26 ; RJC I-68 ; JO 18 janv., p. 173 ; D. 1980. 233, note Hamon.*
1979	17 janv.	78-103 DC. Statut de la magistrature (conformité) : *Rec. Cons. const. 19 ; RJC I-69 ; JO 18 janv., p. 173.*
1979	23 mai	79-104 DC. Territoire de Nouvelle-Calédonie (conformité) : *Rec. Cons. const. 27 ; RJC I-69 ; JO 25 mai, p. 1217 ; RD publ. 1979. 1695, note Favoreu ; Gaz. Pal. 1981, n° 53, p. 12, obs. Hamon.*

1979	12 juill.	79-107 DC. Ponts à péage (conformité) : *Rec. Cons. const. 31 ; RJC I-73 ; JO 13 juill., p. 1824 ; RD publ. 1979. 1691, note Favoreu.*
1979	25 juill.	79-105 DC. Grève à la radio et à la télévision (non-conformité partielle) : *Rec. Cons. const. 33 ; RJC I-71 ; JO 27 juill., p. 1953 ; GDCC, 15e éd., no 19 ; JCP 1981. 19547, note Béguin ; RD publ. 1979. 1705, note Favoreu ; D. 1980. 333, note Hamon ; ibid. 101, note Paillet ; AJDA 1980. 191, note Legrand ; Dr. soc. 1980. 440, note Turpin.*
1979	25 juill.	79-106 DC. Remplacement d'un sénateur devenu membre du Gouvernement (conformité) : *Rec. Cons. const. 20 ; RJC I-72 ; JO 27 juill., p. 1953.*
1979	21 nov.	79-108 DC. Règlement du Sénat (conformité) : *Rec. Cons. const. 15 ; RJC I-74 ; JO 22 nov., p. 2889.*
1979	24 déc.	79-110 DC. Vote du budget (*Annulation du budget*) (non-conformité totale) : *Rec. Cons. const. 36 ; RJC I-75 ; JO 26 déc., p. 3259 ; GDCC, 16e éd., no 11 ; D. 1980. 381, note Hamon ; RD publ. 1980. 1373, note Philip ; AJDA 1980. 356, note Franck.*
1979	30 déc.	79-111 DC. Vote du budget (conformité) : *Rec. Cons. const. 39 ; RJC I-77 ; JO 26 déc., p. 3259 ; GDCC, 12e éd., no 28 ; D. 1980. 393, note Hamon ; RD publ. 1980. 1373, note Philip ; AJDA 1980. 356, note Franck.*
1980	9 janv.	79-109 DC. Prévention de l'immigration clandestine (non-conformité partielle) : *Rec. Cons. const. 29 ; RJC I-74 ; JO 11 janv. ; RD publ. 1980. 1631, note Favoreu ; D. 1980. 249, note Auby ; ibid. 420, note Hamon ; AJDA 1980. 356, note Franck ; RGDIP 1980. 31, note Turpin ; Rev. adm. 1980. 363, note Vincent ; Gaz. Pal. 1980. I. 532, note Hamon ; Annales de Clermont 1979. 203, note Turpin.*
1980	9 janv.	79-112 DC. Fiscalité directe locale (conformité) : *Rec. Cons. const. 32 ; RJC I-78 ; JO 11 janv., p. 85 ; RD publ. 1980. 1627, note Favoreu ; D. 1980. 420, note Hamon.*
1980	6 mai	80-113 DC. Règlement AN (conformité) : *Rec. Cons. const. 17 ; RJC I-78 ; JO 7 mai, p. 1145.*
1980	17 juin	80-114 DC. Règlement AN (conformité) : *Rec. Cons. const. 18 ; RJC I-79 ; JO 18 juin, p. 1497.*
1980	1er juill.	80-115 DC. Loi d'orientation agricole (conformité) : *Rec. Cons. const. 34 ; RJC I-79 ; JO 3 juill., p. 1655 ; RD publ. 1980. 1637, note Favoreu ; AJDA 1980. 588, note de Laubadère ; Rev. adm. 1981. 35, note De Villiers.*
1980	17 juill.	80-116 DC. Convention franco-allemande (conformité) : *Rec. Cons. const. 36 ; RJC I-80 ; JO 24 juill., p. 1867 ; RD publ. 1980. 1640, note Favoreu ; RGDIP 1980. 202, note Vallée ; Rev. adm. 1981. 143, note De Villiers.*
1980	17 juill.	80-118 DC. Règlement AN (conformité) : *Rec. Cons. const. 19 ; RJC I-83 ; JO 19 juill., p. 1836 ; D. 1981. 362, obs. Hamon.*
1980	17 juill.	80-120 DC. Loi Sauvage (conformité) : *Rec. Cons. const. 39 ; RJC I-85 ; JO 19 juill., p. 1835 ; RD publ. 1980. 1645, note Favoreu ; D. 1981. 356, note Favoreu.*

1980	17 juill.	80-121 DC. Règlement d'administration publique (conformité) : *Rec. Cons. const. 23 ; RJC I-86 ; JO 19 juill., p. 1837 ; D. 1981. 360, obs. Hamon.*
1980	22 juill.	80-117 DC. Matières nucléaires (conformité) : *Rec. Cons. const. 42 ; RJC I-81 ; JO 24 juill., p. 1867 ; RD publ. 1980. 1652, note Favoreu ; D. 1981. 65, note Franck ; Dr. soc. 1980. 441, note Turpin.*
1980	22 juill.	80-119 DC. Validation d'actes administratifs (conformité) : *Rec. Cons. const. 46 ; RJC I-83 ; JO 24 juill., p. 1868 ; GDCC, 16e éd., no 12 ; AJDA 1980. 602, note Carcassonne ; RDP 1980. 1658, note Favoreu ; D. 1981. 65, note Franck ; ibid. 356, note Hamon ; JCP 1981. 19603, note Nguyen Quoc Dinh ; Gaz. Pal. 12 févr. 1981, note Plouvin ; Rev. adm. 1981. 33, note De Villiers et Etien.*
1980	22 juill.	80-122 DC. Extension du code de procédure pénale aux TOM (non-conformité totale) : *Rec. Cons. const. 49 ; RJC I-86 ; JO 24 juill., p. 1869 ; RD publ. 1980. 1648, note Favoreu ; D. 1981. IR 359, obs. Hamon.*
1980	24 oct.	80-123 DC. Statut de la magistrature (non-conformité partielle) : *Rec. Cons. const. 24 ; RJC I-87 ; JO 25 oct., p. 2491 ; RD publ. 1981. 636, note Favoreu ; AJDA 1981. 148, note Hamon ; D. 1981. 362, obs. Hamon.*
1980	29 oct.	80-124 DC. Règlement du Sénat (conformité) : *Rec. Cons. const. 20 ; RJC I-88 ; JO 30 oct., p. 2532.*
1980	19 déc.	80-125 DC. Répression du viol (conformité) : *Rec. Cons. const. 51 ; RJC I-88 ; JO 20 déc., p. 3005 ; RD publ. 1981. 631, note Favoreu.*
1980	30 déc.	80-126 DC. LF pour 1981 (conformité) : *Rec. Cons. const. 53 ; RJC I-89 ; JO 31 déc., p. 3242 ; RGDIP 1981. 601, note Decaux ; D. 1981. 359, obs. Hamon ; Rev. adm. 1981. 143, note De Villiers ; JCP 1984. 20160, note Drago et Decocq.*
1981	19 janv.	80-127 DC. Sécurité et liberté (non-conformité partielle) : *Rec. Cons. const. 15 ; RJC I-91 ; JO 22 janv., p. 308 ; GDCC, 12e éd., no 30 ; JCP 1981. 19701, note Franck ; D. 1981. 101, note Pradel ; ibid. 1982. 441, note Dekeuwer ; AJDA 1981. 275, note Rivero ; ibid. 278, note Gournay ; Gaz. Pal. 13-14 févr. 1981, note Périer-Daville ; RD publ. 1981. 651, note Philip ; Rev. adm. 1981. 266, note De Villiers ; GADLF, no 38.*
1981	21 janv.	80-128 DC. Travail à temps partiel (conformité) : *Rec. Cons. const. 29 ; RJC I-99 ; JO 24 janv., p. 332 ; RD publ. 1981. 634, note Favoreu.*
1981	30 oct.	81-130 DC. Conseils d'UFR (conformité) : *Rec. Cons. const. 31 ; RJC I-102 ; JO 1er nov., p. 2998 ; RD publ. 1983. 333, note Favoreu.*
1981	31 oct.	81-129 DC. Radios libres (non-conformité partielle) : *Rec. Cons. const. 35 ; RJC I-100 ; JO 1er nov., p. 2997 ; RD publ. 1983. 333, note Favoreu ; D. 1982. IR 557, obs. Hamon.*
1981	16 déc.	81-131 DC. Exploitation des fonds marins (non-conformité partielle) : *Rec. Cons. const. 39 ; RJC I-104 ; JO 18 déc., p. 3448 ; RD publ. 1983. 333, note Favoreu ; D. 1982. 311, obs. Hamon.*

1981	30 déc.	81-133 DC. LF pour 1982 (conformité) : *Rec. Cons. const. 41 ; RJC I-111 ; JO 31 déc., p. 3609 ; RD publ. 1983. 333, note Favoreu ; D. 1982. 305, obs. Hamon ; Dr. fisc. 1982. 521, note Philip.*
1981	31 déc.	81-135 DC. 4° LFR pour 1981 (conformité) : *Rec. Cons. const. 46 ; RJC I-115 ; JO 1er janv., p. 150 ; D. 1982. 307, obs. Hamon.*
1981	31 déc.	81-136 DC. 3° LFR pour 1981 (non-conformité partielle) : *Rec. Cons. const. 48 ; RJC. I-116 ; JO 1er janv., p. 150 ; RD publ. 1983. 333, note Favoreu ; D. 1982. IR 307, note Hamon.*
1982	5 janv.	81-134 DC. Loi d'orientation sociale (conformité) : *Rec. Cons. const. 15 ; RJC I-113 ; JO 7 janv., p. 215 ; RD publ. 1983. 333, note Favoreu ; D. 1982. IR 310, obs. Hamon ; Rev. adm. 1982. 384, note De Villiers.*
1982	16 janv.	81-132 DC. Nationalisation (non-conformité totale) : *Rec. Cons. const. 18 ; RJC I-104 ; JO 17 janv., p. 299 ; GDCC, 16e éd., n° 14 ; D. 1981. 361, obs. Hamon ; ibid. 1983. 169, note Hamon ; AJDA 1982. 209, note Rivero ; JCP 1983. 19788, note Franck et Nguyen Quoc Dinh ; JDI 1982. 275, note Goldman ; RGDIP 1982. 349, note Bischoff ; Gaz. Pal. 1982. I. 448, note Chartier ; RD publ. 1982. 377, note Favoreu ; Rev. adm. 1982. 153, note De Villiers ; GADLF, n° 39.*
1982	11 févr.	82-139 DC. Nationalisation (conformité) : *Rec. Cons. const. 31 ; RJC I-121 ; JO 12 févr., p. 560 ; GDCC, 12e éd., n° 31 ; D. 1981. 361, obs. Hamon ; ibid. 1983. 169, note Hamon ; AJDA 1982. 209, note Rivero ; JCP 1983. 19788, note Franck et Nguyen Quoc Dinh ; JDI 1982. 275, note Goldman ; RGDIP 1982. 349, note Bischoff ; Gaz. Pal. 1982. I. 448, note Chartier ; RD publ. 1982. 377, note Favoreu ; Rev. adm. 1982. 153, note De Villiers ; LPA 17 mars 1982, p. 4, note Saint-Girons.*
1982	25 févr.	82-137 DC. Décentralisation (non-conformité partielle) : *Rec. Cons. const. 38 ; RJC I-117 ; JO 3 mars, p. 759 ; GDCC, 16e éd., n° 15 ; AJDA 1982. 303, note Boulouis ; RD publ. 1982. 1259, note Favoreu ; Rev. adm. 1982. 352, note Etien.*
1982	25 févr.	82-138 DC. Statut particulier de la Corse (conformité) : *Rec. Cons. const. 41 ; RJC I-119 ; JO 27 févr., p. 697 ; GDCC, 16e éd., n° 15 ; AJDA 1982. 303, note Boulouis ; RD publ. 1982. 1259, note Favoreu ; Rev. adm. 1982. 352, note Etien.*
1982	28 juin	82-140 DC. LFR pour 1982 (conformité) : *Rec. Cons. const. 45 ; RJC I-124 ; JO 29 juin, p. 2043 ; RD publ. 1983. 333, note Favoreu.*
1982	27 juill.	82-141 DC. Communication audiovisuelle (non-conformité partielle) : *Rec. Cons. const. 48 ; RJC I-126 ; JO 27 juill., p. 2422 ; RD publ. 1983. 333, note Favoreu ; Rev. adm. 1983. 36, note Etien.*
1982	27 juill.	82-142 DC. Réforme de la planification (conformité) : *Rec. Cons. const. 52 ; RJC I-128 ; JO 29 juill., p. 2422 ; AJDA 1982. 577, note Jacquot ; JCP 1998. 3390, obs. Quérol ; RD publ. 1982. 509, note Etien ; ibid. 1983. 333, note Favoreu ; Rev. adm. 1983. 509, note Etien.*
1982	30 juill.	82-143 DC. Blocage des prix (conformité) : *Rec. Cons. const. 57 ; RJC I-130 ; JO 31 juill., p. 2470 ; GDCC, 16e éd., n° 16 ; RD publ. 1983. 333, note Favoreu ; Rev. adm. 1983. 247, note De Villiers.*

1982	22 oct.	82-144 DC. Irresponsabilité pour fait de grève (non-conformité partielle) : *Rec. Cons. const. 61 ; RJC I-132 ; JO 23 oct., p. 3210 ; RD publ. 1983. 333, note Favoreu ; Gaz. Pal. 1983, n° 28, p. 6, note Chabas ; D. 1983. 189, note Luchaire ; Dr. soc. 1983. 155, note Hamon.*
1982	10 nov.	82-145 DC. Négociation collective (conformité) : *Rec. Cons. const. 64 ; RJC I-133 ; JO 11 nov., p. 3393 ; RD publ. 1983. 333, note Favoreu ; Dr. soc. 1983. 155, note Hamon.*
1982	18 nov.	82-146 DC. Quotas par sexe (non-conformité partielle) : *Rec. Cons. const. 66 ; RJC I-134 ; JO 19 nov., p. 3475, Rect. JO 20 nov. ; GDCC, 15ᵉ éd., n° 15 ; AJDA 1983. 74, note Boulouis ; RD publ. 1983. 333, note Favoreu ; Dr. soc. 1983. 131, note Lochak ; JCP 1983. 19946, note Marchand ; Rev. adm. 1996. 38, note Blancher ; D. 1984. 469, note Hamon.*
1982	2 déc.	82-147 DC. Statut des DOM (non-conformité totale) : *Rec. Cons. const. 70 ; RJC I-147 ; JO 4 déc., p. 3666 ; RD publ. 1983. 333, note Favoreu ; Rev. adm. 1982. 620, note Etien ; RFAP 1983. 24, note Fortier.*
1982	14 déc.	82-148 DC. Caisses de sécurité sociale (conformité) : *Rec. Cons. const. 73 ; RJC I-137 ; JO 15 déc., p. 3750 ; RD publ. 1983. 333, note Favoreu ; Dr. soc. 1984. 170, note Hamon.*
1982	28 déc.	82-149 DC. Paris, Lyon, Marseille (conformité) : *Rec. Cons. const. 76 ; RJC I-138 ; JO 29 déc., p. 3914 ; RD publ. 1983. 333, note Favoreu.*
1982	29 déc.	82-154 DC. LF pour 1983 (non-conformité partielle) : *Rec. Cons. const. 80 ; RJC I-147 ; JO 30 déc., p. 3987 ; Rect. JO 6 janv. 1983 ; Rev. adm. 1983. 139, note De Villiers.*
1982	30 déc.	82-150 DC. Transports intérieurs (conformité) : *Rec. Cons. const. 86 ; RJC I-140 ; JO 31 déc., p. 4033 ; RD publ. 1983. 333, note Favoreu ; AJDA 1983. 236, note Broussolle.*
1982	30 déc.	82-155 DC. LFR pour 1982 (non-conformité partielle) : *Rec. Cons. const. 88 ; RJC I-149 ; JO 31 déc., p. 4034 ; RD publ. 1983. 333, note Favoreu ; Rev. adm. 1983. 142, note De Villiers.*
1983	12 janv.	82-151 DC. Conseils municipaux des TOM (conformité) : *Rec. Cons. const. 29 ; RJC I-141 ; JO 13 janv., p. 306 ; RD publ. 1983. 333, note Favoreu ; AJDA 1983. 120, note Luchaire.*
1983	14 janv.	82-152 DC. Taxes sur le tabac et l'alcool (conformité) : *Rec. Cons. const. 31 ; RJC I-142 ; JO 15 janv., p. 353 ; RD publ. 1983. 333, note Favoreu.*
1983	14 janv.	82-153 DC. 3ᵉ voie de l'ENA (non-conformité partielle) : *Rec. Cons. const. 35 ; RJC I-144 ; JO 15 janv., p. 354 ; RD publ. 1983. 333, note Favoreu ; AJDA 1983. 312, note Gaudemet.*
1983	28 mai	83-156 DC. Prestations vieillesse (conformité) : *Rec. Cons. const. 41 ; RJC I-152 ; JO 1ᵉʳ juin, p. 1646.*
1983	15 juin	83-157 DC. Français établis hors de France (conformité) : *Rec. Cons. const. 23 ; RJC I-153 ; JO 17 juin, p. 1842.*

1983	19 juill.	83-158 DC. Règlement du Sénat (conformité) : *Rec. Cons. const. 19 ; RJC I-154 ; JO 21 juill., p. 2251.*
1983	19 juill.	83-159 DC. Validation concours ENM (conformité) : *Rec. Cons. const. 24 ; RJC I-154 ; JO 21 juill., p. 2251 ; RD publ. 1986. 395, note Favoreu.*
1983	19 juill.	83-160 DC. Convention fiscale avec la Nouvelle-Calédonie (conformité) : *Rec. Cons. const. 43 ; RJC I-154 ; JO 21 juill., p. 2251 ; RD publ. 1986. 395, note Favoreu ; AJDA 1984. 28, note Jarnevic ; JCP 1985. 20352, note Labayle.*
1983	19 juill.	83-161 DC. L. portant règlement définitif du budget de 1981 (conformité) : *Rec. Cons. const. 47 ; RJC I-156 ; JO 21 juill., p. 2252 ; D. 1985. 354, obs. Hamon ; AJDA 1984. 33, note Marchessou ; Rev. adm. 1983. 386, note Peyssard ; Rev. adm. 1983. 467, note De Villiers.*
1983	19 et 20 juill.	83-162 DC. Démocratisation du secteur public (non-conformité partielle) : *Rec. Cons. const. 49 ; RJC I-157 ; JO 22 juill., p. 2267 ; RD publ. 1986. 395, note Favoreu.*
1983	14 déc.	83-163 DC. Inéligibilités (conformité) : *Rec. Cons. const. 25 ; RJC I-166 ; JO 15 déc., p. 3610.*
1983	29 déc.	83-164 DC. LF pour 1984 (*Perquisitions fiscales*) (non-conformité partielle) : *Rec. Cons. const. 67 ; RJC I-166 ; JO 30 déc., p. 3871 ; GDCC, 16e éd., n° 17 ; AJDA 1984. 97, note Philip ; LPA 7 déc. 1984, p. 8, note Fouquet ; Rev. adm. 1984. 142, note Etien ; Gaz. Pal. 3 mars 1984, p. 97, note Amadio et Viala ; JCP 1985. 20325, note Franck.*
1983	29 déc.	83-166 DC. Prix de l'eau en 1984 (conformité) : *Rec. Cons. const. 77 ; RJC I-175 ; JO 30 déc., p. 3875 ; RD publ. 1986. 395, note Favoreu ; D. 1985. 354, note Hamon.*
1984	19 janv.	83-167 DC. Établissements de crédit (conformité) : *Rec. Cons. const. 23 ; RJC I-177 ; JO 20 janv., p. 351 ; RD publ. 1986. 395, note Favoreu ; D. 1985. 357, note Hamon.*
1984	20 janv.	83-165 DC. Enseignement universitaire (non-conformité partielle) : *Rec. Cons. const. 30 ; RJC I-171 ; JO 21 janv., p. 365 ; GDCC, 15e éd., n° 27 ; AJDA 1984. 163, note Boulouis ; RD publ. 1984. 702, note Favoreu ; Rev. adm. 1984. 261, note De Villiers ; D. 1984. 593, note Luchaire ; Gaz. Pal. 1984. 573, note Hamon.*
1984	20 janv.	83-168 DC. Fonction publique territoriale (non-conformité partielle) : *Rec. Cons. const. 38 ; RJC I-180 ; JO 21 janv., p. 368 ; D. 1985. 359, note Hamon ; AJDA 1984. 258, note Némery ; RD publ. 1986. 395 ; ibid. 687, note Favoreu.*
1984	28 févr.	84-169 DC. Difficultés des entreprises (non-conformité partielle) : *Rec. Cons. const. 43 ; RJC I-183 ; JO 2 mars, p. 764 ; RD publ. 1986. 395, note Favoreu.*
1984	4 juin	84-170 DC. Taxe sur les produits pétroliers (conformité) : *Rec. Cons. const. 45 ; RJC I-183 ; JO 5 juin, p. 1744 ; RD publ. 1986. 395, note Favoreu.*

1984	18 juin	84-171 DC. Conseil économique et social (conformité) : *Rec. Cons. const. 19 ; RJC I-185 ; JO 20 juin, p. 1896.*
1984	25 juill.	84-174 DC. Régions d'outre-mer (non-conformité partielle) : *Rec. Cons. const. 48 ; RJC I-188 ; JO 28 juill., p. 2493 ; RD publ. 1986. 395, note Favoreu ; AJDA 1984. 619, note Ferstenbert.*
1984	25 juill.	84-176 DC. Publicité sur les radios libres (conformité) : *Rec. Cons. const. 55 ; RJC I-192 ; JO 28 juill., p. 2492 ; RD publ. 1986. 395, note Favoreu.*
1984	26 juill.	84-172 DC. Statut du fermage (conformité) : *Rec. Cons. const. 58 ; RJC I-185 ; JO 28 juill., p. 2496 ; Rect. JO 1er août 1984 ; RD publ. 1986. 395, note Favoreu ; D. 1985. 360, obs. Hamon.*
1984	26 juill.	84-173 DC. Réseaux câblés (non-conformité partielle) : *Rec. Cons. const. 63 ; RJC I-187 ; JO 28 juill., p. 2496 ; RD publ. 1986. 395, note Favoreu.*
1984	26 juill.	84-175 DC. Règlement du Sénat (conformité) : *Rec. Cons. const. 15 ; RJC I-192 ; JO 28 juill., p. 2498.*
1984	30 août	84-177 DC. Statut de la Polynésie française (non-conformité partielle) : *Rec. Cons. const. 66 ; RJC I-194 ; JO 4 sept., p. 2803 ; RD publ. 1986. 395, note Favoreu ; D. 1985. IR 361, obs. Hamon.*
1984	30 août	84-178 DC. Statut de la Nouvelle-Calédonie (non-conformité partielle) : *Rec. Cons. const. 69 ; RJC I-195 ; JO 4 sept., p. 2804 ; RD publ. 1986. 395, note Favoreu.*
1984	12 sept.	84-179 DC. Limite d'âge des fonctionnaires (conformité) : *Rec. Cons. const. 73 ; RJC I-197 ; JO 14 sept., p. 2908 ; RD publ 1986. 395, note Favoreu ; D. 1985. 360, obs. Hamon ; ibid. 1986. 97, note Rohmer-Benoît ; AJDA 1984. 682, note Boulouis.*
1984	12 sept.	84-180 DC. Limite d'âge des magistrats (conformité) : *Rec. Cons. const. 20 ; RJC I-199 ; JO 14 sept., p. 2908 ; AJDA 1984. 682, note Boulouis.*
1984	10 oct.	84-181 DC. Entreprises de presse (*Liberté de la presse*) (non-conformité partielle) : *Rec. Cons. const. 78 ; RJC I-199 ; JO 13 oct., p. 3200 ; GDCC, 16e éd., no 18 ; AJDA 1984. 689, note Bienvenu ; RD publ. 1986. 395, note Favoreu ; Gaz. Pal. 1984. 539, note Périer-Daville ; Rev. adm. 1984. 580, note De Villiers ; GADLF, nos 40-41.*
1984	29 déc.	84-184 DC. LF pour 1985 (non-conformité partielle) : *Rec. Cons. const. 94 ; RJC I-212 ; JO 30 déc., p. 4167 ; GDCC, 12e éd., no 34 ; Rev. adm. 1985. 140, note Etien ; RD publ. 1985. 651, note Philip ; ibid. 1986. 395, note Favoreu ; RFDA 1985. 756, note Fouquet.*
1984	29 déc.	84-186 DC. LFR pour 1984 (conformité) : *Rec. Cons. const. 107 ; RJC I-222 ; JO 30 déc., p. 4171 ; RD publ. 1986. 395, note Favoreu.*
1985	18 janv.	84-182 DC. Administrateurs judiciaires (non-conformité partielle) : *Rec. Cons. const. 27 ; RJC I-207 ; JO 20 janv., p. 819 ; RD publ. 1986. 395, note Favoreu ; AIJC 1985. 418, chron. Genevois ; D. 1986. 425, note Renoux.*

1985	18 janv.	84-183 DC. Redressement et liquidation judiciaires (non-conformité partielle) : *Rec. Cons. const. 32 ; RJC I-210 ; JO 20 janv., p. 820 ; RD publ. 1986. 395, note Favoreu ; AIJC 1985. 413, chron. Genevois ; D. 1986. 425, note Renoux.*
1985	18 janv.	84-185 DC. Loi Chevènement (non-conformité partielle) : *Rec. Cons. const. 36 ; RJC I-219 ; JO 20 janv., p. 821 ; RD publ. 1986. 395, note Favoreu ; AIJC 1985. 416, chron. Genevois ; RFDA 1985. 600, note Favoreu ; ibid. 624, note Delvolvé.*
1985	25 janv.	85-187 DC. État d'urgence en Nouvelle-Calédonie (conformité) : *Rec. Cons. const. 43 ; RJC I-223 ; JO 26 janv., p. 1137 ; GDCC, 15e éd., n° 29 ; RD publ. 1986. 395, note Favoreu ; JCP 1985. 20356, note Franck ; AIJC 1985. 400, chron. Genevois ; D. 1985. 361, note Luchaire ; AJDA 1985. 362, note Wachsmann ; Rev. adm. 1985. 355, note De Villiers.*
1985	22 mai	85-188 DC. Protocole n° 6 à la CEDH (conformité) : *Rec. Cons. const. 15 ; RJC I-224 ; JO 23 mai, p. 5795 ; AFDI 1985. 868, note Favoreu ; AIJC 1985. 430, note Genevois.*
1985	10 juill.	85-191 DC. DDOF (non-conformité partielle) : *Rec. Cons. const. 46 ; RJC I-228 ; JO 12 juill., p. 7888 ; RD publ. 1986. 395, note Favoreu ; AIJC 1985. 403, note Genevois.*
1985	10 juill.	85-194 DC. Mayotte et Saint-Pierre-et-Miquelon (conformité) : *Rec. Cons. const. 19 ; RJC I-232 ; JO 11 juill., p. 7834 ; RD publ. 1986. 395, note Favoreu.*
1985	10 juill.	85-195 DC. Élection des députés (conformité) : *Rec. Cons. const. 20 ; RJC I-232 ; JO 11 juill., p. 7835 ; RD publ. 1986. 395, note Favoreu ; AIJC 1985. 407, note Genevois.*
1985	17 juill.	85-189 DC. Principes d'aménagement (conformité) : *Rec. 49 ; RJC I-224 ; JO 19 juill., p. 8200 ; RD publ. 1986. 395, note Favoreu ; AIJC 1985. 415, note Genevois.*
1985	24 juill.	85-190 DC. Règlement définitif du budget de 1983 (non-conformité partielle) : *Rec. Cons. const. 53 ; RJC I-226 ; JO 26 juill., p. 8509 ; RD publ. 1986. 395, note Favoreu ; AIJC 1985. 406, note Genevois ; Rev. adm. 1985. 462, note Etien.*
1985	24 juill.	85-192 DC. Élections du CSU (conformité) : *Rec. Cons. const. 56 ; RJC I-229 ; JO 26 juill., p. 8510 ; AJDA 1985. 485, note Bienvenu ; RD publ. 1986. 395, chron. Favoreu ; LPA 7 août 1987, p. 2, note Fernandez ; AIJC 1985. 427, chron. Genevois.*
1985	24 juill.	85-193 DC. Code de la mutualité (conformité) : *Rec. Cons. const. 61 ; RJC I-231 ; JO 26 juill., p. 8511 ; RD publ. 1986. 395, note Favoreu.*
1985	8 août	85-196 DC. Nouvelle-Calédonie (non-conformité partielle) : *Rec. Cons. const. 63 ; RJC I-234 ; JO 8 août, p. 9125 ; Rev. adm. 1985. 572, note Etien, Favoreu et Philip ; GDCC, 15e éd., n° 30 ; RD publ. 1986. 395, note Favoreu ; AIJC 1985. 423, chron. Genevois ; AJDA 1986. 605, note Hamon ; D. 1986. 45, note Luchaire.*
1985	23 août	85-197 DC. Nouvelle-Calédonie (conformité) : *Rec. Cons. const. 70 ; RJC I-238 ; JO 8 août, p. 9814 ; Rev. adm. 1985. 572, note Etien, Favoreu*

		et Philip ; GDCC, 15e éd., n° 30 ; RD publ. 1986. 395, note Favoreu ; AIJC 1985. 423, chron. Genevois ; AJDA 1986. 605, note Hamon ; D. 1986. 45, note Luchaire.
1985	13 déc.	85-198 DC. Communication audiovisuelle (*Amendement « Tour Eiffel »*) (non-conformité partielle) : *Rec. Cons. const. 78 ; RJC I-242 ; JO 14 déc., p. 14574 ; AJDA 1986. 171, note Boulouis ; JCP 1986. 3237, note Duffau ; Rev. adm. 1985. 572, note Etien ; RD publ. 1986. 395, chron. Favoreu ; AIJC 1985. 421, note Genevois ; D. 1986. 345, note Luchaire ; CJEG 1986. 109, note Sablière.*
1985	28 déc.	85-199 DC. Amélioration de la concurrence (conformité) : *Rec. Cons. const. 83 ; RJC I-244 ; JO 29 déc., p. 15386 ; RD publ. 1986. 395, note Favoreu.*
1985	28 déc.	85-201 DC. LF pour 1986 (non-conformité partielle) : *Rec. Cons. const. 85 ; RJC I-247 ; JO 29 déc., p. 15386 ; RD publ. 1986. 395, note Favoreu ; AIJC 1986. 404, chron. Genevois.*
1985	28 déc.	85-203 DC. LFR pour 1985 (non-conformité partielle) : *Rec. Cons. const. 87 ; RJC I-250 ; JO 29 déc., p. 15387 ; RD publ. 1986. 395, note Favoreu ; AIJC 1986. 404, chron. Genevois.*
1985	28 déc.	85-205 DC. Cumul des mandats électoraux (conformité) : *Rec. Cons. const. 24 ; RJC I-253 ; JO 29 déc., p. 15388 ; RD publ. 1986. 395, note Favoreu.*
1986	16 janv.	85-200 DC. Cumul emploi retraite (non-conformité partielle) : *Rec. Cons. const. 9 ; RJC I-245 ; JO 18 janv., p. 920 ; RD publ. 1986. 395, note Favoreu ; Dr. soc. 1986. 372, note Gaudemet ; AIJC 1986. 445, chron. Genevois ; RDSS 1986. 347, note Prétot.*
1986	16 janv.	85-202 DC. LR pour 1983 (conformité) : *Rec. Cons. const. 14 ; RJC I-248 ; JO 18 janv., p. 922 ; RD publ. 1986. 395, note Favoreu ; AIJC 1986. 404, chron. Genevois ; Rev. Trésor 1986. 548, note Battiston.*
1986	16 janv.	85-204 DC. DDOS (non-conformité partielle) : *Rec. Cons. const. 18 ; RJC I-251 ; JO 18 janv., p. 923 ; RD publ. 1986. 395, note Favoreu.*
1986	3 juin	86-206 DC. Règlement du Sénat (conformité) : *Rec. Cons. const. 43 ; RJC I-253 ; JO 4 juin, p. 7009 ; RD publ. 1989. 474, note Favoreu.*
1986	26 juin	86-207 DC. Privatisations (*Ordonnances de l'art. 38 Const. 58*) (conformité) : *Rec. Cons. const. 61 ; RJC I-254 ; JO 27 juin, p. 7978 ; GDCC, 16e éd., n° 19 ; RD publ. 1989. 399, note Favoreu ; AIJC 1986. 427, note Genevois ; Rev. sociétés 1986. 606, note Guyon ; AJDA 1986. 575, note Rivero ; LPA 9 août 1995, p. 19, note Amadéi.*
1986	1er juill.	86-208 DC. Découpage électoral (conformité) : *Rec. Cons. const. 78 ; RJC I-262 ; JO 3 juill., p. 7978 ; GDCC, 12e éd., n° 40 ; AJDA 1987. 263, note Boulouis ; RD publ. 1989. 458, note Favoreu ; AIJC 1986. 449, note Genevois ; Rev. adm. 1987. 28, note Gourdon.*
1986	3 juill.	86-209 DC. LFR pour 1986 (non-conformité partielle) : *Rec. Cons. const. 86 ; RJC I-266 ; JO 4 juill., p. 8342 ; RD publ. 1989. 399, note Favoreu ; AIJC 1986. 424, note Genevois.*

1986	29 juill.	86-210 DC. Régime juridique de la presse (non-conformité partielle) : *Rec. Cons. const. 110 ; RJC I-270 ; JO 30 juill., p. 9393 ; RD publ. 1989. 399, note Favoreu ; AIJC 1986. 432, note Genevois ; Rev. adm. 1986. 458, note Etien ; AJDA 1986. 527, note Pépy.*
1986	12 août	86-212 DC. Régime électoral de Saint-Pierre-et-Miquelon (conformité) : *Rec. Cons. const. 118 ; RJC I-274 ; JO 13 août, p. 9954.*
1986	26 août	86-211 DC. Contrôles d'identité (conformité) : *Rec. Cons. const. 120 ; RJC I-274 ; JO 27 août, p. 10438 ; RD publ. 1989. 399, note Favoreu ; LPA 1er oct. 1986, note Pacteau ; RSC 1987. 565, note Loloum et Nguyen Huu.*
1986	3 sept.	86-213 DC. Lutte contre le terrorisme (non-conformité partielle) : *Rec. Cons. const. 122 ; RJC I-275 ; JO 5 sept., p. 10786 ; RD publ. 1989. 399, note Favoreu ; RSC 1987. 565, note Loloum et Nguyen Huu.*
1986	3 sept.	86-214 DC. Application des peines (conformité) : *Rec. Cons. const. 128 ; RJC I-278 ; JO 5 sept., p. 10788 ; RD publ. 1989. 399, note Favoreu ; RSC 1987. 565, note Loloum et Nguyen Huu.*
1986	3 sept.	86-215 DC. Lutte contre la criminalité (conformité) : *Rec. Cons. const. 130 ; RJC I-278 ; JO 5 sept., p. 10788 ; RD publ. 1989. 399, note Favoreu ; RSC 1987. 565, note Loloum et Nguyen Huu ; AIJC 1986. 444, note Genevois.*
1986	3 sept.	86-216 DC. Entrée et séjour des étrangers (non-conformité partielle) : *Rec. Cons. const. 135 ; RJC I-281 ; JO 5 sept., p. 10790 ; RD publ. 1989. 399, note Favoreu ; RSC 1987. 565, note Loloum et Nguyen Huu ; AIJC 1986. 436, note Genevois ; RFDA 1987. 120, note Genevois ; JDI 1987. 289, note Pinto.*
1986	18 sept.	86-217 DC. Liberté de communication (non-conformité partielle) : *Rec. Cons. const. 141 ; RJC I-283 ; JO 19 sept., p. 11294 ; RD publ. 1989. 399, note Favoreu ; AIJC 1986. 430, note Genevois ; AJDA 1987. 102, note Wachsmann ; D. 1987. 381, note Maisl ; LPA 14 nov. 1986, note Maligner ; Rev. adm. 1986. 458, note Etien ; Rev. sociétés 1986. 608, note Guyon.*
1986	18 nov.	86-218 DC. Découpage électoral (conformité) : *Rec. Cons. const. 167 ; RJC I-291 ; JO 19 nov., p. 13769 ; GDCC, 12e éd., no 40 ; AJDA 1987. 243, note, Boulouis ; RD publ. 1989. 458, note Favoreu ; AIJC 1986. 449, chron. Genevois ; Rev. adm. 1987. 28, note Gourdon.*
1986	22 déc.	86-219 DC. Magistrats hors hiérarchie (conformité) : *Rec. Cons. const. 172 ; RJC I-296 ; JO 23 déc., p. 15500 ; RD publ. 1989. 399, note Favoreu.*
1986	22 déc.	86-220 DC. Limite d'âge des fonctionnaires (conformité) : *Rec. Cons. const. 174 ; RJC I-297 ; JO 23 déc., p. 15500 ; RD publ. 1989. 399, note Favoreu ; AIJC 1986. 457, note Genevois.*
1986	29 déc.	86-221 DC. LF pour 1987 (non-conformité partielle) : *Rec. Cons. const. 179 ; RJC I-298 ; JO 30 déc., p. 15801 ; Pouvoirs no 41, p. 163, note Carcassonne ; RD publ. 1989. 399, note Favoreu ; AIJC 1986. 423, chron. Genevois.*

1986	29 déc.	86-223 DC. LFR pour 1986 (non-conformité partielle) : *Rec. Cons. const. 184 ; RJC I-301 ; JO 30 déc., p. 15802 ; RD publ. 1989. 399, note Favoreu ; AIJC 1986. 431, note Genevois ; JCP 1987. 20903, note Nguyen Quoc Dinh.*
1987	6 janv.	86-222 DC. Magistrats dans les organisations internationales (conformité) : *Rec. Cons. const. 7 ; RJC I-301 ; JO 12 et 13 janv., p. 469 ; AIJC 1987. 572, note Genevois.*
1987	23 janv.	86-224 DC. Conseil de la concurrence (non-conformité totale) : *Rec. Cons. const. 8 ; RJC I-303 ; JO 25 janv., p. 924 ; GDCC, 16e éd., no 20 ; AJDA 1987. 345, note Chevallier ; RFDA 1987. 287, note Genevois ; ibid. 301, note Favoreu ; ibid. 2012. 339, note Mestre ; RD publ. 1987. 1341, note Gaudemet ; ibid. 1989. 482, note Favoreu ; ibid. 769, note Velley ; AIJC 1987. 600, note Genevois ; Gaz. Pal. 19 mars 1987, p. 209, note Lepage-Jessua ; ibid. 31 mars 1987, p. 253, note Viala ; D. 1988. 117, note Luchaire ; JCP 1987. 20854, note Sestier ; Rev. adm. 1988. 29, note Sorel ; GAJA, 18e éd., no 89 ; LPA 13 févr. 1987, p. 21, note Sélinsky.*
1987	23 janv.	86-225 DC. Amendement Seguin (non-conformité partielle) : *Rec. Cons. const. 13 ; RJC I-305 ; JO 25 janv., p. 925 ; Pouvoirs 1987, no 41, p. 163 ; RD publ. 1989. 399, note Favoreu ; AIJC 1987. 587, chron. Genevois ; Dr. soc. 1987. 345, note Prétot ; Rev. adm. 1987. 139, note De Villiers.*
1987	2 juin	87-226 DC. Consultation des populations de Nouvelle-Calédonie (non-conformité partielle) : *Rec. Cons. const. 34 ; RJC I-309 ; JO 4 juin, p. 6058 ; RD publ. 1989. 399, note Favoreu ; AIJC 1986. 603, chron. Genevois ; D. 1988. 289, note Luchaire ; Rev. adm. 1988. 437, note Pavia.*
1987	26 juin	87-228 DC. Validation de nominations de magistrats (conformité) : *Rec. Cons. const. 38 ; RJC I-312 ; JO 26 juin, p. 6998 ; RD publ. 1989. 399, note Favoreu ; AIJC 1986. 569, chron. Genevois.*
1987	7 juill.	87-227 DC. Régime électoral de Marseille (conformité) : *Rec. Cons. const. 41 ; RJC I-310 ; JO 8 juill., p. 7456 ; RD publ. 1989. 399, note Favoreu.*
1987	22 juill.	87-229 DC. Établissements d'hospitalisation (conformité) : *Rec. Cons. const. 44 ; RJC I-313 ; JO 23 juill., p. 8237 ; RD publ. 1989. 399, note Favoreu ; AIJC 1986. 593, chron. Genevois.*
1987	28 juill.	87-230 DC. DDOS (non-conformité partielle) : *Rec. Cons. const. 48 ; RJC I-315 ; JO 29 juill., p. 8508 ; RD publ. 1988. 437, note Crucis ; ibid. 1989. 399, note Favoreu ; RFDA 1987. 807, note Genevois ; Rev. adm. 1988. 437, note Pavia.*
1987	30 déc.	87-237 DC. LF pour 1988 (non-conformité partielle) : *Rec. Cons. const. 63 ; RJC I-324 ; JO 31 déc., p. 444 ; RD publ. 1989. 399, note Favoreu ; AIJC 1987. 578, chron. Genevois ; Rev. adm. 1988. 136, note Lambert ; RFDA 1988. 350, obs. Genevois ; Dr. fisc. 1988. 1228, note Philip.*
1987	30 déc.	87-239 DC. LFR pour 1987 (non-conformité partielle) : *Rec. Cons. const. 69 ; RJC I-328 ; JO 31 déc., p. 15763 ; RD publ. 1989. 431, note Favoreu ; AIJC 1987. 579, chron. Genevois.*

1988	5 janv.	87-231 DC. Art. L.O. 145 C. élect. (conformité) : *Rec. Cons. const. 7 ; RJC I-317 ; JO 7 janv., p. 320 ; RD publ. 1989. 399, note Favoreu.*
1988	5 janv.	87-233 DC. Élections cantonales partielles (non-conformité partielle) : *Rec. Cons. const. 9 ; RJC I-322 ; JO 7 janv., p. 320 ; RD publ. 1989. 429, note Favoreu ; AIJC 1988. 426, chron. Genevois.*
1988	5 janv.	87-235 DC. Élection du Président de la République (conformité) : *Rec. Cons. const. 12 ; RJC I-324 ; JO 5 janv., p. 321 ; AIJC 1988. 391, note Genevois.*
1988	5 janv.	87-236 DC. Élection du Président de la République (conformité) : *Rec. Cons. const. 14 ; RJC I-324 ; JO 7 janv., p. 321.*
1988	5 janv.	87-238 DC. Magistrats des cours d'appel et TGI (conformité) : *Rec. Cons. const. 15 ; RJC I-327 ; JO 7 janv., p. 321.*
1988	7 janv.	87-232 DC. Mutualisation de la Caisse nationale de Crédit agricole (non-conformité partielle) : *Rec. Cons. const. 17 ; RJC I-317 ; JO 10 janv., p. 482 ; RD publ. 1989. 399, note Favoreu ; AIJC 1986. 404, chron. Genevois ; Rev. sociétés 1988. 229, note Guyon.*
1988	7 janv.	87-234 DC. Régimes obligatoires de sécurité sociale (non-conformité totale) : *Rec. Cons. const. 26 ; RJC I-323 ; JO 9 janv., p. 444 ; RD publ. 1989. 430, note Favoreu ; AIJC 1988. 395, chron. Genevois ; D. 1989. 82, note Prétot.*
1988	19 janv.	87-240 DC. Bourse de valeurs (conformité) : *Rec. Cons. const. 28 ; RJC I-328 ; JO 21 janv., p. 1024 ; RD publ. 1989. 430, note Favoreu ; AIJC 1988. 403, chron. Genevois.*
1988	19 janv.	87-241 DC. Statut de la Nouvelle-Calédonie (conformité) : *Rec. Cons. const. 31 ; RJC I-330 ; JO 21 janv., p. 1025 ; RD publ. 1989. 451, note Favoreu ; AIJC 1988. 415, chron. Genevois ; LPA 4 nov. 1988, p. 9, note Houteer.*
1988	10 mars	88-242 DC. Transparence financière de la vie politique (conformité) : *Rec. Cons. const. 36 ; RJC I-331 ; JO 12 mars, p. 3350 ; RD publ. 1989. 430, note Favoreu ; AIJC 1988. 394, chron. Genevois ; Rev. adm. 1988. 441, note Pavia.*
1988	13 juill.	88-243 DC. Règlement AN (conformité) : *Rec. Cons. const. 85 ; RJC I-334 ; JO 14 juill., p. 9179.*
1988	20 juill.	88-244 DC. Loi d'amnistie (non-conformité partielle) : *Rec. Cons. const. 119 ; RJC I-334 ; JO 21 juill., p. 9448 ; AJDA 1988. 752, note Wachsmann ; D. 1989. 269, note Luchaire ; JCP 1989. 21202, note Paillet ; Dr. soc. 1988. 755, note Prétot ; AIJC 1988. 392, chron. Genevois ; GADLF, n°s 42-43.*
1988	18 oct.	88-245 DC. Règlement AN (conformité) : *Rec. Cons. const. 153 ; RJC I-338 ; JO 20 oct., p. 13201.*
1988	20 déc.	88-246 DC. Règlement du Sénat (conformité) : *Rec. Cons. const. 266 ; RJC I-338 ; JO 21 déc., p. 16007.*

1988	29 déc.	88-250 DC. LFR pour 1988 (non-conformité partielle) : *Rec. Cons. const. 267 ; RJC I-346 ; JO 30 déc., p. 16700 ; AIJC 1988. 402, chron. Genevois ; RFDA 1988. 862, note Mathieu.*
1989	12 janv.	88-249 DC. DDOS (conformité) : *Rec. Cons. const. 7 ; RJC I-345 ; JO 13 janv., p. 523 ; AIJC 1989. 495, note Genevois.*
1989	12 janv.	88-251 DC. CNFPT (non-conformité partielle) : *Rec. Cons. const. 10 ; RJC I-349 ; JO 13 janv., p. 524 ; JCP 1990. 3441, note Chaminade ; RD publ. 1989. 399, note Favoreu ; LPA 12 mai 1989, p. 13, note Fialaire ; AIJC 1989. 476, chron. Genevois ; D. 1989. 573, note Hamon ; AJDA 1989. 322, note Wachsmann.*
1989	17 janv.	88-247 DC. Convention internationale du travail (conformité) : *Rec. Cons. const. 15 ; RJC I-338 ; JO 18 janv., p. 753 ; RD publ. 1989. 481, note Favoreu.*
1989	17 janv.	88-248 DC. Liberté de communication II (CSA) (non-conformité partielle) : *Rec. Cons. const. 18 ; RJC I-339 ; JO 18 janv 1989, p. 754 ; GDCC, 16e éd., no 21 ; Rev. adm. 1989. 223, obs. Autin ; RD publ. 1989. 429, note Favoreu ; RFDA 1989. 215, note Genevois ; AIJC 1989. 481, chron. Genevois ; D. 1994. 137, note Dobkine ; GADLF, nos 40-41.*
1989	7 juin	89-252 DC. Règlement AN (conformité) : *Rec. Cons. const. 39 ; RJC I-352 ; JO 8 juin, p. 7113.*
1989	4 juill.	89-253 DC. Règlement du Sénat (conformité) : *Rec. Cons. const. 40 ; RJC I-352 ; JO 6 juill., p. 8438.*
1989	4 juill.	89-254 DC. Modalités d'application des privatisations (conformité) : *Rec. Cons. const. 41 ; RJC I-352 ; JO 5 juill., p. 8382 ; Rect. JO 24 juill., p. 9506 ; AIJC 1989. 483, note Genevois ; Rev. sociétés 1990. 27, note Guyon ; D. 1990. 209, note Luchaire ; RTD civ. 1990. 519, note Zenati.*
1989	4 juill.	89-255 DC. Règlement AN (conformité) : *Rec. Cons. const. 47 ; RJC I-355 ; JO 6 juill., p. 8438.*
1989	8 juill.	89-258 DC. Loi portant amnistie (non-conformité partielle) : *Rec. Cons. const. 48 ; RJC I-361 ; JO 11 juill., p. 8734 ; D. 1990. 138, obs. Prétot et Chelle ; JCP 1990. 21409, note Franck ; AIJC 1989. 479, chron. Genevois.*
1989	25 juill.	89-256 DC. TGV Nord (conformité) : *Rec. Cons. const. 53 ; RJC I-355 ; JO 28 juill., p. 9501 ; RFDA 1989. 1009,* note Bon ; CJEG 1990. 1, note *Genevois ; AIJC 1989. 473, chron. Genevois.*
1989	25 juill.	89-257 DC. Prévention du licenciement économique (conformité) : *Rec. Cons. const. 59 ; RJC I-358 ; JO 28 juill., p. 9503 ; AJDA 1989. 796, note Rohmer-Benoît ; AIJC 1989. 488, chron. Genevois ; Dr. soc. 1989. 701, note Prétot.*
1989	26 juill.	89-259 DC. Liberté de communication (conformité) : *Rec. Cons. const. 66 ; RJC I-364 ; JO 28 juill., p. 9505 ; AIJC 1989. 484, chron. Genevois ; LPA 26 janv. 1990, p. 4, note Turpin.*

1989	28 juill.	89-260 DC. Sécurité et transparence du marché financier (non-conformité partielle) : *Rec. Cons. const. 71 ; RJC I-365 ; JO 1er août, p. 9676 ; Rect. JO 5 août, p. 9896 ; RFDA 1989. 671, note Genevois ; AIJC 1989. 481, chron. Genevois.*
1989	28 juill.	89-261 DC. Séjour et entrée des étrangers (non-conformité partielle) : *Rec. Cons. const. 81 ; RJC I-370 ; JO 1er août, p. 9679 ; Rect. JO 5 août, p. 9896 ; AJDA 1989. 619, note Chevallier ; RFDA 1989. 691, note Genevois ; AIJC 1989. 510, chron. Genevois ; Gaz. Pal. 27 févr. 1990, p. 2, note Osman ; D. 1990. 161, note Prétot.*
1989	9 nov.	89-262 DC. Immunité des parlementaires en mission temporaire (non-conformité totale) : *Rec. Cons. const. 90 ; RJC I-373 ; JO 11 nov., p. 14099 ; LPA no 47, avr. 1990, p. 8, note Fernandez-Maublanc ; AIJC 1989. 501, chron. Genevois ; RFDC 1990. 136 ; ibid. 239, note Renoux.*
1989	29 déc.	89-268 DC. LF pour 1990 (non-conformité partielle) : *Rec. Cons. const. 110 ; RJC I-382 ; JO 30 déc., p. 16498 ; Rev. adm., 1990. 426, note Etien ; RFDA 1990. 143, note Genevois ; AIJC 1989. 476, chron. Genevois ; Dr. fisc. 1990. 464, note Philip ; RFDC 1990. 122, note Philip.*
1989	29 déc.	89-270 DC. LFR pour 1989 (non-conformité partielle) : *Rec. Cons. const. 129 ; RJC I-396 ; JO 30 déc., p. 16504 ; AIJC 1989. 476, chron. Genevois ; RFDC 1990. 122, note Philip.*
1990	9 janv.	89-264 DC. Loi de programmation militaire (conformité) : *Rec. Cons. const. 9 ; RJC I-376 ; JO 11 janv., p. 463 ; RFDC 1990. 323, note Favoreu ; LPA juill. 1990, p. 32, note Paillet.*
1990	9 janv.	89-265 DC. Amnistie en Nouvelle-Calédonie (conformité) : *Rec. Cons. const. 12 ; RJC I-377 ; JO 11 janv., p. 463 ; RFDC 1990. 323, note Renoux.*
1990	9 janv.	89-266 DC. Entrée et de séjour des étrangers (conformité) : *Rec. Cons. const. 15 ; RJC I-378 ; JO 11 janv., p. 464 ; Rev. adm. 1990. 40, note Fialaire ; JCP 1990. 21591, note Guimezanes ; RDSS 1990. 437, note Prétot ; RFDC 1990. 326, note Renoux.*
1990	11 janv.	89-263 DC. Financement des campagnes électorales (non-conformité totale) : *Rec. Cons. const. 18 ; RJC I-378 ; JO 13 janv., p. 572 ; RD publ. 1990. 832, note Luchaire ; LPA 21 févr. 1990, p. 20, note Chaumont ; RFDC 1990. 320, note Renoux.*
1990	11 janv.	89-271 DC. Clarification du financement des activités politiques (non-conformité partielle) : *Rec. Cons. const. 21 ; RJC I-397 ; JO 13 janv., p. 573 ; LPA 21 févr. 1990, p. 20, note Chaumont ; Rev. adm. 1990. 320, note Pavia ; RFDC 1990. 332, note Roux ; D. 1990. 125, note Drouot.*
1990	22 janv.	89-267 DC. Adaptation de l'exploitation agricole (conformité) : *Rec. Cons. const. 27 ; RJC I-379 ; JO 24 janv., p. 971 ; RFDC 1990. 329, note Favoreu.*
1990	22 janv.	89-269 DC. Sécurité sociale et santé (non-conformité partielle) : *Rec. Cons. const. 33 ; RJC I-392 ; JO 24 janv., p. 972 ; AJDA 1990. 471, note*

		Rohmer-Benoît ; RDSS 1990. 437, note Prétot ; ibid. 637, note Dubouis ; RFDC 1990. 330, note Favoreu ; RFDA 1990. 406, note Genevois ; Dr. soc. 1990. 352, note Prétot ; RGDIP 1990. 497, note Simon-Depitre.
1990	22 janv.	89-272 DC. Art. L.O. 148 C. élect. (conformité) : *Rec. Cons. const. 42 ; RJC I-400 ; JO 24 janv., p. 975 ; RFDC 1990. 322, note Roux.*
1990	4 mai	90-273 DC. Commission nationale des comptes de campagne (conformité) : *Rec. Cons. const. 55 ; RJC I-401 ; JO 7 mai, p. 5532 ; RD publ. 1990. 832, note Luchaire ; RFDC 1990. 495, note Renoux.*
1990	29 mai	90-274 DC. Droit au logement (conformité) : *Rec. Cons. const. 61 ; RJC I-403 ; JO 1er juin, p. 6518 ; RFDC 1990. 497, note Favoreu ; RDSS 1990. 711, note Prétot ; Pouvoirs locaux, n° 7, déc. 1990, p. 85 ; ibid. n° 8, mars 1991, p. 16, note Vedel.*
1990	6 juin	90-275 DC. Règlement AN (conformité) : *Rec. Cons. const. 67 ; RJC I-405 ; JO 8 juin, p. 6739 ; RFDC 1990. 498, note Renoux.*
1990	5 juill.	90-276 DC. Règlement AN (conformité) : *Rec. Cons. const. 69 ; JO 8 juin, p. 8051.*
1990	25 juill.	90-277 DC. Impôts directs locaux (non-conformité partielle) : *Rec. Cons. const. 70 ; RJC I-406 ; JO 27 juill., p. 9021 ; RFDC 1990. 729, note Favoreu et Philip ; RFDA 1991. 345, note Douence.*
1990	7 nov.	90-278 DC. Règlement du Sénat (non-conformité partielle) : *Rec. Cons. const. 69 ; RJC I-406 ; JO 7 juill., p. 13714 ; GDCC, 15e éd., n° 34 ; RFDC 1990. 727, note Renoux ; ibid. 1991. 113, note Renoux ; LPA 1er févr. 1991, p. 21, note Chaumont.*
1990	7 nov.	90-279 DC. Conseil économique et social (conformité) : *Rec. Cons. const. 77 ; RJC I-412 ; JO 9 nov., p. 13716 ; RFDC 1991. 117, note Roux.*
1990	6 déc.	90-280 DC. Concomitance des élections régionales et cantonales (conformité) : *Rec. Cons. const. 84 ; RJC I-412 ; JO 8 déc., p. 15086 ; Rev. adm. 1990. 513, note Etien ; RFDC 1991. 129, note Favoreu ; RD publ. 1991. 265, note Luchaire ; LPA 25 sept. 1991, p. 16, note Verpeaux.*
1990	27 déc.	90-281 DC. Réglementation des télécommunications (non-conformité partielle) : *Rec. Cons. const. 91 ; RJC I-415 ; JO 29 déc., p. 16343 ; RFDC 1991. 118, note Renoux.*
1990	28 déc.	90-285 DC. CSG (non-conformité partielle) : *Rec. Cons. const. 95 ; RJC I-424 ; JO 30 déc., p. 2910 ; LPA 1991, n° 17, p. 15, note Chaumont ; RFDC 1991. 136, note Philip ; ibid. 145, obs. Favoreu ; Dr. fisc. 1991. 612, note Philip ; Dr. soc. 1991. 338, note Prétot ; JCP 1991. 3522, chron. Quérol ; AJDA 1991. 475, note Prétot.*
1990	28 déc.	90-286 DC. LFR pour 1990 (conformité) : *Rec. Cons. const. 107 ; RJC I-429 ; JO 30 déc., p. 2909 ; RFDC 1991. 136, note Philip.*
1991	8 janv.	90-282 DC. Règlement du Sénat (conformité) : *Rec. Cons. const. 9 ; RJC I-417 ; JO 12 janv., p. 648.*

1991	8 janv.	90-283 DC. Lutte contre le tabagisme et l'alcoolisme (non-conformité partielle) : *Rec. Cons. const. 11 ; RJC I-417 ; JO 10 janv., p. 524 ; RFDC 1991. 293, note Favoreu ; AJDA 1991. 382, note Wachsmann ; RDSS 1991. 204, note Cayla.*
1991	16 janv.	90-284 DC. Conseiller du salarié (conformité) : *Rec. Cons. const. 20 ; RJC I-422 ; JO 18 janv., p. 923 ; D. 1991. 119, chron. Matthieu ; ibid. 321, note Prétot ; RFDC 1991. 300, note Roux.*
1991	16 janv.	90-287 DC. Santé publique et assurances sociales (non-conformité partielle) : *Rec. Cons. const. 24 ; RJC I-432 ; JO 18 janv., p. 924 ; RFDC 1991. 293, note Favoreu ; RDSS 1991. 246, note Prétot.*
1991	16 janv.	90-288 DC. Statut de la magistrature (conformité) : *Rec. Cons. const. 33 ; RJC I-436 ; JO 18 janv., p. 927 ; RFDC 1991. 291, note Renoux.*
1991	11 avr.	91-289 DC. Statut de la magistrature (conformité) : *Rec. Cons. const. 38 ; RJC I-437 ; JO 14 avr., p. 4989.*
1991	6 mai	91-291 DC. Fonds de solidarité des communes (conformité) : *Rec. Cons. const. 40 ; RJC I-445 ; JO 11 mai, p. 6236 ; RFDC 1991. 497, note Philip ; RD publ. 1992. 50, note Rousseau ; RDSS 1991. 639, note Prétot ; RFFP 1992. 57, note Hertzog ; RFAP 1991. 322, note Jégouzo.*
1991	9 mai	91-290 DC. Statut de la Corse (non-conformité partielle) : *Rec. Cons. const. 50 ; RJC I-438 ; JO 14 mai, p. 6350 ; GDCC, 16ᵉ éd., nº 22 ; LPA 1981, nº 82, p. 20 ; ibid. 1991, nº 74, p. 15, note Hooteer ; Rev. adm. 1991. 234, note Etien ; RFDC 1991. 305 et 487, note Favoreu ; ibid. 484, note Luchaire ; RFDA 1991. 407, note Genevois ; RD publ. 1991. 943, note Luchaire ; D. 1991. 624, note Debbasch ; RUDH 1991. 381, note Grewe ; RRJ 1991. 55, note Pastorel.*
1991	23 mai	91-292 DC. Règlement AN (conformité) : *Rec. Cons. const. 64 ; RJC I-450 ; JO 26 mai, p. 7160.*
1991	23 juill.	91-293 DC. Accès des étrangers à la fonction publique (conformité) : *Rec. Cons. const. 77 ; RJC I-453 ; JO 25 juill., p. 9854 ; D. 1991. 617, note Hamon ; LPA 6 sept. 1991, p. 4, note Hooteer ; RFDA 1991. 903, note Dubouis ; RFDC 1991. 699, note Gaia ; RD publ. 1991. 1499, note Luchaire.*
1991	23 juill.	91-295 DC. Règlement du Sénat (conformité) : *Rec. Cons. const. 81 ; RJC I-460 ; JO 25 juill., p. 9855.*
1991	24 juill.	91-298 DC. Dispositions fiscales rétroactives (conformité) : *Rec. Cons. const. 82 ; RJC I-465 ; JO 26 juill., p. 9920 ; RFDC 1991. 722, note Philip ; RD publ. 1992. 50, note Rousseau.*
1991	25 juill.	91-294 DC. Accord de Schengen (conformité) : *Rec. Cons. const. 91 ; RJC I-455 ; JO 27 juill., p. 10001 ;* D. 1991. 617, note Hamon ; RD publ. *1991. 1499, note Luchaire ; ibid. 1992. 63, note Rousseau ; RRJ 1992. 25, note Gaia ; RFDC 1991. 703, note Gaia ; RFDA 1992. 173, note Vedel ; AJDA 1991. 659, note Néel ; RTD eur. 1992. 187, note Prétot ; RGDIP 1991. 405, note Weckel.*

1991	29 juill.	91-296 DC. Maîtrise des dépenses de santé (conformité) : *Rec. Cons. const. 102 ; RJC I-460 ; JO 31 juill., p. 10162 ; Dr. soc. 1991. 807, note Prétot ; RFDC 1991. 716, note Roux ; RD publ. 19912. 80, note Rousseau.*
1991	29 juill.	91-297 DC. Réforme hospitalière (non-conformité partielle) : *Rec. Cons. const. 108 ; RJC I-463 ; JO 2 août, p. 10310 ; LPA 24 janv. 1992, p. 11, note Boutin ; RFDC 1991. 720, note Renoux ; RD publ. 1992. 108, note Rousseau.*
1991	2 août	91-299 DC. Congé de représentation (conformité) : *Rec. Cons. const. 124 ; RJC I-470 ; JO 6 août, p. 10473 ; RFDC 1991. 727, note Favoreu ; RD publ. 1992. 102, note Rousseau ; D. 1992. 130, chron. Laurin.*
1991	20 nov.	91-300 DC. Règlement définitif du budget de 1989 (conformité) : *Rec. Cons. const. 130 ; RJC I-472 ; JO 22 nov., p. 15255 ; RFDC 1992. 97, note Orsoni ; LPA 1992, n° 95, p. 17, note Mathieu ; Rev. adm. 1992. 33, note Etien.*
1991	30 déc.	91-302 DC. LF pour 1992 (non-conformité partielle) : *Rec. Cons. const. 137 ; RJC I-476 ; JO 31 déc., p. 17434 ; Rev. adm. 1994. 252, note Durand ; ibid. 1992. 33, note Etien ; RFDC 1992. 101, note Philip ; LPA 1992, n° 95, p. 15, note Mathieu ; ibid., n° 85, p. 6, note Guyot-Sionnest.*
1992	15 janv.	91-301 DC. Règlement du Sénat (conformité) : *Rec. Cons. const. 9 ; RJC I-473 ; JO 18 janv., p. 884 ; RFDC 1992. 545, note Renoux.*
1992	15 janv.	91-303 DC. Protection des consommateurs (conformité) : *Rec. Cons. const. 15 ; RJC I-480 ; JO 18 janv., p. 882 ; RFDC 1992. 303, note Guyon ; LPA 1992, n° 95, p. 13, note Mathieu.*
1992	15 janv.	91-304 DC. Liberté de communication (conformité) : *Rec. Cons. const. 18 ; RJC I-481 ; JO 18 janv., p. 883 ; D. 1992. 201, note Debbasch ; RFDC 1992. 307, note Philip.*
1992	21 févr.	92-305 DC. Statut de la magistrature (non-conformité partielle) : *Rec. Cons. const. 27 ; RJC I-483 ; JO 29 févr., p. 3122 ; RD publ. 1992. 389, note Luchaire ; RFDC 1992. 318, note Renoux.*
1992	21 févr.	92-306 DC. Indemnité des membres du Parlement (conformité) : *Rec. Cons. const. 46 ; RJC I-492 ; JO 27 févr., p. 3003 ; RD publ. 1992. 389, note Luchaire ; LPA 1992, n° 95, p. 18, chron. Mathieu et Verpeaux.*
1992	25 févr.	92-307 DC. Entrée et séjour des étrangers (non-conformité partielle) : *Rec. Cons. const. 48 ; RJC I-493 ; JO 27 févr., p. 3003 ; Rect. JO 12 mars, p. 3591 ; RFDC 1992. 311, note Gaia ; RFDA 1992. 185, note Genevois ; AJDA 1992. 656, note Julien-Laferrière ; AJDI 1992. 677, note Lochak ; JCP 1992. 21848, note Nguyen Van Tuong ; LPA 6 nov. 1992, p. 11, note Turpin.*
1992	9 avr.	92-308 DC. Maastricht I (non-conformité partielle) : *Rec. Cons. const. 55 ; RJC I-496 ; JO 11 avr., p. 5354 ; GDCC, 12e éd., n° 45 ; Rev. Marché commun 1994. 393, note Blumann ; RGDIP 1993. 39, note Favoreu ; Rev. adm. 1992. 126, note Etien ; RFDC 1992. 334, note Favoreu ; ibid. 340, note Favoreu ; ibid. 398, note Gaia ; RFDA 1992. 373, note Genevois ;*

		RTD eur. 1992. 251, note Jacqué ; RD publ. 1992. 589, note Luchaire ; ibid. 1993. 14, note Rousseau ; LPA 26 juin 1992, p. 6, note Mathieu et Verpeaux ; Europe 1992, n° 5, p. 1, note Symon ; JCP 1992. 21853, note Nguyen Van Tuong ; Cah. dr. eur. 1994. 505, note Boulouis.
1992	9 juin	92-309 DC. Règlement du Sénat (non-conformité totale) : *Rec. Cons. const. 66 ; RJC I-502 ; JO 11 juin, p. 7677.*
1992	29 juill.	92-310 DC. Conseil économique et social (conformité) : *Rec. Cons. const. 71 ; RJC I-504 ; JO 31 juill., p. 10261.*
1992	29 juill.	92-311 DC. Lutte contre la pauvreté (conformité) : *Rec. Cons. const. 73 ; RJC I-504 ; JO 30 juill., p. 10261 ; LPA 9 déc. 1992, p. 12, note Mathieu ; ibid. 13 janv. 1993, p. 10, note Camby ; RFDC 1992. 747, note Philip.*
1992	2 sept.	92-312 DC. Maastricht II (conformité) : *Rec. Cons. const. 76 ; RJC I-505 ; JO 3 sept., p. 12095 ; GDCC, 12e éd., n° 45 ; LPA 9 déc. 1992, p. 14, chron. Mathieu et Verpeaux ; ibid. 31 mars 1993, p. 14, note Beaud ; RFDC 1992. 408, note Favoreu ; ibid. 729, note Gaia ; RFDA 1992. 937, note Genevois ; ibid. 1993. 47, note Picard ; RTDH 1992. 277, note Grewe et Ruiz-Fabri ; RD publ. 1992. 1587, note Luchaire ; ibid. 1993. 17, note Rousseau ; JCP 1992. 21943, note Nguyen Van Tuong ; RGDIP 1993. 39, note Favoreu.*
1992	23 sept.	92-313 DC. Maastricht III (incompétence pour statuer) : *Rec. Cons. const. 94 ; RJC I-510 ; JO 25 sept., p. 13337 ; GDCC, 12e éd., n° 45 ; Rev. adm. 1992. 413, note Etien ; RFDC 1992. 743, note Favoreu ; RD publ. 1992. 1587, note Luchaire ; ibid. 1993. 33, note Rousseau ; LPA 9 déc. 1992, p. 14, chron. Mathieu et Verpeaux ; AJDA 1993. 151, note Picard ; JCP 1992. 21956, note Nguyen Van Tuong ; RGDIP 1993. 39, note Favoreu ; D. 1996. 17, chron. Nguyen Van Tuong.*
1992	17 déc.	92-314 DC. Règlement AN (conformité) : *Rec. Cons. const. 126 ; RJC I-511 ; JO 20 déc., p. 17477 ; RD publ. 1993. 301, note Luchaire ; RFDC 1993. 137, note Gaia ; ibid. 301, note Luchaire ; LPA 26 mars 1993, p. 10, note Vervier ; Rev. adm. 1994. 29, note Bigaut.*
1993	12 janv.	92-315 DC. Règlement du Sénat (non-conformité partielle) : *Rec. Cons. const. 9 ; RJC I-513 ; JO 14 janv., p. 777 ; RD publ. 1993. 301, note Luchaire ; RFDC 1993. 192, note Gaia ; ibid. 371, note Dreyfus-Schmidt ; LPA 4 juin 1993, p. 8, note Verdier ; Rev. adm. 1994. 29, note Bigaut.*
1993	20 janv.	92-316 DC. Prévention de la corruption (non-conformité partielle) : *Rec. Cons. const. 14 ; RJC I-516 ; JO 22 janv., p. 1118 ; RFDC 1993. 375, note Favoreu et a. ; LPA 2 juin 1993, p. 4, chron. Mathieu et Verpeaux ; RFDA 1993. 902, note Pouyaud.*
1993	21 janv.	92-317 DC. DDOS III (non-conformité partielle) : *Rec. 27 ; RJC I-522 ; JO 23 janv., p. 1240 ; LPA 2 juin 1993, p. 7, chron. Mathieu et Verpeaux ; RFDC 1993. 406, note Philip.*
1993	21 juin	93-320 DC. LFR pour 1993 (non-conformité partielle) : *Rec. Cons. const. 146 ; RJC I-526 ; JO 23 juin, p. 8869 ; RFDC 1993. 576, note Philip ; LPA 5 janv. 1994, p. 16, obs. Mathieu ; Dr. soc. 1993. 787, note Prétot.*

1993	30 juin	93-318 DC. Approbation d'un accord international (conformité) : *Rec. Cons. const. 153 ; RJC I-524 ; JO 2 juill., p. 9418 ; RD publ. 1993. 1493, note Luchaire ; RFDC 1993. 817, note Gaia ; LPA 2 mars 1994, p. 10, chron. Verpeaux.*
1993	30 juin	93-319 DC. Ratification d'une convention internationale (conformité) : *Rec. Cons. const. 155 ; RJC I-525 ; JO 2 juill., p. 9419 ; RD publ. 1993. 1493, note Luchaire ; LPA 2 mars 1994, p. 10, note Verpeaux ; RFDC 1993. 818, note Gaia.*
1993	20 juill.	93-321 DC. Code de la nationalité (non-conformité partielle) : *Rec. Cons. const. 196 ; RJC I-529 ; JO 23 juill., p. 10391 ; AJDA 1993. 755, obs. Schrameck ; RFDC 1993. 820 ; LPA 2 mars 1994, p. 11, note Verpeaux ; ibid. 8 oct. 1993, p. 12, note Doublet.*
1993	28 juill.	93-322 DC. Établissements universitaires dérogatoires (non-conformité totale) : *Rec. Cons. const. 204 ; RJC I-533 ; JO 30 juill., p. 10750 ; RFDC 1993. 820, obs. Philip ; LPA 4 mars 1994, p. 4, note Verpeaux ; Rev. adm. 1993. 443, note Etien.*
1993	3 août	93-324 DC. Banque de France (non-conformité partielle) : *Rec. Cons. const. 208 ; RJC I-537 ; JO 5 août, p. 11014 ; LPA 4 mars 1994, p. 6, note Mathieu ; ibid. 20 avr. 1994, p. 4, note Duprat ; ibid. 20 juin 1994, p. 33, note Davignon ; ibid. 28 juill. 1994, p. 5, note Leroy ; AJDA 1994. 491, note Lombard ; JCP 1994. 22193, note Nguyen Van Tuong ; RFDC 1993. 843, note Gaia.*
1993	5 août	93-323 DC. Contrôles d'identité (non-conformité partielle) : *Rec. Cons. const. 213 ; RJC I-535 ; JO 7 août, p. 11193 ; AJDA 1993. 815, note Wachsmann ; LPA 15 oct. 1993, p. 7, note Daval ; ibid. 5 janv. 1994, p. 18, note Mathieu ; RFDC 1993. 835, note Favoreu ; RFDA 1994. 959, note Picard ; D. 1993. 373, note Mayer.*
1993	11 août	93-326 DC. Garde à vue (non-conformité partielle) : *Rec. Cons. const. 217 ; RJC I-552 ; JO 15 août, p. 11599 ; LPA 5 janv. 1994, p. 20, chron. Mathieu et Verpeaux ; RFDC 1993. 848, note Renoux ; JCP 1993. 3720, note Le Guhenec.*
1993	13 août	93-325 DC. Maîtrise de l'immigration (non-conformité partielle) : *Rec. Cons. const. 224 ; RJC I-539 ; JO 18 août, p. 11722 ; GDCC, 16ᵉ éd., nº 23 ; RFDA 1993. 871, note Genevois ; LPA 9 sept. 1994, p. 4, chron. Mathieu et Verpeaux ; JDI 1994. 303, note Pinto ; Gaz. Pal. 15 nov. 1994, note Burgorgue-Larsen ; Rev. belge dr. const. 1994. 203, note Gaia ; Europe 1993, nº 12, note Gautier ; AJDA 1994. 97,* note Teitgen-Colly ; RD publ. *1994. 5, note Luchaire ; ibid. 1165, note Fabre-Alibert ; Vie judiciaire 4 oct. 1993, note Roussillon ; Rev. Marché commun 1994. 315, note Rossetto ; JCP 1994. 3728, chron. Guimezanes ; Dr. soc. 1994. 69, note Prétot et Dupeyroux ; RFDC 1993. 583, note Favoreu ; RGDIP 1994. 205, note Alland ; Rev. crit. DIP 1994. 1, note Turpin ; RTDH 1994. 519, note Fabre-Alibert ; GADLF, nº 44.*
1993	19 nov.	93-327 DC. Cour de justice de la République (conformité) : *Rec. Cons. const. 470 ; RJC I-555 ; JO 23 nov., p. 16141 ; LPA 7 juin 1994, p. 11, note Mathieu ; RFDC 1994. 133, note Mathieu.*

1993	16 déc.	93-328 DC. Loi quinquennale relative au travail (non-conformité partielle) : *Rec. Cons. const. 547 ; RJC I-557 ; JO 21 déc., p. 17814 ; Rect. JO 12 mars, p. 3965 ; LPA 21 janv. 1994, p. 4, note Sauret ; ibid. 8 juin 1994, p. 13, chron. Mathieu et Verpeaux ; RFDC 1994. 138, note Chérot ; Dr. soc. 1994. 139, note Prétot ; Gaz. Pal. 1994. 2, p. 837, note Chérot.*
1993	29 déc.	93-330 DC. LF pour 1994 (conformité) : *Rec. Cons. const. 572 ; RJC I-558 ; JO 31 déc., p. 18728 ; LPA 8 juin 1994, p. 12, note Mathieu ; RFDC 1994. 144, note Philip.*
1994	13 janv.	93-329 DC. Révision de la loi Falloux (non-conformité partielle) : *Rec. Cons. const. 9 ; RJC I-562 ; JO 15 janv., p. 829 ; AJDA 1994. 132, note Costa ; JCP 1994. 22241, note Ashworth ; RFDC 1994. 325, note Favoreu ; LPA 4 mai 1994, p. 19, note Ashworth ; ibid. 12 août 1994, p. 22, note Leclercq ; ibid. 29 mars 1995, p. 4, note Verpeaux ; D. 1995. 341, obss. Mélin-Soucramanien ; RD publ. 1994. 609, note Luchaire ; RFDA 1994. 209, note Genevois ; ibid. 1996. 79, note Savoie ; Rev. adm. 1994. 61, note Pontier.*
1994	13 janv.	93-331 DC. Renouvellement triennal des conseils généraux (conformité) : *Rec. Cons. const. 17 ; RJC I-566 ; JO 18 janv., p. 924 ; LPA 29 mars 1995, p. 6, note Verpeaux ; ibid. 19 oct. 1995, p. 11, note Nguyen Van Tuong ; RFDC 1994. 343, note Roux ; D. 1995. 342, obs. Mélin-Soucramanien.*
1994	13 janv.	93-332 DC. Validation des décisions des caisses de sécurité sociale (conformité) : *Rec. Cons. const. 21 ; RJC I-567 ; JO 18 janv., p. 925 ; LPA 29 mars 1995, p. 7, note Mathieu ; RFDC 1994. 545, note Gaïa ; D. 1995. 293, obs. Oliva.*
1994	20 janv.	93-334 DC. Peine incompressible (conformité) : *Rec. Cons. const. 27 ; RJC I-573 ; JO 26 janv., p. 1380 ; RFDC 1994. 353, note Renoux ; D. 1995. 340, note Renoux ; LPA 31 mars 1995, p. 4, chron. Mathieu et Verpeaux.*
1994	21 janv.	93-333 DC. Liberté de communication (conformité) : *Rec. Cons. const. 32 ; RJC I-569 ; JO 26 janv., p. 1377 ; RFDC 1994. 347, note Philip ; LPA 29 mars 1995, p. 8, note Verpeaux ; ibid. 3 juin 1994, p. 16, note Boutin ; RFDA 1994. 1170, note Morange ; D. 1995. 301, note Roux ; ibid. 342, note Mélin-Soucramanien.*
1994	21 janv.	93-335 DC. Urbanisme et construction (non-conformité partielle) : *Rec. Cons. const. 40 ; RJC I-576 ; JO 26 janv., p. 1382 ; LPA 31 mars 1995, p. 6, chron. Mathieu et Verpeaux ; ibid. 6 mai 1994, p. 15, note Lamorlette ; Rev. adm. 1994. 75, note Morand-Deviller ; RFDC 1994. 364, note Mélin-Soucramanien ; RFDA 1995. 7, note Hocreitère ; D. 1995. 302, note Gaia.*
1994	27 janv.	93-336 DC. Statut de la magistrature (conformité) : *Rec. Cons. const. 47 ; RJC I-579 ; JO 1er févr., p. 1773 ; LPA 31 mars 1995, p. 8, note Verpeaux ; RFDC 1995. 155, note Mélin-Soucramanien ; D. 1995. 298 ; ibid. 342, obs. Mélin-Soucramanien.*
1994	27 janv.	93-337 DC. Conseil supérieur de la magistrature (conformité) : *Rec. Cons. const. 55 ; RJC I-583 ; JO 1er févr., p. 1776 ; LPA 31 mars 1995, p. 8, note Verpeaux ; RFDC 1995. 155, note Mélin-Soucramanien ; D. 1995. 298 ; ibid. 342, obs. Mélin-Soucramanien.*

1994	10 mars	94-338 DC. Règlement AN (conformité) : *Rec. Cons. const. 71 ; RJC I-585 ; JO 12 mars, p. 3963 ; LPA 22 juill. 1994, p. 27, note Jan ; ibid. 31 août 1994, p. 4, note Desclaudures ; ibid. 18 oct. 1995, p. 10, note Verpeaux ; RFDC 1994. 713, note Sermet ; ibid. 1995. 176, note Pini.*
1994	31 mai	94-339 DC. Règlement du Sénat (non-conformité partielle) : *Rec. Cons. const. 80 ; RJC I-588 ; JO 2 juin, p. 7981 ; LPA 28 oct. 1994, p. 7, note Jan ; ibid. 26 avr. 1995, p. 4, note Mathieu ; RFDC 1994. 548, note Ghévontian.*
1994	14 juin	94-340 DC. Polynésie française et service pénitentiaire (conformité) : *Rec. Cons. const. 86 ; RJC I-589 ; JO 16 juin, p. 8693 ; RD publ. 1994. 1621, note Luchaire ; LPA 26 avr. 1995, p. 6, note Mathieu ; D. 1995. 290, note Car.*
1994	6 juill.	94-341 DC. Renouvellement des conseillers municipaux (conformité) : *Rec. Cons. const. 88 ; RJC I-589 ; JO 9 juill., p. 9956 ; RFDC 1994. 790, note Philip ; Rev. adm. 1995. 179, note Pontier ; LPA 18 oct. 1995, p. 5, note Verpeaux ; D. 1995. 297, obs. Roux ; ibid. 343, obs. Mélin-Soucramanien.*
1994	7 juill.	94-342 DC. Contrôle en mer (conformité) : *Rec. Cons. const. 92 ; RJC I-591 ; JO 9 juill., p. 9957 ; RD publ. 1994. 1621, note Luchaire ; RFDC 1994. 793, note Pini ; LPA 18 oct. 1995, p. 8, note Verpeaux ; D. 1995. 297, obs. Pini ; AFDI 1995. 850, chron. Lachaume.*
1994	21 juill.	94-346 DC. Droits réels sur le domaine public (non-conformité partielle) : *Rec. Cons. const. 96 ; RJC I-598 ; JO 23 juill., p. 10635 ; AJDA 1994. 786, note Gondouin ; JCP 1994. 3812, chron. David Beauregard-Berthier ; LPA 28 déc. 1994, p. 4, obs. Aglaé ; ibid. 9 août 1995, p. 19, note Amadéi ; ibid. 18 oct. 1995, p. 9 ; RFDA 1994. 1106, note Lavialle ; CJEG 1995. 1, note Godfrin ; RFDC 1994. 814, note Bon ; D. 1995. 347, note Pini.*
1994	27 juill.	94-343/344 DC. Bioéthique (conformité) : *Rec. Cons. const. 100 ; RJC I-592 ; JO 29 juill., p. 11024 ; GDCC, 16e éd., n° 24 ; RFDA 1994. 1019, note Mathieu ; JCP 1994. 3788, chron. Byk ; RSC 1994. 477, note Delmas-Marty ; RD publ. 1994. 1647, note Luchaire ; RFDC 1994. 799, note Favoreu ; D. 1995. 205, chron. Edelman ; ibid. 299, obs. Favoreu et Renoux ; ibid. 237, chron. Mathieu ; LPA 14 déc. 1994, p. 34, note Duprat ; ibid. 26 avr. 1995, p. 6, note Mathieu ; AFDA 1995. 849, chron. Lachaume ; RSC 1996. 13, note Guidicelli-Delage ; GADLF, n° 45.*
1994	29 juill.	94-345 DC. Loi Toubon (non-conformité partielle) : Rec. Cons. const. *106 ; RJC I-595 ; JO 2 août, p. 11240 ; RD publ. 1994. 1683, note Camby ; ibid. 1997. 323, note Faberon ; Rev. adm. 1994. 472, note Clapié ; JCP 1994. 22359, note Debbasch, Roux et Oliva ; D. 1995. 303, note Roux ; LPA 25 nov. 1994, p. 19, note Staeffen et Veyssière ; RFDC 1994. 576 ; ibid. 811, note Verpeaux ; RFDC 1995. 576 ; AJDA 1994. 731, note Wachsmann ; Gaz. Pal. 18 oct. 1995, p. 7, note Bigot.*
1994	3 août	94-347 DC. DDOEF I (conformité) : *Rec. Cons. const. 113 ; RJC I-600 ; JO 6 août, p. 11481 ; RFDC 1994. 826, note Trémeau ; LPA 1995, n° 51, p. 4, note Mathieu ; D. 1995. 350, note Trémeau.*

1994	3 août	94-348 DC. Transposition de directives communautaires (non-conformité partielle) : *Rec. Cons. const. 117 ; RJC I-602 ; JO 6 août, p. 11482 ; JCP 1995. 22404, note Broussolle ; RFDC 1994. 832, note Gaia ; LPA 28 avr. 1995, p. 5, note Mathieu ; D. 1995. 344, obs. Mélin-Soucramanien ; ibid. 351, obs. Gaia ; ibid. 1996. 45, obs. Prétot ; Dr. soc. 1994. 306, note Laigre ; RTD civ. 1996. 151, note Mestre.*
1994	20 déc.	94-349 DC. Code des juridictions financières (conformité) : *Rec. Cons. const. 132 ; RJC I-604 ; JO 23 déc., p. 18301 ; LPA 7 juin 1995, p. 4, note Mathieu ; RFDC 1995. 165, note Car ; D. 1995. 290, note Car.*
1994	20 déc.	94-350 DC. Statut fiscal de la Corse (conformité) : *Rec. Cons. const. 134 ; RJC I-606 ; JO 24 déc., p. 18387 ; LPA 7 juin 1995, p. 5, note Mathieu ; RFDC 1995. 167, note Trémeau ; D. 1995. 348, obs. Trémeau.*
1994	29 déc.	94-351 DC. LF pour 1995 (*Contenu et sincérité des lois de finances*) (non-conformité partielle) : *Rec. Cons. const. 140 ; RJC I-606 ; JO 30 déc., p. 18935 ; GDCC, 16ᵉ éd., nº 25 ; JCP 1995. 22400, note Nguyen Van Tuong ; AJDA 1995. 336, note Camby ; LPA 7 juin 1995, p. 5, note Mathieu ; RFDC 1995. 170, note Philip ; D. 1995. 348, note Oliva.*
1995	10 janv.	94-355 DC. Statut de la magistrature (non-conformité partielle) : *Rec. Cons. const. 151 ; RJC I-618 ; JO 14 janv., p. 727 ; RFDC 1995. 377, note Car ; LPA 1995, nº 146, p. 6, note Verpeaux ; D. 1997. 117, obs. Car ; ibid. 128, obs. Renoux.*
1995	11 janv.	94-353/356 DC. Élection du Président de la République et des députés (non-conformité partielle) : *Rec. Cons. const. 166 ; RJC I-615 ; JO 14 janv., p. 731 ; RFDC 1995. 372, obs. Ghévontian ; LPA 20 oct. 1995, p. 6, chron. Mathieu et Verpeaux ; D. 1997. 115, obs. Car ; ibid. 132, obs. Ghévontian ; ibid. 138, obs. Mélin-Soucramanien.*
1995	11 janv.	94-354 DC. Déclaration de patrimoine des parlementaires (conformité) : *Rec. Cons. const. 163 ; RJC I-616 ; JO 14 janv., p. 730 ; RFDC 1995. 377, note Ghévontian ; D. 1997. 116, obs. Car ; ibid. 131, obs. Ghévontian ; ibid. 1997. 138, obs. Mélin-Soucramanien.*
1995	11 janv.	95-363 DC. Financement de la vie politique (non-conformité partielle) : *Rec. Cons. const. 159 ; RJC I-634 ; JO 14 janv., p. 733 ; RFDC 1995. 376, note Ghévontian ; D. 1997. 139, obs. Mélin-Soucramanien.*
1995	18 janv.	94-352 DC. Loi d'orientation relative à la sécurité (non-conformité partielle) : *Rec. Cons. const. 170 ; RJC I-612 ; JO 21 janv., p. 1154 ; LPA 21 avr. 1995, p. 18, note Nguyen Van Tuong ; ibid. 7 juin 1995, p. 7, note Mathieu ; Rev. adm. 1995. 142 ; ibid. 245, note Pellet ; RD publ. 1995. 575, note Luchaire ; RFDC 1995. 362, note Favoreu ; JCP 1995. 22525, note Lafay ; RTD civ. 1995. 448, note Jamin ; RFDA 1995. 1246, note Favoreu ; Rev. adm. 1995. 483, note Barloy ; D. 1997. 121, obs. Trémeau.*
1995	19 janv.	94-359 DC. Diversité de l'habitat (conformité) : Rec. Cons. const. 176 ; *RJC I-630 ; JO 21 janv., p. 1166 ; LPA 7 juin 1995, p. 9, note Mathieu ; ibid. 12 janv. 1996, p. 14, note Zitouni ; ibid. 22 avr. 1996, p. 11, note Dion ; AJDA 1995. 455, note Jorion ; RFDC 1995. 404, note Gaia ; D. 1995. 283, note Pauliat ; ibid. 1997. 137, obs. Gaia.*

1995	25 janv.	94-357 DC. DDOS IV (conformité) : *Rec. Cons. const. 179 ; RJC I-622 ; JO 31 janv., p. 1651 ; LPA 7 juin 1995, p. 10, note Mathieu ; RFDC 1995. 384, note Oliva ; RDSS 1995. 579, note Alfandari ; D. 1997. 121, obs. Trémeau ; ibid. 134 et 136, obs. Oliva ; ibid. 139, obs. Mélin-Soucramanien.*
1995	26 janv.	94-358 DC. Aménagement et développement du territoire (non-conformité partielle) : *Rec. Cons. const. 183 ; RJC I-624 ; JO 1ᵉʳ févr., p. 1706 ; RFDC 1995. 389, note Mélin-Soucramanien, Trémeau et Pini ; ibid. 787, note Trémeau ; LPA 20 oct. 1995, p. 8, chron. Mathieu et Verpeaux ; RFDA 1995. 876, note Rousseau ; D. 1997. 119, obs. Trémeau ; ibid. 124, note Pini ; ibid. 125, obs. Oliva ; ibid. 139, obs. Mélin-Soucramanien.*
1995	2 févr.	95-360 DC. Procédure civile, pénale et administrative (non-conformité partielle) : *Rec. Cons. const. 195 ; RJC I-632 ; JO 7 févr., p. 2097 ; JCP 1995. 3840, chron. Picard ; LPA 28 juin 1995, p. 12, obs. Doublet ; ibid. 20 oct. 1995, p. 4, chron. Mathieu et Verpeaux ; D. 1995. 77, note Jan ; ibid. 171, note Pradel ; ibid. 201, note Volff ; ibid. 1997. 130, note Renoux ; RFDC 1995. 405, note Renoux ; Gaz. Pal. 11 juin 1998, p. 2, note Renaut.*
1995	2 févr.	95-361 DC. Délégations de service public (conformité) : *Rec. Cons. const. 198 ; RJC I-633 ; JO 7 févr., p. 2098 ; LPA 14 avr. 1995, p. 4, note Rousset ; ibid. 20 oct. 1995, p. 5, note Verpeaux ; D. 1997. 137, note Roux.*
1995	2 févr.	95-362 DC. Déclaration de patrimoine des ministres (conformité) : *Rec. Cons. const. 200 ; RJC I-634 ; JO 7 févr., p. 2098 ; LPA 20 oct. 1995, p. 5, note Verpeaux.*
1995	8 févr.	95-364 DC. Autodétermination de la Nouvelle-Calédonie en 1998 (conformité) : *Rec. Cons. const. 202 ; RJC I-636 ; JO 8 févr., p. 2377 ; LPA 20 oct. 1995, p. 5, chron. Mathieu et Verpeaux ; D. 1997. 118, obs. Roux.*
1995	27 juill.	95-365 DC. TVA (conformité) : *Rec. Cons. const. 214 ; RJC I-638 ; JO 29 juill., p. 11338 ; LPA 29 sept. 1995, p. 14, note Nguyen Van Tuong ; ibid. 6 déc. 1995, p. 8, note Verpeaux ; JCP 1995. 22559, note Durand ; RFDC 1995. 783, note Philip ; D. 1997. 134, obs. Oliva.*
1995	8 nov.	95-366 DC. Règlement AN (non-conformité partielle) : *Rec. Cons. const. 226 ; RJC I-639 ; JO 11 nov., p. 16658 ; LPA 31 janv. 1996, p. 4, note Verpeaux ; RFDC 1996. 4, note Oliva ;* RD publ. 1996. 329, note *Luchaire ; D. 1997. 125 et 126, obs. Oliva.*
1995	29 nov.	95-367 DC. Session parlementaire unique (conformité) : *Rec. Cons. const. 233 ; RJC I-642 ; JO 2 déc., p. 17620 ; LPA 31 janv. 1996, p. 6, note Verpeaux ; RD publ. 1996. 329, note Luchaire ; D. 1997. 127, obs. Car.*
1995	15 déc.	95-368 DC. Règlement du Sénat (conformité) : *Rec. Cons. const. 246 ; RJC I-643 ; JO 19 déc., p. 18396 ; LPA 31 janv. 1996, p. 6, note Verpeaux ; RD publ. 1996. 329, note Luchaire ; D. 1997. 127, obs. Oliva.*

1995	28 déc.	95-369 DC. LF pour 1996 (non-conformité partielle) : *Rec. Cons. const. 257 ; RJC I-646 ; JO 31 déc., p. 19099 ; LPA 22 janv. 1996, p. 4, note Coillot ; ibid. 13 mars 1996, p. 4, note Mathieu ; JCP 1996. 22636, note Nguyen Van Tuong ; AJDA 1996. 369, note Schrameck ; D. 1996. 193, note Lay ; ibid. 1997. 140, Mélin-Soucramanien ; RFDC 1996. 119, note Philip ; RF fin. pub. 1996. 191, obs. Prétot.*
1995	29 déc.	95-371 DC. LFR pour 1995 (non-conformité partielle) : *Rec. Cons. const. 265 ; RJC I-653 ; JO 31 déc., p. 19108 ; LPA 13 mars 1996, p. 11, note Mathieu ; RFDC 1996. 130, note Philip ; D. 1997. 135, obs. Oliva.*
1995	30 déc.	95-370 DC. Plan Juppé (conformité) : *Rec. Cons. const. 269 ; RJC I-650 ; JO 31 déc., p. 19111 ; Dr. soc. 1996. 279, note Prétot ; JCP 1996. 22602, note Nguyen Van Tuong ; LPA 13 mars 1996, p. 7, chron. Mathieu et Verpeaux ; ibid. 26 avr. 1996, p. 18 ; RFDC 1996. 131, note Trémeau ; D. 1997. 123, obs. Trémeau.*
1996	6 févr.	96-372 DC. Renouvellement de l'assemblée territoriale de la Polynésie (conformité) : *Rec. Cons. const. 40 ; RJC I-659 ; JO 7 févr., p. 1872 ; LPA 4 sept. 1996, p. 4, note Verpeaux ; RFDC 1996. 383, note Di Manno ; ibid. 1996. 581, note Car ; RFDA 1996. 734, note Verpeaux.*
1996	6 avr.	96-373 DC. Polynésie française I (non-conformité partielle) : *Rec. Cons. const. 43 ; RJC I-660 ; JO 13 avr., p. 5724 ; LPA 5 juin 1996, p. 18, note Gruber ; ibid. 4 sept. 1996, p. 6, chron. Mathieu et Verpeaux ; ibid. 4 déc. 1996, p. 5, note Turpin ; ibid. 4 avr. 1997, p. 4, note Flauss ; AJDA 1996. 371, note Schrameck ; Rev. adm. 1996. 313, note Pontier ; RD publ. 1996. 953, note Luchaire ; D. 1996. 301, note Baranès et Frison-Roche ; ibid. 1998. 145, obs. Car, Roux, Trémeau et Renoux ; RFDC 1996. 587, note Trémeau ; ibid. 589, note Roux ; ibid. 594, note Renoux ; Dr. adm. 1997. 6, note Brial ; GADLF, n°s 46-47.*
1996	9 avr.	96-374 DC. Polynésie française II (conformité) : *Rec. Cons. const. 58 ; RJC I-668 ; JO 13 avr., p. 5729 ; AJDA 1996. 371, note Schrameck ; LPA 4 sept. 1996, p. 9, note Verpeaux ; ibid. 4 déc. 1996, p. 5, note Turpin.*
1996	9 avr.	96-375 DC. DDOEF II (conformité) : *Rec. Cons. const. 60 ; RJC I-668 ; JO 13 avr., p. 5730 ; AJDA 1996. 369, note Schrameck ; LPA 4 sept. 1996, p. 9, note Mathieu ; RD publ. 1996. 1147, obs. Prétot ; RFDC 1996. 598, note Gaia.*
1996	12 juill.	96-376 DC. Polynésie française III (conformité) : *Rec. Cons. const. 80 ; RJC I-671 ; JO 16 juill., p. 10696 ; LPA 4 sept. 1996, p. 11, note Verpeaux ; RFDC 1996. 795, note Car ; D. 1998. 145, obs. Car.*
1996	16 juill.	96-377 DC. Répression du terrorisme (non-conformité partielle) : *Rec. Cons. const. 87 ; RJC I-671 ; JO 23 juill., p. 11108 ; AJDA 1996. 693, note Schrameck ; ibid. 1997. 86, note Teitgen-Colly et Julien-Laferrière ; JCP 1996. 22709, note Nguyen Van Tuong ;* RD publ. *1996. 1245, note Luchaire ; LPA 29 nov. 1996, p. 5, note Mathieu ; D. 1997. 69, note Mercuzot ; ibid. 1998. 147 ; ibid. 154, obs. Renoux ; Gaz. Pal. 26 févr. 1997, p. 2, note Richard ; RFDA 1997. 538, note Spitz ; RFDC 1996. 806, note Renoux.*

1996	16 juill.	96-379 DC. Loi organique relative à la LFSS (conformité) : *Rec. Cons. const. 95 ; RJC I-679 ; JO 23 juill., p. 11107 ; LPA 13 sept. 1996, p. 10, note Nguyen Van Tuong ; ibid. 29 nov. 1996, p. 10, note Aivazzadeh-Barré ; AJDA 1996. 693, note Schrameck ; RFDC 1996. 799, note Car.*
1996	23 juill.	96-378 DC. Réglementation des télécommunications II (non-conformité partielle) : *Rec. Cons. const. 99 ; RJC I-675 ; JO 27 juill., p. 11400 ; AJDA 1996. 694, note Schrameck ; ibid. 762, note Maisl ; LPA 1er nov. 1996, p. 15, note Pérot ; ibid. 11 juin 1997, p. 16, chron. Mathieu et Verpeaux ; RFDA 1996. 909, note Chevallier ; RFDC 1996. 823, note Trémeau ; D. 1998. 146, obs. Trémeau.*
1996	23 juill.	96-380 DC. France Télécom (conformité) : *Rec. Cons. const. 107 ; RJC I-681 ; JO 27 juill. 1996, p. 11408 ; AJDA 1996. 694, note Schrameck ; JCP 1996. 3965, chron. Boiteau ; RFDA 1996. 909, note Chevallier ; Rev. adm. 1996. 510, note Espugas ; RFDC 1996. 832, note Mélin-Soucramanien ; LPA 11 juin 1997, p. 19, note Verpeaux.*
1996	14 oct.	96-381 DC. Règlement du Sénat (conformité) : *Rec. Cons. const. 117 ; RJC I-683 ; JO 18 oct., p. 15302 ; LPA 23 juill. 1997, p. 24, note Verpeaux ; RFDC 1997. 94, note Oliva.*
1996	14 oct.	96-382 DC. Règlement AN (conformité) : *Rec. Cons. const. 120 ; RJC I-684 ; JO 18 oct., p. 15301 ; LPA 23 juill. 1997, p. 26, note Verpeaux ; RFDC 1997. 94, note Oliva.*
1996	6 nov.	96-383 DC. Négociation collective (conformité) : *Rec. Cons. const. 128 ; RJC I-686 ; JO 13 nov., p. 16531 ; Dr. soc. 1997. 25, note Morin ; Dr. ouvrier 1996. 479, note Lyon-Caen ; D. 1997. 152, chron. Mathieu ; ibid. 1998. 151, obs. Mélin-Soucramanien ; ibid. 152, obs. Trémeau ; LPA 23 juill. 1997, p. 26, note Mathieu ; RFDC 1997. 107, note Trémeau.*
1996	19 déc.	96-384 DC. LFSS pour 1997 (conformité) : *Rec. Cons. const. 141 ; RJC I-690 ; JO 29 déc., p. 19380 ; LPA 18 avr. 1997, p. 15, note Nguyen Van Tuong ; ibid. 23 juill. 1997, p. 29, note Aivazzadeh-Barré ; RFDC 1997. 114, note Oliva ; RJS 1997, n° 89, note Prétot ; RF fin. pub. 1997, n° 59, p. 205, note Prétot ; D. 1998. 152, obs. Oliva.*
1996	30 déc.	96-385 DC. LF pour 1997 (non-conformité partielle) : *Rec. Cons. const. 145 ; RJC I-691 ; JO 31 déc. 1996, p. 19557 ; LPA 15 janv. 1997, p. 5, note Zarka ; ibid. 7 mars 1997, p. 5, note Mathieu ; ibid. 23 juill. 1997, p. 30, note Mathieu et Aivazzadeh-Barré ; AJDA 1997. 161, note Schrameck ; D. 1997. 117, note Malaurie ; ibid. 1998. 149, note Philip ; RFDC 1997. 119, note Philip ; RTD civ. 1997. 416, note Mestre ; ibid. 412, note Hauser ; RF fin. pub. 1997. 99, note Prétot.*
1996	30 déc.	96-386 DC. LFR pour 1996 (non-conformité partielle) : *Rec. Cons. const. 154 ; RJC I-696 ; JO 31 déc., p. 19567 ; LPA 15 janv. 1997, p. 5, note Zarka ; ibid. 19 févr. 1997, p. 28, note Nguyen Van Tuong ; ibid. 23 juill. 1997, p. 32, note Verpeaux et Baghestani-Perrey ; AJDA 1997. 163, note Schrameck ; RFDC 1997. 126, note Philip ; RD publ. 1997. 5, note Camby ; D. 1988. 149, note Philip.*
1997	21 janv.	96-387 DC. Prestation autonomie (conformité) : *Rec. Cons. const. 23 ; RJC I-698 ; JO 25 janv., p. 1285 ; LPA 12 févr. 1997, p. 9, note Zarka ;*

		ibid. 17 oct. 1997, p. 10, chron. Mathieu et Verpeaux ; AJDA 1997. 165, note Schrameck ; RDSS 1997. 681, note Prétot ; RFDC 1997. 323, note Mélin-Soucramanien ; D. 1999. 236, obs. Mélin-Soucramanien.
1997	20 mars	97-388 DC. Plans d'épargne retraite (conformité) : *Rec. Cons. const. 31 ; RJC I-701 ; JO 26 mars, p. 4661 ; Dr. soc. 1997. 476, note Prétot ; JCP 1997. 4039, note Fabre-Magnan ; LPA 17 oct. 1997, p. 13, chron. Mathieu et Verpeaux ; RFDC 1997. 328, note Favoreu et Mélin-Soucramanien ; D. 1999. 234, obs. Favoreu ; ibid. 236, obs Mélin-Soucramanien ; RTD civ. 1998. 99, note Molfessis.*
1997	22 avr.	97-389 DC. Certificats d'hébergement (non-conformité partielle) : *Rec. Cons. const. 45 ; RJC I-707 ; JO 25 avr., p. 6271 ; AJDA 1997. 524, note Julien-Laferrière ; LPA 27 juin 1997, p. 4, note Pellissier ; ibid. 17 oct. 1997, p. 18, note Mathieu ; JCP 1997. 4040, note Guimezanes ; ibid. 22890, note Zarka ; RD publ. 1997. 931, note Luchaire ; Rev. crit. DIP 1997. 447, note Turpin ; ibid. 1998. 683, note Hammje ; RFDC 1997. 571, note Lecucq ; D. 1999. 237, obs. Mélin-Soucramanien.*
1997	7 nov.	97-391 DC. Mesures urgentes à caractère fiscal et financier (conformité) : *Rec. Cons. const. 232 ; RJC I-719 ; JO 11 nov., p. 16390 ; AJDA 1997. 969, note Schoettl ; Rev. adm. 1997. 634, note Meindl ; LPA 4 mars 1998, p. 19, note Mathieu, RFDC 1998. 157, note Philip ; D. 1999. 235, obs. Mélin-Soucramanien.*
1997	7 nov.	97-392 DC. Service national (incompétence pour statuer) : *Rec. Cons. const. 235 ; RJC I-720 ; JO 8 nov., p. 16255 ; LPA 22 déc. 1997, p. 13, note Jan ; ibid. 4 mars 1998, p. 22, note Verpeaux ; AJDA 1997. 974, note Schoettl ; D. 1999. 233, obs. Roux ; RFDC 1999. 338, note Pini ; RD publ. 1999. 1299, note Boissard.*
1997	19 nov.	97-390 DC. Fiscalité applicable en Polynésie française (conformité) : *Rec. Cons. const. 254 ; RJC I-717 ; JO 25 nov., p. 17020 ; AJDA 1997. 963, note Schoettl ; LPA 4 mars 1998, p. 16, chron. Mathieu et Verpeaux ; ibid. 17 févr. 1999, p. 12, note Entiope ; D. 1998. 117, note Briard ; ibid. 1999. 233, obs. Roux ; RD publ. 1998. 23, note Luchaire ; RFDA 1998. 148, note Mathieu ; RFDC 1998. 157, note Philip.*
1997	18 déc.	97-393 DC. LFSS pour 1998 (conformité) : *Rec. Cons. const. 320 ; RJC I-721 ; JO 23 déc., p. 18649 ; GDCC, 16e éd., n° 26 ; AJDA 1998. 127, note Schoettl ; Dr. soc. 1998. 164, note Prétot ; RD publ. 1998. 11, note Prétot ; RFDA 1998. 155, note Mathieu ; LPA 22 juin 1998, p. 9, chron. Mathieu, Verpeaux et Aivazzadeh-Barré ; D. 1998. 523, note Champeil-Desplats ; ibid. 1999. 234, obs. Favoreu ; RFDC 1998. 167, note Philip.*
1997	30 déc.	97-395 DC. LF pour 1998 (non-conformité partielle) : *Rec. Cons. const. 333 ; RJC I-732 ; JO 31 déc., p. 19313 ; JCP 1998. Actu. 261, note Zarka ; Dr. fisc. 1998. 387, note Feydeau ; AJDA 1998. 118, note Schoettl ; LPA 22 juin 1998, p. 20, chron. Mathieu, Verpeaux et Aivazzadeh-Barré ; RFDC 1998. 160, note Philip.*
1997	31 déc.	97-394 DC. Traité d'Amsterdam (non-conformité partielle) : *Rec. Cons. const. 344 ; RJC I-727 ; JO 3 janv., p. 165 ; Rev. Marché commun*

		1998. 73, note Chaltiel ; AJDA 1998. 135, note Schoettl ; Europe janv. 1998, p. 3, note Symon et Rigaux ; RD publ. 1998. 331, note Luchaire ; Gaz. Pal. 18 juin 1998, p. 2, note Richard ; LPA 19 juin 1998, p. 17, note Bon ; ibid. 22 juin 1998, p. 15, note Baghestani-Perrey ; RFDC 1998. 142, note Gaia ; Dr. adm. févr. 1998, p. 17, note Larzul ; D. 1999. 235, note Gaia.
1998	19 févr.	98-396 DC. Recrutement exceptionnel de magistrats (conformité) : *Rec. Cons. const. 153 ; RJC I-396 ; JO 26 févr., p. 2976 ; LPA 27 nov. 1998, p. 12, note Baghestani-Perrey ; D. 2000. 53, note Car ; Gaz. Pal. 12 déc. 1998, p. 7, note Gallet ; RRJ 1999. 831, note Lemaire ; JCP 1998. 10104, note Quint ; RFDC 1998. 315, note Roux ; AJDA 1998. 305, note Schoettl.*
1998	6 mars	98-397 DC. Fonctionnement des conseils régionaux (conformité) : *Rec. Cons. const. 241 ; RJC I-397 ; JO 5 avr., p. 5360 ; AJDA 1998. 492, note Schoettl ; LPA 30 nov. 1998, p. 14, note Verpeaux.*
1998	3 avr.	98-398 DC. Règlement AN (conformité) : *Rec. Cons. const. 241 ; RJC I-744 ; JO 5 avr., p. 5360 ; AJDA 1998. 492, note Schoettl ; LPA 30 nov. 1998, p. 14, note Verpeaux.*
1998	5 mai	98-399 DC. Entrée et séjour des étrangers (non-conformité partielle) : *Rec. Cons. const. 245 ; RJC I-745 ; JO 12 mai, p. 7092 ; AJDA 1998. 489, note Schoettl ; ibid. 1001, note Teitgen-Colly et Julien-Laferrière ; RFDA 1998. 620, note Picard ; ibid. 1254, note Goesel-Le Bihan ; ibid. 1999. 469, note Dodet-Cauphy ; JCP 1998. 180, note Guimezanes ; RFDC 1998. 634, note Pena-Gaia ; Rev. crit. DIP 1998. 521, note Turpin ; JDI 1999. 5, note Fulchiron ; RD publ. 1998. 1015, note Luchaire ; LPA 30 nov. 1998, p. 15, note Baghestani-Perrey ; D. 1999. 209, note Mercuzot ; ibid. 2000. 59, obs. Pena-Gaia.*
1998	20 mai	98-400 DC. Droit de vote des citoyens de l'Union (conformité) : *Rec. Cons. const. 251 ; RJC I-749 ; JO 26 mai, p. 8003 ; AJDA 1998. 485, note Schoettl ; Europe juill. 1998, p. 4, note Favret ; LPA 19 août 1998, p. 3, note Aubin ; ibid. 30 nov. 1998, p. 20, chron. Mathieu et Verpeaux ; ibid. 12 mai 1999, p. 11, note Aubin et Monjal ; Rev. adm. 1998. 510, note Pontier ; JCP 1998. 10154, note Faupin ; RFDA 1998. 671, obs. Genevois ; RFDC 1998. 633, note Roux ; ibid. 1998. 763, note Gaia ; RTD eur. 1999. 59, note Verdier ; Gaz. Pal. 28 déc. 1999, p. 2, note Houteer ; D. 2000. 58, obs. Gaia.*
1998	10 juin	98-401 DC. Loi relative aux « 35 heures » (conformité) : *Rec. Cons. const. 258 ; RJC I-754 ; JO 14 juin, p. 9033 ; AJDA 1998. 495, note Schoettl ; RFDC 1998. 640, note Favoreu ; LPA 2 déc. 1998, p. 18, chron. Mathieu et Verpeaux ; D. 2000. 60, obs. Favoreu.*
1998	25 juin	98-402 DC. DDOEF III (non-conformité partielle) : *Rec. Cons. const. 269 ; RJC I-762 ; JO 3 juill., p. 10147 ; RD publ. 1999. 19, note Camby ; LPA 11 nov. 1998, p. 9, note Matt ; ibid. 2 déc. 1998, p. 22, chron. Mathieu et Verpeaux ; ibid. 20 août 1999, p. 13, note Benetti ; RFDC 1998. 340, note Pini ; ibid. 642, note Roux ; D. 2000. 54, obs. Roux ; AJDA 1998. 701, note Schoettl.*

1998	29 juill.	98-403 DC. Lutte contre les exclusions (non-conformité partielle) : *Rec. Cons. const. 276 ; RJC I-765 ; JO 31 juill., p. 11710 ; JCP 1998. 1937, note Croze et Moussa ; AJDA 1998. 705, note Schoettl ; LPA 28 sept 1998, p. 4, note Magnin ; ibid. 30 juill. 1999, p. 29, chron. Mathieu et Verpeaux ; ibid. 13 mars 2000, p. 6, note Guiselin ; RFDC 1998. 765, note Trémeau ; D. 1999. 269, note Sabete ; ibid. 2000. 61, obs. Trémeau.*
1998	18 déc.	98-404 DC. LFSS pour 1999 (non-conformité partielle) : *Rec. Cons. const. 315 ; RJC I-774 ; JO 27 déc., p. 19663 ; GDCC, 15e éd., no 40 ; Dr. soc. 1999. 21, note Pellet ; AJDA 1999. 22, note Schoettl ; JCP 1999. 117, chron. Prétot ; ibid. 10046, note Guiheux ; RFDA 1999. 89, note Mathieu ; RFDC 1999. 123, note Mélin-Soucramanien ; LPA 2 août 1999, p. 18, note Mathieu et Aivazzadeh-Barré ; D. 2000. 63, note Mélin-Soucramanien.*
1998	29 déc.	98-405 DC. LF pour 1999 (non-conformité partielle) : *Rec. Cons. const. 326 ; RJC I-783 ; JO 31 déc., p. 20138 ; LPA 2 août 1999, p. 22, chron. Mathieu, Verpeaux et Aivazzadeh-Barré ; AJDA 1999. 14, note Schoettl ; JCP 1999. 111, note Desclaudures ; ibid. 1028, note Zarka ; RFFP 1999. 171, note Plagnet ; RFDC 1999. 129, note Philip ; D. 2000. 54, obs. Philip.*
1998	29 déc.	98-406 DC. LFR pour 1998 (conformité) : *Rec. Cons. const. 340 et 793 ; JO 31 déc., p. 20160 ; AJDA 1999. 20, note Schoettl ; LPA 2 août 1999, p. 15, note Aivazzadeh-Barré ; D. 2000. 55, obs. Philip ; RFDC 1999. 30, note Philip.*
1999	14 janv.	98-407 DC. Élections des conseillers régionaux (non-conformité partielle) : *Rec. Cons. const. 21 ; RJC I798 ; JO 20 janv., p. 1028 ; GDCC, 15e éd., no 15 ; LPA 12 févr. 1999, p. 9, note Gruber ; ibid. 4 mars 1999, p. 13, note Viloa ; ibid. 16 sept. 1999, p. 8, note Verpeaux et Baghestani-Perrey ; AJDA 1999. 149, note Sctœllt ; JCP 1999. 449, note Zarka ; RFDC 1999. 142, note Ghévontian ; Dr. adm. 1990, p. 6, note Traoré ; D. 2000. 194, note Ghévontian ; AIJC 1999. 507, chron. Fatin-Rouge.*
1999	22 janv.	98-408 DC. Cour pénale internationale (non-conformité partielle) : *Rec. Cons. const. 29 ; RJC I-803 ; JO 24 janv., p. 1317 ; AJDA 1999. 230, note Schoettl ; RGDIP 1999. 5, note Sur, Condorelli et Carrillo-Salcedo ; D. 1999. 285, note Chrestia ; ibid. 2000. 197, obs. Sciortino-Bayard ; ibid. 111, obs. Gozzi ; ibid. 2001. 949, chron. Prélot ; RFDA 1999. 285, note Genevois ; ibid. 715, note Avril ; ibid. 717, note Genevois ; RD publ. 1999. 457, note Luchaire ; ibid. 1037, note Schoettl ; ibid. 1669, note Chagnollaud ; LPA 5 juill. 1999, p. 4, note Espugas ; ibid. 20 sept. 1999, p. 8, chron. Mathieu, Verpeaux et Baghestani-Perrey ; RFDC 1999. 315, note Sciortino-Bayart ; ibid. 324, note Favoreu ; ibid. 325, note Troper ; RSC 1999. 497, note Dezeuze ;* Gaz. Pal. 16 nov. 1999, p. 4, note Robbe ; *RRJ 1999. 1207, note Monjal et Gautron ; RTDH 2000. 649, note Clerckx ; AIJC 1999. 598, chron. Fatin-Rouge et De Cacqueray ; Rev. pol. parl. sept.-oct. 2001, p. 35, note Robert ; Pouvoirs no 92, p. 61, notes Ardant et Chagnollaud.*

1999	15 mars	99-409 DC. Loi relative à la Nouvelle-Calédonie (non-conformité partielle) : *Rec. Cons. const. 63 ; RJC I-811 ; JO 21 mars, p. 4238 ; RFDC 1999. 328, note Pini ; ibid. 334, note Pini ; ibid. 345, note Faberon ; AJDA 1999. 324, note Schoettl ; AIJC 1999. 588, chron. Pini.*
1999	15 mars	99-410 DC. Loi organique relative à la Nouvelle-Calédonie (non-conformité partielle) : *Rec. Cons. const. 51 ; RJC I-812 ; JO 21 mars, p. 4234 ; AJDA 1999. 324, note Schoettl ; ibid. 500, note Gohin ; RRJ 1999. 929, note Portet ; RD publ. 1999. 653, note Camby ; ibid. 1005, Le Bos-Le Pourhiet ; RFDC 1999. 328, note Pini ; ibid. 334, note Car ; ibid. 345, note Faberon ; LPA 21 sept. 1999, p. 8, chron. Mathieu et Verpeaux ; ibid. 28 sept. 1999, p. 16, note Aubin ; JCP 1999. 151, chron. Robert ; D. 2000. 199, note Car ; AIJC 1999. 611, chron. Pini.*
1999	15 juin	99-412 DC. Charte européenne des langues régionales (non-conformité partielle) : *Rec. Cons. const. 71 ; RJC I-824 ; JO 18 juin, p. 8964 ; AJDA 1999. 573, note Schoettl ; ibid. 2000. 300, note Frangi ; LPA 21 sept. 1999, p. 18, note Verpeaux ; ibid. 5 janv. 2000, p. 8, note Piastra ; ibid. 5 janv. 2000, p. 14, note Clapie ; RD publ. 1999. 985, obs. Mélin-Soucramanien ; RFDC 1999. 594, note Verpeaux ; D. 1999. 598, note Larralde ; ibid. 2000. 198, note Mélin-Soucramanien ; ibid. 225, note Chaltiel ; JCP 1999. 10198, note Debbasch ; JDI 2000. 35, note Pinto ; Pouvoirs 2000, n° 93, p. 209, note Olivesi ; RFDA 2001. 59, note Fraisseix.*
1999	16 juin	99-411 DC. Sécurité routière (conformité) : *Rec. Cons. const. 75 ; RJC I-880 ; JO 19 juin, p. 9018 ; AJDA 1999. 694, note Schoettl ; LPA 21 sept. 1999, p. 12, note Mathieu ; RFDC 1999. 587, note Sciortino-Bayart ; D. 1999. 589, note Mayaud ; ibid. 2000. 197, obs. Sciortino-Bayart ; ibid. 113, note Roujou de Boubée ; RD publ. 1999. 1287, note Luchaire ; Gaz. Pal. 27 juill. 2000, p. 4, note Couzinet ; AIJC 1999. 615, chron. Fatin-Rouge.*
1999	24 juin	99-413 DC. Règlement du Sénat (conformité) : *Rec. Cons. const. 83 ; RJC I-826 ; JO 27 juin, p. 9455 ; LPA 21 sept. 1999, p. 20, note Verpeaux ; RFDC 1999. 605, note De Cacqueray ; AIJC 1999. 605, chron. de Cacqueray ; RD publ. 1999. 1681, note Bergougnous.*
1999	28 juin	99-415 DC. Règlement du Congrès (conformité) : *Rec. Cons. const. 86 ; RJC I-830 ; JO 29 juin, p. 9559 ; LPA 21 sept. 1999, p. 21, note Verpeaux ; RFDA 1999. 604, note De Cacqueray ; AIJC 1999. 606, chron. De Cacqueray ; RD publ. 1999. 1681, note Bergougnous.*
1999	8 juill.	99-414 DC. Loi d'orientation agricole (non-conformité partielle) : *Rec. Cons. const. 92 ; RJC I-828 ; JO 10 juill., p. 10266 ; AJDA 1999. 690, note Schoettl ; LPA 20 oct. 1999, p. 20, note Verpeaux ; RD publ. 1999. 804, note Trémeau ; D. 2000. 422, obs. Car ; AIJC 1999. 608, chron. Pini et Fatin-Rouge.*
1999	8 juill.	99-417 DC. Règlement AN (conformité) : *Rec. Cons. const. 96 ; RJC I-417 ; JO 11 juill., p. 10336 ; LPA 20 oct. 1999, p. 28, note Verpeaux ; RD publ. 1999. 1681, note Bergougnous ; AIJC 1999. 607, chron. De Cacqueray.*

1999	8 juill.	99-418 DC. Statut de la magistrature (conformité) : *Rec. Cons. const. 98 ; RJC I-842 ; JO 13 juill. 1999, p. 10404 ; LPA 20 oct. 1999, p. 29, note Verpeaux ; AJDA 1999. 1027, note Schoettl ; AIJC 1999. 588, chron. Garnéri ; ibid. 588, chron. Pini.*
1999	23 juill.	99-416 DC. CMU (non-conformité partielle) : *Rec. Cons. const. 100 ; RJC I-831 ; JO 28 juill., p. 11250 ; AJDA 1999. 700, note Schoettl ; LPA 20 oct. 1999, p. 23, note Mathieu ; RTD civ. 1999. 724, note Molfessis ; D. 2000. 422, obs. Gay ; ibid. 423, obs. Fatin-Rouge ; RFDC 1999. 809, note Gay ; AIJC 1999. 582, chron. Fatin-Rouge ; LPA 2010, n° 5, p. 3, note Mauger-Vielpeau ; GADLF, n°s 42-43.*
1999	9 nov.	99-419 DC. PACS (conformité) : *Rec. Cons. const. 116 ; RJC I-842 ; JO 16 nov., p. 16962 ; Gaz. Pal. 20 nov. 1999, p. 2, note Charbonneau et Pansier ; LPA 1er déc. 1999, p. 6, note Schoettl ; ibid. 26 juill. 2000, p. 11, chron. Mathieu et Verpeaux ; JCP 1999. 210, note Molfessis ; RD publ. 2000. 203, note Blacher et Seube ; RFDC 2000. 104, note Garnéri ; D. 2000. 424, note Garnéri ; AIJC 1999. 586, chron. Garnéri.*
1999	16 déc.	99-420 DC. Médiateur des enfants (non-conformité totale) : *Rec. Cons. const. 134 ; RJC I-856 ; JO 22 déc., p. 19051 ; RFDC 2000. 103, obs. Ghévontian ; RD publ. 2000. 195, note Schoettl ; LPA 26 juill. 2000, p. 18, note Verpeaux ; D. 2000. 421, note Car ; AIJC 1999. 609, chron. Fatin-Rouge.*
1999	16 déc.	99-421 DC. Adoption de la partie législative de certains codes (conformité) : *Rec. Cons. const. 136 ; RJC I-856 ; JO 22 déc. 1999, p. 19041 ; AJDA 2000. 31, note Schoettl ; LPA 28 juill. 2000, p. 15, chron. Mathieu et Verpeaux ; RFDC 2000. 120, note Ribes ; D. 2000. 425, obs. Ribes ; D. 2000. 361, chron. Baranes et Frison-Roche ; RTD civ. 2000. 186, obs. Molfessis ; AIJC 1999. 589, chron. Ribes.*
1999	21 déc.	99-422 DC. LFSS pour 2000 (non-conformité partielle) : *Rec. Cons. const. 143 ; RJC I-861 ; JO 30 déc., p. 19730 ; AJDA 2000. 48, note Schoettl ; LPA 28 juill. 2000, p. 18, chron. Mathieu, Verpeaux et Baghestani-Perrey ; RFDC 2000. 215, note Ribes ; D. 2000. 426, obs. Ribes ; RFFP 2000. 255, note Prétot ; AIJC 1999. 596, chron. Fatin-Rouge ; Rev. Trésor 2000. 341, note Pissaloux ; RFDA 2000. 289, note Mathieu.*
1999	29 déc.	99-424 DC. LF pour 2000 (non-conformité partielle) : *Rec. Cons. const. 156 ; RJC I-871 ; JO 31 déc., p. 19991 ; AJDA 2000. 37, note Schoettl ; LPA 4 mai 2000, p. 4, note Douat ; ibid. 28 juill. 2000, p. 27, chron. Verpeaux et Baghestani-Perrey ; RD publ. 2000. 9, note Buisson ; RFDC 2000. 132, note Philip ; AIJC 1999. 615, chron. De Cacqueray ; Rev. Trésor 2000. 174, note Pissaloux.*
1999	29 déc.	99-425 DC. LFR pour 1999 (conformité) : Rec. Cons. const. 168 ; RJC I-879 ; JO 31 déc., p. 20012 ; *AJDA 2000. 43, note Schoettl ; LPA 28 juill. 2000, p. 31, chron. Mathieu et Baghestani-Perrey ; RFDC 2000. 137, note Philip ; ibid. 289, note Mathieu ; AIJC 1999. 597, chron. De Cacqueray ; Rev. Trésor 2000. 180, note Pissaloux.*
2000	13 janv.	99-423 DC. Réduction du temps de travail (non-conformité partielle) : *Rec. Cons. const. 33 ; JO 20 janv. 2000, p. 992 ; LPA 19 janv. 2000, p. 6,*

		note Schoettl ; ibid. 19 janv. 2000, p. 30, note Sauret ; ibid. 3 févr. 2000, p. 16, obs. Charbonneau et Pansier ; ibid. 24 févr. 2000, p. 10, note Sauret et Picca ; ibid. 28 juill. 2000, p. 22, chron. Mathieu, Verpeaux et Baghestani-Perrey ; Dr. soc. 2000. 257, note Prétot ; RFDC 2000. 341, note Bernaud ; D. 2001. 1837, note Bernaud.
2000	30 mars	2000-426 DC. Incompatibilités entre mandats électoraux (non-conformité partielle) : *Rec. Cons. const. 62 ; JO 6 avr., p. 5246 ; RD publ. 2000. 863, note Luchaire ; RFDC 2000. 350, note Ghévontian ; LPA 17 oct. 2000, chron. Mathieu et Verpeaux ; D. 2001. 1843, note Ghévontian ; AJDA 2000. 442, note Schoettl ; AIJC 2000. 690, chron. Car et De Cacqueray.*
2000	30 mars	2000-427 DC. Incompatibilités entre mandats électoraux (conformité) : *Rec. Cons. const. 60 ; JO 6 avr., p. 5246 ; AJDA 2000. 442, note Schoettl ; RD publ. 2000. 863, note Luchaire ; RFDC 2000. 352, note Ghévontian ; LPA 17 oct. 2000, p. 15, note Verpeaux ; AIJC 2000. 703, chron. de Cacqueray.*
2000	4 mai	2000-428 DC. Consultation de la population de Mayotte (non-conformité partielle) : *Rec. Cons. const. 70 ; JO 10 mai, p. 6976 ; AJDA 2000. 561, notes Schoettl et Faberon ; LPA 27 juill. 2000, p. 12, note Piastra ; ibid. 17 oct. 2000, p. 16, note Verpeaux ; RFDA 2000. 549, note Verpeaux ; ibid. 737, note Gohin ; ibid. 746, note Douence et Faure ; ibid. 2001. 1763, obs. Roux ; RD publ. 2000. 883, note Le Bos-Le Pourhiet ; ibid. 2000. 907, note Lemaire ; Rev. jur. et pol. Indépendance et coopération 2000. 243, note Luchaire ; ibid. 2003. 112, note Luchaire ; RJJ 2001. 1785, note Bioy ; AIJC 2000. 723, chron. Roux.*
2000	30 mai	2000-429 DC. Égal accès aux mandats électoraux des hommes et des femmes (non-conformité partielle) : *Rec. Cons. const. 84 ; JO 7 juin 2000, p. 8564 ; GDCC, 15ᵉ éd., nᵒ 15 ; AJDA 2000. 653, obs. Schoettl ; LPA 17 oct. 2000, p. 20, chron. Mathieu et Verpeaux ; RFDC 2000. 561, note Jaquinot ; D. 2001. 1837, obs. Jaquinot ; AIJC 2000. 689, obs. Car.*
2000	29 juin	2000-430 DC. Égal accès aux mandats électoraux en Nouvelle-Calédonie (conformité) : *Rec. Cons. const. 95 ; JO 5 juill., p. 10128 ; AJDA 2000. 660, note Schoettl ; LPA 18 oct. 2000, p. 10, note Verpeaux ; ibid. 20 nov. 2000, p. 12, note Benetti ; RFDC 2000. 821, obs. de Cacqueray ; D. 2001. 1762, obs. de Cacqueray ; AIJC 2000. 697, chron. Car.*
2000	6 juill.	2000-431 DC. Élection des sénateurs (non-conformité partielle) : *Rec. Cons. const. 98 ; JO 11 juill., p. 10486 ; LPA 12 juill. 2000, p. 19, note Schoettl ; ibid. 18 oct. 2000, p. 10, note Robbe ; RD publ. 2000. 1239, note Spitz ; RFDC 2000. 826, note Roux ; D. 2001. 1843, note Ghévontian ; AIJC 2000. 703, chron. Roux.*
2000	12 juill.	2000-432 DC. LFR pour 2000 (conformité) : *Rec. Cons. const. 104 ; JO 14 juill., p. 10821 ; AJDA 2000. 739, note Schoettl ; RFDC 2000. 830, note Philip ; Rev. Trésor 2000. 595, note Pissaloux ; LPA 1ᵉʳ août 2001, p. 15, note Raymond ; AIJC 2000. 718, chron. Oliva.*
2000	20 juill.	2000-434 DC. Loi relative à la chasse (non-conformité partielle) : *Rec. Cons. const. 107 ; JO 27 juill., p. 11550 ; LPA 24 juill. 2000, p. 18, note*

		Schoettl ; ibid. 18 déc. 2000, p. 8, note Sauvageot ; RD publ. 2000. 1542, note Luchaire ; RFDC 2000. 833, note Ribes ; ibid. 2001. 95, note Pariente ; D. 2001. 1839, obs. Ribes ; RFDA 2000. 668, note Genevois ; Rev. jur. env. 2001. 355, note Azoulay ; AIJC 2000. 690, chron. Fatin-Rouge.
2000	27 juill.	2000-433 DC. Liberté de communication (non-conformité partielle) : *Rec. Cons. const. 121 ; JO 2 août, p. 11922 ; LPA 31 juill. 2000, p. 12, note Schoettl ; ibid. 5 sept. 2000, p. 4, note Heslaut ; ibid. 18 déc. 2000, p. 15, note Baghestani-Perrey ; Gaz. Pal. 28 oct. 2000, p. 26, note Bensoussan et Noguier ; JCP 27 sept. 2000, Act. p. 1739, note Olivier et Barbry ; Gaz. Pal. 9 sept. 2000, p. 19, note Pansier et Jez ; RFDC 2001. 86, note Jaquinot ; D. 2001. 322, note Lepage ; ibid. 1838, obs. Jaquinot ; AIJC 2000. 695, chron. Car.*
2000	7 déc.	2000-435 DC. Loi d'orientation pour l'outre-mer (non-conformité partielle) : *Rec. Cons. const. 164 ; JO 14 déc., p. 19830 ; AJDA 2001. 102, note Schoettl ; RD publ. 2001. 247, note Luchaire ; LPA 23 avr. 2001, p. 8, note Chagnollaud ; ibid. 31 juill. 2001, p. 18, note Verpeaux et Sauvageot ; RFDC 2001. 110, note Verpeaux ; D. 2001. 1765, obs. Roux ; AJDA 2001. 731, note Custos ; RFDA 2002. 361, note Lemaire ; AIJC 2000. 702, chron. Roux.*
2000	7 déc.	2000-436 DC. SRU (non-conformité partielle) : Rec. Cons. const. 176 ; JO 14 déc., p. 19840 ; *AJDA 2001. 18, note Schoettl ; LPA 1er août 2001, p. 18, note Robbe ; ibid. 28 déc. 2001, p. 26, note Robbe ; D. 2001. 1840, note Favoreu et Fatin-Rouge ; RFDC 2001. 346, note Mélin-Soucramanien ; JCP N 2001. 494, note Bourgeois ; BJDU 2001. 146, note Trémeau ; AIJC 2000. 721, chron. Fatin-Rouge ; Jurishebdo immo. 18 déc. 2000, p. 1, obs. Desjuzeur.*
2000	19 déc.	2000-437 DC. LFSS pour 2001 (non-conformité partielle) : *Rec. Cons. const. 190 ; JO 24 déc., p. 20576 ; LPA 22 déc. 2000, p. 5, note Schoettl ; ibid. 1er mai 2001, p. 4, note Castagnède ; ibid. 20 août 2001, p. 21, note Mathieu et de la Mardière ; Dr. soc. 2001. 270, note Prétot ; RD publ. 2001. 267, note Spitz ; RTD civ. 2001. 229, note Molfessis ; RFDC 2001. 134, note Ribes ; D. 2001. 1766, note Ribes ; RFFP 2001. 129, note Ribes ; ibid. 179, note Nizet ; AIJC 2000. 711, chron. Oliva ; RFDC 2001. 129, note Philip ; Trav. et protection soc. 2001, n° 2, p. 4, obs. Pellet.*
2000	28 déc.	2000-441 DC. LFR pour 2000 (non-conformité partielle) : *Rec. Cons. const. 201 ; JO 31 déc. 2000, p. 21204 ; LPA 1er janv. 2001, p. 8, note Schoettl ; ibid. 1er janv. 2001, p. 4, note Castagnède ; ibid. 2 août 2001, p. 24, chron. Mathieu et de la Mardière ; RFDC 2001. 145, note Philip ; RRJ 2001. 659, note Cottin et Ribbes ; RD publ. 2001. 913, note Pellet ; D. 2001. 1842, note Ribes ; Rev. jur. env. 2001. 215, note Caudal ; AIJC 2000. 709, chron. Oliva.*
2000	28 déc.	2000-442 DC. LF pour 2001 (non-conformité partielle) : Rec. *Cons. const. 211 ; JO 31 déc., p. 21194 ; LPA 4 janv. 2001, p. 13, note Schoettl ; ibid. 2 août 2001, p. 26, note Raymond ; RFDC 2001. 137, note Philip ; RD publ. 2001. 913, note Pellet ; D. 2001. 1767, obs. Ribes ; AIJC 2000. 701, chron. Oliva ; RI dr. éco. 2001. 225, note Nzaloussou.*

2001	10 janv.	2000-438 DC. Élections à l'assemblée de la Polynésie française (conformité) : *Rec. Cons. const. 37 ; JO 16 janv., p. 784 ; LPA 21 févr. 2001, p. 20, note Schoettl ; ibid. 27 déc. 2001, p. 22, note Verpeaux ; RFDC 2001. 371, note Roux ; AIJC 2001. 623, chron. Domingo.*
2001	10 janv.	2000-440 DC. Courtiers interprètes et conducteurs de navire (conformité) : *Rec. Cons. const. 39 ; JO 17 janv., p. 855 ; LPA 16 févr. 2001, p. 13, note Schoettl ; ibid. 28 déc. 2001, p. 10, note Baghestani-Perrey ; RFDC 2001. 354, note Trémeau ; D. 2002. 1946, obs. Car.*
2001	16 janv.	2000-439 DC. Archéologie préventive (conformité) : *Rec. Cons. const. 42 ; JO 18 janv., p. 931 ; AJDA 1991. 222, note Fatôme ; ibid. 2001. 182, note Frier ; ibid. 222, note Fatôme ; LPA 12 févr. 2001, p. 18, note Schoettl ; ibid. 27 déc. 2001, p. 24, note Sauvageot ; RD publ. 2001. 947, note Ruéda ; RFDC 2001. 360, note Bernaud ; ibid. 365, note Fatôme ; AIJC 2001. 586, chron. Domingo ; D. 2002. 1944, obs. Bernaud.*
2001	1er févr.	2001-443 DC. Élection du Président de la République (conformité) : *Rec. Cons. const. 49 ; JO 6 févr., p. 2000 ; LPA 2 mars 2001, p. 12, note Schoettl ; ibid. 12 mars 2001, p. 10, note Schoettl ; ibid. 28 déc. 2001, p. 12, note Verpeaux ; RFDC 2001. 373, note Mastor ; AIJC 2001. 588, chron. Ghévontian.*
2001	9 mai	2001-444 DC. Date d'expiration des pouvoirs de l'AN (conformité) : *Rec. Cons. const. 59 ; JO 16 mai, p. 7806 ; LPA 10 mai 2001, p. 15, note Doublet ; ibid. 11 mai 2001, p. 9, note Schoettl ; ibid. 28 déc. 2001, p. 13, note Verpeaux ; JCP 2001. 10544, note Zarka ; D. 2001. 2210, chron. Mbongo ; RFDC 2001. 722, note Favoreu ; RD publ. 2001. 1245, note Roux ; AIJC 2001. 589, chron. Ghévontian.*
2001	19 juin	2001-445 DC. Statut de la magistrature (non-conformité partielle) : *Rec. Cons. const. 63 ; JO 26 juin, p. 10125 ; LPA 29 juin 2001, p. 5, note Schoettl ; ibid. 13 juill. 2001, p. 5, note Avril et Gicquel ; ibid. 18 déc. 2001, note Baghestani-Perrey ; ibid. 18 déc. 2001, p. 17, note Baghestani-Perrey ; JCP 2001. 1575, note Zarka ; RD publ. 2001. 831, note Graffin ; ibid. 967, note Camby ; ibid. 1211, note Spitz ; JCP 2001. 1657, note Perdriau ; RFDC 2001. 616, note De Cacqueray ; ibid. 724, note Renoux ; AIJC 2001. 591, chron. Lanisson ; D. 2002. 1947, obs. Lanisson.*
2001	27 juin	2001-446 DC. IVG (conformité) : *Rec. Cons. const. 74 ; JO 7 juill., p. 10828 ; GDCC, 16e éd., no 9 ; LPA 10 juill. 2001, p. 25, note Schoettl ; ibid. 28 déc. 2001, p. 21, chron. Mathieu et Verpeaux ; D. 2001. 2533, note Mathieu ; ibid. 2002. 1948, obs. Nicolas ; JCP 2001. 2715, note Franck ; RFDC 2001. 619, note Nicolas ; Dr. fam. 2001. 4, note Mouton ; Dr. envir. 2001. 232, note Eoche-Duval ; D. 2002. 1948, obs. Nicolas ; AIJC. 613, chron. Domingo.*
2001	4 juill.	2001-449 DC. IVG (rejet) : *Rec. Cons. const. 80 ; JO 7 juill., p. 10835 ; LPA 20 févr. 2002, p. 4, note Jan ; ibid. 13 juill. 2001, p. 23, note Schoettl ; ibid. 9 oct. 2001, p. 10, note Jan ; ibid. 28 déc. 2001, p. 24, chron. Mathieu et Verpeaux ; Lexbase, 2001, note Tabaka ; D. 2001. 3374, chron. Mathieu et Verpeaux ; ibid. 2002. 1948, obs. Nicolas ; RFDC 2001. 758, note Pini ; AIJC 2001. 582, note Domingo.*

2001	11 juill.	2001-450 DC. Diverses dispositions d'ordre social, éducatif et culturel (conformité) : *Rec. Cons. const. 82 ; JO 18 juill., p. 11506 ; LPA 20 juill. 2001, p. 15, note Schoettl ; ibid. 16 sept. 2002, p. 11, note Baghestani-Perrey ; RFDC 2001. 762, note Ribes ; AIJC 2001. 582, chron. Domingo ; D. 2002. 1949, obs. Ribes.*
2001	18 juill.	2001-447 DC. Perte d'autonomie (conformité) : *Rec. Cons. const. 89 ; JO 21 juill., p. 11743 ; LPA 25 juill. 2001, p. 19, note Schoettl ; ibid. 16 sept. 2002, p. 4, note Sauvageot ; RFDC 2001. 750, note Jacquinot ; AIJC 2001. 593, chron. Nicot.*
2001	25 juill.	2001-448 DC. Loi organique relative aux lois de finances (LOLF) (non-conformité partielle) : *Rec. Cons. const. 80 ; JO 2 août, p. 12490 ; GDCC, 16e éd., n° 27 ; JCP 2001. 10603, note Zarka ; LPA 13 sept. 2001, p. 3, note Schoettl ; ibid. 10 oct. 2001, p. 5, note Camby ; ibid. 16 déc. 2002, p. 8, note Raymond ; AJDA 2002. 59, note Jan ; RD publ. 2002. 313, note Pellet ; AIJC 2001. 587, chron. Ribes ; RFDC 2002. 152, note Oliva ; RFDA 2001. 1205, note Tallineau ; RFFP 2001. 167, note Lauze ; CJFI 2001, n° 11, p. 1, note Vannier.*
2001	27 nov.	2001-451 DC. Couverture des non-salariés agricoles (non-conformité partielle) : *Rec. Cons. const. 145 ; JO 1er déc., p. 19112 ; LPA 24 déc. 2001, p. 4, note Schoettl ; ibid. 17 sept. 2002, p. 5, chron. Mathieu et Verpeaux ; Dr. adm., déc. 2001, p. 22, obs. Prétot ; AIJC 2001. 587, chron. Deal ; RFDC 2002. 174, note Ribes ; D. 2002. 1950, obs. Ribes.*
2001	6 déc.	2001-452 DC. Loi MURCEF (non-conformité partielle) : *Rec. Cons. const. 156 ; JO 12 déc., p. 19712 ; LPA 13 déc. 2001, p. 5, note Schoettl ; ibid. 17 sept. 2002, p. 10, note Baghestani-Perrey ; AIJC 2001. 584, chron. Nicot ; RFDC 2002. 181, note Bertile.*
2001	18 déc.	2001-453 DC. LFSS pour 2002 (non conformité partielle) : *Rec. Cons. const. 164 ; JO 26 déc., p. 20582 ; LPA 31 déc. 2001, p. 4, note Schoettl ; ibid. 23 sept. 2002, p. 4, note de la Mardière ; Dr. soc. 2002. 191, note Prétot ; AIJC 2001. 584, chron. Ribes et Domingo ; RFDC 2002. 388, note Ribes ; D. 2002. 1953, obs. Ribes.*
2001	27 déc.	2001-456 DC. LF pour 2002 (non-conformité partielle) : *Rec. Cons. const. 180 ; JO 29 déc., p. 21159 ; D. 2002. 331, note Zarka ; ibid. 1954, obs. Ribes ; LPA 25 sept. 2001, p. 4, note Raymond ; ibid. 11 janv. 2002, p. 4, note Schoettl ; Dr. fisc. 2002. 358, note Philip ; AIJC. 2001. 585, chron. Oliva et Domingo ; RFDC 2002. 191, note Philip.*
2001	27 déc.	2001-457 DC. LFR pour 2001 (non-conformité partielle) : *Rec. Cons. const. 192 ; JO 29 déc., p. 21172 ; LPA 7 janv. 2002, p. 15, note Schoettl ; ibid. 25 sept. 2002, p. 17, note de la Mardière ; Dr. fisc. 2002. 358, note Philip ; RFDC 2002. 194, note Philip ; D. 2002. 1945, obs. Ribes ; AIJC 2001. 607, chron. Oliva.*
2002	12 janv.	2001-455 DC. Loi de modernisation sociale (non-conformité partielle) : *Rec. Cons. const. 49 ; JO 18 janv., p. 1053 ; LPA 21 janv. 2002, p. 3, note Schoettl ; ibid. 24 sept. 2002, p. 15, note Mathieu ; Dr. ouvrier 2002. 41, obs. Saramito et note Mathieu ; Dr. soc. 2002. 244, notes Prétot et Carcassonne ; RFDC. 2002. 422, note Gay ; ibid. 439, note*

		Lanisson ; ibid. 608, note Ribes ; Trav. et protection soc. 2002, n° 2, p. 7, note Prétot ; ibid. 2002, n° 3, p. 3, note Teyssié ; D. 2002. 1439, note Mathieu ; AJDA 2002. 1163, note Reneaud ; ibid. 2003. 313, obs. Favoreu ; ibid. 817, note Viala et Lichère ; ibid. 820, note Di Manno ; ibid. 825, note Cassia ; RTDH 2002. 1083, note Feldman ; Semaine soc., 11 févr. 2002, p. 9, note Holleaux ; JCP 2002. 1096, note Franck ; D. 2003. 1129, note Gay ; ibid. 1507, note Mathieu.
2002	17 janv.	2001-454 DC. Loi relative à la Corse (non-conformité partielle) : Rec. Cons. const. 70 ; JO 23 janv., p. 1526 ; *AJDA 2002. 100, note Schoettl ; Dr. adm. 2002, p. 3, note Auby ; RFDA 2002. 459, note Verpeaux ; ibid. 469, note Faure ; ibid 2003. 474, note Viola ; RD publ. 2002. 885, note Luchaire ; RFDC 2002. 410, note Favoreu ; ibid. 414, note Verpeaux ; LPA 23 sept. 2002, p. 7, note Verpeaux ; RJJ 2002. 1761, note Lemaire ; D. 2003. 1124, note Magnon ; Pouvoirs locaux 2002, n° 53, p. 123, note Chagnollaud.*
2002	7 févr.	2002-458 DC. Impôt foncier sur les propriétés bâties en Polynésie (non-conformité partielle) : *Rec. Cons. const. 80 ; JO 12 févr., p. 2783 ; D. 2002. 1439, note Mathieu ; ibid. 2003. 1069, note Gay ; LPA 19 févr. 2002, p. 16, note Schoettl ; ibid. 25 sept. 2002, p. 16, note Mathieu ; RFDC 2002. 385, note Gay ; Bull. fisc. 2002. 349, note Layer.*
2002	22 août	2002-459 DC. Emploi des jeunes en entreprise (conformité) : *Rec. Cons. const. 195 ; JO 30 août, p. 14417 ; LPA 2 sept. 2002, p. 14 ; ibid. 6 janv. 2003, p. 7, note Verpeaux ; RFDC 2002. 837, note Domingo ; D. 2003. 1070, obs. Domingo.*
2002	22 août	2002-460 DC. Sécurité intérieure (non-conformité partielle) : *Rec. Const. const. 198 ; JO 30 août, p. 14411 ; AJDA 2002. 1059, note Chérot et Trémeau ; LPA 11 sept. 2002, p. 12, note Schoettl ; ibid. 6 janv. 2003, p. 8, chron. Verpeaux ; ibid. 14 mai 2003, p. 4, note Mouzet ; RD publ. 2002. 1252, notes Camby et Guy ; Bull. jur. Contrats publics 2202. 418, note Delvolvé ; RFDC 2003. 168 et 175, note Ribes ; D. 2003. 1125, obs. Ribes.*
2002	29 août	2002-461 DC. Loi d'orientation et de programmation pour la justice (non-conformité partielle) : *Rec. Cons. const. 204 ; JO 10 sept., p. 14953 ; Rev. adm. 2001. 584, note Roux ; Gaz. Pal. 4 sept. 2002, p. 3, note Schoettl ; RD publ. 2002. 1252, notes Camby et Guy ; ibid. 1321, note Roux ; ibid. 1619, note Luchaire ; LPA 5 sept. 2002, p. 4, note Schoettl ; ibid. 6 janv. 2003, p. 10, chron. Mathieu ; ibid. 14 mai 2003, p. 4, note Mouzet ; JCP 2003. 1037, note Giacoppelli* ; D. 2003. 1127, obs *Domingo ; ibid. 1128, obs. Nicot.*
2002	10 oct.	2002-462 DC. Règlement de l'AN (conformité) : *Rec. Cons. const. 372 ; JO 13 oct., p. 16985 ; RFDC 2003. 178, note De Cacqueray ; LPA 6 janv. 2003, p. 14, chron. Verpeaux.*
2002	12 déc.	2002-463 DC. LFSS pour 2003 (non-conformité partielle) : *Rec. Cons. const. 540 ; JO 24 déc., p. 21500 ; LPA 24 déc. 2002, p. 4, note Schoettl ; ibid. 2 avr. 2003, p. 18, note Baghestani-Parrey ; AJDA 2003. 448, note Gay ; D. 2003. 1073, obs. Ribes.*

2002	27 déc.	2002-464 DC. LF pour 2003 (non-conformité partielle) : *Rec. Cons. const. 583 ; JO 31 déc., p. 22103 ; LPA 7 janv. 2003, p. 3, note Schoettl ; ibid. 5 mars 2003, p. 8, note Camby ; ibid. 2 avr. 2003, p. 21, chron. Mathieu et Baghestani-Perry ; Dr. fisc. 2003. 319, note Philip ; D. 2003. 1071, obs. Bernaud ; RFDC 2003. 179, note Philip ; Courrier jur. finances 2003, n° 19.*
2003	13 janv.	2003-465 DC. Temps de travail et développement de l'emploi (conformité) : *Rec. Cons. const. 43 ; JO 18 janv., 1084 ; LPA 20 janv. 2003, p. 11, note Schoettl ; ibid. 2 avr. 2003, p. 24, chron. Mathieu et Verpeaux ; Gaz. Pal. 17 janv. 2003, p. 2, note Charbonneau et Pansier ; Dr. soc. 2003. 260, note Prétot ; Semaine soc. 24 févr. 2003, note Ogier-Bernaud ; D. 2003. 638, chron. Mathieu ; ibid. 2004. 1280, note Ogier-Bernaud ; RFDC 2003. 567, note Ogier-Bernaud ; AIJC 2003. 708, chron. Gay.*
2003	20 févr.	2003-466 DC. Juges de proximité (non-conformité partielle) : *Rec. Cons. const. 156 ; JO 27 févr., p. 3480 ; LPA 13 mars 2003, p. 7, note Schoettl ; ibid. 18 sept. 2003, chron. Mathieu et Verpeaux ; D. 2004. 1271, note Nicot ; RFDC 2003. 548, note Renoux.*
2003	13 mars	2003-467 DC. Sécurité intérieure (conformité) : *Rec. Cons. const. 211 ; JO 19 mars, p. 4789 ; LPA 28 mars 2003, p. 4, note Schoettl ; ibid. 22 mai 2003, p. 4, note Boyer ; ibid. 18 sept. 2003, p. 6, chron. Mathieu et Verpeaux ; Dr. adm. 2003, n° 6,, note Tchen ; JCP Adm. 2003. 825, note Tchen ; CCE 2003, n° 5, p. 16, note Pech ; RD publ. 2003. 367, note Jan ; ibid. 371, note Rihal ; ibid. 375, note Aubin ; ibid. 1147, note Rousseau et Lazergues ; Gaz. Pal. 22 mars 2003, p. 7, note Gagnoud ; Regards sur l'actualité 2003, n° 290, p. 65, Études Nuttens ; RFDC 2003. 573, note Ghévontian ; ibid. 760, note Leducq ; D. 2004. 1273, note Nicot ; AIJC 2003. 711, chron. Sèverin et Alcaraz.*
2003	26 mars	2003-469 DC. Organisation décentralisée de la République (*Révision constitutionnelle*) (incompétence pour statuer) : *Rec. Cons. const. 293 ; JO 29 mars, p. 5570 ; GDCC, 16ᵉ éd., n° 28 ; AJDA 2003. 753 ; ibid. 1099, note Moutouh ; ibid. 2003. 948, note Drago ; JCP 2003. 732, note Zarka ; LPA 8 avr. 2003, p. 17, note Schoettl ; ibid. 6 juin 2003, p. 7, note Gohin ; ibid. 20 juin 2003, p. 7, note Chaltiel ; ibid. 30 août 200, p. 3, note Rabault ; ibid. 19 sept. 2003, p. 7, note Verpeaux ; ibid. 20 oct. 2003, p. 4, note Chagnollaud (4 épisodes) ; ibid. 31 oct. 2003, p. 4, note Jan ; RFDC 2003. 383, note Zimmer ; ibid. 374, note Fatin-Rouge ; RFDA 2003. 670, note Dollat ; ibid. 792, note Favoreu ; RD publ. 2003. 359, note Robert ; ibid. 671, note Camby ; ibid. 725, note Maillard Desgrées du Loû ; ibid. 767, note Canedo ; ibid. 741, note Meindl ; ibid. 793, note Geslot ; AIJC 2003. 707, chron. Fatin-Rouge ; RTD civ. 2003. 563, note Molfessis et Libchaber ; Rev. belge dr. const. 2003. 349, note Neframi.*
2003	3 avr.	2003-468 DC. Élections des conseillers régionaux et des parlementaires européens (non-conformité partielle) : Rec. Cons. const. 325 ; JO *12 avr., p. 6493 ; AJDA 2003. 939, note Jan ; ibid. 948, note Drago (G) ; ibid. 1045, chron. Bélorgey, Gervasoni et Lambert ; ibid. 1625, note Viel ; JCP éd. Coll. terr. 2003. 631, note Quillien; LPA 13 mai 2003, p. 5, note Schoettl ; ibid. 19 sept. 2003, p. 3, note Robbe ; JCP 2003. 952, note*

		Zarka ; RD publ. 2003. 948, note Andriantsimbazovina ; ibid. 941, note Jan ; ibid. 931, note Chagnollaud ; Rev. adm. 2003. 403, note Pontier ; AIJC 2003. 720, chron. Fatin-Rouge ; Trib. dt. pub. 2004, n° 15, p. 75, note Onno ; Regards sur l'actualité, 2003, n° 291, p. 59, note Balafenn.
2003	9 avr.	2003-470 DC. Règlement de l'Assemblée nationale (conformité) : *Rec. Cons. const. 359 ; JO 15 avr., p. 6692 ; LPA 28 avr. 2003, p. 10, note Schoettl ; ibid. 2 sept. 2003, p. 6,note Türk ; ibid. 19 sept. 2003, p. 9, note Verpeaux ; AIJC 2003. 712, chron. Severino ; RFDC 2003. 580, note De Cacqueray.*
2003	24 avr.	2003-471 DC. Assistants d'éducation (conformité) : *Rec. Cons. const. 364 ; JO 1er mai, p. 7641 ; LPA 20 mai 2003, p. 18, note Schoettl ; ibid. 19 sept. 2003, p. 11, note Verpeaux ; AJDA 2003. 1265, note Legrand ; AIJC 2003. 758, chron. Alcaraz ; RFDC 2003. 764, note Raimbault.*
2003	26 juin	2003-472 DC. Urbanisme et habitat (conformité) : *Rec. Cons. const. 379 ; JO 3 juill., 11200 ; LPA 5 juill. 2004, p. 5, note Valenbois ; ibid. 22 juill. 2003, p. 15, note Schoettl ; AJDA 2003. 1465, note Jégouzo ; AIJC 2003. 724, chron. Lanisson.*
2003	26 juin	2003-473 DC. Habilitation à simplifier le droit (conformité) : *Rec. Cons. const. 382 ; JO 3 juill., p. 11203 ; Dr. adm. 2003, nos 188 et 191, note Ménéménis ; AJDA 2003. 1391, note Schoettl ; ibid. 1192 et 1404, note Fatôme ; ibid. 1652, note Gonod ; ibid. 1302, note de Montecler ; ibid. 2348, note Fatôme et Richer ; RD publ. 2003. 1163, note Luchaire ; JCP Adm. 2003. 1890, note Linditch ; ibid. 2004. 1230, note Linditch ; ibid. 1444, note Kameni ; Rev. CMP oct. 2003, p. 4, note Linditch.*
2003	17 juill.	2003-474 DC. Loi programme pour l'outre-mer (conformité) : *Rec. Cons. const. 389 ; JO 22 juill., p. 12336 ; LPA 5 juill. 2004, p. 8, note Janicot ; ibid. 30 juill. 2003, p. 11, note Schoettl ; JCP 2003. 1553, note Guillaumont ; RD publ. 2003. 1789, note Luchaire ; RFDC 2003. 788, note Guillaumont ; ibid. 796, note Lambert ; D. 2004. 1272, note Le Bot ; AIJC 2003. 710, chron. Alcaraz.*
2003	24 juill.	2003-475 DC. Élection des sénateurs (non-conformité partielle) : *Rec. Cons. const. 397 ; JO 31 juill., p. 13038 ; LPA 8 juill. 2004, p. 12, note Menguy ; ibid. 11 août 2003, p. 6, note Schoettl ; AIJC 2003. 721, chron. Fatin-Rouge ; RFDC 2003. 812, note Ghévontian.*
2003	24 juill.	2003-476 DC. Loi organique relative au Sénat (conformité) : *Rec. Cons. const. 400 ; JO 31 juill., p. 13038 ; LPA 5 juill. 2004, p. 13, note Mathieu et Robbe ; ibid. 8 juill. 2004, p. 12, note Menguy ; ibid. 11 août 2003, p. 6, note Schoettl ; AIJC 2003. 734, chron. Fatin-Rouge.*
2003	30 juill.	2003-478 DC. Loi organique relative à l'expérimentation par les collectivités territoriales (conformité) : *Rec. Cons. const. 411 ; JO 2 août, p. 13302 ; AJDA 2003. 1715, note Pontier ; AIJC 2003. 722, chron. Schmitter et Fatin-Rouge ; JCP Adm. 2004. 1333, note Verpeaux ; JCP 2003. 2017, note Verpeaux ; LPA 30 sept. 2003, p. 5, note Schoettl.*
2003	30 juill.	2003-479 DC. Sécurité financière (non-conformité partielle) : *Rec. Cons. const. 409 ; JO 2 août, p. 13304 ; LPA 22 sept. 2003, p. 14, note Schoettl ; AIJC 2003. 724, chron. Alcaraz ; RFDC 2003. 801, note Domingo.*

2003	30 juill.	2003-481 DC. Activités physiques et sportives (non-conformité partielle) : *Rec. Cons. const. 411 ; JO 2 août, p. 13306 ; AIJC 2003. 725, chron. Lanisson ; RFDC 2003. 801, note Domingo.*
2003	30 juill.	2003-482 DC. Loi organique relative au référendum local (conformité) : *Rec. Cons. const. 414 ; JO 2 août, p. 13303 ; LPA 25 sept. 2003, p. 8, note Schoettl ; ibid. 6 juill. 2004, p. 17, note Verpeaux ; AJDA 2003. 1862, note Durpat ; Coll. terr. 2004, n° 8-9, p. 6, note Traoré ; ibid., n° 11, p. 6, note Fraisse ; AIJC 2003. 728, chron. Fatin-Rouge ; JCP 2003. 2017, note Verpeaux ; ibid. 2004. 381, note Verpeaux ; JCP Adm. 2004. 1113, note Verpeaux.*
2003	31 juill.	2003-477 DC. Initiative économique (conformité) : *Rec. Cons. const. 418 ; JO 5 août, p. 13564 ; LPA 8 août 2003, p. 12, note Schoettl ; AIJC 2003. 760, chron. Schmitter ; RFDC 2003. 807, note Nicot.*
2003	31 juill.	2003-480 DC. Archéologie préventive (conformité) : *Rec. Cons. const. 424 ; JO 2 août, p. 13308 ; LPA 9 sept. 2003, p. 7, note Schoettl ; D. 2004. 1281, note Duffy ; AIJC 2003. 734, chron. Alcaraz.*
2003	14 août	2003-483 DC. Réforme des retraites (conformité) : *Rec. Cons. const. 430 ; JO 22 août, p. 14343 ; LPA 15 sept. 2003, p. 3, note Schoettl ; ibid. 6 juill. 2004, p. 19, note Mathieu ; JCP Adm. 2003. 1329, note Tifine ; AIJC 2003. 714, chron. Gay ; RFDC 2004. 85, note Gay ; D. 2004. 1275, note Déal ; Dr. soc. 2003. 917, note Prétot.*
2003	20 nov.	2003-484 DC. Maîtrise de l'immigration (non-conformité partielle) : Rec. Cons. const. 438 ; JO 27 nov., p. 20154 ; *AJDA 2004. 599, note Lecucq ; Gaz. Pal. 27 févr. 2005, p. 2, note Boyer ; LPA 20 janv. 2004, p. 10, note Schoettl ; ibid. 27 déc. 2004, chron. Mathieu et Janicot ; AIJC 2003. 713, chron. Severino ; RFDC 2004. 96, note Domingo ; RD publ. 2004. 275, note Ferran ; ibid. 295, note Camby ; D. 2004. 1405, note Lecucq.*
2003	4 déc.	2003-485 DC. Droit d'asile (conformité) : *Rec. Cons. const. 455 ; JO 11 déc., p. 21085 ; LPA 4 févr. 2004, p. 3, note Schoettl ; ibid. 23 févr. 2004, p. 3, note Chagnollaud ; ibid. 27 déc. 2004, p. 8, chron. Janicot ; AIJC 2003. 710, chron. Severino ; RFDC 2004. 336, note Domingo ; D. 2004. 1034, note Turpin ; ibid. 1279, note Le Bot ; RD publ. 2004. 565, note Luchaire ; JCP 2004. 57, note Guimezanes.*
2003	11 déc.	2003-486 DC. LFSS pour 2004 (non-conformité partielle) : *Rec. Cons. const. 467 ; JO 19 déc., p. 21679 ; LPA 24 déc. 2003, p. 10, note Schoettl ; ibid. 27 déc. 2004, p. 11, note Baghestani-Perrey ; AIJC 2003. 719, chron. Gay ; D. 2004. 1270, note Ribes.*
2003	18 déc.	2003-487 DC. RMI-RMA (conformité) : *Rec. Cons. const. 473 ; JO 19 déc., p. 21686 ; LPA 27 déc. 2004, p. 13, chron. Mathieu, Verpeaux et Janicot ; RDSS 2004. 53, note Borgetto ; AIJC 2003. 756, chron. Gay ; RFDC 2004. 114, note Gay ; D. 2004. 1274, note Duffy ; Dr. soc. 2004. 245, note Prétot ; AJDA 2004. 216, note Schoettl.*
2003	29 déc.	2003-488 DC. LFR pour 2003 (non-conformité partielle) : *Rec. Cons. const. 480 ; JO 31 déc., p. 22652 ; AIJC 2004. 757, chron. Schmitter ; RFDC 2004. 126, chron. Philip ; Dr. fisc. 2004. 782. note*

		Philip ; D. 2004. 1277, chron. Ribes ; LPA 28 janv. 2004, p. 5, note Schoettl ; ibid. 27 déc. 2004, p. 14, note Baghestani-Perrey ; AJDA 2004. 9, brève Brondel ; Courrier jur. finances 2004, n° 25.
2003	29 déc.	2003-489 DC. LF pour 2004 (non-conformité partielle) : *Rec. Cons. const. 487 ; JO 31 déc. p. 22636 ; AIJC 2003. 730, chron. Schmitter, Fatin-Rouge et Gay ; RFDC 2004. 121, note Philip ; Dr. fisc. 2004. 782, note Ribes ; LPA 24 févr. 2004, p. 3, note Schoettl ; Courrier jur. finances 2004, n° 25.*
2004	12 févr.	2004-490 DC. Loi organique portant statut d'autonomie de la Polynésie française (non-conformité partielle) : *JO 2 mars, p. 4220 ; RFDA 2004. 248, note Schoettl ; Rev. jur. et pol. Indépendance et Coopération. 2004. 183, note Oraison ; LPA 3 août 2004, p. 3, note Jan ; ibid. 30 mai 2005, p. 7, chron. Verpeaux et Janicot ; RFDC 2004. 370, note Roux ; RD publ. 2004. 1727, note Luchaire.*
2004	12 févr.	2004-491 DC. Loi sur la Polynésie française (conformité) : *JO 2 mars, p. 4227 ; AJDA 2004. 356 ; RFDA 2004. 248, note Schoettl ; LPA 3 août 2004, p. 3, note Jan ; ibid. 30 mai 2005, p. 13, chron. Verpeaux et Janicot.*
2004	26 févr.	2004-493 DC. Règlement de l'AN (conformité) : *JO 29 févr., p. 4164 ; RD publ. 2004. 855, note Chamussy ; RFDC 2004. 383, note De Cacqueray ; LPA 31 mai 2005, p. 16, chron Mathieu.*
2004	2 mars	2004-492 DC. Loi portant adaptation de la justice aux évolutions de la criminalité (non-conformité partielle) : *JO 10 mars, p. 4637 ; GDCC, 16ᵉ éd., n° 29 ; LPA 26 juill. 2004, p. 9 ; ibid. 29 sept. 2004, p. 17, note Schoettl ; ibid. 17 mars 2004, p. 3, note Dufour ; ibid. 4 janv. 2005, p. 5, note Chagnollaud ; ibid. 10 févr. 2005, p. 8, note Piastra ; ibid. 30 mai 2005, p. 14, note Mathieu et Valembois ; JCP 2004. 597, 657 et 713, note Le Guhenec ; ibid. 619, note Zarka ; D. 2004. 956, note Dobkine ; ibid. 1387, note Schoettl ; JCP 2005. 1338, note Mathieu et Verpeaux ; Gaz Pal. 11 avr. 2004, p. 3, note Schoettl ; RSC 2004. 725, note Lazerges ; RFDC 2004. 347, note Nicot ; ibid. 363, note Massieu ; Cah. dr. eur. 2004, p. 157, note Deal ; GADLF, n° 48.*
2004	29 avr.	2004-494 DC. Loi relative à la formation professionnelle tout au long de la vie et au dialogue social (conformité) : *JO 5 mai, p. 7998 ; LPA 14 mai 2004, p. 3, note Schoettl ; ibid. 31 mai 2005, chron. Mathieu ; Dr. soc. 2004. 590, note Ray ; JCP E. 2004. p. 493, note Ogier-Bernaud ; D. 2004. 3029, obs. Prétot et Chelle ; D. 2005. 923, chron. Mathieu ; RFDC 2004. 633, note Ogier-Bernaud ; RFDA 2005. 409, note Dardalhon.*
2004	18 mai	2004-495 DC. Règlement du Sénat (conformité) : *JO 22 mai 2004, p. 9058 ; LPA 18 mai 2004, p. 19, chron. Verpeaux ; ibid. 16 juin 2004, p. 22, note Schoettl.*
2004	10 juin	2004-496 DC. Loi pour la confiance dans l'économie numérique (non-conformité partielle) : *JO 22 juin, p. 11182 ; LPA 18 juin 2004, p. 10, note Schoettl ; ibid. 9 juill. 2004, p. 5, note Chagnollaud ; ibid. 13 juill. 2004, p. 3, note Chaltiel ; ibid. 12 août 2004, p. 16, note Monjal ; ibid. 17 nov. 2004, p. 3, note Derieux ; RD publ. 2004. 878, note Camby ;*

		ibid. 869, note Oberdorff ; ibid. 912, note Roux ; ibid. 922, note Levade ; ibid. 1216, brève Brondel ; ibid. 1385, note Cassia ; D. 2004. 1739, chron. Mathieu ; ibid. 3089, note Bailleul ; ibid. 2005. 922, note Mouton ; AJDA 2004. 1497, note Verpeaux ; ibid. 1534, note Arrighi de Casanova ; ibid. 1537, note Gautier et Malleray ; ibid. 1937, note Chamussy ; ibid. 2261, note Bélorgey, Gervasoni et Lambert ; JCP Adm. 2004. 1620, note Gohin ; JCP 2004. 1332, note Zarka ; ibid. 1335, note Blanchetier ; ibid. 2143, note Saint-Laurent et Carayre ; RDT eur. 2004. 580, note Kovar ; RFDC 2004. 804, note Alcaraz ; Rev. dr. Union eur. 2004. 509, note Monjal ; Europe 2004, n°s 8-9, p. 6, note Magnon ; Courrier jur. finances 2004, n° 28, note Maugüé ; RFDA 2003. 651, note Genevois.
2004	1er juill.	2004-497 DC. Loi relative aux communications électroniques (conformité) : *JO 10 juill., p. 12506 ; RFDC 2004. 809, note Duffy ; AJDA 2004. 1513, note Jeanneney ; JCP 2004. 2143, note Saint-Laurent et Carayre ; LPA 17 nov. 2004, p. 3, note Derieux ; ibid. 31 mai 2005, p. 22, note Valembois ; ibid. 7 juill. 2004, p. 3, note Schoettl ; D. 2005. 921, note Mouton ; Europe 2004, n°s 8-9, p. 6, note Magnon ; RTD eur. 2004. 580, note Kovar.*
2004	29 juill.	2004-498 DC. Loi relative à la bioéthique (conformité) : *JO 7 août, p. 14077 ; JCP Adm. 2004. 1834, note Szymczak ; D. 2005. 921, chron. Mathieu ; JCP 2004. 1979, note Galloux ; LPA 17 août 2004, p. 3, note Schoettl.*
2004	29 juill.	2004-499 DC. Protection des personnes physiques à l'égard des traitements de données à caractère personnel (non-conformité partielle) : *JO 7 août, p. 14087 ; RFDC 2004. 822, note Alcaraz ; RD publ. 2004. 1739, note Chamussy ; D. 2005. 921, chron. Mathieu ; LPA 11 août 2004, p. 8, note Schoettl.*
2004	29 juill.	2004-500 DC. Loi organique relative à l'autonomie financière des collectivités territoriales (non-conformité partielle) : *JO 30 juill., p. 13562 ; GDCC, 16e éd., n° 30 ; RFDC 2004. 798, note Philip ; RD publ. 2004. 1739, note Chamussy ; D. 2005. 922, note Mathieu ; AJDA 2004. 2003, note Hertzog ; LPA 13 août 2004, p. 12, note Schoettl.*
2004	5 août	2004-501 DC. Service public de l'électricité et du gaz (non-conformité partielle) : *JO 11 août, p. 14337 ; RD publ. 2004. 1739, note Chamussy ; LPA 19 août 2004, p. 3, note Schoettl.*
2004	5 août	2004-502 DC. Soutien à la consommation et à l'inverstissement (conformité) : *JO 11 août, p. 14349 ; RD publ. 2004. 1739, note Chamussy ; LPA 24 août 2004, p. 11, note Schoettl.*
2004	12 août	2004-503 DC. Libertés et responsabilités locales (non-conformité partielle) : *JO 17 août, p. 14648 ; RFDA 2004. 1150, note Faure ; AJDA 2004. 1960, note Verpeaux ; LPA 31 août 2004, p. 3, note Schoettl.*
2004	12 août	2004-504 DC. Assurance maladie (conformité) : *JO 17 août, p. 14657 ; D. 2005. 923, chron. Mathieu ; LPA 15 sept. 2004, p. 6, note Schoettl.*
2004	19 nov.	2004-505 DC. Traité établissant une Constitution pour l'Europe (non-conformité partielle) : *JO 24 nov., p. 19885 ; GDCC, 16e éd., n° 31 ; JCP Adm. 2004. 1847, note Gohin ; ibid. 2005. 1025, note*

		Gautier ; JCP 2004. 2348, note Verpeaux ; ibid. 2005. 195, note Cassia et Saulnier-Cassia ; ibid. 2005. 630, note Franck ; AJDA 2004. 2248, brève Brondel ; AJDA 2004. 2417, note Verpeaux ; ibid. 2005. 219, note Chamussy ; ibid. 211, note Dord ; Europe 2004, n° 12, p. 6, note Cassia ; ibid. 2005, n° 2, p. 6, note Simon ; RRJ 2004. 2115, note Ricci ; D. 2004. 3075, chron. Mathieu ; ibid. 2005. 100, note Chagnollaud ; ibid. 921, chron. Mathieu ; Rev. Marché commun 2005, p. 5, note Chaltiel ; Pouvoirs 2005, n° 113, p. 215, note Levade ; Courrier jur. finances 2005, n° 31, note Maugüé ; RFDA 2005. 1, note Labaye et Sauron ; ibid. 34, note Sudre ; ibid. 239, note Genevois ; ibid. 30, note Maugüé ; RD publ. 2005. 19, note Levade ; ibid. 51, note Luchaire ; ibid. 59, note Roux ; LPA 29 nov. 2004, p. 3, note Schoettl.
2004	2 déc.	2004-506 DC. Habiliation à simplifier le droit II (conformité) : *JO 10 déc., p. 20876 ; LPA 20 déc. 2004, p. 6, note Schoettl ; D. 2005. 921, chron. Mathieu ; Courrier jur. finances 2005, n° 31, note Marasco.*
2004	9 déc.	2004-507 DC. Sport professionnel (conformité) : *JO 16 déc., p. 21290 ; LPA 24 déc. 2004, p. 6, note Schoettl ; D. 2005. 921, chron. Mathieu.*
2004	16 déc.	2004-508 DC. LFSS pour 2005 (non-conformité partielle) : *JO 21 déc., p. 21663 ; LPA 28 déc. 2004, p. 4, note Schoettl ; D. 2005. 922, chron. Mathieu ; Rev. Trésor 2005. 85, note Pissaloux.*
2004	29 déc.	2004-511. LF pour 2005 (non-conformité partielle) : *JO 31 déc., p. 22571 ; LPA 11 janv. 2005, p. 3, note Schoettl ; Courrier jur. finances 2005, n° 31, note Breillon.*
2005	13 janv.	2004-509 DC. Loi de programmation pour la cohésion sociale (non-conformité partielle) : *JO 19 janv., p. 896 ; RFDA 2005. 289, note Hostiou ; AJDA 2005. 905, note Champeil-Desplats ; D. 2005. 921, chron. Mathieu ; LPA 31 mars 2005, p. 49, note Schoettl ; Dr. soc. 2005. 371, note Prétot ; Procédures 2005, p. 27, note Deygas.*
2005	20 janv.	2004-510 DC. Juridiction de proximité (non-conformité partielle) : *JO 27 janv., p. 1412 ; Gaz. Pal. 16 févr. 2005, p. 11, note Piastra ; D. 2005. 449, chron. Mathieu ; ibid. 922, chron. Mathieu ; LPA 5 févr. 2005, note Schoettl.*
2005	14 avr.	2005-513 DC. Loi relative aux aéroports (conformité) : *JO 21 avr., p. 6974 ; LPA 6 mai 2005, p. 5, note Schoettl ; AJDA 2005. 862, brève Brondel.*
2005	21 avr.	2005-512 DC. Avenir de l'école (non-conformité partielle) : *JO 24 avr., p. 7173 ; GDCC, 16e éd., n° 32 ; D. 2005. 1372, note Zarka ; LPA 20 mai 2005, p. 3, note Schoettl ; JCP 2005. 879, note Mathieu ; AJDA 2005. 916, obs. Brondel.*
2005	28 avr.	2005-514 DC. Registre international français (conformité) : *JO 4 mai, p. 7702 ; AJDA 2005. 975 ; LPA 19 juill. 2005, p. 3-22, note Schoettl ; ibid. 10 mai 2006, p. 5 et 8, note Janicot ; ibid. 8-9 mai 2006, p. 21, note Baghestani-Perrey ; RFDC 2005. 751, note Capitani ; DMF 2005. 514, note Bonassies ; RGDIP 2005. 739, note Jacob.*

2005	19 mai	2005-515 DC. Résolution modifiant le Règlement du Sénat (conformité) : *JO 21 mai, p. 8849 ; LPA 29 juin 2005, p. 15, note Schoettl.*
2005	7 juill.	2005-516 DC. Loi de programme fixant les orientations de la politique énergétique (conformité) : *JO 14 juill., p. 11589 ; AJDA 2005. 1487 ; LPA 24 août 2005, p. 3, note Schoettl ; ibid. 8-9 mai 2006, p. 6-7, note Janicot, Valembois et Baghestani-Perrey ; ibid. 10 mai 2006, p. 5, note Janicot ; Dr. adm. 2005, n°s 161-162, note Fraisse ; RFDA 2005. 930, note Sabete ; RRJ 2005. 2237, note Sabete.*
2005	7 juill.	2005-517 DC. Loi organique modifiant la loi organique n° 2001-692 du 1er août 2001 relative aux lois de finances (conformité) : *JO 13 juill., p. 11444 ; LPA 15-16 août 2005, p. 23, note Schoettl ; RFDC 2006. 146, note Philip.*
2005	13 juill.	2005-518 DC. Loi organique modifiant la loi n° 76-97 du 31 janvier 1976 sur le vote des Français établis hors de France pour l'élection du Président de la République (conformité) : *JO 20 juill., p. 11930 ; LPA 15 sept. 2005, p. 11, note Schoettl ; RFDC 2005. 148, note Fatin-Rouge Stéfanini.*
2005	22 juill.	2005-520 DC. Loi précisant le déroulement de l'audience d'homologation de la comparution sur reconnaissance préalable de culpabilité (conformité) : *JO 27 juill., p. 12241 ; Les Annonces de la Seine, 2005, n° 51, p. 6 ; JCP 2005. 1493 ; Gaz. Pal. 2005, n° 215, p. 6, note Schoettl ; Procédures 2005, n° 10, p. 21, note Buisson ; RFDC 2006. 165, note Nicot ; LPA 8-9 mai 2006, p. 20, note Baghestani-Perrey.*
2005	22 juill.	2005-521 DC. Loi habilitant le Gouvernement à prendre, par ordonnance, des mesures d'urgence pour l'emploi (conformité) : *JO 27 juill., p. 12233 ; LPA 29 juill. 2005, p. 22, note Schoettl ; ibid. 10 mai 2006, p. 5, note Janicot.*
2005	22 juill.	2005-522 DC. Loi de sauvegarde des entreprises (conformité) : *JO 27 juill., p. 12225 ; LPA 29 juill. 2005, p. 3, note Roussel-Galle ; ibid. 4 août 2005, p. 15, note Schoettl ; ibid. 17 févr. 2006, p. 58, note Reygrobellet ; ibid. 8-9 mai 2006, p. 13, note Janicot.*
2005	29 juill.	2005-519 DC. Loi organique relative aux lois de financement de la sécurité sociale (non-conformité partielle) : *JO 3 août, p. 12661 ; RFDA 2005. 1030, note Schoettl ; LPA 8-9 mai 2006, p. 5-6, note Valembois.*
2005	29 juill.	2005-523 DC. Loi en faveur des petites et moyennes entreprises (conformité) : *JO 3 août, p. 12664 ; LPA 7 oct. 2005, p. 7, note Schoettl ; ibid. 10 mai 2006, p. 5, note Janicot.*
2005	13 oct.	2005-524/525 DC. Engagements internationaux relatifs à l'abolition de la peine de mort (non-conformité partielle) : *Rec. Cons. const. 142 ; JO 20 oct., p. 16609 ; AJDA 2005. 1982 ; Gaz. Pal. 20-22 nov. 2005, p. 15, note Schoettl ; JCP 2005. 2268, note Mathieu ; LPA 8 déc. 2005, p. 5, note Chaltiel ; ibid. 8-9 mai 2006, p. 4, note Janicot ; ibid. 10 mai 2006, p. 8, note Janicot ; J.-Cl. Europe 2005, n° 12, p. 4, note Simon et Mariatte ; D. 2006. 634, note Ondoua ; RRJ 2005. 2209, note Matutano ;*

		RGDIP 2006. 117, note Flauss ; ibid. 206, note Le Floch ; RFDA 2006. 308, note Labayle ; J.-Cl. Europe 2006, n° 6, p. 7, note Verpeaux ; RFDC 2006. 322, note Magnon.
2005	13 oct.	2005-526 DC. Résolution modifiant le règlement de l'Assemblée nationale (conformité) : *Rec. Cons. const. 144 ; JO 20 oct., p. 16610 ; LPA 27 avr. 2006, p. 4, note Chamussy ; RFDC 2006. 338, note Besson.*
2005	8 déc.	2005-527 DC. Loi relative au traitement de la récidive des infractions pénales (conformité) : *Rec. Cons. const. 153 ; JO 13 déc., p. 19162 ; Gaz. Pal. 18-20 déc. 2005, p. 9, note Schoettl ; JCP 2005. 2349 ; D. 2006. 966, note Rouvillois ; LPA 8-9 mai 2006, p. 14, note Baghestani-Perrey et Janicot ; RFDC 2006. 348, note Nicot.*
2005	15 déc.	2005-528 DC. LFSS pour 2006 (non-conformité partielle) : *Rec. Cons. const. 157 ; JO 20 déc., p. 19561 ; AJDA 2005. 2428 ; LPA 20 janv. 2006, p. 6, note Fraisse et Chamussy ; ibid. 8-9 mai 2006, p. 17, note Baghestani-Perrey ; ibid. 10 mai 2006, p. 6, note Valembois ; RJS 2006. 175 ; RFDA 2006. 126, note Schoettl.*
2005	15 déc.	2005-529 DC. Loi organique modifiant les dates des renouvellements du Sénat (conformité) : *Rec. Cons. const. 165 ; JO 16 déc., p. 19358 ; AJDA 2006. 384, note Schoettl ; LPA 8-9 mai 2006, p. 14, note Baghestani-Perrey et Valembois.*
2005	29 déc.	2005-530 DC. LF pour 2006 (non-conformité partielle) : *Rec. Cons. const. 168 ; JO 31 déc., p. 20705 ; JCP Adm. 2006. 3 ; AJDA 2006. 13 ; JCP S 2006, n° 1, note anonyme ; LPA 6 janv. 2006, p. 4, note Schoettl ; ibid. 13 janv. 2006, p. 4, note Mathieu ; ibid. 8-9 mai 2006, p. 11, note Baghestani-Perrey et Valembois ; ibid. 10 mai 2006, p. 6, note Valembois ; ibid. 12 mai 2006, p. 6, note Camby ; Dr. fisc. 2006. 16 ; ibid. 466, note Philip ; Les Nouvelles fiscales 2006, p. 2, note Siquier ; Rev. adm. 2006. 152, note Durand ; Courrier juridique des Finances et de l'Industrie 2006, n° 10, p. 2, note Marasco ; RFDC 2006. 356, note Philip.*
2005	29 déc.	2005-531 DC. LFR pour 2005 (non-conformité partielle) : *Rec. Cons. const. 186 ; JO 31 déc., p. 20730 ; AJDA 2006. 13 ; JCP S 2006, n° 1-2, note anonyme ; LPA 13 janv. 2006, p. 4, note Mathieu ; ibid. 16 janv. 2006, p. 20, note Schoettl ; ibid. 8-9 mai 2006, p. 11, note Valembois ; Dr. fisc. 2006. 466, note Philip ; RJF 2006. 267, note Bénard ; Courrier juridique des Finances et de l'Industrie 2006. 10, note Marasco ; RFDC 2006. 367, note Pini.*
2006	19 janv.	2005-532 DC. Loi relative à la lutte contre le terrorisme et portant dispositions diverses relatives à la sécurité et aux contrôles frontaliers (non-conformité partielle) : *JO 24 janv., p. 1138 ; D. 2006. 247, note Daleau ; AJDA 2006. 172 ; ibid. 306, note Mathieu ; ibid. 975, note Rolin et Slama ; Gaz. Pal. 5-7 févr. 2006, p. 20, note Schoettl ; LPA 15 févr. 2006, p. 6, note Gicquel et Avril ; Courrier juridique des Finances et de l'Industrie 2006, p. 2, note Marasco.*
2006	16 mars	2006-533 DC. Loi relative à l'égalité salariale entre les femmes et les hommes (non-conformité partielle) : *JO 24 mars, p. 4446 ; D. 2006. 806, note Daleau ; ibid. 873, note Mélin-Soucramanien ; JCP Adm. 2006.*

		408 ; AJDA 2006. 632 ; LPA 11 avr. 2006, p. 5, note Chaltiel ; ibid. 13 avr. 2006, p. 13, note Schoettl ; ibid. 14 avr. 2006, p. 8, note Schoettl ; RJS 2006. 431 ; Cahiers sociaux du Barreau de Paris 2006. 250, note Charbonneau.
2006	16 mars	2006-534 DC. Loi pour le retour à l'emploi et sur les droits et les devoirs des bénéficiaires de minima sociaux (non-conformité partielle) : *JO 24 mars, p. 4443 ; JCP Adm. 2006. 408 ; AJDA 2006. 631 ; LPA 25 mai 2006, p. 4, note Schoettl.*
2006	30 mars	2006-535 DC. Loi pour l'égalité des chances (non-conformité partielle) : *JO 2 avr., p. 4964 ; JCP 2006. 656 ; ibid. 809, note Drago ; D. 2006. 941, note Daleau ; LPA 5 avr. 2006, p. 3, note Schoettl ; ibid. 6 avr. 2006, p. 3, note Schoettl ; ibid. 13 avr. 2006, p. 4, note Mathieu ; ibid. 16 mai 2006, p. 4, note Viguier ; JCP Adm. 2006. 494 ; AJDA 2006. 732, brève Brondel ; Dr. soc. 2006. 494, note Prétot ; J.-Cl. Europe 2006. 4, note Magnon.*
2006	5 avr.	2006-536. Loi organique relative à l'élection du Président de la République (conformité) : *JO 6 avr., p. 5199 ; LPA 31 mai 2006, p. 6, note Schoettl.*
2006	22 juin	2006-537. Résolution modifiant le règlement de l'Assemblée nationale (non-conformité partielle) : *JO 27 juin, p. 9647 ; LPA 5 sept. 2006, p. 8, note Chamussy ; ibid. 6 sept. 2006, p. 4, note Chamussy ; ibid. 12 juill. 2006, p. 7, note Avril.*
2006	13 juill.	2006-538. Loi portant règlement définitif du budget de 2005 (conformité) : *JO 20 juill., p. 10894 ; AJDA 2006. 1470 ; RFDC 2007. 79, note Philip ; LPA 10 août 2006, p. 8, note Schoettl.*
2006	20 juill.	2006-539. Loi relative à l'immigration et à l'intégration (conformité) : *JO 25 juill., p. 11110 ; Cah. Cons. const. 2006. 10 ; AJDA 2006. 1465, note Cohendet ; JCP Adm. 2006. 1067 ; LPA 3 août 2006, p. 3, note Schoettl.*
2006	27 juill.	2006-540. Loi relative au droit d'auteur et aux droits voisins dans la société de l'information (non-conformité partielle) : *JO 3 août, p. 11541 ; D. 2007. 328, note Bensamoun ; ibid. 2006. 2157, note Castets-Renard ; Rev. Marché commun 2007. 61, note Chaltiel ; CCE 2006. 10, note Caron ; ibid. 33, note Caron ; RLDI 2006. 6, note Thoumyre ; ibid. 47, note Verbiest et Reynaud ; RFDC 2006. 837, note Chaltiel ; Cah. Cons. const. 2006. 13 ; CJFI 2006. 2, note Marasco ; Propr. intell. 2006. 240, note Benabou ; Dr. adm. 2006. 31, note Cassia et Saulnier-Cassia ; Légipresse 2006. 129, note Thoumyre ; LPA 22 août 2006, p. 4, note Mathieu ; ibid. 14 août 2006, p. 4, note Shoettl ; ibid. 15-16 août 2006, p. 3, note Schoettl ; JCP 2007. 34, note Verpeaux ; RFDC 2007. 85, note Alcaraz et Charpy ; RTD civ. 2006. 791, note Revet.*
2006	28 sept.	2006-541 DC. Accord sur l'application de l'art. 65 de la convention sur la délivrance de brevets européens (Accord de Londres) (conformité) : *JO 3 oct., p. 14635 ; JCP Adm. 2006. 1270 ; D. 2006. 2463, note Daleau ; ibid. 2007. 120, note Verpeaux ; LPA 25 oct. 2006, p. 10, note Schoettl ; Cah. Cons. const. 2006. 21 ; CCE 2006. 26, note Caron ; Propr. ind. 2007. 19, note Galloux ; RFDC 2007. 298, note Bertile.*

2006	9 nov.	2006-542 DC. Loi relative au contrôle de la validité des mariages (conformité) : *JO 15 nov., p. 17115 ; AJDA 2006. 2150 ; D. 2006. 2805 ; LPA 2006, n° 250, p. 10, note Schoettl ; Dr. fam. 2007. 30, note Larribau-Terneyre ; RFDC 2007. 307, note Le Quinio.*
2006	30 nov.	2006-543 DC. Loi relative au secteur de l'énergie (non-conformité partielle) : *JO 8 déc., p. 18544 ; GDCC, 16e éd., n° 33 ; JCP 2006. 2256 ; AJDA 2006. 2309 ; ibid. 2438, note Charbit ; ibid. 2007. 192 et 473, notes Marcou ; LPA 7 déc. 2006. p. 3, note Schoettl ; ibid. 8 déc. 2006, p. 16, note Schoettl ; ibid. 4 janv. 2007, p. 3, note Clarenc ; ibid. 7 mars 2007, p. 4, note Quiot ; RFDA 2006. 1163, note de Bellescize ; JCP Adm. 2006. 1614 ; ibid. 2007. 30, note Drago ; CJEG 2007. 41, note Molina ; Dr. adm. 2007. 3 et 31, note Noguellou ; Europe 2007. 4, note Kovar ; RFDC 2007. 313, note Magnon ; RFAP 2007. 596, note Rambaud et Roblot-Troizier ; D. 2007. 1760, note Verpeaux.*
2006	14 déc.	2006-544 DC. Loi de financement de la sécurité sociale pour 2007 (non-conformité partielle) : *JO 22 déc., p. 19356 ; JCP S 2006. 3 ; JCP 2006. 2372 ; ibid. 2007. 3, note Mathieu ; AJDA 2006. 2426 ; JCP Adm. 2006. 1702 ; ibid. 2007. 7 ; ibid. 21 ; Acteurs publics 2007. 38, note Fargues ; LPA 2 mars 2007, p. 3, note Disant ; RFDA 2007. 134, note Schoettl ; CJFI 2007. 28, note Marasco ; RD publ. 2007. 571, note Camby ; Rev. Trésor 2007. 443, note Pissaloux.*
2006	28 déc.	2006-545 DC. Loi pour le développement de la participation et de l'actionnariat salarié et portant diverses dispositions d'ordre économique et social (non-conformité partielle) : *JO 31 déc., p. 20320 ; LPA 8 févr. 2007, p. 37, note Schoettl ; RDT 2007. 84, note Lyon-Caen.*
2007	25 janv.	2007-546 DC. Loi ratifiant l'ordonnance n° 2005-1040 du 26 août 2005 relative à l'organisation de certaines professions de santé et à la répression de l'usurpation de titres et de l'exercice illégal de ces professions et modifiant le code de la santé publique (non-conformité partielle) : *JO 1er févr., p. 1946 ; LPA 22 mars 2007, p. 4, note Schoettl.*
2007	15 févr.	2007-547 DC. Loi organique portant dispositions statutaires et institutionnelles relatives à l'outre-mer (non-conformité partielle) : *JO 22 févr., p. 3252 ; AJDA 2007. 398 ; LPA 2007, n° 69, p. 3, note Schoettl.*
2007	19 févr.	2007-549 DC. Loi portant diverses dispositions d'adaptation au droit communautaire dans le domaine du médicament (non-conformité partielle) : *JO 27 févr., p. 3511 ; LPA 2007, n° 82, p. 17, note Schoettl.*
2007	22 févr.	2007-548 DC. Loi relative aux règles d'urbanisme applicables dans le périmètre de l'opération d'intérêt national de La Défense et portant création d'un établissement public de gestion du quartier d'affaires de La Défense (conformité) : *JO 28 févr., p. 3683 ; AJDA 2007. 454 ; JCP Adm. 2007. 7.*
2007	27 févr.	2007-550 DC. Loi relative à la modernisation de la diffusion audiovisuelle et à la télévision du futur (conformité) : *JO 7 mars, p. 4368 ; D. 2007. 645, note Astaix ; JCP Adm. 2007. 7 ; LPA 14 mars 2007, p. 3, note Schoettl.*

2007	1er mars	2007-551 DC. Loi organique relative au recrutement, à la formation et à la responsabilité des magistrats (non-conformité partielle) : *JO 6 mars, p. 4230 ; D. 2007. 645, brève Daleau ; ibid. 1401, note Martinel et Ludet ; AJDA 2007. 506, note Aubert ; JCP 2007. 48, note Schoettl.*
2007	1er mars	2007-552 DC. Loi portant réforme de la protection juridique des majeurs (non-conformité partielle) : *JO 7 mars, p. 4365 ; AJDA 2007. 502 ; D. 2007. 645 ; ibid. 2008. 180, obs. Clay.*
2007	3 mars	2007-553 DC. Loi relative à la prévention de la délinquance (non-conformité partielle) : *JO 7 mars, p. 4356 ; AJDA 2007. 504 ; D. 2008. 2025, obs. Bernaud et Gay ; RSC 2008. 133, obs. de Lamy ; JCP Adm. 2007. 39, note Schoettl.*
2007	9 août	2007-554 DC. Loi renforçant la lutte contre la récidive des majeurs et des mineurs (conformité) : *JO 11 août, p. 13478 ; Rec. Cons. const. 303 ; AJDA 2008. 594, note Jennequin ; D. 2008. 2025, obs. Bernaud et Gay ; RSC 2008. 133, obs. de Lamy.*
2007	16 août	2007-555 DC. Loi en faveur du travail, de l'emploi et du pouvoir d'achat (non-conformité partielle) : *JO 22 août, p. 13959 ; Rec. Cons. const. 310 ; D. 2008. 2025, obs. Bernaud et Gay.*
2007	16 août	2007-556 DC. Loi sur le dialogue social et la continuité du service public dans les transports terrestres réguliers de voyageurs (*Service minimum*) (conformité) : *JO 22 août, p. 13971 ; Rec. Cons. const. 319 ; GDCC, 16e éd., no 35 ; D. 2007. 3033, obs. Dockès, Fouvet, Géniaut et Jeammaud ; ibid. 2008. 2025, obs. Bernaud et Gay ; RFDA 2007. 1283, chron. Roblot-Troizier.*
2007	15 nov.	2007-557 DC. Loi relative à la maîtrise de l'immigration, à l'intégration et à l'asile (non-conformité partielle) : *JO 21 nov., p. 19001 ; Rec. Cons. const. 360 ; AJDA 2007. 2172 ; D. 2007. 3017, point de vue Mélin-Soucramanien ; ibid. 2008. 1435, obs. Galloux et H. Gaumont-Prat ; ibid. 1638, chron. Turpin ; ibid. 2025, obs. Bernaud et Gay ; Cah. Cons. const. 2008, no 24, p. 10.*
2007	6 déc.	2007-559 DC. Loi organique tendant à renforcer la stabilité des institutions et la transparence de la vie politique en Polynésie française (non-conformité partielle) : *JO 8 déc., p. 19905 ; RFDC 2008. 283 s., note Magnon ; AJDA 2007. 2344.*
2007	13 déc.	2007-558 DC. LFSS pour 2008 (non-conformité partielle) : *JO 21 déc. 2008, p. 20648 ; AJDA 2007. 2404 ; LPA, 4 mars 2008, p. 5, note Disant ; Dr. soc. 2008. 366, note Bernard.*
2007	20 déc.	2007-560 DC. Traité de Lisbonne modifiant le traité sur l'Union européenne et le traité instituant la Communauté européenne (non-conformité partielle) : JO 29 déc., p. 21813 ; Constitutions 2010. *53, obs. Levade ; RTD eur. 2008. 5, étude Roux ; RFDC 2008. 310, note Magnon ; JCP Adm. 2008. 18, note Gohin ; LPA, 25-26 déc. 2007, p. 3, note Guillaume ; ibid. 4 janv. 2008, p. 3, note Chaltiel ; AIJC, no XXVI, 2010. 43, note Cazet.*

2008	17 janv.	2007-561 DC. Loi ratifiant l'ordonnance n° 2007-329 du 12 mars 2007 relative au code du travail (partie législative) (conformité) : *JO 22 janv., p. 1131 ; AJDA 2008. 851, note Labetoulle ; D. 2008. 2025, obs. Bernaud et Gay ; Dr. soc. 2008. 424, note Bernaud.*
2008	21 févr.	2008-562 DC. Loi relative à la rétention de sûreté et à la déclaration d'irresponsabilité pénale pour cause de trouble mental (non-conformité partielle) : *JO 26 févr., p. 3272 ; GDCC, 16e éd., n° 36 ; AJDA 2008. 714, note Jan ; D. 2008. 1359, note Mayaud ; ibid. 2025, obs. Bernaud et Gay ; ibid. 2009. 123, obs. Roujou de Boubée, Garé et Mirabail ; Constitutions 2010. 235, obs. Disant ; RSC 2008. 731, note Lazerges ; ibid. 2009. 166, obs. de Lamy ; JCP 2008. 38, note Feldman ; LPA, 20 mars 2008, p. 3, note Chaltiel ; Esprit, 2008 (344), p. 188, note Cassia ; Nouveau Pouvoir Judiciaire (NPJ), 2008 (380), p. 24 ; Cah. Cons. const. n° 24. 19 ; Commentaire 2008. 569, note Cassia ; RFDC 2008. 846, note Benessiano et Gay ; RSC 2009. 166, note de Lamy.*
2008	21 févr.	2008-563 DC. Loi facilitant l'égal accès des femmes et des hommes au mandat de conseiller général (conformité) : *JO 27 févr., p. 3370 ; Cah. Cons. const. n° 24. 24 ; AJDA 2008. 634, note Verpeaux.*
2008	19 juin	2008-564 DC. Loi relative aux organismes génétiquement modifiés (OGM) (non-conformité partielle avec effet différé) : *JO 26 juin 2008, p. 10228 ; GDCC, 16e éd., n° 37 ; D. 2009. 1852, obs. Bernaud et Gay ; ibid. 2448, obs. Trébulle ; AJDA 2008. 1614, note Dord ; Constitutions 2010. 56, note Levade ; ibid. 139, obs. Aguila ; ibid. 307, obs. Aguila ; RFDA 2008. 1233, chron. Roblot-Troizier et Rambaud ; JCP 2008. II. 10138, note Levade ; Cah. Cons. const. n° 25. 94 ; RFDC 2009. 189, note Capitani ; RD publ. 2009. 1181, note Brosset.*
2008	26 juin	2008-565 DC. Résolution actualisant le Règlement du Sénat afin d'intégrer les sénateurs de Saint-Barthélemy et de Saint-Martin dans les effectifs des commissions permanentes (conformité) : *JO 5 juill., p. 10847 ; Cah. Cons. const. n° 25. 105.*
2008	9 juill.	2008-566 DC. Loi organique relative aux archives du Conseil constitutionnel (conformité) : *JO 16 juill., p. 11328 ; Rec. Cons. const. 338 ; LPA n° 1992, 24 sept. 2008, p. 15, note Camby ; Cah. Cons. const. n° 26. 125 ; RFDC 2009. 175, note Duffy.*
2008	24 juill.	2008-567 DC. Loi relative aux contrats de partenariat (non-conformité partielle) : *JO 29 juill., p. 12151 ; RFDA 2008. 1233 ; AJDA 2008. 1516 ; ibid. 1709, note de Fenoyl ; ibid. 1664, note Dreyfus ; D. 2008. 2356, note Apelbaum et Debouzy ; Mél. Jégouzo 2009. 227, étude Marcou ; Cah. Cons. const. n° 26. 72 ; RFDC 2009. 197, note Rrapi ; Gaz. Pal. 2008, n° 221-222, p. 2, note Linotte ; LPA 2008, n° 158, p. 11, note Mouannès.*
2008	7 août	2008-568 DC. Loi portant rénovation de la démocratie sociale et réforme du temps de travail (non-conformité partielle) : *JO 21 août, p. 13079 ; Rec. Cons. const. 352 ; D. 2008. 2064 ; ibid. 2009. 1852, obs. Bernaud et Gay ; Cah. Cons. const. n° 26. 80 ; RFDA 2009. 317, note Dussart.*
2008	7 août	2008-569 DC. Loi instituant un droit d'accueil pour les élèves des écoles maternelles et élémentaires pendant le temps scolaire (conformité) : *JO*

		21 août, p. 13089 ; AJDA 2008. 1565 ; ibid. 1949, note Raimbault ; ibid. 2410, note Verpeaux ; D. 2008. 2064 ; RFDA 2008. 1233 ; Cah. Cons. const. n° 26. 84 ; RFFP 2009. 317, note Prétot ; RFDC 2009. 206, note Monge ; LPA 2008, n° 79, p. 5, note Chaltiel.
2008	6 nov.	2008-570 DC. Résolution modifiant l'article 3 du Règlement du Sénat (conformité) : *JO 9 nov., p. 17271 ; Cah. Cons. const. n° 26. 128.*
2008	11 déc.	2008-571 DC. LFSS pour 2009 (non-conformité partielle) : *JO 18 déc., p. 19327 ; Rec. Cons. const. 378 ; AJDA 2008. 2368 ; D. 2009. 1852, obs. Bernaud et Gay ; Cah. Cons. const. n° 26. 89 ; Rev. adm. 2009. 357, note Disant ; RFFP 2009. 317, note Prétot ; RFDC 2009. 332, note Mangiavillano ; Gaz. Pal. 2009, n° 70-71, p. 23, note Cabannes.*
2008	29 déc.	2008-574 DC. LFR pour 2008 (non-conformité partielle) : *JO 31 déc., p. 20567 ; Cah. Cons. const. n° 26. 93 ; RFFP 2009. 317, note Prétot ; Gaz. Pal. 2009, n° 256-258, p. 3, note Benessiano.*
2009	8 janv.	2008-572 DC. Loi organique portant application de l'article 25 de la Constitution (non-conformité partielle) : *JO 14 janv., p. 723 ; AJDA 2009. 645, note Maligner ; Cah. Cons. const. n° 26. 96 ; RFDC 2009. 576, note Ghévontian et Lamouroux ; Constitutions 2010. 95, note De Baecke.*
2009	8 janv.	2008-573 DC. Loi relative à la commission prévue à l'article 25 de la Constitution et à l'élection des députés (non-conformité partielle) : *JO 14 janv., p. 724 ; AJDA 2009. 645, note Maligner ; D. 2009. 183, note Balinski ; RFDA 2009. 580, note Roblot-Troizier ; Cah. Cons. const. n° 26. 96 ; JCP Adm. 2009, n° 11-12, p. 52, note Barbé ; RFDC 2009. 576, note Ghévontian et Lamouroux.*
2009	12 févr.	2009-575 DC. Loi pour l'accélération des programmes de construction et d'investissement publics et privés (non-conformité partielle) : *JO 18 févr., p. 2847 ; AJDA 2009. 286 ; ibid. 965, note Peyrical ; RFDA 2009. 273, note Nicinski ; ibid. 584, note Roblot-Troizier ; RJEP 2009, n° 664, repère 5, note Labetoulle ; JCP 2009, n° 9, p. 3, note Levade ; Cah. Cons. const. n° 26. 106 ; RFDC 2010. 147, note Car.*
2009	3 mars	2009-576 DC. Loi organique relative à la nomination des présidents des sociétés France Télévisions et Radio France et de la société en charge de l'audiovisuel extérieur de la France (conformité) : *JO 7 mars, p. 4336 ; AJDA 2009. 401 ; D. 2009. 884, point de vue Levade ; ibid. 2010. 1508, obs. Bernaud et Gay ; Cah. Cons. const. n° 26. 109 ; JCP 2009, n° 18, p. 15, note Verpeaux ; RFDC 2009. 587, note Le Bot.*
2009	3 mars	2009-577 DC. Loi relative à la communication audiovisuelle et au nouveau service public de la télévision (non-conformité partielle) : *JO 7 mars, p. 4336 ; AJDA 2009. 401 ; ibid. 617, tribune Wachsmann ; D. 2009. 884, point de vue Levade ; ibid. 2010. 1508, obs. Bernaud et Gay ; RFDA 2009. 580, chron. Roblot-Troizier et Rambaud ; Constitutions 2010. 109, obs. Barilari ; ibid. 238, obs. Disant ; RD fisc. 2009, n° 16, p. 39, note Vallée ; JCP 2009, n° 18, p. 15, note Verpeaux ; Cah. Cons. const. n° 26. 109 ; RFDC 2009. 587, note Le Bot ; RD publ. 2011. 921, note Camby.*

2009	18 mars	2009-578 DC. Loi de mobilisation pour le logement et la lutte contre l'exclusion (*Droit au logement*) (non-conformité partielle) : *JO 27 mars, p. 5445 ; GDCC, 16ᵉ éd., nº 38 ; D. 2009. 799, note Rouquet ; ibid. 2010. 1508, obs. Bernaud et Gay ; AJDA 2009. 509 ; ibid. 1282, note Jégouzo ; Constitutions 2010. 109, obs. Barilari ; Cah. Cons. const. nº 26. 120 ; RFDC 2010. 156, note Lazarova.*
2009	9 avr.	2009-579 DC. Loi organique relative à l'application des articles 34-1, 39 et 44 de la Constitution (non-conformité partielle) : *JO 16 avr., p. 6530 ; AJDA 2009. 738 ; LPA 2009, nº 106, p. 4, note Chaltiel ; ibid., nº 127, p. 6, note Baghestani-Perrey ; Cah. Cons. const. nº 27. 130.*
2009	10 juin	2009-580 DC. Loi favorisant la diffusion et la protection de la création sur internet (*HADOPI I*) (non-conformité partielle) : *JO 13 juin, p. 9675 ; GDCC, 16ᵉ éd., nº 39 ; AJDA 2009. 1132 ; D. 2009. 1770, point de vue Bruguière ; ibid. 2045, point de vue Marino ; ibid. 2010. 1508, obs. Bernaud et Gay ; ibid. 1966, obs. Larrieu, Le Stanc et Tréfigny-Goy ; Constitutions 2010. 97, obs. Périnet-Marquet ; ibid. 293, obs. de Bellescize ; RSC 2009. 609, obs. Francillon ; ibid. 2010. 209, obs. de Lamy ; ibid. 415, étude Cappello ; RTD civ. 2009. 754 ; ibid. 756, obs. Revet ; RTD com. 2009. 730, étude Pollaud-Dulian ; RLDI 2009, nº 51, note Gautron ; Cah. Cons. const. nº 27. 101 ; Cah. just. 2010, nº 2, p. 119, note Billier.*
2009	22 juin	2009-583 DC. 2009. Résolution modifiant le règlement du Congrès (conformité) : *JO 23 juin, p. 10248 ; GDCC, 16ᵉ éd., nº 40 ; D. 2009. 2797, obs. Lavric ; AJDA 2009. 2199 ; RFDA 2010. 34 ; RDPP 2009. 873, note Péchillon ; Cah. Cons. const. nº 27. 149.*
2009	25 juin	2009-581 DC. Résolution tendant à modifier le règlement de l'Assemblée nationale (non-conformité partielle) : *JO 28 juin, p. 10867 ; GDCC, 16ᵉ éd., nº 40 ; AJDA 2009. 738 ; Cah. Cons. const. nº 27. 149 ; LPA 2009, nº 139-140, p. 7, note Avril ; RFDC 2009. 789, note de Cacqueray.*
2009	25 juin	2009-582 DC. Résolution tendant à modifier le règlement du Sénat pour mettre en œuvre la révision constitutionnelle, conforter le pluralisme sénatorial et rénover les méthodes de travail du Sénat (non-conformité partielle) : *JO 28 juin, p. 10871 ; GDCC, 16ᵉ éd., nº 40 ; Constitutions 2010. 50, note Bachschmidt ; Cah. Cons. const. nº 27. 149.*
2009	16 juill.	2009-584 DC. Loi portant réforme de l'hôpital et relative aux patients, à la santé et aux territoires (non-conformité partielle) : *JO 22 juill., p. 12244 ; AJDA 2009. 1399 ; D. 2010. 1508, obs. Bernaud et Gay ; Constitutions 2010. 131, obs. Bioy ; RFDA 2009. 1270, note Rambaud et Roblot-Troizier ; ibid. 2010. 62, note Barthélemy et Rubio ; Cah. Cons. const. nº 27. 110 ; LPA 2009, nº 158, p. 3, note Chaltiel.*
2009	30 juill.	2009-586 DC. Loi organique prorogeant le mandat des membres du Conseil économique, social et environnemental (conformité) : *JO 5 août, p. 13053 ; Cah. Cons. const. nº 27. 141.*
2009	30 juill.	2009-587 DC. Loi organique relative à l'évolution institutionnelle de la Nouvelle-Calédonie et à la départementalisation de Mayotte (non-conformité partielle) : *JO 6 août, p. 13125 ; AJDA 2009. 1520 ; Cah. Cons. const. nº 27. 142 ; RFDC 2010. 123, note Magnon.*

2009	6 août	2009-585 DC. Loi de règlement des comptes et rapport de gestion pour l'année 2008 (conformité) : *JO 11 août, p. 13315 ; Cah. Cons. const. n° 27. 117 ; LPA 2009, n° 194, p. 3 note Chaltiel ; ibid. 2010, n° 88, p. 3, note Alventosa ; JCP Adm. 2009, n° 45, p. 17, note Barque.*
2009	6 août	2009-588 DC. Loi réaffirmant le principe du repos dominical et visant à adapter les dérogations à ce principe dans les communes et zones touristiques et thermales ainsi que dans certaines grandes agglomérations pour les salariés volontaires (non-conformité partielle) : *JO 11 août, p. 13319 ; D. 2010. 1508, obs. Bernaud et Gay ; AJDA 2009. 2120, note Wolikow ; Cah. Cons. const. n° 27. 122 ; LPA 2009, n° 138, p. 3, note Chaltiel ; Dr. soc. 2009. 1081, note Bernaud ; RFDC 2010. 373, note Guerrini.*
2009	14 oct.	2009-589 DC. Loi tendant à favoriser l'accès au crédit des petites et moyennes entreprises et à améliorer le fonctionnement des marchés financiers (non-conformité partielle) : *JO 20 oct., p. 17412 ; D. 2009. 2559, note Aynes et Crocq ; Cah. Cons. const. n° 28. 70 ; LPA 2009, n° 216, p. 3, note Chaltiel ; JCP 2009, n° 45, p. 10, note Mathieu ; JCP 2010, n° 3, p. 32, note Raynouard.*
2009	22 oct.	2009-590 DC. Loi relative à la protection pénale de la propriété littéraire et artistique sur internet (*HADOPI II*) (non-conformité partielle) : *JO 29 oct. p. 18292 ; GDCC, 16e éd., n° 39 ; Cah. Cons. const. n° 28. 72 ; D. 2010. 1508, obs. Bernaud et Gay ; Constitutions 2010. 293, obs. de Bellescize ; RSC 2010. 214, obs. de Lamy ; RTD com. 2009. 730, obs. Pollaud-Dulian ; JCP 2009, n° 46, p. 15, note Verpeaux ; LPA 2009, n° 235, p. 7, note Chaltiel ; RFDC 2010. 390.*
2009	22 oct.	2009-591 DC. Loi tendant à garantir la parité de financement entre les écoles élémentaires publiques et privées sous contrat d'association lorsqu'elles accueillent des élèves scolarisés hors de leur commune de résidence (conformité) : *JO 29 oct., p. 18307 ; Cah. Cons. const. n° 28.78 ; RFDA 2009. 1278, note Rambaud et Roblot-Troizier ; ibid. 2010. 769, note Auvray.*
2009	19 nov.	2009-592 DC. Loi relative à l'orientation et à la formation professionnelle tout au long de la vie (conformité) : *JO 25 nov., p. 20223 ; Cah. Cons. const. n° 28. 83 ; D. 2010. 1508, obs. Bernaud et Gay ; Constitutions 2010. 95, note De Baecke ; LPA 2009, n° 81, p. 6, note Chaltiel ; Dr. soc. 2010. 236, obs. Bernaud.*
2009	19 nov.	2009-593 DC. Loi pénitentiaire (non-conformité partielle) : *JO 25 nov., p. 20222 ; Cah. Cons. const. n° 28. 85 ; AJDA 2009. 2199 ; ibid. 2425, tribune Wachsmann ; ibid. 2010. 494, note Simoni ; D. 2009. 2797, note Lavric ; ibid. 2010. 1508, obs. Bernaud et Gay ; AJ pénal 2009. 473, note Péchillon ; RSC 2010. 190, note Poncela ; RFDA 2010. 34 ; RD publ. 2010. 729, note Malhière ; RPDP 2009. 873, note Péchillon.*
2009	3 déc.	2009-594 DC. Loi relative à l'organisation et à la régulation des transports ferroviaires et portant diverses dispositions relatives aux transports (conformité) : *JO 9 déc., p. 21243 ; Cah. Cons. const. n° 28. 89 ; RFDA 2010. 62, note Barthélemy et Rubio ; AJDA 2010. 596, note Jeanneney ; Constitutions 2010. 233, obs. Cassard-Valembois ; ibid. 406, note De Baecke ; Dr. adm., nos 8-9, p. 7, note Hofmann.*

2009	3 déc.	2009-595 DC. Loi organique relative à l'application de l'article 61-1 de la Constitution (conformité) : *JO 11 déc., p. 21381 ; GDCC, 16ᵉ éd., n° 41 ; Cah. Cons. const. n° 28. 137 ; AJDA 2009. 2318 ; ibid. 2010. 80, étude Roblot-Troizier ; ibid. 88, étude M. Verpeaux ; RFDA 2010. 1, note Genevois ; Constitutions 2010. 229, obs. Levade ; RSC 2010. 201, obs. de Lamy ; RTD civ. 2010. 66, obs. Puig ; ibid. 517, obs. Puig ; Gaz. Pal. 2009, n° 343-344, p. 4, note Rousseau ; JCP 2009, n° 52, p. 54, note Mathieu ; LPA 2009, n° 252, p. 6, note Jan ; RD publ. 2010. 1, note Genevois.*
2009	22 déc.	2009-596 DC. LFSS pour 2010 (non-conformité partielle) : *JO 27 déc., p. 22419 ; AJDA 2009. 2435 ; Constitutions 2010. 224, obs. Bachschmidt ; Cah. Cons. const. n° 28. 95.*
2009	29 déc.	2009-599 DC. LF pour 2010 (*Taxe carbone*) (non-conformité partielle) : *JO 31 déc., p. 22995 ; GDCC, 16ᵉ éd., n° 42 ; Cah. Cons. const. n° 28. 96 ; AJDA 2010. 277, note Mastor ; D. 2010. 1508, obs. Bernaud et Gay ; Constitutions 2010. 277, obs. Barilari ; ibid. 281, obs. Barilari ; ibid. 283, obs. Barilari ; RD fisc. 2010, n° 4, p. 34, note Vallée ; JCP 2010, n° 3, p. 39, note Barilari ; LPA 2010, n° 26, p. 6, note Zoubeidi-Defert ; RFDC 2010. 397, note Besson.*
2009	29 déc.	2009-600 DC. LFR pour 2009 (non-conformité partielle) : *JO 31 déc., p. 23031 ; Cah. Cons. const. n° 28. 113 ; AJDA 2010. 7 ; Constitutions 2010. 277, obs. Barilari ; ibid. 283, obs. Barilari.*
2010	21 janv.	2009-597 DC. Loi organique tendant à permettre à Saint-Barthélemy d'imposer les revenus de source locale des personnes établies depuis moins de cinq ans (conformité) : *JO 26 janv., p. 1620 ; Rec. Cons. const. 47 ; Cah. Cons. const. n° 28. 144 ; Constitutions 2010. 284, obs. Barilari.*
2010	21 janv.	2009-598 DC. Loi organique modifiant le livre III de la sixième partie du code général des collectivités territoriales relatif à Saint-Martin (conformité) : *JO 26 janv., p. 1619 ; Rec. Cons. const. 50 ; Cah. Cons. const. n° 28. 144 ; Constitutions 2010. 284, obs. Barilari.*
2010	4 févr.	2010-601 DC. Loi relative à l'entreprise publique La Poste et aux activités postales (conformité) : *JO 10 févr., p. 2327 ; Rec. Cons. const. 53 ; Cah. Cons. const. n° 28. 115.*
2010	11 févr.	2010-603 DC. Loi organisant la concomitance des renouvellements des conseils généraux et des conseils régionaux (conformité) : *JO 17 févr. 2010, p. 2914 ; Rec. Cons. const. 58 ; Cah. Cons. const. n° 28. 118 ; JCP 2010, n° 9-10, p. 456, note Verpeaux.*
2010	*18 févr.*	2010-602 DC. Loi ratifiant l'ordonnance n° 2009-935 du 29 juillet 2009 portant répartition des sièges et délimitation des circonscriptions pour l'élection des députés (*Découpage électoral*) (conformité) : *JO 24 févr., p. 3385 ; Rec. Cons. const. 64 ; GDCC, 16ᵉ éd., n° 43 ; AJDA 2010. 356 ; ibid. 1146, note Malignier ; Cah. Cons. const. n° 28. 122 ; JCP 2010, n° 11, p. 522, note Levade.*
2010	25 févr.	2010-604 DC. Loi renforçant la lutte contre les violences de groupes et la protection des personnes chargées d'une mission de service public (*Vidéosurveillance II*) (non-conformité partielle) : *JO 3 mars 2010, p. 4312 ; Rec. Cons. const. 70 ; GDCC, 16ᵉ éd., n° 44 ; AJDA 2010. 413 ;*

		Cah. Cons. const. n° 28. 131 ; RSC 2010. 468, note Perrier ; LPA 2010, n° 46, p. 3, note Lesaffre ; Dr. pénal 2010, n° 4, p. 5, note Roumier ; Rev. pénit., oct.-déc. 2010, p. 895, note Malabat.
2010	12 mai	2010-605 DC. Loi relative à l'ouverture à la concurrence et à la régulation du secteur des jeux d'argent et de hasard en ligne (conformité) : *JO 13 mai, p. 8897 ; Rec. Cons. const. 78 ; D. 2010. 1205, obs. Lavric ; ibid. 1321, note Levade ; ibid. 1229, chron. Fombeur ; ibid. 1234, note Cassia et Saulnier-Cassia ; ibid. 1495, chron. Lasserre-Kiesow et Le More ; AJDA 2010. 1048 ; ibid. 1113, note Alland ; Constitutions 2010. 363, obs. Le Pourhiet ; ibid. 387, note Levade ; RFDA 2010. 458, note Gaïa ; Cah. Cons. const. 2010. 63, étude Simon et Rigaux ; Rev. crit. DIP 2011. 1, étude Simon ; RTD civ. 2010. 499, obs. Deumier ; Gaz. Pal. 23-27 mai 2010, p. 12, note Drago ; LPA 1er juin 2010, note Chaltiel ; JCP 2010, n° 21, p. 1077 ; Dr. pénal 2010, n° 6, p. 39, note Haas.*
2010	20 mai	2010-606 DC. Loi organique prorogeant le mandat des membres du Conseil supérieur de la magistrature (conformité) : *JO 26 mai, p. 9513 ; Rec. Cons. const. 87 ; Cah. Cons. const. n° 29.*
2010	10 juin	2010-607 DC. Loi relative à l'entrepreneur individuel à responsabilité limitée (non-conformité partielle) : JO 16 juin, p. 10988 ; Rec. Cons. const. 101 ; Cah. Cons. const. n° 29 ; *D. 2010. 2553, note Mouton ; ibid. 2011. 2298, obs. Mallet-Bricout et Reboul-Maupin ; Constitutions 2010. 377, obs. Bergougnous ; RTD civ. 2010. 584, obs. Revet ; RFDC 2010. 861, note Hutier ; LPA 16 juill. 2010, n° 141, p. 7, note Burgard.*
2010	24 juin	2010-608 DC. Loi organique relative au Conseil économique, social et environnemental (non-conformité partielle) : *JO 29 juin, p. 11635 ; Rec. Cons. const. 124 ; Cah. Cons. const. n° 29.*
2010	12 juill.	2010-609 DC. Loi organique relative à l'application du cinquième alinéa de l'article 13 de la Constitution (conformité) : *JO 24 juill. 2010, p. 13669 ; Rec. Cons. const. 143 ; Cah. Cons. const. n° 30 ; AJDA 2010. 1405 ; JCP 2010, n° 35, p. 1549, note Sponchiado et Verpeaux ; Politeia, nov. 2010, n° 17, p. 411, note Jozefowicz.*
2010	12 juill.	2010-610 DC. Loi relative à l'application du cinquième alinéa de l'article 13 de la Constitution (conformité) : *JO 24 juill., p. 13670 ; Rec. Cons. const. 146 ; Cah. Cons. const. n° 30.*
2010	19 juill.	2010-611 DC. Loi organique relative à l'application de l'article 65 de la Constitution (non-conformité partielle) : *JO 23 juill., p. 13583 ; Rec. Cons. const. 148 ; Cah. Cons. const. n° 30 ; Constitutions 2010. 505, note Benetti ; AJDA 2010. 1458 ; D. 2010. 1888, point de vue Zarka.*
2010	5 août	2010-612 DC. Loi portant adaptation du droit pénal à l'institution de la Cour pénale internationale (conformité) : *JO 10 août, p. 14682 ; Rec. Cons. const. 198 ; Cah. Cons. const. n° 30 ; D. actu. 1er sept. 2010, note Lavric ; RSC 2011. 173, note de Lamy ; RFDC 2011. 782, note Xavier.*
2010	7 oct.	2010-613 DC. Loi interdisant la dissimulation du visage dans l'espace public (conformité sous réserve) : *JO 12 oct. 2010, p. 18345 ; Rec. Cons. const. 276 ; GDCC, 16e éd., n° 49 ; Cah. Cons. const. n° 30 ;*

		D. actu. 11 oct. 2010, note Lavric ; AJDA 2010. 1908 ; ibid. 2373, note Verpeaux ; D. 2010. 2353, édito. Rome ; ibid. 2011. 1166, chron. Cayla ; Constitutions 2014. 483, note Afroukh ; JCP 2010, n° 42, p. 1930, note Mathieu ; ibid., n° 48, p. 1978, note Levade ; JCP Adm. 2010, n° 48, p. 35, note Dieu ; RFDC 2011. 548, note Fatin-Rouge ; Droits 2010, n° 52, p. 165, note Fonseca ; RTDH 2014, n° 99, p. 639, note Delgrange et El Berhoumi ; RF sc. pol. 2014, n° 4, p. 647, note de Galembert.
2010	4 nov.	2010-614 DC. Loi autorisant l'approbation de l'accord entre la France et la Roumanie relatif à une coopération en vue de la protection des mineurs roumains isolés sur le territoire français (non-conformité totale) : *JO 6 nov., p. 19825 ; Rec. Cons. const. 305 ; Cah. Cons. const. n° 30 ; AJDA 2010. 2135 ; Dr. fam. 2010, n° 12, p. 2, note Lamarche ; Constitutions 2011. 61, note Levade ; ibid. 117, obs. Tchen.*
2010	9 nov.	2010-615 DC. Loi organique relative à la limite d'âge des magistrats de l'ordre judiciaire (conformité) : *JO 11 nov., p. 20130 ; Rec. Cons. const. 308.*
2010	9 nov.	2010-617 DC. Loi portant réforme des retraites (non-conformité partielle) : *JO 10 nov., p. 20056 ; Rec. Cons. const. 310 ; Cah. Cons. const. n° 30 ; AJDA 2010. 2134 ; Dr. soc. 2011. 350, note Bernaud ; RDSS 2011. 340, note Willmann ; Constitutions 2011. 233, note Radé.*
2010	10 nov.	2010-616 DC. Loi organique relative à la gestion de la dette sociale (non-conformité partielle) : *JO 16 nov., p. 20350 ; Rec. Cons. const. 317 ; Cah. Cons. const. n° 30.*
2010	2 déc.	2010-619 DC. Loi organique relative au Département de Mayotte (conformité) : *JO 8 déc., p. 21480 ; Rec. Cons. const. 353 ; Cah. Cons. const., n° 30 ; AJDA 2011. 1724, note Verpeaux.*
2010	9 déc.	2010-618 DC. Loi de réforme des collectivités territoriales (non-conformité partielle) : *JO 17 déc., p. 22181 ; Rec. Cons. const. 367 ; AJCT 2011. 25, note Dreyfus ; D. actu. 13 déc. 2010, obs. Pastor ; AJDA 2010. 2396, note de Montecler ; ibid. 2011. 99, note Verpeaux ; ibid. 129, note Marcou ; Constitutions 2011. 495, note Le Roux ; Cah. Cons. const., n° 30 ; JCP Adm. 2011, n° 2, p. 16, note Raoult, et p. 47, note Pontier ; LPA 20 janv. 2011, n° 14, p. 5, note Bousta ; RFDC 2011. 789, note Marceau ; ibid. 2012, n° 89, p. 83, note Lamouroux.*
2010	16 déc.	2010-620 DC. LFSS pour 2011 (non-conformité partielle) : *JO 21 déc., p. 22439 ; Rec. Cons. const. 394 ; Cah. Cons. const., n° 30 ; JCP S 2011, n° 3, p. 6, note Prétot ; Gestion et finances publiques, mars-avr. 2011, n°s 3-4, p. 216, note Pissaloux.*
2010	28 déc.	2010-622 DC. LF pour 2011 (non-conformité partielle) : *JO 30 déc., p. 23190 ; Rec. Cons. const. 416 ; D. 2011. 2565, obs. Laude ; ibid. 2012. 390, obs. Boskovic, Corneloup, Jault-Seseke, Joubert et Parrot ; Gestion et finances publiques 2011, n° 5, p. 311, note Pissaloux.*
2010	28 déc.	2010-623 DC. LFR pour 2010 (non-conformité partielle) : *JO 30 déc., p. 23213 ; Rec. Cons. const. 428 ; JCP Adm. 2011, n° 4, p. 9, note Barque.*

2011	13 janv.	2010-621 DC. Résolution tendant à adapter le chapitre XI *bis* du règlement du Sénat aux stipulations du traité de Lisbonne concernant les parlements nationaux (conformité) : *JO 14 janv. 2011, p. 810 ; Rec. Cons. const. 55 ; Cah. Cons. const., n° 32 ; RFDC 2011. 798, note Hutier ; JCP 2012, n° 27, p. 1344, chron. Mathieu et Verpeaux.*
2011	20 janv.	2010-624 DC. Loi portant réforme de la représentation devant les cours d'appel (non-conformité partielle) : *JO 26 janv., p. 1550 ; Rec. Cons. const. 66 ; Cah. Cons. const., n° 32 ; D. 2012. 1638, obs. Bernaud et Jacquinot ; Gaz. Pal. 23-25 janv. 2011, p. 10, note Boccarra ; Procédures 2011, n° 3, p. 3, note Nourissat ; RFDC 2011. 560, note Philippe ; JCP 2012, n° 27, p. 1344, chron. Mathieu et Verpeaux ; LPA 2012, n° 151, p. 6, note Cassard-Valembois ; ibid., p. 9, note Baghestani ; ibid., p. 11, note Janicot.*
2011	10 mars	2011-625 DC. Loi d'orientation et de programmation pour la performance de la sécurité intérieure (LOPPSI) (non-conformité partielle) : *JO 15 mars, p. 4630 ; Rec. Cons. const. 122 ; D. 2011. 751 ; ibid. 1162, note Bonfils ; ibid. 2012. 1638, obs. Bernaud et Jacquinot ; AJCT 2011. 182, note Dreyfus ; AJDA 2011. 532 ; ibid. 1075, note Latour ; ibid. 1097, note Ginocchi ; Constitutions 2011. 223, note Darsonville ; ibid. 581, chron. Tchen ; RSC 2011. 728, chron. Lazerges ; ibid. 789, étude Granger ; ibid. 2012. 227, chron. de Lamy ; Cah. just. 2011, n° 3, p. 91, note Lazerges ; Cah. fonct. publ. 2011, n° 309, p. 21, note Marcel ; RFDC 2011. 803, note Pena ; JCP 2012, n° 27, p. 1344, chron. Mathieu et Verpeaux ; LPA 2012, n° 151, p. 8, note Janicot ; ibid., p. 17, note Baghestani ; ibid., n° 152, p. 17, note Baghestani ; ibid., p. 25, note Cassard-Valembois.*
2011	29 mars	2011-626 DC. Loi organique relative au Défenseur des droits (conformité sous réserve) : *JO 30 mars, p. 5507 ; Rec. Cons. const. 165 ; D. 2011. 1027 ; ibid. 1027, chron. Zarka ; ibid. 2823, obs. Roujou de Boubée, Garé, Mirabail et Potaszkin ; AJDA 2011. 646 ; ibid. 817, note Delaunay ;* ibid. 958, étude Dord ; *D. actu. 17 mai 2011, obs. Lienhard ; RFDA 2011. 611, note Roblot-Troizier ; JCP 2011, n° 17, p. 823, note Verpeaux ; ibid. 2012, n° 27, p. 1344, chron. Mathieu et Verpeaux ; LPA 2012, n° 152, p. 20, note Cassard-Valembois ; RRJ 2014, n° 1, p. 307, note Daïmallah.*
2011	12 avr.	2011-627 DC. Loi organique tendant à l'approbation d'accords entre l'État et les collectivités territoriales de Saint-Martin, de Saint-Barthélemy et de Polynésie (conformité) : *JO 20 avr., p. 6912 ; Rec. Cons. const. 199 ; JCP 2012, n° 27, p. 1344, chron. Mathieu et Verpeaux.*
2011	12 avr.	2011-628 DC. Loi organique relative à l'élection des députés et des sénateurs (conformité avec réserve) : *JO 19 avr., p. 6836 ; Rec. Cons. const. 201 ; Constitutions 2011. 316, chron. Cassard-Valembois ; AJDA 2011. 763 ;* LPA 2012, n° 152, p. 13, note Cassard-Valembois.
2011	12 mai	2011-629 DC. Loi de simplification et d'amélioration de la qualité du droit (non-conformité partielle) : *JO 18 mai, p. 8571 ; Rec. Cons. const. 228 ; D. 2011. 1278 ; ibid. 1286 ; ibid. 1429, chron. Dammann et Sophia*

		Schneider ; AJDA 2011. 990 ; ibid.1189, note Vier ; Constitutions 2011. 339, obs. Barthélemy et Boré ; JCP Adm. 2011, n° 26, p. 20, note Péchillon, et p. 38, note Jean-Pierre ; Rev. sociétés 2011. 381, note Roussel-Galle ; RFDC 2012. 105, note Rrapi ; JCP 2012, n° 27, p. 1344, chron. Mathieu et Verpeaux ; LPA 2012, n° 151, p. 6, note Baghestani ; ibid., n° 152, p. 7, note Janicot ; ibid., p. 8, note Cassard-Valembois.
2011	26 mai	2011-630 DC. Loi relative à l'organisation du championnat d'Europe de football de l'UEFA en 2016 (conformité) : *JO 2 juin, p. 9553 ; Rec. Cons. const. 249 ; JCP 2011, n° 35, p. 1495, note Bezzina et Verpeaux ; ibid. 2012, n° 27, p. 1344, chron. Mathieu et Verpeaux ; RFDC 2012. 109, note Guerrini.*
2011	9 juin	2011-631 DC. Loi relative à l'immigration, à l'intégration et à la nationalité (non-conformité partielle) : *JO 17 juin, p. 10306 ; Rect. JO 26 juill., p. 12706 ; Rec. Cons. const. 252 ; D. actu. 15 juin 2011, note de Montecler ; AJDA 2011. 1174 ; ibid. 1936, étude Lecucq ; Constitutions 2011. 581, chron. Tchen ; ibid. 2012. 63, note Levade ; JCP 2011, n° 25, p. 1210 ; ibid., n°s 29-34, p. 1414, note Tchen ; ibid. 2012, n° 27, p. 1344, chron. Mathieu et Verpeaux ; Dr. adm. 2011, n°s 8-9, p. 22, note Tchen ; RFDC 2012. 373, note Slama.*
2011	23 juin	2011-632 DC. Loi fixant le nombre des conseillers territoriaux de chaque département et de chaque région (non-conformité totale) : *JO 28 juin, p. 10896 ; Rec. Cons. const. 294 ; D. actu. 27 juin 2011, note Pastor ; AJDA 2011. 1897, note Verpeaux ; Constitutions 2011. 491, note Bachschmidt ; JCP 2011, n° 27, p. 1317, note Villeneuve ; ibid. 2012, n° 27, p. 1344, chron. Mathieu et Verpeaux ; JCP Adm. 2011, n° 36, p. 22, note Derosier ; RFDC 2012. 83, note Lamouroux.*
2011	12 juill.	2011-633 DC. Loi organique modifiant l'article 121 de la loi organique n° 99-209 du 19 mars 1999 relative à la Nouvelle-Calédonie (conformité avec réserve) : *JO 26 juill., p. 12706 ; Rec. Cons. const. 348 ; AJDA 2011. 1409 ; RFDC 2012. 114, note Picard.*
2011	21 juill.	2011-634 DC. Loi fixant le nombre des conseillers territoriaux de chaque département et de chaque région (conformité) : *JO 27 juill., p. 12748 ; Rec. Cons. const. 366 ; AJDA 2011. 1897, note Verpeaux ; RFDC 2012. 83, note Lamouroux.*
2011	21 juill.	2011-636 DC. Loi organique relative aux collectivités régies par l'article 73 de la Constitution (conformité avec réserve) : *JO 28 juill., p. 12854 ; Rec. Cons. const. 369 ; AJDA 2011. 1524.*
2011	28 juill.	2011-637 DC. Loi organique relative au fonctionnement des institutions de la Polynésie française (non-conformité partielle) : *JO 3 août, p. 13232 ; Rec. Cons. const. 385 ; Constitutions 2011. 494, chron. Benetti ; RFDC 2012. 397, note Mangiavillano.*
2011	28 juill.	2011-638 DC. LFR pour 2011 (non-conformité partielle) : *JO 30 juill., p. 13001 ; Rec. Cons. const. 390 ; D. 2011. 2119 ; AJDA 2011. 1596 ; ibid. 2012. 1352, note Mangiavillano ; Constitutions 2011. 486, note Sutter ; ibid. 549, note Barilari ; LPA 2011, n° 230, p. 8, note Sutter ; RFDC 2012. 397, note Mangiavillano.*

2011	28 juill.	2011-639 DC. Loi tendant à améliorer le fonctionnement des maisons départementales des personnes handicapées et portant diverses dispositions relatives à la politique du handicap (non-conformité partielle) : *JO 30 juill., p. 13011 ; Rec. Cons. const. 398 ; D. 2011. 2113 ; AJDA 2011. 1598 ; RFDC 2012. 119, note Rrapi.*
2011	4 août	2011-635 DC. Loi sur la participation des citoyens au fonctionnement de la justice pénale et le jugement des mineurs (non-conformité partielle avec effet différé et réserve) : *JO 11 août, p. 13763 ; Rec. Cons. const. 407 ; D. 2011. 2042 ; ibid. 2694, obs. Trébulle ; ibid. 2012. 1638, obs. Bernaud et Jacquinot ; AJFP 2012. 121, note Wolikow ; RSC 2011. 728, chron. Lazerges ; ibid. 847, obs. Robert ; ibid. 2012. 227, chron. de Lamy ; LPA 2011, n° 210, p. 6, note Chaltiel ; Dr. pén. 2012, n° 3, p. 13, note Claverie ; RFAP 2011, n° 140, p. 832, note Delaunay, Le Clainche, Pissaloux et Rouban ; RFDC 2012. 386, note Catelan et Perrier.*
2011	4 août	2011-640 DC. Loi modifiant certaines dispositions de la loi n° 2009-879 du 21 juillet 2009 portant réforme de l'hôpital et relative aux patients, à la santé et aux territoires (non-conformité partielle) : *JO 11 août, p. 13787 ; Rec. Cons. const. 422 ; D. 2011. 2048 ; AJDA 2011. 1595 ; Constitutions 2011. 492, note Bachschmidt ; JCP 2011, n° 37, p. 1589, note Villeneuve ; LPA 2011, n° 253, p. 7, note Chaltiel ; ibid., n° 255, p. 9, note Camby ; RFDC 2012. 122, note Hutier.*
2011	8 déc.	2011-641 DC. Loi relative à la répartition des contentieux et à l'allégement de certaines procédures juridictionnelles (conformité partielle avec réserve) : *JO 14 déc., p. 21121 ; Rec. Cons. const. 576 ; AJDA 2011. 2446 ; D. 2012. 244, obs. Fricero ; LPA 2012, n° 43, p. 8, note Camby ; RLCT 2012, n° 75, p. 15, note Terrier ; RFDC 2012. 851, note Perrier.*
2011	15 déc.	2011-642 DC. LFSS pour 2012 (non-conformité partielle) : *JO 22 déc., p. 21719 ; Rec. Cons. const. 588 ; AJDA 2011. 2501 ; Constitutions 2012. 270, note Bachschmidt ; RFDC 2012. 397, note Mangiavillano.*
2011	22 déc.	2011-643 DC. Résolution tendant à modifier le règlement du Sénat (conformité) : *JO 24 déc., p. 22249 ; Rec. Cons. const. 599 ; Constitutions 2012. 36, note Bachschmidt.*
2011	28 déc.	2011-644 DC. LF pour 2012 (non-conformité partielle) : *JO 29 déc., p. 22562 ; Rec. Cons. const. 605 ; AJDA 2012. 14 ; Constitutions 2012. 119, note Barilari ; RFDC 2012. 397, note Mangiavillano.*
2011	28 déc.	2011-645 DC. LFR pour 2011 (non-conformité partielle) : *JO 29 déc., p. 22568 ; Rec. Cons. const. 611 ; AJDA 2012. 4 ; Constitutions 2012. 119, note Barilari ; RFDC 2012. 397, note Mangiavillano.*
2012	9 févr.	2012-646 DC. Loi organique portant diverses dispositions relatives au statut de la magistrature (conformité) : *JO 14 févr., p. 2522 ; Rec. Cons. const. 111 ; AJDA 2012. 299 ; Constitutions 2012. 267, note Benetti.*
2012	23 févr.	2012-648 DC. Loi organique relative au remboursement des dépenses de campagne de l'élection présidentielle (conformité) : *JO 29 févr., p. 3562 ; Rec. Cons. const. 134 ; AJDA 2012. 405 ; JCP Adm. 2012, n° 9, p. 8.*

2012	28 févr.	2012-647 DC. Loi visant à réprimer la contestation de l'existence des génocides reconnus par la loi (non-conformité totale) : *JO 2 mars, p. 3988 ; Rec. Cons. const. 139 ; AJDA 2012. 411 ; ibid. 1406, note Macaya et Verpeaux ; D. 2012. 611 ; ibid. 987, note Roux ; ibid. 601, édito Rome ; RFDA 2012. 507, note Mastor et Sorbara ; NCCC 2012, n° 36, p. 67 ; Constitutions 2012. 389, étude Philippe ; ibid. 393, obs. Mathieu, Le Pourhiet, Mélin-Soucramanien, Levade, Philippe et Rousseau ; RSC 2012. 179, obs. Francillon ; ibid. 343, note Brunet ; ibid. 2013. 436, obs. de Lamy ; RTD civ. 2012. 78, obs. Puig ; JCP 2012, n° 11-12, p. 525, note Terré ; ibid., n° 14, p. 680, note Levade et Mathieu ; JCP Adm. 2012, n° 9, p. 8 ; ibid., n° 90, p. 7, note Hamon ; RFDC 2012. 563, note Pech ; ibid. 2013. 589, note Droin ; Gaz. Pal. 2012, n°s 88-89, p. 9, note Amson ; RLDI 2012, n° 80, p. 6, note Derieux ; CCE 2012, n° 6, p. 8, note A. Lepage ; Dr. pénal 2012, n° 6, p. 26, note Mouysset ; RPDP 2012, n° 2, p. 399, note Danti-Juan ; LPA 2012, n° 70, p. 11, note Camby ; ibid. 2013, n° 41, p. 12, chron. Verpeaux ; Pouvoirs 2012, n° 143, p. 141, note Foirry ; RGDIP 2012, n° 3, p. 743, note Matringe ; RRJ 2012, n° 3, p. 1083, note Fargues.*
2012	15 mars	2012-649 DC. Loi relative à la simplification du droit et à l'allègement des démarches administratives (non-conformité partielle) : *JO 23 mars 2012, p. 5253 ; Rec. Cons. const. 142 ; AJDA 2012. 574 ; Constitutions 2012. 267, note Benetti ; RFDA 2012. 528, note Roblot-Troizier ; JCP Adm. 2012, n° 12, p. 11 ; RFDC 2012. 571, note Rrapi.*
2012	15 mars	2012-650 DC. Loi relative à l'organisation du service et à l'information des passagers dans les entreprises de transport aérien de passagers et à diverses dispositions dans le domaine des transports (conformité) : *JO 20 mars, p. 5028 ; Rec. Cons. const. 149 ; AJDA 2012. 574 ; Constitutions 2012. 333, note Radé ; Dr. soc. 2012. 708, Étude Bernaud ; RJEP 2012, n° 702, p. 21, note Grard ; RRJ 2013, n° 2, p. 851, note M'Laïdié.*
2012	22 mars	2012-651 DC. Loi de programmation relative à l'exécution des peines (conformité) : *JO 28 mars, p. 5605 ; Rec. Cons. const. 155 ; AJDA 2012. 625 ; D. 2012. 818.*
2012	22 mars	2012-652 DC. Loi relative à la protection de l'identité (non-conformité partielle) : *JO 28 mars, p. 5607 ; Rec. Cons. const. 158 ; AJDA 2012. 623 ; D. 2012. 813 ; JCP Adm. 2012, n° 13, p. 5 ; JCP 2012, n° 15, p. 717, note Tchen ; Dr. adm. 2012, n° 5, p. 24, note Tchen ; LPA 2012, n° 82, p. 6, note Matthios ; RFDC 2012. 573, note Illy ; RLDI 2012, n° 83, p. 47, note Trézéguet.*
2012	9 août	2012-653 DC. Traité sur la stabilité, la coordination et la gouvernance au sein de l'Union économique et monétaire (conformité) : *JO 11 août, p. 13283 ; Rec. Cons. const. 453 ; D. actu. 3 sept. 2012, obs. Demunck ; D. 2012. 1962 ; AJDA 2012. 1717, étude Lombard, Nicinski et Glaser ; RFDA 2012. 1043, étude Oliva ; Constitutions 2012. 562, obs. Bachschmidt ; ibid. 575, obs. Levade ; ibid. 628, obs. Barilari ; RMCUE 2012. 565, édito Chaltiel ; ibid. 2013. 435, note Rambaud ; RTD eur. 2012. 855, note Roux ; LPA 2012, n°s 187-188, p. 3, note Chaltiel ; ibid. 2013, n° 205, p. 4, chron. Macaya ; RFDC 2012. 854, note Magnon ; Europe 2012, n° 8-9, p. 3, note Simon ; Politeia 2013, n° 23, p. 77, note Jozefowicz.*

2012	9 août	2012-654 DC. LFR pour 2012 (non-conformité partielle) : JO 17 août, p. 13496 ; Rec. Cons. const. 461 ; *D. actu. 6 sept. 2012, note de Montecler ; D. 2012. 1966 ; AJDI 2012. 737, étude Maublanc ; Constitutions 2012. 561, obs. Bachschmidt ; ibid. 631, obs. de la Mardière ; LPA 2012, n° 166, p. 3, note Pando ; ibid. 2013, n° 205, p. 4, chron. Macaya ; RFDC 2013. 175, note Mangiviallano ; Dr. adm. 2013, n° 3, p. 27, note Clorennec-Thys ; Jus Politicum, n° 9, note Beaud ; Gestion et finances publiques 2013, n° 4, p. 25, note Lanneau.*
2012	24 oct.	2012-655 DC. Loi relative à la mobilisation du foncier public en faveur du logement et au renforcement des obligations de production de logement social (non-conformité totale) : *JO 27 oct., p. 16704 ; Rec. Cons. const. 557 ; D. actu. 25 oct. 2012, obs. Grand ; AJDA 2012. 1982 ; D. 2012. 2519 ; Constitutions 2013. 47, obs. Benetti ; JCP Adm. 2012, n° 43, p. 4, note Talau ; ibid. 2013, n°s 12-13, p. 27, note Eddazi ; JCP 2012, n° 50, p. 2255, note Gicquel ; RFDC 2013. 178, note Hutier ; LPA 2013, n° 69, p. 4, note Touzeil-Divina.*
2012	24 oct.	2012-656 DC. Loi portant création des emplois d'avenir (conformité sous réserve) : *JO 27 oct., p. 16699 ; Rec. Cons. const. 560 ; AJDA 2012. 1980 ; ibid. 2013. 119, note Melleray ; RFDA 2013. 1, étude Genevois ; Constitutions 2013. 202, obs. Saccucci ; Cah. fonct. publ. 2012, n° 327, p. 31, note Stuillou.*
2012	29 nov.	2012-657 DC. Loi relative à la reconnaissance du 19 mars comme journée nationale du souvenir et de recueillement à la mémoire des victimes civiles et militaires de la guerre d'Algérie et des combats en Tunisie et au Maroc (conformité) : *JO 7 déc., p. 19162 ; Rec. Cons. const. 616 ; Constitutions 2013. 49, obs. Bachschmidt ; RFDC 2013. 451, note de Cacqueray.*
2012	13 déc.	2012-658 DC. Loi organique relative à la programmation et à la gouvernance des finances publiques (conformité partielle avec réserve) : *JO 18 déc., p. 19856 ; Rec. Cons. const. 667 ; D. 2013. 16 ; AJDA 2012. 2411 ; ibid. 2013. 137, tribune Beaud ; ibid. 478, note Bourrel ; Constitutions 2013. 50, note Bergougnous ; ibid. 84, obs. Barilari ; RFDC 2013. 658, note Lascombe.*
2012	13 déc.	2012-659 DC. LFSS pour 2013 (non-conformité partielle) : *JO 18 déc., p. 19861 ; Rec. Cons. const. 680 ; AJDA 2012. 2410 ; RFDA 2013. 1, étude Genevois ; Constitutions 2013. 85, obs. Barilari ; JCP 2013, n° 3, p. 64, note Taquet ; JCP S 2013, n°s 1-2, p. 15, note Prétot.*
2012	27 déc.	2012-663 DC. Loi organique relative à la nomination du directeur général de la société anonyme BPI-Groupe (conformité) : *JO 1er janv. 2013, p. 53 ; Rec. Cons. const. 711.*
2012	29 déc.	2012-661 DC. LFR pour 2012 (non-conformité partielle) : *JO 30 déc., p. 21007 ; Rec. Cons. const. 715 ; D. 2013. 20 ; LPA 2013, n° 23, p. 4, note Pando ; Gestion et finances publiques 2013, n° 7, p. 47, note Jadaud ; RJEP 2013, n° 707, p. 12 ; note Collot ; RJEP 2013, n° 707, p. 12, note Collet ; Dr. adm. 2013, n° 3, p. 27, note Clorennec-Thys.*
2012	29 déc.	2012-662 DC. LF pour 2013 (conformité partielle avec réserve) : *JO 30 déc., p. 20966 ; Rec. Cons. const. 724 ; AJDA 2013. 9 ; D. 2013. 1,*

		édito Rome ; ibid. 19 ; ibid. 19, chron. Mangiavillano ; ibid. 581, chron. Moutouh ; RFDA 2013. 1, étude Genevois ; ibid. 1273, note Oliva ; Constitutions 2013. 86, obs. de la Mardière ; ibid. 90, obs. Barilari ; ibid. 156, obs. Bachschmidt ; LPA 2013, n° 105, p. 6, note Chaltiel-Terral ; RFDC 2013. 437, note Racine ; Dr. fisc. 2013, n° 9, p. 15, note de Crouy-Chanel ; RD fisc. 2013, n° 22, p. 19, note Fériel ; ibid., p. 25, note Pezet.
2013	17 janv.	2012-660 DC. Loi relative à la mobilisation du foncier public en faveur du logement et au renforcement des obligations de production de logement social (conformité) : *JO 18 janv., p. 1138, et 19 janv., p. 1327 ; Rec. Cons. const. 94 ; D. 2013. 248, note Grand ; AJDA 2013. 141 ; JCP N 2013, n° 4, p. 8, note Talau ; JCP Adm. 2013, n° 5, p. 4.*
2013	28 févr.	2013-664 DC. Résolution tendant à modifier le Règlement de l'Assemblée nationale afin d'instaurer la faculté, pour les groupes politiques, de se doter d'une coprésidence paritaire (non-conformité totale) : *JO 2 mars, p. 3896 ; Rec. Cons. const. 409 ; Constitutions 2013. 157, obs. Bachschmidt ; JCP 2013, n° 17, p. 824, note Gicquel ; RFDC 2013. 699, comm. de Caqueray ; RD publ. 2014. 207, chron. Rousseau, Gahdoun et Bonnet.*
2013	28 févr.	2013-665 DC. Loi portant création du contrat de génération (non-conformité partielle) : *JO 3 mars, p. 3946 ; Rec. Cons. const. 412 ; Constitutions 2013. 155, obs. Benetti.*
2013	11 avr.	2013-666 DC. Loi visant à préparer la transition vers un système énergétique sobre et portant diverses dispositions sur la tarification de l'eau et sur les éoliennes (non-conformité partielle) : *JO 16 avr., p. 6214 ; Rec. Cons. const. 535 ; D. actu. 18 avr. 2013, note de Montecler ; D. 2013. 920 ; ibid. 2014. 104, obs. Trébulle ; AJDA 2013. 771 ; ibid. 1260, chron. Lombard, Nicinski et Glaser ; Dr. adm. 2013, n° 22, p. 1263, note Lombard ; RJEP 2013, n° 713, p. 20, note Nicinski ; RJ envir. 2013, n° 3, p. 425, note Krolik ; RFDC 2013. 1002, note Ravella ; RD fisc. 2013, n° 22, p. 19, note Fériel.*
2013	16 mai	2013-667 DC. Loi relative à l'élection des conseillers départementaux, des conseillers municipaux et des conseillers intercommunaux, et modifiant le calendrier électoral (non-conformité partielle) : *JO 18 mai ; Rec. Cons. const. 695 ; AJDA 2013. 1021 ; D. 2013. 1282 ; AJCT 2013. 217 ; JCP Adm. 2013, n° 26, p. 24, note Verpeaux ; ibid., n° 47, p. 38, note Derosier ; Constitutions 2013. 376, note Wulfman ; Rev. pénit. 2013, n° 2, p. 423, note Peltier ; RD publ. 2014. 207, chron. Rousseau, Gahdoun et Bonnet.*
2013	16 mai	2013-668 DC. Loi organique relative à l'élection des conseillers municipaux, des délégués communautaires et des conseillers départementaux (conformité) : *JO 18 mai ; Rec. Cons. const. 710 ; AJDA 2013. 1021 ; D. 2013. 1282 ; JCP Adm. 2013, n° 26, p. 24, note Verpeaux.*
2013	17 mai	2013-669 DC. Loi ouvrant le mariage aux couples de personnes de même sexe (conformité avec réserve) : *JO 18 mai ; Rec. Cons. const. 721 ; AJ fam. 2013. 332, étude Chénedé ; RFDA 2013. 923, étude*

		Delvolvé ; ibid. 936, étude Drago ; RDSS 2013. 908, note Brunet ; Constitutions 2013. 166, obs. Le Pourhiet ; ibid. 381, obs. Le Pourhiet ; ibid. 376, note Wulfman ; ibid. 555, obs. Chénedé ; RTD civ. 2013. 579, obs. Hauser ; JCP 2013, n° 22, p. 1030, note Mathieu ; ibid., p. 1034 ; ibid., n° 23, p. 1123, note Fulchiron ; ibid. 2015, n° 16, p. 787, note Roux ; JCP N 2013, n° 21, p. 5 ; ibid., n°s 24-25, p. 31, note Hauser ; RJFP 2013, n°s 7-8, p. 4, note Zarca ; ibid., p. 31, note Le Boursicot ; Dr. fam. 2013, n[os] 7-8, p. 30, note Murat ; ibid., p. 67, note Binet ; LPA 2013, n° 133, p. 5, note Larralde ; RFDC 2013. 951, note Sponchiado ; ibid. 2014. 127, note Lajoinie ; RD publ. 2014. 207, chron. Rousseau, Gahdoun et Bonnet ; RTDH 2014, n° 97, p. 253, note Lebret ; RRJ 2013, p. 651, note d'Onorio ; Politeia 2013, n° 24, p. 35, note Jozefowicz ; AIJC 2014, n° XXX, p. 77, note Viala.
2013	23 mai	2013-670 DC. Loi portant diverses dispositions en matière d'infrastructures et de services de transports (conformité) : *JO 29 mai, p. 8807 ; Rec. Cons. const. 749 ; Constitutions 2013. 375, note Bachschmidt ; RDLC 2013, n° 4, p. 177, note Sée.*
2013	6 juin	2013-671 DC. Loi portant prorogation du mandat des membres de l'Assemblée des Français à l'étranger (conformité) : *JO 14 juin, p. 9857 ; Rec. Cons. const. 806 ; AJDA 2013. 1194 ; Constitutions 2013. 400, chron. Cassard-Valembois ; RTD civ. 2013. 832, obs. Barbier.*
2013	13 juin	2013-672 DC. Loi relative à la sécurisation de l'emploi (non-conformité partielle) : *JO 16 juin, p. 9976 ; Rec. Cons. const. 817 ; D. 2013. 1485 ; ibid. 2014. 1516, obs. Jacquinot et Mangiavillano ; Dr. soc. 2013. 673, étude Barthélémy ; ibid. 680, étude Rousseau et Rigaud ; ibid. 2014. 464, chron. Hennion, Del Sol, Pierre et Hallopeau ; ibid. 1057, étude Barthélémy ; Constitutions 2013. 400, note Cassard-Valembois ; RTD civ. 2013. 832, obs. Barbier ; RDSS 2014. 601, note Chauchard ; JCP 2013, n°s 29-34, p. 1143, note Duchange ; ibid., n° 37, p. 1614, note Ghestin ; ibid., n° 38, p. 1702, note Mekki ; JCP E 2013, n° 26, p. 1395, note Serizay ; JCP S 2013, n° 30, p. 11, note Briens ; RFDC 2013. 975, note Rrapi ; ; RDC 2013. 1285, note Pérès et Rochfeld ; RD publ. 2014. 207, chron. Rousseau, Gahdoun et Bonnet ; RJEP 2014, n° 718, p. 32, note Eckert ; RJS 2013, n° 11, p. 643, note Prétot ; Dr. ouvrier 2013, n° 783, p. 626, note Chauchard ; LPA 2014, n° 227, p. 13, chron. Baghestani ; Dr. social 2014, n° 12, p. 1057, note Barthélémy.*
2013	18 juill.	2013-673 DC. Loi relative à la représentation des Français établis hors de France (conformité) : *JO 23 juill., p. 12259 ; Rec. Cons. const. 898.*
2013	1er août	2013-674 DC. Loi tendant à modifier la loi n° 2011-814 du 7 juillet 2011 relative à la bioéthique en autorisant sous certaines conditions la recherche sur l'embryon et les cellules souches embryonnaires (conformité) : *JO 7 août, p. 1340 ; Rec. Cons. const. 912 ; Constitutions 2013. 443, note Bioy ; JCP 2013, n° 36, p. 1530, note Mathieu ; ibid. 2015, n° 6, chron. Mathieu, Verpeaux et Macaya ; RJPF 2013, n° 10, p. 4, note Depadt-Sebag ; NCCC 2014, n° 42, p. 161, chron. Piazzon ; RFDC 2014. 121, note Nicolas.*
2013	9 oct.	2013-675 DC. Loi organique relative à la transparence de la vie publique (non-conformité partielle avec réserve) : *JO 12 oct., p. 16838 ;*

		Rec. Cons. const. 956 ; D. actu. 14 oct. 2013, note Poupeau ; AJDA 2013. 1942 ; ibid. 2014. 157, note Benetti ; D. 2013. 2483, chron. Laude ; ibid. 2713, obs. Roujou de Boubée, Garé, Gozzi, Mirabail et Potaszkin ; Constitutions 2013. 542, obs. Benetti ; ibid. 545, obs. Bachschmidt ; ibid. 2014. 7, note Lenoir ; JCP Adm. 2013, n° 42, p. 10 ; ibid. 2014, n° 4, p. 27, note Verpeaux ; JCP 2013, n° 43, p. 1953 ; ibid., n°s 44-45, p. 1989, note Lignières ; ibid., n°s 44-45, p. 2020, note Gicquel ; ibid. 2015, n° 6, chron. Mathieu, Verpeaux et Macaya ; LPA 2015, n° 50, p. 3, chron. Verpeaux ; RFDC 2014. 665, note Ghévontian.
2013	9 oct.	2013-676 DC. Loi relative à la transparence de la vie publique (non-conformité partielle avec réserve) : *JO 12 oct., p. 16847 ; Rec. Cons. const. 972 ; D. actu. 14 oct. 2013, note Poupeau ; AJDA 2013. 1942 ; ibid. 2014. 157, note Benetti ; D. 2013. 2483, chron. Laude ; ibid. 2713, obs. Roujou de Boubée, Garé, Gozzi, Mirabail et Potaszkin ; Constitutions 2013. 542, obs. Benetti ; ibid. 545, obs. Bachschmidt ; ibid. 2014. 7, note Lenoir ; JCP Adm. 2013, n° 42, p. 10 ; ibid. 2014, n° 4, p. 27, note Verpeaux ; JCP 2013, n° 43, p. 1953 ; ibid., nos 44-45, p. 1989, note Lignières ; ibid., nos 44-45, p. 2020, note Gicquel ; ibid. 2015, n° 6, chron. Mathieu, Verpeaux et Macaya ; LPA 2015, n° 48, p. 4, chron. Verpeaux ; RFDC 2014. 665, note Ghévontian.*
2013	14 nov.	2013-677 DC. Loi organique relative à l'indépendance de l'audiovisuel public (non-conformité partielle) : *JO 16 nov., p. 18633 ; Rec. Cons. const. 1024 ; AJDA 2013. 2286 ; Constitutions 2013. 548, obs. Bachschmidt ; ibid. 549, obs. Bergougnous ; ibid. 2015. 35, chron. Bergougnous ; Politeia 2014, n° 25, p. 77, note Kerléo ; RFDC 2014. 671, note de Cacqueray ; JCP 2015, n° 6, chron. Mathieu, Verpeaux et Macaya.*
2013	14 nov.	2013-678 DC. Loi organique portant actualisation de la loi organique n° 99-209 du 19 mars 1999 relative à la Nouvelle-Calédonie (conformité avec réserve) : *JO 16 nov., p. 18634 ; Rec. Cons. const. 1028 ; JCP 2013, n° 49, p. 2231, note Menuret ; ibid. 2015, n° 6, chron. Mathieu, Verpeaux et Macaya.*
2013	4 déc.	2013-679 DC. Loi relative à la lutte contre la fraude fiscale et la grande délinquance économique et financière (non-conformité partielle avec réserve) : *JO 7 déc., p. 19958 ; Rec. Cons. const. 1060 ; D. 2013. 2851 ; Constitutions 2014. 68, chron. Barilari ; ibid. 76, chron. de la Mardière ; Gaz. Pal. 2013, nos 347-348, p. 15, note Aguila et Dezeuze ; JCP 2014, n° 7, p. 345, chron. Mathieu ; ibid. 2015, n° 6, chron. Mathieu, Verpeaux et Macaya ; RD publ. 2014. 207, chron. Rousseau, Gahdoun et Bonnet ; Dr. fisc. 2013, nos 51-52, p. 14, note de La Mardière ; NCCC 2014, n° 43, p. 197, chron. Austry ; RFDC 2014. 466, note Pelletier ; Dr. pénal 2014, n° 2, p. 50, note Bonis-Garçon ; ibid., p. 38, note Robert ; Rev. pénit. 2014, n° 4, p. 930, note Botton ; LPA 2014, nos 160-161, p. 5, note Rabault.*
2013	4 déc.	2013-680 DC. Loi organique relative au procureur de la République financier (conformité) : *JO 7 déc., p. 19958 ; Rec. Cons. const. 1079 ; D. 2013. 2851 ; Gaz. Pal. 2013, nos 347-348, p. 15, note Aguila et Deleuze ; JCP 2015, n° 6, chron. Mathieu, Verpeaux et Macaya.*
2013	5 déc.	2013-681 DC. Loi organique portant application de l'article 11 de la Constitution (conformité avec réserve) : *JO 7 déc., p. 19955 ; Rec.*

		Cons. const. 1081 ; D. 2013. 2854 ; AJDA 2013. 2465 ; JCP Adm. 2013, n° 51, p. 3, note Bourrel ; JCP 2013, n° 52, p. 2366, note Tukov ; ibid. 2015, n° 6, chron. Mathieu, Verpeaux et Macaya ; LPA 2015, n° 50, p. 3, chron. Rimbault ; RFDC 2014. 676, note Olivia.
2013	19 déc.	2013-682 DC. LFSS pour 2014 (non-conformité partielle) : *JO 24 déc., p. 21069 ; Rec. Cons. const. 1094 ; D. 2014. 25 ; ibid. 1516, obs. Jacquinot et Mangiavillano ; AJDA 2014. 649, tribune Delaunay ; Constitutions 2014. 87, chron. Bioy ; RDSS 2014. 601, note Chauchard ; RD publ. 2014. 207, chron. Rousseau, Gahdoun et Bonnet ; NCCC 2014, n° 43, p. 131, note Roblot-Troizier ; JCP 2014. n° 18, p. 919, chron. Mathieu ; ibid. 2015, n° 6, chron. Mathieu, Verpeaux et Macaya ; JCP S 2014, n°s 1-2, p. 21, note Prétot ; ibid., p. 29, note Serizay ; RD fisc. 2014, n° 10, p. 12, note Joannard-Lardant.*
2013	29 déc.	2013-684 DC. LFR pour 2013 (non-conformité partielle) : *JO 30 déc., p. 22232 ; Rec. Cons. const. 1116 ; D. 2014. 21 ; AJDA 2014. 5 ; JCP 2015, n° 6, chron. Mathieu, Verpeaux et Macaya.*
2013	29 déc.	2013-685 DC. LFR pour 2014 (non-conformité partielle) : *JO 30 déc., p. 22188 ; Rec. Cons. const. 1127 ; D. 2014. 20 ; AJDA 2014. 5 ; AJCT 2014. 107, obs. Lasserre Capdeville ; ibid. 68 ; Constitutions 2014. 68, chron. Barilari ; JCP 2014, n° 7, p. 345, chron. Mathieu ; ibid. 2015, n° 6, chron. Mathieu, Verpeaux et Macaya ; JCP Adm. 2014, n° 5, p. 25, note Vasseur et Da Palma ; NCCC 2014, n° 43, p. 197, chron. Austry ; RFDC 2014. 470, note Mangiavillano ; RD fisc. 2014, n° 10, p. 47, chron. Desbuquois, Guillemois et Mortier ; ibid., n°s 1-2, p. 8, note Fouquet ; Gaz. Pal. 2014, n°s 47-49, p. 3, note Laval ; LPA 2014, n° 27, p. 6, note Mégard ; ibid. 2015, n° 48, p. 4, chron. Verpeaux ; ibid., n° 49, p. 6, chron. Bezzina ; ibid., n° 50, p. 3, chron. Rimbault ; ibid., n° 51, p. 7, chron. Rimbault.*
2014	16 janv.	2013-683 DC. Loi garantissant l'avenir et la justice du système de retraites (conformité) : *JO 21 janv., p. 1066 ; Rec. Cons. const. 63 ; D. avocats 2014. 49 ; JCP 2015, n° 36, p. 1543, chron. Mathieu.*
2014	23 janv.	2013-686 DC. Loi relative aux modalités de mise en œuvre des conventions conclues entre les organismes d'assurance maladie complémentaire et les professionnels, établissements et services de santé (conformité) : *JO 28 janv., p. 1619 ; Rec. Cons. const. 72 ; Constitutions 2014. 87, chron. Bioy ; JCP 2015, n° 36, p. 1543, chron. Mathieu.*
2014	23 janv.	2013-687 DC. Loi de modernisation de l'action publique territoriale et d'affirmation des métropoles (conformité sous réserve) : *JO 28 janv., p. 1622 ; Rec. Cons. const. 76 ; AJDA 2014. 188 ; JCP 2014, n° 9, p. 443, note Gohin ; JCP 2015, n° 36, p. 1543, chron. Mathieu ; JCP Adm. 2014, n° 8, p. 19, note Verpeaux.*
2014	13 févr.	2014-688 DC. Loi interdisant le cumul de fonctions exécutives locales avec le mandat de représentant au Parlement européen (conformité avec réserve) : *JO 16 févr., p. 2709 ; Rec. Cons. const. 114 ; AJDA 2014. 373 ; Constitutions 2014. 47, chron. Benetti ; JCP Adm. 2014, n° 15,*

		p. 23, note Verpeaux ; RFDC 2014. 682, note Lamouroux ; LPA 2014, n° 152, p. 14, note Jan ; ibid., p. 24, note Gaffier ; JCP 2015, n° 36, p. 1543, chron. Mathieu.
2014	13 févr.	2014-689 DC. Loi organique interdisant le cumul de fonctions exécutives locales avec le mandat de député ou de sénateur (non conformité partielle avec réserve) : *JO 16 févr., p. 2706 ; Rec. Cons. const. 121 ; AJDA 2014. 373 ; Constitutions 2014. 47, chron. Benetti ; JCP Adm. 2014, n° 15, p. 23, note Verpeaux ; RFDC 2014. 682, note Lamouroux ; LPA 2014, n° 152, p. 14, note Jan ; ibid., p. 24, note Gaffier ; JCP 2015, n° 36, p. 1543, chron. Mathieu.*
2014	13 mars	2014-690 DC. Loi relative à la consommation (non-conformité partielle avec réserve) : *JO 18 mars, p. 5450 ; Rec. Cons. const. 163 ; AJDA 2014. 589 ; D. 2014. 660 ; ibid. 1297, obs. Aubry, Poillot et Sauphanor-Brouillaud ; ibid. 2423, obs. Roujou de Boubée, Garé, Gozzi, Mirabail et Ginestet ; D. avocats 2014. 90 ; Constitutions 2014. 169, chron. Bachschmidt ; RTD com. 2014. 163, obs. Legeais ; CCC 2014, n° 4, p. 3 ; LPA 2014, n° 83, p. 7, note Legrand ; NCCC 2014, n° 44, p. 113, note Bonis-Garçon ; ibid., p. 117, note Piazzon ; ibid. n° 45, p. 169, note Peltier ; Gaz. Pal. 2014, n°s 208-210, p. 21, note Detraz ; Dr. pénal 2014, n° 6, p. 46, note Robert ; ibid., p. 49, note Robert ; JCP 2015, n° 36, p. 1543, chron. Mathieu.*
2014	25 mars	2014-691 DC. Loi pour l'accès au logement et un urbanisme rénové (non-conformité partielle) : *JO 26 mars, p. 5925 ; Rec. Cons. const. 185 ; AJDA 2014. 655 ; D. 2014. 724 ; D. avocats 2014. 136 ; AJDI 2014. 325, point de vue de La Vaissière ; Constitutions 2014. 169, chron. Bachschmidt ; NCCC 2014, n° 44, p. 122, note Piazzon ; JCP 2015, n° 36, p. 1543, chron. Mathieu.*
2014	25 mars	2014-693 DC. Loi relative à la géolocalisation (non-conformité partielle avec réserve) : *JO 29 mars, p. 6125 ; Rec. Cons. const. 208 ; D. 2014. 780 ; Gaz. Pal. 2014, n°s 94-95, p. 14, note Dupic ; NCCC 2014, n° 44, p. 107, note Peltier ; RSC 2014. 669, note Lazerges ; JCP 2015, n° 36, p. 1543, chron. Mathieu.*
2014	27 mars	2014-692 DC. Loi visant à reconquérir l'économie réelle (non-conformité partielle) : *JO 1er avr., p. 6232 ; Rec. Cons. const. 215 ;D. 2014. 774 ; ibid. 1101, chron. Chazal ; ibid. 1287, chron. d'Avout ; ibid. 1844, obs. Mallet-Bricout et Reboul-Maupin ; ibid. 2015. 1457, obs. Gay et Mangiavillano ; Dr. soc. 2014. 574, obs. Antonmattei ; RDT 2014. 528, étude Sachs et Vernac ; RFDA 2014. 589, chron. Roblot-Troizier et Tusseau ; LPA 2014, n° 105, p. 4, note Casu ; NCCC 2014, n° 44, p. 126, note Piazzon ; RJEP oct. 2014, p. 10, note Mescheriakoff ; JCP 2015, n° 36, p. 1543, chron. Mathieu.*
2014	28 mai	2014-694 DC. Loi relative à l'interdiction de la mise en culture des variétés de maïs génétiquement modifié (conformité) : *JO 3 juin, p. 9208 ; Rec. Cons. const. 294 ; AJDA 2014. 1127 ; Gaz. Pal. 2014, n°s 246-247, p. 18, note Menard ; NCCC 2014, n° 45, p. 199, chron. Hoepffner ; Europe 2014, n° 7, p. 677, note Simon ; JCP 2015, n° 36, p. 1543, chron. Mathieu.*

2014	24 juill.	2014-695 DC. Loi relative à la sécurisation des contrats de prêts structurés souscrits par les personnes morales de droit public (conformité) : *JO 30 juill., p. 12514 ; Rec. Cons. const. 360 ; D. 2014. 1642 ; AJDA 2014. 1584 ; AJCT 2014. 400, obs. Lasserre Capdeville ; Constitutions 2014. 360, chron. De Baecke ; RTD com. 2014. 669, obs. Legeais ; JCP Adm. 2014, n° 35, p. 14 ; NCCC 2015, n° 46, p. 114, chron. Roblot-Troizier ; ibid., p. 141, chron. Piazzon ; RFDC 2015. 685, note Dubiton ; LPA 2015, n° 244, p. 3, note Rimbault ; JCP 2016, n° 11, p. 527, chron. Verpeaux et Macaya.*
2014	24 juill.	2014-697 DC. Loi organique relative à la nomination des dirigeants de la SNCF (conformité) : *JO 5 août, p. 12965 ; Rec. Cons. const. 365 ; LPA 2015, n° 244, p. 3, note Rimbault ; ibid., n° 243, p. 6, chron. Verpeaux ; JCP 2016, n° 11, p. 527, chron. Verpeaux et Macaya.*
2014	31 juill.	2014-700 DC. Loi pour l'égalité réelle entre les femmes et les hommes (non-conformité partielle – réserve) : *JO 5 août, p. 12966 ; Rec. Cons. const. 368 ; D. 2014. 1644 ; Constitutions 2014. 462, chron. Bachschmidt ; JCP Adm. 2014, n° 35, p. 14 ; JCP 2014, n° 37, p. 1570, note Mathieu ; ibid. 2016, n° 11, p. 527, chron. Verpeaux et Macaya ; NCCC 2015, n° 46, p. 105, chron. Roblot-Troizier ; ibid., p. 141, chron. Piazzon ; LPA 2015, n° 244, p. 4, note Bouaziz.*
2014	6 août	2014-698 DC. Loi de financement rectificative de la sécurité sociale pour 2014 (non-conformité partielle) : *JO 9 août, p. 1358 ; Rec. Cons. const. 372 ; D. 2014. 1696 ; Dr. soc. 2014. 867, obs. Barthélémy ; Constitutions 2015. 85, chron. Badel ; RD fisc. 2014, n° 40, p. 8, note Collet ; RJS 2014, n° 11, p. 683 ; RFFP 2014, n° 128, p. 217, note Barilari ; Gestion et fin. publ. 2015, n°s 1-2, p. 103, note Pissaloux ; LPA 2015, n° 244, p. 6, note Baghestani ; JCP 2016, n° 11, p. 527, chron. Verpeaux et Macaya.*
2014	6 août	2014-699 DC. LFR pour 2014 (conformité) : *JO 9 août, p. 1355 ; Rec. Cons. const. 378 ; D. 2014. 1695 ; NCCC 2015, n° 46, p. 185, chron. Austry.*
2014	7 août	2014-696 DC. Loi relative à l'individualisation des peines et renforçant l'efficacité des sanctions pénales (non-conformité partielle) : *JO 17 août, p. 13659 ; Rec. Cons. const. 382 ; D. 2014. 1689 ; ibid. 2423, obs. Roujou de Boubée, Garé, Gozzi, Mirabail et Ginestet ; Dr. pénal 2014, n° 9, p. 1, note Conte ; ibid., n° 10, p. 34, note Peltier ; NCCC 2015, n° 46, p. 132, chron. Peltier ; Gaz. Pal. 2014, n°s 292-294, p. 3, note Dreyer ; Rev. pénit. 2015, n° 4, p. 927, note Bonis-Garçon ; JCP 2016, n° 11, p. 527, chron. Verpeaux et Macaya.*
2014	9 oct.	2014-701 DC. Loi d'avenir pour l'agriculture, l'alimentation et la forêt (non-conformité partielle – réserve) : *JO 14 oct., p. 16656 ; Rec. Cons. const. 441 ; AJDA 2014. 1976 ; NCCC 2015, n° 47, p. 173, chron. Piazzon ; JCP 2016, n° 11, p. 527, chron. Verpeaux et Macaya ; Gaz. Pal. 2016, n° 73, p. 5, chron. Bezzina et Baghestani.*
2014	16 oct.	2014-702 DC. Résolution tendant à modifier le règlement de l'Assemblée nationale afin de doter les groupes parlementaires d'un statut d'association (conformité) : *JO 18 oct., p. 17305 ; Rec.*

		Cons. const. 461 ; Constitutions 2014. 468, chron. Benetti ; JCP 2014, n°s 46-47, p. 2087, note Gicquel ; ibid. 2016, n° 11, p. 527, chron. Verpeaux et Macaya ; RFDC 2015. 177, note de Cacqueray.
2014	19 nov.	2014-703 DC. Loi organique portant application de l'article 68 de la Constitution (non-conformité partielle – réserve) : *JO 25 nov., p. 19698 ; Rec. Cons. const. 503 ; AJDA 2014. 2213 ; Constitutions 2015. 41, chron. Bachschmidt ; JCP Adm. 2014, n° 48, p. 26, note Verpeaux ; JCP 2014, n° 51, p. 2305, note Levade ; ibid. 2016, n° 11, p. 527, chron. Verpeaux et Macaya ; LPA 2015, n° 98, p. 12, note Degboe ; RFDC 2015 484, note Hutier.*
2014	11 déc.	2014-704 DC. Loi relative à la désignation des conseillers prud'hommes (conformité) : *JO 19 déc., p. 21436 ; Rec. Cons. const. 554 ; RDT 2015. 164, étude Guiomard ; RLDA 2015, n° 102, p. 47, note Chevillard ; JCP 2016, n° 11, p. 527, chron. Verpeaux et Macaya ; Gaz. Pal. 2016, n° 73, p. 5, chron. Verpeaux et Macaya.*
2014	11 déc.	2014-705 DC. Résolution tendant à modifier le règlement de l'Assemblée nationale (non-conformité partielle – réserve) : *JO 13 déc., p. 20882 ; Rec. Cons. const. 559 ; AJDA 2014. 2446 ; Constitutions 2015. 35, chron. Bergougnous ; ibid. 38, chron. Faure ; ibid. 41, chron. Bachschmidt ; JCP 2015, n° 5, p. 206, note Gicquel ; ibid. 2016, n° 11, p. 527, chron. Verpeaux et Macaya ; JCP Adm. 2015, n° 7, p. 21, note Derosier ; RFDC 2015. 695, note Monge.*
2014	18 déc.	2014-706 DC. LFSS pour 2015 (non-conformité partielle – réserve) : *JO 24 déc., p. 21789 ; Rec. Cons. const. 572 ; Constitutions 2015. 92, chron. Kessler ; JCP 2015, n°s 1-2, p. 6, note Taquet ; NCCC 2015, n° 47, p. 214, chron. Austry ; JCP 2016, n° 11, p. 527, chron. Verpeaux et Macaya.*
2014	29 déc.	2014-707 DC. LF pour 2015 (non-conformité partielle) : *JO 30 déc., p. 22947 ; Rec. Cons. const. 583 ; D. 2015. 80 ; AJDA 2015. 6 ; NCCC 2015, n° 47, p. 218, chron. Austry ; JCP 2016, n° 11, p. 527, chron. Verpeaux et Macaya ; Gaz. Pal. 2016, n° 73, p. 5, chron. Rimbault et Macaya.*
2014	29 déc.	2014-708 DC. LFR pour 2014 (non-conformité partielle) : *JO 30 déc., p. 22967 ; Rec. Cons. const. 596 ; D. 2015. 80 ; AJDA 2015. 6 ; JCP 2016, n° 11, p. 527, chron. Verpeaux et Macaya ; Gaz. Pal. 2016, n° 73, p. 5, chron. Rimbault.*
2015	15 janv.	2014-709 DC. Loi relative à la délimitation des régions, aux élections régionales et départementales et modifiant le calendrier électoral (non-conformité partielle) : *JO 17 janv., p. 783 ; AJDA 2015. 76 ; ibid. 615, étude Maligner ; Constitutions 2015. 43, chron. Bachschmidt ; JCP Adm. 2015, n° 12, p. 26, note Verpeau ; RFDC 2015. 700, note de Cacqueray ; JCP 2016, n° 36, p. 1607, chron. Mathieu et Verpeaux ; Politeia 2015, n° 27, p. 69, note Kerléo ; LPA 2017, n° 23, p. 4, chron. Bouaziz et Rimbault.*
2015	12 févr.	2015-710 DC. Loi relative à la modernisation et à la simplification du droit et des procédures dans les domaines de la justice et des affaires intérieures (conformité) : *JO 17 févr., p. 2969 ; AJDA 2015. 312 ;*

		D. avocats 2015. 57, obs. Dargent ; Constitutions 2015. 207, chron. Bachschmidt ; NCCC 2015, n° 48, p. 195, chron. Piazzon ; ibid., n° 48, p. 209, chron. Gadhoun ; JCP 2016, n° 36, p. 1607, chron. Mathieu et Verpeaux ; Politeia 2015, n° 27, p. 69, note Kerléo ; LPA 2017, n° 24, p. 5, chron. Bouaziz.
2015	5 mars	2015-711 DC. Loi autorisant l'accord local de répartition des sièges de conseiller communautaire (conformité – réserve) : *JO 10 mars, p. 4361 ; D. actu. 11 mars 2015, obs. de Montecler ; AJDA 2015. 479 ; AJCT 2015. 214, obs. Levavasseur ; Dr. adm. 2015, n° 5, p. 18, chron. de Montalivet ; RFDC 2015. 979, chron. Hutier ; LPA 2015, n° 124, p. 4, note Grandemange ; ibid. 2017, n° 23, p. 4, chron. Rimbault ; JCP 2016, n° 36, p. 1607, chron. Mathieu et Verpeaux.*
2015	11 juin	2015-712 DC. Résolution réformant les méthodes de travail du Sénat dans le respect du pluralisme, du droit d'amendement et de la spécificité sénatoriale, pour un Sénat plus présent, plus moderne et plus efficace (non-conformité partielle – réserve) : *JO 14 juin, p. 9865 ; Constitutions 2015. 339, chron. Bachschmidt ; JCP 2015, n° 26, p. 1261, note Gicquel ; ibid. 2016, n° 36, p. 1607, chron. Mathieu et Verpeaux ; RFDC 2016. 653, note Monge ; LPA 2017, n° 117, p. 9, chron. Bezzina.*
2015	23 juill.	2015-713 DC. Loi relative au renseignement (non-conformité partielle) : *JO 26 juill., p. 12751 ; AJDA 2015. 1513 ; Constitutions 2015. 432, chron. Le Bot ; RFDA 2015. 1195, note Roblot-Troizier ; JCP 2015, n° 38, p. 1639, note Verpeaux ; ibid., n° 41, p. 1816, note Parizot ; Dr. pén. 2015, n° 9, p. 6, note Desaulnay ; NCCC 2016, n° 50, p. 90, chron. Bonnet et Roblot-Troizier ; ibid. p. 117, chron. Piazzon ; ibid., p. 157, note Surrel ; RLDI 2015, n° 118, p. 30, note Quéméner ; ibid. 2016, n° 122, p. 34, note Chauvin ; JCP 2017,n° 11, p. 514, chron. Mathieu, Verpeaux et Macaya ; LPA 2017, n° 211, p. 5, chron. Verpeaux et Bouaziz ; ibid., n° 213, p. 1, chron. Verpeaux, Bezzina et Combrade ; ibid., n° 214, p. 1, chron. Baghestani, Rimbault, Verpeaux et Bouaziz ; Rapp. Cons. const. 2016, p. 30.*
2015	23 juill.	2015-714 DC. Loi organique relative à la nomination du président de la Commission nationale de contrôle des techniques de renseignement (conformité) : *JO 26 juill., p. 12751 ; JCP 2017, n° 11, p. 514, chron. Mathieu, Verpeaux et Macaya ; LPA 2017, n° 212, p. 5, chron. Baghestani, Bezzina et Rimbault ; ibid., n° 211, p. 5, chron. Verpeaux et Bouaziz ; ibid., n° 213, p. 1, chron. Verpeaux, Bezzina et Combrade.*
2015	30 juill.	2015-716 DC. Loi organique relative à la consultation sur l'accession de la Nouvelle-Calédonie à la pleine souveraineté (conformité) : *JO 6 août, p. 13484 ; JCP 2017, n° 11, p. 514, chron. Mathieu, Verpeaux et Macaya ; LPA 2017, n° 212, p. 5, chron. Baghestani, Bezzina et Rimbault.*
2015	5 août	2015-715 DC. Loi pour la croissance, l'activité et l'égalité des chances économiques (non-conformité partielle) : *JO 7 août, p. 13616 ; AJDA 2015. 1570 ; D. 2015. 1692 ; ibid. 1711 ; Constitutions 2015. 421, chron. Fabre ; AJCA 2015. 392, note Vogel ; JCP N 2015, n° 36, p. 7 ; Gaz. Pal. 2015, nos 345-346, p. 15, note Villacèque et de Belval ; NCCC 2016, n° 50, p. 90, chron. Bonnet et Roblot-Troizier ; ibid., p. 117, chron.*

		Piazzon ; RFDC 2016. 127, note Hutier ; LPA 2015, n° 211, p. 5, note Teboul ; ibid. 2017, n° 211, p. 5, chron. Verpeaux et Bouaziz ; ibid., n° 214, p. 1, chron. Baghestani, Rimbault, Verpeaux et Bouaziz ; Rapp. Cons. const. 2016, p. 31.
2015	6 août	2015-717 DC. Loi portant nouvelle organisation territoriale de la République (non-conformité partielle) : *JO 8 août, p. 13777 ; AJDA 2015. 1566 ; D. 2015. 1705 ; JCP Adm. 2015, n°s 38-39, p. 17, note Verpeaux ; JCP 2017, n° 11, p. 514, chron. Mathieu, Verpeaux et Macaya ; LPA 2017, n° 212, p. 5, chron. Baghestani, Bezzina et Rimbault ; Rapp. Cons. const. 2016, p. 32.*
2015	13 août	2015-718 DC. Loi relative à la transition énergétique pour la croissance verte (non-conformité partielle) : *JO 18 août, p. 14376 ; AJDA 2015. 1567 ; D. 2015. 1706 ; Constitutions 2015. 607, chron. Lormeteau ; Nouv. Cah. Const. const. 2016, n° 50, p. 117, chron. Piazzon ; ibid., p. 133, chron. Gahdoun ; RFDC 2016. 473, chron. Méthivier ; JCP 2017, n° 11, p. 514, chron. Mathieu, Verpeaux et Macaya ; LPA 2017, n° 213, p. 1, chron. Verpeaux, Bezzina et Combrade ; ibid., n° 214, p. 1, chron. Baghestani, Rimbault, Verpeaux et Bouaziz ; Rapp. Cons. const. 2016, p. 33.*
2015	13 août	2015-719 DC. Loi portant adaptation de la procédure pénale au droit de l'Union européenne (non-conformité partielle) : *JO 18 août, p. 14395 ; AJDA 2015. 1566 ; D. 2015. 1703 ; Rev. pénit. 2015, n° 3, p. 517, note Nourissat ; JCP 2017, n° 11, p. 514, chron. Mathieu, Verpeaux et Macaya.*
2015	13 août	2015-720 DC. Loi relative au dialogue social et à l'emploi (non-conformité partielle) : *JO 18 août, p. 14401 ; D. 2015. 2340, obs. Lokiec et Porta ; JCP 2017, n° 11, p. 514, chron. Mathieu, Verpeaux et Macaya.*
2015	12 nov.	2015-721 DC. Loi organique portant diverses dispositions relatives à la collectivité de Saint-Barthélemy (non-conformité partielle) : *JO 18 nov., p. 21459 ; AJDA 2016. 903, note Roux ; ibid. 2015. 2176 ; Constitutions 2016. 148, chron. Roubin ; JCP 2017, n° 11, p. 514, chron. Mathieu, Verpeaux et Macaya.*
2015	26 nov.	2015-722 DC. Loi relative aux mesures de surveillance des communications électroniques internationales (conformité) : *JO 1er déc., p. 22187 ; AJDA 2015. 2298 ; D. 2016. 1461, obs. Jacquinot et Mangiavillano ; JCP 2017, n° 11, p. 514, chron. Mathieu, Verpeaux et Macaya ; LPA 2017, n° 214, p. 1, chron. Baghestani, Rimbault, Verpeaux et Bouaziz.*
2015	17 déc.	2015-723 DC. Loi de financement de la sécurité sociale pour 2016 (non-conformité partielle) : *JO 22 déc., p. 23685 ; JCP 2017, n° 11, p. 514, chron. Mathieu, Verpeaux et Macaya ; LPA 2017, n° 211, p. 5, chron. Verpeaux et Bouaziz ; ibid., n° 214, p. 1, chron. Baghestani, Rimbault, Verpeaux et Bouaziz.*
2015	17 déc.	2015-724 DC. Loi organique portant dématérialisation du *Journal officiel* de la République française (conformité) : *JO 23 déc., p. 23807 ; AJDA 2015. 2465* ; Constitutions 2016. 148, chron. Roubin ; *JCP Adm. 2016, n°s 9-10, p. 2, note Verpeaux.*

2015	29 déc.	2015-725 DC. Loi de finances pour 2016 (non-conformité partielle) : *JO 30 déc., p. 24763 ; AJDA 2016. 10 ; AJ fam. 2016. 6, obs. Azincourt ; Constitutions 2016. 49, chron. Bachschmidt ; ibid. 93, chron. Daïmallah ; NCCC 2016, n° 51, p. 164, chron. Austry ; RFFP 2016, n° 134, p. 293, note Barilari ; JCP 2017, n° 11, p. 514, chron. Mathieu, Verpeaux et Macaya.*
2015	29 déc.	2015-726 DC. Loi de finances rectificative pour 2015 (non-conformité partielle) : *JO 30 déc., p. 24775 ; AJDA 2016. 10 ; AJCT 2016. 33, Pratique Houser ; RFDA 2016. 597, note Roblot-Troizier ; NCCC 2016, n° 51, p. 85, chron. Bonnet et Roblot-Troizier ; ibid., p. 164, chron. Austry ; RFFP 2016, n° 134, p. 293, note Barilari ; Dr. fisc. 2016, n° 13, p. 13, note Aguila et Gayral ; JCP 2017, n° 11, p. 514, chron. Mathieu, Verpeaux et Macaya.*
2016	21 janv.	2015-727 DC. Loi de modernisation de notre système de santé (non-conformité partielle) : *JO 27 janv. ; AJDA 2016. 126 ; Constitutions 2016. 125, chron. Bioy ; D. 2017. 318, obs. Clavier, Martial-Braz et Zolynski ; JCP 2016, n° 6, p. 291 ; ibid. 2017, n° 38, p. 1661, chron. Verpeaux et Macaya ; NCCC 2016, n° 52, p. 109, chron. Piazzon ; ibid., p. 133, note Gahdoun ; Gaz. Pal. 2016, n° 24, p. 31, note Marino ; Dr soc. 2016, n° 4, p. 372, note Muller ; Dr. fam. 2016, n° 10, p. 34, note Mirkovic ; LPA 2017, n° 233, p. 5, chron. Verpeaux ; ibid., n° 234, p. 14, chron. Verpeaux ; Rapp. Cons. const. 2016, p. 41.*
2016	3 mars	2016-728 DC. Loi relative aux droits des étrangers en France (non-conformité partielle) : *JO 8 mars ; AJDA 2016. 462 ; JCP 2017, n° 38, p. 1661, chron. Verpeaux et Macaya.*
2016	21 avr.	2016-729 DC. Loi organique de modernisation des règles applicables à l'élection présidentielle (conformité – réserve) : *JO 26 avr. ; AJDA 2016. 813 ; Constitutions 2016. 236, chron. Torcol ; NCCC 2016, n° 53, p. 159, chron. Gahdoun ; JCP 2017, n° 38, p. 1661, chron. Verpeaux et Macaya ; LPA 2017, n° 232, p. 10, note Bezzina ; Rapp. Cons. const. 2016, p. 48.*
2016	21 avr.	2016-730 DC. Loi de modernisation de diverses règles applicables aux élections : *JO 26 avr. ; AJDA 2016. 813.*
2016	21 avr.	2016-731 DC. Loi organique relative au statut des autorités administratives indépendantes créées par la Nouvelle-Calédonie (conformité) : *JO 26 avr.*
2016	28 juill.	2016-732 DC. Loi organique relative aux garanties statutaires, aux obligations déontologiques et au recrutement des magistrats ainsi qu'au Conseil supérieur de la magistrature (non-conformité partielle – réserve) : *JO 11 août ; AJDA 2016. 1604 ; Constitutions 2016. 396, chron. Benetti ; LPA 2017, n° 231, p. 18, chron. Verpeaux ; JCP 2018, n° 11, p. 506, chron. Verpeaux et Macaya ; Rapp. Cons. const. 2016, p. 54.*
2016	28 juill.	2016-733 DC. Loi organique rénovant les modalités d'inscription sur les listes électorales des ressortissants d'un État membre de l'Union européenne autre que la France pour les élections municipales (non-conformité partielle) : *JO 2 août ; AJDA 2016. 1601.*

2016	28 juill.	2016-734 DC. Loi organique rénovant les modalités d'inscription sur les listes électorales des Français établis hors de France (conformité) : *JO 2 août ; AJDA 2016. 1601 ; Constitutions 2017. 314, note Roubin ; LPA 2017, n° 232, p. 11, note. Bezzina.*
2016	4 août	2016-735 DC. Loi organique relative à la nomination à la présidence du conseil d'administration de l'Agence française pour la biodiversité (conformité) : *JO 9 août ; Constitutions 2016. 398, chron. Bergougnous.*
2016	4 août	2016-736 DC. Loi relative au travail, à la modernisation du dialogue social et à la sécurisation des parcours professionnels (non-conformité partielle – réserve) : *JO 9 août ; AJDA 2016. 1604 ; D. 2016. 1708 ; ibid. 2252, obs. Lokiec et Porta ; Constitutions 2016. 446, chron. Fabre ; NCCC 2017, n° 54, p. 129, chron. Piazzon ; RFDC 2017. 197, chron. de Montis ; Dr. ouvrier 2016, p. 813, note Gahdoun ; Dr. soc. 2016. 745, note Baugard et Gratton ; LPA 2017, n° 231, p. 12, chron. Bouaziz ; ibid., n° 234, p. 8, chron. Rimbault ; JCP 2018, n° 11, p. 506, chron. Verpeaux et Macaya ; Rapp. Cons. const. 2016, p. 55.*
2016	4 août	2016-737 DC. Loi pour la reconquête de la biodiversité, de la nature et des paysages (non-conformité partielle) : *JO 9 août ; AJDA 2016. 1605 ; Constitutions 2016. 487, chron. Foucher ; NCCC 2017, n° 54, p. 154, chron. Gahdoun ; RJ envir. 2016, n° 4, p. 597, note Makowiak ; ibid. 2017, n° 4, p. 693, note Dellaux ; LPA 2017, n° 231, p. 15, chron. Verpeaux ; JCP 2018, n° 11, p. 506, chron. Verpeaux et Macaya ; Rapp. Cons. const. 2016, p. 56.*
2016	10 nov.	2016-738 DC. Loi visant à renforcer la liberté, l'indépendance et le pluralisme des médias (non-conformité partielle) : *JO 15 nov ; Constitutions 2016. 662, note de Bellescize ; JCP 2016, n° 47, p. 2124, note Derieux ; ibid. 2018, n° 11, p. 506, chron. Verpeaux et Macaya ; RFDC 2017. 465, chron. Gaïa ; LPA 2017, n° 233, p. 12, chron. Combrade ; Rapp. Cons. const. 2017, p. 24.*
2016	17 nov.	2016-739 DC. Loi de modernisation de la justice du XXIe siècle (non-conformité partielle – réserve) : *JO 19 nov. ; AJDA 2016. 2246 ; AJ fam. 2016. 587, étude Ferrié ; RTD civ. 2017. 107, obs. Hauser ; Constitutions 2016. 589, chron. Bergougnous ; ibid. 591, chron. Bachschmidt ; ibid. 2017. 97, chron. Egea ; NCCC 2017, n°s 55-56, p. 187, chron. Piazzon ; Rapp. Cons. const. 2017, p. 28.*
2016	8 déc.	2016-740 DC. Loi organique relative à la compétence du Défenseur des droits pour l'orientation et la protection des lanceurs d'alerte (non-conformité partielle) : *JO 10 déc. ; AJDA 2016. 2404 ; LPA 2017, n° 49, p. 1, note Chaltiel.*
2016	8 déc.	2016-741 DC. Loi relative à la transparence, à la lutte contre la corruption et à la modernisation de la vie économique (non-conformité partielle – réserve) : *JO 10 déc ; AJDA 2016. 2404 ; D. 2017. 881, obs. Ferrier ; Constitutions 2017. 52, chron. Bachschmidt ; ibid. 75, chron. Giacuzzo ; Rev. sociétés 2017. 121, obs. Lecourt ; RTD civ. 2017. 593, obs. Deumier ; Gaz. Pal. 2016, n° 12, p. 71, note Dondero ; NCCC 2017, n°s 55-56, p. 151, chron. Peltier et Bonis ; ibid., p. 198, chron. Piazzon ;*

		ibid., p. 247, chron. Austry ; LPA 2017, n° 234, p. 13, chron. Verpeaux ; JCP 2018, n° 11, p. 506, chron. Verpeaux et Macaya ; Rapp. Cons. const. 2017, p. 20.
2016	22 déc.	2016-742 DC. Loi de financement de la sécurité sociale pour 2017 (non-conformité partielle) : *JO 24 déc. ; Dr. soc. 2017. 183, obs. Barthélémy ; NCCC 2017, n°s 55-56, p. 201, chron. Piazzon ; ibid., p. 223, chron Gahdoun ; LPA 2017, n° 231, p. 18, chron. Baghestani ; JCP 2018, n° 11, p. 506, chron. Verpeaux et Macaya.*
2016	29 déc.	2016-743 DC. Loi de finances rectificative pour 2016 (non-conformité partielle) : *JO 30 déc. ; AJDA 2017. 8 ; AJCT 2017. 37. Prat. Houser ; RFDC 2017. 472, chron. Olivia ; NCCC 2017, n°s 55-56, p. 201, chron. Piazzon ; ibid., p. 246 et 249, chron. Austry ; LPA 2017, n° 231, p. 18, chron. Baghestani ; JCP 2018, n° 11, p. 506, chron. Verpeaux et Macaya.*
2016	29 déc.	2016-744 DC. Loi de finances pour 2017 (non-conformité partielle – réserve) : *JO 30 déc. ; AJDA 2017. 9 ; AJCT 2017. 37. Prat. Houser ; RFDC 2017. 472, chron. Olivia ; NCCC 2017, n°s 55-56, p. 245, chron. Austry ; LPA 2017, n° 231, p. 18, chron. Baghestani ; ibid., n° 234, p. 7, chron. Baghestani ; JCP 2018, n° 11, p. 506, chron. Verpeaux et Macaya ; Rapp. Cons. const. 2017, p. 22.*
2017	19 janv.	2016-746 DC. Loi organique relative aux autorités administratives indépendantes et autorités publiques indépendantes (conformité) : *JO 21 janv. ; AJDA 2017. 142 ; NCCC 2017, n°s 55-56, p. 234, chron. Gahdoun ; Constitutions 2017. 55, chron. Bachschmidt ; Rapp. Cons. const. 2017, p. 22.*
2017	26 janv.	2016-745 DC. Loi relative à l'égalité et à la citoyenneté (non-conformité partielle) : *JO 28 janv. ; AJDA 2017. 198 ; ibid. 812, note Legrand ; ibid. 313, note Cassard-Valembois ; D. 2017. 686, note Farah Safi ; AJ fam. 2017. 90, obs. Avena-Robardet ; Constitutions 2017. 49, chron. Bergougnous ; ibid. 52, chron. Bachschmidt ; JCP 2017, n° 6, p. 271, note Derieux ; LPA 2017, n° 60, p. 6, note Chaltiel ; ibid., n° 62, p. 6, note Dounot ; NCCC 2017, n°s 55-56, p. 129, chron. Bonnet et Roblot-Troizier ; ibid., n°s 55-56, p. 205, chron. Piazzon ; RFDC 2017. 713, chron. Hutier et Michel.*
2017	16 mars	2017-747 DC. Loi relative à l'extension du délit d'entrave à l'interruption volontaire de grossesse (conformité – réserves) : *JO 21 mars ; Constitutions 2017. 285, chron. Cottereau ; JCP 2017, n° 14, p. 650, note Detraz ; NCCC 2017, n°s 55-56, p. 129 et 140, chron. Bonnet et Roblot-Troizier ; ibid., n°s 55-56, p. 209, chron. Piazzon ; Dr. pén. 2017, n° 6, p. 17, note A. Lepage ; Rapp. Cons. const. 2017, p. 31.*
2017	16 mars	2017-748 DC. Loi relative à la lutte contre l'accaparement des terres agricoles et au développement du biocontrôle (non-conformité partielle) : *JO 21 mars ; AJDA 2017. 603 ; Constitutions 2017. 264, chron. Giacuzzo ; NCCC 2017, n°s 55-56, p. 236, chron. Gahdoun ; RDLC 2017, n° 4, p. 181.*
2017	23 mars	2017-750 DC. Loi relative au devoir de vigilance des sociétés mères et des entreprises donneuses d'ordre (non-conformité partielle) : *JO*

		28 mars ; Constitutions 2017. 234, chron. Bachschmidt ; ibid. 291, chron. Mathieu ; NCCC 2017, n°s 55-56, p. 212, chron. Piazzon ; Rapp. Cons. const. 2017, p. 21.
2017	31 juill.	2017-749 DC. Accord économique et commercial global entre le Canada, d'une part, et l'Union européenne et ses États membres, d'autre part (conformité) : *JO 11 août ; D. 2017. 1656 ; ibid. 2378, point de vue Roux ; AJDA 2017. 2008, note Bonnet ; JCP 2017, n° 41, p. 1821, note Roux ; ibid. 2019, n° 13, p. 618, chron. Verpeaux et Macaya ; Europe 2017, n°s 8-9, p. 1, note Simon ; NCCC 2018, n° 58, p. 118, note Gahdoun ; RFDC 2018. 173, chron. Magnon ; LPA 2018, n° 73, p. 6, note Chaltiel.*
2017	7 sept.	2017-751 DC. Loi d'habilitation à prendre par ordonnances les mesures pour le renforcement du dialogue social (conformité) : *JO 16 sept. ; Constitutions 2017. 401, chron. Bachschmidt ; NCCC 2018, n° 58, p. 97, note Piazzon ; Rapp. Cons. const. 2017, p. 34 ; JCP 2019, n° 13, p. 618, chron. Verpeaux et Macaya.*
2017	8 sept.	2017-752 DC. Loi pour la confiance dans la vie politique (non-conformité partielle-réserve) : *JO 16 sept. ; AJDA 2017. 1692 ; AJCT 2017. 416, obs. Dyens ; Constitutions 2017. 399, chron. Bachschmidt ; JCP 2017, n° 38, p. 1645 ; JCP 2017, n° 42, p. 1900, note Braconnier et Corneville ; ibid. 2019, n° 13, p. 618, chron. Verpeaux et Macaya ; Dr. adm. 2017, n° 10, p. 3, note Roux ; Procédures 2017, n° 11, p. 35, note Ayrault ; NCCC 2018, n° 58, p. 89, note Peltier ; ibid., p. 120, note Gahdoun ; LPA 2017, n° 249, p. 7, note Zarka ; Rapp. Cons. const. 2017, p. 36.*
2017	8 sept.	2017-753 DC. Loi organique pour la confiance dans la vie politique (non-conformité partielle-réserve-déclassement organique) : *JO 16 sept. ; AJDA 2017. 1692 ; AJCT 2017. 416, obs. Dyens ; Constitutions 2017. 399, chron. Bachschmidt ; ibid. 603, chron. Sztulman ; JCP 2017, n° 42, p. 1900, note Braconnier et Corneville ; ibid., n° 39, note Gicquel ; ibid. 2019, n° 13, p. 618, chron. Verpeaux et Macaya ; Dr. adm. 2017, n° 10, p. 3, note Roux ; Dr. adm. 2017, n° 10, p. 3, note Roux ; Procédures 2017, n° 11, p. 35, note Ayrault ; LPA 2017, n° 249, p. 7, note Zarka ; Rapp. Cons. const. 2017, p. 36.*
2017	26 oct.	2017-754 DC. Résolution modifiant le règlement de l'Assemblée nationale (conformité) : *JO 29 oct. ; JCP 2017, n° 49, p. 2217, note Gicquel.*
2017	*29 nov.*	2017-755 DC. Loi de finances rectificative pour 2017 (conformité) : *JO 2 déc. ; RFDC 2018. 466, chron. Oliva ; JCP 2019, n° 13, p. 618, chron. Verpeaux et Macaya.*
2017	21 déc.	2017-756 DC. Loi de financement de la sécurité sociale pour 2018 (non-conformité partielle) : *JO 31 déc. ; AJ fam. 2018. 6, obs. Viney ; Constitutions 2018. 49, chron. Bachschmidt ; RFDC 2018. 443, chron. Oliva ; Rapp. Cons. const. 2018, p. 24.*
2017	28 déc.	2017-758 DC. Loi de finances pour 2018 (non-conformité partielle) : *JO 31 déc. ; AJDA 2018. 4 ; ibid. 720, étude Cabannes ; AJCT 2018. 32.*

		Prat. Houser ; Constitutions 2018. 49, chron. Bachschmidt ; RFDC 2018. 452, chron. Oliva ; Rapp. Cons. const. 2018, p. 26 ; JCP 2019, n° 13, p. 618, chron. Verpeaux et Macaya.
2017	28 déc.	2017-759 DC. Loi de finances rectificative pour 2017 (non-conformité partielle) : *JO 29 déc. ; AJCT 2018. 32. Prat. Houser ; JCP 2019, n° 13, p. 618, chron. Verpeaux et Macaya.*
2018	16 janv.	2017-757 DC. Résolution du Sénat pérennisant et adaptant la procédure de législation en commission (conformité-réserve) : *JO 20 janv. ; Rapp. Cons. const. 2018, p. 28.*
2018	18 janv.	2017-760 DC. Loi de programmation des finances publiques pour les années 2018 à 2022 (conformité) : *JO 23 janv. ; AJDA 2018. 132 ; ibid. 720, étude Cabannes ; AJCT 2018. 180. Actu. Houser ; Constitutions 2018. 271, chron. Waserman ; RFDC 2018. 462, chron. Oliva ; Rapp. Cons. const. 2018, p. 29.*
2018	8 mars	2018-763 DC. Loi relative à l'orientation et à la réussite des étudiants (conformité) : *JO 9 mars ; AJDA 2018. 537 ; ibid. 813, note Legrand ; LPA 2018, n° 82, p. 6, note Rabault ; Rapp. Cons. const. 2018, p. 30.*
2018	15 mars	2018-762 DC. Loi permettant une bonne application du régime d'asile européen (conformité) : *JO 21 mars ; AJDA 2018. 600 ; Constitutions 2018. 132, chron. Pouly ; Rapp. Cons. const. 2018, p. 32.*
2018	21 mars	2018-761 DC. Loi ratifiant diverses ordonnances prises sur le fondement de la loi n° 2017-1340 du 15 septembre 2017 d'habilitation à prendre par ordonnances les mesures pour le renforcement du dialogue social (non-conformité partielle-réserve) : *JO 31 mars ; D. 2018. 2203, obs. Lokiec et Porta ; Dr. soc. 2018. 677, tribune Radé ; ibid. 682, étude Bauduin ; ibid. 688, étude Fabre ; ibid. 694, étude Pagnerre ; ibid. 702, étude Mouly ; ibid. 708, étude Verkindt ; ibid. 713, étude Loiseau ; ibid. 718, étude Baugard et Morin ; ibid. 726, étude Radé ; ibid. 732, étude Gahdoun ; ibid. 739, étude He ; RDT 2018. 666, étude Champeil-Desplats ; Titre VII, sept. 2018, n° 1, chron. Piazzon ; Rapp. Cons. const. 2018, p. 34.*
2018	19 avr.	2018-764 DC. Loi organique relative à l'organisation de la consultation sur l'accession à la pleine souveraineté de la Nouvelle-Calédonie (conformité) : *JO 20 avr. ; AJDA 2018. 880.*
2018	12 juin	2018-765 DC. Loi relative à la protection des données à caractère personnel (non-conformité partielle) : *JO 21 juin ; AJDA 2018. 1191 ; Rapp. Cons. const. 2018, p. 36 ; RTD eur. 2018. 830, obs. Ritleng ; RFDC 2018. 979, chron. Griffaton-Sonnet.*
2018	21 juin	2018-766 DC. Loi relative à l'élection des représentants au Parlement européen (non-conformité partielle) : *JO 26 juin ; AJDA 2018. 1309 ; ibid. 2199, note Brunet ; Titre VII, sept. 2018, n° 1, chron. Gahdoun.*
2018	*5 juill.*	*2018-767 DC. Règlement du Sénat : résolution relative aux obligations déontologiques et à la prévention des conflits d'intérêts des sénateurs (conformité, réserve) : JO 7 juill. ; AJDA 2018. 1426 ; Constitutions 2018. 228, chron. Bachschmidt ; JCP 2018, nos 30-35, p. 1450, note Gicquel.*

2018	26 juill.	2018-768 DC. Loi relative à la protection du secret des affaires (conformité) : *JO 31 juill. ; RDT 2018. 666, étude Champeil-Desplats ; Rapp. Cons. const. 2018, p. 38 ; Titre VII, avr. 2019, n° 2, chron. Piazzon.*
2018	4 sept.	2018-769 DC. Loi pour la liberté de choisir son avenir professionnel (non-conformité partielle) : *JO 6 sept. ; AJDA 2018. 1640 ; AJCT 2019. 56, obs. M. Beye ; Constitutions 2018. 374, chron. Bachschmidt ; Titre VII, avr. 2019, n° 2, chron. Piazzon.*
2018	6 sept.	2018-770 DC. Loi pour une immigration maîtrisée, un droit d'asile effectif et une intégration réussie (non-conformité partielle – réserve) : *JO 11 sept. ; AJDA 2018. 1703 ; ibid. 2401, note Mouzet ; AJ fam. 2018. 494, obs. Avena-Robardet ; Constitutions 2018. 379, chron. Derosier ; ibid. 421, chron. Imbert ; ibid. 426, chron. Pouly ; Titre VII, avr. 2019, n° 2, chron. Cartier et Derosier ; ibid., chron. Piazzon.*
2018	25 oct.	2018-771 DC. Loi pour l'équilibre des relations commerciales dans le secteur agricole et alimentaire et une alimentation saine, durable et accessible à tous (non-conformité partielle) : *JO 1er nov. ; AJDA 2018. 2107 ; Titre VII, avr. 2019, n° 2, chron. Piazzon.*
2018	15 nov.	2018-772 DC. Loi portant évolution du logement, de l'aménagement et du numérique (non-conformité partielle) : *JO 24 nov. ; AJDA 2018. 2269 ; Constitutions 2019. 248, chron. Domingo ; LPA 2019, n° 19, p. 7, note Battistini ; Titre VII, avr. 2019, n° 2, chron. Gahdoun.*
2018	10 déc.	2018-775 DC. Loi de finances rectificative pour 2018 (conformité) : *JO 11 déc.*
2018	20 déc.	2018-773 DC. Loi relative à la lutte contre la manipulation de l'information (conformité – réserve) : *JO 23 déc. ; AJDA 2019. 5 ; RFDC 2019. 721, chron. Chopplet ; Dr. adm. 2019, n° 8, p. 453, note Rambaud.*
2018	20 déc.	2018-774 DC. Loi organique relative à la lutte contre la manipulation de l'information (conformité – réserve) : *JO 23 déc. ; AJDA 2019. 5 ; Dr. adm. 2019, n° 8, p. 453, note Rambaud.*
2018	21 déc.	2018-776 DC. Loi de financement de la sécurité sociale pour 2019 (non-conformité partielle) : *JO 23 déc. ; AJDA 2019. 9.*
2018	28 déc.	2018-777 DC. Loi de finances pour 2019 (non-conformité partielle) : *JO 30 déc.*
2019	21 mars	2019-778 DC. Loi de programmation 2018-2022 et de réforme pour la justice (non-conformité partielle – réserve) : *JO 24 mars ; D. actu. 25 mars 2019, note Coustet ; AJ fam. 2019. 172, obs. Avena-Robardet ; AJDA 2019. 663 ; D. 2019. 910, obs. Lemouland et Vigneau ; Constitutions 2019. 40, chron. Bachschmidt ; RSC 2019, n° 4, p. 765, note Luciani-Mien ; RFDC 2019. 967, chron. Renoux, Ghevontian et Benessiano ; Gaz. Pal. 2019, n° 12, p. 5, note Garnerie ; JCP 2019, n° 13, p. 574, note Hannotin ; ibid., n° 14, p. 634, note Botton ; LPA 2019, n° 140, p. 3, note Derosier ; Dr. pén. 2019, n° 5, p. 19, note Peltier ; JCP adm. 2019, n° 28, p. 10, note Joye.*
2019	21 mars	2019-779 DC. Loi organique relative au renforcement de l'organisation des juridictions (conformité – réserve) : *JO 24 mars ; AJDA 2019. 663 ; Constitutions 2019. 39, chron. Bachschmidt.*

2019	4 avr.	2019-780 DC. Loi visant à renforcer et garantir le maintien de l'ordre public lors des manifestations (non-conformité partielle) : *JO 11 avr. ; AJDA 2019. 782 ; Constitutions 2019. 241, note Le Bot ; JA 2019, n° 598, p. 7, obs. Giraud ; Gaz. Pal. 2019, n° 17, p. 44, note Fourment ; Titre IV, oct. 2019, n° 3, note Derosier.*
2019	16 mai	2019-781 DC. Loi relative à la croissance et la transformation des entreprises (non-conformité partielle) : *JO 23 mai ; AJDA 2019. 1077 ; ibid. 1560, étude Carpentier ; Rev. sociétés 2019. 493, obs. François ; RFDA 2019. 763, chron. Roblot-Troizier ; Constitutions 2019. 364, chron. Esplugas-Labatut ; LPA 2019, p. 6, note Dufour ; Dr. envir. 2019, n° 278, p. 199, note Goffaux-Callebaut.*
2019	6 juin	2019-782 DC. Résolution renforçant les capacités de contrôle de l'application des lois (conformité) : *JO 7 juin.*
2019	27 juin	2019-783 DC. Loi organique portant modification du statut d'autonomie de la Polynésie française (non-conformité partielle – déclassement organique) : *JO 6 juill. ; AJDA 2019. 1376.*
2019	27 juin	2019-784 DC. Loi portant diverses dispositions institutionnelles en Polynésie française (non-conformité partielle) : *JO 6 juill. ; AJDA 2019. 1376 ; LPA 2019, n° 200, p. 10, note Camby.*
2019	4 juill.	2019-785 DC. Résolution modifiant le règlement de l'Assemblée nationale (non-conformité partielle – réserve) : *JO 6 juill. ; AJDA 2019. 1426 ; Constitutions 2019. 345, chron. Bachschmidt.*
2019	11 juill.	2019-786 DC. Résolution clarifiant et actualisant le règlement du Sénat (non-conformité partielle – réserve) : *JO 13 juill. ; AJDA 2019. 1482 ; Constitutions 2019. 347, chron. Bachschmidt ; JCP 2019, n°s 30-35, p. 1462, note Gicquel.*
2019	25 juill.	2019-787 DC. Loi pour une école de la confiance (non-conformité partielle) : *JO 28 juill. ; AJDA 2019. 1613 ; AJCT 2019. 368, obs. Necib ; ibid. 2020. 28, Pratique Bompard.*
2019	25 juill.	2019-788 DC. Loi organique relative à la nomination du directeur général de l'Agence nationale de la cohésion des territoires (conformité) : *JO 28 juill.*
2019	25 juill.	2019-789 DC. Loi organique modifiant la loi organique n° 2010-837 du 23 juillet 2010 relative à l'application du cinquième alinéa de l'article 13 de la Constitution (conformité) : *JO 28 juill.*
2019	1er août	2019-790 DC. Loi de transformation de la fonction publique (conformité) : *JO 7 août ; AJDA 2019. 1669 ; AJCT 2019. 364, obs. Firoud ; AJFP 2019. 322 ; Titre VII, avr. 2020, n° 4, chron. Piazzon ; ibid., chron. Gahdoun.*
2019	7 nov.	2019-791 DC. Loi relative à l'énergie et au climat (conformité – réserve) : *JO 9 nov. ; AJDA 2019. 2270 ; Titre VII, avr. 2020, n° 4, chron. Piazzon.*
2019	28 nov.	2019-792 DC. Loi organique visant à clarifier diverses dispositions du droit électoral (conformité) : *JO 3 déc.*

2019	28 nov.	2019-793 DC. Loi visant à clarifier diverses dispositions du droit électoral (conformité) : *JO 3 déc.*
2019	20 déc.	2019-794 DC. Loi d'orientation des mobilités (non-conformité partielle) : *JO 26 déc. ; AJDA 2020. 9 ; ibid. 137, note Goesel-Le Bihan ; AJCT 2020. 5, obs. Necib ; RDT 2020. 42, obs. Gomes ; Constitutions 2019. 482, note Baschmidt ; ibid. 533, note Kamal-Girard ; Titre VII, avr. 2020, n° 4, chron. Derosier ; ibid., chron. Piazzon ; ibid., chron., Gahdoun ; JCP adm. 2020, n° 4, p. 3, note Pauliat ; JCP 2020, n° 10, p. 466, note Aguila ; RJS 2020, n° 3, p. 231 ; Dr. adm. 2020, n° 4, p. 11, noter Kerléo.*
2019	20 déc.	2019-795 DC. Loi de financement de la sécurité sociale pour 2020 (non-conformité partielle – réserve) : *JO 27 déc. ; AJDA 2020. 11 ; AJ fam. 2020. 4, obs. Viney ; Constitutions 2019. 482, note Baschmidt ; Titre VII, avr. 2020, n° 4, chron. Piazzon.*
2019	26 déc.	2019-796 DC. Loi de finances pour 2020 (non-conformité partielle) : *JO 29 déc. ; AJDA 2020. 5 ; AJ fam. 2020. 6 ; AJCT 2020. 32, Prat. Houser ; Constitutions 2019. 482, note Baschmidt ; Titre VII, avr. 2020, n° 4, chron. Piazzon ; RFDC 2020. 459, chron. Bachert-Peretti.*
2020	26 mars	2020-797 DC. Loi organique modifiant la loi organique n° 2010-837 du 23 juillet 2010 relative à l'application du cinquième alinéa de l'article 13 de la Constitution (conformité) : *JO 31 mars.*
2020	26 mars	2020-798 DC. Loi modifiant la loi n° 2010-838 du 23 juillet 2010 relative à l'application du cinquième alinéa de l'article 13 de la Constitution et prorogeant le mandat des membres de la Haute autorité pour la diffusion des œuvres et la protection des droits sur internet (conformité) : *JO 31 mars.*
2020	26 mars	2020-799 DC. Loi organique d'urgence pour faire face à l'épidémie de covid-19 (conformité) : *JO 31 mars ; AJDA 2020. 706 ; ibid. 839 ; ibid. 843 ; ibid. 1257, tribune Magnon ; RFDA 2020. 501, chron. Roblot-Troizier ; D. actu. 3 avr. 2020, note Benoit ; RFDC 2020. 669, chron. Vidal-Naquet ; JCP 2020, n° 15, p. 746, note Levade.*
2020	11 mai	2020-800 DC. Loi prorogeant l'état d'urgence sanitaire et complétant ses dispositions (non-conformité partielle – réserve) : *JO 12 mai ; AJDA 2020. 975 ; ibid. 1242, note Verpeaux ; D. 2020. 1262, obs. Maxwell et Zolynski ; AJCT 2020. 217, tribune Vial ; ibid. 220, obs. Benech ; ibid. 352, pratique Lasserre Capdeville ; D. actu. 26 mai 2020, note Zorn ; AJ fam. 2020. 329, obs. Mary ; RSC 2020. 297, obs. Pin ; JCP 2020, n°s 20-21, p. 974 ;* Titre VII, oct. 2020, n° 5, chron. Piazzon ; Gaz. Pal. 2020, n° 20, p. 16, note Gicquel ; RFDC 2020. 905, chron. *Bachert-Perreti, Magnon, Renoux et Vidal-Naquet.*
2020	18 juin	2020-801 DC. Loi visant à lutter contre les contenus haineux sur internet (non-conformité partielle) : *JO 25 juin ; AJ fam. 2020. 329, obs. Mary ; AJDA 2020. 1265 ; D. 2020. 1297 ; ibid. 1448, entretien Bigot ; Légipresse 2020. 336 ; D. Actu. 29 juin 2020, note Mariez et Godfrin ; AJ pénal 2020. 407, note Droin ; Dalloz IP/IT 2020. 542, étude Potier ; ibid. 577, obs. Bertrand et Sirinelli ; Titre VII, oct. 2020, n° 5, chron. Piazzon ; Gaz. Pal. 2020, n° 25, p. 16, note Quéméner.*

2020	9 juill.	2020-803 DC. Loi organisant la sortie de l'état d'urgence sanitaire (conformité) : *JO 10 juill. ; AJDA 2020. 2274, note Verpeaux ; Gaz. Pal. 2020, n° 14, p. 27, note Gicquel ; Titre VII, oct. 2020, n° 5, chron. Derosier et Cartier ; ibid., avr. 2021, n° 6, chron. Piazzon.*
2020	30 juill.	2020-802 DC. Loi organique portant report de l'élection de six sénateurs représentant les Français établis hors de France et des élections partielles pour les députés et les sénateurs représentant les Français établis hors de France (conformité) : *JO 4 août ; LPA 2020, n° 122, p. 4, note Camby.*
2020	7 août	2020-804 DC. Loi organique relative à la dette sociale et à l'autonomie (conformité – réserve) : *JO 8 août.*
2020	7 août	2020-805 DC. Loi instaurant des mesures de sûreté à l'encontre des auteurs d'infractions terroristes à l'issue de leur peine (non-conformité partielle) : *JO 11 août ; AJDA 2020. 2319, note Verpeaux ; ibid. 1817, tribune Goesel-Le Bihan ; D. 2020. 1869, note Beaussonie ; ibid. 1623 ; ibid. 1853, chron. Pradel ; ibid. 2407, point de vue Duvert ; D. actu. 31 août 2020, note Januel ; RSC 2020. 986, obs. Botton ; Gaz. Pal. 2020, n° 29, p. 5, note Garnerie ; JCP 2020, n° 38, p. 1567, note Grégoire ; Dr. pén. 2020, n° 10, p. 1, note Brenaut ; Titre VII, avr. 2021, n° 6, chron. V. Peltier.*
2020	7 août	2020-806 DC. Loi organique prorogeant le mandat des membres du Conseil économique, social et environnemental (conformité) : *JO 11 août.*
2020	13 nov.	2020-808 DC. Loi autorisant la prorogation de l'état d'urgence sanitaire et portant diverses mesures de gestion de la crise sanitaire (conformité – réserve) : *JO 15 nov. ; AJDA 2020. 293, note Goesel-Le Bihan ; Titre VII, avr. 2021, n° 6, chron. Piazzon.*
2020	3 déc.	2020-807 DC. Loi d'accélération et de simplification de l'action publique (non-conformité partielle) : *JO 7 déc. ; AJDA 2020. 2399 ; D. 2021. 388, obs. C. de droit et d'économie du sport (OMIJ-CDES) ; AJCT 2020. 553 ; Titre VII, avr. 2021, n° 6, chron. Gahdoun.*
2020	10 déc.	2020-809 DC. Loi relative aux conditions de mise sur le marché de certains produits phytopharmaceutiques en cas de danger sanitaire pour les betteraves sucrières (conformité) : *JO 15 déc. ; AJDA 2020. 2467 ; Titre VII, avr. 2021, n° 6, chron. Derosier.*
2020	21 déc.	2020-810 DC. Loi de programmation de la recherche pour les années 2021 à 2030 et portant diverses dispositions relatives à la recherche et à l'enseignement supérieur (non-conformité partielle – réserve) : *JO 26 déc. ; AJDA 2020. 2533 ; ibid. 2021. 553, étude Bonnet et Gahdoun ; D. 2021. 17 ; AJFP 2021. 67 ; Titre VII, avr. 2021, n° 6, chron. Derosier.*
2020	21 déc.	2020-811 DC. Loi organique relative aux délais d'organisation des élections législatives et sénatoriales partielles (conformité) : *JO 26 déc. ; JCP 2021, n° 4, p. 147, note Verpeaux.*
2020	28 déc.	2020-813 DC. Loi de finances pour 2021 (non-conformité partielle) : *JO 31 déc. ; AJCT 2021. 26, Pratique Houser ; Titre VII, avr. 2021, n° 6, chron. Piazzon.*

2021	14 janv.	2020-812 DC. Loi organique relative au Conseil économique, social et environnemental (conformité - réserve - déclassement organique) : *JO 16 janv. ; AJDA 2021. 120.*
2021	25 mars	2021-815 DC. Loi organique portant diverses mesures relatives à l'élection du Président de la République (conformité - déclassement organique) : *JO 30 mars.*
2021	1er avr.	2021-814 DC. Résolution modifiant le règlement de l'Assemblée nationale en ce qui concerne l'organisation des travaux parlementaires en période de crise (non-conformité totale) : *JO 3 mars ; AJDA 2021. 770.*
2021	15 avr.	2021-816 DC. Loi organique relative à la simplification des expérimentations mises en œuvre sur le fondement du quatrième alinéa de l'article 72 de la Constitution (conformité) : *JO 20 avr.*
2021	20 mai	2021-817 DC. Loi pour une sécurité globale préservant les libertés (non-conformité - réserve) : *JO 26 mai ; AJDA 2021. 1063 ; D. 2021. 1030.*
2021	21 mai	2021-818 DC. Loi relative à la protection patrimoniale des langues régionales et à leur promotion (non-conformité partielle) : *JO 23 mai ; AJDA 2021. 1062.*
2021	31 mai	2021-819 DC. Loi relative à la gestion de la sortie de crise sanitaire (conformité - réserve) : *JO 1er juin.*

Décisions du Conseil constitutionnel: Question prioritaire de constitutionnalité (décisions QPC)

NOTA. Ce tableau a pour objectifs de:
- lister les QPC en donnant les références bibliographiques correspondantes ;
- remémorer les principales dispositions des décisions ;
- mentionner la ou les décisions de renvoi avec les références bibliographiques correspondantes ;
- lister les principales applications des QPC.

2010	28 mai	**Cristallisation des pensions** **2010-1 QPC**. Cts Labane: *JO 29 mai, p. 9728 ; Rec. Cons. const. 91 ; GDCC, 16e éd., n° 45 ; D. 2010. 1354, note Lavric ; ibid. Pan. 1721, obs. L. G. ; RTD civ. 2010. 517, note Puig ; Constitutions 2010. 390, obs. Levade ; ibid. 441, note Slama ; AJDA 2010. 1606, note Dord ; RFDA 2010. 717, note Katz ; RDSS 2010. 1061, étude Gay ; JCP 2010, n° 23, p. 1185, obs. Mathieu ; Rev. pol. parl. 2010, n° 1056, p. 142, note Sabète ; Politeia 2010, n° 17, p. 263, note Katz ; RFDC 2011. 865, note Magnon ; GADLF, nos 46-47* : – **LFR n° 81-734 du 3 août 1981, art. 26 ; LFR n° 2002-1576 du 30 déc. 2002, art. 68 ; LF n° 2006-1666 du 21 déc. 2006, art. 100**. – *Précision procédurale:* Le Cons. const. refuse d'apprécier les conditions de recevabilité de la QPC. Il se prononce uniquement sur les dispositions renvoyées par le CE. – Méconnaissance du principe d'égalité (DDH, art. 6). L'objet des LFR 1981, art. 26 et L. 2002, art. 68 est de garantir aux titulaires de pensions civiles et militaires de retraite, selon leur lieu de résidence à l'étranger au moment de l'ouverture de leurs droits, des conditions de vie en rapport avec la dignité des fonctions exercées au service de l'État. Le législateur peut fonder une différence de traitement sur le lieu de résidence en tenant compte des différences de pouvoir d'achat mais il ne peut établir de différences selon la nationalité entre les titulaires de ces pensions résidant dans un même pays étranger. L'abrogation de ces 2 art. a pour effet d'exclure les ressortissants algériens du champ des dispositions de l'art. 100 de la LF de 2006. Il en résulte une différence de traitement fondée sur la nationalité. Par voie de conséquence, le Cons. const. censure cet art. afin de rétablir l'égalité entre les prestations versées aux anciens combattants français ou étrangers. – **Non-conformité totale avec effet différé** à compter du 1er janv. 2011 (abrogation de LFR n° 81-734 du 3 août 1981, art. 26, de LFR n° 2002-1576 du 30 déc. 2002, art. 68 à l'exception du § VII et de LF n° 2006-1666 du 21 déc. 2006, art. 100, à l'exception du § V), sursis à statuer des juridictions jusqu'au 1er janv. 2011 dans les instances dont l'issue dépend de l'application de ces dispositions et injonction au législateur de prévoir une application des nouvelles dispositions à ces instances en cours à la date de cette 1re QPC. – **Décision de renvoi :** CE, QPC, 14 avr. 2010, *Labane*, n° 336753 A : *AJDA 2010. 756 ; ibid. 1018, concl. Courrèges ; ibid. 1355, chron. Liéber et Botteghi ; ibid. 2014. 121, chron. de Boisdeffre ; D. 2010. 1061, note Levade ; RFDA 2010. 717, note Katz ; Constitutions 2010. 218, obs. Mathieu ; ibid. 390, obs. Levade.* – **Applications de la décision :** LF n° 2010-1657 du 29 déc. 2010, art. 211.

		– CE 23 juill. 2010, *M. Baba Sada A.*, n° 318386. – CE 25 oct. 2010, *Min. de la défense*, n° 329614. – CE 30 mars 2011, *Min. du budget, des comptes publics et de la fonction publique c/ Diallo*, n° 312346 A. – CE, ass.,13 mai 2011, *Mme M'Rida*, n° 316734 A : *AJDA 2011. 988 ; ibid. 1136, chron. Domino et Bretonneau ; D. 2011. 1422 ; RFDA 2011. 789, concl. Geffray ; ibid. 806, note Verpeaux.* – CE 3 oct. 2011, *Min. de la défense et des anciens combattants c/ Cts Diémé*, n° 328328 B. – CE 21 oct. 2011, *Cts Chenouf*, n° 314268 B : *JCP Adm. 2011. 684.* – CE 28 mars 2012, *Épx. Labane*, n° 336753 B. – CE 6 déc. 2012, *Min. de la défense et des anciens combattants c/ Mme Amyn veuve Chahid*, n° 342215 B : *AJDA 2012. 2356 ; Gaz. Pal. 2012, n°s 354-355, p. 30 ; ibid. 2013, n°s 97-99, p. 16, note Domino.*
2010	28 mai	**Associations familiales** **2010-3 QPC**. Union des familles en Europe : *JO 29 mai, p. 9730 ; Rec. Cons. const. 97 ; AJDA 2010. 1606, note Dord ; RDSS 2010. 1061, étude Gay ; JCP 2010, n° 23, p. 1185, obs. Mathieu* : – **CASF, art. L. 211-3, al. 3.** – Représentation des associations familiales auprès des pouvoirs publics. – Absence de méconnaissance du principe d'égalité devant la loi (DDH, art. 6). L'Union nationale (UNAF) et les unions départementales des associations familiales (UDAF) ne se trouvent pas dans la même situation que celle des associations familiales qui peuvent y adhérer. L'objectif du législateur en reconnaissant la représentativité de l'UNAF et des UDAF est d'assurer une représentation officielle des familles auprès des pouvoirs publics à travers une association instituée par la loi qui regroupe toutes les associations familiales désirant y adhérer. Le législateur a poursuivi un but d'intérêt général. – Absence d'atteinte à la liberté d'expression (DDH, art. 11). Absence de monopole de représentation de l'UNAF et des UDAF. – Absence d'atteinte à la liberté d'association (PFRLR). Constitution libre d'associations familiales, liberté d'adhésion à l'UNAF ou aux UDAF, liberté de regroupement. – **Conformité**. – **Décision de renvoi :** CE, QPC, 14 avr. 2010, *Union des familles en Europe*, n° 323830 A : *Lebon 107 ; AJDA 2010. 756 ; ibid. 1013, concl. Courrèges ; ibid. 1355, chron. Liéber et Botteghi ; D. 2010. 1061, note Levade ; Constitutions 2010. 218, obs. Mathieu.* – **Application de la décision :** CE 2 mars 2011, *Union des familles en Europe*, n° 323830 B : *AJDA 2011. 477 ; ibid. 964, concl. Landais.*
2010	11 juin	**Loi « anti-Perruche »** **2010-2 QPC**. Mme Lazare : *JO 12 juin, p. 10847 ; Rec. Cons. const. 105 ; D. 2010. 1976, note Vigneau ; ibid. 1980, note Bernaud et Gay ; ibid. 2086, chron. Sainte-Rose et Pédrot ; ibid. 2011. 2565, obs. Laude ; Constitutions 2010. 391, obs. Levade ; ibid. 403, note De Baecke ; ibid. 427, obs. Bioy ; RFDA 2010. 696, note de Salins ; AJDA 2010. 1178 ; RDSS 2010. 127, note Pellet ; ibid. 2011. 749, note Cristol ; RTD civ. 2010. 517, obs. Puig ; LPA 2010, n° 150, p. 4, note Hamon ; ibid. 2011,*

		n° 150, p. 7, note Chaltiel ; Dr. fam. 2010, n°s 7-8, p. 2, note Larribau-Terneyre ; ibid., n° 12, p. 19, note Nefussy-Venta ; JCP 2010, n° 25, p. 1294 ; JCP Adm. 2011, n° 29, p. 29, note Pacteau ; Gaz. Pal. 2010, n°s 286-287, p. 12, note Mahé et Robert ; RFDC 2011. 869, note Magnon : – **CASF, art. L. 114-5 et L. n° 2005-102 du 11 févr. 2005, art. 2-II, § 2.** – Régime de responsabilité. Enfant né handicapé. – Absence d'atteinte au principe de responsabilité ou au droit à un recours juridictionnel : *CASF, art. L. 114-5, al. 1er* (interdiction de se prévaloir d'un préjudice du seul fait de sa naissance). Cet al. n'exonère pas les professionnels et établissements de santé de toute responsabilité. Si leur faute a pour seul effet de priver la mère de la faculté d'exercer, en toute connaissance de cause, la liberté d'interrompre sa grossesse, l'enfant n'a pas d'intérêt légitime à demander réparation des conséquences de cette faute. Si la faute invoquée n'est pas à l'origine du handicap de naissance, l'enfant peut demander réparation : **Conformité**. – Absence d'atteinte au principe de responsabilité et au principe d'égalité. La limitation du préjudice indemnisable est décidée par le législateur : *CASF, art. L. 114-5, al. 3*. Cet art. ne revêt pas un caractère disproportionné au regard des buts poursuivis. Le législateur a pris en considération des difficultés inhérentes au diagnostic prénatal et a exclu de certains préjudices (charges particulières découlant, tout au long de la vie de l'enfant, de son handicap). En revanche, cet art. n'exonère pas les professionnels et établissements de santé de toute indemnisation. La compensation des charges particulières découlant, tout au long de la vie de l'enfant de son handicap relève de la solidarité nationale : **Conformité**. – *L. n° 2005-102 du 11 févr. 2005, art. 2-II, § 2* : Applicabilité du CASF, art. L. 114-5 aux instances en cours le 7 mars 2002. Il est possible de modifier rétroactivement une règle de droit ou de valider un acte à condition de poursuivre un but d'intérêt général suffisant. En l'espèce, des motifs d'intérêt général pouvaient justifier l'application de nouvelles règles pour les instances à venir relatives aux situations juridiques nées antérieurement mais ces motifs ne pouvaient justifier des modifications aussi importantes aux droits des personnes qui, antérieurement à cette date, avaient engagé une procédure pour l'obtention de la réparation de leur préjudice : **Non-conformité**. – **Non-conformité partielle.** Conformité du CASF, art. L. 114-5 et censure des dispositions prévoyant leur application immédiate aux instances en cours (L. n° 2005-102 du 11 févr. 2005, art. 2-II, § 2). – **Décision de renvoi :** CE, QPC, 14 avr. 2010, *Mme Lazare*, n° 329290 A : *AJDA 2010. 756 ; ibid. 1355, chron. Liéber et Botteghi ; D. 2010. 1061, note Levade ; ibid. 2086, chron. Sainte-Rose et Pédrot ; RFDA 2010. 696, concl. de Salins ; Constitutions 2010. 218, obs. Mathieu ; ibid. 391, obs. Levade.* – **Applications de la décision :** CE, ass., 13 mai 2011, *Mme Lazare*, n° 329290 A : *AJDA 2011. 991 ; ibid. 1136, chron. Domino et Bretonneau ; D. 2011. 1482 ; RFDA 2011. 772, concl. Thiellay ; ibid. 806,*

		note Verpeaux ; RDSS 2011. 749, note Cristol ; Constitutions 2011. 403, obs. Bioy ; RTD civ. 2012. 71, obs. Deumier ; JCP Adm. 2011. 2257, note Pacteau. – CE, ass., 13 mai 2011, *Mme Delannoy et M. Verzele*, n° 317808 A : *AJDA 2011. 991 ; ibid. 1136, chron. Domino et Bretonneau ; RFDA 2011. 772, concl. Thiellay ; ibid. 806, note Verpeaux ; RDSS 2011. 749, note Cristol ; Constitutions 2011. 403, obs. Bioy.* – Civ. 1re, 15 déc. 2011, n° 10-27.473 P : *D. 2012. 12, obs. Gallmeister, ibid. 323, note Vigneau ; ibid. 297, chron. Maziau ; RFDA 2012. 364, avis Chevalier ; RDSS 2012. 366, note Cristol ; RTD civ. 2012. 75, obs. Deumier ; Constitutions 2012. 30, note Couronne ; JCP Adm. 2012, n° 2, p. 56, note Melleray ; Dr. adm. 2012. n° 2, p. 57, note Malleray.* – CE 31 mars 2014, *Centre hospitalier de Senlis*, n° 345812 B : *D. 2014. 1578, note Bucher.*
2010	11 juin	**Incapacité électorale** **2010-6/7 QPC**. M. Stéphane A. et a. : *JO 12 juin, p. 10849 ; Rec. Cons. const. 111 ; D. 2010. 1560 ; ibid. 2011. Pan. 1713, obs. Bernaud et Gay ; ibid. 2732, obs. Roujou de Boubée, Garé et Mirabail ; AJDA 2010. 1172 ; ibid. 1831, note Maligner ; ibid. 1849, note Perrin ; Constitutions 2010. 454, note Ghévonthian ; ibid. 2011. 531, obs. Darsonville ; AJ pénal 2010. 392, obs. Perrier ; RSC 2011. 182, obs. de Lamy ; RTD com. 2010. 815, obs. Bouloc ; Dr. pénal 2010, nos 7-8, p. 31, note Robert ; JCP 2010, n° 25, p. 1294, note Del Prete ; RLCT 2010, n° 60, p. 33, note Dutrieux ; Gaz. Pal. 2010, nos 304-308, p. 12, note Mogin-Archambeaud ; ibid., n° 336, p. 19, note Sordino* : – **C. élect., art. L. 7.** – Interdiction d'inscription sur les listes électorales, emportant inéligibilité automatique de 5 ans, pour les personnes condamnées à un certain nombre d'infractions. – Méconnaissance du principe d'individualisation des peines (DDH, art. 8). Le C. élect., art. L. 7, prévoit une sanction ayant le caractère d'une punition. Cette peine privative de l'exercice du droit de suffrage est attachée de plein droit à diverses condamnations pénales. Le juge qui décide de ces mesures doit la prononcer. Il ne peut faire varier sa durée, or ce type de peines automatiques est prohibé. – **Non-conformité totale.** Abrogation de l'art. L. 7 C. élect. : possibilité pour les intéressés de demander, à compter de la publication de la décision, leur inscription immédiate sur la liste électorale. – **Décisions de renvoi :** Cass., QPC, 7 mai 2010, 2 arrêts, nos 10-90.034 et 09-86.425 : *AJDA 2010. 986 ; Dr. pénal 2010, n° 84, note Robert.* – **Applications de la décision :** Crim. 16 juin 2010, n° 09-86.558 : *Cah. Cons. const. 2011, n° 32, p. 198, chron. Maligner.* – Crim. 5 juill. 2010, n° 09-86.558 : *Cah. Cons. const. 2011, n° 32, p. 198, chron. Maligner.* – Crim. 23 juin 2010, n° 09-86.425 P : *RTD com. 2011. 184, obs. Bouloc ; Cah. Cons. const. 2011, n° 32, p. 198, chron. Maligner.* – Civ. 2e, 9 déc. 2010, n° 10-60.206 P : *D. 2011. 14 ; Cah. Cons. const. 2011, n° 32, p. 198, chron. Maligner.*

2010	18 juin	**Fiscalité. Incompétence négative** **2010-5 QPC**. SNC Kimberly Clark : *JO 19 juin, p. 1149 ; Rec. Cons. const. 114 ; GDCC, 16e éd., n° 46 ; AJDA 2010. 1235 ; D. 2010. 1622 ; ibid. 2011. 1713, obs. Bernaud et Gay ; Constitutions 2010. 419, note de la Mardière ; ibid. 597 ; note Barilari ; RFDA 2010. 704, note Boucher ; RD fisc. 2010, n° 48, p. 16, note Grau ; RFFP 2017, n° 137, p. 241, note Mouriesse ; GADLF, nos 49-50* : – **CGI, art. 273, 1, al. 3**. – Règles de déductibilité en matière de TVA. Fixation par Décr. de la date des déductions. Incompétence négative en matière fiscale. – *Précision procédurale :* Fixation d'une règle de principe. Il est possible d'invoquer la méconnaissance par le législateur de sa propre compétence à l'appui d'une QPC dans le cas où est affecté un droit ou une liberté garanti par la Const. mais il est impossible de l'invoquer à l'encontre d'une disposition législative antérieure à la Const. – Les dispositions concernant les règles de consentement à l'impôt (DDH, art. 14) sont mises en œuvre par la Const., art. 34. Elles n'instituent pas un droit ou une liberté invocable à l'appui d'une QPC. – Absence d'atteinte au droit de propriété (DDH, art. 2 et 17) en ce qui concerne la fixation des délais de déduction fiscale par Décr. – **Conformité**. – **Décision de renvoi :** CE, QPC, 23 avr. 2010, *SNC Kimberly Clark*, n° 327166 B : *AJDA 2010. 1355, chron. Liéber et Botteghi ; RFDA 2010. 704, concl. Boucher*. – **Applications de la décision :** CE 9 juill. 2010, *SA Genefim*, n° 317086 B : *AJCT 2010. 41, obs. Cabannes*. – CE 19 déc. 2012, *SNC Kimberly Clark*, n° 327166.
2010	18 juin	**Faute inexcusable de l'employeur** **2010-8 QPC**. Épx L. : *JO 19 juin, p. 11150 ; Rec. Cons. const. 117 ; Constitutions 2010. 413, note Radé ; AJDA 2010. 1232 ; D. 2010. 1634 ; ibid. 459, note Porchy-Simon ; ibid. 2011. Pan. 1720, obs. L. G. ; RDT 2011. 186, obs. Pignarre ; RDSS 2011. 76, note Brimo ; Gaz. Pal. 2010, nos 244-245, p. 14, note Rastoul ; ibid., nos 353-355, p. 6, note Bernfeld ; JCP S 2010, n° 37, p. 42, note Vachet ; ibid. 2011, n° 46, p. 20, note Humbert ; Dr. ouvrier 2010, n° 749, p. 639, note Badel ; Dr. soc. 2011. 1208, note Prétot ; RJEP 2011, n° 684, p. 26, note Dutheillet de Lamothe ; Politeia 2011, n° 19, p. 133, note Josso ; Rev. de médecine légale 2013, n° 1, p. 65, note Bouvet* : – **CSS, art. L. 451-1 et L. 452-2 à L. 452-5**. – Régime d'indemnisation des accidents du travail et des maladies professionnelles en cas de faute inexcusable de l'employeur. Plafonnement de l'indemnité. – Afin de concilier le droit des victimes d'actes fautifs d'obtenir la réparation de leur préjudice avec la mise en œuvre des exigences résultant du Préamb. Const. 1946, al. 11, le législateur pouvait instaurer un régime spécifique de réparation se substituant partiellement à la responsabilité de l'employeur : **Conformité**. – La dérogation au droit commun de la responsabilité pour faute, résultant des règles relatives aux prestations et indemnités versées par la sécurité sociale, compte tenu de la situation particulière du salarié dans

		le cadre de son activité professionnelle est en rapport direct avec l'objectif de réparation des accidents du travail et des maladies professionnelles : **Conformité**. – Absence de restrictions disproportionnées par rapport aux objectifs d'intérêt général poursuivis concernant la réparation forfaitaire de la perte de salaire ou de l'incapacité, l'exclusion de certains préjudices et l'impossibilité, pour la victime ou ses ayants droits, d'agir contre l'employeur si celui-ci n'a pas commis de faute inexcusable : **Conformité**. – Absence de restriction disproportionnée aux droits des victimes d'accident du travail ou de maladie professionnelle pour le plafonnement de l'indemnité destinée à compenser la perte de salaire résultant de l'incapacité : **Conformité**. – *Précision procédurale :* 1re réserve d'interprétation concernant une QPC. Ainsi, en présence d'une faute inexcusable de l'employeur, l'art. L. 452-3 CSS ne peut faire obstacle à ce que les victimes puissent demander à l'employeur, devant les juridictions de la sécurité sociale, réparation de l'ensemble des dommages non couverts par le livre IV CSS : **Réserve**. – **Conformité sous réserve.** Application immédiate de la réserve à toutes les affaires non jugées définitivement à la date de la publication de la décision. – **Décision de renvoi :** Crim., QPC, 7 mai 2010, n° 09-87.288. – **Applications de la décision :** CE 22 juin 2011, *Mme Colmez*, n° 320744 B : *AJDA 2011. 1295 ; AJFP 2011. 307 ; RDSS 2011. 970, obs. Cristol ; Cah. Cons. const. 2012, n° 35, p. 235, obs. Disant*. – Civ. 2e, 30 juin 2011, n° 10-19.475 P : *D. 2011. 1909 ; ibid. 2012. 901, obs. Lokiec et Porta*. – Crim. 3 janv. 2012, n° 09-87.288 P : *Dr. soc. 2012. 720, chron. Salomon et Martinel*. – Civ. 2e, 4 avr. 2012, n° 11-14.311 : *D. 2012. 1098, note Porchy-Simon*. – Civ. 2e, 4 avr. 2012, n° 11-18.014 P. – Civ. 2e, 4 avr. 2012, n° 11-10.308 : *D. 2012. 1013*. – Civ. 2e, 4 avr. 2012, n° 11-15.393 P. – Civ. 2e, 13 févr. 2014, n° 13-10.548 P : *Procédures 2014, n° 4, p. 24, note Bugada*.
2010	2 juill.	**Rétention de sûreté** **2010-9 QPC**. Section française de l'Observatoire international des prisons : *JO 3 juill., p. 12120 ; Rec. Cons. const. 128 ; AJDA 2010. 1340 ; D. 2010. 1714 ; Constitutions 2010. 541, note Disant ; RSC 2011. 193, chron. Lazerges* : – **C. pr. pén., art. 706-53-21**. – *Précision procédurale* relative à l'interprétation de l'art. 23-2-2° de l'Ord. n° 58-1067 du 7 nov. 1958 : « déjà déclaré conforme à la Constitution dans les motifs et le dispositif ». La L. n° 2008-174 du 25 févr. 2008 relative à la rétention de sûreté et à la déclaration d'irresponsabilité pénale pour cause de trouble mental, art. 1er crée un nouveau chapitre du C. pr. pén., comprenant notamment

		l'art. 706-53-21, chapitre déclaré, dans son ensemble, conforme à la Const. Par suite, l'art. 706-53-21, a déjà été déclaré conforme dans les motifs et le dispositif d'une décision du Cons. const. – Absence de changement de circonstances. – **Non-lieu à statuer**. – **Décision de renvoi :** CE, QPC, 19 mai 2010, *Section française de l'Observatoire international des prisons*, n° 323930 : *AJDA 2010. 1727 ; ibid. 1355, chron. Liéber et Botteghi.* – **Applications de la décision :** CE 8 oct. 2010, *Daoudi*, n° 338505 A : *AJDA 2010. 1911 ; ibid. 2433, concl. Liéber ; RFDA 2010. 1257, chron. Roblot-Troizier et Rambaud ; ibid. 2011. 353, étude Éveillard ; Constitutions 2011. 117, obs. Tchen.* – CE 26 nov. 2010, *Lavie, Section française de l'Observatoire international des prisons*, n° 323694 A : *Cah. Cons. const. 2011, n° 31, p. 254, obs. Disant.* – CE 21 oct. 2011, *Section française de l'Observatoire international des prisons*, n° 332707 : *Cah. Cons. const. 2012, n° 35, p. 239, obs. Disant.*
2010	2 juill.	**Tribunaux maritimes commerciaux. Composition** **2010-10 QPC**. Cts C. et a. : *JO 3 juill., p. 12120 ; Rec. Cons. const. 131 ; D. 2010. 1712 ; RSC 2011. 193, chron. Lazerges ; RTD civ. 2010. 517, obs. Puig ; JCP 2010, n° 40, p. 1825, note Boudon* : – **CDPMM, art. 90**. – Méconnaissance des principes d'indépendance et d'impartialité du juge et du droit à un procès équitable (DDH, art. 16) en raison de la présence d'agents publics dans la composition de la juridiction. – **Non-conformité totale.** Application immédiate à toutes les infractions non jugées définitivement à la date de la publication de la décision. En conséquence, les affaires en cours seront jugées par les tribunaux maritimes et commerciaux dans la composition des juridictions pénales de droit commun, selon la nature de l'infraction poursuivie. – **Décisions de renvoi :** Crim., QPC, 19 mai 2010, 9 arrêts, n°s 09-85.443, 09-85.444, 09-85.445, 09-85.447, 09-85.448, 09-85.449, 09-85.450, 09-85.451, 09-85.452 : *Cah. Cons. const. 2012, n° 35, p. 221, obs. Boudon.* – **Application de la décision :** Crim. 13 oct. 2010, n° 09-85.443 P : *D. actu. 24 nov. 2010, obs. Lavric ; Cah. Cons. const. 2012, n° 35, p. 221, note Boudon.*
2010	2 juill.	**Fusion de communes** **2010-12 QPC**. Cne de Dunkerque : *JO 3 juill., p. 12121 ; Rec. Cons. const. 134 ; AJDA 2010. 1594, note Verpeaux ; D. 2010. 1715 ; RFDA 2010. 713, note Geffray ; Dr. adm. 2010, n° 11, p. 26, note Pissaloux ; JCP Adm. 2010, n° 36, p. 24, note Pontier* : – **CGCT, art. L. 2113-2 et L. 2113-3**. – Const., art. 72-1, al. 3, dernière phrase : L'habilitation donnée par le législateur par cette disposition n'institue pas un droit ou une liberté invocable à l'appui d'une QPC sur le fondement de l'art. 61-1 Const. – Absence d'atteinte à la libre administration des collectivités territoriales dans la décision de procéder à la fusion de communes.

		– Absence de mise en cause de la définition de la souveraineté nationale et des conditions de son exercice dans la décision de procéder à la fusion de communes à la suite d'une consultation des électeurs. – **Conformité**. – **Décision de renvoi :** CE, QPC, 18 mai 2010, *Cne de Dunkerque*, n° 306643 A : *AJDA 2010. 1047 ; ibid. 1594 ; ibid. 1355, chron. Liéber et Botteghi, note Verpeaux ; RFDA 2010. 713, concl. Geffray ; Cah. Cons. const. 2011, n° 32, p. 213, chron. Duffy-Meunier, Janicot et Roblot-Troizier*. – **Application de la décision :** CE 20 oct. 2010, *Cne de Dunkerque*, n° 306643 A : *AJDA 2011. 686, note Treppoz Bruant ; ibid. 2010. 2023 ; AJCT 2011. 81, obs. Yazi-Roman*.
2010	9 juill.	**Pension militaire d'invalidité** **2010-11 QPC**. Mme Virginie M. : *JO 10 juill., p. 12840 ; Rec. Cons. const. 136* : – **CGI, art. 195-1-c**. – Modalité particulière de calcul du revenu imposable à l'impôt sur le revenu pour les titulaires d'une pension prévue par les dispositions du CPMIVG. – Absence d'atteinte au principe d'égalité et absence de rupture caractérisée de l'égalité devant les charges publiques (DDH, art. 6 et 13). Le législateur a entendu accorder aux titulaires de la pension la mesure de l'art. 195-1-c CGI (allègement d'impôt), en témoignage de la reconnaissance de la République française, sans considération liée à la nationalité. Il a pris en considération la situation particulière des personnes concernées par cette mesure et a répondu à un objectif d'intérêt général en rapport direct avec l'objet de la loi. – **Conformité**. – **Décision de renvoi :** CE, QPC, 18 mai 2010, *Mme Machado*, n° 324976 A.
2010	9 juill.	**Gens du voyage. Évacuation forcée** **2010-13 QPC**. M. Orient O. et a. : *JO 10 juill., p. 12841 ; Rec. Cons. const. 139 ; AJDA 2010. 1398 ; ibid. 2324, note Aubin ; Constitutions 2010. 601, note Le Bot ; JCP Adm. 2010, n° 29, p. 10, note Sorbara ; RFDC 2011. 281, note Pena* : – **L. n° 2000-614 du 5 juill. 2000 relative à l'accueil et à l'habitat des gens du voyage, art. 9 et 9-1**. – Évacuation forcée des résidences mobiles. Stationnement irrégulier portant atteinte à la salubrité, la sécurité et la tranquillité publiques. – Absence de méconnaissance des principes de non-discrimination et d'égalité devant la loi (DDH, art. 1er et 6). La différence de situation entre les personnes selon le mode de vie (itinérant ou sédentaire) repose sur des critères objectifs et rationnels en rapport direct avec le but que s'est assigné le législateur : accueillir les gens du voyage dans des conditions compatibles avec l'ordre public et le droit des tiers. Absence de discrimination fondée sur une origine ethnique. – Absence de déséquilibre manifeste entre la nécessité de sauvegarder l'ordre public et les autres droits et libertés. Conciliation nécessaire entre la sauvegarde de l'ordre public et la liberté d'aller et venir qui est

		une composante de la liberté personnelle (DDH, art. 2 et 4). Les art. 9 et 9-1 de la loi du 5 juill. 2000 fixent les conditions et les garanties de l'évacuation forcée et respectent cette conciliation nécessaire. – **Conformité**. – **Décision de renvoi :** CE, QPC, 28 mai 2010, *Balta et Opra*, n° 337840 A : *AJDA 2010. 1055 ; ibid. 1376 ; ibid. 1355, chron. Liéber et Botteghi, concl. Thiellay*. – **Applications de la décision :** CAA Lyon, 24 nov. 2011, *M. A.*, n° 10LY01887. – CAA Lyon, 24 nov. 2011, *M. B. et M. A.*, n° 10LY01888. – CAA Versailles, 30 déc. 2010, *M. Orient O. et a.*, n° 10VE00337.
2010	22 juill	**Indemnités temporaires de retraite outre-mer** **2010-4/17 QPC**. M. Alain C. et a. : *JO 23 juill., p. 13615 ; Rec. Cons. const. 156 ; AJDA 2010. 2262, note Chauchat ; RDSS 2010. 1061, note Gay* : – **LFR n° 2008-1443 du 30 déc. 2008, art. 137, § III et IV**. – Griefs n'entrant pas dans le champ de la QPC. • Méconnaissance de la procédure d'adoption d'une loi. • Méconnaissance de l'objectif à valeur constitutionnelle d'intelligibilité et d'accessibilité de la loi qui découle de DDH, art. 4, 5, 6 et 16. • Examen de la compatibilité des dispositions contestées avec les engagements internationaux de la France (compétence relevant des juridictions administratives ou judiciaires). • Méconnaissance de la convention fiscale entre la Nouvelle-Calédonie et la France. – Absence de méconnaissance de la garantie des droits (DDH, art. 16). Le montant de la pension civile ou militaire de retraite n'est pas affecté par le plafonnement et l'écrêtement de l'indemnité temporaire de retraite institué par la LFR du 30 déc. 2008, art. 137, § III et IV. Ces dispositions portent uniquement sur un accessoire de cette pension, variable selon le lieu de résidence du pensionné. Elles n'ont pas de caractère rétroactif et n'affectent pas une situation légalement acquise. – Absence de rupture du principe d'égalité (DDH, art. 6) entre les actifs et les retraités, entre les retraités et entre les pensionnés et les invalides. – **Conformité**. – **Décisions de renvoi :** CE, QPC, 23 avr. 2010, *Cachard*, n° 327174 B : *AJDA 2010. 870*. – CE, QPC, 2 juin 2010, *Assoc. des pensionnés civils et militaires en Nouvelle-Calédonie*, n° 326444 : *AJDA 2010. 1355, chron. Liéber et Botteghi*. – **Applications de la décision :** CE 28 juill. 2011, Cachard, n° 327174. – CE 28 juill. 2011, *Assoc. des pensionnés civils et militaires en Nouvelle-Calédonie*, n° 326444.
2010	23 juill.	**Organismes de gestion agréés** **2010-16 QPC**. M. Philippe E. : *JO 24 juill., p. 13728 ; Rec. Cons. const. 164 ; Constitutions 2010. 598, note Barilari ; Cah. Cons. const. 2011, n° 32, p. 193, chron. Badin ; RJF 2010, n° 1072* : – **CGI, art. 158-7-1** (version applicable du 1er janv. 2006 au 31 déc. 2008).

		– Majoration de 25 % du revenu professionnel lorsque celui-ci est réalisé par des contribuables n'adhérant pas à un centre ou à une association de gestion agréé. – *Précision procédurale :* sur la recevabilité de la QPC. La modification ou l'abrogation ultérieure de la disposition contestée ne fait pas disparaître l'atteinte éventuelle à ces droits et libertés. Elle n'ôte pas son effet utile à la procédure voulue par le constituant. – Absence d'atteinte au principe d'égalité devant les charges publiques (DDH, art. 13). La mesure instituée par CGI, art. 158-7-1 a été prise dans le cadre d'une réforme globale de l'impôt sur le revenu concernant tous les contribuables. Elle est la contrepartie, arithmétiquement équivalente, de la suppression de l'abattement de 20 % dont bénéficiaient, avant cette réforme de l'impôt, les adhérents à un organisme de gestion agréé. La différence de traitement entre adhérents et non-adhérents demeure justifiée à l'instar du régime antérieur. – **Conformité.** – **Décision de renvoi :** CE, QPC, 31 mai 2010, *M. Philippe E.*, n° 338728 : *RJF 2010, n° 831.* – **Applications de la décision :** CE 24 nov. 2010, *Camoin*, n° 340970 B : *AJDA 2011. 293.* – CAA Bordeaux, 16 déc. 2010, *M. Philippe Exbrayat*, n° 09BX02789 : *Cah. Cons. const. 2011, n° 32, p. 193, chron. Badin.*
2010	23 juill.	**Pourvoi de la partie civile. Chambre d'instruction** **2010-15/23 QPC**. Région Languedoc-Roussillon et a. : *JO 24 juill., p. 13727 ; Rec. Cons. const. 161 ; AJDA 2010. 1553, note Dreyfus ; D. 2010. 2686, note Lacroix ; ibid. 2262, note Pradel ; RSC 2011. 188, obs. de Lamy ; ibid. 193, chron. Lazerges ; Constitutions 2011. 520, note Daoud et Talbot ; RFDC 2011. 111, note Bonfils* : – **C. pr. pén., art. 575**. – Interdiction pour la partie civile de former un pourvoi en cassation contre un arrêt de non-lieu de la chambre d'instruction en l'absence de pourvoi du ministère public. – Méconnaissance du principe d'égalité devant la justice (DDH, art. 6 et 16). L'art. 575 C. pr. pén. apporte une restriction injustifiée aux droits de la défense en privant la partie civile de la possibilité de faire censurer, par la C. cass., la violation de la loi par les arrêts de la chambre de l'instruction statuant sur la constitution d'une infraction, la qualification des faits poursuivis et la régularité de la procédure. – **Non-conformité totale :** Application de la décision à toutes les instructions préparatoires auxquelles il n'a pas encore été mis fin par une décision définitive. – **Décisions de renvoi :** Crim., QPC, 31 mai 2010, 2 arrêts, n°s 09-85.389 et 09-87.295. – Crim., QPC, 4 juin 2010, n° 09-83.936.
2010	*23 juill.*	**Carte du combattant** **2010-18 QPC**. M. Lahcène A. : *JO 24 juill., p. 13729 ; Rec. Cons. const. 167 ; D. 2011. Pan. 1721, obs. L. G. ; AJDA 2010. 1509 ; RDSS 2010. 1061, note Gay* : – **CPMIVG, art. L. 253 *bis*, al. 3**.

		– Attribution de la carte du combattant, avec exigence de nationalité française et de domiciliation en France à la date de la demande, en témoignage de la reconnaissance de la République française, aux membres des forces supplétives françaises qui ont servi pendant la guerre d'Algérie ou lors des combats en Tunisie ou au Maroc. – Méconnaissance du principe d'égalité (DDH, art. 1er et 6). Le législateur ne pouvait établir, au regard de l'objet de la loi et pour l'attribution de la carte du combattant, une différence de traitement selon le domicile ou la nationalité entre les membres des forces supplétives. – **Non-conformité totale**, à l'art. L. 253 *bis*, al. 3, **des mots** « possédant la nationalité française à la date de la présentation de leur demande ou domiciliés en France à la même date ». – **Décision de renvoi :** CE, QPC, 7 juin 2010, *M. Lahcène A.*, n° 338377. – **Application de la décision :** CE 17 oct. 2012, *M. Hocine A.*, n° 354874.
2010	30 juill.	**Garde à vue** **2010-14/22 QPC**. M. Daniel W. et a. : *JO 31 juill., p. 14198 ; Rec. Cons. const. 179 ; GDCC, 16e éd., n° 47 ; D. 2010. 1928, note Charrière-Bournazel ; ibid. 1949, note Cassia ; ibid. 2259, note Pradel ; ibid. 2011. Pan. 1714, obs. V. B. ; AJDA 2010. 1556 ; AJ pénal 470, note Perrier ; Constitutions 2010. 571, note Daoud et Mercinier ; RTD civ. 2010. 513, note Puig ; RSC 2011. 165, note Lamy ; JCP 2010, n° 35, p. 1564 ; ibid., n° 38, p. 1714, note Fournié ; Gaz. Pal. 2010, nos 216-217, p. 14, note Bachelet ; ibid. 2013, nos 209-211, p. 4, note Roets et Tellier-Cayrol ; LPA 2010, n° 223, p. 3, note Chaltiel ; Procédures 2010, n° 11, p. 2, note Croze ; ibid., p. 22, note Chavent-Leclere ; ibid. 2011, n° 89, p. 55, note Béraldin ; Rev. pénit. 2010, n° 3, p. 599, note Foll ; ibid., p. 609, nota Casarola ; ibid., n° 3, p. 629, note Renoux ; Dr. pénal 2010, n° 10, p. 37, note Haas ; RFDC 2011. 99, note Catelan ; Politeia 2010, n° 17, p. 271, note Mascala ; GADLF, nos 49-50 :* – **C. pr. pén., art. 62, 63, 63-1, 63-4, 77 et 706-73**. – *C. pr. pén., art. 63-4, al. 7 et 706-73* (garde à vue en matière de criminalité et délinquance organisées) : absence de changements de circonstances. Le Cons. const. s'est déjà prononcé dans Décis. 2 mars 2004, n° 2004-492 DC : **Conformité**. – *C. pr. pén., art. 62, 63, 63-1, 63-4, al. 1er à 6 et 77* (garde à vue, régime de droit commun) : Les modifications de circonstances de droit et de fait justifient le réexamen de la constitutionnalité des dispositions : • Méconnaissance de DDH, art. 9 et 16. Le Cons. const. contrôle la proportionnalité entre la gravité des mesures portant atteinte à la liberté individuelle et les objectifs qui motivent ces atteintes. Il utilise pour cela le « *principe de rigueur nécessaire* ». • Disproportion entre la conciliation de 2 principes qui sont d'une part l'objectif de sauvegarde de l'ordre public et de recherche des auteurs d'infractions et, d'autre part, la protection des droits de la défense. La garde à vue est utilisée de façon identique quelles que soient les infractions (prolongation possible de la garde à vue pour toute infraction...). • Disproportion relative à l'insuffisance des droits de la défense concernant l'interdiction générale de la présence d'un avocat

		pendant les interrogatoires quelles que soient les circonstances. Il n'est par ailleurs pas notifié au gardé à vue du droit de garder le silence : **Non-conformité**. – **Non-conformité partielle avec effet différé.** Abrogation des art. 62, 63, 63-1, 63-4, al. 1er à 6, et 77 C. pr. pén., à compter du 1er juill. 2011. – **Décisions de renvoi :** Crim., QPC, 31 mai 2010, nos 05-87.745, 09-86.381, 10-81.098, 10-90.001, 10-90.002, 10-90.003, 10-90.004, 10-90.005, 10-90.006, 10-90.007, 10-90.008, 10-90.009, 10-90.010, 10-90.011, 10-90.012, 10-90.013, 10-90.014, 10-90.015, 10-90.016, 10-90.017, 10-90.018, 10-90.019, 10-90.020, 10-90.023, 10-90.024 et 10-90.028. – Crim., QPC, 4 juin 2010, n° 10-81.908. – **Applications de la décision :** Loi n° 2011-392 du 14 avr. 2011 relative à la garde à vue. – CE 1er déc. 2010, *Mlle Danielle Schnitzer*, n° 344571. – Cass., ass. plén., 15 avr. 2011, nos 10-17.049, 10-30.313, 10-30.316 et 10-30.242 : *D. 2011. 1080 ; ibid. 1128, entretien Roujou de Boubée ; ibid. 1713, obs. Bernaud et Gay ; ibid. 2012. 390, obs. Boskovic, Corneloup, Jault-Seseke, Joubert et Parrot ; AJ pénal 2011. 311, obs. Mauro ; Constitutions 2011. 326, obs. Levade ; RSC 2011. 410, obs. Giudicelli ; RTD civ. 2011. 725, obs. Marguénaud.* – Crim. 31 mai 2011, nos 10-88.809, 10-88.293, 10-80.034 et 11-81.412 : *D. 2011. 2084, note Matsopoulou ; Constitutions 2011. 326, obs. Levade ; RSC 2011. 412, obs. Giudicelli ; AJ pénal 2011. 370, obs. Mauro.* – Crim. 7 mars 2012, n° 11-88.118 P : *D. actu. 30 mars 2012, obs. Léna.* – CE 24 avr. 2012, *Afane-Jacquart*, n° 345301 B : *AJDA 2012. 915.*
2010	30 juill.	**Perquisitions fiscales** **2010-19/27 QPC**. Épx P. et a. : *JO 31 juill., p. 14202 ; Rec. Cons. const. 190 ; Constitutions 2010. 595, note de la Mardière ; RD fisc., 14 oct. 2010, n° 41, p. 38, note Martinet ; Dr. pénal 2010, n° 10, p. 33, note Robert ; Procédures 2010, n° 11, p. 28, note Ayrault ; RJF 2010, n° 941, note Hatoux ; Gaz. Pal. 2010, nos 344-345, p. 40, note Toulemont et Zapf ; RFDC 2011. 114, note Mangiavillano :* – **L. n° 2008-776 du 4 août 2008 de modernisation de l'économie, art. 164, 1° et 2° du § IV et LPF, art. L. 16 B. dans sa rédaction issue de la L. n° 2008-776 du 4 août 2008**. – *LPF, art. L. 16 B* (fixation du cadre légal des visites et saisies effectuées par les agents de l'administration fiscale) : • Absence de méconnaissance du droit à un recours juridictionnel effectif (DDH, art. 16). • Absence d'atteinte au droit de propriété, de méconnaissance de l'inviolabilité du domicile et d'atteinte à l'art. 66 Const. (griefs visant des dispositions déjà déclarées conformes à la Const.) : **Conformité**. – *L. du 4 août 2008, art. 164, 1° et 2° du § IV* (appel contre l'Ord. *JLD*. dispositif transitoire). • Absence de méconnaissance de la non-rétroactivité de la loi pénale plus sévère. • Application de la Décis. n° 2010-5 QPC. • Ne constitue pas une validation législative l'absence d'atteinte au principe de séparation des pouvoirs (DDH, art. 16) : **Conformité**.

		– **Conformité**. – **Décisions de renvoi :** CE, QPC, 9 juin 2010, *Pipolo*, n° 338028 : *Dr. fisc. 2010, n° 25, Actu. 386.* – Cass., ass. plén., QPC, 15 juin 2010, 2 arrêts, *Sté Webtel et Sté DEG conseils*, n°s 10-40.012 et 09-17.492 : *RJF 2010, n° 948.* – **Applications de la décision :** Com. 7 déc. 2010, n° 10-30.470. – CAA Marseille, 27 juill. 2012, *M. et Mme A.*, n° 09MA04095. – CE 26 déc. 2012, *M. Claude B.*, n° 336675. – CE 26 déc. 2012, *M. et Mme Claude B.*, n° 336674.
2010	6 août	**Pourvoi de la partie civile** **2010-36/46 QPC**. Épx B. et a. : *JO 7 août, p. 14618 ; Rec. Cons. const. 213 ; RSC 2011. 193, chron. Lazerges* : – **C. pr. pén., art. 575**. – *Précision procédurale :* Décis. rendue sans audience publique (après accord des parties). – Art. déjà déclaré contraire à la Const. dans Décis. n° 2010-15/23 QPC. – **Non-lieu à statuer**. – **Décisions de renvoi :** Cass., QPC, 1er juill. 2010, n° 09-85.466. – Crim., QPC, 9 juill. 2010, 6 arrêts, n°s 10-81.627, 10-81.767, 10-81.375, 10-80.799, 09-88.575 et 10-80.099.
2010	6 août	**Cotisations sociales des sociétés d'exercice libéral** **2010-24 QPC**. Assoc. nat. des sociétés d'exercice libéral et a. : *JO 7 août, p. 14617 ; Rec. Cons. const. 209 ; D. actu. 3 sept. 2010, obs. Lavric* : – **CSS, art. L. 131-6, al. 3**. – Absence de rupture caractérisée de l'égalité devant les charges publiques (DDH, art. 6 et 13). Le législateur a pris en considération la situation particulière des travailleurs non salariés associés des sociétés d'exercice libéral et a répondu à un objectif d'intérêt général en rapport direct avec l'objet de la loi en réservant l'extension de l'assiette des cotisations sociales aux dividendes versés dans ces sociétés. Il a également défini des critères objectifs et rationnels en limitant le champ des dividendes soumis à cotisations sociales à ceux qui représentent une part significative du capital social de la société et des primes d'émission et des sommes versées en compte courant détenus par les intéressés. – **Conformité**. – **Décision de renvoi :** CE, QPC, 14 juin 2010, *Assoc. nat. des sociétés d'exercice libéral (ANSEL)*, n° 328937 : *AJDA 2010. 1959.* – **Application de la décision :** CE 27 mai 2011, *Ordre des avocats au barreau de Paris*, n° 328905 B.
2010	6 août	**Garde à vue** **2010-30/34/35/47/48/49/50 QPC**. M. Miloud K. et a. : *JO 7 août, p. 14618 ; Rec. Cons. const. 215 ; D. 2011. Pan. 1714, obs. V. B. ; Procédures 2010, n° 10, p. 2, note Croze* : – **C. pr. pén., art. 62, 63, 63-1, 63-4, al. 1er à 6, 64 et 77**. – *Précision procédurale :* Décis. rendue sans audience publique (après accord des parties).

		– *C. pr. pén., art. 62, 63, 63-1, 63-4, al. 1er à 6 et 77*. Art. déjà déclarés contraires à la Const. dans Décis. n° 2010-14/22 QPC : **Non-lieu à statuer**. – *C. pr. pén., art. 64*. Ces dispositions se bornent à imposer à l'officier de police judiciaire de dresser procès-verbal des conditions de déroulement de la garde à vue et ne méconnaissent aucune disposition constitutionnelle : **Conformité**. – **Non-lieu à statuer et conformité**. – **Décisions de renvoi :** Crim., QPC, 25 juin 2010, nos 10-90.040, 10-90.042, 10-90.043, 10-90.044 et 10-90.046. – Crim., QPC, 1er juill. 2010, 3 arrêts, nos 10-90.072, 10-90.049 et 10-83.274. – Crim., QPC, 9 juill. 2010, 7 arrêts, nos 10-90.084, 10-83.675, 10-83.204, 10-82.918, 10-82.902, 10-90.074 et 10-90.082. – **Applications de la décision :** Crim. 19 oct. 2010, n° 10-82.902 P : *D. 2010. 2809, obs. Lavric, note Dreyer ; ibid. 2425, édito. Rome ; ibid. 2696, entretien Mayaud ; ibid. 2783, chron. Pradel ; ibid. 2011. 1713, obs. Bernaud et Gay ; GAPP, 7e éd., 2011, n° 27 ; AJ pénal 2010. 479, étude Allain ; Cah. Cons. const. 2011, n° 31, p. 242, obs. Mayaud ; RSC 2010. 879, chron. Gindre.* – Crim. 26 oct. 2010, n° 10-83.675. – Crim. 9 nov. 2010, n° 10-83.204. – Crim. 9 nov. 2010, n° 10-82.918. – Crim. 17 nov. 2010, n° 10-83.274. – Cass., ass. plén., 15 avr. 2011, nos 10-17.049, 10-30.313, 10-30.316 et 10-30.242 : *D. 2011. 1080 ; ibid. 1128, entretien Roujou de Boubée ; ibid. 1713, obs. Bernaud et Gay ; ibid. 2012. 390, obs. Boskovic, Corneloup, Jault-Seseke, Joubert et Parrot ; AJ pénal 2011. 311, obs. Mauro ; Constitutions 2011. 326, obs. Levade ; RSC 2011. 410, obs. Giudicelli ; RTD civ. 2011. 725, obs. Marguénaud.* – Crim. 31 mai 2011, nos 10-88.809, 10-88.293, 10-80.034 et 11-81.412 : *D. 2011. 2084, note Matsopoulou ; Constitutions 2011. 326, obs. Levade ; RSC 2011. 412, obs. Giudicelli ; AJ pénal 2011. 370, obs. Mauro.*
2010	6 août	**Loi université** **2010-20/21 QPC**. M. Combacau et a. : *JO 7 août, p. 14615 ; Rec. Cons. const. 203 ; GDCC, 16e éd., n° 48 ; AJDA 2011. 1791, note Verpeaux ; AJFP 2010. 245 ; D. 2010. 2335, note Melleray ; JCP 2010, n° 36, p. 1602, note Mathieu ; Gaz. Pal. 2010, nos 251-252, p. 14, note Touzeil-Divina ; Commentaire 2011, n° 134, p. 509, note Beaud ; RFDC 2011. 284, note Dargent ; LPA 2011, n° 89, p. 46, note Touzeil-Divina :* **– C. éduc., art. L. 712-2-4°, al. 2, L. 712-8, L. 952-6-1 et L. 954-1**. – *C. éduc., art. L. 952-6-1 et L. 712-2-4°, al. 2* (procédure de recrutement des enseignants-chercheurs par les comités de sélection). Le principe d'indépendance des enseignants-chercheurs (PFRLR) implique l'association des professeurs et maîtres de conférences au choix de leurs pairs mais il n'impose pas que toutes les personnes intervenant dans la procédure de sélection soient elles-mêmes des enseignants-chercheurs d'un grade au moins égal à celui de l'emploi à pourvoir. • *C. éduc., art. L. 952-6-1* (composition des comités de

		sélection). Absence d'atteinte au principe d'égal accès à l'emploi public (DDH, art. 6). Tous les candidats au recrutement, à la mutation ou au détachement sont soumis aux mêmes règles. Absence d'atteinte au principe constitutionnel d'indépendance des enseignants-chercheurs. Les professeurs et les maîtres de conférences sont associés au choix de leurs pairs : **Conformité**. • *C. éduc., art. L. 712-2* (« pouvoir de veto » du président de l'université). Le principe d'indépendance des enseignants-chercheurs s'oppose à ce que le président de l'université fonde son appréciation sur des motifs étrangers à l'administration de l'université et en particulier, sur la qualification scientifique des candidats retenus à l'issue de la procédure de sélection : **Réserve**. – *C. éduc., art. L. 712-8 et L. 954-1* (gouvernance des universités et statut des enseignants-chercheurs) : • *C. éduc., art. L. 954-1*. Absence d'atteinte au principe d'égalité (DDH, art. 6) et au principe d'indépendance des enseignants-chercheurs concernant le pouvoir de « modulation » des services des enseignants-chercheurs par le conseil d'administration de l'université. Ce conseil est lié par les dispositions statutaires applicables aux enseignants-chercheurs résultant du statut général des fonctionnaires et des règles particulières du statut des enseignants-chercheurs : **Conformité** • *C. éduc., art. L. 712-8*. Le pouvoir énoncé à l'art. L. 954-1 est uniquement mis en œuvre pour les universités bénéficiant des responsabilités et compétences élargies en matières budgétaire et de gestion des ressources humaines. Il existe une variation possible des principes généraux de répartition des obligations de service selon les universités entre les enseignants-chercheurs, mais : toutes les universités bénéficieront au plus tard le 12 août 2012 des responsabilités et compétences élargies. La différence de traitement à titre transitoire repose sur des critères objectifs et rationnels : **Conformité**. – **Conformité sous réserve.** – **Décisions de renvoi :** CE, QPC, 9 juin 2010, *Combacau*, n° 316986 : *AJDA 2010. 1179*. – CE, QPC, 9 juin 2010, *Collectif pour la défense de l'université, M. Beaud et a.*, n° 329056 : *AJDA 2010. 1179 ; ibid. 1355, chron. Liéber et Botteghi*. – **Applications de la décision :** CE 15 déc. 2010, *Collectif pour la défense de l'université*, n° 329056 A : *AJDA 2011. 1791, note Verpeaux ; ibid. 2010. 2454*. – CE 15 déc. 2010, *Synd. nat. de l'enseignement supérieur*, n° 316927 A : *AJDA 2011. 1791, note Verpeaux ; ibid. 2010. 2454*. – CE 14 oct. 2011, *Mme Jhean-Larose*, n° 341103 B : *AJDA 2012. 169, note Legrand ; ibid. 2011. 1986 ; Cah. Cons. const. 2012, n° 35, p. 236, obs. Disant*. – CE 26 oct. 2011, *Mme Debled-Rennessson*, n° 334084 B : *AJDA 2012. 169, note Legrand ; ibid. 2011. 2097 ; AJFP 2012. 24 ; Cah. Cons. const. 2012, n° 35, p. 236, obs. Disant*. – CE 5 déc. 2011, *El Kamel*, n° 333809 B : *AJDA 2012. 336, concl. Keller ; ibid. 2011. 2384 ; AJFP 2012. 118*. – CE 19 oct. 2012, *Mme Bouteyre*, n° 354220 B : *AJDA 2012. 1986*. – CE 23 oct. 2013, n° 359919. – CE 23 oct. 2013, n° 360084.

		– CE 14 nov. 2013, n° 363668. – CE 23 déc. 2014, n° 364138.
2010	6 août	**Perquisitions fiscales** **2010-51 QPC**. M. Pierre-Joseph F. : *JO 7 août, p. 14619 ; Rec. Cons. const. 218* : **– L. n° 2008-776 du 4 août 2008, art. 164, 1° et 2° du § IV**. – *Précision procédurale* : Décis. rendue sans audience publique (après accord des parties). – Dispositions déjà déclarées conformes à la Const. dans Décis. n° 2010-19/27 QPC. **– Non-lieu à statuer**. – **Décision de renvoi :** CE, QPC, 15 juill. 2010, *M. Falcone*, n° 340390. – **Application de la décision :** CAA Paris, 9 sept. 2011, *M. Pierre-Joseph A.*, n° 07PA02958.
2010	16 sept.	**Fichier empreintes génétiques** **2010-25 QPC**. M. Jean-Victor C. : *JO 17 sept., p. 16847 ; Rec. Cons. const. 220 ; AJ pénal 2010. 545, note Danet ; RFDC 2011. 117, note Perrier* : **– C. pr. pén., art. 706-54, 706-55, 706-56, § II, al. 1er, et L. n° 2003-239 du 18 mars 2003, art. 29**. – Fichier national automatisé des empreintes génétiques (FNAEG) et prélèvement biologique. – *C. pr. pén., art. 706-54*. Le prélèvement et l'enregistrement des empreintes génétiques ne portent atteinte ni à l'art. 66 Const., ni au principe constitutionnel d'inviolabilité du corps humain. Le prélèvement biologique aux fins de conservation au FNAEG ne porte pas à la présomption d'innocence. **Mais**, le dernier al. de l'art. 706-54 qui renvoie au Décr. le soin de préciser notamment la durée de conservation des informations enregistrées n'est pas contraire à DDH, art. 9 si le pouvoir réglementaire proportionne cette durée de conservation en tenant compte de l'objet du fichier, de la nature ou de la gravité des infractions concernées tout en adaptant ces modalités aux spécificités de la délinquance des mineurs : **1re Réserve**. Par ailleurs, l'interprétation de la notion « crime ou délit » (C. pr. pén., art. 706-54, al. 3) est conforme à DDH, art. 9 si cette expression renvoie aux infractions énumérées par l'art. 706-55 C. pr. pén. : **2de Réserve**. – *C. pr. pén., art. 706-55*. Centralisation des empreintes génétiques pour certaines infractions limitativement énumérés. La liste prévue par cet art. est en adéquation avec l'objectif poursuivi par le législateur. L'art. 706-55 ne soumet pas les intéressés à une rigueur qui ne serait pas nécessaire et ne porte pas atteinte à DDH, art. 2, 8, 9 et 16, ni à Const., art. 66, ni au principe de sauvegarde de la dignité de la personne humaine et à l'inviolabilité du corps humain : **Conformité**. – *C. pr. pén., art. 706-56 § II al. 1er*. Incrimination du refus des personnes condamnées ou soupçonnées de se soumettre au prélèvement biologique. Cet art. ne porte pas atteinte à DDH, art. 2, 8, 9 et 16, ni à Const., art. 66, ni au principe *non bis in idem*, ni au principe constitutionnel de sauvegarde de la dignité de la personne humaine, ni au principe d'inviolabilité du corps humain : **Conformité**.

		– **Conformité sous réserves.** – **Décision de renvoi :** Crim., QPC, 11 juin 2010, n° 09-88.083 : *D. 2012. 308, obs. Galloux et Gaumont-Prat.* – **Applications de la décision :** Crim. 15 mars 2011, n° 09-88.083. – Crim. 13 déc. 2011, n° 11-81.514. – Crim. 19 mars 2013, n° 12-81.533.
2010	17 sept.	**Immeubles insalubres** **2010-26 QPC**. SARL Office central d'accession au logement : *JO 18 sept., p. 16951 ; Rec. Cons. const. 229 ; AJDA 2010. 1736 ; D. 2011. 2298, obs. Mallet-Bricout et Reboul-Maupin ; AJDI 2011. 111, chron. Gilbert ; RDI 2010. 600, obs. Hostiou ; Dr. adm. n° 12, déc. 2010, p. 33, note Pissaloux ; JCP 2010, n° 39, p. 1790 ; RFDC 2011. 123, note Domingo* : – **L. n° 70-612 du 10 juill. 1970, art. 13, 14, 17 et 18**. – Absence d'atteinte au droit de propriété (DDH, art. 17). L'octroi par la collectivité expropriante d'une provision représentative de l'indemnité due n'est pas incompatible avec le respect des exigences de la DDH, art. 17, si un tel mécanisme répond à des motifs impérieux d'intérêt général et est assorti de la garantie des droits des propriétaires intéressés. Les dispositions contestées de la L. de 1970 ont pour objet de mettre fin dans les meilleurs délais à l'utilisation de locaux ou d'habitation présentant un danger pour la santé ou la sécurité des occupants. Ainsi, le tempérament apporté à la règle du caractère préalable de l'indemnisation répond à des motifs impérieux d'intérêt général. L'al. 2 de l'art. 18 de la L. de 1970 ne fait que tirer les conséquences de la déclaration d'insalubrité irrémédiable. Le tempérament apporté à la règle du caractère préalable de l'indemnisation est assorti de la garantie des droits des propriétaires intéressés. – **Conformité.** – **Décision de renvoi :** CE, QPC, 18 juin 2010, *Sté L'Office central d'accession au logement*, n° 337898 B : *AJDA 2010. 1236.* – **Applications de la décision :** CAA Versailles, 20 déc. 2012, *Cne de Saint-Ouen*, n° 11VE01073. – CAA Marseille, 4 juill. 2013, *EURL « La Compagnie des Immeubles du Midi »*, n° 11MA03666.
2010	17 sept.	**Taxe sur les salaires** **2010-28 QPC**. Assoc. sportive Football Club de Metz : *JO 18 sept., p. 16953 ; Rec. Cons. const. 233 ; D. 2011. 703, obs. Centre de droit et d'économie du sport, Université de Limoges ; Constitutions 2011. 101, obs. Barilari ; JCP 2010, n° 51, p. 2396, note Roux ; RFDC 2011. 289, note Le Quinio ; RJF 2010, n° 1214* : – **CGI, art. 231** (rédaction en vigueur au 20 déc. 2000). – Absence de méconnaissance des principes d'égalité devant la loi et devant les charges publiques (DDH, art. 6 et 13). Le barème de la taxe sur les salaires tient compte de la différence de situation entre les contribuables qui ne relèvent pas des mêmes secteurs d'activité. Ainsi, le législateur a pu assujettir de manière différente à la taxe sur les salaires des entreprises qui ne sont pas dans la même situation.

		– Réaffirmation du principe dégagé dans Décis. n° 2010-5 QPC. Il est possible d'invoquer la méconnaissance par le législateur de sa propre compétence à l'appui d'une QPC dans le cas où est affecté un droit ou une liberté garanti par la Const. mais impossible de l'invoquer à l'encontre d'une disposition législative antérieure à la Const. – **Conformité**. – **Décision de renvoi :** CE, QPC, 24 juin 2010, *Assoc. sportive Football Club de Metz*, n° 338581 : *RJF 2010, n° 943*. – **Applications de la décision :** CAA Nancy, 13 janv. 2011, *Assoc. sportive Football Club de Metz*, n° 09NC00675. – CE 8 juin 2011, *SA Balsa*, n° 340863.
2010	22 sept.	**Titres d'identités. Financement** **2010-29/37 QPC**. Cne de Besançon et a. : *JO 23 sept., p. 17293 ; Rec. Cons. const. 248 ; AJCT 2010. 119, note Philip-Gay ; AJDA 2010. 1732 ; ibid. 2011. 218, note Verpeaux ; RFDA 2010. 1257, chron. Roblot-Troizier et Rambaud ; JCP Adm. 2010, n° 41, p. 28, note Pontier ; LPA 2010, n° 243, p. 6, note Gicquel ; RFDC 2011. 129, note Domingo* : – **LFR n° 2008-1443 du 30 déc. 2008, art. 103 § II et III**. – Correction de l'absence de base légale du transfert aux communes des dépenses liées à la réception et à la saisie des demandes de titres d'identité, ainsi qu'à leur délivrance. – La méconnaissance du dernier al. de l'art. 72-2 Const. (conciliation du principe de liberté avec celui d'égalité par l'instauration de mécanisme de péréquation financière) ne peut, en elle-même être invoquée à l'appui d'une QPC. – Inopérance de l'invocabilité du principe d'autonomie financière de l'art. 72-2, al. 4 Const. (les missions confiées aux maires en leur qualité d'agents de l'État ne pouvant s'analyser comme un transfert de compétences au profit des communes). – Absence de dénaturation du principe de libre administration des collectivités territoriales. Absence de limitation inconstitutionnelle au principe de responsabilité (DDH, art. 4). Absence de méconnaissance du droit de propriété (DDH, art. 2 et 17). Si la délivrance de cartes nationales d'identité (CNI) et de passeports a entraîné, pour les communes un accroissement de charges, le législateur a entendu réparer de façon égalitaire les conséquences des Décr. ayant mis de façon irrégulière à la charge des communes des dépenses relevant de l'État. – Absence de méconnaissance de la garantie des droits et de la séparation des pouvoirs (DDH, art. 16). Les § II et III de l'art. 103 LFR du 30 déc. 2008 ne peuvent être lus de façon séparée. Le § II interdit aux communes de se prévaloir, postérieurement au 25 nov. 1999, d'un préjudice correspondant aux dépenses résultant de l'exercice par les maires des missions de réception et de saisie des demandes de CNI et de passeports et de remise de ces titres aux intéressés mais le § III crée une dotation forfaitaire dont l'objectif est de compenser cette charge. Les dispositions contestées de la LFR, art. 103 répondent à un but d'intérêt général suffisant. – **Conformité**. – **Décisions de renvoi :** CE, QPC, 25 juin 2010, *Cne de Besançon*, n° 326358 : *AJDA 2010. 1295*.

		– CE, QPC, 8 juill. 2010, *Cne de Marmande*, n° 335487. – **Applications de la décision :** CE 27 avr. 2011, *Min. de l'intérieur, de l'outre-mer et des collectivités territoriales c/ Cne de Besançon*, n° 326358. – CE 14 oct. 2011, *Cne de Marmande*, n° 335487. – CE 14 oct. 2011, *Cne de Villeneuve-sur-Lot*, n° 335490. – CE 14 oct. 2011, *Cne de Guyancourt*, n° 340884. – CE 14 oct. 2011, *Cne de Creil*, n° 346796. – CE 10 déc. 2010, *Cne de Villeurbanne*, n° 375581 B.
2010	22 sept.	**Garde à vue. Terrorisme** **2010-31 QPC**. M. Bulent A. et a. : *JO 23 sept., p. 17290 ; Rec. Cons. const. 237 ; RSC 2011. 139, obs. Giudicelli ; ibid. 193, chron. Lazerges* : – **C. pr. pén., art. 63-1, 63-4, 77 et 706-88.** – *C. pr. pén., art. 63-1, 63-4 et 77.* Art. déjà déclarés contraires à la Const. dans Décis. n° 2010-14/22 QPC : **Non-lieu à statuer.** – *C. pr. pén., art. 706-88, al. 1er à 6.* Al. déjà déclarés conformes à la Const. (Cons. const. 2 mars 2004 : n° 2004-492 DC) ; absence de changement des circonstances : **Non-lieu à statuer.** – *C. pr. pén., art. 706-88, al. 7 à 10.* Infraction terroriste et prolongation du délai de la garde à vue. Le Cons. const. se réfère aux travaux parlementaires pour l'examen de la constitutionnalité des al. 7 à 10. Compte tenu des garanties fixées par le législateur, ces dispositions respectent le principe selon lequel la liberté individuelle ne saurait être entravée par une rigueur qui ne soit nécessaire (DDH, art. 9) et l'art. 66 Const. (liberté individuelle sous la protection de l'autorité judiciaire) : **Conformité.** – **Non-lieu à statuer et conformité.** – **Décision de renvoi :** Crim., QPC, 25 juin 2010, nos 10-90.047, 10-90.056, 10-90.057, 10-90.058, 10-90.060, 10-90.061, 10-90.062, 10-90.063, 10-90.064, 10-90.065 et 10-90.066.
2010	22 sept.	**Retenue douanière** **2010-32 QPC**. M. Samir M. et a. : *JO 23 sept., p. 17291 ; Rec. Cons. const. 241 ; D. 2010. 2301, note Berr ; ibid. 2352, note Pannier ; Gaz. Pal. 2010, nos 279-280, p. 10, note Pannier ; RSC 2011. 139, obs. Giudicelli ; ibid. 165, obs. de Lamy ; ibid. 193, chron. Lazerges ; RFDC 2011. 134, note Heckeman ; Rapport C. comptes 2011, p. 63* : – **C. douanes, art. 323.** – *C. douanes, art. 323-1° et 2°.* Absence de méconnaissance à un droit ou une liberté garanti par la Const. Les agents des douanes ou toute autre administration compétente peuvent constater des infractions douanières, saisir des objets passibles de confiscation, retenir des documents relatifs à ces objets : **Conformité.** – *C. douanes, art. 323-3°.* Cet art. permet la « capture des prévenus » en cas de flagrant délit. Il est applicable à tous les cas de flagrants délits douaniers sans distinction de gravité et personne placée en retenue douanière à être interrogée par les agents des douanes. La personne retenue contre sa volonté ne peut bénéficier de l'assistance effective d'un avocat pendant la phase d'interrogatoire. Une telle restriction aux droits de la défense est imposée de façon générale sans considération des circonstances particulières. De plus, il n'est pas notifié à la personne retenue du droit de garder le silence. Il en résulte une absence

		d'équilibre entre, d'une part, la conciliation entre la prévention des atteintes à l'ordre public et la recherche des auteurs d'infractions et, d'autre part, l'exercice des libertés constitutionnellement garanties : méconnaissance de DDH, art. 9 et 16 : **Non-conformité**. – **Non-conformité partielle avec effet différé. Abrogation de l'art. 323-3° C. douanes**, à compter du 1er juill. 2011. – **Décision de renvoi :** Cass., QPC, 25 juin 2010, n° 10-90.053. – **Applications de la décision :** L. n° 2011-392 du 14 avr. 2011, art. 19. – Crim. 31 mai 2011, n° 10-88.809 P : *D. 2011. 2084, note Matsopoulou ; Constitutions 2011. 326, obs. Levade ; RSC 2011. 412, obs. Giudicelli.* – Crim. 8 févr. 2012, nos 11-87.717 et 11-87.716.
2010	22 sept.	**Cession gratuite de terrain** **2010-33 QPC**. Sté ESSO SAF : *JO 23 sept., p. 17292 ; Rec. Cons. const. 245 ; D. 2010. 136, note Carpentier ; RDI 2010. 574, note Soler-Couteaux ; AJCT 2010. 136, note Vincent ; AJDA 2010. 2384, note Rollin ; JCP Adm. 2010, n° 41, p. 50, note Billet ; JCP 2010, n° 47, p. 2177, note Gauthier et Vital-Durand ; ibid., p. 2185, note Perrinet-Marquet ; Envir. 2010, n° 12, p. 36, note Moritz ; RFDC 2011. 137, note Carpentier ; BJDU 2011, n° 5, p. 340, note Strebler* : – **C. urb., art. L. 332-6-1-2°-e.** – Incompétence négative du législateur soulevée d'office par le Cons. const. en se fondant sur la Const., art. 34, et appliquant la Décis. n° 2010-5 QPC. – Confrontation de la règle de compétence à DDH, art. 17 : droit de propriété (constitue un droit ou une liberté garantie par Const : n° 2010-26 QPC). – *C. urb., art. L. 332-6-1-2°-e* : ces dispositions portent atteinte au droit de propriété en ne définissant pas les usages publics auxquels doivent être affectés les terrains cédés. Elles ne donnent aucune garantie afin qu'il ne soit pas porté atteinte au droit de propriété. – **Non-conformité totale avec effet immédiat.** La déclaration d'inconstitutionnalité peut être invoquée dans les instances en cours. – **Décision de renvoi :** Cass., ass. plén., QPC, 25 juin 2010, n° 10-40.008 : *AJDI 2011. 111, chron. Gilbert.* – **Application de la décision :** Civ. 3e, 15 nov. 2011, n° 10-20.410 : *AJDI 2012. 50.*
2010	29 sept.	**Amende forfaitaire. Droit au recours** **2010-38 QPC**. M. Jean-Yves G. : *JO 30 sept., p. 17781 ; Rec. Cons. const. 252 ; AJ pénal 2010. 555, note Céré ; RSC 2011. 187, obs. de Lamy ; D. actu. 14 oct. 2010, obs. Lavric ; Dr. pén. 2010, n° 11, p. 39, note Robert ; RFDC 2011. 144, note Tzutzuiano ; Gaz. Pal. 2011, nos 103-104, p. 8, note Ayache* : – **C. pr. pén., art. 529-10.** – Cet art. fixe les conditions de recevabilité applicables à la requête en exonération (contre l'amende forfaitaire) et à la réclamation (contre l'amende majorée).

		– *C. pr. pén, art. 529-10, dernier al.* : La vérification des conditions de recevabilité de la requête en exonération ou de la réclamation appartient à l'officier du ministère public. – Le pouvoir reconnu à l'officier du ministère public de déclarer irrecevable une requête en exonération ou une réclamation ne méconnaît pas l'art. 16 de la DDH si la décision d'irrecevabilité du ministère public concernant une réclamation peut être contestée devant la juridiction de proximité et si la décision déclarant irrecevable une requête en exonération lorsque cette décision a pour effet de convertir la somme consignée en paiement de l'amende forfaitaire, peut également être contestée devant la juridiction de proximité : **Réserve**. – **Conformité sous réserve.** – **Décision de renvoi :** CE, QPC, 9 juill. 2010, *Guéranger*, n° 339261. – **Application de la décision :** CAA Douai, 20 janv. 2011, *Guéranger*, n° 10DA00115 : *AJDA 2011. 983.*
2010	29 sept.	**Annulation du permis de conduire** **2010-40 QPC**. M. Thierry B. : *JO 30 sept., p. 17782 ; Rec. Cons. const. 255 ; AJ pénal 2010. 501, note Perrier ; D. 2011. Pan. 1716, obs. L. G. ; RSC 2011. 182, obs. de Lamy ; ibid. 193, chron. Lazerges ; Constitutions 2011. 531, obs. Darsonville ; JCP 2010, n° 47, p. 2168, note Lepage et Matsopoulou ; Dr. pénal 2010, n° 11, p. 41, note Robert ; Gaz. Pal. 2010, n° 336, p. 19, note Sordino ; RFDC 2011. 151, note Giacopelli* : – **C. route, art. L. 234-13**. – Lorsqu'une personne est en état de récidive pour le délit de conduite en état alcoolique ou en état d'ivresse manifeste, le T. corr. a l'obligation de prononcer la peine complémentaire d'annulation du permis de conduire. – Le Cons. const. rappelle que le principe d'individualisation des peines ne saurait toutefois faire obstacle à ce que le législateur fixe des règles assurant une répression effective des infractions. – Les dispositions de l'art. L. 234-13 ne sont pas contraires au principe d'individualisation des peines (DDH, art. 8). – **Conformité**. – **Décision de renvoi :** Crim., QPC, 8 juill. 2010, n° 10-90.077 : *D. 2010. 1717 ; Dr. pénal 2010, n° 107, note Robert.* – **Application de la décision :** Crim. 6 nov. 2013, n° 12-85.157.
2010	29 sept.	**Publicité mensongère. Publication du jugement** **2010-41 QPC**. Sté Cdiscount et a. : *JO 30 sept., p. 17783 ; Rec. Cons. const. 257 ; D. 2011. 54, note Bouloc ; ibid. Pan. 1716, obs. L. G. ; RSC 2011. 182, obs. de Lamy ; ibid. 193, chron. Lazerges ; JCP 2010, n° 47, p. 2168, note Lepage et Matsopoulou ; CCE 2010, n° 12, p. 30, note Debet ; Gaz. Pal. 2010, n°s 304-308, p. 12, note Mongin-Archambeaud ; ibid., n° 336, p. 19, note Sordino* : – **C. consom., art. L. 121-4**. – Lorsque la condamnation pour délit de publicité mensongère est prononcée, le juge doit ordonner la publication du jugement de condamnation, l'objectif étant de renforcer la répression des délits de publicité mensongère et d'informer le public de ces délits. Le juge fixe les

		modalités de la publication. Il a la possibilité d'en faire varier l'importance et la durée. Le juge n'est pas privé du pouvoir d'individualiser la peine. – **Conformité**. – **Décision de renvoi :** Crim., QPC, 8 juill. 2010, n° 10-80.203. – **Application de la décision :** Crim. 22 mars 2011, n° 10-80.203 : *D. 2011. 1849, chron. Roth, Leprieur et Divialle ; ibid. 2823, obs. Roujou de Boubée, Garé, Mirabail et Potaszkin ; AJ pénal 2011. 412, obs. Gallois.*
2010	29 sept.	**Impôt de solidarité sur la fortune** **2010-44 QPC**. Épx M. : *JO 30 sept., p. 17783 ; Rec. Cons. const. 259 ; D. 2010. 2620, note Feldman ; ibid. 2011. Pan. 1717, obs. L. G. ; Constitutions 2011. 99 ; obs. de la Mardière ; LPA 2010, n° 202, p. 3, note Perrotin ; RD fisc. 2011, n° 9, p. 33, note Crouy ; RJF 2010, n° 1073* : – **CGI, art. 885 A, 885 E et 885 U.** – Rappel des principes d'égalité devant l'impôt (DDH, art. 6) et d'égalité devant les charges publiques (DDH, art. 13). Il appartient au législateur de déterminer, dans le respect des principes constitutionnels et des caractéristiques de chaque impôt, les règles d'appréciation des facultés contributives (Const., art. 34), cette appréciation ne devant pas entraîner de rupture caractérisée d'égalité devant les charges publiques. – *CGI, art. 885 A et 885 E.* • Détermination des personnes assujetties à l'impôt. L'assimilation, au regard de l'ISF, de la situation des personnes vivant en concubinage notoire à celle des couples mariés est déjà déclaré conforme à Const. (n° 81-133 DC). La L. du 15 nov. 1999 a également assimilé les partenaires liés par un PACS. Cet ajout ne constitue pas un changement des circonstances. • Assiette de l'ISF : la prise en compte de la capacité contributive n'implique pas que seuls les biens productifs entrent dans l'assiette de l'ISF. Absence de méconnaissance de DDH, art. 13 : **Conformité**. – *CGI, art. 885 U.* Absence d'application du quotient familial pour l'ISF : principe d'une imposition par foyer sans prise en compte du quotient familial (contrairement à l'impôt sur le revenu). La prise en compte des capacités contributives selon d'autres modalités par le législateur ne méconnaît pas DDH, art. 13 qui ne suppose pas l'existence d'un quotient familial : **Conformité**. – **Conformité**. – **Décision de renvoi :** CE, QPC, 9 juill. 2010, *Épx Mathieu*, n° 339081 B : *AJDA 2010. 1404 ; Constitutions 2011. 99, obs. de La Mardière ; RJF 2010, n° 1079.* – **Application de la décision :** CE 9 févr. 2011, *Épx Mathieu*, n° 339081.
2010	6 oct.	**Adoption au sein du couple homosexuel** **2010-39 QPC**. Mmes Isabelle D. et Isabelle B. : *JO 7 oct., p. 18154 ; Rec. Cons. const. 264 ; D. 2010. 2293, obs. Gallmeister ; ibid. 2744, note Chénedé ; ibid. 2011. Pan. 1722, obs. L. G. ; Constitutions 2011. 75, obs. Chevalier ; AJDA 2010. 2293 ;* AJ famille 2010. 487, note Mécary ; RTD *civ. 2010. 776, note Hauser ; ibid. 2011. 90, note Deumier ; Gaz. Pal. 2010, n°s 293-294, p. 12, note Rousseau ; ibid., n° 314, p. 39, note Lecuyer ; Dr. fam. 2010, n° 11, p. 1, note Larribau-Terneyre ; ibid. 2011, n° 6, p. 17, note Tzutzuiano ; JCP 2010, n° 47, p. 4158, note Gouttenoire*

		et Radé ; ibid. 2011, n° 21, p. 1029, note Boulanger ; Dr. pénal 2010, n° 11, p. 47, note Haas et Maron ; LPA 2010, n° 239, p. 6, note Batteur ; ibid. 2011, n° 11, p. 4, note Douris : – **C. civ., art. 365**. – Règles relatives à l'autorité parentale sur un enfant ayant fait l'objet d'une adoption simple par une personne seule. – *Précision procédurale relative à la QPC* : Tout justiciable a le droit de contester la constitutionnalité de la portée effective qu'une interprétation jurisprudentielle constante confère à une disposition législative. Depuis l'arrêt de la Civ. 1re, 20 févr. 2007 (n° 06-15.467), est posé le principe de l'interdiction de l'adoption de l'enfant mineur par le partenaire ou le concubin. Est uniquement possible l'adoption simple d'un enfant mineur si le couple est marié. – Le droit de mener une vie familiale normale (Préamb. Const. 1946, al. 10) n'implique pas que la relation entre un enfant et la personne qui vit en couple avec son père ou sa mère ouvre droit à l'établissement d'un lien de filiation adoptive. – La différence de situation entre les couples mariés et ceux qui ne le sont pas peut justifier, dans l'intérêt de l'enfant, une différence de traitement (DDH, art. 6) quant à l'établissement de la filiation adoptive à l'égard des enfants mineurs. – Le Cons. const. n'est pas compétent pour substituer son appréciation à celle du législateur sur la situation des enfants élevés par 2 personnes du même sexe. – **Conformité**. – **Décision de renvoi :** Cass., QPC, 8 juill. 2010, n° 10-10.385 : *D. 2011. 1585, obs. Granet-Lambrechts ; AJ fam. 2010. 390, obs. Chénedé ; Cah. Cons. const. 2012, n° 34, p. 196, obs. Vidal-Naquet ; RTD civ. 2010. 544, obs. Hauser.* – **Suite de la décision :** Civ. 1re, 9 mars 2011, n° 10-10.385 P : *D. 2011. 876, obs. Siffrein-Blanc ; ibid. 1585, obs. Granet-Lambrechts ; ibid. 1713, obs. Bernaud et Gay ; ibid. 2012. 1432, obs. Granet-Lambrechts ; AJ fam. 2011. 205, obs. Chénedé ; AJCT 2011. 247, obs. Gallmeister ; RTD civ. 2011. 338, obs. Hauser.*
2010	6 oct.	**Transfert de propriété des voies privées** **2010-43 QPC**. Épx A. : *JO 7 oct., p. 18155 ; Rec. Cons. const. 268 ; RDI 2010. 612, note Foulquier ; AJCT 2010. 183, note Driard ; AJDA 2010. 1858 ; ibid. 2011. 223, note Trémeau ; JCP Adm. 2010, n° 44, p. 38, note Moritz ; Dr. adm. 2010, n° 12, p. 54, note Touzeau* : – **C. urb., art. L. 318-3**. – Transfert dans le domaine public communal de la propriété de voies privées ouvertes à la circulation publique sans indemnité. – Ce transfert ne porte pas atteinte au droit de propriété (DDH, art. 17) car il est conditionné, sous le contrôle du juge administratif, par l'ouverture à la circulation générale des voies résultant de la volonté exclusive des propriétaires d'accepter l'usage public et de renoncer à l'usage privatif du bien. Le législateur permet à l'autorité administrative de donner à ces voies privées ouvertes à la circulation publique un statut conforme à leur usage. Les propriétaires sont libérés de toute obligation. La collectivité publique a la charge de l'entretien des voies. Une indemnisation des propriétaires est possible à titre exceptionnel (si le

		transfert entraîne pour le propriétaire une charge spéciale et exorbitante, hors de proportion avec l'objectif d'intérêt général poursuivi). – **Conformité**. – **Décision de renvoi :** CE, QPC, 9 juill. 2010, *Épx Anastasio*, n° 338977 : *AJDA 2010. 1405.*
2010	6 oct.	**Nom de domaine internet** **2010-45 QPC**. M. Mathieu P. : *JO 7 oct., p. 18156 ; Rec. Cons. const. 270 ; AJDA 2010. 1858 ; D. 2010. 2285, note Manara ; RFDA 2010. 1257, chron. Roblot-Troizier et Rambaud ; Gaz. Pal. 2010, nos 351-352, p. 35, note Gilbert ; CCE 2010, n° 12, note Caron ; ibid. 2011, n° 1, p. 11, note Sardain ; RFDC 2011. 292, note Borner-Kaydel* : – **CPCE, art. L. 45**. – Principes de l'attribution et de la gestion des noms de domaine correspondant au territoire national (« .fr »). – Cet art. délègue au pouvoir réglementaire les conditions dans lesquelles les noms de domaine sont attribués, renouvelés, refusés ou retirés. Le législateur a méconnu sa propre compétence quant aux principes fondamentaux relatifs aux obligations civiles et commerciales. Aucune disposition législative n'institue les garanties permettant qu'il ne soit pas porté atteinte à la liberté d'entreprendre ainsi qu'à la DDH, art. 11. – **Non-conformité totale avec effet différé** au 1er juill. 2011. – **Décision de renvoi :** CE, QPC, 9 juill. 2010, *Pitte*, n° 337320. – **Applications de la décision :** L. n° 2011-302 du 22 mars 2011 portant diverses dispositions d'adaptation de la législation au droit de l'Union européenne en matière de santé, de travail et de communications électroniques, art. 19. – CE 10 juin 2013, *Pitte*, n° 337320 : *D. 2013. 1541, obs. Manara.*
2010	6 oct.	**Titres d'identités. Financement** **2010-59 QPC**. Cne de Bron : *JO 7 oct., p. 18157 ; Rec. Cons. const. 274* : – **LFR n° 2008-1443 du 30 déc. 2008, art. 103 § II et III**. – Instruction CNI et passeports. – Dispositions déjà déclarées conformes à la Const. dans Décis. n° 2010-29/37 QPC. – **Non-lieu à statuer**. – **Décision de renvoi :** CE, QPC, 13 sept. 2010, *Cne de Bron*, n° 341715 : *AJDA 2010. 1680.* – **Application de la décision :** CAA Lyon, 30 nov. 2011, *Cne de Bron*, n° 09LY02930.
2010	7 oct.	**Représentativité des syndicats** **2010-42 QPC**. CGT-FO et a. : *JO 8 oct., p. 18235 ; Rec. Cons. const. 278 ; D. 2011. 846, note Nicod* ; ibid. Pan. 1719, obs. V. B. ; Constitution *2011. 89, note Radé ; SSL 2010, n° 1463, p. 10, note Champeaux* : – **C. trav., art. L. 2122-2**. – *Précision procédurale.* Admission d'une intervention devant le Cons. const. à l'occasion d'une QPC.

		– Les règles de représentativité des organisations syndicales fixées par le législateur ne méconnaissent pas le Préamb. Const. 1946, al. 6 (liberté syndicale) et al. 8 (droit à la participation des travailleurs). – La différence de traitement entre syndicats catégoriels et syndicats intercatégoriels instituée par l'art. L. 2122-2 C. trav. (existence d'un lien direct avec l'objet de la loi) ne méconnaît pas les exigences constitutionnelles en matière d'égalité devant la loi (DDH, art. 6). – **Conformité**. – **Décision de renvoi :** Cass., QPC, 8 juill. 2010, n° 10-60.189 : *D. 2010. 2264, obs. Ines ; ibid. 2264, note Bernaud et Petit ; ibid. 2011. 840, obs. Équipe de recherche en droit social de Lyon 2 ; RDT 2010. 564, Rapp. Béraud.* – **Applications de la décision :** Soc. 16 févr. 2011, n° 10-60.189. – Soc. 24 oct. 2012, n° 11-18.885 P : *Dr. soc. 2013. 77, obs. Petit.*
2010	14 oct.	**Prélèvement fiscal. Société agricole** **2010-52 QPC**. Compagnie agricole de La Crau : *JO 15 oct., p. 18540 ; Rec. Cons. const. 283 ; D. 2010. 529, chron. Maziau ; ibid. 2011. Pan. 1717, obs. L. G. ; RTD civ. 2011. 90, obs. Meunier ; RFDA 2011. 353, étude Éveillard ; Constitutions 2011. 361, obs. Cappello ; JCP 2010, n° 51, p. 2396, note Roux :* – **L. du 30 avr. 1941**. – Prélèvement perpétuel imposé à la compagnie agricole de La Crau par une convention validée par la loi. – Rappel de la précision procédurale de Décis. n° 2010-39 QPC. – Une seule société agricole est assujettie à une imposition supplémentaire : rupture caractérisée de l'égalité devant les charges publiques. – **Non-conformité totale avec effet immédiat** à compter de la date de la publication de la Décis. Cette inconstitutionnalité peut être invoquée à l'encontre des prélèvements non atteints par la prescription. – **Décision de renvoi :** CE, QPC, 14 juill. 2010, *Compagnie agricole de La Crau*, n° 322419 : *RFDA 2011. 353, étude Éveillard.* – **Application de la décision :** CE 26 juill. 2011, *Compagnie agricole de La Crau*, n° 322419 B : *AJDA 2011. 2532, note Arvis.*
2010	14 oct.	**Prélèvements sur le produit des jeux** **2010-53 QPC**. Sté Plombinoise de casino : *JO 15 oct., p. 18541 ; Rec. Cons. const. 286 ; AJDA 2010. 1965 ; RD fisc. 2010, n° 44, p. 3, note Meier ; Constitutions 2011. 97, note Barilari :* – **L. n° 2009-888 du 22 juill. 2009 de développement et de modernisation des services touristiques, art. 27 § III**. – Validation sur le prélèvement des jeux de casinos. – Le champ de validation par la L. 22 juill. 2009, art. 27 § III, est strictement et précisément délimité (validation concernant uniquement les prélèvements sur le produit des jeux qu'en tant qu'ils sont contestés sur le fondement du moyen tiré de ce que leur assiette ou leurs modalités de recouvrement ou de contrôle ont été fixés par voie réglementaire). Les dispositions de cet art. réservent expressément les décisions passées en force de chose jugée et aucune pénalité rétroactive ne peut se fonder sur elles : respect du principe de non-rétroactivité des sanctions et des peines (DDH, art. 8). La validation est justifiée par

		l'existence d'un intérêt général suffisant (inscription dans le projet LF pour 2009 du changement de qualification des prélèvements sur les jeux en impositions de toutes nature et adopté fin déc. 2008 ; objectif du législateur : tirer les conséquences de la base légale donnée à des prélèvements à la suite de leur qualification en impositions de toutes natures, prévenir le contentieux lié au changement de qualification et éviter le développement, pour un motif tenant à la compétence du pouvoir réglementaire, des contestations qui auraient pu entraîner, pour l'État et les autres bénéficiaires des prélèvements, des conséquences financières gravement dommageable ; en l'absence de validation, le reversement aux casinos d'impositions dont ils sont redevables au regard des règles de fond de la loi fiscale pourrait constituer un enrichissement injustifié). – **Conformité**. – **Décision de renvoi :** CE, QPC, 16 juill. 2010, *Sté Plombinoise de casino*, n° 339899. – **Application de la décision :** CAA Lyon, 10 juill. 2012 (4 arrêts), n°s 11LY02567 à 11LY02570.
2010	14 oct.	**Juge unique. Procédure administrative** **2010-54 QPC**. Union syndicale des magistrats administratifs : *JO 15 oct., p. 18542 ; Rec. Cons. const. 289 ; AJDA 2010. 1967 ; Constitutions 2011. 339, obs. Barthélemy et Boré ; Procédures 2010, n° 12, p. 28, note Deygas ; RFDC 2011. 565, note Domingo* : – **CJA, art. L. 222-1**. – Principe de collégialité pour des formations de jugements des TA et CAA sous réserve des exceptions (compétence du pouvoir réglementaire) tendant à l'objet du litige ou à la nature des questions à juger. Les dispositions applicables à la procédure devant les juridictions administratives sont de la compétence du pouvoir réglementaire dès lors qu'elles ne mettent pas en cause les matières réservées au législateur par la Const., art. 34 ou d'autres règles ou principes de valeur constitutionnelle. L'art. 37 Const. n'a pas pour effet de dispenser le pouvoir réglementaire du respect des exigences constitutionnelles. – L'art. L. 222-1 n'habilite pas le pouvoir réglementaire à fixer des catégories de matières ou de questions à juger qui ne reposeraient pas sur des critères objectifs : respect du principe d'égalité devant la justice. – Les modalités de composition des formations de jugement (juge unique ou collégialité) sont sans effet sur l'obligation de respecter les droits de la défense. – **Conformité**. – **Décision de renvoi :** CE, QPC, 16 juill. 2010, *Union syndicale des magistrats administratifs*, n° 338829 : *AJDA 2010. 1452*. – **Application de la décision :** CE 4 juill. 2012, *Union syndicale des magistrats administratifs*, n° 338829 : *AJDA 2012. 1380*.
2010	*18 oct.*	**Prohibition des machines à sous** **2010-55 QPC**. M. Rachid M. et a. : *JO 19 oct., p. 18695 ; Rec. Cons. const. 291 ; AJDA 2011. 652, note Lombard* : – **L. n° 83-628 du 12 juill. 1983 relative aux jeux de hasard, art. 2** (rédaction antérieure au 13 mai 2010).

		– Précisions procédurales : • La modification ou l'abrogation ultérieure de la disposition contestée ne fait pas disparaître l'atteinte éventuelle aux droits et libertés ; elle n'ôte pas son effet utile à la procédure voulue : Décis. n° 2010-16 QPC. • Admission d'une intervention : Décis. n° 2010-42 QPC. • Le Cons. const. communique les obs. d'une personne qui n'a pas été mentionnée dans un arrêt de renvoi de la C. cass. mais qui était présente à la procédure devant la C. cass. – Limitation possible de la liberté d'entreprendre (DDH, art. 4) par des exigences constitutionnelles ou par l'intérêt général en l'absence d'atteintes disproportionnées. L'art. 2 de la L. du 12 juill. 2003 pose le principe de la limitation de l'utilisation, de la fabrication, du commerce et de l'exploitation des appareils de jeux de hasard et d'adresse. Il existe un contrôle public dont l'objectif est la sauvegarde de l'ordre public (permettant notamment d'assurer l'intégrité, la sécurité et la fiabilité des opérations de jeux, de veiller à la transparence de leur exploitation, de prévenir les risques d'accoutumance au jeu et de lutter contre les opérations de blanchiment d'argent). Absence de déséquilibre manifeste entre cet objectif et le principe de la liberté d'entreprendre. – **Conformité**. – **Décision de renvoi :** Crim., QPC, 16 juill. 2010, n° 10-80.853. – **Application de la décision :** Crim. 9 mars 2011, n° 10-80.853.
2010	18 oct.	**Protection juridique des majeurs. Mesure d'accompagnement social personnalisé** **2010-56 QPC**. Dpt du Val-de-Marne : *JO 19 oct., p. 18696 ; Rec. Cons. const. 295 ; AJDA 2010. 1964 ; ibid. 2011. 218, note Verpeaux ; AJ fam. 2010. 495, note Verheyde ; RFDA 2010. 1257, chron. Roblot-Troizier et Rambaud ; RFDC 2011. 155, note Besson* : – **L. n° 2007-308 du 5 mars 2007 portant réforme de la protection juridique des majeurs, art. 13** (insertion des art. L. 271-1 à L. 271-8 CASF) **et 46** (rapport au Parlement). – Art. L. 271-1 à L. 271-8 : Mise en œuvre par le département, par voie conventionnelle ou par contrainte, d'une aide à la gestion des prestations sociales et d'un accompagnement personnalisé ayant pour objectif d'aider des personnes à retrouver l'autonomie dans la gestion de leurs ressources. – Ces dispositions ne portent atteinte ni au principe de libre administration des collectivités territoriales (Const., art. 72) ni à leur autonomie financière (Const., art. 72-2, al. 4) : organisation d'un dispositif d'accompagnement social individualisé, confortation de la subsidiarité des mesures judiciaires par rapport aux mesures administratives, absence de création d'une nouvelle prestation sociale, simple aménagement des conditions d'exercice de la compétence d'aide sociale de droit commun relevant de la compétence des départements, absence de transfert d'une compétence relevant de l'État, absence de création ou d'extension de compétences. – **Conformité**. – **Décision de renvoi :** CE, QPC, 19 juill. 2010, *Dpt du Val-de-Marne*, n° 340028 : *AJDA 2010. 1453.*

2010	18 oct.	**Taxe générale sur les activités polluantes** **2010-57 QPC**. Sté SITA FD et a. : *JO 19 oct., p. 18698 ; Rec. Cons. const. 299 ; AJDA 2010. 1969 ; JCP Adm. 2010, n° 50, p. 28, note Billet ; Envir. janv. 2011, n° 1, p. 30, note Billet ; RFDC 2011. 295, note Le Quinio* : **– C. douanes, art. 266 *sexies*, § I-1 et § I-8, et art. 266 *septies*** (rédaction issue de la LFSS pour 2000). – Ces art. fixent les règles d'assujettissement différentes à la taxe générale sur les activités polluantes selon que les déchets inertes, de même nature, sont mis en dépôt dans des installations de stockage de déchets inertes ou qu'ils sont déstockés et utilisés comme matériaux de couverture, dans des installations de déchets ménagers et assimilés. – Les art. 266 *sexies* § I-1 et § I-8 et art. 266 *septies* ne sauraient, sans méconnaître le principe d'égalité devant les charges publiques (DDH, art. 13), être interprétés comme s'appliquant à l'ensemble des quantités de déchets inertes visés par ces dispositions : **Réserve**. – **Conformité avec réserve.** – **Décision de renvoi :** Crim., QPC, 16 juill. 2010, 2 arrêts, n°s 10-90.086 et 10-90.087. – **Applications de la décision :** Com. 9 oct. 2012, n° 10-27.614. – Com. 25 juin. 2013, n° 11-16.254. – Com. 8 oct. 2013, n°s 12-20.531 et 12-23.175.
2010	18 oct.	**Taxe sur les surfaces commerciales** **2010-58 QPC**. PROCOS et a. : *JO 19 oct., p. 18699 ; Rec. Cons. const. 302 ; RFDC 2011. 295, note Le Quinio* : **– L. n° 72-657 du 13 juill. 1972 instituant des mesures en faveur de certaines catégories de commerçants et artisans âgés, art. 3, al. 2.** – L'objectif de la taxe sur les surfaces commerciales est de favoriser un développement équilibré du commerce. Pour cela, le législateur a fait le choix d'imposer les établissements commerciaux de détail ayant une surface significative et a entendu soumettre à cette taxe un ensemble intégré d'établissements dont la superficie cumulée dépasse un certain seuil. Cette intégration est subordonnée à 2 critères cumulatifs : le critère de l'existence d'un lien juridique objectif sous la forme d'un contrôle direct ou indirect par une seule personne (contrôle défini par C. com, art. L. 233-3 et L. 233-4) et le critère d'une politique commerciale commune sous une même enseigne. Ainsi, les établissements exerçant leur activité sous la même enseigne sans être intégrés dans un réseau contrôlé par une même personne se trouvent, au regard de l'objet de la loi, dans une situation différente de ceux répondant aux 2 critères cumulatifs : absence de rupture caractérisée du principe d'égalité devant l'impôt (DDH, art. 6 : principe d'égalité devant la loi et DDH, art. 13 : principe d'égalité devant les charges publiques). – **Conformité.** – **Décision de renvoi :** CE, QPC, 23 juill. 2010, *PROCOS*, n° 334060.
2010	12 nov.	**Mur mitoyen** **2010-60 QPC**. M. Pierre B. : *JO 13 nov., p. 20237 ; Rec. Cons. const.*

		321 ; D. actu. 23 nov. 2010, note Forest ; D. 2011. 652, note Cheynet de Beaupré ; RTD civ. 2011. 144, note Revet ; RDI 2011. 99, obs. Tranchant : – **C. civ., art. 661 :** Cession forcée de mitoyenneté. – En vertu de la Const., art. 34, le législateur est compétent pour fixer les principes fondamentaux de la propriété et des droits réels, et définir les modalités selon lesquelles les droits des propriétaires de fonds voisins doivent être conciliés. Est au nombre des mesures tendant à assurer cette conciliation la mitoyenneté des murs séparatifs. – Absence de privation du droit de propriété (DDH, art. 17) : la cession forcée de mitoyenneté a pour effet de transformer en indivision le droit exclusif du maître du mur qui continue à exercer sur son bien tous les attributs du droit de propriété. – L'atteinte aux conditions d'exercice du droit de propriété (DDH, art. 2) est justifiée par l'intérêt général, proportionnée à l'objectif poursuivi et ne conduit pas, par sa gravité à une dénaturation du sens et de la portée de la propriété. La mitoyenneté détermine un mode économique de clôture et de construction des immeubles ainsi que d'utilisation rationnelle de l'espace. L'accès forcé à la mitoyenneté constitue un élément nécessaire de ce régime et il existe des garanties de fond et de procédure entourant l'art. 661 C. civ. – **Conformité.** – **Décision de renvoi :** Civ. 3e, QPC, 15 sept. 2010, n° 10-12.840 P : *D. 2011. 2298, obs. Mallet-Bricout et Reboul-Maupin ; RDI 2010. 538, obs. Tranchant.* – **Application de la décision :** Civ. 3e, 5 avr. 2011, n° 10-12.840 : *AJDI 2011. 398 ; RDI 2011. 392, obs. Gavin-Millan-Oosterlynck.*
2010	12 nov.	**Refus de prélèvement biologique** **2010-61 QPC**. M. Charles S. : *JO 13 nov., p. 20238 ; Rec. Cons. const. 324 ; AJ pénal 2011. 250, note Combles de Nayves* : – **C. pr. pén., art. 706-56-III.** – *Précision procédurale*. Décis. rendue en audience publique à la demande des parties (le Cons. const. ne se reconnaît pas, dans son règlement de procédure, le droit de s'opposer à la demande, bien que le Conseil ait déjà statué sur cette disposition). – Art. déjà déclaré contraire à la Const. dans Décis. n° 2010-25 QPC. – **Non-lieu à statuer.** – **Décision de renvoi :** Crim., QPC, 14 sept. 2010, n° 10-90.091 : *D. 2010. 2232.*
2010	12 nov.	**Représentativité syndicale** **2010-63/64/65 QPC**. Fédération nationale CFTC de syndicats de la métallurgie : *JO 13 nov., p. 20238 ; Rec. Cons. const. 326 ; D. 2011. Pan. 1719, obs. V. B. ; Constitutions 2011. 89, obs. Radé* : – **C. trav., art. L. 2121-1, L. 2122-1, L. 2122-2 et L. 2143-3.** – *C. trav., art. L. 2121-1 et L. 2122-1* (fixation du seuil d'audience pour le calcul de la représentativité, à 10 % des voix aux élections professionnelles). Le Cons. const. fait référence à la motivation de la Décis. n° 2010-42 QPC § 6, pour conclure à la conformité de cet art. – *C. trav., art. L. 2122-2* : Art. déjà déclaré conforme à la Const. dans Décis. n° 2010-42 QPC : **Non-lieu à statuer.**

		– *C. trav., art. L. 2143-3* (conditions de désignation du délégué syndical). Les syndicats représentatifs ont l'obligation de choisir, en priorité, le délégué syndical parmi les candidats ayant obtenu au moins 10 % des suffrages exprimés au 1er tour des dernières élections professionnelles. Cet art. associe les salariés à la désignation des personnes reconnues les plus aptes à défendre leurs intérêts dans l'entreprise et à conduire les négociations pour leur compte. Absence de méconnaissance par le législateur du principe de la liberté syndicale (Préamb. Const. 1946, al. 6) : **Conformité**. – **Non-lieu à statuer et conformité**. – **Décision de renvoi :** Soc., QPC, 20 sept. 2010, 3 arrêts, nos 10-40.025, 10-18.699 et 10-19.113. – **Applications de la décision :** Soc. 28 sept. 2011, n° 10-19.113 P : *D. 2011. 2405 ; Dr. soc. 2011. 1241, note Petit ; RJS 2011. 864, n° 992.* – Soc. 14 déc. 2011, n° 10-18.699 P : *Dr. soc. 2012. 213, obs. Petit.*
2010	19 nov.	**Représentation des professions de santé libérales** **2010-68 QPC**. Synd. des médecins d'Aix et région : *JO 20 nov., p. 20840 ; Rec. Cons. const. 330 ; D. 2011. Pan. 1720, obs. V. B. ; Constitutions 2011. 107, obs. Bioy* : – **CSP, art. L. 4031-2**. – Élection des membres des unions régionales des professionnels de santé (URPS). – *CSP, art. L. 4031-2, al. 1er* (qualité d'électeur). En réservant la qualité d'électeur aux seuls professionnels de santé conventionnés, le législateur n'a pas porté atteinte au principe d'égalité (DDH, art. 6). En effet, la différence de situation entre les professionnels de santé conventionnés et non conventionnés se justifie notamment dans les missions confiées aux URPS, lesquelles sont en relation directe avec les conventions passées sur le plan national entre les professions de santé libérales et les organismes d'assurance maladie : **Conformité**. – *CSP, art. L. 4031-2, al. 2* (représentation des candidats). En réservant la représentation des listes de candidats aux organisations syndicales bénéficiant d'une ancienneté minimale de 2 ans et présentes sur le territoire national dans au moins la moitié des départements et la moitié des régions, le législateur a voulu éviter la dispersion de la représentation syndicale sur le plan national et n'a pas porté atteinte au principe d'égalité (DDH, art. 6) ni à la liberté syndicale (Préamb. Const. 1946, al 6) : **Conformité**. – **Conformité**. – **Décision de renvoi :** CE, QPC, 22 sept. 2010, *Synd. des médecins d'Aix et région*, n° 340997. – **Application de la décision :** CE 8 juill. 2011, *Synd. des médecins d'Aix et région*, n° 340997 B.
2010	26 nov.	**Confiscation de véhicule** ***2010-66 QPC***. M. Thibaut G. : JO 27 nov., p. 21117 ; Rec. Cons. const. *334 ; AJ pénal 2011. 31, note Perrier ; JCP 2011, nos 1-2, p. 33, note Robert ; Gaz. Pal. 2011, nos 103-104, p. 8, note Ayache ; RFDC 2011. 571, note Tzutzuiano* : – **C. pén., art. 131-21**.

		– Peine complémentaire de confiscation encourue de plein droit pour les délits punis d'une peine d'emprisonnement d'une durée supérieure à 1 an. – Selon l'art. 131-21 C. pén., la peine complémentaire de confiscation est encourue de plein droit dans les cas prévus par la loi et le règlement. Le pouvoir réglementaire est compétent pour fixer les peines applicables aux contraventions dans le respect des exigences de DDH, art. 8. La peine de confiscation du véhicule pour la contravention de grand excès de vitesse est instituée par l'art. R. 413-14-1 C. route. Le Cons. const. est incompétent pour examiner cette peine complémentaire. – Absence de disproportion manifeste des peines de confiscation instituées par l'art. 131-21 C. pén. eu égard aux conditions de gravité des infractions pour lesquelles elles sont applicables. – Préservation du droit de propriété des tiers de bonne foi. – **Conformité**. – **Décision de renvoi :** Crim., QPC, 14 sept. 2010, n° 10-90.090 : *D. 2010. 2231 ; JCP 2011, n° 15, obs. Robert ; Dr. pénal 2011, Chron. 2, obs. Peltier.*
2010	26 nov.	**Communication d'informations en matière sociale** **2010-69 QPC**. M. Claude F. : *JO 27 nov., p. 21118 ; Rec. Cons. const. 338 ; D. actu. 13 déc. 2010, obs. Inès ; RFDC 2011. 574, note Perrier* : – **CSS, art. L. 114-6, et C. trav., art. L. 8271-2-1**. – Respect de la présomption d'innocence (DDH, art. 9) et respect des droits de la défense (DDH, art. 16). L'objectif des art. L. 114-6 CSS et L. 8271-2-1 C. trav. est d'organiser et de faciliter la communication, aux organismes de protection sociale et de recouvrement des cotisations et contributions sociales, d'informations relatives aux infractions ayant pu être relevées en matière de lutte contre le travail dissimulé. Ils n'ont pas pour effet d'instituer une présomption de culpabilité. – **Conformité**. – **Décision de renvoi :** Civ. 2e, 24 sept. 2010, n° 10-40.026.
2010	26 nov.	**Lutte contre l'évasion fiscale** **2010-70 QPC**. M. Pierre-Yves M. : *JO 27 nov., p. 21118 ; Rec. Cons. const. 340 ; D. actu. 6 déc. 2010, obs. Lavric ; Constitutions 2011. 245, note de la Mardière ; Procédures 2011, n° 1, p. 34, note Ayrault ; RD fisc. 2010, n° 48, p. 18, note Boucher ; ibid. 2011, n° 6, p. 52, note Dieu ; RJF 2011, n° 210* : – **CGI, art. 155 A**. – Imposer en France, dans des cas limitativement énumérés, des revenus perçus à l'étranger pour des prestations réalisées en France. – Absence de rupture caractérisée de l'égalité devant les charges publiques (DDH, art. 13) si l'art. 155 A CGI ne conduit pas à ce que le contribuable soit assujetti à une double imposition au titre d'un même impôt : **Réserve**. – Absence d'atteinte au principe de nécessité des peines (DDH, art. 8). L'art. 155 A CGI n'institue ni une peine ni une sanction ayant le caractère d'une punition et ne méconnaît pas les droits de la défense. – **Conformité sous réserve**. – **Décision de renvoi :** CE, QPC, 24 sept. 2010, *Moreau*, n° 341573 : *RJF 2010, n° 1218 ; Dr. fisc. 2010. 577, concl. Boucher.*

		– **Applications de la décision :** CAA Douai, 14 déc. 2010, n° 08DA01103. – CAA Paris, 8 déc. 2011, *M. et Mme Richard A.*, n° 09PA05419. – CAA Lyon, 10 avr. 2012, n° 11LY00512. – CAA Paris, 27 sept. 2012, n° 10PA04906. – CAA Paris, 20 févr. 2013, n° 11PA01625. – CAA Paris, 19 avr. 2013, n° 11PA01701.
2010	26 nov.	**Hospitalisation sans consentement** **2010-71 QPC**. Mlle Danielle S. : *JO 27 nov., p. 21119 et 7 déc., p. 21434 (rect.) ; Rec. Cons. const. 343 ; D. actu. 6 déc. 2010, obs. Astaix ; D. 2011. Pan. 1723, obs. L. G. ; Constitutions 2011. 108, obs. Bioy ; RTD civ. 2011. 101, obs. Hauser ; AJDA 2010. 2284 ; ibid. 2011. 174, note Bioy ; RDSS 2011. 304, note Renaudie ; JCP 2010, n° 49, p. 2288, note Dubreuil ; ibid., n° 51, p. 2410, note de Béchillon ; ibid. 2011, n° 7, p. 325, note Grabarczyk ; JCP Adm. 2010, n° 49, p. 7, note Albert ; LPA 2010, n° 255, p. 5, note Castaing ; Dr. fam. 2011, n° 1, p. 37, note Maria ; RFDC 2011. 298, note Pena ; Gaz. Pal. n° 308-309, p. 16, note Poujade* : – **CSP, art. L. 3211-3, L. 3211-12, L. 3212-1, L. 3212-2, L. 3212-3, L. 3212-4, L. 3212-7 et L. 3222-1.** – *Précision procédurale* : Le Cons. const. rejette la demande de la requérante tendant à ce qu'il se prononce sur la conformité à la Const. des dispositions du CSP relatives à l'hospitalisation d'office car ces dispositions ne figurent pas dans la question renvoyée par le CE. – *CSP, art. L. 3212-1, L. 3212-2, L. 3212-3, L. 3212-4 et L. 3222-1* (hospitalisation à la demande d'un tiers (HDT) : conditions de l'admission). Le législateur a fixé des conditions de fond et des garanties de procédure propres à assurer que HDT soit mise en œuvre uniquement dans les cas où elle est adaptée, nécessaire et proportionnée à l'état du malade. L'art. 66 Const. n'impose pas que l'autorité judiciaire soit saisie préalablement à toute mesure de privation de liberté : **Conformité**. – *CSP, art. L. 3211-7* (maintien de HDT). Cet art. prévoit le maintien de HDT au-delà de 15 jours sans intervention d'une juridiction de l'ordre judiciaire. Méconnaissance des exigences de Const., art. 66 : **Non-conformité** avec effet différé au 1er août 2011. – *CSP, art. L. 3211-3* (droits des personnes hospitalisées pour maladie mentales : restrictions). Cet art. respecte la dignité de la personne (principe à valeur constitutionnelle), ne porte pas atteinte disproportionnée à l'exercice des libertés individuelles (restrictions possibles en raison de l'état de santé et la mise en œuvre d'un traitement). Il n'entraîne pas non plus de disproportion manifeste concernant la conciliation entre les mesures assurant d'une part la protection de la santé et la protection de l'ordre public, et d'autre part, la liberté personnelle (DDH, art. 2) : **Conformité**. – *CSP, art. L. 3211-12 (saisine du JLD afin que soit mis fin à l'hospitalisation)*. Mesure privative de liberté. Le droit à un recours juridictionnel effectif impose que le juge judiciaire soit tenu de statuer sur la demande de sortie immédiate dans les plus brefs délais compte tenu de la nécessité éventuelle de recueillir des éléments d'information complémentaires sur l'état de la personne hospitalisée : **Réserve**.

		– **Conformité des art. L. 3211-3, L. 3212-1, L. 3212-2, L. 3212-3, L. 3212-4 et L. 3222-1, non-conformité de l'art. L. 3212-7 CSP, avec effet différé au 1er août 2011, et réserve concernant l'art. L. 3211-12 CSP.** – **Décision de renvoi :** CE, QPC, 24 sept. 2010, *Mlle Schnitzer*, n° 339110 : *AJDA 2010. 1800 ; RTD civ. 2011. 101, obs. Hauser.* – **Applications de la décision :** L. n° 2011-803 du 5 juill. 2011, relative aux droits et à la protection des personnes faisant l'objet de soins psychiatriques et aux modalités de leur prise en charge, art. 2-4 (pour CSP, art. L. 3212-7) : *JCP 2013, n° 27, p. 1084, note Primevert.* – CE 1er déc. 2010, *Mlle Schnitzer*, n° 344571. – CE 16 avr. 2012, *Mlle Schnitzer*, n° 339110. – CE 13 mars 2013, *M. S.*, n° 348165.
2010	3 déc.	**Paris sur les courses hippiques** **2010-73 QPC**. Sté ZEturf Limited : *JO 4 déc., p. 21358 ; Rec. Cons. const. 356 ; AJDA 2011. 652, note Lombard* : – **L. 2 juin 1891** ayant pour objet de réglementer l'organisation et le fonctionnement des courses de chevaux dans sa rédaction antérieure au 13 mai 2010. – Le grief de l'incompétence négative du législateur est écarté. V. Décis. n° 2010-28 QPC. – • Absence de méconnaissance des exigences de l'art. 34 Const. et du principe de légalité des délits et des peines : Précisions suffisantes des dispositions de la L. de 1891 relatives aux sanctions pénales. • Absence de différence de traitement (DDH, art. 6) : Existence d'un seul et même régime applicable à toutes les sociétés de courses. • Absence de méconnaissance du droit à un recours juridictionnel effectif (DDH, art. 16) : Possibilité de contestation devant le juge administratif pour le demandeur qui se voit opposer un refus d'agrément. • Absence de déséquilibre entre le principe de la liberté d'entreprendre (DDH, art. 4) et l'objectif à valeur constitutionnelle de sauvegarde de l'ordre public : Objectif de l'encadrement de l'organisation des courses de chevaux et des paris hippique : améliorer la race chevaline, financer les élevages, mettre un terme aux abus et scandales sur les courses et prévenir le risque de dépendance aux jeux. – **Conformité**. – **Décision de renvoi :** Com., QPC, 28 sept. 2010, *Sté ZEturf Limited*, n° 10-40.033.
2010	3 déc.	**Rétroactivité de la loi pénale plus douce. Revente à perte** **2010-74 QPC**. M. Jean-Marc P. et a. : *JO 4 déc., p. 21359 ; Rec. Cons. const. 361 ; AJ pénal 2011. 30, note Perrier ; D. 2011. 1859, obs. Mascala ; RSC 2011. 180, obs. de Lamy ; RTD com. 2011. 429, obs. Bouloc ; Gaz. Pal. 2010, nos 349-350, p. 5, note Kleitz ; JCP 2011, n° 4, p. 167, note Dreyer ; Dr. pénal 2011, n° 3, p. 43 ; RDLC 2011, n° 1, p. 129, note Fourgoux ; RFDC 2011. 578, note G. Mathieu ; RPDP 2012, n° 1, p. 141, note Chevallier* : – **L. n° 2005-882 du 2 août 2005 en faveur des petites et moyennes entreprises, art. 47 § IV**. – Conditions d'application des dispositions relatives à la répression de la revente à perte, avant le 31 déc. 2006.

		– Affirmation de la portée constitutionnelle du principe de rétroactivité *in mitius* de la loi pénale plus douce (DDH, art. 8). Le fait de ne pas appliquer aux infractions commises sous l'empire de la loi ancienne la loi pénale plus douce revient à permettre au juge de prononcer les peines prévues par la loi ancienne et qui ne sont plus nécessaires. Le principe de nécessité des peines implique que la loi pénale plus douce soit rendue immédiatement applicable aux infractions commises avant son entrée en vigueur et n'ayant pas donné lieu à des condamnations passées en force de chose jugée. – Précision du principe de rétroactivité *in mitius*. Ce principe ne s'applique pas si la répression antérieure plus sévère est inhérente aux règles auxquelles la loi nouvelle s'est substituée. Le Cons. const. réserve les cas dans lesquels la suppression d'une incrimination ou son remplacement par une incrimination moins sévère ne correspondrait pas à un adoucissement de la loi pénale mais à un changement de la réglementation applicable dont la loi pénale ne serait pas séparable. Ainsi, l'art. 47 de la L. du 2 août 2005 prévoit dans ses § I à III de nouvelles modalités de détermination du prix d'achat effectif tendant à abaisser le seuil de revente à perte. La précédente définition de ce seuil était inhérente à la législation économique antérieure. Le § IV de cette loi ne porte pas atteinte au principe de nécessité des peines (DDH, art. 8). – **Conformité**. – **Décision de renvoi :** Crim., QPC, 22 sept. 2010, n° 10-90.094 : *D. 2011. 1859, obs. Mascala ; RTD com. 2011. 429, obs. Bouloc.*
2010	3 déc.	**Tribunaux des affaires de sécurité sociale** **2010-76 QPC**. M. Roger L. : *JO 4 déc., p. 21360 ; Rec. Cons. const. 364 ; RSC 2011. 193, chron. Lazerges* : – **CSS, art. L. 142-4 et L. 142-5 :** composition du TASS. – • Absence de méconnaissance de l'art. 34 Const. • Absence de différence de traitement (DDH, art. 6) entre les salariés syndiqués et ceux qui ne le sont pas quant à la proposition des candidats aux fonctions d'assesseurs au TASS. • Absence de méconnaissance du principe d'égalité devant la loi et de méconnaissance du principe d'égal accès aux emplois publics (DDH, art. 6) quant à la composition du TASS (caractère paritaire du mode de gestion de la sécurité sociale et compétence particulière de cette juridiction). Les modalités retenues pour assurer la sélection des candidats sont en lien direct avec l'objet de la loi. • Absence de méconnaissance des exigences d'indépendance et d'impartialité (DDH, art. 16) quant à la composition du TASS. – **Conformité**. – **Décision de renvoi :** Civ. 2e, QPC, 30 sept. 2010, n° 10-40.029.
2010	10 déc.	**Publication et affichage du jugement de condamnation. Fraude fiscale** **2010-72/75/82 QPC**. M. Alain D. et a. : *JO 11 déc., p. 21710 ; Rec. Cons. const. 382 ; D. 2011. 929, note* Bouloc ; *ibid.* 1713, obs. Bernaud et Gay ; *ibid. 2823, obs. Roujou de Boubée, Garé, Mirabail et Potaszkin ; AJ pénal 2011. 76, note Perrier ; Rev. sociétés 2011. 377, note Matsopoulou ; RSC 2011. 193, chron. Lazerges ; ibid. 624, obs. Detraz ; ibid. 2012. 230, obs. de Lamy ; Constitutions 2011. 531, obs. Darsonville ; Dr. pénal 2011,*

		n° 2, p. 25, note Robert ; Procédures 2011. 38, note Ayrault ; LPA 2010, n°s 157-158, p. 11, note Sordino ; RFDC 2011. 576, note Giacopelli : – **CGI, art. 1741, al. 4**. – Institution d'une peine obligatoire. Le juge qui prononce une condamnation pour délit de fraude fiscale doit ordonner la publication du jugement de condamnation au *JO* et son affichage pour 3 mois. – Le fait pour le juge de pouvoir uniquement décider si la publication et l'affichage du jugement seront faits de façon intégrale ou par extraits ne peut, à lui seul, permettre d'assurer le respect des exigences qui découlent du principe d'individualisation des peines (DDH, art. 8). – **Non-conformité totale**. – **Décisions de renvoi :** Crim., QPC, 22 sept. 2010, 2 arrêts, n°s 10-85.866 et 10-82.148. – Crim., QPC, 5 oct. 2010, n° 10-90.097. – **Applications de la décision :** L. n° 2010-1658 du 29 déc. 2010 de finances rectificative pour 2010, art. 63-IV. – Crim. 16 juin 2011, n° 10-85.866. – Crim. 7 sept. 2011, n° 10-88.717. – Crim. 7 sept. 2011, n° 10-87.543. – Crim. 23 mars 2011, n° 10-83.645. – Crim. 16 nov. 2011, n° 10-87.634. – Crim. 25 janv. 2012, n° 11-81.301. – Crim. 25 janv. 2012, n° 10-88.279. – Crim. 4 mai 2012, n° 10-82.148. – Crim. 16 mai 2012, n° 11-84.539.
2010	10 déc.	**Comparution sur reconnaissance préalable de culpabilité (CRPC)** **2010-77 QPC**. Mme Barta Z. : *JO 11 déc., p. 21711 ; Rec. Cons. const. 384 ; AJ pénal 2011. 188, note Perrier ; RFDC 2011. 581, note Catelan :* – **C. pr. pén., art. 495-15-1**. – Compétence du procureur de la République pour mettre en œuvre simultanément l'action publique par 2 voies procédurales différentes : convocation en justice et convocation aux fins de CRPC. La convocation en justice devient caduque si la CRPC aboutit. – La méconnaissance de l'objectif à valeur constitutionnelle de bonne administration de la justice (DDH, art. 12, 15 et 16) ne peut en elle-même être invoquée à l'appui d'une QPC. – L'art. 495-15-1 est, en lui même, insusceptible de porter atteinte aux droits de la défense (DDH, art. 16). – Absence d'atteinte au principe de la présomption d'innocence (DDH, art. 9). En cas d'échec de la CRPC, le procès-verbal des formalités accomplies au cours de cette procédure ne peut être transmis à la juridiction de jugement. Ni le ministère public ni les parties ne peuvent faire état devant la juridiction de jugement des déclarations faites ou documents remis au cours de la procédure de CRPC. Le procureur de la République doit veiller à ce que la convocation en justice soit faite à une date suffisamment lointaine pour garantir qu'au jour fixé pour la comparution du prévenu devant le T. corr., la procédure sur reconnaissance préalable a échoué ou que les peines proposées ont été homologuées. – **Conformité**.

		– **Décision de renvoi :** Crim., QPC, 29 sept. 2010, n° 10-90.102.
2010	10 déc.	**Intangibilité du bilan d'ouverture** **2010-78 QPC**. Sté Imnoma : *JO 11 déc., p. 21712 ; Rec. Cons. const. 387 ; GDCC, 16ᵉ éd., n° 50 ; D. 2011. Pan. 1717, obs. L. G. ; Constitutions 2011. 247, note C. L. M. ; Cah. Cons. const. 2011, n° 32, p. 196, chron. Badin ; RD fisc. 2010, nᵒˢ 51-52, p. 2, note Boucheron et Meier ; RFDC 2011. 586, note Le Quinio ; RJF 2011, n° 212* : – **LFR n° 2004-1485 du 30 déc. 2004, art. 43 § IV**. – Méconnaissance de DDH, art. 16. La validation pour l'avenir du principe d'intangibilité a pour conséquence de priver à titre rétroactif le seul contribuable du bénéfice de la jurisprudence dégagée par le CE le 7 juill. 2004 (n° 230169) : Atteinte portée à l'équilibre des droits des parties. – **Non-conformité totale avec effet à compter de la publication de la Décis.** Invocation possible dans toutes les instances en cours à cette date et dont l'issue dépend de l'application de la LFR n° 2004-1485 du 30 déc. 2004, art. 43 § IV. – **Décision de renvoi :** CE, QPC, 6 oct. 2010, *Sté Imnoma*, n° 341827 : *Dr. fisc. 2010. 561, concl. Olléon.* – **Applications de la décision :** CE 18 juill. 2011, *Épx Michot*, n° 310953. – CE 30 mai 2012, *Min. du budget, des comptes publics et de la réforme de l'État*, nᵒˢ 312540 et 312539. – CE 1ᵉʳ mars 2013, *Sté Maison Sichel*, n° 343340.
2010	17 déc.	**Détention provisoire : procédure devant le juge des libertés et de la détention (JLD)** **2010-62 QPC**. M. David M. : *JO 19 déc., p. 22372 ; Rec. Cons. const. 400 ; AJ pénal 2011. 136, note Perrier ; RSC 2011. 193, chron. Lazerges ; Constitutions 2011. 515, note Daoud et Talbot ; RFDC 2011. 569, note Le Drevo* : – **C. pr. pén., art. 148**. – Modalités d'examen relatives aux demandes de mise en liberté formées par une personne en détention provisoire au cours d'une instruction. – Problème posé : absence de débat contradictoire devant le juge d'instruction pour l'examen de la demande de mise en liberté. – Existence d'une conciliation non disproportionnée entre l'objectif à valeur constitutionnelle de bonne administration de la justice et les exigences résultant de DDH, art. 16, en raison du caractère contradictoire des débats prévus par C. pr. pén. aux art. 145, 145-1, 145-2 et 199 et de la fréquence des demandes de mises en liberté susceptibles d'être formées : **Conformité**. – En revanche, l'équilibre des droits des parties interdit que le JLD puisse rejeter la demande de mise liberté sans que le demandeur ou son avocat ait pu avoir communication de l'avis du juge d'instruction et des réquisitions du ministère public : **Réserve d'interprétation** applicable aux demandes de mise en liberté à compter de la publication de la Décis. – *Précision procédurale.* Première fois que le Cons. const. module les effets dans le temps d'une réserve d'interprétation. – **Conformité avec réserve**.

		– **Décision de renvoi :** Crim., QPC, 14 sept. 2010, n° 10-90.093. – **Applications de la décision :** Crim. 3 août 2011, n° 11-83.450. – Crim. 26 oct. 2011, n° 11-86.117 P : *Cah. Cons. const. 2012, n° 35, p. 233, obs. Disant.* – Crim. 23 nov. 2011, n° 11-86.755. – Crim. 29 nov. 2011, n° 11-86.814.
2010	17 déc.	**AFPA. Transfert de biens publics** **2010-67/86 QPC**. Région Centre et région Poitou-Charentes : *JO 19 déc., p. 22373 ; Rec. Cons. const. 403 ; AJDA 2010. 2455 ; RDI 2011. 114, obs. Leonetti et Rohan ; JCP Adm. 2011, n° 1, p. 24, note Videlin et Yolka ; Dr. adm. 2011, n° 3, p. 39, note Marchand ; RJEP 2011, n° 689, p. 37, note Pauliat* : – **L. n° 2009-1437 du 24 nov. 2009 relative à l'orientation et à la formation professionnelle tout au long de la vie, art. 54**. – Transfert à l'AFPA, à titre gratuit sans aucune condition ou obligation particulière, de biens immobiliers appartenant à l'État. – Méconnaissance de la protection constitutionnelle de la propriété des biens publics (DDH, art. 2 et 17). Aucune disposition applicable au transfert des biens en cause ne permet de garantir qu'ils demeureront affectés aux missions de service public restant dévolues à l'AFPA. – **Non-conformité totale**. – **Décisions de renvoi :** CE, QPC, 22 sept. 2010, *Région Centre*, n° 326332 : *AJDA 2010. 1796.* – CE, QPC, 18 oct. 2010, *Région Poitou-Charentes*, n° 342916 : *AJDA 2010. 1969.* – **Application de la décision :** CE 5 oct. 2012, *Région Centre*, n° 326332.
2010	17 déc.	**Transposition d'une directive** **2010-79 QPC**. M. Kamel D. : *JO 19 déc., p. 22373 ; Rec. Cons. const. 406 ; Constitutions 2011. 53, note Levade ; AJDA 2011. 638 ; RFDA 2011. 353, étude Éveillard ; Rev. crit. DIP 2011. 1, étude Simon ; Europe 2011, n° 3, p. 12, note Simon ; RFDC 2011. 588, note Mouron* : – **CESEDA, art. L. 712-2**. – Modalités d'exclusion de la protection subsidiaire. – Incompétence du Cons. const. pour contrôler la conformité aux droits et libertés que la Const. garantit de dispositions législatives qui se bornent à tirer les conséquences nécessaires de dispositions inconditionnelles et précises d'une directive (Dir. du 29 avr. 2004) de l'UE. Les dispositions contestées ne mettent en cause aucune règle ni aucun principe inhérent à l'identité constitutionnelle de la France. – **Non-lieu à statuer**. – **Décision de renvoi :** CE, QPC, 8 oct. 2010, *Daoudi*, n° 338505 A : *AJDA 2010. 1911 ; ibid. 2433, concl. Lieber ; RFDA 2010. 1257, chron. Roblot-Troizier et Rambaud ; ibid. 2011. 353, étude Éveillard ; Constitutions 2011. 117, obs. Tchen.*
2010	17 déc.	**Mise à la disposition de la justice** **2010-80 QPC**. M. Michel F. : *JO 19 déc., p. 22374 ; Rec. Cons. const. 408 ; D. 2011. Pan. 1714, obs. V. B. ; AJ pénal 2011. 10, note Vlamynck ;*

		RSC 2011. 193, chron. Lazerges ; Constitutions 2011. 525, note Daoud et Talbot : – **C. pr. pén., art. 803-3.** – Réglementation de la période de rétention, d'une durée maximale de 20 h, d'une personne dont la garde à vue a été levée en vue de son déférement devant un magistrat du TGI. – Absence de disproportion entre le principe de bonne administration de la justice et le principe de rigueur nécessaire. Les dispositions de l'art. 803-3 C. pr. pén. constituent une mesure d'exception applicable en cas de nécessité (contraintes matérielles résultant notamment de l'heure à laquelle la garde à vue prend fin ou du nombre de personnes déférées). Les autorités compétentes doivent justifier, sous le contrôle des juridictions, des circonstances nécessitant la mise œuvre de cette mesure de contrainte dérogatoire. Des garanties encadrent cette privation de liberté (durée ; mesure inapplicable lorsque la garde à vue a duré plus de 72 h ; droits pour la personne retenue). – Respect du principe de la dignité de la personne. Les situations de fait incompatibles avec ce principe ne remettent pas en cause, à elles seules, la constitutionnalité des dispositions qui prévoient la privation de liberté. Néanmoins, les autorités judiciaires doivent veiller à ce que la privation de liberté des personnes retenues soit mise en œuvre, en toutes circonstances, dans le respect du principe de la dignité humaine, et en particulier, en ce qui concerne l'entretien et l'aménagement des locaux des juridictions dans lesquels les personnes sont retenues. – L'art. 803-3 C. pr. pén. se borne à placer la surveillance du local dans lequel la personne est retenue sous le contrôle du procureur de la République. La protection de la liberté individuelle par l'autorité judiciaire ne serait pas assurée si le magistrat devant lequel cette personne est appelée à comparaître n'était pas en mesure de porter une appréciation immédiate sur l'opportunité de cette rétention. Ainsi, le magistrat doit être informé sans délai de l'arrivée de la personne déférée dans les locaux de la juridiction : **1re Réserve.** La personne retenue doit être effectivement présentée à un magistrat du siège avant l'expiration du délai de 20 h prévu par l'art. 803-3 C. pr. pén. : **2de Réserve.** Ainsi, les dispositions de l'art. 803-3 sont conformes à Const., art. 66, sous ces deux réserves d'interprétation. – **Conformité sous réserves.** – **Décision de renvoi :** Crim. QPC, 14 sept. 2010, n° 10-90.088 : *D. 2010. 2232.* – **Application de la décision :** Crim. 28 févr. 2012, n° 11-869.53.
2010	17 déc.	**Détention provisoire : réserve de compétence de la chambre de l'instruction** **2010-81 QPC.** M. Boubakar B. : *JO 19 déc., p. 22375 ; Rec. Cons. const. 412 ; D. actu. 12 janv. 2011, obs. Bombled ; D. 2011. 2231, obs. Pradel ; GAPP, 7e éd., 2011, n° 43 ; Constitutions 2011. 339, obs. Barthélemy et Boré ; ibid. 515, note Daoud et Talbot ; RSC 2011. 193, chron. Lazerges ; ibid. 2012. 233, obs. de Lamy ; AJ pénal 2011. 140, note Ascensi ; JCP 2011, n° 6, p. 261, note Tellier ; RFDC 2011. 595, note Anane* : – **C. pr. pén., art. 207, al. 1er.** – *C. pr. pén, art. 207, al. 1er, 2e et 3e phrases.* Méconnaissance des exigences résultant de DDH, art. 6 et 16. La chambre de l'instruction a

		le pouvoir discrétionnaire de priver une personne mise en examen, durant toute la procédure d'instruction, des garanties prévues par le C. pr. pén. (obligation pour le juge d'instruction ou le JLD de mettre fin à la détention provisoire à tout moment, même d'office s'agissant du juge d'instruction, s'ils estiment que les conditions de cette détention ne sont plus remplies ; « double regard » du juge d'instruction et du JLD pour la personne qui demande sa mise en liberté (C. pr. pén., art. 148) et droit à un double degré de juridiction) : **Non-conformité**. – *C. pr. pén, art. 207, al. 1er, 1re phrase* : **Conformité**. – **Non-conformité partielle.** Inconstitutionnalité du C. pr. pén., art. 207, al. 1er, 2e et 3e phrases à compter de la date de publication de la Décis. Cessent de produire effet, à compter de cette date, les décisions par lesquelles une chambre de l'instruction s'est réservée la compétence pour statuer sur les demandes de mise en liberté et prolonger le cas échéant la détention provisoire. Il en va de même en matière de contrôle judiciaire ou d'assignation à résidence avec surveillance électronique. – **Décision de renvoi :** Crim., QPC, 28 sept. 2010, n° 10-90.098 P. – **Applications de la décision :** Crim. 18 janv. 2011, 4 arrêts, nos 10-87.520, 10-87.446, 10-87.520 et 10-87.446. – Crim. 22 févr. 2011, n° 10-88.186 P : *AJ pénal 2011. 249, obs. Gallois.* – Crim. 23 avr. 2013, n° 13-80.913.
2011	13 janv.	**Rente viagère d'invalidité** **2010-83 QPC**. M. Claude G. : *JO 14 janv., p. 811 ; Rec. Cons. const. 57 ; AJDA 2011. 70 ; JCP 2012, n° 27, p. 1344, chron. Mathieu et Verpeaux* : – **C. pens. retr., art. L. 28, al. 5, 1re phrase**. – Plafonnement du cumul de la rente viagère d'invalidité et d'une pension de retraite. – Cette disposition est contraire au principe d'égalité (DDH, art. 6). L'application combinée de 2 plafonnements, celui relatif au cumul d'une pension de retraite et d'une rente viagère d'invalidité et celui relatif au cumul d'une pension de retraite et d'une majoration de pension pour charges de famille a pour objet de créer une différence de traitement au regard de l'objet de la majoration de pension pour charge de famille entre les fonctionnaires pensionnés invalides ayant élevé au moins 3 enfants et les fonctionnaires pensionnés valides ayant élevé au moins 3 enfants. Cette différence de traitement n'est pas justifiée par l'objet de la loi. – **Non-conformité totale** avec effet différé au 1er janv. 2012. – **Décision de renvoi :** CE, QPC, 13 oct. 2010, *Georges*, n° 338828 : *AJDA 2010. 1965.* – **Applications de la décision :** CE 13 juin 2010, *Georges*, n° 338828 : *Cah. Cons. const. 2013, n° 38, p. 241, note Gay.* – L. n° 2011-1977 du 28 déc. 2011 de finances pour 2012, art. 163.
2011	13 janv.	**Cotisation « 1 % logement »** **2010-84 QPC**. SNC Eiffage Construction Val-de-Seine : *JO 14 janv., p. 812 ; Rec. Cons. const. 60 ; JCP 2012, n° 27, p. 1344, chron. Mathieu et Verpeaux ; LPA 2012, n° 152, p. 27, note Baghestani* : – **CGI, art. 235 *bis*-1.**

		– Participation des employeurs à l'effort de construction. Assujettissement des employeurs qui n'ont pas procédé ou insuffisamment procédé aux investissements prévus à l'art. L. 313-1 CCH à une cotisation de 2 % des rémunérations versées par eux. L'absence de paiement de cette cotisation est passible des sanctions applicables aux taxes sur le chiffre d'affaires. – Eu égard à ces caractéristiques, cette cotisation ne constitue pas une sanction ayant le caractère d'une punition au sens de la DDH, art. 8. – Absence de méconnaissance du principe d'égalité devant les charges publiques. – **Conformité.** – **Décision de renvoi :** CE, QPC, 13 oct. 2010, *SNC Eiffage Construction Val-de-Seine*, n° 341536 : *RJF 2011, n° 84 ; Dr. fisc. 2010. 552, concl. Legras ; JCP 2010, n° 47, obs. Mathieu.* – **Application de la décision :** CAA Versailles, 19 juin 2012, *SAS Forclim Île-de-France*, n° 10VE01448.
2011	13 janv.	**Déséquilibre significatif dans les relations commerciales** **2010-85 QPC**. Éts. Darty et Fils : *JO 14 janv. 2011, p. 813 ; Rec. Cons. const. 63 ; D. 2011. 415, note Picod ; AJ pénal 2011. 191, note Perrier ; RTD civ. 2011. 121, note Fages ; RTD com. 2011. 655, obs. Bouloc ; JCP 2011, n° 10, p. 477, note Mainguy ; ibid. 2012, n° 27, p. 1344, chron. Mathieu et Verpeaux ; LPA 2011, n° 73, p. 17, note Dadou ; ibid. 2012, n° 152, p. 17, note Janicot ; ibid., p. 26, note Janicot ; RDLC 2011, n° 1, p. 131, note Fourgoux ; RLC 2011, n° 27, p. 41, note Béhar-Touchais* : – **C. com., art. L. 442-6, § I-2°.** – Responsabilité et obligation de réparation du préjudice causé par tout producteur, commerçant, industriel ou personne immatriculée au répertoire de métiers du fait de soumettre ou de tenter de soumettre un partenaire commercial à des obligations créant un déséquilibre significatif dans les droits et obligations des parties. – Compétence du législateur pour déterminer les principes fondamentaux des obligations civiles et commerciales (Const., art. 34). Possibilité pour le législateur d'assortir la violation de certaines obligations d'une amende civile, compte tenu des objectifs qu'il s'assigne en matière d'ordre public dans l'équilibre entre partenaires commerciaux. Seule condition : respect du principe de légalité des délits et des peines (DDH, art. 8 et 9). Ainsi, le législateur doit énoncer en des termes suffisamment clairs et précis la prescription dont il sanctionne le manquement. Afin de déterminer l'objet de l'interdiction des pratiques commerciales abusives, le législateur se réfère à la notion de déséquilibre significatif entre les droits et obligations des parties (C. com., art. L. 132-1 reprenant Dir. 93/13/CEE du Conseil du 5 avr. 1993). De plus, le contenu de cette notion est précisé par la jurisprudence. Ainsi, l'infraction est définie dans des conditions qui permettent au juge de se prononcer sans que son interprétation puisse encourir la critique d'arbitraire. – **Conformité.** – **Décision de renvoi :** Com., QPC, 15 oct. 2010, n° 10-40.039 : *D. 2010. 2508, obs. Chevrier ; Constitutions 2011. 85, obs. Daoud et Cheval ; CCC 2010. Comm. 280, obs. Malaurie-Vignal.* – **Application de la décision :** Com. 25 janv. 2017, n° 15-23.547 P.

2011	21 janv.	**Expropriation : réparation du préjudice** **2010-87 QPC**. M. Jacques S. : *JO 22 janv., p. 1384 ; Rec. Cons. const. 72 ; AJCT 2011. 132 ; AJDA 2011. 447, note Hostiou ; D. 2011. 2127, chron. Forest ; ibid. 2298, obs. Mallet-Bricout et Reboul-Maupin ; AJDI 2011. 111, chron. Gilbert ; Gaz. Pal. 2011, n°s 54-55, p. 9, note Fiat ; Dr. adm. 2011, n° 3, p. 44, note Hoepffner ; RFDC 2011. 601, note Marcilloux-Giummara ; JCP 2012, n° 27, p. 1344, chron. Mathieu et Verpeaux ; LPA 2012, n° 151, p. 6, note Cassard-Valembois ; ibid., p. 10, note Janicot ; ibid., p. 11, note Janicot* : – **C. expr., art. L. 13-13**. – Réparation de l'intégralité du préjudice direct, matériel et certain causé par l'expropriation. – *Précision procédurale* : A l'origine les dispositions de l'art. L. 13-13 sont issues de l'art. 12, al. 2, de l'Ord. n° 58-997 du 23 oct. 1958 prise sur le fondement de anc. art. 92 Const. 58. 1re fois que le Cons. const. se prononce sur la constitutionnalité de dispositions issues d'une Ord. prise sur le fondement de la Const. 58, anc. art. 92. – Aucune exigence constitutionnelle n'impose à la collectivité expropriante de réparer le préjudice moral éprouvé par le propriétaire à raison de la perte des biens expropriés. Ainsi l'exclusion de la réparation du préjudice moral ne méconnaît pas la règle du caractère juste de l'indemnisation de l'expropriation pour cause d'utilité publique (DDH, art. 17). – **Conformité**. – **Décision de renvoi :** Civ. 3e, QPC, 21 oct. 2010, n° 10-40.038 : *Bull. QPC, n° 3 ; AJDA 2011. 447, note Hostiou ; ibid. 2010. 2028 ; AJDI 2011. 111, chron. Gilbert ; ibid. 2012. 93, chron. Gilbert.*
2011	21 janv.	**Évaluation du train de vie** **2010-88 QPC**. Mme Danièle B. : *JO 22 janv., p. 1385 ; Rec. Cons. const. 74 ; Constitutions 2011. 248, note Barilari ; RD fisc. 2011, n°s 7-8, p. 35, note Pelletier ; RFDC 2011. 608, note Le Quinio ; ibid. 627, note Oliva ; JCP 2012, n° 27, p. 1344, chron. Mathieu et Verpeaux ; LPA 2012, n° 140, p. 4, note Perrotin* : – **CGI, art. 168**. – Rétablissement d'une contribution cohérente avec les facultés dont dispose réellement le contribuable. – Absence de méconnaissance du principe d'égalité devant la loi (DDH, art. 6). Un contribuable dont le train de vie est en disproportion par rapport à ses revenus déclarés est dans une situation différente de celle du contribuable dont le train de vie est en rapport avec ses revenus déclarés. Ainsi, l'administration a la possibilité de porter la base d'imposition à l'impôt sur le revenu d'un contribuable à un montant forfaitaire en appliquant un barème à certains éléments révélateurs de son train de vie : **Conformité**. – Absence de méconnaissance du principe d'égalité devant les charges publiques en ce qui concerne les éléments du train de vie visés à l'art. 168-1 CGI afin de déterminer la base d'imposition et en donnant à chaque élément une valeur forfaitaire. L'objectif du législateur est de lutter contre la fraude fiscale lorsqu'il existe une disproportion entre le train de vie et les revenus déclarés : **Conformité**.

		– Méconnaissance du principe d'égalité devant les charges publiques en ce qui concerne l'art. 168-2 CGI prévoyant une majoration de 50 % du revenu établi forfaitairement à certaines conditions. Le législateur ne se fonde plus sur le barème fixé à l'art. 168-1 CGI pour évaluer la base d'imposition. Ainsi, il retient un critère ni objectif ni rationnel qui peut faire peser sur le contribuable une charge excessive au regard de ses facultés contributives : **Non-conformité**. – Absence d'atteinte disproportionnée devant les charges publiques de l'art. 168-3 CGI si le contribuable peut être mis à même de prouver que le financement des éléments de patrimoine qu'il détient n'implique pas la possession de revenus définis forfaitairement : **Réserve**. – **Non-conformité partielle avec réserve**. – **Décision de renvoi :** CE, QPC, 22 oct. 2010, *Mme Boisselier*, n° 342565 : *RJF 2011, n° 83 ; Dr. fisc. 2010, n° 48, Comm. 578.* – **Application de la décision :** CE 26 mars 2012, *Mme Dana*, n° 340466 A : *LPA 2012, n° 140, p. 3, note Perrotin.*
2011	21 janv.	**Arrêté de fermeture hebdomadaire de l'établissement** **2010-89 QPC**. Sté Chaud Colatine : *JO 22 janv., p. 1387 ; Rec. Cons. const. 79 ; Constitutions 2011. 241, note Radé ; RDT 2011. 383, obs. Véricel ; JCP 2012, n° 27, p. 1344, chron. Mathieu et Verpeaux ; LPA 2012, n° 151, p. 17, note Cassard-Valembois* : – **C. trav., art. L. 3132-29**. – Cet art. permet au préfet d'imposer un jour de fermeture hebdomadaire à tous les établissements exerçant une même profession dans une même zone géographique. – L'objectif de cet art. est d'assurer l'égalité entre les établissements d'une même profession, quelle que soit leur taille, au regard du repos hebdomadaire. La limitation à la liberté d'entreprendre (DDH, art. 4) est justifiée par un motif d'intérêt général. – L'atteinte à la liberté d'entreprendre est proportionnée à l'objectif poursuivi en raison des conditions de mise en œuvre de cet art. et de son caractère limité dans l'espace et dans le temps (Arr. préfectoral pris après accord entre les organisations syndicales de salariés et d'employeurs. Arr. concerne uniquement les établissements exerçant une même profession au sein d'une zone géographique déterminée. Appréciation, à tout moment, par l'autorité préfectorale du maintient de cette réglementation). – **Conformité**. – **Décision de renvoi :** Soc., QPC, 26 oct. 2010, n° 10-40.036 : *Bull. QPC, n° 4.*
2011	21 janv.	**Responsabilité solidaire des dirigeants pour le paiement d'une amende fiscale** **2010-90 QPC**. Jean-Claude C. : *JO 22 janv. 2011, p. 1387 ; Rec. Cons. const. 81 ; RFDC 2011. 611, note G. Mathieu ; JCP 2012, n° 27, p. 1344, chron. Mathieu et Verpeaux ; LPA 2012, n° 152, p. 27, note Baghestani* : – ***CGI, art. 1754 § V-3***. – Responsabilité solidaire des dirigeants de société pour le paiement de l'amende frappant la personne morale, à l'exclusion de ses dirigeants de droit ou de fait, qui ont refusé de répondre aux renseignements de l'administration.

		– La solidarité énoncée au CGI, art. 1754, § V-3, n'est pas une sanction ayant le caractère d'une punition au sens de la DDH, art. 8 et 9 (solidarité fondée sur les fonctions exercées par les dirigeants au moment du fait générateur de la sanction, absence de subordination à la preuve d'une faute des dirigeants, garantie pour le recouvrement de la créance du Trésor public). – Existence d'un recours juridictionnel effectif pour le responsable solidaire (DDH, art. 16). – **Conformité.** – **Décision de renvoi :** CE, QPC, 27 oct. 2010, *Cuaz*, n° 342925 : *Dr. fisc. 2010. 579, concl. Geffray.* – **Applications de la décision :** CAA Paris, 12 mars 2013, n° 12PA02931. – CAA Paris, 18 févr. 2014, n° 13PA01418.
2011	28 janv.	**Représentation des personnels dans les agences régionales de santé (ARS)** **2010-91 QPC**. Féd. nat. CGT des personnels des organismes sociaux : *JO 29 janv., p. 1894 ; Rec. Cons. const. 84 ; AJDA 2011. 192 ; RFDC 2011. 612, note Bello ; JCP 2012, n° 27, p. 1344, chron. Mathieu et Verpeaux ; LPA 2012, n° 151, p. 14, note Baghestani :* – **CSP, art. L. 1432-11** (rédaction issue de la L. n° 2009-879 du 21 juill. 2009, art.118). – Absence de méconnaissance du principe de participation des travailleurs à la détermination collective des conditions de travail (Préamb. Const. 1946, al. 8). L'art. L. 1432-11 CSP assure une représentation effective de l'ensemble des personnels au sein des comités d'agence. Le principe énoncé n'impose pas au législateur de prévoir l'existence de collèges électoraux distincts (personnels de droit public et personnels de droit privé) pour la désignation des représentants des personnels des ARS. Par ailleurs, le législateur peut prévoir que ces représentants des salariés de droit public et de droit privé ne soient pas consultés de manière séparée lorsque les questions les concernent de manière exclusive. – **Conformité.** – **Décision de renvoi :** CE, QPC, 10 nov. 2010, *Féd. nat. CGT des personnels des organismes sociaux*, n° 340106 : *JCP 2011, n° 7, p. 347, obs. Mathieu.* – **Application de la décision :** CE 15 mai 2012, *Féd. nat. CGT des personnels des organismes sociaux*, n° 340106 B.
2011	28 janv.	**Interdiction du mariage entre personnes du même sexe** **2010-92 QPC**. Mme Corinne C. et a. : *JO 29 janv., p. 1894 ; Rec. Cons. const. 87 ; D. actu. 7 févr. 2011, obs. Siffrein-Blanc ; D. 2011. 303 ; ibid. 209, note Roux ; ibid. Pan. 1723, obs. V. B. ; AJ fam. 2011. 157, obs. Chénedé ; RTD civ. 2011. 326, obs. Hauser ; JCP 2011, n° 6, p. 250, note Mirkovic ; ibid. 2012, n° 27, p. 1344, chron. Mathieu et Verpeaux ; Dr. fam. 2011, n° 3, p. 2, note Beigner ; ibid., n° 3, p. 24, note Ouedraogo ; Gaz. Pal. 2011, n°s 96-97, p. 11, note Chemla ; RFDC 2011. 615, note Hutier ; RTDH 2012, n° 89, p. 143, note Danis-Fatôme ; LPA 2012,*

		n° 151, p. 6, note Cassard-Valembois ; ibid., p. 18, note Janicot ; ibid., n° 152, p. 5, note Cassard-Valembois : – **C. civ., art. 75 et 144.** – Formalités du mariage et fixation de l'âge nubile. – Inopérance du grief tiré de la violation de l'art. 66 Const. L'atteinte à la liberté individuelle est circonscrite aux mesures privatives de liberté or en l'espèce, il s'agit d'une liberté personnelle. – Absence d'atteinte au droit de mener une vie familiale normale (Préamb. Const. 1946, al. 10). Le droit de mener une vie familiale normale n'implique pas le droit de se marier pour les couples de même sexe (existence du concubinage et du PACS). – Absence d'atteinte au principe d'égalité (DDH, art. 6). Dans l'exercice de sa compétence que lui attribue l'art. 34 Const., le législateur estime que la différence de situation entre les couples de même sexe et les couples composés d'un homme et d'une femme peut justifier une différence de traitement quant aux règles du droit de la famille. Le Cons. const. ne peut substituer son appréciation à celle du législateur sur la prise en compte, en cette matière, de la différence de situation. – **Conformité.** – **Décision de renvoi :** Civ. 1re, QPC, 16 nov. 2010, n° 10-40.042 : *D. 2011. 209, obs. Gallmeister, note Roux ; ibid. 1040, obs. Lemouland et Vigneau ; AJ fam. 2010. 545 ; Cah. Cons. const. 2012, n° 34, p. 196, obs. Vidal-Naquet.*
2011	28 janv.	**Nomination aux emplois supérieurs de la fonction publique** **2010-94 QPC**. M. Robert C. : *JO 29 janv., p. 1896 ; Rec. Cons. const. 91 ; AJDA 2011. 188 ; AJFP 2011. 154, obs. Boutelet ; Constitutions 2011. 384, chron. Le Bot ; Cah. fonct. publ. 2011, n° 307, p. 24, note Savignac ; JCP 2012, n° 27, p. 1344, chron. Mathieu et Verpeaux ; LPA 2012, n° 152, p. 6, note Janicot* : – **L. n° 84-16 du 11 janv. 1984 portant dispositions statutaires relatives à la fonction publique de l'État, art. 25**. – Existence, dans les administrations et services de l'État, d'emplois supérieurs, dont la liste est fixée par décret, pour lesquels les nominations sont laissées à la décision du Gouvernement. – Absence d'atteinte au principe d'égalité d'accès aux emplois publics (DDH, art. 6). Le Gouvernement dispose d'un large pouvoir d'appréciation dans les nominations. Mais le choix est fait en prenant en considération les capacités requises pour l'exercice des attributions afférentes à l'emploi. – **Conformité**. – **Décision de renvoi :** CE, QPC, 24 nov. 2010, *Casanovas*, n° 343398 : *AJDA 2010. 2284.* – **Application de la décision :** CE, ass., 11 juill. 2012, *Synd. autonome des inspecteurs généraux et inspecteurs de l'administration au ministère de l'intérieur*, n° 348064 A : *AJDA 2012. 1373 ; ibid. 1624, chron. Domino et Bretonneau ; D. 2012. 2432, note Legrand* ; AJFP 2012. 310, obs. *Fortier ; RFDA 2012. 953, concl. Escaut.*
2011	28 janv.	**Projet d'intérêt général** **2010-95 QPC**. SARL du Parc d'activités de Blotzheim et a. : *JO*

		29 janv., p. 1896 ; Rec. Cons. const. 93 ; AJDA 2011. 191 ; RDI 2011. 179, note Soler-Couteaux ; JCP 2012, n° 27, p. 1344, chron. Mathieu et Verpeaux : – **C. urb., art. L. 121-9**. – Renvoi à un Décr. en CE le soin de définir la nature des projets d'intérêt général. – Absence d'incompétence négative du législateur. Le législateur doit déterminer les principes fondamentaux de la libre administration des collectivités territoriales et de leurs compétences et ceux du régime de la propriété (Const., art. 34). Les modalités de mise en œuvre de ces principes sont fixées par le règlement (Const., art. 37). Relèvent du domaine de la loi, en matière d'aménagement du territoire et d'urbanisme, la répartition des compétences entre l'État et les collectivités territoriales et l'imposition à ces collectivités de tenir compte des projets d'intérêt général dans l'élaboration de leurs documents locaux d'urbanisme. L'art. L. 121-9 C. urb. ne met pas en cause ces principes fondamentaux. La définition de la nature des projets d'intérêt général ne les met pas non plus en cause. – **Conformité**. – **Décision de renvoi :** CE, QPC, 26 nov. 2010, *Sté Parc d'activités de Blotzheim*, n° 340213 : *AJDA 2010. 2285 ; Cah. Cons. const. 2011, n° 32, p. 213, chron. Duffy-Meunier, Janicot et Roblot-Troizier*. – **Application de la décision :** CE 4 juin 2012, *SARL Parc d'activités de Blotzheim et SCI Haselaecker*, n° 340213 B : *AJDA 2012. 1134*.
2011	4 févr.	**Allocation de reconnaissance** **2010-93 QPC**. Comité Harkis et Vérité : *JO 5 févr., p. 2351 ; Rec. Cons. const. 96 ; AJDA 2011. 247 ; JCP 2012, n° 27, p. 1344, chron. Mathieu et Verpeaux* : – **L. n° 87-549 du 16 juill. 1987 relative au règlement de l'indemnisation des rapatriés, art. 9 ; L. n° 94-488 du 11 juin 1994 relative aux rapatriés anciens membres des formations supplétives et assimilés ou victimes de la captivité en Algérie, art. 2 ; LFR n° 99-1173 du 30 déc. 1999 pour 1999, art. 47 ; LFR n° 2002-1576 du 30 déc. 2002 pour 2002, art. 67 et L. n° 2005-158 du 23 févr. 2005 portant reconnaissance de la Nation et contribution nationale en faveur des Français rapatriés, art. 6, 7 et 9**. – Octroi d'allocations et rentes au bénéfice des anciens membres des formations supplétives et assimilées ayant servi en Algérie et s'étant installés en France ou dans d'autres pays de l'UE. L'objet de ces différentes dispositions est de tenir compte des charges supportées par les anciens membres des forces supplétives et leur famille à raison de leur départ d'Algérie et de leur réinstallation en France (ou dans un autre État de l'UE) et de l'exigence, pour l'octroi de ces aides d'une double condition de résidence et de nationalité française. – Absence de méconnaissance du principe d'égalité (DDH, art. 6) dans l'institution par le législateur d'un critère de résidence (critère en lien direct avec l'objet de la loi). Le législateur a décidé de tenir compte des charges entraînées par le départ de leur pays des harkis et des membres des formations supplétives ayant servi en Algérie et de leur réinstallation dans un État de l'UE : **Conformité**.

		– Méconnaissance du principe d'égalité (DDH, art. 6) dans l'établissement par le législateur, au regard de l'objet de la loi, de différences selon la nationalité : **Non-conformité.** – **Non-conformité partielle.** Censure dans l'ensemble des dispositions renvoyées des termes imposant un critère de nationalité. Abrogation à compter de la publication de la Décis. et application à toutes les instances en cours. – **Décision de renvoi :** CE, QPC, 24 nov. 2010, *Comité Harkis et Vérité*, n° 342957 : *AJDA 2010. 2284.* – **Applications de la décision :** CE 16 avr. 2012, *Comité Harkis et Vérité*, n° 342956. – CE 20 mars 2013, *Comité Harkis et Vérité*, n° 342957 : *JCP 2013, n° 22, p. 1081, chron. Mathieu.* – CE 6 mars, *Comité Harkis et Vérité*, n° 373400 : *AJDA 2015. 480.* – CE 27 juill. 2015, n° 364020 B.
2011	4 févr.	**Zone des 50 pas géométriques. Guadeloupe et Martinique** **2010-96 QPC.** M. Jean-Louis de L. : *JO 5 févr., p. 2354 ; Rec. Cons. const. 102 ; AJDA 2011. 246 ; RFDA 2012. 1159, étude Khair ; JCP 2012, n° 27, p. 1344, chron. Mathieu et Verpeaux ; LPA 2012, n° 151, p. 11, note Janicot* : – **CGPPP, art. L. 5112-3.** – Absence de méconnaissance du droit de propriété (DDH, art. 2 et 17) et de la violation de la garantie des droits (DDH, art. 16). Les terrains situés dans la zone des 50 pas géométriques en Guadeloupe et en Martinique ont pu uniquement être aliénés par l'État (Cass. 2 févr. 1963, n°s 60-11.713 et 62-12.731). Ainsi, sous réserve des droits résultant d'une telle cession ou validation par l'État, aucun droit de propriété sur ces terrains n'a pu être valablement constitué au profit de tiers. – **Conformité.** – **Décision de renvoi :** Civ. 3e, QPC, 30 nov. 2010, n° 10-16.828 : *AJDA 2010. 2340 ; D. 2011. 2298, obs. Mallet-Bricout et Reboul-Maupin ; AJDI 2011. 160.* – **Suivi de la décision :** Civ. 3e, 28 juin 2011, n° 10-16.828.
2011	4 févr.	**Taxe sur l'électricité** **2010-97 QPC.** Sté Laval distribution : *JO 5 févr., p. 2355 ; Rec. Cons. const. 105 ; AJDA 2011. 246 ; AJCT 2011. 193, note Scanvic ; JCP Adm. 2011, n° 10, p. 27, note Fleury et Schaeffer ; JCP 2012, n° 27, p. 1344, chron. Mathieu et Verpeaux ; LPA 2012, n° 152, p. 23, note Baghestani* : – **CGCT, art. L. 2333-5** (rédaction antérieure à L. n° 2010-1488 du 7 déc. 2010). – Rupture caractérisée de l'égalité devant les charges publiques (DDH, art. 13) concernant la différence de traitement entre les entreprises fournies en courant sous une puissance supérieure à 250kVA selon qu'elles sont ou ne sont pas signataires avec une commune d'une convention de fourniture d'électricité avant le 5 déc. 1985. Cette différence ne repose pas sur des critères objectifs et rationnels définis en fonction des buts que le législateur s'est assignés. – **Non-conformité totale.** Application à compter de la publication de la Décis. et applicable à toutes les instances en cours.

		– **Décision de renvoi :** Com., QPC, 7 déc. 2010, n° 10-40.044 : *AJDA 2010. 2345.*
2011	4 févr.	**Mise à la retraite d'office** **2010-98 QPC**. M. Jacques N. : *JO 5 févr., p. 2355 ; Rec. Cons. const. 108 ; Constitutions 2011. 238, note Radé ; LPA 2012, n° 151, p. 6, note Cassard-Valembois ; ibid., p. 13, note Cassard-Valembois* : – **C. trav., art. L. 1237-5, al. 1er**. – Absence de méconnaissance du Préamb. Const. 1946, al. 5, et du principe d'égalité (DDH, art. 6) par le législateur en fixant une règle générale selon laquelle, en principe, l'employeur peut mettre à la retraite tout salarié ayant atteint l'âge ouvrant droit au bénéfice d'une pension de retraite à taux plein. Le législateur n'a fait qu'exercer la compétence qu'il tient de l'art. 34 Const. pour mettre en œuvre le droit de chacun d'obtenir un emploi tout en permettant l'exercice de ce droit au plus grand nombre. – **Conformité**. – **Décision de renvoi :** Soc., QPC, 14 déc. 2010, n° 10-40.050 : *Gaz. Pal. 1er mars 2011, p. 17, note Briand.* – **Application de la décision :** Soc. 29 nov. 2013, nos 12-21.758 et 12-22.200 : *D. 2013. 2856.*
2011	11 févr.	**Impôt de solidarité sur la fortune. Plafonnement** **2010-99 QPC**. Mme Laurence N. : *JO 12 févr., p. 2757 ; Rec. Cons. const. 111 ; JCP 2011, n° 15, p. 703, note Roemer ; RFDC 2011. 627, note Oliva ; RJF 2011, n° 485 ; JCP 2012, n° 27, p. 1344, chron. Mathieu et Verpeaux* : – **CGI, art. 885 V *bis*, dernière phrase du 1er al.** – Absence de méconnaissance du principe d'égalité devant les charges publiques (DDH, art. 13). Rappel de la Décis. n° 2010-44 QPC. L'ISF ne figure pas au nombre des impositions sur le revenu. L'institution de l'ISF par le législateur a pour objectif de frapper la capacité contributive que confère la détention d'un ensemble de biens et de droits. La prise en compte de cette capacité contributive n'implique pas que seuls les biens productifs de revenus entrent dans l'assiette de l'impôt de l'ISF. En limitant l'avantage tiré par les détenteurs des patrimoines les plus importants du plafonnement de l'ISF par rapport aux revenus du contribuable, le législateur a fait obstacle à ce que les contribuables n'aménagent leur situation en privilégiant la détention de biens qui ne procurent aucun revenu imposable. – **Conformité**. – **Décision de renvoi :** Com., QPC, 14 déc. 2010, n° 10-18.601 : *Bull. QPC, n° 8 ; RJF 2011, n° 364.* – **Application de la décision :** Com. 4 oct. 2011, n° 10-18.601.
2011	11 févr.	**Concession du Stade de France** **2010-100 QPC**. M. Alban Salim B. : *JO 12 févr., p. 2758 ; Rec. Cons. const. 114 ; AJDA 2011. 305 ; RFDA 2011. 614, note Roblot-Troizier ; Dr. adm. 2011, n° 4, p. 28, note Brenet ; JCP 2012, n° 27, p. 1344, chron. Mathieu et Verpeaux ; LPA 2012, n° 152, p. 14, note Cassard-Valembois* : – **L. n° 96-1077 du 11 déc. 1996 relative au contrat de concession du Stade de France, art. unique**.

		– Méconnaissance du principe de séparation des pouvoirs et du principe du droit à un recours juridictionnel effectif (DDH, art. 16). Le législateur peut valider un contrat à condition de définir précisément la portée de la validation. La L. de déc. 1996 n'indique pas le motif précis de la validation du contrat de concession. – **Non-conformité totale.** La L. de déc. 1996 disparait de l'ordre juridique sans effet rétroactif à compter de la publication de la Décis. – **Décision de renvoi :** Com., QPC, 14 déc. 2010, n° 10-40.047 : *Bull. QPC, n° 9 ; JCP 2011, n° 7, p. 349, obs. Mathieu.*
2011	11 févr.	**Professionnels libéraux soumis à une procédure collective** **2010-101 QPC.** Mme Monique P. et a. : *JO 12 févr., p. 2758 ; Rec. Cons. const. 116 ; D. 2011. 513 ; D. actu. 15 févr. 2011, obs. Lienhard ; Gaz. Pal. 2011, n°s 51-53, p. 8, note Teboul ; ibid., n°s 91-92, p. 11, note Lebel ; LPA 2011, n° 119, p. 21, note Sortais ; ibid., n° 187, p. 3, note Dekeuwer ; JCP 2012, n° 27, p. 1344, chron. Mathieu et Verpeaux* : – **CSS, art. L. 243-5, al. 1er** (rédaction issue de LFSS n° 2006-1640 du 21 déc. 2006, pour 2007), et **CSS, art. L. 243-5, al. 6** (rédaction issue de L. n° 2005-845 du 26 juill. 2005 de sauvegarde des entreprises). – Délimitation des personnes bénéficiaires de la remise de plein droit des pénalités, majorations et frais de poursuites dus à un organisme de sécurité sociale en cas de procédure de redressement judiciaire. – Les dispositions issues des al. 1er et 6 de l'art. L. 243-5 CSS ne sauraient, sans méconnaître le principe d'égalité devant la loi (DDH, art. 6), être interprétées comme excluant les membres des professions libérales exerçant à titre individuel du bénéfice de la remise de plein droit des pénalités, majorations de retard et frais de poursuites dus aux organisme de sécurité sociale : **Réserve.** – **Conformité avec réserve.** L'objet de la réserve est d'élargir le champ d'application du dispositif de remise automatique. Cette réserve s'incorpore à la disposition même et s'applique de façon rétroactive et non à partir de la publication de la décision. – **Décision de renvoi :** Civ. 2e, QPC, 16 déc. 2010, n° 10-15.679. – **Applications de la décision :** Civ. 2e, 16 juin 2011, n° 10-14.398 : *JCP 2011, n° 38, p. 1670, note Pétel ; RPC 2011, comm. n° 213, note Lebel.* – Civ. 2e, 12 juill. 2012, n° 11-19.861 P : *D. 2013. 599, chron. Bouvier ; Dr. soc. 2013. 142, chron. Salomon et Martinel.* – Civ. 2e, 11 juill. 2013, n°s 12-14.523 et 12-22.403.
2011	11 févr.	**Monopole des courtiers interprètes et conducteurs de navires** **2010-102 QPC.** M. Pierre L. : *JO 12 févr., p. 2759 ; Rec. Cons. const. 119 ; AJDA 2011. 303 ; RFDA 2011. 617, note Roblot-Troizier ; Europe 2011, n° 3, p. 12, note Simon ; Dr. adm. 2011, n° 5, p. 37, note Hoepffner ; RFDC 2011. 814, note Marcilloux-Giummarra ; JCP 2012, n° 27, p. 1344, chron. Mathieu et Verpeaux* : – **L. n° 2001-43 du 16 janv. 2001 portant diverses dispositions *d'adaptation* au droit communautaire dans le domaine des transports, art. 1er.** – Absence d'atteinte à une situation légalement acquise (DDH, art. 16). La suppression du privilège professionnel dont jouissaient les courtiers interprètes et conducteurs de navire répondait à un but

		d'intérêt général résultant de la volonté du législateur de mettre le droit national en conformité avec le règlement du Conseil n° 2913/92/CEE du 12 oct. 1992 établissant le code des douanes communautaire. Cette suppression avait également pour objectif de favoriser la libre concurrence et la liberté d'entreprendre. – **Conformité**. – **Décision de renvoi :** CE, QPC, 17 déc. 2010, *Le Normand de Bretteville*, n° 343752 B : *RFDA 2011. 611, chron. Roblot-Troizier et Tusseau ; Gaz. Pal. 10 févr. 2011, p. 17, note Guyomar ; ibid. 1er mars 2011, p. 12, note Vialettes ; JCP 2011, n° 7, p. 348, obs. Mathieu.* – **Application de la décision :** CAA Nantes, 11 avr. 2013, nos 12NT02115 à 12NT02119.
2011	17 mars	**Majoration fiscale de 40 % pour mauvaise foi** **2010-103 QPC**. Sté SERAS II : *JO 18 mars, p. 4934 ; Rec. Cons. const. 142 ; AJDA 2011. 813 ; Constitutions 2011. 377, obs. Barilari ; Procédures 2011, n° 6, p. 28, note Ayrault ; RD fisc. 2011, nos 27-28, p. 35, note Le Tacon et Subra ; LPA 2011, n° 67, p. 3, note Perrotin ; ibid. 2012, n° 152, p. 28, note Baghestani ; RFDC 2011. 627, note Oliva ; JCP 2012, n° 27, p. 1344, chron. Mathieu et Verpeaux* : – **CGI, art. 1729-1** (rédaction antérieure au 1er janv. 2006). – Absence de méconnaissance du principe d'individualisation des peines (DDH, art. 8). L'art. 1729-1 CGI institue une sanction financière dont la nature est directement liée à celle de l'infraction. Les pénalités fiscales sont modulées en fonction de la gravité du comportement sous le contrôle du juge de l'impôt. – **Conformité**. – **Décision de renvoi :** CE, QPC, 17 déc. 2010, *Sté SERAS II*, n° 341014 : *Dr. fisc. 2011, n° 3, Comm. 118, concl. Collin ; JCP 2011, n° 7, p. 349, obs. Mathieu.* – **Applications de la décision :** CAA Paris, 11 mai 2012, n° 09PA00372. – CAA Versailles, 16 oct. 2012, n° 10VE03582.
2011	17 mars	**Majoration fiscale de 80 % pour activité occulte** **2010-104 QPC**. Épx B. : *JO 18 mars, p. 4935 ; Rec. Cons. const. 145 ; Constitutions 2011. 377, obs. Barilari ; Procédures 2011, n° 6, p. 28, note Ayrault ; RD fisc. 2011, nos 27-28, p.35, note Le Tacon et Subra ; LPA 2011, n° 67, p. 3, note Perrotin ; RFDC 2011. 627, note Oliva* : – **CGI, art. 1728, dernier al.** (rédaction antérieure au 1er janv. 2006). – *Précision procédurale.* 1re fois, depuis l'entrée en vigueur de la QPC, que le Cons. const. est confronté à une disposition jugée conforme à la Const. dans les motifs d'une décision mais non dans le dispositif (n° 99-424 DC). Le Conseil estime que dans ce cas la disposition n'avait pas été jugée conforme. Par ailleurs, le fait que la Décis. n° 2005-520 DC affirme que le principe d'individualisation des peines découle de la DDH, art. 8, ne constitue pas un changement de circonstances imposant le réexamen du grief tiré de la méconnaissance de la DDH, art. 8.

		– L'art. 1728, dernier al., est jugé conforme à Const. en tenant compte de la Décis. du Conseil de 1999 indiquant, dans les motifs, la conformité de la disposition à la Const. – **Conformité**. – **Décision de renvoi :** CE, QPC, 17 déc. 2010, *Épx Bertrand*, n° 331113 : *RJF 2011, n° 362 ; JCP 2011, n° 7, p. 347, obs. Mathieu.* – **Application de la décision :** CAA Lyon, 18 déc. 2012, *Sté Sport Business International*, n° 12LY00197.
2011	17 mars	**Majoration fiscale de 40 % après mise en demeure** **2010-105/106 QPC**. M. César S. et a. : *JO 18 mars 2011, p. 4935 ; Rec. Cons. const. 148 ; Constitutions 2011. 377, obs. Barilari ; Procédures 2011, n° 6, p. 28, note Ayrault ; RD fisc. 2011, n°s 27-28, p. 35, note Le Tacon et Subra ; LPA 2011, n° 67, p. 3, note Perrotin ; RFDC 2011. 627, note Oliva ; JCP 2012, n° 27, p. 1344, chron. Mathieu et Verpeaux* : – **CGI, art. 1728-3, al. 2** (rédaction antérieure au 1er janv. 2006). – Absence de méconnaissance du principe de nécessité, de proportionnalité et d'individualisation des peines (DDH, art. 8). L'art. 1728-3, al. 2, CGI institue une sanction financière dont la nature est directement liée à celle de l'infraction. Les pénalités fiscales sont modulées en fonction de la gravité du comportement sous le contrôle du juge de l'impôt. – **Conformité**. – **Décisions de renvoi :** CE, QPC, 17 déc. 2010, *Blanc*, n° 336406. – CE, QPC, 17 déc. 2010, *Soares*, n° 344316 : *JCP 2011, n° 7, p. 349, obs. Mathieu.* – **Applications de la décision :** CAA Nantes, 26 juill. 2011, n° 10NT02488. – CE 27 juill. 2012, n° 336406.
2011	17 mars	**Contrôle de légalité des actes des communes en Polynésie française** **2010-107 QPC**. Synd. mixte chargé de la gestion du contrat urbain de cohésion sociale de l'agglomération de Papeete : *JO 18 mars, p. 4936 ;Rec. Cons. const. 151 ; AJDA 2011. 592 ; ibid. 1735, note Verpeaux ; RFDC 2011. 817, note Roux ; JCP 2012, n° 27, p. 1344, chron. Mathieu et Verpeaux ; LPA 2012, n° 152, p. 30, note Baghestani* : – **Ord. n° 2007-1434 du 5 oct. 2007 portant extension des première, deuxième et cinquième parties du code général des collectivités territoriales aux communes de la Polynésie française, à leurs groupements et à leurs établissements publics, art. 8, § II et § IV, al. 1er à 3.** – Absence de contrariété au principe de libre administration des collectivités territoriales pour l'art. 8 § II de l'Ord. du 5 oct. 2007, en tant qu'il s'applique aux délibérations des conseils municipaux : **Conformité**. – Privent de garanties suffisantes l'exercice de la libre administration des communes de la Polynésie française, les dispositions de l'art. 8 § IV de l'Ord. du 5 oct. 2007 permettant au haut-commissaire de la République de déclarer, à toute époque, nuls de droit les arrêtés du maire et lui confiant des pouvoirs généraux de contrôle sur les actes du maire quelles que que soient leur nature et leur portée : **Non-conformité**.

		– **Conformité** de l'art. 8 § II et **Non-conformité** de l'art. 8 § IV, al. 1er à 3 avec application aux instances en cours. – **Décision de renvoi :** CE, QPC, 17 déc. 2010, *Synd. mixte chargé de la gestion du contrat urbain de cohésion sociale de l'agglomération de Papeete*, n° 343800 : *AJDA 2010. 2456 ; JCP 2011, n° 7, p. 349, obs. Mathieu.*
2011	25 mars	**Pensions de réversion des enfants** **2010-108 QPC**. Mme Marie-Christine D. : *JO 26 mars, p. 5404 ; Rec. Cons. const. 154 ; AJDA 2011. 647 ; RFDC 2011. 598, note F. Dargent ; JCP 2012, n° 27, p. 1344, chron. Mathieu et Verpeaux* : – **C. pens. retr., art. L. 43.** – Absence de justification au regard de l'objet de la loi de la différence de traitement (DDH, art. 6) entre enfants de lits différents. L'art. L. 43 C. pens. retr. repose sur une répartition par lit et non par nombre d'enfants de chaque lit. Ainsi, dans le cas où deux lits au moins sont représentés par un ou plusieurs orphelins, la division à parts égales entre les lits quel que soit le nombre d'enfants qui en sont issus conduit à ce que la part égale de la pension due à chaque enfant soit fixée en fonction du nombre d'enfants issus de chaque lit. – Par ailleurs, le Cons. const. juge que si, en principe, la déclaration d'inconstitutionnalité doit bénéficier à l'auteur de la QPC et la disposition déclarée contraire à la Constitution ne peut être appliquée dans les instances en cours à la date de la publication de la décision du Cons. const., les dispositions de l'art. 62 Const. réservent à ce dernier le pouvoir tant de fixer la date de l'abrogation et de reporter dans le temps ses effets que de prévoir la remise en cause des effets que la disposition a produits avant l'intervention de cette déclaration. – **Non-conformité totale avec effet différé au 1er janv. 2012**. – **Décision de renvoi :** CE, QPC, 30 déc. 2010, *Davis*, n° 343994. – **Applications de la décision :** L. n° 2011-1977 de finances pour 2012 du 28 déc. 2011, art. 162. – CE, ass., 13 mai 2011, *Mme Lazare*, n° 329290 A : *AJDA 2011. 991 ; ibid. 1136, chron. Domino et Bretonneau ; D. 2011. 1482 ; RFDA 2011. 772, concl. Thiellay ; ibid. 806, note Verpeaux ; RDSS 2011. 749, note Cristol ; Constitutions 2011. 403, obs. Bioy ; RTD civ. 2012. 71, obs. Deumier ; JCP Adm. 2011. 2257, note Pacteau.* – CE 13 mai 2011, *Mme Delannoy et M. Verzele*, n° 317808 A : *AJDA 2011. 991 ; ibid. 1136, chron. Domino et Bretonneau ; RFDA 2011. 772, concl. Thiellay ; ibid. 806, note Verpeaux ; RDSS 2011. 749, note Cristol ; Constitutions 2011. 403, obs. Bioy.* – CE 13 mai 2011, *Mme M'Rida*, n° 316734 A (concl. Geffray) : *AJDA 2011. 988 ; ibid. 1136, chron. Domino et Bretonneau ; D. 2011. 1422 ; RFDA 2011. 789, concl. Geffray ; ibid. 806, note Verpeaux.* – CE 18 juill. 2011, *Épx Michot*, n° 310953. – CE 3 oct. 2011, *Min. de la défense et des anciens combattants c/ Cts Diémé*, n° 328328 B. – CE 21 oct. 2011, *Cts Chenouf*, n° 314268 B. – CE 4 mai 2012, *Min. du budget, des comptes publics et de la réforme de l'État c/ Mme Diderot*, n° 337490 B : *AJDA 2012. 980 ; Gaz. Pal. 2012, nos 158-159, p. 30.* – CE 13 juin 2012, n° 348451 : *Dr. adm. 2012, nos 8-9, p. 38, note Martin et Batot.*

		– CE 24 oct. 2013, n° 354141. – CE, avis, 11 janv. 2019, *SCI Maximoise de création*, n° 424819 A : *AJDA 2019. 77*.
2011	25 mars	**Financement de la protection de l'enfance par les départements** **2010-109 QPC.** Dpt des Côtes-d'Armor : *JO 26 mars, p. 5405 ; Rec. Cons. const. 157 ; AJDA 2011. 644 ; Constitutions 2011. 321, chron. Le Bot ; RFDC 2012. 397, note Mangiavillano ; JCP 2012, n° 27, p. 1344, chron. Mathieu et Verpeaux ; LPA 2012, n° 152, p. 29, note Baghestani* : – **L. n° 2007-293 du 5 mars 2077 réformant la protection de l'enfance, art. 27**. – Ne portent pas atteinte aux principes de la libre administration des collectivités territoriales (Const., art. 72) ni à leur autonomie financière (Const. art. 72-2, al. 4) les dispositions de l'art. 27 de la L. du 5 mars 2007. En adoptant cette loi, le législateur a modifié les conditions d'exercice des missions des services de PMI et d'ASE exercées par les départements mais il n'a pas élargi le champ de leur bénéficiaires et n'a pas créé de nouvelles prestations sociales. Ainsi, il n'a pas procédé à un transfert aux départements d'une compétence qui relevait de l'État ni à une création ou une extension de compétence. – **Conformité**. – **Décision de renvoi :** CE, QPC, 30 déc. 2010, *Dpt des Côtes-d'Armor*, n° 341612 : *AJDA 2011. 7 ; Cah. Cons. const. 2011, n° 32, p. 213, chron. Duffy-Meunier, Janicot et Roblot-Troizier*. – **Application de la décision :** CE 26 juill. 2011, *Dpt de Seine-Saint-Denis et a.*, n°s 340041, 340852, 341346, 341612, 341628, 341629, 341673, 341675 et 344315 B : *Cah. Cons. const. 2012, n° 36, p. 172, chron. Duffy-Meunier, Janicot et Roblot-Troizier*.
2011	25 mars	**Composition de la commission départementale d'aide sociale (CDAS)** **2010-110 QPC.** M. Jean-Pierre B. : *JO 26 mars, p. 5406 ; Rec. Cons. const. 160 ; AJDA 2011. 644 ; ibid. 1214, note Crépin-Dehaene ; AJCT 2011. 406, obs. Aubin ; AJ fam. 2011. 254, pratique Sayn ; RDSS 2011. 770, obs. Cristol ; JCP Adm. 2011, n° 16, p. 30, note Fleury ; JCP 2012, n° 27, p. 1344, chron. Mathieu et Verpeaux ; RFDC 2011. 820, note Le Quinio ; LPA 2012, n° 152, p. 21, note Janicot* : – **CASF, art. L. 134-6**. – Méconnaissent les principes d'indépendance et d'impartialité (DDH, art. 16) les dispositions de l'art. L. 134-6 CASF qui prévoient que siègent notamment dans une CDAS (juridiction administrative du 1er degré compétente pour examiner les recours formés, en matière d'aide sociale, contre les décisions du président du conseil général ou du préfet) trois conseillers généraux élus par le conseil général et trois fonctionnaires de l'État en activité ou à la retraite désignés par le représentant de l'État dans le département. Cette composition marque une absence de garanties appropriées dans la loi pour assurer *l'indépendance* des fonctionnaires siégeant dans cette juridiction et une méconnaissance du principe d'impartialité pour les fonctionnaires siégeant à la CDAS qui connaît de questions relevant des services à l'activité desquels ils ont participé et pour la participation des conseillers généraux lorsque celui-ci est partie à l'instance.

		– Conséquences : modification de la composition de la CDAS. – **Non-conformité partielle. Censure des al. 2 et 3 de l'art. L. 134-6 CASF** avec effet à compter de la publication de la Décis. – **Décision de renvoi :** CE, QPC, 30 déc. 2010, *Bresson-Vigier*, n° 343682. – **Application de la décision :** CE, avis, 11 janv. 2019, *SCI Maximoise de création*, n° 424819 A : *AJDA 2019. 77.*
2011	25 mars	**Indemnité légale pour travail dissimulé** **2011-111 QPC.** Mme Selamet B. : *JO 26 mars, p. 5407 ; Rec. Cons. const. 163 ; RSC 2011. 404, obs. Cerf-Hollender ; JCP 2012, n° 27, p. 1344, chron. Mathieu et Verpeaux ; LPA 2012, n° 152, p. 27, note Baghestani ; RPDP 2012, n° 4, p. 947, note Leturmy* : – **C. trav., art. L. 8223-1.** – Ne constituent pas une sanction ayant le caractère d'une punition (DDH, art. 8) les dispositions de l'art. L. 8223-1 CASF instituant le versement d'une indemnité forfaitaire égale à 6 mois de salaire par l'employeur en cas de licenciement d'un salarié dont le travail a été dissimulé. Cette indemnité a pour objet d'assurer une réparation minimale du préjudice subi par le salarié (absence de versement de cotisations sociales entraînant une perte des droits). Son caractère forfaitaire permet de compenser la difficulté pour le salarié de prouver le nombre d'heures de travail accompli. – **Conformité.** – **Décision de renvoi :** Soc., QPC, 5 janv. 2011, n° 10-40.049 : *RJS 2011, n° 4, p. 358.*
2011	1er avr.	**Frais irrépétibles devant la Cour de cassation** **2011-112 QPC.** Mme Marielle D. : *JO 2 avr., p. 5892 ; Rec. Cons. const. 170 ; D. 2012. 1638, obs. Bernaud et Jacquinot ; AJ pénal 2011. 310, note Perrier ; Constitutions 2011. 339, obs. Barthélemy et Boré ; Dr. pénal 2011, n° 5, p. 36, note Haas ; JCP 2012, n° 27, p. 1344, chron. Mathieu et Verpeaux ; LPA 2012, n° 152, p. 7, note Janicot ; ibid., p. 10, note Janicot* : – **C. pr. pén., art. 618-1.** – Possibilité ouverte uniquement à la partie civile d'obtenir le remboursement des frais non payés par l'État et exposés par elle à l'occasion d'une instance pénale devant la C. cass. – Portent atteinte à l'équilibre entre les parties au procès pénal dans l'accès de la voie du recours en cassation (DDH, art. 6 et 16) les dispositions de l'art. 618-1 C. pr. pén. qui privent, en toute circonstance, la personne dont la relaxe ou l'acquittement a acquis un caractère définitif de la faculté d'obtenir de la partie civile le remboursement des frais irrépétibles. – **Non-conformité** avec effet différé au 1er janv. 2012. – **Décision de renvoi :** Crim., QPC, 12 janv. 2011, n° 10-84.429 : *JCP 2011, n° 7, p. 349, obs. Mathieu.* – **Application de la décision :** L. n° 2011-1862 du 13 déc. 2011 relative à la répartition des contentieux et à l'allégement de certaines procédures juridictionnelles, art. 65-II.

2011	1er avr.	**Motivation des arrêts d'assises** **2011-113/115 QPC.** M. Xavier P. et a. : *JO 2 avr., p. 5893 ; Rec. Cons. const. 173 ; D. 2011. 1154, note Mastor et de Lamy ; ibid. 1156, note Perrier ; Constitutions 2011. 361, chron. Cappello ; GAPP, 7e éd., 2011. no 42 ; AJ pénal 2011. 243, obs. Perrier ; RSC 2011. 423, obs. Danet ; Gaz. Pal. 2011, nos 93 à 95, p. 19, note Bachelet ; Dr. pénal 2011, no 5, p. 33, note Albert ; LPA 2011, no 148, p. 15, note Le Quinio ; Rev. pénit. 2011, no 4, p. 889, note Vergès ; JCP 2012, no 27, p. 1344, chron. Mathieu et Verpeaux ; LPA 2012, no 152, p. 7, note Janicot ; ibid., p. 10, note Janicot* : – **C. pr. pén., art. 349, 350, 353 et 357**. – Le législateur a pu, sans méconnaître le principe d'égalité (DDH, art. 6), édicter pour le prononcé des arrêts de la cour d'assises des règles différentes de celles qui s'appliquent devant les autres juridictions pénales. Les dispositions du C. pr. pén. contestées ne portent en elles-mêmes aucune atteinte aux droits de la défense (DDH, art. 16). Elles ont pour seul objet de déterminer les modalités selon lesquelles la cour d'assises délibère. – Absence de violation des art. 7, 8 et 9 DDH. L'obligation de motiver les jugements et arrêts de condamnation constitue une garantie légale de l'exigence constitutionnelle. Si la Const. ne confère pas à cette obligation un caractère général et absolu, l'absence de motivation en la forme ne peut trouver de justification qu'à la condition que soient instituées par la loi des garanties propres à exclure l'arbitraire. Il existe un ensemble de garanties relatives aux débats (oralité et continuité...) devant la cour d'assises et aux modalités de sa délibération permettant d'apprécier le caractère suffisant des garanties contre l'arbitraire. – **Conformité**. – **Décisions de renvoi :** Crim., QPC, 19 janv. 2011, 2 arrêts, nos 10-85.159 et 10-85.305 P : *D. 2011. 447, obs. Lavric ; ibid. 800, note Perrier ; Cah. Cons. const. 2011, no 31, p. 236, obs. Disant ; RSC 2011. 423, obs. Danet*. – **Application de la décision :** Crim. 22 juin 2011, no 10-85.305 P.
2011	1er avr.	**Déchéance de plein droit des juges consulaires** **2011-114 QPC.** M. Didier P. : *JO 2 avr., p. 5894 ; Rec. Cons. const. 178 ; D. 2011. 2823, obs. Roujou de Boubée, Garé, Mirabail et Potaszkin ; ibid. 2012. 1638, obs. Bernaud et Jacquinot ; Dr. pénal 2011, no 6, p. 39, note Robert ; LPA 2012, no 152, p. 27, note Baghestani* : – **C. com., art. L. 723-2, al. 1er et 3, et art. L. 724-7**. – Conditions pour faire partie du collège électoral : absence de condamnation pénale pour agissements contraires à l'honneur, à la probité ou aux bonnes mœurs... Si ces incapacités surviennent ou sont découvertes postérieurement à l'installation d'un juge consulaire : déchéance de plein droit. – Absence de méconnaissance du principe d'individualisation des peines (DDH, art. 8). Les dispositions contestées n'ont pas de caractère répressif. Leur objet est d'assurer que les professionnels appelés à exercer les fonctions de juge consulaire ou à élire ces juges présentent les garanties d'intégrité et de moralité indispensables à l'exercice de fonctions juridictionnelles. Ces sanctions n'ont pas le caractère d'une punition.

		– **Conformité.** – **Décision de renvoi :** Crim., QPC, 18 janv. 2011, n° 10-90.118.
2011	1er avr.	**Licenciement des assistants maternels** **2011-119 QPC.** Mme Denise R. : *JO 2 avr., p. 5895 ; Rec. Cons. const. 180 ; D. actu. 7 avr. 2011, note Astaix ; Constitutions 2011. 370, chron. Radé ; AJDA 2011. 709 ; AJCT 2011. 237 ; RDSS 2011. 524, note Boulmier ; RJS 2011, n° 6, p. 501 ; JCP 2012, n° 27, p. 1344, chron. Mathieu et Verpeaux ; LPA 2012, n° 152, p. 27, note Baghestani* : – **CASF, art. L. 423-8.** – Suspensions et retraits des agréments des assistants maternels et familiaux. – Absence de la méconnaissance du principe de la présomption d'innocence (DDH, art. 8 et 9). Le licenciement auquel est tenu de procéder l'employeur n'est qu'une conséquence directe du retrait d'agrément. Il ne peut dès lors être regardé comme une sanction ayant le caractère d'une punition. – Absence de méconnaissance du principe d'égalité devant la loi (DDH, art. 6) et du droit pour chacun d'obtenir un emploi dans l'obligation d'obtenir un agrément pour exercer la profession d'assistant maternel ou familial. – Absence d'atteinte du droit au recours. Les décisions de suspension ou de retrait d'agrément constituent des décisions administratives qui peuvent être déférées au juge de l'excès de pouvoir et faire l'objet d'un référé-suspension. – **Conformité.** – **Décision de renvoi :** Soc., QPC, 2 févr. 2011, n° 10-40.058 : *AJDA 2011. 251.*
2011	8 avr.	**Trouble du voisinage, environnement et règle de pré-occupation** **2011-116 QPC.** M. Michel Z. et a. : *JO 9 avr., p. 6361 ; Rec. Cons. const. 183 ; D. 2011. 1258, note Rebeyrol ; AJDA 2011. 762 ; ibid. 1158, note Foucher ; Constitutions 2011. 411, chron. Nési ; RDI 2011. 369, étude Trébulle ; RJ envir. 2011, n° 3, p. 393, note Steichen ; JCP 2011, nos 43-44, p. 1956, note Huglo ; ibid. 2012, n° 27, p. 1344, chron. Mathieu et Verpeaux ; RFDC 2011. 823, note Gay ; LPA 2012, n° 152, p. 19, note Baghestani* : – **CCH, art. L. 112-16.** – Impossibilité pour les riverains de demander réparation des troubles de voisinage que leur causent les activités visées à cet art. dès lors que celles-ci existaient avant leur installation et qu'elles s'exercent en conformité avec les lois. – Absence de méconnaissance du principe de responsabilité et des droits et obligations résultant des art. 1er à 4 de la Charte de l'environnement. – 1re *application de la Charte de l'environnement à une QPC.* Le respect des droits et devoirs énoncés en termes généraux par les art. 1er et 2 Charte envir. s'impose non seulement aux pouvoirs publics et aux autorités administratives dans leur domaine de compétence respectif mais également à l'ensemble des personnes. Chacun est tenu à une obligation de vigilance (obligation de moyens) à l'égard des atteintes à l'environnement qui pourraient résulter de son activité. Une action en

		responsabilité peut être engagée sur le fondement de la violation de cette obligation. Le législateur peut définir les conditions de cette action en responsabilité mais ne saurait restreindre le droit d'agir en responsabilité dans les conditions qui dénaturent la portée. Par ailleurs, il incombe également au législateur et aux autorités administratives de déterminer les modalités de mise en œuvre des art. 3 et 4 Charte envir. (exclusion de l'applicabilité directe de ces deux art.). – **Conformité**. – **Décision de renvoi :** Civ. 3e, QPC, 27 janv. 2011, n° 10-40.056 P : *Cah. Cons. const. 2011, n° 33, p. 217, chron. Janicot, Roblot-Troizier et Vidal-Naquet ; Constitutions 2011. 411, obs. Nési.*
2011	8 avr.	**Financement des campagnes électorales et inéligibilité** **2011-117 QPC.** M. Jean-Paul. H. : *JO 9 avr., p. 6362 ; Rec. Cons. const. 186 ; AJDA 2011. 756 ; RFDA 2011. 723, obs. Türk ; JCP Adm. 2011, n° 17, p. 2, note Bricker ; RFDC 2011. 875, note Ghévontian* : – **C. élect., art. L. 52-11-1, L. 52-12, L. 52-15, L. 118-3 et L. 341-1**. – *C. élect., art. L. 52-12, L. 52-15 et L. 118-3* : Dispositions déjà déclarées conformes à la Const. 58. – Absence d'atteinte aux principes de nécessité et d'individualisation des peines (DDH, art. 8) pour les *art. L. 52-11-1 et L. 341-1 C. élect.* • La privation de remboursement forfaitaire pour ceux qui n'ont pas respecté les règles de financement, prévue par l'art. L. 52-11-1 et qui s'applique aussi à ceux qui ont obtenu moins de 5 % des suffrages exprimés au premier tour de scrutin, ne constitue pas une sanction ayant le caractère d'une punition. • Par ailleurs, l'art. L. 341-1 (seul art. n'ayant pas été examiné par le Cons. const.), permettant au juge de déclarer inéligible pendant 1 an le candidat à l'élection des conseillers régionaux n'ayant pas déposé son compte de campagne dans les conditions et le délai prescrits par l'art. L. 52-12 et celui dont le compte de campagne a été rejeté à bon droit, donne la possibilité au juge dans le prononcé de cette inéligibilité de tenir compte des circonstances de chaque espèce. – **Conformité**. – **Décision de renvoi :** CE, QPC, 28 janv. 2011, *Huchon*, n° 338199 B : *AJDA 2011. 188 ; RFDA 2011. 723, obs. Türk.* – **Application de la décision :** CE, ass., 4 juill. 2011, *Él. régionales d'Île-de-France*, n°s 338033 A et 338199 B : *AJDA 2011. 1353 ; RFDA 2011. 723, obs. Türk ; Cah. Cons. const. 2012, n° 36, p. 165, chron. Éveillard.*
2011	8 avr.	**Biens des sections de communes** **2011-118 QPC.** M. Claude F. : *JO 9 avr., p. 6363 ; Rec. Cons. const. 191 ; AJDA 2011. 758 ; D. 2011. 2298, obs. Mallet-Bricout et Reboul-Maupin ; AJCT 2011. 303, obs. Scanvic ; RFDC 2011. 830, note Le Quinio ; JCP 2012, n° 27, p. 1344, chron. Mathieu et Verpeaux ; LPA 2012, n° 151, p. 11, note Janicot* : – **CGCT, art. L. 2411-12-1**. – Cas dans lesquels le préfet peut, sur demande du conseil municipal, décider le transfert de propriétés d'une section à sa commune de rattachement sans l'assortir d'une procédure d'indemnisation des membres de la section.

		– Absence d'atteinte au droit de propriété des membres d'une section (DDH, art. 2 et 17) lors du transfert des biens d'une section, les membres n'étant pas titulaires d'un droit de propriété sur ces biens ou droits. Le droit au respect des biens garanti par la DDH ne s'oppose pas à ce que le législateur, poursuivant un objectif d'intérêt général, autorise le transfert gratuit de biens entre personnes publiques. L'objet de l'art. L. 2411-12-1 CGCT est de mettre fin soit au blocage du transfert soit au dysfonctionnement administratif ou financier de la section. – Absence d'atteinte à la garantie des droits (DDH, art. 16). Le législateur n'a pas exclu toute indemnisation dans le cas exceptionnel où il entraînerait pour les membres de la section une charge spéciale et exorbitante, hors de proportion avec l'objectif d'intérêt général poursuivi. – **Conformité**. – **Décision de renvoi :** CE, QPC, 28 janv. 2011, *Mongaboure*, n° 330481 : *AJDA 2011. 188*. – **Applications de la décision :** CE 22 juill. 2011, *Cne de Saint-Martin d'Arrossa*, n° 330481. – CAA Bordeaux, 4 oct. 2012, n° 11BX02576.
2011	8 avr.	**Recours devant la Cour nationale du droit d'asile (CNDA)** **2011-120 QPC.** M. Ismaël A. : *JO 9 avr., p. 6364 ; Rec. Cons. const. 194 ; AJDA 2011. 758 ; RTD civ. 2011. 495, obs. Deumier* : – **CESEDA, art. L. 551-1, L. 552-1, L. 741-4 et L. 742-6**. – Ne peut être regardée comme un changement de circonstances de nature à remettre en cause la constitutionnalité des dispositions contestées sur la base de l'art. 16 DDH la jurisprudence de la CNDA relative aux mesures d'éloignement. Il appartient au CE, placé au sommet de l'ordre juridictionnel administratif, de s'assurer que cette jurisprudence garantit le droit au recours. Une jurisprudence d'une juridiction ne peut donc valoir changement de circonstances que si elle a été confirmée par sa cour suprême. – **Conformité**. – **Décision de renvoi :** Civ. 1re, QPC, 9 févr. 2011, n° 10-40.059 : *AJDA 2011. 302 ; D. 2012. 390, obs. Boskovic, Corneloup, Jault-Seseke, Joubert et Parrot*. – **Applications de la décision :** CAA Nancy, 29 sept. 2011, n° 11NC00311. – CAA Lyon, 3 nov. 2011 (3 arrêts), nos 11LY00557, 11LY00817 et 11LY00818.
2011	29 avr.	**Taux de TVA sur la margarine** **2011-121 QPC.** Sté Unilever France : *JO 30 avr., p. 7534 ; Rec. Cons. const. 208 ; D. 2011. 1216 ; Constitutions 2011. 380, chron. Barilari ; JCP 2012, n° 27, p. 1344, chron. Mathieu et Verpeaux ; LPA 2012, n° 152, p. 5, note Cassard-Valembois* : – **CGI, art. 278 *bis*-2°-c**. – Absence de méconnaissance de DDH, art. 13, dans l'application par le législateur aux produits d'origine laitière, entrant dans la composition des corps gras non végétaux, d'un avantage fiscal ayant

		pour objet de modérer leur prix de vente au public. Le législateur s'est fondé sur un critère objectif et rationnel en favorisant leur production et leur vente par rapport aux margarines et graisses végétales. – **Conformité.** – **Décision de renvoi :** CE, QPC, 14 févr. 2011, *Sté Unilever France*, n° 344966 : *RJF 2011, n° 634.*
2011	29 avr.	**Calcul des effectifs de l'entreprise** **2011-122 QPC.** Synd. CGT et a. : *JO 30 avr., p. 7535 ; Rec. Cons. const. 210 ; D. 2011. 1223 ; Constitutions 2011. 373, chron. Radé ; JCP 2012, n° 27, p. 1344, chron. Mathieu et Verpeaux :* – **C. trav., art. L. 1111-3.** – Absence de prise en compte dans le calcul des effectifs de l'entreprise de certaines catégories de salariés notamment des contrats aidés. – Absence d'atteinte au principe d'égalité (DDH, art. 6) dans la non-prise en compte des salariés mentionnés à l'art. L. 1111-3 C.trav. dans le calcul des effectifs en raison de la situation particulière de ces salariés au regard des objectifs poursuivis par les mesures relatives à ces contrats spécifiques. – Absence d'atteinte au principe de participation des travailleurs à la détermination collective des conditions de travail et à la gestion des entreprises (Préamb. Const. 1946, al. 8). L'art. L. 1111-3 C. trav. n'interdit pas à ces salariés d'être électeurs ou éligibles au sein des instances représentatives du personnel de l'entreprise dans laquelle ils travaillent. – Absence d'atteinte au principe de la liberté syndicale (Préamb. Const. 1946, al. 6). Les salariés mentionnés à l'art. L. 1111-3 C. trav. peuvent constituer librement une organisation syndicale ou adhérer librement à celle de leur choix. – **Conformité.** – **Décision de renvoi :** Soc., QPC, 16 févr. 2011, n° 10-40.062. – **Application de la décision :** Soc. 11 avr. 2012, n° 11-21.609 P : *D. 2012. 1068.*
2011	29 avr.	**Conditions d'octroi de l'allocation adulte handicapé** **2011-123 QPC.** M. Mohamed. T. : *JO 30 avr., p. 7536 ; Rec. Cons. const. 213 ; D. 2011. 1224 ; Constitutions 2011. 319, chron. Cassard-Valembois ; RFDC 2011. 833, note Gay ; JCP 2012, n° 27, p. 1344, chron. Mathieu et Verpeaux :* – **CSS, art. L. 821-2-2°** (rédaction issue de la LF n° 2066-1666, art. 131). – Absence de méconnaissance du Préamb. Const. 1946, al. 11. Les dispositions contestées tendent à définir un critère objectif caractérisant la difficulté d'accéder au marché du travail qui résulte du handicap. En excluant du bénéfice de l'allocation adulte handicapé les personnes ayant occupé un emploi depuis une durée définie par décret, le législateur a fixé un critère qui n'est manifestement pas inapproprié au but poursuivi. – **Conformité.** – **Décision de renvoi :** Civ. 2e, QPC, 17 févr. 2011, n° 10-21.634. – **Application de la décision :** Civ. 2e, 1er déc. 2011, n° 10-21.634.

2011	29 avr.	**Majoration de 10 % pour retard de paiement de l'impôt** **2011-124 QPC.** Mme Catherine B. : *JO 30 avr., p. 7537 ; Rec. Cons. const. 215 ; D. 2011. 1216 ; Constitutions 2011. 380, chron. de la Mardière ; RD fisc. 2011, n° 27, p. 35, note Le Tacon et Subra ; LPA 2011, n°s 159-160, p. 3, note Perrotin ; JCP 2012, n° 27, p. 1344, chron. Mathieu et Verpeaux* : – **CGI, art. 1730** (rédaction issue de l'Ord. n° 2005-1512 du 7 déc. 2005 relative à des mesures de simplification en matière fiscale et à l'harmonisation et l'aménagement du régime des pénalités). – Absence de méconnaissance des principes de nécessité, de proportionnalité et d'individualisation des peines (DDH, art. 8). La majoration instituée, qui ne revêt pas le caractère d'une punition, a pour objet la compensation du préjudice subi par l'État du fait du paiement tardif des impôts directs. – **Conformité.** – **Décision de renvoi** : CE, QPC, 24 févr. 2011, *Boitel*, n° 344610 : *AJDA 2011. 420.* – **Application de la décision :** CAA Marseille, 18 oct. 2011, n° 08MA03706.
2011	6 mai	**Déferement devant le procureur de la République** **2011-125 QPC.** Abderrahmane L. : *JO 7 mai, p. 7850 ; Rec. Cons. const. 218 ; D. 2011. 1222 ; ibid. 2012. 1638, obs. Bernaud et Jacquinot ; D. actu. 18 mai 2011, obs. Girault ; AJ pénal 2011. 471, obs. Perrier ; RSC 2011. 415, obs. Danet ; Constitutions 2011. 525, note Daoud et Talbot ; Gaz. Pal. 2011, n°s 142-144, p. 18, note Detraz ; RFDC 2012, n° 89, p. 166, note Catelan ; JCP 2012, n° 27, p. 1344, chron. Mathieu et Verpeaux* : – **C. pr. pén., art. 393 et 803-2.** – *C. pr. pén., art. 803-2.* Absence de violation du principe de séparation des pouvoirs (indépendance du procureur de la République). En permettant qu'une personne déférée à l'issue de sa garde à vue soit présentée le jour même à un magistrat du parquet, cet art. ne méconnait pas les exigences constitutionnelles (V. Décis. n° 2010-80 QPC) : **Conformité.** – *C. pr. pén., art. 393.* L'objet du déferement de la personne poursuivie devant le procureur de la République est de lui notifier la décision prise sur la mise en œuvre de l'action publique et de l'informer sur la suite de la procédure. Le respect des droits de la défense n'impose pas le droit d'accès au dossier avant de recevoir la notification ni le droit à l'assistance d'un avocat. Néanmoins, l'art. 393 C. pr. pén., qui ne permet pas au procureur de la République d'interroger l'intéressé, ne saurait sans méconnaître les droits de la défense, l'autoriser à consigner les déclarations de celui-ci sur les faits qui font l'objet de la poursuite dans le procès-verbal mentionnant les formalités de la comparution : **Réserve.** – **Conformité sous réserve.** – **Décision de renvoi :** Crim., QPC, 1er mars 2011, n° 10-90.125 : *D. actu. 31 mars 2011, obs. Lavric ; RSC 2011. 415, obs. Danet.*
2011	6 mai	**Faute inexcusable de l'employeur : régime spécial des accidents du travail des marins**

		2011-127 QPC. Cts C. : *JO 7 mai, p. 7851 ; Rec. Cons. const. 222 ; Dr. soc. 2011, n°s 7/8, p. 862, note Chaumette ; RD transp. 2011, n° 9, p. 3, note Charles ; RFDC 2011. 838, note Badel ; Dr. ouvrier 2011, n° 759, p. 609, note Carré ; JCP 2012, n° 27, p. 1344, chron. Mathieu et Verpeaux ; LPA 2012, n° 152, p. 5, note Cassard-Valembois* : – **CSS, art. L. 412-8-8° et L. 413-12-2°.** – Contestation de la constitutionnalité de la portée effective d'une interprétation jurisprudentielle. – Ne méconnaît pas le principe d'égalité devant la loi (DDH, art. 6) le traitement dérogatoire au régime de sécurité sociale applicable à l'indemnisation des marins victimes d'accidents du travail ou de maladies professionnelles. Néanmoins, les dispositions du CSS ne méconnaissent pas le principe de responsabilité (DDH, art. 4) si elles ne portent pas une atteinte disproportionnée aux droits des victimes d'actes fautifs. Ainsi, elles ne sauraient être interprétées comme faisant, par elles-mêmes, obstacle à ce qu'un marin victime, au cours de l'exécution de son contrat d'engagement maritime, d'un accident du travail imputable à une faute inexcusable de son employeur puisse demander, devant les juridictions de la sécurité sociale, une indemnisation complémentaire dans les conditions prévues par le CSS (V. également Décis. n° 2010-8 QPC) : **Réserve.** – **Conformité sous réserve.** – **Décision de renvoi :** Civ. 2e, QPC, 10 mars 2011, n° 10-40.075 : *Gaz. Pal. 10 mai 2011, p. 12, note Lapasset.* – **Applications de la décision :** Civ. 2e, 22 sept. 2011, n° 09-15.756 P : *D. 2011. 2343.* – LFSS n° 2013-1203 du 23 déc. 2013, art. 70 : *RCA 2014, n° 3, p. 55, note Groutel.*
2011	6 mai	**Conseil d'administration de l'Agence France-Presse** **2011-128 QPC.** Synd. Sud AFP : *JO 7 mai, p. 7852 ; Rec. Cons. const. 225 ; Constitutions 2011. 396, chron. de Bellescize ; LPA 2012, n° 151, p. 14, note Baghestani* : – **L. n° 57-32 du 10 janv. 1957, art. 7, al. 6 et 7 : les mots « de nationalité française ».** – En réservant le droit de vote et l'éligibilité aux ressortissants français ou européens pour les élections professionnelles relatives au conseil d'administration de l'AFP, le législateur a institué une différence de traitement contraire au principe d'égalité (DDH, art. 6) et à celui de participation à la détermination des conditions de travail et à la gestion des entreprises (Préamb. Const. 1946, al. 8). – **Non-conformité.** – **Décision de renvoi :** Soc., QPC, 16 mars 2011, n° 10-40.076.
2011	13 mai	**Action du ministre contre des pratiques restrictives de concurrence** ***2011-126 QPC.*** Sté Système U centrale nationale et a. : JO 14 mai, *p. 8400 ; Rec. Cons. const. 235 ; D. 2011. 1340, note Chevrier ; ibid. 1833, note Rougeau-Mauger ; Constitutions 2011. 507, note Barthélemy et Boré ; JCP 2011, n° 25, p. 1199, note Luciani ; ibid. 2012, n° 27, p. 1344, chron. Mathieu et Verpeaux ; RDLC 2011, n° 3, p. 129, note*

		Chagny ; LPA 2011, n° 251, p. 9, note Boillot ; ibid. 2012, n° 152, p. 10, note Janicot ; ibid., p. 17, note Janicot : – **C. com., art. L. 442-6, § III, al. 2** (dans sa rédaction antérieure à la L. n° 2008-3 du 3 janv. 2008). – Absence de disproportion au regard de l'objectif poursuivi concernant la liberté d'entreprendre (DDH, art. 4). Le législateur a opéré une conciliation entre le principe de la liberté d'entreprendre et l'intérêt général tiré de la nécessité de maintenir un équilibre dans les relations commerciales eu égard aux objectifs de préservation de l'ordre public économique qu'il s'est assigné. – Ne portent pas atteinte au principe du contradictoire ni au droit au recours (DDH, art. 16) les dispositions contestées permettant à une autorité publique d'introduire, pour la défense d'un intérêt général, une action en justice visant à faire cesser une pratique contractuelle contraire à l'ordre public si les parties au contrat ont été informées de l'introduction d'une telle action : **Réserve**. – Inopérance du grief tiré de l'atteinte au droit de propriété de la personne condamnée (DDH, art. 2 et 17). Les condamnations à restitution et, le cas échéant, à paiement de dommages et intérêts sont prononcées par jugement en conséquence de l'annulation des clauses illicites ; les sommes indûment perçues et les indemnités sont versées au partenaire lésé ou tenues à sa disposition. – **Conformité sous réserve**. – **Décision de renvoi :** Com., QPC, 8 mars 2011, n° 10-40.070 P : *D. 2011. 869*. – **Application de la décision :** Com. 9 oct. 2012, n° 11-19.833.
2011	13 mai	**Actes internes des assemblées parlementaires** **2011-129 QPC**. Synd. des fonctionnaires du Sénat : *JO 14 mai, p. 8401 ; Rec. Cons. const. 239 ; D. 2011. 135 ; Constitutions 2011. 305, obs. Baudu ; JCP Adm. 2011, n° 24, p. 18, note Domingo ; LPA 2011, n° 138, p. 12, note Camby ; ibid. 2012, n° 152, p. 10, note Janicot ; RFDC 2012. 127, note Bon ; JCP 2012, n° 27, p. 1344, chron. Mathieu et Verpeaux* : – **Ord. n° 58-1100 du 17 nov. 1958 relative au fonctionnement des assemblées parlementaires, art. 8**. – Absence de disproportion entre le droit des personnes intéressées à exercer un recours juridictionnel effectif et le principe de séparation des pouvoirs (DDH, art. 16). Tout agent des assemblées parlementaires peut contester, devant la juridiction administrative, une décision individuelle lui faisant grief prise par les instances des assemblées parlementaires. A cette occasion, l'agent peut, par la voie de l'exception, contester la légalité des actes statutaires sur le fondement desquels a été prise la décision lui faisant grief et également, engager une action en responsabilité contre l'État. A cette même occasion, une organisation syndicale peut intervenir devant la juridiction saisie même si elle ne peut saisir directement la juridiction administrative contre un acte statutaire pris par les instances d'une assemblée parlementaire. – **Conformité**. – **Décision de renvoi :** CE, QPC, 21 mars 2011, *Synd. des fonctionnaires du Sénat*, n° 345216 : *AJDA 2011. 593 ; Constitutions 2011. 305, obs. Baudu*.

		– **Application de la décision :** CAA Paris, 21 nov. 2011, *Synd. des fonctionnaires du Sénat*, n° 10PA04007.
2011	20 mai	**Langues régionales** **2011-130 QPC.** Mme Cécile L. et a. : *JO 21 mai, p. 8889 ; Rec. Cons. const. 242 ; D. 2011. 1491 ; AJDA 2011. 1963, note Verpeaux ; JCP Adm. 2011, n° 27, p. 48, note Legrand ; LPA 2011, n°s 174-175, p. 15, note Gicquel ; JCP 2012, n° 27, p. 1344, chron. Mathieu et Verpeaux* : – **C. éduc., art. L. 312-10**. – Inopérance du grief tiré de la méconnaissance de l'art. 75-1 Const. Cet art. de la Const. n'institue pas un droit ou une liberté garanti par la Const. – **Conformité**. – **Décision de renvoi :** CE, QPC, 21 mars 2011, *Caruyer et a.*, n° 345193 : *Cah. Cons. const. 2011, n° 33, p. 221, chron. Vidal-Naquet.* – **Application de la décision :** CAA Bordeaux, 28 oct. 2013, *Assoc. Institut béarnais et gascon*, n° 12BX01701.
2011	20 mai	**Exception de vérité des faits diffamatoires de plus de 10 ans** **2011-131 QPC.** Mme Térésa C. et a. : *JO 21 mai, p. 8890 ; Rec. Cons. const. 244 ; D. actu. 27 mai 2011, obs. Lavric ; Constitutions 2011. 388, chron. de Bellescize ; ibid. 537, note Darsonville ; D. 2011. 1420, obs. Lavric ; AJ pénal 2011. 414, obs. Perrier ; RSC 2011. 401, obs. Mayaud ; JCP 2011, n°s 22-23, p. 1084, note Derieux ; ibid. 2012, n° 27, p. 1344, chron. Mathieu et Verpeaux ; Gaz. Pal. 2011, n°s 163-167, p. 12, note Fourment ; Dr. pénal 2011, n°s 7-8, p. 47, note Véron ; RTDH 2012, n° 89, p. 201, note Droin ; RFDC 2012. 163, note Perrier ; RJFP 2011, n° 11, p. 14, note Putman ; LPA 2012, n° 152, p. 16, note Cassard-Valembois* : – **L. du 29 juill. 1881 sur la liberté de la presse, art. 35, al. 5**. – Interdiction au prévenu de diffamation de rapporter la preuve de la vérité des faits diffamatoires lorsque l'imputation se réfère à des faits qui remontent à plus de 10 ans. – L'objet de cette disposition est d'éviter que la liberté d'expression ne conduise à rappeler des faits anciens portant atteinte à l'honneur et à la considération des personnes qu'elles visent, la restriction à la liberté d'expression en résultant poursuit un objectif d'intérêt général de recherche de paix sociale. – ***Toutefois***, cette disposition méconnaît l'art. 11 de la DDH. Par son caractère général et absolu, elle porte une atteinte à la liberté d'expression disproportionnée par rapport au but poursuivi. Elle vise sans distinction, dès lors qu'ils se réfèrent à des faits remontant à plus de 10 ans, tous les propos ou écrits résultant de travaux écrits ou scientifiques ainsi que les imputations se référant à des événements dont le rappel ou le commentaire s'inscrivent dans un débat public *d'intérêt général*. – **Non-conformité** applicable à toutes les imputations diffamatoires non jugées définitivement au jour de la publication de la Décis. – **Décision de renvoi :** Crim., QPC, 15 mars 2011, n° 10-90.129 P : *D. 2011. 1079, obs. Lavric ; RSC 2011. 401, obs. Mayaud.*

2011	20 mai	**Incapacité et interdiction d'exploiter un débit de boissons** **2011-132 QPC.** M. Ion C. : *JO 21 mai, p. 8891 ; Rec. Cons. const. 246 ; D. actu. 27 mai 2011, obs. Delpech ; D. 2011. 2823, obs. Roujou de Boubée, Garé, Mirabail et Potaszkin ; RSC 2012. 230, obs. de Lamy ; JCP 2011, n°s 22-23, p. 1084, obs. Détraz ; ibid. 2012, n° 27, p. 1344, chron. Mathieu et Verpeaux ; Dr. pénal 2011, n°s 7-8, p. 50, note Robert ; RFDC 2012. 173, note Tzutzuiano ; LPA 2012, n° 151, p. 17, note Cassard-Valembois ; ibid., n° 152, p. 27, note Baghestani* : – **CSP, art. L. 3336-2 et L. 3336-3**. – Ces dispositions n'instituent pas des sanctions ayant le caractère d'une punition. Elles instituent une incapacité et une interdiction professionnelle applicables à toute personne condamnée pour un crime ou un délit de proxénétisme ou un délit assimilé, à toute personne condamné à une peine d'au moins un mois d'emprisonnement pour certains délits. L'objet de ces dispositions est d'empêcher que l'exploitation d'un débit de boisson soit confiée à des personnes ne présentant pas les garanties de moralité suffisantes requises pour exercer cette profession. – Inopérance du grief tiré de la méconnaissance de l'art. 8 de la DDH. – Ces mesures ont été adoptées par le législateur dans le but d'assurer une conciliation n'étant pas manifestement déséquilibrée entre le principe de la liberté d'entreprendre et l'objectif à valeur constitutionnelle de sauvegarde de l'ordre public. – **Conformité**. – **Décision de renvoi :** Civ. 3e, QPC, 24 mars 2011, n° 10-24.180 P : *D. 2011. 1171, chron. Monge.* – **Application de la décision :** Civ. 3e, 23 nov. 2011, n° 10-24.180 P : *D. 2011. 2992, obs. Rouquet.*
2011	9 juin	**Hospitalisation d'office** **2011-135/140 QPC.** M. Abdelatif B. et a. : *JO 10 juin, p. 9892 ; Rec. Cons. const. 272 ; Constitutions 2011. 400, chron. Bioy ; AJDA 2011. 1177 ; D. 2011. 2565, obs. Laude ; RTD civ. 2011. 514, obs. Hauser ; JCP 2011, n° 25, p. 1210 ; ibid. 2012, n° 27, p. 1344, chron. Mathieu et Verpeaux ; JCP Adm. 2011, n° 26, p. 4, note Péchillon ; RFDC 2011. 844, note Bioy* : – **CSP, art. L. 3213-1 et L. 3213-4**. – *CSP, art. L. 3213-1* (conditions de placement en hospitalisation d'office (HO)). Dans les 24 h suivant l'admission, un certificat médical est établi par un psychiatre de l'établissement. Il est transmis au représentant de l'État dans le département et à la commission départementale des hospitalisations psychiatriques. Si le certificat médical ne confirme pas que la personne placée doit faire l'objet de soins en hospitalisation et, à défaut de levée de l'hospitalisation d'office par l'autorité administrative compétente, l'art. L. 3213-1 CSP conduit à la poursuite de cette mesure sans prévoir un réexamen à bref délai de la situation de la personne en HO. Un tel réexamen est seul de nature à permettre le maintien de la mesure. En l'absence d'une telle garantie, les dispositions de l'art. L. 3213-1 CSP n'assurent pas que l'HO est réservée aux cas dans lesquels elle est adaptée, nécessaire et proportionnée à l'état du malade et à la sûreté des personnes ou la préservation de l'ordre public : **Non-conformité**.

		– *CSP, art. L. 3213-4* (conditions de maintien en HO). Maintien possible de l'HO au-delà de 15 jours sans intervention d'une juridiction de l'ordre judiciaire : atteinte à la liberté individuelle (Const. 58, art. 66) : **Non-conformité**. – **Non-conformité totale** avec effet différé au 1er août 2011. – **Décisions de renvoi :** CE, QPC, *M. Abdelatif B.*, 6 avr. 2011, n° 346207 : *Constitutions 2011. 400, obs. Bioy.* – Civ. 1re, QPC, 8 avr. 2011, n° 10-25.354 P : *AJDA 2011. 822 ; D. 2011. 1137 ; Constitutions 2011. 400, obs. Bioy ; RTD civ. 2011. 514, obs. Hauser.* – **Applications de la décision :** L. n° 2011-803 du 5 juill. 2011 relative aux droits et à la protection des personnes faisant l'objet de soins psychiatriques et aux modalités de leur prise en charge, art. 3. – Civ. 1re, 7 déc. 2011 : *n° 11-15.998.* – CE 13 mars 2013, *Préfet de police c/ Mme Ravier*, n° 354976 B : *AJDA 2013. 601.* – CE 13 mars 2013, *Cts Loise*, n° 342704 B : *AJDA 2013. 604.*
2011	17 juin	**Réorientation professionnelle des fonctionnaires** **2011-134 QPC.** Union générale des fédérations de fonctionnaires CGT et a. : *JO 18 juin, p. 10456 ; Rec. Cons. const. 278 ; D. 2011. 1690 ; AJDA 2011. 1231 ; JCP Adm. 2011, n° 43, p. 3, note Pauliat ; JCP 2012, n° 27, p. 1344, chron. Mathieu et Verpeaux ; Cah. fonct. publ. 2011, n° 314, p. 40, note Struillou ; RFDC 2012. 135, note Lombard* : – **L. n° 84-16 du 11 janv. 1984 portant dispositions statutaires relatives à la fonction publique de l'État, art. 36, 44 *bis* à 44 *quinquies*, 51 et 60** (dans leur rédaction issue de l'art. 7 de la L. n° 2009-972 du 3 août 2009 relative à la mobilité et aux parcours professionnels dans la fonction publique). – Rappel du principe d'incompétence négative. Les dispositions contestées n'ont pas pour effet de confier au pouvoir réglementaire la définition de règles ou de principes que la Const. a placés dans le domaine de la loi. – Absence de méconnaissance du principe de continuité de l'État et du service public. Le fait de prévoir que des fonctionnaires, dont l'emploi risque d'être supprimé, pourront être placés en situation de réorientation professionnelle ne peut, en lui-même, porter atteinte à ce principe. Les dispositions contestées n'ont pas pour objet ou pour effet de remettre en cause la règle de l'organisation du système de la fonction publique selon le régime de la carrière : **Conformité**. – Absence de méconnaissance de la liberté syndicale et du principe de participation (Préamb. Const. 1946, al. 6 et 8). Les fonctionnaires bénéficient d'une protection statutaire, celle-ci s'applique notamment à ceux qui sont investis de fonctions représentatives ou syndicales. Par ailleurs, les comités techniques institués par l'art. 15 de la L. du 11 janv. 1984 comprenant des représentants de l'administration et du personnel connaissent en principe des questions relatives à l'organisation et au fonctionnement des services. Les modifications apportées par la L. de 2009 à la L. de 1984 n'ont pas pour effet d'exclure la compétence de ces comités sur les questions relatives à la restructuration de l'administration ou de l'établissement public dans lequel ils sont institués. De plus, il revient au juge du décret de vérifier si la mesure de

		placement en situation de réorientation professionnelle d'un fonctionnaire (investi ou non de fonctions représentatives ou syndicales) doit figurer dans le Décr. d'application de la L. 1984, art. 14 au titre des mesures pour lesquelles les commissions doivent être consultées. Enfin, il appartient à la juridiction administrative de s'assurer que les mesures de réorientation professionnelle, de mise en disponibilité, de mise à la retraite ne sont pas prises en raison des fonctions représentatives ou syndicales des fonctionnaires : **Conformité**. — Absence de méconnaissance du principe d'égalité (DDH, art. 6). Les fonctionnaires étant dans une situation différente de celle des salariés du secteur privé, les garanties existant pour les salariés protégés dans le secteur privé sont différentes de celles dont bénéficient les fonctionnaires investis de fonctions représentatives : **Conformité**. — Atteinte au principe d'indépendance des enseignants-chercheurs (PFRLR). Les dispositions de la L. de 1984 n'ont pas pour objet de déroger aux règles particulières sur le recrutement des enseignants-chercheurs. L'application de l'art. 44 *ter* de la L. de 1984 ne saurait, s'agissant de ces personnels, conduire à un changement de corps : **Réserve**. — Absence d'invocabilité possible de l'objectif de valeur constitutionnelle d'intelligibilité et d'accessibilité de la loi. — **Conformité avec réserve**. — **Décision de renvoi :** CE, QPC, 4 avr. 2011, *Union générale des fédérations de fonctionnaires-CGT, Fédération syndicale unitaire*, n°s 345767, 345768 et 345810 : *AJDA 2011. 713*. — **Applications de la décision :** CE 16 mai 2012, *Union générale des fédérations de fonctionnaires-CGT, Fédération syndicale unitaire*, n°s 345767, 345768 et 345810 B : *AJDA 2012. 1035*. — CE 22 févr. 2013, *Zoia*, n° 356245 B : *AJDA 2013. 440*.
2011	17 juin	**Financement des diligences exceptionnelles accomplies par les mandataires judiciaires à la protection des majeurs** **2011-136 QPC.** Féd. nat. des associations tutélaires et a. : *JO 18 juin, p. 10458 ; Rec. Cons. const. 284 ; D. 2011. 1682 ; AJ fam. 2011. 344, obs. Verheyde ; Dr. fam. 2011, n° 10, p. 37, note Maria ; JCP 2012, n° 27, p. 1344, chron. Mathieu et Verpeaux ; LPA 2012, n° 151, p. 15, note Cassard-Valembois* : — **CASF, art. L. 471-5 et C. civ., art. 419**. — L'exigence constitutionnelle issue du Préamb. Const. 1946, al. 11, n'impose pas que la collectivité publique prenne en charge, quel que soit leur coût, toutes les diligences particulièrement longues ou complexes susceptibles d'être accomplies au titre d'une mesure de protection juridique. — Ne méconnaissent pas le principe d'égalité (DDH, art. 6) les dispositions issues du CASF, art. L. 471-5 et du C. civ., art. 419 qui laissent à la charge de la personne protégée, dans tous les cas, le coût de l'indemnité en complément susceptible d'être allouée au mandataire judiciaire à la protection des majeurs. — **Conformité**.

		– **Décision de renvoi :** CE, QPC, 6 avr. 2011, *Féd. nat. des associations tutélaires et a.*, n° 345838 : *D. 2011. 2501, obs. Lemouland, Noguéro et Plazy ; AJ fam. 2011. 330.*
2011	17 juin	**Attribution du revenu de solidarité active aux étrangers** **2011-137 QPC.** M. Zeljko S. : *JO 18 juin, p. 10459 ; Rec. Cons. const. 288 ; D. 2011. 1693 ; ibid. 2012. 390, obs. Boskovic, Corneloup, Jault-Seseke, Joubert et Parrot ; AJDA 2011. 1232 ; RDSS 2012. 63, étude Donier ; Constitutions 2011. 581, chron. Tchen ; Cah. Cons. const. 2013, n° 39, p. 302, obs. Benetti ; JCP 2012, n° 27, p. 1344, chron. Mathieu et Verpeaux ; LPA 2012, n° 151, p. 15, note Cassard-Valembois* : – **CASF, art. L. 262-4**. – Absence de méconnaissance du principe d'égalité (DDH, art. 6) et du Préamb. Const. 1946, al. 11. Le principal objet du RSA étant d'inciter à l'exercice ou à la reprise d'une activité professionnelle, le législateur a pu estimer que la stabilité de la présence sur le territoire national était une des conditions essentielles à l'insertion professionnelle. Ainsi, en réservant le bénéfice du RSA aux étrangers titulaires depuis au moins cinq ans d'un titre de séjour les autorisant à travailler, le législateur a institué entre les Français et les étrangers, d'une part, et entre les étrangers, d'autre part, selon qu'ils ont eu ou non une résidence stable en France, une différence de traitement en rapport direct avec l'objet de la loi. Ce critère n'est pas manifestement inapproprié au but poursuivi. Les ressortissants de l'UE, d'un autre État partie à l'accord sur l'Espace économique européen ou de la Confédération suisse sont, au regard de l'objet de la loi, dans une situation différente de celle des autres étrangers. – **Conformité**. – **Décision de renvoi :** CE, QPC, 6 avr. 2011, *Smiljanic*, n° 345634 : *AJDA 2011. 760 ; D. 2012. 390, obs. Boskovic, Corneloup, Jault-Seseke, Joubert et Parrot.* – **Application de la décision :** CAA Marseille, 18 avr. 2013, n° 11MA01408.
2011	17 juin	**Recours des associations** **2011-138 QPC.** Assoc. Vivraviry : *JO 18 juin, p. 10460 ; Rec. Cons. const. 291 ; D. 2011. 1683, obs. Vincent ; ibid. 1942, note Le Bot ; RDI 2011. 465, obs. Soler-Couteaux ; AJDA 2011. 1228 ; Constitutions 2011. 577, note Faro ; JCP Adm. 2011, n° 28, p. 50, note Billet ; JCP 2012, n° 27, p. 1344, chron. Mathieu et Verpeaux ; LPA 2012, n° 152, p. 10, note Janicot ; ibid., p. 13, note Cassard-Valembois* : – **C. urb., art. L. 600-1-1**. – Absence d'atteinte substantielle au droit des associations d'exercer un recours, au droit au recours de leurs membres et à la liberté d'association. L'art. L. 600-1-1 C. urb. a pour seul objet de priver les associations dont les statuts sont déposés après l'affichage en mairie d'une demande d'autorisation d'occuper ou d'utiliser les sols, de la possibilité d'exercer un recours contre la décision prise à la suite de cette demande. – **Conformité**. – **Décision de renvoi :** CE, QPC, 6 avr. 2011, *Assoc. Vivraviry*, n° 345980 : *AJDA 2011. 761.*

		– **Application de la décision :** CAA Nantes, 29 juin 2012, *Assoc. des rives du Blosne pour le respect de l'environnement*, n° 11NT00712.
2011	24 juin	**Exécution du mandat d'arrêt et du mandat d'amener** **2011-133 QPC.** M. Kiril Z. : *JO 25 juin, p. 10840 ; Rec. Cons. const. 296 ; D. 2011. 1764, obs. Allain ; RSC 2011, n° 2, p. 417, note Danet ; AJ pénal 2011. 602, note Perrier ; Procédures 2011, n°s 8-7, p. 23, note Chavent-Leclère ; Gaz. Pal. 2011, n°s 282-284, p. 17, note Botton ; RFDC 2012. 406, note Catelan ; JCP Adm. 2012, n° 8, p. 9 ; JCP 2012, n° 27, p. 1344, chron. Mathieu et Verpeaux ; LPA 2012, n° 152, p. 17, note Baghestani* : – **C. pr. pén., art. 130, 130-1 et 133, al. 4**. – Ne méconnaissent ni l'art. 66 Const. 58, ni l'art. 2 DDH, les dispositions des art. 130, 130-1 et 133, al. 4, C. pr. pén. concernant la privation de liberté de 4 jours (ou 6 jours : transfèrement outre-mer) organisée pour le mandat d'amener ou le mandat d'arrêt. Cette privation de liberté est rendue nécessaire pour garantir la présentation de la personne arrêtée devant le juge ayant ordonné l'arrestation. Sa durée est strictement encadrée et proportionnée par rapport au but poursuivi. Par ailleurs, doit être écarté le grief selon lequel la privation de liberté nécessaire à l'exécution du mandat échapperait à l'intervention d'un magistrat du siège. Le procureur de la République intervenant comme une autorité d'exécution du mandat, il informe « sans délai » le juge de l'instruction de l'arrestation, veille à l'exécution du mandat et réfère au juge mandant de ses diligences : le mandat est ordonné par le juge d'instruction et exécuté sous son contrôle. Ainsi, le magistrat qui a décerné le mandat d'amener ou le mandat d'arrêt conserve la maîtrise de son exécution pendant tout le temps nécessaire à la présentation devant lui de la personne arrêtée : **Conformité**. – ***Toutefois***, si le mandat d'arrêt est uniquement décerné à l'encontre d'une personne en fuite ou résidant hors de France pour des faits réprimés par une peine d'emprisonnement correctionnelle ou une peine plus grave, le mandat d'amener ne prévoit pas ces conditions : il peut être délivré contre une personne susceptible d'avoir commis tous types d'infractions. Ainsi, la conciliation entre, d'une part, la prévention des atteintes à l'ordre public et la recherche des auteurs d'infractions et, d'autre part, l'exercice des libertés constitutionnellement garanties ne pourraient être regardées comme équilibrées si la privation de liberté de 4 ou 6 j. pouvait être mise en œuvre dans le cadre du mandat d'amener, à l'encontre d'une personne qui n'encourt pas une peine d'emprisonnement correctionnelle ou une peine plus grave : **Réserve**. – **Conformité sous réserve**. – **Décision de renvoi :** Crim., QPC, 29 mars 2011, n° 11-90.008 P : *D. 2011. 1141 ; RSC 2011. 417, obs. Danet.*
2011	24 juin	**Conditions d'exercice de certaines activités artisanales** **2011-139 QPC.** Assoc. pour le droit à l'initiative économique : *JO 25 juin, p. 10841 ; Rec. Cons. const. 300 ; D. 2011. 1753, obs. Delpech ; JCP 2012, n° 27, p. 1344, chron. Mathieu et Verpeaux ; LPA 2012, n° 151, p. 17, note Cassard-Valembois* : – **L. n° 96-603 du 5 juill. 1996 relative au développement et à la promotion du commerce et de l'artisanat, art. 16**.

		– Absence d'atteinte à la DDH (art. 4 et 5) et au Préamb. Const. 1946, al. 5. Le fait que certaines activités artisanales puissent être exercées uniquement par une personne qualifiée professionnellement ou sous contrôle effectif et permanent de celle-ci ne porte pas atteinte au droit d'obtenir un emploi. Par ailleurs, les limitations apportées par le législateur à la liberté d'entreprendre en exigeant des qualifications professionnelles déterminées pour chaque activité selon sa complexité et les risques possibles pour la sécurité ou la santé des personnes ont été décidées afin de garantir la compétence professionnelle des personnes en charge de ces activités économiques pouvant présenter des dangers pour ceux qui les exercent ou pour ceux qui y ont recours. Ces limitations sont justifiées par des exigences constitutionnelles. Elles sont également proportionnées au regard de l'objectif poursuivi : respect de la liberté d'entreprendre, protection de la santé et prévention des atteintes à l'ordre public, notamment des atteintes à la sécurité des personnes (OVC). Enfin, le législateur n'a pas délégué le pouvoir de fixer des règles ou des principes relevant du domaine de la loi en confiant au Décr. en CE le soin de préciser les diplômes, les titres homologués ou la durée et les modalités de validation de l'expérience professionnelle qui justifient de la qualification : absence d'incompétence négative. – **Conformité.** – **Décision de renvoi :** CE, QPC, 8 avr. 2011, *Assoc. pour le droit à l'initiative économique*, n° 345637 B : *AJDA 2011. 1104 ; JCP 2011, n° 20, p. 1006, obs. Mathieu.* – **Application de la décision :** CE 30 déc. 2011, *Assoc. pour le droit à l'initiative économique*, n° 345637.
2011	24 juin	**Police de l'eau : retrait ou modification d'une autorisation** **2011-141 QPC.** Sté Électricité de France : *JO 25 juin, p. 10842 ; Rec. Cons. const. 304 ; D. 2011. 1767, obs. Grand ; Constitutions 2011. 573, note Guillaume et de la Ville Baugé ; Cah. Cons. const. 2012, n° 34, p. 173, obs. Duffy-Meunier, Janicot et Vidal-Naquet ; RJEP 2012, n° 693, p. 48, note Loy ; RFDC 2012. 145, note Le Bot ; JCP 2012, n° 27, p. 1344, chron. Mathieu et Verpeaux ; LPA 2012, n° 151, p. 11, note Janicot :* – **C. envir., art. L. 214-4, § II.** – Autorisation délivrée à une entreprise concessionnaire de l'État pour la fourniture d'énergie électrique. – Inopérance du grief tiré de l'atteinte au droit de propriété (DDH, art. 2 et 17). Les autorisations délivrées par l'État au titre de la police des eaux (C. envir., art. L. 214-3) ne sauraient être assimilées à des biens objets pour leurs titulaires d'un droit de propriété. La disposition contestée n'a aucune incidence sur le droit de propriété. – Absence d'atteinte à la garantie des droits (DDH, art. 16) et aux contrats légalement conclus. Les modifications ou retraits envisagés à l'art. L. 241-4 C. envir. peuvent intervenir uniquement dans des cas limitativement énumérés par cet art. et dans des circonstances extérieures à la volonté de l'autorité administrative qui relèvent soit de l'exercice des pouvoirs de police de l'administration (cas d'inondation, de menace pour la sécurité publique ou de menace majeure pour le milieu aquatique), soit du non-respect par le titulaire de l'autorisation ou de la concession de ses obligations (abandon des installations).

		Ainsi, le champ de l'art. L. 214-4 est strictement proportionné aux buts d'intérêt général de la préservation du milieu aquatique et de protection de la sécurité et de la salubrité publiques. Par ailleurs, les autorisations prévues par l'art. L. 214-3 C. envir. sont consenties unilatéralement par l'État et n'ont donc pas de caractère contractuel. Cependant, toute indemnisation n'est pas exclue si la modification ou le retrait de l'autorisation entraîne pour le bénéficiaire une charge spéciale et exorbitante, hors de proportion avec l'objectif poursuivi. Enfin, s'agissant des concessionnaires hydroélectriques, les règlements d'eau figurant aux cahiers des charges annexés à ces concessions valent autorisation au titre des art. L. 214-1 s. C envir. Il ressort du rapprochement de l'art. L. 214-4, § II, et de l'art. L. 214-5 C. envir. que le règlement d'eau d'une entreprise concessionnaire de la fourniture d'électricité ne peut être retiré au titre de la police des eaux et que les modifications qui peuvent y être apportées à ce titre, pour garantir la sécurité ou la salubrité publiques ou protéger le milieu aquatique d'une menace majeure ne peuvent « remettre en cause l'équilibre général de la concession ». – **Conformité**. – **Décision de renvoi :** CE, QPC, 15 avr. 2011, *Sté Électricité de France*, n° 346459 : *AJDA 2011. 822 ; Cah. Cons. const. 2012, n° 34, p. 173, obs. Duffy-Meunier, Janicot et Vidal-Naquet ; JCP 2012, n° 20, p. 1008, obs. Mathieu.*
2011	30 juin	**Concours de l'État au financement par les départements du RMI, du RMA et du RSA** **2011-142/145 QPC.** Dpts de la Seine-Saint-Denis et a. : *JO 1er juill., p. 11294 ; Rec. Cons. const. 308 ; D. 2011. 1827, note de Montecler ; AJCT 2011. 461, obs. Tourette ; RDSS 2012. 63, étude Donier ; JCP 2012, n° 27, p. 1344, chron. Mathieu et Verpeaux ; JCP Adm. 2011, n° 28, p. 5, note Fleury ; Gaz. Pal. 2011, nos 219-223, p. 9, note Gahdoun ; RFDC 2012. 149, note Lagrave ; LPA 2012, n° 152, p. 29, note Baghestani* : **– L. n° 2003-1200 du 18 déc. 2003 portant décentralisation en matière de revenu minimum d'insertion et créant un revenu minimum d'activité, art. 4 ; LF n° 2003-1311 du 30 déc. 2003, art. 59 ; LFR n° 2005-1720 du 30 déc. 2005, art. 2 ; CASF, art. L. 262-24 et L. 14-10-6 ; L. n° 2008-1249 du 1er déc. 2008 généralisant le revenu de solidarité active et réformant les politiques d'insertion, art. 7, et LF n° 2008-1425 du 27 déc. 2008, art. 51.** – **Financement du RMI et du RMA.** • *L. n° 2003-1200 du 18 déc. 2003, art. 4.* L'art. 4 a déjà été examiné par le Cons. const. (Décis. n° 2003-487 DC) : Absence de changement de circonstances : **Non-lieu à statuer** • *LF n° 2003-1311 du 30 déc. 2003, art. 59.* L'art. 59 a déjà été examiné par le Cons. const. (Décis. n° 2003-489 DC) qui a émis une réserve constamment respectée : Absence de changement de circonstances : **Non-lieu à statuer**. • *LFR n° 2005-1720 du 30 déc. 2005, art. 2 (Dispositions ayant pour objet d'accroître les ressources des dpts pour faire face aux dépenses mises à sa charge)* : Absence de méconnaissance de la Const. 58, art. 72-2, al. 4 et d'entrave à la libre administration des départements : **Conformité**.

		– **Financement du RSA.** • *CASF, art. L. 262-24 (Financement par les Dpts de la part de RSA correspondant à l'ancienne allocation de RMI et prise en charge de la part correspondant à l'ancienne allocation de parent isolé. Financement par l'État du supplément correspondant à la conservation d'une fraction des revenus de leur travail par les bénéficiaires)* : **Conformité** (pour les mêmes motifs que ceux exposés dans Décis. n° 2009-599 DC § 106) et absence de restriction des ressources des collectivités territoriales. • *L. n° 2008-1249 du 1er déc. 2008, art. 7.* Cet art. ne modifie pas la contribution des départements au financement du RSA par rapport à leur contribution au financement du RMI. **Toutefois**, la prise en charge par les départements de la part du revenu de l'allocation de parent isolé (coût antérieurement assumé par l'État), ne saurait être interprétée, au sens de la Const. 58, art. 72-2, al. 4, comme un transfert de compétences entre l'État et les départements, transfert devant être accompagné de l'attribution de ressources équivalentes à celles qui étaient antérieurement consacrées à leur exercice : **Réserve.** • *LF n° 2008-1425 du 27 déc. 2008, art. 51 (Affectation aux dpts d'une fraction de taxe intérieure de consommation sur les produits pétroliers pour la prise en charge du RSA).* Ces dispositions maintiennent le versement aux départements du montant des ressources que l'État consacrait au RMI avant son transfert aux départements : Absence de méconnaissance de la Const. 58, art. 72-2, al. 4 : **Conformité** et absence de dénaturation du principe de libre administration des départements. – **APA** (CASF, art. L. 14-10-6) : **Non-lieu à statuer**. V. Décis. n° 2011-143 QPC. – **Non-lieu à statuer** sur L. n° 2003-1200 du 18 déc. 2003, art. 4, LF n° 2003-1311 du 30 déc. 2003, art. 59 et CASF, art. L. 14-10-6, **conformité sous réserve** pour L. n° 2008-1249 du 1er déc. 2008, art. 7 et **conformité** pour LFR n° 2005-1720 du 30 déc. 2005, art. 2, CASF, art. L. 262-24 et LF n° 2008-1425 du 27 déc. 2008, art. 51. – **Décisions de renvoi :** CE, QPC, 20 avr. 2011, *Dpts de Seine-Saint-Denis et a.*, n° 346204 B : *AJDA 2011. 820 ; Gaz. Pal. 31 mai 2011, p. 18.* – CE, QPC, 20 avr. 2011, *Dpt de la Somme*, n° 346460 B : *AJDA 2011. 820 ; JCP 2011, n° 20, p. 1005, obs. Mathieu.* – **Applications de la décision :** CE 7 déc. 2011, *Buchet*, n° 349680. – CAA Nantes, 17 mai 2013, *Dpt de la Loire-Atlantique*, n° 11NT00683.
2011	30 juin	**Concours de l'État au financement par les départements de l'allocation personnalisée d'autonomie (APA)** **2011-143 QPC.** Dpts de la Seine-Saint-Denis et de l'Hérault : *JO 1er juill., p. 11299 ; Rec. Cons. const. 323 ; D. 2011. 1827, note de Montecler ; AJCT 2011. 461, obs. Tourette ; RDSS 2012. 76, étude Levoyer ; RFDC 2012. 149, note Lagrave ; JCP 2012, n° 27, p. 1344, chron. Mathieu et Verpeaux ; LPA 2012, n° 152, p. 29, note Baghestani* : – **L. n° 2004-626 du 30 juin 2004 relative à la solidarité pour l'autonomie des personnes âgées et des personnes handicapées, art. 11 et 12 et CASF, art. L. 14-10-5 et L. 14-10-6** (rédaction issue de la L. n° 2005-102 du 11 févr. 2005). – Inopérance du grief tiré de la violation de la Const. 58, art. 72-2. L'APA a été créée par la L. du 20 juill. 2001 en remplacement de la

		prestation spécifique de dépendance et a élargi le champ des bénéficiaires. Cette allocation a été déclarée conforme à la Const. 58 (Décis. n° 2001-447 DC § 12 à 31). En consolidant le financement du concours de l'État versé aux Dpts aux fins de participer au financement des charges exposées par ces derniers au titre de l'APA, le législateur n'a pas créé ou étendu des compétences : **Conformité**. – Inopérance du grief tiré de la violation de la Const. 58, art. 72. **Toutefois**, il appartient au pouvoir réglementaire, compte tenu de l'évolution des ressources financières des Dpts, d'ajuster le taux de charges nettes d'APA par rapport au potentiel fiscal assurant que chaque Dpt puisse bénéficier d'un concours qui permet que ne soit pas entravée sa libre administration : **1re Réserve**. Par ailleurs, si l'augmentation des charges nettes faisait obstacle à la réalisation de la garantie prévue à l'art. L. 14-10-6 CASF, il appartiendrait aux pouvoirs publics de prendre les mesures correctrices appropriées : **2de Réserve**. – **Conformité sous réserves.** – **Décision de renvoi :** CE, QPC, 20 avr. 2011, *Dpts de Seine-Saint-Denis et de l'Hérault*, n° 346205 B : *Gaz. Pal. 12 juill. 2011, p. 16, obs. H. S.* – **Applications de la décision :** CE 7 déc. 2011, *Buchet*, n° 349680. – CAA Paris, 12 févr. 2013, *Dpt de Paris*, n° 10PA00941. – CAA Nantes, 17 mai 2013, *Dpt de la Loire-Atlantique*, n° 11NT00683.
2011	30 juin	**Concours de l'État au financement par les départements de la prestation de compensation du handicap (PCH)** **2011-144 QPC.** Dpts de l'Hérault et des Côtes-d'Armor : *JO 1er juill., p. 11303 ; Rec. Cons. const. 333 ; D. 2011. 1827, note de Montecler ; AJCT 2011. 461, obs. Tourette ; RFDC 2012. 149, note Lagrave ; RDSS 2012. 76, étude Levoyer ; JCP 2012, n° 27, p. 1344, chron. Mathieu et Verpeaux ; LPA 2012, n° 152, p. 29, note Baghestani* : – **CASF, art. L. 14-10-4 et L. 14-10-5, L. 14-10-7 et L. 14-10-8** (rédaction issue de la L. n° 2005-102 du 11 févr. 2005). – La PCH constitue une extension de compétences. Le législateur a prévu l'accompagnement de cette extension de compétence des Dpts de ressources financières avec la mise en place d'un mécanisme de répartition précis. Les dispositions contestées sont conformes à la Const., art. 72-2, al. 4. **Toutefois**, le pouvoir réglementaire doit pouvoir, compte tenu de l'évolution des ressources financières des Dpts, ajuster le taux de charges nettes de PCH par rapport au potentiel fiscal assurant que chaque Dpt puisse bénéficier d'un concours permettant que ne soit pas dénaturé le principe de libre administration : **1re Réserve**. Par ailleurs, si l'augmentation des charges nettes de PCH faisait obstacle à la réalisation de la garantie prévue par l'art. L. 14-10-7 CASF, il appartiendrait aux pouvoirs publics de prendre les mesures correctrices appropriées : **2de Réserve.** – **Conformité sous réserves.** – **Décision de renvoi :** CE, QPC, 20 avr. 2011, *Dpts de l'Hérault et des Côtes-d'Armor*, n° 346227 B : *AJDA 2011. 820 ; JCP 2011, n° 20, p. 1005, obs. Mathieu.* – **Applications de la décision :** CE 7 déc. 2011, *Buchet*, n° 349680. – CAA Nantes, 17 mai 2013, *Dpt de la Loire Atlantique*, n° 11NT00683.

2011	8 juill.	**Aides publiques en matière d'eau potable ou d'assainissement** **2011-146 QPC.** Dpt des Landes : *JO 9 juill., p. 11978 ; Rec. Cons. const. 341 ; D. 2011. 1974 ; AJDA 2011. 1407 ; ibid. 2067, note Verpeaux ; AJCT 2011. 561, obs. Dreyfus ; Constitutions 2012. 52, note Demaye-Simoni ; RJEP 2011, n° 691, p. 11, note Terneyre ; JCP Adm. 2011, n° 35, p. 25, note Pauliat ; Dr. adm. 2011, n° 11, p. 31, note Auby ; RLCT 2011, n° 72, p. 9, note Carton ; Rev. CMP 2011. 329, note Eckert* : – **CGCT, art. L. 2224-11-5.** – Méconnaissance de la Const., art. 72 et 72-2. L'interdiction aux collectivités territoriales et notamment aux Dpts de moduler les subventions, selon le mode de gestion du service d'eau potable ou d'assainissement, restreint la libre administration des départements. – **Non-conformité totale.** – **Décision de renvoi :** CE, QPC, 29 avr. 2011, *Dpt des Landes*, n° 347071 : *AJDA 2011. 878.* – **Application de la décision :** CAA Bordeaux, 18 juin 2013, *Cne de Saint- Pierre-d'Irube et a.*, n° 12BX01700.
2011	8 juill.	**Composition du tribunal pour enfants (TPE)** **2011-147 QPC.** M. Tarek J. : *JO 9 juill., p. 11979 ; Rec. Cons. const. 343 ; D. 2011. 1903, obs Lavric ; ibid. 2012. 1638, obs. Bernaud et Jacquinot ; AJ fam. 2011. 435, obs. A.-R. ; ibid. 391, point de vue Gebler ; AJ pénal 2011. 596, obs. Perrier ;RSC 2011. 728, chron. Lazerges ; ibid. 2012. 201, note E. Vergès ; ibid. 227, obs. de Lamy ; RTD civ. 2011. 756, obs. Hauser ; JCP 2011, n°s 29-34, p. 1434 ; Dr. fam. sept. 2011, n° 9, p. 6 ; Gaz. Pal. 2011, n° 214, p. 10, note Borzeix ; LPA 27 oct. 2011, n° 214, p. 7, note Chaltiel ; RFDC 2012. 168, note Bonfils ; Dr. pénal 2012, n° 3, p. 13, note Claverie* : – **COJ, art. L. 251-3 et L. 251-4.** – **Assesseurs du TPE.** Absence de méconnaissance de la Const., art. 66 et du principe d'indépendance, indissociable de l'exercice des fonctions juridictionnelles, des exigences de capacité (DDH, art. 6) quant à la composition du TPE (majorité d'assesseurs non professionnels) et aux fonctions d'assesseurs (indépendance et impartialité des assesseurs non professionnels : nommés par le garde des sceaux pour 4 ans, prêtent serment) : **Conformité.** – **Président du TPE.** Méconnaissance du principe d'impartialité (DDH, art. 16). Aucune disposition de l'Ord. 2 févr. 1945 ou du C. pr. pén. ne fait obstacle à ce que le juge des enfants participe au jugement des affaires pénales instruites. Le principe d'impartialité des juridictions ne s'oppose pas à ce que le juge des enfants qui a instruit la procédure puisse, à l'issue de l'instruction, prononcer des mesures d'assistance, de surveillance ou d'éducation. *Toutefois*, l'art. L. 251-3 COJ qui permet au juge des enfants, qui a été chargé d'accomplir les diligences utiles à la manifestation de la vérité et qui a renvoyé le mineur devant le TPE, de présider cette juridiction de jugement habilitée à prononcer des peines, porte au principe d'impartialité des juridictions une atteinte contraire à la Const. : **Non-conformité.** – **Non-conformité de l'art. L. 251-3 COJ à compter du 1er janv. 2013 et conformité de l'art. L. 251-4 COJ.** – **Décision de renvoi :** Crim., QPC, 27 avr. 2011, n° 11-90.023.

		– **Application de la décision :** L. n° 2011-1940 du 26 déc. 2011 visant à instaurer un service citoyen pour les mineurs délinquants, art. 5 : *RSC 2012. 201, note Vergès.*
2011	13 juill.	**Centres d'orientation scolaire** **2011-149 QPC.** Dpt de Haute-Savoie : *JO 14 juill., p. 12249 ; Rec. Cons. const. 353 ; D. 2011. 1974 ; AJDA 2011. 2067, note Verpeaux* : – **C. éduc., art. L. 313-5.** – Absence de méconnaissance des principes de la libre administration des collectivités territoriales (Const., art. 72, al. 3) et de libre disposition de leurs ressources (Const., art. 72-2, al. 1er). L'assujettissement des collectivités territoriales ou de leurs groupements à des obligations imposées par le législateur doivent répondre à une fin d'intérêt général (Const., art. 34 et 72). L'obligation, par la loi, de contribution d'une collectivité territoriale au financement d'un seul centre public d'information et d'orientation répond à cette fin. **Toutefois**, si une collectivité territoriale à l'origine de la création d'un centre supplémentaire demande à ne plus assumer la charge financière de ce centre, l'art. L. 313-5 C. éduc. doit être entendu comme ayant pour conséquence soit la transformation du centre, si l'État le décide, en service d'État, soit l'organisation de sa fermeture par la collectivité et l'État : **Réserve.** – **Conformité avec réserve.** – **Décision de renvoi :** CE, QPC, 12 mai 2011, *Dpt de Haute-Savoie*, n° 346994 : *AJDA 2011. 988.* – **Application de la décision :** CAA Lyon, 24 avr. 2012, *Dpt de Haute-Savoie*, n° 10LY01257.
2011	13 juill.	**Perquisitions douanières** **2011-150 QPC.** SAS Vestel et a. : *JO 14 juill., p. 12249 ; Rec. Cons. const. 356 ; D. actu. 21 juill. 2011, obs. Bachelet ; D. 2011. 1973 ; Dr. pénal 2011, n° 10, p. 35, note Robert ; RFFP 2011, n° 116, p. 207, note Jeannard ; RFDC 2012. 172, note Perrier* : – **L. n° 2008-776 du 4 août 2008 de modernisation de l'économie, art. 164, § IV-2°.** – Reconnaissance d'un droit d'appel ou de recours aux personnes ayant fait l'objet de visites et saisies avant l'entrée en vigueur de la L. du 4 août 2008 et bénéficie de la rétroactivité, pour les visites et saisies réalisées durant les 3 ans précédant la date de publication de la loi, pour ces personnes des nouvelles voies de recours instituées. – Absence d'atteinte au principe d'égalité (DDH, art. 6). La différence de traitement entre les personnes selon la date de réalisation des opérations de visite ou de saisie réalisées découle nécessairement de l'entrée en vigueur de la loi nouvelle. Cette différence ne méconnaît pas en elle-même ce principe. – Absence d'atteinte au droit à un recours juridictionnel effectif (DDH, art. 16). Ce droit n'impose pas au législateur de faire bénéficier rétroactivement de voies de recours les personnes ayant fait l'objet, plus de 3 ans avant la date de publication de la L. du 4 août 2008, d'opérations de visite et de saisie demeurées sans suite ou ayant donné lieu à une notification d'infraction pour laquelle une transaction ou une décision de justice définitive était intervenue avant cette date. Dans

		les autres cas, les dispositions de l'art. 164 § IV-2 de la L. précitée n'ont pas eu pour effet de priver les personnes ayant fait l'objet d'une notification d'infraction à la suite des opérations de visite et de saisie réalisée plus de 3 ans avant l'entrée en vigueur de la loi précitée du droit de contester la régularité de ces opérations devant les juridictions appelées à statuer sur les poursuites engagées sur leur fondement. – **Conformité**. – **Décision de renvoi :** Com., QPC, 13 mai 2011, n° 10-25.606. – **Application de la décision :** Com. 13 déc. 2011, n° 10-25.606.
2011	13 juill.	**Attribution d'un bien à titre de prestation compensatoire** **2011-151 QPC.** M. Jean-Jacques C. : *JO 14 juill., p. 12250 ; Rec. Cons. const. 359 ; D. 2011. 1969 ; AJ fam. 2011. 426, obs. Régis ; RTD civ. 2011. 565, obs. Revet ; ibid. 750, obs. Hauser ; LPA 2011, n°s 172-173, p. 19, note Ouedraogo ; Gaz. Pal. 2011, n°s 282-284, p. 19, note Piazzon ; Dr. fam. 2011, n° 10, p. 27, note Larribau-Terneyre ; RFDC 2012. 172, note Siffrein-Blanc* : – **C. civ., art. 274-2°**. – Inopérance du grief tiré de la violation du droit de propriété (DDH, art. 17). Si l'attribution forcée d'un bien à titre de prestation compensatoire conduit à ce que l'époux débiteur soit privé de la propriété de ce bien, elle n'entre pas dans le champ d'application de l'art. 17 DDH. – Absence de méconnaissance de DDH, art. 2. Le législateur a permis l'attribution forcée prévue à l'art. 274-2° C. civ. pour faciliter la constitution d'un capital afin de régler les effets pécuniaires du divorce au moment de son prononcé. Il a également entendu assurer le versement de la prestation compensatoire. Le juge ordonne l'attribution forcée et fixe le montant de la prestation compensatoire, après débat contradictoire des parties. **Toutefois**, l'atteinte au droit de propriété résultant de l'attribution forcée prévue par l'art. 274-2° C. civ. ne peut être regardée comme une mesure proportionnée au but d'intérêt général poursuivi (protection du conjoint dont la situation économique est la moins favorisée) que si elle constitue une modalité subsidiaire d'exécution de la prestation compensatoire en capital. En conséquence, l'attribution forcée ne saurait être ordonnée par le juge que dans le cas où, au regard des circonstances de l'espèce, les autres modalités d'exécution n'apparaissent pas suffisantes pour garantir le versement de cette prestation : **Réserve**. – **Conformité sous réserve**. – **Décision de renvoi :** Civ. 1re, QPC, 17 mai 2011, n° 11-40.005 : *AJ fam. 2011. 323, obs. Borzeix ; RTD civ. 2011. 521, obs. Hauser ; Gaz. Pal. 13 août 2011, p. 22, note Mulon ; ibid. 15 juin 2012, p. 18, note Jacotot*. – **Application de la décision :** Civ. 1re, 28 mai 2014, n° 13-15.760 P : *D. 2014. 1203*.
2011	*13 juill.*	**Appel des ordonnances du juge d'instruction et du juge des libertés et de la détention** **2011-153 QPC.** M. Samir A. : *JO 14 juill., p. 12251 ; Rec. Cons. const. 362 ; D. 2011. 1973 ; ibid. 2012. 1638, obs. Bernaud et Jacquinot ; Constitutions 2011. 520, note Daoud et Talbot ; AJ pénal 2012. 44, obs.*

		Ascensi ; RSC 2012. 233, obs. B. de Lamy ; JCP 2011, n° 35, p. 1465, note Mathieu ; RFDC 2012. 171, note Anane : – **C. pr. pén., art. 186**. – Fixation de la liste des ordonnances et décisions pour lesquelles une personne mise en examen peut faire appel. – Absence de méconnaissance des art. 6 et 16 DDH. L'art. 186 C. pr. pén. ne mentionne pas dans sa liste l'ordonnance prévue à l'art. 146 C. pr. pén. permettant au juge d'instruction saisi initialement de faits revêtant une qualification criminelle de poursuivre son instruction sous une qualification correctionnelle en demandant au JLD une décision de maintien en détention de la personne mise en examen. Quel que soit le régime de la détention à laquelle la personne mise en examen est soumise, celle-ci peut à tout moment demander sa mise en liberté (C. pr. pén., art. 148) et en cas de refus, faire appel de l'ordonnance du JLD devant la chambre de l'instruction. ***Toutefois***, l'art. 186 C. pr. pén. ne peut être interprété comme excluant le droit de la personne mise en examen de former appel d'une ordonnance du juge d'instruction ou du JLD faisant grief à ses droits et dont il ne pourrait utilement remettre en cause les dispositions ni dans les formes prévues par les art. 186 à 186-3 C. pr. pén. ni dans la suite de la procédure, notamment devant la juridiction de jugement : **Réserve**. – **Conformité sous réserve**. – **Décision de renvoi :** Crim., QPC, 18 mai 2011, n° 11-90.018 P.
2011	22 juill.	**Journée de solidarité** **2011-148/154 QPC.** M. Bruno L. et a. : *JO 23 juill., p. 12651 ; Rec. Cons. const. 372 ; D. 2011. 2049 ; AJDA 2011. 1526 ; Constitutions 2011. 544, note Radé ; RDT 2011. 645, obs. Véricel ; RJS 2011, n°s 10-11, p. 714* : – **C. trav., art. L. 3133-7** (rédaction issue de la L. n° 2008-351 du 16 avr. 2008 relative à la journée de solidarité), **L. 3133-8, L. 3133-10, L. 3133-11, L. 3133-12** (rédaction issue de la L. n° 2008-789 du 20 août 2008 portant rénovation de la démocratie sociale et réforme du temps de travail), **L. 3123-1** (nombre « 1 607 » de cet art.) (rédaction issue de l'Ord. n° 2007-329 du 12 mars 2007 relative au code du travail) ; **C. rur., art. L. 713-9** (rédaction issue de la loi du 20 août 2008 préc.) et **L. n° 2004-626 du 30 juin 2004 relative à la solidarité pour l'autonomie des personnes âgées et des personnes handicapées, art. 2, 3, 4, 5 et 6**. – Absence d'atteinte au principe d'égalité devant la loi et au principe d'égalité devant les charges publiques (DDH, art. 6 et 13). Le législateur peut mettre à la charge d'une ou plusieurs catégories socioprofessionnelles déterminées une certaine aide à une ou plusieurs autres catégories socioprofessionnelles. Il lui appartient également de déterminer, dans le respect des principes constitutionnels et compte tenu des caractéristiques de chaque impôt, les règles selon lesquelles doivent être appréciées les facultés contributives. Il doit notamment, pour assurer le respect du principe d'égalité, fonder son appréciation sur des critères objectifs et rationnels en fonction des buts qu'il se propose. L'institution par le législateur de la « journée de solidarité », afin de contribuer au financement des actions en faveur de l'autonomie des personnes âgées ou handicapées, prend 2 formes. La première consiste

		en une journée de travail supplémentaire non rémunérée des salariés, et la seconde en une imposition à laquelle les employeurs sont assujettis. L'objectif de la loi est d'aménager la neutralité économique de l'ensemble du dispositif en instituant une imposition nouvelle proportionnée au surplus de ressources résultant de l'allongement de la durée légale du travail des salariés. Ainsi, le but de cet allongement est de produire un effet équivalent à la suppression d'un jour férié chômé. Le législateur peut faire spécialement appel à l'effort des salariés du secteur privé et du secteur public ayant un régime de rémunération assorti d'une limitation de la durée légale du temps de travail. La différence de traitement qui en résulte avec les retraités et les personnes exerçant leur activité de façon indépendante est en rapport direct avec l'objet de la loi. Par ailleurs, il est loisible au législateur d'instituer, à la charge des employeurs, un impôt assis sur la masse salariale, sans y assujettir ni les retraités ni les personnes exerçant leur activité de façon indépendante et qui n'emploient aucun salarié. En retenant l'avantage tiré de l'allongement de la durée légale du travail comme critère de la capacité contributive des contribuables, le législateur n'a commis aucune erreur manifeste d'appréciation. – **Conformité**. – **Décisions de renvoi :** CE, QPC, 4 mai 2011, *Lliboutry*, n° 346648 B : *AJDA 2011. 927 ; Dr. adm. 2013, n° 1, p. 36, note Dechâtre.* – Soc., QPC, 24 mai 2011, n° 11-40.007. – **Application de la décision :** CE 26 oct. 2012, *Lliboutry*, n° 346648 B : *AJDA 2012. 2033 ; ibid. 227, note de Montecler.*
2011	22 juill.	**Disposition réglementaire** **2011-152 QPC.** M. Claude C. : *JO 23 juill., p. 12655 ; Rec. Cons. const. 381 ; D. 2011. 2047 ; AJDA 2011. 1527 ; Gaz. Pal. 2011, n°s 282-284, p. 19, note Fraisse :* – **LPF, art. L. 238**. – Force probante des procès-verbaux des agents des contributions indirectes. – Le Décr. du 15 sept. 1981 transfère l'anc. art. 1865 CGI à l'art. L. 238 LPF en y apportant une modification. Celle-ci ne revêt pas le caractère d'une disposition législative au sens de l'art. 61-1 Const. – **Incompétence**. – **Décision de renvoi :** Crim., QPC, 18 mai 2011, n° 11-90.026.
2011	22 juill.	**Dépaysement de l'enquête** **2011-156 QPC.** M. Stéphane P. : *JO 23 juill., p. 12655 ; Rec. Cons. const. 383 ; D. 2011. 2044 ; RFDC 2012. 165, note Anane :* – **C. pr. pén., art. 43, al. 2**. – Manquent en fait les griefs tirés de la méconnaissance du principe d'égalité et de la violation du droit à un procès équitable (DDH, art. 6 et 16). Lorsque le procureur de la République est saisi de faits mettant en cause une personne dépositaire de l'autorité publique et en relation avec les magistrats ou les fonctionnaires de sa juridiction, il est prévu par l'art. 43, al. 2, C. pr. pén. que le procureur général peut d'office transmettre la procédure au procureur de la République d'une autre juridiction du ressort de la même cour d'appel. Par ailleurs, la décision du procureur général est une mesure d'administration judiciaire qui

		n'est susceptible d'aucun recours (ce n'est pas une mesure juridictionnelle). Les personnes visées par l'art. 43, al. 2, C. pr. pén. n'ont pas un droit au « renvoi ». Elles ont seulement la possibilité de le solliciter auprès du procureur de la République. Ainsi, les dispositions contestées n'empêchent pas toute personne intéressée de porter à la connaissance du procureur de la République ou du procureur général le motif qui pourrait justifier la transmission de la procédure. – **Conformité**. – **Décision de renvoi :** Crim., QPC, 24 mai 2011, n° 11-90.020 P.
2011	29 juill.	**Pension de réversion et couples non mariés** **2011-155 QPC.** Mme Laurence L. : *JO 30 juill., p. 13048 ; Rec. Cons. const. 404 ; D. 2011. 2035 ; AJDA 2011. 1591 ; RTD civ. 2011. 748, obs. Hauser ; AJ fam. 2011. 436, obs. Jean-Baptiste ; Dr. fam. 2011, n° 10, p. 23, note Larribau-Terneyre ; ibid. 2013, n°s 7-8, p. 28, note Devers ; Politeia 2012, n° 20, p. 41, note Foirry* : – **C. pens. retr., art. L. 39**. – Attribution d'une pension de réversion au conjoint survivant subordonnée à une condition d'antériorité et de durée du mariage. – Absence d'atteinte au principe d'égalité (DDH, art. 6) dans la différence de traitement quant au bénéfice de la pension de réversion entre les couples mariés et ceux qui vivent en concubinage ou sont unis par un PACS. En effet, le législateur a défini 3 régimes de vie de couple qui soumettent les personnes à des droits et des obligations différents (concubinage [C. civ., art. 515-8] : les concubins ne sont légalement tenus à aucune solidarité financière à l'égard des tiers ni à aucune obligation réciproque ; PACS [C. civ., art. 515-4] : les partenaires sont soumis à des obligations financières réciproques et à l'égard des tiers, mais il n'existe aucune compensation pour perte de revenus en cas de cessation du PACS au profit de l'un des partenaires, ni aucune vocation successorale au survivant en cas de décès d'un partenaire ; mariage : ce régime a pour objet d'organiser les obligations personnelles, matérielles et patrimoniales des époux pendant la durée de leur union mais également d'assurer la protection de la famille. Il assure aussi une protection en cas de dissolution du mariage). – **Conformité**. – **Décision de renvoi :** CE, QPC, 27 mai 2011, *Mme Lejay-Lefebvre*, n° 347734 : *AJDA 2011. 1109*.
2011	5 août	**Interdiction du travail le dimanche en Alsace-Moselle** **2011-157 QPC.** Sté Somodia : *JO 6 août, p. 13476 ; Rec. Cons. const. 430 ; D. 2011. 2049 ; AJDA 2011. 1590 ; ibid. 1880, note Lombard ; ibid. 2012. 331, note Jennequin ; RFDA 2011. 1209, note Roblot-Troizier ; ibid. 2012. 131, note Woehrling ; Constitutions 2012. 104, note Radé ; RDT 2011. 574, obs. Sander ; JCP 2011, n° 47, p. 2297, note Verpeaux ; JCP Adm. 2011, n° 42, p. 11, note Abi Rached ; Gaz. Pal. 2011, n°s 282-284, p. 20, note Disant ; LPA 2011, n° 230, p. 8, note Verpeaux ; RFDC 2012. 158, note Gueydan ; RD publ. 2013. 533, note Woehrling* : – **C. trav., art. L. 3134-11**. – 1re QPC relative à la conformité à la Constitution de l'existence d'un droit local propre au Bas-Rhin, au Haut-Rhin et à la Moselle.

		– **Nouveau principe fondamental reconnu par les lois de la République** en matière de droit local : la législation républicaine antérieure à l'entrée en vigueur de la Const. 1946 a consacré le principe selon lequel, tant qu'elles n'ont pas été remplacées par les dispositions de droit commun ou harmonisées avec elles, des dispositions législatives et réglementaires particulières aux départements du Bas-Rhin, du Haut-Rhin et de la Moselle peuvent demeurer en vigueur. Ainsi, à défaut de leur abrogation ou de leur harmonisation avec le droit commun, ces dispositions particulières ne peuvent être aménagées que dans la mesure où les différences de traitement qui en résultent ne sont pas accrues et que leur champ d'application n'est pas élargi. Par ailleurs, ce principe doit aussi être concilié avec les autres exigences constitutionnelles. – Absence d'atteinte au principe d'égalité. La disposition contestée est au nombre des règles particulières antérieures à 1919 (L. 17 oct. 1919 relative au régime transitoire de l'Alsace et de la Lorraine, adoptée à la suite du rétablissement de la souveraineté de la France sur ces territoires) qui ont été maintenues en vigueur. – Absence d'atteinte au principe de la liberté d'entreprendre (DDH, art. 4). Le législateur a entendu, par l'art. L. 3134-11 C. trav., éviter que l'exercice du repos hebdomadaire ne défavorise les établissements selon leur taille. – **Conformité**. – **Décision de renvoi :** Crim., QPC, 24 mai 2011, n° 10-86.968 P. – **Application de la décision :** Crim. 31 janv. 2012, n° 10-86.968 P : *D. 2012. 1047, note Hennion-Jacquet.*
2011	5 août	**Exonération de cotisation d'assurance vieillesse en matière d'aide à domicile** **2011-158 QPC.** SIVOM de la Communauté du Bruaysis : *JO 6 août, p. 13477 ; Rec. Cons. const. 433 ; D. 2011. 2050 ; JCP Adm. 2011, n° 42, p. 15, note Neveu :* – **CSS, art. L. 241-10, al. 5, § 2**. – Absence de méconnaissance de l'art. 13 DDH. L'exonération des cotisations patronales prévues à l'art. L. 241-10 CSS a pour objet de favoriser le maintien chez elles des personnes dépendantes. L'al. 5, § 3, de cet art. prévoit le bénéfice de l'exonération de la cotisation d'assurance vieillesse due par les employeurs publics uniquement aux seuls centres communaux ou intercommunaux d'action sociale et non aux syndicats intercommunaux à vocation multiple. Le législateur a ainsi entendu favoriser, pour le suivi social des personnes dépendantes, la coopération intercommunale spécialisée en matière d'aide sociale. Cette différence de traitement ne crée pas de rupture caractérisée de l'égalité devant les charges publiques. – **Conformité**. – **Décision de renvoi :** Civ. 2e, QPC, 1er juin 2011, n° 11-40.009.
2011	5 août	**Droit de prélèvement dans la succession d'un héritier français** **2011-159 QPC.** Mlle Elke B. et a. : JO 6 août, p. 13478 ; Rec. Cons. *const. 435 ; D. 2011. 2035 ; ibid. 2012. 1228, obs. Gaudemet-Tallon et Jault-Seseke ; ibid. 2331, obs. d'Avout et Bollée ; AJ fam. 2011. 440, obs. Haftel ; Rev. crit. DIP 2013. 457, note Ancel ; JCP N 2011, n° 36, Comm. 1236, note Fongaro ; RLDC 2011, n° 86, p. 3, note Mestre ; Gaz. Pal.*

		2011, n°s 285-286, p. 5, note Senac ; JCP 2011, n° 42, p. 1879, note Attal ; LPA 2011, n° 214, p. 18, note d'Avout ; ibid. 2013, n° 11, p. 7, note Dekeuwer-Defossez ; Dr. fam. 2011, n° 11, p. 30, note Beigner ; RFDC 2012. 155, note Egea : – **L. du 14 juill. 1819 relative à l'abolition du droit d'aubaine et de rétractation, art. 2.** – Protection des héritiers français des effets d'une loi successorale étrangère discriminatoire à leur égard en raison de la possibilité de les priver totalement ou partiellement des droits successoraux que la loi française leur attribuait. Le droit de prélèvement institué par cet art. permet à tout Français de réclamer sur les biens situés en France la part que lui octroierait l'application de la loi successorale française. – Absence de méconnaissance du principe d'égalité en ce qui concerne l'institution par la disposition contestée d'une règle matérielle dérogeant à la loi étrangère désignée par la règle de conflit de lois françaises. Cette règle matérielle de droit français s'applique quand un cohéritier au moins est français et que la succession comprend des biens situés sur le territoire français. Ces critères sont en rapport direct avec l'objet de la loi. – Méconnaissance du principe d'égalité en ce qui concerne le droit de prélèvement sur la succession réservée au seul héritier français. L'art. 2 de la L. 14 juill. 1819 établit une différence de traitement entre les héritiers venant également à la succession d'après la loi française et qui ne sont pas privilégiés par la loi étrangère. Cette différence de traitement n'est pas en rapport direct avec l'objet de la loi, qui tend notamment à protéger la réserve héréditaire et l'égalité entre héritiers garantie par la loi française. – **Non-conformité totale.** – **Décision de renvoi :** Civ. 1re, QPC, 1er juin 2011, 2 arrêts, n°s 11-40.008 et 11-40.010 : *Gaz. Pal. 12 juill. 2011, p. 12, note Buat-Ménard ; JCP 2011, n° 35, p. 1516, chron. Mathieu.* – **Application de la décision :** Lyon 23 déc. 2011, n° 10/04742.
2011	9 sept.	**Communication du réquisitoire définitif aux parties** **2011-160 QPC.** M. Hovanes A. : *JO 10 sept., p. 15234 ; Rec. Cons. const. 438 ; D. 2011. 2207, obs. Léna ; ibid. 2012. 1638, obs. Bernaud et Jacquinot ; AJ pénal 2012. 46, obs. Perrier ; RSC 2012. 233, chron. de Lamy ; Procédures 2012, n° 1, p. 24, note Chavent-Leclère ; RFDC 2012. 426, note Anane :* – **C. pr. pén., art. 175, al. 2, 2de phrase.** – Copie des réquisitions définitives du procureur de la République : adressée qu'aux avocats des parties. – Méconnaissance des art. 6 et 16 DDH. Les personnes mises en examen et les parties civiles peuvent bénéficier, au cours de l'instruction préparatoire, de l'assistance d'un avocat, mais les parties ont également la liberté de se défendre seules. Le respect des principes du contradictoire et des droits de la défense interdit que le juge d'instruction puisse statuer sur le règlement de l'instruction sans que les demandes formées par le ministère public à l'issue de celle-ci aient été portées à la connaissance de toutes les parties. Les mots « avocats des » situés à la

		2de phrase de l'al. 2 de l'art. 175 C. pr. pén. ont pour effet de réserver la notification des réquisitions définitives du ministère public aux avocats assistant les parties. – **Non-conformité** des mots « avocats des » avec effet à compter de la date de publication de la Décis. Cette non-conformité est applicable à toutes les procédures dans lesquelles les réquisitions du procureur de la République ont été adressées postérieurement à la publication de la présente Décis. Mais également dans les procédures qui n'ont pas été jugées définitivement à cette date, elle ne peut être invoquée que par les parties non représentées par un avocat lors du règlement de l'information dès lors que l'ordonnance de règlement leur a fait grief. – **Décision de renvoi :** Crim., QPC, 7 juin 2011, n° 11-90.038. – **Applications de la décision :** Crim. 10 oct. 2012, n° 12-84.933. – Crim. 25 juin 2013, n° 13-82.765 P.
2011	9 sept.	**Sanction de la rétention de précompte des cotisations sociales agricoles** **2011-161 QPC.** Mme Catherine F., épse L. : *JO 10 sept., p. 15274 ; Rec. Cons. const. 441 ; D. 2011. 2211 ; ibid. 2823, obs. Roujou de Boubée, Garé, Mirabail et Potaszkin ; AJ pénal 2011. 521, obs. Lasserre Capdeville ; RSC 2012. 233, chron. de Lamy ; RFDC 2012. 427, note Tzutzuiano* : – **C. rur., art. L. 725-21.** – Peine délictuelle pour les employeurs de salariés agricoles qui ont indûment retenu par devers eux la cotisation sociale ouvrière précomptée sur le salaire. – Différence de traitement injustifiée (DDH, art. 6). En effet, pour une même infraction, les employeurs agricoles et les autres employeurs sont soumis à une procédure, à un *quantum* de peine, à des règles de prescription, à des règles en matière de récidive, à des conséquences pour le casier judiciaire et à des incapacités consécutives à la condamnation différents. Cette différence de situation des employeurs agricoles et des autres employeurs n'est pas justifiée au regard de l'infraction réprimée. La différence de traitement n'est pas en rapport avec l'objet de la loi. Ainsi, la loi pénale a institué une différence de traitement injustifiée entre les auteurs d'infractions identiques. – **Non-conformité totale** avec effet à compter de la date de publication de la Décis. Possibilité de l'invoquer dans les instances en cours lorsque l'issue dépend des dispositions déclarées inconstitutionnelles. – **Décision de renvoi :** Crim., QPC, 15 juin 2011, n° 11-90.040. – **Application de la décision :** LFSS n° 2011-1906 du 21 déc. 2011 pour 2012, art. 38.
2011	16 sept.	**Minimum de peine applicable en matière d'amende forfaitaire** **2011-162 QPC.** Sté Locawatt : *JO 17 sept., p. 15599 ; Rec. Cons. const. 444 ; D. 2011. 2207 ; ibid. 2823, obs. Roujou de Boubée, Garé, Mirabail et Potaszkin ; AJ pénal 2011. 526, obs. Céré* ; RSC 2012. 230, obs. de Lamy ; *Procédures 2011, n° II, p. 25, note Buisson ; Dr. pén. 2011, n° 11, p. 24, note Robert ; Gaz. Pal. 2011, nos 292-293, p. 10, note Josseaume et Teissonnière ; RFDC 2012. 428, note Tzutzuiano* : – **C. pr. pén., art. 530-1, al. 2.**

		– Absence de méconnaissance du principe d'individualisation des peines (DDH, art. 8). Cet art. permet au juge de fixer la peine dans les limites de l'amende forfaitaire ou de l'amende forfaitaire majorée et dans les limites du maximum de l'amende encouru. Il appartient ainsi au juge de proportionner le montant de l'amende à la gravité de la contravention commise, à la personnalité de l'auteur et à ses ressources. – Absence de méconnaissance du principe de nécessité des peines en ce qui concerne l'instauration d'un minimum de peine d'amende applicable aux contraventions les moins graves. Le législateur a imposé, pour les contraventions des quatre 1res classes ayant fait l'objet d'une procédure d'amende forfaitaire, que l'amende prononcée par le juge en cas de condamnation ne puisse être inférieure au montant, en fonction des cas, de l'amende forfaitaire ou de l'amende forfaitaire majorée. Le législateur a retenu un dispositif qui fait obstacle à la multiplication des contestations dilatoires dans l'intérêt d'une bonne administration de la justice et pour assurer la répression effective des infractions. – **Conformité**. – **Décision de renvoi :** Crim., QPC, 22 juin 2011, n° 11-90.053 : *D. 2011. 2823, obs. Roujou de Boubée, Garé, Mirabail et Potaszkin ; Gaz. Pal. 10 nov. 2011, p. 13, note Detraz.*
2011	16 sept.	**Définition des délits et crimes incestueux** **2011-163 QPC.** Claude N. : *JO 17 sept., p. 15600 ; Rec. Cons. const. 446 ; D. 2011. 2204 ; ibid. 2823, obs. Roujou de Boubée, Garé, Mirabail et Potaszkin ; AJ pénal 2011. 588, obs. Porteron ; RSC 2011. 830, obs. Mayaud ; ibid. 2012. 131, obs. Fortis ; ibid. 183, obs. Danet ; ibid. 221, obs. de Lamy ; RTD civ. 2011. 752, obs. Hauser ; Constitutions 2012. 91, note Combles de Nayves ; Procédures 2011, n° 11, p. 26, note Buisson ; Dr. pénal 2011, n° 11, p. 19, note Véron ; JCP 2011, n*^{os} *43-44, p. 1930, note A. Lepage ; Gaz. Pal. 2012, n*^{os} *13-14, p. 35, note Detraz ; ibid., n*^{os} *109-110, p. 13, note Planque ; Dr. fam. 2012, n° 6, p. 35, note Bonfils ; RFDC 2012. 421, note Baldes ; LPA 2012, n° 137, p. 8, note Pomart-Nomdédéo ; Droits 2014, n° 56, p. 155, note Tinel :* – **C. pén., art. 222-31-1**. – Méconnaissance du principe de légalité des délits et des peines (DDH, art. 8). L'art. 222-31-1 C. pén. ne désigne pas précisément les personnes qui doivent être regardées comme membres de la famille, au sens de la qualification pénale particulière pour désigner les agissements sexuels incestueux. – **Non-conformité totale** avec effet à compter de la publication de la Décis. A compter de cette date, aucune condamnation ne peut retenir la qualification de crime ou de délit « incestueux » prévue par cet art. Quand l'affaire a été définitivement jugée à cette date, la mention de cette qualification ne peut plus figurer au casier judiciaire. – **Décision de renvoi :** Crim., QPC, 22 juin 2011, n° 10-84.992 : *JCP 2011, n° 35, p. 1517, obs. Mathieu.* – **Applications de la décision :** Crim. 12 oct. 2011, 3 arrêts, n°s 10-88.885, 10-84.992 et 10-82.842 P : *D. 2011. 2729 ; RSC 2012. 131, obs. Fortis ; ibid. 183, obs. Danet ; Gaz. Pal. 14 janv. 2012, p. 35, note Detraz.* – Crim. 4 janv. 2012, n° 11-83.575. – Crim. 28 mars 2012, n° 12-80.389.

		– Crim. 14 nov. 2012, n° 12-80.988. – Crim. 23 oct. 2013, n° 12-83.741.
2011	16 sept.	**Responsabilité du « producteur » d'un site en ligne** **2011-164 QPC.** Antoine J. : *JO 17 sept., p. 15601 ; Rec. Cons. const. 448 ; D. 2011. 2196 ; ibid. 2444, note Castex ; ibid. 2012. 765, obs. Dreyer ; AJ pénal 2011. 594, obs. Lavric ; RSC 2011. 647, obs. Francillon ; Procédures 2011, n° 11, p. 26, note Buisson ; JCP 2011, n° 46, p. 2238, note Dreyer ; RLDI 2011, n° 76, p. 44, note Derieux ; ibid., p. 48, note Castets-Renard ; RFDC 2012. 583, note Cervetti* : – **L. n° 82-652 du 29 juill. 1982 sur la communication audiovisuelle, art. 93-3**. – Régime de responsabilité pénale des acteurs de la communication au public en ligne (internet). – Absence d'atteinte à la présomption d'innocence (DDH, art. 9). Le créateur ou l'animateur d'un site internet créé en vue d'échanger des opinions sur des thèmes définis peut voir sa responsabilité recherchée, comme producteur, à raison du contenu des messages dont il n'est pas l'auteur. Il ne peut s'exonérer des sanctions pénales encourues qu'en désignant l'auteur du message ou en démontrant la responsabilité pénale du directeur de la publication. Le régime de responsabilité spécifique dont bénéficie le directeur de la publication et les caractéristiques d'internet qui permettent à l'auteur d'un message, en l'état des règles et des techniques, de préserver son anonymat ne sauraient ***toutefois***, sans instaurer une présomption irréfragable de responsabilité pénale, être interprétés comme permettant que le créateur ou l'animateur d'un site internet voie sa responsabilité pénale engagée en qualité de producteur à raison du seul contenu du message dont il n'avait pas connaissance avant sa mise en ligne : **Réserve**. – **Conformité avec réserve**. – **Décision de renvoi :** Crim., QPC, 21 juin 2011, n° 11-80.010 P : *Constitutions 2011. 398, obs. de Bellescize ; RSC 2011. 647, obs. Francillon ; Gaz. Pal. 13 oct. 2011, p. 11, note Fourment ; Dr. pénal 2011, n° 10, obs. A. Lepage ; ibid. 2012, n° 5, note Mousset.* – **Application de la décision :** Crim. 31 janv. 2012, n° 11-80.010 P : *D. 2012. 548, obs. Astaix ; ibid. 1249, note Ravigneaux.*
2011	16 sept.	**Exemption de la taxe forfaitaire sur les immeubles détenus par des personnes morales** **2011-165 QPC.** Sté Heatherbrae LTD : *JO 17 sept., p. 15602 ; Rec. Cons. const. 452 ; D. actu. 19 sept. 2011, obs. Delpech ; D. 2011. 2199 ; Constitutions 2012. 118, note Barilari ; LPA 2012, n° 112, p. 9, note Gicquel* : – **CGI, art. 990 E-2° et 3°** (dans leur rédaction issue du § II de l'art. 29 de la LF n° 92-1376 du 30 déc. 1992). – CGI, art. 990 E-2° : dispositions déjà déclarées conformes (n° 89-268 DC) et absence de changement des circonstances. – Absence de méconnaissance du principe d'égalité devant les charges publiques (DDH, art. 13). L'art. 990-E-3° CGI prévoit les cas dans lesquels des sociétés étrangères qui deviennent propriétaires d'immeubles situés en France peuvent être exemptées de la taxe de 3 % portant sur la valeur vénale de ces immeubles qui doit être acquittée

		annuellement en vertu de l'art. 990 CGI. Cette exemption est réservée aux sociétés dont le siège est situé en France ou dans un État ou territoire ayant conclu avec la France une convention ou un traité permettant l'échange d'informations en vue de la lutte contre la fraude fiscale. Au regard des possibilités de contrôle de l'administration, ces entreprises se trouvent dans une situation différente de celles qui ne présentent pas les mêmes garanties car non soumises aux mêmes règles. Ainsi, la différence de traitement est en rapport direct avec l'objet de la loi. – **Conformité.** – **Décision de renvoi :** Com., QPC, 22 juin 2011, n° 11-40.019 : *RJF 2011, n° 1203.* – **Application de la décision :** Com. 20 mars 2012, n° 11-10.484 : *RJF 2012, n° 770.*
2011	23 sept.	**Validation législative de procédures fiscales** **2011-166 QPC.** M. Yannick N. : *JO 24 sept., p. 16016 ; Rec. Cons. const. 455 ; D. 2011. 2342 ; Constitutions 2012. 122, chron. de La Mardière ; RD fisc. 2011, n° 40, p. 4, note Boucheron et Meier ; LPA 2011, n° 205, p. 3, note Perrotin ; ibid. 2012, n° 112, p. 9, note Gicquel* : – **LFR n° 96-1182 du 30 déc. 1996, art. 31, § III.** – Validation des procédures de contrôle engagées à l'encontre des personnes ayant connu un examen de leur situation fiscale par l'administration et qui sans être domiciliées en France, y avaient des obligations au titre de l'impôt sur le revenu. – Absence de méconnaissance du principe de la garantie des droits (DDH, art. 16). Le législateur a défini précisément la validation et en a limité sa portée. Il a réservé les décisions de justice ayant force de chose jugée, il n'a pas institué de sanctions fiscales. Il n'a pas privé de garanties procédurales liées aux contrôles de revenus de source française, les redevables ayant leur domicile fiscal à l'étranger. Il a entendu assurer la mise en œuvre de l'objectif constitutionnel de lutte contre l'évasion et la fraude fiscales. – **Conformité.** – **Décision de renvoi :** CE, QPC, 22 juin 2011, *Noah*, n° 348027 : *RJF 2011, n° 1079 ; Dr. fisc. 2011, n° 29, p. 2, note Meier et Boucheron.* – **Application de la décision :** CAA Paris, 22 déc. 2011, n° 09PA05264.
2011	23 sept.	**Accident du travail sur une voie non ouverte à la circulation publique** **2011-167 QPC.** M. Djamel B. : *JO 24 sept., p. 16017 ; Rec. Cons. const. 458 ; D. 2011. 2343* : – **CSS, art. L. 455-1.** – Indemnisation des accidents du travail lorsqu'ils constituent en même temps des accidents de la circulation. Possibilité pour la victime d'exercer un recours fondé sur la loi Badinder de 1985 relative aux accidents de la circulation afin d'obtenir une indemnisation en complément de celle servie par la caisse de sécurité sociale en application du CSS. Se pose ici la question de l'articulation entre deux régimes spéciaux de responsabilité civile (hypothèse où l'accident du

		travail est également un accident de la circulation et que le véhicule impliqué dans l'accident est conduit par l'employeur lui-même ou par un autre salarié de la même entreprise que la victime). – Absence d'atteinte au principe d'égalité (DDH, art. 6). Les dispositions de l'art. L. 455-1 CSS limitent l'application de la loi de 1985 aux seuls cas dans lesquels l'accident du travail constituant un accident de la circulation survient sur une voie ouverte à la circulation publique et imposent, par conséquent, que les accidents du travail impliquant un véhicule terrestre à moteur ne circulant pas sur une telle voie soient soumis aux seules dispositions du CSS. Ainsi, le législateur a entendu établir une distinction entre les risques, selon qu'ils sont essentiellement liés à l'exercice de la profession ou à la circulation automobile. – Absence d'atteinte au principe de responsabilité. Le Conseil fait référence à la Décis. n° 2010-8 QPC. Il avait déjà jugé, sous la réserve du § 18, que notamment l'art. L. 451-1 CSS relatif au régime d'indemnisation des accidents du travail ne méconnaît pas ce principe. Ainsi, en soumettant l'indemnisation du salarié victime d'un accident de la circulation survenu sur une voie non ouverte à la circulation publique au régime des accidents du travail prévu par le CSS à l'exclusion des dispositions de la loi de 1985, l'art. L. 451-1 CSS ne porte pas atteinte au principe de responsabilité. – **Conformité**. – **Décision de renvoi :** Civ. 2e, QPC, 30 juin 2011, n° 11-40.021. – **Applications de la décision :** Nîmes, 24 juill. 2012, n° 12/02649. – Civ. 1re, 3 juill. 2013, n° 12-23.798.
2011	23 sept.	**Inaptitude au travail et principe d'égalité** **2011-170 QPC.** Mme Odile B., épse P. : *JO 24 sept., p. 16017 ; Rec. Cons. const. 461 ; D. 2011. 2344* : – **CSS, art. L. 643-5**. – Définition des éléments permettant d'apprécier l'inaptitude au travail pour les professionnels libéraux et qui ouvrent droit à une retraite anticipée. – Absence d'atteinte au principe de solidarité (Préamb. Const. 1946, al. 11). Le législateur, en instaurant un régime de retraite anticipée pour les professionnels libéraux reconnus inaptes au travail, a mis en œuvre, sans les méconnaître les exigences constitutionnelles de l'al. 11 Préamb. Const. 1946. – Absence de différence de traitement contraire au principe d'égalité (DDH, art. 6). Le législateur n'a pas instauré une différence de traitement entre les membres des professions libérales, qui sont soumis à un régime autonome de retraite, et les autres assurés. L'art. L. 351-7 CSS retient une définition analogue de l'inaptitude au travail pour le régime général d'assurance vieillesse. Le fait que, contrairement à l'art. L. 643-5 CSS (exigence d'une inaptitude totale), l'art. L. 351-7 CSS renvoie à un Décr. le soin de fixer le taux de l'inaptitude (taux d'incapacité de 50 % : CSS, art. R. 351-21) ne crée pas, en lui-même, une différence de traitement contraire au principe d'égalité devant la loi. – **Conformité**. – **Décision de renvoi :** Civ. 2e, QPC, 30 juin 2011, n° 11-40.024.

2011	23 sept.	**Accès aux propriétés privées pour l'étude des projets de travaux publics** **2011-172 QPC.** Épx L. et a. : *JO 24 sept., p. 16018 ; Rec. Cons. const. 464 ; D. 2011. 2340 ; AJDA 2011. 1813 ; ibid. 2525, note Foulquier ; RDI 2011. 570, obs. Foulquier ; RFDA 2011. 1212, note Roblot-Troizier ; Constitutions 2012. 80, note Le Bot ; JCP Adm. 2011, n° 48, p. 21, note Pauliat ; Dr. envir. 2011, n° 196, p. 356, note Millet ; LPA 2012, n° 112, p. 13, note Gicquel* : **– L. du 29 déc. 1892 relative aux dommages causés à la propriété privée par l'exécution de travaux publics, art. 1er, 3 à 6 et 7, al. 1 à 3.** – Fixation du régime de la pénétration dans les propriétés privées et de l'occupation temporaire de terrains privés par les agents de l'administration ou des personnes qu'elle délègue, afin de réaliser « les opérations nécessaires à l'étude des projets de travaux publics ». – Absence d'atteinte à la privation du droit de propriété (DDH, art. 17). – Absence de méconnaissance des limites apportées à l'exercice du droit de propriété et justification par un motif d'intérêt général (DDH, art. 2). Les atteintes au droit de propriété résultant de la réalisation des opérations prévues par les dispositions contestées ont pour objet de permettre l'étude des projets de travaux publics, exécutés pour le compte de personnes publiques. Elles sont entourées de garanties : l'autorisation de pénétrer dans les propriétés privées est donnée par Arr. du préfet du département et publié dans les communes intéressées ; l'autorisation ne permet pas de pénétrer dans les maisons d'habitation ; elle désigne les seuls terrains auxquels l'autorisation s'applique ; elle est notifiée à chacun des propriétaires. Ces derniers ont la garantie d'obtenir réparation des dommages éventuels causés à l'occasion de la pénétration dans les propriétés ou de leur occupation. **– Conformité.** **– Décision de renvoi** : CE, QPC, 1er juill. 2011, *Épx Lignon*, n° 348413 B : *AJDA 2011. 1356 ; JCP 2011, n° 35, p. 1514, note Mathieu ; Gaz. Pal. 11 oct. 2011, p. 13, note Ranquet.*
2011	29 sept.	**Renvoi au décret pour fixer certaines dispositions relatives à l'exercice de la profession d'avocat** **2011-171/178 QPC.** M. Michael C. et a. : *JO 30 sept., p. 16471 ; Rec. Cons. const. 468 ; D. 2011. 2348 ; ibid. 2012. 1638, obs. Bernaud et Jacquinot ; JCP 2011, n° 41, p. 1838 ; ibid., n° 48, p. 2344, note Travier et Guichard* : **– L. n° 71-1130 du 31 déc. 1971 portant réforme de certaines professions judiciaires et juridiques, art. 53, 2° et 6°.** – Absence de méconnaissance par le législateur de sa propre compétence concernant la procédure et les sanctions disciplinaires applicables aux avocats (L. 31 déc. 1971, art. 53-2°). La détermination des règles de déontologie, de la procédure et des sanctions disciplinaires applicables à une profession ne relève ni du droit pénal ni de la procédure pénale au sens de l'art. 34 Const. 58. Il résulte des art. 34 et 37, al. 1er, Const. 58 qu'elle relève de la compétence réglementaire dès lors que ne sont mis en cause aucune des règles ni aucun des principes fondamentaux placés par la Const. dans le domaine de la loi. Par la L. du 31 déc. 1971 (art. 15 : inscription des avocats au barreau ; art. 17 :

		administration de chaque barreau par un conseil de l'ordre veillant notamment à « l'observation des devoirs des avocats » ; art. 22 et 22-1 : composition du conseil de discipline), le législateur a entendu que les fautes disciplinaires des avocats fassent l'objet de sanctions et a renvoyé au Décr. le soin de fixer les sanctions disciplinaires qui, par leur objet et leur nature, sont en rapport avec l'exercice d'une profession réglementée. – Absence de méconnaissance par le législateur de sa propre compétence concernant la procédure de règlement des contestations relatives au paiement des frais et honoraires d'avocats (L. 31 déc. 1971, art. 53-6°). Cette disposition n'a pas pour objet de confier au pouvoir réglementaire l'édiction de règles que la Const. a placées dans le domaine de la loi. – **Conformité.** – **Décisions de renvoi :** Civ. 2e, QPC, 1er juill. 2011, n° 11-30.013. – Civ. 1re, QPC, 12 juill. 2011, n° 11-40.036. – **Application de la décision :** Civ. 2e, 29 mars 2012, n° 11-30.013 P : *D. 2012. 495.*
2011	29 sept.	**Conseil de discipline des avocats** **2011-179 QPC.** Mme Marie-Claude A. : *JO 30 sept., p. 16472 ; Rec. Cons. const. 471 ; D. 2011. 2347 ; ibid. 2012. 1638, obs. Bernaud et Jacquinot* : – **L. n° 71-1130 du 31 déc. 1971 portant réforme de certaines professions judiciaires et juridiques, art. 22.** – Absence de méconnaissance du principe d'égalité devant la justice (DDH, art. 6). L'institution par le législateur d'un conseil de discipline unique dans le ressort de chaque cour d'appel a pour objectif de garantir l'impartialité de l'instance disciplinaire des avocats en remédiant aux risques de proximité. La différence de traitement établie par le législateur entre le barreau de Paris, dont le Conseil de l'ordre siège comme conseil de discipline, et les autres barreaux repose sur des critères objectifs et rationnels, poursuit un but d'intérêt général et est en rapport direct avec l'objet de la loi. En effet, le barreau de Paris est dans une situation particulière. Au regard du nombre d'avocats inscrits, ce barreau n'est pas exposé aux mêmes risques de proximité et se trouve, de fait, dans une situation juridiquement différente de celle des autres barreaux. Par ailleurs, le législateur a entendu assurer une représentation équilibrée des autres barreaux relevant de la CA de Paris au sein d'un Conseil de discipline commun. – Absence d'atteinte aux droits de la défense et aux principes d'indépendance et d'impartialité des juridictions. L'art. 22-2 de la L. du 31 déc. 1971 prévoit que le bâtonnier de l'ordre du barreau de Paris n'est pas membre de la formation disciplinaire du conseil de l'ordre du barreau de Paris. Le fait que les membres de cette formation disciplinaire sont désignés par le conseil de l'Ordre, conseil présidé par le bâtonnier, n'a pas pour effet de porter atteinte aux exigences d'indépendance et d'impartialité de l'organe disciplinaire. Par ailleurs les termes du règlement intérieur de ce même barreau prévoyant que la méconnaissance de ses dispositions peut donner lieu à des poursuites devant la formation disciplinaire du conseil de l'Ordre sont sans incidence sur la conformité des dispositions contestées à la Const.

		– **Conformité.** – **Décision de renvoi :** Civ. 1re, QPC, 12 juill. 2011, n° 11-40.035. – **Applications de la décision :** Paris, 10 mai 2012, n° 11/213867. – Civ. 1re, 20 févr. 2013, n° 12-40.093.
2011	30 sept.	**Maintien en détention lors de la correctionnalisation en cours d'instruction** **2011-168 QPC.** M. Samir A. : *JO 1er oct., p. 16526 ; Rec. Cons. const. 474 ; D. 2011. 2340 ; Procédures 2011, n° 11, p. 24, note Buisson ; RFDC 2012. 425, note Perrier :* – **C. pr. pén., art. 146 et 186.** – *C. pr. pén., art. 146.* Absence de méconnaissance des dispositions résultant de l'art. 16 DDH. Cet art. prévoit que le juge d'instruction qui décide d'abandonner en cours d'instruction la qualification criminelle pour une qualification correctionnelle peut, après communication du dossier au procureur de la République aux fins de réquisitions, s'il ne prescrit pas la mise en liberté de la personne mise en examen et placée en détention provisoire, saisir par ordonnance motivée le juge des libertés et de la détention (JLD) aux fins de maintien en détention provisoire. Selon le Conseil, même si le JLD statue sans recueillir les observations de la personne détenue, celle-ci peut à tout moment demander sa mise en liberté en application de l'art. 148 C. pr. pén. et cette demande ne peut être rejetée sans une procédure contradictoire (V. Décis. n° 2010-62 QPC) : **Conformité.** – *C. pr. pén., art. 186.* Cette disposition a déjà été déclarée conforme à la Const. dans les motifs et le dispositif par le Conseil dans sa Décis. n° 2011-153 QPC. En l'absence de changement de circonstance : **Non-lieu à statuer.** – **Conformité de l'art. 146 C. pr. pén. et non-lieu à statuer pour l'art. 186 C. pr. pén.** – **Décision de renvoi :** Crim., QPC, 21 juin 2011, n° 11-81.827.
2011	30 sept.	**Définition du droit de propriété** **2011-169 QPC.** Cts M. et A. : *JO 1er oct., p. 16527 ; Rec. Cons. const. 478 ; D. 2011. 2334 ; AJDI 2011. 885, obs. Le Rudulier ; AJCT 2012. 51, obs. Aubin ; JCP 2011, n° 41, p. 1798 ; JCP Adm. 2011, n° 48, p. 21, note Pauliat ; LPA 2012, n° 112, p. 13, note Gicquel :* – **C. civ., art. 544.** – Absence de méconnaissance de droits ou libertés garantis par la Const. (notamment : Préamb. Const. 1946, al. 10 et 11 ; principes à valeur constitutionnelle de la sauvegarde de la dignité de la personne humaine contre toute forme de dégradation et de la possibilité pour toute personne de disposer d'un logement décent ; DDH, art. 2 et 17 ; Const. 58, art. 34, al. 16). S'il appartient au législateur de mettre en œuvre l'objectif de valeur constitutionnelle que constitue la possibilité pour toute personne de disposer d'un logement décent, s'il peut, à cette fin, apporter au droit de propriété des limitations qu'il estime nécessaires, c'est à la condition que celles-ci n'aient pas un caractère de gravité tel que le sens et la portée de ce droit en soient dénaturés. La liberté individuelle doit également être sauvegardée. L'art. 809 C. pr. civ. qui définit les pouvoirs du juge des référés a une nature réglementaire et ne peut être examiné par le Cons. const. Il ne lui appartient donc pas de

		statuer sur la question de savoir si une occupation d'un terrain sans droit ni titre doit toujours être regardée comme un trouble manifestement illicite au sens de l'art. 809, al. 1er C. pr. civ. et doit toujours donner lieu à une expulsion d'urgence. – **Conformité.** – **Décision de renvoi :** Civ. 3e, QPC, 30 juin 2011, n° 11-40.017 P : *AJDI 2011. 885, obs. Le Rudulier ; JCP 2011, n° 35, p. 1516, chron. Mathieu.*
2011	30 sept.	**Conditions de réalisation des expertises génétiques sur une personne décédée à des fins d'actions en matière de filiation** **2011-173 QPC.** M. Louis C. et a. : *JO 1er oct., p. 16528 ; Rec. Cons. const. 481 ; D. 2011. 2336 ; ibid. 2012. 308, obs. Galloux et Gaumont-Prat ; Constitutions 2012. 138, note Bioy ; AJ fam. 2011. 549, obs. Chénedé ; RTD civ. 2011. 743, obs. Hauser ; JCP 2011, n° 41, p. 1798 ; Dr. fam. 2011, n° 11, p. 3, note Buisson ; Gaz. Pal. 2011, n° 323, p. 36, note Basille ; RFDC 2012. 408, note Siffrein-Blanc ; LPA 2012, n° 138, p. 11, note Pomart-Nomdédéo* : – **C. civ., art. 16-11, al. 5, dernière phrase.** – En l'absence d'accord exprès de son vivant, aucune identification ne peut être réalisée sur une personne décédée dans le cadre d'une recherche de filiation. – Absence d'atteinte au respect dû à la vie privée (DDH, art. 2) et au droit de mener une vie familiale normale (Préamb. Const. 1946, al. 10). Le législateur a entendu faire obstacle aux exhumations afin d'assurer le respect dû aux morts. Il n'appartient pas au Conseil de substituer son appréciation à celle du législateur sur la prise en compte, en cette matière du respect du corps humain. Absence d'atteinte au principe d'égalité, à la différence de traitement entre les hommes et les femmes (DDH, art. 6) dans le fait que la paternité biologique se prouve principalement par la génétique et la maternité biologique par la filiation (C. civ., art. 325). – **Conformité.** – **Décision de renvoi :** Civ. 1re, QPC, 6 juill. 2011, n° 11-10.769 : *D. 2012. 1432, obs. Granet-Lambrechts.* – **Application de la décision :** Civ. 1re, 24 oct. 2012, n° 11-10.769 : *D. 2013. 1436, obs. Granet-Lambrechts ; RTD civ. 2013. 102, obs. Hauser.*
2011	6 oct.	**Hospitalisation d'office (HO) en cas de péril imminent** **2011-174 QPC.** Mme Oriette P. : *JO 8 oct., p. 17017 ; Rec. Cons. const. 484 ;* D. 2011. 2445 ; *AJDA 2011. 1927 ; Constitutions 2012. 140, note Fallon ; RTD civ. 2012. 92, obs. Hauser ; Dr. adm. 2011, n° 12, p. 37, note Lantéro ; Dr. fam. 2011, n° 12, p. 34, note Maria ; JCP Adm. 2012, n° 5, p. 32, note Péchillon ; LPA 2012, n° 112, p. 11, note Gicquel* : – **CSP, art. L. 3213-2 et L. 3213-3.** – *CSP, art. L. 3213-2.* Absence de méconnaissance des exigences tirées de *l'art. 66* Const. • pour les conditions de fond prévues pour l'HO d'une personne atteinte de troubles mentaux, • pour la compétence des autorités administratives (maire en province, commissaires de police à Paris) afin d'ordonner, en cas de danger imminent pour la sureté des personnes, toutes les mesures provisoires y compris des mesures portant

		atteinte à la liberté individuelle • et pour que soit ordonnée une mesure de privation de liberté provisoire après avis médical : **Conformité**. *En revanche*, le simple fait de se fonder, pour l'autorité compétente, sur la **notoriété publique** afin de priver une personne de sa liberté individuelle pendant 24 h, méconnaît les exigences constitutionnelles de l'art. 66 Const. : **Non-conformité**. – *CSP, art. L. 3213-3*. Absence de contrariété à la Const. Cet art. prévoit un examen périodique de la personne hospitalisée par un psychiatre qui doit établir un certificat médical circonstancié, le transmettre au préfet et à la commission départementale des hospitalisations psychiatriques : **Conformité**. – **Non-conformité** des mots « ou, à défaut, par la notoriété publique » de l'art. L. 3213-2 CSP (effet à compter de la publication de la Décis.) et **conformité** de l'art. L. 3213-3 CSP. – **Décision de renvoi :** Civ. 1re, QPC, 6 juill. 2011, n° 11-40.027. – **Applications de la décision :** Civ. 1re, 7 déc. 2011, n° 11-15.998. – CE 13 mars 2013, *Préfet de police c/ Mme Ravier*, n° 354976 B : *AJDA 2013. 601*. – CE 13 mars 2013, *Cts Loise*, n° 342704 B : *AJDA 2013. 604*.
2011	7 oct.	**Contribution au Fonds de cessation anticipée d'activité des travailleurs de l'amiante** **2011-175 QPC.** Sté Travaux industriels maritimes et terrestres et a. : *JO 8 oct., p. 17018 ; Rec. Cons. const. 488 ; D. 2011. 2409 ; Constitutions 2012. 139, note Biot* : – **LFSS pour 2005, n° 2004-1370 du 20 déc. 2004, art. 47, § 1, *a*)**. – Alimentation du Fonds de cessation anticipée d'activité des travailleurs de l'amiante chargé de financer l'allocation de cessation anticipée d'activité versée aux travailleurs qui ont été exposés à l'amiante ou aux personnes atteintes d'une maladie professionnelle liée à l'amiante notamment par une contribution à la charge des entreprises dont les salariés ont été exposés aux risques liés à l'amiante. Contribution due pour chaque salarié ou ancien salarié à raison de son admission au bénéfice de l'allocation de cessation anticipée d'activité. Cette disposition est abrogée depuis la LFSS pour 2009 du 17 déc. 2008. Mais la circonstance qu'une disposition a été abrogée ou modifiée n'ôte pas son effet utile à la procédure voulue par le constituant. – Absence de méconnaissance du principe d'égalité (DDH, art. 6) par le législateur qui a désigné comme redevables de la contribution les entreprises qui ont pris la succession de l'exploitant d'un établissement ayant exposé ses salariés au risque de l'amiante, sans opérer de distinction selon qu'elles ont ou non elles-mêmes exposé leurs salariés à ce risque. – Absence de méconnaissance du principe d'égalité devant les charges publiques (DDH, art. 13). En retenant que, lorsque l'établissement est exploité successivement par plusieurs entreprises, la contribution est due par l'entreprise qui exploite l'établissement à la date d'admission du salarié à l'allocation de cessation anticipée d'activité, le législateur s'est fondé sur un critère objectif et rationnel en rapport direct avec le but qu'il s'est assigné. – **Conformité**.

		– **Décision de renvoi :** Civ. 2e, QPC, 7 juill. 2011, 3 arrêts, nos 11-40.038, 11-40.039 et 11-40.040.
2011	7 oct.	**Cession gratuite de terrains II** **2011-176 QPC.** Mme Simone S. et a. : *JO 8 oct., p. 17019 ; Rec. Cons. const. 492 ; AJDA 2011. 1929 ; RFDA 2011. 1212, note Roblot-Troizier ; JCP Adm. 2011, n° 48, p. 21, note Pauliat* : – **L. n° 67-1253 du 30 déc. 1967 d'orientation foncière, art. 72, § I, 1°.** – Possibilité pour les communes d'imposer aux constructeurs, à l'occasion de la délivrance des autorisations de construire ou de lotir, la cession gratuite d'une partie de leur terrain. – Atteinte au droit de propriété (DDH, art. 17). Le législateur, en attribuant à la collectivité publique un large pouvoir d'appréciation sur l'application de ces dispositions, en ne définissant pas les usages publics auxquels doivent être affectés les terrains ainsi cédés et en n'instituant pas les garanties permettant qu'il ne soit pas porté atteinte à l'art. 17 DDH, a méconnu l'étendue de sa compétence. – **Non-conformité totale** à compter de la publication de la Décis. – **Décision de renvoi :** Civ. 3e, QPC, 8 juill. 2011, n° 11-40.025 P : *AJDA 2011. 1405.*
2011	7 oct.	**Définition du lotissement** **2011-177 QPC.** M. Éric A. : *JO 8 oct., p. 17020 ; Rec. Cons. const. 495 ; D. 2011. 2402 ; AJDA 2011. 1928 ; ibid. 2012. 226, note Trémeau ; LPA 2012, n° 112, p. 13, note Gicquel* : – **L. d'urbanisme n° 324 du 15 juin 1943, art. 82, al. 3.** – N'entrent pas dans le champ d'application du droit de propriété (DDH, art. 17) les dispositions de l'art. 82, al. 3, de la L. de 1943 qui permettent d'inclure dans le lotissement une parcelle détachée d'une propriété car elles n'ont ni pour objet ni pour effet d'entraîner la privation du droit de propriété. – Absence de limitation disproportionnée à l'exercice du droit de propriété. Ces mêmes dispositions permettent d'inclure dans un lotissement, à titre rétroactif, une parcelle qui a été antérieurement détachée d'une propriété. L'objectif est d'éviter que les divisions successives de parcelles n'échappent à ces règles. – Absence d'atteinte à la liberté contractuelle (DDH, art. 4 et 16). – **Conformité.** – **Décision de renvoi :** CE, QPC, 8 juill. 2011, *Altwegg*, n° 345846 : *AJDA 2012. 226, note Tremeau ; ibid. 2011. 1410.*
2011	13 oct.	**Prélèvement sur les « retraites chapeau »** **2011-180 QPC.** M. Jean-Luc O. et a. : *JO 15 oct., p. 17463 ; Rec. Cons. const. 498 ; D. 2011. 2480 ; JCP S 2011, n° 49, p. 42, note Roulet ; Gaz. Pal. 2012, nos 11-12, p. 12, note Gilles* : – **CSS, art. L. 137-11-1, al. 3.** – *Contribution* due par les bénéficiaires des régimes supplémentaires de vieillesse à prestations définies, dites « retraites chapeau ». Engagement de l'employeur à constituer au profit de ses salariés des droits à un complément de retraite sous forme de rente viagère, dont le montant est contractuellement fixé. Ces droits à la retraite sont

		« aléatoires », conditionnés à l'achèvement de la carrière dans l'entreprise. Les bénéficiaires doivent une contribution au financement de la « partie solidarité » du système de retraites sur les rentes qui leur sont fixées. – Absence d'atteinte au principe d'égalité devant l'impôt (DDH, art. 6 et 13). En fondant le prélèvement sur le montant des rentes versées, le législateur a choisi un critère objectif et rationnel en fonction de l'objectif de solidarité qu'il vise. Pour tenir compte des facultés contributives du bénéficiaire, il a prévu un mécanisme d'exonération et d'abattement, institué plusieurs tranches et fixé un taux maximal de 14 %. Les dispositions de l'art. L. 137-11-1, al. 3, CSS, dont les effets de seuil ne sont pas excessifs, ne créent pas de rupture caractérisée de l'égalité devant les charges publiques. – Absence de méconnaissance de la garantie des droits (DDH, art. 16). L'institution d'un prélèvement sur les rentes versées ne porte pas, en elle-même, atteinte aux droits à la retraite. – **Conformité.** – **Décision de renvoi :** CE, QPC, 13 juill. 2011, *Ourgaud*, n° 349383 : *RJS 2011, n° 10, p. 849.*
2011	13 oct.	**Objection de conscience et calcul de l'ancienneté dans la fonction publique** **2011-181 QPC.** M. Antoine C. : *JO 15 oct., p. 17464 ; Rec. Cons. const. 502 ; D. 2011. 2477 ; Cah. Cons. const. 2012, n° 35, p. 226, note Benetti et Cluzel-Métayer ; LPA 2012, n° 112, p. 12, note Gicquel* : – **C. serv. nat., art. L. 63, al. 2** (rédaction issue de la L. n° 71-424 du 10 juin 1971 portant code du service national). – Prise en compte du temps de service national dans le calcul de l'ancienneté des fonctionnaires et exclusion des objecteurs de conscience. – Méconnaissance du principe d'égalité (DDH, art. 6). En excluant les objecteurs de conscience du bénéfice de la prise en compte du service national dans la fonction publique, pour sa durée effective dans le calcul de l'ancienneté de service exigée pour l'avancement et pour la retraite, le législateur a institué, au regard de l'objet de la loi, une différence de traitement injustifiée. – **Non-conformité des mots « accompli dans l'une des formes du titre III » de l'art. L. 63, al. 2, C. serv. nat.** à compter de la publication de la Décis. – **Décision de renvoi :** CE, QPC, 13 juill. 2011, *Caballe*, n° 349660 : *AJDA 2011. 1460 ; Cah. Cons. const. 2012, n° 35, p. 226, obs. Benetti et Cluzel-Métayer*. – **Applications de la décision :** CE 23 mars 2012, *Despoulain*, n° 347284. – CE 23 mars 2012, *Alajouanine*, n° 349705.
2011	14 oct.	**Servitude administrative de passage et d'aménagement en matière de lutte contre l'incendie** **2011-182 QPC.** M. Pierre T. : *JO 15 oct., p. 17465 ; Rec. Cons. const. 505 ; D. 2011. 2477 ; AJDA 2011. 1982 ; ibid. 2012. 1285, note Fort ; RFDA 2011. 1212, note Roblot-Troizier ; Constitutions 2012. 82, note Le Bot ; JCP 2011, n°s 43-44, p. 1920 ; JCP Adm. 2011, n° 48, p. 21, note*

		Pauliat ; LPA 2012, n° 112, p. 9, note Jan ; ibid., p. 13, note Gicquel ; RFDC 2012. 412, note Dussart : – **C. for., art. L. 321-5-1** [V. désormais art. L. 134-1, L. 134-3 et L. 155-1]. – Possibilité pour l'État d'établir une servitude de passage dans les forêts afin d'assurer la continuité des voies de défense contre l'incendie. – Absence d'atteinte au droit de propriété (DDH, art. 17) concernant le droit accordé à l'État, par l'art. L. 321-5-1 C. for., d'établir une servitude de passage et d'aménagement pour assurer la continuité des voies de défense contre l'incendie, la pérennité des itinéraires constitués et l'établissement des équipements de protection et de surveillance des forêts. – La servitude permise par l'art. L. 321-5-1 C. for. répond à un but d'intérêt général : faciliter la lutte contre les incendies de forêts. Par ailleurs, le législateur a délimité la portée et l'objet de la servitude de passage et d'aménagement. Il a prévu que l'assiette de celle-ci ne pouvait excéder la largeur permettant l'établissement d'une bande de roulement de 6 m pour les voies. Si les aménagements nécessitent une servitude d'une largeur supérieure, celle-ci est établie après enquête publique. Le législateur a prévu l'indemnisation des propriétaires des terrains grevés par la servitude en posant la règle qu'à défaut d'accord amiable, le juge fixait l'indemnité comme en matière d'expropriation. – *Toutefois*, l'enquête publique est uniquement prévue pour les cas où les aménagements nécessitent une servitude d'une largeur supérieure à 6 m. Le législateur n'a pas prévu dans les autres cas le principe d'une procédure destinée à permettre aux propriétaires intéressés de faire connaître leurs observations ou tout autre moyen destiné à écarter le risque d'arbitraire dans la détermination des propriétés désignées pour supporter la servitude : **Non-conformité**. – **Non-conformité** avec effet différé au 1er janv. 2013. – **Décision de renvoi :** CE, QPC, 18 juill. 2011, *Tarissi*, n° 349657 : *AJDA 2011. 1525.* – **Application de la décision :** CAA Marseille, 14 févr. 2013, n° 10MA04589.
2011	14 oct.	**Projets de nomenclature et de prescriptions générales relatives aux installations classées pour la protection de l'environnement 2011-183/184 QPC.** Assoc. France Nature Environnement : *JO 15 oct., p. 17466 ; Rec. Cons. const. 508 ; D. 2011. 2478 ; AJDA 2011. 1981 ; ibid. 2012. 261, note Delaunay ; Constitutions 2012. 150, note Faro ; RSC 2011. 844, obs. Robert ; Dr. envir. 2011, n° 194, p. 279, note Roger-Lacan ; Dr. pénal 2011, n° 12, p. 32, note Robert ; LPA 2012, n° 112, p. 9, note Jan ; JCP Adm. 2012, n° 14, p. 37, note Tourtin ; RJ envir. 2013, n° 1, p. 161, note Schneider :* – **C. envir., art. L. 511-2 et L. 512-7, § III** (rédaction issue de l'Ord. n° 2009-663 du 11 juin 2009 relative à l'enregistrement de certaines installations classées pour la protection de l'environnement). – Régime d'élaboration du décret de nomenclature des ICPE (installations classées pour la protection de l'environnement) et prescriptions générales auxquelles doivent se conformer les installations soumises au régime de l'enregistrement.

		– Atteinte au principe de participation (Charte envir., art. 7) pour les art. L. 511-2, al. 2, et L. 512-7, § III, C. envir. Le projet de décret de nomenclature des ICPE ainsi que les projets de prescriptions générales applicables aux installations enregistrées font l'objet d'une publication, éventuellement par voie électronique. Toutefois, dans sa rédaction soumise au Cons. const. (celle en vigueur en avr. 2010), le second al. de l'art. L. 511-2 C. envir. ne prévoit pas la publication du projet de décret de nomenclature pour les installations autorisées ou déclarées. Ni les dispositions contestées ni aucune autre disposition législative n'assurent la mise en œuvre du principe de participation du public à l'élaboration des projets de décret de nomenclature comme des prescriptions générales. En adoptant les dispositions contestées sans prévoir la participation du public, le législateur a méconnu l'étendue de sa compétence. – **Non-conformité** des art. L. 511-2, al. 2, et L. 512-7, § III, C. envir. avec effet différé au 1er janv. 2013. – **Décisions de renvoi :** CE, QPC, 18 juill. 2011, *Assoc. France Nature Environnement*, 2 arrêts, nos 340539 et 340551 : *AJDA 2011. 1524 ; RSC 2011. 844, obs. Robert.* – **Applications de la décision :** L. n° 2012-1460 du 27 déc. 2012 relative à la mise en œuvre du principe de participation du public défini à l'article 7 de la Charte de l'environnement, art. 7 : *AJDA 2013. 344, note Delaunay.* – CE 14 nov. 2012, *Assoc. France Nature Environnement*, n° 340539 B : *AJDA 2012. 2193 ; Gaz. Pal. 2012, nos 333-334, p. 30 ; ibid. 2013, nos 97-99, p. 15, note Domino.*
2011	21 oct.	**Levée de l'hospitalisation d'office des personnes pénalement irresponsables** **2011-185 QPC.** M. Jean-Louis C. : *JO 22 oct., p. 17968 ; Rec. Cons. const. 516 ; AJDA 2011. 2042 ; Constitutions 2012. 140, note Fallon ; RTD civ. 2012. 92, obs. Hauser ; Dr. fam. 2011, n° 12, p. 34, note Maria ; LPA 2012, n° 112, p. 11, note Gicquel* : – **CSP, art. L. 3213-8** (rédaction antérieure à la L. n° 2011-803 du 5 juill. 2011 relative aux droits et à la protection des personnes faisant l'objet de soins psychiatriques et aux modalités de leur prise en charge). – Fin à l'hospitalisation d'office par le JLD, ordonnée en application de l'art. L. 3213-7 CSP, uniquement sur décisions conformes de deux psychiatres résultant d'examens séparés établissant de façon concordante que l'intéressé n'est plus dangereux ni pour lui-même ni pour autrui. – Méconnaissance des exigences des art. 64 et 66 Const. 58 par le législateur, résultant de la subordination à l'avis favorable de 2 médecins le pouvoir du JLD d'ordonner la sortie immédiate de la personne ainsi hospitalisée. – **Non-conformité avec effet immédiat**. – **Décision de renvoi :** Civ. 1re, QPC, 26 juill. 2011, n° 11-40.041. – **Application de la décision :** Civ. 1re, 27 févr. 2013, n° 11-20.405 P : *D. 2013. 643.*
2011	21 oct.	**Effets sur la nationalité de la réforme de la filiation** **2011-186/187/188/189 QPC.** Mlle Fazia C. et a. : *JO 22 oct.,*

		p. 17968 ; Rec. Cons. const. 519 ; D. 2011. 2536 ; AJ fam. 2011. 608, obs. Viganotti ; Rev. crit. DIP 2011. 825, note P. Lagarde ; RTD civ. 2012. 107, obs. Hauser ; Gaz. Pal. 2011, n° 323, p. 33, note Mulon : – **Ord. n° 2005-759 du 4 juill. 2005 portant réforme de la filiation, art. 20, § II, 6°.** – Règle de l'art. 311-25 C. civ. (la désignation du nom de la mère dans l'acte de naissance de l'enfant suffit à établir la filiation maternelle) étendue aux enfants nés hors mariage. La L. du 24 juill. 2006 relative à l'immigration et l'intégration prévoit que les dispositions de cette Ord. n'ont pas d'effet sur la nationalité des personnes majeures au 1er juill. 2006. Ainsi, les enfants nés hors mariage et ayant atteint l'âge de la majorité avant le 2 juill. 2006 ne peuvent se prévaloir pour obtenir la nationalité française de la seule désignation de leur mère, de nationalité française, dans leur acte de naissance. – Le législateur a entendu éviter un changement de nationalité des personnes majeures à la date d'entrée en vigueur de la nouvelle règle de filiation et par là, assurer la stabilité de la nationalité des personnes à la date de leur majorité. – Absence d'atteinte au principe d'égalité (DDH, art. 6). Le respect du principe d'égalité n'imposait pas au législateur de faire bénéficier les personnes majeures à la date d'entrée en vigueur de la réforme de la filiation des conséquences de cette réforme en matière de nationalité. La différence de traitement est en lien direct avec l'objectif d'intérêt général de stabilité des situations juridiques. – **Conformité**. – **Décisions de renvoi :** Civ. 1re, QPC, 26 juill. 2011 (4 arrêts), nos 11-11.436, 11-11.437, 11-11.438 et 11-11.439 : *RTD civ. 2011. 753, obs. Hauser.* – **Application de la décision :** Civ. 1re, 14 mars 2012, n° 11-15.290 : *D. 2013. 324, obs. Boskovic, Corneloup, Jault-Seseke, Joubert et Parrot ; Rev. crit. DIP 2012. 553, note Marchadier.*
2011	21 oct.	**Frais irrépétibles devant les juridictions pénales** **2011-190 QPC.** M. Bruno L. et a. : *JO 22 oct., p. 17969 ; Rec. Cons. const. 522 ; D. 2011. 2544 ; ibid. 2012. 1638, obs. Bernaud et Jacquinot ; AJ pénal 2012. 168, obs. Perrier ; Procédures 2012, n° 1, p. 27, note Chavent-Leclère ; RFDC 2012. 595, note Perrier* : – **C. pr. pén., art. 475-1 et 800-2**. – *C. pr. pén., art. 475-1.* Selon cet art., la partie civile peut demander au juge que la personne condamnée lui verse une indemnité au titre de ses frais irrépétibles : absence de méconnaissance de droits ou libertés garantis par la Const. 58 : **Conformité**. – *C. pr. pén., art. 800-2.* Cet art. prévoit que lorsque l'action publique a été mise en mouvement par la partie civile, les dispositions de l'art. 800-2 réservent à la personne poursuivie qui a fait l'objet d'un non-lieu, d'une relaxe ou d'un acquittement la possibilité de demander une indemnité au titre des frais exposés pour sa défense. Ces dispositions privent de la faculté d'obtenir le remboursement de tels frais l'ensemble des parties appelées au procès pénal qui, pour un autre motif, n'ont fait l'objet d'aucune condamnation : atteinte à l'équilibre du droit des parties dans le procès pénal : **Non-conformité**.

		– **Conformité de l'art. 475-1 C. pr. pén. et non-conformité de l'art. 800-2 C. pr. pén. avec effet différé au 1er janv. 2013.** – **Décision de renvoi :** Crim., QPC, 20 juill. 2011, n° 11-90.058 P : *D. 2011. 2118.* – **Applications de la décision :** L. n° 2012-1509 du 29 déc. 2012 de finances pour 2013, art. 109. – L. n° 2011-1862 du 13 déc. 2011 relative à la répartition des contentieux et à l'allégement de certaines procédures juridictionnelles, art. 65-III.
2011	10 nov.	**Secret défense** **2011-192 QPC.** Mme Ekaterina B., épse D., et a. : *JO 11 nov., p. 1905 ; Rec. Cons. const. 528 ; AJDA 2011. 2206 ; D. 2011. 2801 ; JCP 2012, n° 7, p. 309, note A. Lepage ; Dr. pénal 2011, n° 12, p. 36, note Haas et Maron ; LPA 2011, n° 4, note Chaltiel ; RFDC 2012. 585, note Roux* : – **C. pén., art. 413-9 à 413-12 ; C. défense, art. L. 2311-1 à L. 2312-8 ; C. pr. pén., art. 56-4.** – Informations classifiées au titre du secret de la défense nationale. • La procédure de déclassification et de communication des informations classifiées n'est pas contraire à la Const. – C. pén., art. 413-9, 413-10, 413-11 et 413-12 ; C. défense, art. L. 2311-1, L. 2312-1, al. 1er et 2, L. 2312-2, L. 2312-3, L. 2312-4, al. 1er à 3, L. 2312-5, L. 2312-6, L. 2312-7 et L. 2312-8 : **Conformité**. • Accès aux informations classifiées à l'occasion de perquisitions : perquisitions dans les lieux précisément identifiés comme abritant des éléments couverts par le secret de la défense nationale *(C. pr. pén., art. 56-4, § I)*. Le législateur a subordonné la perquisition d'un magistrat dans ce type de lieux à la présence du président de la CCSDN ou de son représentant et a écarté la possibilité pour ce magistrat de prendre connaissance des éléments classifiés découverts sur les lieux. Il a par ailleurs assorti la procédure de perquisition de garanties de nature à assurer, entre les exigences constitutionnelles applicables, une conciliation non déséquilibrée : **Conformité**. • Accès aux informations classifiées à l'occasion de perquisitions : perquisitions dans les lieux se révélant abriter des éléments couverts par le secret de la défense nationale *(C. pr. pén., art. 56-4, § II)* : définition du régime juridique des perquisitions au cours desquelles des éléments protégés par le secret défense sont incidemment découverts). Les perquisitions dans ces lieux s'accompagnent des garanties appropriées permettant d'assurer, entre les exigences constitutionnelles applicables, une conciliation non déséquilibrée : **Conformité**. – Lieux classifiés au titre du secret de la défense nationale : règles relatives au lieux classifiés secret défense : *C. pén., art. 413-9-1.* Répression de la violation des dispositions relatives aux lieux classifiés : *C. pén., art. 413-10-1 et 413-11-1.* Perquisition dans un lieu classifié subordonnée à une déclassification temporaire du lieu par l'autorité administrative compétente : *C. pr. pén., art. 56-4, § III, C. défense, art. L. 2312-1, al. 3, L. 2312-4, al. 4, L. 2312-7-1 et L. 2312-5* pour les mots « et d'accéder à tout lieu classifié » : méconnaissance de l'art. 16 DDH. Tous les éléments de preuve qui se trouvent dans les lieux classifiés bénéficient de la protection du secret de la défense nationale et les perquisitions sont subordonnées dans ces lieux à une autorisation de

		l'autorité administrative sans qu'aucun contrôle juridictionnel ne puisse s'exercer sur la décision refusant au magistrat d'accéder à ces lieux : **Non-conformité**. – **Non-conformité partielle : Conformité du C. pr. pén., art. 56-4, § I et II ; C. pr. pén., art. 413-9, 413-10, 413-11 et 413-12 et C. défense, art. L. 2311-1, L. 2312-1, al. 1er et 2, L. 2312-2, L. 2312-3, L. 2312-4, al. 1er à 3, L. 2312-5, L. 2312-6, L. 2312-7 et L. 2312-8 et non-conformité du C. pr. pén., art. 56-4, § III ; C. pén., art. 413-9-1, 413-10-1 et 413-11-1 et C. défense, art. L. 2312-1, al. 3, L. 2312-4, al. 4, L. 2312-7-1 et L. 2312-5 pour les mots « et d'accéder à tout lieu classifié »** avec effet au 1er déc. 2011. – **Décision de renvoi :** Crim., QPC, 20 juill. 2011, n° 11-90.065 P : *AJDA 2011. 1655 ; D. 2011. 2117 ; Gaz. Pal. 11 oct. 2011, p. 11, note Briand.*
2011	10 nov.	**Extinction des servitudes antérieures au 1er janv. 1900 non inscrites au livre foncier** **2011-193 QPC.** Mme Jeannette R., épse D. : *JO 11 nov., p. 19010 ; Rec. Cons. const. 541 ; D. 2011. 2793 ; RTD civ. 2012. 342, note Revet :* – **L. n° 2002-306 du 4 mars 2001 portant réforme de la L. du 1er juin 1924 mettant en vigueur la législation civile française dans les départements du Bas-Rhin, du Haut-Rhin et de la Moselle, dans ses dispositions relatives à la publicité foncière, art. 6**. – Extinction des servitudes constituées avant le 1er janv. 1900 en Alsace-Moselle et qui n'ont pas fait l'objet d'une inscription au livre foncier dans un délai de 5 ans suivant la promulgation de la loi de 2002. – N'entre pas dans le champ d'application de l'art. 17 DDH (privation du droit de propriété) l'extinction de la servitude prévue par la L. de 2002. L'extinction d'une servitude peut ainsi porter atteinte aux conditions d'exercice du droit de propriété sur le fonds dominant, mais ne constitue pas en tant que telle une privation de propriété. – Absence d'atteinte au droit de propriété (DDH, art. 2). L'extinction des servitudes non inscrites au livre foncier ne porte que sur les servitudes conventionnelles et n'affectent pas celles qui résultent de la loi. Les dispositions de la L. de 2002 n'ont pas porté aux conditions d'exercice du droit de propriété une atteinte disproportionnée au but recherché. Compte tenu du domaine de cette disposition et des modalités permettant aux titulaires des servitudes de préserver leurs droits, la restriction portée à l'exercice du droit de propriété par la disposition contestée n'a pas un caractère de gravité tel qu'elle dénature le sens et la portée de ce droit. – **Conformité**. – **Décision de renvoi :** Civ. 3e, QPC, 8 sept. 2011, n° 11-12.374 P : *D. 2011. 2199.* – **Application de la décision :** Civ. 3e, 20 juin 2012, n° 11-12.374.
2011	18 nov.	**Garde à vue II** **2011-191/194/195/196/197 QPC.** Mme Élise A. et a. : *JO 19 nov., p. 19480 ; Rec. Cons. const. 544 ; D. actu. 24 nov. 2011, obs. Girault ; D. 2011. 2793 ; ibid. 3034, note Matsopoulou ; ibid. 2012. 1638, obs.*

		Bernaud et Jacquinot ; AJ pénal 2012. 102, obs. Perrier ; RSC 2012. 185, obs. Danet ; ibid. 217, obs. de Lamy ; JCP 2011, p. 2564, note Pradel ; Gaz. Pal. 2011, n°s 324-326, p. 18, note Bachelet ; ibid. 2012, n°s 13-14, p. 46, note Fourment ; RLDA 2011, n° 64, p. 75, note Ghrénassia ; ibid. 2012, n° 69, p. 85, note Daoud ; Dr. pénal 2012, n° 1, p. 22, note Leroy ; RFDC 2012. 587, note Catelan : **– C. pr. pén., art. 62, 63-3-1, al. 3, 63-4, al. 2 et 63-4-1 à 63-4-5.** – *C. pr. pén., art. 62* (audition libre, enquête de flagrance). Cet art. est conforme aux droits de la défense. L'absence d'assistance d'un avocat lors d'une audition sans contrainte est conforme à la Const. ***Toutefois***, le Conseil impose 2 garanties minimales concernant l'al. 2 de l'art. 62 C. pr. pén. : une personne à l'encontre de laquelle il apparaît qu'il existe des raisons plausibles de soupçonner qu'elle a commis ou tenté de commettre une infraction peut être entendue librement par les enquêteurs en dehors du régime de la GAV si elle a été informée de la nature de l'infraction qu'on la soupçonne d'avoir commise et de son droit de quitter à tout moment les locaux de police ou de gendarmerie : **Réserve**. – *C. pr. pén., art. 63-3-1 et 63-4-1 à 63-4-5*. Ces dispositions sont relatives au régime de la GAV. Elles ne permettent pas, selon les requérants, à l'avocat de la personne gardée à vue de consulter les pièces de la procédure avant l'audition ou la confrontation et d'en obtenir copie, elles n'imposent pas aux forces de police d'attendre l'arrivée de l'avocat avant de commencer l'interrogatoire, elles limitent à 30 mn l'entretien du gardé à vue avec l'avocat avant l'audition, elles permettent uniquement l'assistance de l'avocat aux seuls actes d'interrogatoire et de confrontation et non aux autres actes d'investigation (notamment les perquisitions), elles donnent la possibilité à l'OPJ de s'opposer aux questions posées par l'avocat et de décider de mettre fin à une audition ou à une confrontation, en cas de difficulté, pour demander au procureur de la République de saisir le bâtonnier aux fins de désignation d'un autre avocat. Le Conseil considère que ces dispositions assurent une conciliation qui n'est pas déséquilibrée, entre le respect des droits de la défense et l'objectif de valeur constitutionnelle de recherche des auteurs d'infractions : **Conformité**. **– Conformité avec réserve : Conformité des art. 62, al. 1er, 63-3-1, al. 3, 63-4, al. 2, et 63-4-1 à 63-4-5 et conformité avec réserve de l'art. 62, al. 2, applicable aux auditions réalisées postérieurement à la publication de la Décis.** – **Décisions de renvoi :** CE, QPC, 23 août 2011, *Étrillard*, n° 349752 : *D. 2011. 2044 ; RSC 2012. 185, obs. Danet*. – Crim., QPC, 6 sept. 2011, 4 arrêts, n°s 11-90.071, 11-90.068, 11-90.072 et 11-90.073 P : *D. 2011. 2117 ; RSC 2012. 185, obs. Danet*. – **Applications de la décision :** Crim. 11 juill. 2012, n° 12-82.136 P. – CE 11 juill. 2012, *Étrillard*, n° 349752 : *AJ pénal 2013. 105, obs. Porteron*.
2011	25 nov.	**Droits de plaidoirie** **2011-198 QPC.** M. Albin R. : *JO 26 nov., p. 20015 ; Rec. Cons. const.*

		553 ; D. 2011. 2876 ; ibid. 2012. 244, obs. Fricero ; ibid. 2012. 1638, obs. Bernaud et Jacquinot : – **LF pour 2011 n° 2010-1657 du 29 déc. 2010, art. 74, § I, 1°**. – Exclusion du champ de l'aide juridictionnelle des droits de plaidoirie. – Absence de méconnaissance des dispositions de l'art. 16 DDH selon lesquelles il ne doit pas être porté d'atteintes substantielles au droit des personnes intéressées d'exercer un recours effectif devant une juridiction. Le droit au recours effectif devant une juridiction n'est pas méconnu en raison du faible montant des droits de plaidoirie. Le pouvoir réglementaire, compétent pour fixer le montant de ces droits, doit le faire dans une mesure compatible avec cette exigence constitutionnelle. – **Conformité**. – **Décision de renvoi :** CE, QPC, 21 sept. 2011, *Rosard*, n° 350371.
2011	25 nov.	**Discipline des vétérinaires** **2011-199 QPC.** M. Michel G. : *JO 26 nov., p. 20016 ; Rec. Cons. const. 555 ; D. 2011. 2873 ; AJDA 2011. 2317 ; ibid. 2012. 578, étude Lombard, Nicinski et Glaser ; RSC 2012. 184, obs. Danet ; Constitutions 2012. 337, note Le Bot ; Gaz. Pal. 2012, n°s 162-164, p. 17, note Sénac ; Dr. adm. 2012, n° 3, p. 20, note Froget* : – **C. rur., art. L. 242-6, L. 242-7 et L. 242-8**. – Absence de méconnaissance des exigences constitutionnelles applicables aux poursuites et sanctions disciplinaires (DDH, art. 8). Le Conseil affirme qu'il n'existe pas de PFRLR imposant une règle de prescription en matière disciplinaire. Par ailleurs, pour la 1re fois, le Conseil énonce que si la nécessité des peines attachées aux infractions relève du pouvoir d'appréciation du législateur, il incombe au Cons. const. de s'assurer, en matière disciplinaire, de l'absence d'inadéquation manifeste entre les peines disciplinaires encourues et les obligations dont elles tendent à réprimer la méconnaissance. Les sanctions applicables aux vétérinaires ou aux docteurs vétérinaires en cas de manquement aux devoirs de la profession instituées par l'art. L. 242-7 C. rur. ne méconnaissent pas les exigences de l'art. 8 DDH. – Absence de méconnaissance des principes d'indépendance et d'impartialité des juridictions (DDH, art. 16) concernant la composition de la chambre supérieure de discipline (C. rur., art. L. 242-8). Les membres de l'organe disciplinaire sont, à l'exception d'un magistrat judiciaire, également membres en exercice du conseil de l'ordre : **Conformité**. ***Toutefois***, un membre du conseil de l'ordre des vétérinaires qui aurait engagé des poursuites disciplinaires ou accompli des actes d'instruction ne peut siéger au sein de la chambre supérieure de discipline : **Réserve**. Par ailleurs, la procédure disciplinaire applicable aux vétérinaires et docteurs vétérinaires ne relève pas du domaine de la loi mais du règlement, ainsi le grief tiré de ce que les dispositions législatives contestées n'institueraient pas les règles de procédure garantissant le respect des principes d'indépendance et d'impartialité des juridictions doit être écarté. – **Conformité des art. L. 242-6 et L. 242-7 C. rur. et conformité sous réserve de l'art. L. 242-8**. – **Décision de renvoi :** CE, QPC, 21 sept. 2011, *Gourmelon*, n° 350385 B : *AJDA 2011. 1814*.

2011	2 déc.	**Pouvoir disciplinaire de la Commission bancaire** **2011-200 QPC.** Banque populaire Côte d'Azur : *JO 3 déc., p. 20496 ; Rec. Cons. const. 559 ; D. 2011. 2988 ; AJDA 2012. 578, étude Lombard, Nicinski et Glaser ; Constitutions 2012. 337, note Le Bot ; JCP 2011. 2472 ; LPA 2012, n° 55, p. 3, note Miloudi ; ibid., n° 112, p. 10, note Jan ; JCP Adm. 2012, n° 13, p. 36, note de La Burgade ; RFDC 2012. 592, note Perrier* : – **C. mon. fin., art. L. 613-1, al. 1er, L. 613-4, L. 613-6, L. 613-21 et L. 613-23, § I** (dans leur rédaction antérieure à l'Ord. n° 2010-76 du 21 janv. 2010 portant fusion des autorités d'agrément et de contrôle de la banque et de l'assurance). – Méconnaissance du principe d'impartialité des juridictions (DDH, art. 16) des art. préc. Ces dispositions organisent la Commission bancaire mais ne séparent pas en son sein les fonctions de poursuite des éventuels manquements des établissements de crédit aux dispositions législatives et réglementaires qui les régissent. Elles ne séparent pas non plus les fonctions de jugement des mêmes manquements qui peuvent faire l'objet de sanctions disciplinaires. – **Non-conformité totale** avec effet à compter de la publication de la Décis. et applicabilité à toutes les instances non définitivement jugées à cette date. – **Décision de renvoi :** CE, QPC, 23 sept. 2011, *Banque populaire Côte d'Azur*, n° 336839 : *AJDA 2012. 232.* – **Applications de la décision :** CE 11 avr. 2012, *Banque populaire Côte d'Azur*, n° 336839 B : *D. 2012. 1908, obs. Martin et Synvet.* – CE 30 janv. 2013, *Caisse de crédit municipal de Toulon*, n° 347357 B.
2011	2 déc.	**Plan d'alignement** **2011-201 QPC.** Cts D. : *JO 3 déc., p. 20497 ; Rec. Cons. const. 563 ; D. 2011. 2938 ; AJDA 2011. 2382 ; ibid. 2012. 489, note Foulquier ; AJDI 2012. 93, chron. Gilbert ; RDI 2012. 170, obs. Foulquier ; JCP Adm. 2012, n° 5, p. 26, note Pauliat ; LPA 2012, n° 112, p. 13, note Gicquel ; Dr. adm. 2012, n° 3, p. 42, note Deliancourt* : – **C. voirie rout., art. L. 112-1 et L. 112-2** (ancien art. 4 et 5 de l'édit du 16 déc. 1607). – Absence d'atteinte au droit de propriété (DDH, art. 2 et 17). Il résulte de la jurisprudence constante du CE que le plan d'alignement attribue à la collectivité publique le sol des propriétés qu'il délimite uniquement dans le cadre de rectifications mineures du tracé de la voie publique. Ce plan ne permet ni d'important élargissements ni *a fortiori* l'ouverture de voies nouvelles. Il ne peut en résulter une atteinte importante à l'immeuble. L'alignement n'entre pas dans le champ d'application de l'art. 17 DDH. Ce plan répond également à un motif d'intérêt général en visant à améliorer la sécurité routière et à faciliter les conditions de circulation. Par ailleurs, il est fixé après enquête publique. Selon l'art. L. 112-2, al. 3, C. voirie rout., lors du transfert de propriété, l'indemnité est, à défaut d'accord amiable, fixée et payée comme en matière d'expropriation. ***Toutefois***, selon l'art. L. 112-2, al. 2, C. voirie rout., lorsque le plan d'alignement inclut des terrains bâtis, le transfert de propriété résulte de la destruction du bâtiment. Tant que ce transfert n'est pas intervenu, les terrains sont soumis à la servitude de reculement qui interdit, en principe, tout travail confortatif. La

		servitude impose au propriétaire de supporter la dégradation progressive de l'immeuble pendant une durée indéterminée ; ainsi, la jouissance de l'immeuble bâti est limitée par cette interdiction. Dans ces conditions, l'atteinte aux conditions d'exercice du droit de propriété serait disproportionnée au regard de l'objectif poursuivi si l'indemnité due à l'occasion du transfert de propriété ne réparait également le préjudice subi du fait de la servitude de reculement : **Réserve**. – Absence de méconnaissance du droit à un recours juridictionnel effectif (DDH, art. 16). Ces dispositions ne portent aucune atteinte au droit du propriétaire de contester le plan d'alignement ou la servitude de reculement. – **Conformité avec réserve** sur l'art. L. 112-2, al. 2, C. voirie rout. – **Décision de renvoi :** Civ. 3e, QPC, 28 sept. 2011, n° 11-14.363 P : *AJDA 2011. 1868 ; AJDI 2012. 296, obs. Le Rudulier.*
2011	2 déc.	**Hospitalisation sans consentement antérieure à la loi n° 90-527 du 27 juin 1990** **2011-202 QPC.** Mme Lucienne Q. : *JO 3 déc., p. 20498 ; Rec. Cons. const. 567 ; D. 2011. 2939 ; Constitutions 2012. 140, note Fallon ; LPA 2012, n° 112, p. 11, note Gicquel* : – **CSP, art. L. 336, L. 337, L. 338, L. 339, L. 340 et L. 341** (dans leur rédaction antérieure à l'entrée en vigueur de la L. n° 90-527 du 27 juin 1990 relative aux droits et à la protection des personnes hospitalisées en raison de troubles mentaux et à leurs conditions d'hospitalisation). – CSP, art. L. 336 et L. 341 : **Conformité**. – Méconnaissance des exigences de l'art. 66 Const. pour les art. L. 337 à L. 340 CSP. Ces dispositions permettaient que l'hospitalisation d'une personne atteinte de maladie mentale soit maintenue au-delà de 15 j. dans un établissement de soins sans intervention d'une juridiction judiciaire : **Non-conformité**. – **Conformité des art. L. 336 et L. 341 CSP** (dans leur rédaction antérieure à l'entrée en vigueur de la L. n° 90-527 du 27 juin 1990 relative aux droits et à la protection des personnes hospitalisées en raison de troubles mentaux et à leurs conditions d'hospitalisation) et **non-conformité des art. L. 337, L. 338, L. 339 et L. 340 CSP** (dans leur même rédaction) avec effet à compter de la publication de la Décis. et applicabilité à toutes les instances non jugées définitivement à cette date. – **Décision de renvoi :** CE, QPC, 28 sept. 2011, *Mme* Q., n° 348858 : *AJDA 2011. 1871.* – **Application de la décision :** CE 4 oct. 2013, *Mme* Q., n° 348858.
2011	2 déc.	**Vente des biens saisis par l'administration douanière** **2011-203 QPC.** M. Wathik M. : *JO 3 déc., p. 20500 ; Rec. Cons. const. 572 ; D. 2011. 2929 ; ibid. 2012. 449, point de vue Berr ; Dr. pénal 2012, n° 1, p. 39, note Robert ; LPA 2012, n° 112, p. 13, note Gicquel ; RFDC 2012. 594, note Anane* : – **C. douanes, art. 389**. – Absence de méconnaissance du droit de propriété (DDH, art. 17). L'art. 389 C. douanes n'est applicable qu'aux moyens de transport et objets saisis ne pouvant être conservés sans courir le risque de

		détérioration. Leur aliénation est destinée à éviter leur dépréciation en cours de procédure et à limiter les frais de stockage et de garde. Elle a un objet conservatoire dans l'intérêt de la partie poursuivante et du propriétaire des biens saisis. Elle poursuit l'objectif de valeur constitutionnelle de bonne administration de la justice et de bon emploi des deniers publics. Par suite, elle répond à un motif de nécessité publique. Par ailleurs, ne méconnaît pas l'exigence d'une indemnisation préalable de la privation de propriété l'aliénation des biens saisis avant leur dépréciation qui, selon l'issue de la procédure, est destinée à ce que le produit de la vente correspondant à la valeur des biens saisi puisse, soit être affecté au paiement des condamnations prononcées contre leur propriétaire, soit être restitué à ce dernier. Enfin cet art. ne méconnaît pas l'exigence d'une indemnisation préalable de la privation de propriété en rendant indisponibles, pendant la procédure, les sommes provenant de l'aliénation des biens saisis. — Méconnaissance du droit à un recours juridictionnel effectif (DDH, art. 16). En application de l'art. 389 C. douanes, l'administration forme une demande d'aliénation qui est examinée par le juge sans que le propriétaire intéressé ait été entendu ou appelé. Par ailleurs, l'exécution de la mesure d'aliénation revêt, en fait, un caractère définitif, le bien aliéné sortant définitivement du patrimoine de la personne mise en cause. Au regard des conséquences qui résultent de l'exécution de la mesure d'aliénation, la combinaison de l'absence de caractère contradictoire de la procédure et du caractère non suspensif du recours contre la décision du juge conduisent à déclarer contraire à la Const. cet art. — **Non-conformité totale** à compter du 1er janv. 2013. — **Décision de renvoi :** Com., QPC, 4 oct. 2011, n° 11-40.054. — **Application de la décision :** L. n° 2012-1510 du 29 déc. 2010 de finances rectificative pour 2012, art. 57-I-C.
2011	9 déc.	**Conduite après usage de stupéfiants** **2011-204 QPC.** M. Jérémy M. : *JO 10 déc., p. 20991 ; Rec. Cons. const. 582 ; D. 2011. 2998 ; AJ pénal 2012. 96, obs. Céré ; RSC 2012. 131, obs. Fortis ; ibid. 221, obs. de Lamy ; Gaz. Pal. 2012, nos 32-33, p. 9, note Detraz ; Dr. pénal 2012, n° 2, p. 31, note Robert ; ibid. 2014, n° 12, p. 9, note Fournié ; RFDC 2012. 584, note Tzutzuiano* : — **C. route, art. L. 235-1, al. 1er, § I.** — Absence d'atteinte au principe de légalité des délits et des peines (DDH, art. 8 ; Const., art. 34). L'infraction est constituée si les analyses sanguines révèlent la trace de produits stupéfiants dans le sang. Le critère retenu exclut tout arbitraire et imprécision. La fixation des seuils minima de détection des stupéfiants dans le sang appartient, sous le contrôle du juge, au pouvoir réglementaire. — Absence d'atteinte au principe de nécessité des peines (DDH, art. 8). Les dispositions contestées punissent de 2 ans et 45 000 euros d'amende la conduite d'un véhicule alors que l'analyse sanguine démontre l'usage de stupéfiants par le conducteur. Ces peines ne sont pas manifestement disproportionnées au regard des risques existants relatifs à la conduite après usage de stupéfiants. — **Conformité.**

		– **Décision de renvoi :** Crim., QPC, 5 oct. 2011, n° 11-90.085 : *Dr. pénal 2011. Comm. n° 150, note Robert.*
2011	9 déc.	**Nouvelle-Calédonie : droits collectifs des salariés des administrations publiques** **2011-205 QPC.** M. Patelise F. : *JO 10 déc., p. 20991 ; Rec. Cons. const. 584 ; D. 2011. 3002 ; AJDA 2011. 2451 ; Dr. soc. 2012. 258, chron. Dumortier, Landais, Vialettes et Struillou ; RFDA 2012. 355, note Janicot et Roblot-Troizier ; RFDC 2012. 863, note David* : – **C. trav. de Nouvelle-Calédonie, art. Lp. 311-2** (dans sa rédaction résultant de la loi du pays n° 2008-2 du 13 févr. 2008 relative au code du travail de Nouvelle-Calédonie). – Méconnaissance du droit syndical et du principe de participation (Préamb. Const. 46, al. 6 et 8). Ces dispositions soustraient les agents des administrations publiques salariés dans les conditions du droit privé du bénéfice des dispositions du code du travail de Nouvelle-Calédonie applicables aux relations collectives de travail. Ni ces dispositions ni aucune loi du pays de Nouvelle-Calédonie n'assurent la mise en œuvre, pour ces agents, de la liberté syndicale et du principe de participation des travailleurs : **Non-conformité**. – **Non-conformité** à compter du 1er janv. 2013. – **Décision de renvoi :** Soc., QPC, 12 oct. 2011, n° 11-40.061 P : *RFDA 2012. 342, rapp. Struillou.*
2011	16 déc.	**Saisie immobilière, montant de la mise à prix** **2011-206 QPC.** M. Noël C. : *JO 17 déc., p. 21369 ; Rec. Cons. const. 5936 ; D. 2012. 29 ; RFDC 2012. 418, note Salati* : – **C. civ., art. 2206.** – Définission des conditions dans lesquelles est fixée la mise à prix initiale du bien saisi et vendu aux enchères. Le montant de la mise à prix est fixé par le créancier poursuivant. A défaut d'enchère, le créancier poursuivant devient propriétaire du bien saisi au prix qu'il a lui-même fixé. – Précision procédurale : la QPC a été transmise de plein droit au Cons. const., la C. cass. ne s'étant pas prononcée dans le délai de 3 mois. – Absence d'atteinte aux droits de la défense (DDH, art. 16). Constitue un motif d'intérêt général l'objectif poursuivi de garantir l'aboutissement de la procédure de saisie immobilière. Les dispositions de l'art. 2206 C. civ. ont pour objet d'éviter que la procédure de saisie immobilière demeure suspendue faute d'enchérisseur et elles font obstacle à ce que le créancier poursuivant se voit imposer un transfert de propriété moyennant un prix auquel il n'aurait pas consenti. Absence de caractère disproportionné au regard du but poursuivi dans l'atteinte aux droits du débiteur. Le débiteur du bien saisi peut obtenir l'autorisation judiciaire de vendre le bien à l'amiable. A défaut, la vente a lieu par adjudication aux enchères publiques. Dans ce cadre, le débiteur peut saisir le juge afin de voir fixer une mise à prix en rapport avec la valeur vénale de l'immeuble et les conditions du marché. L'adjudication d'office au créancier poursuivant au montant de la mise à prix initiale n'intervient qu'à défaut de toute enchère. – **Conformité**.

		– **Décision de renvoi :** Civ. 2e, QPC, 21 sept. 2011, n° 11-40.046.
2011	16 déc.	**Inscription au titre des monuments historiques** **2011-207 QPC.** Sté Grande Brasserie Patrie Schutzenberger : *JO 17 déc., p. 21370 ; Rec. Cons. const. 596 ; D. 2012. 21 ; AJDA 2011. 2504 ; ibid. 2012. 1170, note Garnier ; Constitutions 2012. 83, note Le Louarn ; LPA 2012, n° 112, p. 13, note Gicquel* : – **C. patr., art. L. 621-25, L. 621-27, al. 1er et 2 et L. 621-29**. – Absence d'atteinte disproportionnée par rapport au but recherché pour les conditions d'exercice du droit de propriété (DDH, art. 2). L'objectif de l'inscription au titre des monuments historiques vise à la préservation du patrimoine historique et artistique. Cette inscription répond à un motif d'intérêt général. Les dispositions du C. patr. ont pour seul effet d'instituer « une servitude d'utilité publique sur les immeubles faisant l'objet de l'inscription ». Par ailleurs, la décision d'inscription au titre des monuments historiques est prise sur la seule considération des caractéristiques intrinsèques de l'immeuble qui en a fait l'objet. Cette décision d'inscription prise par l'autorité administrative est contrôlée par le juge de l'excès de pouvoir. Ensuite, l'atteinte portée par les dispositions des art. L. 621-25, L. 621-27, al. 1er et 2 et L. 621-29 C. patr. aux conditions d'exercice du droit de propriété quant au fond : régime juridique des travaux sur le bien inscrit permet de conclure pour le Cons. const. au caractère proportionné des dispositions. – Absence de rupture caractérisée de l'égalité devant les charges publiques (DDH, art. 13). Afin d'obtenir l'indemnisation des sujétions que peut imposer la loi, le préjudice invoqué doit être anormal et spécial, la rupture doit être caractérisée. En l'espèce, le préjudice n'est pas certain, l'inscription pouvant profiter au propriétaire. Il n'est pas non plus anormal et d'une exceptionnelle gravité au regard des contraintes imposée par le C. patr. – **Conformité**. – **Décision de renvoi :** CE, QPC, 17 oct. 2011, *Sté Grande Brasserie Patrie Schutzenberger*, n° 351010 : *AJDA 2011. 1986 ; RDI 2012. 235, obs. Soler-Couteaux.* – **Application de la décision :** CAA Nancy, 27 févr. 2012, *Sté Grande Brasserie Patrie Schutzenberger*, n° 10NC00813.
2012	12 janv.	**Désignation des sénateurs lors des opérations électorales du 25 sept. 2011** **2011-4538 SEN.** M. Grégory Bubenheimer : *JO 14 janv., p. 750 ; D. 2012. 327, note Cassia ; AJDA 2012. 961, note Dord ; Constitutions 2012. 343, note Ghevontian ; LPA 2012, n° 33, p. 5, note Camby ; ibid., n° 196, p. 6, note Jan ; ibid. 2013, n° 41, p. 9, chron. Verpeaux ; Gaz. Pal. 2012, nos 57-59, p. 9, note Lévy ; JCP Adm. 2012, n° 16, p. 40, note Derosier ; RFDC 2012. 597, note Cassard-Valembois* : – **C. élect., art. L. 289**. – Cons. const., en tant que juge électoral, examine une QPC soulevée devant lui. – Absence de méconnaissance du principe de pluralisme des courants d'idées et d'opinions (Const. 58, art. 4). – **Conformité**.

2012	13 janv.	**Confiscation de marchandises saisies en douane** **2011-208 QPC.** Cts B. : *JO 14 janv. 2012, p. 752 ; Rec. Cons. const. 75 ; D. 2012. 449, point de vue Berr ; AJ pénal 2012. 232, obs. Roussel ; LPA 2012, n° 197, p. 11, chron. Gicquel ; RFDC 2013. 893, note Anane* : – **C. douanes, art. 374 et 376.** – *C. douanes, art. 374* : Méconnaissance du droit à exercer un recours juridictionnel effectif (DDH, art. 16). Cet art. permet à l'administration des douanes de poursuivre, contre les conducteurs ou déclarants, la confiscation des biens saisis sans être tenue de mettre en cause les propriétaires de ceux-ci. Les propriétaires sont ainsi privés de la faculté d'exercer un recours effectif contre une décision portant atteinte à leurs droits : **Non-conformité**. – *C. douanes, art. 376* : Atteinte disproportionnée au droit de propriété par rapport au but poursuivi (DDH, art. 2). Cet art. interdit aux propriétaires des objets saisis ou confisqués de les revendiquer. Cette interdiction tend à lutter contre la délinquance douanière. L'objectif est de responsabiliser les propriétaires de marchandises dans leurs choix de transporteurs et de garantir le recouvrement des créances du Trésor public. Cet art. poursuit un but d'intérêt général. ***Toutefois***, les propriétaires sont privés de la possibilité de revendiquer, en toute hypothèse, les objets saisis ou confisqués : **Non-conformité**. – **Non-conformité** avec effet différé au 1er janv. 2013. – **Décision de renvoi :** CE, QPC, 17 oct. 2011, *Cts Boccara*, n° 351085 B : *AJDA 2011. 2036*. – **Application de la décision :** L. n° 2012-387 du 22 mars 2012, relative à la simplification du droit et à l'allégement des démarches administratives, art. 61-3° (pour C. douanes, art. 376). – L. n° 2012-1510 du 29 déc. 2012 de finances rectificative pour 2012, art. 57-I-A (pour C. douanes, art. 374) et art. 57-I-B (pour C. douanes, art. 376).
2012	13 janv.	**Révocation des fonctions de maire** **2011-210 QPC.** M. Ahmed S. : *JO 14 janv. 2012, p. 753 ; Rec. Cons. const. 78 ; D. 2012. 154 ; AJDA 2012. 70 ; ibid. 546, note Verpeaux ; AJCT 2012. 255 ; RFDA 2012. 528, note Roblot-Troizier ; JCP Adm. 2012, n° 3, p. 5 ; ibid., n° 16, p. 37, note Dubreuil ; RFDC 2012. 576, note Le Bot ; LPA 2012, n° 196, p. 17, chron. Blachèr ; ibid. 2013, n° 41, p. 7, chron. Verpeaux* : – **CGCT, art. L. 2122-16.** – Absence de méconnaissance des exigences constitutionnelles applicables aux poursuites et sanctions disciplinaires (DDH, art. 8). L'art. L. 2122-16 CGCT a pour objet de réprimer les manquements graves et répétés aux obligations qui s'attachent aux fonctions de maire et de mettre fin à des comportements dont la particulière gravité est avérée. En dehors du droit pénal, l'exigence d'une définition des manquements sanctionnés est satisfaite, en matière administrative, par la référence aux obligations auxquelles le titulaire d'une fonction publique est soumis en vertu des dispositions législatives et réglementaires. L'art. L. 2122-16 CGCT institue une sanction ayant le caractère d'une punition. Le principe de la légalité des délits n'est pas méconnu en l'absence de référence expresse aux obligations auxquelles les maires sont soumis en raison de leurs fonctions.

		– Absence de méconnaissance du principe de la libre administration des collectivités territoriales (Const. 58, art. 72). Selon l'art. L. 2122-16 CGCT, le pouvoir de sanction s'applique indistinctement à l'égard de l'exercice des compétences déconcentrées et décentralisées dévolues aux organes exécutifs des communes. La suspension ou la révocation produit des effets pour l'ensemble des attributions du maire et est prise en application de la loi. – **Conformité.** – **Décision de renvoi :** CE, QPC, 24 oct. 2011, *Souffou*, n° 348771 : *AJDA 2012. 546, note Verpeaux ; ibid. 2011. 2041 ; RFDA 2012. 528, chron. Roblot-Troizier et Tusseau.* – **Application de la décision :** CE 7 nov. 2012, *Souffou*, n° 348771 : *AJDA 2013. 446.*
2012	17 janv.	**Procédure de dessaisissement d'armes** **2011-209 QPC.** M. Jean-Claude G. : *JO 18 janv. 2012, p. 1014 ; Rec. Cons. const. 81 ; D. 2012. 222 ; AJDA 2012. 73 :* – **C. défense, art. L. 2336-5.** – Absence de méconnaissance du droit de propriété (DDH, art. 17). En raison du risque d'atteintes à l'ordre public ou à la sécurité des personnes, la détention de certaines armes ou munitions est soumise à un régime administratif de déclaration ou d'autorisation. L'art. L. 2336-5 C. défense institue une procédure de dessaisissement obligatoire dans le but de prévenir de telles atteintes. Cette procédure consiste pour le détenteur soit à la vente de son arme dans les conditions légales, soit à sa remise à l'État, soit à sa neutralisation. A défaut d'un tel dessaisissement, cet art. prévoit une procédure de saisie. Les procédures de remise volontaire ou de saisie n'entrent pas dans le champ d'application de l'art. 17 DDH. – Absence de dénaturation du sens et de la portée du droit de propriété. L'objectif de l'art. L. 2336-5 C. défense est d'assurer la prévention des atteintes à l'ordre public (OVC). Cet art. spécifie les garanties de fond et de procédure pour le dessaisissement (ordonné par le préfet, procédure contradictoire, recours possible devant la juridiction administrative) et pour la procédure de saisie (sous l'autorité et le contrôle du JLD lorsque la personne ne s'est pas dessaisie de son arme lors de la procédure de dessaisissement). – Absence de méconnaissance du principe de nécessité des peines (DDH, art. 8). L'interdiction faite à la personne qui a fait l'objet d'une procédure de dessaisissement ou de saisie d'acquérir ou de détenir des armes soumises au régime de l'autorisation ou de la déclaration n'est pas une sanction ayant le caractère d'une punition. – **Conformité.** – **Décision de renvoi :** CE, QPC, 17 oct. 2011, *Gallix*, n° 351402 B : *AJDA 2011. 2037.*
2012	20 janv.	**Procédure collective : réunion à l'actif des biens du conjoint** **2011-212 QPC.** Mme Khadija A., épse M. : *JO 21 janv. 2012, p. 1214 ; Rec. Cons. const. 84 ; D. 2012. 373, point de vue Sénéchal ; ibid. 375, point de vue Legrand ; AJ fam. 2012. 231, obs. Régis ; Rev. sociétés 2012. 192, obs. Roussel Galle ; RTD com. 2012. 198, obs. Martin-Serf ; JCP 2012. 195 ; LPA 2012, n° 77, p. 3, note Jacotot ; ibid., n° 196, p. 11,*

		chron. Bourdoiseau ; ibid. 2013, n° 27, p. 5, note Yildirim ; Gaz. Pal. 2012, n°s 76-77, p. 33, note Casey ; ibid., n°s 118-119, p. 41, note Antonini-Cochin ; ibid., n°s 162-164, p. 18, note V. Mazeaud ; RLDA 2012, n° 69, p. 29 ; RFDC 2012. 579, note Maurin : – **C. com., art. L. 624-6**. – Absence de privation du droit de propriété (DDH, art. 17). L'art. L. 624-6 C. com. est applicable quand un débiteur fait l'objet d'une procédure de sauvegarde, de redressement ou de liquidation judiciaire. Il permet de réintégrer dans le patrimoine du débiteur des biens acquis par son conjoint mais dont le débiteur a participé au financement. Cet art. a pour effet de désigner comme le véritable propriétaire du bien, non pas celui que les règles du droit civil désignent comme tel, mais celui qui a fourni des valeurs permettant l'acquisition. – Lorsqu'un débiteur fait l'objet d'une procédure collective, la possibilité de réunir à l'actif des biens dont son conjoint est propriétaire mais qui ont été acquis avec des valeurs qu'il a fournies, est destinée à faciliter l'apurement du passif dans le but de permettre ou la continuation de l'entreprise ou le désintéressement des créanciers ainsi, elle poursuit un but d'intérêt général. – Toutefois, l'art. L. 624-6 C. com. porte une atteinte disproportionnée, au regard du but poursuivi, au droit de propriété du conjoint. En effet, cet art. permet de réunir à l'actif en nature tous les biens acquis pendant la durée du mariage avec des valeurs fournies par le conjoint quelle que soit la cause de cet apport, son ancienneté, l'origine des valeurs ou encore l'activité qu'exerçait le conjoint à la date de l'apport. Il ne prend pas en compte la proportion de cet apport dans le financement du bien réuni à l'actif et n'assure aucun encadrement des conditions dans lesquelles la réunion d'actifs est possible. – **Non-conformité** avec effet à compter de la publication de la Décis. – **Décision de renvoi :** Com., QPC, 2 nov. 2011, n° 10-25.570 : *D. 2011. 2789 ; Rev. sociétés 2011. 730, obs. Roussel Galle ; RTD com. 2012. 198, obs. Martin-Serf.* – **Application de la décision :** Com. 11 avr. 2012, n° 10-25.570 P : *RJDA 2012, n° 10, Info 25.*
2012	27 janv.	**Discipline des notaires** **2011-211 QPC.** M. Éric M. : *JO 28 janv., p. 1674 ; Rec. Cons. const. 87 ; D. 2012. 293 ; ibid. 2013. 1584, obs. Jacquinot et Mangiavillano ; ibid. 2917, obs. Roujou de Boubée, Garé, Gozzi, Mirabail et Potaszkin ; AJ pénal 2012. 286, obs. Perrier ; RSC 2012. 135, obs. Fortis ; ibid. 2013. 433, obs. de Lamy ; JCP 2012, n°s 11-12, p. 553, note Brigant ; JCP Adm. 2012, n° 9, p. 30, note Dutrieux ; Dr. pénal 2012, n° 3, p. 38, note Robert ; RFDC 2012. 891, note Tzutzuiano* : – **Ord. n° 45-1418 du 28 juin 1945 relative à la discipline des notaires et de certains officiers ministériels, art. 4**. – Absence de méconnaissance du principe de légalité des délits et des peines (DDH, art. 8) pour l'al. 2 de l'art. 4 de l'Ord. n° 45-1418 du 28 *juin 1945 prévoyant l'inéligibilité définitive aux chambres, organismes* et conseil à la suite du prononcé d'une peine d'interdiction ou de destitution. L'objet de cette inéligibilité n'est pas d'assurer une répression supplémentaire des professionnels ayant été sanctionnés disciplinairement mais de tirer les conséquences de la perte du titre

		d'officier public ou d'officier ministériel et de garantir l'intégrité et la moralité des professionnels siégeant dans les organes représentatif de la profession par l'exclusion de ceux ayant subis les peines disciplinaires les plus sévères. Cette inéligibilité ne constitue pas une sanction ayant le caractère d'une punition : **Conformité**. – Méconnaissance du principe d'individualisation des peines (DDH, art. 8) pour l'al. 3 de l'art. 4 de l'Ord. n° 45-1418 du 28 juin 1945 prévoyant l'interdiction d'inscription sur les listes électorales dressées pour l'exercice des droits civiques. L'interdiction définitive d'inscription sur les listes électorales est une sanction ayant le caractère d'une punition. Selon le principe d'individualisation des peines, une peine privative de droits civiques ne peut être appliquée que si le juge l'a expressément prononcée, en tenant compte des circonstances propres de chaque espèce. En l'espèce, cette interdiction résulte automatiquement de la décision de destitution sans que le juge ait à la prononcer, elle revêt un caractère définitif et ne peut faire l'objet d'une mesure de relèvement : **Non-conformité**. – **Conformité** des al. 1er et 2 de l'art. 4 de l'Ord. n° 45-1418 du 28 juin 1945 et **non-conformité** de l'al. 3 de l'art. 4 de l'Ord. préc. avec effet à compter de la publication de la Décis. ce qui permet aux intéressés de demander, à compter de cette publication, leur inscription immédiate sur les listes électorales dans les conditions déterminées par la loi. – **Décision de renvoi :** Civ. 1re, QPC, 27 oct. 2011, n° 11-15.263 : *AJDI 2011. 884*. – **Application de la décision :** Civ. 1re, 26 sept. 2012, n° 11-15.263.
2012	27 janv.	**Suspension des poursuites en faveur de certains rapatriés** **2011-213 QPC.** COFACE : *JO 28 janv., p. 1675 ; Rec. Cons. const. 90 ; D. 2012. 293 ; Dr. et pr. 2012, n° 6, p. 160, obs. Leborgne ; RFDC 2012. 581, note Maurin* : – **LF pour 1998, n° 97-1269 du 30 déc. 1997, art. 100, et LFR pour 1998, n° 98-1267 du 30 déc. 1998, art. 25.** – Organisation par l'art. 100 préc., dans sa rédaction postérieure à l'art. 25 de LFR pour 1998 du 30 déc. 1998, sous certaines conditions, au bénéfice des Français rapatriés d'une suspension automatique des poursuites engagées par leur créancier. – Méconnaissance des principes d'égalité devant la loi (DDH, art. 6) et du droit à un recours juridictionnel effectif (DDH, art. 16), du droit de propriété, de liberté contractuelle compte tenu de l'ancienneté des faits à l'origine du dispositif litigieux et de l'effet, de la portée et de la durée de la suspension qui ne s'applique pas seulement aux dettes liées à l'accueil et à la réinstallation des intéressés. – **Non-conformité** de l'art. 100 de la LF pour 1998, n° 97-1269 du 30 déc. 1997, dans sa rédaction postérieure à l'art. 25 de LFR pour 1998 du 30 déc. 1998 à compter de la publication de la Décis. – **Décision de renvoi :** Civ. 2e, QPC, 9 nov. 2011, n° 11-40.074. – **Applications de la décision :** Civ. 2e, 7 juin 2012, n° 11-20.315. – Civ. 2e, 11 avr. 2013, n° 12-19.065. – Civ. 2e, 6 déc. 2012, n° 11-26.549 : *D. actu. 17 janv. 2013, note Kebir*. – Com. 4 juin 2013, nos 12-30.165 à 12-30.166.

2012	27 janv.	**Droit de communication de l'administration des douanes** **2011-214 QPC.** Sté COVED SA : *JO 28 janv., p. 1676 ; Rec. Cons. const. 94 ; D. 2012. 449, point de vue Berr ; AJ pénal 2012. 167, note Roussel ; Dr. pénal 2012, n° 3, p. 43, note Robert ; LPA 2012, n° 197, p. 10, chron. Gicquel ; RFDC 2012. 893, note Sofian* : – **C. douanes, art. 65** (dans sa rédaction antérieure à la LFR pour 2004, n° 2004-1485 du 30 déc. 2004, ainsi que dans sa rédaction modifiée par l'art. 91 de cette L.). – Fixation d'une liste de personnes qui, en raison de leur activité, sont tenues de communiquer aux agents de l'administration des douanes, sur demande de ces derniers, les documents de toute nature relatifs aux opérations intéressant cette administration, et possibilité de saisie de ces documents. – Inopérance du grief tiré de la méconnaissance de l'art. 66 Const. 58. La procédure de l'art. 65 C. douanes n'affecte pas la liberté individuelle. – Absence de méconnaissance du respect des droits de la défense (DDH, art. 16). Le droit reconnu aux agents de l'administration des douanes d'accéder aux documents relatifs aux opérations intéressant leur service ne méconnaît pas en lui-même ce principe. Les dispositions de l'art. 65 C. douanes imposent aux personnes intéressées de remettre aux agents les documents dont ces derniers sollicitent la communication. Ces dispositions ne confèrent pas un pouvoir d'exécution forcée pour obtenir la remise de ces documents, ni un pouvoir général d'audition ou un pouvoir de perquisition. En l'absence d'autorisation préalable de l'autorité judiciaire, seuls les documents qui ont été volontairement communiqués à l'administration peuvent être saisis. Par ailleurs, si ces dispositions ne prévoient pas que la personne intéressée peut bénéficier de l'assistance d'un avocat, elles n'ont ni pour objet ni pour effet de faire obstacle à cette assistance. Enfin, elles ne portent aucune atteinte aux droits des personnes intéressées de faire contrôler, par les juridictions compétentes, la régularité des opérations conduites en application des dispositions préc. – **Conformité.** – **Décision de renvoi :** Com., QPC, 15 nov. 2011, n° 11-16.254 : *RJF 2012, n° 287.* – **Application de la décision :** Com. 25 juin 2013, n° 11-16.254.
2012	27 janv.	**Régime des valeurs mobilières non inscrites en compte** **2011-215 QPC.** M. Régis J. : *JO 28 janv., p. 1677 ; Rec. Cons. const. 98 ; D. 2012. 280 ; RTD civ. 2012. 340, note Revet ; Rev. sociétés 2012. 693, note Dubertret ; RLDA 2012, n° 69, p. 36, note Mauriès* : – **C. mon. fin., art. L. 211-4** (dans sa rédaction postérieure à l'Ord. n° 2004-604 du 24 juin 2004 portant réforme du régime des valeurs mobilières émises par les sociétés commerciales et extension à l'outre-mer de dispositions ayant modifié la législation commerciale et applicable aux actions émises avant le 3 nov. 1984). – Fin de la possibilité d'émettre et de détenir des titres anonymes au porteur de sociétés par actions. Subordination à l'exercice des droits attachés à la détention de valeurs mobilières émises avant le 3 nov. 1984 à leur présentation, par leurs détenteurs, à la société émettrice ou à un intermédiaire agréé afin qu'il soit procédé à leur inscription en compte et obligation pour les sociétés émettrices des valeurs qui n'ont pas été

		présentées et qui, par l'effet même de la loi, ne confèrent plus à leurs porteurs les droits antérieurement attachés, de vendre celles-ci à compter du 3 mai 1988 et de consigner le produit de la vente pour qu'il soit distribué aux anciens détenteurs de ces titres. – Absence de méconnaissance d'une privation de propriété (DDH, art. 17) concernant la modification apportée aux conditions dans lesquelles les porteurs de valeurs mobilières peuvent continuer à exercer les droits attachés à ces valeurs, et dont la mise en œuvre ne dépend que de leur initiative, et pour la vente par la société émettrice des valeurs mobilières dont les détenteurs ne peuvent plus exercer les droits afférents à leur possession, en vue de la remise du prix de cession auxdits détenteurs. – Absence de méconnaissance du droit de propriété (DDH, art. 2). Les détenteurs de ces titres ne pouvaient ignorer l'obligation qui leur était imposée. Il leur était loisible, en procédant à l'inscription en compte avant le 3 mai 1988, de recouvrer le plein exercice de leurs droits et d'éviter la cession de leurs titres par la société émettrice. Enfin, les dispositions contestées prévoient que le produit de la vente ainsi réalisée est consigné jusqu'à restitution éventuelle aux ayants droit. – **Conformité.** – **Décision de renvoi :** Com., QPC, 15 nov. 2011, n° 11-16.255 : *BJB 2012. 39.* – **Applications de la décision :** Com. 4 déc. 2012, n° 11-16.255. – Civ. 1re, 24 avr. 2013, n° 12-17.169.
2012	3 févr.	**Désignation du représentant syndical au comité d'entreprise** **2011-216 QPC.** M. Franck S. : *JO 4 févr., p. 2075 ; Rec. Cons. const. 101 ; D. 2012. 370 ; ibid. 901, obs. Lokiec et Porta ; Constitutions 2012. 330, note Radé* : – **C. trav., art. L. 2324-2** (dans sa rédaction issue de l'art. 5 de la L. n° 2008-789 du 20 août 2008 portant rénovation de la démocratie sociale et réforme du temps de travail). – Détermination, pour les entreprises de 300 salariés et plus, des conditions dans lesquelles un syndicat peut désigner un salarié pour le représenter au comité d'entreprise. L'art. 5 de la L. du 20 août 2008 a modifié les conditions de cette désignation en prévoyant que cette faculté est réservée aux syndicats comptant au moins 2 élus dans ce comité. La nouvelle rédaction de l'art. L. 2324-2 C. trav. est entrée en vigueur le 22 août 2008. Les dispositions contestées, telles qu'interprétées par la Cour de cassation, permettent que les représentants syndicaux désignés selon les dispositions antérieurement en vigueur conservent leur mandat jusqu'au prochain renouvellement du comité d'entreprise mais interdisent la désignation de nouveaux représentants syndicaux par les syndicats ne remplissant pas les nouvelles conditions de désignation. – Absence de méconnaissance des principes d'égalité (DDH, art. 6) et de la liberté syndicale (Préamb. Const. 1946, al. 6) concernant la subordination de la désignation d'un représentant syndical au comité d'entreprise à la condition pour un syndicat d'y avoir des élus. Le législateur peut prévoir une application immédiate des nouvelles conditions de désignation du représentant syndical au comité d'entreprise. La mission de représentation syndicale au comité

		d'entreprise et celle de délégué syndical étant différentes, le législateur peut également fixer des règles d'entrée en vigueur différentes pour les nouvelles dispositions relatives à la désignation des délégués syndicaux et pour celles relatives à la désignation des représentants syndicaux au comité d'entreprise. Les dispositions contestées telles qu'interprétées par la Cour de cassation organisent une transition progressive entre 2 régimes successifs de représentation syndicale au comité d'entreprise. Les différences de traitement résultant de ces dispositions entre les organisations syndicales, selon qu'elles ont ou non des élus au comité d'entreprise ou selon qu'elles avaient ou non procédé à la désignation d'un représentant au comité d'entreprise avant la date d'entrée en vigueur de la loi, reposent sur des différences de situation directement liées à l'objet de la loi. – **Conformité.** – **Décision de renvoi :** Soc., QPC, 18 nov. 2011, n° 11-40.066 P. – **Applications de la décision :** Soc. 15 mai 2013, n° 12-18.860. – Soc. 10 juill. 2013, n° 12-28.092.
2012	3 févr.	**Délit d'entrée ou de séjour irrégulier en France** **2011-217 QPC.** M. Mohammed Alki B. : *JO 4 févr., p. 2076 ; Rec. Cons. const. 104 ; D. 2012. 365 ; AJDA 2012. 242 ; Constitutions 2012. 286, note Levade ; ibid. 339, note Tchen ; RSC 2012. 135, obs. Fortis ; RMCUE 2013. 35, étude Deflou ; JCP 2012, n° 8, p. 350, note Levade ; Europe 2012, n° 3, p. 1, note Simon ; Dr. pénal 2012, p. 36, note Robert ; Dr. adm. 2012, n° 4, p. 33, note Tchen ; RJPF 2012, n° 5, p. 14, note Putman ; LPA 2012, n° 196, p. 8, chron. Tellier-Cayrol ; ibid., n° 197, p. 12, chron. Gicquel ; RFDC 2012. 886, note Perrier* : – **CESEDA, art. L. 621-1**. – Un étranger qui a pénétré ou séjourné en France sans se conformer aux dispositions des art. L. 211-1 et L. 311-1 CESEDA ou qui s'est maintenu en France au-delà de la durée autorisée par son visa sera puni d'un emprisonnement d'un an et d'une amende de 3 750 €. La juridiction pourra, en outre, interdire à l'étranger condamné, pendant une durée qui ne peut excéder 3 ans, de pénétrer ou de séjourner en France, cette interdiction du territoire emportant, de plein droit, reconduite du condamné à la frontière, le cas échéant à l'expiration de la peine d'emprisonnement. – En application de l'art. 61-1 Const. 58, le Cons. const. n'est pas compétent pour se prononcer sur la compatibilité des dispositions contestées avec les traités ou le droit de l'UE (en l'espèce : Dir. 2008/115/CE du Parlement européen et du Conseil du 16 déc. 2008 relative aux normes et procédures communes applicables dans les États membres au retour des ressortissants de pays tiers en séjour irrégulier). Cet examen appartient aux juridictions administratives et judiciaires. – Absence de méconnaissance du principe de nécessité des peines (DDH, art. 8) eu égard à la nature de l'incrimination définie par l'art. L. 621-1 CESEDA. Les peines fixées par cet art. ne sont manifestement pas disproportionnées. – **Conformité.** – **Décision de renvoi :** Civ. 1re, QPC, 23 nov. 2011, n° 11-40.069 : *Constitutions 2012. 63, obs. Levade.*

2012	3 févr.	**Condamnation d'un officier de carrière et perte de grade entraînant la cessation d'office de l'état militaire** **2011-218 QPC.** M. Cédric S. : *JO 4 févr., p. 2076 ; Rec. Cons. const. 107 ; D. 2012. 366 ; AJDA 2012. 243 ; AJFP 2012. 189 ; RSC 2012. 135, obs. Fortis ; Gaz. Pal. 2012, n*[os] *111-112, p. 31, note Detraz ; Dr. pénal 2012, n° 3, p. 38, note Robert* : – **CJM, art. L. 311-7** (dans sa rédaction antérieure à la L. n° 2011-1862 du 13 déc. 2011 relative à la répartition des contentieux et à l'allègement de certaines procédures juridictionnelles) et **C. défense, art. L. 4139-14, al. 1**[er] **et 3.** – Méconnaissance du principe d'individualisation des peines (DDH, art. 8) concernant l'art. L. 311-7 CJM. La perte d'un grade pour un militaire constitue une peine. Or l'art. L. 311-7 prévoit l'automaticité de la sanction pour certaines condamnations. Le principe d'individualisation des peines impose qu'une peine doit avoir été expressément prononcée par le juge : **Non-conformité.** – **Non-conformité de l'art. L. 311-7 CJM** (dans sa rédaction antérieure à la L. n° 2011-1862 du 13 déc. 2011 relative à la répartition des contentieux et à l'allègement de certaines procédures juridictionnelles) **et conformité de l'art. L. 4139-14, al. 1**[er] **et 3, C. défense.** – **Décision de renvoi :** CE, QPC, 23 nov. 2011, *M. Cédric S.*, n° 352366.
2012	10 févr.	**Non-lieu : ordonnance non ratifiée et dispositions législatives non entrées en vigueur** **2011-219 QPC.** M. Patrick É. : *JO 11 févr., p. 2440 ; Rec. Cons. const. 113 ; D. 2012. 430 ; Gaz. Pal. 2012, n*[os] *162-164, p. 20, note Disant* : – **L. du 22 juill. 2009 de développement et de modernisation des services touristiques, art. 5 et C. transp., art. L. 3123-1 et L. 3123-2.** – L'application de l'art. 5 de la L. du 22 juill. 2009 nécessitait l'adoption de mesures réglementaires pour permettre son application. Elles ont été prises par le Décr. du 11 oct. 2010 relatif au transport public de personnes avec conducteur, entré en vigueur le 1er avr. 2011. A cette date, l'art. 5 de la L. du 22 juill. 2009 avait été abrogé par l'Ord. du 28 oct. 2010 relative à la partie législative du C. transp. Ainsi cette disposition législative, qui n'est jamais entrée en vigueur, ne peut avoir porté atteinte à un droit ou à une liberté que la Const. garantit. Par suite, cette disposition ne peut pas faire l'objet d'une QPC. Il en est de même de l'Ord. du 28 oct. 2010 non ratifiée à ce jour qui n'a donc pas valeur législative. – **Non-lieu à statuer.** – **Décision de renvoi :** Crim., QPC, 22 nov. 2011, n° 11-90.090.
2012	10 févr.	**Majoration fiscale de 40 % pour non-déclaration de comptes bancaires à l'étranger ou de sommes transférées vers ou depuis l'étranger** **2011-220 QPC.** M. Hugh A. : *JO 11 févr., p. 2441 ; Rec. Cons. const. 115 ; RSC 2012. 135, obs. Fortis ; Procédures 2012, n° 3, p. 55, note Ayrault ; LPA 2012, n° 36, p. 3, note Perrotin ; Dr. pénal 2012, n° 3,*

		p. 37, note Robert ; RJF 2012, n° 4/12, p. 299, note Raquin ; LPA 2012, n° 197, p. 8, chron. Gicquel ; RFDC 2013. 182, note Pelletier : – **CGI, art. 1759** (dans sa rédaction issue de l'art. 98 de la LF pour 1990 n° 89-935 du 29 déc. 1989). – Absence de méconnaissance du principe de nécessité, de proportionnalité et d'individualisation des peines (DDH, art. 8). L'art. 1759 CGI institue une sanction financière proportionnelle et dont la nature est directement liée à celle du manquement constaté. Le juge a la possibilité de proportionner les pénalités selon la nature et la gravité des agissements commis par le contribuable. Le taux de majoration de 40% prévu par cet art. n'est pas manifestement disproportionné. – **Conformité**. – **Décision de renvoi :** CE, QPC, 15 déc. 2011, *M. Hugh A.*, n° 327204 : *RJF 2012, n° 286.* – **Application de la décision :** CE 6 juin 2012, *M. Hugh A.*, n° 327204.
2012	15 févr.	**Demande tendant à la saisine directe du Conseil constitutionnel d'une question prioritaire de constitutionnalité** **2012-237 QPC.** M. Zafer E. : *JO 16 févr., p. 2729 ; Rec. Cons. const. 118 ; Constitutions 2012. 301, note Barthélemy et Boré ; Gaz. Pal. 2012, n°s 64-66, p. 21, note Savonitto ; ibid. 2012, n°s 162-164, p. 20, note Disant ; LPA 2012, n° 196, p. 7, chron. Jan* : – **CSP, art. L. 3421-1**. – Lors de deux procédures distinctes un même requérant pose la même QPC sur les mêmes dispositions législatives en invoquant les mêmes griefs. La C. cass. saisie le 23 sept. 2011 n'a pas statué dans le délai de 3 mois (Ord. n° 58-1067 du 7 nov. 1958, art. 23-4). Le requérant demande au Cons. const. de se déclarer saisi directement (Ord. préc., art. 23-7). Mais par arrêt du 30 nov. 2011, la C. cass. (n° 6861) avait refusé de transmettre la même QPC posée par le même requérant. Selon le Cons. const., dans ces conditions, la C. cass. s'est prononcée dans les 3 mois de sa saisine sur le renvoi de la QPC posée par le requérant. – **Rejet**.
2012	17 févr.	**Cotisations volontaires obligatoires instituées par les organisations interprofessionnelles agricoles** **2011-221 QPC.** Sté Chaudet et Fille et a. : *JO 18 févr., p. 2845 ; Rec. Cons. const. 120 ; D. 2012. 506 ; Constitutions 2012. 466, chron. Barilari* : – **C. rur., art. L. 632-6.** – Absence de méconnaissance des exigences de l'art. 34 Const. 58. Le Cons. const. relève les caractéristiques du régime de cotisations : elles sont perçues par des organismes de droit privé ; elles tendent au financement d'activités menées, en faveur de leurs membres et dans le cadre défini par le législateur, par les organisations interprofessionnelles constituées par produit ou groupe de produits ; elles sont acquittées par les membres de ces organisations. Ainsi, ces cotisations ne constituent pas des impositions de toutes natures. – **Conformité**. – **Décision de renvoi :** Com., QPC, 16 déc. 2011, n° 11-40.082.

		– **Applications de la décision :** CE 21 nov. 2012, *Confédération paysanne*, n° 346421 B. – CE 21 oct. 2013, *Confédération paysanne*, n° 347038.
2012	17 févr.	**Définition du délit d'atteintes sexuelles incestueuses** **2011-222 QPC.** M. Bruno L. : *JO 18 févr., p. 2846 ; Rec. Cons. const. 123 ; D. 2012. 502 ; ibid. 1033, obs. Douchy-Oudot ; RSC 2012. 146, obs. Mayaud ; JCP 2012, n° 9, p. 419 ; Gaz. Pal. 2012, n°s 109-110, p. 13, note Planque ; LPA 2012, n° 196, p. 8, chron. Tellier-Cayrol ; RFDC 2012. 886, note Heckmann ; Droits 2014, n° 56, p. 155, note Tinel* : – **C. pén., art. 227-27-2**. – Méconnaissance du principe de légalité des délits et des peines (DDH, art. 8). L'art. 227-27-3 C. pén. ne désigne pas précisément les personnes qui doivent être regardées comme membres de la famille, au sens de la qualification pénale particulière pour désigner les agissements sexuels incestueux (V. n° 2011-163 QPC). – **Non-conformité totale** avec effet à compter de la publication de la Décis. A compter de cette date, aucune condamnation ne peut retenir la qualification de délit « incestueux » prévue par cet art. Quand l'affaire a été définitivement jugée à cette date, la mention de cette qualification ne peut plus figurer au casier judiciaire. – **Décision de renvoi :** Crim., QPC, 7 déc. 2011, n° 11-90.094 : *RSC 2012. 183, obs. Danet.*
2012	17 févr.	**Garde à vue en matière de terrorisme : désignation de l'avocat** **2011-223 QPC.** Ordre des avocats du barreau de Bastia : *JO 18 févr., p. 2846 ; Rec. Cons. const. 126 ; D. 2012. 504 ; AJ pénal 2012. 342, note Perrier ; Constitutions 2012. 314, note Darsonville ; JCP 2012, n° 9, p. 418 ; Gaz. Pal. 2012, n°s 85-87, p. 14, note Nioré ; ibid., n°s 111-112, p. 42, note Fourment ; ibid., n°s 162-164, p. 19, note Botton ; Procédures 2012, n° 4, p. 27, note Chavent-Leclère ; Dr. pénal 2012, n° 4, p. 42, note Maron et Haas ; LPA 2012, n° 196, p. 9, chron. Tellier-Cayrol ; RFDC 2012. 887, note Catelan ; RPDP 2012, n° 2, p. 384, note Ribeyre* : – **C. pr. pén., art. 706-88-2** (rédaction issue de la L. n° 2011-392 du 14 avr. 2011 relative à la garde à vue). – La liberté de choisir son avocat peut être suspendue pendant la durée d'une garde à vue mise en œuvre pour des crimes et délits constituant des actes de terrorisme prévus par les art. 421-1 à 421-6 C. pén. en raison de la complexité et de la gravité de cette catégorie de crimes et délits ainsi que la nécessité d'entourer, en cette matière, le secret de l'enquête de garanties particulières. – Méconnaissance par le législateur de sa propre compétence dans des conditions portant atteinte au droit de la défense (DDH, art. 16 et Const. 58, art. 34). Les dispositions de l'art. 706-88-2 C. pr. pén. n'encadrent pas le pouvoir donné au juge de priver la personne gardée à vue du libre choix de son avocat. – **Non-conformité totale** avec effet à compter de la publication de la Décis. – **Décision de renvoi :** CE, QPC, 23 déc. 2011, *Ordre des avocats au barreau de Bastia*, n° 354200.

		– **Application de la décision :** Décr. n° 2012-476 du 13 avr. 2012 abrogeant le Décr. du 14 nov. 2011 relatif à la désignation des avocats pour intervenir au cours de la garde à vue en matière de terrorisme.
2012	21 févr.	**Publication du nom et de la qualité des citoyens élus habilités ayant présenté un candidat à l'élection présidentielle** **2012-233 QPC.** Mme Marine Le Pen : *JO 22 févr., p. 3023 ; Rec. Cons. const. 130 ; AJDA 2012. 349 ; ibid. 841, note Chrestia ; D. 2012. 558 ; ibid. 545, édito. Rome ; ibid. 563, point de vue Rolin ; RFDA 2012. 531, note Roblot-Troizier ; JCP Adm. 2012, n°s 10-11, p. 21, note Verpeaux ; Les Annonces de la Seine 2012, n° 15, p. 20 ; Dr. adm. 2012, n° 5, p. 3 ; LPA 2012, n° 196, p. 14, chron. Blachèr :* – **L. n° 62-1292 du 6 nov. 1962, art. 3, § I, al. 5.** – Absence de méconnaissance des principes d'égalité et de secret du suffrage. La présentation de candidats par les citoyens élus habilités ne saurait être assimilée à l'expression d'un suffrage. – Absence de méconnaissance du pluralisme des courants d'idées et d'opinions concernant la publicité des choix de présentation des candidats à l'élection présidentielle par les citoyens élus habilités. Par son instauration, le législateur a entendu favoriser la transparence de la procédure de présentation des candidats à l'élection présidentielle. – La différence de traitement entre les citoyens qui ont présenté un candidat, en ce que la probabilité de voir leur nom et qualité publiés varie en fonction du nombre de présentations dont les candidats ont fait l'objet (les 500 présentations sont tirées au sort par le Cons. const.), est en rapport direct avec l'objet de la loi qui est d'assurer la plus grande égalité entre les candidats inscrits sur la liste établie par le Cons. const. – **Conformité.** – **Décision de renvoi :** CE, QPC, 2 févr. 2012, *Mme Le Pen*, n° 355137 B : *AJDA 2012. 240 ; D. 2012. 367 ; RFDA 2012. 528, chron. Roblot-Troizier et Tusseau ; JCP 2012, n° 9, p. 451, obs. Mathieu.* – **Application de la décision :** CE 21 mars 2012, *Mme Le Pen*, n° 355137.
2012	24 févr.	**Validation législative du permis de construire** **2011-224 QPC.** Coordination pour la sauvegarde du bois de Boulogne : *JO 25 févr., p. 3287 ; Rec. Cons. const. 136 ; D. 2012. 556 ; AJDA 2012. 404 ; Dr. adm. 2012, n° 5, p. 30, note Ferrari :* – **L. n° 2011-590 du 26 mai 2011 relative au prix du livre numérique, art. 10.** – Absence de méconnaissance des principes constitutionnels du droit à un recours juridictionnel et de la séparation des pouvoirs (DDH, art. 16). Selon la jurisprudence du Cons. const., le législateur peut modifier rétroactivement une règle de droit ou valider un acte administratif ou de droit privé, à condition, notamment, de poursuivre un but d'intérêt général suffisant et de définir strictement la portée de la modification ou de la validation. En l'espèce, l'objet de la L. du 26 mai 2011, art. 10, répond à un but d'intérêt général suffisant : le législateur a entendu valider l'Arr. du 8 août 2007 du maire de Paris accordant à la Fondation d'entreprise Louis Vuitton pour la création un permis de construire pour l'édification d'un bâtiment destiné à un musée d'art contemporain dans l'enceinte du jardin d'acclimatation, destiné à

		enrichir le patrimoine culturel national, à renforcer l'activité touristique de la ville de Paris et mettre en valeur ce Jardin. Par ailleurs, le législateur a strictement défini la portée de la validation en délimitant la zone géographique pour laquelle les permis ont été ou seraient accordés. – **Conformité.** – **Décision de renvoi :** CE, QPC, 30 déc. 2011, *Coordination pour la sauvegarde du Bois de Boulogne*, n° 353325 : *AJDA 2012. 11.* – **Application de la décision :** CAA Paris, 18 juin 2012, *Fondation d'entreprise Louis-Vuitton pour la création et Ville de Paris*, n° 11PA00758 : *AJCT 2012. 508, note Grand ; AJDA 2012. 1192 ; ibid. 1496, chron. Sirinelli ; RFDA 2012. 650, concl. Vidal ; JCP Adm. 2012. 2285, note Gillig.*
2012	30 mars	**Majorations de la redevance pour création de locaux à usage de bureaux en Île-de-France** **2012-225 QPC.** Sté Unibail Rodamco : *JO 31 mars, p. 5917 ; Rec. Cons. const. 172 ; D. 2012. 881 ; AJDA 2012. 678 ; Dr. adm. 2012, n° 5, p. 3 ; LPA 2012, n° 197, p. 8, chron. Gicquel ; RJEP 2012, n° 700, p. 25, note Fraisse :* – **C. urb., art. L. 520-11.** – Absence de méconnaissance par le législateur des exigences de l'art. 34 Const. 58. L'art. L. 520-11 C. urb. renvoie à un Décr. le soin de déterminer les majorations applicables à la redevance pour création de locaux à usage de bureaux en Île-de-France. Cet art. détermine le mode de calcul de la majoration due en cas de retard de paiement, et prévoit que le Décr. fixe une majoration de la redevance dans la limite d'un plafond en cas d'infraction aux dispositions législatives ou réglementaires. Ainsi, le législateur a défini clairement et précisément les sanctions qu'il a entendu instituer pour le recouvrement de la redevance relative à la création de locaux à usage de bureaux en Île-de-France. – Absence d'atteinte au principe de nécessité des peines (DDH, art. 8). L'objet de la redevance relative à la création de locaux à usage de bureaux en Île-de-France est de compenser le préjudice subi par l'État en raison du paiement tardif de la redevance : pas une punition. Cependant, la majoration de la redevance en cas d'infraction aux dispositions législatives ou réglementaires a pour objet de sanctionner les personnes ayant éludé le paiement de la redevance : punition. Mais, le législateur a défini l'assiette, plafonné le taux de cette majoration et renvoyé au pouvoir réglementaire le soin de fixer le taux des majorations applicables. Le pouvoir réglementaire n'est pas dispensé de respecter les exigences découlant de l'art. 8 de la DDH. – **Conformité.** – **Décision de renvoi :** CE, QPC, 16 janv. 2012, *Sté Unibail Rodamco*, n° 350936 : *AJDA 2012. 72.* – **Application de la décision :** CE 13 févr. 2013, *Sté Unibail Rodamco*, n° 350936 : *Dr. fisc. 2013, n° 14, comm. 228, note Pelletier.*
2012	30 mars	**Conditions de contestation par le procureur de la République de l'acquisition de la nationalité par mariage** **2012-227 QPC.** M. Omar S. : *JO 31 mars, p. 5918 ; Rec. Cons. const.*

		175 ; D. 2012. 877 ; ibid. 2013. 324, obs. Boskovic, Corneloup, Jault-Seseke, Joubert et Parrot ; AJDA 2012. 680 ; AJ fam. 2012. 350, obs. Chénedé ; Rev. crit. DIP 2012. 560, note Lagarde ; RTD civ. 2012. 294, note Hauser ; JCP 2012, n° 36, p. 1590, chron. Mathieu ; Dr. fam. 2012, n° 5, p. 3, note Lamarche : – **C. civ., art. 21-2** (dans sa rédaction résultant de la L. n° 98-170 du 16 mars 1998 relative à la nationalité) et **26-4** (dans sa rédaction issue de la L. n° 2006-911 du 24 juill. 2006 relative à l'immigration et à l'intégration). – *Précision procédurale* : A défaut de précision par la C. cass., dans sa décision de renvoi, les art. 21-2 et 26-4 C. civ. à prendre en compte pour l'examen de la QPC sont ceux dans leur rédaction applicable au litige. – Absence d'atteinte au respect de la vie privée (DDH, art. 2) par le législateur (C. civ., art. 21-2) qui a subordonné l'acquisition de la nationalité par le conjoint d'un ressortissant français à une durée d'un an de mariage sans cessation de la communauté de vie. Par ailleurs, compte tenu des objectifs d'intérêt général que le législateur s'est assignés, il n'a pas opéré une conciliation déséquilibrée entre les exigences de la sauvegarde de l'ordre public et le respect de la vie privée en instituant une présomption de fraude (C. civ., art. 26-4) lorsque la vie commune a cessé pendant l'année qui suit l'enregistrement de la déclaration de nationalité : **Conformité**. – Absence de méconnaissance du respect des droits de la défense (DDH, art. 16) pour l'art. 26-4 C. civ., al. 3, 1re phrase, concernant la possibilité pour le ministère public de contester l'enregistrement de la déclaration de nationalité, en cas de mensonge ou de fraude, à compter du jour de la découverte de ce mensonge ou de cette fraude (délai glissant). Il en est de même pour la présomption de fraude de l'art. 26-4 C. civ., al. 3, 2de phrase, portant uniquement sur la question de savoir si, à la date de la déclaration, la vie commune avait ou non cessé. Cette présomption simple peut être combattue par tous moyens par le déclarant en rapportant la preuve contraire. ***Toutefois***, l'application combinée des 1re et 2de phrases de l'al. de ce même art. permettrait au procureur de la République, en prouvant simplement qu'il y a eu séparation dans l'année suivant l'enregistrement de la déclaration, d'inverser la charge de la preuve et de placer le défendeur dans la situation de devoir prouver, sa vie durant, que la communauté de vie avec le conjoint français avait duré suffisamment longtemps et n'avait pas cessé à la date de la déclaration aux fins d'acquisition de la nationalité. Ainsi, l'avantage conféré sans limite de temps au ministère public, partie demanderesse, dans l'administration de la preuve porte une atteinte excessive aux droits de la défense. Le Cons. const. a donc exclu l'application cumulée de la présomption de fraude et du report dans le temps de la prescription : la présomption de fraude ne saurait s'appliquer que dans les instances engagées dans les deux années de la date de l'enregistrement de la déclaration. Dans les instances engagées postérieurement, le ministère public doit rapporter la preuve du mensonge ou de la fraude invoquée : **Réserve**. – **Conformité sous réserve.** – **Décision de renvoi :** Civ. 1re, QPC, 18 janv. 2012, n° 11-40.091 : *AJDA 2012. 124.*

		– **Applications de la décision :** Civ. 1re, 7 nov. 2012, nos 11-17.237 et 12-13.713 P : *D. 2012. 2660 ; ibid. 2013. 324, obs. Boskovic, Corneloup, Jault-Seseke, Joubert et Parrot ; AJ fam. 2012. 621 ; RTD civ. 2013. 93, obs. Hauser.* – Civ. 1re, 19 déc. 2012, nos 11-27.840 et 11-26.535. – Civ. 1re, 15 mai 2013, n° 12-18.003.
2012	6 avr.	**Conditions de prise de possession d'un bien ayant fait l'objet d'une expropriation pour cause d'utilité publique** **2012-226 QPC.** Cts T. : *JO 7 avr., p. 6413 ; Rec. Cons. const. 183 ; AJDA 2012. 736 ; D. 2012. 1009 ; ibid. 2128, obs. Mallet-Bricout et Reboul-Maupin ; AJDI 2012. 527, obs. Lévy ; RDI 2012. 333 ; JCP Adm. 2012, n° 15, p. 5 ; ibid., n° 25, p. 14, note Pauliat ; ibid. 2013, n° 26, p. 5, note Hostiou ; Gaz. Pal. 2012, nos 295-297, p. 17, note Daugeron* : – **C. expr., art. L. 15-1 et L. 15-2.** – Méconnaissance par le législateur de l'exigence selon laquelle nul ne peut être privé de sa propriété que sous la condition d'une juste et préalable indemnité (DDH, art. 17). Les exigences de l'art. 17 DDH doivent en principe conduire au versement de l'indemnité d'expropriation au jour de la dépossession. En cas d'appel de l'ordonnance du juge fixant l'indemnité d'expropriation, les dispositions des art. L. 15-1 et L. 15-2 C. expr. autorisent l'expropriant à prendre possession des biens expropriés, quelles que soient les circonstances, moyennant le versement d'une indemnité égale aux propositions qu'il a faites et inférieure à celle fixée par le juge de première instance et consignation du surplus. – **Non-conformité totale** avec effet différé au 1er juill. 2013. – **Décision de renvoi :** Civ. 3e, QPC, 16 janv. 2012, n° 11-40.085 P : *AJDA 2012. 68.* – **Application de la décision :** L. n° 2013-431 du 28 mai 2013, art. 42 : *JCP Adm. 2013, n° 24, p. 5, note Hostiou.*
2012	6 avr.	**Enregistrement audiovisuel des interrogatoires et des confrontations des personnes mises en cause en matière criminelle** **2012-228/229 QPC.** M. Kiril Z. : *JO 7 avr., p. 6414 ; Rec. Cons. const. 186 ; D. 2012. 1010 ; ibid. 1376, note Courtin ; AJ pénal 2012. 423, obs. Perrier ; RSC 2013. 441, obs. de Lamy ; JCP 2012, n° 16, p. 786 ; Gaz. Pal. 2012, nos 169-171, p. 18, note Belfanti ; ibid., nos 209-210, p. 33, note Fourment ; ibid., nos 295-297, p. 20, note Botton ; LPA 2012, n° 196, p. 10, chron. Tellier-Cayrol ; RPDP 2012, n° 2, p. 384, note Ribeyre ; RFDC 2013. 213, note Anane* : – **C. pr. pén., art. 116-1, al. 7, et 64-1, al. 7.** – Méconnaissance du principe d'égalité (DDH, art. 6). La différence de traitement instituée, concernant l'enregistrement des interrogatoires, entre des suspects en matière de criminalité organisée ou d'atteinte aux intérêts fondamentaux de la nation et ceux qui sont entendus ou interrogés alors qu'ils sont suspectés d'avoir commis d'autres crimes entraîne une discrimination injustifiée. – **Non-conformité totale** avec effet à compter de la publication de la Décis.

		– **Décision de renvoi :** Crim., QPC, 18 janv. 2012, n° 11-90.115 P : *D. 2012. 362 ; Procédures 2012, Comm. 85, note Chavent-Leclère.* – **Application de la décision :** Crim. 10 mai 2012, n° 11-87.328 P : *D. 2012. 1485 ; Gaz. Pal. 2012, n°s 209-210, p. 33, note Fourment.*
2012	6 avr.	**Inéligibilités au mandat de conseiller général** **2012-230 QPC.** M. Pierre G. : *JO 7 avr., p. 6415 ; Rec. Cons. const. 190 ; AJDA 2012. 732 ; D. 2012. 1011 ; Dr. adm. 2012, n° 6, p. 6 ; LPA 2012, n° 196, p. 16, chron. Blachèr :* – **C. élect., art. L. 195, 14°.** – Absence de déséquilibre entre le droit à l'éligibilité et l'égalité devant le suffrage et la préservation de la liberté de l'électeur (DDH, art. 6). Le Cons. const. ne dispose pas d'un pouvoir d'appréciation de même nature que celui du Parlement. En prévoyant que ne sont pas éligibles au conseil général les ingénieurs et agents du génie rural et des eaux et forêts dans les cantons où ils exercent leurs fonctions ou les ont exercées depuis moins de 6 mois, les dispositions de l'art. L. 195, 14°, C. élect. ont opéré une conciliation qui n'est manifestement pas déséquilibrée entre les exigences constitutionnelles précitées. – Par ailleurs, le Cons. const. rappelle que la méconnaissance de l'objectif de valeur constitutionnelle d'intelligibilité et d'accessibilité de la loi ne peut, en elle-même, être invoquée à l'appui d'une QPC sur le fondement de l'art. 61-1 Const. 58 (V. Décis. n° 2010-4/17 QPC, n° 2010-134 QPC et n° 2010-175 QPC). – **Conformité.** – **Décision de renvoi :** CE, QPC, 25 janv. 2012, *Élections cantonales de Munster*, n° 353784 : *AJDA 2012. 181.* – **Application de la décision :** CE 30 mai 2012, *M. Pierre C.*, n° 353784.
2012	13 avr.	**Contribution pour l'aide juridique de 35 euros par instance** (CGI, art. 1635 *bis* Q) **et droit de 150 euros dû par les parties à l'instance d'appel** (CGI, art. 1635 *bis* P) **2012-231/234 QPC.** M. Stéphane C. et a. : *JO 14 avr., p. 6884 ; Rec. Cons. const. 193 ; D. 2012. 1016 ; AJDA 2012. 789 ; JCP 2012, n° 17, p. 828 ; Gaz. Pal. 2012, n°s 113-115, p. 25, note Drago ; JCP Adm. 2012, n° 16, p. 4 ; LPA 2012, n° 196, p. 12, chron. Bourdoiseau :* – **L. n° 2011-900 du 29 juill. 2011 de finances rectificative pour 2011, art. 54** *(insertion dans le CGI de l'art. 1635 bis Q)*, **et L. n° 2009-1674 du 30 déc. 2009 de finances rectificative pour 2009, art. 54** *(insertion dans le CGI de l'art. 1635 bis P)*. – Absence d'atteinte disproportionnée au droit d'exercer un recours devant une juridiction ou aux droits de la défense (DDH, art. 16). Concernant l'aide juridique de 35 euros, l'objectif du législateur est d'établir une solidarité financière entre les justiciables pour assurer le financement de la réforme de la garde à vue d'avr. 2011, et en particulier le coût résultant, au titre de l'aide juridique, de l'intervention de l'avocat au cours de la garde à vue. Concernant le droit de 150 euros dû par les parties à l'instance d'appel lorsque la représentation d'un avocat est obligatoire devant la CA, l'objectif du législateur est d'assurer le financement de l'indemnisation des avoués près les CA prévue par la

		L. du 25 janv. 2011. Ces 2 contributions ne sont pas dues par les personnes bénéficiant de l'aide juridictionnelle. Ainsi, le législateur a poursuivi des buts d'intérêt général : **Conformité**. – Absence de rupture caractérisée de l'égalité devant les charges publiques (DDH, art. 13). En instituant les art. 1635 *bis* Q et 1635 *bis* P CGI, le législateur a fondé son appréciation sur des critères objectifs et rationnels en prenant en compte les facultés contributives des contribuables assujettis au paiement de ces droits : **Conformité**. – **Conformité.** – **Décisions de renvoi :** Civ. 2e, QPC, 26 janv. 2012, n° 11-40.108 : *AJDA 2012. 180.* – CE, QPC, 3 févr. 2012, *M. Philippe A. et a.*, nos 354363 et 354475. – **Application de la décision :** CAA Paris, 19 sept. 2012, *France Pierre Invest*, n° 12PA01814.
2012	13 avr.	**Ancienneté dans l'entreprise et conséquences de la nullité du plan de sauvegarde de l'emploi** **2012-232 QPC.** M. Raymond S. : *JO 14 avr., p. 6886 ; Rec. Cons. const. 199 ; D. 2012. 1012 ; Constitutions 2012. 334, note Radé* : – **C. trav., art. L. 1235-14, 1°.** – Absence de méconnaissance du principe d'égalité devant la loi (DDH, art. 6) et du principe du droit d'obtenir un emploi (Préamb. Const. 1946, al. 5). En excluant de l'art. L. 1235-11 C. trav. (l'absence de respect des exigences relatives au plan de reclassement des salariés en cas de procédure de licenciement pour motif économique a pour conséquence une poursuite du contrat de travail ou une nullité du licenciement des salariés et une réintégration de ceux-ci à leur demande, sauf si cette réintégration est devenue impossible), les salariés ayant moins de 2 ans d'ancienneté dans l'entreprise, le législateur s'est fondé sur un critère objectif et rationnel en lien direct avec l'objet de la loi et a opéré une conciliation entre le droit d'obtenir un emploi et la liberté d'entreprendre qui n'est manifestement pas déséquilibrée. – **Conformité.** – **Décision de renvoi :** Soc., QPC, 1er févr. 2012, n° 11-40.092 P : *D. 2012. 444.*
2012	20 avr.	**Dispositions relatives aux soins psychiatriques sans consentement** **2012-235 QPC.** Assoc. Cercle de réflexion et de proposition d'actions sur la psychiatrie : *JO 21 avr., p. 7194 ; Rec. Cons. const. 202 ; AJDA 2012. 855 ; D. 2012. 1131 ; JCP 2012, n° 18, p. 893 ; Dr. adm. 2012, n° 6, p. 36, note Castaing ; Dr. fam. 2012, nos 7-8, p. 34, note Maria ; JCP Adm. 2012, n° 26, p. 32, note Péchillon ; LPA 2012, n° 197, p. 13, chron. Gicquel* : – **CSP, art. L. 3211-2-1 ; L. 3211-12, § II ; L. 3211-12-1, 3°, § I et L. 3213-8.** – *CSP, art. L. 3211-2-1* (soins sans consentement). • Absence de méconnaissance de la protection constitutionnelle de la liberté individuelle (Const., art. 66). Les personnes soumises à une obligation de soins psychiatriques traitées en soins ambulatoires ne peuvent se voir administrer des soins de manière coercitive ni être conduites ou maintenues de force pour accomplir les séjours en établissement prévus

		par le programme de soins. La mesure de contrainte peut uniquement avoir lieu si la prise en charge a été préalablement transformée en hospitalisation complète. • Absence de déséquilibre manifeste concernant la conciliation entre la protection de la santé et la protection de l'ordre public d'une part, et la liberté personnelle, d'autre part (DDH, art. 2 et 4) : **Conformité**. – *CSP, art. L. 3211-12-1, 3°, § I* (réexamen tous les 6 mois des hospitalisations complètes décidées par un juge). Absence de déséquilibre manifeste concernant la conciliation entre l'art. 66 Const. 58 et l'objectif de valeur constitutionnelle de bonne administration de la justice (DDH, art. 12, 15 et 16). Ces dispositions ne font pas obstacle à ce que le JLD puisse être saisi à tout moment aux fins d'ordonner la mainlevée immédiate de la mesure (le délai de 6 mois n'est pas excessif) : **Conformité**. – *CSP, art. L. 3211-12, § II et L. 3213-8* (règles particulières concernant l'obligation de soins applicables aux personnes hospitalisées après avoir commis des infractions pénales en état de trouble mental ou qui ont été admises en unité pour malades difficiles (UMD)). Méconnaissance du principe d'égalité devant la loi. Les dispositions de l'art. L. 3211-12, § II CSP font découler d'une hospitalisation en UMD (imposée sans garanties légales suffisantes) des règles plus rigoureuses que celles applicables aux autres personnes admises en hospitalisation complète, notamment en ce qui concerne la levée de ces soins. De même, les dispositions de l'art. L. 3213-8 CSP applicables aux personnes ayant commis des infractions pénales en état de trouble mental permettent à l'autorité judiciaire d'aviser immédiatement le préfet pouvant, après avoir ordonné la production d'un certificat médical sur l'état du malade, prononcer une mesure d'admission en soins psychiatriques. La transmission au préfet par l'autorité judiciaire est possible quelles que soient la gravité et la nature de l'infraction commise en état de trouble mental. Ces dispositions ne prévoient pas l'information préalable de cette transmission à la personne intéressée. Faute de dispositions particulières relatives à la prise en compte des infractions ou à une procédure adaptée, ces dispositions font découler d'une telle décision de transmission, sans garanties légales suffisantes, des règles plus rigoureuses que celles applicables aux autres personnes soumises à une obligation de soins psychiatriques, notamment en ce qui concerne la levée de ces soins : **Non-conformité**. – **Conformité des art. L. 3211-2-1 et L. 3211-12-1, 3°, § I, CSP et non-conformité des art. L. 3211-12, § II et L. 3213-8 CSP avec effet différé au 1er oct. 2013**. – **Décision de renvoi :** CE, QPC, 8 févr. 2012, *Assoc. Cercle de réflexion et de proposition d'actions sur la psychiatrie*, n° 352667 : *AJDA 2012. 292 ; D. 2012. 1294, obs. Céré, Herzog-Evans et Péchillon ; JCP Adm. 2012, n° 7, p. 6, note Péchillon.* – **Applications de la décision :** CE 16 juill. 2012, *Centre hospitalier spécialisé Guillaume-Régnier*, n° 360793 : AJDA 2012. 2035 ; LPA 2013, *n° 71, p. 8, note Chopplet.* – CE 13 mars 2013, n° 348165. – L. n° 2013-869 du 27 sept. 2013 modifiant certaines dispositions issues de la loi n° 2011-803 du 5 juillet 2011 relative aux droits et à la

		protection des personnes faisant l'objet de soins psychiatriques et aux modalités de leur prise en charge : *JCP Adm. 2013, n° 42, p. 1879, note Primevert.* – CE 13 nov. 2013, *Assoc. Cercle de réflexion et de proposition d'actions sur la psychiatrie*, n° 352667 B : *AJDA 2013. 2285 ; JCP 2014, n° 7, p. 345, chron. Mathieu.*
2012	20 avr.	**Fixation du montant de l'indemnité principale d'expropriation** **2012-236 QPC.** Mme Marie-Christine J. : *JO 21 avr., p. 7197 ; Rec. Cons. const. 211 ; AJDA 2012. 856 ; ibid. 1517, note Gilbert ; D. 2012. 1127 ; RDI 2012. 336 ; Dr. adm. 2012, n° 6, p. 5 ; JCP Adm. 2012, n° 17, p. 6 ; RFDC 2013. 220, note Perrier* : – **C. expr., art. L. 13-17**. – Absence d'atteinte à l'exigence selon laquelle nul ne peut être privé de sa propriété que sous la condition d'une juste et préalable indemnité (DDH, art. 17) et absence d'atteinte à l'indépendance de l'autorité judiciaire et à la séparation des pouvoirs (Const., art. 64 et DDH, art. 16). Les dispositions de l'art. L. 13-17 C. expr. prévoient des modalités de fixation de l'indemnité principale d'expropriation. Le juge de l'expropriation est lié par l'estimation de l'administration si elle est supérieure à la déclaration ou à l'évaluation effectuée lors de la mutation du bien sauf si l'exproprié démontre l'existence de modification du bien ayant entraîné une plus-value. En adoptant ces dispositions, le législateur a voulu inciter les propriétaires à ne pas sous-estimer la valeur des biens qui leur sont transmis, ni à dissimuler une partie du prix d'acquisition de ces biens. Il a ainsi poursuivi un but de lutte contre la fraude fiscale (objectif de valeur constitutionnelle). **Toutefois** l'art. L. 13-13 C. expr. ne peut, sans porter atteinte aux exigences du droit de propriété (DDH, art. 17), avoir pour effet de priver l'intéressé de faire la preuve que l'estimation de l'administration ne prend pas correctement en compte l'évolution du marché de l'immobilier : **Réserve**. – **Conformité avec réserve**. – **Décision de renvoi :** Civ. 3e, QPC, 10 févr. 2012, n° 11-40.096 P : *AJDA 2012. 298.* – **Application de la décision :** Civ. 3e, 8 avr. 2014, n° 12-35.028.
2012	20 avr.	**Impôt sur les spectacles** **2012-238 QPC.** Société anonyme Paris Saint-Germain football : *JO 21 avr., p. 7198 ; Rec. Cons. const. 214 ; D. 2012. 1130 ; ibid. 2013. 527, obs. Centre de droit et d'économie du sport, Université de Limoges ; AJDA 2012. 852 ; Constitutions 2012. 469, chron. de La Mardière ; LPA 2012, n° 205, p. 5, note Tessier ; ibid. 2013, n° 116, p. 13, note Rabu ; RFDC 2013. 185, note Pelletier* : – **CGI, art. 1559 et 1561, 3°, *b***. – Sont inclus dans le champ de l'impôt sur les spectacles, jeux et divertissements, les réunions sportives et les cercles et maisons de jeux (CGI, art. 1559). Sont exonérées de cet impôt les compétitions relevant d'activités sportives énumérées par Arr. interministériel (CGI, art. 1561, 3°, *b*). – Absence de méconnaissance du principe d'égalité devant les charges publiques (DDH, art. 13) et de différence de traitement entre personnes

		placées dans la même situation (DDH, art. 6). Ces dispositions créent des différences de traitement respectivement entre des spectacles de nature différente et entre des compétitions relatives à des activités sportives différentes : **Conformité**. – Absence de méconnaissance du principe d'égalité (DDH, art. 6). L'art. 1561, 3°, *b* permet aux communes qui le souhaitent de favoriser le développement d'événements sportifs ayant lieu sur leur territoire, le cas échéant sans être privées de toute recette provenant de l'impôt sur les spectacles, jeux et divertissements. Cet impôt, qui a une assiette locale, est exclusivement perçu au profit des communes. L'exonération facultative de l'ensemble des compétitions sportives organisées sur le territoire d'une commune est décidée par le conseil municipal : **Conformité**. – **Conformité**. – **Décision de renvoi :** Com., QPC, 21 févr. 2012, n° 11-40.097 : *RJF 2012, n° 506*.
2012	4 mai	**Transmission des amendes, majorations et intérêts dus par un contribuable défunt ou une société dissoute** **2012-239 QPC.** Mme Ileana A. : *JO 5 mai, p. 8014 ; Rec. Cons. const. 230 ; D. 2012. 1190 ; AJ fam. 2012. 417, obs. Vernières ; Constitutions 2012. 471, chron. de La Mardière ; Dr. pénal 2012, n° 9, p. 49, note Robert ; RD fisc. 2012, n° 27, p. 29, note Gandemange ; LPA 2013, n° 60, p. 8, note Tellier-Cayrol ; ibid., n° 140, p. 12, chron. Blachèr ; RFDC 2013. 220, note Perrier* : – **CGI, art. 1754, IV**. – Possibilité de mettre à la charge des héritiers des pénalités fiscales faisant l'objet d'une contestation devant les juridictions au jour du décès du contribuable fautif ou d'une société dissoute fautive. – Inopérance du grief selon lequel nul ne peut être punissable que de son propre fait (DDH, art. 8 et 9) concernant les majorations et intérêts de retard dus par le défunt ou la société dissoute, ceux-ci ayant pour seul objet de réparer le préjudice subi par l'État du fait du paiement tardif de l'impôt et ne revêtant aucun caractère punitif. – Absence de méconnaissance du principe selon lequel nul n'est punissable que de son propre fait (DDH, art. 8 et 9) concernant les amendes et majorations tendant à réprimer le comportement de personnes ayant méconnu leurs obligations fiscales. Elles ont le caractère d'une punition. L'art. 1754, IV, CGI prévoit la transmission des pénalités fiscales uniquement quand elles sont dues par le défunt ou la société dissoute au jour du décès ou de la dissolution. Il ne permet pas que des amendes ou des majorations venant sanctionner le comportement du contrevenant fiscal soient prononcées directement à l'encontre des héritiers de ce contrevenant ou de la liquidation de la société. Cet art. met à la charge de la succession ou de la liquidation des pénalités fiscales déjà prononcées par l'administration, et exigibles dès leur prononcé, mais faisant ou pouvant encore faire l'objet d'une contestation ou d'une transaction. Ces pénalités de nature fiscale, entrées dans le patrimoine du contribuable ou de la société avant le décès ou la dissolution, sont à la charge de la succession. – **Conformité**.

		– **Décision de renvoi :** CE, QPC, 22 févr. 2012, *Altman*, n° 352200 : *RJF 2012, n° 5, Info 504.*
2012	4 mai	**Définition du délit de harcèlement sexuel** **2012-240 QPC.** M. Gérard D. : *JO 5 mai, p. 8015 ; Rec. Cons. const. 233 ; D. 2012. 1189 ; ibid. 1372, note Detraz ; ibid. 1177, édito. Rome ; ibid. 1344, point de vue Roujou de Boubée ; ibid. 1392, entretien Radé ; AJDA 2012. 1490, étude Komly-Nallier et Crusoé ; AJ pénal 2012. 482, obs. Perrier ; Dr. soc. 2012. 714, note Lapérou-Scheneider ; ibid. 720, chron. Salomon et Martinel ; ibid. 944, obs. Lerouge ; RSC 2012. 371, obs. Mayaud ; ibid. 380, obs. Cerf-Hollender ; JCP 2012, n°s 20-21, p. 1002, obs. A. Lepage ; ibid., n° 22, p. 1094, note A. Lepage ; ibid., n° 36, p. 1590, chron. Mathieu ; JCP Adm. 2012, n°s 19-20, p. 8 ; JCP S. 2012, n° 24, p. 28, note Roulet ; LPA 2012, n° 104, p. 3, note Parizot ; ibid. 2013, n° 60, p. 9, note Tellier-Cayrol ; ibid., n° 140, p. 12, chron. Blachèr ; Dr. pénal 2012, n° 6, p. 32, comm. Véron ; Gaz. Pal. 2012, n°s 137-139, p. 9, note Kerebel ; ibid., n°s 295-297, p. 18, note M. Mazeaud ; RPDP 2012, n° 2, p. 389, note Malabat ; ibid., n° 4, p. 950, note Leturmy ; RFDC 2013. 209, note Anane :* – **C. pén., art. 222-33**. – Méconnaissance du principe de légalité des délits et des peines. Les dispositions de l'art. 222-33 C. pén. permettent que le délit de harcèlement sexuel soit punissable sans que les éléments constitutifs de l'infraction soient suffisamment définis : **Non-conformité.** – **Non-conformité totale de l'art. 222-33 C. pén.** avec effet immédiat à compter de la date de la publication de la Décis. – **Décision de renvoi :** Crim., QPC, 29 févr. 2012, n° 11-85.377 : *Dr. pénal 2012, n° 4, p. 28, comm. Véron.* – **Applications de la décision :** L. n° 2012-954 du 6 août 2012 relative au harcèlement sexuel, art. 1er : *Constitutions 2012. 446, note Collet et Daoud ; Dr. soc. 2012. 944, note Lerouge ; LPA 2012, n° 191, p. 7, note Mourey ; Dr. pénal 2012, n° 9, p. 3 ; ibid., n° 10, p. 23 ; Gaz. Pal. 2012, n°s 293-294, p. 13, note Frouin ; RJPF 2012, n°s 9-10, p. 15, note Lobe-Lobas.* – Crim. 27 nov. 2012, n° 11-85.686. – Crim. 9 avr. 2013, n° 12-82.367. – Crim. 26 juin 2013, n° 11-85.377. – Crim. 22 oct. 2013, n° 12-84.320. – Crim. 14 nov. 2017, n° 16-85.161.
2012	4 mai	**Mandat et discipline des juges consulaires** **2012-241 QPC.** EURL David Ramirez : *JO 5 mai, p. 8016 ; Rec. Cons. const. 236 ; D. 2012. 1191 ; ibid. 1413, point de vue Vallens ; RTD com. 2012. 621, chron. Vallens ; ibid. 1626, note Fricero ; ibid. 2013. 1584, obs. Jacquinot et Mangiavillano ; AJDA 2014. 142, étude Quinart ; RTD com. 2012. 621, chron. Vallens ; Mél. en l'honneur du Professeur Paul Le Cannu, Dalloz, LGDJ-Lextenso-éditions, 2014, p. 96, note Boillot ; JCP 2012, n°s 20-21, p. 986, note Lévy et Raschel ; ibid. n° 36, p. 1590, chron. Mathieu ; JCP E 2012. 1365, note Vallansan ; Gaz. Pal. 2012, n°s 251-252, p. 34, note Amrani-Mekki ; ibid. 2013, n° 90, p. 7, note*

		Boillot ; LPA 2012, n° 196, p. 13, chron. Bourdoiseau ; ibid. 2013, n° 90, p. 7, note Boillot ; BJE 2012, n° 5, p. 296, note Saint-Alary-Houin : – **C. com., art. L. 722-6 à L. 722-16, L. 724-1 à L. 724-6**. – *Mandat des juges des tribunaux de commerce* (C. com., art. L. 722-6 à L. 722-16). • Absence de méconnaissance des principes d'impartialité et d'indépendance des juridictions et de la séparation des pouvoirs (DDH, art. 16). Les dispositions du C. com. instituent toutes les garanties prohibant qu'un juge d'un tribunal de commerce participe à l'examen d'une affaire dans laquelle il a un intérêt, même indirect. Le livre Ier du COJ s'applique aux tribunaux de commerce. En conséquence, les art. relatifs à la récusation concernent les juges des tribunaux de commerce. • Absence d'atteinte au principe d'égal accès aux emplois publics (DDH, art. 6) en raison des règles spécifiques et de la compétence particulière des tribunaux de commerce, spécialisés en matière commerciale. Le C. com. fixe les règles relatives à l'élection des juges des tribunaux de commerce (modalité d'élection, nationalité, ancienneté, expérience professionnelle et expérience juridictionnelle pour les fonctions les plus importantes). – *Discipline des juges des tribunaux de commerce* (C. com., art. L. 724-1 à L. 724-6). Absence d'atteinte au principe d'égalité (DDH, art. 6). Les juges des tribunaux de commerce exerçant une fonction publique élective ne sont pas soumis au statut des magistrats et ne sont pas placés dans une situation identique à celle des magistrats. En conséquence, ils ne sont pas soumis au même régime disciplinaire (la saisine l'organe disciplinaire d'une plainte contre un juge du tribunal de commerce est de la compétence du ministre de la justice contrairement au CSM qui peut être saisi directement par le justiciable pour les magistrats judiciaires). – **Conformité**. – **Décision de renvoi :** Com., QPC, 6 mars 2012, n° 11-40.102 : *D. 2012. 745*.
2012	4 mai	**Droit de 150 euros dû par les parties à l'instance d'appel** **2012-252 QPC.** SELARL Le Discorde-Deleau : *JO 5 mai, p. 8019 ; Rec. Cons. const. 244 ; D. 2013. 1584, obs. Jacquinot et Mangiavillano* : – **LFR n° 2009-1674 du 30 déc. 2009 pour 2009, art. 54**. – **Non-lieu à statuer** en raison de la déclaration de conformité de l'art. 54 de la loi du 30 déc. 2009 par la Décis. n° 2012-234 QPC. – **Décision de renvoi :** CE, QPC, 28 mars 2012, *SELARL Le Discorde-Deleau*, n° 353535 : *AJDA 2012. 678*.
2012	14 mai	**Licenciement des salariés protégés au titre d'un mandat extérieur à l'entreprise** **2012-242 QPC.** Assoc. Temps de vie : *JO 15 mai, p. 9096 ; Rec. Cons. const. 259 ; D. 2012. 1340 ; ibid. 2622, obs. Lokiec et Porta ; Dr. soc. 2012. 796, note Bonnet ; Constitutions 2012. 459, chron. Radé ; RSC 2012. 871, obs. Cerf-Hollender ; JCP 2012, n° 36, p. 1590, chron. Mathieu ; JCP S 2012, n° 28, p. 33, note Boulmier* ; Gaz. Pal. 2012, *n°s 295-297, p. 21, note Botton ; RFDC 2012. 866, note Bernaud* : – **C. trav., art. L. 2411-1-13°, L. 2411-3 et L. 2411-18**. – Absence d'atteinte disproportionnée à la liberté d'entreprendre et à la liberté contractuelle (DDH, art. 4). Les dispositions précitées prévoient

		que les salariés exerçant un mandat de membre du conseil ou d'administrateur d'une caisse de sécurité sociale ne peuvent être licenciés qu'après autorisation de l'inspecteur du travail. L'objectif du législateur est de préserver leur indépendance dans l'exercice de leur mandat (but d'intérêt général). ***Toutefois***, la protection assurée au salarié découle de l'exercice d'un mandat extérieur à l'entreprise. Les dispositions du C. trav. contestées ne sauraient sans porter une atteinte disproportionnée à la liberté d'entreprendre et à la liberté contractuelle permettre au salarié protégé de se prévaloir d'une telle protection dès lors qu'il est établi qu'il n'en a pas informé son employeur au plus tard lors de l'entretien préalable au licenciement : **Réserve**. – **Conformité sous réserve**. – **Décision de renvoi :** Soc., QPC, 7 mars 2012, n° 11-40.106 P : *JCP 2012, n° 22, p. 1079, obs. Mathieu.* – **Application de la décision :** Soc. 14 sept. 2012, n° 11-21.307 P : *D. 2012. 2179 ; RDT 2013. 48, obs. Verdier ; Constitutions 2012. 624, obs. Radé.*
2012	14 mai	**Saisine obligatoire de la commission arbitrale des journalistes et régime d'indemnisation de la rupture du contrat de travail** **2012-243/244/245/246 QPC.** Sté Yonne Républicaine et a. : *JO 15 mai, p. 9097 ; Rec. Cons. const. 263 ; D. 2012. 1340 ; ibid. 2991, obs. Clay ; Dr. soc. 2012. 1039, étude Sintives ; RDT 2012. 438, obs. Serverin ; Constitutions 2012. 456, chron. Radé ; Dr. soc. 2012. 1039, étude Sintives ; Procédures 2012, n° 7, p. 18, obs. Bugada ; JCP S 2012. 1343, obs. Dauxerre ; JCP 2012, n° 36, p. 1590, chron. Mathieu ; LPA 2013, n° 60, p. 6, note Bourdoiseau ; RLDI 2012, n° 84, p. 28, note Derieux :* – **C. trav., art. L. 7112-3 et L. 7112-4**. – C. trav., art. L. 7112-3. Absence d'atteinte au principe d'égalité devant la loi (DDH, art. 6) dans l'instauration d'un régime spécial d'indemnisation de la rupture du contrat de travail pour les seuls journalistes professionnels. La mise en place d'un régime spécifique par le législateur tient compte de la nature particulière du travail des journalistes, qui sont placés dans une situation différente de celle des autres salariés : **Conformité**. – C. trav., art. L. 7112-4. • Absence d'atteinte au principe d'égalité devant la justice (DDH, art. 16). En confiant l'évaluation de l'indemnité de licenciement des journalistes salariés lorsque leur ancienneté excède 15 ans et la compétence de réduire ou de supprimer l'indemnité, dans tous les cas de faute graves ou répétées d'un journaliste, à la commission arbitrale des journalistes composée majoritairement de personnes désignées par des organisations professionnelles, le législateur a entendu prendre en compte la spécificité de cette profession. • Absence d'atteinte au droit à un recours juridictionnel effectif (DDH, art. 16). Les décisions de cette commission peuvent faire l'objet d'un recours en annulation : **Conformité**. – **Conformité**. – **Décisions de renvoi :** Soc., QPC, 9 mars 2012, 4 arrêts, n°s 11-22.849, 11-22.850, 11-22.879 et 11-40.109 P : *D. 2012. 822 ; Dr. soc. 2012. 924, chron. Dumortier, Landais, Florès et Struillou.*

		– **Application de la décision :** Soc. 6 nov. 2013, n°s 11-22.849, 11-22.850 et 11-22.879.
2012	16 mai	**Ordonnance d'expropriation pour cause d'utilité publique** **2012-247 QPC.** Cts Lazaro : *JO 17 mai, p. 9153 ; Rec. Cons. const. 267 ; D. 2012. 1334 ; AJDA 2012. 1030 ; AJDI 2012. 767, obs. Gilbert ; ibid. 2013. 189, étude Bourdon ; RDI 2012. 393, note Hostiou ; JCP Adm. 2012, n° 21, p. 5 ; LPA 2013, n° 61, p. 5, note Gicquel :* – **C. expr., art. L. 12-1.** – Le transfert de propriété des immeubles ou de droits réels immobiliers est opéré, à défaut d'accord amiable, par voie d'ordonnance du juge de l'expropriation. – Absence d'atteinte à une procédure juste et équitable (DDH, art. 16) et au droit de propriété (DDH, art. 17). L'art. L. 12-1 C. expr. permet notamment au juge de l'expropriation de rendre son Ord. portant transfert de propriété après constat légal de l'utilité publique, de contester devant la juridiction administrative la déclaration d'utilité publique et l'arrêté de cessibilité, au juge de l'expropriation de vérifier uniquement que le dossier transmis par l'autorité expropriante est constitué conformément aux dispositions de C. expr. L'Ord. d'expropriation peut être attaquée par la voie de recours en cassation. L'Ord. fixant les indemnités d'expropriation survient au terme d'une procédure contradictoire et peut faire l'objet d'un recours. Par ailleurs, selon l'art. L. 12-5 C. expr., « En cas d'annulation par une décision définitive du juge administratif de la déclaration d'utilité publique ou de l'arrêté de cessibilité, tout exproprié peut faire constater par le juge de l'expropriation que l'ordonnance portant transfert de propriété est dépourvue de base légale ». – **Conformité.** – **Décision de renvoi :** Civ. 3e, QPC, 15 mars 2012, n° 11-23.323 P : *AJDA 2012. 575 ; D. 2012. 881.*
2012	16 mai	**Accès aux origines personnelles** **2012-248 QPC.** M. Mathieu E. : *JO 17 mai, p. 9154 ; Rec. Cons. const. 270 ; D. 2012. 1330 ; AJDA 2012. 1036 ; AJ fam. 2012. 406, obs. Chénedé ; RDSS 2012. 750, note Roman ; RTD civ. 2012. 520, obs. Hauser ; Dr. fam. 2012, n°s 7-8, p. 25, note Neirinck ; RJPF 2012, n° 6, p. 16, note Le Boursicot ; RFDC 2012. 869, note Nicolas ; LPA 2013, n° 61, p. 7, note Gicquel ; ibid., n° 165, p. 4, note Bourgault-Coudevylle :* – **CASF, art. L. 147-6 et L. 222-6.** – Absence d'atteinte aux exigences constitutionnelles de protection de la santé (Préamb. Const. 1946, al. 11). L'art. L. 222-6 CASF permet à toute femme de disposer du droit à l'anonymat et à la gratuité de la prise en charge lors de l'accouchement dans un établissement sanitaire. L'objectif du législateur est d'éviter le déroulement de grossesses et d'accouchements dans des conditions susceptibles de mettre en danger la santé de la mère et de l'enfant et de prévenir les infanticides ou *abandons d'enfants.* – Absence d'atteinte au respect dû à la vie privée (DDH, art. 2) et au droit de mener une vie familiale normale (Préamb. Const. 1946, al. 10). L'art. L. 222-6 CASF permet aux femmes d'accoucher sous X, d'être informées des conséquences juridiques en résultant pour l'enfant, de

		l'importance pour ce dernier de connaître ses origines et d'être incitées à laisser des renseignements. L'art. L. 147-6 CASF organise les conditions dans lesquelles peut être levé le secret. Ainsi le législateur a entendu faciliter la connaissance par l'enfant de ses origines personnelles. Les dispositions précitées permettent également à la mère de s'opposer à toute révélation de son identité. Il n'appartient pas au Cons. const. de substituer son appréciation à celle du législateur sur l'équilibre défini entre les intérêts de la mère de naissance et ceux de l'enfant. – **Conformité**. – **Décision de renvoi :** CE, QPC, 16 mars 2012, *M. Mathieu E.*, n° 355087 : *AJDA 2012. 576 ; D. 2012. 1432, obs. Granet-Lambrechts.*
2012	16 mai	**Prélèvement des cellules du sang de cordon ou placentaire ou des cellules du cordon ou du placenta** **2012-249 QPC.** Sté Cryo-Save France : *JO 17 mai, p. 9155 ; Rec. Cons. const. 274 ; D. 2012. 1339 ; ibid. 2013. 663, obs. Galloux et Gaumont-Prat ; Constitutions 2012. 474, chron. Bioy et Rial-Sebbag ; RDSS 2012. 851, note Lohéac-Derboulle ; Dr. fam. 2012, n°s 7-8, p. 5 ; Gaz. Pal. 2012, n°s 295-297, p. 19, note V. Mazeaud ; RFDC 2012. 874, note Nicolas ; LPA 2013, n° 61, p. 7, note Gicquel ; RLDC 2012, n° 95, p. 62, note Roche :* – **CSP, art. L. 1241-1, al. 4, IV**. – Encadrement du régime de prélèvement des cellules et du sang du cordon ombilical et du placenta. – Absence d'atteinte à la liberté personnelle (DDH, art. 1er, 2 et 4). Le législateur a retenu le principe du don anonyme et gratuit de ces cellules, a interdit la conservation du sang du cordon ou placentaire en vue d'une utilisation ultérieure au sein de la famille. Le conditionnement du prélèvement de ces cellules au consentement écrit de la femme concernée n'a pas pour objet ni pour effet de conférer des droits sur ces cellules (qui étaient, avant la L. du 7 juill. 2011, considérées comme des résidus opératoires). Le Cons. const. ne dispose pas d'un pouvoir général d'appréciation et de décision de même nature que celui du Parlement de substituer son appréciation à celle du législateur sur les conditions dans lesquelles de telles cellules peuvent être prélevées et les utilisations auxquelles elles sont destinées. – Absence d'atteinte à la protection de la santé (Préamb. Const. 1946, al. 11) concernant l'impossibilité de procéder à un prélèvement de cellules du sang de cordon ou placentaire ou de cellules du cordon ou du placenta aux seules fins de conservation par la personne pour un éventuel usage ultérieur notamment dans le cadre familial sans qu'une nécessité thérapeutique lors du prélèvement ne le justifie. Le Cons. const. ne dispose pas d'un pouvoir général d'appréciation de même nature que celui du Parlement afin de remettre en cause, au regard de l'état des connaissances et des techniques, les dispositions ainsi prises par le législateur. – Absence d'atteinte au principe d'égalité (DDH, art. 6) dans le fait que le législateur réserve la possibilité de prélever du sang de cordon pour un usage familial (enfant né ou fratrie) uniquement à usage thérapeutique avéré et dûment justifié lors du prélèvement. – **Conformité**.

		– **Décision de renvoi :** CE, QPC, 19 mars 2012, *Sté Cryo-Save France*, n° 348764 B : *JCP 2012, n° 22, p. 1077, obs. Mathieu.*
2012	8 juin	**Composition de la commission centrale d'aide sociale** **2012-250 QPC.** M. Christian G. : *JO 9 juin, p. 9794 ; Rec. Cons. const. 281 ; D. 2012. 1132 ; AJDA 2012. 1132 ; ibid. 1865, note Rihal ; RDSS 2012. 766, obs. Dagorne-Labbe ; JCP Adm. 2012, n° 24, p. 5 ; JCP 2012, n° 36, p. 1590, chron. Mathieu ; Dr. adm. 2012, n° 10, p. 24, note Boudon ; RFDC 2012. 878, note Le Quinio ; LPA 2013, n° 60, p. 7, note Bourdoiseau* : – **CASF, art. L. 134-2**. – Méconnaissance des principes d'impartialité et d'indépendance des juridictions (DDH, art. 16). Absence de garanties appropriées permettant de satisfaire au principe d'indépendance des fonctionnaires membres des sections ou sous-sections, rapporteurs ou commissaires du Gouvernement de la commission centrale d'aide sociale, juridiction administrative spécialisée. Absence de garanties d'impartialité faisant obstacle à ce que les fonctionnaires exercent leurs fonctions au sein de la commission lorsque cette juridiction connaît de questions relevant des services à l'activité desquels ils ont participé. Ainsi, la référence aux fonctionnaires figurant aux 4e, 6e et 7e al. de l'art. L. 134-2 CASF est contraire à la Const. 58. Sont abrogés, à l'art. L. 134-2 CASF, les mots « fonctionnaires ou » (4e al.) ; les mots « soit parmi les fonctionnaires des administrations centrales des ministères » (6e al.) et les mots « et les fonctionnaires du ministère chargé de l'aide sociale ». En conséquence au 7e al. du même art., après les mots : « les membres du Conseil d'État », la virgule est remplacée par le mot « et » : **Non-conformité partielle**. – **Non-conformité partielle** avec effet à compter de la date de publication de la Décis. Les Décis. rendues antérieurement par la commission ne peuvent être remises en cause sur le fondement de cette inconstitutionnalité que si une partie l'a invoquée à l'encontre d'une Décis. n'ayant pas acquis un caractère définitif au jour de la publication de la Décis. n° 2012-250 QPC. – **Décision de renvoi :** CE, QPC, 19 mars 2012, *Godard*, n° 352843 B : *AJDA 2012. 576.* – **Application de la décision :** CE 18 déc. 2013, n° 352843 : *JCP 2014, n° 7, p. 345, chron. Mathieu.*
2012	8 juin	**Taxe sur les boues d'épuration** **2012-251 QPC.** COPACEL et a. : *JO 9 juin, p. 9795 ; Rec. Cons. const. 285 ; D. 2012. 1554 ; AJDA 2012. 1132 ; Constitutions 2012. 468, chron. Barilari ; RJF 2012, n° 8, p. 763* : – **C. assur., art. L. 425-1**. – Création d'un fonds de garantie des risques liés à l'épandage agricole des boues d'épuration urbaines et industrielles financé par une taxe annuelle due par les producteurs de boues et dont l'assiette est la *quantité de matière* sèche de boues produite. – Le choix du législateur de favoriser l'élimination des boues d'épuration au moyen de l'épandage ne peut être remis en cause par le Cons. const. qui ne dispose pas du même pouvoir d'appréciation de même nature que celui du Parlement.

		– Absence de violation du principe d'égalité devant les charges publiques (DDH, art. 13) de l'art. L. 425-1 C. assur. qui soumet à la taxe toute les boues produites et non pas uniquement les boues épandues : **Conformité**. – ***Toutefois***, ne peuvent être soumises à la taxe les boues que le producteur n'a pas l'autorisation d'épandre (soit parce que ces boues ne répondent pas aux conditions réglementaires pour l'épandage, soit parce que le contrôle administratif a localement limité la possibilité d'épandage à une certaine proportion) : **Réserve**. – **Conformité avec réserve**. – **Décision de renvoi :** CE, QPC, 26 mars 2012, *COPACEL*, n° 351252 : *AJDA 2012. 624*. – **Application de la décision :** CE 20 mars 2013, *COPACEL*, n° 351252.
2012	8 juin	**Ivresse publique** **2012-253 QPC.** M. Mickaël D. : *JO 9 juin, p. 9796 ; Rec. Cons. const. 289 ; D. 2012. 1136 ; ibid. 1555 ; AJDA 2012. 1136 ; Constitutions 2012. 479, chron. Bioy ; JCP 2012, n° 25, p. 1214 ; ibid. n° 36, p. 1590, chron. Mathieu ; Gaz. Pal. 2012, nos 186-187, p. 11, note Detraz ; Dr. pénal 2012, n° 9, p. 52, note Robert ; Procédures 2012, nos 8-9, p. 17, note Chavent-Leclère ; RFDC 2013. 216, note Tzutzuiano ; LPA 2013, n° 60, p. 11, note Tellier-Cayrol ; ibid., n° 61, p. 5, note Gicquel ; ibid., n° 140, p. 14, chron. Blachèr :* – **CSP, art. L. 3341-1**. – Absence de méconnaissance de l'exigence selon laquelle toute privation de liberté doit être nécessaire, adaptée et proportionnée aux objectifs de préservation de l'ordre public et de la protection de la santé. L'objet des dispositions de l'art. L. 3341-1 CSP est de prévenir les atteintes à l'ordre public et de protéger la personne trouvée en état d'ivresse sur la voie publique en la plaçant dans un local ou en chambre de sûreté jusqu'à ce qu'elle ait recouvré la raison. Ces mesures sont des mesures de police administrative qui permettent aux agents de police ou de gendarmerie, investis d'une mission de sécurité publique, de placer en cellule de dégrisement une personne après avoir constaté son état d'ivresse se manifestant par son comportement. Même s'il n'est pas prévu de délai pour cette privation de liberté, le placement n'est permis que le temps nécessaire pour que la personne recouvre la raison, c'est-à-dire quelques heures au maximum. Ce placement n'est pas considéré comme une détention arbitraire car il est prévu, organisé et limité par la loi. Par ailleurs, l'absence d'intervention de l'autorité judiciaire ne méconnaît pas les exigences de l'art. 66 Const. 58 : **Conformité**. – ***Toutefois***, lorsque la personne est placée en garde à vue après son placement en chambre de sûreté, la protection constitutionnelle de la liberté individuelle par l'autorité judiciaire exige que la durée du placement en chambre de sûreté, qui doit être consigné dans tous les cas par les agents de la police ou de la gendarmerie, soit prise en compte dans la durée de la garde à vue : **Réserve**. – **Conformité avec réserve**. – **Décision de renvoi :** Crim., QPC, 27 mars 2012, n° 12-81.691 : *Dr. pénal 2012, n° 5, p. 40, comm. Maron et Haas*.

2012	18 juin	**Régimes spéciaux de sécurité sociale** **2012-254 QPC.** Fédération de l'énergie et des mines – Force ouvrière FNEM FO : *JO 19 juin, p. 10179 ; Rec. Cons. const. 292 ; D. 2012. 1622 ; JCP 2012, n° 36, p. 1590, chron. Mathieu ; Gaz. Pal. 2012, n°s 295-297, p. 22, note Sénac ; JCP S 2012, n° 37, p. 8, note Prétot :* – **CSS, art. L. 711-1.** – La méconnaissance par le législateur de sa compétence ne prive pas de garanties légales les exigences découlant du 11e al. du Préamb. Const. 1946. Elle n'affecte par elle-même aucun droit ou liberté que la Constitution garantit. Ainsi, en l'espèce, le législateur a prévu que, parmi les branches d'activités ou entreprises faisant déjà l'objet d'un régime spécial de sécurité sociale le 6 oct. 1945, celles qui sont énumérées par Décr. en CE demeurent provisoirement soumises à une organisation spéciale de sécurité sociale. Par ailleurs, le législateur a permis au pouvoir réglementaire d'établir pour chacune de ces branches d'activités ou entreprises une organisation de sécurité sociale dotée de l'ensemble des attributions définies à l'art. L. 111-1 CSS. – **Conformité.** – **Décision de renvoi :** CE, QPC, 4 avr. 2012, *Fédération de l'énergie et des mines – Force ouvrière FNEM FO*, n° 353781 : *Dr. soc. 2012. 924, chron. Dumortier, Landais, Florès et Struillou ; JCP 2012, n° 22, p. 1077, obs. Mathieu.* – **Application de la décision :** CE 27 nov. 2013, *Synd. nat. CFDT des mineurs et assimilés et du personnel du régime minier*, n° 353703 B.
2012	18 juin	**Suspension de la prescription des créances contre les personnes publiques** **2012-256 QPC.** M. Boualem M. : *JO 19 juin, p. 10180 ; Rec. Cons. const. 295 ; AJDA 2012. 1191 ; D. 2012. 1623 ; JCP Adm. 2012, n° 25, p. 3 ; Dr. et pr. 2012. 237, note Fricero ; RFDC 2012. 884, note Mangiavillano :* – **L. n° 68-1250 du 31 déc. 1968 relative à la prescription des créances sur l'État, les départements, les communes et les établissements publics, art. 3.** – Absence de méconnaissance du principe d'égalité (DDH, art. 6). La loi du 31 déc. 1968 ne prévoit pas que la prescription de créances détenues par un mineur non émancipé à l'encontre d'une personne publique soit supendue en raison de l'état de minorité. Aucune exigence constitutionnelle n'impose que les créances sur les personnes publiques soient soumises aux mêmes règles que les créances civiles. La différence de traitement instaurée par le législateur entre les créanciers mineurs non émancipés soumis aux dispositions du C. civ. et ceux se prévalant d'une créance à l'encontre d'une personne publique visée par l'art. 1er de la loi du 31 déc. 1968 est fondée sur une différence de situation en rapport direct avec l'objet de la loi qui l'établit. – Absence de méconnaissance du droit à un recours juridictionnel effectif (DDH, art. 16). Le représentant légal du mineur doit agir pour préserver les droits de ce dernier. Les dispositions de la loi du 31 déc. 1968 réservent le cas où le représentant légal est lui-même dans l'impossibilité d'agir ainsi que les hypothèses dans lesquelles il ignore de façon légitime l'existence de la créance. – **Conformité.**

		– **Décision de renvoi :** CE, QPC, 11 avr. 2012, *M. Boualem M.*, n° 356115 : *AJDA 2012. 792.* – **Application de la décision :** CAA Paris, 27 nov. 2012, *M. Boualem M.*, n° 11PA02058.
2012	18 juin	**Convocation et audition par un OPJ en enquête préliminaire** **2012-257 QPC.** Société Olano Carla et a. : *JO 19 juin, p. 10181 ; Rec. Cons. const. 298 ; D. actu. 27 juin 2012, note Girault ; D. 2012. 1614 ; AJ pénal 2012. 602, note Perrier ; Constitutions 2012. 442, chron. Darsonville ; ibid. 638, note Le Bot ; LPA 2012, n° 129, p. 4, note Perrotin ; ibid. 2013, n° 60, p. 11, note Tellier-Cayrol ; ibid., n° 140, p. 14, note Blachèr ; Gaz. Pal. 2012, n°s 190-192, p. 17, note Bachelet ; ibid. 2013, n°s 209-211, p. 4, note Roets ; Procédures 2012, n°s 8-9, p. 17, note Chavent-Leclère ; RFDC 2013. 214, note Anane* : – **C. pr. pén., art. 78**. – Possibilité pour l'OPJ de convoquer et entendre toute personne (simples témoins ou personnes soupçonnées d'avoir commis ou tenté de commettre une infraction) pour les besoins de l'enquête et obligation de comparaître pour les intéressés convoqués. Un procès-verbal est dressé de leurs déclarations. – Absence de conciliation déséquilibrée entre la prévention des atteintes à l'ordre public et la recherche des auteurs d'infraction, d'une part, et l'exercice des libertés constitutionnellement garanties, d'autre part, dans le fait de prévoir une obligation de comparution qui peut être imposée par la force publique par l'OPJ, avec l'autorisation préalable du procureur de la République : **Conformité**. – Il résulte des dispositions de l'al. 1er de l'art. 78 C. pr. pén. qu'une personne à l'encontre de laquelle il apparaît qu'il existe des raisons plausibles de soupçonner qu'elle a commis ou tenté de commettre une infraction peut être entendue par les enquêteurs en dehors du régime de la garde à vue dès lors qu'elle n'est pas maintenue à leur disposition sous la contrainte. ***Toutefois***, le respect des droits de la défense exige qu'une personne ne puisse être entendue ou continuer à être entendue librement par les enquêteurs que si elle a été informée de la nature et de la date de l'infraction qu'on la soupçonne d'avoir commise et de son droit de quitter à tout moment les locaux de police ou de gendarmerie : **Réserve**. – **Conformité avec réserve.** Cette réserve est applicable aux auditions réalisées postérieurement à la publication de la Décis. – **Décision de renvoi :** Crim., QPC, 11 avr. 2012, n° 11-87.333 P : *D. 2012. 1129.* – **Applications de la décision :** Crim. 3 avr. 2013, n° 11-87.333 P : *D. actu. 29 avr. 2013, obs. Le Drevo ; D. 2013. 1005 ; AJ pénal 2013. 411, obs. Ascensi.* – Crim. 11 juin 2013, n° 13-81.255.
2012	22 juin	**Nouvelle-Calédonie – Validation – Monopole d'importation des viandes** **2012-258 QPC.** Ét. Bargibant SA : *JO 23 juin, p. 10356 ; Rec. Cons.*

		const. 308 ; D. 2012. 1617 ; RFDA 2012. 977, note Sénac ; Constitutions 2012. 638, obs. Le Bot : – **L. du pays n° 2011-6 du 17 oct. 2011 portant validation des actes pris en application des art. 1er et 2 de la délibération n° 116/CP du 26 mai 2003 relative à la régulation des importations de viandes et abats en Nouvelle-Calédonie**. – L'objet de cette loi, adoptée à la suite du jugement du TA de Nouvelle-Calédonie du 9 août 2007 et de l'arrêt de la CAA de Paris du 1er févr. 2010, est, d'une part, de rétablir le monopole institué par la Délib. du 26 mai 2003 confiant à l'Office de commercialisation et d'entreposage frigorifique (OCEF) l'exclusivité de l'importation en Nouvelle-Calédonie des viandes et, d'autre part, de valider les actes pris en application des art. 1er et 2 de cette délibération. – Absence de méconnaissance du principe de la liberté d'entreprendre (DDH, art. 4) eu égard aux particularités de la Nouvelle-Calédonie et au besoin d'approvisionnement du marché local. L'atteinte portée à la liberté d'entreprendre par le monopole confié à l'OCEF en complément de sa mission de service public par la Délib. de 2003 ne revêt pas un caractère disproportionné : **Conformité**. – Absence d'atteinte aux principes de DDH, art. 16. Le législateur a validé par la même L. du pays des actes réglementaires et individuels pris en application des art. 1er et 2 de la Délib. de 2003. ***Toutefois***, aucun motif d'intérêt général suffisant ne justifie que ces dispositions soient rendues applicables aux instances en cours devant les juridictions à la date d'entrée en vigueur de la L. du pays d'oct. 2011. Cette L. du pays ne saurait être applicable aux instances introduites après cette date : **Réserve**. – **Conformité avec réserve**. – **Décision de renvoi :** CE, QPC, 11 avr. 2012, *Ét. Bargibant SA*, n° 356339 : *AJDA 2012. 791 ; RFDA 2012. 977, note Sénac*.
2012	22 juin	**Consentement au mariage et opposition à mariage** **2012-261 QPC.** M. Thierry B. : *JO 23 juin, p. 10357 ; Rec. Cons. const. 312 ; D. 2012. 1611 ; ibid. 1899, point de vue Raoul-Cormeil ; ibid. 2013. 1089, obs. Lemouland et Vigneau ; AJ fam. 2012. 466, note Chénedé ; RTD civ. 2012. 510, obs. Hauser ; Dr. fam. 2012, n° 9, p. 40, note Larribau-Terneyre ; LPA 2013, n° 60, p. 8, note Bourdoiseau :* – **C. civ., art. 146, 175-1 et 180.** – Absence d'atteinte à la liberté du mariage (DDH, art. 2 et 4). Selon l'art. 146 C. civ., pour être valide le mariage exige le consentement des époux ; ainsi, la protection constitutionnelle de la liberté du mariage ne confère pas le droit de contracter mariage à des fins étrangères à l'union matrimoniale. Ensuite, la faculté donnée au procureur de la République par l'art. 175-1 C. civ. de s'opposer à des mariages qui seraient célébrés en violation de règles d'ordre public ne peut pas être regardée comme portant une atteinte excessive à la liberté du mariage. Enfin, l'art. 180 C. civ. prévoit que le consentement au mariage est vicié en cas de contrainte sur un époux ou sur les deux et également en cas d'erreur dans la personne ou sur des qualités essentielles de la personne. En cas d'erreur, seul l'époux victime peut en demander la nullité. En l'absence de consentement libre des époux ou de l'un des époux, le mariage peut également être attaqué par le ministère public. Les dispositions des

		art. 146, 175-1 et 180 C. civ. permettent ainsi au procureur de la République de former opposition au mariage, ou d'en poursuivre l'annulation, en cas de contrainte ; loin de méconnaître le principe de la liberté du mariage, ces dispositions tendent à en assurer la protection. – **Conformité**. – **Décision de renvoi :** Civ. 1re, QPC, 12 avr. 2012, n° 12-40.013 : *AJ fam. 2012. 348, obs. Chénedé ; Dr. fam. 2012, n° 6, p. 5.*
2012	29 juin	**Fonds national de péréquation des droits de mutation à titre onéreux perçus par les départements** **2012-255/265 QPC.** Dpts de la Seine-Saint-Denis et du Var : *JO 30 juin, p. 10805 ; Rec. Cons. const. 315 ; D. 2012. 1680 ; AJCT 2012. 569, note Péchillon ; AJDA 2012. 1310 ; JCP Adm. 2012, n° 27, p. 9 ; RFDC 2012. 882, note Mangiavillano* : – **CGCT, art. L. 3334-18** (dans sa rédaction antérieure à la LF n° 2011-1977 du 28 déc. 2011 pour 2012). – Absence de rupture caractérisée de l'égalité des collectivités devant les charges publiques (DDH, art. 13) et absence d'atteinte au principe de libre administration des collectivités territoriales (Const. 58, art. 78). Les critères de détermination des départements contributeurs et des départements bénéficiaires comme les critères de redistribution retenus sont objectifs et rationnels. Ils sont en lien direct avec l'objectif poursuivi par le législateur de redistribuer les recettes provenant de la part départementale des droits de mutation à titre onéreux. – Absence de méconnaissance du principe d'autonomie financière des départements (Const. 58, art. 72-2). Les dispositions de l'art. L. 3334-18 CGCT ont pour objet de redistribuer une fraction des ressources perçues par les départements à partir d'une assiette locale et en fonction du taux pouvant être modulé par chaque conseil général au sein de cette catégorie de collectivités territoriales. Elles n'ont donc pas pour effet de modifier la part déterminante des ressources propres à cette catégorie. – **Conformité**. – **Décisions de renvoi :** CE, QPC, 4 avr. 2012, *Dpt de la Seine-Saint-Denis*, n° 356633 : *AJDA 2012. 733.* – CE, QPC, 21 mai 2012, *Dpt du Var*, n° 358261 : *AJDA 2012. 1038.* – **Application de la décision :** CE 12 déc. 2012, *Dpt de la Seine-Saint-Denis*, n° 350710.
2012	29 juin	**Statut civil de droit local des musulmans d'Algérie et citoyenneté française** **2012-259 QPC.** M. Mouloud A. : *JO 30 juin, p. 10803 ; Rec. Cons. const. 320 ; D. 2012. 1675* : – **Ord. 7 mars 1944 relative au statut des Français musulmans d'Algérie, art. 3**. – Objet de cet art. : conférer, en raison de leurs mérites, à certains Français musulmans d'Algérie relevant du statut personnel, des droits politiques identiques à ceux qui étaient exercés par les Français de statut civil de droit commun domiciliés en Algérie. – Absence d'atteinte au principe d'égalité devant la loi (DDH, art. 6). Lors de l'indépendance de l'Algérie, l'art. 1er Ord. 21 juill. 1962 relative à certaines dispositions concernant la nationalité française, codifié à

		l'art. 32-1 C. civ., a prévu que les Français de statut civil de droit commun domiciliés en Algérie après l'autodétermination conservent leur nationalité française. L'accession à la citoyenneté française à titre personnel pour certains Français musulmans d'Algérie en application de l'art. 3 Ord. 7 mars 1944 ne permet pas, pour conserver la nationalité française, de bénéficier de l'application de l'art. 32-1 C. civ. Ainsi, le principe d'égalité n'imposait pas que des personnes ayant les mêmes droits politiques soient soumises au même statut civil et aux mêmes règles concernant la conservation de la nationalité française. L'art. 3 Ord. 7 mars 1944 n'a pas pour effet de soumettre à un traitement différent des personnes placées dans la même situation. – **Conformité**. – **Décision de renvoi :** Civ. 1re, QPC, 12 avr. 2012, n° 11-24.756. – **Application de la décision :** Civ. 1re, 19 déc. 2012, n° 11-24.756.
2012	29 juin	**Mariage d'une personne en curatelle** **2012-260 QPC.** M. Roger M. : *JO 30 juin, p. 10804 ; Rec. Cons. const. 323 ; D. 2012. 1675 ; ibid. 1899, point de vue Raoul-Cormeil ; ibid. 2699, obs. Noguéro et Plazy ; ibid. 2013. 1089, obs. Lemouland et Vigneau ; AJ fam. 2012. 463, note Verheyde ; RTD civ. 2012. 510, obs. Hauser ; Dr. fam. 2012, n° 9, p. 47, note Bruggeman ; RJPF 2012, nos 9-10, p. 36, note Leborgne ; LPA 2013, n° 60, p. 8, note Bourdoiseau* : – **C. civ., art. 460, al. 1er**. – Absence d'atteinte à la liberté du mariage (DDH, art. 2 et 4). Le mariage est un acte important de la vie civile au regard des obligations personnelles et patrimoniales. Le législateur ne porte pas atteinte à cette liberté en subordonnant le mariage d'une personne en curatelle à l'autorisation du curateur ou à défaut à celle du juge des tutelles. – **Conformité**. – **Décision de renvoi :** Civ. 1re, QPC, 12 avr. 2012, n° 11-25.158 : *D. 2012. 2699, obs. Noguéro et Plazy ; RTD civ. 2012. 293, obs. Hauser ; Dr. fam. 2012, n° 6, p. 5, ibid., p. 26.* – **Application de la décision :** Civ. 1re, 5 déc. 2012, n° 11-25.158 : *D. actu. 17 déc. 2012, note de Ravel d'Esclapon ; D. 2012. 2964 ; AJ fam. 2013. 61, obs. Verheyde ; RTD civ. 2013. 93, obs. Hauser ; Gaz. Pal. 2013, nos 97-99, p. 14, note Régis.*
2012	13 juill.	**Projets de règles et prescriptions techniques applicables aux installations classées pour la protection de l'environnement soumises à autorisation** **2012-262 QPC.** Assoc. France Nature Environnement : *JO 14 juill., p. 11635 ; Rec. Cons. const. 326 ; D. 2012. 1828 ; ibid. 2557, obs. Trébulle ; Constitutions 2012. 657, obs. Foucher ; AJDA 2012. 1430 ; AJCT 2012. 492, note Moliner-Dubost ; JCP Adm. 2012, nos 29-33, p. 4 ; JCP 2012, n° 36, p. 1590, chron. Mathieu ; ibid. 2014, n° 12, p. 567, chron. Verpeaux et Macaya ; RFDC 2013. 188, note Crottet ; RJ envir. 2013, n° 1, p. 161, note Schneider* : – ***C. envir., art. L. 512-5, al. 1er*, dernière phrase**. – Atteinte au principe de participation (Charte envir., art. 7). Les projets de règles et prescriptions techniques que doivent respecter, en vertu de l'art. L. 512-5 C. envir., les installations classées pour la protection de l'environnement soumises à autorisation constituent des

		décisions publiques ayant une incidence sur l'environnement. Ils font l'objet d'une publication, éventuellement par voie électronique, avant leur transmission au Conseil supérieur de la prévention des risques technologiques. Ni les dispositions contestées ni aucune autre disposition législative (notamment l'art. L. 120-1 C. envir.) n'assurent la mise en œuvre du principe de participation du public à l'élaboration des décisions publiques en cause. – **Non-conformité** à compter du 1er janv. 2013. – **Décision de renvoi :** CE, QPC, 17 avr. 2012, *Assoc. France Nature Environnement*, n° 356349 : *AJDA 2012. 855 ; JCP 2012, n° 22, p. 1079, obs. Mathieu.* – **Application de la décision :** CE 29 oct. 2013, *Sté Yprema*, nos 353036 et 359134.
2012	13 juill.	**Conditions de contestation par le procureur de la République de l'acquisition de la nationalité par mariage II** **2012-264 QPC.** M. Saïd K. : *JO 14 juill., p. 11636 ; Rec. Cons. const. 330 ; D. 2012. 1821 ; AJ fam. 2012. 561, obs. Chénedé ; RTD civ. 2012. 713, obs. Hauser ; JCP 2012, n° 36, p. 1590, chron. Mathieu ; ibid. 2014, n° 12, p. 567, chron. Verpeaux et Macaya ; LPA 2013, n° 60, p. 8, note Bourdoiseau ; ibid., n° 205, p. 4, chron. Macaya* : – **C. civ., art. 21-2** (dans sa rédaction résultant de la L. n° 2003-1119 du 26 nov. 2003 relative à la maîtrise de l'immigration, au séjour des étrangers en France et à la nationalité) et **art. 26-4** (dans sa rédaction résultant de la loi n° 2006-911 du 24 juillet 2006 relative à l'immigration et à l'intégration). – Absence d'atteinte au respect de la vie privée et au droit de mener une vie familiale normale (DDH, art. 2) concernant l'art. 21-2 C. civ. Le législateur a subordonné l'acquisition de la nationalité par le conjoint d'un ressortissant français à une durée de 2 ans de mariage sans cessation de la communauté de vie et de 3 ans lorsque l'étranger ne justifie pas avoir résidé de manière ininterrompue pendant au moins 1 an en France, à compter du mariage ; il a supprimé la dérogation à ces conditions de délai prévue en cas de naissance d'un enfant à compter du mariage, a précisé le contenu de l'obligation de vie commune au sens de l'art. 215 C. civ. et a exigé que le conjoint étranger justifie d'une connaissance suffisante de la langue française. L' art. 21-2 C. civ. n'empêche pas l'étranger de vivre dans les liens du mariage avec un ressortissant français et de constituer avec lui une famille (V. également Décis. n° 2012-227 QPC) : **Conformité**. – Conformité sous réserve concernant l'art. 26-4 C. civ. déjà prononcée dans Décis. n° 2012-227 QPC. Les modifications de l'art. 21-2 C. civ. issues de la L. du 26 nov. 2003 ne sont pas de nature à modifier l'appréciation de la conformité de l'art. 26-4 C. civ. – **Conformité sous réserve**. – **Décision de renvoi :** Civ. 1re, QPC, 23 mai 2012, n° 11-26.535. – **Application de la décision :** Civ. 1re, 19 déc. 2012, n° 11-26.535.
2012	20 juill.	**Validation législative et rémunération pour copie privée** **2012-263 QPC.** Simavelec : *JO 21 juill., p. 12000 ; Rec. Cons. const. 386 ; D. 2012. 1883 ; ibid. 2836, obs. Sirinelli ; JCP 2012, n° 36,*

		p. 1590, chron. Mathieu ; ibid. 2014, n° 12, p. 567, chron. Verpeaux et Macaya : – **L. n° 2011-1898 du 20 déc. 2011 relative à la rémunération pour copie privée, art. 6-I**. – Ces dispositions ont pour objet, en donnant des règles transitoires dans l'attente d'une nouvelle décision fixant un barème de rémunération pour copie privée de la commission dite de la copie privée (CPI, art. L. 311-5) et pendant un délai ne pouvant excéder 12 mois, d'éviter que l'annulation de cette décision prononcée par le CE (17 juin 2011, *Canal + Distribution, Canal + Terminaux, Motorola SAS, Simavelec, Sté Rue du Commerce*, n°s 324816, 325439, 325463, 325468 et 325469 A : *D. 2011. 1678 ; RTD eur. 2011. 888, obs. Ritleng* : le CE estimant que cette commission aurait dû exclure du champ de la rémunération les supports acquis par les personnes morales à des fins professionnelles) ne produise des effets que ce dernier avait voulu prévenir en reportant les effets de cette annulation. – Absence de méconnaissance des principes constitutionnels de la séparation des pouvoirs et du droit à un recours juridictionnel effectif (DDH, art. 16). Les dispositions de la L. du 20 déc. 2011 préc. ont validé les règles annulées par le CE, tout en mettant fin au motif qui avait conduit à cette annulation. Cette validation n'a pas pour objet de faire obstacle à ce que ces règles puissent être contestées devant le juge administratif pour d'autres motifs. Ces dispositions définissent strictement la portée de la validation, ne contredisent pas les décisions de justice ayant force de chose jugée. Elles sont en cohérence avec la décision du CE, en excluant de la rémunération les fins professionnelles et en évitant tout vide juridique. – **Conformité**. – **Décision de renvoi :** CE, QPC, 16 mai 2012, *Simavelec*, n° 347934 : *Gaz. Pal. 2012, n°s 172-173, p. 29 ; BRDA 2012, n° 10, Info 16.*
2012	20 juill.	**Perte de l'indemnité prévue en cas de décision administrative d'abattage d'animaux malades** **2012-266 QPC.** M. Georges R. : *JO 21 juill., p. 12001 ; Rec. Cons. const. 390 ; D. 2012. 1890 ; ibid. 2684, note Rousseau ; JCP 2012, n° 36, p. 1590, chron. Mathieu ; ibid. 2014, n° 12, p. 567, chron. Verpeaux et Macaya ; LPA 2013, n° 61, p. 11, note Gicquel* : – **C. rur., art. L. 221-2, al. 1er, 2 dernières phrases**. – Absence de méconnaissance des principes de légalité des délits et de proportionnalité des peines (DDH, art. 8). En dehors du droit pénal, l'exigence d'une définition des infractions sanctionnées se trouve satisfaite, en matière administrative, dès lors que les textes applicables font référence aux obligations auxquelles les intéressés sont soumis en raison de l'activité qu'ils exercent, de la profession à laquelle ils appartiennent, de l'institution dont ils relèvent ou de la qualité qu'ils revêtent. En l'espèce, les dispositions de l'art. L. 221-2 C. rur. ne méconnaissent pas l'exigence d'une définition claire et précise des infractions sanctionnées. En effet, elles font référence aux règles zoosanitaires du titre II du livre II C. rur. et aux règlements pris pour leur application et auxquels sont tenus, en raison de leur qualité, les propriétaires d'animaux. Par ailleurs, la sanction administrative instituée par l'art. L. 221-2 C. rur. peut se cumuler avec des sanctions

		pénales (C. rur., art. L. 228-1 et R. 228-1). Le principe même du cumul n'est pas en contradiction avec le principe de proportionnalité des peines. ***Toutefois***, quand une sanction administrative est susceptible de se cumuler avec une sanction pénale, le principe de proportionnalité implique qu'en tout état de cause le montant global des sanctions éventuellement prononcées ne dépasse pas le montant le plus élevé des sanctions encourues : **Réserve**. – Sur la méconnaissance du principe d'égalité (DDH, art. 6). Ce principe serait méconnu si la décision de retrait d'indemnité pouvait résulter d'une infraction, par le propriétaire, aux règles zoosanitaires prévues par le C. rur. sans que cette infraction ait contribué à la situation à l'originie de l'abattage de ses animaux. 2 propriétaires ayant commis le même manquement à ces règles peuvent être traités de manière différente en raison d'une cause étrangère au comportement de l'un d'eux ayant entraîné l'abattage des animaux. Ainsi, selon le Cons. const., la décision de perte d'indemnité ne saurait être prononcée à l'encontre d'un propriétaire que s'il est établi que l'infraction aux règles zoosanitaires, qui justifie cette décision, a contribué à la situation à l'origine de l'abattage des animaux : **Réserve**. – **Conformité sous réserves.** – **Décision de renvoi :** CE, QPC, 23 mai 2012, *Rouquette*, n° 354683 : *Gaz. Pal. 2012, n°s 179-180, p. 29.* – **Application de la décision :** CE 17 juill. 2013, *Rouquette*, n° 354683.
2012	20 juill.	**Sanction du défaut de déclaration des sommes versées à des tiers** **2012-267 QPC.** Mme Irène L. : *JO 21 juill., p. 12003 ; Rec. Cons. const. 394 ; D. 2012. 1892 ; Dr. pénal, n° 10, p. 28, note Robert ; LPA 2013, n° 61, p. 10, note Gicquel ; RD fisc. 2012, n° 40, p. 47, note Ayrault ; JCP 2014, n° 12, p. 567, chron. Verpeaux et Macaya* : – **CGI, art. 1736, I, 1.** – Absence d'atteinte au principe de nécessité, de proportionnalité et d'individualisation des peines (DDH, art. 8). Le législateur a poursuivi un but de lutte contre la fraude fiscale qui constitue un objectif de valeur constitutionnelle en fixant l'amende encourue par l'auteur des versements en proportion des sommes versées. Il a proportionné la sanction en fonction de la gravité des manquements réprimés appréciée à raison de l'importance des sommes non déclarées. Le taux des 50 % retenu pour l'amende n'est pas manifestement disproportionné : **Conformité.** – **Conformité.** – **Décision de renvoi :** CE, QPC, 23 mai 2012, *Lherbeil*, n° 357796 : *RJF 2012, n° 853.* – **Applications de la décision :** CAA Bordeaux, 31 janv. 2013, *Lherbeil*, n° 10BX00642. – CAA Paris, 22 mars 2018, n° 16PA03478.
2012	27 juill.	**Recours contre l'arrêté d'admission en qualité de pupille de l'État** **2012-268 QPC.** Mme Annie M. : *JO 28 juill., p. 12355 ; Rec. Cons. const. 441 ; AJDA 2012. 1551 ; RTD civ. 2012. 718, obs. Hauser ; JCP 2012, n° 36, p. 1590, chron. Mathieu ; ibid. 2013, n° 25, p. 1209, note Dreyer ; ibid. 2014, n° 12, p. 567, chron. Verpeaux et Macaya ; LPA 2012,*

		n° 211, p. 6, note Niemiec-Gombert ; ibid. 2013, n° 165, p. 4, note Bourgault-Coudevylle ; Dr. fam. 2012, n° 10, p. 22, note Neirinck : – **CASF, art. L. 224-8, al. 1er**. – Possibilité, pour les parents, en l'absence d'une déclaration judiciaire d'abandon ou d'un retrait total de l'autorité parentale, pour les alliés de l'enfant ou toute personne justifiant d'un lien avec celui-ci et qui demandent à en assurer la charge, dans un délai de 30 jours, de faire un recours devant le TGI contre l'arrêté du président du conseil général admettant l'enfant en qualité de pupille de l'État. – Méconnaissance du droit des personnes intéressées par l'exercice d'un recours effectif devant une juridiction (DDH, art. 16). Si le législateur a pu choisir de donner qualité pour agir à des personnes dont la liste n'est pas limitativement établie et qui ne sauraient, par conséquent, recevoir toutes individuellement la notification de l'arrêté en cause, il ne pouvait, sans priver de garanties légales le droit d'exercer un recours juridictionnel effectif, s'abstenir de définir les cas et conditions dans lesquels celles des personnes qui présentent un lien plus étroit avec l'enfant sont effectivement mises à même d'exercer ce recours : **Non-conformité**. – **Non-conformité** avec effet différé au 1er janv. 2014. Cette non-conformité n'est applicable qu'à la contestation des arrêtés d'admission en qualité de pupille de l'État pris après cette date. – **Décision de renvoi :** Civ. 1re, QPC, 6 juin 2012, n° 11-27.071 P : *AJDA 2012. 1132 ; AJ fam. 2012. 454 ; RTD civ. 2012. 523, obs. Hauser.* – **Applications de la décision :** Civ. 1re, 9 avr. 2013, n° 11-27.071 : *D. actu. 23 avr. 2013, obs. de Ravel d'Esclapon ; D. 2013. 996 ; ibid. 1100, avis Chevalier ; ibid. 1106, note Douchy-Oudot ; AJ fam. 2013. 308, obs. Salvage-Gerest ; JCP 2013, n° 22, p. 1081, chron. Mathieu.* – L. n° 2013-673 du 26 juill. 2013, art. 1er, en vigueur le 1er janv. 2014.
2012	27 juill.	**Dérogations aux mesures de préservation du patrimoine biologique et principe de participation du public** **2012-269 QPC.** Union départementale pour la sauvegarde de la vie, de la nature et de l'environnement et a. : *JO 28 juill., p. 12356 ; Rec. Cons. const. 445 ; AJDA 2012. 1554 ; D. 2012. 2557, obs. Trébulle ; AJCT 2012. 492, note Moliner-Dubost ; Constitutions 2012. 657, obs. Foucher ; JCP 2012, n° 36, p. 1590, chron. Mathieu ; ibid. 2014, n° 12, p. 567, chron. Verpeaux et Macaya ; Gaz. Pal. 2012, nos 256-257, p. 15, note Berger ; LPA 2013, n° 61, p. 12, note Blachèr ; RSDA 2012, n° 1, p. 89, note Pauliat ; RJ envir. 2013, n° 2, p. 279, note Girard ; RFDC 2013. 188, note Crottet* : – **C. envir., art. L. 411-2, 4°**. – Atteinte au principe de participation (Charte envir., art. 7). L'art. L. 411-2, 4°, C. envir. n'assure aucune participation du public préalablement à l'édiction des mesures autorisant la destruction des espèces protégées. Le législateur a méconnu l'étendue de sa compétence : **Non-conformité**. – **Non-conformité** avec effet différé au 1er sept. 2013. – **Décision de renvoi :** CE, QPC, 4 juin 2012, *Union départementale pour la sauvegarde de la vie, de la nature et de l'environnement et a.*, n° 357337 : *AJDA 2012. 1133.*

		– **Application de la décision :** Ord. n° 2013-714 du 5 août 2013 relative à la mise en œuvre du principe de participation du public défini à l'article 7 de la Charte de l'environnement, art. 5.
2012	27 juill.	**Délimitation des zones de protection d'aires d'alimentation des captages d'eau potable et principe de participation du public** **2012-270 QPC.** Fédération départementale des syndicats d'exploitants agricoles du Finistère : *JO 28 juill., p. 12357 ; Rec. Cons. const. 449 ; AJDA 2012. 1554 ; AJCT 2012. 492, note Moliner-Dubost ; Constitutions 2012. 657, obs. Foucher ; JCP 2012, n° 36, p. 1590, chron. Mathieu ; ibid. 2014, n° 12, p. 567, chron. Verpeaux et Macaya ; Gaz. Pal. 2012, n°s 256-257, p. 15, note Berger ; LPA 2013, n° 61, p. 12, note Blachèr ; RJ envir. 2013, n° 2, p. 279, note Girard ; RFDC 2013. 188, note Crottet* : – **C. envir., art. L. 211-3, 5° du II** (dans sa rédaction issue de la L. n° 2006-1772 du 30 déc. 2006 sur l'eau et les milieux aquatiques). – Atteinte au principe de participation (Charte envir., art. 7). L'art. L. 211-3, 5° du II, C. envir. ne prévoit aucune participation du public lors de la délimitation des zones de protection d'aires d'alimentation de captages d'eau potable et l'établissement, à l'intérieur de celles-ci, d'un programme d'action. Le législateur a méconnu l'étendue de sa compétence : **Non-conformité**. – **Non-conformité** avec effet différé au 1er janv. 2013. – **Décision de renvoi :** CE, QPC, 4 juin 2012, *Fédération départementale des syndicats d'exploitants agricoles du Finistère*, n° 357695 : *AJDA 2012. 1133*. – **Application de la décision :** L. n° 2012-1460 du 27 déc. 2012 relative à la mise en œuvre du principe de participation du public défini à l'article 7 de la Charte de l'environnement, art. 8 : *AJDA 2013. 344, note Delaunay*.
2012	21 sept.	**Immunité pénale en matière de courses de taureaux** **2012-271 QPC.** Assoc. Comité radicalement anti-corrida Europe et a. : *JO 22 sept., p. 15023 ; Rec. Cons. const. 483 ; D. 2012. 2174 ; ibid. 2486, note Daverat ; ibid. 2233, édito. Rome ; ibid. 2917, obs. Roujou de Boubée, Garé, Gozzi, Mirabail et Potaszkin ; AJDA 2012. 1770 ; AJ pénal 2012. 597, note Lacroix ; RFDA 2013. 141, chron. Roblot-Troizier ; RSC 2013. 427, obs. de Lamy ; JCP Adm. 2012, n° 40, p. 9 ; ibid., n° 41, p. 2, note Finon ; Constitutions 2012. 616, obs. Abadie ; Gaz. Pal. 2012, n°s 312-313, p. 6, note Lasserre Capdeville ; ibid. 2013, n°s 97-99, p. 18, note Barbé ; LPA 2012, n° 259, p. 10, note Dubois ; RFDC 2013. 194, note Le Bot ; RSDA 2012, n° 1, p. 35, note Marguénaud ; ibid., p. 89, note Pauliat ; ibid., p. 169, note Le Bot ; Dr. pén. 2012, n° 12, p. 7, note Maréchal ; Rev. pénit. 2012, n° 3, p. 632, note A. Lepage ; RPDP 2012, n° 4, p. 905, note Conte ; JCP 2014, n° 12, p. 567, chron. Verpeaux et Macaya* : – **C. pén., art. 521-1, al. 7.** – Absence d'atteinte au principe d'égalité devant la loi (DDH, art. 6). L'art. 521-1, al. 7, C. pén. exclut de toute répression pénale les courses de taureaux, lorsqu'il existe une tradition locale ininterrompue. Le législateur a entendu que la répression pénale instaurée par l'art. 521-1, al. 1er, C. pén. ne conduise pas à remettre en cause certaines pratiques

		traditionnelles qui ne portent atteinte à aucun droit constitutionnellement garanti. Cette exclusion de responsabilité pénale s'applique uniquement dans les parties du territoire national où l'existence d'une telle tradition ininterrompue est établie et pour les seuls actes qui relèvent de cette tradition. Ainsi, la différence de traitement instaurée par le législateur entre des agissements de même nature accomplis dans des zones géographiques différentes est en rapport direct avec l'objet de la loi. Par ailleurs, la notion de tradition locale ininterrompue ne revêt pas un caractère équivoque, elle est suffisamment précise pour garantir le risque contre l'arbitraire. Il appartient aux juridictions compétentes d'apprécier les situations de fait y correspondant. – **Conformité**. – **Décision de renvoi :** CE, QPC, 20 juin 2012, *Assoc. Comité radicalement anti-corrida Europe et a.*, n° 357798 : *JCP 2012, n° 27, p. 1319 ; Gaz. Pal. 2012, nos 200-201, p. 23.* – **Application de la décision :** TA Paris, 3 avr. 2013, *Fondation Franz-Weber et a.*, n° 1115219 et 1115577 : *Dr. adm. 2013, n° 7, p. 49, note Duvigneau.*
2012	21 sept.	**Procédure de comparution à délai rapproché d'un mineur** **2012-272 QPC.** M. Afif T. : *JO 22 sept., p. 15024 ; Rec. Cons. const. 486 ; D. 2012. 2176 ; D. actu. 5 oct. 2012, obs. Léna ; Constitutions 2012. 609, obs. Darsonville ; AJ pénal. 2013. 49, obs. Perrier ; RFDC 2013. 218, note Fucini ; LPA 2013, n° 205, p. 4, chron. Macaya ; Dr. fam. 2013, n° 1, p. 57, note Bonfils ; JCP 2014, n° 12, p. 567, chron. Verpeaux et Macaya ; RPDP 2013, n° 1, p. 175, note Guérin* : – **Ord. n° 45-174 du 2 févr. 1945 relative à l'enfance délinquante** (dans sa rédaction actuelle : issue de la L. n° 2011-1940 du 26 déc. 2011 visant à instaurer un service citoyen pour les mineurs délinquants), **art. 8-2**. – Absence de méconnaissance du PFRLR en matière de justice pénale des mineurs. Les dispositions de l'art. 8-2 Ord. 2 févr. 1945 permettent au procureur de la République, à tout moment de la procédure, de requérir du juge des enfants de renvoyer le mineur devant la juridiction de jugement compétente pour connaître des délits qui lui sont reprochés. La décision de saisir la juridiction de jugement appartient au juge des enfants qui ne fait droit à la requête du procureur de la République que s'il estime que « des investigations suffisantes sur la personnalité du mineur ont été effectuées, le cas échéant à l'occasion d'une précédente procédure, et que des investigations sur les faits ne sont pas ou ne sont plus nécessaires ». A défaut, il poursuit l'instruction préparatoire après avoir rejeté, par ordonnance susceptible d'appel, la demande du procureur de la République. Ainsi, les dispositions de l'art. 8-2 Ord. 2 févr. 1945 n'empêchent pas que les mineurs soient jugés selon une procédure appropriée à la recherche de leur relèvement éducatif : **Conformité**. – Absence d'atteinte au principe d'intelligibilité concernant les dispositions de l'art. 8-2 Ord. 2 févr. 1945. Si le juge des enfants accepte la demande du procureur de la République, il renvoie le mineur devant la juridiction de jugement compétente dans un délai « compris entre un

		et trois mois ». Lorsque le mineur est renvoyé devant le tribunal correctionnel des mineurs, « ce délai peut être compris entre dix jours et un mois » : **Conformité**. – **Conformité**. – **Décision de renvoi :** Crim., QPC, 20 juin 2012, n° 12-90.019. – **Application de la décision :** TA Paris, 3 avr. 2013, *Fondation Franz-Weber et a.*, n°s 1115219 et 1115577 : *Dr. adm. 2013, n° 7, p. 49, note Duvigneau.*
2012	21 sept.	**Contrôle des dépenses engagées par les organismes de formation professionnelle continue** **2012-273 QPC.** Sté Egilia : *JO 22 sept., p. 15025 ; Rec. Cons. const. 489 ; D. 2012. 2180 ; JCP 2014, n° 12, p. 567, chron. Verpeaux et Macaya* : – **C. trav., art. L. 6362-5, L. 6362-7, L. 6362-10** (dans leur rédaction antérieure à la L. n° 2009-1437 du 24 nov. 2009 relative à l'orientation et à la formation professionnelle tout au long de la vie, pour les 2 derniers art. préc.). – L'art. L. 6362-5 C. trav. met à la charge des organismes prestataires d'activités de formation professionnelle continue des obligations dont la méconnaissance entraîne, en application des art. L. 6362-7 et L. 6362-10 C. trav., le rejet des dépenses exposées au titre de la formation professionnelle continue ainsi que l'obligation de verser au Trésor public une amende égale au montant des dépenses rejetées. Les employeurs participent au financement d'actions de formation professionnelle continue. Les actions conduites au titre de cette formation bénéficient en outre de financements publics. – Absence d'atteinte au principe de la liberté d'entreprendre (DDH, art. 4). L'art. L. 6362-5 C. trav. précise les modalités de contrôle des organismes de formation professionnelle continue par les agents de l'État qui vérifient que les sommes versées par les employeurs et les personnes publiques au titre de la formation professionnelle continue sont bien affectées à cette fin. Le législateur a poursuivi un but d'intérêt général. Ni la liberté d'entreprendre ni aucune autre exigence constitutionnelle ne font obstacle à un contrôle opéré par l'autorité administrative sur les activités et les dépenses de ces organismes. Ainsi, l'atteinte portée à la liberté d'entreprendre par l'art. L. 6362-5 C. trav. n'est pas disproportionnée au regard de l'objectif poursuivi : **Conformité**. – Absence d'atteinte au principe de la légalité des délits (DDH, art. 8). Les sanctions instituées en l'espèce par le législateur ont le caractère de punition. Celui-ci les a définies de manière suffisament précise : **Conformité**. – **Conformité**. – **Décision de renvoi :** CE, QPC, 2 juill. 2012, *Sté Egilia*, n° 358262 : *Gaz. Pal. 2012, n°s 239-243, p. 29.* – **Application de la décision :** CE 1er mars 2013, *Sté Essentiel Formation Entreprises*, n° 357686.
2012	28 sept.	**Calcul de l'indemnité de réduction due par le donataire ou le légataire d'une exploitation agricole en Alsace-Moselle** **2012-274 QPC.** M. Maurice G. : *JO 29 sept., p. 15373 ; Rec. Cons.*

		const. 493 ; D. 2012. 2242 ; AJ fam. 2012. 566 ; JCP 2014, n° 12, p. 567, chron. Verpeaux et Macaya : – **L. du 1er juin 1924 mettant en vigueur la législation civile française dans les départements du Bas-Rhin, du Haut-Rhin et de la Moselle, art. 73, al. 3.** – Les dispositions de l'art. 73 conservent les règles successorales applicables avant 1919 dans les départements du Bas-Rhin, du Haut-Rhin et de la Moselle. L'al. 1er permet au donataire ou au légataire d'une exploitation agricole, s'il est le conjoint survivant ou un successible en ligne directe d'une personne ayant le statut d'Alsacien-Lorrain, de retenir en totalité l'objet de la libéralité, même si la valeur de cet objet excède la quotité disponible. Il impose alors le versement d'une indemnité aux cohéritiers. La QPC porte sur le 3e al. de l'art., qui fixe les modalités selon lesquelles cette indemnité est calculée. Par dérogation aux dispositions de droit commun de l'art. 922 C. civ., cette indemnité est calculée sur la base du revenu net moyen de l'exploitation à l'époque de l'ouverture de la succession. – Absence de violation du principe d'égalité entre les héritiers selon que la succession est ou non régie par les dispositions contestées. Il existe des règles propres à l'Alsace-Moselle qui ne sont pas par elles-mêmes contraires à la Const. (V. Décis. n° 2011-257 QPC). – Absence d'atteinte au principe d'égalité entre les cohéritiers (DDH, art. 6). Si le principe d'égalité devant la loi successorale impose que les héritiers placés dans une situation identique bénéficient de droits égaux dans la succession, il ne fait pas obstacle à ce que la loi autorise le donateur ou le testateur à avantager l'un de ses héritiers par un acte de volonté. Le législateur a ici entendu favoriser la transmission des exploitations agricoles en ligne directe en évitant leur cession ou leur morcellement. Les modalités d'évaluation de la valeur de l'exploitation agricole instituent une différence de traitement en lien direct avec l'objet de la loi. – Inopérance du grief selon lequel l'art. 73, al. 3, de la L. 1924 définissant les modalités selon lesquelles les droits respectifs des donataires ou légataires et des héritiers réservataires dans la succession porterait atteinte au droit de propriété des héritiers (DDH, art. 2 et 17). – **Conformité**. – **Décision de renvoi :** Civ. 1re, QPC, 5 juill. 2012, n° 12-40.035 P : *D. actu. 31 juill. 2012, note Marrocchella ; D. 2012. 1886 ; Gaz. Pal. 2012, nos 295-297, p. 13, note Bück.*
2012	28 sept.	**Obligation pour le juge de l'expropriation de statuer sur le montant de l'indemnité indépendamment des contestations** **2012-275 QPC.** Cts J. : *JO 29 sept., p. 15373 ; Rec. Cons. const. 498 ; D. 2012. 2246 ; AJDA 2012. 1822 ; RDI 2012. 556, obs. Hostiou ; JCP Adm. 2012, n° 40, p. 10 ; Dr. adm. 2012, n° 11, p. 4 ; LPA 2013, n° 140, p. 17, chron. Gicquel ; JCP 2014, n° 12, p. 567, chron. Verpeaux et Macaya* : – **C. expr., art. L. 13-8.** – Absence d'atteinte au droit à un recours juridictionnel effectif (DDH, art. 16) et au droit de propriété (DDH, art. 17). Si le juge de l'expropriation fixe le montant de l'indemnité, il lui appartient de renvoyer les parties à se pourvoir devant le juge compétent si elles

		soulèvent des contestations ou des difficultés. Le juge doit en tenir compte quand il fixe l'indemnité et au besoin prévoir plusieurs indemnités correspondant aux diverses hypothèses envisagées. Chaque indemnité fixée doit couvrir l'intégralité du préjudice direct, matériel et certain causé par l'expropriation. L'ordonnance fixant les indemnités est prise au terme d'une procédure contradictoire et peut faire l'objet de recours. Par ailleurs, les parties peuvent de nouveau saisir le juge si la décision relative à la contestation ou la difficulté ne correspond pas à l'une des hypothèses prévues par le juge de l'expropriation. – **Conformité.** – **Décision de renvoi :** Civ. 3e, QPC, 10 juill. 2012, n° 12-40.038 P : *AJDA 2012. 1373 ; D. 2012. 1961.*
2012	28 sept.	**Transmission du droit de suite sur les œuvres d'art graphiques et plastiques** **2012-276 QPC.** Fondation Hans Hartung et Anna Eva Bergman : *JO 29 sept., p. 15376 ; Rec. Cons. const. 501 ; D. 2012. 2241 ; D. actu. 19 oct. 2012, note Fleuriot ; AJ fam. 2012. 628 ; RTD civ. 2012. 759, obs. Grimaldi ; LPA 2012, n° 230, note Perrotin ; RJPF 2012, n° 11, p. 9, note Hannecart-Weyth ; Gaz. Pal. 2013, nos 65-66, p. 17, note Marino ; JCP 2014, n° 12, p. 567, chron. Verpeaux et Macaya* : – **CPI, art. L. 123-7.** – Absence de méconnaissance du principe d'égalité (DDH, art. 6). L'institution du droit de suite par le législateur a pour objet de permettre aux auteurs d'œuvres graphiques et plastiques originales de bénéficier de la valorisation de leurs œuvres après la première cession de celles-ci. En prévoyant le caractère inaliénable de ce droit et en assurant la transmission aux héritiers de l'auteur, les dispositions de l'art. L. 123-7 CPI confortent cette protection et l'étendent à la famille de l'artiste après son décès. En réservant la transmission du droit de suite au décès de l'auteur aux héritiers et, pour l'usufruit, au conjoint à l'exclusion des légataires et autres ayants cause, le législateur a instauré une différence de traitement entre des personnes placées dans des situations différentes. Cette différence de traitement est en rapport direct avec l'objet de la loi. – **Conformité.** – **Décision de renvoi :** Civ. 1re, QPC, 11 juill. 2012, n° 12-40.039 : *CCE 2012, n° 10, p. 22, note Caron.*
2012	5 oct.	**Rémunération du transfert de matériels roulants de la Société du Grand Paris (SGP) au Syndicat des transports d'Île-de-France (STIF)** **2012-277 QPC.** Synd. des transports d'Île-de-France : *JO 6 oct., p. 15654 ; Rec. Cons. const. 508 ; D. 2012. 2313 ; AJDA 2012. 1882 ; RFDC 2013. 455, note Caffoz ; LPA 2013, n° 205, p. 4, chron. Macaya ; Dr. adm. 2014, n° 1, p. 21, chron. de Montalivet ; JCP 2014, n° 12, p. 567, chron. Verpeaux et Macaya* : – **L. du 3 juin 2010 relative au Grand Paris, art. 20-II.** – Organisation par l'art. 20 des conditions du transfert de propriété des matériels roulants appartenant à la SGP au profit du STIF. Le II de cet

		art. renvoie à un décret en Conseil d'État le soin de préciser, notamment, les conditions de rémunération de la SGP pour le transfert de propriété de ses matériels. – Absence de méconnaissance par le législateur de sa propre compétence. – Absence de méconnaissance du principe constitutionnel de libre administration des collectivités territoriales qui composent le STIF (Const. 58, art. 72) par le législateur, qui n'a pas déterminé les modalités particulières de la participation financière susceptible d'être réclamée en contrepartie du transfert des biens entre le SGP et le STIF. – **Conformité**. – **Décision de renvoi :** CE, QPC, 13 juill. 2012, *Synd. des transports d'Île-de-France (STIF)*, n° 359149 : *AJDA 2012. 1429 ; Gaz. Pal. 2012, nos 218-222, p. 27.* – **Application de la décision :** CE, 20 févr. 2013, *Synd. des transports d'Île-de-France (STIF)*, n° 359149 B : *AJDA 2013. 441.*
2012	5 oct.	**Condition de bonne moralité pour devenir magistrat** **2012-278 QPC.** Mme Élisabeth B. : *JO 6 oct., p. 15655 ; Rec. Cons. const. 511 ; D. actu. 23 oct. 2012, note Fleuriot ; D. 2012. 2318 ; AJDA 2012. 1884 ; LPA 2013, n° 140, p. 9, chron. Bourdoiseau ; ibid., n° 205, p. 4, chron. Macaya ; Dr. adm. 2014, n° 1, p. 21, chron. de Montalivet ; JCP 2014, n° 12, p. 567, chron. Verpeaux et Macaya* : – **Ord. n° 58-1270 du 22 déc. 1958 portant loi organique relative au statut de la magistrature, art. 16-3°**. – **Le législateur organique n'a pas méconnu l'étendue de sa compétence. Les exigences du principe d'égalité** (DDH, art. 6) n'imposent pas que le législateur organique précise la nature des faits pouvant mettre sérieusement en doute l'existence des garanties nécessaires pour exercer les fonctions de magistrat et les modalités selon lesquelles ces faits sont appréciés. Il appartient à l'autorité administrative d'apprécier ces faits, sous le contrôle du juge administratif. – **Conformité**. – **Décision de renvoi :** CE, QPC, 17 juill. 2012, *Mme B.*, n° 358648 : *Gaz. Pal. 2012, nos 239-243, p. 29.*
2012	5 oct.	**Régime de circulation des gens du voyage** **2012-279 QPC.** M. Jean-Claude P. : *JO 6 oct., p. 15655 ; Rec. Cons. const. 514 ; D. 2012. 2313 ; AJCT 2013. 100, obs. Péchillon ; AJDA 2012. 1884 ; ibid. 2393, note Aubin ; Constitutions 2012. 635, obs. Le Bot ; RTD civ. 2012. 710, obs. Hauser ; JCP Adm. 2012, n° 41, p. 7 ; ibid. 2012, n° 47, p. 17, note Verpeaux ; RJFP 2012, n° 11, p. 22, note Putman ; RFDC 2013. 199, note Beckerich ; ibid. 202, note Dutrieux ; Gaz. Pal. 2013, nos 97-99, p. 18, note Barbé ; LPA 2013, n° 140, p. 18, chron. Gicquel ; ibid., n° 205, p. 4, chron. Macaya ; Dr. adm. 2014, n° 1, p. 21, chron. de Montalivet ; JCP 2014, n° 12, p. 567, chron. Verpeaux et Macaya* : – ***L.* n° 69-3 du 3 janv. 1969 relative à l'exercice des activités ambulantes et au régime applicable aux personnes circulant en France sans domicile ni résidence fixe, art. 2 à 11**. – ***Titres de circulation* :** • absence d'atteinte au principe d'égalité (DDH, art. 6) et au principe de liberté d'aller et venir (DDH, art. 2 et 4)

		concernant l'existence et les règles de visa des titres de circulation applicables aux personnes circulant en France sans domicile ni résidence fixe. L'objectif du législateur est de permettre, à des fins civiles, sociales, administratives ou judiciaires, l'identification et la recherche de ceux qui ne peuvent être trouvés à un domicile ou à une résidence fixe d'une certaine durée et de pouvoir communiquer avec ceux-ci : **conformité**. • absence d'atteinte au principe d'égalité concernant les art. 2 et 3 de la L. du 3 janv. 1969 et distinguant parmi les personnes munies d'un livret spécial de circulation (personnes n'ayant ni domicile ni résidence fixe de plus de 6 mois) et celles munies soit d'un livret de circulation ou d'un carnet de circulation (personnes autres que les précédentes, dépourvues de domicile ou de résidence fixe depuis plus de 6 mois, qui logent de façon permanente dans un véhicule, une remorque ou tout autre abri mobile), ces dernières étant soumises à des règles particulières de délivrance et de visa des titres de circulation. Le législateur a institué une différence de traitement fondée sur une différence de situation en rapport direct avec l'objet de la loi : **conformité**. • différence de traitement sans rapport direct avec les fins civiles, sociales, administratives ou judiciaires poursuivies par la loi et atteinte disproportionnée au principe de la liberté d'aller et de venir concernant les art. 4 et 5 de la L. du 3 janv. 1969. Ces dispositions instaurent deux titres de circulation (livret de circulation et carnet de circulation) soumis à des régimes différents applicables à des personnes vivant dans les mêmes conditions (véhicule, remorque ou tout autre abri mobile) selon qu'elles justifient ou non de ressources régulières (ressources régulières : livret de circulation ; absence de ressources régulières : carnet de circulation). Elles sont soumises à des obligations différentes quant au visa par l'autorité administrative du titre de circulation qui leur est remis : **non-conformité** de l'art. 5 et des mots de l'art. 4 faisant référence au carnet de circulation, l'objectif étant de ne laisser subsister que le livret de circulation pour toutes les personnes vivant dans les mêmes conditions sans qu'il soit fait référence à leurs ressources. – ***Commune de rattachement :*** • absence d'atteinte au principe de la liberté d'aller et de venir et au droit au respect de la vie privée concernant les art. 7 à 10 de la L. de 1969. L'obligation de rattachement à une commune imposée aux personnes dépourvues de domicile ou de résidence fixe depuis plus de 6 mois a pour seul objet de remédier à l'impossibilité, pour elles, de satisfaire aux conditions requises pour jouir de certains droits ou de remplir certains devoirs : **conformité**. • atteinte au principe de l'exercice des droits civiques (Const. 58, art. 3 ; DDH, art. 6) concernant l'art. 10, al. 3, de la L. de 1969, qui impose à des personnes circulant en France sans domicile ou résidence fixes de justifier de 3 ans de rattachement ininterrompu dans la même commune pour leur inscription sur la liste électorale : **non-conformité**. – **Non-conformité de la L. de 1969 concernant les mots de l'art. 4 :** « Lorsque les personnes mentionnées à l'article 3 justifient de ressources régulières leur assurant des conditions normales d'existence notamment par l'exercice d'une activité salariée, », **l'art. 5, les mots de l'art. 10 :** « , après trois ans de rattachement ininterrompu dans la

		même commune ». En conséquence, à l'art. 3, les mots « de l'un des titres de circulation prévus aux articles 4 et 5 » sont remplacés par les mots « du titre de circulation prévu à l'article 4 » ; au 2ᵉ al. de l'art. 6, les mots « , des carnet et livret prévus aux articles 3, 4 et 5 » sont remplacés par « et du livret de circulation prévu aux articles 3 et 4 » ; à l'art. 11, les mots « aux articles 2, 3, 4 et 5, » sont remplacés par les mots « aux articles 2, 3 et 4, » **et conformité des art. 2, 3, 4, 6, 7, 8, 9, 10 et 11**. – **Décision de renvoi :** CE, QPC, 17 juill. 2012, n° 359223 : *AJDA 2012. 1436 ; Gaz. Pal. 2012, n°s 249-250, p. 30.* – **Application de la décision :** CE 19 nov. 2014, n° 359223 B : *D. actu. 26 nov. 2014, obs. Poupeau ; AJDA 2014. 2280 ; JCP Adm. 2014, n° 48, p. 6, note Langelier.*
2012	12 oct.	**Autorité de la concurrence : organisation et pouvoir de sanction 2012-280 QPC.** Sté Groupe Canal Plus et a. : *JO 13 oct., p. 16031 ; Rec. Cons. const. 529 ; D. actu. 30 oct. 2012, note Constantin ; D. 2012. 2382 ; AJDA 2012. 1928 ; RFDA 2013. 141, chron. Roblot-Troizier ; JCP 2012, n° 43, p. 1935 ; ibid. 2014, n° 12, p. 567, chron. Verpeaux et Macaya ; JCP Adm. 2012, n° 42, p. 7 ; CCC 2012, n° 12, p. 3 ; RJEP 2013, n° 704, p. 10, note Genevois ; RFDC 2013. 204, note Benessiano ; Dr. adm. 2012, n° 12, note Bazex ; ibid. 2014, n° 1, p. 21, chron. de Montalivet ; Gaz. Pal. 2013, n°s 97-99, p. 17, note Piazzon ; LPA 2013, n° 90, p. 9, note Messaï-Bahri ; ibid., n° 140, p. 10, chron. Bourdoiseau ; RLC 2013, n° 34, p. 89, note Rousseau ; RD publ. 2014.207, note Rousseau, Gahdoun et Bonnet :* – **C. com., art. L. 430-8, IV ; L. 461-1, II ; L. 461-3 ; L. 462-5, III.** – Absence d'atteinte non justifiée par les objectifs de préservation de l'ordre public économique au principe de la liberté d'entreprendre (DDH, art. 4). Le § IV de l'art. L. 430-8 C. com. est relatif au contrôle des opérations de concentration, il a pour objet d'assurer un fonctionnement concurrentiel du marché dans un secteur déterminé : **Conformité.** – Absence de méconnaissance des principes d'indépendance et d'impartialité des juridictions (DDH, art. 16). La saisine de l'Autorité de la concurrence n'opère pas de confusion entre les fonctions de poursuite et d'instruction et les pouvoirs de sanction : **Conformité des art. L. 461-1, II ; L. 461-3 ; L. 462-5, III, C. com.** – **Conformité.** – **Décision de renvoi :** CE, QPC, 17 juill. 2012, *Sté Groupe Canal Plus et a.*, n° 353856 : *Gaz. Pal. 2012, n°s 249-250, p. 29.* – **Applications de la décision :** CE, ass., 21 déc. 2012, *Sté Groupe Canal Plus et a.*, n° 353856 A : *AJDA 2013. 215, note Domino et Bretonneau ; RFDA 2013. 55, concl. Daumas ; RJEP 2013, n° 707, p. 3, note Idoux ; CCC 2013, n°s 8-9, p. 15, note Bosco.* – *CE*, ass., 21 déc. 2012, *Sté Groupe Canal Plus et a.*, n°s 362347, 363542 et 363703 : *Lebon 446 ; AJDA 2013. 215, note Domino et Bretonneau ; RFDA 2013. 70, concl. Daumas ; RJEP 2013, n° 707, p. 3, note Idoux.* – CE 24 juin 2013, *Sté Colruyt France*, n° 360949 A : *AJDA 2013. 1370.*

2012	12 oct.	**Maintien de corps de fonctionnaires dans l'entreprise France Télécom** **2012-281 QPC.** Synd. de défense des fonctionnaires : *JO 13 oct., p. 16034 ; Rec. Cons. const. 536 ; D. 2012. 2398 ; AJDA 2012. 1928 ; ibid. 2013. 584, note Roblot-Troizier ; AJFP 2013. 5, note Buffa ; ibid. 11, obs. Geslot ; ibid. 57, tribune Niquège ; Dr. soc. 2013. 362, chron. Dumortier, Florès, Lallet et Struillou ; RFDA 2013. 407, note Goutner-Diallo ; JCP Adm. 2012, n° 42, p. 7 ; Gaz. Pal. 2013, n° 90, p. 9, note Messaï-Bahri ; JCP 2013, n° 6, p. 273, note Éveillard ; Dr. adm. 2014, n° 1, p. 21, chron. de Montalivet* : **– L. n° 90-568 du 2 juill. 1990 relative à l'organisation du service public de la poste et à France Télécom, art. 29, 29-1 et 29-2.** – Griefs n'entrant pas dans le champ de la QPC : les dispositions de l'art. 13, al. 2 à 4, de la Const. 58 n'instituent pas un droit ou une liberté que la Constitution garantit. Leur méconnaissance ne peut donc être invoquée à l'appui d'une QPC. – Absence d'atteinte aux principes constitutionnels applicables aux fonctionnaires ni aux droits ou libertés que la Constitution garantit. Ainsi, les art. 29, 29-1 et 29-2 de la L. du 2 juill. 1990 ne méconnaissent pas les règles constitutionnelles relatives aux fonctionnaires et notamment au principe selon lequel des corps de fonctionnaires ne pourraient être créés ou maintenus que pour assurer l'exécution de missions de service public. – **Conformité.** – **Décision de renvoi :** CE, QPC, 23 juill. 2012, *Synd. général des fonctionnaires*, n°s 356381 et 356386 B : *AJDA 2012. 1483 ; Gaz. Pal. 2012, n°s 218-222, p. 27.* – **Application de la décision :** CE 19 juin 2013, *M. Meyer et a.*, n° 356084.
2012	18 oct.	**2012-4563/4600 AN.** M. Landfried et a. **et 2012-4565/4567/4568/4574/4575/4576/4577 AN.** M. Le Helloco et a. : *JO 19 oct., p. 16298 et 16299 ; AJDA 2013. 65, note Dolez ; Constitutions 2013. 271, note Cassard-Valembois ; Rev. adm. 2013, n° 392, p. 134, note Savonitto* : **– C. élect., art. L.O. 134.** – Le Cons. const., en tant que juge électoral, examine une QPC soulevée devant lui. – Il n'y a pas lieu pour le Cons. const. d'examiner cette QPC. Les dispositions contestées ont déjà été déclarées conformes à la Const. dans les motifs et le dispositif d'une décision du Cons. const. (n° 85-164 DC) et il n'y a aucun changement des circonstances. – **Non-lieu à statuer.**
2012	23 nov.	**Autorisation d'installation de bâches publicitaires et autres dispositifs de publicité** **2012-282 QPC.** Assoc. France Nature Environnement et a. : *JO 24 nov., p. 18543 ; Rec. Cons. const. 596 ; D. 2012. 2743 ; AJDA 2012. 2246 ; JCP Adm. 2012, n° 48, p. 10 ; ibid. 2013, n°s 1-2, p. 42, note Capitani et Moritz ; Dr. adm. 2013, n° 1, p. 4 ; ibid. 2014, n° 1, p. 21, chron. de Montalivet ; Gaz. Pal. 2013, n°s 97-99, p. 18, note Barbé ; RJEP*

		2013, n° 708, p. 3, note Fraisse ; LPA 2013, n° 140, p. 15, chron. Blachèr ; RJ envir. 2013, n° 1, p. 103, note Zavoli ; ibid. n° 2, p. 302, note Crottet ; JCP 2014, n° 12, p. 567, chron. Verpeaux et Macaya : – **C. envir., art. L. 120-1, L. 581-9, al. 2 et 3, L. 581-14-2 et L. 581-18, al. 1er.** – Inopérance des griefs tirés de la méconnaissance des art. 1er et 3 de la Charte envir. pour les art. L. 581-9, al. 2 (soumission à un régime d'autorisation pour l'installation de bâches comportant de la publicité et pour les dispositifs publicitaires de dimensions exceptionnelles liés à des manifestations temporaires), et L. 581-14-2 C. envir. (répartition des compétences entre le maire et le préfet au titre de la police de la publicité). – Absence de méconnaissance des art. 1er et 3 de la Charte envir. pour l'art. L. 581-9, al. 3 (soumission à un régime d'autorisation pour l'installation de dispositifs de publicité lumineuse) : le législateur a entendu soumettre à un régime d'autorisation ces dispositifs publicitaires à des fins de protection du cadre de vie et de protection de l'environnement ; et pour l'art. L. 581-18 C. envir. (cet art. renvoie à un Décr. en CE le soin de fixer les prescriptions générales relatives à l'installation et à l'entretien des enseignes en fonction de différents critères) : **Conformité**. – Méconnaissance de l'exigence constitutionnelle prévue par l'art. 7 de la Charte envir. pour l'art. L. 120-1 C. envir. Ces dispositions, relatives aux modalités générales de participation du public, limitent celles-ci aux seules décisions réglementaires de l'État et de ses établissements publics. Aucune autre disposition législative générale n'assure, en l'absence de dispositions particulières, la mise en œuvre du principe de participation du public (Charte envir., art. 7) à l'égard de leurs décisions non réglementaires qui peuvent avoir une incidence directe et significative sur l'environnement : **Non-conformité**. – Inopérance des griefs tirés de la méconnaissance de l'art. 7 de la Charte envir. pour l'art. L. 581-9, al. 2. Les décisions relatives aux emplacements de bâches comportant de la publicité et à l'installation de dispositifs publicitaires de dimensions exceptionnelles liés à des manifestations temporaires ne constituent pas des décisions ayant une incidence sur l'environnement au sens de l'art. 7 de la Charte envir. – Absence de méconnaissance de l'art. 7 de la Charte envir. pour l'art. L. 581-9, al. 3 : **Conformité**. – Absence de méconnaissance du dernier al. de l'art. 72 de la Const. 58 pour l'art. L. 581-6 C. envir. : **Conformité**. – Absence de méconnaissance de la liberté d'entreprendre (DDH, art. 4) pour l'art. L. 581-9, al. 2 et 3, qui soumet à une autorisation les emplacements de bâches et de dispositifs de dimensions exceptionnelles ainsi que l'installation des dispositifs de publicité lumineuse : **Conformité**. – Absence de méconnaissance de la liberté d'expression (DDH, art. 11) pour l'art. L. 581-9, al. 2 et 3, C. envir. qui institue un régime d'autorisation administrative préalable pour l'installation de certains dispositifs de publicité extérieure. ***Toutefois***, ces dispositions ne sauraient avoir pour effet de conférer à l'autorité administrative saisie

		d'une demande sur leur fondement d'exercer un contrôle préalable sur le contenu des messages publicitaires qu'il est envisagé d'afficher : **Réserve**. **– Non-conformité de l'art. L. 120-1 C. envir., en vigueur le 1er sept. 2013. Conformité avec réserve de l'art. L. 581-9, al. 2 et 3 C. envir. Conformité des art. L. 581-14-2 et L. 581-18, al. 1er C. envir.** – **Décision de renvoi :** CE, QPC, 12 sept. 2012, *Assoc. France Nature Environnement et a.*, n° 357839 : *AJDA 2012. 1710 ; Gaz. Pal. 2012, nos 277-278, p. 28.* – **Applications de la décision :** L. n° 2012-1460 du 27 déc. 2012 relative à la mise en œuvre du principe de participation du public défini à l'article 7 de la Charte de l'environnement, art. 2 s. : *AJDA 2013. 344, note Delaunay.* – CE 12 juin 2013, *Féd. des entreprises du recyclage*, n° 360702 B : *AJDA 2013. 1255.* – Ord. n° 2013-714 du 5 août 2013 relative à la mise en œuvre du principe de participation du public défini à l'article 7 de la Charte de l'environnement, art. 1er. – CE 4 déc. 2013, *France Nature Environnement*, n° 357839 B : *AJDA 2013. 2464 ; JCP 2013, n° 51, p. 2337 ; ibid. 2014, n° 7, p. 345, chron. Mathieu.*
2012	23 nov.	**Classement et déclassement de sites** **2012-283 QPC.** M. Antoine de M. : *JO 24 nov., p. 18547 ; Rec. Cons. const. 605 ; D. 2012. 2743 ; AJDA 2012. 2246 ; JCP Adm. 2012, n° 48, p. 10 ; Dr. adm. 2013, n° 1, p. 4 ; LPA 2013, n° 205, p. 4, chron. Macaya ; Dr. adm. 2014, n° 1, p. 21, chron. de Montalivet ; JCP 2014, n° 12, p. 567, chron. Verpeaux et Macaya* : **– C. envir., art. L. 341-1, L. 341-2, L. 341-3, L. 341-6, L. 341-9, L. 341-10 et L. 341-13.** – Absence de méconnaissance du droit à un recours juridictionnel effectif (DDH, art. 16). – Absence de méconnaissance du droit de propriété (DDH, art. 2 et 17) et de la liberté d'entreprendre (DDH, art. 4). – Méconnaissance de l'art. 7 de la Charte envir. pour les art. L. 341-3 (renvoie au pouvoir réglementaire la détermination des conditions dans lesquelles les intéressés sont invités à présenter leurs observations lorsqu'un monument naturel ou un site fait l'objet d'un projet de classement) et L. 341-13 (prévoit que le déclassement total ou partiel d'un monument ou d'un site classé est prononcé, après avis de la commission supérieure des sites, par Décr. en CE et qu'il est notifié aux intéressés) C. envir. Ces dispositions n'assurent pas la mise en œuvre du principe de participation du public à l'élaboration des décisions publiques en cause : **Non-conformité**. **– Non-conformité de l'art. L. 341-3 C. envir.** (dans sa rédaction issue de l'Ord. n° 2000-914 du 18 sept. 2000) **et de l'art. L. 341-13 C. envir.** (dans sa rédaction issue de l'Ord. n° 2004-637 du 1er juill. 2004), **en vigueur le 1er sept. 2013**. **Conformité des art. L. 341-1** (dans sa rédaction issue de l' Ord. n° 2004-637 du 1er juill. 2004), **L. 341-2, L. 341-6, L. 341-9 et L. 341-10 C. envir.**

		– **Décision de renvoi** : Transmission automatique du CE (Ord. n° 58-1067 du 7 nov. 1958, art. 23-7, al. 1er, dernière phr.). – **Application de la décision :** CE 24 avr. 2013, *M. B. : n° 350924.*
2012	23 nov.	**Droit des parties non assistées par un avocat et expertise pénale** **2012-284 QPC.** Mme Maryse L. : *JO 24 nov., p. 18549 ; Rec. Cons. const. 613 ; D. 2012. 2739 ; AJ pénal 2013. 109, obs. Perrier ; JCP 2012, n° 49, p. 2202 ; ibid. 2014, n° 12, p. 567, chron. Verpeaux et Macaya ; Procédures 2013, n° 1, p. 28, note Chavent-Leclère ; RFDC 2013. 464, note Ghevontian ; RPDP 2012, n° 4, p. 917, note Vergès* : – **C. pr. pén., art. 161-1, al. 1er**. – Notification au procureur de la République et aux avocats des parties de la décision de la juridiction d'instruction ordonnant une expertise afin que les destinataires de cette notification soient mis à même, dans le délai imparti, de demander au juge d'instruction de modifier ou de compléter les questions posées à l'expert ou d'adjoindre un expert de leur choix. – Méconnaissance des art. 6 et 16 DDH. Les parties non assistées par un avocat ne peuvent demander au juge d'instruction de modifier ou de compléter les questions posées à l'expert ou d'adjoindre un expert de leur choix. La différence de traitement instituée par l'art. 161-1, al. 1er, C. pr. pén. entre les parties selon qu'elles sont représentées ou non par un avocat ne trouve pas de justification dans la protection du respect de la vie privée, la sauvegarde de l'ordre public ou l'objectif de recherche des auteurs d'infraction, auxquels concourt le secret de l'instruction. Elle n'est pas davantage compensée par la faculté, reconnue à toutes les parties par le 3e al. de l'art. 167 C. pr. pén., de demander un complément d'expertise ou une contre-expertise. – **Non-conformité** des mots « avocats des » avec effet à compter de la date de publication de la Décis. Cette non-conformité est applicable à toutes les décisions ordonnant une expertise prononcées postérieurement à la publication de la Décis. – **Décision de renvoi :** Crim., QPC, 11 sept. 2012, n° 12-90.046 P : *D. actu. 3 oct. 2012, obs. Martineau ; D. 2012. 2247 ; AJ pénal 2012. 556.*
2012	30 nov.	**Obligation d'affiliation à une corporation d'artisans en Alsace-Moselle** **2012-285 QPC.** M. Christian S. : *JO 1er déc., p. 18908 ; Rec. Cons. const. 636 ; AJDA 2012. 2301 ; D. 2012. 2808 ; Dr. adm. 2013, n° 2, p. 21, note Hoffmann ; ibid. 2014, n° 1, p. 21, chron. de Montalivet ; Gaz. Pal. 2013, nos 97-99, p. 18, note Barbé ; RFDC 2013. 445, note Bachert ; LPA 2013, n° 140, p. 20, chron. Gicquel ; ibid., n° 205, p. 4, chron. Macaya ; RLC 2013, n° 35, p. 70, note Brameret ; JCP 2014, n° 12, p. 567, chron. Verpeaux et Macaya* : – **Code des professions applicable dans les départements du Haut-Rhin, du Bas-Rhin et de la Moselle, art. 100 f et 100 s, 3e al.** Ces dispositions résultent d'une loi du 26 juill. 1900 prise par l'Empire allemand, puis maintenues en vigueur par deux L. du 1er juin 1924. Elles ont pour objet d'affilier d'office à une corporation obligatoire les personnes qui exercent localement à titre indépendant une activité

		artisanale. Ces personnes ont l'obligation de verser une cotisation à la corporation et sont soumises à sa surveillance, son inspection et son pouvoir de sanction. – Atteinte à la liberté d'entreprendre (DDH, art. 4). La liberté d'entreprendre comprend d'une part la liberté d'accéder à une profession ou à une activité économique et, d'autre part la liberté d'exercice de cette profession ou de cette activité. La nature des activités relevant de l'artisanat ne justifie pas le maintien d'une réglementation professionnelle s'ajoutant à celle relative aux chambres de métiers : Non-conformité. – **Non-conformité** de l'art. 100 f et du 3e al. de l'art. 100 s, avec effet à compter de la publication de la Décis. – **Décision de renvoi :** CE, QPC, 19 sept. 2012, Corporation obligatoire des patrons et entrepreneurs électriciens du Bas-Rhin, n° 360487 : *Gaz. Pal. 2012, nos 277-278, p. 28.* – **Application de la décision :** CAA Nancy, 14 mars 2013, *Corporation obligatoire des patrons et entrepreneurs électriciens du Bas-Rhin*, n° 11NC01802.
2012	7 déc.	**Saisine d'office du tribunal pour l'ouverture de la procédure de redressement judiciaire** **2012-286 QPC.** Sté Pyrénées services et a. : *JO 8 déc., p. 19279 ; Rec. Cons. const. 642 ; D. 2012. 2886, obs. Lienhard ; ibid. 2013. 28, chron. Frison-Roche ; ibid. 338, note Vallens ; D. actu. 10 déc. 2012, obs. Lienhard ; RTD civ. 2013. 889, obs. Thery ; Rev. sociétés 2013. 177, obs. Henry ; JCP 2012, n° 51, p. 2315 ; ibid. 2013, n° 3, p. 78, note Gerbay ; ibid. 2014, n° 12, p. 567, chron. Verpeaux et Macaya ; Gaz. Pal. 2012, nos 351-353, p. 9, note Teboul ; ibid., n° 358, p. 14, note Robert ; ibid. 2013, nos 67-68, p. 29, note Théron ; Dr. et pr. 2013, n° 1, p. 18, note Mecarelli ; LPA 2013, n° 75, p. 5, note Roussel Galle ; ibid., n° 91, p. 11, note Tabourot-Hyest ; ibid., n° 140, p. 10, chron. Bourdoiseau ; Procédures 2013, n° 2, p. 6, note Rolland* : – **C. com., art. L. 631-5**. – Faculté pour le tribunal de se saisir d'office aux fins d'ouverture de la procédure de redressement judiciaire sauf si une procédure de conciliation entre le débiteur et ses créanciers est en cours. L'objectif de cette procédure est destiné à permettre la poursuite de l'activité du débiteur, le maintien de l'emploi dans l'entreprise et l'apurement du passif. – Méconnaissance du principe d'impartialité (DDH, art. 16). Après avoir rappelé que le législateur a poursuivi un motif d'intérêt général afin d'éviter l'aggravation irrémédiable de la situation de l'entreprise, le Cons. const. considère que les dispositions de l'art. L. 631-5 C. com. ne fixent pas les garanties légales ayant pour objet d'assurer qu'en se saisissant d'office, le tribunal ne préjuge pas sa position lorsque, à l'issue de la procédure contradictoire, il sera appelé à statuer sur le fond du dossier au vu de l'ensemble des éléments versés au débat par les parties. – **Non-conformité des mots « se saisir d'office ou » du 1er al. de l'art. L. 631-5 C. com.** avec effet à compter de la date de la publication de la Décis. et applicable à tous les jugements d'ouverture d'une procédure de redressement judiciaire rendus postérieurement à cette date.

		– **Décision de renvoi :** Com., QPC, 16 oct. 2012, n°s 12-40.061, 12-40.062, 12-40.063, 12-40.064, 12-40.065 : *D. 2012. 2246, obs. Lienhard ; D. actu. 19 oct. 2012, obs. Lienhard ; Procédures 2013, n° 1, p. 26, note Rolland.*
2012	27 déc.	**Droit des parties non assistées par un avocat et expertise pénale** **2012-284 QPC R.** Mme Maryse L. : *JO 29 déc. 2012, p. 20838 ; Rec. Cons. const. 713 ; D. 2013. 1584, obs. Jacquinot et Mangiavillano ; RFDC 2013. 464, note Ghevontian :* – La requête présentée afin de demander au Cons. const. de compléter sa Décis. n° 2012-284 QPC du 23 nov. 2012 par une précision propre à en assurer l'effet utile est une remise en cause de la décision du Conseil sur les conditions dans lesquelles la déclaration d'inconstitutionnalité prend effet. Cette demande ne concerne pas une demande de rectification d'une erreur matérielle. – **Rejet.**
2013	15 janv.	**Validation législative et rémunération pour copie privée II** **2012-287 QPC.** Sté française du radiotéléphone – SFR : *JO 17 janv., p. 1109 ; Rec. Cons. const. 91 ; D. 2013. 176 ; RTD com. 2013. 278, obs. Pollaud-Dulian ; LPA 2013, n° 55, p. 8, note Clergerie ; RFDC 2013. 703, comm. Cervetti ; Dr. adm. 2014, n° 1, p. 21, chron. de Montalivet :* – **L. n° 2011-1898 du 20 déc. 2011 relative à la rémunération pour copie privée, art. 6 § II.** – Validation des rémunérations perçues en application de la Décis. du CE du 17 juin 2011 (n°s 324816, 325439, 325463, 325468, 325469) au titre des supports autres que ceux acquis notamment à des fins professionnelles. Les rémunérations validées sont celles ayant fait l'objet d'une action contentieuse introduite avant le 18 juin 2011 et n'ayant pas donné lieu à une décision de justice passée en force de chose jugée. – Méconnaissance du principe de séparation des pouvoirs (DDH, art. 16). Les motifs financiers invoqués à l'appui de la validation des rémunérations faisant l'objet d'une instance en cours le 18 juin 2011, qui portent sur des sommes dont l'importance du montant n'est pas établie, ne peuvent être regardés comme suffisants pour justifier une telle atteinte aux droits des personnes qui avaient engagé une procédure contentieuse avant cette date. – **Non-conformité.** – **Décision de renvoi :** Civ. 1re, QPC, 17 oct. 2012, n° 12-40.067 P : *D. actu. 30 oct. 2012, note Fleuriot ; ibid., 8 janv. 2013, note Allaeys ; D. 2012. 2517.* – **Application de la décision :** Civ. 1re, 24 avr. 2013, n°s 11-17.107 et 11-17.108.
2013	17 janv.	**Qualité pour agir en nullité d'un acte pour insanité d'esprit** **2012-288 QPC.** Cts M. : *JO 18 janv. 2012, p. 1293 ; Rec. Cons. const. 103 ; D. 2013. 178 ; ibid. 2196, obs.* Lemouland, Noguéro et Plazy ; *ibid. 2014. 689, obs. Douchy-Oudot ; RTD civ. 2013. 348, obs. Hauser ; JCP N 2013, n° 4, p. 13 ; Procédures 2013, n° 3, p. 20, note Douchy-Oudot ; Dr. fam. 2013, n° 3, p. 35, note Maria :* – **C. civ., art. 414-2.**

		– Selon l'art. 414-1 C. civ., « Pour faire un acte valable, il faut être sain d'esprit. C'est à ceux qui agissent en nullité pour cette cause de prouver l'existence d'un trouble mental au moment de l'acte ». L'art. 441-2 désigne les personnes ayant qualité pour agir sur ce fondement : l'intéressé lui-même de son vivant et après son décès, cet art. fixe les cas dans lesquels les actes autres que la donation entre vifs et le testament peuvent être attaqués par les héritiers. – Absence d'atteinte au droit à un recours effectif (DDH, art. 16). Le législateur a entendu assurer un équilibre entre, d'une part, les intérêts des héritiers et, d'autre part, la sécurité des actes conclus par le défunt et en particulier des transactions. Par ailleurs, il a entendu éviter les difficultés liées à l'administration de la preuve de l'état mental d'une personne décédée. Enfin, le législateur a apporté au droit des héritiers des limitations proportionnées au regard de ces objectifs, sans faire obstacle à ce qu'ils exercent des actions en nullité qui seraient fondées sur les règles du droit commun des contrats. Des actes passés au moyen de violences, de fraudes ou d'abus de faiblesse peuvent ainsi être annulés. – **Conformité**. – **Décision de renvoi :** Civ. 1re, QPC, 7 nov. 2012, n° 12-40.068 P : *D. actu. 22 nov. 2012, note de Ravel d'Esclapon ; D. 2012. 2738 ; ibid. 2013. 2196, obs. Lemouland, Noguéro et Plazy ; RTD civ. 2013. 87, obs. Hauser*.
2013	17 janv.	**Discipline des médecins** **2012-289 QPC.** M. Laurent D. : *JO 18 janv., p. 1294 ; Rec. Cons. const. 106 ; D. 2013. 182 ; AJDA 2013. 147 ; Dr. soc. 2013. 362, chron. Dumortier, Florès, Lallet et Struillou ; RFDC 2013. 470, note Perrier ; ibid. 715, comm. Perrier ; Dr. adm. 2014, n° 1, p. 21, chron. de Montalivet* : – **CSS, art. L. 145-2**. – Sanctions applicables aux médecins pour des fautes commises dans l'exercice de la profession au préjudice de la sécurité sociale ou des assurés sociaux, prononcées par les juridictions du « contentieux du contrôle technique de la sécurité sociale ». – Absence d'atteinte au principe de la nécessité des peines (DDH, art. 8). Selon le requérant, en n'excluant pas l'application cumulative des dispositions de l'art. L. 145-2 CSS et de celles de l'art. L. 4124-6 CSP (relatif aux sanctions applicables aux médecins pour des manquements déontologiques dans l'exercice de la médecine qui sont prononcées par les formations disciplinaires de l'ordre des médecins) et en permettant qu'un praticien soit sanctionné deux fois pour les mêmes faits par deux juridictions, il y aurait atteinte au principe *non bis in idem*. Mais, selon le Conseil, le législateur a assuré le respect des exigences constitutionnelles en prévoyant que les sanctions prévues à l'art. L. 145-2 CSS ne sont pas cumulables avec les peines prévues à l'art. L. 4124-6 CSP quand elles sont prononcées pour les mêmes faits. Ainsi, si les deux juridictions prononcent des sanctions différentes, seule la sanction la plus forte peut être mise à exécution. – **Conformité**. – **Décision de renvoi :** CE, QPC, 7 nov. 2010, n° 361995 : *Gaz. Pal. nos 340-341, p. 29*. – **Application de la décision :** CE 25 févr. 2015, n° 361995 A.

2013	25 janv.	**Droit de consommation du tabac dans les DOM** **2012-290/291 QPC.** Sté Distrivit et a. : *JO 26 janv., p. 1666 ; Rec. Cons. const. 118 ; D. 2013. 254 ; JCP 2013, n° 8, p. 374, note Feldman ; Dr. adm. 2014, n° 1, p. 21, chron. de Montalivet* : – **C. douanes, art. 268** (rédaction résultant de la L. du 27 déc. 2008 de finances pour 2009, de la L. du 29 déc. 2010 de finances rectificative pour 2010). – Droit de consommation sur les tabacs destinés à être consommés dans les départements de la Guadeloupe, de la Guyane, de la Martinique et de la Réunion. Compétence des conseils généraux de ces départements pour fixer, dans un cadre déterminé par la loi, l'assiette et le taux de ce droit et attribution du produit aux départements. – Absence d'atteinte au principe d'égalité devant la loi et les charges publiques (DDH, art. 13). La faiblesse des ressources, notamment fiscales, de ces collectivités territoriales et les écarts de prix du tabac entre ces territoires et la France continentale constituent au sens de l'art. 73 Const. 58, des « caractéristiques et contraintes particulières ». Celles-ci sont de nature à permettre au législateur de donner aux conseils généraux de ces collectivités territoriales les pouvoirs d'arrêter les modalités de détermination de l'assiette et du taux du droit de la consommation sur les tabacs et d'affecter le produit de ce droit au budget de ces collectivités : **Conformité.** – Absence d'atteinte au principe de la liberté d'entreprendre (DDH, art. 4). Le législateur a permis que soit fixé un minimum de prix de vente des produits du tabac et a encadré la détermination de ce minimum par les conseils généraux. Il a assuré une conciliation non manifestement déséquilibrée entre le principe de la liberté d'entreprendre et les exigences du 11e al. Préamb. Const. 1946 relatives à la protection de la santé : **Conformité.** – Absence d'atteinte à la libre administration des collectivités territoriales. en ce qui concerne la définition de l'assiette du droit de consommation sur les tabacs : **Conformité.** – **Conformité.** – **Décisions de renvoi :** Com., QPC, 15 nov. 2012, n°s 12-40.069 et 12-40.072. – **Application de la décision :** CAA Bordeaux, 27 févr. 2014, n°s 13BX02633, 13BX02632, 13BX02635, 13BX02634, 13BX00927, 13BX22926, 13BX928.
2013	8 févr.	**Validation législative et rémunération pour copie privée III** **2012-293/294/295/296 QPC.** Sté Motorola Mobility France SAS et a. : *JO 9 févr., p. 2375 ; Rec. Cons. const. 138* : – **L. n° 2011-1898 du 20 déc. 2011 relative à la rémunération pour copie privée, art. 6, § II.** – Ces dispositions ont déjà été déclarées contraires à la Const. (V. Décis. n° 2012-287 QPC). – **Non-lieu à statuer.** – **Décisions de renvoi :** Civ. 1re, QPC, 12 déc. 2012, n°s 12-40.078, 12-40.079, 12-40.080, 12-40.081 : *D. actu. 8 janv. 2013, note Allaeys.*
2013	15 févr.	**Droit de rétrocession en cas d'expropriation pour cause d'utilité publique**

		2012-292 QPC. Mme Suzanne P.-A. : *JO 16 févr., p. 2685 ; Rec. Cons. const. 262 ; D. actu. 22 févr. 2013, note Grand ; AJDA 2013. 380 ; ibid. 932, note Gilbert ; D. 2013. 1050, note Grandemange ; RFDA 2013. 259, note Hostiou ; AJDI 2014. 124, étude Gilbert ; NCCC 2013, n° 40, p. 201, note Hoepffner ; Dr. adm. 2014, n° 1, p. 21, chron. de Montalivet* : – **C. expr., art. L. 12-6**. – Possibilité pour l'ancien propriétaire ou à ses ayants droit de demander la rétrocession de leur immeuble exproprié si celui-ci n'a pas reçu, dans les 5 ans à compter de la date de l'ordonnance d'expropriation, une destination conforme à celle prévue dans la déclaration d'utilité publique ou a cessé de la recevoir. Possibilité d'exercer ce droit pendant un délai de 30 ans à compter de l'ordonnance d'expropriation. Il est fait droit à la demande de rétrocession sauf en cas de réquisition d'une nouvelle déclaration d'utilité publique. – Absence d'atteinte au droit de propriété (DDH, art. 17). En prévoyant que la réquisition d'une nouvelle déclaration d'utilité publique permet à elle-seule de faire obstacle à une demande de rétrocession formée par l'ancien propriétaire ou ses ayants droit, le législateur a entendu fixer des limites à l'exercice du droit de rétrocession afin que sa mise en œuvre ne fasse pas obstacle soit à la réalisation d'un projet d'utilité publique ayant pu être retardé, soit à un nouveau projet se substituant à celui en vue duquel l'expropriation avait été ordonnée : **Conformité**. – Absence de méconnaissance par le législateur de l'étendue de sa compétence. Le législateur n'a pas confié à l'autorité administrative le pouvoir de fixer les règles qui mettent en cause les principes fondamentaux du « régime de la propriété, des droits réels et des obligations civiles et commerciales » (Const. 58, art. 34) : **Conformité**. – **Conformité**. – **Décision de renvoi :** Civ. 3e, QPC, 27 nov. 2012, n° 12-40.070 P : *D. actu. 13 déc. 2012, note Grand ; AJDA 2012. 2249 ; AJDI 2013. 100, chron. Gilbert.* – **Application de la décision :** CAA Marseille, 18 avr. 2014 : *n° 13MA01510.*
2013	21 févr.	**Traitement des pasteurs des églises consistoriales dans les départements du Bas-Rhin, du Haut-Rhin et de la Moselle** **2012-297 QPC.** Assoc. pour la promotion et l'expansion de la laïcité : *JO 23 févr., p. 3110 ; Rec. Cons. const. 293 ; D. 2013. 510 ; ibid. 2014. 1516, obs. Jacquinot et Mangiavillano ; AJDA 2013. 440 ; ibid. 1108, note Forey ; RFDA 2013. 663, chron. Roblot-Troizier et Tusseau ; Constitutions 2013. 174, note Lutton ; JCP 2013, n° 15, p. 730, note Macaya et Verpeaux ; ibid., n° 22, p. 1077, chron. Mathieu ; JCP Adm. 2013, n° 10, p. 7 ; ibid., nos 12-13, p. 2, note Amédro ; ibid., n° 16, p. 22, note Lafaille ; ibid., p. 26, note Portelli ; RJFP 2013, n° 5, p. 25, note Putman ; BJCL 2013. 400, note Dieu ; Dr. adm. 2013, nos 8-9, p. 16, note de la Morena ; ibid. 2014, n° 1, p. 21, chron. de Montalivet ; RFDC 2013. 707, comm. Gonzales ; Gaz. Pal. 2013, nos 291-292, p. 20, note Granger ; NCCC 2013, n° 40, p. 173, note Roblot-Troizier ; RD publ. 2013. 533, note Woehrling* : – **L. du 18 germinal an X relative à l'organisation des cultes, art. VII des articles organiques des cultes protestants**.

		– L'État pourvoit au traitement des pasteurs des églises consistoriales dans les départements du Bas-Rhin, du Haut-Rhin et de la Moselle. – Absence de méconnaissance du principe de laïcité (DDH, art. 10 ; Const. 1958, art. 1er). Il ressort des travaux préparatoires du projet de Constitution de 1946, relatif à son art. 1er, et de ceux du projet de la Constitution de 1958 qui a repris la même disposition, qu'en proclamant que la France est une « République... laïque », la Constitution n'a pas pour autant entendu remettre en cause les dispositions législatives ou réglementaires particulières, applicables dans plusieurs parties du territoire de la République lors de l'entrée en vigueur de la Constitution, et relatives à l'organisation de certains cultes et, notamment, à la rémunération des ministres du culte. – **Conformité**. – **Décision de renvoi :** CE, QPC, 19 déc. 2012, *Assoc. pour la promotion et l'expansion de la laïcité*, nos 360724, 360725 B : *AJDA 2013. 8 ; JCP Adm. 2013, nos 1-2, p. 10, note Dubreuil.*
2013	28 mars	**Taxe additionnelle à la contribution sur la valeur ajoutée des entreprises – Modalités de recouvrement** **2012-298 QPC.** SARL Majestic Champagne : *JO 30 mars, p. 5457 ; Rec. Cons. const. 513 ; D. 2013. 904 ; Constitutions 2013. 430, note de la Mardière ; AJDA 2013. 716 ; AJCT 2013. 355, obs. Clémence ; Procédures 2013, no 6, p. 31, note Ayrault ; RFDC 2013. 1009, note Pelletier ; RD publ. 2014. 207, chron. Rousseau, Gahdoun et Bonnet ; RD fisc. 2013, no 22, p. 42, note de la Mardière* : – **CGI, art. 1600, § III, al. 1er à 8**, dans leur rédaction résultant de la LF no 2010-1657 du 29 déc. 2010 pour 2011. – Fixation des caractéristiques de la taxe additionnelle à la cotisation sur la valeur ajoutée des entreprises. – Méconnaissance par le législateur de l'étendue de sa compétence (Const. 58, art. 34) et du droit à un recours effectif (DDH, art. 16). Lorsque le législateur définit une imposition, il doit déterminer ses modalités de recouvrement. L'absence de détermination des modalités de recouvrement d'une imposition affecte le droit à un recours effectif. Les dispositions susvisées de l'art. 1600 CGI ne prévoient pas les modalités de recouvrement de la taxe additionnelle à la cotisation sur la valeur ajoutée des entreprises. – **Non-conformité** avec effet à compter de la date de la publication de la Décis. et pouvant être invoquée à l'encontre des impositions contestées avant le 11 juill. 2012, date à laquelle le législateur a défini les modalités de recouvrement de la taxe additionnelle à la cotisation sur la valeur ajoutée des entreprises. – **Décision de renvoi :** CE, QPC, 28 déc. 2012, *SARL Majestic Champagne : no 363303.* – **Application de la décision :** CAA Paris, 30 sept. 2014, *SNC Austin France : nos 14PA00213 et 14PA00016.*
2013	28 mars	**Procédure de licenciement pour motif économique et entreprises en redressement ou en liquidation judiciaires** **2013-299 QPC.** Mme Maïtena V. : *JO 30 mars, p. 5459 ; Rec. Cons.*

		const. 520 ; D. 2013. 925 ; ibid. 1148, note Jacotot ; Constitutions 2013. 238, obs. Radé et Gervier : – **C. trav., art. L. 1235-10, al. 3.** – Non-application pour les entreprises en redressement ou en liquidation judiciaires du principe selon lequel dans les entreprises d'au moins 50 salariés, lorsque le projet de licenciements pour motif économique concerne au moins 10 salariés dans une même période de 30 jours, la procédure de licenciement est nulle tant que le plan de reclassement des salariés n'est pas présenté par l'employeur aux représentants du personnel. – Absence de méconnaissance du principe d'égalité (DDH, art. 6). Le législateur a entendu tenir compte de la situation économique particulière des entreprises en redressement ou en liquidation judiciaires. En confiant au T. com. le soin de constater cette situation, de prononcer l'ouverture des procédures de redressement et de liquidation judiciaires et d'autoriser les licenciements dans le cadre de celle-ci, le législateur s'est fondé sur un critère objectif et rationnel en lien direct avec l'objet des dispositions contestées. – **Conformité.** – **Décision de renvoi :** Soc., QPC, 9 janv. 2013, n° 12-40.085 P : *D. 2013. 180 ; ibid. 1026, obs. Lokiec et Porta.*
2013	4 avr.	**Absence de recours en cas d'extension des effets du mandat d'arrêt européen – question préjudicielle à la Cour de justice de l'Union européenne** **2013-314P QPC.** M. Jérémy F. : *JO 7 avr., p. 5799 ; Rec. Cons. const. 523 ; D. actu. 10 avr. 2013, note de Montecler ; D. 2013. 916 ; ibid. 1805, note Bonichot ; ibid. 2014. 1516, obs. Jacquinot et Mangiavillano ; AJDA 2013. 711 ; ibid. 817, tribune de Béchillon ; ibid. 1086, note Gautier ; ibid. 1686, note Aubert ; RFDA 2013. 461, étude Labayle et Mehdi ; Constitutions 2013. 187, obs. Levade ; ibid. 195, note Bouhier ; RMCUE 2013. 261, note Chaltiel ; ibid. 537, étude Geslot ; RTD civ. 2013. 564, obs. Puig ; RTD eur. 2013. 531, note Roux ; RSC 2013. 903, obs. de Lamy ; AJ pénal 2014. 44, note Lelieur-Fischer ; JCP Adm. 2013, n° 16, p. 9 ; ibid., n° 23, p. 29, note Rossetto ; Gaz. Pal. 2013, n°s 125-127, p. 13, note Rousseau ; ibid., n°s 291-292, p. 15, note Dusant ; JCP 2013, n° 22, p. 1080, chron. Mathieu ; ibid., n° 23, p. 1111, note Levade ; ibid., n° 24, p. 1149, note Prétot ; ibid., n° 29, p. 1448, note Levade ; Procédures 2013, n° 6, p. 6, note Nourissat ; LPA 2013, n° 149, p. 4, note Chaltiel-Terral ; RD publ. 2013. 1207, note Coutron et Gahdoun ; ibid 1229, note Bonnet ; RFDC 2013. 917, note Magnon ; ibid. 992, note Morin ; Europe 2013, n° 5, p. 6, note Simon ; ibid., n° 7, p. 4, note Debré et Simon ; NCCC 2013, n° 41, p. 245, note Roblot-Troizier ; RD publ. 2013. 1207, note Coutron et Gahdoun ; ibid. 2014. 207, chron. Rousseau, Gahdoun et Bonnet ; Politeia 2013, n° 23, p. 89, note Bruce-Rabillon ; ibid., n° 24, p. 91, note Platon ; RDUE 2013, n° 2, p. 297, note Monjal ; RGDIP 2013, n° 3, p. 753, note Fleury-Graff ; Rev. UE 2014, n° 581, p. 501, note Geneste et Moraïtu* : – **C. pr. pén., art. 695-46, al. 4.** – Mandat d'arrêt européen et transposition des art. 27 et 28 de la décision-cadre n° 2002/584/JAI du Conseil du 13 juin 2002 : l'arrêt de la chambre d'instruction n'est pas susceptible de recours lorsque cette

		chambre statue sur une demande visant à étendre une remise déjà accordée à d'autres infractions ou aux fins de remise ultérieure à un autre État membre. Le mandat d'arrêt européen est spécifiquement cité par l'art. 88-2 Const. 58. – **Renvoi d'une question préjudicielle à la CJUE**, avec demande de procédure d'urgence : « Les articles 27 et 28 de la décision-cadre n° 2002/584/JAI du Conseil, du 13 juin 2002, relative au mandat d'arrêt européen et aux procédures de remise entre États membres doivent-ils être interprétés en ce sens qu'ils s'opposent à ce que les États membres prévoient un recours suspendant l'exécution de la décision de l'autorité judiciaire qui statue, dans un délai de trente jours à compter de la réception de la demande, soit afin de donner son consentement pour qu'une personne soit poursuivie, condamnée ou détenue en vue de l'exécution d'une peine ou d'une mesure de sûreté privatives de liberté, pour une infraction commise avant sa remise en exécution d'un mandat d'arrêt européen, autre que celle qui a motivé sa remise, soit pour la remise d'une personne à un État membre autre que l'État membre d'exécution, en vertu d'un mandat d'arrêt européen émis pour une infraction commise avant sa remise ? ». – **Le Cons. const. sursoit à statuer dans l'attente de la Décis. de la CJUE**. – **Décision de renvoi :** Crim., QPC, 19 févr. 2013, n° 13.80-491 : *RTD eur. 2013. 531, note Roux.*
2013	5 avr.	**Champ d'application de la « réduction Fillon » des cotisations patronales de sécurité sociale** **2013-300 QPC.** Chambre de commerce et d'industrie de Brest : *JO 7 avr., p. 5797 ; Rec. Cons. const. 527 ; D. 2013. 928 ; AJDA 2013. 1553 ; JCP 2013, n° 22, p. 1078, chron. Mathieu* : – **CSS, art. L. 241-13-II** (dans sa version issue de la L. n° 2003-47 du 17 janv. 2003 relative aux salaires, au temps de travail et au développement de l'emploi, et dans celle issue de la L. n° 2005-516 du 20 mai 2005 relative à la régulation des activités postales). – Exclusion des chambres de commerce et d'industrie du champ d'application de la réduction de cotisations sociales patronales, dite « réduction Fillon ». – Absence d'atteinte au principe d'égalité devant les charges publiques (DDH, art. 13). En réduisant les cotisations à la charge de l'employeur, le législateur a entendu favoriser l'emploi en allégeant le coût des charges sociales pesant sur l'employeur. Pour définir les conditions ouvrant droit à cette réduction, il s'est fondé sur des différences de situation en lien direct avec l'objet de la loi. Il a pris en compte le régime juridique de l'employeur, les modalités selon lesquelles l'employeur est assuré contre le risque de privation d'emploi de ses salariés ainsi que le régime de sécurité sociale auquel ces salariés sont affiliés. Ainsi, il a fondé son appréciation sur des critères objectifs et rationnels en lien avec l'objectif poursuivi. – **Conformité**. – **Décision de renvoi :** Civ. 2e, QPC, 17 janv. 2013, n° 12-40.090.
2013	5 avr.	**Cotisations et contributions sociales des travailleurs non salariés non agricoles outre-mer**

		2013-301 QPC. Mme Annick D., épse L. : *JO 7 avr., p. 5798 ; Rec. Cons. const. 531 ; D. 2013. 928* : – **CSS, art. L. 756-5** (dans sa rédaction résultant de l'art. 3 de la L. n° 2000-1207 du 13 déc. 2000 d'orientation pour l'outre-mer). – Institution d'un régime particulier plus favorable pour le calcul de diverses cotisations et contributions sociales acquittées par les travailleurs non salariés non agricoles dans les départements d'outre-mer de la Guadeloupe, de la Martinique, de la Guyane et de la Réunion. – Absence d'atteinte au principe d'égalité devant la loi (DDH, art. 6) et au principe d'égalité devant les charges publiques (DDH, art. 13). Le législateur a entendu prendre en compte la situation particulière des travailleurs indépendants dans les départements d'outre-mer de la Guadeloupe, de la Martinique, de la Guyane et de la Réunion, et inciter au développement d'activités indépendantes dans ces territoires. Par ailleurs, le législateur a fondé son appréciation sur le fait que ces travailleurs, qui sont affiliés à un régime d'assurance vieillesse distinct de celui des autres travailleurs non salariés non agricoles, sont dans une situation plus précaire que les autres travailleurs non salariés non agricoles des départements d'outre-mer. Ainsi, il a fondé son appréciation sur un critère objectif et rationnel en lien avec l'objectif poursuivi. – **Conformité.** – **Décision de renvoi :** Civ. 2e, QPC, 17 janv. 2013, n° 12-40.088.
2013	12 avr.	**Délai de prescription d'un an pour les délits de presse à raison de l'origine, l'ethnie, la nation, la race ou la religion** **2013-302 QPC.** M. Laurent A. et a. : *JO 14 avr., p. 6186 ; Rec. Cons. const. 546 ; D. 2013. 915 ; ibid. 1526, note Dreyer ; AJ pénal 2013. 410, obs. Perrier ; Constitutions 2013. 248, obs. de Bellescize ; RSC 2013. 910, obs. B. de Lamy ; JCP 2013, n° 17, p. 817 ; Procédures 2013, n° 6, p. 25, note Chavent-Leclère ; Gaz. Pal. 2013, nos 170-171, p. 16, note Fourment ; RFDC 2013. 713, comm. Anane ; Dr. pénal 2013, n° 6, p. 18, note Mouysset* : – **L. du 29 juill. 1881 sur la liberté de la presse, art. 65-3** (rédaction résultant de la L. n° 2004-204 du 9 mars 2004). – Absence d'atteinte au principe d'égalité (DDH, art. 6) et au principe de liberté de communication (DDH, art. 11). En allongeant le délai de prescription de 3 mois à 1 an pour le délit de provocation à la discrimination ou à la haine ou à la violence à l'égard d'une personne ou d'un groupe de personnes à raison de leur origine ou de leur appartenance ou de leur non-appartenance à une ethnie, une nation, une race ou une religion déterminée, le législateur a précisément défini les infractions auxquelles cet allongement du délai de la prescription est applicable. La différence de traitement qui en résulte, selon la nature des infractions poursuivies, ne revêt pas un caractère disproportionné au regard de l'objectif poursuivi. Il n'est pas non plus porté atteinte aux droits de la défense. – **Conformité.** – **Décision de renvoi :** Crim., QPC, 22 janv. 2013, n° 12-90.064 : *Gaz. Pal. 2013, nos 170-171, note Fourment.*

2013	19 avr.	**Taxe locale sur la publicité extérieure** **2013-305/306/307 QPC.** Cne de Tourville-la-Rivière : *JO 21 avr., p. 7037 ; Rec. Cons. const. 588 ; D. 2013. 1006 ; AJDA 2013. 826 ; Constitutions 2013. 432, note Barilari ; JCP Adm. 2013, n° 27, p. 26, note Moritz* : – **CGCT, art. L. 2333-16, al. B et C** (dans leur rédaction résultant de la L. n° 2008-776 du 4 août 2008 de modernisation de l'économie). – Absence de méconnaissance du principe d'égalité entre les collectivités territoriales (DDH, art. 6). La L. du 4 août 2008 a créé une taxe locale sur la publicité extérieure, se substituant à la taxe sur la publicité extérieure frappant les affiches, réclames et enseignes lumineuses et à la taxe communale sur les emplacements publicitaires fixes. L'art. L. 2333-16 CGCT prévoit que les communes qui percevaient en 2008 l'une de ces deux taxes doivent respecter un tarif maximal calculé selon des règles différentes de celles applicables aux autres communes. Les dispositions contestées de cet art. fixent les règles de détermination de ce tarif maximal dérogatoire et transitoire sur une période de 2009 à 2013. Le législateur a entendu permettre un aménagement progressif, sur une période de 5 ans, des tarifs de la taxe locale sur la publicité extérieure et des recettes des communes qui percevaient auparavant les impositions auxquelles cette taxe a été substituée. Pour déterminer les modalités de cet alignement progressif des tarifs, les dispositions contestées retiennent des critères objectifs et rationnels en lien direct avec l'objectif poursuivi par le législateur : **Conformité**. – Absence de méconnaissance du principe d'égalité devant les charges publiques (DDH, art. 13). Si le dispositif dérogatoire transitoire de plafonnement du tarif de référence de la taxe instaurée par les dispositions contestées est uniforme la première année pour les différents types de supports assujettis à la taxe, l'évolution quinquennale prévue par le CGCT assure une convergence différenciée vers chacun des tarifs maximaux applicable à chaque catégorie de supports prévus par le CGCT. La différence de traitement qui en résulte entre les contribuables selon les communes dans lesquelles ils sont assujettis est transitoire et progressivement réduite. Elle est en lien avec l'objectif poursuivi par le législateur d'assurer une évolution progressive des impositions antérieures vers la nouvelle imposition : **Conformité**. – **Conformité**. – **Décision de renvoi :** Com., QPC, 6 févr. 2013, n°s 12-40.091, 12-40.092, 12-40.094.
2013	26 avr.	**Intégration d'une commune dans un EPCI à fiscalité propre** **2013-303 QPC.** Cne de Puyravault : *JO 28 avr., p. 7398 ; Rec. Cons. const. 672 ; D. actu. 2 mai, obs. de Montecler ; D. 2013. 1071 ; AJDA 2013. 884 ; ibid. 1386, note Fialaire ; AJCT 2013. 344, obs. Le Chatelier ; Constitutions 2013. 387, note Lutton ; JCP Adm. 2013, n°s 19-20, p. 9 ; Dr. adm. 2013, n°s 8-9, p. 26, note Éveillard ; ibid. 2014, n° 1, p. 21, chron. de Montalivet ; ibid. 2015, n° 5, p. 18, chron. de Montalivet* : – **L. du 16 déc. 2010 de réforme des collectivités territoriales, art. 60, § II.** – Procédure relative à la modification du périmètre d'un EPCI à fiscalité propre, modification est prononcée par arrêté du préfet après

		accord de la moitié au moins des conseils municipaux des communes intéressées, représentant la moitié au moins de la population totale de celle-ci, y compris le conseil municipal de la commune dont la population est la plus nombreuse si cette dernière représente au moins le tiers de la population totale. Possibilité d'imposer une modification du périmètre d'un EPCI à certaines communes. – Absence d'atteinte au principe de libre administration des collectivités territoriales (Const. 58, art. 72, al. 3) et au principe d'égalité (DDH, art. 6). En imposant à des communes de faire partie d'un EPCI, notamment lorsqu'elles souhaitent appartenir à un autre EPCI, le législateur a entendu favoriser « l'achèvement et la rationalisation de la carte de l'intercommunalité ». La procédure prévue au 8e al. du § II de l'art. 60 de la L. du 16 déc. 2010, qui permet au préfet de passer outre à l'opposition des communes, n'est applicable que jusqu'au 1er juin 2013. Ainsi, le législateur a pu, dans les buts d'intérêt général « d'achèvement et de rationalisation de la carte de l'intercommunalité », apporter ces limitations à la libre administration des communes. Par ailleurs, tout maire qui en fait la demande est entendu par la commission départementale de la coopération intercommunale. Enfin, les dispositions contestées sont applicables à l'ensemble des communes et n'ont pas pour objet de traiter différemment des communes qui sont dans des situations semblables. – **Conformité.** – **Décision de renvoi :** CE, QPC, 30 janv. 2013, *Cne de Puyravault*, n° 363749 : *AJDA 2013. 261, note de Montecler ; Gaz. Pal. 2013, nos 51-52, p. 29.* – **Application de la décision :** CAA Bordeaux, 2 mars 2015, *Cne de Baie-Mahault*, n° 13BX02338.
2013	26 avr.	**Retrait d'une commune membre d'un EPCI** **2013-304 QPC.** Cne de Maing : *JO 28 avr., p. 7400 ; Rec. Cons. const. 678 ; D. actu. 2 mai, obs. de Montecler ; D. 2013. 1071 ; AJDA 2013. 884 ; ibid. 1386, note Fialaire ; AJCT 2013. 344, obs. Le Chatelier ; Constitutions 2013. 387, note Lutton ; JCP Adm. 2013, nos 19-20, p. 9 ; Dr. adm. 2013, nos 8-9, p. 26, note Éveillard ; ibid. 2014, n° 1, p. 21, chron. de Montalivet* : – **CGCT, art. L. 5211-19.** – Subordination du retrait d'une commune d'un EPCI à l'accord de l'organe délibérant de l'établissement public et des conseils municipaux des communes intéressées. – Absence de méconnaissance de la libre administration des collectivités territoriales (Const. 58, art. 72) et de méconnaissance du droit à un recours effectif. Le législateur a entendu éviter que le retrait d'une commune ne compromette le fonctionnement et la stabilité d'un EPCI ainsi que la cohérence des coopérations intercommunales. Ainsi, le législateur a pu, dans ces buts d'intérêt général, apporter ces limitations à la libre administration des communes. Par ailleurs, l'absence de disposition législative imposant la motivation des délibérations s'opposant au retrait d'une commune ne porte pas atteinte au droit des communes d'obtenir l'annulation d'une telle délibération. – **Conformité.**

		– **Décision de renvoi :** CE, QPC, 30 janv. 2013, *Cne de Maing*, n° 364026 : *AJDA 2013. 261, note de Montecler ; Gaz. Pal. 2013, n°s 51-52, p. 29.* – **Application de la décision :** CAA Douai, 9 oct. 2015, n° 13DA01808.
2013	26 avr.	**Nouvelle-Calédonie – Autorisations de travaux de recherches minières** **2013-308 QPC.** Assoc. « Ensemble pour la planète » : *JO 28 avr., p. 7401 ; Rec. Cons. const. 682 ; JCP 2013, n° 22, p. 1078, chron. Mathieu ; RFDC 2013. 977, note David ; Dr. adm. 2014, n° 1, p. 21, chron. de Montalivet* : – **Code minier de la Nouvelle-Calédonie, art. Lp. 142-10.** – Fixation de la procédure pour autoriser des travaux de recherches minières : ouverture de ces travaux subordonnée à une autorisation du président de l'assemblée de province compétente qui fixe les prescriptions prévenant les nuisances et autorisation précédée d'une notice d'impact ou d'une étude d'impact. – Absence d'atteinte au principe d'information et de participation du public (Charte envir., art. 7). Compte tenu de la nature des substances minérales (nickel, chrome et cobalt) susceptibles d'être recherchées et en l'état des techniques mises en œuvre, le législateur a pu considérer que les autorisations de travaux de recherches ne constituent pas des décisions ayant une incidence significative sur l'environnement. Ainsi, il n'a pas prévu de procédure d'information et de participation du public préalable à l'intervention des autorisations de travaux de recherches. – **Conformité.** – **Décision de renvoi :** CE, QPC, 11 févr. 2013, *Assoc. « Ensemble pour la planète »*, n° 363844.
2013	26 avr.	**Exercice par le préfet du droit de préemption des communes ayant méconnu leurs engagements de réalisation de logements sociaux** **2013-309 QPC.** SARL SCMC : *JO 28 avr. 2013, p. 7402 ; Rec. Cons. const. 686 ; D. actu. 3 mai 2013, obs. Grand ; D. 2013. 1065 ; AJDA 2013. 888 ; JCP Adm. 2013, n°s 19-20, p. 10 ; Dr. adm. 2014, n° 1, p. 21, chron. de Montalivet* : – **C. urb., art. L. 210-1, al. 2.** – Obligations en matière de construction et de réalisation de logements locatifs sociaux pour les communes qui dépassent certains seuils démographiques. En cas de non-respect de ces obligations, une procédure de constat de carence peut être engagée à leur encontre. Dans cette hypothèse, l'art. L. 210-1 C. urb. précise qu'un arrêté préfectoral de carence est pris et le droit de préemption est exercé par le préfet lorsque l'aliénation porte sur un terrain bâti ou non affecté au logement ou destiné à l'être. – Absence d'atteinte disproportionnée à la libre administration des collectivités territoriales (Const. 58, art. 72). Les dispositions de l'art. L. 210-1 C. urb. ont pour objet de remédier au non-respect par la commune en cause de l'objectif de construction ou de réalisation de logements sociaux fixé par le législateur, afin d'atteindre cet objectif.

		D'une part, ces dispositions sont justifiées par un but d'intérêt général et, d'autre part, l'objet et la portée de la compétence ainsi conférée au préfet sont précisément définis en adéquation avec l'objectif poursuivi. – **Conformité.** – **Décision de renvoi** : CE, QPC, 13 févr. 2013, *SARL SCMC*, nº 364159 : *D. actu. 19 févr. 2013, note Grand ; AJDA 2013. 320.*
2013	26 avr.	**Fusion d'EPCI en un EPCI à fiscalité propre** **2013-315 QPC.** Cne de Couvrot : *JO 28 avr., p. 7403 ; Rec. Cons. const. 689 ; D. actu. 2 mai, obs. de Montecler ; D. 2013. 1071 ; AJDA 2013. 884 ; ibid. 1386, note Fialaire ; AJCT 2013. 344, obs. Le Chatelier ; Constitutions 2013. 397, note Lutton ; JCP Adm. 2013, nºs 19-20, p. 9 ; Dr. adm. 2013, nºs 8-9, p. 26, note Éveillard ; ibid. 2014, nº 1, p. 21, chron. de Montalivet ; ibid. 2015, nº 5, p. 18, chron. de Montalivet* : – **L. du 16 déc. 2010 de réforme des collectivités territoriales, art. 60, § III.** – Procédure relative à la fusion d'EPCI dont l'un au moins est à fiscalité propre qui est prononcée par arrêté du préfet après accord de la moitié au moins des conseils municipaux des communes intéressées, représentant la moitié au moins de la population totale de celle-ci, y compris le conseil municipal de la commune dont la population est la plus nombreuse si cette dernière représente au moins le tiers de la population totale : imposition possible d'une fusion d'EPCI à certaines communes. – Absence de méconnaissance de la libre administration des collectivités territoriales (Const. 58, art. 72) et de méconnaissance par le législateur de sa propre compétence (Const. 58, art. 34). En imposant à des communes de faire partie d'un EPCI, notamment lorsqu'elles souhaitent appartenir à un autre EPCI, le législateur a entendu favoriser « la rationalisation de la carte de l'intercommunalité » et le renforcement de l'intercommunalité à fiscalité propre. La procédure prévue au 8e al. du § II de l'art. 60 de la L. du 16 déc. 2010, qui permet au préfet de passer outre à l'opposition des communes, n'est applicable que jusqu'au 1er juin 2013. Ainsi, le législateur a pu, dans les buts d'intérêt général de renforcement et de « rationalisation de la carte de l'intercommunalité », apporter ces limitations à la libre administration des communes. Par ailleurs, tout maire qui en fait la demande est entendu par la commission départementale de la coopération intercommunale. Enfin, il appartenait au législateur compétent, en vertu de l'art. 34 Const. 58, pour déterminer les principes fondamentaux de la libre administration des collectivités territoriales, de leurs compétences et de leurs ressources, de définir de façon suffisamment précise les modalités de fusion des établissements publics de coopération intercommunale. En fixant, par les dispositions contestées, les règles de cette fusion et en confiant sa mise en œuvre aux représentants de l'État, le législateur a respecté ces principes. – **Conformité.** – **Décision de renvoi :** CE, QPC, 8 mars 2013, *Cne de Couvrot*, nº 365791 : *D. actu. 14 mars 2013, obs. Poupeau ; AJDA 2013. 553 ; Gaz. Pal. 2013, nºs 100-101, p. 29.* – **Application de la décision :** CAA Bordeaux, 2 févr. 2015, *Min. de l'intérieur : nº 14BX02056.*

2013	16 mai	**Conseil de discipline des avocats en Polynésie française** **2013-310 QPC.** M. Jérôme P. : *JO 19 mai, p. 8378 ; Rec. Cons. const. 717 ; Constitutions 2013. 440, note Le Bot ; JCP 2013, n° 37, p. 1640, chron. Mathieu ; RFDC 2013. 999, note Perrier ; RD publ. 2014. 207, chron. Rousseau, Gahdoun et Bonnet ; Dr. adm. 2014, n° 1, p. 21, chron. de Montalivet ; LPA 2014, n° 98, p. 8, chron. Bourdoiseau* : – **L. n° 71-1130 du 30 déc. 1971, art. 81, § IV, al. 5**. – Cette disposition prévoit que le conseil de l'ordre du barreau de Papeete siège comme conseil de discipline pour les avocats inscrits à ce barreau. Alors que la L. n° 2004-130 du 11 févr. 2004 a institué dans les autres barreaux un conseil de discipline unique dans le ressort de chaque cour d'appel, le conseil de l'ordre du barreau de Papeete garde ses attributions disciplinaires. – Absence de méconnaissance du principe d'égalité devant la justice (DDH, art. 6). En prévoyant des règles de composition spécifiques pour l'organe disciplinaire des avocats inscrits au barreau de Papeete, le législateur a entendu tenir compte du particulier éloignement de la Polynésie française des autres parties du territoire national et du fait que la cour d'appel de Papeete ne comprend qu'un seul barreau. Dès lors, en n'instituant pas un conseil de discipline des avocats au niveau de la cour d'appel, le législateur a instauré une différence de traitement qui tient compte de la situation particulière de la Polynésie française : **Conformité**. – Absence d'atteinte aux droits de la défense et aux principes d'indépendance et d'impartialité des juridictions (DDH, art. 16). Le maintien du conseil de l'ordre d'un barreau dans ses attributions disciplinaires n'est pas en lui-même contraire aux exigences d'indépendance et d'impartialité de l'organe disciplinaire. **Toutefois**, les dispositions de la L. n° 71-1130 du 30 déc. 1971, art. 81, § IV, al. 5, ne sauraient être interprétées comme permettant au bâtonnier en exercice de l'ordre du barreau de Papeete ainsi qu'aux anciens bâtonniers ayant engagé la poursuite disciplinaire de siéger dans la formation disciplinaire du conseil de l'ordre du barreau de Papeete : **Réserve**. – **Conformité avec réserve**. – **Décision de renvoi :** Civ. 1re, QPC, 20 févr. 2013, n° 12-40.093.
2013	17 mai	**Formalités de l'acte introductif d'instance en matière de presse** **2013-311 QPC.** Sté Écocert France : *JO 19 mai, p. 8379 ; Rec. Cons. const. 740 ; D. 2013. 1279 ; RSC 2013. 917, obs. B. de Lamy ; Constitutions 2014. 218, chron. de Bellescize ; Gaz. Pal. 2013, nos 170-171, p. 9, note Barbé ; ibid., p. 18, note Fourment ; RFDC 2013. 998, note Anane ; LPA 2014, n° 98, p. 12, chron. Tellier-Cayrol* : – **L. du 29 juill. 1881 sur la liberté de la presse, art. 53**. – Saisine du tribunal en droit de la presse, fixation des formalités substantielles de la citation en justice pour les infractions prévues par la L. de 1881 : ces dispositions s'appliquent devant la juridiction civile selon la Cour de cassation (ass. plén. 15 févr. 2013, n° 11-14.637). – Absence d'atteinte au droit d'exercer un recours effectif devant une juridiction (DDH, art. 16) et à la liberté d'expression (DDH, art. 11). En imposant que la citation précise et qualifie le fait incriminé et que l'auteur de la citation élise domicile dans la ville où siège la juridiction

		saisie, le législateur a entendu que le défendeur soit mis à même de préparer utilement sa défense dès la réception de la citation. Ainsi, la conciliation opérée entre, d'une part, le droit à un recours juridictionnel du demandeur et, d'autre part, la protection constitutionnelle de la liberté d'expression et le respect des droits de la défense ne revêt pas, y compris dans les procédures d'urgence, un caractère déséquilibré. – **Conformité**. – **Décision de renvoi :** Civ. 1re, QPC, 20 févr. 2013, n° 12-20.544 : *D. actu. 5 mars 2013, obs. Lavric ; D. 2013. 570.* – **Application de la décision :** Civ. 1re, 10 juill. 2013 : *n° 12-20.544.*
2013	22 mai	**Conditions d'attribution d'une carte de séjour mention « vie privée et familiale » au conjoint étranger d'un ressortissant français** **2013-312 QPC.** M. Jory Orlando T. : *JO 24 mai, p. 8599 ; Rec. Cons. const. 743 ; AJDA 2013. 1028 ; D. actu. 24 mai 2013, note Grand ; D. 2013. 1282 ; ibid. 2014. 445, obs. Boskovic, Corneloup, Jault-Seseke, Joubert et Parrot ; AJ fam. 2013. 387, obs. Gallmeister ; JCP 2013, n° 37, p. 1640, chron. Mathieu ; Dr. fam. 2013, nos 7-8, p. 75, note Petit ; Dr. adm. 2014, n° 1, p. 21, chron. de Montalivet :* – **CESEDA, art. L. 313-11, 4°**. – Inopérance des griefs soulevés par le requérant selon lesquels le 4° de l'art. L. 313-11 CESEDA portant sur la délivrance de la carte de séjour temporaire à l'étranger marié à un ressortissant de nationalité française n'accordait pas à un étranger lié avec un ressortissant français par un PACS les mêmes droits à une carte de séjour temporaire que ceux accordés à un étranger marié avec un ressortissant français. En effet, il existe des dispositions particulières en la matière qui portent sur la situation particulière des personnes liées par un PACS (L. du 15 nov. 1999 relative au PACS, art. 12, et art. L. 313-11, 7° CESEDA), dispositions qui n'ont pas été soumises au Cons. const. – Absence d'atteinte au droit de mener une vie familiale normale et au principe d'égalité des dispositions de l'art. L. 313-11, 4°, CESEDA. Compte tenu des objectifs d'intérêt public qu'il s'est assignés, le législateur a pu soumettre la délivrance de plein droit d'une carte de séjour temporaire au conjoint étranger d'un ressortissant français ne vivant pas en état de polygamie, à la condition que le mariage ait été contracté depuis au moins un an, que la communauté de vie n'ait pas cessé depuis lors, que le conjoint ait conservé la nationalité française et, lorsque le mariage a été célébré à l'étranger, qu'il ait été transcrit préalablement sur les registres de l'état civil français. – **Conformité**. – **Décision de renvoi :** CE, QPC, 22 févr. 2013, *M. Torres Moye*, n° 364341 : *AJDA 2013. 443.*
2013	22 mai	**Composition du conseil de surveillance des grands ports maritimes outre-mer** **2013-313 QPC.** Chambre de commerce et d'industrie de région des îles de Guadeloupe et a. : *JO 24 mai, p. 8599 ; Rec. Cons. const. 746 ; AJDA 2013. 1024 ; Constitutions 2013. 441, note Le Bot ; RMCUE 2014.*

		64, étude Altide Canton-Fourrat ; Dr. adm. 2014, n° 1, p. 21, chron. de Montalivet : – **C. transp., art. L. 5312-7** (dans sa rédaction résultant de l'art. L. 5713-1-1 du même code créé par l'art. 1er de la L. du 22 févr. 2012 portant réforme des ports d'outre-mer relevant de l'État et diverses dispositions d'adaptation de la législation au droit de l'Union européenne dans le domaine des transports). – Composition du conseil de surveillance des grands ports maritimes de Guadeloupe, de Guyane, de Martinique et de La Réunion différente de celle du conseil de surveillance des grands ports maritimes de métropole. Nécessité d'un avis des collectivités territoriales et de leurs groupements pour la nomination de personnalités qualifiées élues par les chambres de commerce et d'industrie au conseil de surveillance de ces grands ports maritimes. – Absence d'atteinte au principe d'égalité devant la loi et au PFRLR d'autonomie des chambres de commerce et d'industrie. En adoptant ces dispositions, le législateur a entendu, d'une part, prendre en compte la spécificité du mode de gestion de ces ports antérieur à la L. du 22 févr. 2012 et, d'autre part, assurer une représentation accrue des collectivités territoriales au sein du conseil de surveillance et leur accorder une influence particulière. Compte tenu de la situation géographique des départements d'outre-mer, ces ports occupent une place particulière dans leur réseau de transports et leur économie générale. Ces circonstances constituent, au sens de l'art. 73 Const., des « caractéristiques et contraintes particulières » de nature à les justifier. – **Conformité**. – **Décision de renvoi :** CE, QPC, 22 févr. 2013, *CCI des îles de Guadeloupe et a.*, nos 364280, 364281, 364282, 364283 : *AJDA 2013. 443*. – **Application de la décision :** CE 27 nov. 2013, *CCI de région des îles de Guadeloupe*, n° 364280 : *AJDA 2014. 428*.
2013	24 mai	**Limite du domaine public maritime naturel** **2013-316 QPC.** SCI Pascal et a. : *JO 29 mai, p. 8853 ; Rec. Cons. const. 753 ; AJDA 2013. 1079 ; ibid. 2260, note Foulquier ; D. actu. 4 juin 2013, obs. Grand ; AJCT 2013. 468, obs. Grand ; JCP Adm. 2013, n° 23, p. 8 ; Dr. adm. 2013, n° 7, p. 8 ; ibid., n° 10, p. 29, note Éveillard ; ibid. 2014, n° 1, p. 21, chron. de Montalivet ; NCCC 2013, n° 41, p. 291, note Hoepffner ; LPA 2014, n° 98, p. 14, chron. Gicquel* : – **CGPPP, art. L. 2111-4, 1°.** – Fixation sur le rivage de la mer de la limite entre le domaine public maritime naturel et les propriétés privées. – Absence de privation du droit de propriété (DDH, art. 17) et absence d'atteinte au droit de propriété (DDH, art. 2). En prévoyant que la limite entre le domaine public maritime naturel et les propriétés privées est fixée en fonction de tout ce que la mer « couvre et découvre jusqu'où les plus hautes mers peuvent s'étendre en l'absence de perturbations météorologiques exceptionnelles », le législateur a confirmé un critère physique objectif et indépendant de la volonté de la puissance publique. En application de l'art. 34 Const. confiant au législateur le soin de

		déterminer les principes fondamentaux du régime de la propriété, les espaces couverts, même épisodiquement, par les flots ne peuvent faire l'objet d'une propriété privée. – Absence d'atteinte au droit d'exercer un recours juridictionnel effectif, au droit à un procès équitable et au principe du contradictoire (DDH, art. 16). Un propriétaire riverain dispose des voies de droit notamment pour contester l'incorporation au domaine public maritime naturel. ***Toutefois,*** lorsque le propriétaire construit une digue qui est ensuite incorporée au domaine public maritime naturel en raison de la progression du rivage de de la mer, il peut être imposé à l'intéressé de procéder à sa destruction. Sa propriété est alors privée de la protection assurée par l'ouvrage qu'il avait légalement érigé. Ainsi, dans ces conditions, la garantie des droits du propriétaire riverain de la mer ayant élevé une digue à la mer ne serait pas assurée s'il était forcé de la détruire à ses frais en raison de l'évolution des limites du domaine public maritime naturel : **Réserve**. – Absence de méconnaissance des principes d'information et de participation (Charte envir., art. 7). Les délimitations du domaine public maritime naturel qui résultent des dispositions de l'art. L. 2111-4, 1°, CGPPP ne constituent pas des décisions ayant une incidence sur l'environnement. – **Conformité sous réserve.** – **Décision de renvoi :** CE, QPC, 13 mars 2013, *SCI Pascal*, n° 365115 : *AJDA 2013. 603 ; D. actu. 25 mars 2013, obs. Grand ; AJCT 2013. 361, obs. Defix.* – **Applications de la décision :** CE 5 juill. 2013 : *n° 368566.* – CAA Marseille, 6 mai 2014, n° 10MA04262. – CAA Marseille, 20 janv. 2015, n° 13MA02000.
2013	24 mai	**Quantité minimale de matériaux en bois dans certaines constructions nouvelles** **2013-317 QPC.** Synd. fr. de l'industrie cimentière et a. : *JO 29 mai, p. 8854 ; Rec. Cons. const. 756 ; AJDA 2013. 1080 ; D. actu. 5 juin 2013, note Grand ; RDI 2013. 288 ; Gaz. Pal. 2013, n°s 291-292, p. 21, note Piazzon ; RD publ. 2014. 207, chron. Rousseau, Gahdoun et Bonnet ; Dr. adm. 2014, n° 1, p. 21, chron. de Montalivet* : – **C. envir., art. L. 224-1, § V.** – Fixation par décret des conditions dans lesquelles certaines constructions nouvelles doivent comporter une quantité minimale de matériaux en bois. – Absence de méconnaissance du principe de participation (Charte envir., art. 7). Le législateur a entendu permettre l'adoption de normes techniques dans le bâtiment destinées à imposer l'utilisation de bois dans les constructions nouvelles afin de lutter contre la pollution atmosphérique. L'exigence de telles normes techniques n'est, en elle-même, susceptible de n'avoir qu'une incidence indirecte sur l'environnement. – Méconnaissance du principe de liberté d'entreprendre (DDH, art. 4). En donnant la compétence, de façon générale, au Gouvernement pour fixer les conditions dans lesquelles certaines constructions nouvelles doivent comporter une quantité minimale de

		matériaux en bois, les dispositions de l'art. L. 224-1, § V C. envir. ont porté une atteinte qui n'est pas justifiée par un motif d'intérêt général en lien direct avec l'objectif poursuivi. – **Non-conformité totale** avec effet à compter de la publication de la Décis. et applicable à toutes les affaires non jugées définitivement à la date de la publication de la Décis. – **Décision de renvoi :** CE, QPC, 18 mars 2013, *Synd. fr. de l'industrie cimentière fédération de l'industrie du béton*, n° 361866 : *AJDA 2013. 600.* – **Application de la décision :** CE 26 déc. 2013, *Synd. fr. de l'industrie cimentière*, n° 361866.
2013	7 juin	**Activité de transport public de personnes à motocyclette ou tricycle à moteur** **2013-318 QPC.** M. Mohamed T. : *JO 9 juin, p. 9630 ; Rec. Cons. const. 809 ; D. 2013. 1405 ; JCP Adm. 2013, n° 25, p. 7 ; Gaz. Pal. 2013, n°s 291-292, p. 21, note Piazzon ; RD publ. 2014. 207, chron. Rousseau, Gahdoun et Bonnet ; Dr. adm. 2014, n° 1, p. 21, chron. de Montalivet ; RJEP 2013, n° 714, p. 27, note Fraisse ; Dr. pén. 2013, n° 10, p. 40, note Robert ; LPA 2014, n° 98, p. 14, chron. Gicquel ; ibid., n° 227, p. 15, chron. Macaya* : – **C. transp., art. L. 3123-1, L. 3123-2 et L. 3124-9.** – **Concernant les art. L. 3123-1 et L. 3123-2 C. transp. :** – Absence d'atteinte au principe d'égalité (DDH, art. 6). Ce principe n'impose pas que l'activité de transport public de particuliers au moyen de véhicules motorisés à deux ou trois roues soit soumise à la même réglementation que celle qui s'applique à l'activité de transport public de particuliers au moyen de véhicules automobiles. – Absence d'atteinte à la liberté d'entreprendre (DDH, art. 4) et à la liberté d'aller et venir (DDH, art. 2 et 4). Selon l'art. L. 3123-1 C. transp., les véhicules motorisés à deux ou trois roues affectés à l'activité de transport de personnes doivent « disposer, dans des conditions fixées par voie réglementaire, de chauffeurs qualifiés et de véhicules adaptés ». Le législateur a entendu qu'une réglementation assure en particulier la sécurité des passagers de ces véhicules. Par ailleurs, le législateur a entendu que l'activité des véhicules motorisés à deux ou trois roues ne soit soumise ni à autorisation préalable ni à déclaration, qu'elle ne soit pas contingentée, que son exercice ne soit pas soumis à un tarif réglementé et ne soit pas davantage soumis à un examen d'aptitude professionnelle mais soit ouvert à tout chauffeur qualifié. Ainsi, au regard de ces règles, il a entendu que les véhicules de transport à deux ou trois roues ne puissent circuler ou stationner sur la voie publique en quête de clients en vue de leur transport (C. transp., L. 3123-2), cette dernière activité ne pouvant s'exercer que dans le cadre réglementé de l'activité de taxi. – Absence de méconnaissance du principe de légalité des délits et des peines (DDH, art. 8 ; Const. 58, art. 34). Les notions de l'art. L. 3123-2 C. transp., « en quête de clients », « à l'abord des gares et aérogares », « justifier d'une réservation préalable », n'ont pas un caractère équivoque et sont suffisamment précises pour garantir contre les risques d'arbitraire : **Conformité.** – **Concernant l'art. L. 3124-9, 4°, C. transp. :**

		– Atteinte au principe de nécessité des peines (DDH, art. 8), moyen soulevé d'office par le Cons. const. La méconnaissance des dispositions de l'art. L. 3123-2 C. transp. est punie d'une peine complémentaire prévue par le 4° de l'art. L. 3124-9 du même code. Elle interdit, « pour une durée de cinq ans au plus, d'entrer et de séjourner dans l'enceinte d'une ou plusieurs infrastructures aéroportuaires ou portuaires, d'une gare ferroviaire ou routière, ou de leurs dépendances, sans y avoir été préalablement autorisé par les autorités de police territorialement compétentes ». Ces dispositions du qui soumettent l'entrée dans une telle enceinte, tant pour des motifs personnels que pour des motifs professionnels, à une autorisation discrétionnaire de l'autorité de police compétente, ont instauré une peine manifestement disproportionnée : **Non-conformité**. – **Non-conformité partielle. Conformité des art. L. 3123-1 et L. 3123-2 C. transp. et non-conformité de l'art. L. 3124-9, 4° C. transp.** avec effet à compter de la publication de la Décis. et applicabilité à toutes les affaires non jugées définitivement à cette date. Par ailleurs, les peines définitivement prononcées avant cette date sur le fondement de cette disposition cessent de recevoir application. – **Décision de renvoi :** Crim., QPC, 20 mars 2013, n° 12-90.076 : *AJDA 2013. 663.*
2013	7 juin	**Exception de vérité des faits diffamatoires constituant une infraction amnistiée ou prescrite, ou ayant donné lieu à une condamnation effacée par la réhabilitation ou la révision** **2013-319 QPC.** M. Philippe B. : *JO 9 juin, p. 9632 ; Rec. Cons. const. 814 ; D. actu. 13 juin 2013, obs. Lavric ; D. 2013. 1413 ; AJ pénal 2013. 410 ; Constitutions 2013. 248, obs. de Bellescize ; RSC 2013. 574, chron. Francillon ; ibid. 907, obs. de Lamy ; Gaz. Pal. 2013, n°s 170-171, p. 15, note Fourment ; CCE 2013, n° 9, p. 30, note Lepage ; RFDC 2013. 982, note Picard ; ibid. 991, note Anane ; Rev. pénit. 2013, n° 3, p. 648, note Conte ; LPA 2014, n° 98, p. 13, chron. Tellier-Cayrol ; ibid., n° 227, p. 7, chron. Macaya* : – **L. du 29 juill. 1881, art. 35, *c*)**. – Cas dans lesquels une personne poursuivie pour diffamation peut s'exonérer de toute responsabilité en établissant la preuve du fait diffamatoire. Interdiction de rapporter la preuve des faits diffamatoires lorsque l'imputation se réfère à un fait constituant une infraction amnistiée ou prescrite, ou qui a donné lieu à une condamnation effacée par la réhabilitation ou la révision. – Atteinte à la liberté d'expression (DDH, art. 11). Les dispositions concernant l'amnistie, la prescription de l'action publique, la réhabilitation et la révision n'ont pas, par elles-mêmes, pour objet d'interdire qu'il soit fait référence à des faits qui ont motivé une condamnation amnistiée, prescrite ou qui a été suivie d'une réhabilitation ou d'une révision ou à des faits constituant une infraction amnistiée ou prescrite. Par ailleurs, l'interdiction prescrite par les dispositions de l'art. 35, *c*) de la L. du 29 juill. 1881 vise tous les propos ou écrits résultant de travaux historiques ou scientifiques ainsi que les imputations se référant à des événements dont le rappel ou le commentaire s'inscrivent dans un débat public d'intérêt général.

		– **Non-conformité totale** applicable à toutes les imputations diffamatoires non jugées définitivement au jour de la publication de la Décis. – **Décision de renvoi :** Crim., QPC, 19 mars 2013, n° 12-90.075 : *Gaz. Pal. 2013, n°s 170-171, p. 15, note Fourment.*
2013	14 juin	**Absence de recours en cas d'extension des effets du mandat d'arrêt européen** **2013-314 QPC**. M. Jérémy F. : *JO 16 juin, p. 10024 ; Rec. Cons. const. 824 ; D. actu. 24 juin 2013, obs. Bombled ; D. 2013. 1479 ; ibid. 1805, note Bonichot ; ibid. 2014. 1516, obs. Jacquinot et Mangiavillano ; RFDA 2013. 691, note Labayle et Mehdi ; AJ pénal 2014. 44 ; RSC 2013. 903, obs. de Lamy ; RTD civ. 2013. 564, obs. Puig ; RTD eur. 2013. 531, note Roux ; JCP 2013, n° 26, p. 1271 ; ibid., n°s 29-34, p. 1448, note Levade ; ibid., n° 37, p. 1640, chron. Mathieu ; Gaz. Pal. 2013, n°s 291-292, p. 15, note Dusant ; RD publ. 2013. 1229, note Bonnet ; ibid. 2014. 207, chron. Rousseau, Gahdoun et Bonnet ; NCCC 2013, n° 41, p. 245, note Roblot-Troizier ; Politeia 2013, n° 24, p. 91, note Platon :* – **C. pr. pén., art. 695-46, al. 4.** – Mandat d'arrêt européen et transposition des art. 27 et 28 de la décision-cadre n° 2002/584/JAI du Conseil du 13 juin 2002. Selon l'al. 4, art. 695-46-1 C. pr. pén., l'arrêt de la chambre d'instruction n'est pas susceptible de recours lorsque cette chambre statue sur une demande visant à étendre une remise déjà accordée à d'autres infractions ou aux fins de remise ultérieure à un autre État membre. Le mandat d'arrêt européen est spécifiquement cité par l'art. 88-2 Const. 58. – Réponse à la question préjudicielle. Le Cons. const avait saisi la CJUE d'une question préjudicielle (V. n° 2013-314P QPC). La CJUE, dans un arrêt du 30 mai 2013 (C-168/13 PPU), a jugé que la décision-cadre du 13 juin 2002 ne s'oppose pas à ce que les États membres prévoient un recours suspendant l'exécution de la décision de l'autorité judiciaire qui statue, dans un délai de 30 jours à compter de la réception de la demande, afin de donner son consentement, soit pour l'extension des effets du mandat à d'autres infractions, soit pour l'autorisation de la remise de la personne à un État tiers. La Cour a seulement posé que la décision définitive doit être adoptée au plus tard dans les 90 jours. En prévoyant que la décision de la chambre de l'instruction est rendue « sans recours », le 4e al. de l'art. 695-46 C. pr. pén. ne découle pas nécessairement des actes pris par les institutions de l'Union européenne relatifs au mandat d'arrêt européen. Il appartient ainsi au Cons. const., saisi sur le fondement de l'art. 61-1 de la Const., de contrôler la conformité de cette disposition aux droits et libertés que la Constitution garantit. – Atteinte au droit à exercer un recours juridictionnel effectif (DDH, art. 16) concernant la privation des parties de la possibilité de former un pourvoi en cassation contre l'arrêt de la chambre de l'instruction lorsque celle-ci est saisie d'une demande d'extension des effets du mandat d'arrêt européen à d'autres infractions ou pour l'exécution d'une peine ou d'une mesure privative de liberté. – Non-conformité des mots « sans recours » figurant au 4e al. de l'art. 695-46 C. pr. pén. avec effet à compter de la publication de la Décis. et applicabilité à tous les pourvois en cassation en cours à cette date.

		– **Décision de renvoi :** Crim., QPC, 19 févr. 2013, n° 13-80.491 : *RTD eur. 2013. 531, note Roux.*
2013	14 juin	**Absence de contrat de travail pour les relations de travail des personnes incarcérées** **2013-320/321 QPC**. M. Yacine T. et a. : *JO 16 juin, p. 10025 ; Rec. Cons. const. 829 ; D. 2013. 1477 ; ibid. 1909, note Chopin ; ibid. 2014. 1115, obs. Lokiec et Porta ; AJDA 2013. 1252 ; ibid. 2014. 142, étude Quinart ; RDT 2013. 565, obs. Wolmark ; RDSS 2013. 639, note Brimo ; Constitutions 2013. 408, note Ghevontian ; ibid. 418, note Radé ; AJ pénal 2013. 556, obs. Céré ; Dr. soc. 2014. 11, chron. Tournaux ; ibid. 2016. 64, note Auvergnon ; JCP 2013, n° 26, p. 1271 ; ibid., n° 37, p. 1640, chron. Mathieu ; Gaz. Pal. 2013, n°s 291-292, p. 22, note Barbé ; RFDC 2013. 986, note Rrapi ; ibid. 1001, note Gonçalves ; RD publ. 2014. 207, chron. Rousseau, Gahdoun et Bonnet ; LPA 2014, n° 98, p. 11, chron. Tellier-Cayrol ; Rev. pénit. 2013, n° 4, p. 991, note Bonis-Garçon ; ibid. 949, note Leturmy ; Dr. adm. 2014, n° 2, p. 14, note Schmitz* : – **C. pr. pén., art. 717-3, 3e al., 1re phr.** : « Les relations de travail des personnes incarcérées ne font pas l'objet d'un contrat de travail ». – Absence d'atteinte aux principes énoncés par le Préamb. Const. 1946 et absence de méconnaissance du principe d'égalité (DDH, art. 6). Les principales règles législatives relatives aux conditions de travail des personnes détenues figurent à l'art. 717-3 C. pr. pén. et aux art. 22 et 33 de la L. du 24 nov. 2009 pénitentiaire. L'art. 33 de la L. du 24 nov. 2009 prévoit l'existence d'un acte d'engagement entre le chef d'établissement pénitentiaire et la personne détenue, cet acte énonce les droits et obligations professionnels, les conditions de travail, la rémunération. Le législateur peut modifier les dispositions relatives au travail des personnes détenues afin de renforcer la protection de leurs droits. – **Conformité**. – **Décisions de renvoi :** Crim., QPC, 20 mars 2013, n°s 12-40.104 et 12-40.105 : *AJDA 2013. 663 ; D. 2013. 841 ; AJ pénal 2013. 234 ; RDT 2013. 309, étude Auvergnon ; Dr. soc. 2013. 576, chron. Tournaux.*
2013	14 juin	**Statut des maîtres sous contrat des établissements d'enseignement privés** **2013-322 QPC**. M. Philippe W. : *JO 16 juin, p. 10026 ; Rec. Cons. const. 833 ; D. 2013. 1481 ; AJDA 2013. 1252 ; ibid. 1986, note Legrand ; Constitutions 2013. 418, note Radé ; Dr. soc. 2013. 968, chron. Dumortier, Florès, Lallet, Vialettes et Struillou ; JCP 2013, n° 37, p. 1640, chron. Mathieu ; ibid. 2015, n° 6, chron. Mathieu, Verpeaux et Macaya* : – **L. n° 2005-5 du 5 janv. 2005 relative à la situation des maîtres des établissements d'enseignement privés sous contrat, art. 1er**. – Modification des art. L. 442-5 et L. 914-1 C. éduc. – Absence d'atteinte aux conventions légalement conclues (DDH, art. 4 et 16). En précisant que, en leur qualité d'agent public, les maîtres de l'enseignement privé ne sont pas, au titre des fonctions pour lesquelles ils sont employés et rémunérés par l'État, liés par un contrat de travail à l'établissement au sein duquel l'enseignement leur est confié, le législateur a entendu clarifier le statut juridique des maîtres de l'enseignement privé sous contrat afin de mettre fin à une divergence

		d'interprétation entre le Conseil d'État et la Cour de cassation. Les dispositions de l'art. 1er de la L. du 5 janv. 2005 ne peuvent être regardées comme portant atteinte à des droits légalement acquis. – Absence de méconnaissance du principe de participation des travailleurs à la détermination collective des conditions de travail (Préamb. Const. 1946, al. 8). Selon le 2° de l'art. 1er de la L. du 5 janv. 2005, les maîtres des établissements d'enseignement privés sont pris en compte dans les effectifs requis par le C. trav. pour constituer les CE et CHSCT et ils sont éligibles pour les élections à ces comités et pour celles des délégués du personnel. Ces dispositions ont été prises afin que les maîtres des établissements d'enseignement privés sous contrat puissent participer aux élections aux institutions représentatives dans les mêmes conditions que les autres salariés de ces établissements. Par ailleurs, le législateur a entendu confirmer la qualité d'agent public des maîtres de l'enseignement privé sous contrat en prévoyant qu'au titre des fonctions pour lesquelles ils sont employés et rémunérés par l'État, ils ne sont pas liés par un contrat de travail mais a toutefois prévu que certaines dispositions du C. trav. sont applicables. Enfin, le Cons. const. précise qu'il peut procéder à l'interprétation d'un texte qui lui est déféré uniquement si cette interprétation est nécessaire à l'appréciation de la constitutionnalité. Mais tel n'est pas le cas de la question de la désignation de l'autorité chargée d'assurer le paiement des heures de délégation syndicale des maîtres des établissements privés sous contrat prises en dehors de leur temps syndical. – Absence de méconnaissance du principe d'égalité (DDH, art. 6). Les maîtres des établissements d'enseignement privé sous contrat ne sont pas dans une situation identique à celle des autres personnels privés employés par ces établissements au regard de leur relation avec l'État et de l'accomplissement de la mission de service public de l'enseignement. – **Conformité.** – **Décision de renvoi :** Soc., QPC, 4 avr. 2013, n° 12-25.469 P : *AJDA 2013. 715 ; Dr. soc. 2013. 576, chron. Tournaux ; ibid. 968, chron. Dumortier, Florès, Lallet, Vialettes et Struillou.* – **Application de la décision :** Soc. 14 mai 2014 : *n° 12-25.469.*
2013	14 juin	**Répartition de la DCRTP et du FNGIR des communes et établissements publics de coopération intercommunale à fiscalité propre lors de la modification du périmètre des établissements 2013-323 QPC.** Cté de cnes Monts d'Or Azergues : *JO 16 juin, p. 10028 ; Rec. Cons. const. 838 ; D. 2013. 1482 ; AJDA 2013. 1246 ; Constitutions 2013. 433, note Barilari ; JCP Adm. 2013, n° 26, p. 8 ; Dr. adm. 2014, n° 1, p. 21, chron. de Montalivet* : – **L. n° 2009-1673 du 30 déc. 2009 de finances pour 2010, art. 78, 3e à 5e al. du IV du 1.1 du 1 et du IV du 2.1 du 2** (dans leur rédaction antérieure à la L. n° 2011-1978 du 28 déc. 2011 de finances rectificative pour 2011). – Institution d'une dotation de compensation de la réforme de la taxe professionnelle (DCRTP) et d'un Fonds national de garantie individuelle des ressources communales et intercommunales (FNGIR) au profit de chaque catégorie de collectivités territoriales. – Absence de méconnaissance de la libre administration des collectivités territoriales (Const. 58, art. 72). Le législateur a retenu un

		critère (modalité de calcul fondée exclusivement sur la population des communes membres des EPCI) qui n'a ni pour objet ni pour effet de restreindre les ressources de certaines communes concernées par la modification de périmètre des EPCI : **Conformité**. – Absence de rupture caractérisée de l'égalité devant les charges publiques (DDH, art. 13). Le critère de répartition au prorata de la population est un critère objectif et rationnel pour effectuer la répartition de montants perçus au titre d'une dotation et de montants prélevés ou reversés au titre d'un fonds de répartition des ressources : **Conformité**. – Atteinte caractérisée à l'égalité devant les charges publiques entre les communes et entre les EPCI (DDH, art. 13). Les dispositions contestées ne sont applicables qu'aux EPCI dont le périmètre a été modifié au cours de l'année 2011. Pour ceux dont le périmètre a été modifié postérieurement, la LFR pour 2011 du 28 déc. 2011 a instauré une nouvelle règle de répartition des montants perçus au titre de la dotation de compensation et des montants prélevés ou reversés au titre du Fonds de garantie en cas de modification de périmètre des EPCI. Le législateur a prévu que cette répartition serait fondée sur les pertes fiscales effectivement constatées dans chacune des communes concernées par la modification de périmètre : **Non-conformité**. – **Non-conformité de la L. n° 2009-1673 du 30 déc. 2009 de finances pour 2010, art. 78, 3e à 5e al. du IV du 1.1 du 1 et du IV du 2.1 du 2** avec effet à compter du 1er janv. 2014 et applicabilité à la détermination des montants versés ou prélevés au titre de la dotation et du Fonds de garantie pour l'année 2014 et pour les années ultérieures. – **Décision de renvoi :** CE, QPC, 3 avr. 2013, *Cté de cnes Monts d'Or Azergues : n° 365131*. – **Application de la décision :** LFR n° 2013-1279 du 29 déc. 2013, art. 45.
2013	21 juin	**Droits du conjoint survivant pour l'attribution de la pension militaire d'invalidité** **2013-324 QPC.** Mme Micheline L. : *JO 23 juin, p. 10455 ; Rec. Cons. const. 844 ; AJDA 2013. 1307 ; AJFP 2013. 268 ; AJ fam. 2013. 503, obs. Roberge ; Dr. adm. 2014, n° 1, p. 21, chron. de Montalivet ; LPA 2014, n° 98, p. 9, chron. Bourdoiseau* : – **CPMIVG, art. L. 43.** – Fixation des conditions dans lesquelles, en cas de décès d'un militaire, le conjoint survivant peut bénéficier d'une pension militaire d'invalidité. L'art. L. 1 *ter* CPMIVG désigne comme conjoint survivant « l'époux ou l'épouse uni par les liens du mariage à un ayant droit au moment de son décès ». Ainsi, le conjoint divorcé au moment du décès ne peut bénéficier de ces pensions. – Absence d'atteinte au principe d'égalité (DDH, art. 6) s'agissant des différences entre les régimes de la désignation des bénéficiaires concernant les pensions militaires d'invalidité et des victimes de la guerre, et les pensions de retraite prévues par le C. pens. retr. et par le CSS. Celles-ci n'ont pas le même objet. Les 1res assurent un droit à réparation et les 2des un revenu de substitution ou d'assistance. Par ailleurs, le conjoint survivant et le conjoint divorcé sont dans des situations différentes.

		– **Conformité.** – **Décision de renvoi :** CE, QPC, 8 avr. 2013, *Mme L. : n° 365832.*
2013	21 juin	**Droit de délaissement d'un terrain inscrit en emplacement réservé** **2013-325 QPC.** M. Jean-Sébastien Chiarelli : *JO 23 juin, p. 10456 ; Rec. Cons. const. 847 ; D. 2013. 1548 ; AJDA 2013. 1304 ; Dr. adm. 2014, n° 1, p. 21, chron. de Montalivet ; LPA 2014, n° 227, p. 9, chron. Baghestani :* – **C. urb., art. L. 123-9** (dans sa rédaction issue de l'art. 16 de la L. n° 76-1285 du 31 déc. 1976 portant réforme de l'urbanisme). – Possibilité pour le propriétaire d'un terrain inscrit en emplacement réservé par un plan d'urbanisme, notamment pour un ouvrage public ou une voie publique, d'exiger de la collectivité ou du service public au bénéfice duquel a été réservé le terrain de procéder à l'acquisition de celui-ci dans un délai de 2 ans. A défaut d'accord amiable, le juge de l'expropriation prononce le transfert de propriété et fixe l'indemnité comme en matière d'expropriation. – Absence d'atteinte au droit de propriété (DDH, art. 2 et 17). L'exercice du droit de délaissement institué au profit des propriétaires de terrains bâtis ou non bâtis, classés en emplacements réservés par un plan d'urbanisme, constitue une réquisition d'achat à l'initiative des propriétaires de ces terrains. Ainsi, le transfert de propriété résultant de l'exercice de ce droit n'entre pas dans le champ d'application de l'art. 17 DDH. Par ailleurs, le législateur n'a porté aucune atteinte au droit de propriété des propriétaires de terrains grevés d'un emplacement réservé en leur accordant le droit d'imposer à la collectivité publique soit d'acquérir le terrain réservé, soit de renoncer à ce qu'il soit réservé. – Absence de méconnaissance par le législateur de sa propre compétence (Const. 58, art 34) concernant le fait de ne pas prévoir de droit de rétrocession pour les propriétaires dont les terrains grevés d'un emplacement réservé ont été acquis par le bénéficiaire de cet emplacement à la suite de l'exercice du droit de délaissement. – **Conformité.** – **Décision de renvoi :** Civ. 3e, QPC, 11 avr. 2013, n° 13-40.004 P : *AJDA 2013. 768 ; AJDI 2013. 769.*
2013	21 juin	**Taxe additionnelle à la cotisation sur la valeur ajoutée des entreprises – Validation législative** **2013-327 QPC.** SA Assistance Sécurité et Gardiennage : *JO 23 juin, p. 10457 ; Rec. Cons. const. 851 ; D. 2013. 1552 ; NCCC 2013, n° 41, p. 301, note Austry :* – **L. n° 2012-958 du 16 août 2012 de finances rectificative pour 2012, art. 39, § II.** – Applicabilité des modalités de recouvrement de la taxe additionnelle à la cotisation sur la valeur ajoutée des entreprises (CVAE) de manière rétroactive à compter du 1er janv. 2011 sous réserve des impositions contestées av. le 11 juill. 2012. – Absence de remise en cause des décisions juridictionnelles ayant force de chose jugée. Le législateur a précisément défini et limité la portée de la validation, qui est uniquement applicable aux modalités de recouvrement de la taxe additionnelle à la CVAE due à compter du

		1er janv. 2011 et réserve les droits des contribuables qui ont contesté l'imposition avant le 11 juill. 2012. ***Toutefois***, la validation rétroactive des règles relatives aux modalités de recouvrement de la taxe additionnelle à la CVAE ne saurait avoir pour effet de permettre que soient prononcées des sanctions fiscales de cette nature à l'encontre des personnes assujetties à cette taxe au titre du recouvrement de celle-ci avant l'entrée en vigueur de l'art. 39 de la L. du 16 août 2012 : **Réserve.** – **Conformité sous réserve.** – **Décision de renvoi :** CE, QPC, 17 avr. 2013, *SA ASG : n° 365323.* – **Application de la décision :** CAA Paris, 30 sept. 2014, *SNC Austin France : n°s 14PA00213 et 14PA00016.*
2013	28 juin	**Incrimination de la perception frauduleuse de prestations d'aide sociale** **2013-328 QPC.** Assoc. Emmaüs Forbach : *JO 30 juin, p. 10963 ; Rec. Cons. const. 854 ; AJDA 2013. 1368 ; D. 2013. 1631 ; ibid. 2713, obs. Roujou de Boubée, Garé, Gozzi, Mirabail et Potaszkin ; AJ pénal 2013. 471, obs. Belloir ; Dr. soc. 2014. 137, chron. Salomon ; RSC 2013. 827, chron. Cerf-Hollander ; ibid. 912, obs. de Lamy ; Gaz. Pal. 2013, n°s 247-248, p. 12, note Detraz ; RD publ. 2014. 207, chron. Rousseau, Gahdoun et Bonnet ; Dr. pén. 2013, n° 10, p. 46, note Peltier ; ibid., p. 35, note Robert ; RFDC 2014. 164, note Anane ; LPA 2014, n° 98, p. 10, chron. Tellier-Cayrol ; Rev. pénit. 2013, n° 4, p. 979, note Peltier :* – **CASF, art. L. 135-1.** – Méconnaissance du principe d'égalité devant la loi pénale (DDH, art. 6). Les dispositions de l'art. L. 351 CASF punissent la perception frauduleuse des prestations d'aide sociale des peines réprimant l'escroquerie (5 ans de prison et 375 000 euros d'amende). Par ailleurs, le fait de se rendre coupable de fraude ou de fausse déclaration pour obtenir le RSA, l'aide personnalisée au logement ou l'allocation aux adultes handicapés est puni d'une amende de 5 000 euros par l'art. L. 114-13 CSS, auquel renvoient respectivement les art. L. 262-50 CASF, L. 351-13 CCH et L. 821-5 CSS. Des faits qualifiés par la loi de façon identique peuvent, selon le texte d'incrimination sur lequel se fondent les autorités de poursuite, faire encourir à leur auteur soit une peine de 5 ans d'emprisonnement et 375 000 euros d'amende, soit une peine de 5 000 euros d'amende. La différence entre les peines encourues implique également des différences relatives à la procédure applicable et aux conséquences d'une éventuelle condamnation. Cette différence de traitement n'est justifiée par aucune différence de situation en rapport direct avec l'objet de la loi. – **Non-conformité totale** à compter de la publication de la Décis. et applicable à toutes les affaires non jugées définitivement à cette date. – **Décision de renvoi :** Crim., QPC, 23 avr. 2013, n° 13-90.003 : *Dr. soc. 2014. 137, chron. Salomon.* – **Application de la décision :** Versailles, 29 nov. 2013 : *n° 13/00569.*
2013	28 juin	**Publication et affichage d'une sanction administrative** **2013-329 QPC.** Sté Garage Dupasquier : *JO 30 juin, p. 10964 ; Rec. Cons. const. 857 ; D. 2013. 1679 ; ibid. 2713, obs. Roujou de Boubée, Garé, Gozzi, Mirabail et Potaszkin ; Constitutions 2013. 439, note Le Bot ;*

		Dr. adm. 2014, n° 1, p. 21, chron. de Montalivet ; RFDC 2014. 172, note Perrier ; LPA 2014, n° 98, p. 18, chron. Gicquel ; ibid., n° 227, p. 15, chron. Macaya : – **C. transp., art. L. 3452-4**. – Absence d'atteinte aux principes de nécessité et d'individualisation des peines (DDH, art. 8). En instituant une peine obligatoire de publication et d'affichage des sanctions de retrait des copies conformes de licence ou d'immobilisation des véhicules d'une entreprise de transport routier en cas d'infraction aux réglementations des transports, du travail, de l'hygiène ou de la sécurité, l'art. L. 3452-4 C. transp. vise à renforcer la répression de ces infractions en assurant à ces sanctions une publicité tant à l'égard du public qu'à celui du personnel de l'entreprise. Cet art. ne fait pas obstacle à ce que la durée de la publication et de l'affichage ainsi que les autres modalités de cette publicité soient fixées en fonction des circonstances propres à chaque espèce. – **Conformité**. – **Décision de renvoi :** CE, QPC, 29 avr. 2013, *Sté Garage Dupasquier : n° 365705.*
2013	28 juin	**Décharge de plein droit de l'obligation de paiement solidaire de certains impôts** **2013-330 QPC**. Mme Nicole B. : *JO 30 juin, p. 10965 ; Rec. Cons. const. 860 ; D. 2013. 1684 ; NCCC 2013, n° 41, p. 304, note Austry ; RFDC 2014. 149, note Négrin :* – **CGI, art. 1691 *bis*, § II**. Art. 1691 *bis*, § I. – Solidarité entre les époux ou les partenaires d'un PACS pour le paiement de l'impôt sur le revenu, de la taxe d'habitation et de l'ISF. Par dérogation à ce principe, les dispositions de l'art. 1691 *bis*, § II : droit à décharge des obligations de paiement de ces 3 impositions au profit de l'un des épx ou partenaires en cas de divorce ou de séparation si une disproportion marquée apparaît entre le montant de la dette fiscale et, à la date de la demande de décharge, la situation financière et patrimoniale du demandeur. – Absence de méconnaissance du principe d'égalité (DDH, art. 6) concernant l'exclusion des personnes veuves du bénéfice de ce droit à décharge. Pour les époux divorcés ou les partenaires séparés, le législateur a entendu concilier la garantie du recouvrement des créances fiscales qui résulte de la solidarité à laquelle les époux ou partenaires sont tenus avec la prise en compte des difficultés financières et des conséquences patrimoniales pouvant naître, pour l'un ou l'autre des conjoints divorcés ou séparés, de cette solidarité de paiement pour la période antérieure au divorce ou à la séparation. Alors que, lorsque le mariage est dissous par le décès, le conjoint survivant est héritier du défunt dans les conditions prévues par les art. 756 s. C. civ. Ainsi, en raison de sa situation financière et patrimoniale ainsi que des modalités selon lesquelles les créances fiscales du couple peuvent être recouvrées, le conjoint survivant ne se trouve pas, au regard de l'objet de la loi, dans une situation identique à celle d'une personne divorcée ou séparée. Dès lors, le respect du principe d'égalité n'imposait pas au législateur d'accorder au conjoint survivant un droit à décharge équivalant à celui accordé aux personnes divorcées ou séparées.

		– **Conformité**. – **Décision de renvoi :** CE, QPC, 29 avr. 2013, *Mme Bosc*, n° 364240 B.
2013	5 juill.	**Inéligibilités au mandat de conseiller municipal** **2013-326 QPC.** M. Jean-Louis M. : *JO 7 juill., p. 11355 ; Rec. Cons. const. 873 ; AJDA 2013. 1418 ; D. 2013. 1689 ; AJCT 2013. 577, obs. Dutrieux ; JCP Adm. 2013, n° 29, p. 7 ; ibid., n° 37, p. 1640, chron. Mathieu ; JCP 2015, n° 6, chron. Mathieu, Verpeaux et Macaya ; Dr. adm. 2014, n° 1, p. 21, chron. de Montalivet ; LPA 2014, n° 98, p. 19, chron. Blachèr ; ibid. 2015, n° 48, p. 4, chron. Verpeaux :* – **C. élect., art. L. 231, 8°** (dans sa rédaction applicable à la date du 2 sept. 2011). – Inéligibilité au conseil municipal, dans les communes situées dans la région où il exerce ou a exercé ses fonctions depuis moins de 6 mois, du directeur de cabinet du président du conseil régional. – Absence d'atteinte au droit d'éligibilité d'un citoyen (DDH, art. 6). – Absence d'atteinte au principe d'égalité (DDH, art. 6). Les différences entre les règles fixant les conditions d'éligibilité aux mandats de conseiller municipal, de conseiller général ou de conseiller régional et de parlementaire ne méconnaissent pas le principe d'égalité. Par ailleurs, les fonctions de directeur de cabinet du président du conseil régional et celles de directeur de cabinet du président d'un EPCI sont également différentes. Le principe d'égalité n'impose pas que ces fonctions soient soumises à des règles d'éligibilité identiques à celles qui s'appliquent à l'élection des conseillers municipaux. – Inopérance du grief tiré de ce que les règles d'inéligibilité prévues par l'art. L. 231, 8° C. élect. porteraient atteinte au droit d'obtenir un emploi : les mandats électifs ne constituent pas des emplois au sens du 5ᵉ al. Préamb. Const. 1946. – **Conformité**. – **Décision de renvoi :** CE, QPC, 17 avr. 2013, *M. Maillot*, n° 362776 : *AJDA 2013. 827*.
2013	5 juill.	**Pouvoir de sanction de l'Autorité de régulation des communications électroniques et des postes** **2013-331 QPC.** Sté Numéricâble SAS et a. : *JO 7 juill., p. 11356 ; Rec. Cons. const. 876 ; D. actu. 10 juill. 2013, note Delpech ; D. 2013. 1689 ; AJDA 2013. 1421 ; ibid. 1953, étude Lombard, Nicinski et Glaser ; Constitutions 2013. 437, note Le Bot ; RFDA 2013. 1255, chron. Roblot-Troizier et Tusseau ; RSC 2013. 122, note Francillon ; JCP Adm. 2013, n° 29, p. 8 ; ibid., n° 37, p. 1640, chron. Mathieu ; JCP 2015, n° 6, chron. Mathieu, Verpeaux et Macaya ; LPA 2013, n° 208, p. 6, note Chaltiel Terral ; ibid. 2014, n° 98, p. 20, chron. Blachèr ; ibid. 2015, n° 48, p. 4, chron. Verpeaux ; ibid., n° 49, p. 6, chron. Bezzina ; NCCC 2014, n° 42, p. 141, chron. Roblot-Troizier ; ibid., p. 203, chron. Surrel ; RD publ. 2014. 207, chron. Rousseau, Gahdoun et Bonnet ; RDLC 2013, n° 4, p. 156, note Delzangues ; RLC 2013, n° 37, p. 86, note Idoux ; RFDC 2014. 169, note Oudoul ; RJEP 2014, n° 719, p. 28, note Pauliat :* – **CPCE, art. L. 36-11**. – Pouvoir de sanction de l'Autorité de régulation des communications électroniques et des postes (ARCEP). Les 12 premiers al. confient à cette

		Autorité le soin de réprimer les manquements, par les exploitants de réseaux ou les fournisseurs de services de communications électroniques, aux dispositions législatives et réglementaires afférentes à leur activité ou aux décisions prises pour en assurer la mise en œuvre. – Méconnaissance du principe d'impartialité (DDH, art. 16). Une autorité administrative indépendante, agissant dans le cadre de prérogatives de puissance publique, peut exercer un pouvoir de sanction dans la mesure nécessaire à l'accomplissement de sa mission dès lors que l'exercice de ce pouvoir est assorti par la loi de mesures destinées à assurer la protection des droits et libertés constitutionnellement garantis. Les 12 premiers al. de l'art. L. 36-11 CPCE n'assurent pas la séparation au sein de l'Autorité entre, d'une part, les fonctions de poursuite et d'instruction des éventuels manquements et, d'autre part, les fonctions de jugement des mêmes manquements. – **Non-conformité des 12 premiers al. de l'art. L. 36-11 CPCE** dans leur rédaction modifiée en dernier lieu par l'Ord. n° 2011-1012 du 24 août 2011 relative aux communications électroniques, à l'exception des mots et des phrases insérés dans l'art. par ladite Ord. avec effet à compter de la publication de la Décis. et applicable à toutes les procédures en cours devant l'ARCEP ainsi qu'à toutes les instances non définitivement jugées à cette date. – **Décision de renvoi :** CE, QPC, 29 avr. 2013, *Stés Numéricâble SAS et a.*, n° 356976 : *RFDA 2013. 1255, chron. Roblot-Troizier et Tusseau.* – **Application de la décision :** Ord. n° 2014-329 du 12 mars 2014 relative à l'économie numérique, art. 3.
2013	12 juill.	**Sanction des irrégularités commises par un organisme collecteur de fonds au titre du « 1 % logement »** **2013-332 QPC**. Mme Agnès B. : *JO 14 juill., p. 11830 ; Rec. Cons. const. 895 ; D. 2013. 1747 ; RDI 2013. 472, obs. Roujou de Boubée ; Dr. soc. 2013. 968, chron. Dumortier, Florès, Lallet, Vialettes et Struillou ; RSC 2013. 912, obs. de Lamy ; NCCC 2014, n° 42, p. 203, chron. Surrel ; Dr. adm. 2014, n° 1, p. 21, chron. de Montalivet ; JCP 2015, n° 6, chron. Mathieu, Verpeaux et Macaya* : – **CCH, art. L. 313-13, § I, al. 1er** (dans sa rédaction résultant de la L. n° 2009-323 du 25 mars 2009 de mobilisation pour le logement et la lutte contre l'exclusion), **art. L. 313-13, § II, al. 3 du *c)* et art. L. 313-13, § III**. – Inopérance des griefs tirés de ce que les dispositions du 3e al. du *c)* du § II de l'art. L. 313-13 CCH et celles du § III de ce même art. seraient contraires aux exigences du principe de nécessité des peines (DDH, art. 8). Ces dispositions n'ont pas de finalité répressive. Elles permettent, dans certains cas, au ministre du logement de prononcer la suspension du conseil d'administration d'un organisme agréé pour la collecte de la participation des employeurs à l'effort de construction (« 1 % logement ») et d'habiliter ce ministre à charger l'Agence nationale pour la participation des employeurs à l'effort de construction de prendre les mesures conservatoires qui s'imposent. Les dispositions du *c)* ont pour objet de permettre qu'il soit mis fin, dans le cadre d'un pouvoir de substitution, aux manquements, par un tel organisme, à ses obligations légales ou réglementaires.

		– Absence de méconnaissance du principe de légalité des délits et des peines (DDH, art. 8). Les dispositions contestées désignent les manquements qui peuvent donner lieu à diverses sanctions ayant le caractère d'une punition. Ces sanctions peuvent être prononcées en cas « d'irrégularité grave dans l'emploi des fonds, de faute grave dans la gestion, de carence dans la réalisation de l'objet social ou de non-respect des conditions d'agrément ». – **Conformité**. – **Décision de renvoi :** CE, QPC, 17 mai 2013, *Mme B.*, n° 349609 : *D. actu. 3 juin 2013, note Grand ; Dr. soc. 2013. 968, chron. Dumortier, Florès, Lallet, Vialettes et Struillou.* – **Application de la décision :** CE 23 oct. 2013, *Mme Pionneau*, n° 331098 B : *AJDA 2013. 2117.*
2013	26 juill.	**Représentation des salariés au conseil d'administration** **2013-333 QPC.** M. Philippe M. et a. : *JO 28 juill., p. 12663 ; Rec. Cons. const. 904 ; D. 2013. 1894 ; Rev. sociétés 2014. 112, note Petit ; NCCC 2014, n° 42, p. 161, chron. Piazzon ; RJS 2013, n° 11, p. 679 ; JCP 2015, n° 6, chron. Mathieu, Verpeaux et Macaya* : – **C. com., art. L. 225-27 et L. 225-28** (dans leur rédaction résultant de la L. n° 2001-420 du 15 mai 2001 relative aux nouvelles régulations économiques). – Possibilité pour les sociétés anonymes qui le souhaitent de prévoir dans leurs statuts la présence de représentants élus des salariés au sein de leur conseil d'administration, fixation des modalités de ces élections, et notamment la composition du corps électoral, qui comprend uniquement les salariés de la société et éventuellement de ses filiales françaises et exclusion de ce corps électoral des salariés mis à disposition de la société. – Absence de méconnaissance du principe de participation des travailleurs à la détermination des conditions de travail et à la gestion de l'entreprise (Préamb. Const. 1946, al. 8). Le législateur a entendu, par les art. L. 225-27 et L. 225-28 C. com., permettre que la participation des travailleurs à la gestion des entreprises soit renforcée. Mais l'al. 8 du Préamb. Const. 1946 n'impose pas que cette participation soit mise en œuvre dans les mêmes conditions selon qu'elle s'applique aux organes dirigeants de l'entreprise ou aux institutions représentatives du personnel. Ainsi, eu égard aux attributions du conseil d'administration, le législateur pouvait limiter le corps électoral pour l'élection des salariés à ce conseil aux seuls salariés de la société et, éventuellement, de ses filiales françaises. – **Conformité**. – **Décision de renvoi :** Soc., QPC, 30 mai 2013 : *n° 13-40.010 P.*
2013	26 juill.	**Loi relative à l'octroi de mer** **2013-334/335 QPC.** Sté SOMAF et a. : *JO 28 juill., p. 12664 ; Rec. Cons. const. 908 ; AJDA 2013. 1603 ; D. 2013. 1903 ; JCP 2013, n° 37, p. 1640, chron. Mathieu ; Gaz. Pal. 2013, n°s 291-292, p. 17, note Granger ; RFDC 2013. 893, note M'Saïdié ; NCCC 2014, n° 42, p. 141, chron. Roblot-Troizier ; LPA 2014, n° 98, p. 6, chron. Jan ; ibid. 2015, n° 49, p. 6, chron. Bezzina* : – **L. n° 2004-639 du 2 juill. 2004 relative à l'octroi de mer**.

		– *Précision procédurale :* Les QPC renvoyées au Cons. const. portent sur la totalité de la L. du 2 juill. 2004 en alléguant la violation de nombreux principes constitutionnels. Ces QPC ne satisfont pas aux exigences posées par la Const. 58 et l'Ord. organique du 7 nov. 1958. Le Cons. const. n'est donc pas valablement saisi. – **Non-lieu à statuer.** – **Décision de renvoi :** Com., QPC, 4 juin 2013 : *n*[os] *13-40.012 et 13-40.017.*
2013	1er août	**Participation des salariés aux résultats de l'entreprise dans les entreprises publiques** **2013-336 QPC.** Sté Natixis Asset Management : *JO 4 août, p. 13317 ; Rec. Cons. const. 918 ; D. 2013. 1967 ; Dr. soc. 2013. 968, chron. Dumortier, Florès, Lallet, Vialettes et Struillou ; RFDA 2013. 1255, chron. Roblot-Troizier ; Constitutions 2013. 592, obs. Radé et Gervier ; RTD civ. 2014. 71, obs. Deumier ; JCP Adm. 2013, n° 36, p. 10 ; JCP 2013, n° 37, p. 1640, chron. Mathieu ; RD publ. 2014. 207, chron. Rousseau, Gahdoun et Bonnet ; Dr. adm. 2014, n° 1, p. 21, chron. de Montalivet ; ibid. 2015, n° 5, p. 18, chron. de Montalivet ; LPA 2015, n° 49, p. 6, chron. Bezzina :* – **Ord. n° 86-1134 du 21 oct. 1986 relative à l'intéressement et à la participation des salariés aux résultats de l'entreprise et à l'actionnariat des salariés, art. 15, al. 1er et art. L. 442-9, al. 1er, C. trav.** (dans sa rédaction en vigueur jusqu'au 31 déc. 2004). – Pour les entreprises de plus de 100 salariés (seuil ensuite abaissé à 50 salariés), intéressement et participation aux résultats de l'entreprise pour les salariés. Renvoi par l'art. 15 de cette Ord. à un décret le soin, d'une part, de déterminer les entreprises publiques et les sociétés nationales soumises à ce dispositif d'intéressement et de participation des salariés et, d'autre part, de fixer les conditions dans lesquelles ces dispositions leur sont applicables. Art. 15 repris à l'art. L. 442-9, al. 1er C. trav. Selon la C. Cass. (Soc. 6 juin 2000 : n° 98-20.304 ; 29 juin 2011 : n° 09-72.281 et 8 nov. 2011 : n° 09-67.786) : une personne de droit privé, ayant pour objet une activité purement commerciale qui n'est ni une entreprise publique ni une société nationale peu important l'origine du capital, n'entre pas dans le champ d'application du Décr. auquel renvoie l'art. 15 de l'Ord. et doit être soumise aux dispositions relatives à l'intéressement et à la participation des salariés. – Absence de méconnaissance de la garantie des droits aux situations légalement acquises (DDH, art. 16) concernant l'interprétation par la C. Cass. de la notion d'« entreprise publique » (Ord. 21 oct. 1986, art. 15) : grief écarté. – Absence de méconnaissance des principes d'égalité devant la loi et devant les charges publiques (DDH, art. 6 et 13) concernant la soumission aux obligations en matière de participation des entreprises publiques dont la liste est fixée par le Décr. prévu à l'art. 15, al. 1er, de l'Ord. du 21 oct. 1986 mais également des entreprises dont le capital est majoritairement détenu par une ou plusieurs personnes publiques et qui ont une activité purement commerciale. Par ailleurs les obligations auxquelles sont soumises au titre de la participation des salariés leurs résultats ne sont pas des charges publiques : conformité. – Méconnaissance par le législateur de sa propre compétence affectant la liberté d'entreprendre (DDH, art. 4) (moyen soulevé d'office par le

		Cons. const.). En adoptant les dispositions contestées, le législateur a soustrait les « entreprises publiques » à l'obligation d'instituer un dispositif de participation des salariés aux résultats de l'entreprise. Il n'a pas fixé la liste des « entreprises publiques » auxquelles, par dérogation à cette règle, cette obligation s'applique. Il s'est borné à renvoyer au Décr. le soin de désigner celles des entreprises publiques qui y seraient néanmoins soumises. Ainsi, le législateur s'est abstenu de définir le critère en fonction duquel les entreprises publiques sont soumises à cette obligation en ne se référant pas, par exemple, à un critère fondé sur l'origine du capital ou la nature de l'activité. Il n'a pas encadré le renvoi au Décr. et a conféré au pouvoir réglementaire la compétence pour modifier le champ d'application de la loi. En reportant ainsi sur des autorités administratives ou juridictionnelles le soin de fixer des règles dont la détermination n'a été confiée par la Constitution qu'à la loi, il a méconnu l'étendue de sa compétence : **Non-conformité.** – **Non-conformité à compter de la publication de la Décis.** Les salariés des entreprises dont le capital est majoritairement détenu par des personnes publiques ne peuvent, en application du Chap. II de l'Ord. du 21 oct. 1986 ultérieurement introduite dans le C. trav., demander, y compris dans les instances en cours, qu'un dispositif de participation leur soit applicable au titre de la période pendant laquelle les dispositions déclarées inconstitutionnelles étaient en vigueur. Cette déclaration d'inconstitutionnalité ne peut conduire à ce que les sommes versées au titre de la participation sur le fondement de ces dispositions donnent lieu à répétition. – **Décision de renvoi :** CE, QPC, 10 juin 2013, *Sté Natixis Asset Management*, n° 366880 B : *AJDA 2013. 1252 ; RFDA 2013. 1255, chron. Roblot-Troizier ; Dr. soc. 2013. 968, chron. Dumortier, Florès, Lallet, Vialettes et Struillou ; Gaz. Pal. 2013, n°s 177-178, p. 28 ; ibid., n°s 291-292, p. 16, note Bretonneau et Domino.*
2013	1er août	**Présomption irréfragable de gratuité de certaines aliénations** **2013-337 QPC.** M. Didier M. : *JO 4 août, p. 13319 ; Rec. Cons. const. 924 ; D. 2013. 1959 ; NCCC 2014, n° 42, p. 161, chron. Piazzon ; LPA 2014, n° 98, p. 10, chron. Bourdoiseau ; Dr. fam. 2014, n° 5, p. 7, note Deville ; JCP 2015, n° 6, chron. Mathieu, Verpeaux et Macaya* : – **C. civ., art. 918** (dans sa rédaction antérieure à la L. n° 2006-728 du 23 juin 2006 portant réforme des successions et des libéralités). – Lorsqu'un héritier successible en ligne directe a acquis de son auteur un bien soit à charge de rente viagère, soit à fonds perdu, soit avec réserve d'usufruit, la valeur de ce bien soit imputée sur la quotité disponible. L'héritier ne peut écarter l'application de cette règle en apportant la preuve qu'il s'est acquitté du prix ou de la contrepartie de l'aliénation. Si la valeur du bien aliéné excède la quotité disponible, l'héritier s'expose à l'action en réduction des libéralités excédant la quotité disponible. – Absence d'atteinte disproportionnée aux conditions d'exercice du droit de propriété et à la liberté contractuelle (DDH, art. 2 et 4). Les dispositions de l'art. 918 C. civ. tendent non seulement à protéger les droits des héritiers réservataires mais permettent également, dès lors que l'exécution de la contrepartie de l'aliénation peut se confondre avec celle d'autres obligations entre ascendants et descendants, d'éviter les

		difficultés liées à l'administration de la preuve de l'acquittement de cette contrepartie. Elles permettent également de favoriser des accords préalables entre les héritiers présomptifs sur ces aliénations. Par ailleurs, ces dispositions ne portent pas une atteinte disproportionnée aux conditions d'exercice du droit de propriété. Leur champ d'application est précisément défini et est en adéquation avec l'objet de la loi. La valeur du bien aliéné s'impute sur la quotité disponible, l'héritier étant seulement tenu, le cas échéant, d'indemniser les autres héritiers réservataires tout en conservant la propriété du bien acquis. Enfin les parties peuvent écarter l'application des dispositions contestées avec le consentement des autres héritiers réservataires. – **Conformité**. – **Décision de renvoi :** Civ. 1re, QPC, 12 juin 2013 : *nos 12-14.509 et 13-16.511.* – **Application de la décision :** Civ. 1re, 29 janv. 2014, n° 12-14.509 P : *AJ fam. 2014. 199, obs. Levillain.*
2013	13 sept.	**Prise de possession d'un bien exproprié selon la procédure d'urgence** **2013-338/339 QPC.** Sté Invest Hôtels Saint-Dizier Rennes et a. : *JO 15 sept., p. 15528 ; Rec. Cons. const. 927 ; AJDA 2013. 1774 ; ibid. 2317, note Grandemange ; D. 2013. 2102 ; ibid. 2473, point de vue Laffaille ; RDI 2013. 529, obs. Hostiou ; AJDI 2013. 820, étude Gilbert ; ibid. 2014. 124, étude Gilbert ; JCP Adm. 2013, nos 39-40, p. 7 ; JCP 2013, n° 41, p. 1956, note Amilhat ; ibid., n° 46, p. 2092, chron. Mathieu ; ibid. 2015, n° 6, chron. Mathieu, Verpeaux et Macaya ; NCCC 2014, n° 42, p. 175, chron. Hoepffner ; Dr. adm. 2014, n° 1, p. 21, chron. de Montalivet* : – **C. expr., art. L. 15-4 et L. 15-5**. – Règles relatives à la prise de possession dans le cadre de la procédure d'expropriation pour cause d'utilité publique lorsque l'urgence à prendre possession des biens expropriés a été constatée par l'administration. Deux possibilités pour le juge de l'expropriation : soit fixer le montant des indemnités comme dans le cadre de la procédure de droit commun soit, s'il ne s'estime pas suffisamment éclairé, fixer le montant d'indemnités provisionnelles et autoriser l'expropriant à prendre possession moyennant le paiement ou, en cas d'obstacles à celui-ci, la consignation des indemnités fixées (art. L. 15-4 C. expr.). La décision fixant le montant des indemnités provisionnelles ne peut être attaquée que par la voie de recours en cassation (art. L. 15-5 C. expr.). – Absence d'atteinte au droit de propriété (DDH, art. 17) concernant l'art. L. 15-4 C. expr. Si l'autorité administrative est seule compétente pour déclarer l'urgence à prendre possession de biens expropriés, la fixation des indemnités relève de la seule compétence du juge de l'expropriation. Le juge de l'expropriation ne peut prononcer des indemnités provisionnelles que lorsqu'il n'a pu fixer les indemnités définitives. En tout état de cause, l'indemnisation doit couvrir l'intégralité du préjudice direct, matériel et certain, causé par l'expropriation. En cas de désaccord sur le montant des indemnités définitives ou provisionnelles, le propriétaire dispose de voies de recours appropriées.

		– Absence d'atteinte au droit des personnes intéressées à exercer un recours juridictionnel effectif (DDH, art. 16). Les dispositions de l'art. L. 15-5 C. expr. prévoient un recours en cassation concernant la décision de fixation du montant des indemnités provisionnelle. – **Conformité.** – **Décision de renvoi :** Civ. 3e, QPC, 20 juin 2013, nos 13-40.018 et 13-40.015 P : *AJDA 2013. 1306.*
2013	20 sept.	**Assujettissement à l'impôt sur le revenu des indemnités de licenciement ou de mise à la retraite** **2013-340 QPC.** M. Alain G. : *JO 22 sept., p. 15823 ; Rec. Cons. const. 932 ; D. 2013. 2179 ; ibid. 2936, obs. Clay ; Constitutions 2014. 79, chron. de la Mardière ; Gaz. Pal. 2013, nos 293-295, p. 34, note Sauret ; JCP 2013, no 46, p. 2092, chron. Mathieu ; ibid. 2015, no 6, chron. Mathieu, Verpeaux et Macaya ; NCCC 2014, no 42, p. 197, chron. Austry ; RD publ. 2014. 207, chron. Rousseau, Gahdoun et Bonnet ; RD fisc. 2013, no 43, p. 28, note de La Mardière ; RFDC 2014. 154, note Stankiewicz ; LPA 2015, no 49, p. 6, chron. Bezzina* : – **CGI, art. 80, 1 *duodecies*** (dans sa rédaction issue de la LFR pour 2000, art. 1er). – Définition des indemnités de licenciement ou de départ volontaire qui, en raison de leur nature, font l'objet d'une exonération totale ou partielle d'impôt sur le revenu. – Absence d'atteinte au principe d'égalité devant l'impôt et les charges publiques (DDH, art. 13). ***Toutefois***, ces dispositions ne sauraient, sans instituer une différence de traitement sans rapport avec l'objet de la loi, conduire à ce que le bénéfice de ces exonérations varie selon que l'indemnité a été allouée en vertu d'un jugement, d'une sentence arbitrale ou d'une transaction. En particulier, en cas de transaction, il appartient à l'administration et, lorsqu'il est saisi, au juge de l'impôt de rechercher la qualification à donner aux sommes objet de la transaction : **Réserve.** – **Conformité sous réserve.** – **Décision de renvoi :** CE, QPC, 24 juin 2013, *M. Gohier : no 365253.* – **Application de la décision :** CE 1er avr. 2015, no 365253 B.
2013	20 sept.	**Effets de l'ordonnance d'expropriation sur les droits réels ou personnels existant sur les immeubles expropriés** **2013-342 QPC.** SCI de la Perrière Neuve et a. : *JO 22 sept., p. 15824 ; Rec. Cons. const. 935 ; D. 2013. 2174 ; AJDA 2013. 1834 ; ibid. 2495, note Gilbert ; RDI 2013. 532, obs. Hostiou ; AJDI 2014. 124, étude Gilbert ; JCP Adm. 2013, no 41, p. 14 ; JCP 2015, no 6, chron. Mathieu, Verpeaux et Macaya ; NCCC 2014, no 42, p. 175, chron. Hoepffner ; Dr. adm. 2014, no 1, p. 21, chron. de Montalivet* : – **C. expr., art. L. 12-2, al. 1er.** – Effets de l'Ord. d'expropriation : extinction de tous les droits réels ou personnels existant sur les immeubles expropriés. – Absence d'atteinte au droit de propriété (DDH, art. 17). L'al. 1er de l'art. L. 12-2 C. expr. définit la portée de l'Ord. d'expropriation sur les

		droits réels ou personnels existant sur les biens expropriés. L'extinction des droits réels ou personnels existant sur ces biens, qui découle de cette Ord., est la conséquence de l'expropriation. – Inopérance des autres griefs à l'encontre des dispositions du 1er al. de l'art. L. 12-2 C. expr. En effet, ces griefs sont relatifs à d'autres art. du C. expr. dont le Cons. const. n'est pas saisi. – **Conformité**. – **Décision de renvoi :** Civ. 3e, QPC, 4 juill. 2013, n° 13-11.884 : *AJDA 2013. 1416*.
2013	27 sept.	**Majoration de la redevance d'occupation du domaine public fluvial pour stationnement sans autorisation** **2013-341 QPC.** M. Smaïn Q. et a. : *JO 1er oct., p. 16304 ; Rec. Cons. const. 938 ; D. 2013. 2227 ; AJDA 2013. 2437, note Ach ; ibid. 1890 ; Constitutions 2013. 599, obs. Le Bot ; JCP Adm. 2013, n° 41, p. 14 ; JCP 2015, n° 6, chron. Mathieu, Verpeaux et Macaya ; NCCC 2014, n° 42, p. 151, chron. Peltier ; ibid., p. 184, chron. Hoepffner ; ibid., p. 203, chron. Surrel ; RD publ. 2014. 207, chron. Rousseau, Gahdoun et Bonnet ; Dr. adm. 2014, n° 1, p. 21, chron. de Montalivet* : – **CGPPP, art. L. 2125-8**. – Stationnement sans autorisation d'un bateau, navire, engin flottant ou établissement flottant sur le domaine public fluvial donne lieu au paiement d'une indemnité d'occupation égale à la redevance, majorée de 100 %, qui aurait été due pour un stationnement régulier à l'emplacement considéré ou à un emplacement similaire, sans application d'éventuels abattements. – Absence d'atteinte au principe de nécessité des peines (DDH, art. 8). En instituant cette majoration, le législateur a entendu dissuader toute personne d'occuper sans autorisation le domaine public fluvial et réprimer les éventuels manquements à cette interdiction. Cette sanction ayant le caractère d'une punition au sens de l'art. 8 DDH, le Cons. const. doit s'assurer de l'absence de disproportion manifeste entre l'infraction et la peine encourue. Ainsi, en édictant cette majoration proportionnelle, égale au montant de la redevance due, l'art. L. 2125-8 CGPPP institue une sanction qui ne revêt pas, en elle-même, un caractère manifestement disproportionné. Par ailleurs, outre le paiement de la majoration de 100 % de la redevance due pour un stationnement régulier, l'occupant sans droit ni titre du domaine public fluvial s'expose également aux sanctions prévues par l'art. L. 2132-9 CGPPP. ***Toutefois***, si le principe d'un tel cumul de sanctions n'est pas, en lui-même, contraire au principe de proportionnalité des peines garanti par l'art. 8 DDH, lorsque 2 sanctions prononcées pour un même fait sont susceptibles de se cumuler, le principe de proportionnalité implique que, en tout état de cause, le montant global des sanctions éventuellement prononcées ne dépasse pas le montant le plus élevé de l'une des sanctions encourues. Ainsi, il appartient aux autorités administratives compétentes de veiller au respect de cette exigence : **Conformité sous réserve**. – Absence de violation des droits de la défense (DDH, art. 16). La décision de majoration de 100 % de la redevance est prononcée par le gestionnaire du domaine public fluvial. Elle peut être contestée devant

		la juridiction administrative qui peut alors demander la suspension de l'exécution du titre exécutoire pris sur le fondement des dispositions contestées ou en prononcer l'annulation : **Conformité**. – **Conformité sous réserve**. – **Décision de renvoi :** CE, QPC, 3 juill. 2013, M. Qasimi et a., n° 368107 : *D. actu. 11 juill. 2013, note Grand ; AJDA 2013. 1417.* – **Application de la décision :** CAA Versailles, 27 févr. 2014 : *n° 11VE04019.*
2013	27 sept.	**Détermination du taux d'intérêt majorant les sommes indûment perçues à l'occasion d'un changement d'exploitant agricole** **2013-343 QPC.** Épx L. : *JO 1er oct., p. 16305 ; Rec. Cons. const. 942 ; D. 2013. 2224 ; Gaz. Pal. 2013, nos 289-290, p. 16, note Lebel ; JCP 2013, n° 46, p. 2092, chron. Mathieu ; ibid. 2015, n° 6, chron. Mathieu, Verpeaux et Macaya ; NCCC 2014, n° 42, p. 161, chron. Piazzon ; RD publ. 2014. 207, chron. Rousseau, Gahdoun et Bonnet ; LPA 2015, n° 49, p. 6, chron. Bezzina* : – **C. rur., art. L. 411-74, al. 2.** – Application de cet art. en matière de baux ruraux. Punition notamment de tout bailleur, tout preneur sortant ou tout intermédiaire qui aura, directement ou indirectement, à l'occasion d'un changement d'exploitant, soit obtenu une remise d'argent ou de valeurs non justifiée, soit imposé la reprise de biens mobiliers à un prix ne correspondant pas à la valeur vénale de ceux-ci : « Les sommes indûment perçues sont sujettes à répétition. Elles sont majorées d'un intérêt calculé à compter de leur versement et égal au taux pratiqué par la Caisse régionale de crédit agricole pour les prêts à moyen terme ». – Méconnaissance par le législateur de sa propre compétence (Const. 58, art. 34). Le législateur s'est borné à prévoir que la créance de restitution des sommes indûment versées à l'occasion de la conclusion d'un bail rural produisait intérêt « au taux pratiqué par la Caisse régionale de crédit agricole pour les prêts à moyen terme ». Il s'est abstenu de fixer ou d'habiliter le pouvoir réglementaire à fixer les modalités selon lesquelles le taux prévu par les dispositions contestées est déterminé et rendu public. – Méconnaissance du droit de propriété (DDH, art. 2 et 17). L'absence de détermination des modalités de calcul du taux d'intérêt applicable à une créance affecte par elle-même le montant des sommes allouées et, par suite, le droit de propriété tant du créancier que du débiteur. – **Non-conformité des mots « et égal au taux pratiqué par la Caisse régionale de crédit agricole pour les prêts à moyen terme » figurant au 2e al. de l'art. L. 411-74 C. rur.** avec effet à compter du 1er janv. 2014. Par ailleurs, il appartient, d'une part, aux juridictions de surseoir à statuer jusqu'à l'entrée en vigueur de la nouvelle loi ou, au plus tard, jusqu'au 1er janv. 2014 dans les instances dont l'issue dépend de l'application des dispositions déclarées inconstitutionnelles et, d'autre part, au législateur de prévoir une application des nouvelles dispositions à ces instances en cours à la date de la présente décision. – **Décision de renvoi :** Civ. 3e, QPC, 9 juill. 2013, n° 13-40.024 P : *AJDI 2013. 686, obs. Prigent.* – **Applications de la décision :** Civ. 3e, 27 janv. 2015 : *nos 13-25.481, 13-25.485 et 13-26.439.*

		– Civ. 1re, 28 janv. 2015, n° 13-20.701 P : *D. 2015. 265 ; JCP 2015, n° 13, p. 593, note Deumier.* – Civ. 3e, 11 févr. 2015, n° 14-10.266 P : *D. 2015. 433.*
2013	27 sept.	**Garantie de l'État à la caisse centrale de réassurance, pour les risques résultant de catastrophes naturelles** **2013-344 QPC.** Sté SCOR SE : *JO 1er oct., p. 16306 ; Rec. Cons. const. 945 ; D. 2013. 2224 ; JCP Adm. 2013, n° 41, p. 14 ; JCP 2015, n° 6, chron. Mathieu, Verpeaux et Macaya ; Dr. adm. 2014, n° 1, p. 21, chron. de Montalivet ; ibid., n° 2, p. 40, note Basex ; RJEP 2014, n° 718, p. 32, note Eckert ; LPA 2015, n° 48, p. 4, chron. Verpeaux* : – **C. assur., art. L. 431-9.** – Bénéfice pour la caisse centrale de réassurance (CCR) de la garantie de l'État pour les opérations de réassurance des risques résultant de catastrophes naturelles. – Absence de méconnaissance du principe d'égalité (DDH, art. 6) et de la liberté d'entreprendre (DDH, art. 4). Le législateur (L. 13 juill. 1982) a mis en place un régime d'indemnisation des victimes de catastrophes naturelles qui prévoit l'obligation d'insérer dans tous les contrats d'assurance de dommages aux biens et pertes d'exploitation une garantie contre les dommages résultant des effets des catastrophes naturelles. Afin de se garantir contre de tels dommages, les assurés acquittent une prime ou cotisation additionnelle dont le taux unique, appliqué au montant de la prime ou de la cotisation principale ou au montant des capitaux assurés, est définie par arrêté pour chaque catégorie de contrat. La couverture dont bénéficient les assurés ne comporte pas de plafond de garantie. Eu égard à la nature particulière des risques assurés et à l'absence de tout plafond de garantie de la couverture dont bénéficient les assurés, en choisissant d'accorder la garantie de l'État à la seule caisse centrale de réassurance, tenue de réassurer tous les assureurs qui le demandent dès lors qu'ils remplissent les conditions légales et réglementaires, le législateur n'a pas méconnu les principes énoncés par DDH, art. 4 et 6. – **Conformité.** – **Décision de renvoi :** CE, QPC, 11 juill. 2013, *Sté européenne SCOR SE : n° 367664.*
2013	27 sept.	**Communication syndicale par voie électronique dans l'entreprise** **2013-345 QPC.** Synd. nat. groupe Air France CFTC : *JO 1er oct., p. 16307 ; Rec. Cons. const. 948 ; D. 2013. 2229 ; RDT 2014. 124, obs. Odoul-Asorey ; Constitutions 2013. 597, obs. Radé et Gervier ; NCCC 2014, n° 42, p. 161, chron. Piazzon ; ibid., p. 203, chron. Surrel ; JCP S 2013, n° 48, p. 37, note Icard ; SSL 7 oct. 2013, p. 2, note Ray ; LPA 2014, nos 107-108, p. 7, chron. Bourdoiseau* : – **C. trav., art. L. 2142-6.** – Absence de conciliation manifestement déséquilibrée entre la liberté de communication des syndicats et la liberté de l'employeur et des salariés (Préamb. Cons. 1946, al. 6 et 8, DDH, art. 4) et absence de méconnaissance de la liberté d'expression (DDH, art. 11). D'une part, l'art. L. 2142-6 renvoie à un accord d'entreprise la définition des conditions dans lesquelles des publications et tracts de nature syndicale peuvent être mis à disposition soit sur un site syndical mis en place sur

		l'intranet de l'entreprise, soit par diffusion sur la messagerie électronique de l'entreprise : le législateur a entendu permettre que les modalités de la communication syndicale par la voie électronique puissent être adaptées à chaque entreprise et, en particulier, à l'organisation du travail et à l'état du développement de ses moyens de communication (principe de participation, Préamb. Const. 1946, al. 8). D'autre part, le législateur a adopté des mesures pour assurer le respect des libertés tant de l'employeur que des salariés en prévoyant, d'une part, que la diffusion de l'information syndicale par la voie électronique doit être compatible avec les exigences de bon fonctionnement du réseau informatique de l'entreprise et ne doit pas entraver l'accomplissement du travail et, d'autre part, que les modalités de cette diffusion doivent préserver la liberté de choix des salariés d'accepter ou de refuser un message. Enfin, en l'absence d'accord d'entreprise relatif à l'utilisation de l'intranet ou de la messagerie électronique de l'entreprise, les syndicats peuvent, outre l'application des dispositions de l'al. 1er de l'art. L. 2142-3 C. trav. et de son art. L. 2142-4, librement diffuser des publications et tracts sur les réseaux de communication au public en ligne. Les salariés peuvent également librement y accéder sur ces réseaux, ils peuvent s'inscrire sur des listes de diffusion afin de recevoir par voie électronique les publications et tracts syndicaux (liberté de communication des syndicats, Préamb. Const. 1946, al. 6). – **Conformité**. – **Décision de renvoi :** Soc., QPC, 11 juill. 2013 : *n° 13-40.021 P.*
2013	11 oct.	**Interdiction de la fracturation hydraulique pour l'exploration et l'exploitation des hydrocarbures – Abrogation des permis de recherches (gaz de schiste).** **2013-346 QPC.** Sté Schuepbach Energy LLC : *JO 13 oct., p. 16905 ; Rec. Cons. const. 988 ; D. 2013. 2344 ; ibid. 2586, note Lafaille ; ibid. 2014. 104, obs. Trébulle ; ibid. 1844, obs. Mallet-Bricout et Reboul-Maupin ; AJDA 2013. 2005 ; Les Annonces de la Seine 2013, n° 58, p. 10 ; JCP Adm. 2013, n° 43, p. 5 ; ibid. 2014, n° 17, p. 19, note Billet ; JCP 2013, n° 41, p. 1953 ; ibid. nos 44-45, p. 1993, note Fonbaustier ; ibid., n° 46, p. 2092, chron. Mathieu ; ibid. 2015, n° 6, chron. Mathieu, Verpeaux et Macaya ; LPA 2013, n° 253, p. 12, note Mamoudy ; ibid. 2014, nos 107-108, p. 10, chron. Blachèr ; ibid. 2015, n° 48, p. 4, chron. Macaya ; RD publ. 2014. 207, chron. Rousseau, Gahdoun et Bonnet ; RJEP 2013, n° 714, p. 13, note Goulard ; NCCC 2014, n° 43, p. 135, note Roblot-Troizier ; Dr. envir. 2014, n° 219, p. 29, note Rambour ; RJ envir. 2014, n° 1, p. 91, note Péyen ; LPA 2014, n° 241, p. 21, note Lamoureux ; Dr. adm. 2015, n° 5, p. 18, chron. de Montalivet :* – **L. n° 2011-835 du 13 juill. 2011 visant à interdire l'exploration et l'exploitation des mines d'hydrocarbures liquides ou gazeux par fracturation hydraulique et à abroger les permis exclusifs de recherches comportant des projets ayant recours à cette technique, art. 1er et 3.** – Absence de méconnaissance du principe d'égalité devant la loi (DDH, art. 6) concernant la différence de traitement entre les deux procédés de fracturation hydraulique de la roche (pour les hydrocarbures d'une part et la géothermie d'autre part). En interdisant tout recours à la fracturation hydraulique de la roche pour rechercher

		ou exploiter des hydrocarbures sur le territoire national, le législateur a entendu prévenir les risques que ce procédé de recherche et d'exploitation des hydrocarbures est susceptible de faire courir à l'environnement. Le législateur a considéré que la fracturation hydraulique de la roche à laquelle il est recouru pour stimuler la circulation de l'eau dans les réservoirs géothermiques ne présente pas les mêmes risques pour l'environnement. Il a entendu ne pas faire obstacle au développement de l'exploitation de la ressource géothermique. – Absence de méconnaissance du principe de la liberté d'entreprendre (DDH, art. 4) concernant l'interdiction générale et absolue de recourir à des forages suivis de la fracturation hydraulique de la roche pour rechercher ou exploiter des hydrocarbures sur le territoire national. Le législateur a poursuivi un but d'intérêt général de protection de l'environnement. La restriction ainsi apportée tant à la recherche qu'à l'exploitation des hydrocarbures, qui résulte de l'art. 1er de la L. du 13 juill. 2011, ne revêt pas, en l'état des connaissances et des techniques, un caractère disproportionné au regard de l'objectif poursuivi. – Absence d'atteinte au droit au respect des situations légalement acquises (DDH, art. 16) et au droit de propriété (DDH, art. 2 et 17). En prévoyant l'abrogation des permis de recherches lorsque leurs titulaires n'ont pas satisfait aux obligations déclaratives ou ont mentionné recourir ou envisagé de recourir à des forages suivis de fracturation hydraulique de la roche, le législateur a tiré les conséquences des nouvelles interdictions relatives aux procédés techniques de recherche et n'a donc pas porté atteinte à une situation légalement acquise. Les autorisations de recherches minières accordées dans des périmètres définis et pour une durée limitée par l'autorité administrative ne sauraient être assimilées à des biens, objets pour leurs titulaires d'un droit de propriété. En conséquence, les dispositions contestées n'entraînent pas de privation de propriété dans des conditions contraires à la Constitution. – Absence d'atteinte aux principes de la Charte envir. (art. 5 et 6). Est inopérant le grief tiré de ce que l'interdiction pérenne du recours à tout procédé de fracturation hydraulique de la roche pour l'exploration et l'exploitation des mines d'hydrocarbures liquides ou gazeux méconnaîtrait le principe de précaution (Charte envir., art. 5). L'art. 6 Charte envir. n'institue pas un droit ou une liberté que la Constitution garantit et il ne peut, par conséquent, être invoqué dans le cadre d'une question prioritaire de constitutionnalité. – **Conformité**. – **Décision de renvoi :** CE, QPC, 12 juill. 2013, *Sté Schuepbach Energy LLC*, n° 367893 : *AJDA 2013. 1478*.
2013	11 oct.	**Élection de domicile des étrangers en situation irrégulière sans domicile stable** **2013-347 QPC.** M. Karamoko F. : JO 13 oct., p. 16907 ; Rec. Cons. *const. 994 ; D. 2013. 2346 ; AJDA 2013. 2001 ; D. avocats 2013. 400 ; JCP 2013, n° 46, p. 2092, chron. Mathieu ; ibid. 2015, n° 6, chron. Mathieu, Verpeaux et Macaya* : – **CASF, art. L. 264-2, al. 3**.

		– Les dispositions de l'art. L. 264-2 prévoient que pour prétendre au service des prestations sociales légales, réglementaires et conventionnelles, les personnes sans domicile stable doivent, sauf exception, élire domicile soit auprès d'un centre communal ou intercommunal d'action sociale, soit auprès d'un organisme agréé à cet effet. Selon le 3e al. de cet art., l'attestation d'élection de domicile ne peut être délivrée à la personne non ressortissante d'un État membre de l'Union européenne, d'un autre État partie à l'accord sur l'Espace économique européen ou de la Confédération suisse, qui n'est pas en possession d'un des titres de séjour prévus au titre Ier du livre III du CESEDA. – Absence d'atteinte au droit au recours juridictionnel effectif, au droit de déposer une demande d'aide juridictionnelle (DDH, art. 16). L'art. L. 264-2 CASF qui constitue une disposition générale, n'a ni pour objet ni pour effet de déroger aux dispositions législatives spécifiques. Or la L. du 10 juill. 1991 sur l'aide juridique fixe la procédure selon laquelle une personne sans domicile stable peut déposer un dossier de demande d'aide juridictionnelle au bureau d'aide juridictionnelle. L'art. 3 de cette L. prévoit les cas et conditions dans lesquels un étranger en situation irrégulière dépourvu d'un domicile stable peut bénéficier de l'aide juridictionnelle. – Absence d'atteinte au droit au respect de la vie privée (DDH, art. 2). Les dispositions contestées n'ont ni pour objet ni pour effet d'interdire aux personnes de nationalité étrangère sans domicile stable et en situation irrégulière sur le territoire français d'établir la domiciliation de leur correspondance. Elles ne portent aucune atteinte au droit d'entretenir une correspondance. – **Conformité**. – **Décision de renvoi :** CE, QPC, 17 juill. 2013, *M. Fofana*, n° 368081 : *AJDA 2013. 1545*.
2013	11 oct.	**Répartition de la pension de réversion entre ayants cause de lits différents** **2013-348 QPC.** Mme Henriette B. : *JO 13 oct., p. 16908 ; Rec. Cons. const. 997 ; D. 2013. 2344 ; AJDA 2013. 2003 ; JCP Adm. 2013, n° 43, p. 5 ; RLDC 2013, n° 110, p. 55, note Paulin* : – **C. pens. retr., art. L. 43** (dans sa rédaction issue de la L. du 28 déc. 2011 de finances pour 2012). – Absence d'atteinte au principe d'égalité. Les pensions de retraite prévues par le C. pens. retr. ont pour objet d'assurer un revenu de substitution ou d'assistance. Aucun principe, ni aucune règle de valeur constitutionnelle n'impose que, lorsque la pension de réversion a donné lieu à un partage entre plusieurs lits, la part de la pension revenant à un lit qui cesse d'être représenté accroisse celle des autres lits. – **Conformité**. – **Décision de renvoi :** CE, QPC, 17 juill. 2013, *Mme A.*, n° 368256 : *AJDA 2013. 1549*.
2013	18 oct.	**Autorité des décisions du Conseil constitutionnel** **2013-349 QPC.** Sté Allianz IARD et a. : *JO 20 oct., p. 1279 ; Rec. Cons. const. 1000 ; D. 2013. 2405 ; ibid. 2014. 1516, obs. Jacquinot et Mangiavillano ; AJDA 2014. 467, note Bonnet ; Constitutions 2013. 574,*

		obs. Viala ; RFDA 2014. 364, note Azouaou ; JCP 2013, n° 41, p. 1826, note Molfessis ; JCP Adm. 2014, n° 37, p. 3, note Portelli ; RFDC 2014. 157, note Disant ; Gaz. Pal. 2014, n°s 192-193, p. 19, note Disant ; LPA 2015, n° 49, p. 6, chron. Bezzina ; Dr. social 2014, n° 12, p. 1057, note Barthélémy : – **CSS, art. L. 912-1** (dans sa rédaction issue de l'Ord. n° 2006-344 du 23 mars 2006). – Le Cons. const. a déjà déclaré contraire à la Const. 58 l'art. L. 912-1 CSS dans sa Décis. n° 2013-672 DC du 13 juin 2013 à compter de la date de publication de cette Décis., soit le 16 juin 2013. Toutefois cette déclaration d'inconstitutionnalité n'est pas applicable aux contrats pris sur le fondement de l'art. L. 912-1 CSS qui étaient en cours à la date de cette publication. L'autorité de la chose jugée qui s'attache aux Décis. du Cons. const. fait obstacle à ce qu'il soit de nouveau saisi afin d'examiner la conformité à la Const. des dispositions de l'art. L. 912-1 CSS dans leur rédaction déclarée contraire à la Const. (Const. 58, art. 62). – **Non-lieu à statuer.** – **Décision de renvoi :** CE, QPC, 25 juill. 2013, *Sté Allianz IARD et a.*, n° 366345 B : *D. 2014. 1516, obs. Jacquinot et Mangiavillano ; AJDA 2013. 1599 ; JCP 2013, n° 41, p. 1826, note Molfessis ; Gaz. Pal. 2013, n°s 291-292, p. 14, note Bretonneau et Domino.*
2013	18 oct.	**Célébration du mariage – Absence de « clause de conscience » de l'officier de l'état civil** **2013-353 QPC.** M. Franck M. et a. : *JO 20 oct., p. 1279 ; Rec. Cons. const. 1002 ; D. 2013. 2398 ; ibid. 2014. 1342, obs. Lemouland et Vigneau ; ibid. 1516, obs. Jacquinot et Mangiavillano ; AJDA 2013. 2052 ; RFDA 2013. 957, étude Zadig ; AJ fam. 2013. 645, obs. de Boysson ; Constitutions 2013. 564, obs. Lutton ; ibid. 2014. 196, chron. Roux ; JCP Adm. 2013, n° 44, p. 3, note Tukov ; JCP 2013, n°s 44-45, p. 1986, note Tukov ; ibid., n° 46, p. 2092, chron. Mathieu ; ibid. 2014, n° 7, p. 345, chron. Mathieu ; ibid. 2015, n° 6, chron. Mathieu, Verpeaux et Macaya ; RLDC 2013, n° 110, p. 42, note Ducrocq-Pauwels ; Dr. fam. 2013, n° 12, p. 41, note Binet ; RJFP 2013, n° 12, p. 12, note Putman ; LPA 2014, n°s 107-108, p. 12, chron. Gicquel ; Gaz. Pal. 2014, n°s 192-193, p. 21, note Granger ; RRJ 2013, n° 3, p. 1139, note d'Onorio ; Dr. adm. 2015, n° 5, p. 18, chron. de Montalivet* : – **C. civ., art. 34-1, 74, 165 et CGCT, art. L. 2122-18.** – Précision procédurale : le seul fait que les maires soient appelés en leur qualité à appliquer les dispositions contestées ne justifie pas que chacun d'eux soient admis à intervenir (Décis. du 4 févr. 2010 portant règlement intérieur sur la procédure suivie devant le Cons. const. pour les questions prioritaires de constitutionnalité, art. 6). – Absence d'atteinte à la liberté de conscience (DDH, art. 10 et Préamb. Const. 1946, al. 5) en raison des fonctions d'officier d'état civil des maires et des adjoints dans la célébration du mariage. Le mariage est célébré publiquement lors d'une cérémonie républicaine par l'officier d'état civil de la commune (C. civ., art. 165). Par ailleurs, le maire et les adjoints sont officiers de l'état civil dans la commune : en cette qualité, ils exercent leurs attributions au nom de l'État (CGCT, art. L. 2122-32). Le maire est chargé de l'exécution des lois et des règlements (CGCT, art. L. 2122-7). Enfin, l'art. 75 C. civ. a pour objet de définir les

		conditions de fond du mariage. Ainsi, en ne permettant pas aux officiers de l'état civil de se prévaloir de leur désaccord avec les dispositions de la L. du 17 mai 2013, ouvrant le mariage aux couples de personnes de même sexe, pour se soustraire à l'accomplissement des attributions qui leur sont confiées par la L. pour la célébration du mariage, le législateur a entendu assurer l'application de la L. relative au mariage et garantir ainsi le bon fonctionnement et la neutralité du service public de l'état civil. – **Conformité.** – **Décision de renvoi :** CE, QPC, 18 sept. 2013, *M. Meyer et a.*, n° 369834 : *AJDA 2013. 1775 ; RFDA 2013. 957, étude Zadig ; RTD civ. 2013. 820, obs. Hauser ; Gaz. Pal. 2014, n*os *192-193, note Bonnet.*
2013	25 oct.	**Mise en œuvre de l'action publique en cas d'injure ou de diffamation publique envers un corps constitué** **2013-350 QPC.** Cne du Pré-Saint-Gervais : *JO 27 oct., p. 17556 ; Rec. Cons. const. 1010 ; D. 2013. 2469 ; AJDA 2013. 2118 ; AJCT 2014. 119, obs. Lavric ; JCP Adm. 2013, n*os *45-46, p. 8 ; ibid., n° 50, p. 31, note Saint-James ; ibid., p. 35, note Goupil et Hénon ; JCP 2013, n° 46, p. 2071, note Derieux ; ibid., n° 46, p. 2092, chron. Mathieu ; ibid. n° 48, p. 2167, note Mbongo ; ibid. 2015, n° 6, chron. Mathieu, Verpeaux et Macaya ; LPA 2014, n*os *107-108, p. 8, chron. Tellier-Cayrol ; ibid. 2015, n° 49, p. 6, chron. Bezzina ; RFDC 2014. 225, note Bellescize ; ibid. 703, note Perrier ; Dr. adm. 2015, n° 5, p. 18, chron. de Montalivet* : – **L. du 29 juill. 1881 sur la liberté de la presse, art. 47 et 48, 1er et dernier al.** – Restriction au droit des collectivités territoriales d'exercer un recours effectif devant une juridiction (DDH, art. 16). Lorsqu'elles sont victimes d'une diffamation, les collectivités territoriales ne peuvent obtenir la réparation de leur préjudice que lorsque l'action publique a été engagée par le ministère public, en se constituant partie civile à titre incident devant la juridiction pénale. Elles ne peuvent ni engager l'action publique devant les juridictions pénales aux fins de se constituer partie civile ni agir devant les juridictions civiles pour demander la réparation de leur préjudice. – Méconnaissance par le législateur de sa propre compétence (Const. 58, art. 34) en omettant de déterminer les modalités de recouvrement de la taxe locale sur la publicité extérieure. – **Non-conformité partielle.** Sont contraires à la Const. 58, les mots « par les 2°, 3°, 4°, 5°, 6°, 7° et 8° » figurant au dernier al. de l'art. 48 de la L. du 29 juill. 1881, qui ont pour effet d'exclure les personnes visées au 1° de cet art. du droit de mettre en mouvement l'action publique. Sont conformes à la Const. 58, l'art. 47, le 1er al. de l'art. 48 et le surplus du dernier al. de l'art. 48 de la L. préc. La déclaration d'inconstitutionnalité prend effet à compter de la publication de la Décis. Elle s'applique à toutes les affaires non jugées définitivement à cette date. – **Décision de renvoi :** Crim., QPC, 21 août 2013, *n° 13-90.020 : AJDA 2013. 1657.*
2013	25 oct.	**Taxe locale sur la publicité extérieure II** **2013-351 QPC.** Sté Boulanger : *JO 27 oct., p. 17557 ; Rec. Cons. const.*

		1014 ; D. 2013. 2470 ; AJDA 2013. 2123 ; JCP 2013, n° 46, p. 2092, chron. Mathieu ; ibid. 2015, n° 6, chron. Mathieu, Verpeaux et Macaya ; JCP Adm. 2013, n°s 45-46, p. 8 ; ibid., n° 51, p. 23, note Moritz ; RD publ. 2014. 207, chron. Rousseau, Gahdoun et Bonnet ; NCCC 2014, n° 43, p. 197, chron. Austry : – **CGCT, art. L. 2333-6 à L. 2333-14 et L. 2333-16, § A et D** (dans leur rédaction issue de la L. n° 2008-776 du 4 août 2008 de modernisation de l'économie, art. 171). – Méconnaissance par le législateur de sa propre compétence (Const. 58, art. 34) en omettant de déterminer les modalités de recouvrement de la taxe locale sur la publicité extérieure. – **Non-conformité totale.** Les dispositions déclarées contraires à la Const. 58 le sont dans leur rédaction antérieure à leur modification par l'art. 75 de la L. du 28 déc. 2011 de finances rectificative pour 2011. La déclaration d'inconstitutionnalité, qui prend effet à compter de la publication de la Décis. n° 2013-351 QPC, ne peut être invoquée qu'à l'encontre des impositions contestées avant cette date. – **Décision de renvoi :** Com., QPC, 3 sept. 2013 : *n° 13-40.035.* – **Applications de la décision :** Com. 8 avr. 2014 : *n°s 13-15.453 et 13-15.460.* – Com. 7 mars 2014 : *n° 13-11.207.* – CAA Douai, 31 déc. 2013 : *n° 12DA01445.*
2013	15 nov.	**Saisine d'office du tribunal pour l'ouverture de la procédure de redressement ou de liquidation judiciaire en Polynésie française** **2013-352 QPC.** Sté Mara Télécom et a. : *JO 18 nov., p. 18694 ; Rec. Cons. const. 1036 ; D. 2013. 2640 ; JCP 2014, n° 7, p. 345, chron. Mathieu ; ibid. 2015, n° 6, chron. Mathieu, Verpeaux et Macaya ; LPA 2014, n°s 107-108, p. 8, chron. Bourdoiseau ; ibid. 2015, n° 49, p. 6, chron. Bezzina :* – **C. com., art. L. 621-2 et L. 622-1.** – Méconnaissance du principe d'impartialité (DDH, art. 16). Les art. L. 621-2 et L. 622-1 C. com. ne fixent pas les garanties légales ayant pour objet d'assurer qu'en se saisissant d'office le tribunal ne préjuge pas sa position lorsque, à l'issue de la procédure contradictoire, il sera appelé à statuer sur le fond du dossier au vu de l'ensemble des éléments versés au débat par les parties. – **Non-conformité des mots « se saisir d'office ou » figurant au 2e al. de l'art. L. 621-2 C. com.** La déclaration d'inconstitutionnalité prend effet à compter de la date de la publication de la présente Décis. Elle est applicable à tous les jugements d'ouverture d'une procédure de redressement judiciaire ou d'une procédure de liquidation judiciaire rendus postérieurement à cette date. – **Décision de renvoi :** Com., QPC, 18 sept. 2013 : *n° 13-40.040.*
2013	22 nov.	**Imprescriptibilité de l'action du ministère public en négation de la nationalité française** **2013-354 QPC.** Mme Charly K. : *JO 24 nov., p. 19107 ; Rec. Cons. const. 1040 ; D. 2013. 2696 ; Constitutions 2014. 99, chron. Abassade ; Rev. crit. DIP 2014. 85, note Lagarde ; JCP 2014, n° 7, p. 345, chron.*

		Mathieu ; ibid. 2015, n° 6, chron. Mathieu, Verpeaux et Macaya ; RD publ. 2014. 207, chron. Rousseau, Gahdoun et Bonnet : – **C. civ., art. 29-3, 1re phr. du 2nd al.** – Possibilité pour le ministère public d'assigner une personne devant les juridictions judiciaires afin de faire juger qu'elle a ou n'a pas la nationalité française. – Absence d'atteinte au respect des droits de la défense (DDH, art. 16). Il s'agit pour les dispositions contestées d'une action objective relative à des règles qui ont un caractère d'ordre public. Par ailleurs, la jurisprudence constante de la C. cass. qualifie cette action d'imprescriptible. Enfin, aucun principe, ni aucune règle de valeur constitutionnelle n'impose que l'action en négation de nationalité soit soumise à une règle de prescription : **Conformité**. – Absence d'atteinte au principe d'égalité (DDH, art. 6) par le législateur ayant instauré des règles de prescription différentes pour des actions ayant un objet différent. Ainsi, l'action en négation de nationalité a pour objet de faire connaître qu'une personne n'a pas la qualité de Français. Cette action est différente de l'action en contestation de la déclaration de nationalité (C. civ., art. 26-4) qui vise à contester l'acte ayant conféré à une personne la nationalité française et de la déchéance de nationalité qui vise à priver une personne, en raison des faits qu'elle a commis, de la nationalité française qu'elle avait régulièrement acquise (C. civ., art. 25-1) : **Conformité**. – **Conformité**. – **Décision de renvoi :** Civ. 1re, QPC, 25 sept. 2013 : *n° 13-40.044 P.*
2013	22 nov.	**Compensation du transfert de la taxe sur les surfaces commerciales aux communes et aux établissements publics de coopération intercommunale à fiscalité propre** **2013-355 QPC.** Cté de cnes du Val de Sèvre : *JO 24 nov., p. 19108 ; Rec. Cons. const. 1043 ; D. 2013. 2699 ; AJDA 2013. 2342 ; JCP Adm. 2013, n° 49, p. 3 ; JCP 2015, n° 6, chron. Mathieu, Verpeaux et Macaya ; LPA 2015, n° 51, p. 7, chron. Rimbault* : – **L. n° 2009-1673 du 30 déc. 2009 de finances pour 2010, art. 77, § 1.2.4.2 et § 1.2.4.3, 2°, *b*).** – Taxe sur les surfaces commerciales (TASCOM). Le produit de cette taxe a été transféré du budget de l'État à celui des communes et des établissements publics de coopération intercommunale à fiscalité propre (EPCI). Dans le même temps, pour l'année 2011, a été institué un mécanisme de compensation des pertes de recettes fiscales de l'État. Pour 2011, le montant de la dotation globale de fonctionnement de ces collectivités ou EPCI est, en application des dispositions contestées, minoré du montant de la taxe perçue par l'État en 2010 sur leur territoire. L'éventuel solde est prélevé sur d'autres ressources propres de ces collectivités. – Absence d'atteinte au principe de libre administration des collectivités territoriales (Const. 58, art. 72 et 72-2). En modifiant l'affectation de la TASCOM, dont l'assiette est locale, le législateur a entendu renforcer l'autonomie financière des communes. Dans le même temps, le législateur a aussi confié aux communes et aux EPCI le pouvoir de moduler les tarifs de cette taxe, à compter de 2012 dans les limites définies par l'art. 77, § 1.2.4.1, al. 5 et 6 de la L. du 30 déc. 2009.

		Les dispositions contestées, qui déterminent une règle de compensation financière de ce transfert d'une ressource fiscale, ne portent, en elles-mêmes, aucune atteinte à la libre administration des communes. Cette règle de compensation, qui peut dans certains cas conduire à une diminution des ressources pour les budgets des communes ou de leurs groupements, et dans d'autres cas à une augmentation de ces ressources, en fonction de l'évolution de l'assiette locale de la taxe transférée, n'a pas pour effet de réduire les ressources propres de certaines communes dans des proportions telles que serait méconnue leur autonomie financière. – **Conformité.** – **Décision de renvoi :** CE, QPC, 25 sept. 2013, *Cté de cnes du Val de Sèvre*, n° 369736 : *AJDA 2013. 1891 ; JCP Adm. 2013, n° 41, p. 10 ; Gaz. Pal. 2013, n°s 289-290, p. 28.* – **Application de la décision :** CE 16 juill. 2014, *Cté de cnes du Val de Sèvre : n° 369736.*
2013	29 nov.	**Prorogation de compétence de la cour d'assises des mineurs en cas de connexité ou d'indivisibilité** **2013-356 QPC.** M. Christophe D. : *JO 1er déc., p. 19602 ; Rec. Cons. const. 1048 ; D. 2013. 2776 ; JCP 2014, n° 7, p. 345, chron. Mathieu ; ibid. 2015, n° 6, chron. Mathieu, Verpeaux et Macaya ; LPA 2014, nos 107-108, p. 9, chron. Tellier-Cayrol ; ibid. 2015, n° 48, p. 4, chron. Verpeaux ; RFDC 2014. 709, note Ghevontian ; Rev. pénit. 2014, n° 1, p. 166, note Guérin* : – **Ord. n° 45-174 du 2 févr. 1945 relative à l'enfance délinquante, art. 9, av. dernier al., 2e phr., dernière proposition et art. 20, al. 1er, 2e phr.** – Quand un mineur est accusé d'avoir commis des faits constituant un crime commis après 16 ans et formant un ensemble connexe ou indivisible avec d'autres faits commis avant cet âge, ces dispositions permettent au juge d'instruction de décider de renvoyer les crimes et délits que ce mineur est accusé d'avoir commis avant l'âge de 16 ans soit devant la cour d'assises des mineurs en même temps que des crimes qu'il est accusé d'avoir commis à partir de cet âge, soit, distinctement, devant le tribunal pour enfants. – Absence d'atteinte au principe d'égalité devant la justice (DDH, art. 6) et absence de méconnaissance de l'objectif à valeur constitutionnelle de bonne administration de la justice (DDH, art. 12, 15 et 16). En adoptant les dispositions précitées, le législateur a visé un objectif de bonne administration de la justice en entendant éviter que dans le cas où un ensemble de faits connexes ou indivisibles reprochés à un mineur ont été commis avant et après l'âge de 16 ans, ils donnent lieu à 2 procès successifs, d'une part, devant le tribunal pour enfants et, d'autre part, devant la cour d'assises des mineurs. Ainsi, l'opportunité, au regard d'une bonne administration de la justice, de procéder à la jonction ou à la disjonction des affaires en cause dépend de nombreuses considérations factuelles, en particulier de la nature des faits, de leur nombre, de la date de leur commission, de leurs circonstances, du nombre et de la situation des victimes, de l'existence et de l'âge des co-accusés. Par ailleurs, l'Ord. de renvoi du juge, qui doit être motivée, est susceptible d'appel avant un éventuel pourvoi en cassation. Les

		dispositions contestées sont conformes à la DDH, art. 6 et 16. Toutefois, le Cons. const. rappelle que le grief de la méconnaissance de l'objectif de valeur constitutionnelle de bonne administration de la justice ne peut en lui-même être invoqué à l'appui d'une QPC (Décis. n° 2010-77 QPC). – Absence d'atteinte au PFRLR en matière de justice pénale des mineurs. Les dispositions contestées ont pour effet de répartir les affaires entre le tribunal pour enfants et la cour d'assises des mineurs qui sont 2 juridictions spécialement instituées pour connaître de la délinquance des mineurs. Elles n'ont donc pas pour effet de permettre qu'un mineur puisse être renvoyé devant une juridiction pénale compétente pour juger les majeurs. – Absence d'atteinte au principe de la présomption d'innocence (DDH, art. 9). La possibilité que des faits connexes ou indivisibles soient jugés successivement par des juridictions différentes n'a pas pour effet d'entraîner un renversement de la charge de la preuve des faits soumis à l'examen de la juridiction appelée à statuer après que la première juridiction s'est prononcée. – **Conformité**. – **Décision de renvoi :** Crim., QPC, 25 sept. 2013 : *n° 13-90.025 P.*
2013	29 nov.	**Visite des navires par les agents des douanes** **2013-357 QPC.** Sté Wesgate Charters Ltd : *JO 1er déc., p. 19603 ; Rec. Cons. const. 1053 ; D. 2013. 2777 ; AJ pénal 2014. 84, obs. Roussel ; JCP 2014, n° 7, p. 345, chron. Mathieu ; ibid. 2015, n° 6, chron. Mathieu, Verpeaux et Macaya ; Dr. pénal 2014, n° 1, p. 37, note Robert ; LPA 2014, nos 107-108, p. 12, chron. Gicquel ; Gaz. Pal. 2014, nos 192-193, p. 20, note Barbé ; RFDC 2014. 700, note Anane ; LPA 2015, n° 48, p. 4, chron. Verpeaux ; ibid., n° 49, p. 6, chron. Bezzina* : – **C. douanes, art. 62 et 63**. – Atteinte au respect de la vie privée et en particulier de l'inviolabilité du domicile (DDH, art. 2). Les art. 62 et 63 C. douanes permettent, en toutes circonstances, la visite par les agents des douanes de tout navire, qu'il se trouve en mer, dans un port ou en rade ou le long des rivières et canaux. Ces visites sont permises y compris la nuit ; indépendamment du contrôle exercé par la juridiction saisie, le cas échéant, dans le cadre des poursuites pénales ou douanières, des voies de recours appropriées ne sont pas prévues afin que soit contrôlée la mise en œuvre, dans les conditions et selon les modalités prévues par la loi, de ces mesures. Par ailleurs, la seule référence à l'intervention d'un juge en cas de refus du capitaine ou du commandant du navire, prévue par le 2. de l'art. 63 C. douanes en des termes qui ne permettent pas d'apprécier le sens et la portée de cette intervention, ne peut constituer une garantie suffisante. – **Non-conformité** avec effet différé au 1er janv. 2015. Les mesures prises avant cette date en application des dispositions déclarées contraires à la Const. ne peuvent être contestées sur les fondements de cette inconstitutionnalité. – **Décision de renvoi :** Com., QPC, 1er oct. 2013 : *n° 13-10.214*. – **Application de la décision :** L. n° 2014-742 du 1er juill. 2014, relative aux activités privées de protection des navires, art. 28.

2013	29 nov.	**Conditions de renouvellement d'une carte de séjour mention « vie privée et familiale » au conjoint étranger d'un ressortissant français** **2013-358 QPC.** M. Azdine A. : *JO 1er déc., p. 19605 ; Rec. Cons. const. 1057 ; D. 2013. 2781 ; AJDA 2013. 2411 ; AJ fam. 2014. 60, obs. Hilt ; RTD civ. 2014. 625, obs. Hauser ; JCP Adm. 2013, n° 50, p. 4 ; Dr. fam. 2014, n° 6, p. 15, note Petit ; LPA 2015, n° 49, p. 6, chron. Bezzina* : – **CESEDA, art. L. 313-2, al. 2.** – Renouvellement de la carte de séjour temporaire de l'étranger marié à un ressortissant français subordonné au fait que la communauté de vie n'a pas cessé. Toutefois, lorsque cette communauté de vie a été rompue en raison de violences que le ressortissant étranger a subies de la part de son conjoint, le préfet peut accorder le renouvellement du titre de séjour. – Inopérance du grief invoqué. Le requérant soutenait qu'en n'appliquant pas les mêmes règles à un étranger lié avec un ressortissant français par un PACS ou vivant en concubinage avec lui, l'art. L. 313-12 CESEDA, al. 2, portait atteinte au principe d'égalité. Les dispositions invoquées ne concernent ni les pacsés ni les concubins, mais uniquement les personnes mariées. Les textes applicables à l'attribution d'une carte de séjour mention « vie privée et familiale » aux personnes visées ci-dessus sont la L. du 15 nov. 1999 relative au PACS, art. 12 et le CESEDA, art. L. 313-1 et L. 313-11, 7°. Ces dispositions n'étaient pas soumises au Conseil constitutionnel. – **Conformité.** – **Décision de renvoi :** CE, QPC, 4 oct. 2013, *M. Abdoulwahab*, n° 369971 B : *AJDA 2013. 1945 ; JCP Adm. 2013, n° 42, p. 13.*
2013	13 déc.	**Mise en demeure par le Conseil supérieur de l'audiovisuel** **2013-359 QPC.** Sté Sud Radio Services et a. : *JO 15 déc., p. 20432 ; Rec. Cons. const. 1090 ; D. 2013. 2916 ; AJDA 2014. 387 ; RSC 2014. 122, note Francillon ; JCP 2013, n° 52, p. 2396, note Mbongo ; ibid. 2014, n° 7, p. 345, chron. Mathieu ; ibid. 2015, n° 6, chron. Mathieu, Verpeaux et Macaya ; RJEP 2014, n° 719, p. 28, note Pauliat ; LPA 2015, n° 48, p. 4, chron. Verpeaux ; ibid., n° 49, p. 6, chron. Bezzina ; Dr. adm. 2015, n° 5, p. 18, chron. de Montalivet* : – **L. n° 86-1067 du 30 sept. 1986 relative à la liberté de communication, art. 42.** – Possibilité pour le CSA de mettre en demeure les éditeurs et distributeurs de services de communication audiovisuelle et les opérateurs de réseaux satellitaires de respecter les obligations imposées par les textes législatifs et réglementaires. – Inopérance des griefs tirés de la méconnaissance des principes d'indépendance et d'impartialité et des droits de la défense (DDH, art. 16). Le pouvoir de mise en demeure du CSA ne peut être regardé comme l'ouverture de la procédure de sanction (L. 30 sept. 1986, *art. 42-1*) mais comme son préalable. Ainsi la mise en demeure par le CSA ne constitue pas une sanction ayant le caractère de punition. – **Conformité.** – **Décision de renvoi :** CE, QPC, 7 oct. 2013, *Sté Sud Radio Services*, n° 353724 : *Gaz. Pal. 2013, nos 296-297, p. 28.*

		– **Application de la décision :** CE 26 févr. 2014, *Sté Sud Radio Services, n° 353724.*
2013	29 déc.	**Visite des navires par les agents des douanes** **2013-357 R QPC.** Sté Wesgate Charters Ltd : *JO 1er janv. 2014, p. 33 ; Rec. Cons. const. 1161 ; LPA 2015, n° 49, p. 6, chron. Bezzina* : – Rectification d'office par le Cons. const. d'une erreur matérielle. – A l'art. 2 du dispositif de la Décis. n° 2013-357 QPC du 29 nov. 2013, les mots : « de la publication de la présente décision » sont remplacés par les mots : « du 1er janvier 2015 ».
2014	9 janv.	**Perte de la nationalité française par acquisition d'une nationalité étrangère – Égalité entre les sexes** **2013-360 QPC.** Mme Jalila K. : *JO 11 janv., p. 571 ; Rec. Cons. const. 59 ; AJDA 2014. 78 ; D. 2014. 81 ; ibid. 459, note Laffaille ; Rev. crit. DIP 2014. 329, note Lagarde ; JCP 2014, n° 7, p. 345, chron. Mathieu ; ibid. 2015, n° 36, p. 1543, chron. Mathieu ; NCCC 2014, n° 44, p. 130, note Piazzon ; ibid., p. 163, note Surrel ; LPA 2015, n° 224, p. 4, chron. Bezzina ; ibid., n° 227, p. 4, chron. Macaya* : – **Ord. n° 45-2441 du 19 oct. 1945 portant code de la nationalité française, art. 87 et art. 9 issu de la L. n° 54-395 du 9 avr. 1954.** Dans sa rédaction résultant de l'Ord. de 1945, l'art. 87 C. nat. prévoyait que le Français majeur qui acquiert volontairement une nationalité étrangère perd la nationalité française. Toutefois, aux termes de l'art. 9 de l'Ord. du 19 oct. 1945, l'acquisition d'une nationalité étrangère par un Français du sexe masculin ne lui faisait perdre la nationalité française qu'avec l'autorisation du Gouvernement français. Cette autorisation était de droit lorsque le demandeur avait acquis une nationalité étrangère après l'âge de cinquante ans. – Atteinte au principe d'égalité entre les sexes (DDH, art. 6, et Préamb. Const. 1946, al. 3). En prenant ces textes, l'objectif du législateur était double : non seulement maintenir la règle empêchant les Français du sexe masculin d'échapper aux obligations du service militaire en acquérant une nationalité étrangère, mais également permettre à tous les Français du sexe masculin ayant acquis une nationalité étrangère pour exercer une activité économique, sociale ou culturelle à l'étranger de conserver la nationalité française. Toutefois, en réservant aux Français du sexe masculin, quelle que soit leur situation au regard des obligations militaires, le droit de choisir de conserver la nationalité française lors de l'acquisition volontaire d'une nationalité étrangère, les dispositions contestées instituent entre les femmes et les hommes une différence de traitement sans rapport avec l'objectif poursuivi et qui ne peut être regardée comme justifiée. – **Non-conformité aux 1er et 3e al. de l'art. 9 de l'Ord. du 19 oct. 1945, dans sa rédaction résultant de la L. du 9 avr. 1954, des mots « du sexe masculin »** avec effet à compter de la publication de la Décis. Cette non-conformité peut être uniquement invoquée par les femmes qui ont perdu la nationalité française par l'application de l'art. 87 C. nat. entre le 1er juin 1951 et l'entrée en vigueur de la loi du 9 janv. 1973. Les descendants de ces femmes peuvent également se prévaloir des décisions reconnaissant, compte tenu de cette inconstitutionnalité, que ces femmes ont conservé la nationalité

		française. Cette déclaration d'inconstitutionnalité est applicable aux affaires nouvelles ainsi qu'aux affaires non jugées définitivement à la date de publication de la Décis. du Cons. const. – **Décision de renvoi :** Civ. 1re, QPC, 9 oct. 2013, *n° 13-40.053.* – **Application de la décision :** Civ. 1re, 13 avr. 2016, n° 14-50.071.
2014	28 janv.	**Droits de mutation pour les transmissions à titre gratuit entre adoptants et adoptés** **2013-361 QPC.** Cts P. de B. : *JO 30 janv., p. 1799 ; Rec. Cons. const. 93 ; D. 2014. 284 ; ibid. 1171, obs. Granet-Lambrechts ; AJ fam. 2014. 179, obs. Salvage-Gerest ; RTD civ. 2014. 356, obs. Hauser ; Dr. fam. 2014, n° 3, Comm. 52, note Azincourt ; RFN 2014, n° 3, Actu. 34 ; NCCC 2014, n° 44, p. 130, note Piazzon ; RJF 2014, n° 4, p. 376 ; JCP 2015, n° 36, p. 1543, chron. Mathieu :* – **CGI, art. 786, al. 1er et al. 2, 3°.** – Absence d'atteinte aux principes d'égalité devant la loi et les charges publiques (DDH, art. 6 et 13). En excluant en principe la prise en compte du lien de parenté résultant de l'adoption simple pour la perception des droits de mutation à titre gratuit, le législateur s'est fondé sur les différences établies dans le C. civ. entre l'adoption simple et l'adoption plénière. Par ailleurs, en réservant le cas des adoptés ayant reçu de l'adoptant des secours et des soins non interrompus dans les conditions prévues par le CGI, art. 786, al. 5, le législateur a entendu atténuer les effets de la différence de traitement résultant de l'al. 1er du même art. afin de prendre en compte les liens particuliers nés d'une prise en charge de l'adopté par l'adoptant. Ainsi, il a permis aux personnes adoptées dans la forme simple de bénéficier du traitement fiscal des autres héritiers en ligne directe à la condition qu'elles aient fait l'objet d'une prise en charge continue et principale par l'adoptant qui a commencé pendant leur minorité. Il a également fait varier la durée des secours et des soins requise, selon que ces secours et ces soins ont été dispensés pendant la minorité ou à la fois pendant la minorité et pendant la majorité de l'adopté. En attachant des effets différents aux secours et aux soins dispensés pendant la minorité de l'adopté, il a institué des différences de traitement qui reposent sur des critères objectifs et rationnels en lien direct avec les objectifs poursuivis. Il n'a pas traité différemment des personnes placées dans une situation identique. – Absence de méconnaissance du droit de mener une vie familiale normale (Préamb. Const. 1946, al. 10). En prévoyant qu'il n'est pas tenu compte du lien de parenté résultant de l'adoption simple pour la perception des droits de mutation à titre gratuit et en réservant le cas des adoptés ayant reçu de l'adoptant lors de leur minorité des secours et des soins non interrompus, le législateur a adopté des dispositions fiscales qui sont sans incidence sur les règles relatives à l'établissement de la filiation adoptive prévues par le titre VIII du livre Ier C. civ. Elles ne font pas obstacle aux relations entre l'enfant et l'adoptant en la forme simple. – **Conformité.** – **Décision de renvoi :** Com., QPC, 29 oct. 2013, nos 13-13.301 et 13-13.302 : *RTD civ. 2014. 103, obs. Hauser.*

		– **Application de la décision :** Com. 6 mai 2014, *n°s 13-13.301 et 13-13.302.*
2014	31 janv.	**Droit d'appel des jugements correctionnels par la partie civile** **2013-363 QPC.** M. Michel. P. : *JO 2 févr., p. 1989 ; Rec. Cons. const. 98 ; D. 2014. 280 ; ibid. 651, note Botton ; AJ pénal 2014. 136, obs. Lacroix ; Gaz. Pal. 2014, n°s 59-60, p. 17, note Joseph-Ratineau ; ibid., n°s 131-133, p. 39, chron. Fourment ; JCP 2014, n° 14, p. 673, note Gallois ; ibid., n° 18, p. 919, chron. Mathieu ; NCCC 2014, n° 44, p. 110, note Bonis-Garçon ; RFDC 2014. 705, note Perrier ; LPA 2014, n° 249, p. 6, chron. Tellier-Cayrol ; iBID 224/2015. 4, chron. Bezzina ; JCP 2015, n° 36, p. 1543, chron. Mathieu :* – **C. pr. pén., art. 497-3°.** – Absence d'atteinte au principe d'égalité devant la justice (DDH, art. 6) : la partie civile n'est pas dans une situation identique à celle de la personne poursuivie ou à celle du ministère public. Conformité de l'interdiction faite à la partie civile d'appeler seule d'un jugement correctionnel dans ses dispositions statuant au fond sur l'action publique. – Absence d'atteinte au droit à un recours effectif (DDH, art. 16). Selon la portée donnée par la Cour de cassation au 3° de l'art. 497 C. pr. pén., elle est en droit, nonobstant la relaxe du prévenu en 1re instance, de reprendre, contre lui, devant la juridiction pénale d'appel, sa demande en réparation du dommage que lui ont personnellement causé les faits à l'origine de la poursuite. – **Conformité.** – **Décision de renvoi :** Crim., QPC, 5 nov. 2013, *n° 13-83.688.*
2014	31 janv.	**Publicité en faveur des officines de pharmacie.** **2013-364 QPC.** Coopérative GIPHAR-SOGIPHAR et a. : *JO 2 févr., p. 1991 ; Rec. Cons. const. 102 ; D. 2014. 285 ; Constitutions 2014. 87, chron. Bioy ; NCCC, n° 44, p. 167, note Surrel ; LPA 2014, n° 249, p. 6, chron. Bourdoiseau ; ibid. 2015, n° 223, p. 7, chron. Macaya ; JCP 2015, n° 36, p. 1543, chron. Mathieu :* – **CSP, art. L. 5125-31 et L. 5125-32-5°.** – Absence d'atteinte à la liberté d'entreprendre (Préamb. Const. 1946, al. 11) des dispositions contestées qui renvoient à un Décr. le soin de fixer les conditions dans lesquelles la publicité en faveur des officines de pharmacie peut être faite, afin de permettre l'application de ces règles. En adoptant les règles relatives à la profession de la pharmacie le législateur a entendu encadrer strictement la profession et l'activité de pharmacien ainsi que leur établissement pour favoriser une répartition équilibrée des officines sur l'ensemble du territoire et garantir ainsi l'accès de l'ensemble de la population aux services qu'elles offrent. A ce titre, il a poursuivi un objectif de santé publique. – **Conformité.** – **Décision de renvoi :** Civ. 1re, QPC, 14 nov. 2013, *n° 13-16.794.* – **Application de la décision :** Civ. 1re, 4 juin 2014, n° 13-16.794 P : *D. 2014. 1280 ; ibid. 2021, obs. Laude ; RDSS 2014. 764, obs. Peigné.*
2014	6 févr.	**Taxe sur les éditeurs et distributeurs de services de télévision** **2013-362 QPC.** TF1 SA : *JO 9 févr., p. 2386 ; Rec. Cons. const. 105 ;*

		D. 2014. 375 ; JCP 2014, n° 18, p. 919, chron. Mathieu ; NCCC 2014, n° 44, p. 155, note Austry ; Dr. fisc. 2014, n° 19, p. 61, note Rolland : – **CCIA, art. L. 115-7-1°-c**. – Méconnaissance du principe d'égalité devant l'impôt (DDH, art. 13) et méconnaissance par le législateur des règles selon lesquelles doivent être appréciées les facultés contributives (Const. 58, art. 34). En l'espèce, le législateur a méconnu le principe de l'assujettissement en contraignant les éditeurs de services de télévision à payer une taxe assise sur des sommes dont ils ne disposent pas : lorsque les recettes sont perçues par un tiers qui les encaisse pour son propre compte. – **Non-conformité des termes « , ou aux personnes assurant l'encaissement » de l'art. L. 115-7-1°-c** avec effet à compter de la publication de la Décis. – **Décision de renvoi :** CE, QPC, 6 nov. 2013, *Sté TF1 SA*, n° 371189 : *Gaz. Pal. 2013, nos 345-346, p. 27*. – **Application de la décision :** CE, QPC, 16 janv. 2015, Sté Métropole Télévision, n° 386031 A : *AJDA 2015. 79 ; ibid. 1043, note Barbé ; RFDA 2015. 613, chron. Roblot-Troizier*.
2014	6 févr.	**Exonération au titre de l'impôt sur le revenu des indemnités journalières de sécurité sociale allouées aux personnes atteintes d'une affection comportant un traitement prolongé** **2013-365 QPC.** Épx M. : *JO 9 févr., p. 2387 ; Rec. Cons. const. 108 ; D. 2014. 375 ; JCP Adm. 2014, n° 7, p. 9 ; LPA 2014, n° 249, p. 6, chron. Bourdoiseau ; JCP 2015, n° 36, p. 1543, chron. Mathieu* : – **CGI, art. 80 *quinquies* concernant les mots « et des indemnités qui sont allouées à des personnes atteintes d'une affection comportant un traitement prolongé et une thérapeutique particulièrement coûteuse ».** – Absence de méconnaissance du principe d'égalité devant la loi (DDH, art. 6) et de rupture caractérisée de l'égalité devant les charges publiques (DDH, art. 13). Les fonctionnaires en congé de maladie sont dans une situation différente de celle des personnes qui perçoivent des indemnités journalières versées par les organismes de sécurité sociale et de la mutualité sociale agricole ou pour leur compte. Par ailleurs, les régimes respectifs des congés de maladie conduisent à des versements de nature, de montant et de durée différents. – **Conformité**. – **Décision de renvoi :** CE, QPC, 14 nov. 2013, n° 371785.
2014	14 févr.	**Validation législative des délibérations des syndicats mixtes instituant le « versement transport ».** **2013-366 QPC.** SELARL PJA, ès qualités de liquidateur de la Sté Maflow France : *JO 16 févr., p. 2724 ; Rec. Cons. const. 130 ; AJDA 2014. 377 ; ibid. 1204, note Roux ; D. 2014. 487 ; ibid. 2015. 1457, obs. Gay et Mangiavillano ; Dr. soc. 2014. 387, obs. Roulet ; AJCT 2014. 268, obs. Clémence ; RFDA 2014. 589, chron. Roblot-Troizier et Tusseau* ; RTD civ. *2014. 604, obs. Deumier ; JCP 2014, n° 18, p. 919, chron. Mathieu ; NCCC 2014, n° 44, note Roblot-Troizier ; ibid., p. 154, note Austry ; ibid., p. 164, note Surrel ; Gaz. Pal. 2014, nos 192-193, p. 22, note Gouëzel ; RJEP oct. 2014, p. 23, note Fraisse ; LPA 2014, n° 249, p. 6, chron.*

		Gicquel ; ibid. 2015, n° 64, p. 5, note Disant ; ibid., nos 225-226, p. 6, chron. Rimbault ; Dr. adm. 2015, n° 5, p. 18, chron. de Montalivet : – **L. n° 2012-1510 du 29 déc. 2012 de finances rectificative pour 2012, art. 50.** – Absence de méconnaissance des exigences constitutionnelles applicables aux lois de validation (DDH, art. 16). Par les dispositions successives des L. du 24 déc. 2007 et du 29 déc. 2012, le législateur a entendu mettre un terme à des années de contentieux relatifs aux délibérations des syndicats mixtes instituant le « versement transport ». En adoptant l'art. 50 de la L. du 29 déc. 2012, le législateur a entendu donner un fondement législatif certain aux délibérations des syndicats mixtes composés exclusivement ou conjointement de communes, de départements ou d'EPCI ayant institué le « versement transport » avant le 1er janv. 2008. Il a également entendu éviter une multiplication des réclamations fondées sur la malfaçon législative révélée par les arrêts du 20 sept. 2012 de la Cour de cassation (nos 11-20.264 et 11-20.265), et tendant au remboursement d'impositions déjà versées, et mettre fin au désordre qui s'en est suivi dans la gestion des organismes en cause. Enfin, les dispositions contestées tendent aussi à prévenir les conséquences financières qui auraient résulté de tels remboursements pour certains des syndicats mixtes en cause. ***Toutefois***, la validation rétroactive des délibérations de syndicats mixtes antérieures au 1er janv. 2008 instituant le « versement transport » ne saurait permettre que soient prononcées des sanctions de cette nature à l'encontre des personnes assujetties au « versement transport » en vertu d'une délibération d'un syndicat mixte antérieure au 1er janv. 2008 au titre du recouvrement de cette imposition avant l'entrée en vigueur de l'art. 50 de la L. du 29 déc. 2012 : **Réserve**. – **Conformité avec réserve**. – **Décision de renvoi :** Civ. 2e, QPC, 21 nov. 2013, n° 13-13.896 : *AJDA 2013. 2346*.
2014	14 févr.	**Prise en charge en unité pour malades difficiles des personnes hospitalisées sans leur consentement** **2013-367 QPC.** Cts L. : *JO 16 févr., p. 2726 ; Rec. Cons. const. 135 ; AJDA 2014. 375 ; D. 2014. 427 ; Constitutions 2014. 95, chron. Fallon ; RLC 2014, n° 7, p. 44, note Ducrocq-Pauwels ; Gaz. Pal. 2014, nos 192-193, p. 19, note Domino et Bretonneau ; JCP 2015, n° 36, p. 1543, chron. Mathieu ; LPA 2015, n° 223, p. 7, chron. Macaya* : – **CSP, art. L. 3222-3** (dans sa rédaction résultant de la L. n° 2011-803 du 5 juill. 2011 relative aux droits et à la protection des personnes faisant l'objet de soins psychiatriques et aux modalités de leur prise en charge). – Absence d'atteinte à protection de la liberté individuelle (Const. 58, art. 66), à la protection de la santé (Préamb. Const. 1946, al. 11), à l'exercice des libertés publiques (Const. 58, art. 34), à la liberté d'aller et venir (DDH, art. 2) et au respect de la vie privée (DDH, art. 4). Dans sa Décis. n° 2012-235 QPC du 20 avril 2012, le Cons. const. a jugé contraires à la Const. 58 les dispositions exorbitantes du droit commun relatives aux UMD et portant sur les conditions dans lesquelles l'autorité administrative ou l'autorité judiciaire peuvent mettre fin à une mesure de soins psychiatriques. La date d'abrogation de ces

		dispositions a été reportée par le Conseil au 1er oct. 2013. A l'exception de ces règles que le Cons. const. a déclarées contraires à la Constitution, le régime juridique de privation de liberté auquel sont soumises les personnes prises en charge dans une UMD n'est pas différent de celui applicable aux autres personnes faisant l'objet de soins sans leur consentement sous la forme d'une hospitalisation complète. Ainsi le recours à la L. pour fixer le régime de placement en UMD n'est pas nécessaire, car ce placement est soumis aux mêmes garanties que les hospitalisations de droit commun. – **Conformité**. – **Décision de renvoi :** Civ. 1re, QPC, 4 déc. 3013, n° 13-17.984 : *AJDA 2013. 2467 ; Gaz. Pal. 2014, nos 192-193, p. 19, note Domino et Bretonneau.* – **Applications de la décision :** – CE 30 juin 2014, *Assoc. Cercle de réflexion et de proposition d'action sur la psychiatrie*, n° 352668. – CE 17 mars 2017, n° 397774.
2014	28 févr.	**Droit de vote dans les sociétés cotées** **2013-369 QPC.** Sté Madag : *JO 2 mars, p. 4119 ; Rec. Cons. const. 139 ; D. 2014. 542 ; D. actu. 7 mars 2014, note Delpech ; NCCC 2014, n° 44, p. 128, note Piazzon ; RJEP 2014, n° 722, p. 22, note Brameret ; JCP 2015, n° 36, p. 1543, chron. Mathieu ; LPA 2015, n° 227, p. 4, chron. Baghestani* : – **C. com., art. L. 233-14, al. 1er et 2** (dans sa rédaction résultant de la L. n° 2007-1774 du 17 déc. 2007 portant diverses dispositions d'adaptation au droit communautaire dans les domaines économique et financier). – Absence d'atteinte aux principes de nécessité et d'individualisation des peines (DDH, art. 8). La privation temporaire des droits de votes ne constitue pas une sanction ayant le caractère d'une punition (suspension temporaire des droit de vote constatée par le bureau de l'AG de la Sté intéressée, effets limités aux rapports entre actionnaires et Sté ; suspension consistant à priver de certains de ses effets, pendant une durée limitée, une augmentation non déclarée de la participation d'un actionnaire permettant à la Sté, pendant ce délai, de tirer les conséquences de cette situation). – Absence d'atteinte au droit de propriété (DDH, art. 2 et 17). La suspension des droits de vote instituée par l'art. L. 233-14, al. 1er et 2 C. com. a pour objet de faire obstacle aux prises de participation occultes dans les Stés cotées et poursuit un but d'intérêt général. L'actionnaire détenteur des actions soumises à l'art. préc. en demeure le seul propriétaire et conserve notamment son droit au partage des bénéfices sociaux. Il peut librement céder ces actions. Ainsi, compte tenu de l'encadrement dans le temps et de la portée limitée de cette privation des droits de vote, l'atteinte à l'exercice du droit de propriété de l'actionnaire ne revêt pas un caractère disproportionné au regard du but poursuivi. – **Conformité**. – **Décision de renvoi :** Com., QPC, 17 déc. 2013, n° 13-14.778 : *D. 2014. 76 ; Rev. sociétés 2014. 62, obs. Conac.*

		– **Application de la décision :** CE 30 juin 2014, *Assoc. Cercle de réflexion et de proposition d'action sur la psychiatrie*, n° 352668.
2014	28 févr.	**Exploitation numérique des livres indisponibles** **2013-370 QPC.** M. Marc. S. et a. : *JO 2 mars, p. 4120 ; Rec. Cons. const. 143 ; D. 2014. 542 ; RLDI 2014, n° 103, p. 33, note Derieux ; JCP 2014, n° 18, p. 919, chron. Mathieu ; NCCC 2014, n° 44, p. 128, note Piazzon ; ibid., p. 167, note Surrel ; RJEP 2014, n° 722, p. 22, note Brameret ; JCP 2015, n° 36, p. 1543, chron. Mathieu ; LPA 2015, n° 223, p. 7, chron. Verpeaux ; ibid., n° 227, p. 4, chron. Baghestani* : – **CPI, art. L. 134-1 à L. 134-8** (dans sa rédaction résultant de la L. n° 2012-287 du 1er mars 2012 relative à l'exploitation numérique des livres indisponibles du XXe siècle). – Absence d'atteinte au droit de propriété (DDH, art. 2 et 17) en raison du régime de gestion collective applicable au droit de reproduction et de représentation sous forme numérique des « livres indisponibles » et de l'encadrement des conditions dans lesquelles les titulaires de droits d'auteur jouissent de leur droit de propriété intellectuelle sur ces ouvrages. Les dispositions contestées du CPI permettent la conservation et la mise à disposition du public, sous forme numérique, des ouvrages indisponibles publiés en France avant le 1er janv. 2001 qui ne sont pas encore tombés dans le domaine public, au moyen d'une offre légale qui assure la rémunération des ayants droit. Ainsi, ces dispositions poursuivent un but d'intérêt général. Par ailleurs, l'encadrement des conditions dans lesquelles les titulaires de droits d'auteur jouissent de leurs droits de propriété intellectuelle sur ces ouvrages ne porte pas à ces droits une atteinte disproportionnée au regard de l'objectif poursuivi. – **Conformité.** – **Décision de renvoi :** CE, QPC, 19 déc. 2013, *n° 368208*. – **Application de la décision :** CE 6 mai 2015, n° 368208 : *D. 2015. 1427, note Nérisson*.
2014	7 mars	**Saisine d'office du tribunal pour l'ouverture de la procédure de liquidation judiciaire** **2013-368 QPC.** Sté Nouvelle d'exploitation Sthrau hôtel : *JO 9 mars, p. 5034 ; Rec. Cons. const. 152 ; D. actu. 12 mars 2014, note Delpech ; D. 2014. 604 ; RTD civ. 2014. 339, obs. Hauser ; Procédures 2014, n° 4, p. 28, note Rolland ; JCP 2014, n° 18, p. 919, chron. Mathieu ; ibid. 2015, n° 36, p. 1543, chron. Mathieu ; Gaz. Pal. 2014, nos 101-102, p. 11, note Fallon ; NCCC 2014, n° 44, p. 129, note Piazzon ; ibid., p. 165, note Surrel ; LPA 2014, n° 249, p. 6, chron. Bourdoiseau* : – **C. com., art. L. 640-5, al. 1er, mots « se saisir d'office ».** – Méconnaissance du principe d'impartialité (DDH, art. 16). Ni les dispositions contestées ni aucune autre disposition ne fixent les garanties légales ayant pour objet d'assurer qu'en se saisissant d'office, le tribunal ne préjuge pas sa position lorsque, à l'issue de la procédure contradictoire, il sera appelé à statuer sur le fond du dossier au vu de l'ensemble des éléments versés au débat par les parties. – **Non-conformité des mots « se saisir d'office » de l'art. L. 640-5, al. 1er C. com.** – **Décision de renvoi :** Com., QPC, 10 déc. 2013 : *n° 13-17.438*.

		– **Applications de la décision :** Com. 4 nov. 2014, *n° 13-19.300 et 13-25.766.* – Com. 18 nov. 2014, n° 13-17.438 P : *D. 2014. 2405.* – Com. 8 avr. 2015, n° 14-10.676 : *RTD com. 2015. 382, obs. J.-L. Vallens.*
2014	7 mars	**Majoration de la contribution supplémentaire à l'apprentissage** **2013-371 QPC.** Majoration de la contribution supplémentaire à l'apprentissage : *JO 9 mars, p. 5035 ; Rec. Cons. const. 155 ; D. 2014. 605 ; JCP 2014, n° 18, p. 919, chron. Mathieu ; ibid. 2015, n° 36, p. 1543, chron. Mathieu ; NCCC 2014, n° 44, p. 153, note Austry* : – **CGI, art. 230 H, § 5, al. 1er**. – A le caractère d'une punition, cette majoration de la contribution en cas d'infraction aux dispositions législatives relatives à la liquidation et à l'acquittement de la contribution, qui tend à sanctionner les personnes ayant liquidé de manière erronée ou ayant éludé le paiement de la contribution. – Absence de méconnaissance du principe de légalité des délits et des peines (DDH, art. 8). Le législateur a défini de manière suffisamment claire et précise le manquement à l'obligation fiscale et la sanction dont il est assorti : **Conformité**. – Absence de méconnaissance des principes de nécessité et de proportionnalité des peines (DDH, art. 8). La majoration de la contribution, qui peut sanctionner soit un manquement relatif à la liquidation de l'imposition, soit un manquement relatif à son acquittement, n'est pas exclusive de l'application des sanctions applicables aux taxes sur le chiffre d'affaires, qui revêtent le caractère d'une punition. Ce principe d'un tel cumul de sanctions n'est pas contraire au principe de proportionnalité des peines. ***Toutefois***, lorsque deux sanctions prononcées pour un même fait sont susceptibles de se cumuler, le principe de proportionnalité implique qu'en tout état de cause, le montant global des sanctions éventuellement prononcées ne dépasse pas le montant le plus élevé de l'une des sanctions encourues. Il appartient donc aux autorités administratives compétentes de veiller au respect de cette exigence : **Réserve**. – Absence de méconnaissance du principe d'individualisation des peines (DDH, art. 8). En instituant, dans le recouvrement de l'impôt, une majoration égale au montant de l'insuffisance constatée, les dispositions contestées visent à prévenir et à réprimer les défauts ou retards volontaires de liquidation ou d'acquittement de l'impôt. Elles instituent une sanction financière dont la nature est directement liée à celle de l'infraction et dont le montant, égal à l'insuffisance constatée, correspond à la part inexécutée d'une obligation fiscale : **Conformité**. – **Conformité sous réserve**. – **Décision de renvoi :** CE, QPC, 20 déc. 2013, *SAS Labeyrie*, n° 372333. – **Application de la décision** : CAA Bordeaux, 7 avr. 2016, *n° 14BX03580.*
2014	7 mars	**Saisine d'office du tribunal pour la résolution d'un plan de sauvegarde ou de redressement judiciaire** **2013-372 QPC.** M. Marc V. : *JO 9 mars, p. 5036 ; Rec. Cons. const.*

		159 ; D. actu. 12 mars 2014, note Delpech ; D. 2014. 605 ; Procédures 2014, n° 4, p. 30, note Rolland ; JCP 2014, n° 18, p. 919, chron. Mathieu ; ibid. 2015, n° 36, p. 1543, chron. Mathieu ; Gaz. Pal. 2014, n[os] *101-102, p. 11, note Fallon ; NCCC 2014, n° 44, p. 129, note Piazzon ; ibid., p. 165, note Surrel ; LPA 2014, n° 249, p. 6, chron. Bourdoiseau :* – **C. com., art. L. 626-27 § II, seconde phrase**. – Méconnaissance du principe d'impartialité (DDH, art. 16). Ni les dispositions contestées ni aucune autre disposition ne fixent les garanties légales ayant pour objet d'assurer qu'en se saisissant d'office, le tribunal ne préjuge pas sa position lorsque, à l'issue de la procédure contradictoire, il sera appelé à statuer sur le fond du dossier au vu de l'ensemble des éléments versés au débat par les parties. – **Non-conformité de la seconde phrase de l'art. L. 626-27 § II C. com.** – **Décision de renvoi :** Com., QPC, 20 déc. 2013, *n° 13-40.060*. – **Application de la décision :** Com. 5 mai 2015, *n° 14-17.364*.
2014	21 mars	**Régime de saisie des navires utilisés pour commettre des infractions en matière de pêche maritime** **2014-375 QPC à 2014-384 QPC.** M. Bertrand L. et a. : *JO 23 mars, p. 5737 ; Rec. Cons. const. 203 ; D. 2014. 730 ; ibid. 166, note Surrel ; ibid. 1844, obs. Mallet-Bricout et Reboul-Maupin ; ibid. 2015. 1457, obs. Gay et Mangiavillano ; Gaz. Pal. 2014, n*[os] *192-193, p. 21, note Barbé ; LPA 2014, n° 249, p. 6, chron. Tellier-Cayrol ; ibid. 2015, n° 227, p. 4, chron. Macaya ; JCP 2015, n° 36, p. 1543, chron. Mathieu :* – **C. rur., art. L. 943-4 et L. 943-5**. – Méconnaissance des principes du droit à un recours juridictionnel effectif (DDH, art. 16), du droit de propriété (DDH, art. 2 et 17) et du droit à la liberté d'entreprendre (DDH, art. 4) au regard des conséquences qui résultent de l'exécution de la mesure de saisie, la combinaison du caractère non-contradictoire de la procédure et de l'absence de voie de droit permettant la remise en cause de la décision du juge autorisant la saisie et fixant le cautionnement. – **Non-conformité** avec effet à compter de la publication de la Décis. avec applicabilité aux affaires nouvelles et aux affaires non jugées définitivement à cette date. – **Décision de renvoi :** Crim., QPC, 14 janv. 2014 : n[os] *13-82.970, 13-82.971, 13-82.972,13-82.975, 13-82.974, 13-82.977, 13-82.976, 13-82.978, 13-82.973*. – **Application de la décision :** Crim., 13 janv. 2016, *n° 14-87.573*.
2014	28 mars	**Discipline des officiers publics ou ministériels – Interdiction temporaire d'exercer.** **2014-385 QPC.** L. Joël M. : *JO 30 mars, p. 6202 ; Rec. Cons. const. 225 ; D. 2014. 784 ; JCP N 2014, n° 14, p. 7 ; Dr. pénal 2014, n° 5, p. 51, note Peltier ; RFDC 2015. 215, note Tztzuiano ; LPA 2014, n° 250, p. 6, note Pando ; JCP 2015, n° 36, p. 1543, chron. Mathieu :* – Ord. n° 45-1418 du 28 juin 1945 relative à la discipline des notaires et de certains officiers ministériels, art. 3-5°. – Absence d'atteinte au principe de légalité des peines et au principe de nécessité et d'individualisation des peines (DDH, art. 8). Le législateur pouvait, sans méconnaitre le principe de légalité des peines, ne pas fixer

		de limite à la durée de l'interdiction temporaire. En effet, cette peine s'inscrit dans une échelle de peines disciplinaires énumérées par l'art. 3 de l'Ord. du 28 juin 1945 dont la peine la plus élevée est la destitution qui entraîne l'interdiction définitive d'exercer. Le principe de légalité des peines impose uniquement au législateur de fixer des sanctions disciplinaires en des termes suffisamment clairs et précis pour exclure l'arbitraire. Par ailleurs, lorsqu'une une peine d'interdiction temporaire d'exercer est prononcée, un administrateur est nommé. Il paie, à concurrence des produits de l'office, les charges afférentes à son fonctionnement. L'officier public ou ministériel conserve son droit de présentation ainsi que le droit d'exercer une activité professionnelle. Selon le Cons. const., le législateur n'a pas méconnu le principe de nécessité des peines en prévoyant qu'un officier public ou ministériel qui a manqué aux devoirs de sa charge puisse être condamné à titre disciplinaire à une interdiction temporaire. Enfin, en confiant à une juridiction disciplinaire le soin de fixer la durée de cette interdiction temporaire en fonction de la gravité des manquements réprimés, il n'a pas non plus méconnu le principe d'individualisation des peines. – **Conformité**. – **Décision de renvoi :** Civ. 1re, QPC, 22 janv. 2014, *n° 13-40.066*.
2014	28 mars	**Dotation globale de compensation** **2014-386 QPC.** Collectivité de Saint-Barthélemy : *JO 30 mars, p. 6203 ; Rec. Cons. const. 228 ; JCP Adm. 2014, n° 50, p. 25, note Verpeaux ; JCP 2015, n° 36, p. 1543, chron. Mathieu ; LPA 2015, n° 223, p. 7, chron. Macaya ; ibid., nos 225-226, p. 6, chron. Bezzina* : – LFR n° 2007-1824 du 25 déc. 2007, art. 104, § II, 3° (dans sa rédaction issue de la LFR n° 2008-1443 du 30 déc. 2008, art. 6). – Absence de méconnaissance des principes de la libre administration et l'autonomie financière des collectivités territoriales (Const. 58, art. 72, 72-2 et 74). Les dispositions contestées ne modifient pas l'étendue de la compétence de la collectivité de Saint-Barthélemy en matière de fiscalité. Elles n'ont pas non plus pour effet de réduire les ressources propres de cette collectivité dans des proportions telles que serait méconnue son autonomie financière. En effet, à la suite de la transformation de la collectivité de Saint-Barthélemy en collectivité d'outre-mer régie par l'art. 74 Const. 58, la L. org. a défini les modalités financières des transferts de compétences. Le transfert de charges est notamment compensé par l'attribution d'une dotation globale de compensation inscrite au budget de l'État. L'art. 104, § II, 3° de la LFR du 25 déc. 2007 prévoit, compte tenu de l'excédent des ressources de la collectivité de Saint-Barthélemy sur les charges transférées, les conditions dans lesquelles la collectivité devrait s'acquitter des montant dus à l'État au titre de cette dotation : **Conformité**. – Absence d'atteinte à une situation légalement acquise (DDH, art. 16). Les dispositions contestées n'ont ni pour objet ni pour effet de garantir que la dotation globale de compensation assurant le « solde » de la compensation financière du transfert de compétences ne puisse être mise à la charge de la collectivité de Saint-Barthélemy : **Conformité**. – **Conformité**.

		– **Décision de renvoi :** CE, QPC, 27 janv. 2014, *Collectivité d'outre-mer de Saint-Barthélemy*, n° 373237 : *Gaz. Pal. 2014, n°s 71-72, p. 2.*
2014	4 avr.	**Conditions de recours au travail de nuit** **2014-373 QPC.** Sté Sephora : *JO 5 avr., p. 6477 ; Rec. Cons. const. 234 ; D. actu. 7 avr. 2014, note Fleuriot ; D. 2014. 828 ; RFDA 2014. 589, chron. Roblot-Troizier et Tusseau ; Constitutions 2014. 381, chron. Bioy ; JCP 2014, n° 15, p. 736 ; ibid., n° 18, p. 919, chron. Mathieu ; ibid. 2015, n° 36, p. 1543, chron. Mathieu ; NCCC 2014, n° 45, p. 183, chron. Piazzon ; LPA 2014, n° 249, p. 6, chron. Gicquel ; ibid. 2015, n° 223, p. 7, chron. Macaya ; ibid., n° 227, p. 4, chron. Macaya* : – **C. trav., art. L. 3122-32, L. 3122-33 et L. 3122-36.** – Le grief de l'incompétence négative est écarté. Selon les dispositions du code du travail contestées, le législateur a consacré le caractère exceptionnel du recours au travail de nuit, il a précisé que ce recours doit prendre en compte les impératifs de protection de la santé et de la sécurité des travailleurs. Il a par ailleurs défini les critères en fonction desquels le recours au travail de nuit peut être justifié, en particulier, s'il appartient aux autorités compétentes, sous le contrôle de la juridiction compétente, d'apprécier les situations de fait répondant aux critères de « continuité de l'activité économique » ou de « service d'utilité sociale » : ces critères ne revêtent pas un caractère équivoque. En subordonnant la mise en place du travail de nuit dans une entreprise ou un établissement à la conclusion préalable d'une convention ou d'un accord collectif de branche étendu ou d'un accord d'entreprise ou d'établissement et, à défaut, à une autorisation de l'inspecteur du travail, le législateur a confié, d'une part, à la négociation collective le soin de préciser les modalités concrètes d'application des principes fondamentaux du droit du travail et, d'autre part, à l'autorité administrative, le pouvoir d'accorder certaines dérogations dans des conditions fixées par la loi. – Le grief de la méconnaissance de la liberté d'entreprendre (DDH, art. 4) doit être écarté. En prévoyant que le recours au travail de nuit est exceptionnel et doit être justifié par la nécessité d'assurer la continuité de l'activité économique ou des services d'utilité sociale, le législateur, compétent en application de l'art. 34 Const. 58 pour déterminer les principes fondamentaux du droit du travail, a opéré une conciliation qui n'est pas manifestement déséquilibrée entre la liberté d'entreprendre et les exigences tant du droit à une vie familiale normale (Préamb. Const. 1946, al. 10) que du droit à la protection de la santé, à la sécurité matérielle, au repos et aux loisirs (Préamb. Const. 1946, al. 11). – **Conformité.** – **Décision de renvoi :** Soc., QPC, 8 janv. 2014, n° 13-24.851 P : *D. 2014. 150.* – **Application de la décision :** Soc. 24 sept. 2014, n° 13-24.851 P : *D. actu. 26 oct. 2014, obs. Fraisse ; JCP 2014, n° 42, p. 1839, note Corrignan-Carsin.*
2014	4 avr.	**Recours suspensif contre les dérogations préfectorales au repos dominical**

		2014-374 QPC. Sté Sephora : *JO 5 avr., p. 6479 ; Rec. Cons. const. 240 ; D. actu. 7 avr. 2014, note Fleuriot ; D. 2014. 829 ; AJDA 2014. 768 ; RFDA 2014. 589, chron. Roblot-Troizier et Tusseau ; RDT 2014. 484, obs. Grévy ; JCP 2014, n° 15, p. 736 ; ibid. 2015, n° 36, p. 1543, chron. Mathieu ; LPA 2014, n° 249, p. 6, chron. Gicquel ; Procédures 2014, n° 7, p. 23, note Bugada* : – **C. trav., art. L. 3132-24.** – Méconnaissance du principe d'égalité devant la loi (DDH, art. 6) et du respect des droits de la défense (DDH, art. 16) compte tenu tant de l'effet et de la durée de la suspension que du caractère temporaire de l'autorisation accordée. Selon le législateur, si le repos simultané le dimanche de tous les salariés d'un établissement était préjudiciable au public ou compromettait le fonctionnement normal de cet établissement, le préfet pouvait autoriser des dérogations temporaires au repos dominical selon des modalités limitativement énumérées. Toutefois, il résulte de l'art. L. 3132-24 C. trav. que tout recours formé contre un arrêté préfectoral autorisant une dérogation au repos dominical suspend de plein droit les effets de cette décision dès son dépôt par le requérant au greffe de la juridiction administrative. Cette suspension se prolonge jusqu'à la décision de la juridiction administrative compétente alors que la dérogation est accordée pour une durée limitée. L'employeur ne dispose d'aucune voie de recours pour s'opposer à cet effet suspensif et aucune disposition législative ne garantit que la juridiction saisie statue dans un délai qui ne prive pas de tout effet utile l'autorisation accordée par le préfet. – **Non-conformité** avec effet à compter de la date de publication de la Décis. et applicabilité aux affaires nouvelles et aux affaires non jugées définitivement à la date de la publication de la Décis. – **Décision de renvoi :** Soc., QPC, 8 janv. 2014, n° 13-24.851 P : *D. 2014. 150 ; Dr. soc. 2015. 40, chron. Dumortier, Lallet, Vialettes et Florès.* – **Applications de la décision :** Soc. 28 mai 2014, n° 12-21.977 P : *D. 2014. 1209.* – Soc. 24 sept. 2014, n° 13-24.851 P : *D. actu. 26 oct. 2014, obs. Fraisse ; RDT 2015. 52, obs. Véricel ; JCP 2014, n° 42, p. 1839, note Corrignan-Carsin.*
2014	4 avr.	**Visites domiciliaires, perquisitions et saisies dans les lieux de travail** **2014-387 QPC.** M. Jacques J. : *JO 5 avr., p. 6480 ; Rec. Cons. const. 244 ; D. 2014. 829 ; ibid. 2015. 1457, obs. Gay et Mangiavillano ; RSC 2014. 361, obs. Cerf-Hollender ; Dr. soc. 2014. 948, chron. Salomon ; JCP 2014, n° 15, p. 735 ; ibid. n° 18, p. 919, chron. Mathieu ; JCP 2015, n° 36, p. 1543, chron. Mathieu ; LPA 2014, n° 137, p. 9, note Richard ; ibid., n° 249, p. 6, chron. Tellier-Cayrol ; Dr. pénal 2014, n° 6, p. 52, note Robert ; NCCC 2014, n° 45, p. 169, chron. Bonis-Garçon ; RJEP 2014, n° 722, p. 1, note Collet* : – **C. trav., art. L. 8271-13.** – Méconnaissance du droit à un recours juridictionnel effectif (DDH, art. 16). Le C. trav. définit les infractions de travail dissimulé et prévoit les modalités de lutte contre celui-ci. Dans le cadre des enquêtes préliminaires diligentées pour la recherche et la constatation de ces

		infractions, l'art. L. 8271-13 C. trav. permet aux officiers de police judiciaire, sur Ord. du président du TGI, ou d'un juge délégué par lui, rendue sur réquisitions du procureur de la République, de procéder à des visites, perquisitions et saisies de pièces à conviction dans les lieux de travail, y compris dans des domiciles. En application d'une jurisprudence constante de la Cour de cassation (Crim. 16 janv. 2002, n° 99-30.359), cette Ord. du président du TGI ne peut faire l'objet d'un recours en nullité que si la personne est poursuivie. Selon le Cons. const., en l'absence de mise en œuvre de l'action publique conduisant à la mise en cause d'une personne intéressée par une visite domiciliaire, une perquisition ou une saisie autorisées en application des dispositions contestées, aucune voie de droit ne permet à cette personne de contester l'autorisation donnée par le président du TGI ou son délégué et la régularité des opérations de visite domiciliaire, de perquisition ou de saisie mises en œuvre en application de cette autorisation. – **Non- conformité** avec effet différé au 1er janv. 2015. – **Décision de renvoi :** Crim., QPC, 28 janv. 2014, *n° 13-83.217 P.* – **Application de la décision :** Crim. 12 janv. 2016, *n° 13-83.217.*
2014	4 avr.	**Test, recueil et traitement de signaux biologiques** **2014-389 QPC.** Synd. nat. des médecins biologistes : *JO 5 avr., p. 6481 ; Rec. Cons. const. 247 ; D. 2014. 828 ; ibid. 2021, obs. Laude ; Constitutions 2014. 386, chron. Bioy ; JCP 2015, n° 36, p. 1543, chron. Mathieu* : – **CSP, art. L. 6211-3.** – Le grief selon lequel le législateur aurait méconnu l'étendue de sa compétence doit être écarté. En effet, le législateur a défini les examens de biologie médicale, délimité leur champ d'application et encadré les conditions et modalités de leur réalisation. En excluant de cette définition les tests, recueils et traitements de signaux biologiques qui constituent des éléments « de dépistage, d'orientation diagnostique ou d'adaptation thérapeutique immédiate » et en renvoyant à un arrêté le soin d'établir la liste de ces tests, recueils et traitements de signaux biologiques et de déterminer les catégories de personnes pouvant les réaliser, ainsi que, le cas échéant, les conditions de leur réalisation, l'art. L. 6211-3 CSP n'a pas habilité le pouvoir réglementaire à adopter des dispositions qui mettent en cause des règles ou des principes fondamentaux que la Const. place dans le domaine de la loi. – **Conformité.** – **Décision de renvoi :** CE, QPC, 6 févr. 2014, *Synd. nat. des médecins biologistes*, n° 371236 : *Gaz. Pal.* 2014, nos 64-65, p. 29. – **Application de la décision :** CE 8 avr. 2015, *Synd. nat. des médecins biologistes*, n° 371236.
2014	11 avr.	**Portage salarial** **2014-388 QPC.** Confédération générale du travail Force ouvrière et a. : *JO 13 avr., p. 6692, rect. 10 mai, p. 7876 ; Rec. Cons. const. 250 ; D. 2014. 876 ; RFDA 2014. 589, chron. Roblot-Troizier et Tusseau ; Dr. soc. 2014. 760, chron. Tournaux ; Constitutions 2014. 368, chron. Odoul-Asorey ; JCP 2014, n° 18, p. 919, chron. Mathieu ; ibid. 2015, n° 36, p. 1543, chron. Mathieu ; NCCC 2014, n° 45, p. 183, chron.*

		Piazzon ; RLC 2014, n° 40, p. 92, note Perez ; LPA 2015, n° 223, p. 7, chron. Macaya : – **L. n° 2008-596 du 25 juin 2008, portant modernisation du marché du travail, art. 8, § III.** – Méconnaissance par le législateur de l'étendue de sa compétence (Const. 58, art. 34). Ce grief est soulevé d'office par le Cons. const. En prévoyant qu'un accord national interprofessionnel étendu peut confier à une branche professionnelle la mission d'organiser l'ensemble des relations contractuelles relatives au portage salarial, les dispositions de l'art. 8, § III de la L. du 25 juin 2008 confient à la convention collective des règles qui relèvent du domaine de la loi. – Atteinte à l'exercice de la liberté d'entreprendre (DDH, art. 4) et aux droits collectifs des travailleurs (Préamb. Const. 1946) en raison de la méconnaissance par le législateur des sa compétence dans la détermination des conditions essentielles de l'exercice de l'activité économique de portage salarial ainsi que dans la fixation des principes applicables au « salarié porté ». – **Non-conformité** avec effet différé au 1er janv. 2015. Les mesures prises avant cette date en application des dispositions déclarées contraires à la Const. ne peuvent, avant cette même date, être contestées sur le fondement de cette inconstitutionnalité. – **Décision de renvoi :** CE, QPC, 6 févr. 2014, *CGT-FO*, n° 371062 : *Gaz. Pal. 2014, nos 64-65, p. 29*. – **Applications de la décision :** Ord. n° 2015-380 du 2 avr. 2015 relative au portage salarial. – CE 7 mai 2015, *Sté Ventoris IT et a.*, n° 370986 B : *Gaz. Pal. 2015, nos 144-148, p. 26*.
2014	11 avr.	**Destruction d'objets saisis sur décision du procureur de la République** **2014-390 QPC.** M. Antoine H. : *JO 13 avr., p. 6693 ; Rec. Cons. const. 254 ; D. 2014. 873 ; ibid. 2015. 1457, obs. Gay et Mangiavillano ; D. actu. 9 mai 2014, obs. Fucini ; AJ pénal 2014. 368, obs. Belloir ; JCP 2014, n° 18, p. 919, chron. Mathieu ; ibid. 2015, n° 36, p. 1543, chron. Mathieu ; Gaz. Pal. 2014, nos 192-193, p. 14, note Méric ; NCCC 2014, n° 45, p. 169, chron. Bonis-Garçon ; LPA 2014, n° 249, p. 6, chron. Tellier-Cayrol* : – **C. pr. pén., art. 41-4, al. 4.** – Méconnaissance du droit à recours effectif (DDH, art. 16). Les dispositions du 4e al. de l'art. 41-4 C. pr. pén. ne sont assorties d'aucune garantie légale. En effet, elles permettent la destruction de biens saisis, sur décision du procureur de la République, sans que leur propriétaire ou les tiers ayant des droits sur ces biens et les personnes mises en cause dans la procédure en aient été préalablement avisés et qu'ils aient été mis à même de contester cette décision devant une juridiction afin de demander, le cas échéant, la restitution des biens saisis. – **Non-conformité** avec effet à compter de la date de publication de la Décis. Cette déclaration d'inconstitutionnalité n'ouvre droit à aucune demande d'action en réparation du fait de la destruction de biens opérés antérieurement à cette date. Par ailleurs, les poursuites engagées dans des procédures dans lesquelles des destructions ont été ordonnées en application des dispositions déclarées contraires à la Const. ne peuvent

		être contestées sur le fondement de cette inconstitutionnalité. Enfin, cette déclaration d'inconstitutionnalité est applicable aux affaires nouvelles ainsi qu'aux affaires non jugées définitivement à cette date. – **Décision de renvoi :** Crim., QPC, 11 févr. 2014, n° 13-90.036 : *Gaz. Pal. 2014, n°s 192-193, p. 14, note Méric.* – **Applications de la décision :** – L. n° 2014-640 du 20 juin 2014 relative à la réforme des procédures de révision et de réexamen d'une condamnation pénale définitive, art. 1er. – Civ. 1re, 4 mai 2017, n° 16-18.751.
2014	25 avr.	**Rattachement d'office d'une commune à un EPCI à fiscalité propre** **2014-391 QPC**. Cne de Thonon-les-Bains et a. : *JO 27 avr., p. 7359 ; Rec. Cons. const. 257 ; AJDA 2014. 887 ; D. 2014. 933 ; JCP Adm. 2014, n°s 18-19, p. 5 ; ibid., n° 27, p. 18, note Gardère ; NCCC 2014, n° 45, p. 199, chron. Hoepffner ; LPA 2014, n° 249, p. 6, chron. Gicquel ; ibid. 2015, n°s 225-226, p. 6, chron. Bezzina ; Dr. adm. 2015, n° 5, p. 18, chron. de Montalivet ; JCP 2015, n° 36, p. 1543, chron. Mathieu :* – **CGCT, art. L. 5210-1-2.** – Atteinte manifestement disproportionnée au principe de libre administration des communes (Const. 58, art. 72). Les dispositions de l'art. L. 5212-1-2 CGCT ne prévoient aucune prise en compte du schéma départemental de coopération intercommunale préalablement établi pour décider du rattachement d'une commune à un établissement public de coopération intercommunale. Par ailleurs, si la décision de rattachement est soumise à l'avis de l'organe délibérant de l'établissement public auquel le rattachement est envisagé ainsi qu'à celui de la commission départementale de coopération intercommunale, composée d'élus locaux représentant notamment les communes et les établissements publics de coopération intercommunale, seul un avis négatif de l'organe délibérant de l'établissement public impose de suivre la proposition émise à la majorité qualifiée par la commission départementale de coopération intercommunale. Enfin, les dispositions contestées ne prévoient aucune consultation des conseils municipaux des communes intéressées par ce rattachement et, en particulier, du conseil municipal de la commune dont le rattachement est envisagé. – **Non-conformité** avec effet à compter de la date de publication de la Décis. – **Décision de renvoi :** CE, QPC, 19 févr. 2014, *Cne de Thonon-les-Bains et a.*, n° 373999 : *AJDA 2014. 425 ; Gaz. Pal. 2014, n°s 71-72, p. 28.* – **Application de la décision :** L. n° 2015-991 du 7 août 2015 portant nouvelle organisation territoriale de la République, art. 45.
2014	25 avr.	**Loi adoptée par référendum – Droit du travail en Nouvelle-Calédonie** **2014-392 QPC.** Province Sud de Nouvelle-Calédonie : *JO 27 avr., p. 7360 ; Rec. Cons. const. 261 ; AJDA 2014. 888 ; JCP 2014, n° 18, p. 919, chron. Mathieu ; ibid. 2015, n° 36, p. 1543, chron. Mathieu ; RFDC 2014. 692, note Fatin-Rouge Stéfanini ; JCP Adm. 2015, n° 7, p. 18,*

		note Verpeaux ; LPA 2015, n° 224, p. 4, chron. Verpeaux ; RRJ 2016, n° 1, p. 201, note M'Saïdié ; GADLF, n° 51 : – **L. référendaire n° 88-1028 du 9 nov. 1988 portant dispositions statutaires et préparatoires à l'autodétermination de la Nouvelle-Calédonie en 1998, art. 8-13°, et Ord. n° 85-1181 du 13 nov. 1985 relative aux principes directeurs du droit du travail et à l'organisation et au fonctionnement de l'inspection du travail et du tribunal du travail en Nouvelle-Calédonie, art. 1er, al. 5** (dans sa rédaction postérieure à la L. n° 96-609 du 5 juill. 1996 portant dispositions diverses relatives à l'outre-mer). – Non-lieu à statuer en ce qui concerne la L. du 9 nov. 1988, art. 8-13°. En effet, aucune disposition de la Const. ou d'une L. org. prise sur son fondement ne donne compétence au Cons. const. pour se prononcer sur une QPC aux fins d'apprécier la conformité aux droits et libertés que la Const. garantit d'une disposition législative adoptée par le Peuple français par la voie du référendum. – Absence d'atteinte au principe de libre administration des collectivités territoriales en Nouvelle-Calédonie (Const. 58, art. 72, al. 3, et art. 76) concernant l'Ord. du 13 nov. 1985, art. 1er, al. 5. Selon ces dispositions, telles qu'interprétées par la jurisprudence constante du T. confl. (13 janv. 1992, n° 02672 ; 19 févr. 1996, n° 02998 ; 15 mars 1999, n° 03146 ; 15 nov. 2004, n° C3423 ; 17 déc. 2007, nos C3654 et C3655 ; 13 déc. 2010, n° C3775 et 5 mars 2012, n° C3825), les agents contractuels recrutés par une personne publique en Nouvelle-Calédonie ne sont pas soumis à un statut de droit public. Ces dispositions n'ont pas pour effet de priver les autorités territoriales de Nouvelle-Calédonie de la faculté de recruter librement des collaborateurs de cabinet, elles n'ont pas davantage pour effet de priver ces autorités de la faculté de mettre fin aux fonctions de ces collaborateurs dans les conditions prévues par la loi. – Absence d'atteinte au principe d'égalité devant la loi (DDH, art. 6) par le législateur qui a prévu des règles particulières applicables aux agents contractuels recrutés par une personne publique en Nouvelle-Calédonie, qui diffèrent des règles de droit commun. – **Conformité**. – **Décision de renvoi :** Soc., QPC, 20 févr. 2014 : *n° 13-20.702 P.* – **Application de la décision :** CAA Bordeaux, 28 juin 2016, *n° 14BX00955.*
2014	25 avr.	**Organisation et régime intérieur des établissements pénitentiaires** **2014-393 QPC**. M. Angelo R. : *JO 27 avr., p. 7362 ; Rec. Cons. const. 266 ; AJDA 2014. 888 ; D. 2014. 931 ; ibid. 1235, obs. Céré, Herzog-Evans et Péchillon ; ibid. 2015. 1457, obs. Gay et Mangiavillano ; RFDA 2015. 148, note Schmitz ; JCP Adm. 2014, nos 18-19, p. 6 ;* NCCC *2014, n° 45, p. 169, chron. Bonis-Garçon ; LPA 2014, n° 249, p. 6, chron. Tellier-Cayrol ; ibid. 2015, n° 223, p. 7, chron. Macaya ; RFDC 2015. 220, note Goncalves ; JCP 2015, n° 36,* p. 1543, chron. Mathieu : – **C. pr. pén., art. 728** (dans sa rédaction postérieure à la L. n° 87-432 du 22 juin 1987 relative au service public pénitentiaire). – Méconnaissance par le législateur de sa compétence dans la détermination des conditions essentielles de l'organisation et du régime

		intérieur des établissements pénitentiaires. Cette méconnaissance prive les garanties légales pour l'ensemble des droits et libertés garantis notamment par le Préamb. Const. 1946 (vie privée, propriété, présomption d'innocence, liberté religieuse) dont bénéficient les détenus dans les limites inhérentes à la détention. – **Non-conformité** avec effet à compter de la date de publication de la Décis. et applicabilité aux affaires non jugées définitivement à la date de publication de la Décis. – **Décision de renvoi :** CE, QPC, 21 févr. 2014, n° 346097 : *AJDA 2014. 424.* – **Applications de la décision :** CE 7 déc. 2015, *n° 393668.* – CE 30 déc. 2015, *Section française de l'Observatoire international des prisons*, n° 383294. – CE 10 mars 2016, n° 392421. – CE 31 mars 2017, n° 396393.
2014	7 mai	**Plantations en limite de propriétés privées** **2014-394 QPC.** Sté Casuca : *JO 10 mai, p. 7873 ; Rec. Cons. const. 272 ; D. 2014. 1039 ; AJDI 2014. 541, obs. de Gaudemont ; D. actu. 21 mai 2014, note Cayol ; JCP Adm. 2014, n° 20, p. 10 ; JCP 2014, n° 26, p. 1293, note Mekki ; JCP 2015, n° 36, p. 1543, chron. Mathieu ; LPA 2014, n° 250, p. 7, note Reboul-Maupin ; ibid. 2015, n° 223, p. 7, chron. Verpeaux ; ibid., n° 227, p. 4, chron. Baghestani ; Dr. adm. 2015, n° 5, p. 18, chron. de Montalivet* : – **C. civ., art. 671 et 972**. – Absence de méconnaissance de la Charte envir. Les 7 al. qui précèdent les 10 art. de la Charte envir. ainsi que l'art. 6 Charte envir. ont valeur constitutionnelle mais aucun d'eux n'instituent un droit ou une liberté que la Const. garantit. Ainsi, ils ne peuvent être invoqués à l'appui d'une QPC. Par ailleurs, les art. 671 et 672 C. civ. comportent des règles relatives au voisinage. Compte tenu de leur champ d'application très étroit ainsi que de leur portée très limitée ils ne sont pas susceptibles d'avoir des incidences sur l'environnement au sens de la Charte (art. 1er à 4). – Absence de méconnaissance du droit de propriété (DDH, art. 2 et 17). La servitude établie par les dispositions des art. 671 et 672 C. civ. n'entraine pas une privation du droit de propriété au sens de l'art. 17 DDH mais uniquement une limitation des modalités de l'exercice du droit de propriété. Par ailleurs, le législateur a entendu assurer des relations de bon voisinage et prévenir les litiges en imposant le respect de certaines distances pour les plantations en limite de la propriété voisine, ainsi ces dispositions du C. civ. poursuivent un but d'intérêt général. Enfin, ces dispositions ne s'appliquent qu'aux plantations situées en limite de la propriété voisine, en présence d'un mur séparatif, des arbres, arbrisseaux et arbustes de toute espèce peuvent être plantés en espalier « sans que l'on soit tenu d'observer aucune distance » ; l'option entre l'arrachage et la réduction appartient au propriétaire ; celui-ci a en outre le droit de s'y opposer en invoquant l'existence d'un titre, « la destination du père de famille » ou la prescription trentenaire. Ainsi, l'atteinte portée par ces dispositions à l'exercice du droit de propriété ne revêt donc pas un caractère disproportionné au regard du but poursuivi.

		– **Conformité.** – **Décision de renvoi :** Civ. 3e, QPC, 5 mars 2014, n° 13-22.608 P : *D. actu. 17 mars 2014, obs. Le Rudulier.*
2014	7 mai	**Schéma régional du climat, de l'air et de l'énergie – Schéma régional éolien** **2014-395 QPC.** Féd. environnement durable et a. : *JO 10 mai, p. 7874 ; Rec. Cons. const. 276 ; AJDA 2014. 954 ; D. 2014. 1043 ; Constitutions 2014. 186, chron. Lutton ; JCP Adm. 2014, n° 20, p. 10 ; JCP 2014, n°s 30-35, p. 1498, chron. Mathieu ; JCP 2015, n° 36, p. 1543, chron. Mathieu ; NCCC 2014, n° 45, p. 199, chron. Hoepffner ; LPA 2014, n° 241, p. 14, note Lamoureux ; iBID 224/2015. 4, chron. Bezzina ; Dr. adm. 2015, n° 5, p. 18, chron. de Montalivet :* – **C. envir., art. L. 222-1 à L. 222-3** (dans leur rédaction issue des art. 68 et 90 de la L. n° 2010-788 du 12 juill. 2010 portant engagement national pour l'environnement). – Méconnaissance du droit de participer à l'élaboration des décisions publiques ayant une incidence sur l'environnement (Charte envir., art. 7) concernant C. envir., art. L. 222-2, al. 1er, 1re phrase. Le législateur a fixé la durée minimale pendant laquelle le schéma régional du climat, de l'air et de l'énergie est mis à la disposition du public et a déterminé la forme de cette mise à disposition, qui doit être faite notamment par voie électronique. Il s'est borné à prévoir le principe de la participation du public sans préciser « les conditions et les limites » dans lesquelles doit s'exercer le droit de toute personne de participer à l'élaboration des décisions publiques ayant une incidence sur l'environnement. Il a renvoyé à un décret en Conseil d'État le soin de fixer ces « conditions et limites ». Par ailleurs, ni les dispositions contestées ni aucune autre disposition législative n'assurent la mise en œuvre du principe de participation du public à l'élaboration des décisions publiques en cause. Ainsi, en adoptant les dispositions contestées sans fixer les conditions et limites du principe de la participation du public, le législateur a méconnu l'étendue de sa compétence. – **Non-conformité de la 1re phrase, de l'al. 1er, de l'art. L. 222-2 C. envir.** avec effet différé au 1er janv. 2015. Les mesures prises avant cette date sur le fondement de ces dispositions non-conformes ne peuvent être contestées sur le fondement de cette inconstitutionnalité et **conformité des autres dispositions.** – **Décision de renvoi :** CE, QPC, 7 mars 2014, *Féd. environnement durable,* n° 374288 : *AJDA 2014. 536 ; Gaz. Pal. 2014, n°s 85-86, p. 28.* – **Applications de la décision :** CAA Lyon, 3 mai 2016, *n° 14LY00473.* – CAA Douai 16 juin 2016, *n° 15DA00170.*
2014	*23 mai*	**Classement des cours d'eau au titre de la protection de l'eau et des milieux aquatiques** **2014-396 QPC.** France Hydro Électricité : *JO 25 mai, p. 8583 ; Rec. Cons. const. 290 ; AJDA 2014. 1066 ; D. 2014. 1156 ; ibid. 2015. 1457, obs. Gay et Mangiavillano ; JCP 2014, n°s 30-35, p. 1498, chron.*

		Mathieu ; JCP 2015, n° 36, p. 1543, chron. Mathieu ; NCCC 2014, n° 45, p. 199, chron. Hoepffner : – **C. envir., art. L. 214-17, § I.** – Méconnaissance du principe de participation du public à l'élaboration des décisions publiques ayant une incidence sur l'environnement (Charte envir., art. 7) avant l'entrée en vigueur de la L. n° 2012-1460 du 27 déc. 2012 relative à la mise en œuvre du principe de participation du public défini à l'art. 7 de la Charte envir. qui a donné une nouvelle rédaction de l'art. L. 120-1 C. envir. En effet, les décisions de classement des cours d'eau prévues à l'art. L. 217-17, § I, constituent des décisions publiques ayant une incidence sur l'environnement au sens de l'art. 7 Charte envir. Il s'ensuit qu'avant l'entrée en vigueur de la L. du 27 déc. 2012 (soit le 1er janv. 2013), ni les dispositions de l'art. L. 214-17, § I, ni aucune autre disposition législative n'assuraient la mise en œuvre du principe de participation du public. Toutefois, l'entrée en vigueur de la L. du 27 déc. instaurant une nouvelle rédaction de l'art. L. 120-1 C. envir. a mis fin à cette inconstitutionnalité. Le Cons. const. ne se prononce donc pas sur la période antérieure à 2013. Par ailleurs, les listes de cours d'eau avaient été arrêtées en application des dispositions contestées pour certains bassins. La remise en cause des effets que ces dispositions ont produits avant le 1er janv. 2013 entrainerait des conséquences manifestement excessives. Ainsi, les décisions prises avant le 1er janv. 2013 sur le fondement des dispositions qui étaient contraires à la Const. 58 avant cette date ne peuvent plus être contestées sur le fondement de cette inconstitutionnalité. – **Non-conformité avant le 1er janv. 2013 de l'art. L. 214-17, § I C. envir. (mais absence de contestation) et conformité de ce même art. après le 1er janv. 2013.** – **Décision de renvoi :** CE, QPC, 26 mars 2014, *Synd. professionnel France Hydro Électricité*, n° 374844. – **Application de la décision :** CAA Nantes, 10 juill. 2015, *Assoc. pour la protection des cours d'eau de la Vègre, des Deux Fonds et de la Gée*, n° 13NT02644.
2014	2 juin	**Sommes non prises en considération pour le calcul de la prestation compensatoire** **2014-398 QPC.** M. Alain D. : *JO 4 juin, p. 9308 ; Rec. Cons. const. 298 ; D. 2014. 1202 ; AJ fam. 2014. 427, obs. Thouret ; RDSS 2014. 677, note Gerry-Vernieres ; JCP 2014, n° 23, p. 1102 ; ibid. 1498, chron. Mathieu ; JCP 2015, n° 36, p. 1543, chron. Mathieu ; Dr. fam. 2014, nos 7-8, p. 32, note Binet ; LPA 2014, n° 249, p. 6, chron. Bourdoiseau ; ibid. 2015, nos 1-2, p. 10, note Keita ; ibid., n° 224, p. 4, chron. Bezzina ; ibid., n° 227, p. 4, chron. Macaya ; Procédures 2014, n° 7, p. 25, note Douchy-Oudot ; Gaz. Pal. 2014, nos 355-357, p. 11, note Foulon et Strickler* : – **C. civ., art. 272, al. 2.** – Méconnaissance du principe d'égalité devant la loi (DDH, art. 6). Concernant, d'une part, l'exclusion des sommes perçues au titre de la réparation des accidents du travail pour le calcul de la prestation compensatoire, les dispositions de l'art. 272, al. 2, C. civ. empêchent de prendre en compte des ressources destinées à compenser, au moins en

		partie, une perte de revenu alors que, par ailleurs, toutes les autres prestations sont prises en considération dès lors qu'elles assurent un revenu de substitution. Concernant, d'autre part, l'exclusion des sommes perçues au titre de la compensation d'un handicap pour le calcul de la prestation compensatoire, les dispositions de l'art. 272, al. 2 C. civ. ont pour effet d'empêcher le juge d'apprécier l'ensemble des besoins des époux, et notamment des charges liées à leur état de santé (C. civ., art. 271). En effet, le handicap étant pris en compte au titre de la situation générale, il est impossible de ne pas tenir compte de sa compensation financière. Ainsi, les dispositions de l'art. 272, al. 2 C. civ. instituent entre les époux des différences de traitement qui ne sont pas en rapport avec l'objet de la prestation compensatoire qui est de compenser la disparité que la rupture du mariage crée dans leurs conditions de vie respective. – **Non-conformité** avec effet à compter de la publication de la Décis. et applicabilité aux affaires non jugées définitivement à cette date. Par ailleurs, les prestations compensatoires fixées par des décisions définitives en application des dispositions déclarées contraires à la Const. ne peuvent être remises en cause sur le fondement de cette inconstitutionnalité. – **Décision de renvoi :** Civ. 1re, QPC, 2 avr. 2014 : *n° 14-40.007.* – **Applications de la décision :** Civ. 1re, 22 oct. 2014, n° 13-24.802 P : *D. 2014. 2175 ; ibid. 2015. 649, obs. Douchy-Oudot ; AJ fam. 2014. 698, obs. David ; RTD civ. 2015. 109, obs. Hauser ; JCP 2014, n° 45, p. 2010.* – Civ. 1re, 28 janv. 2015, *n° 13-24.213.* – Civ. 1re, 11 févr. 2015, *n° 14-11.547.* – Civ. 1re, 31 mars 2016, n° 15-15.753 : *Dr. fam. 2016, n° 6, p. 58, note R.*
2014	6 juin	**Fonds de solidarité des communes de la région d'Île-de-France** **2014-397 QPC.** Cne de Guyancourt : *JO 8 juin, p. 9672 ; Rec. Cons. const. 302 ; AJDA 2014. 1182 ; D. 2014. 1279 ; JCP Adm. 2014, n° 24, p. 6 ; JCP 2015, n° 36, p. 1543, chron. Mathieu* : – **CGCT, art. L. 2531-13, § II, 2°, *b*.** – Méconnaissance du principe d'égalité devant les charges publiques (DDH, art. 13). Si le législateur peut prévoir, à titre transitoire, dans le cadre de la mise en œuvre de nouvelles règles de plafonnement des contributions des communes, un dispositif spécifique réservé aux seules communes contributrices en 2009, il ne pouvait, compte tenu de l'objet de ce fonds, laisser subsister de façon pérenne une telle différence de traitement sans porter une atteinte caractérisée à l'égalité devant les charges publiques entre les communes contributrices au fonds. – **Non-conformité** à compter du 1er janv. 2015. Les montants prélevés au titre du fonds de solidarité des communes de la région d'Île-de-France pour les années 2012, 2013 et 2014 ne peuvent être contestés sur le fondement de cette inconstitutionnalité. – **Décision de renvoi :** CE, QPC, 26 mars 2014, *n° 374844.*
2014	6 juin	**Liquidation judiciaire ou cessation partielle de l'activité prononcée d'office pendant la période d'observation du redressement judiciaire**

		2014-399 QPC. Sté Beverage and Restauration Organisation SA : *JO 8 juin, p. 9673 ; Rec. Cons. const. 306 ; D. actu. 12 juin 2014, obs. Lienhard ; D. 2014. 1271, obs. Lienhard ; Rev. sociétés 2014. 527, obs. Henry ; Gaz. Pal. 2014, n°s 250-252, p. 21, note Théron ; LPA 2014, n° 249, p. 6, chron. Bourdoiseau ; JCP 2015, n° 36, p. 1543, chron. Mathieu* : – **C. com., art. L. 631-15, § II, mots : « ou d'office »**. – Absence de méconnaissance du principe d'impartialité (DDH, art. 16). Le tribunal saisi du redressement judiciaire doit se prononcer, au plus tard à l'issue de la période d'observation, sur la possibilité d'un plan de redressement. Ainsi, en mettant un terme à la procédure d'observation pour ordonner la liquidation judiciaire lorsque le redressement est manifestement impossible, le tribunal ne se saisit pas d'une nouvelle instance. Le principe d'impartialité n'est pas méconnu, lorsque le juge peut exercer certains pouvoirs d'office dans le cadre de l'instance dont il est saisi, dès lors que cette possibilité est justifiée par un motif d'intérêt général et exercée dans le respect du principe du contradictoire. – **Conformité**. – **Décision de renvoi :** Com., QPC, 8 avr. 2014, n° 14-40.011 : *D. 2014. 926*.
2014	6 juin	**Frais engagés pour la constitution des garanties de recouvrement des impôts contestés** **2014-400 QPC**. Sté Orange SA : *JO 8 juin, p. 9674 ; Rec. Cons. const. 400 ; D. 2014. 1280 ; JCP 2014, n°s 30-35, p. 1498, chron. Mathieu ; ibid. 2015, n° 36, p. 1543, chron. Mathieu ; NCCC 2014, n° 45, p. 227, chron. Austry ; RD fisc. 2014, n° 30, p. 30, note Austry ; Rev. adm. 2014, n° 400, p. 379, note Durand ; LPA 2015, n° 227, p. 4, chron. Macaya* : – **LPF, art. L. 209, al. 3**. – Méconnaissance du principe d'égalité devant la loi (DDH, art. 6). En réservant la possibilité d'une imputation du montant des frais de constitution de garanties aux seuls cas où le terme du sursis de paiement de l'imposition contestée a pour conséquence l'application des intérêts « moratoires », à l'exclusion de ceux où sont applicables des intérêts « de retard », le législateur a traité différemment des contribuables qui, à l'occasion de la contestation d'une imposition, ont constitué des garanties pour obtenir un sursis de paiement de l'imposition contestée. Ainsi, cette différence de traitement est sans lien avec l'objectif poursuivi par le législateur. – **Non-conformité** à compter du 1er janv. 2015. Par ailleurs, afin de préserver l'effet utile de la Décis., notamment à la solution des instances actuellement en cours, les frais de constitution de garanties engagés à l'occasion d'une demande de sursis de paiement formulée en application du 1er al. de l'art. L. 277 LPF avant l'entrée en vigueur d'une nouvelle loi ou, au plus tard, avant le 1er janv. 2015 sont imputables soit sur les intérêts « moratoires » prévus par l'art. L. 209 LPF, soit sur les intérêts « de retard » prévus par l'art. 1727 CGI dus en cas de rejet, par la juridiction saisie, de la contestation de l'imposition. – **Décision de renvoi :** CE, QPC, 9 avr. 2014, *SA Orange*, n° 375088.

2014	13 juin	**Recours au contrat de travail à durée déterminée et exclusion du versement de l'indemnité de fin de contrat** **2014-401 QPC.** M. David. V. : *JO 15 juin, p. 9970 ; Rec. Cons. const. 314 ; D. actu. 25 juin 2014, note Peyronnet ; D. 2014. 1282 ; Constitutions 2014. 374, chron. Baugard ; Dr. soc. 2014. 682, note Mouly ; NCCC 2014, n° 45, p. 183, chron. Piazzon ; JCP S 2014, n° 30, p. 26, note Lamarche ; JCP 2015, n° 36, p. 1543, chron. Mathieu ; LPA 2015, n° 227, p. 4, chron. Macaya* : – **C. trav., art. L. 1243-10, 2°**. – Absence de méconnaissance par le législateur de l'étendue de sa compétence et du principe d'égalité (DDH, art. 6). La notion de « jeune » est définie à l'art. L. 381-4 CSS. Elle correspond à l'âge limite pour être obligatoirement affilié aux assurances sociales au titre de l'inscription des élèves ou étudiants dans un établissement scolaire ou universitaire (CSS, art. R. 381-5 : 28 ans). Par ailleurs, l'application de dispositions législatives relatives aux élèves ou étudiants peut être soumise à une limite d'âge. – Absence de méconnaissance du principe d'égalité (DDH, art. 6) en ce qui concerne l'absence d'indemnité de fin de CDD prévue à l'art. L. 1243-10, 2° C. trav. L'objectif de cette indemnité est de compenser la précarité de la situation du salarié en CDD, lorsque à la fin de ce contrat les relations de travail ne se poursuivent pas par un CDI. Les élèves ou étudiants employés en CDD pendant leurs vacances ne sont pas dans une situation identique à celle des étudiants cumulant un emploi avec la poursuite de leurs études, ni à celle des autres salariés en CDD. Les élèves et étudiants visés par l'art. L. 1243-10, 2° C. trav. ont vocation, à l'issue de leurs vacances scolaires ou universitaires, à reprendre leur scolarité ou leurs études. – **Conformité**. – **Décision de renvoi :** Soc., QPC, 9 avr. 2014 : *n° 14-40.001 P.*
2014	13 juin	**Recours au contrat de travail à durée déterminée et exclusion du versement de l'indemnité de fin de contrat** **2014-402 QPC.** M. Lionel A. : *JO 15 juin, p. 9971 ; Rec. Cons. const. 317 ; D. 2014. 1283 ; Constitutions 2014. 374, chron. Baugard ; Dr. soc. 2014. 682, note Mouly ; JCP 2015, n° 36, p. 1543, chron. Mathieu ; LPA 2015, n° 223, p. 7, chron. Verpeaux ; ibid., n° 227, p. 4, chron. Macaya* : – **C. trav., art. L. 1242-2, 3°, et L. 1243-10, 1°**. – Absence d'intelligibilité des dispositions contestées. Les secteurs d'activité où le recours à un CDD est possible sont définis par Décr. ou par convention ou accord collectif de travail étendu. Les décisions de l'autorité administrative définissant ces secteurs d'activité peuvent être contestées devant la juridiction compétente. – Absence de méconnaissance du principe d'égalité devant la loi (DDH, art. 6). Le législateur a établi une différence de traitement fondée sur une différence de situation en rapport direct avec l'objet de la loi en permettant le recours au CDD pour des emplois saisonniers ou présentant un caractère par nature temporaire. – Absence de méconnaissance du principe d'égalité (DDH, art. 6) concernant l'absence de versement de la prime d'indemnité de fin de CDD pour les emplois à caractère saisonnier ou ceux ayant par nature un caractère temporaire. En effet, le législateur a institué des différences

		de traitement fondées sur une différence de situation en rapport direct avec la particularité des emplois en cause. L'objectif « normal » du recours au CDD est destiné à favoriser le recrutement de certaines catégories de personnes sans emploi ou lorsque l'employeur s'engage à assurer un complément de formation professionnelle. – **Conformité**. – **Décision de renvoi :** Soc., QPC, 9 avr. 2014, *n° 14-40.009 P.*
2014	13 juin	**Caducité de l'appel de l'accusé en fuite** **2014-403 QPC.** M. Laurent L. : *JO 15 juin, p. 9972 ; Rec. Cons. const. 320 ; D. 2014. 1277 ; JCP 2014, n° 25, p. 1230 ; ibid., n°s 30-35, p. 1498, chron. Mathieu ; NCCC 2014, n° 45, p. 169, chron. Bonis-Garçon ; LPA 2014, n° 249, p. 6, chron. Tellier-Cayrol ; RFDC 2015. 212, note Perrier ; Rev. pénit. 2014, n° 3, p.651, note Verny ; Dr. pén. 2015, n° 3, p. 10, note Teissedre :* – **C. pr. pén., art. 380-11, al. 5**. – Méconnaissance du droit à un recours effectif (DDH, art. 16). Les dispositions contestées s'appliquent à l'accusé qui a régulièrement relevé appel de sa condamnation. Elles le privent du droit de faire réexaminer l'affaire par la juridiction saisie du seul fait que, à un moment quelconque du procès, il s'est soustrait à l'obligation de comparaître tout en rendant immédiatement exécutoire la condamnation contestée. Ainsi ces dispositions portent au droit à un recours juridictionnel effectif une atteinte disproportionnée au regard de l'objectif d'intérêt général poursuivi. – **Non-conformité** à compter de la publication de la Décis. et applicabilité à toutes les affaires non jugées définitivement à cette date. Par ailleurs, afin de permettre le jugement en appel des accusés en fuite, il y a lieu de prévoir que, nonobstant les dispositions de l'art. 380-1 C. pr. pén., ils pourront être jugés selon la procédure du défaut en matière criminelle. – **Décision de renvoi :** Crim., QPC, 9 avr. 2014 : *n° 13-86.326 P.* – **Applications de la décision :** Crim. 13 nov. 2014, *n° 13-86.326 P.* – Crim. 16 déc. 2015, *n° 15-80.278.* – Crim. 22 juin 2015, *n° 16-80.177.*
2014	20 juin	**Régime fiscal applicable aux sommes ou valeurs reçues par l'actionnaire ou l'associé personne physique dont les titres sont rachetés par la société émettrice** **2014-404 QPC.** Épx. M. : *JO 22 juin, p. 10315 ; Rec. Cons. const. 323 ; D. 2014. 1331 ; JCP 2014, n°s 30-35, p. 1498, chron. Mathieu ; JCP 2015, n° 36, p. 1543, chron. Mathieu ; NCCC 2014, n° 45, p. 227, chron. Austry ; RD fisc. 2014, n° 30, note de Bissy et Ferré ; ibid. 2015, n°s 1-2, p. 41, note de Bissy ; RFFP 2014, n° 129, p. 185, note Bezzina ; RJF 2014, n° 10, p. 906 ; LPA 2015, n° 227, p. 4, chron. Macaya :* – **CGI, art. 112-6°**. – Méconnaissance du principe d'égalité (DDH, art. 6). Lorsqu'un rachat d'actions ou de parts sociales est effectué en vue d'une réduction du capital non motivée par des pertes, conformément à l'art. L. 225-207 C. com., les sommes ou valeurs reçues à ce titre par l'actionnaire ou l'associé personne physique cédant sont soumises au régime fiscal de droit commun alors que, dans certaines hypothèses prévues par

		l'art. L. 225-209 du même code, un rachat effectué dans le cadre d'un plan de rachat d'actions peut aboutir à une réduction du capital non motivée par des pertes tout en ouvrant droit au bénéfice du régime fiscal des plus-values de cession de valeurs mobilières. Par ailleurs, le régime d'imposition de droit commun est applicable, notamment, à un rachat effectué en cas de refus d'agrément conformément à l'art. L. 228-24 du même code. Ainsi, la différence de traitement entre les actionnaires ou associés personnes physiques cédants pour l'imposition des sommes ou valeurs reçues au titre du rachat de leurs actions ou parts sociales par la société émettrice ne repose ni sur une différence de situation entre les procédures de rachat ni sur un motif d'intérêt général en rapport direct avec l'objet de la loi. – **Non-conformité** à compter du 1er janv. 2015. Afin de préserver l'effet utile de Décis., notamment à la solution des instances en cours, les sommes ou valeurs reçues avant le 1er janv. 2014 par les actionnaires ou associés personnes physiques au titre du rachat de leurs actions ou parts sociales par la société émettrice, lorsque ce rachat a été effectué selon une procédure autorisée par la loi, ne sont pas considérées comme des revenus distribués et sont imposées selon le régime des plus-values de cession prévu, selon les cas, aux art. 39 *duodecies*, 150-0 A ou 150 UB CGI. A défaut de l'entrée en vigueur d'une loi déterminant de nouvelles règles applicables pour l'année 2014, il en va de même des sommes ou valeurs reçues avant le 1er janv. 2015. – **Décision de renvoi :** CE, QPC, 11 avr. 2014, n° 371921. – **Applications de la décision :** – CE 20 avr. 2016, n° 396578. – CE 12 oct. 2016, n° 401659 B.
2014	20 juin	**Répartition des sièges de conseillers communautaires entre les communes membres d'une communauté de communes ou d'une communauté d'agglomération** **2014-405 QPC.** Cne de Salbris : *JO 22 juin, p. 10316 ; Rec. Cons. const. 327 ; D. 2014. 1329 ; AJDA 2014. 1295 ; ibid. 2360, note Sempé ; AJCT 2014. 554, obs. Yazi-Roman ; Constitutions 2014. 340, chron. Lutton ; JCP 2014, n° 26, p. 10 ; ibid., n°s 30-35, p. 1498, chron. Mathieu ; ibid. 2015, n° 36, p. 1543, chron. Mathieu ; JCP Adm. 2014, n° 35, p. 35, note Quiriny ; ibid., n° 37, p. 3, note Portelli ; Dr. adm. 2014, n° 10, p. 21, note Lamouroux ; LPA 2014, n° 228, p. 9, note Grandemange ; ibid., n°s 225-226, p. 6, chron. Bezzina ; ibid. 2015, n° 124, p. 4, note Grandemange ; Cah. fonct. publ. 2014, n° 344, p. 54, note Hurlin-Sanchez ; RFDC 2015. 186, note Levavasseur et Leroy ; Rev. adm. 2014, n° 402, p. 591, note Levavasseur ; Dr. adm. 2015, n° 5, p. 18, chron. de Montalivet* : – **CGCT, art. L. 5211-6-1, § I, al. 2.** – Méconnaissance du principe d'égalité devant le suffrage (DDH, art. 6 ; Const. 58, art. 3). En permettant un accord sur la détermination du nombre et de la répartition des sièges des conseillers communautaires et en imposant seulement que, pour cette répartition, il soit tenu compte de la population, ces dispositions permettent qu'il soit dérogé au principe général de proportionnalité par rapport à la

		population de chaque commune membre de l'établissement public de coopération intercommunale dans une mesure qui est manifestement disproportionnée. – **Non-conformité** à compter de la publication de la Décis. et applicabilité à toutes les opérations de détermination du nombre et de la répartition des sièges de conseillers communautaires réalisées postérieurement à cette date. Par ailleurs, la remise en cause immédiate de la répartition des sièges dans l'ensemble des communautés de communes et des communautés d'agglomération où elle a été réalisée avant la publication de la présente Décis. en application des dispositions déclarées contraires à la Const. entraînerait des conséquences manifestement excessives. D'une part, afin de préserver l'effet utile de la déclaration d'inconstitutionnalité à la solution des instances en cours à la date de la présente Décis., il y a lieu de prévoir que l'abrogation du 2e al. du § I de l'art. L. 5211-6-1 CGCT est applicable dans ces instances. D'autre part, afin de garantir le respect du principe d'égalité devant le suffrage pour les élections à venir, il y a lieu de prévoir la remise en cause du nombre et de la répartition des sièges dans les communautés de communes et les communautés d'agglomération au sein desquelles le conseil municipal d'au moins une des communes membres est, postérieurement à la date de la publication de la présente Décis., partiellement ou intégralement renouvelé. – **Décision de renvoi :** CE, QPC, 11 avr. 2014, *Cne de Salbris*, n° 375278 : *AJDA 2014. 827 ; Gaz. Pal. 2014, nos 134-135 ; JCP 2014, nos 30-35, p. 1498, chron. Mathieu.* – **Applications de la décision :** L. n° 2015-264 du 9 mars 2015 autorisant l'accord local de répartition des sièges de conseiller communautaire, art. 1er. – CE 10 juill. 2015, Él. communautaires de Pont-Hébert, n° 386068 A : *AJDA 2015. 1394.* – CE 27 juill. 2016, n° 387557. – CE 13 janv. 2017, n° 399323 A : *AJDA 2017. 81.*
2014	9 juill.	**Transfert de propriété à l'État des biens placés sous main de justice** **2014-406 QPC.** M. Franck. I : *JO 11 juill., p. 11613 ; Rec. Cons. const. 337 ; D. 2014. 1498 ; JCP 2014, nos 30-35, p. 1498, chron. Mathieu ; ibid. 2016, n° 11, p. 527, chron. Verpeaux et Macaya ; NCCC 2015, n° 46, p. 128, chron. Bonis-Garçon ; LPA 2015, n° 244, p. 11, note Baghestani* : – **C. pr. pén., art. 41-4, 3e al., 1re phrase**. – Absence d'atteinte disproportionnée au droit de propriété (DDH, art. 2 et 17) au regard de l'objectif poursuivi de gestion efficace des scellés et de clôture des dossiers concernant l'attribution à l'État des biens placés sous main de justice et qui n'ont pas été réclamés : **Conformité**. – Absence d'atteinte au droit à un recours effectif (DDH, art. 16). En effet, les personnes qui sont informées dans les conditions prévues par le C. pr. pén., selon le cas, de la décision de classement ou de la décision par laquelle la dernière juridiction saisie a épuisé sa compétence, sont ainsi mises à même d'exercer leur droit de réclamer la restitution des objets placés sous main de justice. ***Toutefois***, la garantie du droit à un recours juridictionnel effectif impose que les propriétaires qui

		n'auraient pas été informés dans ces conditions soient mis à même d'exercer leur droit de réclamer la restitution des objets placés sous main de justice dès lors que leur titre est connu ou qu'ils ont réclamé cette qualité au cours de l'enquête ou de la procédure. Ainsi, les dispositions contestées porteraient une atteinte disproportionnée au droit de ces derniers de former une telle réclamation si le délai de 6 mois prévu par les dispositions contestées pouvait commencer à courir sans que la décision de classement ou la décision par laquelle la dernière juridiction saisie a épuisé sa compétence ait été portée à leur connaissance : **Réserve**. – **Conformité sous réserve**. – **Décision de renvoi :** Crim., QPC, 6 mai 2014, *n° 13-86.775*. – **Application de la décision :** Crim. 21 juin 2016, *n° 15-83.175 P*.
2014	11 juill.	**Retrait de crédit de réduction de peine en cas de mauvaise conduite du condamné en détention** **2014-408 QPC.** M. Dominique S. : *JO 13 juill., p. 11815 ; Rec. Cons. const. 343 ; D. 2014. 1500 ; ibid. 2428, note Ginestet ; AJ pénal 2014. 545, obs. Herzog-Evans ; NCCC 2015, n° 46, p. 136, chron. Bonis-Garçon ; Gaz. pal. 2014, n°s 351-352, p. 20, chron. Roussel ; RFDC 2015. 217, note Tzutzuiano ; Dr. pén. 2014, n° 10, p. 35, note Bonis-Garçon ; JCP 2016, n° 11, p. 527, chron. Verpeaux et Macaya* : – **C. pr. pén., art. 721, al. 3, 1re phrase et al. 6**. – Absence d'atteinte au principe de légalité des délits et des peines (DDH, art. 8). Le retrait d'un crédit de réduction de peine en cas de mauvaise conduite du condamné a pour conséquence que le condamné exécute totalement ou partiellement la peine telle qu'elle a été prononcée par la juridiction de jugement. Un tel retrait ne constitue donc ni une peine ni une sanction ayant le caractère d'une punition. – **Conformité**. – **Décision de renvoi :** CE, QPC, 14 mai 2014, n° 375765 : *Gaz. Pal. 2014, n°s 155-156, p. 26*.
2014	11 juill.	**Droit de vote des copropriétaires** **2014-409 QPC.** M. Clément B. et a. : *JO 13 juill., p. 11816 ; Rec. Cons. const. 346 ; AJDA 2014. 1466 ; D. 2014. 1496 ; NCCC 2015, n° 46, p. 141, chron. Piazzon ; LPA 2015, n° 244, p. 11, note Baghestani ; JCP 2016, n° 11, p. 527, chron. Verpeaux et Macaya* : – **CCH, art. L. 443-15, al. 4.** La L. du 10 juill. 1965 fixant le statut de la copropriété des immeubles bâtis comprend des dispositions limitant le nombre de voix dont dispose un copropriétaire majoritaire en assemblée générale. L'art. L. 443-15, applicable aux copropriétés issues de la vente de certains appartements par un organisme d'habitations à loyer modéré (HLM), écarte ces dispositions de la L. de 1965 pour un organisme HLM vendeur. – Absence d'atteinte au droit de propriété (DDH, art. 2 et 17). S'il appartient aux juridictions compétentes de faire obstacle aux abus de majorité commis par un ou plusieurs copropriétaires, ni le droit de propriété, ni aucun autre principe ou règle de valeur constitutionnelle n'interdit qu'un copropriétaire dont la quote-part dans les parties

		communes est majoritaire puisse disposer, en assemblée générale, d'un nombre de voix proportionnel à l'importance de ses droits dans l'immeuble. – **Conformité.** – **Décision de renvoi :** Civ. 3e, QPC, 16 mai 2014 : *n° 14-40.015 P.*
2014	18 juill.	**Seconde fraction de l'aide aux partis et groupements politiques 2014-407 QPC.** MM. Jean-Louis M. et Jacques B. : *JO 20 juill., p. 12116 ; Rec. Cons. const. 349 ; D. 2014. 1548 ; AJDA 2014. 1522 ; ibid. 1749, note Rambaud ; D. actu. 28 juill. 2014, obs. Pastor ; LPA 2014, n° 179, p. 5, note Camby ; ibid. 2015, n° 58, p. 5, chron. Gicquel ; ibid. 2015, n° 244, p. 7, note Bezzina ; ibid., n° 243, p. 6, chron. Verpeaux ; JCP 2016, n° 11, p. 527, chron. Verpeaux et Macaya* : – **L. n° 88-227 du 11 mars 1988 relative à la transparence financière de la vie politique, art. 9, al. 6 et 8.** – Absence d'atteinte au principe d'égalité (DDH, art. 6). Le législateur a entendu faire obstacle à des rattachements destinés exclusivement à ouvrir droit, au profit d'un parti ou groupement politique, au versement de la seconde fraction de l'aide publique en vertu des règles particulières, applicables dans les seules collectivités d'outre-mer pour l'attribution de la première fraction. Il a également entendu prendre en compte les particularités de la vie politique dans les collectivités d'outre-mer et, en particulier, l'existence de partis et groupements politiques dont l'audience est limitée à ces collectivités. Dès lors, la différence de traitement instituée par la loi est en lien direct avec l'objectif d'intérêt général poursuivi et tient compte de la situation particulière des collectivités relevant de l'art. 73 ou de l'art. 74 de la Const. 58 et de la Nouvelle-Calédonie. – Absence de violation des exigences résultant des 1er et 3e al. de l'art. 4 Const. 58. En réservant l'attribution de la seconde fraction de l'aide aux partis et groupements politiques éligibles à la première fraction, le législateur a subordonné l'attribution de l'aide publique à ces partis et groupements à une exigence minimale d'audience qui ne revêt pas un caractère disproportionné au regard de l'objectif poursuivi. Par ailleurs, en interdisant que la seconde fraction de l'aide puisse être attribuée à raison du rattachement d'un membre du Parlement, élu dans une circonscription de métropole, à un parti ou groupement politique qui n'a pas présenté de candidat en métropole, le législateur a retenu un critère objectif et rationnel qui ne méconnaît pas l'exigence de pluralisme des courants d'idées et d'opinions. Enfin, cette interdiction de rattachement n'a pas d'autre conséquence que de déterminer les conditions d'attribution de cette aide ; elle n'interdit aucunement à un membre du Parlement, quelle que soit la circonscription dans laquelle il est élu, d'adhérer ou de soutenir le parti ou groupement politique de son choix. – Absence d'atteinte au principe selon lequel l'exercice de la souveraineté nationale par les représentants de la Nation est indivisible (Const. 58, art. 1er et 3). Les dispositions contestées sont relatives au financement public des partis et groupements politiques et non à l'exercice du mandat parlementaire ou aux prérogatives qui s'y rapportent. Par ailleurs, elles ne concernent pas la procédure

		d'élaboration de la loi, non plus qu'aucune autre fonction dont l'exercice par le Parlement résulte de la Constitution. Enfin, elles n'instituent pas une division en catégories d'électeurs ou d'éligibles. – **Conformité**. – **Décision de renvoi :** CE, QPC, 12 mai 2014, n° 375624 : *AJDA 2014. 1009*.
2014	18 juill.	**Rémunération de la capacité de production des installations de cogénération d'une puissance supérieure à 12 mégawatts** **2014-410 QPC.** Sté Roquette Frères : *JO 20 juill., p. 12117 ; Rec. Cons. const. 354 ; D. 2014. 1548 ; AJDA 2014. 1523 ; JCP 2014, n° 48, p. 2174, chron. Mathieu ; ibid. 2016, n° 11, p. 527, chron. Verpeaux et Macaya ; RJEP 2014, n° 724, p. 11, note Pauliat ; Dr. envir. 2014, n° 227, p. 357, note Deharbe et Borrel ; RFDC 2015. 726, note Joachim* : – **C. énergie, art. L. 314-1**. – Méconnaissance du principe d'égalité (DDH, art. 6). Le fait d'avoir conclu un contrat d'obligation d'achat d'électricité avant l'entrée en vigueur de la L. du 10 févr. 2000 ne saurait, par lui-même, justifier le bénéfice d'un droit exclusif à l'attribution d'un nouveau régime de soutien financier. Par ailleurs, cet avantage ne correspond pas à une différence de situation entre les installations de cogénération d'une puissance supérieure à 12 mégawatts. Enfin, les motifs d'intérêt général d'efficacité énergétique et de sécurité des approvisionnements que permet la cogénération ne justifient pas cette différence de traitement dès lors que toutes ces installations sont susceptibles de concourir à la réalisation de ces objectifs, qu'elles aient ou non antérieurement bénéficié d'un contrat d'obligation d'achat. – **Non-conformité** à compter de la publication de la Décis. Les rémunérations dues contractuellement, au titre des périodes antérieures au 1er janv. 2015, ne peuvent être remises en cause sur le fondement de cette inconstitutionnalité. – **Décision de renvoi :** CE, QPC, 23 mai 2014, *Sté Roquette Frères*, n° 375784 : *Gaz. Pal. 2014, nos 176-177, p. 29*. – **Application de la décision :** CE 16 avr. 2015, *Sté Roquette Frères*, n° 375784.
2014	10 sept.	**Application immédiate de certaines dispositions du projet de plan de prévention des risques naturels prévisibles** **2014-411 QPC.** Cne de Tarascon : *JO 12 sept., p. 15020 ; Rec. Cons. const. 390 ; AJDA 2014. 1688 ; ibid. 2015. 468, note Delaunay ; D. 2014. 1769 ; AJCT 2014. 617, obs. Defix ; JCP Adm. 2014, nos 38-39, p. 5 ; EEI 2015, n° 1, p. 54, note S. D. ; LPA 2015, n° 244, p. 7, note Rimbault ; JCP 2016, n° 11, p. 527, chron. Verpeaux et Macaya* : – **C. envir., art. L. 562-2**. – Absence de méconnaissance du principe de participation du public à l'élaboration des décisions publiques ayant une incidence sur l'environnement (Charte envir., art. 7). La décision de rendre opposables par anticipation certaines dispositions du projet de plan a pour objet d'assurer la sécurité des personnes et des biens à l'égard des risques naturels prévisibles. Cette décision ne peut être adoptée que si « l'urgence le justifie ». Elle a pour seul effet d'interdire ou de restreindre, à titre provisoire et conservatoire, des constructions,

		ouvrages, aménagements ou exploitations. Par suite, elle ne constitue pas une décision publique ayant une incidence sur l'environnement au sens de l'art. 7 Charte envir. – Absence de méconnaissance du principe de libre administration des collectivités territoriales (Const. 58, art. 72). La décision du préfet de rendre opposables par anticipation certaines dispositions de ce projet de plan ne prive pas les communes des compétences qui leur sont dévolues par la loi. Elles ne sont pas davantage dessaisies de leurs compétences en matière d'urbanisme, celles-ci étant seulement soumises à l'obligation de respecter les dispositions rendues opposables par anticipation du projet de plan de prévention des risques naturels prévisibles. – Absence d'atteinte au droit de propriété (DDH, art. 2) concernant les pouvoirs conférés au préfet en application de l'art. L. 562-2 C. envir. L'opposabilité anticipée des dispositions du projet de plan de prévention des risques naturels prévisibles répond à un objectif de sécurité publique. Celles-ci cessent d'être opposables si elles ne sont pas reprises dans le plan approuvé et sont donc provisoires. Elles ont uniquement pour effet d'interdire ou de restreindre, dans l'attente de la publication du plan, des constructions, ouvrages, aménagements ou exploitations. Par ailleurs, la décision du préfet prise en application des dispositions de l'art. L. 562-2 C. envir. et justifiée par l'urgence peut être contestée devant la juridiction compétente. Enfin, le législateur n'a pas exclu toute indemnisation dans le cas exceptionnel où le propriétaire d'un bien supporterait une charge spéciale et exorbitante, hors de proportion avec l'objectif d'intérêt général poursuivi. – **Conformité**. – **Décision de renvoi :** CE, QPC, 6 juin 2014, *Cne de Tarascon*, n° 376807 : *AJDA 2014. 1181 ; Gaz. Pal. 2014, n° 1906191, p. 28.* – **Applications de la décision :** CAA Marseille, 1er déc. 2015, *Assoc. de prévention des incendies de forêts du Var et a.*, nos 14MA01978 et 14MA02082. – CAA Marseille, 1er déc. 2015, *Cne de Tarascon*, n° 13MA04807.
2014	19 sept.	**Délits de mise et de conservation en mémoire informatisée des données sensibles** **2014-412 QPC.** M. Laurent D. : *JO 21 sept., p. 15469 ; Rec. Cons. const. 400 ; D. 2014. 1826 ; AJDA 2014. 1798 ; JCP 2014, n° 48, p. 2174, chron. Mathieu ; NCCC 2015, n° 46, p. 123, chron. Peltier ; LPA 2015, n° 58, p. 5, chron. Jan et Tellier-Cayrol ; ibid., n° 243, p. 6, chron. Verpeaux ; Dr. pén. 2014, n° 12, p. 20, note Lepage ; JCP 2016, n° 11, p. 527, chron. Verpeaux et Macaya* : – **C. pén., art. 226-19, al. 1er et CSP, art. L. 1223-3** (dans sa rédaction issue de la L. du 9 août 2004). – Absence d'atteinte au principe de légalité des délits et des peines (DDH, art. 8) par le législateur, qui, en adoptant l'art. 226-19 C. pén., a défini de manière claire et précise le délit d'enregistrement ou de conservation en mémoire informatisée des données à caractère personnel et a prévu des exceptions dans les « cas prévus par la loi » à l'incrimination qu'elles définissent. Par ailleurs, les dispositions de l'art. L. 1233-3 CSP n'ont pas pour objet de définir une exception à l'incrimination posée par l'al. 1er de l'art. 226-19 C. pén. Elles se bornent uniquement à imposer aux établissements de transfusion

		sanguine de « se doter de bonnes pratiques dont les principes sont définis par un règlement établi par l'Agence française de sécurité sanitaire des produits de santé après avis de l'Établissement français du sang, homologué par arrêté du ministre chargé de la santé ». – **Conformité**. – **Décision de renvoi :** Crim., QPC, 17 juin 2014, *n° 13-86.267*.
2014	19 sept.	**Plafonnement de la contribution économique territoriale en fonction de la valeur ajoutée** **2014-413 QPC.** Sté PV-CP Distribution : *JO 21 sept., p. 15471 ; Rec. Cons. const. 405 ; D. 2014. 1826 ; JCP 2014, n° 48, p. 2174, chron. Mathieu ; Dr. fisc. 2015, n° 5, p. 74, note Meier et de Rancher ; LPA 2015, n° 243, p. 6, chron. Verpeaux ; JCP 2016, n° 11, p. 527, chron. Verpeaux et Macaya* : – **CGI, art. 1647 B *sexies*, § II, dernier al.** – Méconnaissance du principe d'égalité devant la loi (DDH, art. 6) et du principe d'égalité devant les charges publiques (DDH, art. 13). En raison du fait générateur retenu, les dispositions contestées ont pour effet de laisser à la charge de l'entreprise redevable l'intégralité de la cotisation foncière des entreprises, sans bénéfice du plafonnement, pour la période de l'année postérieure à l'opération de restructuration. Par suite, plus l'opération de restructuration intervient à une date proche du début de l'exercice fiscal, plus le montant de la contribution économique territoriale dû est important par rapport à celui qui aurait été versé en l'absence de restructuration. Ainsi, la différence de traitement instituée entre les entreprises redevables de la cotisation foncière des entreprises n'est pas justifiée par une différence de situation entre elles en rapport avec l'objectif poursuivi. – **Non-conformité** avec effet différé au 1er janv. 2015. Afin de préserver l'effet utile de la Décis., notamment à la solution des demandes de dégrèvement, réclamations et instances en cours, il appartient aux administrations et aux juridictions saisies de surseoir à statuer jusqu'à l'entrée en vigueur de la nouvelle loi ou, au plus tard, jusqu'au 1er janv. 2015 dans les procédures en cours ou à venir dont l'issue dépend de l'application des dispositions déclarées inconstitutionnelles. – **Décision de renvoi :** CE, QPC, 23 juin 2014, *Sté PV-CP Distribution*, n° 376694.
2014	19 sept.	**Contribution prévue par l'article 1613 bis A du code général des impôts** **2014-417 QPC.** Sté Red Bull. On Premise et a. : *JO 21 sept., p. 15472 ; Rec. Cons. const. 108 ; D. 2014. 1825 ; ibid. 2015. 1457, obs. Gay et Mangiavillano ; D. actu. 24 sept. 2014, note Delpech ; JCP 2014, n° 48, p. 2174, chron. Mathieu ; ibid. 2016, n° 11, p. 527, chron. Verpeaux et Macaya ; NCCC 2015, n° 46, p. 189, chron. Austry* : – **CGI, art. 1613 *bis* A.** – Absence de méconnaissance de l'autorité de la chose jugée par le Conseil constitutionnel. Dans sa Décis. n° 2012-659 DC du 13 déc. 2012, le Cons. const. a examiné les dispositions de l'art. 25 de la LFSS pour 2013 et a jugé qu'en taxant les boissons ne contenant pas d'alcool à des fins de lutte contre la consommation alcoolique des jeunes, le

		législateur avait établi une imposition qui n'était pas fondée sur des critères objectifs et rationnels en rapport avec l'objectif poursuivi. Le législateur avait donc méconnu les exigences de l'art. 13 DDH. En conséquence, le Cons. const. a déclaré ces dispositions contraires à la Const. 58. En revanche, l'art. 1613 *bis* A, introduit par la LFSS n° 2013-1203 du 23 déc. 2013, instaure une contribution portant sur les boissons contenant un seuil minimal de caféine pour la vente au détail et destinées à la consommation humaine dont les fabricants de ces boissons ou leurs importateurs sont redevables. Cet art. a un objet différent des dispositions censurées par le Cons. const. le 13 déc. 2012. – Méconnaissance du principe d'égalité devant l'impôt (DDH, art. 13). La différence instituée entre les boissons selon leur teneur en caféine est en rapport direct avec l'objectif de protection de la santé publique poursuivi. ***Toutefois***, sont exclues du champ d'application de la disposition contestée les boissons faisant l'objet d'une commercialisation dans les mêmes formes et ayant une teneur en caféine supérieure à 220 milligrammes pour 1000 millilitres dès lors qu'elles ne sont pas des boissons « dites énergisantes ». Ainsi, la différence de traitement entre les boissons destinées à la vente au détail et contenant une teneur en caféine identique selon qu'elles sont ou non qualifiées de boissons « dites énergisantes » entraîne une différence de traitement qui est sans rapport avec l'objet de l'imposition. – **Non-conformité** avec effet différé au 1er janv. 2015 **des mots « dites énergisantes ».** – **Décision de renvoi :** CE, QPC, 2 juill. 2014, *Sté Red Bull. On Premise et a.*, nos 377202 et 379955. – **Application de la décision :** CE 10 avr. 2015, *Sté Red Bull. On Premise et a.*, n° 377207 B.
2014	26 sept.	**Contrat d'assurance : conséquences, en Alsace-Moselle, de l'omission ou de la déclaration inexacte de l'assuré** **2014-414 QPC.** Sté Assurance du Crédit mutuel : *JO 28 sept., p. 15789 ; Rec. Cons. const. 417 ; D. 2014. 1875 ; RGDA 2014, n° 11, p. 552, note Pélissier ; Gaz. Pal. 2014, nos 341-343, p. 16, note Cerveau ; ibid. 2015, nos 177-178, p. 21, note Piazzon ; NCCC 2015, n° 46, p. 109, chron. Roblot-Troizier ; ibid., p. 141, chron. Piazzon ; LPA 2015, n° 244, p. 13, note Macaya ; ibid., n° 243, p. 6, chron. Verpeaux ; JCP 2016, n° 11, p. 527, chron. Verpeaux et Macaya :* **– C. assur., art. L. 191-4.** – Méconnaissance du principe d'égalité (DDH, art. 6). Le Cons. const. rappelle le PFRLR dégagé dans sa Décis. n° 2011-157 QPC du 11 août 2011, selon lequel le principe d'égalité devant la loi ne s'oppose pas au maintien en vigueur du droit particulier alsacien-mosellan. Toutefois, c'est à la condition que des modifications postérieures à 1946 n'aient pas accru les différences avec les règles de droit applicables sur le reste du territoire. En l'espèce, les règles particulières applicables aux contrats d'assurance dans les dpts du Bas-Rhin, du Haut-Rhin et de la Moselle trouvent leur origine dans la L. du 30 mai 1908. Cette L. est au nombre des règles particulières antérieures à 1919 maintenues dans ces dpts par les L. du 1er juin 1924. Néanmoins, la L. du 6 mai 1991 introduisant des dispositions particulières aux dpts du Bas-Rhin, du Haut-Rhin et de la Moselle a accru la différence de traitement entre ces 3 dpts et le droit

		commun. Par ailleurs, cette différence entre les dispositions législatives au contrat d'assurance n'est justifiée ni par une différence de situation ni par un motif d'intérêt général en rapport direct avec l'objet de la L. – **Non-conformité** avec effet à compter de la publication de la Décis. et applicabilité à toutes les affaires non jugées définitivement à cette date. – **Décision de renvoi :** Civ. 2e, QPC, 26 juin 2014, n° 13-27.943 P : *D. 2014. 1495.*
2014	26 sept.	**Responsabilité du dirigeant pour insuffisance d'actif** **2014-415 QPC.** M. François M. : *JO 28 sept., p. 15790 ; Rec. Cons. const. 421 ; D. 2014. 1871 ; ibid. 2015. 124, obs. Brun et Gout ; Rev. sociétés 2014. 753, obs. Roussel Galle ; JCP 2014, n° 41, p. 1789 ; ibid., n° 48, p. 2174, chron. Mathieu ; ibid. 2016, n° 11, p. 527, chron. Verpeaux et Macaya ; NCCC 2015, n° 46, p. 141, chron. Piazzon ; LPA 2015, n° 243, p. 6, chron. Verpeaux* : – **C. com., art. L. 651-2, al. 1er** (dans sa rédaction issue de l'Ord. n° 2008-1345 du 18 déc. 2008 portant réforme du droit des entreprises en difficultés). – Absence de méconnaissance des principes de liberté (DDH, art. 4), d'égalité devant la loi (DDH, art. 6) et du droit à un recours juridictionnel effectif (DDH, art. 16). L'al. 1er de l'art. L. 651-2 C. com. n'a pas pour effet de conférer à la juridiction saisie un pouvoir arbitraire dans la mise en œuvre de l'action en responsabilité pour insuffisance d'actif. D'autre part, les limitations apportées par ces dispositions au principe selon lequel tout fait quelconque de l'homme qui cause à autrui un dommage oblige celui par la faute duquel il est arrivé à le réparer sont en adéquation avec l'objectif d'intérêt général poursuivi. Ainsi, ces dispositions ne portent pas d'atteinte disproportionnée aux droits des victimes d'actes fautifs ni au droit à un recours juridictionnel effectif. Enfin, les différences de traitement entre dirigeants qui en résultent sont en rapport direct avec l'objet de la loi. – **Conformité.** – **Décision de renvoi :** Com., QPC, 27 juin 2014, n° 13-27.317 : *D. 2014. 1446 ; JCP 2014, n° 39, p. 1677, note Barbieri ; Act. proc. 2014, Repère 249, obs. Saintourens.*
2014	26 sept.	**Transaction pénale sur l'action publique en matière environnementale** **2014-416 QPC.** Assoc. France Nature Environnement : *JO 28 sept., p. 15791 ; Rec. Cons. const. 425 ; AJDA 2014. 1859 ; D. 2014. 1882 ; ibid. 2503, note Perrier ; ibid. 2423, obs. Roujou de Boubée, Garé, Gozzi, Mirabail et Ginestet ; RSC 2014. 785, obs. Robert ; ibid. 2015. 711, obs. de Lamy ; NCCC 2015, n° 46, p. 161, chron. Hoepffner ; RFDC 2015. 213, note Perrier ; Énergie - Env. - Infrastr. 2015, n° 1, p. 43, note Guerin ; Dr. pén. 2014, n° 11, p. 28, note Robert ; Dr. envir. 2015, n° 236, p. 266, note Giorno ; JCP 2016, n° 11, p. 527, chron. Verpeaux et Macaya* : – **C. envir., art. L. 173-12.** – Absence d'atteinte au principe de proportionnalité des peines (DDH, art. 8) et au principe du droit à un recours juridictionnel effectif (DDH, art. 16). Ces dispositions organisent une procédure de transaction qui

		suppose l'accord libre et non équivoque, avec l'assistance éventuelle de son avocat, de l'auteur des faits. En outre, la transaction homologuée ne présente, en elle-même, aucun caractère exécutoire et n'entraîne aucune privation ou restriction des droits de l'intéressé. Elle doit être exécutée volontairement par ce dernier. Par suite, les mesures fixées dans la transaction ne revêtent pas le caractère de sanctions ayant le caractère d'une punition. Il appartient au pouvoir réglementaire de préciser, sous le contrôle du juge, les règles de procédure transactionnelle. Par ailleurs, en confiant au ministère public le pouvoir d'homologuer une procédure dont l'exécution volontaire par l'auteur de l'infraction a pour seul effet d'éteindre l'action publique, les dispositions contestées ne portent aucune atteinte aux exigences qui résultent de l'art. 16 DDH. Enfin, l'art. L. 173-12 C. envir. ne fait pas obstacle au droit des victimes, avisées de la procédure par le procureur de la République dans les conditions de l'art. 40-2 C. pr. pén., d'agir pour demander la réparation de leur préjudice devant les juridictions civiles ainsi que, dans le délai de la prescription de l'action publique, devant les juridictions répressives. Par suite, les dispositions contestées ne portent pas atteinte au droit des victimes d'exercer un recours juridictionnel effectif. – **Conformité**. – **Décision de renvoi :** CE, QPC, 27 juin 2014, *Assoc. France Nature Environnement*, n° 380652 : *AJDA 2014. 1354.* – **Application de la décision :** CE 27 mai 2015, *Assoc. France Nature Environnement*, n° 380652.
2014	8 oct.	**Amende pour contribution à l'obtention, par un tiers, d'un avantage fiscal indu** **2014-418 QPC**. Sté SGI : *JO 10 oct., p. 16484 ; Rec. Cons. const. 430 ; D. 2014. 2001 ; Constitutions 2014. 489, chron. Le Bot ; JCP 2014, n° 48, p. 2174, chron. Mathieu ; ibid. 2016, n° 11, p. 527, chron. Verpeaux et Macaya ; Dr. pén. 2014, n° 12, p. 27, note Robert ; NCCC 2015, n° 47, p. 155, note Peltier* : – **CGI, art. 1756 *quater*** (dans sa rédaction issue de la L. n° 2003-660 du 21 juill. 2003 de programme de l'outre-mer). – Absence d'atteinte au principe d'individualisation des peines (DDH, art. 8). En fixant l'amende en lien avec l'avantage fiscal indûment obtenu, le législateur a entendu favoriser les investissements réalisés outre-mer en garantissant leur sécurité, tout en poursuivant un but de lutte contre la fraude fiscale qui constitue un objectif de valeur constitutionnelle. En prévoyant que le montant de l'amende fiscale est fixé en proportion de l'importance des sommes indûment obtenues, il a proportionné le montant de cette amende à la gravité des manquements réprimés. Le taux de 100 % retenu n'est pas manifestement disproportionné. **Toutefois**, l'amende prévue par l'art. 1756 quater peut être appliquée soit si la personne a fourni « volontairement » de fausses informations, soit si elle « n'a pas respecté les engagements qu'elle avait pris envers l'administration », soit, dans le cas où un agrément n'est pas exigé, si elle s'est livrée à des agissements, manœuvres ou dissimulations ayant conduit à la remise en cause de ces aides pour autrui. Ainsi, compte tenu des modalités de fixation de son montant en proportion de l'avantage obtenu par un tiers, cette amende

		pourrait revêtir un caractère manifestement hors de proportion avec la gravité des manquements réprimés si elle était appliquée sans que soit établi l'élément intentionnel de ces manquements. Par suite, les dispositions contestées doivent être interprétées comme prévoyant une amende applicable aux personnes qui ont agi sciemment et dans la connaissance soit du caractère erroné des informations qu'elles ont fournies, soit de la violation des engagements qu'elles avaient pris envers l'administration, soit des agissements, manœuvres ou dissimulations précités : **Réserve.** – Absence d'atteinte au principe de proportionnalité des peines (DDH, art. 8) concernant le principe d'un tel cumul de sanction. **Toutefois,** lorsque 2 sanctions prononcées pour un même fait sont susceptibles de se cumuler, le principe de proportionnalité implique qu'en tout état de cause, le montant global des sanctions éventuellement prononcées ne dépasse pas le montant le plus élevé de l'une des sanctions encourues. Il appartient donc aux autorités administratives et judiciaires compétentes de veiller au respect de cette exigence : **Réserve.** – **Conformité avec réserves.** – **Décision de renvoi :** CE, QPC, 16 juill. 2014, *Sté SGI*, n° 380406. – **Application de la décision :** CAA Bordeaux, 17 juill. 2015, *SNC Églantine*, n° 13BX01199.
2014	8 oct.	**Contribution au service public de l'électricité** **2014-419 QPC.** SAS PRAXAIR : *JO 10 oct., p. 16485 ; Rec. Cons. const. 434 ; D. 2014. 2001 ; JCP 2014, n° 48, p. 2174, chron. Mathieu ; JCP 2016, n° 11, p. 527, chron. Verpeaux et Macaya ; Dr. adm. 2015, n° 5, p. 18, chron. de Montalivet* : – **L. n° 2000-108 du 10 févr. 2000, art. 5, § I, al. 9 à 21 relative à la modernisation et au développement du service public de l'électricité dans leur rédaction applicable de 2005 à 2009** (dans leur rédaction applicable de 2005 à 2009). – Absence d'incompétence négative. Le législateur a prévu des règles de recouvrement de la contribution au service public de l'électricité distinctes en fonction des catégories de contributeurs et des modalités de fourniture de l'électricité consommée. D'une part, pour les consommateurs finals alimentés par l'intermédiaire du réseau public de transport ou de distribution qui acquittent leur contribution lors du règlement de leur facture d'électricité ou d'utilisation des réseaux, le législateur n'autorise ni le gestionnaire du réseau ni le fournisseur d'électricité à émettre un état exécutoire. D'autre part, pour les producteurs d'électricité produisant pour leur propre usage et les consommateurs finals non alimentés par l'intermédiaire du réseau public de transport ou de distribution, la Commission de régulation de l'énergie est seule compétente pour recouvrer la contribution et, le cas échéant, émettre un état exécutoire. En outre, dans l'un et l'autre cas, la Commission de régulation de l'énergie est seule compétente pour adresser une lettre de rappel assortie de pénalités de retard lorsqu'elle constate un défaut ou une insuffisance de paiement. Ainsi, le législateur a suffisamment défini les règles régissant le recouvrement de la contribution au service public de l'électricité. Par ailleurs, le législateur n'a pas méconnu l'étendue de sa compétence en ne désignant pas la juridiction compétente pour connaître du contentieux des impositions

		qui ne sont ni des contributions indirectes ni des impôts directs. En effet, il résulte de la jurisprudence constante du T. confl. que le contentieux de ces impositions est compris dans le contentieux général des actes et des opérations de puissance publique relevant de la juridiction administrative. Il résulte également de la jurisprudence constante du Conseil d'Etat que le contentieux de la contribution au service public de l'électricité relève, à ce titre, de la compétence de la juridiction administrative. Le législateur a donc suffisamment défini les règles régissant le contentieux de la contribution au service public de l'électricité. – Absence d'atteinte au principe d'égalité devant l'impôt et les charges publiques (DDH, art. 13). Les différences de périodicité de versement retenues par le législateur correspondent à l'existence de modalités de recouvrement différentes en fonction des catégories de contributeurs et des modalités de fourniture de l'électricité consommée. Cette différence de traitement est sans incidence sur la charge publique que constitue la contribution au service public de l'électricité. – **Conformité**. – **Décision de renvoi :** CE, QPC, 16 juill. 2014, *SAS PRAXAIR*, n° 378033. – **Applications de la décision :** CE 22 juill. 2015, *Sté PRAXAIR*, n° 388853 A : *AJDA 2015. 1446*. – CAA Paris, 28 févr. 2016, *Sté Orly Distribution*, n° 14PA04151. – CAA Paris, 28 févr. 2016, *Copropriété Orly Distribution-Orlymmo*, n° 14PA04153. – CAA Paris, 28 févr. 2016, *SAS Praxair*, n° 12PA03983. – CAA Paris, 28 févr. 2016, *Sté Orlymmo*, n° 14PA04152.
2014	9 oct.	**Prolongation exceptionnelle de la garde à vue pour des faits d'escroquerie en bande organisée** **2014-420/421 QPC**. M. Lantourne et M. Tapie : *JO 12 oct., p. 16578 ; Rec. Cons. const. 453 ; D. 2014. 1999 ; ibid. 2278, note Botton ; D. actu. 17 oct. 2014, obs. Léna ; AJ pénal 2014. 574, note Perrier ; ibid. 2016. 190, note Botton ; JCP 2014, n° 44, p. 1962 ; ibid., n° 48, p. 2174, chron. Mathieu ; LPA 2015, n° 58, p. 5, chron. Tellier-Cayrol ; RFDC 2015. 206, note Anane ; Dr. pén. 2014, n° 11, p. 11, note Maron et Haas ; Rev. pénit. 2014, n° 4, p. 833, note Comellas ; NCCC 2015, n° 47, p. 158, note Bonis-Garçon* : – **C. pr. pén., art. 706-73, 8 *bis* et art. 706-88, al. 1er à 5** (dans sa rédaction postérieure à la L. n° 2011-392 du 14 avr. 2011 relative à la garde à vue et antérieure à la L. n° 2014-535 du 27 mai 2014 portant transposition de la Dir. 2012/13/UE du Parlement européen et du Conseil, du 22 mai 2012, relative au droit à l'information dans le cadre des procédures pénales). – Les al. 1er à 5 de l'art. **706-88 C. pr. pén.** ont déjà été déclarés conformes à la Const. 58 dans les motifs et le dispositif (Cons. const. n° 2004-492 DC du 2 mars 2004) et il n'existe pas de changements de circonstances. – Atteinte à la liberté individuelle (DDH, art. 9) et aux droits de la défense (DDH, art. 16) concernant l'art. **706-73, 8 *bis*, C. pr. pén**. Le délit d'escroquerie est un délit contre les biens (C. pr. pén., art. 313-1), même lorsqu'il est commis en bande organisée, ce délit n'est pas

		susceptible de porter atteinte en lui-même à la sécurité, à la dignité ou à la vie des personnes. Ainsi, en permettant de recourir à la garde à vue selon les modalités fixées par l'art. 706-88 C. pr. pén. au cours des enquêtes ou des instructions portant sur ce délit, le législateur a porté une atteinte disproportionnée par rapport au but poursuivi. Par ailleurs, la modification de l'art. 706-88 par la L. du 27 mai 2014 n'a pas mis fin à cette inconstitutionnalité. – **Non-conformité de l'art. 706-73, 8 *bis* C. pr. pén. Effets dans le temps de la déclaration d'inconstitutionnalité : 1**. L'abrogation immédiate de cette disposition aurait pour effet d'empêcher le recours à une garde à vue de 96 h pour des faits d'escroquerie en bande organisée mais aussi d'interdire le recours aux pouvoirs spéciaux de surveillance et d'investigation dans les enquêtes portant sur l'escroquerie en bande organisée (alors que de tels pouvoirs ne sont pas contraires à la Const.). Face à cette conséquence manifestement excessive, le Conseil a reporté au 1er sept. 2015 la date de l'abrogation du 8° *bis* de l'art. 706-73 C. pr. pén. **2.** Afin de faire cesser l'inconstitutionnalité constatée, le Conseil a jugé qu'à compter de la publication de sa Décis., il ne sera plus possible de prolonger une mesure de garde à vue au-delà de 48 h dans des investigations portant sur des faits d'escroquerie en bande organisée. **3.** La remise en cause des actes de procédure pénale pris sur le fondement des dispositions déclarées inconstitutionnelles méconnaîtrait l'objectif de valeur constitutionnelle de recherche des auteurs d'infractions et aurait des conséquences manifestement excessives. Ainsi, les mesures de garde à vue prises avant la publication de la Décis. et les autres mesures d'investigation prises avant le 1er sept. 2015 en application des dispositions déclarées contraires à la Const. ne peuvent être contestées sur le fondement de cette inconstitutionnalité. – **Décisions de renvoi :** Crim., QPC, 16 juill. 2014, n° 14-90.021 : *D. actu. 17 juill. 2014, obs. Portmann.* – Crim., QPC, 16 juill. 2014, n° 14-90.022 : *D. actu. 17 juill. 2014, obs. Portmann ; D. 2014. 1546.* – **Applications de la décision :** Crim. 18 févr. 2015, n° 14-82.019 P : *D. 2015. 491 ; AJ pénal 2015. 323, obs. J. Lasserre Capdeville.* – Crim. 19 janv. 2016, n° 15-81.041 P : *D. 2016. 258.* – Crim. 19 janv. 2016, *n° 15-81.039.*
2014	17 oct.	**Voitures de tourisme avec chauffeur** **2014-422 QPC.** Chambre syndicale des cochers chauffeurs CGT-taxis : *JO 19 oct., p. 17454 ; Rec. Cons. const. 463 ; D. 2014. 2046 ; ibid. 2015. 1457, obs. Gay et Mangiavillano ; AJDA 2015. 226, note Haquet ; Constitutions 2015. 378, chron. Granger ; NCCC 2015, n° 47, p. 203, chron. Hoepffner ; Dr. adm. 2015, n° 5, p. 18, chron. de Montalivet ; RDLC 2015, n° 1, p. 213, note Camus ; JCP 2016, n° 11, p. 527, chron. Verpeaux et Macaya* : – **C. tourisme, art. L. 231-1 à L. 231-4** (dans leur version issue de la L. n° 2009-888 du 22 juill. 2009 de développement et de modernisation des services touristiques). – Absence d'atteinte au principe d'égalité devant la loi (DDH, art. 6) concernant le droit reconnu par les dispositions contestées aux voitures de tourisme avec chauffeur d'exercer l'activité de transport public de personnes sur réservation préalable. Le législateur a distingué, d'une

		part, l'activité consistant à stationner et à circuler sur la voie publique en quête de clients en vue de leur transport et, d'autre part, l'activité de transport individuel de personnes sur réservation préalable. Poursuivant des objectifs d'ordre public, notamment de police de la circulation et du stationnement sur la voie publique, le législateur a réservé la 1re activité aux taxis qui l'exercent dans un cadre réglementé particulier. La 2de activité peut être exercée non seulement par les taxis mais également par d'autres professions, notamment celle de voitures de tourisme avec chauffeur. Le principe d'égalité n'imposait pas que les taxis et les voitures de tourisme avec chauffeur soient traités différemment au regard de cette 2de activité : **Conformité**. – Absence d'atteinte à la liberté d'entreprendre des taxis (DDH, art. 4) concernant le droit reconnu par les dispositions contestées aux voitures de tourisme avec chauffeur d'exercer l'activité de transport public de personnes sur réservation préalable : **Conformité**. – Par ailleurs, manque en fait le grief tiré de l'atteinte au monopole des chauffeurs de taxis ; ne peut également être invoqué à l'appui d'une QPC l'objectif de valeur constitutionnelle de sauvegarde de l'ordre public ; enfin, les dispositions contestée ne méconnaissent pas l'art. 1er Charte envir. – **Conformité.** – **Décision de renvoi :** CE, QPC, 24 juill. 2014, *Chambre syndicale des cochers chauffeurs CGT-taxis*, n° 375869. – **Application de la décision :** CE 9 avr. 2015, *Chambre syndicale des cochers chauffeurs CGT-taxis*, n° 375869.
2014	24 oct.	**Cour de discipline budgétaire et financière** **2014-423 QPC.** M. Stéphane R. et a. : *JO 26 oct., p. 17776 ; Rec. Cons. const. 477 ; D. actu. 29 oct. 2014, obs. Pastor ; AJDA 2014. 2097 ; D. 2014. 2116 ; RFDA 2014. 1218, chron. Roblot-Troizier ; Constitutions 2014. 492, chron. Le Bot ; JCP 2014, n° 48, p. 2174, chron. Mathieu ; ibid. 2016, n° 11, p. 527, chron. Verpeaux et Macaya ; JCP Adm. 2014, nos 51-52, p. 19, note Bourrel ; Dr. pén. 2015, n° 1, p. 36, note Peltier ; Rev. pénit. 2014, n° 4, p. 941, note Peltier ; NCCC 2015, n° 47, p. 157 ; ibid., p. 163, note Peltier ; Dr. adm. 2015, n° 5, p. 18, chron. de Montalivet ; Gaz. Pal. 2015, nos 177-178, p. 17, note Sénac* : **– CJF, art. L. 311-2, L. 311-3, L. 311-5, L. 313-1, L. 313-4, L. 313-6, L. 313-7-1, L. 313-11, L. 314-3, L. 314-4 et L. 314-18.** – Composition de la CDBF (CJF, art. L. 311-2, L. 311-3 et L. 311-5). – • Précision : les al. 4 et 5 de l'art. L. 311-2 CJF ont un caractère réglementaire (Cons. const. 3 mars 2005 : n° 2005-198 L). Lorsque le Cons. const. est saisi de dispositions législatives partiellement modifiées par décret et que ces modifications ne sont pas séparables des autres dispositions, il lui revient de se prononcer sur celles de ces dispositions qui revêtent une nature législative au sens de l'art. 61-1 Const. 58, en prenant en compte l'ensemble des dispositions qui lui sont renvoyées. – • Absence d'atteinte aux principes d'impartialité et d'indépendance des juridictions ni à la séparation des pouvoirs (DDH, art. 16) des art. L. 311-2 et L. 311-3 CJF. L'ensemble des membres de la CDBF, issus du Conseil d'État et de la Cour des comptes, sont soumis aux

		dispositions statutaires qui leurs sont respectivement applicables. Ils bénéficient des garanties d'impartialité et d'indépendance attachées à leur statut respectif. – • Inopérance du grief tiré de la méconnaissance des principes d'impartialité et d'indépendance dans l'exercice de fonctions juridictionnelles à l'encontre des dispositions de l'art. L. 311-5, relatives à la nomination des rapporteurs à qui est confiée l'instruction des affaires avant que le ministère public ne décide s'il convient de saisir la Cour : **Conformité**. – Procédure (CJF, art. L. 314-3 et L. 314-4). Absence d'atteinte au principe des droits de la défense (DDH, art. 16) et à la présomption d'innocence (DDH, art. 9). La phase antérieure à la décision du Procureur général de la Cour des comptes de classer l'affaire ou de la renvoyer devant la CDBF est une phase d'enquête administrative préalable ; le législateur n'a donc pas à organiser, à ce stade, une procédure contradictoire et un contrôle juridictionnel. Par ailleurs, les dispositions du CJF prévoient la possibilité de la récusation d'un membre de la Cour : **Conformité**. – Sanction (CJF, art. L. 313-6, L. 313-7-1, L. 313-11, L. 314-3, L. 314-4 et L. 314-18). Absence d'atteinte au principe de l'exigence d'une définition claire et précise des infractions réprimées et aux principes de nécessité et de proportionnalité des peines (DDH, art. 8). ***Toutefois***, concernant l'art. L. 314-18 CJF, lorsque plusieurs sanctions prononcées pour un même fait sont susceptibles de se cumuler, le principe de proportionnalité implique qu'en tout état de cause, le montant global des sanctions éventuellement prononcées ne dépasse pas le montant le plus élevé de l'une des sanctions encourues. Il appartient donc aux autorités juridictionnelles et disciplinaires compétentes de veiller au respect de cette exigence et de tenir compte, lorsqu'elles se prononcent, des sanctions de même nature antérieurement infligées. Sous cette réserve, cet art. n'est pas contraire aux principes de nécessité et de proportionnalité des peines : **Réserve**. – **Conformité sous réserve**. – **Décision de renvoi :** CE, QPC, 25 juill. 2014, n° 380743 : *AJDA 2014. 1582*. – **Applications de la décision :** CE 15 avr. 2016, n° 396696 B : *AJDA 2016. 753*. – CE 27 mai 2016, n° 397663.
2014	7 nov.	**Capacité juridique des associations ayant leur siège social à l'étranger** **2014-424 QPC.** Assoc. Mouvement raëlien international : *JO 9 nov., p. 18975 ; Rec. Cons. const. 486 ; AJDA 2014. 2218 ; D. 2014. 2309 ; Rev. crit. DIP 2015. 383, note d'Avout ; JCP 2014, n° 48, p. 2174, chron. Mathieu ; ibid. 2016, n° 11, p. 527, chron. Verpeaux et Macaya ; JCP Adm. 2014, n° 46, p. 5 ; RJPF 2015, n° 2, p. 18, note Putman ; NCCC 2015, n° 47, p. 135, note Roblot-Troizier* : – **L. du 1er juill. 1901, art. 5, al. 3**. – Absence d'atteinte au droit des personnes intéressées d'exercer un recours effectif devant une juridiction (DDH, art. 16). Aucune exigence constitutionnelle ne fait obstacle à ce que la reconnaissance en France de la personnalité morale des associations ayant leur siège social à

		l'étranger et disposant d'un établissement en France soit subordonnée, comme pour les associations ayant leur siège social en France, à une déclaration préalable de leur part à la préfecture du département où est situé le siège de leur principal établissement. **Toutefois**, les dispositions de l'al. 3 de l'art. 5 de la L. du 1er juill. 1901 n'ont pas pour objet et ne sauraient, sans porter une atteinte injustifiée au droit d'exercer un recours juridictionnel effectif, être interprétées comme privant les associations ayant leur siège à l'étranger, dotées de la personnalité morale en vertu de la législation dont elles relèvent mais qui ne disposent d'aucun établissement en France, de la qualité pour agir devant les juridictions françaises dans le respect des règles qui encadrent la recevabilité de l'action en justice : **Réserve**. – **Conformité sous réserve**. – **Décision de renvoi :** Crim., QPC, 20 août 2014, n° 14-80.394 P : *D. 2014. 1692 ; ibid. 2016. 151, chron. Guého, Barbier, Laurent et Pichon.* – **Application de la décision :** Crim. 1er déc. 2015, n° 14-80.394 P : *D. 2015. 2562 ; ibid. 2016. 151, chron. Guého, Barbier, Laurent et Pichon ; ibid. 1045, obs. Gaudemet-Tallon et Jault-Seseke ; Rev. sociétés 2016. 460, note Rodriguez.*
2014	14 nov.	**Taxe spéciale sur les contrats d'assurance contre l'incendie** **2014-425 QPC.** Sté Mutuelle Saint-Christophe : *JO 16 nov., p. 19329 ; Rec. Cons. const. 494 ; D. 2014. 2306 :* – **CGI, art. 1001-1°, dernier al.** – Absence d'atteinte au principe d'égalité devant l'impôt et les charges publiques (DDH, art. 13). Ce principe n'impose pas que les personnes privées soient soumises à des règles d'assujettissement à l'impôt identiques à celles qui s'appliquent aux personnes morales de droit public. Ce principe ne fait pas davantage obstacle à ce que le législateur prévoie des taux d'imposition différents pour la taxe spéciale sur les contrats d'assurance selon que sont assurés les biens affectés de façon permanente et exclusive à une activité industrielle, commerciale, artisanale ou agricole ou d'autres biens. Par suite, doit être écarté le grief tiré de ce que serait contraire à ce principe la règle prévoyant un taux réduit de la taxe spéciale sur les contrats d'assurance contre l'incendie des bâtiments administratifs des collectivités territoriales, d'une part, et des biens affectés de façon permanente et exclusive à une activité industrielle, commerciale, artisanale ou agricole, d'autre part, alors que les contrats d'assurance portant sur des biens affectés à des personnes privées, pour des activités de service à caractère non commercial, tel que les établissements d'enseignement privés, sont soumis à un taux d'imposition supérieur. Par ailleurs, les taux de 24 % ou 30 % qui sont susceptibles d'être appliqués pour les assurances contre l'incendie de bâtiments occupés par des établissements d'enseignement privés ne font pas peser sur ces derniers une charge excessive au regard de leurs facultés contributives. – Absence d'atteinte au PFRLR relatif à la liberté de l'enseignement concernant l'application du taux normal de la taxe spéciale sur les contrats d'assurances contre l'incendie aux bâtiments occupés par des établissements d'enseignement privés. – **Conformité**.

		– **Décision de renvoi :** Com., QPC, 2 sept. 2014, *n° 14-40.029.*
2014	14 nov.	**Droit de retenir des œuvres d'art proposées à l'exportation** **2014-426 QPC**. M. Alain L. : *JO 16 nov., p. 19330 ; Rec. Cons. const. 497 ; AJDA 2014. 2214 ; D. 2014. 2305 ; Constitutions 2015. 63, chron. Monot-Fouletier ; ibid. 100, chron. Le Bot ; JCP Adm. 2014, n° 47, p. 5 ; NCCC 2015, n° 47, p. 173, chron. Piazzon ; ibid., p. 195, chron. Hoepffner ; Gaz. Pal. 2015, n°s 177-178, p. 20, note Barbé ; JCP 2016, n° 11, p. 527, chron. Verpeaux et Macaya* : – **L. du 23 juin 1941 relative à l'exportation des œuvres d'art, art. 2**. – Atteinte au droit de propriété (DDH, art. 17). La possibilité de refuser l'autorisation d'exportation assure la réalisation de l'objectif d'intérêt général de maintien sur le territoire national des objets présentant un intérêt national d'histoire ou d'art. Cependant, la privation de propriété permise par les dispositions contestées alors en vigueur n'est pas nécessaire pour atteindre un tel objectif. Ainsi, en prévoyant l'acquisition forcée de ces biens par une personne publique, alors que leur sortie du territoire national a déjà été refusée, le législateur a instauré une privation de propriété sans fixer les critères établissant une nécessité publique. Par suite, les dispositions contestées ne répondent pas à un motif de nécessité publique. – **Non-conformité** à compter de la date de publication de la Décis. et invocabilité possible dans toutes les instances introduites à la date de la publication de la Décis. et non jugées définitivement à cette date. – **Décision de renvoi :** CE, QPC, 8 sept. 2014, *n° 381813.* – **Applications de la décision :** CE 15 oct. 2015, *n° 393060.* – CE 2 mai 2016, *n° 393059.*
2014	14 nov.	**Extradition des personnes ayant acquis la nationalité française** **2014-427 QPC.** M. Mario S. : *JO 16 nov., p. 19331 ; Rec. Cons. const. 500 ; AJDA 2014. 2218 ; D. 2014. 2302 ; AJ pénal 2015. 86, note Chassang ; JCP Adm. 2014, n° 47, p. 6 ; LPA 2015, n° 58, p. 5, chron. Tellier-Cayrol ; NCCC 2015, n° 47, p. 166, note Bonis-Garçon ; JCP 2016, n° 11, p. 527, chron. Verpeaux et Macaya* : – **C. pr. pén., art. 696-4, 1°, mots** : « , cette dernière étant appréciée à l'époque de l'infraction pour laquelle l'extradition est requise ». – Absence d'atteinte au principe d'égalité devant la loi (DDH, art. 6) concernant les dispositions qui prévoient que la nationalité de la personne dont l'extradition est demandée s'apprécie à l'époque de l'infraction. En interdisant l'extradition des nationaux français, le législateur a reconnu à ces derniers le droit de n'être pas remis à une autorité étrangère pour les besoins de poursuites ou d'une condamnation pour une infraction pénale. La différence de traitement dans l'application de cette protection, selon que la personne avait ou non la nationalité française à l'époque de l'infraction pour laquelle l'extradition est requise, est fondée sur une différence de situation en rapport direct avec l'objet de la loi. Par ailleurs, le législateur a entendu faire obstacle à l'utilisation des règles relatives à l'acquisition de la nationalité pour échapper à l'extradition. – **Conformité.** – **Décision de renvoi :** Crim., QPC, 3 sept. 2014, *n° 14-84.193.*

		– **Application de la décision :** Crim. 18 févr. 2015, n° 14-84.193 : *D. 2015. 491.*
2014	21 nov.	**Report de l'intervention de l'avocat au cours de la garde à vue en matière de délinquance ou de criminalité organisées** **2014-428 QPC.** M. Nadav. B. : *JO 23 nov., p. 19675 ; Rec. Cons. const. 518 ; D. 2014. 2344 ; D. actu. 26 nov. 2014, obs. Portmann ; D. avocats 2015. 26, obs. G. Royer ; AJ pénal 2015. 100, obs. Perrier ; JCP 2014, n° 49, p. 2205 ; ibid. 2016, n° 11, p. 527, chron. Verpeaux et Macaya ; LPA 2015, n° 58, p. 5, chron. Tellier-Cayrol ; Rev. pénit. 2014, n° 4, p. 880, note Botton ; NCCC 2015, n° 47, p. 158, note Bonis-Garçon ; RFDC 2015. 708, note Comellas* : – **C. pr. pén., art. 706-88, al. 7 à 8** . – Absence d'atteinte disproportionnée aux droits de la défense (DDH, art. 16). Le report de l'intervention de l'avocat ne peut être décidé qu'en considération de raisons impérieuses tenant aux circonstances particulières de l'enquête ou de l'instruction, soit pour permettre le recueil ou la conservation des preuves, soit pour prévenir une atteinte aux personnes. La décision initiale de reporter cette intervention appartient, selon les cas, soit au procureur de la République, soit au juge d'instruction ; elle doit être motivée. Au-delà de 24 heures, le report est décidé par un magistrat du siège. Par ailleurs, dès le début de sa garde à vue, la personne est informée de la qualification, de la date et du lieu présumés de l'infraction qu'elle est soupçonnée d'avoir commise, du droit de consulter les documents mentionnés afférents ainsi que du droit « de se taire ». – **Conformité**. – **Décision de renvoi :** Crim., QPC, 3 sept. 2014, *n° 14-82.019.*
2014	21 nov.	**Droit de présentation des notaires** **2014-429 QPC.** M. Pierre T. : *JO 23 nov., p. 19677 ; Rec. Cons. const. 523 ; D. 2014. 2350 ; ibid. 2015. 251, note Laurent-Bonne ; ibid. 1457, obs. Gay et Mangiavillano ; Constitutions 2015. 102, chron. Froger ; AJDA 2014. 2281 ; ibid. 2015. 363, note Gauthier ; JCP Adm. 2014, n° 48, p. 5 ; JCP 2014, n° 50, p. 2264 ; ibid. 2015, n°s 1-2, p. 40, note Verpeaux ; ibid. 2016, n° 11, p. 527, chron. Verpeaux et Macaya ; LPA 2014, n° 245, p. 16, note Hartman ; RDLC 2015, n° 1, p. 215, note Du Marais ; NCCC 2015, n° 47, p. 187, chron. Hoepffner* : – **L. du 28 avr. 1816 sur les finances, art. 91, 1re phrase, al. 1er, mot « notaire »**. – Inopérance du grief selon lequel le droit reconnu au notaire de présenter son successeur à l'agrément du garde des sceaux méconnaîtrait le principe d'égal accès aux dignités, places et emplois publics (DDH, art. 6). Si les notaires titulaires d'un office participent à l'exercice de l'autorité publique et ont ainsi la qualité d'officier public nommé par le garde des sceaux, ils n'occupent pas des « dignités, places et emplois publics » au sens de l'art. 6 DDH. – Inopérance du grief tiré de la méconnaissance du principe d'égalité devant la commande publique (DDH, art. 6 et 14). La nomination d'un notaire ne constitue pas une commande publique. – **Conformité**.

		– **Décision de renvoi :** CE, QPC, 10 sept. 2014, *M. Thiollet*, n° 381108 : *AJDA 2014. 1742*.
2014	21 nov.	**Cession des œuvres et transmission du droit de reproduction** **2014-430 QPC**. Mme Barbara D. et a. : *JO 23 nov., p. 19678 ; Rec. Cons. const. 256 ; D. 2014. 2341 ; ibid. 2015. 306, note Laffaille ; NCCC 2015, n° 47, p. 173, chron. Piazzon ; JCP 2016, n° 11, p. 527, chron. Verpeaux et Macaya* : – **L. décrétée le 19 juill. 1793 relative aux droits de propriété des auteurs d'écrits en tout genre, compositeurs de musique, peintres et dessinateurs, art. 1er** (dans sa rédaction résultant de la L. du 11 mars 1902 l'étendant aux œuvres de sculpture telle qu'interprétée par la C. cass.). – Absence d'atteinte au droit de propriété et à la liberté contractuelle (DDH, art. 2, 4 et 17). Les dispositions contestées instaurent une règle de présomption qui respecte la faculté, pour les parties à l'acte de cession, de réserver le droit de reproduction. Ni la protection constitutionnelle des droits de la propriété intellectuelle ni celle de la liberté contractuelle ne s'opposent à une règle selon laquelle la cession du support matériel de l'œuvre emporte cession du droit de reproduction à moins que les parties décident d'y déroger par une stipulation contraire. – **Conformité.** – **Décision de renvoi :** Civ. 1re, QPC, 17 sept. 2014, *n° 14-13.236*. – **Application de la décision :** Civ. 1re, 10 sept. 2016, *n° 14-13.236 P*.
2014	21 nov.	**Demandes tendant à la saisine directe du Conseil constitutionnel d'une question prioritaire de constitutionnalité** **2014-440 QPC.** M. Jean-Louis M. : *JO 23 nov., p. 19679 ; Rec. Cons. const. 530 ; Gaz. Pal. 2015, nos 177-178, p. 16, note Sénac* : – Saisine du Cons. const. les 10, 16 et 28 oct. 2014 de 3 demandes présentées par M. M., tendant à ce que le Conseil statue sur des QPC posées par lui devant le Premier président de la C. cass. saisi de recours en matière d'aide juridictionnelle au motif que ce dernier ne se serait pas prononcé sur ces questions dans le délai de 3 mois prévu par l'art. 23-4 de l'Ord. du 7 nov. 1958 portant L. org. sur le Conseil constitutionnel. – Irrecevabilités des demandes : la procédure d'admission à l'aide juridictionnelle n'est pas, en tout état de cause, au sens de l'art. 61-1 Const. 58, une instance en cours à l'occasion de laquelle une QPC peut être posée.
2014	28 nov.	**Impôts sur les sociétés – agrément ministériel autorisant le report de déficits non encore déduits** **2014-431 QPC**. Sté ING Direct NV et ING Bank NV : *JO 10 déc., p. 20645 ; Rec. Cons. const. 535 ; D. 2014. 2406 ; ibid. 2015. 1457, obs. Gay et Mangiavillano ; LPA 2015, n° 58, p. 5, chron. Jan ; NCCC 2015, n° 47, p. 222, chron. Austry ; Dr. fisc. 2015, nos 7-8, p. 94, note Cassan et Durand ; RFDC 2015. 494, note Mangiavillano ; JCP 2016, n° 11, p. 527, chron. Verpeaux et Macaya* : – **CGI, art. 209, § 2** (dans sa rédaction antérieure à la L. n° 2001-1275 du 28 déc. 2001 de finances pour 2012).

		– Absence d'atteinte au principe d'égalité devant les charges publiques (DDH, art. 13). **Toutefois**, les dispositions contestées ne sauraient, sans priver de garanties légales les exigences qui résultent de l'art. 13 DDH, être interprétées comme permettant à l'administration de refuser cet agrément pour un autre motif que celui tiré de ce que l'opération de restructuration en cause ne satisfait pas aux conditions fixées par la loi : **Réserve**. – **Conformité sous réserve.** – **Décision de renvoi :** CE, QPC, 19 sept. 2014, *Sté ING Direct NV*, n° 376800.
2014	28 nov.	**Incompatibilité des fonctions de militaire en activité avec un mandat électif local** **2014-432 QPC**. M. Dominique de L. : *JO 10 déc., p. 20646 ; Rec. Cons. const. 538 ; D. actu. 3 déc. 2014, obs. Pastor ; D. 2014. 2411 ; AJDA 2014. 2337 ; ibid. 2015. 636, note Raimana Lallemant-Moe ; AJCT 2015. 98, note Dutrieux ; Constitutions 2015. 97, chron. Le Bot ; RFDA 2015. 308, chron. Roblot-Troizier ; JCP Adm. 2014, n° 49, p. 4 ; ibid. 2015, n° 9, p. 36, note Verpeaux ; Dr. adm. 2015, n° 2, p. 30, note Videlin ; LPA 2015, n° 58, p. 5, chron. Gicquel ; ibid., n° 142, p. 3, note Mulier ; NCCC 2015, n° 47, p. 147, note Roblot-Troizier ; Gaz. Pal. 2015, n°s 177-178, p. 18, note Granger* : – **C. élect., art. L. 46, al. 1er, et art. L. 237, dernier al., mots « à l'article L. 46 et ».** – Absence d'atteinte à la libre disposition des forces armées (Const. 58, art. 5 et 15) concernant l'exercice de mandats électoraux ou fonctions électives par des militaires en activité. – Absence d'atteinte au droit d'exercer un mandat électif (DDH, art. 6) concernant les mandats de conseillers généraux et de conseillers communautaires. Eu égard aux modalités des élections de ces conseillers et aux exigences inhérentes à l'exercice de leur mandat, les incompatibilités entre les fonctions de militaires de carrière ou assimilé et ces types de mandats posent une interdiction qui, par sa portées, n'excède pas manifestement ce qui est nécessaire pour protéger la liberté de choix de l'électeur ou l'indépendance de l'élu contre les risques de confusion ou de conflits d'intérêts. – Atteinte au droit d'exercer un mandat électif (DDH, art. 6) concernant le mandat de conseiller municipal. Le législateur a institué une incompatibilité qui n'est limitée ni en fonction du grade de la personne élue, ni en fonction des responsabilités exercées, ni en fonction du lieu d'exercice de ces responsabilités, ni en fonction de la taille des communes. Eu égard au nombre de mandats municipaux avec lesquels l'ensemble des fonctions de militaire de carrière ou assimilé sont ainsi rendues incompatibles, le législateur a institué une interdiction qui, par sa portée, excède manifestement ce qui est nécessaire pour protéger la liberté de choix de l'électeur ou l'indépendance de l'élu contre les risques de confusion ou de conflits d'intérêts. – **Non-conformité** avec effet différé au 1er janv. 2020 ou au prochain renouvellement général des conseils municipaux s'il intervient avant cette date.

		– **Décision de renvoi :** CE, QPC, 24 sept. 2014, n° 381698 : *AJDA 2014. 1857.* – **Application de la décision :** CE 2 févr. 2015, *n° 382753.*
2014	5 déc.	**Majoration de la pension au titre de l'assistance d'une tierce personne** **2014-433 QPC.** M. André D. : *JO 7 déc., p. 20464 ; Rec. Cons. const. 544 ; AJDA 2014. 2396 ; D. 2014. 2526 ; JCP 2016, n° 11, p. 527, chron. Verpeaux et Macaya :* – **C. pens. retr., art. L. 30, al. 2.** – Absence d'atteinte au principe d'égalité (DDH, art. 6). Les fonctionnaires qui ont été contraints de prendre une retraite anticipée parce qu'ils étaient dans l'incapacité permanente de continuer leurs fonctions et ne pouvaient être reclassés et les fonctionnaires qui ont volontairement pris leur retraite, le cas échéant de façon anticipée, ne se trouvent pas dans la même situation au regard des droits à une pension. Par ailleurs, le principe d'égalité ne s'oppose pas à ce que, pour l'attribution d'une aide en vue de l'assistance à tierce personne, le législateur réserve la majoration spéciale de la pension aux fonctionnaires retraités atteints d'une maladie professionnelle dont l'imputabilité au service est reconnue postérieurement à la date de radiation des cadres et prévoit ainsi que s'appliquent, pour les autres fonctionnaires retraités atteints d'un handicap, les règles de droit commun prévues par le CASF. – **Conformité.** – **Décision de renvoi :** CE, QPC, 26 sept. 2014, n° 376446 : *Gaz. Pal. 2014, n°s 281-282, p. 27.* – **Application de la décision :** CE, 4 févr. 2015, n° 376446 : *AJDA 2015. 1076.*
2014	5 déc.	**Tarif des examens de biologie médicale** **2014-434 QPC.** Sté de laboratoires de biologie médicale Bio Dômes Unilabs SELAS : *JO 7 déc., p. 20465 ; Rec. Cons. const. 547 ; AJDA 2014. 2393 ; D. 2014. 2528Constitutions 2015. 110, chron. Sztulman ; Dr. adm. 2015, n° 5, p. 18, chron. de Montalivet ; RDLC 2015, n° 2, p. 192, note Martucci :* – **CSP, art. L. 6211-21** (dans sa rédaction résultant de la L. n° 2013-442 du 30 mai 2013 portant réforme de la biologie médicale). – Absence d'atteinte à la liberté d'entreprendre et au principe d'égalité (DDH, art. 4 et 6). En adoptant les dispositions contestées, le législateur a entendu favoriser le développement des laboratoires de biologie médicale intégrés aux établissements de santé afin de maintenir des compétences en biologie médicale dans ces établissements et sur l'ensemble du territoire. Il a également entendu encourager les contrats de coopération entre les laboratoires de biologie médicale pour que ceux-ci, lorsqu'ils sont situés dans un même territoire médical infrarégional, mutualisent certains de leurs moyens. Par ailleurs, la sécurité sociale prend en charge une large part des dépenses dans le secteur de la biologie médicale. Ainsi, ces dispositions poursuivent un but d'intérêt général. Enfin, il n'appartient pas au Cons. const., qui ne dispose pas d'un pouvoir d'appréciation de même nature que celui du

		Parlement, de substituer son appréciation à celle du législateur sur le choix de poursuivre de tels objectifs plutôt que de favoriser la concurrence par les prix dans ce secteur. Il s'ensuit que les règles de tarification qui résultent de l'art. L. 6211-21 CSP n'entraînent pas une atteinte à la liberté d'entreprendre disproportionnée au regard des objectifs poursuivis et que les différences de traitement qui résultent des exceptions à la règle de facturation au tarif fixé sont en rapport direct avec l'objet de la loi. – Absence d'invocabilité possible à l'appui d'une QPC sur le fondement de l'art. 61-1 Const. 58 de l'objectif à valeur constitutionnelle de bon usage des deniers publics. – **Conformité**. – **Décision de renvoi :** CE, QPC, 1er oct. 2014, *Sté de laboratoires de biologie médicale Bio Dôme Unilabs*, n° 382500.
2014	5 déc.	**Contribution exceptionnelle sur les hauts revenus** **2014-435 QPC.** M. Jean-François V. : *JO 7 déc., p. 20465 ; Rec. Cons. const. 550 ; D. 2014. 2528 ; JCP 2014, n° 51, p. 2324 ; LPA 2014, n° 250, p. 5, note Pando ; NCCC 2015, n° 47, p. 216, chron. Austry ; RJF 2015, n° 2, p. 140 ; Dr. fisc. 2015, n° 5, p. 77, note Lafaille ; Gaz. Pal. 2015, nos 177-178, p. 19, note Disant ; JCP 2016, n° 11, p. 527, chron. Verpeaux et Macaya* : – L. n° 2011-1977 du 28 déc. 2011, art. 2, § III, 1re phrase du A, mots : « à compter de l'imposition des revenus de l'année 2011 et ». – Absence de méconnaissance de la garantie des droits (DDH, art. 16) par le législateur en incluant dans l'assiette de la contribution exceptionnelle sur les hauts revenus perçus en 2011 et n'ayant pas fait l'objet d'un prélèvement libératoire de l'impôt sur le revenu. **Toutefois**, en appliquant cette nouvelle contribution aux revenus ayant fait l'objet de ces prélèvements libératoires de l'impôt sur le revenu, les dispositions contestées ont remis en cause les effets qui pouvaient légitimement être attendus par les contribuables de l'application du régime des prélèvements libératoires. La volonté du législateur d'augmenter les recettes fiscales ne constitue pas un motif d'intérêt général suffisant pour mettre en cause les effets qui pouvaient légitimement être attendus d'une imposition à laquelle le législateur avait conféré un caractère libératoire pour l'année 2011. Dès lors, les mots : « à compter de l'imposition des revenus de l'année 2011 et » figurant à la 1re phrase du A du § III de l'art. 2 de la L. du 28 déc. 2011 ne sauraient, sans porter une atteinte injustifiée à la garantie des droits proclamée par l'art. 16 DDH, être interprétés comme permettant d'inclure dans l'assiette de la contribution exceptionnelle sur les hauts revenus due au titre des revenus de l'année 2011 les revenus de capitaux mobiliers soumis aux prélèvements libératoires de l'impôt sur le revenu prévus au § I de l'art. 117 *quater* et au § I de l'art. 125 A CGI : **Réserve**. – **Conformité sous réserve**. – **Décision de renvoi :** CE, QPC, 2 oct. 2014, n° 382284. – **Application de la décision :** CE 17 mai 2017, n° 402950.
2015	15 janv.	**Valeur des créances à terme pour la détermination de l'assiette des droits de mutation à titre gratuit et de l'ISF** **2014-436 QPC.** Mme Roxane S. : *JO 17 janv., p. 805 ; D. 2015. 161 ;*

		LPA 2015, n° 22, p. 4, note Perrotin ; RD fisc. 2015, n° 11, p. 56, note Pelletier ; NCCC 2015, n° 48, p. 221, chron. Austry ; JCP 2016, n° 36, p. 1607, chron. Mathieu et Verpeaux : – **CGI, art. 760**. – Absence d'atteinte au principe d'égalité (DDH, art. 6) pour l'art. 760, al. 1er, CGI qui pose la règle de principe suivant laquelle, pour le calcul de l'assiette de ces impositions, les créances à terme sont évaluées à leur valeur nominale et non à leur valeur estimative : **Conformité**. – Absence de méconnaissance des principes d'égalité devant la loi et devant les charges publiques (DDH, art. 6 et 13) pour l'art. 760, al. 2 CGI qui prévoit par dérogation au principe de l'imposition des créances à terme sur leur valeur nominale, que l'assiette de l'impôt est déterminée d'après la déclaration estimative lorsque à la date du fait générateur de l'impôt le débiteur « se trouve en état de faillite, de procédure de sauvegarde, de redressement ou liquidation judiciaires ou de déconfiture ». Le législateur a ainsi entendu prendre en compte l'incidence, sur la valeur des créances à terme, des difficultés que le débiteur rencontre pour s'acquitter de ses obligations : **Conformité**. – Méconnaissance du principe d'égalité devant les charges publiques (DDH, art. 13) pour l'art. 760, al. 3 CGI qui prévoit que, lorsqu'une créance à terme a été soumise à l'impôt sur une base estimative en application du 2e al. de ce même art., le créancier est tenu de déclarer toute somme supplémentaire recouvrée postérieurement à l'évaluation en sus de celle-ci. L'imposition supplémentaire qui en résulte n'est ainsi pas soumise à la condition que la créance avait été sous-évaluée à la date du fait générateur de l'impôt. Le contribuable n'est ainsi pas en mesure d'apporter la preuve de ce que la capacité du débiteur de payer une somme excédant la valeur à laquelle la créance avait été évaluée résulte de circonstances postérieures au fait générateur de l'impôt. En conséquence, que les dispositions du 3e al. instituent des modalités de fixation de l'assiette de l'impôt qui sont sans rapport avec l'appréciation des facultés contributives des contribuables assujettis à l'impôt : **Non-conformité**. – **Conformité des al. 1er et 2 de l'art. 760 CGI et non-conformité de l'al. 3 de l'art. 760 CGI**, avec effet à compter de la publication de la Décis. et applicabilité à toutes les affaires non jugées définitivement à cette date. – **Décision de renvoi :** Com., QPC, 15 oct. 2014, n° 14-15.141. – **Application de la décision :** Com. 27 mai 2015, n° 14-15.141.
2015	16 janv.	**Conversion d'office de la procédure de sauvegarde en une procédure de redressement judiciaire** **2014-438 QPC.** SELARL GPF Claeys : *JO 18 janv., p. 842 ; D. 2015. 156 ; Rev. sociétés 2015. 201, obs. Henry ; Procédures 2015, n° 4, p. 34, note Rolland ; NCCC 2015, n° 48, p. 195, chron. Piazzon ; JCP 2016, n° 36, p. 1607, chron. Mathieu et Verpeaux* : – **C. com., art. L. 612-12, al. 2, 2e phrase**. – Absence de méconnaissance du principe d'impartialité (DDH, art. 16). L'objet de l'art. L. 612-12 C. com. est de permettre que, lorsqu'il apparaît que la situation du débiteur correspond non à celle prévue pour la sauvegarde de l'entreprise mais à celle prévue pour la

		procédure de redressement judiciaire, l'ouverture de cette dernière ne soit pas retardée afin d'éviter l'aggravation irrémédiable de la situation de l'entreprise. A ce titre, le législateur a poursuivi un but d'intérêt général. Par ailleurs, la dernière phrase du 2e al. de cet art. prévoit que le juge prononce la conversion de la procédure après avoir entendu ou dûment appelé le débiteur. Ainsi, le pouvoir conféré au tribunal de convertir d'office la procédure de sauvegarde en une procédure de redressement judiciaire est exercé dans le respect du principe du contradictoire. – **Conformité.** – **Décision de renvoi :** Com., QPC, 21 oct. 2014, n° 14-40.038.
2015	20 janv.	**Régime fiscal d'opérations réalisées avec des États ou des territoires non coopératifs** **2014-437 QPC.** Assoc. fr. des entreprises privées et a. : *JO 23 janv., p. 1025 ; D. 2015. 205 ; RD fisc. 2015, n° 12, p. 3, note Lafaille ; ibid., p. 38, note Kouraleva-Cazals ; LPA 2015, n° 33, p. 4, note Perrotin ; ibid. 2017, n° 21, p. 6, chron. Verpeaux ; Dr. fisc. 2015, n° 12, p. 38, note Kouraleva-Cazals ; ibid., n° 12, p. 3, note Lafaille ; ibid., p. 221, chron. Austry ; JCP 2016, n° 36, p. 1607, chron. Mathieu et Verpeaux* : – **CGI, dispositions des art. 39 *duodecies*-2-C ; 145-6-j ; 219, § I-0 *ter*-a *sexies*, combinées à celles de l'art. 238-0 A.** – Absence de méconnaissance du principe d'égalité devant la loi (DDH, art. 6). En adoptant les dispositions contestées, le législateur a entendu lutter contre les « paradis fiscaux ». Il a poursuivi un but de lutte contre la fraude fiscale des sociétés qui réalisent des investissements ou des opérations financières dans les États et les territoires non coopératifs. Ce but constitue un objectif de valeur constitutionnelle. Ainsi, le législateur a institué, entre les contribuables qui perçoivent des produits de titres de sociétés établies dans un État ou un territoire non coopératif ou qui réalisent des plus-values à l'occasion de la cession de titres de ces dernières et les autres contribuables, une différence de traitement fondée sur des critères en rapport direct avec l'objet de la loi : **Conformité.** – Absence d'atteinte au principe d'égalité devant les charges publiques (DDH, art. 13). Le niveau d'imposition susceptible de résulter, au titre de la loi fiscale française, de l'application des dispositions contestées n'est pas tel qu'il en résulterait une imposition confiscatoire. ***Toutefois***, les dispositions contestées ne sauraient, sans porter une atteinte disproportionnée au principe d'égalité devant les charges publiques, faire obstacle à ce que, à l'instar de ce que le législateur a prévu pour d'autres dispositifs fiscaux applicables aux opérations réalisées dans un État ou un territoire non coopératif, notamment aux art. 125 A, 182 A *bis* et 182 B CGI, le contribuable puisse être admis à apporter la preuve de ce que la prise de participation dans une société établie dans un tel État ou territoire correspond à des opérations réelles qui n'ont ni pour objet ni pour effet de permettre, dans un but de fraude fiscale, la localisation de bénéfices dans un tel État ou territoire : **Réserve.** – **Conformité sous réserve.** – **Décision de renvoi :** CE, QPC, 20 oct. 2014, *Assoc. fr. des entreprises privées et a.*, n° 383259.

		– **Application de la décision :** CE 8 juin 2016, *Assoc. fr. des entreprises privées et a.*, n° 383259 B : *AJDA 2016. 1205.*
2015	23 janv.	**Déchéance de nationalité** **2014-439 QPC.** M. Ahmed S. : *JO 25 janv., p. 1150 ; AJDA 2015. 134 ; ibid. 1000, note Pauvert ; D. 2015. 208 ; ibid. 2465, obs. Roujou de Boubée, Garé, Ginestet, Gozzi et Mirabail ; AJ pénal 2015. 201, obs. Chassang ; Constitutions 2015. 253, chron. Le Bot ; Rev. crit. DIP 2015. 115, note Lagarde ; JCP 2015, n° 5, p. 190, note Spinosi ; ibid. 2016, n° 36, p. 1607, chron. Mathieu et Verpeaux ; JCP Adm. 2015, n° 5, p. 7 ; RJPF 2015, n° 3, p. 15, note Putman ; NCCC 2015, n° 48, p. 164, chron. Roblot-Troizier ; ibid., p. 178, chron. Peltier ; ibid., n° 48, p. 195, chron. Piazzon ; ibid., p. 231, chron. Surrel ; RFDC 2015. 715, note Catelan ; LPA 2017, n° 21, p. 6, chron. Bezzina :* – **C. civ., art. 25 et 25-1, mots : « ou pour un crime ou un délit constituant un acte de terrorisme ».** – Absence d'atteinte au principe d'égalité (DDH, art. 6). Depuis la Décis. n° 96-377 DC du 16 juill. 1996, la faculté de prononcer la déchéance de nationalité a été étendue dans la mesure où, en vertu de la L. n° 2003-1119 du 26 nov. 2003 relative à la maîtrise de l'immigration, au séjour des étrangers en France et à la nationalité, cette déchéance peut être prononcée pour des faits antérieurs à l'acquisition de la nationalité. Cette possibilité nouvelle ne conduit pas à un allongement du délai au cours duquel la nationalité française peut être remise en cause. – Absence de méconnaissance des principes de nécessité et de proportionnalité des peines (DDH, art. 8). Les dispositions contestées subordonnent la déchéance de nationalité à la condition que la personne a été condamnée pour des actes de terrorisme. Elles ne peuvent conduire à ce que la personne soit rendue apatride. Eu égard à la gravité toute particulière que revêtent par nature les actes de terrorisme, les dispositions contestées instituent une sanction ayant le caractère d'une punition qui n'est pas manifestement disproportionnée. – **Conformité.** – **Décision de renvoi :** CE, QPC, 31 oct. 2014, *M. A. B.*, n° 383664 : *AJDA 2014. 2160 ; Gaz. Pal. 2014, n°s 313-317, p. 27.* – **Application de la décision :** CE 11 mai 2015, n° 383664 A : *D. 2015. 1099, obs. Lepoutre.*
2015	23 janv.	**Récupération des charges locatives relatives aux énergies de réseaux** **2014-441/442/443 QPC.** Mme Michèle C. et a. : *JO 25 janv., p. 1151 ; D. 2015. 209 ; ibid. 779, note Gahdoun ; AJDI 2015. 285, obs. Damas ; AJDA 2015. 731 ; JCP Adm. 2015, n° 5, p. 7 ; NCCC 2015, n° 48, p. 195, chron. Piazzon ; JCP 2016, n° 36, p. 1607, chron. Mathieu et Verpeaux :* – **CCH, art. L. 442-3, mots : « ou d'un contrat d'achat d'électricité, d'énergie calorifique ou de gaz naturel combustible, distribués par réseaux »** (dans sa version issue de la L. n° 2010-1488 du 7 déc. 2010 portant nouvelle organisation du marché de l'électricité).

		– Absence d'atteinte au principe d'égalité (DDH, art. 6). Les dispositions contestées permettent au bailleur de récupérer auprès de son locataire l'intégralité des sommes versées dans le cadre d'un contrat d'achat d'électricité, d'énergie calorifique ou de gaz naturel combustible, distribués par réseaux. Pour les autres modes de chauffage collectif, le propriétaire ne peut récupérer que les dépenses relatives au combustible, à la fourniture d'énergie et aux dépenses d'exploitation, d'entretien courant et de menues réparations. Le principe d'égalité devant la loi n'impose pas que les règles de récupération des charges locatives pour les dépenses liées au chauffage soient identiques quel que soit le mode de chauffage retenu. Les dispositions contestées incitent à recourir aux énergies de réseau dans un but de protection de l'environnement. Ainsi, la différence de traitement qui en résulte, s'agissant des charges que l'organisme d'habitations à loyer modéré peut récupérer auprès de ses locataires, est en lien direct tant avec une différence de situation qu'avec l'objectif d'intérêt général que le législateur s'est assigné. – Absence d'atteinte au droit au maintien des conventions légalement conclues (DDH, art. 4 et 16). En modifiant y compris pour les baux en cours, le cadre légal applicable à la détermination des charges récupérables pour les habitations à loyer modéré, le législateur n'a pas porté atteinte aux conventions légalement conclues. – **Conformité**. – **Décision de renvoi :** Civ. 3e, QPC, 5 nov. 2004, nos 14-40.039, 14-40.040 et 14-40.041 : *D. actu. 1er déc. 2014, obs. Dreveau ; JCP 2014, no 49, p. 2203.*
2015	23 janv.	**2014-4909 SEN.** Yonne : *JO 25 janv., p. 1154 ; Constitutions 2015. 277, chron. Richaud ; LPA 2017, no 22, p. 6, chron. Macaya :* – **C. élect., art. L. O. 135.** – Absence d'atteinte au principe d'égalité et au droit d'éligibilité (DDH, art. 6). L'art. 23 Const. 58 a rendu incompatibles les fonctions de membre du Gouvernement et l'exercice d'un mandat parlementaire. En complément, a été créée l'interdiction, mentionnée à l'art. L.O. 135 C. élect., pour la personne élue à cet effet en même temps qu'un député (ou un sénateur), de faire acte de candidature contre celui-ci lors de l'élection suivante si elle a été appelée à le remplacer en raison de ce qu'il avait accepté des fonctions gouvernementales. Cette interdiction a pour objet, eu égard à l'intérêt qui s'attache à ce que les parlementaires puissent être nommés membres du Gouvernement, d'opérer une conciliation entre, d'une part, l'incompatibilité entre l'acceptation de ces fonctions et la poursuite de leur mandat, résultant de l'art. 23 Const. 58, qui rend nécessaire, en vertu de l'avant-dernier al. de l'art. 25, leur remplacement dans l'exercice de leur mandat par la personne élue en même temps qu'eux à cet effet et, d'autre part, l'intérêt qui s'attache à ce que cette incompatibilité et le remplacement qu'elle rend nécessaire ne produisent pas des effets manifestement excessifs après la cessation de leurs fonctions gouvernementales. Ainsi, en interdisant au remplaçant d'un parlementaire nommé membre du Gouvernement de faire acte de candidature contre lui lors de l'élection suivante, le législateur a opéré une conciliation qui n'est pas manifestement disproportionnée entre les objectifs précités.

		– **Conformité**. – **Décision de renvoi :** CE, QPC, 7 nov. 2014, n° 384721.
2015	29 janv.	**Acceptation des libéralités par les associations déclarées** **2014-444 QPC.** Assoc. pour la recherche sur le diabète : *JO 31 janv., p. 1500 ; D. 2015. 269 ; NCCC 2015, n° 48, p. 195, chron. Piazzon ; ibid., p. 231, chron. Surrel ; Gaz. Pal. 2015, n°s 158-160, p. 27, note Thorricelli-Chifri ; JCP 2016, n° 36, p. 1607, chron. Mathieu et Verpeaux ; LPA 2017, n° 21, p. 6, chron. Verpeaux ; ibid. n° 24, p. 5, chron. Verpeaux* : – **L. du 1er juill. 1901, art. 6, al. 5** (dans sa rédaction antérieure à la L. n° 2014-856 du 31 juill. 2014 relative à l'économie sociale et solidaire). – Absence d'atteinte au droit de propriété et à la liberté contractuelle des associations (DDH, art. 2, 4 et 17). Ni le PFRLR relatif à la liberté d'association, ni aucune autre exigence constitutionnelle n'imposent que toutes les associations déclarées jouissent de la capacité de recevoir des libéralités. – Absence de méconnaissance du principe d'égalité (DDH, art. 6). En réservant la capacité d'accepter des libéralités aux seules associations déclarées « qui ont pour but exclusif l'assistance, la bienfaisance, la recherche scientifique ou médicale », le législateur a entendu favoriser par la L. n° 87-571 du 23 juill. 1987 sur le développement du mécénat, l'affectation de dons et legs à des associations déclarées en raison de l'intérêt général spécifique qu'il a reconnu à leur objet et à la nature de leur activité. Les différences de traitement qui en résultent sont en rapport direct avec l'objet de la loi. – **Conformité**. – **Décision de renvoi :** CE, QPC, 7 nov. 2014, *Assoc. pour la recherche sur le diabète*, n° 383872 : *Gaz. Pal. 2014, n°s 337-338, p. 30.*
2015	29 janv.	**Exonération de taxes intérieures de consommation pour les produits énergétiques faisant l'objet d'un double usage** **2014-445 QPC.** Sté ThyssenKrupp Electrical Steel Ugo SAS : *JO 31 janv., p. 1501 ; D. 2015. 269 ; NCCC 2015, n° 48, p. 221, chron. Austry ; Gaz. Pal. 2015, n°s 177-178, p. 10, note Méric ; LPA 2017, n° 214, p. 1, chron. Baghestani, Rimbault, Verpeaux et Bouaziz* : – **C. douanes, art. 265 C, § I, 2° et § II**. – Absence de méconnaissance par le législateur de l'étendue de sa compétence. Cette méconnaissance dans la détermination de l'assiette ou du taux d'une imposition n'affecte par elle-même aucun droit ou liberté que la Constitution garantit. Ainsi, doit être écarté le grief selon lequel le législateur aurait méconnu l'étendue de sa compétence en renvoyant au décret le soin de fixer des règles relatives à l'assiette des taxes intérieures de consommation dont un contribuable peut être exonéré lorsqu'un produit énergétique fait l'objet d'un « double usage » au sens des dispositions préc. – **Conformité**. – **Décision de renvoi :** Com., QPC, 12 nov. 2014, n° 14-16.301 : *Gaz. Pal. 2015, n°s 177-178, p. 10, note Méric.*
2015	29 janv.	**Détention provisoire – examen par la chambre de l'instruction de renvoi**

		2014-446 QPC. M. Maxime T. : *JO 31 janv., p. 1502 ; D. 2015. 267 ; ibid. 1738, obs. Pradel ; AJ pénal 2015. 209, obs. Perrier ; NCCC 2015, n° 48, p. 182, chron. Bonis-Garçon ; ibid., p. 231, chron. Surrel ; RFDC 2015. 713, note Perrier ; JCP 2016, n° 36, p. 1607, chron. Mathieu et Verpeaux ; LPA 2017, n° 24, p. 5, chron. Bouaziz* : – **C. pr. pén., art. 194, al. 4**. – Absence d'atteinte au principe de l'interdiction de la détention arbitraire (Const. 58, art. 66), au principe du droit à un recours juridictionnel effectif (DDH, art. 16) concernant l'absence de disposition législative fixant un délai maximum dans lequel la chambre de l'instruction doit statuer lorsqu'elle est saisie en matière de détention provisoire sur renvoi de la Cour de cassation. ***Toutefois***, en matière de privation de liberté, le droit à un recours juridictionnel effectif impose que le juge judiciaire soit tenu de statuer dans les plus brefs délais. Ainsi, il appartient aux autorités judiciaires, sous le contrôle de la Cour de cassation, de veiller au respect de cette exigence, y compris lorsque la chambre de l'instruction statue sur renvoi de la Cour de cassation : **Réserve**. – **Conformité sous réserve**. – **Décision de renvoi :** Crim., QPC, 12 nov. 2014, n° 14-86.016.
2015	6 févr.	**Effet du plan de redressement judiciaire à l'égard des cautions** **2014-447 QPC.** Épx R. : *JO 8 févr., p. 2325 ; D. 2015. 318 ; ibid. 898, note Juillet ; RTD com. 2015. 369, obs. Martin-Serf ; RLDC 2015, n° 125, p. 36, note Pouliquen ; NCCC 2015, n° 48, p. 195, chron. Piazzon ; JCP 2016, n° 36, p. 1607, chron. Mathieu et Verpeaux* : – **L. n° 85-98 du 25 janv. 1985 relative au redressement et à la liquidation judiciaire des entreprises, art. 64, al. 2, mots « cautions solidaires et ».** Cet art. est relatif aux effets du plan arrêté par le jugement rendu dans le cadre d'une procédure de redressement judiciaire. Il prévoit que les dispositions de ce plan sont opposables, à tous à l'exception des cautions solidaires et des coobligés. Ainsi, les cautions solidaires demeurent tenues directement au paiement de l'intégralité de la créance. – Absence de méconnaissance du principe d'égalité (DDH, art. 6). Le C. civ. distingue la caution simple de la caution solidaire et prévoit que l'engagement de cette dernière est renforcé. En ne permettant pas aux cautions solidaires de se prévaloir des mesures arrêtées par le plan de redressement, le législateur a, comme il lui est loisible de le faire, spécifiquement maintenu la portée de l'engagement de la caution solidaire dans le cadre d'un plan de redressement judiciaire. Le principe d'égalité devant la loi n'impose pas d'uniformiser les régimes juridiques de la caution simple et de la caution solidaire. – **Conformité**. – **Décision de renvoi :** Com., QPC, 18 nov. 2014, n° 14-16.264. – **Application de la décision :** Com., 13 oct. 2015, n° 14-16.264.
2015	6 févr.	**Agression sexuelle commise avec une contrainte morale** **2014-448 QPC.** M. Claude A. : *JO 8 févr., p. 2326 ; D. 2015. 324 ; ibid. 2465, obs. Roujou de Boubée, Garé, Ginestet, Gozzi et Mirabail ; RSC 2015. 86, obs. Mayaud ; AJ pénal 2015. 248, note Dreyer ; Gaz. Pal., nos 137-139, p. 40, note Detraz ; NCCC 2015, n° 48, p. 178, chron.*

		Peltier ; RFDC 2015. 705, note Perrier ; JCP 2016, n° 36, p. 1607, chron. Mathieu et Verpeaux ; LPA 2016, n° 158, p. 13, note Camus ; LPA 2017, n° 24, p. 5, chron. Bezzina : – **C. pén., art. 222-22-1.** – Absence d'atteinte au principe de légalité des délits et des peines (DDH, art. 8). Pour que le crime de viol ou le délit d'agression sexuelle soit constitué, la juridiction de jugement doit constater que les faits ont été commis avec « violence, contrainte, menace, ou surprise ». Ainsi, la contrainte est au nombre des éléments constitutifs de ces infractions. En précisant que la contrainte peut résulter de la différence d'âge existant entre une victime mineure et l'auteur des faits et de l'autorité de droit ou de fait que celui-ci exerce sur cette victime, la 2de phrase de l'art. 222-22-1 C. pén. a pour seul objet de désigner certaines circonstances de fait sur lesquelles la juridiction saisie peut se fonder pour apprécier si, en l'espèce, les agissements dénoncés ont été commis avec contrainte. En conséquence, elle n'a pas pour objet de définir les éléments constitutifs de l'infraction. Il s'ensuit que, dès lors qu'il ne résulte pas de ces dispositions qu'un des éléments constitutifs du viol ou de l'agression sexuelle est, dans le même temps, une circonstance aggravante de ces infractions, ces dispositions ne méconnaissent pas le principe de légalité des délits. – **Conformité.** – **Décision de renvoi :** Crim., QPC, 13 nov. 2014, n° 14-81.249.
2015	6 févr.	**Transfert d'office du portefeuille de contrats d'assurance** **2014-449 QPC**. Sté Mutuelle des transports assurances : *JO 8 févr., p. 2326 ; AJDA 2015. 246 ; D. 2015. 319 ; ibid. 1863, obs. Neyret et Reboul-Maupin ; ibid. 2145, obs. Martin et Synvet ; JCP 2015, n° 13, p. 597, note Roussille ; ibid. 2016, n° 36, p. 1607, chron. Mathieu et Verpeaux ; RJS 2015, n° 4, p. 268 ; LPA 2017, n° 24, p. 5, chron. Baghestani* : – **C. mon. fin., art. L. 612-33, § I, 8°, mots : « tout ou partie du portefeuille des contrats d'assurance ou de règlements ou de bulletins d'adhésion à des contrats ou règlements des personnes mentionnées aux 1°, 3° et 5° du B du I de l'article L. 612-2 ainsi que ».** Selon ces dispositions, l'Autorité de contrôle prudentiel et de résolution peut prononcer, à titre de mesure de police administrative édictée à des fins conservatoires des droits des assurés et de la stabilité du marché, le transfert d'office de tout ou partie du portefeuille des contrats d'assurance ou de règlements ou de bulletins d'adhésion à des contrats ou règlements des entreprises, mutuelles et unions mutualistes, institutions de prévoyance, unions et groupements paritaires de prévoyance exerçant une activité d'assurance directe. Le 1er al. du § I de l'art. L. 612-33 C. mon. fin. énonce les motifs susceptibles de justifier un tel transfert d'office du portefeuille. En particulier, l'Autorité de contrôle prudentiel et de résolution peut prononcer ce transfert « lorsque la solvabilité ou la liquidité d'une personne soumise au contrôle de l'Autorité ou lorsque les intérêts de ses clients, assurés, adhérents ou bénéficiaires, sont compromis ou susceptibles de l'être ». – Atteinte au droit de propriété (DDH, art. 17). Le transfert d'office de tout ou partie du portefeuille s'opère sur décision de l'Autorité de

		contrôle prudentiel et de résolution, sans que soit laissée à la personne visée la faculté, pendant une période préalable, de procéder elle-même à la cession de tout ou partie de ce portefeuille. Dans ces conditions, le transfert d'office du portefeuille de contrats d'assurance d'une personne titulaire d'un agrément entraîne une privation de propriété au sens de l'art. 17 DDH. Par ailleurs, ni les dispositions contestées ni aucune autre disposition n'assurent le respect des exigences qui résultent de cet art. – **Non-conformité** avec effet à compter de la publication de la Décis. et applicabilité à toutes les affaires non jugées définitivement à cette date. – **Décision de renvoi :** CE, QPC, 21 nov. 2014, Sté Mutuelle des transports assurances, n° 384353 B : *AJDA 2014. 2279 ; ibid. 2015. 348, note Christelle ; D. 2015. 2145, obs. Martin et Synvet ; Gaz. Pal. 2014, n°s 337-338, p. 30.* – **Application de la décision :** CE 15 févr. 2016, n° 384353.
2015	13 févr.	**Conditions de prise de possession d'un bien ayant fait l'objet d'une expropriation pour cause d'utilité publique II** **2014-451 QPC.** EARL Ferme Larrea : *JO 15 févr., p. 2934 ; AJDA 2015. 311 ; D. 2015. 377 ; ibid. 1863, obs. Neyret et Reboul-Maupin ; RDI 2015. 172, obs. Hostiou ; JCP 2015, n° 18, p. 907, chron. Mathieu ; ibid. 2016, n° 36, p. 1607, chron. Mathieu et Verpeaux ; NCCC 2015, n° 48, p. 231, chron. Surrel ; LPA 2017, n° 24, p. 5, chron. Baghestani* : – **C. expr., art. L. 15-2** (dans sa rédaction issue de la L. n° 2013-431 du 28 mai 2013 portant diverses dispositions en matière d'infrastructures et de services de transports). Cet art. permet à l'expropriant, en cas d'appel de l'ordonnance du juge fixant l'indemnité d'expropriation, de prendre possession des biens expropriés, moyennant le versement à l'exproprié d'une indemnité inférieure à celle fixée par le juge de première instance. – Absence d'atteinte au droit de propriété (DDH, art. 17). La prise de possession du bien exproprié est subordonnée au paiement par l'expropriant de la totalité de la somme fixée par le juge de première instance, soit entre les mains de l'exproprié, soit par consignation de la fraction de l'indemnité d'expropriation qui n'est pas versée à l'exproprié. Par ailleurs, la mise en œuvre d'une faculté de consignation est soumise à une autorisation juridictionnelle. Ensuite, il incombe à la juridiction compétente pour délivrer cette autorisation de fixer le montant de la consignation sans que celui-ci puisse être supérieur à l'écart entre la proposition faite par l'expropriant et l'indemnité fixée par le juge de première instance. Enfin, cette consignation valant paiement ne peut être autorisée que lorsque le juge constate l'existence d'indices sérieux laissant présumer qu'en cas d'infirmation l'expropriant ne pourrait recouvrer tout ou partie des sommes qui lui seraient dues en restitution. Mais en tout état de cause, l'indemnisation doit couvrir l'intégralité du préjudice direct, matériel et certain, causé par l'expropriation. Par suite, lorsque l'indemnité définitivement fixée excède la fraction de l'indemnité fixée par le juge de première instance qui a été versée à l'exproprié lors de la prise de possession du bien,

		l'exproprié doit pouvoir obtenir la réparation du préjudice résultant de l'absence de perception de l'intégralité de l'indemnité d'expropriation lors de la prise de possession : **Réserve**. – Absence d'atteinte au principe d'égalité (DDH, art. 6). En adoptant les dispositions contestées, le législateur a entendu faire obstacle aux difficultés de recouvrement par l'expropriant auprès de l'exproprié du surcroît d'indemnité d'expropriation lorsque le montant de l'indemnité définitive est inférieur à celui qui avait été fixé par le juge de première instance. La différence de traitement entre les personnes expropriées, selon qu'il existe ou non des indices sérieux laissant présumer qu'en cas d'infirmation du jugement de première instance fixant le montant de l'indemnité d'expropriation l'expropriant ne pourrait recouvrer tout ou partie des sommes qui lui seraient dues en restitution, est en rapport direct avec l'objectif d'intérêt général poursuivi par cette mesure conservatoire. – **Conformité sous réserve.** – **Décision de renvoi :** Civ. 3e, QPC, 18 déc. 2014, n° 14-40.046 P : *AJDA 2014. 2505.*
2015	27 févr.	**Sanctions disciplinaires des militaires – Arrêts simples** **2014-450 QPC.** M. Pierre T. et a. : *JO 1er mars, p. 4021 ; AJDA 2015. 424 ; D. 2015. 492 ; AJFP 2015. 244, comm. Videlin ; RFDA 2015. 308, chron. Roblot-Troizier ; NCCC 2015, n° 48, p. 231, chron. Surrel ; LPA 2015, n° 142, p. 3, note Mulier ; ibid. 2017, n° 22, p. 6, chron. Verpeaux ; JCP 2016, n° 36, p. 1607, chron. Mathieu et Verpeaux* : – **C. défense, art. L. 4137-2, 1°, *e*), mots : « en tant qu'il prévoit la sanction des arrêts ».** – Inopérance du grief selon lequel législateur aurait insuffisamment encadré les modalités d'exécution d'une sanction qui affecte la liberté individuelle. Les dispositions contestées n'instituent pas une sanction disciplinaire entraînant une privation de liberté. – Absence de méconnaissance par le législateur de l'étendue de sa compétence compte tenu des obligations particulières attachées à l'état militaire et des restrictions à l'exercice de la liberté d'aller et de venir qui en résultent en prévoyant, au *e*) du 1° de l'art. L. 4137-2 C. défense, la sanction des arrêts parmi les sanctions disciplinaires applicables aux militaires, sans en définir plus précisément les modalités d'application. L'art. L. 311-13 CJM pose une limite de 60 jours à la durée maximale de la sanction des arrêts. Par ailleurs, l'art. L. 4137-1 C. défense institue les garanties procédurales applicables lorsqu'une procédure de sanction est engagée : l'intéressé a droit à la communication de son dossier individuel, il est informé par l'administration de ce droit à communication, il peut préparer et présenter sa défense. – **Conformité.** – **Décision de renvoi** : CE, QPC, 17 déc. 2014, *M. B.*, n° 384984 : *AJDA 2014. 2505 ; Gaz. Pal. 2015, nos 35-36, p. 26.*
2015	27 févr.	**Mandat d'arrêt à l'encontre des personnes résidant hors du territoire de la République** **2014-452 QPC.** M. Olivier J. : *JO 1er mars, p. 4022 ; D. 2015. 490 ;*

		NCCC 2015, n° 48, p. 231, chron. Surrel ; RFDC 2015. 700, note Perrier ; JCP 2016, n° 36, p. 1607, chron. Mathieu et Verpeaux : – **C. pr. pén., art. 131, mots : « ou si elle réside hors du territoire de la République ».** – Absence d'atteinte au principe d'égalité (DDH, art. 6). La personne résidant sur le territoire de la République et celle résidant hors de ce territoire ne sont pas dans une situation identique au regard de la capacité des autorités judiciaires d'ordonner directement des mesures coercitives à leur encontre. En conséquence, le législateur a permis au juge d'instruction de décerner un mandat d'arrêt à l'encontre d'un personne résidant hors du territoire de la République même si elle n'est pas en fuite. La différence de traitement qui résulte de la différence de situation est en rapport direct avec l'objet des dispositions contestées. – Absence d'atteinte au principe de rigueur nécessaire (DDH, art. 7 et Const. 58, art. 34). Les dispositions contestées ont pour objet d'assurer la recherche des personnes résidant hors du territoire de la République à l'encontre desquelles le mandat d'arrêt est décerné ainsi que leur représentation en justice. Pour décerner un tel mandat, il appartient au juge d'instruction d'apprécier le caractère nécessaire et proportionné du recours à cette mesure de contrainte en fonction des circonstances de l'espèce. Sa décision est placée sous le contrôle de la chambre de l'instruction. Compte tenu de l'ensemble des conditions et des garanties fixées par le législateur et eu égard à l'objectif qu'il s'est assigné, les dispositions contestées n'instituent pas une rigueur qui ne serait pas nécessaire à la recherche des auteurs d'infractions. – **Conformité.** – **Décision de renvoi** : Crim., QPC, 17 déc. 2014, n° 14-83.876 P : *D. 2015. 13.*
2015	6 mars	**Possibilité de verser une partie de l'astreinte prononcée par le juge administratif au budget de l'État** **2014-455 QPC.** M. Jean de M. : *JO 8 mars, p. 4313 ; AJDA 2015. 479 ; D. 2015. 570 ; Constitutions 2015. 256, chron. Le Bot ; JCP Adm. 2015, n° 12, p. 9 ; JCP 2015, n° 18, p. 907, chron. Mathieu ; ibid. n°s 19-20, p. 944, note Trémolière ; ibid. 2016, n° 36, p. 1607, chron. Mathieu et Verpeaux ; NCCC 2015, n° 48, p. 211, chron. Gadhoun ; ibid., p. 231, chron. Surrel ; LPA 2017, n° 24, p. 5, chron. Bouaziz* : – **CJA, art. L. 911-8.** Le CJA permet à la juridiction administrative de prononcer une astreinte à l'encontre d'une personne morale de droit public ou d'un organisme de droit privé chargé de la gestion d'un service public afin d'assurer l'exécution de ses décisions. Selon l'art. L. 911-8, la juridiction peut décider qu'une part de l'astreinte ne sera pas versée au requérant et que cette part est affectée au budget de l'État. – Absence de méconnaissance du droit à l'exécution des décisions de justice, composante du droit à un recours juridictionnel effectif (DDH, art. 16). Lorsque la juridiction décide de prononcer, à titre provisoire ou définitif, une astreinte à l'égard de l'État, les art. L. 911-3 s. CJA lui permettent de fixer librement le taux de celle-ci afin qu'il soit de nature à assurer l'exécution de la décision juridictionnelle inexécutée. Par ailleurs, la faculté ouverte à la juridiction, par les dispositions contestées, de réduire le montant de l'astreinte effectivement mise à la charge de l'État s'exerce postérieurement à la liquidation de l'astreinte

		et relève du seul pouvoir d'appréciation du juge aux mêmes fins d'assurer l'exécution de la décision juridictionnelle. Le respect des exigences découlant de l'art. 16 DDH est garanti par le pouvoir d'appréciation ainsi reconnu au juge depuis le prononcé de l'astreinte jusqu'à son versement postérieur à la liquidation. – **Conformité**. – **Décision de renvoi :** CE, QPC, 19 déc. 2014, n° 382504 : *AJDA 2014. 2504 ; Gaz. Pal. 2015, n*[os] *21-22, p. 19.*
2015	6 mars	**Contribution exceptionnelle sur l'impôt sur les sociétés – Seuil d'assujettissement** **2014-456 QPC.** Sté Nextradio TV : *JO 8 mars, p. 4313 ; D. 2015. 565 ; LPA 2015, n*[os] *103-104, p. 3, note Perrotin ; JCP 2016, n° 36, p. 1607, chron. Mathieu et Verpeaux ; LPA 2017, n° 24, p. 5, chron. Baghestani* : – **CGI, art. 235 *ter* ZAA, § I, al. 4** (dans sa rédaction issue de la LFR n° 2011-1978 du 28 déc. 2008), **mots** : « , et pour la société mère d'un groupe mentionné à l'article 223 A, de la somme des chiffres d'affaires de chacune des sociétés membres de ce groupe ». Ces dispositions sont relatives au périmètre du chiffre d'affaires retenu comme seuil d'assujettissement à la contribution exceptionnelle sur l'impôt sur les sociétés dans le cas d'une société mère d'un groupe fiscalement intégré. Dans ce cas, le chiffre d'affaires à prendre en compte pour apprécier si le seuil d'assujettissement à la contribution exceptionnelle sur l'impôt sur les sociétés est atteint s'entend de la somme des chiffres d'affaires de chacune des sociétés membres de ce groupe. – Absence de méconnaissance du principe d'égalité devant l'impôt et les charges publiques (DDH, art. 13). Le législateur a fixé des conditions d'assujettissement spécifiques pour les sociétés membres de groupes fiscalement intégrés. La contribution est due par la société mère et le chiffre d'affaires de la société mère s'entend de la somme des chiffres d'affaires de chacune des sociétés membres de ce groupe. Ainsi, le législateur a entendu tenir compte de ce que la société mère est seule redevable de l'impôt sur les sociétés dû par l'ensemble des sociétés du groupe. Le seuil d'assujettissement retenu par le législateur est fondé sur un critère objectif et rationnel en rapport avec l'objectif poursuivi. Enfin, ces règles d'assujettissement, quelle que soit la nature de l'activité de certaines des sociétés du groupe, ne font pas peser sur la société mère une charge excessive au regard de ses facultés contributives et n'entraînent pas de rupture caractérisée de l'égalité devant les charges publiques. – **Conformité**. – **Décision de renvoi** : CE, QPC, 23 déc. 2014, *Sté Nextradio TV*, n° 385320.
2015	18 mars	**Cumul des poursuites pour délit d'initié et des poursuites pour manquement d'initié** **2014-453/454 QPC et 2015-462 QPC**. M. John L. et a. : *JO 20 mars, p. 5183 ; D. actu. 20 mars 2015, note Lasserre Capdeville ; AJDA 2015. 553 ; ibid. 1191, étude Idoux, Nicinski et Glaser ; D. 2015. 679 ; ibid. 874, point de vue Décima ; ibid. 894, note Le Fur et Schmidt ; ibid. 1506, obs. Mascala ; ibid. 1738, obs. Pradel ; ibid. 2465, obs. Roujou de Boubée, Garé, Ginestet, Gozzi et Mirabail ; ibid. 2016. 1091, note Le Fur ;*

Rev. sociétés 2015. 380, note Matsopoulou ; RSC 2015. 374, obs. Stasiak ; ibid. 705, obs. de Lamy ; RTD com. 2015. 317, obs. Rontchevsky ; AJ pénal 2015. 179, étude Bossan ; RFDA 2015. 1019, note Arnaud ; JCP 2015, n° 13, p. 605, note Sudre ; ibid., p. 609, note Robert ; ibid., n° 18, p. 907, chron. Mathieu ; ibid. 2016, n° 7, p. 367, chron. Mathieu ; ibid., n° 36, p. 1607, chron. Mathieu et Verpeaux ; LPA 2015, n° 59, p. 4, note Dufour ; ibid. n° 151, p. 4, note Mauzy ; ibid. 2017, n° 22, p. 6, chron. Macaya ; Gaz. Pal. 2015, n°s 133-136, p. 16, note Raschel ; ibid., n°s 137-139, p. 38, note Detraz ; ibid., n°s 177-178, p. 12, note Bonnet et Régis ; NCCC 2015, n° 48, p. 187, chron. Peltier ; ibid., p. 231, chron. Surrel ; RFDC 2015. 720, note Fucini ; Dr. adm. 2015, n° 7, p. 19, note Idoux ; ibid., p. 30, note Perroud ; Dr. pénal 2015, n° 5, p. 45, note Peltier ; Rev. pénit. 2015, n° 2, p. 419, note Peltier ; ibid., p. 367, note Botton ; ibid., n° 1, p. 150, note Robert ; ibid., n° 3, p. 521, note Bellezza ; RLC 2015, n° 44, p. 95, note Idoux :

– **C. pr. pén., art. 6, al. 1er ; C. mon. fin., art. L. 465-1, L. 621-15, L. 621-15-1, L. 621-16, L. 621-16-1, L. 621-20-1, L. 466-1.**

– Méconnaissance du principe de nécessité des délits et des peines (DDH, art. 8). Les art. L. 465-1 et L. 621-15 C. mon. fin. définissent et qualifient de la même manière le délit d'initié réprimé par le juge pénal et le manquement d'initié réprimé par l'AMF. Par ailleurs, les 2 répressions protègent les mêmes intérêts sociaux. Enfin, les faits réprimés par les 2 art. doivent être regardés comme susceptibles de faire l'objet de sanctions qui ne sont pas de nature différente : **Non-conformité**.

– Absence d'atteinte au principe d'égalité devant la loi pénale (DDH, art. 6). Il résulte des dispositions de l'art. 6 C. pr. pén. qu'une décision définitive d'une autorité administrative prononçant une sanction ayant le caractère d'une punition ne constitue pas une cause d'extinction de l'action publique : **Conformité**.

– Absence d'atteinte au principe de nécessité des délits et des peines (DDH, art. 8) et absence d'atteinte à la présomption d'innocence (DDH, art. 9). L'art. L. 621-20-1 C. mon. fin. prévoit les modalités selon lesquelles l'Autorité des marchés financiers communique au procureur de la République des informations sur les faits dont elle a connaissance lorsque ceux-ci sont susceptibles de constituer des délits et la possibilité pour le procureur de la République d'obtenir la communication de renseignements détenus par l'AMF.

– **Conformité des art. 6 C. pr. pén., mots « la chose jugée »** (dans sa rédaction issue de la L. n° 99-515 du 23 juin 1999 renforçant l'efficacité de la procédure pénale), **et L. 621-20-1 C. mon. fin.** (dans sa rédaction issue de la L. n° 2007-544 du 12 avr. 2007 relative aux marchés d'instruments financiers) **et non-conformité des art. L. 465-1** (dans sa rédaction issue de la L. n° 2005-842 du 26 juill. 2005 pour la confiance et la modernisation de l'économie), **L. 621-15 § II, c), mots « s'est livrée ou a tenté de se livrer à une opération d'initié ou », § II, d), mots « s'est livrée ou a tenté de se livrer à une opération d'initié ou », et des art. L. 466-1, dernière phrase** (dans sa rédaction issue de la L. du 22 oct. 2010 préc.), **L. 621-15-1, mots « L. 465-1 et »** (dans leur rédaction issue de la L. n° 2003-706

		du 1er août 2003 de sécurité financière), **L. 621-16 et L. 621-16-1, mots « L. 465-1 et »** (dans leur rédaction issue de la L. n° 2003-706 du 1er août 2003 de sécurité financière), **qui en sont inséparables avec effet au 1er sept. 2016. Toutefois**, afin de faire cesser l'inconstitutionnalité constatée à compter de la publication de la Décis., des poursuites ne pourront être engagées ou continuées sur le fondement de l'art. L. 621-15 C. mon. fin. à l'encontre d'une personne autre que celles mentionnées au § II de l'art. L. 621-9 du même code dès lors que des premières poursuites auront déjà été engagées pour les mêmes faits et à l'encontre de la même personne devant le juge judiciaire statuant en matière pénale sur le fondement de l'art. L. 465-1 du même code ou que celui-ci aura déjà statué de manière définitive sur des poursuites pour les mêmes faits et à l'encontre de la même personne. De la même manière, des poursuites ne pourront être engagées ou continuées sur le fondement de l'art. L. 465-1 C. mon. fin. dès lors que des premières poursuites auront déjà été engagées pour les mêmes faits et à l'encontre de la même personne devant la commission des sanctions de l'AMF sur le fondement des dispositions contestées de l'art. L. 621-15 du même code ou que celle-ci aura déjà statué de manière définitive sur des poursuites pour les mêmes faits à l'encontre de la même personne. – **Décisions de renvoi :** Crim., QPC, 17 déc. 2014, n° 14-90.042 : *D. 2015. 7.* – Crim., QPC, 17 déc. 2014, n° 14-90.043 : *D. 2015. 8 ; Gaz. Pal. 2015, nos 177-178, p. 12, note Bonnet et Régis.* – Crim., QPC, 28 janv. 2015, *n° 14-90.049 : Gaz. Pal. 2015, nos 177-178, p. 12, note Bonnet et Régis.* – **Applications de la décision :** CE 15 avr. 2016, n° 396696 B : *AJDA 2016. 753.* – CE 27 mai 2016, *n° 397663.*
2015	20 mars	**Composition du conseil national de l'ordre des pharmaciens statuant en matière disciplinaire** **2014-457 QPC.** Mme Valérie C., épse D. : *JO 22 mars, p. 5345 ; AJDA 2015. 611 ; ibid. 1322, note Fouassier et van den Brink ; D. 2015. 687 ; Constitutions 2015. 259, chron. Le Bot ; JCP 2015, n° 18, p. 907, chron. Mathieu ; ibid. 2016, n° 36, p. 1607, chron. Mathieu et Verpeaux ; NCCC 2015, n° 48, p. 231, chron. Surrel ; Dr. adm. 2015, n° 10, p. 46, note Brigant* : – **CSP, art. L. 4231-4, al. 2, 3 et 13.** – Méconnaissance du principe d'indépendance des juridictions (DDH, art. 16). Selon les dispositions de l'art. L. 4231-4, al. 2, 3 et 13 CSP, le directeur général de la santé ou le pharmacien inspecteur de santé publique qu'il désigne et le pharmacien du service de santé ne siègent pas en tant que membres nommés au sein du conseil national de l'ordre des pharmaciens statuant en matière disciplinaire mais en qualité de représentants respectivement du ministre chargé de la santé et du ministre chargé de l'outre-mer. Ces fonctionnaires siègent dans ce conseil statuant en matière disciplinaire avec voix consultative. – **Non-conformité avec effet au 1er janv. 2016.** Par ailleurs, jusqu'à l'entrée en vigueur d'une nouvelle loi ou, au plus tard, jusqu'au 31 déc. 2015, les représentants de l'État ne siégeront plus au Conseil

		national de l'ordre des pharmaciens statuant en formation disciplinaire. Enfin, les Décis. rendues avant la publication de la présente Décis. par le Conseil national de l'ordre des pharmaciens statuant en matière disciplinaire ne peuvent être remises en cause sur le fondement de cette inconstitutionnalité que si une partie l'a invoquée à l'encontre d'une décision n'ayant pas acquis un caractère définitif au jour de la publication de la présente Décis. – **Décision de renvoi :** CE, QPC, 30 déc. 2014, n° 382830 B. – **Applications de la décision :** L. n° 2016-41 du 26 janv. 2016 de modernisation de notre système de santé, art. 133. – CE 27 avr. 2015, n° 382830. – CE 16 mars 2016, n° 381606 A : *AJDA 2013. 1325 ; Gaz. Pal. 2016, n° 15, p. 37.*
2015	20 mars	**Obligation de vaccination** **2015-458 QPC.** Épx L. : *JO 22 mars, p. 5346 ; AJDA 2015. 611 ; D. 2015. 687 ; ibid. 1919, obs. Bonfils et Gouttenoire ; AJ fam. 2015. 222, obs. Daïmallah ; ibid. 192, obs. Dionisi-Peyrusse ; RDSS 2015. 364, obs. Cristol ; Constitutions 2015. 267, note Daïmallah ; JCP 2015, n° 13, p. 621 ; ibid., n° 22, p. 1055, note Foucher et Rachet-Darfeuille ; ibid. 2016, n° 36, p. 1607, chron. Mathieu et Verpeaux ; Dr. fam. 2015, n° 5, p. 3, note Lamarche ; RJPF 2015, n° 5, p. 25, note Cheynet de Beaupré ; NCCC 2015, n° 48, p. 171, chron. Roblot-Troizier ; ibid., p. 231, chron. Surrel ; Dr. pénal 2015, n° 6, p. 31, note Véron ; Cah. fonct. publ. 2015, n° 353, p. 87, note Marin ; LPA 2017, n° 21, p. 6, chron. Verpeaux* : – **CSP, art. L. 3111-1 à L. 3111-3**. – Absence d'atteinte à l'exigence constitutionnelle de protection de la santé (Préamb. Const. 1946, al. 11). En imposant aux enfants mineurs sous la responsabilité de leurs parents les obligations de vaccination antidiphtérique, antitétanique et antipoliomyélitique, le législateur a entendu lutter contre 3 maladies très graves et contagieuses ou insusceptibles d'être éradiquées. Le législateur a notamment précisé que chacune de ces obligations de vaccination ne s'impose que sous la réserve d'une contre-indication médicale reconnue. Par ailleurs, il est loisible au législateur de définir une politique de vaccination afin de protéger la santé individuelle et collective. Il lui est également loisible de modifier les dispositions relatives à cette politique de vaccination pour tenir compte de l'évolution des données scientifiques, médicales et épidémiologiques. Toutefois, il n'appartient pas au Cons. const., qui ne dispose pas d'un pouvoir général d'appréciation et de décision de même nature que celui du Parlement, de remettre en cause, au regard de l'état des connaissances scientifiques, les dispositions prises par le législateur ni de rechercher si l'objectif de protection de la santé que s'est assigné le législateur aurait pu être atteint par d'autres voies, dès lors que les modalités retenues par la loi ne sont pas manifestement inappropriées à l'objectif visé. – **Conformité**. – **Décision de renvoi :** Crim., QPC, 13 janv. 2015, n° 14-90.044.
2015	26 mars	**Droit de présentation des greffiers des tribunaux de commerce** **2015-459 QPC.** M. Frédéric P. : *JO 29 mars, p. 5774 ; D. 2015. 741 ; AJDA 2015. 663 ; ibid. 1930, note Froger ; JCP 2015, n° 18, p. 907,*

		chron. Mathieu ; ibid. 2016, n° 36, p. 1607, chron. Mathieu et Verpeaux ; NCCC 2015, n° 48, p. 170, chron. Roblot-Troizier ; ibid., p. 195, chron. Piazzon ; ibid., n° 48, p. 211, chron. Gadhoun ; LPA 2017, n° 21, p. 6, chron. Verpeaux : – **L. 28 avr. 1816 sur les finances, art. 91, al. 1er, 1re phrase, mot « greffiers, ».** Ces dispositions permettent aux greffiers des tribunaux de commerce titulaires d'un office de présenter à l'agrément du ministre de la justice des successeurs « , pourvus qu'ils réunissent les qualités exigées par les lois ». – Inopérance concernant la méconnaissance du principe d'égal accès aux dignités, places et emplois publics (DDH, art. 6). Si les greffiers participent à l'exercice du service public de la justice et ont la qualité d'officier public et ministériel nommé par le garde des sceaux, les greffiers des tribunaux de commerce titulaires d'un office n'occupent pas des « dignités, places et emplois publics » au sens de l'art. 6 DDH. – **Conformité.** – **Décision de renvoi :** CE, QPC, 16 janv. 2015, n° 385787 : *Gaz. Pal. 2015, nos 49-50, p. 29.*
2015	26 mars	**Affiliation des résidents français travaillant en Suisse au régime général d'assurance maladie – assiette des cotisations** **2015-460 QPC.** Comité de défense des travailleurs frontaliers du Haut-Rhin et a. : *JO 29 mars, p. 5775 ; D. 2015. 738 ; Constitutions 2015. 247, chron. Kessler ; JCP 2015, n° 18, p. 907, chron. Mathieu ; ibid. 2016, n° 36, p. 1607, chron. Mathieu et Verpeaux* : – **CSS, art. L. 380-2, al. 1er et 2, phrases 1re et dernière, et L. 380-3-1, § I et II et § IV, al. 2.** – Absence de méconnaissance des principes d'égalité devant la loi et devant les charges publiques (DDH, art. 6 et 13) concernant l'art. L. 380-2, al. 1er et 2, phrases 1re et dernière CSS. **Toutefois**, il appartient au pouvoir réglementaire de fixer le montant du plafond de ressources prévu par l'al. 1er de l'art. L. 380-2 ainsi que les modalités de sa révision annuelle de façon à respecter les exigences des al. 10 et 11 Préamb. Const. 1946 : **Conformité sous réserve.** – Absence d'atteinte à la liberté contractuelle (DDH, art. 4) et absence d'atteinte au principe d'égalité devant la loi (DDH, art. 6) concernant l'art. L. 380-3-1, § I CSS : **Conformité.** – Absence de méconnaissance du principe d'égalité devant les charges publiques (DDH, art. 13) concernant l'art. L. 380-3-1, § IV, al. 2 CSS. **Toutefois**, en fondant l'assiette des cotisations des résidents français travaillant en Suisse sur le revenu fiscal de référence, le législateur a entendu prendre en compte l'ensemble des revenus du foyer fiscal. Les autres membres du foyer sont susceptibles d'acquitter des cotisations sociales en raison de leur affiliation à un autre titre à un régime d'assurance maladie obligatoire. Ainsi, l'assiette de la cotisation définie à *l'al.* 2 du § IV de l'art. L. 380-3-1 CSS ne saurait, sans méconnaître le principe d'égalité devant les charges publiques, inclure des revenus du foyer fiscal qui ont déjà été soumis à une cotisation au titre de l'affiliation d'une personne à un régime d'assurance maladie obligatoire : **Conformité sous réserve.**

		– **Conformité sous réserve pour l'art. L. 380-2, al. 1er et 2, phrases 1re et dernière CSS et pour l'art. L. 380-3-1, § IV, al. 2, et conformité de l'art. L. 380-3-1, § I et II.** – **Décision de renvoi :** CE, QPC, 21 janv. 2015, Comité de défense des travailleurs frontaliers du Haut-Rhin (CDTFHR), n° 383004. – **Application de la décision :** CE 10 févr. 2016, *Comité de défense des travailleurs frontaliers du Haut-Rhin*, n° 383004 B : *AJDA 2016. 289.*
2015	9 avr.	**Direction d'une entreprise exerçant des activités privées de sécurité – Condition de nationalité** **2015-463 QPC.** M. Kamel B. et a. : *JO 11 avr., p. 6537 ; D. 2015. 806 ; JCP 2016, n° 36, p. 1607, chron. Mathieu et Verpeaux :* – **CSI, art. L. 612-7, 1°.** – Absence d'atteinte au principe d'égalité (DDH, art. 6). Le législateur a subordonné la délivrance d'un agrément aux dirigeants des entreprises exerçant des activités privées de sécurité à plusieurs conditions, énumérées à l'art. L. 612-7 CSI, au nombre desquelles figure la condition de nationalité. Il a ainsi entendu assurer un strict contrôle des dirigeants des entreprises exerçant des activités privées de sécurité qui, du fait de leur autorisation d'exercice, sont associées aux missions de l'État en matière de sécurité publique. En prévoyant la condition de nationalité, le législateur s'est fondé sur un motif d'intérêt général lié à la protection de l'ordre public et de la sécurité des personnes et des biens. La différence de traitement qui en résulte est fondée sur un critère en rapport direct avec l'objectif de la loi. – **Conformité.** – **Décision de renvoi :** CE, QPC, 11 févr. 2015, n° 385359 : *Gaz. Pal. 2015, nos 63-64, p. 27.*
2015	9 avr.	**Délit d'obstacle au droit de visite en matière d'urbanisme** **2015-464 QPC.** M. Marc A. : *JO 11 avr., p. 6538 ; AJDA 2015. 720 ; D. 2015. 805 ; RDI 2015. 301, obs. Roujou de Boubée ; D. actu. 5 mai 2015, obs. Priou-Alibert ; RSC 2015. 873, obs. Robert ; Dr. pén. 2015, n° 12, p. 33 ; JCP 2016, n° 36, p. 1607, chron. Mathieu et Verpeaux :* – **C. urb., art. L. 480-12.** – Absence d'atteinte à l'inviolabilité du domicile (DDH, art. 2) eu égard au caractère spécifique et limité du droit de visite, l'incrimination instituée à l'art. L. 480-12 C. urb. n'est pas de nature à porter atteinte à cette inviolabilité. – **Conformité.** – **Décision de renvoi :** Crim., QPC, 10 févr. 2015, n° 14-84.940.
2015	24 avr.	**Mise en mouvement de l'action publique en cas d'infraction militaire commise en temps de paix** **2015-461 QPC.** Mme Christine M., épse C. : *JO 26 avr., p. 7354 ; D. 2015. 924 ; RFDA 2015. 308, chron. Roblot-Troizier ; ibid. 608, note Roblot-Troizier ; RFDC 2016. 165, note Perrier :* – **C. pr. pén., art. 698-1 et 698-2, al. 1er.** – Absence d'atteinte au principe d'égalité et au principe du droit à un recours effectif (DDH, art. 6 et 16). Le 1er al. de l'art. 698-2 C. pr. pén. permet à la partie lésée de mettre en mouvement l'action publique uniquement par la voie de la constitution de partie civile devant le juge

		d'instruction. Le législateur a, eu égard aux contraintes inhérentes à l'exercice de leurs missions par les forces armées, entendu limiter, en matière délictuelle, le risque de poursuites pénales abusives exercées par la voie de la citation directe en imposant une phase d'instruction préparatoire. Celle-ci est destinée, d'une part, à vérifier si les faits constituent une infraction et la suffisance des charges à l'encontre de la personne poursuivie et, d'autre part, à établir les circonstances particulières de la commission des faits. La partie lésée conserve la possibilité de mettre en mouvement l'action publique en se constituant partie civile devant le juge d'instruction ou d'exercer l'action civile pour obtenir réparation du dommage que lui ont personnellement causé les faits à l'origine de la poursuite. Par ailleurs, les al. 1er et 2 de l'art. 698-1 C. pr. pén. imposant notamment au ministère public de solliciter avant tout acte de poursuite, en cas de crime ou de délit visé par les art. 697-1 ou 697-4 C. pr. pén., l'avis du ministre chargé de la défense ou de l'autorité militaire habilitée par lui, le législateur a entendu garantir que puissent, le cas échéant, être portées à la connaissance de l'institution judiciaire les spécificités du contexte militaire des faits à l'origine de la poursuite ou des informations particulières relatives à l'auteur présumé eu égard à son état militaire ou à sa mission. Ensuite, cet avis n'a pas à être demandé en cas de crime ou de délit flagrant et ne lie pas le ministère public dans l'appréciation de la suite à donner aux faits. Il figure au dossier de la procédure, et peut donc être discuté par les parties. Enfin, l'avis du ministre chargé de la défense ou de l'autorité militaire habilitée par lui figure au dossier de la procédure, à peine de nullité, sauf s'il n'a pas été formulé dans le délai d'un mois ou en cas d'urgence. Ainsi, en cas d'annulation de la procédure, les poursuites peuvent être reprises, après régularisation, par le ministère public, de la demande d'avis initialement omise. A défaut, la partie lésée conserve la possibilité soit de mettre en mouvement l'action publique dans les conditions déterminées aux art. 85 s. C. pr. pén., soit d'exercer l'action civile pour obtenir réparation du dommage que lui ont personnellement causé les faits à l'origine de la poursuite. Il s'ensuit que la différence de traitement ne procède pas de discriminations injustifiées et que sont assurées à la partie lésée des garanties égales notamment quant au respect du principe des droits de la défense. Il n'existe pas non plus d'atteinte substantielle à son droit d'exercer un recours effectif. – **Conformité**. – **Décision de renvoi :** Crim., QPC, 20 janv. 2015, n° 14-90.045. – **Application de la décision :** Crim. 30 mars 2016, n° 15-85.797.
2015	24 avr.	**Composition de la formation restreinte du conseil académique 2015-465 QPC.** Conférence des présidents d'université : *JO 26 avr., p. 7355 ; D. actu. 5 mai 2015, obs. de Montecler ; AJDA 2015. 836 ; ibid. 1552, note Legrand ; Constitutions 2015. 262, chron. Le Bot ; D. 2015. 926 ; JCP 2015, nos 30-35, p. 1476, chron. Mathieu ; ibid. 2016, n° 36, p. 1607, chron. Mathieu et Verpeaux ; Cah. fonct. publ. 2015, n° 356, p. 96, note Veyret ; LPA 2017, n° 116, p. 10, chron. Rimbault* : – **C. éduc., art. L. 712-6-1, § IV, dernière phrase**. – Absence d'atteinte au principe d'égalité devant la loi (DDH, art. 6). Les dispositions contestées posent le principe d'une composition à parité d'hommes et de femmes de la formation restreinte du conseil

		académique lorsqu'elle examine des questions individuelles relatives aux enseignants-chercheurs autres que les professeurs des universités. La différence de traitement entre enseignants-chercheurs membres du conseil académique selon qu'ils participent ou non à la formation restreinte a pour objet de favoriser l'égal accès des femmes et des hommes aux responsabilités professionnelles. Ainsi, le législateur a assuré la conciliation entre cet objectif et le principe d'égalité devant la loi. Par ailleurs, en imposant une composition à parité d'hommes et de femmes de la formation restreinte du conseil académique lorsqu'elle examine des questions individuelles relatives aux enseignants-chercheurs membres d'un autre corps que celui des professeurs d'université, sans imposer une telle parité pour la formation restreinte du conseil académique lorsqu'elle examine des questions individuelles relatives aux professeurs des universités, le législateur a traité différemment des situations différentes. Il s'ensuit que cette différence de traitement est en rapport avec l'objet de la loi qui l'établit. – Absence d'atteinte au principe de parité (Const. 58, art. 1er, al. 2). Par ce principe, le constituant a entendu permettre au législateur d'instaurer tout dispositif tendant à rendre effectif l'égal accès des femmes et des hommes aux mandats électoraux et fonctions électives ainsi qu'aux responsabilités professionnelles et sociales. A cette fin, il est loisible au législateur d'adopter des dispositions revêtant soit un caractère incitatif, soit un caractère contraignant. Toutefois, il lui appartient d'assurer la conciliation entre cet objectif et les autres règles et principes de valeur constitutionnelle auxquels le pouvoir constituant n'a pas entendu déroger. Les dispositions de l'art. 1er, al. 2, Const. 58 n'instituent pas un droit ou une liberté que la Constitution garantit. Ainsi, sa méconnaissance ne peut être invoquée à l'appui d'une QPC. – **Conformité.** – **Décision de renvoi :** CE, QPC, 13 févr. 2015, *Conférence des présidents d'université*, n° 386118 : *AJDA 2015. 315 ; Gaz. Pal. 2015, nos 63-64, p. 27.* – **Application de la décision :** CE 17 oct. 2016, *Conférence des présidents d'université*, n° 386118 : *AJDA 2016. 2391, note Legrand.*
2015	7 mai	**Impôt sur le revenu sur les gains de cession de parts de jeune entreprise innovante – Critères d'exonération** **2015-466 QPC.** Épx P. : *JO 10 mai, p. 8060 ; D. 2015. 1044* : – **CGI, art. 150-0 A, § III, 7, 3°** (dans sa rédaction issue de la L. n° 2003-1311 du 30 déc. 2003 de finances pour 2004). – Absence de méconnaissance des principes d'égalité devant la loi et devant les charges publiques (DDH, art. 6 et 13). En adoptant la disposition contestée, le législateur a entendu, par l'octroi d'un avantage fiscal, favoriser le financement des jeunes entreprises innovantes par des personnes physiques susceptibles d'accompagner le développement de ces entreprises et de contribuer à leur croissance sans néanmoins déterminer leurs décisions. Il a ainsi poursuivi un but d'intérêt général. Par ailleurs, pour réserver le bénéfice de l'exonération aux investisseurs ne déterminant pas les décisions d'une jeune entreprise innovante, le législateur a retenu un plafond de détention, directe ou indirecte, par le cédant, ensemble son conjoint et leurs ascendants et descendants, de 25 % des droits dans les bénéfices de la

		société et des droits de vote depuis la souscription des titres cédés. Il s'est ainsi fondé sur un critère objectif et rationnel en rapport avec l'objet de la loi. – **Conformité**. – **Décision de renvoi :** CE, QPC, 16 févr. 2015, n° 386505.
2015	7 mai	**Réclamation contre l'amende forfaitaire majorée** **2015-467 QPC.** M. Mohamed D. : *JO 10 mai, p. 8061 ; D. 2015. 1046 ; AJ pénal 2015. 433, obs. Céré ; Gaz. Pal. 2015, n*[os] *175-176, p. 10, note Josseaume et Occhipinti ; JCP 2015, n*[os] *30-35, chron. Mathieu, p. 1476 ; Dr. pénal 2015, n° 6, p. 34, note Robert ; ibid., n° 9, p. 66, note Peltier ; RFDC 2016. 170, note Fucini ; JCP 2016, n° 36, p. 1607, chron. Mathieu et Verpeaux* : – **C. pr. pén., art. 530, al. 3, mots : « de l'avis d'amende forfaitaire majorée correspondant à l'amende considérée ainsi que »**. – Absence de méconnaissance du droit à un recours effectif (DDH, art. 16). ***Toutefois***, le droit à un recours juridictionnel effectif impose que la décision du ministère public déclarant la réclamation, prévue par le 3e al. de l'art. 530 C. pr. pén., irrecevable au motif qu'elle n'est pas accompagnée de l'avis d'amende forfaitaire majorée puisse être contestée devant le juge de proximité, soit que le contrevenant prétende que, contrairement aux prescriptions du 2e al. de l'art. 530, l'avis d'amende forfaitaire majorée ne lui a pas été envoyé, soit qu'il justifie être dans l'impossibilité de le produire pour des motifs légitimes. – **Conformité sous réserve.** – **Décision de renvoi :** Crim., QPC, 18 févr. 2015, n° 14-90.050.
2015	22 mai	**Voitures de transport avec chauffeur – Interdiction de la « maraude électronique » – Modalités de tarification – Obligation de retour à la base** **2015-468/469/472 QPC.** Sté UBER France SAS et a. : *JO 24 mai, p. 8753 ; AJDA 2015. 1020 ; D. 2015. 1092 ; ibid. 1294, obs. Kenfack ; ibid. 1497, note Feldman ; ibid. 2134, note Gency-Tandonnet ; JCP 2015, n° 22, p. 1034, note Broussolle ; ibid. 2016, n° 36, p. 1607, chron. Mathieu et Verpeaux ; Dr. adm. 2015, n° 7, p. 31, note Bazex ; JCP Adm. 2015, n° 36, p. 33, note Sevin ; RFDA 2015. 1135, note Haquet ; LPA 2016, n° 200, p. 6, note Blanchard ; ibid. 2017, n° 118, p. 14, chron. Bezzina* : – **C. transp., art. L. 3120-2, § III, 1°, L. 3122-2, L. 3122-9**. – Sur C. transp., art. L. 3120-2, § III, 1° : • Absence de méconnaissance de la liberté d'entreprendre (DDH, art. 4). Le législateur a estimé que la possibilité, pour l'exploitant d'un véhicule dépourvu d'une autorisation de stationnement, d'informer à la fois de sa localisation et de sa disponibilité lorsque son véhicule est situé sur la voie ouverte à la circulation publique a pour effet de porter atteinte à l'exercice par les seuls taxis de l'activité, qui leur est légalement réservée, consistant à stationner et à circuler sur la voie publique en quête de clients en vue de leur transport. En adoptant les dispositions contestées qui prohibent, pour les personnes qu'elles visent, de fournir aux clients cette double information, le législateur, poursuivant des objectifs d'ordre public, notamment de police de la circulation et du

stationnement sur la voie publique, a ainsi entendu garantir le monopole légal des taxis qui en découle. L'interdiction énoncée par les dispositions contestées, qui s'applique également aux taxis lorsqu'ils sont situés en dehors du ressort de leur autorisation de stationnement en vertu de l'art. L. 3121-11 C. transp., est cependant limitée. En effet, d'une part, ces dispositions n'interdisent pas aux personnes entrant dans leur champ d'application d'informer le client à la fois de la localisation et de la disponibilité d'un véhicule lorsque celui-ci ne se trouve pas sur une voie ouverte à la circulation publique ; d'autre part, elles ne leur interdisent pas d'informer le client soit de la seule localisation soit de la seule disponibilité d'un véhicule lorsqu'il se trouve sur une voie ouverte à la circulation publique. Enfin, elles n'apportent aucune restriction à la possibilité pour les personnes exerçant une activité de transport public particulier de personnes et pour leurs intermédiaires d'informer le client du temps d'attente susceptible de séparer la réservation préalable de l'arrivée d'un véhicule. • Absence de méconnaissance du principe d'égalité devant la loi (DDH, art. 6). Les dispositions contestées instituent une différence de traitement entre les exploitants de taxis situés dans le ressort de leur autorisation de stationnement et les autres personnes exerçant l'activité de transport individuel de personnes sur réservation préalable. Cette différence de traitement est, eu égard à la prise en compte par le législateur d'une possible atteinte à l'exercice par les seuls taxis de l'activité consistant à stationner et à circuler sur la voie publique en quête de clients en vue de leur transport, justifiée par des objectifs d'ordre public, notamment de police de la circulation et du stationnement sur la voie publique. • Absence de méconnaissance du droit de propriété (DDH, art. 2 et 17). Les dispositions contestées peuvent avoir pour conséquence de limiter l'usage susceptible d'être fait de technologies permettant d'informer le client, avant la réservation préalable, à la fois de la localisation et de la disponibilité d'un véhicule par les personnes, autres que les exploitants de taxis situés dans le ressort de leur autorisation de stationnement, exerçant l'activité de transport individuel de personnes sur réservation préalable. Elles n'ont ni pour objet ni pour effet de priver les personnes titulaires de leurs droits de propriété sur ces technologies ni de porter une atteinte injustifiée aux conditions d'exercice de leurs droits : **Conformité**.

– **C. transp., art. L. 3122-2.** Porte atteinte à la liberté d'entreprendre (DDH, art. 4) l'interdiction de certains modes de tarification pour la détermination du prix des prestations que les entreprises qui mettent à la disposition de leur clientèle une ou plusieurs voitures avec chauffeur proposent aux consommateurs lors de la réservation préalable : **Non-conformité**.

– **C. transp., art. L. 3122-9**. Absence de méconnaissance de la liberté d'entreprendre (DDH, art. 4) et de la liberté d'aller et venir (DDH, art. 2). En imposant au conducteur d'une voiture de transport avec chauffeur, dès l'achèvement de la prestation commandée au moyen d'une réservation préalable, de retourner au lieu d'établissement de l'exploitant de cette voiture ou dans un lieu, hors de la chaussée, où le stationnement est autorisé, le législateur a limité la liberté d'entreprendre des personnes, autres que les taxis, exerçant l'activité de

		transport individuel de personnes sur réservation préalable. Toutefois, cette limitation est justifiée par des objectifs d'ordre public, notamment de police de la circulation et du stationnement sur la voie publique. Par ailleurs, l'obligation énoncée ne s'applique, d'une part, que si le conducteur ne peut justifier d'une réservation préalable, quel que soit le moment où elle est intervenue, ou d'un contrat avec le client final et, d'autre part, que s'il se trouve dans l'exercice de ses missions. • Absence de méconnaissance du principe d'égalité devant la loi (DDH, art. 6). L'activité de transport individuel de personnes sur réservation préalable au moyen de véhicules automobiles est distincte de l'activité de transport individuel de personnes sur réservation préalable au moyen de véhicules motorisés à deux ou trois roues. Par suite, le principe d'égalité n'impose pas que l'activité de transport public de particuliers au moyen de véhicules motorisés à deux ou trois roues soit soumise à la même réglementation que celle qui s'applique à l'activité de transport public de particuliers au moyen de véhicules automobiles. Par ailleurs, l'activité de transport individuel de personnes sur réservation préalable au moyen de véhicules automobiles peut être exercée non seulement par les taxis mais également par les voitures de transport avec chauffeur. Les taxis et les voitures de transport avec chauffeur ne sont pas dans une situation différente au regard de cette activité. Par suite, en imposant aux seules voitures de transport avec chauffeur l'obligation de retourner au lieu d'établissement de l'exploitant de cette voiture ou dans un lieu, hors de la chaussée, où le stationnement est autorisé, le législateur a traité différemment les voitures de transport avec chauffeur et les taxis. La disposition contestée est justifiée par des objectifs d'ordre public, notamment de police de la circulation et du stationnement sur la voie publique. En ne l'appliquant pas aux taxis dès lors que ceux-ci se trouvent dans le ressort de leur autorisation de stationnement leur permettant d'arrêter leur véhicule, de le faire stationner ou de le faire circuler sur la voie ouverte à la circulation publique en quête de clients dans les conditions prévues à l'art. L. 3121-11, le législateur n'a pas méconnu le principe d'égalité devant la loi. ***En revanche***, les dispositions contestées ne sauraient, sans porter atteinte au principe d'égalité devant la loi, exonérer un taxi de l'obligation prévue par l'art. L. 3122-9 dès lors qu'il se trouve en dehors du ressort de son autorisation de stationnement : **Réserve**. – **Conformité de C. transp., art. L. 3120-2, § III, 1°, non-conformité de l'art. L. 3122-2 et conformité sous réserve de l'art. L. 3122-9** avec effet à la date de publication de la Décis. – **Décisions de renvoi :** Com., QPC, 13 mars 2015, n°s 14-40.054 et 14-40.053 : *D. 2015. 996, chron. Lecaroz, Arbellot, Tréard et Gauthier ; JCP 2015, n° 12, p. 536.* – CE, QPC, 3 avr. 2015, *Sté Uber France et a.*, n° 388213. – **Application de la décision :** CE 9 mars 2016, n° 388213 B : *D. 2016. 653.*
2015	29 mai	**Interdiction d'interrompre la distribution d'eau dans les résidences principales** **2015-470 QPC.** Sté SAUR SAS : *JO 31 mai, p. 9051 ; AJDA 2015. 1070 ; ibid. 1704, note Nivard ; D. 2015. 1159 ; AJCT 2015. 542, obs. Josselin ; RDSS 2015. 1097, étude Lerique ; JCP Adm. 2015, n° 25, p. 2,*

		note Pauliat ; RFDC 2016. 137, note Debaets ; LPA 2016, n° 6, p. 7, note Baillon-Passe ; Dr. adm. 2016, n° 5, p. 46, note Boda et Belal-Cordebar ; JCP 2016, n° 36, p. 1607, chron. Mathieu et Verpeaux : – **CASF, art. L. 115-3, al. 3, dernière phrase.** – Absence d'atteinte à la liberté contractuelle et à la liberté d'entreprendre (DDH, art. 4). En interdisant aux distributeurs d'eau d'interrompre la distribution d'eau dans toute résidence principale tout au long de l'année pour non-paiement des factures, le législateur a entendu garantir l'accès à l'eau pour toute personne occupant cette résidence. En ne limitant pas cette interdiction à une période de l'année, il a voulu assurer cet accès pendant l'année entière. Et, en prévoyant que cette interdiction s'impose quelle que soit la situation des personnes titulaires du contrat, il a, ainsi qu'il ressort des travaux préparatoires de la L. n° 2013-312 du 15 avr. 2013 visant à préparer la transition vers un système énergétique sobre et portant diverses dispositions sur la tarification de l'eau et sur les éoliennes, entendu s'assurer qu'aucune personne en situation de précarité ne puisse être privée d'eau. Le législateur, en garantissant dans ces conditions l'accès à l'eau qui répond à un besoin essentiel de la personne, a ainsi poursuivi l'objectif de valeur constitutionnelle que constitue la possibilité pour toute personne de disposer d'un logement décent (Préamb. Const. 1946, al. 1er, 10 et 11). Par ailleurs, il résulte des dispositions de la section II du chap. IV du titre II du livre II de la 2e partie du CGCT que la distribution d'eau potable est un service public industriel et commercial (SPIC) qui relève de la compétence de la commune. Ce SPIC est exploité en régie directe, affermé ou concédé à des entreprises dans le cadre de délégations de service public. L'usager de ce SPIC n'a pas le choix de son distributeur et ce dernier ne peut refuser de contracter avec un usager raccordé au réseau qu'il exploite. Lorsque le service public est assuré par un délégataire, le contrat conclu entre ce dernier et l'usager l'est en application de la convention de délégation, les règles de tarification de la distribution d'eau potable sont encadrées par la loi. Ainsi, les distributeurs d'eau exercent leur activité sur un marché réglementé. En outre, la disposition contestée est une dérogation à l'exception d'inexécution du contrat de fourniture d'eau qui ne prive pas le fournisseur des moyens de recouvrer les créances correspondant aux factures impayées. Enfin, pour mettre en œuvre cet objectif de valeur constitutionnelle, le législateur pouvait, sans porter une atteinte excessive aux contrats légalement conclus, modifier, y compris pour les conventions en cours, le cadre légal applicable aux contrats de distribution d'eau. – Absence d'atteinte au principe d'égalité devant la loi (DDH, art. 6). La Sté requérante soutenait que les dispositions contestées méconnaissaient ce principe car les fournisseurs d'électricité, de chaleur et de gaz ne se voient pas imposer une interdiction comparable. Mais les distributeurs d'eau ne sont pas placés dans la même situation que ces autres fournisseurs. En effet, les règles applicables à la distribution de l'eau dans les résidences principales sont en rapport direct avec l'objectif poursuivi par le législateur d'assurer la continuité de la distribution de cette ressource.

		– Absence d'atteinte au principe d'égalité devant les charges publiques (DDH, art. 13). Les dispositions contestées qui se bornent à interdire au distributeur d'eau d'interrompre l'exécution du service sont sans effet sur les créances des distributeurs d'eau sur les usagers. – **Conformité.** – **Décision de renvoi :** Civ. 1re, QPC, 25 mars 2015, n° 14-40.056 : *AJDA 2015. 666.*
2015	29 mai	**Délibérations à scrutin secret du conseil municipal** **2015-471 QPC.** Mme Nathalie K.-M. : *JO 31 mai, p. 9052 ; AJDA 2015. 1070 ; D. 2015. 1158 ; Constitutions 2015. 437, chron. Domingo ; RFDC 2016. 144, note Griffaton-Sonnet ; JCP 2016, n° 36, p. 1607, chron. Mathieu et Verpeaux :* – **CGCT, art. L. 2121-21, al. 3.** – Absence d'atteinte au principe de publicité des séances et votes résultant des dispositions combinées de DDH, art. 6, et Const. 58, art. 3. Selon la requérante, il se déduirait de ces 2 art. un droit au profit des électeurs de connaître, sauf exception décidée par la majorité d'une assemblée délibérante, les opinions et les votes des élus et donc un principe de la publicité des séances et des votes. Selon le Cons. const., il ne résulte pas de la combinaison de ces dispositions un principe de publicité des séances et des votes lors des délibérations des assemblées locales. – Inopérance du principe relatif au droit de demander compte à tout agent public (DDH, art. 15). Les dispositions contestées sont relatives aux modalités du processus de vote au sein des conseils municipaux. Les exigences qui découlent de l'art. 15 DDH ne sont pas susceptibles de s'appliquer aux règles d'organisation d'un scrutin. – **Conformité.** – **Décision de renvoi :** CE, QPC, 30 mars 2015, n° 387322.
2015	26 juin	**Imposition des dividendes au barème de l'impôt sur le revenu – Conditions d'application de l'abattement forfaitaire** **2015-473 QPC.** Épx P. : *JO 28 juin, p. 10956 ; D. 2015. 1367 ; LPA 2015, nos 184-185, p. 4, note Pando ; RD fisc. 2016, n° 3, p. 90, note Giraud ; JCP 2016, n° 36, p. 1607, chron. Mathieu et Verpeaux :* – **CGI, art. 158, 3, 3°, *f*** (dans sa rédaction en vigueur jusqu'au 1er janv. 2015). Cette disposition excluait l'application aux revenus de capitaux mobiliers soumis au barème de l'impôt sur le revenu de l'abattement proportionnel de 40 % alors en vigueur lorsque le contribuable avait, par ailleurs, pour d'autres revenus de capitaux mobiliers et au cours de la même année, opté en faveur du prélèvement forfaitaire libératoire. – Absence d'atteinte au principe d'égalité devant la loi (DDH, art. 6). ***Toutefois***, les dispositions contestées ne sauraient, sans instituer une différence de traitement sans rapport avec l'objectif poursuivi par le législateur, avoir pour objet ou pour effet d'interdire l'application de l'abattement prévu par le 2° du 3 de l'art. 158 CGI à ceux des revenus de capitaux mobiliers soumis au barème de l'impôt sur le revenu dû en 2013 au titre de l'année 2012 nonobstant la perception d'autres revenus sur lesquels a été opéré en 2012 le prélèvement prévu à l'art. 117 CGI : **Réserve.**

		– Absence d'atteinte au principe d'égalité devant les charges publiques (DDH, art. 13). Pour apprécier le respect du principe d'égalité devant les charges publiques, il convient de prendre en compte l'ensemble des impositions pesant sur le même revenu et acquittées par le même contribuable. En revanche, il n'y a pas lieu de prendre en compte les impositions acquittées par la société distributrice sur les bénéfices sur lesquels ont été prélevés les revenus de capitaux mobiliers imposés entre les mains d'un actionnaire personne physique. Ainsi les dispositions contestées ne font pas peser sur les contribuables une charge excessive au regard de leurs propres facultés contributives. Elles n'entraînent pas de rupture caractérisée de l'égalité devant les charges publiques : **Conformité**. – **Conformité sous réserve** avec applicabilité aux impositions contestées avant la date de publication de la présente Décis. – **Décision de renvoi :** CE, QPC, 10 avr. 2015, n° 384972. – **Application de la décision :** CE 15 juin 2016, n° 384972.
2015	26 juin	**Imposition des plus-values latentes afférentes à des actifs éligibles à l'exonération postérieurement à l'option pour le régime des SIIC** **2015-474 QPC.** Sté ICADE : *JO 28 juin, p. 10958 ; LPA 2015, n°s 184-185, p. 4, note Pando ; JCP 2016, n° 36, p. 1607, chron. Mathieu et Verpeaux* : – **CGI, art. 208 C *ter*, 2 premières phrases** *(dans sa version issue de la LFR n° 2006-1771 du 30 déc. 2006)*. – Absence d'atteinte au principe d'égalité devant la loi (DDH, art. 6). Les sociétés imposées à raison de plus-values latentes lors de l'exercice de l'option prévue à l'art. 208 C, qui présente un caractère irrévocable et implique, pour la société, de décider de se soumettre à différentes obligations, ne sont pas dans la même situation que les sociétés imposées à raison de plus-values latentes postérieurement à l'exercice de l'option. Dans le but d'inciter les sociétés à opter pour le régime qu'il créait, le législateur a fixé un mécanisme d'étalement du paiement de l'imposition établie au titre de l'exercice de l'option. Afin de favoriser les restructurations des sociétés ayant exercé cette option, il a prévu un mécanisme d'étalement de l'imposition en vertu duquel les règles de liquidation sont celles en vigueur au titre de chacune des années d'étalement. Ainsi le législateur a institué une différence de traitement fondée sur une différence de situation en rapport direct avec l'objet de la loi : **Conformité**. – Absence d'atteinte au principe d'égalité devant les charges publiques (DDH, art. 13). Les règles d'étalement de l'imposition prévues par les dispositions contestées ne font pas peser sur les sociétés ayant opté pour le régime des sociétés d'investissements immobiliers cotées une charge excessive au regard de leurs capacités contributives : **Conformité**. – Absence d'atteinte au principe de séparation des pouvoirs (DDH, art. 16). Lors de l'exercice de l'option pour le régime des sociétés d'investissements immobiliers cotées, les sociétés ne pouvaient attendre l'application des règles d'imposition prévues par l'art. 208 C CGI aux plus-values latentes postérieures à l'exercice de l'option. Par suite, les

		dispositions contestées n'ont pas porté atteinte à des situations légalement acquises, ni remis en cause les effets qui peuvent légitimement être attendus de telles situations : **Conformité**. – **Conformité.** – **Décision de renvoi :** CE, QPC, 29 avr. 2015, *Sté Icade*, n° 388069 : *AJDI 2015. 456.*
2015	17 juill.	**Règles de déduction des moins-values de cession de titres de participation. Modalités d'application** **2015-475 QPC.** Sté Crédit agricole SA : *JO 19 juill., p. 12289 ; LPA 2015, n°s 184-185, p. 4, note Pando ; NCCC 2016, n° 50, p. 157, note Surrel ; RD fisc. 2016, n° 6, p. 60, note Blanluet ; LPA 2017, n° 214, p. 1, chron. Baghestani, Rimbault, Verpeaux et Bouaziz* : – **L. n° 2012-958 du 16 août 2012 de finances rectificative pour 2012, art. 18, § II.** Le § I de cet art. 18 modifie les règles de déduction du bénéfice imposable de la moins-value résultant de la cession de titres de participation reçus en contrepartie d'un apport, lorsque cette cession intervient moins de deux ans après l'émission de ces titres. Le § II prévoit que ce paragraphe I « s'applique aux cessions de titres reçus en contrepartie d'apports réalisés à compter du 19 juillet 2012 ». – Absence d'atteinte aux situations légalement acquises (DDH, art. 16). Les dispositions contestées n'affectent pas les règles applicables aux cessions réalisées au cours d'exercices clos antérieurement à l'entrée en vigueur de la loi et ne portent aucune atteinte à des situations légalement acquises ou aux effets qui peuvent être légitimement attendus de telles situations. En particulier, l'acquisition de titres de participation en contrepartie d'un apport ne saurait être regardée comme faisant naître une attente légitime quant au traitement fiscal du produit de la cession de ces titres, quelle que soit l'intention de leur acquéreur et quel que soit leur prix de cession. – Absence de méconnaissance des principes d'égalité devant la loi et devant les charges publiques (DDH, art. 6 et 13). En réservant les nouvelles règles de déduction aux titres de participation reçus en contrepartie d'apports réalisés à compter du 19 juill. 2012, date à laquelle la disposition a été votée en première lecture à l'Assemblée nationale, le législateur a, ainsi qu'il résulte des travaux préparatoires de la L. du 16 août 2012, entendu maintenir, dans un souci de « loyauté » favorable au contribuable, le régime fiscal antérieurement applicable aux cessions de titres de participation émis en contrepartie d'apports intervenus avant que la nouvelle mesure soit connue. Ainsi, en évitant d'appliquer les nouvelles règles à l'ensemble des cessions réalisées au cours de l'exercice clos à compter de la date de promulgation de la loi, il a poursuivi un objectif d'intérêt général. La différence de traitement entre les contribuables qui résulte des dispositions critiquées est ainsi jugée en rapport direct avec l'objet de la loi. – **Conformité.** – **Décision de renvoi :** CE, QPC, 7 mai 2015, *Sté Crédit agricole*, n° 387824.
2015	17 juill.	**Information des salariés en cas de cession d'une participation majoritaire dans une société. Nullité de la cession intervenue en méconnaissance de cette obligation**

		2015-476 QPC. Sté Holding Désile : *JO 19 juill., p. 12291 ; D. 2015. 1537 ; Constitutions 2015. 555, chron. Giacuzzo ; ibid. 573, chron. Vernac ; Cah. Cons. const. 2016, n° 50, p. 117, chron. Piazzon ; JCP 2017, n° 11, p. 514, chron. Mathieu, Verpeaux et Macaya* : – **L. n° 2014-856 du 31 juill. 2014 relative à l'économie sociale et solidaire, art. 20 (création des art. L. 23-10-1 s. C. com.) et art. 98**. – Absence d'atteinte à la liberté d'entreprendre (DDH, art. 4) et au droit de propriété (DDH, art. 2 et 17) des art. L. 23-10-1, al. 1er à 3, L. 23-10-3, al. 1er, L. 23-10-7, al. 1er, 2 et 5, et L. 23-10-9, al. 1er C. com. En imposant au cédant d'une participation majoritaire dans une société de moins de 250 salariés d'informer chaque salarié de sa volonté de céder pour permettre aux salariés de présenter une offre d'achat, le législateur a entendu encourager, de façon générale et par tout moyen, la reprise des entreprises et leur poursuite d'activité. Le législateur a ainsi poursuivi un objectif d'intérêt général. Ainsi, compte tenu de l'encadrement établi par le législateur, l'obligation d'informer mise à la charge du cédant n'est pas manifestement disproportionnée au regard de l'objectif poursuivi par le législateur : **Conformité**. – Atteinte à la liberté d'entreprendre (DDH, art. 4) des art. L. 23-10-1, al. 4 et 5 et L. 23-10-7, al. 3 et 4 C. com. Le législateur a prévu que peut être annulée une cession intervenue en méconnaissance de l'obligation d'information. Cette action en nullité peut être exercée par un seul salarié, même s'il a été informé du projet de cession, et à défaut de publication de la cession cette action en nullité ne commence à courir qu'à compter de la date à laquelle tous les salariés ont été informés de cette cession. La loi ne détermine pas les critères en vertu desquels le juge peut prononcer cette annulation, et l'obligation d'information a uniquement pour objet de garantir aux salariés le droit de présenter une offre de reprise sans que celle-ci s'impose au cédant : **Non-conformité**. – **Conformité des art. L. 23-10-1, al. 1er à 3, L. 23-10-3, al. 1er, L. 23-10-7, al. 1er, 2 et 5, L. 23-10-9, al. 1er C. com., de l'art. 98 L. n° 2014-856 du 31 juill. 2014 et non-conformité des art. L. 23-10-1, al. 4 et 5 et L. 23-10-7, al. 3 et 4 C. com. à compter de la date de publication de la Décis**. – **Décision de renvoi :** CE, QPC, 22 mai 2015, *SARL Holding Désile*, n° 386792. – **Application de la décision :** CE, QPC, 8 juill. 2016, *SARL Holding Désile*, n° 386792.
2015	24 juill.	**Accès administratif aux données de connexion** **2015-478 QPC.** Assoc. French Data Network et a. : *JO 26 juill., p. 12798 ; D. actu. 27 juill. 2015, note Portmann ; AJDA 2015. 1514 ; D. 2015. 1647 ; Gaz. Pal. 2015, nos 345-346, p. 15, note Villacèque et de Belval ; NCCC 2016, n° 50, p. 90, chron. Bonnet et Roblot-Troizier ; ibid., p. 157, note Surrel ; JCP 2017, n° 11, p. 514, chron. Mathieu, Verpeaux et Macaya ; LPA 2017, n° 213, p. 1, chron. Verpeaux, Bezzina et Combrade* : – **CSI, art. L. 246-1 à L. 246-5**. – Absence de méconnaissance de l'étendue de la compétence du législateur dans des conditions affectant le droit au respect de la vie

		privée (DDH, art. 2), en ne définissant pas précisément la procédure de réquisition administrative des données de connexion détenues et traitées par les opérateurs de communications électroniques. – Absence d'atteinte disproportionnée au droit au respect de la vie privée, à la liberté d'expression et de communication, aux droits de la défense, au droit à un procès équitable et notamment aux 2 droits qui en découleraient : le droit au secret des échanges et correspondances des avocats et le droit au secret des sources journalistiques. En ce qui concerne les atteintes au droit au secret des correspondances et à la liberté d'expression : les dispositions du CSI instituent une procédure de réquisition administrative de données de connexion excluant l'accès au contenu des correspondances. Par ailleurs, en ce qui concerne les atteintes au droit au respect de la vie privée, aux droits de la défense et au droit à un procès équitable : la procédure de réquisition administrative résultant des dispositions du CSI ne peut porter sur le contenu de correspondances, elle est autorisée uniquement aux fins de recueillir des renseignements intéressant la sécurité nationale, la sauvegarde des éléments essentiels du potentiel scientifique et économique de la France ou la prévention du terrorisme, de la criminalité et de la délinquance organisées et de la reconstitution ou du maintien de groupements dissous. Elle est mise en œuvre par des agents spécialement habilités, est subordonnée à l'accord préalable d'une personnalité qualifiée, placée auprès du Premier ministre, désignée par la Commission nationale de contrôle des interceptions de sécurité. Si l'autorisation de recueil des données en temps réel est délivrée par le Premier ministre, cette autorisation est soumise au contrôle de la Commission nationale de contrôle des interceptions de sécurité. Cette dernière dispose d'un accès permanent au dispositif de recueil des informations ou documents et adresse des recommandations au ministre de l'intérieur ou au Premier ministre lorsqu'elle constate un manquement aux règles édictées ou une atteinte aux droits et libertés. Enfin, aux termes de l'art. 226-13 C. pén. : la révélation d'une information à caractère secret par une personne qui en est dépositaire soit par état ou par profession, soit en raison d'une fonction ou d'une mission temporaire, est punie d'un an d'emprisonnement et de 15 000 euros d'amende. – **Conformité.** – **Décision de renvoi :** CE, QPC, 5 juin 2015, *Assoc. French Data Network (Réseau français de données) et a.*, n° 388134 : *AJDA 2015. 1126.* – **Application de la décision :** CE 12 févr. 2016, *Assoc. French Data Network (Réseau français de données) et a.*, n° 388134 : *Dalloz IP/IT 2016. 313, obs. Henrard.*
2015	31 juill.	**Incrimination de la création de nouveaux gallodromes** **2015-477 QPC.** M. Jismy R. : *JO 2 août, p. 13259 ; D. 2015. 1701 ; ibid. 2465, obs. Roujou de Boubée, Garé, Ginestet, Gozzi et Mirabail ; AJDA 2015. 1945, tribune Hochmann ; RSC 2015. 718, obs. de Lamy ; JCP 2015, n° 37, p. 1578, note Seube ; ibid. 2017, n° 11, p. 514, chron. Mathieu, Verpeaux et Macaya ; Nouv. Cah. Const. 2016, n° 50, p. 106, chron. Peltier ; RFDC 2016. 150, note Sermet ; ibid. 161, note Perrier ; RJ envir. 2015, n° 4, p. 717, note Sermet ; LPA 2016, n° 149, p. 11, chron.*

		Tellier-Cayrol ; ibid. 2017, n° 214, p. 1, chron. Baghestani, Rimbault, Verpeaux et Bouaziz : – **C. pén., art. 521-1, al. 8**. – Absence d'atteinte au principe d'égalité (DDH, art. 6). Si le législateur a entendu, tant pour les courses de taureaux que pour les combats de coqs, fonder l'exclusion de responsabilité pénale sur l'existence d'une tradition ininterrompue, il s'agit toutefois de pratiques distinctes par leur nature. Pour les courses de taureaux et les combats de coqs, le législateur a fondé l'exclusion de responsabilité pénale sur l'existence d'une tradition ininterrompue. Toutefois ces 2 pratiques sont distinctes par leur nature. Par ailleurs, il ressort des travaux préparatoires de la L. du 8 juill. 1964 relative à la protection des animaux que le législateur a entendu encadrer plus strictement la pratique des combats de coqs afin d'accompagner et de favoriser leur extinction. Ainsi, en interdisant la création de nouveaux gallodromes et non celle de nouveaux lieux accueillant des courses de taureaux, le législateur a traité différemment des situations différentes. La différence de traitement qui en résulte est en rapport direct avec l'objet de la loi qui l'établit. – **Conformité**. – **Décision de renvoi :** Crim., QPC, 2 juin 2015, n° 15-90.004.
2015	31 juill.	**Solidarité financière du donneur d'ordre aux paiements des sommes dues par son cocontractant ou un sous-traitant au Trésor public et aux organismes de protection sociale en cas de travail dissimulé** **2015-479 QPC.** Sté Gécop : *JO 2 août, p. 13259 ; D. 2015. 1709 ; Constitutions 2015. 569, chron. Duquesne ; RSC 2015. 889, obs. Cerf-Hollender ; JCP 2015, n° 49, p. 2244, chron. Mathieu ; ibid. 2017, n° 11, p. 514, chron. Mathieu, Verpeaux et Macaya ; NCCC 2016, n° 50, p. 117, chron. Piazzon ; ibid., p. 147, chron. Austry ; LPA 2017, n° 213, p. 1, chron. Verpeaux, Bezzina et Combrade ; ibid., n° 214, p. 1, chron. Baghestani, Rimbault, Verpeaux et Bouaziz* : – **C. trav., art. L. 8222-2, al. 2**. – Absence d'atteinte aux principes de présomption d'innocence, d'individualisation et de proportionnalité des peines (DDH, art. 8 et 9). La solidarité instituée par l'art. L. 8222-2 C. trav. constitue principalement une garantie pour le recouvrement des créances du Trésor public et des organismes de protection sociale. Conformément aux règles de droit commun en matière de solidarité, le donneur d'ordre qui s'est acquitté du paiement des sommes exigibles, en application du 1° de l'art. L. 8222-2, dispose d'une action récursoire contre le débiteur principal et, le cas échéant, contre les codébiteurs solidaires. Il s'ensuit que cette solidarité n'a pas le caractère d'une punition : **Conformité**. – Absence d'atteinte disproportionnée au principe de responsabilité (DDH, art. 4). La loi peut instituer une solidarité de paiement dès lors que les conditions d'engagement de cette solidarité sont proportionnées à son étendue et en rapport avec l'objectif poursuivi par le législateur. La solidarité contestée est limitée à des sommes déterminées « à due proportion de la valeur des travaux réalisés, des services fournis, du bien vendu et de la rémunération en vigueur dans la profession » : **Conformité**.

		– Absence de méconnaissance de la garantie des droits et du principe d'égalité devant la justice (DDH, art. 6 et 16). ***Toutefois***, les dispositions de l'art. L. 8222-2 C. trav. ne sauraient, sans méconnaître les exigences qui découlent de l'art. 16 DDH, interdire au donneur d'ordre de contester la régularité de la procédure, le bien-fondé et l'exigibilité des impôts, taxes et cotisations obligatoires ainsi que des pénalités et majorations y afférentes au paiement solidaire desquels il est tenu : **Réserve**. – Absence de méconnaissance du droit de propriété (DDH, art. 2 et 17). En instituant une solidarité de paiement, les dispositions de l'art. L. 8222-2, al. 2 ne sont pas susceptibles d'emporter une privation du droit de propriété : **Conformité**. – **Conformité sous réserve**. – **Décision de renvoi :** CE, QPC, 5 juin 2015, *Sté GECOP*, n° 386430. – **Applications de la décision :** – CAA Nantes, 21 avr. 2016, *SAS Soprema Entreprises*, n° 14NT01926. – CE 22 févr. 2017, *Sté GECOP*, n° 386430 A.
2015	17 sept.	**Suspension de la fabrication, de l'importation, de l'exportation et de la mise sur le marché de tout conditionnement à vocation alimentaire contenant du bisphénol A** **2015-480 QPC.** Assoc. Plastics Europe : *JO 19 sept., p. 16584 ; D. 2015. 1844 ; Constitutions 2015. 602, chron. Foucher ; NCCC 2016, n° 50, p. 117, chron. Piazzon ; Gaz. Pal. 2016, n° 4, p. 28, note Fourmon ; Rapp. Cons. const. 2016, p. 34 :* – L. n° 2010-729 du 30 juin 2010 tendant à suspendre la commercialisation de biberons produits à base de bisphénol A, art. 1er (dans sa rédaction issue de la L. n° 2012-1442 du 24 déc. 2012 visant à la suspension de la fabrication, de l'importation, de l'exportation et de la mise sur le marché de tout conditionnement à vocation alimentaire contenant du bisphénol A). – Absence d'atteinte à la liberté d'entreprendre (DDH, art. 4) en ce qui concerne la suspension de l'importation et de la mise sur le marché national à titre gratuit ou onéreux des conditionnements, contenants ou ustensiles comportant du bisphénol A et destinés à entrer en contact direct avec des denrées alimentaires. – Atteinte à la liberté d'entreprendre (DDH, art. 4) en ce qui concerne la commercialisation des conditionnements, contenants ou ustensiles comportant du bisphénol A et destinés à entrer en contact direct avec des denrées alimentaires. Cette commercialisation est autorisée dans de nombreux pays, ainsi, la suspension de la fabrication et de l'exportation de ces produits sur le territoire de la République ou à partir de ce territoire est sans effet sur la commercialisation de ces produits dans les pays étrangers. Par suite, en suspendant la fabrication et l'exportation de ces produits en France ou depuis la France, le législateur a apporté à la liberté d'entreprendre des restrictions qui ne sont pas en lien avec l'objectif poursuivi. Ainsi, sont contraires à la Const. 58 les mots « La *fabrication » et* « , l'exportation » figurant au 1er al. de l'art. 1er de la loi du 30 juin 2010. – Absence de méconnaissance par le législateur de sa propre compétence en permettant au Gouvernement de mettre un terme à la suspension, édictée par la loi, de l'importation et de la mise sur le

		marché des conditionnements, contenants ou ustensiles comportant du bisphénol A et destinés à entrer en contact direct avec des denrées alimentaires après un avis motivé de l'Agence nationale de sécurité sanitaire de l'alimentation, de l'environnement et du travail. – **Non-conformité** des mots « La fabrication » et « , l'exportation » figurant au 1er al. de l'art. 1er de la loi du 30 juin 2010 avec effet à compter de la publication de la Décis. et applicabilité à toutes les affaires non encore jugées définitivement à cette date. – **Décision de renvoi :** CE, QPC, 17 juin 2015, *Assoc. Plastics Europe*, n° 387805 : *Gaz. Pal. 2015, n°s 193-197, p. 29.* – **Application de la décision :** CE 7 déc. 2016, *Assoc. Plastics Europe*, n° 387805.
2015	17 sept.	**Amende pour défaut de déclaration de comptes bancaires ouverts, utilisés ou clos à l'étranger** **2015-481 QPC.** Épx B. : *JO 19 sept., p. 16585 ; D. 2015. 1843 ; JCP N 2015, n° 40, p. 14 ; Gaz. Pal. 2015, n°s 294-295, p. 10, note Lasserre Capdeville ; ibid., n° 312-314, p. 15, note Roussille ; NCCC 2016, n° 50, p. 147, chron. Austry ; ibid., p. 157, note Surrel ; LPA 2015, n° 200, p. 3, note Perrotin ; ibid. 2017, n° 214, p. 1, chron. Baghestani, Rimbault, Verpeaux et Bouaziz ; JCP 2017, n° 11, p. 514, chron. Mathieu, Verpeaux et Macaya :* – **CGI, art. 1736 § IV** (dans sa rédaction issue de la L. n° 2008-1443 du 30 déc. 2008 de finances rectificative pour 2008). Cet art. prévoit une amende forfaitaire d'un montant de 1 500 euros pour le défaut de déclaration annuelle de tout compte bancaire ouvert, utilisé ou clos à l'étranger, montant porté à 10 000 euros lorsque le compte est ouvert dans un État ou un territoire qui n'a pas conclu avec la France une convention d'assistance administrative en vue de lutter contre la fraude et l'évasion fiscales permettant l'accès aux renseignements bancaires. – Absence d'atteinte aux principes de proportionnalité et d'individualisation des peines (DDH, art. 8). Le législateur a, s'agissant du manquement à une obligation déclarative poursuivant l'objectif de lutte contre la fraude et l'évasion fiscales, instauré des sanctions dont la nature est liée à celle de l'infraction et qui, même par le cumul d'amendes qu'elles permettent, ne sont pas manifestement disproportionnées à la gravité des faits qu'il entend réprimer. Par ailleurs, la loi elle-même a assuré la modulation des peines en fonction de la gravité des comportements réprimés en prévoyant 2 montants forfaitaires distincts, selon que l'État ou le territoire dans lequel le compte est ouvert a ou non conclu une convention d'assistance administrative en vue de lutter contre la fraude et l'évasion fiscales permettant l'accès aux renseignements bancaires. Pour chaque sanction prononcée, le juge décide, après avoir exercé son plein contrôle sur les faits invoqués et la qualification retenue par l'administration, en fonction de l'une ou l'autre des amendes prononcées, soit de maintenir l'amende, soit d'en dispenser le contribuable si ce dernier n'a pas manqué à l'obligation de déclaration de l'existence d'un compte bancaire à l'étranger. Ainsi, il peut proportionner les pénalités selon la gravité des agissements commis par le contribuable. – **Conformité**. – **Décision de renvoi :** CE, QPC, 17 juin 2015, n° 389143.

		– **Application de la décision :** CAA 17 mars 2016, n° 14MA02881.
2015	17 sept.	**Tarifs de la taxe générale sur les activités polluantes portant sur les déchets non dangereux** **2015-482 QPC.** Sté Gurdebeke SA : *JO 19 sept., p. 16586 ; D. 2015. 1843 ; JCP 2015, n° 49, p. 2244, chron. Mathieu ; LPA 2017, n° 212, p. 5, chron. Baghestani, Bezzina et Rimbault* : – **C. douanes, art. 266 *nonies*, 1, A, tableau du *a*)**. – Absence d'atteinte au principe d'égalité devant la loi et les charges publiques (DDH, art. 6 et 13). En prévoyant des tarifs plus avantageux pour les déchets susceptibles de produire du biogaz lorsqu'ils sont réceptionnés par les installations de stockage produisant et valorisant le biogaz, le législateur a institué une différence de traitement en adéquation avec l'objectif d'intérêt général poursuivi. En revanche, l'application des tarifs réduits prévus par les dispositions des B et C du tableau aux déchets insusceptibles de produire du biogaz entraînerait une différence de traitement sans rapport direct avec l'objet de la loi et serait, par suite, contraire au principe d'égalité devant la loi. ***Dès lors***, les tarifs réduits fixés aux B et C du tableau du *a*) du A du 1 de l'art. 266 *nonies* C. douanes ne sauraient être appliqués aux déchets insusceptibles de produire du biogaz réceptionnés par les installations produisant et valorisant le biogaz : **Réserve**. – **Conformité sous réserve.** – **Décision de renvoi :** CE, QPC, 17 juin 2015, *SA Gurdebeke*, n° 389845 : *Gaz. Pal. 2015, n°s 193-197, p. 29*. – **Application de la décision :** CE 19 juill. 2016, *SA Gurdebeke*, n° 389845 B.
2015	17 sept.	**Règles d'assujettissement aux prélèvements sociaux des produits des contrats d'assurance vie « multi-supports »** **2015-483 QPC.** M. Jean-Claude C. : *JO 19 sept., p. 16587 ; D. 2015. 1845 ; JCP N 2015, n° 40, p. 13 ; JCP 2015, n° 49, p. 2244, chron. Mathieu ; NCCC 2016, n° 50, p. 147, chron. Austry ; LPA 2017, n° 214, p. 1, chron. Baghestani, Rimbault, Verpeaux et Bouaziz* : – **CSS, art. L. 136-7, § 2, 3°, *a*), les mots : « la part des produits attachés aux droits exprimés en euros ou en devises dans les bons ou contrats en unités de compte mentionnées au second alinéa de l'article L. 131-1 du code des assurances »**. – Absence d'atteinte au principe d'égalité devant les charges publiques (DDH, art. 13). Les produits du fonds en euros ou en devises d'un contrat de capitalisation dit « multi-supports », qui ne sont pas définitivement acquis par le contribuable au jour de l'inscription en compte, ne correspondent pas à des bénéfices ou des revenus que le contribuable a réalisés ou dont il a disposé à la date du fait générateur de l'impôt. Par ailleurs, l'impôt dû en vertu des dispositions contestées est acquitté par le prélèvement d'une fraction des produits provisoirement inscrits au contrat et ainsi le contribuable n'a pas à décaisser les sommes nécessaires au paiement de l'impôt. Ensuite, le législateur avait prévu des mécanismes de correction s'appliquant au dénouement du contrat et permettant d'éviter une double imposition ainsi que d'assurer la restitution d'un éventuel trop-perçu. Il s'ensuit que l'imposition finalement due par le contribuable au titre des produits en cause est

		seulement assise sur les bénéfices ou revenus qu'il a effectivement retirés de ce contrat et, par suite, que les dispositions contestées ne méconnaissent pas les capacités contributives des contribuables. **Toutefois**, en cas de reversement d'un trop-perçu, eu égard à la durée des contrats d'assurance-vie que le législateur a entendu encourager, les dispositions contestées ne sauraient, sans créer une rupture caractérisée de l'égalité devant les charges publiques, avoir pour objet ou pour effet de faire obstacle à ce que le contribuable puisse prétendre au bénéfice d'intérêts moratoires au taux de l'intérêt légal sur l'excédent qui lui est reversé : **Réserve**. – **Conformité sous réserve**. – **Décision de renvoi :** CE, QPC, 17 juin 2015, n° 390001 : *Gaz. Pal. 2015, n°s 193-197, p. 30.*
2015	22 sept.	**Incrimination de la mise en relation de clients avec des conducteurs non professionnels** **2015-484 QPC.** Sté UBER France SAS et a. (II) : *JO 25 sept., p. 17083 ; D. 2015. 1892 ; ibid. 2134, note Gency-Tandonnet ; RFDA 2015. 1135, étude Haquet ; LPA 2015, n°s 257-258, p. 6, note Vingiano ; Dr. adm. 2015, n° 11, p. 36, note Lanneau ; RFDC 2016. 159, note Perrier ; JCP 2017, n° 11, p. 514, chron. Mathieu, Verpeaux et Macaya ; LPA 2017, n° 214, p. 1, chron. Baghestani, Rimbault, Verpeaux et Bouaziz ; Rapp. Cons. const. 2016, p. 35 :* – **C. transp., art. L. 3124-13, al. 1er.** Ces dispositions répriment de 2 ans d'emprisonnement et de 300 000 € d'amende le fait d'organiser un système de mise en relation de clients avec des personnes qui, sans pouvoir légalement s'y livrer en application du C. transp., faute d'être, par ex., taxis ou VTC, effectuent des prestations de transport routier de personnes à titre onéreux. – Absence d'atteinte au principe de légalité des délits et des peines (DDH, art. 8). Les dispositions contestées n'ont ni pour objet ni pour effet d'interdire les systèmes de mise en relation des personnes souhaitant pratiquer le covoiturage tel que défini par l'art. L. 3132-1 C. transp. Par ailleurs, le législateur a défini de manière claire et précise l'incrimination contestée. – Absence d'atteinte aux principes de nécessité et de proportionnalité des peines (DDH, art. 8). En instituant l'incrimination prévue par les dispositions contestées, le législateur a entendu assurer le respect de la réglementation de l'activité de transport public particulier de personnes à titre onéreux. Il n'a pas incriminé l'organisation des systèmes de mise en relation des personnes souhaitant pratiquer le covoiturage tel que défini par l'art. L. 3132-1 C. transp. Par ailleurs, en punissant le fait de mettre en relation des clients avec des chauffeurs non professionnels d'une peine de 2 ans d'emprisonnement et de 300 000 euros d'amende, le législateur n'a pas institué une peine manifestement disproportionnée. – Absence d'atteinte au principe de présomption d'innocence (DDH, art. 9). Les dispositions contestées n'ont ni pour objet ni pour effet d'instaurer une présomption de culpabilité. – **Conformité**. – **Décision de renvoi :** Com., QPC, 23 juin 2015, *Sté Uber et a.*, n° 15-40.012.

2015	25 sept.	**Acte d'engagement des personnes détenues participant aux activités professionnelles dans les établissements pénitentiaires** **2015-485 QPC.** M. Johny M. : *JO 27 sept., p. 17328 ; D. actu. 28 sept. 2015, obs. Fleuriot ; AJDA 2015. 1775 ; D. 2015. 1897 ; ibid. 2083, point de vue Céré ; ibid. 2085, point de vue Boucher ; ibid. 2016. 1461, obs. Jacquinot et Mangiavillano ; AJ pénal 2016. 98, obs. Falxa ; Dr. soc. 2016. 64, étude Auvergnon ; Constitutions 2015. 564, chron. Ghevontian ; ibid. 579, chron. Wolmark ; RFDA 2015. 1200, note Roblot-Troizier ; JCP 2015, n° 41, p. 1796 ; ibid., n° 49, p. 2244, chron. Mathieu ; ibid. 2017, n° 11, p. 514, chron. Mathieu, Verpeaux et Macaya ; NCCC 2016, n° 50, p. 85, chron. Bonnet et Roblot-Troizier ; ibid., p. 117, chron. Piazzon ; RFDC 2016. 177, note Tzutzuiano ; LPA 2016, n° 149, p. 16, chron. Tellier-Cayrol ; Rev. pénit. 2015, n° 4, p. 935, note Danti-Juan ; ibid. 2017, n° 211, p. 5, chron. Verpeaux et Bouaziz ; RPDP 2016, n° 4, p. 819, note Schmitz ; Rapp. Cons. const. 2016, p. 40 :* – **L. n° 2009-1436 du 24 nov. 2009 pénitentiaire, art. 33**. Ces dispositions fixent les règles relatives à la relation de travail entre le détenu et l'administration pénitentiaire. – Absence d'atteinte au droit à l'emploi, à la liberté syndicale, au droit de grève et au principe de participation des travailleurs (Préamb. Const. 1946, al. 5 à 8). En subordonnant à un acte d'engagement signé par le chef d'établissement et la personne détenue la participation de cette dernière aux activités professionnelles organisées dans les établissements pénitentiaires et en renvoyant à cet acte d'engagement le soin d'énoncer les droits et obligations professionnels du détenu, dans des conditions qui respectent les dispositions de l'art. 22 de la L. du 24 nov. 2009 et sous le contrôle du juge administratif. – **Conformité**. – **Décision de renvoi :** CE, QPC, 6 juill. 2015, n° 389324 : *AJDA 2015. 1345.*
2015	7 oct.	**Cession forcée des droits sociaux d'un dirigeant dans le cadre de procédure de redressement judiciaire** **2015-486 QPC.** M. Gil. L. : *JO 9 oct., p. 18829 ; D. 2015. 2006 ; Constitutions 2015. 555, chron. Giacuzzo ; JCP 2015, n° 51, p. 2342, note Brignon ; ibid. 2017, n° 11, p. 514, chron. Mathieu, Verpeaux et Macaya ; NCCC 2016, n° 51, p. 132, chron. Piazzon ; LPA 2016, n° 149, p. 8, chron. Juredieu ; LPA 2017, n° 214, p. 1, chron. Baghestani, Rimbault, Verpeaux et Bouaziz :* – **C. com., art. L. 631-19-1, al. 2, 2e phrase, et al. 4**. – Absence d'atteinte au droit de propriété (DDH, art. 2 et 17) concernant la 2e phrase de l'al. 2 de l'art. L. 631-19-1 C. com. selon laquelle le tribunal peut, lorsque le redressement de l'entreprise le requiert et sur la demande du ministère public, ordonner la cession des parts sociales, titres de capital ou valeurs mobilières donnant accès au capital détenus par un ou plusieurs dirigeants de droit ou de fait. Ces dispositions n'entraînent pas une privation du droit de propriété au sens de l'art. 17 DDH car elles ne s'appliquent que si le dirigeant qui détient des parts sociales, titres de capital ou valeurs mobilières donnant accès au capital n'a pas renoncé à l'exercice de ses fonctions de direction. Ainsi, le dirigeant conserve la possibilité d'éviter la cession forcée de ces parts, titres ou valeurs. Par ailleurs, ces mêmes dispositions

		ne portent pas une atteinte disproportionnée au droit de propriété du dirigeant au sens de l'art. 2 DDH. En effet, le législateur a entendu permettre la poursuite de l'activité de l'entreprise. Il a ainsi poursuivi un objectif d'intérêt général. La cession des droits sociaux détenus par un dirigeant ne peut être ordonnée par le tribunal que si l'entreprise fait l'objet d'une procédure de redressement judiciaire et si le redressement de cette entreprise le requiert. Enfin, cette mesure ne peut être prise qu'à la demande du ministère public et seulement à l'égard des dirigeants de droit ou de fait qui le sont encore à la date à laquelle le tribunal statue, et le prix de la cession forcée est fixé « à dire d'expert ». – Absence d'atteinte au principe d'égalité (DDH, art. 6). Les entreprises exerçant des activités professionnelles libérales soumises à statut législatif ou réglementaire sont dans une situation différente de celle des autres entreprises. En excluant du champ d'application des mécanismes prévus par les 2 premiers al. de l'art. L. 631-19-1 les débiteurs exerçant de telles activités, le législateur a entendu tenir compte des règles particulières qui s'imposent, à titre personnel, aux dirigeants de ces entreprises, qui doivent notamment faire l'objet, en fonction de l'activité libérale exercée, d'un agrément, d'une inscription ou d'une titularisation. Ainsi, l'exclusion qui résulte des dispositions contestées est fondée sur un critère objectif et rationnel en rapport avec l'objet de la loi. – **Conformité.** – **Décision de renvoi :** Com., QPC, 7 juill. 2015, n° 14-29.360 : *Rev. sociétés 2015. 543, obs. Henry.* – **Application de la décision :** Com. 11 oct. 2016, n° 14-29.360 : *Rev. sociétés 2016. 769, obs. Henry.*
2015	7 oct.	**Ouverture d'une procédure collective à l'encontre du dirigeant d'une personne morale placée en redressement ou en liquidation judiciaire** **2015-487 QPC.** M. Pataorii R. : *JO 9 oct., p. 18830 ; D. 2015. 2006 ; Constitutions 2015. 555, chron. Giacuzzo ; NCCC 2016, n° 51, p. 132, chron. Piazzon ; JCP 2017, n° 11, p. 514, chron. Mathieu, Verpeaux et Macaya ; LPA 2017, n° 213, p. 1, chron. Verpeaux, Bezzina et Combrade ; ibid., n° 214, p. 1, chron. Baghestani, Rimbault, Verpeaux et Bouaziz* : – **C. com., art. L. 624-5, § I et II** (dans sa version applicable en Polynésie française). – Absence de violation des principes de nécessité et de proportionnalité des peines (DDH, art. 8). Les dispositions contestées instituent un mécanisme ayant pour objet de faire contribuer le dirigeant personne physique au comblement du passif de la personne morale. Ainsi, l'ouverture de la procédure de redressement ou de liquidation judiciaire à l'égard du dirigeant de droit ou de fait d'une personne morale placée en redressement ou en liquidation judiciaire n'a pas le caractère d'une punition au sens de l'art. 8 DDH. – Absence de privation de propriété (DDH, art. 17) concernant les dispositions permettant d'intégrer dans le passif du dirigeant de droit ou de fait de la personne morale le passif de cette dernière. Dans ces circonstances particulières, elles ont pour effet de faire contribuer le

		dirigeant à l'apurement du passif de la personne morale, sans pour autant opérer une confusion du patrimoine du dirigeant et de celui de la personne morale : **Conformité**. – Absence d'atteinte manifestement disproportionnée au droit de propriété du dirigeant de droit ou de fait de la personne morale (DDH, art. 2) concernant l'art. L. 624-5, § I, 1° à 4° et 6° C. com. En subordonnant l'ouverture de la procédure à la commission de faits qui sont par eux-mêmes de nature à avoir contribué à l'insuffisance d'actif, le législateur a encadré les conditions dans lesquelles le passif de la personne morale peut être mis à la charge du dirigeant. Dans ces conditions, les dispositions contestées contribuent à préserver les droits des créanciers de la personne morale : **Conformité**. – Atteinte disproportionnée à l'objectif poursuivie au droit de propriété du dirigeant (DDH, art. 2) concernant l'art. L. 624-5, § I, 5° et 7° C. com. Ces dispositions permettent également de prononcer l'ouverture de la procédure de redressement ou de liquidation judiciaire à l'égard du dirigeant de droit ou de fait lorsque celui-ci a tenu une comptabilité fictive, a fait disparaître des documents comptables de la personne morale, s'est abstenu de tenir toute comptabilité conforme aux règles légales ou a tenu une comptabilité manifestement incomplète ou irrégulière au regard des dispositions légales. Ainsi, les dispositions contestées permettent que le passif de la personne morale soit inclus dans celui du dirigeant du seul fait qu'il a commis des irrégularités comptables, sans que celles-ci soient par elles-mêmes de nature à avoir contribué à l'insuffisance d'actif : **Non-conformité**. – **Conformité** de l'art. L. 624-5, § I, 1° à 4° et 6°, et II et **non-conformité** de l'art. L. 624-5, § I, 5° et 7° avec effet à compter de la publication de la Décis. et applicabilité à tous les jugements d'ouverture d'une procédure de redressement ou de liquidation judiciaire à l'égard d'un dirigeant de droit ou de fait rendus postérieurement à cette date. – **Décision de renvoi :** Com., QPC, 7 juill. 2015, n° 15-40.022.
2015	7 oct.	**Indemnité exceptionnelle accordée à l'époux aux torts duquel le divorce a été prononcé** **2015-488 QPC.** M. Jean-Pierre E. : *JO 9 oct., p. 18832 ; D. 2015. 2008 ; AJ fam. 2016. 338, obs. Thouret ; NCCC 2016, n° 51, p. 132, chron. Piazzon ; LPA 2016, n° 149, p. 6, chron. Juredieu ; LPA 2017, n° 212, p. 5, chron. Baghestani, Bezzina et Rimbault ; ibid., n° 213, p. 1, chron. Verpeaux, Bezzina et Combrade* : – **C. civ., art. 280-1, al. 2** (dans sa rédaction issue de la L. n° 75-617 du 11 juill. 1975). – Absence d'atteinte au principe d'égalité devant la loi (DDH, art. 6). Le débiteur d'une indemnité allouée à titre exceptionnel et celui de la prestation compensatoire sont dans une situation différente. Par ailleurs, la différence de traitement instituée entre le débiteur de l'indemnité exceptionnelle et celui de la prestation compensatoire, en ce qui concerne la possibilité de révision de l'une et de l'autre lorsqu'elles sont fixées sous forme de rente, est en rapport direct avec l'objet de la loi qui l'établit. Enfin, la L. n° 2004-439 du 26 mai 2004 relative au divorce a étendu la possibilité d'accorder une prestation compensatoire à tout époux divorcé et supprimé la faculté pour celui

		aux torts exclusifs duquel le divorce était prononcé d'obtenir une indemnité à titre exceptionnel en abrogeant la disposition attaquée. Ainsi, si les modifications du régime de la prestation compensatoire postérieures à la L. du 11 juill. 1975 ont accru la différence de traitement entre le débiteur de la prestation compensatoire dont le paiement a été ordonné avant l'entrée en vigueur de la L. du 26 mai 2004 et celui d'une indemnité exceptionnelle accordée en application de l'art. 280-1 C. civ. dans sa rédaction issue de la L. du 11 juill. 1975 et abrogé par la L. du 26 mai 2004, lorsque l'une et l'autre sont fixées sous forme de rente viagère, ces modifications successives n'ont pas pour effet de priver cette différence de traitement de rapport direct avec l'objet de la loi qui l'a initialement établie en raison de la nature distincte de ces deux créances consécutives au divorce. En outre, l'abrogation des dispositions de l'art. 280-1 C. civ. par la L. du 26 mai 2004 et la modification des conditions d'attribution de la prestation compensatoire introduites par cette loi dans l'art. 271 C. civ. rendent inopérante la comparaison de la situation du débiteur de l'indemnité exceptionnelle et celle du débiteur de la prestation compensatoire fixée en application de ces nouvelles dispositions. – **Conformité.** – **Décision de renvoi :** Civ. 1re, QPC, 8 juill. 2015, n° 15-40.021.
2015	14 oct.	**Saisine d'office et sanctions pécuniaires prononcées par le Conseil de la concurrence** **2015-489 QPC.** Sté Grands Moulins de Strasbourg SA et a. : *JO 16 oct., p. 19325 ; D. 2015. 2068 ; RTD com. 2015. 703, obs. Claudel ; RFDC 2016. 174, note Catelan ; RDLC 2016, n° 1, p. 179, note Lemaire ; LPA 2016, n° 149, p. 10, chron. Juredieu ; ibid. 2017, n° 214, p. 1, chron. Baghestani, Rimbault, Verpeaux et Bouaziz ; JCP 2017, n° 11, p. 514, chron. Mathieu, Verpeaux et Macaya :* – **C. com., art. L. 462-5, les mots : « se saisir d'office ou »** (dans sa rédaction issue de l'Ord. n° 2000-912 du 18 sept. 2000 relative à la partie législative du code du commerce) **et art. L. 464-2, al. 4, 2e et 3e phrases.** – Absence d'atteinte aux principes d'indépendance et d'impartialité (DDH, art. 16) concernant les mots « se saisir d'office ou » figurant à l'art. L. 462-5 C. com. Le Conseil de la concurrence peut décider de se saisir d'office de certaines pratiques anticoncurrentielles, cette décision par laquelle le Conseil exerce sa mission de contrôle du bon fonctionnement des marchés n'a ni pour objet ni pour effet d'imputer une pratique à une entreprise déterminée. Dès lors, elle ne le conduit pas à préjuger la réalité des pratiques susceptibles de donner lieu au prononcé de sanctions. De plus, l'instruction de l'affaire est ensuite assurée sous la seule direction du rapporteur général dans les conditions et selon les garanties prévues par les art. L. 463-1 et L. 463-2 C. com. Le collège du Conseil de la concurrence est, pour sa part, compétent pour se prononcer, selon les modalités prévues par l'art. L. 463-7 C. com., sur les griefs notifiés par le rapporteur général et, le cas échéant, infliger des sanctions. Les 2 derniers al. de cet art. disposent que, lors de la séance, le rapporteur général peut présenter des observations, tout en prévoyant que lorsque le Conseil statue sur des pratiques dont il a été saisi en application de l'art. L. 462-5, le rapporteur général et le rapporteur

		n'assistent pas au délibéré. Compte tenu de ces garanties légales, dont il appartient à la juridiction compétente de contrôler le respect, la décision du Conseil de la concurrence de se saisir d'office n'opère pas de confusion entre, d'une part, les fonctions de poursuite et d'instruction et, d'autre part, les pouvoirs de sanction. – Absence d'atteinte aux principes de nécessité et de proportionnalité des peines (DDH, art. 8) concernant l'art. L. 464-2, al. 4, 2e phrase, C. com. En prévoyant de réprimer les pratiques anticoncurrentielles d'une entreprise au moyen d'une sanction pécuniaire dont le montant maximal correspond à 10 % du chiffre d'affaires mondial hors taxes le plus élevé réalisé au cours d'un des exercices clos depuis l'exercice précédant celui au cours duquel les pratiques ont été mises en œuvre, le législateur n'a pas institué une peine manifestement disproportionnée au regard, d'une part, de la nature des agissements réprimés et, d'autre part, du fait qu'ils ont pu et peuvent encore, alors même qu'ils ont cessé, continuer de procurer des gains illicites à l'entreprise. – Absence d'atteinte aux principes de nécessité et de proportionnalité des peines (DDH, art. 8) concernant l'art. L. 464-2, al. 4, 3e phrase, C. com. En prévoyant que, lorsque les comptes de l'entreprise ont été consolidés ou combinés en vertu des textes applicables à sa forme sociale, le chiffre d'affaires pris en compte pour calculer le maximum de la sanction encourue est celui figurant dans les comptes consolidés ou combinés de l'entreprise consolidante ou combinante, le législateur a, ainsi qu'il ressort des travaux préparatoires de la L. du 15 mai 2001, entendu prévenir des stratégies consistant à réduire, par des restructurations du capital des sociétés, le chiffre d'affaires des entreprises se livrant à des pratiques anticoncurrentielles afin de minorer le maximum de la sanction encourue dans l'hypothèse où ces pratiques seraient sanctionnées. Cette disposition vise en outre à prendre en compte la taille et les capacités financières de l'entreprise visée dans l'appréciation du montant maximal de la sanction. – Absence de méconnaissance du principe d'individualisation des peines (DDH, art. 8) concernant l'art. L. 464-2, al. 4, 2e et 3e phrases, C. com. Ces dispositions laissent à l'autorité administrative indépendante, sous le contrôle du juge, le soin de fixer le montant de la sanction pécuniaire, dans la limite du maximum déterminé par les dispositions contestées, et de proportionner cette sanction à la gravité des faits reprochés, à l'importance du dommage causé à l'économie, à la situation de l'entreprise sanctionnée ou du groupe auquel elle appartient et à l'éventuelle réitération de pratiques prohibées. – **Conformité**. – **Décision de renvoi :** Com., QPC, 9 juill. 2015, nos 14-29.354 et 14-29.542.
2015	14 oct.	**Interdiction administrative de sortie du territoire** **2015-490 QPC.** M. Omar K. : *JO 16 oct., p. 19327 ; AJDA 2015. 1886 ; D. 2015. 2075 ; ibid. 2016. 1461, obs. Jacquinot et Mangiavillano ; Constitutions 2015. 585, chron. Le Bot ;* LPA 2016, *n° 149, p. 17, chron. Gicquel ; JCP 2017, n° 11, p. 514, chron. Mathieu, Verpeaux et Macaya :* – **CSI, art. L. 224-1**. Les dispositions de cet art. instituent un dispositif d'interdiction de sortie du territoire applicable à tout Français

		lorsqu'il existe des raisons sérieuses de penser qu'il projette des déplacements à l'étranger en vue de participer à des activités terroristes ou de se rendre sur un théâtre d'opérations de groupements terroristes, dans des conditions susceptibles de le conduire à porter atteinte à la sécurité publique lors de son retour sur le territoire français. — Absence de méconnaissance de la liberté d'aller et venir et du droit à un recours juridictionnel effectif (DDH, art. 2, 4 et 16). En adoptant les dispositions contestées, le législateur a poursuivi l'objectif de prévention des atteintes à l'ordre public. Par ailleurs, l'ensemble des garanties prévues par le législateur, et notamment l'interdiction de sortie du territoire, ne peut être mis en œuvre que pour des motifs liés à la prévention du terrorisme. Ensuite, la personne doit être mise en mesure de présenter ses observations dans un délai de 8 jours après la décision. Enfin, la durée de la mesure ne peut excéder 6 mois et elle peut faire l'objet d'un recours devant le juge administratif. — Absence de méconnaissance du principe de légalité des délits et des peines (DDH, art. 8). Les infractions prévues à l'art. L. 224-1 CSI ne peuvent être constituées que lorsque l'interdiction de sortie du territoire a été prononcée. Elles sont par ailleurs définies de manière claire et précise. — **Conformité.** — **Décision de renvoi :** CE, QPC, 10 juill. 2015, n° 390642 : *AJDA 2015. 1395.* — **Application de la décision :** CAA Paris, 8 juill. 2016, n° 16PA00305.
2015	14 oct.	**Demande tendant à la saisine directe du Conseil constitutionnel d'une question prioritaire de constitutionnalité** **2015-491 QPC.** M. Pierre G. : *JO 16 oct., p. 19328 ; JCP 2015, n° 49, p. 2244, chron. Mathieu ; RFDC 2016. 485, chron. Revon ; LPA 2017, n° 212, p. 5, chron. Baghestani, Bezzina et Rimbault* : — L. n° 91-647 du 10 juill. 1991 relative à l'aide juridique, art. 27, 29 et 31. — **Rejet de la demande.**
2015	16 oct.	**Associations pouvant exercer les droits reconnus à la partie civile en ce qui concerne l'apologie des crimes de guerre et des crimes contre l'humanité** **2015-492 QPC.** Assoc. cté rwandaise de France : *JO 18 oct., p. 19445 ; D. 2015. 2077 ; RSC 2015. 877, obs. Francillon ; ibid. 2016. 406, obs. de Lamy ; JCP 2015, n° 44, p. 1991 ; ibid., n° 49, p. 2244, chron. Mathieu ; RJPF 2016, n° 1, p. 20, note Putman ; RFDC 2016. 168, note Perrier ; ibid. 663, note Philippe et Picard ; RLDI 2015, n° 120, p. 8, note Derieux ; NCCC 2016, n° 51, p. 111, chron. Peltier et Bonis-Garçon ; LPA 2016, n° 149, p. 12, chron. Tellier-Cayrol ; ibid. 2017, n° 212, p. 5, chron. Baghestani, Bezzina et Rimbault ; ibid., n° 211, p. 5, chron. Verpeaux et Bouaziz* : — **L. du 29 juill. 1881 sur la liberté de la presse, art. 48-2, mots : « des crimes de guerre, des crimes contre l'humanité ou ».** — Méconnaissance du principe d'égalité devant la justice (DDH, art. 6). Le législateur n'a pas prévu une répression pénale différente pour l'apologie des crimes de guerre et des crimes contre l'humanité

		selon que ces crimes ont été commis ou non pendant la Seconde Guerre mondiale. Par ailleurs, il ne ressort ni des dispositions contestées ou d'une autre disposition législative ni des travaux préparatoires de la L. du 13 juill. 1990 (d'où est issu l'art. 48-2 de la L. de 1881) l'existence de motifs justifiant de réserver aux seules associations défendant les intérêts moraux et l'honneur de la Résistance ou des déportés la faculté d'exercer les droits reconnus à la partie civile en ce qui concerne l'apologie des crimes de guerre et des crimes contre l'humanité. Par suite, les dispositions contestées, en excluant du bénéfice de l'exercice des droits reconnus à la partie civile les associations qui se proposent de défendre les intérêts moraux et l'honneur des victimes de crimes de guerre ou de crimes contre l'humanité autres que ceux commis durant la Seconde Guerre mondiale, méconnaissent le principe d'égalité devant la justice. – **Non-conformité avec effet au 1er oct. 2016** et suspension des délais de prescription applicables à la mise en mouvement de l'action publique par la partie civile en matière d'apologie des crimes de guerre et des crimes contre l'humanité jusqu'à l'entrée en vigueur d'une nouvelle loi et au plus tard jusqu'au 1er oct. 2016. – **Décision de renvoi :** Crim., QPC, 8 juill. 2015, n° 15-90.006. – **Application de la décision :** L. n° 2017-86 du 27 janv. 2017 relative à l'égalité et à la citoyenneté, art. 176.
2015	16 oct.	**Peine complémentaire obligatoire de fermeture de débit de boissons** **2015-493 QPC.** M. Abdullah N. : *JO 18 oct., p. 19446 ; D. 2015. 2080 ; ibid. 2465, obs. Roujou de Boubée, Garé, Ginestet, Gozzi et Mirabail ; AJCT 2016. 171, obs. Didriche ; Constitutions 2015. 593, chron. Bioy ; RFDC 2016. 172, note Perrier ; NCCC 2016, n° 51, p. 111, chron. Peltier et Bonis-Garçon ; Rev. pénit. 2015, n° 4, p. 974, note Bonis-Garçon ; JCP 2017, n° 11, p. 514, chron. Mathieu, Verpeaux et Macaya ; LPA 2017, n° 213, p. 1, chron. Verpeaux, Bezzina et Combrade* : – **CSP, art. L. 3352-2, al. 2.** – Absence de méconnaissance des principes de nécessité, de proportionnalité et d'individualisation des peines (DDH, art. 8). Les dispositions de l'art. L. 3352-2, al. 2, CSP instituent une peine complémentaire obligatoire de fermeture du débit de boissons ouvert en dehors des conditions prévues par le CSP. Cette peine est directement liée au comportement délictuel réprimé. En adoptant les dispositions contestées, le législateur a entendu, aux fins de lutter contre l'alcoolisme et de protéger la santé publique, assurer le respect de la réglementation relative aux débits de boissons. Ainsi, en permettant de prononcer une fermeture, qui peut être temporaire ou définitive, du débit de boissons, le législateur n'a pas institué une peine manifestement disproportionnée. Par ailleurs, en vertu des dispositions de l'art. 132-58 C. pén., le juge peut décider de dispenser la personne condamnée de cette peine complémentaire. Il résulte de [illegible] jurisprudence constante de la Cour de cassation que la peine prononc[illegible] peut faire l'objet d'un relèvement en application de l'art. 132-21 C. [illegible] Le juge dispose du pouvoir de fixer la durée de la fermeture du [illegible]

		boissons prononcée en tenant compte des circonstances propres à chaque espèce. Dans ces conditions, les dispositions contestées ne méconnaissent pas le principe d'individualisation des peines. – Absence de méconnaissance de la liberté d'entreprendre (DDH, art. 4). L'ouverture des débits de boissons est subordonnée au respect des conditions prévues par le législateur. Cette restriction à l'exploitation des débits de boissons poursuit l'objectif de lutte contre l'alcoolisme et de protection de la santé publique. En instituant la peine complémentaire prévue par les dispositions de l'art. L. 3352-2, al. 2, CSP, le législateur a entendu prévenir et réprimer la violation de cette réglementation relative aux débits de boissons. Il a ainsi poursuivi un objectif de valeur constitutionnelle. De plus, la personne titulaire de la licence ou propriétaire du débit de boissons peut demander le relèvement de la peine complémentaire de fermeture du débit de boissons prévue par les dispositions contestées. L'art. L. 3355-5 CSP fait obligation au ministère public de citer la personne titulaire de la licence ou propriétaire du débit de boissons lorsque celle-ci n'est pas poursuivie en indiquant la nature des poursuites exercées et la possibilité pour le tribunal de prononcer lesdites mesures. En application de l'art. 132-21 C. pén., le relèvement peut être prononcé par le jugement de condamnation ou un jugement ultérieur. Dans ces conditions, et eu égard à l'objectif qu'il s'est assigné, le législateur a porté à la liberté d'entreprendre une atteinte qui n'est pas manifestement disproportionnée. – **Conformité**. – **Décision de renvoi :** Crim., QPC, 8 juill. 2015, n° 15-90.011.
2015	16 oct.	**Procédure de restitution, au cours de l'information judiciaire, des objets placés sous main de justice** **2015-494 QPC**. Cts R. : *JO 18 oct., p. 19446 ; D. 2015. 2077 ; ibid. 2016. 1727, obs. Pradel ; JCP 2015, n° 49, p. 2244, chron. Mathieu ; ibid. 2017, n° 11, p. 514, chron. Mathieu, Verpeaux et Macaya ; RFDC 2016. 163, note Anane ; NCCC 2016, n° 51, p. 111, chron. Peltier et Bonis-Garçon ; Rev. pénit. 2016, n° 1, p. 221, note D'Artigues, Gobert, Ville et Wallez ; LPA 2017, n° 212, p. 5, chron. Baghestani, Bezzina et Rimbault ; ibid., n° 214, p. 1, chron. Baghestani, Rimbault, Verpeaux et Bouaziz* : – **C. pr. pén., art. 99, al. 2.** – Méconnaissance du droit de propriété et du droit à un recours juridictionnel effectif (DDH, art. 2, 16, 17). Ni les dispositions contestées ni aucune autre disposition n'imposent au juge d'instruction de statuer dans un délai déterminé sur la demande de restitution d'un bien saisi formée en vertu de l'art. 99, al. 2, C. pr. pén. S'agissant d'une demande de restitution d'un bien placé sous main de justice, l'impossibilité d'exercer une voie de recours devant la chambre de l'instruction ou toute autre juridiction en l'absence de tout délai déterminé imparti au juge d'instruction pour statuer conduit à ce que la procédure applicable méconnaisse les exigences découlant de l'art. 16 DDH et prive de garanties légales la protection constitutionnelle du droit de propriété. – **Non-conformité avec effet au 1er janv. 2017**. – **Décision de renvoi :** Crim., QPC, 8 juill. 2015, n° 15-81.823.

		– **Application de la décision :** L. n° 2016-731 du 3 juin 2016 renforçant la lutte contre le crime organisé, le terrorisme et leur financement, et améliorant l'efficacité et les garanties de la procédure pénale, art. 62.
2015	20 oct.	**Compensation entre les régimes obligatoires de base d'assurance vieillesse** **2015-495 QPC.** Caisse autonome de retraite des médecins de France et a. : *JO 22 oct., p. 19612 ; AJDA 2015. 1955 ; ibid. 2016. 221, note du Cray ; D. 2015. 2132 ; JCP 2017, n° 11, p. 514, chron. Mathieu, Verpeaux et Macaya ; LPA 2017, n° 211, p. 5, chron. Verpeaux et Bouaziz ; ibid., n° 214, p. 1, chron. Baghestani, Rimbault, Verpeaux et Bouaziz* : – **CSS, art. L. 134-1, al. 2, 2de phrase.** – Absence d'atteinte au principe d'égalité devant la loi (DDH, art. 6). La compensation opérée entre les régimes obligatoires de base d'assurance vieillesse de salariés et des régimes de non-salariés a uniquement pour objet de remédier aux déséquilibres démographiques. Le législateur a ainsi entendu poursuivre un objectif de solidarité. Par ailleurs, la différence de traitement entre régimes obligatoires de base d'assurance vieillesse, selon qu'ils ont en charge des salariés ou des non-salariés, est inhérente aux modalités selon lesquelles s'est progressivement développée l'assurance vieillesse en France ainsi qu'à la diversité corrélative de ces régimes. – Absence d'atteinte au principe d'égalité devant les charges publiques (DDH, art. 13). La compensation généralisée entre régimes obligatoires de base d'assurance vieillesse instaurée par le législateur a principalement pour objet de neutraliser les déséquilibres financiers pouvant résulter, dans le cadre d'un système de retraite par répartition distinguant des régimes organisés sur une base socio-professionnelle, du rapport entre le nombre de cotisants et le nombre de pensionnés d'un même régime. En prévoyant que la compensation entre, d'une part, l'ensemble des régimes de salariés et, d'autre part, chacun des régimes de non-salariés repose exclusivement sur des critères démographiques, sans que ces critères soient pondérés par la prise en compte des capacités contributives, le législateur a retenu des critères objectifs et rationnels en lien avec l'objectif poursuivi. Enfin, les régimes obligatoires de base d'assurance vieillesse, qui perçoivent des cotisations assises principalement sur une assiette plafonnée et servent des pensions de retraite de base également plafonnées, fonctionnent dans le cadre d'un système de retraite par répartition. Il s'ensuit que les dispositions contestées assurent une compensation financière entre régimes reposant sur des critères démographiques. – **Conformité.** – **Décision de renvoi :** CE, QPC, 17 juill. 2015, *Caisse autonome de retraite des médecins de France et a.*, n° 372907 : *AJDA 2015. 1445.* – **Application de la décision :** CE 23 déc. 2015, n° 372907.
2015	21 oct.	**Établissements d'enseignement éligibles à la perception des versements effectués au titre de la fraction dite du « hors quota » de la taxe d'apprentissage** **2015-496 QPC.** Assoc. Fondation pour l'École : *JO 23 oct., p. 19737 ; D. 2015. 2132 ; LIJ 2016, n° 191, p. 9 ; JCP 2017, n° 11, p. 514, chron.*

		Mathieu, Verpeaux et Macaya ; LPA 2017, n° 214, p. 1, chron. Baghestani, Rimbault, Verpeaux et Bouaziz : – **C. trav., art. L. 6241-9.** – Absence d'atteinte au principe d'égalité (DDH, art. 6). En énumérant de manière limitative les établissements habilités à percevoir les versements libératoires effectués au titre de la fraction dite du « hors quota » de la taxe d'apprentissage, le législateur a entendu favoriser l'affectation de ressources publiques destinées à financer des formations technologiques et professionnelles dispensées en formation initiale hors du cadre de l'apprentissage aux établissements publics d'enseignement secondaire et d'enseignement supérieur. L'exclusion des établissements privés d'enseignement non habilités à percevoir la part de la taxe d'apprentissage correspondant aux dépenses mentionnées au 1° de l'art. L. 6241-8 C. trav. est fondée sur des critères objectifs et rationnels, en rapport direct avec l'objet de la loi et en fonction des buts qu'elle se propose. Il n'en résulte pas de rupture caractérisée de l'égalité devant les charges publiques. – Absence d'atteinte à la liberté d'enseignement et à la liberté d'entreprendre (PFRLR et DDH, art. 4) concernant l'exclusion de la possibilité pour les établissements privés d'enseignement qui ne relèvent d'aucune des catégories énumérées à l'art. L. 6241-9 C. trav. de percevoir certaines ressources publiques. Les dispositions précitées ne portent pas atteinte au caractère propre de l'enseignement privé. Elles n'ont pas pour effet, en elles-mêmes, d'empêcher de créer, de gérer ou de financer un établissement privé d'enseignement. – **Conformité.** – **Décision de renvoi :** CE, QPC, 22 juill. 2015, *Fondation pour l'école et a.*, n°s 387472 et 390172. – **Application de la décision :** CE 27 juill. 2016, *Fondation pour l'école*, n° 387472.
2015	20 nov.	**Modalités d'application de l'obligation d'emploi des travailleurs handicapés** **2015-497 QPC**. Assoc. Groupement d'employeurs AGRIPLUS : *JO 22 nov., p. 21746 ; D. 2015. 2384 ; JCP 2016, n° 7, p. 367, chron. Mathieu ; NCCC 2016, n° 51, p. 132, chron. Piazzon* : – **C. trav., art. L. 1111-2, L. 5212-2, L. 5212-14, al. 1er, mots « à due proportion de son temps de présence dans l'entreprise au cours de l'année civile »** (dans sa rédaction issue de la L. n° 2008-1249 du 1er déc. 2008), **L. 5212-3, al. 2.** – Absence d'atteinte au principe d'égalité devant la loi (DDH, art. 6) concernant l'al. 2 de l'art. L. 5212-3 C. trav. Les groupements d'employeurs sont dans une situation différente de celle des entreprises de travail temporaire. Ainsi, le législateur pouvait, pour la détermination de l'obligation d'emploi des travailleurs handicapés, retenir des modes de comptabilisation des salariés employés distincts pour les groupements d'employeurs et pour chaque entité. – Absence d'atteinte au principe d'égalité devant les charges publiques (DDH, art. 13) concernant les mots « à due proportion de son temps de présence dans l'entreprise au cours de l'année civile » de l'al. 1er de l'art. L. 5212-14 C. trav. ***Toutefois***, les dispositions contestées ne sauraient, sans créer de rupture caractérisée de l'égalité devant les

		charges publiques, faire obstacle à ce que les salariés d'un groupement d'employeurs mis à disposition d'une entreprise utilisatrice soient pris en compte dans le nombre des bénéficiaires de l'obligation d'emploi des travailleurs handicapés, lorsqu'ils sont dénombrés dans l'assiette d'assujettissement du groupement à l'obligation d'emploi des travailleurs handicapés : **Réserve**. – **Conformité de l'art. L. 5212-3, al. 2, C. trav. et conformité sous réserve de l'art. L. 5212-14, al. 1er C. trav**. – **Décision de renvoi :** CE, QPC, 11 sept. 2015, *Groupement d'employeurs Agriplus*, n° 389293 : *Gaz. Pal. 2015, nos 273-274, p. 27.* – **Application de la décision :** CE 16 déc. 2016, *Groupement d'employeurs Plusagri*, n° 390234 A : *AJDA 2017. 268, chron. Dutheillet de Lamothe et Odinet ; ibid. 2016. 2467.*
2015	20 nov.	**Contribution patronale additionnelle sur les « retraites chapeau »** **2015-498 QPC.** Sté SIACI Saint-Honoré SAS et a. : *JO 22 nov., p. 21747 ; D. 2015. 2384 ; Constitutions 2016. 86, chron. Kessler ; RJS 2016, n° 1, p. 74 ; NCCC 2016, n° 51, p. 164, chron. Austry ; Gest. fin. publ. 2016, n° 2, p. 35, note Villemot ; LPA 2017, n° 214, p. 1, chron. Baghestani, Rimbault, Verpeaux et Bouaziz* : – **CSS, art. L. 137-11, § II *bis*** (dans sa rédaction issue de l'art. 17 de la L. n° 2014-1554 du 22 déc. 2014). – Rupture caractérisée de l'égalité devant les charges publiques (DDH, art. 13). Les effets de seuil qui résultent de l'institution de la contribution additionnelle au taux de 45 % sont excessifs, quelle que soit l'option retenue par l'employeur pour le calcul de la contribution prévue au § I de l'art. L. 137-11 CSS. – **Non-conformité avec effet à la date de publication de la Décis.** et invocabilité possible pour toutes les instances en cours à la date de la publication de la Décis. – **Décision de renvoi :** CE, QPC, 11 sept. 2015, *Sté SIACI Saint-Honoré SAS et a.*, n° 390974 : *Gaz. Pal. 2015, nos 273-274, p. 28.* – **Application de la décision :** CE 29 juill. 2016, *Sté SIACI Saint-Honoré SAS et a.*, n° 390974.
2015	20 nov.	**Absence de nullité de la procédure en cas de méconnaissance de l'obligation d'enregistrement sonore des débats de cours d'assises** **2015-499 QPC.** M. Hassan B. : *JO 22 nov., p. 21748 ; D. 2015. 2377 ; ibid. 2016. 51, note Courtin ; RSC 2016. 393, obs. de Lamy ; JCP 2016, n° 5, p. 223, note Botton ; ibid., n° 7, p. 367, chron. Mathieu ; NCCC 2016, n° 51, p. 111, chron. Peltier et Bonis-Garçon ; LPA 2016, n° 149, p. 16, chron. Tellier-Cayrol ; RFDC 2016. 710, note Perrier* : – **C. pr. pén., art. 308, dernier al.** – Méconnaissance du droit à exercer un recours juridictionnel effectif et du respect des droits de la défense impliquant le droit à une procédure juste et équitable (DDH, art. 16) par le législateur qui a conféré aux parties un droit à l'enregistrement sonore des débats de la cour d'assises sous contrôle du président de cette cour mais a interdit toute forme de recours en annulation en cas d'inobservation de cette formalité.

		– **Non-conformité avec effet à compter du 1er sept. 2016.** Les arrêts de cours d'assises rendus jusqu'à cette date ne peuvent être contestés sur le fondement de cette inconstitutionnalité. – **Décision de renvoi :** Crim., QPC, 9 sept. 2015, n° 15-81.208. – **Applications de la décision :** – Crim. 31 mars 2016, n° 15-82.538. – Crim. 11 mai 2017, n° 16-84.653.
2015	27 nov.	**Contestation et prise en charge des frais d'une expertise décidée par le CHSCT** **2015-500 QPC.** Sté Foot Locker France SAS : *JO 29 nov., p. 22159 ; D. 2015. 2449 ; ibid. 2016. 807, obs. Lokiec et Porta ; Constitutions 2016. 80, chron. Pécaut-Rivolier ; JCP 2016, n° 7, p. 367, chron. Mathieu ; ibid. 2017, n° 11, p. 514, chron. Mathieu, Verpeaux et Macaya ; ibid. 2018, n° 4, note Dutheillet de Lamothe ; JCP S 2015, n° 51, p. 28, note Dauxerre ; NCCC 2016, n° 51, p. 132, chron. Piazzon ; RFDC 2016. 494, chron. Severino ; RJS 2016, n° 2, p. 160 ; LPA 2017, n° 214, p. 1, chron. Baghestani, Rimbault, Verpeaux et Bouaziz* : – **C. trav., art. L. 4614-13, al. 1er et al. 2, 1re phrase.** – Méconnaissance du droit à un recours juridictionnel effectif (DDH, art. 16) et méconnaissance du droit de propriété (DDH, art. 2 et 17) en raison de l'absence d'effet suspensif du recours de l'employeur et de l'absence de délai d'examen de ce recours : l'employeur est privé de toute protection de son droit de propriété en dépit de l'exercice d'une voie de recours. – **Non-conformité avec effet à compter du 1er janv. 2017.** – **Décision de renvoi :** Soc., QPC, 16 sept. 2015, n° 15-40.027. – **Applications de la décision :** – Soc. 15 mars 2016, n° 14-16.242 P : *D. 2016. 864, note Gahdoun ; Dr. soc. 2016. 478, obs. Mouly ; RDT 2016. 499, obs. Guiomard ; Constitutions 2016. 284, chron. Baugard.* – L. n° 2016-1088 du 8 août 2016 relative au travail, à la modernisation du dialogue social et à la sécurisation des parcours professionnels, art. 31. – Soc. 31 mai 2017, n° 16-16.949 P : *D. 2017. 1130.*
2015	27 nov.	**Computation du délai pour former une demande de réhabilitation judiciaire pour une peine autre que l'emprisonnement ou l'amende** **2015-501 QPC.** M. Anis. T. : *JO 29 nov., p. 22160 ; D. 2015. 2446 ; AJ pénal 2016. 142, obs. Saas ; NCCC 2016, n° 51, p. 111, chron. Peltier et Bonis-Garçon ; Dr. pén. 2016, n° 1, p. 142, note Peltier ; RFDC 2016. 717, note Perrier ; JCP 2017, n° 11, p. 514, chron. Mathieu, Verpeaux et Macaya* : – **C. pr. pén., art. 786.** – Absence de méconnaissance du principe d'égalité devant la loi et la justice (DDH, art. 6). Au regard de la réhabilitation judiciaire, les personnes condamnées à une peine à titre principal sont dans une situation différente de celles condamnées à la même peine à titre complémentaire. Par ailleurs, la réhabilitation judiciaire a pour objet de favoriser le reclassement du condamné. Ainsi, dans cette perspective, le législateur a pu décider que la réhabilitation ne peut être prononcée que

		lorsque la peine principale est exécutée ou prescrite et qu'elle entraîne l'effacement tant de la peine principale que des peines complémentaires. Il s'ensuit que la différence de traitement entre le condamné à une peine définitive autre que l'emprisonnement ou l'amende prononcée à titre complémentaire, qui peut bénéficier d'un effacement de cette peine par l'effet d'une réhabilitation judiciaire, et le condamné à la même peine prononcée à titre principal, qui ne peut bénéficier d'un même effacement, est en rapport avec l'objet de la loi qui l'établit. – Absence de méconnaissance du principe de proportionnalité des peines (DDH, art. 8). Lorsqu'une personne a été condamnée à titre principal à une peine autre que l'emprisonnement ou l'amende, les dispositions de l'art. 786 C. pr. pén. font varier le délai à l'issue duquel la réhabilitation peut être obtenue en fonction de la durée de cette peine ou de la nature de l'infraction qu'elle sanctionne. Par ailleurs, il existe différents dispositifs permettant au condamné d'obtenir une dispense de peine, une réhabilitation judiciaire ou le retrait du casier judiciaire. – **Conformité**. – **Décision de renvoi :** Crim., QPC, 22 sept. 2015, n° 15-90.012.
2015	27 nov.	**Modalités de répartition, entre les organisations syndicales de salariés, des crédits du fonds paritaire alloués à la mission liée au paritarisme** **2015-502 QPC**. Syndicat CGT : *JO 29 nov., p. 22162 ; D. 2015. 2449 ; NCCC 2016, n° 51, p. 132, chron. Piazzon ; JCP 2017, n° 11, p. 514, chron. Mathieu, Verpeaux et Macaya ; LPA 2017, n° 214, p. 1, chron. Baghestani, Rimbault, Verpeaux et Bouaziz* : – **C. trav., art. L. 2135-13, 1°, 2e phrase, mots : « de façon uniforme pour les organisations syndicales de salariés et ».** – Absence de méconnaissance de la liberté syndicale et du principe de participation des travailleurs à la détermination collective des conditions de travail (Préamb. Const. 1946, al. 6 et 8). En prévoyant que les crédits du fonds paritaire sont répartis de manière uniforme entre les organisations syndicales de salariés, les dispositions contestées, loin de porter atteinte à la liberté syndicale et au principe de participation des travailleurs à la détermination collective des conditions de travail, mettent en œuvre ces exigences constitutionnelles. – Absence de méconnaissance du principe d'égalité devant la loi (DDH, art. 6). Les organisations syndicales de salariés et les organisations professionnelles d'employeurs ont pour objet la défense des droits et des intérêts matériels et moraux, tant collectifs qu'individuels, des salariés, pour les premières, et des employeurs, pour les secondes. La nature des intérêts que ces deux catégories d'organisations défendent les place dans une situation différente au regard des règles qui organisent le paritarisme. Ainsi, en prévoyant que le montant des crédits alloués aux organisations syndicales de salariés au titre de la mission liée au paritarisme est réparti de façon uniforme entre elles, alors même que d'autres règles sont prévues pour la répartition du montant des crédits alloués aux organisations

		professionnelles d'employeurs à ce titre, le législateur a traité différemment des situations différentes ; cette différence de traitement est en rapport avec l'objet de la loi qui l'établit. – **Conformité**. – **Décision de renvoi :** CE, QPC, 14 sept. 2015, *CGT*, n° 389127 : *Gaz. Pal. 2015, nos 273-274, p. 28.* – **Application de la décision :** CE 14 sept. 2016, *CGT*, n° 389127.
2015	4 déc.	**Effets de la représentation mutuelle des personnes soumises à imposition commune postérieurement à leur séparation** **2015-503 QPC.** M. Gabor R. : *JO 6 déc., p. 22500 ; D. 2015. 2506 ; AJ fam. 2016. 8, obs. Jolivet ; JCP 2016, n° 7, p. 367, chron. Mathieu ; RFDC 2016. 494, chron. Severino ; LPA 2016, n° 60, p. 3, note Perrotin ; ibid. 2017, n° 212, p. 5, chron. Baghestani, Bezzina et Rimbault* : – **LPF, art. L. 54 A, seconde phrase, mots : « notifiés à l'un deux »**. – Absence de méconnaissance du principe du droit à un recours juridictionnel effectif (DDH, art. 16). Il est loisible au législateur d'instituer une présomption irréfragable de représentation mutuelle entre les personnes soumises à imposition commune pour la procédure de contrôle de l'impôt dû au titre des revenus perçus au cours de la période d'imposition commune. ***Toutefois***, lorsque deux personnes précédemment soumises à imposition commune font l'objet d'une imposition distincte à la date de notification de l'avis de mise en recouvrement, émis aux fins de recouvrer des impositions supplémentaires établies sur les revenus perçus par le foyer au cours de la période d'imposition commune, la garantie du droit à un recours juridictionnel effectif impose que chacune d'elles soit mise à même d'exercer son droit de former une réclamation contentieuse, dès lors qu'elle a informé l'administration fiscale du changement de sa situation matrimoniale, de ses liens au titre d'un pacte civil de solidarité ou de sa résidence et, le cas échéant, de son adresse. Par suite, les dispositions contestées porteraient une atteinte disproportionnée au droit des intéressés de former une telle réclamation si le délai de réclamation pouvait commencer à courir sans que l'avis de mise en recouvrement ait été porté à la connaissance de chacun d'eux : **Réserve**. – **Conformité sous réserve**. La réserve énoncée n'est applicable qu'aux cotisations supplémentaires d'impôt sur le revenu établies à compter de la date de publication de la Décis. Par ailleurs, afin de préserver l'effet utile de la Décis. pour les cotisations supplémentaires d'impôt sur le revenu établies antérieurement à la date de publication de cette Décis., la mise en jeu de la responsabilité solidaire de l'une des personnes antérieurement soumises à imposition commune, par le premier acte de recouvrement forcé pour obtenir le paiement de cotisations supplémentaires d'impôt sur le revenu au titre de la période de cette imposition commune, dès lors qu'elle n'a pas été destinataire de la décision d'imposition, doit être regardée comme constituant un événement lui ouvrant un délai propre de réclamation sur le fondement de l'art. L. 190 LPF. – **Décision de renvoi :** CE, QPC, 25 sept. 2015, n° 391315. – **Application de la décision :** CE 3 oct. 2016, n° 392899.

2015	4 déc.	**Allocation de reconnaissance II** **2015-504/505 QPC.** Mme Nicole B. vve B et a. : *JO 6 déc., p. 22501 ; D. 2015. 2505 ; RJPF 2016, n° 2, p. 17, note Putman ; NCCC 2016, n° 51, p. 85, chron. Bonnet et Roblot-Troizier ; ibid., n° 52, p. 155, chron. Surrel* : – **L. n° 87-549 du 16 juill. 1987 relative au règlement de l'indemnisation des rapatriés, art. 9, al. 1er, mots : « de statut civil de droit local »** (dans sa rédaction issue du I de l'art. 52 de la L. n° 2013-1168 du 18 déc. 2013). – Absence de violation de l'autorité de la chose jugée par le Cons. const. La condition de statut civil est différente de la condition de nationalité qui avait été déclarée contraire à la Constitution par le Cons. const. dans sa Décis. n° 2010-93 QPC du 4 févr. 2011. – Absence d'atteinte au principe d'égalité devant la loi (DDH, art. 6). Les anciens harkis et membres des formations supplétives ayant servi en Algérie qui relevaient du statut civil de droit local ne sont pas dans la même situation que les anciens harkis, moghaznis et personnels des formations supplétives ayant servi en Algérie qui relevaient du statut civil de droit commun. Par ailleurs, il ressort des travaux préparatoires de la loi du 18 déc. 2013 que le législateur a entendu indemniser non les charges entraînées par le départ d'Algérie mais le préjudice de ceux des anciens harkis, moghaznis et personnels des formations supplétives ayant servi en Algérie qui ont connu des difficultés particulières d'insertion après leur arrivée sur le territoire national. Ainsi, en réservant le bénéfice de l'attribution de l'allocation de reconnaissance aux anciens harkis, moghaznis et personnels des formations supplétives de statut civil de droit local ayant servi en Algérie, le législateur a retenu un critère qui est en rapport direct avec l'objet de la loi. – **Conformité**. – **Décision de renvoi :** CE, QPC, 25 sept. 2015, nos 391331 et 392164. – **Application de la décision :** CE 23 déc. 2016, n° 392473.
2015	4 déc.	**Respect du secret professionnel et des droits de la défense lors d'une saisie de pièces à l'occasion d'une perquisition** **2015-506 QPC**. M. Gibert A. : *JO 6 déc., p. 22502 ; D. 2015. 2504 ; ibid. 2016. 1727, obs. Pradel ; AJ pénal 2016. 276, obs. Perrier ; Constitutions 2016. 75, chron. Aftisse, Campagne, Caron, Duez, Maës et Montagne ; JCP 2016, n° 7, p. 367, chron. Mathieu ; NCCC 2016, n° 51, p. 111, chron. Peltier et Bonis-Garçon ; Dr. pén. 2016, n° 1, p. 42, note Maron et Haas ; LPA 2016, n° 149, p. 15, chron. Tellier-Cayrol ; ibid. 2017, n° 212, p. 5, chron. Baghestani, Bezzina et Rimbault ; Procédures 2016, n° 1, p. 37, note Chavent-Leclère ; RFDC 2016. 707, note Perrier ; Rev. pénit. 2016, n° 1, p. 107, note Dechenaud ; JCP 2017, n° 11, p. 514, chron. Mathieu, Verpeaux et Macaya* : – **C. pr. pén., art. 56, al. 3, art. 57, al. 1er, mots : « Sous réserve de ce qui est dit à l'article 56 concernant le respect du secret professionnel et des droits de la défense », art. 96, al. 3**. – Atteinte au principe d'indépendance des juridictions (DDH, art. 16) concernant l'art. 56, al. 3 et l'art. 57, al. 1er, mots : « Sous réserve de ce qui est dit à l'article 56 concernant le respect du secret professionnel et des droits de la défense » C. pr. pén. Lors d'une enquête de flagrance,

		l'officier de police judiciaire peut saisir tout papier, document, donnée informatique ou autre objet en la possession des personnes qui paraissent avoir participé à l'infraction ou détenir des pièces, informations ou objets relatifs aux faits. S'il est loisible au législateur de permettre la saisie d'éléments couverts par le secret du délibéré, il lui appartient de prévoir les conditions et modalités selon lesquelles une telle atteinte au principe d'indépendance peut être mise en œuvre afin que celle-ci demeure proportionnée. Les dispositions contestées se bornent à imposer à l'officier de police judiciaire de provoquer préalablement à une saisie « toutes mesures utiles pour que soit assuré le respect du secret professionnel et des droits de la défense ». Ni ces dispositions ni aucune autre disposition n'indiquent à quelles conditions un élément couvert par le secret du délibéré peut être saisi. Ainsi, en adoptant les dispositions contestées, le législateur a méconnu l'étendue de sa compétence dans des conditions qui affectent par elles-mêmes le principe d'indépendance des juridictions : **Non-conformité**. – **Non-conformité de l'art. 56, al. 3, et de l'art. 57, al. 1er, des mots : « Sous réserve de ce qui est dit à l'article 56 concernant le respect du secret professionnel et des droits de la défense » C. pr. pén. avec effet différé au 1er oct. 2016. Par ailleurs**, afin de faire cesser l'inconstitutionnalité constatée à compter de la publication de la présente Décis., les dispositions de l'art. 56, al. 3, C. pr. pén. ne sauraient être interprétées comme permettant, à compter de cette publication, la saisie d'éléments couverts par le secret du délibéré. Enfin, la remise en cause des actes de procédure pénale pris sur le fondement des dispositions déclarées inconstitutionnelles méconnaîtrait l'objectif de valeur constitutionnelle de recherche des auteurs d'infractions et aurait des conséquences manifestement excessives. Par suite, les mesures prises avant la publication de la présente Décis. en application des dispositions déclarées contraires à la Constitution ne peuvent être contestées sur le fondement de cette inconstitutionnalité. – **Décision de renvoi :** Crim., QPC, 29 sept. 2015, n° 15-83.207 : *D. 2015. 1954*. – **Application de la décision :** Crim. 22 mars 2016, n° 15-83.207 P : *D. 2016. 713*.
2015	11 déc.	**Demande de rectification d'erreur matérielle** **2015-491R QPC.** M. Pierre G. : *JO 13 déc., p. 23055* : – Par sa Décis. n° 2015-491 QPC du 14 oct. 2015, le Cons. const. a rejeté comme irrecevable la demande de M. Pierre G. relative à l'examen d'une QPC en relevant que le CE avait rendu une Ord. de non-admission sur le pourvoi de M. G. à l'occasion duquel il contestait le refus de la CAA de Bordeaux de transmettre cette question et que l'instance à l'occasion de laquelle la question avait été posée était éteinte. La mention, dans la Décis. dont la rectification est demandée, de la date de l'enregistrement, le 17 juill. 2015, de la QPC présentée par le requérant au Cons. const. n'est pas entachée d'erreur matérielle. Par ailleurs, en contestant les motifs pour lesquels le Cons. const. a jugé ses conclusions irrecevables, le requérant ne demande pas la rectification d'une erreur matérielle. – **Rejet**.

2015	11 déc.	**Plan de prévention des ruptures d'approvisionnement de produits pétroliers outre-mer** **2015-507 QPC.** Synd. réunionnais des exploitants de stations-service et a. : *JO 13 déc., p. 23055 ; D. 2015. 2566 ; NCCC 2016, n° 51, p. 150, chron. Gahdoun ; JCP 2017, n° 11, p. 514, chron. Mathieu, Verpeaux et Macaya ; LPA 2017, n° 214, p. 1, chron. Baghestani, Rimbault, Verpeaux et Bouaziz* : – **C. énergie, art. L. 671-2, al. 2, 2e et 3e, et al. 4**. – Absence de limitation excessive à l'exercice du droit de grève des gérants de station-service qui sont placés dans une relation de subordination avec un employeur (Préamb. Const. 1946, al. 7) et absence d'atteinte disproportionnée à la liberté d'entreprendre des entreprises de distribution de détail du secteur des produits pétroliers (DDH, art. 4). Le législateur a entendu prévenir les dommages pour l'activité économique de certaines collectivités d'outre-mer pouvant résulter de l'interruption concertée de l'activité de distribution de produits pétroliers par les entreprises de distribution de détail. Il a ainsi poursuivi un motif d'intérêt général de préservation de l'ordre public économique. – **Conformité**. – **Décision de renvoi** : CE, QPC, 30 sept. 2015, n° 391841.
2015	11 déc.	**Prolongation exceptionnelle de la garde à vue pour des faits de blanchiment, de recel et d'association de malfaiteurs en lien avec des faits d'escroquerie en bande organisée** **2015-508 QPC.** M. Amir F. : *JO 13 déc., p. 23056 ; D. 2015. 2562 ; AJ pénal 2016. 77, note Perrier ; RSC 2016. 399, obs. B. de Lamy ; JCP 2016, n° 7, p. 367, chron. Mathieu ; NCCC 2016, n° 51, p. 111, chron. Peltier et Bonis-Garçon ; Rev. pénit. 2015, n° 4, p. 931, note Botton ; RFDC 2016. 703, note Catelan ; JCP 2017, n° 11, p. 514, chron. Mathieu, Verpeaux et Macaya ; LPA 2017, n° 212, p. 5, chron. Baghestani, Bezzina et Rimbault ; ibid., n° 213, p. 1, chron. Verpeaux, Bezzina et Combrade* : – **C. pr. pén., art. 706-73, 14°, 8° *bis*, figurant dans les mots « 1° à 13° » et 15°, mots : « 1° à 14° »** (dans sa version applicable à la date des faits, entre le 1er mars 2010 et le 2 janv. 2014). – Dans sa Décis. n° 2014-420/421 QPC du 9 oct. 2014, le Cons. const. a jugé que le recours à une garde à vue de 96 h. pour le délit d'escroquerie en bande organisée portait à la liberté individuelle et aux droits de la défense une atteinte disproportionnée et avait, par voie de conséquence, déclaré le 8° *bis* de l'art. 706-73 C. proc. pén. contraire à la Const. 58. Le raisonnement suivi alors devait également s'appliquer pour des faits de blanchiment, recel et association de malfaiteurs en lien avec une escroquerie en bande organisée. Ainsi, la référence au 8° *bis* contenue dans les 14° et 15° de l'art. 706-73 C. proc. pén. est également contraire à la Constitution. Par ailleurs, les mesures prises, avant l'entrée en vigueur de la L. du 17 août 2015 portant adaptation de la procédure pénale au droit de l'Union européenne, sur le fondement des dispositions contestées ne peuvent être contestées sur le fondement de cette inconstitutionnalité. – **Non-conformité de la référence au 8° *bis* de l'art. 706-73 C. pr. pén. par les 14° et 15° du même art. avant le 19 août 2015**. Toutefois, la L. du 17 août 2015 a mis fin à l'inconstitutionnalité

		constatée à compter de son entrée en vigueur, dès lors, il n'y a pas lieu pour le Cons. const. de se prononcer sur l'abrogation de la référence au 8° *bis* par les 14° et 15° de l'art. 706-73 pour la période antérieure à l'entrée en vigueur de la L. du 17 août 2015. Enfin, la remise en cause des actes de procédure pénale pris sur le fondement des dispositions inconstitutionnelles méconnaîtrait l'objectif de valeur constitutionnelle de recherche des auteurs d'infractions et aurait des conséquences manifestement excessives. Par suite, les mesures prises avant le 19 août 2015 en application de la référence au 8° *bis* par les 14° et 15° de l'art. 706-73 C. pr. pén. ne peuvent être contestées sur le fondement de cette inconstitutionnalité. – **Décision de renvoi :** Crim., QPC, 30 sept. 2015, n° 15-83.026. – **Application de la décision :** Crim. 9 mars 2016, n° 15-83.026.
2015	11 déc.	**Cotisation de solidarité au régime de sécurité sociale des exploitants agricoles** **2015-509 QPC.** M. Christian B. : *JO 13 déc., p. 23057 ; D. 2015. 2569 ; JCP 2017, n° 11, p. 514, chron. Mathieu, Verpeaux et Macaya ; LPA 2017, n° 214, p. 1, chron. Baghestani, Rimbault, Verpeaux et Bouaziz* : – **CSS, art. L. 622-1, al. 1er, 2e phrase** (dans sa rédaction antérieure à 2001). – Méconnaissance du principe d'égalité (DDH, art. 6). La cotisation de solidarité a pour objet de dégager des recettes supplémentaires afin de les affecter au financement du régime d'assurance vieillesse des exploitants agricoles. Elle est assise sur les revenus tirés d'une activité professionnelle non salariée. Les dispositions contestées prévoient qu'en sont redevables les seules personnes exerçant des activités professionnelles non salariées et dont l'activité agricole n'est pas considérée, au regard des règles d'affiliation aux régimes obligatoires de base d'assurance vieillesse, comme leur activité principale. Les autres personnes exerçant simultanément plusieurs activités professionnelles et tirant une partie de leurs revenus professionnels d'une activité non salariée ne sont pas assujetties à la cotisation de solidarité. Ainsi, le législateur a traité différemment des personnes qui perçoivent des revenus de même nature. Cette différence de traitement au regard de l'assujettissement à une imposition de toutes natures n'est pas en rapport direct avec l'objet de la loi. – **Non-conformité avec effet à compter de la date de la publication de la Décis.** Elle peut être invoquée dans toutes les instances introduites à la date de la publication de la présente Décis. et non jugées définitivement à cette date. – **Décision de renvoi :** Civ. 2e, 1er oct. 2015, n° 15-40.033.
2015	22 déc.	**Assignation à résidence dans le cadre de l'état d'urgence** **2015-527 QPC.** M. Cédric D. : *JO 26 déc., p. 24084 ; AJDA 2015. 2463 ; D. 2016. 79 ; RFDA 2016. 123, note Roblot-Troizier ; JCP 2016, n° 7, p. 367, chron. Mathieu ; Gaz. Pal. 2016, n° 13, p. 30, note Richaud ; NCCC 2016, n° 51, p. 85, chron. Bonnet et Roblot-Troizier ; Dr. envir. 2016, n° 242, p. 69, note Rambour ; JCP Adm. 2016, n° 6, p. 37, note Verpeaux ; LPA 2016, n° 149, p. 17, chron. Gicquel ; ibid. 2017, n° 213, p. 1, chron. Verpeaux, Bezzina et Combrade ; Dr. adm. 2016, n° 4, note*

		Éveillard ; RFDC 2016. 688, note Roux ; JCP 2017, n° 11, p. 514, chron. Mathieu, Verpeaux et Macaya ; Rapp. Cons. const. 2016, p. 36 : – **L. n° 55-385 du 3 avr. 1955 relative à l'état d'urgence, art. 6, al. 1er à 9**. – Absence d'atteinte à la privation de la liberté individuelle (Const. 58, art. 66). L'assignation à résidence, prononcée uniquement à l'égard d'une personne pour laquelle il existe des raisons sérieuses de penser que son comportement constitue une menace pour la sécurité et l'ordre publics, est une mesure de police administrative destinée à préserver l'ordre public et à prévenir les infractions. Elle ne peut en aucun cas avoir pour effet la création de camps où seraient détenues les personnes assignées à résidence. Par ailleurs, la plage horaire maximale de l'astreinte à domicile dans le cadre de l'assignation à résidence, fixée à 12 h par jour, ne saurait être allongée sans que l'assignation à résidence soit alors regardée comme une mesure privative de liberté. – Absence d'atteinte à la liberté d'aller et venir (DDH, art. 2 et 4). Les pouvoirs conférés à l'autorité administrative sont suffisamment encadrés. Par ailleurs, le juge administratif, chargé de se prononcer sur la légalité des mesures individuelles lorsqu'il est saisi en ce sens, procède à un contrôle de proportionnalité. Enfin, la mesure d'assignation à résidence prise en application de la loi de 1955 cesse au plus tard en même temps que prend fin l'état d'urgence. Lorsque l'état d'urgence est prolongé au-delà de 12 jours par une loi qui en fixe la durée, les mesures d'assignation à résidence prises antérieurement ne peuvent être prolongées sans être renouvelées. – **Conformité**. – **Décision de renvoi :** CE, QPC, 11 déc. 2015, n° 395009 : *AJDA 2015. 2404*. – **Applications de la décision :** CE 21 janv. 2016, n° 396449. – CE 27 janv. 2016, *Ligue des droits de l'homme*, n° 396220 A : *AJDA 2016. 126 ; D. 2016. 259, et les obs. ; ibid. 663, point de vue Bouleau ; RFDA 2016. 355, note Baranger*. – CE 13 mai 2016, n° 399474. – CE, réf., 19 juin 2017, n° 411587.
2016	7 janv.	**Sanctions pécuniaires prononcées par l'Autorité de la concurrence** **2015-510 QPC.** Assoc. Experts-comptables média association : *JO 10 janv. ; D. 2016. 68 ; Constitutions 2016. 107, chron. Le Bot ; Procédures 2016, n° 2, p.32, note Chavent-Leclère ; RLDA 2016, n° 112, p. 27, note Soltani ; NCCC 2016, n° 52, p. 93, chron. Peltier et Bonis-Garcon ; Gaz. Pal. 2016, n° 25, p. 30, note Richaud ; RFDC 2016. 713, note Catelan ; JCP 2017, n° 38, p. 1661, chron. Verpeaux et Macaya* : – **C. com., art. L. 464-2, § I, al. 4, 1re phrase**. – Absence de méconnaissance du principe d'égalité (DDH, art. 6). Au stade de la détermination du montant de la sanction pécuniaire infligée et pour son individualisation, le législateur a, en se référant à la notion d'entreprise, entendu distinguer les personnes condamnées en fonction de la nature de leurs facultés contributives respectives. Il a fixé un montant maximum de la sanction pécuniaire proportionné au montant du chiffre d'affaires pour celles qui sont constituées selon l'un des statuts ou formes juridiques propres à la poursuite d'un but lucratif et

		fixé en valeur absolue le montant de ladite sanction pour les autres contrevenants. La différence de traitement résultant des dispositions contestées est en rapport direct avec l'objet. – Absence de méconnaissance du principe de légalité des peines (DDH, art. 8). En différenciant, pour fixer le montant maximum de la sanction, les contrevenants qui sont constitués sous l'un des statuts ou formes juridiques propres à la poursuite d'un but lucratif et les autres, le législateur s'est référé à des catégories juridiques précises permettant de déterminer la peine encourue avec une certitude suffisante. – **Conformité**. – **Décision de renvoi :** Com., QPC, 6 oct. 2015, n° 15-15.005.
2016	7 janv.	**Décisions de la commission spécialisée composée d'éditeurs en matière de distribution de presse** **2015-511 QPC**. Sté Carcassonne Presse Diffusion SAS : *JO 10 janv. ; D. 2016. 77 ; Constitutions 2016. 480, chron. Cadou ; NCCC 2016, n° 52, p. 109, chron. Piazzon ; Gaz. Pal. 2016, n° 25, p. 35, note Malhière ; JCP 2017, n° 38, p. 1661, chron. Verpeaux et Macaya* : – **L. n° 47-585 du 2 avr. 1947 relative au statut des entreprises de groupage et de distribution des journaux et publications périodiques, art. 18-6, 6°, mots : « , des nominations et des mutations de dépositaires centraux de presse, avec ou sans modification de la zone de chalandise »**. – Atteinte manifestement disproportionnée à la liberté contractuelle (DDH, art. 4). Les décisions de retrait d'agrément d'un dépositaire et de modification de la zone de chalandise prises par la commission spécialisée composée d'éditeurs, ne sont subordonnées à aucune condition tenant à l'exécution ou à l'équilibre du contrat et ne font l'objet d'aucune procédure d'examen contradictoire. Par ailleurs, la commission n'est pas tenue de motiver sa décision. Ainsi, le législateur a insuffisamment encadré les conditions dans lesquelles la décision d'un tiers au contrat conclu entre une société de messagerie de presse et un dépositaire central de presse peut conduire à la résiliation de ce contrat. – **Non-conformité avec effet à compter du 31 déc. 2016**. – **Décision de renvoi :** Com., QPC, 6 oct. 2015, n° 15-40.031. – **Application de la décision :** L. n° 2015-1524 du 14 nov. 2015, art. 26.
2016	8 janv.	**Délit de contestation de l'existence de certains crimes contre l'humanité** **2015-512 QPC**. M. Vincent R. : *JO 10 janv. ; D. 2016. 76, obs. Wachsmann ; ibid. 492, point de vue Chagnollaud de Sabouret ; ibid. 521, note Perrier et Raschel ; ibid. 2424, obs. Roujou de Boubée, Garé, Ginestet, Gozzi, L. Miniato et Mirabail ; RSC 2016. 81, obs. Francillon ; ibid. 406, obs. de Lamy ; AJ pénal 2016. 205, obs. Roux-Demare ; Constitutions 2016. 59, chron. Hamon ; JCP 2016, n° 3, p. 91 ; ibid., n° 7, p. 367, chron. Mathieu ; ibid. n°s 9-10, p. 453, note Décima ; ibid. 2017, n° 38, p. 1661, chron. Verpeaux et Macaya ; Gaz. Pal. 2016., n° 13, p. 29, note Savonitto ; NCCC 2016, n° 52, p. 93, chron. Peltier et Bonis-Garcon ; ibid., p. 155, chron. Surrel ; RFDC 2016. 501, chron. Droin ; ibid. 669,*

		note Philippe et Picard ; ibid. 700, note Perrier ; LPA 2016, n° 149, p. 12, chron. Tellier-Cayrol ; Rapp. Cons. const. 2016, p. 38 : – **L. 29 juill. 1881 sur la liberté de la presse, art. 24 *bis*.** – Absence d'atteinte aux libertés d'expression et d'opinion (DDH, art. 11). Les propos contestant l'existence de faits commis durant la seconde guerre mondiale qualifiés de crimes contre l'humanité et sanctionnés comme tels par une juridiction française ou internationale constituent en eux-mêmes une incitation au racisme et à l'antisémitisme. Il s'ensuit que les dispositions contestées ont pour objet de réprimer un abus de l'exercice de la liberté d'expression et de communication qui porte atteinte à l'ordre public et aux droits des tiers. Par ailleurs, l'art. 24 *bis* de la L. du 29 juill. 1881 incrimine exclusivement la contestation de l'existence de faits commis durant la Seconde Guerre mondiale, qualifiés de crimes contre l'humanité et sanctionnés comme tels par une juridiction française ou internationale. Il vise à lutter contre certaines manifestations particulièrement graves d'antisémitisme et de haine raciale. Seule la négation, implicite ou explicite, ou la minoration outrancière de ces crimes est prohibée. Cet art. n'a ni pour objet ni pour effet d'interdire les débats historiques. Ainsi, l'atteinte à l'exercice de la liberté d'expression qui en résulte est nécessaire, adaptée et proportionnée à l'objectif poursuivi par le législateur. – Absence d'atteinte au principe d'égalité devant la loi pénale (DDH, art. 6). En réprimant pénalement la seule contestation des crimes contre l'humanité commis soit par les membres d'une organisation déclarée criminelle en application de l'art. 9 du statut du tribunal militaire international de Nuremberg, soit par une personne reconnue coupable de tels crimes par une juridiction française ou internationale, le législateur a traité différemment des agissements de nature différente. Cette différence de traitement est en rapport avec l'objet de la loi du 13 juill. 1990 qui vise à réprimer des actes racistes, antisémites ou xénophobes. – **Conformité.** – **Décision de renvoi :** Crim., QPC, 6 oct. 2015, n° 15-84.335 : *D. 2015. 2076, obs. Perrier.* – **Application de la décision :** Crim. 21 juin 2016, n° 15-84.335.
2016	14 janv.	**Cumul des poursuites pénales pour délit d'initié avec des poursuites devant la commission des sanctions de l'AMF pour manquement d'initié – II** **2015-513/514/526 QPC.** M. Alain D. et a. : *JO 16 janv. ; D. 2016. 128 ; ibid. 2016. 931, note Décima ; ibid. 2016. 1839, note Mascala ; Rev. sociétés 2016. 246, note Dezeuze et Pellegrin ; RTD com. 2016. 151, obs. Rontchevsky ; Constitutions 2016. 261, note Disant ; RSC 2016. 293, note Stasiak ; JCP 2016, n° 7, p. 367, chron. Mathieu ; ibid. 2017, n° 38, p. 1661, chron. Verpeaux et Macaya ; Gaz. Pal. 2016, n° 13, p. 33, note Salles ; NCCC 2016, n° 52, p. 93, chron. Peltier et Bonis-Garcon ; ibid., p. 155, chron. Surrel ; Dr. pénal 2016, n° 3, p. 46, note Bonnis-Garçon et*

		Peltier ; RFDC 2016. 715, note Catelan ; Rev. pénit. 2016, n° 2, p. 450, note Peltier : – **C. mon. fin., art. L. 621-15, § II, *c)* et *d)*, mots : « s'est livrée ou a tenté de se livrer à une opération d'initié ou »** (dans ses rédactions résultant de la L. du 30 déc. 2006, de la L. du 12 mai 2009 et de l'Ord. du 21 janv. 2010). – Le Cons. const., le 18 mars 2015, s'est prononcé sur la non-conformité à la Const. 58 de certaines dispositions de l'art. L. 621-15 C. mon. fin. (2014-453/454 QPC et 2015-462 QPC) dans sa rédaction résultant de la L. n° 2008-776 du 4 août 2008 de modernisation de l'économie et avait reporté au 1er sept. 2016 la date d'abrogation de ces dispositions. Ici se pose la question de savoir si la même solution devait s'appliquer à des dispositions identiques à celles censurées mais figurant dans des versions de l'art. L. 621-15 C. mon. fin., pour l'une antérieure et pour les 2 autres postérieures à celle censurée en mars 2015. – Absence d'atteinte au principe de nécessité des délits et des peines (DDH, art. 8) concernant les mots préc. aux *c)* et *d)* du § II de l'art. L. 621-15 C. mon. fin. dans sa rédaction résultant de la L. du 30 déc. 2006. D'une part, les sanctions pécuniaires pouvant être prononcées par la commission des sanctions de l'AMF pour le manquement d'initié à l'encontre d'une personne physique sont identiques à celles encourues devant la juridiction pénale pour le délit d'initié. En revanche, le juge pénal peut condamner l'auteur d'un délit d'initié à une peine d'emprisonnement lorsqu'il s'agit d'une personne physique. D'autre part, lorsque l'auteur d'un délit d'initié est une personne morale, le juge pénal peut prononcer sa dissolution et une amende cinq fois supérieure à celle pouvant être prononcée par la commission des sanctions de l'AMF. Il s'ensuit que les faits prévus et réprimés doivent être regardés comme susceptibles de faire l'objet de sanctions de nature différente : **Conformité**. – Pour les versions de l'art. L. 621-15 C. mon. fin. issues de la L. du 12 mai 2009 et de l'Ord. du 21 janv. 2010, les dispositions contestées sont identiques à celles censurées et l'état du droit applicable à la poursuiten et à la répression du délit d'initié et du manquement d'initié est demeuré analogue. En l'absence de changement de circonstances, il n'y a pas lieu de procéder à un nouvel examen de ces dispositions qui ne sont pas conformes à la Const. pour les mêmes raisons que celles qui avaient justifié la censure prononcée par la Décis. du 18 mars 2015. – **Conformité de la version issue de la L. du 30 déc. 2006 et non-lieu à statuer pour les versions issues de la L. du 12 mai 2009 et de l'Ord. du 21 janv. 2010 (non-conformité).** – **Décisions de renvoi :** Com., QPC, 14 oct. 2015, n° 15-10.899. – Com., QPC, 14 oct. 2015, n° 15-12.362. – Com., QPC, 10 déc. 2015, n° 15-15.557.
2016	14 janv.	**Exclusion de certains compléments de prix du bénéfice de l'abattement pour durée de détention en matière de plus-value mobilière** **2015-515 QPC.** M. Marc François-Xavier M.-M. : *JO 16 janv. ; D. 2016. 127 ; LPA 2016, n° 25, p. 6, note Pando ; JCP 2016, n° 7, p. 367, chron. Mathieu ; ibid. 2017, n° 38, p. 1661, chron. Verpeaux et*

		Macaya ; NCCC 2016, n° 52, p. 145, chron. Austry ; ibid., p. 155, chron. Surrel : – **CGI, art. 150-0 D, 1, al. 3, mots : « et appliqué lors de cette cession ».** – Absence d'atteinte au principe d'égalité devant la loi (DDH, art. 6), et au principe d'égalité devant les charges publiques (DDH, art. 13). Le législateur a entendu assurer qu'en toute hypothèse la durée de détention ouvrant droit à abattement soit appréciée à la date de la cession des titres. Ainsi, en excluant du bénéfice de l'abattement pour durée de détention les compléments de prix lorsque, à la date de la cession des titres, la condition de durée de détention n'était pas satisfaite, le législateur a retenu un critère objectif et rationnel en rapport avec l'objet de la loi. **Toutefois**, les dispositions contestées ne sauraient, sans créer de rupture caractérisée de l'égalité devant les charges publiques, avoir pour effet de faire obstacle à l'application de l'abattement pour durée de détention lorsque, à la date de la cession des titres, la condition de durée de détention était satisfaite, soit que cette cession a été réalisée avant le 1er janv. 2013, soit qu'elle n'a pas dégagé de plus-value : **Réserve**. – **Conformité sous réserve**. – **Décision de renvoi :** CE, QPC, 14 oct. 2015, n° 392257. – **Application de la décision :** CE 19 sept. 2016, n° 393781.
2016	15 janv.	**Incompatibilité de l'exercice de l'activité de conducteur de taxi avec celle de conducteur de VTC** **2015-516 QPC.** M. Robert M. et a. : *JO 17 janv. ; D. 2016. 125 ; Constitutions 2016. 105, chron. Le Bot ; Gaz. Pal., n° 13, p. 34, note Richaud et Salles ; NCCC 2016, n° 52, p. 109, chron. Piazzon ; LPA 2017, n° 42, p. 9, chron. Gicquel ; JCP 2017, n° 38, p. 1661, chron. Verpeaux et Macaya* : – **C. transp., art. L. 3121-10, 2de phrase**. – Atteinte à la liberté d'entreprendre (DDH, art. 4). Selon les travaux préparatoires de la L. du 1er oct. 2014 relative aux taxis et VTC, l'incompatibilité de l'exercice de l'activité de conducteur de taxi avec celle de conducteur de VTC avait pour objectif de lutter contre la fraude à l'activité de taxi, notamment dans le secteur du transport de malades et, d'autre part, d'assurer la pleine exploitation des autorisations de stationnement sur la voie publique. Selon le Cons. const., ces 2 activités sont exercées au moyen de véhicules comportant des signes distinctifs. Seuls les véhicules sanitaires légers et les taxis peuvent être conventionnés avec les régimes obligatoires d'assurance maladie pour assurer le transport des malades. Par ailleurs, l'incompatibilité, prévue par la seconde phrase de l'art. L. 3121-10 C. transp., qui ne concerne que les activités de conducteur de taxi et de conducteur de VTC, ne fait pas obstacle à un cumul entre l'activité de conducteur de taxi et l'activité de conducteur de véhicules motorisés à deux ou trois roues ou celle de conducteur d'ambulance. En outre, cette incompatibilité ne s'applique pas au titulaire d'une autorisation de stationnement sur la voie publique qui n'exerce pas lui-même l'activité de conducteur de taxi. Dans ces conditions, en instituant l'incompatibilité prévue par les

		dispositions contestées, le législateur a porté à la liberté d'entreprendre une atteinte qui n'est justifiée ni par les objectifs qu'il s'est assignés ni par aucun autre motif d'intérêt général. – **Non-conformité avec effet à compter de la date de publication de la Décis. et invocabilité possible dans toutes les instances introduites à la date de publication et non jugées définitivement à cette date.** – **Décision de renvoi :** CE, QPC, 16 oct. 2015, n° 391859.
2016	22 janv.	**Prise en charge par le maître d'ouvrage ou le donneur d'ordre de l'hébergement des salariés du cocontractant ou du sous-traitant soumis à des conditions d'hébergement indignes** **2015-517 QPC.** Féd. des promoteurs immobiliers : *JO 24 janv. ; D. 2016. 206 ; ibid. 1346, note Girard ; Dr. soc. 2016. 372, étude Muller ; RDT 2016. 276, obs. Lapin ; Constitutions 2016. 186 ; JCP 2016, n° 5, p. 208, note Schiller ; ibid., n° 7, p. 367, chron. Mathieu ; Dr. adm. 2016, n° 3, p. 33, note Bodard ; NCCC 2016, n° 52, p. 109, chron. Piazzon :* – **C. trav., art. L. 4231-1, al. 2.** – Absence de méconnaissance du principe de responsabilité (DDH, art. 4). ***Toutefois***, la mise en œuvre de la responsabilité du maître d'ouvrage ou du donneur d'ordre est nécessairement subordonnée au constat par les agents de contrôle compétents d'une infraction aux dispositions de l'art. 225-14 C. pén. imputable à l'un de ses cocontractants ou d'une entreprise sous-traitante directe ou indirecte : **1re réserve** relative aux critères permettant d'engager la responsabilité du maître d'ouvrage ou du donneur d'ordre. Alors que le 1er al. de l'art. L. 4231-1 C. trav. fait référence, non sans ambiguïté, « à des conditions d'hébergement collectif incompatibles avec la dignité humaine, mentionnées à l'article 225-14 du code pénal », le Cons. const. considère que la référence à l'art. 225-14 C. pén. implique que l'infraction définie à cet art. doit avoir été constatée pour que les dispositions contestées trouvent à s'appliquer. Ces conditions d'hébergement doivent être incompatibles avec la dignité humaine et supportées par des personnes dont la vulnérabilité ou l'état de dépendance sont apparents ou connus de l'auteur. Par ailleurs, le Cons. const. émet une **2de réserve** en considérant que le principe de responsabilité serait méconnu si les dispositions déférées imposaient au maître d'ouvrage ou au donneur d'ordre une obligation de prise en charge de l'hébergement collectif des salariés autres que ceux qui sont employés à l'exécution du contrat direct ou de sous-traitance et pendant une durée excédant celle de l'exécution dudit contrat : **Réserves**. – Absence de méconnaissance du principe d'égalité devant les charges publiques (DDH, art. 13). L'obligation pour le maître d'ouvrage ou le donneur d'ordre de prendre en charge l'hébergement collectif des salariés, soumis par son cocontractant ou par une entreprise sous-traitante à des conditions d'hébergement collectif incompatibles avec la dignité humaine, fait supporter aux personnes tenues à cette obligation une charge particulière. Celle-ci, instituée dans le cadre de relations contractuelles directes ou indirectes, vise à améliorer les conditions de vie des salariés exposés à un hébergement collectif incompatible avec la dignité humaine.

		– **Conformité sous réserves.** – **Décision de renvoi :** CE, QPC, 23 oct. 2015, n° 389745. – **Application de la décision :** CE 8 juill. 2016, n° 389745 B : *AJDA 2016. 1428.*
2016	2 févr.	**Traversée des propriétés privées par les ouvrages de transport et de distribution d'électricité** **2015-518 QPC.** Assoc. Avenir Haute Durance et a. : *JO 5 févr. ; AJDA 2016. 176 ; D. 2016. 319 ; Constitutions 2016. 66, chron. Giacuzzo ; NCCC 2016, n° 52, p. 109, chron. Piazzon ; JCP 2017, n° 38, p. 1661, chron. Verpeaux et Macaya* : – **C. énergie, art. L. 323-4, 3°**. – Absence de privation du droit de propriété (DDH, art. 17) concernant les servitudes instituées par l'art. L. 323-4, 3° C. énergie. Celles-ci entraînent une limitation du droit de propriété. ***Toutefois***, il en serait autrement si la sujétion ainsi imposée devait aboutir, compte tenu de l'ampleur de ses conséquences sur une jouissance normale de la propriété grevée de servitude, à vider le droit de propriété de son contenu : **Réserve**. – Absence d'atteinte disproportionnée au droit de propriété par rapport à l'objectif poursuivi (DDH, art. 2). En instituant ces servitudes le législateur a entendu faciliter la réalisation des infrastructures de transport et de distribution de l'électricité. Il a ainsi poursuivi un but d'intérêt général. L'établissement de la servitude est subordonné à la déclaration d'utilité publique susmentionnée, cette servitude ne peut grever que des terrains non bâtis qui ne sont pas fermés de murs ou autres clôtures équivalentes ; en vertu de l'art. L. 323-6 C. énergie, elle ne fait pas obstacle au droit du propriétaire de se clore ou de bâtir. Par ailleurs, l'exercice de ce droit suppose qu'il conserve la possibilité d'opérer toutes modifications de sa propriété conformes à son utilisation normale. Enfin, lorsque l'établissement de cette servitude entraîne un préjudice direct, matériel et certain, il ouvre droit, en vertu de l'art. L. 323-7 du même code, à une indemnité au profit des propriétaires, des titulaires de droits réels ou de leurs ayants droit. – **Conformité sous réserve.** – **Décision de renvoi :** CE, QPC, 2 nov. 2015, *Assoc. Avenir Haute-Durance*, n° 386319 : *Gaz. Pal. 2015, n°s 350-351, p. 35.*
2016	3 févr.	**Critère de l'audience des organisations professionnelles d'employeurs pour l'appréciation de la représentativité** **2015-519 QPC.** Mouvement des entreprises de France et a. : *JO 7 févr. ; D. 2016. 320 ; RDT 2016. 354, obs. S. Nadal ; Constitutions 2016. 187 ; JCP S 2016, n° 5, p. 2018, note Dauxerre ; NCCC 2016, n° 52, p. 109, chron. Piazzon ; Gaz. Pal. 2016, n° 25, p. 29, note Richaud ; JCP 2017, n° 38, p. 1661, chron. Verpeaux et Macaya ; Rapp. Cons. const. 2016, p. 42* : – **C. trav., art. L. 2151-1, 6°, L. 2152-1, 3°, L. 2152-4, 3°**. – Absence de méconnaissance de la liberté syndicale (Préamb. Const. 1946, al. 6). En prévoyant que l'audience des organisations professionnelles d'employeurs se mesure en fonction du nombre des entreprises adhérentes, le législateur a entendu assurer un égal accès à la représentativité de ces organisations quel que soit le nombre des salariés

		employés par les entreprises adhérentes ou leur chiffre d'affaires. Par ailleurs, en vertu du 3° al. de l'art. L. 2261-19 C. trav., le nombre de salariés des entreprises adhérant aux organisations professionnelles d'employeurs est pris en compte en matière de négociation collective. Ensuite, la liberté d'adhérer au syndicat de son choix, prévue par le 6° al. du Préamb. Const. 1946, n'impose pas que toutes les organisations professionnelles d'employeurs soient reconnues comme étant représentatives indépendamment de leur audience. En fixant à 8 % le seuil minimum d'audience permettant l'accès à la représentativité des organisations professionnelles d'employeurs, le législateur a entendu éviter la dispersion de la représentativité patronale et n'a pas fait obstacle au pluralisme. – Inopérance du principe de participation (Préamb. Const. 1946, al. 8). Il ressort, notamment, de ces dispositions qu'il incombe au législateur de déterminer, dans le respect de ce principe et de la liberté syndicale, les conditions et garanties de sa mise en œuvre et, en particulier, les modalités selon lesquelles la représentation des travailleurs est assurée dans l'entreprise. A cette fin, le droit de participer « par l'intermédiaire de leurs délégués » à « la détermination collective des conditions de travail ainsi qu'à la gestion des entreprises » a pour bénéficiaires, sinon la totalité des travailleurs employés à un moment donné dans une entreprise, du moins tous ceux qui sont intégrés de façon étroite et permanente à la communauté de travail qu'elle constitue, même s'ils n'en sont pas les salariés. Le 8° al., qui consacre un droit aux travailleurs, par l'intermédiaire de leurs délégués, à la participation et à la détermination collectives de leurs conditions de travail, ne confère aucun droit équivalent au bénéfice des employeurs. – Absence d'atteinte au principe d'égalité devant la loi (DDH, art. 6). En prévoyant que l'audience d'une organisation professionnelle d'employeurs se mesure en fonction du nombre des entreprises adhérentes à cette organisation, le législateur a traité de la même manière l'ensemble des entreprises. – **Conformité.** – **Décision de renvoi :** CE, QPC, 9 nov. 2015, *Mouvement des entreprises de France*, n° 392476 : *Gaz. Pal. 2015, n°s 336-337, p. 28.*
2016	3 févr.	**Application du régime fiscal des sociétés mères aux produits de titres auxquels ne sont pas attachés des droits de vote** **2015-520 QPC.** Sté Metro Holding France SA venant aux droits de la société CRFP Cash : *JO 5 févr. ; D. 2016. 311 ; Rev. sociétés 2016. 388, note Parleani ; RFDA 2016. 597, note Robot-Troizier ; RTD eur. 2017. 39, étude Jauréguiberry ; LPA 2016, n° 49, p. 4, note Perrotin ; RD fisc. 2016, n° 12, p. 21, note Blanluet ; ibid., p. 73, note Meier ; ibid., n° 6, p. 5, note Fouquet ; ibid. n°s 18-19, p. 21, note Afantrouss et Poncelet ; ibid., n° 37, note Maitrot de la Motte ; NCCC 2016, n° 52, p. 145, chron. Austry ; Gaz. Pal. 2016, n° 25, p. 35, note Malhière ; JCP 2016, n° 13, p. 634, note Collet ; JCP 2017, n° 38, p. 1661, chron. Verpeaux et Macaya ; Dr. adm. 2016, n° 7, p. 3, note Crépey* : – **CGI, art. 145, 6, b *ter*** (dans sa version issue de la L. n° 92-137 du 30 déc. 1992 de finances pour 1993). – Méconnaissance du principe d'égalité et du principe d'égalité devant les charges publiques (DDH, art. 6 et 13). Il résulte des dispositions

		contestées, telles qu'interprétées par une jurisprudence constante, une différence de traitement entre sociétés bénéficiant du régime fiscal des sociétés mères selon que les produits des titres de participation auxquels ne sont pas attachés de droits de vote sont versés soit par une filiale établie en France ou dans un État autre qu'un État membre de l'Union européenne soit, à l'inverse, par une filiale établie dans un État membre de l'Union européenne. Ces sociétés se trouvent, au regard de l'objet de ce régime fiscal, dans la même situation. Par ailleurs, l'exclusion de l'application des dispositions contestées aux produits des titres de participation de filiales établies dans un État membre de l'Union européenne autre que la France tire les conséquences nécessaires des dispositions précises et inconditionnelles de la Dir. n° 90/435/CE du 23 juill. 1990 concernant le régime fiscal commun applicable aux sociétés mères et aux filiales d'États membres différents et ne met en cause aucune règle, ni aucun principe inhérent à l'identité constitutionnelle de la France. En revanche, l'application des dispositions contestées aux produits des titres de participation de filiales établies en France ou dans un État non membre de l'Union européenne ne procède pas de la transposition de la Dir. n° 90/435/CE. En édictant une condition relative aux droits de vote attachés aux titres des filiales pour pouvoir bénéficier du régime fiscal des sociétés mères, le législateur a entendu favoriser l'implication des sociétés mères dans le développement économique de leurs filiales. Il s'ensuit que la différence de traitement entre les produits de titres de filiales, qui repose sur la localisation géographique de ces filiales, est sans rapport avec un tel objectif. – **Non-conformité avec effet à compter de la date de publication de la Décis. et invocabilité possible dans toutes les instances introduites à cette date et non jugées définitivement.** – **Décision de renvoi :** CE, QPC, 12 nov. 2015, *Sté Metro Holding France*, n° 367256 B. – **Applications de la décision :** – CE 6 avr. 2016, *Sté Metro Holding France*, n° 367256. – CE 5 oct. 2016, *Sté Natixis*, n° 397316.
2016	19 févr.	**Répartition des sièges de conseillers communautaires entre les communes membres de la métropole d'Aix-Marseille-Provence** **2015-521/528 QPC.** Cne d'Éguilles et a. : *JO 21 févr. ; AJDA 2016. 342 ; D. 2016. 485 ; AJCT 2016. 338, obs. Crouzatier-Durand ; Constitutions 2016. 109, chron. Le Bot ; LPA 2016, n° 94, p. 10, note Grandemange ; JCP Adm. 2016, n° 12, p. 32, note Verpeaux ; RFDC 2016. 679, note Lamouroux ; JCP 2017, n° 38, p. 1661, chron. Verpeaux et Macaya ; Rapp. Cons. const. 2016, p. 46 :* – **CGCT, art. L. 5211-6-1, § IV, 4° *bis*.** Ces dispositions ont pour effet d'améliorer la représentativité des membres de l'organe délibérant de la métropole d'Aix-Marseille-Provence. – Absence d'atteinte au principe d'égalité devant le suffrage (DDH, art. 6, Const. 58, art. 3 et 72). En attribuant des sièges supplémentaires à la représentation proportionnelle à la plus forte moyenne aux communes qui se sont vu allouer des sièges lors de la première répartition selon la même règle, le législateur a permis que la représentation des communes les plus peuplées de la métropole se

		rapproche de la représentation moyenne de l'ensemble des communes de la métropole. L'attribution de ces sièges a pour effet de réduire substantiellement l'écart entre le rapport du nombre de membres de l'organe délibérant alloués à une commune et sa population et le rapport du nombre total de membres de l'organe délibérant et la population de la métropole. Si, dans le même temps, cette attribution a pour conséquence d'accroître « l'écart à la moyenne » pour certaines communes, ces dernières ne représentent qu'une faible part de l'ensemble des communes et de l'ensemble de la population de la métropole. – **Conformité.** – **Décisions de renvoi :** CE, QPC, 27 nov. 2015, *Cne d'Aix-en-Provence*, n° 394016 : *AJDA 2015. 2296 ; Gaz. Pal. 2015, nos 350-351, p. 36.* – CE, QPC, 18 déc. 2015, *Cne de Pertuis*, n° 394218 : *AJDA 2015. 2461.* – **Application de la décision :** CE 20 mai 2016, *Cne d'Aix-en-Provence*, n° 394016.
2016	19 févr.	**Allocation de reconnaissance III** **2015-522 QPC.** Mme Josette B.-M. : *JO 21 févr. ; D. 2016. 429 ; NCCC 2016, n° 52, p. 109, chron. Piazzon ; Gaz. Pal. 2016, n° 25, p. 31, note Salles ; LPA 23 janv. 2017, n° 16, p. 6, note Disant ; JCP 2017, n° 38, p. 1661, chron. Verpeaux et Macaya* : – **L. du 16 juill. 1987 relative au règlement de l'indemnisation des rapatriés, art. 9, al. 1er, mots : « de statut civil de droit local »** (dans sa rédaction issue de la L. n° 2013-1168 du 18 déc. 2013 relative à la programmation militaire pour les années 2014 à 2019 et portant diverses dispositions concernant la défense et la sécurité nationale, art. 52, § II). – Non-lieu à statuer concernant la L. du 16 juill. 1987, art. 9, al. 1er, mots : « de statut civil de droit local ». Ces mots ont déjà été déclarés conformes à la Const. 58 (V. Décis. n° 2015-504/505 QPC du 4 déc. 2015). – Méconnaissance du principe de rétroactivité de dispositions législatives (DDH, art. 16) concernant l'art. 52, § II de la L. du 8 déc. 2013. Les dispositions du § I de l'art. 52 de la L. préc. ont pour effet d'exclure du bénéfice des allocations et rentes de reconnaissance, prévues par la L. du 16 juill. 1987 en faveur des anciens harkis, moghaznis et personnels des formations supplétives ayant servi en Algérie, ceux d'entre eux qui relevaient du statut civil de droit commun. Les dispositions contestées du § II du même art. prévoient l'application de cette exclusion aux demandes d'allocation de reconnaissance présentées avant l'entrée en vigueur de la L. du 18 déc. 2013 qui n'ont pas donné lieu à une décision de justice passée en force de chose jugée. La validation rétroactive des décisions de refus opposées par l'administration aux demandes d'allocations et de rentes formées par les anciens harkis, moghaznis et personnels des formations supplétives relevant du statut civil de droit commun est censurée. En effet, le droit des intéressés à bénéficier d'une allocation de reconnaissance avait été ouvert pendant plus de 34 mois. Par ailleurs, les dispositions contestées ont pour effet d'entraîner l'extinction totale de ce droit, y compris pour

		les personnes ayant engagé une procédure administrative ou contentieuse en ce sens à la date de leur entrée en vigueur. Enfin, l'existence d'un enjeu financier n'est pas démontrée : **Non-conformité**. – **Non-lieu à statuer pour les mots : « de statut civil de droit local » de l'art. 9, al. 1er de la L. du 16 juill. 1987 et Non-conformité de l'art. 52, § II de la L. du 8 déc. 2013 avec effet à compter de la date de publication de la Décis. et invocabilité possible dans toutes les instances introduites à cette date et non jugées définitivement**. – **Décision de renvoi :** CE, QPC, 30 nov. 2015, n° 392473. – **Application de la décision :** CE 23 déc. 2016, n° 392473.
2016	19 févr.	**Police des réunions et des lieux publics dans le cadre de l'état d'urgence** **2016-535 QPC**. Ligue des droits de l'homme : *JO 21 févr. ; AJDA 2016. 340 ; D. 2016. 429 ; AJCT 2016. 202, étude Jobart ; Constitutions 2016. 100, chron. Domingo ; JCP 2016, nos 9-10, p. 468 ; ibid. 2017, n° 38, p. 1661, chron. Verpeaux et Macaya ; NCCC 2016, n° 52, p. 71, note Bonnet et Roblot-Troizier ; ibid., p. 155, chron. Surrel ; LPA 2016, n° 149, p. 17, chron. Gicquel ; JCP Adm. 2016, n° 21, p. 41, note Verpeaux ; RFDC 2016. 688, note Roux ; Rapp. Cons. const. 2016, p. 43* : – **L. n° 55-385 du 3 avr. 1955 relative à l'état d'urgence, art. 8**. – Absence de conciliation déséquilibrée entre le droit d'expression collective des idées et des opinions (DDH, art. 11) et l'objectif de valeur constitutionnelle de sauvegarde de l'ordre public, et absence d'incompétence négative (Const. 58, art. 34). Les dispositions de l'art. 8 de la L. du 3 avr. 1955 n'ont ni pour objet ni pour effet de régir les conditions dans lesquelles sont interdites les manifestations sur la voie publique. Les mesures de fermeture provisoire et d'interdiction de réunions prévues par les dispositions contestées ne peuvent être prononcées que lorsque l'état d'urgence a été déclaré et uniquement pour des lieux situés dans la zone couverte par cet état d'urgence ou pour des réunions devant s'y tenir. Par ailleurs, d'une part, tant la mesure de fermeture provisoire des salles de spectacle, débits de boissons et lieux de réunion de toute nature que sa durée doivent être justifiées et proportionnées aux nécessités de la préservation de l'ordre public ayant motivé une telle fermeture ; et, d'autre part, la mesure d'interdiction de réunion doit être justifiée par le fait que cette réunion est « de nature à provoquer ou entretenir le désordre » et proportionnée aux raisons l'ayant motivée. Celles de ces mesures qui présentent un caractère individuel doivent être motivées. Le juge administratif est chargé de s'assurer que chacune de ces mesures est adaptée, nécessaire et proportionnée à la finalité qu'elle poursuit. Enfin, en vertu de l'art. 14 de la L. du 3 avr. 1955, les mesures de fermeture provisoire et d'interdiction de réunions prises en application de cette loi cessent au plus tard en même temps que prend fin l'état d'urgence. L'état d'urgence, déclaré par décret en Conseil des ministres, doit, au-delà d'un délai de 12 jours, être prorogé par une loi qui en fixe la durée. Cette durée ne saurait être excessive au regard du péril imminent ou de la calamité publique ayant conduit à la déclaration de l'état d'urgence. Si

		le législateur prolonge l'état d'urgence par une nouvelle loi, les mesures de fermeture provisoire et d'interdiction de réunions prises antérieurement ne peuvent être prolongées sans être renouvelées. – Absence de conciliation déséquilibrée entre la liberté d'entreprendre (DDH, art. 4) et l'objectif de valeur constitutionnelle de sauvegarde de l'ordre public. – **Conformité.** – **Décision de renvoi :** CE, QPC, 15 janv. 2016, n° 395091 : *AJDA 2016. 73.* – **Applications de la décision :** – CE, ord., 22 déc. 2016, n° 406013. – CE 23 déc. 2016, n° 395091 : *AJDA 2017. 660.* – CE 20 janv. 2017, n° 406618.
2016	19 févr.	**Perquisitions et saisies administratives dans le cadre de l'état d'urgence** **2016-536 QPC.** Ligue des droits de l'homme : *JO 21 févr. ; AJDA 2016. 340 ; D. 2016. 428 ; AJ pénal 2016. 201, note Cahn ; AJCT 2016. 202, étude Jobart ; Constitutions 2016. 100, chron. Domingo ; JCP 2016, nos 9-10, p. 468 ; JCP 2016, n° 16, p. 810, note Ribeyre ; ibid. 2017, n° 38, p. 1661, chron. Verpeaux et Macaya ; NCCC 2016, n° 52, p. 71, note Bonnet et Roblot-Troizier ; ibid., p. 155, chron. Surrel ; LPA 2016, n° 149, p. 17, chron. Gicquel ; JCP Adm. 2016, n° 21, p. 41, note Verpeaux ; RFDC 2016. 688, note Roux ; Rapp. Cons. const. 2016, p. 44 :* – **L. n° 55-385 du 3 avr. 1955, relative à l'état d'urgence, art. 11, § I.** – *L. du 3 avr. 1955, art. 11 ; § I, al. 1er, 2, 4 à 6 et al. 3, 1re phrase.* – Absence d'atteinte à la liberté individuelle (Const. 58, art. 66). D'une part, ces mesures de perquisition, qui relèvent de la seule police administrative, y compris lorsqu'elles ont lieu dans un domicile, ne peuvent avoir d'autre but que de préserver l'ordre public et de prévenir les infractions. D'autre part, ces mesures n'affectent pas la liberté individuelle au sens de l'art. 66 Const. 57. Il s'ensuit que ces perquisitions administratives n'ont pas à être placées sous la direction et le contrôle de l'autorité judiciaire. – Absence de conciliation déséquilibrée entre le principe d'inviolabilité du domicile (DDH, art. 2) et l'objectif de valeur constitutionnelle de sauvegarde de l'ordre public et absence d'atteinte au droit d'exercer un recours effectif devant une juridiction. La décision ordonnant une perquisition sur le fondement des dispositions contestées en précise le lieu et le moment. Le procureur de la République est informé sans délai de cette décision. La perquisition est conduite en présence d'un officier de police judiciaire ; elle ne peut se dérouler qu'en présence de l'occupant ou, à défaut, de son représentant ou de deux témoins. Elle donne lieu à l'établissement d'un compte rendu communiqué sans délai au procureur de la République. Par ailleurs, la décision ordonnant une perquisition sur le fondement des dispositions contestées et les conditions de sa mise en œuvre doivent être justifiées et proportionnées aux raisons ayant motivé la mesure dans les circonstances particulières ayant conduit à la déclaration de l'état d'urgence. En particulier, une perquisition se déroulant la nuit dans un domicile doit être justifiée par l'urgence ou l'impossibilité de l'effectuer le jour. Le juge administratif

		est chargé de s'assurer que cette mesure qui doit être motivée est adaptée, nécessaire et proportionnée à la finalité qu'elle poursuit. Enfin, si les voies de recours prévues à l'encontre d'une décision ordonnant une perquisition sur le fondement des dispositions contestées ne peuvent être mises en œuvre que postérieurement à l'intervention de la mesure, elles permettent à l'intéressé d'engager la responsabilité de l'État. Ainsi les personnes intéressées ne sont pas privées de voies de recours, lesquelles permettent un contrôle de la mise en œuvre de la mesure dans des conditions appropriées au regard des circonstances particulières ayant conduit à la déclaration de l'état d'urgence : **Conformité**. – *L. du 3 avr. 1955, art. 11 ; § I, al. 3, 2de phrase*. Méconnaissance du droit au respect de la vie privée (DDH, art. 2). Ces dispositions permettent à l'autorité administrative de copier toutes les données informatiques auxquelles il aura été possible d'accéder au cours de la perquisition. Cette mesure est assimilable à une saisie. Ni cette saisie ni l'exploitation des données ainsi collectées ne sont autorisées par un juge, y compris lorsque l'occupant du lieu perquisitionné ou le propriétaire des données s'y oppose et alors même qu'aucune infraction n'est constatée. Peuvent être copiées des données dépourvues de lien avec la personne dont le comportement constitue une menace pour la sécurité et l'ordre publics ayant fréquenté le lieu où a été ordonnée la perquisition. Il s'ensuit que le législateur n'a pas prévu de garanties légales propres à assurer une conciliation équilibrée entre l'objectif de valeur constitutionnelle de sauvegarde de l'ordre public et le droit au respect de la vie privée : **Non-conformité**. **– Conformité de la L. du 3 avr. 1955, art. 11, § I, al. 1er, 2, 4 à 6 et al. 3, 1re phrase et non-conformité de la L. du 3 avr. 1955, art. 11 ; § I, al. 3, 2de phrase avec effet à compter de la date de publication de la Décis. et invocabilité possible dans toutes les instances introduites à cette date et non jugées définitivement.** – **Décision de renvoi :** CE, QPC, 15 janv. 2016, n° 395092 : *AJDA 2016. 73*. – **Applications de la décision :** – CE, avis, 6 juill. 2016, n° 398234 A : *AJDA 2016. 1364 ; ibid. 1635, chron. Dutheillet de Lamothe et Odinet ; D. 2016. 1567, obs. de Montecler ; RFDA 2016. 943, note Le Bot*. – L. n° 2016-987 du 21 juill. 2016 prorogeant l'application de la loi n° 55-385 du 3 avr. 1955 relative à l'état d'urgence et portant mesures de renforcement de la lutte antiterroriste, art. 5. – CE 23 déc. 2016, n° 395092 : *AJDA 2017. 660*. – CAA Paris, 13 juin 2017, n° 16PA03600.
2016	2 mars	**Absence d'indemnité compensatrice de congé payé en cas de rupture du contrat de travail provoquée par la faute lourde du salarié** **2015-523 QPC.** M. Michel O. : *JO 4 mars ; D. 2016. 547 ; ibid. 807, obs. Lokiec et Porta ; Dr. soc. 2016. 475, obs. Mouly ; RDT 2016. 352, obs. Véricel ; LPA 2017, n° 41, p. 19, chron. Juredieu* ; JCP 2017, n° 38, *p. 1661, chron. Verpeaux et Macaya ; Rapp. Cons. const. 2016, p. 47* : **– C. trav., art. L. 3141-26, al. 2, mots : « dès lors que la rupture du contrat de travail n'a pas été provoquée par la faute lourde du salarié ».**

		– Méconnaissance du principe d'égalité devant la loi (DDH, art. 6). La différence de traitement entre les salariés licenciés pour faute lourde selon qu'ils travaillent ou non pour un employeur affilié à une caisse de congés est sans rapport tant avec l'objet de la législation relative aux caisses de congés qu'avec l'objet de la législation relative à la privation de l'indemnité compensatrice de congé payé. **– Non-conformité avec effet à compter de la date de publication de la Décis. et invocabilité possible dans toutes les instances introduites à cette date et non jugées définitivement.** **– Décision de renvoi :** Soc., QPC, 2 déc. 2015, n° 15-19.597. **– Applications de la décision :** – Soc. 8 févr. 2017, n° 15-21.064 P : *D. 2017. 411 ; ibid. 840, obs. Lokiec et Porta ; Dr. soc. 2017. 378, obs. Mouly ; RDT 2017. 264, obs. Adam.* – Soc. 8 févr. 2017, n° 15-28.085.
2016	2 mars	**Gel administratif des avoirs** **2015-524 QPC.** M. Abdel Manane M. K. : *JO 4 mars ; D. 2016. 540 ; NCCC 2016, n° 52, p. 109, chron. Piazzon ; Gaz. Pal. 2016, n° 25, p. 33, note Salles ; JCP 2016, n°s 20-21, p. 1014, note Mauro ; ibid. 2017, n° 38, p. 1661, chron. Verpeaux et Macaya ; RFDC 2017. 209, chron. Luppi* : **– C. mon. fin., art. L. 562-1** (dans sa rédaction résultant de la L. n° 2012-1432 du 21 décembre 2012 relative à la sécurité et à la lutte contre le terrorisme) **et L. 562-2** (dans sa rédaction résultant de l'Ord. n° 2009-104 du 30 janvier 2009 relative à la prévention de l'utilisation du système financier aux fins de blanchiment de capitaux et de financement du terrorisme). – Absence de méconnaissance du principe de séparation des pouvoirs (DDH, art. 16). En confiant au ministre chargé de l'économie le soin de prononcer des mesures de police administrative consistant à décider le gel de tout ou partie des fonds, instruments financiers et ressources économiques détenus auprès des organismes et personnes mentionnés à l'art. L. 561-2 C. mon. fin., les dispositions contestées n'empiètent pas sur l'exercice des fonctions juridictionnelles. Par ailleurs, les personnes intéressées ne sont pas privées de la possibilité de contester ces décisions devant le juge administratif, y compris par la voie du référé. Il appartient au juge administratif d'apprécier, au regard des éléments débattus contradictoirement devant lui, l'existence des motifs justifiant la mesure de gel temporaire des avoirs : **Conformité**. – Absence de méconnaissance du principe de la présomption d'innocence (DDH, art. 9). Les dispositions contestées n'ont ni pour objet ni pour effet d'instaurer une présomption de culpabilité : **Conformité.** – Atteinte manifestement disproportionnée au droit de propriété (DDH, art. 2 et 17) concernant les dispositions permettant le gel des avoirs appartenant à des personnes qui, de par leurs fonctions, sont susceptibles de commettre des actes de terrorisme ou des actes sanctionnés ou prohibés par une résolution du conseil de sécurité des Nations unies ou par un acte du Conseil européen sans qu'il soit nécessaire d'établir que celles-ci ont commis, ou commettent : **Non-conformité.**

		– Conformité de l'art. L. 562-1 C. mon. fin. et L. 562-2 du même code mais non-conformité des mots : « ou, de par leurs fonctions, sont susceptibles de commettre » figurant à l'article L. 562-2 avec effet à compter de la date de publication de la Décis. et invocabilité possible dans toutes les instances introduites à cette date et non jugées définitivement. **– Décision de renvoi :** CE, QPC, 9 déc. 2015, n° 393527.
2016	2 mars	**Validation des évaluations de valeur locative par comparaison avec un local détruit ou restructuré** **2015-525 QPC.** SCI PB 12 : *JO 4 mars ; D. 2016. 547 ; AJDI 2016. 661, étude Maublanc ; RD fisc. 2016, n° 11, p. 6, note Fouquet ; ibid., p. 7, note Thiry ; ibid. n° 25, p. 45, note Maitrot de la Motte ; NCCC 2016, n° 52, p. 109, chron. Piazzon ; JCP Adm. 2016, n° 26, p. 22, note Rougé-Guichard ; LPA 2017, n° 16, p. 6, note Disant ; ibid., n° 42, p. 14, chron. Gicquel ; JCP 2017, n° 38, p. 1661, chron. Verpeaux et Macaya* : **– L. n° 2014-1655 du 29 déc. 2014 de finances rectificative pour 2014, art. 32, § III.** – Méconnaissance des exigences de l'art. 16 DDH. Aucun motif impérieux d'intérêt général ne justifie l'atteinte au droit des contribuables de se prévaloir du motif d'irrégularité tiré de ce que le terme de comparaison utilisé pour fonder l'évaluation d'une valeur locative, soit directement, soit indirectement, a été détruit ou a changé de consistance, d'affectation ou de caractéristiques physiques en vue d'une remise en cause de l'évaluation de la valeur locative des immeubles concernés. **– Non-conformité avec effet à compter de la date de publication de la Décis. et invocabilité possible dans toutes les instances introduites à cette date et non jugées définitivement**. **– Décision de renvoi :** CE, QPC, 9 déc. 2015, *SCI PB 12*, n° 394093. **– Application de la décision :** CE 28 nov. 2016, n° 390638 B : *AJDA 2016. 2306 ; Gaz. Pal. 2017, n° 5, p. 29, chron. Seiller.*
2016	23 mars	**Obligation de distribution des services d'initiative publique locale** **2015-529 QPC.** Sté Iliad et a. : *JO 26 avr. ; D. 2016. 711 ; Constitutions 2016. 304, chron. Le Bot ; NCCC 2016, n° 52, p. 109, chron. Piazzon ; JCP 2017, n° 38, p. 1661, chron. Verpeaux et Macaya* : **– L. n° 86-1067 du 30 sept. 1986 relative à la liberté de communication, art 34-2, § II.** Les distributeurs de services audiovisuels ont l'obligation, par un réseau autre que le satellite n'utilisant pas de fréquences attribuées par le CSA, de mettre à disposition de leurs abonnés des services d'initiative publique locale destinés aux informations sur la vie locale. – Absence de méconnaissance de la liberté d'entreprendre, de la liberté contractuelle (DDH, art. 4) et de l'art. 34 Const. 58. Les dispositions contestées doivent être entendues comme imposant aux distributeurs de services audiovisuels en cause une obligation de mise à disposition gratuite qui ne s'applique qu'aux abonnés situés dans la zone géographique de la collectivité ou du groupement qui édite le service. Par ailleurs, cette obligation est limitée au transport et à la diffusion des programmes de ces services sans que soit imposée la réalisation de

		travaux de raccordement ou de génie civil. Enfin, le législateur a entendu expressément exclure du champ de cette obligation la prise en charge de la numérisation des programmes. – **Conformité.** – **Décision de renvoi :** CE, QPC, 23 déc. 2015, *Sté Iliad et a.*, n° 393909.
2016	23 mars	**Modalités d'appréciation de la condition de nationalité française pour le bénéfice du droit à pension en cas de dommage physique du fait d'attentat ou de tout autre acte de violence en relation avec les événements de la guerre d'Algérie** **2015-530 QPC.** M. Chérif Y. : *JO 26 avr. ; D. 2016. 708 ; ibid. 2017. 261, obs. Boskovic, Corneloup, Jault-Seseke, Joubert et Parrot ; NCCC 2016, n° 2, p. 133, chron. Gahdoun ; JCP 2017, n° 38, p. 1661, chron. Verpeaux et Macaya* : – **L. n° 63-778 du 31 juill. 1963, art. 13, al. 1er, modifié par la L. n° 64-1330 du 26 déc. 1964, art. 12, mots : « à la date de la promulgation de la présente loi » et « à la même date ».** – Méconnaissance du principe d'égalité (DDH, art. 6). Au regard de l'objet de la loi, les personnes visées par cette loi ne sont pas dans une situation différente selon qu'elles possédaient ou non la nationalité française à la date de promulgation de la loi créant le régime d'indemnisation, dès lors qu'elles satisfont aux autres conditions posées par le législateur. En réservant le bénéfice de l'indemnisation aux personnes de nationalité française à la date de promulgation de cette loi, les dispositions contestées instaurent une différence de traitement qui n'est justifiée ni par une différence de situation ni par l'objectif de solidarité nationale poursuivi par le législateur. – **Non-conformité avec effet à compter de la date de publication de la Décis. et invocabilité possible dans toutes les instances introduites à la date de publication et non jugées définitivement à cette date.** – **Décision de renvoi :** CE, QPC, 23 déc. 2015, n° 387277 B. – **Application de la décision :** CE 22 juill. 2016, n° 387277 B : *AJDA 2016. 2141.*
2016	1er avr.	**Responsabilité des professionnels de santé et des établissements de santé pour les conséquences dommageables d'actes individuels de prévention, de diagnostic ou de soins** **2016-531 QPC.** M. Carlos C. : *JO 6 avr. ; D. 2016. 718 ; ibid. 1064, note Vauthier et Vialla ; ibid. 2187, obs. Bacache, Guégan-Lécuyer et Porchy-Simon ; ibid. 2017. 24, obs. Brun, Gout et Quézel-Ambrunaz ; RTD civ. 2016. 643, obs. Jourdain ; Gaz. Pal. 2016, n° 25, p. 32, note Salles ; ibid., n° 19, p. 23, note Mémeteau ; NCCC 2016, n° 53, p. 141, chron. Piazzon ; LPA 2017, n° 41, p. 21, chron. Juredieu* : – **CSP, art. L. 1142-1, al. 2.** – Absence de méconnaissance du principe d'égalité (DDH, art. 6). La différence de traitement qui découle des conditions d'engagement de la responsabilité pour les dommages résultant d'infections nosocomiales repose sur une différence de situation, elle est en rapport avec l'objet de la loi. Les actes de prévention, de diagnostic ou de soins pratiqués dans un établissement, service ou organisme de santé se caractérisent par une

		prévalence des infections nosocomiales supérieure à celle constatée chez les professionnels de santé exerçant en ville, tant en raison des caractéristiques des patients accueillis et de la durée de leur séjour qu'en raison de la nature des actes pratiqués et de la spécificité des agents pathogènes de ces infections. Par ailleurs, les établissements, services et organismes de santé sont tenus de mettre en œuvre une politique d'amélioration de la qualité et de la sécurité des soins et d'organiser la lutte contre les évènements indésirables, les infections associées aux soins et l'iatrogénie. Ainsi, le législateur a entendu prendre en compte les 4 conditions dans lesquelles les actes de prévention, de diagnostic ou de soins sont pratiqués dans les établissements, services et organismes de santé et la spécificité des risques en milieu hospitalier. – **Conformité**. – **Décision de renvoi :** Civ. 1re, QPC, 6 janv. 2016, n° 15-16.894 : *D. 2016. 131 ; ibid. 2187, obs. Bacache, Guégan-Lécuyer et Porchy-Simon ; ibid. 2017. 24, obs. Brun, Gout et Quézel-Ambrunaz.* – **Application de la décision :** Civ. 1re, 12 oct. 2016, n° 15-16.894 P : *D. 2016. 2166.*
2016	1er avr.	**Composition de la formation collégiale du tribunal correctionnel du territoire des îles de Wallis-et-Futuna** **2016-532 QPC**. M. Jean-Marc E. et a. : *JO 6 avr. ; D. 2016. 714 ; Gaz. Pal. 2016, n° 25, p. 33, note Malhière ; NCCC 2016, n° 53, p. 121, chron. Peltier et Bonis-Garçon ; RFDC 2017. 244, chron. Perrier* : – **C. pr. pén., art. 836, al. 2**. – Méconnaissance des dispositions de l'art. 66 Const. 58 concernant les dispositions de l'art. 836, al. 2, C. pr. pén. qui permettent la présence d'une majorité de juges non professionnels au sein d'une formation correctionnelle de droit commun compétente pour prononcer des peines privatives de liberté. – **Non-conformité avec effet à compter de la date de publication de la Décis. et applicable à toutes les infractions non jugées définitivement au jour de la publication de la Décis.** Par suite, à compter de cette date, pour exercer la compétence que lui reconnaît le C. pr. pén, le T. corr. dans le territoire des îles Wallis-et-Futuna statuant en formation collégiale siégera selon la règle prévue par l'art. 398 C. pr. pén., laquelle garantit que la formation de jugement sera composée d'une majorité de magistrats professionnels. – **Décision de renvoi :** Crim., QPC, 6 janv. 2016, n° 15-82.384.
2016	14 avr.	**Accidents du travail – Faute inexcusable de l'employeur : régime applicable dans certaines collectivités d'outre-mer et en Nouvelle-Calédonie** **2016-533 QPC**. M. Jean-Marc. P. : *JO 16 avr. ; D. 2016. 844 ; Constitutions 2016. 292, chron. Testard ; Gaz. Pal. 2016, n° 25, p. 28, note Richaud ; NCCC 2016, n° 53, p. 141, chron. Piazzon ; JCP 2017, n° 38, p. 1661, chron. Verpeaux et Macaya* : – **Décr. n° 57-245 du 24 févr. 1957 sur la réparation et la prévention des accidents du travail et des maladies professionnelles dans les territoires d'outre-mer, art. 34, al. 1er** (dans sa rédaction résultant de la L. du pays n° 2010-10 du 19 juill. 2010 relative à la santé au travail).

		– Absence d'atteinte disproportionnée au principe de responsabilité (DDH, art. 4). ***Toutefois***, les dispositions contestées ne sauraient, sans porter une atteinte disproportionnée au droit des victimes d'actes fautifs, faire obstacle à ce que ces mêmes personnes puissent demander à l'employeur réparation de l'ensemble des dommages non couverts par les indemnités majorées accordées en vertu des dispositions du Décr. du 24 févr. 1957, conformément aux règles de droit commun de l'indemnisation des dommages : **Réserve**. – **Conformité sous réserve.** – **Décision de renvoi :** Civ. 2e, QPC, 14 janv. 2016, n° 15-40.040. – **Application de la décision :** Civ. 2e, 9 mars 2017, n° 15-26.064 P.
2016	14 avr.	**Suppression des arrérages de la pension d'invalidité en cas d'activité professionnelle non salariée** **2016-534 QPC.** Mme Francine E. : *JO 16 avr. ; D. 2016. 845 ; NCCC 2016, n° 53, p. 141, chron. Piazzon ; JCP 2017, n° 38, p. 1661, chron. Verpeaux et Macaya* : – **CSS, art. L. 341-10** (dans sa rédaction antérieure à la L. n° 2010-1594 du 20 déc. 2010). – Méconnaissance du principe d'égalité devant la loi (DDH, art. 6). En adoptant la disposition contestée, le législateur, poursuivant un objectif d'équilibre des comptes de la sécurité sociale, a entendu limiter le cumul d'une pension d'invalidité et de revenus du travail. Un tel objectif ne constitue pas une raison d'intérêt général de nature à justifier la différence de traitement entre les personnes titulaires d'une pension d'invalidité qui reprennent une activité professionnelle. – **Non-conformité avec effet à compter de la date de publication de la Décis. et invocabilité possible dans toutes les instances introduites à la date de publication de la Décis. et non jugées définitivement à cette date.** – **Décision de renvoi :** Civ. 2e, QPC, 14 janv. 2016, n° 15-40.039. – **Application de la décision :** Civ. 2e, 4 mai 2017, n° 16-14.240.
2016	22 avr.	**Redevable de la taxe générale sur les activités polluantes pour certains échanges avec les départements d'outre-mer** **2016-537 QPC.** Sté Sofadig Exploitation : *JO 24 avr. ; D. 2016. 897 ; JCP 2017, n° 38, p. 1661, chron. Verpeaux et Macaya* : – **C. douanes, art. 268 *ter*, al. 1er** (dans sa rédaction résultant de la LFR n° 2000-1353 du 30 déc. 2000), mots **« de la taxe prévue à l'article 266 *sexies* et ».** – Absence de méconnaissance des principes d'égalité devant la loi (DDH, art. 6) et devant les charges publiques (DDH, art. 13). En adoptant la disposition contestée, le législateur a entendu rendre équivalent le traitement fiscal des produits visés, en assurant l'assujettissement à la taxe des produits utilisés sur le territoire national, qu'ils aient été importés dans un département d'outre-mer depuis la métropole, un autre département d'outre-mer ou l'étranger ou qu'ils aient été importés en métropole depuis un département d'outre-mer ou l'étranger. Ainsi, la différence de traitement est en rapport avec l'objet de la loi. Il s'ensuit qu'il n'en résulte aucune forme de double imposition ou d'absence d'imposition des produits utilisés sur le territoire français.

		– **Conformité.** – **Décision de renvoi :** Com., QPC, 10 févr. 2016, n° 15-20.153.
2016	22 avr.	**Exclusion des plus-values mobilières placées en report d'imposition de l'abattement pour durée de détention** **2016-538 QPC**. Épx. M. D. : *JO 24 avr. ; D. 2016. 892 ; NCCC 2016, n° 53, p. 169, chron. Austry ; ibid., p. 179, chron. Surrel ; RD fisc. 2016, n° 36, p. 56,, note Cavaillé ; LPA 2016, n° 172, p. 4, note Pando ; JCP 2017, n° 38, p. 1661, chron. Verpeaux et Macaya* : – **CGI, art. 150-0 D, 1 *ter*, al. 1er à 3, et 1 *quater*, 1, A** (dans leur rédaction issue de la L. du 29 déc. 2014). – Absence de méconnaissance des principes d'égalité devant la loi (DDH, art. 6) et devant les charges publiques (DDH, art. 13). En adoptant les dispositions contestées, le législateur a entendu assurer l'application de nouvelles règles d'assiette favorisant la détention des valeurs mobilières sur une longue durée. L'importance de l'abattement applicable pour la détermination de l'imposition due est proportionnelle à la durée de détention de ces valeurs mobilières. Ainsi, le législateur a retenu un critère objectif et rationnel en rapport avec l'objet de la loi. Par ailleurs, les nouvelles règles de détermination de l'assiette des plus-values mobilières sont applicables aux plus-values réalisées à compter de l'entrée en vigueur de ces règles, soit le 1er janv. 2013. Il en résulte que les plus-values mobilières placées en report d'imposition avant cette date sont exclues du bénéfice des abattements pour durée de détention prévus aux 1 *ter* et 1 *quater* de l'art. 150-0 D CGI. Ainsi, cette différence de traitement, qui repose sur une différence de situation, est en rapport avec l'objet de la loi. ***Toutefois***, ces dispositions ne sauraient, sans méconnaître l'égalité devant les charges publiques, priver les plus-values placées en report d'imposition avant le 1er janv. 2013, qui ne font l'objet d'aucun abattement sur leur montant brut et dont le montant de l'imposition est arrêté selon des règles de taux telles que celles en vigueur à compter du 1er janv. 2013, de l'application à l'assiette ainsi déterminée d'un coefficient d'érosion monétaire pour la période comprise entre l'acquisition des titres et le fait générateur de l'imposition : **1re réserve.** – Absence d'atteinte aux situations légalement acquises et absence de remise en cause des effets qui peuvent légitimement être attendus de telles situations (DDH, art. 16). ***Toutefois***, si le report d'imposition d'une plus-value s'applique de plein droit, dès lors que sont satisfaites les conditions fixées par le législateur, le montant de l'imposition est arrêté, sans option du contribuable, selon des règles, en particulier de taux, qui peuvent ne pas être celles applicables l'année de la réalisation de la plus-value. Dans cette hypothèse, seul un motif d'intérêt général suffisant peut justifier que la plus-value soit ainsi rétroactivement soumise à des règles de liquidation qui n'étaient pas déterminées à la date de sa réalisation. En l'espèce aucun motif d'intérêt général ne justifie l'application rétroactive de telles règles de liquidation à une plus-value placée, antérieurement à leur entrée en vigueur, en report d'imposition obligatoire. Par suite, les dispositions contestées ne sauraient, sans porter atteinte aux situations légalement acquises, avoir pour objet ou pour effet de conduire à appliquer des règles d'assiette et

		de taux autres que celles applicables au fait générateur de l'imposition de plus-values mobilières obligatoirement placées en report d'imposition : **2de réserve.** – **Conformité sous réserves.** – **Décision de renvoi :** CE, QPC, 10 févr. 2016, n° 394596. – **Application de la décision :** CE 19 juill. 2016, n° 394596 B.
2016	10 mai	**Condition de résidence fiscale pour l'imposition commune des époux en Nouvelle-Calédonie** **2016-539 QPC.** Mme Ève G. : *JO 12 mai ; D. 2016. 1003 ; AJ fam. 2016. 287, obs. Jolivet ; Gaz. Pal. 2016, n° 25, p. 36, note Malhière ; NCCC 2016, n° 53, p. 173, chron. Austry ; RFDC 2017. 217, chron. Bénéteau ; JCP 2017, n° 38, p. 1661, chron. Verpeaux et Macaya :* – **CGI de la Nouvelle-Calédonie, art. Lp 52, § I, al. 2, mots : « ayant chacun leur domicile fiscal en Nouvelle-Calédonie ».** – Atteinte au principe d'égalité devant la loi (DDH, art. 6). Les dispositions contestées ont pour objet de déroger au principe de l'imposition commune des couples mariés lorsque l'un des époux est fiscalement domicilié hors de Nouvelle-Calédonie. Elles ont pour effet de priver chacun des conjoints de l'application du quotient conjugal pour ceux de leurs revenus taxables en Nouvelle-Calédonie. Ces dispositions instituent une différence de traitement entre les couples mariés selon que chacun des deux époux est ou non fiscalement domicilié en Nouvelle-Calédonie. – **Non-conformité avec effet à la date de la publication de la Décis. et invocabilité possible dans toutes les instances introduites à la date de publication de la Décis. et non jugées définitivement à cette date.** – **Décision de renvoi :** CE, QPC, 10 févr. 2016, n° 394701.
2016	10 mai	**Servitude administrative grevant l'usage des chalets d'alpage et des bâtiments d'estive** **2016-540 QPC.** Sté civile Groupement foncier rural Namin et Co : *JO 12 mai ; AJDA 2016. 928 ; D. 2016. 1000 ; Constitutions 2016. 466, chron. Le Bot ; NCCC 2016, n° 53, p. 141, chron. Piazzon ; ibid., p. 183, chron. Surrel ; Dr. adm. 2016, n° 12, p. 57, note Balaguer ; JCP 2017, n° 38, p. 1661, chron. Verpeaux et Macaya :* – **C. urb., art. L. 145-3, § I, al. 2** (dans sa rédaction résultant de la L. n° 2003-590 du 2 juill. 2003 urbanisme et habitat). – Absence d'atteinte au droit de propriété (DDH, art. 2 et 17). Les dispositions contestées permettent à l'autorité administrative de subordonner la délivrance d'un permis de construire ou l'absence d'opposition à une déclaration de travaux à l'institution d'une servitude interdisant ou limitant l'usage, en période hivernale, des chalets d'alpage ou des bâtiments d'estive non desservis par des voies et réseaux. La servitude n'entraîne pas une privation du droit de propriété au sens de l'art. 17 DDH mais une limitation de l'exercice du droit de propriété. Par ailleurs, en permettant d'instituer une telle servitude, le législateur a voulu éviter que l'autorisation de réaliser des travaux sur des chalets d'alpage ou des bâtiments d'estive ait pour conséquence de faire peser de nouvelles obligations de desserte de ces bâtiments par les voies et

		réseaux. Il a également voulu garantir la sécurité des personnes en période hivernale. Ainsi le législateur a poursuivi un motif d'intérêt général. – **Conformité.** – **Décision de renvoi :** CE, QPC, 10 févr. 2016, *Groupement foncier rural Namin et Co*, n° 394839.
2016	18 mai	**Visite des navires par les agents des douanes II** **2016-541 QPC.** Sté Euroshipping Charter Company Inc et a. : *JO 20 mai ; D. 2016. 1080 ; NCCC 2016, n° 53, p. 141, chron. Piazzon ; ibid., p. 183, chron. Surrel ; Dr. pén. 2016, n°s 7-8, p. 36, note Robert ; RFDC 2017. 233, chron. Perrier ; JCP 2017, n° 38, p. 1661, chron. Verpeaux et Macaya* : – **C. douanes, art. 62, al. 1er, § 5, et art. 63, al. 1er, § 5** (dans leur rédaction issue de la L. n° 2014-742 du 1er juill. 2014 relative aux activités privées de protection des navires). – Absence d'atteinte au droit à un recours juridictionnel effectif (DDH, art. 2 et 16). Le 1er al. du § V de chacun des art. 62 et 63 C. douanes institue, au profit de l'occupant des locaux d'un navire affectés à un usage privé ou d'habitation, la possibilité de contester, par voie d'action, le déroulement des opérations de visite devant le premier président de la cour d'appel. Le législateur a ainsi prévu une voie de recours au profit de l'occupant de ces locaux lui permettant de faire contrôler par les juridictions compétentes la régularité des opérations conduites en application des art. 62 et 63 C. douanes. En adoptant ces dispositions, le législateur a voulu garantir le droit au respect de la vie privée et, en particulier, de l'inviolabilité du domicile de ces occupants. Par ailleurs, le propriétaire du navire ou d'un objet saisi à l'occasion de ces opérations de visite dispose, s'il fait l'objet de poursuites pénales, de la faculté de faire valoir, par voie d'exception, la nullité de ces opérations, sur le fondement des art. 173 ou 385 C. pr. pén. Il peut également invoquer l'irrégularité de ces opérations à l'appui d'une demande tendant à engager la responsabilité de l'État du fait de la saisie. Ainsi, en réservant à l'occupant des locaux d'un navire affectés à un usage privé ou d'habitation la possibilité de contester par voie d'action la régularité des opérations de visite, compte tenu des voies de contestation ouvertes aux personnes intéressées à un autre titre, le législateur n'a pas porté atteinte au droit des personnes intéressées de contester la régularité des opérations de visite. – **Conformité.** – **Décision de renvoi :** Com., QPC, 18 févr. 2016, n° 15-25.452.
2016	18 mai	**Prononcé d'une amende civile à l'encontre d'une personne morale à laquelle une entreprise a été transmise** **2016-542 QPC.** Sté ITM Alimentaire International SAS : *JO 20 mai ; D. 2016. 1076 ; ibid. 2017. 881, obs. Ferrier ; AJCA 2016. 338, note Arcelin ; RTD civ. 2016. 628, obs. Barbier ; Gaz. Pal. 2016, n° 25, p. 30, note Richaud ; NCCC 2016, n° 53, p. 141, chron.* Piazzon ; RFDC 2017. 231, *chron. Catelan ; JCP 2017, n° 38, p. 1661, chron. Verpeaux et Macaya* : – **C. com., art. L. 442-6, § III, al. 2, 3e phrase** : Il résulte de la jurisprudence constante de la Cour de cassation, telle qu'elle ressort de

		l'arrêt du 21 janv. 2014 (n° 12-29.166) ci-dessus, que les dispositions contestées permettent de sanctionner par une amende civile les pratiques restrictives de concurrence de toute entreprise, indépendamment du statut juridique de celle-ci, et sans considération de la personne qui l'exploite. L'amende civile peut ainsi être prononcée à l'encontre de la personne morale à laquelle l'entreprise a été juridiquement transmise. – Absence d'atteinte au principe selon lequel nul n'est punissable que de son propre fait (DDH, art. 8 et 9) concernant les dispositions contestées telles qu'interprétées par une jurisprudence constante, compte tenu de la mutabilité des formes juridiques sous lesquelles s'exercent les activités économiques concernées : ces dispositions permettant qu'une sanction pécuniaire non pénale soit prononcée à l'encontre de la personne morale à laquelle l'exploitation d'une entreprise a été transmise, pour des pratiques restrictives de concurrence commises par la personne qui exploitait l'entreprise au moment des faits. **– Conformité.** **– Décision de renvoi :** Com., QPC, 18 févr. 2016, n° 15-22.317.
2016	24 mai	**Permis de visite et autorisation de téléphoner durant la détention provisoire** **2016-543 QPC.** Section française de l'Observatoire international des prisons : *JO 29 mai ; AJDA 2016. 1040 ; D. 2016. 1137 ; AJ pénal 2016. 334 ; Constitutions 2017. 86, chron. Ponseille ; Gaz. Pal. 2016, n° 25, p. 34, note Malhière ; NCCC 2016, n° 53, p. 113, chron. Bonnet et Roblot-Troizier ; ibid., p. 121, chron. Peltier et Bonis-Garçon ; ibid., p. 183, chron. Surrel ; Dr. pén. 2016, n°s 7-8, p. 41, note Haas ; LPA 2017, n° 42, p. 10, chron. Gicquel ; RFDC 2017. 240, chron. Perrier ; JCP 2017, n° 38, p. 1661, chron. Verpeaux et Macaya ; Rapp. Cons. const. 2016, p. 49 :* **– C. pr. pén., art. 145-4, al. 3 et 4, et L. n° 2009-1436 du 24 nov. 2009 pénitentiaire, art. 39, al. 2, les mots : « et, en ce qui concerne les prévenus, aux nécessités de l'information ».** – Méconnaissance du droit d'exercer un recours effectif devant une juridiction (DDH, art. 16) et privation des garanties légales de la protection constitutionnelle du droit au respect de la vie privée (DDH, art. 2) et du droit de mener une vie familiale normale (Préamb. Const. 1946, al. 10) : - concernant l'absence de voie de recours à l'encontre des décisions relatives au permis de visite et à l'autorisation de téléphoner d'une personne placée en détention provisoire, excepté lorsque cette décision est relative au refus d'accorder, durant l'instruction, un permis de visite au profit d'un membre de la famille du prévenu. Et - concernant l'absence de délai imparti au juge d'instruction pour répondre à une demande de permis de visite d'un membre de la famille de la personne placée en détention provisoire. **– Non-conformité reportée jusqu'à l'entrée en vigueur de nouvelles dispositions législatives** ou, au plus tard, jusqu'au 31 déc. 2016, les décisions prises en vertu de ces dispositions avant cette date ne pouvant être contestées sur le fondement de cette inconstitutionnalité. **– Décision de renvoi :** CE, QPC, 24 févr. 2016, *Section française de l'Observatoire international des prisons*, n° 395126.

		– **Application de la décision :** CE 20 mars 2017, *Section française de l'Observatoire international des prisons*, n° 395126.
2016	3 juin	**Règles de formation, de composition et de délibération de la cour d'assises de Mayotte** **2016-544 QPC.** M. Mohamadi C. : *JO 4 juin ; D. 2016. 1201 ; NCCC 2016, n° 53, p. 121, chron. Peltier et Bonis-Garçon ; Gaz. Pal. 2016, n° 32, p. 16, note Castéra ; RFDC 2017. 244, chron. Perrier ; JCP 2017, n° 38, p. 1661, chron. Verpeaux et Macaya* : – **C. pr. pén., art. 877, 885, al. 1er et 2, 888.** – *Sur les dispositions relatives à la formation du jury d'assises à Mayotte.* Absence de méconnaissance du principe d'égalité devant la justice (DDH, art. 6). La population de Mayotte présente des caractéristiques et contraintes particulières au sens de l'art. 73 Const. 58 permettant d'adapter les conditions dans lesquelles est formé le jury de cour d'assises de Mayotte. Ainsi, en prévoyant un tirage au sort des assesseurs-jurés de la cour d'assises de Mayotte sur une liste restreinte de citoyens établie par certaines autorités, le législateur a instauré une différence de traitement qui tient compte de la situation particulière de Mayotte. Absence de méconnaissance des principes d'indépendance et d'impartialité des juridictions (DDH, art. 16) concernant la façon dont la liste est établie pour le tirage au sort des jurés : **Conformité**. – *Sur l'exclusion des règles de droit commun en matière d'incapacité, d'incompatibilité et de récusation des assesseurs-jurés de la cour d'assises de Mayotte.* Méconnaissance du principe d'égalité devant la justice concernant l'exclusion des règles de droit commun : différence de traitement sans rapport direct avec l'objet de la législation dérogatoire applicable à la cour d'assises de Mayotte, qui vise à tenir compte du nombre restreint de personnes inscrites sur les listes électorales et disposant d'une maîtrise suffisante de la langue et de l'écriture françaises pour exercer les fonctions d'assesseur-juré : **Non-conformité**. – *Sur l'exclusion des dispositions incriminant un juré défaillant.* Méconnaissance du principe d'égalité : l'exclusion de l'incrimination prévue par l'art. 288 C. pr. pén. pour les assesseurs-jurés de la cour d'assises de Mayotte instaure une différence de traitement sans rapport direct avec l'objet de la législation dérogatoire applicable à la cour d'assises de Mayotte : **Non-conformité**. – *Sur le nombre d'assesseurs-jurés et les règles de majorité applicables à la cour d'assises de Mayotte.* Méconnaissance du principe d'égalité devant la justice concernant la condition de majorité applicable à la cour d'assises de Mayotte siégeant en premier ressort. La modification des conditions de majorité par rapport à celle du droit commun crée une différence de traitement sans rapport avec l'objet de la loi et privant les justiciables de garanties égales : **Non-conformité**. – **Non-conformité partielle. Sont contraires à la Const. :** les références aux art. 254 à 258-2, 288 à 303 et 305 C. pr. pén. figurant au 2e al. de l'art. 877 du même code, les mots « de quatre assesseurs-jurés lorsque la cour d'assises statue en premier ressort et », les mots « lorsqu'elle statue en appel » figurant au 1er al. de l'art. 885 du même code, ainsi que les mots « de cinq ou » figurant à l'art. 888 du même code. **Sur les effets de la déclaration d'inconstitutionnalité :** la

		déclaration d'inconstitutionnalité de l'exclusion des références aux art. 254 à 258-2, 289 à 303 et 305 C. pr. pén., au sein du 2e al. de l'art. 877 du même code, ainsi que des mots « de quatre assesseurs-jurés lorsque la cour d'assises statue en premier ressort et », des mots « lorsqu'elle statue en appel » figurant au 1er al. de l'art. 885 du même code, et des mots « de cinq ou » figurant à l'art. 888 du même code prend effet à compter de la date de la publication de la Décis. n° 2016-544 QPC. Les arrêts rendus par la cour d'assises de Mayotte avant cette date ne peuvent être contestés sur le fondement de cette déclaration d'inconstitutionnalité. Pour le reste, la déclaration d'inconstitutionnalité est applicable à toutes les infractions non jugées définitivement au jour de la publication de la Décis. n° 2016-544 QPC. Par ailleurs, la déclaration d'inconstitutionnalité de la référence à l'art. 288 C. pr. pén., au sein du 2e al. de l'article 877 du même code, prend effet à compter de la date de la publication de la Décis. n° 2016-544 QPC. Elle est applicable aux infractions commises à compter de cette date. — **Décision de renvoi :** Crim., QPC, 16 mars 2016, n° 16-80.403. — **Application de la décision :** Crim. 14 déc. 2016, n° 16-80.403.
2016	24 juin	**Pénalités fiscales pour insuffisance de déclaration et sanctions pénales pour fraude fiscale** **2016-545 QPC.** M. Alec. W et a. : *JO 30 juin ; D. 2016. 1372 ; ibid. 2442, note Décima ; ibid. 1836, obs. Mascala ; AJ pénal 2016. 430, obs. Lasserre Capdeville ; Constitutions 2016. 436, chron. Mandon ; RSC 2016. 524, obs. Detraz ; JCP 2016, n° 27, p. 1351 ; ibid., n° 29, p. 1453, note Collet et Collin ; ibid., n° 40, p. 1814, note Detraz ; ibid. 2017, n° 38, p. 1661, chron. Verpeaux et Macaya ; Gaz. pal. 2016, n° 24, p. 6, note Dufour ; ibid., n° 43, p. 43, note Salles ; NCCC 2016, n° 53, p. 121, chron. Peltier et Bonis-Garçon ; RD fisc. 2016, n° 27, p. 49, note Detraz ; ibid., n° 26, p. 3, note Jacquot et Mispelon ; ibid. 2017, n° 20, p. 62, note Fouquet ; LPA 2016, n° 147, p. 4, note Dufour ; ibid. 2017, n° 42, p. 5, chron. Tellier-Cayrol ; ibid., p. 11, chron. Gicquel ; Dr. pén. 2016, n° 9, p. 43, note Peltier ; RFDC 2017. 247, chron. Catelan ; Rev. pénit. 2016, n° 3, p. 633, note Detraz ; Rapp. Cons. const. 2016, p. 51 :* — **CGI, art. 1729 et 1741, al. 1er, 1re phrase, mots « soit qu'il ait volontairement dissimulé une part des sommes sujettes à l'impôt ».** — Absence d'atteinte aux principes de nécessité des délits et des peines et de proportionnalité des peines (DDH, art. 8) lorsque les dispositions de l'art. 1729 CGI sont prises isolément. Par ailleurs, les sanctions prévues à l'art. 1741 CGI peuvent être appliquées aux contribuables qui, d'une façon frauduleuse, dissimulent volontairement des sommes soumises à l'impôt. Ainsi, au regard de l'incrimination prévue par les dispositions contestées, les peines instituées par le législateur ne sont pas manifestement disproportionnées. ***Toutefois***, les dispositions contestées de l'art. 1741 CGI ne sauraient, sans méconnaître le principe de nécessité des délits, permettre qu'un contribuable qui a été déchargé de l'impôt par une décision juridictionnelle devenue définitive pour un motif de fond puisse être condamné pour fraude fiscale. — Lorsqu'il y a application combinée de l'art. 1729 et des dispositions contestées de l'art. 1741 CGI. Absence d'atteinte à l'objectif de valeur

		constitutionnelle de lutte contre la fraude fiscale (DDH, art. 13) et aux principes de nécessité des délits et des peines et de proportionnalité des peines (DDH, art. 8). ***Toutefois***, le principe de nécessité des délits et des peines ne saurait interdire au législateur de fixer des règles distinctes permettant l'engagement de procédures conduisant à l'application de plusieurs sanctions afin d'assurer une répression effective des infractions. Ce principe impose néanmoins que les dispositions de l'art. 1741 ne s'appliquent qu'aux cas les plus graves de dissimulation frauduleuse de sommes soumises à l'impôt. Cette gravité peut résulter du montant des droits fraudés, de la nature des agissements de la personne poursuivie ou des circonstances de leur intervention. Si l'éventualité que deux procédures soient engagées peut conduire à un cumul de sanctions, le principe de proportionnalité implique qu'en tout état de cause le montant global des sanctions éventuellement prononcées ne dépasse pas le montant le plus élevé de l'une des sanctions encourues. – **Conformité sous réserves**. – **Décision de renvoi :** Crim., QPC, 30 mars 2016, n° 16-90.001 : *D. 2016. 788, obs. Catelan.* – **Applications de la décision :** – CE 20 juill. 2016, n° 396078. – Crim. 22 févr. 2017, n° 16-82.047. – Crim. 31 mai 2017, n° 15-82.159 P : *D. 2017. 1193.*
2016	24 juin	**Pénalités fiscales pour insuffisance de déclaration et sanctions pénales pour fraude fiscale** **2016-546 QPC**. M. Jérôme C. : *JO 30 juin ; D. 2016. 2442, note Décima ; ibid. 1836, obs. Mascala ; ibid. 2424, obs. Roujou de Boubée, Garé, Ginestet, Gozzi, Miniato et Mirabail ; Constitutions 2016. 436, chron. Mandon ; RSC 2016. 524, obs. Detraz ; JCP 2016, n° 27, p. 1351 ; ibid., n° 29, p. 1453, note Collet et Collin ; ibid., n° 40, p. 1814, note Detraz ; ibid. 2017, n° 38, p. 1661, chron. Verpeaux et Macaya ; Gaz. Pal. 2016, n° 24, p. 6, note Dufour ; ibid., n° 43, p. 43, note Salles ; NCCC 2016, n° 53, p. 121, chron. Peltier et Bonis-Garçon ; RD fisc. 2016, n° 27, p. 49, note Detraz ; ibid., n° 26, p. 3, note Jacquot et Mispelon ; ibid. 2017, n° 20, p. 62, note Fouquet ; LPA 2016, n° 147, p. 4, note Dufour ; ibid. 2017, n° 42, p. 5, chron. Tellier-Cayrol ; ibid., p. 11, chron. Gicquel ; Dr. pén. 2016, n° 9, p. 43, note Peltier ; Dr. adm. 2017, n° 2, p. 25, chron. Pruvost ; RFDC 2017. 247, chron. Catelan* : – **CGI, art. 1729 et 1741, al. 1er, 1re phrase, mots « soit qu'il ait volontairement dissimulé une part des sommes sujettes à l'impôt »**. – V. les explications ss. la Décis. n° 2016-545 QPC. – **Conformité sous réserves**. – **Décision de renvoi :** Crim., QPC, 30 mars 2016, n° 16-90.005. – **Applications de la décision :** – CE 20 juill. 2016, n° 396078. – Crim. 22 févr. 2017, n° 16-82.047. – Crim. 31 mai 2017, n° 15-82.159 P : *D. 2017. 1193.*
2016	24 juin	**Dérogations temporaires au repos dominical des salariés des commerces de détail à Paris**

		2016-547 QPC. Ville de Paris : *JO 30 juin ; D. 2016. 1373 ; AJDA 2016. 1318 ; AJCT 2016. 349, obs. Demunck ; NCCC 2016, n° 53, p. 141, chron. Piazzon ; JCP Adm. 2016, n° 26, p. 2, note Dieu ; LPA 2017, n° 42, p. 8, chron. Gicquel ; Rapp. Cons. const. 2016, p. 52* : – **C. trav., art. L. 3132-26, al. 4, et L. n° 2015-990 du 6 août 2015 pour la croissance, l'activité et l'égalité des chances économiques, art. 257, al. 2, § III, mots « ou, à Paris, le préfet ».** – Méconnaissance du principe d'égalité (DDH, art. 6). Le fait que la ville de Paris soit soumise à un régime particulier en raison de sa qualité de siège des pouvoirs publics ne la place pas dans une situation différente des autres communes au regard de l'objet des dispositions contestées, qui désignent l'autorité compétente pour déterminer les règles de repos hebdomadaire dominical des salariés des établissements de commerce de détail. Par ailleurs, aucun motif d'intérêt général ne justifie que, s'agissant du pouvoir de déterminer les dimanches durant desquels les établissements de commerce de détail sont autorisés à supprimer le repos hebdomadaire dominical, la ville de Paris soit traitée différemment de toutes les autres communes. – **Non-conformité avec effet à compter de la date de publication de la Décis. et invocabilité possible dans toutes les instances introduites à la date de publication et non jugées définitivement à cette date.** – **Décision de renvoi :** CE, QPC, 6 avr. 2016, *Ville de Paris*, n° 396320.
2016	1er juill.	**Saisine d'office du président du tribunal de commerce pour ordonner le dépôt des comptes annuels sous astreinte** **2016-548 QPC.** Sté Famille Michaud Apiculteurs SA et a. : *JO 2 juill. ; D. 2016. 1428 ; Rev. sociétés 2017. 15, note Reygrobellet ; RTD com. 2017. 170, obs. Macorig-Venier ; NCCC 2017, n° 54, p. 129, chron. Piazzon ; LPA 2017, n° 235, p. 11, chron. Bezzina ; JCP 2018, n° 11, p. 506, chron. Verpeaux et Macaya* : – **C. com., art. L. 611-2, § II** (dans sa rédaction antérieure à la L. du 14 oct. 2015 d'actualisation du droit des outre-mer). – Absence d'atteinte au principe d'impartialité des juridictions (DDH, art. 16). L'injonction sous astreinte instituée par les dispositions contestées, qui a pour seul objet d'assurer la bonne exécution des décisions des juridictions, n'est pas une sanction ayant le caractère d'une punition. Par ailleurs, en adoptant les dispositions contestées, le législateur a poursuivi un objectif d'intérêt général de détection et de prévention des difficultés des entreprises. Enfin, le législateur n'a pas privé de garanties légales l'exigence d'impartialité des juridictions puisque le prononcé de l'astreinte et sa liquidation sont les 2 phases d'une même procédure et que la constatation par le président du tribunal de commerce du non-dépôt des comptes, qui lui permet de se saisir d'office, présente un caractère objectif. – **Conformité.** – **Décision de renvoi :** CE, QPC, 6 avr. 2016, *Sté Famille A. B. et a.*, n° 396364. – **Application de la décision :** CE 22 févr. 2017, *Sté Famille A. B. et a.*, n° 396364.

2016	1er juill.	**Dotation globale de compensation** **2016-549 QPC.** Collectivité de Saint-Martin : *JO 2 juill. ; D. 2016. 1434 ; LPA 2017, n° 232, p. 6, chron. Rimbault ; JCP 2018, p. 506, chron. Verpeaux et Macaya* : – **L. n° 2007-1824 du 25 déc. 2007 de finances rectificative pour 2007, art. 104, § I, 1°, 2° et 3°.** – Absence de méconnaissance des principes de libre administration et d'autonomie financière. La compensation financière des charges résultant des compétences transférées est assurée et les dispositions contestées n'ont pas pour effet de réduire le montant des ressources propres de la collectivité de Saint-Martin. – Absence de méconnaissance du principe de compensation des charges résultant des transferts de compétences. Il n'incombe pas au législateur de garantir une compensation intégrale des charges résultant des transferts de compétences entre collectivités. – **Conformité.** – **Décision de renvoi :** CE, QPC, 13 avr. 2016, *Collectivité de Saint-Martin*, n° 396415.
2016	1er juill.	**Procédure devant la cour de discipline budgétaire et financière** **2016-550 QPC.** M. Stéphane R. et a. : *JO 2 juill. ; D. 2016. 1434 ; AJDA 2016. 1373 ; Constitutions 2016. 468, chron. Le Bot ; NCCC 2017, n° 54, p. 101, chron. Peltier et Bonis-Garçon ; Dr. adm. 2017, n° 2, p. 24, chron. Camus ; LPA 2017, n° 234, p. 13, chron. Verpeaux ; JCP 2018, n° 11, p. 506, chron. Verpeaux et Macaya* : – **CJF, art. L. 314-18, al. 1er**, mots « de l'action pénale et ». – Absence d'atteinte aux principes de nécessité des délits et des peines et de proportionnalité des peines (DDH, art. 8). Les dispositions contestées permettent qu'une personne visée à l'art. L. 312-2 CJF, poursuivie devant la cour de discipline budgétaire et financière pour l'une des infractions édictées par les art. L. 313-1 à L. 313-8 du même code, soit également poursuivie devant une juridiction pénale pour une infraction pénale. Si les dispositions contestées n'instituent pas, par elles-mêmes, un mécanisme de double poursuite et de double sanction, elles le rendent toutefois possible. Ces cumuls éventuels de poursuites et de sanctions doivent, en tout état de cause, respecter le principe de nécessité des délits et des peines, qui implique qu'une même personne ne puisse faire l'objet de poursuites différentes conduisant à des sanctions de même nature pour les mêmes faits, en application de corps de règles protégeant les mêmes intérêts sociaux : **1re réserve**. Par ailleurs, lorsque plusieurs sanctions prononcées pour un même fait sont susceptibles de se cumuler, le principe de proportionnalité implique qu'en tout état de cause, le montant global des sanctions éventuellement prononcées ne dépasse pas le montant le plus élevé de l'une des sanctions encourues. Il appartient donc aux autorités juridictionnelles compétentes de veiller au respect de cette exigence et de tenir compte, lorsqu'elles se prononcent, des sanctions de même nature antérieurement infligées : **2de réserve**. – **Conformité sous réserves.** – **Décision de renvoi :** CE, QPC, 15 avr. 2016, n° 396696 B : *AJDA 2016. 753.*

2016	6 juill.	**Conditions tenant à l'exercice de certaines fonctions ou activités en France pour l'accès à la profession d'avocat** **2016-551 QPC.** M. Éric B. : *JO 8 juill. ; D. 2016. 1506 ; ibid. 2017. 74, obs. Wickers ; Gaz. Pal. 2016, n° 36, p. 20, note Belval* : **– L. n° 71-1130 du 31 déc. 1971 portant réforme de certaines professions judiciaires et juridiques, art. 11, 2°, mots « et de celles concernant les personnes ayant exercé certaines fonctions ou activités en France ».** – Absence de méconnaissance par le législateur de sa propre compétence (Const. 58, art. 34). En vertu de la L. du 31 déc. 1971, la profession d'avocat dispose, sauf exceptions, du monopole de l'assistance et de la représentation en justice. Par conséquent, il incombe au législateur, lorsqu'il fixe les conditions d'accès à cette profession, de déterminer les garanties fondamentales permettant d'assurer le respect des droits de la défense et de la liberté d'entreprendre. L'art. 11 de la L. préc. prévoit que toute personne souhaitant devenir avocat doit répondre à des conditions de nationalité, de diplôme, d'aptitude, de compétence et de moralité. En prévoyant des dérogations à la condition de diplôme ainsi qu'à la condition de détention du certificat d'aptitude à la profession d'avocat pour les personnes ayant exercé certaines fonctions ou activités en France, le législateur a entendu permettre l'accès à cette profession à des personnes ayant acquis par l'exercice de certaines fonctions ou activités de nature juridique, pendant une durée suffisante, sur le territoire national, des compétences professionnelles équivalentes à celles que garantit l'obtention de ces diplômes. Il en résulte qu'en adoptant les dispositions contestées, le législateur a suffisamment défini les garanties encadrant l'accès à la profession d'avocat. – Absence d'atteinte au principe d'égalité (DDH, art. 6). Les personnes ayant exercé une activité ou une fonction juridique pendant une durée suffisante en France ne sont pas placées, au regard de l'accès à la profession d'avocat, dans la même situation que celles ayant exercé une telle activité ou fonction à l'étranger. En exigeant, pour l'exercice de cette profession, la pratique d'une activité ou d'une fonction à caractère juridique pendant une durée suffisante sur le territoire national, le législateur a entendu garantir les compétences des personnes exerçant cette profession et, par voie de conséquence, garantir le respect des droits de la défense. Il en résulte que la différence de traitement instituée par les dispositions contestées, qui repose sur une différence de situation, est en rapport direct avec l'objet de la loi. – Absence d'atteinte à la liberté d'entreprendre (DDH, art. 4). En posant comme condition d'accès à la profession d'avocat l'exercice d'une activité à caractère juridique pendant une durée suffisante sur le territoire national, le législateur a entendu garantir un niveau d'aptitude et un niveau de connaissance suffisant aussi bien du droit français que des conditions de sa mise en œuvre. Les personnes ne remplissant pas ces conditions ne sont en outre pas privées du droit d'accéder à la profession d'avocat dans les conditions de droit commun. Il en résulte que le législateur a adopté des mesures propres à assurer une conciliation qui n'est pas manifestement déséquilibrée entre le respect de la liberté d'entreprendre et le respect des droits de la défense garantis par l'article 16 de la Constitution.

		– **Conformité.** – **Décision de renvoi :** Civ. 1re, QPC, 4 mai 2016, n° 14-25.800 P : *D. 2016. 1008.* – **Application de la décision :** Civ. 1re, 14 déc. 2016, n° 14-25.800 P : *D. avocats 2017. 6, obs. Dargent.*
2016	8 juill.	**Droit de communication de documents des agents des services d'instruction de l'Autorité de la concurrence et des fonctionnaires habilités par le ministre chargé de l'économie** **2016-552 QPC.** Sté Brenntag : *JO 10 juill. ; D. 2016. 1492 ; CCC 2016, n° 10, p. 36, note Decocq ; RFDC 2017. 234, chron. Perrier ; LPA 2017, n° 235, p. 10, chron. Bezzina ; JCP 2018, n° 11, p. 506, chron. Verpeaux et Macaya* : – **C. com., art. L. 450-3, al. 4** (dans sa rédaction résultant de la loi n° 2014-344 du 17 mars 2014 relative à la consommation). – Absence d'atteinte au droit à un recours effectif, au respect des droits de la défense et au droit à un procès équitable (DDH, art. 16). Si les dispositions contestées imposent de remettre aux agents habilités les documents dont ces derniers sollicitent la communication, elles ne leur confèrent ni un pouvoir d'exécution forcée pour obtenir la remise de ces documents, ni un pouvoir général d'audition ou un pouvoir de perquisition. Il en résulte que seuls les documents volontairement communiqués peuvent être saisis. La circonstance que le refus de communication des informations ou documents demandés puisse être à l'origine d'une injonction sous astreinte prononcée par l'Autorité de la concurrence, d'une amende administrative prononcée par cette autorité ou d'une sanction pénale ne confère pas une portée différente aux pouvoirs dévolus aux agents habilités par les dispositions contestées. – Absence d'atteinte au principe selon lequel nul n'est tenu de s'accuser (DDH, art. 9). Le droit reconnu aux agents habilités d'exiger la communication d'informations et de documents, prévu par les dispositions contestées, tend à l'obtention non de l'aveu de la personne contrôlée, mais de documents nécessaires à la conduite de l'enquête de concurrence. – Absence d'atteinte droit au respect de la vie privée, au principe d'inviolabilité du domicile et au principe du secret des correspondances (DDH, art. 2). Les dispositions contestées permettent uniquement la communication des livres, factures et autres documents professionnels. Elles ne sont pas relatives à l'entrée dans un lieu à usage d'habitation. Elles ne permettent pas d'exiger la communication de documents protégés par le droit au respect de la vie privée ou par le secret professionnel. – **Conformité.** – **Décision de renvoi :** Com., QPC, 4 mai 2016, nos 15-25.699 et 15-25.701.
2016	8 juill.	**Application du régime fiscal des sociétés mères aux produits de titres auxquels ne sont pas attachés des droits de vote II** **2016-553 QPC.** Sté Natixis : *JO 10 juill. ; D. 2016. 1496 ; NCCC 2017, n° 54, p. 163, chron. Austry* : – **CGI, art. 145, 6, b *ter*** (dans sa rédaction issue de l'art. 39 de la L. n° 2005-1720 du 30 déc. 2005 de finances rectificative pour 2005).

		– Le Cons. const. a examiné les dispositions de l'art. 145, 6 *b ter*, CGI dans sa rédaction issue de la loi n° 92-1376 du 30 déc. 1992 de finances pour 1993 dans les § 4 à 10 de sa Décis. n° 2015-520 QPC du 3 févr. 2016 et les a déclarées contraires aux principes d'égalité devant la loi et devant les charges publiques (DDH, art. 6 et 13). Les dispositions contestées diffèrent de celles qui ont été déclarées contraires à la Const.5 8 dans la Décis. du 3 févr. 2016. L'ajout des mots : « , sauf si la société détient des titres représentant au moins 5 % du capital et des droits de vote de la société émettrice » par la L. du 30 déc. 2005 a pour objet et pour effet d'élargir la faculté offerte aux sociétés mères de déduire de leur bénéfice net total les produits des titres de participation d'une filiale lorsque la société mère détient au moins 5 % du capital et des droits de vote de la filiale. Cette modification supprime la différence de traitement entre sociétés bénéficiant du régime fiscal des sociétés mères lorsqu'elles détiennent des titres de participation de filiales à hauteur d'au moins 5 % du capital et des droits de vote de la filiale. Elle maintient toutefois une différence de traitement entre sociétés bénéficiant du régime fiscal des sociétés mères lorsqu'elles détiennent des titres de participation de filiales représentant moins de 5 % du capital et des droits de vote de la filiale. En effet, selon que les produits des titres de participation auxquels ne sont pas attachés de droits de vote sont versés par une filiale établie en France ou dans un État autre qu'un État membre de l'Union européenne ou, à l'inverse, par une filiale établie dans un État membre de l'Union européenne, ces produits sont ou non exclus de la déduction du bénéfice net total. Dès lors, pour les mêmes motifs que ceux énoncés dans les § 8 à 10 de la Décis. du 3 févr. 2016, les dispositions contestées, qui méconnaissent les principes d'égalité devant la loi et devant les charges publiques, doivent être déclarées contraires à la Constitution. – **Non-conformité avec effet à compter de la date de la publication de la Décis. et invocabilité dans toutes les instances introduites à sa date de publication et non jugées définitivement à cette date.** – **Décision de renvoi :** CE, QPC, 18 mai 2016, *Sté Natixis*, n° 397316. – **Application de la décision :** CE 5 oct. 2016, *Sté Natixis*, n° 397316.
2016	22 juill.	**Amende pour défaut de déclaration de comptes bancaires ouverts, utilisés ou clos à l'étranger II** **2016-554 QPC.** M Gilbert B. : *JO 24 juill. ; D. 2016. 1570 ; Gaz Pal. 2016, n° 43, p. 43, note Salles ; NCCC 2017, n° 54, p. 163, chron. Austry ; RFDC 2017. 245, chron. Catelan ; LPA 2017, n° 234, p. 14, chron. Verpeaux ; JCP 2018, n° 11, p. 506, chron. Verpeaux et Macaya* : – **CGI, art. 1736 § IV, al. 2** (dans sa rédaction issue de la LFR n° 2012-354 du 14 mars 2012). – Méconnaissance du principe de proportionnalité des peines (DDH, art. 8). En prévoyant une amende proportionnelle pour un simple manquement à une obligation déclarative, le législateur a instauré une sanction manifestement disproportionnée à la gravité des faits qu'il a entendu réprimer. – **Non-conformité avec effet à compter de la date de la publication de la Décis. et applicabilité aux amendes prononcées**

		sur le fondement du § IV de l'art. 1736 CGI avant la date de la Décis. et qui n'ont pas donné lieu à un jugement devenu définitif ou pour lesquelles une réclamation peut encore être formée. – **Décision de renvoi :** CE, QPC, 18 mai 2016, n° 397826. – **Applications de la décision :** – CAA Paris, 28 févr. 2017, n° 16PA02372. – CAA Lyon, 2 mars 2017, n° 15LY03095. – CAA Paris, 22 mars 2018, n° 16PA03478.
2016	22 juill.	**Subordination de la mise en mouvement de l'action publique en matière d'infractions fiscales à une plainte de l'administration** **2016-555 QPC.** M. Karim B. : *JO 24 juill. ; D. 2016. 1569 ; AJDA 2016. 1925, note Cassard-Valembois ; RSC 2016. 529, obs. Detraz ; AJ pénal 2016. 538, obs. Boursier ; NCCC 2017, n° 54, p. 85, chron. Bonnet et Roblot-Troizier ; ibid., p. 101, chron. Peltier et Bonis-Garçon ; LPA 2017, n° 42, p. 7, chron. Tellier-Cayrol ; RFDC 2017. 239, chron. Catelan ; Dr. pén. 2016, n° 10, p. 29, note Robert ; JCP 2018, n° 11, p. 506, chron. Verpeaux et Macaya ; Rapp. Cons. const. 2016, p. 53 :* – **LPF, art. L. 228, al. 1er, mots « Sous peine d'irrecevabilité, »** (dans sa rédaction résultant de la LFR n° 2009-1674 du 30 décembre 2009). – Absence d'atteinte au principe d'indépendance de l'autorité judiciaire (DDH, art. 16). Si les dispositions contestées n'autorisent pas le procureur de la République à mettre en mouvement l'action publique en l'absence de plainte préalable de l'administration, elles ne le privent pas, une fois la plainte déposée, de la faculté de décider librement de l'opportunité d'engager des poursuites, conformément à l'art. 40-1 C. pr. pén. Par ailleurs, les infractions pour lesquelles une plainte de l'administration préalable aux poursuites est exigée répriment des actes qui portent atteinte aux intérêts financiers de l'État et causent un préjudice principalement au Trésor public. Ainsi, en l'absence de dépôt d'une plainte de l'administration, à même d'apprécier la gravité des atteintes portées à ces intérêts collectifs protégés par la loi fiscale, qui sont susceptibles de faire l'objet de sanctions administratives, l'absence de mise en mouvement de l'action publique ne constitue pas un trouble substantiel à l'ordre public. Enfin, la compétence pour déposer la plainte préalable obligatoire relève de l'administration qui l'exerce dans le respect d'une politique pénale déterminée par le Gouvernement conformément à l'art. 20 Const. 58 et dans le respect du principe d'égalité. Ainsi, dans ces conditions, les dispositions contestées, telles qu'interprétées par une jurisprudence constante, ne portent pas une atteinte disproportionnée au principe selon lequel le procureur de la République exerce librement, en recherchant la protection des intérêts de la société, l'action publique devant les juridictions pénales. – **Conformité.** – **Décision de renvoi :** Crim., QPC, 19 mai 2016, n° 16-81.857 P : *D. 2016. 1203.*
2016	22 juill.	**Pénalités fiscales pour insuffisance de déclaration et sanctions pénales pour fraude fiscale II** **2016-556 QPC.** M. Patrick S. : *JO 22 juill. ; D. 2016. 1569 ; NCCC 2017, n° 54, p. 101, chron. Peltier et Bonis-Garçon ; RFDC 2017. 247,*

		chron. Catelan ; RD fisc. 2017, n° 20, p. 62, note Fouquet ; JCP 2018, n° 11, p. 506, chron. Verpeaux et Macaya : **– CGI, art. 1741, al. 1er, 1re phrase, mots « soit qu'il ait volontairement dissimulé une part des sommes sujettes à l'impôt »** (dans sa rédaction résultant de la L. n° 2009-526 du 12 mai 2009 de simplification et de clarification du droit et d'allègement des procédures). **– Conformité sous réserves (V. n° 2016-545 QPC).** **– Décision de renvoi :** Crim., QPC, 19 mai 2016, n° 15-84.526.
2016	29 juill.	**Prononcé du divorce subordonné à la constitution d'une garantie par l'époux débiteur d'une prestation compensatoire en capital** **2016-557 QPC.** M. Bruno B. : *JO 31 juill. ; D. 2016. 1649 ; AJ fam. 2016. 542, obs. David ; ibid. 410, obs. V. A.-R. ; RTD civ. 2016. 826, obs. Hauser ; Dr. fam. 2016, n° 10, p. 44, note Binet ; Gaz. Pal. 2016, n° 43, p. 41, note Malhiere ; NCCC 2017, n° 54, p. 129, chron. Piazzon ; LPA 2016, n° 240, p. 7, note Daïmallah ; ibid. 2017, n° 233, p. 9, chron. Combrade ; JCP 2018, n° 11, p. 506, chron. Verpeaux et Macaya :* **– C. civ., art. 274, 1°, mots « le prononcé du divorce pouvant être subordonné à la constitution des garanties prévues à l'article 277 »** (dans sa rédaction résultant de la L. n° 2004-439 du 26 mai 2004 relative au divorce). – Absence d'atteinte à la liberté de se marier et à celle de mettre fin aux liens du mariage (DDH, art. 2 et 4). En adoptant ces dispositions, le législateur a entendu assurer la protection du conjoint créancier de la prestation compensatoire en garantissant le versement du capital alloué au titre de cette prestation. Il a ainsi poursuivi un objectif d'intérêt général. Par ailleurs, il appartient au juge d'apprécier la nécessité de subordonner le prononcé du divorce à la constitution de garanties et la capacité du débiteur à constituer celles-ci. Les dispositions contestées ne peuvent donc avoir d'autre effet que de retarder le prononcé du divorce. Ainsi l'atteinte à la liberté de mettre fin aux liens du mariage résultant des dispositions contestées est proportionnée à l'objectif poursuivi. – Absence d'atteinte au droit de mener une vie familiale normale (Préamb. Const. 1946, al. 10). Les époux peuvent, avant le prononcé du divorce, saisir le juge afin que celui-ci statue sur les modalités de leur résidence séparée et prenne des mesures provisoires relatives aux enfants. Par ailleurs, le droit de mener une vie familiale normale est distinct du droit de se marier. Aussi, les dispositions contestées n'ont ni pour objet ni pour effet d'empêcher les membres d'une même famille de vivre ensemble. **– Conformité.** **– Décision de renvoi :** Civ. 1re, QPC, 25 mai 2016, n° 15-29.368 : *Dr. fam. 2016, nos 7-8, p. 37, note Binet.* **– Application de la décision :** Civ. 1re, 15 juin 2017, n° 15-29.368.
2016	29 juill.	**Droit individuel à la formation en cas de rupture du contrat de travail provoquée par la faute lourde du salarié** **2016-558/559 QPC.** M. Joseph L. et a. : *JO 31 juill. ; D. 2016. 1656 ; NCCC 2017, n° 54, p. 129, chron. Piazzon :* **– C. trav., art. L. 6323-17, al. 1er, mots « non consécutif à une faute lourde »** (dans sa version résultant de la L. n° 2009-1437 du 24 nov. 2009 relative à l'orientation et à la formation professionnelle tout au long de la vie).

		– Inopérance du grief tiré de l'atteinte à l'égal accès à la formation professionnelle (Préamb. Const. 1946, al. 13) à l'encontre des dispositions contestées qui n'ouvrent la possibilité de déclencher le financement que pendant la période de préavis. L'impossibilité pour le salarié licencié pour faute lourde de demander, postérieurement à l'expiration de son contrat de travail, le bénéfice des heures acquises au titre du droit individuel à la formation et non utilisées à la date d'effet de son licenciement ne résulte pas des dispositions contestées de l'art. L. 6323-17 C. trav. – Absence d'atteinte au principe d'égalité (DDH, art. 6). Si les dispositions contestées prévoient que le salarié licencié pour faute lourde ne peut pas demander le financement par l'employeur, pendant la période de préavis, d'une action de bilan de compétences, de validation des acquis de l'expérience ou de formation au moyen des heures acquises au titre du droit individuel à la formation et non utilisées, elles ne font que tirer les conséquences de l'absence de droit à un préavis de ces salariés. – **Conformité.** – **Décisions de renvoi :** Soc., QPC, 31 mai 2016, n°s 15-26.687 P et 15-26.688.
2016	8 sept.	**Date d'effet du changement de régime matrimonial en cas d'homologation judiciaire** **2016-560 QPC.** M. Pierre D. : *JO 10 sept. ; D. 2016. 1756 ; ibid. 2017. 470, obs. Douchy-Oudot ; AJ fam. 2016. 548, obs. Hilt ; Constitutions 2017. 97, chron. Egea ; Dr. fam. 2016, n° 10, p. 57, note Beigner ; Procédures 2016, n° 10, p. 21, note Douchy-Oudot ; NCCC 2017, n° 54, p. 129, chron. Piazzon* : – **C. civ., art. 1397, al. 6, 1re phrase, mots « entre les parties à la date de l'acte ou du jugement qui le prévoit et, »**. – Absence d'atteinte au principe d'égalité (DDH, art. 6). Les dispositions contestées font dépendre la date de prise d'effet du changement de régime matrimonial de l'existence ou non d'une homologation judiciaire. Or, les époux dont le changement de régime matrimonial doit faire l'objet d'un acte notarié soumis à homologation par le juge, que ce soit en raison de l'opposition formée par les titulaires de ce droit ou de la présence d'enfants mineurs, ne se trouvent pas dans la même situation que les époux dont le changement de régime matrimonial n'est pas soumis à une telle procédure qui vise à protéger des personnes dont les intérêts sont ou pourraient être lésés. Dès lors, pour les époux dont le changement de régime matrimonial doit faire l'objet d'un acte notarié soumis à homologation par le juge, en retenant comme date de prise d'effet de ce changement de régime celle du jugement d'homologation, le législateur a établi une différence de traitement en rapport direct avec l'objet de la loi qui est de fixer la date à laquelle le changement de régime matrimonial est acquis. – **Conformité.** – **Décision de renvoi :** Civ. 1re, QPC, 8 juin 2016, n° 16-40.017.
2016	9 sept.	**Écrou extraditionnel** **2016-561/562 QPC.** M. Mukhtar A. : *JO 15 sept. ; D. 2016. 1757 ; AJ*

		pénal 2016. 596, obs. Brach-Thiel ; NCCC 2017, n° 54, p. 101, chron. Peltier et Bonis-Garçon ; RFDC 2017. 242, chron. Perrier : **– C. pr. pén., art. 696-11, al. 2 et 3 et 696-19, al. 2, 2e et 3e phrases, dans leur rédaction résultant de la L. n° 2011-392 du 14 avril 2011 relative à la garde à vue.** – C. pr. pén., art. 696-11, al. 2 et 3. Ces dispositions ne sauraient, sans imposer une rigueur non nécessaire méconnaissant la liberté individuelle ni porter une atteinte disproportionnée à la liberté d'aller et venir, être interprétées comme excluant la possibilité pour le magistrat du siège saisi aux fins d'incarcération dans le cadre d'une procédure d'extradition de laisser la personne réclamée en liberté sans mesure de contrôle dès lors que celle-ci présente des garanties suffisantes de représentation : **Réserve**. Par ailleurs, le respect des droits de la défense exige que la personne présentée au premier président de la cour d'appel ou au magistrat qu'il a désigné puisse être assistée par un avocat et avoir, le cas échéant, connaissance des réquisitions du procureur général : **Réserve**. Ainsi, ni les dispositions contestées de l'art. 696-11 C. pr. pén., ni aucune autre disposition législative ne prévoient de recours spécifique à l'encontre de la mesure d'incarcération. Cependant l'art. 696-19 C. pr. pén. reconnaît à la personne placée sous écrou extraditionnel la faculté de demander à tout moment à la chambre de l'instruction sa mise en liberté. À cette occasion, elle peut faire valoir l'irrégularité de l'ordonnance de placement sous écrou extraditionnel. Il en résulte que l'intéressé n'est pas privé de la possibilité de contester la mesure d'incarcération. – C. pr. pén., art. 696-19, al. 2, 2e et 3e phrases. La personne réclamée peut solliciter à tout instant de la procédure, qu'elle soit juridictionnelle ou administrative, sa mise en liberté devant la chambre de l'instruction. ***Toutefois***, la liberté individuelle ne saurait être tenue pour sauvegardée si l'autorité judiciaire ne contrôlait pas, à cette occasion, la durée de l'incarcération, en tenant compte notamment des éventuels recours exercés par la personne et des délais dans lesquels les autorités juridictionnelles et administratives ont statué. Ce contrôle exige que l'autorité judiciaire fasse droit à la demande de mise en liberté lorsque la durée totale de la détention, dans le cadre de la procédure d'extradition, excède un délai raisonnable : **Réserve**. **– Conformité sous réserves.** **– Décisions de renvoi :** Crim., QPC, 8 juin 2016, nos 16-81.912 P et 16-81.915 : *D. 2016. 1313*.
2016	16 sept.	**Date d'évaluation de la valeur des droits sociaux des associés cédants, retrayants ou exclus** **2016-563 QPC.** M. Dominique B. : *JO 18 sept. ; D. 2016. 1816 ; NCCC 2017, n° 54, p. 129, chron. Piazzon* : **– C. civ., art. 1843-4** (dans sa rédaction antérieure à l'Ord. n° 2014-863 du 31 juill. 2014 relative au droit des sociétés). – Il résulte de la jurisprudence constante de la C. cass. que les dispositions contestées prévoient que, pour évaluer la valeur des droits sociaux en cas de contestation sur cette dernière, lors d'une cession, d'un retrait ou d'une exclusion, l'expert désigné doit retenir la date la plus proche du remboursement de ces droits sociaux.

		– Absence d'atteinte au droit de propriété (DDH, art. 2 et 17). D'une part, les dispositions contestées, telles qu'interprétées par la jurisprudence, ne prévoient pas, en elles-mêmes, la possibilité d'exclure un associé ou de le forcer à céder ses titres ou à se retirer. Elles se bornent à déterminer la date d'évaluation de la valeur des droits sociaux. D'autre part, le délai qui peut s'écouler, en application de la disposition contestée telle qu'interprétée par la jurisprudence, entre la décision de sortie de la société et la date de remboursement des droits sociaux est susceptible d'entraîner une atteinte au droit de propriété de l'associé cédant, retrayant ou exclu. Toutefois, pendant cette période, l'associé concerné conserve ses droits patrimoniaux et perçoit notamment les dividendes de ses parts sociales. Par ailleurs, cet associé pourrait intenter une action en responsabilité contre ses anciens associés si la perte provisoire de valeur de la société résultait de manœuvres de leur part. Au regard de leur objectif, qui est de permettre une juste évaluation de la valeur litigieuse des droits sociaux cédés, les dispositions contestées ne portent donc pas une atteinte disproportionnée au droit de propriété. – Sur l'atteinte au principe d'égalité (DDH, art. 6). Les dispositions contestées fixent dans tous les cas, et quelle que soit la nature des sociétés concernées, la date de l'évaluation à celle qui est la plus proche du remboursement des droits sociaux de l'associé cédant, retrayant ou exclu, sauf disposition contraire des statuts. Elles n'introduisent en conséquence aucune différence de traitement. – **Conformité.** – **Décision de renvoi :** Com., QPC, 16 juin 2016, n° 16-40.018.
2016	16 sept.	**Non-imputation des déficits et réductions d'impôt pour l'établissement de l'impôt sur le revenu en cas d'application de certaines pénalités fiscales** **2016-564 QPC.** M. Lucas M. : *JO 18 sept. ; D. 2016. 1821 ; Gaz Pal. 2016, n° 43, p. 43, note Salles ; LPA 2017, n° 234, p. 14, chron. Verpeaux ; JCP 2018, n° 11, p. 506, chron. Verpeaux et Macaya* : – **CGI, art. 1731 *bis*, 1** (dans sa rédaction issue de la LFR n° 2012-354 du 14 mars 2012 pour 2012). – Absence d'atteinte au principe de proportionnalité et d'individualisation des peines (DDH, art. 8). Compte tenu des dispositions contestées, les pénalités prononcées sur le fondement des *b* et *c* du 1 de l'art. 1728, de l'art. 1729 et du *a* de l'art. 1732 CGI sont proportionnées aux manquements réprimés. Pour chaque pénalité prononcée sur le fondement des *b* et *c* du 1 de l'art. 1728, de l'art. 1729 et du *a* de l'art. 1732 CGI, le juge décide, après avoir exercé son plein contrôle sur les faits invoqués et la qualification retenue par l'administration, soit de maintenir la pénalité, soit d'en dispenser le contribuable s'il n'a pas commis les manquements réprimés. En outre, les dispositions contestées assurent l'effectivité des pénalités mentionnées ci-dessus, en faisant obstacle à ce qu'un contribuable échappe, de fait, au moyen des déficits et réductions d'impôt dont il dispose ou bénéficie, aux sanctions prévues par le législateur pour les manquements réprimés. – Absence d'atteinte au principe d'égalité devant la loi (DDH, art. 6). Les contribuables encourant les pénalités prévues aux *b* et *c* du 1 de

		l'art. 1728, à l'art. 1729 et au *a* de l'art. 1732 CGI ne sont pas placés dans la même situation selon qu'ils disposent ou non de déficits ou qu'ils bénéficient ou non de réductions d'impôt. En outre, la différence de traitement qui résulte de l'application des dispositions contestées est en rapport direct avec l'objet de la loi, qui confère une effectivité renforcée à la répression des manquements visés aux *b* et *c* du 1 de l'art. 1728, à l'art. 1729 et au *a* de l'art. 1732 CGI. – **Conformité.** – **Décision de renvoi :** CE, QPC, 17 juin 2016, n° 397983.
2016	16 sept.	**Clause de compétence générale des départements** **2016-565 QPC.** Assemblée des départements de France : *JO 18 sept. ; D. 2016. 1821 ; AJDA 2016. 1718 ; ibid. 2438, note Faure ; AJCT 2016. 579, obs. Dreyfus ; Constitutions 2016. 677, chron. Duranthon ; JCP 2016, n°s 43-44, p. 1971, note Verpeaux ; ibid. 2018, n° 11, p. 506, chron. Verpeaux et Macaya ; Dr. adm. 2016, n° 12, p. 1, note Plessix ; LPA 2017, n° 57, p. 13, note Bourdon* : – **CGCT, art. L. 3211-1, al. 1er, mots : « dans les domaines de compétences que la loi lui attribue »** (dans sa rédaction résultant de la L. n° 2015-991 du 7 août 2015 portant nouvelle organisation territoriale de la République). – Absence de méconnaissance du principe de libre administration des collectivités territoriales (Const. 58, art. 72). D'une part, le 3e al. de l'art. 72 Const. 58 n'implique pas, par lui-même, que les collectivités territoriales doivent pouvoir intervenir dans les domaines pour lesquels aucune autre personne publique ne dispose d'une compétence attribuée par la loi. D'autre part, compte tenu de l'étendue des attributions dévolues aux départements par les dispositions législatives en vigueur, qu'il s'agisse de compétences exclusives, de compétences partagées avec d'autres catégories de collectivités territoriales ou de compétences susceptibles d'être déléguées par d'autres collectivités territoriales, les dispositions contestées ne privent pas les départements d'attributions effectives. – **Conformité.** – **Décision de renvoi :** CE, QPC, 20 juin 2016, n° 397366 : *AJDA 2016. 1262.* – **Application de la décision :** CE 12 mai 2017, n° 397366 : *AJDA 2017. 1020.*
2016	16 sept.	**Communication des réquisitions du ministère public devant la chambre de l'instruction** **2016-566 QPC.** Mme Marie-Lou B. et a. : *JO 18 sept. ; D. 2016. 1820 ; AJ pénal 2016. 540, obs. Gallois ; Procédures 2016, n° 11, p. 21, note Chavent-Leclère ; NCCC 2017, n° 54, p. 101, chron. Peltier et Bonis-Garçon ; Gaz. Pal. 2017, n° 4, p. 63 ; RFDC 2017. 235, chron. Perrier ; ibid., n° 234, p. 6, chron. Baghestani ; JCP 2018, n° 11, p. 506, chron. Verpeaux et Macaya* : – **C. pr. pén., art. 197, al. 3 et 4** (dans sa rédaction résultant de la L. n° 2000-516 du 15 juin 2000 renforçant la protection de la présomption d'innocence et les droits des victimes). – Méconnaissance du principe d'égalité (DDH, art. 6) et du principe du contradictoire et du respect des droits de la défense (DDH, art. 16).

		Les dispositions contestées ont pour effet de priver les parties non assistées par un avocat de la possibilité d'avoir connaissance des réquisitions du ministère public devant la chambre de l'instruction. Cette exclusion instaure une différence de traitement entre les parties selon qu'elles sont ou non représentées par un avocat. D'une part, dès lors qu'est reconnue aux parties la liberté d'être assistées par un avocat ou de se défendre seules, le respect du principe du contradictoire et des droits de la défense exige que toutes les parties à une instance devant la chambre de l'instruction puissent avoir connaissance des réquisitions du ministère public jointes au dossier de la procédure. D'autre part, cette différence de traitement ne trouve pas de justification dans la protection du respect de la vie privée, la sauvegarde de l'ordre public ou l'objectif de recherche des auteurs d'infraction, auxquels concourt le secret de l'information. – Non-conformité avec effet à compter du 31 déc. 2017. Par ailleurs, afin de faire cesser l'inconstitutionnalité constatée à compter de la publication de la présente Décis., il y a lieu de juger que les dispositions des 3e et 4e al. de l'art. 197 C. pr. pén. ne sauraient être interprétées comme interdisant, à compter de cette publication, aux parties à une instance devant la chambre de l'instruction non assistées par un avocat, d'avoir connaissance des réquisitions du procureur général jointes au dossier de la procédure. – **Décision de renvoi :** Crim., QPC, 21 juin 2016, n° 15-85.383. – **Application de la décision :** Crim. 29 nov. 2016, n° 15-85.383.
2016	23 sept.	**Rectification d'erreur matérielle** **2016-565 R QPC.** Ass. des départements de France : *JO 25 sept.* : – La 2e phrase du § 4 de la Décis. n° 2016-565 QPC comporte une erreur matérielle relative à la norme qui détermine les principes fondamentaux des compétences des collectivités territoriales. Il y a lieu de procéder d'office à la rectification de cette erreur. Ainsi, après les mots « L'art. 34 de la Constitution », insérer les mots « prévoit que la loi » ... (le reste sans changement).
2016	23 sept.	**Perquisitions administratives dans le cadre de l'état d'urgence II** **2016-567/568 QPC.** M. Georges F. et a. : *JO 25 sept. ; D. actu. 26 sept. 2016, note Fleuriot ; D. 2016. 1864 ; AJDA 2016. 1776 ; Gaz Pal. 2016, n° 43, p. 44, note Malhiere ; RFDC 2017. 487, chron. Bernard ; LPA 2017, n° 232, p. 10, chron. Bezzina ; JCP 2018, n° 11, p. 506, chron. Verpeaux et Macaya ; Rapp. Cons. const. 2016, p. 42* : – L. n° 55-385 du 3 avr. 1955 relative à l'état d'urgence, art. 1er, 1° (dans sa rédaction résultant de l'Ord. n° 60-372 du 15 avr. 1960 modifiant certaines dispositions de la L. n° 55-385 du 3 avr. 1955 instituant un état d'urgence). – Atteinte à l'inviolabilité du domicile (DDH, art. 2). Les mesures prévues par les dispositions contestées ne peuvent être ordonnées par le ministre de l'intérieur pour l'ensemble du territoire où est institué l'état d'urgence, ou par le préfet dans le département, lorsque l'état d'urgence a été déclaré et uniquement pour des lieux situés dans la zone couverte par cet état d'urgence. L'état d'urgence peut être déclaré, en vertu de l'art. 1er de la L. du 3 avr. 1955, « soit en cas de péril imminent résultant d'atteintes graves à l'ordre public, soit en cas d'événements présentant,

		par leur nature et leur gravité, le caractère de calamité publique ». Toutefois, en ne soumettant le recours aux perquisitions à aucune condition et en n'encadrant leur mise en œuvre d'aucune garantie, le législateur n'a pas assuré une conciliation équilibrée entre l'objectif de valeur constitutionnelle de sauvegarde de l'ordre public et le droit au respect de la vie privée. Par ailleurs, l'art. 4 de la L. n° 2015-1501 du 20 nov. 2015 prorogeant l'application de la L. n° 55-385 relative à l'état d'urgence et renforçant l'efficacité de ses dispositions a donné une nouvelle rédaction à l'art. 11 de la L. du 3 avr. 1955, dont le § I fonde le nouveau régime des perquisitions réalisées dans le cadre de l'état d'urgence. Dans sa Décis. n° 2016-536, le Cons. const. a jugé conformes à la Constitution les dispositions du § I de l'art. 11 de la L. du 3 avr. 1955 dans cette rédaction, à l'exception de celles de la 2de phrase de son 3e al. relatives aux saisies de données informatiques. Dès lors, il n'y a pas lieu, en l'espèce, de reporter la prise d'effet de la déclaration d'inconstitutionnalité des dispositions contestées. — **Non-conformité**, à compter de la date de la publication de la Décis. La remise en cause des actes de procédure pénale consécutifs à une mesure prise sur le fondement des dispositions déclarées contraires à la Constitution méconnaîtrait l'objectif de valeur constitutionnelle de sauvegarde de l'ordre public et aurait des conséquences manifestement excessives. Il s'ensuit que les mesures prises sur le fondement des dispositions déclarées contraires à la Constitution ne peuvent, dans le cadre de l'ensemble des procédures pénales qui leur sont consécutives, être contestées sur le fondement de cette inconstitutionnalité. — **Décision de renvoi :** Crim., QPC, 21 juin 2016, n° 16-82.176 P. — **Application de la décision :** Crim. 13 déc. 2016, n° 16-82.176 P : *D. 2016. 2573.*
2016	23 sept.	**Transaction pénale par officier de police judiciaire – Participation des conseils départementaux de prévention de la délinquance et des zones de sécurité prioritaires à l'exécution des peines** **2016-569 QPC.** Synd. de la magistrature et a. : *JO 25 sept. ; D. 2016. 1863 ; ibid. 2545, note Perrier ; AJDA 2016. 1779 ; AJ pénal 2016. 546, obs. Engel ; ibid. 2017. 198, obs. Medjkane ; Constitutions 2016. 642, chron. Ponseille ; RSC 2017. 389, note de Lamy ; NCCC 2017, n° 54, p. 101, chron. Peltier et Bonis-Garçon ; RFDC 2017. 237, chron. Perrier ; LPA 2017, n° 235, p. 10, chron. Bezzina ; JCP 2018, n° 11, p. 506, chron. Verpeaux et Macaya* : — **C. pr. pén., art. 41-1-1 et CSI, art. L. 132-10-1, I, 3° et 4°** (dans leur rédaction issue de la L. n° 2014-896 du 15 août 2014 relative à l'individualisation des peines et renforçant l'efficacité des sanctions pénales). — **C. pr. pén., art. 41-1-1**. — Absence d'atteinte au droit à exercer un recours juridictionnel effectif, au droit à un procès équitable et aux droits de la défense (DDH, art. 16). Les dispositions relatives à la consignation d'une somme d'argent en vue de garantir le paiement de l'amende transactionnelle ne confèrent pas à cette dernière un caractère exécutoire, puisque l'auteur de l'infraction peut toujours, même après l'homologation, refuser d'acquitter la somme due. La circonstance que le décret pris en

application des dispositions contestées aurait conféré un tel caractère exécutoire à la mesure transactionnelle en prévoyant que la consignation valait paiement, une fois la transaction homologuée, ne saurait à cet égard être prise en compte, dans l'exercice de son contrôle, par le Conseil constitutionnel. Par ailleurs, pour que les droits de la défense soient assurés dans le cadre d'une procédure de transaction ayant pour objet l'extinction de l'action publique, la procédure de transaction doit reposer sur l'accord libre et non équivoque, avec l'assistance éventuelle de son avocat, de la personne à laquelle la transaction est proposée. Les dispositions contestées ne sauraient, sans méconnaître les droits de la défense, autoriser qu'une transaction soit conclue sans que la personne suspectée d'avoir commis une infraction ait été informée de son droit à être assistée de son avocat avant d'accepter la proposition qui lui est faite, y compris si celle-ci intervient pendant qu'elle est placée en garde à vue : **Réserve**.

– Absence d'atteinte à la présomption d'innocence (DDH, art. 9). Ni le principe selon lequel nul n'est tenu de s'accuser, qui découle de l'art. 9 DDH, ni aucune autre exigence constitutionnelle ne fait obstacle à ce qu'une personne suspectée d'avoir commis une infraction reconnaisse librement sa culpabilité et consente à exécuter une peine, à s'acquitter d'une amende transactionnelle ou à exécuter des mesures de nature à faire cesser l'infraction ou à en réparer les conséquences.

– Méconnaissance par le législateur de sa compétence, atteinte au « principe de légalité procédurale » (DDH, art. 8 et 9) concernant le 4° du § I de l'art. 41-1-1 C. pr. pén. qui prévoit qu'un Décr. fixe la valeur de l'objet volé en deçà de laquelle il est possible de proposer à l'auteur d'un vol une transaction pénale : **Non-conformité**.

– **• CSI, art. L. 132-10-1, I, 3° et 4°.**

– Absence d'atteinte au droit à exercer un recours juridictionnel effectif, au droit à un procès équitable et aux droits de la défense (DDH, art. 16) et à la liberté individuelle (Const. 58, art. 66). Aucun principe ni aucune règle de valeur constitutionnelle n'interdit au législateur de confier à des autorités autres que des juridictions judiciaires le soin de fixer certaines modalités d'exécution des peines. En se bornant à prévoir que l'état-major de sécurité et la cellule de coordination opérationnelle des forces de sécurité intérieure organisent les modalités du suivi et du contrôle des seules personnes condamnées qui leur sont désignées à cette fin par l'autorité judiciaire, les dispositions contestées ne méconnaissent aucune des prérogatives constitutionnelles des juridictions judiciaires en matière d'exécution des peines.

– Atteinte disproportionnée au droit au respect à la vie privée (DDH, art. 2) concernant les mots : « et peuvent se voir transmettre par ces mêmes juridictions et ce même service toute information que ceux-ci jugent utile au bon déroulement du suivi et du contrôle de ces personnes » figurant au 4° du § I de l'art. L. 132-10-1 CSI, même s'il s'agissait d'améliorer le suivi et le contrôle des personnes condamnées, de favoriser l'exécution des peines et de prévenir la récidive. Le législateur a prévu que puisse être transmise à l'état-major de sécurité et à la cellule de coordination opérationnelle des forces de sécurité intérieure « toute information » que les juridictions de l'application des peines et le service pénitentiaire d'insertion et de probation « jugent

		utile » au bon déroulement du suivi et du contrôle des personnes condamnées, sans définir la nature des informations concernées, ni limiter leur champ : **Non-conformité des mots** : « et peuvent se voir transmettre par ces mêmes juridictions et ce même service toute information que ceux-ci jugent utile au bon déroulement du suivi et du contrôle de ces personnes ».
		– **Non-conformité** du 4° du § I de l'art. 41-1-1 C. pr. pén. dans sa rédaction issue de la L. n° 2014-896 du 15 août 2014 relative à l'individualisation des peines et renforçant l'efficacité des sanctions pénales et des mots : « et peuvent se voir transmettre par ces mêmes juridictions et ce même service toute information que ceux-ci jugent utile au bon déroulement du suivi et du contrôle de ces personnes » figurant au 4° du § I de l'art. L. 132-10-1 CSI, dans sa rédaction issue de la L. n° 2014-896 du 15 août 2014 relative à l'individualisation des peines et renforçant l'efficacité des sanctions pénales avec effet à compter de la publication de la date de la Décis., **conformité sous réserve** des autres dispositions de l'art. 41-1-1 C. pr. pén. et **conformité** des dispositions du 3° et des autres dispositions du 4° du § I de l'art. L. 132-10-1 CSI.
		– **Décision de renvoi :** CE, QPC, 27 juin 2016, n° 395321.
		– **Application de la décision :** CE 24 mai 2017, n° 395321 B : *AJDA 2017. 1144.*
2016	29 sept.	**Cumul des poursuites pénales pour banqueroute avec la procédure de liquidation judiciaire et cumul des mesures de faillite ou d'interdiction**
		2016-570 QPC. M. Pierre M. : *JO 1er oct. ; D. 2016. 1925 ; Rev. sociétés 2016. 755, note Matsopoulou ; ibid. 770, obs. Roussel Galle ; D. actu. 19 oct. 2016, obs. Delpech ; NCCC 2017, n° 54, p. 101, chron. Peltier et Bonis-Garçon ; ibid., p. 129, chron. Piazzon ; RSC 2017. 305, note Mastopoulos ; Gaz. Pal. 2017, n° 2, p. 80, note Robaczewski ; RFDC 2017. 251, chron. Catelan ; LPA 2017, n° 234, p. 12, chron. Verpeaux ; JCP 2018, n° 11, p. 506, chron. Verpeaux et Macaya* :
		– **C. com., art. L. 653-5, 6°** (dans sa rédaction résultant de la L. n° 2005-845 du 26 juill. 2005 de sauvegarde des entreprises).
		– Absence d'atteinte au principe de nécessité des délits et des peines (DDH, art. 8). Les sanctions de faillite personnelle ou d'interdiction de gérer pouvant être prononcées par le juge civil ou commercial pour les manquements mentionnés dans les dispositions contestées sont identiques à celles encourues devant la juridiction pénale pour les mêmes manquements constitutifs du délit de banqueroute. En revanche, le juge pénal peut condamner l'auteur de ce délit à une peine d'emprisonnement et à une peine d'amende, ainsi qu'à plusieurs autres peines complémentaires d'interdiction. Il s'ensuit que les faits prévus et réprimés doivent être regardés comme susceptibles de faire l'objet de sanctions de nature différente.
		– **Conformité.**
		– **Décision de renvoi :** Com., QPC, 28 juin 2016, n° 16-40.208.
2016	29 sept.	**Cumul des poursuites pénales pour banqueroute avec la procédure de liquidation judiciaire et cumul des mesures de faillite ou d'interdiction**

		2016-573 QPC. M. Lakhdar Y. : *JO* 1er *oct.* ; *D. 2016. 1925* ; *Rev. sociétés 2016. 755, note Matsopoulou* ; *D. actu. 19 oct. 2016, obs. Delpech* ; *RSC 2017. 305, note Mastopoulos* ; *NCCC 2017, n° 54, p. 101, chron. Peltier et Bonis-Garçon* ; *ibid., p. 129, chron. Piazzon* ; *Gaz. Pal. 2017, n° 2, p. 80, note Robaczewski* ; *RFDC 2017. 251, chron. Catelan* ; *JCP 2018, n° 11, p. 506, chron. Verpeaux et Macaya* : – **C. com., art. L. 654-2, 2°** ; **L. 654-6** (dans leur rédaction, actuellement en vigueur, issue de l'Ord. n° 2008-1345 du 18 déc. 2008 portant réforme du droit des entreprises en difficulté) **et L. 654-5, 2°, mots « ou d'exercer l'activité professionnelle ou sociale dans l'exercice ou à l'occasion de l'exercice de laquelle l'infraction a été commise, soit d'exercer une profession commerciale ou industrielle, de diriger, d'administrer, de gérer ou de contrôler à un titre quelconque, directement ou indirectement, pour son propre compte ou pour le compte d'autrui, une entreprise commerciale ou industrielle ou une société commerciale »** (dans sa rédaction résultant de la L. n° 2008-776 du 4 août 2008 de modernisation de l'économie). – Absence d'atteinte aux principes de nécessité et de proportionnalité des délits et des peines (DDH, art. 8). Les sanctions de faillite personnelle ou d'interdiction de gérer pouvant être prononcées par le juge civil ou commercial pour les manquements mentionnés au 2° de l'art. L. 654-2 C. com. sont identiques à celles encourues devant la juridiction pénale pour les mêmes manquements constitutifs du délit de banqueroute. En revanche, le juge pénal peut condamner l'auteur de ce délit à une peine d'emprisonnement et à une peine d'amende, ainsi qu'à plusieurs autres peines complémentaires d'interdiction. Il résulte de ce qui précède que les faits prévus et réprimés doivent être regardés comme susceptibles de faire l'objet de sanctions de nature différente. **Conformité**. – Atteinte au principe d'égalité devant la loi (DDH, art. 6) concernant l'art. L. 654-6 C. com. Cet art. interdit au juge pénal de prononcer la faillite personnelle ou l'interdiction prévue à l'art. L. 653-8 lorsqu'une juridiction civile ou commerciale a déjà prononcé une telle mesure par une décision définitive prise à l'occasion des mêmes faits. Une personne en redressement ou liquidation judiciaire devant le juge civil ou commercial et poursuivie pour banqueroute devant le juge pénal peut ainsi faire l'objet deux fois d'une mesure de faillite personnelle ou deux fois d'une mesure d'interdiction prévue à l'art. L. 653-8 si le juge pénal se prononce avant la décision définitive du juge civil ou commercial. A l'inverse, la même personne ne peut faire l'objet qu'une seule fois de telles mesures si le juge civil ou commercial a définitivement statué au moment où le juge pénal se prononce. Cette différence de traitement n'est justifiée ni par une différence de situation, ni par un motif d'intérêt général : **Non-conformité**. – **Non-conformité de l'art. L. 654-6 C. com.** avec effet à compter de la publication de la Décis. **et conformité des autres dispositions**. – **Décision de renvoi :** Crim., QPC, 28 juin 2016, n° 16-90.010.
2016	30 sept.	**Exonération de la contribution de 3 % sur les montants distribués en faveur des sociétés d'un groupe fiscalement intégré** **2016-571 QPC.** Sté Layher SAS : *JO 2 oct.* ; *D. 2016. 1926* ; *Rev.*

		sociétés 2016. 755, note Matsopoulou ; ibid. 770, obs. Roussel Galle ; JCP 21 nov. 2016, n° 47, p. 2150, note Collet ; NCCC 2017, n° 54, p. 163, chron. Austry ; LPA 2016, n° 232, p. 4, note Pando ; RD fisc. 2016, n° 46, p 55, note Blanluet ; ibid. n° 40, p. 3, note Derouin ; JCP 2018, n° 11, p. 506, chron. Verpeaux et Macaya : – **CGI, art. 235 *ter* ZCA, § I, 1°, mots « entre sociétés du même groupe au sens de l'article 223 A »** (dans sa rédaction résultant de la LFR n° 2015-1786 du 29 déc. 2015 pour 2015). – Méconnaissance des principes d'égalité devant la loi et devant les charges publiques (DDH, art. 6 et 13). La différence de traitement instituée entre les sociétés d'un même groupe réalisant, en son sein, des distributions, selon que ce groupe relève ou non du régime de l'intégration fiscale, n'est justifiée ni par une différence de situation, ni par un motif d'intérêt général. – **Non-conformité avec effet différé à compter du 1er janv. 2017**. – **Décision de renvoi :** CE, QPC, 27 juin 2016, *Sté Layher*, n° 399506 B. – **Application de la décision :** CE 29 mars 2017, *Sté Layher*, n° 399506.
2016	30 sept.	**Cumul des poursuites pénales pour le délit de diffusion de fausses informations avec des poursuites devant la commission des sanctions de l'AMF pour manquement à la bonne information du public** **2016-572 QPC.** M. Gilles M. et a. : *JO 2 oct. ; D. 2016. 1926 ; ibid. 2424, obs. Roujou de Boubée, Garé, Ginestet, Gozzi, Miniato et Mirabail ; AJ pénal 2016. 588, obs. Lasserre Capdeville ; Rev. sociétés 2017. 99, note Matsopoulou ; Constitutions 2016. 545. Chron. ; RSC 2017. 536, obs. Stasiak ; D. actu. 11 oct. 2016, note Dufourq ; JCP 2016, n° 49, p. 2276, note Robert ; ibid. 2018, n° 11, p. 506, chron. Verpeaux et Macaya ; NCCC 2017, n° 54, p. 101, chron. Peltier et Bonis-Garçon ; ibid., p. 129, chron. Piazzon ; RFDC 2017. 253, chron. Catelan* : – **C. mon. fin., art. L. 621-15** (dans sa rédaction issue de la L. n° 2010-1249 du 22 oct. 2010 de régulation bancaire et financière) **et L. 465-2.** – Absence de méconnaissance du principe de nécessité des délits et des peines (DDH, art. 8). Si les dispositions contestées n'instituent pas, par elles-mêmes, un mécanisme de double poursuite et de double sanction, elles le rendent possible. **Toutefois**, l'art. 2 de la L. n° 2016-819 du 21 juin 2016 réformant le système de répression des abus de marché a créé dans le C. mon. fin. un art. L. 465-3-6 dont le § I prévoit que le procureur de la République financier ne peut mettre en mouvement l'action publique pour la poursuite des infractions réprimant les atteintes à la transparence des marchés lorsque l'AMF a procédé à la notification des griefs pour les mêmes faits et à l'égard de la même personne, en application de l'art. L. 621-15. De la même manière, l'AMF ne peut procéder à la notification des griefs à une personne à l'encontre de laquelle l'action publique a été mise en mouvement pour les mêmes faits par le procureur de la République financier. La disposition issue de la L. du 21 juin 2016 met partiellement fin à l'inconstitutionnalité pouvant résulter des dispositions contestées. Lorsque seule l'action publique a été mise en mouvement avant le

		23 juin 2016 pour des faits de diffusion de fausses informations, il ne peut y avoir de notification des griefs pour ces mêmes faits postérieurement à cette date. Il en est de même dans l'hypothèse inverse. **En revanche**, dans les cas où la mise en mouvement de l'action publique et la notification des griefs sont toutes deux intervenues avant le 23 juin 2016, les dispositions contestées ne sauraient permettre, sans méconnaître le principe de nécessité des délits et des peines, que des poursuites puissent être continuées pour manquement de diffusion de fausses informations, sur le fondement de l'art. L. 621-15 C. mon. fin., à l'encontre d'une personne autre que celles mentionnées au § II de l'art. L. 621-9 du même code, dès lors que des premières poursuites ont déjà été engagées pour les mêmes faits et à l'encontre de la même personne devant le juge pénal, sur le fondement du second al. de l'art. L. 465-2 du même code. De la même manière, des poursuites ne peuvent être continuées pour le délit de diffusion de fausses informations sur le fondement de l'al. 2 de l'art. L. 465-2 dès lors que des premières poursuites ont déjà été engagées pour les mêmes faits et à l'encontre de la même personne devant la commission des sanctions de l'AMF, sur le fondement des dispositions contestées de l'art. L. 621-15 du même code. – **Conformité sous réserve.** – **Décisions de renvoi :** Com., QPC, 5 juill. 2016, n°s 15-29.098 et 15-29.144.
2016	5 oct.	**Extinction des créances pour défaut de déclaration dans les délais en cas d'acceptation de la succession à concurrence de l'actif net 2016-574/575/576/577/578 QPC.** Sté BNP PARIBAS SA : *JO 7 oct. ; D. 2016. 2001 ; AJDA 2016. 1846 ; RTD civ. 2016. 908, obs. Grimaldi ; Dr. fam. 2016, n° 11, p. 65 ; LPA 2016, n° 254, p. 20, note Barbieri ; NCCC 2017, n°s 55-56, p. 183, chron. Piazzon ; JCP 2018, n° 11, p. 506, chron. Verpeaux et Macaya* : – **C. civ., art. 792, al. 2.** – Absence d'atteinte au droit de propriété (DDH, art. 2 et 17). Dans la mesure où la créance n'est éteinte que si le créancier a omis de la déclarer dans le délai prévu par le législateur pour qu'il accomplisse des diligences. Par ailleurs, les dispositions contestées, en ce qu'elles prévoient l'extinction définitive de la créance non déclarée dans le délai légal, sont susceptibles d'entraîner une atteinte au droit de propriété des créanciers de la succession. Toutefois, d'une part, en adoptant ces dispositions, le législateur a cherché, en assurant l'efficacité de l'acceptation de la succession à concurrence de l'actif net, à faciliter la transmission des patrimoines. Il a ainsi poursuivi un objectif d'intérêt général. D'autre part, des garanties sont offertes aux créanciers, qui disposent d'un délai de 15 mois pour déclarer leurs créances. Ce délai court à compter de la date de la publicité nationale de la déclaration d'acceptation de la succession à concurrence de l'actif net. Par ailleurs, les créances assorties d'une sûreté réelle échappent à l'extinction. Enfin, en vertu du dernier alinéa de l'art. 800 C. civ., l'héritier qui a omis, sciemment et de mauvaise foi, de signaler l'existence d'une créance au passif de la succession est déchu de l'acceptation à concurrence de l'actif net. – **Conformité.**

		– **Décisions de renvoi :** Civ. 1re, QPC, 6 juill. 2016, n°s 16-40.217 à 16-40.221.
2016	5 oct.	**Renvoi à un accord collectif pour la détermination des critères de représentation syndicale** **2016-579 QPC.** Caisse des dépôts et consignations : *JO 7 oct. ; AJDA 2016. 1846 ; D. 2016. 2004 ; Dr. soc. 2017. 552, étude Donnette-Boissière, Selusi-Subirats et Siau ; RDT 2017. 211, obs. Odoul-Asorey ; NCCC 2017, n°s 55-56, p. 201, chron. Piazzon ; ibid., p. 230, chron. Gahdoun ; LPA 2017, n° 234, p. 11, chron. Rimbault ; JCP 2018, n° 11, p. 506, chron. Verpeaux et Macaya* : – L. n° 96-452 du 28 mai 1996 portant diverses mesures d'ordre sanitaire, social et statutaire, art. 34, al. 6 (dans sa rédaction résultant de la L. n° 2001-420 du 15 mai 2001 relative aux nouvelles régulations économiques), mots : « , d'une part, sur la désignation et les compétences de délégués syndicaux communs pouvant intervenir auprès des personnes morales visées à l'alinéa précédent et bénéficiant des dispositions de la section III du chapitre II du titre Ier du livre IV du code du travail. Ils portent, d'autre part, » et art. 34, al. 7, mots : « Les délégués syndicaux communs et ». – Méconnaissance des dispositions de l'al. 8 Préamb. Const. 46. En vertu des dispositions contestées, la Caisse des dépôts et consignations est autorisée à déroger, par accord collectif, aux règles d'ordre public édictées par le législateur en matière de représentativité syndicale, à l'exception de celles qui sont relatives à la protection statutaire des représentants syndicaux et à leurs crédits d'heures. Or, d'une part, ces accords peuvent porter, à ce titre, sur les conditions de désignation des délégués syndicaux communs aux agents de droit public et aux salariés de droit privé du groupe de la Caisse des dépôts et consignations, ce qui inclut, notamment, la définition des critères d'audience et de représentativité autorisant des organisations syndicales à nommer des délégués syndicaux communs. D'autre part, ces mêmes accords peuvent aussi porter sur la détermination des compétences de ces délégués syndicaux communs, sans que le législateur ait déterminé l'étendue des attributions qui peuvent leur être reconnues en matière de négociation collective au sein du groupe. Ainsi, le législateur n'a pas défini de façon suffisamment précise l'objet et les conditions de la dérogation qu'il a entendu apporter aux règles d'ordre public qu'il avait établies en matière de représentativité syndicale et de négociation collective. – **Non-conformité avec effet à compter du 31 déc. 2017.** – **Décision de renvoi :** Soc., QPC, 6 juill. 2016, n° 16-12.970 P.
2016	5 oct.	**Expulsion en urgence absolue** **2016-580 QPC.** M. Nabil F. : *JO 7 oct. ; AJDA 2016. 1847 ; D. 2016. 2004 ; ibid. 2017. 261, obs. Boskovic, Corneloup, Jault-Seseke, Joubert et Parrot ; Constitutions 2016. 671, chron. Pouly ; NCCC 2017, n°s 55-56, p. 268, chron. Surrel ; LPA 2017, n° 233, p. 10, chron. Combrade ; JCP 2018, n° 11, p. 506, chron. Verpeaux et Macaya* : – **CESEDA, art. L. 522-1, mots : « Sauf en cas d'urgence absolue, ».** – Absence d'atteinte au droit à un recours juridictionnel effectif (DDH, art. 16) et au droit au respect de la vie privée (DDH, art. 2)

		concernant l'expulsion d'un étranger en urgence absolue sans lui laisser la possibilité matérielle de saisir un juge avant l'exécution de la mesure. La notion d'urgence absolue répond à la nécessité de pouvoir, en cas de menace immédiate, éloigner du territoire national un étranger au nom d'exigences impérieuses de l'ordre public. Par ailleurs, les dispositions de l'article L. 522-1 CESEDA ne privent pas l'intéressé de la possibilité d'exercer un recours contre la décision d'expulsion devant le juge administratif, notamment devant le juge des référés qui peut suspendre l'exécution de la mesure d'expulsion ou ordonner toutes mesures nécessaires à la sauvegarde d'une liberté fondamentale (CJA, art. L. 521-1 et L. 521-2). Enfin, l'absence de tout délai, critiquée par le requérant, entre, d'une part, la notification à l'étranger de la mesure d'expulsion et, d'autre part, son exécution d'office, ne résulte pas des dispositions contestées. En cas de contestation de la décision déterminant le pays de renvoi, il résulte de l'application combinée des articles L. 513-2 et L. 523-2 du CESEDA qu'il appartient au juge administratif de veiller au respect de l'interdiction de renvoyer un étranger « à destination d'un pays s'il établit que sa vie ou sa liberté y sont menacées ou qu'il y est exposé à des traitements contraires aux stipulations de l'article 3 de la Convention européenne de sauvegarde des droits de l'homme et des libertés fondamentales du 4 novembre 1950 ». – **Conformité.** – **Décision de renvoi :** CE, QPC, 6 juill. 2016, n° 398371.
2016	5 oct.	**Obligation de relogement des occupants d'immeubles affectés par une opération d'aménagement** **2016-581 QPC.** Sté SOREQA SPLA : *JO 7 oct. ; AJDA 2016. 1846 ; D. 2016. 2002 ; AJCT 2017. 162, obs. Desforges ; Gaz Pal. 2016, n° 43, p. 44, note Salles ; NCCC 2017, n°s 55-56, p. 272, chron. Surrel ; JCP 2018, n° 11, p. 506, chron. Verpeaux et Macaya* : – **C. urb., art. L. 314-2, al. 1er, 2e phrase** (dans sa rédaction issue de la L. n° 85-729 du 18 juill. 1985 relative à la définition et à la mise en œuvre des principes d'aménagement). – Absence d'atteinte au droit de propriété (DDH, art. 2). En adoptant les dispositions contestées, le législateur a entendu protéger les occupants évincés et compenser la perte définitive de leur habitation du fait de l'action de la puissance publique. Ainsi, l'obligation de relogement, en cas d'éviction définitive, met en œuvre l'objectif de valeur constitutionnelle que constitue la possibilité pour toute personne de disposer d'un logement décent. D'une part, à supposer que le relogement des occupants évincés soit susceptible de se heurter à des difficultés pratiques, celles-ci ne sauraient être retenues pour l'examen de la constitutionnalité des dispositions contestées. D'autre part, il résulte de la jurisprudence constante de la Cour de cassation que le fait de reloger dans le cadre et les conditions déterminées par l'art. L. 314-2 C. urb. ne peut caractériser une infraction pénale. L'obligation de relogement prévue par les dispositions contestées ne peut donc exposer à des poursuites pénales pour délit d'aide au séjour irrégulier. – **Conformité.** – **Décision de renvoi :** Civ. 3e, QPC, 13 juill. 2016, n° 16-40.214 P.

2016	13 oct.	**Indemnité à la charge de l'employeur en cas de licenciement sans cause réelle et sérieuse** **2016-582 QPC.** Sté Goodyear Dunlop Tires France SA : *JO 15 oct. ; D. 2016. 2069 ; Dr. soc. 2016. 1065, obs. Mouly ; ibid. 2017. 136, étude Tournaux ; NCCC 2017, n°s 55-56, p. 202, chron. Piazzon ; Dr. ouvrier 2017, n° 831, p. 625, note Gahdoun* : – **C. trav., art. L. 1235-3, al. 2** (dans sa rédaction issue de l'Ord. n° 2007-329 du 12 mars 2007 relative au C. trav.). – Absence de méconnaissance du principe d'égalité devant la loi (DDH, art. 6). En prévoyant que le montant minimal de l'indemnité accordée par le juge en cas de licenciement sans cause réelle et sérieuse est applicable aux seuls licenciements dans les entreprises d'au moins 11 salariés, le législateur a entendu éviter de faire peser une charge trop lourde sur les entreprises qu'il a estimées économiquement plus fragiles, en aménageant les conditions dans lesquelles la responsabilité de l'employeur peut être engagée. Il a ainsi poursuivi un but d'intérêt général. A cette fin, dans la mesure où les dispositions contestées ne restreignent pas le droit à réparation des salariés, le législateur pouvait limiter le champ d'application de cette indemnité minimale en retenant le critère des effectifs de l'entreprise. Si pour les entreprises d'au moins 11 salariés cette indemnité minimale a pour objet d'éviter les licenciements injustifiés, pour les entreprises de moins de 11 salariés, l'indemnité correspondant au seul préjudice subi, fixée sans montant minimal, apparaît en elle-même suffisamment dissuasive. Le critère retenu est donc en adéquation avec l'objet de la loi, qui consiste à dissuader les employeurs de procéder à des licenciements sans cause réelle et sérieuse. – Absence de méconnaissance du principe de la liberté d'entreprendre (DDH, art. 4). En visant à dissuader les employeurs de procéder à des licenciements sans cause réelle et sérieuse, les dispositions contestées mettent en œuvre le droit de chacun d'obtenir un emploi découlant du 5e al. Préamb. Const. 1946. En prévoyant une indemnité minimale égale à 6 mois de salaire, ces dispositions ne portent pas une atteinte disproportionnée à la liberté d'entreprendre. Par ailleurs, en permettant au juge d'accorder une indemnité d'un montant supérieur aux salaires des 6 derniers mois en fonction du préjudice subi, le législateur a mis en œuvre le principe de responsabilité, qui découle de l'art. 4 DDH. Il s'ensuit que le législateur a opéré entre, d'une part, le droit de chacun d'obtenir un emploi et le principe de responsabilité et, d'autre part, la liberté d'entreprendre une conciliation qui n'est pas manifestement déséquilibrée. – **Conformité.** – **Décision de renvoi :** Soc., QPC, 13 juill. 2016, n° 16-40.209 P : *Dr. soc. 2016. 864, obs. Mouly.*
2016	14 oct.	**Saisie spéciale des biens ou droits mobiliers incorporels** **2016-583/584/585/586 QPC.** Sté Finestim SAS et a. : *JO 16 oct. ; D. 2016. 2067 ; AJ pénal 2016. 602, obs. Violeau ; NCCC 2017, n°s 55-56, p. 158, chron. Peltier et Bonis ; RFDC 2017. 734, note Perrier ;*

		LPA 2017, n° 231, p. 14, chron. Verpeaux ; ibid., n° 235, p. 9, chron. Bezzina ; JCP 2018, n° 11, p. 506, chron. Verpeaux et Macaya : – **C. pr. pén., art. 706-153** (dans sa rédaction résultant de la L. n° 2013-1117 du 6 déc. 2013 relative à la lutte contre la fraude fiscale et la grande délinquance économique et financière). – Absence d'atteinte au droit à un recours juridictionnel effectif (DDH, art. 16) et au droit de propriété (DDH, art. 2 et 17). Si la mesure de saisie prévue par les dispositions contestées a pour effet de rendre indisponibles les biens ou droits incorporels saisis, elle est ordonnée par un magistrat du siège et ne peut porter que sur des biens ou droits dont la confiscation peut être prononcée à titre de peine complémentaire en cas de condamnation pénale. Par ailleurs, toute personne qui prétend avoir un droit sur un bien placé sous main de justice peut en solliciter la restitution par requête auprès, selon le cas, du procureur de la République, du procureur général ou du juge d'instruction. Ensuite, l'ordonnance du JLD ou du juge d'instruction autorisant ou prononçant la saisie est notifiée au propriétaire du bien ou du droit saisi et, s'ils sont connus, aux tiers ayant des droits sur ce bien ou sur ce droit qui peuvent la contester devant la chambre de l'instruction. Ces personnes, qu'elles aient fait appel ou non, peuvent par ailleurs être entendues par la chambre de l'instruction avant que celle-ci ne statue. Elles ne sont donc pas privées de la possibilité de faire valoir leurs observations et de contester la légalité de la mesure devant un juge. De plus, en ne prévoyant pas de débat contradictoire devant le JLD et devant le juge d'instruction et en ne conférant pas d'effet suspensif à l'appel devant la chambre de l'instruction, le législateur a entendu éviter que le propriétaire du bien ou du droit visé par la saisie puisse mettre à profit les délais consécutifs à ces procédures pour faire échec à la saisie par des manœuvres. Ce faisant, il a assuré le caractère effectif de la saisie et, ainsi, celui de la peine de confiscation. Enfin, le juge devant toujours statuer dans un délai raisonnable, l'absence d'un délai déterminé imposé à la chambre de l'instruction pour statuer sur l'appel de l'ordonnance prise par un juge autorisant la saisie ne saurait constituer une atteinte au droit à un recours juridictionnel effectif de nature à priver de garanties légales la protection constitutionnelle du droit de propriété. – **Conformité.** – **Décisions de renvoi :** Crim., QPC, 12 juill. 2016, n°s 16-82.302, 16-82.304, 16-82.306 et 16-82.307.
2016	14 oct.	**Exonération d'impôt sur le revenu de l'indemnité compensatrice de cessation de mandat d'un agent général d'assurances** **2016-587 QPC.** Épx F. : *JO 16 oct. ; D. 2016. 2069 ; LPA 2017, n° 234, p. 8, chron. Baghestani ; JCP 2018, n° 11, p. 506, chron. Verpeaux et Macaya* : – **CGI, art. 151 *septies* A, § V, 1, c), mots « dans les mêmes locaux »** (dans sa rédaction résultant de la LFR n° 2011-1978 du 28 déc. 2011 pour 2011). – Méconnaissance du principe d'égalité devant les charges publiques (DDH, art. 13). En prévoyant que l'indemnité compensatrice versée à l'occasion de la cessation d'activité d'un agent général d'assurances faisant valoir ses droits à la retraite bénéficie d'un régime d'exonération,

		le législateur a entendu favoriser la poursuite de l'activité exercée. Toutefois, en exigeant que le repreneur poursuive cette activité dans les mêmes locaux, alors qu'il n'y a pas de lien entre la poursuite de l'activité d'agent général d'assurances, qui consiste en la gestion d'un portefeuille de contrats d'assurances, et le local où s'exerce cette activité, le législateur ne s'est pas fondé sur un critère objectif et rationnel en fonction des buts qu'il s'est proposé. – **Non-conformité** avec effet à compter de la date de publication de la Décis. – **Décision de renvoi :** CE, QPC, 20 juill. 2016, n° 399513.
2016	21 oct.	**Choix de l'EPCI de rattachement pour les communes nouvelles 2016-588 QPC.** Cté de cnes des sources du lac d'Annecy et a. : *JO 23 oct. ; AJDA 2016. 2013 ; ibid. 2017. 350, note Combeau ; D. 2016. 2121 ; D. actu. 26 oct. 2016, obs. Pastor ; AJCT 2016. 533 ; JCP 2017, n° 5, p. 194, note Verpeaux ; ibid. 2018, n° 11, p. 506, chron. Verpeaux et Macaya ; JCP Adm. 2017, n° 9, p. 4, note Daucé ; LPA 2017, n° 58, p. 7 ; note Bourdon :* – **CGCT, art. L. 2113-5, § II.** – Atteinte manifestement disproportionnée à la libre administration des communes (Const. 58, art. 34 et 72). En autorisant le préfet à imposer à la commune nouvelle un autre rattachement que celui qu'elle souhaite, le législateur a entendu éviter que son choix puisse porter atteinte à la cohérence ou à la pertinence des périmètres intercommunaux existants. Il a ainsi poursuivi un but d'intérêt général. En revanche, alors que le rattachement à un EPCI à fiscalité propre a nécessairement des conséquences pour la commune nouvelle, pour les communes membres des établissements publics concernés et pour ces établissements publics eux-mêmes, les dispositions contestées ne prévoient ni la consultation de l'organe délibérant de l'EPCI à fiscalité propre auquel le rattachement est envisagé, ni celle des organes délibérants des EPCI à fiscalité propre dont la commune nouvelle est susceptible de se retirer. Elles ne prévoient pas non plus la consultation des conseils municipaux des communes membres de ces établissements publics. Par ailleurs, en cas de désaccord avec le projet de rattachement, ni ces établissements publics, ni ces communes ne peuvent, contrairement à la commune nouvelle, provoquer la saisine de la commission départementale de coopération intercommunale. – **Non-conformité avec effet différé au 31 mars 2017.** Afin de préserver l'effet utile de la Décis., la déclaration d'inconstitutionnalité peut être invoquée dans les instances en cours ou à venir dont l'issue dépend de l'application des dispositions déclarées inconstitutionnelles. En cas d'annulation, sur ce fondement, de l'arrêté préfectoral portant rattachement d'une commune nouvelle à un EPCI à fiscalité propre, les 2 dernières phrases du 3e al. du § II de l'art. L. 2113-5 CGCT sont applicables. – **Décision de renvoi :** CE, QPC, 20 juill. 2016, *Cté de communes des sources du lac d'Annecy*, n° 399801.
2016	21 oct.	**Répartition, entre la collectivité territoriale et les communes de Guyane, de la fraction du produit de l'octroi de mer affectée à la dotation globale garantie**

		2016-589 QPC. Assoc. des maires de Guyane et a. : *JO 23 oct. ; AJDA 2016. 2014 ; D. 2016. 2120* : – **L. n° 2004-639 du 2 juill. 2004 relative à l'octroi de mer, art. 47, al. 1er, 2e phrase, mots « la collectivité territoriale », et 48, al. 2** (dans leur rédaction résultant de la L. n° 2015-762 du 29 juin 2015 modifiant la L. du 2 juill. 2004 préc.). – Absence de méconnaissance du principe d'égalité devant la loi (DDH, art. 6). En application de l'art. 47 de la L. du 2 juill. 2004, en Guadeloupe, en Martinique et à La Réunion, la dotation globale garantie est répartie uniquement entre les communes de ces collectivités. En application des dispositions contestées, en Guyane, cette dotation bénéficie, à hauteur de 35 % et dans la limite d'un plafond de 27 millions d'euros, à la collectivité territoriale de Guyane, tandis que les communes perçoivent le solde. Il en résulte une différence de traitement entre les communes de Guyane et les communes des autres territoires ultra-marins mentionnés ci-dessus. Le législateur a entendu tenir compte de la situation particulière de la Guyane et des charges spécifiques auxquelles la collectivité territoriale de Guyane doit faire face en raison des contraintes liées à l'aménagement et au développement de ce territoire et à son contexte économique et social. Le législateur a ainsi établi une différence de traitement justifiée par un motif d'intérêt général et en rapport direct avec l'objet de la loi qui est de déterminer les modalités de répartition du produit de l'octroi de mer. – **Conformité**. – **Décision de renvoi :** CE, QPC, 22 juill. 2016, *Assoc. des maires de Guyane et a.*, n° 400632.
2016	21 oct.	**Surveillance et contrôle des transmissions empruntant la voie hertzienne** **2016-590 QPC.** La Quadrature du Net et a. : *JO 23 oct. ; AJDA 2016. 2015 ; ibid. 2017. 752, note Debaets ; D. 2016. 2120 ; D. actu. 24 oct., obs Fleuriot ; Constitutions 2016. 653, chron. Le Bot ; Gaz. Pal. 2016, n° 43, p. 42, note Richaud ; RFDC 2017. 501, chron. Faure ; Dr. pén. 2016, n° 12, p. 34, note Robert ; NCCC 2017, nos 55-56, p. 117, chron. Bonnet et Roblot-Troizier ; ibid., p. 269, chron. Surrel ; JCP 2018, n° 11, p. 506, chron. Verpeaux et Macaya ; Rapp. Cons. const. 2017, p. 54* : – **CSI, art. L. 811-5** (dans sa rédaction issue de la L. n° 2015-912 du 24 juill. 2015 relative au renseignement). – Atteinte manifestement disproportionnée au droit au respect de la vie privée et au secret des correspondances (DDH, art. 2) dès lors que les dispositions contestées permettent aux pouvoirs publics de prendre des mesures de surveillance et de contrôle de toute transmission empruntant la voie hertzienne, sans exclure que puissent être interceptées des communications ou recueillies des données individualisables. Par ailleurs, en prévoyant que les mesures de surveillance et de contrôle peuvent être prises aux seules fins de défense des intérêts nationaux, les dispositions contestées mettent en œuvre les exigences constitutionnelles inhérentes à la sauvegarde des intérêts fondamentaux de la Nation. Toutefois, elles n'interdisent pas que ces mesures puissent être utilisées à des fins plus larges que la seule mise en œuvre de ces exigences. Enfin, ces dispositions ne définissent pas la nature des mesures de surveillance et de contrôle que les pouvoirs

		publics sont autorisés à prendre. Elles ne soumettent le recours à ces mesures à aucune condition de fond ni de procédure et n'encadrent leur mise en œuvre d'aucune garantie. – **Non-conformité avec effet différé au 31 déc. 2017.** Afin de faire cesser l'inconstitutionnalité constatée à compter de la publication de la Décis., jusqu'à l'entrée en vigueur d'une nouvelle loi ou, au plus tard, jusqu'au 30 déc. 2017, les dispositions de l'art. L. 811-5 CSI ne sauraient être interprétées comme pouvant servir de fondement à des mesures d'interception de correspondances, de recueil de données de connexion ou de captation de données informatiques soumises à l'autorisation prévue au titre II ou au chapitre IV du titre V du livre VIII CSI. Pendant le même délai, les dispositions de l'art. L. 811-5 CSI ne sauraient être mises en œuvre sans que la Commission nationale de contrôle des techniques de renseignement soit régulièrement informée sur le champ et la nature des mesures prises en application de cet art. – **Décision de renvoi :** CE, QPC, 22 juill. 2016, *La Quadrature du Net et a.*, n° 394922 : *AJDA 2016. 1542.* – **Application de la décision :** CE 26 juill. 2018, *Quadrature du net*, n° 394922 B : *AJDA 2018. 1586 ; D. 2018. 1756 ; JCP 2018. 382.*
2016	21 oct.	**Registre public des trusts** **2016-591 QPC.** Mme Helen S. : *JO 23 oct. ; D. 2016. 2121 ; D. actu. 28 oct. 2016, obs. Delpech ; Constitutions 2016. 650, chron. Bouvier ; Gaz Pal. 2016, n° 43, p. 43, note Salles ; LPA 2017, n° 35, p. 7, note Bendelac ; RD fisc. 2016, n° 48, p. 84, note Khayat et Pannetier ; NCCC 2017, n°s 55-56, p. 195, chron. Piazzon ; ibid., p. 247, chron. Austry ; ibid., p. 271, chron. Surrel ; JCP 2018, n° 11, p. 506, chron. Verpeaux et Macaya ; Rapp. Cons. const. 2017, p. 56 :* – **CGI, art. 1649 AB, al. 2** (dans sa rédaction issue de la L. n° 2013-1117 du 6 déc. 2013 relative à la lutte contre la fraude fiscale et la grande délinquance économique et financière). – Atteinte manifestement disproportionnée au regard de l'objectif poursuivi au droit au respect de la vie privée (DDH, art. 2) concernant la mention, dans un registre accessible au public, des noms du constituant, des bénéficiaires et de l'administrateur d'un trust qui fournit des informations sur la manière dont une personne entend disposer de son patrimoine. Or, le législateur, qui n'a pas précisé la qualité ni les motifs justifiant la consultation du registre, n'a pas limité le cercle des personnes ayant accès aux données de ce registre, placé sous la responsabilité de l'administration fiscale. – **Non-conformité** à compter de la date de publication de la Décis. – **Décision de renvoi :** CE, réf., QPC, 22 juill. 2016, n° 400913 B : *Gaz. Pal. 2016, n° 43, p. 40, note Domino et Bretonneau.*
2016	21 oct.	**Recours en récupération des frais d'hébergement et d'entretien des personnes handicapées** **2016-592 QPC.** Mme Françoise B. : *JO 23 oct. ; AJDA 2016. 2014 ; D. 2016. 2123 ; LPA 2017, n° 12, p. 7, note Niemec-Gombert :* – **CASF, art. L. 132-8** (dans sa rédaction résultant de la L. n° 2001-647 du 20 juill. 2001 relative à la prise en charge de la perte d'autonomie des personnes âgées et à l'allocation personnalisée d'autonomie), **et art. L. 344-5, al. 1er, mots : « quel que soit leur**

		âge, dans les établissements mentionnés au *b* du 5° et au 7° du I de l'article L. 312-1, à l'exception de celles accueillies dans les établissements relevant de l'article L. 344-1 » et 2°, 1re phrase (dans sa rédaction résultant de la L. n° 2005-102 du 11 févr. 2005 pour l'égalité des droits et des chances, la participation et la citoyenneté des personnes handicapées). – Absence de méconnaissance des principes d'égalité devant la loi et devant les charges publiques (DDH, art. 6 et 13). En exemptant certaines personnes du recours en récupération instauré par l'art. L. 132-8 CASF, le législateur a entendu tenir compte, d'une part, de l'aide apportée à la personne handicapée bénéficiaire de l'aide sociale et, d'autre part, de la proximité particulière des personnes exemptées avec elle. Il a distingué, parmi les héritiers, ceux qui ont effectivement assumé la prise en charge de l'intéressée, ceux, parents, enfants ou conjoint, qui peuvent être présumés l'avoir fait, parce qu'ils sont tenus à son égard par une obligation alimentaire légale, et ceux, donataires ou légataires, qui lui sont liés par une proximité particulière que manifeste la gratification qu'elle leur a consentie. La distinction ainsi opérée avec les autres héritiers repose sur des critères objectifs et rationnels en rapport direct avec l'objet de la loi. Par ailleurs, les personnes handicapées n'étant pas placées dans la même situation que les personnes âgées au regard des exigences de leur prise en charge par l'aide sociale, le législateur pouvait, sans méconnaître le principe d'égalité, prévoir des modalités différentes de récupération de l'aide sociale dans l'un et l'autre cas. Enfin, l'art. L. 344-5-1 CASF étend aux personnes handicapées hébergées dans des établissements d'hébergement pour personnes âgées dépendantes ou des unités de soins de longue durée le régime d'exemption de recours en récupération prévu à l'art. L. 344-5 dans 2 situations : lorsque les intéressées étaient précédemment hébergées dans un établissement dédié au handicap ou lorsque leur incapacité a été reconnue au moins égale à un pourcentage fixé par décret avant leurs soixante-cinq ans. Les personnes handicapées âgées peuvent être prises en charge au titre de l'aide sociale, soit en raison de leur handicap, soit en raison de leur âge. En faisant prévaloir, selon le cas, l'âge ou le handicap, le législateur a retenu des critères objectifs et rationnels en rapport direct avec l'objet de la loi. – **Conformité.** – **Décision de renvoi :** CE, QPC, 27 juill. 2016, n° 400336.
2016	21 oct.	**Règles d'implantation des sites d'un laboratoire de biologie médicale** **2016-593 QPC.** Sté Eylau Unilabs et a. : *JO 23 oct. ; D. 2016. 2122 ; Constitutions 2016. 655, chron. Domingo ; RFDC 2017. 222, chron. Sourzat ; NCCC 2017, n°s 55-56, p. 272, chron. Surrel* : – **CSP, art. L. 6222-5, al. 1er et 3** (dans sa rédaction résultant de la L. n° 2013-442 du 30 mai 2013 portant réforme de la biologie médicale). – Absence d'atteinte disproportionnée à la liberté d'entreprendre (DDH, art. 4) et absence d'incompétence négative dans des conditions de nature à porter atteinte au droit de propriété (DDH, art. 2 et 17). En adoptant les dispositions contestées, le législateur a entendu garantir une proximité géographique entre les différents sites d'un même

		laboratoire. Il a en effet estimé que cette proximité favorisait la qualité des soins en permettant au « biologiste responsable » de conserver la responsabilité effective de l'ensemble des phases de l'examen de biologie médicale sur ces différents sites. Ce faisant, le législateur a poursuivi un but d'intérêt général. Par ailleurs, selon l'art. L. 1434-16 CSP dans sa rédaction résultant de la L. du 17 mai 2013 relative à l'élection des conseillers départementaux, des conseillers municipaux et des conseillers communautaires, et modifiant le calendrier électoral, les territoires de santé sont définis par l'agence régionale de santé, après avis du représentant de l'État dans la région et de la conférence régionale de la santé et de l'autonomie, en prenant en compte les besoins de santé de la population. Par conséquent, en autorisant l'implantation des différents sites d'un laboratoire, sans en limiter le nombre, sur 3 territoires de santé limitrophes, le législateur a permis de retenir un bassin de population suffisant pour l'exercice de l'activité de biologie médicale. Enfin, le respect du droit de propriété n'imposait pas au législateur de prévoir le maintien de certains sites en dépit de leur implantation devenue irrégulière. Dès lors, il pouvait, sans méconnaître l'étendue de sa compétence, renvoyer au pouvoir réglementaire les conditions dans lesquelles des dérogations aux règles d'implantation sont accordées. – **Conformité.** – **Décision de renvoi :** CE, QPC, 21 oct. 2016, *Sté Eylau Unilabs*, n° 398314.
2016	4 nov.	**Absence de nullité en cas d'audition réalisée sous serment au cours d'une garde à vue** **2016-594 QPC.** Mme Sylvie T. : *JO 6 nov. ; D. 2017. 395, note Gallois ; AJ pénal 2017. 27, note de Combles de Nayves et Mercinier ; Gaz. Pal. 2017, n° 4, p. 65 ; NCCC 2017, n° 55-56, p. 156, chron. Peltier ; RFDC 2017. 732, note Perrier ; JCP 2018, n° 11, p. 506, chron. Verpeaux et Macaya ; Rapp. Cons. const. 2017, p. 52* : – **C. pr. pén., art. 153, dernier al., 2e phrase** (dans sa rédaction résultant de la L. n° 2004-204 du 9 mars 2004 portant adaptation de la justice aux évolutions de la criminalité). – Atteinte au droit de se taire (DDH, art. 9). Faire prêter serment à une personne entendue en garde à vue de « dire toute la vérité, rien que la vérité » peut être de nature à lui laisser croire qu'elle ne dispose pas du droit de se taire ou de nature à contredire l'information qu'elle a reçue concernant ce droit. Dès lors, en faisant obstacle, en toute circonstance, à la nullité d'une audition réalisée sous serment lors d'une garde à vue dans le cadre d'une commission rogatoire, les dispositions contestées portent atteinte au droit de se taire de la personne soupçonnée. – **Non-conformité** avec effet à compter de la date de publication de la Décis. – **Décision de renvoi :** Crim., QPC, 27 juill. 2016, n° 16-90.013.
2016	18 nov.	**Conditions d'exercice de l'activité d'élimination des déchets** **2016-595 QPC.** Sté Aprochim et a. : *JO 20 nov. ; AJDA 2016. 2249 ;*

		D. 2016. 2404 ; Dr. pén. 2017, n° 1, p. 34, note Robert ; NCCC 2017, n°s 55-56, p. 228, chron. Gahdoun : – **C. envir., art. L. 541-22, al. 1er** (dans sa rédaction antérieure à l'Ord. n° 2010-1579 du 17 déc. 2010 portant diverses dispositions d'adaptation au droit de l'Union européenne dans le domaine des déchets). – Avant l'entrée en vigueur de la Charte envir., le 3 mars 2005, les dispositions contestées ne méconnaissaient aucun droit ou liberté que la Constitution garantit. En revanche, à compter de l'entrée en vigueur de cette Charte et jusqu'à celle de la L. n° 2010-788 du 12 juill. 2010 portant engagement national pour l'environnement, le législateur, faute d'avoir prévu des dispositions mettant en œuvre le principe de participation du public, a méconnu les exigences de l'art. 7 de la Charte. Enfin, la L. du 12 juill. 2010, en insérant dans le C. envir. un art. L. 120-1 assurant la participation du public, a mis fin à l'inconstitutionnalité constatée au cours de la période précédente. – **Conformité avant le 3 mars 2005, puis non-conformité à compter de cette date et jusqu'au 13 juill. 2010 et à compter du 14 juill. 2010 et jusqu'à l'entrée en vigueur de sa nouvelle rédaction résultant de l'ordonnance du 17 déc. 2010**. – **Décision de renvoi :** Crim., QPC, 10 août 2016, n° 16-90.016.
2016	18 nov.	**Absence de délai pour statuer sur l'appel interjeté contre une ordonnance de refus de restitution d'un bien saisi** **2016-596 QPC.** Mme Sihame B. : *JO 20 nov. ; D. 2016. 2339 ; NCCC 2017, n°s 55-56, p. 156, chron. Peltier ; ibid., p. 160, chron. Bonis ; RFDC 2017. 734, note Perrier* : – **C. pr. pén., art. 99, al. 5, 2e phrase** (dans sa rédaction résultant de la L. n° 2000-516 du 15 juin 2000 renforçant la protection de la présomption d'innocence et les droits des victimes). – Absence d'atteinte au droit à un recours juridictionnel effectif et au droit de propriété (DDH, art. 2, 16, 17). En application des dispositions contestées, l'ordonnance du juge d'instruction refusant ou accordant la restitution peut être contestée devant la chambre de l'instruction. Ces dispositions ne s'appliquent par conséquent que dans l'hypothèse où un juge a déjà statué sur la demande du requérant. La loi ne fixe cependant aucun délai au juge d'appel pour rendre sa décision. Toutefois, le juge devant toujours statuer dans un délai raisonnable, l'absence d'un délai déterminé imposé à la chambre de l'instruction pour statuer sur l'appel de l'ordonnance prise par un juge refusant la restitution ne saurait constituer une atteinte au droit à un recours juridictionnel effectif de nature à priver de garanties légales la protection constitutionnelle du droit de propriété. – **Conformité**. – **Décision de renvoi :** Crim., QPC, 24 août 2016, n° 16-90.014.
2016	25 nov.	**Plan d'aménagement et de développement durable de Corse** **2016-597 QPC.** Cne de Coti-Chiavari : *JO 27 nov. ; AJDA 2016. 2302 ; D. 2016. 2403 ; RDI 2017. 36, obs. Soler-Couteaux ;* Dr. adm. *2017, n° 2, p. 28, note Balaguer ; LPA 2017, n° 232, p. 9, chron. Rimbault ; JCP 2018, p. 506, chron. Verpeaux et Macaya* : – **CGCT, art. L. 4424-9, § I, al. 5, mots « , dont l'échelle est déterminée par délibération de l'Assemblée de Corse dans le**

		respect de la libre administration des communes et du principe de non-tutelle d'une collectivité sur une autre, et » (dans sa rédaction résultant de la L. n° 2014-58 du 27 janv. 2014 de modernisation de l'action publique territoriale et d'affirmation des métropoles), **L. 4424-11, § II, al. 1er, mots « et l'échelle » et L. 4424-12, § I, dernière phrase** (dans leur rédaction résultant de la L. n° 2011-1749 du 5 déc. 2011 relative au plan d'aménagement et de développement durable de Corse). – Absence d'incompétence négative, absence de méconnaissance du principe de libre administration des collectivités territoriales, et de méconnaissance du principe d'interdiction de toute tutelle d'une collectivité territoriale sur une autre (Const. 58, art. 34, 72, al. 3 et 5). Le § I de l'art. L. 4424-9 CGCT prévoit que la collectivité territoriale de Corse élabore le plan d'aménagement et de développement durable de Corse. Ce plan a pour vocation de définir une stratégie de développement durable du territoire en fixant les objectifs de préservation de l'environnement de l'île et de son développement. Il définit les principes d'aménagement de l'espace qui en résultent et détermine notamment les espaces naturels, agricoles et forestiers ainsi que les sites et paysages à protéger ou à préserver, l'implantation des grandes infrastructures de transport et des grands équipements, la localisation préférentielle ou les principes de localisation des extensions urbaines, des activités industrielles, artisanales, commerciales, agricoles, forestières, touristiques, culturelles et sportives. Il comporte une carte fixant la destination générale des différentes parties du territoire de l'île. Les dispositions contestées de l'art. L. 4424-9 confient à l'assemblée de Corse le soin de déterminer l'échelle de cette carte. Les dispositions contestées de l'art. L. 4424-11 en font de même pour la carte des espaces géographiques limités présentant un caractère stratégique au regard des enjeux de préservation et de développement. Les dispositions contestées de l'art. L. 4424-12 confient à l'assemblée de Corse le soin de déterminer la localisation des espaces littoraux à protéger figurant sur une liste complémentaire à celle fixée par décret, en application de l'art. L. 146-6 C. urb. En vertu du § III de l'art. L. 4424-9 CGCT, les documents d'urbanisme élaborés par les communes et leurs groupements doivent être compatibles avec le plan d'aménagement et de développement durable de Corse. Aussi, lorsqu'elle fixe les échelles cartographiques et la localisation mentionnées ci-dessus, l'assemblée de Corse est tenue de veiller, sous le contrôle du juge administratif, à la préservation d'un rapport de compatibilité, et non de conformité, entre les documents d'urbanisme et le plan d'aménagement et de développement durable de Corse. – **Conformité.** – **Décision de renvoi :** CE, QPC, 14 sept. 2016, *Cne de Coti-Chiavari*, n° 400684.
2016	25 nov.	**Retenue à la source de l'impôt sur les revenus appliquée aux produits distribués dans un État ou territoire non coopératif 2016-598 QPC.** Sté Eurofrance : *JO 27 nov. ; D. 2016. 2404 ; Dr. adm. 2017, n° 2, p. 28, note Balaguer ; LPA 2017, n° 234, p. 7, chron. Baghestani ; JCP 2018, n° 11, p. 506, chron. Verpeaux et Macaya* : – **CGI, art. 187, 2** (dans sa rédaction résultant de la L. n° 2012-1509 du 29 déc. 2012 de finances pour 2013).

		– Non-lieu à statuer sur le taux « 75 % » car le Cons. const. a déjà déclaré ces dispositions conformes à la Const. (29 déc. 2012, n° 2012-662 DC). – Absence d'atteinte au principe d'égalité devant les charges publiques (DDH, art. 13). En adoptant les dispositions contestées, le législateur a entendu lutter contre les « paradis fiscaux ». Il a ainsi poursuivi un but de lutte contre la fraude fiscale des personnes qui réalisent des opérations financières dans les États et les territoires non coopératifs. Ce but constitue un objectif de valeur constitutionnelle. ***Toutefois***, ces dispositions ne sauraient, sans porter une atteinte disproportionnée au principe d'égalité devant les charges publiques, faire obstacle à ce que le contribuable puisse être autorisé à apporter la preuve de ce que les distributions de produits dans un État ou un territoire non coopératif n'ont ni pour objet ni pour effet de permettre, dans un but de fraude fiscale, la localisation de revenus dans un tel État ou territoire. – **Conformité avec réserve.** – **Décision de renvoi :** CE, QPC, 14 sept. 2016, *Sté Eurofrance*, n° 400867. – **Application de la décision :** CE 20 mars 2017, *Sté Eurofrance*, n° 400867.
2016	2 déc.	**Personnes justiciables de la cour de discipline budgétaire et financière** **2016-599 QPC.** Mme Sandrine A. : *JO 4 déc. ; D. 2016. 2470 ; AJDA 2016. 2349 ; ibid. 2017. 130, note Mouzet ; JCP 2018, n° 11, p. 506, chron. Verpeaux et Macaya* : – **CJF, art. L. 312-1, à l'exception du § II, m et n** (dans sa rédaction résultant de la L. n° 2011-884 du 27 juill. 2011 relative aux collectivités territoriales de Guyane et de Martinique). – Absence de méconnaissance du principe d'égalité devant la loi (DDH, art. 6). La différence de traitement qui résulte des dispositions contestées instaurant, pour la répression autre que pénale des manquements aux règles des finances publiques, une différence de traitement entre, d'une part, les membres du Gouvernement et les élus locaux et, d'autre part, les personnes justiciables de la cour de discipline budgétaire et financière est justifiée par une différence de situation. Elle est en rapport direct avec l'objet de la loi, qui est d'instaurer des sanctions de nature disciplinaire pour les manquements aux règles des finances publiques. – Absence de méconnaissance par le législateur de l'art. 15 DDH selon lequel « La société a le droit de demander compte à tout agent public de son administration » en exemptant les membres du Gouvernement et les élus locaux, sauf dans les cas prévus à l'art. L. 312-2 CJF, des poursuites devant la cour de discipline budgétaire et financière pour manquements aux règles des finances publiques en raison des contrôles ou des obligations politiques, administratives ou pénales pesant par ailleurs sur eux pour les actes accomplis dans l'exercice de leurs fonctions. – **Conformité.** – **Décision de renvoi :** CE, QPC, 14 sept. 2016, n° 400864 : *AJDA 2016. 1717.*

2016	2 déc.	**Perquisitions administratives dans le cadre de l'état d'urgence III** **2016-600 QPC.** M. Raïme A. : *JO 4 déc. ; D. 2016. 2467 ; AJDA 2016. 2348 ; Constitutions 2017. 121, chron. Le Bot ; RFDA 2017. 182, note Roblot-Troizier ; JCP 2016, n° 50, p. 2331 ; ibid. 2018, n° 11, p. 506, chron. Verpeaux et Macaya ; RFDC 2017. 511, chron. Bernard ; Rapp. Cons. const. 2017, p. 43* : **– L. n° 55-385 du 3 avr. 1955 relative à l'état d'urgence, art. 11, § I, al. 4 à 10** (dans sa rédaction résultant de la L. n° 2016-987 du 21 juill. 2016 prorogeant l'application de la L. n° 55-385 du 3 avr. 1955 relative à l'état d'urgence et portant mesures de renforcement de la lutte antiterroriste). – Absence d'atteinte au droit à un recours juridictionnel effectif (DDH, art. 16). Les dispositions contestées définissent les motifs pouvant justifier la saisie de données informatiques, déterminent les conditions de sa mise en œuvre et imposent l'autorisation préalable, par un juge, de l'exploitation des données collectées, laquelle ne peut porter sur celles dépourvues de lien avec la menace. En prévoyant ces différentes garanties légales, le législateur a, en ce qui concerne la saisie et l'exploitation de données informatiques, assuré une conciliation qui n'est pas manifestement déséquilibrée entre le droit au respect de la vie privée et l'objectif de valeur constitutionnelle de sauvegarde de l'ordre public. – Concernant la conservation des données informatiques saisies, absence de conciliation équilibrée entre le droit au respect de la vie privée (DDH, art. 2) et l'objectif de valeur constitutionnelle de sauvegarde de l'ordre public lorsque les données copiées caractérisent une menace sans conduire à la constatation d'une infraction, le législateur n'a prévu aucun délai, après la fin de l'état d'urgence, à l'issue duquel ces données sont détruites. Il s'ensuit que les mots : « A l'exception de celles qui caractérisent la menace que constitue pour la sécurité et l'ordre publics le comportement de la personne concernée, » figurant à la dernière phrase du 8e al. du § I de l'art. 11 de la L. du 3 avr. 1955 doivent être déclarés contraires à la Const. : **Non-conformité.** – Non-conformité à compter du 1er mars 2017 des mots : « A l'exception de celles qui caractérisent la menace que constitue pour la sécurité et l'ordre publics le comportement de la personne concernée, » figurant à la dernière phrase du 8e al. du § I de l'art. 11 de la L. n° 55-385 du 3 avr. 1955 relative à l'état d'urgence. **– Décision de renvoi :** CE, QPC, 16 sept. 2016, n° 402941.
2016	9 déc.	**Exécution provisoire des décisions prononcées à l'encontre des mineurs** **2016-601 QPC.** M. Ibrahim B. : *JO 14 déc. ; D. 2016. 2519 ; ibid. 2017. 1727, obs. Bonfils et Gouttenoire ; NCCC 2017, n°s 55-56, p. 164, chron. Bonis ; RFDC 2017. 742, note Perrier ; JCP 2018, p. 506, chron. Verpeaux et Macaya* : **– Ord. n° 45-174 du 2 févr. 1945 relative à l'enfance délinquante, art. 22** (dans sa rédaction résultant de l'Ord. n° 58-13100 du 23 déc. 1958). – Méconnaissance des exigences constitutionnelles en matière de justice pénale des mineurs des dispositions contestées qui permettent l'exécution provisoire de toute condamnation à une peine

		d'emprisonnement prononcée par un tribunal pour enfants, quel que soit son quantum et alors même que le mineur ne fait pas déjà l'objet au moment de sa condamnation d'une mesure de détention dans le cadre de l'affaire pour laquelle il est jugé ou pour une autre cause. – **Non-conformité avec effet au 1er janv. 2018**. – **Décision de renvoi :** Crim., QPC, 21 sept. 2016, n° 16-90.018.
2016	9 déc.	**Incarcération lors de l'exécution d'un mandat d'arrêt européen** **2016-602 QPC.** M. Patrick H. : *JO 11 déc. ; D. 2016. 2521 ; NCCC 2017, nos 55-56, p. 161, chron. Bonis ; ibid., p. 267, chron. Surrel ; RFDC 2017. 738, note Catelan ; ibid., n° 235, p. 10, chron. Bezzina ; JCP 2018, n° 11, p. 506, chron. Verpeaux et Macaya* : – **C. pr. pén, art. 695-28, al. 2 et 3, et 695-3, al. 2, 2e et 3e phrases** (dans leur rédaction résultant de la L. n° 2011-392 du 14 avril 2011 relative à la garde à vue). – Absence d'atteinte au principe d'égalité devant la loi (DDH, art. 6). En fixant, par les dispositions contestées, les conditions dans lesquelles il peut être procédé à l'incarcération de la personne faisant l'objet d'un mandat d'arrêt européen et en définissant les voies de recours contre une telle mesure sans retenir des dispositions identiques à celles régissant la détention provisoire ou la rétention de sûreté, le législateur a traité différemment des personnes placées dans des situations différentes. Cette différence de traitement est en rapport direct avec l'objet de la loi, qui est de fixer les règles de la procédure d'exécution du mandat d'arrêt européen. – Absence d'atteinte à la liberté individuelle, la liberté d'aller et venir, aux droits de la défense et au droit à un recours juridictionnel effectif (DDH, art. 2, 4 et 16) concernant les al. 2 et 3 de l'art. 698-28 C. pr. pén. Si le magistrat estime que la représentation de la personne recherchée est suffisamment garantie, il peut laisser celle-ci en liberté en la soumettant soit à une mesure de contrôle judiciaire, soit aux obligations de l'assignation à résidence avec surveillance électronique. Ces mesures alternatives à l'incarcération sont susceptibles de recours devant la chambre de l'instruction qui doit statuer au plus tard lors de la comparution de la personne, devant elle, dans les conditions et délais définis à l'art. 695-29 C. pr. pén. ***Toutefois***, les dispositions contestées ne sauraient, sans imposer une rigueur non nécessaire méconnaissant la liberté individuelle ni porter une atteinte disproportionnée à la liberté d'aller et venir, être interprétées comme excluant la possibilité pour le magistrat du siège, saisi aux fins d'incarcération dans le cadre de l'exécution d'un mandat d'arrêt européen, de laisser la personne recherchée en liberté sans mesure de contrôle dès lors que celle-ci présente des garanties suffisantes de représentation. Par ailleurs, le respect des droits de la défense exige que la personne présentée au premier président de la cour d'appel ou au magistrat qu'il a désigné puisse être assistée par un avocat et avoir, le cas échéant, connaissance des réquisitions du procureur général : **Réserves**. – Absence de méconnaissance des art. 66 Const. 58 et 16 DDH concernant l'art. 695-3, al. 2, 2e et 3e phrases C. pr. pén. Les dispositions régissant l'exécution du mandat d'arrêt européen garantissent que l'incarcération de la personne recherchée ne puisse excéder un délai raisonnable.

		– **Conformité sous réserve pour les al. 2 et 3 de l'art. 698-28 C. pr. pén. et conformité pour les 2e et 3e phrases de l'al. 2 de l'art. 695-3.** – **Décision de renvoi :** Crim., QPC, 21 sept. 2016, n° 16-90.019.
2016	9 déc.	**Délai de rapport fiscal des donations antérieures** **2016-603 QPC.** Cts C. : *JO 14 déc. ; D. 2016. 2522 ; AJ fam. 2017. 12, obs. Jolivet ; RD fisc. 2017, n° 8, p. 60, note Hannecart-Weyth ; NCCC 2017, nos 55-56, p. 265, chron. Surrel :* – **CGI, art. 784, 2 derniers al.** (dans sa rédaction résultant de la L. n° 2012-958 du 16 août 2012 de finances rectificative pour 2012). – Absence d'atteinte aux situations légalement acquises (DDH, art. 16). Les dispositions contestées ne sauraient, sans porter atteinte aux situations légalement acquises, avoir pour objet ou pour effet de conduire à appliquer des règles d'assiette ou de liquidation autres que celles qui étaient applicables à la date de chaque fait générateur d'imposition. Par ailleurs, les modalités d'imposition d'une donation passée ne peuvent produire aucun effet légitimement attendu quant aux règles d'imposition applicables aux donations ou à la succession futures. Par conséquent, le législateur pouvait, sans être tenu d'édicter des mesures transitoires, modifier le délai à compter duquel il n'est plus tenu compte des donations antérieures pour déterminer l'imposition des donations ou successions à venir. – **Conformité sous réserve.** – **Décision de renvoi :** Com., QPC, 4 oct. 2016, n° 16-40.234.
2017	17 janv.	**Application dans le temps de la réforme du régime du report en arrière des déficits pour les entreprises soumises à l'impôt sur les sociétés** **2016-604 QPC.** Sté Alinéa : *JO 20 janv. ; D. 2017. 159 ; AJ pénal 2017. 237, obs. Alix ; Dalloz IP/IT 2017. 289, obs. Quéméner ; Constitutions 2017. 91, chron. Cappello ; LPA 2017, n° 28, p. 3, note Perrotin ; NCCC 2017, nos 55-56, p. 253, chron. Austry ; ibid., p. 274, chron. Surrel :* – **L. n° 2011-1117 du 19 sept. 2011 de finances rectificative pour 2011, art. 2, IV, mots : « , II »** (dans sa rédaction résultant de la L. n° 2011-1978 du 28 déc. 2011 de finances rectificative pour 2011). – Atteinte à des situations légalement acquises (DDH, art. 16). Les dispositions contestées remettent en cause des créances dont le fait générateur était intervenu avant leur entrée en vigueur. – **Non-conformité** à compter de la date de publication Décis. Elle peut être invoquée dans toutes les instances introduites et non jugées définitivement à cette date. – **Décision de renvoi :** CE, QPC, 13 oct. 2016, *SAS Alinéa*, n° 401696.
2017	17 janv.	**Obligation de reprise des déchets issus de matériaux, produits et équipements de construction** **2016-605 QPC.** Conféd. du commerce de gros et international : *JO 20 janv. ; D. 2017. 218 :* – **C. envir., art. L. 541-10-9** (dans sa rédaction issue de la L. n° 2015-992 du 17 août 2015 relative à la transition énergétique).

		– Absence d'atteinte à la liberté d'entreprendre (DDH, art. 4). Le législateur a entendu, pour limiter le coût de transport des déchets issus du bâtiment et des travaux publics et éviter leur abandon en pleine nature, favoriser un maillage de points de collecte au plus près des chantiers de construction. Il a ainsi poursuivi un objectif d'intérêt général. A cette fin, il a fait peser l'obligation de reprise sur les distributeurs s'adressant à titre principal aux professionnels du bâtiment et de la construction. En effet, ceux-ci sont les principaux pourvoyeurs des produits, matériaux et équipements de construction dont sont issus ces déchets. – Absence d'atteinte au principe d'égalité devant la loi (DDH, art. 6). Les distributeurs de matériaux de construction qui s'adressent principalement aux professionnels sont les principaux fournisseurs de ces derniers. Ils ne sont donc pas placés, au regard de l'impact de leur activité dans la production des déchets objets de l'obligation de reprise, dans la même situation que les distributeurs s'adressant aux mêmes professionnels à titre seulement accessoire. La différence de traitement instituée par les dispositions contestées repose sur une différence de situation. Elle est en rapport direct avec l'objet de la loi. – **Conformité**. – **Décision de renvoi :** CE, QPC, 17 oct. 2016, *Conféd. du commerce de gros et international*, n° 399713. – **Application de la décision :** CE 16 août 2018, *Conféd. du commerce de gros et international*, n° 399713.
2017	24 janv.	**Contrôles d'identité sur réquisitions du procureur de la République** **2016-606/607 QPC.** M. Ahmed M. et a. : *JO. 26 janv. ; AJDA 2017. 142 ; D. 2017. 217 ; AJ pénal 2017. 239, obs. Perrier ; JCP 2017, n° 6, p. 270, note Turpin ; Dr. pénal 2017, n° 3, p. 42, note Maron et Haas ; NCCC 2017, n°s 55-56, p. 140, chron. Bonnet et Roblot-Troizier ; ibid., p. 169, chron. Bonis ; ibid., p. 276, chron. Surrel ; Gaz. Pal. 2017, n° 16, p. 56, note Fourment ; RFDC 2017. 730, note Catelan* : **– C. pr. pén., art. 78-2, al. 6 et 78-2-2, al. 1er, mots : « non seulement aux contrôles d'identité prévus au sixième alinéa de l'article 78-2 mais aussi » et CESEDA, art. L. 611-1, § I, al. 2, référence : « 78-2, » et mots : « et 78-2-2 » et L. 611-1-1, § I, al. 1er.** – Absence de privation de liberté individuelle (Const. 58, art. 66). Les dispositions contestées du C. pr. pén. permettent uniquement aux services de police judiciaire de procéder à des contrôles d'identité. – Absence d'atteinte au principe de la liberté d'aller et venir (DDH, art. 2 et 4). Il ressort des dispositions contestées du C. pr. pén. que les réquisitions du procureur de la République ne peuvent viser que des lieux et des périodes de temps déterminés. ***Toutefois***, ces dispositions ne sauraient, sans méconnaître la liberté d'aller et de venir, autoriser le procureur de la République à retenir des lieux et périodes sans lien avec la recherche des infractions visées dans ses réquisitions. Elles ne sauraient non plus autoriser, en particulier par un cumul de réquisitions portant sur des lieux ou des périodes différents, la pratique de contrôles d'identité généralisés dans le temps ou dans l'espace : **Réserves.**

		– Absence de méconnaissance du principe d'égalité devant la procédure pénale (DDH, art. 6). Les dispositions contestées n'instituent par elles-mêmes aucune différence de traitement dès lors que toute personne se trouvant sur les lieux et pendant la période déterminés par la réquisition du procureur de la République peut être soumise à un contrôle d'identité. En outre, la mise en œuvre des contrôles ainsi confiés par la loi à des autorités de police judiciaire doit s'opérer en se fondant exclusivement sur des critères excluant toute discrimination de quelque nature que ce soit entre les personnes. – Absence d'atteinte au droit à un recours juridictionnel (DDH, art. 16). La personne qui a fait l'objet d'un contrôle d'identité peut, en cas de poursuites pénales subséquentes à ce contrôle ou en cas de placement en rétention administrative, contester, par voie d'exception, la légalité de ce contrôle devant le juge judiciaire. Par ailleurs, même en l'absence de telles suites, la légalité d'un contrôle d'identité peut être contestée devant le juge judiciaire dans le cadre d'une action en responsabilité à l'encontre de l'État. – Les dispositions contestées du CESEDA ne sauraient autoriser le recours à des contrôles d'identité sur le fondement du 6e al. de l'art. 78-2 ou de l'art. 78-2-2 C. pr. pén. aux seules fins de contrôler la régularité du séjour des personnes contrôlées. – **Conformité sous réserves.** – **Décision de renvoi :** Crim., QPC, 18 oct. 2016, n°s 16-90.022 P et 06-90.023. – **Applications de la décision :** – Civ. 1re, 14 mars 2018, n° 17-14.424 P : *D. 2018. 620.* – Civ. 1re, 5 sept. 2018, n° 17-22.507 P : *AJDA 2018. 1702 ; D. 2018. 1758.*
2017	24 janv.	**Délit de communication irrégulière avec un détenu** **2016-608 QPC.** Mme Audrey J. : *JO 24 janv. ; D. 2017. 216 ; AJ pénal 2017. 130, obs. Evans ; NCCC 2017, n°s 55-56, p. 167, chron. Peltier ; RFDC 2017. 724, note Perrier ; LPA 2018, n°s 66-67, p. 15, note Tellier-Cayrol* : – **C. pén., art. 434-35, al. 1er, mots : « ainsi que de communiquer par tout moyen avec une personne détenue, en dehors des cas autorisés par les règlements »** (dans sa rédaction résultant de la L. n° 2003-239 du 18 mars 2003 pour la sécurité intérieure). – Méconnaissance du principe de légalité des délits et des peines (DDH, art. 8 et Const. 58, art. 34). S'il est possible au législateur de fixer les règles relatives à la communication avec les détenus compte tenu des contraintes inhérentes à la détention, il s'en est remis en l'espèce au pouvoir réglementaire pour déterminer la portée du délit de communication irrégulière avec une personne détenue. Le législateur n'a pas fixé lui-même le champ d'application de la loi pénale. – **Non-conformité à compter de la date de la publication de la Décis.** – **Décision de renvoi :** Crim., QPC, 19 oct. 2016, n° 16-81.743. – **Application de la décision :** Crim. 21 juin 2017, n° 16-81.743.

2017	27 janv.	**Crédit d'impôt collection** **2016-609 QPC.** Sté Comptoir de Bonneterie Rafco : *JO 3 févr. ; D. 2017. 214* : – **CGI, art. 244 *quater* B, § II, h, al. 1er, mot « industrielles »** (dans sa rédaction résultant de la LFR n° 2007-1824 du 25 déc. 2007). – Absence d'atteinte aux principes d'égalité devant les charges publiques (DDH, art. 6 et 13). Les dispositions contestées permettent aux entreprises industrielles du secteur « textile-habillement-cuir » de bénéficier d'un crédit d'impôt au titre des dépenses exposées pour l'élaboration de nouvelles collections. En adoptant ces dispositions, le législateur a entendu, par l'octroi d'un avantage fiscal, soutenir l'industrie manufacturière en favorisant les systèmes économiques intégrés qui allient la conception et la fabrication de nouvelles collections. En réservant le bénéfice de cet avantage aux entreprises industrielles, qui sont dans une situation différente des entreprises commerciales, le législateur s'est fondé sur un critère objectif et rationnel en rapport avec l'objet de la loi. – **Conformité.** – **Décision de renvoi :** CE, QPC, 27 oct. 2016, *SAS Comptoir de Bonneterie Rafco*, n° 391678. – **Application de la décision :** CE 28 mars 2018, n° 391678.
2017	10 févr.	**Majoration de 25 % de l'assiette des contributions sociales sur les rémunérations et avantages occultes** **2016-610 QPC.** Époux G. : *JO 12 févr. ; D. 2017. 355 ; AJDA 2017. 1177, note Testard* : – **CSS, art. L. 136-6, § I, *c*** (dans sa rédaction résultant de la L. n° 2008-1425 du 27 déc. 2008 de finances pour 2009). – Absence de méconnaissance du principe d'égalité devant les charges publiques (DDH, art. 13). ***Toutefois***, les dispositions contestées ne sauraient, sans méconnaître ce principe, être interprétées comme permettant l'application du coefficient multiplicateur de 1,25 prévu au 1er al. du 7 de l'art. 158 CGI pour l'établissement des contributions sociales assises sur les rémunérations et avantages occultes mentionnés au *c* de l'art. 111 du même code. – **Conformité sous réserve.** – **Décision de renvoi :** CE, QPC, 2 déc. 2016, n° 403171. – **Applications de la décision :** – CE 30 janv. 2019, n° 408469. – CE 26 juill. 2018, n° 402716. – CE 24 mai 2017, n° 408725. – CE 9 mai 2017, n° 407999 A : *AJDA 2017. 966.*
2017	10 févr.	**Délit de consultation habituelle de sites internet terroristes** **2016-611 QPC.** M. David. P. : *JO 12 févr. ; D. 2017. 354 ; ibid. 1134, note Mayaud ; AJDA 2017. 433, Goesel-Le Bihan ; AJ pénal 2017. 237, obs. Alix ; Dalloz IP/IT 2017. 289, obs. Quéméner ; Constitutions 2017. 91, chron. Cappello ; JCP N 2017, n° 8, p. 19 ; JCP 2017, n° 13, p. 613, note Gogorza et de Lamy ; ibid. 2018, n° 4, p. 153, chron. Mathieu et Cassard-Valembois ; NCCC 2017, nos 55-56, p. 129, chron. Bonnet et Roblot-Troizier ; Gaz. Pal. 2017, n° 25, p. 34, note Salles ; RFDC 2017.*

		724, note Catelan ; Dr. pén. 2017, n° 6, p. 35, note Conte ; RTDH 2017, n° 111, p. 681, note Gonzales ; RSC 2017, n° 2, p. 385, note de Lamy ; LPA 2018, n°s 66-67, p. 16, note Gicquel ; Rapp. Cons. const. 2017, p. 46 : – **C. pén., art. 421-2-5-2** (dans sa rédaction issue de la L. n° 2016-731 du 3 juin 2016 renforçant la lutte contre le crime organisé, le terrorisme et leur financement, et améliorant l'efficacité et les garanties de la procédure pénale). – Méconnaissance de la liberté de communication et d'opinion (DDH, art. 11). Les autorités administrative et judiciaire disposent, indépendamment de l'article contesté, de nombreuses prérogatives, non seulement pour contrôler les services de communication au public en ligne provoquant le terrorisme ou en faisant l'apologie et réprimer leurs auteurs, mais aussi pour surveiller une personne consultant ces services et pour l'interpeller et la sanctionner lorsque cette consultation s'accompagne d'un comportement révélant une intention terroriste, avant même que ce projet soit entré dans sa phase d'exécution. Par ailleurs, les dispositions répriment d'une peine de 2 ans d'emprisonnement le simple fait de consulter à plusieurs reprises un service de communication au public en ligne, quelle que soit l'intention de l'auteur de la consultation, dès lors que cette consultation ne résulte pas de l'exercice normal d'une profession ayant pour objet d'informer le public, qu'elle n'intervient pas dans le cadre de recherches scientifiques ou qu'elle n'est pas réalisée afin de servir de preuve en justice. Enfin, le législateur a exclu la pénalisation de la consultation effectuée de « bonne foi », les travaux parlementaires ne permettent pas de déterminer la portée que le législateur a entendu attribuer à cette exemption alors même que l'incrimination instituée ne requiert pas que l'auteur des faits soit animé d'une intention terroriste. – **Non-conformité** à compter de la publication de la Décis. – **Décision de renvoi :** Crim., QPC, 29 nov. 2016, n° 16-90.024. – **Applications de la décision :** L. n° 2017-258 du 28 févr. 2017, art. 24. V. aussi 2017-682 QPC du 15 déc. 2017.
2017	24 févr.	**Dégrèvement de la taxe foncière sur les propriétés bâties en cas de vacance d'une maison normalement destinée à la location ou d'inexploitation d'un immeuble utilisé par le contribuable lui-même** **2016-612 QPC.** SCI Hyéroise : *JO 25 févr. ; D. 2017. 510 ; AJDI 2017. 537 ; ibid. 493, étude Maublanc ; RFDA 2017. 882, note Haulbert ; NCCC 2017, n°s 55-56, p. 136, chron. Bonnet et Roblot-Troizier ; Gaz. Pal. 2017, n° 25, p. 35, note Richaud :* – **CGI, art. 1389, § I** (dans sa rédaction résultant de la L. n° 2000-1352 du 30 déc. 2000 de finances pour 2001). – Absence de méconnaissance de l'autorité de la chose jugée (Cons. const. 29 juill. 1998, n° 98-403 DC et Cons. const. 29 déc. 2012, n° 2012-662 DC). La taxe annuelle sur les logements vacants est un impôt incitatif visant à encourager les redevables à proposer des logements à la location. La taxe foncière sur les propriétés bâties frappe ces propriétés en raison de leur existence même et sans considération de leur utilisation. Par conséquent, les dispositions contestées, qui instituent un dégrèvement de cette dernière taxe en cas de vacance

		d'une maison ou d'inexploitation d'un immeuble, n'ont pas un objet analogue à celles relatives à la taxe annuelle sur les logements vacants, sur lesquelles le Cons. const. s'est prononcé dans ses décisions préc. – Absence de méconnaissance des principes d'égalité devant la loi et devant les charges publiques (DDH, art. 6 et 13). Il résulte de la décision du CE du 30 mars 2007, n° 278540, que les emplacements de stationnement situés au pied d'un immeuble d'habitation, qui sont soumis à la taxe foncière sur les propriétés bâties sur le fondement du 4° de l'art. 1381 CGI, n'ouvrent pas droit au dégrèvement prévu par les dispositions contestées en cas de vacance lorsqu'ils font l'objet d'un bail autonome. Les locaux à usage d'habitation ne sont pas placés dans la même situation que les emplacements de stationnement. En limitant aux premiers le bénéfice du dégrèvement, le législateur a entendu prendre en compte le coût qu'il a estimé plus élevé de la vacance de tels locaux. Par ailleurs, les dispositions contestées subordonnent le dégrèvement en cas d'inexploitation d'un immeuble à usage industriel ou commercial à la condition que le redevable utilise lui-même l'immeuble. Les locaux à usage d'habitation ne sont pas placés dans la même situation que les immeubles à usage commercial ou industriel. En subordonnant, pour ces derniers, le bénéfice du dégrèvement à une condition supplémentaire, le législateur a entendu prendre en compte la spécificité de la législation applicable en matière de baux commerciaux et celle des marchés immobiliers dont relèvent ces biens. – **Conformité.** – **Décision de renvoi :** CE, QPC, 8 déc. 2016, *Sté Hyéroise*, n° 400351. – **Application de la décision :** CE 14 juin 2017, *Sté Hyéroise*, n° 400351 B.
2017	24 févr.	**Recours subrogatoire des départements servant des prestations sociales** **2016-613 QPC.** Dpt d'Ille-et-Vilaine : *JO 25 févr. ; AJDA 2017. 442 ; D. 2017. 504 ; AJ fam. 2017. 162 ; RTD civ. 2017. 408, obs. Jourdain ; RCA 2017, n° 6, p. 16 :* – **L. n° 85-677 du 5 juill. 1985 tendant à l'amélioration de la situation des victimes d'accidents de la circulation et à l'accélération des procédures d'indemnisation, art. 29, al. 1er, mot : « Seules »** (dans sa rédaction résultant de la L. n° 94-678 du 8 août 1994 relative à la protection sociale complémentaire des salariés et portant transposition des directives nos 92-49 et 92-96 des 18 juin et 10 nov. 1992 du Conseil des communautés européennes). – Absence de méconnaissance des principes d'égalité devant la loi et devant les charges publiques (DDH, art. 6 et 13). Les tiers payeurs énumérés à l'art. 29 sont soit les employeurs de la victime, soit ceux qui, selon une logique assurantielle, lui servent des prestations en contrepartie des cotisations qu'elle leur a versées. En limitant à ces derniers les possibilités de recours subrogatoire pour les dommages résultant d'atteintes à la personne, le législateur a souhaité accélérer le cours des procédures judiciaires de réparation du préjudice subi par la victime. En effet, il a estimé que cette réparation était ralentie par la multiplication des actions subrogatoires susceptibles de s'exercer. Il a toutefois entendu concilier cet objectif avec la préservation des intérêts financiers de certains tiers payeurs chargés d'assurer l'indemnisation

		des victimes d'atteintes corporelles. Par ailleurs, le département, lorsqu'il verse la prestation de compensation du handicap, qui est une prestation d'aide sociale reposant sur la solidarité nationale, limitée à certaines dépenses découlant du handicap, n'est pas placé dans la même situation que les autres tiers payeurs qui versent les prestations énumérées à l'art. 29 de la L. du 5 juill. 1985. Il s'ensuit que la différence de traitement contestée par le département requérant est donc fondée sur une différence de situation et en rapport direct avec l'objet de la loi. De plus, les dispositions contestées ne privent pas le département de la possibilité de récupérer auprès du bénéficiaire de la prestation les sommes qui lui auraient été indûment versées. Elles n'interdisent pas non plus de tenir compte, pour le calcul du montant de la prestation de compensation du handicap, des besoins réels du bénéficiaire et des ressources dont il dispose, y compris des sommes reçues le cas échéant en indemnisation de son dommage. Enfin, les dispositions contestées se bornent à limiter à certains tiers payeurs et à certaines prestations les possibilités de recours subrogatoire consécutif à la réparation d'un dommage résultant d'une atteinte à la personne. Elles n'instaurent pas, par elles-mêmes, une différence de traitement, s'agissant de l'indemnisation reçue, entre les victimes de tels dommages. Cette différence de traitement, si elle existe, dépend des dispositions légales relatives aux prestations en cause, qui n'ont pas été soumises au Conseil constitutionnel. Par suite, le grief dirigé, sur le fondement de cette différence de traitement, contre les dispositions contestées est inopérant. – **Conformité.** – **Décision de renvoi :** CE, QPC, 7 déc. 2016, *Dpt d'Ille-et-Vilaine*, n° 403514 B : *AJDA 2016. 2410.*
2017	1er mars	**Imposition des revenus réalisés par l'intermédiaire de structures établies hors de France et soumises à un régime fiscal privilégié** **2016-614 QPC.** M. Dominique L. : *JO 3 mars ; D. 2017. 509 ; JCP N 2017, n° 10, p. 8 ; RD fisc. 2017, n° 11, p. 3, note Pelletier ; ibid., n° 21, p. 57, note Acard ; LPA 2017, n° 84, p 4, note Pando* : – **CGI, art. 123 *bis*, 3, al. 2 et 4 *bis*, mot : « , lorsque l'entité juridique est établie ou constituée dans un État de la Communauté européenne, »** (dans sa rédaction résultant de la L. n° 2009-1674 du 30 déc. 2009 de finances rectificative pour 2009). – Atteinte disproportionnée au principe d'égalité devant les charges publiques (DDH, art. 13) en ce qui concerne les mots : « , lorsque l'entité juridique est établie ou constituée dans un État de la Communauté européenne, » au CGI, art. 123 *bis* - 4 *bis*. En adoptant l'art. 123 *bis*, le législateur a poursuivi un but de lutte contre la fraude et l'évasion fiscales de personnes physiques qui détiennent des participations dans des entités principalement financières localisées hors de France et bénéficiant d'un régime fiscal privilégié. Ce but constitue un objectif de valeur constitutionnelle. Toutefois, l'exemption d'application de l'art. 123 *bis* en cas d'absence de montage artificiel visant à contourner la législation fiscale française ne bénéficie qu'aux entités localisées dans un État de l'Union européenne. Or, aucune autre disposition législative ne permet au contribuable d'être exempté de cette

		application en prouvant que la localisation de l'entité dans un autre État ou territoire n'a pas pour objet ou pour effet un tel contournement : non-conformité. – Absence d'atteinte au principe d'égalité devant la loi (DDH, art. 6) en ce qui concerne le 2^d al. du 3 de l'art. 123 *bis* CGI. Le législateur, eu égard aux insuffisances des échanges d'informations avec les États ou territoires n'ayant pas conclu de convention d'assistance administrative avec la France en vue de lutter contre la fraude et l'évasion fiscales, ou avec les États ou territoires non coopératifs au sens de l'art. 238-0 A CGI, a entendu remédier à la difficulté pour l'administration française de disposer des éléments nécessaires à la détermination du résultat imposable de l'entité juridique et au calcul des revenus réputés acquis par la personne physique. Compte tenu de la déclaration d'inconstitutionnalité des mots : « , lorsque l'entité juridique est établie ou constituée dans un État de la Communauté européenne, » au CGI, art. 123 *bis* - 4 *bis*, le contribuable pourra, quel que soit l'État ou le territoire dans lequel l'entité est localisée, être exempté de l'application de l'art. 123 *bis* en l'absence de montage artificiel visant à contourner la législation fiscale française. ***Toutefois***, les dispositions du 2^d al. du 3 de l'art. 123 *bis* CGI ne sauraient, sans porter une atteinte disproportionnée au principe d'égalité devant les charges publiques, faire obstacle à ce que le contribuable puisse être autorisé à apporter la preuve que le revenu réellement perçu par l'intermédiaire de l'entité juridique est inférieur au revenu défini forfaitairement en application de ces dispositions : réserve. – **Non-conformité des mots : « , lorsque l'entité juridique est établie ou constituée dans un État de la Communauté européenne, » du CGI, art. 123 bis - 4 *bis* à compter de la date de la publication de la décis. et réserve concernant le 2^d al. du 3 de l'art. 123 *bis* CGI**. – **Décision de renvoi :** CE, QPC, 15 déc. 2016, n° 404270. – **Applications de la décision :** – CE 28 janv. 2019, n° 407421 B. – CE 7 juill. 2017, n° 410620 B. – CE 17 mai 2017, n° 404270 A : *AJDA 2017. 1755 ; AJ fam. 2017. 437, obs. Paillard.*
2017	9 mars	**Rattachement à un autre régime de sécurité sociale et assujettissement du patrimoine à la CSG** **2016-615 QPC.** Épx V. : *JO 11 mars ; D. 2017. 578 ; RD fisc. 2017, n° 12, p. 3, note Cabannes ; ibid., n° 21, p. 96, note Maitrot de la Motte ; NCCC 2017, n°s 55-56, p. 251, chron. Austry ; LPA 2017, n° 82, p. 4, note Perrotin :* – **CSS, art. L. 136-6, I, *c)* et *e)*, al. 1er** (dans sa rédaction résultant de la L. n° 2006-1771 du 30 déc. 2006 de finances rectificative pour 2006). – Le Cons. const. a déjà déclaré conforme à la Const. 58 le *c* du § I de l'art. L. 136-6 CSS (10 févr. 2017, n° 2016-610 QPC), dans sa rédaction résultant de la loi du 27 déc. 2008. Les dispositions sont identiques à celles contestées par les requérants dans la présente QPC. Ainsi, et en l'absence d'un changement de circonstances, il n'y a pas lieu pour le Conseil constitutionnel d'examiner la demande.

		– Absence d'atteinte au principe d'égalité devant la loi et au principe d'égalité devant les charges publiques (DDH, art. 6 et 13) concernant le 1er al. du *e* du § I de l'art. L. 136-6 CSS. Ces dispositions ont pour objet d'assurer le financement de la protection sociale dans le respect du droit de l'UE qui exclut leur application aux personnes relevant d'un régime de sécurité sociale d'un autre État membre de l'Union. Au regard de cet objet, il existe une différence de situation, qui découle notamment du lieu d'exercice de leur activité professionnelle, entre ces personnes et celles qui sont affiliées à un régime de sécurité sociale d'un État tiers. La différence de traitement établie par les dispositions contestées est ainsi en rapport direct avec l'objet de la loi. – **Conformité.** – **Décision de renvoi :** CE, QPC, 15 déc. 2016, n° 401716. – **Applications de la décision :** – CE 5 mars 2018, n° 400329. – CE 24 mai 2017, n° 408725.
2017	9 mars	**Procédure de sanction devant la Commission nationale des sanctions** **2016-616/617 QPC.** Sté Barnes et a. : *JO 11 mars ; D. 2017. 564 ; AJ pénal 2017. 233, obs. Clément ; Constitutions 2017. 278, chron. Le Bot ; NCCC 2017, n*[os] *55-56, p. 275, chron. Surrel ; RFDC 2017. 740, note Catelan* : – **C. mon. fin., art. L. 561-41** (dans sa rédaction résultant de la L. n° 2009-526 du 12 mai 2009 de simplification et de clarification du droit et d'allègement des procédures), **et l'art. L. 561-42** (dans sa rédaction issue de l'Ord. n° 2009-104 du 30 janv. 2009 relative à la prévention de l'utilisation du système financier aux fins de blanchiment de capitaux et de financement du terrorisme). – Atteinte au principe de séparation des pouvoirs, d'impartialité (DDH, art. 16). La Commission nationale des sanctions est une autorité administrative dotée d'un pouvoir de sanction, qui n'est pas soumise au pouvoir hiérarchique d'un ministre. Elle doit en conséquence respecter les exigences d'impartialité découlant de l'art. 16 DDH. En application des dispositions contestées, il revient à la Commission nationale des sanctions de notifier les griefs à la personne mise en cause puis de statuer par une décision motivée, sans que la loi distingue la phase de poursuite et celle de jugement. Ces dispositions n'opèrent aucune séparation au sein de la Commission nationale des sanctions entre, d'une part, les fonctions de poursuite et d'instruction des éventuels manquements et, d'autre part, les fonctions de jugement de ces mêmes manquements. – **Non-conformité à compter de la date de publication de la Décis.** – **Décisions de renvoi :** CE, QPC, 16 déc. 2016, *Sté Barnes et a.*, n°s 403627 et 401589. – **Application de la décision :** CE 19 mai 2017, *Sté Barnes et a.*, n° 401589.
2017	16 mars	**Amende pour défaut de déclaration de trusts ouverts, utilisés ou clos à l'étranger** **2016-618 QPC.** Mme Michelle Theresa B. : *JO 17 mars ; D. 2017.*

		650 ; NCCC 2017, nos 55-56, p. 216, chron. Piazzon ; RFDC 2017. 744, note Catelan ; RD fisc. 2017, n° 21, p. 102, note Jacquot ; LPA 2017, n° 84, p. 4, note Pando ; Dr. pénal 2017, n° 5, p. 54, note Peltier ; RDLC 2014, n° 4, p. 179 : – **CGI, art. 1736, § IV *bis*** (dans ses rédactions, d'une part, issue de la L. n° 2011-900 du 29 juill. 2011 de finances rectificative pour 2011 et, d'autre part, résultant de la L. n° 2013-1117 du 6 déc. 2013 relative à la lutte contre la fraude fiscale et la grande délinquance économique et financière). – Méconnaissance des principes de proportionnalité et d'individualisation des peines (DDH, art. 8) des mots « ou, s'il est plus élevé, d'un montant égal à 5 % des biens ou droits placés dans le trust ainsi que des produits qui y sont capitalisés » figurant au § IV *bis* de l'art. 1736 CGI, dans sa rédaction issue de la L. du 29 juill. 2011 ainsi que les mots « ou, s'il est plus élevé, d'un montant égal à 12,5 % des biens ou droits placés dans le trust ainsi que des produits qui y sont capitalisés » figurant au même § IV *bis*, dans sa rédaction résultant de la L. du 6 déc. 2013. En effet, en prévoyant une amende dont le montant, non plafonné, est fixé en proportion des biens ou droits placés dans le trust ainsi que des produits qui y sont capitalisés, pour un simple manquement à une obligation déclarative, même lorsque les biens et droits placés dans le trust n'ont pas été soustraits à l'impôt, le législateur a instauré une sanction manifestement disproportionnée à la gravité des faits qu'il a entendu réprimer. – **Non-conformité des mots « ou, s'il est plus élevé, d'un montant égal à 5 % des biens ou droits placés dans le trust ainsi que des produits qui y sont capitalisés » figurant au § IV *bis* de l'art. 1736 CGI, dans sa rédaction issue de la L. du 29 juill. 2011 ainsi que les mots « ou, s'il est plus élevé, d'un montant égal à 12,5 % des biens ou droits placés dans le trust ainsi que des produits qui y sont capitalisés » figurant au même § IV *bis*, dans sa rédaction résultant de la L. du 6 déc. 2013, avec effet à compter de la publication de la Décis.** Toutefois, la non-conformité ne peut être invoquée dans les instances jugées définitivement à cette date ni pour remettre en cause des transactions devenues définitives. – **Décision de renvoi** : CE, QPC, 23 déc. 2016, n° 405025. – **Application de la décision :** CAA Paris, 22 mars 2018, n° 16PA03478.
2017	16 mars	**Remboursement des fonds de formation professionnelle continue en cas d'inexécution** **2016-619 QPC.** Sté Segula Matra Automotive : *JO 17 mars ; D. 2017. 651 ; Dr. ouvrier 2017, n° 831, note Gahdoun* : – **C. trav., art. L. 6362-7-1** (dans sa rédaction issue de la L. n° 2009-1437 du 24 nov. 2009 relative à l'orientation et à la formation professionnelle tout au long de la vie). – Absence de méconnaissance du principe d'individualisation des peines (DDH, art. 8). Si les employeurs ou les organismes prestataires d'actions de formation ne peuvent justifier de la réalité des actions de formation conduites, celles-ci sont réputées ne pas avoir été exécutées et donnent lieu à remboursement de l'organisme ou de la collectivité qui les a financées pour les premiers, du cocontractant pour les seconds. Ces

		remboursements interviennent dans le délai fixé à l'intéressé pour faire valoir ses observations sur les résultats du contrôle. Selon l'al. 2 de l'art. L. 6362-7-1, en cas de non-respect de cette obligation, la personne objet du contrôle est tenue de verser au Trésor public, par décision de l'autorité administrative, une somme équivalente aux remboursements non effectués. Cet al. 2 institue donc une sanction ayant le caractère d'une punition. La sanction contestée réprime le défaut de remboursement des sommes versées pour financer des actions de formation professionnelle continue n'ayant pas été exécutées. En assurant ainsi l'effectivité du remboursement, y compris lorsque le créancier ne réclame pas ce remboursement, le législateur a entendu garantir la bonne exécution des actions de formation professionnelle continue. Par ailleurs, en instituant une amende d'un montant égal aux sommes non remboursées, il a, s'agissant d'un manquement à une obligation de restituer des fonds, instauré une sanction dont la nature présente un lien avec celle de l'infraction. ***Toutefois***, les dispositions contestées ne sauraient, sans méconnaître le principe de proportionnalité des peines, être interprétées comme permettant de sanctionner un défaut de remboursement lorsqu'il s'avère que les sommes ne sont pas dues. – **Conformité sous réserve.** – **Décision de renvoi :** CE, QPC, 9 déc. 2016, *Sté Segula Matra Automotive*, n° 403559. – **Application de la décision :** CE 7 mars 2018, n° 407876.
2017	16 mars	**Durée maximale de l'assignation à résidence dans le cadre de l'état d'urgence** **2017-624 QPC.** M. Sofiyan I. : *JO 17 mars ; D. actu. 20 mars 2017, note de Montecler ; AJDA 2017. 597 ; ibid. 1464, note Le Bot ; D. 2017. 649 ; ibid. 1162, note Cassia ; NCCC 2017, n°s 55-56, p. 140, chron. Bonnet et Roblot-Troizier ; ibid., p. 276, chron. Surrel ; Gaz. Pal. 2017, n° 25, p. 36, note Richaud ; Dr. adm. 2017, p. 36, note Éveillard ; LPA 2018, n°s 66-67, p. 16, note Gicquel ; Rapp. Cons. const. 2017, p. 44* : – **L. n° 55-385 du 3 avr. 1955 relative à l'état d'urgence, art. 5, al. 11 à 14** (dans sa rédaction résultant de la L. n° 2016-1767 du 19 déc. 2016 prorogeant l'application de la L. n° 55-385 du 3 avr. 1955) **et de l'art. 2, § II de la L. du 19 déc. 2016**. – Méconnaissance du principe d'impartialité et du droit à exercer un recours juridictionnel effectif (DDH, art. 16). Les dispositions contestées attribuent au Conseil d'État statuant au contentieux la compétence d'autoriser, par une décision définitive et se prononçant sur le fond, une mesure d'assignation à résidence sur la légalité de laquelle il pourrait ultérieurement avoir à se prononcer comme juge en dernier ressort : **non-conformité**. – Absence d'atteinte à la liberté d'aller et de venir (DDH, art. 2 et 4). La durée d'une mesure d'assignation à résidence ne peut en principe excéder 12 mois, consécutifs ou non. Au-delà de cette durée, une telle mesure ne peut être renouvelée que par périodes de 3 mois. ***Toutefois***, au-delà de 12 mois, une mesure d'assignation à résidence ne saurait, sans porter une atteinte excessive à la liberté d'aller et de venir, être renouvelée que sous réserve, **d'une part**, que le comportement de la personne en cause constitue une menace d'une particulière gravité pour

		la sécurité et l'ordre publics, **d'autre part**, que l'autorité administrative produise des éléments nouveaux ou complémentaires, et **enfin** que soient prises en compte dans l'examen de la situation de l'intéressé la durée totale de son placement sous assignation à résidence, les conditions de celle-ci et les obligations complémentaires dont cette mesure a été assortie : **réserves.** **– Non-conformité des mots : « demander au juge des référés du Conseil d'État l'autorisation de » figurant à la 1re phrase du 13 al. de l'art. 6 de la L. n° 55-385 du 3 avr. 1955 relative à l'état d'urgence dans sa rédaction résultant de la L. n° 2016-1767 du 19 déc. 2016 prorogeant l'application de la L. n° 55-385 du 3 avr. 1955, les 2e et 3e phrases du même al. ainsi que les mots « autorisée par le juge des référés » figurant à la 4e phrase de cet al. ; la dernière phrase du § II de l'art. 2 de la L. du 19 déc. 2016, à la date de la publication de la Décis.** **– Conformité sous réserve des 11e, 12e, 14e al. et des autres dispositions du 13e al. de l'art. 6 de la L. n° 55-385 du 3 avr. 1955 dans sa rédaction résultant de la L. n° 2016-1767 du 19 déc. 2016 prorogeant l'application de la L. n° 55-385 du 3 avr. 1955 et des autres dispositions du § II de l'art. 2 de la loi du 19 déc. 2016.** **– Décision de renvoi :** CE, QPC, 20 janv. 2017, n° 406614 : *AJDA 2017. 80.* **– Applications de la décision :** – CE, ord., 31 oct. 2017, n° 415277. – CE 29 juin 2017, n° 406614. – CE, ord., 19 juin 2017, n°s 411588 et 411587. – CE, ord., 25 avr. 2017, n° 409677 A : *AJDA 2017. 840.* – CE, ord., 17 mars 2017, n° 408899.
2017	30 mars	**Taxe sur la publicité diffusée par les chaînes de télévision** **2016-620 QPC.** Sté EDI-TV : *JO 1er avr. ; D. 2017. 765 ; Constitutions 2017. 276, chron. Le Bot* : **– CGI, art. 302 *bis* KG, 1re phrase, § II, mots « ou aux régisseurs de messages publicitaires »** (dans sa rédaction résultant de la L. n° 2013-1028 du 15 nov. 2013 relative à l'indépendance de l'audiovisuel public). – Méconnaissance du principe d'égalité devant les charges publiques (DDH, art. 13). Les dispositions contestées incluent dans l'assiette de la taxe dont sont redevables les éditeurs de services de télévision les sommes versées par les annonceurs aux régisseurs de messages publicitaires. Elles ont ainsi pour effet de soumettre un contribuable à une imposition dont l'assiette inclut des revenus dont il ne dispose pas. **– Non-conformité à compter de la date de publication de la Décis. Toutefois, elle ne peut être invoquée à l'encontre des impositions qui n'ont pas été contestées avant cette date.** **– Décision de renvoi :** CE, QPC, 23 déc. 2016, n° 404690.
2017	30 mars	**Cumul des sanctions : contribution spéciale et sanction pénale en cas d'emploi illégal d'un travailleur étranger** **2016-621 QPC.** Sté Clos Teddi et a. : *JO 1er avr. ; D. 2017. 765 ; Constitutions 2017. 296, chron. Pouly ; RSC 2017. 325, obs. Cerf-Hollender ; ibid. 296, note Imbert ; NCCC 2017, n°s 55-56, p. 276,*

		chron. Surrel ; RFDC 2017. 745, note Catelan ; Gaz. pal. 2017, n° 26, p. 21, note Mayel : – **C. trav., art. L. 8253-1, al. 1er** (dans sa rédaction résultant de la L. n° 2012-1509 du 29 déc. 2012 de finances pour 2013). – Absence d'atteinte au principe de nécessité et de proportionnalité des peines (DDH, art. 8). Les sanctions pécuniaires pouvant être prononcées contre l'employeur d'étrangers non autorisés à travailler, sur le fondement des dispositions contestées et de l'art. L. 8256-2 C. trav., sont comparables dans leur montant. En revanche, le juge pénal peut condamner l'auteur d'une telle infraction à une peine d'emprisonnement ou, s'il s'agit d'une personne morale, à une peine de dissolution, ainsi qu'à plusieurs peines complémentaires. Il en résulte que les faits prévus et réprimés par les articles précités doivent être regardés comme susceptibles de faire l'objet de sanctions de nature différente. – **Conformité**. – **Décision de renvoi** : CE, QPC, 28 déc. 2016, *EARL Clos Teddi*, n° 404240. – **Applications de la décision :** – CAA Lyon, 22 oct. 2018, n° 17LY02781 . – CAA Versailles, 3 oct. 2017, nos 15VE03014, 16VE00223, 15VE01812.
2017	30 mars	**Remboursement du versement destiné aux transports** **2016-622 QPC.** Sté SNF : *JO 1er avr. ; D. 2017. 764 ; AJDA 2017. 716 ; AJCT 2017. 463, obs. Clémence* : – **CGCT, art. L. 2333-70, § I** (dans sa rédaction résultant de la L. n° 2009-1674 du 30 déc. 2009 de finances rectificative pour 2009). – Absence d'atteinte aux principes d'égalité devant la loi et devant les charges publiques (DDH, art. 6 et 13) concernant le 1° de l'art. L. 2333-70, § I. La différence de traitement est fondée sur la différence de situation existant entre, d'une part, les employeurs qui organisent le logement de leurs salariés sur le lieu de travail ou qui prennent en charge intégralement et à titre gratuit leur transport collectif et, d'autre part, ceux qui ne supportent aucune de ces charges. En instituant cette différence de traitement, le législateur s'est fondé sur des critères objectifs et rationnels, en rapport direct avec l'objet des dispositions contestées, qui est de tenir compte du fait que certains salariés n'ont pas à utiliser les transports publics collectifs, grâce à la politique conduite par leurs employeurs. – Absence de méconnaissance par le législateur de sa propre compétence (Const. 58, art. 34). Les dispositions du 2° de l'art. L. 2333-70, § I CGCT n'ont ainsi ni pour objet ni pour effet de permettre aux communes ou à leurs groupements de fixer l'assiette de l'impôt contribuable par contribuable. – **Conformité**. – **Décision de renvoi** : CE, QPC, 28 déc. 2016, *Sté SNF*, n° 403900. – **Application de la décision :** CAA Lyon, 22 mars 2018, n° 16LY01303.
2017	7 avr.	**Secret professionnel et obligation de discrétion du défenseur syndical**

		2017-623 QPC. Conseil national des barreaux : *JO 9 avr. ; D. 2017. 824 ; JCP 2017, n° 14, p. 826 ; NCCC 2017, n° 57, p. 181, chron. Bonis et Peltier ; ibid., p. 198, chron. Piazzon ; Procédures, 2017, n° 7, p. 19, note Bugada ; Gaz. Pal. 2017, n° 28, p. 48, note Ponseille :* — **C. trav., art. L. 1453-8, al. 1er et 2** (dans sa rédaction issue de la L. n° 2015-990 du 6 août 2015 pour la croissance, l'activité et l'égalité des chances économiques). — Absence de méconnaissance du principe d'égalité devant la justice (DDH, art. 6). Il existe des garanties équivalentes quant au respect des droits de la défense et de l'équilibre des droits des parties lorsqu'elles sont représentées ou par un avocat ou par un défenseur syndical. — **Conformité.** — **Décision de renvoi :** CE, QPC, 18 janv. 2017, *CNB*, n° 401742.
2017	7 avr.	**Entreprise individuelle terroriste** **2017-625 QPC.** M. Amadou S. : *JO 9 avr. ; D. 2017. 819 ; ibid. 1180, note Catelan et Perrier ; ibid. 1134, point de vue Mayaud ; AJ pénal 2017. 237 ; ibid. 237, note Alix ; RSC 2017. 385, obs. de Lamy ; Constitutions 2017. 267, chron. Ponseille ; JCP 2017, n° 24, p. 1148, note Pellé ; NCCC 2017, n° 57, p. 182, chron. Bonis et Peltier ; LPA 2018, nos 66-67, p. 16, note Gicquel ; RFDC 2018. 206, note Catelan ; Rapp. Cons. const. 2017, p. 47 :* — **C. pén., art. 421-2-6 et 421-5, al. 4** (dans leur rédaction issue de la L. n° 2014-1353 du 13 nov. 2014 renforçant les dispositions relatives à la lutte contre le terrorisme). — Absence de méconnaissance du principe de légalité des délits et des peines (DDH, art. 8). Les infractions dont la commission doit être préparée pour que le délit, consistant en la préparation, de manière individuelle, de la commission d'un acte terroriste soit constitué, sont clairement définies par le § II de l'art. 421-2-6 et par les dispositions du C. pén. auxquelles cet article renvoie. Par ailleurs, le Conseil constitutionnel a déjà jugé dans sa décision du 3 sept. 1986 (n° 86-213 DC) que la notion d'entreprise individuelle ayant pour but de troubler gravement l'ordre public par l'intimidation ou la terreur est énoncée en des termes d'une précision suffisante pour qu'il n'y ait pas méconnaissance du principe de légalité des délits et des peines. Enfin, les faits matériels susceptibles de caractériser un acte préparatoire sont également définis avec suffisamment de précision pour que les comportements incriminés soient clairement identifiables. — Méconnaissance des principes de nécessité des délits et des peines et de proportionnalité des peines (DDH, art. 8) concernant les mots « de rechercher, » figurant au 1° du § I de l'art. 421-2-6 C. pén. : en retenant au titre des faits matériels pouvant constituer un acte préparatoire le fait de « rechercher ... des objets ou des substances de nature à créer un danger pour autrui », sans circonscrire les actes pouvant constituer une telle recherche dans le cadre d'une entreprise individuelle terroriste, le législateur a permis que soient réprimés des actes ne matérialisant pas, en eux-mêmes, la volonté de préparer une infraction. — Absence de méconnaissance des principes de nécessité des délits et des peines et de proportionnalité des peines (DDH, art. 8) concernant le reste de l'art. 421-2-6 et l'al. 4 de l'art. 421-5 C. pén. ***Toutefois***, le délit réprimé par les dispositions de l'art. 421-2-6 C. pén. ne peut être

		constitué que si plusieurs faits matériels ont été constatés et que s'il est établi que ces faits caractérisent la préparation d'une infraction à caractère terroriste. A cet égard, la preuve de l'intention de l'auteur des faits de préparer une infraction en relation avec une entreprise individuelle terroriste ne saurait, sans méconnaître le principe de nécessité des délits et des peines, résulter des seuls faits matériels retenus comme actes préparatoires, au titre des 1° et 2° du § I de l'art. 421-2-6 C. pén. Enfin, ces faits matériels doivent corroborer cette intention. – **Non-conformité des mots « de rechercher, » figurant au 1° du § I de l'art. 421-2-6 C. pén. avec effet à compter de la date de publication de la Décis. ; conformité sous réserve pour le reste de l'art. 421-2-6 C. pén. et conformité de l'art. 421-5 C. pén.** – **Décision de renvoi :** Crim., QPC, 25 janv. 2017, n° 16-90.030. – **Application de la décision :** L. n° 2019-222 du 23 mars 2019, art. 67.
2017	28 avr.	**Application des procédures collectives aux agriculteurs** **2017-626 QPC.** Sté La Noé père et fils : *JO 29 avr. ; D. 2017. 975 ; RTD com. 2018. 203, obs. Poujade ; NCCC 2017, n° 57, p. 209, chron. Piazzon ; LPA 2018, n°s 66-67, p. 13, note Juredieu* : – **C. rur, art. L. 351-8, 2de phrase** (dans sa rédaction issue de la L. n° 93-934 du 22 juill. 1993 relative à la partie législative du livre III (nouveau) du code rural). – Absence d'atteinte au principe d'égalité (DDH, art. 6). La 2de phrase de l'art. L. 351-8 C. rur. se borne à préciser dans quel sens doit être entendu le terme « agriculteur » pour l'application de la L. n° 85-98 du 25 janv. 1985 relative au redressement et à la liquidation judiciaires des entreprises. Depuis la codification des dispositions de cette loi au livre VI C. com., la définition prévue à l'art. L. 351-8 C. rur. s'applique aux dispositions de ce livre, en particulier à l'art. L. 626-12 C. com. Cette définition ne crée, en elle-même, aucune différence de traitement entre les agriculteurs personnes physiques et les agriculteurs personnes morales. La différence de traitement alléguée par la société requérante, à supposer qu'elle existe, ne pourrait résulter que de l'art. L. 626-12 C. com., qui n'a pas été soumis au Cons. const. – **Conformité.** – **Décision de renvoi :** Com., QPC., 2 févr. 2017, n° 16-21.032. – **Application de la décision :** Com. 29 nov. 2017, n° 16-21.032 P : *D. 2017. 2421, obs. Lienhard ; RTD com. 2018. 203, obs. Poujade.*
2017	28 avr.	**Contribution patronale sur les attributions d'actions gratuites** **2017-627/628 QPC.** Sté Orange : *JO 29 avr. ; D. 2017. 989 ; JCP S 2017, n° 24, p. 19, note Dorin* : – **CSS, art. L. 137-13, § II, 2de phrase** (dans sa rédaction issue de la L. n° 2007-1786 du 19 déc. 2007 de financement de la sécurité sociale pour 2008). – Absence de méconnaissance du principe d'égalité devant les charges publiques (DDH, art. 13). En instituant la contribution patronale sur les attributions d'actions gratuites, le législateur a entendu que ce complément de rémunération, exclu de l'assiette des cotisations de sécurité sociale en application de l'art. L. 242-1 CSS, participe au

		financement de la protection sociale. ***Toutefois***, s'il est loisible au législateur de prévoir l'exigibilité de cette contribution avant l'attribution effective, il ne peut, sans créer une rupture caractérisée de l'égalité devant les charges publiques, imposer l'employeur à raison de rémunérations non effectivement versées. Dès lors, les dispositions contestées ne sauraient faire obstacle à la restitution de cette contribution lorsque les conditions auxquelles l'attribution des actions gratuites était subordonnée ne sont pas satisfaites : **réserve**. – Absence de méconnaissance du principe d'égalité devant la loi (DDH, art. 6). En prévoyant une seule date d'exigibilité, que les actions gratuites soient ou non effectivement attribuées, le législateur n'a institué aucune différence de traitement. – **Conformité sous réserve.** – **Décisions de renvoi :** CE, QPC, 8 févr. 2017, *Sté Orange*, n° 405102 B et Civ. 2e, QPC, 9 févr. 2017, n° 16-21.686. – **Applications de la décision :** – CE 7 mars 2018, n° 405102. – Civ. 2e, 12 oct. 2017, n° 16-21.686 P.
2017	19 mai	**Taux effectif de la CVAE pour les sociétés membres de groupes fiscalement intégrés** **2017-629 QPC.** Sté FB Finance : *JO 20 mai ; D. 2017. 1118 ; RD fisc. 2017, n° 21, p. 5, note Pelletier ; ibid., n° 26, p. 46, note Philippe et Zaghdoun ; LPA 2017, n° 122, p. 4, note Perrotin ; NCCC 2017, n° 57, p. 229, chron. Austry* : – **CGI, art. 1586 *quater*, § I *bis*, al. 1er** (dans sa rédaction résultant de la L. n° 2010-1657 du 29 déc. 2010 de finances pour 2011). – Méconnaissance du principe d'égalité devant la loi (DDH, art. 6). Le critère retenu par le législateur pour fonder la différence de traitement n'est pas en adéquation avec l'objectif poursuivi par le texte : le critère de l'option en faveur du régime de l'intégration fiscale n'est pas en adéquation avec l'objet de la loi. Si le législateur pouvait prévoir des modalités de calcul du dégrèvement spécifiques aux sociétés appartenant à un groupe, il ne pouvait distinguer entre ces groupes selon qu'ils relèvent ou non du régime de l'intégration fiscale, dès lors qu'ils peuvent tous réaliser des opérations de restructuration susceptibles de conduire à une optimisation. – Non-conformité avec effet à compter de la date de publication de la Décis. et applicabilité à toutes les affaires non jugées définitivement à cette date, sous réserve du respect des délais et conditions prévus par le livre des procédures fiscales. – **Décision de renvoi :** CE, QPC, 1er mars 2017, *Sté FB Finance*, n° 406024. – **Application de la décision :** CAA Versailles, 24 oct. 2017, n° 16VE03462.
2017	19 mai	**Renvoi au décret pour fixer les règles de déontologie et les sanctions disciplinaires des avocats** **2017-630 QPC.** M. Olivier D. : *JO 20 mai ; D. avocats 2017. 215, obs.*

		Dargent ; AJDA 2017. 1317 ; NCCC 2017, n° 57, p. 208, chron. Piazzon ; ibid., p. 220, chron. Gadhoun : – **L. n° 71-1130 du 31 déc. 1971 portant réforme de certaines professions judiciaires et juridiques, art. 53, 2°, modifiée par la L. n° 2011-94 du 25 janv. 2011 portant réforme de la représentation devant les cours d'appel.** – **Non-lieu à statuer** en raison de l'absence de changement de circonstances depuis la Décis. n° 2014-385 QPC du 28 mars 2014 du Cons. const. qui a jugé que « le principe de légalité des peines impose au législateur de fixer les sanctions disciplinaires en des termes suffisamment clairs et précis pour exclure l'arbitraire ». – **Décision de renvoi :** Civ. 1re, QPC, 1er mars 2017, n° 16-40.278.
2017	24 mai	**Association pour la gratuité du pont de l'île d'Oléron** **2017-631 QPC.** Assoc. pour la gratuité du pont de l'île d'Oléron : *JO 25 mai :* – **C. envir., art. L. 321-11, al. 4 et 8** (dans sa rédaction résultant de la L. n° 2013-403 du 17 mai 2013 relative à l'élection des conseillers départementaux, des conseillers municipaux et des conseillers communautaires, et modifiant le calendrier électoral). – Absence de méconnaissance du principe d'égalité devant les charges publiques (DDH, art. 13). Pour déterminer les conditions de modulation du montant du droit départemental de passage, le législateur s'est fondé sur des critères objectifs et rationnels en fonction du but poursuivi : limiter le trafic routier dans les îles maritimes reliées au continent par un ouvrage d'art et préserver l'environnement ; prendre en compte, au regard de l'emprise au sol et du gabarit des véhicules, leur impact sur le trafic routier et sur l'environnement. Par ailleurs, en permettant d'accorder des tarifs différents ou la gratuité aux usagers domiciliés ou travaillant dans l'île et à ceux ayant leur domicile dans le département, le législateur a entendu tenir compte de la fréquence particulière à laquelle ces usagers sont susceptibles d'emprunter l'ouvrage d'art, qui les place dans une situation différente de celle des autres usagers. En procédant de même s'agissant des usagers accomplissant une mission de service public, il a souhaité ne pas entraver l'exercice d'une telle mission. – Absence de méconnaissance de la liberté d'aller et de venir (DDH, art. 2 et 4). En instituant le droit départemental de passage afin de limiter le trafic routier et de préserver l'environnement, le législateur a poursuivi un but d'intérêt général. Par ailleurs, en vertu du 1er al. de l'art. L. 321-11 C. envir., seuls les passagers des véhicules terrestres à moteur sont redevables de l'imposition. Ceux utilisant d'autres moyens de transport pour se rendre sur l'île n'y sont pas soumis. Enfin, le montant maximum du droit départemental de passage ne peut être regardé comme excessif. – **Conformité.** – **Décision de renvoi :** CE, QPC, 3 mars 2017, *Assoc. pour la gratuité du pont de l'île d'Oléron*, n° 405647.
2017	31 mai	**Durée des émissions de la campagne électorale en vue des élections législatives** **2017-651 QPC.** Assoc. En Marche ! : *JO 1er juin ; AJDA 2017. 1142 ;*

		ibid. 1729, note Rio ; ibid. 1729, note Josselin Rio ; D. 2017. 1126 ; JCP 2017, n° 24, p. 1159, note Derieux ; Gaz. Pal. 2017, n° 25, p. 33, note Salles ; LPA 2017, n° 119, p. 12, note Camby ; ibid. 2018, n° 146, p. 16, note Verpeaux ; JCP Adm. 2017, n° 25, p. 25, note Verpeaux ; NCCC 2017, n° 57, p. 165, chron. Bonnet et Roblot-Troizier ; ibid., p. 219, chron. Gadhoun ; Dr. adm. 2017, nos 8-9, p. 84, note Bardetet de Kersauson ; LPA 2018, nos 66-67, p. 21, note Gicquel ; Rapp. Cons. const. 2017, p. 53 : – **C. élect., art. L. 167-1, § II et III** (dans sa rédaction résultant de la L. n° 2016-1917 du 29 déc. 2016 de finances pour 2017). – Méconnaissance de l'art. 4, al. 3, Const. 58 et disproportion de l'égalité devant le suffrage. Les dispositions contestées fixent à 3h pour le 1er tour et 1h30 pour le 2d tour les durées d'émission mises à la disposition des partis et groupements représentés à l'Assemblée nationale par un groupe parlementaire, quel que soit le nombre de ces groupes. Elles limitent en revanche à 7 mn au 1er tour et 5 mn au 2nd tour les temps d'antenne attribués aux autres partis et groupements dès lors qu'ils sont habilités conformément au 2d al. du § III de l'art. L. 167-1 C. élect. Par ailleurs, pour l'ensemble des partis et groupements relevant du § III de l'art. L. 167-1 C. élect., les durées d'émission sont fixées de manière identique, sans distinction selon l'importance des courants d'idées ou d'opinions qu'ils représentent. Ainsi, les durées d'émission dont peuvent bénéficier ces partis et groupements peuvent être significativement inférieures à celles dont peuvent bénéficier les formations relevant du § II de l'art. L. 167-1 C. élect. et ne pas refléter leur représentativité. Il s'ensuit que les dispositions contestées peuvent conduire à l'octroi de temps d'antenne sur le service public manifestement hors de proportion avec la participation à la vie démocratique de la Nation de ces partis et groupements politiques. – **Non-conformité avec effet à compter du 30 juin 2018 et réserve d'interprétation transitoire pour les élections législatives des 11 et 18 juin 2017 :** l'application du § III de l'art. L. 167-1 C. élect. doit permettre, pour la détermination des durées d'émission dont les partis et groupements politiques habilités peuvent bénéficier, la prise en compte de l'importance du courant d'idées ou d'opinions qu'ils représentent, évaluée en fonction du nombre de candidats qui déclarent s'y rattacher et de leur représentativité, appréciée notamment par référence aux résultats obtenus lors des élections intervenues depuis les précédentes élections législatives. Sur cette base, en cas de disproportion manifeste, au regard de leur représentativité, entre le temps d'antenne accordé à certains partis et groupements qui relèvent du § III de l'article L. 167-1 C. élect. et celui attribué à certains partis et groupements relevant de son § II, les durées d'émission qui ont été attribuées aux premiers doivent être modifiées à la hausse. Cette augmentation ne peut, toutefois, excéder 5 fois les durées fixées par les dispositions du paragraphe III de l'art. L. 167-1 C. élect. – **Décision de renvoi :** CE, QPC, 19 mai 2017, *Assoc. En Marche !*, n° 410833. – **Applications de la décision :** CE 7 juin 2017, n° 411177. – L. n° 2018-509 du 25 juin 2018, art. 3. – L. n° 2018-918 du 26 oct. 2018.

2017	2 juin	**Procédure collégiale préalable à la décision de limitation ou d'arrêt des traitements d'une personne hors d'état d'exprimer sa volonté** **2017-632 QPC.** Union nationale des associations de familles de traumatisés crâniens et de cérébro-lésés : *JO 4 juin ; AJDA 2017. 1143 ; ibid. 1908, note Bioy ; D. 2017. 1194, obs. Vialla ; ibid. 1307, point de vue Batteur ; ibid. 2018. 765, obs. Galloux et Gaumont-Prat ; AJ fam. 2017. 379, obs. Dionisi-Peyrusse ; RDSS 2017. 1035, note Thouvenin ; Constitutions 2017. 460, note Sztulman ; JCP 2017, n° 28, p. 1367, note Mathieu ; NCCC 2017, n° 57, p. 204, chron. Piazzon ; ibid., p. 240, chron. Surrel ; RFDC 2017. 941, note Nicolas ; LPA 2017, n° 155, p. 12, note Doublet ; Dr. fam. 2017, n°s 7-8, p. 3, note Mamarche ; Rapp. Cons. const. 2017, p. 50* : **– CSP, art. L. 1110-5-1, al. 1er, mots : « et, si ce dernier est hors d'état d'exprimer sa volonté, à l'issue d'une procédure collégiale définie par voie réglementaire », L. 1110-5-2, al. 5, et L. 1111-4, al. 6, mots : mots « la procédure collégiale mentionnée à l'article L. 1110-5-1 et »** (dans leur rédaction résultant de la L. n° 2016-87 du 2 févr. 2016 créant de nouveaux droits en faveur des malades et des personnes en fin de vie). – Absence d'atteinte aux principes de sauvegarde de la dignité humaine (Préamb. Const. 1946), de la liberté personnelle (DDH, art. 1er, 2 et 4) et à l'art. 34 Const. 58. Les dispositions contestées habilitent le médecin en charge d'un patient hors d'état d'exprimer sa volonté à arrêter ou à ne pas mettre en œuvre, au titre du refus de l'obstination déraisonnable, les traitements qui apparaissent inutiles, disproportionnés ou sans autre effet que le seul maintien artificiel de la vie. Dans ce cas, le médecin applique une sédation profonde et continue jusqu'au décès, associée à une analgésie. Avant cela, le médecin doit s'enquérir de la volonté présumée du patient ou consulter la personne de confiance désignée par le patient ou sa famille ou ses proches. Par ailleurs, le Cons. const. ne peut substituer son appréciation à celle du législateur sur les conditions dans lesquelles, en l'absence de volonté connue du patient, le médecin peut prendre, dans une situation d'obstination thérapeutique déraisonnable, une décision d'arrêt ou de poursuite des traitements. Lorsque la volonté du patient demeure incertaine ou inconnue, le médecin ne peut cependant se fonder sur cette seule circonstance, dont il ne peut déduire aucune présomption, pour décider de l'arrêt des traitements. Ensuite, la décision du médecin ne peut être prise qu'à l'issue d'une procédure collégiale destinée à l'éclairer. Enfin, la décision du médecin et son appréciation de la volonté du patient sont soumises, le cas échéant, au contrôle du juge. – Absence de méconnaissance du droit à un recours juridictionnel effectif (DDH, art. 16). Le recours contre la décision du médecin relative à l'arrêt ou à la limitation des soins de maintien en vie d'une personne hors d'état d'exprimer sa volonté s'exerce dans les conditions du droit commun. **Toutefois**, s'agissant d'une décision d'arrêt ou de limitation de traitements de maintien en vie conduisant au décès d'une personne hors d'état d'exprimer sa volonté, le droit à un recours juridictionnel effectif impose que cette décision soit notifiée aux personnes auprès desquelles le médecin s'est enquis de la volonté du

		patient, dans des conditions leur permettant d'exercer un recours en temps utile. De plus, ce recours doit par ailleurs pouvoir être examiné dans les meilleurs délais par la juridiction compétente aux fins d'obtenir la suspension éventuelle de la décision contestée : **réserves.** – **Conformité sous réserves.** – **Décision de renvoi :** CE, QPC, 3 mars 2017, *Union nationale des associations de familles de traumatisés crâniens et de cérébro-lésés*, n° 403944 : *AJDA 2017. 498 ; AJ fam. 2017. 218, obs. A. Dionisi-Peyrusse.* – **Applications de la décision :** – CE, ord., 17 janv. 2019, n° 424042. – CE 28 nov. 2018, n° 424135 B : *AJDA 2018. 2365 ; D. 2018. 2419, obs. Vialla ; RDSS 2019. 164, obs. Minet-Leleu.* – CE, ord., 12 avr. 2018, n° 419576. – CE, ord., 5 janv. 2018, n° 416689. – CE 6 déc. 2017, *Union nationale des associations de familles de traumatisés crâniens et de cérébro-lésés*, n° 403944 A : *AJDA 2018. 578, note Bioy ; ibid. 2017. 2439 ; AJ fam. 2018. 6, obs. Dionisi-Peyrusse.*
2017	2 juin	**Rémunération des ministres du culte en Guyane** **2017-633 QPC.** Collectivité territoriale de la Guyane : *JO 4 juin ; AJDA 2017. 1779, note Fermaud ; AJCT 2017. 629, obs. Rouault ; Constitutions 2017. 413, chron. Dieu ; NCCC 2017, n° 57, p. 221, chron. Gadhoun ; JCP Adm. 2017, n° 36, p. 16, note Verpeaux ; LPA 2018, n° 146, p. 12, note Rimbault* : – **Ord. royale du 27 août 1828 concernant le Gouvernement de la Guyane française, l'art. 36, 1, mots : « , et pourvoit à ce qu'il soit entouré de la dignité convenable » et L. du 13 avr. 1900 portant fixation du budget général des dépenses et recettes de l'exercice 1900, art. 33, § 1er, al. 1er, mots : « civiles et ».** – Absence d'atteinte au principe de laïcité (DDH, art. 10, Const. 58, art. 1er). Il ressort tant des travaux préparatoires du projet de la Constitution du 27 oct. 1946 relatifs à son article 1er que de ceux du projet de la Constitution du 4 oct. 1958 qui a repris la même disposition, qu'en proclamant que la France est une « République... laïque », la Constitution n'a pas pour autant entendu remettre en cause les dispositions législatives ou réglementaires particulières applicables dans plusieurs parties du territoire de la République lors de l'entrée en vigueur de la Constitution et relatives à l'organisation de certains cultes et, notamment, à la rémunération de ministres du culte. – Absence de méconnaissance du principe d'égalité devant la loi (DDH, art. 6). Le principe de laïcité imposant l'égalité de tous les citoyens devant la loi sans distinction de religion, la différence de traitement entre le culte catholique et les autres cultes exercés en Guyane n'est pas contraire à la Constitution en raison de la spécificité de cette collectivité. – Absence de méconnaissance du principe de libre administration des collectivités territoriales (Const. 58, art. 72). Compte tenu de la faible importance des dépenses mises à la charge de la collectivité territoriale de la Guyane sur le fondement des dispositions contestées, ces dernières ne restreignent pas la libre administration de cette collectivité au point de méconnaître l'art. 72 Const. 58.

		– Absence de méconnaissance du 4e al. de l'art. 72-2 Const. 58. Le transfert de compétences prévu par les dispositions contestées de la L. du 13 avr. 1900 est intervenu avant l'entrée en vigueur de la L. const. du 28 mars 2003, qui a inséré l'art. 72-2 dans la Const. – **Conformité**. – **Décision de renvoi :** CE, QPC, 3 mars 2017, *Collectivité territoriale de la Guyane*, n° 405823.
2017	2 juin	**Sanction par l'AMF de tout manquement aux obligations visant à protéger les investisseurs ou le bon fonctionnement du marché 2017-634 QPC.** M. Jacques R. et a. : *JO 4 juin ; D. 2017. 1189 ; Rev. sociétés 2018. 261, note Robert ; RSC 2017. 540, obs. Brigant ; JCP 2017, n° 26, p. 1269, note Brigant ; NCCC 2017, n° 57, p. 179, chron. Bonis et Peltier ; ibid., p. 211, chron. Piazzon ; RFDC 2018. 215, note Catelan* : – **C. mon. fin., art. L. 621-15, § II, *c)* et *d)*, mots : « ou à tout autre manquement mentionné au premier alinéa du I de l'article L. 621-14, »** (dans ses rédactions résultant de la L. n° 2008-776 du 4 août 2008 de modernisation de l'économie et de la L n° 2010-1249 du 22 oct. 2010 de régulation bancaire et financière) et **art. L. 621-15, § III, c), mots : « à 100 millions d'euros ou »** (dans sa rédaction résultant de la L. n° 2010-1249 du 22 oct. 2010 de régulation bancaire et financière). – Absence de méconnaissance du principe de légalité des délits et des peines (DDH, art. 8). D'une part, il ressort des travaux parlementaires qu'en sanctionnant « tout autre manquement de nature à porter atteinte à la protection des investisseurs ou au bon fonctionnement du marché », le législateur a entendu uniquement réprimer des manquements à des obligations définies par des dispositions législatives ou réglementaires ou par des règles professionnelles. D'autre part, les dispositions contestées sanctionnent les manquements aux obligations édictées afin de protéger les investisseurs sur les marchés financiers et afin d'assurer le bon fonctionnement de ceux-ci. Les personnes soumises à ces obligations le sont ainsi en raison de leur intervention sur ces marchés. Enfin, le fait pour le législateur de prévoir une sanction administrative réprimant des manquements définis par le pouvoir réglementaire n'est pas contraire au principe de légalité des délits et des peines. – Absence de méconnaissance des principes de nécessité et de proportionnalité des peines. En instituant une sanction pécuniaire destinée à réprimer les manquements de nature à porter atteinte à la protection des investisseurs ou au bon fonctionnement du marché, le législateur a poursuivi l'objectif de préservation de l'ordre public économique. Un tel objectif implique que le montant des sanctions fixées par la loi soit suffisamment dissuasif pour remplir la fonction de prévention des manquements assignée à la punition. Par ailleurs, en prévoyant de réprimer les manquements de nature à porter atteinte à la protection des investisseurs ou au bon fonctionnement du marché d'une amende d'un montant pouvant aller jusqu'à un plafond de 100 millions d'euros, le législateur n'a pas institué une peine manifestement disproportionnée au regard de la nature des

		manquements réprimés, des risques de perturbation des marchés financiers, de l'importance des gains pouvant en être retirés et des pertes pouvant être subies par les investisseurs. – **Conformité.** – **Décision de renvoi :** Com., QPC, 16 mars 2017, n° 16-22.652.
2017	9 juin	**Interdiction de séjour dans le cadre de l'état d'urgence** **2017-635 QPC.** M. Émile L. : *JO 11 juin ; D. actu. 12 juin 2017, obs. de Montecler ; AJDA 2017. 1197 ; D. 2017. 1193 ; Constitutions 2017. 449, chron. Le Bot ; NCCC 2017, n° 57, p. 238, chron. Surrel ; Dr. adm. 2017, n° 10, p. 33, note Éveillard ; RFDC 2017. 948, note Padovani ; LPA 2018, n°s 66-67, p. 16, note Gicquel ; JCP 2017, n° 52, p. 2395, note Éveillard ; Dr. adm. 2017, n° 10, p. 33, note Éveillard ; Rapp. Cons. const. 2017, p. 45 :* – **L. n° 55-385 du 3 avril 1955 relative à l'état d'urgence, art. 5, 3°.** – Atteinte au principe de la liberté d'aller et de venir (DDH, art. 2 et 4) et au droit de mener une vie familiale normale (Préamb. Const. 1946, al. 10). La mesure d'interdiction de séjour, prévue par les dispositions contestées, ne peut être ordonnée par le préfet dans le département que lorsque l'état d'urgence a été déclaré et uniquement pour des lieux situés dans la zone qu'il couvre. L'état d'urgence peut être déclaré, en vertu de l'art. 1er de la L. du 3 avr. 1955, « soit en cas de péril imminent résultant d'atteintes graves à l'ordre public, soit en cas d'événements présentant, par leur nature et leur gravité, le caractère de calamité publique ». Toutefois, en prévoyant qu'une interdiction de séjour peut être prononcée à l'encontre de toute personne « cherchant à entraver, de quelque manière que ce soit, l'action des pouvoirs publics », le législateur a permis le prononcé d'une telle mesure sans que celle-ci soit nécessairement justifiée par la prévention d'une atteinte à l'ordre public. Par ailleurs, le législateur n'a soumis cette mesure d'interdiction de séjour, dont le périmètre peut notamment inclure le domicile ou le lieu de travail de la personne visée, à aucune autre condition et il n'a encadré sa mise en œuvre d'aucune garantie. Il s'ensuit que le législateur n'a pas assuré une conciliation équilibrée entre, d'une part, l'objectif de valeur constitutionnelle de sauvegarde de l'ordre public et, d'autre part, la liberté d'aller et de venir et le droit de mener une vie familiale normale. – **Non-conformité** à compter du 15 juill. 2017. – **Décision de renvoi :** CE, QPC, 29 mars 2017, n° 407230 : *AJDA 2017. 714.* – **Applications de la décision :** – CAA Marseille, 11 juill. 2018, n° 17MA01824. – L. n° 2017-1154 du 11 juill. 2017, art. 2.
2017	9 juin	**Amende sanctionnant le défaut de production ou le caractère inexact ou incomplet de l'état de suivi des plus-values en sursis ou report d'imposition** **2017-636 QPC.** Sté Edenred France : *JO 11 juin ; D. 2017. 1189 ; NCCC 2017, n° 57, p. 190, chron. Bonis et Peltier ; ibid., p. 230, chron. Austry ; ibid., p. 244, chron. Surrel :* – **CGI, art. 1734 *ter*, al. 2, mots « au I de l'article 54 *septies*, »** (dans sa rédaction résultant de la L. n° 99-1173 du 30 déc. 1999 de

		finances rectificative pour 1999), **et les mêmes mots figurant à l'art. 1763, § I, e)** (dans sa rédaction issue de l'Ord. n° 2005-1512 du 7 déc. 2005 relative à des mesures de simplification en matière fiscale et à l'harmonisation et l'aménagement du régime des pénalités). — Absence d'atteinte au principe d'individualisation des peines (DDH, art. 8). L'obligation déclarative dont la méconnaissance est ainsi sanctionnée porte sur des renseignements qui doivent figurer en annexe de la déclaration annuelle de résultat de l'entreprise et qui sont nécessaires au calcul de l'impôt sur la plus-value à l'issue du sursis ou du report d'imposition. En instituant cette obligation (V. travaux préparatoires), le législateur a entendu assortir d'une contrepartie les régimes fiscaux favorables, dérogatoires au droit commun, dont peuvent bénéficier les contribuables réalisant certaines opérations. En réprimant la méconnaissance d'une telle obligation, qui permet directement le suivi de la base taxable et ainsi l'établissement de l'impôt sur la plus-value placée en sursis ou en report, le législateur a poursuivi l'objectif à valeur constitutionnelle de lutte contre la fraude et l'évasion fiscales. Par ailleurs, en punissant d'une amende égale à 5 % des résultats omis, qui servent de base au calcul de l'impôt exigible ultérieurement, chaque manquement au respect de l'obligation déclarative incombant aux contribuables bénéficiant d'un régime de sursis ou de report d'imposition, le législateur a instauré une sanction dont la nature est liée à celle de l'infraction. Ainsi, même lorsqu'elle s'applique lors de plusieurs exercices, l'amende n'est pas manifestement disproportionnée à la gravité des faits qu'a entendu réprimer le législateur, compte tenu des difficultés propres au suivi des obligations fiscales en cause. De plus, l'amende contestée s'applique lors de chaque exercice pour lequel l'état de suivi n'est pas produit ou présente un caractère inexact ou incomplet. Pour chaque sanction prononcée, le juge décide, après avoir exercé son plein contrôle sur les faits invoqués, manquement par manquement, et sur la qualification retenue par l'administration, soit de maintenir l'amende, soit d'en décharger le redevable si le manquement n'est pas établi. Il peut ainsi adapter les pénalités à la gravité des agissements commis par le redevable. — **Conformité**. — **Décision de renvoi :** CE, QPC, 29 mars 2017, *Sté Edenred France*, n° 379685. — **Application de la décision :** CE 4 déc. 2017, *Sté Edenred France*, n° 379685 A : *AJDA 2017. 2384*.
2017	16 juin	**Refus d'accès à une enceinte sportive et fichier d'exclusion** **2017-637 QPC.** Assoc. nat. des supporters : *JO 17 juin ; D. 2017. 1253 ; AJDA 2017. 1257 ; NCCC 2017, n° 57, p. 170, chron. Bonnet et Roblot-Troizier ; ibid., p. 212, chron. Piazzon ; ibid., p.237, chron. Surrel ; RFDC 2017. 958, note Griffaton-Sonnet* : — **C. sport, art. L. 332-1, al. 2 et 3** (dans sa rédaction résultant de la L. n° 2016-564 du 10 mai 2016 renforçant le dialogue avec les supporters et la lutte contre le hooliganisme). — Absence d'atteinte par le législateur (C. sport, art. L. 332-1, al. 2) à l'interdiction de déléguer à des personnes privées des compétences de police administrative générale inhérentes à l'exercice de la « force

		publique » nécessaire à la garantie des droits (DDH, art. 12) en conférant aux organisateurs de manifestations sportives à but lucratif le pouvoir de refuser l'accès à ces manifestations. – Absence d'atteinte au respect de la vie privée (DDH, art. 2). Le fichier prévu par l'art. L. 332-1, al. 3, C. sport ne peut être établi que par les organisateurs de manifestations sportives à but lucratif. Il ne peut recenser que les personnes qui ont contrevenu ou contreviennent aux dispositions des conditions générales de vente ou du règlement intérieur relatives à la sécurité de ces manifestations. Il ne peut être employé à d'autres fins que l'identification desdites personnes en vue de leur refuser l'accès à des manifestations sportives à but lucratif. Il en résulte que le traitement de données prévu par les dispositions contestées est mis en œuvre de manière adéquate et proportionnée à l'objectif d'intérêt général poursuivi. – **Conformité**. – **Décision de renvoi :** CE, QPC, 31 mars 2017, *Assoc. nat. des supporters*, n° 406664 : *JS 2017, n° 175, p. 10, obs. Mondou.* – **Application de la décision :** CE 6 avr. 2018, n° 406664 B : *JS 2018, n° 187, p. 11, obs. Mondou.*
2017	16 juin	**Sursis d'imposition en cas d'échanges de titres avec soulte** **2017-638 QPC.** M. Gérard S. : *JO 17 juin ; D. 2017. 1248* : – **CGI, art. 150-0 B, al. 3** (dans sa rédaction résultant de la L. n° 2012-1510 du 29 déc. 2012 de finances rectificative pour 2012). – Absence de rupture caractérisée de l'égalité devant la loi et devant les charges publiques (DDH, art. 6 et 13). En instaurant le sursis d'imposition prévu à l'art. 150-0 B CGI, le législateur a entendu favoriser les restructurations d'entreprises susceptibles d'intervenir par échanges de titres. Toutefois, il a voulu éviter, au nom de la lutte contre l'évasion fiscale, que bénéficient d'un tel sursis d'imposition celles de ces opérations qui ne se limitent pas à un échange de titres, mais dégagent également une proportion significative de liquidités. A cette fin, poursuivant ces buts d'intérêt général, il a prévu que les plus-values résultant de tels échanges avec soulte soient soumises à l'impôt sur le revenu au titre de l'année de l'échange, lorsque le montant des liquidités correspondant à la soulte dépasse une certaine limite. Par ailleurs, en faisant référence, pour définir la limite au-delà de laquelle le sursis d'imposition est exclu, à la valeur nominale des titres reçus en échange, le législateur a retenu un élément qui rend compte de l'importance de l'opération d'échange de titres au regard du capital social de l'entreprise qui fait l'objet de la restructuration. Le législateur n'était à cet égard pas tenu de définir cette limite en fonction de la valeur vénale des titres reçus en échange, laquelle tient compte de la prime d'émission. Dès lors, en fixant à 10 % de la valeur nominale le montant de la soulte au-delà duquel il n'est pas possible de bénéficier du sursis d'imposition, il s'est fondé sur un critère objectif et rationnel en rapport avec l'objectif poursuivi. Les dispositions contestées, qui ne créent pas d'effets de seuil manifestement disproportionnés, ne font pas peser sur les assujettis, s'agissant de conditions requises pour bénéficier d'un sursis d'imposition, une charge excessive au regard de leurs facultés

		contributives. Enfin, le principe d'égalité devant la loi n'imposait pas au législateur de traiter différemment les opérations d'échange de titres selon qu'elles s'accompagnent ou non de l'émission d'une prime. – **Conformité.** – **Décision de renvoi :** CE, QPC, 21 avr. 2017, n° 407223.
2017	23 juin	**Amende sanctionnant le fait d'omettre sciemment de déclarer une part substantielle de son patrimoine** **2017-639 QPC.** Mme Yamina B. : *JO 24 juin ; AJDA 2017. 1308 ; D. 2017. 1305 ; JCP 2017, n° 30-35, p. 859, note Brigant ; RFDC 2018. 203, note Perrier ; JCP Adm. 2018, n° 1, p. 30, note Brigant* : – **L. n° 88-227 du 11 mars 1988 relative à la transparence financière de la vie politique, art. 5-1, § I, mots : « d'omettre sciemment de déclarer une part substantielle de son patrimoine ou »** (dans sa rédaction issue de la L. n° 2011-412 du 14 avr. 2011 portant simplification de dispositions du code électoral et relative à la transparence financière de la vie politique). – Absence de méconnaissance du principe de légalité des délits et des peines (DDH, art. 8). En faisant référence à une « part substantielle » de patrimoine, les dispositions contestées répriment les seules omissions significatives, au regard du montant omis ou de son importance dans le patrimoine considéré. Dès lors, s'il appartient aux juridictions compétentes d'apprécier les situations de fait correspondant à l'omission d'une « part substantielle » de patrimoine, ces termes, qui ne revêtent pas un caractère équivoque, sont suffisamment précis pour garantir contre le risque d'arbitraire. – **Conformité.** – **Décision de renvoi :** Crim., QPC, 24 avr. 2017, n° 16-86.475. – **Application de la décision :** Crim., 22 nov. 2017, n° 16-86.475 P : *AJDA 2017. 2336 ; D. 2017. 2428.*
2017	23 juin	**Condition d'éligibilité du conseiller communautaire représentant une commune ne disposant que d'un seul siège au sein d'un EPCI** **2017-640 QPC.** M. Gabriel A. : *JO 24 juin ; AJDA 2017. 1310 ; ibid. 2260, note Sempé ; AJCT 2018. 45, obs. Devidas ; LPA 2018, n° 146, p. 16, note Rimbault* : – **CGCT, art. L. 5211-6-2, 1°, al. 7, mots « et c »** (dans sa rédaction résultant de loi n° 2015-991 du 7 août 2015 portant nouvelle organisation territoriale de la République). – Absence de méconnaissance du principe d'égal accès aux dignités, places et emplois publics (DDH, art. 6). Lorsqu'il est procédé à la désignation de conseillers communautaires dans les cas prévus aux *b)* et *c)* du 1° de l'art. L. 5211-6-2, si le nombre de candidats figurant sur une liste est inférieur au nombre de sièges qui lui reviennent, les sièges non pourvus sont attribués aux plus fortes moyennes suivantes. Ainsi, il en résulte nécessairement que, dans ce cas, une liste comprenant moins de candidats que de sièges à pourvoir n'est pas pour autant irrecevable. En outre, il ressort des travaux préparatoires qu'en fixant à deux le nombre de candidats devant figurer sur la liste lorsqu'une commune ne dispose que d'un seul siège, le législateur a seulement entendu garantir qu'une telle commune puisse bénéficier d'un conseiller communautaire

		suppléant. Il en résulte que le législateur n'a pas entendu lier la recevabilité de cette dernière liste au respect de l'exigence d'une dualité de candidats. Ainsi, la candidature présentée par un conseiller communautaire sortant sur une liste comprenant son seul nom est régulière. – **Conformité**. – **Décision de renvoi :** CE, QPC, 28 avr. 2017, n° 407319. – **Applications de la décision :** – CE 26 déc. 2018, n° 422014. – CE 23 nov. 2017, n° 407319.
2017	30 juin	**Délai d'appel des jugements rendus par le tribunal du travail de Mamoudzou** **2017-641 QPC.** Sté Horizon OI et a. : *JO 1er juill. ; NCCC 2017, n° 57, p. 202, chron. Piazzon* : – **L. n° 52-1322 du 15 déc. 1952 instituant un code du travail dans les territoires et territoires associés relevant des ministères de la France d'Outre-mer, art. 206, al. 1er, mots : « Dans les quinze jours du prononcé du jugement, »** (dans sa rédaction résultant de l'Ord. n° 82-1114 du 23 déc. 1982 relative au régime législatif du droit du travail dans le territoire de la Nouvelle-Calédonie et dépendances). – Méconnaissance du principe d'égalité devant la justice (DDH, art. 6 et 16) des dispositions préc. Elles prévoient un délai d'appel des jugements des juridictions du travail, applicable uniquement dans certains territoires ultramarins, dont Mayotte. L'exclusion qui en résulte du délai de droit commun, fixé d'ailleurs par le pouvoir réglementaire, ne trouve sa justification ni dans une différence de situation des justiciables dans ce territoire par rapport à ceux des autres territoires, ni dans l'organisation juridictionnelle, les caractéristiques ou les contraintes particulières propres au département de Mayotte. – **Non-conformité** à compter de la date de publication de la Décis. et applicabilité à toutes les affaires non jugées définitivement à cette date. Par suite, à compter de cette date, le délai applicable pour l'appel des jugements mentionnés à l'art. 206 de la L. du 15 déc. 1952 est celui de droit commun. – **Décision de renvoi :** Civ. 2e, QPC, 5 mai 2017, n° 17-40.029.
2017	7 juill.	**Exclusion de certaines plus-values mobilières de l'abattement pour durée de détention** **2017-642 QPC.** M. Alain C. : *JO 9 juill. ; D. 2017. 1420 ; NCCC 2017, n° 57, p. 159, chron. Bonnet et Roblot-Troizier ; RFDC 2017. 965, note Benzina ; NCCC 2018, n° 58, p. 129, note Austry ; ibid., p. 133, chron. Surrel ; JCP 2018, n° 4, p. 153, chron. Mathieu et Cassard-Valembois ; ibid. 2019, n° 13, p. 618, chron. Verpeaux et Macaya* : – **CGI, art. 150-0 D, 1 *ter*, al. 1er à 3** (dans sa rédaction résultant de la L. n° 2013-1278 du 29 déc. 2013 de finances pour 2014). – Absence de méconnaissance du principe d'égalité devant la loi (DDH, art. 6). Les règles de détermination de l'assiette des plus-values mobilières fixées par l'art. 150-0 D CGI ne sont applicables qu'aux plus-values réalisées à compter de l'entrée en vigueur de ces règles, soit

		le 1er janv. 2013. Il en résulte que les plus-values mobilières réalisées avant cette date, y compris celles rendues imposables à l'impôt sur le revenu postérieurement à cette date, sont exclues du bénéfice de l'abattement pour durée de détention prévu au 1 *ter* de l'art. 150-0 D. Cette différence de traitement, qui repose sur une différence de situation, est en rapport avec l'objet de loi. – Absence de méconnaissance du principe d'égalité devant les charges publiques (DDH, art. 13). Pour les mêmes motifs que ceux énoncés au § 11 de la Décis. n° 2016-538 QPC du 22 avr. 2016, les dispositions contestées ne sauraient, sans méconnaître l'égalité devant les charges publiques, priver une telle plus-value réalisée avant le 1er janv. 2013, qui ne fait l'objet d'aucun abattement sur son montant brut et dont le montant de l'imposition est arrêté selon des règles de taux telles que celles en vigueur à compter du 1er janv. 2013, de l'application à l'assiette ainsi déterminée d'un coefficient d'érosion monétaire pour la période comprise entre l'acquisition des titres et le fait générateur de l'imposition : **réserve**. – Absence de méconnaissance de situations légalement acquises et de remise en cause des effets qui pourraient légitimement être attendus de telles situations (DDH, art. 16). Lorsque le législateur permet à un contribuable, à sa demande, de bénéficier sous certaines conditions d'un régime dérogatoire d'imposition d'une plus-value, le contribuable doit être regardé comme ayant accepté les conséquences de la remise en cause de ce régime en cas de non-respect des conditions auxquelles il était subordonné. – **Conformité sous réserve (réserve préc. et réserves de la Décis. n° 2016-538 QPC du 22 avr. 2016)**. – **Décision de renvoi** : CE, QPC, 9 mai 2017, n° 407832.
2017	7 juill.	**Majoration de 25 % de l'assiette des contributions sociales sur les revenus de capitaux mobiliers particuliers** **2017-643/650 QPC.** M. Amar H. et a. : *JO 9 juill. ; D. 2017. 1420 ; RFDC 2017. 965, note Benzina ; NCCC 2018, n° 58, p. 129, note Austry ; ibid., p. 133, chron. Surrel ; JCP 2018, n° 4, p. 153, chron. Mathieu et Cassard-Valembois* : – **CSS, art. L. 136-6, § I, c** (dans sa rédaction résultant de la L. n° 2010-1658 du 29 déc. 2010 de finances rectificative pour 2010 et dans celle résultant de la L. n° 2012-958 du 16 août 2012 de finances rectificative pour 2012). – Absence de rupture caractérisée de l'égalité devant les charges publiques (DDH, art. 13). Les dispositions contestées ont pour effet d'assujettir le contribuable à une imposition dont l'assiette inclut des revenus dont il n'a pas disposé. Par ailleurs, la majoration de l'assiette prévue au 2° du 7 de l'art. 158 CGI a été instituée par l'art. 76 de la L. n° 2005-1719 du 30 déc. 2005 de finances pour 2006 en contrepartie de la baisse des taux du barème de l'impôt sur le revenu, concomitante à la suppression et à l'intégration dans ce barème de l'abattement de 20 % dont bénéficiaient certains redevables de cet impôt, afin de maintenir un niveau d'imposition équivalent. ***Toutefois***, il ressort des travaux préparatoires de cette dernière loi que, pour l'établissement des contributions sociales, cette majoration de l'assiette des revenus en cause n'est justifiée ni par une telle contrepartie, ni par l'objectif de

		valeur constitutionnelle de lutte contre la fraude et l'évasion fiscales, ni par aucun autre motif. Par conséquent, pour les mêmes motifs que ceux énoncés aux § 9 à 12 de la Décis. n° 2016-610 QPC du 10 févr. 2017, les dispositions contestées ne sauraient, sans méconnaître le principe d'égalité devant les charges publiques, être interprétées comme permettant l'application du coefficient multiplicateur de 1,25 prévu au 1er al. du 7 de l'art. 158 CGI pour l'établissement des contributions sociales assises sur les bénéfices ou revenus mentionnés au 2° de ce même 7. – **Conformité sous réserve**. – **Décisions de renvoi :** CE, QPC, 9 mai 2017, n° 407999 A : *AJDA 2017. 966* et CE, QPC, 24 mai 2017, n° 408725. – **Applications de la décision :** – CE 1er févr. 2019, n° 418181. – CAA Nancy, 18 mai 2018, n° 16NC01691.
2017	21 juill.	**Validation de la compensation du transfert de la TASCOM aux communes et aux EPCI à fiscalité propre** **2017-644 QPC.** Cté de cnes du pays roussillonnais : *JO 23 juill. ; AJDA 2017. 1524 ; AJCT 2017. 580, obs. Houser ; Constitutions 2017. 442, chron. Diemer ; NCCC 2018, n° 58, p. 133, chron. Surrel ; JCP 2018, n° 4, p. 153, chron. Mathieu et Cassard-Valembois ; ibid. 2019, n° 13, p. 618, chron. Verpeaux et Macaya ; LPA 2018, n° 156, chron. Mozol, p. 17* : – **L. n° 2016-1918 du 29 déc. 2016 de finances rectificative pour 2016**. – Absence d'atteinte aux principes de l'art. 16 DDH. Les dispositions contestées ont permis de mettre un terme à un important contentieux fondé sur la malfaçon législative (V. CE 16 juill. 2014, n° 369736) afin de prévenir les importantes conséquences financières qui en auraient résulté pour l'État. Il s'ensuit que l'atteinte portée par les dispositions contestées aux droits des communes et des établissements publics de coopération intercommunale à fiscalité propre ayant fait l'objet de ce mécanisme de compensation au titre des années 2012 à 2014 est justifiée par un motif impérieux d'intérêt général. Par ailleurs, le législateur a précisément défini et limité la portée de la validation. Il a également expressément réservé les décisions de justice passées en force de chose jugée. – **Conformité**. – **Décision de renvoi :** CE, QPC, 9 mai 2017, *Cté de cnes du pays roussillonnais*, n° 405355. – **Applications de la décision :** – CE 19 oct. 2018, n° 409004. – CE 9 mars 2018, *Cté de cnes du pays roussillonnais*, n° 405355 B.
2017	21 juill.	**Huis clos de droit à la demande de la victime partie civile pour le jugement de certains crimes** **2017-645 QPC.** M. Gérard B. : *JO 23 juill. ; D. 2017. 1533 ; NCCC 2018, n° 58, p. 85, note Peltier ; ibid., p. 135, chron. Surrel ; LPA 2018, nos 66-67, p. 14, note Tellier-Cayrol ; RFDC 2018. 212, note Perrier* : – **C. pr. pén., art. 306, al. 3, mots : « le huis clos est de droit si la victime partie civile ou l'une des victimes parties civiles le**

		demande ; dans les autres cas, » (dans sa rédaction résultant de la L. n° 2016-444 du 13 avr. 2016 visant à renforcer la lutte contre le système prostitutionnel et à accompagner les personnes prostituées). – Absence d'atteinte au principe de publicité des débats du procès pénal. En réservant cette prérogative à cette seule partie civile, le législateur a entendu assurer la protection de la vie privée des victimes de certains faits criminels et éviter que, faute d'une telle protection, celles-ci renoncent à dénoncer ces faits. Il a ainsi poursuivi un objectif d'intérêt général. Par ailleurs, cette dérogation au principe de publicité ne s'applique que pour des faits revêtant une particulière gravité et dont la divulgation au cours de débats publics affecterait la vie privée de la victime en ce qu'elle a de plus intime. Le législateur a ainsi défini les circonstances particulières justifiant cette dérogation. – Absence d'atteinte au principe d'égalité devant la justice (DDH, art. 6). La différence de traitement instituée par les dispositions contestées est justifiée par l'objectif poursuivi par le législateur. Par ailleurs, cette différence de traitement ne modifie pas l'équilibre des droits des parties pendant le déroulement de l'audience et ne porte pas atteinte au respect des droits de la défense. – Absence de méconnaissance de la présomption d'innocence. Les dispositions contestées, en évoquant la « victime partie civile », désignent la partie civile ayant déclaré avoir subi les faits poursuivis. Il ne s'en déduit pas une présomption de culpabilité de l'accusé. – **Conformité.** – **Décision de renvoi** : Crim., QPC, 11 mai 2017, n° 16-86.453.
2017	21 juill.	**Droit de communication aux enquêteurs de l'AMF des données de connexion** **2017-646/647 QPC.** M. Alexis K. et a. : *JO 23 juill. ; D. 2017. 1527 ; AJDA 2017. 2234 ; Rev. sociétés 2017. 582, note Martial-Braz ; NCCC 2018, n° 58, p. 97, note Piazzon ; ibid., p. 138, chron. Surrel ; RFDC 2018. 210, note Catelan ; LPA 2018, n° 156, chron. Juredieu, p. 11* : – **C. mon. fin., art. L. 621-10, 2de phrase de l'al. 1er** (dans sa rédaction résultant de la L. n° 2013-672 du 26 juill. 2013 de séparation et de régulation des activités bancaires). – Atteinte au respect de la vie privée et au secret des correspondances (DDH, art. 2 et 4) concernant la communication des données de connexion. Si le législateur a réservé à des agents habilités et soumis au respect du secret professionnel le pouvoir d'obtenir ces données dans le cadre d'une enquête et ne leur a pas conféré un pouvoir d'exécution forcée, il n'a assorti la procédure prévue par les dispositions en cause d'aucune autre garantie. Il s'ensuit que le législateur n'a pas entouré la procédure prévue par les dispositions contestées de garanties propres à assurer une conciliation équilibrée entre, d'une part, le droit au respect de la vie privée et, d'autre part, la prévention des atteintes à l'ordre public et la recherche des auteurs d'infractions. – **Non-conformité** à compter du 31 déc. 2018. – **Décisions de renvoi :** Com., QPC, 16 mai 2017, n° 16-25.415, et Com., QPC, 16 mai 2017, n° 17-40.030. – **Application de la décision :** Crim. 13 juin 2018, n° 16-25.415.

2017	4 août	**Accès administratif en temps réel aux données de connexion** **2017-648 QPC.** La Quadrature du Net et a. : *JO 8 août ; D. 2017. 1657 ; AJDA 2017. 1642 ; Constitutions 2017. 452, chron. Le Bot ; JCP 2017, n° 36, p. 1528 ; ibid. 2019, n° 13, p. 618, chron. Verpeaux et Macaya ; NCCC 2018, n° 58, p. 97, note Piazzon ; ibid., p. 138, chron. Surrel ; LPA 2018, n° 156, chron. Thomas-Taillandier, p. 14* : – **CSI, art. L. 851-2, § I** (dans sa rédaction résultant de la L. n° 2016-987 du 21 juill. 2016 prorogeant l'application de la L. n° 55-385 du 3 avr. 1955 relative à l'état d'urgence et portant mesures de renforcement de la lutte antiterroriste). – Concernant la procédure de réquisition des données de connexion, applicable à une personne préalablement identifiée susceptible d'être en lien avec une menace : le législateur a assorti cette procédure de garanties propres à assurer une conciliation qui n'est pas manifestement déséquilibrée entre, d'une part, la prévention des atteintes à l'ordre public et celle des infractions et, d'autre part, le droit au respect de la vie privée : **conformité**. – Concernant la procédure de réquisition des données de connexion, applicable aux personnes appartenant à l'entourage de la personne concernée par l'autorisation, dont il existe des raisons sérieuses de penser qu'elles sont susceptibles de fournir des informations au titre de la finalité qui motive l'autorisation : le législateur a permis que fasse l'objet de cette technique de renseignement un nombre élevé de personnes, sans que leur lien avec la menace soit nécessairement étroit. Ainsi, faute d'avoir prévu que le nombre d'autorisations simultanément en vigueur doive être limité, le législateur n'a pas opéré une conciliation équilibrée entre, d'une part, la prévention des atteintes à l'ordre public et des infractions et, d'autre part, le droit au respect de la vie privée : **non-conformité**. – **Non-conformité** de la seconde phrase du § I de l'art. L. 851-2 CSI à compter du 1er nov. 2017. – **Décision de renvoi :** CE, QPC, 17 mai 2017, *La Quadrature du Net et a.*, n° 405792. – **Application de la décision :** L. n° 2017-1510 du 30 oct. 2017, art. 15.
2017	4 août	**Extension de la licence légale aux services de radio par internet** **2017-649 QPC.** Sté civile des producteurs phonographiques et a. : *JO 8 août ; D. 2017. 1654 ; Dalloz IP/IT 2017. 591, obs. Azzi ; Constitutions 2017. 452, chron. Le Bot ; NCCC 2018, n° 58, p. 97, note Piazzon ; ibid., p. 138, chron. Surrel ; RDLC 2017, n° 4, p. 183 ; JCP 2019, n° 13, p. 618, chron. Verpeaux et Macaya* : – **CPI, art. L. 214-1, 3°, 1er al. et la 2de phrase du 2d al.** (dans sa rédaction résultant de la L. n° 2016-925 du 7 juill. 2016 relative à la liberté de la création, à l'architecture et au patrimoine). – Absence de privation du droit de propriété (DDH, art. 17). Les dispositions contestées sont dépourvues d'effet sur le droit moral des artistes-interprètes, qui conservent le droit inaliénable et imprescriptible au respect de leur nom, de leur qualité et de leur interprétation. Par ailleurs, les dérogations instituées par l'art. L. 214-1

		CPI ne s'appliquent qu'à certains modes de communication au public de phonogrammes dont les artistes-interprètes et les producteurs ont déjà accepté la commercialisation. – Absence de méconnaissance du droit de propriété intellectuelle des artistes-interprètes et des producteurs (DDH, art. 2), de la liberté d'entreprendre et de la liberté contractuelle (DDH, art. 4). En adoptant les dispositions contestées, le législateur a entendu faciliter l'accès des services de radio par internet aux catalogues des producteurs de phonogrammes et ainsi favoriser la diversification de l'offre culturelle proposée au public : il a poursuivi un objectif d'intérêt général. Par ailleurs, les dispositions contestées ne limitent les prérogatives des titulaires de droits voisins qu'à l'égard des services de radio par internet dont les modalités d'offre et de diffusion sont comparables à celles de la radiodiffusion hertzienne. Enfin, en application du CPI, une rémunération équitable est assurée aux titulaires de droits voisins au titre de l'exploitation des phonogrammes. – **Conformité**. – **Décision de renvoi :** CE, QPC, 17 mai 2017, *Sté civile des producteurs phonographiques et a.*, n° 408785. – **Application de la décision :** CE 30 mai 2018, *Sté civile des producteurs phonographiques et a.*, n° 408785.
2017	4 août	**Délai de consultation du comité d'entreprise** **2017-652 QPC.** Comité d'entreprise de l'unité économique et sociale Markem Imaje : *JO 8 août ; D. 2017. 1658 ; Constitutions 2017. 432, chron. Fabre ; RJS 2017, n° 10, p. 756 ; RDT 2018. 67, obs. Ferkane ; NCCC 2018, n° 58, p. 97, note Piazzon ; JCP 2019, n° 13, p. 618, chron. Verpeaux et Macaya* : – **C. trav., art. L. 2323-3 et L. 2323-4, dernier al.** (dans leur rédaction résultant de la L. n° 2013-504 du 14 juin 2013 relative à la sécurisation de l'emploi). – Absence de méconnaissance du principe de participation (Préamb. Const. 1946, al.8) et du droit à un recours juridictionnel effectif (DDH, art. 16). Les dispositions contestées sont assorties des garanties nécessaires pour assurer le respect du principe de participation des travailleurs à la détermination collective des conditions de travail ainsi qu'à la gestion des entreprises. – Absence de méconnaissance du principe d'égalité devant la loi (DDH, art. 6). Les dispositions contestées prévoient des règles et délais identiques pour les comités d'entreprise qui saisissent le juge, en application de l'al. 2 de l'art. L. 2323-4 C. trav. Elles n'établissent donc pas de différence de traitement entre les justiciables. Par ailleurs, l'éventualité d'une méconnaissance, par le juge, du délai fixé par la loi ne constitue pas une différence de traitement établie par la loi. – **Conformité**. – **Décision de renvoi :** Soc., QPC, 1er juin 2017, n° 17-13.081 P.
2017	15 sept.	**Dispositions supplétives relatives au travail effectif et à l'aménagement du temps de travail sur une période supérieure à la semaine** **2017-653 QPC.** Confédération générale du Travail-Force ouvrière : *JO*

		17 sept. ; D. 2017. 1765 ; NCCC 2018, n° 58, p. 97, note Piazzon ; JCP 2019, n° 13, p. 618, chron. Verpeaux et Macaya : – **C. trav., art. L. 3121-8 et L. 3121-45** (dans leur rédaction résultant de la L. n° 2016-1088 du 8 août 2016 relative au travail, à la modernisation du dialogue social et à la sécurisation des parcours professionnels). – Concernant C. trav., art. L. 3121-8, al. 4 : al. 4 déjà déclaré conforme à la Const. dans les motifs et le dispositif : Cons. const. 13 janv. 2005, n° 2004-509 DC. – Concernant C. trav., art. L. 3121-8, al. 1er à 3 : absence de méconnaissance du principe d'égalité devant la loi (DDH, art. 6). Le renvoi au contrat de travail opéré par les dispositions contestées a pour seul objet, s'agissant des temps de pause et de restauration, de déterminer s'ils font l'objet d'une rémunération, ainsi que le montant de celle-ci, lorsqu'ils ne sont pas reconnus comme du temps de travail effectif. Pour les temps d'habillage et de déshabillage, ce renvoi se limite à déterminer si ces derniers font l'objet de contreparties sous forme de repos ou sous forme financière, ou s'ils sont assimilés à du temps de travail effectif. En renvoyant en ces termes à la négociation entre l'employeur et le salarié du contrat de travail, le législateur a traité de la même manière tous les salariés placés, compte tenu de l'absence d'une convention ou d'un accord collectifs, dans la même situation. – Concernant C. trav., art. L. 3121-45 : absence de méconnaissance du principe d'égalité devant la loi (DDH, art. 6). Les dispositions contestées créent, en ce qui concerne l'aménagement de la répartition du temps de travail, une différence de traitement entre les entreprises n'ayant pas conclu une convention ou un accord collectifs selon qu'elles emploient moins de 50 salariés ou 50 salariés et plus. Toutefois, la présence de représentants des salariés, qui est requise pour la négociation d'un accord ou d'une convention collectifs, est plus fréquente dans les entreprises de 50 salariés, lesquelles peuvent d'ailleurs disposer d'un comité d'entreprise dans les conditions et de délégués syndicaux. Ces entreprises sont donc dans une situation différente de celle des entreprises de moins de 50 salariés au regard de la possibilité de recourir à la négociation collective. Par ailleurs, en prévoyant une période maximale pour l'aménagement du temps de travail plus longue pour les entreprises de moins de 50 salariés, en l'absence de convention ou d'accord collectifs, le législateur a souhaité permettre l'aménagement de la répartition du temps de travail dans ces entreprises. Il a tenu compte de leur plus grande difficulté d'accès à la négociation collective, tout en limitant la durée sur laquelle l'aménagement du temps de travail est possible en l'absence d'une telle convention ou d'un tel accord. Il a ainsi retenu un critère en adéquation avec l'objet de la loi. – **Conformité**. – **Décisions de renvoi :** CE, QPC, 14 juin 2017, *CGT et a.*, nos 406987, 406990. – **Application de la décision :** CE 21 févr. 2018, n° 406987.
2017	15 sept.	**Accès aux archives publiques émanant du Président de la République, du Premier ministre et des autres membres du Gouvernement**

		2017-655 QPC. M. François G. : *JO 17 sept. ; AJDA 2017. 1752 ; ibid. 2310, note Quiriny ; D. 2017. 1764 ; Constitutions 2017. 599, chron. Hutier ; Dr. adm. 2017, n° 11, p. 34, note Monnier ; JCP Adm. 2017, n*os *43-44, p. 34, note Verpeaux ; LPA 2018, n° 98, p. 13, note Thiébaut ; ibid., n° 156, chron. Mouzet, p. 21 ; NCCC 2018, n° 58, p. 138, chron. Surrel ; RFDC 2018. 194, note Disperati ; Rapp. Cons. const. 2018, p. 46 ; JCP 2019, n° 13, p. 618, chron. Verpeaux et Macaya* : – **C. patr., art. L. 213-4, al. 2 et 1re phrase du dernier al.** (dans sa rédaction résultant de la L. n° 2008-696 du 15 juill. 2008 relative aux archives). – Absence de méconnaissance du droit de demander compte à un agent public de son administration (DDH, art. 15). Le législateur a poursuivi un objectif d'intérêt général en conférant au signataire du protocole de versement ou à son mandataire le pouvoir d'autoriser la consultation anticipée des archives publiques émanant du Président de la République, du Premier ministre et des autres membres du Gouvernement, de manière à accorder une protection particulière à ces archives, qui peuvent comporter des informations susceptibles de relever du secret des délibérations du pouvoir exécutif et, ainsi, à favoriser la conservation et le versement de ces documents. Par ailleurs, cette restriction au droit d'accès aux documents d'archives publiques est limitée dans le temps. Les protocoles relatifs aux archives versées après la publication de la L. du 15 juill. 2008 cessent de plein droit d'avoir effet lors du décès de leur signataire et, en tout état de cause, à l'expiration des délais fixés par l'art. L. 213-2 C. patr. Et, les clauses relatives à la faculté d'opposition du mandataire figurant dans les protocoles régissant les archives versées avant cette même publication cessent d'être applicables 25 ans après le décès du signataire. – **Conformité.** – **Décision de renvoi :** CE, QPC, 28 juin 2017, n° 409568. – **Application de la décision :** CE 12 juin 2020, nos 422327, 431026 : *AJDA 2020. 1197.*
2017	28 sept.	**Impossibilité du report de l'imputation de crédits d'impôt d'origine étrangère** **2017-654 QPC.** Sté BPCE : *JO 30 sept. ; D. 2017. 1910 ; NCCC 2018, n° 58, p. 127, note Austry ; JCP 2018, n° 4, p. 153, chron. Mathieu et Cassard-Valembois ; ibid. 2019, n° 13, p. 618, chron. Verpeaux et Macaya* : – **CGI, art. 220, 1, a, al. 1er** (dans sa rédaction résultant de l'Ord. n° 2004-281 du 25 mars 2004 relative à des mesures de simplification). – Absence de méconnaissance du principe d'égalité devant les charges publique (DDH, art. 13). Ce principe d'égalité ne fait pas obstacle à ce qu'un même contribuable soit soumis à plusieurs impositions sur une même assiette. Par ailleurs, ce principe n'impose pas au législateur, pour l'établissement de l'impôt perçu en France, de tenir compte d'autres impôts acquittés à l'étranger sur les produits que le contribuable reçoit. D'ailleurs, lorsqu'ils constituent des charges du point de vue fiscal, les retenues à la source ou les crédits d'impôt d'origine étrangère peuvent, sauf exception, être déduits du résultat imposable en application de l'art. 39 CGI, augmentant d'autant pour les sociétés déficitaires le déficit admis en déduction d'éventuels bénéfices ultérieurs.

		– Absence de méconnaissance du principe d'égalité devant la loi (DDH, art. 6). En interdisant de reporter sur un exercice ultérieur la retenue à la source de l'impôt sur le revenu ou un crédit d'impôt d'origine étrangère, les dispositions contestées traitent de la même manière toutes les sociétés, quels que soient leurs résultats. Elles ne créent pas non plus, s'agissant des crédits d'impôt d'origine étrangère, de différence selon l'État d'origine des revenus. – Absence de méconnaissance du droit de propriété (DDH, art. 2 et 17). Ni la retenue à la source de l'impôt sur le revenu prélevée sur les produits reçus en France, ni le crédit d'impôt dont la retenue à la source à l'étranger peut être assortie ne constituent un acompte sur le paiement au Trésor de l'impôt sur les sociétés. Par conséquent, ni l'un ni l'autre n'ont le caractère d'une créance restituable. – **Conformité.** – **Décision de renvoi :** CE, QPC, 26 juin 2017, *Sté BPCE*, n° 406437 A. – **Application de la décision :** CE 27 juin 2018, *Sté BPCE*, n° 406437.
2017	29 sept.	**Contributions sociales sur certains revenus de capitaux mobiliers perçus par des personnes non salariées des professions agricoles** **2017-656 QPC.** M. J.-M. B. : *JO 30 sept. ; D. 2017. 1982 ; NCCC 2018, n° 58, p. 133, chron. Surrel ; JCP 2018, n° 4, p. 153, chron. Mathieu et Cassard-Valembois* : – **L. n° 2013-1203 du 23 déc. 2013 de financement de la sécurité sociale pour 2014, art. 9, § II, al. 1er, mots : « et contributions sociales ».** – Absence d'atteinte aux situations légalement acquises et absence de remise en cause des effets qui peuvent légitimement être attendus de telles situations (DDH, art. 16). Certains revenus de capitaux mobiliers perçus en 2013 ont pu être soumis en 2013 à la CSG et à la contribution au remboursement de la dette sociale en qualité de revenus du patrimoine ou de produits de placement. Ces mêmes revenus ont, par ailleurs, pu être pris en compte dans le calcul de la moyenne des revenus dont résulte l'assiette de la contribution sociale généralisée et de la contribution au remboursement de la dette sociale portant sur les revenus d'activité dus au titre de l'année 2014. Toutefois, aucune disposition législative ne prévoit que la contribution sociale généralisée et la contribution au remboursement de la dette sociale sur les revenus du patrimoine ou les produits de placement dues au titre de 2013 revêtaient un caractère libératoire. Dès lors, en intégrant à compter du 1er janv. 2014 les revenus de capitaux mobiliers mentionnés au 4° de l'art. L. 731-14 C. rur. dans l'assiette de la CSG et de la contribution au remboursement de la dette sociale sur les revenus d'activité, le législateur n'a pas porté atteinte aux principes énoncés ci-dessus. – **Conformité.** – **Décision de renvoi :** Civ. 2e, QPC, 29 juin 2017, n° 17-40.039.
2017	*3 oct.*	***Cotisation* et contribution finançant l'allocation de logement des personnes âgées, des infirmes, des jeunes salariés et de certaines catégories de demandeurs d'emploi** **2017-657 QPC.** Sté Valeo systèmes de contrôle moteur : *JO 5 oct. ; D. 2017. 1982 ; JCP 2018, n° 4, p. 153, chron. Mathieu et*

		Cassard-Valembois ; ibid. 2019, n° 13, p. 618, chron. Verpeaux et Macaya : – **CSS, art. L. 834-1, al. 2 à 5** (dans ses rédactions résultant de la L. n° 2007-1822 du 24 déc. 2007 de finances pour 2008 et de la L. n° 2010-1657 du 29 déc. 2010 de finances pour 2011). – Absence d'incompétence négative (Const. 58, art. 34) en matière de règles concernant le taux de la cotisation prévue par les dispositions contestées et en matière de détermination des règles de recouvrement de ces impositions. – Méconnaissance du principe d'égalité devant les charges publiques (DDH, art. 13). En exemptant de la contribution prévue au 2° de l'art. L. 834-1 CSS, les employeurs relevant du régime agricole au regard des lois sur la sécurité sociale, le législateur ne s'est pas fondé sur un critère objectif et rationnel en fonction des buts qu'il s'est fixés de financement de l'allocation logement. – Absence de Méconnaissance du principe d'égalité devant les charges publiques (DDH, art. 13). En exemptant de la contribution prévue au 2° les employeurs occupant moins de 20 salariés, le législateur a entendu tenir compte de leur moindre capacité contributive par rapport à ceux occupant vingt salariés et plus. Il a ainsi retenu un critère objectif et rationnel en fonction des buts qu'il s'est fixés. – Il résulte de tout ce qui précède que les mots « et les employeurs relevant du régime agricole au regard des lois sur la sécurité sociale » figurant à la première phrase du cinquième alinéa de l'article L. 834-1 du code de la sécurité sociale, dans ses rédactions mentionnées ci-dessus, doivent être déclarés contraires à la Constitution. – **Non-conformité des mots** « et les employeurs relevant du régime agricole au regard des lois sur la sécurité sociale » figurant à la 1re phrase du 5e al. de l'art. L. 834-1 en vigueur à compter de la date de publication de la Décis. et conformité des 2e à 4e al. et du reste du 5e al. de l'art. L. 834-1 CSS. – **Décision de renvoi :** Civ. 2e, QPC, 29 juin 2017, n° 17-40.040.
2017	3 oct.	**Droits de mutation à titre gratuit sur les sommes versées dans le cadre de contrats d'assurance-vie** **2017-658 QPC.** M. Jean-Jacques M. : *JO 5 oct. ; D. 2017. 1980 ; AJ fam. 2017. 600, obs. Levillain ; LPA 2017, n° 260, p. 5, note Pando ; JCP 2019, n° 13, p. 618, chron. Verpeaux et Macaya* : – **CGI, art. 757 B, § I** (dans sa rédaction résultant de la L. n° 2014-1655 du 29 déc. 2014 de finances rectificative pour 2014). – Absence de rupture caractérisée de l'égalité devant les charges publiques (DDH, art. 13). Il résulte des dispositions contestées que même lorsque, compte tenu des retraits effectués par l'assuré avant son décès, le montant des primes versées par celui-ci après 70 ans est supérieur aux sommes versées au bénéficiaire de l'assurance-vie, l'assiette des droits de mutation est limitée à ces dernières. L'impôt porte ainsi sur un revenu dont le bénéficiaire dispose effectivement. Par ailleurs, si le législateur a, d'une manière générale, soumis l'assurance-vie à un régime fiscal favorable, afin de promouvoir le recours à ce type d'épargne de long terme, les exceptions qui y sont apportées par les dispositions contestées visent à décourager le recours tardif à cet instrument d'épargne dans le but d'échapper à la fiscalité

		successorale. Compte tenu du but ainsi poursuivi, le législateur pouvait prévoir que l'impôt serait dû à raison du seul versement des primes après 70 ans, sans tenir compte des retraits effectués postérieurement à ce versement par l'assuré. De la même manière, il lui était loisible de soumettre aux droits de mutation les sommes versées au bénéficiaire, sans distinguer entre la fraction correspondant aux primes initialement versées par l'assuré et celle correspondant aux produits de ces primes. En adoptant les dispositions contestées, le législateur s'est donc fondé sur des critères objectifs et rationnels en fonction du but visé. – **Conformité.** – **Décision de renvoi :** Com., QPC, 4 juill. 2017, n° 17-40.037 : *AJ fam. 2017. 437, obs. Paillard.*
2017	6 oct.	**Imposition des revenus réalisés par l'intermédiaire de structures établies hors de France et soumises à un régime fiscal privilégié II** **2017-659 QPC.** Épx N. : *JO 8 oct. ; D. 2017. 2095 ; JCP 2019, n° 13, p. 618, chron. Verpeaux et Macaya* : – **CGI, art. 123 *bis*, 1, al. 1er** (dans sa rédaction issue de la L. n° 98-1266 du 30 déc. 1998 de finances pour 1999). – Absence de de rupture caractérisée de l'égalité devant les charges publiques (DDH, art. 13). Le législateur a poursuivi un but de lutte contre la fraude et l'évasion fiscales de personnes physiques qui détiennent des participations dans des entités principalement financières localisées hors de France et bénéficiant d'un régime fiscal privilégié. Ce but constitue un objectif de valeur constitutionnelle. ***Toutefois***, les dispositions contestées ne sauraient, sans porter une atteinte disproportionnée au principe d'égalité devant les charges publiques, faire obstacle à ce que le contribuable puisse être autorisé à prouver, afin d'être exempté de l'application de l'art. 123 *bis*, que la participation qu'il détient dans l'entité établie ou constituée hors de France n'a ni pour objet ni pour effet de permettre, dans un but de fraude ou d'évasion fiscales, la localisation de revenus à l'étranger. – **Conformité sous réserve.** – **Décision de renvoi :** CE, QPC, 7 juill. 2017, n° 410620 B.
2017	6 oct.	**Contribution de 3 % sur les montants distribués** **2017-660 QPC.** Sté de participation financière : *JO 8 oct. ; D. 2017. 1973 ; RD fisc. 2017, n° 41, p. 68, note Jacquot ; ibid., p. 3, note Pelletier ; LPA 2017, n° 231, p. 3, note Perrotin ; NCCC 2018, n° 59, p. 137, note Austry ; RFDC 2018. 466, note Oliva ; Rapp. Cons. const. 2018, p. 47 ; RFDC 2018. 603, chron. Daïmallah ; JCP 2019, n° 13, p. 618, chron. Verpeaux et Macaya* : – **CGI, art. 235 *ter* ZCA, § I, al. 1er** (dans sa rédaction résultant de la L. n° 2015-1786 du 29 déc. 2015 de finances rectificative pour 2015). – Méconnaissance des principes d'égalité devant la loi et devant les charges publiques (DDH, art. 6 et 13). En instituant la contribution additionnelle à l'impôt sur les sociétés au titre des montants distribués, le législateur a entendu compenser la perte de recettes pérenne provoquée par la suppression de la retenue à la source sur les organismes de placement collectif en valeurs mobilières. Il a ainsi poursuivi un objectif de rendement. Un tel objectif ne constitue pas, en lui-même, une raison d'intérêt général de nature à justifier la différence de

		traitement instituée entre les sociétés mères qui redistribuent des dividendes provenant d'une filiale établie dans État membre de l'Union et celles qui redistribuent des dividendes provenant d'une filiale établie en France ou dans un État tiers à l'Union européenne. – **Non-conformité avec effet à compter de la date de publication de la Décis.** – **Décision de renvoi :** CE, QPC, 7 juill. 2017, *Sté de participation financière*, n° 399757. – **Applications de la décision :** – CE 7 févr. 2018, n° 399024. – CE 8 déc. 2017, n° 399757.
2017	13 oct.	**Impossibilité pour les salariés mis à disposition d'être élus à la délégation unique du personnel** **2017-661 QPC.** Synd. CGT des salariés des hôtels de prestige économique : *JO 15 oct. ; D. 2017. 2035 ; NCCC 2018, n° 59, p. 107, chron. Piazzon ; JCP 2019, n° 13, p. 618, chron. Verpeaux et Macaya* : – **C. trav., art. L. 2326-2** (dans sa rédaction résultant de la L. n° 2015-994 du 17 août 2015 relative au dialogue social et à l'emploi). – Absence de méconnaissance du principe de participation (Préamb. Const. 1946, al. 8). La délégation unique du personnel, mise en place à l'initiative du chef d'entreprise ou par accord collectif majoritaire afin de la substituer aux délégués du personnel, au comité d'entreprise et au comité d'hygiène, de sécurité et des conditions de travail, exerce, en vertu de l'art. L. 2326-3 C. trav., les attributions dévolues à chacune de ces institutions représentatives du personnel. Ses membres ont donc accès à l'ensemble des informations adressées à ces dernières. En excluant que les salariés mis à disposition soient éligibles à la délégation unique du personnel de l'entreprise utilisatrice, le législateur a cherché à éviter que des salariés qui continuent de dépendre d'une autre entreprise puissent avoir accès à certaines informations confidentielles, d'ordre stratégique, adressées à cette délégation unique lorsqu'elle exerce les attributions du comité d'entreprise. – Absence d'atteinte au principe d'égalité (DDH, art. 6). La différence de traitement résultant de ce que les salariés mis à disposition sont éligibles en qualité de délégués du personnel alors qu'ils ne le sont pas, en vertu des dispositions contestées, à la délégation unique du personnel, repose sur une différence de situation en rapport avec l'objet de la loi. – **Conformité**. – **Décision de renvoi :** Soc., QPC, 13 juill. 2017, n° 17-40.041 P.
2017	13 oct.	**Recours de l'employeur contre une expertise décidée par le CHSCT** **2017-662 QPC.** Sté EDF : *JO 15 oct. ; D. 2017. 2036 ; Procédure 2017, n° 12, p. 23, note Bugada ; NCCC 2018, n° 59, p. 107, chron. Piazzon ; JCP 2018, n° 4, p. 153, chron. Mathieu et Cassard-Valembois ; ibid. 2019, n° 13, p. 618, chron. Verpeaux et Macaya* : – **C. trav., art. L. 4614-13, al. 2, 1re phrase, mots « dans un délai de quinze jours à compter de la délibération du comité d'hygiène, de sécurité et des conditions de travail ou de l'instance de**

		coordination mentionnée à l'article L. 4616-1 » (dans sa rédaction résultant de la L. n° 2016-1088 du 8 août 2016 relative au travail, à la modernisation du dialogue social et à la sécurisation des parcours professionnels). – Absence d'atteinte au droit à un recours juridictionnel effectif (DDH, art. 16). En vertu de l'art. L. 4614-13-1 C. trav., l'employeur peut contester le coût final de l'expertise décidée par le comité d'hygiène, de sécurité et des conditions de travail devant le juge judiciaire, dans un délai de 15 jours à compter de la date à laquelle il a été informé de ce coût. Dès lors, à la supposer établie, l'impossibilité pour l'employeur de contester le coût prévisionnel de cette expertise ne constitue pas une méconnaissance du droit à un recours juridictionnel effectif. Par ailleurs, il résulte de l'art. L. 4614-13 C. trav. qu'il appartient au comité d'hygiène, de sécurité et des conditions de travail ou à l'instance de coordination, lorsque l'un ou l'autre décide de faire appel à un expert agréé, de déterminer par délibération l'étendue et le délai de cette expertise ainsi que le nom de l'expert. Dès lors, en prévoyant que l'employeur dispose d'un délai de 15 jours à compter de la délibération pour contester la nécessité de l'expertise, son étendue, son délai ou l'expert désigné, le législateur n'a pas méconnu le droit à un recours juridictionnel effectif. – **Conformité.** – **Décision de renvoi :** Soc., QPC, 13 juill. 2017, n° 16-28.561 P : *Dr. soc. 2017. 988, obs. Mouly.* – **Application de la décision :** Soc. 28 mars 2018, n° 16-28.561 P : *D. 2018. 730.*
2017	19 oct.	**Exonération d'impôt sur le revenu de l'indemnité compensatrice de cessation de mandat d'un agent général d'assurances II 2017-663 QPC.** Épx T. : *JO 22 oct.* ; *D. 2017. 2094* ; *LPA 2017, n° 260, p. 4, note Pando* ; *JCP 2018, n° 4, p. 153, chron. Mathieu et Cassard-Valembois* : – **CGI, art. 151 *septies* A, § V, 1, mots : « par un nouvel agent général d'assurances exerçant à titre individuel et »** (dans sa rédaction résultant de l'ordonnance n° 2013-676 du 25 juillet 2013 modifiant le cadre juridique de la gestion d'actifs). – Méconnaissance du principe d'égalité devant les charges publiques (DDH, art. 13). En prévoyant que l'indemnité compensatrice versée à l'occasion de la cessation d'activité d'un agent général d'assurances faisant valoir ses droits à la retraite bénéficie d'un régime d'exonération, le législateur a entendu favoriser la poursuite de l'activité exercée. Toutefois, il n'y a pas de lien entre la poursuite de l'activité d'agent général d'assurances et la forme juridique dans laquelle elle s'exerce. Par ailleurs, l'indemnité compensatrice n'est versée qu'en l'absence de cession de gré à gré par l'agent général, situation dans laquelle il n'est pas en mesure de choisir son successeur. Le bénéfice de l'exonération dépend ainsi d'une condition que le contribuable ne maîtrise pas. Dès lors, en conditionnant l'exonération d'impôt sur le revenu à raison de l'indemnité compensatrice à la reprise de l'activité par un nouvel agent général d'assurances exerçant à titre individuel, le législateur ne s'est pas fondé sur des critères objectifs et rationnels en fonction du but visé.

		– Non-conformité à compter de la date de publication de la Décis. et applicable à toutes les affaires non jugées définitivement à cette date. – **Décision de renvoi :** CE, QPC, 17 juill. 2017, n° 410766.
2017	20 oct.	**Conditions d'organisation de la consultation des salariés sur un accord minoritaire d'entreprise ou d'établissement** **2017-664 QPC.** Confédération générale du travail – Force ouvrière : *JO 22 oct. ; D. 2017. 2103 ; Dr. soc. 2018. 196, étude Bernaud ; JCP 2017, n°s 44-45, p. 1986 ; ibid. 2019, n° 13, p. 618, chron. Verpeaux et Macaya ; NCCC 2018, n° 59, p. 107, chron. Piazzon ; Rapp. Cons. const. 2018, p. 48 :* – **C. trav., art. L. 2232-12, al. 4** (dans sa rédaction résultant de la L. n° 2016-1088 du 8 août 2016 relative au travail, à la modernisation du dialogue social et à la sécurisation des parcours professionnels), **L. 2232-21-1** (dans sa rédaction issue de la L. n° 2015-994 du 17 août 2015 relative au dialogue social et à l'emploi), **L. 2232-27** (dans sa rédaction résultant de la L. n° 2008-789 du 20 août 2008 portant rénovation de la démocratie sociale et réforme du temps de travail) **et C. rur., art. L. 514-3-1, § II, al. 5** (dans sa rédaction résultant de la L. n° 2016-1088 du 8 août 2016 relative au travail, à la modernisation du dialogue social et à la sécurisation des parcours professionnels). – C. trav., art. L. 2232-12, al. 4, et C. rur., art. L. 514-3-1, § II, al. 5 : atteinte au principe d'égalité (DDH, art. 6). Il était loisible au législateur de renvoyer à la négociation collective la définition des modalités d'organisation de la consultation et d'instituer des règles visant à éviter que des organisations syndicales non signataires de l'accord puissent faire échec à toute demande de consultation formulée par d'autres organisations. Toutefois, en prévoyant que seules les organisations syndicales qui ont signé un accord d'entreprise ou d'établissement et ont souhaité le soumettre à la consultation des salariés sont appelées à conclure le protocole fixant les modalités d'organisation de cette consultation, les dispositions contestées instituent une différence de traitement qui ne repose ni sur une différence de situation ni sur un motif d'intérêt général en rapport direct avec l'objet de la loi : **non-conformité**. – C. trav., art. L. 2232-21-1 et L. 2232-27. Ces art. ne sont pas entachés d'incompétence négative dans des conditions affectant le principe d'égalité devant la loi, la liberté d'expression et la liberté de conscience : **conformité**. **– Non-conformité des art. L. 2232-12, al. 4 C. trav. et L. 514-3-1, § II, al. 5 C. rur. avec effet à compter de la date de publication de la Décis. et conformité des art. L. 2232-21-1 et L. 2232-27.** – **Décision de renvoi :** CE, QPC, 19 juill. 2017, *CGT et a.*, n° 408221. – **Applications de la décision :** – CE 7 déc. 2018, n° 406760. – Ord. n° 2017-1385 du 22 sept. 2017, art. 10.
2017	20 oct.	**Licenciement en cas de refus d'application d'un accord en vue de la préservation ou du développement de l'emploi** **2017-665 QPC.** Confédération générale du travail – Force ouvrière :

		JO 22 oct. ; D. 2017. 2105 ; Dr. soc. 2018. 196, étude Bernaud ; RDT 2017. 720, obs. Fabre ; NCCC 2018, n° 59, p. 107, chron. Piazzon ; JCP 2019, n° 13, p. 618, chron. Verpeaux et Macaya : – **C. trav., art. L. 2254-2, § II, al. 2 et § III, dernier al.** (dans sa rédaction issue de la L. n° 2016-1088 du 8 août 2016 relative au travail, à la modernisation du dialogue social et à la sécurisation des parcours professionnels). – C. trav., art. L. 2254-2, § II, al. 2 : • absence de méconnaissance du droit à l'emploi (Préamb. Const. 1946, al. 5). Le législateur a apporté au licenciement fondé sur le refus d'application d'un accord en vue de la préservation ou du développement de l'emploi les mêmes garanties que celles prévues pour le licenciement individuel pour motif économique en matière d'entretien préalable, de notification, de préavis et d'indemnités. Par ailleurs, le fait que la loi ait réputé le licenciement fondé sur une cause réelle et sérieuse n'interdit pas au salarié de contester ce licenciement devant le juge afin que ce dernier examine si les conditions prévues au § II de l'art. L. 2254-2 C. trav. sont réunies. Ensuite, en prévoyant l'exclusion du bénéfice de l'obligation de reclassement, dont la mise en œuvre peut impliquer une modification du contrat de travail de l'intéressé identique à celle qu'il a refusée, le législateur a tenu compte des difficultés qu'une telle obligation serait susceptible de présenter. Enfin, si le législateur n'a pas fixé de délai à l'employeur pour décider du licenciement du salarié qui l'a averti de son refus de modification de son contrat de travail, un licenciement fondé sur ce motif spécifique ***ne saurait, sans méconnaître*** le droit à l'emploi, intervenir au-delà d'un délai raisonnable à compter de ce refus : **réserve** • absence de méconnaissance du principe d'égalité devant la loi (DDH, art. 6). En permettant à un employeur de licencier un salarié ayant refusé la modification de son contrat de travail résultant de l'application d'un accord de préservation et de développement de l'emploi, le législateur a placé dans la même situation juridique l'ensemble des salariés refusant cette modification. Il n'a donc pas établi de différence de traitement entre eux. – C. trav., art. L. 2254-2, § III, dernier al. : absence de méconnaissance par le législateur de sa propre compétence. En faisant référence à la notion de « rémunération mensuelle », le législateur a entendu renvoyer à la définition de la rémunération figurant à l'art. L. 3221-3 C. trav. – **Conformité**. – **Décision de renvoi :** CE, QPC, 19 juill. 2017, *CGT et a.*, n° 408379. – **Application de la décision :** CE 7 déc. 2017, *CGT et a.*, n° 408379 B : *AJDA 2018. 664*.
2017	20 oct.	**Compétence du vice-président du Conseil d'État pour établir la charte de déontologie de la juridiction administrative** **2017-666 QPC.** J.-M. L. : *JO 22 oct. ; AJDA 2017. 2039 ; D. 2017. 2102 ; Constitutions 2017. 588, chron. Le Bot ; NCCC 2018, n° 59, p. 147, chron. Surrel ; LPA 2018, n° 80, p. 7, note Chaltiel ; JCP 2018, n° 4, p. 153, chron. Mathieu et Cassard-Valembois ; ibid. 2019, n° 13,*

		p. 618, chron. Verpeaux et Macaya ; Titre VII, sept. 2018, n° 1, chron. Derosier et Cartier : – **CJA, art. L. 131-4** (dans sa rédaction issue de la L. n° 2016-483 du 20 avr. 2016 relative à la déontologie et aux droits et obligations des fonctionnaires). – Absence de méconnaissance du principe d'impartialité et droit à un recours juridictionnel effectif (DDH, art. 16). Le vice-président du Conseil d'État et les membres du collège de déontologie membres de la juridiction administrative ne participent pas au jugement d'une affaire mettant en cause la charte de déontologie ou portant sur sa mise en œuvre. Par ailleurs, quelles que soient les prérogatives du vice-président du Conseil d'État sur la nomination ou la carrière des membres de la juridiction administrative, les garanties statutaires reconnues à ces derniers par le CJA assurent leur indépendance à son égard. – **Conformité**. – **Décision de renvoi :** CE, QPC, 19 juill. 2017, n° 411070 : *AJDA 2017. 1530.* – **Application de la décision :** CE 25 mars 2020, n° 411070 A : *AJDA 2020. 703.*
2017	27 oct.	**Amende proportionnelle pour défaut de déclaration des contrats de capitalisation souscrits à l'étranger** **2017-667 QPC.** M. Didier C. : *JO 29 oct. ; D. 2017. 2155 ; LPA 2017, n° 260, p. 5, note Pando* : – **CGI, art. 1766, al. 2** (dans sa rédaction résultant de la L. n° 2012-354 du 14 mars 2012 de finances rectificative pour 2012). – Méconnaissance du principe de proportionnalité des peines (DDH, art. 8). En réprimant la méconnaissance de l'obligation déclarative annuelle, le législateur a entendu faciliter l'accès de l'administration fiscale aux informations relatives à ces contrats et prévenir la dissimulation de revenus placés à l'étranger. Il a ainsi poursuivi l'objectif à valeur constitutionnelle de lutte contre la fraude et l'évasion fiscales. ***Toutefois***, en prévoyant une amende dont le montant, non plafonné, est fixé en proportion de la valeur des contrats non déclarés, pour un simple manquement à une obligation déclarative, même lorsque les revenus n'ont pas été soustraits à l'impôt, le législateur a instauré une sanction manifestement disproportionnée à la gravité des faits qu'il a entendu réprimer. – **Non-conformité à compter de la date de publication de la Décis.** L'inconstitutionnalité ne peut être invoquée dans les instances jugées définitivement à cette date. – **Décision de renvoi :** CE, QPC, 28 juill. 2017, n° 410452. – **Application de la décision :** CE 20 juin 2018, n° 410452.
2017	27 oct.	**Exonération des plus-values de cession de logements par des non-résidents** **2017-668 QPC.** Épx B. : *JO 29 oct. ; D. 2017. 2155 ; AJDI 2018. 290, obs. Maublanc ; JCP N 2017, n° 45 ; JCP 2018, n° 4, p. 153, chron. Mathieu et Cassard-Valembois ; ibid. 2019, n° 13, p. 618, chron. Verpeaux et Macaya* : – **CGI, art. 150 U, II, 2°, al. 2** (dans sa rédaction résultant de la L. n° 2013-1278 du 29 déc. 2013 de finances pour 2014).

		– Absence de méconnaissance des principes d'égalité devant la loi et devant les charges publiques (DDH, art. 6 et 13). En instituant, aux 1° et 2° du § II de l'art. 150 U CGI, des régimes d'exonération des plus-values immobilières différents pour les résidents fiscaux et certains non-résidents fiscaux, le législateur a traité différemment des personnes placées dans des situations différentes au regard des règles d'imposition des revenus, cette différence de traitement étant en rapport avec l'objet de la loi et fondée sur des critères objectifs et rationnels. – **Conformité**. – **Décision de renvoi :** CE, QPC, 28 juill. 2017, n° 411546 : *AJ fam. 2017. 437, obs. Paillard.*
2017	27 oct.	**Taxe sur les éditeurs et distributeurs de services de télévision II** **2017-669 QPC.** Sté EDI-TV : *JO 29 oct. ; D. 2017. 2154 ; JCP 2018, n° 4, p. 153, chron. Mathieu et Cassard-Valembois* : – **CCIA, art. L. 115-7, 1°, a, mots : « ou aux régisseurs de messages publicitaires et de parrainage »** (dans ses rédactions résultant de la L. n° 2010-1657 du 29 déc. 2010 de finances pour 2011 et de la L. n° 2012-1510 du 29 déc. 2012 de finances rectificative pour 2012). – Méconnaissance du principe d'égalité devant les charges publiques (DDH, art. 13) par le législateur en posant le principe de l'assujettissement, dans tous les cas et quelles que soient les circonstances, des éditeurs de services de télévision au paiement d'une taxe assise sur des sommes dont ils ne disposent pas. – **Non-conformité à compter du 1er juill. 2018**. Afin de préserver l'effet utile de la Décis. à la solution des instances en cours ou à venir, il appartient aux juridictions saisies de surseoir à statuer jusqu'à l'entrée en vigueur de la nouvelle loi ou, au plus tard, jusqu'au 1er juill. 2018 dans les procédures en cours ou à venir dont l'issue dépend de l'application des dispositions déclarées inconstitutionnelles. – **Décision de renvoi :** CE, QPC, 28 juill. 2017, n° 411837. – **Applications de la décision :** – CAA Paris, 28 mars 2019, nos 18PA02963, 18PA02962 et 18PA02964. – L. n° 2017-1775 du 28 déc. 2017, art. 37.
2017	27 oct.	**Effacement anticipé des données à caractère personnel inscrites dans un fichier de traitement d'antécédents judiciaires** **2017-670 QPC.** M. Mikhail P. : *JO 29 oct. ; AJDA 2017. 2104 ; D. 2017. 2153 ; AJ pénal 2017. 546, obs. Oudoul ; NCCC 2018, n° 59, p. 107, chron. Piazzon ; ibid., p. 147, chron. Surrel ; JCP 2018, n° 4, p. 153, chron. Mathieu et Cassard-Valembois ; ibid., n° 5, p. 193, note Jacquinot ; ibid. 2019, n° 13, p. 618, chron. Verpeaux et Macaya ; LPA 2018, n° 156, chron. Fourment, p. 12 ; Rapp. Cons. const. 2018, p. 49 ; RFDC 2018. 656, chron. Perrier* : – **C. pr. pén., art. 230-8, al. 1er** (dans sa rédaction résultant de la *L. n° 2016-731* du 3 juin 2016 renforçant la lutte contre le crime organisé, le terrorisme et leur financement, et améliorant l'efficacité et les garanties de la procédure pénale). – Atteinte disproportionnée au droit au respect de la vie privée (DDH, art. 2) des dispositions préc. qui privent les personnes mises en cause

		dans une procédure pénale, autres que celles ayant fait l'objet d'une décision d'acquittement, de relaxe, de non-lieu ou de classement sans suite, de toute possibilité d'obtenir l'effacement de leurs données personnelles inscrites dans le fichier des antécédents judiciaires. – **Non-conformité à compter du 1er mai 2018**. – **Décision de renvoi :** Crim., QPC, 26 juill. 2017, n° 16-87.749. – **Applications de la décision :** – Crim 26 juin 2018, n° 17-83.572. – L. n° 2018-493 du 20 juin 2018, art. 36. – Crim. 19 juin 2018, n° 16-87.749.
2017	10 nov.	**Saisine d'office du juge de l'application des peines (JAP)** **2017-671 QPC.** M. Antoine L. : *JO 11 nov. ; D. 2017. 2305 ; ibid. 2523, note Tzutzuiano ; AJ pénal 2017. 538, note Evans ; NCCC 2018, n° 59, p. 99, chron. Bonis ; LPA 2018, n° 156, chron. Fourment, p. 13 ; Rapp. Cons. const. 2018, p. 50 ; RFDC 2018. 663, chron. Perrier ; JCP 2019, n° 13, p. 618, chron. Verpeaux et Macaya* : – **C. pr. pén., art. 712-4, mots : « d'office, »** (dans sa rédaction résultant de la L. n° 2014-896 du 15 août 2014 relative à l'individualisation des peines et renforçant l'efficacité des sanctions pénales). – Absence d'atteinte au principe d'impartialité des juridictions et au principe de séparation des autorités de poursuite et de jugement (DDH, art. 16). Lorsque le JAP se saisit d'office aux fins de modifier, ajourner, retirer ou révoquer une mesure relevant de sa compétence, il n'introduit pas une nouvelle instance au sens et pour l'application des exigences constitutionnelles précitées. Par ailleurs, en permettant au JAP de se saisir d'office et de prononcer les mesures adéquates relatives aux modalités d'exécution des peines, le législateur a poursuivi les objectifs de protection de la société et de réinsertion de la personne condamnée. Il a ainsi poursuivi des objectifs d'intérêt général. Enfin, le JAP ne saurait, sans méconnaître le principe d'impartialité, prononcer une mesure défavorable dans le cadre d'une saisine d'office sans que la personne condamnée ait été mise en mesure de présenter ses observations : réserve. – **Conformité sous réserve**. – **Décision de renvoi :** Crim., QPC, 9 août 2017, n° 17-90.014.
2017	10 nov.	**Action en démolition d'un ouvrage édifié conformément à un permis de construire** **2017-672 QPC.** Assoc. Entre Seine et Brotonne et a. : *JO. 11 nov. ; AJDA 2017. 2231 ; ibid. 2018. 356, note Tremeau ; D. 2017. 2303 ; RDI 2018. 53, obs. Soler-Couteaux ; Gaz. Pal. 2018, n° 10, p. 34, note Salles ; NCCC 2018, n° 59, p. 107, chron. Piazzon ; ibid., p. 129, chron. Gahdoun ; BJDU 2018, n° 1, p. 37, obs. J. T. ; JCP 2019, n° 13, p. 618, chron. Verpeaux et Macaya* : – **C. urb., art. L. 480-13, 1°, al. 1er, mots : « et si la construction est située dans l'une des zones suivantes : »** (dans sa rédaction résultant de la loi n° 2015-990 du 6 août 2015 pour la croissance, l'activité et l'égalité des chances économiques). – Absence de méconnaissance du principe de responsabilité et du droit à un recours juridictionnel effectif (DDH, art. 4 et 16). Dans les cas

		pour lesquels l'action en démolition est exclue par les dispositions contestées, une personne ayant subi un préjudice causé par une construction peut en obtenir la réparation sous forme indemnitaire, notamment en engageant la responsabilité du constructeur en vertu du 2° de l'art. L. 480-13 C. urb. La personne lésée peut par ailleurs obtenir du juge administratif une indemnisation par la personne publique du préjudice causé par la délivrance fautive du permis de construire irrégulier. Par ailleurs, la décision d'annulation, par le juge administratif, d'un permis de construire pour excès de pouvoir ayant pour seul effet juridique de faire disparaître rétroactivement cette autorisation administrative, la démolition de la construction édifiée sur le fondement du permis annulé, qui constitue une mesure distincte, relevant d'une action spécifique devant le juge judiciaire, ne découle pas nécessairement d'une telle annulation. Les dispositions contestées ne portent donc aucune atteinte au droit d'obtenir l'exécution d'une décision de justice. – Absence de méconnaissance des art. 1er, 2 et 4 Charte envir. En limitant l'action en démolition aux seules zones énumérées aux *a* à *o* du 1° de l'art. L. 480-13 C. urb., le législateur a privé la personne lésée par une construction édifiée en dehors de ces zones, conformément à un permis de construire annulé, d'obtenir sa démolition sur ce fondement. Toutefois, d'une part, le législateur a veillé à ce que l'action en démolition demeure possible dans les zones présentant une importance particulière pour la protection de l'environnement. D'autre part, les dispositions contestées ne font pas obstacle aux autres actions en réparation, en nature ou sous forme indemnitaire. – **Conformité.** – **Décision de renvoi :** Civ. 3e, QPC, 17 sept. 2017, n° 17-40.046.
2017	24 nov.	**Régime d'exonération des jeunes entreprises innovantes** **2017-673 QPC.** Sté Neomades : *JO 25 nov. ; D. 2017. 2375 ; JCP 2018, n° 4, p. 153, chron. Mathieu et Cassard-Valembois* : – **L. n° 2003-1311 du 30 déc. 2003 de finances pour 2004, art. 131, § I, mots « dans la double limite, d'une part, des cotisations dues pour la part de rémunération inférieure à 4,5 fois le salaire minimum de croissance, d'autre part, d'un montant, par année civile et par établissement employeur, égal à trois fois le plafond annuel défini à l'article L. 241-3 du code de la sécurité sociale, et dans les conditions prévues au V du présent article. Les conditions dans lesquelles ce montant est déterminé pour les établissements créés ou supprimés en cours d'année sont précisées par décret »** (dans sa rédaction résultant de l'art. 175 de la L. n° 2010-1657 du 29 déc. 2010 de finances pour 2011) ; **art. 131, § V, al. 1er, mots « à taux plein jusqu'au dernier jour de la troisième année suivant celle de la création de l'établissement. Elle est ensuite applicable à un taux de 75 % jusqu'au dernier jour de la quatrième année suivant celle de la création de l'établissement, à un taux de 50 % jusqu'au dernier jour de la cinquième année suivant celle de la création de l'établissement, à un taux de 30 % jusqu'au dernier jour de la seizième année suivant celle de la création de l'établissement et à un taux de 10 % jusqu'au dernier jour de la septième année suivant celle de la**

		création de l'établissement » (même rédaction) **et L. n° 2011-1978 du 28 déc. 2011 de finances rectificative pour 2011, art. 37, § IV.** – Absence d'atteinte à des situations légalement acquises (DDH, art. 16). Les dispositions contestées, qui ne disposent que pour l'avenir, ne s'appliquent pas aux cotisations dues à raison des gains et rémunérations versées avant leur entrée en vigueur. Par ailleurs, d'une part, en prévoyant, au § V de l'art. 131 de la L. du 30 déc. 2003, dans ses rédactions antérieures à celles résultant des dispositions contestées, que l'exonération est applicable « au plus jusqu'au dernier jour de la septième année suivant celle de la création de l'entreprise », le législateur a seulement entendu réserver cet avantage aux « jeunes » entreprises créées depuis moins de 8 ans. D'autre part, si le bénéfice de l'exonération est accordé aux entreprises ayant le statut de jeune entreprise innovante en contrepartie du respect des conditions qui leur sont imposées par la loi, notamment en matière de dépenses de recherche et de modalités de détention de leur capital, ce bénéfice n'est acquis que pour chaque période de décompte des cotisations au cours de laquelle ces conditions sont remplies. – **Conformité.** – **Décision de renvoi :** Civ. 2e, QPC, 14 sept. 2017, n° 17-40.050.
2017	24 nov.	**Procédure de sanction devant l'autorité de contrôle des nuisances aéroportuaires** **2017-675 QPC.** Sté Queen Air : *JO 25 nov. ; AJDA 2017. 2336 ; D. 2017. 2364 ; Constitutions 2017. 591, chron. Le Bot ; NCCC 2018, n° 59, p. 107, chron. Piazzon ; ibid., p. 131, chron. Gahdoun ; ibid., p. 147, chron. Surrel :* – **C. transp., art. L. 6361-14, al. 2 et 5** (dans sa rédaction issue de l'Ord. n° 2010-1307 du 28 oct. 2010 relative à la partie législative du code des transports). – Méconnaissance du principe d'impartialité (DDH, art. 16). Dans le cadre d'une procédure de sanction devant l'Autorité de contrôle des nuisances aéroportuaires, son président dispose du pouvoir d'opportunité des poursuites des manquements constatés alors qu'il est également membre de la formation de jugement de ces mêmes manquements. Il s'ensuit que les dispositions contestées n'opèrent aucune séparation au sein de l'Autorité de contrôle des nuisances aéroportuaires entre, d'une part, les fonctions de poursuite des éventuels manquements et, d'autre part, les fonctions de jugement de ces mêmes manquements. – Non-conformité à compter du 30 juin 2018. – **Décision de renvoi :** CE, QPC, 20 sept. 2017, *Sté Queen Air*, n° 412205.
2017	1er déc.	**Assignation à résidence de l'étranger faisant l'objet d'une interdiction du territoire ou d'un arrêté d'expulsion** **2017-674 QPC.** M. Kamel D. : *JO 2 déc. ; AJDA 2017. 2382 ; D. 2017. 2430 ; Constitutions 2017. 595, chron. Domingo ; NCCC 2018, n° 59, p. 147, chron. Surrel ; LPA 2018, n° 156, chron. Thomas-Taillandier,*

		p. 15 ; RFDC 2018. 613, chron. Tchen ; JCP 2019, n° 13, p. 618, chron. Verpeaux et Macaya : – **CESEDA, art. L. 561-1, al. 8, dernière phrase, et al. 9, 3e phrase** (dans sa rédaction résultant de la L. n° 2016-274 du 7 mars 2016 relative au droit des étrangers en France). – Atteinte disproportionnée à la liberté d'aller et de venir (DDH, art. 2 et 4) en ce qui concerne les mots « au 5° du présent article » figurant à la dernière phrase du 8e al. de l'art. L. 561-1 CESEDA. Le maintien d'un arrêté d'expulsion, en l'absence de son abrogation, atteste de la persistance de la menace à l'ordre public constituée par l'étranger. En revanche, si le placement sous assignation à résidence après la condamnation à l'interdiction du territoire français peut toujours être justifié par la volonté d'exécuter la condamnation dont l'étranger a fait l'objet, le législateur n'a pas prévu que, au-delà d'une certaine durée, l'administration doive justifier de circonstances particulières imposant le maintien de l'assignation aux fins d'exécution de la décision d'interdiction du territoire : non-conformité. – Absence d'atteinte disproportionnée à la liberté d'aller et de venir, (DDH, art. 2 et 4) en ce qui concerne le reste de la dernière phrase du 8e al. de l'art. L. 561-1 CESEDA. La durée indéfinie de la mesure d'assignation à résidence en accroît la rigueur. ***Dès lors***, il appartient à l'autorité administrative de retenir des conditions et des lieux d'assignation à résidence tenant compte, dans la contrainte qu'ils imposent à l'intéressé, du temps passé sous ce régime et des liens familiaux et personnels noués par ce dernier : réserve. Par ailleurs, compte tenu des restrictions qu'il est loisible au législateur d'apporter à la liberté d'aller et de venir, au droit au respect à la vie privée et au droit de mener une vie familiale normale pour des étrangers dont le séjour n'est pas régulier et qui sont sous le coup d'une mesure d'éloignement et, sous la réserve ci-dessus, pour les assignations à résidence sans limite de durée, la faculté reconnue à l'autorité administrative de fixer le lieu d'assignation à résidence en tout point du territoire de la République ne porte pas d'atteinte disproportionnée aux droits mentionnés ci-dessus : réserve. – Absence de privation de la liberté individuelle (Const. 58, art. 66) concernant la dernière phrase de l'al. 9 de l'art. L. 561-1 CESEDA. Si la mesure d'assignation à résidence est susceptible d'inclure une astreinte à domicile, la plage horaire de cette dernière ne saurait dépasser 12 h par jour sans que l'assignation à résidence soit alors regardée comme une mesure privative de liberté, contraire aux exigences de l'art. 66 Const. 58, dans la mesure où elle n'est pas soumise au contrôle du juge judiciaire : réserve. – Absence de méconnaissance du droit à un recours juridictionnel effectif (DDH, art. 16). L'arrêté d'assignation à résidence instauré par les dispositions contestées peut faire l'objet d'un recours dans les conditions du droit commun. En particulier, l'absence de décision de renouvellement de l'assignation à résidence n'empêche pas l'étranger concerné de solliciter la levée de l'assignation et voir ainsi sa situation réexaminée à cette occasion. L'intéressé peut notamment contester les modalités de l'assignation à résidence et obtenir, le cas échéant, un amoindrissement de la rigueur qui lui est imposée.

		– **Non-conformité des mots « au 5° du présent article » figurant à la dernière phrase du 2e al. de l'art. L. 561-1 CESEDA** (dans sa rédaction résultant de la L. n° 2016-274 du 7 mars 2016 relative au droit des étrangers en France) **à compter du 30 juin 2018, conformité sous réserves du reste de la dernière phrase du 8e al.** du même art. dans cette même rédaction, **conformité sous réserves de la 3e phrase du 9e al.** du même art. dans cette même rédaction. – **Décision de renvoi :** CE, QPC, 20 sept. 2017, n° 411774.
2017	1er déc.	**Déductibilité des dettes du défunt à l'égard de ses héritiers ou de personnes interposées** **2017-676 QPC.** Mme Élise D. : *JO 2 déc. ; D. 2017. 2481 ; AJ fam. 2018. 54, note Levillain ; ibid. 7, obs. Paillard ; Dr. fam. 2018, n° 1, p. 61, note Douet ; JCP 2018, n° 4, p. 153, chron. Mathieu et Cassard-Valembois ; ibid. 2019, n° 13, p. 618, chron. Verpeaux et Macaya* : – **CGI, art. 773, 2°** (dans sa rédaction résultant du Décr. n° 81-866 du 15 sept. 1981 portant incorporation au CGI de divers textes modifiant et complétant certaines dispositions de ce code, à compter du 1er juill. 1981). – Absence de rupture caractérisée de l'égalité devant les charges publiques (DDH, art. 6 et 13). Le législateur a subordonné la déduction des dettes du défunt à l'égard de ses héritiers ou à l'égard de personnes interposées à l'établissement de ces dettes par acte authentique ou par un acte sous-seing privé ayant date certaine avant l'ouverture de la succession. Il a ainsi institué, pour l'établissement des droits de mutation à titre gratuit pour cause de décès, une différence de traitement entre les successions selon que les dettes du défunt ont été contractées, d'une part, à l'égard de ses héritiers ou de personnes interposées ou, d'autre part, à l'égard de tiers. En adoptant les dispositions contestées, le législateur a entendu permettre le contrôle de la sincérité de ces dettes et ainsi réduire les risques de minoration de l'impôt qu'il a jugés plus élevés dans le premier cas compte tenu des liens entre une personne et ses héritiers. Le législateur a donc poursuivi l'objectif de valeur constitutionnelle de lutte contre la fraude et l'évasion fiscales. – **Conformité.** – **Décision de renvoi :** Com., QPC, 21 sept. 2017, n° 17-40.049.
2017	1er déc.	**Contrôles d'identité, fouilles de bagages et visites de véhicules dans le cadre de l'état d'urgence** **2017-677 QPC.** Ligue des droits de l'homme : *JO 2 déc. ; AJDA 2017. 2381 ; D. 2017. 2431 ; JCP 2017, n° 50, p. 2265 ; ibid. 2019, n° 13, p. 618, chron. Verpeaux et Macaya ; Constitutions 2017. 593, chron. Domingo ; Gaz. Pal. 2018, n° 10, p. 36, note Malhière ; NCCC 2018, n° 59, p. 90, chron. Peltier ; ibid., p. 107, chron. Piazzon ; LPA 2018, n° 156, chron. Thomas-Taillandier, p. 17* : – **L. n° 55-385 du 3 avr. 1955 relative à l'état d'urgence, art. 8-1** (dans sa rédaction issue de la L. n° 2016-987 du 21 juill. 2016 prorogeant l'application de la L. n° 55-385 du 3 avr. 1955 relative à l'état d'urgence et portant mesures de renforcement de la lutte antiterroriste).

		– Absence de conciliation équilibrée entre, d'une part, l'objectif de valeur constitutionnelle de sauvegarde de l'ordre public, et, d'autre part, la liberté d'aller et de venir et le droit au respect de la vie privée (DDH, art. 2 et 4). En application de l'al. 1er de l'art. 8-1 de la L. du 3 avr. 1955, pour les zones dans lesquelles l'état d'urgence a été déclaré, le préfet peut autoriser, par décision motivée, les officiers de police judiciaire et, sous leur responsabilité, les agents de police judiciaire et certains agents de police judiciaire adjoints à procéder à des contrôles d'identité, à l'inspection visuelle et à la fouille des bagages ainsi qu'à la visite des véhicules circulant, arrêtés ou stationnant sur la voie publique ou dans des lieux accessibles au public. Il résulte des autres al. de l'art. 8-1, d'une part, que le préfet doit désigner précisément les lieux concernés par ces opérations, ainsi que la durée pendant laquelle elles sont autorisées, qui ne peut excéder 24 h, et, d'autre part, que certaines des garanties applicables aux inspections, fouilles et visites réalisées dans un cadre judiciaire sont rendues applicables aux opérations conduites sur le fondement de l'art. 8-1. ***Toutefois***, il peut être procédé à ces opérations, dans les lieux désignés par la décision du préfet, à l'encontre de toute personne, quel que soit son comportement et sans son consentement. S'il est loisible au législateur de prévoir que les opérations mises en œuvre dans ce cadre peuvent ne pas être liées au comportement de la personne, la pratique de ces opérations de manière généralisée et discrétionnaire serait incompatible avec la liberté d'aller et de venir et le droit au respect de la vie privée. Or, en prévoyant que ces opérations peuvent être autorisées en tout lieu dans les zones où s'applique l'état d'urgence, le législateur a permis leur mise en œuvre sans que celles-ci soient nécessairement justifiées par des circonstances particulières établissant le risque d'atteinte à l'ordre public dans les lieux en cause. – **Non-conformité avec effet à compter du 30 juin 2018.** – **Décision de renvoi :** CE, QPC, 22 sept. 2017, *Ligue des droits de l'homme*, n° 411771.
2017	8 déc.	**Fonds exceptionnel à destination des collectivités territoriales connaissant une situation financière particulièrement dégradée 2017-678 QPC.** Dpt de La Réunion : *JO 9 déc. ; AJCT 2018. 218, obs. Houser ; LPA 2018, n° 156, chron. Mozol, p. 19 :* – **L. n° 2016-1918 du 29 déc. 2016 de finances rectificative pour 2016, art. 131, § I, 3 derniers al.** – Absence de méconnaissance du principe d'égalité (DDH, art. 6). En instituant 2 enveloppes distinctes à destination, d'une part, des collectivités de métropole et, d'autre part, des collectivités d'outre-mer, le législateur a entendu tenir compte de la situation particulière de certaines d'entre elles et des charges spécifiques auxquelles elles doivent faire face en raison de leur contexte économique et social et du poids de leurs dépenses liées aux allocations individuelles de solidarité. Cette différence de traitement est justifiée par un motif d'intérêt général et est en rapport direct avec l'objet de la loi, qui est de soutenir les collectivités territoriales connaissant une situation financière particulièrement dégradée. – **Conformité.** – **Décision de renvoi :** CE, QPC, 22 sept. 2017, *Dpt de La Réunion*, n° 411858.

		– **Application de la décision :** CE 6 juin 2018, *Dpt de La Réunion*, n° 411858.
2017	8 déc.	**Indépendance des magistrats du parquet** **2017-680 QPC.** Union syndicale des magistrats : *JO 9 déc. ; AJDA 2017. 2440 ; ibid. 2018. 509, note Roux ; D. 2017. 2485 ; ibid. 2018. 953, chron. Renoux ; RSC 2018. 163, chron. de Lamy ; AJ pénal 2018. 83, note Taleb-Karlsson ; JCP 2018, n° 3, p. 78, note Matsopoulou ; ibid. 2019, n° 13, p. 618, chron. Verpeaux et Macaya ; LPA 2018, n° 7, p. 3, note Dufour ; ibid., n° 156, chron. Mouzet, p. 22 ; NCCC 2018, n° 59, p. 93, chron. Bonis ; ibid., p. 107, chron. Piazzon ; ibid., p. 147, chron. Surrel ; RFDC 2018. 473, note Donnarumma ; Titre VII, sept. 2018, n° 1, chron. Derosier et Cartier ; Rapp. Cons. const. 2018, p. 52* : – **Ord. n° 58-1270 du 22 déc. 1958 portant loi organique relative au statut de la magistrature, art. 5, 1re phrase, mots : « et sous l'autorité du garde des sceaux, ministre de la justice ».** – Absence de méconnaissance de la séparation des pouvoirs (DDH, art. 16). – Les dispositions contestées placent les magistrats du parquet sous l'autorité du garde des sceaux, ministre de la justice. Cette autorité se manifeste notamment par l'exercice d'un pouvoir de nomination et de sanction du garde des sceaux à l'égard des magistrats du parquet. En application de l'art. 28 de l'Ord. du 22 déc. 1958, les décrets portant nomination aux fonctions de magistrat du parquet sont pris par le Président de la République sur proposition du garde des sceaux, après avis de la formation compétente du Conseil supérieur de la magistrature. En application de l'art. 66 de la même ordonnance, la décision de sanction d'un magistrat du parquet est prise par le garde des sceaux après avis de la formation compétente du Conseil supérieur de la magistrature. Par ailleurs, en application du 2e al. de l'art. 30 C. pr. pén., le ministre de la justice peut adresser aux magistrats du ministère public des instructions générales de politique pénale, au regard notamment de la nécessité d'assurer sur tout le territoire de la République l'égalité des citoyens devant la loi. Conformément aux dispositions des art. 39-1 et 39-2 du même code, il appartient au ministère public de mettre en œuvre ces instructions. En application du 3e al. de ce même art. 30, le ministre de la justice ne peut adresser aux magistrats du parquet aucune instruction dans des affaires individuelles. En vertu de l'art. 31 du même code, le ministère public exerce l'action publique et requiert l'application de la loi, dans le respect du principe d'impartialité auquel il est tenu. En application de l'art. 33, il développe librement les observations orales qu'il croit convenables au bien de la justice. L'art. 39-3 confie au procureur de la République la mission de veiller à ce que les investigations de police judiciaire tendent à la manifestation de la vérité et qu'elles soient accomplies à charge et à décharge, dans le respect des droits de la victime, du plaignant et de la personne suspectée. Conformément à l'art. 40-1 C. pr. pén., le procureur de la République décide librement de l'opportunité d'engager des poursuites. Enfin, il résulte des dispositions de l'art. 5 de l'Ord. du 22 déc. 1958 que, devant toute juridiction, la parole des magistrats du parquet à l'audience est libre. Il résulte de tout ce qui précède que les dispositions contestées

		assurent une conciliation équilibrée entre le principe d'indépendance de l'autorité judiciaire et les prérogatives que le Gouvernement tient de l'art. 20 de la Constitution. – **Conformité.** – **Décision de renvoi :** CE, QPC, 27 sept. 2017, *Union syndicale des magistrats*, n° 410403.
2017	15 déc.	**Assujettissement du constituant d'un trust à l'impôt de solidarité sur la fortune** **2017-679 QPC.** M. Jean-Philippe C. : *JO 16 déc. ; D. 2017. 2539 ; AJ fam. 2018. 7, obs. Paillard* : – **CGI, art. 885 G *ter*** (dans sa rédaction issue de la L. n° 2011-900 du 29 juill. 2011 de finances rectificative pour 2011). – Absence d'atteinte au principe d'égalité devant les charges publiques (DDH, art. 13). En adoptant les dispositions contestées applicables aux biens ou droits placés dans un trust, le législateur a instauré, à des fins de lutte contre la fraude et l'évasion fiscales, une présomption de rattachement au patrimoine du constituant de ces biens, droits ou produits. Le législateur a ainsi tenu compte de la difficulté, inhérente aux trusts, de désigner la personne qui tire une capacité contributive de la détention de tels biens, droits ou produits. Ce faisant, il s'est fondé sur des critères objectifs et rationnels en fonction de l'objectif de valeur constitutionnelle de lutte contre la fraude et l'évasion fiscales qu'il a poursuivi. ***Toutefois***, les dispositions contestées ne sauraient, sans que soit méconnue l'exigence de prise en compte des capacités contributives du constituant ou du bénéficiaire réputé constituant du trust, faire obstacle à ce que ces derniers prouvent que les biens, droits et produits en cause ne leur confèrent aucune capacité contributive, résultant notamment des avantages directs ou indirects qu'ils tirent de ces biens, droits ou produits. Cette preuve ne saurait résulter uniquement du caractère irrévocable du trust et du pouvoir discrétionnaire de gestion de son administrateur : réserve. – **Conformité sous réserve.** – **Décision de renvoi :** CE, QPC, 25 sept. 2017, n° 412031. – **Application de la décision :** CE 7 févr. 2018, n° 412027.
2017	15 déc.	**Exonération de la taxe sur les locaux à usage de bureaux** **2017-681 QPC.** Sté Marlin : *JO 16 déc. ; D. 2017. 2540* : – **CGI, art. 231 *ter*, 2° *bis* du § V, mots « sous contrat avec l'État au titre des articles L. 442-5 et L. 442-12 du code de l'éducation »** (dans sa rédaction résultant de la L. n° 2010-1658 du 29 déc. 2010 de finances rectificative pour 2010). – Absence de méconnaissance des principes d'égalité et des principes d'égalité devant les charges publiques (DDH, art. 6 et 13). En réservant l'exonération aux locaux administratifs et surfaces de stationnement des établissements d'enseignement publics et privés sous contrat, le législateur a entendu favoriser les établissements participant au service public de l'enseignement. A cette fin, il a institué un avantage fiscal bénéficiant directement à ces établissements, lorsqu'ils sont propriétaires des locaux et surfaces en cause, ou indirectement lorsqu'ils en sont locataires. Dès lors, l'exclusion du bénéfice de l'exonération des établissements privés d'enseignement hors contrat qui, par leurs

		obligations, le statut de leur personnel, leur mode de financement et le contrôle auquel ils sont soumis, sont dans une situation différente des établissements publics et des établissements privés sous contrat, est fondée sur un critère objectif et rationnel en rapport avec l'objet de la loi. – **Conformité.** – **Décision de renvoi :** CE, QPC, 4 oct. 2017, n° 412381.
2017	15 déc.	**Délit de consultation habituelle des sites internet terroristes II** **2017-682 QPC.** M. David P. : *JO 16 déc. ; AJDA 2017. 2499 ; D. 2018. 97, note Mayaud ; RSC 2018. 75, obs. Beauvais ; JCP 2017, n° 52, p. 2373, note Derieux ; ibid. 2019, n° 13, p. 618, chron. Verpeaux et Macaya ; Gaz. Pal. 2018, n° 10, p. 37, note Richaud ; NCCC 2018, n° 59, p. 87, chron. Peltier ; Rapp. Cons. const. 2018, p. 54* : – **C. pén., art. 421-2-5-2** (dans sa rédaction issue de la L. n° 2017-258 du 28 févr. 2017 relative à la sécurité publique). – Atteinte à l'exercice de la liberté de communication (DDH, art. 11) qui n'est pas nécessaire, adaptée et proportionnée. Au regard de l'exigence de nécessité de l'atteinte portée à la liberté de communication, les autorités administrative et judiciaire disposent, indépendamment de l'article contesté, de nombreuses prérogatives, non seulement pour contrôler les services de communication au public en ligne provoquant au terrorisme ou en faisant l'apologie et réprimer leurs auteurs, mais aussi pour surveiller une personne consultant ces services et pour l'interpeller et la sanctionner lorsque cette consultation s'accompagne d'un comportement révélant une intention terroriste, avant même que ce projet soit entré dans sa phase d'exécution. Par ailleurs, s'agissant des exigences d'adaptation et de proportionnalité requises en matière d'atteinte à la liberté de communication, les dispositions contestées n'imposent pas que l'auteur de la consultation habituelle des services de communication au public en ligne concernés ait la volonté de commettre des actes terroristes. Si le législateur a ajouté à la consultation, comme élément constitutif de l'infraction, la manifestation de l'adhésion à l'idéologie exprimée sur ces services, cette consultation et cette manifestation ne sont pas susceptibles d'établir à elles seules l'existence d'une volonté de commettre des actes terroristes. Les dispositions contestées répriment donc d'une peine de 2 ans d'emprisonnement le seul fait de consulter à plusieurs reprises un service de communication au public en ligne, sans que soit retenue l'intention terroriste de l'auteur de la consultation comme élément constitutif de l'infraction. En outre, si le législateur a exclu la pénalisation de la consultation lorsqu'elle répond à un « motif légitime » alors qu'il n'a pas retenu l'intention terroriste comme élément constitutif de l'infraction, la portée de cette exemption ne peut être déterminée en l'espèce, faute notamment qu'une personne adhérant à l'idéologie véhiculée par les sites en cause paraisse susceptible de relever d'un des exemples de motifs légitimes énoncés par le législateur. Dès lors, les dispositions contestées font peser une incertitude sur la licéité de la consultation de certains services de communication au public en ligne et, en conséquence, de l'usage d'internet pour rechercher des informations.

		– **Non-conformité avec effet à compter de la publication de la Décis.** – **Décision de renvoi :** Crim., QPC, 4 oct. 2017, n° 17-90.017.
2018	9 janv.	**Droit de préemption des locataires** **2017-683 QPC.** M. François P. : *JO 11 janv. ; AJDA 2018. 8 ; D. 2018. 69 ; ibid. 1117, obs. Damas ; RDI 2018. 181, obs. Soler-Couteaux ; AJCT 2018. 282, obs. Peynet ; AJDI 2018. 441, obs. Damas ; Constitutions 2018. 82, chron. Guenou Ahlidja ; BJDU 2018, n° 2, p. 126, obs. Carpentier ; Titre VII, sept. 2018, n° 1, chron. Piazzon :* – **L. n° 75-1351 du 31 déc. 1975 relative à la protection des occupants de locaux à usage d'habitation, art. 10, 4 premiers et les 2 derniers al. du § I, 2e phrase du § III de ce même art.** (dans sa rédaction résultant de la L. n° 2014-366 du 24 mars 2014 pour l'accès au logement et un urbanisme rénové). – Absence d'atteinte au droit de propriété s'agissant du droit de préemption du locataire ou de l'occupant de bonne foi (DDH, art. 2). Les 4 premiers al. du § I de l'art. 10 de la L. du 31 décembre 1975 instaurent un droit de préemption au profit du locataire ou de l'occupant de bonne foi d'un local d'habitation ou à usage mixte d'habitation et professionnel, lorsque la mise en vente de ce local est « consécutive » à la division ou à la subdivision de l'immeuble qui l'inclut. Conformément à l'interprétation constante de la Cour de cassation, ce droit de préemption ne peut toutefois s'exercer qu'à l'occasion de la 1re vente consécutive à cette division ou subdivision. En instaurant ce droit de préemption, le législateur a entendu protéger le locataire ou l'occupant de bonne foi du risque de se voir signifier leur congé à l'échéance du bail ou à l'expiration du titre d'occupation par le nouvel acquéreur de l'immeuble, à la suite d'une opération spéculative, facilitée par la division de l'immeuble. L'exercice de ce droit de préemption leur permet ainsi de se maintenir dans les lieux. Ce faisant, le législateur a poursuivi un objectif d'intérêt général. Toutefois, compte tenu de l'objectif ainsi poursuivi, la protection apportée par le législateur ne saurait, sans méconnaître le droit de propriété, bénéficier à un locataire ou à un occupant de bonne foi dont le bail ou l'occupation sont postérieurs à la division ou la subdivision de l'immeuble et qui ne sont donc pas exposés au risque décrit précédemment. Par ailleurs, le législateur a prévu que le droit de préemption s'exerce seulement dans un délai de 2 mois après la notification de l'offre de vente et au prix notifié par le propriétaire. En outre, en vertu du § III de l'art. 10, le droit de préemption ne s'applique ni à la vente d'un bâtiment entier, ni à celle intervenant entre parents ou alliés jusqu'au quatrième degré inclus, ni à celle relative à certains immeubles à destination de logement social : **conformité sous réserve.** – Atteinte disproportionnée au droit de propriété concernant le droit de préemption de la commune (DDH, art. 2). Les 2 derniers al. de l'art. 10 instaurent un droit de préemption au profit de la commune où est établi l'immeuble vendu, qui ne peut être mis en œuvre qu'à défaut d'exercice par le locataire ou l'occupant de bonne foi de son propre droit de préemption. La commune à laquelle le prix et les conditions de la vente sont, dans ce cas, notifiés, peut décider d'acquérir le bien, dans un

		délai de 2 mois, au prix déclaré ou proposer de l'acquérir à un prix inférieur. A défaut d'accord amiable, le prix d'acquisition est fixé par la juridiction compétente en matière d'expropriation. Il s'ensuit que si en instaurant ce droit de préemption, le législateur a poursuivi le même objectif d'intérêt général que celui énoncé au § 6, il n'a en revanche pas restreint l'usage que la commune est susceptible de faire du bien ainsi acquis. En particulier, il n'a imposé à la commune aucune obligation d'y maintenir le locataire ou l'occupant de bonne foi à l'échéance du bail ou à l'expiration du titre d'occupation. Par ailleurs, si l'exercice de ce droit de préemption par la commune répond aux mêmes garanties prévues au § III de l'art. 10, le dernier al. du § I de l'art. 10 prévoit qu'à défaut d'accord amiable, le prix de vente est fixé par le juge de l'expropriation et que le propriétaire ne peut reprendre la libre disposition de son bien, en l'absence de paiement, qu'à l'échéance d'un délai de 6 mois après la décision de la commune d'acquérir ce bien au prix demandé, la décision définitive de la juridiction de l'expropriation ou la date de l'acte ou du jugement d'adjudication : **non-conformité**. – Absence de méconnaissance du principe d'égalité (DDH, art. 6). La vente consécutive à une transmission, à titre gratuit entre parents, se distingue de la vente directe à un parent en ce qu'une cession à titre gratuit ne peut faire l'objet d'un droit de préemption. La différence de traitement entre ces deux opérations repose donc sur une différence de situation et elle est en rapport avec l'objet de la loi. – **Non-conformité à Const. des 2 derniers al. du § I de l'art. 10 de la L. n° 75-1351 du 31 déc. 1975 relative à la protection des occupants de locaux à usage d'habitation**, dans sa rédaction résultant de la L. n° 2014-366 du 24 mars 2014 pour l'accès au logement et un urbanisme rénové, **avec effet à compter de la date de publication de la présente Décis. ; conformité sous réserve des 4 premiers al. du § I de l'art. 10 de cette même L. du 31 déc. 1975, dans cette même rédaction et conformité de la 2ᵉ phrase du § III de ce même art., dans cette même rédaction**. – **Décision de renvoi :** CE, QPC, 6 oct. 2017, n° 412365. – **Application de la décision :** CE 26 juill. 2018, n° 412365 : *AJDI 2019. 124, obs. Damas.*
2018	11 janv.	**Zones de protection ou de sécurité dans le cadre de l'état d'urgence** **2017-684 QPC.** Assoc. La cabane juridique / *Legal Shelter* et a. : *JO 12 janv. ; AJDA 2018. 77 ; D. 2018. 70 ; Gaz. Pal. 2018, n° 10, p. 35, note Malhière ; Dr. adm. 2018, n° 5, p. 34, note Éveillard* : – **L. n° 55-385 du 3 avr. 1955 relative à l'état d'urgence, art. 5, 2** (dans sa rédaction antérieure à la L. n° 2017-1154 du 11 juill. 2017 prorogeant l'application de la L n° 55-385 du 3 avr. 1955 relative à l'état d'urgence). – Absence de conciliation équilibrée entre l'objectif de valeur constitutionnelle de sauvegarde de l'ordre public et la liberté d'aller et de venir, composante de la liberté personnelle (DDH, art. 2 et 4). L'instauration d'une zone de protection ou de sécurité, prévue par les dispositions contestées, ne peut être ordonnée par le préfet dans le département que lorsque l'état d'urgence a été déclaré et uniquement pour des lieux situés dans les circonscriptions territoriales couvertes par

		celui-ci. L'état d'urgence peut être déclaré, en vertu de l'art. 1er de la L. du 3 avr. 1955, « soit en cas de péril imminent résultant d'atteintes graves à l'ordre public, soit en cas d'événements présentant, par leur nature et leur gravité, le caractère de calamité publique ». Toutefois, d'une part, le législateur n'a soumis la création d'une zone de protection ou de sécurité à aucune autre condition. D'autre part, il n'a pas défini la nature des mesures susceptibles d'être prises par le préfet pour réglementer le séjour des personnes à l'intérieur d'une telle zone et n'a encadré leur mise en œuvre d'aucune garantie. – **Non-conformité avec effet à compter de la date de publication de la Décis.** – **Décision de renvoi :** CE, QPC, 6 oct. 2017, n° 412407.
2018	12 janv.	**Droit de résiliation annuel des contrats assurance-emprunteur 2017-685 QPC.** Féd. Bancaire française : *JO 13 janv. ; D. 2018. 68 ; ibid. 371, obs. Mekki ; ibid. 1279, obs. Bacache, Grynbaum, Noguéro et Pierre ; ibid. 1299, note Bros ; AJ Contrat 2018. 80, obs. Gahdoun ; JCP 2018, n° 4, p. 131 ; ibid., nos 9-10, p. 413, note Grynbaum ; Gaz. Pal. 2018, n° 14, p. 20, note Houtcieff ; Titre VII, sept. 2018, n° 1, chron. Piazzon :* – **C. consom., L. art. 313-30, al. 1er, 2de phrase, mots : « ou qu'il fait usage du droit de résiliation annuel mentionné au deuxième alinéa de l'article L. 113-12 du code des assurances ou au premier alinéa de l'article L. 221-10 du code de la mutualité »** (dans sa rédaction résultant de la L. n° 2017-203 du 21 févr. 2017 ratifiant les ordonnances n° 2016-301 du 14 mars 2016 relative à la partie législative du code de la consommation et n° 2016-351 du 25 mars 2016 sur les contrats de crédit aux consommateurs relatifs aux biens immobiliers à usage d'habitation et simplifiant le dispositif de mise en œuvre des obligations en matière de conformité et de sécurité des produits et services) **et la L. n° 2017-203 du 21 févr. 2017 préc., art. 10-V.** – Dispositions du 1er al. de l'art. L. 313-30 C. consom. : absence d'atteinte à une situation légalement acquise et absence de remise en cause des effets pouvant être légitimement attendus d'une telle situation (DDH, art. 16). L'application des dispositions contestées aux contrats conclus avant leur entrée en vigueur résulte du § V de l'art. 10 de la L. du 21 févr. 2017. En ce que ces dispositions s'appliquent aux contrats conclus après cette entrée en vigueur, elles sont insusceptibles de porter atteinte à des situations légalement acquises. Par ailleurs, aucune disposition du droit applicable avant la L. du 21 févr. 2017 aux contrats d'assurance de groupe en cause n'a pu faire naître une attente légitime des établissements bancaires et des sociétés d'assurances proposant ces contrats quant à la pérennité des conditions de résiliation de ces derniers. D'ailleurs, les évolutions successives apportées à ce droit par les L. du 3 janv. 2008, du 1er juill. 2010 et du 26 juill. 2013 ont élargi les possibilités de résiliation de ces contrats par les assurés, rapprochant ainsi les règles qui leur sont applicables de celles communes aux contrats d'assurance. Elles ont également élargi les possibilités de souscription de contrats alternatifs. La seule circonstance que ces établissements bancaires et les sociétés d'assurance aient choisi d'établir l'équilibre économique de leur activité à travers une mutualisation de

		ces contrats, en se fondant sur les conditions restrictives de résiliation alors en vigueur, n'a pas non plus pu faire naître une attente légitime à leur profit. – Dispositions du § V de l'art. 10 de la L. du 21 févr. 2017 : absence d'atteinte au droit au maintien des contrats légalement conclus (DDH, art. 4 et 16). En instituant un droit de résiliation annuel des contrats d'assurance de groupe au bénéfice des emprunteurs, le législateur a entendu renforcer la protection des consommateurs en assurant un meilleur équilibre contractuel entre l'assuré emprunteur et les établissements bancaires et leurs partenaires assureurs. Par ailleurs, en appliquant ce droit de résiliation aux contrats en cours, le législateur a voulu, compte tenu de la longue durée de ces contrats, que cette réforme puisse profiter au grand nombre des emprunteurs ayant déjà conclu un contrat d'assurance collectif. Il a ainsi poursuivi un objectif d'intérêt général. De plus, les dispositions contestées n'ont pas pour effet d'entraîner directement la résiliation de contrats en cours, mais seulement d'ouvrir aux emprunteurs une faculté annuelle de résiliation. Ensuite, le prêteur ne peut se voir imposer un contrat d'assurance ne présentant pas un niveau de garantie équivalent au contrat d'assurance de groupe conclu. Enfin, le législateur a prévu que cette faculté ne s'appliquera aux contrats en cours qu'à compter du 1er janv. 2018, laissant ainsi un délai entre le vote de la loi et son application pour permettre notamment aux assureurs de prendre en compte les effets de cette modification sur leurs contrats en cours. – **Conformité**. – **Décision de renvoi :** CE, QPC, 6 oct. 2017, n° 412827. – **Application de la décision :** CE 13 juin 2018, n° 412827.
2018	19 janv.	**Proportion d'hommes et de femmes sur les listes de candidats aux élections du comité d'entreprise** **2017-686 QPC.** Confédération générale du travail – Force ouvrière et a. : *JO 20 janv. ; D. 2018. 119 ; Titre VII, sept. 2018, n° 1, chron. Piazzon* : – **C. trav., art. L. 2324-22-1, al. 2 à 4** (dans sa rédaction issue de la L. n° 2015-994 du 17 août 2015 relative au dialogue social et à l'emploi). – Absence de méconnaissance du principe de participation des travailleurs (Préamb. Const. 1946, al. 8). En adoptant l'art. L. 2324-22-1, le législateur a entendu assurer une représentation équilibrée des hommes et des femmes dans les institutions représentatives du personnel afin de mettre en œuvre l'objectif institué à l'al. 2 de l'article 1er Const. 58. A cette fin, il était loisible au législateur de prévoir un mécanisme de représentation proportionnelle des femmes et des hommes au sein du comité d'entreprise et de l'assortir d'une règle d'arrondi pour sa mise en œuvre. ***Toutefois***, l'application de cette règle d'arrondi ne saurait, sans porter une atteinte manifestement disproportionnée au droit d'éligibilité aux institutions représentatives du personnel résultant du principe de participation, faire obstacle à ce que les listes de candidats puissent comporter un candidat du sexe sous-représenté dans le collège électoral : **réserve**. – **Conformité sous réserve**. – **Décision de renvoi :** Soc., QPC, 18 oct. 2017, n° 17-40.053 P.

		– **Applications de la décision :** – Soc. 17 avr. 2019, n° 17-26.724 P : *D. 2019. 2153, obs. Lokiec et Porta.* – Soc. 9 mai 2018, n° 17-14.088 P : *D. 2018. 1018.* – Soc. 6 mars 2019, n° 18-60.121.
2018	2 févr.	**Droit à l'image des domaines nationaux** **2017-687 QPC.** Assoc. Wikimédia France et a. : *JO 6 févr. ; AJDA 2018. 247 ; D. 2018. 297 ; AJCT 2018. 155, obs. Dreyfus ; Dalloz IP/IT 2018. 490, obs. Cornu ; Constitutions 2018. 86, chron. Boul ; JT 2018, n° 206, p. 12, obs. Verjat ; Titre VII, sept. 2018, n° 1, chron. Piazzon ; Rapp. Cons. const. 2018, p. 56 ; RFDC 2018. 634, chron. Bachert* : – **C. patr., art. L. 621-42** (dans sa rédaction issue de la L. n° 2016-925 du 7 juill. 2016 relative à la liberté de la création, à l'architecture et au patrimoine). – Absence d'atteinte disproportionnée à la liberté d'entreprendre et au droit de propriété (DDH, art. 2, 4 et 17) et absence de méconnaissance du principe d'égalité devant la loi (DDH, art. 6). Le législateur a poursuivi des objectifs d'intérêt général : protéger l'image des domaines nationaux afin d'éviter qu'il soit porté atteinte au caractère de biens présentant un lien exceptionnel avec l'histoire de la Nation et détenus, au moins partiellement, par l'État, et permettre la valorisation économique du patrimoine que constituent ces domaines nationaux. Par ailleurs, d'une part, il résulte de la combinaison des 1er et 3e al. de l'art. L. 621-42 C. patr. que l'autorisation préalable du gestionnaire du domaine national n'est pas requise lorsque l'image est utilisée à des fins commerciales et qu'est également poursuivie une finalité culturelle, artistique, pédagogique, d'enseignement, de recherche, d'information, d'illustration de l'actualité ou liée à l'exercice d'une mission de service public. D'autre part, compte tenu de l'objectif de protection poursuivi par le législateur, l'autorisation ne peut être refusée par le gestionnaire du domaine national que si l'exploitation commerciale envisagée porte atteinte à l'image de ce bien présentant un lien exceptionnel avec l'histoire de la Nation. Dans le cas contraire, l'autorisation est accordée dans les conditions, le cas échéant financières, fixées par le gestionnaire du domaine national, sous le contrôle du juge. Enfin, si, en application des dispositions contestées, l'autorisation est délivrée gratuitement ou à titre onéreux, le montant de la redevance devant alors tenir compte des avantages de toute nature procurés au titulaire de l'autorisation, il appartient aux autorités compétentes d'appliquer ces dispositions dans le respect des exigences constitutionnelles et, en particulier, du principe d'égalité. – **Conformité.** – **Décision de renvoi :** CE, QPC, 25 oct. 2017, n° 411005 : *AJDA 2017. 2103 ; JAC 2017, n° 52, p. 8, obs. Pastor.* – **Application de la décision :** CE 21 juin 2018, n° 411005.
2018	2 févr.	**Saisine d'office de l'agence française de lutte contre le dopage et réformation des sanctions disciplinaires prononcées par les fédérations sportives** **2017-688 QPC.** M. Axel N. : *JO 6 févr. ; AJDA 2018. 251 ; D. 2018. 297 ; Constitutions 2018. 116, chron. Domingo ; JS 2018, n° 189, p. 35,*

		étude Dudognon ; JCP 2018, n° 8, p. 354, note Bouvet ; Titre VII, sept. 2018, n° 1, chron. Piazzon ; ibid., chron. Surrel : – **C. sport, art. L. 232-22, 3°** (dans sa rédaction résultant de l'Ord. n° 2015-1207 du 30 sept. 2015 relative aux mesures relevant du domaine de la loi nécessaires pour assurer le respect des principes du code mondial antidopage). – Méconnaissance du principe d'impartialité (DDH, art. 16). Les dispositions contestées confient ainsi à l'agence française de lutte contre le dopage le pouvoir de se saisir d'office des décisions de sanctions rendues par les fédérations sportives qu'elle envisage de réformer. Ce pouvoir n'est pas attribué à une personne ou à un organe spécifique au sein de l'agence alors qu'il appartient ensuite à cette dernière de juger les manquements ayant fait l'objet de la décision de la fédération. Il s'ensuit que les dispositions contestées n'opèrent aucune séparation au sein de l'agence française de lutte contre le dopage entre, d'une part, les fonctions de poursuite des éventuels manquements ayant fait l'objet d'une décision d'une fédération sportive en application de l'art. L. 232-21 et, d'autre part, les fonctions de jugement de ces mêmes manquements. – **Non-conformité avec effet à compter du 1er sept. 2018**. – **Décision de renvoi :** CE, QPC, 6 nov. 2017, n° 413349 : *AJDA 2017. 2166.* – **Applications de la décision :** – Ord. n° 2018-603 du 11 juill. 2018, art. 4. – CE 11 avr. 2018, n° 413349 B : *AJDA 2018. 821.* – CE 2 oct. 2019, n° 423910. – CE 20 mars 2020, n° 429427 A. – CE 20 déc. 2019, n° 436194. – CE 7 déc. 2018, n° 414928. – CE 22 oct. 2018, nos 417922 et 418937. – CE 24 sept. 2018, n° 416526. – CE 26 juill. 2018, n° 414261. – CE, ord., 11 mai 2018, n° 419787. – CE 14 mars 2018, n° 418760. – CE, ord., 9 févr. 2018, n° 417201.
2018	8 févr.	**Inscription au registre du commerce et des sociétés des loueurs en meublé professionnels** **2017-689 QPC.** M. Gabriel S. : *JO 9 févr. ; D. 2018. 298 ; AJ fam. 2018. 141, obs. Paillard ; AJDI 2018. 537, obs. Maublanc ; Constr.-Urb. 2018, n° 3, p. 41, note Gonzales Gharbi ; Titre VII, sept. 2018, n° 1, chron. Piazzon :* – **CGI, art. 151 *septies*, § VII, 2e phrase, mots : « inscrites en cette qualité au registre du commerce et des sociétés »** (dans sa rédaction résultant de la L. n° 2005-1720 du 30 déc. 2005 de finances rectificative pour 2005) **et CGI, art. 151 *septies*, § VII, al. 1er, 2e phrase et 1° du même §, mot : « trois »** (dans ses rédactions résultant de la L. n° 2008-1425 du 27 déc. 2008 de finances pour 2009 et de l'Ord. n° 2009-112 du 30 janv. 2009 portant diverses mesures relatives à la fiducie). – Méconnaissance du principe d'égalité devant les charges publiques (DDH, art. 13). En subordonnant le bénéfice de l'exonération à

		l'inscription au registre du commerce et des sociétés, le législateur a entendu empêcher que des personnes exerçant l'activité de loueur en meublé à titre seulement occasionnel en bénéficient. Toutefois, l'art. L. 123-1 C. com. prévoit que seules peuvent être inscrites au registre du commerce et des sociétés les personnes physiques « ayant la qualité de commerçant », laquelle est, en vertu de l'art. L. 121-1 du même code, conférée à « ceux qui exercent des actes de commerce... ». Dès lors, en subordonnant le bénéfice de l'exonération à une condition spécifique aux commerçants, alors même que l'activité de location de biens immeubles ne constitue pas un acte de commerce au sens de l'art. L. 110-1 du même code, le législateur ne s'est pas fondé sur un critère objectif et rationnel en fonction du but visé. — **Non-conformité** à compter de la publication de la décision. — **Décision de renvoi :** CE, QPC, 20 nov. 2017, n° 408176. — **Applications de la décision :** — Civ. 1re, 8 janv. 2020, n° 17-31.288. — Civ. 1re, 8 janv. 2020, n° 17-27.073. — CAA Paris, 17 mai 2018, n° 16PA00963.
2018	8 févr.	**Condition de nationalité française pour le bénéfice du droit à pension en cas de dommage physique du fait d'attentat ou de tout autre acte de violence en relation avec les événements de la guerre d'Algérie** **2017-690 QPC.** M. Abdelkader K. : *JO 9 févr. ; AJDA 2018. 308 ; ibid. 1225, note Belrhali ; Constitutions 2018. 108, chron. Le Bot ; Rev. crit. DIP 2018. 353 ; Titre VII, sept. 2018, n° 1, chron. Piazzon ; ibid., chron. Surrel ; RFDC 2018. 959, chron. Nunes* : — **L. n° 63-778 du 31 juill. 1963 de finances rectificative pour 1963, art. 13, 1er al., mots « de nationalité française » y figurant 2 fois** (dans sa rédaction résultant de la L. n° 64-1330 du 26 déc. 1964 portant prise en charge et revalorisation de droits et avantages sociaux consentis à des français ayant résidé en Algérie, modifiée par la décision du Cons. const. n° 2015-530 QPC du 23 mars 2016). — Méconnaissance du principe d'égalité (DDH, art. 6). Le législateur ne pouvait établir, au regard de l'objet de la loi, une différence de traitement entre les victimes françaises et celles de nationalité étrangère résidant sur le territoire français au moment du dommage qu'elles ont subi. Par ailleurs, l'objet de la pension servie à l'ayant droit étant de garantir à celui-ci la compensation de la perte de la pension servie au bénéficiaire décédé, le législateur ne pouvait établir, au regard de cet objet, une différence de traitement entre les ayants droit selon leur nationalité. — **Non-conformité** à compter de la publication de la décision. — **Décision de renvoi :** CE, QPC, 22 nov. 2017, n° 414421.
2018	16 févr.	**Demande de rectification d'erreur matérielle** **2017-681 R QPC.** Sté Norbail-Immobilier : *JO 18 févr* : — A l'avant-dernière phrase du § 3 de la décision n° 2017-681 QPC du 15 déc. 2017, le mot « première » est remplacé par le mot « seconde » et, à la dernière phrase du même §, le mot « seconde » est remplacé par le mot « première ».

2018	16 févr.	**Mesure administrative d'assignation à résidence aux fins de lutte contre le terrorisme** **2017-691 QPC.** M. Farouk B. : *JO 18 févr. ; D. 2018. 351 ; ibid. 830, note Pellé ; AJDA 2018. 365 ; Constitutions 2018. 110, chron. Le Bot ; Dr. adm. 2018, n° 5, p. 37, note Éveillard ; JCP Adm. 2018, n°s 18-19, p. 36, note Jobart ; Titre VII, sept. 2018, n° 1, chron. Derosier et Cartier ; ibid., chron. Surrel* : – **CSI, art. L. 228-2** (dans sa rédaction issue de la L. n° 2017-1510 du 30 oct. 2017 renforçant la sécurité intérieure et la lutte contre le terrorisme). – Absence d'atteinte à la liberté d'aller et de venir (DDH, art. 2 et 4), au droit au respect de la vie privée (DDH, art. 2), et au droit de mener une vie familiale normale (Préamb. Const. 46, al. 10). ***Toutefois***, compte tenu de sa rigueur, la mesure prévue par les dispositions contestées ne saurait, sans méconnaître les exigences constitutionnelles précitées, excéder, de manière continue ou non, une durée totale cumulée de douze mois : **réserve**. – Conciliation manifestement déséquilibrée entre les exigences constitutionnelles précitées (liberté d'aller et de venir droit au respect de la vie privée, droit de mener une vie familiale normale) et l'objectif de valeur constitutionnelle de prévention des atteintes à l'ordre public : La mesure prévue à l'art. L. 228-2, peut faire l'objet d'un recours en référé sur le fondement des art. L. 521-1 et L. 521-2 CJA, est susceptible d'être contestée par la voie du recours pour excès de pouvoir, dans un délai d'1 mois après sa notification ou la notification de son renouvellement, devant le tribunal administratif. Ce dernier doit alors se prononcer dans un délai de 2 mois. Par conséquent, les mots « dans un délai d'un mois » figurant à la 1re phrase du dernier al. de l'art.L. 228-2 et la 2e phrase du même alinéa sont contraires à la Constitution. Le droit à un recours juridictionnel effectif impose que le juge administratif soit tenu de statuer sur la demande d'annulation de la mesure dans de brefs délais. Enfin, toute décision de renouvellement de la mesure étant notifiée à la personne en cause au plus tard 5 jours avant son entrée en vigueur, celle-ci peut saisir, dans les 48 heures, le juge des référés du tribunal administratif, sur le fondement de l'art. L. 521-2 CJA, afin qu'il ordonne toutes les mesures nécessaires à la sauvegarde de ses droits et libertés. Ce recours est suspensif. Aux termes du même art. L. 521-2, le contrôle mis en œuvre par le juge des référés est limité aux atteintes graves et manifestement illégales. En permettant que la mesure contestée soit renouvelée au-delà de 3 mois sans qu'un juge ait préalablement statué, à la demande de la personne en cause, sur la régularité et le bien-fondé de la décision de renouvellement, le législateur a également opéré une conciliation manifestement déséquilibrée entre les exigences constitutionnelles précitées et l'objectif de valeur constitutionnelle de prévention des atteintes à l'ordre public. Dès lors, les mots « sur le fondement de l'article L. 521-2 du code de justice administrative » figurant à la 2e phrase de l'avant-dernier al. de l'art. L. 228-2 sont contraires à la Constitution. – **Non-conformité des mots « sur le fondement de l'article L. 521-2 du code de justice administrative »** figurant à la **2e phrase de l'avant-dernier al.** de l'art. L. 228-2 CSI, dans sa rédaction issue de

		la L. n° 2017-1510 du 30 oct. 2017 renforçant la sécurité intérieure et la lutte contre le terrorisme : en vigueur **à compter du 1er oct. 2018 ; des mots « dans un délai d'un mois »** figurant à la **1re phrase du dernier al.** du même art., dans cette même rédaction et la **2e phrase du même al.**, dans cette même rédaction : à compter de la **date de publication de la Décis.** et **conformité du reste de l'art.** – **Décision de renvoi :** CE, QPC, 1er déc. 2017, n° 415740. – **Applications de la décision :** – L. n° 2019-222 du 23 mars 2019, art. 65. – CE 13 févr. 2019, n° 415697. – CE, ord., 4 avr. 2018, n° 419084. – CE, ord., 14 mars 2018, n° 418689.
2018	16 févr.	**Amende pour défaut de déclaration de comptes bancaires ouverts, utilisés ou clos à l'étranger III** **2017-692 QPC.** Épx F. : *JO 18 févr. ; D. 2018. 356* : – **CGI, art. 1736, § IV, 1re phrase, mots : « du deuxième alinéa de l'article 1649 A et » et « compte ou »** (dans sa rédaction résultant de la L. n° 2008-1443 du 30 déc. 2008 de finances rectificative pour 2008), **et C. mon. fin., art. L. 152-5** (dans sa rédaction issue de l'Ord. n° 2000-1223 du 14 déc. 2000 relative à la partie législative du code monétaire et financier). – Absence de changement de circonstances. Les mots « du deuxième alinéa de l'article 1649 A et » et « compte ou » du CGI, art. 1736, § IV, 1re phrase, dans leur rédaction issue de la L. du 30 déc. préc., ont déjà été déclarés conformes à la Const. 58 dans la décision n° 2015-481 QPC du 17 sept. 2015. – Atteinte au principe d'égalité devant la loi (DDH, art. 6) concernant l'art. L. 152-5 C. mon. fin., pendant la période à compter de l'entrée en vigueur de la L. du 30 déc. 2008 et jusqu'à l'abrogation expresse de l'art. L. 152-5 C. mon. fin par la L. du 29 déc. 2016. Cet article sanctionnait d'une amende de 750 euros le manquement à l'obligation déclarative prévue par l'art. 1649 A CGI. Ce même manquement était sanctionné par le § IV de l'art. 1736 CGI d'une amende de 1 500 euros. Ainsi, un même manquement pouvait être sanctionné par une amende dont le montant était différent selon la disposition en vertu de laquelle elle était infligée. Cette différence de traitement n'est justifiée par aucune différence de situation en rapport direct avec l'objet de la loi. – **Non-lieu à statuer pour les mots « du deuxième alinéa de l'article 1649 A et » et « compte ou » figurant à la 1re phrase du § IV de l'art. 1736 CGI dans sa rédaction résultant de la L. n° 2008-1443 du 30 déc. 2008 de finances rectificative pour 2008 ainsi que sur la 2de phrase du même § IV et conformité de l'art. L. 152-5 C. mon. fin. avant le 1er janvier 2009, puis non-conformité à compter de cette date.** – **Décision de renvoi :** CE, QPC, 22 déc. 2017, n° 409358. – **Applications de la décision :** – CE 12 juill. 2018, n° 409358. – CAA, Versailles, 23 avr. 2019, n° 18VE02419.
2018	2 mars	**Présence de journalistes au cours d'une perquisition** **2017-693 QPC.** Assoc. de la presse judiciaire : *JO 3 mars ; D. 2018.*

		462 ; Légipresse 2018, n° 360, p. 262, note Leclerc ; RSC 2018. 997, obs. de Lamy ; Titre VII, sept. 2018, n° 1, chron. Bonis et Peltier ; ibid., chron. Surrel ; RFDC 2018. 650, chron. Perrier : – **C. pr. pén., art. 11, al. 1er** (dans sa rédaction résultant de la L. n° 2000-516 du 15 juin 2000 renforçant la protection de la présomption d'innocence et les droits des victimes). – Absence d'atteinte à la liberté d'expression et de communication (DDH, art. 11). Sans que cela interdise au législateur d'autoriser la captation par un tiers du son et de l'image à certaines phases de l'enquête et de l'instruction dans des conditions garantissant le respect des exigences constitutionnelles, l'atteinte à l'exercice de la liberté d'expression et de communication qui résulte des dispositions contestées est nécessaire, adaptée et proportionnée à l'objectif poursuivi. En instaurant le secret de l'enquête et de l'instruction, le législateur a entendu garantir le bon déroulement de l'enquête et de l'instruction, poursuivant ainsi les objectifs de valeur constitutionnelle de prévention des atteintes à l'ordre public et de recherche des auteurs d'infractions, tous deux nécessaires à la sauvegarde de droits et de principes de valeur constitutionnelle et protéger les personnes concernées par une enquête ou une instruction, afin de garantir le droit au respect de la vie privée et de la présomption d'innocence, qui résultent des art. 2 et 9 DDH. Par ailleurs, la portée du secret est limitée aux actes d'enquête et d'instruction et à la durée des investigations correspondantes. Ces dispositions ne privent pas les tiers, en particulier les journalistes, de la possibilité de rendre compte d'une procédure pénale et de relater les différentes étapes d'une enquête et d'une instruction. L'atteinte portée à l'exercice de la liberté d'expression et de communication est ainsi limitée. De plus, il est possible de déroger au secret de l'enquête et de l'instruction, notamment dans le cadre des « fenêtres de publicité » prévues au 3e al. de l'art. 11 C. pr. pén., qui permettent au procureur de la République de rendre publics certains éléments objectifs à la condition qu'ils ne comportent aucune appréciation sur le bien-fondé des charges retenues. Enfin, au titre des droits de la défense, les parties et leurs avocats peuvent communiquer des informations sur le déroulement de l'enquête ou de l'instruction. – **Conformité**. – **Décision de renvoi :** CE, QPC, 27 déc. 2017, n° 411915. – **Application de la décision :** CE 19 oct. 2018, n° 411915.
2018	2 mars	**Motivation de la peine dans les arrêts de cour d'assises** **2017-694 QPC.** M. Ousmane K. et a. : *JO 3 mars ; D. 2018. 461 ; ibid. 1611, obs. Pradel ; ibid. 1191, note Botton ; AJDA 2018. 1561, note Verpeaux ; AJ pénal 2018. 192, note Robert ; Constitutions 2018. 261, chron. Ponseille ; RSC 2018. 981, obs. de Lamy ; LPA 2018, n° 68, p. 9, note Fucini ; ibid., n° 74, p. 10, note Hilger ; JCP 2018, n° 16, p. 772, note Mastopoulou ; Gaz. Pal. 2018, n° 14, p. 18, note Airiau ; Titre VII, sept. 2018, n° 1, chron. Bonis et Peltier ; ibid. chron. Surrel ; Rapp. Cons. const. 2018, p. 57 ; RFDC 2018. 659, chron. Catelan ; Dr. pén. 2018, n° 4, p. 45, note Bonis :* – **C. pr. pén., art. 365-1, al. 2.** – Méconnaissance des principes de nécessité et de légalité des peines, du principe d'individualisation des peines, du droit à une procédure

		juste et équitable, des droits de la défense et du principe d'égalité devant la loi et devant la justice (DDH, art. 7, 8 et 9). Ces exigences constitutionnelles imposent la motivation des jugements et arrêts de condamnation, pour la culpabilité comme pour la peine. Il résulte de la jurisprudence constante de la Cour de cassation que l'art. 365-1 C. pr. pén. interdit la motivation par la cour d'assises de la peine qu'elle prononce. – **Non-conformité à compter du 1er mars 2019. Toutefois, pour les procès ouverts après la date de sa décision et sans attendre le 1er mars 2019, le 2e al. de l'art. 365-1 C. pr. pén. doit être interprété comme imposant également à la cour d'assises d'énoncer, dans la feuille de motivation, les principaux éléments l'ayant convaincue dans le choix de la peine.** – **Décision de renvoi :** Crim., QPC, 13 déc. 2017, nos 17-82.086, 17-82.237 et 17-82.858 : *Gaz. Pal. 2018, n° 10, p. 29, note Méric.* – **Applications de la décision :** – L. n° 2019-222 du 23 mars 2019, art. 63. – Crim. 26 févr. 2020, n° 19-80.120. – Crim. 22 janv. 2020, n° 19-80.122 P : *D. 2020. 154.* – Crim. 22 janv. 2020, n° 19-81.396. – Crim. 8 janv. 2020, n° 19-81.059. – Crim. 16 oct. 2019, n° 18-84.374 P : *D. 2019. 2039 ; AJ pénal 2019. 609, obs. Thierry.* – Crim. 10 avr. 2019, n° 18-83.709 P : *D. 2019. 764.* – Crim. 30 mai 2018, n° 16-85.777 P : *D. 2018. 1208.* – Crim. 20 juin 2018, n° 17-82.237 P : *D. 2018. 1388 ; ibid. 2259, obs. Roujou de Boubée, Garé, Ginestet, Mirabail et Tricoire.* – Crim. 20 juin 2018, n° 17-82.086.
2018	29 mars	**Périmètres de protection, fermetures de lieux de culte, mesures individuelles de contrôle administratif et de surveillance, visites et saisies aux fins de lutte contre le terrorisme** **2017-695 QPC**. M. Rouchdi B. et a. : *JO 29 mars ; AJDA 2018. 710 ; D. 2018. 726 ; ibid. 876, note Mayaud ; Constitutions 2018. 277, chron. Le Bot ; Titre VII, sept. 2018, n° 1, chron. Surrel ; Rapp. Cons. const. 2018, p. 58 ; Dr. adm. 2018, n° 7, p. 34, note Eveillard ; JCP Adm. 2018, n° 36, p. 36, note Jobart :* – **CSI, art. L. 226-1** (dans sa rédaction issue de la L. n° 2017-1510 du 30 oct. 2017 renforçant la sécurité intérieure et la lutte contre le terrorisme) **; art. L. 511-1, al. 6, mots : « ou à celle des périmètres de protection institués en application de l'article L. 226-1 »** (même rédaction) **; art. L. 613-1, al. 1er, mots « y compris dans les périmètres de protection institués en application de l'article L. 226-1 »**, (même rédaction) **et art. L. 613-2, al. 2, 1re phrase, mots « ou lorsqu'un périmètre de protection a été institué en application de l'article L. 226-1 »** (même rédaction) **; art. L. 227-1** (même rédaction) **; L. 228-1, L. 228-2 et L. 228-5** (même rédaction) **; art. L. 229-1, L. 229-2, al. 3 et 10, L. 229-4, § I, al. 1er, et L. 229-5** (même rédaction). – Non-lieu à statuer pour l'art. L. 228-2 CSI (V. n° 2017-691 QPC du 16 févr. 2018).

– **CSI, art. L. 226-1 ; L. 511-1, al. 6 ; L. 613-1, al. 1er ; et L. 613-2, al. 2, 1re phrase**.

– * Absence d'atteinte au principe d'interdiction de délégation à des personnes privées des compétences de police administrative générale inhérentes à l'exercice de la « force publique » nécessaire à la garantie des droits (DDH, art. 12). ***Toutefois***, il appartient aux autorités publiques de prendre les dispositions afin de s'assurer que soit continûment garantie l'effectivité du contrôle exercé sur les agents agréés exerçant une activité privée de sécurité par les officiers de police judiciaire : **réserve**.

– * Absence de méconnaissance de la liberté d'aller et de venir, du droit au respect de la vie privée et du principe d'égalité devant la loi (DDH, art. 2, 4 et 6). ***Toutefois***, s'il était loisible au législateur de ne pas fixer les critères en fonction desquels sont mises en œuvre, au sein des périmètres de protection, les opérations de contrôle de l'accès et de la circulation, de palpations de sécurité, d'inspection et de fouille des bagages et de visite de véhicules, la mise en œuvre de ces vérifications ainsi confiées par la loi à des autorités de police judiciaire ou sous leur responsabilité ne saurait s'opérer, conformément aux droits et libertés mentionnés ci-dessus, qu'en se fondant sur des critères excluant toute discrimination de quelque nature que ce soit entre les personnes : **1re réserve**. Par ailleurs, les dispositions contestées limitent à un mois la durée de validité de l'arrêté préfectoral. Celui-ci ne peut être renouvelé que si les conditions justifiant l'institution du périmètre de protection continuent d'être réunies. Ce renouvellement est ainsi subordonné à la nécessité d'assurer la sécurité du lieu ou de l'événement et à la condition qu'il demeure exposé à un risque d'actes de terrorisme, à raison de sa nature et de l'ampleur de sa fréquentation. ***Toutefois***, compte tenu de la rigueur des mesures prévues par les dispositions contestées, un tel renouvellement ne saurait, sans méconnaître la liberté d'aller et de venir et le droit au respect de la vie privée, être décidé par le préfet sans que celui-ci établisse la persistance du risque : **2de réserve**.

– **CSI, art. L. 227-1** (fermeture provisoire des lieux de cultes). Absence d'atteinte au principe de laïcité (DDH, art. 10). Le législateur n'a pas assuré de conciliation manifestement déséquilibrée entre, d'une part, l'objectif de valeur constitutionnelle de prévention des atteintes à l'ordre public et, d'autre part, la liberté de conscience et le libre exercice des cultes : conformité.

– **CSI, art. L. 228-1 : conformité**.

– **CSI, art. L. 228-5.** Droit de mener une vie familiale normale, droit au respect de la vie privée et la liberté d'aller et de venir, droit à un recours juridictionnel effectif (Préamb. Const. 1946, al. 10, et DDH, art. 16). Le ministre de l'intérieur doit tenir compte, dans la détermination des personnes dont la fréquentation est interdite, des liens familiaux de l'intéressé et de s'assurer en particulier que la mesure d'interdiction de fréquentation ne porte pas une atteinte disproportionnée à son droit de mener une vie familiale normale : **1re réserve**. Par ailleurs, compte tenu de sa rigueur, cette mesure ne saurait, sans méconnaître les exigences constitutionnelles précitées, excéder, de manière continue ou non, une durée totale cumulée de

		douze mois : **2de réserve**. Enfin, compte tenu de l'atteinte qu'une telle mesure porte aux droits de l'intéressé, en laissant au juge un délai de 4 mois pour statuer, le législateur a opéré une conciliation manifestement déséquilibrée entre les exigences constitutionnelles précitées et l'objectif de valeur constitutionnelle de prévention des atteintes à l'ordre public : **non-conformité de la 2e phrase du dernier al. de l'art. L. 228-5**. En outre, le droit à un recours juridictionnel effectif impose que le juge administratif soit tenu de statuer sur la demande d'annulation de la mesure dans de brefs délais. – **CSI, art. L. 229-1 ; L. 229-2, al. 3 et 10 ; L. 229-4, § I, al. 1er et L. 229-5.** – * Absence de méconnaissance du droit au respect de la vie privée, de l'inviolabilité du domicile, de la liberté d'aller et de venir et du droit à un recours juridictionnel effectif (DDH, art. 2 et 16) : **conformité**. – * Méconnaissance du droit de propriété (DDH, art. 2 et 17). A la différence du régime qu'il a défini pour les données et les supports, le législateur n'a fixé aucune règle encadrant l'exploitation, la conservation et la restitution des documents et objets saisis au cours de la visite : **non-conformité** des mots : « des documents, objets ou » (art. L. 229-1, al. 1er), des mots « objets, documents et » (art. L. 229-4, § I, al. 1er) et des mots « documents, objets ou » et « objets, documents ou » (art. L. 229-5, § I, al. 1er et 2). – **Non-conformité à compter du 1er oct. 2018 du CSI, art. L. 228-5, 2e phrase de l'avant dernier al. et 2e phrase du dernier al. des mots « sur le fondement de l'article L. 521-2 du code de justice administrative ».** – **Non-conformité à compter de la publication de la décision : CSI, art. L. 229-1, al. 1er, des mots « des documents, objets ou » ; L. 229-4, § I, al. 1er, des mots « objets, documents et » et les mots « documents, objets ou » ; L. 229-5, § I, al. 1er, des mots « documents, objets ou » et L. 229-5, § I, al. 2, des mots « objets, documents ou ».** – **Conformité sous réserves, CSI, art. L. 226-1 ; L. 511-1, al. 6, mots « ou à celle des périmètres de protection institués en application de l'article L. 226-1 » ; L. 613-1, al. 1er, mots « y compris dans les périmètres de protection institués en application de l'article L. 226-1 » ; L. 613-2, al. 2, 1re phrase, mots « ou lorsqu'un périmètre de protection a été institué en application de l'article L. 226-1 » et L. 228-5 (reste de l'art.).** – **Conformité, CSI, art. L. 227-1, L. 228-1, L. 229-1 (reste de l'art.), L. 229-2, al. 3 et 10, L. 229-4, § I, al. 1er (reste de l'al.) et L. 229-5 (reste de l'art.).** – **Décision de renvoi :** CE, QPC, 28 déc. 2017, n° 415434. – **Applications de la décision :** – L. n° 2019-222 du 23 mars 2019, art. 65 et 66. – CE 13 févr. 2019, n° 415697. – CE 22 nov. 2018, n° 425100.
2018	30 mars	**Pénalisation du refus de remettre aux autorités judiciaires la convention secrète de déchiffrement d'un moyen de cryptologie 2018-696 QPC.** M. Malek B. : *JO 31 mars ; D. 2018. 723 ; AJ pénal 2018. 257, obs. Lacaze ; Dalloz IP/IT 2018. 514, obs. Quéméner ;*

		Titre VII, sept. 2018, n° 1, chron. Bonis et Peltier ; ibid., chron. Surrel ; RFDC 2018. 647, chron. Perrier ; Procédures 2018, n° 5, p. 27, note Chavent-Leclère : – **C. pén., art. 434-15-2, al. 1er** (dans sa rédaction résultant de la L. n° 2016-731 du 3 juin 2016 renforçant la lutte contre le crime organisé, le terrorisme et leur financement). – Absence d'atteinte au droit de ne pas s'accuser ni au droit au respect de la vie privée et au secret des correspondances (DDH, art. 2 et 9). En imposant à la personne ayant connaissance d'une convention secrète de déchiffrement d'un moyen de cryptologie de remettre ladite convention aux autorités judiciaires ou de la mettre en œuvre uniquement si ce moyen de cryptologie est susceptible d'avoir été utilisé pour préparer, faciliter ou commettre un crime ou un délit et uniquement si la demande émane d'une autorité judiciaire, le législateur a poursuivi les objectifs de valeur constitutionnelle de prévention des infractions et de recherche des auteurs d'infractions, tous deux nécessaires à la sauvegarde de droits et de principes de valeur constitutionnelle. Par ailleurs, les dispositions critiquées n'imposent à la personne suspectée d'avoir commis une infraction, en utilisant un moyen de cryptologie, de délivrer ou de mettre en œuvre la convention secrète de déchiffrement que s'il est établi qu'elle en a connaissance. Elles n'ont pas pour objet d'obtenir des aveux de sa part et n'emportent ni reconnaissance ni présomption de culpabilité mais permettent seulement le déchiffrement des données cryptées. En outre, l'enquête ou l'instruction doivent avoir permis d'identifier l'existence des données traitées par le moyen de cryptologie susceptible d'avoir été utilisé pour préparer, faciliter ou commettre un crime ou un délit. Enfin, ces données, déjà fixées sur un support, existent indépendamment de la volonté de la personne suspectée. – **Conformité**. – **Décision de renvoi :** Crim., QPC, 10 janv. 2018, n° 17-90.019.
2018	6 avr.	**Résiliation des contrats de location d'habitation par certains établissements publics de santé** **2018-697 QPC.** Épx L. : *JO 7 avr. ; AJDA 2018. 772 ; D. 2018. 721 ; Gaz. Pal. 2018, n° 18, p. 70, note Parmentier ; Titre VII, sept. 2018, n° 1, chron. Piazzon :* – **L. n° 89-462 du 6 juill. 1989 tendant à améliorer les rapports locatifs et portant modification de la L. n° 86-1290 du 23 déc. 1986, art. 14-2** (dans sa rédaction issue de l'art. 137 de la L. n° 2016-41 du 26 janv. 2016 de modernisation de notre système de santé) **et L. n° 2016-41 du 26 janv. 2016 de modernisation de notre système de santé, art. 137, § II**. – Absence d'atteinte au principe d'égalité (DDH, art. 6) pour l'art. 14-2 de la L. du 6 juill. 1989. Ces dispositions visent à permettre d'attribuer un logement aux agents de 3 établissements publics de santé à proximité du lieu d'exercice de leurs fonctions. En adoptant ces dispositions, le législateur a entendu permettre à ces 3 groupes hospitaliers situés dans des zones où le marché du logement est particulièrement tendu de loger leurs agents à proximité de leurs différents sites pour assurer la continuité du service public. Il a ainsi poursuivi un objectif d'intérêt général. ***Toutefois***, le législateur n'a pas

		exclu que ce pouvoir de résiliation puisse être exercé par les établissements hospitaliers bailleurs à l'égard de leurs propres agents, ni défini les critères suivant lesquels il pourrait, dans ce cas, s'exercer. Or, compte tenu de l'objet de la loi, ces dispositions ne sauraient, sans méconnaître le principe d'égalité devant la loi, être appliquées aux agents en activité employés par les établissements bailleurs : réserve. – Absence de méconnaissance du droit au maintien des contrats légalement conclus (DDH, art. 4) pour art. 137, § II de la L. du 26 janv. 2016. En permettant d'appliquer ce droit de résiliation aux contrats en cours, le législateur a voulu, compte tenu du nombre important et de la durée des baux en cours conclus avec des personnes sans lien avec ces établissements publics de santé, augmenter significativement le nombre de logements susceptibles d'être mis à la disposition de leur personnel. Par ailleurs, s'agissant de baux en cours à la date de publication de la loi, le législateur a prévu un délai de préavis de 8 mois entre la notification de la décision de l'établissement public de santé et la date d'effet de la résiliation. De plus, lorsque le logement n'a finalement pas été attribué à un agent de l'établissement bailleur, ce dernier doit conclure un nouveau contrat de location d'une durée de 6 ans avec le locataire évincé, sur simple demande de sa part. Enfin, le législateur a exclu l'application de ce pouvoir de résiliation aux contrats en cours dans le cas des locataires dont les ressources annuelles sont équivalentes ou inférieures au plafond des ressources requis pour l'attribution des logements locatifs conventionnés. – **Conformité sous réserve.** – **Décision de renvoi :** Civ. 3e, QPC, 16 janv. 2018, n° 17-40.059 P : *D. actu. 22 janv. 2018, obs. Rouquet.*
2018	6 avr.	**Exclusion de la procédure d'expropriation pour risques naturels majeurs en cas d'érosion dunaire** **2018-698 QPC.** Synd. secondaire Le Signal : *JO 7 avr. ; AJDA 2018. 771 ; ibid. 1109, note Radiguet ; D. 2018. 727 ; RDI 2018. 330, obs. Hostiou ; Constitutions 2018. 255, chron. Giacuzzo ; AJDI 2018. 794, obs. Le Rudulier ; Dr. voirie 2018, n° 203, p. 87, note Rézebthel ; RJ envir. 2018, n° 4, p. 823, note Gustave Huteau* : – **C. envir., art. L. 561-1, al. 1er, mots « lorsqu'un risque prévisible de mouvements de terrain, ou d'affaissements de terrain dus à une cavité souterraine ou à une marnière, d'avalanches, de crues torrentielles ou à montée rapide ou de submersion marine menace gravement des vies humaines »** (dans sa rédaction résultant de la L. n° 2010-788 du 12 juill. 2010 portant engagement national pour l'environnement). – Absence d'atteinte au principe d'égalité devant la loi (DDH, art. 6). Le 1er al. de l'art. L. 561-1 C. envir. permet à l'État de déclarer d'utilité publique l'expropriation des habitations exposées à un risque prévisible de mouvements de terrain, ou d'affaissements de terrain dus à une cavité souterraine ou à une marnière, d'avalanches, de crues torrentielles ou à montée rapide ou de submersion marine dès lors qu'il menace gravement des vies humaines. Ces dispositions n'incluent pas le risque d'érosion côtière. Par ailleurs, il ressort des travaux préparatoires que, lorsque le législateur a créé cette procédure spécifique d'expropriation pour cause d'utilité publique, il a entendu protéger la

		vie des personnes habitant dans les logements exposés à certains risques naturels, tout en leur assurant une indemnisation équitable. Ainsi, le législateur n'a pas entendu instituer un dispositif de solidarité pour tous les propriétaires d'un bien exposé à un risque naturel, mais uniquement permettre d'exproprier, contre indemnisation, ceux exposés à certains risques naturels. – Absence de méconnaissance du droit de propriété (DDH, art. 2 et 17). La procédure d'expropriation s'accompagne d'une indemnisation du propriétaire, son objet principal est de priver le propriétaire de son bien. Dès lors, il ne saurait résulter de l'absence d'application de cette procédure au propriétaire d'un bien soumis à un risque d'érosion côtière une atteinte au droit de propriété. De plus, si le maire peut, dans le cadre de son pouvoir de police, prescrire l'exécution des mesures de sûreté exigées par la prévention des accidents naturels, au nombre desquels figure l'érosion côtière, il n'y a pas lieu pour le Conseil constitutionnel, qui n'est pas saisi des dispositions en vertu desquelles de telles mesures peuvent être ordonnées, d'examiner l'argument tiré de ce qu'il en résulterait une atteinte inconstitutionnelle au droit de propriété. – **Conformité.** – **Décision de renvoi :** CE, QPC, 17 janv. 2018, n° 398671. – **Application de la décision :** CE 16 août 2018, n° 398671.
2018	13 avr.	**Application de la quote-part de frais et charges afférente aux produits de participation perçus d'une société établie en dehors de l'Union européenne** **2018-699 QPC.** Sté Life Sciences Holdings France : *JO 14 avr. ; D. 2018. 798 ; Titre VII, sept. 2018, n° 1, chron. Austry ; RD fisc. 2018, n° 20, p. 42, note Nayberg :* – **CGI, art. 223 B, al. 2** (dans sa rédaction résultant de la L. n° 2009-1674 du 30 déc. 2009 de finances rectificative pour 2009). – Absence d'atteinte aux principes d'égalité devant la loi et devant les charges publiques (DDH, art. 6 et 13). Il résulte des dispositions contestées, telles qu'interprétées par une jurisprudence constante, une double différence de traitement au regard de l'assujettissement à l'impôt sur les sociétés. D'une part, sont traités différemment les groupes fiscalement intégrés, selon que leurs filiales étrangères sont établies ou non dans un État membre de l'Union européenne. D'autre part, une différence de traitement est opérée entre les groupes de sociétés placés sous le régime des sociétés mères, selon qu'ils relèvent par ailleurs ou non du régime de l'intégration fiscale. Lors de leur adoption, l'objet des dispositions contestées était de définir l'un des avantages attachés à l'intégration fiscale afin de garantir aux groupes se plaçant sous ce régime, qui ne concerne que des sociétés mères et filiales françaises, un traitement fiscal équivalent à celui d'une unique société dotée de plusieurs établissements. En application du droit de l'Union européenne, cet avantage doit également bénéficier aux sociétés mères d'un groupe fiscalement intégré, pour ce qui concerne leurs filiales établies dans un autre État membre. Dès lors, d'une part, les groupes de sociétés dont les filiales sont établies dans un État membre et ceux dont les filiales sont établies dans un État tiers ne sont pas placés dans la même situation. D'autre part, compte tenu de l'objet initial des dispositions contestées, il ne résulte pas de la modification de leur

		portée une différence de traitement sans rapport avec l'objet de la loi. Par ailleurs, en réservant aux groupes fiscalement intégrés le bénéfice de la neutralisation de la quote-part de frais et charges instituée par les dispositions contestées, le législateur a entendu inciter à la constitution de groupes nationaux, soumis à des conditions particulières de détention caractérisant leur degré d'intégration. Il a ainsi poursuivi un objectif d'intérêt général. La différence de traitement établie entre les groupes fiscalement intégrés et les autres est également en rapport direct avec l'objet de la loi. – **Conformité**. – **Décision de renvoi** : CE, QPC, 24 janv. 2018, n° 415726. – **Application de la décision :** CE 14 août 2018, n° 422878.
2018	13 avr.	**Report en avant des déficits des entreprises soumises à l'impôt sur les sociétés en cas d'abandons de créances** **2018-700 QPC.** Sté Technicolor : *JO 14 avr. ; D. 2018. 798 ; Titre VII, sept. 2018, n° 1, chron. Austry ; ibid., chron. Surrel* : – L. n° 2016-1917 du 29 déc. 2016 de finances pour 2017, art. 17, § II. – Absence de méconnaissance de la garantie des droits résultant de l'art. 16 DDH. En complétant le § I de l'art. 209 CGI par la L. du 29 déc. 2012, le législateur a, ainsi qu'il résulte des travaux préparatoires, entendu donner aux sociétés auxquelles ont été consentis des abandons de créances dans le cadre d'une procédure de conciliation, de sauvegarde, de redressement ou de liquidation judiciaires la possibilité de majorer la limite de déficit déductible du bénéfice d'un exercice, à hauteur du montant des abandons de créances qui leur ont été consentis au cours de cet exercice. Il a ainsi entendu soutenir les entreprises en difficultés. Par ailleurs, afin de lever toute ambiguïté sur la détermination des sociétés bénéficiaires de cette majoration, la L. du 29 déc. 2016 a remplacé ces dispositions par d'autres, plus claires, ayant le même objet et la même portée. Dès lors, compte tenu de leur caractère interprétatif, le législateur pouvait, sans porter d'atteinte à des situations légalement acquises ni remettre en cause les effets qui peuvent légitimement être attendus de telles situations, rendre ces nouvelles dispositions rétroactivement applicables à compter des exercices clos à partir du 31 déc. 2012. – **Conformité**. – **Décision de renvoi :** CE, QPC, 26 janv. 2018, n° 415695. – **Application de la décision :** CE 25 mai 2018, n° 415965.
2018	20 avr.	**Réintégration de certaines charges financières dans le résultat d'ensemble d'un groupe fiscalement intégré** **2018-701 QPC.** Sté Mi Développement 2 : *JO 21 avr. ; D. 2018. 893 ; Titre VII, sept. 2018, n° 1, chron. Austry ; RD fisc. 2018, n° 39, p. 103, note Maitrot de la Motte* : – **CGI, art. 223 B, al. 7, 1re** (dans sa rédaction résultant de la L. n° 2007-1824 du 25 déc. 2007 de finances rectificative pour 2007). – Absence de méconnaissance du principe d'égalité devant les charges publiques (DDH, art. 13). Lorsqu'une société membre d'un groupe fiscalement intégré acquiert, auprès d'un de ses actionnaires, les titres d'une société qui devient ensuite membre de ce groupe, les dispositions contestées imposent, pour la détermination du résultat d'ensemble du

		groupe soumis à l'impôt sur les sociétés, la réintégration des charges financières exposées pour cette acquisition. En adoptant les dispositions contestées, le législateur a entendu faire obstacle à ce que, dans une telle opération financée en tout ou partie par l'emprunt, la prise en compte des bénéfices de la société rachetée, pour la détermination du résultat d'ensemble, soit compensée par la déduction des frais financiers exposés pour cette acquisition. Il a ainsi entendu éviter un cumul d'avantages fiscaux. Dès lors, d'une part, les dispositions contestées ne peuvent être regardées comme instituant une présomption de fraude ou d'évasion fiscale. D'autre part, la situation visée par ces dispositions étant effectivement susceptible de donner lieu à un cumul d'avantages fiscaux, le législateur a retenu des critères objectifs et rationnels en fonction du but poursuivi. – **Conformité**. – **Décision de renvoi :** CE, QPC, 1er févr. 2018, n° 412155. – **Application de la décision :** CE 15 mars 2019, n° 412155.
2018	20 avr.	**Pouvoirs du président de l'autorité de la concurrence en matière d'opérations de concentration** **2018-702 QPC.** Sté Fnac Darty : *JO 21 avr. ; D. 2018. 892 ; CCC 2018, n° 6, p. 29, note Decocq ; Titre VII, sept. 2018, n° 1, chron. Piazzon ; ibid. chron. Gahdoun* : – **C. com., art. L. 461-3, dernier al., 2de phrase, mots « , des décisions de révision des mesures mentionnées aux III et IV de l'article L. 430-7 ou des décisions nécessaires à la mise en œuvre de ces mesures »** (dans sa rédaction résultant de la L. n° 2015-990 du 6 août 2015 pour la croissance, l'activité et l'égalité des chances économiques). – Absence de méconnaissance du principe d'égalité devant la loi (DDH, art. 6). En adoptant ces dispositions, le législateur a entendu assurer l'exécution effective et rapide des décisions de l'Autorité de la concurrence en matière de contrôle des opérations de concentration, en permettant à son président, ou à un vice-président, de décider seul lorsque l'affaire ne présente pas de difficultés particulières ou lorsque des exigences de délai le justifient. – Absence de méconnaissance de la liberté d'entreprendre (DDH, art. 4). En adoptant les dispositions contestées, le législateur a entendu assurer l'exécution effective et rapide des décisions de l'Autorité de la concurrence en matière de contrôle des opérations de concentration. Ces décisions ont pour objet d'assurer un fonctionnement concurrentiel du marché dans un secteur déterminé. Ce faisant, le législateur a poursuivi un objectif d'intérêt général. Par ailleurs, d'une part, les dispositions contestées permettent au président ou à un vice-président de l'Autorité de la concurrence de réviser ou de mettre en œuvre, dans le respect des décisions d'autorisation ou d'interdiction d'une opération de concentration, les engagements, injonctions et prescriptions dont ces décisions peuvent être assorties. D'autre part, le législateur a conféré au président et aux vice-présidents de l'Autorité de la concurrence des garanties statutaires équivalentes à celles des autres membres de cette autorité. Enfin, la liberté d'entreprendre n'impose pas que les décisions en cause soient prises par une autorité collégiale. – **Conformité**.

		– **Décision de renvoi :** CE, QPC, 1er févr. 2018, n° 414654. – **Applications de la décision :** – CE 26 juill. 2018, n° 414654 B. – CE 26 juill. 2018, n° 414657.
2018	4 mai	**Pénalité pour défaut d'accord collectif ou de plan d'action relatif à l'emploi des salariés âgés** **2018-703 QPC.** Sté People and Baby : *JO 31 mai ; D. 2018. 1019 ; Titre VII, sept. 2018, n° 1, chron. Piazzon* : – **CSS, art. L. 138-24, al. 2** (dans sa rédaction issue de la L. n° 2008-1330 du 17 déc. 2008 de financement de la sécurité sociale pour 2009). – Méconnaissance du principe de proportionnalité des peines (DDH, art. 8). L'al. 1er de l'art. L. 138-24 CSS soumet certaines entreprises ou groupes employant au moins 50 salariés à l'obligation de conclure un accord d'entreprise ou de groupe ou, à défaut, d'élaborer un plan d'action relatif à l'emploi des salariés âgés. La méconnaissance de cette obligation est sanctionnée par une pénalité. En édictant cette pénalité, le législateur a entendu réprimer le manquement à l'obligation ainsi instituée. Dès lors, cette pénalité constitue une sanction ayant le caractère d'une punition. Au soutien de l'emploi des salariés âgés, qui constitue un objectif d'intérêt général, les dispositions contestées, qui ne sont plus en vigueur, fixent, quelle que soit la situation de l'emploi de ces salariés au sein de l'entreprise, le montant de cette pénalité à 1 % des rémunérations versées aux salariés au cours des périodes pendant lesquelles l'entreprise n'a pas été couverte par l'accord ou le plan exigé. En vertu des art. L. 138-25 et L. 138-26 CSS, les obligations dont la méconnaissance est ainsi sanctionnée consistent en la conclusion d'un accord ou, à défaut, en l'élaboration d'un plan d'action comportant un objectif chiffré de maintien dans l'emploi ou de recrutement de salariés âgés, des dispositions favorables à ce maintien dans l'emploi ou à ce recrutement ainsi que des modalités de suivi. Au regard de telles obligations, le législateur a instauré une sanction susceptible d'être sans rapport avec la gravité du manquement réprimé. – **Non-conformité à compter de la date de la publication de la Décis.** – **Décision de renvoi :** Civ. 2e, QPC, 8 févr. 2018, n° 17-40.067. – **Applications de la décision :** – Civ. 2e, 10 oct. 2019, n° 18-10.661. – Civ. 2e, 9 mai 2019, n° 18-15.436.
2018	4 mai	**Obligation pour l'avocat commis d'office de faire approuver ses motifs d'excuse ou d'empêchement par le président de la cour d'assises** **2018-704 QPC.** Maître Berton : *JO 30 mai ; D. 2018. 1021 ; D. avocats 2018. 171, obs. Dargent ; ibid. 277, obs. G. Royer ; JCP 2018, n° 27, p. 1312, note Ribeyre ; Dr. pén. 2018, n° 6, p. 58, note Maron ; RFDC 2019. 177, chron. Catelan* : – L. n° 71-1130 du 31 déc. 1971 portant réforme de certaines professions judiciaires et juridiques, art. 9, mots « ou par le président de la cour d'assises » et mots « ou par le président ».

		– Absence d'atteinte au droit à un procès équitable et à « l'égalité des armes » (DDH, art. 16). Le pouvoir conféré au président de la cour d'assises de commettre un avocat d'office, pour la défense d'un accusé qui en serait dépourvu, vise à garantir l'exercice des droits de la défense et l'art. 309 C. pr. pén. confie au président de la cour d'assises la police de l'audience et la direction des débats. En lui donnant compétence pour se prononcer sur les motifs d'excuse ou d'empêchement de l'avocat qu'il a commis d'office, les dispositions contestées lui permettent d'apprécier si, compte tenu de l'état d'avancement des débats, de la connaissance du procès par l'avocat commis d'office et des motifs d'excuse ou d'empêchement invoqués, il y a lieu, au nom des droits de la défense, de commettre d'office un autre avocat au risque de prolonger le procès. En lui permettant ainsi d'écarter des demandes qui lui paraîtraient infondées, ces dispositions mettent en œuvre l'objectif de bonne administration de la justice ainsi que les exigences qui s'attachent au respect des droits de la défense. Par ailleurs, l'avocat commis d'office est tenu d'assurer la défense de l'accusé tant qu'il n'a pas été relevé de sa mission par le président de la cour d'assises. Dans ce cadre, il exerce son ministère librement. Les obligations de son serment lui interdisent de révéler au président de la cour d'assises, au titre d'un motif d'excuse ou d'empêchement, un élément susceptible de nuire à la défense de l'accusé. En vertu de l'art. 274 C. pr. pén., l'accusé peut à tout moment choisir un avocat, ce qui rend alors non avenue la désignation effectuée par le président de la cour d'assises. Ensuite, si le refus du président de la cour d'assises de faire droit aux motifs d'excuse ou d'empêchement invoqués par l'avocat commis d'office n'est pas susceptible de recours, la régularité de ce refus peut être contestée par l'accusé à l'occasion d'un pourvoi devant la Cour de cassation, et par l'avocat à l'occasion de l'éventuelle procédure disciplinaire ouverte contre son refus de déférer à la décision du président de la cour d'assises. Enfin, le pouvoir conféré au président de la cour d'assises d'apprécier, compte tenu du rôle qui est le sien dans la conduite du procès, les motifs d'excuse ou d'empêchement de l'avocat qu'il a commis d'office ne met pas en cause son impartialité. – **Conformité.** – **Décision de renvoi :** Crim., QPC, 7 févr. 2018, n° 17-90.025.
2018	18 mai	**Possibilité de clôturer l'instruction en dépit d'un appel pendant devant la chambre de l'instruction** **2018-705 QPC.** Mme Arlette R. et a. : *JO 30 mai ; D. 2018. 1076 ; RSC 2018. 932, obs. Cordier ; RFDC 2019. 177, chron. Perrier :* – **C. pr. pén., art. 187, al. 1er, 1re phrase, mots « il est interjeté appel d'une ordonnance autre qu'une ordonnance de règlement ou que »** (dans sa rédaction résultant de la L. n° 2000-516 du 15 juin 2000 renforçant la protection de la présomption d'innocence et les droits des victimes). – Absence d'atteinte au droit des personnes intéressées à exercer un recours juridictionnel effectif (DDH, art. 16). En application du 1er al. de l'art. 187 C. pr. pén., lorsque la chambre de l'instruction est saisie en appel d'une ordonnance autre que de règlement, le président de la chambre de l'instruction a la faculté d'ordonner la suspension de l'information le temps que cette chambre statue sur cet appel. Par

		ailleurs, la clôture de l'instruction ne peut, conformément aux dispositions de l'art. 175 C. pr. pén., intervenir en tout état de cause qu'à l'issue d'un délai minimum d'un mois et dix jours après que les parties ont été informées par le juge d'instruction de son intention de clore l'information. Dans cet intervalle, elles peuvent informer le président de la chambre de l'instruction, devant laquelle un appel est pendant, de l'imminence de la clôture de l'information. Par ailleurs, il peut être interjeté appel d'une ordonnance de mise en accusation et le mis en examen peut, à cette occasion, contester les dispositions des ordonnances critiquées devant la chambre de l'instruction au moment de la clôture de l'instruction. De plus, il résulte de la jurisprudence de la Cour de cassation qu'il se déduit du 3e al. de l'art. 186-3 C. pr. pén. que l'appel formé contre l'ordonnance de renvoi devant le tribunal correctionnel est recevable lorsqu'un précédent appel du mis en examen contre une ordonnance du juge d'instruction ayant rejeté une demande d'acte est pendant devant la chambre de l'instruction saisie par le président de cette juridiction. Enfin, en cas d'ordonnance de non-lieu, la partie civile peut interjeter appel de cette ordonnance, ce qui lui permet de contester les dispositions des ordonnances critiquées devant la chambre de l'instruction au moment de la clôture de l'instruction. De plus, en cas de saisine d'une juridiction de jugement à la suite d'une information judiciaire, les parties peuvent toujours solliciter un supplément d'information auprès de la cour d'assises, du tribunal correctionnel ou de la chambre des appels correctionnels. Cette faculté leur est également accordée devant le tribunal de police en cas de renvoi en jugement pour une contravention. Les parties peuvent ainsi contester utilement, dans des délais appropriés, les décisions du juge d'instruction sur lesquelles la chambre de l'instruction n'a pas statué avant l'ordonnance de règlement. Il s'ensuit que les dispositions contestées, qui ont pour objet d'éviter les recours dilatoires provoquant l'encombrement des juridictions et l'allongement des délais de jugement des auteurs d'infraction et mettent ainsi en œuvre l'objectif de bonne administration de la justice, ne méconnaissent pas le droit à un recours juridictionnel effectif. – **Conformité.** – **Décision de renvoi :** Crim., QPC, 28 févr. 2018, n° 17-83.577.
2018	18 mai	**Délit d'apologie d'actes de terrorisme** **2018-706 QPC.** M. Jean-Marc R. : *JO 30 mai ; D. 2018. 1074 ; ibid. 1233, note Mayaud ; Rapp. Cons. const. 2018, p. 60 ; RFDC 2019. 177, chron. Catelan :* – **C. pén., art. 421-2-5, al. 1er, mots :« ou de faire publiquement l'apologie de ces actes »** (dans sa rédaction issue de la L. n° 2014-1353 du 13 nov. 2014 renforçant les dispositions relatives à la lutte contre le terrorisme) ; **C. pén., art. 422-3, 1°, 2°, mots : « soit d'exercer une fonction publique ou d'exercer l'activité professionnelle ou sociale dans l'exercice ou à l'occasion de l'exercice de laquelle l'infraction a été commise, le maximum de la durée de l'interdiction temporaire étant porté à dix ans, soit, » et 3°** (dans sa rédaction résultant de la L. n° 2008-776 du 4 août 2008 de modernisation de l'économie) ; **C. pén., art. 422-6** (dans sa rédaction résultant de la L. n° 2012-409 du 27 mars 2012 de programmation relative à l'exécution des peines).

		– Absence de méconnaissance du principe de légalité des délits et des peines (DDH, art. 8). Les dispositions contestées de l'art. 421-2-5 C. pén. répriment l'apologie publique d'actes de terrorisme. Ce délit est constitué dès lors que plusieurs éléments sont réunis. Le comportement incriminé doit inciter à porter un jugement favorable sur une infraction expressément qualifiée par la loi d'« acte de terrorisme » ou sur son auteur. Et, ce comportement doit se matérialiser par des propos, images ou actes présentant un caractère public, c'est-à-dire dans des circonstances traduisant la volonté de leur auteur de les rendre publics. Il s'ensuit que les dispositions contestées ne revêtent pas un caractère équivoque et sont suffisamment précises pour garantir contre le risque d'arbitraire. – Absence de méconnaissance des principes de nécessité et de proportionnalité des peines (DDH, art. 8). Au regard de la nature des comportements réprimés, les peines instituées par les art. 421-2-5 et 422-3 C. pén., qui sont prononcées en fonction des circonstances de l'infraction et de la personnalité de son auteur, ne sont pas manifestement disproportionnées. Par ailleurs, eu égard à la gravité des infractions constituant des actes de terrorisme, auxquelles elle est applicable, la peine complémentaire de confiscation instituée par l'art. 422-6 C. pén. n'est pas manifestement disproportionnée. – Absence de méconnaissance de la liberté d'expression et de communication (DDH, art. 11). En instituant le délit d'apologie publique d'actes de terrorisme, le législateur a entendu prévenir la commission de tels actes et éviter la diffusion de propos faisant l'éloge d'actes ayant pour but de troubler gravement l'ordre public par l'intimidation ou la terreur. Ce faisant, le législateur a poursuivi l'objectif de valeur constitutionnelle de prévention des atteintes à l'ordre public et des infractions, dont participe l'objectif de lutte contre le terrorisme. L'atteinte portée à la liberté d'expression et de communication par les dispositions contestées est nécessaire, adaptée et proportionnée à l'objectif poursuivi. – **Conformité**. – **Décision de renvoi :** Crim., QPC, 27 févr. 2018, n° 17-83.602. – **Application de la décision :** Crim. 27 nov. 2018, n° 17-83.602.
2018	25 mai	**Absence de rétrocession, dans les délais légaux, de biens préemptés** **2018-707 QPC.** Épx P. : *JO 29 mai ; D. 2018. 1152 ; ibid. 1772, obs. Neyret et Reboul-Maupin ; Constitutions 2018. 251, chron. Grimonprez ; Titre VII, sept. 2018, n° 1, chron. Piazzon* : – **C. rur., art. L. 142-4, mots : « et qui ne peut excéder cinq ans » figurant** (dans sa rédaction issue de la L. n° 92-1283 du 11 déc. 1992 relative à la partie législative du livre Ier (nouveau) du code rural). – Absence d'atteinte disproportionnée au droit de propriété, à la liberté d'entreprendre et à la liberté contractuelle (DDH, art. 2 et 4). Le C. rur. institue au profit des sociétés d'aménagement foncier et d'établissement rural un droit de préemption en cas d'aliénation à titre onéreux de certains biens immobiliers à vocation agricole ou de certains biens ou droits qui leur sont attachés et qui a pour objet l'installation, la réinstallation ou le maintien des agriculteurs, la sauvegarde du caractère familial des exploitations agricoles, la lutte contre la spéculation

		foncière ainsi que certains objectifs de remembrement rural ou de mise en valeur et de protection des paysages. Sous peine de nullité, les dispositions du C. rur. font obligation à la société d'aménagement foncier et d'établissement rural de justifier sa décision de préemption « par référence explicite et motivée » à l'un de ces objectifs. En subordonnant l'exercice de ce droit à la rétrocession, dans un délai de cinq ans, du bien préempté, le législateur a entendu garantir que ce droit ne soit utilisé que conformément à l'une des finalités d'intérêt général précitées. Par ailleurs, si le dépassement du délai prévu par les dispositions contestées n'entraîne pas la cession automatique du bien préempté à l'acquéreur évincé ou l'annulation de la préemption, la société d'aménagement foncier et d'établissement rural demeure tenue à une obligation de rétrocession conforme aux finalités d'usage du droit de préemption. L'éventualité d'un détournement de la loi ou d'un abus lors de son application n'entache pas celle-ci d'inconstitutionnalité. En outre, la personne à laquelle la rétrocession tardive ou l'absence de rétrocession du bien préempté cause préjudice peut exercer une action en responsabilité dans les conditions du droit commun afin d'en obtenir réparation. Enfin, il appartient à la juridiction compétente de veiller à ce que la durée de détention du bien préempté ne conduise pas à la méconnaissance de l'objet pour lequel la loi a institué le droit de préemption. De plus,la durée de la détention d'un bien préempté en pleine propriété, au-delà du délai légal de rétrocession, par la société d'aménagement foncier et d'établissement rural, qui est tenue de prendre toute mesure conservatoire nécessaire, n'a pas à elle seule d'incidence sur sa valeur ni sur celle des biens détenus par d'autres personnes. – **Conformité.** – **Décision de renvoi :** Civ. 3e, QPC, 9 mars 2018, n° 17-23.567 P.
2018	1er juin	**Assujettissement des installations de gaz naturel liquéfié à l'imposition forfaitaire sur les entreprises de réseaux** **2018-708 QPC.** Sté Elengy et a. : *JO 2 juin ; D. 2018. 1260* : – **CGI, art. 1519 HA, § III, al. 2, mots « , L. 452-1 et L. 452-5 »** (dans ses 2 rédactions résultant du Décr. n° 2015-608 du 3 juin 2015 portant incorporation au CGI de divers textes modifiant et complétant certaines dispositions de ce code et du Décr. n° 2016-775 du 10 juin 2016 portant incorporation au CGI de divers textes modifiant et complétant certaines dispositions de ce code). – Absence d'atteinte au principe d'égalité et de rupture d'égalité devant les charges publiques (DDH, art. 6 et 13). Les dispositions contestées n'instituent aucune différence de traitement entre les installations de gaz naturel liquéfié selon qu'elles relèvent, pour leurs tarifs d'utilisation, des art. L. 452-1 et L. 452-5 ou de l'art. L. 452-6 CGI. – **Conformité.** – **Décision de renvoi :** CE, QPC, 14 mars 2018, n° 416697.
2018	1er juin	**Délai de recours et de jugement d'une obligation de quitter le territoire français notifiée à un étranger** **2018-709 QPC.** Section française de l'observatoire international des prisons et a. : *JO 2 juin ; AJDA 2018. 1131 ; D. 2018. 1155 ;*

		Constitutions 2018. 297, chron. Pouly ; Titre VII, sept. 2018, n° 1, chron. Surrel ; LPA 2018, n° 189, p. 3, note Chaltiel : – **CESEDA, art. L. 512-1, § IV, 1re phrase, mots « et dans les délais »** (dans sa rédaction résultant de la L. n° 2016-274 du 7 mars 2016 relative au droit des étrangers en France). – Atteintes substantielles au droit des personnes intéressées d'exercer un recours effectif devant une juridiction (DDH, art. 16). Les dispositions contestées prévoient un délai maximum de 5 jours entre la notification d'une obligation de quitter le territoire à un étranger détenu et le moment où le juge administratif se prononce sur la légalité de cette mesure s'il en est saisi. L'étranger dispose donc d'un délai particulièrement bref pour exposer au juge ses arguments et réunir les preuves au soutien de ceux-ci. Par ailleurs, l'administration peut notifier à l'étranger détenu une obligation de quitter le territoire français sans attendre les derniers temps de la détention, dès lors que cette mesure peut être exécutée tant qu'elle n'a pas été abrogée ou retirée. Elle peut donc, lorsque la durée de la détention le permet, procéder à cette notification suffisamment tôt au cours de l'incarcération tout en reportant son exécution à la fin de celle-ci. Il s'ensuit qu'en enserrant dans un délai maximal de 5 jours le temps global imparti à l'étranger détenu afin de former son recours et au juge afin de statuer sur celui-ci, les dispositions contestées, qui s'appliquent quelle que soit la durée de la détention, n'opèrent pas une conciliation équilibrée entre le droit au recours juridictionnel effectif et l'objectif poursuivi par le législateur d'éviter le placement de l'étranger en rétention administrative à l'issue de sa détention. – **Non-conformité à compter de la publication de la décision et applicabilité à toutes les instances non jugées définitivement à cette date.** – **Décision de renvoi :** CE, QPC, 14 mars 2018, nos 416737 et 417314. – **Applications de la décision :** L. n° 2018-778 du 10 sept. 2018 pour une immigration maîtrisée, un droit d'asile effectif et une intégration réussie, art. 24. – CAA Paris, 24 avr. 2019, n° 18PA00829.
2018	1er juin	**Infraction à l'obligation scolaire au sein des établissements privés d'enseignement hors contrat** **2018-710 QPC.** Association Al Badr et a. : *JO 2 juin ; D. 2018. 1153 ; RSC 2018. 675, obs. Mayaud ; RFDC 2019. 177, chron. Catelan* : – **C. pén., art. 227-17-1, al. 2** (dans sa rédaction résutant du Décr. n° 2012-16 du 5 janv. 2012 relatif à l'organisation académique). – Absence de méconnaissance du principe de légalité des délits et des peines (DDH, art. 8). * *Sur la légalité du délit :* l'incrimination contestée réprime non le fait de ne pas s'être conformé à l'objet de l'instruction obligatoire, mais le fait de ne pas avoir respecté les obligations imposées par la mise en demeure ni, à défaut, procédé à la fermeture des classes. **Par ailleurs**, pour que les dispositions contestées satisfassent au principe de légalité des délits et des peines, la mise en demeure adressée au directeur de l'établissement doit exposer de manière précise et circonstanciée les mesures nécessaires pour que l'enseignement dispensé soit mis en conformité avec l'objet de l'instruction obligatoire :

		réserve d'interprétation. Enfin, en exigeant la fermeture « de ces classes » plutôt que celle de l'établissement dans son ensemble, le législateur a entendu seulement viser les classes hors contrat, dans la mesure où les établissements privés d'enseignement peuvent également accueillir des classes sous contrat avec l'État.* *Sur la légalité des peines complémentaires d'interdiction de diriger ou d'enseigner.* En prévoyant que le tribunal peut ordonner « l'interdiction de diriger ou d'enseigner », le législateur a permis au juge de prononcer l'une ou l'autre de ces peines, d'en ordonner le cumul ou de n'en prononcer aucune. Ces dispositions ne sont ainsi pas équivoques. – Absence de méconnaissance des principes de nécessité, de proportionnalité et d'individualisation des peines (DDH, art. 8). Outre les peines complémentaires d'interdiction de diriger ou d'enseigner susceptibles d'être prononcées à l'encontre du directeur de l'établissement privé d'enseignement, les dispositions contestées instaurent une peine complémentaire de fermeture de cet établissement. D'une part, la peine complémentaire d'interdiction de diriger ou d'enseigner prévue par les dispositions contestées peut être prononcée soit pour une durée temporaire ne pouvant excéder cinq ans, soit à titre définitif. D'autre part, la peine de fermeture de l'établissement prévue par les dispositions contestées peut être prononcée par le juge de manière temporaire ou définitive. Lorsqu'il décide de prononcer une ou plusieurs de ces peines complémentaires, le juge en fixe la durée en tenant compte des circonstances propres à chaque espèce. – Absence de méconnaissance du principe selon lequel nul n'est punissable que de son propre fait (DDH, art. 9). Lorsque la personne exploitant l'établissement d'enseignement n'est pas celle poursuivie sur le fondement des dispositions contestées, la mesure de fermeture de l'établissement ne saurait, sans méconnaître le principe selon lequel nul n'est punissable que de son propre fait, être prononcée sans que le ministère public ait cité cette personne devant le tribunal correctionnel en indiquant la nature des poursuites exercées et la possibilité pour ce tribunal de prononcer cette mesure : **réserve d'interprétation**. – **Conformité sous réserves**. – **Décision de renvoi :** Crim., QPC, 14 mars 2018, n° 17-90.029.
2018	8 juin	**Garantie d'octroi d'une dotation d'intercommunalité à hauteur de 95 % de la dotation de l'année précédente** **2018-711 QPC.** Communauté d'agglomération du Grand Sénonais : *JO 9 juin ; AJDA 2018. 1195 ; AJCT 2018. 577, obs. Houser ; Titre VII, sept. 2018, n° 1, chron. Gahdoun ; Dr. adm. 2018, n° 10, p. 29, note Martin* : – **CGCT, art. L. 5211-33, § I, al. 1er, mots « et les communautés d'agglomération »** (dans sa rédaction résultant de la L. n° 2012-1509 du 29 déc. 2012 de finances pour 2013). – Absence de méconnaissance des principes d'égalité devant la loi et devant les charges publiques (DDH, art. 6 et 13). Il résulte de la garantie ainsi prévue par les dispositions contestées une double différence de traitement. La première est établie entre les communautés d'agglomération d'au moins 3 ans d'existence et celles nouvellement créées, dont, en vertu des art. L. 5211-32 et L. 5211-33, la dotation est

		déterminée la 1re année à partir d'un coefficient d'intégration fiscale moyen, sans application de cette garantie, et la seconde année sous réserve de la garantie de recevoir au moins 95 % de l'attribution par habitant de l'année précédente. La seconde différence de traitement est établie entre les communautés d'agglomération d'au moins 3 ans et celles créées à l'issue d'une fusion d'établissements publics de coopération intercommunale ou d'un changement de catégorie d'établissements publics de coopération intercommunale, qui sont assurées, en vertu du 7e al. du § II de l'art. L. 5211-33, de recevoir, leurs 2 premières années d'existence, une dotation au moins égale à celle perçue l'année précédente, dans le cadre de leur catégorie d'origine, augmentée selon la même proportion que la dotation forfaitaire instituée au sein de la dotation globale de fonctionnement. ***Toutefois***, d'une part, si la garantie contestée assure, selon les cas, une attribution individuelle par habitant supérieure à celle garantie aux communautés d'agglomération nouvellement créées, son montant diminue chaque année, puisqu'elle s'élève à 95 % de l'attribution individuelle par habitant de l'année précédente. La différence de traitement ainsi instaurée n'est donc pas pérenne. D'autre part, en assortissant l'attribution de la dotation d'intercommunalité de garanties proportionnelles aux attributions individuelles par habitant perçues les années précédentes, le législateur a entendu assurer aux établissements publics de coopération intercommunale la stabilité et la prévisibilité de leurs ressources. Or, à cet égard, les communautés d'agglomération d'au moins 3 ans d'existence ne sont pas placées dans la même situation que les établissements publics de coopération intercommunale nouvellement créés, qui n'ont jamais perçu une telle dotation. Elles ne sont pas davantage placées dans la même situation que les communautés d'agglomération issues de la fusion ou de la transformation d'établissements publics, dont l'attribution de dotation d'intercommunalité était, jusqu'alors, déterminée en fonction des règles et de la composition propres à la catégorie dont elles relevaient. Les différences de traitement contestées sont donc justifiées par une différence de situation. Elles sont également en rapport avec l'objet de la loi. – **Conformité.** – **Décision de renvoi :** CE, QPC, 28 mars 2018, n° 417024 : *JCP Adm. 2018, n° 21, p. 32, note Martin.*
2018	8 juin	**Irrecevabilité de l'opposition à un jugement par défaut lorsque la peine est prescrite** **2018-712 QPC.** M. Thierry D. : *JO 9 juin ; D. 2018. 1209 ; AJ pénal 2018. 424, obs. Oudoul ; Titre VII, sept. 2018, n° 1, chron. Bonis et Peltier ; ibid., chron. Surrel ; RFDC 2018. 968, chron. de Gubernatis et Padovani ; RFDC 2019. 177, chron. Perrier* : – **C. pr. pén., art. 492, al. 2, mots « jusqu'à l'expiration des délais de prescription de la peine »** (dans sa rédaction résultant de la L. n° 2008-644 du 1er juill. 2008 créant de nouveaux droits pour les victimes et améliorant l'exécution des peines) **et C. pén., art. 133-5, mots « ou par défaut » et « ou à former opposition »** (dans sa rédaction issue de la L. n° 92-683 du 22 juill. 1992 portant réforme des dispositions générales du code pénal).

		– Atteinte excessive aux droits de la défense et au droit à un recours juridictionnel effectif (DDH, art. 16). Selon les dispositions contestées, lorsque la peine est prescrite, l'opposition n'est plus recevable, tant en ce qui concerne les intérêts civils que la condamnation pénale, alors même que la personne condamnée n'a jamais eu connaissance de ce jugement avant cette prescription. Par ailleurs, la personne condamnée peut interjeter appel dans un délai de dix jours à compter de la signification du jugement, quel qu'en soit le mode. Ce délai d'appel peut donc commencer à courir à l'encontre d'une personne condamnée par défaut alors même qu'elle n'a pas eu connaissance de la signification du jugement. Il s'ensuit que la personne condamnée par défaut peut, lorsqu'elle prend connaissance de la signification de la décision de condamnation postérieurement à la prescription de la peine, se trouver dans l'impossibilité de contester cette décision, que ce soit par la voie de l'opposition ou par celle de l'appel. Enfin, une peine, même prescrite, est susceptible d'emporter des conséquences pour la personne condamnée. Ainsi, une peine correctionnelle constitue un premier terme de la récidive légale jusqu'à 5 ou 10 ans après sa prescription. De la même manière, en matière correctionnelle ou criminelle, le sursis simple ne peut être ordonné à l'égard d'une personne que lorsqu'elle n'a pas été condamnée au cours des 5 ans précédant les faits pour crime ou délit de droit commun à une peine de réclusion ou d'emprisonnement, y compris si cette peine est prescrite. De plus, lorsqu'une personne mise en examen a déjà été condamnée à une peine d'emprisonnement sans sursis supérieure à un an, même prescrite, le C. pr. pén. prévoit, sous certaines conditions, une durée maximale de détention provisoire supérieure à 4 mois. Par ailleurs, si la condamnation est assortie d'un jugement sur les intérêts civils, le créancier peut poursuivre son exécution dans un délai d'au moins 10 ans, même, le cas échéant, après prescription de la peine. La personne condamnée par défaut est donc privée de la possibilité, lorsque la peine est prescrite, de former opposition, lorsqu'elle n'a pas eu connaissance de sa condamnation avant cette prescription et alors que des conséquences restent attachées à une peine même prescrite. – **Non-conformité à compter de la date de publication de la Décis.** – **Décision de renvoi :** Crim., QPC, 4 avr. 2018, n° 17-85.164. – **Applications de la décision :** – Crim. 20 nov. 2018, n° 17-85.164. – Crim. 22 janv. 2019, n° 17-87.113.
2018	13 juin	**Mesure administrative d'exploitation des données saisies dans le cadre d'une visite aux fins de prévention du terrorisme** **2018-713/714 QPC.** M. Mohamed M. : *JO 15 juin ; D. 2018. 1259* : – **CSI, art. L. 229-5, § II** (dans sa rédaction issue de la L. n° 2017-1510 du 30 oct. 2017 renforçant la sécurité intérieure et la lutte contre le terrorisme). – Absence de changement de circonstances. Dans sa décision du 29 mars 2018 (n° 2017-695 QPC), le Cons. const. a spécialement examiné les dispositions du § II de l'art. L. 229-5 CSI, dans sa rédaction issue de la loi du 30 oct. 2017. Il les a déclarées conformes à la Constitution dans les motifs et le dispositif de cette décision. Aucun

		changement des circonstances n'est intervenu depuis cette décision. A cet égard, le seul fait que le Conseil d'État ou la Cour de cassation renvoie au Cons. const. une disposition législative déjà déclarée conforme à la Constitution par le Cons. const. ne saurait constituer un changement des circonstances. – **Non-lieu à statuer.** – **Décision de renvoi :** Crim., QPC, 11 avr. 2018, n° 18-80.510. – **Applications de la décision :** – Crim. 14 nov. 2018, n° 18-80.510. – Crim. 14 nov. 2018, n° 18-80.507 P : *D. 2018. 2234.*
2018	22 juin	**Restrictions des communications des personnes détenues** **2018-715 QPC.** Section française de l'Observatoire international des prisons : *JO 23 juin ; AJDA 2018. 1303 ; D. 2018. 1387 ; ibid. 2287, note Roujou de Boubée ; AJ pénal 2018. 469, obs. Falxa ; Titre VII, sept. 2018, n° 1, chron. Bonis et Peltier ; ibid., chron. Surrel ; RFDC 2019. 177, chron. Perrier* : – **L. n° 2009-1436 du 24 nov. 2009 pénitentiaire, art. 40, al. 1er, mots : « sous réserve que l'autorité judiciaire ne s'y oppose pas ».** – Méconnaissance du droit à un recours juridictionnel effectif (DDH, art. 16). Le 1er al. de l'art. 40 de la L. du 24 nov. 2009 reconnaît aux personnes placées en détention provisoire le droit de correspondre par écrit avec toute personne de leur choix, sous réserve que l'autorité judiciaire ne s'y oppose pas. Toutefois, ni ces dispositions ni aucune autre disposition législative ne permettent de contester devant une juridiction une décision refusant l'exercice de ce droit. Au regard des conséquences qu'entraîne ce refus pour une personne placée en détention provisoire, l'absence de voie de droit permettant la remise en cause de la décision du magistrat conduit dès lors à ce que les dispositions contestées méconnaissent les exigences découlant de l'art. 16 DDH. – **Non-conformité :** abrogation des dispositions à compter du 1er mars 2019. Toutefois, afin de faire cesser l'inconstitutionnalité constatée à compter de la publication de la décision, il y a lieu de juger que les décisions de refus prises après la date de cette publication peuvent être contestées devant le président de la chambre de l'instruction dans les conditions prévues par la 2e phrase du 4e al. de l'art. 145-4 C. pr. pén. – **Décision de renvoi :** CE, QPC, 11 avr. 2018, n° 417244. – **Applications de la décision :** – CE 12 déc. 2019, n° 417244 A : *AJDA 2019. 825, note Schmitz ; ibid. 2018. 2469 ; AJ pénal 2019. 96, obs. Frinchaboy.* – L. n° 2019-222 du 23 mars 2019, art. 55.
2018	29 juin	**Droits de plaidoirie et financement du régime d'assurance vieillesse des avocats** **2018-716 QPC.** Sté Guillemin et Msika : *JO 30 juin ; D. 2018. 1391 ; D. avocats 2018. 281, note Taquet* : – **CSS, art. L. 723-3, al. 3, 2de phrase** (dans sa rédaction résultant de la L. n° 94-637 du 25 juill. 1994 relative à la sécurité sociale). – Absence de méconnaissance des principes d'égalité devant la loi et devant les charges publiques (DDH, art. 6 et 13). Les droits de

		plaidoirie, qui sont dus, pour chaque plaidoirie, par les clients des avocats ou la partie condamnée aux dépens et sont ensuite reversés à la Caisse nationale des barreaux français, ne constituent pas une cotisation personnelle desdits avocats grevant leurs revenus professionnels. Il est indifférent à cet égard que les avocats perçoivent ces droits avant de les reverser, dans leur intégralité, à la caisse nationale. Il en va en revanche différemment de la « contribution équivalente ». Celle-ci pèse directement sur les revenus professionnels des avocats qui y sont assujettis. En instaurant une telle différence de traitement entre les avocats dont la plaidoirie est l'activité principale et leurs confrères, le législateur a entendu tenir compte de la participation particulière au service public de la justice que constitue l'activité de plaidoirie. Afin, toutefois, de limiter la charge pesant ainsi sur les revenus professionnels des avocats dont la plaidoirie n'est pas l'activité principale, le législateur a instauré, par les dispositions contestées, un plafonnement de la « contribution équivalente ». Dès lors, la différence de traitement résultant de l'absence de plafonnement des droits de plaidoirie reversés est justifiée par le fait que la « contribution équivalente » pèse sur les avocats qui y sont assujettis, alors que les droits de plaidoirie pèsent sur les justiciables et non sur les avocats qui les reversent. Cette différence de traitement, qui est ainsi fondée sur une différence de situation, est en rapport avec l'objet de la loi. – **Conformité.** – **Décision de renvoi :** Civ. 2e, QPC, 3 mai 2018, n° 17-26.996.
2018	6 juill.	**Délit d'aide à l'entrée, à la circulation ou au séjour irréguliers d'un étranger** **2018-717/718 QPC.** M. Cédric H. et a. : *JO 7 juill. ; AJDA 2018. 1421 ; ibid. 1781, note Roux ; ibid. 1786, note Tchen ; D. 2018. 1442 ; ibid. 1894, note Saas ; AJ fam. 2018. 426 ; Constitutions 2018. 389, chron. Mathieu ; ibid. 399, chron. Ponseille ; RSC 2018. 1001, obs. de Lamy ; RFDA 2018. 959, note Schoettl ; ibid. 966, note Verpeaux ; JCP 2018, n° 29, p. 1393, édito D. Mazeaud ; ibid., n°s 30-35, p. 1487, note Borgetto ; JCP Adm. 2018, n° 28, p. 4, note Pauliat ; Gaz. Pal. 2018, n° 26, p. 12, note Rousseau ; Rapp. Cons. const. 2018, p. 62 ; Dr. adm. 2018, n°s 8-9, p. 1, note Lignières ; Titre VII, avr. 2019, n° 2, chron. Cartier et Derosier ; RFDC 2019. 177, chron. Perrier :* – **CESEDA, art. L. 622-1 et L. 622-4** (dans leur rédaction résultant de la L. n° 2012-1560 du 31 déc. 2012 relative à la retenue pour vérification du droit au séjour et modifiant le délit d'aide au séjour irrégulier pour en exclure les actions humanitaires et désintéressées). – Précision concernant le principe de fraternité (Const. 58, Préamb. ; art. 2 et 72-3). Ce principe est un principe à valeur constitutionnelle. Il en découle la liberté d'aider autrui, dans un but humanitaire, sans considération de la régularité de son séjour sur le territoire national. Toutefois, aucun principe non plus qu'aucune règle de valeur constitutionnelle n'assure aux étrangers des droits de caractère général et absolu d'accès et de séjour sur le territoire national. En outre, l'objectif de lutte contre l'immigration irrégulière participe de la sauvegarde de l'ordre public, qui constitue un objectif de valeur

		constitutionnelle. Ainsi, il appartient au législateur d'assurer la conciliation entre le principe de fraternité et la sauvegarde de l'ordre public. – Concernant **la limitation à la seule aide au séjour irrégulier de l'exemption pénale prévue au 3° de l'art. L. 622-4 CESEDA :** il résulte des dispositions du 1er al. de l'art. L. 622-1, combinées avec les dispositions contestées du 1er al. de l'art. L. 622-4, que toute aide apportée à un étranger afin de faciliter ou de tenter de faciliter son entrée ou sa circulation irrégulières sur le territoire national est sanctionnée pénalement, quelles que soient la nature de cette aide et la finalité poursuivie. Toutefois, l'aide apportée à l'étranger pour sa circulation n'a pas nécessairement pour conséquence, à la différence de celle apportée à son entrée, de faire naître une situation illicite. Dès lors, en réprimant toute aide apportée à la circulation de l'étranger en situation irrégulière, y compris si elle constitue l'accessoire de l'aide au séjour de l'étranger et si elle est motivée par un but humanitaire, le législateur n'a pas assuré une conciliation équilibrée entre le principe de fraternité et l'objectif de valeur constitutionnelle de sauvegarde de l'ordre public. Par conséquent, et sans qu'il soit besoin d'examiner les autres griefs à l'encontre de ces dispositions, les mots « au séjour irrégulier » figurant au 1er al. de l'art. L. 622-4 CESEDA doivent être déclarés contraires à la Constitution : **non-conformité**. – Concernant **la limitation de l'exemption pénale aux seuls actes de conseils juridiques, de prestations de restauration, d'hébergement ou de soins médicaux destinées à assurer des conditions de vie dignes et décentes et aux actes visant à préserver la dignité ou l'intégrité physique de l'étranger :** il résulte du 3° de l'art. L. 622-4 que, lorsqu'il est apporté une aide au séjour à un étranger en situation irrégulière sur le territoire français, sans contrepartie directe ou indirecte, par une personne autre qu'un membre de la famille proche de l'étranger ou de son conjoint ou de la personne vivant maritalement avec celui-ci, seuls les actes de conseils juridiques bénéficient d'une exemption pénale, quelle que soit la finalité poursuivie par la personne apportant son aide. Si l'aide apportée est une prestation de restauration, d'hébergement ou de soins médicaux, la personne fournissant cette aide ne bénéficie d'une immunité pénale que si cette prestation est destinée à assurer des conditions de vie dignes et décentes à l'étranger. L'immunité n'existe, pour tout autre acte, que s'il vise à préserver la dignité ou l'intégrité physique de l'étranger. ***Toutefois***, ces dispositions ne sauraient, sans méconnaître le principe de fraternité, être interprétées autrement que comme s'appliquant en outre à tout autre acte d'aide apportée dans un but humanitaire : **réserve**. – **Non-conformité des mots « au séjour irrégulier » figurant au 1er al. de l'art. L. 622-4 CESEDA à compter du 1er déc. 2018** (dans sa rédaction résultant de la L. n° 2012-1560 du 31 déc. 2012 préc.) ; **conformité sous réserve du 3° de l'art. L. 622-4**. – **Décision de renvoi :** Crim., QPC, 19 mai 2018, n°s 17-85.736 et 17-85.737 : *AJDA 2018. 948.*

		– **Applications de la décision :** – L. n° 2018-778 du 10 sept. 2018 pour une immigration maîtrisée, un droit d'asile effectif et une intégration réussie, art. 38. – Crim. 12 déc. 2018, n°s 17-85.736 P et 17-85.737.
2018	13 juill.	**Imposition des plus-values de cession de valeurs mobilières issues d'un partage successoral** **2018-719 QPC.** Mme Estelle M. : *JO 14 juill. ; D. 2018. 1496 ; AJ fam. 2018. 427, obs. Paillard :* – **CGI, art. 150-0 A, § IV, 1re phrase, mots « d'une succession ou »** (dans sa rédaction résultant de la L. n° 2010-1657 du 29 déc. 2010 de finances pour 2011). – Absence de méconnaissance des principes d'égalité devant la loi et devant les charges publiques (DDH, art. 6 et 13). En adoptant les dispositions contestées, le législateur a entendu fixer des modalités spécifiques d'imposition des plus-values en vue de faciliter la conclusion d'accords familiaux permettant la sortie d'indivisions successorales. L'indivision conventionnelle résulte du choix des indivisaires alors que l'indivision résultant d'une succession s'impose à eux par détermination de la loi. Aussi, en instituant ce régime dérogatoire, le législateur a traité différemment des personnes placées dans des situations différentes. La différence de traitement qui en résulte est en rapport direct avec l'objet de la loi. Par ailleurs, d'une part, l'attributaire d'un bien provenant d'une indivision successorale est seul en mesure d'en disposer à l'issue du partage et de réaliser une plus-value lors de la revente de ce bien. Par conséquent, il se trouve dans une situation différente de celle de ses coïndivisaires. D'autre part, la circonstance que la soulte versée par l'attributaire à ses coïndivisaires ne soit pas prise en compte pour le calcul de la plus-value réalisée lors de la revente du bien est une contrepartie du mécanisme dérogatoire institué par le législateur en vue de favoriser la conclusion d'accords familiaux. Enfin, lors de la revente ultérieure du bien, l'attributaire n'est pas imposé sur une autre plus-value que celle attachée à un bien dont il dispose effectivement. Par conséquent, en adoptant les dispositions contestées, le législateur s'est fondé sur des critères objectifs et rationnels en rapport avec l'objet de la loi et n'a pas méconnu l'exigence de prise en compte des capacités contributives. – **Conformité.** – **Décision de renvoi :** CE, QPC, 11 avr. 2018, n° 417378 : *AJ fam. 2018. 261, obs. Paillard.* – **Application de la décision :** CAA Lyon, 22 oct. 2018, n° 16LY03150.
2018	13 juill.	**Dérogation à la tenue d'élections partielles en cas d'annulation de l'élection de délégués du personnel ou de membres du comité d'entreprise** **2018-720/721/722/723/724/725/726 QPC.** Synd. CFE-CGC France Télécom Orange et a. : JO 14 juill. ; D. 2018. 1498 ; *Constitutions 2018. 407, chron. Petit ; Titre VII, sept. 2018, n° 1, chron. Piazzon ; Titre VII, avr. 2019, n° 2, chron. Piazzon :* – **C. trav., art. L. 2314-7, al. 2, mots : « ou lorsqu'ils sont la conséquence de l'annulation de l'élection de délégués du**

		personnel prononcée par le juge en application des deux derniers alinéas de l'article L. 2314-25 » (dans sa rédaction résultant de la L. n° 2015-994 du 17 août 2015 relative au dialogue social et à l'emploi) **et art. L. 2324-10, al. 1er, mots : « ou s'ils sont la conséquence de l'annulation de l'élection de membres du comité d'entreprise prononcée par le juge en application des deux derniers alinéas de l'article L. 2324-23 »** (dans cette même rédaction). – Disproportion manifeste de l'atteinte portée par le législateur au principe de participation des travailleurs (Préamb. Const. 1946, al. 8). En adoptant les dispositions contestées, le législateur a entendu, d'une part, éviter que l'employeur soit contraint d'organiser de nouvelles élections professionnelles alors que l'établissement des listes de candidats relève des organisations syndicales et, d'autre part, inciter ces dernières à respecter les règles contribuant à la représentation équilibrée des femmes et des hommes parmi les délégués du personnel et au sein du comité d'entreprise. Toutefois, les dispositions contestées peuvent aboutir à ce que plusieurs sièges demeurent vacants dans ces institutions représentatives du personnel, pour une période pouvant durer plusieurs années, y compris dans les cas où un collège électoral n'y est plus représenté et où le nombre des élus titulaires a été réduit de moitié ou plus. Ces dispositions peuvent ainsi conduire à ce que le fonctionnement normal de ces institutions soit affecté dans des conditions remettant en cause le principe de participation des travailleurs. – **Non-conformité à compter de la date de la publication de la Décis.** – **Décision de renvoi :** Soc., QPC, 16 mai 2018, nos 18-11.382, 18-11.383, 18-11.384, 18-11.385 et 18-11.387. – **Applications de la décision :** – Ord. n° 2017-1386 du 22 sept. 2017, art. 1er. – Soc. 13 févr. 2019, n° 18-11.382. – Soc. 13 févr. 2019, n° 18-11.383. – Soc. 13 févr. 2019, n° 18-11.384. – Soc. 13 févr. 2019, n° 18-11.385. – Soc. 13 févr. 2019, n° 18-11.387. – Soc. 13 févr. 2019, n° 18-17.042 P : *D. 2019. 313.*
2018	13 juill.	**Régime indemnitaire de la fonction publique territoriale** **2018-727 QPC.** Cne de Ploudiry : *JO 14 juill. ; AJDA 2018. 1472 ; D. 2018. 1496 ; AJCT 2018. 635, obs. Duchêne ; JCP Adm. 2018, nos 51-52, p. 22, note Collin* : – **L. n° 84-53 du 26 janv. 1984 portant dispositions statutaires relatives à la fonction publique territoriale, art. 88, dernière phrase du 1er al.** (dans sa rédaction résultant de la L. n° 2016-483 du 20 avr. 2016 relative à la déontologie et aux droits et obligations des fonctionnaires). – Absence de méconnaissance du principe de libre administration des collectivités territoriales (Const. 58, art. 72). Les dispositions contestées visent à garantir une certaine parité entre le régime indemnitaire applicable aux agents de l'État et celui applicable aux agents des collectivités territoriales. En les adoptant, le législateur a entendu

		contribuer à l'harmonisation des conditions de rémunération au sein des fonctions publiques étatique et territoriale et faciliter les mobilités en leur sein ou entre elles deux. Ce faisant, il a poursuivi un objectif d'intérêt général. Par ailleurs, les collectivités territoriales qui décident de mettre en place un tel régime indemnitaire demeurent libres de fixer les plafonds applicables à chacune des parts, sous la seule réserve que leur somme ne dépasse pas le plafond global des primes octroyées aux agents de l'État. Elles sont également libres de déterminer les critères d'attribution des primes correspondant à chacune de ces parts. – **Conformité.** – **Décision de renvoi :** CE, QPC, 18 mai 2018, n° 418726 : *AJDA 2018. 1014.*
2018	13 juill.	**Indemnité de résiliation ou de non-renouvellement du contrat de prévoyance pendant la période transitoire** **2018-728 QPC.** Assoc. hospitalière Nord Artois clinique : *JO 14 juill. ; D. 2018. 1500 ; Titre VII, avr. 2019, n° 2, chron. Piazzon* : – **L. n° 89-1009 du 31 déc. 1989 renforçant les garanties offertes aux personnes assurées contre certains risques, art. 31, al. 4., § I, mots : « dans ce cas, une indemnité de résiliation, égale à la différence entre le montant des provisions techniques permettant de couvrir intégralement les engagements en application de l'article 7 et le montant des provisions techniques effectivement constituées en application des trois premiers alinéas du présent I, au titre des incapacités et invalidités en cours à la date de cessation du contrat, de la convention ou du bulletin d'adhésion, est due par le souscripteur »** (dans sa rédaction issue de la L. n° 2010-1330 du 9 nov. 2010 portant réforme des retraites), **et art. 31, al. 4., § I, mots : « dans ce cas, une indemnité de résiliation, égale à la différence entre le montant des provisions techniques permettant de couvrir intégralement les engagements en application de l'article 7-1 à constituer et le montant de provisions techniques effectivement constituées en application des trois premiers alinéas du présent II, au titre des incapacités et invalidités en cours à la date de cessation du contrat, de la convention ou du bulletin d'adhésion, est due par le souscripteur ».** – Absence de méconnaissance de la garantie des droits et du droit au maintien des conventions légalement conclues (DDH, art. 4 et 16). L'indemnité due en cas de résiliation ou de non-renouvellement prévue par les dispositions contestées s'applique aux contrats en cours d'exécution à la date de leur entrée en vigueur, ainsi qu'aux contrats ayant pris fin entre le 1er janv. 2010 et cette date, tout en continuant à produire des effets après leur résiliation ou leur non-renouvellement. En adoptant les dispositions contestées, le législateur a entendu compenser le surcoût provoqué, pour les organismes assureurs, par le report de l'âge de départ à la retraite. En effet, en cas de cessation du contrat pendant la *période transitoire*, ces organismes sont tenus de maintenir la couverture prévue par les art. 7 et 7-1 de la L. du 31 déc. 1989 et de constituer les provisions nécessaires. Les dispositions contestées visent ainsi à garantir l'effectivité et la pérennité de la couverture des salariés, tout en évitant une hausse brutale des cotisations versées par les autres

		souscripteurs. Le législateur a ainsi poursuivi un motif d'intérêt général. Dès lors, compte tenu de ce motif d'intérêt général, en prévoyant le versement d'une indemnité dont le montant est limité à celui des provisions restant à constituer par l'organisme assureur, le législateur n'a méconnu ni la garantie des droits ni le droit au maintien des conventions légalement conclues. – **Conformité.** – **Décision de renvoi :** Civ. 2e, QPC, 17 mai 2018, n° 17-27.099. – **Application de la décision :** Civ. 2e, 7 févr. 2019, n° 17-27.099 P.
2018	7 sept.	**Sanction de la nullité d'un licenciement économique** **2018-729 QPC.** Sté Tel and Com : *JO 8 sept. ; D. 2018. 1760 ; Titre VII, avr. 2019, n° 2, chron. Piazzon :* – **C. trav., art. L. 1235-11, al. 1er, mots « alors que la procédure de licenciement est nulle, conformément aux dispositions des deux premiers alinéas de l'article L. 1235-10 » et al. 2.** – Absence de méconnaissance par le législateur de l'étendue de sa compétence et de celle de l'objectif de valeur constitutionnelle d'intelligibilité et d'accessibilité de la loi. Le législateur a suffisamment défini la portée des dispositions contestées du 1er al de l'art. L. 1235-11. Le grief tiré de la méconnaissance de l'art. 34 de la Const. 58 dans des conditions affectant la liberté d'entreprendre et le droit de propriété doit donc être écarté. Par ailleurs, la méconnaissance de l'objectif de valeur constitutionnelle d'intelligibilité et d'accessibilité de la loi ne peut, en elle-même, être invoquée à l'appui d'une QPC sur le fondement de l'art. 61-1 Const. 58 : le grief tiré de la méconnaissance de cet objectif n'est pas recevable. – Absence de méconnaissance des principes de nécessité, de proportionnalité et d'individualisation des peines (DDH, art. 8). L'indemnité au moins égale aux 12 derniers mois de salaire et prévoyant que lorsque le salarié ne demande pas la poursuite de son contrat de travail ou lorsque sa réintégration dans l'entreprise est impossible est octroyée par le juge, à la charge de l'employeur. Elle a pour objectif d'assurer une réparation minimale du préjudice subi par le salarié du fait de la nullité de son licenciement économique et ne constitue pas une sanction ayant le caractère d'une punition. – Absence de méconnaissance du principe d'égalité devant la loi (DDH, art. 6). Les dispositions contestées de l'al. 2 de l'art. L. 1235-11 prévoient les mêmes conséquences indemnitaires dans les 2 cas de nullité définis à l'article L. 1235-10. – **Conformité.** – **Décision de renvoi :** Soc., QPC, 7 juin 2018, n°s 18-40.008 et 18-40.011.
2018	14 sept.	**Absence d'obligation légale d'aviser le tuteur ou le curateur d'un majeur protégé de son placement en garde à vue** **2018-730 QPC.** M. Mehdi K. : *JO 15 sept. ; D. 2018. 1757 ; AJ pénal 2018. 518, obs. Frinchaboy ; RTD civ. 2018. 868, obs. Leroyer ; JCP 2018, n°s 44-45, p. 1975, note Garrigue ; Procédures 2018, n° 11, p. 23, note Buisson ; Titre VII, avr. 2019, n° 2, chron. Bonis et Peltier ; ibid., chron. Piazzon ; ibid., chron. Surrel ; RFDC 2019. 177, chron. Catelan :* – **C. pr. pén., art. 706-113, al. 1er** (dans sa rédaction résultant de la L. n° 2008-174 du 25 févr. 2008 relative à la rétention de sûreté et à la déclaration d'irresponsabilité pénale pour cause de trouble mental).

		– Méconnaissance du respect du principe des droits de la défense (DDH, art. 16). Ni les dispositions contestées ni aucune autre disposition législative n'imposent aux autorités policières ou judiciaires de rechercher, dès le début de la garde à vue, si la personne entendue est placée sous curatelle ou sous tutelle et d'informer alors son représentant de la mesure dont elle fait l'objet. Ainsi, dans le cas où il n'a pas demandé à ce que son curateur ou son tuteur soit prévenu, le majeur protégé peut être dans l'incapacité d'exercer ses droits, faute de discernement suffisant ou de possibilité d'exprimer sa volonté en raison de l'altération de ses facultés mentales ou corporelles. Il est alors susceptible d'opérer des choix contraires à ses intérêts, au regard notamment de l'exercice de son droit de s'entretenir avec un avocat et d'être assisté par lui au cours de ses auditions et confrontations. Dès lors, en ne prévoyant pas, lorsque les éléments recueillis au cours de la garde à vue d'une personne font apparaître qu'elle fait l'objet d'une mesure de protection juridique, que l'officier de police judiciaire ou l'autorité judiciaire sous le contrôle de laquelle se déroule la garde à vue soit, en principe, tenu d'avertir son curateur ou son tuteur afin de lui permettre d'être assistée dans l'exercice de ses droits, les dispositions contestées méconnaissent les droits précités. – **Non-conformité avec effet à compter du 1er oct. 2019.** Les mesures prises ayant donné lieu, avant cette date, à l'application des dispositions déclarées contraires à la Constitution et les mesures de garde à vue prises avant cette date ne peuvent être contestées sur le fondement de cette inconstitutionnalité. – **Décision de renvoi :** Crim., QPC, 19 juin 2018, n° 18-80.872 P : *AJ fam. 2018. 477, obs. Pecqueur.* – **Application de la décision :** Crim. 11 déc. 2018, n° 18-80.872 P : *D. 2019. 334, chron. Pichon, Guého, de Lamarzelle, Barbier et Ascensi ; AJ pénal 2019. 98, obs. Thierry.*
2018	14 sept.	**Peine minimale d'emprisonnement pour le délit de blanchiment douanier** **2018-731 QPC.** Mme Juliet I. : *JO 15 sept. ; D. 2018. 1809 ; AJ pénal 2018. 515, obs. Grégoire ; Constitutions 2018. 541, chron. Ponseille ; Gaz. Pal. 2018, n° 37, p. 34, note Detraz ; Titre VII, avr. 2019, n° 2, chron. Bonis et Peltier ; RFDC 2019. 177, chron. Catelan* : – **C. douanes, art. 415, mots « deux à »** (dans sa rédaction résultant de la L. n° 2011-267 du 14 mars 2011 d'orientation et de programmation pour la performance de la sécurité intérieure). – Absence de méconnaissance du principe d'individualisation des peines (DDH, art. 8). Le délit de blanchiment, qui fait l'objet d'une peine minimale d'emprisonnement de 2 ans (avec un maximum de 10 ans), présente une particulière gravité. De plus, compte tenu, de l'écart entre la durée minimale et la durée maximale de la peine d'emprisonnement et du niveau des quantums ainsi retenus, la juridiction n'est pas privée de la possibilité de fixer, dans ces limites, la peine d'emprisonnement en fonction des circonstances de l'espèce. Enfin, l'instauration de cette peine d'emprisonnement minimale n'interdit pas à la juridiction de faire usage d'autres dispositions d'individualisation de la peine lui permettant de prononcer les peines et de fixer leur régime en fonction des circonstances de l'infraction et de la

		personnalité de son auteur. Ainsi, en vertu de l'art. 132-17 C. pén., la juridiction peut ne prononcer que l'une des peines encourues mentionnées à l'art. 415 C. douanes. Elle peut également, sur le fondement de l'art. 369 C. douanes, dispenser le coupable de la peine d'emprisonnement, ordonner qu'il soit sursis à son exécution et décider que la condamnation ne sera pas mentionnée au bulletin n° 2 du casier judiciaire. – Absence de méconnaissance du principe de nécessité et de proportionnalité des peines (DDH, art. 8) le fait de punir d'une peine minimale d'emprisonnement de 2 ans le délit de blanchiment de certains produits d'un délit douanier ou d'une infraction à la législation sur les stupéfiants, pour lequel la peine maximale d'emprisonnement encourue est de 10 ans. – **Conformité.** – **Décision de renvoi :** Crim., QPC, 19 juin 2018, n° 18-90.008.
2018	21 sept.	**Option irrévocable d'adhésion au régime d'assurance chômage pour certains employeurs publics** **2018-732 QPC.** Grand port maritime de la Guadeloupe : *JO 22 sept. ; AJDA 2018. 1809 ; D. 2018. 1814 ; Titre VII, avr. 2019, n° 2, chron. Gahdoun* : – **C. trav., art. L. 5424-2, 2°, référence : « 3° »** (dans sa rédaction résultant de la L. n° 2010-1488 du 7 déc. 2010 portant nouvelle organisation du marché de l'électricité). – Absence d'atteinte disproportionnée à la liberté d'entreprendre (DDH, art. 4). En adoptant les dispositions contestées, le législateur a entendu éviter que certains employeurs, intervenant dans le secteur concurrentiel, puissent révoquer leur adhésion au régime de l'assurance chômage afin d'optimiser le coût de la prise en charge de l'allocation due à leurs anciens agents ou salariés, le cas échéant au détriment de l'équilibre financier de ce régime. Par ailleurs, il a entendu limiter l'avantage compétitif procuré à ces employeurs par le caractère facultatif de leur adhésion, par rapport à leurs concurrents pour lesquels cette adhésion est obligatoire. Ce faisant, il a poursuivi un objectif d'intérêt général. – **Conformité.** – **Décision de renvoi :** Civ. 2e, QPC, 21 juin 2018, n° 18-40.018.
2018	21 sept.	**Exonération de certains ports de la cotisation foncière des entreprises** **2018-733 QPC.** Sté d'exploitation de moyens de carénage : *JO 22 sept. ; AJDA 2018. 1809 ; AJCT 2019. 41, obs. Durand ; RD fisc. 2018, n° 40, p. 3, note Pelletier ; ibid. 2018, n° 49, p. 49, note Pezet* : – **CGI, art. 1449, 2°, mots « ainsi que les ports gérés par des collectivités territoriales, des établissements publics ou des sociétés d'économie mixte ».** – Méconnaissance des principes d'égalité devant la loi et devant les charges publiques (DDH, art. 6 et 13) concernant les mots « ou des sociétés d'économie mixte ». Les dispositions contestées excluent du bénéfice de l'exonération d'autres sociétés susceptibles de gérer un port, n'ayant pas le statut de sociétés d'économie mixte, mais dont le capital peut être significativement, voire totalement, détenu par des personnes

		publiques. Tel est le cas en particulier des sociétés publiques locales, dont les collectivités territoriales ou leurs groupements détiennent la totalité du capital : non-conformité. – **Non-conformité** des mots « ou des sociétés d'économie mixte » avec effet à compter du 1er janv. 2019 et **conformité** des mots « ainsi que les ports gérés par des collectivités territoriales, des établissements publics ». – **Décision de renvoi :** CE, QPC, 29 juin 2018, n° 419930. – **Application de la décision :** L. n° 2018-1317 du 28 déc. 2018, art. 170.
2018	27 sept.	**Composition et droits de vote au sein du conseil d'administration 2018-734 QPC.** Comité d'entreprise de l'établissement public d'aménagement de la Défense Seine Arche : *JO 28 sept. ; D. 2018. 1864* : – **C. urb., art. L. 328-8, § I, al. 1er et al. 4, mots « avec voix consultative »** (dans sa rédaction résultant de la L. n° 2017-1754 du 25 déc. 2017 ratifiant l'Ord. n° 2017-717 du 3 mai 2017 portant création de l'établissement public Paris La Défense). – Absence de méconnaissance des art. 34 et 72 Const. 58 et du principe d'interdiction de la tutelle d'une collectivité sur une autre. En déterminant à la fois les collectivités territoriales et leurs groupements représentés au sein du conseil d'administration de l'établissement public ainsi que les principes régissant l'attribution des droits de vote à leurs représentants, le législateur a suffisamment précisé sur ce point les règles constitutives de l'établissement public qu'il a instauré. Il lui était ainsi loisible de renvoyer au pouvoir réglementaire la détermination du nombre de ces représentants. Par ailleurs, la compétence en matière d'aménagement urbain ou de gestion de certains aménagements relatifs aux opérations d'intérêt national ayant été transférée, en vertu des art. L. 328-2 et L. 328-3, à l'établissement public Paris La Défense, le grief tiré de ce qu'il résulterait de la majorité délibérative conférée au département des Hauts-de-Seine au sein du conseil d'administration de cet établissement une méconnaissance du principe d'interdiction de la tutelle d'une collectivité sur une autre est inopérant. – Absence de méconnaissance du principe d'égalité devant la loi (DDH, art. 6). – * concernant l'al. 1er du § I de l'art. L. 328-8, la différence de traitement établie entre le département des Hauts-de-Seine et les autres collectivités territoriales représentées au sein du conseil d'administration de l'établissement public Paris La Défense est ainsi justifiée par une différence de situation. Elle est également en rapport avec l'objet de la loi . – * concernant les mots « avec voix consultative » de l'al. 4 du § I de l'art. L. 328-8, la différence de traitement instaurée entre la commune de La Garenne-Colombes et les collectivités ou leurs groupements *mentionnés* au 1er al. du § I de l'art. L. 328-8 C. urb. est justifiée par une différence de situation. Cette différence de traitement étant en rapport avec l'objet de la loi. – **Conformité.** – **Décision de renvoi :** CE, QPC, 29 juin 2018, n° 412374.

2018	27 sept.	**Cotisation due au titre de la protection universelle maladie** **2018-735 QPC.** M. Xavier B. et a. : *JO 28 sept.* ; *D. 2018. 1871* ; *Titre VII, avr. 2019, n° 2, chron. Austry* : – **CSS, art. L. 380-2, 1° ; al. 4, 1re et dernière phrase, et al. 6**. – Absence de méconnaissance des principes d'égalité devant la loi et devant les charges publiques (DDH, art. 6 et 13). – * concernant la 1re phrase du 1° et les 1re et dernières phrases du 4e al. de l'art. L. 380-2. En adoptant les dispositions contestées, le législateur a entendu faire contribuer à la prise en charge des frais de santé les personnes ne percevant pas de revenus professionnels ou percevant des revenus professionnels insuffisants pour que les cotisations assises sur ces revenus constituent une participation effective à cette prise en charge. Dès lors, en créant une différence de traitement entre les personnes pour la détermination des modalités de leur participation au financement de l'assurance maladie selon le montant de leurs revenus professionnels, le législateur a fondé son appréciation sur des critères objectifs et rationnels en fonction des buts qu'il se proposait. De plus, s'il résulte des dispositions contestées une différence de traitement entre deux assurés sociaux disposant d'un revenu d'activité professionnelle d'un montant proche, selon que ce revenu est inférieur ou supérieur au plafond prévu par le 4e al. de l'art. L. 380-2, cette différence est inhérente à l'existence d'un seuil. En outre, en application du 5e al. de l'art. L. 380-2, lorsque les revenus d'activité sont inférieurs au seuil en deçà duquel une personne est soumise à la cotisation prévue par l'art. L. 380-2 mais supérieurs à la moitié de ce seuil, l'assiette de la cotisation assise sur les revenus du patrimoine fait l'objet d'un abattement croissant à proportion des revenus d'activité. En outre, la cotisation n'est assise que sur la fraction des revenus du patrimoine dépassant un plafond fixé par décret. Enfin, la seule absence de plafonnement d'une cotisation dont les modalités de détermination de l'assiette ainsi que le taux sont fixés par voie réglementaire n'est pas, en elle-même, constitutive d'une rupture caractérisée de l'égalité devant les charges publiques. ***Toutefois***, il appartient au pouvoir réglementaire de fixer ce taux et ces modalités de façon à ce que la cotisation n'entraîne pas de rupture caractérisée de l'égalité devant les charges publiques : **réserve**. – * concernant la 2de phrase du 1° de l'art. L. 380-2. La différence de traitement instituée entre les personnes bénéficiant des prestations en nature de la branche maladie et maternité de la sécurité sociale, selon les revenus de leur conjoint ou de leur partenaire, est inhérente aux modalités selon lesquelles s'est progressivement développée l'assurance maladie en France. – **Conformité sous réserve**. – **Décision de renvoi :** CE, QPC, 4 juill. 2018, n° 417919. – **Application de la décision :** CE 10 juill. 2019, n° 417919.
2018	5 oct.	**Sanction du défaut de réponse à la demande de renseignements et de documents pour l'établissement de la contribution sociale de**

		solidarité à la charge des sociétés **2018-736 QPC.** Sté CSF : *JO 6 oct. ; D. 2018. 1919* : – **CSS, art. L. 651-5-1, § III** (dans sa rédaction résultant de la L. n° 2010-1594 du 20 déc. 2010 de financement de la sécurité sociale pour 2011). – Absence de méconnaissance du principe de proportionnalité des peines (DDH, art. 8). Les obligations dont la méconnaissance est sanctionnée ont trait à la délivrance de renseignements et documents nécessaires à l'établissement de la contribution. En réprimant la méconnaissance de telles obligations, le législateur a entendu renforcer la procédure de contrôle sur pièces de cette contribution. Il a ainsi poursuivi l'objectif à valeur constitutionnelle de lutte contre la fraude et l'évasion fiscales. Par ailleurs, en punissant d'une majoration de la contribution due au titre de l'année le manquement à des obligations destinées à assurer l'établissement de cette contribution, le législateur a instauré une sanction dont la nature est liée à celle de l'infraction. De plus, en retenant un taux de 5 %, qui ne constitue qu'un taux maximal pouvant être modulé, sous le contrôle du juge, par l'organisme chargé du recouvrement, le législateur a retenu une sanction qui n'est pas manifestement hors de proportion avec la gravité de l'infraction. – **Conformité.** – **Décision de renvoi :** Civ. 2e, QPC, 5 juill. 2018, n° 17-31.741.
2018	5 oct.	**Transmission de la nationalité française aux enfants légitimes nés à l'étranger d'un parent français** **2018-737 QPC.** M. Jaime Rodrigo F. : *JO 6 oct. ; AJDA 2018. 1939 ; D. 2018. 1911 ; AJ fam. 2018. 612, obs. Carayon ; JCP 2018, n° 42, p. 1851 ; Dr. fam. 2018, n° 12, p. 3, note Lamarche ; Titre VII, avr. 2019, n° 2, chron. Cartier et Derosier ; ibid., chron. Piazzon ; ibid, chron. Surrel* : – **L. du 10 août 1927 sur la nationalité française, art. 1er, 3°, mots « en France ».** – Méconnaissance du principe d'égalité entre les hommes et les femmes (DDH, art. 6 et Préamb. Const. 1946, al. 3). Les dispositions contestées subordonnent l'attribution de la nationalité française à l'enfant légitime d'une mère française et d'un père étranger à la condition qu'il soit né en France. Au contraire, en application du 1° de l'art. 1er de la L. du 10 août 1927, l'enfant légitime né d'un père français est français quel que soit son lieu de naissance. Ainsi, les dispositions contestées instaurent une différence de traitement entre enfants légitimes nés à l'étranger d'un seul parent français, selon qu'il s'agit de leur mère ou de leur père, ainsi qu'une différence de traitement entre les pères et mères. En prévoyant l'attribution par filiation maternelle de la nationalité française, les dispositions contestées poursuivaient un objectif démographique d'élargissement de l'accès à la nationalité française. Le législateur a toutefois assorti cette mesure de la condition contestée, laquelle en restreint le bénéfice aux seuls enfants nés en France. Les motifs alors invoqués à l'appui de cette condition reposaient, d'une part, sur l'application des règles relatives à la conscription et, d'autre part, sur le souci d'éviter d'éventuels conflits de nationalité. Toutefois, aucun de ces motifs n'est de nature à justifier les différences de traitement contestées.

		– **Non-conformité.** L'inconstitutionnalité de cette disposition peut être invoquée par les seules personnes nées à l'étranger d'une mère française entre le 16 août 1906 et le 21 oct. 1924 à qui la nationalité française n'a pas été transmise du fait de ces dispositions. Leurs descendants peuvent également se prévaloir des décisions reconnaissant que, compte tenu de cette inconstitutionnalité, ces personnes ont la nationalité française. Cette déclaration d'inconstitutionnalité peut être invoquée dans toutes les instances introduites à la date de publication de la présente décision et non jugées définitivement à cette date. – **Décision de renvoi :** Civ. 1re, QPC, 4 juill. 2018, n° 18-40.016.
2018	11 oct.	**Absence de prescription des poursuites disciplinaires contre les avocats** **2018-738 QPC.** M. Pascal D : *JO 12 oct. ; D. 2018. 1976 ; ibid. 2019. 91, obs. Wickers ; D. avocats 2018. 470, obs. Lévy ; JCP 2019, nos 1-2, p. 26, note Vautrot-Schwarz ; Gaz. Pal. 2018, n° 41, p. 16, note Brigant* : – **L. n° 71-1130 du 31 déc. 1971 portant réforme de certaines professions judiciaires et juridiques, art. 23** (dans sa rédaction résultant de la L. n° 2004-130 du 11 févr. 2004 réformant le statut de certaines professions judiciaires ou juridiques, des experts judiciaires, des conseils en propriété industrielle et des experts en ventes aux enchères publiques). – Absence de méconnaissance du principe d'égalité et d'une procédure juste et équitable garantissant l'équilibre des droits des parties (DDH, art. 6 et 16). D'une part, la faculté reconnue au procureur général ou au bâtonnier, par les dispositions contestées, de poursuivre un avocat devant le conseil de discipline, quel que soit le temps écoulé depuis la commission de la faute ou sa découverte ne méconnaît pas, en elle-même, les droits de la défense. D'autre part, si les exigences constitutionnelles qui découlent de l'art. 8 DDH impliquent que le temps écoulé entre la faute et la condamnation puisse être pris en compte dans la détermination de la sanction, aucun droit ou liberté que la Constitution garantit n'impose que les poursuites disciplinaires soient nécessairement soumises à une règle de prescription, qu'il est loisible au législateur d'instaurer. Enfin, la profession d'avocat n'est pas placée, au regard du droit disciplinaire, dans la même situation que les autres professions juridiques ou judiciaires réglementées. Dès lors, la différence de traitement instaurée par les dispositions contestées entre les avocats et les membres des professions judiciaires ou juridiques réglementées dont le régime disciplinaire est soumis à des règles de prescription repose sur une différence de situation. – **Conformité.** – **Décision de renvoi :** Civ. 1re, QPC, 11 juill. 2018, n° 18-40.019 P.
2018	12 oct.	**Sanction de la délivrance irrégulière de documents permettant à un tiers d'obtenir un avantage fiscal** **2018-739 QPC.** Sté Dom Com Invest : *JO 13 oct. ; D. 2018. 1971 ; JA 2018, n° 587, p. 3, édito. Clavagnier ; ibid., n° 587, p. 9, obs. Fievet* : – **CGI, art. 1740 A, al. 1er** (dans sa rédaction résultant de la L. n° 2008-776 du 4 août 2008 de modernisation de l'économie). – Méconnaissance du principe de proportionnalité des peines (DDH, art. 8). En adoptant les dispositions contestées, le législateur a entendu

		lutter contre la délivrance abusive ou frauduleuse d'attestations ouvrant droit à un avantage fiscal. Il a ainsi poursuivi l'objectif à valeur constitutionnelle de lutte contre la fraude et l'évasion fiscales. Toutefois, en sanctionnant d'une amende d'un montant égal à l'avantage fiscal indûment obtenu par un tiers ou à 25 % des sommes indûment mentionnées sur le document sans que soit établi le caractère intentionnel du manquement réprimé, le législateur a institué une amende revêtant un caractère manifestement hors de proportion avec la gravité de ce manquement. – **Non-conformité** avec effet à compter du 1er janv. 2019. Afin de faire cesser l'inconstitutionnalité constatée à compter de la publication de la présente décision, il y a lieu de juger que l'amende, instituée par le 1er al. de l'art. 1740 A CGI, s'applique uniquement aux personnes qui ont sciemment délivré des documents permettant à un contribuable d'obtenir un avantage fiscal indu. – **Décision de renvoi :** CE, QPC, 11 juill. 2018, n° 419874. – **Applications de la décision :** – L. n° 2018-1317 du 28 déc. 2018, art. 203. – CAA Nantes, 28 févr. 2019, n° 17NT01040. – CAA Lyon, 7 févr. 2019, n° 17LY03292. – CAA Paris, 6 déc. 2018, n° 17PA00738.
2018	19 oct.	**Modification des documents d'un lotissement** **2018-740 QPC.** Mme Simone P. et a. : *JO 20 oct. ; AJDA 2018. 2048 ; D. 2018. 2022 ; RDI 2018. 613, obs. P. Soler-Couteaux ; Constitutions 2018. 547, chron. Le Bot* : – **C. urb., art. L. 442-10, al. 1er, 1re phrase, mots : « le cahier des charges s'il a été approuvé ou les clauses de nature réglementaire du cahier des charges s'il n'a pas été approuvé »** (dans sa rédaction résultant de la L. n° 2014-366 du 24 mars 2014 pour l'accès au logement et un urbanisme rénové). – Absence de violation du droit de propriété et du droit au maintien des conventions légalement conclues (DDH, art. 2, 4 et 16). En adoptant les dispositions contestées, le législateur a entendu faciliter l'évolution, dans le respect de la politique publique d'urbanisme, des règles propres aux lotissements contenues dans leurs cahiers des charges. Il a ainsi poursuivi un objectif d'intérêt général. Par ailleurs, en application du 2e al. de l'art. L. 442-10, la modification permise par les dispositions contestées ne peut concerner l'affectation des parties communes du lotissement. En outre, compte tenu de leur objet, ces dispositions autorisent uniquement la modification des clauses des cahiers des charges, approuvés ou non, qui contiennent des règles d'urbanisme. Elles ne permettent donc pas de modifier des clauses étrangères à cet objet, intéressant les seuls colotis. De plus, la modification est subordonnée au recueil de l'accord soit de la moitié des propriétaires détenant ensemble les deux tiers au moins de la superficie du lotissement, soit des deux tiers des propriétaires détenant au moins la moitié de cette superficie. En outre, il résulte de la jurisprudence constante du Conseil d'État que la modification envisagée doit être précédée d'une information suffisamment précise des colotis intéressés. Enfin, l'autorité administrative ne peut prononcer la modification que si elle est compatible avec la réglementation d'urbanisme applicable et

		que si elle poursuit un motif d'intérêt général en lien avec la politique publique d'urbanisme. **Toutefois**, cette modification du cahier des charges ne saurait, sans porter une atteinte disproportionnée au droit de propriété et au droit au maintien des conventions légalement conclues, aggraver les contraintes pesant sur les colotis sans que cette aggravation soit commandée par le respect des documents d'urbanisme en vigueur. – **Conformité sous réserve.** – **Décision de renvoi :** CE, QPC, 18 juill. 2018, n° 421151. – **Application de la décision :** CE 24 juill. 2019, n° 430362.
2018	19 oct.	**Délai de recours contre les arrêtés préfectoraux de reconduite à la frontière** **2018-741 QPC.** M. Belkacem B. : *JO 20 oct. ; AJDA 2018. 2049 ; D. 2018. 2024 ; Constitutions 2018. 426, chron. Pouly ; ibid. 551, chron. Le Bot :* – **CESEDA, art. L. 533-1, dernier al., référence « L. 512-1 » et CJA, art. L. 776-1, mots : « et les arrêtés de reconduite à la frontière pris en application de l'article L. 533-1 du code de l'entrée et du séjour des étrangers et du droit d'asile »** (dans leur rédaction résultant de la L. n° 2011-672 du 16 juin 2011 relative à l'immigration, à l'intégration et à la nationalité). – Absence de méconnaissance du droit à un recours juridictionnel effectif (DDH, art. 16). En adoptant les dispositions contestées, le législateur a entendu assurer l'exécution des arrêtés préfectoraux de reconduite à la frontière et éviter la prolongation des mesures de rétention ou d'assignation à résidence imposées, le cas échéant, à l'étranger, afin de garantir la mise en œuvre de l'arrêté. L'étranger faisant l'objet d'un arrêté préfectoral de reconduite à la frontière ne dispose que d'un délai de 48 heures suivant sa notification pour former son recours. Toutefois, l'art. L. 512-2 CESEDA impose que, dès la notification de l'arrêté préfectoral de reconduite à la frontière, qui doit intervenir par voie administrative, l'étranger soit mis en mesure, dans les meilleurs délais, d'avertir un conseil, son consulat ou une personne de son choix. Le même article prévoit également que l'étranger est informé qu'il peut recevoir communication des principaux éléments des décisions qui lui sont notifiées et précise enfin que ces éléments lui sont communiqués dans une langue qu'il comprend ou dont il est raisonnable de supposer qu'il la comprend. Il résulte de ces dispositions que l'étranger doit se voir informer, dès la notification de la mesure d'éloignement, dans une langue qu'il comprend ou dont il est raisonnable de penser qu'il la comprend, de son droit d'obtenir l'assistance d'un interprète et d'un conseil. Il appartient à l'administration, en particulier lorsque l'étranger est détenu ou placé en rétention, d'assurer l'effectivité de l'ensemble des garanties précitées. Par ailleurs, l'étranger peut, à l'appréciation du juge et pendant le délai accordé à ce dernier pour statuer, présenter tous éléments à l'appui de sa requête. De plus, en vertu des dispositions contestées, le juge statue sur les recours formés contre les arrêtés préfectoraux de reconduite à la frontière dans un délai de 3 mois, y compris lorsque l'étranger est détenu. En enserrant dans un délai maximal de 2 jours et 3 mois le temps global imparti à l'étranger afin de former son recours et au juge afin de statuer sur celui-ci, le législateur a opéré, compte tenu des

		garanties énoncées précédemment, une conciliation équilibrée entre le droit à un recours juridictionnel effectif et l'objectif poursuivi. Enfin, en vertu des dispositions contestées, le juge statue sur les recours formés contre les arrêtés préfectoraux de reconduite à la frontière dans un délai de 72 heures lorsque l'étranger est placé en rétention ou assigné à résidence. Ces mesures sont susceptibles de se prolonger tant que l'arrêté préfectoral de reconduite à la frontière n'est pas exécuté. En enserrant dans un délai maximal de 5 jours le temps global imparti à l'étranger afin de former son recours et au juge afin de statuer sur celui-ci, le législateur a ainsi entendu, non seulement assurer l'exécution des arrêtés préfectoraux de reconduite à la frontière, mais aussi ne pas prolonger les mesures privatives ou restrictives de liberté précitées. – **Conformité**. – **Décision de renvoi :** CE, QPC, 18 juill. 2018, n° 409630. – **Application de la décision :** CE 15 mai 2019, n° 409630.
2018	26 oct.	**Période de sûreté de plein droit** **2018-742 QPC.** M. Husamettin M. : *JO 27 oct. ; D. 2018. 2091 ; AJ pénal 2018. 589, obs. Grégoire ; Dr. adm. 2018, n° 12, p. 33, note Bonis et Peltier ; Titre VII, avr. 2019, n° 2, chron. Bonis et Peltier* : – **C. pén., art. 132-23, al. 1er** (dans sa rédaction résultant de la L. n° 2005-1549 du 12 déc. 2005 relative au traitement de la récidive des infractions pénales). – Absence d'atteinte aux principes de nécessité et d'individualisation des peines (DDH, art. 8). La période de sûreté ne constitue pas une peine s'ajoutant à la peine principale, mais une mesure d'exécution de cette dernière, laquelle est expressément prononcée par le juge. Par ailleurs, la période de sûreté ne s'applique de plein droit que si le juge a prononcé une peine privative de liberté, non assortie de sursis, supérieure ou égale à 10 ans. Sa durée est alors calculée, en vertu du 2e al. de l'art. 132-23, en fonction du *quantum* de peine retenu par le juge. Ainsi, même lorsque la période de sûreté s'applique sans être expressément prononcée, elle présente un lien étroit avec la peine et l'appréciation par le juge des circonstances propres à l'espèce. Enfin, en application du 2e al. de l'art. 132-23, la juridiction de jugement peut, par décision spéciale, faire varier la durée de la période de sûreté dont la peine prononcée est assortie, en fonction des circonstances de l'espèce. En l'absence de décision spéciale, elle peut avertir la personne condamnée des modalités d'exécution de sa peine. – **Conformité**. – **Décision de renvoi :** Crim., QPC, 4 sept. 2018, n° 18-90.018. – **Application de la décision :** Crim. 10 avr. 2019, n° 18-83.709 P : *D. 2019. 764.*
2018	*26 oct.*	***Inaliénabilité* et imprescriptibilité des biens du domaine public** **2018-743 QPC.** Sté Brimo de Laroussilhe : *JO 27 oct. ; AJDA 2018. 2103 ; D. 2018. 2094 ; Constitutions 2018. 533, chron. Bettio ; JCP 2018, n° 47, p. 2093, note Noual ; ibid. 2019, n° 8, p. 370, note de Gaudemar ; Dr. adm. 2019, n° 1, p. 36, note Grabias ; JCP Adm. 2019,*

		n° 2, p. 23, note Hansen ; Titre VII, avr. 2019, n° 2, chron. Gahdoun ; ibid., chron. Surrel : – **CGPPP, art. L. 3111-1** (dans sa rédaction issue de l'Ord. n° 2006-460 du 21 avr. 2006 relative à la partie législative du code général de la propriété des personnes publiques). – Absence d'atteinte à des situations légalement acquises et aux conventions légalement conclues (DDH, art. 4 et 16). L'inaliénabilité prévue par les dispositions contestées a pour conséquence d'interdire de se défaire d'un bien du domaine public, de manière volontaire ou non, à titre onéreux ou gratuit. L'imprescriptibilité fait obstacle, en outre, à ce qu'une personne publique puisse être dépossédée d'un bien de son domaine public du seul fait de sa détention prolongée par un tiers. Aucun droit de propriété sur un bien appartenant au domaine public ne peut être valablement constitué au profit de tiers. De plus, un tel bien ne peut faire l'objet d'une prescription acquisitive en application de l'art. 2276 C. civ. au profit de ses possesseurs successifs, même de bonne foi. – **Conformité.** – **Décision de renvoi :** Civ. 1re, QPC, 5 sept. 2018, n° 18-13.748. – **Application de la décision :** CAA Paris, 29 janv. 2019, n° 17PA02928.
2018	16 nov.	**Régime de la garde à vue des mineurs** **2018-744 QPC.** Mme Murielle B. : *JO 17 nov. ; D. 2018. 2190 ; AJ pénal 2019. 99, obs. Lasserre Capdeville ; Constitutions 2018. 529, chron. Ghevontian ; JCP 2019, nos 1-2, p. 39, note Matsopoulou ; Dr. fam. 2018, n° 11, p. 58, note Bonfil ; ibid. 2019, n° 2, p. 39, note Bonfils ; Gaz. Pal. 2019, n° 2, p. 21, note Saenko ; Titre VII, avr. 2019, n° 2, chron. Cartier et Derosier ; ibid., chron. Bonis et Peltier ; ibid., chron. Piazzon ; ibid., chron. Surrel ; RFDC 2019. 1017, chron. Perrier :* – **Ord. n° 45-174 du 2 févr. 1945 relative à l'enfance délinquante, art. 8, 2e al., 1re phrase, mots : « soit dans les formes prévues par le chapitre 1er du titre III du livre 1er du code de procédure pénale », et art. 9, al. 1er, mots « procédera à l'égard du mineur dans les formes du chapitre 1er du titre III du livre 1er du code de procédure pénale et »** (dans leur rédaction résultant de la L. n° 74-631 du 5 juill. 1974 fixant à dix-huit ans l'âge de la majorité). *Il s'agit ici des dispositions applicables en 1984 à la garde à vue des mineurs.* – Atteinte aux principes de rigueur nécessaire des mesures restreignant la liberté individuelle, de la présomption d'innocence et au respect des droits de la défense (DDH, art. 9 et 16), et méconnaissance du PFRLR en matière de justice des mineurs. Les dispositions contestées permettaient que tout mineur soit placé en garde à vue pour une durée de 24 heures renouvelable avec comme seul droit celui d'obtenir un examen médical en cas de prolongation de la mesure. Dès lors, le législateur n'a pas assuré une conciliation équilibrée entre la recherche des auteurs d'infractions et l'exercice des libertés constitutionnellement garanties. – **Non-conformité totale avec effet à la date de publication de la Décis. applicable aux affaires non jugées à cette date.** – **Décision de renvoi :** Crim., QPC, 11 sept. 2018, n° 18-83.360.

		– **Application de la décision :** Crim. 19 févr. 2019, n° 18-83.360 P : *D. 2019. 385.*
2018	23 nov.	**Pénalités fiscales pour omission déclarative et sanctions pénales pour fraude fiscale** **2018-745 QPC.** M. Thomas T. et a. : *JO 24 nov. ; D. 2018. 2237 ; ibid. 2019. 439, point de vue Roux ; Dr. pén. 2019, n° 1, p. 39, note Robert ; RJF 2019, n° 2, note Planchon ; Titre VII, avr. 2019, n° 2, chron. Bonis et Peltier ; ibid., chron. Austry ; RFDC 2019. 1028, chron. Catelan :* – **CGI, art. 1728, 1, *a* et *b*** (dans sa rédaction résultant de l'Ord. n° 2005-1512 du 7 déc. 2005 relative à des mesures de simplification en matière fiscale et à l'harmonisation et l'aménagement du régime des pénalités) **et art. 1741, al. 1er, mots : « soit qu'il ait volontairement omis de faire sa déclaration dans les délais prescrits »** (dans sa rédaction résultant de la L. n° 2013-1117 du 6 déc. 2013 relative à la lutte contre la fraude fiscale et la grande délinquance économique et financière). – Absence d'atteinte au principe de nécessité des délits et des peines (DDH, art. 8). Ce principe ne fait pas obstacle à ce que les mêmes faits commis par une même personne puissent faire l'objet de poursuites différentes aux fins de sanctions de nature administrative ou pénale en application de corps de règles distincts. Si l'éventualité que 2 procédures soient engagées peut conduire à un cumul de sanctions, le principe de proportionnalité implique qu'en tout état de cause le montant global des sanctions éventuellement prononcées ne dépasse pas le montant le plus élevé de l'une des sanctions encourues. – **Lorsque les dispositions contestées sont prises isolément.* **CGI, art. 1728.** La nature de ces sanctions financières est directement liée à celle des infractions réprimées. Les taux de majoration fixés par le législateur ne sont pas manifestement disproportionnés. **CGI, art. 1741.** Au regard de l'incrimination prévue par les dispositions contestées, les peines instituées par le législateur ne sont pas manifestement disproportionnées. ***Toutefois***, ces dernières dispositions ne sauraient, sans méconnaître le principe de nécessité des délits, permettre qu'un contribuable qui a été déchargé de l'impôt par une décision juridictionnelle devenue définitive pour un motif de fond puisse être condamné pour fraude fiscale : **1re réserve.** – **Lorsque les dispositions contestées font l'objet d'une application combinées.* Une personne sanctionnée sur le fondement de l'art. 1728 est susceptible de faire également l'objet de poursuites pénales sur le fondement de l'art. 1741. Le principe de nécessité des délits et des peines ne saurait interdire au législateur de fixer des règles distinctes permettant l'engagement de procédures conduisant à l'application de plusieurs sanctions afin d'assurer une répression effective des infractions. Ce principe impose néanmoins que les dispositions de l'art. 1741 ne s'appliquent qu'aux cas les plus graves d'omission déclarative frauduleuse. Cette gravité peut résulter du montant des droits fraudés, de la nature des agissements de la personne poursuivie ou des circonstances de leur intervention : **2de réserve**. De plus, si l'éventualité que 2 procédures soient engagées peut conduire à un cumul de sanctions, le principe de proportionnalité implique qu'en tout

		état de cause le montant global des sanctions éventuellement prononcées ne dépasse pas le montant le plus élevé de l'une des sanctions encourues : **3e réserve.** – **Conformité sous réserves.** – **Décision de renvoi :** Crim., QPC, 12 sept. 2018, n° 18-81.067 P. – **Applications de la décision :** – Crim. 11 sept. 2019, n° 18-81.067 P : *AJ pénal 2019. 564 ; Rev. sociétés 2020. 251, note Robert.* – Crim. 1er avr. 2020, n° 18-85.958. – Crim. 11 sept. 2019, n° 18-84.144 P : *D. 2019. 2320, obs. Roujou de Boubée, Garé, Ginestet, Gozzi, Mirabail et Tricoire ; AJ pénal 2019. 564.* – Crim. 11 sept. 2019, n° 18-82.430 P : *AJ pénal 2019. 564 ; Rev. sociétés 2020. 251, note Robert.* – Crim. 11 sept. 2019, n° 18-81.040 P : *D. 2019. 1712 ; ibid. 2020. 567, chron. Méano, Ascensi, de Lamarzelle, Fouquet et Carbonaro ; AJ pénal 2019. 564 ; ibid. 498, étude Lasserre Capdeville ; RTD com. 2019. 1021, obs. Bouloc.*
2018	23 nov.	**Amende pour défaut de déclaration de transfert international de capitaux** **2018-746 QPC.** M. Djamal Eddine C. : *JO 24 nov. ; D. 2018. 2228 ; Dr. pénal 2019, n° 1, p. 38, note Robert ; RJF 2019, n° 2, p. 154, note Planchon ; Titre VII, avr. 2019, n° 2, chron. Austry* : – **C. mon. fin., art. L. 152-4, § I** (dans sa rédaction résultant de la L. n° 2004-204 du 9 mars 2004 portant adaptation de la justice aux évolutions de la criminalité) **et art. L. 152-4, § I, mots « à l'article L. 152-1 du code monétaire et financier »** (dans sa rédaction résultant de la L. n° 2006-1771 du 30 déc. 2006 de finances rectificative pour 2006). – Absence de méconnaissance du principe de proportionnalité des peines (DDH, art. 8). L'obligation déclarative sanctionnée vise à assurer l'efficacité de la surveillance par l'administration des mouvements financiers internationaux. En réprimant la méconnaissance d'une telle obligation, le législateur a entendu lutter contre le blanchiment de capitaux, la fraude fiscale et les mouvements financiers portant sur des sommes d'origine frauduleuse. Il a ainsi poursuivi l'objectif à valeur constitutionnelle de lutte contre la fraude et l'évasion fiscales ainsi que celui de sauvegarde de l'ordre public. Par ailleurs, en punissant le manquement à l'obligation de déclarer certains transferts de capitaux financiers d'une amende proportionnelle au montant des sommes sur lesquelles a porté l'infraction ou sa tentative, le législateur a instauré une sanction dont la nature est liée à celle de l'infraction. Et, en retenant un taux de 25 %, qui ne constitue qu'un taux maximal pouvant être modulé par le juge sur le fondement de l'art. 369 C. douanes, le législateur a retenu une sanction qui n'est pas manifestement hors de proportion avec la gravité de l'infraction. – **Conformité.** – **Décision de renvoi :** Crim., QPC, 12 sept. 2018, n° 18-90.019 P.
2018	23 nov.	**Assujettissement à l'impôt sur le revenu des rentes viagères servies en réparation d'un préjudice corporel**

		2018-747 QPC. M. Kamel H. : *JO 24 nov. ; D. 2018. 2236 ; AJ fam. 2018. 642, obs. Paillard* : – **CGI, art. 81, 9° *bis*, mots « en vertu d'une condamnation prononcée judiciairement »** (dans ses rédactions résultant de la L. n° 2013-1278 du 29 déc. 2013 de finances pour 2014, de la L. n° 2014-856 du 31 juill. 2014 relative à l'économie sociale et solidaire et de la L. n° 2015-1786 du 29 déc. 2015 de finances rectificative pour 2015). – Méconnaissance des principes d'égalité devant la loi et devant les charges publiques (DDH, art. 6 et 13). En vertu des dispositions contestées, sont affranchies d'impôt sur le revenu les rentes viagères visant à réparer un préjudice corporel ayant entraîné une incapacité permanente totale lorsqu'elles sont versées en exécution d'une décision de justice. Celles versées en réparation d'un même préjudice en application d'une transaction ne bénéficient pas de ce régime fiscal. Les dispositions contestées instituent donc une différence de traitement entre les victimes d'un même préjudice corporel. Cette différence de traitement est sans rapport avec l'objet de la loi, qui est de faire bénéficier d'un régime fiscal favorable les personnes percevant une rente viagère en réparation du préjudice né d'une incapacité permanente totale. – **Non-conformité avec effet à compter de la date de la publication de la Décis.** – **Décision de renvoi :** CE, QPC, 19 sept. 2018, n° 422059.
2018	30 nov.	**Limitation de la déduction des charges financières afférentes à l'acquisition de titres de participation** **2018-748 QPC.** Sté Zimmer Biomet France Holdings : *JO 1er déc. ; D. 2018. 2303 ; RD fisc. 2019, n° 7, p. 43, note Schiele* : – **CGI, art. 209, § IX, 1** (dans sa rédaction résultant de la L. n° 2011-1978 du 28 déc. de finances rectificative pour 2011). – Absence de méconnaissance des principes d'égalité devant la loi et devant les charges publiques (DDH, art. 6 et 13). Les dispositions contestées traitent différemment les sociétés détentrices des titres de participation au regard du droit à déduction des charges financières afférentes à l'acquisition de ces titres selon la nature de leurs liens avec les sociétés qui exercent le pouvoir de décision et, le cas échéant, le pouvoir de contrôle sur les sociétés acquises. Il ressort des travaux préparatoires que, en adoptant les dispositions contestées, le législateur a entendu faire obstacle à une pratique d'optimisation fiscale consistant, pour une société établie à l'étranger, à rattacher des charges financières au résultat d'une société de son groupe établie en France afin de bénéficier du régime français de déduction de ces charges, alors que les pouvoirs de décision et de contrôle sur la société acquise sont exercés à l'étranger. Il a ainsi poursuivi un objectif d'intérêt général. ***Toutefois***, les dispositions contestées ne sauraient, sans instaurer une différence de traitement sans rapport avec l'objet de la loi, interdire la déduction des charges financières afférentes à l'acquisition de titres de participation lorsqu'il est démontré que le pouvoir de décision sur ces titres et, le cas échéant, le pouvoir de contrôle effectif sur la société acquise sont exercés par des sociétés établies en France autres que les sociétés mère ou sœur de la société détentrice des titres et appartenant au même

		groupe que cette dernière : **réserve**. Par ailleurs, compte tenu de l'objectif poursuivi par le législateur de faire obstacle à une pratique d'optimisation fiscale, les dispositions contestées ne peuvent être regardées comme instituant une présomption de fraude ou d'évasion fiscales. Ainsi, sous la réserve énoncée, le législateur a retenu des critères objectifs et rationnels en fonction du but poursuivi. – **Conformité sous réserve**. – **Décision de renvoi :** CE, QPC, 19 sept. 2018, n° 421688. – **Application de la décision :** CE 7 mars 2019, n° 421688.
2018	30 nov.	**Déséquilibre significatif dans les relations commerciales II 2018-749 QPC.** Sté Interdis et a. : *JO 1er déc. ; D. 2018. 2300 ; ibid. 2019. 279, obs. Mekki ; AJ contrat 2019. 29, obs. Buy ; JCP 2018, n° 51, p. 2310, note Béhar-Touchai ; Titre VII, avr. 2019, n° 2, chron. Piazzon* : – **C. com., art. L. 442-6, § I, 2°** (dans sa rédaction résultant de la L. n° 2015-990 du 6 août 2015 pour la croissance, l'activité et l'égalité des chances économiques). – Changement de circonstances : le Cons. const. a déjà statué sur ces dispositions dans sa Décis. n° 2010-85 QPC du 13 janv. 2011. Toutefois, depuis cette déclaration de conformité, la Cour de cassation a jugé (Com. 25 janv. 2017, n° 15-23.547) que les dispositions contestées n'excluent pas que « le déséquilibre significatif puisse résulter d'une inadéquation du prix au bien vendu » et qu'elles autorisent ainsi « un contrôle judiciaire du prix, dès lors que celui-ci ne résulte pas d'une libre négociation et caractérise un déséquilibre significatif dans les droits et obligations des parties ». – Absence de méconnaissance du principe de légalité des délits et des peines (DDH, art. 8). Conformément à l'art. 34 Const. 58, le législateur détermine les principes fondamentaux des obligations civiles et commerciales. Compte tenu des objectifs qu'il s'assigne en matière d'ordre public dans l'équilibre des rapports entre partenaires commerciaux, il lui est loisible d'assortir la violation de certaines obligations d'une amende civile à la condition de respecter les exigences des art. 8 et 9 DDH. – Absence de méconnaissance de la liberté d'entreprendre et de la liberté contractuelle (DDH, art. 4). En adoptant les dispositions contestées, le législateur a entendu rétablir un équilibre des rapports entre partenaires commerciaux. Il a ainsi poursuivi un objectif d'intérêt général. Par ailleurs, les dispositions contestées permettent au juge de se fonder sur le prix pour caractériser l'existence d'un déséquilibre significatif dans les obligations des partenaires commerciaux. Il s'ensuit que le législateur a opéré une conciliation entre, d'une part, la liberté d'entreprendre et la liberté contractuelle et, d'autre part, l'intérêt général tiré de la nécessité de maintenir un équilibre dans les relations commerciales. L'atteinte portée à ces 2 libertés par les dispositions contestées n'est donc pas disproportionnée au regard de l'objectif poursuivi. – **Conformité**. – **Décision de renvoi :** Com., QPC, 27 sept. 2018, n° 18-40.028.

2018	7 déc.	**Régime juridique de l'octroi de mer** **2018-750/751 QPC.** Sté Long Horn International et a. : *JO 8 déc. ; D. 2018. 2366 ; AJDA 2019. 373* : **– L. n° 2004-639 du 2 juill. 2004 relative à l'octroi de mer, art. 1er, 2° ; art. 1er, dernier al. mots « meuble corporel » ; art. 2, dernier al. mots « meubles corporels » ; art. 4, 5 et 7 ; art. 6, 1° à 4° ; art. 28 et 29 ; art. 37, § I, al. 2 et 3 et § II** (dans sa rédaction initiale). – Absence de méconnaissance du principe d'égalité et du principe d'égalité devant les charges publiques (DDH, art. 6 et 13) concernant les exonérations en faveur de certains biens produits localement que ce soit pour la différence de traitement entre les producteurs métropolitains et les producteurs ultramarins ou pour les exonérations en faveur de certains biens exportés en dehors du territoire ultramarin où ils sont produits. Les produits livrés en Guadeloupe, Guyane, Martinique et à La Réunion sont exonérés d'octroi de mer lorsque ces biens sont destinés à l'exportation en dehors de certains de ces territoires. Toutefois, les produits avec lesquels ces biens entrent en concurrence, sur les marchés extérieurs, ne sont pas non plus soumis à l'octroi de mer. L'exonération prévue par ces dispositions vise donc, non à établir une différence de traitement entre ces derniers biens et les premiers, mais au contraire, à garantir l'égalité de traitement entre eux. De plus, les biens déjà soumis à l'octroi de mer, lors de leur livraison, en Guyane ou dans le marché unique antillais, en sont exonérés lorsqu'ils sont ensuite importés dans l'un ou l'autre de ces territoires. Toutefois, en l'absence d'une telle exonération, les biens en cause se trouveraient taxés 2 fois à l'octroi de mer, lors de leur livraison et lors de leur importation, ce qui en renchérirait le prix par rapport aux biens produits ailleurs et taxés une seule fois lors de leur importation. En instaurant une telle exonération, le législateur a entendu lever un obstacle au commerce entre ces territoires ultramarins situés à proximité les uns des autres. Il a donc poursuivi un motif d'intérêt général. En outre, la différence de traitement qui en résulte est en rapport avec l'objet de la loi. – Absence de méconnaissance du principe d'égalité et du principe d'égalité devant les charges publiques (DDH, art. 6 et 13) concernant les exonérations en faveur de certains biens produits localement. Les exonérations prévues instaurent une différence de traitement entre les producteurs établis dans l'une des régions en cause, qui livrent leurs biens localement, et ceux établis ailleurs, qui exportent des biens concurrents dans ces territoires. Toutefois, en réservant le bénéfice de ces exonérations aux livraisons de biens effectuées par des producteurs locaux, le législateur a entendu tenir compte des difficultés particulières auxquelles ces régions ultramarines sont confrontées : il a poursuivi un but d'intérêt général. La différence de traitement est par ailleurs en rapport avec l'objet de la loi. De plus, compte tenu de l'objectif ainsi poursuivi, les écarts de taxation à l'octroi de mer autorisés par les dispositions contestées ne sont pas constitutifs d'une rupture caractérisée de l'égalité devant les charges publiques. – Absence de méconnaissance du principe d'égalité et du principe d'égalité devant les charges publiques (DDH, art. 6 et 13) concernant la

		différence de traitement entre producteurs ultramarins. Seules les livraisons de biens meubles corporels faites à titre onéreux par les personnes qui exercent des activités de production au sein des régions d'outre-mer sont assujetties à l'octroi de mer. Par conséquent, ni les prestations de services ni les livraisons d'immeubles ne sont soumises à cette taxe. – Absence de méconnaissance du principe d'égalité et du principe d'égalité devant les charges publiques (DDH, art. 6 et 13) concernant la différence de traitement entre certains biens importés. Les dispositions visent à éviter que le coût de certaines activités se trouve augmenté par l'octroi de mer grevant le prix des importations indispensables à leur exercice. – **Conformité.** – **Décision de renvoi :** Com., QPC, 27 sept. 2018, n° 18-12.084. – **Application de la décision :** Com. 20 nov. 2019, n° 18-11.363.
2018	7 déc.	**Exonération de taxe d'habitation en faveur de certains établissements publics** **2018-752 QPC.** Fondation Ildys : *JO 8 déc. ; D. 2018. 2366 ; AJDA 2019. 672 ; JCP 2019, n° 5, p. 211, note Gicquel* : – **CGI, art. 1408, § II, 1°, mots « et d'assistance »** (dans sa rédaction résultant de la L. n° 2006-872 du 13 juill. 2006 portant engagement national pour le logement). – Absence d'atteinte aux principes d'égalité devant la loi et devant les charges publiques (DDH, art. 6 et 13). En instituant une exonération de taxe d'habitation au bénéfice des seuls établissements publics d'assistance, sans l'étendre aux établissements privés d'assistance, le législateur a pu traiter différemment des personnes placées dans des situations différentes. Cette différence de traitement étant en rapport avec l'objet de la loi et fondée sur des critères objectifs et rationnels. – **Conformité.** – **Décision de renvoi :** CE, QPC, 1er oct. 2018, n° 422050. – **Applications de la décision :** CE 22 févr. 2019, nos 422713 et 422703.
2018	14 déc.	**Attribution de la majoration de quotient familial pour enfant mineur en résidence alternée** **2018-753 QPC.** M. Jean-Guilhem G. : *JO 15 déc. ; D. 2018. 2418 ; AJ fam. 2019. 11, obs. Paillard ; LPA 2019, n° 23, p. 5, note Perrotin* : – **CGI, art. 194, § I, al. 5, 2de phrase** (dans sa rédaction résultant de la L. n° 2007-1824 du 25 déc. 2007 de finances rectificative pour 2007). – Absence de méconnaissance du principe d'égalité devant la loi et du principe d'égalité devant les charges publiques (DDH, art. 6 et 13). L'attribution à l'un des parents de la majoration de quotient familial vise à tenir compte du fait qu'il assume la charge principale de l'enfant en s'acquittant directement des dépenses nécessaires à son entretien. La fixation d'une pension alimentaire à la charge de l'un des parents a pour objet d'équilibrer les contributions des parents à l'éducation et à l'entretien de l'enfant. Cette pension alimentaire tient compte des besoins de ce dernier au regard des ressources de ses deux parents. En excluant cette pension alimentaire pour apprécier si l'un des parents assume la charge principale de l'enfant, le législateur a entendu tenir

		compte de ce que cette pension opère un transfert de revenus dans le but de permettre au parent qui la reçoit de faire face aux besoins de l'enfant pour la charge qui lui incombe. Par ailleurs, l'attribution de cette majoration de quotient familial à parts égales entre les parents, séparés ou divorcés, d'un enfant en résidence alternée, résulte du fait qu'ils sont réputés s'acquitter à parts égales des dépenses liées à son entretien. Dès lors, en excluant également dans ce cas la prise en compte de la pension alimentaire versée par l'un des parents pour rapporter la preuve qu'il assume la charge principale de l'enfant, le législateur s'est fondé sur des critères objectifs et rationnels en rapport avec l'objet de la loi. De plus, si le parent d'un enfant en résidence alternée ne peut pas déduire de ses revenus imposables la pension alimentaire qu'il verse, il bénéficie en tout état de cause de la moitié de la majoration de quotient familial. Enfin, la présomption de prise en charge à parts égales peut être renversée sur le fondement des dépenses, autres que celles résultant de la pension alimentaire, acquittées pour l'entretien de l'enfant. Enfin, la convention de divorce homologuée par le juge, la décision judiciaire ou, le cas échéant, l'accord entre les parents peuvent retenir une autre répartition que, celle, de principe, retenue par la loi. – **Conformité.** – **Décision de renvoi :** CE, QPC, 1er oct. 2018, n° 421941. – **Application de la décision :** CAA Paris, 28 mars 2019, n° 17PA00467.
2018	14 déc.	**Délit de vente ou de cession irrégulière de titres d'accès à une manifestation sportive, culturelle ou commerciale ou à un spectacle vivant** **2018-754 QPC.** Sté Viagogo et a. : *JO 15 déc. ; D. 2018. 2416 ; JT 2019, n° 217, p. 10, obs. Delpech ; JCP 2019, n° 3, p. 82, note Gautier ; Titre VII, avr. 2019, n° 2, chron. Piazzon ; RFDC 2019. 1013, chron. Catelan* : – **C. pén., art. 313-6-2** (dans sa rédaction issue de la L. n° 2012-348 du 12 mars 2012 tendant à faciliter l'organisation des manifestations sportives et culturelles). – Absence d'atteinte au principe de nécessité des délits et des peines et à celui de légalité des délits et des peines (DDH, art. 8). L'objectif du législateur est de prévenir les troubles à l'ordre public dans certaines manifestations, notamment sportives : la mise en œuvre de certaines mesures de sécurité, comme les interdictions administratives ou judiciaires d'accès à ces manifestations ou le contrôle du placement des spectateurs, qui reposent sur l'identification des personnes achetant ces titres, peut être entravée par la revente des titres d'accès. Par ailleurs, le législateur a souhaité garantir l'accès du plus grand nombre aux manifestations sportives, culturelles, commerciales et aux spectacles vivants : l'incrimination en cause doit permettre de lutter contre l'organisation d'une augmentation artificielle des prix des titres d'accès à ces manifestations et spectacles. De plus, la vente de titres d'accès et la *facilitation* de la vente ou de la cession de tels titres, ne sont prohibées que si elles s'effectuent sans l'autorisation du producteur, de l'organisateur ou du propriétaire des droits d'exploitation de la manifestation ou du spectacle. Enfin, il résulte des travaux parlementaires qu'en ne visant que les faits commis « de manière

		habituelle », le législateur n'a pas inclus dans le champ de la répression les personnes ayant, même à plusieurs reprises, mais de manière occasionnelle, vendu, cédé, exposé ou fourni les moyens en vue de la vente ou de la cession des titres d'accès à une manifestation ou à un spectacle. – **Conformité**. – **Décision de renvoi :** Crim., QPC, 26 sept. 2018, n° 18-90.022.
2019	15 janv.	**Calcul du plafonnement de l'impôt sur la fortune** **2018-755 QPC.** M. Luc F. : *JO 16 janv. ; D. 2019. 75 :* – **CGI, art. 979, § II, al. 1**er (dans sa rédaction issue de la L. n° 2017-1837 du 30 déc. 2017 de finances pour 2018). – Absence de violation du principe d'égalité devant le charges publiques (DDH, art. 13). L'impôt sur la fortune immobilière ne figure pas au nombre des impositions sur le revenu. En instituant cet impôt, le législateur a entendu frapper la capacité contributive que confère la détention d'un ensemble de biens et de droits immobiliers. Les dispositions contestées n'ont ainsi pas pour objet de déterminer les conditions d'imposition des plus-values, mais les modalités selon lesquelles ces plus-values sont prises en compte dans les revenus en fonction desquels est plafonné l'impôt sur la fortune immobilière. Par ailleurs, en prenant en compte, dans le calcul de ce plafonnement, les plus-values à hauteur de leur montant brut, le législateur a intégré aux revenus du contribuable des sommes correspondant à des revenus que ce dernier a réalisés et dont il a disposé au cours de la même année. Il s'ensuit que les dispositions contestées incluent dans ces revenus les plus-values réalisées par le contribuable, sans prendre en compte l'érosion monétaire entre la date d'acquisition des biens ou droits et celle de leur cession. – **Conformité**. – **Décision de renvoi :** CE, QPC, 12 oct. 2018, n° 422618 : *AJ fam. 2018. 568, obs. Paillard.* – **Application de la décision :** CE 28 févr. 2018, n° 422618.
2019	17 janv.	**Compétence des juridictions spécialisées en matière militaire pour les infractions commises par des militaires de la gendarmerie dans le service du maintien de l'ordre** **2018-756 QPC.** M. Jean-Pierre F. : *JO 18 janv. ; D. 2019. 73 ; D. actu. 24 janv. 2019, obs Goetz ; RFDA 2019. 756, note Videlin ; RFDC 2019. 1023, chron. Perrier :* – **C. pr. pén, art. 697-1, al. 3, mots « elles restent néanmoins compétentes à leur égard pour les infractions commises dans le service du maintien de l'ordre »** (dans sa rédaction résultant de la L. n° 2011-1862 du 13 déc. 2011 relative à la répartition des contentieux et à l'allégement de certaines procédures juridictionnelles). – Absence de méconnaissance du principe d'égalité devant la justice (DDH, art. 6). En dépit des similitudes du cadre d'action des militaires de la gendarmerie et des membres de la police nationale dans le service du maintien de l'ordre, le législateur n'a pas, en se fondant sur les particularités de l'état militaire des gendarmes pour prévoir la compétence des juridictions spécialisées en matière militaire, instauré de discrimination injustifiée entre les justiciables. Il lui était loisible de

		procéder ainsi indépendamment de la circonstance qu'il ait prévu une exception à la compétence des juridictions spécialisées en matière militaire dans le cas particulier d'infractions commises à l'occasion de l'exercice par les militaires de la gendarmerie de leurs fonctions relatives à la police judiciaire ou administrative. – **Conformité**. – **Décision de renvoi :** Crim., QPC, 16 oct. 2018, n° 18-82.903 P. – **Application de la décision :** Crim. 7 mai 2019, n° 18-82.903.
2019	25 janv.	**Prise en charge des frais de transport sanitaire** **2018-757 QPC.** Sté Ambulances-taxis du Thoré : *JO 26 janv. ; D. 2019. 134 ; AJDA 2019. 673* : – **CSS, art. L. 322-5, al. 1er, mots « et du mode de transport »** (dans sa rédaction résultant de la L. n° 2007-1786 du 19 déc. 2007 de financement de la sécurité sociale pour 2008). – Méconnaissance du principe d'égalité devant la loi (DDH, art. 6). Il résulte des travaux préparatoires que, en adoptant les dispositions contestées, le législateur a entendu maîtriser les dépenses liées à la prise en charge par l'assurance maladie des frais de transport des assurés sociaux. Une entreprise disposant d'une flotte mixte (véhicules sanitaires légers et taxis) qui, pour une prestation donnée, n'est en mesure de proposer qu'un type de véhicules en raison de l'indisponibilité de l'autre type de véhicules, n'est pas placée, au regard de l'objet de la loi, dans une situation différente d'une entreprise disposant d'un seul type de véhicules (véhicules sanitaires légers ou taxis). La différence de traitement contestée n'est pas davantage justifiée par l'objectif d'intérêt général poursuivi par le législateur. – **Non-conformité à compter de la date de la publication de la Décis.** ***Toutefois***, elle ne peut être invoquée que dans les instances introduites à cette date, dans lesquelles sont applicables les dispositions contestées, dans leur rédaction résultant de la L. du 19 déc. 2007, et non jugées définitivement à cette date. – **Décision de renvoi :** Civ. 2e, QPC, 25 oct. 2018, n° 18-11.223. – **Application de la décision :** Civ. 2e, 20 juin 2019, n° 18-11.223 P : *D. 2019. 1346*.
2019	31 janv.	**Absence d'appel d'une décision de placement sous contrôle judiciaire ou assignation à résidence avec surveillance électronique dans le cadre d'une convocation par procès-verbal** **2018-758/759/760 QPC.** M. Suat A. et a. : *JO 1er févr. ; D. 2019. 203 ; RFDC 2019. 1020, chron. Catelan ; Titre VII, oct. 2019, n° 3, chron. Bonis* : – **C. pr. pén., art. 394, 3e phrase, 3e al.** (dans sa rédaction résultant de la L. n° 2016-731 du 3 juin 2016 renforçant la lutte contre le crime organisé, le terrorisme et leur financement, et améliorant l'efficacité et les garanties de la procédure pénale). – Absence d'atteinte au principe des droits de la défense et au droit à un recours juridictionnel effectif (DDH, art. 6 et 16). Il résulte des dispositions contestées que le prévenu convoqué par procès-verbal ne peut former appel de la décision du JLD de le placer sous contrôle judiciaire ou sous assignation à résidence avec surveillance électronique. ***Toutefois***, le prévenu peut, à tout moment, saisir le

		tribunal correctionnel d'une demande de mainlevée ou de modification de ces mesures. À cette occasion, il peut notamment faire valoir l'irrégularité de l'ordonnance du JLD ayant ordonné la mesure. Le tribunal correctionnel statue alors sur cette demande de mainlevée ou de modification dans les dix jours de la réception de la demande. La décision rendue est susceptible d'appel. Il existe donc d'autres moyens de procédure permettant de contester utilement et dans des délais appropriés les dispositions de cette ordonnance. De plus, il résulte de la jurisprudence constante de la Cour de cassation que le procureur de la République peut faire appel de la décision du JLD refusant de placer un prévenu convoqué par procès-verbal sous contrôle judiciaire ou sous assignation à résidence. Toutefois, à la différence du prévenu, le ministère public ne peut saisir le tribunal correctionnel lorsque le JLD n'a pas fait droit à sa demande. – **Conformité.** – **Décisions de renvoi :** Crim., QPC, 24 oct. 2018, n°s 18-84.726, 18-84727 et 18-84.730.
2019	1er févr.	**Pénalisation des clients de personnes se livrant à la prostitution 2018-761 QPC.** Assoc. Médecins du monde et a. : *JO 2 févr. ; D. 2019. 202 ; ibid. 2020. 843, obs. RÉGINE ; Constitutions 2019. 83, chron. Ponseille ; ibid. 83, chron. Darsonville ; ibid. 89, chron. Duffuler-Vialle ; AJDA 2019. 969, note Buge ; RSC 2019. 85, obs. Mayaud ; D. actu. 5 févr. 2019, obs Goetz ; RSC 2019. 85, obs. Mayaud ; RFDC 2019. 984, chron. Griffaton-Sonnet ; ibid. 1010, chron. Catelan ; Gaz. Pal. 2019, n° 10, p. 30, note Richaud ; ibid., n° 11, p. 29, note Le Maigat ; LPA 2019, n° 119, p. 18, note Camby ; RTDH 2019, n° 120, p. 941, note Goesel-Le Bihan ; Titre VII, oct. 2019, n° 3, chron Cartier* : – **C. pén., art. 225-12-1, al. 1er et 611-1** (dans leur rédaction résultant de la L. n° 2016-444 du 13 avr. 2016 visant à renforcer la lutte contre le système prostitutionnel et à accompagner les personnes prostituées). – Absence de méconnaissance de la liberté personnelle (DDH, art. 2 et 4). Le législateur a assuré une conciliation qui n'est pas manifestement déséquilibrée entre, d'une part, l'objectif de valeur constitutionnelle de sauvegarde de l'ordre public et de prévention des infractions et la sauvegarde de la dignité de la personne humaine et, d'autre part, la liberté personnelle. Il ressort des travaux préparatoires qu'en faisant le choix de pénaliser les acheteurs de services sexuels, le législateur a entendu, en privant le proxénétisme de sources de profits, lutter contre cette activité et contre la traite des êtres humains aux fins d'exploitation sexuelle, activités criminelles fondées sur la contrainte et l'asservissement de l'être humain. Il a ainsi entendu assurer la sauvegarde de la dignité de la personne humaine contre ces formes d'asservissement et poursuivi l'objectif de valeur constitutionnelle de sauvegarde de l'ordre public et de prévention des infractions. De plus, si le législateur a réprimé tout recours à la prostitution, y compris lorsque les actes sexuels se présentent comme accomplis librement entre adultes consentants dans un espace privé, il a considéré que, dans leur très grande majorité, les personnes qui se livrent à la prostitution sont victimes du proxénétisme et de la traite et que ces infractions sont rendues possibles par l'existence d'une demande de relations sexuelles

		tarifées. En prohibant cette demande par l'incrimination contestée, le législateur a retenu un moyen qui n'est pas manifestement inapproprié à l'objectif de politique publique poursuivi. – Absence d'atteinte au principe de nécessité et de proportionnalité des peines (DDH, art. 8) : Au regard de la nature des comportements réprimés, les peines ainsi instituées ne sont pas manifestement disproportionnées. Absence de méconnaissance du droit à la protection de la santé doit donc être écarté (Préamb. Const. 1946, al. 11). Et absence de méconnaissance de la liberté d'entreprendre et de la liberté contractuelle (DDH, art. 4). – **Conformité**. – **Décision de renvoi :** CE, QPC, 12 nov. 2018, n° 423892. – **Application de la décision :** CE 7 juin 2019, n° 423892 B : *AJDA 2019. 1197 ; D. 2019. 1483, note Casado.*
2019	8 févr.	**Régime de l'audition libre des mineurs** **2018-762 QPC.** M. Berket S. : *JO 9 févr. ; D. actu. 14 févr. 2019, obs. Goetz ; AJ pénal 2019. 278, obs. Taleb-Karlsson ; Constitutions 2019. 235, note Kurek ; JCP 2019, n° 28, p. 1383, chron. Mathieu et Cassard-Valembois ; RFDC 2019. 730, chron. Chopplet ; ibid. 1015, chron. Perrier ; Titre VII, oct. 2019, n° 3, chron. Peltier* : – **C. pr. pén., art. 61-1** (dans sa rédaction issue de la L. n° 2014-535 du 27 mai 2014 portant transposition de la directive 2012/13/UE du Parlement européen et du Conseil, du 22 mai 2012, relative au droit à l'information dans le cadre des procédures pénales). – Méconnaissance du principe fondamental reconnu par les lois de la République en matière de justice des mineurs. Selon les dispositions contestées, la personne à l'égard de laquelle il existe des raisons plausibles de soupçonner qu'elle a commis ou tenté de commettre une infraction peut, au cours de l'enquête pénale, être entendue librement sur les faits. L'audition ne peut avoir lieu que si la personne y consent et si elle n'a pas été conduite, sous contrainte, devant l'officier de police judiciaire. En outre, la personne ne peut être entendue qu'après avoir été informée de la qualification, de la date et du lieu présumés de l'infraction, du droit de quitter à tout moment les locaux où elle est entendue, du droit d'être assistée par un interprète, du droit de faire des déclarations, de répondre aux questions ou de se taire, de la possibilité de bénéficier de conseils juridiques dans une structure d'accès au droit et, si l'infraction pour laquelle elle est entendue est un crime ou un délit puni d'une peine d'emprisonnement, du droit d'être assistée au cours de son audition par un avocat. Elle peut accepter expressément de poursuivre l'audition hors la présence de son avocat. Toutefois, l'audition libre se déroule selon ces mêmes modalités lorsque la personne entendue est mineure, et ce quel que soit son âge. Or, les garanties précitées ne suffisent pas à assurer que le mineur consente de façon éclairée à l'audition libre ni à éviter qu'il opère des choix contraires à ses intérêts. Il s'ensuit que ces dispositions ne prévoient pas de procédures appropriées de nature à garantir l'effectivité de l'exercice de ses droits par le mineur dans le cadre d'une enquête pénale. – **Non-conformité. Abrogation à compter du 1er janv. 2020**. – **Décision de renvoi :** Crim., QPC, 27 nov. 2018, n° 18-90.026.

2019	8 févr.	**Rapprochement familial des détenus prévenus attendant leur comparution devant la juridiction de jugement** **2018-763 QPC.** Section française de l'Observatoire international des prisons : *JO 9 févr. ; AJDA 2019. 314 ; D. 2019. 260 ; D. actu. 8 févr. 2019, obs Januel ; AJ pénal 2019. 222, obs. Grégoire ; Constitutions 2019. 112, chron. Le Bot ; RFDC 2019. 1022, chron. Catelan ; Titre VII, oct. 2019, n° 3, chron. Peltier* : – **L. n° 2009-1436 du 24 nov. 2009 pénitentiaire, art. 34**. – Méconnaissance au droit des personnes intéressées à exercer un recours effectif devant une juridiction (DDH, art. 16). La décision administrative relative au rapprochement familial est nécessairement subordonnée à l'accord du magistrat judiciaire saisi du dossier de la procédure. Il en résulte que, s'il appartient au juge administratif, saisi d'un recours pour excès de pouvoir contre la décision administrative de refus de rapprochement familial, d'exercer un contrôle de légalité sur celle-ci, il ne lui appartient pas de contrôler la régularité et le bien-fondé de l'avis défavorable du magistrat judiciaire qui en constitue, le cas échéant, le fondement. Dans la mesure où aucune autre voie de recours ne permet de contester cet avis, il n'existe pas de recours juridictionnel effectif contre la décision administrative de refus de rapprochement familial lorsque celle-ci fait suite à l'avis défavorable du magistrat judiciaire. – **Non-conformité à compter du 1er sept. 2019.** Toutefois, afin de faire cesser l'inconstitutionnalité constatée à compter de la publication de la Décis., il y a lieu de juger que les avis défavorables, pris sur le fondement des dispositions litigieuses par les magistrats judiciaires après la date de cette publication, peuvent être contestés devant le président de la chambre de l'instruction dans les conditions prévues par la 2e phrase du 4e al. de l'art. 145-4 C. pr. pén. – **Décision de renvoi :** CE, QPC, 5 déc. 2018, n° 424970. – **Application de la décision :** CE 24 juill. 2019, n° 424970.
2019	15 févr.	**Droit de communication aux agents des douanes des données de connexion** **2018-764 QPC.** M. Paulo M. : *JO 16 févr. ; D. 2019. 311 ; Dalloz IP/IT 2019. 447, obs. de Maison Rouge ; Constitutions 2019. 115, chron. Le Bot ; JCP 2019, n° 28, p. 1383, chron. Mathieu et Cassard-Valembois ; RFDC 2019. 1014, chron. Catelan* : – **C. douanes, art. 65, 1°, i** (dans sa rédaction résultant de la L. n° 2016-1918 du 29 déc. 2016 de finances rectificative pour 2016). – Méconnaissance du respect du droit au respect de la vie privée (DDH, art. 2 et 4). La communication des données de connexion est de nature à porter atteinte au droit au respect de la vie privée de la personne intéressée. Si le législateur a réservé à certains agents des douanes soumis au respect du secret professionnel le pouvoir d'obtenir ces données dans le cadre d'opérations intéressant leur service et ne leur a pas conféré un pouvoir d'exécution forcée, il n'a assorti la procédure prévue par les dispositions en cause d'aucune autre garantie : absence de conciliation équilibrée entre, d'une part, le droit au respect de la vie privée et, d'autre part, la prévention des atteintes à l'ordre public et la recherche des auteurs d'infractions.

		– **Non-conformité totale :** les dispositions contestées ont été abrogées par la L. n° 2018-898 du 23 oct. 2018 relative à la lutte contre la fraude. De plus, la remise en cause des mesures prises sur le fondement des dispositions déclarées contraires à la Constitution méconnaîtrait les objectifs de valeur constitutionnelle de sauvegarde de l'ordre public et de recherche des auteurs d'infractions, et aurait ainsi des conséquences manifestement excessives. Par suite, ces mesures ne peuvent être contestées sur le fondement de cette inconstitutionnalité. – **Décision de renvoi :** Crim. QPC, 15 déc. 2018, n° 18-90.028.
2019	15 févr.	**Droit des parties non assistées par un avocat et accès au rapport d'expertise pénale** **2018-765 QPC.** Charles-Henri M. : *JO 16 févr. ; D. 2019. 312 ; AJDI 2019. 715, obs. Heugas-Darraspen ; JCP 2019, n° 8, p. 358 ; ibid., n° 28, p. 1383, chron. Mathieu et Cassard-Valembois ; RFDC 2019. 1018, chron. Perrier ; Titre VII, oct. 2019, n° 3, chron. Cartier ; ibid., chron. Bonis* : – **C. pr. pén, art. 167, al. 2, 2e phrase, mot « avocat »** (dans sa rédaction résultant de la L. n° 2015-177 du 16 févr. 2015 relative à la modernisation et à la simplification du droit et des procédures dans les domaines de la justice et des affaires intérieures). – Méconnaissance du principe d'égalité devant la justice (DDH, art. 6). Les dispositions contestées ont pour effet de priver les parties non assistées par un avocat du droit d'avoir connaissance de l'intégralité d'un rapport d'expertise pendant le délai qui leur est accordé pour présenter des observations ou formuler une demande de complément d'expertise ou de contre-expertise. Dans la mesure où est reconnue aux parties la liberté d'être assistées d'un avocat ou de se défendre seules, et sauf à ce qu'une restriction d'accès soit jugée nécessaire au respect de la vie privée, à la sauvegarde de l'ordre public ou à l'objectif de recherche des auteurs d'infractions, toutes les parties à une instruction doivent pouvoir avoir connaissance de l'intégralité du rapport d'une expertise ordonnée par le juge d'instruction afin de leur permettre de présenter des observations ou de formuler une demande de complément d'expertise ou de contre-expertise. – **Non-conformité totale à compter du 1er sept. 2019.** – **Décision de renvoi :** Crim., QPC, 11 déc. 2018, n° 18-90.024.
2019	22 févr.	**Majoration du dépôt de garantie restant dû à défaut de restitution dans les délais prévus** **2018-766 QPC.** Mme Sylviane D. : *JO 23 févr. ; D. 2019. 429 ; ibid. 1129, obs. Damas* : – **L. n° 89-462 du 6 juill. 1989 tendant à améliorer les rapports locatifs et portant modification de la L. n° 86-1290 du 23 déc. 1986, art. 22, al. 7** (dans sa rédaction résultant de la L. n° 2014-366 du 24 mars 2014 pour l'accès au logement et un urbanisme rénové). – Sanction n'ayant pas le caractère d'une punition (DDH, art. 8). En instaurant la majoration du dépôt de garantie, le législateur a entendu compenser le préjudice résultant pour le locataire du défaut ou du retard de restitution du dépôt de garantie et favoriser ainsi un règlement rapide des nombreux contentieux qui en découlent. De plus, en prévoyant que cette majoration est égale à une somme forfaitaire correspondant à 10 % du loyer mensuel en principal, pour chaque période mensuelle

		commencée en retard, le législateur s'est fondé sur un élément en lien avec l'ampleur du préjudice, dans la mesure où le montant du loyer mensuel est pris pour référence comme plafond du dépôt de garantie, et a pris en compte la durée de ce préjudice. Il s'ensuit que la majoration contestée présente un caractère indemnitaire. – **Conformité**. – **Décision de renvoi :** Civ. 3e, QPC, 13 déc. 2018, n° 18-17.729.
2019	22 févr.	**Exclusion de l'assiette des cotisations sociales des actions attribuées gratuitement** **2018-767 QPC.** Sté ODDO BHF : *JO 23 févr. ; D. 2019. 437 ; LPA 2019, n° 77, p. 3, note Pando* : – **CSS, art. L. 242-1, al. 13, mots « et si l'employeur notifie à son organisme de recouvrement l'identité de ses salariés ou mandataires sociaux auxquels des actions gratuites ont été attribuées définitivement au cours de l'année civile précédente, ainsi que le nombre et la valeur des actions attribuées à chacun d'entre eux. A défaut, l'employeur est tenu au paiement de la totalité des cotisations sociales, y compris pour leur part salariale »** (dans ses rédactions résultant de la L. n° 2010-1594 du 20 déc. 2010 de financement de la sécurité sociale pour 2011, de la L. n° 2011-1906 du 21 déc. 2011 de financement de la sécurité sociale pour 2012 et de la L. n° 2012-958 du 16 août 2012 de finances rectificative pour 2012). – Absence de méconnaissance des principes de nécessité et de proportionnalité des peines (DDH, art. 8). En mettant à la charge de l'employeur les cotisations sociales dans leur part patronale, ces dispositions se bornent à tirer les conséquences de la perte du bénéfice de l'exonération. De plus, en faisant peser sur l'employeur la part salariale de ces cotisations, elles visent à garantir le recouvrement des redressements de cotisations. Ainsi, ces dispositions n'édictent aucune peine ou sanction ayant le caractère de punition. – Absence des principes d'égalité devant la loi et devant les charges publiques (DDH, art. 13). En subordonnant le bénéfice de l'exonération à une formalité de notification, le législateur s'est en fait fondé sur un critère objectif et rationnel en fonction des buts poursuivis. – **Conformité**. – **Décision de renvoi :** Civ. 2e, QPC, 13 déc. 2019, n° 18-40.039.
2019	21 mars	**Examens radiologiques osseux aux fins de détermination de l'âge** **2018-768 QPC.** M. Adama S. : *JO 22 mars ; D. actu. 22 mars 2019, obs. Mucchielli ; AJDA 2019. 662 ; ibid. 1448, note Escach-Dubourg ; D. 2019. 584 ; ibid. 742, note Parinet ; ibid. 709, point de vue Fulchiron ; ibid. 1732, obs. Bonfils et Gouttenoire ; AJ fam. 2019. 222, obs. Bouix ; RDSS 2019. 453, note Caire ; Rev. crit. DIP 2019. 972, note Jault-Seseke ; JCP Adm. 2019, n° 13, p. 3, obs. Habchi ; JCP 2019, n° 28, p. 1383, chron. Mathieu et Cassard-Valembois ; Dr. fam. 2019, n° 5, p. 42, note Fulchiron ; ibid., n° 6, p. 34, note Bonfils ; Gaz. Pal. 2019, n° 19, p. 26, note Catto* : – **C. civ., art. 388, al. 2 et 3** (dans sa rédaction résultant de la L. n° 2016-297 du 14 mars 2016 relative à la protection de l'enfant).

		– Absence de méconnaissance de l'exigence de protection de l'intérêt supérieur de l'enfant (Préamb. Const. 1946, al. 10 et 11). – Le Cons. const. déduit pour la première fois des 10e et 11e al. Préamb. Const. 1946 une exigence de protection de l'intérêt supérieur de l'enfant, imposant que les mineurs présents sur le territoire national bénéficient de la protection légale attachée à leur âge. La détermination de l'âge d'un individu doit être entourée des garanties nécessaires afin que des personnes mineures ne soient pas indûment considérées comme majeures. Le recours à un examen radiologique osseux aux fins de contribuer à la détermination de l'âge d'une personne peut comporter une marge d'erreur significative. Toutefois, seule l'autorité judiciaire a le pouvoir d'ordonner cet examen qui ne peut être ordonné que si la personne en cause n'a pas de documents d'identité valables et si l'âge qu'elle allègue n'est pas vraisemblable. L'autorité judiciaire doit s'assurer du respect du caractère subsidiaire de cet examen qui est réalisé avec le consentement éclairé de l'individu dans une langue qu'il comprend. La majorité d'une personne ne saurait être déduite de son seul refus de se soumettre à un examen osseux. Compte tenu de l'existence d'une marge d'erreur entourant les conclusions des examens radiologiques, le législateur a imposé la mention de cette marge dans les résultats des examens et a exclu que ces conclusions puissent constituer l'unique fondement dans la détermination de l'âge de la personne. Pour déterminer l'âge d'un individu, l'autorité judiciaire doit prendre en compte d'autres éléments. Si les conclusions des examens radiologiques sont en contradiction avec les autres éléments d'appréciation et que le doute persiste au vu de l'ensemble des éléments recueillis, ce doute doit profiter à la qualité de mineur de l'intéressé. Les autorités compétentes ont pour mission de donner leur plein effet à ses garanties. – Absence de méconnaissance du droit à la protection de la santé. Le Cons. const. précise toutefois qu'il doit être tenu compte d'un avis médical qui déconseillerait l'examen osseux à raison des risques particuliers qu'il pourrait présenter pour la personne concernée. – Absence de méconnaissance du principe de sauvegarde de la dignité de la personne humaine et de l'inviolabilité du corps humain. Les examens radiologiques osseux n'impliquent aucune intervention corporelle interne et ne comportent aucun procédé douloureux, intrusif ou attentatoire à la dignité des personnes. – **Conformité.** – **Décision de renvoi :** Civ. 1re, QPC, 21 déc. 2018, n° 18-20.480.
2019	22 mars	**Calcul du plafonnement de l'impôt de solidarité sur la fortune 2019-769 QPC.** Mme Ruth S. : *JO 23 mars ; D. 2019. 593 ; AJ fam. 2019. 177, obs. Paillard ; JCP 2019, n° 28, p. 1383, chron. Mathieu et Cassard-Valembois* : – **CGI, art. 885 V *bis*, § II, mots « Les plus-values ainsi que »** (dans sa rédaction résultant de la L. n° 2012-1509 du 29 déc. 2012 de finances pour 2013). – Absence de méconnaissance de l'exigence de prise en compte des facultés contributives (DDH, art. 13). L'ISF ne figure pas au nombre des impositions sur le revenu. En instituant cet impôt, le législateur a entendu frapper la capacité contributive que confère la détention d'un ensemble de biens et de droits. Les dispositions contestées n'ont ainsi

		pas pour objet de déterminer les conditions d'imposition des plus-values, mais les modalités selon lesquelles ces plus-values sont prises en compte dans les revenus en fonction desquels est plafonné l'impôt de solidarité sur la fortune. De plus, en prenant en compte, dans le calcul de ce plafonnement, les plus-values à hauteur de leur montant brut, le législateur a intégré aux revenus du contribuable des sommes correspondant à des revenus que ce dernier a réalisés et dont il a disposé au cours de la même année. Il s'ensuit que les dispositions contestées incluent dans ces revenus les plus-values réalisées par le contribuable, sans prendre en compte l'érosion monétaire entre la date d'acquisition des biens ou droits et celle de leur cession. – **Conformité**. – **Décision de renvoi :** Com., QPC, 10 janv. 2019, n° 18-40.038.
2019	29 mars	**Lecture donnée aux jurés par le président de la cour d'assises avant le vote sur l'application de la peine** **2019-770 QPC.** M. Chamsoudine C. : *JO 30 mars ; D. 2019. 644 ; AJ fam. 2019. 177, obs. Paillard ; AJ pénal 2019. 391, obs. Grégoire ; JCP 2019, n° 28, p. 1383, chron. Mathieu et Cassard-Valembois ; RFDC 2019. 1025, chron. Perrier ; Dr. pén. 2019, n° 5, p. 53, note Peltier ; Titre VII, oct. 2019, n° 3, note Bonis* : – **C. pr. pén., art. 362, al. 1er, § I** (dans sa rédaction résultant de la L. n° 2014-896 du 15 août 2014 relative à l'individualisation des peines et renforçant l'efficacité des sanctions pénales). – Méconnaissance des principes de légalité et de nécessité des délits et des peines, de celui d'individualisation des peines, des droits de la défense et du droit au procès équitable, propres à exclure l'arbitraire dans le prononcé des peines (DDH, art. 7 à 9). Lorsqu'une cour d'assises composée majoritairement de jurés, qui ne sont pas des magistrats professionnels, prononce une peine à laquelle s'attache une période de sûreté de plein droit, ni les dispositions contestées ni aucune autre ne prévoient que les jurés sont informés des conséquences de la peine prononcée sur la période de sûreté et de la possibilité de la moduler. – **Non-conformité avec effet différé au 31 mars 2020**. – **Décision de renvoi :** Crim., QPC, 9 janv. 2019, n° 18-90.030.
2019	29 mars	**Barème de la redevance progressive de mines d'hydrocarbures liquides** **2019-771 QPC.** Sté Vermilion REP : *JO 30 mars* : – **C. minier, art. L. 132-16, al. 6, tableau, dernière ligne** (dans sa rédaction résultant de la L. n° 2017-1775 du 28 déc. 2017 de finances rectificative pour 2017). – Absence de méconnaissance du principe d'égalité devant les charges publiques (DDH, art. 13). La loi du 28 déc. 2017, qui a établi le barème, a pour objet de mettre fin à la fiscalité incitative dont bénéficiaient les titulaires de concessions de mines d'hydrocarbures liquides depuis la loi du 30 déc. 1980. Le législateur, qui a ainsi entendu frapper la capacité contributive des titulaires de concessions de mines d'hydrocarbures liquides, s'est fondé sur des critères objectifs et rationnels en faisant porter la redevance sur la production annuelle d'huile brute. De plus, en appliquant à la valeur de la production annuelle de cette huile

		supérieure à 1 500 tonnes un taux de 8 %, au demeurant déjà appliqué à une part de la production extraite de puits mis en service avant 1980, les dispositions contestées ne font pas peser sur les titulaires de concessions de mines d'hydrocarbures liquides une charge excessive au regard de leurs facultés contributives et ne présentent pas un caractère confiscatoire. – **Conformité**. – **Décision de renvoi :** CE, QPC, 11 janv. 2019, n° 424920.
2019	5 avr.	**Visite des locaux à usage d'habitation par des agents municipaux** **2019-772 QPC.** M. Sing Kwon C. et a. : *JO 6 avr. ; AJDA 2019. 786 ; D. 2019. 696 ; AJDI 2019. 541, obs. Dreveau ; JT 2019, n° 219, p. 11, obs. Delpech ; LPA 2019, n° 123, p. 14, note Richevaux ; RFDC 2020. 702, note Perrier* : – **CCH, art. L. 651-6, al. 6** (dans sa rédaction résultant de la L. n° 83-440 du 2 juin 1983 donnant force de loi à la première partie (législative) du code de la construction et de l'habitation et modifiant certaines dispositions de ce code), **et art. L. 651-7, al. 1er, 2e phrase** (dans sa rédaction résultant du Décr. n° 78-621 du 31 mai 1978 portant codification des textes concernant la construction et l'habitation (première partie : Législative). – Méconnaissance du principe d'inviolabilité du domicile (DDH, art. 2) concernant l'art. **L. 651-6, al. 6, CCH** qui prévoit que les agents du service municipal du logement peuvent en cas de refus ou d'absence de l'occupant du local ou de son gardien, se faire ouvrir les portes et visiter les lieux en présence du maire ou d'un commissaire de police et procéder à une visite des locaux à usage d'habitation situés dans leur ressort de compétence, sans l'accord de l'occupant du local ou de son gardien, et sans y avoir été préalablement autorisés par le juge : **non-conformité**. – Absence d'atteinte aux droits de la défense et au droit à un procès équitable (DDH, art. 16) concernant l'art. **L. 651-7, al. 1er, 2e phrase**, qui prévoit un droit reconnu aux agents assermentés du service municipal du logement, en vertu des dispositions précitées, de recevoir toute déclaration et de se faire présenter par les propriétaires, locataires ou autres occupants toute pièce ou document établissant les conditions dans lesquelles les lieux sont occupés : **conformité**. – Absence de méconnaissance du principe selon lequel nul n'est tenu de s'accuser (DDH, art. 9) concernant l'**art. L. 651-7, al. 1er, 2e phrase**. Ce principe ne fait pas obstacle à ce que l'administration recueille les déclarations faites par une personne en l'absence de toute contrainte. En outre, le droit reconnu aux agents assermentés du service municipal du logement de se faire présenter des documents tend non à l'obtention d'un aveu, mais seulement à la présentation d'éléments nécessaires à la conduite d'une procédure de contrôle du respect de l'autorisation d'affectation d'usage du bien : **conformité**. – **Non-conformité de l'art. L. 651-6, al. 6, CCH avec effet à compter de la date de publication de la Décis. et applicable à toutes les affaires non jugées définitivement à cette date et conformité de l'art. L. 651-7, al. 1er, 2e phrase.** – **Décision de renvoi :** Civ. 3e, QPC, 17 janv. 2019, n° 18-40.040 P : *AJDA 2019. 142 ; D. 2019. 127.*

2019	5 avr.	**Frais irrépétibles devant les juridictions pénales II** **2019-773 QPC.** Sté Uber B.V. et a. : *JO 6 avr. ; D. 2019. 702 ; D. avocats 2019. 264, obs. Dargent ; JCP 2019, n° 28, p. 1383, chron. Mathieu et Cassard-Valembois ; Dr. pén. 2019, n° 54, p. 54, note Maron ; Titre VII, oct. 2019, n° 3, chron. Peltier ; RFDC 2020. 714, note Perrier* : – **C. pr. pén., art. 800-2, al. 1er** (dans sa rédaction résultant de la L. n° 2012-1509 du 29 déc. 2012 de finances pour 2013). – Atteinte à l'équilibre du droit des parties dans le procès pénal (DDH, art. 6 et 16). En application des art. 375 et 475-1 C. pr. pén., une juridiction de jugement peut condamner l'auteur de l'infraction à payer à la partie civile la somme qu'elle détermine, au titre des frais non payés par l'État et exposés par celle-ci pour sa défense. Par ailleurs, l'art. 800-2 C. pr. pén. permet à la juridiction de jugement prononçant une décision de relaxe ou d'acquittement d'accorder à la personne poursuivie pénalement ou civilement responsable une indemnité, supportée par l'État ou la partie civile, au titre des frais non payés par l'État et exposés par cette personne pour sa défense. En revanche, lorsque la personne poursuivie a été condamnée, ni ces dispositions ni aucune autre ne permettent à la personne citée comme civilement responsable d'obtenir devant la juridiction pénale le remboursement de tels frais, alors même qu'elle a été mise hors de cause. – **Non-conformité à compter du 31 mars 2020. Toutefois, afin de faire cesser l'inconstitutionnalité constatée à compter de la publication de la Décis., il y a lieu de juger, pour les décisions rendues par les juridictions pénales après cette date, que les dispositions du 1er al. de l'art. 800-2 C. pr. pén. doivent être interprétées comme permettant aussi à une juridiction pénale prononçant une condamnation ou une décision de renvoi devant une juridiction de jugement, d'accorder à la personne citée comme civilement responsable, mais mise hors de cause, une indemnité au titre des frais non payés par l'État et exposés par celle-ci.** – **Décision de renvoi :** Crim., QPC, 15 janv. 2019, n° 18-90.031.
2019	12 avr.	**Contrôle des prix et des marges en Nouvelle-Calédonie** **2019-774 QPC.** Sté Magenta Discount et a. : *JO 13 avr. ; D. 2019. 764 ; AJDA 2019. 1550 ; JCP 2019, n° 28, p. 1383, chron. Mathieu et Cassard-Valembois ; RFDC 2019. 992, chron. Buchberger* : – **C. com. applicable en Nouvelle-Calédonie, art. Lp. 411-2, § I, 2° et § II et art. Lp. 412-4, al. 3, 4 et 5 ; loi du pays du 30 sept. 2016, art. 19, § I et III.** – Méconnaissance du principe de la liberté d'entreprendre (DDH, art. 4) concernant les mots « en particulier » figurant au § II de l'art. Lp. 411-2 C. com. applicable en Nouvelle-Calédonie : **non-conformité**. Le reste des dispositions contestées de l'art. Lp. 411-2 ne revêt pas un caractère disproportionné. – Absence d'atteinte au principe de la liberté d'entreprendre pour les al. 3 à 5 de l'art. Lp. 412-4 C. com. applicable en Nouvelle-Calédonie. – Atteinte disproportionnée au principe de la liberté d'entreprendre au regard de l'objectif poursuivi concernant le § III de l'art. 19 de la Lp. du 30 sept. 2016 : **non-conformité**.

		– Non-conformité des mots « en particulier » au § II de l'art. Lp. 411-2 C. com. applicable en Nouvelle-Calédonie et du § III de l'art. 19 de la Lp. du 30 sept. 2016 avec application à compter de la date de publication de la Décis. – **Décision de renvoi :** CE, QPC, 25 janv. 2019, n° 425813.
2019	12 avr.	**Imposition au nom du donataire de la plus-value en report d'imposition** **2019-775 QPC.** M. Joseph R. : *JO 13 avr. ; D. 2019. 765* : **– CGI, art. 150-0 B *ter*, § II, al. 2, mots « au nom du donataire »** (dans sa rédaction issue de la L. n° 2012-1510 du 29 déc. 2012 de finances rectificative pour 2012). – Absence de méconnaissance du principe d'égalité devant les charges publiques (DDH, art. 13). Le législateur s'est fondé sur des critères objectifs et rationnels en rapport avec l'objet de la loi et n'a pas méconnu l'exigence de prise en compte des capacités contributives. – **Décision de renvoi :** CE, QPC, 6 févr. 2019, n° 425447. – **Application de la décision :** CE 24 juill. 2019, n° 425447.
2019	19 avr.	**Validation des conventions relatives à l'accès aux réseaux conclues entre les gestionnaires de réseaux de distribution et les fournisseurs d'électricité** **2019-776 QPC.** Sté Engie : *JO 20 avr. ; AJDI 2020. 130, obs. de La Vaissière ; JCP Adm. 2019, n° 17, p. 7 ; JCP 2019, n° 28, p. 1383, chron. Mathieu et Cassard-Valembois* : **– C. énergie, art. L. 452-3-1, § II, al. 1er** (dans sa rédaction issue de la L. n° 2017-1839 du 30 déc. 2017 mettant fin à la recherche ainsi qu'à l'exploitation des hydrocarbures et portant diverses dispositions relatives à l'énergie et à l'environnement). – Absence de méconnaissance du principe de séparation des pouvoirs, de la garantie des droits et du droit à un recours juridictionnel effectif (DDH, art. 16). En validant les conventions relatives à l'accès aux réseaux conclues entre les gestionnaires de réseaux de distribution et les fournisseurs d'électricité pour le compte des gestionnaires de réseaux, les dispositions contestées ont pour objet de mettre un terme ou de prévenir les litiges indemnitaires engagés ou susceptibles de l'être, sur le fondement de la décision du CE 13 juill. 2016, n° 388150. Les conventions en cause ne sont validées que dans la mesure où elles seraient contestées par le moyen tiré de ce qu'elles imposent aux fournisseurs la gestion de clientèle pour le compte des gestionnaires de réseaux ou laissent à la charge des fournisseurs tout ou partie des coûts supportés par eux pour la gestion de clientèle effectuée antérieurement à l'entrée en vigueur de la loi. Le législateur a ainsi strictement limité la portée de cette validation en adéquation avec l'objectif poursuivi. Par ailleurs, en adoptant ces dispositions, le législateur a entendu prévenir les conséquences financières pour les gestionnaires de réseaux et, indirectement, les consommateurs, susceptibles de résulter du remboursement des frais de gestion de clientèle mis à la charge des fournisseurs d'électricité. Il s'ensuit que, eu égard aux conséquences financières susceptibles de résulter des litiges visés par la validation et à leur répercussion sur le coût de l'électricité acquitté par l'ensemble des

		consommateurs, l'atteinte portée par les dispositions contestées aux droits des fournisseurs d'électricité ayant conclu les conventions validées est justifiée par un motif impérieux d'intérêt général. – **Conformité.** – **Décision de renvoi :** Com., QPC, 7 févr. 2019, n° 18-40.044.
2019	19 avr.	**Caducité de la requête introductive d'instance en l'absence de production des pièces nécessaires au jugement** **2019-777 QPC.** M. Bouchaïd S. : *JO 20 avr. ; D. 2019. 889 ; D. actu. 30 avr. 2019, obs. Grand ; AJDA 2019. 905 ; RDI 2019. 359, obs. Revert ; Constitutions 2019. 245, chron. Le Bot ; JCP Adm. 2019, n° 17, p. 10 ; JCP 2019, n° 28, p. 1383, chron. Mathieu et Cassard-Valembois* : – **C. urb., art. L. 600-13** (dans sa rédaction issue de la L. n° 2017-86 du 27 janv. 2017 relative à l'égalité et à la citoyenneté). – Méconnaissance du droit à un recours juridictionnel effectif (DDH, art. 16). La notion de « pièces nécessaires au jugement d'une affaire » est insuffisamment précise pour permettre à l'auteur d'une requête de déterminer lui-même les pièces qu'il doit produire. De plus, le juge administratif peut, sur le fondement des dispositions contestées, prononcer la caducité de la requête sans être tenu, préalablement, d'indiquer au requérant les pièces jugées manquantes ni même de lui préciser celles qu'il considère comme nécessaires au jugement de l'affaire. Par ailleurs, si la déclaration de caducité peut être rapportée lorsque le demandeur fait connaître, dans un délai de 15 jours, un motif légitime justifiant qu'il n'a pas produit les pièces nécessaires au jugement de l'affaire dans le délai imparti, elle ne peut en revanche être rapportée par la seule production des pièces jugées manquantes. Enfin, dès lors que la caducité a été régulièrement prononcée, le requérant ne peut obtenir l'examen de sa requête par une juridiction ; il ne peut introduire une nouvelle instance que si le délai de recours n'est pas expiré. – **Non-conformité.** Les dispositions contestées ont été abrogées par la L. n° 2018-1021 du 23 nov. 2018 portant évolution du logement, de l'aménagement et du numérique. La déclaration d'inconstitutionnalité est applicable à toutes les affaires non jugées définitivement à la date de la publication de la présente décision. – **Décision de renvoi :** CE, QPC, 8 févr. 2019, n° 424146. – **Application de la décision :** CE 29 juill. 2020, n° 424146.
2019	10 mai	**Vente ou changement d'usage des biens d'une section de commune décidé par le conseil municipal** **2019-778 QPC.** Épx B et a. : *JO 11 mai ; AJDA 2019. 1024 ; AJCT 2019. 465, obs. Huige ; JCP Adm. 2019, p. 10* : – **CGCT, art. L. 2411-16, al. 1er et 2, mots « des électeurs »** (dans sa rédaction résultant de la L. n° 2013-428 du 27 mai 2013 modernisant le régime des sections de commune). – Absence de méconnaissance du principe d'égalité devant la loi (DDH, art. 6). En prévoyant que, lorsque la commission syndicale n'est pas constituée, seuls les membres de la section qui sont inscrits sur les listes électorales de la commune sont appelés à se prononcer sur le changement d'usage ou la vente de biens de la section, les dispositions contestées instituent une différence de traitement entre les membres de

		la section selon qu'ils sont inscrits ou non sur les listes électorales de la commune. Toutefois, selon les travaux préparatoires des lois relatives aux sections de communes, le législateur a, de manière constante, entendu renforcer le lien qui unit les sections à leur commune pour favoriser une gestion des biens des sections compatible avec les intérêts de la commune. Les membres de la section qui jouissent de leurs droits civiques sont électeurs de la commune et participent, en cette qualité, aux affaires communales. Ils ne sont donc pas placés dans la même situation que les membres de la section qui n'ont pas cette qualité. Ainsi, en réservant aux seuls membres d'une section inscrits sur les listes électorales de la commune la possibilité de donner leur accord au changement d'usage ou à la vente de biens de cette section, le législateur a institué une différence de traitement en rapport avec l'objet de la loi. – **Conformité.** – **Décision de renvoi :** CE, QPC, 8 févr. 2019, n° 410714. – **Application de la décision :** CE 1er juill. 2019, n° 410714.
2019	10 mai	**Amende pour défaut de déclaration de transfert international de capitaux II** **2019-779/780 QPC.** M. Hendrik A. et a. : *JO 11 mai ; D. 2019. 988* : – **C. mon. fin., art. L. 152-4, § I, mots : « à l'article L. 152-1 »** (dans sa rédaction résultant de la L. n° 2016-731 du 3 juin 2016 renforçant la lutte contre le crime organisé, le terrorisme et leur financement, et améliorant l'efficacité et les garanties de la procédure pénale). – Absence de méconnaissance du principe de proportionnalité des peines (DDH, art. 8). L'obligation déclarative sanctionnée vise à assurer l'efficacité de la surveillance par l'administration des mouvements financiers internationaux. En réprimant la méconnaissance d'une telle obligation, le législateur a entendu lutter contre le blanchiment de capitaux, la fraude fiscale et les mouvements financiers portant sur des sommes d'origine frauduleuse. Il a ainsi poursuivi l'objectif à valeur constitutionnelle de lutte contre la fraude et l'évasion fiscales ainsi que celui de sauvegarde de l'ordre public. De plus, en punissant le manquement à l'obligation de déclarer certains transferts de capitaux financiers d'une amende proportionnelle au montant des sommes sur lesquelles a porté l'infraction ou sa tentative, le législateur a instauré une sanction dont la nature est liée à celle de l'infraction. Enfin, en retenant un taux de 50 %, qui ne constitue qu'un taux maximal pouvant être modulé par le juge sur le fondement de l'article 369 C. douanes, le législateur a retenu une sanction qui n'est pas manifestement hors de proportion avec la gravité de l'infraction. – **Conformité.** – **Décision de renvoi :** Crim., QPC, 13 févr. 2019, n°s 18-90.033 et 18-90.034.
2019	10 mai	**Sanctions disciplinaires au sein de l'administration pénitentiaire** ***2019-781* QPC.** M. Grégory M. : JO 11 mai ; AJDA 2019. 1020 ; *D. 2019. 992 ; AJFP 2019. 326 ; Constitutions 2019. 375, chron. Le Bot ; JCP Adm. 2019, n° 20, p. 11 ; Dr. adm. 2019, n° 8, p. 61* : – **Ord. n° 58-696 du 6 août 1958 relative au statut spécial des fonctionnaires des services déconcentrés de l'administration**

		pénitentiaire, art. 3, 2de phrase (dans sa rédaction résultant de la L. n° 92-125 du 6 févr. 1992 relative à l'administration territoriale de la République). — Méconnaissance du principe du contradictoire (DDH, art. 16) par le législateur prévoyant qu'une sanction disciplinaire peut être prononcée « en dehors des garanties disciplinaires ». Il s'agissait de la possibilité d'être sanctionné disciplinairement pour un agent des services déconcentrés de l'administration pénitentiaire prenant part à une cessation concertée du service ou à tout acte collectif d'indiscipline caractérisée, lorsque ces faits sont susceptibles de porter atteinte à l'ordre public. — **Non-conformité avec effet à compter de la publication de la Décis.** — **Décision de renvoi :** CE, QPC, 20 févr. 2019, n° 425521.
2019	17 mai	**Déductibilité de l'assiette de l'impôt de solidarité sur la fortune des dettes du redevable à l'égard de ses héritiers ou de personnes interposées** **2019-782 QPC.** Mme Élise D. : *JO 18 mai ; D. 2019. 1052 ; AJ fam. 2019. 313, obs. Paillard :* — **Renvoi opéré par l'art. 885 D CGI** (dans sa rédaction résultant de la L. n° 88-1149 du 23 déc. 1988 de finances pour 1989), **au 2° de l'art. 773 CGI.** — Absence de méconnaissance du principe d'égalité devant les charges publiques et du principe d'égalité devant la loi (DDH, art. 6 et 13). Les dispositions contestées instituent une différence de traitement entre les redevables de l'ISF selon que la dette qu'ils ont contractée l'a été à l'égard d'un de leurs héritiers ou d'une personne interposée, ou à l'égard d'un tiers. Toutefois, en adoptant ces dispositions, le législateur a entendu permettre le contrôle de la sincérité de ces dettes et ainsi réduire les risques de minoration de l'ISF qu'il a jugés plus élevés dans le premier cas compte tenu des liens unissant une personne et ses héritiers. Le législateur a donc poursuivi l'objectif de valeur constitutionnelle de lutte contre la fraude et l'évasion fiscales. Il s'ensuit que dès lors qu'un tel risque de minoration de l'impôt demeure, y compris lorsque les héritiers auprès desquels l'emprunt a été contracté sont eux-mêmes redevables de l'impôt de solidarité sur la fortune, la différence de traitement opérée par les dispositions contestées repose sur des critères objectifs et rationnels en rapport direct avec l'objet de la loi. Par ailleurs, les dispositions contestées n'ont pas pour objet d'interdire à un redevable de l'ISF, qui souhaite déduire de son patrimoine la dette contractée auprès d'un héritier ou d'une personne interposée, d'en prouver l'existence et la sincérité. Elles ont seulement pour objet d'exiger à cette fin qu'elle ait fait l'objet d'un acte authentique ou d'un acte sous seing privé ayant date certaine. Dans l'hypothèse où cette formalité n'a pas été respectée et où l'héritier ou la personne interposée ayant consenti le prêt sont eux-mêmes redevables de l'ISF, les dispositions contestées n'ont pas pour effet d'imposer deux fois une même personne sur un même patrimoine. — **Conformité.** — **Décision de renvoi :** Com., QPC, 19 févr. 2019, n° 18-40.046.

2019	17 mai	**Cumul de poursuites et de sanctions en cas de dépassement du plafond de dépenses par un candidat à l'élection présidentielle** **2019-783 QPC.** M. Nicolas S. : *JO 18 mai ; D. 2019. 1051 ; AJDA 2019. 1078 ; ibid. 1653, note Rambaud ; RFDA 2019. 763, chron. Roblot-Troizier ; Constitutions 2019. 501, note Desaulnay ; Dr. adm. 2019, n° 28, p. 1653, note Rambaud ; JCP 2019, n° 28, p. 1355, note Brigant ; LPA 2019, n° 188, p. 6, note Mouzet ; Titre VII, oct. 2019, n° 3, chron. Peltier ; RFDC 2020. 71, note Catelan* : – **Renvoi opéré, par le 1er al. du § II de l'art. 3 de la L. n° 62-1292 du 6 nov. 1962 relative à l'élection du Président de la République au suffrage universel** (dans sa rédaction résultant de la L. org. n° 2012-272 du 28 févr. 2012 relative au remboursement des dépenses de campagne de l'élection présidentielle) **au 3° du § I de l'art. L. 113-1 C. élect. et à la 1re phrase du 6e al. du § II de l'art. 3 de la même L. du 6 nov. 1962** (dans la même rédaction). – Absence de méconnaissance du principe de nécessité et de proportionnalité des peines (DDH, art. 8). La sanction financière prononcée par la CNCCFP intervient à l'issue de l'examen par cette commission, sous le contrôle du Cons. const., des comptes de campagne de chacun des candidats à l'élection du Président de la République. En conférant à cette sanction un caractère systématique et en prévoyant que son montant est égal au dépassement du plafond des dépenses électorales, le législateur a entendu assurer le bon déroulement de l'élection du Président de la République et, en particulier, l'égalité entre les candidats au cours de la campagne électorale. En revanche, en instaurant une répression pénale des mêmes faits, qui exige un élément intentionnel et permet de tenir compte des circonstances de l'infraction et d'adapter la sévérité de la peine à la gravité de ces faits, le législateur a entendu sanctionner les éventuels manquements à la probité des candidats et des élus. Par ailleurs, la sanction prononcée par la CNCCFP est une pénalité financière, strictement égale au montant du dépassement constaté. Sa nature est donc différente de la peine d'emprisonnement encourue par le candidat poursuivi pour le délit de dépassement du plafond des dépenses électorales. – **Conformité.** – **Décision de renvoi :** Crim., QPC, 19 févr. 2019, n° 18-86.428 : *AJDA 2019. 428.*
2019	24 mai	**Retenue à la source sur la rémunération de sociétés étrangères pour des prestations fournies ou utilisées en France** **2019-784 QPC.** Sté Cosfibel Premium : *JO 25 mai ; RD fisc. 2019, n° 23, p. 3, note Pelletier ; ibid., n° 42, p. 45, note Maitrot de la Motte ; Titre VII, oct. 2019, n° 3, chron. Austry* : – **CGI, art. 182 B, § I, c** (dans ses rédactions résultant des L. n° 92-597 du 1er juill. 1992 relative au CPI (partie législative), n° 2008-1443 du 30 déc. 2008 de finances rectificative pour 2008 et n° 2009-1674 du 30 déc. 2009 de finances rectificative pour 2009 et du Décr. n° 2010-421 du 27 avr. 2010 portant incorporation au CGI de divers textes modifiant et complétant certaines dispositions de ce code). – Absence de différence de traitement injustifiée (DDH, art. 6 et 13) par le législateur qui s'est fondé sur un critère objectif et rationnel en rapport avec l'objet de la loi en faisant peser l'imposition des revenus

		des personnes qui ne disposent pas d'installation professionnelle permanente en France sur les sommes qu'elles reçoivent en rémunération de leurs prestations. De plus, dans le cas d'un rappel résultant du défaut de retenue à la source par le débiteur de la rémunération, l'intégration, dans le montant de l'assiette de la retenue, de l'avantage qu'a constitué, pour le créancier, la prise en charge de la retenue, a pour objet de reconstituer la rémunération brute réellement perçue par le prestataire et d'empêcher ainsi des ententes de nature à minorer le montant de l'impôt. Ensuite, en retenant une assiette brute constituée du montant de la rémunération perçue par les personnes qui ne disposent pas d'installation professionnelle permanente en France, les dispositions contestées ne font pas peser sur ces personnes, compte tenu du taux de 33 1/3 % applicable, une imposition confiscatoire. Enfin, la possibilité d'imputer la retenue à la source sur le montant de ces impôts, qui a pour objet d'éviter les doubles impositions et ne crée donc aucune différence de traitement, ne résulte, en tout état de cause, pas des dispositions contestées. – **Conformité**. – **Décision de renvoi :** CE, QPC, 25 févr. 2019, n° 412497. – **Application de la décision :** CE 4 déc. 2019, n° 412497.
2019	24 mai	**Point de départ du délai de prescription de l'action publique en matière criminelle** **2019-785 QPC.** M. Mario S. : *JO 25 mai ; D. 2019. 1107 ; ibid. 1815, note Perrier ; ibid. 1626, obs. Pradel ; AJ pénal 2019. 398, obs. Papillon ; JCP 2019, n° 28, p. 1383, chron. Mathieu et Cassard-Valembois ; Titre VII, oct. 2019, n° 3, chron. Bonis ; RFDC 2020. 706, note Catelan* : – **C. pr. pén., art. 7, al. 1er, mots « à compter du jour où le crime a été commis »** (dans sa rédaction résultant de la L. n° 2006-399 du 4 avr. 2006 renforçant la prévention et la répression des violences au sein du couple ou commises contre les mineurs). – Le Cons. const. déduit des art. 8 et 16 DDH (principe de nécessité des peines et garantie des droits) **un nouveau principe constitutionnel** : en matière pénale, il appartient au législateur, afin de tenir compte des conséquences attachées à l'écoulement du temps, de fixer des règles relatives à la prescription de l'action publique qui ne soient pas manifestement inadaptées à la nature ou à la gravité des infractions. – Absence de méconnaissance des exigences relatives à la prescription de l'action publique (DDH, art. 8 et 16). Les dispositions contestées ont pour seul effet de fixer le point de départ du délai de prescription des infractions continues au jour où l'infraction a pris fin dans ses actes constitutifs et dans ses effets. En prévoyant que ces infractions ne peuvent commencer à se prescrire tant qu'elles sont en train de se commettre, les dispositions contestées fixent des règles qui ne sont pas manifestement inadaptées à la nature de ces infractions. Par ailleurs, il ne résulte pas de ces dispositions une impossibilité pour une personne poursuivie pour une infraction continue de démontrer que cette infraction a pris fin, le juge pénal appréciant souverainement les éléments qui lui sont soumis afin de déterminer la date à laquelle l'infraction a cessé. – **Conformité**.

		– **Décision de renvoi :** CE, QPC, 28 févr. 2019, n° 424993. – **Application de la décision :** CE 11 déc. 2019, n° 424993.
2019	24 mai	**Délai entre la citation et la comparution devant un tribunal correctionnel en matière d'infractions de presse** **2019-786 QPC.** Assoc. Sea Shepherd : *JO 25 mai ; D. 2019. 1106 ; D. actu., 5 juin 2019, obs. Lavric ; Légipresse 2019, n° 373, p. 414, note Tordjman, Rialan et Beau de Loménie ; JCP 2019, n° 28, p. 1383, chron. Mathieu et Cassard-Valembois ; ibid., n° 43, p. 1903, note Beignier ; RLDI 2019, n° 160, p. 23, note Derieux ; RFDC 2020. 707, note Perrier* : – L. du 29 juill. 1881 sur la liberté de la presse, art. 54, al. 1er, mots « outre un jour par cinq myriamètres de distance » (dans sa rédaction résultant de l'Ord. n° 45-2090 du 13 sept. 1945 modifiant la L. du 29 juill. 1881 sur la liberté de la presse). – Méconnaissance du principe d'égalité devant la justice (DDH, art. 6 et 16). En instaurant un délai de distance, en plus de celui de 20 jours fixé pour la préparation de la défense, le législateur a entendu garantir à la partie poursuivie un temps nécessaire à son déplacement vers le lieu où elle est citée à comparaître. La prise en compte, par l'instauration d'un délai spécifique, de la distance séparant le lieu de résidence de la personne poursuivie du lieu où elle est citée à comparaître n'est, par elle-même, pas contraire au principe d'égalité devant la justice. Toutefois, en raison de l'étendue du territoire de la République, les modalités de détermination de ce délai définies par les dispositions contestées sont susceptibles de conduire à des délais de distance très différents. Compte tenu des moyens actuels de transport, ces différences dépassent manifestement ce qui serait nécessaire pour prendre en compte les contraintes de déplacement, et ce quelle que soit la distance séparant le lieu de résidence du prévenu de celui de sa comparution. Dès lors, les dispositions contestées procèdent à une distinction injustifiée entre les justiciables. – **Non-conformité à compter du 31 mars 2020.** Afin de faire cesser l'inconstitutionnalité constatée à compter de la publication de la Décis., il y a lieu de juger que les citations délivrées en application de la L. du 29 juill. 1881 après cette date sont soumises aux délais de distance déterminés aux 2 derniers al. de l'art. 552 C. pr. pén. La déclaration d'inconstitutionnalité ne peut être invoquée dans les instances engagées par une citation délivrée avant la publication de la Décis. – **Décision de renvoi :** Crim., QPC, 5 mars 2019, n° 18-85.074. – **Application de la décision :** Crim. 26 nov. 2019, n° 18-85.074.
2019	7 juin	**Absence de sursis à exécution du licenciement d'un salarié protégé** **2019-787 QPC.** M. Taoufik B. : *JO 8 juin ; D. 2019. 1290* : – **C. trav., L. 1232-6, al. 1er** (dans sa rédaction résultant de la L. n° 2018-217 du 29 mars 2018 ratifiant diverses ordonnances prises sur le fondement de la L. n° 2017-1340 du 15 sept. 2017 d'habilitation à prendre par ordonnances les mesures pour le renforcement du dialogue social). – Absence de méconnaissance du droit à un recours juridictionnel effectif (DDH, art. 16) et d'incompétence négative même si les dispositions contestées ne garantissent pas l'effet suspensif du recours

		formé contre l'autorisation administrative de licenciement. En dépit de l'absence de suspension de la décision administrative autorisant le licenciement, le juge administratif saisi du recours au fond contre cette autorisation peut, le cas échéant, en prononcer l'annulation. Le salarié investi d'un des mandats de représentation mentionnés à l'art. L. 2422-1 C. trav. bénéficie alors, sur sa demande, d'une réintégration de plein droit dans son emploi ou dans un emploi équivalent. De plus, le membre de la délégation du personnel au CSE, le représentant de proximité et le membre de la délégation du personnel CSE interentreprises bénéficient d'une réintégration de plein droit dans leur mandat si l'institution n'a pas été renouvelée entre-temps. À défaut, ils bénéficient de la protection contre le licenciement pendant une durée de 6 mois, à compter du jour où ils retrouvent leur place dans l'entreprise. Si ce droit à réintégration dans le mandat ne s'étend pas au délégué syndical, ce dernier peut faire l'objet d'une nouvelle désignation par son organisation syndicale (C. trav., art. L. 2422-2). Ensuite, le salarié investi d'un des mandats mentionnés à l'art. L. 2422-1 a droit à une indemnité correspondant à la totalité du préjudice subi au cours de la période écoulée entre son licenciement et sa réintégration. S'il n'a pas demandé cette réintégration, l'indemnisation couvre la période écoulée entre le licenciement et les 2 mois suivant la notification de l'annulation de l'autorisation administrative de licenciement (C. trav., art. L. 2422-4). Enfin, en cas de licenciement, le membre titulaire de la délégation du personnel au CSE est remplacé, en application de l'art. L. 2314-37, par un suppléant élu sur une liste présentée par la même organisation syndicale. En l'absence d'un tel suppléant élu, le remplacement est assuré par un candidat non élu présenté par la même organisation ou, à défaut, par un suppléant élu appartenant à la même catégorie professionnelle et ayant obtenu le plus grand nombre de voix. Si la loi ne prévoit pas de dispositif de suppléance des délégués syndicaux, une organisation syndicale peut, dans les conditions prévues à l'art. L. 2143-7, remplacer le délégué syndical licencié qu'elle avait désigné. – Absence de méconnaissance du principe d'égalité devant la loi (DDH, art. 6). En vertu du 1er al. de l'art. L. 1232-6, la décision de l'employeur de licencier un salarié prend effet lors de sa notification par lettre recommandée avec avis de réception. Ces dispositions s'appliquent à l'ensemble des salariés, que leur licenciement soit ou non subordonné à une autorisation administrative préalable. – **Conformité.** – **Décision de renvoi :** CE, QPC, 7 mars 2019, n° 425779.
2019	7 juin	**Absence de recours juridictionnel à l'encontre de la décision de placement d'animaux vivants prise par le procureur de la République** **2019-788 QPC.** Mme Lara A. : *JO 8 juin ; D. 2019. 1231 ; RFDC 2020. 709, note Catelan* : – **C. pr. pén., art. 99-1 al. 1er, mots « le procureur de la République près le tribunal de grande instance du lieu de l'infraction ou »** (dans sa rédaction résultant de l'Ord. n° 2010-462 du 6 mai 2010 créant un livre IX du code rural relatif à la pêche maritime et à l'aquaculture marine).

		– Absence de méconnaissance du droit à un recours juridictionnel effectif (DDH, art. 16). Même s'il résulte de la jurisprudence constante de la Cour de cassation qu'il n'existe pas de recours spécifique à l'encontre de la décision de placement d'animaux vivants prise par le procureur de la République, une personne dont les biens ont été saisis peut toutefois en demander la restitution au juge d'instruction au cours d'une information judiciaire et au procureur de la République dans les autres cas (C. pr. pén., art. 41-4 et 99). Il s'ensuit que le propriétaire en cause dispose d'un recours lui permettant d'obtenir qu'il soit mis fin à la mesure de placement. – **Décision de renvoi :** Crim., QPC, 19 mars 2019, n° 19-90.007.
2019	14 juin	**Droit de communication des organismes de sécurité sociale** **2019-789 QPC.** Mme Hanen S. : *JO 15 juin ; AJDA 2019. 1257 ; D. 2020. 68, note Lassalle ; JCP 2019, n° 28, p. 1383, chron. Mathieu et Cassard-Valembois ; LPA 2019, n° 198, p. 7, note Niemiec* : – **CSS, art. L. 114-20 et L. 114-21** (dans leur rédaction résultant de la L. n° 2007-1786 du 19 déc. 2007 de financement de la sécurité sociale pour 2008). – Méconnaissance du droit au respect de la vie privée (DDH, art. 2 et 4), CSS, art. L. 114-20. Compte tenu de leur nature et des traitements dont elles peuvent faire l'objet, les données de connexion fournissent sur les personnes en cause des informations nombreuses et précises, particulièrement attentatoires à leur vie privée. Par ailleurs, elles ne présentent pas de lien direct avec l'évaluation de la situation de l'intéressé au regard du droit à prestation ou de l'obligation de cotisation : **non-conformité.** – Absence de méconnaissance du droit au respect de la vie privée (DDH, art. 2 et 4), CSS, art. L. 114-21. L'objet d'une telle disposition est de permettre à la personne contrôlée de prendre connaissance des documents communiqués afin de pouvoir contester utilement les conclusions qui en ont été tirées par l'organisme de sécurité sociale : **conformité**. – Non-conformité de l'art. L. 114-20 CSS. Toutefois, ces dispositions, dans leur rédaction contestée, ne sont plus en vigueur. La remise en cause des mesures prises sur le fondement des dispositions déclarées contraires à la Constitution méconnaîtrait l'objectif de valeur constitutionnelle de lutte contre la fraude en matière de protection sociale et aurait ainsi des conséquences manifestement excessives : ces mesures ne peuvent être contestées sur le fondement de cette inconstitutionnalité. **Conformité de l'art. L. 114-21 CSS.** – **Décision de renvoi :** CE, QPC, 27 mars 2019, n° 424289. – **Application de la décision :** CE 1er juill. 2020, n° 424289 B : *AJDA 2020. 1389.*
2019	14 juin	**Répression pénale des pratiques commerciales trompeuses et autorité compétente pour prononcer des amendes administratives en matière de consommation** **2019-790 QPC.** Sté ENR Grenelle Habitat et a. : *JO 15 juin ; D. 2019. 1220 ; ibid. 2020. 624, obs. Aubry, Poillot et Sauphanor-Brouillaud ; JCP 2019, n° 25, p. 119 ; Titre VII, oct. 2019, n° 3, chron. Gahdoun* : – **C. consom., art. L. 132-2 et L. 522-1.**

		– Le contrôle de la conformité d'un cumul de poursuites au principe de nécessité des délits et des peines (DDH, art. 8) impose de déterminer les faits qui sont poursuivis et sanctionnés, les intérêts sociaux qui sont protégés par l'instauration des sanctions et la nature de ces dernières. Ainsi, pour que le Cons. const. puisse, dans le cadre d'une QPC, contrôler la conformité à ce principe d'une disposition législative instituant une sanction ayant le caractère de punition, il est nécessaire que le requérant désigne, au cours de la procédure, la disposition instituant l'autre sanction entraînant le cumul dénoncé. En l'absence de désignation par les requérants de l'autre disposition législative entraînant le cumul dénoncé, le Cons. const. ne peut statuer sur la QPC. – **Non-lieu à statuer.** – **Décision de renvoi :** Crim., QPC, 2 avr. 2019, n° 19-90.008.
2019	21 juin	**Autorisation de sortie sous escorte d'une personne détenue** **2019-791 QPC.** Section française de l'Observatoire international des prisons : *JO 22 juin ; D. 2019. 1288 ; Titre VII, oct. 2019, n° 3, chron. Bonis ; RFDC 2020. 718, note Perrier* : – **C. pr. pén., art. 148-5** (dans sa rédaction résultant de la L. n° 93-2 du 4 janv. 1993 portant réforme de la procédure pénale) et art. 723-6 (dans sa rédaction résultant de la L. n° 2004-204 du 9 mars 2004 portant adaptation de la justice aux évolutions de la criminalité). – Atteinte substantielle au droit des personnes intéressées d'exercer un recours effectif devant une juridiction (DDH, art. 16) concernant la contestation du refus opposé à une demande d'autorisation de **sortie sous escorte** formée par une personne placée en **détention provisoire** (C. pr. pén., art. 148-5). Les personnes placées en détention provisoire peuvent bénéficier à titre exceptionnel d'une autorisation de sortie sous escorte octroyée par la juridiction d'instruction ou de jugement. Toutefois, ni ces dispositions ni aucune autre disposition législative ne permettent de contester devant une juridiction le refus d'une telle autorisation : **non-conformité.** – Absence de méconnaissance du droit à un recours juridictionnel effectif (DDH, art. 16) concernant la contestation du refus opposé à une demande d'autorisation de **sortie sous escorte** formée par une **personne condamnée** (C. pr. pén., art. 723-6). Les personnes condamnées détenues peuvent bénéficier, à titre exceptionnel, d'une autorisation de sortie sous escorte. La décision d'octroi ou de refus d'une telle mesure est prise par le juge de l'application des peines, qui statue par ordonnance, cette décision est susceptible de faire l'objet d'un recours devant le président de la chambre de l'application des peines : **conformité.** – **Non-conformité de l'art. 148-5 C. pr. pén.** Cet art., dans sa rédaction contestée, n'est plus en vigueur : déclaration d'inconstitutionnalité applicable à toutes les affaires non jugées définitivement à la date de la publication de la décision et conformité de l'art. 723-6 C. pr. pén. – **Décision de renvoi :** CE, QPC, 5 avr. 2019, n° 427252. – **Application de la décision :** CE 20 déc. 2019, n° 427252.

2019	21 juin	**Dépassement d'honoraires dans le cadre de l'activité libérale des praticiens des établissements publics de santé** **2019-792 QPC.** Clinique Saint Cœur et a. : *JO 22 juin ; AJDA 2019. 2095 ; D. 2019. 1289 ; RDSS 2019. 1043, note Moquet-Anger :* **– CSP, art. L. 6154-2, § II, dernier al., mots « qui peuvent, le cas échéant, déroger aux dispositions du 4° du I de l'article L. 6112-2 »** (dans sa rédaction résultant de l'Ord. n° 2017-31 du 12 janv. 2017 de mise en cohérence des textes au regard des dispositions de la L. n° 2016-41 du 26 janv. 2016 de modernisation de notre système de santé). – Absence d'atteinte au principe d'égalité (DDH, art. 6). Lorsqu'ils exercent une activité libérale au sein de leur établissement, les praticiens des établissements publics de santé n'interviennent pas dans le cadre du service public hospitalier. Le patient accueilli dans un tel établissement peut ainsi bénéficier d'une prestation assurée soit par un praticien exerçant à titre libéral en dehors du cadre du service public hospitalier, sans garantie d'absence de dépassements d'honoraires, soit par un praticien intervenant dans le cadre du service public hospitalier, alors tenu à l'absence de facturation de tels dépassements. A cet égard, le § II de l'art. L. 6154-2 garantit l'information des patients et la neutralité de leur orientation entre activité libérale et activité publique. Les dispositions contestées n'instaurent ainsi aucune différence de traitement entre les patients accueillis dans un établissement public de santé. Par ailleurs, la différence de traitement contestée, entre les établissements publics de santé et les établissements de santé privés, repose donc sur une différence de situation. Par ailleurs, l'activité libérale vise à offrir, uniquement à titre accessoire, un complément de rémunération et de retraite aux praticiens statutaires à temps plein des établissements publics de santé. Il permet ainsi d'améliorer l'attractivité des carrières hospitalières publiques (la possibilité de pratiquer des dépassements d'honoraires contribue à cette attractivité) et la qualité des établissements publics de santé, la différence de traitement contestée est en rapport direct avec l'objet de la loi. **– Conformité.** **– Décision de renvoi :** CE, QPC, 12 avr. 2019, n° 427173.
2019	28 juin	**Majoration de 25 % de l'assiette de l'impôt sur le revenu applicable à des revenus de capitaux mobiliers particuliers** **2019-793 QPC.** Épx C. : *JO 29 juin ; D. 2019. 1341 ; Titre VII, oct. 2019, n° 3, note Austry :* **– CGI, art. 158, 7, 2°, référence « c » et les mots « et aux revenus distribués mentionnés à l'article 109 résultant d'une rectification des résultats de la société distributrice »** (dans ses rédactions résultant respectivement de la L. n° 2011-1977 du 28 déc. 2011 de finances pour 2012 et de la L. n° 2013-1279 du 29 déc. 2013 de finances rectificative pour 2013). – Absence de méconnaissance du principe d'égalité devant les charges publiques (DDH, art. 13). En adoptant les dispositions contestées, le législateur a entendu soumettre à une imposition plus forte certains revenus de capitaux mobiliers distribués dans des conditions irrégulières ou occultes, afin de dissuader de telles opérations. Il a ainsi poursuivi l'objectif de valeur constitutionnelle de lutte contre la fraude et

		l'évasion fiscales. En opérant une distinction selon que les revenus sont distribués à la suite d'une décision régulière des organes compétents de la société ou que les revenus distribués résultent de décisions occultes ou irrégulières et en soumettant seulement ces derniers à la majoration d'assiette contestée, le législateur a retenu des critères objectifs et rationnels au regard du but poursuivi. Il n'en résulte aucune rupture caractérisée de l'égalité devant les charges publiques entre les bénéficiaires de revenus de capitaux mobiliers soumis à cette majoration et les autres bénéficiaires de revenus de capitaux mobiliers. De plus, pour apprécier l'existence d'une charge excessive au regard des facultés contributives, il convient de prendre en compte l'ensemble des impositions portant sur le même revenu et acquittées par le même contribuable. En l'occurrence, pour les revenus de capitaux mobiliers visés par les dispositions contestées, il convient de cumuler l'impôt sur le revenu et la contribution exceptionnelle sur les hauts revenus, tous deux calculés en fonction d'une assiette majorée de 25 %, ainsi que les contributions sociales, puis de tenir compte de la déductibilité d'une fraction de la contribution sociale généralisée, prévue à l'art. 154 *quinquies* CGI. Il en résulte que, sous l'empire de l'art. 158 dans sa rédaction résultant de la L. du 28 déc. 2011, les revenus en cause étaient soumis à un taux marginal maximal d'imposition de 68,9 %. Sous l'empire du même art. dans sa rédaction résultant de la L. du 29 déc. 2013, ce taux s'établissait à 73,6 %. Ces taux, qui ne s'appliquent qu'à de hauts niveaux de revenus imposables, portent sur des revenus de capitaux mobiliers dissimulés, non spontanément déclarés par le contribuable. Il ne résulte pas de ces taux une charge excessive au regard des facultés contributives des contribuables. – **Conformité.** – **Décision de renvoi :** CE, QPC, 16 avr. 2019, n° 428401. – **Application de la décision :** CE 17 oct. 2019, n° 428401.
2019	28 juin	**Demande en appréciation de la légalité externe d'une décision administrative non réglementaire** **2019-794 QPC.** Union syndicale des magistrats administratifs et a. : *JO 29 juin ; AJDA 2019. 1376 ; D. 2019. 1343 ; Constitutions 2019. 377, chron. Le Bot ; Titre VII, oct. 2019, n° 3, chron. Gahdoun :* – **L. n° 2018-727 du 10 août 2018 pour un État au service d'une société de confiance, art. 54, § III, al. 2 et § I, al. 1er.** – Absence de méconnaissance du droit à un recours juridictionnel effectif (DDH, art. 16). Les dispositions contestées prévoient que le bénéficiaire ou l'auteur d'une décision administrative non réglementaire peut saisir le TA d'une demande tendant à en apprécier la légalité externe. Lorsque le TA constate la légalité externe de cette décision, aucun moyen tiré de cette cause juridique ne peut plus être invoqué à son encontre, notamment par voie d'exception. Les dispositions contestées sont donc susceptibles de priver les requérants de la faculté d'invoquer certains moyens pour contester une décision administrative non réglementaire définitive s'insérant dans une opération complexe. En adoptant ces dispositions, le législateur a poursuivi un objectif d'intérêt général en entendant limiter l'incertitude juridique pesant sur certains projets de grande ampleur qui nécessitent l'intervention de plusieurs décisions administratives successives

		constituant une opération complexe et dont les éventuelles illégalités peuvent être, de ce fait, invoquées jusqu'à la contestation de la décision finale. De plus, cette procédure ne peut porter que sur certaines décisions administratives non réglementaires qui, s'insérant dans une opération complexe, sont prises sur le fondement du C. expr., du C. urb. ou des art. L. 1331-25 à L. 1331-29 CSP. Ensuite, la constatation par le TA de la légalité externe d'une décision administrative non réglementaire a seulement pour effet de priver un requérant de la possibilité d'invoquer ultérieurement des vices de légalité externe. Il lui est toutefois possible de contester, par voie d'action ou d'exception, la légalité interne de cette décision, c'est-à-dire son bien-fondé. Par ailleurs, la demande en appréciation de légalité externe est rendue publique dans des conditions permettant à toute personne ayant un intérêt à agir d'être informée des conséquences éventuelles de cette demande sur les recours ultérieurs et d'intervenir à la procédure. Enfin, le TA, saisi de la demande, se prononce sur tous les vices de légalité externe qui lui sont soumis ainsi que sur tout motif de légalité externe qu'il estime devoir relever d'office, y compris si ce motif n'est pas d'ordre public. A cet égard, il appartient au juge administratif, dans l'exercice de ses pouvoirs généraux de direction de la procédure, d'ordonner toutes les mesures d'instruction qu'il estime nécessaires à la solution des questions qui lui sont soumises, et notamment de requérir des parties ainsi que, le cas échéant, de tiers, la communication des documents qui lui permettent d'établir sa conviction. – **Conformité.** – **Décision de renvoi :** CE, QPC, 6 mai 2019, n° 427650. – **Application de la décision :** CE 25 mars 2020, n° 427650.
2019	5 juill.	**Monopole du ministère public pour l'exercice des poursuites devant les juridictions financières** **2019-795 QPC.** Cne de Sainte-Rose et a. : *JO 6 juill. ; D. 2019. 1393 ; AJDA 2019. 1425* : – **CJF, art. L. 242-1, al. 1er, § III, mots « il saisit la formation de jugement »** (dans sa rédaction résultant de la L. n° 2008-1091 du 28 oct. 2008 relative à la Cour des comptes et aux chambres régionales des comptes). – Absence d'atteinte disproportionnée au droit des collectivités publiques victimes d'obtenir réparation de leur préjudice et au droit à un recours juridictionnel effectif (DDH, art. 4 et 16). Les dispositions contestées confient au ministère public le monopole des poursuites des comptables publics devant les chambres régionales des comptes. Il résulte de la jurisprudence constante du CE qu'elles font obstacle à ce qu'une collectivité publique puisse contester devant l'une de ces juridictions les manquements du comptable lui ayant causé un préjudice lorsque de tels manquements n'ont pas été visés dans le réquisitoire du ministère public. Toutefois, même si ce régime spécial de responsabilité des comptables publics peut conduire à l'indemnisation des préjudices subis par les collectivités publiques, son objet principal est, dans l'intérêt de l'ordre public financier, de garantir la régularité des comptes publics : le législateur peut donc confier au ministère public près les juridictions financières un monopole des poursuites en la matière. De plus, le législateur a expressément prévu à l'art. 60 de la

		L. du 23 févr. 1963 que ce régime spécial de responsabilité n'est pas exclusif de la responsabilité des mêmes comptables attachée à leur qualité d'agent public. Dès lors, les collectivités publiques victimes d'une faute du comptable ont la possibilité, si le ministère public près les juridictions financières n'a pas entendu saisir la chambre régionale des comptes de cette faute et de toutes ses conséquences, d'agir en responsabilité, selon les voies du droit commun, contre l'État ou contre le comptable lui-même. – **Conformité**. – **Décision de renvoi :** CE, QPC, 10 mai 2019, n° 424115.
2019	5 juill.	**Annulation des réductions ou exonérations des cotisations et contributions sociales des donneurs d'ordre en cas de travail dissimulé** **2019-796 QPC.** Sté Autolille : *JO 6 juill. ; D. 2019. 1397* : – **CSS, art. L. 133-4-5** (dans sa rédaction résultant de la L. n° 2012-1404 du 17 déc. 2012 de financement de la sécurité sociale pour 2013). – Absence de méconnaissance du principe de proportionnalité des peines (DDH, art. 8). Les dispositions contestées répriment des manquements par un donneur d'ordre à ses obligations de vigilance ou de diligence dont l'effet est de faciliter la réalisation du travail dissimulé par son cocontractant ou de contribuer à celle-ci. En prévoyant que le donneur d'ordre est, dans cette hypothèse, privé des réductions ou exonérations des cotisations ou contributions dont il a pu bénéficier au titre des rémunérations versées à ses salariés, le législateur a entendu lutter contre le travail dissimulé tout en responsabilisant spécifiquement les donneurs d'ordre bénéficiant de telles réductions ou exonérations. Il a entendu tenir compte des liens économiques entre les cocontractants résultant du recours à la sous-traitance. De plus, la sanction contestée est plafonnée quel que soit le montant des réductions ou exonérations des cotisations ou contributions dues aux organismes de sécurité sociale obtenues par le donneur d'ordre. Enfin, l'art. L. 133-4-2 CSS précise que la sanction prononcée est modulée en fonction de l'ampleur et de la durée du travail dissimulé que le manquement sanctionné a pu faciliter. Ainsi, le législateur a retenu une sanction en adéquation avec l'objectif poursuivi, qui n'est pas manifestement hors de proportion avec la gravité de l'infraction. – Absence de méconnaissance du principe d'égalité devant la loi (DDH, art. 6). Les dispositions contestées prévoient une sanction identique, dans son principe, pour tout donneur d'ordre ayant manqué à ses obligations de diligence et de vigilance en matière de travail dissimulé à l'égard de son cocontractant, sans distinguer entre les donneurs d'ordre selon le montant des réductions ou exonérations dont ils ont bénéficié pour l'emploi de leurs salariés. Le législateur n'ayant ainsi institué aucune différence de traitement. – **Conformité**. – **Décision de renvoi :** CE, QPC, 15 mai 2019, n° 428206. – **Application de la décision :** CE 28 sept. 2020, n° 428206.
2019	26 juill.	**Création d'un fichier des ressortissants étrangers se déclarant mineurs non accompagnés**

		2019-797 QPC. Unicef France et a. : *JO 30 juill. ; AJDA 2019. 1606 ; ibid. 2133, note Burriez ; D. 2019. 1542 ; JA 2019, n° 604, p. 10, obs. Zouag ; AJ fam. 2019. 434 ; Constitutions 2019. 387, chron. Carayon ; Titre VII, avr. 2020, n° 4, chron. Piazzon* : – **CESEDA, art. L. 611-6-1** (dans sa rédaction issue de la L. n° 2018-778 du 10 sept. 2018 pour une immigration maîtrisée, un droit d'asile effectif et une intégration réussie). – Absence de méconnaissance de l'exigence constitutionnelle de protection de l'intérêt supérieur de l'enfant. Les dispositions contestées n'ont ni pour objet ni pour effet de modifier les règles relatives à la détermination de l'âge d'un individu et aux protections attachées à la qualité de mineur, notamment celles interdisant les mesures d'éloignement et permettant de contester devant un juge l'évaluation réalisée. A cet égard, la majorité d'un individu ne saurait être déduite ni de son refus opposé au recueil de ses empreintes ni de la seule constatation, par une autorité chargée d'évaluer son âge, qu'il est déjà enregistré dans le fichier en cause ou dans un autre fichier alimenté par les données de celui-ci. – Mise en œuvre par le législateur de l'exigence constitutionnelle de protection de l'intérêt supérieur de l'enfant et poursuite de l'objectif de valeur constitutionnelle de lutte contre l'immigration irrégulière. En évitant la réitération par des personnes majeures de demandes de protection qui ont déjà donné lieu à une décision de refus, le traitement automatisé mis en place par les dispositions contestées vise à faciliter l'action des autorités en charge de la protection des mineurs et à lutter contre l'entrée et le séjour irréguliers des étrangers en France. Aucune norme constitutionnelle ne s'oppose par principe à ce qu'un traitement automatisé poursuive plusieurs finalités. – Absence de disproportion concernant la conciliation entre la sauvegarde de l'ordre public et le droit au respect de la vie privée (DDH, art. 2). Les dispositions contestées prévoient le recueil, l'enregistrement et le traitement des empreintes digitales et de la photographie des ressortissants étrangers qui sollicitent le bénéfice des dispositifs de protection de l'enfance et excluent tout dispositif de reconnaissance faciale. Ainsi, les données recueillies sont celles nécessaires à l'identification de la personne et à la vérification de ce qu'elle n'a pas déjà fait l'objet d'une évaluation de son âge. De plus, ces dispositions prévoient que la conservation des données des personnes reconnues mineures est limitée à la durée strictement nécessaire à leur prise en charge et à leur orientation, en tenant compte de leur situation personnelle et que le fichier instauré par les dispositions contestées est mis en œuvre dans le respect de la loi du 6 janvier 1978 relative à l'informatique, aux fichiers et aux libertés. – **Conformité.** – **Décision de renvoi :** CE, QPC, 15 mai 2019, n°s 428478 et 428826 : *AJDA 2019. 1079.* – **Application de la décision :** CE 5 févr. 2020, n° 428478 : *ADJA 2020. 261 ; AJ fam. 2020. 144 ; JCP Adm. 2020. 72 ; ibid. 96.*
2019	26 juill.	**Compétence de l'agence française de lutte contre le dopage pour prononcer des sanctions disciplinaires à l'égard des personnes non licenciées**

		2019-798 QPC. M. Windy B. : *JO 30 juill. ; D. 2019. 1543 ; Titre VII, avr. 2020, n° 4, chron. Piazzon* : – **C. sport, art. L. 232-22, 1°** (dans sa rédaction résultant de l'Ord. n° 2015-1207 du 30 sept. 2015 relative aux mesures relevant du domaine de la loi nécessaires pour assurer le respect des principes du code mondial antidopage). – Méconnaissance du principe d'impartialité (DDH, art. 16). Dans les situations dans lesquelles les poursuites sont engagées par l'agence française de lutte contre le dopage elle-même, ni les dispositions contestées ni aucune autre disposition législative n'opèrent de séparation, au sein de cette agence, entre les fonctions de poursuite des éventuels manquements commis par les personnes non licenciées et les fonctions de jugement de ces mêmes manquements. – **Non-conformité.** Les dispositions, dans leur rédaction contestée, ne sont plus en vigueur. La déclaration d'inconstitutionnalité ne peut être invoquée dans les instances dans lesquelles des griefs ont été notifiés par l'agence française de lutte contre le dopage sur le fondement des dispositions contestées sans avoir donné lieu à décision de son collège au 1er sept. 2018, instances pour lesquelles la commission des sanctions de l'agence est saisie du dossier en application de l'art. 15 de l'Ord. du 11 juill. 2018. En revanche, la déclaration d'inconstitutionnalité peut être invoquée dans toutes les instances relatives à une sanction prononcée sur le fondement des dispositions contestées avant la publication de la décision et non définitivement jugées à cette date, à l'exception des instances relatives à des sanctions prononcées par l'agence à la suite de poursuites engagées par une fédération sportive. – **Décision de renvoi :** CE, QPC, 27 mai 2019, n° 426461. – **Application de la décision :** CE 16 déc. 2020, n° 426461.
2019	6 sept.	**Conditions de la libération conditionnelle pour les étrangers condamnés pour terrorisme** **2019-799/800 QPC.** Mme Alaitz A. et a. : *JO 7 sept. ; D. 2019. 1655 ; JA 2019, n° 606, p. 12, obs. Autier ; AJ pénal 2019. 620, obs. Chetard ; Constitutions 2019. 517, note Ponseille ; ibid. 541, note Chassang ; JCP 2019, n° 41, p. 1790, note Peltier ; RTDH 2019, juin 2019, p. 1, note Sizaire ; RFDC 2020. 717, note Perrier* : – **C. pr. pén., art. 730-2-1, al. 5** (dans sa rédaction issue de la L. n° 2016-731 du 3 juin 2016 renforçant la lutte contre le crime organisé, le terrorisme et leur financement, et améliorant l'efficacité et les garanties de la procédure pénale). – Disproportion manifeste entre l'infraction et la peine encourue (DDH, art. 8). Les dispositions de l'al. de l'art. 730-2-1 C. pr. pén. font obstacle, pour les condamnés étrangers sous le coup d'une décision d'éloignement du territoire, telle qu'une expulsion ou une interdiction du territoire français, à toute mesure de libération conditionnelle, dès lors que l'exécution de mesures probatoires est incompatible avec la décision d'éloignement du territoire. Dès lors que les dispositions contestées ont pour conséquence de priver les personnes en cause de toute possibilité d'aménagement de leur peine, en particulier dans le cas

		où elles ont été condamnées à la réclusion criminelle à perpétuité, elles sont manifestement contraires au principe de proportionnalité des peines. – **Non-conformité à partir du 1er juill. 2020.** – **Décision de renvoi :** Crim., QPC, 5 juin 2019, n° 19-90.016.
2019	20 sept.	**Notes d'audience établies par le greffier lors des débats devant le tribunal correctionnel** **2019-801 QPC.** M. Jean-Claude F. : *JO 21 sept. ; D. 2019. 1761 ; AJ pénal 2019. 566, obs. Lebreton ; RFDC 2020. 712, note Catelan* : – **C. pr. pén., art. 453, al. 1er** (dans sa rédaction issue de l'Ord. n° 58-1296 du 23 déc. 1958 modifiant et complétant le C. pr. pén.). – Absence de méconnaissance du droit à un procès équitable et des droits de la défense (DDH, art. 16). Il ne résulte pas des dispositions contestées l'impossibilité pour une partie d'apporter la preuve de l'existence d'une irrégularité ayant affecté le déroulement d'une audience correctionnelle : toute partie à une audience correctionnelle peut établir par tout moyen la preuve de l'irrégularité de la procédure suivie lors de cette audience correctionnelle, le cas échéant par la voie de l'inscription de faux. Il est également possible de déposer devant le T. corr. des conclusions faisant état d'une telle irrégularité. Le dépôt de ces conclusions est obligatoirement mentionné dans les notes d'audience et le tribunal est tenu d'y répondre dans son jugement. Enfin, les parties à l'audience peuvent demander auprès du président du T. corr. qu'il leur soit donné acte dans les notes d'audience de propos tenus ou d'incidents. – Absence de méconnaissance du principe d'égalité devant la justice (DDH, art. 6). Les dispositions contestées n'instituent, par elles-mêmes, aucune différence de traitement dans la tenue des notes d'audience entre les personnes poursuivies devant le T. corr. D'autre part, le fait qu'une personne puisse être jugée pour un délit par la cour d'assises ou pour un crime requalifié en délit jugé par le tribunal correctionnel ne résulte pas des dispositions contestées. – **Conformité.** – **Décision de renvoi :** Crim., QPC, 25 juin 2019, n° 19-90.022.
2019	20 sept.	**Utilisation de la visioconférence sans accord du détenu dans le cadre d'audiences relatives au contentieux de la détention provisoire** **2019-802 QPC.** M. Abdelnour B. : *JO 21 sept. ; D. 2019. 1762 ; AJ pénal 2019. 600, étude Perrier ; JCP 2019, n° 46, p. 2013, note Giacopelli ; Titre VII, avr. 2020, n° 4, chron. Cartier ; RFDC 2020. 709, note Catelan* : – **C. pr. pén., art. 706-71, mots : « la chambre de l'instruction », figurant à la 1re phrase du 3e al.** (dans sa rédaction résultant de l'Ord. n° 2016-1636 du 1er déc. 2016 relative à la décision d'enquête européenne en matière pénale). – Atteinte excessive aux droits de la défense (DDH, art. 16). Par exception, en matière criminelle, en application de l'art. 145-2 C. pr. pén., la 1re prolongation de la détention provisoire peut n'intervenir qu'à l'issue d'une durée d'une année. Il en résulte qu'une personne placée en détention provisoire pourrait se voir privée, pendant une année entière, de la possibilité de comparaître physiquement devant le

		juge appelé à statuer sur la détention provisoire. Pour ce motif, eu égard à l'importance de la garantie qui s'attache à la présentation physique de l'intéressé devant la juridiction compétente pour connaître de la détention provisoire et en l'état des conditions dans lesquelles s'exerce le recours à ces moyens de télécommunication, les dispositions ne sont pas conformes à la Const. 58. – **Non-conformité.** Ces dispositions dans leur rédaction contestée ne sont plus en vigueur et la remise en cause des mesures ayant été prises sur le fondement des dispositions déclarées contraires à la Const. 58 méconnaîtrait les objectifs de valeur constitutionnelle de sauvegarde de l'ordre public et de recherche des auteurs d'infractions et aurait ainsi des conséquences manifestement excessives. Par suite, ces mesures ne peuvent être contestées sur le fondement de cette inconstitutionnalité. – **Décision de renvoi :** Crim., QPC, 26 juin 2019, n° 19-82.733. – **Applications de la décision :** – CE 27 nov. 2020, n° 446712. – Crim. 6 oct. 2020, n° 20-84.171. – Crim. 4 févr. 2020, n° 19-86.945 P.
2019	27 sept.	**Mise en mouvement de l'action publique en cas d'infraction commise par un militaire lors d'une opération extérieure** **2019-803 QPC.** Mme Fabienne V. : *JO 28 sept. ; AJDA 2020. 171, note Videlin ; D. 2019. 1837 ; AJ pénal 2019. 610, obs. Mariat ; RFDC 2020. 705, note Catelan* : – **C. pr. pén., art. 698-2, al. 2** (dans sa rédaction résultant de la L. n° 2013-1168 du 18 déc. 2013 relative à la programmation militaire pour les années 2014 à 2019 et portant diverses dispositions concernant la défense et la sécurité nationale). – Absence de méconnaissance du droit à un recours juridictionnel effectif (DDH, art. 16). Même en l'absence d'engagement de poursuites par le ministère public à l'égard de faits commis dans l'accomplissement de sa mission par un militaire engagé dans le cadre d'une opération mobilisant des capacités militaires se déroulant à l'extérieur du territoire français ou des eaux territoriales françaises et qui font obstacle à la mise en mouvement de l'action publique par une personne qui se prétend lésée par une infraction commise dans un tel cadre, les dispositions contestées ne privent pas la partie lésée de la possibilité d'obtenir réparation du dommage que lui ont personnellement causé les faits commis par le militaire devant, selon le cas, le juge administratif ou le juge civil. – Absence de méconnaissance du principe d'égalité devant la justice (DDH, art. 6 et 16). En adoptant les dispositions contestées, le législateur a, eu égard aux contraintes inhérentes à l'exercice de leurs missions par les forces armées, entendu limiter le risque de poursuites pénales abusives, de nature à déstabiliser l'action militaire de la France à l'étranger. A cette fin, il a confié au procureur de la République un monopole de poursuites circonscrit aux faits commis dans l'accomplissement de sa mission par un militaire engagé dans le cadre d'une opération mobilisant des capacités militaires se déroulant à l'extérieur du territoire français ou des eaux territoriales françaises. Le législateur a tenu compte de la spécificité de ces opérations et n'a pas instauré de discrimination injustifiée entre les victimes d'infractions

		commises par un militaire dans l'accomplissement de sa mission lors de telles opérations et les victimes des mêmes infractions commises en France par un militaire ou commises à l'étranger par un civil. — **Conformité.** — **Décision de renvoi :** Crim., QPC, 26 juin 2019, n° 19-90.021.
2019	27 sept.	**Dénonciation obligatoire au procureur de la République de certains faits de fraude fiscale** **2019-804 QPC.** Association française des entreprises privées : *JO 28 sept. ; D. 2019. 1842 ; RFDC 2020. 706, note Catelan* : — **LPF, art. L. 228, al. 1er et § I, 1° à 3°** (dans sa rédaction résultant de la L. n° 2018-898 du 23 oct. 2018 relative à la lutte contre la fraude). — Absence d'atteinte au principe d'égalité devant la procédure pénale (DDH, art. 6 et 16). En adoptant les dispositions contestées, le législateur a entendu soumettre systématiquement au procureur de la République, aux fins de poursuites pénales, les faits de fraude fiscale les plus graves dont a connaissance l'administration. A cette fin, il a retenu comme critères de dénonciation obligatoire le fait que les droits éludés sont supérieurs à 100 000 euros et qu'ils sont assortis de l'une des pénalités prévues dans les cas suivants : l'opposition à contrôle fiscal ; la découverte d'une activité occulte faisant suite à une omission déclarative ; l'abus de droit ou les manœuvres frauduleuses constatés au titre d'une insuffisance de déclaration ; la rectification à raison du défaut de déclaration d'avoirs financiers détenus à l'étranger ; la taxation forfaitaire à partir des éléments du train de vie en lien avec des trafics illicites ou, en cas de réitération, le défaut de déclaration dans les 30 jours suivant la réception d'une mise en demeure, le manquement délibéré ou l'abus de droit, dans l'hypothèse où le contribuable n'a pas eu l'initiative principale de cet abus ou n'en a pas été le principal bénéficiaire : ces critères, objectifs et rationnels, sont en lien avec le but poursuivi par le législateur. De plus, l'administration est soumise, pour l'application des pénalités fiscales correspondant aux agissements précités, au respect des principes de légalité et d'égalité. Ainsi, en retenant les critères de dénonciation obligatoire précités, le législateur n'a pas instauré de discrimination injustifiée entre les contribuables. Enfin, dès lors que les dispositions contestées instituent un mécanisme de dénonciation de plein droit au procureur de la République, l'absence d'avis conforme de la commission des infractions fiscales, qui a pour objet de filtrer parmi les dossiers transmis par l'administration ceux justifiant effectivement des poursuites pénales, ne prive les contribuables d'aucune garantie. — **Conformité.** — **Décision de renvoi :** CE, QPC, 1er juill. 2019, n° 429742.
2019	27 sept.	**Obligation d'accueil des gens du voyage et interdiction du stationnement des résidences mobiles** **2019-805 QPC.** Union de défense active des forains et a. : *JO 28 sept. ; D. 2019. 1840 ; AJDA 2019. 1905* ; AJCT 2020. 47 ; Constitutions 2019. 511, *note Glacuzzo ; Titre VII, avr. 2020, n° 4, chron. Piazzon ; RFDC 2020. 935, note Pena* : — **L. n° 2000-614 du 5 juill. 2000 relative à l'accueil et à l'habitat des gens du voyage, art. 9, § I et I *bis*, 2°, 4° et 5° ; § II, al. 4, mots :**

		« dans le délai fixé par celle-ci » figurant à la 1re phrase du paragraphe II *bis*, les mots « quarante-huit heures » figurant à la 3e phrase du même § et le § III (dans sa rédaction résultant de la L. n° 2018-957 du 7 nov. 2018 relative à l'accueil des gens du voyage et à la lutte contre les installations illicites). — Absence de méconnaissance de la liberté d'aller et venir (DDH, art. 2 et 4) concernant la L. du 5 juill. 2000, art. 9, § I et I *bis*, 2°, 4° et 5°. Ces dispositions permettent à certains autres EPCI et certaines autres communes de prononcer la même interdiction éventuellement suivie d'une évacuation forcée dans plusieurs cas. Eu égard à l'objectif qu'il s'est assigné, le législateur n'a pas opéré une conciliation manifestement déséquilibrée entre, d'une part, la nécessité de sauvegarder l'ordre public et les droits des tiers et, d'autre part, la liberté d'aller et venir : **conformité**. — Absence de méconnaissance du droit de mener une vie familiale normale et de l'exigence constitutionnelle d'égal accès à l'instruction, du droit à la santé. La L. du 5 juill. 2000, art. 9, § II, al. 4, prévoit qu'en cas de stationnement effectué en violation de l'arrêté d'interdiction de stationner, le maire, le propriétaire ou le titulaire du droit d'usage du terrain occupé peut demander au préfet de mettre en demeure les occupants de quitter les lieux. Les gens du voyage qui font l'objet d'une mise en demeure de quitter leur lieu de stationnement irrégulier bénéficient, sur ce territoire, d'aires et terrains d'accueil permettant un accès aux soins et à l'enseignement : **conformité**. — Absence de méconnaissance des droits de la défense (DDH, art. 16), des mots « dans le délai fixé par celle-ci » figurant à la 1re phrase du § II *bis* et des mots « quarante-huit heures » figurant à la 3e phrase du même § de l'art. 9 de la L. du 5 juill. 2000. En adoptant ces dispositions, le législateur a entendu garantir l'exécution à bref délai des arrêtés d'interdiction de stationnement des gens du voyage lorsque leur méconnaissance est de nature à porter atteinte à l'ordre public. De plus, il résulte du 3e al. du § II de l'art. 9 de la L. préc. que le délai de recours pour contester la décision de mise en demeure ne peut être inférieur à 24 h et qu'il ne commence à courir qu'à compter de sa notification régulière aux occupants des résidences mobiles et, le cas échéant, au propriétaire ou titulaire du droit d'usage du terrain. En outre, les requérants peuvent présenter tous moyens à l'appui de leur requête en annulation jusqu'à la clôture de l'instruction, qui n'intervient qu'à l'issue de l'audience publique : **conformité**. — Méconnaissance du droit de propriété (DDH, art. 2 et 17) concernant la L. du 5 juill. 2000, art. 9 § III. Faute de viser le § I *bis*, le 1er al. du § III de l'art. 9 de la L. préc. exclut que l'interdiction de stationnement soit appliquée aux terrains dont les gens du voyage sont propriétaires dans toutes les communes à l'exception de celles qui n'appartiennent pas à un EPCI. Il y a donc atteinte au droit de propriété, en permettant sans aucun motif tiré notamment d'une atteinte à l'ordre public, qu'un propriétaire soit privé de la possibilité de stationner sur le terrain qu'il possède : **non-conformité**. — **Conformité de :** L. du 5 juill. 2000, art. 9, § I et I *bis*, 2°, 4° et 5° ; § II, al. 4 et des mots « dans le délai fixé par celle-ci » figurant à la

		1re phrase du § II *bis* et des mots « quarante-huit heures » figurant à la 3e phrase du même § et **non-conformité de L. du 5 juill. 2000, art. 9 § III à compter du 1er juill. 2020.** – **Décision de renvoi :** CE, QPC, 1er juill. 2019, n° 430064. – **Application de la décision :** CE 23 déc. 2020, n° 430064.
2019	4 oct.	**Taux dérogatoires des cotisations sociales des assurés sociaux non fiscalement domiciliés en France** **2019-806 QPC.** M. Gilbert A. : *JO 5 oct. ; D. 2019. 1942* : – **CSS, art. L. 131-9, al. 2, 1re phrase** (dans sa rédaction résultant de la L. n° 2015-1702 du 21 déc. 2015 de financement de la sécurité sociale pour 2016). – Absence de méconnaissance des principes d'égalité devant la loi et devant les charges publiques (DDH, art. 6 et 13). Il ressort des travaux préparatoires que, en autorisant le pouvoir réglementaire à prévoir des taux particuliers de cotisations sociales pour les assurés sociaux qui, n'étant pas des résidents fiscaux en France, ne sont pas assujettis à la CSG sur les revenus d'activité et de remplacement, le législateur a cherché à éviter que ceux-ci puissent bénéficier de la baisse attendue des taux de cotisations sociales sans subir, en contrepartie, la hausse de la CSG. Ce faisant, il a entendu que les assurés sociaux participent de manière équivalente au financement des régimes obligatoires d'assurance maladie. Il a ainsi poursuivi un objectif d'intérêt général. De plus, la différence de traitement ainsi instaurée est en rapport direct avec l'objet des cotisations sociales, tel qu'il doit s'entendre dans le cadre d'un système de financement mixte de la protection sociale, pour des prestations d'assurance maladie, maternité, invalidité ou décès dont le niveau n'est pas nécessairement lié à la durée pendant laquelle ces cotisations ont été versées ou à leur montant. ***Toutefois***, les dispositions contestées ne sauraient être interprétées comme autorisant le pouvoir réglementaire à retenir des taux particuliers de cotisations sociales de nature à créer des ruptures caractérisées de l'égalité dans la participation des assurés sociaux au financement des régimes d'assurance maladie dont ils relèvent : **réserve.** – **Conformité avec réserve.** – **Décision de renvoi :** Civ. 2e, QPC, 4 juill. 2019, n° 19-40.020.
2019	4 oct.	**Compétence du juge administratif en cas de contestation de l'arrêté de maintien en rétention faisant suite à une demande d'asile formulée en rétention** **2019-807 QPC.** M. Lamin J. : *JO 5 oct ; AJDA 2020. 412, note Schmitz ; D. 2019. 1890 ; ibid. 2020. 298, obs. Boskovic, Corneloup, Jault-Seseke, Joubert et Parrot ; RFDC 2020. 466, chron. Cléquin* : – **CESEDA, art. L. 556-1, al. 2, 1re phrase** (dans sa rédaction résultant de la L. n° 2018-187 du 20 mars 2018 permettant une bonne application du régime d'asile européen). – Absence de méconnaissance de l'art. 66 Const. 58. Le dépôt de la demande d'asile qui, en application des art. L. 741-1 et L. 743-1 CESEDA, donne droit à la délivrance d'une attestation de demande d'asile valant autorisation provisoire de séjour est de nature à mettre fin à la procédure d'éloignement et donc à la rétention. Ainsi, alors même qu'elle a pour effet de laisser perdurer une mesure privative de liberté, la

		décision par laquelle l'autorité administrative décide de maintenir en rétention un étranger au motif que sa demande d'asile a été présentée dans le seul but de faire échec à la mesure d'éloignement constitue une décision relative au séjour des étrangers. Or, l'annulation ou la réformation d'une décision relative à une telle matière, prise dans l'exercice de prérogative de puissance publique par une autorité administrative, relève de la compétence de la juridiction administrative. De plus, le 1er al. de l'art. L. 556-1 CESEDA prévoit que la décision de maintien en rétention n'affecte ni le contrôle du juge des libertés et de la détention exercé sur la décision de placement en rétention ni sa compétence pour examiner la prolongation de la rétention. En outre, les dispositions contestées ne privent pas le juge judiciaire de la faculté d'interrompre à tout moment la prolongation du maintien en rétention, de sa propre initiative ou à la demande de l'étranger, lorsque les circonstances de droit ou de fait le justifient et pour tout autre motif que celui tiré de l'illégalité des décisions relatives au séjour et à l'éloignement de l'étranger qui relèvent de la compétence du juge administratif. Enfin, si le législateur peut, dans l'intérêt d'une bonne administration de la justice, unifier les règles de compétence juridictionnelle au sein de l'ordre juridictionnel principalement intéressé, il n'est pas tenu de le faire. – Absence de méconnaissance du droit à un recours juridictionnel effectif (DDH, art. 16). L'étranger qui a demandé l'asile postérieurement à son placement en rétention peut déférer au juge administratif la décision de maintien en rétention. Lorsqu'aucune décision de maintien n'a été prise et qu'il n'a pourtant pas été procédé à sa libération, il peut saisir le juge administratif d'un référé-liberté afin qu'il soit enjoint à l'administration de se prononcer sur sa situation. De plus, il ne saurait résulter de la seule répartition des compétences entre les deux ordres de juridiction une atteinte au droit à un recours juridictionnel effectif. – **Conformité.** – **Décision de renvoi :** Civ. 1re, QPC, 11 juill. 2019, n° 18-26.232. – **Application de la décision :** Civ. 1re, 18 déc. 2019, n° 18-26.232 P : *D. 2020. 19.*
2019	11 oct.	**Soumission des biocarburants à base d'huile de palme à la taxe incitative relative à l'incorporation de biocarburants** **2019-808 QPC.** Sté Total raffinage France : *JO 12 oct. ; D. 2019. 1939 ; ibid. 2020. 1012, obs. Monteillet et Leray :* – **C. douanes, art. 266 *quindecies*, § V, B, 2, dernier al.** (dans sa rédaction résultant de la L. n° 2018-1317 du 28 déc. 2018 de finances pour 2019). – Absence de méconnaissance du principe d'égalité devant les charges publiques (DDH, art. 13). Il ressort des travaux préparatoires que, en instituant la taxe incitative relative à l'incorporation de biocarburants, le législateur a entendu lutter contre les émissions de gaz à effet de serre dans le monde. A ce titre, il a cherché à réduire tant les émissions directes, notamment issues des carburants d'origine fossile, que les émissions indirectes, causées par la substitution de cultures agricoles destinées à produire des biocarburants à celles destinées à l'alimentation, conduisant à la mise en culture, à des fins alimentaires,

		de terres non agricoles présentant un important stock de carbone, telles que les forêts ou les tourbières. De plus, en adoptant les dispositions contestées, le législateur s'est fondé sur le constat que l'huile de palme se singularise par la forte croissance et l'importante extension de la surface mondiale consacrée à sa production, en particulier sur des terres riches en carbone, ce qui entraîne la déforestation et l'assèchement des tourbières. Il a ainsi tenu compte du fait que la culture de l'huile de palme présente un risque élevé, supérieur à celui présenté par la culture d'autres plantes oléagineuses, d'induire indirectement une hausse des émissions de gaz à effet de serre. Il n'est pas de la compétence du Cons. const. de remettre en cause l'appréciation par le législateur des conséquences pour l'environnement de la culture des matières premières en question, dès lors que cette appréciation n'est pas, en l'état des connaissances, manifestement inadéquate au regard de l'objectif d'intérêt général de protection de l'environnement poursuivi. Ainsi, en excluant pour le calcul de la taxe la possibilité de démontrer que l'huile de palme pourrait être produite dans des conditions particulières permettant d'éviter le risque de hausse indirecte des émissions de gaz à effet de serre, le législateur a, en l'état des connaissances et des conditions mondiales d'exploitation de l'huile de palme, retenu des critères objectifs et rationnels en fonction du but poursuivi. – **Conformité**. – **Décision de renvoi :** CE, QPC, 24 juill. 2019, n° 431589. – **Application de la décision :** CE 31 déc. 2020, n° 431589.
2019	11 oct.	**Droits d'inscription pour l'accès aux établissements publics d'enseignement supérieur** **2019-809 QPC.** Union nationale des étudiants en droit, gestion, AES, sciences économiques, politiques et sociales et a. : *JO 12 oct. ; AJDA 2019. 2022 ; ibid. 2627, note Verpeaux ; D. 2019. 1938 ; ibid. 2310, point de vue Fardet ; RFDA 2019. 1123, chron. Roblot-Troizier ; Constitutions 2019. 525, note Le Bot ; Titre VII, avr. 2020, n° 4, note Cartier ; ibid., chron. Gahdoun ; JCP 2019, n° 47, p. 910, note Braconnier ; Dr. adm. 2019, n° 12, p. 3, note Roux ; Dr. adm. 2020, n° 1, p. 34, note Lanneau ; Commentaire 2020, n° 169, p. 139, note Gaudemet* : – **L. n° 51-598 du 24 mai 1951 de finances pour l'exercice 1951, art. 48, al. 3.** – Absence de méconnaissance de l'al. 13 du Préamb. Const. 1946. L'exigence constitutionnelle de gratuité s'applique à l'enseignement supérieur public. Cette exigence ne fait pas obstacle, pour ce degré d'enseignement, à ce que des droits d'inscription modiques soient perçus en tenant compte, le cas échéant, des capacités financières des étudiants. Les dispositions contestées se limitent à prévoir que le pouvoir réglementaire fixe les montants annuels des droits perçus par les établissements publics d'enseignement supérieur et acquittés par les étudiants. Il appartient aux ministres compétents de fixer, sous le contrôle du juge, les montants de ces droits dans le respect des exigences de gratuité de l'enseignement public et d'égal accès à l'instruction. – **Conformité**. – **Décision de renvoi :** CE, QPC, 24 juill. 2019, n° 430121 : *AJDA 2019. 1612.*

		– **Application de la décision :** CE 1er juill. 2020, n°s 430121, 430266, 431133, 431510, 431688.
2019	25 oct.	**Responsabilité du transporteur aérien en cas de débarquement d'un étranger dépourvu des titres nécessaires à l'entrée sur le territoire national** **2019-810 QPC.** Sté Air France : *JO 26 oct ; AJDA 2019. 2155 ; ibid. 2020. 185, note Brunet ; D. 2019. 2097 ; JT 2019, n° 225, p. 11, obs. Delpech ; RFDA 2020. 184, note Carpentier ; Gaz. Pal. 2019, n° 43, p. 22, note Kamal ; Dr. adm. 2020, n° 3, p. 185, note Brunet ; RFDC 2020. 701, note Perrier* : – **CESEDA, art. L. 625-5, 2°** (dans sa rédaction résultant de l'Ord. n° 2004-1248 du 24 nov. 2004 relative à la partie législative du CESEDA). – Absence de méconnaissance de l'interdiction de déléguer à des personnes privées des compétences de police administrative générale inhérentes à l'exercice de la « force publique » nécessaire à la garantie des droits (DDH, art. 12). Les irrégularités manifestes qu'il appartient au transporteur de déceler sous peine d'amende, en application des dispositions contestées, lors, au moment de l'embarquement, du contrôle des documents requis, sont celles susceptibles d'apparaître à l'occasion d'un examen normalement attentif de ces documents par un agent de la compagnie. Ainsi, en instaurant cette obligation, le législateur n'a pas entendu associer les transporteurs aériens au contrôle de la régularité de ces documents effectué par les agents de l'État en vue de leur délivrance et lors de l'entrée de l'étranger sur le territoire national : **conformité**. – Absence de méconnaissance des principes de proportionnalité et d'individualisation des peines (DDH, art. 8). Les dispositions contestées sont sans incidence sur le quantum de la sanction encourue et les règles de son individualisation : **conformité**. – Absence de méconnaissance du principe selon lequel nul n'est punissable que de son propre fait (DDH, art. 8 et 9). Le fait que le transporteur puisse être sanctionné alors même que l'irrégularité manifeste affectant le document présenté par l'étranger en cause n'a pas été détectée par les autorités publiques compétentes pour délivrer ce document n'a pas pour effet de rendre le transporteur responsable du manquement imputable à ces autorités : **conformité**. – **Conformité**. – **Décision de renvoi :** CE, QPC, 31 juill. 2019, n°s 427744, 427745. – **Application de la décision :** CE 11 déc. 2020, n° 427745.
2019	25 oct.	**Seuil de représentativité applicable aux élections européennes** **2019-811 QPC.** Mme Fairouz H. et a. : *JO 26 oct. ; AJDA 2020. 124, note Rambaud ; ibid. 2019. 2153 ; D. 2019. 2096 ; D. 2020. 316, note Roux ; RTD eur. 2020. 946, obs. Ritleng ; LPA 2020, n° 64, p. 8, note Camby* : – **L. n° 77-729 du 7 juill. 1977 relative à l'élection des représentants au Parlement européen** (dans sa rédaction résultant de la L. n° 2018-509 du 25 juin 2018 relative à l'élection des représentants au Parlement européen)**, art. 3, al. 2, 1re phrase, mots « ayant obtenu au moins 5 % des suffrages exprimés »**.

		– Absence de méconnaissance des principes de pluralisme des courants d'idées et d'opinions (Const. 58, art. 4) et d'égalité devant le suffrage doivent être écartés (DDH, art. 6 et Const. 58, art. 3, al. 3). En instituant un seuil pour accéder à la répartition des sièges au Parlement européen, le législateur a, dans le cadre de la participation de la République française à l'UE prévue à l'art. 88-1 Const. 58, poursuivi un double objectif. D'une part : favoriser la représentation au Parlement européen des principaux courants d'idées et d'opinions exprimés en France et renforcer leur influence en son sein. D'autre part : contribuer à l'émergence et à la consolidation de groupes politiques européens de dimension significative, tout en cherchant à éviter une fragmentation de la représentation qui nuirait au bon fonctionnement du Parlement européen. Même si la réalisation d'un tel objectif ne peut dépendre de l'action d'un seul État membre, le législateur était fondé à arrêter des modalités d'élection tendant à favoriser la constitution de majorités permettant au Parlement européen d'exercer ses pouvoirs législatifs, budgétaires et de contrôle. De plus, il n'appartient pas au Cons. const. de rechercher si l'objectif que s'est assigné le législateur aurait pu être atteint par d'autres voies, dès lors que les modalités retenues ne sont pas manifestement inappropriées à l'objectif poursuivi. Ainsi, en fixant à 5 % des suffrages exprimés le seuil d'accès à la répartition des sièges au Parlement européen, le législateur a retenu des modalités qui n'affectent pas l'égalité devant le suffrage dans une mesure disproportionnée et qui ne portent pas une atteinte excessive au pluralisme des courants d'idées et d'opinions. – **Conformité.** – **Décision de renvoi :** CE, QPC, 31 juill. 2019, n° 431482, 431501 et 431564. – **Application de la décision :** CE 31 janv. 2020, n° 431143 A : *AJDA 2020. 264.*
2019	15 nov.	**Suppression de l'abattement pour durée de détention sur les gains nets retirés des cessions d'actions et de parts sociales** **2019-812 QPC.** M. Sébastien M. et a. : *JO 16 nov. ; D. 2019. 2185 ; RD fisc. 2020, n° 14, p. 21, note Maitrot de la Motte* : – **CGI, art. 150-0 D *bis*, § I, 1, al. 1er, mots « L'imposition de la plus-value retirée de la cession à titre onéreux d'actions ou de parts de sociétés ou de droits démembrés portant sur ces actions ou parts »** (dans sa rédaction résultant de la L. n° 2012-354 du 14 mars 2012 de finances rectificative pour 2012). – Absence de méconnaissance de la garantie des droits (DDH, art. 16). Il résulte de l'art. 150-0 D *bis* CGI, dans sa rédaction antérieure à la L. du 28 déc. 2011, que le bénéfice d'un abattement ne pouvait être légalement acquis qu'au jour de la cession, fait générateur de l'imposition, de titres détenus depuis au moins 6 années révolues, décomptées au plus tôt à partir du 1er janv. 2006. Ainsi, aucun droit à abattement n'a pu être légalement acquis avant le 1er janv. 2012. Dès lors, les dispositions contestées, qui trouvent leur origine dans la L. du 28 déc. 2011, laquelle a supprimé ce dispositif d'abattement, ne portent pas atteinte à des situations légalement acquises. De plus, la simple conservation de titres durant une période inférieure à la durée exigée par

		l'art. 150-0 D *bis* CGI, dans sa rédaction antérieure à la L. du 28 déc. 2011, n'a pu, à elle seule, faire naître une attente légitime de bénéficier de l'abattement en cause. – Absence de méconnaissance du principe d'égalité devant la loi (DDH, art. 6). L'art. 150-0 D *ter* CGI, dans ses rédactions applicables depuis le 1er janv. 2006, prévoit que les dirigeants de certaines sociétés peuvent bénéficier d'un abattement sur les gains retirés de la cession d'actions ou de parts de ces sociétés à la condition, notamment, de faire valoir leurs droits à la retraite dans les deux années qui suivent la cession. Il ressort des travaux préparatoires de la L du 30 déc. 2005 que, en prévoyant un tel abattement, le législateur a entendu faciliter la transmission des entreprises françaises au moment du départ à la retraite de leurs dirigeants, lesquels ne sont pas dans la même situation que les autres cédants de titres. Dès lors, le législateur a institué une différence de traitement fondée sur une différence de situation en rapport avec l'objet de la loi. – **Conformité**. – **Décision de renvoi :** CE, QPC, 11 sept. 2019, n° 431686.
2019	15 nov.	**Exigence d'agrément pour l'exonération d'impôt sur le revenu des titres représentatifs d'un apport partiel d'actif par une société étrangère** **2019-813 QPC.** M. Calogero G. : *JO 16 nov. ; D. 2019. 2185 ; Titre VII, avr. 2020, n° 4, chron. Austry* : – **CGI, art. 121, 1, al. 3, mots « en cas d'apport partiel d'actif par une société étrangère »** (dans sa rédaction résultant de la L. n° 2003-660 du 21 juill. 2003 de programme pour l'outre-mer). – Absence de méconnaissance du principe d'égalité devant la loi (DDH, art. 6). Avant l'entrée en vigueur de la L. du 28 déc. 2017, les dispositions contestées, telles qu'interprétées par une jurisprudence constante, instauraient, pour l'accès au régime fiscal favorable des distributions consécutives à un apport partiel d'actif, une différence de traitement entre les associés des sociétés étrangères, selon que ces sociétés étaient établies dans un État membre de l'Union européenne ou un État tiers, seules les premières étant dispensées de l'exigence d'agrément préalable. Toutefois, ces dispositions, ainsi interprétées, ont pour objet d'assurer la neutralité fiscale des seules opérations d'apport partiel d'actif effectuées à des fins de restructuration économique, en dehors de toute volonté de fraude ou d'évasion fiscales, dans le respect du droit de l'UE. Ce dernier, qui instaure un régime fiscal commun pour ces opérations au sein de l'Union européenne, s'oppose à ce que la législation d'un État membre soumette l'octroi de tels avantages fiscaux à une procédure d'agrément préalable reposant sur une présomption générale de fraude ou d'évasion fiscales. Il ne résulte pas de cette exigence découlant du droit de l'UE une dénaturation de l'objet initial de la loi. De plus, au regard de l'objet de la loi, telle que désormais interprétée, il existe une différence de situation, tenant au lieu d'établissement de la société apporteuse, entre les associés des sociétés établies dans un État membre et ceux des autres sociétés étrangères. La différence de traitement instaurée par les dispositions contestées est ainsi en rapport direct avec l'objet de la loi. – **Conformité**.

		– **Décision de renvoi :** CE, QPC, 16 sept. 2019, n° 431784.
2019	22 nov.	**Conditions d'octroi du crédit d'impôt au titre de certains investissements réalisés en Corse** **2019-814 QPC.** Sté Prato Corbara : *JO 23 nov. ; D. 2019. 2251* : – **CGI, art. 244 *quater* E, § I, 1°, al. 4, 3e phrase ; mots : « Le capital des sociétés doit être entièrement libéré »** (dans sa rédaction résultant de l'Ord. n° 2013-676 du 25 juill. 2013 modifiant le cadre juridique de la gestion d'actifs). – Absence de méconnaissance des principes d'égalité devant la loi et devant les charges publiques (DDH, art. 6 et 13). En retenant une condition de libération intégrale pour bénéficier du crédit d'impôt, le législateur a entendu réserver l'aide publique à l'investissement aux sociétés dont les associés ont versé, pour les financer, les apports qu'ils avaient souscrits et estimés nécessaires lors de la détermination du capital social. Le Cons. const. n'ayant pas un pouvoir général d'appréciation et de décision de même nature que celui du Parlement, il ne saurait rechercher si les objectifs que s'est assignés le législateur auraient pu être atteints par d'autres voies, dès lors que les modalités retenues par la loi ne sont pas manifestement inappropriées à l'objectif visé. Il s'ensuit que même si toutes les catégories de sociétés commerciales ne sont pas soumises à une exigence de montant minimal de capital social, le critère retenu par le législateur, qui repose sur les prévisions et les engagements des associés, n'est pas manifestement inapproprié à l'objectif poursuivi par le législateur. De plus, selon la jurisprudence constante du CE, la condition de libération complète du capital s'apprécie non à la date de réalisation de l'investissement, mais à la clôture de l'exercice comptable au titre duquel l'impôt sur les sociétés est liquidé. Cette date correspond au fait générateur de l'impôt sur les sociétés sur lequel s'impute le crédit d'impôt. Ainsi, la différence de traitement instaurée par les dispositions contestées est fondée sur des critères objectifs et rationnels en rapport avec l'objet de la loi. – **Conformité.** – **Décision de renvoi :** CE, QPC, 16 sept. 2019, n° 432018.
2019	29 nov.	**Révocation du sursis à exécution d'une sanction disciplinaire** **2019-815 QPC.** Mme Carole L. : *JO 30 nov. ; D. 2019. 2296 ; AJCT 2020. 162, obs. Benech ; JCP 2019, n° 52, p. 2377, note Brigant ; RFDC 2020. 716, note Catelan* : – **Ord. n° 45-2138 du 19 sept. 1945 portant institution de l'ordre des experts-comptables et réglementant le titre et la profession d'expert-comptable, art. 53, al. 10, 2de phrase** (dans sa rédaction résultant de l'Ord. n° 2016-1809 du 22 déc. 2016 relative à la reconnaissance des qualifications professionnelles de professions réglementées). – Méconnaissance du principe d'individualisation des peines (DDH, art. 8). Il résulte de la combinaison des dispositions contestées et de celles du Décr. du 30 mars 2012 relatif à l'exercice de l'activité d'expertise comptable que la révocation du sursis intervient pour toute nouvelle sanction disciplinaire. Une telle sanction peut être prononcée en raison d'une contravention aux lois et règlements qui régissent l'activité de l'expertise comptable, d'une infraction aux règles

		professionnelles ou d'un manquement à la probité, à l'honneur ou à la délicatesse, même se rapportant à des faits non liés à l'activité professionnelle. Cette révocation peut donc intervenir quelles que soient la nature et la gravité du manquement sanctionné et de la peine prononcée. De plus, le délai d'épreuve durant lequel un tel manquement est susceptible d'entraîner cette révocation est de 5 ans. Par ailleurs, en vertu des dispositions contestées, le prononcé d'une nouvelle peine disciplinaire entraîne la révocation automatique du sursis sans que la juridiction disciplinaire puisse alors s'y opposer ou en moduler les effets. – **Non-conformité avec effet différé au 1er sept. 2020.** Afin de préserver l'effet utile de la Décis. à la solution des instances en cours ou à venir, dans l'attente d'une nouvelle loi, le juge disciplinaire peut décider que la peine qu'il prononce n'entraîne pas la révocation du sursis antérieurement accordé ou n'entraîne que sa révocation partielle. – **Décision de renvoi :** CE, QPC, 2 oct. 2019, n° 432723.
2019	29 nov.	**Restructuration des branches professionnelles** **2019-816 QPC.** Féd. nat. des syndicats du spectacle, du cinéma, de l'audiovisuel et de l'action culturelle CGT et a. : *JO 30 nov. ; D. 2019. 2306 ; Dr. soc. 2020. 366, étude Gomes ; RDT 2020. 200, obs. Nadal ; Titre VII, avr. 2020, n° 4, chron. Piazzon ; JCP S 2019, n° 49, p. 25, note Bugada ; JCP 2020, n° 13, p. 3, note Morand* : – **C. trav., art. L. 2261-32, § I, al. 8** (dans sa rédaction résultant de la L. n° 2018-771 du 5 sept. 2018 pour la liberté de choisir son avenir professionnel) **; art. L. 2261-33, al. 3** (dans sa rédaction issue de la L. n° 2016-1088 du 8 août 2016 relative au travail, à la modernisation du dialogue social et à la sécurisation des parcours professionnels) **et art. L. 2261-34, al. 1er, mots « la fusion de champs conventionnels prononcée en application du I de l'article L. 2261-32 »** (dans sa rédaction issue de la même L. du 8 août 2016). – Absence d'atteinte à la liberté contractuelle (DDH, art. 4 et Préamb. Const. 1946, al. 6 et 8) concernant les art. **L. 2261-32** C. trav. et **L. 2261-33, al. 1er** C. trav. Compte tenu du motif d'intérêt général poursuivi et des différentes conditions et garanties précitées, l'atteinte portée à la liberté contractuelle par le 1er al., les 1°, 2°, 3° et 5° et le 12e al. du § I de l'art. L. 2261-32 ainsi que par les mots « En cas de fusion des champs d'application de plusieurs conventions collectives en application du I de l'article L. 2261-32 » figurant à la 1re phrase du 1er al. de l'art. L. 2261-33, n'est pas disproportionnée : **conformité**. – Atteinte à la liberté contractuelle (DDH, art. 4 et Préamb. Const. 1946, al. 6 et 8). En prévoyant, au **8e al. du § I de l'art. L. 2261-32** C. trav., que la procédure de fusion peut également être engagée « pour fusionner plusieurs branches afin de renforcer la cohérence du champ d'application des conventions collectives », le législateur n'a pas déterminé au regard de quels critères cette cohérence pourrait être appréciée. Il a ainsi laissé à l'autorité ministérielle une latitude excessive dans l'appréciation des motifs susceptibles de justifier la fusion. Il a, ce faisant, méconnu l'étendue de sa compétence dans des conditions affectant la liberté contractuelle : **non-conformité**. – Absence de méconnaissance du droit au maintien des conventions légalement conclues (DDH, art. 4 et 16) concernant l'**art. L. 2261-33,**

		al. 3, C. trav. En adoptant ces dispositions, le législateur a entendu, en cas d'absence ou d'échec de la négociation collective à l'issue du délai qu'il a imparti aux partenaires sociaux, assurer l'effectivité de la fusion, en soumettant les salariés et les entreprises de la nouvelle branche à un statut conventionnel unifié. ***En revanche***, ces dispositions ne sauraient, sans porter une atteinte excessive au droit au maintien des conventions légalement conclues, mettre fin de plein droit à l'application des stipulations de la convention collective de la branche rattachée qui régissent des situations spécifiques à cette branche : **réserve**. – Absence d'atteinte à la liberté contractuelle. ***Toutefois***, les dispositions du **1er al. de l'art. L. 2261-34** ne sauraient, sans méconnaître cette liberté, être interprétées comme privant les organisations d'employeurs et de salariés, en cas de perte de leur caractère représentatif à l'échelle de la nouvelle branche à l'issue de la mesure de l'audience suivant la fusion, de la possibilité de continuer à participer aux discussions relatives à l'accord de remplacement, à l'exclusion de la faculté de signer cet accord, de s'y opposer ou de s'opposer à son éventuelle extension : **réserve**. – ***Non-conformité pour :* C. trav., art. L. 2261-32, § I, al. 8, à compter de la publication de la Décis. et applicable à toutes les affaires non jugées définitivement à cette date**. – ***Conformité sous réserve pour :*** **C. trav., art. L. 2261-33, al. 3 et art. L. 2261-34, al. 1er, mots « la fusion de champs conventionnels prononcée en application du I de l'article L. 2261-32 »** (rédaction issue de la L. du 8 août 2016 préc.). – ***Conformité pour :*** **C. trav., art. L. 2261-32, § I, al. 1er, 1°, 2°, 3° et 5° et 12° al.** (rédaction issue de la L. du 5 sept. 2018 préc.) ; **art. L. 2261-33, al. 1er, 1re phrase, mots « En cas de fusion des champs d'application de plusieurs conventions collectives en application du I de l'article L. 2261-32 »** (rédaction issue de la L. du 8 août 2016 préc.) **et art. L. 2261-34, al. 3, mots « de la fusion »** (rédaction issue de la L. du 8 août 2016 préc.). – **Décision de renvoi :** CE, QPC, 2 oct. 2019, n° 431750.
2019	6 déc.	**Interdiction générale de procéder à la captation ou à l'enregistrement des audiences des juridictions administratives ou judiciaires** **2019-817 QPC.** Mme Claire L. : *JO 7 déc. ; D. actu. 9 déc., obs. Babonneau ; AJDA 2019. 2521 ; D. 2019. 2355 ; AJ pénal 2020. 76, étude Courtin ; Légipresse 2019. 666 ; ibid. 2020. 118, étude Derieux ; ibid. 127, chron. Tordjman, Rialan et Beau de Loménie ; Titre VII, avr. 2020, n° 4, chron. Piazzon ; RFDC 2020. 711, note Catelan* : – **L. du 29 juill. 1881 sur la liberté de la presse, art. 38 *ter*, al. 1er et 3** (dans sa rédaction résultant de l'Ord. n° 2000-916 du 19 sept. 2000 portant adaptation de la valeur en euros de certains montants exprimés en francs dans les textes législatifs)**, et al. 4 du même art**. – Absence d'atteinte à l'exercice de la liberté d'expression et de communication (DDH, art. 11). Celle-ci est nécessaire, adaptée et proportionnée aux objectifs poursuivis. En instaurant cette interdiction, l'objectif du législateur est de garantir la sérénité des débats vis-à-vis des risques de perturbations liés à l'utilisation de ces appareils (objectif de valeur constitutionnelle de bonne administration de la justice) et de

		prévenir les atteintes que la diffusion des images ou des enregistrements issus des audiences pourrait porter au droit au respect de la vie privée des parties au procès et des personnes participant aux débats, à la sécurité des acteurs judiciaires et, en matière pénale, à la présomption d'innocence de la personne poursuivie. De plus, s'il est possible d'utiliser des dispositifs de captation et d'enregistrement qui ne perturbent pas en eux-mêmes le déroulement des débats, l'interdiction de les employer au cours des audiences permet de prévenir la diffusion des images ou des enregistrements, susceptible quant à elle de perturber ces débats ; et l'évolution des moyens de communication est susceptible de conférer à cette diffusion un retentissement important qui amplifie le risque qu'il soit porté atteinte aux intérêts précités. Enfin, l'interdiction résultant des dispositions contestées, à laquelle il a pu être fait exception, ne prive pas le public qui assiste aux audiences, en particulier les journalistes, de la possibilité de rendre compte des débats par tout autre moyen, y compris pendant leur déroulement, sous réserve du pouvoir de police du président de la formation de jugement. – **Conformité**. – **Décision de renvoi :** Crim., QPC, 1er oct. 2019, n° 19-81.769 : *D. actu. 8 oct. 2019, obs. Blocman ; Légipresse 2019. 521.* – **Application de la décision :** Crim. 24 mars 2020, n° 19-81.769 P : *D. 2020. 877 ; ibid. 1643, obs. Pradel ; Légipresse 2020. 212 ; ibid. 301, étude Ader.*
2019	6 déc.	**Assistance de l'avocat dans les procédures de refus d'entrée en France et de maintien en zone d'attente** **2019-818 QPC.** Mme Saisda C. : *JO 7 déc. ; AJDA 2019. 2520 ; D. 2019. 2356 ; ibid. 2020. 298, obs. Boskovic, Corneloup, Jault-Seseke, Joubert et Parrot* : – **CESEDA, art. L. 213-2, al. 2, 1re phrase, mots : « ou le conseil de son choix »** (dans sa rédaction résultant de la L. n° 2018-778 du 10 sept. 2018 pour une immigration maîtrisée, un droit d'asile effectif et une intégration réussie)**, et art. L. 221-4, al. 1er, 1re phrase, mots : « un conseil ou »** (dans sa rédaction résultant de la L. n° 2015-925 du 29 juill. 2015 relative à la réforme du droit d'asile). – Absence d'atteinte aux droits de la défense (DDH, art. 7, 9 et 16). Si l'art. L. 213-2 CESEDA prévoit que la notification à un étranger du refus de son entrée en France doit s'accompagner de la mention de son droit de faire avertir le conseil de son choix, et l'art. L. 221-4 du même code précise que l'étranger est informé, lors de son maintien en zone d'attente, qu'il peut communiquer avec le conseil de son choix, ces dispositions ne consacrent pas un droit de l'étranger à exiger l'assistance d'un avocat lors des auditions organisées par l'administration dans le cadre de l'instruction de sa demande d'entrée en France ou pendant son maintien en zone d'attente. Ces auditions effectuées dans le cadre de l'instruction administrative des décisions de refus d'entrée en France ou organisées pendant le maintien de l'étranger en zone d'attente n'ont pour objet que de permettre de vérifier que l'étranger satisfait aux conditions d'entrée en France et d'organiser à défaut son départ. Elles ne relèvent donc pas d'une procédure de recherche d'auteurs d'infractions. De plus, la décision de refus d'entrée,

		celle de maintien en zone d'attente et celles relatives à l'organisation de son départ ne constituent pas des sanctions ayant le caractère de punition mais des mesures de police administrative. – **Conformité.** – **Décision de renvoi :** Civ. 1re, QPC, 2 oct. 2019, n° 19-40.024.
2020	7 janv.	**Plafonnement de la déductibilité fiscale des frais généraux des entreprises ayant leur siège social ou leur direction effective en dehors de la Nouvelle-Calédonie** **2019-819 QPC.** Sté Casden Banque populaire : *JO 8 janv. ; LPA 2020, n° 150y1, p. 3, note Pando ; Titre VII, avr. 2020, n° 4, note Ayrault* : – **CGI de la Nouvelle-Calédonie** (dans sa rédaction résultant de la L. du pays n° 2015-5 du 18 déc. 2015), **art. 21, § V, al. 1er, 1re phrase, mots « dans la limite de 5 % du montant des services extérieurs, au sens de la comptabilité privée », et art. 21, § V, al. 1er, 2e phrase.** – Absence de méconnaissance du principe d'égalité devant les charges publiques (DDH, art. 6 et 13). Le législateur du pays a établi une présomption que la part des frais généraux excédant 5 % du montant des services extérieurs, payés par une entreprise établie en Nouvelle-Calédonie à des entreprises situées en dehors de la Nouvelle-Calédonie et avec lesquelles elle est liée, constitue un transfert indirect de bénéfices. Il a ainsi tenu compte des possibilités de transferts indirects de bénéfices dont disposent ces entreprises en raison de la nature des liens qu'elles entretiennent avec des entreprises situées hors de la Nouvelle-Calédonie à l'égard desquelles l'administration ne dispose pas des mêmes pouvoirs de vérification et de contrôle que sur les entreprises situées en Nouvelle-Calédonie : eu égard au plafond de déduction retenu, le législateur du pays s'est fondé sur des critères objectifs et rationnels pour établir cette présomption de transfert indirect de bénéfices. ***Toutefois***, ces dispositions ne sauraient, sans porter une atteinte disproportionnée au principe d'égalité devant les charges publiques, faire obstacle à ce que l'entreprise soit autorisée à apporter la preuve que la part de ses frais généraux qui excède le montant de 5 % de ses services extérieurs ne correspond pas à un transfert indirect de bénéfices : **réserve.** – **Conformité pour : CGI de la Nouvelle-Calédonie art. 21, § V, al. 1er, 2e phrase, et conformité sous réserve pour : art. 21, § V, al. 1er, 1re phrase, mots « dans la limite de 5 % du montant des services extérieurs, au sens de la comptabilité privée ».** – **Décision de renvoi :** CE, QPC, 4 oct. 2019, n° 432615.
2020	17 janv.	**Abattement au titre de la résidence principale en matière d'impôt de solidarité sur la fortune** **2019-820 QPC.** Épx K. : *JO 18 janv. ; AJ fam. 2020. 87, obs. Paillard ; AJDI 2020. 694, obs. Maublanc ; Gaz. Pal. 7 avr. 2020, p. 84, note Munck-Barraud ; Defrénois 2020, n° 28, p. 34,* note Bonnet ; JCP N 2020. *Actu. 175, note Lubin ; ibid. Actu. 1096, note Storck* : – **CGI, art. 885 S, al. 2, 1re phrase, mots « par son propriétaire »** (dans sa rédaction résultant de la L. n° 2007-1223 du 21 août 2007 en faveur du travail, de l'emploi et du pouvoir d'achat).

		– Absence de méconnaissance des principes d'égalité devant la loi et devant les charges publiques (DDH, art. 6 et 13). Sauf dans le cas régi par l'art. 1655 *ter*, où une SCI a pour unique objet la construction ou l'acquisition d'immeubles, en vue de leur division par fractions destinées à être attribuées aux associés en propriété ou en jouissance, l'immeuble qui compose le patrimoine d'une SCI lui appartenant en propre. Il s'ensuit que les associés d'une telle société, même lorsqu'ils détiennent l'intégralité des parts sociales, ne disposent pas des droits attachés à la qualité de propriétaire des biens immobiliers appartenant à celle-ci. Par ailleurs, la valeur des parts détenues au sein d'une SCI ne se confond pas nécessairement avec celle des immeubles lui appartenant. Elle peut donc faire l'objet de règles d'évaluation spécifiques. Ainsi, en réservant le bénéfice de l'abattement de 30 % sur la valeur vénale réelle de l'immeuble aux redevables de l'ISF qui occupent à titre de résidence principale un bien dont ils sont propriétaires, le législateur a institué une différence de traitement, fondée sur une différence de situation, en rapport direct avec l'objet de la loi. – **Conformité**. – **Décision de renvoi :** Com., QPC, 17 oct. 2019, n° 19-14.256 : *AJ fam. 2019. 554, obs. Paillard.* – **Application de la décision :** Com. 13 janv. 2021, n° 19-14.256.
2020	24 janv.	**Obligation de fourniture des équipements nécessaires à l'authentification des produits du tabac** **2019-821 QPC.** Sté nationale d'exploitation industrielle des tabacs et allumettes : *JO 25 janv :* – **CSP, art. L. 3512-25, § III, dernier al.** (dans sa rédaction résultant de la L. n° 2018-898 du 23 oct. 2018 relative à la lutte contre la fraude). – Absence de rupture caractérisée de l'égalité devant les charges publiques (DDH, art. 6 et 13) compte tenu de la charge financière que représente la satisfaction de l'obligation de fourniture de la part des fabricants et des importateurs des équipements nécessaires à l'authentification des produits du tabac. L'objectif du législateur est de garantir l'authenticité des produits du tabac mis sur le marché pour lutter contre leur commerce illicite. Pour cela, il a poursuivi les objectifs de valeur constitutionnelle de protection de la santé publique et de sauvegarde de l'ordre public, qui inclut la lutte contre la fraude ; et la lutte contre le commerce illicite des produits du tabac n'est pas sans lien avec les activités des entreprises qui les fabriquent ou les importent, qui ont au demeurant un intérêt à la mise en œuvre de la mission de contrôle, par l'État, des dispositifs de sécurité apposés sur les unités de conditionnement de ces produits. Ainsi, en imposant aux fabricants et importateurs d'apporter leur concours à cette mission de contrôle, le législateur n'a pas reporté sur des personnes privées des dépenses qui, par leur nature, incomberaient à l'État. De plus, les entreprises assujetties à l'obligation critiquée sont celles qui, en fabriquant ou en important des produits du tabac, mettent ces produits sur le marché. Ces entreprises ne sont pas placées dans la même situation que celles qui distribuent ou commercialisent ces produits. La différence de traitement qui en résulte est en rapport direct avec l'objet de la loi.

		Chaque fabricant ou importateur doit contribuer à cette obligation à proportion des unités de conditionnement de produits du tabac qu'il met sur le marché. – **Conformité**. – **Décision de renvoi :** CE, QPC, 23 oct. 2019, n°s 431983, 432035. – **Application de la décision :** CE 16 nov. 2020, n° 431983.
2020	24 janv.	**Absence d'obligation légale d'aviser le tuteur ou le curateur d'un majeur protégé entendu librement** **2019-822 QPC.** M. Hassan S. : *JO 25 janv. ; D. 2020. 155 ; RFDC 2020. 704, note Perrier ; Titre VII, oct. 2020, n° 5, chron. Bonnis et Peltier* : – **C. pr. pén., art. 706-113** (dans sa rédaction résultant de la L. n° 2008-174 du 25 févr. 2008 relative à la rétention de sûreté et à la déclaration d'irresponsabilité pénale pour cause de trouble mental). – Dans sa Décis. du 14 sept. 2018 (2018-730 QPC), le Cons. const. a spécialement examiné le 1er al. de l'art. 706-113 C. pr. pén, dans sa rédaction mentionnée ci-dessus et a déclaré ces dispositions contraires à la Constitution. S'il a décidé que cette déclaration d'inconstitutionnalité prenait effet, sous certaines conditions, au 1er octobre 2019, l'autorité qui s'attache aux décisions du Cons. const. fait obstacle, en l'absence de changement des circonstances, à ce qu'il soit de nouveau saisi afin d'examiner la conformité à la Constitution de ces dispositions, dans cette rédaction. Par suite, même si l'argumentation à l'appui du grief d'inconstitutionnalité diffère de celle qui avait justifié leur censure, il n'y a pas lieu, pour le Cons. const., de se prononcer sur la QPC relative à ces dispositions. – **Non-lieu à statuer**. – **Décision de renvoi :** Crim., QPC, 29 oct. 2019, n° 19-90.030.
2020	31 janv.	**Interdiction de la production, du stockage et de la circulation de certains produits phytopharmaceutiques** **2019-823 QPC.** Union des industries de la protection des plantes : *JO 1er févr. ; AJDA 2020. 264 ; ibid. 425, tribune Goesel-Le Bihan ; D. 2020. 218 ; ibid. 1159, note Parance et Mabile ; ibid. 1012, obs. Monteillet et Leray ; ibid. 1761, obs. Reboul-Maupin et Strickler ; ibid. 1970, obs. d'Avout, Bollée et Farnoux ; D. actu. 12 mars 2020, note Vervynck ; AJCT 2020. 340, étude Bailly ; RFDA 2020. 501, chron. Roblot-Troizier ; RFDC 2020. 683, note Douteaud ; Titre VII, oct. 2020, n° 5, chron. Surrel ; ibid., chron. Piazzon ; Gaz. Pal. 2020, n° 9, p. 25, note Kamal-Girard ; JCP 2020, n° 10, p. 466, note Aguila et Rollini ; Dr. adm. 2020, n° 4, p. 8, note Fonbaustier ; LPA 2020, n° 81, p. 10, note Attard ; JCP Adm. 2020, n°s 21-22, p. 11, note Billet* : – **C. rur., art. L. 253-8, § 4** (dans sa rédaction résultant de la L. n° 2018-938 du 30 oct. 2018 pour l'équilibre des relations commerciales dans le secteur agricole et alimentaire et une alimentation saine, durable et accessible à tous). – Absence de méconnaissance du principe de la liberté d'entreprendre (DDH, art. 4). En interdisant, en France, à partir du 1er janv. 2022, la production, le stockage et la circulation des produits phytopharmaceutiques contenant des substances actives non approuvées par l'Union européenne (herbicides, fongicides, insecticides

		ou acaricides), le législateur a entendu prévenir les atteintes à la santé humaine et à l'environnement susceptibles d'en résulter. De plus, en faisant obstacle à ce que des entreprises établies en France participent à la vente de tels produits partout dans le monde et donc, indirectement, aux atteintes qui peuvent en résulter pour la santé humaine et l'environnement et quand bien même, en dehors de l'Union européenne, la production et la commercialisation de tels produits seraient susceptibles d'être autorisées, le législateur a porté à la liberté d'entreprendre une atteinte qui est bien en lien avec les objectifs de valeur constitutionnelle de protection de la santé et de l'environnement poursuivis. Enfin, en différant au 1er janv. 2022 l'entrée en vigueur de l'interdiction de production, de stockage ou de circulation des produits phytopharmaceutiques contenant des substances actives non approuvées, le législateur a laissé aux entreprises qui y seront soumises un délai d'un peu plus de 3 ans pour adapter en conséquence leur activité. Le Cons. const. consacre un nouvel objectif de valeur constitutionnelle (OVC), celui de protection de l'environnement, patrimoine commun des êtres humains fondé sur le préamb. Charte envir. – **Conformité.** – **Décision de renvoi :** CE, QPC, 7 nov. 2019, n° 433460. – **Application de la décision :** CE 13 nov. 2020, n° 433460.
2020	31 janv.	**Régime fiscal de la prestation compensatoire** **2019-824 QPC.** M. Thierry A. : *JO 1er févr. ; D. 2020. 219 ; ibid. 506, obs. Douchy-Oudot ; AJ fam. 2020. 250, obs. David ; ibid. 87, obs. Paillard ; ibid. 204, obs. Paillard ; Titre VII, oct. 2020, n° 5, chron. Piazzon ; LPA 2020, n° 47, p. 4, note Pando ; Dr. fam. 2020, n° 4, p. 3, note Colliot* : – **CGI, art. 199 *octodecies*, § II** (dans sa rédaction résultant de la L. n° 2004-439 du 26 mai 2004 relative au divorce). – Méconnaissance du principe d'égalité devant les charges publiques (DDH, art. 13). En privant le débiteur d'une prestation compensatoire du bénéfice de la réduction d'impôt sur les versements en capital intervenus sur une durée inférieure à 12 mois au seul motif que ces versements sont complétés d'une rente, le législateur ne s'est pas fondé sur des critères objectifs et rationnels en rapport avec l'objet de la loi. – **Non-conformité.** A noter : les dispositions déclarées contraires à la Const. 58, dans leur rédaction contestée résultant de la L. du 26 mai 2004, ne sont plus en vigueur. La déclaration d'inconstitutionnalité peut être invoquée dans les instances introduites à la date de publication de la présente Décis. et non jugées définitivement. – **Décision de renvoi :** CE, QPC, 1er nov. 2019, n° 434325. – **Application de la décision :** CAA Lyon, 25 août 2020, n° 19LY03464.
2020	7 févr.	**Assiette et taux de la redevance d'archéologie préventive** **2019-825 QPC.** Sté Les sablières de l'Atlantique : *JO 8 févr. ; AJDA 2020. 1461 ; RJF 2020, n° 4, info. 373* : – **C. patr., art. L. 524-7, § II, al. 1er, référence « b »** (dans sa rédaction résultant de la L. n° 2009-179 du 17 févr. 2009 pour l'accélération des programmes de construction et d'investissement publics et privés).

		– Absence de méconnaissance du principe d'égalité devant les charges (DDH, art. 13). La redevance a pour fait générateur l'autorisation administrative de procéder à des travaux. Lorsqu'ils servent à une activité économique, la redevance ne peut donc être perçue qu'après la décision d'engager cette activité et de solliciter cette autorisation. Compte tenu des modalités de calcul de l'imposition, la personne qui projette de réaliser ces travaux est en mesure de connaître le montant de la redevance, avant même de s'engager dans cette activité. Si elle décide de réaliser ces travaux, elle peut tenir compte de ce montant pour apprécier la rentabilité économique de son activité et fixer en conséquence le niveau de ses prix. De plus, en instituant la redevance en cause, le législateur a entendu contribuer au financement du service public de l'archéologie préventive, qui a pour objet, selon l'art. L. 521-1 C. patr., d'assurer, « à terre et sous les eaux », la détection, la conservation ou la sauvegarde des éléments du patrimoine archéologique affectés ou susceptibles d'être affectés par les travaux concourant à l'aménagement. A cette fin, le législateur a soumis à cette imposition les personnes qui entendent effectuer des travaux affectant le sous-sol et a retenu, comme règle d'assiette, la surface au sol de ces travaux. Dès lors, même si certains types de travaux, tels que ceux affectant le sous-sol marin, peuvent porter sur des surfaces très étendues, le législateur s'est fondé sur des critères objectifs et rationnels en rapport avec le but poursuivi. Enfin, eu égard au montant retenu 50 cts d'euro par mètre carré, les dispositions contestées n'entraînent pas de rupture caractérisée de l'égalité devant les charges publiques. – **Conformité**. – **Décision de renvoi :** CE, QPC, 15 nov. 2019, n° 434334. – **Application de la décision :** CAA Nantes, 23 oct. 2020, n° 18NT04279.
2020	7 févr.	**Placement en vue de l'adoption d'un enfant né d'un accouchement sous le secret** **2019-826 QPC.** M. Justin A. : *JO 8 févr. ; DAE 2 mars 2020, note Hervieu ; D. 2020. 283 ; ibid. 695, note Fulchiron ; ibid. 506, obs. Douchy-Oudot ; ibid. 843, obs. RÉGINE ; AJ fam. 2020. 178, obs. Salvage-Gerest ; ibid. 146, obs. Dionisi-Peyrusse ; RTD civ. 2020. 357, obs. Leroyer ; Titre VII, oct. 2020, n° 5, chron. Surrel ; ibid. chron. Piazzon* : – **C. civ., art. 351, al. 2, mots « deux mois »** (dans sa rédaction résultant de la L. n° 96-604 du 5 juill. 1996 relative à l'adoption)**, et art. 352, al. 1er, 2e phrase, mots « et à toute reconnaissance »** (dans sa rédaction issue de la L. n° 66-500 du 11 juill. 1966 portant réforme de l'adoption). – Absence de méconnaissance de l'exigence de protection de l'intérêt supérieur de l'enfant et du droit de mener une vie familiale normale (Préamb. Const. 1946, al. 10 et 11). En prévoyant qu'un enfant sans filiation ne peut être placé en vue de son adoption qu'à l'issue d'un délai de 2 mois à compter de son recueil, le législateur a entendu concilier l'intérêt des parents de naissance à disposer d'un délai raisonnable pour reconnaître l'enfant et en obtenir la restitution et celui de l'enfant dépourvu de filiation à ce que son adoption intervienne dans un délai qui ne soit pas de nature à compromettre son développement. De plus, la reconnaissance d'un enfant pourrait faire obstacle à la conduite de sa

		procédure d'adoption. En interdisant qu'une telle reconnaissance intervienne postérieurement à son placement en vue de son adoption, le législateur a entendu garantir à l'enfant, déjà remis aux futurs adoptants, un environnement familial stable. Par ailleurs, le père de naissance peut reconnaître l'enfant avant sa naissance et jusqu'à son éventuel placement en vue de l'adoption. Dans le cas d'un enfant né d'un accouchement secret, l'art. 62-1 C. civ. prévoit que, si la transcription de la reconnaissance paternelle s'avère impossible, le père peut en informer le procureur de la République, qui doit procéder à la recherche des date et lieu d'établissement de l'acte de naissance de l'enfant. De plus, il résulte de la jurisprudence de la Cour de cassation que la reconnaissance d'un enfant avant son placement en vue de l'adoption fait échec à son adoption même lorsque l'enfant n'est précisément identifié qu'après son placement. Le Cons. const. n'est pas compétent pour substituer son appréciation à celle du législateur sur la conciliation qu'il y a lieu d'opérer, dans l'intérêt supérieur de l'enfant remis au service de l'aide sociale à l'enfance, entre le droit des parents de naissance de mener une vie familiale normale et l'objectif de favoriser l'adoption de cet enfant, dès lors que cette conciliation n'est pas manifestement déséquilibrée : **conformité**. – Absence de méconnaissance du principe d'égalité devant la loi (DDH, art. 6). Si, dans le cas d'un accouchement secret, le père et la mère de naissance se trouvent dans une situation différente pour reconnaître l'enfant, les dispositions contestées, qui se bornent à prévoir le délai dans lequel peut intervenir le placement de l'enfant en vue de son adoption et les conséquences de ce placement sur la possibilité d'actions en reconnaissance, n'instituent pas de différence de traitement entre eux, ni de différence de traitement entre les parents de naissance et les futurs adoptants : **conformité**. – **Conformité**. – **Décision de renvoi :** Civ. 1re, QPC, 20 nov. 2019, n° 19-15.921 P : *D. 2019. 2300 ; ibid. 2020. 506, obs. Douchy-Oudot ; ibid. 677, obs. Hilt ; ibid. 843, obs. RÉGINE ; AJ fam. 2020. 73, obs. Houssier ; ibid. 2019. 615, obs. Dionisi-Peyrusse ; RTD civ. 2020. 80, obs. Leroyer.* – **Application de la décision :** Civ. 1re, 27 janv. 2021, n° 19-15.921 P : *DAE 16 févr. 2021, note Hervieu ; D. 2021. 182 ; AJ fam. 2021. 126, obs. Salvage-Gerest.*
2020	28 févr.	**Conditions de recevabilité d'une demande de réhabilitation judiciaire pour les personnes condamnées à la peine de mort 2019-827 QPC.** M. Gérard F. : *JO 29 févr. ; D. 2020. 437 ; AJDA 2020. 1172, note Camby ; D. 2020. 437 ; ibid. 1195, obs. Céré, Falxa et Herzog-Evans ; D. actu. 6 mars 2020, note Recotillet ; RFDC 2020. 722, note Perrier ; Dr. pénal 2020, n° 4, p. 6, note Maron et Haas* : – **C. pr. pén., art. 786, al. 1er, mots « de cinq ans pour les condamnés à une peine criminelle »** (dans sa rédaction résultant de la L. n° 2011-525 du 17 mai 2011 de simplification et d'amélioration de la qualité du droit). – Absence de méconnaissance des principes d'égalité devant la loi et devant la justice (DDH, art. 6 et 16). Les dispositions contestées font ainsi obstacle à ce qu'une demande en réhabilitation judiciaire puisse être formée par une personne condamnée à la peine de mort, dont la

		peine a été exécutée. Elles font également obstacle à ce qu'une telle demande soit formée par ses proches dans l'année de son décès, conformément au 1er al. de l'art. 785 C. pr. pén. **Toutefois**, en imposant le respect d'un délai d'épreuve de cinq ans après l'exécution de la peine, le législateur a entendu subordonner le bénéfice de la réhabilitation à la conduite adoptée par le condamné une fois qu'il n'était plus soumis aux rigueurs de la peine prononcée à son encontre. A cet égard, il résulte de la jurisprudence constante de la Cour de cassation que la réhabilitation judiciaire ne peut être accordée qu'aux personnes qui, après avoir été condamnées et avoir subi leur peine, se sont rendues dignes, par les gages d'amendement qu'elles ont donnés pendant le délai d'épreuve, d'être replacées dans l'intégrité de leur état ancien. Dès lors, les personnes condamnées à la peine de mort et exécutées se trouvaient dans l'impossibilité de remplir les conditions prévues par la loi. Ainsi, la différence de traitement qui résulte des dispositions contestées repose sur une différence de situation et est en rapport direct avec l'objet de la loi. **Toutefois**, après l'abolition de la peine de mort par la L. du 9 oct. 1981, le constituant a, par la loi constitutionnelle du 23 févr. 2007, introduit dans la Const. 58 l'art. 66-1 aux termes duquel « Nul ne peut être condamné à la peine de mort ». Dans ces conditions, le législateur serait donc fondé à instituer une procédure judiciaire, ouverte aux ayants droit d'une personne condamnée à la peine de mort dont la peine a été exécutée, tendant au rétablissement de son honneur à raison des gages d'amendement qu'elle a pu fournir : **conformité**. – Absence de méconnaissance du principe de proportionnalité des peines (DDH, art. 8). Le fait que les ayants droit d'un condamné à mort dont la peine a été exécutée ne puissent engager une action en réhabilitation en son nom ne méconnaît pas le principe de proportionnalité des peines : **conformité**. – **Conformité**. – **Décision de renvoi :** Crim., QPC, 11 déc. 2019, n° 19-90.031 P : *D. 2019. 2416*.
2020	28 févr.	**Déposition sans prestation de serment pour le conjoint de l'accusé** **2019-828/829 QPC.** M. Raphaël S. et a. : *JO 29 févr. ; D. 2020. 438 ; AJDA 2020. 489 ; ibid. 1307, note Ducharme ; AJ fam. 2020. 252, obs. Mary ; RFDA 2020. 501, chron. Roblot-Troizier ; RFDC 2020. 713, note Perrier ; Dr. fam. 2020, n° 5, p. 2, note Ben Hadj Yahia ; Titre VII, oct. 2020, n° 5, chron. Austry ; ibid., chron. Surrel* : – **C. pr. pén., art. 335, 5°, mots « Du mari ou de la femme »** (dans sa rédaction résultant de la L. n° 2011-939 du 10 août 2011 sur la participation des citoyens au fonctionnement de la justice pénale et le jugement des mineurs). – Méconnaissance du principe d'égalité devant la loi (DDH, art. 6). Les dispositions contestées dispensent de l'obligation de prêter serment le mari ou la femme de l'accusé. En revanche, y sont soumises la personne vivant en concubinage avec lui et celle avec laquelle il est lié par PACS. En instaurant une telle dispense, le législateur a entendu préserver le conjoint appelé à témoigner du dilemme moral auquel il serait exposé s'il devait choisir entre mentir ou se taire, sous peine de poursuites, et dire la vérité, pour ou contre la cause de l'accusé. Or, le

		mariage, le concubinage ou le PACS sont les trois formes d'union sous lesquelles peut s'organiser, juridiquement, la vie commune d'un couple. Si l'intensité des droits et obligations qui s'imposent aux membres du couple diffèrent selon qu'ils choisissent l'une ou l'autre de ces unions, les concubins ou les partenaires liés par un PACS ne sont pas moins exposés que les conjoints au dilemme moral dont le législateur a entendu préserver ces derniers lorsqu'ils sont appelés à témoigner au procès de leur conjoint accusé. De plus, il résulte de la jurisprudence constante de la Cour de cassation qu'une déposition effectuée sans prêter serment alors que le témoin était tenu de le faire est susceptible de vicier la procédure suivie. Dès lors, la limitation de la liste des personnes susceptibles d'être dispensées de la formalité du serment, à raison de leur proximité avec l'accusé, peut être justifiée par l'intérêt qui s'attache à ce que la cour d'assises puisse facilement s'assurer de l'existence ou non du lien du témoin avec l'accusé. Tel est notamment le cas du mariage, compte tenu de la publicité dont il fait l'objet. Toutefois, tel est aussi le cas du PACS qui fait l'objet d'un enregistrement en mairie. Par ailleurs, l'art. 515-8 C. civ. définit le concubinage comme une union de fait, caractérisée par une vie commune présentant un caractère de stabilité et de continuité, entre deux personnes qui vivent en couple. Compte tenu de ces critères de stabilité et de continuité, la cour d'assises est en mesure, au regard notamment des éléments recueillis lors de l'instruction, de s'assurer de l'existence d'une vie commune constitutive d'un concubinage. Dès lors, l'intérêt qui s'attache à faciliter la connaissance par la juridiction des liens unissant l'accusé et le témoin ne saurait, à lui seul, justifier la différence de traitement établie par les dispositions contestées entre le mariage, le concubinage et le PACS. Il résulte de tout ce qui précède que la différence de traitement, instaurée par les dispositions contestées, n'est justifiée ni par une différence de situation ni par un motif d'intérêt général. — **Non-conformité avec effet au 31 déc. 2020**. — **Décision de renvoi :** Crim., QPC, 11 déc. 2019, n° 19-80.361 et Crim., QPC, 11 déc. 2019, n° 18-84.049. — **Application de la décision :** Crim. 17 juin 2020, n° 18-84.049.
2020	12 mars	**Délivrance des autorisations d'exploitation commerciale** **2019-830 QPC**. Conseil national des centres commerciaux : *JO 13 mars ; AJDA 2020. 598 ; ibid. 1617, note Devillers ; D. 2020. 534 ; RDI 2020. 267, obs. Revert ; Titre VII, oct. 2020, n° 5, chron. Piazzon* : — **C. com., art. L. 752-6, § I, 1°, *e*** (dans sa rédaction résultant de la L. n° 2018-1021 du 23 nov. 2018 portant évolution du logement, de l'aménagement et du numérique) **et art. L. 752-6, § III, 2de phrase, les mots « sur l'animation et le développement économique du centre-ville de la commune d'implantation, des communes limitrophes et de l'établissement public de coopération intercommunale à fiscalité propre dont la commune d'implantation est membre, ainsi que sur l'emploi, en s'appuyant notamment sur l'évolution démographique, le taux de vacance commerciale et l'offre de mètres carrés commerciaux déjà existants dans la zone de chalandise pertinente » et art. L. 752-6, § IV**.

		– Absence de méconnaissance du principe de la liberté d'entreprendre (DDH, art. 4). En adoptant les dispositions contestées, le législateur a entendu renforcer le contrôle des commissions d'aménagement commercial sur la répartition territoriale des surfaces commerciales, afin de favoriser un meilleur aménagement du territoire et, en particulier, de lutter contre le déclin des centres-villes. Il a ainsi poursuivi un objectif d'intérêt général. De plus, il appartient à la commission d'aménagement commercial, sous le contrôle du juge administratif, d'apprécier la conformité du projet qui lui est soumis aux objectifs notamment d'aménagement du territoire, de protection de l'environnement et de qualité de l'urbanisme, au vu des critères d'évaluation mentionnés à l'art. L. 752-6 C. com. Cette autorisation ne peut être refusée que si, eu égard à ses effets, le projet compromet la réalisation de ces objectifs. Or, d'une part, les dispositions contestées du § I, relatives à l'effet du projet sur la préservation ou la revitalisation du tissu commercial de certains centres-villes, se bornent à prévoir un critère supplémentaire pour l'appréciation globale des effets du projet sur l'aménagement du territoire, et notamment sur le rééquilibrage des agglomérations par le développement des activités en centre-ville. En particulier, elles ne subordonnent pas la délivrance de l'autorisation à l'absence de toute incidence négative sur le tissu commercial des centres-villes mentionnés par ces dispositions. D'autre part, le § IV de l'art. L. 752-6, relatif à l'existence d'une friche en centre-ville ou en périphérie, a également pour seul objet d'instituer un critère supplémentaire permettant d'évaluer si, compte tenu des autres critères, le projet compromet la réalisation des objectifs énoncés par la loi. Ces dispositions n'ont ainsi pas pour effet d'interdire toute délivrance d'une autorisation au seul motif qu'une telle friche existerait. Elles permettent en outre au demandeur de faire valoir les raisons, liées par exemple à la surface du commerce en cause, pour lesquelles les friches existantes ne permettent pas l'accueil de son projet. Enfin, l'analyse d'impact prévue au § III de l'art. L. 752-6 vise à faciliter l'appréciation, par la commission d'aménagement commercial, des effets du projet sur l'animation et le développement économique des centres-villes et sur l'emploi. En prévoyant que, à cette fin, cette analyse s'appuie notamment sur l'évolution démographique, le taux de vacance commerciale et l'offre de mètres carrés commerciaux existants dans la zone de chalandise pertinente, les dispositions contestées de ce paragraphe III n'instituent aucun critère d'évaluation supplémentaire. – **Conformité.** – **Décision de renvoi :** CE, QPC, 13 déc. 2019, n° 431724 : *AJDA 2019. 2582 ; RDI 2020. 153, obs. Revert.* – **Application de la décision :** CE 15 juill. 2020, n° 431703 B : *AJDA 2020. 1446.*
2020	*12 mars*	***Limitation* géographique de l'intervention du défenseur syndical 2019-831 QPC.** M. Pierre V. : *JO 13 mars ; D. 2020. 544 ; Titre VII, oct. 2020, n° 5, chron. Piazzon :* – **C. trav., art. L. 1453-4, al. 3, *e*** (dans sa rédaction résultant de l'Ord. n° 2017-1718 du 20 déc. 2017 visant à compléter et mettre en

		cohérence les dispositions prises en application de la L. n° 2017-1340 du 15 sept. 2017 d'habilitation à prendre par ordonnances les mesures pour le renforcement du dialogue social). – Absence de méconnaissance du principe d'égalité devant la justice (DDH, art. 6 et 16). Tous les justiciables ont la même faculté d'être représentés devant le CPH, entre autres, par un avocat ou par un défenseur syndical inscrit sur la liste de la région dans laquelle est située cette juridiction. Le seul fait, lors de l'exercice de cette faculté, d'être contraint de choisir un défenseur syndical compétent dans le territoire de la région ne crée aucune distinction entre les justiciables. De plus, ces dispositions n'établissent, en elles-mêmes, aucune différence, devant le CPH, dans les règles de procédure ou les droits des parties selon qu'elles sont représentées par un défenseur syndical ou par un avocat. ***Toutefois***, les dispositions contestées pourraient avoir pour effet que, dans le cas où une cour d'appel n'est pas située dans la même région que le CPH, le justiciable représenté par un défenseur syndical soit contraint d'en changer lorsque l'affaire est portée devant la cour d'appel, y compris en cas de renvoi après cassation, à la différence d'un justiciable représenté en première instance par un avocat. Cette différence de traitement ne trouve de justification ni dans les contraintes résultant du financement public du défenseur syndical, ni dans la spécificité du statut des défenseurs syndicaux, ni dans aucun autre motif. Dès lors, les dispositions contestées ne sauraient, sans méconnaître le principe d'égalité devant la justice, priver la partie ayant choisi de se faire assister par un défenseur syndical devant le CPH de continuer à être représentée, dans tous les cas, par ce même défenseur devant la cour d'appel compétente : **réserve**. – **Conformité sous réserve**. – **Décision de renvoi :** Soc., QPC, 18 déc. 2019, n° 19-40.032 P.
2020	3 avr.	**Exclusion de certaines plus-values mobilières du bénéfice de l'abattement pour durée de détention** **2019-832/833 QPC.** M. Marc. S. et a. : *JO 4 avr. ; Titre VII, oct. 2020, n° 5, chron. Austry ; RD fisc. 2020, n° 20, note Maitrot de la Motte ; LPA 2020, n° 170-171, p. 4, note Bornhauser* : – **Renvoi opéré par la 1re phrase du § III de l'art. 17 de la L. n° 2013-1278 du 29 déc. 2013 de finances pour 2014 au *b* du 1° du F du § I du même art. et les mots « dans les conditions prévues au 2 *ter* de l'article 200 A » figurant au dernier al. du § I de l'art. 150-0 B *ter* du CGI** (dans sa rédaction résultant de la L. n° 2016-1918 du 29 déc. 2016 de finances rectificative pour 2016). – Absence de méconnaissance du principe d'égalité devant la loi (DDH, art. 6). Il résulte des dispositions contestées, telles qu'interprétées par une jurisprudence constante, une différence de traitement, s'agissant de l'application de l'abattement pour durée de détention aux plus-values d'une opération d'échange de titres placées en report d'imposition, selon que cette opération a été réalisée dans le cadre de l'UE ou qu'elle l'a été dans le cadre national ou en dehors de l'UE. Toutefois, les régimes juridiques de report d'imposition applicables aux plus-values d'échange de titres visent à garantir une certaine neutralité fiscale à ces opérations en évitant que le contribuable soit contraint de céder ses titres pour acquitter l'impôt. Les dispositions

		contestées se sont bornées à adapter certains de ces régimes aux évolutions de la législation relative à l'imposition des plus-values. Le respect du droit de l'UE impose de renforcer la neutralité fiscale des opérations européennes d'échange de titres. D'une part, il ne résulte pas de cette exigence découlant du droit de l'UE une dénaturation de l'objet initial de la loi. D'autre part, au regard de l'objet de la loi, telle que désormais interprétée, il existe une différence de situation, tenant au cadre, européen ou non, de l'opération d'échange de titres. Par conséquent, la différence de traitement instaurée par les dispositions contestées est fondée sur une différence de situation et en rapport direct avec l'objet de la loi. Par ailleurs, en tout état de cause, la différence de traitement qui résulterait de l'application aux plus-values placées en report d'imposition obligatoire, avant le 1er janv. 2013, du taux et des règles d'assiette applicables au fait générateur de l'imposition, lorsque l'opération d'échange de titres ne relève pas du droit de l'UE, serait, elle aussi, pour les mêmes raisons, fondée sur une différence de situation et en rapport direct avec l'objet de la loi. – **Conformité**. – **Décisions de renvoi :** CE, QPC, 19 déc. 2019, n° 423118 ; CE, QPC, 19 déc. 2019, n° 423044. – **Applications de la décision :** CE 1er juill. 2020, n° 423044. – CE 1er juill. 2020, n° 423118.
2020	3 avr.	**Communicabilité et publicité des algorithmes mis en œuvre par les établissements d'enseignement supérieur pour l'examen des demandes d'inscription en premier cycle** **2020-834 QPC.** Union nationale des étudiants de France : *JO 4 avr. ; AJDA 2020. 759 ; ibid. 1137, note Kerléo ; D. 2020. 769 ; ibid. 1262, obs. Maxwell et Zolynski ; JA 2020, n° 618, p. 13, obs. Autier ; Dalloz IP/IT 2020. 516, obs. Douville ; RFDC 2020. 692, note Griffaton-Sonnet ; JCP Adm. 2020, n° 23, p. 3, note Chilly ; Dr. adm. 2020, n° 7, p. 11, note Éveillard ; Titre VII, oct. 2020, n° 5, chron. Piazzon ; Gaz. Pal. 2020, n° 24, p. 2, note Richaud* : – **C. éduc., art. L. 612-3 § I, dernier al.** (dans sa rédaction résultant de la L. n° 2018-166 du 8 mars 2018 relative à l'orientation et à la réussite des étudiants), **mots « Afin de garantir la nécessaire protection du secret des délibérations des équipes pédagogiques chargées de l'examen des candidatures présentées dans le cadre de la procédure nationale de préinscription prévue au même deuxième alinéa, les obligations résultant des articles L. 311-3-1 et L. 312-1-3 du code des relations entre le public et l'administration sont réputées satisfaites dès lors que »**. – **Consécration de l'existence d'un droit constitutionnel à l'accès aux documents administratifs**. – Absence de méconnaissance du droit à la communication des documents administratifs (DDH, art. 15). Il résulte de la jurisprudence constante du Conseil d'État que les dispositions contestées réservent *ainsi* l'accès aux documents administratifs relatifs aux traitements algorithmiques utilisés, le cas échéant, par les établissements d'enseignement supérieur pour l'examen des candidatures, aux seuls candidats qui en font la demande, une fois prise la décision les concernant, et pour les seules informations relatives aux critères et

modalités d'examen de leur candidature. Ni les tiers ni les candidats, avant qu'une décision ait été prise à leur sujet, ne peuvent donc demander à ce que ces critères et modalités leur soient communiqués. ***Toutefois*** : 1. il ressort des travaux préparatoires que le législateur a considéré que la détermination de ces critères et modalités d'examen des candidatures, lorsqu'ils font l'objet de traitements algorithmiques, n'était pas dissociable de l'appréciation portée sur chaque candidature. Dès lors, en restreignant l'accès aux documents administratifs précisant ces critères et modalités, il a souhaité protéger le secret des délibérations des équipes pédagogiques au sein des établissements. Il a ainsi entendu assurer l'indépendance de ces équipes pédagogiques et l'autorité de leurs décisions. Ce faisant, il a poursuivi un objectif d'intérêt général. 2. la procédure nationale de préinscription instituée à l'art. L. 612-3 C. éduc., notamment en ce qu'elle organise les conditions dans lesquelles les établissements examinent les vœux d'inscription des candidats, n'est pas entièrement automatisée. D'une part, l'usage de traitements algorithmiques pour procéder à cet examen n'est qu'une faculté pour les établissements. D'autre part, lorsque ceux-ci y ont recours, la décision prise sur chaque candidature ne peut être exclusivement fondée sur un algorithme. Elle nécessite, au contraire, une appréciation des mérites des candidatures par la commission d'examen des vœux, puis par le chef d'établissement. 3. en application du 2e al. du § I de l'art. L. 612-3, les caractéristiques de chaque formation sont portées à la connaissance des candidats, avant que ceux-ci ne formulent leurs vœux, par l'intermédiaire de la plateforme numérique mise en place dans le cadre de la procédure nationale de préinscription. Elles font l'objet d'un cadrage national fixé par arrêté du ministre de l'enseignement supérieur. Il en résulte, d'une part, que les candidats ont accès aux informations relatives aux connaissances et compétences attendues pour la réussite dans la formation, telles qu'elles sont fixées au niveau national et complétées par chaque établissement. Ils peuvent ainsi être informés des considérations en fonction desquelles les établissements apprécieront leurs candidatures. Il en résulte, d'autre part, que les candidats ont également accès aux critères généraux encadrant l'examen des candidatures par les commissions d'examen des vœux. Si la loi ne prévoit pas un accès spécifique des tiers à ces informations, celles-ci ne sont pas couvertes par le secret. Les documents administratifs relatifs à ces connaissances et compétences attendues et à ces critères généraux peuvent donc être communiqués aux personnes qui en font la demande, dans les conditions de droit commun prévues par le code des relations entre le public et l'administration. En dernier lieu, en application du dernier al. du § I de l'art. L. 612-3, une fois qu'une décision de refus a été prise à leur égard, les candidats peuvent, à leur demande, obtenir la communication par l'établissement des informations relatives aux critères et modalités d'examen de leurs candidatures, ainsi que des motifs pédagogiques justifiant la décision prise à leur égard. Ils peuvent ainsi être informés de la hiérarchisation et de la pondération des différents critères généraux établies par les établissements ainsi que des précisions et compléments apportés à ces critères généraux pour l'examen des vœux d'inscription. La communication prévue par ces dispositions peut, en outre,

		comporter des informations relatives aux critères utilisés par les traitements algorithmiques éventuellement mis en œuvre par les commissions d'examen. ***Toutefois***, cette communication ne bénéficie qu'aux candidats. Or, une fois la procédure nationale de préinscription terminée, l'absence d'accès des tiers à toute information relative aux critères et modalités d'examen des candidatures effectivement retenus par les établissements porterait au droit garanti par l'art. 15 de la Déclaration de 1789 une atteinte disproportionnée au regard de l'objectif d'intérêt général poursuivi, tiré de la protection du secret des délibérations des équipes pédagogiques. Dès lors, les dispositions contestées ne sauraient, sans méconnaître le droit d'accès aux documents administratifs, être interprétées comme dispensant chaque établissement de publier, à l'issue de la procédure nationale de préinscription et dans le respect de la vie privée des candidats, le cas échéant sous la forme d'un rapport, les critères en fonction desquels les candidatures ont été examinées et précisant, le cas échéant, dans quelle mesure des traitements algorithmiques ont été utilisés pour procéder à cet examen : **réserve**. – **Conformité sous réserve.** – **Décision de renvoi :** CE, QPC, 15 janv. 2020, n°s 433296 et 433297. – **Applications de la décision :** – CE 15 juill. 2020, n° 433296 B : *AJDA 2020. 1457.* – CE 15 juill. 2020, n° 433297.
2020	30 avr.	**Condition de transparence financière des organisations syndicales** **2020-835 QPC.** M. Ferhat H. et a. : *JO 2 mai ; D. 2020. 989 ; Titre VII, oct. 2020, n° 5, chron. Piazzon* : – **C. trav., art. L. 2121-1, 3°** (dans sa rédaction résultant de la L. n° 2008-789 du 20 août 2008 portant rénovation de la démocratie sociale et réforme du temps de travail). – Précisions sur la recevabilité : dans sa Décis. n° 2010-63/64/65 QPC du 12 nov. 2010, le Cons. const. a déjà examiné ces dispositions dans leur rédaction résultant de la L. n° 2008-789 du 20 août 2008 portant rénovation de la démocratie sociale et réforme du temps de travail et a déclaré ces dispositions conformes à la Constitution dans les motifs et le dispositif de cette décision. Ces dispositions sont identiques à celles contestées par les requérants dans la présente QPC. ***Toutefois***, la chambre sociale (22 févr. 2017 et 17 oct. 2018, n°s 16-60.123, 17-19.732 et 18-60.030) a jugé que, pour pouvoir exercer des prérogatives dans l'entreprise, tout syndicat, qu'il soit ou non représentatif, doit satisfaire au critère de transparence financière. Il en découle donc un changement des circonstances justifiant le réexamen des dispositions contestées. – Absence de méconnaissance de la liberté syndicale et du principe de participation des travailleurs (Préamb. Const. 1946, al. 6 et 8). En imposant aux syndicats une obligation de transparence financière, le législateur a entendu permettre aux salariés de s'assurer de l'indépendance, notamment financière, des organisations susceptibles de porter leurs intérêts. De plus, il résulte de la jurisprudence constante de la Cour de cassation qu'un syndicat non représentatif peut rapporter

		la preuve de sa transparence financière soit par la production des documents comptables requis en application des art. L. 2135-1, L. 2135-4 et L. 2135-5 C. trav., soit par la production de tout autre document équivalent. – **Conformité**. – **Décision de renvoi :** Soc., QPC, 29 janv. 2020, n° 19-40.034.
2020	30 avr.	**Utilisation de la visioconférence sans accord du détenu dans le cadre d'audiences relatives au contentieux de la détention provisoire II** **2020-836 QPC.** M. Maxime O. : *JO 2 mai ; AJDA 2020. 918 ; D. 2020. 983 ; AJ pénal 2020. 373, obs. Perrier ; RFDA 2020. 501, chron. Roblot-Troizier ; D. actu. 18 mai 2020, note Goetz ; Gaz. Pal. 2020, n° 27, p. 18, note Le Monnier de Gouville ; ibid., n° 24, p. 2, note Malhière :* – **C. pr. pén., art. 706-71, al. 4, 1re phrase, mots « la chambre de l'instruction »** (dans sa rédaction résultant de la L. n° 2019-222 du 23 mars 2019 de programmation 2018-2022 et de réforme pour la justice). – Atteinte excessive aux droits de la défense (DDH, art. 16) pour les mêmes motifs que ceux énoncés aux § 7 à 13 de la QPC n° 2019-802 du 20 sept. 2019 concernant une autre rédaction de l'art. 706-71 C. pr. pén. – Non-conformité avec effet différé au 31 oct. 2020. L'abrogation immédiate des mots « la chambre de l'instruction » aurait pour effet de rendre impossible tout recours à la visioconférence pour les audiences relatives au contentieux de la détention provisoire devant la chambre de l'instruction. Elle entraînerait ainsi des conséquences manifestement excessives. La remise en cause des mesures ayant été prises sur le fondement des dispositions déclarées contraires à la Constitution méconnaîtrait les objectifs de valeur constitutionnelle de sauvegarde de l'ordre public et de recherche des auteurs d'infractions et aurait ainsi des conséquences manifestement excessives. Par suite, ces mesures ne peuvent être contestées sur le fondement de cette inconstitutionnalité. – **Décision de renvoi :** Crim., QPC, 4 févr. 2020, n° 19-86.945. – **Applications de la décision :** Crim. 6 oct. 2020, n° 20-84.171. – CE 27 nov. 2020, n° 446712.
2020	7 mai	**Conditions de revalorisation des loyers de certains baux commerciaux** **2020-837 QPC.** Sté A.D-Trezel : *JO 8 mai ; D. 2020. 981 ; ibid. 1541, obs. Dumont ; ibid. 1761, obs. Reboul-Maupin et Strickler ; D. actu. 18 mai 2020, note Rouquet ; Titre VII, oct. 2020, n° 5, chron. Surrel ; ibid., chron. Piazzon ; LPA 2020, n° 217, p. 8, note Battistini ; JCP E 2020, n° 30, p. 45, note Lemay :* – **C. com., art. L. 145-34, dernier al.** (dans sa rédaction résultant de la L. n° 2014-626 du 18 juin 2014 relative à l'artisanat, au commerce et aux très petites entreprises). – Absence d'atteinte disproportionnée au droit de propriété (DDH, art. 2). Les dispositions contestées empêchent le bailleur de percevoir, dès le renouvellement de son bail et le cas échéant jusqu'à son terme, un loyer correspondant à la valeur locative de son bien lorsque ce loyer est supérieur de 10 % au loyer acquitté lors de la dernière année du bail

		expiré. Elles portent ainsi atteinte au droit de propriété. ***Toutefois***, en adoptant ces dispositions, le législateur a entendu éviter que le loyer de renouvellement d'un bail commercial connaisse une hausse importante et brutale de nature à compromettre la viabilité des entreprises commerciales et artisanales. Il a ainsi poursuivi un objectif d'intérêt général. De plus, les dispositions contestées permettent au bailleur de bénéficier, chaque année, d'une augmentation de 10 % du loyer de l'année précédente jusqu'à ce qu'il atteigne, le cas échéant, la nouvelle valeur locative. Par ailleurs, les dispositions contestées n'étant pas d'ordre public, les parties peuvent convenir de ne pas les appliquer, soit au moment de la conclusion du bail initial, soit au moment de son renouvellement. Enfin, s'agissant des baux conclus avant la date d'entrée en vigueur de ces dispositions et renouvelés après cette date, l'application de ce dispositif ne résulte pas des dispositions contestées, mais de leurs conditions d'entrée en vigueur déterminées à l'art. 21 de la L. du 18 juin 2014. – **Conformité**. – **Décision de renvoi :** Civ. 3e, QPC, 6 févr. 2020, n° 19-19.503.
2020	7 mai	**Cumul de poursuites et de sanctions en cas de gestion de fait** **2020-838/839 QPC.** M. Jean-Guy C. et a. : *JO 8 mai ; D. 2020. 987 ; D. actu. 25 mai 2020, note Goetz ; Titre VII, oct. 2020, n° 5, chron. Surrel ; LPA 2021, n° 10, n° 4, note Stéphan* : – **CJF, art. L. 131-11, al. 1er, mots « dans le cas où ils n'ont pas fait l'objet pour les mêmes opérations des poursuites prévues à l'article 433-12 du code pénal »** (dans sa rédaction résultant de la L. n° 2008-1091 du 28 oct. 2008 relative à la Cour des comptes et aux chambres régionales des comptes). – Absence de méconnaissance du principe de nécessité des délits et des peines (DDH, art. 8). La seule circonstance que plusieurs incriminations soient susceptibles de réprimer un même comportement ne peut caractériser une identité de faits au sens des exigences résultant de l'art. 8 DDH que si ces derniers sont qualifiés de manière identique. Si les incriminations sont susceptibles de réprimer des faits par lesquels une personne s'est rendue coupable de gestion de fait, elles ne se limitent pas, contrairement à cette dernière infraction, à cette seule circonstance. En effet, entrent dans les éléments constitutifs de ces premières infractions soit l'utilisation des fonds ou des valeurs, soit la mission ou les fonctions dont est investi celui qui les a maniés. Dès lors, ces infractions ne tendent pas à réprimer de mêmes faits, qualifiés de manière identique. ***Toutefois***, si les dispositions contestées rendent possibles d'autres cumuls, entre les poursuites pour gestion de fait et d'autres poursuites à des fins de sanction ayant le caractère de punition, ces cumuls éventuels doivent, en tout état de cause, respecter le principe de nécessité des délits et des peines, qui implique qu'une même personne ne puisse faire l'objet de plusieurs poursuites susceptibles de conduire à des sanctions de même nature pour les mêmes faits, en application de corps de règles protégeant les mêmes intérêts sociaux. – **Conformité sous réserve**. – **Décisions de renvoi :** CE, QPC, 7 févr. 2020, n° 436066 et CE, QPC, 7 févr. 2020, n° 436124.

		– **Application de la décision :** C. comptes 15 oct. 2020, n° S-2020-1568.
2020	20 mai	**Liquidation de la pension de retraite de base des avocats ne justifiant pas d'une durée d'assurance vieillesse suffisante** **2020-840 QPC.** M. Emmanuel W. : *JO 21 mai ; D. 2020. 1112 ; D. avocats 2020. 331 ; JCP S 2020, n° 26, p. 3, note Marié* : – **CSS, art. L. 723-11** (dans sa rédaction résultant de la L. n° 2003-775 du 21 août 2003 portant réforme des retraites). – Absence d'atteinte au principe d'égalité devant la loi (DDH, art. 6). En prévoyant une attribution de prestation différente selon la durée de cotisation auprès de la Caisse nationale des barreaux français, les dispositions contestées instituent une différence de traitement entre les assurés sociaux relevant du même régime de retraite. Toutefois, en adoptant ces dispositions, le législateur a entendu inciter les avocats à poursuivre des carrières suffisamment longues pour garantir le financement de leur propre régime d'assurance vieillesse et éviter ainsi que les pensions de retraite versées à ceux qui ne justifient pas d'une durée d'assurance minimale ne grèvent trop lourdement les ressources de la Caisse nationale des barreaux français. Dès lors, la différence de traitement contestée est justifiée par un motif d'intérêt général et en rapport avec l'objet de la loi, qui est d'assurer l'équilibre financier de ce régime de retraite. De plus, le caractère excessif ou non de l'effet de seuil contesté dépend de la durée d'assurance et du montant de fraction de l'allocation aux vieux travailleurs salariés, tous deux déterminés, non par la loi, mais par le pouvoir réglementaire. – **Conformité.** – **Décision de renvoi :** Civ. 2e, QPC, 13 févr. 2020, n° 19-20.938.
2020	20 mai	**Droit de communication à la Hadopi** **2020-841 QPC.** La Quadrature du Net et a. : *JO 21 mai ; AJDA 2020. 1091 ; D. 2020. 1104 ; Légipresse 2020. 341 ; ibid. 443, étude Varet ; D. actu. 29 mai 2020, note Maximin ; RTD com. 2020. 632, obs. Pollaud-Dulian ; Titre VII, oct. 2020, n° 5, chron. Piazzon ; ibid., chron. Surrel* : – **CPI, art. L. 331-21, al. 3, 4 et dernier al.** (dans sa rédaction résultant de la L. n° 2009-669 du 12 juin 2009 favorisant la diffusion et la protection de la création sur internet). – *Droit de communication portant sur certaines informations d'identification des abonnés : CPI, art. L. 331-21, dernier al.* Le législateur a assorti le droit de communication contesté de garanties propres à assurer, entre le respect de la vie privée et l'objectif de sauvegarde de la propriété intellectuelle, une conciliation qui n'est pas manifestement déséquilibrée. A l'exception du mot « notamment », le dernier al. est conforme à la Const. 58. – *Droit de communication portant sur tous documents et les données de connexion : CPI, art. L. 331-21, al. 3 et 4.* Le législateur n'a pas entouré la procédure prévue par les dispositions contestées de garanties propres à assurer une conciliation qui ne soit pas manifestement déséquilibrée entre le droit au respect de la vie privée et l'objectif de sauvegarde de la propriété intellectuelle. En faisant porter le droit de communication sur « tous documents, quel qu'en soit le support » et en ne précisant pas les

		personnes auprès desquelles il est susceptible de s'exercer, le législateur n'a ni limité le champ d'exercice de ce droit de communication ni garanti que les documents en faisant l'objet présentent un lien direct avec le manquement à l'obligation énoncée à l'art. L. 336-3 CPI, qui justifie la procédure mise en œuvre par la commission de protection des droits. De plus, ce droit de communication peut également s'exercer sur toutes les données de connexion détenues par les opérateurs de communication électronique. Or, compte tenu de leur nature et des traitements dont elles peuvent faire l'objet, de telles données fournissent sur les personnes en cause des informations nombreuses et précises, particulièrement attentatoires à leur vie privée. Elles ne présentent pas non plus nécessairement de lien direct avec le manquement à l'obligation énoncée à l'art. L. 336-3. – **Non-conformité des al. 3 et 4 de l'art. L. 331-21 CPI et du mot « notamment » du dernier al. du même art. à compter du 31. déc. 2020 et conformité du reste du dernier al. du même art**. – **Décision de renvoi :** CE, QPC, 12 févr. 2020, n° 433539.
2020	28 mai	**Conditions de déduction de la contribution aux charges du mariage** **2020-842 QPC.** M. Rémi V. : *JO 29 mai ; D. 2020. 1178 ; AJ fam. 2020. 330, obs. Paillard ; ibid. 429, obs. Couzigou-Suhas ; Titre VII, oct. 2020, n° 5, chron. Austry ; ibid., chron. Piazzon ; Gaz. Pal. 2020, n° 24, p. 21, note Kamal-Girard ; LPA 2020, n° 144, p. 16, note Rançon ; Dr. fam. 2020, n° 9, p. 34, note Douet ; RD fisc. 2020, n° 40, p. 16, note Maumont* : – **CGI, art. 156, § II, 2°, mots : « lorsque son versement résulte d'une décision de justice et »** (dans ses rédactions résultant du Décr. n° 2015-608 du 3 juin 2015 portant incorporation au code général des impôts de divers textes modifiant et complétant certaines dispositions de ce code et du Décr. n° 2016-775 du 10 juin 2016 portant incorporation au code général des impôts de divers textes modifiant et complétant certaines dispositions de ce code). – Méconnaissance du principe d'égalité devant la loi (DDH, art. 6). Les époux doivent, au titre de leurs droits et devoirs respectifs, contribuer aux charges du mariage. L'art. 214 C. civ. prévoit que, si les conventions matrimoniales ne règlent pas cette contribution, les époux contribuent à proportion de leurs facultés respectives. Si l'un des époux ne remplit pas ses obligations, il peut y être judiciairement contraint par l'autre. Le 2° du § II de l'art. 156 CGI prévoit que cette contribution peut être déduite du revenu de celui qui la verse en exécution d'une décision de justice lorsque les époux font l'objet d'une imposition distincte. Ce faisant, les dispositions contestées instituent une différence de traitement entre les contribuables selon que leur contribution est versée ou non en exécution d'une décision de justice. Or, d'une part, la décision de justice rendue dans ce cadre a pour objet soit de contraindre un des époux à s'acquitter de son obligation de contribuer aux charges du mariage, soit d'homologuer la convention par laquelle les époux se sont accordés sur le montant et les modalités de cette contribution. Ainsi, une telle décision de justice n'a ni pour objet ni nécessairement pour effet de garantir l'absence de toute optimisation fiscale. D'autre part, le simple fait qu'un contribuable s'acquitte

		spontanément de son obligation légale sans y avoir été contraint par une décision de justice ne permet pas de caractériser une telle optimisation. Il s'ensuit que cette différence de traitement n'est justifiée ni par une différence de situation au regard de la lutte contre l'optimisation fiscale ni par une autre différence de situation en rapport avec l'objet de la loi. – **Non-conformité.** Les dispositions déclarées contraires à la Const. 58, dans leurs rédactions contestées résultant des Décr. du 3 juin 2015 et du 10 juin 2016, ne sont plus en vigueur. La déclaration d'inconstitutionnalité est applicable à toutes les affaires non jugées définitivement à la date de publication de la présente décision. – **Décision de renvoi :** CE, QPC, 28 févr. 2020, n° 436454.
2020	28 mai	**Autorisation d'exploiter une installation de production d'électricité** **2020-843 QPC.** Force 5 : *JO 29 mai ; AJDA 2020. 1087 ; D. 2020. 1177 ; ibid. 1390, note Perroud ; D. actu. 3 juin 2020, note Benoit ; JCP 2020, n° 24, p. 1094, note Lagraulet ; Titre VII, oct. 2020, n° 5, chron. Derosier et Cartier ; ibid., chron. Surrel ; ibid., chron. Gahdoun ; ibid., chron. Piazzon ; JCP Adm. 2020, n° 25, p. 4, chron. Verpeaux ; ibid., n° 24, p. 2, chron. Radiguet ; JCP 2020, n° 26, p. 1185, note Levade ; Gaz. Pal. 2020, n° 23, p. 19, chron. Rousseau ; Dr. envir. 2020, n° 291, p. 243, note Durand* : – **C. énergie, art. L. 311-5, al. 1er, mots « par l'autorité administrative »** (dans sa rédaction issue de l'Ord. n° 2011-504 du 9 mai 2011 portant codification de la partie législative du code de l'énergie). – La décision autorisant, sur le fondement de l'art. L. 311-5 C. énergie, l'exploitation d'une installation de production d'électricité constitue une décision publique ayant une incidence sur l'environnement au sens de l'art. 7 Charte envir. Est indifférente à cet égard la circonstance que l'implantation effective de l'installation puisse nécessiter l'adoption d'autres décisions administratives postérieurement à la délivrance de l'autorisation. – La participation du public à l'élaboration de la décision autorisant l'exploitation d'une installation de production d'électricité. * Méconnaissance de l'art. 7 Charte envir. jusqu'au 31 août 2013 : avant l'Ord. n° 2013-714 du 5 août 2013 relative à la mise en œuvre du principe de participation du public défini à l'art. 7 Charte envir., aucune disposition n'assurait la mise en œuvre du principe de participation du public à l'élaboration des décisions publiques prévues à l'art. L. 311-5 C. énergie. S'il est loisible au législateur, compétent pour fixer les conditions et limites de l'exercice du droit protégé par l'art. 7 Charte envir., de prévoir des modalités particulières de participation du public lorsqu'une même opération fait l'objet de décisions publiques successives, c'est à la condition que ces modalités garantissent une appréciation complète des incidences directes et significatives de ces décisions sur l'environnement. Or, en l'espèce, ni les dispositions contestées ni aucune autre disposition législative ne prévoyaient un tel dispositif. * Absence de méconnaissance de l'art. 7 Charte envir. à partir du 1er sept. 2013. L'art. L. 120-1-1 C. envir. (inséré par l'Ord. du 5 août 2013 préc., en vigueur au 1er sept. 2013. Ord. prise en vertu de l'art. 12

		de la L. n° 2012-1460 du 27 déc. 2012) institue une procédure qui répond aux exigences d'accès du public aux informations relatives à l'environnement et de participation à l'élaboration des décisions publiques prévues à l'art. 7 Charte envir. Par ailleurs, si un projet de loi de ratification de l'Ord. du 5 août 2013 a été déposé dans le délai fixé par l'art. 12 de la L. du 27 déc. 2012, le Parlement ne s'est pas prononcé sur cette ratification. Toutefois, conformément au dernier al. de l'art. 38 Const. 58, à l'expiration du délai de l'habilitation fixé par le même art. 12, c'est-à-dire à partir du 1er sept. 2013, les dispositions de cette ordonnance ne pouvaient plus être modifiées que par la loi dans les matières qui sont du domaine législatif. Dès lors, à compter de cette date, elles doivent être regardées comme des dispositions législatives. Ainsi, les conditions et les limites de la procédure de participation du public prévue à l'art. L. 120-1-1 sont « définies par la loi » au sens de l'art. 7 Charte envir. – **Non-conformité jusqu'au 31 août 2013 et conformité à partir du 1er sept. 2013.** – **Décision de renvoi :** CE, QPC, 4 mars 2020, n° 434742.
2020	17 juin	**Modification du calendrier des élections municipales** **2020-849 QPC.** M. Daniel D. et a. : *JO 18 juin ; AJDA 2020. 1201 ; ibid. 1673, note Rambaud ; D. 2020. 1302 ; AJCT 2020. 356, Pratique Yazi-Roman ; Titre VII, oct. 2020, n° 5, chron. Gahdoun ; ibid., chron. Derosier et Cartier ; JCP Adm. 2020, n° 26, p. 4, note Farrugia ; JCP 2020, n° 26, p. 1187, note Verpeaux :* – **L. n° 2020-290 du 23 mars 2020 d'urgence pour faire face à l'épidémie de covid-19, art. 19, § I, al. 1er et dernier** (dans sa rédaction initiale). – **Art. 19, § I, al. 1er.** – *** sur le report du 2d tour des élections municipales :** Absence de méconnaissance du droit de suffrage, du principe de sincérité du scrutin et du principe d'égalité devant le suffrage (DDH, art. 6, et Const. 58, art. 3). Le motif du report des élections est fondé sur un motif impérieux d'intérêt général : éviter la propagation du virus. Les dispositions contestées ne favorisent pas non plus par elles-mêmes l'abstention. Il appartiendra, le cas échéant, au juge de l'élection, saisi d'un tel grief, d'apprécier si le niveau de l'abstention a pu ou non altérer, dans les circonstances de l'espèce, la sincérité du scrutin. – *** sur les conséquences du report du 2d tour sur les mandats des conseillers municipaux et sur le contentieux de l'élection :** Absence de méconnaissance du droit de suffrage, des principes de sincérité du scrutin et d'égalité devant le suffrage, et des exigences de l'art. 16 DDH. Concernant la différence de durée de mandat entre les conseillers municipaux élus dès le 1er tour et ceux élus à l'issue du 2d tour organisé au plus tard en juin 2020 : cette différence de traitement repose sur une différence de situation au regard de l'élection et répond directement à la volonté du législateur d'assurer la mise en œuvre des objectifs qu'il s'est fixés en reportant le 2d tour. Concernant les communes dans lesquelles un 2d tour est nécessaire : les dispositions contestées n'ont aucune incidence sur les éventuelles contestations devant le juge de l'élection des opérations électorales du 1er tour.

		– **Art. 19, § I, dernier al. :** précise que ni le report du 2^d tour au plus tard en juin 2020 ni l'éventuelle organisation de 2 nouveaux tours de scrutin après cette date n'ont de conséquence sur les mandats régulièrement acquis dès le 1er tour organisé le 15 mars 2020. Ces dispositions n'ont ainsi ni pour objet ni pour effet de valider rétroactivement les opérations électorales du 1er tour ayant donné lieu à l'attribution de sièges. Dès lors, elles ne font pas obstacle à ce que ces opérations soient contestées devant le juge de l'élection. – **Conformité**. – **Décision de renvoi :** CE, QPC, 25 mai 2020, n° 440217 : *AJDA 2020. 1090 ; AJCT 2020. 265, tribune Granero.* – **Applications de la décision :** CE 28 janv. 2021, n° 445084. – CE 4 nov. 2020, n° 440355 B : *AJDA 2020. 2186.* – CE 15 juill. 2020, n° 440055 B : *AJDA 2020. 1451 ; ibid. 2212, note Jobart ; AJCT 2020. 581, obs. Juilles.*
2020	17 juin	**Attribution des sièges au 1er tour des élections municipales dans les communes de 1 000 habitants et plus** **2020-850 QPC.** Mme Patricia W. : *JO 8 juin ; AJDA 2020. 1201 ; ibid. 1673, note Rambaud ; D. 2020. 1301 ; JCP 2020, n° 26, p. 1187, note Verpeaux :* – **C. élect., art. L. 262, 1re phrase des 1er et 2e al., mots : « la majorité absolue des suffrages exprimés ».** – Absence de changement de circonstances : Si, depuis la décision du 18 novembre 1982 (n° 82-146 DC), le champ d'application de ces dispositions contestées a été étendu aux communes d'au moins 1 000 habitants, les dispositions prévoyant cette extension ont été déclarées conformes à la Constitution par le Cons. const. dans sa décision du 16 mai 2013 (n° 2013-667 DC). Ni la révision constitutionnelle du 23 juill. 2008, ni la mention explicite du principe de sincérité du scrutin dans des décisions du Cons. const. postérieures aux 2 précitées ne constituent un changement des circonstances justifiant le réexamen des dispositions contestées. – **Non-lieu à statuer.** – **Décision de renvoi :** CE, QPC, 25 mai 2020, n° 440335 : *AJDA 2020. 1090 ; AJCT 2020. 265, tribune Granero.*
2020	19 juin	**Contrôle des mesures d'isolement ou de contention dans le cadre des soins psychiatriques sans consentement** **2020-844 QPC.** M. Éric G. : *JO 20 juin ; AJDA 2020. 1265 ; D. 2020. 1365 ; ibid. 1559, note Sferlazzo-Boubli ; D. actu. 16 juill. 2020, note Goetz ; LPA 2020, n° 30, avis Caron-Déglise, Marilly et note Le Monnier de Gouville ; JCP 2020, n° 28, p. 1311, note Péchillon et Véron ; Titre VII, oct. 2020, n° 5, chron. Surrel ; Gaz. Pal. 2020, n° 30, p. 26, note le Monnier de Gouville ; Dr. fam. 2020, n° 10, p. 31, note Mauger-Vielpeau :* – **CSP, art. L. 3222-5-1** (dans sa rédaction résultant de la L. n° 2016-41 du 26 janv. 2016 de modernisation de notre système de santé). – Atteinte à l'exercice de la liberté individuelle (Const. 58, art. 66). En adoptant ces dispositions, le législateur a fixé des conditions de fond et des garanties de procédure propres à assurer que le placement à l'isolement ou sous contention, dans le cadre de soins psychiatriques

		sans consentement, n'intervienne que dans les cas où ces mesures sont adaptées, nécessaires et proportionnées à l'état de la personne qui en fait l'objet. Si l'art. 66 Const. 58 exige que toute privation de liberté soit placée sous le contrôle de l'autorité judiciaire, il n'impose pas que cette dernière soit saisie préalablement à toute mesure de privation de liberté. Dès lors, en ce qu'elles permettent le placement à l'isolement ou sous contention dans le cadre de soins psychiatriques sans consentement, les dispositions contestées ne méconnaissent pas cet art. Mais il en va différemment concernant la liberté individuelle qui ne peut être tenue pour sauvegardée que si le juge intervient dans le plus court délai possible. Or, si le législateur a prévu que le recours à l'isolement et à la contention ne peut être décidé par un psychiatre que pour une durée limitée, il n'a pas fixé cette limite ni prévu les conditions dans lesquelles au-delà d'une certaine durée, le maintien de ces mesures est soumis au contrôle du juge judiciaire. Il s'ensuit qu'aucune disposition législative ne soumet le maintien à l'isolement ou sous contention à une juridiction judiciaire dans des conditions répondant aux exigences de l'art. 66 Const. 58. – **Non-conformité à compter du 31 déc. 2020.** – **Décision de renvoi :** Civ. 1re, QPC, 5 mars 2020, n° 19-40.039 P.
2020	19 juin	**Recel d'apologie du terrorisme** **2020-845 QPC.** M. Théo S. : *JO 20 juin ; D. 2020. 1360 ; D. actu. 26 juin 2020, note Goetz ; Légipresse 2020. 466 ; JCP 2020, n° 27, p. 1253 ; Titre VII, oct. 2020, n° 5, chron. Surrel ; Dr. pénal 2020, n° 9, p. 34, note Conte ; Gaz. Pal. 2020, n° 39, p. 32, note Malhière :* – **C. pén., art. 421-2-5, al. 1er, mots : « ou de faire publiquement l'apologie de ces actes »** (dans sa rédaction résultant de la L. n° 2014-1353 du 13 nov. 2014 renforçant les dispositions relatives à la lutte contre le terrorisme). – Le délit de recel d'apologie d'actes de terrorisme porte à la liberté d'expression et de communication une atteinte qui n'est pas nécessaire, adaptée et proportionnée. Les mots « ou de faire publiquement l'apologie de ces actes » figurant au 1er al. de l'art. 421-2-5 C. pén. ne sauraient donc, sans méconnaître cette liberté, être interprétés comme réprimant un tel délit. – **Conformité sous réserve.** – **Décision de renvoi :** Crim., QPC, 24 mars 2020, n° 19-86.706. – **Application de la décision :** Crim. 1er déc. 2020, n° 19-86.706.
2020	26 juin	**Violations réitérées du confinement** **2020-846/847/848 QPC.** M. Oussman G. et a. : *JO 27 juin ; AJDA 2020. 1321 ; D. 2020. 1364 ; AJ fam. 2020. 498, obs. Mary ; ; AJ pénal 2020. 355, obs. Vaz-Fernandez ; JCP 2020, n° 27, p. 1253 ; Titre VII, oct. 2020, n° 5, chron. Piazzon ; Gaz. Pal. 2020, n° 26, p. 25, note Disant :* – **Renvoi opéré, au sein du 4e al. de l'art. L. 3136-1 CSP** (dans sa rédaction résultant de la L. n° 2020-290 du 23 mars 2020 d'urgence *pour faire face à l'épidémie de covid-19*)**, et au 2° de l'art. L. 3131-15 CSP.** – **Absence de méconnaissance du principe de légalité des délits et des peines (DDH, art. 8).** Les dispositions contestées répriment la violation de l'interdiction de sortir lorsqu'elle est commise alors que,

		dans les 30 jours précédents, 3 autres violations de la même interdiction ont déjà été verbalisées. La violation de cette interdiction est alors punie de six mois d'emprisonnement et de 3 750 euros d'amende. Ni la notion de verbalisation qui désigne le fait de dresser un procès-verbal d'infraction ni la référence aux « déplacements strictement indispensables aux besoins familiaux et de santé » ne présentent de caractère imprécis ou équivoque. Par ailleurs, en retenant comme élément constitutif du délit le fait que la personne ait été précédemment verbalisée à plus de 3 reprises, le législateur n'a pas adopté des dispositions imprécises. En particulier, ces dispositions ne permettent pas qu'une même sortie, qui constitue une seule violation de l'interdiction de sortir, puisse être verbalisée à plusieurs reprises. De plus, en adoptant les dispositions contestées, le législateur a réprimé la méconnaissance de l'interdiction de sortir qui peut être mise en œuvre lorsqu'est déclaré l'état d'urgence sanitaire. Il a défini les éléments essentiels de cette interdiction. Il y a ainsi apporté 2 exceptions pour les déplacements strictement indispensables aux besoins familiaux et de santé. S'il ressort des travaux préparatoires que le législateur n'a pas exclu que le pouvoir réglementaire prévoie d'autres exceptions, celles-ci ne peuvent, conformément au dernier al. de l'art. L. 3131-15, que viser à garantir que cette interdiction soit strictement proportionnée aux risques sanitaires encourus et appropriée aux circonstances de temps et de lieu. Enfin, le législateur a prévu que le délit n'est constitué que lorsque la violation de l'interdiction de sortir est commise alors que, dans les 30 jours précédents, 3 autres violations de la même interdiction ont déjà été verbalisées. Ainsi, le législateur a suffisamment déterminé le champ de l'obligation et les conditions dans lesquelles sa méconnaissance constitue un délit. – **Conformité**. – **Décision de renvoi :** Crim., QPC, 13 mai 2020, n°s 20-90.003, 20-90.006 et 20-90.004.
2020	3 juill.	**Habilitation à prolonger la durée des détentions provisoires dans un contexte d'urgence sanitaire** **2020-851/852 QPC.** M. Sofiane A. et a. : *JO 4 juill. ; AJDA 2020. 1384 ; D. 2020. 140 ; ibid. 1408 ; ibid. 1643, obs. Pradel ; RFDA 2020. 887, note Barthélemy ; ibid. 1139, chron. Roblot-Troizier ; RTD civ. 2020. 596, obs. Deumier ; JCP 2020, n°s 30-35, p. 1414, note Levade ; Dr. adm. 2020, n° 11, p. 448, note Eveillard ; Titre VII, avr. 2021, n° 6, chron. Bonis ; ibid., chron. Surrel* : – **L. n° 2020-290 du 23 mars 2020 d'urgence pour faire face à l'épidémie de covid-19, art. 11, § I, 2°, *d*, mots « des détentions provisoires ».** – Contrôle exercé par le Cons. const. sur les textes adoptés sur le fondement de l'art. 38 Const. 58 : si les dispositions d'une ordonnance acquièrent valeur législative à compter de sa signature lorsqu'elles ont été ratifiées par le législateur, elles doivent être regardées, dès l'expiration du délai de l'habilitation et dans les matières qui sont du domaine législatif, comme des dispositions législatives au sens de l'art. 61-1 Const. 58. Leur conformité aux droits et libertés que la Constitution garantit ne peut donc être contestée que par une QPC.

		– Absence de méconnaissance par la loi d'habilitation des exigences de l'art. 66 Const. 58 et inopérance à l'égard d'une loi d'habilitation du grief tiré de l'incompétence négative dirigé contre les dispositions contestées. Les dispositions contestées habilitaient le Gouvernement à prendre, par voie d'ordonnance, des mesures adaptant les règles relatives au déroulement et à la durée des détentions provisoires aux seules fins de limiter la propagation de l'épidémie de covid-19 pour permettre, d'une part, l'allongement des délais au cours de l'instruction et en matière d'audiencement, pour une durée proportionnée à celle de droit commun et ne pouvant excéder 3 mois en matière délictuelle et 6 mois en appel ou en matière criminelle, et, d'autre part, la prolongation de ces mesures au vu des seules réquisitions écrites du parquet et des observations écrites de la personne et de son avocat. Ces dispositions contestées n'excluent pas toute intervention d'un juge lors de la prolongation d'un titre de détention provisoire venant à expiration durant la période d'application de l'état d'urgence sanitaire. Elles ne portent donc atteinte ni par elles-mêmes, ni par les conséquences qui en découlent nécessairement, aux exigences de l'art. 66 Const. 58 imposant l'intervention d'un juge dans le plus court délai possible en cas de privation de liberté. L'inconstitutionnalité alléguée par les requérants ne pourrait résulter que de l'ordonnance prise sur le fondement de ces dispositions. De plus, les dispositions d'une loi d'habilitation ne sauraient avoir ni pour objet ni pour effet de dispenser le Gouvernement, dans l'exercice des pouvoirs qui lui sont conférés en application de l'art. 38 Const. 58, du respect des règles et principes de valeur constitutionnelle, notamment les exigences résultant de son art. 66 s'agissant des modalités de l'intervention du juge judiciaire en cas de prolongation d'une mesure de détention provisoire. – **Conformité**. – **Décisions de renvoi :** Crim., QPC, 26 mai 2020, n°s 20-81.910 et 20-81.971. – **Application de la décision :** CE, ass., 16 déc. 2020, n° 440258 A : *AJDA 2021. 258, chron. Malverti et Beaufils ; ibid. 2020. 2463 ; D. 2021. 18.*
2020	31 juill.	**Action en démolition d'un ouvrage irrégulièrement édifié ou installé** **2020-853 QPC.** M. Antonio O. : *JO 1er août ; AJDA 2020. 1574 ; D. 2020. 1573 ; RDI 2020. 530, obs. Beaussonie ; Titre VII, avr. 2021, n° 6, chron. Piazzon :* – **C. urb., art. L. 480-14, 1re phrase, mots « la démolition »** (dans sa rédaction résultant de la L. n° 2010-788 du 12 juill. 2010 portant engagement national pour l'environnement). – Absence d'atteinte au droit de propriété (DDH, art. 2 et 17). L'action en démolition prévue par les dispositions contestées ne constitue qu'une conséquence des restrictions apportées aux conditions d'exercice du droit de propriété par les règles d'urbanisme. Elle n'a pour objet que de rétablir les lieux dans leur situation antérieure à l'édification irrégulière de la construction concernée. Il en résulte que, si la démolition d'un tel ouvrage a pour effet de priver son propriétaire de la propriété de ce bien irrégulièrement bâti, elle n'entre pas dans le champ d'application de l'art. 17 DDH. De plus, l'action en démolition

		est justifiée par l'intérêt général qui s'attache au respect des règles d'urbanisme, lesquelles permettent la maîtrise, par les collectivités publiques, de l'occupation des sols et du développement urbain et cette action en démolition ne peut être introduite que par les autorités compétentes en matière de PLU et dans un délai de 10 ans qui commence à courir dès l'achèvement des travaux. Par ailleurs, la démolition ne peut être prononcée que par le juge judiciaire et à l'encontre d'un ouvrage édifié ou installé sans permis de construire ou d'aménager, ou sans déclaration préalable, en méconnaissance de ce permis ou en violation des règles de fond dont le respect s'impose sur le fondement de l'art. L. 421-8 C. urb. ***Toutefois***, les dispositions contestées ne sauraient, sans porter une atteinte excessive au droit de propriété, être interprétées comme autorisant la démolition d'un tel ouvrage lorsque le juge peut, en application de l'art. L. 480-14 C. urb., ordonner à la place sa mise en conformité et que celle-ci est acceptée par le propriétaire : **réserve**. – **Conformité sous réserve**. – **Décision de renvoi :** CE, QPC, 29 mai 2020, n° 436834.
2020	31 juill.	**Taux réduit d'impôt sur les sociétés sur les plus-values de cessions de locaux professionnels transformés en logements** **2020-854 QPC.** Sté Beraha : *JO 1er août ; Titre VII, avr. 2021, n° 6, chron. Austry* : – **CGI, art. 210 F, § I, a, mots « soumise à l'impôt sur les sociétés dans les conditions de droit commun »** (dans sa rédaction résultant de la L. n° 2013-1279 du 29 déc. 2013 de finances rectificative pour 2013). – Méconnaissance du principe d'égalité devant les charges publiques (DDH, art. 13). En instituant un taux réduit d'imposition des plus-values de cession de locaux professionnels en vue de leur transformation en locaux à usage d'habitation, le législateur a entendu favoriser la création de logements. Toutefois, les dispositions contestées font dépendre du régime fiscal du cessionnaire le bénéfice, par le cédant, de ce taux réduit d'imposition. Ainsi, par ex., l'application de ce taux réduit est exclue lorsque la cession a été réalisée au profit d'une personne morale non soumise de plein droit à l'impôt sur les sociétés et qui n'est pas non plus autorisée à opter en faveur de son assujettissement à cet impôt. Tel est le cas notamment, en application des art. 239 et 239 *ter* du CGI, des sociétés civiles de construction-vente, qui ont pour objet la construction d'immeubles en vue de la vente. De même, l'application de ce taux réduit est exclue lorsque le cessionnaire est une société en nom collectif ou en commandite simple, dans lesquelles, en principe, chacun des associés est personnellement soumis à l'impôt, alors qu'un cessionnaire de même forme sociale mais ayant, quant à lui, opté pour l'assujettissement à l'impôt sur les sociétés ouvre droit au bénéfice de ce taux réduit. Or, il n'y a pas de lien entre le régime fiscal du cessionnaire et sa capacité à respecter son engagement de transformer en logements les locaux cédés. Par conséquent, en réservant l'application de l'avantage fiscal aux plus-values de cessions réalisées au profit d'une personne morale « soumise à l'impôt sur les sociétés dans les conditions de droit commun », excluant ainsi d'autres personnes morales tout autant susceptibles de transformer les locaux

		cédés en locaux à usage d'habitation, en particulier les sociétés civiles de construction-vente, le législateur ne s'est pas fondé sur un critère objectif et rationnel en fonction du but de création de logements qu'il s'est proposé. – **Non-conformité. Les dispositions déclarées contraires à la Constitution, dans leur rédaction contestée résultant de la L. du 29 déc. 2013, ne sont plus en vigueur. La déclaration d'inconstitutionnalité est applicable à toutes les affaires non jugées définitivement à la date de publication de la décision**. – **Décision de renvoi :** CE, QPC, 9 juin 2020, n° 439457.
2020	9 sept.	**Condition de paiement préalable pour la contestation des forfaits de post-stationnement** **2020-855 QPC.** Mme Samiha B. : *JO 10 sept. ; D. actu. 10 sept. 2020, obs. Pastor ; AJDA 2020. 1636 ; D. 2020. 1722 ; AJ pénal 2020. 521, obs. Céré ; JCP Adm. 2020, n°s 38-39, p. 2, note Cano ; Titre VII, avr. 2021, n° 6, chron. Peltier ; ibid. chron. Surrel* : – **CGCT, art. L. 2333-87-5** (rédaction résultant de l'Ord. n° 2015-401 du 9 avr. 2015 relative à la gestion, au recouvrement et à la contestation du forfait de post-stationnement prévu à l'art. L. 2333-87 CGCT). – Méconnaissance du droit à exercer un recours juridictionnel effectif (DDH, art. 16). En imposant que le forfait et la majoration soient acquittés avant de pouvoir les contester devant le juge, le législateur a entendu, dans un but de bonne administration de la justice, prévenir les recours dilatoires dans un contentieux exclusivement pécuniaire susceptible de concerner un très grand nombre de personnes. Cependant, si, conformément à l'art. L. 2333-87 CGCT, le montant du forfait de post-stationnement ne peut excéder celui de la redevance due, aucune disposition législative ne garantit que la somme à payer pour contester des forfaits de post-stationnement et leur majoration éventuelle ne soit d'un montant trop élevé. De plus, le législateur n'a apporté à l'exigence de paiement préalable desdits forfaits et majorations aucune exception tenant compte de certaines circonstances ou de la situation particulière de certains redevables. – **Non-conformité totale à compter de la date de la publication de la décision. La déclaration d'inconstitutionnalité est applicable à toutes les affaires non jugées définitivement à cette date.** – **Décision de renvoi :** CE, QPC, 10 juin 2020, n° 433276 : *AJDA 2020. 1199*. – **Application de la décision :** CE 11 déc. 2020, n° 433276.
2020	18 sept.	**Allocation pour les enfants de mineurs licenciés pour faits de grève en 1948 et 1952** **2020-856 QPC.** Mme Suzanne A. et a. : *JO 19 sept. ; Dr. soc. 2021. 71, obs. Radé ; Gaz. Pal. 2020, n° 39, p. 33, note Richaud ; Titre VII, avr. 2021, n° 6, chron. Cartier ; ibid., chron. Piazzon* : – **L. n° 2014-1654 du 29 déc. 2014 de finances pour 2015** (dans sa rédaction résultant de la L. n ° 2016-1918 du 29 déc. 2016 de finances rectificative pour 2016), **art. 100, al. 2, et 7 mots « dont les dossiers ont été instruits par l'Agence nationale pour la garantie**

		des droits des mineurs, en application de l'article 107 de la loi n° 2004-1484 du 30 décembre 2004 de finances pour 2005 » et mots « jusqu'au 1er juin 2017 ». — Méconnaissance du principe d'égalité devant la loi (DDH, art. 6). Le versement des allocations ne peut intervenir que si une demande de prestations de chauffage et de logement a été formée par le mineur ou son conjoint survivant jusqu'au 1er juin 2017 auprès de l'Agence nationale pour la garantie des droits des mineurs et instruite par celle-ci en application de l'art. 107 de la L. du 30 déc. 2004 préc. Si le bénéfice de ces prestations pouvait ainsi être sollicité jusqu'à la date limite de présentation des demandes de versement de l'allocation forfaitaire, les précédents conjoints des mineurs ainsi que leurs enfants ne peuvent prétendre au versement de cette allocation lorsque le mineur et son conjoint survivant sont décédés avant l'entrée en vigueur des dispositions contestées sans avoir demandé à bénéficier de ces prestations. Ce faisant, ces dispositions opèrent, pour le bénéfice de cette allocation, une différence de traitement entre les personnes admises à venir en représentation du mineur ou de son conjoint survivant selon que ces derniers ont pu solliciter ou non, de leur vivant, le bénéfice des prestations de chauffage et de logement. De plus, une autre différence de traitement est instaurée pour le bénéfice de l'allocation spécifique réservée aux enfants des mineurs, selon que ces mineurs ou leurs conjoints survivants ont sollicité ou non pour eux-mêmes le bénéfice des prestations de chauffage et de logement. Il s'ensuit que ces différences de traitement sont sans rapport avec l'objet de la loi, qui visait à réparer certains préjudices subis par les mineurs licenciés pour faits de grève en 1948 et 1952 et par leur famille. — **Non-conformité à compter de la date de la publication de la décision et applicable à toutes les affaires non jugées définitivement à cette date.** — **Décision de renvoi** : Soc., QPC, 18 juin 2020, n° 20-40.005 P.
2020	2 oct.	**Référé contractuel applicable aux contrats de droit privé de la commande publique** **2020-857 QPC.** Sté Bâtiment mayennais : *JO 3 oct. ; AJDA 2021. 286, note Cafarelli ; ibid. 2020. 1881 ; ibid. 2281, note Karpenschif ; D. actu. 7 oct. 2020, note Mariappa ; AJ contrat 2020. 566, obs. Dreyfus ; JCP 2020, n° 46, p. 1992, note Muller ; JCP Adm. 2020, n° 46, p. 3, note Hul ; Titre VII, avr. 2021, n° 6, chron. Piazzon ; ibid., chron. Gahdoun* : — **Ord. n° 2009-515 du 7 mai 2009 relative aux procédures de recours applicables aux contrats de la commande publique, art. 16.** — Absence d'atteinte disproportionnée au droit à un recours juridictionnel effectif (DDH, art. 16). En limitant les cas d'annulation des contrats de droit privé de la commande publique aux violations les plus graves des obligations de publicité et de mise en concurrence, le législateur a entendu éviter une remise en cause trop fréquente de ces contrats après leur signature et assurer la sécurité juridique des relations contractuelles. Il a ainsi poursuivi un objectif d'intérêt général. De plus, les personnes ayant intérêt à conclure un contrat de droit privé de la commande publique peuvent, avant sa signature, former un référé précontractuel. Dans ce cas, elles peuvent invoquer tout manquement

		qui, eu égard à sa portée et au stade de la procédure auquel il se rapporte, est susceptible de les avoir lésées ou risque de les léser. Le juge peut alors prendre des mesures tendant à ce que l'autorité responsable du manquement se conforme à ses obligations, dans un délai qu'il fixe, et à ce que soit suspendue l'exécution de toute décision qui se rapporte à la passation du contrat. A cet égard, la circonstance que le pouvoir adjudicateur ou l'entité adjudicatrice ne soit pas toujours obligé de communiquer la décision d'attribution du contrat aux candidats non retenus et d'observer, après cette communication, un délai avant de signer le contrat n'a ni pour objet ni nécessairement pour effet de priver les candidats évincés de la possibilité de former, dès le rejet de leur offre et jusqu'à la signature du contrat, un référé précontractuel. Enfin, les dispositions contestées ne font pas obstacle à ce qu'un candidat irrégulièrement évincé exerce, parmi les voies de recours de droit commun, une action en responsabilité contre la personne responsable du manquement dénoncé. – Absence de méconnaissance du principe d'égalité devant la loi (DDH, art. 6). Il résulte de la jurisprudence constante du CE que les candidats évincés d'un contrat administratif de la commande publique peuvent, après la signature du contrat, former en plus du référé contractuel un recours en contestation de la validité de ce contrat ouvert devant le juge administratif à tout tiers à un contrat administratif susceptible d'être lésé dans ses intérêts de façon suffisamment directe et certaine par sa passation ou ses clauses. Les candidats évincés d'un contrat privé de la commande publique ne bénéficient pas devant le juge judiciaire d'un recours identique. Toutefois, les contrats administratifs et les contrats de droit privé répondent à des finalités et des régimes différents. Ainsi, les candidats évincés d'un contrat privé de la commande publique sont dans une situation différente des candidats évincés d'un contrat administratif de la commande publique. Dès lors, la différence de traitement dénoncée, qui est en rapport avec l'objet de la loi, ne méconnaît pas en tout état de cause le principe d'égalité devant la loi. – **Conformité**. – **Décision de renvoi :** Com., QPC, 8 juill. 2020, n° 19-24.270.
2020	2 oct.	**Conditions d'incarcération des détenus** **2020-858/859 QPC.** M. Geoffrey F. et a. : *JO 3 oct. ; AJDA 2020. 1881 ; ibid. 2158, note Bonnet et Gahdoun ; D. 2021. 57, note Roux ; ibid. 2020. 2056, entretien Falxa ; ibid. 2367, obs. Roujou de Boubée, Ginestet, Gozzi, Mirabail et Tricoire ; AJ fam. 2020. 498, obs. Mary ; D. actu. 9 oct. 2020, note Engel ; AJ pénal 2020. 580, note Frinchaboy ; Gaz. Pal. 2020, n° 41, p. 22, note Simon ; Dr. pénal 2020, n° 11, p. 36, note Maron ; JCP 2020, n° 49, p. 2164, note Peltier ; Titre VII, avr. 2021, n° 6, chron. Surrel* : – **C. pr. pén., art. 144-1, al. 2** (dans sa rédaction résultant de la L. n° 2000-516 du 15 juin 2000 renforçant la protection de la présomption d'innocence et les droits des victimes). – Méconnaissance du principe à valeur constitutionnelle de la sauvegarde de la dignité de la personne humaine contre toute forme d'asservissement et de dégradation (Préamb. Const. 1946) et atteinte substantielle au droit des personnes intéressées d'exercer un recours

		effectif devant une juridiction (DDH, art. 9 et 16). Il appartient également aux autorités judiciaires ainsi qu'aux autorités administratives de veiller à ce que la privation de liberté des personnes placées en détention provisoire soit, en toutes circonstances, mise en œuvre dans le respect de la dignité de la personne. Il appartient, aussi, aux autorités et juridictions compétentes de prévenir et de réprimer les agissements portant atteinte à la dignité de la personne placée en détention provisoire et d'ordonner la réparation des préjudices subis. Enfin, il incombe au législateur de garantir aux personnes placées en détention provisoire la possibilité de saisir le juge de conditions de détention contraires à la dignité de la personne humaine, afin qu'il y soit mis fin. Ainsi, une personne placée en détention provisoire et exposée à des conditions de détention contraires à la dignité de la personne humaine peut saisir le juge administratif en référé, sur le fondement des art. L. 521-2 ou L. 521-3 CJA, les mesures que ce juge peut prononcer dans ce cadre, qui varient selon la possibilité pour l'administration de les mettre en œuvre utilement et à très bref délai, ne garantissent pas, en toutes circonstances, qu'il soit mis fin à la détention indigne. De plus, en vertu de l'art. 148 C. pr. pén., la personne placée en détention provisoire peut à tout moment former une demande de mise en liberté, le juge n'est tenu d'y donner suite que dans les cas prévus au second alinéa de l'art. 144-1 du même code. Or, il s'agit du cas où la détention provisoire excède une durée raisonnable, au regard de la gravité des faits reprochés et de la complexité des investigations nécessaires à la manifestation de la vérité, et du cas où la détention n'est plus justifiée par l'une des causes énumérées à l'art. 144 du même code, qui relèvent toutes des exigences propres à la sauvegarde de l'ordre public ou à la recherche des auteurs d'infractions. Enfin, si l'art. 147-1 du même code autorise le juge à ordonner la mise en liberté d'une personne placée en détention provisoire, ce n'est que dans la situation où une expertise médicale établit que cette personne est atteinte d'une pathologie engageant le pronostic vital ou que son état de santé physique ou mentale est incompatible avec le maintien en détention. Dès lors, aucun recours devant le juge judiciaire ne permet au justiciable d'obtenir qu'il soit mis fin aux atteintes à sa dignité résultant des conditions de sa détention provisoire. – **Non-conformité à compter du 1er mars 2021.** – **Décisions de renvoi : Crim., QPC, 8 juill. 2020, nos 20-81.731 et 20-81.739.** – **Application de la décision :** CE 19 oct. 2020, n° 439372 A : *AJDA 2020. 1991 ; D. 2020. 2121, obs. de Montecler ; AJ pénal 2020. 593, obs. Céré.*
2020	15 oct.	**Assistance d'un fonctionnaire durant une rupture conventionnelle** **2020-860 QPC.** Syndicat des agrégés de l'enseignement supérieur et a. : *JO 16 oct. ; AJDA 2021. 468, note Fort ; ibid. 2020. 1993 ; AJFP 2021. 44 ; AJCT 2021. 103, obs. Didriche ; Titre VII, avr. 2021, n° 6, chron. Piazzon ; ibid., chron. Gahdoun :* – **L. n° 2019-828 du 6 août 2019 de transformation de la fonction publique, art. 72, § I, al. 10, mot « représentative ».**

		– Méconnaissance du principe d'égalité devant la loi (DDH, art. 6). Les dispositions contestées réservent aux organisations syndicales représentatives la faculté de désigner un conseiller aux fins d'assister le fonctionnaire durant la procédure de rupture conventionnelle. Elles établissent une différence de traitement entre ces organisations et les organisations syndicales non représentatives. En adoptant ces dispositions, le législateur a entendu accorder une garantie au fonctionnaire durant la procédure de rupture conventionnelle. Toutefois, le caractère représentatif ou non d'un syndicat ne détermine pas la capacité du conseiller qu'il a désigné à assurer l'assistance du fonctionnaire dans ce cadre. Dès lors, la différence de traitement est sans rapport avec l'objet de la loi. – Non-conformité avec effet à compter de la date de la publication de la décision et applicable à toutes les affaires non jugées définitivement à cette date. – **Décisions de renvoi :** CE, QPC, 15 juill. 2020, n°s 439031 et 439216.
2020	15 oct.	**Plafonnement des frais d'intermédiation commerciale pour la vente de logements éligibles à la réduction d'impôt sur le revenu en faveur de l'investissement locatif intermédiaire** **2020-861 QPC.** Fédération nationale de l'immobilier et a. : *JO 16 oct. ; RD fisc. 2020, n° 48, p. 36, note Bernard et Brémond* : – **CGI, art. 199 *novovicies*, § X *bis*, al. 1er à 3 et dernier al.** (dans sa rédaction résultant de la L. n° 2018-1317 du 28 déc. 2018 de finances pour 2019 : réduction Pinel). – La réduction Pinel est calculée sur la base du prix de revient du bien immeuble qui comprend le montant des frais et commissions facturés par les professionnels de l'intermédiation commerciale intervenus lors de la vente, dans la limite d'un plafond de 10 % de ce prix de revient. Si le montant des frais et commissions correspondant au coût des prestations d'intermédiation commerciale est facturé à un montant supérieur à ce plafond, le vendeur est assujetti à une amende administrative. – Absence de caractère disproportionné concernant l'atteinte à la liberté d'entreprendre (DDH, art. 4) et absence d'incompétence négative. Si l'instauration de ce plafond limite la liberté de ces intermédiaires de fixer les tarifs de leurs prestations et porte donc atteinte à la liberté d'entreprendre, en adoptant ces dispositions, le législateur a entendu lutter contre certaines tarifications abusives en matière de commercialisation conduisant au détournement de l'avantage fiscal accordé au contribuable au titre de l'investissement locatif en application de l'art. 199 *novovicies*. Il a ainsi poursuivi un objectif d'intérêt général. De plus, le champ d'application du plafonnement imposé aux intermédiaires est restreint aux frais de commercialisation qu'ils facturent au titre des acquisitions de logements neufs et en l'état futur d'achèvement situés dans une zone *géographique* où l'accès au parc locatif existant est en tension ; le plafonnement s'applique uniquement lorsque l'acquéreur demande le bénéfice de la réduction d'impôt. Il ne concerne donc qu'une part limitée de l'activité d'intermédiation commerciale en matière immobilière. Ensuite, afin de permettre aux intermédiaires de fixer les

		frais de commercialisation qu'ils sont autorisés à pratiquer sur les logements éligibles à la réduction d'impôt, il appartient à l'acquéreur de faire connaître au vendeur ou au promoteur son intention de bénéficier de cet avantage fiscal en temps utile, au plus tard lors de la signature du contrat préliminaire de vente d'un logement en l'état futur d'achèvement ou du contrat de vente. Enfin, si le législateur a renvoyé à un décret le soin de fixer le plafond des frais et commissions d'intermédiation commerciale, il a veillé à ce que ce plafond soit proportionné au prix de revient du logement, dont la définition relève en tout état de cause du pouvoir réglementaire ; il appartient à ce dernier de fixer ce plafond à un niveau suffisamment élevé pour éviter les seules tarifications abusives. — Absence de méconnaissance du principe d'égalité devant la loi (DDH, art. 6). Les dispositions contestées instituent une différence de traitement entre les prestations de commercialisation des logements ouvrant droit à la réduction d'impôt selon qu'elles sont effectuées par les intermédiaires, qui sont soumis au plafonnement, ou par les promoteurs eux-mêmes, qui n'y sont pas soumis. Toutefois, en adoptant ces dispositions, le législateur a entendu lutter contre certaines tarifications abusives en matière de commercialisation conduisant au détournement de l'avantage fiscal accordé au contribuable au titre de l'investissement locatif en application de l'art. 199 *novovicies*. Au regard de cet objet, le législateur, qui a constaté certains frais de commercialisation abusifs pratiqués par des intermédiaires, a pu considérer que ces derniers étaient placés dans une situation différente des promoteurs qui procèdent eux-mêmes à la commercialisation de logements éligibles à la réduction d'impôt. Dès lors, la différence de traitement contestée repose sur une différence de situation, elle est en rapport direct avec l'objet de la loi. De plus, le plafonnement des frais de commercialisation ne s'applique pas aux logements que l'acquéreur fait construire ni aux logements déjà existants mentionnés au B du § I de l'art. 199 *novovicies*. Toutefois, le législateur a estimé que ces logements, lorsqu'ils sont éligibles à la réduction d'impôt, sont moins sujets à des frais de commercialisation abusifs que les logements neufs et en l'état futur d'achèvement. Ainsi, la différence de traitement critiquée par le syndicat intervenant, qui est ainsi fondée sur une différence de situation, est en rapport avec l'objet de la loi. — Absence de méconnaissance du principe de légalité des délits et des peines (DDH, art. 8). Ni les termes de « prix de revient » ni ceux de « frais et commissions directs et indirects », rapportés à l'activité d'intermédiation commerciale, ne présentent de caractère imprécis ou équivoque. De plus, en adoptant les dispositions contestées, le législateur a réprimé la méconnaissance du plafond applicable à ces frais par le vendeur. Il appartient à l'acquéreur de faire connaître au vendeur ou au promoteur son intention de bénéficier de cet avantage fiscal en temps utile, au plus tard lors de la signature du contrat préliminaire de vente d'un logement en l'état futur d'achèvement ou du contrat de vente. Seul est ainsi sanctionné le fait pour le vendeur d'avoir dépassé le plafond des frais d'intermédiation commerciale au titre de la vente d'un logement éligible à la réduction d'impôt, alors que l'acquéreur lui avait

		fait connaître son intention d'en bénéficier : le législateur a défini les éléments essentiels de l'obligation dont la méconnaissance est sanctionnée. Enfin, le législateur n'a pas méconnu l'étendue de sa compétence dans la détermination de la sanction applicable au vendeur dès lors qu'il a prévu que l'amende ne peut dépasser un montant qu'il a fixé à 10 fois les frais excédant le plafond des frais de commercialisation. – **Conformité.** – **Décision de renvoi :** CE, QPC, 22 juill. 2020, n° 438805.
2020	15 oct.	**Pérennisation d'un prélèvement minorant la dotation d'intercommunalité** **2020-862 QPC.** Communauté de communes Chinon, Vienne et Loire : *JO 16 oct. ; AJDA 2020. 1989 ; AJCT 2020. 497, obs. Royer ; ibid. 2021. 37, obs. Houser ; Gaz. Pal. 2020, n° 42, p. 27, note Kamal-Girard* : – **Loi n° 2018-1317 du 28 déc. 2018 de finances pour 2019** (dans sa rédaction initiale)**, art. 250, § II, al. 1er.** – Atteinte caractérisée à l'égalité devant les charges publiques (DDH, art. 13). Depuis la réforme de la dotation d'intercommunalité organisée par l'art. 250 de la L. du 28 déc. 2018, le montant de la contribution des EPCI à fiscalité propre au redressement des finances publiques a été directement intégré à la dotation d'intercommunalité par une minoration de son montant global avant répartition individuelle. Les dispositions contestées de cet art. 250 ont toutefois maintenu, de manière pérenne, pour les seuls EPCI qui y avaient été assujettis en 2018, le prélèvement précité, en en fixant le montant à celui appliqué cette même année 2018. La différence de traitement ainsi instaurée entre les EPCI repose uniquement sur la circonstance que, compte tenu de leur niveau de richesse relative et des montants de dotation individuelle d'intercommunalité et de contribution au redressement des finances publiques qui en découlaient, ils ont été ou non soumis à ce prélèvement en 2018. Si le législateur a prévu, aux 3 derniers al. de l'art. 250 de la L. du 28 déc. 2018, que, lorsque le périmètre des EPCI change, le montant du prélèvement à acquitter doit être recalculé en conséquence, aucune autre évolution de la situation, notamment financière ou démographique, des établissements publics intéressés n'est susceptible de remettre en cause ni leur assujettissement au prélèvement ni son montant. Or, s'il était loisible au législateur de prévoir, dans le cadre de la réforme de la dotation d'intercommunalité, le maintien à titre transitoire du prélèvement auquel certains EPCI étaient jusqu'alors soumis, afin de garantir qu'ils continueraient à participer, à hauteur de leur richesse relative constatée en 2018, au redressement des finances publiques, il ne pouvait, compte tenu de l'objet de ce prélèvement et sans autre possibilité d'ajustement, laisser subsister de façon pérenne une telle différence de traitement sans porter une atteinte caractérisée à l'égalité devant les charges publiques. – **Non-conformité. Les dispositions déclarées contraires à la Const. 58, dans leur rédaction contestée, ne sont plus en vigueur. *De plus*, la remise en cause de l'ensemble des prélèvements opérés sur le fondement de ces dispositions aurait des conséquences manifestement excessives. Par suite, ces prélèvements ne peuvent être contestés sur le fondement de cette inconstitutionnalité.** – **Décision de renvoi :** CE, QPC, 29 juill. 2020, n° 436586.

		– **Application de la décision :** CE 30 déc. 2020, n° 436586.
2020	13 nov.	**Délai de dix jours accordé au défendeur en matière de diffamation** **2020-863 QPC.** Sté Manpower France : *JO 14 nov. ; D. 2020. 2241 ; ibid. 2021. 197, obs. Dreyer ; Légipresse 2020. 593* : – **Loi du 29 juill. 1881 sur la liberté de la presse, art. 54, al. 2, mots « contre un candidat à une fonction électorale »** (dans sa rédaction résultant de l'Ord. n° 45-2090 du 13 sept. 1945 modifiant la L. du 29 juill. 1881 sur la liberté de la presse, modifiée par la décision du Cons. const. n° 2019-786 QPC du 24 mai 2019) **et art. 55, al. 1er, mots « dans le délai de dix jours après la signification de la citation »** (dans sa rédaction résultant de la L. n° 2017-86 du 27 janv. 2017 relative à l'égalité et à la citoyenneté). – **L. 1881, art. 55 :** absence d'atteinte à l'exercice de la liberté d'expression et de communication et à un recours effectif (DDH, art. 11 et 16). En instituant le délai de 10 jours, le législateur a souhaité permettre à l'auteur des propos susceptibles d'être jugés diffamatoires de préparer sa défense et, à cette fin, de disposer du temps nécessaire à la formulation de l'offre de preuve tendant à établir la vérité des faits en cause. Si les dispositions contestées empêchent le juge de statuer sans délai, y compris à titre conservatoire, elles ne privent pas la personne qui s'estime diffamée de la possibilité d'obtenir, à l'expiration du délai de 10 jours, que soient prescrites les mesures nécessaires à la protection de ses intérêts. De plus, ces dispositions ne font pas davantage obstacle à ce que cette personne puisse obtenir réparation du préjudice que lui a, le cas échéant, causé la diffamation. Il s'ensuit que le législateur a assuré une conciliation qui n'est pas manifestement déséquilibrée entre, d'une part, la liberté d'expression et de communication et les droits de la défense et, d'autre part, le droit à un recours juridictionnel effectif. – **L. 1881, art. 54 :** conciliation pas manifestement déséquilibrée entre, d'une part, la liberté d'expression et de communication (DDH, art. 11) et les droits de la défense et, d'autre part, le principe de sincérité du scrutin (Préamb. Const. 1946, al. 8 ; Const. 58, art. 3, al. 3) et le droit à un recours juridictionnel effectif (DDH, art. 16). La liberté d'expression revêt une importance particulière dans le débat politique et au cours des campagnes électorales. Elle garantit à la fois l'information de chacun et la défense de toutes les opinions mais prémunit aussi contre les conséquences des abus commis sur son fondement en permettant d'y répondre et de les dénoncer, notamment en cas de diffamation. Même dans le cas où, au cours de la période électorale, une diffamation vise une personne autre qu'un candidat, les dispositions contestées ne privent pas le juge de l'élection, saisi d'un tel grief, de la faculté d'apprécier si la diffamation alléguée a pu altérer, dans les circonstances de l'espèce, la sincérité du scrutin et, le cas échéant, de prononcer l'annulation de l'élection. – **Conformité**. – **Décision de renvoi :** Civ. 1re, QPC, 10 sept. 2020, n° 20-40.055.
2020	13 nov.	**Redressement des cotisations et contributions sociales sur la base des informations contenues dans les procès-verbaux de travail dissimulé**

		2020-864 QPC. Sté Route destination voyages : *JO 14 nov. ; D. 2020. 2243* : – **CSS, art. L. 243-7-5, 1re phrase, mots « sur la base des informations contenues dans les procès-verbaux de travail dissimulé »** (dans sa rédaction issue de la L. n° 2012-1404 du 17 déc. 2012 de financement de la sécurité sociale pour 2013). – Absence d'atteinte au principe du contradictoire (DDH, art. 16). Les dispositions contestées se bornent à autoriser les organismes de protection sociale et de recouvrement des cotisations et contributions sociales à procéder à des redressements sur la base des informations contenues dans les procès-verbaux de travail dissimulé qui leur sont transmis par les agents d'autres organismes. Elles n'ont, ni par elles-mêmes ni en raison de la portée effective qu'une interprétation jurisprudentielle constante leur aurait conférée, pour objet ou pour effet de faire obstacle à l'application des dispositions législatives ou réglementaires instituant une procédure contradictoire en cas de redressement de ces cotisations ou contributions après constatation des faits de travail dissimulé. – **Conformité.** – **Décision de renvoi :** Civ. 2e, QPC, 10 sept. 2020, n° 19-24.836.
2020	19 nov.	**Requête aux fins de désignation d'un mandataire de justice par le représentant légal d'une personne morale** **2020-865 QPC.** Sté Beiser environnement et a. : *JO 20 nov. ; D. 2020. 2291* : – **C. pr. pén., art. 706-43, al. 1er, dernière phrase, mot « peut »** (dans sa rédaction résultant de l'Ord. n° 2019-964 du 18 sept. 2019 prise en application de la L. n° 2019-222 du 23 mars 2019 de programmation 2018-2022 et de réforme pour la justice). – Absence de méconnaissance des droits de la défense (DDH, art. 16). En application des dispositions contestées, lorsque le représentant légal d'une personne morale fait l'objet de poursuites pénales en même temps que celle-ci pour les mêmes faits ou pour des faits connexes, il dispose seul de la faculté de solliciter du président du TJ la désignation d'un mandataire de justice pour assurer à sa place la représentation de la personne morale. Il peut en résulter, en cas de conflit d'intérêts entre la personne morale et le représentant légal, que ce dernier, afin de faire prévaloir ses propres intérêts, s'abstienne de demander la désignation d'un tel mandataire, ce qui pourrait être de nature à léser ceux de la personne morale. Toutefois, dans cette hypothèse, les organes d'une personne morale demeurent compétents, dans les conditions prévues par la loi ou les statuts, pour imposer à son représentant légal de solliciter la désignation d'un mandataire de justice, lui retirer son mandat de représentation en justice ou désigner un autre représentant légal. Enfin, les dispositions du 2e al. de l'art. 706-43 C. pr. pén. permettent une représentation de la personne morale par toute personne bénéficiant, conformément à la loi ou à ses statuts, d'une délégation de pouvoir à cet effet. Cette délégation de pouvoir peut être octroyée à tout moment par les organes de la personne morale. – **Conformité.** – **Décision de renvoi :** Crim., QPC, 9 sept. 2020, n° 20-81.008.

2020	19 nov.	**Procédure civile sans audience dans un contexte d'urgence sanitaire** **2020-866 QPC.** Sté Getzner France : *JO 20 nov. ; D. 2020. 2297 ; ibid. 2021. 499, obs. Douchy-Oudot ; Titre VII, avr. 2021, n° 6, chron. Piazzon* : – **Ord. n° 2020-304 du 25 mars 2020 portant adaptation des règles applicables aux juridictions de l'ordre judiciaire statuant en matière non pénale et aux contrats de syndic de copropriété, art. 8, al. 2, 1re phrase, mots « A l'exception des procédures en référé, des procédures accélérées au fond et des procédures dans lesquelles le juge doit statuer dans un délai déterminé »** (dans sa rédaction résultant de l'Ord. n° 2020-595 du 20 mai 2020 modifiant l'Ord. n° 2020-304 du 25 mars 2020 portant adaptation des règles applicables aux juridictions de l'ordre judiciaire statuant en matière non pénale et aux contrats de syndic de copropriété). – Absence de méconnaissance des droits de la défense et du droit à un procès équitable (DDH, art. 16). Compte tenu du contexte sanitaire particulier résultant de l'épidémie de covid-19 durant la période d'application des dispositions contestées, celles-ci ne privent pas de garanties légales les exigences constitutionnelles des droits précités. – Absence de méconnaissance du principe d'égalité devant la justice (DDH, art. 6 et 16). Les dispositions contestées n'instituent pas de différence de traitement entre les parties à une même procédure, le demandeur et le défendeur étant tous deux placés dans l'impossibilité de décider de la procédure sans audience ou de s'y opposer. Loin de conférer un pouvoir discrétionnaire au juge pour décider de la tenue ou non d'une audience, ces dispositions ne lui permettent de recourir à la procédure sans audience que dans les instances civiles urgentes dans lesquelles le caractère équitable de la procédure et le respect des droits de la défense peuvent être assurés par des échanges exclusivement écrits entre les avocats. – **Conformité.** – **Décision de renvoi :** Civ. 2e, QPC, 24 sept. 2020, n° 20-40.056.
2020	27 nov.	**Amende pour non-respect des mesures prises pour limiter les nuisances aéroportuaires** **2020-867 QPC.** M. Louis-Christophe L. : *JO 28 nov.* : – **C. transports, art. L. 6361-12, 1° à 4°.** – Manque en fait le grief tiré de la méconnaissance du principe selon lequel nul n'est punissable que de son propre fait (DDH, art. 8 et 9). Il résulte du 6e al. et des *a* à *e* de l'art. L. 6361-12 C. transp. que l'Autorité de contrôle des nuisances aéroportuaires peut prononcer une amende administrative à l'encontre de certaines personnes ne respectant pas les restrictions à l'usage de certains types d'aéronefs ou à l'exercice de certaines activités aériennes, les procédures particulières de décollage ou d'atterrissage, les règles relatives aux essais moteurs et aux valeurs maximales de bruit ou d'émissions atmosphériques polluantes. Les dispositions contestées prévoient que ces personnes peuvent être celles exerçant une activité de transport aérien public, celles au profit desquelles est exercée une activité de transport aérien, celles exerçant une autre activité aérienne ainsi que celles exerçant l'activité de fréteur. Ainsi, les dispositions contestées se bornent à énumérer des personnes

		participant à l'activité aérienne et susceptibles, à cette occasion, de manquer au respect de l'une des restrictions, procédures ou règles précitées. Elles n'ont, ni par elles-mêmes, ni en raison de la portée effective que leur conférerait une interprétation jurisprudentielle constante, pour objet ou pour effet de rendre une personne responsable d'un manquement qui ne lui serait pas imputable. – Inopérance du grief tiré de la méconnaissance du principe d'égalité devant les charges publiques (DDH, art. 6) à l'encontre de dispositions instituant une sanction ayant le caractère d'une punition au sens de l'art. 8 de la DDH. – **Conformité.** – **Décision de renvoi :** CE, QPC, 25 sept. 2020, n° 440014.
2020	27 nov.	**Taxe forfaitaire sur la cession et l'exportation d'objets précieux** **2020-868 QPC.** M. Louis-Christophe L. : *JO 28 nov. ; Titre VII, avr. 2021, n° 6, chron. Austry* : – **CGI, art. 150, VI, § II** (dans sa rédaction résultant de la L. n° 2013-1278 du 29 déc. 2013 de finances pour 2014) **et art. 150, VI, § I, mots « les cessions à titre onéreux ou les exportations, autres que temporaires, hors du territoire des États membres de l'Union européenne »** (dans sa rédaction résultant de la même loi). – Absence de méconnaissance, du fait de l'assujettissement de certaines exportations à la taxe forfaitaire, du principe d'égalité devant les charges publiques (DDH, art. 13). Il ressort des travaux préparatoires de la L. du 19 juill. 1976 portant imposition des plus-values et création d'une taxe forfaitaire sur les métaux précieux, les bijoux, les objets d'art, de collection et d'antiquité, qui est à l'origine des dispositions contestées, que, en assujettissant à la taxe forfaitaire les exportations définitives hors de France, quel que soit l'objet de ces exportations, le législateur a entendu prévenir le risque que le bien soit soustrait, par l'exportation, à l'imposition forfaitaire en cas de cession ultérieure. Toutefois, il n'a pas instauré pour ce faire une présomption de fraude ou d'évasion fiscales mais seulement choisi d'avancer le moment où la capacité contributive que confère la détention de ce bien est imposée au moment où ce bien quitte définitivement le territoire de l'UE. Par ailleurs, ces dispositions n'ont ni pour effet d'assujettir le contribuable à une imposition dont l'assiette inclurait une capacité contributive dont il ne disposerait pas ni pour effet de le soumettre à une double imposition : **conformité**. – Méconnaissance, du fait de l'exclusion du champ de la taxe forfaitaire des cessions à titre onéreux réalisées en dehors de l'UE, du principe d'égalité devant la loi (DDH, art. 6). En vertu des dispositions contestées, la taxe forfaitaire ne peut s'appliquer qu'aux cessions à titre onéreux d'objets précieux, réalisées en France ou dans un autre État membre de l'UE. Seuls les contribuables cédant leur bien dans l'un de ces États peuvent donc choisir d'être imposés selon le régime de la taxation forfaitaire ou selon le régime général d'imposition des *plus-values*. Il en résulte une différence de traitement avec les contribuables dont les biens sont cédés dans d'autres États étrangers, qui sont nécessairement assujettis à ce seul second régime d'imposition. Toutefois, il ressort des travaux préparatoires de la L. du 19 juill. 1976 que le législateur a considéré que le régime général d'imposition des

		plus-values qu'il instaurait par cette loi n'était pas adapté au cas des biens mobiliers précieux. En effet, ce régime général repose sur la comparaison entre la valeur d'acquisition d'un bien et sa valeur au moment de sa cession. Or, le législateur a estimé que, compte tenu des règles de cession des biens mobiliers, qui sont peu formalistes, les propriétaires d'objets précieux ne seraient pas toujours en mesure d'apporter la preuve de la date et de la valeur initiale d'acquisition de ces biens. La taxe forfaitaire a donc pour objet d'offrir aux contribuables en cause une modalité d'imposition du revenu plus simple et plus adaptée à la nature du bien cédé que celles du régime général d'imposition des plus-values. Or, au regard de cet objet, il n'y a pas de différence de situation entre les contribuables imposés en France selon que la cession est réalisée au sein de l'UE ou en dehors : **non-conformité**. **– Non-conformité de l'art. 150, VI, § II CGI et conformité de l'art. 150, VI, § I, mots « les cessions à titre onéreux ou les exportations, autres que temporaires, hors du territoire des États membres de l'Union européenne », en vigueur à compter de la date de publication de la décision.** – **Décision de renvoi :** CE, QPC, 25 sept. 2020, n° 441908.
2020	4 déc.	**Applicabilité en Nouvelle-Calédonie du dispositif national relatif à l'état d'urgence sanitaire** **2020-869 QPC.** M. Pierre-Chanel T. et a. : *JO 5 déc. ; AJDA 2020. 2401 ; Titre VII, avr. 2021, n° 6, chron. Cartier* : **– CSP, art. L. 3841-2, al. 1er, mots « en Nouvelle-Calédonie et », al. 2, les mots « selon le cas, par la référence à la Nouvelle-Calédonie ou », al. 4, les mots « à la Nouvelle-Calédonie ou », al. 5, les mots « la Nouvelle-Calédonie ou » figurant à son cinquième alinéa** (dans leur rédaction résultant de la L. n° 2020-546 du 11 mai 2020 prorogeant l'état d'urgence sanitaire et complétant ses dispositions) **; L. n° 2020-856 du 9 juill. 2020 organisant la sortie de l'état d'urgence sanitaire, art. 5, al. 1er, les mots « en Nouvelle-Calédonie et », al. 5, les mots « à la Nouvelle-Calédonie ou » et al. 6, les mots, « la Nouvelle-Calédonie ou »**. – Absence de méconnaissance du domaine des compétences définitivement transférées en Nouvelle-Calédonie (Const. 58, art. 76 et 77). Les dispositions contestées ont pour objet de rendre applicables en Nouvelle-Calédonie, sous réserve de certaines adaptations, le régime de l'état d'urgence sanitaire et le régime transitoire qui en organise la sortie. Si elles poursuivent un objectif de protection de la santé publique, ces mesures exceptionnelles, temporaires et limitées à la mesure strictement nécessaire pour répondre à une catastrophe sanitaire et à ses conséquences, se rattachent à la garantie des libertés publiques et ne relèvent donc pas de la compétence de la Nouvelle-Calédonie. De plus, l'extension par le législateur à la Nouvelle-Calédonie des mesures prévues par l'art. L. 3131-16 CSP permettant au ministre chargé de la santé ou au haut-commissaire de prescrire ou d'adapter, dans les circonscriptions territoriales où l'état d'urgence sanitaire est déclaré, « toute mesure réglementaire relative à l'organisation et au fonctionnement du dispositif de santé », autre que celles prévues à l'art. L. 3131-15, pour mettre fin à la catastrophe

		sanitaire, sont des mesures qui, parce qu'elles concernent l'ordre public ou les garanties des libertés publiques, relèvent de la compétence de l'État. Cette extension est donc sans incidence sur les compétences de la Nouvelle-Calédonie en matière de santé. – **Conformité.** – **Décision de renvoi :** CE, QPC, 28 sept. 2020, n°s 441059 et 442045.
2020	4 déc.	**Assistance de l'avocat lors d'une audition libre** **2020-870 QPC.** Sté Ambulances secours rapides du bassin : *JO 5 déc. ; D. 2020. 2401 ; ibid. 2021. 356, point de vue Pellé* : – **C. pr. pén., art. 61-1** (dans sa rédaction issue de la L. n° 2014-535 du 27 mai 2014 portant transposition de la Dir. 2012/13/UE du Parlement européen et du Conseil, du 22 mai 2012, relative au droit à l'information dans le cadre des procédures pénales). – Dans sa décision n° 2018-762 QPC du 8 févr. 2019, le Cons. const. a déclaré l'art. 61-1 C. pr. pén., dans sa rédaction issue de la L. du 27 mai 2014, contraire à la Constitution et décidé de reporter son abrogation au 1er janv. 2020. Le fait que la L. du 23 mars 2019 ait donné une nouvelle rédaction à l'art. 61-1 C. pr. pén., applicable à compter du 1er juin 2019, ne constitue pas un changement des circonstances justifiant le réexamen de cet art. dans sa rédaction issue de la L. du 27 mai 2014, seule applicable au litige. – **Non-lieu à statuer.** – **Décision de renvoi :** Crim., QPC, 14 oct. 2020, n° 20-90.018.
2021	15 janv.	**Conditions de révision d'une prestation compensatoire fixée sous forme de rente** **2020-871 QPC.** Mme Vered K. : *JO 16 janv. ; D. 2021. 79 ; ibid. 499, obs. Douchy-Oudot ; RTD civ. 2021. 109, obs. Leroyer* : – **L. n° 2004-439 du 26 mai 2004 relative au divorce, art. 33, § VI, al. 1er** (dans sa rédaction résultant de la L. n° 2015-177 du 16 févr. 2015 relative à la modernisation et à la simplification du droit et des procédures dans les domaines de la justice et des affaires intérieures). – **Absence de méconnaissance de la garantie des droits (DDH, art. 16).** Sous l'empire du droit antérieur à la L. du 30 juin 2000, relative à la prestation compensatoire en matière de divorce, le législateur avait déjà soumis les prestations compensatoires fixées sous forme de rente à une condition de révision, d'ordre public. Elles pouvaient être modifiées si l'absence de révision devait avoir pour l'un des conjoints des conséquences d'une exceptionnelle gravité. De plus, l'objet de la prestation compensatoire, qui a notamment une nature alimentaire, est de compenser, pour l'avenir, la disparité que la rupture du mariage crée dans leurs conditions de vie respectives. Son montant est fixé selon les besoins de l'époux à qui elle est versée et les ressources de l'autre, en tenant compte de la situation au moment du divorce et de l'évolution de celle-ci dans un avenir prévisible. Or cette prévision peut se trouver démentie par l'évolution ultérieure de la situation des époux et conduire à des déséquilibres contraires à l'objet de la prestation compensatoire, que l'édiction de règles de révision permet de corriger. Il s'ensuit que les créanciers de rentes viagères fixées sous l'empire du droit

		antérieur à la L. du 30 juin 2000 ne pouvaient légitimement s'attendre à ce que ne s'appliquent pas à eux, pour l'avenir, les nouvelles règles de révision des prestations compensatoires destinées à remédier à de tels déséquilibres. — **Absence de méconnaissance du principe d'égalité devant la loi (DDH, art. 6)**. Les dispositions contestées ne s'appliquent qu'aux rentes viagères fixées avant l'entrée en vigueur de la L. du 30 juin 2000. Toutefois, sous l'empire du droit antérieur à cette loi, la prestation compensatoire pouvait être fixée sous forme de rente viagère lorsqu'il n'était pas possible d'en prévoir le versement en capital par le débiteur. La L. du 30 juin 2000 a restreint les possibilités de recours à ce mode de versement en prévoyant qu'il ne serait plus possible qu'à titre exceptionnel, lorsque l'âge ou l'état de santé du créancier ne lui permettent pas de subvenir à ses besoins. Ce faisant, il a limité les risques que, du fait de l'évolution de la situation respective des anciens époux, les rentes viagères prononcées dans ce nouveau cadre procurent aux créanciers un avantage manifestement excessif. Cette différence de situation est de nature à justifier la différence de traitement instaurée par les dispositions contestées entre les rentes viagères fixées avant cette loi et celles fixées après. — **Conformité.** — **Décision de renvoi :** Civ. 1re, QPC, 15 oct. 2020, n° 20-14.584 P.
2021	15 janv.	**Utilisation de la visioconférence sans accord des parties devant les juridictions pénales dans un contexte d'urgence sanitaire** **2020-872 QPC.** M. Krzystof B. : *JO 16 janv. ; AJDA 2021. 119 ; D. 2021. 82 ; ibid. 280, entretien Hervieu ; JCP 2021, n° 6, p. 257, note Benabou et Jeulan* : — **Ord. n° 2020-303 du 25 mars 2020 portant adaptation de règles de procédure pénale sur le fondement de la L. n° 2020-290 du 23 mars 2020 d'urgence pour faire face à l'épidémie de covid-19, art. 5, al. 1er.** — **Atteinte aux droits de la défense (DDH, art. 16)**. Le champ d'application des dispositions contestées s'étend à toutes les juridictions pénales, à la seule exception des juridictions criminelles. Elles permettent donc d'imposer au justiciable le recours à un moyen de télécommunication audiovisuelle dans un grand nombre de cas. Il en va notamment ainsi de la comparution, devant le tribunal correctionnel ou la chambre des appels correctionnels, d'un prévenu ou de la comparution devant les juridictions spécialisées compétentes pour juger les mineurs en matière correctionnelle. Le recours à un moyen de télécommunication audiovisuelle peut également être imposé lors du débat contradictoire préalable au placement en détention provisoire d'une personne ou à la prolongation d'une détention provisoire, quelle que soit alors la durée pendant laquelle la personne a, le cas échéant, été privée de la possibilité de comparaître physiquement devant le juge appelé à statuer sur la détention provisoire. De plus, si le recours à un moyen de télécommunication audiovisuelle n'est qu'une faculté pour le juge, les dispositions contestées ne soumettent son exercice à aucune condition légale et, qu'il s'agisse des situations précitées ou de toutes les autres, ne l'encadrent par aucun critère. Ainsi, eu égard à l'importance de la garantie qui peut s'attacher à la présentation physique de

		l'intéressé devant la juridiction pénale et en l'état des conditions dans lesquelles s'exerce le recours à ces moyens de télécommunication, ces dispositions portent une atteinte aux droits de la défense ne pouvant être justifiées par le contexte sanitaire particulier résultant de l'épidémie de covid-19 durant leur période d'application. – **Non-conformité**. Toutefois, la remise en cause des mesures ayant été prises sur le fondement des dispositions déclarées contraires à la Const. méconnaîtrait les objectifs de valeur constitutionnelle de sauvegarde de l'ordre public et de recherche des auteurs d'infractions et aurait ainsi des conséquences manifestement excessives : ces mesures ne peuvent être contestées sur le fondement de cette inconstitutionnalité. – **Décision de renvoi :** Crim., QPC, 13 oct. 2020, n° 20-84.360.
2021	15 janv.	**Absence d'obligation légale d'aviser le tuteur ou le curateur d'un majeur protégé d'une perquisition menée à son domicile dans le cadre d'une enquête préliminaire** **2020-873 QPC.** M. Mickaël M. : *JO 16 janv. ; D. 2021. 80 ; ibid. 619, note Tellier-Cayrol ; AJ fam. 2021. 190, obs. Montourcy ; AJ pénal 2021. 160, obs. Rias* : – **C. pr. pén., art. 706-113, al. 1er** (dans sa rédaction résultant de la L. n° 2019-222 du 23 mars 2019 de programmation 2018-2022 et de réforme pour la justice). – **Méconnaissance du principe d'inviolabilité du domicile (DDH, art. 2)**. Ni les dispositions contestées, ni aucune autre disposition législative n'imposent aux autorités policières ou judiciaires de rechercher, au préalable, si la personne au domicile de laquelle la perquisition doit avoir lieu fait l'objet d'une mesure de protection juridique et d'informer alors son représentant de la mesure dont elle fait l'objet. Or, selon le degré d'altération de ses facultés mentales ou corporelles, le majeur protégé, s'il n'est pas assisté par son représentant, peut être dans l'incapacité d'exercer avec discernement son droit de s'opposer à la réalisation d'une perquisition à son domicile. Dès lors, en ne prévoyant pas que l'officier de police judiciaire ou l'autorité judiciaire sous le contrôle de laquelle est réalisée la perquisition soit, en principe, tenu d'avertir le représentant d'un majeur protégé lorsque les éléments recueillis au cours de l'enquête préliminaire font apparaître que la personne fait l'objet d'une mesure de protection juridique révélant qu'elle n'est pas en mesure d'exercer seule son droit de s'opposer à la réalisation de cette opération, le législateur a méconnu le principe d'inviolabilité du domicile. – **Non-conformité à compter du 1er oct. 2021.** L'abrogation immédiate des dispositions contestées aurait notamment pour effet de supprimer l'obligation pour le procureur de la République et le juge d'instruction d'aviser le curateur ou le tuteur, ainsi que le juge des tutelles, en cas de poursuites pénales à l'encontre d'un majeur protégé. Elle entraînerait ainsi des conséquences manifestement excessives. – **Décision de renvoi :** Crim., QPC, 13 oct. 2020, n° 20-82.267.
2021	21 janv.	**Droit au maintien des liens familiaux durant la détention provisoire**

		2020-874/875/876/877 QPC. *JO 22 janv. ; D. 2021. 137 ; AJ fam. 2021. 130, obs. Mary ; AJ pénal 2021. 167* : – **L. n° 2009-1436 du 24 nov. 2009 pénitentiaire, art. 35, al. 1er, 2de phrase, mots « Les prévenus peuvent être visités par les membres de leur famille ou d'autres personnes, au moins trois fois par semaine ».** – **Absence d'atteinte au droit de mener une vie familiale normale (Préamb. Const. 1946, al. 10).** En déterminant le lieu d'incarcération d'une personne placée en détention provisoire, au cours d'une instruction, sans imposer la prise en compte du lieu du domicile de sa famille, le législateur n'a pas privé de garanties légales le droit de mener une vie familiale normale dont bénéficient les intéressés dans les limites inhérentes à la détention provisoire. – **Conformité.** – **Décisions de renvoi :** – Crim., QPC, 14 oct. 2020, n° 20-84.077 P. – Crim., QPC, 14 oct. 2020, n° 20-84.078. – Crim., QPC, 14 oct. 2020, n° 20-84.082. – Crim., QPC, 14 oct. 2020, n° 20-84.086.
2021	29 janv.	**Prolongation de plein droit des détentions provisoires dans un contexte d'urgence sanitaire** **2020-878/879 QPC.** M. Ion Andronie R. et a. : *JO 30 janv. ; D. 2021. 137 ; D. 2021. 184 ; AJDA 2021. 244* : – **Ord. n° 2020-303 du 25 mars 2020 portant adaptation de règles de procédure pénale sur le fondement de la loi n° 2020-290 du 23 mars 2020 d'urgence pour faire face à l'épidémie de covid-19, art. 16.** – **Méconnaissance du principe d'interdiction de la détention arbitraire (Const. 58, art. 66).** Les dispositions contestées maintiennent en détention, de manière automatique, toutes les personnes dont la détention provisoire, précédemment décidée par le juge judiciaire, devait s'achever parce qu'elle avait atteint sa durée maximale ou que son éventuelle prolongation nécessitait une nouvelle décision du juge. De plus, ces détentions sont prolongées pour des durées de 2 ou 3 mois en matière correctionnelle et de 6 mois en matière criminelle. Si les dispositions contestées réservent, durant la période de maintien en détention qu'elles instaurent, la possibilité pour la juridiction compétente d'ordonner à tout moment, d'office, sur demande du ministère public ou sur demande de l'intéressé, la mise en liberté, elles ne prévoient, durant cette période, aucune intervention systématique du juge judiciaire. Enfin, l'art. 16-1 de l'Ord. du 23 mars 2020 ne prévoit de soumettre au juge judiciaire, dans un délai de 3 mois après leur prolongation en application des dispositions contestées, que les seules détentions provisoires qui ont été prolongées pour une durée de 6 mois. Ainsi, les dispositions contestées maintiennent de plein droit des personnes en détention provisoire sans que l'appréciation de la nécessité de ce maintien soit obligatoirement soumise, à bref délai, au contrôle du juge judiciaire ; l'objectif poursuivi par les dispositions contestées n'est pas de nature à justifier que l'appréciation de la nécessité du maintien en détention soit, durant de tels délais, soustraite

		au contrôle systématique du juge judiciaire ; l'intervention du juge judiciaire pouvait, le cas échéant, faire l'objet d'aménagements procéduraux. – **Non-conformité**. A noter que ces dispositions déclarées contraires à la Const. 58 ne sont plus applicables. De plus, la remise en cause des mesures ayant été prises sur le fondement des dispositions déclarées contraires à la Const. 58 méconnaîtrait les objectifs de valeur constitutionnelle de sauvegarde de l'ordre public et de recherche des auteurs d'infractions et aurait ainsi des conséquences manifestement excessives. Par suite, ces mesures ne peuvent être contestées sur le fondement de cette inconstitutionnalité. – **Décisions de renvoi :** – Crim., QPC, 3 nov. 2020, n° 20-83.189. – Crim., QPC, 3 nov. 2020, n° 20-83.457.
2021	29 janv.	**Révocation d'un avantage matrimonial en cas de divorce** **2020-880 QPC.** M. Pascal J. : *JO 30 janv. ; AJ fam. 2021. 184, obs. Casey ; RTD civ. 2021. 109, obs. Leroyer :* – **Renvoi opéré par le § I de l'art. 33 de la L. n° 2004-439 du 26 mai 2004 relative au divorce, dans sa rédaction initiale, au 4e al. de l'art. 16 de la même loi.** – **Absence de méconnaissance du droit au maintien des conventions légalement conclues (DDH, art. 16).** L'objet des avantages matrimoniaux appelés à prendre effet au cours du mariage est d'organiser, par convention entre les époux, la vie commune pendant le mariage. L'évolution éventuelle des conditions légales de leur révocation ne remet pas en cause cet objet. De plus, les règles de révocation des avantages matrimoniaux prévues par la loi en cas de divorce relèvent, quant à elles, du régime juridique attaché aux effets patrimoniaux du divorce. Les justiciables pouvaient donc s'attendre à ce qu'elles suivent les évolutions générales du droit du divorce, notamment la portée conférée à la faute, ainsi que leur régime d'entrée en vigueur. Avant même l'intervention de la loi du 26 mai 2004, le sort des avantages matrimoniaux en cas de divorce, au moment où ils étaient consentis, était incertain et dépendait des fautes respectives des conjoints ou de l'initiative du divorce prise ou non par chacun ou d'un commun accord dans la procédure. Enfin, il résulte de la jurisprudence constante de la Cour de cassation et de l'art. 43 de la L. n° 2006-728 du 23 juin 2006 portant réforme des successions et des libéralités que les conjoints souhaitant se prémunir notamment contre le risque d'une évolution de la législation pouvaient décider de fixer par convention les conditions dans lesquelles ces avantages matrimoniaux pouvaient être révoqués à raison du divorce. Il s'ensuit que les époux ayant consenti des avantages matrimoniaux sous l'empire du droit antérieur à la L. du 26 mai 2004 ne pouvaient légitimement s'attendre à ce que ne s'appliquent *pas aux divorces* prononcés après l'entrée en vigueur de cette loi les nouvelles règles légales relatives à la révocation des avantages en cas de divorce. – **Conformité.** – **Décision de renvoi :** Civ.1re, QPC, 5 nov. 2020, n° 20-11.032.

2021	5 févr.	**Définition du préjudice écologique réparable** **2020-881 QPC.** Assoc. Réseau sortir du nucléaire et a. : *JO 6 févr. ; D. 2021. 239 ; AJDA 2021. 305* : – **C. civ., art. 1247, mots « non négligeable »** (dans sa rédaction résultant de la L. n° 2016-1087 du 8 août 2016 pour la reconquête de la biodiversité, de la nature et des paysages). – **Absence de méconnaissance du principe selon lequel toute personne doit contribuer à la réparation des dommages qu'elle cause à l'environnement (Charte envir., art. 4).** L'art. 1246 C. civ. prévoit que toute personne responsable d'un préjudice écologique est tenue de le réparer. Les dispositions de l'art. 1247 définissent le préjudice écologique comme une atteinte non négligeable aux éléments ou aux fonctions des écosystèmes ou aux bénéfices collectifs tirés par l'homme de l'environnement. Il résulte des travaux préparatoires de la L. du 8 août 2016 dont sont issues ces dispositions que, en les adoptant, le législateur a entendu mettre en œuvre l'art. 4 Charte envir. A cette fin, il a prévu que, outre les dommages à l'environnement préjudiciant aux personnes physiques ou morales qui sont, de ce fait, réparés dans les conditions de droit commun, doivent également être réparés les dommages affectant exclusivement l'environnement. Selon l'article 1247 C. civ., ces dommages incluent les atteintes non seulement aux bénéfices collectifs tirés par l'homme de l'environnement mais également aux éléments ou aux fonctions des écosystèmes. Ainsi, en écartant de l'obligation de réparation les atteintes à ces bénéfices, éléments ou fonctions, uniquement lorsqu'elles présentent un caractère négligeable, le législateur n'a pas méconnu le principe selon lequel toute personne doit contribuer à la réparation des dommages qu'elle cause à l'environnement. – Absence de méconnaissance du principe selon lequel toute personne doit contribuer à la réparation des dommages qu'elle cause à l'environnement par le législateur en écartant de l'obligation de réparation les atteintes à ces bénéfices, éléments ou fonctions, uniquement lorsqu'elles présentent un caractère négligeable. – **Conformité**. – **Décision de renvoi :** Crim., QPC, 10 nov. 2020, n° 20-82.245.
2021	5 févr.	**Autorisation administrative préalable à l'exploitation des équipements de réseaux 5G** **2020-882 QPC.** Sté Bouygues télécom et a. : *JO 6 févr. ; AJDA 2021. 306 ; ibid. 680, note Broyelle* : – **CPCE, art. L. 34-11, § I, al. 1**[er] (dans sa rédaction issue de la L. n° 2019-810 du 1er août 2019 visant à préserver les intérêts de la défense et de la sécurité nationale de la France dans le cadre de l'exploitation des réseaux radioélectriques mobiles) **et art. L. 34-12, al. 2, les mots « et le fait que l'opérateur ou ses prestataires, y compris par sous-traitance, est sous le contrôle ou soumis à des actes d'ingérence d'un État non membre de l'Union européenne »** (dans la même rédaction). – **Absence de méconnaissance de la liberté d'entreprendre et du principe d'égalité (DDH, art. 4 et 6).** L'atteinte portée à la liberté d'entreprendre par les dispositions contestées n'est pas disproportionnée au regard de l'objectif poursuivi par le législateur. En

		effet, il a entendu, dans le but de préserver les intérêts de la défense et de la sécurité nationale, prémunir les réseaux radioélectriques mobiles des risques d'espionnage, de piratage et de sabotage qui peuvent résulter des nouvelles fonctionnalités offertes par la 5e génération de communication mobile. Ces dispositions mettent en œuvre les exigences constitutionnelles inhérentes à la sauvegarde des intérêts fondamentaux de la Nation. De plus, l'autorisation n'est requise que pour exploiter, sur le territoire national, des appareils permettant de connecter les terminaux des utilisateurs finaux aux réseaux radioélectriques mobiles postérieurs à ceux de 4e génération, lorsque les fonctions de ces appareils présentent un risque pour la permanence, l'intégrité, la sécurité ou la disponibilité du réseau ou pour la confidentialité des messages transmis et des informations liées aux communications. Et, l'autorisation ne concerne que les entreprises qui, exploitant un réseau de communications électroniques au public, ont été désignées par l'autorité administrative comme opérateurs d'importance vitale au motif, selon l'art. L. 1332-1 C. défense, qu'elles utilisent des installations dont l'indisponibilité risquerait de diminuer d'une façon importante le potentiel de guerre de la Nation, son potentiel économique, sa sécurité ou sa capacité de survie et qui, de ce fait, sont tenues de coopérer à la protection de ces installations contre toute menace. Ensuite, l'autorisation ne peut être refusée que si le Premier ministre estime qu'il existe un risque sérieux d'atteinte aux intérêts de la défense et de la sécurité nationale, dû à l'insuffisance des garanties du respect des règles relatives à la permanence, à l'intégrité, à la sécurité ou à la disponibilité du réseau ou relatives à la confidentialité des messages transmis et des informations liées aux communications. En prévoyant que, pour apprécier ce risque, le Premier ministre prend notamment en considération le fait que l'opérateur ou son prestataire est sous le contrôle ou soumis à des actes d'ingérence d'un État étranger, le législateur n'a visé ni un opérateur ou un prestataire déterminé, ni les appareils d'un fabricant déterminé. Ce critère d'appréciation est, par ailleurs, cohérent avec l'objet de l'autorisation, laquelle est accordée, non pas seulement en fonction des caractéristiques de l'appareil en cause, mais aussi au regard des modalités de déploiement et d'exploitation envisagées par l'opérateur, ce qui recouvre les opérations de configuration, de supervision ou de maintenance par des prestataires ou des sous-traitants. Il s'ensuit que les conditions d'obtention de l'autorisation contestée ont précisément été définies par le législateur. Enfin, la mise en œuvre des dispositions contestées est susceptible d'entraîner des charges pour les opérateurs, liées à la nécessité de remplacer certains anciens équipements afin de les rendre matériellement compatibles avec les appareils dont l'exploitation est subordonnée à l'autorisation contestée. Toutefois, de telles charges résulteraient des seuls choix de matériels et de fournisseurs initialement effectués par les opérateurs, lesquels ne sont pas imputables à l'État. En outre, si ces charges pourraient varier d'un opérateur à l'autre, en fonction notamment des fournisseurs auxquels ils ont eu recours, les dispositions contestées s'appliquent sans distinction à l'ensemble des opérateurs. – **Absence de méconnaissance du principe d'égalité devant les charges publiques (DDH, art. 13).** La sécurisation des réseaux de

		communication mobile, par l'autorisation préalable de l'exploitation de certains appareils, est directement liée aux activités des opérateurs qui utilisent et exploitent ces réseaux afin d'offrir au public des services de communications électroniques. Dès lors, en adoptant les dispositions contestées, le législateur n'a, en tout état de cause, pas reporté sur des personnes privées des dépenses qui, par leur nature, incomberaient à l'État. – **Absence de méconnaissance de la garantie des droits (DDH, art. 16).** Si, au moment de l'adoption des dispositions contestées, les opérateurs de communications électroniques étaient soumis au régime d'autorisation applicable à la détention et à l'utilisation de certains appareils, prévu à l'art. 226-3 C. pén., ils ne pouvaient, sur le seul fondement de ce régime d'autorisation, légitimement s'attendre à ce que ne soient pas instituées des règles d'exploitation des appareils permettant la connexion aux réseaux de nouvelles générations, à des fins de protection de la défense et de la sécurité nationale : le fait d'être soumis à un régime d'autorisation répondant à certaines finalités ne peut faire naître l'attente légitime que n'intervienne aucun nouveau régime d'autorisation répondant à d'autres finalités. – **Conformité.** – **Décision de renvoi :** CE, QPC, 18 nov. 2020, n° 442120.
2021	12 févr.	**Mesures transitoires accompagnant les nouvelles dispositions relatives à l'instauration des périmètres de protection des captages d'eau potable** **2020-883 QPC.** Mme Marguerite P. et a. : *JO 13 févr. ; AJDA 2021. 368* : – **L. n° 2019-774 du 24 juill. 2019 relative à l'organisation et à la transformation du système de santé, art. 61, § IX.** – **Méconnaissance du principe d'égalité devant la loi (DDH, art. 6).** Si la différence de traitement qui résulte de la succession de 2 régimes juridiques dans le temps n'est pas, en elle-même, contraire au principe d'égalité, le législateur a, en l'espèce, établi une différence de traitement entre les propriétaires de terrains situés à proximité de captages d'eau, selon qu'a ou non été publié, au jour de la publication de la loi, un arrêté d'ouverture d'une enquête publique en vue de l'éventuelle instauration d'un périmètre de protection. Or, le critère ainsi retenu ne rend pas compte d'une différence de situation, au regard de l'objet de la loi modifiant le régime des périmètres de protection, entre les propriétaires qui ne sont pas déjà soumis à un tel périmètre. Il vise, non à éviter la remise en cause des périmètres existants, mais seulement, ainsi qu'il ressort d'ailleurs des travaux préparatoires, à dispenser les personnes publiques ayant engagé une procédure d'instauration de périmètres avant la publication de la loi d'avoir à la reprendre pour la compléter. Toutefois, compte tenu des conséquences limitées de l'application des nouvelles règles sur les procédures en cours, ce motif n'est pas de nature à justifier que les propriétaires en cause soient exclus du bénéfice de ces règles et, de ce fait, soient susceptibles de se voir imposer les servitudes afférentes à un périmètre de protection rapprochée.

		– **Non-conformité :** à compter de la date de publication de la décision et applicable à toutes les affaires non jugées définitivement à cette date. – **Décision de renvoi :** CE, QPC, 19 nov. 2020, n° 439424.
2021	12 févr.	**Absence d'obligation légale d'aviser le tuteur ou le curateur d'une personne protégée en cas d'audience devant le juge de l'application des peines** **2020-884 QPC.** M. Jacques G. : *JO 13 févr. ; D. 2021. 286 ; AJ pénal 2021. 1* : – **C. pr. pén., art. 712-6, al. 1er, 1re phrase** (dans sa rédaction résultant de la L. n° 2009-1436 du 24 nov. 2009 pénitentiaire). – **Méconnaissance des droits de la défense (DDH, art. 16).** Lorsque le condamné est un majeur protégé, ni les dispositions contestées, ni aucune autre disposition législative n'imposent au juge de l'application des peines d'informer son tuteur ou son curateur afin qu'il puisse l'assister en vue de l'audience. Or, en l'absence d'une telle assistance, l'intéressé peut être dans l'incapacité d'exercer ses droits, faute de discernement suffisant ou de possibilité d'exprimer sa volonté en raison de l'altération de ses facultés mentales ou corporelles, et ainsi opérer des choix contraires à ses intérêts. – **Non-conformité**. Toutefois, les dispositions déclarées contraires à la Const. 58, dans leur rédaction contestée, ne sont plus en vigueur. De plus, la remise en cause des mesures ayant été prises sur le fondement des dispositions déclarées contraires à la Const. aurait des conséquences manifestement excessives. Par suite, ces mesures ne peuvent être contestées sur le fondement de cette inconstitutionnalité. – **Décision de renvoi :** Crim., QPC, 18 nov. 2020, n° 20-90.024.
2021	26 févr.	**Bénéfice de la retraite progressive pour les salariés en forfait jours** **2020-885 QPC.** Mme Nadine F. : *JO 27 févr.* : – **CSS, art. L. 351-15, al. 1er, mots « qui exerce une activité à temps partiel au sens de l'article L. 3123-1 du code du travail ou »** (dans sa rédaction résultant de la L. n° 2017-1836 du 30 déc. 2017 de financement de la sécurité sociale pour 2018). – **Méconnaissance du principe d'égalité (DDH, art. 6).** Les salariés dont la durée du travail est quantifiée en heures et ceux qui exercent une activité mesurée en jours sur l'année sont dans des situations différentes au regard de la définition et de l'organisation de leur temps de travail. Toutefois, en instaurant la retraite progressive, le législateur a entendu permettre aux travailleurs exerçant une activité réduite de bénéficier d'une fraction de leur pension de retraite en vue d'organiser la cessation graduelle de leur activité. Or, les salariés ayant conclu avec leur employeur une convention de forfait en jours sur l'année fixant un nombre de jours travaillés inférieur au plafond légal ou conventionnel exercent, par rapport à cette durée maximale, une activité réduite. Dès lors, en privant ces salariés de toute possibilité d'accès à la retraite progressive, quel que soit le nombre de jours travaillés dans l'année, les dispositions contestées instituent une différence de traitement qui est sans rapport avec l'objet de la loi.

		– **Non-conformité avec effet différé :** l'abrogation immédiate des dispositions déclarées contraires à la Const. 58 aurait pour effet de priver les salariés à temps partiel du bénéfice de la retraite progressive. Elle entraînerait ainsi des conséquences manifestement excessives. Par suite, il y a lieu de reporter au 1er janv. 2022 la date de cette abrogation. Les mesures prises avant cette date en application des dispositions déclarées contraires à la Const. 58 ne peuvent être contestées sur le fondement de cette inconstitutionnalité. – **Décision de renvoi :** Civ. 2e, QPC, 26 nov. 2020, n° 20-40.058.
2021	4 mars	**Information du prévenu du droit qu'il a de se taire devant le juge des libertés et de la détention en cas de comparution immédiate** **2020-886 QPC.** M. Oussama C. : *JO 5 mars ; D. 2021. 473* : – **C. pr. pén., art. 396, al. 2, mots « après avoir recueilli les observations éventuelles du prévenu ou de son avocat »** (dans sa rédaction résultant de la L. n° 2019-222 du 23 mars 2019 de programmation 2018-2022 et de réforme pour la justice). – **Atteinte au droit de se taire (DDH, art. 9).** Les dispositions contestées ne prévoient pas que le prévenu traduit devant le juge des libertés et de la détention doit être informé de son droit de se taire. – **Non-conformité à compter du 31 déc. 2021. Toutefois,** jusqu'à l'entrée en vigueur d'une nouvelle loi, le juge des libertés et de la détention doit informer le prévenu qui comparaît devant lui en application de l'art. 396 C. pén. de son droit de se taire. – **Décision de renvoi :** Crim., QPC, 1er déc. 2020, n° 20-90.027.
2021	5 mars	**Détermination de l'indemnité d'éviction due au locataire en cas de non-renouvellement d'un bail commercial** **2020-887 QPC.** Sté Compagnie du grand hôtel de Malte : *JO 6 mars ; D. 2021. 470* : – **C. com., art. L. 145-14, al. 2, mots « comprend notamment la valeur marchande du fonds de commerce déterminée selon les usages de la profession »** (dans sa rédaction issue de l'Ord. n° 2000-912 du 18 sept. 2000 relative à la partie législative du code de commerce). – **Absence de méconnaissance du principe d'égalité (DDH, art. 6).** En prévoyant que la valeur du fonds de commerce comprise dans l'indemnité d'éviction doit être déterminée en fonction des usages de la profession, les dispositions contestéesntestées se bornent à préciser les modalités d'évaluation du fonds de commerce et n'instituent aucune différence de traitement. De plus, les parties à un bail commercial sont dans une situation différente des parties à un contrat de location d'un local dans lequel n'est pas exploité un fonds de commerce. Dès lors, la différence de traitement qui résulte de ce que le législateur n'impose que pour un bail commercial le paiement d'une indemnité en cas de refus de renouvellement du bail, qui est en rapport avec l'objet de la loi, ne méconnaît pas le principe d'égalité devant la loi. – **Conformité**. – **Décision de renvoi :** Civ. 3e, QPC, 10 déc. 2020, n° 20-40.059 P : *AJDI 2021. 121, obs. Blatter.*

2021	12 mars	**Interdiction de recevoir des libéralités pour les personnes assistant certaines personnes vulnérables** **2020-888 QPC.** Mme Fouzia L. : *JO 13 mars ; D. 2021. 526 ; JA 2021, n° 637, p. 11, obs. Delpech ; DAE 9 avr. 2021, note Hervieu* : – **CASF, art. L. 116-4, § I, al. 1er, mots : « ou d'un service soumis à agrément ou à déclaration mentionné au 2° de l'article L. 7231-1 du code du travail »** (dans sa rédaction résultant de l'Ord. n° 2016-131 du 10 févr. 2016 portant réforme du droit des contrats, du régime général et de la preuve des obligations) **et art. L. 116-4, § I, al. 2, mots « ainsi qu'aux salariés mentionnés à l'article L. 7221-1 du code du travail accomplissant des services à la personne définis au 2° de l'article L. 7231-1 du même code ».** – **Atteinte au droit de propriété (DDH, art. 2).** Les dispositions contestées interdisent aux responsables et aux employés ou bénévoles des sociétés délivrant de tels services, ainsi qu'aux personnes directement employées par celles qu'elles assistent, de recevoir de ces dernières des donations ou des legs. Cette interdiction ne vaut que pour les libéralités consenties pendant la période d'assistance du donateur. Elle ne s'applique pas aux gratifications rémunératoires pour services rendus ni, en l'absence d'héritiers en ligne directe, à l'égard des parents jusqu'au quatrième degré. Ces dispositions limitent, dans la mesure de cette interdiction, les personnes âgées, les personnes handicapées ou celles qui ont besoin d'une aide personnelle à leur domicile ou d'une aide à la mobilité dans leur capacité à disposer librement de leur patrimoine. Le droit de disposer librement de son patrimoine étant un attribut du droit de propriété, les dispositions contestées portent atteinte à ce droit. Si en instaurant l'interdiction contestée, le législateur a poursuivi un but d'intérêt général : assurer la protection de personnes dont il a estimé que, compte tenu de leur état et dans la mesure où elles doivent recevoir une assistance pour favoriser leur maintien à domicile, elles étaient placées dans une situation particulière de vulnérabilité vis-à-vis du risque de captation d'une partie de leurs biens par ceux qui leur apportaient cette assistance, il ne peut toutefois se déduire du seul fait que les personnes auxquelles une assistance est apportée sont âgées, handicapées ou dans une autre situation nécessitant cette assistance pour favoriser leur maintien à domicile que leur capacité à consentir est altérée. De plus, le seul fait que les tâches soient accomplies au domicile des intéressées et qu'elles contribuent à leur maintien à domicile ne suffit pas à caractériser, dans tous les cas, une situation de vulnérabilité des personnes assistées à l'égard de ceux qui leur apportent cette assistance. Enfin, l'interdiction s'applique même dans le cas où pourrait être apportée la preuve de l'absence de vulnérabilité ou de dépendance du donateur à l'égard de la personne qui l'assiste. – **Non-conformité totale à compter de la date de publication de *la décision* et applicabilité à toutes les affaires non jugées définitivement à cette date.** – **Décision de renvoi :** Civ. 1re, QPC, 18 déc. 2020, n° 20-40.060 P.

2021	12 mars	**Technique de l'encerclement dans le cadre du maintien de l'ordre** **2020-889 QPC.** M. Marc A. et a. : *JO 13 mars ; D. 2021. 528* : – **L. n° 95-73 du 21 janv. 1995 d'orientation et de programmation relative à la sécurité, art. 1er, al. 2, mots : « et de l'ordre publics »** (dans sa rédaction résultant de la L. n° 2003-239 du 18 mars 2003 pour la sécurité intérieure). – La méconnaissance par le législateur de sa propre compétence ne peut être invoquée à l'appui d'une QPC que dans le cas où cette méconnaissance affecte par elle-même un droit ou une liberté que la Constitution garantit. L'objectif de l'art. 1er de la L. du 21 janv. 1995 est d'énoncer que la sécurité est un droit fondamental et l'une des conditions de l'exercice des libertés individuelles et collectives. Son 2e al. rappelle que l'État a le devoir de l'assurer sur l'ensemble du territoire de la République et notamment de veiller au maintien de l'ordre public. Ainsi, le seul objet de ces dispositions est de reconnaître à l'État la mission générale de maintien de l'ordre public. Elles ne définissent pas les conditions d'exercice de cette mission et, notamment, pas les moyens pouvant être utilisés à cette fin. Il ne peut donc leur être reproché d'encadrer insuffisamment le recours par l'État, dans le cadre de cette mission, à certains procédés de maintien de l'ordre tels que la technique dite de « l'encerclement ». Il s'ensuit que le grief tiré de la méconnaissance de l'étendue de sa compétence par le législateur, dans des conditions affectant par elle-même la liberté d'aller et de venir, la liberté individuelle, la liberté d'expression et de communication et le droit d'expression collective des idées et des opinions ne peut qu'être écarté. – **Conformité.** – **Décision de renvoi :** Crim., QPC, 15 déc. 2021, n° 20-83.302.
2021	19 mars	**Dispositif dérogatoire et temporaire d'accès aux professions médicales et pharmaceutiques ouvert aux praticiens titulaires de diplômes étrangers** **2020-890 QPC.** Assoc. SOS praticiens à diplôme hors Union européenne de France et a. : *JO 20 mars ; AJDA 2021. 660 ; D. 2021. 636* : – **L. n° 2006-1640 du 21 déc. 2006 de financement de la sécurité sociale pour 2007** (dans sa rédaction résultant de la L. n° 2020-734 du 17 juin 2020 relative à diverses dispositions liées à la crise sanitaire, à d'autres mesures urgentes ainsi qu'au retrait du Royaume-Uni de l'Union européenne), **art. 83, § IV, B, al. 1er et § V, al. 1er, mots : « de santé mentionné à l'article L. 6111-1 du code de la santé publique ».** – **Méconnaissance du principe d'égalité devant la loi (DDH, art. 6).** Les dispositions contestées prévoient que l'exercice de la profession de santé nécessaire pour bénéficier de ce dispositif doit avoir eu lieu au sein d'un établissement de santé : elles instituent une différence de traitement entre les praticiens titulaires de diplômes étrangers selon qu'ils ont exercé une profession de santé au sein d'un établissement de santé ou au sein d'un établissement social ou médico-social. Seuls les premiers peuvent déposer, dans le cadre de ce dispositif dérogatoire, une demande d'autorisation d'exercice en France de la profession de médecin, de chirurgien-dentiste, de sage-femme ou

		de pharmacien. Toutefois, comptent au nombre des professions de santé dont l'exercice est requis pour bénéficier de ce dispositif les professions médicales, pharmaceutiques, d'auxiliaire médical, d'aide-soignant, d'auxiliaire de puériculture, d'ambulancier ou d'assistant dentaire. De plus, l'objet de la procédure est d'obtenir une autorisation d'exercice de la profession de médecin, de chirurgien-dentiste, de sage-femme ou de pharmacien. Or, au regard de la diversité des professions de santé dont l'exercice est requis pour bénéficier de ce dispositif, la circonstance que l'une de ces professions soit exercée au sein d'un établissement de santé ou au sein d'un établissement social ou médico-social ne permet pas de rendre compte d'une différence de situation au regard de l'objet de la loi. – **Non-conformité :** à compter de la date de la publication de la décision et applicabilité à toutes les affaires non jugées définitivement à cette date. – **Décision de renvoi :** CE, QPC, 23 déc. 2020, n° 445041.
2021	19 mars	**Participation du public à l'élaboration des chartes d'engagements départementales relatives à l'utilisation des produits phytopharmaceutiques** **2021-891 QPC.** Assoc. Générations futures et a. : *JO 20 mars ; AJDA 2021. 656 ; D. 2021. 635* : – **C. rur., art. L. 253-8, § III, 1er al., dernière phrase, mots : « après concertation avec les personnes, ou leurs représentants, habitant à proximité des zones susceptibles d'être traitées avec un produit phytopharmaceutique »** (dans sa rédaction résultant de la L. n° 2018-938 du 30 oct. 2018 pour l'équilibre des relations commerciales dans le secteur agricole et alimentaire et une alimentation saine, durable et accessible à tous). – **Méconnaissance du principe relatif à la participation du public à l'élaboration des décisions publiques ayant une incidence sur l'environnement (Charte envir., art. 7).** Les chartes d'engagements départementales approuvées par l'autorité administrative constituent des décisions publiques ayant une incidence sur l'environnement, au sens de l'art. 7 Charte envir. De plus, par les dispositions contestées, le législateur a prévu une procédure particulière de participation du public. La procédure subsidiaire de participation du public, prévue par l'art. L. 123-19-1 C. envir., n'est donc pas applicable à l'élaboration des chartes. Or, d'une part, les dispositions contestées se bornent à indiquer que la concertation se déroule à l'échelon départemental, sans définir aucune autre des conditions et limites dans lesquelles s'exerce le droit de participation du public à l'élaboration des chartes d'engagements. D'autre part, le fait de permettre que la concertation ne se tienne qu'avec les seuls représentants des personnes habitant à proximité des zones susceptibles d'être traitées par des produits phytopharmaceutiques ne satisfait pas les exigences d'une participation de « toute personne » qu'impose l'art. 7 Charte envir. – **Non-conformité**. Toutefois, les dispositions déclarées contraires à la Const., dans leur rédaction contestée, ne sont plus en vigueur. La déclaration d'inconstitutionnalité est applicable à toutes les affaires non jugées définitivement à la date de publication de la décision. – **Décision de renvoi :** CE, QPC, 31 déc. 2020, n° 439127.

2021	26 mars	**Sanction de l'obstruction aux enquêtes de l'Autorité de la concurrence** **2021-892 QPC.** Sté Akka technologies et a. : *JO 27 mars ; D. 2021. 628* : – **C. com., art. L. 464-2, § V, al. 2** (dans sa rédaction résultant de l'Ord. n° 2017-303 du 9 mars 2017 relative aux actions en dommages et intérêts du fait des pratiques anticoncurrentielles). – **Méconnaissance du principe de nécessité des délits et des peines (DDH, art. 8).** En ce qu'elles permettent de sanctionner des entraves au contrôle de l'Autorité de la concurrence, commises par des entreprises de manière intentionnelle, les dispositions de l'art. L. 450-8 C. com. et les dispositions contestées tendent à réprimer de mêmes faits qualifiés de manière identique. De plus, la sanction administrative instaurée par les dispositions contestées vise, comme le délit prévu à l'art. L. 450-8 C. com., à assurer l'efficacité des enquêtes conduites par l'Autorité de la concurrence pour garantir le respect des règles de concurrence nécessaires à la sauvegarde de l'ordre public économique. Ces deux répressions protègent ainsi les mêmes intérêts sociaux. Enfin, lorsqu'il s'applique à des entreprises, le délit prévu à l'art. L. 450-8 C. com. est, conformément aux règles énoncées par l'art. 131-38 C. pén., puni d'une amende de 1 500 000 euros. La nature de cette sanction n'est pas différente de celle de l'amende prévue par les dispositions contestées, dont le montant ne peut excéder 1 % du montant du chiffre d'affaires mondial de l'entreprise. Il s'ensuit que la répression administrative prévue par les dispositions contestées et la répression pénale organisée par l'art. L. 450-8 C. com. relèvent de corps de règles identiques protégeant les mêmes intérêts sociaux aux fins de sanctions de même nature. Les dispositions contestées méconnaissent donc le principe de nécessité et de proportionnalité des peines. – **Non-conformité totale.** Les dispositions déclarées contraires à la Constitution, dans leur rédaction contestée, ne sont plus en vigueur. Dans les procédures en cours fondées sur les dispositions contestées, la déclaration d'inconstitutionnalité peut être invoquée lorsque l'entreprise poursuivie a préalablement fait l'objet de poursuites sur le fondement de l'art. L. 450-8 C. com. – **Décision de renvoi :** Com., QPC, 13 janv. 2021, n° 20-16.849.
2021	26 mars	**Présidence du tribunal pour enfants par un juge des enfants ayant instruit l'affaire** **2021-893 QPC.** M. Brahim N. : *JO 27 mars ; D. 2021. 634* : – **COJ, art. L. 251-3, al. 2** (dans sa rédaction résultant de la L. n° 2019-222 du 23 mars 2019 de programmation 2018-2022 et de réforme pour la justice). – **Méconnaissance du principe d'impartialité des juridictions (DDH, art. 16).** Le principe d'impartialité des juridictions ne s'oppose pas à ce que le juge des enfants qui a instruit la procédure puisse, à l'issue de cette instruction, prononcer des mesures d'assistance, de surveillance ou d'éducation. Toutefois, en permettant au juge des enfants qui a été chargé d'accomplir les diligences utiles à la manifestation de la vérité de présider une juridiction de jugement habilitée à prononcer des peines, les dispositions contestées méconnaissent le principe d'impartialité des juridictions.

		– **Non-conformité à compter du 31 déc. 2022.** Afin de préserver l'effet utile de la décision, jusqu'à l'entrée en vigueur d'une nouvelle loi et au plus tard jusqu'au 31 déc. 2022, dans les instances où le mineur a fait l'objet d'une ordonnance de renvoi postérieure à la présente décision, le juge des enfants qui a instruit l'affaire ne peut présider le tribunal pour enfants. – **Décision de renvoi :** Crim., QPC, 13 janv. 2021, n° 20-90.029.
2021	9 avr.	**Absence de garantie de la notification de ses droits au mineur entendu par le service de protection judiciaire de la jeunesse à l'occasion d'une procédure judiciaire** **2021-894 QPC.** M. Mohamed H. : *JO 10 avr. ; D. 2021. 699 :* – **Ord. n° 45-174 du 2 févr. 1945 relative à l'enfance délinquante, art. 12, al. 1er** (dans sa rédaction résultant de la L. n° 2016-1547 du 18 nov. 2016 de modernisation de la justice du XXIe siècle). – **Atteinte au droit de se taire (DDH, art. 9).** En application de l'art. 12 de l'Ord. du 2 févr. 1945, le service de la PJJ établit, à la demande du procureur de la République, du juge des enfants ou de la juridiction d'instruction, un rapport contenant tous renseignements utiles sur la situation du mineur ainsi qu'une proposition éducative. Ce service est notamment consulté avant toute réquisition ou décision de placement en détention provisoire ou de prolongation de la détention provisoire du mineur ainsi qu'avant toute décision du juge des enfants ou du TPE dans certains cas où ils sont saisis aux fins de jugement. L'agent compétent du service de la PJJ chargé de la réalisation de ce rapport a la faculté d'interroger le mineur sur les faits qui lui sont reprochés. Ce dernier peut ainsi être amené à reconnaître sa culpabilité dans le cadre du recueil de renseignements socio-éducatifs. Or, si le rapport établi à la suite de cet entretien a pour finalité principale d'éclairer le magistrat ou la juridiction compétent sur l'opportunité d'une réponse éducative, les déclarations du mineur recueillies dans ce cadre sont susceptibles d'être portées à la connaissance de la juridiction de jugement lorsqu'elles sont consignées dans le rapport joint à la procédure. Il s'ensuit, qu'en ne prévoyant pas que le mineur entendu par le service de la PJJ doit être informé de son droit de se taire, les dispositions contestées portent atteinte à ce droit. – **Non-conformité à compter du 30 sept. 2021. Les mesures prises avant la publication de la décision ne peuvent être contestées sur le fondement de cette inconstitutionnalité. Toutefois, afin de faire cesser l'inconstitutionnalité constatée à compter de la publication de la décision : jusqu'à la date de l'abrogation des dispositions contestées, le service de la PJJ doit informer le mineur avec lequel il s'entretient en application de l'art. 12 de l'Ord. du 2 févr. 1945 de son droit de se taire.** – **Décision de renvoi :** Crim., QPC, 13 janv. 2021, n° 20-84.861 : *AJ fam. 2021. 75.*
2021	9 avr.	**Information de la personne mise en examen du droit qu'elle a de se taire devant la chambre de l'instruction** **2021-895/901/902/903 QPC.** M. Francis S. et a. : JO 10 avr. ; D. 2021. 699.

		– C. pr. pén., art. 199, al. 4, mots : « la comparution personnelle des parties ainsi que », al. 6 (dans sa rédaction résultant de la L. n° 2016-731 du 3 juin 2016 renforçant la lutte contre le crime organisé, le terrorisme et leur financement, et améliorant l'efficacité et les garanties de la procédure pénale), et al. 8, la dernière phrase : – **Atteinte au droit de se taire (DDH, art. 9).** Lorsque la chambre de l'instruction est saisie d'une requête en nullité formée contre une décision de mise en examen ou d'un appel à l'encontre d'une ordonnance de placement en détention provisoire, il lui revient de s'assurer qu'il existe des indices graves et concordants rendant vraisemblable que les personnes mises en examen aient pu participer, comme auteur ou comme complice, à la commission des infractions dont elle est saisie. De plus, lorsqu'elle est saisie du règlement d'un dossier d'information, soit dans le cadre d'un appel formé contre une ordonnance de règlement, soit à la suite d'un renvoi après cassation, la chambre de l'instruction doit apprécier si les charges pesant sur la personne mise en examen sont suffisantes pour justifier le renvoi du dossier devant une juridiction de jugement. Il s'ensuit que, l'office confié à la chambre de l'instruction par les dispositions contestées la conduit à porter une appréciation sur les faits retenus à titre de charges contre la personne mise en examen. Enfin, lorsque la personne mise en examen comparaît devant la chambre de l'instruction, à sa demande ou à celle de la chambre, elle peut être amenée, en réponse aux questions qui lui sont posées, à reconnaître les faits qui lui sont reprochés. Et, le fait même que cette comparution puisse être ordonnée par la chambre de l'instruction peut être de nature à lui laisser croire qu'elle ne dispose pas du droit de se taire. Or, les déclarations ou les réponses apportées par la personne mise en examen aux questions de la chambre de l'instruction sont susceptibles d'être portées à la connaissance de la juridiction de jugement. – **Non-conformité à compter du 31 déc. 2021. Les mesures prises avant la publication de la décision ne peuvent être contestées sur le fondement de cette inconstitutionnalité. Toutefois, afin de faire cesser l'inconstitutionnalité constatée à compter de la publication de la décision : jusqu'à l'entrée en vigueur d'une nouvelle loi ou jusqu'à la date de l'abrogation des dispositions contestées, la chambre de l'instruction doit informer la personne mise en examen qui comparaît devant elle de son droit de se taire.** – **Décisions de renvoi :** Crim., QPC, 12 janv. 2021, n° 20-85.841 ; Crim., QPC, 10 févr. 2021, n° 20-86.310 ; Crim., QPC, 10 févr. 2021, n° 20-86.327 ; Crim., QPC, 9 févr. 2021, n° 20-86.533 P : *AJ pénal 2021. 167*.
2021	9 avr.	**Infractions d'outrage et d'injure publique** **2021-896 QPC.** M. Alain P. : *JO 10 avr. ; D. 2021. 698* : – **C. pén., art. 433-5, al. 1er et 2** (dans sa rédaction résultant de la L. n° 2017-258 du 28 févr. 2017 relative à la sécurité publique). – **Absence de méconnaissance du principe d'égalité devant la loi pénale (DDH, art. 6).** Un même propos proféré publiquement à l'encontre d'une personne chargée d'une mission de service public ou dépositaire de l'autorité publique peut constituer un outrage ou une

		injure publique. Toutefois, il résulte de la jurisprudence constante de la Cour de cassation que, à la différence de l'injure publique, l'outrage ne peut être constitué que s'il est directement adressé à la personne outragée ou, si elle est absente, qu'il est établi que l'auteur des propos a voulu qu'ils lui soient rapportés par une personne présente. L'outrage porte à la dignité des fonctions exercées ou au respect qui leur est dû une atteinte différente de celle résultant d'une injure qui, bien que publique, n'est pas directement adressée au titulaire des fonctions ou destinée à lui être rapportée. Ainsi, l'outrage et l'injure publique punissent des agissements de nature différente. – **Absence de méconnaissance de la liberté d'expression (DDH, art. 11).** L'outrage à personne chargée d'une mission de service public ou dépositaire de l'autorité publique, qui porte atteinte à la dignité des fonctions ainsi exercées et au respect qui leur est dû, constitue un abus de la liberté d'expression qui porte atteinte à l'ordre public et aux droits des tiers. En punissant cet abus, selon le cas, d'une peine maximale de 6 mois à 2 ans d'emprisonnement et d'une amende maximale de 7 500 euros à 30 000 euros, le législateur n'a pas porté à la liberté d'expression une atteinte qui ne serait pas nécessaire, adaptée et proportionnée. – **Conformité.** – **Décision de renvoi :** Crim., QPC, 12 janv. 2021, n° 20-90.028.
2021	16 avr.	**Conditions de paiement d'un acompte sur l'indemnité d'éviction due au locataire d'un bien exproprié** **2021-897 QPC.** Sté Robert Arnal et fils et a. : *JO 17 avr. ; AJDA 2021. 832 ; D. 2021. 743* : – **C. expr., art. L. 323-3** (dans sa rédaction issue de l'Ord. n° 2014-1345 du 6 nov. 2014 relative à la partie législative C. expr.). – **Méconnaissance du principe d'égalité devant la loi (DDH, art. 6).** Les dispositions contestées prévoient que, devant le juge de l'expropriation saisi de l'indemnisation et sous réserve que l'ordonnance d'expropriation soit intervenue, les locataires d'un bien faisant l'objet d'une procédure d'expropriation peuvent obtenir le paiement d'un acompte représentant, en principe, la moitié du montant de l'indemnité proposée par l'expropriant. Ces dispositions excluent de la possibilité de percevoir un acompte sur l'indemnité les locataires d'un bien dont le transfert de propriété a été opéré par cession amiable. Elles instituent ainsi une différence de traitement entre les locataires d'un bien exproprié selon que le transfert de propriété du bien qu'ils louent a été opéré par une ordonnance d'expropriation ou par une cession amiable. En permettant au locataire d'un bien exproprié d'obtenir le paiement d'un acompte sur l'indemnité qui lui est due, l'objectif du législateur est de faciliter sa réinstallation. Le transfert de propriété du bien loué procède d'une ordonnance d'expropriation ou d'une cession amiable consentie après déclaration d'utilité publique ou dont le juge a donné acte, les conséquences sur les droits du locataire sur ce bien ainsi que sur son droit à indemnisation sont identiques. De plus, ni l'ordonnance d'expropriation ni les stipulations d'une cession amiable conclue entre l'expropriant et le propriétaire du bien n'ont pour objet de déterminer les conditions d'indemnisation et d'éviction du locataire. Dès lors, la circonstance que le transfert de propriété du bien

		loué soit opéré par une ordonnance d'expropriation ou par une cession amiable ne rend pas compte, au regard de l'objet de la loi, d'une différence de situation entre les locataires. – **Non-conformité à compter du 1er mars 2022**. Les mesures prises avant cette date en application des dispositions déclarées contraires à la Const. 58 ne peuvent être contestées sur le fondement de cette inconstitutionnalité. – **Décision de renvoi :** Civ. 3e, QPC, 21 janv. 2021, n° 20-40.061 et 20-40.062 P.
2021	16 avr.	**Conditions d'incarcération des détenus II** **2021-898 QPC.** Section française de l'observatoire international des prisons : *JO 17 avr. ; D. 2021. 748* : – **C. pr. pén., art. 707, § III** (dans sa rédaction résultant de la L. n° 2019-222 du 23 mars 2019 de programmation 2018-2022 et de réforme pour la justice). – **Méconnaissance du principe de sauvegarde de la dignité de la personne humaine (Préamb. Const. 1946) et du droit au recours effectif devant une juridiction (DDH, art. 16)**. Si une personne condamnée incarcérée en exécution d'une peine privative de liberté et exposée à des conditions de détention contraires à la dignité de la personne humaine peut saisir le juge administratif en référé, sur le fondement des art. L. 521-2 ou L. 521-3 CJA, les mesures que ce juge est susceptible de prononcer dans ce cadre, qui peuvent dépendre de la possibilité pour l'administration de les mettre en œuvre utilement et à très bref délai, ne garantissent pas, en toutes circonstances, qu'il soit mis fin à la détention indigne. De plus, le § III de l'art. 707 C. pr. pén. prévoit que la personne condamnée détenue peut bénéficier d'un aménagement de sa peine en tenant compte des conditions matérielles de détention et du taux d'occupation de l'établissement pénitentiaire. Toutefois, ni cette disposition ni aucune autre ne permet à une personne condamnée d'obtenir un aménagement de peine au seul motif qu'elle est détenue dans des conditions indignes ou de saisir le juge judiciaire pour qu'il soit mis fin à cette situation par une autre mesure. – **Non-conformité**. Toutefois, ces dispositions, dans leur rédaction contestée, ne sont plus en vigueur, ainsi, les mesures prises en application des dispositions déclarées contraires à la Const. 58 ne peuvent être contestées sur le fondement de cette inconstitutionnalité. – **Décision de renvoi :** CE, QPC, 27 janv. 2021, n° 445873.
2021	23 avr.	**Droits des propriétaires tiers à la procédure de confiscation de patrimoine prévue à titre de peine complémentaire des infractions de proxénétisme et de traite des êtres humains** **2021-899 QPC.** M. Henrik K. et a. : *JO 24 avr. ; D. 2021. 801* : – **C. pén., art. 225-25, mots « ou, sous réserve des droits du propriétaire de bonne foi, dont elles ont la libre disposition »** (dans sa rédaction résultant de la L. n° 2016-444 du 13 avr. 2016 visant à renforcer la lutte contre le système prostitutionnel et à accompagner les personnes prostituées). – **Méconnaissance du droit à un recours juridictionnel effectif et des droits de la défense (DDH, art. 16).** L'art. 225-25 C. pén. prévoit que les personnes physiques ou morales reconnues coupables d'une

		infraction relevant de la traite des êtres humains ou du proxénétisme peuvent être condamnées à la peine complémentaire de confiscation de tout ou partie des biens dont elles sont propriétaires, quelle qu'en soit la nature. En application des dispositions contestées de cet art., la confiscation peut également porter sur les biens dont ces personnes ont seulement la libre disposition, sous réserve des droits du propriétaire de bonne foi. Toutefois, dans cette dernière hypothèse, ni ces dispositions ni aucune autre disposition ne prévoient que le propriétaire dont le titre est connu ou qui a réclamé cette qualité au cours de la procédure soit mis en mesure de présenter ses observations sur la mesure de confiscation envisagée par la juridiction de jugement aux fins, notamment, de faire valoir le droit qu'il revendique et sa bonne foi. – **Non-conformité à compter du 31 déc. 2021**. Les mesures prises avant la publication de la décision ne peuvent être contestées sur le fondement de cette inconstitutionnalité. – **Décision de renvoi :** Crim., QPC, 3 févr. 2021, n° 20-84.441.
2021	23 avr.	**Purge des nullités en matière criminelle** **2021-900 QPC.** M. Vladimir M. : *JO 24 avr. ; D. 2021. 801* : – **C. pr. pén., art. 181, al. 4** (dans sa rédaction résultant de la L. n° 2009-1436 du 24 nov. 2009 pénitentiaire)**, et art. 305-1, 1re phrase, mots « autre que celles purgées par l'arrêt de renvoi devenu définitif et »** (dans sa rédaction résultant de la L. n° 85-1407 du 30 déc. 1985 portant diverses dispositions de procédure pénale et de droit pénal). – **Méconnaissance du droit à un recours juridictionnel effectif et des droits de la défense (DDH, art. 16).** Le mécanisme de purge des nullités prévu par les dispositions contestées rend irrecevable, une fois l'ordonnance de mise en accusation devenue définitive, toute exception de nullité visant les actes de la procédure antérieure à cette ordonnance. En vertu de l'art. 170 C. pr. pén., en toute matière, la chambre de l'instruction peut, au cours de l'information, être saisie aux fins d'annulation d'un acte ou d'une pièce de la procédure par le juge d'instruction, par le procureur de la République, par les parties ou par le témoin assisté. En vertu de l'art. 175, les parties peuvent également exercer ce recours dans un délai d'un à 3 mois après la réception de l'avis de fin d'information qui leur est notifié par le juge d'instruction. Enfin, conformément à l'art., la personne mise en examen peut faire appel, devant la chambre de l'instruction, de l'ordonnance de mise en accusation. Il s'ensuit que ces dispositions garantissent à l'accusé la possibilité de contester utilement les nullités avant qu'intervienne la purge des nullités. Toutefois, l'exercice de ces voies de recours suppose que l'accusé ait été régulièrement informé, selon le cas, de sa mise en examen ou de sa qualité de partie à la procédure, de l'avis de fin d'information ou de l'ordonnance de mise en accusation. – **Non-conformité à compter du 31 déc. 2021**. Toutefois, la déclaration d'inconstitutionnalité peut être invoquée dans les instances en cours ou à venir lorsque la purge en cas de défaut d'information de l'intéressé ne lui ayant pas permis de contester utilement les irrégularités de procédure et alors même que cette défaillance ne procède pas d'une manœuvre de sa part ou de sa négligence. – **Décision de renvoi :** Crim., QPC, 10 févr. 2021, n° 20-84.752.

2021	7 mai	**Incapacité d'exercer la profession d'éducateur sportif** **2021-904 QPC.** M. Thomas O. : *JO 8 mai ; AJDA 2021. 1000 ; D. 2021. 905* : – **C. sport, art. L. 212-9, 7°** (dans sa rédaction résultant de la L. n° 2017-261 du 1er mars 2017 visant à préserver l'éthique du sport, à renforcer la régulation et la transparence du sport professionnel et à améliorer la compétitivité des clubs). – **Absence de méconnaissance de la liberté d'entreprendre (DDH, art. 4).** Les dispositions contestées interdisent à une personne d'enseigner, d'animer ou d'encadrer une activité physique ou sportive ou d'entraîner ses pratiquants, lorsqu'elle a été condamnée pour conduite à la suite d'un usage de substances ou plantes classées comme stupéfiants ou pour refus de se soumettre, lors d'un contrôle routier, à une épreuve de dépistage permettant d'établir cet usage. Cette incapacité s'applique à toutes les personnes qui exercent cette profession, qu'elles soient rémunérées, bénévoles, à titre d'occupation principale ou secondaire, de façon habituelle, saisonnière ou occasionnelle. Elle est automatiquement prononcée par l'autorité administrative compétente sur le constat de l'inscription d'une condamnation pour ces infractions au bulletin n° 2 du casier judiciaire. En adoptant ces dispositions, le législateur a entendu garantir l'éthique des personnes qui entraînent les pratiquants d'une activité physique ou sportive ou enseignent, animent ou encadrent cette activité, en raison de l'influence qu'elles peuvent exercer sur eux et la sécurité de ces derniers. De plus, en application de l'art. 775-1 C. pr. pén., le juge peut exclure la mention de cette condamnation au bulletin n° 2 soit à l'occasion du jugement de condamnation, soit en application de l'art. 702-1 par un jugement rendu postérieurement, sur une requête du condamné formée à l'issue d'un délai de 6 mois après cette condamnation. Cette exclusion emporte relèvement de toutes les incapacités de quelque nature qu'elles soient résultant de cette condamnation. Et, après un délai, selon les cas et hors récidive, de 3 ou 5 ans, les personnes condamnées peuvent bénéficier d'une réhabilitation de plein droit prévue aux art. 133-12 s. C. pén. ou d'une réhabilitation judiciaire prévue aux art. 785 s. Cette réhabilitation efface les incapacités qui résultent de la condamnation. – **Conformité.** – **Décision de renvoi :** CE, QPC, 12 févr. 2021, n° 443673.
2021	7 mai	**Procédure d'exécution sur le territoire d'un autre État membre de l'Union européenne d'une peine privative de liberté prononcée par une juridiction française** **2021-905 QPC.** Section française de l'observatoire international des prisons : *JO 8 mai ; AJDA 2021. 998 ; D. 2021. 905* : – **C. pr. pén., art. 728-15, al. 2, mots « d'office ou » et « ou de la personne condamnée »** (dans sa rédaction issue de la L. n° 2013-711 du 5 août 2013 portant diverses dispositions d'adaptation dans le domaine de la justice en application du droit de l'Union européenne et des engagements internationaux de la France) **et art. 728-22, al. 1er** (même rédaction). – **Absence de garantie du droit à un recours juridictionnel effectif à l'encontre d'une décision prise par une autorité**

		française (DDH, art. 16), en ce qui concerne l'absence de voie de recours contre la décision de demander l'exécution d'une condamnation sur le territoire d'un autre État membre de l'Union européenne. Les dispositions de l'al. 2 de l'art. 728-15 C. pr. pén. ni aucune autre disposition législative ne permettent à la personne condamnée de contester devant une juridiction la décision du représentant du ministère public de former une demande tendant à ce que la condamnation prononcée par une juridiction française soit exécutée sur le territoire d'un autre État membre et de procéder au transfèrement de la personne condamnée. De plus, si le transfèrement effectif de la personne condamnée est subordonné à l'acceptation par l'État de la demande du représentant du ministère public, l'existence éventuelle, dans cet État, d'un recours permettant à la personne condamnée de contester la décision par laquelle il accepte d'exécuter la condamnation sur son territoire ne saurait constituer une garantie du droit à un recours juridictionnel effectif à l'encontre d'une décision prise par une autorité française : **non-conformité**. **– Absence de voie de recours contre la décision de refus de demander l'exécution d'une condamnation sur le territoire d'un autre État membre de l'Union européenne et la décision de retrait d'une telle demande (DDH, art. 16).** Ni les dispositions contestées ni aucune autre disposition législative ne permettent de contester devant une juridiction tant le refus du représentant du ministère public de saisir un État membre de l'Union européenne d'une demande de reconnaissance et d'exécution que la décision de retirer une telle demande : **non-conformité**. **– Non-conformité totale avec effet différé au 31 déc. 2021.** Les mesures prises avant cette date en application des dispositions déclarées contraires à la Constitution ne peuvent être contestées sur le fondement de cette inconstitutionnalité. **– Décision de renvoi :** CE, QPC, 16 févr. 2021, n° 446531.
2021	14 mai	**Rétention de précompte en Polynésie française** **2021-906 QPC.** M. Dominique A. et a. : *JO 15 mai* : **– Renvoi opéré, au sein du 5° de l'art. 1er de la L. n° 91-6 du 4 janv. 1991** portant homologation des dispositions prévoyant l'application de peines correctionnelles et de sanctions complémentaires, de délibérations de l'assemblée de la Polynésie française et édictant des dispositions pénales et de procédure pénale applicables en Polynésie française, **au 2° de l'art. 1er du Décr. n° 57-246 du 24 févr. 1957** relatif au recouvrement des sommes dues par les employeurs aux caisses de compensation des prestations familiales dans les territoires d'outre-mer et au Cameroun. **– Méconnaissance du principe d'égalité devant la loi pénale (DDH, art. 6).** Les dispositions contestées ont pour effet d'instituer, pour la même infraction, une peine d'emprisonnement alors que la législation nationale n'en prévoit pas lorsque les faits sont commis pour la 1re fois et, en cas de récidive, une peine d'emprisonnement d'une durée supérieure à celle prévue par la législation nationale. Cette différence de traitement, qui n'est pas justifiée par une différence de situation entre les employeurs, n'est pas en rapport direct avec l'objet de la loi.

		– **Non-conformité à compter de la date de la publication de la décision et applicable à toutes les affaires non jugées définitivement à cette date.** – **Décision de renvoi :** Crim., QPC, 16 févr. 2021, n° 20-90.031.
2021	14 mai	**Impossibilité de déduire la pension versée à un descendant mineur pris en compte dans la détermination du quotient familial du débiteur** **2021-907 QPC.** M. Stéphane R. et a. : *JO 15 mai* : – **CGI, art. 156, § II, 2°, al. 2** (dans ses rédactions résultant du Décr. n° 2011-645 du 9 juin 2011 portant incorporation au CGI de divers textes modifiant et complétant certaines dispositions de ce code, du Décr. n° 2012-653 du 4 mai 2012 portant incorporation au CGI de divers textes modifiant et complétant certaines dispositions de ce code, du Décr. n° 2014-549 du 26 mai 2014 portant incorporation au CGI de divers textes modifiant et complétant certaines dispositions de ce code et du Décr. n° 2015-608 du 3 juin 2015 portant incorporation au CGI de divers textes modifiant et complétant certaines dispositions de ce code). – **Absence de méconnaissance du principe d'égalité devant les charges publiques (DDH, art. 13).** En refusant la déduction d'une pension lorsque le parent débiteur bénéficie déjà d'une majoration de quotient familial au titre du même enfant, le législateur a entendu éviter un cumul d'avantages fiscaux ayant le même objet. De plus, si le parent qui a la charge partagée d'un enfant en résidence alternée ne peut pas, le cas échéant, déduire de ses revenus la pension alimentaire qu'il verse à l'autre parent, il bénéficie, en tout état de cause, de la moitié de la majoration de quotient familial. – **Absence de méconnaissance du principe d'égalité devant la loi (DDH, art. 6).** En attribuant une majoration de quotient familial au parent ayant son enfant en résidence principale ou alternée sans lui permettre, le cas échéant, de déduire la pension alimentaire qu'il verse à l'autre parent, le législateur a établi une différence de traitement fondée sur une différence de situation en rapport direct avec l'objet de la loi. De plus, les dispositions contestées ne créent, s'agissant de la prise en compte fiscale de la contribution à l'entretien et à l'éducation d'un enfant, aucune différence de traitement entre un parent dont l'enfant réside principalement à son domicile et un parent dont l'enfant y réside de manière alternée dès lors que ni l'un ni l'autre ne peut déduire la pension alimentaire que, le cas échéant, il verse à l'autre parent. Enfin, si la pension alimentaire versée par le parent d'un enfant en résidence alternée n'est pas imposable entre les mains du parent qui la reçoit, cette circonstance ne résulte pas des dispositions contestées mais de l'art. 80 *septies* CGI. – **Conformité.** – **Décision de renvoi :** CE, QPC, 24 févr. 2021, n° 447219.
2021	26 mai	**Pénalités pour défaut de délivrance d'une facture** **2021-908 QPC.** Sté KF3 Plus : *JO 27 mai ; D. 2021. 1032* : – **CGI, art. 1737, § I, al. 4** (dans sa rédaction résultant de l'Ord. n° 2005-1512 du 7 déc. 2005 relative à des mesures de simplification en matière fiscale et à l'harmonisation et l'aménagement du régime des pénalités).

		– **Méconnaissance du principe de proportionnalité des peines (DDH, art. 8).** En l'absence de délivrance d'une facture, le législateur a prévu l'application d'une amende dont le montant n'est pas plafonné et dont le taux, qui s'élève à 50 % du montant de la transaction, est fixe. Cette amende reste due, alors même que la transaction a été régulièrement comptabilisée, si le fournisseur n'apporte pas la preuve de cette comptabilisation dans les 30 jours suivant la mise en demeure de l'administration fiscale. De plus, le législateur a prévu l'application d'une amende réduite dont le montant n'est pas non plus plafonné et dont le taux de 5 % est fixe, quand bien même le fournisseur justifierait d'une comptabilisation régulière de la transaction permettant à l'administration d'effectuer des contrôles. Il s'ensuit que les dispositions contestées peuvent donner lieu à une sanction manifestement disproportionnée au regard de la gravité du manquement constaté, comme de l'avantage qui a pu en être retiré. – **Non-conformité totale avec effet au 31 déc. 2021.** Les mesures prises avant cette date en application des dispositions déclarées contraires à la Constitution ne peuvent être contestées sur le fondement de cette inconstitutionnalité. – **Décision de renvoi :** CE, QPC, 24 févr. 2021, n° 443476.
2021	26 mai	**Impossibilité d'obtenir devant le tribunal de police la condamnation de la partie civile pour constitution abusive** **2021-909 QPC.** Mme Line M. : *JO 27 mai ; D. 2021. 1031* : – **C. pr. pén., art. 541, al. 2** (dans sa rédaction résultant de la L. n° 2011-1862 du 13 déc. 2011 relative à la répartition des contentieux et à l'allègement de certaines procédures juridictionnelles). – **Méconnaissance du principe d'égalité devant la justice (DDH, art. 6 et 16).** Il résulte des dispositions contestées que la personne citée directement par la partie civile à comparaître devant le tribunal de police ne peut, dans la même instance, demander que cette dernière soit condamnée, en cas de relaxe, au paiement de dommages-intérêts pour abus de constitution de partie civile. Or, cette possibilité est ouverte, en cas de désistement de la partie civile, pour la personne directement citée devant le tribunal de police en application de l'art. 536 C. pr. pén. Elle l'est aussi pour le prévenu qui, après avoir été cité directement devant le tribunal de police, est relaxé en appel, en application de l'art. 549 du même code. Il s'ensuit que les dispositions contestées procèdent à une distinction injustifiée entre les justiciables poursuivis par citation directe devant le tribunal de police. – **Non-conformité totale avec effet au 31 déc. 2021**. Jusqu'à l'entrée en vigueur d'une nouvelle loi et, au plus tard, jusqu'au 31 déc. 2021, lorsque la partie civile a elle-même mis en mouvement l'action publique, le tribunal de police statue par le même jugement sur la demande en dommages-intérêts formée par la personne relaxée contre la partie civile pour abus de constitution de partie civile. – **Décision de renvoi :** Crim., QPC, 2 mars 2021, n° 20-90.032.
2021	26 mai	**Frais irrépétibles devant les juridictions pénales III** **2021-910 QPC.** Mme Line M. : JO *27 mai* ; D. 2021. 1031 : – **C. pr. pén., art. 543, al. 1er, référence « 475-1 »** (dans sa rédaction résultant de la L. n° 2011-1862 du 13 déc. 2011 relative à la répartition des contentieux et à l'allègement de certaines procédures juridictionnelles).

		– **Atteinte à l'équilibre des droits des parties dans le procès pénal (DDH, art. 6 et 16).** En application de l'art. 543 C. pr. pén., qui fait référence aux dispositions de l'art. 475-1 du même code applicables en matière correctionnelle, le tribunal de police peut condamner l'auteur d'une contravention à payer à la partie civile la somme qu'il détermine au titre des frais non payés par l'État et exposés par celle-ci pour sa défense. Par sa décision du 5 avr. 2019 (2019-773 QPC), le Conseil constitutionnel a déclaré contraire à la Constitution le 1er al. de l'art. 800-2 C. pr. pén.et reporté son abrogation au 31 mars 2020. Faute pour le législateur d'avoir adopté en temps utile de nouvelles dispositions pour remédier à cette inconstitutionnalité, la personne poursuivie pénalement est dans l'impossibilité, depuis cette date, d'obtenir du tribunal de police, en cas de relaxe, une indemnité au titre des frais non payés par l'État et exposés par celle-ci pour sa défense. – **Non-conformité totale avec effet au 31 déc. 2021.** Afin de faire cesser l'inconstitutionnalité constatée à compter de la publication de la présente décision, il y a lieu de juger que jusqu'à l'entrée en vigueur d'une nouvelle loi et, au plus tard, jusqu'au 31 déc. 2021, toute juridiction prononçant un non-lieu, une relaxe, un acquittement ou toute décision autre qu'une condamnation ou une déclaration d'irresponsabilité pénale peut, à la demande de l'intéressé, accorder à la personne poursuivie pénalement ou civilement responsable une indemnité qu'elle détermine au titre des frais non payés par l'État et exposés par celle-ci. Il en est de même, pour la personne civilement responsable, en cas de décision la mettant hors de cause. – **Décision de renvoi :** Crim., QPC, 2 mars 2021, n° 20-90.033.
2021	4 juin	**Contrôle des mesures d'isolement ou de contention dans le cadre des soins psychiatriques sans consentement II** **2021-912/913/914 QPC.** M. Pablo A. et a. : *JO, 5 juin ; D. 2021. 1086* : – **CSP, art. L. 3222-5-1, § II, al. 3 et 6** (dans leur rédaction résultant de la L. n° 2020-1576 du 14 déc. 2020 de financement pour la sécurité sociale). – **Méconnaissance du principe de l'interdiction de la détention arbitraire (Const. 58, art. 66).** Les mesures d'isolement et de contention qui peuvent être décidées dans le cadre d'une hospitalisation complète sans consentement constituent une privation de liberté. Le médecin peut décider de renouveler les mesures d'isolement et de contention au-delà des durées maximales prévues par le législateur, sans limitation du nombre de ces renouvellements. Dans ce cas, les dispositions contestées prévoient, que le médecin est tenu d'informer sans délai le JLD de sa décision, qui peut se saisir d'office pour mettre fin à cette prolongation. Elles prévoient également qu'il en informe la personne qui fait l'objet de la mesure d'isolement ou de contention ainsi que les autres personnes mentionnées à l'art. L. 3211-12 CSP, qui peuvent également saisir le juge pour demander la mainlevée de cette mesure. Il s'ensuit qu'aucune disposition législative ne soumet le maintien à l'isolement ou sous contention au-delà d'une certaine durée à l'intervention systématique du juge judiciaire, conformément aux exigences de l'article 66 Const. 58.

		– **Non-conformité à compter du 31 déc. 2021.** Les mesures prises avant cette date en application des dispositions déclarées contraires à la Const. ne peuvent être contestées sur le fondement de cette inconstitutionnalité. – **Décisions de renvoi :** Civ. 1re, QPC, 1er avr. 2021, n° 21-40.001 P ; Civ. 1re, QPC, 1er avr. 2021, n° 21-40.002 ; Civ. 1re, QPC, 1er avr. 2021, n° 21-40.003.
2021	4 juin	**Utilisation de la visioconférence sans accord des parties devant les juridictions pénales dans un contexte d'urgence sanitaire II 2021-911/919 QPC.** M. Wattara B. et a. : *JO, 5 juin ; D. 2021. 1085* : – **Ord. n° 2020-1401 du 18 nov. 2020 portant adaptation des règles applicables aux juridictions de l'ordre judiciaire statuant en matière pénale, art. 2, al. 1er, mots « devant l'ensemble des juridictions pénales et ».** – **Méconnaissance des droits de la défense (DDH, art. 16)**. Les dispositions contestées permettent aux juridictions pénales d'imposer au justiciable le recours à un moyen de télécommunication audiovisuelle dans un grand nombre de cas. Si le recours à un moyen de télécommunication audiovisuelle n'est qu'une faculté pour le juge, les dispositions contestées ne soumettent son exercice à aucune condition légale et ne l'encadrent par aucun critère. Il s'ensuit qu'eu égard à l'importance de la garantie qui peut s'attacher à la présentation physique de l'intéressé devant la juridiction pénale et en l'état des conditions dans lesquelles s'exerce le recours à ce moyen de télécommunication, ces dispositions portent une atteinte aux droits de la défense que ne pouvait justifier le contexte sanitaire particulier résultant de l'épidémie de covid-19 durant leur période d'application. – **Non-conformité.** Ces dispositions contraires à la Const. 58 ont été abrogées par la L. n° 2021-689 du 31 mai 2021. Par ailleurs, la remise en cause des mesures ayant été prises sur le fondement des dispositions déclarées contraires à la Const. 58 méconnaîtrait les objectifs de valeur constitutionnelle de sauvegarde de l'ordre public et de recherche des auteurs d'infractions et aurait ainsi des conséquences manifestement excessives. Il s'ensuit que, ces mesures ne peuvent être contestées sur le fondement de cette inconstitutionnalité. – **Décisions de renvoi :** Crim., QPC, 2 mars 2021, n° 21-90.001 ; CE, QPC, 12 avr. 2021, n° 447916.

APPENDICE

ANCIENNES CONSTITUTIONS FRANÇAISES

Constitution de 1791

Déclaration des droits de l'homme et du citoyen du 26 août 1789

V. ce texte ss. Préamb. Const. 58.

Constitution des 3-4 septembre 1791

Constitution de 1793, Première République

Décret du 21 septembre 1792

Décret des 21-22 septembre 1792

Déclaration du 25 septembre 1792

Constitution du 24 juin 1793

Constitution de 1795, Directoire

Constitution du 22 août 1795 (5 fructidor an III)

Constitution de 1799, Consulat

Constitution du 13 décembre 1799 (22 frimaire an VIII)

Constitution de 1802, Consulat à vie

Arrêté des Consuls du 20 floréal an X

Sénatus-consulte du 14 thermidor an X

(2 août 1802), qui proclame Napoléon Bonaparte Premier consul à vie.

Sénatus-consulte organique de la Constitution du 16 thermidor an X

(4 août 1802)

Constitution de 1804, Empire

Sénatus-consulte organique du 18 mai 1804 (28 floréal an XII)

(Constitution de l'An XII) 🏛

Charte de 1814, Première Restauration

Charte constitutionnelle du 4 juin 1814 🏛

Acte additionnel de 1815, Cent-Jours

Acte additionnel aux Constitutions de l'Empire du 22 avril 1815 🏛

Charte de 1830, monarchie de Juillet

Charte constitutionnelle du 14 août 1830 🏛

Constitution de 1848, Deuxième République

Constitution du 4 novembre 1848 🏛

Constitution de 1852, Second Empire

Proclamation du 14 janvier 1852, 🏛

Constitution du 14 janvier 1852

Faite en vertu des pouvoirs délégués par le peuple français à Louis Napoléon Bonaparte par le vote des 20 et 21 décembre 1851, 🏛.

Sénatus-consulte du 7 novembre 1852,

Portant modification à la Constitution, 🏛.

Décret impérial du 2 décembre 1852,

Qui promulgue et déclare Loi de l'État le sénatus-consulte du 7 novembre 1852, ratifié par le plébiscite des 21 et 22 novembre, 🏛.

Sénatus-consulte du 12 décembre 1852,

Sur la liste civile et la dotation de la couronne, 🏛.

Sénatus-consulte du 25 décembre 1852,

Portant interprétation et modification de la Constitution du 14 janvier 1852, 🏛.

Sénatus-consulte du 23 avril 1856,

Interprétatif de l'article 22 du sénatus-consulte du 12 décembre 1852, sur la liste civile et la dotation de la couronne, 🏛.

Sénatus-consulte du 17 juillet 1856,

Sur la régence de l'Empire, 🏛.

Sénatus-consulte du 2 février 1861,

Modifiant l'article 42 de la Constitution, 🏛.

Sénatus-consulte du 18 juillet 1866,

Qui modifie la Constitution et notamment les articles 40 et 41, 🏛.

Sénatus-consulte du 14 mars 1867,

Qui modifie l'article 26 de la Constitution, 🏛.

Sénatus-consulte du 8 septembre 1869,

Qui modifie divers articles de la Constitution, les articles 3 et 5 du sénatus-consulte du 22 décembre 1852 et l'article 1er du sénatus-consulte du 31 décembre 1861, 🏛.

Sénatus-consulte du 21 mai 1870,

Fixant la Constitution de l'Empire, 🏛.

Lois constitutionnelles de 1875, Troisième République

Loi du 24 février 1875,

Relative à l'organisation du Sénat, 🏛.

Loi du 25 février 1875,

Relative à l'organisation des pouvoirs publics, 🏛.

Loi constitutionnelle du 16 juillet 1875,

Sur les rapports des pouvoirs publics, 🏛.

Loi constitutionnelle de 1945, Gouvernement provisoire

Loi constitutionnelle du 2 novembre 1945,

Portant organisation provisoire des pouvoirs publics, 🏛.

Constitution du 27 octobre 1946, 🏛

(V. le préambule de la Constitution de 1946 au début de la Const. 58)

Loi constitutionnelle du 7 décembre 1954,

Tendant à la révision des articles 7 (addition), 9 (1er et 2e alinéas), 11 (1er alinéa), 12, 14 (2e et 3e alinéas), 20, 22 (1re phrase), 45 (2e, 3e et 4e alinéas), 49 (2e et 3e alinéas), 50 (2e alinéa) et 52 (1er et 2e alinéas) de la Constitution, 🏛.

Loi constitutionnelle du 3 juin 1958,

Portant dérogation transitoire aux dispositions de l'article 90 de la Constitution.

Art. unique Par dérogation aux dispositions de son article 90, la Constitution sera révisée par le Gouvernement investi le 1er juin 1958 et ce, dans les formes suivantes :

Le Gouvernement de la République établit un projet de loi constitutionnelle mettant en œuvre les principes ci-après :

1° Seul le suffrage universel est la source du pouvoir. C'est du suffrage universel ou des instances élues par lui que dérivent le pouvoir législatif et le pouvoir exécutif ;

2° Le pouvoir éxecutif et le pouvoir législatif doivent être effectivement séparés de façon que le Gouvernement et le Parlement assument chacun pour sa part et sous sa responsabilité la plénitude de leurs attributions ;

3° Le Gouvernement doit être responsable devant le Parlement ;

4° L'autorité judiciaire doit demeurer indépendante pour être à même d'assurer le respect des libertés essentielles telles qu'elles sont définies par le préambule de la Constitution de 1946 et par la Déclaration des droits de l'homme à laquelle elle se réfère ;

5° La Constitution doit permettre d'organiser les rapports de la République avec les peuples qui lui sont associés.

Pour établir le projet, le Gouvernement recueille l'avis d'un comité consulatatif où siègent notamment les membres du Parlement désignés par les commissions compétentes de l'Assemblée nationale et du Conseil de la République. Le nombre des membres du comité consultatif désignés par chacune des commissions est au moins égal au tiers du nombre des membres des commissions ; le nombre total des membres du comité consultatif désignés par les commissions est égal au deux tiers des membres du comité.

Le projet de loi arrêté en conseil des ministres, après avis du conseil d'État, est soumis au referendum. La loi constitutionnelle portant révision de la Constitution est promulguée par le Président de la République dans les huit jours de son adoption.

COMMENTAIRE

V. sur le Code en ligne 🏛. ❑

DROIT EUROPÉEN ET INTERNATIONAL

Déclaration universelle des droits de l'homme,

Adoptée par l'Assemblée générale des Nations unies le 10 décembre 1948 à Paris.

Préambule

Considérant que la reconnaissance de la dignité inhérente à tous les membres de la famille humaine et de leurs droits égaux et inaliénables constitue le fondement de la liberté, de la justice et de la paix dans le monde.

Considérant que la méconnaissance et le mépris des droits de l'homme ont conduit à des actes de barbarie qui révoltent la conscience de l'humanité et que l'avènement d'un monde où les êtres humains seront libres de parler et de croire, libérés de la terreur et de la misère, a été proclamé comme la plus haute aspiration de l'homme.

Considérant qu'il est essentiel que les droits de l'homme soient protégés par un régime de droit pour que l'homme ne soit pas contraint, en suprême recours, à la révolte contre la tyrannie et l'oppression.

Considérant qu'il est essentiel d'encourager le développement de relations amicales entre nations.

Considérant que dans la Charte les peuples des Nations Unies ont proclamé à nouveau leur foi dans les droits fondamentaux de l'homme, dans la dignité et la valeur de la personne humaine, dans l'égalité des droits des hommes et des femmes, et qu'ils se sont déclarés résolus à favoriser le progrès social et à instaurer de meilleures conditions de vie dans une liberté plus grande.

Considérant que les États Membres se sont engagés à assurer, en coopération avec l'Organisation des Nations Unies, le respect universel et effectif des droits de l'homme et des libertés fondamentales.

Considérant qu'une conception commune de ces droits et libertés est de la plus haute importance pour remplir pleinement cet engagement.

L'Assemblée générale proclame la présente Déclaration universelle des droits de l'homme comme l'idéal commun à atteindre par tous les peuples et toutes les nations afin que tous les individus et tous les organes de la société, ayant cette Déclaration constamment à l'esprit, s'efforcent, par l'enseignement et l'éducation, de développer le respect de ces droits et libertés et d'en assurer, par des mesures progressives d'ordre national et international, la reconnaissance et l'application universelles et effectives, tant parmi les populations des États Membres eux-mêmes que parmi celles des territoires placés sous leur juridiction.

Art. 1er Tous les êtres humains naissent libres et égaux en dignité et en droits. Ils sont doués de raison et de conscience et doivent agir les uns envers les autres dans un esprit de fraternité.

Art. 2 1. Chacun peut se prévaloir de tous les droits et de toutes les libertés proclamés dans la présente Déclaration, sans distinction aucune, notamment de race, de couleur, de sexe, de langue, de religion, d'opinion politique ou de toute autre opinion, d'origine nationale ou sociale, de fortune, de naissance ou de toute autre situation.

2. De plus, il ne sera fait aucune distinction fondée sur le statut politique, juridique ou international du pays ou du territoire dont une personne est ressortissante, que ce pays ou territoire soit indépendant, sous tutelle, non autonome ou soumis à une limitation quelconque de souveraineté.

Art. 3 Tout individu a droit à la vie, à la liberté et à la sûreté de sa personne.

Art. 4 Nul ne sera tenu en esclavage ni en servitude ; l'esclavage et la traite des esclaves sont interdits sous toutes leurs formes.

Art. 5 Nul ne sera soumis à la torture, ni à des peines ou traitements cruels, inhumains ou dégradants.

Art. 6 Chacun a le droit à la reconnaissance en tous lieux de sa personnalité juridique.

Art. 7 Tous sont égaux devant la loi et ont droit sans distinction à une égale protection de la loi. Tous ont droit à une protection égale contre toute discrimination qui violerait la présente Déclaration et contre toute provocation à une telle discrimination.

Art. 8 Toute personne a droit à un recours effectif devant les juridictions nationales compétentes contre les actes violant les droits fondamentaux qui lui sont reconnus par la constitution ou par la loi.

Art. 9 Nul ne peut être arbitrairement arrêté, détenu ou exilé.

Art. 10 Toute personne a droit, en pleine égalité, à ce que sa cause soit entendue équitablement et publiquement par un tribunal indépendant et impartial, qui décidera, soit de ses droits et obligations, soit du bien-fondé de toute accusation en matière pénale dirigée contre elle.

Art. 11 1. Toute personne accusée d'un acte délictueux est présumée innocente jusqu'à ce que sa culpabilité ait été légalement établie au cours d'un procès public où toutes les garanties nécessaires à sa défense lui auront été assurées.

2. Nul ne sera condamné pour des actions ou omissions qui, au moment où elles ont été commises, ne constituaient pas un acte délictueux d'après le droit national ou international. De même, il ne sera infligé aucune peine plus forte que celle qui était applicable au moment où l'acte délictueux a été commis.

Art. 12 Nul ne sera l'objet d'immixtions arbitraires dans sa vie privée, sa famille, son domicile ou sa correspondance, ni d'atteintes à son honneur et à sa réputation. Toute personne a droit à la protection de la loi contre de telles immixtions ou de telles atteintes.

Art. 13 1. Toute personne a le droit de circuler librement et de choisir sa résidence à l'intérieur d'un État.

2. Toute personne a le droit de quitter tout pays, y compris le sien, et de revenir dans son pays.

Art. 14 1. Devant la persécution, toute personne a le droit de chercher asile et de bénéficier de l'asile en d'autres pays.

2. Ce droit ne peut être invoqué dans le cas de poursuites réellement fondées sur un crime de droit commun ou sur des agissements contraires aux buts et aux principes des Nations Unies.

Art. 15 1. Tout individu a droit à une nationalité.

2. Nul ne peut être arbitrairement privé de sa nationalité, ni du droit de changer de nationalité.

Art. 16 1. A partir de l'âge nubile, l'homme et la femme, sans aucune restriction quant à la race, la nationalité ou la religion, ont le droit de se marier et de fonder une famille. Ils ont des droits égaux au regard du mariage, durant le mariage et lors de sa dissolution.

2. Le mariage ne peut être conclu qu'avec le libre et plein consentement des futurs époux.

3. La famille est l'élément naturel et fondamental de la société et a droit à la protection de la société et de l'État.

Art. 17 1. Toute personne, aussi bien seule qu'en collectivité, a droit à la propriété.

2. Nul ne peut être arbitrairement privé de sa propriété.

Art. 18 Toute personne a droit à la liberté de pensée, de conscience et de religion ; ce droit implique la liberté de changer de religion ou de conviction ainsi que la liberté de manifester sa religion ou sa conviction seule ou en commun, tant en public qu'en privé, par l'enseignement, les pratiques, le culte et l'accomplissement des rites.

Art. 19 Tout individu a droit à la liberté d'opinion et d'expression, ce qui implique le droit de ne pas être inquiété pour ses opinions et celui de chercher, de recevoir et de répandre, sans considérations de frontières, les informations et les idées par quelque moyen d'expression que ce soit.

Art. 20 1. Toute personne a droit à la liberté de réunion et d'association pacifiques.

2. Nul ne peut être obligé de faire partie d'une association.

Art. 21 1. Toute personne a le droit de prendre part à la direction des affaires publiques de son pays, soit directement, soit par l'intermédiaire de représentants librement choisis.

2. Toute personne a droit à accéder, dans des conditions d'égalité, aux fonctions publiques de son pays.

3. La volonté du peuple est le fondement de l'autorité des pouvoirs publics ; cette volonté doit s'exprimer par des élections honnêtes qui doivent avoir lieu périodiquement, au suffrage universel égal et au vote secret ou suivant une procédure équivalente *assurant la liberté du vote.*

Art. 22 Toute personne, en tant que membre de la société, a droit à la sécurité sociale ; elle est fondée à obtenir la satisfaction des droits économiques, sociaux et culturels indispensables à sa dignité et au libre développement de sa personnalité, grâce à l'effort national et à la coopération internationale, compte tenu de l'organisation et des ressources de chaque pays.

Art. 23 1. Toute personne a droit au travail, au libre choix de son travail, à des conditions équitables et satisfaisantes de travail et à la protection contre le chômage.

2. Tous ont droit, sans aucune discrimination, à un salaire égal pour un travail égal.

3. Quiconque travaille a droit à une rémunération équitable et satisfaisante lui assurant ainsi qu'à sa famille une existence conforme à la dignité humaine et complétée, s'il y a lieu, par tous autres moyens de protection sociale.

4. Toute personne a le droit de fonder avec d'autres des syndicats et de s'affilier à des syndicats pour la défense de ses intérêts.

Art. 24 Toute personne a droit au repos et aux loisirs et notamment à une limitation raisonnable de la durée du travail et à des congés payés périodiques.

Art. 25 1. Toute personne a droit à un niveau de vie suffisant pour assurer sa santé, son bien-être et ceux de sa famille, notamment pour l'alimentation, l'habillement, le logement, les soins médicaux ainsi que pour les services sociaux nécessaires ; elle a droit à la sécurité en cas de chômage, de maladie, d'invalidité, de veuvage, de vieillesse ou dans les autres cas de perte de ses moyens de subsistance par suite de circonstances indépendantes de sa volonté.

2. La maternité et l'enfance ont droit à une aide et à une assistance spéciales. Tous les enfants, qu'ils soient nés dans le mariage ou hors mariage, jouissent de la même protection sociale.

Art. 26 1. Toute personne a droit à l'éducation. L'éducation doit être gratuite, au moins en ce qui concerne l'enseignement élémentaire et fondamental. L'enseignement élémentaire est obligatoire. L'enseignement technique et professionnel doit être généralisé ; l'accès aux études supérieures doit être ouvert en pleine égalité à tous en fonction de leur mérite.

2. L'éducation doit viser au plein épanouissement de la personnalité humaine et au renforcement du respect des droits de l'homme et des libertés fondamentales. Elle doit favoriser la compréhension, la tolérance et l'amitié entre toutes les nations et tous les groupes raciaux ou religieux, ainsi que le développement des activités des Nations Unies pour le maintien de la paix.

3. Les parents ont, par priorité, le droit de choisir le genre d'éducation à donner à leurs enfants.

Art. 27 1. Toute personne a le droit de prendre part librement à la vie culturelle de la communauté, de jouir des arts et de participer au progrès scientifique et aux bienfaits qui en résultent.

2. Chacun a droit à la protection des intérêts moraux et matériels découlant de toute production scientifique, littéraire ou artistique dont il est l'auteur.

Art. 28 Toute personne a droit à ce que règne, sur le plan social et sur le plan international, un ordre tel que les droits et libertés énoncés dans la présente Déclaration puissent y trouver plein effet.

Art. 29 1. L'individu a des devoirs envers la communauté dans laquelle seule le libre et plein développement de sa personnalité est possible.

2. Dans l'exercice de ses droits et dans la jouissance de ses libertés, chacun n'est soumis qu'aux limitations établies par la loi exclusivement en vue d'assurer la reconnaissance et le respect des droits et libertés d'autrui et afin de satisfaire aux justes exigences de la morale, de l'ordre public et du bien-être général dans une société démocratique.

3. Ces droits et libertés ne pourront, en aucun cas, s'exercer contrairement aux buts et aux principes des Nations Unies.

Art. 30 Aucune disposition de la présente Déclaration ne peut être interprétée comme impliquant pour un État, un groupement ou un individu un droit quelconque de se livrer à une activité ou d'accomplir un acte visant à la destruction des droits et libertés qui y sont énoncés.

Convention européenne de sauvegarde des droits de l'homme et des libertés fondamentales du 4 novembre 1950

Le décret n° 74-360 du 3 mai 1974 (D. et BLD 1974. 181 ; JO 4 mai) a porté publication de cette Convention, signée le 4 nov. 1950, de ses Protocoles additionnels nos 1, 3, 4 et 5, signés les 20 mars 1952, 6 mai 1963, 16 sept. 1963 et 20 janv. 1966, ainsi que des déclarations et réserves qui ont été formulées par le Gouvernement de la République française lors de la ratification. — V. aussi Décr. n° 81-917 du 9 oct. 1981 (D. et BLD 1981. 349) portant publication de la déclaration d'acceptation du droit de recours individuel, renouvelée par Décr. n° 86-1314 du 23 déc. 1986 (D. et ALD 1987. 45), Décr. n° 90-415 du 14 mai 1990. — Décr. n° 84-315 du 19 avr. 1984 (D. et ALD 1984. 317) portant publication de l'accord européen concernant les personnes participant aux procédures devant la Commission et la Cour européennes des Droits de l'homme, fait à Londres le 6 mai 1969. — Décr. n° 86-282 du 28 févr. 1986 (D. et ALD 1986. 271) portant publication du Protocole n° 6 à cette Convention, concernant l'abolition de la peine de mort, fait à Strasbourg le 28 avr. 1983. — Décr. n° 88-783 du 22 juin 1988 (D. et ALD 1988. 369) portant publication de la lettre française du 24 mars 1988 relative au retrait d'une déclaration interprétative formulée par le Gouvernement de la République française lors de la ratification de cette Convention. — Décr. n° 89-37 du 24 janv. 1989 (D. et ALD 1989. 103) portant publication du Protocole n° 7 à cette Convention, ainsi que des déclarations et réserves accompagnant l'instrument français de ratification et de la déclaration française du 1er nov. 1988 (V., les art. 2 à 4, et 7 de ce protocole.). — Décr. n° 90-245 du 14 mars 1990 (D. et ALD 1990. 181) portant publication du Protocole n° 8 à cette Convention, fait à Vienne le 19 mars 1985. — Décr. n° 98-1055 du 18 nov. 1998 (JO 25 nov.) portant publication du Protocole n° 11 à cette Convention, portant restructuration du mécanisme de contrôle établi par la Convention, fait à Strasbourg le 11 mai 1994. — Décr. n° 2010-711 du 28 juin 2010 (JO 30 juin) portant publication du Protocole n° 14 à cette Convention, signé à Strasbourg le 13 mai 2004 et entré en vigueur le 1er juin 2010.

V. Circ. n° 87-16-F 2 du 27 juill. 1987 (BOMJ n° 27, p. 204) relative à l'application de cette Convention.

Les formalités prévues à l'article 66 de la Convention et aux articles 6, 4, 7 et 5 respectivement des Protocoles nos 1, 2, 3, 4 et 5 en vue de leur entrée en vigueur ont été accomplies par la France le 3 mai 1974.

Les Gouvernements signataires, Membres du Conseil de l'Europe,

Considérant la Déclaration universelle des Droits de l'homme, proclamée par l'Assemblée générale des Nations unies le 10 décembre 1948 ;

Considérant que cette Déclaration tend à assurer la reconnaissance et l'application universelles et effectives des droits qui y sont énoncés ;

Considérant que le but du Conseil de l'Europe est de réaliser une union plus étroite entre ses Membres, et que l'un des moyens d'atteindre ce but est la sauvegarde et le développement des Droits de l'homme et des libertés fondamentales ;

Réaffirmant leur profond attachement à ces libertés fondamentales qui constituent les assises mêmes de la justice et de la paix dans le monde et dont le maintien repose essentiellement sur un régime politique véritablement démocratique, d'une part, et, d'autre part, sur une conception commune et un commun respect des Droits de l'homme dont ils se réclament ;

Résolus, en tant que gouvernements d'États européens animés d'un même esprit et possédant un patrimoine commun d'idéal et de traditions politiques, de respect de la liberté et de prééminence du droit, à prendre les premières mesures propres à assurer la garantie collective de certains des droits énoncés dans la Déclaration universelle ;

(Prot. add. n° 15 du 24 juin 2013, art. 1er, en vigueur le 1er août 2021) **« Affirmant *qu'il incombe* au premier chef aux Hautes Parties contractantes, conformément au principe de subsidiarité, de garantir le respect des droits et libertés définis dans la présente Convention et ses protocoles, et que, ce faisant, elles jouissent d'une marge d'appréciation, sous le contrôle de la Cour européenne des Droits de l'Homme instituée par la présente Convention, »**

sont convenus de ce qui suit :

COMMENTAIRE

V. sur le Code en ligne.

BIBL. ▶ Wachsmann, Les normes régissant le comportement de l'administration selon la jurisprudence de la CEDH, *AJDA 2010. 2138*. – Drouin, Les mesures provisoires de la CEDH, *AJDA 2010. 2089*. – Ardenas et Bjorge, Juge national et interprétation évolutive de la Conv. EDH, *RD publ. 2011. 997*.

Mesures provisoires : Boyer-Capelle, L'influence renouvelée de la Cour EDH dans le domaine des mesures provisoires de l'office du juge administratif français, *RD publ. 2011. 321*.

Italie : Fontaine et Laffaille, La « communautorisation » de la Conv. EDH : le juge administratif italien et les normes européennes, *RD publ. 2011. 1015*. – Brisson, L'influence de la Conv. EDH sur le recours pour excès de pouvoir, *JCP Adm. 2012. 2312*.

Plan des annotations

I. SITUATION DE L'UNION EUROPÉENNE

BIBL. Wachsmann, L'avis 2/94 de la Cour de justice relatif à l'adhésion de la Communauté européenne à la Conv. EDH, *RTD eur. 1996. 467*. – *Benoît-Rohmer, Adhésion de l'Union européenne à la Conv. EDH, RTD eur. 2013. 662*.

1. La Cour EDH n'est pas compétente pour appliquer les règles de l'UE ou pour en examiner les violations alléguées, sauf si et dans la mesure où ces violations sont susceptibles de porter atteinte aux droits et libertés sauvegardées par la Convention. • CEDH, gr. ch., 3 oct. 2014, *Jeunesse c/ Pays-Bas*, n° 12738/10 § 110 : *AJDA 2015. 150, chron. Burgorgue-Larsen ; D. 2014. 2049 ; ibid. 2015. 450, obs. Boskovic, Corneloup, Jault-Seseke, Joubert et Parrot* • CEDH 2 juill. 2020, *N. H. c/ France*, n° 28820/13 § 166.

2. L'art. 6, § 3, TUE ne régit pas la relation entre la Conv. EDH et les ordres juridiques des États membres et ne détermine pas non plus les conséquences à tirer par un juge national en cas de conflit entre les droits garantis par cette convention et une règle de droit national. • CJUE 24 avr. 2012, *Kamberaj*, n° C-571/10 § 62 : *D. 2013. 324, obs. Boskovic, Corneloup, Jault-Seseke, Joubert et Parrot ; AJDI 2013. 489, étude Zitouni ; Constitutions 2012. 290, obs. Levade ; RTD eur. 2012. 495, obs. Robin-Olivier ; ibid. 2013. 669, obs. Benoît-Rohmer*. ♦ La Charte des droits fondamentaux de l'Union s'applique « telle qu'interprétée par la CJUE ». • CJUE 26 févr. 2013, *Melloni*, n° C-399/11 § 60 : *AJDA 2013. 1154, chron. Aubert, Brouzzy et Cassagnabère*.

A. ABSENCE DE COMPÉTENCE RATIONE PERSONAE

3. Actes de l'Union. Les actes de l'Union (de la Communauté européenne) ne peuvent être attaqués en tant que tels devant la Cour, car la Communauté en tant que telle n'est pas partie contractante. • Comm. EDH 10 juill. 1978, *CFDT c/ Ctés européennes, la collectivité de leurs États membres et leurs États membres pris individuellement,* n° 8030/77 • CEDH, décis., 20 janv. 2009, *Cooperatieve Producentenorganisatie van de Nederlandse Kokkelvisserij U. A. c/ Pays-Bas,* n° 13645/05 • Comm. EDH 9 févr. 1990, *Melchers et Co c/ Allemagne,* n° 13258/87 • CEDH, gr. ch., 18 févr. 1999, *Matthews c/ Royaume-Uni,* n° 24833/94 § 32 : *RTD civ. 1999. 918, obs. Marguénaud ; RTD eur. 1999. 637, étude Cohen-Jonathan et Flauss ; RD publ. 2000. 1090, obs. Burgorgue-Larsen ; RTDH 2000. 865, obs. Potteau ; JCP 2000. I. 203, chron. Sudre.* ♦ Rappr., s'agissant d'acte pris par d'autres organisations internationales. • CEDH, gr. ch., décis., 2 mai 2007, *Behrami et Behrami c/ France,* n° 71412/01 § 151 et 152.

4. Actes de coopération intergouvernementale. La Cour note que les positions communes dont il s'agit ont été prises dans le cadre de la mise en œuvre de la PESC par les États membres de l'Union européenne et relèvent, en conséquence, du domaine de la coopération intergouvernementale. • CEDH 23 mai 2002, *Segi et a. et Gestoras Proamnistia et a. c/ 15 États de l'Union européenne,* n° 6422/02 : *AJDA 2002. 1277, chron. Flauss ; D. 2003. 523, obs. Renucci .* ♦ Implicitement. • CEDH, gr. ch., 30 juin 2005, *Bosphorus Hava Yollari Turizm ve Ticaret Anonim Sirketi c/ Irlande,* n° 45036/98 § 72 : *AJDA 2005. 1886, chron. Flauss ; RTD eur. 2005. 749, note Jacqué ; JCP Adm. 2005, n° 1311, note Szymczak.*

B. ACTES D'APPLICATION

5. Principe. On ne saurait donc admettre que par le biais de transferts de compétence, les États puissent soustraire, du même coup, des matières normalement visées par la Conv. EDH aux garanties qui y sont édictées. Il y va du respect de droits essentiels. • Comm. EDH 9 déc. 1987, *Tete c/ France,* n° 11123/84. ♦ La Convention n'exclut pas le transfert de compétence à des organisations internationales, pourvu que les droits garantis par la Convention continuent d'être « reconnus ». Pareil transfert *ne fait donc pas disparaître la responsabilité* des États membres. • CEDH, gr. ch., 18 févr. 1999, *Matthews c/ Royaume-Uni,* n° 24833/94 § 32 : *préc. note 3* • CEDH, gr. ch., 21 juin 2016, *Al-Dulimi et Montana Management Inc. c/ Suisse,* n° 5809/08 § 95 : *AJDA 2016. 1738, chron. Burgorgue-Larsen ; D. 2016. 1985, note Grange ; AJ pénal 2016. 488, obs. Poissonnier .*

6. Lorsque des États créent des organisations internationales pour coopérer dans certains domaines d'activité ou pour renforcer leur coopération, et qu'ils transfèrent des compétences à ces organisations et leur accordent des immunités, la protection des droits fondamentaux peut s'en trouver affectée. Toutefois, il serait contraire au but et à l'objet de la Conv. EDH que les États contractants soient ainsi exonérés de toute responsabilité au regard de la Conv. EDH dans le domaine d'activité concerné. • CEDH, gr. ch., 18 févr. 1999, *Beer et Regan c/ Allemagne,* n° 28934/95 § 57.

7. Méthodologie. En accordant l'exequatur à un arrêt de la Cour européenne de justice, les autorités allemandes compétence n'ont pas agi comme des organes communautaires et n'échappent pas, dès lors, au domaine où s'exerce le contrôle des organes de la Conv. EDH. Les États parties, sont en vertu de l'art. 1er Conv. EDH, responsables de tous les actes et omissions de leurs organes internes qui auraient violé la Conv. EDH, que l'acte ou l'omission en question soit effectué en application du droit ou des règlements internes ou des obligations internationales. • Comm. EDH 9 févr. 1990, *Melchers et Co c/ Allemagne,* n° 13258/87. ♦ V. déjà, implicitement. • Comm. EDH 9 déc. 1987, *Tete c/ France,* n° 11123/84. ♦ La circonstance, rappelée par le Gouvernement, que l'art. L. 511 CSP s'inspire presque mot pour mot de la directive communautaire 65/65 ne le soustrait pas au contrôle de la Cour. • CEDH 15 nov. 1996, *Cantoni c/ France,* n° 17862/91 § 30 : *D. 1997. 202, obs. Henry ; RSC 1997. 462, obs. Koering-Joulin ; ibid. 646, obs. Delmas Saint-Hilaire .* ♦ De même, implicitement. • CEDH, gr. ch., 18 févr. 1999, *Matthews c/ Royaume-Uni,* n° 24833/94 § 32 : *préc. note 3.*

8. Les parties contractantes sont responsables au titre de l'art. 1er Conv. EDH de tous les actes et omissions de leurs organes, qu'ils découlent du droit interne ou de la nécessité d'observer des obligations juridiques internationales. Ledit texte ne fait aucune distinction quant au type de norme ou de mesure en cause et ne soustrait aucune partie de la « juridiction » des parties contractantes à l'empire de la Conv. EDH. Il serait contraire au but et à l'objet de la Conv. EDH que les États contractants soient exonérés de toute responsabilité au regard de la Conv. EDH dans le domaine d'activité concerné : les garanties prévues par la Conv. EDH pourraient être limitées ou exclues discrétionnairement, et être par là même privées de leur caractère contraignant ainsi que de leur nature concrète et effective. L'État demeure responsable au regard de la Conv. EDH pour les engagements pris en vertu de traités postérieurement à l'entrée en vigueur de la Conv. EDH. • CEDH, gr. ch., 30 juin 2005, *Bosphorus Hava Yollari Turizm ve Ticaret Anonim Sirketi c/ Irlande*, n° 45036/98 § 153 et 154 : *préc. note 4* • CEDH, gr. ch., 21 janv. 2011, *M. S. S. c/ Belgique et Grèce*, n° 30696/09 § 338 : *AJDA 2011. 138 ; D. 2012. 390, obs. Boskovic, Corneloup, Jault-Seseke, Joubert et Parrot ; Constitutions 2011. 334, obs. Levade ; RTD eur. 2012. 393, obs. Benoît-Rohmer*. ♦ V. pour le cas de la Suisse, liée par le règlement Dublin en vertu de l'accord d'association qui la lie à la Communauté européenne. • CEDH, gr. ch., 4 nov. 2014, *Tarakhel c/ Suisse*, n° 29217/12 § 88 : *AJDA 2014. 2162*.

9. Critère de protection équivalente. Cependant, une mesure de l'État prise en exécution de pareilles obligations juridiques doit être réputée justifiée dès lors qu'il est constant que l'organisation en question accorde aux droits fondamentaux (cette notion recouvrant à la fois les garanties substantielles offertes et les mécanismes censés en contrôler le respect) une protection à tout le moins équivalente à celle assurée par la Conv. EDH. Par « équivalente », la Cour entend « comparable » : toute exigence de protection « identique » de la part de l'organisation concernée pourrait aller à l'encontre de l'intérêt de la coopération internationale poursuivi. Toutefois, un constat de « protection équivalente » de ce type ne saurait être définitif : il doit pouvoir être réexaminé à la lumière de tout changement pertinent dans la protection des droits fondamentaux. Si l'on considère que l'organisation offre semblable protection équivalente, il y a lieu de présumer qu'un État respecte les exigences de la Conv. EDH lorsqu'il ne fait qu'exécuter des obligations juridiques résultant de son adhésion à l'organisation. Pareille présomption peut toutefois être renversée dans le cadre d'une affaire donnée si l'on estime que la protection des droits garantis par la Conv. EDH était entachée d'une insuffisance manifeste. Dans un tel cas, le rôle de la Conv. EDH en tant qu'« instrument constitutionnel de l'ordre public européen » dans le domaine des droits de l'homme l'emporterait sur l'intérêt de la coopération internationale. • *CEDH, gr. ch., 30 juin 2005, Bosphorus Hava Yollari Turizm ve Ticaret Anonim Sirketi c/ Irlande*, n° 45036/98 § 155 et 156 : *préc. note 4* • CEDH, décis., 20 janv. 2009, *Cooperatieve Producentenorganisatie van de Nederlandse Kokkelvisserij U. A. c/ Pays-Bas*, n° 13645/05 • CEDH, gr. ch., 21 janv. 2011, *M. S. S. c/ Belgique et Grèce*, n° 30696/09 § 338 : *préc. note 8*. ♦ V. déjà. • Comm. EDH 9 févr. 1990, *Melchers et Co c/ Allemagne*, n° 13258/87. ♦ Rappr. dans le cadre d'une autre organisation internationale. • CEDH, décis., 12 déc. 2009, *Gasparini c/ Italie et Belgique*, n° 10750/03 • CEDH, gr. ch., 21 juin 2016, *Al-Dulimi et Montana Management Inc. c/ Suisse*, n° 5809/08 § 95 : *préc. note 3*. ♦ La Cour doit lorsque les conditions d'application de la présomption de protection équivalente sont réunies, s'assurer que les dispositifs de reconnaissance mutuelle ne laissent subsister aucune lacune ou situation particulière donnant lieu à une insuffisance manifeste de la protection des droits de l'homme garantis par la Conv. • CEDH, gr. ch., 23 mai 2016, *Avotins c/ Lettonie*, n° 17502/07 § 116 : *AJDA 2016. 1743, chron. Burgorgue-Larsen*.

10. Mise en œuvre. La protection des droits fondamentaux offerte par le droit communautaire est, et était à l'époque des faits, « équivalente » à celle assurée par le mécanisme de la Convention. Par conséquent, on peut présumer que l'Irlande ne s'est pas écartée des obligations qui lui incombaient au titre de la Conv. EDH lorsqu'elle a mis en œuvre celles qui résultaient de son appartenance à la Communauté européenne. • CEDH, gr. ch., 30 juin 2005, *Bosphorus Hava Yollari Turizm ve Ticaret Anonim Sirketi c/ Irlande*, n° 45036/98 § 165 : *préc. note 3* • CEDH 6 déc. 2012, *Michaud c/ France*, n° 12323/11 § 105 : *RFDA 2013. 576, chron. Labayle et Sudre ; D. 2013. 284 , et les obs. , note Defferrard ; AJ pénal 2013. 160, obs. Lasserre Capdeville ; D. avocats 2013. 8, obs. Dargent ; ibid. 96, note Feugère* • CEDH, décis., 20 janv. 2009, *Cooperatieve Producentenorganisatie van de Nederlandse Kokkelvisserij U. A. c/ Pays-Bas*, n° 13645/05 • CEDH, décis., 10 oct. 2006, *Coopérative des agriculteurs de Mayenne et Coopérative laitière Maine-Anjou c/ France*, n° 16931/04.

11. S'agissant de la mise en œuvre de directives, qui lient les États membres quant au résultat à atteindre mais leur laissent le choix des moyens et de la forme, la question de savoir si, dans l'exécution de ses obligations résultant de son appartenance à l'Union européenne, l'État membre dispose de ce fait d'une marge de manœuvre susceptible de faire obstacle à l'application de la présomption de protection équivalente n'est donc pas dénuée de pertinence. • CEDH 6 déc. 2012, *Michaud c/ France*, n° 12323/11 § 113 : *préc. note 10*. ♦ En prenant les mesures litigieuses (rétention en zone de transit, interdiction d'entrée en Hongrie, non-examen des demandes d'asile au fond, considérer la Serbie comme un pays sûr), les autorités nationales ont exercé le pouvoir d'appréciation conféré par les directives de l'UE, de sorte que la présomption de protection équivalente n'est pas applicable et la responsabilité de l'État défendeur entière au regard de la Conv. EDH. • CEDH, gr. ch., 21 nov. 2019, *Hongrie*, n° 47287/15 § 97. ♦ De même, lorsque les juridictions de l'État membre décident de ne pas procéder à un renvoi préjudiciel alors que la Cour de justice n'avait pas encore examiné la question relative aux droits protégés par la Conv. EDH dont elle était saisi, celles-ci statuent sans que le mécanisme international pertinent de contrôle du respect des droits fondamentaux, en principe équivalent à celui de la Conv. EDH, ait pu déployer l'intégralité de ses potentialités. Au regard de ce choix et de l'importance des enjeux en cause, la présomption de protection équivalente ne trouve pas à s'appliquer. • CEDH 6 déc. 2012, *Michaud c/ France,* n° 12323/11 § 115 : *préc. note 10.* ♦ V. pour un exemple de mise en œuvre de ces principes : • CEDH, gr. ch., 23 mai 2016, *Avotins c/ Lettonie,* n° 17502/07 § 96 s • CEDH 7 juin 2018, *Irlande,* n° 44460/16 § 110 s.

II. CLASSIFICATION DES DROITS

12. Les art. 2, 3, 4 et 5 Conv. EDH figurent parmi les principales dispositions garantissant les droits fondamentaux qui protègent la sécurité physique des personnes et, en tant que tels, revêtent une importance primordiale. • CEDH 3 oct. 2006, *McKay c/ Royaume-Uni,* n° 543/03 § 30. ♦ Les art. 2 et 3 doivent être considérés comme des clauses primordiales de la Conv. EDH consacrant des valeurs fondamentales des sociétés démocratiques qui forment le Conseil de l'Europe. • CEDH 7 juill. 1989, *Soering c/ Royaume-Uni,* n° 14038/88 § 88 : *Berger 12ᵉ éd. n° 15 ; JCP 1990. 3452, note Labayle ; RGDIP 1990. 103, obs. Sudre.* ♦ Contrastant avec les autres dispositions de la Conv. EDH, il est libellé en termes absolus, ne prévoyant ni exceptions ni limitations, et, conformément à l'art. 15 de la Conv. EDH, il ne souffre nulle dérogation. • CEDH 29 avr. 2002, *Pretty c/ Royaume-Uni,* n° 2346/02 § 49 : *AJDA 2003. 1383, note Le Baut-Ferrarèse ; D. 2002. 1596 ; RDSS 2002. 475, note Pedrot ; RSC 2002. 645, obs. Massias ; RTD civ. 2002. 482, obs. Hauser ; ibid. 858, obs. Marguénaud.* ♦ A supposer même qu'il soit légitimement possible de renoncer à ce droit (art. 3), les faits en cause n'autorisent pas à conclure qu'il y a eu renonciation. • CEDH 31 janv. 2012, *M. S. c/ Belgique,* n° 50012/08 § 123 : *RFDA 2013. 576, chron. Labaye et Sudre ; D. 2013. 324, obs. Boskovic, Corneloup, Jault-Seseke, Joubert et Parrot.*

A. PRÉDOMINANCE DE L'IDÉE DE DÉMOCRATIE

13. La démocratie apparaît ainsi comme l'unique modèle politique envisagé par la Convention et, partant, le seul qui soit compatible avec elle. • CEDH 30 janv. 1998, *Parti communiste unifié de Turquie c/ Turquie,* n° 19392/92 § 45 : *D. 1998. 372, obs. Perez ; RSC 1998. 602, obs. Pettiti ; RTD civ. 1998. 997, obs. Marguénaud.*

14. La démocratie représente sans nul doute un élément fondamental de « l'ordre public européen » (...). Cela ressort d'abord du préambule à la Convention, qui établit un lien très clair entre la Convention et la démocratie en déclarant que la sauvegarde et le développement des droits de l'homme et des libertés fondamentales reposent sur un régime politique véritablement démocratique d'une part, et sur une conception commune et un commun respect des droits de l'homme d'autre part (...). Le même préambule énonce ensuite que les États européens ont en commun un patrimoine d'idéaux et de traditions politiques, de respect de la liberté et de prééminence du droit. La Cour a vu dans ce patrimoine commun les valeurs sous-jacentes à la Conv. EDH (...) ; à plusieurs reprises, elle a rappelé que celle-ci était destinée à sauvegarder et promouvoir les idéaux et valeurs d'une société démocratique (...). La démocratie apparaît ainsi comme l'unique modèle politique envisagé par la Convention et, partant, le seul qui soit compatible avec elle. • CEDH 30 janv. 1998, *Parti communiste unifié de Turquie et a. c/ Turquie,* n° 19392/92 § 45 : *préc. note 12* • CEDH 9 avr. 2002, *Yazar et a. c/ Turquie,* n° 22723/93 § 47 • CEDH 19 oct. 2004, *Melnitchenko c/ Ukraine,* n° 17707/02 § 53 : *AJDA 2005. 541, chron. Flauss.* ♦ On ne saurait exiger de l'État d'attendre, avant d'intervenir, qu'un parti politique s'approprie le pouvoir et commence à mettre en œuvre un projet politique incompatible avec les normes de la Conv. EDH et de la démocratie, en adoptant des mesures concrètes visant à réaliser ce projet, même si le danger de ce dernier pour la démocratie est suffisamment démontré et imminent. • CEDH 30 juin 2009, *Herri Batasuna et Batasuna c/ Espagne,* n° 25803/04 § 81 : *AJDA 2009. 1936, chron. Flauss.* ♦ Rappr. pour une tentative de reconstitution d'un parti précédemment dissous. • CEDH 15 janv. 2013, *Eusko Abertzale Ekintza – Accion Nacionalista Vasca (EAE-ANV) c/ Espagne,* n° 40959/09 § 81 : *AJDA 2013. 1799, chron. Burgorgue-Larsen.*

B. RÉSERVE DÉMOCRATIQUE

15. Les art. 8, 9, 10 et 11 Conv. EDH requièrent d'apprécier les ingérences dans l'exercice des droits qu'ils consacrent à l'aune de ce qui est « nécessaire dans une société démocratique ». La seule forme de nécessité capable de justifier une ingérence dans l'un de ces droits est donc celle qui peut se réclamer de la « société démocratique ». • CEDH 30 janv. 1998, *Parti communiste unifié de Turquie c/ Turquie,* n° 19392/92 § 45 : *préc. note 12.*

16. Il convient de savoir si les ingérences constatées se justifiaient au regard du § 2 de l'art. 8 Conv. EDH et notamment si elles sont « prévues par la loi » et « nécessaires », « dans une société démocratique », à la poursuite de l'un des buts y énumérés. • CEDH 2 août 1984, *Malone c/ Royaume-Uni*, n° 8691/79 § 65 • CEDH, gr. ch., 16 févr. 2000, *Amann c/ Suisse*, n° 27798/95 § 46 : *AJDA 2000. 1006, chron. Flauss* ; *RFDA 2001. 1250, chron. Labayle et Sudre* .

17. Il convient d'ajouter également l'art. 2 Prot. n° 4. • CEDH 23 mai 2001, *Denizci et a. c/ Chypre*, n° 25316/94 § 405.

1° INGÉRENCE PRÉVUE PAR LA LOI

18. Si la Cour reconnaît qu'il faut un certain temps à un pays pour définir son cadre législatif au cours d'une période transitoire telle que celle que l'Ukraine traverse actuellement, elle ne saurait admettre qu'un délai de plus de 20 ans se justifie, notamment lorsque est en jeu un droit aussi fondamental que le droit à la liberté de réunion pacifique ; dès lors, l'ingérence dans l'exercice du droit à la liberté de réunion n'était pas prévue par la loi. • CEDH 11 avr. 2013, *Vyerentsov c/ Ukraine*, n° 20372/11 § 55.

19. Principe : lien « loi » – « prééminence du droit ». Le membre de phrase « prévue par la loi » ne se borne pas à renvoyer au droit interne, mais concerne aussi la qualité de la « loi » ; il la veut compatible avec la prééminence du droit, mentionnée dans le préambule de la Conv. EDH (...). • CEDH 2 août 1984, *Malone c/ Royaume-Uni*, n° 8691/79 § 67 • CEDH 4 juin 2002, *Olivieira c/ Pays-Bas*, n° 33129/96 § 52 : *AJDA 2002. 1277, chron. Flauss* . ♦ Les mots « prévue par la loi » veulent d'abord que la mesure incriminée ait une base en droit interne, mais ils ont trait aussi à la qualité de la loi en cause : ils exigent l'accessibilité de celle-ci à la personne concernée, qui de surcroît doit pouvoir en prévoir les conséquences pour elle, et sa compatibilité avec la prééminence du droit. • CEDH 24 avr. 1990, *Kruslin c/ France*, n° 11801/85 § 27 : *D. 1990. 353, note Pradel* ; *ibid. 187, chron. Koering-Joulin* ; *RFDA 1991. 101, chron. Berger, Labayle et Sudre* ; *RSC 1990. 615, obs. Pettiti* ; *RTD civ. 1991. 292, obs. Hauser* • CEDH, gr. ch., 16 févr. 2000, *Amann c/ Suisse*, n° 27798/95 § 50 : *préc. note 16* • CEDH, gr. ch., 9 oct. 2003, *Slivenko c/ Lettonie*, n° 48321/99 § 100 : *AJDA 2004. 534, chron. Flauss* • CEDH, gr. ch., 26 juin 2012, *Kuric et a.*, n° 26828/06 § 341 : *D. 2013. 201, obs. Renucci, Fricero et Strickler* . ♦ Ce principe implique que le droit interne doit offrir une certaine protection contre des atteintes arbitraires de la puissance publique aux droits garantis. • CEDH 2 août 1984, *Malone c/ Royaume-Uni*, n° 8691/79 § 67. ♦ L'ingérence doit poursuivre un but compatible avec la prééminence du droit et les objectifs généraux de la Convention. • CEDH, gr. ch., 16 mars 2006, *Zdanoka c/ Lettonie*, n° 58278/00 § 118 : *AJDA 2007. 1923, chron. Flauss* ; *RD publ. 2012. 814, chron. Sudre*.

20. Lien « État de droit » et « sécurité juridique » ou « confiance légitime ». Le principe de la sécurité juridique, implicite dans la Conv. EDH, constitue l'un des éléments fondamentaux de l'État de droit. • CEDH 27 nov. 2003, *Shamsa c/ Pologne*, n° 45355/99 § 58 • CEDH 24 janv. 2008, *Riad et Idiab c/ Belgique*, n° 29787/03 § 78. ♦ V. déjà : le principe de sécurité juridique est nécessairement inhérent au droit de la Conv. EDH comme au droit communautaire. • CEDH 13 juin 1979, *Marckx c/ Belgique*, n° 6833/74 § 58 : *CDE 1980. 473, obs. Cohen-Jonathan* ; *AFDI 1980. 317, chron. Pelloux* ; *JDI 1982. 183, obs. Rolland*. ♦ Aux yeux de la Cour, une telle situation est manifestement contraire au principe de confiance légitime, inhérent à l'art. 3 Prot. n° 1 comme par ailleurs au reste de la Convention. • CEDH 24 juin 2008, *Adamsons c/ Lettonie*, n° 3669/03 § 130. ♦ V. déjà. • CEDH 15 juin 2006, *Lykourescos c/ Grèce*, n° 33554/03 § 57 : *AJDA 2006. 1709, chron. Flauss* . ♦ Cependant, les exigences de la sécurité juridique et de protection de la confiance légitime des justiciables ne consacrent pas de droit acquis à une jurisprudence constante. • CEDH 26 mai 2011, *Legrand c/ France*, n° 23228/08 § 36 : *RFDA 2012. 455, chron. Labayle et Sudre* ; *D. 2012. 244, obs. Fricero* .

a. Notion de loi

1. Sens élargi de la notion de loi

21. Principe général. La notion de « loi » (« *law* ») employée dans divers art. de la Convention correspond à celle de « droit » (« *law* ») qui figure à l'art. 7. • CEDH, gr. ch., 15 oct. 2015, *Perinçek c/ Suisse*, n° 27510/08 § 134 : *D. 2015. 2183, note Poissonnier* ; *RSC 2015. 877, note Francillon* . ♦ V. déjà, contenant la même affirmation en inversant les propositions, • CEDH, gr. ch., 6 juill. 1999, *Erdogdu et Ince c/ Turquie*, n° 25067/94 § 59.

22. Droit écrit et « common law ». La Cour constate que dans l'expression « prévue par la loi » le mot « loi » englobe à la fois le droit écrit et le droit non écrit. Elle n'attache donc pas ici d'importance au fait que le « *contempt of court* » est une création de la *common law* et non de la législation. • CEDH 26 avr. 1979, *Sunday Times c/ Royaume-Uni*, n° 6538/74 § 47 • CEDH 13 juill. 1995, *Tolstoy Miloslavsky c/ Royaume-Uni*, n° 8139/91 § 37.

23. « Loi » au sens matériel. Dans le cadre de la Conv. EDH, la Cour a toujours entendu le terme « loi » dans son acception « matérielle » et non « formelle » ; elle y a inclus des textes de rang infralégislatif. • CEDH 24 avr. 1990, *Kruslin c/ France*, n° 11801/85 § 29 : *préc. note 19* • CEDH 4 déc. 2008, *Dogru c/ France*, n° 27058/05 § 52 : *AJDA 2008. 2311* ; *ibid. 2009. 872, chron. Flauss* ; *D. 2009. 103, obs. Aït-El-Kadi* ; *Constitutions 2010. 73, obs. Burgorgue-Larsen* ; *RTD civ. 2009. 285, obs. Marguénaud*. – V. pour un ex. • CEDH 18 juin 1971, *De Wilde, Ooms et Versyp c/ Belgique*, n° 2832/66 § 93 • CEDH, gr. ch., 12 févr. 2008, *Kafkaris c/ Chypre*, n° 21906/04 § 139 : *RSC 2009. 700, obs. Roets* ; *ibid. 437, obs. Poncella* ; *RD publ. 2009. 901, obs. Sudre* • CEDH, gr. ch., 12 févr. 2008, *Kafkaris c/ Chypre*, n° 21906/04 § 139 : *RSC 2008. 692, chron. Marguénaud et Roets* ; *ibid. 2009. 431, chron. Poncela* ; *ibid. 700, obs. Roets* ; *RD publ. 2009. 901, obs. Sudre.*

24. Les circulaires ne sont rien de plus que des instructions de service adressées, en vertu de son pouvoir hiérarchique, par une autorité administrative supérieure à des agents subordonnés ; elles sont en principe dépourvues de force obligatoire vis-à-vis des administrés. On ne saurait voir dans un texte de cette nature, édicté en dehors de l'exercice d'un pouvoir normatif, une « loi » au sens de la Conv. EDH. • CEDH 12 juin 2007, *Frérot c/ France*, n° 70204/01 § 59 : *D. 2007. 2632, obs. Roujou de Boubée, T. Garé, Gozzi et Mirabail* ; *ibid. 2008. 1015, obs. Céré, Herzog-Evans et Péchillon* ; *AJ pénal 2007. 336, obs. Herzog-Evans* ; *RSC 2008. 140, obs. Marguénaud et Roets* ; *ibid. 404, chron. Poncela*.

25. Règle de droit et interprétation jurisprudentielle. Dans le cadre de la Conv. EDH, la Cour a toujours entendu le terme « loi » en y incluant le « droit non écrit ». La jurisprudence joue traditionnellement un rôle considérable dans les pays continentaux (de droit écrit), à telle enseigne que des branches entières du droit positif y résultent, dans une large mesure, des décisions des cours et tribunaux. A la négliger, elle ne minerait guère moins le système juridique des États « continentaux » que son arrêt *Sunday Times* du 26 avr. 1979 n'eût « frappé à la base » celui du Royaume-Uni s'il avait écarté la *common law* de la notion de « loi ». Dans un domaine couvert par le droit écrit, la « loi » est le texte en vigueur tel que les juridictions compétentes l'ont interprété en ayant égard, au besoin, à des données techniques nouvelles. • CEDH 24 avr. 1990, *Kruslin c/ France*, n° 11801/85 § 29*préc. note 19.* ♦ V. pour un ex. • CEDH 22 sept. 1994, *Hentrich c/ France, n° 13616/88* § 42 : *AJDA 1995. 212, chron. Flauss* ; *D. 1995. 465, note Fiorina*. ♦ La fonction de décision confiée aux juridictions sert précisément à dissiper les doutes qui pourraient subsister quant à l'interprétation des normes, en tenant compte des évolutions de la pratique quotidienne. • CEDH 15 nov. 1996, *Cantoni c/ France*, n° 17862/91 § 32 : *préc. note 7* • CEDH 6 oct. 2011, *Soros c/ France*, n° 50425/06 § 52 : *D. 2012. 199, obs. Bachelet, note Zerouki-Cottin* ; *ibid. 2011. 2823, obs. Roujou de Boubée, Garé, Mirabail et Potaszkin* ; *ibid. 2012. 1698, obs. Mascala* ; *AJ pénal 2012. 156, note Lasserre Capdeville* ; *Rev. sociétés 2012. 180, note Matsopoulou* ; *RSC 2012. 252, obs. Roets* ; *ibid. 580, obs. Stasiak*. ♦ La notion de « loi » inclut l'ensemble constitué par le droit écrit ainsi que la jurisprudence qui l'interprète. • CEDH, gr. ch., 10 nov. 2005, *Leyla Sahin c/ Turquie*, n° 44774/98 § 88 : *AJDA 2006. 315, note Gonzalez* ; *ibid. 2005. 2149* ; *ibid. 2006. 466, chron. Flauss* ; *D. 2006. 1717, obs. Renucci* ; *RD publ. 2006. 806, obs. Levinet.* • CEDH 4 déc. 2008, *Dogru c/ France*, n° 27058/05 § 52 : *préc. note 23* • CEDH, gr. ch., 14 sept. 2010, *Sanoma Uitgevers B.V. c/ Pays-Bas*, n° 38224/03 § 83 : *RSC 2011. 223, obs. Marguénaud*.

26. Une disposition légale ne se heurte pas à l'exigence qu'implique la notion « prévue par la loi » du simple fait qu'elle se prête à plus d'une interprétation. • CEDH 26 sept. 1995, *Vogt c/ Allemagne*, n° 17851/91 § 48 : *AJDA 1996. 376, chron. Flauss* • CEDH, gr. ch., 15 oct. 2015, *Perinçek c/ Suisse*, n° 27510/08 § 135 : *préc. note 21.* ♦ En effet, si clair que le libellé d'une disposition légale puisse être, dans quelque système juridique que ce soit, y compris le droit pénal, il existe immanquablement un élément d'interprétation judiciaire. Il faudra toujours élucider les points douteux et s'adapter aux changements de situation. En outre, la certitude, bien que hautement souhaitable, s'accompagne parfois d'une rigidité excessive ; or le droit doit savoir s'adapter aux changements de situation. Aussi beaucoup de lois se servent-elles, par la force des choses, de formules plus ou moins vagues dont l'interprétation et l'application dépendent de la pratique. • CEDH 16 sept. 2014, *Plechkov c/ Roumanie*, n° 1660/03 § 62. ♦ En revanche, les renseignements donnés par le Gouvernement sur ces différents points révèlent au mieux l'existence d'une pratique, dépourvue de force contraignante en l'absence de texte ou de jurisprudence. • CEDH 24 avr. 1990, *Kruslin c/ France*, n° 11801/85 § 35 : *préc. note 19.*

2. Qualité de la notion de loi

27. Le membre de phrase « prévue par la loi » ne se borne pas à renvoyer au droit interne, mais concerne aussi la qualité de la « loi ». • CEDH 2 août 1984, *Royaume-Uni*, n° 8691/79 § 67 • CEDH, gr. ch., 11 déc. 2018, *Slovénie*, n° 36480/07 § 95. ♦ Les mots « prévue par la loi » exigent que celle-ci soit accessible au justiciable et prévisible quant à ses effets. • CEDH, gr. ch., 16 févr. 2000,

Amann c/ Suisse, n° 27798/95 § 55 : *préc. note 16* • CEDH, gr. ch., 4 mai 2000, *Rotaru c/ Roumanie*, n° 28341/95 § 52 : *AJDA 2000. 1006, chron. Flauss* ; *D. 2001. 1988, obs. A. Lepage* • CEDH 4 juin 2002, *Olivieira c/ Pays-Bas*, n° 33129/96 § 47 : *préc. note 19.* • CEDH 1er juin 2017, *Giesbert et a. c/ France*, n° 68974/11 § 78.

28. Accessibilité de la « loi ». La « loi » doit être suffisamment accessible : le citoyen doit pouvoir disposer de renseignements suffisants, dans les circonstances de la cause, sur les normes juridiques applicables à un cas donné. • CEDH 26 avr. 1979, *Sunday Times c/ Royaume-Uni*, n° 6538/74 § 49 • CEDH 25 mars 1983, *Silver et a.*, n° 5947/72 § 87. ♦ Cette exigence se trouve remplie dès lors que la loi a été publiée au *Journal officiel*. • CEDH, gr. ch., 4 mai 2000, *Rotaru c/ Roumanie*, n° 28341/95 § 54 : *préc. note 27.* ♦ Le texte appliqué était une disposition de la loi communale et la jurisprudence concernant son interprétation était publiée dans des recueils de jurisprudence interne. • CEDH 4 juin 2002, *Olivieira c/ Pays-Bas*, n° 33129/96 § 51 : *préc. note 19.*

29. En l'espèce, il échet aussi de souligner qu'il existait une jurisprudence constante du Tribunal fédéral, publiée, donc accessible. • CEDH 24 mai 1988, *Müller c/ Suisse*, n° 10737/84 § 29.

30. Précision et prévisibilité de la « loi ». On ne peut considérer comme une « loi » qu'une norme énoncée avec assez de précision pour permettre au citoyen de régler sa conduite ; en s'entourant au besoin de conseils éclairés, il doit être à même de prévoir, à un degré raisonnable dans les circonstances de la cause, les conséquences de nature à dériver d'un acte déterminé. • CEDH 26 avr. 1979, *Sunday Times c/ Royaume-Uni*, n° 6538/74 § 49 • CEDH, gr. ch., 15 oct. 2015, *Perinçek c/ Suisse*, n° 27510/08 § 131 : *préc. note 21.*

V. pour d'autres décisions dans le même sens : .

31. La prévisibilité de la loi ne s'oppose pas à ce que la personne concernée soit amenée à recourir à des conseils éclairés pour évaluer, à un degré raisonnable dans les circonstances de la cause, les conséquences pouvant résulter d'un acte déterminé. • CEDH 16 sept. 2014, *Plechkov c/ Roumanie*, n° 1660/03 § 61. ♦ Il en va spécialement ainsi des professionnels, habitués à devoir faire preuve d'une grande prudence dans l'exercice de leur métier. Aussi peut-on attendre d'eux qu'ils mettent un soin particulier à évaluer les risques qu'il comporte. • CEDH 15 nov. 1996, *Cantoni c/ France*, n° 17862/91 § 35 : *préc. note 7.* ♦ En tant qu'éditrice professionnelle, la société requérante aurait dû connaître la législation et la jurisprudence, et elle aurait aussi pu solliciter un avis juridique. • CEDH, gr. ch., 16 juin 2015, *Delfi AS c/ Estonie*, n° 64569/09 § 129.

32. Les requérants ne pouvaient raisonnablement prévoir, en l'absence de toute disposition à cet effet, que leur condition d'étranger entraînerait l'illégalité de leur séjour sur le territoire slovène et conduirait à une mesure aussi extrême que l'« effacement ». De plus, il ressort à l'évidence des circulaires administratives adressées par le ministère de l'intérieur aux services administratifs que les autorités slovènes étaient conscientes à l'époque des conséquences néfastes de l'« effacement », qui avait été effectué en secret. Par définition, ces circulaires administratives n'étaient pas accessibles aux requérants. • CEDH, gr. ch., 26 juin 2012, *Kuric et a.*, n° 26828/06 § 343 et 345 : *préc. note 16.* ♦ La notion de « révélation » d'un don manuel telle qu'interprétée en l'espèce a fait dépendre la taxation de ces dons de la réalisation du contrôle fiscal, ce qui implique nécessairement une part d'aléa et donc une imprévisibilité dans l'application de la loi fiscale. • CEDH 30 juin 2011, *Assoc. Les témoins de Jéhovah c/ France*, n° 8916/05 § 70 : *AJDA 2011. 1993, chron. Burgorgue-Larsen* ; *D. 2011. 1820* ; *RTD civ. 2012. 702, obs. Marguénaud* ; *JCP Adm. 2011. 500* • CEDH 31 janv. 2013, *Assoc. cultuelle du Temple Pyramide c/ France*, n° 50471/07 § 39 : *AJDA 2013. 1802, chron. Burgorgue-Larsen* ; *D. 2013. 365* . ♦ La formulation n'était pas suffisamment claire pour permettre au requérant de se rendre compte que le seul fait de tenir des propos, en tant que chanteur, dans le cadre d'un concert préalablement autorisé constituerait un cas d'insoumission à un ordre au sens du texte et que, par conséquent, il encourait le risque de se voir infliger des sanctions pénales. • CEDH 10 févr. 2015, *Turquie* n° 2336/05 § 47.

V. pour d'autres décisions dans le même sens : .

33. Si le juge peut ordonner le blocage de l'accès « aux publications diffusées sur internet dont il y a des motifs suffisants de soupçonner que, par leur contenu, elles sont constitutives [d'] infractions », ce texte n'autorise pas le blocage de l'accès à l'intégralité d'un site internet à cause du contenu de l'une des pages web qu'il hébergeait. En effet, seul le blocage de l'accès à une publication précise pouvait être ordonné. • CEDH 18 déc. 2012, *Ahmet Yildirim c/ Turquie*, n° 3111/10 § 61 et 62 : *AJDA 2013. 165, chron. Burgorgue-Larsen* . ♦ Rappr. • CEDH 1er déc. 2015, *Cengiz et a. c/ Turquie*, n° 48226/10 § 54 et 55.

34. Abusive aux yeux de la Commission de Venise comme de la Cour, une modification de la Constitution *ad hoc*, ponctuelle et *ad hominem* sans précédent dans la tradition constitutionnelle nationale et visant à lever l'immunité parlementaire de députés en raison de propos tenus avant que n'intervienne cette révision ciblée, ne peut fonder une ingérence « prévue par la loi » dans l'exercice de la liberté d'expression des intéressés puisque le fondement légal ne répond pas à l'exigence de prévisibilité. • CEDH, gr. ch., 22 déc. 2020, *Demirtas c/ Turquie (n° 2),* n° 14305/17 § 269 et 270.

35. Précision et jurisprudence. Telle qu'interprétée jusqu'alors par la Cour de cassation et telle qu'appliquée à la requérante, la disposition ne satisfaisait pas suffisamment aux exigences de précision et de prévisibilité qu'implique la notion de loi au sens de la Conv. EDH. • CEDH 22 sept. 1994, *Hentrich c/ France,* n° 13616/88 § 42 : *préc. note 25.* ♦ Nette, abondante et amplement commentée, elle était de nature à permettre aux milieux commerciaux et à leurs conseils de régler leur conduite en la matière. • CEDH 20 nov. 1989, *Markt intern Verlag GmbH et Klaus Beermann c/ Allemagne,* n° 10572/83 § 30 : *RFDA 1991. 101, chron. Berger, Labayle et Sudre.* ♦ Même si, comme elle le prétend, il existait une divergence de vues entre la Cour administrative fédérale et la Cour fédérale du travail – divergence qu'au demeurant la Cour n'a pu établir –, celle-ci aurait été sans incidence puisque les juridictions disciplinaires devaient suivre et ont à l'évidence suivi la jurisprudence de la Cour administrative. • CEDH 26 sept. 1995, *Vogt c/ Allemagne,* n° 17851/91 § 48 : *préc. note 26.* ♦ En l'espèce, il échet aussi de souligner qu'il existait une jurisprudence constante du tribunal fédéral suivie par les juridictions inférieures. • CEDH 24 mai 1988, *Müller c/ Suisse,* n° 10737/84 § 29. ♦ Si, faute d'une jurisprudence riche en la matière, il était difficile de dire comment les tribunaux suisses allaient s'y prendre pour déterminer si ces événements étaient constitutifs d'« un génocide » au sens de la loi, cette situation, qui s'explique selon toute vraisemblance par le fait qu'ils ne sont pas souvent saisis de faits analogues à ceux dont le requérant est l'auteur, ne saurait leur être reprochée. Leur raisonnement en l'espèce était raisonnablement prévisible, compte tenu en particulier de l'adoption dans l'intervalle par le Conseil national du postulat portant reconnaissance du caractère de génocide des événements survenus en 1915. • CEDH, gr. ch., 15 oct. 2015, *Perinçek c/ Suisse,* n° 27510/08 § 138 : *préc. note 21.* ♦ La jurisprudence du Conseil d'État et du Conseil constitutionnel constituaient une base légale suffisamment sérieuse pour permettre aux autorités nationales de restreindre la liberté religieuse de la requérante. • CEDH 26 nov. 2015, *Ebrahimian c/ France,* n° 68846/11 § 50.

36. La Cour perçoit la logique de l'interprétation des textes susvisés à laquelle s'est livré le Conseil d'État dès lors qu'une lecture stricte de ceux-ci aboutirait à accorder un agrément qui devrait ensuite être retiré et admet en conséquence la prévisibilité de cette interprétation, la Cour conclut que l'ingérence litigieuse était « prévue par la loi ». • CEDH 7 juin 2007, *Parti nationaliste basque – Organisation régionale d'Iparralde c/ France,* n° 71257/01 § 42.

37. Lorsqu'il n'existe pas une jurisprudence nette et constante qui aurait permis à la requérante de prévoir, à un degré raisonnable, les conséquences pouvant résulter de la diffusion de l'émission litigieuse, on peut parler de manque de prévisibilité. Les différentes ordonnances se caractérisent par leur contradiction, même lorsqu'elles sont prises par des juges différents au sein de la même juridiction. A la divergence de la jurisprudence des juges des référés en la matière, s'ajoute la divergence de la jurisprudence des juridictions suprêmes. • CEDH 29 mars 2011, *RTBF c/ Belgique,* n° 50084/06 § 113 et 115. ♦ L'interprétation faite par la Cour constitutionnelle n'a pas résolu le problème du manque de prévisibilité des mesures de prévention applicables en matière d'assignation à résidence, car le tribunal pouvait aussi imposer toute mesure qu'il estimait nécessaire – sans préciser sa teneur – eu égard aux exigences liées à la défense sociale. • CEDH, gr. ch., 23 févr. 2017, *Tommaso c/ Italie,* n° 43395/09 § 85.

38. Degré de précision. Les lois n'ont pas besoin d'être prévisibles avec une certitude absolue. • CEDH 22 oct. 2007, *Lindon, Otchakovsky-Laurens et July c/ France,* n° 21279/02 § 41 : *préc. note 31* • CEDH 29 mars 2011, *RTBF c/ Belgique,* n° 50084/06 § 103. ♦ L'expérience montre l'impossibilité d'arriver à une précision absolue et beaucoup de lois, du fait de la nécessité d'éviter une rigidité excessive comme de s'adapter aux changements de situation, se servent par la force des choses de formules plus ou moins vagues. Ne méconnaît pas, en soi, la condition de prévisibilité une loi qui, tout en ménageant un pouvoir d'appréciation, en précise l'étendue et les modalités avec assez de netteté, compte tenu du but légitime poursuivi, pour fournir à l'individu une protection adéquate contre l'arbitraire. • CEDH 24 mars 1988, *Olsson c/ Suède,* n° 10465/83 § 61. ♦ En raison même du principe de généralité des lois, le libellé de cellesci ne peut présenter une précision absolue. L'une des techniques types de réglementation consiste à recourir à des catégories générales plutôt qu'à des listes exhaustives. L'interprétation et l'application de pareils textes dépendent de la pratique. • CEDH 25 mai 1993, *Kokinakis c/ Grèce,* n° 14307/88 § 40 : *AJDA 1994. 16, chron. Flauss ; RFDA 1994. 1182, chron. Giakoumopoulos, Keller, Labayle et Sudre ; ibid. 1995. 573, note Surrel ; RSC 1994. 362, obs.*

Koering-Joulin • CEDH 15 nov. 1996, *Cantoni c/ France*, n° 17862/91 § 31 : *préc. note 7.*

39. Précision et domaine de la « loi ». La portée des notions de prévisibilité et d'accessibilité dépend dans une large mesure du contenu du texte en cause, du domaine qu'il couvre ainsi que du nombre et de la qualité de ses destinataires. • CEDH 28 mars 1990, *Groppera radio AG c/ Suisse*, n° 10890/84 § 68 : *RFDA 1991. 101, chron. Berger, Labayle et Sudre* • CEDH 15 nov. 1996, *Cantoni c/ France*, n° 17862/91 § 35 : *préc. note 7.* ♦ Il en va de même du niveau de précision requis de la législation interne – laquelle ne saurait du reste parer à toute éventualité – qui dépend dans une large mesure du texte considéré. • CEDH 19 déc. 1994, *Vereinigung demokratischer Soldaten Österreichs et Gubi c/ Autriche*, n° 15153/89 § 31 : *AJDA 1995. 212, chron. Flauss* • CEDH 26 sept. 1995, *Vogt c/ Allemagne*, n° 17851/91 § 48 : *préc. note 26.*

40. Le libellé des lois ne présente pas une précision absolue. Il en va ainsi dans les domaines, tel celui de la concurrence, dont les données ne cessent de changer en fonction de l'évolution du marché ainsi que des moyens de communication. • CEDH 20 nov. 1989, *Markt intern Verlag GmbH et Klaus Beermann c/ Allemagne*, n° 10572/83 § 30 : *préc. note 35.* ♦ Les dispositions litigieuses du droit international des télécommunications présentaient un aspect fort technique et complexe ; de plus, elles s'adressaient au premier chef à des spécialistes qui, grâce aux indications fournies par le Recueil officiel, savaient comment se les procurer. • CEDH 28 mars 1990, *Groppera radio AG c/ Suisse*, n° 10890/84 § 68 : *préc. note 39.* ♦ En matière de discipline militaire, la rédaction de dispositions décrivant le détail des comportements ne se conçoit guère. Aussi les autorités peuvent-elles se voir contraintes de recourir à des formulations plus larges. • CEDH 19 déc. 1994, *Vereinigung demokratischer Soldaten Österreichs et Gubi c/ Autriche*, n° 15153/89 § 31 : *préc. note 35.* ♦ Comme beaucoup de définitions légales, celle du « médicament » contenue à l'art. L. 511 CSP est plutôt générale (paragraphe 18 ci-dessus). L'utilisation de la technique législative des catégories laisse souvent des zones d'ombre aux frontières de la définition. A eux seuls, ces doutes à propos de cas limites ne suffisent pas à rendre une disposition incompatible avec les dispositions conventionnelles, pour autant que celle-ci se révèle suffisamment claire dans la grande majorité des cas. • CEDH 15 nov. 1996, *Cantoni c/ France*, n° 17862/91 § 32 : *préc. note 7.* ♦ Il est inévitable qu'une conduite de nature à impliquer une participation à des activités politiques ne puisse être définie avec une absolue précision. • CEDH 20 mai 1999, *Rekveny c/ Hongrie*, n° 25390/94 § 36.

41. Précision des « lois » accordant des marges d'appréciation. L'un des principes sous-jacents à la Conv. EDH, la prééminence du droit, veut qu'une immixtion des autorités dans les droits d'un individu puisse subir un contrôle efficace. Il en est spécialement ainsi lorsque, comme en l'occurrence, la loi investit l'exécutif d'amples pouvoirs discrétionnaires dont l'exercice relève d'une pratique sujette à évolution. • CEDH 25 mars 1983, *Silver et a.*, n° 5947/72 § 87. ♦ La qualité de la « loi » doit être compatible avec la prééminence du droit, mentionnée dans le préambule de la Conv. EDH. • CEDH 25 juin 1997, *Halford c/ Royaume-Uni*, n° 20605/92 § 49. ♦ Elle implique ainsi que le droit interne doit offrir une certaine protection contre des atteintes arbitraires de la puissance publique aux droits garantis. • CEDH 2 août 1984, *Malone c/ Royaume-Uni*, n° 8691/79 § 67. ♦ Lorsqu'il s'agit de mesures secrètes de surveillance ou de l'interception de communications par les autorités publiques, l'absence de contrôle public et le risque d'abus de pouvoir impliquent que le droit interne doit offrir à l'individu une certaine protection contre les ingérences arbitraires dans les droits garantis. C'est ainsi que la loi doit user de termes assez clairs pour indiquer à tous de manière suffisante en quelles circonstances et sous quelles conditions elle habilite la puissance publique à prendre pareilles mesures secrètes. • CEDH 25 juin 1997, *Halford c/ Royaume-Uni*, n° 20605/92 § 49 • CEDH 2 août 1984, *Malone c/ Royaume-Uni*, n° 8691/79 § 67. ♦ Des formulations plus larges peuvent se concevoir. Encore faut-il que celles-ci offrent une protection suffisante contre l'arbitraire et permettent de prévoir les conséquences de leur application. • CEDH 19 déc. 1994, *Vereinigung demokratischer Soldaten Österreichs et Gubi c/ Autriche*, n° 15153/89 § 31 : *préc. note 39.*

42. Dès lors ne répond pas aux critères de précision et de prévisibilité le droit, écrit ou non écrit, qui n'indique pas avec assez de clarté l'étendue et les modalités d'exercice du pouvoir d'appréciation des autorités dans le domaine considéré. • CEDH 24 avr. 1990, *Kruslin c/ France*, n° 11801/85 § 29 : *préc. note 19* • CEDH, gr. ch., 4 mai 2000, *Rotaru c/ Roumanie*, n° 28341/95 § 61 : *préc. note 27.* ♦ A l'inverse, les dispositions du code de procédure pénale, sur le secret des correspondances émises par la voie des télécommunications, posent des règles claires et détaillées et précisent, *a priori*, avec suffisamment de clarté l'étendue et les modalités d'exercice du pouvoir d'appréciation des autorités dans le domaine considéré. • CEDH 24 août 1998, *Lambert c/ France*, n° 23618/94 § 28 : *D. 1999. 271, obs. Renucci* ; *RSC 1998. 829, obs. Pettiti* ; *ibid. 1999. 384, obs. Koering-Joulin* ; *RTD civ. 1998. 994,* *obs. Marguénaud*. ♦ En dépit d'une application circonstanciée sur le terrain, le juge administratif, exerçant son contrôle sur les autorités disciplinaires, a fidèlement appliqué les principes dégagés par la jurisprudence pertinente des tribunaux internes. • CEDH 4 déc. 2008, *Dogru c/ France*, n° 27058/05 § 58 : *préc. note 23*.

b. *Extension hors du champ de la clause d'ordre public*

43. Conv. EDH, art. 5, § 1. En exigeant que toute privation de liberté soit effectuée « selon les voies légales », l'art. 5, § 1, impose, en premier lieu, que toute arrestation ou détention ait une base légale en droit interne. Toutefois, ces termes ne se bornent pas à renvoyer au droit interne ; tout comme le membre de phrase « prévue par la loi » du § 2 des art. 8 à 11, ils concernent aussi la qualité de la loi ; ils la veulent compatible avec la prééminence du droit, notion inhérente à l'ensemble des art. de la Conv. EDH. • CEDH 25 juin 1996, *Amuur c/ France*, n° 19776/92 § 50 : *AJDA 1996. 1005, chron. Flauss ; D. 1997. 203, obs. Perez ; RFDA 1997. 242, étude Labayle ; RSC 1997. 457, obs. Koering-Joulin ; JCP 1997. I. 4000, chron. Sudre*. ♦ Lorsqu'il s'agit d'une privation de liberté, il est particulièrement important de satisfaire au principe général de la sécurité juridique. • CEDH, gr. ch., 23 févr. 2012, *Creanga c/ Roumanie*, n° 29226/03 § 120. ♦ Pareille qualité implique qu'une loi nationale autorisant une privation de liberté – surtout lorsqu'il s'agit d'un demandeur d'asile – soit suffisamment accessible et précise afin d'éviter tout danger d'arbitraire. • CEDH 20 mars 2000, *Baranowski c/ Pologne*, n° 28358/95 § 50. ♦ De même, le critère de « légalité » fixé par la Conv. EDH exige que toute loi soit suffisamment précise pour permettre au citoyen – en s'entourant au besoin de conseils éclairés – de prévoir, à un degré raisonnable dans les circonstances de la cause, les conséquences de nature à dériver d'un acte déterminé. • CEDH 23 sept. 1998, *Steel et a. c/ Royaume-Uni*, n° 24838/94 § 54. ♦ V. d'autres décisions mentionnées ss. Conv. EDH, art. 5, § 1.

44. Conv. EDH, art. 7. L'art. 7 ne se borne donc pas à prohiber l'application rétroactive du droit pénal au désavantage de l'accusé : il consacre aussi, de manière plus générale, le principe de la légalité des délits et des peines (*nullum crimen, nulla poena sine lege*) et celui qui commande de ne pas appliquer la loi pénale de manière extensive au désavantage de l'accusé, notamment par analogie. Il en résulte qu'une infraction doit être clairement définie par la loi. Cette condition se trouve remplie lorsque le justiciable peut savoir, à partir du libellé de la disposition pertinente et, au besoin, à l'aide de son interprétation par les tribunaux, quels actes et omissions engagent sa responsabilité pénale. • CEDH 25 mai 1993, *Kokkinakis c/ Grèce*, n° 14307/88 § 52 : *préc. note 38*. ♦ La Cour a donc indiqué que la notion de « droit » (« *law* ») utilisée à l'art. 7 correspond à celle de « loi » qui figure dans d'autres articles de la Conv. EDH, notion qui englobe le droit écrit comme non écrit et implique des conditions qualitatives, entre autres celles d'accessibilité et de prévisibilité. • CEDH 22 nov. 1995, *S. W. c/ Royaume-Uni*, n° 20166/92 § 35 : *AJDA 1996. 445, note Costa ; RSC 1996. 473, obs. Koering-Joulin*.

45. Prot. n° 1 Conv. EDH, art. 1er. Quant à l'expression « dans les conditions prévues par la loi », elle présuppose en premier lieu l'existence et le respect de normes de droit interne suffisamment accessibles et précises. • CEDH 8 juill. 1986, *Lithgow et a. c/ Royaume-Uni*, n° 9006/80 § 110.

46. Prot. n° 7 Conv. EDH, art. 1er. Le mot « loi » désignant la loi nationale, le renvoi à celle-ci concerne, à l'instar de l'ensemble des dispositions de la Conv. EDH, non seulement l'existence d'une base en droit interne, mais aussi la qualité de la loi : il exige l'accessibilité et la prévisibilité de celle-ci, ainsi qu'une certaine protection contre les atteintes arbitraires de la puissance publique aux droits garantis par la Conv. EDH. • CEDH 8 juin 2006, *Lupsa c/ Roumanie*, n° 10337/04 § 55.

47. Existence d'un recours effectif. V. ss. art. 35 Conv. EDH.

48. Engagements internationaux. La Cour considère que la Résol. 1546 du Conseil de sécurité, en son § 10, autorisait le Royaume-Uni à prendre des mesures pour contribuer au maintien de la sécurité et de la stabilité en Irak, mais que ni cette Résol. ni aucune autre Résol. adoptée ultérieurement par le Conseil de sécurité n'imposait expressément ou implicitement au Royaume-Uni d'incarcérer, sans limitation de durée ni inculpation, un individu qui, selon les autorités, constituait un risque pour la sécurité en Irak. En l'absence d'obligation contraignante de recourir à l'internement, il n'y avait aucun conflit entre les obligations imposées au Royaume-Uni par la Charte et celles découlant de l'art. 5, § 1, de la Conv. EDH. Dans ces conditions, les dispositions de l'art. 5, § 1, n'ayant pas été écartées et aucun des motifs de détention énoncés aux al. a) à f) ne trouvant à s'appliquer, la Cour conclut que la détention du requérant a emporté violation. • CEDH, gr. ch., 7 juill. 2011, *Al-Jedda c/ Royaume-Uni*, n° 27021/08 § 100 s. : *AJDA 2012. 143, chron. Burgorgue-Larsen* ; RD publ. *2012. 801, chron. Sudre*.

2° INGÉRENCE VISANT UN BUT LÉGITIME

49. Caractère laconique de l'analyse. De l'avis de la Cour, la législation suédoise applicable voulait protéger « la santé » et « les droits et libertés » de l'enfant ; rien n'autorise à prétendre qu'elle ait servi en l'espèce à une autre fin. • CEDH 22 avr. 1992, *Rieme c/ Suède*, n° 12366/86 § 66. ♦ Gouvernement et Commission estiment que les mesures visaient à la fois le « bien-être économique du pays » et la « prévention des infractions pénales ». Nonobstant la thèse contraire du requérant, la Cour considère qu'elles poursuivaient en tout cas le premier de ces buts légitimes. • CEDH 25 févr. 1993, *Funke c/ France*, n° 10588/83 § 52. ♦ V. également. • CEDH 26 mars 1992, *Beldjoudi c/ France*, n° 12083/86 § 70 : *AJDA 1992. 416, chron. Flauss ; D. 1993. 388, obs. Renucci ; RFDA 1993. 963, chron. Berger, Giakoumopoulos, Labayle et Sudre ; RSC 1992. 635, obs. Pettiti*. ♦ La Cour ne discerne aucun élément lui permettant de penser que les mesures en question n'étaient pas conformes au droit interne ou que les effets de la législation pertinente n'étaient pas suffisamment prévisibles pour satisfaire à l'exigence de qualité. • CEDH 25 févr. 1997, *Z. c/ Finlande*, n° 22009/93 § 73 : *RSC 1998. 385, obs. Koering-Joulin ; JCP 1998. 107, chron. Sudre.*

50. Les requérants ont contribué, à un moment où une certaine tension régnait dans la caserne, à éditer et à y diffuser un écrit dont, dans ces circonstances, la Haute Cour militaire a pu avoir des raisons fondées d'estimer qu'il tentait de saper la discipline militaire et dès lors qu'il était nécessaire à la défense de l'ordre d'infliger une sanction à ses auteurs. • CEDH 8 juin 1976, *Engel et a. c/ Pays-Bas*, n° 5100/71 § 101 : *CDE 1978. 364, obs. Cohen-Jonathan ; AFDI 1977. 481, obs. Pelloux.*

51. Constitue un but légitime la protection de la morale à laquelle se rattachent des lois qui ont pour objectif de combattre les publications « obscènes », définies par leur tendance à « dépraver et corrompre ». • CEDH 7 déc. 1976, *Handyside c/ Royaume-Uni*, n° 5493/72 § 46 : *CDE 1978. 350, obs. Cohen-Jonathan ; AFDI 1977. 494, obs. Pelloux ; JDI 1978. 706, obs. Rolland.* ♦ On ne saurait nier non plus que les restrictions incriminées visaient en outre à protéger la sécurité nationale et poursuivaient donc des buts légitimes. • CEDH 26 nov. 1991, *Observer et Guardian c/ Royaume-Uni*, n° 13585/88 § 56 et 57 : *AJDA 1992. 15, chron. Flauss ; RFDA 1992. 510, chron. Berger, Giakoumopoulos, Labayle et Sudre ; RSC 1992. 370, obs. Pettiti*.

52. La « défense de l'ordre » mentionnée aux § 2 des art. 8, 10 et 11 n'est pas la même que celle d'ordre public que l'on retrouve aux art. 6, § 1, et 2, § 3 Prot. n° 4. • CEDH, gr. ch., 1er juill. 2014, *S.A.S. c/ France*, n° 43835/11 § 117 : *AJDA 2014. 1763, chron. Burgorgue-Larsen ; ibid. 1966, note Gervier*.

53. *Émission de doute.* Toutefois, et quelque doute qu'il puisse y avoir quant à l'efficacité du recours à l'interdiction de voter pour atteindre ces buts, la Cour ne trouve dans les circonstances de la cause aucune raison d'exclure ces buts au motif qu'ils seraient indéfendables ou incompatibles en soi avec le droit garanti par l'art. 3 Prot. n° 1. • CEDH, gr. ch., 6 oct. 2005, *Hirst c/ Royaume-Uni (n° 2)*, n° 74025/01 § 75 : *AJDA 2006. 466, chron. Flauss ; RSC 2006. 662, chron. Massias ; RD publ. 2006. 811, obs. Surrel.* ♦ Dans ces conditions, la Cour a des doutes sur le point de savoir si l'ingérence dans les biens des requérants servait une « cause d'utilité publique ». • CEDH 14 févr. 2006, *Lecarpentier et a. c/ France*, n° 67847/01 § 49 : *D. 2006. 717, obs. Rondey ; RDI 2006. 458, obs. Heugas-Darraspen ; RTD civ. 2006. 261, obs. Marguénaud ; RTD com. 2006. 462, obs. Legeais*.

54. *Prise en compte des circonstances de l'espèce.* Avec l'adoption des lois sur l'indépendance, qui prévoyaient la faculté pour tous les ressortissants des Républiques de l'ex-RSFY résidant en Slovénie d'opter pour l'acquisition de la nationalité slovène pendant une courte période seulement, les autorités slovènes ont cherché à créer un « corps de citoyens slovènes » et ainsi à protéger les intérêts de la sécurité nationale du pays, but légitime au regard de l'art. 8, § 2, Conv. EDH. • CEDH, gr. ch., 26 juin 2012, *Kuric et a.*, n° 26828/06 § 353 : *préc. note 19.*

3° INGÉRENCE NÉCESSAIRE DANS UNE SOCIÉTÉ DÉMOCRATIQUE

55. *Notion de « société démocratique ».* La notion de « société démocratique » s'entend non seulement au sens des différents articles de la Conv. EDH qui emplit cette expression mais également au sens du présent Préambule qui utilise l'expression « régime politique véritablement démocratique ». • CEDH 14 nov. 1960, *Lawless c/ Royaume-Uni*, n° 332/57 ♦ La notion de société démocratique est à la fois contenue dans les art. 8 à 11 de la Conv. EDH et dans l'esprit général de celle-ci, et destinée à sauvegarder et promouvoir les idéaux et valeurs d'une société démocratique. • CEDH 7 déc. 1976, *Kjeldsen, Busk Madsen et Perdersen c/ Danemack*, n° 5095/71 § 53. ♦ Ainsi que le déclare le préambule de la Convention, « le maintien [des libertés fondamentales] repose essentiellement sur un régime politique véritablement démocratique, d'une part, et, d'autre part, sur une conception commune et un commun respect des Droits de l'Homme dont [les États contractants] se réclament ». • CEDH 6 sept. 1978, *Klass et a. c/ Allemagne*, n° 5029/71 § 59.

56. Il n'est pas de « société démocratique » sans pluralisme, tolérance et esprit d'ouverture qui constituent ses « principe propres ».

• CEDH 7 déc. 1976, *Handyside c/ Royaume-Uni*, n° 5493/72 § 49 et 50 : *préc. note 51* • CEDH 13 août 1981, *Young, James et Webster c/ Royaume-Uni*, n° 7601/76 § 63. ♦ Bien qu'il faille parfois subordonner les intérêts d'individus à ceux d'un groupe, la démocratie ne se ramène pas à la suprématie constante de l'opinion d'une majorité ; elle commande un équilibre qui assure aux minorités un juste traitement et qui évite tout abus d'une position dominante. • CEDH 13 août 1981, *Young, James et Webster c/ Royaume-Uni*, n° 7601/76 § 63.

57. En outre, les art. 8, 9, 10 et 11 de la Convention requièrent d'apprécier les ingérences dans l'exercice des droits qu'ils consacrent à l'aune de ce qui est « nécessaire dans une société démocratique ». La seule forme de nécessité capable de justifier une ingérence dans l'un de ces droits est donc celle qui peut se réclamer de la « société démocratique ». La démocratie apparaît ainsi comme l'unique modèle politique envisagé par la Convention et, partant, le seul qui soit compatible avec elle. • CEDH 30 janv. 1998, *Parti communiste unifié de Turquie et a. c/ Turquie*, n° 19392/92 § 45 : *préc. note 13*.

58. Adjectif « nécessaire ». Si l'adjectif « nécessaire » n'est pas synonyme d' « indispensable » que suggèrent les expressions « absolument nécessaire » (art. 2, § 2), « strictement nécessaire » (art. 6, § 1) et « dans la stricte mesure où la situation l'exige » (art. 15, § 1), il n'a pas non plus la souplesse de termes tels qu' « admissible », « normal » (comp. l'art. 4, § 3), « utile » (comp. le premier al. de l'art. 1er du Prot. n° 1), « raisonnable » (comp. les art. 5, § 3, et 6, § 1) ou « opportun ». Il n'en appartient pas moins aux autorités nationales de juger, au premier chef, de la réalité du besoin social impérieux qu'implique en l'occurrence le concept de « nécessité ». • CEDH 7 déc. 1976, *Handyside c/ Royaume-Uni*, n° 5493/72 § 48 : *préc. note 51* • CEDH 26 avr. 1979, *Sunday Times c/ Royaume-Uni*, n° 6538/74 § 59.

59. L'adjectif « nécessaire », au sens du § 2, implique un « besoin social impérieux ». • CEDH 25 mars 1985, *Barthold c/ Allemagne*, n° 8734/79 § 55 • CEDH 8 juill. 1986, *Lingens c/ Autriche*, n° 9815/82 § 39 • CEDH 24 nov. 1986, *Gillow c/ Royaume-Uni*, n° 9063/80 § 55 • CEDH 26 mars 1992, *Beldjoudi c/ France*, n° 12083/86 § 74 : *préc. note 49* • CEDH 25 août 1998, *Hertel c/ Suisse, n° 68416/01 § 46* • *CEDH 2 oct. 2001*, *Stankov et Organisation macédonienne Unie Ilinden c/ Bulgarie*, n° 29221/95 § 87 • CEDH 12 nov. 2008, *Demir et Baykara c/ Turquie*, n° 34503/97 § 119 : *AJDA 2009. 872, chron. Flauss ; D. 2009. 739, chron. Marguénaud et Mouly ; RDT 2009. 288, étude Hervieu* • CEDH 7 avr. 2009, *Cherif et a. c/ France*, n° 1860/07 § 58 • CEDH 15 déc. 2011, *Mor c/ France*, n° 28198/09 § 41 : *AJDA 2012. 143, chron. Burgorgue-Larsen ; D. 2012. 667, obs. Lavric , note François ; ibid. 2013. 136, obs. Wickers ; AJ pénal 2012. 337, note Porteron ; RSC 2012. 260, obs. Marguénaud* • CEDH, gr. ch., 26 juin 2012, *Kuric et a. c/ Slovénie*, n° 26828/06 § 354 : *préc. note 19* • CEDH, gr. ch., 13 juill. 2012, *Mouvement raëlien suisse c/ Suisse*, n° 16354/06 § 48 : *RFDA 2013. 576, chron. Labaye et Sudre ; AJDA 2013. 165, chron. Burgorgue-Larsen ; D. 2013. 457, obs. Dreyer ; JCP Adm. 2012. 530* • CEDH 16 oct. 2012, *Smolorz c/ Pologne*, n° 17446/07 § 32 : *AJDA 2013. 165, chron. Burgorgue-Larsen ; JCP Adm. 2012. 530.*

60. Nécessité et défense de la démocratie. L'Allemagne souhaitait éviter la répétition de ces expériences en fondant son nouvel État sur l'idée de « démocratie apte à se défendre ». Il ne faut pas oublier ce qu'était la situation de l'Allemagne dans le contexte politique à l'époque des faits. Il va de soi que ces circonstances ont ajouté du poids à cette notion essentielle et à l'obligation correspondante de loyauté politique imposée aux fonctionnaires. • CEDH, gr. ch., 26 sept. 1995, *Vogt c/ Allemagne*, n° 17851/91 § 59 : *préc. note 26*. ♦ Le régime théocratique islamique a déjà été imposé dans l'histoire du droit ottoman. La Turquie, lors de la liquidation de l'ancien régime théocratique et lors de la fondation du régime républicain, a opté pour une vision de la laïcité confinant l'islam et les autres religions à la sphère de la pratique religieuse privée. Rappelant l'importance du respect du principe de la laïcité en Turquie pour la survie du régime démocratique, la Cour considère que la Cour constitutionnelle avait raison lorsqu'elle estimait que le programme du Refah visant à établir la charia était incompatible avec la démocratie. • CEDH, gr. ch., 13 févr. 2003, *Refah Partisi et a. c/ Turquie*, n° 41340/98 § 125 : *JCP 2003. I. 160, chron. Sudre*. ♦ Une société démocratique peut prendre des mesures pour se protéger contre des activités visant à détruire les droits et libertés énoncés dans la Conv. EDH. • CEDH, gr. ch., 16 mars 2006, *Zdanoka c/ Lettonie*, n° 58278/00 § 110 : *préc. note 19*.

a. Marge nationale d'appréciation et contrôle de la Cour

1. Principe

61. Généralités. Grâce à leurs contacts directs et constants avec les forces vives de leur pays, les autorités de l'État se trouvent en principe mieux placées que le juge international pour se prononcer sur le contenu précis de ces exigences comme sur la « nécessité » d'une « restriction » ou « sanction » destinée à y répondre. • CEDH 7 déc. 1976, *Handyside* *c/ Royaume-Uni,* n° 5493/72 § 48 : *préc. note 51* • CEDH 25 mars 1985, *Barthold c/ Allemagne,* n° 8734/79 § 55. ♦ Pour se prononcer sur la « nécessité » d'une ingérence dans une société démocratique ou sur l'existence d'un manquement à une obligation positive, la Cour tient compte de la marge d'appréciation laissée aux États contractants. • CEDH 8 juill. 1987, *B. c/ Royaume-Uni,* n° 9840/82 § 61.

62. Sans doute la Cour a-t-elle compétence pour vérifier, sous l'angle de la Conv. EDH, la manière dont le droit interne a été appliqué en l'espèce, mais il ne lui faut pas négliger à cet égard (...) la marge d'appréciation laissée aux États contractants. • CEDH 8 juin 1976, *Engel et a. c/ Pays-Bas,* n° 5100/71 § 101 : *préc. note 50.* ♦ La Cour n'a point pour tâche, lorsqu'elle exerce son contrôle, de se substituer aux juridictions internes compétentes, mais doit vérifier sous l'angle de l'art. 10 Conv. EDH les décisions qu'elles ont rendues en vertu de leur pouvoir d'appréciation. • CEDH, gr. ch., 13 juill. 2012, *Mouvement raëlien suisse c/ Suisse,* n° 16354/06 § 48 : *préc. note 59.*

63. Les États contractants jouissent d'une certaine marge d'appréciation pour juger de la nécessité d'une ingérence. • CEDH 25 févr. 1993, *Funke c/ France,* n° 10588/83 § 55 : *préc. note 50.* ♦ Les États contractants jouissent d'une certaine marge d'appréciation pour juger de l'existence du « besoin social impérieux ». • CEDH 16 oct. 2012, *Smolorz c/ Pologne,* n° 17446/07 § 32 : *préc. note 59.*

64. Prise en compte des particularismes entre États. Le fait qu'un pays occupe, à l'issue d'une évolution graduelle, une situation isolée quant à un aspect de sa législation n'implique pas forcément que pareil aspect se heurte à la Convention, surtout dans un domaine – le mariage – aussi étroitement lié aux traditions culturelles et historiques de chaque société et aux conceptions profondes de celle-ci sur la cellule familiale. • CEDH 18 déc. 1987, *F. c/ Suisse,* n° 11329/85 § 33 : *JDI 1988. 892, obs. Tavernier.* ♦ La réglementation de la profession d'avocat, notamment dans le domaine de la publicité, varie d'un pays à l'autre en fonction des traditions culturelles. • CEDH 24 févr. 1994, *Casado Coca c/ Espagne,* n° 15450/89 § 54 : *AJDA 1994. 511, chron. Flauss.* ♦ Les critères varient en fonction des facteurs historiques et politiques propres à chaque État ; la multitude de situations prévues dans les constitutions et les législations électorales de nombreux États membres du Conseil de l'Europe démontre la diversité des choix possibles en la matière. • CEDH 1er juill. 1997, *Gitonas et a. c/ Grèce,* n° 18747/91 § 39 : *AJDA 1997. 977, chron. Flauss ; RFDA 1998. 1007, note Lévinet.* ♦ L'attribution, la reconnaissance et l'usage des noms et des prénoms constituent un secteur où les particularités nationales sont les plus fortes et où il n'y a pratiquement pas de points de convergence entre les systèmes internes des États contractants. • CEDH, décis., 7 déc. 2004, *Mentzen alias Mencena c/ Lettonie,* n° 71074/01 : *RTD civ. 2005. 738, obs. Marguénaud.*

65. Prise en compte des particularismes locaux. Les châtiments corporels correspondent à une tradition dans les écoles écossaises et une forte majorité de parents y semble d'ailleurs favorable. Eu égard notamment à la situation existant ainsi en Écosse, il n'apparaît pas établi que les élèves d'une école où l'on recourt à de telles punitions soient, en raison du simple risque d'en subir une, humiliés ou avilis aux yeux d'autrui au degré voulu ou à un degré quelconque. • CEDH 25 févr. 1982, *Campbell et Cosans c/ Royaume-Uni,* n° 7511/76 § 29.

2. Étendue de la marge d'appréciation

66. Principe. Le pouvoir national d'appréciation n'a pas une ampleur identique pour chacun des buts énumérés. • CEDH 26 avr. 1979, *Sunday Times c/ Royaume-Uni,* n° 6538/74 § 59. ♦ L'étendue de la marge d'appréciation dépend non seulement du but de la restriction, mais aussi de la nature des activités en jeu. • CEDH 22 oct. 1981, *Dudgeon c/ Royaume-Uni,* n° 7525/76 § 52. ♦ La marge d'appréciation laissée ainsi aux autorités nationales compétentes variera selon la nature des questions en litige et la gravité des intérêts en jeu. Dès lors, la Cour reconnaît que les autorités jouissent d'une grande latitude pour apprécier la nécessité de prendre en charge un enfant, mais il faut exercer un contrôle plus rigoureux à la fois sur les restrictions supplémentaires, comme celles apportées par les autorités aux droits et aux visites des parents, et sur les garanties destinées à assurer la protection effective du droit des parents et des enfants au respect de leur vie familiale. Ces restrictions supplémentaires comportent le risque d'amputer les relations familiales entre les parents et un jeune enfant. • CEDH 7 août 1996, *Johansen c/ Norvège,* n° 17383/90 § 64 : *D. 1997. 210, obs. Fricero ; RTD civ. 1997. 541, obs. Marguénaud ; JCP 1997. I. 4000, chron. Sudre* • CEDH 19 sept. 2000, *Gnahore c/ France,* n° 40031/98 § 54 : *D. 2001. 725, note Rolin ; ibid. 1063, obs. Fricero.* ♦ Les États contractants jouissent d'une certaine marge d'appréciation pour déterminer si et dans quelle mesure des différences entre des situations à d'autres égards analogues justifient des distinctions de traitement. • CEDH 29 avr. 2004, *Burden c/ Royaume-Uni,* n° 13378/05 § 60. ♦ L'étendue de cette marge d'appréciation varie selon les circonstances, les domaines et le contexte. • CEDH 16 mars 2010, *Carson et a. c/ Royaume-Uni,* n° 42184/05 § 61 : *AJDA 2010. 2362, chron.*

Flauss ; *RDSS 2010. 474, note Roman* • CEDH 15 janv. 2013, *Eweida et a. c/ Royaume-Uni,* n° 48420/10 § 88 : *AJDA 2013. 81* ; *D. 2013. 1026, obs. Lokiec et Porta*.

67. Marge large. Les droits garantis par l'art. 3 Prot. n° 1 ne sont pas absolus. Il y a place pour des « limitations implicites » et les États contractants doivent se voir accorder une large marge d'appréciation en la matière. • CEDH, gr. ch., 18 févr. 1999, *Matthews c/ Royaume-Uni,* n° 24833/94 § 63 : *préc. note 3* • CEDH, gr. ch., 8 juill. 2008, *Yumak et Sadak c/ Turquie,* n° 10226/03 § 201 : *RFDC 2009. 423, note Lévinet.* ♦ La marge d'appréciation dont jouissent les États pour déterminer si et dans quelle mesure des différences entre des situations à d'autres égards analogues justifient des distinctions de traitement est d'ordinaire ample lorsqu'il s'agit de prendre des mesures d'ordre général en matière économique ou sociale. • CEDH 15 mars 2012, *Gas et Dubois c/ France,* n° 25951/07 § 60 : *AJDA 2012. 1726, chron. Burgorgue-Larsen* ; *D. 2012. 1241, obs. Gallmeister*, *note Dionisi-Peyrusse* ; *ibid. 2013. 663, obs. Galloux et Gaumont-Prat* ; *ibid. 798, obs. Douchy-Oudot* ; *AJ fam. 2012. 220, obs. Siffrein-Blanc* ; *ibid. 163, point de vue Chénedé* ; *RTD civ. 2012. 275, obs. Marguénaud* ; *ibid. 306, obs. Hauser*. ♦ Une ample latitude est d'ordinaire laissée à l'État pour prendre des mesures d'ordre général en matière économique ou sociale. Grâce à une connaissance directe de leur société et de ses besoins, les autorités nationales se trouvent en principe mieux placées que le juge international pour déterminer ce qui est d'utilité publique en matière économique ou en matière sociale, et la Cour respecte en principe la manière dont l'État conçoit les impératifs de l'utilité publique, sauf si son jugement se révèle « manifestement dépourvu de base raisonnable ». • CEDH, gr. ch., 6 juill. 2005, *Stec et a. c/ Royaume-Uni,* n° 65731/01 § 52 : *RD publ. 2006. 813, obs. Surrel* ; *JCP 2006. I. 109, chron. Sudre* • CEDH 16 mars 2010, *Carson et a. c/ Royaume-Uni,* n° 42184/05 § 61 : *préc. note 66.* ♦ Lorsqu'au sein des États membres du Conseil de l'Europe il n'y a de consensus ni sur l'importance relative de l'intérêt en jeu ni sur les meilleurs moyens de le protéger, la marge d'appréciation est plus large, surtout lorsque sont en jeu des questions morales ou éthiques délicates. • CEDH, gr. ch., 3 avr. 2012, *Van der Heijden c/ Pays-Bas,* n° 42857/05 § 60 : *AJDA 2012. 1726, chron. Burgorgue-Larsen* ; *AJ fam. 2012. 343* ; *RTD civ. 2012. 512, obs. Hauser* • CEDH, gr. ch., 27 août 2015, *Parrillo c/ Italie,* n° 46470/11 § 176. ♦ La marge d'appréciation des États est particulièrement large lorsque deux droits fondamentaux sont en conflit (en l'espèce : le droit à la liberté d'expression des requérants et protection des droits d'auteur). • CEDH 10 janv. 2013, *Ashby Donald et a. c/ France,* n° 36769/08 § 41 : *AJDA 2013. 1800, chron. Burgorgue-Larsen*. ♦ La Cour se doit de faire preuve de réserve dans l'exercice de son contrôle de conventionalité dès lors qu'il la conduit à évaluer un arbitrage effectué selon des modalités démocratiques au sein de la société en cause. Elle a du reste déjà rappelé que, lorsque des questions de politique générale sont en jeu, sur lesquelles de profondes divergences peuvent raisonnablement exister dans un État démocratique, il y a lieu d'accorder une importance particulière au rôle du décideur national. En d'autres termes, la France disposait en l'espèce d'une ample marge d'appréciation en interdisant à chacun de revêtir dans l'espace public une tenue destinée à dissimuler son visage. • CEDH, gr. ch., 1er juill. 2014, *S.A.S. c/ France,* n° 43835/11 § 153 à 155 : *préc. note 55.*

68. Marge réduite. Lorsqu'un aspect particulièrement important de l'existence ou de l'identité d'un individu se trouve en jeu, la marge laissée à l'État est restreinte. • CEDH 29 avr. 2002, *Pretty c/ Royaume-Uni,* n° 2346/02 § 71 : *préc. note 12* • CEDH, gr. ch., 11 juill. 2002, *Christine Goodwin c/ Royaume-Uni,* n° 28957/95 § 90 : *AJDA 2002. 1277, chron. Flauss* ; *D. 2003. 525, obs. Bîrsan* ; *ibid. 1935, chron. Lemouland* ; *ibid. 2023, note Chavent-Leclère* ; *RDSS 2003. 137, obs. Monéger* ; *RTD civ. 2002. 782, obs. Hauser* ; *ibid. 862, obs. Marguénaud* ; *AJ fam. 2002. 413, obs. Granet* ; *JCP 2003. I. 109, chron. Sudre* • CEDH, gr. ch., 10 avr. 2007, *Evans c/ Royaume-Uni,* n° 6339/05 § 77 : *D. 2007. 1202, obs. Delaporte-Carré* ; *ibid. 2008. 1435, obs. Galloux et Gaumont-Prat* ; *RDSS 2007. 810, note Roman* ; *RTD civ. 2007. 295, obs. Marguénaud* ; *ibid. 545, obs. Hauser* • CEDH, gr. ch., 19 févr. 2013, *X. c/ Autriche,* n° 19010/07 § 148 : *AJDA 2013. 1797, chron. Burgorgue-Larsen*. ♦ De même, dans le cas d'une allégation de discrimination fondée sur le sexe ou l'orientation sexuelle à examiner sous l'angle de l'art. 14, la marge d'appréciation des États est étroite. • CEDH, gr. ch., 19 févr. 2013, *X. c/ Autriche,* n° 19010/07 § 148 : *préc.* ♦ Plus généralement, lorsqu'une restriction des droits fondamentaux s'applique à des groupes particulièrement vulnérables de la société, qui ont souffert d'une discrimination considérable par le passé, la marge d'appréciation accordée à l'État s'en trouve singulièrement réduite et celui-ci doit avoir des raisons très fortes pour imposer la restriction en question. • CEDH 10 mars 2011, *Kiyutin c/ Russie,* n° 2700/10 § 63 • CEDH 3 oct. 2013, *I. B. c/ Grèce,* n° 552/10 § 79.

69. La présente affaire a trait à un aspect des plus intimes de la vie privée. Il doit donc exister des raisons particulièrement graves pour rendre légitimes des ingérences des pouvoirs publics. • CEDH 22 oct. 1981, *Dudgeon c/ Royaume-Uni,* n° 7525/76 § 52. ♦ L'examen de cet aspect de l'affaire doit se fonder sur une donnée primordiale : les décisions risquent fort de se révéler irréversibles. Ainsi, un enfant retiré à ses parents et confié à d'autres personnes peut nouer avec elles, au fil du temps, de nouveaux liens qu'il pourrait ne pas être dans son intérêt de perturber ou de rompre en revenant sur une décision antérieure de restreindre ou supprimer les visites de ses parents. Partant, il s'agit d'une matière qui appelle encore plus que de coutume une protection contre les ingérences arbitraires. • CEDH 8 juill. 1987, *B. c/ Royaume-Uni,* n° 9840/82 § 63. ♦ Rappr. • CEDH 25 févr. 1997, *Z. c/ Finlande,* n° 22009/93 § 95 s. : *préc. note 49.*

70. Existence d'un consensus. Lorsqu'il y a consensus au sein des États membres du Conseil de l'Europe, la marge d'appréciation est plus étroite. La Cour ne peut pas ne pas être frappée par un phénomène : le droit interne de la grande majorité des États membres du Conseil de l'Europe a évolué et continue d'évoluer, corrélativement avec les instruments internationaux pertinents, vers la consécration juridique intégrale de l'adage « *mater semper certa est* ». • CEDH 13 juin 1979, *Marcks c/ Belgique,* n° 6833/74 § 41 : *préc. note 20.* ♦ L'obligation d'adhérer à un syndicat se rencontre rarement dans la communauté des États contractants. • CEDH 30 juin 1993, *Islande* n° 16130/90 §41 : *AJDA 1994. 16, chron. Flauss ; D. 1994. 181, note Marguénaud ; RTD com. 1994. 317, obs. Alfandari et Jeantin.* ♦ La protection des sources journalistiques est l'une des pierres angulaires de la liberté de la presse, comme cela ressort des lois et des codes déontologiques en vigueur dans nombre d'États contractants. • CEDH, gr. ch., 27 mars 1996, *Goodwin c/ Royaume-Uni,* n° 17488/90 § 39 : *AJDA 1996. 1005, chron. Flauss ; D. 1997. 211, obs. Fricero ; RTD civ. 1996. 1026, obs. Marguénaud ; AFDI 1996. 749, obs. Coussirat-Coustère ; JDI 1997. 212, obs. Decaux et Tavernier ; JCP 1996. I. 4000, chron. Sudre.* ♦ Les requérants soulignent qu'il existe un consensus de plus en plus large au niveau européen pour appliquer le même âge de consentement aux relations hétérosexuelles ou homosexuelles masculines et féminines, ce dont le Gouvernement ne disconvient pas. De même, la Commission a observé que « l'égalité de traitement quant à l'âge du consentement est à présent admise par la grande majorité des États membres du Conseil de l'Europe ». • CEDH 9 janv. 2003, *Autriche,* n° 39392/98 § 50 : *D. 2003. 2278, note Burgorgue-Larsen ; JCP 2003. I. 160, chron. Sudre.* ♦ Selon la pratique des États contractants, il est parfaitement concevable que l'unité de la famille soit préservée et consolidée lorsqu'un couple marié choisit de ne pas porter un nom de famille commun. L'observation des systèmes applicables en Europe ne permet pas de parvenir à un constat différent. • CEDH 16 nov. 2004, *Turquie,* n° 29865/96 § 66 : *AJDA 2005. 541, chron. Flauss ; RTD civ. 2005. 343, obs. Marguénaud ; JCP 2005. I. 103, chron. Sudre.* ♦ La Cour procédera à son examen en tenant dûment compte des instruments pertinents du Conseil de l'Europe et du droit et de la pratique en vigueur dans les autres États contractants. D'après les principes clés en la matière, la conservation des données doit être proportionnée au but pour lequel elles ont été recueillies et être limitée dans le temps. Il apparaît que les États contractants appliquent systématiquement ces principes dans le secteur de la police, conformément à la Convention sur la protection des données et aux recommandations ultérieures du Comité des ministres. • CEDH, gr. ch., 4 déc. 2008, *S. et Marper c/ Royaume-Uni,* n° 30562/04 § 107 : *RFDA 2009. 741, note Peyrou-Pistoulet ; AJ pénal 2009. 81 obs. Roussel ; RSC 2009. 182, obs. Marguénaud ; RD publ. 2009. 910, obs. Gonzalez ; JCP 2009. I. 104, chron. Sudre.* ♦ A deux exceptions près, lorsqu'un État membre du Conseil de l'Europe décide d'édicter une loi instituant un nouveau système de partenariat enregistré qui constitue une alternative au mariage pour les couples non mariés, les couples de même sexe y sont inclus. Le Gouvernement n'a pas fait état de raisons solides et convaincantes pouvant justifier l'exclusion des couples de même sexe du champ d'application du « pacte de vie commune ». • CEDH 7 nov. 2013, *Vallianatos et a. c/ Grèce,* n° 29381/09 § 92 : *AJDA 2014. 147, chron. Burgorgue-Larsen ; D. 2013. 2888, note Laffaille ; ibid. 2014. 238, obs. Renucci ; ibid. 1342, obs. Lemouland et Vigneau ; AJ fam. 2014. 49, obs. Beaudoin ; RTD civ. 2014. 89, obs. Hauser ; ibid. 301, obs. Marguénaud.* ♦ La divulgation d'informations couvertes par le secret de l'instruction est sanctionnée dans chacun des 30 États membres du Conseil de l'Europe dont la législation a été étudiée dans le cadre de la présente affaire. • CEDH, gr. ch., 29 mars 2016, *Bédat c/ Suisse,* n° 56925/08 § 80. ♦ Si le consensus européen et international dans lequel s'inscrit la lutte antidopage laisse subsister des formes d'organisation différentes y compris au sein du Conseil de l'Europe, la Cour constate néanmoins que les instruments internationaux pertinents dénotent une évolution continue des normes et des principes appliqués sur la nécessité d'opérer des contrôles inopinés rendus possibles en partie grâce au dispositif de localisation. Elle considère ainsi que les dénominateurs communs des normes de droit international dont relève la question juridique en cause est un élément dont elle doit tenir compte pour décider de la nécessité de l'ingérence litigieuse dans une société démocratique. • CEDH 18 janv. 2018, *Féd. nat. assoc. et synd. sportifs c/ France,* n° 48151/11 § 182 et 184 : *AJDA 2018. 135.*

71. Absence de consensus. Compte tenu des différences importantes que présentent les systèmes juridiques internes dans le domaine considéré, il convient d'accorder aux États contractants une grande latitude dans le choix des moyens à employer. • CEDH, gr. ch., 25 avr. 1996, *Gustafsson c/ Suède,* n° 15573/89 § 45 : *AJDA 1996. 1005, chron. Flauss ; D. 1997. 363, note Mouly et Marguénaud ; JCP 1997. I. 4000, chron. Sudre* • CEDH, gr. ch., 22 avr. 2013, *Animal defenders international c/ Royaume-Uni,* n° 48876/08 § 123 : *AJDA 2013. 1800, chron. Burgorgue-Larsen.* ♦ Il n'y a pas encore, dans les ordres juridiques et sociaux des États membres du Conseil de l'Europe, une concordance de vues suffisante pour conclure qu'un système permettant à un État d'imposer des restrictions à la propagation d'articles réputés blasphématoires n'est pas en soi nécessaire dans une société démocratique, et s'avère par conséquent incompatible avec la Conv. EDH. • CEDH 25 nov. 1996, *Wingrove c/ Royaume-Uni,* n° 17419/90 § 57 : *AJDA 1998. 37, chron. Flauss ; RTDH 1997. 713, note Larralde.* ♦ Lorsqu'il n'y a pas de consensus au sein des États membres du Conseil de l'Europe, que ce soit sur l'importance relative de l'intérêt en jeu ou sur les meilleurs moyens de le protéger, en particulier lorsque l'affaire soulève des questions morales ou éthiques délicates, la marge d'appréciation est plus large. • CEDH 22 avr. 1997, *X, Y et Z c/ Royaume-Uni,* n° 21830/93 § 44 : *D. 1997. 583, note Grataloup ; ibid. 362, obs. Fricero ; RTD civ. 1997. 1011, obs. Marguénaud ; ibid. 1998. 92, obs. Hauser ; JCP 1998. I. 107, chron. Sudre* • CEDH 26 févr. 2002, *Fretté c/ France,* n° 36515/97 § 41 : *AJDA 2002. 401, étude Poirot-Mazères ; D. 2002. 2024, obs. Granet ; ibid. 2569, obs. Courtin ; AJ fam. 2002. 142 ; RDSS 2002. 347, obs. Monéger ; RTD civ. 2002. 280, obs. Hauser ; ibid. 389, obs. Marguénaud ; JCP 2002. 10074, note Gouttenoire et Sudre.* ♦ Conformément au principe de subsidiarité, il appartient avant tout aux États contractants de décider des mesures nécessaires pour assurer la reconnaissance des droits garantis par la Conv. EDH à toute personne relevant de leur juridiction et, pour résoudre dans leurs ordres juridiques internes les problèmes concrets posés par la reconnaissance juridique de la condition sexuelle des transsexuels opérés, les États contractants doivent jouir d'une ample marge d'appréciation. • CEDH, gr. ch., 11 juill. 2002, *Christine Goodwin c/ Royaume-Uni,* n° 28957/95 § 85 : *préc. note 68.* ♦ La marge d'appréciation est de façon générale également ample lorsque l'État doit ménager un équilibre entre des intérêts privés et publics concurrents ou différents droits protégés par la Conv. EDH. • CEDH, gr. ch., 13 févr. 2003, *Odièvre c/ France,* n° 42326/98 § 46 : *JCP 2003. 10049, note Gouttenoire-Cornut et Sudre* • CEDH 26 févr. 2002, *Fretté c/ France,* n° 36515/97 § 42 : *préc.* ♦ En l'absence de consensus européen sur la définition scientifique et juridique des débuts de la vie, le point de départ du droit à la vie relevait de la marge d'appréciation. • CEDH 8 juill. 2004, *Vo c/ France,* n° 53924/00 § 82 : *AJDA 2004. 1809, chron. Flauss ; D. 2004. 2456, note Pradel ; ibid. 2535, obs. Berro-Lefèvre ; ibid. 2754, obs. Roujou de Boubée ; ibid. 2801, chron. Serverin ; RSC 2005. 135, obs. Massias ; RTD civ. 2004. 714, obs. Hauser ; ibid. 799, obs. Marguénaud* • CEDH 9 avr. 2013, *Mehmet Sentrurk et Bekir Senturk c/ Turquie,* n° 13423/09 § 109 : *D. 2013. 1136, obs. Pérez López.* ♦ Le Royaume-Uni n'est certes pas le seul État à permettre la conservation d'embryons et à autoriser les deux donneurs de gamètes à revenir librement et effectivement sur leur consentement tant qu'il n'y a pas eu implantation des embryons, mais d'autres règles et pratiques se rencontrent ailleurs en Europe. • CEDH, gr. ch., 10 avr. 2007, *Evans c/ Royaume-Uni,* n° 6339/05 § 77 : *préc. note 68.* ♦ Quant à l'existence ou non d'un consensus au niveau européen, la Cour relève que la chambre a établi que plus de la moitié des États contractants autorise les visites conjugales pour les détenus (sous réserve de diverses limitations), ce qui pourrait être considéré comme un moyen épargnant aux autorités la nécessité de prévoir la possibilité d'un recours à l'insémination artificielle. Toutefois, si la Cour a exprimé son approbation devant l'évolution observée dans plusieurs pays d'Europe, qui tendent à introduire des visites conjugales, elle n'est pas encore allée jusqu'à interpréter la Conv. EDH comme exigeant des États contractants qu'ils ménagent de telles visites. En conséquence, il s'agit là d'un domaine dans lequel les États contractants peuvent jouir d'une ample marge d'appréciation lorsqu'ils ont à déterminer les dispositions à prendre afin d'assurer le respect de la Conv. EDH, compte dûment tenu des besoins et ressources de la société et des personnes. • CEDH, gr. ch., 4 déc. 2007, *Dickson c/ Royaume-Uni,* n° 44362/04 § 81 : *AJDA 2008. 978, chron. Flauss ; D. 2008. 1435, obs. Galloux et Gaumont-Prat ; AJ pénal 2008. 47, obs. Herzog-Evans ; RSC 2008. 140, obs. Marguénaud et Roets ; RTD civ. 2008. 272, obs. Hauser ; ibid. 160, obs. Marguénaud ; JCP 2008. I. 110, chron. Sudre.* ♦ Néanmoins, en l'état actuel des choses, l'autorisation ou l'interdiction du mariage homosexuel est régie par les lois nationales des États contractants. A cet égard, la Cour observe que le mariage possède des connotations sociales et culturelles profondément enracinées susceptibles de différer notablement d'une société à une autre. Elle rappelle qu'elle ne doit pas se hâter de substituer sa propre appréciation à celle des autorités nationales, qui sont les mieux placées pour apprécier les besoins de la société et y répondre. • CEDH 24 juin 2010, *Schalk et Kopf c/ Autriche,* n° 30141/04 § 61 et 62 : *D. 2011. 1040, obs. Lemouland et Vigneau ; AJ fam. 2010. 333 ; Constitutions 2010. 557, obs. Burgorgue-Larsen ; RTD civ. 2010. 738, obs. Marguénaud ; ibid. 765, obs. Hauser ; JCP 2010. Actu. 768, obs. Picheral.* ♦ Lorsqu'il n'y a pas de consensus au sein des États membres du Conseil de l'Europe, que ce soit sur l'importance relative de l'intérêt en jeu ou sur les meilleurs moyens de le protéger, en particulier lorsque l'affaire soulève des questions morales ou éthiques délicates, la marge d'appréciation au titre de l'art. 8 est plus large. • CEDH, gr. ch., 16 déc. 2010, *A., B. et C. c/ Irlande,* n° 25579/05 § 232 : *D. 2011. 1360, chron. Hennette-Vauchez ; ibid. 2012. 308, obs. Galloux et Gaumont-Prat ; RDSS 2011. 293, note Roman ; Constitutions 2011. 213, obs. Dubout ; RTD civ. 2011. 303, obs. Marguénaud* • CEDH, gr. ch., 19 févr. 2013, *X. c/ Autriche,* n° 19010/07 § 148 : *préc. note 68.* ♦ Il apparaît ainsi qu'il n'y a en Europe aucun consensus sur la question du port du voile intégral dans l'espace public, que ce soit pour ou contre son interdiction générale. Dès lors, la France disposait en l'espèce d'une ample marge d'appréciation. • CEDH, gr. ch., 1er juill. 2014, *S.A.S. c/ France,* n° 43835/11 § 155 et 156 : *préc. note 64.*

72. Possibilité d'évolution. Il faut pour le moment laisser à l'État défendeur le soin de déterminer jusqu'à quel point il peut répondre aux autres exigences des transsexuels. La Cour n'en a pas moins conscience de la gravité des problèmes que rencontrent ces derniers, comme du désarroi qui est le leur. Partant, la nécessité de mesures juridiques appropriées doit donner lieu à un examen constant eu égard, notamment, à l'évolution de la science et de la société. • CEDH 17 oct. 1996, *Rees c/ Royaume-Uni,* n° 9532/81 § 47. ♦ Il ne régnait pas encore entre les États membres du Conseil de l'Europe un consensus assez large sur la manière de traiter une série de questions juridiques complexes posées par les changements de sexe. • CEDH, gr. ch., 30 juill. 1998, *Sheffield et Horsham c/ Royaume-Uni,* n° 22985/93 § 55 : *D. 1998. 370, obs. Renucci ; RTD civ. 1998. 1001, obs. Marguénaud ; ibid. 1999. 59, obs. Hauser .* ♦ V. déjà, tenant compte d'un élément « à la lumière des conditions d'aujourd'hui ». • CEDH 13 juin 1979, *Marcks c/ Belgique,* n° 6833/74 § 41 : *préc. note 20.* ♦ V. également notes 88 s. ♦ Pourtant, il faut que l'évolution soit notable pour conduire la jurisprudence à évoluer. • CEDH 9 juin 2016, *Chapin et Charpentier c/ France,* n° 40183/07 § 38 : *JCP Adm. 2016. 530.*

73. Absence de prise en compte de l'absence de consensus. L'absence de pareille démarche commune entre les États contractants n'est guère surprenante, eu égard à la diversité des systèmes et traditions juridiques. Aussi la Cour attache-t-elle moins d'importance à l'absence d'éléments indiquant un consensus européen relativement à la manière de résoudre les problèmes juridiques et pratiques qu'à l'existence d'éléments clairs et incontestés montrant une tendance internationale continue non seulement vers une acceptation sociale accrue des transsexuels mais aussi vers la reconnaissance juridique de la nouvelle identité sexuelle des transsexuels opérés. • CEDH, gr. ch., 11 juill. 2002, *Christine Goodwin c/ Royaume-Uni,* n° 28957/95 § 85 : *préc. note 68.* ♦ Bien qu'il y ait un certain désaccord au sujet de la situation légale dans quelques États, le Royaume-Uni n'est incontestablement pas le seul à priver tous les détenus condamnés du droit de vote. On peut également dire que la loi britannique a une portée moins grande que celle d'autres États. Quoi qu'il en soit, le fait qu'on ne puisse discerner aucune approche européenne commune en la matière ne saurait être déterminant pour la question à trancher. • CEDH, gr. ch., 6 oct. 2005, *Hirst c/ Royaume-Uni (n° 2),* n° 74025/01 § 81 : *préc. note 53.*

74. Absence de prise en compte de l'existence de consensus. Les États contractants ne connaissent pas, pour la plupart d'entre eux, de législations comparables à celle de la France, au moins sur l'impossibilité à jamais d'établir un lien de filiation à l'égard de sa mère biologique, dans le cas où celle-ci persiste à maintenir le secret de son identité vis-à-vis de l'enfant qu'elle a mis au monde. La Cour note cependant que certains pays ne prévoient pas l'obligation de déclarer le nom des parents biologiques lors de la naissance et que des pratiques d'abandon sont avérées dans plusieurs autres engendrant de nouveaux débats sur l'accouchement anonyme. Elle en déduit que face à la diversité des systèmes et des traditions juridiques, ainsi d'ailleurs que des pratiques d'abandon, les États doivent jouir d'une certaine marge d'appréciation pour décider des mesures propres à assurer la reconnaissance des droits garantis par la Convention à toute personne relevant de leur juridiction. • CEDH, gr. ch., 13 févr. 2003, *Odièvre c/ France,* n° 42326/98 § 46 : *préc. note 71.* ♦ La Cour ne saurait évaluer le seuil en question sans tenir compte du système électoral dans lequel il s'inscrit, même si elle peut admettre, à l'instar des requérants, qu'un seuil électoral d'environ 5 % correspond davantage à la pratique commune des États membres. Toutefois, il a déjà été souligné que tout système électoral doit s'apprécier à la lumière de l'évolution politique du pays, de sorte que des détails inacceptables dans le cadre d'un système déterminé peuvent se justifier dans celui d'un autre pour autant du moins que le système adopté réponde à des conditions assurant la libre expression de l'opinion du peuple sur le choix du corps législatif. C'est pourquoi la Cour doit examiner à présent les correctifs et autres garanties dont le système en cause en l'espèce se trouve assorti pour en évaluer les effets. • CEDH, gr. ch., 8 juill. 2008, *Yumak et Sadak c/ Turquie,* n° 10226/03 § 201 : *préc. note 67.* ♦ Un grand nombre d'États contractants connaissent dans leur droit une interdiction similaire qui reflète des préoccupations apparemment semblables s'agissant de mariages à ce degré de parenté. Pourtant, l'affaire doit être examinée de manière plus approfondie. • CEDH 13 sept. 2005, *B. et L. c/ Royaume-Uni,* n° 36536/02 § 36 et 37 : *RTD civ. 2005. 735, obs. Marguénaud ; ibid. 758, obs. Hauser ; Dr. fam. 2005. 234, note Gouttenoire et Lamarche ; JCP 2006. I. 109, chron. Sudre.*

3. Conséquence : existence d'un contrôle européen

75. Mais cette marge va de pair avec un contrôle européen portant à la fois sur la loi et sur les décisions qui l'appliquent. • CEDH 25 mars 1985, *Barthold c/ Allemagne,* n° 8734/79 § 55 • CEDH 8 juill. 1986, *Lingens c/ Autriche,* n° 9815/82 § 39 • CEDH 25 févr. 1993, *Funke c/ France,* n° 10588/83 § 55 : *préc. note 49.* ♦ La marge d'appréciation dont les États contractants jouissent pour juger de la nécessité d'une ingérence va de pair avec un contrôle européen. • CEDH 15 déc. 2011, *Mor c/ France,* n° 28198/09 § 41 : *préc. note 59.*

76. A une liberté d'appréciation moins discrétionnaire correspond donc ici un contrôle européen plus étendu. • CEDH 26 avr. 1979, *Sunday Times c/ Royaume-Uni,* n° 6538/74 § 59. ♦ Compte tenu du caractère extrêmement intime et sensible des informations se rapportant à la séropositivité, toute mesure prise par un État pour contraindre à communiquer ou à divulguer pareil renseignement sans le consentement de la personne concernée appelle un examen des plus rigoureux de la part de la Cour, qui doit apprécier avec un soin égal les garanties visant à assurer une protection efficace. • CEDH 25 févr. 1997, *Z. c/ Finlande,* n° 22009/93 § 96 : *préc. note 49.*

b. Interprétation stricte ou étroite

77. Les exceptions que ménage le § 2 de l'art. 8 appellent une interprétation étroite. • CEDH 6 juin 1978sept. *1978, Klass et a. c/ Allemagne,* n° 5029/71 § 42 • CEDH 2 oct. 2001, *Stankov et Organisation macédonienne Unie Ilinden c/ Bulgarie,* n° 29221/95 § 84 • CEDH 7 juin 2007, *Smirnov c/ Russie,* n° 71362/01 § 43 • CEDH 14 févr. 2008, *July et SARL Libération c/ France,* n° 20893/03 § 60 : *RSC 2008. 628, obs. Francillon ; JCP 2008. 10118, note Derieux* • CEDH, gr. ch., 13 juill. 2012, *Mouvement raëlien suisse c/ Suisse,* n° 16354/06 § 48 : *préc. note 59.* ♦ Les exceptions visées à l'art. 10 et 11 appellent (...) une interprétation stricte. • CEDH 30 janv. 1998, *Parti communiste unifié de Turquie et a. c/ Turquie,* n° 19392/92 § 46 : *préc. note 13* • CEDH 16 oct. 2012, *Smolorz c/ Pologne,* n° 17446/07 § 32 : *préc. note 59.*

78. La nécessité de l'ingérence dans un cas donné doit se trouver établie de manière convaincante. • CEDH 25 févr. 1993, *Funke c/ France,* n° 10828/84 § 55 • CEDH 7 juin 2007, *Smirnov c/ Russie,* n° 71362/01 § 43 • CEDH 16 oct. 2012, *Smolorz c/ Pologne,* n° 17446/07 § 32 : *préc. note 59.* ♦ Seules des raisons convaincantes et impératives pouvant justifier des restrictions à la liberté. • CEDH 7 déc. 1971, *Handyside c/ Royaume-Uni,* n° 5493/72 § 49 : *préc. note 51* • CEDH 30 janv. 1998, *Parti communiste unifié de Turquie et a. c/ Turquie,* n° 19392/92 § 46 : *préc. note 13* • CEDH 12 nov. 2008, *Demir et Baykara c/ Turquie,* n° 34503/97 § 119 : *préc. note 59.* ♦ La Cour doit considérer l'ingérence litigieuse à la lumière de l'ensemble de l'affaire pour déterminer si elle était « proportionnée au but légitime poursuivi » et si les motifs invoqués par les autorités nationales pour la justifier apparaissent « pertinents et suffisants ». • CEDH 2 oct. 2001, *Stankov et Organisation macédonienne Unie Ilinden c/ Bulgarie,* n° 29221/95 § 84 • CEDH 21 mars 2002, *Nikula c/ Finlande,* n° 31611/96 § 44 • CEDH 15 déc. 2011, *Mor c/ France,* n° 28198/09 § 41 : *préc. note 59.* ♦ Elle doit se convaincre que les autorités nationales ont appliqué des règles conformes aux principes consacrés à l'art. et ce, de surcroît, en se fondant sur une appréciation acceptable des faits pertinents. • CEDH 28 nov. 1991, *Sunday Times c/ Royaume-Uni (n° 2),* n° 13166/87 § 50 : *AJDA 1992. 15, chron. Flauss ; RFDA 1992. 510, chron. Berger, Giakoumopoulos, Labayle et Sudre* • CEDH 25 août 1998, *Hertel c/ Suisse,* n° 25181/94 § 46 : *AJDA 1998. 984, chron. Flauss ; D. 1999. 239, obs. Niboyet* • CEDH 21 mars 2002, *Nikula c/ Finlande,* n° 31611/96 § 44 • CEDH, gr. ch., 13 juill. 2012, *Mouvement raëlien suisse c/ Suisse,* n° 16354/06 § 48 : *préc. note 59.*

c. Proportionnalité de la mesure

79. Il incombe à la Cour de déterminer si l'ingérence demeurait « proportionnée au but légitime poursuivi » et si les motifs invoqués pour la justifier apparaissent « pertinents et suffisants ». • CEDH 25 mars 1985, *Barthold c/ Allemagne*, n° 8734/79 § 55 • CEDH 8 juill. 1986, *Lingens c/ Autriche*, n° 9815/82 § 39 • CEDH 2 oct. 2001, *Stankov et Organisation macédonienne Unie Ilinden c/ Bulgarie*, n° 29221/95 § 87 • CEDH 21 mars 2002, *Nikula c/ Finlande*, n° 31611/96 §44 • CEDH 12 nov. 2008, *Demir et Baykara c/ Turquie*, n° 34503/97 § 119 : *préc. note 59* • CEDH 15 déc. 2011, *Mor c/ France*, n° 28198/09 § 41 : *préc. note 59* • CEDH 16 oct. 2012, *Smolorz c/ Pologne*, n° 17446/07 § 32 : *préc. note 59* • CEDH, gr. ch., 13 juill. 2012, *Mouvement raëlien suisse c/ Suisse*, n° 16354/06 § 48 : *préc. note 59*. ♦ V. déjà. La Cour juge inhérente au système de la Conv. EDH une certaine forme de conciliation entre les impératifs de la défense de la société démocratique et ceux de la sauvegarde des droits individuels. • CEDH 6 sept. 1978, *Klass et a. c/ Allemagne*, n° 5029/71 § 59. ♦ D'après la jurisprudence de la Cour, pour se révéler « nécessaire » dans une telle société, dont tolérance et esprit d'ouverture constituent deux des caractéristiques, une atteinte à un droit protégé par la Convention doit notamment être proportionnée au but légitime poursuivi. • CEDH 22 oct. 1981, *Dudgeon c/ Royaume-Uni*, n° 7525/76 § 53.

80. La mesure prise doit être proportionnée au but légitime poursuivi. • CEDH 24 nov. 1986, n° 9063/80 § 55 • CEDH 8 juill. 1987, n° 9840/82 § 61. ♦ Les décisions de l'État, dans la mesure où elles porteraient atteinte à un droit protégé, doivent se révéler nécessaires dans une société démocratique, c'est-à-dire justifiées par un besoin social impérieux et, notamment, proportionnées au but légitime poursuivi. • CEDH 26 mars 1992, *Beldjoudi c/ France*, n° 12083/86 § 74 : *préc. note 49*. ♦ ... Dès lors que, à tous les stades de la procédure, les juridictions internes ont considéré que, si les faits en cause ne justifiaient pas de poursuites pénales, l'interception et l'ouverture de la correspondance du requérant, en sa qualité d'avocat, avec ses clients ne répondaient à aucun besoin social impérieux. • CEDH 24 mai 2018, *Laurent c/ France*, n° 28798/13 § 48 : *D. 2018. 1159 ; D. avocats 2018. 211, obs. Dargent*.

81. En l'absence surtout d'un mandat judiciaire, les restrictions et conditions prévues par la loi et soulignées par le Gouvernement apparaissaient trop lâches et lacunaires pour que les ingérences dans les droits du requérant fussent étroitement proportionnées au but légitime recherché. • CEDH 25 févr. 1993, *Funke c/ France*, n° 10588/83 § 57 : *préc. note 49*. ♦ De même, sont disproportionnés la saisie et l'examen, sans autorisation judiciaire préalable, des fichiers d'un ordinateur dès lors qu'il n'existait aucun risque de disparition des fichiers puisque l'ordinateur était saisi et retenu par la police, qu'il n'était pas connecté au réseau internet et que l'urgence à accéder au fichiers n'était pas caractérisée. • CEDH 30 mai 2017, *Espagne*, n° 32600/12 : *D. actu. 6 juin 2017, note Goetz ; JCP Adm. 2017. 410*.

82. Dans les circonstances particulières de l'espèce, l'État aurait dû régulariser le statut de résident des ressortissants de l'ex-RSFY afin d'éviter que la non-acquisition de la nationalité slovène ne porte atteinte de façon disproportionnée aux droits des « personnes effacées » découlant de l'art. 8 Conv. EDH. L'absence de pareille régularisation et l'impossibilité prolongée pour les requérants d'obtenir des permis de séjour valables ont rompu le juste équilibre que l'État devait ménager entre le but légitime que constituait la protection de la sécurité nationale et le respect effectif de la vie privée et/ou familiale des requérants. • CEDH, gr. ch., 26 juin 2012, *Kuric et a.*, n° 26828/06 § 359 : *préc. note 19*.

III. EFFECTIVITÉ DES DROITS GARANTIS

BIBL. Afroukh, L'identification d'une tendance récente à l'objectivisation du contentieux dans le contrôle de la CEDH, *RD publ. 2015. 1357*.

83. Le droit international tend de plus en plus à considérer des amnisties pour des actes qui s'analysent en des violations graves des droits fondamentaux de l'homme comme inacceptables, car incompatibles avec l'obligation universellement reconnue pour les États de poursuivre et de punir les auteurs de violations graves des droits fondamentaux de l'homme. Ces amnisties sont éventuellement possibles lorsqu'elles s'accompagnent de circonstances particulières telles qu'un processus de réconciliation et/ou une forme de réparation pour les victimes. • CEDH, gr. ch., 27 mai 2014, *Margus c/ Croatie*, n° 4455/10 § 139.

A. CARACTÈRE SUBSIDIAIRE DU MÉCANISME DE CONTRÔLE

84. Principe de subsidiarité. La mise en œuvre et la sanction des droits et libertés garantis par la Convention reviennent au premier chef aux autorités nationales. Le mécanisme de plainte devant la Cour revêt donc un caractère subsidiaire par rapport aux systèmes nationaux de sauvegarde des droits de l'homme. Cette subsidiarité s'exprime dans les art. 13 et 35, § 1, Conv. EDH. • CEDH, gr. ch., 29 mars 2006, *Scordino c/ Italie (n° 1)*, n° 36813/97 § 140 : *D. 2004. 2540, obs. Fricero* • CEDH, décis., 1er oct. 2013, *Grèce*, n° 40547/10 § 26 • CEDH, gr. ch., 11 déc. 2018, *Slovénie*, n° 36480/07 § 108. ♦ Il est dans l'intérêt du requérant et de l'efficacité du mécanisme de la Conv. EDH que les autorités internes, qui sont les mieux placées pour ce faire, prennent des mesures pour redresser les manquements allégués à la Conv. EDH. • CEDH, gr. ch., 18 sept. 2009, *Turquie,* n° 16064/90 § 164. ♦ C'est aux autorités nationales qu'il appartient en premier lieu de redresser une violation alléguée de la Convention. • CEDH 28 oct. 2014, *Turquie,* n° 15048 § 40.

85. En même temps, le principe de subsidiarité ne signifie pas qu'il faille renoncer à tout contrôle sur le résultat obtenu du fait de l'utilisation de la voie de recours interne, sous peine de vider les droits garantis par l'art. 6, § 1, Conv. EDH de toute substance. La remarque vaut en particulier pour les garanties prévues par l'art. 6 Conv. EDH, vu la place éminente que le droit à un procès équitable, avec toutes les garanties prévues par cette disposition, occupe dans une société démocratique. • CEDH, décis., 1er oct. 2013, *Techniki Olympiaki A. E. c/ Grèce,* n° 40547/10 § 26.

86. Prise en compte de la marge d'appréciation des États. V. notes 66 s.

B. NÉCESSITÉ D'ASSURER L'EFFECTIVITÉ DE LA CONVENTION EUROPÉENNE DES DROITS DE L'HOMME

87. Principes. La Conv. EDH a pour but de protéger des droits non pas théoriques ou illusoires, mais concrets et effectifs. • CEDH 9 oct. 1979, *Airey c/ Irlande,* n° 6289/73 § 24 • CEDH 13 mai 1980, *Artico c/ Italie,* n° 6694/74 : *CDE 1982. 213, obs. Cohen-Jonathan ; AFDI 1981. 288, obs. Pelloux ; JDI 1982. 202, obs. Rolland* • CEDH, gr. ch., 24 avr. 1999, *Chassagnou et a. c/ France,* n° 25088/94 § 100 : *AJDA 1999. 922, note Priet ; ibid. 2000. 526, chron. Flauss ; D. 1999. 163 ; ibid. 389, chron. Charollois ; ibid. 2000. 141, chron. Alfandari ; RFDA 1999. 451 ; RTD civ. 1999. 913, obs. Marguénaud ; ibid. 2000. 360, obs. Revet* • CEDH 6 nov. 2008, *Carlson c/ Suisse,* n° 49492/06 § 69 : *AJDA 2009. 872, chron. Flauss ; AJ fam. 2009. 225, obs. Boiché ; JCP 2009. I. 104, chron. Sudre* • CEDH, gr. ch., 10 févr. 2009, *Sergueï Zolotoukhine c/ Russie,* n° 14939/03 § 80 : *AJDA 2009. 872, chron. Flauss ; D. 2009. 2014, note Pradel ; RSC 2009. 675, obs. Roets ; RD publ. 2010. 873, note Surrel ; JCP 2009. I. 143, chron. Sudre* • CEDH, gr. ch., 15 oct. 2009, *Micallef c/ Malte,* n° 17056/06 § 81 : *AJDA 2010. 997, chron. Flauss ; RTD civ. 2010. 285, obs. Marguénaud*. ♦ Il est d'une importance cruciale que la Conv. EDH soit interprétée et appliquée *d'une manière qui en rende* les droits pratiques et effectifs, et non théoriques et illusoires. • CEDH, gr. ch., 28 mai 2002, *Stafford c/ Royaume-Uni,* n° 46295/99 §68 : *RSC 2004. 165, obs. Massias* • CEDH, gr. ch., 11 juill. 2002, *Christine Goodwin c/ Royaume-Uni,* n° 28957/95 § 74 : *préc. note 68* • CEDH, gr. ch., 10 févr. 2009, *Sergueï Zolotoukhine c/ Russie,* n° 14939/03 § 80 : *préc.* • CEDH, gr. ch., 7 juill. 2011, *Bayatyan c/ Arménie,* n° 23459/03 § 98.

88. S'agissant d'un traité normatif, il y a lieu d'autre part de rechercher quelle est l'interprétation la plus propre à atteindre le but et à réaliser l'objet de ce traité et non celle qui donnerait l'étendue la plus limitée aux engagements des parties. • CEDH 27 juin 1968, *Wemhoff c/ Allemagne,* n° 2122/64 § 8 (en droit). ♦ ... En tenant compte du principe de l'effet utile. • CEDH, gr. ch., 10 févr. 2009, *Sergueï Zolotoukhine c/ Russie,* n° 14939/03 § 80 : *préc. note 81.*

89. Si la Conv. EDH énonce pour l'essentiel des droits civils et politiques, nombre d'entre eux ont des prolongements d'ordre économique ou social. La Cour n'estime donc pas devoir écarter telle ou telle interprétation pour le simple motif qu'à l'adopter on risquerait d'empiéter sur la sphère des droits économiques et sociaux ; nulle cloison étanche ne sépare celle-ci du domaine de la Conv. EDH. • CEDH 9 oct. 1979, *Airey c/ Irlande,* n° 6289/73 § 26.

90. Méthode d'interprétation. La Cour doit tenir compte du fait que le contexte de la disposition réside dans un traité pour la protection effective des droits individuels de l'homme, et que la Conv. EDH (y compris les dispositions des protocoles) doit se lire comme un tout et s'interpréter de manière à promouvoir sa cohérence interne et l'harmonie entre ses diverses dispositions. • CEDH 6 juin 1978, *Klass et a. c/ Allemagne,* n° 5029/71 § 42 • CEDH, gr. ch., 5 oct. 2000, *Maaouia c/ France,* n° 39652/98 § 36 : *AJDA 2000. 1006, chron. Flauss ; D. 2001. 2346, obs. de Lamy ; RFDA 2001. 1250, chron. Labayle et Sudre* • CEDH, gr. ch., 26 oct. 2000, *Kudla c/ Pologne,* n° 30210/96 § 152 : *AJDA 2000. 1006, chron. Flauss ; RFDA 2001. 1250, chron. Labayle et Sudre ; ibid. 2003. 85, étude Andriantsimbazovina ; RSC 2001. 881, obs. Tulkens ; RTD civ. 2001. 442, obs. Marguénaud* • CEDH, gr. ch., décis., 6 juill. 2005, *Stec et a. c/ Royaume-Uni,* n° 65731/01 § 48 : *préc. note 67* • CEDH, gr. ch., 29 janv. 2008, *Saadi c/ Royaume-Uni,* n° 13229/03 § 62 : *AJDA 2008. 978, chron. Flauss*.

91. La Suisse n'ayant pas ratifié le Prot. Add. n° 1, les requérants invoquent en l'espèce l'art. 9 Conv. EDH pour contester le refus des autorités d'exempter leurs filles des cours de natation obligatoires. La Cour juge néanmoins utile de rappeler les principes pertinents applicables sous l'angle de l'art. 2 Prot. Add. n° 1, étant donné que la Conv. EDH doit être lue comme un tout et que la dernière disposition constitue, du moins s'agissant de sa seconde phrase, la *lex specialis* par rapport à l'art. 9 en matière d'éducation et d'enseignement, matière dont relève la présente affaire. • CEDH 10 janv. 2017, *Osmanoglu et Kocabas c/ Suisse*, n° 29086/12 § 90 : *D. 2017. 111* ; *JCP Adm. 2017. 53.*

92. Lorsque la Cour est appelée à se prononcer sur un conflit entre deux droits également protégés par la Conv. EDH, il lui faut effectuer une mise en balance des intérêts en jeu. • CEDH, gr. ch., 12 juin 2014, *Fernandez Martinez c/ Espagne*, n° 56030/07 § 123. ♦ V. déjà. • CEDH 3 févr. 2011, *Siebenhaar c/ Allemagne*, n° 18136/02. ♦ Dans ce cas, la marge de manœuvre de l'État est d'autant plus large. • CEDH 10 janv. 2013, *Ashby Donald et a. c/ France*, n° 36769/08 § 41 : *préc. note 67.*

1° NÉCESSITÉ D'UNE ÉVOLUTION JURISPRUDENTIELLE RAISONNÉE

93. Justification des revirements de jurisprudence. Un revirement de jurisprudence pourrait, par exemple, se justifier s'il servait à garantir que l'interprétation de la Convention-cadre avec l'évolution de la société et demeure conforme aux conditions actuelles. • CEDH 27 sept. 1990, *Cossey c/ Royaume-Uni*, n° 10843/84 § 35. ♦ L'abandon par la Cour d'une approche dynamique et évolutive risquerait de faire obstacle à toute réforme ou amélioration. • CEDH, gr. ch., 19 avr. 2007, *Vilho Eskelinen et a. c/ Finlande*, n° 63235/00 § 56 • CEDH, gr. ch., 15 oct. 2009, *Micallef c/ Malte*, n° 17056/06 § 81 : *préc. note 87* • CEDH, gr. ch., 7 juill. 2011, *Bayatyan c/ Arménie*, n° 23459/03 § 98. ♦ La Convention étant avant tout un mécanisme de protection des droits de l'homme, la Cour doit tenir compte de l'évolution de la situation dans l'État défendeur et dans les États contractants en général et réagir, par exemple, au consensus susceptible de se faire jour quant aux normes à atteindre. • CEDH, gr. ch., 18 janv. 2001, *Chapman c/ Royaume-Uni*, n° 27238/95 § 70 • CEDH, gr. ch., 11 juill. 2002, *Christine Goodwin c/ Royaume-Uni*, n° 28957/95 § 74 : *préc. note 68* • CEDH 26 juin 2012, *Herrmann c/ Allemagne*, n° 9300/07 § 78 : *AJDA 2012. 1726, chron. Burgorgue-Larsen* ; *D. 2012. 2557, obs. Trébulle*.

94. Prise en compte de l'évolution des conceptions. La Conv. EDH est un instrument vivant à interpréter à la lumière des conditions de vie actuelles. • CEDH 25 avr. 1978, *Tyrer c/ Royaume-Uni*, n° 5856/72 § 31 : *CDE 1979. 471, obs. Cohen-Jonathan* • CEDH 13 juin 1979, *Marcks c/ Belgique*, n° 6833/74 § 41 : *préc. note 20* • CEDH 28 oct. 1987, *Inze c/ Autriche*, n° 8695/79 § 41 • CEDH 17 oct. 1996, *Rees c/ Royaume-Uni*, n° 9532/81 § 47 • CEDH 28 mai 2009, *Brauer c/ Allemagne*, n° 3545/04 § 40 • CEDH, gr. ch., 19 févr. 2013, *X. c/ Autriche*, n° 19010/07 § 139 : *préc. note 68.* ♦ Il en va de même des protocoles. • CEDH 18 déc. 1986, *Johnston et a. c/ Irlande*, n° 9697/82 § 53. ♦ La Cour rappelle que la Conv. EDH doit s'interpréter à la lumière des conditions d'aujourd'hui. • CEDH 13 juin 1979, *Marckx c/ Belgique*, n° 6833/74 § 41 et 58 : *préc. note 20* • CEDH 27 avr. 2004, *Gorraiz Lizarraga et a. c/ Espagne*, n° 62543/00 § 38. ♦ La Conv. EDH s'interprète à la lumière des conceptions prévalant de nos jours dans les États démocratiques. • CEDH 6 nov. 1980, *Guzzardi c/ Italie*, n° 7367/76 § 95. ♦ V. pour une critique de la mise en œuvre par la Cour de l'interprétation évolutive et des « conditions de vie actuelles ». * Opinion partiellement dissidente commune aux juges Casadevall, Ziemele, Kovler, Jociene, Sikuta, De Gaetano et Sicilianos ss. • CEDH, gr. ch., 19 févr. 2013, *X. c/ Autriche*, n° 19010/07 : *préc. note 68.*

95. Pareille démarche ne se limite pas aux dispositions normatives de la Conv. EDH, mais vaut encore pour celles, tel l'art. 34 Conv. EDH, qui régissent le fonctionnement du mécanisme de sa mise en œuvre. Il s'ensuit que ces dispositions ne sauraient s'interpréter uniquement en conformité avec les intentions de leurs auteurs telles qu'elles furent exprimées voici plus de quarante ans. • CEDH 23 mars 1995, *Loizidou c/ Turquie*, n° 15218/89 § 71 (exceptions préliminaires).

96. Si la Cour devait faillir à maintenir une approche dynamique et évolutive, pareille attitude risquerait de faire obstacle à toute réforme ou amélioration. • CEDH 28 mai 2002, *Stafford c/ Royaume-Uni*, n° 46295/99 § 68 : *préc. note 87* • CEDH, gr. ch., 11 juill. 2002, *Christine Goodwin c/ Royaume-Uni*, n° 28957/95 § 74 : *préc. note 68.* ♦ Si aucune distinction importante ne peut être établie au niveau des faits entre la présente espèce et l'affaire *Wynne*, la Cour, eu égard aux changements importants qui se dessinent dans l'ordre national, se propose de réévaluer, « à la lumière des conditions d'aujourd'hui », quelles sont l'interprétation et l'application de la Convention qui s'imposent à l'heure actuelle. • CEDH, gr. ch., 28 mai 2002, *Stafford c/ Royaume-Uni*, n° 46295/99 § 69 : *préc. note 87.* ♦ La Cour se propose donc d'examiner la situation dans l'État contractant concerné et en dehors de celui-ci pour évaluer, « à la lumière des conditions d'aujourd'hui », quelles sont l'interprétation et l'application de la Conv. EDH qui s'imposent à l'heure actuelle. • CEDH, gr. ch., 11 juill. 2002, *Christine Goodwin c/ Royaume-Uni*, n° 28957/95 § 75 : *préc. note 68.*

97. La Cour n'ignore pas que des différences de traitement entre enfants « naturels » et enfants « légitimes », par exemple dans le domaine patrimonial, sont durant de longues années passées pour licites et normales dans beaucoup d'États contractants. L'évolution vers l'égalité a progressé lentement et l'on semble avoir songé assez tard à invoquer la Convention pour l'accélérer. • CEDH 13 juin 1979, *Marckx c/ Belgique,* n° 6833/74 § 58 : *préc. note 20.* ♦ Les États membres du Conseil de l'Europe attachent de nos jours de l'importance à l'égalité, en matière de droits de caractère civil, entre enfants issus du mariage et enfants nés hors mariage. • CEDH 28 oct. 1987, *Inze c/ Autriche,* n° 8695/79 41. ♦ Un consensus en Europe pour abaisser l'âge du consentement aux relations homosexuelles. Alors que ce consensus se dégage de plus en plus nettement depuis l'introduction des présentes requêtes, le Gouvernement n'a avancé aucune justification valable du maintien, jusqu'à très récemment, d'un âge de consentement différent pour les rapports homosexuels entre hommes d'une part et pour les relations hétérosexuelles ou lesbiennes d'autre part. • CEDH 9 janv. 2003, *L. et V. c/ Autriche,* n° 39392/98 § 39 : *préc. note 70.* ♦ L'État doit choisir les mesures à prendre au titre de l'art. 8 pour protéger la famille et garantir le respect de la vie familiale en tenant compte de l'évolution de la société ainsi que des changements qui se font jour dans la manière de percevoir les questions de société, d'état civil et celles d'ordre relationnel, notamment de l'idée selon laquelle il y a plus d'une voie ou d'un choix possibles en ce qui concerne la façon de mener une vie privée et familiale. • CEDH 2 mars 2010, *Kozak c/ Pologne,* n° 13102/02 § 98 • CEDH, gr. ch., 19 févr. 2013, *X. c/ Autriche,* n° 19010/07 § 139 : *préc. note 68.*

98. La Cour ne peut pas ne pas être influencée par l'évolution et les normes communément acceptées de la politique pénale des États membres du Conseil de l'Europe dans ce domaine. • CEDH 25 avr. 1978, *Tyrer c/ Royaume-Uni,* n° 5856/72 § 31 : *préc. note 94.* ♦ La Cour doit tenir compte de l'évolution de la situation dans les États contractants et réagir, par exemple, au consensus susceptible de se faire jour quant aux normes à atteindre. • CEDH, gr. ch., 28 mai 2002, *Stafford c/ Royaume-Uni,* n° 46295/99 § 68 : *préc. note 87* • CEDH, gr. ch., 11 juill. 2002, *Christine Goodwin c/ Royaume-Uni,* n° 28957/95 § 74 : *préc. note 68.* ♦ Un revirement pourrait, par exemple, se justifier s'il servait à garantir que l'interprétation de la Conv. EDH cadre avec l'évolution de la société et demeure conforme aux conditions actuelles. • CEDH 28 oct. 1987, *Inze c/ Autriche,* n° 8695/79 41 • CEDH 27 sept. 1990, *Cossey c/ Royaume-Uni,* n° 10843/84 § 35.

99. Le niveau d'exigence allant croissant en matière de protection des droits de l'homme et des libertés fondamentales implique, parallèlement et inéluctablement, une plus grande fermeté dans l'appréciation des atteintes aux valeurs fondamentales des sociétés démocratiques. • CEDH 26 juill. 2005, *Siliadin c/ France,* n° 73316/01 §148 : *AJDA 2005. 1886, chron. Flauss ; D. 2006. 346, note Roets ; ibid. 1717, obs. Renucci ; RSC 2006. 139, obs. Massias ; ibid. 431, obs. Massias ; RTD civ. 2005. 740, obs. Marguénaud.*

100. La Cour ne saurait en dégager, au moyen d'une interprétation évolutive, un droit qui n'y a pas été inséré au départ. Il en va particulièrement ainsi quand il s'agit, comme ici, d'une omission délibérée. • CEDH 18 déc. 1986, *Johnston et a. c/ Irlande,* n° 9697/82 § 53.

2° NOTIONS AUTONOMES

101. Principe. Il faut, par-delà les apparences et le vocabulaire employé, s'attacher à cerner la réalité de la situation. • CEDH 24 juin 1982, *Van Droogenbroeck c/ Belgique,* n° 7906/77 § 38 • CEDH, gr. ch., 28 mai 2002, *Stafford c/ Royaume-Uni,* n° 46295/99 § 64 : *préc. note 87* • CEDH, gr. ch., 9 oct. 2003, *Ezeh et Connors c/ Royaume-Uni,* n° 39665/98 § 123 : *AJDA 2004. 534, chron. Flauss ; AJ pénal 2004. 36, obs. Céré ; RSC 2004. 165, obs. Massias ; ibid. 173, obs. Massias.*

102. Afin de dégager le sens de la notion « autonome », il faut tenir compte de l'objet et du but de la Conv. EDH. Le fait qu'il n'y ait pas un dénominateur commun qui permette de dégager en la matière une notion européenne uniforme n'interdit pas au juge de dégager, selon ce principe, une telle notion. • CEDH 29 mai 1986, *Feldbrugge c/ Pays-Bas,* n° 8562/79 § 12 et 29.

103. Notion de victime. La notion de « victime » au sens de l'art. 34 Conv. EDH, doit être interprétée de façon autonome et indépendante de notions internes telles que celles concernant l'intérêt ou la qualité pour agir. • CEDH 27 avr. 2004, *Gorraiz Lizarraga et a. c/ Espagne,* n° 62543/00 § 35.

104. Droits et obligations de caractère civil. Le problème de l'« autonomie » du sens des termes de la Conv. EDH par rapport à leur sens en droit interne a déjà été posé à plusieurs reprises devant la Cour. Elle estime que le même principe d'autonomie s'applique au concept « droits et obligations de caractère civil ». Toute autre solution risquerait de conduire à des résultats incompatibles avec l'objet et le but de la Conv. EDH. • CEDH 28 juin 1978, *König c/ Allemagne,* n° 6232/73 § 88.

105. Droit pénal. La période à prendre en considération pour vérifier l'observation du texte précité commence nécessairement le jour où une personne se trouve accusée, sans quoi il ne serait pas possible de statuer sur le bien-fondé de l'accusation, ce terme étant compris au sens de la Conv. EDH. • CEDH 27 juin 1968, *Neumeister c/ Autriche,* n° 1936/63 § 18 (en droit). ♦ Si les États contractants pouvaient à leur guise qualifier une infraction de disciplinaire plutôt que de pénale, ou poursuivre l'auteur d'une infraction « mixte » sur le plan disciplinaire de préférence à la voie pénale, le jeu des clauses fondamentales des art. 6 et 7 Conv. EDH se trouverait subordonné à leur volonté souveraine. Une latitude aussi étendue risquerait de conduire à des résultats incompatibles avec le but et l'objet de la Convention. La Cour a donc compétence pour s'assurer, sur le terrain de l'art. 6 Conv. EDH, que le disciplinaire n'empiète pas indûment sur le pénal. • CEDH 8 juin 1976, *Engel et a., c/ Pays-Bas,* n° 5100/71 § 81 : *préc. note 50.* ♦ La Cour considère cependant que les termes utilisés à l'art. 5, § 2, doivent recevoir une interprétation autonome, conforme en particulier à l'objet et au but de l'art. : protéger toute personne contre les privations arbitraires de liberté. Aussi l'« arrestation » dépasse-t-elle le cadre des mesures à caractère pénal. • CEDH 21 févr. 1990, *Van der Leer c/ Pays-Bas,* n° 11509/85 § 27 : *RTD civ. 1991. 294, obs. Hauser.*

106. Peine. La qualification de « peine » contenue dans l'art. 7, § 1, possède une portée autonome. Pour rendre efficace la protection offerte par cette disposition, la Cour doit demeurer libre d'aller au-delà des apparences et apprécier elle-même si une mesure particulière s'analyse au fond en une « peine » au sens de cette clause. • CEDH 9 févr. 1995, *Welch c/ Royaume-Uni,* n° 17440/90 §27 : *AJDA 1995. 719, chron. Flauss ; RSC 1996. 470, obs. Koering-Joulin* • CEDH 8 juin 1995, *Jamil c/ France,* n° 15917/89 § 30 : *AJDA 1995. 719, chron. Flauss ; D. 1996. 197, obs. Renucci ; RSC 1995. 855, obs. Pettiti ; ibid. 1996. 471, obs. Koering-Joulin ; ibid. 662, obs. Delmas Saint-Hilaire* • CEDH, gr. ch., 21 oct. 2013, *Del Rio Prada c/ Espagne,* n° 42750/09 § 81 • CEDH 3 sept. 2015, *Berland c/ France,* n° 42875/10 § 36. ♦ La réalité découlant des jours de détention supplémentaires c'est que les détenus restent en prison au-delà de la date à laquelle ils auraient dû normalement être libérés, en conséquence d'une procédure disciplinaire séparée sans lien juridique avec leur condamnation et leur peine initiales. • CEDH, gr. ch., 9 oct. 2003, *Ezeh et Connors c/ Royaume-Uni,* n° 39665/98 § 123 : *préc. note 101.*

107. Association. Si les États contractants pouvaient à leur guise qualifier une association de « publique » ou de « para-administrative » pour la faire échapper au champ d'application de l'art. 11 Conv. EDH, cela équivaudrait à leur accorder une latitude qui risquerait de conduire à des résultats incompatibles avec le but et l'objet de la Convention, qui consiste à protéger des droits non pas théoriques et illusoires mais concrets et effectifs. La notion d'« association » possède donc une portée autonome : la qualification en droit national n'a qu'une valeur relative et ne constitue qu'un simple point de départ. • CEDH, gr. ch., 24 avr. 1999, *Chassagnou et a. c/ France,* n° 25088/94 § 100 : *préc. note 87.*

108. Domicile. La notion de « domicile » au sens de l'art. 8 Conv. EDH n'est pas limitée à ceux qui sont légalement occupés ou qui ont été légalement établis. • CEDH 25 sept. 1996, *Buckley c/ Royaume-Uni,* n° 20348/92 § 53. ♦ Il s'agit d'une notion autonome qui ne dépend pas de la qualification en droit interne. Le fait qu'une habitation particulière constitue un « domicile » dépendra des circonstances de fait. • CEDH 18 nov. 2004, *Prokopovich c/ Russie,* n° 58255/00 § 36. ♦ S'ils n'ont pas regagné Guernesey pendant près de dix-neuf ans, ils n'en avaient pas moins conservé avec « Whiteknights » assez de liens pour qu'il faille regarder cette demeure comme leur « domicile », au sens de l'art. 8 Conv. EDH, à l'époque des mesures incriminées. • CEDH 24 nov. 1986, *Gillow c/ Royaume-Uni,* n° 9063/80 § 46.

109. Biens. La notion de « biens » (en anglais : *possessions*) de l'art. 1er Prot. n° 1 a une portée autonome qui ne se limite certainement pas à la propriété de biens corporels. • CEDH 23 févr. 1995, *Gasus dosier – und Fördertechnik GmbH c/ Pays-Bas,* n° 15375 § 53.

110. Vie familiale. L'art. 8 Conv. EDH tend pour l'essentiel à prémunir l'individu contre des ingérences arbitraires des pouvoirs publics ; il engendre, de surcroît, des obligations positives inhérentes à un « respect » effectif de la vie familiale impliquant, notamment, le droit d'un parent à des mesures propres à le réunir à son enfant et l'obligation pour les autorités nationales de les prendre. • CEDH 6 nov. 2008, *Carlson c/ Suisse,* n° 49492/06 § 69 : *préc. note 87.*

3° OBLIGATIONS POSITIVES

111. V. notes ss. Conv. EDH, art. 1er.

4° POLITIQUE DE PRIORISATION DE LA COUR

112. La Cour note qu'il existe actuellement plusieurs requêtes pendantes devant la Cour concernant la mise en détention provisoire de journalistes. Selon sa nouvelle politique de priorisation, ayant pris effet le 22 mai 2017, les affaires relatives à la privation de liberté d'un requérant en conséquence directe de la violation alléguée de droits consacrés par la Convention, telles que celle en l'espèce, doivent être traitées en priorité. • CEDH 20 mars 2018, *Mehmet Hasan Altan c/ Turquie,* n° 13237/17 § 10 : *AJDA 2018. 1770, chron. Burgorgue-Larsen.*

5° *MÉTHODES D'INTERPRÉTATION*

113. Principe. L'objet et le but du présent instrument de protection des êtres humains appellent à comprendre et à appliquer ses dispositions d'une manière qui en rende les exigences concrètes et effectives dans le cadre du système de requêtes individuelles. En outre, toute interprétation des droits et libertés énumérés doit se concilier avec « l'esprit général [de la Convention], destinée à sauvegarder et promouvoir les idéaux et valeurs d'une société démocratique ». • CEDH 7 juill. 1989, *Royaume-Uni* n° 14038/88 § 87 : *préc. note 12* • CEDH, gr. ch., 4 févr. 2005, *Mamatkoulov et Askarov c/ Turquie,* n° 46827/99 §101 : *AJDA 2003. 603, chron. Flauss ; D. 2003. 2277, obs. Bîrsan ; RTD civ. 2003. 381, obs. Marguénaud ; RD publ. 2006. 789, obs. Gonzalez ; RGDIP 2005. 421, obs. Cohen-Jonathan.* ♦ Et, pour des applications concrètes. • CEDH 7 déc. 1976, n° 5095/71 § 53 • CEDH 13 mai 1980, *Italie,* n° 6694/74 § 33 : *préc. note 87.* ♦ Par ailleurs, la Cour tient compte du principe de l'effet utile de la Conv. EDH. • CEDH, gr. ch., 4 févr. 2005, *Mamatkoulov et Askarov c/ Turquie,* n° 46827/99 §123 : *préc.*

114. Recours aux travaux préparatoires. V. par ex. • CEDH, gr. ch., 6 nov. 2017, *Pays-Bas,* n° 43494/09 § 109 : *AJDA 2018. 150, chron. Burgorgue-Larsen .*

a. Référence à d'autres instruments ou principes internationaux

115. Principe. Afin de déterminer le sens des expressions et formules contenues dans la Conv. EDH, la Cour s'inspire essentiellement des règles d'interprétation établies par les art. 31 à 33 de la Convention de Vienne sur le droit des traités. • CEDH 15 sept. 2009, *Mirolubovs et a. c/ Lettonie,* n° 798/05 § 62 : *AJDA 2010. 997, chron. Flauss .* ♦ V. pour une interprétation de l'art. 6-3-e Conv. EDH. • CEDH 28 nov. 1978, *Luedicke, Belkacem et Koc c/ Allemagne,* n° 6210/73 § 39. ♦ La Cour doit établir le sens ordinaire à attribuer aux termes dans leur contexte et à la lumière de l'objet et du but de la disposition dont ils sont tirés • CEDH 12 nov. 2008, *Demir et Baykara c/ Turquie,* n° 34503/97 § 65 : *préc. note 56* • CEDH 15 sept. 2009, *Mirolubovs et a. c/ Lettonie,* n° 798/05 § 62 : *préc.* • CEDH 28 nov. 1978, *Luedicke, Belkacem et Koc c/ Allemagne,* n° 6210/73 § 39.

116. *La Conv. EDH ne doit pas* être interprétée isolément, mais il convient, en vertu de l'art. 31 § 3 c) de la Convention de Vienne, de tenir compte de toute règle pertinente de droit international applicable à la partie contractante. • CEDH, gr. ch., 18 déc. 1996, *Loizidou c/ Turquie,* n° 15318/89 § 43 : *AJDA 1995. 719, chron. Flauss ; D. 1996. 201, obs. Perez* • CEDH 6 nov. 2008, *Carlson c/ Suisse,* n° 49492/06 § 69 : *préc. note 81* • CEDH, gr. ch., 29 juin 2011, *Sabeh El Leil c/ France,* n° 34869/05 § 48 : *D. 2011. 1831 ; ibid. 2434, obs. d'Avout et Bollée* • CEDH, gr. ch., 27 mai 2014, *Margus c/ Croatie,* n° 4455/10 § 129.

117. En vertu de la règle générale de droit international exprimée à l'art. 28 de la Convention de Vienne, les dispositions d'un traité ne s'appliquent pas de manière rétroactive, sauf si les parties en ont convenu autrement. • CEDH, gr. ch., 8 mars 2006, *Blecic c/ Croatie,* n° 59532/00 § 90.

118. La Cour rappelle que la Conv. EDH est un traité international qui, conformément au principe *pacta sunt servanda* codifié à l'art. 26 de la Convention de Vienne, s'impose aux parties contractantes et doit donc être exécuté de bonne foi par celles-ci. En vertu de l'art. 27 de la Convention de Vienne, nulle disposition de droit interne ne peut être invoquée comme justifiant la non-exécution d'un traité par la partie contractante. • CEDH 16 avr. 2012, *Janowiec et a. c/ Russie,* n° 55508/07 § 106.

119. Méthode. Tel que le prévoit la « règle générale » de l'art. 31 de la Convention de Vienne sur le droit des traités, le processus d'interprétation d'un traité forme un tout, une seule opération complexe ; ladite règle, étroitement intégrée, place sur le même pied les divers éléments qu'énumèrent les quatre paragraphes de l'article. • CEDH 21 févr. 1975, *Golder c/ Royaume-Uni,* n° 4451/70 § 30. ♦ Aux termes de ce même art., l'interprétation des traités doit se faire de bonne foi et à la lumière de leur objet et de leur but. • CEDH, gr. ch., 4 févr. 2005, *Mamatkoulov et Askarov c/ Turquie,* n° 46827/99 § 123 : *préc. note 113.*

120. Il peut aussi être fait appel à des moyens complémentaires d'interprétation, soit pour confirmer un sens déterminé conformément aux étapes évoquées plus haut, soit pour établir le sens lorsqu'il serait autrement ambigu, obscur ou manifestement absurde ou déraisonnable (Conv. de Vienne, art. 32). • CEDH, gr. ch., 29 janv. 2008, *Saadi c/ Royaume-Uni,* n° 13229/03 § 62 : *préc. note 90* • CEDH 12 nov. 2008, *Demir et Baykara c/ Turquie,* n° 34503/97 § 65 : *préc. note 59.*

121. Confrontée à deux textes authentiques et qui font également foi mais qui ne sont pas en totale harmonie, la Cour estime opportun de se référer à l'art. 33 de la Convention de Vienne sur le droit des traités de 1969 dont le paragraphe 4 reflète le droit international coutumier en matière d'interprétation des traités authentifiés en deux ou plusieurs langues : « les termes d'un traité sont présumés avoir le même sens dans les divers textes authentiques ». • CEDH, gr. ch., 10 déc. 2007,

Stoll c/ Suisse, n° 69698/01 § 59 et 60 : *AJDA 2008. 978, chron. Flauss*. ♦ V. déjà • CEDH 21 févr. 1986, *James et a. c/ Royaume-Uni*, n° 8793/79 § 42.

122. Instruments généraux. La Conv. EDH doit autant que faire se peut s'interpréter de manière à se concilier avec les autres règles du droit international dont elle fait partie intégrante, y compris celles relatives à l'octroi de l'immunité aux États. • CEDH, gr. ch., 21 nov. 2001, *Fogarty c/ Royaume-Uni*, n° 37112/97 § 35 • CEDH, gr. ch., 23 mars 2010, *Cudak c/ Lituanie*, n° 15869/02 § 56 : *AJDA 2010. 2362, chron. Flauss* • CEDH, gr. ch., 29 juin 2011, *Sabeh El Leil c/ France*, n° 34869/05 § 48 : *préc. note 116*.

123. Instruments relatifs aux droits de l'homme. La Conv. EDH doit s'interpréter en particulier en tenant compte des conventions relatives à la protection internationale des droits de l'homme. • CEDH 21 févr. 1975, *Golder c/ Royaume-Uni*, n° 4451/70 § 30 • CEDH, gr. ch., 21 nov. 2001, *Al-Adsani c/ Royaume-Uni*, n° 35763/97 § 55 : *AJDA 2002. 500, chron. Flauss ; D. 2003. 1246, chron. Flauss ; RSC 2002. 149, obs. Massias* • CEDH, gr. ch., 6 juill. 2010, *Neulinger et Shuruk c/ Suisse*, n° 41615/07 § 131 : *D. 2010. 2062, obs. Gallmeister ; ibid. 2011. 1374, obs. Jault-Seseke ; AJ fam. 2010. 482, prat. Boiché ; RTD civ. 2010. 735, obs. Marguénaud ; RTD eur. 2010. 927, chron. Douchy-Oudot et Guinchard* • CEDH 4 oct. 2012, *Harroudj c/ France*, n° 43631/09 § 42 : *D. 2012. 2947, note Hammje ; AJ fam. 2012. 546, obs. Boiché ; RTD civ. 2012. 705, obs. Marguénaud ; ibid. 2013. 105, obs. Hauser* • CEDH, gr. ch., 27 mai 2014, *Margus c/ Croatie*, n° 4455/10 § 129 • CEDH 5 févr. 2015, *Phostira Efthymiou et Ribeiro Fernandes c/ Portugal*, n° 66775/11 § 38. ♦ Elle doit également s'interpréter en tenant compte des instruments constituant de simples déclarations comme la DUDH. • CEDH 22 mars 2001, *Streletz, Kessler et Krenz c/ Allemagne*, n° 34044/96 § 93 : *RSC 2001. 639, obs. Massias*. ♦ Sur la question de conflits de normes internationales, V. notes ss. Conv. EDH, art. 1er.

124. La Cour note d'abord que, dans le cadre de l'évolution de cette protection, les conventions et autres instruments y relatifs n'ont cessé d'affirmer la prééminence du droit à la vie. • CEDH 22 mars 2001, *Streletz, Kessler et Krenz c/ Allemagne*, n° 34044/96 § 92 : *préc. note 123*.

125. L'analyse des instruments internationaux qui consacrent le principe *non bis in idem* sous une forme ou une autre révèle la variété des formules employées. Ainsi, l'art. 4 Prot. n° 7, l'art. 14, § 7, du Pacte international relatif aux droits civils et politiques adopté par les Nations unies et l'art. 50 de la Charte des droits fondamentaux de l'Union européenne se réfèrent à la « [même] infraction » (« *[same] offence* »), la Convention américaine des droits de l'homme parle des « mêmes faits » (« *same causes* »), la Convention d'application de l'accord de Schengen emploie les termes « mêmes faits » (« *same acts* ») et le Statut de la Cour pénale internationale utilise quant à lui l'expression « [mêmes] actes » (« *[same] conducts* »). La Cour de justice des Communautés européennes et la Cour interaméricaine des droits de l'homme ont attaché de l'importance à la différence entre la formule « mêmes faits » (« *same acts* » ou « *same causes* »), d'une part, et l'expression « [même] infraction » (« *same offence* »), d'autre part, lorsqu'elles ont décidé d'adopter l'approche fondée strictement sur l'identité des faits matériels et de ne pas retenir la qualification juridique de ces faits comme critère pertinent. Ce faisant, les deux juridictions ont souligné qu'une telle approche serait favorable à l'auteur de l'acte en cause qui saurait que, une fois reconnu coupable et sa peine purgée ou une fois relaxé, il n'aurait plus à craindre de nouvelles poursuites pour les mêmes faits (§ 37 et 40 ci-dessus). Il faut lire les dispositions d'un traité international, tel que la Convention, à la lumière de leur objet et de leur but et en tenant compte du principe de l'effet utile. En conséquence, l'art. 4 Prot. 7 doit être compris comme interdisant de poursuivre ou de juger une personne pour une seconde « infraction » pour autant que celle-ci a pour origine des faits identiques ou des faits qui sont en substance les mêmes. • CEDH, gr. ch., 10 févr. 2009, *Sergueï Zolotoukhine c/ Russie*, n° 14939/03 § 79 : *préc. note 87*.

126. La Charte sociale européenne, convention adoptée sous l'égide du Conseil de l'Europe en 1961 et révisée en 1996, est également pertinente en l'espèce. • CEDH, gr. ch., 7 juill. 2011, *Stummer c/ Autriche*, n° 37452/02 § 59 : *AJDA 2012. 143, chron. Burgorgue-Larsen ; RDSS 2012. 684, note Tharaud* • CEDH 31 janv. 2012, *Sindicatul Pastorul Cel Bun c/ Roumanie*, n° 2330/09 § 32 : *D. 2012. 901, obs. Lokiec et Porta ; RDT 2012. 442, obs. Martín Puebla ; ibid. 451, obs. Tiberiu Ticlea*.

127. Elle utilise également : la Charte des droits fondamentaux de l'Union européenne. • CEDH 31 janv. 2012, *Sindicatul Pastorul Cel Bun c/ Roumanie*, n° 2330/09 § 33 : *préc. note 119*. ♦ ... La convention sur les droits de l'enfant du 20 nov. 1989. • CEDH 20 janv. 2000, *Ignaccolo-Zenide c/ Roumanie*, n° 31679/96 § 95 : *RTD civ. 2001. 451, obs. Marguénaud ; JCP 2001. I. 291, chron. Sudre*. ♦ ... La convention de La Haye du 29 mai 1993 sur la protection des enfants et la coopération en matière d'adoption internationale. ♦ ... La convention de La Haye du 25 oct. 1980 sur les aspects civils de l'enlèvement international d'enfants.

• CEDH, gr. ch., 6 juill. 2010, *Neulinger et Shuruk c/ Suisse,* n° 41615/07 § 99 : *préc. note 123* • CEDH 3 mai 2012, *Uyanik c/ Turquie,* n° 60328/09 § 50.

128. La CEDH fait également référence aux recommandations de la Commission européenne pour la démocratie par le droit (dite Commission de Venise). • CEDH 6 nov. 2012, *Ekoglasnost c/ Bulgarie,* n° 30386/05 § 70 : *RFDA 2013. 576, chron. Labaye et Sudre* .

129. Principes du droit international. La Convention et ses protocoles doivent être interprétés non pas isolément mais de manière à se concilier avec les principes généraux du droit international, dont ils font partie intégrante. • CEDH, gr. ch., 27 mai 2014, *Margus c/ Croatie,* n° 4455/10 § 129. ♦ La Cour estime qu'il est de son devoir de considérer la présente affaire également sous l'angle des principes du droit international, en particulier ceux relatifs à la protection internationale des droits de l'homme, spécialement en raison du fait que les tribunaux allemands ont fait usage d'arguments fondés sur ces principes. • CEDH 22 mars 2001, *Streletz, Kessler et Krenz c/ Allemagne,* n° 34044/96 § 90 : *préc. note 123.* ♦ Dans le contexte en cause, la Cour relève qu'au vu des principes généraux de droit international, du droit des traités et de la jurisprudence internationale, l'interprétation de la portée des mesures provisoires ne peut être dissociée de la procédure au cours de laquelle elles sont prévues et de la décision sur le fond qu'elles visent à protéger. La Cour réitère à cet égard qu'aux termes de l'art. 31, § 1, de la Convention de Vienne sur le droit des traités, l'interprétation des traités doit se faire de bonne foi et à la lumière de leur objet et de leur but. En outre elle tient compte du principe de l'effet utile. • CEDH, gr. ch., 4 févr. 2005, *Mamatkoulov et Askarov c/ Turquie,* n° 46827/99 § 123 : *préc. note 113.*

130. Droit coutumier. L'immunité de juridiction des États est régie par le droit international coutumier, dont la codification a été réalisée par la Convention des Nations unies du 2 déc. 2004 sur l'immunité juridictionnelle des États et de leurs biens. • CEDH, gr. ch., 29 juin 2001, *Sabeh El Leil c/ France,* n° 34869/05 § 18 : *préc. note 116.*

b. Référence à la jurisprudence internationale

1. Juridictions intervenant dans le domaine des droits de l'homme

131. Référence à la Cour interaméricaine. La Cour interaméricaine des droits de l'homme a rappelé qu'en raison de l'objet fondamental de la convention américaine relative aux droits de l'homme, à savoir la garantie de la protection effective des droits de l'homme, « les États parties [devaient] s'abstenir d'entreprendre des actions qui aillent à l'encontre de la *restitutio in integrum* des droits des victimes présumées » (ord. des 25 mai et 25 sept. 1999, affaire *James et a. c/ Trinité-et-Tobago*). • CEDH, gr. ch., 4 févr. 2005, *Mamatkoulov et Askarov c/ Turquie,* n° 46827/99 § 116 : *préc. note 113.* ♦ Cette Cour a déclaré qu'aucune amnistie ne pouvait être admise relativement à des violations graves des droits fondamentaux de l'homme. Elle a expliqué qu'en pareil cas, l'amnistie porterait gravement atteinte à l'obligation pour les États de mener des investigations sur de telles exactions et d'en punir les auteurs. • CEDH, gr. ch., 27 mai 2014, *Margus c/ Croatie,* n° 4455/10 § 138.

132. Référence au Comité des droits de l'homme des Nations unies. Selon la jurisprudence du Comité des droits de l'homme des Nations unies, le non-respect des mesures « conservatoires » constitue un manquement de l'État concerné aux obligations juridiques énoncées dans le Pacte international relatif aux droits civils et politiques et dans son Protocole facultatif, ainsi qu'à son devoir de coopération avec le comité dans le cadre de la procédure de communication individuelle. • CEDH, gr. ch., 4 févr. 2005, *Mamatkoulov et Askarov c/ Turquie,* n° 46827/99 § 114 : *préc. note 113.*

133. Référence au Comité des Nations unies contre la torture. Le Comité des Nations unies contre la torture s'est prononcé à plusieurs reprises sur le non-respect des mesures conservatoires par un État partie. Il a considéré que le respect des mesures conservatoires demandées par lui, dans les cas où il l'estime judicieux, est indispensable pour épargner à la personne que ces mesures concernent des préjudices irréparables qui pourraient rendre nul le résultat final de la procédure engagée devant lui. • CEDH, gr. ch., 4 févr. 2005, *Mamatkoulov et Askarov c/ Turquie,* n° 46827/99 § 115 : *préc. note 113.*

2. Cour internationale de justice

134. Dans son arrêt du 27 juin 2001 concernant l'affaire *LaGrand* (*Allemagne c/ États-Unis d'Amérique*), la CIJ a précisé que « l'objet et le but du Statut sont de permettre à la Cour de remplir les fonctions qui lui sont dévolues par cet instrument, et en particulier de s'acquitter de sa mission fondamentale, qui est le règlement judiciaire des différends internationaux au moyen de décisions obligatoires conformément à l'art. 59 du Statut. L'art. 41 (...) a pour but d'éviter que la Cour soit empêchée d'exercer ses fonctions du fait de l'atteinte portée aux droits respectifs des parties à un différend soumis à la Cour. Il ressort de l'objet et du but du Statut, ainsi que des termes de l'art. 41 lus dans leur contexte, que le pouvoir d'indiquer des mesures conservatoires emporte le caractère obligatoire desdites mesures, dans la mesure où le pouvoir en question est fondé sur la nécessité, lorsque les circonstances l'exigent, de sauvegarder les droits des parties, tels que déterminés par la Cour dans son arrêt définitif, et d'éviter qu'il y soit porté préjudice. Prétendre que des mesures conservatoires indiquées en vertu de l'art. 41 ne seraient pas obligatoires serait contraire à l'objet et au but de cette disposition ». Elle a par la suite confirmé cette approche dans son arrêt du 31 mars 2004 en l'affaire *Avena et autres ressortissants mexicains* (*Mexique c/ États-Unis d'Amérique*). • CEDH, gr. ch., 4 févr. 2005, *Mamatkoulov et Askarov c/ Turquie*, n° 46827/99 § 117 : *préc. note 113.* ♦ La CIJ a expressément tenu à rappeler que « l'indemnité accordée à [l'État requérant], dans l'exercice par [celui]-ci de sa protection diplomatique à l'égard de M. Diallo, [était] destinée à réparer le préjudice subi par celui-ci » (Ahmadou Sadio Diallo [République de Guinée c/ République démocratique du Congo], indemnisation, C.I.J. Recueil 2012, p. 324, § 57). • CEDH, gr. ch., satisfaction équitable, 12 mai 2014, *Chypre c/ Turquie*, n° 25781/94 § 46.

c. Références à d'autres instruments nationaux

135. Cette difficulté se reflète également dans la diversité des avis exprimés par les deux collèges de la Cour suprême israélienne dans l'affaire *Nachmani* et dans la jurisprudence des tribunaux américains. • CEDH, gr. ch., 10 avr. 2007, *Evans c/ Royaume-Uni*, n° 6339/05 § 80 : *préc. note 68.*

Art. 1er *Obligation de respecter les droits de l'homme.* — Les Hautes Parties contractantes reconnaissent à toute personne relevant de leur juridiction les droits et libertés définis au titre I de la présente Convention.

COMMENTAIRE

V. sur le Code en ligne.

Plan des annotations

1. Titularité des droits et libertés garantis. Seuls les personnes physiques, les groupes de particuliers et les personnes morales susceptibles d'être qualifiées d'organisations non gouvernementales au sens de l'art. 34 de la présente Conv. peuvent être titulaires des droits découlant de ladite Convention. Ne le sont donc pas les États contractants ainsi que les personnes morales devant être regardées comme des organisations gouvernementales (V. notes ss. Conv. EDH, art. 34). Selon la Cour, toute autre conclusion serait en effet contraire à l'objectif fondamental qui sous-tend la Conv. EDH et qui ressort du présent article comme du préambule. • CEDH, gr. ch., 18 nov. 2020, *Slovénie c/ Croatie*, n° 54155/16 § 66 : *AJDA 2021. 200, chron. Burgorgue-Larsen.* ♦ Il en va de même pour les États non parties à la Conv. EDH qui s'analysent comme des organisations gouvernementales inaptes, quant à eux, à saisir la Cour au titre des art. 33 et 34 de la Conv. • CEDH, décis., 6 oct. 2020, *République démocratique du Congo c/ Belgique*, n° 16554/19 § 12 et 19.

I. CRÉATION DE DROIT ENVERS LE PARTICULIER

2. Création de droit dans le chef des « particuliers ». En concluant la Conv. EDH, les États contractants n'ont pas voulu se concéder des droits et obligations réciproques utiles à la poursuite de leurs intérêts nationaux respectifs, mais réaliser les objectifs et idéaux du Conseil de l'Europe, tels que les énonce le Statut, et instaurer un ordre public communautaire des libres démocraties d'Europe afin de sauvegarder leur patrimoine commun de traditions politiques, d'idéaux, de liberté et de prééminence du droit. Pour atteindre ce but, les États contractants, aux termes du présent art., reconnaissent les droits et libertés définis au titre I à toute personne relevant de leur juridiction. Dès lors, en devenant partie à la Convention un État reconnaît donc les droits et libertés définis au titre I à toute personne relevant de sa juridiction, quels que soient sa nationalité ou son état ; il reconnaît ces droits et libertés non seulement à ses propres nationaux et à ceux des autres États contractants, mais aussi aux ressortissants des États non parties à la Convention et aux apatrides. • Comm. EDH 11 janv. 1961, *Autriche c/ Italie,* n° 788/60.

3. Il en résulte que les obligations souscrites par les États contractants à la Conv. EDH ont essentiellement un caractère objectif, du fait qu'elles visent à protéger les droits fondamentaux des particuliers contre les empiètements des États contractants plutôt qu'à créer des droits subjectifs et réciproques entre ces derniers. Ce caractère objectif desdits engagements apparaît également dans le mécanisme érigé dans la Convention pour en garantir le respect. • Comm. EDH 11 janv. 1961, *Autriche c/ Italie,* n° 788/60.

4. A la différence des traités internationaux de type classique, la Convention déborde le cadre de la simple réciprocité entre États contractants. En sus d'un réseau d'engagements synallagmatiques bilatéraux, elle crée des obligations objectives qui, aux termes de son préambule, bénéficient d'une « garantie collective ». • CEDH 18 janv. 1978, *Irlande c/ Royaume-Uni,* n° 5310/71 § 239.

5. En substituant le mot « reconnaissent » à « s'engagent à reconnaître » dans le libellé du présent art., les rédacteurs de la Convention ont voulu indiquer de surcroît que les droits et libertés du titre I seraient directement reconnus à quiconque relèverait de la juridiction des États contractants. • CEDH 18 janv. 1978, *Irlande c/ Royaume-Uni,* n° 5310/71 § 239 • CEDH, décis., 27 mars 2003, *Scordino et a. c/ Italie (n° 1),* n° 36813/97.

6. La Convention ne se contente pas d'astreindre les autorités suprêmes des États contractants à respecter elles-mêmes les droits *et libertés qu'elle consacre ; ainsi* que le montrent l'art. 14 et la version anglaise du présent art. *shall secure,* elle implique aussi qu'il leur faut, pour en assurer la jouissance, en empêcher ou corriger la violation aux niveaux inférieurs. • CEDH 18 janv. 1978, *Irlande c/ Royaume-Uni,* n° 5310/71 § 239.

7. Interprétation. S'agissant d'un traité normatif, il y a lieu de rechercher quelle est l'interprétation la plus propre à atteindre le but et à réaliser l'objet de ce traité et non celle qui donnerait l'étendue la plus limitée aux engagements des Parties. • CEDH 27 juin 1968, *Wemhoff c/ Allemange,* n° 2122/64 § 8 (en droit). ♦ Sur les méthodes d'interprétation en lien avec la Conv. de Vienne sur le droit des traités de 1969, V. comm. et annotations ss. Préamb. Conv. EDH.

8. Subsidiarité. En vertu du présent art., la mise en œuvre et la sanction des droits et libertés garantis par la Conv. EDH reviennent au premier chef aux autorités nationales. Le mécanisme de plainte devant la Cour revêt donc un caractère subsidiaire par rapport aux systèmes nationaux de sauvegarde des droits de l'homme. Cette subsidiarité s'exprime dans les art. 13 et 35, § 1, Conv. EDH. • CEDH, gr. ch., 26 oct. 2000, *Kudla c/ Pologne,* n° 30210/96 § 152 : *AJDA 2000. 1006, chron. Flauss ; RFDA 2001. 1250, chron. Labayle et Sudre ; ibid. 2003. 85, étude Andriantsimbazovina ; RSC 2001. 881, obs. Tulkens ; RTD civ. 2001. 442, obs. Marguénaud* • CEDH, gr. ch., 29 mars 2006, *Scordino c/ Italie (n° 1),* n° 36813/97 § 140 : *D. 2004. 2540, obs. Fricero* • CEDH, gr. ch., 10 sept. 2010, *McFarlane c/ Irlande,* n° 31333/06 § 112. ♦ V. comm. ss. Conv. EDH, art. 35.

II. PÉRIMÈTRE D'APPLICATION DE LA CONVENTION

9. L'exercice de la « juridiction » est une condition nécessaire pour qu'un État contractant puisse être tenu pour responsable des actes ou omissions qui lui sont imputables et qui sont à l'origine d'une allégation de violation des droits et libertés énoncés dans la Conv. EDH. • CEDH, gr. ch., 8 juill. 2004, *Ilascu et a. c/ Moldova et Russie,* n° 48787/99 § 311 : *AJDA 2004. 1809, chron. Flauss ; D. 2005. 1004 ; ibid. 995, obs. Céré, Herzog-Evans et Péchillon ; RSC 2005. 630, obs. Massias* • CEDH 23 févr. 2012, *Hirsi Jamaa et a. c/ Italie,* n° 27765/09 § 70 : *AJDA 2012. 1726, chron. Burgorgue-Larsen ; D. 2013. 324, obs. Boskovic, Corneloup, Jault-Seseke, Joubert et Parrot ; RFDA 2013. 576, chron. Labayle, Sudre, Dupré de Boulois et Milano ; RD publ. 2013. 728, chron. Sudre.*

10. A propos de griefs fondés sur l'art. 6 de la Conv. EDH, la Cour a pu estimer qu'à partir du moment où une personne introduit une action civile devant les juridictions d'un État, il existe indiscutablement un « lien juridictionnel » au sens du présent art. Même si le caractère extraterritorial des faits éventuellement à l'origine de l'action peut avoir des conséquences sur l'applicabilité de l'art. 6 Conv. EDH et sur le résultat final de la procédure, il ne peut en aucun cas en avoir sur la compétence *ratione loci* et *ratione personae* de l'État en question. En raison de l'existence d'une procédure civile devant les juridictions nationales, l'État est tenu de par le présent art. de garantir, dans le cadre de cette procédure, le respect des droits protégés par l'art. 6. • CEDH 14 déc. 2006, *Markovic et a. c/ Italie*, n° 1398/03 § 54 : *RFDA 2008. 728, étude Vonsy*. ♦ Néanmoins, dans le cadre d'une requête fondée notamment sur l'art. 3 de la Conv. EDH et présentée par des Syriens à propos d'un refus opposé par un État partie à une demande de visa déposée à Beyrouth auprès des autorités consulaires, la Cour considère que le simple fait pour un requérant d'initier une procédure dans un État partie avec lequel il n'a aucun lien de rattachement ne peut suffire à établir la juridiction de cet État à son égard sauf à consacrer une application quasi universelle de la Conv. sur la base du choix unilatéral de tout individu, où qu'il se trouve dans le monde, et donc à créer une obligation illimitée pour les États parties d'autoriser l'entrée sur leur territoire de toute personne qui risquerait de subir un traitement contraire à la Conv. en dehors de leur juridiction. • CEDH, gr. ch., décis., 5 mai 2020, *Belgique*, n° 3599/18 § 123.

11. Dès lors qu'au sujet d'un décès s'étant produit en dehors de la juridiction de l'État partie, ses organes ont ouvert leur propre enquête pénale ou engagé leurs propres poursuites en vertu du droit interne (sur la base par ex. de dispositions relatives à la compétence universelle ou du principe relatif à la personnalité active ou passive), le lien juridictionnel est établi, dans le cadre du volet procédural de l'art. 2 de la Conv. EDH, entre ledit État partie et les proches de la victime. • CEDH, gr. ch., 29 janv. 2019, *Güzelyurtlu c/ Chypre et Turquie*, n° 36925/07 § 188 : *RSC 2019. 701, obs. Roets*. ♦ Si aucune enquête ou procédure n'a été ouverte à propos d'un décès survenu à l'étranger, le lien juridictionnel peut être exceptionnellement établi qu'eu égard à des « circonstances propres » à l'espèce. • CEDH 7 janv. 2010, *Chypre et Russie*, n° 25965/04 § 243 s. ♦ Constitue une telle circonstance propre le fait que les meurtriers présumés de Chypriotes retrouvés morts dans la partie sud du territoire se soient réfugiés dans la partie nord pour laquelle Chypre est dans l'incapacité d'honorer ses obligations conventionnelles compte tenu de son occupation par la Turquie qui y exerce un contrôle effectif et dont la juridiction est donc en l'occurrence établie en ce qui concerne le volet procédural du présent art. • CEDH, gr. ch., 29 janv. 2019, *Güzelyurtlu c/ Chypre et Turquie*, n° 36925/07 § 193-195 : *préc.* ♦ Suffit à établir, dans le cadre du volet procédural de l'art. 2 de la Conv. EDH, le lien juridictionnel entre la Belgique et les proches d'une personne assassinée en Espagne, la circonstance que les autorités belges ont été, dans le cadre d'engagements internationaux de coopération en matière pénale liant les deux États (mandat d'arrêt européen), informées de l'intention des autorités espagnoles de poursuivre une personne et sollicitées de procéder à son arrestation et à sa remise. • CEDH 9 juill. 2019, *Romeo Castano c/ Belgique*, n° 8351/17 § 41-43 : *RSC 2019. 701, obs. Roets*.

A. PERSONNES RELEVANT DE LA JURIDICTION DES ÉTATS

12. La violation alléguée s'est produite avant que M. Van der Tang ne prenne la fuite, contrairement à ses engagements. Pendant que l'intéressé « relevait de la juridiction » de l'Espagne et notamment durant sa détention, il était fondé à s'attendre à ce que lui soient garantis, conformément au présent art., les droits et libertés inscrits dans la Conv. EDH. Sa fuite ultérieure, certes répréhensible, ne modifie rien son intérêt légitime à obtenir des institutions de la Convention une décision sur la violation qu'il allègue. • CEDH 13 juill. 1995, *Van der Tang c/ Espagne*, n° 19382/92 § 53 : *RSC 1996. 467, obs. Koering-Joulin*.

13. La Cour rappelle à cet égard que si le présent art. fixe des limites au domaine de la Conv. EDH, la notion de « juridiction » au sens de cette disposition ne se circonscrit pas au territoire national des États. • CEDH 13 déc. 2011, *Géorgie c/ Russie*, n° 38263/08 § 66.

1° CARACTÈRE PRINCIPALEMENT TERRITORIAL

14. La juridiction d'un État, au sens du présent art, est principalement territoriale. • CEDH, gr. ch., décis., 12 déc. 2001, *Bankovic et a. c/ Belgique, Rép. tchèque, etc.*, n° 52207/99 § 61 : *AJDA 2002. 500, chron. Flauss* ; *D. 2002. 2567, obs. Renucci* • CEDH, gr. ch., 8 juill. 2004, *Ilascu et a. c/ Moldova et Russie*, n° 48787/99 § 312 : *préc. note 9* • CEDH 7 janv. 2010, *Rantsev c/ Chypre et Russie*, n° 25965/04 § 206 : *AJDA 2010. 997, chron. Flauss* ; *RSC 2010. 681, obs. Roets* • CEDH 23 févr. 2012, *Hirsi Jamaa et a. c/ Italie*, n° 27765/09 § 71 : *préc. note 9* • CEDH, gr. ch., 19 oct. 2012, *Catan c/ Moldova et Russie*, n° 43370/04 § 104 : *RD publ. 2013. 728, chron. Sudre*.

15. La juridiction d'État est présumée s'exercer normalement sur l'ensemble de son territoire. • CEDH, gr. ch., 8 juill. 2004, *Ilascu et a. c/ Moldova et Russie*, n° 48787/99 § 312 : *préc. note 9* • CEDH, gr. ch., 8 avr. 2004, *Assanidzé c/ Géorgie*, n° 71503/01 § 139 : *AJDA 2004. 1809, chron. Flauss* ; *D. 2004. 2534, obs. Bîrsan* • CEDH 23 févr. 2012, *Hirsi Jamaa et a. c/ Italie*, n° 27765/09 § 71 : *préc. note 9* • CEDH, gr. ch., 19 oct. 2012, *Catan* *c/ Moldova et Russie,* n° 43370/04 § 104 : *préc. note 14.* ♦ … Même s'il peut rencontrer en pratique des difficultés à exercer son autorité sur la région concernée. • CEDH, gr. ch., 8 avr. 2004, *Assanidzé c/ Géorgie,* n° 71503/01 § 146 : *préc.* • CEDH, gr. ch., 16 juin 2015, *Sargsyan c/ Azerbaïdjan,* n° 40167/06 § 150. ♦ Même dans le cas d'une limitation de l'exercice de son autorité sur une partie de son territoire, il incombe à l'État de prendre toutes les mesures appropriées qui restent en son pouvoir. • CEDH, gr. ch., 8 juill. 2004, *Ilascu et a. c/ Moldova et Russie,* n° 48787/99 § 313 : *préc. note 9* • CEDH 15 nov. 2011, *Ivantoc c/ Moldova et Russie,* n° 23687/05 § 111 • CEDH, gr. ch., 19 oct. 2012, *Catan c/ Moldova et Russie,* n° 43370/04 § 109 : *préc. note 14.* ♦ L'État est donc responsable même à raison des actes commis sur son territoire par des agents d'un État étranger, avec l'approbation formelle ou tacite de ses autorités. • CEDH 13 déc. 2012, *El-Masri c/ Ex République Yougoslave de Macédoine,* n° 39630/09 § 206 s. : *AJDA 2013. 165, chron. Burgorgue-Larsen ; RFDA 2013. 576, chron. Labayle, Sudre, Dupré de Boulois et Milano.* ♦ Un aéroport situé sur le sol d'un État fait juridiquement partie du territoire de cet État, quand bien même il s'agirait d'un aéroport international • CEDH, gr. ch., 21 nov. 2019, *Z.A. e. a. c/ Russie,* n° 61411/15 § 130. ♦ La Convention ne saurait s'appliquer de manière sélective à des parties du territoire d'un État par l'effet d'une réduction artificielle de l'étendue de sa juridiction territoriale. Se référant au droit international s'agissant de la notion de « juridiction », la Cour juge que l'existence d'une clôture située à une certaine distance de la bordure frontalière ne saurait habiliter un État à exclure, modifier ou limiter unilatéralement sa juridiction territoriale, laquelle commence à la ligne frontalière. N'y change rien la spécificité du contexte migratoire qui ne saurait aboutir à la consécration d'un espace de non-droit au sein duquel les individus ne relèveraient d'aucun régime juridique susceptible de leur accorder la jouissance des droits et garanties prévus par la Convention. • CEDH, gr. ch., 13 févr. 2020, *N. D. et N. T. c/ Espagne,* nos 8675/15 et 8697/15 § 109 s.

16. Cette présomption peut se trouver limitée dans des circonstances exceptionnelles, notamment lorsqu'un État est dans l'incapacité d'exercer son autorité sur une partie de son territoire. • CEDH, gr. ch., 8 juill. 2004, *Ilascu et a. c/ Moldova et Russie,* n° 48787/99 § 312 : *préc. note 9.*

17. La mesure dénoncée par la société requérante a été mise en œuvre par les autorités de l'État défendeur, sur le territoire de celui-ci, à la suite d'une décision du ministre irlandais des Transports. Dès lors, la société requérante, en tant que destinataire de la mesure litigieuse, relève de la « juridiction » de l'État irlandais. • CEDH, gr. ch., 30 juin 2005, *Bosphorus Hava Yollari Turizm ve Ticaret Anonim Sirketi c. Irlande,* n° 45036/98 § 136 : *AJDA 2005. 1886, chron. Flauss ; RFDA 2006. 566, note Andriantsimbazovina ; RTD eur. 2005. 749, note Jacqué ; JCP Adm. 2005, n° 1311, note Szymczak* • CEDH, gr. ch., décis., 2 mai 2007, *Behrami et Behrami c/ France,* n° 71412/01 § 151 (a contrario) • CEDH, gr. ch., 21 juin 2016, *Al-Dulimi et Montana Management Inc. c/ Suisse,* n° 5809/08 § 95 : *AJDA 2016. 1738, chron. Burgorgue-Larsen ; D. 2016. 1985, note Grange ; AJ pénal 2016. 488, obs. Poissonnier .* ♦ Les résolutions du Conseil de sécurité ont été mises en œuvre au niveau interne par une ordonnance du Conseil fédéral et les demandes formées par le requérant aux fins de bénéficier d'une dérogation à l'interdiction d'entrer sur le territoire suisse ont été rejetées par des autorités suisses. On se trouve donc en présence d'actes nationaux d'application d'une résolution du Conseil de sécurité de l'ONU. Les violations alléguées de la Convention sont ainsi imputables à la Suisse. • CEDH, gr. ch., 12 sept. 2012, *Nada c/ Suisse,* n° 10593/08 § 168 : *AJDA 2013. 165, chron. Burgorgue-Larsen ; RFDA 2013. 576, chron. Labayle, Sudre, Dupré de Boulois et Milano ; RTD eur. 2013. 515, note Tinière ; RD publ. 2013. 727, chron. Sudre.*

18. A l'inverse, l'État sur le territoire duquel se tient un procès peut ne pas voir sa responsabilité du fait de ce procès. C'est le cas lorsque la juridiction qui siège est en fait celle d'un autre État (en l'espèce, juridiction militaire pour des forces en stationnement dans un autre état). • CEDH 24 oct. 2006, *Martin c/ Royaume-Uni,* n° 40426/98 (sol. impl.). ♦ … Ou lorsqu'il s'agit d'une juridiction internationale. • CEDH, décis., 9 juin 2009, *Galic c/ Pays-Bas,* n° 22617/07 § 44 (pour l'OTAN) • CEDH, décis., 9 oct. 2012, *DJokaba Lambi Longa c/ Pays-Bas,* n° 33917/12 § 73 à 75 : *RFDA 2013. 576, chron. Labaye et Sudre .*

2° EXERCICE EXTRATERRITORIAL

19. Principe. Par exception au principe de territorialité, la juridiction d'un État contractant au sens du présent art. peut s'étendre aux actes de ses organes qui déploient leurs effets en dehors de son territoire. • CEDH 26 juin 1992, *Drozd et Janousek c/ France et Espagne,* n° 12747/87 § 91 : *AJDA 1993. 105, chron. Flauss ; RFDA 1993. 963, chron. Berger, Giakoumopoulos, Labayle et Sudre ; Berger 12e éd., n° 31* • CEDH 18 déc. 1996, *Loizidou c/ Turquie,* n° 15318/89 § 52 • CEDH, gr. ch., décis., 4 juill. 2001, *Ilascu et a. c/ Moldova et Russie,* n° 48787/99 • CEDH, gr. ch., décis., 12 déc. 2001, *Bankovic et a. c/ Belgique, Rép. tchèque, etc.,* n° 52207/99 § 69 : *préc. note 14* • CEDH, gr. ch., 7 juill. 2011, *Al-*

Skeini et a. c/ Royaume-Uni, n° 55721/07 § 134 : *AJDA 2012. 143, chron. Burgorgue-Larsen* • CEDH 27 oct. 2011, *Stojkovic c/ France et Belgique,* n° 25303/08 § 37 : *AJ pénal 2012. 93, note Demarchi* • CEDH 13 déc. 2011, *Géorgie c/ Russie,* n° 38263/08 § 66.

20. En conformité avec la notion essentiellement territoriale de juridiction, la Cour n'a admis que dans des circonstances exceptionnelles que les actes des États contractants accomplis ou produisant des effets en dehors de leur territoire peuvent s'analyser en l'exercice par eux de leur juridiction au sens du présent art. • CEDH, gr. ch., décis., 12 déc. 2001, *Bankovic et a. c/ Belgique, Rép. tchèque, etc.,* n° 52207/99 § 67 : *préc. note 14* • CEDH, gr. ch., 8 juill. 2004, *Ilascu et a. c/ Moldova et Russie,* n° 48787/99 § 312 : *préc. note 9* • CEDH 23 févr. 2012, *Hirsi Jamaa et a. c/ Italie,* n° 27765/09 § 72 : *préc. note 9* • CEDH, gr. ch., 19 oct. 2012, *Catan c/ Moldova et Russie,* n° 43370/04 § 105 : *préc. note 14.*

21. Dans chaque cas, c'est au regard des faits particuliers de la cause qu'il faut apprécier l'existence de circonstances exigeant et justifiant que la Cour conclue à un exercice extraterritorial de sa juridiction par l'État. • CEDH, gr. ch., 7 juill. 2011, *Al-Skeini et a. c/ Royaume-Uni,* n° 55721/07 § 132 : *préc. note 19* • CEDH 23 févr. 2012, *Hirsi Jamaa et a. c/ Italie,* n° 27765/09 § 73 : *préc. note 9.*

22. Mise en œuvre. Si la restriction du droit en cause n'était pas, à l'origine, le fait des autorités françaises (mais belges), il appartenait à celles-ci, à défaut de motif impérieux la justifiant, de veiller à ce qu'elle ne compromette pas l'équité de la procédure suivie devant elles. Le régime juridique de l'audition litigieuse ne dispensait pas les autorités françaises de vérifier ensuite si elle avait été accomplie en conformité avec les principes fondamentaux tirés de l'équité du procès et d'y apporter, le cas échéant, remède. En application des dispositions du présent art., la mise en œuvre et la sanction des droits et libertés garantis par la Conv. reviennent au premier chef aux autorités nationales. • CEDH, gr. ch., 29 mars 2006, *Scordino c/ Italie,* n° 36813/97 § 140 : *préc. note 8.* ♦ Il incombait donc aux juridictions pénales françaises de s'assurer que les actes réalisés en Belgique n'avaient pas été accomplis en violation des droits de la défense et de veiller ainsi à l'équité de la procédure dont elles avaient la charge, l'équité s'appréciant en principe au regard de l'ensemble de la procédure. • CEDH 27 oct. 2011, *Stojkovic c/ France et Belgique,* n° 25303/08 § 37 : *préc. note 19.*

23. La responsabilité des États défendeurs ne peut être engagée du fait des actions et omissions litigieuses de la KFOR et de la MINUK, lesquelles étaient directement imputables à l'ONU en tant qu'organisation à vocation universelle remplissant un objectif impératif de sécurité collective. Les griefs des requérants dans ces affaires doivent dès lors être déclarés incompatibles *ratione personae* avec les dispositions de la Conv. EDH. • CEDH, gr. ch., décis., 2 mai 2007, *Behrami et Behrami c/ France,* n° 71412/01 § 151 et 152. ♦ V. cependant • CEDH, gr. ch., décis., 7 juill. 2011, *Al-Jedda c/ Royaume-Uni,* n° 27021/08 § 100 s. : *AJDA 2012. 143, chron. Burgorgue-Larsen ; RD publ. 2012. 801, chron. Sudre.*

24. Pour autant que la requête est dirigée contre les Communautés européennes en tant que telles, la Commission relève qu'elles ne sont pas parties Contractantes à la Conv. EDH. Dans cette mesure, l'examen des griefs de la requérante échappe à la compétence *ratione personae* de la Commission. De même, les États, par leur participation aux décisions du Conseil des Communautés européennes, n'ont pas, dans les circonstances de l'espèce, exercé leur « juridiction », au sens du présent art. • Comm. EDH 10 juill. 1978, *CFDT c/ Ctés européennes, la collectivité de leurs États membres et leurs États membres pris individuellement,* n° 8030/77 • CEDH, décis., 20 janv. 2009, *Cooperatieve Producentenorganisatie van de Nederlandse Kokkelvisserij U.A. c/ Pays-Bas,* n° 13645/05. ♦ Les doléances du requérant sont essentiellement dirigées contre le jugement rendu par le TAOIT à l'occasion du contentieux individuel du travail qui l'opposait à Eurocontrol. La décision litigieuse a été prise par un tribunal international échappant à la juridiction des États défendeurs, dans le cadre d'un conflit du travail qui s'inscrit entièrement dans l'ordre juridique interne d'Eurocontrol, organisation internationale possédant une personnalité juridique distincte de celle de ses États membres. • CEDH, décis., 9 sept. 2008, *Boivin c/ France, Belgique et 32 autres États membres du Conseil de l'Europe,* n° 73250/01.

a. Autorité et contrôle d'un agent de l'État

25. Agents diplomatiques ou consulaires. La juridiction de l'État peut naître des actes des agents diplomatiques ou consulaires présents en territoire étranger conformément aux règles du droit international dès lors que ces agents exercent une autorité et un contrôle sur autrui. • CEDH, gr. ch., décis., 12 déc. 2001, *Bankovic et a. c/ Belgique, Rép. tchèque, etc.,* n° 52207/99 § 73 : *préc. note 14* • CEDH, gr. ch., 7 juill. 2011, *Al-Skeini et a. c./ Royaume-Uni,* n° 55721/07 § 134 : *préc. note 19.* ♦ Les fonctionnaires d'un État, y compris des agents diplomatiques ou consulaires en poste à l'étranger, attirent les personnes et les biens sous la juridiction de cet État dans la mesure où ils exercent leur autorité sur ces personnes ou sur ces biens. Dès lors que ces derniers se trouvent affectés par les actes ou omissions des fonctionnaires, la responsabilité de l'État est engagée. • Comm. EDH 14 oct. 1992, *Danemark,* n° 17392/90. ♦ V. déjà : • Comm. EDH 25 sept. 1965, *Allemagne,* n° 1611/62. ♦ Dans le cadre de l'exercice des fonctions consulaires de réception et de délivrance des visas, les agents diplomatiques n'exercent pas de contrôle de fait à l'égard des demandeurs qui ont choisi librement de se présenter à l'ambassade de l'État partie – comme ils auraient pu s'orienter vers une autre ambassade – et ont pu quitter les locaux sans rencontrer d'entrave. • CEDH, gr. ch., décis., 5 mai 2020, *Belgique,* n° 3599/18 § 118.

26. Accord international. L'exercice extra-territorial de sa juridiction par l'État contractant peut trouver sa justification lorsque cet État, en vertu du consentement, de l'invitation ou de l'acquiescement du gouvernement local, assume l'ensemble ou certaines des prérogatives de puissance publique normalement exercées par celui-ci. • CEDH, gr. ch., décis., 12 déc. 2001, *Bankovic et a. c/ Belgique, Rép. tchèque, etc.,* n° 52207/99 § 71 : *préc. note 14.* ♦ Dès lors que, conformément à une règle de droit international coutumière, conventionnelle ou autre, ses organes assument des fonctions exécutives ou judiciaires sur un territoire autre que le sien, un État contractant peut être tenu pour responsable des violations de la Convention commises dans l'exercice de ces fonctions, pourvu que les faits en question soient imputables à lui et non à l'État territorial. • Comm. EDH 14 juill. 1977, *Suisse,* n° 7289/75 • CEDH, gr. ch., 7 juill. 2011, *Al-Skeini et a. c/ Royaume-Uni,* n° 55721/07 § 135 : *préc. note 19.* ♦ Rappr. • CEDH 14 mai 2002, *Gentilhomme, Schaff-Benhadji et Zeroukiet c/ France,* n° 48205/99 § 19 : *AJDA 2003. 1924, chron. Flauss.*

27. Personnes entre les mains d'agents de l'État à l'extérieur de ses frontières. Dès l'instant où un État, par le biais de ses agents opérant hors de son territoire, exerce son contrôle et son autorité sur un individu, et par voie de conséquence sa juridiction, pèse sur lui en vertu du présent art. une obligation de reconnaître à celui-ci les droits et libertés définis au titre I de la Conv. qui concernent son cas. En ce sens, dès lors, il est maintenant admis par la Cour que les droits découlant de la Conv. peuvent être « fractionnés et adaptés ». • CEDH, gr. ch., 7 juill. 2011, *Al-Skeini et a. c/ Royaume-Uni,* n° 55721/07 § 136 et 137 : *préc. note 19* • CEDH 23 févr. 2012, *Hirsi Jamaa et a. c/ Italie,* n° 27765/09 § 74. ♦ Comp. • CEDH, gr. ch., décis., 12 déc. 2001, *Bankovic et a. c/ Belgique, Rép. tchèque, etc.,* n° 52207/99 § 75 : *préc. note 14.*

28. Le recours à la force par des agents d'un État opérant hors de son territoire peut faire passer sous la juridiction de cet État, au sens du présent art., toute personne se retrouvant ainsi sous le contrôle de ceux-ci. • CEDH, gr. ch., 7 juill. 2011, *Al-Skeini et a. c/ Royaume-Uni,* n° 55721/07 : *préc. note 19.* ♦ Le requérant, dès sa remise par les agents kenyans aux agents turcs, s'est effectivement retrouvé sous l'autorité de la Turquie et relevait donc de la « juridiction » de cet État aux fins du présent art., même si, en l'occurrence, la Turquie a exercé son autorité en dehors de son territoire. • CEDH, gr. ch., 12 mai 2005, *Ocalan c/ Turquie,* n° 46221/99 § 91 : *AJDA 2006. 466, chron. Flauss ; RFDA 2006. 308, étude Labayle ; RSC 2006. 431, obs. Massias.* ♦ Dès lors que le contrôle exercé par le Royaume-Uni sur ses prisons militaires en Irak et sur les personnes y séjournant était absolu et exclusif, il y avait lieu de considérer, à propos de 2 ressortissants irakiens incarcérés dans l'une d'elles, qu'ils relevaient de la juridiction du Royaume-Uni. • CEDH, décis., 30 juin 2009, *Al-Saadoon et Mufdhi c/ Royaume-Uni,* n° 61498/08 § 86 à 89 : *AJDA 2009. 1936, chron. Flauss.*

29. Compte tenu de l'existence d'un contrôle absolu et exclusif exercé par la France, au moins *de facto*, sur le W. et son équipage dès l'interception du navire, de manière continue et ininterrompue, les requérants relevaient bien de la juridiction de la France au sens du présent art. • CEDH, gr. ch., 29 mars 2010, *Medvedyev et a. c/ France,* n° 3394/03 § 67 : *AJDA 2010. 648 ; D. 2010. 1386, note Renucci ; ibid. 952, entretien Spinosi ; ibid. 970, point de vue Rebut ; ibid. 1390, note Hennion-Jacquet ; RSC 2010. 685, obs. Marguénaud ; AJ Pénal 2008. 469, obs. Saas ; JCP 2010. I. 454, chron. Sudre.* • CEDH 4 déc. 2014, *Ali Samatar et a. c/ France (affaire du Ponant),* n° 17110/10 § 31 : *D. 2015. 303, note Renucci ; AJ pénal 2015. 102, obs. Poissonnier.* ♦ Dans la présente affaire, les faits se sont entièrement déroulés à bord de navires des forces armées italiennes, dont l'équipage était composé exclusivement de militaires nationaux. De l'avis de la Cour, à partir du moment où ils sont montés à bord des navires des forces armées italiennes et jusqu'à leur remise aux autorités libyennes, les requérants se sont trouvés sous le contrôle continu et exclusif, tant *de jure* que *de facto*, des autorités italiennes. • CEDH 23 févr. 2012, *Hirsi Jamaa et a. c/ Italie,* n° 27765/09 § 81 : *préc. note 9.*

30. A l'inverse, dès lors qu'il n'a pas été établi que les forces armées turques ont mené des opérations dans la zone en question, et, plus précisément, dans les collines au-dessus du village concerné où, selon les déclarations des requérants, les victimes se trouvaient, celles-ci ne pouvaient être considérées comme relevant de la juridiction turque. • CEDH 16 nov. 2004, *Issa et a.,* n° 31821/96 § 81.

b. Contrôle effectif sur le territoire

31. La juridiction de l'État contractant au sens du présent art. peut connaître une autre exception lorsque, par suite d'une action militaire – légale ou non –, l'État exerce un contrôle effectif sur une zone située en dehors de son territoire. L'obligation d'assurer dans une telle zone le respect des droits et libertés garantis par la Convention découle du fait de ce contrôle, qu'il s'exerce directement, par l'intermédiaire des forces armées de l'État ou par le biais d'une administration locale subordonnée. • CEDH, gr. ch., 23 mars 1993, *Loizidou c/ Turquie,* n° 15318/89 § 62 : *AJDA 1995. 719, chron. Flauss* ; *D. 1996. 201, obs. Perez* (exceptions préliminaires) • CEDH 18 déc. 1996, *Loizidou c/ Turquie,* n° 15318/89 § 52 • CEDH, gr. ch., 10 mai 2001, *Chypre c/ Turquie,* n° 25781/94 § 76 : *AJDA 2001. 1060, chron. Flauss* ; *RTDH 2002. 807, obs. Tavernier* • CEDH, gr. ch., décis., 12 déc. 2001, *Bankovic et a. c/ Belgique, Rép. tchèque, etc.,* n° 52207/99 § 70 : *préc. note 14* • CEDH, gr. ch., 8 juill. 2004, *Ilascu et a. c/ Moldova et Russie,* n° 48787/99 § 314 à 316 : *préc. note 9* • CEDH, gr. ch., 7 juill. 2011, *Al-Skeini et a. c/ Royaume-Uni,* n° 55721/07 § 138 : *préc. note 19* • CEDH, décis., 13 déc. 2011, *Géorgie c/ Russie,* n° 38263/08 § 66 • CEDH, gr. ch., 19 oct. 2012, *Catan c/ Moldova et Russie,* n° 43370/04 §106 : *préc. note 14.* • CEDH, gr. ch., 16 sept. 2014, *Hassan c/ Royaume-Uni,* n° 29750/09 § 80 : *AJDA 2015. 150, chron. Burgorgue-Larsen* .

32. Dès lors qu'un État contractant exerce un contrôle global sur une zone située en dehors de son territoire national, sa responsabilité ne se limite pas aux seuls actes commis par ses soldats ou fonctionnaires dans cette zone, mais s'étend également aux actes de l'administration locale qui survit grâce à son soutien militaire ou autre. • CEDH, gr. ch., 8 juill. 2004, *Ilascu et a. c/ Moldova et Russie,* n° 48787/99 § 316 : *préc. note 9* • CEDH, gr. ch., 19 oct. 2012, *Catan c/ Moldova et Russie,* n° 43370/04 § 111 : *préc. note 14.* ♦ De même, si les troupes néerlandaises étaient basées dans une zone du sud-est de l'Irak où les forces se trouvaient sous le commandement d'un officier britannique, les Pays-Bas avaient néanmoins la responsabilité d'y assurer la sécurité, à l'exclusion d'autres États participants, et ils y conservaient le plein commandement sur leur contingent. • CEDH, gr. ch., 20 nov. 2014, *Jaloud c/ Pays-Bas,* n° 47708/08 § 149 : *RSC 2015. 155, obs. Marguénaud* .

33. Dès lors qu'une telle mainmise sur un territoire est établie, il n'est pas nécessaire de déterminer si l'État contractant qui la détient exerce un contrôle précis sur les politiques et actions de l'administration locale qui lui est subordonnée. Du fait qu'il assure la survie de cette administration grâce à son soutien militaire et autre, cet État engage sa responsabilité à raison des politiques et actions entreprises par elle. Le présent art. lui fait obligation de reconnaître sur le territoire en question la totalité des droits matériels énoncés dans la Conv. EDH et dans les Prot. qu'il a ratifiés, et les violations de ces droits lui sont imputables. • CEDH, gr. ch., 10 mai 2001, *Chypre c/ Turquie,* n° 25781/94 § 77 : *préc. note 31* • CEDH, gr. ch., 7 juill. 2011, *Al-Skeini et a. c/ Royaume-Uni,* n° 55721/07 § 138 : *préc. note 19.*

34. La question de savoir si un État contractant exerce ou non un contrôle effectif sur un territoire hors de ses frontières est une question de fait. Pour se prononcer, la Cour se réfère principalement au nombre de soldats déployés par l'État sur le territoire en cause. D'autres éléments peuvent aussi entrer en ligne de compte, par exemple la mesure dans laquelle le soutien militaire, économique et politique apporté par l'État à l'administration locale subordonnée assure à celui-ci une influence et un contrôle dans la région. • CEDH, gr. ch., 7 juill. 2011, *Al-Skeini et a. c/ Royaume-Uni,* n° 55721/07 § 139 : *préc. note 19.*

35. Le grand nombre de soldats participant à des missions actives dans le nord de Chypre atteste que l'armée turque exerce en pratique un contrôle global sur cette partie de l'île. D'après le critère pertinent et dans les circonstances de la cause, ce contrôle engage sa responsabilité à raison de la politique et des actions de la « République turque de Chypre du Nord ». Les personnes touchées par cette politique ou ces actions relèvent donc de la « juridiction » de la Turquie aux fins du présent art. L'obligation qui lui incombe de garantir à la requérante les droits et libertés définis dans la Convention s'étend en conséquence à la partie septentrionale de Chypre. • CEDH 18 déc. 1996, *Loizidou c/ Turquie,* n° 15318/89 § 56 : *préc. note 31.* ♦ La Cour attribue une importance particulière au soutien financier dont bénéficie la « République moldave de Transnistrie » (RMT) en vertu d'un certain nombre d'accords conclus entre celle-ci et la Fédération de Russie. L'ensemble de ces éléments est de nature à prouver que la RMT, établie en 1991-1992 avec le soutien de la Fédération de Russie et dotée d'organes de pouvoir et d'une administration propres, continue de se trouver sous l'autorité effective, ou tout au moins sous l'influence décisive, de la Fédération de Russie et, en tout état de cause, qu'elle survit grâce au soutien militaire, économique, financier et politique que lui fournit la Fédération de Russie. • CEDH, gr. ch., 8 juill. 2004, *Ilascu et a. c/ Moldova et Russie,* n° 48787/99 § 390 et 392 : *préc. note 9* • CEDH, gr. ch., 19 oct. 2012, *Catan c/ Moldova et Russie,* n° 43370/04 § 120 :

préc. note 14. ♦ Sur la Transnistrie, V. également. • CEDH,gr. ch., 23 févr. 2016, *Mozer c/ Moldova et Russie,* n° 11138/10. ♦ Après le renversement du régime baassiste et jusqu'à l'instauration du gouvernement intérimaire, le Royaume-Uni a assumé en Irak (conjointement avec les États-Unis) certaines des prérogatives de puissance publique qui sont normalement celles d'un État souverain, en particulier le pouvoir et la responsabilité du maintien de la sécurité dans le sud-est du pays. Dans ces circonstances exceptionnelles, la Cour considère que le Royaume-Uni, par le biais de ses soldats affectés à des opérations de sécurité à Bassorah lors de cette période, exerçait sur les personnes tuées lors de ces opérations une autorité et un contrôle propres à établir, aux fins du présent art., un lien juridictionnel entre lui et ces personnes. • CEDH, gr. ch., 7 juill. 2011, *Al-Skeini et a. c/ Royaume-Uni,* n° 55721/07 § 149 : *préc. note 19.*

36. Interné dans un centre de détention de la ville de Bassorah contrôlé exclusivement par les forces britanniques, le requérant s'est trouvé pendant toute la durée de sa détention sous l'autorité et le contrôle du Royaume-Uni. L'internement avait été décidé par l'officier britannique qui commandait le centre de détention. Si la décision de maintenir le requérant en détention a été réexaminée à différents stades par des organes ayant en leur sein des fonctionnaires irakiens et des représentants non britanniques de la force multinationale, la Cour estime que ces procédures de contrôle n'ont pas eu pour effet d'empêcher l'imputation au Royaume-Uni de la détention en question. • CEDH, gr. ch., 7 juill. 2011, *Al-Jedda c/ Royaume-Uni,* n° 27021/08 § 85 : *préc. note 23.*

37. La « RHK » (République du Haut-Karabakh) et son administration survivent grâce à l'appui militaire, politique, financier et autre que leur apporte l'Arménie, laquelle, dès lors, exerce un contrôle effectif sur le Haut-Karabakh et les territoires avoisinants. • CEDH, gr. ch., 16 juin 2015, *Chiragov et a. c/ Arménie,* n° 13216/05 § 152 s.

38. La préoccupation essentielle doit toujours être la protection effective des droits garantis par la Conv. EDH sur l'ensemble du territoire de chacune des Parties contractantes, même lorsqu'une partie du territoire d'une Partie contractante se trouve sous le contrôle effectif d'une autre Partie contractante. En conséquence, elle ne saurait considérer que le caractère *illégitime d'une entité non reconnue* par la communauté internationale rend automatiquement illégales, aux seules fins de la Conv. EDH, les décisions prises par les tribunaux d'une telle entité. • CEDH, gr. ch., 23 févr. 2016, *Mozerc/ Moldova et Russie,* n° 11138/10 § 142.

B. PROTECTION PAR RICOCHET

39. Un État contractant se conduirait d'une manière incompatible avec les valeurs sous-jacentes à la Conv. EDH, ce « patrimoine commun d'idéal et de traditions politiques, de respect de la liberté et de prééminence du droit » auquel se réfère le Préambule, s'il remettait consciemment un fugitif – pour odieux que puisse être le crime reproché – à un autre État où il existe des motifs sérieux de penser qu'un danger de torture menace l'intéressé. Malgré l'absence de mention expresse dans le texte bref et général de l'art. 3 Conv. EDH, pareille extradition irait manifestement à l'encontre de l'esprit de ce dernier ; aux yeux de la Cour, l'obligation implicite de ne pas extrader s'étend aussi au cas où le fugitif risquerait de subir dans l'État de destination des peines ou traitements inhumains ou dégradants proscrits par ledit art. • CEDH 7 juill. 1989, *Soering c/ Royaume-Uni,* n° 14038/88 § 88 : *Berger 12e éd. n° 15 ; JCP 1990. 3452, note Labayle ; RGDIP 1990. 103, obs. Sudre* • CEDH 30 oct. 1991, *Vilvarajah et a. c/ Royaume-Uni,* n° 13163/87 § 103 : *AJDA 1992. 15, chron. Flauss ; RFDA 1992. 510, chron. Berger, Giakoumopoulos, Labayle et Sudre* • CEDH, gr. ch., 21 janv. 2011, *M. S. S. c/ Belgique et Grèce,* n° 30696/09 § 365 : *AJDA 2011. 138 ; D. 2012. 390, obs. Boskovic, Corneloup, Jault-Seseke, Joubert et Parrot ; Constitutions 2011. 334, obs. Levade ; RFDA 2012. 455, chron. Labayle et Sudre ; JCP Adm. 2011. 2367, note Marti.* ♦ Ces principes s'appliquent en cas d'extradition d'un requérant vers un pays qui pratique encore la peine de mort dès lors que le requérant risque cette peine. • CEDH 7 juill. 1989, *Soering c/ Royaume-Uni,* n° 14038/88 § 91 : *préc.* ♦ Il en va également ainsi lorsque l'État d'accueil des requérants risque de procéder lui-même à leur renvoi dans un pays où ils risquent de mauvais traitements. • CEDH, gr. ch., 23 févr. 2012, *Hirsi Jamaa et a. c/ Italie,* n° 27765/09 § 128.

III. GARANTIE DE L'EFFICACITÉ DES OBLIGATIONS CONVENTIONNELLES

40. La Convention a pour but de protéger des droits non pas théoriques ou illusoires, mais concrets et effectifs. • CEDH 9 oct. 1979, *Airey c/ Irlande,* n° 6289/73 § 24 • CEDH 13 mai 1980, *Artico c/ Italie,* n° 6694/74 § 33 : *CDE 1982. 213, obs. Cohen-Jonathan ; AFDI 1981. 288, obs. Pelloux ; JDI 1982. 202, obs. Rolland* • CEDH, gr. ch., 30 janv. 1998, *Parti communiste unifié de Turquie c/ Turquie,* n° 19392/92 § 33 : *D. 1998. 372, obs. Perez ; RSC 1998. 602, obs. Pettiti ; RTD civ. 1998. 997, obs. Marguénaud* • CEDH, gr. ch., 29 mars 2006, *Scordino c/ Italie,* n° 36813/97 § 192 : *préc. note 8* • CEDH, gr. ch., 1er juin

2010, *Gäfgen c/ Allemagne*, n° 22978/05 § 123 : *D. 2010. 2850, point de vue Guérin ; RSC 2010. 678, obs. Marguénaud .*

41. Dès lors, si la Conv. EDH énonce pour l'essentiel des droits civils et politiques, nombre d'entre eux ont des prolongements d'ordre économique ou social, il ne faut donc pas écarter telle ou telle interprétation pour le simple motif qu'à l'adopter on risquerait d'empiéter sur la sphère des droits économiques et sociaux ; nulle cloison étanche ne sépare celle-ci du domaine de la Conv. EDH. • CEDH 9 oct. 1979, *Airey c/ Irlande*, n° 6289/73 § 26. ♦ V. déjà : On ne comprendrait pas que l'art. 6, § 1, décrive en détail les garanties de procédure accordées aux parties à une action civile en cours et qu'il ne protège pas d'abord ce qui seul permet d'en bénéficier en réalité : l'accès au juge. Équité, publicité et célérité du procès n'offrent pas d'intérêt en l'absence de procès. • CEDH 21 févr. 1975, *Golder c/ Royaume-Uni*, n° 4451/70 § 35.

42. S'il est vrai : que la Conv. EDH ne prescrit pas aux États contractants une manière déterminée d'assurer dans leur droit interne l'application effective de toutes ses dispositions. • CEDH 6 févr. 1976, *Synd. suédois des conducteurs de locomotives c/ Suède*, n° 5614/72 § 50. ♦ ... Et que les États ne sont pas tenus d'incorporer la Conv. EDH à leur système juridique national, ils n'en doivent pas moins, aux termes du présent art. et sous une forme ou une autre, assurer à quiconque relève de leur juridiction la substance des droits et libertés reconnus. • CEDH 18 janv. 1978, *Irlande c/ Royaume-Uni*, n° 5310/71 § 239.

A. EXISTENCE D'OBLIGATIONS POSITIVES

43. Principes. Un engagement assumé en vertu de la Conv. EDH appelle parfois des mesures positives de l'État ; en pareil cas, celui-ci ne saurait se borner à demeurer passif et « il n'y a (...) pas lieu de distinguer entre actes et omissions ». Or l'obligation d'assurer un droit effectif d'accès à la justice se range dans cette catégorie d'engagements. • CEDH 9 oct. 1979, *Airey c/ Irlande*, n° 6289/73 § 25 • CEDH 26 mars 1985, *X. et Y. c/ Pays-Bas*, n° 8978/80 § 22 et 23 • Comm. EDH 7 mars 1994, *Whiteside c/ Royaume-Uni*, n° 20357/92. ♦ Le point décisif consiste à savoir si les autorités nationales ont pris, pour faciliter le regroupement, toutes les mesures nécessaires que l'on pouvait raisonnablement exiger d'elles. • CEDH 23 sept. 1994, *Hokkanen c/ Finlande*, n° 19823/92 § 58 : *RTD civ. 1995. 347, obs. J. Hauser .*

44. L'obligation positive s'entend pour l'État d'avoir à adopter des mesures raisonnables et adéquates pour protéger les droits de l'individu tels qu'ils sont définis par la Conv. EDH. • CEDH 9 déc. 1994, *Lopez-Ostra c/ Espagne*, n° 16798/90 § 51.

45. Afin de déterminer l'étendue des obligations positives incombant à l'État, il faut prendre en compte – souci sous-jacent à la Convention tout entière – le juste équilibre à ménager entre l'intérêt général et les intérêts de l'individu. • CEDH 27 sept. 1990, *Cossey c/ Royaume-Uni*, n° 10843/84 § 37 • CEDH, gr. ch., 11 juill. 2002, *Christine Goodwin c/ Royaume-Uni*, n° 28957/95 § 72 : *AJDA 2002. 1277, chron. Flauss ; D. 2003. 525, obs. Bîrsan ; ibid. 1935, chron. Lemouland ; ibid. 2023, note Chavent-Leclère ; RDSS 2003. 137, obs. Monéger ; RTD civ. 2002. 782, obs. Hauser ; ibid. 862, obs. Marguénaud ; AJ fam. 2002. 413, obs. Granet ; JCP 2003. I. 109, chron. Sudre.* ♦ ... Ainsi que la diversité des situations dans les États contractants et les choix à faire en termes de priorités et de ressources. • CEDH, gr. ch., 8 juill. 2004, *Ilascu et a. c/ Moldova et Russie*, n° 48787/99 § 390 et 392 : *préc. note 9.*

46. Limites. Ces obligations ne doivent pas être interprétées de manière à imposer un fardeau insupportable ou excessif. • CEDH 28 oct. 1998, *Osman c/ Royaume-Uni*, n° 23452/94 § 116 • CEDH 16 mars 2000, *Ozgur Gundem c/ Turquie*, n° 23144/93 § 43 • CEDH, gr. ch., 8 juill. 2004, *Ilascu et a. c/ Moldova et Russie*, n° 48787/99 § 390 et 392 : *préc. note 9.* • CEDH, décis., 26 mars 2013, *Rappaz c/ Suisse*, n° 73175/10 § 49.

1° OBLIGATIONS SUBSTANTIELLES

a. Fondements

47. Principe. L'obligation positive peut découler directement de la disposition protégeant un droit : ainsi l'art. 8 Conv. EDH ne se contente pourtant pas d'astreindre l'État à s'abstenir de certaines ingérences ; à cet engagement plutôt négatif peuvent s'ajouter des obligations positives inhérentes à un « respect » effectif de la vie familiale. • CEDH 13 juin 1979, *Marckx c/ Belgique*, n° 6833/74 § 31 : *CDE 1980. 473, obs. Cohen-Jonathan ; AFDI 1980. 317, chron. Pelloux ; JDI 1982. 183, obs. Rolland* • CEDH 24 juin 2004, *Von Hannover c/ Allemagne*, n° 59320/00 § 53 : *AJDA 2004. 1809, chron. Flauss ; D. 2005. 340, note Halpérin ; ibid. 2004. 2538, obs. Renucci ; Mél. Aubert 2005. 441, étude Gridel ; RTD civ. 2004. 802, obs. Marguénaud ; JCP 2004. I. 161, chron. Sudre.*

48. Ces obligations découlent aussi parfois de la combinaison de plusieurs articles : en l'espèce, les art. 3 et 8 justifiant l'obligation positive d'adopter des dispositions en matière pénale qui sanctionnent effectivement le viol et de les appliquer en pratique au travers d'une enquête et de poursuites effectives. • CEDH 4 déc.

2003, *M. C. c/ Bulgarie*, n° 39272/98 § 153 : *RSC 2004. 441, obs. Massias ; RTD civ. 2004. 364, obs. Marguénaud ; JCP. 2004. I. 107, chron. Sudre.* ♦ De même, en vertu de leurs obligations positives au titre de l'art. 8 Conv. EDH de réglementer l'exercice de la liberté d'expression protégée par l'art. 10 Conv. EDH de manière à assurer une protection adéquate par la loi de la réputation des individus. • CEDH, gr. ch., 17 déc. 2004, *Cumpana et Mazare c/ Roumanie*, n° 33348/96 § 111 : *AJDA 2005. 541, chron. Flauss* • CEDH 22 déc. 2005, *Paturel c/ France*, n° 54968/00 § 30 : *AJDA 2006. 473, chron. Flauss ; AJ pénal 2006. 169, obs. Plana.*

49. Dans les autres cas, l'obligation positive découle du présent art. En effet, les engagements pris par une Partie contractante en vertu du présent art. comportent, outre le devoir de s'abstenir de toute ingérence dans la jouissance des droits et libertés garantis, des obligations positives de prendre les mesures appropriées pour assurer le respect de ces droits et libertés. • CEDH, gr. ch., 8 juill. 2004, *Ilascu et a. c/ Moldova et Russie*, n° 48787/99 § 313 : *préc. note 9* • CEDH 19 juill. 2012, *Koch c/ Allemagne*, n° 497/09 § 69 : *RTD civ. 2012. 700, obs. Marguénaud ; ibid. 2013. 354, obs. Hauser.* ♦ Ces obligations subsistent même dans le cas d'une limitation de l'exercice de son autorité sur une partie de son territoire, de sorte qu'il incombe à l'État de prendre toutes les mesures appropriées qui restent en son pouvoir. • CEDH, gr. ch., 8 juill. 2004, *Ilascu et a. c/ Moldova et Russie*, n° 48787/99 § 313 : *préc. note 9.* ♦ Ainsi, combinée avec l'art. 3 Conv. EDH, l'obligation que le présent art. impose aux Hautes Parties contractantes de garantir, à toute personne relevant de leur juridiction, les droits et libertés consacrés par la Conv. EDH leur commande de prendre des mesures propres à empêcher que lesdites personnes ne soient soumises à des tortures ou à des peines ou traitements inhumains ou dégradants, même administrés par des particuliers. • CEDH 10 mai 2001, *Z. et a. c/ Royaume-Uni*, n° 29392/95 § 73 : *JCP 2001. I. 342 chron. Sudre.*

50. En vertu du présent art., chaque État contractant « reconna[ît] à toute personne relevant de [sa] juridiction les droits et libertés définis [dans] la (...) Convention ». Cette obligation générale de garantir l'exercice effectif des droits définis par cet instrument peut impliquer des obligations positives. En ce qui concerne *l'art. 1er Prot. n° 1, de telles obligations* positives peuvent entraîner pour l'État certaines mesures nécessaires pour protéger le droit de propriété. • CEDH 22 juin 2004, *Broniowski c/ Pologne*, n° 31443/96 § 143. ♦ Combinée avec la première phrase de l'art. 1er Prot. n° 1, la prééminence du droit, l'un des principes fondamentaux d'une société démocratique, inhérente à l'ensemble des articles de la Convention, justifie la sanction d'un État en raison du refus de celui-ci d'exécuter ou de faire exécuter une décision de justice. • CEDH 28 mars 2000, *Georgiadis c/ Grèce*, n° 41209/98 § 31 • CEDH 31 mars 2005, *Mathéus c/ France*, n° 62740/00 § 70 : *AJDA 2005. 1886, chron. Flauss ; AJDI 2005. 928, obs. Raynaud.*

51. Le principe de l'État de droit, qui sous-tend la Convention, ainsi que le principe de légalité consacré par l'art. 1er Prot. n° 1 exigent des États non seulement qu'ils respectent et appliquent, de manière prévisible et cohérente, les lois qu'ils ont adoptées, mais aussi, corrélativement à cette obligation, qu'ils garantissent les conditions légales et pratiques de leur mise en œuvre. Dans le cadre de la présente affaire, il incombait aux autorités polonaises de supprimer l'incompatibilité existante entre la lettre de la loi et la pratique adoptée par l'État qui faisait obstacle à l'exercice effectif du droit patrimonial du requérant. • CEDH 22 juin 2004, *Broniowski c/ Pologne*, n° 31443/96 § 184.

52. Limites. La limite essentielle (mais certainement pas absolue) à l'existence d'une obligation positive est l'absence de consensus dans la grande majorité des droits internes des États parties à la Conv. EDH. Tel est le cas en matière : de droit parental des transsexuels. • CEDH 22 avr. 1997, *X., Y. et Z. c/ Royaume-Uni*, n° 21830/93 § 44 : *D. 1997. 583, note Grataloup ; ibid. 362, obs. Fricero ; RTD civ. 1997. 1011, obs. Marguénaud ; ibid. 1998. 92, obs. Hause ; JCP 1998. I. 107, chron. Sudre.* ♦ ... De règles relatives au changement de nom et de prénom. • CEDH 25 nov. 1994, *Stjerna c/ Finlande*, n° 18131/91 § 39 : *AJDA 1995. 212, chron. Flauss ; AFDI 1994. 658, obs. Coussirat-Coustère ; JCP 1995. I. 3823, chron. Sudre.* ♦ ... De levée de l'anonymat en matière d'accouchement sous X. • CEDH, gr. ch., 13 févr. 2003, *Odièvre c/ France*, n° 42326/98 § 47 : *AJDA 2003. 603, chron. Flauss ; D. 2003. 739 ; ibid. 1240, chron. Mallet-Bricout ; RDSS 2003. 219, note Monéger ; RTD civ. 2003. 276, obs. Hauser ; ibid. 375, obs. Marguénaud ; JCP 2003. 10049, note Gouttenoire-Cornut et Sudre.* ♦ ... De délai de prescription dans les affaires d'atteinte à l'intégrité de la personne. • CEDH 22 oct. 1996, *Stubbings et a. c/ Royaume-Uni*, n° 22083/93 § 51 : *RSC 1997. 464, obs. Koering-Joulin.* ♦ ... De la permission ou non de l'arrêt d'un traitement maintenant artificiellement la vie. • CEDH, gr. ch., 5 juin 2015, *Lambert et a. c/ France*, n° 46043/14 § 147 : *AJDA 2015. 1124 ; D. 2015. 1212.*

b. Portée

53. La responsabilité d'un État se trouve engagée quand la violation de l'un des droits et libertés définis dans la Conv. EDH dérive d'une infraction à l'art. 1er, aux termes duquel il les reconnaît dans son droit interne à toute personne relevant de sa juridiction. • CEDH 25 mars 1993, *Costello-Roberts c/ Royaume-Uni,* n° 13134/87 § 26 : *AJDA 1993. 483, chron. Flauss ; RFDA 1994. 1182, chron. Giakoumopoulos, Keller, Labayle et Sudre ; JDI 1994. 775, obs. Decaux et Tavernier ; JCP 1994. II. 22262, note Mazière* • CEDH 19 déc. 1994, *Vereinigung demokratischer Soldaten Österreichs et Gubi c/ Autriche,* n° 15153/89 § 27. • CEDH 16 juin 2005, *Storck c/ Allemagne,* n° 61603/00 § 103.

54. La responsabilité d'un État peut donc être engagée s'il n'a pas respecté son obligation de prendre des mesures positives qui s'imposaient (ingérence passive), qu'il s'agisse : d'édicter une législation interne. • CEDH 13 juin 1979, *Marckx c/ Belgique,* n° 6833/74 § 36 et 37 : *préc. note 47* • CEDH 28 oct. 1998, *Osman c/ Royaume-Uni,* n° 23452/94 § 115 • CEDH 4 déc. 2003, *M. C. c/ Bulgarie,* n° 39272/98 § 153 : *préc. note 48* • CEDH 20 oct. 2011, *Stasi c/ France,* n° 25001/07 § 80. ♦ ... Ou de prendre des mesures concrètes comme par ex. apporter des soins. • CEDH 27 juin 2000, *Ilhan c/ Turquie,* n° 22277/93 § 87 : *AJDA 2000. 1006, chron. Flauss ; RFDA 2001. 1250, chron. Labayle et Sudre ; RSC 2001. 881, obs. Tulkens ; JCP 2000. I. 291, chron. Sudre* • CEDH 16 nov. 2000, *Tanribilir c/ Turquie,* n° 21422/93 § 72 • CEDH 4 déc. 2003, *M. C. c/ Bulgarie,* n° 39272/98 § 149 : *préc.* ♦ ... Y compris sous la forme de mesures mixtes, organisant et planifiant des interventions. • CEDH 9 oct. 2007, *Saoud c/ France,* n° 9375/02 § 103 : *RSC 2008. 140, obs. Marguénaud et Roets ; JCP 2008. I. 110, obs. Sudre* • CEDH 25 août 2009, *Giuliani Gaggio c/ Italie,* n° 23458/02 § 228.

55. Chaque État contractant devant assurer dans son ordre juridique interne la jouissance des droits et libertés garantis, il est fondamental pour le mécanisme de protection établi par la Conv. EDH que les systèmes nationaux eux-mêmes permettent de redresser les violations commises, la CEDH exerçant son contrôle dans le respect du principe de subsidiarité. • CEDH, *gr. ch., 10 mai 2001, Z. et a. c/ Royaume-Uni,* n° 29392/95 § 103 : *préc. note 49* • CEDH, gr. ch., 19 févr. 2009, *A. et a. c/ Royaume-Uni,* n° 3455/05 §174. ♦ Ce principe est d'autant plus pertinent que le grief concerne une question pour laquelle les États jouissent d'une importante marge d'appréciation. • CEDH 19 juill. 2012, *Koch c/ Allemagne,* n° 497/09 § 69 : *préc. note 49.*

56. Si l'on ne saurait imputer à un État la responsabilité de toute défaillance d'un avocat d'office, dans les circonstances de la cause il incombait aux autorités italiennes compétentes d'agir de manière à assurer au requérant la jouissance effective du droit qu'elles lui avaient reconnu. Deux solutions s'offraient à elles : remplacer Me D. ou, le cas échéant, l'amener à s'acquitter de sa tâche. Elles en ont choisi une troisième, la passivité, alors que le respect de la Convention appelait de leur part des mesures positives. • CEDH 13 mai 1980, *Artico c/ Italie,* n° 6694/74 § 36 : *préc. note 40.*

57. L'État ne saurait se soustraire à sa responsabilité en déléguant ses obligations à des organismes privés ou des particuliers. • CEDH 25 mars 1993, *Costello-Roberts c/ Royaume-Uni,* n° 13134/87 § 27 : *préc. note 53.* ♦ L'État a le devoir d'exercer une surveillance et un contrôle sur les institutions psychiatriques privées. Ces institutions, notamment celles où des personnes ont été internées sans décision de justice, doivent non seulement disposer d'une licence mais aussi être placées sous la surveillance régulière de personnes compétentes chargées de vérifier que les internements et traitements médicaux sont justifiés. • CEDH 16 juin 2005, *Storck c/ Allemagne,* n° 61603/00 § 103.

c. Champ d'application

58. On retrouve des obligations positives pratiquement à propos de toutes les dispositions conventionnelles : Art. 2 (droit à la vie). • CEDH 9 juin 1998, *L. C. B. c/ Royaume-Uni,* n° 23413/94 § 36 : *RTD civ. 1999. 498, obs. Marguénaud* • CEDH 17 janv. 2002, *Calvelli et Ciglio,* n° 32967/96 § 49 : *JCP 2002. I. 157, obs. Sudre* • CEDH 8 juill. 2004, *Vo c/ France,* n° 53924/00 § 89 : *AJDA 2004. 1809, chron. Flauss ; D. 2004. 2456, note Pradel ; ibid. 2535, obs. Berro-Lefèvre ; ibid. 2754, obs. Roujou de Boubée ; ibid. 2801, chron. Serverin ; GADS 2010, n° 76-79 ; RSC 2005. 135, obs. Massias ; RTD civ. 2004. 714, obs. Hauser ; ibid. 799, obs. Marguénaud* • CEDH 31 mai 2005, *Koku c/ Turquie,* n° 27305/95 § 132 et 133. ♦ Art. 3 (interdiction de la torture et des traitements inhumains et dégrandants). • CEDH 27 juin 2000, *Ilhan c/ Turquie,* n° 22277/93 § 87 : *préc. note 54.* ♦ Art. 4 (interdiction de l'esclavage et du travail forcé). • CEDH 26 juill. 2005, *Siliadin c/ France,* n° 73316/01 § 112 : *AJDA 2005. 1886, chron. Flauss ; D. 2006. 346, note Roets ; ibid. 1717, obs. Renucci ; RSC 2006. 139, obs. Massias ; ibid. 431, obs. Massias ; RTD civ. 2005. 740, obs. Marguénaud .* ♦ Art. 5 (droit à la liberté et à la sûreté). • CEDH 16 juin 2005, *Storck c/ Allemagne,* n° 61603/01 § 102. ♦ Art. 6 (droit à un procès équitable). • CEDH 10 juill. 1984, *Guincho c/ Portugal,* n° 8990/80 § 38. ♦ Art. 8 (droit à une vie familiale normale). • CEDH 13 juin 1979, *Marckx c/ Belgique,* n° 6833/74 § 31 : *préc. note 47* • CEDH 23 juin 2005,

Zawadka c/ Pologne, n° 48542/99 § 67. ♦ Art. 8 (intégrité physique et morale de la personne). • CEDH 7 févr. 2006, *Tysiac c/ Pologne,* n° 5410/03 § 107. ♦ Art. 8 (respect du domicile). • CEDH 9 nov. 2010, *Deés c/ Roumanie,* n° 2345/06 : *AJDA 2010. 2137* ; *D. 2011. 2694, obs. Trébulle*. ♦ Art. 9 (liberté de pensée et de religion). • Comm. EDH 18 avr. 1997, *Dubowska c/ Pologne,* n° 33490/96 • CEDH 3 mai 2007, *97 membres de la Congrégation des témoins de Jéhovah de Gldani c/ Géorgie,* n° 71156/01 § 134. ♦ Art. 10 (liberté d'expression). • CEDH 29 févr. 2000, *Fuentes Bobo c/ Espagne,* n° 39293/98 § 38 : *AJDA 2000. 526, chron. Flauss* ; *D. 2001. 574, note Marguénaud et Mouly* ; *RFDA 2001. 1250, chron. Labayle et Sudre*. ♦ Art. 11 (liberté de réunion, de manifestation et d'association). • CEDH 21 juin 1988, *Plattform « Ärzte für das Leben » c/ Autriche,* n° 10126/82 § 34 : *JDI 1989. 824, obs. Tavernier* • CEDH 29 juin 2006, *Ollinger c/ Autriche,* n° 76900/01 § 37 • CEDH 3 mai 2007, *Baczkowski et a. c/ Pologne,* n° 1543/06 § 64. ♦ Art. 11 (liberté syndicale). • CEDH 27 oct. 1975, *Synd. nat. police belge c/ Belgique,* n° 4464/70 § 39 : *AFDI 1976. 121, obs. Pelloux ; JDI 1978. 685, obs. Rolland* • CEDH 2 juill. 2002, *Wilson, National union of journalists et a. c/ Royaume-Uni,* n° 30668/96 § 42 : *JCP 2003. I. 109, chron. Sudre.* ♦ Art. 14 (non-discrimination). • CEDH 30 juill. 2009, *Danilenkov c/ Russie,* n° 67336/01 § 135 et 136 : *AJDA 2010. 997, chron. Flauss* ; *JCP 2010. I. 70, chron. Sudre* • CEDH, gr. ch., 16 mars 2010, *Orsus c/ Croatie,* n° 15766/03 § 165 : *AJDA 2010. 2362, chron. Flauss*. ♦ Art. 1er, Prot. n° 1 (protection de la propriété privée). • CEDH 20 mars 2008, *Boudaieva et a. c/ Russie,* n° 15339/02 § 182 : *AJDA 2008. 1929, chron. Flauss* ; *JCP 2008. I. 167, chron. Sudre.* ♦ Art. 2, Prot. n° 1 Conv. EDH (droit à l'éducation). • CEDH 25 févr. 1982, *Campbell et Cosans,* n° 7511/76 § 37 : *CDE 1986. 230, obs. Cohen-Jonathan ; JDI 1985. 191, obs. Rolland et Tavernier.* ♦ Art. 3, Prot. n° 1 Conv. EDH (élections démocratiques) • CEDH 2 mars 1987, *Mathieu-Mohin et Clerfayt c/ Belgique,* n° 9267/81 § 50 : *CDE 1988. 487, obs. Cohen-Jonathan ; JDI 1988. 849, obs. Rolland et Tavernier.* ♦ Art. 5, Prot. n° 7 Conv. EDH (égalité entre époux). • Comm. EDH 9 sept. 1998, *Purtonen c/ Finlande,* n° 32700/96.

2° EXTENSION À UNE OBLIGATION PROCÉDURALE

59. L'obligation de protéger certains droits, combinée avec le devoir général incombant à l'État en vertu de l'art. 1er Conv. EDH, requiert, par implication, que soit menée une forme d'enquête officielle et effective lorsque le recours à ces droits est violé. C'est le cas : lorsqu'il y a mort d'homme (art. 2). • CEDH 20 mai 1999, *Ogur c/ Turquie,* n° 21594/93 § 88 • CEDH, gr. ch., 8 juill. 1999, *Çakici c/ Turquie,* n° 23657/94 § 86 *JDI 2000. 117, obs. Delaplace* • CEDH 9 mai 2006, *Pereira Henriques c/ Luxembourg,* n° 60255/00 § 55. ♦ ... Dans des affaires concernant des disparitions dans des circonstances suspectes (art. 2). • CEDH 31 mai 2005, *Koku c/ Turquie,* n° 27305/95 § 132 et 133. ♦ ... Dans les cas de torture (art. 3). • CEDH 18 déc. 1996, *Aksoy c/ Turquie,* n° 21987/93 § 98 : *AJDA 1997. 977, chron. Flauss* ; *ibid. 1998. 37, chron. Flauss* ; *RSC 1997. 453, obs. Koering-Joulin* ; *Justices, 1997. 183, obs. Cohen-Jonathan et Flauss ; AFDI 1996. 749, obs. Coussirat-Coustère ; JCP 1997. I. 4000, chron. Sudre* • CEDH 21 avr. 2011, *Nechiporuk et Yonkalo c/ Ukraine,* n° 42310/04 § 162. ♦ ... De mauvais traitements. • CEDH 24 juill. 2012, *Dordevic c/ Croatie,* n° 41526/10 § 148 : *RSC 2012. 686, obs. Marguénaud*. ♦ ... D'atteinte à la vie privée et familiale. • CEDH 24 juill. 2012, *Dordevic c/ Croatie,* n° 41526/10 § 152 : *RSC 2012. 686, obs. Marguénaud*. ♦ ... De violence à l'égard d'un journal (art. 10). • CEDH 16 mars 2000, *Ozgur Gundem c/ Turquie,* n° 23144/93 § 44. ♦ ... D'entraves à la liberté d'association, en l'espèce, un parti politique (art. 11). • CEDH 20 oct. 2005, *Ouranio Toxo et a. c/ Grèce,* n° 74989/01 § 43 : *AJDA 2006. 466, chron. Flauss*.

60. L'enquête, en cas de violation, doit déboucher sur l'indentification des responsables et sur un mécanisme de sanction à l'encontre de l'auteur de la violation. • CEDH 17 oct. 2006, *Okkali c/ Turquie,* n° 52067/99 § 65.

61. Par ailleurs, les différents droits garantis par la Conv. EDH obligent les États parties à mettre en place des procédures effectives pour pouvoir, d'une part, en revendiquer l'exercice au niveau national et, d'autre part, contester les éventuelles atteintes qui y seraient portées. C'est le cas : ... en matière de respect de la vie familiale s'agissant de mesures relatives à l'autorité parentale ou à l'assistance éducative (art. 8). • CEDH, gr. ch., 10 mai 2001, *T. P. et K. M. c/ Royaume-Uni,* n° 28945/95 § 72 : *AJDA 2001. 1060, chron. Flauss* ; *JCP 2001. I. 342, chron. Sudre.* ♦ ... En matière de respect de la vie privée (art. 8) s'agissant du refus d'examiner au fond la demande d'assistance au suicide. • CEDH 19 juill. 2012, *Koch c/ Allemagne,* n° 497/09 § 68 et 72 : *préc. note 49.* ♦ ... En matière environnementale s'agissant de l'accès au public aux conclusions et aux études. • CEDH 8 juill. 2003, *Hatton et a. c/ Royaume-Uni,* n° 36022/97 § 128 : *AJDA 2003. 1924, chron. Flauss* ; *D. 2003. 2273, obs. Haumont*. ♦ ... En cas d'atteinte au droit de propriété ou de privation de ce droit. • CEDH 19 sept. 2006, *Maupas et a. c/ France,* n° 13844/02 § 19 : *AJDA 2007. 180, note Hostiou* ✎. ♦ ... En matière de discrimination (art. 14). • CEDH 30 juill. 2009, *Danilenkov c/ Russie,* n° 67336/01 § 135 et 136 : *préc. note 58.*

62. Le poids accordé à l'intérêt de l'université consistant à dispenser un enseignement inspiré de la doctrine catholique ne pouvait pas aller jusqu'à atteindre la substance même des garanties procédurales dont devait bénéficier le requérant en vertu de l'art. 10 Conv. EDH. L'impossibilité pour le requérant de connaître les raisons précises de la perte de son agrément l'a définitivement empêché de se défendre dans le cadre d'un débat contradictoire ; or ce point n'a pas non plus fait l'objet d'un examen de la part des tribunaux internes. De l'avis de la Cour, le contrôle juridictionnel de l'application de la mesure litigieuse n'a donc pas été pas adéquat en l'espèce. • CEDH 20 oct. 2009, *Lombardi Vallauri c/ Italie,* n° 39128/05 § 54 et 55 : *AJDA 2010. 215, note Laffaille* ✎ ; *ibid. 997, chron. Flauss* ✎.

B. EFFET HORIZONTAL

63. Selon le présent art., chaque État contractant reconnaît « à toute personne relevant de [sa] juridiction les droits et libertés définis [dans] la [...] Convention » ; partant, quand la violation de l'un d'eux dérive d'un manquement du législateur national à cette obligation, la responsabilité en incombe à l'État. Or si la cause immédiate des événements, d'où a surgi l'affaire, réside dans l'accord de 1975 entre British Rail et les syndicats de cheminots, c'est le droit interne en vigueur à l'époque qui a rendu licite le traitement dont se plaignent les intéressés. La responsabilité de l'État défendeur pour toute infraction à la Conv. EDH qui en aurait découlé se trouve donc engagée sur cette base. • CEDH 13 août 1981, *Young, James et Webster c/ Royaume-Uni,* n° 7601/76 § 44 : *JDI 1982. 220, obs. Rolland.*

1° VIOLATIONS PRIVÉES IMPUTABLES À L'INACTION DE L'ÉTAT

64. Les obligations positives de l'État peuvent *impliquer l'adoption* de mesures visant au respect de la Conv. EDH jusque dans les relations des individus entre eux. • CEDH 26 mars 1985, *X. et Y. c/ Pays-Bas,* n° 8978/80 § 23 • CEDH 24 juin 2004, *Von Hannover c/ Allemagne,* n° 59320/00 § 53 : *préc. note 47* • CEDH 24 juill. 2012, *Dordevic c/ Croatie,* n° 41526/10 § 151 : *préc. note 59.* ♦ ... Au besoin jusque dans les relations interindividuelles. • CEDH 21 juin 1988, *Plattform « Ärzte für das Leben » c/ Autriche,* n° 10126/82 § 32 : *préc. note 58.*

65. Ainsi, par ex. les participants à une manifestation, donnée de heurter ou mécontenter des éléments hostiles aux idées ou revendications qu'elle veut promouvoir, doivent pourtant pouvoir la tenir sans avoir à redouter des brutalités que leur infligeraient leurs adversaires : pareille crainte risquerait de dissuader les associations ou autres groupes défendant des opinions ou intérêts communs de s'exprimer ouvertement sur des thèmes brûlants de la vie de la collectivité. Dans une démocratie, le droit de contre-manifester ne saurait aller jusqu'à paralyser l'exercice du droit de manifester. • CEDH 21 juin 1988, *Plattform « Ärzte für das Leben » c/ Autriche,* n° 10126/82 § 32 : *préc. note 58.* ♦ Rappr. s'agissant du saccage des locaux d'un parti politique par des opposants. • CEDH 20 oct. 2005, *Ouranio Toxo et a. c/ Grèce,* n° 74989/01 § 43 : *préc. note 59.* ♦ De même, limiter le respect de l'art. 4 Conv. EDH aux seuls agissements directs des autorités de l'État irait à l'encontre des instruments internationaux spécifiquement consacrés à ce problème et reviendrait à vider celui-ci de sa substance. Dès lors, il découle nécessairement de cet article des obligations positives pour les États, au même titre que pour l'art. 3 Conv. EDH par exemple, d'adopter des dispositions en matière pénale qui sanctionnent les pratiques visées par l'art. 4 Conv. EDH et de les appliquer concrètement. • CEDH 26 juill. 2005, *Siliadin c/ France,* n° 73316/02 § 89 et 112.

66. Les obligations positives énoncées ci-dessus impliquent donc la mise en place par l'État d'un cadre réglementaire imposant aux hôpitaux, qu'ils soient publics ou privés, l'adoption de mesures propres à assurer la protection de la vie de leurs malades. • CEDH 17 janv. 2002, *Calvelli et Ciglio,* n° 32967/96 § 49 : *préc. note 58.* ♦ De même, le présent art. combiné avec l'art. 3 Conv. EDH commande de prendre des mesures propres à empêcher que lesdites personnes ne soient soumises : ... à des tortures ou à des peines ou traitements inhumains ou dégradants, même administrés par des particuliers. • CEDH 23 sept. 1998, *A. c/ Royaume-Uni,* n° 25599/94 § 22 : *AJDA 1998. 984, chron. Flauss* ✎ ; *RSC 1999. 384, obs. Koering-Joulin* ✎ ; *RTD civ. 1999. 498, obs. Marguénaud* ✎. ♦ ... A des mauvais traitements sous la forme du harcèlement d'un adulte handicapé par des enfants, ces mauvais traitements ayant de surcroît une incidence sur la vie privée de la mère de ce handicapé. • CEDH 24 juill. 2012, *Dordevic c/ Croatie,* n° 41526/10 § 138 et 151 : *préc. note 59.*

67. Un État contractant à la Convention, en se fondant sur ses obligations positives, peut imposer aux partis politiques, formations destinées à accéder au pouvoir et à diriger une part importante de l'appareil étatique, le devoir de respecter et de sauvegarder les droits et libertés garantis par la Convention ainsi que l'obligation de ne pas proposer un programme politique en contradiction avec les principes fondamentaux de la démocratie. • CEDH, gr. ch., 13 févr. 2003, *Refah Partisi (Parti de la Prospérité) et a. c/ Turquie,* n° 41340/98 § 03 : *AJDA 2001. 1060, chron. Flauss* ; *Just. & cass. 2005. 189, rapp. Uzan-Sarano ; RTD civ. 2001. 979, obs. Marguénaud* ; *JCP 2003. I. 160, chron. Sudre* • CEDH 30 juin 2009, *Herri Batasuna et Batasuna c/ Espagne,* n° 25803/04 § 82.

68. L'obligation peut être, là encore, procédurale : le mari de la requérante agressée a pu récidiver sans être inquiété et est demeuré impuni. • CEDH 9 juin 2009, *Opuz c/ Turquie,* n° 33401/02 § 48 : *AJDA 2009. 1936, chron. Flauss* ; *RSC 2010. 219, obs. Marguénaud* ; *RD publ. 2010. 862 obs. Surrel ; JCP 2009. I. 143, chron. Sudre.*

2° VIOLATIONS PRIVÉES IMPUTABLES À L'ACTION DE L'ÉTAT

69. Dès lors que c'est le droit interne en vigueur à l'époque qui a rendu licite le traitement dont se plaignent les intéressés, la responsabilité de l'État défendeur pour toute infraction à la Conv. EDH qui en aurait découlé se trouve donc engagée sur cette base. • CEDH 13 août 1981, *Young, James et Webster,* n° 7601/76 § 49 : *préc. note 63* • CEDH 30 juin 1993, *Sigurdur A. Sigurjonsson c/ Islande,* n° 16130/90 § 36 : *AJDA 1994. 16, chron. Flauss* ; *D. 1994. 181, note Marguénaud* ; *RTD com. 1994. 317, obs. Alfandari et Jeantin* .

70. Le droit interne, tel que l'a interprété le Tribunal fédéral en dernier ressort, légitime donc le traitement dont se plaint l'association requérante. En réalité, le discours politique de l'association requérante a fait l'objet d'une interdiction. Dans les circonstances de l'espèce, la Cour estime que la responsabilité de l'État défendeur au sens du présent art. pour tout manquement à l'art. 10 Conv. EDH qui en résulterait peut être engagée de ce fait. • CEDH 28 juin 2001, *VgT Verein gegen Tierfabriken c/ Suisse,* n° 24699/94 § 47.

71. La photographie publiée avait été prise lors de la constitution du dossier, au moment de l'arrestation de la requérante, et donnée à la presse par la garde des finances. Le caractère de « personne ordinaire » de la présente requérante élargit cette zone d'interaction susceptible de relever de la vie privée, et le fait que l'intéressée était l'objet de poursuites pénales ne saurait restreindre le champ de cette protection. • CEDH 11 janv. 2005, *Sciacca c/ Italie,* n° 50774/99 § 28 et 29.

72. Les sociétés requérantes ont perdu leur terrain par le jeu de dispositions d'application générale sur les délais de prescription fixés pour les actions en revendication de terres. • CEDH, gr. ch., 30 août 2007, *J. A. Pye (Oxford) Ltd et J. A. Pye (Oxford) Land Ltd c/ Royaume-Uni,* n° 44302/02 § 66 : *AJDA 2007. 1918, chron. Flauss* ; *ibid. 2008. 978, chron. Flauss* ; *D. 2008. 2458, obs. Mallet-Bricout et Reboul-Maupin* ; *RTD civ. 2007. 727, obs. Marguénaud* ; *ibid. 2008. 507, obs. Revet* .

C. MISE EN ŒUVRE DE NORMES INTERNATIONALES

73. La Convention n'exclut pas le transfert de compétences à des organisations internationales, pourvu que les droits garantis par la Convention continuent d'être « reconnus ». Pareil transfert ne fait donc pas disparaître la responsabilité des États membres. • CEDH, gr. ch., 19 févr. 1999, *Matthews c/ Royaume-Uni,* n° 24833/94 § 32 : *RTD civ. 1999. 918, obs. Marguénaud* ; *RTD eur. 1999. 637, étude Cohen-Jonathan et Flauss* . ♦ Les États demeurent néanmoins responsables au regard de la Conv. EDH de tous les actes et omissions de leurs organes qui découlent du droit interne ou de la nécessité d'observer les obligations juridiques internationales. • CEDH, gr. ch., 21 juin 2016, *Al-Dulimi et Montana Management Inc. c/ Suisse,* n° 5809/08 § 95 : *préc. note 17.* ♦ Une mesure de l'État prise en exécution de pareilles obligations juridiques doit être réputée justifiée dès lors qu'il est constant que l'organisation en question accorde aux droits fondamentaux une protection à tout le moins équivalente à celle assurée par la Convention. En d'autres termes, si l'on considère que l'organisation offre semblable protection équivalente, il y a lieu de présumer que les États respectent les exigences de la Convention lorsqu'ils ne font qu'exécuter des obligations juridiques résultant de leur adhésion à l'organisation. • CEDH 6 déc. 2012, *Michaud c/ France,* n° 12323/11 § 103 : *AJDA 2013. 165, chron. Burgorgue-Larsen* ; *D. 2013. 284, note Defferrard* ; *ibid. 1647, obs. Mascala* ; *ibid. 2014. 169, obs. Wickers* ; *AJ pénal 2013. 160, obs. Lasserre Capdeville* ; *D. avocats 2013. 8, obs. Dargent* ; *ibid. 96, note Feugère* ; *RFDA 2013. 576, chron. Labayle, Sudre, Dupré de Boulois et Milano* ; *RSC 2013. 160, obs. Marguénaud* ; *RTD eur. 2013. 664, obs. Benoît-Rohmer* . ♦ En revanche, un État demeure entièrement responsable au regard de la Convention de tous les actes ne relevant pas strictement de ses obligations juridiques internationales, notamment lorsqu'il a exercé un pouvoir d'appréciation. • CEDH, gr. ch., 21 janv. 2011, *M. S. S. c/ Belgique et Grèce,* n° 30696/09 § 338 : *préc. note 39* • CEDH, gr. ch., 21 juin 2016, *Al-Dulimi et Montana Management Inc. c/ Suisse,* n° 5809/08 § 95 : *préc. note 17.*

74. Selon une jurisprudence constante, les

Parties contractantes sont responsables en vertu du présent art. de toutes les actions et omissions de leurs organes, que celles-ci découlent du droit interne ou d'obligations juridiques internationales. Le présent art. ne fait aucune distinction à cet égard entre les différents types de normes ou de mesures et ne soustrait aucune partie de la « juridiction » des Parties contractantes à l'empire de la Conv. • CEDH, gr. ch., 30 juin 2005, *Bosphorus Hava Yollari Turizm ve Ticaret Anonim Sirketi c/ Irlande,* n° 45036/98 § 155 : *préc. note 17* • CEDH 30 janv. 1998, *Parti communiste unifié de Turquie c/ Turquie,* n° 19392/92 § 29 : *préc. note 40.* ♦ Les engagements conventionnels contractés par l'État après l'entrée en vigueur de la Convention à son égard peuvent donc engager sa responsabilité au regard de cet instrument. • CEDH, gr. ch., 30 juin 2005, *Bosphorus Hava Yollari Turizm ve Ticaret Anonim Sirketi c/ Irlande,* n° 45036/98 § 154 : *préc.* • CEDH 2 mars 2010, *Al-Saadoon et Mufdhi c/ Royaume-Uni,* n° 61498/08 § 128 : *D. 2011. 193, obs. Renucci ; RFDA 2011. 987, chron. Labayle et Sudre ; RSC 2010. 675, obs. Marguénaud et Roets* • CEDH, gr. ch., 12 sept. 2012, *Nada c/ Suisse,* n° 10593/08 § 168 : *préc. note 17.*

75. En assumant de nouvelles obligations internationales, les États ne sont pas supposés vouloir se soustraire à celles qu'ils ont précédemment souscrites. Quand plusieurs instruments apparemment contradictoires sont simultanément applicables, la jurisprudence et la doctrine internationales s'efforcent de les interpréter de manière à coordonner leurs effets, tout en évitant de les opposer entre eux. Il en découle que deux engagements divergents doivent être autant que possible harmonisés de manière à leur conférer des effets en tous points conformes au droit en vigueur. • CEDH 2 mars 2010, *Al-Saadoon et Mufdhi c/ Royaume-Uni,* n° 61498/08 § 126 : *préc. note 74.* • CEDH, gr. ch., 12 sept. 2012, *Nada c/ Suisse,* n° 10593/08 § 170 : *préc. note 74.* ♦ V. déjà. • CEDH 21 nov. 2001, *Al-Adsani c/ Royaume-Uni,* n° 35763/97 § 55 • CEDH, décis., 12 déc. 2001, *Bankovic et a. c/ Belgique et a.,* n° 52207/99 § 55 à 57 : *préc. note 14* • CEDH, gr. ch., 12 sept. 2012, *Nada c/ Suisse,* n° 10593/08 § 170 : *préc. note 17.*

76. Conflit de normes. L'art. 103 de la Charte dispose que les obligations des membres des Nations unies en vertu de la Charte prévaudront en cas de conflit avec leurs obligations en vertu de tout autre accord international. Avant de rechercher si l'art. 103 trouvait une quelconque application en l'espèce, la Cour doit déterminer s'il existait un conflit entre les obligations que la Résolution 1546 du Conseil de sécurité faisait peser sur le Royaume-Uni et les obligations découlant pour lui de l'art. 5, § 1. Autrement dit, la question essentielle est de savoir si la Résolution 1546 obligeait le Royaume-Uni à interner le requérant. • CEDH, gr. ch., 7 juill. 2011, *Al-Jedda c/ Royaume-Uni,* n° 27021/08 § 101 : *préc. note 23.*

77. Au-delà du but consistant à maintenir la paix et la sécurité internationales qu'énonce son premier alinéa, l'art. 1er de la Charte dispose en son troisième alinéa que les Nations unies ont été créées pour « [r]éaliser la coopération internationale [...] en développant et en encourageant le respect des droits de l'homme et des libertés fondamentales ». L'art. 24, § 2, de la Charte impose au Conseil de sécurité, dans l'accomplissement de ses devoirs tenant à sa responsabilité principale de maintien de la paix et de la sécurité internationales, d'agir « conformément aux buts et principes des Nations unies ». La Cour en conclut que, lorsque doit être interprétée une résolution du Conseil de sécurité, il faut présumer que celui-ci n'entend pas imposer aux États membres une quelconque obligation qui contreviendrait aux principes fondamentaux en matière de sauvegarde des droits de l'homme. En cas d'ambiguïté dans le libellé d'une résolution, la Cour doit dès lors retenir l'interprétation qui cadre le mieux avec les exigences de la Convention et qui permette d'éviter tout conflit d'obligations. Vu l'importance du rôle joué par les Nations unies dans le développement et la défense du respect des droits de l'homme, le Conseil de sécurité est censé employer un langage clair et explicite s'il veut que les États prennent des mesures particulières susceptibles d'entrer en conflit avec leurs obligations découlant des règles internationales de protection des droits de l'homme. • CEDH, gr. ch., 7 juill. 2011, *Al-Jedda c/ Royaume-Uni,* n° 27021/08 § 102 : *préc. note 23.*

78. La Grande Chambre confirme ces principes. Toutefois, en l'espèce, elle observe que, contrairement à ce qui était le cas dans l'affaire Al-Jedda (préc. note 23), où les termes de la résolution en cause ne mentionnaient pas l'internement sans procès, la résolution 1390 (2002) demande expressément aux États d'interdire l'entrée et le transit sur leur territoire des personnes figurant sur la liste des Nations unies. Il en découle que la présomption en question est renversée en l'espèce, eu égard aux termes clairs et explicites, imposant une obligation d'introduire des mesures susceptibles de violer les droits de l'homme, qui ont été employés dans le libellé de cette résolution. • CEDH, gr. ch., 12 sept. 2012, *Nada c/ Suisse,* n° 10593/08 § 172 : *préc. note 17.*

79. La Cour rappelle que la Suisse n'est devenue membre de l'ONU que le 10 sept. 2002 : elle a donc adopté l'ordonnance sur les talibans du 2 oct. 2000 avant même d'être membre de cette organisation, alors qu'elle était déjà liée par la Conv. De même, elle a transposé au niveau interne l'interdiction d'entrée et de transit concernant le requérant, telle que prévue par la Résolution 1390 (2002) du 16 janv. 2002, le 1er mai de la même année, par la modification de l'art. 4a de l'ordonnance sur les talibans. La Cour n'ignore pas que cette résolution, notamment en son § 2, vise « tous les États » et non pas seulement les membres de l'Organisation. Toutefois, elle estime que la Charte des Nations Unies n'impose pas aux États un modèle déterminé pour la mise en œuvre des résolutions adoptées par le Conseil de sécurité au titre du chapitre VII de cette Charte. Sans préjudice de la nature contraignante de ces résolutions, la Charte laisse en principe aux membres de l'ONU le libre choix entre différents modèles possibles de réception dans leur ordre juridique interne de telles résolutions. Ainsi, elle impose aux États une obligation de résultat, leur laissant le libre choix des moyens pour se conformer aux résolutions. • CEDH, gr. ch., 12 sept. 2012, *Nada c/ Suisse,* n° 10593/08 § 176 : *préc. note 17.* ♦ Au § 8 de la Résolution 1390 (2002), le Conseil de sécurité « exhorte tous les États à prendre des mesures immédiates pour appliquer ou renforcer, par des mesures législatives ou administratives, selon qu'il conviendra, les dispositions applicables en vertu de leur législation ou de leur réglementation à l'encontre de leurs nationaux et d'autres personnes ou entités agissant sur leur territoire... ». La formulation « selon qu'il conviendra », elle aussi, laisse aux autorités nationales une certaine souplesse en ce qui concerne les modalités de la mise en œuvre de cette résolution. • CEDH, gr. ch., 12 sept. 2012, *Nada c/ Suisse,* n° 10593/08 § 178 : *préc.* ♦ Compte tenu de ce qui précède, la Cour estime que la Suisse jouissait d'une latitude, certes restreinte, mais néanmoins réelle, dans la mise en œuvre des résolutions contraignantes pertinentes du Conseil de sécurité. • CEDH, gr. ch., 12 sept. 2012, *Nada c/ Suisse,* n° 10593/08 § 180 : *préc.*

80. Critère de protection équivalente. V. notes ss. Préamb. Conv. EDH.

TITRE PREMIER **Droits et libertés**

Art. 2 *Droit à la vie.* **1. Le droit de toute personne à la vie est protégé par la loi. La mort ne peut être infligée à quiconque intentionnellement, sauf en exécution d'une sentence capitale prononcée par un tribunal au cas où le délit est puni de cette peine par la loi.**

2. La mort n'est pas considérée comme infligée en violation de cet article dans les cas où elle résulterait d'un recours à la force rendu absolument nécessaire :

a) **pour assurer la défense de toute personne contre la violence illégale ;**

b) **pour effectuer une arrestation régulière ou pour empêcher l'évasion d'une personne régulièrement détenue ;**

c) **pour réprimer, conformément à la loi, une émeute ou une insurrection.**

COMMENTAIRE

V. sur le Code en ligne.

Plan des annotations

1. Le présent art. impose à l'État l'obligation non seulement de s'abstenir de donner la mort « intentionnellement » (obligations négatives), mais aussi de prendre les mesures nécessaires à la protection de la vie des personnes relevant de sa juridiction (obligations positives). • CEDH 9 juin 1998, *L. C. B. c/ Royaume-Uni*, n° 23413/94 § 36 : *RTD civ. 1999. 498, obs. Marguénaud* • CEDH 28 mars 2000, *Mahmut Kaya c/ Turquie*, n° 22535/93 § 85 : *AJDA 2000. 526, chron. J.-F. Flauss* • CEDH 14 sept. 2010, *Turquie*, n° 2668/07 § 64 • CEDH, gr. ch., 17 juill. 2014, *Centre de ressources juridiques au nom de Valentin Campeanu c/ Roumanie*, n° 47848/08 § 130 : *AJDA 2014. 1763, chron. Burgorgue-Larsen* • CEDH, gr. ch., 5 juin 2015, *Lambert et a. c/ France*, n° 46043/14 § 117 : *AJDA 2015. 1124* ; *D. 2015. 1212*.

2. Principe. Le présent art. se place parmi les articles primordiaux de la Conv. EDH, auquel aucune dérogation ne saurait être autorisée, en temps de paix ; en vertu de l'art. 15. combiné à l'art. 3 de la Conv. [l'interdiction de la torture], il consacre l'une des valeurs fondamentales des sociétés démocratiques qui forment le Conseil de l'Europe. • CEDH 27 sept. 1995, *McCann c/ Royaume-Uni*, n° 18984/91 § 147 : *RSC 1996. 184, obs. Pettiti* ; *ibid. 461, obs. Koering-Joulin* • CEDH 9 oct. 1997, *Andronicou et Constantinou c/ Chypre*, n° 25052/94 § 171 • CEDH 24 juin 2008, n° 36832/97 § 63 • CEDH gr. ch., 21 mars 2011, *Giuliani et Gaggio c/ Italie*, n° 23458/02 § 174 : *RD publ. 2012. 792, chron. Sudre* • CEDH 25 févr. 2014, *Turquie*, n° 651/10 § 96 • CEDH, gr. ch., 5 juin 2015, *Lambert et a. c/ France*, n° 46043/14 § 117 : *AJDA 2015. 1124* ; *ibid. 1732, chron. Burgorgue-Larsen* ; *D. 2015. 1625, et les obs., note Vialla* ; *ibid. 2016. 752, obs. Galloux et Gaumont-Prat* ; *AJ fam. 2015. 364, obs. Dionisi-Peyrusse*.

3. Interprétation. Les circonstances dans lesquelles la privation de la vie peut se justifier doivent être interprétées de façon étroite. • CEDH 25 févr. 2014, *Turquie*, n° 651/10 § 99. ♦ V. déjà • CEDH 27 sept. 1995, *McCann c/ Royaume-Uni*, n° 18984/91 § 147 : *préc. note 2*.

I. L'INTERDICTION POUR L'ÉTAT D'INTENTER À LA VIE

A. PEINE DE MORT

4. V. comm. et annotations ss. Prot. n° 13 Conv. EDH.

B. USAGE DE LA FORCE

5. Applicabilité. Le texte, pris dans son ensemble, démontre qu'il ne vise pas uniquement l'homicide intentionnel mais également les situations où il est possible d'avoir recours à la force, ce qui peut conduire à donner la mort de façon involontaire. • CEDH, gr. ch., 27 juin 2000, *Ilhan c/ Turquie*, n° 22277/93 § 75 : *AJDA 2000. 1006, chron. Flauss* ; *RFDA 2001. 1250, chron. Labayle et Sudre* ; *RSC 2001. 881, obs. Tulkens* ; *JCP 2000. I. 291, chron. Sudre* • CEDH 14 juin 2011, *Trévalec c/ Belgique*, n° 30812/07 § 72 : *RSC 2011. 702, obs. Marguénaud* • CEDH 25 févr. 2014, *Makbule Kaymaz et a. c/ Turquie*, n° 651/10 § 97.

6. Le présent art. trouve à l'appliquer dès lors que les personnes à l'encontre de qui la force a été utilisée ont été victimes de violences qui ont mis leur vie en danger, même si elles y ont finalement survécu. • CEDH 20 mai 2010, *Perisan c/ Turquie*, n° 12336/03 § 89. ♦ ... Dès lors que la force utilisée contre les personnes qui ont survécu était potentiellement meurtrière et que c'était pur hasard si elles avaient eu la vie sauve. • CEDH, gr. ch., 20 déc. 2004, *Makaratzis c/ Grèce*, n° 50385/99 § 55 : *AJDA 2005. 541, chron. Flauss*. ♦ ... Quand bien même la blessure par balle tirée à bout portant par un policier n'a pas engagé le pronostic vital de l'intéressé. • CEDH 23 mai 2019, *Chebab c/ France*, n° 542/13 § 58 : *D. 2019. 1523, note Caire*. ♦ Il en va de même de l'usage d'un gaz qui, s'il ne constituait pas une « force meurtrière » mais plutôt une « arme d'immobilisation non létale », était dangereux et même potentiellement fatal pour une personne affaiblie. • CEDH 20 déc. 2011, *Finogenov et a. c/ Russie*, n° 18299/03 § 202. ♦ Encore faut-il que sa vie ait réellement été mise en danger, faute de quoi le présent art. ne trouve pas à s'appliquer. • CEDH 23 mars 2016, *Sakir c/ Grèce*, n° 48475/09 § 32.

7. Le requérant a été gravement blessé à la tête par un tir à bout portant et souffre à présent d'aphasie ainsi que d'une infirmité physique permanente. Dans ces conditions, la Cour considère que l'intéressé a été victime d'un comportement qui, par sa nature même, a mis sa vie en danger, même s'il a finalement survécu. • CEDH 22 févr. 2011, *Soare et a. c/ Roumanie,* n° 24329/02 § 109.

8. Lorsque la force utilisée à l'encontre du requérant ne fut en définitive pas meurtrière, la question de l'applicabilité du présent art. – et donc de la compétence *ratione materiae* de la Cour – s'analyse au stade de la recevabilité, sauf s'il y a une raison particulière de la joindre au fond • CEDH 23 mai 2019, *Chebab c/ France,* n° 542/13 § 51 : *préc. note 6.*

9. Preuve du décès. La Cour identifie un certain nombre d'éléments cruciaux permettent de présumer que M. est décédé et que sa mort peut être attribuée aux autorités. • CEDH 27 juill. 2006, *Bazornika c/ Russie,* n° 64481/01 § 110.

10. Enlèvements et disparitions. V. note 95 et notes ss. Conv. EDH, art. 5.

11. Hypothèses d'usage potentiellement légitime. Dans ce contexte d'extrême tension, G. décida de ramasser un extincteur traînant au sol et le porta à hauteur de sa poitrine, dans l'intention apparente de le jeter contre les occupants du véhicule. Sa conduite pouvait raisonnablement être interprétée par M. P. comme indiquant que, en dépit des avertissements verbaux et de l'exposition du pistolet, l'agression à la jeep n'allait ni cesser ni baisser en intensité. Par ailleurs, la grande majorité des manifestants paraissait poursuivre l'attaque. La conviction honnête de M. P. d'être en danger de mort ne pouvait donc qu'en ressortir renforcée. De l'avis de la Cour, cela justifiait le recours à un moyen de défense potentiellement meurtrier, tels des coups de feu. • CEDH, gr. ch., 21 mars 2011, *Giuliani et Gaggio c/ Italie,* n° 23458/02 § 191 : *préc. note 2.*

12. L'usage de la force dans le cadre d'une prise d'otage, par des personnes armées, d'un groupe de personnes dans un théâtre peut se justifier au regard du présent art. par la nécessité de défendre des personnes de la violence illégale. • CEDH 20 déc. 2011, *Finogenov et a. c/ Russie,* n° 18299/03 § 219.

13. Les circonstances dans lesquelles la privation de la vie peut se justifier doivent être interprétées de façon étroite. • CEDH, gr. ch., 21 mars 2011, *Giuliani et Gaggio c/ Italie,* n° 23458/02 § 177 : *préc. note 2.* ♦ Cependant, l'usage de la force par des agents de l'État pour atteindre l'un des objectifs énoncés au § 2 du présent art. peut se justifier au regard de cette disposition lorsqu'il se fonde sur une conviction honnête considérée, pour de bonnes raisons, comme valable à l'époque des événements mais qui se révèle ensuite erronée. Affirmer le contraire imposerait à l'État et à ses agents chargés de l'application des lois une charge irréaliste qui risquerait de s'exercer aux dépens de leur vie et de celle d'autrui. • CEDH 27 sept. 1995, *McCann c/ Royaume-Uni,* n° 18984/91 § 200 : *préc. note 2* • CEDH 9 oct. 1997, *Andronicou et Constantinou c/ Chypre,* n° 25052/94 § 192 • CEDH, gr. ch., 21 mars 2011, *Giuliani et Gaggio c/ Italie,* n° 23458/02 § 178 : *préc. note 2* • CEDH 14 juin 2011, *Trévalec c/ Belgique,* n° 30812/07 § 72 : *préc. note 5.*

14. Lorsqu'elle est appelée à décider si le recours à la force meurtrière était légitime, la Cour ne saurait, en réfléchissant dans la sérénité des délibérations, substituer sa propre appréciation de la situation à celle de l'agent qui a dû réagir, dans le feu de l'action, à ce qu'il percevait sincèrement comme un danger, afin de sauver sa vie. Elle doit plutôt envisager les faits du point de vue de la personne estimant sur le moment se trouver en état de légitime défense. • CEDH 17 mars 2005, *Bubbins c/ Royaume-Uni,* n° 50196/99 § 139 : *RSC 2006. 431, obs. Massias* • CEDH, gr. ch., 21 mars 2011, *Giuliani et Gaggio c/ Italie,* n° 23458/02 § 178 : *préc. note 2.*

15. Lorsque la Cour aborde la question de savoir si une conviction était considérée, pour de bonnes raisons, comme valable à l'époque des événements, elle n'a pas adopté le point de vue d'un observateur détaché, mais elle s'est efforcée de se mettre à la place de la personne qui avait eu recours à la force meurtrière, aussi bien pour déterminer si la conviction présentait les caractéristiques voulues que pour apprécier la nécessité de recourir à la force avec l'intensité utilisée. • CEDH, gr. ch., 20 déc. 2004, *Makaratzis c/ Grèce,* n° 50385/99 § 65 et 66 : *AJDA 2005. 541, chron. Flauss* • CEDH, gr. ch., 21 mars 2011, *Giuliani et Gaggio c/ Italie,* n° 23458/02 § 189 : *préc. note 2.* ♦ Il n'est jamais arrivé que la Cour constate qu'un individu estimant avoir agi en état de légitime défense croyait sincèrement que l'usage de la force était nécessaire, et qu'elle conclue ensuite à la violation du présent art. au motif que la conviction n'était pas considérée, pour de bonnes raisons, comme valable à l'époque. Au contraire, dans les affaires où la légitime défense était invoquée, elle n'a conclu à la violation du présent art. que lorsqu'elle a estimé que la conviction alléguée n'était pas honnête. • CEDH 14 nov. 2008, *Akhmadov et a. c/ Russie,* n° 21586/02 101 • CEDH 12 mai 2010, *Suleymanova c/ Russie,* n° 9191/06 § 85. ♦ ... Ou que l'intensité de la force employée était totalement disproportionnée. • CEDH 14 déc. 2000, *Gul c/ Turquie,* n° 22676/93 § 82 et 83.

1° PROPORTIONNALITÉ

16. Principe. L'emploi des termes « absolument nécessaire » indique qu'il faut appliquer un critère de nécessité plus strict et impérieux que celui normalement employé pour déterminer si l'intervention de l'État est

« nécessaire dans une société démocratique » au titre du § 2 des art. 8 à 11 Conv. EDH. La force utilisée doit en particulier être strictement proportionnée aux buts mentionnés au § 2 *a)*, *b)* et *c)* de l'art. 2. • CEDH 27 sept. 1995, *McCann c/ Royaume-Uni*, n° 18984/91 § 149 : *préc. note 2* • CEDH 9 oct. 1997, *Chypre*, n° 25052/94 § 171 • CEDH 10 juill. 2001, *Turquie*, n° 25657/94 § 390 • CEDH 24 févr. 2005, *Russie*, n° 57947/00 § 169 • CEDH 26 juill. 2007, *Musayev et a. c/ Russie*, n° 57941/00 § 141 • CEDH 9 oct. 2007, *Saoud c/ France*, n° 9375/02 § 88 : *RSC 2008. 140, obs. Marguénaud et Roets* ; *JCP 2008. I. 110, obs. Sudre* • CEDH, gr. ch., 21 mars 2011, *Giuliani et Gaggio c/ Italie*, n° 23458/02 § 176 : *préc. note 2* • CEDH 25 févr. 2014, *Turquie*, n° 651/10 § 98. ♦ V. déjà : l'usage de la force doit être strictement proportionné au but autorisé à atteindre. La proportionnalité s'apprécie en fonction de la nature du but, du danger pour les vies humaines et l'intégrité corporelle inhérent à la situation et de l'ampleur du risque d'infliger la mort en faisant usage de la force. • Comm. EDH 10 juill. 1984, *Kathleen Stewart c/ Royaume-Uni*, n° 10044/82 § 19 : *DR 39. 162* • Comm. EDH 6 oct. 1986, *Wolfgram c/ Allemagne*, n° 11257/84 : DR 49. 217 • Comm. EDH 31 août 1993, *Antonio Diaz Ruano c/ Espagne*, n° 16988/90 § 48.

17. Le recours à la force par des agents de l'État pour atteindre l'un des objectifs énoncés au § 2 du présent art. peut se justifier au regard de cette disposition lorsqu'il se fonde sur une conviction honnête considérée, pour de bonnes raisons, comme valable à l'époque des événements mais qui se révèle ensuite erronée. Affirmer le contraire imposerait à l'État et à ses agents chargés de l'application des lois une charge irréaliste qui risquerait de s'exercer aux dépens de leur vie et de celle d'autrui. • CEDH 27 sept. 1995, *McCann c/ Royaume-Uni*, n° 18984/91 § 200 : *préc. note 2*.

18. Ainsi, même lorsque l'usage de la force est potentiellement justifié, le problème est de savoir si des mesures moins radicales auraient pu être prises pour résoudre la crise. • CEDH 20 déc. 2011, *Russie*, n° 18299/03 § 219. ♦ De même, faute pour lui d'avoir démontré que la force potentiellement meurtrière utilisée contre le premier requérant n'était pas allée au-delà de ce qui était « absolument nécessaire », qu'elle était strictement « proportionnée » et qu'elle poursuivait l'un des buts autorisés par le § 2 du présent art., la responsabilité de l'État se trouve engagée en l'espèce. • CEDH 22 févr. 2011, *Roumanie*, n° 24329/02 § 150.

19. L'ouverture du feu doit, lorsqu'il est possible, être précédée par des tirs d'avertissement. • CEDH 27 oct. 2009, *Turquie*, n° 45388/99 § 62 • CEDH, gr. ch., 21 mars 2011, *Giuliani et Gaggio c/ Italie*, n° 23458/02 § 177 : *préc. note 2*.

20. Limite à l'appréciation de la Cour. Il ne faut pas confondre la responsabilité d'un État au regard de la Conv. EDH, responsabilité qui découle des actes accomplis par ses organes, agents et fonctionnaires, et les questions de droit interne liées à la responsabilité pénale des individus dont les juridictions pénales nationales ont à connaître. Il n'appartient pas à la Cour de parvenir à des conclusions quant à la culpabilité ou l'innocence de ce point de vue. • CEDH 10 juill. 2001, *Turquie*, n° 25657/94 § 284.

a. Appréciation in concreto

21. La Cour doit rechercher si l'opération de maintien de l'ordre a été planifiée, organisée et conduite de façon à réduire au minimum, autant que faire se peut, le recours à la force meurtrière, à défaut de quoi elle devrait constater un manquement aux obligations positives découlant du volet matériel du présent art. • CEDH 25 août 2009, *Giuliani et Gaggio c/ Italie*, n° 23458/02 § 228 : *préc. note 2*.

22. Absence de proportionnalité... Préparation à l'opération. Ainsi la responsabilité de l'État peut être engagée lorsque ses agents n'ont pas, en choisissant les moyens et méthodes à employer pour mener une opération de sécurité contre un groupe d'opposants, pris toutes les précautions en leur pouvoir pour éviter de provoquer accidentellement la mort de civils, ou à tout le moins pour réduire ce risque. • CEDH 28 juill. 1998, *Turquie*, n° 23818/94 § 79 • CEDH 24 févr. 2005, *Russie*, n° 57947/00 § 177. ♦ Les autorités, eu égard à la mauvaise préparation et mise en œuvre de l'opération de sauvetage, n'ont pas pris toutes les précautions possibles en vue de réduire au minimum les pertes en vies humaines parmi les civils. • CEDH 20 déc. 2011, *Russie*, n° 18299/03 § 266. ♦ Sur d'autres cas de mauvaise préparation de l'opération, V. • CEDH 25 févr. 2014, *Turquie*, n° 651/10 § 98.

23. ... Usage d'armes. Les gendarmes employèrent une arme très puissante (mitrailleuse) pour disperser les manifestants car ils ne disposaient apparemment ni de matraques et boucliers ni de canons à eau, balles en caoutchouc ou gaz lacrymogènes. • CEDH 27 juill. 1998, *Gulec c/ Turquie*, n° 21593/93 § 71. ♦ Les autorités ont failli à leur obligation de réduire au minimum le risque de perte de vies humaines étant donné que les policiers venus procéder à l'arrestation avaient reçu l'ordre d'utiliser tous les moyens nécessaires pour arrêter A. et P., au mépris du fait que les fugitifs n'étaient pas armés et ne représentaient aucune menace pour la vie ou l'intégrité physique de quiconque. • CEDH, gr. ch., 6 juill. 2005, *Natchova et a. c/ Bulgarie,* n° 43577/98 § 103. ♦ Même si G.Y. a dû faire face à une situation de danger créée par l'attaque des manifestants, il n'est pas suffisamment établi que l'attaque était extrêmement violente, cela ne permet pas de conclure que G.Y. a agi dans la conviction honnête que sa propre vie et son intégrité physique, de même que la vie de ses collègues, se trouvaient en péril ; il n'est donc pas établi que la force utilisée pour disperser les manifestants, et qui a causé la mort d'A., était absolument nécessaire. • CEDH 12 mars 2013, *Turquie,* n° 16281/10 § 82 et 86. ♦ D'autres possibilités d'action s'offraient au gendarme pour tenter l'arrestation de J., au lieu d'ouvrir le feu alors qu'il ne pouvait pas viser avec précision et ne pouvait voir qu'une silhouette. J. n'était pas armé et, entravé, il pouvait difficilement représenter une menace immédiate pour la vie ou l'intégrité physique d'autrui. A cet égard, elle relève que le temps nécessaire pour descendre les escaliers à partir de l'endroit où se trouvait le gendarme a été estimé à treize secondes, et que de nombreux gendarmes étaient présents au moment des faits, ce qui aurait permis une course poursuite à la recherche du fugitif. Il ressort en effet des éléments du dossier que tous ont entendu des cris et qu'ils se trouvaient à proximité de J. • CEDH 17 avr. 2014, *Guerdner c/ France,* n° 68780/10 § 71 et 72 : *D. 2014. 2423, obs. Roujou de Boubée, Garé, Gozzi, Mirabail et Ginestet ; AJ pénal 2014. 359, obs. Roussel ; JCP Adm. 2014. 376 ; RD publ. 2015. 835, chron. Sudre.*

24. La Cour est frappée par la façon chaotique dont les armes à feu ont été effectivement utilisées par la police. Pas moins de 16 impacts de balles ont été dénombrés sur la voiture, certains attestant d'une trajectoire horizontale, voire ascendante, du projectile, et non descendante comme celle qu'étaient censées prendre des balles tirées vers les pneus – et seulement les pneus – du véhicule par les policiers qui poursuivaient le requérant. Le pare-brise arborait 3 trous et 1 impact, et la lunette arrière était brisée et effondrée. En définitive, il ressort des éléments de preuve soumis à la Cour qu'un grand nombre de policiers ont participé à une poursuite largement incontrôlée. • CEDH, gr. ch., 20 déc. 2004, *Mazaratkis c/ Grèce,* n° 50385/99 § 67.

25. Pour d'autres ex., V. • CEDH 7 juin 2018, *Toubache c/ France,* n° 19510/15 § 48 : *D. 2018. 1258 ; AJ pénal 2018. 468, obs. Lavric .*

26. ... Vigilance. Le requérant, qui ne pouvait ignorer qu'il s'exposait à des dangers en suivant une équipe de policiers sur le terrain dans le cadre d'une opération visant à l'arrestation d'individus potentiellement dangereux, n'a vraisemblablement pas agi avec toute la prudence requise. Toutefois, au vu de ces carences dans l'encadrement du requérant, imputables aux autorités, lesquelles s'ajoutent aux défaillances du circuit d'information précédemment exposées, l'on ne saurait de toute façon soutenir que le comportement imprudent du requérant est la « cause déterminante » de l'accident dont il a été victime. Il faut en déduire que les autorités, qui étaient responsables de la sécurité du requérant dans un contexte où sa vie était potentiellement en danger, n'ont pas déployé toute la vigilance que l'on pouvait raisonnablement attendre d'elles. Ce défaut de vigilance est la cause essentielle du recours, par erreur, à la force potentiellement meurtrière qui a exposé le requérant à un sérieux risque pour sa vie et a causé les graves blessures dont il a été victime. • CEDH 14 juin 2011, n° 30812/07 § 85 et 86 : *préc. note 5.*

27. Pour d'autres ex., V. • CEDH 21 juin 2018, *Semache c/ France,* n° 36083/16 § 86 : *D. 2018. 1949, et les obs., note Caire ; JCP Adm. 2018. 571* (lorsqu'il se trouvait au commissariat d'Argenteuil a été traité avec négligence par les autorités qui n'ont pas fait ce que l'on pouvait raisonnablement attendre d'elles pour prévenir la réalisation du risque de décès).

28. Proportionnalité admise. Quant à la décision de doter les agents de mitraillettes, il faut souligner une fois de plus que l'utilisation d'une quelconque arme à feu n'a jamais été prévue dans l'exécution du plan. Cependant, étant donné que A. était pourvu d'un fusil de chasse à deux coups et qu'il n'était pas exclu qu'il eût d'autres armes, les autorités devaient parer à toute éventualité. On pourrait ajouter que les mitraillettes avaient l'avantage d'être munies de projecteurs devant permettre aux agents de surmonter d'éventuelles difficultés à identifier l'emplacement exact où se trouvait la jeune femme dans une pièce obscure emplie de gaz lacrymogène et ce, tout en gardant les mains libres pour contrôler leurs armes au cas où ils seraient l'objet de tirs. • CEDH 9 oct. 1997, n° 25052/94 § 185. ♦ Bien que la solution choisie, la diffusion d'un gaz dangereux et même potentiellement létal, ait mis en danger les vies aussi bien des otages que de leurs kidnappeurs, elle laissait aux otages une chance élevée de survie. En réalité, le recours au gaz a facilité la libération des otages et a réduit la probabilité d'une explosion. Dès lors, la Cour conclut que, dans les circonstances, la décision des autorités de mettre fin aux négociations et de résoudre la crise des otages par la force en utilisant le gaz et en prenant d'assaut le théâtre n'était pas disproportionnée. • CEDH 20 déc. 2011, n° 18299/03 § 226 et 235.

29. La police n'a voulu à aucun moment précipiter les choses, mais elle a cherché à dénouer la situation sans recourir à la force meurtrière ou à une tactique qui eût pu provoquer une réaction violente de l'homme se trouvant dans l'appartement. Il est significatif à cet égard que l'inspectrice Kelly ait ordonné une intervention du personnel de nuit, ce qui démontre une ferme intention d'éviter une confrontation et toute effusion de sang. • CEDH 17 mars 2005, *Bubbins c/ Royaume-Uni,* n° 50196/99 § 148 : *préc. note 14.*

30. Compte tenu de l'extrême violence de l'attaque contre la jeep qui ressort des images qu'elle a pu visionner, la Cour estime que M. P. a agi dans la conviction honnête que sa propre vie et son intégrité physique, ainsi que la vie et l'intégrité physique de ses collègues, se trouvaient en péril du fait de l'agression illégale dont ils faisaient l'objet. Cela autorisait M. P. à faire usage de moyens appropriés pour assurer sa défense et celle des autres occupants de la jeep. • CEDH, gr. ch., 21 mars 2011, *Giuliani et Gaggio c/ Italie,* n° 23458/02 § 189 : *préc. note 2.*

31. Pour d'autres exemples, V. • CEDH 28 janv. 2014, n° 54241/08 § 45 s. (blessure au cours d'une fusillade durant l'arrestation) • CEDH 21 juin 2018, *Semache c/ France,* n° 36083/16 § 86 : *préc. note 27* (immobilisation dans le véhicule forcée visant à neutraliser la personne dont l'agitation faisait courir un risque pour sa sécurité ainsi que pour celle des autres passagers du véhicule et des autres usagers de la route). • CEDH, décis., 4 sept. 2018, *Mendy c/ France,* n° 71428/12 § 27 s. (supposée mauvaise gestion des opérations et à l'effet de l'arrivée des policiers sur le comportement du frère de la requérante ne sont pas étayées). • CEDH 23 mai 2019, *Chebab c/ France,* n° 542/13 § 84 : *préc. note 6* (usage d'une arme à feu par un policier appelé à intervenir en pleine nuit sur une tentative de cambriolage et acculé contre un grillage face à un individu ivre et agressif).

b. Appréciations in abstracto

32. S'agissant de l'obligation positive de mettre en place un cadre législatif et administratif adéquat que leur imposait le présent art., les autorités grecques n'avaient, à l'époque, pas fait tout ce que l'on pouvait raisonnablement attendre d'elles pour offrir aux citoyens le niveau de protection requis, en particulier dans les cas, tel celui de l'espèce, de recours à une force potentiellement meurtrière, et pour parer aux risques réels et immédiats pour la vie que sont susceptibles d'entraîner, fût-ce exceptionnellement, les opérations policières de poursuite. • CEDH, gr. ch., 20 déc. 2004, *Mazaratkis c/ Grèce,* n° 50385/99 § 71. ♦ V. déjà. • CEDH 8 juin 2004, *Islande,* n° 40905/98 § 56.

33. Le but légitime d'effectuer une arrestation régulière ne peut justifier de mettre en danger des vies humaines qu'en cas de nécessité absolue. La Cour estime qu'en principe il ne peut y avoir pareille nécessité lorsque l'on sait que la personne qui doit être arrêtée ne représente aucune menace pour la vie ou l'intégrité physique de quiconque et n'est pas soupçonnée d'avoir commis une infraction à caractère violent, même s'il peut en résulter une impossibilité d'arrêter le fugitif. • CEDH, gr. ch., 6 juill. 2005, *Natchova et a. c/ Bulgarie,* n° 43577/98 § 95 • CEDH 17 avr. 2014, *Guerdner c/ France,* n° 68780/10 § 63 : *préc. note 23.* ♦ Rappr. • CEDH, gr. ch., 22 mars 2001, *Streletz, Kessler et Krenz c/ Allemagne,* n° 34044/96 § 87. ♦ Le devoir primordial d'assurer le droit à la vie implique notamment, pour l'État, l'obligation de mettre en place un cadre juridique et administratif approprié définissant les circonstances limitées dans lesquelles les représentants de l'application des lois peuvent recourir à la force et faire usage d'armes à feu, compte tenu des lignes directrices internationales en la matière. • CEDH 17 avr. 2014, *Guerdner c/ France,* n° 68780/10 § 64 : *préc. note 23.* ♦ V. déjà • CEDH, gr. ch., 20 déc. 2004, *Makaratzis c/ Grèce,* n° 50385/99 § 57 à 59.

34. Le droit roumain ne contenait aucune autre disposition réglementant l'usage des armes dans le cadre des opérations de police, sauf l'obligation de sommation, et il ne comportait aucune recommandation concernant la préparation et le contrôle des opérations en question. Il s'ensuit que le cadre juridique décrit ci-dessus ne semblait pas suffisant pour offrir le niveau de protection du droit à la vie « par la loi » requis dans les sociétés démocratiques contemporaines en Europe. • CEDH 22 févr. 2011, *Soare et a. c/ Roumanie,* n° 24329/02 § 132.

c. Appréciation mixte

35. La Cour déplore qu'aucune directive précise n'ait été prise par les autorités françaises à l'égard de ce type de technique d'immobilisation (maintien au sol pendant 35 mn dans une position susceptible d'entraîner la mort par asphyxie dite « posturale » ou « positionnelle ») et que, malgré la présence sur place de professionnels formés au secours, aucun soin n'ait été prodigué à S. avant son arrêt cardiaque. • CEDH 9 oct. 2007, *Saoud c/ France,* n° 9375/02 § 103 : *préc. note 16.* ♦ Rappr. • CEDH 7 févr. 2006, *Suisse,* n° 41773/98 § 56 s.

2° OBLIGATION POSITIVE

36. L'État a le devoir primordial d'assurer le droit à la vie en mettant en place une législation pénale concrète dissuadant de commettre des atteintes contre la personne et s'appuyant sur un mécanisme d'application conçu pour en prévenir, réprimer et sanctionner les violations. • CEDH 28 oct. 1998, *Osman c/ Royaume-Uni,* n° 23452/94 § 115 • CEDH 28 mars 2000, *Mahmut Kaya c/ Turquie,* n° 22535/93 § 85 • CEDH 14 mars 2002, *Paul et Audrey Edwards c/ Royaume-Uni,* n° 46477/99 § 54 • CEDH 14 sept. 2010, *Dink c/ Turquie,* n° 2668/07 § 64 • CEDH 14 juin 2011, *Trévalec c/ Belgique,* n° 30812/07 § 73 : *préc. note 5* • CEDH 12 mars 2013, *Aydan c/ Turquie,* n° 16281/10 § 92.

37. Conformément au principe de stricte proportionnalité, qui est inhérent au présent art., le cadre juridique national doit subordonner le recours aux armes à feu à une appréciation minutieuse de la situation. De surcroît, le droit national réglementant les opérations de police doit offrir un système de garanties adéquates et effectives contre l'arbitraire et l'abus de la force, et même contre les accidents évitables. • CEDH 12 mars 2013, *Aydan c/ Turquie,* n° 16281/10 § 92.

3° OBLIGATION PROCÉDURALE

38. Nécessité de justification. Lorsqu'un individu est placé en garde à vue alors qu'il se trouve en bonne santé et que l'on constate qu'il est blessé au moment de sa libération, il incombe à l'État de fournir une explication plausible sur l'origine des blessures. • CEDH, gr. ch., 29 juill. 1999, *Selmouni c/ France,* n° 25803/94 § 87 : *AJDA 2000. 526, chron. Flauss ; D. 2000. 31, obs. Mayaud ; ibid. 179, obs. Renucci ; RSC 1999. 891, obs. Massias ; RTD civ. 1999. 911, obs. Marguénaud* • CEDH 18 mai 2000, *Velikova c/ Bulgarie,* n° 41488/98 § 70. ♦ L'obligation qui pèse sur les autorités de justifier le traitement infligé à un individu placé en garde à vue s'impose d'autant plus lorsque cet individu meurt. • CEDH 27 juin 2000, *Salman c/ Turquie,* n° 21986/93 § 99. ♦ Il ne suffit pas d'avancer une hypothèse sur les raisons de la mort, encore faut-il qu'une telle hypothèse soit suffisamment étayée par des preuves, de sorte que le décès ne puisse plus être considéré comme étant survenu dans des conditions suspectes. • CEDH 18 juin 2013, *Plesca c/ Roumanie,* n° 2158/08 § 47.

39. Étant donné que l'on doit présumer que C. est décédé à la suite d'une détention non reconnue par les forces de l'ordre, la Cour constate que la responsabilité de l'État défendeur est engagée quant à ce décès. Elle observe que les autorités n'ont fourni aucune explication sur ce qui s'est passé après l'arrestation de l'intéressé, et que le Gouvernement n'a invoqué aucun motif apte à justifier un quelconque recours de ses agents à la force mortelle. La responsabilité de la mort de C. est dès lors imputable à l'État défendeur et il y a donc eu violation du présent art. de ce chef. • CEDH, gr. ch., 8 juill. 1999, *Çakici c/ Turquie,* n° 23657/94 § 87.

40. Compte tenu des éléments dont elle dispose, la Cour juge établi que les proches des requérants ont été tués par des militaires et que leur mort peut être imputée à l'État. Elle observe que le Gouvernement russe n'a fourni aucune explication concernant les circonstances des décès et qu'il n'a invoqué aucun motif apte à justifier un recours de ses agents à la force meurtrière. Dès lors, la responsabilité de la mort des proches des requérants est imputable à l'État défendeur et il y a donc eu violation du présent art. • CEDH 24 févr. 2005, *Khachiev et Akaïeva c/ Russie,* n° 57942/00 § 147.

41. Existence d'une possibilité d'enquête a posteriori et de recours. L'obligation de protéger le droit à la vie qu'impose le présent art., combinée avec le devoir général incombant à l'État en vertu de l'art. 1er Conv. EDH, requiert, par implication, que soit menée une forme d'enquête officielle et effective lorsque le recours à la force a entraîné mort d'homme. • CEDH 20 mai 1999, *Ogur c/ Turquie,* n° 21594/93 § 88 • CEDH, gr. ch., 8 juill. 1999, *Çakici c/ Turquie,* n° 23657/94 § 86. ♦ Il s'agit essentiellement, au travers d'une telle enquête, d'assurer l'application effective des lois internes qui protègent le droit à la vie et, dans les affaires où des agents ou organes de l'État sont impliqués, de garantir que ceux-ci aient à rendre des comptes au sujet des décès survenus sous leur responsabilité. • CEDH 13 juin 2002, *Anguelova c/ Bulgarie,* n° 38361/97 § 137 • CEDH 24 févr. 2005, *Issaïeva c/ Russie,* n° 57950/00 § 210 • CEDH, gr. ch., 6 juill. 2005, *Natchova et a. c/ Bulgarie,* n° 43577/98 § 110 • CEDH, gr. ch., 7 juill. 2011, *Al-Skeini et a. c/ Royaume-Uni,* n° 55721/07 § 163.

42. Une loi interdisant de manière générale aux agents de l'État de procéder à des homicides arbitraires serait en pratique inefficace s'il n'existait pas de procédure permettant de contrôler la légalité du recours à la force meurtrière par les autorités de l'État. L'obligation de protéger le droit à la vie qu'impose le présent art., combinée avec le devoir général incombant à l'État en vertu de l'art. 1er Conv. EDH (reconnaissance à toute personne relevant de la juridiction de l'État des droits et libertés définis dans la Conv), implique et exige de mener une forme d'enquête efficace lorsque le recours à la force, notamment par des agents de l'État, a entraîné mort d'homme. • CEDH 27 sept. 1995, *McCann c/ Royaume-Uni,* n° 18984/91 § 149 : *préc. note 2* • CEDH 19 févr. 1998, *Kaya c/ Turquie,* n° 22729/93 § 86 • CEDH 2 sept. 1998, *Yasa c/ Turquie,* n° 22495/93 § 98 • CEDH 7 févr. 2006, *Scavuzzo-Hager et a. c/ Suisse,* n° 41773/98 § 74 • CEDH 24 mai

2011, *Assoc. « 21 Décembre 1989 » et a. c/ Roumanie,* n° 33810/07 § 133. ♦ Il en va de même en cas de simples soupçons de la participation d'agents de l'État. • CEDH 2 sept. 1998, *Yaca c/ Turquie,* n° 22495/93 § 107.

43. Les incidents mortels sont malheureusement chose courante dans le sud-est de la Turquie en raison du manque de sécurité qui y règne. Cependant, ni la fréquence de violents conflits armés ni le grand nombre de victimes n'a d'incidence sur l'obligation, découlant du présent art., d'effectuer une enquête efficace et indépendante sur les décès survenus lors d'affrontements avec les forces de l'ordre ou, comme en l'espèce, au cours d'une manifestation, aussi illégale fût-elle. • CEDH 27 juill. 1998, *Gülec c/ Turquie,* n° 21593/93 § 81. ♦ L'obligation procédurale découlant du présent art. continue de s'appliquer même si les conditions de sécurité sont difficiles, y compris dans un contexte de conflit armé. • CEDH, gr. ch., 7 juill. 2011, *Al-Skeini et a. c/ Royaume-Uni,* n° 55721/07 § 164. ♦ Rappr. • CEDH 24 févr. 2005, *Issaïeva c/ Russie,* n° 57950/00.

44. Le simple fait que les autorités aient été informées du décès donnait *ipso facto* naissance à l'obligation, découlant du présent art., de mener une enquête efficace sur les circonstances dans lesquelles il s'était produit. • CEDH, décis., 6 mai 2003, *Menson c/ Royaume-Uni,* n° 47916/99. ♦ Cette obligation ne vaut pas seulement pour les cas où il a été établi que la mort avait été provoquée par un agent de l'État ou que les membres de la famille du défunt ou d'autres personnes ont porté officiellement plainte au sujet de la mort auprès des autorités compétentes en matière d'enquête. • CEDH 28 juill. 1998, *Ergi c/ Turquie,* n° 23818/94 § 82. ♦ Dès lors qu'elles sont informées, les autorités doivent agir de leur propre initiative. • CEDH 4 avr. 2004, *Ahmet Ozkan et a. c/ Turquie,* n° 21689/93 § 310 • CEDH, gr. ch., 7 juill. 2011, *Al-Skeini et a. c/ Royaume-Uni,* n° 55721/07 § 165.

45. Lorsque l'enquête officielle mène à l'ouverture d'une procédure devant les juridictions nationales, cette procédure dans son ensemble, y compris au stade du procès, doit respecter l'obligation positive de protéger juridiquement le droit à la vie. Ainsi, les juridictions nationales ne doivent en aucun cas se montrer disposées à laisser impunies des atteintes à la vie. La tâche de la Cour consiste donc à vérifier si et dans quelle mesure ces juridictions, avant de parvenir à telle ou telle conclusion, peuvent passer pour avoir soumis l'affaire à l'examen scrupuleux qu'exige le présent art., de manière que la force de dissuasion du système judiciaire mis en place et l'importance du rôle que celui-ci doit jouer dans la prévention des violations du droit à la vie ne soient pas amoindries. • CEDH 19 févr. 2015, *Mileusnic et Mileusnic-Espenheim c/ Croatie,* n° 66953/09 § 66 • CEDH, gr. ch., 30 mars 2016, *Armani Da Silva c/ Royaume-Uni,* n° 5878/08 § 239.

a. Qualités de l'enquête

46. *Indépendance.* Pour qu'une enquête sur une allégation d'homicide illicite commis par des agents de l'État soit effective, il faut que les personnes qui en sont chargées soient indépendantes des personnes impliquées. • CEDH 19 févr. 1998, *Turquie,* n° 22729/93 § 87 • CEDH 20 mai 1999, *Turquie,* n° 21594/93 § 91 • CEDH, gr. ch., 7 juill. 2011, *Royaume-Uni,* n° 55721/07 § 167. ♦ ... En particulier si des soupçons de collusion avec les forces de l'ordre sont avancés. • CEDH 28 mars 2000, *Turquie,* n° 22492/93 § 73 • CEDH 4 mai 2001, *Royaume-Uni,* n° 37715/97 § 94. ♦ Cela suppose non seulement l'absence de tout lien hiérarchique ou institutionnel mais également une indépendance pratique. Il y va de l'adhésion de l'opinion publique au monopole de l'État en matière de recours à la force. • CEDH 4 mai 2001, *Royaume-Uni,* n° 24746/94 § 106 : *JDI 2002. 253, obs. Decaux* • CEDH 25 juin 2013, *Turquie,* n° 24014/05 § 128.

V. pour d'autres décisions dans le même sens :

47. Le public doit avoir un droit de regard suffisant sur l'enquête ou sur ses conclusions, de sorte qu'il puisse y avoir mise en cause de la responsabilité tant en pratique qu'en théorie. Le degré requis de contrôle du public peut varier d'une situation à l'autre. Dans tous les cas, toutefois, les proches de la victime doivent être associés à la procédure dans toute la mesure nécessaire à la protection de leurs intérêts légitimes. • CEDH 4 mai 2001, *McKerr c/ Royaume-Uni,* n° 28883/95 § 115 • CEDH 8 déc. 2005, *Kanlibas c/ Turquie,* n° 32444/96 § 50 • CEDH 24 mai 2011, *Assoc. « 21 Décembre 1989 » et a. c/ Roumanie,* n° 33810/07 § 133 • CEDH, gr. ch., 7 juill. 2011, *Al-Skeini et a. c/ Royaume-Uni,* n° 55721/07 § 167.

48. V. pour une enquête jugée « indépendante » alors même qu'elle est menée par la gendarmerie sur la mort d'un gardé à vue tentant de s'évader d'une gendarmerie. • CEDH 17 avr. 2014, *Guerdner c/ France,* n° 68780/10 § 82 s. : *préc. note 23.* ♦ Rappr. • CEDH, gr. ch., 20 nov. 2014, *Jaloud c/ Pays-Bas,* n° 47708/08 § 187 s.

49. *Effectivité.* L'enquête doit également être effective en ce sens qu'elle doit permettre de déterminer si le recours à la force était justifié ou non dans les circonstances. • CEDH 19 févr. 1998, *Kaya c/ Turquie,* n° 22729/93 § 87 • CEDH 9 mai 2000, *Ertak c/ Turquie,* n° 20764/92 § 134 • CEDH 4 mai 2001, *Shanaghan c/ Royaume-Uni,* n° 37715/97 § 90. ♦ Elle doit encore permettre d'identifier et, le cas échéant, sanctionner les responsables. • CEDH 20 mai 1999, *Ogur c/ Turquie,* n° 21594/93 § 88. ♦ Dans le cadre du droit à la vie, l'enquête n'a pas permis d'établir la part respective, comme facteurs éventuels de la survenue des décès, de chaque élément défaillant dans le système de protection des enfants, compte tenu notamment de l'état de santé de ces derniers, ainsi que de leur espérance naturelle de vie dans les conditions dans lesquelles ils étaient placés. • CEDH 18 juin 2013, *Nencheva et a. c/ Bulgarie,* n° 48609/06 § 131 et 141.

50. Il ne s'agit pas d'une obligation de résultat, mais de moyens. • CEDH 4 mai 2001, *Shanaghan c/ Royaume-Uni,* n° 37715/97 § 90 • CEDH, décis., 6 mai 2003, *Menson c/ Royaume-Uni,* n° 47916/99. ♦ Les autorités doivent avoir pris les mesures raisonnables dont elles disposaient pour obtenir les preuves relatives aux faits en question. Il convient de recueillir les dépositions des témoins oculaires. • CEDH, gr. ch., 8 juill. 1999, *Çakici c/ Turquie,* n° 23657/94 § 106. • CEDH, gr. ch., 9 juill. 1999, *Tanrikulu c/ Turquie,* n° 23763/94 § 109. ♦ ... De mettre en œuvre des expertises. • CEDH 14 déc. 2000, *Gül c/ Turquie,* n° 22676/93 § 89. ♦ ... Et, le cas échéant, une autopsie propre à fournir un compte rendu complet et précis des blessures et une analyse objective des constatations cliniques, notamment de la cause du décès. • CEDH, gr. ch., 27 juin 2000, *Salman c/ Turquie,* n° 21986/93 § 106. ♦ Toute déficience de l'enquête affaiblissant sa capacité à établir la cause du décès ou les responsabilités risque de ne pas répondre à cette norme. • CEDH 24 mars 2011, *Giuliani et Gaggio c/ Italie,* n° 23458/02 § 301 : *préc. note 2.*

51. La Cour juge regrettable qu'un tir en rafale « au hasard sur la foule » effectué par un gendarme avec une arme automatique ait été considéré par l'assemblée plénière de la Cour de cassation comme un acte commis « sous l'effet d'une émotion, d'une crainte ou d'une panique excusables ». • CEDH 12 mars 2013, *Aydan c/ Turquie,* n° 16281/10 § 97.

52. Diligence. Une exigence de célérité et de diligence raisonnable est implicite dans ce contexte. • CEDH 2 sept. 1998, *Yasa c/ Turquie,* n° 22495/93 § 103 • CEDH, gr. ch., 9 juill. 1999, *Tanrikulu c/ Turquie,* n° 23763/94 § 109 • CEDH 28 mars 2000, *Mahmut Kaya c/ Turquie,* n° 22535/93 § 106 et 107 • CEDH 10 juill. 2001, *Avsar c/ Turquie,* n° 25657/9 § 395 • CEDH 22 févr. 2011, *Soare et a. c/ Roumanie, n° 24329/02 § 164* • *CEDH 24 mai 2011, Assoc. « 21 Décembre 1989 » et a. c/ Roumanie,* n° 33810/07 § 133 • CEDH, gr. ch., 7 juill. 2011, *Al-Skeini et a. c/ Royaume-Uni,* n° 55721/07 § 167. ♦ Force est d'admettre qu'il peut y avoir des obstacles ou des difficultés empêchant l'enquête de progresser dans une situation particulière. Toutefois, une réponse rapide des autorités lorsqu'il s'agit d'enquêter sur le recours à la force meurtrière peut généralement être considérée comme essentielle pour préserver la confiance du public dans le respect du principe de légalité et pour éviter toute apparence de complicité ou de tolérance relativement à des actes illégaux. • CEDH 4 mai 2001, *McKerr c/ Royaume-Uni,* n° 28883/95 § 114 • CEDH 22 févr. 2011, *Soare et a. c/ Roumanie,* n° 24329/02 § 164.

53. Participation des proches. Il y a violation du volet procédural du présent art. dans des affaires dans lesquelles les requérants n'ont été informés de décisions judiciaires concernant l'enquête qu'avec un retard considérable et dans lesquelles les informations fournies ne contenaient pas de précision sur les motifs desdites décisions en raison du fait qu'une telle situation était de nature à empêcher toute contestation efficace. • CEDH 20 oct. 2009, *Trufin c/ Roumanie,* n° 3990/04 § 52 • CEDH 1er déc. 2009, *Velcea et Mazare c/ Roumanie,* n° 64301/01 § 114. ♦ Une copie intégrale de l'ordonnance de non-lieu, comportant un résumé des éléments de l'enquête ainsi qu'un exposé des motifs, ayant été fournie aux requérants, ces derniers ont ensuite eu accès au dossier d'instruction. C'est donc après avoir pris connaissance des éléments du dossier qu'ils ont exercé le recours en opposition qui s'offrait à eux pour contester le non-lieu. On ne peut dès lors considérer qu'ils n'ont pas eu la faculté d'exercer efficacement leurs droits (dans le cadre du droit à la vie). • CEDH 25 juin 2013, *Mustafa Tunc et Fecire Tunc c/ Turquie,* n° 24014/05 § 136.

54. Conclusions de l'enquête. Dès lors que l'enquête est de qualité, il n'y a pas violation des obligations de l'État si, en définitive, elle conclut simplement à une responsabilité du service et non à une responsabilité individuelle des agents. • CEDH, gr. ch., 30 mars 2016, *Armani Da Silva c/ Royaume-Uni,* n° 5878/08 § 283 s.

b. Enquête non satisfaisante

55. Diligence. Ne sont pas jugées satisfaisantes : ... une enquête ouverte seulement une année et 5 mois après les événements, malgré les nombreuses demandes du candidat du requérant aux autorités immédiatement après la disparition de son fils. En outre, une fois que l'enquête a commencé, elle a été l'objet de retards inexplicables. • CEDH 27 juill. 2006, *Bazornika c/ Russie,* n° 64481/01 § 121. ♦ ... Une procédure ayant duré dix ans, avec une instruction longue et dans l'incapacité de déceler la cause réelle de la mort de T., l'incertitude sur celle-ci grandissant au fur et à mesure du temps qui passait. • CEDH 1er juin 2006, *Taïs c/ France,* n° 39922/03 § 106. ♦ ...

Une enquête dont la conduite a fait l'objet d'atermoiements manifestes. Ainsi, l'expertise médico-légale concernant le requérant n'a été ordonnée par le parquet que plus de quatre mois après l'ouverture de l'enquête. L'expertise en question a été réalisée plus de cinq mois après et la commission de contrôle ne l'a confirmée que approximativement un an et trois mois après, malgré les contradictions flagrantes qui existaient entre les observations et les conclusions du rapport d'expertise. A cela s'ajoute le fait que le parquet a transmis à la commission de contrôle l'original du dossier de l'enquête, ce qui a provoqué une interruption de plusieurs mois dans la conduite des investigations. • CEDH 22 févr. 2011, *Soare et a. c/ Roumanie,* n° 24329/02 § 173. ♦ ... Une instruction préliminaire menée sans célérité contre les agresseurs tout en sachant que l'agression était motivée par la haine raciale. Au contraire, s'est prolongée et est demeurée la procédure pénale se prolonger et demeurer au stade de l'instruction pendant plus de onze ans. Par conséquent, le délai pour poursuivre la plupart des agresseurs avait expiré. • CEDH, gr. ch., 26 juill. 2007, *Anguelova et Iliev c/ Bulgarie,* n° 55523/00 § 116 : *JCP. I. 110, chron. Sudre.* ♦ Rappr. • CEDH 28 janv. 2014, *Camekan c/ Turquie,* n° 54241/08 § 55.

56. Effectivité. N'est pas jugé satisfaisante une enquête dans la conduite de laquelle il y a eu des omissions frappantes. Plus particulièrement, la Cour attache une grande importance à la circonstance que les autorités nationales n'ont pas identifié tous les policiers ayant participé à la poursuite. On peut rappeler à cet égard que certains policiers ont quitté les lieux sans se faire connaître ni remettre leurs armes ; ainsi, certaines des armes à feu utilisées n'ont jamais été mises à la disposition de la justice. Il semble également que les autorités n'aient pas demandé la liste des policiers qui étaient en service dans le secteur au moment de l'incident et que rien n'ait été entrepris pour identifier ces policiers. Par ailleurs, il est surprenant que 3 balles seulement aient été recueillies et qu'en dehors de la balle extraite du pied du requérant et de celle qui est toujours logée dans sa fesse, la police n'ait jamais retrouvé ou identifié les projectiles qui ont blessé l'intéressé. • CEDH, gr. ch., 20 déc. 2004, *Makaratzis c/ Grèce,* n° 50385/99 § 76. ♦ La Cour juge regrettable que les faits établis par les juridictions internes de différents degrés ne concordent pas. L'assemblée plénière de la Cour de cassation a jugé « établi que l'accusé avait le droit de se défendre et de protéger les autres soldats qui se trouvaient dans la jeep contre l'attaque menée par une foule dont la victime faisait partie », alors que la cour d'assises a tenu pour établi que « l'accusé n'a[vait] eu aucune intention de violer le droit à la vie de la victime qui n'avait aucun lien avec l'incident et qui attendait à l'arrêt de bus ». Partant, les juridictions internes auraient dû approfondir leurs investigations. • CEDH 12 mars 2013, *Aydan c/ Turquie,* n° 16281/10 § 114 et 115. ♦ Les autorités d'enquête, en décidant de ne pas donner suite aux demandes d'expertise, alors que le procureur en chef du parquet a lui-même estimé que le procès-verbal dressé sur les lieux, le rapport d'autopsie et les témoignages recueillis au cours de l'enquête préliminaire n'étaient pas suffisants pour écarter de nombreux doutes concernant les circonstances ayant entouré le décès de la fille du requérant, ont empêché la clarification des zones d'ombre qui subsistaient dans le dossier à l'issue de l'enquête. Les autorités internes ne sauraient ainsi passer pour avoir permis d'établir de manière suffisamment précise les circonstances qui ont mené au décès de la fille du requérant. • CEDH 18 juin 2013, *Plesca c/ Roumanie,* n° 2158/08 § 49 et 50. ♦ Pour d'autres exemples d'enquête non effective, V. • CEDH 25 févr. 2014, *Makbule Kaymaz et a. c/ Turquie,* n° 651/10 § 141 s.

57. Indépendance. N'est pas jugée satisfaisante une enquête demeurée entièrement sous le contrôle de la hiérarchie militaire et s'étant limitées à la prise de dépositions des soldats impliqués. • CEDH, gr. ch., 7 juill. 2011, *Al-Skeini et a. c/ Royaume-Uni,* n° 55721/07 § 171. ♦ Rappr. • CEDH 25 juin 2013, *Mustafa Tunc et Fecire Tunc c/ Turquie,* n° 24014/05 § 129 s.

58. Participation des proches. La compagne du fils des requérants n'a pas été entendue de manière circonstanciée alors qu'elle était présente dans le commissariat de police la nuit du drame. Si des difficultés se sont élevées pour recueillir son témoignage, dès lors qu'elle a omis deux fois de répondre aux convocations du juge d'instruction, ainsi que le précise la chambre d'accusation, la Cour considère qu'elles ne devaient pas exonérer les autorités d'entreprendre toutes les démarches nécessaires pour l'entendre car son témoignage était crucial, elle seule, à l'exception des policiers, ayant été le témoin au moins auditif de la nuit au commissariat. Or, il ne ressort pas du dossier que des démarches particulières aient été entreprises pour entendre cette personne ou la confronter avec les policiers. • CEDH 1er juin 2006, *Taïs c/ France,* n° 39922/03 § 107.

59. Pour d'autres ex. d'enquêtes non satisfaisantes du point de vue des différents critères ci-dessus, V. • CEDH, gr. ch., 17 sept. 2014, *Mocanu et a. c/ Roumanie,* n° 10865/09 § 327 s. • CEDH 22 juill. 2014, *Ataykaya c/ Turquie,* n° 50275/08 § 58 • CEDH, gr. ch., 20 nov. 2014, *Jaloud c/ Pays-Bas,* n° 47708/08 § 149 • CEDH 23 mai 2019, *Chebab c/ France,* n° 542/13 § 101 : *préc. note 6.*

60. *A contrario*, pour d'autres ex. d'enquête

satisfaisante au plan des différents critères ci-dessus V. • CEDH, décis., 17 juin 2014, *Donmez et a. c/ Turquie,* n° 20349/08.

II. L'OBLIGATION POUR L'ÉTAT DE PROTÉGER LA VIE

61. BIBL. Afroukh, L'émergence d'un droit à la sécurité des personnes dans la jurisprudence de la CEDH, *RD publ. 2015. 139.*

62. Le présent art. fait obligation à l'état de prendre les mesures nécessaires à la protection de la vie des personnes relevant de sa juridiction. • CEDH 9 juin 1998, *L.C.B. c/ Royaume-Uni,* n° 23413/94 § 36 : *préc. note 1.* ♦ V. également les références citées note 1.

63. Il y a lieu de faire une distinction entre les affaires où la mort a été infligée volontairement ou des suites d'une agression ou de mauvais traitements, et celles où la mort a été infligée de manière non intentionnelle des suites d'une négligence. En cas d'agression mortelle, le présent art. impose aux parties de mener des investigations pouvant conduire à l'identification et à la punition des responsables. Dès lors, l'octroi de dommages et intérêts ne saurait suffire, dans ce type d'affaires, à réparer la violation et à retirer la qualité de victime. S'agissant des affaires où la mort est survenue des suites d'une négligence, la Cour rappelle que son approche est différente. Si l'atteinte au droit à la vie ou à l'intégrité physique n'est pas volontaire (en particulier négligences médicales), l'obligation positive découlant du présent art. de mettre en place un système judiciaire efficace n'exige pas nécessairement dans tous les cas un recours de nature pénale. • CEDH, décis., 21 mai 2013, *Guvenc c/ Turquie,* n° 43036/08 § 33 à 35.

A. LES OBLIGATIONS POSITIVES À CARACTÈRE MATÉRIEL VISANT À PROTÉGER LA VIE

1° PROTECTION CONTRE LES AGISSEMENTS D'AUTRUI À CARACTÈRE CRIMINEL

64. L'obligation de prendre des mesures opérationnelles préventives. L'État a un devoir primordial d'assurer le droit à la vie en mettant en place une législation pénale concrète dissuadant de commettre des atteintes contre la personne et s'appuyant sur un mécanisme d'application conçu pour en prévenir, réprimer et sanctionner les violations. Cela peut aussi vouloir dire, dans certaines circonstances, mettre à la charge des autorités l'obligation *positive de prendre préventivement* des mesures d'ordre pratique pour protéger l'individu dont la vie est menacée par les agissements criminels d'autrui. • CEDH 28 oct. 1998, *Royaume-Uni,* n° 23452/94 § 115 • CEDH 28 mars 2000, *Turquie,* n° 22535/93 § 85 • CEDH 14 mars 2002, *Royaume-Uni,* n° 46477/99 § 54 • CEDH 31 mai 2007, *Slovaquie,* n° 7510/04 § 49 • CEDH 9 juin 2009, *Opuz c/ Turquie,* n° 33401/02 § 128 : *AJDA 2009. 1936, chron. Flauss* ; *RSC 2010. 219, obs. Marguénaud* ; *RD publ. 2010. 862, obs. Surrel ; JCP 2009. I. 143, chron. Sudre* • CEDH 7 janv. 2010, *Chypre et Russie,* n° 25965/04 § 218 • CEDH 14 sept. 2010, *Turquie,* n° 2668/07 § 64 • CEDH 14 juin 2011, *Trévalec c/ Belgique,* n° 30812/07 § 73 : *préc. note 5* • CEDH 10 juill. 2012, *Kayak c/ Turquie,* n° 60444/08 § 54 : *RFDA 2013. 576, chron. Labaye et Sudre* .

65. Étendue de l'obligation. N'imposant pas aux autorités un fardeau insupportable ou excessif et prenant en compte les difficultés pour la police d'exercer ses fonctions dans les sociétés contemporaines tout comme l'imprévisibilité du comportement humain et les choix opérationnels à faire en termes de priorités et de ressources, l'obligation positive n'est établie que lorsque les autorités connaissaient ou auraient dû connaître l'existence d'une menace réelle et immédiate pour la vie d'un ou de plusieurs individus et qu'elles n'ont pas pris, dans le cadre de leurs pouvoirs, les mesures qui, d'un point de vue raisonnable, auraient sans doute pallié ce risque. • CEDH 28 oct. 1998, *Royaume-Uni,* n° 23452/94 § 116 • CEDH 15 janv. 2009, *Croatie,* n° 46598/06 § 51 • CEDH 9 juin 2009, *Opuz c/ Turquie,* n° 33401/02 § 129 • CEDH 14 sept. 2010, *Turquie,* n° 2668/07 § 65 • CEDH 30 juin 2011, *Girard c/ France,* n° 22590/04 § 65 : *D. 2011. 1900* . ♦ L'action de l'État est d'autant plus nécessaire si les autorités savent ou ne peuvent ignorer que le danger découle d'activités de personnes ou de groupes agissant au su ou avec l'accord d'éléments des forces de l'ordre. • CEDH 28 mars 2000, *Turquie,* n° 22492/93 § 68. ♦ Une autre considération pertinente est la nécessité de s'assurer que la police exerce son pouvoir de juguler et de prévenir la criminalité en respectant pleinement les voies légales et autres garanties qui limitent légitimement l'étendue de ses actes d'investigations criminelles et de traduction des délinquants en justice, y compris les garanties figurant aux art. 5 et 8 Conv. EDH. • CEDH 28 oct. 1998, *Royaume-Uni,* n° 23452/94 § 116.

66. Violation. La non-prise en compte d'une demande de protection alors que les autorités ne pouvaient ignorer l'existence d'un danger réel et immédiat pesant sur la personne concernée constitue une violation du présent art. • CEDH 28 mars 2000, *Turquie,* n° 22492/93 § 67. ♦ Faute de personnel suffisant, la mission de surveillance des élèves, notamment en dehors de l'enceinte des bâtiments scolaires, était parfois dévolue aux élèves eux-mêmes. En outre, il n'est pas contesté qu'E. G. se soit procuré le couteau dans l'enceinte de l'établissement scolaire, à la cuisine de la cantine, dont l'accès était pourtant interdit aux élèves. Il apparaît ainsi avoir pu librement circuler dans l'enceinte des bâtiments et en sortir aisément pour commettre son crime, à un moment où il aurait pourtant dû être sous la surveillance du personnel enseignant. Les responsables de l'école ont manqué à leur devoir de surveillance ; il en résulte une faute de service de l'administration et donc, dans les circonstances de la présente affaire, les autorités nationales ont manqué à leur devoir de surveillance dans l'enceinte de l'établissement où était scolarisé l'auteur du crime litigieux (assassinat d'un élève par un autre). • CEDH 10 juill. 2012, *Kayak c/ Turquie,* n° 60444/08 § 64 et 66.

67. Non-violation. Dès lors que les requérants n'ont pas réussi à indiquer, dans le déroulement des événements ayant conduit à la fusillade tragique, le moment décisif à partir duquel on peut considérer que la police savait ou aurait dû savoir que la vie de O. était réellement et immédiatement menacée, la police ne saurait être critiquée pour avoir accordé du poids à la présomption d'innocence, ou n'avoir pas usé de son pouvoir d'arrêter, de perquisitionner et de saisir compte tenu du caractère raisonnable de son point de vue selon lequel le degré de suspicion requis n'étant pas atteint aux moments déterminants, elle ne pouvait pas exercer ces pouvoirs. • CEDH 28 oct. 1998, *Royaume-Uni,* n° 23452/94 § 115. ♦ La suite d'événements qui a abouti à la mort de la jeune femme n'étant pas prévisible par les policiers au moment où ils l'ont remise à A., il n'y avait pas en l'espèce d'obligation de prendre des mesures concrètes pour prévenir la réalisation d'un risque pour sa vie. • CEDH 7 janv. 2010, *Chypre et Russie,* n° 25965/04 § 222.

a. Agissements criminels en récidive à la suite de la remise en liberté

68. Principe. Dès lors qu'il n'est pas possible d'identifier à l'avance les cibles potentielles d'une action meurtrière, il ne s'agit pas ici de déterminer si la responsabilité des autorités est engagée du fait qu'elles n'ont pas assuré de protection rapprochée ; ce qui est en cause, c'est l'obligation d'assurer une protection générale de la société contre les agissements éventuels d'une ou de plusieurs personnes purgeant une peine d'emprisonnement pour avoir commis des crimes violents et d'en définir l'étendue. • CEDH, , gr. ch., 24 oct. 2002, *Mastromatteo c/ Italie,* n° 37703/97 § 69 • CEDH 10 juill. 2012, *Turquie,* n° 60444/08 § 54 : *RFDA 2013. 576, chron. Labaye et Sudre* • CEDH 17 janv. 2012, *Grèce,* n° 46846/08 § 48 : *D. 2012. 359* ; *AJ pénal 2012. 174, obs. Céré* ; *RSC 2012. 681, obs. Marguénaud.* ♦ Il en est ainsi en particulier du fait de la mort infligée à un passant par des détenus qui purgeaient une peine pour crimes violents et qui ont été autorisés à sortir de prison en vertu d'un système de mesures de substitution à la détention. • CEDH, gr. ch., 24 oct. 2002, *Mastromatteo c/ Italie,* n° 37703/97 § 69 et 70.

69. Violation. Le non-respect par un récidiviste de l'envergure criminelle de I. des prescriptions inhérentes à la semi-liberté était un facteur fort inquiétant, qui aurait dû être porté à la connaissance du tribunal compétent pour que celui-ci puisse évaluer l'opportunité de révoquer la semi-liberté. Compte tenu notamment de la personnalité de I., de ses nombreux antécédents et des éléments donnant à penser qu'il aurait pu être socialement dangereux, la Cour estime que l'octroi de la semi-liberté à l'intéressé, combiné avec l'omission d'informer le TAP de Campobasso de ses violations aux prescriptions qui lui étaient imposées, s'analyse en un manquement au devoir de diligence qui découle de l'obligation de protéger la vie, imposée par le présent art. • CEDH 15 déc. 2009, n° 28634/06 § 120 et 121.

70. Non-violation. Parmi les éléments qui étaient en leur possession, rien ne pouvait faire craindre aux autorités nationales que la sortie de M. R. ou de G. M. pût présenter un risque certain et immédiat pour la vie, et encore moins qu'elle pût déboucher sur une mort tragique à l'issue de l'enchaînement de circonstances fortuites qui s'est produit en l'espèce et rien non plus ne pouvait leur faire penser qu'il était nécessaire de prendre des mesures complémentaires afin que, une fois hors de prison, M. R. et G. M. ne présentent pas de danger pour la société. • CEDH, gr. ch., 24 oct. 2002, *Mastromatteo c/ Italie,* n° 37703/97 § 76. ♦ La législation grecque fait partie des systèmes, moins répandus mais existants parmi les États parties à la Conv. EDH, dans lesquels la libération conditionnelle constitue la règle et un certain automatisme est appliqué dans la mise en œuvre de cette mesure. Dès lors que la législation n'excluait pas la prise en compte d'autres éléments par la juridiction compétente pour évaluer le comportement de Z. L., le système grec de libération conditionnelle, comme il a été appliqué en l'espèce, n'a pas perturbé le juste équilibre qui devait exister entre l'objectif de la réinsertion sociale de Z. L. et le but de l'empêcher de récidiver. • CEDH 17 janv. 2012, *Grèce,* n° 46846/08 § 60.

b. Usage d'armes à feu

71. Compte tenu des obligations positives de contrôle de la détention d'armes à feu résultant de l'appartenance de leur usage à la catégorie des activités dangereuses comportant un risque mortel particulièrement élevé, les États parties ont l'obligation d'intervenir avec une diligence particulière lorsqu'ils sont alertés sur des faits donnant lieu à des soupçons concrets de manquement aux règles établies pour leur possession. • CEDH 17 sept. 2020, *Finlande*, n° 62439/12 § 85. ♦ Ne comportant pas de menaces précises, les publications d'un étudiant sur internet précédant la tuerie qu'il a commise dans son école étaient de nature à faire surgir des doutes quant à son aptitude à demeurer en possession d'une arme à feu. Bien que n'ayant pas fait preuve de passivité en interrogeant l'intéressé détenteur d'un permis, les autorités nationales n'ont pas pris la précaution raisonnable consistant à saisir l'arme, ce qui emporte en l'espèce violation des obligations positives à caractère matériel. • CEDH 17 sept. 2020, *Finlande*, n° 62439/12 § 89 et 90.

c. Violence domestique

72. La violence domestique est un phénomène qui peut prendre diverses formes – agressions physiques, violences psychologiques, insultes – et qui n'est pas circonscrit à la présente espèce. Il s'agit là d'un problème général commun à tous les États membres. La violence domestique demeure particulièrement préoccupante dans les sociétés européennes d'aujourd'hui. • CEDH, gr. ch., 27 janv. 2015, *République tchèque*, n° 59552/08 § 71. ♦ Elle n'apparaît pas toujours au grand jour car elle s'inscrit fréquemment dans le cadre de rapports personnels ou de cercles restreints. Par ailleurs, elle ne concerne pas exclusivement les femmes : les hommes peuvent eux aussi faire l'objet de violences domestiques, ainsi que les enfants, qui en sont souvent directement ou indirectement victimes. La Cour tiendra compte de la gravité de ce problème en examinant les faits de la cause. • CEDH 23 févr. 2016, *Civek c/ Turquie*, n° 55354/11 § 50 : *AJDA 2016. 1738, chron. Burgorgue-Larsen ; D. 2016. 1124, note Pelletier*. ♦ Elle conduit à la mise en œuvre d'une obligation positive dès lors que les rapports difficiles entre la mère et le père des requérants, ainsi que les violences exercées par le père sur son épouse étaient connues des forces de l'ordre. • CEDH 23 févr. 2016, *Civek c/ Turquie*, n° 55354/11 § 51 : *préc.* ♦ V. également : • CEDH 28 juin 2016, *Halime Kilic c/ Turquie*, n° 63034/11 : *AJDA 2016. 1738, chron. Burgorgue-Larsen*. ♦ V. également notes ss. l'art. 3 Conv. EDH.

d. Disparitions

73. La disparition d'une personne dans des circonstances mettant sa vie en danger commande à l'État, en vertu de l'obligation positive découlant du présent art., de prendre des mesures concrètes de prévention pour protéger le droit du disparu à la vie. • CEDH 31 mai 2005, *Turquie*, n° 27305/95 § 132 • CEDH 24 janv. 2008, *Turquie*, n° 48804/99 § 75 • CEDH 17 janv. 2008, *Bulgarie*, n° 59548/00 § 101 • CEDH 15 janv. 2009, *Russie*, n° 25385/04 § 97 à 100 • CEDH 30 juin 2011, *Girard c/ France*, n° 22590/04 § 66. ♦ Et ce d'autant plus si des fonctionnaires de l'État peuvent être impliqués dans cette disparition. • CEDH 8 nov. 2005, *Ukraine*, n° 34056/02 § 166. ♦ L'obligation de prendre des mesures pour protéger le droit à la vie n'est pas une obligation de résultat mais une obligation de moyens. Il suffit au requérant de montrer que les autorités n'ont pas fait tout ce que l'on pouvait raisonnablement attendre d'elles pour empêcher la matérialisation d'un risque certain et immédiat pour la vie, dont elles avaient ou auraient dû avoir connaissance. • CEDH 24 janv. 2008, *Turquie*, n° 48804/99 § 77. ♦ Ces mesures doivent être prises d'autant plus rapidement que le temps joue un rôle essentiel en matière d'enlèvement. • CEDH 29 mai 2008, *Russie*, n° 37315/03 § 85 • CEDH 29 mai 2008, *Russie*, n° 1839/04 § 79. ♦ Pourtant, lorsque la disparition concerne des personnes placées sous la surveillance d'agents de l'État, elle est parfois analysée par la Cour sous le seul angle de l'art. 5 Conv. EDH. • CEDH 25 mai 1998, *Turquie*, n° 24276/94 § 129.

e. Enlèvement

74. En cas d'enlèvement avec demande de rançon, il faut partir du principe que la vie et la santé de la victime sont en danger, et ce, indépendamment de la communication par les ravisseurs de leur intention de lui faire du mal. • CEDH 5 sept. 2019, *Pologne*, n° 20147/15 § 122-123. ♦ Compte tenu des nombreuses erreurs commises au fil des ans par la police ayant directement conduit à l'échec de l'enquête et à retrouver la victime vivante (collecte défectueuse des preuves médico-légales, remise de rançon non contrôlée, investigations non menées ou avec retard), la Cour considère que les autorités nationales n'ont pas répondu avec le niveau d'engagement requis en cas d'enlèvement prolongé (près de deux ans), ce qui emporte violation du volet matériel du présent art. • CEDH 5 sept. 2019, *Pologne*, n° 20147/15 § 130-131.

2° PROTECTION DE L'INDIVIDU CONTRE LUI-MÊME

75. Principe. Au titre du présent art., les États ont, dans certaines circonstances particulières, l'obligation positive de prendre préventivement des mesures d'ordre pratique pour protéger l'individu contre lui-même. C'est le cas lorsque, vulnérable, ce dernier est sous le contrôle plus ou moins direct des autorités publiques : en détention • CEDH 16 nov. 2000, *Turquie*, n° 21422/93 § 70 • CEDH 8 oct. 2015, *Sellal c/ France*, n° 32432/13. ♦ ... Sous les drapeaux dans le cadre du service militaire obligatoire. • CEDH 7 juin 2005, Turquie, n° 40145/98 § 41. ♦ ... Interné pour maladie mentale. • CEDH 22 nov. 2016, Autriche, n° 1967/14 § 47 à 49. ♦ ... Ou même hospitalisé avec son consentement pour troubles psychiatriques impliquant inévitablement un certain niveau de contention. • CEDH, gr. ch., 31 janv. 2019, *Fernandes de Oliveira c/ Portugal,* n° 78103/14 § 124. ♦ ... Placé en maison de retraite • CEDH 17 janv. 2008, *Bulgarie,* n° 59548/00 § 101. ♦ Par ailleurs, lorsque la menace d'un individu de se suicider constitue une réaction émotionnelle directement induite par les actions ou les demandes d'agents de l'État (expulsion d'un logement en l'espèce), ceux-ci doivent non seulement la considérer avec le plus grand sérieux comme constituant un risque imminent pour la vie de la personne mais ont aussi, s'ils en ont connaissance suffisamment à l'avance, l'obligation positive d'empêcher qu'elle ne se concrétise en employant tout moyen raisonnable et réaliste au regard des circonstances. • CEDH 17 déc. 2009, *Azerbaïjan,* n° 4762/05 § 115.

76. Prise des mesures nécessaires. En ce qui concerne les détenus qui mettent, volontairement ou involontairement, leur propre vie en danger, les autorités pénitentiaires doivent s'acquitter de leurs tâches de manière compatible avec les droits et libertés des individus concernés. • CEDH, décis., 26 mars 2013, *Suisse,* n° 73175/10 § 50. ♦ Si les autorités ont une obligation positive de protéger le droit à la vie d'une personne gardée à vue dans le cadre de leur devoir consistant à surveiller les détenus et à empêcher les suicides, il convient de rechercher si elle ont su sur le moment que le détenu risquait de commettre un tel acte et si elles n'ont pas pris, dans le cadre de leurs pouvoirs, les mesures qui, d'un point de vue raisonnable, auraient sans doute pallié ce risque. • CEDH 16 nov. 2000, *Turquie,* n° 21422/93 § 72. ♦ Le juge vérifie dans chaque cas que les autorités savaient ou pouvaient savoir qu'il existait un risque réel et immédiat de suicide ou qu'elles ont dès lors agi dans une sens incompatible avec leurs obligations positives de garantir le droit à la vie. • CEDH 5 juill. 2005, *Russie,* n° 49790/99 § 78. ♦ Dans le cas spécifique du risque de suicide d'une personne privée de sa liberté dans le cadre d'une procédure pénale, l'obligation positive ne vaut que lorsque les autorités savent ou devraient savoir sur le moment qu'existe un risque réel et immédiat qu'un individu attente à sa vie. • CEDH 8 oct. 2015, *Sellal c/ France,* n° 32432/13 § 58. ♦ Pour caractériser un manquement à cette obligation, il faut établir que les autorités ont omis de prendre, dans le cadre de leurs pouvoirs, les mesures qui, d'un point de vue raisonnable, auraient sans doute pallié ce risque. Concrètement, il faut et il suffit que le requérant démontre que les autorités n'ont pas fait tout ce que l'on pouvait raisonnablement attendre d'elles dans les circonstances de la cause pour empêcher la matérialisation d'un risque certain et immédiat pour la vie dont elles avaient ou auraient dû avoir connaissance. • CEDH, décis., 3 sept. 2013, *Robineau c/ France,* n° 58497/11 • CEDH 4 févr. 2016, *Isenc c/ France,* n° 58828/13 § 39 : *AJDA 2016. 232 ; AJ pénal 2016. 158, obs. Céré.*

77. Application. Ainsi, les autorités ont réagi de manière raisonnable face au comportement de K. en le plaçant à l'hôpital et sous surveillance lorsqu'il faisait preuve de tendances suicidaires. • CEDH 3 avr. 2001, *Keenan c/ Royaume-Uni,* n° 27229/95 § 99 : *D. 2002. 118, obs. Céré ; RSC 2001. 881, obs. Tulkens.* ♦ De même, il n'apparaît pas davantage qu'une négligence ou qu'un manque de surveillance puissent être relevés dans le déroulement des faits le jour de son décès, puisque la demande faite par R. de voir un médecin à sa sortie en promenade a été immédiatement transmise et qu'il s'est écoulé tout au plus 25 min entre son retour en cellule et la découverte de son décès par le surveillant. • CEDH 16 oct. 2008, *Renolde c/ France,* n° 5608/05 § 92 : *AJDA 2008. 1983 ; D. 2008. 2723, obs. Léna ; ibid. 2009. 123, obs. Roujou de Boubée, Garé et Mirabail ; ibid. 1376, obs. Céré, Herzog-Evans et Péchillon ; GADS 2010, n° 28 ; AJ pénal 2009. 41, obs. Céré ; RDSS 2009. 363, obs. Hennion-Jacquet ; RSC 2009. 173, obs. Marguénaud ; ibid. 431, chron. Poncela.* ♦ Les autorités internes n'ont pas eu conscience de ce que Michel Robineau allait se suicider. La Cour doit donc se demander si, compte tenu des circonstances, elles auraient dû savoir qu'un risque réel et immédiat d'un tel acte existait. Or, l'intéressé avait paru calme à l'ensemble des personnes l'ayant rencontré dans le cadre de sa garde à vue, puis de son déferrement. De plus, son humeur avait été jugée stable par le psychiatre chargé de l'examiner, celui-ci ayant même estimé qu'il était peu atteint émotionnellement par ce qui lui arrivait. • CEDH, décis., 3 sept. 2013, *Robineau c/ France,* n° 58497/11. ♦ Comp. • CEDH 16 févr. 2012, *Rép. tchèque,* n° 23944/04 § 110. ♦ Rappr. : aucun accompagnement particulier tenant compte de l'état psychologique du détenu n'ayant été prévu avant qu'il ne soit placé pour la nuit en cellule individuelle et la ronde de surveillance normalement prévue dans la soirée, au moment auquel le suicide a été commis, n'ayant pas été effectuée, les défauts de vigilance ainsi manifestés sont constitutifs d'une faute de l'administration pénitentiaire de nature à engager la responsabilité de l'État. • CE 9 juill. 2007, n° 281205 : *AJDA 2007. 2094, note Arbousset ; D. 2008. 1015, obs. Céré, Herzog-Evans et Péchillon ; RSC 2008. 404,* *chron. Poncela* ✐. ♦ V. s'agissant d'un détenu dont les tendances suicidaires étaient signalées et qui n'a pas fait l'objet d'un examen médical. • CEDH 4 févr. 2016, *Isenc c/ France,* n° 58828/13 § 40 s.

78. Cas des grèves de la faim. Concernant les détenus qui mettent volontairement leur vie en danger en entamant une grève de la faim, les faits suscités par des actes de pression envers les autorités ne sauraient entraîner une violation de la Conv. EDH dans la mesure où ces autorités ont dûment examiné et géré la situation. • CEDH 31 mars 2009, *Turquie,* n° 1639/03 § 30. ♦ Il en va notamment ainsi lorsqu'un détenu en grève de la faim refuse clairement toute intervention, alors même que son état de santé menacerait sa vie. • CEDH, décis., 26 janv. 2010, *Turquie,* n° 22614/04. ♦ La Cour, lorsqu'elle examine s'il existe un lien de causalité entre le décès d'un détenu en grève de la faim et le refus des autorités de le libérer, regarde si, en milieu carcéral, l'intéressé a été privé des soins médicaux dont il aurait pu bénéficier en liberté. • CEDH 31 mars 2009, *Turquie,* n° 1639/03 § 29. ♦ En l'espèce, les autorités administratives et judiciaires concernées reconnurent immédiatement les risques que la grève de la faim comportait pour l'état de santé et la vie même du requérant et prirent les dispositions qu'elles estimèrent utiles afin de pallier ces risques. • CEDH, décis., 26 mars 2013, *Suisse,* n° 73175/10 § 54. ♦ V. également les défauts de soins assimilables à une violation de l'art. 3 Conv. EDH.

3° PROTECTION DE LA SANTÉ

79. Principe. Les actes et omissions des autorités dans le cadre des politiques de santé publique peuvent, dans certaines circonstances, engager leur responsabilité sous l'angle du volet matériel du présent art. • CEDH 17 janv. 2002, *Calvelli et Ciglio,* n° 32967/96 § 49 : *JCP 2002. I. 157, obs. Sudre.* ♦ Toutefois, entrent dans le champ de l'art. 8 Conv. EDH les questions liées à l'intégrité morale et physique des individus, à leur privation de participation au choix des actes médicaux qui leur sont prodigués ainsi qu'à leur consentement à cet égard, et à l'accès à des informations leur permettant d'évaluer les risques sanitaires auxquels ils sont exposés. • CEDH, décis., 5 oct. 2006, *Trocellier c/ France,* n° 75725/01 : *RFDA 2008. 737, chron. Labayle et Sudre* ✐, ces questions sont examinées sous l'angle de l'art. 8 Conv. EDH et non du présent art. • CEDH 5 janv. 2010, *Turquie,* n° 25266/05 § 55 • CEDH 25 sept. 2012, *Pologne,* n° 19764/07 § 67.

a. Protection contre les négligences médicales

80. L'obligation de mettre en place un cadre réglementaire. Les obligations positives incombant à l'État en vertu du présent art. impliquent la mise en place par les autorités d'un cadre réglementaire imposant aux hôpitaux, qu'ils soient publics ou privés, l'adoption de mesures propres à assurer la protection de la vie de leurs malades. Ce cadre règlementaire doit comprendre, nonobstant l'obligation positive de protection à caractère procédural, l'établissement d'un système judiciaire efficace et indépendant en mesure, en cas de décès d'un individu se trouvant sous la responsabilité de professionnels de santé, d'établir la cause du décès et d'obliger les responsables éventuels à répondre de leurs actes. • CEDH 17 janv. 2002, *Calvelli et Ciglio,* n° 32967/96 § 49 : *JCP 2002. I. 157, obs. Sudre.*

81. Étendue de l'obligation. Dès lors qu'un État contractant a fait ce qu'il fallait pour assurer un haut niveau de compétence chez les professionnels de la santé et pour garantir la protection de la vie des patients, on ne peut admettre que des questions telles qu'une erreur de jugement de la part d'un professionnel de la santé ou une mauvaise coordination entre des professionnels de la santé dans le cadre du traitement d'un patient en particulier suffisent en elles-mêmes à obliger un État contractant à rendre des comptes en vertu de l'obligation positive de protéger le droit à la vie. • CEDH 25 sept. 2012, *Pologne,* n° 19764/07 § 82. ♦ Ainsi, lorsque la négligence médicale a été établie, il n'y a violation du volet matériel du présent art. que si le cadre réglementaire applicable ne protégeait pas dûment la vie du patient, c'est-à-dire si la défaillance réglementaire a nui au patient. • CEDH gr. ch., 19 déc. 2017, *Portugal,* n° 56080/13 § 186, 187 et 203 : *AJDA 2018. 150, chron. Burgorgue-Larsen* ✐.

82. Refus de soins. Ces cas sont à distinguer du refus de soins. • CEDH, gr. ch., 10 mai 2001, n° 25781/94 § 219. ♦ Victime d'un dysfonctionnement flagrant des services hospitaliers, la défunte a été privée de la possibilité d'avoir accès à des soins d'urgence appropriés. Ce constat suffit à la Cour pour estimer que l'État a manqué à son obligation de protéger son intégrité physique. • CEDH 9 avr. 2013, *Turquie,* n° 13423/09 § 97. ♦ Défaut de soins d'urgence indispensables. • CEDH 27 janv. 2015, *Turquie,* n° 24109/07 § 77 s.

83. Protection préventive d'ordre pratique contre le suicide en milieu hospitalier. Les autorités nationales ont l'obligation de prendre les mesures raisonnables de protection contre un risque réel et immédiat de suicide d'un malade mental, qu'il ait été hospitalisé avec ou sans son consentement, et ce eu égard notamment aux effets de ses troubles sur sa capacité à prendre rationnellement la décision de mettre fin à ses jours. La Cour pourra en revanche appliquer un contrôle plus strict des mesures de protection requises s'il s'agit d'une hospitalisation sans consentement. • CEDH, gr. ch., 31 janv. 2019, *Portugal,* n° 78103/14 § 124.

b. Protection de la santé des personnes vulnérables placées sous le contrôle étatique

84. Principe. Au titre du présent art., l'État a l'obligation de dispenser, avec diligence, les soins médicaux à même de prévenir l'issue fatale d'une personne vulnérable placée sous son contrôle, c'est-à-dire : venant d'être arrêtée. • CEDH 9 oct. 2007, *Saoud c/ France,* n° 9375/02 § 98 : *préc. note 16.* ♦ ... En garde à vue. • CEDH 27 juin 2000, *Salman c/ Turquie,* n° 21986/93 : *RFDA 2001. 1250, chron. Labayle et Sudre ; JCP 2001. I. 291, chron. Sudre* • CEDH 1er juin 2006, *Taïs c/ France,* n° 39922/03 § 84 : *AJ pénal 2006. 403, obs. Saas*. ♦ ... En détention provisoire. • CEDH 14 mars 2002, *Royaume-Uni,* n° 46477/99 § 56. ♦ ... En rétention administrative. • CEDH 27 juill. 2004, *Slimani c/ France,* n° 57671/00 : *D. 2004. 2763*. ♦ ... En centre de dégrisement. • CEDH 24 mars 2009, *Pologne,* n° 11818/02 • CEDH 1er juin 2006, *Taïs c/ France,* n° 39922/03 § 100 : *préc.* ♦ ... Dans un foyer social. • CEDH 18 juin 2013, *Bulgarie,* n° 48609/06 § 12 s. : *D. 2014. 238, obs. Renucci*. ♦ ... En hôpital psychiatrique. • CEDH, gr. ch., 17 juill. 2014, *Roumanie,* n° 47848/08 § 140 : *préc. note 1.*

85. Les personnes en garde à vue sont en situation de vulnérabilité et les autorités ont l'obligation de justifier le traitement qui leur est infligé. Par conséquent, lorsqu'un individu est placé en garde à vue alors qu'il se trouve en bonne santé et qu'il meurt par la suite, il incombe à l'État de fournir une explication plausible sur les faits qui ont conduit au décès (décision *Salman* préc. note 84, § 100). Il en va de même en cas de soupçon de détention dès lors qu'il existe des preuves suffisantes permettant de conclure, au-delà de tout doute raisonnable, que E., après avoir été arrêté et détenu, a été victime de graves sévices non reconnus et a trouvé la mort alors qu'il se trouvait entre les mains des forces de l'ordre. • CEDH 9 mai 2000, *Turquie,* n° 20764/92 § 131 à 133. ♦ ... Y compris si la personne a disparu mais qu'on peut raisonnablement la présumer morte. • CEDH, gr. ch., 8 juill. 1999, *Çakici c/ Turquie,* n° 23657/94 § 85 : *JDI 2000. 117, obs. Delaplace* • CEDH 13 juin 2000, *Turquie,* n° 23531/94 § 82.

86. Origine des événements. Cette obligation vaut aussi si les blessures ou la mort trouvent leur origine : ... dans l'attitude d'un codétenu. • CEDH 14 mars 2002, *Royaume-Uni,* n° 46477/99 § 57. ♦ ... Ou dans l'attitude du détenu lui-même (suicide en prison). • CEDH 16 nov. 2000, *Turquie,* n° 21422/93 • CEDH 8 oct. 2015, *France,* n° 32432/13. ♦ En ce qui concerne les détenus qui mettent, volontairement ou involontairement, leur propre vie en danger, les autorités pénitentiaires doivent s'acquitter de leurs tâches de manière compatible avec les droits et libertés des individus concernés. • CEDH décis., 26 mars 2013, *Suisse,* n° 73175/10 § 50.

87. Prise des mesures nécessaires. Si les autorités ont une obligation positive de protéger le droit à la vie d'une personne gardée à vue dans le cadre de leur devoir consistant à surveiller les détenus et à empêcher les suicides, il convient de rechercher si elles ont su sur le moment que le détenu risquait de commettre un tel acte et si elles ont pris, dans le cadre de leurs pouvoirs, les mesures qui, d'un point de vue raisonnable, auraient sans doute pallié ce risque. • CEDH 16 nov. 2000, *Turquie,* n° 21422/93 § 72. ♦ Le juge vérifie dans chaque cas que les autorités savaient ou pouvaient savoir qu'il existait un risque réel et immédiat de suicide ou qu'elles ont dès lors agi dans une sens incompatible avec leurs obligations positives de garantir le droit à la vie. • CEDH 5 juill. 2005, *Russie,* n° 49790/99 § 78. ♦ Dans le cas spécifique du risque de suicide d'une personne privée de sa liberté dans le cadre d'une procédure pénale, l'obligation positive ne vaut que lorsque les autorités savent ou devraient savoir sur le moment qu'existe un risque réel et immédiat qu'un individu attente à sa vie. • CEDH 8 oct. 2015, *France,* n° 32432/13 § 58. ♦ Pour caractériser un manquement à cette obligation, il faut établir que les autorités ont omis de prendre, dans le cadre de leurs pouvoirs, les mesures qui, d'un point de vue raisonnable, auraient sans doute pallié ce risque. Concrètement, il faut et il suffit que le requérant démontre que les autorités n'ont pas fait tout ce que l'on pouvait raisonnablement attendre d'elles dans les circonstances de la cause pour empêcher la matérialisation d'un risque certain et immédiat pour la vie dont elles avaient ou auraient dû avoir connaissance. • CEDH, décis., 3 sept. 2013, *Robineau c/ France,* n° 58497/11. • CEDH 4 févr. 2016, *Isenc c/ France,* n° 58828/13 § 39 : *AJDA 2016. 232 ; AJ pénal 2016. 158, obs. Céré.*

88. Ainsi, les autorités ont réagi de manière raisonnable face au comportement de K. en le plaçant à l'hôpital et sous surveillance lorsqu'il faisait preuve de tendances suicidaires. • CEDH 3 avr. 2001, *Keenan c/ Royaume-Uni,* n° 27229/95 § 99 : *D. 2002. 118, obs. Céré ; RSC 2001. 881, obs. Tulkens*. ♦ De même, il n'apparaît pas davantage qu'une négligence ou qu'un manque de surveillance puissent être relevés dans le déroulement des faits le jour de son décès, puisque la demande faite par R. de voir un médecin à sa sortie en promenade a été immédiatement transmise et qu'il s'est écoulé tout au plus 25 min entre son retour en cellule et la découverte de son décès par le surveillant. • CEDH 16 oct. 2008, *Renolde c/ France*, n° 5608/05 § 92 : *AJDA 2008. 1983* ; *D. 2008. 2723, obs. Léna* ; *ibid. 2009. 123, obs. Roujou de Boubée, Garé et Mirabail* ; *ibid. 1376, obs. Céré, Herzog-Evans et Péchillon* ; *GADS 2010, n° 28* ; *AJ pénal 2009. 41, obs. Céré* ; *RDSS 2009. 363, obs. Hennion-Jacquet* ; *RSC 2009. 173, obs. Marguénaud* ; *ibid. 431, chron. Poncela*. ♦ Les autorités internes n'ont pas eu conscience de ce que Michel Robineau allait se suicider. La Cour doit donc se demander si, compte tenu des circonstances, elles auraient dû savoir qu'un risque réel et immédiat d'un tel acte existait. Or, l'intéressé avait paru calme à l'ensemble des personnes l'ayant rencontré dans le cadre de sa garde à vue, puis de son déferrement. De plus, son humeur avait été jugée stable par le psychiatre chargé de l'examiner, celui-ci ayant même estimé qu'il était peu atteint émotionnellement par ce qui lui arrivait. • CEDH, décis., 3 sept. 2013, *Robineau c/ France*, n° 58497/11. ♦ Comp. • CEDH 16 févr. 2012, *Rép. tchèque*, n° 23944/04 § 110. ♦ Rappr. : aucun accompagnement particulier tenant compte de l'état psychologique du détenu n'ayant été prévu avant qu'il ne soit placé pour la nuit en cellule individuelle et la ronde de surveillance normalement prévue dans la soirée, au moment auquel le suicide a été commis, n'ayant pas été effectuée, les défauts de vigilance ainsi manifestés sont constitutifs d'une faute de l'administration pénitentiaire de nature à engager la responsabilité de l'État. • CE 9 juill. 2007, n° 281205 : *AJDA 2007. 2094, note Arbousset* ; *D. 2008. 1015, obs. Céré, Herzog-Evans et Péchillon* ; *RSC 2008. 404, chron. Poncela*. ♦ V. s'agissant d'un détenu dont les tendances suicidaires étaient signalées et qui n'a pas fait l'objet d'un examen médical : • CEDH 4 févr. 2016, *Isenc c/ France*, n° 58828/13 § 40 s. : *préc. note 87*.

89. Concernant les détenus qui mettent volontairement leur vie en danger en entamant une grève de la faim, les faits suscités par des actes de pression envers les autorités ne sauraient entraîner une violation de la Conv. EDH dans la mesure où ces autorités ont dûment examiné et géré la situation. • CEDH 31 mars 2009, *Turquie*, n° 1639/03 § 30. ♦ Il en va notamment ainsi lorsqu'un détenu en grève de la faim refuse clairement toute intervention, alors même que son état de santé menacerait sa vie. • *CEDH, décis., 26 janv. 2010*, *Turquie*, n° 22614/04. ♦ La Cour, lorsqu'elle examine s'il existe un lien de causalité entre le décès d'un détenu en grève de la faim et le refus des autorités de le libérer, regarde si, en milieu carcéral, l'intéressé a été privé des soins médicaux dont il aurait pu bénéficier en liberté. • CEDH 31 mars 2009, *Turquie*, n° 1639/03 § 29. ♦ En l'espèce, les autorités administratives et judiciaires concernées reconnurent immédiatement les risques que la grève de la faim comportait pour l'état de santé et la vie même du requérant et prirent les dispositions qu'elles estimèrent utiles afin de pallier ces risques. • CEDH, décis., 26 mars 2013, *Suisse*, n° 73175/10 § 54.

90. L'obligation positive a été respectée lorsque les agents ont immédiatement appelé l'ambulance et placé la personne en position latérale de sécurité. • CEDH 7 févr. 2006, *Suisse*, n° 41773/98 § 65.

91. La Convention n'implique en revanche aucune obligation de libérer un détenu pour raison de santé. • CEDH 15 janv. 2004, *France*, n° 58749/00 • CEDH 10 nov. 2005, *Turquie*, n° 22913/04 § 72. ♦ Le refus de libérer le fils de la requérante, dont les conditions de détention ne constituaient pas en soi un traitement inhumain ou dégradant au sens de l'art. 3 Conv. EDH et qui n'a pas manqué de soins appropriés, n'a pas emporté violation du présent art. alors même qu'il poursuivait une grève de la faim. • CEDH 31 mars 2009, *Turquie*, n° 1639/03 § 31.

4° PROTECTION À L'ÉGARD DES ACTIVITÉS DANGEREUSES

92. Le présent art. ne concerne pas exclusivement les cas de mort d'homme résultant de l'usage de la force par des agents de l'État mais implique aussi, dans la première phrase de son premier paragraphe, l'obligation positive pour les États de prendre toutes les mesures nécessaires à la protection de la vie des personnes relevant de leur juridiction. Pour la Cour, cette obligation doit être interprétée comme valant dans le contexte de toute activité, publique ou non, susceptible de mettre en jeu le droit à la vie, a fortiori pour les activités à caractère industriel, dangereuses par nature. • CEDH, gr. ch., 30 nov. 2004, *Öneryildiz c/ Turquie*, n° 48939/99 § 71 : *AJDA 2005. 1133, note Rabiller* ; *ibid. 2004. 2301* ; *ibid. 2005. 541, chron. Flauss* ; *ibid. 1081, édito. Jégouzo* ; *RDI 2005. 98, obs. Trébulle* ; *RTD civ. 2005. 422, obs. Revet* ; *RD publ. 2005.765, chron. Sudre* • CEDH 28 févr. 2012, *Russie*, n° 17423/05 § 159 : *RFDA 2013. 576, chron. Labaye et Sudre*. – V. déjà • CEDH 9 juin 1998, *Royaume-Uni*, n° 23413/94 : *préc. note 1*. ♦ Rappr. sous l'angle de l'art. 8, protection de la vie privée et du domicile. • CEDH 10 janv. 2012, *Italie*, n° 30765/08 § 110 : *D. 2012. 2557, obs. Trébulle* ; *RFDA 2013. 576, chron. Labaye et Sudre*.

93. Il existe à la charge de l'État une obligation positive d'adopter et de respecter une réglementation de protection des citoyens dans le domaine des activités dangereuses. • CEDH,gr. ch., 30 nov. 2004, *Turquie,* n° 48938/99 § 89 et 90. ♦ Tel est le cas par ex. de défaillances qui dépassent la négligence de la part de militaires (enfants jouant avec un obus égaré lors d'un exercice). • CEDH 4 déc. 2014, *Turquie,* n° 33647/04. ♦ Le devoir de l'État de garantir le droit à la vie doit également être considéré comme impliquant la prise de mesures raisonnables pour assurer la sécurité des personnes dans les lieux publics (arbres dangereux). • CEDH 14 juin 2011, *Pologne,* n° 9776/04 § 67. ♦ La question est parfois traitée sous l'angle de l'art. 8 Conv. EDH. ♦ Comportant un niveau de risques élevé inhérent au droit à la vie car tout type de faute, négligente ou intentionnelle, peut en la matière avoir des conséquences mortelles, l'utilisation d'armes à feu est une forme d'activité dangereuse pour laquelle les parties contractantes ont l'obligation positive d'adopter un cadre réglementaire destiné à protéger la vie et d'en garantir la mise en œuvre effective. • CEDH 17 sept. 2020, *Finlande,* n° 62439/12 § 75.

94. Ni la structure physique de la gare ni sa gestion ne répondaient pas aux exigences de sécurité minimales. Vu le nombre important et la gravité des manquements aux prescriptions de sécurité observées dans la présente affaire, les autorités nationales ne peuvent légitimement se retrancher derrière l'imprudence des victimes. • CEDH 15 déc. 2009, ⚖ *Turquie,* n° 4314/02 § 45 et 49. ♦ Rien ne justifie le manquement des autorités à mettre en œuvre des politiques d'aménagement du territoire et de secours d'urgence dans la zone à risques au regard du danger prévisible qui pesait sur la vie de ses habitants et notamment des requérants. Il y a un lien de cause à effet entre les graves carences administratives à l'origine de ce défaut de mise en œuvre et le décès ainsi que les blessures infligées. • CEDH 20 mars 2008, *Russie,* n° 15339/02 § 158.

95. Obligation de mettre en place un cadre réglementaire. L'obligation positive de prendre toutes les mesures nécessaires à la protection de la vie implique avant tout pour les États le devoir primordial de mettre en place un cadre législatif et administratif visant une prévention efficace et dissuadant de mettre en péril le droit à la vie. Cette obligation s'applique sans conteste dans le domaine spécifique des activités dangereuses, où il faut, de surcroît, réserver une place singulière à une réglementation adaptée aux particularités de l'activité en jeu notamment au niveau du risque qui pourrait en résulter pour la vie humaine. Elle doit régir l'autorisation, la mise en place, l'exploitation, la sécurité et le contrôle afférents à l'activité ainsi qu'imposer à toute personne concernée par celle-ci l'adoption de mesures d'ordre pratique propres à assurer la protection effective des citoyens dont la vie risque d'être exposée aux dangers inhérents au domaine en cause. Parmi ces mesures préventives, il convient de souligner l'importance du droit du public à l'information qui, déjà consacré sur le terrain de l'art. 8 Conv. EDH, peut également en principe être revendiqué aux fins de la protection du droit à la vie, d'autant plus que cette interprétation se voit confortée par l'évolution actuelle des normes européennes. Quoi qu'il en soit, les réglementations doivent par ailleurs prévoir des procédures adéquates tenant compte des aspects techniques de l'activité en question et permettant de déterminer ses défaillances ainsi que les fautes qui pourraient être commises à cet égard par les responsables à différents échelons. • CEDH, gr. ch., 30 nov. 2004, ⚖ *Öneryildiz c/ Turquie,* n° 48939/99 § 89 et 90 : *préc. note 92.*

96. Le système judiciaire exigé par le présent art. doit comporter un mécanisme d'enquête officielle, indépendant et impartial, répondant à certains critères d'effectivité et de nature à assurer la répression pénale des atteintes à la vie du fait d'une activité dangereuse, si et dans la mesure où les résultats des investigations justifient cette répression. En pareil cas, les autorités compétentes doivent faire preuve d'une diligence et d'une promptitude exemplaires et procéder d'office à des investigations propres à, d'une part, déterminer les circonstances dans lesquelles une telle atteinte a eu lieu ainsi que les défaillances dans la mise en œuvre du cadre réglementaire et, d'autre part, identifier les agents ou les organes de l'État impliqués, de quelque façon que ce soit, dans l'enchaînement de ces circonstances. Cela étant, les exigences du présent art. s'étendent au-delà du stade de l'enquête officielle, lorsqu'en l'occurrence celle-ci a entraîné l'ouverture de poursuites devant les juridictions nationales : c'est l'ensemble de la procédure, y compris la phase de jugement, qui doit satisfaire aux impératifs de l'obligation positive de protéger la vie par la loi. Il ne faut nullement déduire de ce qui précède que le présent art. peut impliquer le droit pour un requérant de faire poursuivre ou condamner au pénal des tiers ou une obligation de résultat supposant que toute poursuite doit se solder par une condamnation, voire par le prononcé d'une peine déterminée. En revanche, les juridictions nationales ne doivent en aucun cas s'avérer disposées à laisser impunies des atteintes à la vie. Cela est indispensable pour maintenir la confiance du public et assurer son adhésion à l'État de droit ainsi que pour prévenir toute apparence de tolérance d'actes illégaux, ou de collusion dans leur perpétration. La tâche de la Cour consiste donc à vérifier si et dans quelle mesure les juridictions, avant de parvenir à telle ou telle conclusion, peuvent passer pour avoir soumis le cas devant elles à l'examen scrupuleux que demande le présent art., pour que la force de dissuasion du système judiciaire mis en place et l'importance du rôle que celui-ci se doit de jouer dans la prévention des violations du droit à la vie ne soient pas amoindries. • CEDH, gr. ch., 30 nov. 2004, *Öneryildiz c/ Turquie*, n° 48939/99 § 94 à 96 : *préc. note 92.*

97. Mise en œuvre. Compte tenu des informations dont l'État disposait à l'époque des faits quant à la probabilité que le père de la requérante ait été exposé à des niveaux dangereux de rayonnement et que cela ait entraîné des risques pour la santé de sa fille, la Cour ne juge pas établi qu'il aurait dû de sa propre initiative informer les parents de l'intéressée de ces questions ou prendre toute autre mesure particulière la concernant. • CEDH 9 juin 1998, *Royaume-Uni*, n° 23413/94 § 41 : *préc. note 1.*

98. Obligations de prendre des mesures opérationnelles préventives. Les autorités turques, à plusieurs niveaux, savaient ou étaient censées savoir que plusieurs individus vivant à proximité de la décharge municipale étaient menacés de manière réelle et imminente. Par conséquent, elles avaient l'obligation positive de prendre préventivement des mesures concrètes, nécessaires et suffisantes pour les protéger, d'autant plus qu'elles avaient elles-mêmes mis en place et autorisé l'exploitation génératrice de la menace en question. • CEDH, gr. ch., 30 nov. 2004, *Öneryildiz c/ Turquie*, n° 48939/99 § 101. ♦ L'État ayant l'obligation positive de mettre en œuvre préventivement des mesures d'ordre pratique pour protéger l'individu dont la vie est menacée, on pouvait attendre des autorités aux prises avec un suspect connu pour avoir commis des actes de violence qu'elles adoptent des dispositions particulières en vue de protéger la vie de la mère de l'intéressée en lui offrant une protection adéquate en rapport avec la gravité de la situation. • CEDH 9 juin 2009, *Turquie*, n° 33401/02 § 48.

99. Conduite automobile. Ne se prononçant pas sur la question du caractère particulièrement dangereux de la conduite automobile, qui peut être fonction de la qualité des routes, de la formation des futurs conducteurs ou encore de la manière dont les règles sont appliquées, la Cour reconnaît que la conduite automobile constitue une activité susceptible de mettre la vie du conducteur en danger. • CEDH, gr. ch., 25 juin 2019, *Tanase c/ Roumanie, n° 41720/13 § 146 s.* ♦ Dans le contexte de la circulation routière, les obligations positives matérielles imposent aux autorités nationales de mettre en place un ensemble approprié de mesures préventives visant à assurer la sécurité routière et à réduire autant que possible le nombre des accidents de la route. Elles sont également susceptibles d'imposer de prodiguer un traitement médical d'urgence dans le cas d'un accident potentiellement mortel. • CEDH, gr. ch., 25 juin 2019, *Tanase c/ Roumanie*, n° 41720/13 § 135 s.

5° PROTECTION À L'ÉGARD DES RISQUES NATURELS

100. Les États sont tenus d'adopter des mesures raisonnables garantissant la protection des personnes dans l'espace public incluant un système judiciaire indépendant apte à réparer les dommages causés. • CEDH 14 juin 2011, *Pologne*, n° 19776/04 : *RFDA 2012. 455, chron. Labayle et Sudre ; RD publ. 2012. 793, chron. Sudre.* ♦ V. déjà. • CEDH 20 mars 2008, *Russie*, n° 15339/02 § 158 et 165.

B. LES OBLIGATIONS POSITIVES À CARACTÈRE PROCÉDURAL EN MATIÈRE DE PROTECTION DE LA VIE

101. Caractère détachable de l'obligation et ses conséquences sur l'établissement du lien juridictionnel. La Cour considère désormais que l'obligation procédurale de mener une enquête effective est devenue distincte et indépendante, et ce bien qu'elle procède de faits relevant du volet matériel du présent art. Ainsi, susceptible de faire l'objet d'un constat de violation séparé, elle peut s'imposer à l'État à propos d'un décès survenu avant l'entrée en vigueur de la Convention à son égard. • CEDH, gr. ch., 9 avr. 2009, *Silih c/ Slovénie*, n° 71463/01 § 159. ♦ Elle peut également s'imposer en ce qui concerne un décès survenu en dehors de la juridiction de l'État dès lors que, par l'ouverture de sa propre enquête sur le fondement de la compétence universelle ou personnelle, ledit État établit un lien juridictionnel avec les proches de la victime qui saisiront ultérieurement la Cour. • CEDH, gr. ch., 29 janv. 2019, *Güzelyurtlu c/ Chypre et Turquie*, n° 36925/07 § 188. ♦ Hors cette hypothèse, un tel lien ne peut être exceptionnellement établi à l'égard d'un décès survenu en dehors de la juridiction de l'État qu'eu égard à des « circonstances propres » à l'espèce. • CEDH 7 janv. 2010, *Chypre et Russie*, n° 25965/04 § 243 s. ♦ Constitue une telle circonstance propre le fait que les meurtriers présumés de Chypriotes retrouvés morts dans la partie sud du territoire se soient réfugiés dans la partie nord pour laquelle Chypre est dans l'incapacité d'honorer ses obligations conventionnelles compte tenu de son occupation par la Turquie qui y exerce un contrôle effectif et dont la juridiction est donc en l'occurrence établie en ce qui concerne le volet procédural du présent art. • CEDH, gr. ch., 29 janv. 2019, *Chypre et Turquie*, n° 36925/07 § 193-195. ♦ Constitue une telle circonstance de nature à établir le lien juridictionnel entre la Belgique et les proches d'une personne assassinée en Espagne, le fait que les autorités belges ont été, dans le cadre d'engagements internationaux de coopération en matière pénale liant les deux États (mandat d'arrêt européen), informées de l'intention des autorités espagnoles de poursuivre une personne et sollicitées de procéder à son arrestation et à sa remise. • CEDH 9 juill. 2019, *Romeo Castano c/ Belgique,* n° 8351/17 § 41-43 : *RSC 2019. 701, obs. Roets*.

102. Existence d'une enquête. Combinée avec le devoir général incombant à l'État en vertu de l'art. 1er Conv. EDH, l'obligation de protéger le droit à la vie qu'impose le présent art. implique qu'une forme d'enquête officielle effective soit menée lorsqu'il y a mort d'homme. • CEDH 9 mai 2006, *Luxembourg,* n° 60255/00 § 55 • CEDH 30 juin 2011, *Girard c/ France,* n° 22590/04 § 67. ♦ Pareille enquête doit avoir lieu dans chaque cas où il y a eu mort d'homme à la suite du recours à la force, que les auteurs allégués soient des agents de l'État ou des tiers. • CEDH, gr. ch., 8 avr. 2004, *Tahsin Acar c/ Turquie,* n° 26307/95 § 220 • CEDH 1er déc. 2009, *Roumanie,* n° 64301/01 § 102. ♦ Cette enquête officielle effective doit être menée, même en l'absence d'une responsabilité directe de l'État dans la mort d'une personne, lorsqu'il y a des raisons de croire qu'un individu a subi des blessures potentiellement mortelles dans des circonstances suspectes. L'enquête doit permettre d'établir la cause des blessures et d'identifier et sanctionner les responsables. Elle revêt d'autant plus d'importance lorsqu'il y a décès de la victime, car le but essentiel qu'elle poursuit est d'assurer la mise en œuvre effective des lois internes qui protègent le droit à la vie. • CEDH 9 mai 2006, *Luxembourg,* n° 60255/00 § 56. ♦ V. déjà : • CEDH 28 juill. 1998, *Turquie,* n° 23818/94 § 82.

103. Disparition ou absence de corps. Cette obligation vaut également dans les cas où une personne avait disparu dans des circonstances où l'on pouvait considérer que sa vie était en danger. • CEDH 15 juin 2000, *Turquie,* n° 23531/94 § 90. ♦ L'obligation procédurale vaut également lorsqu'il existe, preuve à l'appui, un grief défendable qu'un individu, vu pour la dernière fois sous la surveillance d'agents de l'État, a par la suite disparu dans des circonstances pouvant être considérées comme mettant sa vie en danger. • CEDH, gr. ch., 10 mai 2001, *Turquie,* n° 25781/94 § 132 • CEDH 8 nov. 2005, *Ukraine,* n° 34056/02 § 175 s. • CEDH 24 janv. 2008, *Turquie,* n° 48804/99 § 87 • CEDH 29 mai 2008, *Russie,* n° 37315/03 § 90 • CEDH, gr. ch., 18 sept. 2009, *Turquie,* n° 16064/90 § 191. ♦ L'obligation procédurale d'enquêter préexiste à la découverte du corps et il subsiste en général après ladite découverte une obligation d'expliquer la disparition et le décès, et d'identifier et de poursuivre le ou les auteurs éventuels d'actes illégaux. • CEDH, gr. ch., 18 sept. 2009 / *Turquie,* n° 16064/90 § 145 • CEDH 30 juin 2011, *Girard c/ France,* n° 22590/04 § 67.

104. Victimes survivantes. Cette obligation procédurale peut également s'imposer lorsque la victime n'est pas décédée, et ce en fonction des circonstances qu'il appartient à la Cour d'apprécier. Si, par nature l'activité en cause est dangereuse et propre à exposer la vie de la personne qui s'y livre à un risque réel et imminent, la gravité des blessures subies, voire l'existence même de blessures, peut ne pas être déterminante. C'est le cas notamment d'actes de violence potentiellement mortels. • CEDH, gr. ch., 25 juin 2019, *Roumanie,* n° 41720/13 § 139 s. ♦ Moins le caractère imminent et réel du risque lié à la nature de l'activité est évident, plus l'exigence relative à la gravité des blessures subies par la victime devient importante, comme c'est particulièrement le cas lorsqu'une activité privée à haut risque est régie par un cadre législatif et administratif détaillé dont il est indubitable et incontesté qu'il est approprié et suffisant pour réduire le risque de décès des personnes qui s'y livrent. • CEDH, gr. ch., 25 juin 2019, *Roumanie,* n° 41720/13 § 144.

105. Qualité de l'enquête. Les exigences pourront différer dès lors que des agents de l'État ne sont pas impliqués. • CEDH, gr. ch., 8 avr. 2004, *Turquie,* n° 26307/95 § 220. ♦ V. pour une application en cette matière : • CEDH 9 mai 2006, *Luxembourg,* n° 60255/00 § 57.

106. En matière d'enquête, les autorités doivent avoir pris les mesures raisonnables qui s'offraient à elles pour obtenir des éléments de preuve pertinents. • CEDH 24 janv. 2008, *Turquie,* n° 48804/99 § 88. ♦ Dans plusieurs affaires, la Cour a estimé regrettable que, s'agissant de disparitions, il n'y ait pas eu d'investigations approfondies sur les faits pertinents par les autorités internes. • CEDH 29 mai 2008, *Russie,* n° 1839/04 § 68 • CEDH 29 mai 2008, *Russie,* n° 37315/03 § 74 • CEDH 30 juin 2011, *Girard c/ France,* n° 22590/04 § 68. ♦ V. pour un même constat s'agissant d'un enlèvement avec demande de rançon • CEDH 5 sept. 2019, *Pologne,* n° 20147/15 § 144-146.

107. Obligation de coopération entre États dans les affaires transnationales. Le présent art. comporte une obligation procédurale de coopération car, en tant que traité de garantie collective, la Conv. met en principe à la charge des parties contractantes l'obligation de coopérer de manière effective afin non seulement d'éclaircir les circonstances d'un homicide illicite survenu dans la juridiction d'un État partie mais aussi d'en traduire les auteurs en justice. Cette obligation est double puisqu'elle comporte, pour l'État ayant une obligation autonome d'enquêter, celle consistant à solliciter une assistance ainsi que, pour l'État requis, celle visant à prêter assistance, sachant que les deux États concernés devront dans ce cadre épuiser de bonne foi les facultés offertes par les instruments internationaux applicables en matière d'entraide judiciaire et de coopération dans le domaine pénal. • CEDH, gr. ch., 29 janv. 2019, *Chypre et Turquie,* n° 36925/07 § 232 s. ♦ Cette obligation de coopération emporte donc celle d'examiner et d'apporter une réponse motivée à toute demande d'extradition adressée par un État partie visant des suspects recherchés pour homicide illicite et dont on sait qu'ils sont présents sur le territoire ou relèvent de la juridiction. • CEDH, gr. ch., 29 janv. 2019, *Chypre et Turquie,* n° 36925/07 § 264. ♦ Manque à son obligation de coopérer découlant du volet procédural du présent art. un État partie refusant la remise d'une personne sollicitée par un autre État partie dans le cadre du mandat d'arrêt européen dès lors que, dûment motivé en recourant à la méthodologie préconisée par la Cour en vue de préserver les droits fondamentaux de l'intéressé (conditions de détention dans l'État d'émission exposant à un risque de traitement inhumain et dégradant), le refus repose néanmoins sur des bases factuelles insuffisantes. Le constat de violation du présent art. n'emporte pas nécessairement obligation de remise, mais de s'assurer de l'existence du risque de mauvais traitement. • CEDH 9 juill. 2019, *Romeo Castano c/ Belgique,* n° 8351/17 § 90-92.

108. Nature du recours. Si le droit de faire poursuivre ou condamner pénalement des tiers n'est pas garanti en tant que tel par la Conv., la Cour a maintes fois affirmé qu'un système judiciaire efficace tel qu'il est exigé par le présent art. peut comporter, et dans certaines circonstances doit comporter, un mécanisme de répression pénale. • CEDH 17 janv. 2002, *Italie,* n° 32967/96 § 51. ♦ Toutefois, si l'atteinte au droit à la vie ou à l'intégrité physique n'est pas volontaire, l'obligation positive découlant du présent art. de mettre en place un système judiciaire efficace n'exige pas nécessairement dans tous les cas un recours de nature pénale. • CEDH 8 juill. 2004, *Vo c/ France,* n° 53924/00 § 90.

109. La question de la responsabilité de l'État dans l'accident de T. n'a jamais en tant que telle fait l'objet d'une enquête ou d'un *examen par une autorité judiciaire* ou administrative. • CEDH 20 mars 2008, *Russie,* n° 15339/02 § 165. ♦ V. concluant à l'absence de responsabilité à la suite d'une enquête sérieuse ayant conclu, de manière crédible, à un accident : • CEDH 25 juin 2013, *Turquie,* n° 24014/05 § 149, 160 et 161. ♦ Les États sont tenus d'adopter des mesures raisonnables garantissant la mise en place d'un système judiciaire indépendant apte à réparer les dommages causés. • CEDH 14 juin 2011, *Pologne,* n° 19776/04 : *RFDA 2012. 455, chron. Labayle et Sudre ; RD publ. 2012. 793, chron. Sudre.*

110. Cas des activités dangereuses. Le procès pénal litigieux ne visait qu'à établir l'éventuelle responsabilité des autorités pour « négligence dans l'exercice de leurs fonctions » et n'avait nullement trait aux faits constitutifs d'une atteinte à la vie ni à la protection du droit à la vie, au sens du présent art. • CEDH, gr. ch., 30 nov. 2004, *Öneryildiz c/ Turquie,* n° 48939/99 § 116. ♦ Après avoir détecté toutes ces lacunes, les autorités d'enquête ont décidé de la clore, se référant à l'absence de preuve d'un crime. Dès lors, la réponse des autorités russes compétentes n'a permis ni d'établir le degré de responsabilité des agents de l'État ou des autorités concernées pour leur rôle dans ces événements ni de mettre en œuvre effectivement des dispositions pertinentes du droit pénal interne garantissant le respect du droit à la vie. • CEDH 28 févr. 2012, *Russie,* n° 17423/05 § 201. ♦ Il en va de même d'un défaut de surveillance du personnel non médical s'agissant d'une personne âgée malade d'Alzheimer et ayant disparu. • CEDH 17 janv. 2008, *Bulgarie,* n° 59548/00 § 81. ♦ Rappr. s'agissant de détenus : • CEDH 16 nov. 2000, *Turquie,* n° 21422/93.

111. Cas des négligences ou fautes médicales. (V. aussi ss. Conv. EDH, art. 8). Dans le contexte spécifique des négligences médicales, pareille obligation peut être remplie aussi, par exemple, si le système juridique en cause offre aux intéressés un recours devant les juridictions civiles, seul ou conjointement avec un recours devant les juridictions pénales, aux fins d'établir la responsabilité des médecins en cause et, le cas échéant, d'obtenir l'application de toute sanction civile appropriée, tels le versement de dommages-intérêts et la publication de l'arrêt. Des mesures disciplinaires peuvent également être envisagées. • CEDH 17 janv. 2002, n° 32967/96 § 51 • CEDH, décis., 7 nov. 2002, *Italie,* n° 53749/00 • CEDH 8 juill. 2004, *Vo c/ France,* n° 53924/00 § 90.

112. Les autorités doivent instaurer un système judiciaire efficace et indépendant permettant d'établir la cause du décès d'un individu se trouvant sous la responsabilité de professionnels de la santé, tant ceux agissant dans le cadre du secteur public que ceux travaillant dans des structures privées, et le cas échéant d'obliger ceux-ci à répondre de leurs actes. • CEDH 17 janv. 2002, n° 32967/96 § 49 : *JCP 2002. I. 157, obs. Sudre.* ♦ V. déjà. • CEDH, décis., 4 mai 2000, *Royaume-Uni,* n° 45305/99.

113. Malgré l'existence en droit bulgare de trois voies de recours (pénale, disciplinaire et civile) pour ce type d'affaire, les autorités n'ont pas, en pratique, assuré la possibilité effective d'établir les circonstances de la disparition de la mère du requérant (hospitalisée à raison d'une maladie d'Alzheimer) et d'engager la responsabilité des personnes ou des institutions qui ont manqué à leurs devoirs. Les défaillances de la réglementation applicable ont sans nul doute contribué à ce résultat et le Gouvernement n'a fait état d'aucune autre voie de recours. • CEDH 17 janv. 2008, *Bulgarie,* n° 59548/00 § 97.

114. Dans les circonstances de la présente affaire, la faute imputable au personnel médical de cet hôpital allait au-delà d'une simple erreur ou négligence médicale en ce sens que les médecins y travaillant, en toute connaissance de cause et en violation de leurs obligations professionnelles, n'ont pas pris toutes les mesures d'urgence nécessaires pour tenter de préserver la vie de leur patiente. Or l'absence d'incrimination et de poursuites à l'encontre des personnes responsables d'atteintes à la vie peut entraîner une violation du présent art., abstraction faite de toute autre forme de recours à exercer de leur propre initiative. Il en va de même lorsqu'un patient se heurte à une absence de prise en charge médicale par un service hospitalier, dès lors qu'elle aboutit à une mise en danger de la vie de l'intéressé. • CEDH 9 avr. 2013, *Turquie,* n° 13423/09 § 105.

115. Sur la combinaison entre le présent art. et le droit à un recours effectif, V. notes ss. Conv. EDH, art. 13.

116. Obligation d'enquêter à propos des décès survenus dans le cadre d'opérations militaires extraterritoriales. Dans un tel contexte, le lien juridictionnel n'est pas établi du seul fait que l'État partie a ouvert une enquête car cela serait de nature à le dissuader d'y procéder. Le lien résulte alors des circonstances propres de l'affaire et, en l'occurrence, de la compétence exclusive de l'État partie à l'égard des infractions graves commises par ses troupes (en Afghanistan) combinée à l'obligation de procéder aux enquêtes y afférentes en application tant du droit international que du droit interne. • CEDH, gr. ch., 16 févr. 2021, *Hanan c/ Allemagne,* n° 4871/16 § 135 et 142. ♦ En l'absence de conflit de normes matériel entre les règles de droit international humanitaire applicables et celles découlant de la Convention en ce qui concerne l'effectivité des enquêtes à mener à propos de décès occasionnés par un bombardement perpétré dans le cadre d'un conflit armé non international, la Cour se borne à examiner les faits de la cause à l'aune de sa jurisprudence relative au présent article, en prenant néanmoins en considération les difficultés résultant pour les autorités chargées de l'enquête du fait que les décès sont survenus durant une phase d'hostilités actives menée dans un conflit armé extraterritorial. • CEDH, gr. ch., 16 févr. 2021, *Hanan c/ Allemagne,* n° 4871/16 § 199 et 200. ♦ Rappelant que l'obligation procédurale doit être appliquée de manière réaliste, la Cour considère que l'officier ayant ordonné la frappe n'aurait pas dû être associé aux mesures d'investigation diligentées en Afghanistan mais que l'indépendance de l'enquête n'implique pas que les commandants soient totalement exclus des enquêtes visant leurs subordonnés, et ce compte tenu notamment de l'obligation d'enquête qui leur incombe au regard du droit international humanitaire. • CEDH, gr. ch., 16 févr. 2021, *Hanan c/ Allemagne,* n° 4871/16 § 224.

III. LES PROBLÉMATIQUES DE DÉBUT ET DE FIN DE VIE

117. Contrairement à l'art. 4 de la Conv. américaine relative aux droits de l'homme, qui énonce que le droit à la vie doit être protégé « en général à partir de la conception », le présent art. est silencieux sur les limites temporelles du droit à la vie et, en particulier, il ne définit pas qui est la « personne » dont « la vie » est protégée par la Convention. • CEDH 8 juill. 2004, *Vo c/ France,* n° 53924/00 § 75 : *AJDA 2004. 1809, chron. Flauss ; D. 2004. 2456, note Pradel ; ibid. 2535, obs. Berro-Lefèvre ; ibid. 2754, obs. Roujou de Boubée ; ibid. 2801, chron. Serverin ; GADSS 2010, n° 76-79 ; RSC 2005. 135, obs. Massias ; RTD civ. 2004. 714, obs. Hauser ; ibid. 799, obs. Marguénaud .*

A. POINT DE DÉPART DE LA VIE

118. Principe. Le point de départ du droit à la vie relève de la marge d'appréciation des États, dont la Cour tend à considérer qu'elle doit leur être reconnue dans ce domaine, même dans le cadre d'une interprétation évolutive de la Convention, qui est « un instrument vivant, à interpréter à la lumière des conditions de vie actuelles ». Les raisons qui la poussent à ce constat sont, d'une part, que la solution à donner à ladite protection n'est pas arrêtée au sein de la majorité des États contractants, et en France en particulier, où la question donne lieu à débat, et, d'autre part, qu'aucun consensus européen n'existe sur la définition scientifique et juridique des débuts de la vie. • CEDH 8 juill. 2004, *Vo c/ France,* n° 53924/00 § 82 • CEDH 9 avr. 2013, *Turquie,* n° 13423/09 § 109 : *D. 2013. 1136, obs. Pérez López .* ♦ En l'absence d'un consensus européen sur la définition scientifique et juridique des débuts de la vie, le point de départ du droit à la vie relève de la marge d'appréciation que la Cour estime généralement devoir être reconnue aux États dans ce domaine. • CEDH, gr. ch., 10 avr. 2007, *Evans c/ Royaume-Uni,* n° 6339/05 § 54 : *D. 2007. 1202, obs. Delaporte-Carré ; ibid. 2008. 1435, obs. Galloux et Gaumont-Prat ; RDSS 2007. 810, note Roman ; RTD civ. 2007. 295, obs. Marguénaud ; ibid. 545, obs. Hauser .*

119. Ne viole pas le présent art. le droit britannique, qui ne reconnaît pas à l'embryon la qualité de sujet de droit autonome et ne l'autorise pas à se prévaloir – par personne interposée – du droit à la vie qui y est garanti. • CEDH, gr. ch., 10 avr. 2007, *Evans c/ Royaume-Uni,* n° 6339/05 § 54 : *D. 2007. 1020, obs. Delaporte-Carré ; ibid. 2008. 1435, obs. Galloux et Gaumont-Prat ; RDSS 2007. 810, note Roman ; RTD civ. 2007. 295, obs. Marguénaud ; ibid. 545, obs. Hauser .*

120. Avortement. La Cour estime n'avoir pas à décider du point de savoir si le fœtus peut bénéficier d'une protection au regard de la première phrase du présent art. En effet, à supposer même que, dans certaines circonstances, le fœtus puisse être considéré comme étant titulaire de droits protégés par le présent art., la Cour note que, dans la présente affaire, (...) il ressort du dossier qu'en l'espèce, l'interruption volontaire de grossesse s'est effectuée conformément (à la loi). • CEDH 5 sept. 2002, *Italie,* n° 50490/99 § 1. ♦ V. déjà : • Comm. EDH 19 mai 1992, *Norvège,* n° 17004/90 • CEDH 29 oct. 1992, *Open door et Dublin well woman c/ Irlande,* n° 14234/88 § 66 : *AJDA 1993. 105, chron. Flauss ; RFDC 1993. 216, note Sudre.* ♦ Dans les circonstances examinées par les organes de la Convention à ce jour, à savoir les législations régissant l'avortement, l'enfant à naître n'est pas considéré comme une « personne » directement bénéficiaire du présent art. et son « droit » à la « vie », s'il existe, se trouve implicitement limité par les droits et les intérêts de sa mère. • CEDH 8 juill. 2004, *Vo c/ France,* n° 53924/00 § 80.

121. Dès lors que la loi ménage un juste équilibre entre la nécessité d'assurer la protection du fœtus et les intérêts de la femme (...), la Cour n'estime pas que l'État défendeur a dépassé le pouvoir d'appréciation qui est le sien en ce domaine si délicat. • CEDH 5 sept. 2002, *Italie,* n° 50490/99 § 1. ♦ Rappr. : • CEDH 8 juill. 2004, *Vo c/ France,* n° 53924/00 § 80 : *préc. note 117.*

B. FIN DE VIE : ABSTENTION THÉRAPEUTIQUE – EUTHANASIE

BIBL. Fallon, Le prisonnier, l'euthanasie et la Conv. EDH, *AJDA 2015. 437* . – Gonzalez, Les situations de fin de vie devant la CEDH, *RD publ. 2016. 1014.*

122. Principes. L'administration de diamorphine à un enfant, sans le consentement des parents, par les médecins de l'hôpital où il était soigné, risquait d'entraîner son décès. La Cour a relevé que les médecins n'avaient pas l'intention délibérée de tuer l'enfant ni de hâter son décès et a examiné les griefs des parents sous l'angle des obligations positives et non négatives des autorités. • CEDH, décis., 18 mars 2003, *Glass c/ Royaume-Uni,* n° 61827/00. ♦ Rappr. • CEDH, décis., 4 mai 2000, *Royaume-Uni,* n° 45305/99. ♦ Dans le contexte de la législation française (loi Leonetti), qui interdit de provoquer volontairement la mort et ne permet que dans certaines circonstances précises d'arrêter ou de ne pas entreprendre des traitements qui maintiennent artificiellement la vie, la Cour estime que la présente affaire ne met pas en jeu les obligations négatives de l'État au titre du présent art. et n'examinera les griefs des requérants que sur le terrain des obligations positives de l'État. • CEDH, gr. ch., 5 juin 2015, *Lambert et a. c/ France,* n° 46043/14 § 124 : *AJDA 2015. 1124 ; D. 2015. 1212 .*

123. La Cour constate qu'il n'existe pas de consensus entre les États membres du Conseil de l'Europe pour permettre l'arrêt d'un traitement maintenant artificiellement la vie, même si une majorité d'États semblent l'autoriser. Bien que les modalités qui encadrent l'arrêt du traitement soient variables d'un État à l'autre, il existe toutefois un consensus sur le rôle primordial de la volonté du patient dans la prise de décision, quel qu'en soit le mode d'expression. La Cour considère que, dans ce domaine qui touche à la fin de la vie, comme dans celui qui touche au début de la vie, il y a lieu d'accorder une marge d'appréciation aux États, non seulement quant à la possibilité de permettre ou pas l'arrêt d'un traitement maintenant artificiellement la vie et à ses modalités de mise en œuvre, mais aussi quant à la façon de ménager un équilibre entre la protection du droit à la vie du patient et celle du droit au respect de sa vie privée et de son autonomie personnelle. Cette marge d'appréciation n'est toutefois pas illimitée, la Cour se réservant de contrôler le respect par l'État de ses obligations découlant du présent art. • CEDH, gr. ch., 5 juin 2015, *Lambert et a. c/ France,* n° 46043/14 § 147 et 148.

124. Euthanasie – Suicide assisté. Dans toutes les affaires dont elle a eu à connaître, la Cour a mis l'accent sur l'obligation pour l'État de protéger la vie. Elle estime qu'il n'est pas possible de déduire du présent art. un droit à mourir, que ce soit de la main d'un tiers ou avec l'assistance d'une autorité publique. • CEDH 29 juill. 2002, *Pretty c/ Royaume-Uni,* n° 2346/02 § 39 et 40 : *AJDA 2003. 1383, note Le Baut-Ferrarèse ; D. 2002. 1596 ; GADSS 2010, n° 16 ; RDSS 2002. 475, note Pedrot ; RSC 2002. 645, obs. Massias ; RTD civ. 2002. 482, obs. Hauser ; ibid. 858, obs. Marguénaud .*

125. Dans cette matière, on est loin d'un

consensus au sein des États membres du Conseil de l'Europe quant au droit d'un individu de choisir quand et de quelle manière il veut mettre fin à ses jours. En Suisse, selon l'art. 115 du code pénal, l'incitation et l'assistance au suicide ne sont punissables que lorsque l'auteur de tels actes les commet en étant poussé par un mobile égoïste. A titre de comparaison, les pays du Benelux, notamment, ont décriminalisé l'acte d'assistance au suicide, mais uniquement dans des circonstances bien précises. Certains autres pays admettent seulement des actes d'assistance « passive ». Mais la grande majorité des États membres semblent donner plus de poids à la protection de la vie de l'individu qu'à son droit d'y mettre fin. La Cour en conclut que la marge d'appréciation des États est considérable dans ce domaine. • CEDH 20 janv. 2011, *Haas c/ Suisse*, n° 31322/07 § 55 : *D. 2011. 925, note Martinent, Reynier et Vialla ; ibid. 2012. 308, obs. Galloux et Gaumont-Prat ; RTD civ. 2011. 311, obs. Marguénaud ; RD publ. 2012. 807, chron. Sudre.* ♦ V. la question traitée aussi sous l'angle de l'art. 8 Conv. EDH.

126. La Cour est d'avis que la restriction d'accès au pentobarbital sodique sert la protection de la santé, la sûreté publique et la prévention d'infractions pénales. Elle partage à cet égard le point de vue du Tribunal fédéral, selon lequel le droit à la vie garanti par le présent art. oblige les États à mettre en place une procédure propre à assurer qu'une décision de mettre fin à sa vie corresponde bien à la libre volonté de l'intéressé. La Cour estime que l'exigence d'une ordonnance médicale, délivrée sur le fondement d'une expertise psychiatrique complète, est un moyen permettant de satisfaire à cette exigence. Cette solution correspond d'ailleurs à l'esprit de la Convention internationale sur les substances psychotropes et à celles adoptées dans certains États membres du Conseil de l'Europe. • CEDH 20 janv. 2011, *Haas c/ Suisse*, n° 31322/07 § 58. ♦ Rappr. implicitement, mais sous l'angle de l'art. 8 Conv. EDH. • CEDH 19 juill. 2012, *Koch c/ Allemagne*, n° 497/09 : *RTD civ. 2012. 700, obs. Marguénaud ; ibid. 2013. 354, obs. Hauser .*

127. Abstention thérapeutique. La Cour considère que les dispositions de la loi du 22 avr. 2005 (Leonetti), telle qu'interprétées par le Conseil d'État, constituent un cadre législatif suffisamment clair, aux fins du présent art., pour encadrer de façon précise la décision du médecin dans une situation telle que celle de la présente affaire. La Cour conclut dès lors que l'État a mis en place un cadre réglementaire propre à assurer la protection de la vie des patients. • CEDH, gr. ch., 5 juin 2015, *Lambert et a. c/ France*, n° 46043/14 § 160. ♦ De même, l'organisation du processus décisionnel, y compris la désignation de la personne qui prend la décision finale d'arrêt des traitements et les modalités de la prise de décision, s'inscrit dans la marge d'appréciation de l'État. • CEDH, gr. ch., 5 juin 2015, *Lambert et a. c/ France*, n° 46043/14 § 168.

128. Le patient, même hors d'état d'exprimer sa volonté, est celui dont le consentement doit rester au centre du processus décisionnel, dont il est le sujet et acteur principal. Le « guide sur le processus décisionnel dans des situations de fin de vie » du Conseil de l'Europe préconise qu'il soit intégré au processus décisionnel par l'intermédiaire des souhaits qu'il a pu précédemment exprimer, dont il prévoit qu'ils peuvent avoir été confiés oralement à un membre de sa famille ou à un proche. Dans ces conditions, la Cour est d'avis que le Conseil d'État a pu estimer que les témoignages qui lui étaient soumis étaient suffisamment précis pour établir quels étaient les souhaits de Vincent Lambert quant à l'arrêt ou au maintien de son traitement. • CEDH, gr. ch., 5 juin 2015, *Lambert et a. c/ France*, n° 46043/14 § 179 et 180 : *préc. note 122.* ♦ V. égal. • CEDH, décis., 23 janv. 2018, *Afiri et Biddarri c/ France*, n° 1828/18 : *AJDA 2018. 191 ; ibid. 578, note Bioy ; D. 2018. 245, obs. Vialla ; ibid. 765, obs. Galloux et Gaumont-Prat ; AJ fam. 2018. 68, obs. Dionisi-Peyrusse ; JCP Adm. 2018. 125.*

Art. 3 ***Interdiction de la torture.*** **Nul ne peut être soumis à la torture ni à des peines ou traitements inhumains ou dégradants.**

COMMENTAIRE

V. sur le Code en ligne.

PLAN DES ANNOTATIONS

1. Jus cogens. Le présent art. ne prévoit pas de restrictions, ce en quoi il contraste avec la majorité des clauses normatives de la Conv. et des Protocoles, et d'après l'art. 15, § 2, il ne souffre nulle dérogation même en cas de danger public menaçant la vie de la nation. • CEDH 18 janv. 1978, n° 5310/71 § 163 • CEDH, gr. ch., 28 juill. 1998, *Selmouni c/ France*, n° 25803/94 § 95 : *AJDA 2000. 526, chron. Flauss* ; *D. 2000. 31, obs. Mayaud* ; *ibid. 179, obs. Renucci* ; *RSC 1999. 891, obs. Massias* ; *RTD civ. 1999. 911, obs. Marguénaud* ; *JCP 1999. 10193, note Sudre* • CEDH, gr. ch., 21 nov. 2001, *Al Adsani c/ Royaume-Uni*, n° 35763/97 § 59 : *AJDA 2002. 500, chron. Flauss* ; *D. 2003. 1246, chron. Flauss* ; *RSC 2002. 149, obs. Massias* • CEDH 12 avr. 2005, n° 36378/02 § 335 : *AJDA 2005. 1886, chron. Flauss* • CEDH, gr. ch., 28 févr. 2008, *Saadi c/ Italie*, n° 37201/06 § 127 : *AJDA 2008. 978, chron. Flauss* ; *ibid. 1929, chron. Flauss* ; *RSC 2008. 692, chron. Marguénaud et Roets* ; *JCP 2008. I. 167, chron. Sudre*. ♦ *Le présent art. ne ménage* aucune exception et l'art. 15 ne permet pas d'y déroger en temps de guerre ou autre danger national. Cette prohibition absolue, par la Conv. EDH, de la torture et des peines ou traitements inhumains ou dégradants montre que cet art. consacre l'une des valeurs fondamentales des sociétés démocratiques qui forment le Conseil de l'Europe. On la rencontre en des termes voisins dans d'autres textes internationaux, par exemple le Pacte international relatif aux droits civils et politiques et la Convention américaine des Droits de l'Homme, de 1969 ; on y voit d'ordinaire une norme internationalement acceptée. • CEDH 7 juill. 1989, *Soering c/ Royaume-Uni*, n° 14038/88 § 88 : *Berger 12e éd., n° 15* ; *JCP 1990. 3452, note Labayle* ; *RGDIP 1990. 103, obs. Sudre*. ♦ La Cour admet que l'interdiction de la torture a désormais valeur de norme impérative, c'est-à-dire de *jus cogens* ; l'interdiction de la torture est devenue une règle impérative du droit international. • CEDH 21 nov. 2001, *Al-Adsani c/ Royaume-Uni*, n° 35763/97 § 60 et 61 : *préc.*

2. Nature de l'infraction. La prohibition de la torture ou des peines ou traitements inhumains ou dégradants est absolue, quels que soient les agissements de la personne concernée, aussi indésirables et dangereux soient-ils (*irrespective of the circumstances and the victim's behaviour*). • CEDH 15 nov. 1996, *Chahal c/ Royaume-Uni*, n° 22414/93 § 79 : *AJDA 1997. 977, chron. Flauss* ; *ibid. 1998. 37, chron. Flauss* ; *RSC 1997. 452, obs. Koering-Joulin* ; *ibid. 687, obs. Pettiti* ; *JCP 1997. I. 4000, chron. Sudre* • CEDH 17 juill. 2018, *Mariya Alekhina c/ Russie*, n° 38004/12

§ 140 : *AJDA 2018. 1770, chron. Burgorgue-Larsen* . ♦ La nature de l'infraction qui était reprochée au requérant est dépourvue de pertinence pour l'examen sous l'angle du présent art. • CEDH 18 oct. 2001, n° 31143/96 § 30 • CEDH, gr. ch., 4 juill. 2006, *Ramirez-Sanchez c/ France*, n° 59450/00 § 115 et 116 : *AJDA 2006. 1709, chron. Flauss* ; *D. 2006. 2210* ; *RSC 2007. 350, chron. Poncela* ; *JCP 2007. I. 106, chron. Sudre* • CEDH, gr. ch., 28 févr. 2008, *Saadi c/ Italie*, n° 37201/06 § 127 : *préc. note 1*.

V. pour d'autres décisions dans le même sens : .

3. La mise en balance, d'une part, du risque que la personne subisse un préjudice en cas de refoulement et, d'autre part, de sa dangerosité pour la collectivité si elle n'est pas renvoyée, repose sur une conception erronée des choses. • CEDH, gr. ch., 28 févr. 2008, *Saadi c/ Italie*, n° 37201/06 § 139 : *préc. note 1*.

4. Il suffit de noter que les certificats et rapports médicaux, établis en toute indépendance par des praticiens, attestent de l'intensité et de la multiplicité des coups portés à T. pour conférer à ce traitement un caractère inhumain et dégradant. Les nécessités de l'enquête et les indéniables difficultés de la lutte contre la criminalité, notamment en matière de terrorisme, ne sauraient justifier une limitation à la protection due à l'intégrité physique de la personne. • CEDH 27 août 1992, *Tomasi c/ France*, n° 12850/87 § 115 : *AJDA 1993. 105, chron. Flauss* ; *D. 1993. 383, obs. Renucci* ; *RSC 1993. 33, obs. Sudre* ; *ibid. 142, obs. Pettiti* ; *AFDI 1992. 629, obs. Coussirat-Coustère*.

I. SENS DES TERMES EMPLOYÉS PAR LE PRÉSENT ARTICLE

5. Principe. Toute torture constitue en même temps un traitement inhumain et dégradant et tout traitement inhumain est nécessairement dégradant. • Comm. EDH 16 mai 1995, *Turquie*, n° 19092/91 § 49. ♦ A l'inverse, tout traitement dégradant n'est pas nécessairement inhumain s'il ne répond pas au degré de gravité nécessaire. • CEDH 12 juin 2007, *Frérot c/ France*, n° 70204/01 § 48 : *D. 2007. 2632, obs. Roujou de Boubée, Garé, Gozzi et Mirabail* ; *ibid. 2008. 1015, obs. Céré, Herzog-Evans et Péchillon* ; *AJ pénal 2007. 336, obs. Herzog-Evans* ; *ibid. 2008. 33, obs. Dreyer* ; *RSC 2008. 140, obs. Marguénaud et Roets* ; *ibid. 404, chron. Poncela* ; *RFDA 2008. 737, chron. Labayle et Sudre* ; *JCP 2007. I. 182, chron. Sudre*.

6. Peine de mort. Les auteurs de la Conv. EDH ne peuvent certainement pas avoir entendu inclure dans l'art. 3 une interdiction générale de la peine de mort, car le libellé clair de l'art. 2, § 1, s'en trouverait réduit à néant. • CEDH 7 juill. 1989, *Soering c/ Royaume-Uni*, n° 14038/88 § 103 : *préc. note 1* • CEDH 12 avr. 2005, *Chamaïev et a. c/ Géorgie et Russie*, n° 36378/02 § 333 : *préc. note 1*. ♦ Il n'en résulte pas que les circonstances entourant une sentence capitale ne puissent jamais soulever un problème sur le terrain de l'art. 3 Conv. EDH. • CEDH 7 juill. 1989, *Soering c/ Royaume-Uni*, n° 14038/88 § 103 : *préc. note 1* • CEDH 12 avr. 2005, *Chamaïev et a. c/ Géorgie et Russie*, n° 36378/02 § 333 : *préc. note 1*. ♦ V. comm. et annotations ss. Prot. n° 13 Conv. EDH.

7. Dignité humaine. Le respect de la dignité et de la liberté humaine est l'essence même de la Conv. EDH. • CEDH 22 nov. 1995, *SW c/ Royaume-Uni*, n° 20166/92 § 44 : *AJDA 1996. 445, note Costa* ; *RSC 1996. 473, obs. Koering-Joulin* . ♦ L'interdiction de la torture et des peines et traitements inhumains ou dégradants est une valeur de civilisation étroitement liée au respect de la dignité humaine. • CEDH, gr. ch., 28 sept. 2015, *Bouyid c/ Belgique*, n° 23380/09 § 81 : *AJ pénal 2016. 222, obs. Lavric* . ♦ V. entre autre, pour d'autres utilisation de l'expression « dignité humaine ». • CEDH 9 juin 1998, *Turquie*, n° 22496/93 § 52 : *RSC 1999. 384, obs. Koering-Joulin* . • CEDH 27 mars 2008, *Russie*, n° 63955/00 § 31 • CEDH 11 mars 2014, *Bulgarie*, n° 26827/08 § 39 • CEDH 16 nov. 2017, *Boukrourou et a. c/ France*, n° 30059/15 § 87 : *AJDA 2018. 150, chron. Burgorgue-Larsen* .

A. NOTION DE TORTURE

8. Pour déterminer s'il y a lieu de qualifier de torture une forme particulière de mauvais traitement, il faut tenir compte de la distinction que comporte le présent art. entre cette notion et celle de traitements inhumains ou dégradants. Il apparaît que cette distinction a été incluse dans la Conv. EDH pour marquer de l'infamie spéciale de la « torture » les seuls traitements inhumains délibérés provoquant de fort graves et cruelles souffrances. • CEDH 25 sept. 1997, *Aydin c/ Turquie*, n° 23178/94 § 82 : *D. 1998. 205, obs. Renucci* ; *RSC 1998. 380, obs. Koering-Joulin* • CEDH, gr. ch., 29 juill. 1999, *Selmouni c/ France*, n° 25803/94 § 96 : *préc. note 1* • CEDH, gr. ch., 28 févr. 2008, *Saadi c/ Italie*, n° 37201/06 § 136 : *préc. note 1* • CEDH 21 avr. 2011, *Nechiporuk et Yonkalo c/ Ukraine*, n° 42310/04 § 149 • CEDH 13 déc. 2012, *El-Masri c/ Ex-République yougoslave de Macédoine*, n° 39630/09 § 197 : *AJDA 2013. 165, chron. Burgorgue-Larsen* ; *RFDA 2013. 576, chron. Labayle, Sudre, Dupré de Boulois et Milano* .

9. En distinguant la « torture » des « traitements inhumains ou dégradants », la Cour a voulu par le premier de ces termes marquer d'une spéciale infamie des traitements inhumains délibérés provoquant de fort graves et cruelles souffrances. • CEDH 18 janv. 1978, *Irlande c/ Royaume-Uni,* n° 5310/71 § 167.

10. Peuvent être qualifiés de torture : ... le fait que le requérant, à qui on avait ôté tous ses vêtements, a été lié les mains dans le dos, puis suspendu par les bras. Hormis les graves souffrances qu'il doit avoir causées à l'intéressé à l'époque, les preuves médicales montrent qu'il conduisit à une paralysie des deux bras qui mit un certain temps avant de disparaître, ce traitement ne peut avoir été infligé que délibérément, sa réalisation exigeait une dose de préparation et d'entraînement et il apparaît avoir été administré dans le but d'obtenir du requérant des aveux ou des informations. • CEDH 18 déc. 1996, *Aksoy c/ Turquie,* n° 21987/93 § 64 : *AJDA 1997. 977, chron. Flauss ; ibid. 1998. 37, chron. Flauss ; RSC 1997. 453, obs. Koering-Joulin ; Justices, 1997. 183, obs. Cohen-Jonathan et Flauss ; AFDI 1996. 749, obs. Coussirat-Coustère ; JCP 1997. I. 4000, chron. Sudre.* ♦ ... Le fait que la requérante (détenue) a été violée par des agents publics. La douleur physique provoquée par une pénétration par la force et laissant des blessures psychologiques profondes n'a pas manqué d'engendrer en elle le sentiment d'avoir été avilie et violée sur les plans tant physique qu'émotionnel. • CEDH 25 sept. 1997, *Aydin c/ Turquie,* n° 23178/94 § 83 : *préc. note 8.* ♦ ... Le fait que le requérant a été tiré par les cheveux, qu'il a dû courir dans un couloir le long duquel des policiers se plaçaient pour le faire trébucher, qu'il a été mis à genoux devant une jeune femme à qui il fut déclaré « Tiens, tu vas entendre quelqu'un chanter », qu'un policier lui a ultérieurement présenté son sexe en lui disant « Tiens, suce-le » avant de lui uriner dessus, qu'il a été menacé avec un chalumeau puis avec une seringue. Outre la violence des faits décrits, la Cour constate leur caractère odieux et humiliant pour toute personne, quel que soit son état. • CEDH, gr. ch., 28 juill. 1998, *Selmouni c/ France,* n° 25803/94 § 103 : *préc. note 8.* ♦ ... Le fait que le requérant a vécu dans un état permanent de douleur physique et d'angoisse à cause de l'incertitude sur son sort et des coups répétés ayant accompagné les longues séances d'interrogatoire auxquelles il a été soumis durant toute sa garde à vue et que ces traitements ont été infligés à l'intéressé intentionnellement, par des agents de l'État agissant dans l'exercice de leurs fonctions, afin de lui extorquer des aveux *ou des renseignements sur les* faits qui lui étaient reprochés. • CEDH 11 juill. 2000, *Dikme c/ Turquie,* n° 20869/92 § 95. ♦ ... Le fait que la requérante se voit administrer des décharges électriques, qu'elle a été plongée dans l'eau chaude et froide, et frappée à la tête. • CEDH 10 oct. 2000, *Akkoc c/ Turquie,* n° 22947/93 § 116. ♦ ... Le fait que le requérant soit détenu dans le « couloir de la mort » dans une cellule non chauffée, même dans les rudes conditions d'hiver, dépourvue d'éclairage naturel et d'aération, ainsi que le fait qu'il soit sans contact avec d'autres détenus, sans aucune nouvelle de l'extérieur, puisqu'il n'avait pas la permission d'envoyer ou de recevoir du courrier, qu'il soit privé du droit de prendre contact avec son avocat ou de recevoir régulièrement la visite de sa famille, qu'il soit aussi privé de nourriture en guise de punition et qu'en tout état de cause, compte tenu des restrictions à la réception de colis, même la nourriture qu'il recevait de l'extérieur était souvent impropre à la consommation et qu'il ne puisse prendre une douche que très rarement, parfois à plusieurs mois d'intervalle. • CEDH, gr. ch., 8 juill. 2004, *Ilascu et a. c/ Moldavie et Russie,* n° 48787/99 438 à 440 : *D. 2002. 684, obs. Renucci .*

11. Constituent encore des tortures : ... les blessures infligées à I., qui reçut des coups de pied et des coups de poing et fut frappé au moins une fois à la tête à l'aide d'un fusil G3. Ces coups provoquèrent des ecchymoses importantes et deux blessures à la tête qui entraînèrent des lésions cérébrales et une perte fonctionnelle durable. Nonobstant ses blessures visibles à la tête et les difficultés évidentes qu'il avait à marcher et à parler, 36 heures environ s'écoulèrent avant que I. ne fût transporté à l'hôpital. • CEDH 27 juin 2000, *Ilhan c/ Turquie,* n° 22277/93 § 86 : *AJDA 2000. 1006, chron. Flauss ; RFDA 2001. 1250, chron. Labayle et Sudre ; RSC 2001. 881, obs. Tulkens ; JCP 2000. I. 291, chron. Sudre.* ♦ ... La pendaison, le jet d'eau, des coups répétés, le *falaka* (coups sur la plante des pieds) ainsi que le fait que les requérants aient été insultés, privés de sommeil pendant plusieurs jours et soumis à des violences susceptibles de porter atteinte à l'intégrité mentale d'un individu, alors que ces formes de violence ne sont pas de nature à laisser forcément des traces physiques se prêtant à un constat médical. • CEDH 3 juin 2004, *Turquie,* n° 33097/96 § 114. ♦ ... Le recours à l'encapuchonnement causant à ceux qui le subissaient sinon de véritables lésions, du moins de vives souffrances physiques et morales et, simultanément, l'administration de force et sans aucune explication d'un suppositoire au requérant alors que celui-ci était maintenu au sol n'étaient dictés par aucune considération médicale. En outre, la manière dont cette procédure a été appliquée lui a causé de vives souffrances physiques. • CEDH 13 déc. 2012, *El-Masri c/ Ex-République yougoslave de Macédoine,* n° 39630/09 § 209 s. : *préc. note 8.*

12. Pour d'autres exemples de sévices qualifiés de « tortures », V. par ex. : • CEDH 26 oct.

2017, *Cirino et Renne c/ Italie*, n° 2539/13 § 78 s. : *Dr. adm. 2017. 170.*

13. L'interdiction d'infliger des mauvais traitements à un individu afin de lui extorquer des informations vaut quelles que soient les raisons pour lesquelles les autorités souhaitent extorquer ces déclarations, que ce soit pour sauver la vie d'une personne ou pour permettre des poursuites pénales. • CEDH, gr. ch., 1er juin 2010, *Gäfgen c/ Allemagne*, n° 22978/05 § 107 : *D. 2010. 2850, point de vue Guérin ; RSC 2010. 678, obs. Marguénaud.* ♦ V. déjà. • CEDH 30 juin 2008, *Gäfgen c/ Allemagne*, n° 22978/05 § 69 : *JCP 2008. I. 167, chron. Sudre.*

14. Le rapport médical a établi les traces de mauvais traitements et la nécessité d'un arrêt de travail de 7 jours. La cour d'assises d'Istanbul a qualifié de torture les actes dont le requérant a été victime. La Cour ne voit aucune raison de s'écarter de ces conclusions en ce qui concerne cette qualification. Dans ces conditions, elle estime que, considérées dans leur ensemble et compte tenu de leur durée ainsi que le but vers lequel elles tendaient, les violences commises sur la personne du requérant ont revêtu un caractère particulièrement grave et cruel, propre à engendrer des douleurs et souffrances « aiguës » ; partant, elles méritent également la qualification de torture, au sens du présent art. • CEDH 8 août 2006, *Hüseyin Esen c/ Turquie*, n° 49048/99 § 44.

15. Bien que non retenue, en l'espèce, la qualification de « torture » le serait sans doute maintenant : employées cumulativement, avec préméditation et durant de longues heures, les cinq techniques ont causé à ceux qui les subissaient sinon de véritables lésions, du moins de vives souffrances physiques et morales ; elles ont entraîné de surcroît chez eux des troubles psychiques aigus en cours d'interrogatoire. • CEDH 18 janv. 1978, *Irlande c/ Royaume-Uni*, n° 5310/71 § 239.

B. TRAITEMENT OU PEINE INHUMAIN OU DÉGRADANT

16. Principes. Un mauvais traitement doit atteindre un minimum de gravité pour tomber sous le coup du présent art. L'appréciation de ce minimum est relative par essence et dépend de l'ensemble des données de la cause et notamment de la durée du traitement, de ses effets physiques et/ou mentaux (psychiques) ainsi que, parfois, du sexe, de l'âge et de l'état de santé de la victime. • CEDH 9 juin 1998, n° 22496/93 § 52 : *préc. note 7* • CEDH 24 mai 2018, *N.T.P. c/ France*, n° 68862/13 § 42.

V. pour d'autres décisions dans le même sens :

17. Un traitement est jugé « inhumain » parce que, entre autres, il a été appliqué avec préméditation pendant des heures d'affilée et a causé soit des lésions corporelles soit d'intenses souffrances physiques et mentales. • CEDH, gr. ch., 6 avr. 2000, *Labita c/ Italie*, n° 26772/95 § 120 : *RFDA 2001. 1250, chron. Labayle et Sudre ; RSC 2000. 667, obs. F. Massias ; JCP 2001. I. 291, obs. Sudre ; RTDH 2007. 117, obs. Beernaert.*

18. Un traitement a été considéré comme « dégradant » quand il était de nature à susciter chez les victimes des sentiments de peur, d'angoisse et d'infériorité propres à humilier ou à avilir. • CEDH 15 nov. 2001, *Pologne*, n° 25196/94 § 51 • CEDH 31 mars 2009, *Pologne*, n° 14612/02 § 45. ♦ ... Ou à les conduire à agir contre leur volonté ou leur conscience. • CEDH 3 avr. 2001, *Royaume-Uni*, n° 27229/95 § 110. ♦ ... En particulier lorsqu'il s'agit de mineurs. • CEDH, gr. ch., 28 sept. 2015, *Bouyid c/ Belgique*, n° 23380/09 § 109 et 110 : *préc. note 7.*

19. La question de l'intentionnalité. En recherchant si un traitement est « dégradant », la Cour doit également examiner si le but était d'humilier et de rabaisser l'intéressé et si, considérée dans ses effets, la mesure a ou non atteint la personnalité de celui-ci d'une manière incompatible avec le présent art. • CEDH 16 déc. 1997, *Raminen c/ Finlande*, n° 20972/92 § 55 : *D. 1998. 207, obs. Renucci ; RSC 1998. 380, obs. Koering-Joulin* • CEDH 19 avr. 2001, *Peers c/ Grèce*, n° 28524/95 § 68 : *AJDA 2001. 1060, chron. Flauss ; RSC 2001. 881, obs. Tulkens ; JCP 2001. I. 342, chron. Sudre* • CEDH 20 janv. 2011, *Payet c/ France*, n° 19606/08 § 76 : *AJDA 2011. 139 ; ibid. 1993, chron. Burgorgue-Larsen ; D. 2011. 643 ; ibid. 1306, obs. Céré, Herzog-Evans et Péchillon ; AJ pénal 2011. 88, note Herzog-Evans ; RSC 2011. 718, obs. Marguénaud.* ♦ Toutefois, l'absence d'un tel but ne saurait exclure de façon définitive le constat de violation du présent art. • CEDH 10 juill. 2001, *Price c/ Royaume-Uni*, n° 33394/96 § 30 • CEDH 29 avr. 2009, *Poltoratski c/ Ukraine*, n° 38812/97 § 146 • CEDH 20 janv. 2011, *Payet c/ France*, n° 19606/08 § 76 et 85 : *préc.* • CEDH, gr. ch., 17 janv. 2012, *Stanev c/ Bulgarie*, n° 36760/06 § 203 et 211. ♦ Il n'en demeure pas moins qu'au sens du présent art., le « traitement » auquel la victime a été « soumise » doit être la conséquence d'un acte intentionnel, y compris lorsqu'il a été administré par des particuliers. • CEDH, gr. ch., 25 juin 2019, *Tanase c/ Roumanie*, n° 41720/13 § 121. ♦ Ainsi la Cour juge désormais que des lésions corporelles et des souffrances physiques ou mentales subies par une personne à la suite d'un accident, en l'occurrence de la route, qui est le simple fruit du hasard ou d'un comportement négligent ne peuvent être considérées comme la conséquence d'un « traitement » auquel une personne aurait été soumise au sens de l'art. 3. • CEDH, gr. ch., 25 juin 2019, *Tanase c/ Roumanie,* n° 41720/13 § 123. ♦ A comparer avec • CEDH 8 nov. 2016, *Lituanie,* n° 76805/11 § 57.

20. Reprenant l'ensemble de ces principes. • CEDH 15 juill. 2002, *Kalachnikov c/ Russie,* n° 47095/99 § 95 • CEDH, gr. ch., 11 juill. 2006, *Jalloh c/ Allemagne,* n° 54810/00 § 68 : *AJDA 2006. 1709, chron. Flauss ; JDI 2007. 718, obs. Delaplace ; JCP 2007. I. 106, chron. Sudre* • CEDH, gr. ch., 17 janv. 2012, *Stanev c/ Bulgarie,* n° 36760/06 § 203 • CEDH, gr. ch., 17 juill. 2014, *Russie,* n° 32541/08 § 114 s.

21. Le point de savoir si un parent est victime des mauvais traitements infligés à son enfant dépend de l'existence de facteurs particuliers conférant à la souffrance du requérant une dimension et un caractère distincts du désarroi affectif que l'on peut considérer comme inévitable pour les proches parents d'une personne victime de violations graves des droits de l'homme. Parmi ces facteurs figurent la proximité de la parenté – dans ce contexte, le lien parent-enfant sera privilégié –, les circonstances particulières de la relation, la mesure dans laquelle le parent a été témoin des événements en question et la manière dont les autorités ont réagi à des réclamations des requérants. L'essence d'une telle violation réside dans les réactions et le comportement des autorités face à la situation qui leur a été signalée. C'est notamment au regard de ce dernier élément qu'un parent peut se prétendre directement victime du comportement des autorités. • CEDH 12 oct. 2006, *Mubilanzila Mayeka et Kaniki Mitunga c/ Belgique,* n° 13178/03 § 61 : *D. 2007. 771, note Muzny ; AJDA 2007. 902, chron. Flauss ; Rev. crit. DIP 2008. 35, étude Cournil.*

22. Possibilité de sanction sous l'angle du respect de la vie privée. La sanction disciplinaire prononcée contre J. pour une série d'infractions mineures au règlement de l'école ne présente pas une gravité suffisante pour tomber sous le coup du présent art. La Cour n'exclut pas la possibilité de considérer l'art. 8 Conv. EDH comme octroyant parfois, en matière de mesures disciplinaires, une protection plus ample que celle de l'art. 3, même si, en l'espèce, le traitement incriminé n'a pas nui à l'intégrité physique ou morale du requérant au point de relever de l'interdiction du présent art. • CEDH 25 mars 1993, *Costello-Roberts c/ Royaume-Uni,* n° *13134/87 § 36 : AJDA 1993. 483, chron. Flauss ; RFDA 1994. 1182, chron. Giakoumopoulos, Keller, Labayle et Sudre ; RSC 1994. 362, obs. Koering-Joulin ; JDI 1994. 775, obs. Decaux et Tavernier ; JCP 1994. II. 22262, note Mazière.* ♦ V. aussi. • CEDH 22 févr. 1994, *Burghartz c/ Suisse,* n° 16213/90 § 24 : *AJDA 1994. 511, chron. Flauss ; ibid. 1995. 212, chron. Flauss ; D. 1995. 5, note Marguénaud ; RTD civ. 1994. 563, obs. Hauser ; AFDI 1994. 658, obs. Coussirat-Coustère ; RTDH 1995. 53, note Georgin ; JCP 1995. 3823, chron. Sudre* • CEDH 6 févr. 2001, *Bensaid c/ Royaume-Uni,* n° 44599/98 § 46 • CEDH 26 sept. 2006, *Wainwright c/ Royaume-Uni,* n° 12350/04 § 43.

1° MAUVAIS TRAITEMENTS ET TRAITEMENTS INHUMAINS

23. Usage de la force. Lorsqu'un individu se trouve privé de sa liberté, l'utilisation à son égard de la force physique alors qu'elle n'est pas rendue strictement nécessaire par son comportement porte atteinte à la dignité humaine et constitue, en principe, une violation du droit garanti par le présent art. • CEDH 9 juin 1998, *Turquie,* n° 22496/93 § 53 : *préc. note 7* • CEDH 28 oct. 1998, *Bulgarie,* n° 24760/94 § 94 • CEDH, gr. ch., 6 avr. 2000, *Labita c/ Italie,* n° 26772/95 § 120 : *préc. note 17* • CEDH 24 janv. 2008, *Milan c/ France,* n° 7549/03 § 43 : *Dr. pén. 2003. 33, obs. Dreyer.* ♦ Pour l'usage de la force lors d'opérations policières, V. notes 150 s.

24. Tel est le cas de coups et blessures infligés pendant la garde à vue et en particulier de coups de pied pendant que la victime est au sol. • CEDH 4 déc. 1995, *Ribitsch c/ Autriche,* n° 18896/91 § 38 : *D. 1997. 202, obs. Renucci ; RSC 1996. 465, obs. Koering-Joulin.*

25. Violence avec propos racistes. Au vu de ces séquelles physiques et en particulier de l'atteinte à la dignité humaine que constitue la présumée motivation raciale de la violence, un traitement tel que celui allégué par le requérant entre dans le champ d'application du présent art. • CEDH 11 mars 2014, *Abdu c/ Bulgarie,* n° 26827/08 § 39. ♦ V. déjà • CEDH 24 juill. 2012, *B. S. c/ Espagne,* n° 47159/08 § 41.

26. Menaces. Un risque d'agissements prohibés par le présent art. peut se heurter lui-même à ce texte s'il est suffisamment réel et immédiat. Ainsi, menacer quelqu'un de le torturer pourrait, dans des circonstances données, constituer pour le moins un traitement inhumain. • CEDH 25 févr. 1982, *Campbell et Cosans,* n° 7511/76 § 26 : *CDE 1986. 230, obs. Cohen-Jonathan ; JDI 1985. 191, obs. Rolland et Tavernier* • CEDH 24 mai 2011, *Assoc. « 21 Décembre 1989 » et a. c/ Roumanie,* n° 33810/07 § 154. ♦ La crainte de la torture physique peut en soi constituer une torture mentale. On semble toutefois largement considérer, et la Cour fait de même, que la question de savoir si une menace donnée de torture physique représente une torture psychologique ou un traitement inhumain ou dégradant dépend de l'ensemble des circonstances de l'affaire à l'examen, notamment de la force de la pression exercée et de l'intensité de la souffrance mentale ainsi causée. A l'inverse des cas où elle conclut dans sa jurisprudence qu'il y a eu torture, la Cour considère que la méthode d'interrogatoire à laquelle le requérant a été soumis dans les circonstances de la présente affaire a été suffisamment grave pour être qualifiée de traitement inhumain prohibé par le présent art., mais n'a pas eu le niveau de cruauté requis pour atteindre le seuil de la torture. • CEDH, gr. ch., 1er juin 2010, *Gäfgen c/ Allemagne,* n° 22978/05 § 108 : *préc. note 13.* ♦ Tel est le cas du fait de menacer le requérant de souffrances intolérables s'il refusait de révéler où se trouvait J. Une technique qui ne laisserait aucune trace serait employée par un policier spécialement entraîné à cette fin et qui était déjà en train de se rendre au commissariat par hélicoptère. Cette procédure serait menée sous surveillance médicale. Il ressort de surcroît de l'enquête que l'auteur de la menace avait l'intention, si nécessaire, de la mettre à exécution à l'aide d'un « sérum de vérité » et que le requérant avait été averti que la matérialisation de la menace était imminente. • CEDH, gr. ch., 1er juin 2010, *Gäfgen c/ Allemagne,* n° 22978/05 § 94 : *préc.*

27. Abstention des autorités. De même peuvent constituer un tel traitement : ... le fait que l'intégrité physique des requérants n'ait pas été suffisamment assurée pendant la période allant de leur arrivée à la prison jusqu'à leur transfert dans une chambre séparée du service hospitalier de l'établissement (période qui a duré de 1 à 10 mois selon les requérants). Il en résulte que l'épreuve qu'ils ont endurée, notamment l'anxiété permanente due à la menace de violences physiques et à la perspective de ces violences, a excédé le niveau inévitable de souffrance inhérent à la détention ainsi que le seuil de gravité requis par le présent art. • CEDH 27 mai 2008, *Rodic et a. c/ Bosnie-Herzégovine,* n° 22893/05 § 73. ♦ ... Que les autorités ne soient pas pas intervenues de façon satisfaisante pour protéger le requérant lorsqu'elles ont su que des codétenus le soumettaient à des mauvais traitements. • *CEDH 21 juill. 2009, Alexandru Marius Radu c/ Roumanie,* n° 34022/05 § 49.

28. Contrôle d'identité, arrestations et garde à vue. Le recours à la force doit être proportionné et nécessaire au vu des circonstances de l'espèce. • CEDH 24 juin 2014, *Italie,* n° 15397/11 § 43. ♦ La gifle assénée aux requérants mineurs par des agents de police alors qu'ils se trouvaient sous leur contrôle dans le commissariat, laquelle ne correspondait pas à une utilisation de la force physique rendue strictement nécessaire par leur comportement, a porté atteinte à leur dignité ; si les lésions corporelles sont légères et ne conduisent pas les mineurs à avoir enduré de vives souffrances physiques ou mentales, ce traitement qui ne peut être qualifié ni d'inhumain ni, *a fortiori*, de torture, n'en demeure pas moins un traitement dégradant. • CEDH, gr. ch., 28 sept. 2015, *Bouyid c/ Belgique,* n° 23380/09 § 109 et 110 : *préc. note 7.* ♦ De même, s'agissant de violence lors de l'arrestation et de la garde à vue, V. • CEDH 16 juill. 2015, *Ghedir et a. c/ France,* n° 20579/12 § 114 s. : *AJ pénal 2015. 596, note Grégoire.*

29. Conditions de détention et situation des détenus. S'agissant des personnes privées de liberté, le présent art. impose à l'État l'obligation d'organiser son système pénitentiaire de façon à assurer aux détenus le respect de leur dignité humaine. • CEDH 27 mars 2008, *Choukhovoi c/ Russie,* n° 63955/00 § 31 • CEDH 10 mai 2007, *Benediktov c/ Russie,* n° 106/02 § 37 : *AJDA 2007. 1918, chron. Flauss* • CEDH 23 juill. 2013, *Urfi Cetinkaya c/ Turquie,* n° 19866/04 § 88. – V. également note 61.

30. Ne sont pas des traitements inhumains ou dégradants. Rien ne donne à penser qu'un lien de causalité existe entre le traitement reproché et son « problème psychosocial indéterminé » qui, au demeurant, n'a été diagnostiqué que plusieurs mois après et que le requérant lui-même a contesté devant la Commission. R. n'a pas non plus démontré que le port des menottes visait à l'avilir ou à l'humilier. Selon le médiateur dont la Cour ne voit pas de raison de contester les conclusions, le caporal R. a agi en croyant se conformer aux instructions et à la formation militaire reçues. Enfin, le requérant n'a pas soutenu que le port des menottes l'ait affecté physiquement. • CEDH 16 déc. 1997, *Raninen c/ Finlande,* n° 20972/92 § 58 : *préc. note 19.* ♦ Le requérant, bien qu'ayant reconnu les policiers à leurs uniformes, a tenté de refermer violemment la porte de son domicile en poussant un agent, puis a essayé de s'échapper lors du trajet vers le commissariat et a encore tenté de se laisser tomber par terre en vociférant. Il a ainsi opposé une résistance passive qui a obligé les policiers à l'entraîner par la force. Arrivé au poste de police, alors que les menottes lui avaient été retirées, il s'est jeté sur le bureau de l'enquêteur, balayant tous les objets qui s'y trouvaient, se montrant menaçant, ce qui a entraîné une nouvelle immobilisation et un menottage. La force employée pour interpeller et maîtriser le requérant était nécessaire et proportionnée, compte tenu des circonstances. • CEDH 24 janv. 2008, *Milan c/ France,* n° 7549/03 § 43 : *préc. note 23.*

2° PEINE

31. Pour qu'une peine soit « dégradante », l'humiliation ou l'avilissement dont elle s'accompagne doit se situer à un niveau particulier qui dépend de l'ensemble des circonstances de la cause, et notamment de la nature et du contexte de la peine ainsi que de ses modalités d'exécution. • CEDH 25 avr. 1978, *Tyrer c/ Royaume-Uni,* n° 5856/72 § 30 : *CDE 1979. 471, obs. Cohen-Jonathan.* ♦ Pour qu'une peine ou le traitement dont elle s'accompagne puissent être qualifiés d'« inhumains » ou de « dégradants », la souffrance ou l'humiliation doivent en tout cas aller au-delà de celles que comporte inévitablement une forme donnée de traitement ou de peine légitimes. • CEDH, gr. ch., 6 avr. 2000, *Labita c/ Italie,* n° 26772/95 § 120 : *préc. note 17* • CEDH, gr. ch., 28 févr. 2008, *Saadi c/ Italie,* n° 37201/06 § 135 : *préc. note 1* • CEDH 20 janv. 2011, *Payet c/ France,* n° 19606/08 § 55 et 78 : *préc. note 19* • CEDH 23 juill. 2013, *Urfi Cetinkaya c/ Turquie,* n° 19866/04 § 87. ♦ Si le caractère public de la sanction ou du traitement peut constituer un élément pertinent, l'absence de publicité n'empêche pas nécessairement une peine déterminée d'entrer dans cette catégorie ; il peut fort bien suffire que la victime soit humiliée à ses propres yeux, même si elle ne l'est pas à ceux d'autrui. • CEDH 25 avr. 1978, *Tyrer c/ Royaume-Uni,* n° 5856/72 § 32 : *préc.* • CEDH 16 déc. 1997, *Raninen c/ Finlande,* n° 20972/92 § 55 : *préc. note 19* • CEDH, gr. ch., 17 juill. 2014, *Svinarenko et Slyadnev c/ Russie,* n° 32541/08 § 115.

32. Les mesures privatives de liberté s'accompagnent souvent de pareilles souffrance et humiliation. Toutefois, on ne saurait considérer qu'un placement en détention provisoire pose en soi un problème sur le terrain du présent art. (sous réserve des conditions de détention : V. n° II. A. 3.). • CEDH, gr. ch., 17 juill. 2014, *Svinarenko et Slyadnev c/ Russie,* n° 32541/08 § 116.

33. Le choix que fait l'État d'un régime de justice pénale, y compris le réexamen de la peine et les modalités de libération, échappe en principe au contrôle européen exercé par la Cour, pour autant que le système retenu ne méconnaisse pas les principes de la Conv. EDH. • CEDH, gr. ch., 12 févr. 2008, *Kafkaris c/ Chypre,* n° 21906/04 § 99 : *RSC 2008. 692, chron. Marguénaud et Roets ; ibid. 2009. 431, chron. Poncela ; RD publ. 2009. 893, chron. Sudre* • CEDH, gr. ch., 9 juill. 2013, *Vinter et a. c/ Royaume-Uni,* n° 66069/09 § 104 : *D. 2013. 2081, obs. Lena ; ibid. 2713, obs. Roujou de Boubée, Garé, Gozzi, Mirabail et Potaszkin ; AJ pénal 2013. 494, obs. van Zyl Smit ; RSC 2013. 625, chron. Poncela ; ibid. 649, obs. Roets ; RD publ. 2013. 736, chron. Sudre.*

a. Châtiments corporels

34. Les peines judiciaires corporelles impliquent, par nature, qu'un être humain se livre à des violences physiques sur l'un de ses semblables. En outre, il s'agit de violences institutionnalisées, en l'occurrence autorisées par la loi, prescrites par les organes judiciaires de l'État et infligées par sa police. Ainsi, quoique le requérant n'ait pas subi de lésions physiques graves ou durables, son châtiment, consistant à le traiter en objet aux mains de la puissance publique, a porté atteinte à ce dont la protection figure précisément parmi les buts principaux du présent art. : la dignité et l'intégrité physique de la personne. On ne saurait davantage exclure que ces peines entraînent des séquelles psychologiques néfastes. • CEDH 25 avr. 1978, *Tyrer c/ Royaume-Uni,* n° 5856/72 § 33 : *préc. note 31.* ♦ De plus, dès lors que plusieurs semaines ont passé entre la condamnation du requérant par le tribunal pour jeunes et l'exécution de la peine et qu'un délai considérable s'est écoulé au poste de police où la peine a été appliquée, T. a éprouvé, en sus d'une souffrance physique, l'angoisse morale d'attendre les violences qu'on allait lui infliger. • CEDH 25 avr. 1978, *Tyrer c/ Royaume-Uni,* n° 5856/72 § 33 : *préc. note 31.* ♦ V. *a contrario* : il n'apparaît pas établi que les élèves d'une école où l'on recourt à de telles punitions soient, en raison du simple risque d'en subir une, humiliés ou avilis aux yeux d'autrui au degré voulu ou à un degré quelconque. • CEDH 25 févr. 1982, *Campbell et Cosans,* n° 7511/76 § 36 : *préc. note 26.* ♦ Rappr. • CEDH 25 mars 1993, *Costello-Roberts c/ Royaume-Uni,* n° 13134/87 : *préc. note 22.*

b. Peines disproportionnées

35. Principe. Toute peine nettement disproportionnée est contraire au présent art. Il ne sera satisfait au critère de la nette disproportion que dans des cas rares et exceptionnels. • CEDH, gr. ch., 9 juill. 2013, *Vinter et a. c/ Royaume-Uni,* n° 66069/09 § 102 : *préc. note 33.*

36. Perpétuité. Le prononcé d'une peine d'emprisonnement perpétuel à l'encontre d'un délinquant adulte n'est pas en soi prohibé par le présent art. ou toute autre disposition de la Conv. EDH et ne se heurte pas à celle-ci. – V., notamment, parmi maints précédents. • Comm. EDH 6 mai 1978, *Kotalla c/ Pays-Bas,* n° 7994/77 • CEDH, décis., 29 mai 2001, *Sawoniuk c/ Royaume-Uni,* n° 63716/00 • CEDH 4 sept. 2014, *Trabelsi c/ Belgique,* n° 140/10 § 112 : *AJDA 2014. 1688 ; JCP Adm. 2014. 733.* ♦ La latitude des États à cet égard n'est pas illimitée et est soumise à certaines exigences minimales. • CEDH, gr. ch., 24 janv. 2017, *Khamtokhu et Aksenchik c/ Russie,* n° 60367/08 § 75. ♦ En particulier, infliger à un adulte une peine perpétuelle incompressible pouvait soulever une question sous l'angle du présent art. • CEDH, décis., 3 juill. 2001, *Nivette c/ France,* n° 44190/98 : *AJDA 2001. 1060,* *chron. Flauss* • CEDH, décis., 22 mai 2003, *Wynne c/ Royaume-Uni,* n° 67385/01. ♦ Le présent art. ne s'oppose pas à ce qu'une peine de réclusion à vie puisse en pratique être purgée dans son intégralité. Ce qu'il interdit, c'est que la peine perpétuelle soit *de jure* et *de facto* incompressible. • CEDH gr. ch., 12 févr. 2008, *Kafkaris c/ Chypre,* n° 21906/04 § 98 : *préc. note 33* • CEDH, gr. ch., 9 juill. 2013, *Vinter et a. c/ Royaume-Uni,* n° 66069/09 § 107 : *préc. note 33* • CEDH 4 sept. 2014, *Trabelsi c/ Belgique,* n° 140/10 § 113 : *préc.*

37. Pour déterminer si dans un cas donné une peine perpétuelle peut passer pour incompressible, la Cour recherche si l'on peut dire qu'un détenu condamné à perpétuité a des chances d'être libéré. Là où le droit national offre la possibilité de revoir la peine perpétuelle dans le but de la commuer, de la suspendre ou d'y mettre fin ou encore de libérer le détenu sous condition, il est satisfait aux exigences du présent art. • CEDH, gr. ch., 12 févr. 2008, *Kafkaris c/ Chypre,* n° 21906/04 § 98 : *préc. note 33* • CEDH, gr. ch., 9 juill. 2013, *Vinter et a. c/ Royaume-Uni,* n° 66069/09 § 109 : *préc. note 33.* ♦ S'il est possible d'examiner la question de la détention afin d'envisager la libération conditionnelle une fois purgée la période de sûreté de la peine, on ne peut dire que les détenus condamnés à perpétuité ont été privés de tout espoir d'élargissement. • CEDH, décis., 12 déc. 2002, *Stanford c/ Royaume-Uni,* n° 73299/01. ♦ Il en est ainsi même en l'absence d'une période minimale de détention sans condition et même lorsque la possibilité d'une libération conditionnelle des détenus purgeant une peine perpétuelle est limitée. • CEDH, décis., 16 oct. 2001, *Einhorn c/ France,* n° 71555/01 § 27 et 28. ♦ En revanche, dans le cas où le droit national ne prévoit aucun mécanisme ni aucune possibilité de réexamen des peines de perpétuité réelle, l'incompatibilité avec le présent art. prend naissance dès la date d'imposition de la peine perpétuelle et non à un stade ultérieur de la détention. • CEDH, gr. ch., 9 juill. 2013, *Vinter et a. c/ Royaume-Uni,* n° 66069/09 § 122 : *préc. note 33* • CEDH 4 sept. 2014, *Trabelsi c/ Belgique,* n° 140/10 § 115 : *préc. note 36.* ♦ V., dans le cadre d'une procédure d'extradition d'un requérant risquant une condamnation à perpétuité sans possibilité d'obtenir une libération anticipée. • CEDH 17 janv. 2012, *Harkins et Adwards c/ Royaume-Uni,* n° 9146/07 § 138 • CEDH 4 sept. 2014, *Trabelsi c/ Belgique,* n° 140/10 § 138 : *préc. note 36.* ♦ Une peine perpétuelle ne peut être qualifiée de compressible dès lors que son réexamen est subordonné à la collaboration du condamné avec la justice (appelé à fournir des éléments décisifs en vue notamment d'identifier les auteurs d'infractions criminelles) dont le défaut entraîne une présomption irréfragable de dangerosité ayant pour effet de priver l'intéressé de toute perspective réaliste d'élargissement. • CEDH 13 juin 2019, *Marcello Viola c/ Italie,* n° 77633/16 § 137 : *D. 2019. 2308, point de vue Pradel* .

38. Même lorsque la perpétuité est un châtiment mérité à la date de son imposition, avec l'écoulement du temps, elle ne garantit plus guère une sanction juste et proportionnée. • CEDH, gr. ch., 9 juill. 2013, *Vinter et a. c/ Royaume-Uni,* n° 66069/09 § 102 : *préc. note 33.* ♦ Dès lors, en ce qui concerne les peines perpétuelles, le présent art. doit être interprété comme exigeant qu'elles soient compressibles, c'est-à-dire soumises à un réexamen permettant aux autorités nationales de rechercher si, au cours de l'exécution de sa peine, le détenu a tellement évolué et progressé sur le chemin de l'amendement qu'aucun motif légitime d'ordre pénologique ne permet plus de justifier son maintien en détention. • CEDH, gr. ch., 9 juill. 2013, *Vinter et a. c/ Royaume-Uni,* n° 66069/09 § 119 : *préc. note 33.* ♦ Le raisonnement est identique dans l'hypothèse d'une peine capitale commuée en une peine à perpétuité incompressible après abolition de la peine de mort. • CEDH 18 mars 2014, *Ocalan c/ Turquie (n° 2),* n° 24069/03 § 206 : *D. 2014. 1235, obs. Céré, Herzog-Evans et Péchillon* . ♦ V. déjà de manière plus implicite • CEDH, gr. ch., 12 févr. 2008, *Kafkaris c/ Chypre,* n° 21906/04 § 99 : *préc. note 33.*

39. Aucune question ne se pose sous l'angle du présent art. si un condamné à perpétuité qui, en vertu de la législation nationale, peut théoriquement obtenir un élargissement demande à être libéré, se voit débouté au motif qu'il constitue toujours un danger pour la société. Empêcher un délinquant de récidiver est l'une des « fonctions essentielles » d'une peine d'emprisonnement. • CEDH, gr. ch., 9 juill. 2013, *Vinter et a. c/ Royaume-Uni,* n° 66069/09 § 102 : *préc. note 33.*

40. Un détenu condamné à la perpétuité réelle ne doit pas être obligé d'attendre d'avoir passé un nombre indéterminé d'années en prison avant de pouvoir se plaindre d'un défaut de conformité des conditions légales attachées à sa peine avec les exigences du présent art. Il a le droit de savoir, dès le début de sa peine, ce qu'il doit faire pour que sa libération soit envisagée et ce que sont les conditions applicables. Il a le droit, notamment, de connaître le moment où le réexamen de sa peine aura lieu ou pourra être sollicité. • CEDH, gr. ch., 9 juill. 2013, *Vinter et a. c/ Royaume-Uni,* n° 66069/09 § 122 : *préc. note 33.* ♦ Sur le délai et les conditions dans lesquelles ce réexamen doit avoir lieu ainsi que la nécessité de mettre en œuvre des mécanismes de réinsertion, V. commentaire du présent art.

41. Des conditions extrêmement restrictives comme la mise en liberté pour motifs d'humanité pouvant être accordée aux personnes atteintes d'une maladie mortelle en phase terminale ou d'un grave handicap physique ne peuvent être considérées comme une véritable libération si cela se résume à permettre à l'intéressé de mourir chez lui ou dans un hospice plutôt qu'entre les murs d'une prison. • CEDH, gr. ch., 9 juill. 2013, *Vinter et a. c/ Royaume-Uni,* n° 66069/09 § 102 : *préc. note 33.*

42. V. pour des ex. de peines perpétuelles jugées compressibles : • CEDH 13 nov. 2014, *Bodein c/ France,* n° 40014/10 § 53 s. : *AJDA 2015. 150, chron. Burgorgue-Larsen ; D. 2014. 2303 ; AJ pénal 2015. 105, obs. Céré* (la Cour observe que le Conseil constitutionnel a validé les dispositions litigieuses de la L. du 1er févr. 1994 au motif que le juge de l'application des peines pourra y mettre fin « au regard du comportement du condamné et de l'évolution de sa personnalité »). ♦ La pratique interne pourra définir de manière plus précise les circonstances dans lesquelles un détenu condamné à une peine de perpétuité réelle peut demander sa libération, sur la base de motifs légitimes d'ordre pénologique justifiant la détention. L'obligation légale pour les juridictions nationales de prendre en compte la jurisprudence relative au présent art., telle qu'elle pourrait se développer à l'avenir, représente une garantie additionnelle importante. • CEDH, gr. ch., 17 janv. 2017, *Hutchinson c/ Royaume-Uni,* n° 57592/08 § 70. ♦ ... Jugées incompressibles. • CEDH, gr. ch., 26 avr. 2016, *Murray c/ Pays-Bas,* n° 10511/10 §113 s. : *D. 2016. 1542, note Renucci ; AJ pénal 2016. 322, note Vouleli et van Zyl Smit* (s'agissant d'un détenu à vie, malade mental).

43. Seuil de gravité. Si une condamnation à perpétuité telle que celle infligée et subie (41 années de détention) par le requérant entraîne nécessairement des angoisses et incertitudes liées à la vie carcérale et, une fois libéré, aux mesures d'assistance et de contrôle et à la possibilité d'être réincarcéré, la Cour ne considère pas que, dans les circonstances de l'espèce, la peine du requérant atteignait le seuil de gravité requis. • CEDH 11 avr. 2006, *Léger c/ France,* n° 19324/02 § 93 : *D. 2006. 1800, note Céré ; RSC 2007. 134, obs. Massias ; ibid. 350, chron. Poncela ; AJ pénal 2006. 258, obs. Enderlin .*

3° AUTRES HYPOTHÈSES

44. Atteintes physiques. *Peuvent encore constituer des traitements inhumains ou dégradants le fait d'administrer de l'émétique pour faire régurgiter de force les stupéfiants avalés par le requérant. • CEDH, gr. ch., 11 juill. 2006 *Jalloh c/ Allemagne,* n° 54810/00 § 104 : *préc. note 20.* ♦ ... Un exercice corporel (350 flexions) que le requérant a été contraint d'effectuer jusqu'à ce qu'il s'effondre physiquement. L'intéressé a été délibérément soumis à cette sanction par ses supérieurs, qui étaient parfaitement conscients de ses problèmes de santé, et ce sans qu'un quelconque impératif militaire ne le justifiât. • CEDH 3 juill. 2008, *Tchember c/ Russie,* n° 7188/03 § 50. ♦ ... Menotter une personne à un arbre dans la cour du commissariat de police situé dans le centre du village et donc visible du public, événement de surcroît relaté par la presse et la télévision locale. • CEDH 27 sept. 2011, *Archip c/ Roumanie,* n° 49608/08 : *RD publ. 2012. 794, chron. Sudre.*

45. A été également considéré comme un traitement relevant du présent art. la peine de mort prononcée à la suite d'un procès inéquitable. • CEDH, gr. ch., 12 mai 2005, *Ocalan c/ Turquie,* n° 46221/99 § 175.

46. De même, la nécessité de toute intervention médicale de force en vue de l'obtention de la preuve d'une infraction doit se trouver justifiée de manière convaincante au vu des circonstances de l'affaire. Cela vaut en particulier lorsque l'intervention vise à recueillir à l'intérieur du corps de la personne la preuve matérielle de l'infraction même dont elle est soupçonnée. En revanche, l'administration d'une substance émétique nécessitant la pose d'une sonde nasogastrique pour vaincre la résistance physique et mentale du requérant a atteint le minimum de gravité requis pour tomber sous le coup du présent art. • CEDH, gr. ch., 11 juill. 2006, *Jalloh c/ Allemagne,* n° 54810/00 : *préc. note 20.*

47. Atteintes non physiques. Il en va de même des actes qui ne touchent pas physiquement les requérants, comme la destruction de leurs maisons, perpétrés même sans intention de les punir. • CEDH 24 avr. 1998, *Selcuk et Asker c/ Turquie,* n° 23184/94 § 78 et 79 • CEDH 16 nov. 2000, *Bilgin c/ Turquie,* n° 23819/94 § 103 • CEDH 30 janv. 2001, *Dulas c/ Turquie,* n° 25801/94 § 55. ♦ ... Un sentiment de profonde angoisse chez une personne, associé au mépris témoigné à son encontre par les autorités. • CEDH 12 oct. 2006, *Mubilanzila Mayeka et Kaniki Mitunga c/ Belgique,* n° 13178/03 § 70 : *préc. note 21.* ♦ ... En particulier vis-à-vis d'une femme enceinte troublée par la possibilité que son fœtus puisse souffrir d'une malformation. En l'espèce, la procrastination des professionnels de la santé a conduit la requérante à endurer des semaines d'incertitude pénible quant à la santé du fœtus, à son propre avenir et à celui de sa famille, ainsi qu'à la perspective d'élever un enfant souffrant d'une maladie incurable. • CEDH 26 mai 2011, *R. R. c/ Pologne,* n° 27617/04 § 159 : *AJDA 2011. 1993, chron. Burgorgue-Larsen .*

48. Constitue encore une situation humiliante, à ses propres yeux du moins, et la source d'un sentiment d'infériorité le fait de placer dans une cage tout au long de son procès et d'exposer ainsi aux regards du public une personne qui n'était accusée que d'infractions non violentes, dont le casier judiciaire était vierge et à l'égard de laquelle il n'existait pas la moindre preuve d'une prédisposition à la violence. • CEDH 31 mai 2011, n° 5829/04 § 125. ♦ Rappr. • CEDH 4 oct. 2005, n° 3456/05 § 88 et 90. ♦ Le respect de la dignité humaine est au cœur même de la Conv. EDH et l'objet et le but de ce texte, instrument de protection des êtres humains, appellent à comprendre et appliquer ses dispositions d'une manière qui en rende les exigences concrètes et effectives. Dès lors, l'enfermement d'une personne dans une cage de métal pendant son procès constitue en soi, compte tenu de son caractère objectivement dégradant, incompatible avec les normes de comportement civilisé qui caractérisent une société démocratique, un affront à la dignité humaine contraire au présent art. • CEDH, gr. ch., 17 juill. 2014, *Svinarenko et Slyadnev c/ Russie,* n° 32541/08 § 138. ♦ Les cages de verre n'ont pas l'apparence cruelle de cages en métal et les installations en verre sont utilisées dans les salles d'audience d'autres États membres où leur utilisation est réservée aux audiences sous haute sécurité. En Russie, tous les accusés sont systématiquement placés dans une cage en métal ou dans une cabine de verre tant qu'ils sont en détention. • CEDH 17 juill. 2018, *Mariya Alekhina c/ Russie,* n° 38004/12 § 145 s. : *préc. note 2.*

C. PREUVE

49. *Principe.* Les allégations de torture ou de mauvais traitements constituant des violations du présent art. doivent être prouvées « au-delà de tout doute raisonnable ». En ce sens, un doute raisonnable n'est pas un doute fondé sur une possibilité purement théorique ou suscité pour éviter une conclusion désagréable ; c'est un doute dont les raisons peuvent être tirées des faits présentés. • CEDH 18 janv. 1978, *Irlande c/ Royaume-Uni,* n° 5310/71 § 161 • CEDH, gr. ch., 8 juill. 1999, *Çakici c/ Turquie,* n° 23657/94 § 92 : *JDI 2000. 117, obs. Delaplace* • CEDH 10 févr. 2004, *Naoumenko c/ Ukraine,* n° 42023/98 § 109 • CEDH 10 nov. 2011, *Plathey c/ France,* n° 48337/09 § 49 : *AJ pénal 2011. 605.* ♦ Les allégations des mauvais traitements des requérants n'ont pas été étayées de sorte que l'État soit tenu de fournir une explication sur les origines des contusions dont se plaignent les intéressés. • CEDH 15 avr. 2014, *Tomaszewscy c/ Pologne,* n° 8933/05 § 104.

50. Lorsqu'on évalue les conditions de détention, il y a lieu de prendre en compte leurs effets cumulatifs ainsi que les allégations spécifiques du requérant. • CEDH 6 mars 2001, *Dougoz c/ Grèce,* n° 40907/98 § 46 • CEDH 15 juill. 2002, *Kalachnikov c/ Russie,* n° 47095/99 § 95 • CEDH 29 avr. 2009, *Poltoratski c/ Ukraine,* n° 38812/97 § 133.

51. *Types de preuve.* Les allégations de mauvais traitements doivent être étayées devant la Cour par des éléments de preuve appropriés tels qu'un certificat médical. • CEDH, gr. ch., 28 juill. 1998, *Selmouni c/ France,* n° 25803/94 : *préc. note 1* • CEDH 3 juin 2004, *Bati c/ Turquie,* n° 33097/96 § 114 • CEDH 24 mai 2011, *Assoc. « 21 Décembre 1989 » et a. c/ Roumanie,* n° 33810/07 § 158 (*a contrario*). ♦ Une telle preuve peut néanmoins résulter d'un faisceau d'indices, ou de présomptions non réfutées, suffisamment graves, précis et concordants. • CEDH, gr. ch., 6 avr. 2000, *Labita c/ Italie,* n° 26772/95 § 121 : *préc. note 17* • CEDH 2 nov. 2004, *Martinez Sala c/ Espagne,* n° 58438/00 § 122 • CEDH 19 mai 2004, *R. L. et M.-J. D. c/ France,* n° 44568/98 § 69 s. : *RSC 2005. 630, obs. Massias* • CEDH 3 juin 2004, *Bati c/ Turquie,* n° 33097/96 § 114 • CEDH, gr. ch., 4 juill. 2006, *Ramirez-Sanchez c/ France,* n° 59450/00 § 117 : *préc. note 2* • CEDH 20 janv. 2011, *Payet c/ France,* n° 19606/08 § 54 : *préc. note 19.*

52. Les constats figurant dans les certificats médicaux délivrés par ces médecins et le comportement parfois peu coopératif de certains des requérants avec ces derniers sont de nature à susciter le doute quant à la crédibilité des allégations de mauvais traitements formulées devant la Cour. En tout état de cause, ils ne constituent pas un faisceau d'indices suffisants pour étayer leur thèse. • CEDH 2 nov. 2004, *Martinez Sala c/ Espagne,* n° 58438/00 § 145. ♦ En l'absence de preuve médicale, il faut constater que le requérant n'a pas produit d'éléments de preuve concluants à l'appui de ses allégations de mauvais traitements, ni fourni d'explications détaillées sur les sévices que les gardiens de la prison de Pianosa lui auraient infligés. Dès lors, la Cour considère que les éléments dont elle dispose quant à l'assertion du requérant selon laquelle il aurait été soumis à des mauvais traitements physiques et psychologiques à la prison de Pianosa ne fournissent pas d'indices de nature à étayer une telle conclusion. • CEDH, gr. ch., 6 avr. 2000, *Labita c/ Italie,* n° 26772/95 § 127 : *préc. note 17.*

53. S'agissant des faits contenus dans les déclarations de S. et qui ne ressortent pas des expertises médicales, la Cour observe que les observations en défense du Gouvernement contiennent des développements – à titre subsidiaire – relatifs à leur gravité et à leur qualification possible au regard du présent art. mais ne contestent à aucun moment les autres faits évoqués. La Cour relève d'ailleurs, à titre surabondant, que ces faits ont été tenus pour acquis par le tribunal correctionnel. En conséquence, la Cour est d'avis que, dans le cadre du grief soumis à son examen, ces faits peuvent être considérés comme établis. • CEDH, gr. ch., 28 juill. 1998, *Selmouni c/ France,* n° 25803/94 § 88 : *préc. note 1.* ♦ La Cour considère cependant qu'il n'est pas prouvé qu'un viol ait été commis sur la personne de S., la dénonciation de tels faits étant intervenue trop tard pour permettre d'en exclure ou d'en affirmer médicalement la réalité. De même, l'expertise médicale n'a pas permis d'établir l'existence d'un lien de causalité entre la perte d'acuité visuelle évoquée par le requérant et les faits qui se sont déroulés durant la garde à vue. • CEDH, gr. ch., 28 juill. 1998, *Selmouni c/ France,* n° 25803/94 § 90 : *préc. note 1.*

54. Présomption. Le Gouvernement reconnaît ne pouvoir donner aucune explication sur la cause des lésions, mais selon lui elles ne résultent pas des traitements incriminés par T. Or, nul ne prétend que les traces observées sur le corps du requérant puissent remonter à une période antérieure à l'arrestation ou découler d'une action de l'intéressé contre lui-même ou encore d'une tentative d'évasion ; dès sa première comparution devant le juge d'instruction, il signala les marques qu'il portait sur la poitrine et sous l'oreille ; le magistrat en prit note et désigna aussitôt un expert ; quatre médecins différents – dont un de l'administration pénitentiaire – examinèrent l'accusé dans les jours qui suivirent la fin de la garde à vue. Leurs certificats contiennent des observations médicales précises et concordantes, et indiquent des dates de survenue des blessures qui correspondent à celles du séjour dans les locaux de la police. La Cour en déduit donc que les faits sont établis. • CEDH 27 août 1992, *Tomasi c/ France,* n° 12850/87 § 108 s. : *préc. note 4.* ♦ S'agissant des conditions de détention, le Gouvernement n'ayant pas fourni à la Cour d'informations pertinentes propres à étayer ses affirmations, celle-ci examinera la question sur la base des allégations du requérant et à la lumière de l'ensemble des informations en sa possession. • CEDH 13 juin 2013, *A.F. c/ Grèce,* n° 53709/11 § 74.

55. Lorsque les événements en cause, dans leur totalité ou pour une large part, sont connus exclusivement des autorités, comme dans le cas des personnes soumises à leur contrôle en garde à vue, toute blessure survenue pendant cette période donne lieu à de fortes *présomptions de fait. Il incombe au* Gouvernement de produire des preuves établissant des faits qui font peser un doute sur le récit de la victime. • CEDH 1er mars 2001, *Berktay c/ Turquie,* n° 22493/93 § 167 • CEDH 1er avr. 2004, *Rivas c/ France,* n° 59584/00 § 38 : *AJ pénal 2004. 206, obs. Coste* ; *RSC 2005. 630, obs. Massias.* ♦ V. déjà : • CEDH 4 déc. 1995, *Ribitsch c/ Autriche,* n° 18896/91 § 31 : *préc. note 24.*

56. De l'ensemble des éléments soumis à son appréciation, la Cour conclut que le Gouvernement n'a pas établi de manière satisfaisante que les blessures du requérant eussent été causées autrement que – exclusivement, principalement ou partiellement – par les traitements subis pendant la garde à vue. • CEDH 4 déc. 1995, *Ribitsch c/ Autriche,* n° 18896/91 § 34 : *préc. note 24.*

57. La Cour souligne que l'acquittement des policiers au pénal ne dégage pas l'État défendeur de sa responsabilité au regard de la Convention. Il appartenait donc au Gouvernement de fournir une explication plausible sur l'origine des blessures du second requérant. Or le Gouvernement ne fait que renvoyer à l'issue de la procédure pénale interne, où un poids décisif a été attaché aux explications des policiers selon lesquelles le second requérant se serait jeté du balcon. La Cour ne trouve pas convaincante cette explication. • CEDH 1er mars 2001, *Berktay c/ Turquie,* n° 22493/93 § 168.

58. La Cour est d'avis, eu égard à ce qui précède, que la tentative de fuite alléguée ne saurait dégager l'État de la responsabilité qu'il porte en l'espèce. La Cour n'est pas convaincue par l'explication du Gouvernement selon laquelle le coup porté aurait été nécessaire pour parer à la menace proférée par le requérant (mineur à l'époque des faits) qui n'était pas armé et se trouvait dans un commissariat de police. A tout le moins, dans de telles circonstances, le fonctionnaire de police aurait pu employer d'autres méthodes (violent coup au niveau des testicules) pour faire rasseoir le requérant. En conclusion, elle estime que le Gouvernement n'a pas démontré, dans les circonstances de l'espèce, que l'usage de la force contre le requérant était nécessaire. • CEDH 1er avr. 2004, *Rivas c/ France,* n° 59584/00 § 41 : *préc. note 55.*

59. Légitime défense. En revanche, la légitime défense peut constituer une justification que le Gouvernement peut apporter. • Comm. EDH 7 avr. 1997, *Antoìnio Joaquim Laginha de Matos,* n° 28955/95. ♦ Rappr. • CEDH 22 sept. 1993, *Klaas et a.,* n° 15473/89 § 30 : *RSC 1994. 362, obs. Koering-Joulin.* ♦ Le requérant ne nie pas avoir tenté de s'échapper. En outre, il ressort des procès-verbaux d'interrogatoires que le requérant reconnaît avoir « résisté » et « bousculé » les gendarmes en tentant de s'enfuir. Il résulte également du procès-verbal d'audition du requérant en date du 28 févr. 1989, que celui-ci reconnut « avoir opposé une certaine résistance » aux gendarmes qui tentaient de le retenir. En conséquence, la Cour estime, avec la Commission, qu'il n'a pas été démontré que la force employée lors de l'intervention ait été excessive ou disproportionnée. • CEDH 20 juill. 2000, *Caloc c/ France,* n° 33951/96 § 100 et 101 : *RFDA 2001. 1250, chron. Labayle et Sudre ; RSC 2001. 881, obs. Tulkens .*

60. La notion de dépassement de la légitime défense, à laquelle correspond la notion « d'excès justifié » du droit roumain, n'est pas inconnue du droit pénal européen en tant que telle. • CEDH 12 mars 2013, *Aydan c/ Turquie,* n° 16281/10 § 48 à 51 et 96. ♦ Il apparaît que les membres des forces de l'ordre ne sont pas *de jure* exclus du bénéfice du dépassement de la légitime défense, mais que leur qualité ou leur fonction constituent des éléments qui peuvent être pris en compte lors de l'examen de l'affaire. • CEDH 12 mars 2013, *Aydan c/ Turquie,* n° 16281/10 § 51 et 97. ♦ En l'espèce, le policier a fait très facilement usage de son arme contre le requérant. • CEDH 11 févr. 2014, *Gramada c/ Roumanie,* n° 14974/09 § 69 et 71.

II. CHAMP D'APPLICATION

A. DÉTENTION

1° COUPS ET BLESSURES

61. Il y a violation du présent art. : ... dès lors que des blessures répondant aux conditions fixées plus haut sont infligées pendant l'arrestation. • CEDH 28 oct. 1998, *Assenov c/ Bulgarie,* n° 24760/94 • CEDH 27 juin 2000, *Ilhan c/ Turquie,* n° 22277/93 : *préc. note 11.* ♦ ... Dès lors que des blessures ne peuvent être justifiées par l'attitude de la personne arrêtée. • CEDH 28 nov. 2000, *Rehbock c/ Slovénie,* n° 29462/95 § 72.

62. Il en va de même pendant les interrogatoires et la garde à vue. • CEDH 27 août 1992, *Tomasi c/ France,* n° 12850/87 § 115 : *préc. note 4* • CEDH 4 déc. 1995, *Ribitsch c/ Autriche,* n° 18896/91 : *préc. note 24* • CEDH 28 oct. 1998, *Assenov c/ Bulgarie,* n° 24760/94 • CEDH 18 déc. 1996, *Aksoy c/ Turquie,* n° 21987/93 : *préc. note 10* • CEDH 9 juin 1998, *Tekkin c/ Turquie,* n° 22496/93 • CEDH, gr. ch., 28 juill. 1998, *Selmouni c/ France, n° 25803/94 : préc. note 1* • CEDH 27 juin 2000, *Salman c/ Turquie,* n° 21986/93 : *RFDA 2001. 1250, chron. Labayle et Sudre ; JCP 2001. I. 291, chron. Sudre* • CEDH 11 juill. 2000, *Dikme c/ Turquie,* n° 20869/92 • CEDH 10 oct. 2000, *Akkoc c/ Turquie,* n° 22947/93 • CEDH 3 juin 2004, *Bati c/ Turquie,* n° 33097/96.

63. Il en va de même encore : des personnes en détention. • CEDH, gr. ch., 6 avr. 2000, *Labita c/ Italie,* n° 26772/95 : *préc. note 17.* ♦ ... En rétention administrative. • CEDH 27 juill. 2004, *Slimani c/ France,* n° 57671/00 : *D. 2004. 2763 .* ♦ ... En zone de transit. • CEDH 24 janv. 2008, *Riad et Idiab c/ Belgique,* n° 29787/03 : *JCP 2008. I. 167, chron Sudre.*

64. Si ces traitements ont entraîné la mort, l'affaire relève également de l'art. 2 Conv. EDH. • CEDH 27 juin 2000, *Salman c/ Turquie,* n° 21986/93 : *préc. note 62.*

2° OBLIGATION DE SOINS

65. *Principe.* Les conditions de détention d'une personne malade doivent garantir la protection de sa santé, eu égard aux contingences ordinaires et raisonnables de l'emprisonnement. Si l'on ne peut en déduire une obligation générale de libérer un détenu pour motifs de santé, l'art. 3 de la Conv. EDH impose en tout cas à l'État de protéger l'intégrité physique des personnes privées de liberté notamment par l'administration des soins médicaux requis. • CEDH 14 nov. 2002, *Mouisel c/ France,* n° 67263/01 § 40 : *AJDA 2003. 603, chron. Flauss ; D. 2003. 303, note Moutouh ; ibid. 524, obs. Renucci ; RSC 2003. 144, obs. Massias ; LPA 19 juin 2003, p. 15, obs Tigroudja ; RTDH 2003. 999, obs. Céré ; JCP 2003. I. 109, chron. Sudre* • CEDH 29 avr. 2003, *McGlinchey et a. c/ Royaume-Uni,* n° 50390/99 § 46 • CEDH 14 déc. 2004, *Gelfmann c/ France,* n° 25875/03 § 59 : *AJ pénal 2005. 33, obs. Thierry ; RSC 2005. 630, obs. Massias ; RD publ. 2005. 755, obs. Sudre et Gonzalez* • CEDH 19 févr. 2015, *Helhal c/ France,* n° 10401/12 § 47 : *AJDA 2015. 1737 . chron. Burgorgue-Larsen ; D. 2015. 434 ; ibid. 569, obs. Léna ; ibid. 1122, obs. Céré, Herzog-Evans et Péchillon ; AJ pénal 2015. 219, obs. Céré .* ♦ V. aussi la question des conditions de détention note 73. ♦ Le maintien en détention, sans encadrement médical actuellement approprié, constitue dès lors une épreuve particulièrement pénible et soumettant le requérant, qui souffre de graves problèmes mentaux et présente des risques suicidaires, à une détresse ou à une épreuve d'une intensité qui excède le niveau inévitable de souffrance inhérent à la détention. • CEDH 11 juill. 2006, *Rivière c/ France,* n° 33384/03 § 75 et 76. ♦ V. *a contrario* pour une situation où le détenu a été correctement pris en charge. • CEDH 10 févr. 2011, *Kharchenko c/ Ukraine,* n° 40107/02 § 60.

66. *Généralités.* Constitue un traitement contraire au présent art. l'absence de soins médicaux et dentaires. • CEDH 27 juin 2000, *Ilhan c/ Turquie,* n° 22277/93 : *préc. note 11.* ♦ V. déjà. • CEDH 28 janv. 1994, *Hurtado c/ Suisse,* n° 17549/90. ♦ De même qu'une prise en charge de l'état de santé du requérant insatisfaisante. • CEDH 14 nov. 2002, *Mouisel c/ France,* n° 67263/01 § 48 : *préc. note 65.* ♦ En effet, les soins médicaux doivent être appropriés. • CEDH, gr. ch., 26 oct. 2000, *Kudla c/*

Pologne, n° 30210/96 § 94 : *AJDA 2000. 1006, chron. Flauss* ; *RFDA 2001. 1250, chron. Labayle et Sudre* ; *ibid. 2003. 85, étude Andriantsimbazovina* ; *RSC 2001. 881, obs. Tulkens* ; *RTD civ. 2001. 442, obs. Marguénaud* ; *RTDH 2002. 169, obs. Flauss.*

67. Une fois établi que la tentative de placer le requérant en détention à domicile ne pouvait aboutir, il appartenait aux autorités de s'activer pour satisfaire à l'obligation qui est la leur d'assurer des conditions de privation de liberté conformes à la dignité humaine. En particulier, le requérant ne pouvant pas être soigné à son domicile et aucune structure d'accueil idoine n'étant disposée à le prendre en charge, l'État aurait dû soit transférer sans délai l'intéressé dans une prison mieux équipée afin d'exclure tout risque de traitements inhumains, soit suspendre l'exécution d'une peine qui s'analysait désormais en traitement contraire au présent art. • CEDH 10 juin 2008, *Scoppola c/ Italie,* n° 50550/06 § 50.

68. Dans le cas où des blessures sont constatées, il en résulte une obligation d'apporter des soins, faute de quoi il peut en résulter, même si les blessures sont légères, une violation du présent art. • CEDH 16 déc. 2008, *Levinta c/ Moldova,* n° 17332/03 § 90 : *RD publ. 2009. 901, obs. Sudre.* ♦ V. également les faits de l'affaire suivante. • CEDH 27 juin 2000, *Ilhan c/ Turquie,* n° 22277/93 § 86 : *préc. note 11.*

69. Les preuves présentées à la Cour indiquent que M., une héroïnomane dont l'état nutritionnel et général n'était pas bon lors de son incarcération, avait perdu beaucoup de poids et était déshydratée. Cet état résultait d'une semaine de vomissements pour l'essentiel non contrôlés et d'incapacité à manger et à garder des liquides. Source de détresse et de souffrance pour M., cette situation représentait également une grave menace pour sa santé, comme le montra le collapsus dont elle fut victime par la suite. Compte tenu de la responsabilité qui incombe aux autorités carcérales d'apporter les soins médicaux requis aux détenus, la Cour constate que les exigences du présent art. n'ont pas été respectées en l'espèce. • CEDH 29 avr. 2003, *McGlinchey et a. c/ Royaume-Uni,* n° 50390/99 § 57.

70. Rien dans le dossier n'indique qu'à un moment ou à un autre les autorités judiciaires appelées à intervenir aient tenu compte de l'état de santé de la requérante, encore moins qu'elles aient examiné son aptitude à demeurer incarcérée. Au contraire, tout au long de la procédure, les juges du fond ont décidé de la maintenir en détention pour des motifs aussi brefs que stéréotypés qui n'étaient nullement adaptés aux réalités de son cas personnel et n'avaient trait à aucune autre considération propre à sa situation. Cette situation ne peut s'expliquer que par l'absence, dans le système de protection interne, d'une norme claire commandant aux magistrats de tenir dûment compte du tableau clinique du détenu. • CEDH 5 mars 2013, *Gülay Çetin c/ Turquie,* n° 44084/10 § 117.

71. Il y a lieu de douter du caractère adéquat de solutions consistant à confier à des personnes non qualifiées la responsabilité de surveiller un individu gravement malade. • CEDH 2 déc. 2004, *Farbtuhs c/ Lettonie,* n° 4672/02 § 60 • CEDH 3 févr. 2009, *Kaprykowski c/ Pologne,* n° 23052/05 § 74. ♦ Même si la requérante n'a formulé devant la Cour aucun grief précis à cet égard et si aucun élément ne permet de penser que les autorités ont agi dans le but de l'humilier ou de la rabaisser, cette situation pose en elle-même un problème sérieux sous l'angle du présent art. • CEDH 5 mars 2013, *Gülay Çetin c/ Turquie,* n° 44084/10 § 112.

72. Malades mentaux. Si le maintien en détention d'un détenu souffrant de troubles mentaux graves et chroniques, dont la schizophrénie, n'est pas incompatible en lui-même avec son état de santé, son placement en revanche dans un établissement inapte à l'incarcération des malades mentaux posait de graves problèmes au regard de la Convention. Dès lors, le fait que ce détenu ne bénéficiait pas d'un traitement spécialisé, en particulier d'une surveillance psychiatrique constante, et que ce fait combiné à des conditions matérielles de détention inappropriées, avaient « manifestement » nui à sa santé et à son bien-être, constitue un traitement inhumain et dégradant. • CEDH 30 janv. 2009, *Slawomir Musial c/ Pologne,* n° 28300/06 § 97. ♦ A l'inverse, dès lors qu'il ne ressort pas des observations des parties que la détention de l'intéressé ne lui a pas permis d'avoir un encadrement et des soins médicaux appropriés à son état de santé, il n'y a pas violation du présent art. • CEDH 3 nov. 2011, *Cocaign c/ France,* n° 32010/07 § 74 : *AJ pénal 2011. 605, obs. Céré.*

73. Tout en étant consciente des efforts déployés par les autorités pour prendre en charge les troubles mentaux de l'intéressé et de la difficulté d'organiser des soins aux détenus souffrant de troubles mentaux, la Cour estime, d'une part, que le maintien en détention du requérant sur une longue période (de 2005 à 2009), dans des conditions matérielles sévèrement critiquées par les autorités nationales, dont la Cour des comptes qui n'a pas hésité à les qualifier de conditions indignes, combinées à la rudesse du milieu carcéral a entravé le traitement médical que l'état psychiatrique du requérant exigeait et lui a infligé une épreuve d'une intensité qui excède le niveau inévitable de souffrance inhérent à la détention et que, d'autre part, l'alternance des soins, en prison et dans un établissement spécialisé, et de l'incarcération faisait manifestement obstacle à la stabilisation de l'état de l'intéressé, démontrant ainsi son incapacité à la détention au regard du présent art. • CEDH 23 févr. 2012, *G. c/ France,* n° 27244/09 § 78 à 80 : *RFDA 2013. 576, chron. Labaye et Sudre ; D. 2012. 742, obs. Bachelet ; ibid. 1294, obs. Céré, Herzog-Evans et Péchillon ; AJ pénal 2012. 357, obs. Céré ; RDSS 2012. 678, note Hennion-Jacquet ; RSC 2012. 683, obs. Roets ; ibid. 693, obs. Roets .*

74. Le suicide ou la mort d'un détenu peut constituer une violation par l'État défendeur du présent art. • CEDH 11 juill. 2006, *Rivière c/ France,* n° 33384/03 § 73. ♦ Le fait que l'état de K. n'ait pas été surveillé de manière effective et que son état ait été apprécié et son traitement défini sans que soient consultés des spécialistes en psychiatrie est constitutif de graves lacunes dans les soins médicaux prodigués à un malade mental dont on connaissait les tendances suicidaires. • CEDH 3 avr. 2001, *Keenan c/ Royaume-Uni,* n° 27229/95 § 116.

75. Grève de la faim. L'alimentation forcée d'un détenu en grève de la faim, s'agissant d'une mesure dictée par une nécessité thérapeutique selon les conceptions médicales établies, ne saurait en principe passer pour inhumaine ou dégradante, moyennant le respect de certaines conditions. La Cour doit tout d'abord s'assurer que la nécessité médicale a été démontrée de manière convaincante. Il lui incombe ensuite de vérifier qu'il existe des garanties procédurales accompagnant la décision d'alimentation de force et que celles-ci ont en l'espèce été respectées. Enfin, la manière dont un requérant est alimenté de force pendant sa grève de la faim ne doit pas représenter un traitement dépassant le seuil minimal de gravité exigé par le présent art. • CEDH 5 avr. 2005, *Nevmerjitski c/ Ukraine,* n° 54825/00 § 94 • CEDH, décis., 26 mars 2013, *Rappaz c/ Suisse,* n° 73175/10 § 65.

3° CONDITIONS DE DÉTENTION

a. Principe

76. Principe. Le présent art. impose à l'État de s'assurer que tout prisonnier est détenu dans des conditions qui sont compatibles avec le respect de la dignité humaine, que les modalités d'exécution de la mesure ne soumettent pas l'intéressé à une détresse ou à une épreuve d'une intensité qui excède le niveau inévitable de souffrance inhérent à la détention et que, eu égard aux exigences pratiques de l'emprisonnement, la santé et le bien-être du prisonnier sont assurés de manière adéquate. • CEDH, gr. ch., 26 oct. 2000, *Kudla c/ Pologne,* n° 30210/96 § 94 : *préc. note 66* • CEDH 15 juill. 2002, *Russie,* n° 47095/99 § 95 • CEDH 30 janv. 2009, *Pologne,* n° 28300/06 § 86 • CEDH 20 janv. 2011, *Payet c/ France,* n° 19606/08 § 55 : *préc. note 19* • CEDH 23 juill. 2013, *Turquie,* n° 19866/04 § 88. ♦ Lorsqu'on évalue les conditions de détention, il y a lieu de prendre en compte leurs effets cumulatifs ainsi que les allégations spécifiques du requérant. • CEDH 6 mars 2001, *Grèce,* n° 40907/98 § 46 • CEDH 15 juill. 2002, *Russie,* n° 47095/99 § 95 • CEDH 29 avr. 2009, *Ukraine,* n° 38812/97 § 133 • CEDH 20 janv. 2011, *Payet c/ France,* n° 19606/08 § 79 : *préc. note 19* • CEDH 17 janv. 2012, *Bulgarie,* n° 36760/06 § 205 • CEDH 8 janv. 2013, *Torreggiani et a. c/ Italie,* n° 43517/09 § 65 : *AJDA 2013. 1803, chron. Burgogue-Larsen ; D. 2013. 1304, obs. Céré, M. Herzog-Evans et Péchillon ; AJ pénal 2013. 361, obs. Péchillon .* ♦ V. sur les conditions de détention de migrants dont l'asile a été refusé. • CEDH 30 juill. 2015, *Grèce,* n° 74308/10. ♦ V. pour de mauvais traitement infligé à des détenus. • CEDH 26 oct. 2017, *Cirino et Renne c/ Italie,* n° 2539/13 § 78 s. : *préc. note 12.*

77. Dans des affaires où la surpopulation n'était pas importante au point de soulever à elle seule un problème sous l'angle du présent art., d'autres aspects des conditions de détention sont à prendre en compte dans l'examen du respect de cette disposition. Parmi ces éléments figurent la possibilité d'utiliser les toilettes de manière privée, l'existence d'un système d'aération, l'accès à la lumière et à l'air naturels, la qualité du chauffage et le respect des exigences sanitaires de base. • CEDH 2 mai 2013, *Chkhartishvili c/ Grèce,* n° 22910/10 § 56.

78. Un facteur important à prendre en compte, outre les conditions matérielles de détention, est le régime de détention. Pour apprécier si un régime restrictif peut soulever un problème au regard du présent art. dans une affaire donnée, il y a lieu d'avoir égard aux conditions particulières de l'espèce, à la sévérité du régime, à sa durée, à l'objectif qu'il poursuit et à ses effets sur la personne concernée. • CEDH, décis., 8 juin 1999, *Messina c/ Italie,* n° 25498/94 • CEDH 4 févr. 2003, *Van der Ven c/ Pays-Bas,* n° 50901/99 § 51 • CEDH 18 janv. 2005, *Kehayov c/ Bulgarie,* n° 41035/98 § 65. ♦ ... Et ce nonobstant les problèmes logistiques et financiers. • CEDH 27 mars 2008, *Choukhovoi c/ Russie,* n° 63955/00 § 31 • CEDH 10 mai 2007, *Benediktov c/ Russie,* n° 106/02 § 37 : *préc. note 29.*

79. Dès lors qu'en décrivant de manière crédible et raisonnablement détaillée les conditions de sa détention supposément dégradantes, le requérant est parvenu à établir un commencement de preuve d'un mauvais traitement, la charge de la preuve est transférée au Gouvernement défendeur à qui il revient de produire des documents détaillant les conditions de détention de l'intéressé, étant entendu que la Cour tient également compte, dans son office, des informations pertinentes émanant d'autres organes internationaux ou nationaux. • CEDH, gr. ch., 20 oct. 2016, *Mursic c/ Croatie*, n° 7334/13 § 128 : *AJDA 2014. 157, chron. Burgorgue-Larsen ; AJ pénal 2017. 47, obs. Robert ; ibid. 2017. 47, obs. Robert ; D. 2015. 866, obs. Falxa ; ibid. 1122, obs. Céré, Herzog-Evans et Péchillon ; JCP Adm. 2016. 880.*

80. Un recours exclusivement indemnitaire ne saurait être considéré comme suffisant s'agissant de conditions d'internement ou de détention prétendument contraires à l'art. 3, dans la mesure où il n'a pas un effet « préventif » – en ce sens qu'il n'est pas à même d'empêcher la continuation de la violation alléguée ou de permettre aux détenus d'obtenir une amélioration de leurs conditions matérielles de détention. • CEDH 22 oct. 2010, *Norbert Sikorski c/ Pologne*, n° 17599/05 § 116 • CEDH 12 déc. 2013, *Khuroshvili c/ Grèce*, n° 58165/10 § 68 : *AJDA 2014. 147, chron. Burgorgue-Larsen .*

b. Généralités

1. Surpeuplement carcéral

81. La surpopulation carcérale pose en elle-même un problème sous l'angle du présent art. • CEDH 10 janv. 2012, *Ananyev et a. c/ Russie*, n° 42525/07 § 143 : *D. 2013. 201, obs. Renucci et Fricero* • CEDH 15 juill. 2002, *Kalachnikov c/ Russie*, n° 47095/99 § 97. ♦ ... Y compris lorsqu'il s'agit de détention dans un commissariat d'étrangers en voie d'expulsion ou dans les locaux de la police des frontières. • CEDH 13 juin 2013, *A. F. c/ Grèce*, n° 53709/11 § 76 • CEDH 25 sept. 2012, *Bygylashvili c/ Grèce*, n° 58164/10 • CEDH 1er août 2013, *Horshill c/ Grèce*, n° 70427/11 § 50. ♦ Cependant, la Cour ne saurait donner la mesure, de manière précise et définitive, de l'espace personnel qui doit être octroyé à chaque détenu aux termes de la Convention, cette question pouvant dépendre de nombreux facteurs, tels que la durée de la privation de liberté, les possibilités d'accès à la promenade en plein air ou la condition mentale et physique du prisonnier. • CEDH 4 déc. 2012, *Tzamalis c/ Grèce*, n° 15894/09 § 38. ♦ L'exiguïté extrême dans une cellule de prison est un aspect particulièrement important qui doit être pris en compte afin d'établir si les conditions de détention litigieuses étaient « dégradantes » au sens du présent art. • CEDH, gr. ch., 3 juill. 2014, *Géorgie c/ Russie*, n° 13255/07 § 200.

82. Constituent un traitement dégradant : la détention d'une personne dans une cellule surpeuplée et sale, aux conditions d'hygiène et de couchage médiocres, sans air frais ni lumière du jour et rarement eau chaude. En outre, il n'y avait pas de cour où prendre de l'exercice et le requérant n'arrivait pas même à lire, tant sa cellule était surpeuplée. • CEDH 6 mars 2001, *Dougoz c/ Grèce*, n° 40907/98 § 45. ♦ ... La détention avec un codétenu dans une cellule réduite conduisant à ce que, pendant la majeure partie du temps où la porte était fermée à clé, le requérant devait rester sur son lit et utiliser des toilettes sans siège et non cloisonnées. En outre, la cellule n'était pas aérée, puisqu'il n'y avait pas d'autre ouverture qu'un judas dans la porte alors que la chaleur dans les cellules du quartier d'isolement était excessive. Aucune mesure n'a été prise par les autorités pour améliorer cette situation. • CEDH 19 avr. 2001, *Peers c/ Grèce*, n° 28524/95 § 72 et 73 : *préc. note 19.* ♦ ... Les conditions de détention, en particulier la surpopulation et le manque d'accès à l'hygiène ou autres installations appropriées à la santé du requérant. • CEDH 6 déc. 2007, *Bragadireanu c/ Roumanie*, n° 22088/04 § 97. ♦ ... La détention dans des cellules surpeuplées et sans système de ventilation pendant plus de deux ans. • CEDH 10 févr. 2011, *Kharchenko c/ Ukraine*, n° 40107/02 § 54. ♦ ... Le fait pour des détenus dont le requérant de passer vingt-trois heures par jour dans une cellule surpeuplée et de devoir dormir à tour de rôle, compte tenu de l'absence d'emplacements individuels. • CEDH, gr. ch., 22 mai 2012, *Idalov c/ Russie*, n° 5826/03 § 101 : *RSC 2012. 687, obs. Marguénaud .*

83. Lorsque la surpopulation carcérale atteint un certain niveau, le manque d'espace dans un établissement pénitentiaire peut constituer l'élément central à prendre en compte dans l'appréciation de la conformité d'une situation donnée au présent art. • CEDH 4 avr. 2005, *Karalevicius c/ Lituanie*, n° 53254/99 § 39 • CEDH 8 janv. 2013, *Torreggiani et a. c/ Italie*, n° 43517/09 § 67 : *préc. note 76.*

84. Dès lors qu'elle a été confrontée à des cas de surpopulation sévère, la Cour a jugé que cet élément, à lui seul, suffit pour conclure à la violation du présent art. • CEDH 21 juin 2007, *Kantyrev c/ Russie*, n° 37213/02 § 50 • CEDH 4 mai 2006, *Kadiris c/ Lettonie (n° 2)*, n° 62393/00 § 54 • CEDH 16 juill. 2009, *Sulejmanovic c/ Italie*, n° 22635/03 § 43. ♦ Si le fait que l'espace personnel dont dispose un détenu soit inférieur à 3 m² dans une cellule collective fait naître une forte présomption de violation du présent art., il appartient au Gouvernement de prouver que tel n'est pas le cas. Doivent dans ce cas être réunis tous les facteurs suivants : 1) les réductions de l'espace personnel par rapport au minimum requis de 3 m² sont courtes, occasionnelles et mineures ; 2) elles s'accompagnent d'une liberté de circulation suffisante hors de la cellule et d'activités hors cellule adéquates ; 3) le requérant est incarcéré dans un établissement offrant, de manière générale, des conditions de détention décentes, et il n'est pas soumis à d'autres éléments considérés comme des circonstances aggravantes de mauvaises conditions de détention. Lorsqu'un détenu dispose dans la cellule d'un espace personnel compris entre 3 et 4 m², le facteur spatial demeure un élément de poids dans l'appréciation que fait la Cour du caractère adéquat ou non des conditions de détention. En pareil cas, elle conclura à la violation du présent art. si le manque d'espace s'accompagne d'autres mauvaises conditions matérielles de détention, notamment d'un défaut d'accès à la cour de promenade ou à l'air et à la lumière naturels, d'une mauvaise aération, d'une température insuffisante ou trop élevée dans les locaux, d'une absence d'intimité aux toilettes ou de mauvaises conditions sanitaires et hygiéniques. • CEDH, gr. ch., 20 oct. 2016, *Mursic c/ Croatie,* n° 7334/13 § 137 à 139 : *AJDA 2014. 157, chron. Burgorgue-Larsen ; AJ pénal 2017. 47, obs. A.-G. Robert ; D. 2015. 866, obs. Falxa ; ibid. 1122, obs. Céré, Herzog-Evans et Péchillon ; AJ pénal 2015. 415, note Robert ; JCP Adm. 2016. 880.* ♦ Lorsque des détenus partagent une cellule sur-occupée, l'exigence de protection de leur intimité s'oppose à ce que des motifs de sécurité puissent justifier l'absence de cloisonnement complet des sanitaires, en particulier des toilettes, sachant que le cloisonnement partiel des WC constitue par ailleurs un facteur aggravant du manque d'espace subi par les détenus. • CEDH 30 janv. 2020, *J.M.B. c/ France,* n° 9671/15 § 261 : *AJDA 2020. 263 ; ibid. 1064, note Avvenire ; D. 2020. 753, note Renucci ; ibid. 1195, obs. Céré, Falxa et Herzog-Evans ; ibid. 1643, obs. Pradel ; JA 2020, n° 614, p. 11, obs. Giraud.*

85. En l'absence de tout document prouvant le contraire et compte tenu de la situation de surpeuplement généralisé à la prison de P., la Cour n'a aucune raison de douter des allégations des requérants selon lesquels ils disposaient d'un espace vital individuel de 3 m² par ailleurs encore restreint par la présence de mobilier dans les cellules. Ils n'ont pas bénéficié d'un espace de vie conforme aux critères que la Cour a jugés acceptables par sa jurisprudence. Ce manque d'espace sévère, qui représente en soi un traitement contraire à la Conv. EDH, semble avoir été encore aggravé par d'autres traitements allégués par les intéressés (manque d'eau chaude dans les deux établissements pendant de longues périodes, éclairage et ventilation insuffisants dans les cellules), qui n'ont pas manqué d'engendrer chez les requérants une souffrance supplémentaire, bien que ne constituant pas en soi un traitement inhumain et dégradant. Même si rien n'indique qu'il y a eu intention d'humilier ou de rabaisser les requérants, la Cour estime que les conditions de détention en cause, compte tenu également de la durée d'incarcération des requérants, ont soumis les intéressés à une épreuve d'une intensité qui excédait le niveau inévitable de souffrance inhérent à la détention. • CEDH 8 janv. 2013, *Torreggiani et a. c/ Italie,* n° 43517/09 § 75 à 78 : *préc. note 76.* ♦ Cette affaire a, compte tenu du caractère structurel du problème identifié, donné lieu à un « arrêt pilote ». • CEDH 8 janv. 2013, *Torreggiani et a. c/ Italie,* n° 43517/09 § 90 : *préc. note 76.* ♦ V. pour un espace individuel de 2 m². • CEDH 9 juill. 2013, *Ciobanu c/ Roumanie et Italie,* n° 4509/08 § 44. ♦ Rappr. s'agissant de la Belgique : • CEDH 25 nov. 2014, *Vasilescu c/ Belgique,* n° 64682/12 : *AJDA 2015. 150, chron. Burgorgue-Larsen.* ♦ Dans des conditions voisines, l'effet cumulé de la promiscuité et des manquements aux règles d'hygiène a provoqué chez le requérant des sentiments de désespoir et d'infériorité propres à l'humilier et à le rabaisser s'analysant en un traitement dégradant. • CEDH 25 avr. 2013, *Canali c/ France,* n° 40119/09 § 53 : *D. 2013. 1138, obs. Lena.*

2. État des cellules

86. Constituent un traitement dégradant : la détention d'une personne dans des locaux très dégradés, très sales, partiellement inondés en cas de pluie, les cellules elles-mêmes, selon les dires du requérant confirmés par un rapport parlementaire, ne laissant qu'un espace vital de 4,15 m² environ ; le sentiment d'oppression y était accentué par l'absence d'ouverture extérieure donnant à l'air libre et un éclairage électrique insuffisant à compenser le manque de lumière naturelle pour lire ou écrire. Par ailleurs, le détenu ne pouvait sortir de sa cellule qu'une heure par jour pour une promenade qui, compte tenu de la configuration des lieux, ne lui permettait pas de faire de l'exercice physique. • CEDH 20 janv. 2011, *Payet c/ France,* n° 19606/08 § 80, 83 et 85 : *préc. note 19* • CEDH 31 mai 2011, *Khodorkovskiy c/ Russie,* n° 5829/04 § 117 • CEDH 10 janv. 2012, *Ananyev et a. c/ Russie,* n° 42525/07 § 161 s. : *préc. note 81* (affaire ayant donné lieu à un « arrêt pilote »). • CEDH, gr. ch., 3 juill. 2014, *Géorgie c/ Russie,* n° 13255/07 § 203 s. ♦ ... La détention d'une personne, 23 heures sur 24, dans une cellule incendiée peu de temps auparavant et dans laquelle une forte odeur de brûlé persistait plusieurs semaines après l'incendie, et ce alors que les autorités administratives étaient parfaitement conscientes de la situation. • CEDH 10 nov. 2011, *Plathey c/ France,* n° 48337/09 § 55 et 56 : *préc. note 49.* ♦ V. également la plupart des affaires mentionnées au titre du surpeuplement carcéral. ♦ V. encore, à titre d'exemple : • CEDH 12 déc. 2013, *Khuroshvili c/ Grèce,* n° 58165/10 § 88 : *préc. note 86.*

3. Vie quotidienne

87. Constituent des traitements dégradants : ... le fait de maintenir les requérants en détention pendant plus de dix jours dans des conditions impliquant une absence totale de prise en charge de leurs besoins essentiels. Le fait que des personnes travaillant en zone de transit ont subvenu à certains des besoins des requérants n'enlève rien à la situation totalement inacceptable que les intéressés ont manifestement dû endurer. • CEDH 24 janv. 2008, *Riad et Idiab c/ Belgique,* n° 29787/03 § 106 s. : *préc. note 63.* ♦ ... Le fait que le requérant ne disposait ni de lit ni de couchette individuelle et qu'il était, en revanche, contraint de partager avec ses codétenus une plate-forme en bois ; cette couchette commune était dépourvue de literie, de sorte que les détenus dormaient habillés à même les planches. • CEDH 4 mai 2006, *Kadiris c/ Lettonie (n° 2),* n° 62393/00 § 54. ♦ ... Le fait de priver le requérant de tout contact avec d'autres détenus et de toute activité sociale ; absence de la promenade en plein air et sortie de sa cellule uniquement pour s'entretenir avec son avocat ou pour assister aux audiences qui se tenaient périodiquement, environ tous les mois au prétexte qu'il y avait lieu de craindre qu'il ne subisse une grave atteinte à son intégrité physique du fait de son homosexualité. • CEDH 9 oct. 2012, *X. c/ Turquie,* n° 24626/09 § 51 : *RD publ. 2013. 730, chron. Sudre.*

88. Les autorités nationales ayant l'obligation d'assurer la santé et le bien-être général d'un détenu, cela implique, entre autres, l'obligation de le nourrir convenablement. Or, en l'espèce, pendant sa détention, le requérant ne recevait qu'un seul repas complet par jour et ne bénéficiait ni de petit déjeuner le matin, ni de dîner le soir. Le Gouvernement affirme que les détenus recevaient au surplus du pain pour tout le reste de la journée ; toutefois, la Cour doute fort que cela puisse être jugé suffisant pour subvenir aux besoins essentiels de l'organisme pendant quinze jours. A cet égard, il y a lieu de noter que toute réception, par les détenus, de produits alimentaires de l'extérieur était interdite. Enfin, la Cour relève l'absence d'eau potable et, plus généralement, d'eau courante dans la cellule du requérant. Il apparaît en effet que celui-ci ne pouvait accéder à l'eau *potable qu'à l'occasion de ses sorties aux* toilettes ou aux lavabos, et ce, nonobstant la chaleur dont il affirme avoir souffert. • CEDH 4 mai 2006, *Kadiris c/ Lettonie (n° 2),* n° 62393/00 § 55.

89. Le régime afférent à la possibilité de loisirs et à la restauration dans les locaux de police où la requérante a été détenue pendant six mois pose en soi problème au regard du présent art. En particulier, l'impossibilité de se promener ou de pratiquer une activité en plein air risquait de faire naître chez la requérante un sentiment d'isolement par rapport au monde extérieur, avec des conséquences potentiellement négatives sur son bien-être physique et moral. • CEDH 26 nov. 2009, *Tabesh c/ Grèce,* n° 8256/07 § 43 • CEDH 21 juin 2011, *Efremidzi c/ Grèce,* n° 33225/08 § 39 • CEDH 2 mai 2013, *Chkhartishvili c/ Grèce,* n° 22910/10 § 60.

c. Détenus présentant des caractéristiques particulières

1. Prise en compte de l'âge et de l'état de santé

90. La prise en compte de l'état de santé n'impose pas que les détenus malades soient systématiquement libérés ou transférés vers un établissement de soins. • CEDH 14 nov. 2002, *Mouisel c/ France,* n° 67263/01 § 40 : *préc. note 65* • CEDH 14 déc. 2004, *Gelfmann c/ France,* n° 25875/03 § 59 : *AJ pénal 2005. 33, obs. Thierry ; RSC 2005. 630, obs. Massias ; RD publ. 2005. 755, obs. Sudre et Gonzalez.* ♦ Il en va de même de l'âge du détenu même si, dans certaines conditions, le maintien en détention pour une période prolongée d'une personne d'un âge avancé pourrait poser problème sous l'angle du présent art. • CEDH, décis., 7 déc. 2001, *Papon c/ France,* n° 64666/01 : *D. 2001. 2335, note Céré ; D. 2002. 683, obs. Renucci .* ♦ En l'espèce, ni l'âge ni l'état de santé du détenu ne saurait être considéré comme critique aux fins de détention. • CEDH 13 janv. 2011, *Haidn c/ Allemagne,* n° 6587/04 § 108. ♦ De même, ne tombe pas sous le coup du présent art. la condamnation d'un requérant à 1 an et 10 mois de prison pour incitation à la haine raciale même si ce requérant est âgé de 80 ans dès lors qu'il n'allègue pas de son état de santé pour justifier d'une mesure de clémence. • Comm. EDH 6 sept. 1995, *Remer c/ Allemagne,* n° 25096/94. ♦ Cela peut impliquer l'obligation, à la charge de l'État, de prendre des mesures afin de protéger un détenu contre les effets nocifs du tabagisme passif lorsque, au vu des examens médicaux et des recommandations des médecins traitants, son état de santé l'exige. • CEDH 25 janv. 2011, *Elefteriadis c/ Roumanie,* n° 38427/05 § 48 : *D. 2011. 1306, obs. Céré, Herzog-Evans et Péchillon ; RFDA 2012. 455, chron. Labayle et Sudre ; RSC 2011. 705, obs. Marguénaud ; RD publ. 2012. 796, chron. Sudre.*

91. Sur la question des soins, V. note 65.

2. Malades

92. La détention d'une personne malade dans des conditions matérielles et médicales inappropriées peut en principe constituer un traitement contraire au présent art. Pour le déterminer, il convient de prendre en compte : l'état de santé de l'intéressé et l'effet des modalités d'exécution de la détention sur son évolution ; le caractère adéquat ou non des soins et traitements médicaux dispensés en détention ; l'opportunité du maintien en détention de l'intéressé compte tenu de son état de santé. • CEDH 5 mars 2013, *Turquie,* n° 44084/10 § 102 • CEDH 28 nov. 2017, *Dorneanu c/ Roumanie,* n° 55089/13 § 78 à 80 : *AJDA 2018. 150, chron Burgorgue-Larsen* .

93. Est également un traitement tombant sous le coup du présent art. : ... le maintien en détention, surtout à partir du mois de juin 2000, d'un malade cancéreux dès lors qu'il a constitué une épreuve particulièrement pénible et causé une souffrance allant au-delà de celle que comportent inévitablement une peine d'emprisonnement et un traitement anticancéreux. • CEDH 14 nov. 2002, *Mouisel c/ France,* n° 67263/01 § 48 : *préc. note 65.* ♦ ... La détention d'un malade lorqu'il apparaît que la nourriture n'était pas suffisante et était de mauvaise qualité ; que le bâtiment n'était pas suffisamment chauffé et que, en hiver, le requérant devait se coucher avec son manteau. Il pouvait prendre une douche une fois par semaine dans une salle de bains insalubre et délabrée. Les toilettes étaient dans un état déplorable et, de plus, il était dangereux d'y accéder. Enfin, le foyer échangeait les habits entre les pensionnaires après lavage, ce qui était de nature à créer un sentiment d'infériorité chez eux. • CEDH, gr. ch., 17 janv. 2012, *Bulgarie,* n° 36760/06 § 209.

94. Leurs problèmes de santé mentale n'ont pas empêché la rétention des requérants dans des prisons de haute sécurité au Royaume-Uni et, selon la déclaration du médecin, il n'apparaîtrait pas que les services psychiatriques qui sont disponibles dans la prison où ils doivent être transférés seraient incapables de traiter leurs affections. En conséquence leur extradition et leur incarcération dans cette prison ne violent pas le présent art. • CEDH 10 avr. 2012, *Royaume-Uni,* n° 24027/07 § 222. ♦ A l'inverse, au vu des pièces médicales produites, il y a un risque réel que l'extradition de A. vers les États-Unis, pays où il n'a aucune attache et où *il connaîtrait un environnement carcéral* différent et peut-être plus hostile, aggrave significativement son état de santé physique et mental, ce qui constituerait un traitement contraire au présent art. • CEDH 16 avr. 2013, *Royaume-Uni,* n° 17299/12 § 58 : *D. 2013. 1065* .

95. La Convention ne garantit pas aux patients privés de liberté le droit d'être soignés par un personnel parlant leur langue, quand bien même il s'agirait d'une langue officielle de l'État. Néanmoins, au regard de l'exigence de la disponibilité ou de l'administration de soins appropriés en matière psychiatrique, « l'élément purement linguistique pourrait s'avérer décisif » en l'absence d'autres éléments permettant de compenser le défaut de communication et en cas coopération de la personne concernée. • CEDH, gr. ch., 31 janv. 2019, *Rooman c/ Belgique,* n° 18052/11 § 151 : *D. 2019. 524, note Sferlazzo-Boubli* . ♦ En l'absence de personnel parlant la langue de l'interné, le défaut de soins psychiatriques prodigués à ce dernier durant treize années est jugé contraire à l'art. 3. • Même arrêt, § 157. ♦ Tel ne sera pas le cas si l'intéressé dédaigne les mesures concrètes prises par l'État pour permettre la communication, telles que le recours à un interprète et à des spécialistes parlant la langue concernée • Même arrêt, § 166 : *préc.*

96. Pour d'autres ex. de soins non satisfaisants : • CEDH 19 févr. 2015, *Helhal c/ France,* n° 10401/12 § 58 : *préc. note 65* • CEDH, gr. ch., 23 févr. 2016, *Mozer c/ Moldova et Russie,* n° 11138/10 § 177 s. • CEDH, gr. ch., 23 mars 2016, *Blokhin c/ Russie,* n° 47152/06 § 141 (s'agissant qui plus est d'un mineur dont le dossier individuel tenu par le centre de détention a été détruit) • CEDH 23 mars 2016, *Grèce,* n° 48475/09 § 56 s. (impossibilité de prendre une douche et de soigner ses blessures tout au long de sa détention) • CEDH, gr. ch., 26 avr. 2016, *Murray c/ Pays-Bas,* n° 10511/10 § 116 s. : *préc. note 42* (s'agissant d'un détenu à vie, malade mental). • CEDH 6 sept. 2016, *Belgique,* n° 73548/13 § 116 (détention du requérant depuis plus de neuf ans dans un environnement carcéral sans thérapie adaptée à son état de santé mentale et sans perspective de réinsertion). • CEDH 28 nov. 2017, *Dorneanu c/ Roumanie,* n° 55089/13 § 78 à 80 : *préc. note 92* (détention d'une personne en fin de vie subissant les effets d'un traitement médical lourd).

3. Handicapés

97. Généralités. Constitue un traitement dégradant la détention d'une personne gravement handicapée dans des conditions où elle souffre dangereusement du froid, risque d'avoir des lésions cutanées en raison de la dureté ou de l'inaccessibilité de son lit, et ne peut que très difficilement aller aux toilettes ou se laver. • CEDH 10 juill. 2001, *Price c/ Royaume-Uni,* n° 33394/96 § 30.

98. Dans un établissement où elle ne peut se déplacer et en particulier quitter sa cellule, par ses propres moyens, dès lors que, pour passer des portes, le requérant est contraint d'être porté pendant qu'une roue de son fauteuil est démontée, puis remontée après que le fauteuil a été passé par l'embrasure de la porte, constitue un « traitement dégradant ». • CEDH 24 oct. 2006, *Vincent c/ France,* n° 6253/03 § 102 et 103 : *D. 2007. 1229, obs. Céré, Herzog-*

Evans et Péchillon ; AJ pénal 2006. 500, note Céré ; RDSS 2007. 351, obs. Boujeka ; RSC 2007. 350, chron. Poncela ; JCP 307. 10007, note Thierry. ♦ V. pour un cas où le handicap du détenu a été pris en compte par des aménagements de la cellule. • CEDH 23 juill. 2013, *Urfi Cetinkaya c/ Turquie,* n° 19866/04 § 108.

99. L'assistance d'un codétenu, même volontaire, ne signifie pas que les besoins spéciaux du requérant sont satisfaits et que l'État s'est acquitté à cet égard des obligations vis-à-vis d'un détenu handicapé (l'accès aux douches et aux toilettes n'est pas adapté à l'utilisation d'un fauteuil roulant ; le requérant doit compter sur un détenu auxiliaire pour se laver et satisfaire ses besoins naturels). • CEDH 19 févr. 2015, *Helhal c/ France,* n° 10401/12 § 62 : *préc. note 65.*

4. Mineurs

100. Il en va de même : ... de la détention, même avec leurs parents, des enfants compte tenu de leur bas âge, de la durée de leur détention et de leur état de santé, diagnostiqué par des certificats médicaux pendant leur enfermement. • CEDH 19 janv. 2010, *Belgique,* n° 41442/07 § 63. ♦ ... De la détention d'un mineur dans des conditions qui, notamment en ce qui concerne l'hébergement, l'hygiène et l'infrastructure étaient si graves qu'elles portaient atteinte au sens même de la dignité humaine et, par conséquent, s'analysaient, en elles-mêmes et sans prendre en considération la durée de la détention, en un traitement dégradant. • CEDH 5 avr. 2011, *Grèce,* n° 8687/08 § 86 : *AJDA 2011. 1993, chron. Burgorgue-Larsen ; RFDA 2012. 455, chron. Labaye et Sudre ; RD publ. 2012. 800, chron. Sudre.* ♦ ... De la détention d'enfants, pendant 15 jours, dans un milieu d'adultes, confrontés à une forte présence policière, sans activités destinées à les occuper. Les conditions de détention, ajoutées à la détresse des parents, étaient manifestement inadaptées à leur âge. Les deux enfants, une fillette de 3 ans et un bébé, se trouvaient dans une situation de particulière vulnérabilité, accentuée par la situation d'enfermement. Ces conditions de vie ne pouvaient qu'engendrer pour eux une situation de stress et d'angoisse et avoir des conséquences particulièrement traumatisantes sur leur psychisme. • CEDH 19 janv. 2012, *Popov c/ France,* n° 39472/07 § 102 : *AJDA 2012. 127 ; D. 2012. 363, obs. Fleuriot ; ibid. 864, entretien Slama .* ♦ Rappr. • CEDH 12 juill. 2016, *France, n° 11593/12 § 110 s. : AJDA 2016. 1423 ; ibid. 1738, chron. Burgorgue-Larsen .* ♦ ... De la détention d'une enfant de 5 ans dans un centre initialement conçu pour adultes alors qu'elle était séparée de ses parents et ce, sans que quiconque ait été désigné pour s'en occuper et que des mesures d'encadrement et d'accompagnement psychologiques ou éducatives soient dispensées par un personnel qualifié, spécialement mandaté à cet effet. Cette situation a perduré pendant deux mois. • CEDH 12 oct. 2006, *Belgique,* n° 13178/03 § 50 : *préc. note 21.*

101. V. également note 96.

5. Migrants

102. La Cour prend en considération la situation particulière des migrants, notamment des demandeurs d'asile, lorsqu'elle est amenée à contrôler, à l'aune du présent art., les modalités d'exécution de la mesure de détention prise par les autorités nationales en vue de leur permettre de combattre l'immigration clandestine dans le respect de leurs engagements internationaux. • CEDH, gr. ch., 21 janv. 2011, *M.S.S. c/ Belgique et Grèce,* n° 30696/09 § 217 : *RFDA 2012. 455, chron. Labayle et Sudre ; AJDA 2011. 138 ; D. 2012. 390, obs. Boskovic, Corneloup, Jault-Seseke, Joubert et Parrot ; Constitutions 2011. 334, obs. Levade ; JCP Adm. 2011. 2367, note Marti* • CEDH, gr. ch., 15 déc. 2016, *Khlaifia et a. c/ Italie,* n° 16483/12 § 162. ♦ Emporte méconnaissance des normes minimales en matière de respect de la dignité humaine la situation d'une personne se trouvant contrainte, pendant plusieurs mois, de dormir à même le sol d'une zone de transit aéroportuaire constamment éclairée, bondée et bruyante, sans libre accès à des douches ni à des équipements de cuisine, sans aucune possibilité d'aller prendre l'air et sans pouvoir bénéficier de la moindre assistance médicale ou sociale. Ces conditions matérielles déplorables endurées sur des périodes longues (5 à 21 mois), combinées à l'absence totale de prise en charge par les autorités nationales, ne délivrant même pas, au mépris de la législation interne, d'attestation de mise à l'instruction de la demande d'asile des requérants, constituent un traitement dégradant contraire au présent art. • CEDH, gr. ch., 21 nov. 2019, *Russie,* n° 61411/15 § 191-195.

d. Éléments accessoires à la détention

1. Port des menottes

103. Le port des menottes ne pose normalement pas de problème au regard du présent art. lorsqu'il est lié à une détention légale et n'entraîne pas l'usage de la force, ni l'exposition publique, au-delà de ce qui est raisonnablement considéré comme nécessaire. A cet égard, il importe de tenir compte notamment du risque de fuite ou de blessure ou dommage. • CEDH 16 déc. 1997, *Raninen c/ Finlande,* n° 20972/92 § 56 : *préc. note 31.* ♦ En l'espèce, la Cour retient l'état de santé du requérant, le fait qu'il s'agit d'une hospitalisation, l'inconfort du déroulement d'une séance de chimiothérapie et la faiblesse physique de l'intéressé pour penser que le port des menottes était disproportionné au regard des nécessités de la sécurité. S'agissant de l'état de dangerosité du requérant, et nonobstant son passé judiciaire, elle note l'absence d'antécédents et de références faisant sérieusement craindre un risque important de fuite ou de violence. Il en va de même du fait que l'intéressé, malade cancéreux, fut enchaîné pendant ses transferts en milieu hospitalier même si cet enchaînement fut allégé au fur et à mesure que le port des entraves fut estimé contre-indiqué par les médecins. • CEDH 14 nov. 2002, *Mouisel c/ France,* n° 67263/01 § 46 et 47 : *préc. note 65.* ♦ L'état de dangerosité allégué ne saurait justifier le fait d'attacher le requérant à son lit d'hôpital la nuit précédant son opération chirurgicale, et ce d'autant plus que deux gardes restaient en faction devant la porte de sa chambre. • CEDH 27 nov. 2003, *Hénaf c/ France,* n° 65436/01 § 52 : *AJ pénal 2004. 78, obs. Céré ; D. 2004. Pan. 1102, obs. Péchillon ; D. 2004. 1196, note Roets.* ♦ Compte tenu de la peine encourue, du profil pénal du requérant et de ses antécédents de violence, la Cour estime que la mesure d'entrave, limitée à trois opérations de transfert à l'hôpital, était proportionnée au regard des nécessités de la sécurité. • CEDH 29 oct. 2009, *Paradysz c/ France,* n° 17020/05 § 95.

104. Les mesures de sécurité imposées au requérant lors des examens médicaux (port d'entraves et de menottes) combinées avec la présence du personnel pénitentiaire s'analysent en un traitement dépassant le seuil de gravité toléré par l'art. 3 de la Convention et constitue un traitement dégradant au sens de cette disposition. • CEDH 26 mai 2011, *Duval c/ France,* n° 19868/08 § 50 et 53 : *RSC 2011. 707, obs. Roets.*

2. Isolement

105. La Cour n'a jamais fixé de règles précises concernant l'opération de régime d'isolement. Elle n'a jamais indiqué une période de temps, au-delà de laquelle ce régime atteindrait le niveau minimal de gravité exigé pour constater une violation du présent art. Cependant, ce régime, même dans des affaires entraînant l'isolement relatif, ne peut pas être imposé à un prisonnier indéfiniment. • CEDH, gr. ch., 4 juill. 2006, *Ramirez-Sanchez c/ France,* n° 59450/00 § 136 et 145 : *préc. note 2* • CEDH 10 avr. 2012, *Babar Ahmad et a. c/ Royaume-Uni,* n° 24027/07 § 210.

106. L'isolement sensoriel complet, combiné à un isolement social total, peut détruire la personnalité et constitue une forme de traitement inhumain qui ne saurait se justifier par les exigences de la sécurité ou toute autre raison. Par contre, l'interdiction de contacts avec d'autres détenus pour des raisons de sécurité, de discipline et de protection ne constitue pas en elle-même une forme de peine ou traitement inhumains. • CEDH, décis., 8 juin 1999, *Messina c/ Italie,* n° 25498/94 • CEDH, décis., 25 juill. 2000, *Legret c/ France,* n° 42553/98 : *D. 2002. 110, note Céré.* ♦ En particulier, l'absence de contacts avec d'autres détenus pour des raisons de sécurité, de discipline et de protection ne constitue pas en lui-même une peine ou un traitement inhumains. • CEDH, gr. ch., 8 juill. 2004, *Ilascu et a. c/ Moldova et Russie,* n° 48787/99 § 432 : *préc. note 10.* ♦ V. déjà s'agissant de l'isolement d'un aliéné. • Comm. EDH 12 juill. 1984, *D. c/ Belgique,* n° 10448/83.

107. Il en va de même du fait d'infliger tardivement, à un détenu dépressif dont on connaissait les tendances suicidaires, une sanction disciplinaire lourde – 7 jours d'isolement dans le quartier disciplinaire et 28 jours de détention supplémentaires – 2 semaines après les faits et seulement 9 jours avant la date prévue pour sa sortie, ce qui était susceptible d'ébranler sa résistance physique et morale. • CEDH 3 avr. 2001, *Keenan c/ Royaume-Uni,* n° 27229/95 § 116. ♦ Alors qu'il faisait déjà l'objet de mesures de transferts réitérées, la mise à l'isolement pour une si longue période, combinée à la dégradation de l'état de santé psychologique et somatique du requérant, qui d'après les certificats médicaux serait imputable aux prolongations répétées de celle-ci, entre en ligne de compte pour apprécier si le seuil de gravité requis par le présent art. 3 a été atteint. • CEDH 9 juill. 2009, *Khider c/ France,* n° 39364/05 § 111 : *AJDA 2010. 994, étude Moliner-Dubost ; D. 2009. 2462, note Herzog-Evans ; ibid. 2825, obs. Roujou de Boubée, Garé et Mirabail ; ibid. 2010. 1376, obs. Céré, Herzog-Evans et Péchillon ; AJ pénal 2009. 372, obs. Herzog-Evans ; RSC 2010. 225, obs. Marguénaud ; ibid. 645, chron. Poncela ; RD publ. 2010. 864, obs. Levinet.* ♦ V. également pour une longue mise à l'isolement combinée à d'autres mesures spéciales de sécurité (menotter et enchaîner le requérant lorsqu'il quittait sa cellule), appliquées dans le cadre de la procédure quotidienne et indépendamment de tout comportement particulier. • CEDH 17 avr. 2012, *Piechowicz c/ Pologne,* n° 20071/07 § 166 s.

108. Compte tenu des conditions matérielles de sa détention, de son isolement « relatif », de la volonté des autorités de le placer dans des conditions de détention normales, de sa personnalité et de sa dangerosité, les conditions de détention du requérant n'ont pas atteint le seuil minimal de gravité nécessaire pour constituer un traitement inhumain. • CEDH, gr. ch., 4 juill. 2006, *Ramirez-Sanchez c/ France,* n° 59450/00 § 150 : *préc.*

note 2 • CEDH 10 avr. 2012, *Babar Ahmad et a. c/ Royaume-Uni,* n° 24027/07 § 222. ♦ V. également • CEDH, décis., 1er oct. 2013, *Khider c/ France,* n° 56054/12 § 46.

109. Pour d'autres exemples, V. • CEDH 18 mars 2014, *Ocalan c/ Turquie,* n° 24069/03 § 146 et 148 : *préc. note 38* (s'agissant d'un chef d'un mouvement armé séparatiste de grande ampleur considéré comme le terroriste le plus dangereux).

3. Mesures disciplinaires

110. Le requérant s'est vu infliger une sanction lourde, à savoir 45 jours de cellule disciplinaire, ce qui était susceptible d'ébranler sa résistance physique et morale. La Cour estime qu'une telle sanction n'est pas compatible avec le niveau de traitement exigé à l'égard d'un malade mental et que cette sanction constitue un traitement et une peine inhumains et dégradants. • CEDH 16 oct. 2008, *Renolde c/ France,* n° 5608/05 § 120 : *AJDA 2008. 1983* ; *D. 2008. 2723, obs. Léna* ; *ibid. 2009. 123, obs. Roujou de Boubée, Garé et Mirabail* ; *ibid. 1376, obs. Céré, Herzog-Evans et Péchillon* ; *GADS 2010, n° 28* ; *AJ pénal 2009. 41, obs. Céré* ; *RDSS 2009. 363, obs. Hennion-Jacquet* ; *RSC 2009. 173, obs. Marguénaud* ; *ibid. 431, chron. Poncela* .

111. A l'inverse, ne constitue pas un tel traitement une peine de cellule disciplinaire courte pour un détenu en possession d'un téléphone portable. • CEDH, décis., 18 sept. 2018, *France,* n° 65089/13 : *AJ pénal 2018. 591, obs. Falxa* ; *JCP Adm. 2018. 810.*

4. Fouilles

112. Si des fouilles corporelles peuvent parfois se révéler nécessaires pour assurer la sécurité dans une prison, défendre l'ordre ou prévenir les infractions pénales, elles doivent être menées selon les modalités adéquates. Même isolée, une fouille corporelle peut s'analyser en un traitement dégradant eu égard à la manière dont elle est pratiquée, aux objectifs d'humiliation et d'avilissement qu'elle peut poursuivre et à son caractère injustifié. • CEDH 15 nov. 2001, *Iwanczuk c/ Pologne,* n° 25196/94 § 59.

113. Obliger le requérant à se dévêtir totalement en présence d'une femme puis toucher avec des mains nues ses organes génitaux et la nourriture reçue démontrent un manque évident de respect pour l'intéressé qui a subi une réelle atteinte à sa dignité. Il a dû éprouver des sentiments d'angoisse et d'infériorité, sources d'humiliation et de vexation. • CEDH 24 juill. 2001, *Valasinas c/ Lituanie,* n° 4558/98 § 117 : *JCP 2002. I. 105, chron. Sudre.* ♦ La fouille à corps telle qu'elle était pratiquée au sein de l'EBI obligeait le requérant à se déshabiller en présence d'agents pénitentiaires et à se soumettre à une inspection rectale qui le contraignait à adopter des positions embarrassantes ; la pratique des fouilles à corps hebdomadaires, qui fut imposée au requérant pendant une période d'environ 3 ans et demi, alors qu'il n'y avait pour cela aucun impératif de sécurité convaincant, a porté atteinte à sa dignité humaine et a dû provoquer chez lui des sentiments d'angoisse et d'infériorité de nature à l'humilier et à le rabaisser. • CEDH 4 févr. 2003, *Van der Ven c/ Pays-Bas,* n° 50901/99 § 58 et 62. ♦ Le requérant a été confronté à des inspections anales dans un seul des nombreux établissements qu'il a fréquentés, la maison d'arrêt de Fresnes. Le Gouvernement ne prétend pas que, dans les circonstances particulières dans lesquelles elles s'inscrivaient, chacune de ces mesures reposait sur des soupçons concrets et sérieux que le requérant dissimulait dans son anus des « objets ou substances prohibés » ; il n'allègue pas même qu'un changement de comportement du requérant le rendait particulièrement suspect à cet égard. Il ressort en fait que, dans cet établissement, soumis à la fouille après chaque parloir, les détenus se voyaient systématiquement ordonner de « se pencher et tousser ». Autrement dit, il y avait dans cet établissement une présomption que tout détenu revenant du parloir dissimulait de tels objets ou substances dans les parties les plus intimes de son corps. Les fouilles intégrales que le requérant a subies alors qu'il était détenu à la maison d'arrêt de Fresnes s'analysent en un traitement dégradant. • CEDH 12 juin 2007, *Frérot c/ France,* n° 70204/01 § 47 et 48 : *préc. note 5.* ♦ Le caractère répété de ces fouilles, combiné avec le caractère strict des conditions de détention dont le requérant se plaint, ne paraît pas être justifié par un impératif convaincant de sécurité, de défense de l'ordre ou de prévention des infractions pénales et est, de l'avis de la Cour, de nature à créer en lui le sentiment d'avoir été victime de mesures arbitraires. • CEDH 9 juill. 2009, *Khider c/ France,* n° 39364/05 § 111 : *préc. note 107.* ♦ Les fouilles intégrales dont a fait l'objet le requérant pratiquées dans de telles conditions et de manière répétée, plusieurs fois par jour à tout le moins la première semaine du procès, ne reposent pas, comme il se doit, sur un impératif convaincant de sécurité, de défense de l'ordre ou de prévention des infractions pénales. Bien que ces fouilles se soient déroulées sur une courte période, elles ont pu provoquer chez le requérant un sentiment d'arbitraire, d'infériorité et d'angoisse caractérisant un degré d'humiliation dépassant celui – tolérable parce que inéluctable – que comporte inévitablement la fouille corporelle des détenus. • CEDH 20 janv. 2011, *El Shennawy c/ France,* n° 51246/08 § 46 : *AJDA 2011. 133* ; *ibid. 1993, chron. Burgorgue-Larsen* ; *RFDA 2012. 455, chron.*

Labayle et Sudre ; D. 2011. 1306, obs. Céré, Herzog-Evans et Péchillon ; AJ pénal 2011. 88, note Herzog-Evans ; RSC 2011. 704, obs. Roets .

5. Transfèrements

114. Un nombre si élevé de transferts du requérant pendant son incarcération (17 en 7 ans), même s'ils ont eu lieu dans des prisons de la région parisienne, était de nature à créer chez lui un sentiment d'angoisse aigu quant à son adaptation dans les différents lieux de détention et la possibilité de continuer de recevoir les visites de sa famille, et rendait quasi impossible la mise en place d'un suivi médical cohérent sur le plan psychologique. • CEDH 9 juill. 2009, *Khider c/ France,* n° 39364/05 § 111 : *préc. note 107.* ♦ Ces transfèrements peuvent être justifiés par des actions répétées et violentes du requérant et sont dès lors motivés par des raisons pratiques et non par la volonté de l'humilier. • CEDH, décis., 1er oct. 2013, *Khider c/ France,* n° 56054/12 § 37. ♦ Il en va de même s'ils ménagent un juste équilibre entre les impératifs de sécurité et l'exigence d'assurer au détenu des conditions humaines de détention, lesquelles, dans le cas présent, n'ont pas atteint le seuil minimal de gravité nécessaire pour constituer un traitement inhumain. • CEDH 20 janv. 2011, *Payet c/ France,* n° 19606/08 § 64 : *préc. note 19.* ♦ Même s'il n'avait pas pour but d'humilier, un transfèrement de près de quatre heures durant lequel le détenu n'est revêtu que d'un tee-shirt et muni d'un drap pour tenter de dissimuler sa nudité constitue un grave manque de respect pour sa dignité humaine tombant sous le coup de l'interdiction énoncée au présent art. • CEDH 5 déc. 2019, *J. M. c/ France,* n° 71670/14 § 99 : *AJDA 2020. 160, chron. Burgorgue-Larsen ; D. 2020. 644, note Caire ; AJ pénal 2020. 41, obs. Dominati .*

115. Compte tenu de la superficie totale des compartiments du fourgon il n'est pas concevable que trente-six personnes ou vingt-cinq personnes aient pu être convenablement assises et disposer d'un espace suffisant pour être transportées dans des conditions humaines et ce d'autant plus que la durée du trajet était plus longue. • CEDH, gr. ch., 22 mai 2012, *Idalov c/ Russie,* n° 5826/03 § 101 : *préc. note 82.*

e. Autres traitements infligés aux détenus

116. Rasage. Même si l'intention n'était pas d'humilier le requérant, le fait de l'avoir privé de ses cheveux sans justification précise revêtait en soi un caractère punitif arbitraire et était donc de nature à donner à l'intéressé le sentiment que pareille mesure visait à l'avilir et/ou à l'intimider. En outre, étant donné les circonstances de l'espèce, le requérant avait des raisons de croire que l'intention était de l'humilier puisque les agents pénitentiaires lui ont rasé le crâne à l'occasion d'une punition qui lui avait été infligée pour avoir écrit des remarques critiques et insultantes, notamment sur des surveillants. • CEDH 11 déc. 2003, *Yankov c/ Bulgarie,* n° 39084/97 § 117 et 118.

117. Caractère répétitif de la détention. Un nombre important de poursuites et de condamnations n'a nullement exempté le requérant de l'obligation d'effectuer le service militaire. L'intéressé a déjà été condamné huit fois à des peines d'emprisonnement pour avoir refusé de porter l'uniforme. En effet, à chaque fois qu'il a été libéré après avoir purgé sa peine, il a été escorté jusqu'à son régiment et, à la suite de son refus d'effectuer son service militaire ou de mettre l'uniforme, il a de nouveau été condamné et transféré à la prison. De plus, il doit faire face au risque de se voir imposer des peines d'emprisonnement successives jusqu'à la fin de sa vie s'il persiste dans son refus d'accomplir le service militaire obligatoire. Dès lors, pris dans leur ensemble et compte tenu de leur gravité et de leur caractère répétitif, les traitements infligés au requérant ont provoqué des douleurs et souffrances graves, qui dépassaient l'élément habituel d'humiliation inhérent à une condamnation pénale ou à une détention. • CEDH 24 janv. 2006, *Ulke c/ Turquie,* n° 39437/98 § 60 et 63 • CEDH 12 juin 2012, *Savda c/ Turquie,* n° 42730/05 § 83.

118. Autres. Peut encore constituer des traitements inhumains ou dégradants le fait : ... de détenir une personne dans une cellule sombre et froide, les yeux bandés et de la traiter, au cours de son interrogatoire, d'une manière qui a laissé sur son corps des traces de blessures et des ecchymoses. • CEDH 9 juin 1998, *Tekin c/ Turquie,* n° 22496/93 § 53 : *préc. note 16.* ♦ ... De maintenir le requérant dans le « couloir de la mort », enfermé en permanence dans une cellule où l'espace de vie était très restreint et dont les fenêtres occultées le privaient d'accès à la lumière naturelle ainsi que le fait que rien n'était prévu pour l'exercice en plein air et que l'intéressé n'avait guère ou pas de moyens de s'occuper et d'entretenir des contacts humains. • CEDH 29 avr. 2009, *Poltoratski c/ Ukraine,* n° 38812/97 § 145 et 146. ♦ V. déjà. • CEDH 7 juill. 1989, *Soering c/ Royaume-Uni,* n° 14038/88 § 111 : *préc. note 1.*

B. AUTRES DOMAINES D'APPLICATION

1° MALADES – HANDICAPÉS

119. La situation d'infériorité et d'impuissance qui caractérise les patients internés dans des hôpitaux psychiatriques appelle une vigilance accrue dans le contrôle du respect de la Conv. EDH. S'il appartient aux autorités médicales de décider – sur la base des règles reconnues de leur science – des moyens thérapeutiques à employer, au besoin de force, pour préserver la santé physique et mentale des malades entièrement incapables d'autodétermination et dont elles ont donc la responsabilité, ceux-ci n'en demeurent pas moins protégés par le présent art., dont les exigences ne souffrent aucune dérogation. • CEDH 24 sept. 1992, *Herczegfalvy c/ Autriche*, n° 10533/83 § 82.

120. La stérilisation de la requérante, ainsi que la façon dont on lui a demandé d'y consentir ont donc été de nature à éveiller chez elle des sentiments de peur, d'angoisse et d'infériorité. Les souffrances qui en sont résultées ont eu des répercussions graves et durables sur son état de santé physique et psychologique ainsi que sur ses relations tant avec son mari qu'avec la communauté rom. Si rien n'indique que le personnel médical ait eu l'intention de maltraiter la requérante, il n'en demeure pas moins que les médecins ont fait preuve d'un manque de respect flagrant de son droit à l'autonomie et au choix en tant que patiente. • CEDH 8 nov. 2011, *V. C. c/ Slovaquie*, n° 18968/07 § 118.

121. L'interdiction des mauvais traitements faite par le présent art. s'applique de la même manière à toutes les formes de privation de liberté, et notamment sans aucune différence fondée sur le but de la mesure incriminée ; en effet, peu importe qu'il s'agisse d'une détention ordonnée dans le cadre d'une procédure pénale ou d'un internement visant à protéger la vie ou la santé de l'intéressé. • CEDH, gr. ch., 17 janv. 2012, *Stanev c/ Bulgarie*, n° 36760/06 § 206. ♦ Les conditions de détention des malades mentaux sont dès lors traitées avec celles des détenus : V. notes 73 s.

122. La mère de D., incapable majeur du fait de son handicap physique et mental, a signalé à la police le harcèlement dont son fils faisait l'objet. Par la suite, elle a régulièrement adressé à la police d'autres plaintes dont elle a également fait part au médiateur et aux services sociaux. Les autorités étaient donc parfaitement au courant de la situation. L'absence de réel intérêt de la part des services sociaux, l'absence de soutien accordé à D., en dehors de réponses à des incidents précis, et l'absence de mesure de nature générale alors que les autorités compétentes savaient que D. faisait systématiquement l'objet de harcèlement et qu'il était vraisemblable que cela continue constituent une violation du présent art. • CEDH 24 juill. 2012, *Dordevic c/ Croatie*, n° 41526/10 § 148 : *RSC 2012. 686, obs. Marguénaud*.

2° EXPULSION, EXTRADITION

a. Hypothèse générale

123. Principe. L'expulsion d'un demandeur d'asile (ou l'extradition d'un fugitif) par un État contractant peut soulever un problème au regard du présent art., donc engager la responsabilité de l'État en cause, lorsqu'il y a des motifs sérieux et avérés de croire que l'intéressé courra, dans le pays de destination, un risque réel d'être soumis à la torture ou à des peines ou traitements inhumains ou dégradants. Dans ce cas, l'art. 3 implique l'obligation de ne pas expulser la personne en question vers ce pays. • CEDH 7 juill. 1989, *Soering c/ Royaume-Uni*, n° 14038/88 § 90 et 91 : *préc. note 1* • CEDH 1er févr. 2018, *M. A. c/ France*, n° 9373/15 : *AJDA 2018. 250 ; JCP Adm. 2018. 144.* ♦ Il en va de même si la peine perpétuelle à laquelle le requérant pourrait se voir condamner ne peut être qualifiée de compressible. V. note 37.

V. pour d'autres décisions dans le même sens : .

124. En l'absence d'éléments donnant à penser que l'intéressé serait soumis à des mauvais traitements, il n'y a pas violation du présent art. • CEDH 27 oct. 2011, *Suède*, n° 37075/09 § 95 • CEDH 10 avr. 2012, *Royaume-Uni*, n° 24027/07 § 222. ♦ Il en va de même au vu des incohérences relevées dans la requête, des doutes sur les éléments de preuves fournis par le requérant et de l'absence d'explications de sa part sur de nombreux points importants. • CEDH, décis., 1er déc. 2017, *I. S. c/ France*, n° 54612/16 § 54. ♦ Rappr., lorsque le constat du risque de traitement inhumain ou dégradant découle des conditions générales de détention, ce constat ne peut à lui seul justifier un refus d'exécuter un mandat d'arrêt européen. • CJUE 5 avr. 2016, *Aranyosi c/ Caldararu*, n° C-404/15 : *AJDA 2016. 1059, chron. Broussy, Cassagnabère et Gänser ; D. 2016. 786 ; AJ pénal 2016. 395, obs. Boursier ; JCP Adm. 2016. 318.*

125. Mise en œuvre. La très longue période à passer dans le « couloir de la mort » dans des conditions aussi extrêmes, avec l'angoisse omniprésente et croissante de l'exécution de la peine capitale, et à la situation personnelle du requérant, en particulier son âge et son état mental à l'époque de l'infraction, font qu'une extradition vers les États-Unis exposerait l'intéressé à un risque réel de traitement dépassant le seuil fixé par le présent art. • CEDH 7 juill. 1989, *Soering c/ Royaume-Uni*, n° 14038/88 § 111 : *préc. note 1.* ♦ La notoriété du requérant représente un risque pour lui-même. Nul ne conteste que C. soit connu en Inde pour son soutien à la cause du séparatisme sikh et pour ses liens étroits avec d'autres personnalités dirigeant cette lutte. Le Gouvernement défendeur a formulé, quant à son engagement dans le terrorisme, des allégations sérieuses, quoique non vérifiées, dont les autorités indiennes ont sans nul doute connaissance. La Cour est d'avis que pour ces raisons, C. serait vraisemblablement la cible privilégiée des éléments durs des forces de sécurité qui ont pourchassé sans merci les militants sikhs par le passé. • CEDH 15 nov. 1996, *Chahal c/ Royaume-Uni,* n° 22414/93 § 97 : *préc. note 2.* ♦ La répression de l'adultère par lapidation est toujours prévue par la législation et les autorités peuvent recourir à cette peine, l'expulsion de la requérante vers l'Iran serait donc contraire au présent art. • CEDH 11 juill. 2000, *Jabari c/ Turquie,* n° 40035/98 § 41. ♦ Eu égard en particulier au profil de l'intéressé qui n'est pas seulement soupçonné de liens avec le terrorisme, mais a fait l'objet, pour des faits graves, d'une condamnation en France dont les autorités algériennes ont eu connaissance, la Cour est d'avis qu'il est vraisemblable qu'en cas de renvoi vers l'Algérie le requérant deviendrait une cible pour les agents de la sécurité militaire. La Cour estime que, dans les circonstances particulières de l'espèce, des faits sérieux et avérés justifient de conclure à un risque réel de voir le requérant subir des traitements contraires au présent art. • CEDH 3 déc. 2009, *Daoudi c/ France,* n° 19576/08 § 71 et 72 : *préc. note 1.* ♦ Au vu du profil du requérant et de la situation des chrétiens coptes en Égypte, il existe, dans les circonstances particulières de l'espèce, un risque réel qu'il soit soumis à des traitements contraires au présent art. de la part des autorités égyptiennes en cas de mise à exécution de la mesure de renvoi. • CEDH 6 juin 2013, *M. E. c/ France,* n° 50094/10 § 52.

126. Au moment de transférer les requérants vers la Libye, les autorités italiennes savaient ou devaient savoir qu'il n'existait pas de garanties suffisantes protégeant les intéressés du risque d'être renvoyés arbitrairement dans leurs pays d'origine (Érythrée ; Somalie), compte tenu notamment de l'absence d'une procédure d'asile et de l'impossibilité de faire reconnaître par les autorités libyennes le statut de refugié octroyé par le HCR. Or, les personnes rapatriées de force en Érythrée courent le risque d'être confrontées à la torture et d'être détenues dans des conditions inhumaines du seul fait qu'elles ont quitté irrégulièrement le pays. De même, il faut constater la gravité du niveau de violence atteint à Mogadiscio et le risque élevé pour les personnes renvoyées dans ce pays d'être amenées soit à transiter par les zones touchées par le conflit armé soit à chercher refuge dans les camps pour personnes déplacées ou pour réfugiés, où les conditions de vie sont désastreuses. • CEDH, gr. ch., 23 févr. 2012, *Hirsi Jamaa et a. c/ Italie,* n° 27765/09 § 128 : *préc. note 123.* ♦ L'État défendeur n'ayant demandé aux autorités américaines aucune assurance propre à éviter au requérant le risque de subir des mauvais traitements, en remettant le requérant aux autorités américaines, les autorités macédoniennes l'ont sciemment exposé à un risque réel de mauvais traitements et à des conditions de détention contraires au présent art. Dès lors, viole le présent art. le transfert du requérant aux autorités américaines selon la procédure de « remise extraordinaire », notion qui désigne le « transfert extrajudiciaire d'une personne de la juridiction ou du territoire d'un État à ceux d'un autre État, à des fins de détention et d'interrogatoire en dehors du système juridique ordinaire, la mesure impliquant un risque réel de torture ou de traitements cruels, inhumains ou dégradants ». • CEDH 13 déc. 2012, *El-Masri c/ Ex-République yougoslave de Macédoine,* n° 39630/09 § 197 : *préc. note 8.* ♦ Rappr. • CEDH, décis., 6 juill. 2010, *Babar Ahmad et a. c/ Royaume-Uni,* n° 24027/07 § 113.

127. Compte tenu de la situation actuelle du système d'accueil en Italie, et bien que cette situation ne soit pas comparable à celle de la Grèce (V. : • CEDH, gr. ch., 21 janv. 2011, *M.S.S. c/ Belgique et Grèce,* n° 30696/09 § 365 : *RFDA 2012. 455, chron. Labayle et Sudre ; AJDA 2011. 138 ; D. 2012. 390, obs. Boskovic, Corneloup, Jault-Seseke, Joubert et Parrot ; Constitutions 2011. 334, obs. Levade ; JCP Adm. 2011. 2367, note Marti*), l'hypothèse qu'un nombre significatif de demandeurs d'asile renvoyés vers ce pays soient privés d'hébergement ou hébergés dans des structures surpeuplées dans des conditions de promiscuité, voire d'insalubrité ou de violence, n'est pas dénuée de fondement. • CEDH, gr. ch., 4 nov. 2014, *Tarakhel c/ Suisse,* n° 29217/12 § 120 : *AJDA 2014. 2162 .*

128. V. pour des ex. de présence de motifs sérieux et avérés de croire que l'expulsion des requérants les exposerait à un risque réel de subir des traitements inhumains ou dégradants : • CEDH 10 oct. 2013, *K. K. c/ France,* n° 18913/11 § 53 : *AJDA 2014. 147, chron. Burgorgue-Larsen* (renvoi en Iran d'un ressortissant ayant quitté illégalement ce pays) • CEDH 14 nov. 2013, *Z. M. c/ France,* n° 40042/11 § 64 s. : *AJDA 2014. 147, chron. Burgorgue-Larsen .* (renvoi en RDC d'un opposant au régime en place) • CEDH 19 déc. 2013, *N. K. c/ France,* n° 7974/11 § 42 s. : *AJDA 2014. 147, chron. Burgorgue-Larsen* (renvoi au Pakistan d'un sunnite converti à la religion ahmadie) • CEDH 4 sept. 2014, *M. V. et M. T. c/ France,* n° 17897/09 § 39 s. : *AJDA 2015. 150, chron. Burgorgue-Larsen ; D. 2015. 450, obs. Boskovic, Corneloup, Jault-Seseke, Joubert et Parrot ; JCP Adm. 2015. 2022, chron. Correia* (renvoi en Russie de membres de la famille de rebelles tchétchènes) • CEDH 15 janv. 2015, *A. F. c/ France,* n° 80086/13 § 52 s. (renvoi au Soudan des membres des ethnies darfouries). • CEDH 9 juill. 2015, *R. K. c/ France,* n° 61264/11 § 58 s. (expulsion d'un rebelle tchétchène vers la Russie). • CEDH, gr. ch., 23 mars 2016, *F. G. c/ Suède,* n° 43611/11

§ 144 s. (expulsion vers l'Iran d'une personne convertie au christianisme). • CEDH 16 juin 2016, *R. D. c/ France,* n° 34648/14 § 40 s. (requérante de confession musulmane et fille d'un imam courant un risque de mauvais traitement en cas de retour dans son pays en raison de son mariage avec un compatriote de confession chrétienne) • CEDH, gr. ch., 23 août 2016, *J.K. et a. c/ Suède,* n° 59166/12 § 116 s. : *AJDA 2017. 157, chron. Burgorgue-Larsen* (personne ayant collaboré avec les autorités des puissances occupantes en Irak après la guerre).

129. V. pour des ex. d'absence de motifs sérieux et avérés de croire que l'expulsion des requérants les exposerait à un risque réel de subir des traitements inhumains ou dégradants : • CEDH, décis., 25 nov. 2014, *L. H. c/ France,* n° 44095/11 § 58 s. (s'agissant du Kosovo) • CEDH 25 nov. 2014, *S. S. c/ France,* n° 76044/12 § 38 (récit de la requérante particulièrement peu circonstancié et contradictoire) • CEDH, décis, 7 oct. 2014, *S. R. c/ France,* n° 31283/11 (improbabilité que le requérant soit recherché par les forces de sécurité alors que les condamnations dont il dit avoir fait l'objet ne sont pas avérées et que le parti dont il est prétendument membre est actuellement au pouvoir). • CEDH 12 juill. 2016, *R. M. et a. c/ France,* n° 33201/11 § 55 : *AJDA 2016. 1423* (pas de risques réels de traitements contraires au présent art.). • CEDH, décis., 2 mai 2017, *France,* n° 19919/13 § 45 s. (caractère improbable de l'ensemble du parcours dont se prévaut le requérant) • CEDH 29 avr. 2019, *France,* n° 12148/18 § 63 s. : *AJDA 2019. 910 ; ibid. 1764, note Gauthier ; D. 2019. 1319, note Safi* (pas de motifs sérieux et avérés en ce qui concerne un renvoi vers l'Algérie d'une personne ayant été condamnée en France pour terrorisme, et ce même en l'absence de garanties diplomatiques jugées en l'espèce non nécessaires).

130. Preuve. Afin de déterminer s'il est établi que le requérant court un risque réel, s'il est expulsé vers l'Inde, de subir des traitements contraires au présent art., la Cour s'appuie sur l'ensemble des éléments qu'on lui fournit ou, au besoin, qu'elle se procure d'office. • CEDH 30 oct. 1991, *Royaume-Uni,* n° 13163/87 § 107 • CEDH 15 nov. 1996, *Chahal c/ Royaume-Uni,* n° 22414/93 § 97 : *préc. note 2.* ♦ Les pièces d'origines diverses, produites à l'appui du mémoire du requérant, apportent des renseignements sur l'atmosphère tendue en Colombie, mais ne contiennent aucune indication sur l'existence de situations comparables à celle de H. L. R. Si, parfois, en cas de délation, les narcotrafiquants cherchent à se venger, aucun élément pertinent ne prouve, s'agissant de H. L. R., la réalité du risque allégué. Ces considérations amènent la Cour à conclure à l'absence de motifs sérieux et avérés de croire que l'expulsion du requérant l'exposerait à un risque réel de subir des traitements inhumains ou dégradants. • CEDH 29 avr. 1997, *H. L. R. c/ France,* n° 24573/94 § 42 et 44. ♦ L'ensemble des rapports internationaux sur la situation des droits de l'homme au Maroc s'accorde pour dénoncer les mauvais traitements réservés aux personnes soupçonnées de participation à des entreprises terroristes. • CEDH 18 nov. 2010, *Boutagni c/ France,* n° 42360/08 § 46 • CEDH 30 mai 2013, *Rafaa c/ France,* n° 25393/10 § 41. ♦ V. pour l'Algérie : • CEDH 1er févr. 2018, *M. A. c/ France,* n° 9373/15 : *préc. note 123.* ♦ V. *a contrario* et désormais pour le Maroc qui a pris des mesures afin de prévenir les risques de torture et de traitements inhumains et dégradants : • CEDH 19 avr. 2018, *A. S. c/ France,* n° 46240/15 § 62 : *AJDA 2018. 678* .

131. Il appartient en principe au requérant de produire des éléments susceptibles de démontrer qu'il serait exposé à un risque de traitements contraires à l'art. 3, à charge ensuite pour le Gouvernement de dissiper les doutes éventuels au sujet de ces éléments. • CEDH, gr. ch., 28 févr. 2008, *Saadi c/ Italie,* n° 37201/06 § 129 : *préc. note 1* • CEDH 6 juin 2013, *M. E. c/ France,* n° 50094/10 § 47 • CEDH, décis., 7 avr. 2015, *T. T. c/ France,* n° 8686/13 § 37. ♦ L'existence d'un risque de mauvais traitements doit être examinée à la lumière de la situation générale dans le pays de renvoi et des circonstances propres au cas de l'intéressé. • CEDH, décis., 27 août 2013, *V. T. c/ France,* n° 3551/10 § 25. ♦ Lorsque les sources dont la Cour dispose décrivent une situation générale, les allégations spécifiques du requérant doivent être corroborées par d'autres éléments de preuve. • CEDH, gr. ch., 28 févr. 2008, *Saadi c/ Italie,* n° 37201/06 § 130 et 131 : *préc. note 1* • CEDH 18 avr. 2013, *MO.M. c/ France,* n° 18372/10 § 36 • CEDH 6 juin 2013, *M. E. c/ France,* n° 50094/10 § 48. ♦ Le requérant ne parvient qu'à démontrer l'existence d'une situation générale de violence en Afghanistan. Si la Cour ne peut que constater la réalité des troubles régnant dans ce pays, elle considère cependant qu'une telle situation n'est pas à elle seule de nature à entraîner, en cas d'expulsion, une violation du présent art. • CEDH 20 sept. 2007, *Sultani c/ France,* n° 45223/05 § 67. ♦ De même, une simple possibilité de mauvais traitements en raison d'une conjoncture instable dans un pays n'entraîne pas en soi une infraction au présent art. • CEDH 17 janv. 2006, *Aoulmi c/ France,* n° 50278/99 § 66 : *AJDA 2006. 466, chron. Flauss ; D. 2006. 1151, note Lazaud* . ♦ Au vu du profil du requérant, des certificats médicaux établissant qu'il a subi des tortures et de la situation passée et actuelle au Tchad, il existe, dans les circonstances particulières de l'espèce, un risque réel que celui-ci soit soumis à des traitements contraires au présent art. de la part des autorités tchadiennes en cas de mise à exécution de la mesure de renvoi. • CEDH 18 avr. 2013, *MO.M. c/ France*, n° 18372/10 § 43. ♦ Si la requérante, appartenant à l'ethnie tamoule, soutient avoir poursuivi une activité militante en France, elle n'assortit cette affirmation d'aucune précision ni d'aucun élément de nature à démontrer une réelle implication au sein d'un groupe militant depuis son arrivée conduisant à penser qu'elle pourrait faire l'objet d'une arrestation du fait de cette activité ou de son origine. • CEDH, décis., 27 août 2013, *V. T. c/ France*, n° 3551/10 § 29 s. • CEDH, décis., 7 avr. 2015, *T.T. c/ France*, n° 8686/13 § 51. ♦ V. *a contrario* pour un requérant tamoul ayant suffisamment établi le risque qu'il soit soumis à des traitements contraires au présent art. • CEDH 19 sept. 2013, *R. J. c/ France*, n° 10466/11 § 41 s. : *AJDA 2014. 147, chron. Burgorgue-Larsen*.

132. Malgré la présentation d'un certificat, aucune des instances nationales compétentes en matière d'asile qui se sont prononcées n'a cherché à établir d'où provenaient ces plaies et à évaluer les risques qu'elles révélaient. La Cour ne peut estimer suffisante la motivation de la CNDA selon laquelle « le certificat en date du 3 février 2011 ne peut être regardé comme justifiant de l'existence d'un lien entre les constatations relevées lors de l'examen médical du requérant et les sévices dont il déclare avoir été victime lors de sa détention ». Par la seule invocation du caractère lacunaire du récit, le Gouvernement ne dissipe pas les fortes suspicions sur l'origine des blessures du requérant. • CEDH 19 sept. 2013, *R. J. c/ France*, n° 10466/11 § 41 s. : *préc. note 131.* ♦ Rappr., sur l'absence de motivation des décisions de la CNDA quant à l'authenticité des documents produits par le requérant. • CEDH 10 oct. 2013, *K. K. c/ France*, n° 18913/11 § 52 : *préc. note 125* • CEDH 19 déc. 2013, *N. K. c/ France*, n° 7974/11 § 45 : *préc. note 125.*

133. Obligation procédurale spécifique. Le tribunal administratif, saisi par la requérante d'une demande de contrôle judiciaire, se borna à examiner la question de la légalité formelle de la décision d'expulsion, négligeant celle, autrement importante, du bien-fondé des craintes éprouvées par l'intéressée, alors qu'à ce stade celle-ci devait passer pour avoir plus qu'un grief défendable selon lequel elle courrait un risque si on la renvoyait vers son pays d'origine. • CEDH 11 juill. 2000, *Jabari c/ Turquie*, n° 40035/98 § 40. ♦ La Cour va rechercher s'il existe des garanties de procédure effectives, de quelque type que ce soit, qui protègent le requérant contre un refoulement arbitraire. • CEDH 26 avr. 2005, *Müslim c/ Turquie*, n° 53566/99 § 72. ♦ Pour cela l'existence d'un droit à un recours effectif au sens de l'art. 13 Conv. EDH est essentiel. • CEDH 30 oct. 1991, *Vilvarajah et a. c/ Royaume-Uni*, n° 13163/87 § 121 • CEDH 15 nov. 1996, *Chahal c/ Royaume-Uni*, n° 22414/93 § 147 : *préc. note 2.*

134. Existence de textes internes et acceptation de traités internationaux. L'existence de textes internes et l'acceptation de traités internationaux garantissant, en principe, le respect des droits fondamentaux ne suffisent pas, à elles seules, à assurer une protection adéquate contre le risque de mauvais traitements lorsque, comme en l'espèce, des sources fiables font état de pratiques des autorités – ou tolérées par celles-ci – manifestement contraires aux principes de la Conv. • CEDH, gr. ch., 28 févr. 2008, *Saadi c/ Italie*, n° 37201/06 § 147 : *préc. note 1.* ♦ Le Gouvernement italien a demandé au Gouvernement tunisien des assurances diplomatiques selon lesquelles le requérant ne serait pas soumis à des traitements contraires au présent art. Les autorités tunisiennes n'ont pas fourni de telles assurances et se sont d'abord bornées à déclarer qu'elles acceptaient le transfert en Tunisie des Tunisiens détenus à l'étranger. Ce n'est que dans une deuxième note verbale datée du 10 juill. 2007 (c'est-à-dire la veille de l'audience devant la grande chambre) que le ministère tunisien des affaires étrangères a rappelé que les lois tunisiennes garantissaient les droits des détenus et que la Tunisie avait adhéré « aux traités et conventions internationaux pertinents ». • CEDH, gr. ch., 28 févr. 2008, *Saadi c/ Italie*, n° 37201/06 § 147 : *préc. note 1.* ♦ Le non-respect par la Libye de ses obligations internationales était une des réalités dénoncées par les rapports internationaux concernant ce pays. • CEDH, gr. ch., 23 févr. 2012, *Hirsi Jamaa et a. c/ Italie*, n° 27765/09 § 128 : *préc. note 123.*

135. Assurances données. Dès lors que les assurances données par l'État d'accueil à l'État procédant à l'extradition ou à l'expulsion sont suffisantes, les dispositions du présent art. ne sont pas violées. • CEDH 17 janv. 2012, *Othman Abu Qatada c/ Royaume-Uni*, n° 8139/09 § 195. ♦ Encore faut-il que ces assurances soient certaines. En l'espèce, si le Gouvernement affirme avoir consulté des juristes algériens sur ce point, il ne précise pas les conditions de cette consultation ni l'identité et les fonctions exactes de ces juristes, dès lors la Cour n'est pas en mesure de s'assurer de leur indépendance vis-à-vis du pouvoir en place ni de la fiabilité de leurs déclarations. • CEDH 22 sept. 2011, *H. R. c/ France*, n° 64780/09 § 61 : *D. 2011. 2338*.

136. Les assurances obtenues par le Gouvernement français sont de nature à écarter le danger d'une condamnation à un emprisonnement à vie et incompressible du requérant. Son extradition n'est donc pas susceptible de l'exposer à un risque sérieux de traitement ou de peine prohibés. • CEDH, décis., 3 juill. 2001, *Nivette c/ France,* n° 44190/98 : *préc. note 36.* ♦ Si l'accès d'une personne condamnée à la réclusion criminelle à perpétuité en Pennsylvanie au bénéfice de la libération conditionnelle est restreint, il n'est cependant pas permis d'en déduire que, en cas de condamnation à vie à l'issue d'un nouveau procès en Pennsylvanie, le requérant se trouverait dans l'impossibilité de bénéficier d'une telle mesure, et l'intéressé ne fournit aucun élément autorisant une telle conclusion. • CEDH, décis., 16 oct. 2001, *Einhorn c/ France,* n° 71555/01 § 27. ♦ V. pour des assurances insuffisantes. • CEDH, gr. ch., 28 févr. 2008, *Saadi c/ Italie,* n° 37201/06 § 147 : *préc. note 1.* ♦ Rappr. *a contrario.* • CEDH 4 sept. 2014, *Trabelsi c/ Belgique,* n° 140/10 § 138 : *préc. note 36* • CEDH, gr. ch., 4 nov. 2014, *Tarakhel c/ Suisse,* n° 29217/12 § 122. ♦ Les assurances données par un même pays, y compris partie à la Conv. EDH, peuvent dépendre des circonstances spécifiques de l'affaire : comp. • CEDH 27 févr. 2014, *Zarmayev c/ Belgique,* n° 35/10 § 110 s. • CEDH 25 mars 2014, *M. G. c/ Bulgarie,* n° 59297/12 § 94.

137. Expulsion d'un demandeur d'asile vers un pays « sûr ». N'ayant pas à agir comme une juridiction de première instance, la Cour n'examine pas l'allégation selon laquelle le demandeur d'asile courait un risque de subir un traitement contraire au présent art. dans son pays d'origine lorsque l'État défendeur a décidé de ne pas examiner la demande d'asile au fond et d'expulser l'intéressé vers un pays tiers en recourant à la notion de « pays tiers sûr ». • CEDH, gr. ch., 21 nov. 2019, *Hongrie,* n° 47287/15 § 145 à 147. ♦ Si un État partie décide d'expulser un demandeur d'asile vers un pays tiers sans examiner au fond sa demande dans le cadre d'une procédure prévue par la loi donnant lieu à une décision en droit en la matière, l'obligation procédurale découlant du présent art. impose de procéder, avant l'expulsion, à un examen approfondi de la question de savoir si la procédure d'asile du pays de destination offre des garanties suffisantes pour éviter que l'intéressé ne soit expulsé directement ou indirectement vers son pays d'origine sans une évaluation appropriée des risques auxquels pareille mesure l'exposerait sous l'angle du présent art. Si cet examen révèle l'absence de garanties suffisantes, l'État partie a, au titre *de l'art. 3 de la Conv. l'obligation* de ne pas procéder à l'expulsion vers le pays tiers concerné (*idem*, §137). La Conv. n'interdit pas aux États parties d'établir des listes de pays « sûrs » pour les demandeurs d'asile mais impose qu'une telle présomption soit suffisamment étayée en amont par une analyse de la situation qui règne dans le pays, et, en particulier, du système d'asile qui y est en vigueur (*idem*, § 152) sachant qu'en tout état de cause, l'État partie devra offrir aux intéressés une possibilité suffisante de démontrer que le pays de destination n'est pas un pays « sûr » dans leur cas (*Idem*, § 148). Il en va ainsi y compris lorsque le pays de destination est un État partie ou même membre de l'Union européenne (*idem*, § 134), et ce, dès lors qu'au-delà des présomptions, l'État à l'origine de l'expulsion doit s'enquérir, sur la base des rapports fiables et réputés connus du HCR, du Conseil de l'Europe, de l'Union européenne et quitte à devoir faire des recherches par ailleurs, de la manière dont les autorités du pays de destination appliquent en pratique la législation en matière d'asile (*idem*, § 141). Bien que les autorités hongroises ne soient pas limitées à la présomption résultant de la classification du pays de destination (la Serbie) et que les intéressés aient effectivement eu la possibilité de leur exposer leurs arguments, la Cour considère que les autorités nationales n'ont en l'espèce pas suffisamment tenu compte des informations générales – constats du HCR – tendant à montrer qu'au moment des faits les demandeurs d'asile couraient en Serbie un risque réel de refoulement arbitraire vers un pays (Macédoine puis Grèce) où ils risquaient d'être soumis à des conditions incompatibles avec le présent art., ce qui emporte donc sa violation (*idem*, § 163).

b. Expulsion, extradition de malades graves

138. Les non-nationaux qui sont sous le coup d'un arrêté d'expulsion ne peuvent en principe revendiquer un droit à rester sur le territoire d'un État contractant afin de continuer à bénéficier de l'assistance et des services médicaux, sociaux ou autres fournis par l'État qui expulse. Le fait qu'en cas d'expulsion de l'État contractant le requérant connaîtrait une dégradation importante de sa situation, et notamment une réduction significative de son espérance de vie, n'est pas en soi suffisant pour emporter violation du présent art. La décision d'expulser un étranger atteint d'une maladie physique ou mentale grave vers un pays où les moyens de traiter cette maladie sont inférieurs à ceux disponibles dans l'État contractant est susceptible de soulever une question sous l'angle du présent art., mais seulement dans des cas très exceptionnels, lorsque les considérations humanitaires militant contre l'expulsion sont impérieuses. • CEDH 2 mai 1997, *D. c/ Royaume-Uni,* n° 30240/96 § 54 • CEDH 27 mai 2008, *N. c/ Royaume-Uni,* n° 26565/05 § 42. ♦ La Cour recherche donc s'il existe un risque réel que le renvoi du requérant soit contraire aux règles du présent art. compte tenu de son état de santé à l'heure actuelle. Pour cela, elle évalue ce risque à la lumière des éléments dont elle dispose au moment où elle examine l'affaire, et notamment des informations les plus récentes sur la santé du requérant. • CEDH 6 févr. 2001, *Bensaïd c/ Royaume-Uni,* n° 44599/98 § 35. ♦ Compte tenu que l'arrêt brutal du traitement entraînerait pour le requérant les conséquences les plus graves et hâterait sa fin du fait qu'il est parvenu à un stade critique de sa maladie fatale, la mise à exécution de la décision de l'expulser vers Saint-Kitts constituerait, de la part de l'État défendeur, un traitement inhumain contraire au présent art. • CEDH 2 mai 1997, *D. c/ Royaume-Uni,* n° 30240/96 § 52. ♦ Il faut entendre par « autres cas très exceptionnels » les cas d'éloignement d'une personne gravement malade dans lesquels il y a des motifs sérieux de croire que cette personne, bien que ne courant pas de risque imminent de mourir, ferait face, en raison de l'absence de traitements adéquats dans le pays de destination ou du défaut d'accès à ceux-ci, à un risque réel d'être exposée à un déclin grave, rapide et irréversible de son état de santé entraînant des souffrances intenses ou à une réduction significative de son espérance de vie. • CEDH 13 déc. 2016, *Paposhvili c/ Belgique,* n° 41738/10 : *AJDA 2016. 2406* ; *ibid. 2017. 157, chron. Burgorgue-Larsen* . ♦ Rappr., s'agissant d'un demandeur d'asile transféré vers un autre pays de l'Union : • CJUE 16 févr. 2017, *PPU C. K.,* n° C-578/16 : *AJDA 2017. 376* ; *ibid. 1106, chron. Broussy, Cassagnabère, Gänser et Bonneville* ; *JCP Adm. 2017. 158.*

139. A l'inverse, d'après l'attestation médicale, l'état de santé de la requérante est stabilisé, son taux de CD4 est remonté et elle n'a pas développé de maladie opportuniste. Elle n'est donc pas dans un « état critique » et est apte à voyager. • CEDH 20 déc. 2011, *Yoh-Ekale Mwanje c/ Belgique,* n° 10486/10 § 83. ♦ Nous pensons cependant qu'un seuil de gravité aussi extrême – être quasi mourant – est difficilement compatible avec la lettre et l'esprit de l'art. 3, un droit absolu qui fait partie des droits les plus fondamentaux de la Convention et qui concerne l'intégrité et la dignité de la personne. A cet égard, la différence entre une personne qui est sur son lit de mort ou dont on sait qu'elle est condamnée à bref délai nous paraît infime en termes d'humanité. Nous espérons que la Cour puisse un jour revoir sa jurisprudence sur ce point. • CEDH 20 déc. 2011, *Yoh-Ekale Mwanje c/ Belgique,* n° 10486/10 (opinion des juges Tulkens, Jociene, Popovic, Karakas, Raimondi et Pinto de Albuquerque). ♦ Pour une absence de circonstances exceptionnelles, V. également • CEDH 6 févr. 2001, *Bensaïd c/ Royaume-Uni,* n° 44599/98 § 39 • CEDH 27 mai 2008, *N. c/ Royaume-Uni,* n° 26565/05 § 50 • CEDH 27 févr. 2014, *Josef c/ Belgique,* n° 70055/10 § 124 s.

140. V. pour des ex. de non-violation : • CEDH, décis., 25 nov. 2014, *V. S. c/ France,* n° 35226/11 § 42 et 43 (la requérante souffre d'une dépression chronique mais n'est pas hospitalisée et les certificats médicaux versés aux débats n'évoquent pas de risques de suicide).

141. V. également les affaires mentionnées note 93.

3° DISPARITIONS

142. La Cour estime qu'elle ne dispose pas, en cas de disparition, d'élément lui permettant, au-delà du doute raisonnable, de mettre en œuvre le présent art. en faveur de la personne disparue. • CEDH 27 juill. 2006, *Bazornika c/ Russie,* n° 64481/01 § 133.

143. Le présent art. en revanche est invocable par les parents du disparu. Eu égard à l'indifférence et à l'insensibilité des autorités devant les inquiétudes du requérant à la suite de la disparition de son fils, et l'angoisse aiguë et l'incertitude qu'il a subie en conséquence et continue de subir, la Cour constate que le requérant peut invoquer la violation du présent art. • CEDH 14 nov. 2000, *Tas c/ Turquie,* n° 24396/94 § 80 • CEDH 8 juill. 1999, *Çakici c/ Turquie,* n° 23657/94 § 99 : *préc. note 49* • CEDH 27 juill. 2006, *Bazornika c/ Russie,* n° 64481/01 § 141. ♦ Le requérant a connu, et continue de connaître, désarroi et angoisse en raison de la disparition de son fils et de l'incapacité dans laquelle il se trouve de découvrir ce qu'il est advenu de celui-ci. La façon dont les autorités ont traité ses plaintes doit être tenue pour constitutive d'un traitement inhumain. • CEDH 24 janv. 2008, *Osmanoglu c/ Turquie,* n° 48804/99 § 98. ♦ V. également notes 165 et 180.

4° APPELÉS DU CONTINGENT

144. L'État est tenu de s'assurer que tout appelé accomplit son service militaire dans des conditions compatibles avec le respect de la dignité humaine, que les procédures et méthodes d'entraînement militaire ne lui font pas subir des souffrances ou des épreuves d'une intensité qui excède le niveau inévitable de souffrance indissociable de la discipline militaire et que, eu égard aux exigences pratiques du service militaire, sa santé et son bien-être sont préservés de manière adéquate, notamment par l'administration des soins médicaux nécessaires. • CEDH 3 juill. 2008, *Tchember c/ Russie,* n° 7188/03 § 50. ♦ Bien que des exercices physiques difficiles soient indissociables de la discipline militaire, la Cour rappelle que ceux-ci, pour demeurer compatibles avec l'art. 3 de la Convention, ne doivent pas dépasser le niveau de gravité au-delà duquel ils mettraient en danger la santé et le bien-être d'appelés ou porteraient atteinte à leur dignité. • CEDH 3 juill. 2008, *Tchember c/ Russie,* n° 7188/03 § 52.

5° MINORITÉS

145. La Cour considère, compte tenu des conditions dans lesquelles les villageois ont été contraint, de marcher de leur village vers le village de « X », des conditions dans lesquelles ils ont été maintenus dans ce village pendant des périodes entre 6 et 13 j et des effets sur leur santé et bien-être et compte tenu des bleus et marques d'écorchure trouvés sur certains villageois, que ceux-ci ont été soumis à un traitement inhumain et dégradant. • CEDH 6 avr. 2004, *Ahmet Ozkan c/ Turquie,* n° 21689/93 § 354. ♦ Vu la manière dont leurs maisons furent détruites et leur situation personnelle, les requérants n'ont pas manqué d'éprouver une souffrance d'une gravité suffisante pour que les actes des forces de l'ordre soient qualifiés de traitement inhumain. • CEDH 16 nov. 2000, *Bilgin c/ Turquie,* n° 23819/94 § 103. ♦ ... Et ce même si les actes dont il s'agit ont été perpétrés sans intention de punir les requérants, mais pour empêcher que les terroristes n'utilisent ces habitations ou pour dissuader d'autres personnes, ce n'est pas là une justification des mauvais traitements. • CEDH 24 avr. 1998, *Selçuk et Asker c/ Turquie,* n° 23184/94 § 79. ♦ Les conditions dans lesquelles la population des Chypriotes grecs du Karpas est condamnée à vivre pour la raison même qu'ils appartiennent à ce groupe sont avilissantes et heurtent la notion même de respect de la dignité humaine de ses membres. • CEDH 10 mai 2001, *Chypre c/ Turquie,* n° 25781/94 § 309 à 311.

146. Les conditions dans lesquelles les requérants ont vécu ces 10 dernières années, notamment la promiscuité et l'insalubrité et leurs effets délétères sur la santé et le bien-être des requérants, associées à la durée pendant laquelle ces derniers ont été contraints de vivre (dans des poulaillers, des porcheries, des caves sans fenêtres ou dans des conditions de froid extrême et autres des plus déplorables : 16 personnes dans une pièce sans chauffage ; 7 personnes dans une pièce au sol boueux ; des familles dormant dans la boue ou sur du béton sans vêtements appropriés, sans chauffage et sans couvertures ; 15 personnes dans une cuisine d'été au sol en béton), ont nécessairement dû leur causer des souffrances psychologiques considérables et, partant, porter atteinte à leur *dignité humaine et susciter chez eux* des sentiments d'humiliation et d'avilissement de même que la discrimination raciale à laquelle ils ont été soumis publiquement. • CEDH 12 juill. 2005, *Moldovan et a. c/ Roumanie (n° 2),* n° 41138/98 § 110 : *RD publ. 2006. 794, obs. Lévinet ; JCP 2006. I. 109, chron. Sudre.*

6° SITUATION DE PRIVATION OU DE MANQUE À CE POINT GRAVE QU'ELLE SERAIT INCOMPATIBLE AVEC LA DIGNITÉ HUMAINE

147. Si le présent art. ne garantit ni un droit au logement à toute personne relevant de la juridiction des États parties ni un devoir général de fournir aux réfugiés une assistance financière, il n'est pas exclu que la responsabilité de l'État soit engagée sous l'angle du présent art. par un traitement dans le cadre duquel un requérant totalement dépendant de l'aide publique serait confronté à l'indifférence des autorités alors qu'il se trouverait dans une situation de privation ou de manque à ce point grave qu'elle serait incompatible avec la dignité humaine. • CEDH, gr. ch., 21 janv. 2011, *M. S. S. c/ Belgique et Grèce,* n° 30696/09 § 249 et 253 : *préc. note 127.* ♦ En l'espèce, les autorités n'ont pas dûment tenu compte de la vulnérabilité du requérant comme demandeur d'asile et doivent être tenues pour responsables, en raison de leur passivité, des conditions dans lesquelles il s'est trouvé pendant des mois, vivant dans la rue, sans ressources, sans accès à des sanitaires, ne disposant d'aucun moyen de subvenir à ses besoins essentiels. La Cour estime que le requérant a été victime d'un traitement humiliant témoignant d'un manque de respect pour sa dignité et que cette situation a, sans aucun doute, suscité chez lui des sentiments de peur, d'angoisse ou d'infériorité propres à conduire au désespoir. Elle considère que de telles conditions d'existence, combinées à l'incertitude prolongée dans laquelle il est resté et l'absence totale de perspective de voir sa situation s'améliorer, ont atteint le seuil de gravité requis par le présent art. • CEDH, gr. ch., 21 janv. 2011, *M. S. S. c/ Belgique et Grèce,* n° 30696/09 § 263 : *préc.* ♦ Comme dans l'affaire M.S.S. préc., la Cour souligne que, s'agissant des États membres de l'Union européenne, la situation de dénuement total des demandeurs d'asile se pose en des termes particuliers, dès lors que ces États ont l'obligation de leur fournir un hébergement et des conditions matérielles décentes en application de la législation nationale transposant la directive européenne « Accueil ». A cet égard, la Cour rappelle qu'elle n'est pas compétente pour appliquer les règles de l'UE ou pour en examiner les violations alléguées, sauf si et dans la mesure où ces violations pourraient porter atteinte aux droits et libertés sauvegardées par la Convention. En l'occurrence, la Cour constate que les autorités nationales ont manqué à l'égard des requérants à leurs obligations prévues par le droit interne de sorte qu'elles doivent être tenues pour responsables des conditions de dénuement total (à la rue, sans ressources, sans accès à des sanitaires, sans aucun moyen de subvenir à leurs besoins essentiels, dans l'angoisse d'être attaqué et volé) dans lesquelles ils se sont retrouvés pendant des mois et qui, en l'absence de réponse adéquate de la part des autorités alertées, atteignent le seuil de gravité requis par le présent art. • CEDH 2 juill. 2020, *N. H. c/ France,* n° 28820/13 § 161, 166 et 184.

7° VIOLENCES SEXUELLES

148. Ont été considérées comme des traitements relevant du présent art. : ... la prostitution contrainte. • CEDH 11 sept. 2007, *Tremblay c/ France,* n° 37194/02 § 26 : *D. 2009. 123, obs. Roujou de Boubée, Garé et Mirabail ; RTD civ. 2007. 730, obs. Marguénaud ; JCP 2008. I. 110, chron. Sudre.* ♦ ... Des violences sexuelles sur un enfant (combiné avec une violation de l'art. 8 Conv. EDH). • CEDH 27 sept. 2011, *M. et C. c/ Roumanie,* n° 29032/04 • CEDH, gr. ch., 28 janv. 2014, *O'Keeffe c/ Irlande,* n° 35810/09 § 169 : *AJDA 2014. 1764, chron. Burgorgue-Larsen ; D. 2014. 372 ; RSC 2014. 166, obs. Marguénaud .* ♦ Rappr. dans le cadre d'un enlèvement. • CEDH 31 juill. 2012, *M. et a. c/ Italie et Bulgarie,* n° 40020/03 § 104 s. ♦ Rappr. s'agissant des mutilations génitales féminines. • CEDH 19 janv. 2016, *Sow c/ Belgique,* n° 27081/13 : *AJDA 2016. 1742, chron. Burgorgue-Larsen ; D. 2016. 1215, chron. Roman .*

8° RÉPRESSION DE MANIFESTATIONS

149. Compte tenu de la dangerosité du matériel utilisé (tir d'une grenade lacrymogène en direction des manifestants au moyen d'un lanceur), la Cour est d'avis que la jurisprudence développée dans le cadre de l'art. 2 Conv. EDH, concernant le recours à une force potentiellement meurtrière doit *mutatis mutandis* s'appliquer en l'espèce. Le non-encadrement par des règles et l'abandon à l'arbitraire de l'action des agents de l'État sont incompatibles avec un respect effectif des droits de l'homme. Cela signifie que les opérations de police – y compris le lancement de grenades lacrymogènes – doivent non seulement être autorisées par le droit national mais aussi être suffisamment délimitées par ce droit, dans le cadre d'un système de garanties adéquates et effectives contre l'arbitraire, l'abus de la force et les accidents évitables. • CEDH 16 juill. 2013, *Abdullah Yasa et a. c/ Turquie,* n° 44827/08 § 43.

9° OPÉRATIONS D'ARRESTATION, DE PERQUISITION ET DE SAISIE ; OPÉRATIONS POLICIÈRES ; CONTRÔLE D'IDENTITÉ

150. Principes. En ce qui concerne l'usage de la force au cours d'une arrestation, il convient de rappeler qu'il incombe à la Cour de rechercher si la force utilisée était strictement nécessaire et proportionnée et si l'État doit être tenu pour responsable des blessures infligées. • CEDH 20 juin 2002, *Berlinski c/ Pologne,* n° 27715/95 § 64. ♦ Pour répondre à cette question, la Cour tient compte des blessures occasionnées et des circonstances dans lesquelles elles l'ont été. • CEDH 19 mai 2004, *R. L. et M.-J. D. c/ France,* n° 44568/98 § 68 : *préc. note 51.* ♦ Le recours à la force doit être proportionné au but recherché et nécessaire au vu des circonstances de l'espèce. • CEDH 28 nov. 2000, *Rehbock c/ Slovénie,* n° 29462/95 § 76 • CEDH 22 mai 2001, *Altay c/ Turquie,* n° 22279/93 § 54. ♦ Il incombe au Gouvernement d'apporter des preuves pertinentes démontrant que le recours à la force était à la fois proportionné et nécessaire. • CEDH 28 nov. 2000, *Rehbock c/ Slovénie,* n° 29462/95 § 72 • CEDH 4 déc. 1995, *Ribitsch c/ Autriche,* n° 18896/91 § 54 : *préc. note 24.* ♦ Et cela, même si le recours à la force est intervenu dans le cadre de l'arrestation d'une autre personne que le requérant. • CEDH 11 févr. 2014, *Gramada c/ Roumanie,* n° 14974/09 § 60.

151. En présence d'une résistance physique ou d'un risque de comportements violents de la part des personnes contrôlées, une forme de contrainte de la part des agents de police peut être justifiée. • CEDH 22 sept. 1993, *Klaas c/ Allemagne,* n° 15473/89 § 30 : *préc. note 59* • CEDH 5 avr. 2011, *Italie,* n° 14569/05 § 61. ♦ Il en va de même dans des cas de « résistance passive » à une interpellation. • CEDH 24 janv. 2008, *Milan c/ France,* n° 7549/03 § 59 • CEDH 3 oct. 2013, *Douet c/ France,* n° 16705/10 § 34. ♦ ... De tentative de fuite face à la force publique. • CEDH 20 juill. 2000, *Caloc c/ France,* n° 33951/96 § 100 et 101 : *préc. note 59* • CEDH 3 oct. 2013, *Douet c/ France,* n° 16705/10 § 34.

152. Quand un homme atteint d'une maladie psychiatrique décède lors de son arrestation au cours de laquelle il a été maintenu sur le ventre, menotté à un point fixe et avec trois policiers debout et pesant de tout leur poids sur différentes parties de son corps, ces gestes, violents, répétés et inefficaces, pratiqués sur une personne vulnérable, sont constitutifs d'une atteinte à la dignité humaine et atteignent un seuil de gravité les rendant incompatibles avec le présent art. • CEDH 16 nov. 2017, *Boukrourou et a. c/ France,* n° 30059/15 § 87 : *préc. note 7.*

153. Absence de proportionnalité. Les gendarmes ont pratiqué sur le requérant une clé à bras et utilisé un bâton télescopique alors qu'il était déjà interpellé et menotté à la main droite et que les occupants du véhicule ne constituaient pas une menace. Bien que le requérant, par ailleurs relaxé du chef de rébellion, n'ait adopté qu'une « attitude de résistance passive » et qu'un seul gendarme à genou sur le dos du requérant suffisait à le maintenir sur le sol, plusieurs coups avaient été portés sur lui ; la fracture dont le requérant avait souffert à la suite de son arrestation montrait qu'au moins un coup suffisant pour provoquer une fracture du coude lui avait été asséné à l'aide d'un bâton télescopique, et les hématomes sur le haut de son bras gauche, l'important œdème sur son coude gauche et les ecchymoses linéaires sur son dos indiquaient qu'il en avait reçu d'autres. • CEDH 3 oct. 2013, *Douet c/ France,* n° 16705/10 § 54. ♦ Le requérant n'était pas armé d'objets dangereux, mis à part la cigarette qu'il tenait dans la main, et, au moins dans les premières phases de l'incident, il n'avait pas blessé les gendarmes ou tenté de les blesser en leur portant des coups de poings, de pied ou d'autre nature. La résistance qu'il avait opposée, avant d'être plaqué au sol et de mordre l'avant-bras de l'un des gendarmes, avait été par conséquent une résistance, certes opiniâtre, mais somme toute passive. L'usage des matraques de la part des gendarmes, qu'il ait été ou pas à l'origine directe de la blessure du requérant, était donc en lui-même injustifié. • CEDH 24 sept. 2013, *Suisse,* n° 74010/11 § 47.

154. Une opération policière doit être planifiée et exécutée en prenant en compte toutes circonstances pertinentes telles que la nature des infractions pénales reprochées à la personne visée, l'absence d'antécédents violents de sa part, la présence éventuelle de ses enfants et de son conjoint à la maison familiale. En l'espèce, ces éléments indiquaient clairement le caractère excessif de l'emploi d'agents et de procédés spéciaux pour l'appréhension du requérant et pour assurer l'entrée de la police à son domicile. La manière dont s'est déroulée l'arrestation, à savoir très tôt le matin, après une ouverture forcée de la porte d'entrée, par plusieurs agents cagoulés et armés et devant le regard de son épouse et de ses deux filles mineures effrayées, a provoqué de forts sentiments de peur, angoisse et impuissance chez ce requérant, susceptibles de l'humilier et de l'avilir à ses propres yeux et dans ceux de ses proches dépassant le seuil de gravité requis pour l'application du présent art. et soumettant le requérant à un traitement dégradant. • CEDH 15 oct. 2013, *Gutsanovi c/ Bulgarie,* n° 34529/10 § 136. ♦ V. pour une intervention insuffisamment planifiée et disproportionnée du groupe d'intervention de la police nationale (GIPN) conduisant à un constat de violation du présent art. • CEDH 30 avr. 2020, *Castellani c/ France,* n°° 43207/16 § 67.

III. OBLIGATION POSITIVE S'IMPOSANT AUX ÉTATS

A. ADOPTION D'UNE RÉGLEMENTATION OU DE MESURES ADÉQUATES

155. Le présent art., combiné l'obligation que l'art. 1er Conv. EDH impose aux Hautes Parties contractantes, permet de garantir à toute personne relevant de leur juridiction les droits et libertés consacrés par la Conv. EDH et leur commande de prendre des mesures propres à empêcher que lesdites personnes ne soient soumises à des tortures ou à des peines ou traitements inhumains ou dégradants, même administrés par des particuliers. • CEDH 23 sept. 1998, *A. c/ Royaume-Uni,* n° 25599/94 § 22 : *AJDA 1998. 984, chron. Flauss ; RSC 1999. 384, obs. Koering-Joulin ; RTD civ. 1999. 498, obs. Marguénaud ; JCP 1999. I. 105, chron. Sudre* • CEDH 10 mai 2001, *Z. et a. c/ Royaume-Uni,* n° 29392/95 § 73 : *JCP 2001. I. 342, chron. Sudre* • CEDH 29 juill. 2002, *Pretty c/ Royaume-Uni,* n° 2346/02 § 50 et 51 • CEDH 4 déc. 2003, *M. C. c/ Bulgarie,* n° 39272/98 § 149 : *RSC 2004. 441, obs. Massias ; RTD civ. 2004. 364, obs. Marguénaud ; RD publ. 2004. 803, obs. Surrel ; JCP. I. 107, chron. Sudre* • CEDH 20 mars 2012, *C. A. S. et C. S. c/ Roumanie,* n° 26692/05 § 68 : *RD publ. 2013. 736, chron. Sudre.* ♦ Le présent art. astreint les États membres à mettre en place une législation efficace de nature pénale qui constitue une dissuasion effective contre les actes portant atteinte à l'intégrité physique et permet de les réprimer. • CEDH 4 déc. 2003, *M. C. c/ Bulgarie,* n° 39272/98 § 150 : *préc.* • CEDH 25 juin 2009, *Beganovic c/ Croatie,* n° 46423/06 § 71 • CEDH 20 oct. 2011, *Stasi c/ France,* n° 25001/07 § 80 : *AJDA 2012. 143, chron. Burgorgue-Larsen .*

156. Une application stricte, dès le tout début de la privation de liberté, des garanties fondamentales, telles que le droit de demander un examen par un médecin de son choix en sus de tout examen par un médecin appelé par les autorités de police, ainsi que l'accès à un avocat et à un membre de la famille, renforcées par une prompte intervention judiciaire peut effectivement conduire à la détection et la prévention de mauvais traitements qui risquent, comme en l'espèce, d'être infligés aux personnes détenues, notamment pour leur extorquer des aveux. • CEDH 22 oct. 2002, *Algür c/ Turquie,* n° 32574/96 § 44.

157. En revanche, le présent art. ne fait peser sur l'État défendeur aucune obligation positive de prendre l'engagement de ne pas poursuivre le mari de la requérante s'il venait à aider son épouse à se suicider ou de créer un cadre légal pour toute autre forme de suicide assisté. • CEDH 29 avr. 2002, *Pretty c/ Royaume-Uni,* n° 2346/02 § 56.

158. Répression de manifestations. Le droit turc ne contenait aucune disposition spécifique réglementant l'utilisation des grenades lacrymogènes pendant les manifestations, et il n'énonçait aucune directive concernant son mode d'emploi. Compte tenu du fait qu'au cours des événements, deux personnes ont été tuées par des tirs de grenades lacrymogènes et que le requérant a été blessé à cette occasion, on peut inférer que les policiers ont pu agir avec une grande autonomie et prendre des initiatives inconsidérées, ce qui n'eût probablement pas été le cas s'ils avaient bénéficié d'une formation et d'instructions adéquates. Une telle situation ne permet pas d'offrir le niveau de protection de l'intégrité physique des personnes qui est requis dans les sociétés démocratiques contemporaines en Europe. • CEDH 16 juill. 2013, *Abdullah Yasa et a. c/ Turquie,* n° 44827/08 § 49.

159. Relations privées. Il y a violation du présent art. dès lors que la loi ne met pas suffisamment le requérant à l'abri d'un traitement ou d'une peine inhumaine ou dégradante comme le fait de frapper un enfant à l'aide d'un bâton avec beaucoup de force et à plusieurs reprises. D'ailleurs, le Gouvernement a concédé qu'en son état actuel la loi n'assure pas une protection suffisante aux enfants et doit être modifiée. • CEDH 23 sept. 1998, *A. c/ Royaume-Uni,* n° 25599/94 § 24 : *préc. note 155.* ♦ ... Il y a également violation du présent art. lorsque les autorités étant informées des mauvais traitements et de la grave négligence auxquels les quatre enfants étaient exposés depuis des années dans leur famille, elles n'ont pris aucune mesure effective pour mettre un terme à cette situation, malgré les moyens dont elles pouvaient raisonnablement disposer. • CEDH 10 mai 2001, *Z. et a. c/ Royaume-Uni,* n° 29392/95 § 70 : *préc. note 155.* ♦ Lorsque les autorités locales n'ont pas fait preuve de la diligence requise pour prévenir de nouvelles agressions sur la personne de la requérante puisque son mari a pu récidiver sans être inquiété et qu'il est demeuré impuni. • CEDH 9 juin 2009, *Opuz c/ Turquie,* n° 33401/02 § 48 : *AJDA 2009. 1936, chron. Flauss ; RSC 2010. 219, obs. Marguénaud ; RD publ. 2010. 862, obs. Surrel ; JCP 2009. I. 143, chron. Sudre.* ♦ ... Lorsque les juridictions n'ont pas pris de mesures adéquates pour protéger les enfants de E. S. contre de mauvais traitements alors que, compte tenu de la nature et de la gravité des allégations, E. S. et ses enfants avaient besoin d'une protection immédiate. • CEDH 15 sept. 2009, *E. S. c/ Slovaquie,* n° 8227/04 § 44.

160. Il en va de même du refus des policiers, alertés par les requérants par différents biais et suffisamment tôt, d'intervenir promptement pour mettre fin à la violence et protéger les victimes d'actes de violence commis par un groupe de particuliers orthodoxes dirigés par un père contre l'ensemble des membres d'une Congrégation, réunis dans un théâtre dans un but religieux. • CEDH 3 mai 2007, *97 membres de la Congrégation des témoins de Jéhovah de Gldani c/ Géorgie,* n° 71156/01 § 111.

161. De même les autorités doivent prendre les mesures nécessaires afin d'empêcher qu'un détenu subisse des actes interdits de la part d'autres détenus et que ces actes se renouvellent ; en l'espèce, même après l'incident avec les deux codétenus, le requérant a été laissé par les gardiens dans la même cellule que ses agresseurs, immobilisé de surcroît. • CEDH 3 juin 2003, *Pantea c/ Roumanie,* n° 33343/96 § 194 : *D. 2003. 2268, obs. Renucci ; RSC 2004. 441, obs. Massias ; JCP 2003. I. 160, chron. Sudre.* ♦ V. pour un cas dans lequel les autorités pénitentiaires ont pris, dans les circonstances de l'espèce, et compte tenu des faits qui ont été portés à leur connaissance, toutes les mesures que l'on pouvait raisonnablement attendre d'elles pour protéger l'intégrité physique du requérant. • CEDH 20 oct. 2011, *Stasi c/ France,* n° 25001/07 § 90 s. : *préc. note 155.* ♦ ... Et pour un cas où les mesures n'ont pas été prises. • CEDH 10 févr. 2011, *Premininy c/ Russie,* n° 44973/04 § 82 s.

162. En revanche, il n'est pas possible de considérer qu'il y a violation du présent art. si l'inaction des autorités résulte de leur absence de connaissance des faits ou des risques. • CEDH 10 oct. 2002, *D. P. et J. C. c/ Royaume-Uni,* n° 38719/97 § 114 : *RTDH 2003. 1355, obs. Gouttenoire.*

163. Viol. – Abus sexuels. Les États ont l'obligation positive, inhérente aux art. 3 et 8 Conv. EDH, d'adopter des dispositions en matière pénale qui sanctionnent effectivement le viol et de les appliquer en pratique au travers d'une enquête et de poursuites effectives. • CEDH 4 déc. 2003, *M. C. c/ Bulgarie,* n° 39272/98 § 153 : *pré. note 155* • CEDH 20 mars 2012, *C.A.S. et C. S. c/ Roumanie,* n° 26692/05 § 83. ♦ V. déjà estimant que le viol peut constituer une torture. • CEDH 25 sept. 1997, *Aydin c/ Turquie,* n° 23178/94 § 83 : *préc. note 8.* ♦ V. déjà : le caractère par essence avilissant du viol est si manifeste que l'abandon de l'idée inacceptable qu'un mari ne pourrait être poursuivi pour le viol de sa femme est conforme non seulement à une notion civilisée du mariage mais encore et surtout aux objectifs fondamentaux de la Convention dont l'essence même est le respect de la dignité et de la liberté humaines. • CEDH 22 nov. 1995, *SW c/ Royaume-Uni,* n° 20166/92 § 44 : *préc. note 1.* ♦ La Cour est convaincue que toute approche rigide de la répression des infractions à caractère sexuel, qui consisterait par exemple à exiger dans tous les cas la preuve qu'il y a eu résistance physique, risque d'aboutir à l'impunité des auteurs de certains types de viol et par conséquent de compromettre la protection effective de l'autonomie sexuelle de l'individu. Conformément aux normes et aux tendances contemporaines en la matière, il y a lieu de considérer que les obligations positives qui pèsent sur les États membres commandent la criminalisation et la répression effective de tout acte sexuel non consensuel, y compris lorsque la victime n'a pas opposé de résistance physique. • CEDH 4 déc. 2003, *M. C. c/ Bulgarie,* n° 39272/98 § 166 : *préc. note 155.* ♦ L'État a failli à son obligation positive de protéger la requérante en l'espèce contre les abus sexuels subis par elle alors qu'elle fréquentait l'école nationale. • CEDH, gr. ch., 28 janv. 2014, *O'Keeffe c/ Irlande,* n° 35810/09 § 169 : *préc. note 148.* ♦ V. également les affaires mentionnées note 148.

164. Violences domestiques. Dans le traitement judiciaire du contentieux des violences contre les femmes, il incombe aux instances nationales de tenir compte de la situation de précarité et de vulnérabilité particulière, morale, physique et/ou matérielle de la victime, et d'apprécier la situation en conséquence, dans les plus brefs délais. Alors même que la violence à l'égard des femmes « est un des mécanismes sociaux cruciaux par lesquels les femmes sont maintenues dans une position de subordination par rapport aux hommes » (Préambule de la Convention d'Istanbul), la Cour juge inacceptable que la requérante ait dû, de nombreuses années après avoir saisi les instances nationales des violences dont elle fut victime, vivre dans la crainte des agissements de son ex-mari. • CEDH 22 mars 2016, *M. G. c/ Turquie,* n° 646/10 § 95 et 106 : *AJDA 2016. 1741, chron. Burgorgue-Larsen.* ♦ Sur les violences domestiques, V. également notes ss. Conv. EDH, art. 2.

165. Disparitions. Enlèvements. La requérante s'est adressée au procureur dans les jours qui ont suivi la disparition de son fils car elle croyait fermement qu'il avait été placé en détention. Elle a vu de ses yeux qu'il avait été appréhendé au village et la circonstance qu'il n'ait pas reparu depuis lors lui fait craindre pour sa sécurité, comme l'attestent ses différentes plaintes. Or le procureur n'a pas examiné sa doléance, préférant accepter sans réserve l'hypothèse des gendarmes selon laquelle le fils avait été enlevé par le PKK. L'intéressée resta donc dans l'angoisse car elle savait que son fils était détenu et aucune information officielle n'était fournie quant à ce qu'il était devenu. Cette angoisse perdure depuis longtemps. • CEDH 25 mai 1998, *Kurt c/ Turquie,* n° 24276/94 § 133. ♦ V. également note 180.

166. Il n'y a pas eu violation du présent art. dès lors que la police a délivré L. M. de sa captivité alléguée en deux semaines et demie. S'il lui a fallu trois jours pour localiser la villa et deux semaines de plus pour préparer la descente, ceci résultait du fait que les requérants avaient dit que les gens qui habitaient la villa étaient armés, rendant nécessaire une surveillance préalable à l'intervention. • CEDH 31 juill. 2012, *M. et a. c/ Italie et Bulgarie,* n° 40020/03 § 102.

167. Il y a bien violation du volet procédural du présent art. dès lors que dans le cadre d'une « remise exceptionnelle » (un enlèvement par les services secrets) l'enquête, pourtant effective et profonde, et le procès, qui a conduit à l'identification des coupables et à la condamnation de certains d'entre eux, n'ont pas abouti à leur issue naturelle qui, en l'espèce, était « la punition des responsables ». • CEDH 23 févr. 2016, *Italie,* n° 44883/09 § 272. ♦ De même, en permettant aux autorités américaines d'enlever le requérant sur le territoire italien dans le cadre du programme de « remises extraordinaires », les autorités italiennes ont sciemment exposé l'intéressé à un risque réel de traitements contraires au présent art. (violation du volet matériel). • CEDH 23 févr. 2016, *Italie,* n° 44883/09 § 290.

168. Mineurs livrés à eux-mêmes. Les mineurs étrangers non accompagnés en situation irrégulière relèvent de la catégorie des personnes les plus vulnérables de la société qu'il appartient, au titre du présent art. combiné à l'art. 1er de la Conv., à l'État de protéger en offrant, dans le cadre de ses obligations positives, un suivi et un encadrement. • CEDH 5 avr. 2011, *Grèce,* n° 8687/08 § 87 et 94 : *préc. note 100.* ♦ Est constitutive d'un traitement dégradant emportant violation du présent art. la carence des autorités résultant, d'une part, de l'inexécution d'une ordonnance du juge des enfants destinée à protéger un mineur étranger non accompagné de douze ans et ayant conduit, d'autre part, à ce que ce dernier vive plusieurs mois dans un environnement inadapté (bidonville de la lande de Calais) à tous points de vue (sécurité, logement, hygiène, nourriture, soins) dans une précarité inacceptable. • CEDH 28 févr. 2019, *Kahn c/ France,* n° 12267/16 § 94 : *AJDA 2019. 489 ; D. 2019. 486 ; AJ fam. 2019. 111.*

169. Type de recours. Pour qu'un système de protection des droits garantis par le présent art. soit effectif, les recours préventifs et les recours indemnitaires doivent coexister de façon complémentaire. L'importance particulière de cet art. impose que les États établissent, au-delà d'un simple recours indemnitaire, un mécanisme effectif permettant de mettre rapidement un terme à tout traitement contraire au présent art. • CEDH 10 janv. 2012, *Ananyev et a. c/ Russie,* n° 42525/07 § 98 : *préc. note 81* • CEDH 13 juin 2013, *Grèce,* n° 53709/11 § 52.

B. MISE EN PLACE D'UNE PROCÉDURE D'ENQUÊTE ET DE SANCTION

170. Droit du for. Il y a un large consensus dans la communauté internationale sur l'existence d'un droit des victimes d'actes de torture à une réparation appropriée et effective (Résol. 60/147 de l'Ass. gén. de l'ONU du 16 déc. 2005 et les travaux de l'Institut de droit international relatifs à la compétence universelle civile en matière de réparation pour crimes internationaux). Si les effets contraignants de ce droit pour les États ne font guère de doutes s'agissant d'actes de torture commis sur le territoire de l'État du for ou par des personnes relevant de sa juridiction, il n'en va pas de même des actes commis par des États tiers ou des personnes relevant de ceux-ci. • CEDH, gr. ch., 15 mars 2018, *Naït-Liman c/ Suisse*, n° 51357/07 § 97 : *D. 2017. 1011, obs. Gaudemet-Tallon et Jault-Seseke ; RSC 2016. 587, obs. Marguénaud*. ♦ Les buts légitimes de la limitation litigieuse peuvent se rattacher aux principes de la bonne administration de la justice et du maintien de l'effectivité des décisions judiciaires internes. Tout d'abord, il ne fait guère de doute qu'une action telle que celle du requérant, alléguant qu'il avait été torturé en Tunisie en 1992, poserait aux tribunaux suisses des problèmes considérables au niveau du rassemblement et de l'appréciation des preuves. En outre, l'exécution d'un arrêt donnant suite à une telle action pourrait entraîner des difficultés pratiques. A cet égard, on peut en effet s'interroger, dans l'optique d'un droit d'accès effectif à un tribunal, sur le point de savoir si un arrêt rendu dans de telles conditions pourrait effectivement être exécuté. Ensuite, il apparaît légitime pour un État de vouloir dissuader le *forum shopping*, en particulier dans un contexte caractérisé par une limitation des ressources allouées à la justice. Ensuite encore, la Cour considère justifiée la crainte exprimée par le Gouvernement selon laquelle le fait d'accueillir une action comme celle du requérant, dont les liens de rattachement avec la Suisse au moment des faits apparaissent assez ténus, risquerait d'attirer des plaintes similaires de la part d'autres victimes dans la même situation à l'égard de la Suisse et, ainsi, d'entraîner une surcharge des tribunaux nationaux. Une limitation raisonnable des recours recevables apparaît dès lors susceptible d'assurer l'effectivité de la justice. Enfin, et à titre surabondant, la Grande Chambre accepte qu'un État ne saurait ignorer les difficultés diplomatiques que pourrait entraîner la reconnaissance d'une compétence en matière civile dans les conditions proposées par le requérant. • CEDH, gr. ch., 15 mars 2018, *Naït-Liman c/ Suisse*, n° 51357/07 § 122 s. : *préc.* ♦ Le droit international ne faisait pas peser d'obligation sur les autorités suisses d'ouvrir leur for en vue de faire statuer sur le fond de la demande de réparation du requérant, ni au titre d'une compétence universelle civile pour actes de torture, ni au titre du for de nécessité. Il en résulte que les autorités suisses jouissaient d'une large marge d'appréciation en la matière. Il n'apparaît donc pas déraisonnable pour un État qui instaure un for de nécessité de lier son exercice à l'existence de certains facteurs de rattachement avec cet État, qu'il appartient à celui-ci de déterminer, dans le respect du droit international et sans excéder la marge d'appréciation qui lui est reconnue au titre de la Conv. EDH. • CEDH, gr. ch., 15 mars 2018, *Naït-Liman c/ Suisse*, n° 51357/07 § 203 et 219 : *préc.*

171. Droit au recours effectif. Sur l'obligation de prévoir un recours et son effectivité. V. comm. et annotations ss. Conv. EDH, art. 13. ♦ V. également note 112.

172. Si la Conv. EDH ne contient aucune disposition expresse du genre de celle consacrée à l'art. 12 de la Conv. contre la torture ou autres peines ou traitements cruels, inhumains ou dégradants adoptée en 1984 par les Nations unies, qui impose une obligation de procéder « immédiatement à une enquête impartiale » chaque fois qu'il y a des motifs raisonnables de croire qu'un acte de torture a été commis, la CEDH estime toutefois que pareille exigence découle implicitement de la notion de « recours effectif », au sens de l'art. 13 Conv. EDH. Le présent art. impose aux États, sans préjudice de tout autre recours disponible en droit interne, une obligation de mener une enquête approfondie et effective au sujet des cas de torture. • CEDH 18 déc. 1996, *Aksoy c/ Turquie*, n° 21987/93 § 98 : *préc. note 10* • CEDH 28 oct. 1998, *Assenov c/ Bulgarie*, n° 24760/94 § 117.

173. Devoir d'enquête. Lorsqu'un individu affirme de manière défendable avoir subi, aux mains de la police ou d'autres services comparables de l'État, de graves sévices illicites et contraires au présent art., il doit y avoir une enquête officielle effective. • CEDH 28 oct. 1998, *Assenov c/ Bulgarie*, n° 24760/94 § 102 • CEDH, gr. ch., 6 avr. 2000, *Labita c/ Italie*, n° 26772/95 § 131 : *préc. note 17* • CEDH 21 avr. 2011, *Nechiporuk et Yonkalo c/ Ukraine*, n° 42310/04 § 162. ♦ ... Et approfondie. • CEDH 18 déc. 1996, *Aksoy c/ Turquie*, n° 21987/93 § 98 : *préc. note 10.* ♦ Il convient que cette enquête soit également impartiale. • CEDH 16 déc. 2003, *Kmetty c/ Hongrie*, n° 57967/00 § 42. ♦ ... Et menée de manière diligente. • CEDH 8 nov. 2011, *V. C. c/ Slovaquie*, n° 18968/07 § 127. • CEDH 24 sept. 2013, *Dembele c/ Suisse*, n° 74010/11 § 66. • CEDH, gr. ch., 28 sept. 2015, *Bouyid c/ Belgique*, n° 23380/09 § 132 : *D. 2013. 2774, obs. Laffaille*. ♦ L'enquête est d'autant plus nécessaire si l'on soupçonne qu'un comportement discriminatoire avait pu jouer un rôle peut-être à l'origine du traitement inhumain ou dégradant. • CEDH 13 déc. 2005, *Bekos et Koutropoulos c/ Grèce*, n° 15250/02 § 75.

174. Il en va de même si les violences ont

été commises par des personnes privées. • CEDH 1er févr. 2011, *Ebcon c/ Turquie,* n° 19506/05 § 62 • CEDH 31 juill. 2012, *M. et a. c/ Italie et Bulgarie,* n° 40020/03 § 104 s.

175. Après que la Cour a rayé du rôle une affaire à la suite de l'admission sans réserve et sans équivoque par le Gouvernement que le requérant a subi des mauvais traitements et que l'enquête ne répondait pas aux exigences d'effectivité requises par le présent art., les autorités rejetèrent une demande du requérant tendant à la réouverture de la procédure pénale. Ce refus constitue au yeux de la Cour une violation du présent art. • CEDH, gr. ch., 5 juill. 2016, *Jeronovics c/ Lettonie,* n° 44898/10 § 123 : *AJDA 2016. 1738, chron. Burgorgue-Larsen.*

176. L'enquête officielle effective, à l'instar de celle résultant de l'art. 2 Conv. EDH, doit pouvoir mener à l'identification et à la punition des responsables. S'il n'en allait pas ainsi, nonobstant son importance fondamentale, l'interdiction légale générale de la torture et des peines ou traitements inhumains ou dégradants serait inefficace en pratique, et il serait possible dans certains cas à des agents de l'État de fouler aux pieds, en jouissant d'une quasi-impunité, les droits de ceux soumis à leur contrôle. • CEDH, gr. ch., 6 avr. 2000, *Labita c/ Italie,* n° 26772/95 § 131 : *préc. note 17.*

177. Eu égard à l'absence d'une enquête approfondie et effective sur les griefs défendables des requérants selon lesquels leurs proches ont été victimes de traitements contraires au présent art., la Cour rejette l'exception préliminaire du Gouvernement relative à l'épuisement des voies de recours internes et conclut qu'il y a eu violation de ses exigences procédurales. • CEDH 24 févr. 2005, *Khachiev et Akaieva c/ Russie,* n° 57942/00 § 180. ♦ Il en va de même dès lors que la police n'a fait aucun effort pour interroger les personnes qui avaient pu être témoins des faits et que après avoir été délivrée, la personne enlevée, mineur à l'époque, n'a pas fait l'objet d'un examen médical alors qu'elle disait avoir fait l'objet de sévices et viols multiples. • CEDH 31 juill. 2012, *M. et a. c/ Italie et Bulgarie,* n° 40020/03 § 104 et 105. ♦ Eu égard aux allégations précises et étayées du requérant dans le cadre de la procédure pénale, les autorités compétentes disposaient d'éléments plausibles indiquant une possible motivation raciste de la violence subie par l'intéressé et ont failli à leur obligation de prendre toutes les mesures raisonnables pour enquêter sur un éventuel mobile raciste de la violence exercée. • CEDH 11 mars 2014, *Abdu c/ Bulgarie,* n° 26827/08 § 50. ♦ Il y a des omissions frappantes dans la réalisation de l'enquête menée dans la présente affaire. Ainsi, il est surprenant que les autorités n'aient pas saisi les armes blanches dont le requérant et son père auraient été armés, et cela, bien que, selon le procès-verbal dressé par les officiers de police le jour des événements, les lieux aient été surveillés par un agent de police. En outre, les autorités ont refusé de procéder à une reconstitution des faits, bien qu'il s'agisse d'une mesure d'instruction essentielle pour ce type d'affaire et n'ont pas cherché à établir, par le biais d'une expertise balistique et afin de statuer sur le respect de la législation concernant l'usage des armes à feu, combien de coups avaient été tirés par l'agent de police et la distance ou la direction des tirs. • CEDH 11 févr. 2014, *Gramada c/ Roumanie,* n° 14974/09 § 72 et 73.

178. Compte tenu du retard très important dans la conduite de la première enquête, de la négligence dans l'identification des responsables présumés, ainsi que de la longueur de la première enquête et de la nouvelle – par ailleurs toujours en cours –, la Cour estime que les autorités italiennes n'ont pas adopté les mesures positives que l'existence d'un grief défendable imposait en l'espèce. • CEDH 18 oct. 2001, *Indelicato c/ Italie,* n° 31143/96 § 37. ♦ Les juridictions internes ont annulé à 3 reprises les décisions de non-lieu prononcées par les autorités à l'encontre des gardiens du SIZO au motif que les enquêtes étaient insuffisantes. Les lacunes établies par les tribunaux nationaux, le manque d'indépendance et de célérité des autorités chargées de l'enquête ainsi que l'insuffisance des éléments communiqués par celles-ci au public suffisent pour conclure que l'enquête, qui n'est toujours pas close, n'a pas satisfait à l'exigence minimale d'effectivité. • CEDH 6 sept. 2007, *Kucheruk c/ Ukraine,* n° 2570/04 § 162.

179. Non seulement les procureurs ont accepté sans réserve les faits tels que les policiers les ont relatés, mais ils ont aussi méconnu certaines déclarations cruciales, comme celles du témoin oculaire de l'altercation entre le requérant, d'une part, et M. et L., d'autre part, témoin qui avait accompagné le requérant au commissariat de police. • CEDH 26 juill. 2007, *Cobzaru c/ Roumanie,* n° 48254/99 § 69. ♦ L'organe chargé des investigations – le directeur du SIZO – représentant l'autorité en cause, la Cour constate que l'enquête préliminaire sur les allégations de mauvais traitements émanant du requérant n'a pas satisfait à l'exigence minimale d'indépendance. Cette enquête s'est limitée à établir que les gardiens avaient fait usage de leur matériel spécial conformément aux règles en vigueur. Cette conclusion était fondée sur les dépositions écrites des gardiens impliqués, prises pour argent comptant. • CEDH 6 sept. 2007, *Kucheruk c/ Ukraine,* n° 2570/04 § 157.

180. Les autorités de l'État défendeur n'ont mené aucune enquête sur les circonstances ayant entouré les disparitions. En l'absence d'informations sur le sort des personnes disparues lors des événements de juill. et août 1974, leurs familles ont été condamnées à vivre de manière prolongée dans un état d'angoisse extrême dont on ne peut dire qu'il s'est apaisé avec le temps. Dans les circonstances de l'espèce, la Cour ne pense pas que le fait que certaines personnes n'aient pas vu concrètement des membres de leur famille en détention ou ne se soient pas plaintes aux autorités de l'État défendeur de pareille détention les prive de la qualité de victime au regard du présent art. Elle rappelle que l'opération militaire a provoqué la mort d'un nombre considérable de personnes, de très nombreuses arrestations et détentions et la séparation forcée de familles. Toute la situation doit être encore très présente à l'esprit des proches des personnes dont le sort n'a jamais été éclairci par les autorités. Ils sont au supplice d'ignorer si les membres de leur famille ont été tués pendant le conflit ou sont toujours détenus ou, pour le cas où ils auraient été arrêtés, s'ils sont morts depuis. • CEDH 10 mai 2001, *Chypre c/ Turquie,* n° 25781/94 § 157. ♦ Il incombait au Gouvernement d'effectuer les recherches nécessaires afin d'établir la manière dont le tir avait été effectué, notamment par le recours à une expertise. Faute pour le Gouvernement d'avoir soumis un quelconque élément permettant d'infirmer la thèse du requérant, la Cour accepte que ce tir était direct et tendu. • CEDH 16 juill. 2013, *Abdullah Yasa et a. c/ Turquie,* n° 44827/08 § 48.

181. Pour d'autres exemples, V. : ... s'agissant d'une lenteur d'autant plus excessive que l'exercice d'un acte de procédure par l'autorité de poursuite n'interrompt pas l'écoulement de la prescription de l'action publique, • CEDH 10 déc. 2013, *Ceachir c/ Moldavie,* n° 50115/06 § 49 s. ♦ ... S'agissant de l'indépendance, de la célérité et de l'adéquation. • CEDH, gr. ch., 17 sept. 2014, *Mocanu et a. c/ Roumanie,* n° 10865/09 § 327 s. ♦ ... S'agissant de la durée de l'enquête et de la procédure. • CEDH 3 mars 2015, *S. Z. c/ Bulgarie,* n° 29283/12 § 48 s. ♦ Faible effectivité, voire inexistence des enquêtes policières subséquentes. • CEDH 23 mars 2016, *Sakir c/ Grèce, n° 48475/09 § 65 s.*

182. Le devoir d'enquête est parfois désormais examiné sous l'angle de l'art. 13 Conv. • CEDH 26 juill. 2007, *Cobzaru c/ Roumanie,* n° 48254/99 § 75 et 84. ♦ ... Conjointement ou non avec le présent art. • CEDH 25 mai 1998, *Kurt c/ Turquie,* n° 24276/94 § 142.

183. Lorsque des abus sexuels sur mineurs sont potentiellement en jeu, l'obligation procédurale de mener une enquête effective découlant du présent article doit prendre en compte la vulnérabilité des enfants, leurs besoins spécifiques, mettre effectivement en œuvre leur droit à ce que leur intérêt supérieur prime et à cet effet être interprétée à la lumière des obligations des autres instruments internationaux applicables, et plus particulièrement de la Convention du Conseil de l'Europe du 12 juill. 2007 sur la protection des enfants contre l'exploitation et les abus sexuels (dite de Lanzarote) auxquels sont parties tous les membres de l'organisation. • CEDH, gr. ch., 2 févr. 2021, *Bulgarie,* n° 22457/16 § 192. ♦ S'abstenant notamment, dans un contexte transnational (victime mineure résidant postérieurement aux faits dans un autre État partie), de recourir aux mécanismes disponibles d'investigation et de coopération internationale (audition de la victime, demande d'expertise médicale à l'État de résidence), la partie contractante ne s'est pas conformée à l'obligation, au titre du volet procédural du présent article, de procéder à une enquête effective. • CEDH, gr. ch., 2 févr. 2021, *Bulgarie,* n° 22457/16 § 228.

184. Devoir de sanction. Cette enquête doit pouvoir mener à l'identification et à la punition des responsables. • CEDH 28 oct. 1998, *Bulgarie,* n° 24760/94 § 102. ♦ La sanction doit être suffisante pour constituer une véritable sanction et une dissuasion. • CEDH 26 oct. 2017, *Cirino et Renne c/ Italie,* n° 2539/13 §106 s. : *préc. note 12.*

185. Si les autorités nationales se doivent de conduire une « enquête officielle et effective » de nature à permettre d'établir les faits et de mener à l'identification, il convient encore que cela aboutisse à la punition des éventuels responsables. L'obligation s'étend au-delà du stade de l'instruction préliminaire lorsque, comme en l'espèce, celle-ci a entraîné l'ouverture de poursuites devant les juridictions nationales : c'est l'ensemble de la procédure, y compris la phase de jugement, qui doit satisfaire aux impératifs de l'interdiction posée par cette disposition. Ainsi, les instances judiciaires internes ne doivent en aucun cas s'avérer disposées à laisser impunies des atteintes à l'intégrité physique et morale des personnes. Cela est indispensable pour maintenir la confiance du public et assurer son adhésion à l'État de droit ainsi que pour prévenir toute apparence de tolérance d'actes illégaux, ou de collusion dans leur perpétration. • CEDH 17 oct. 2006, *Okkali c/ Turquie,* n° 52067/99 § 65. ♦ Les enquêtes indépendantes menées avec célérité n'ayant pas conduit à l'identification et à la punition des responsables, la Cour conclut néanmoins à une violation du volet procédural du présent art. pour défaut d'enquête effective compte tenu d'une instruction insuffisamment minutieuse menée par le magistrat (absence de certaines mesures d'expertise médicale et technique nécessaires et défaut de confrontation permettant une vérification approfondie des témoignages contradictoires des surveillants de prison). • CEDH 5 déc. 2019, *J.M. c/ France,* n° 71670/14, § 106 s. : *préc. note 114.*

186. Absence de procédure interne. Hormis le cas très particulier des menaces de mort, le code pénal bulgare n'érige pas en infractions pénales les agissements des agents de police causant des souffrances psychologiques, survenus par exemple dans le cadre d'opérations d'arrestation, de perquisition et de saisie conduites d'une manière agressive. Dès lors qu'il n'est pas allégué que le plaignant a subi une agression physique entre les mains des agents de police, les autorités ne sont pas tenues d'ouvrir des poursuites pénales concernant les actes dénoncés. • CEDH 11 oct. 2011, *Hristovi c/ Bulgarie,* n° 42697/05 § 95.

187. Immunité juridictionnelle. S'il est vrai que l'interdiction de la torture est devenue une règle impérative du droit international, il convient de noter que la présente affaire ne concerne pas la responsabilité pénale d'un individu pour des actes de torture qui auraient été commis, mais l'immunité dont l'État jouit en cas d'action civile en dommages-intérêts pour des actes de torture qui se sont produits sur son territoire. Nonobstant le caractère particulier que le droit international reconnaît à la prohibition de la torture, la Cour n'aperçoit, dans les instruments internationaux, les décisions judiciaires ou les autres documents en sa possession, aucun élément solide lui permettant de conclure qu'en droit international un État ne jouit plus de l'immunité d'une action civile devant les cours et tribunaux d'un autre État devant lesquels sont formulées des allégations de torture. Même si l'importance primordiale de la prohibition de la torture est de plus en plus reconnue, il n'est pas établi qu'il soit déjà admis en droit international que les États ne peuvent prétendre à l'immunité en cas d'actions civiles en dommages-intérêts pour des actes de torture qui auraient été perpétrés en dehors de l'État du for. La loi, qui accorde l'immunité aux États en cas d'actions pour atteinte à l'intégrité de la personne sauf si le préjudice a été causé au Royaume-Uni, n'est pas en contradiction avec les limitations généralement admises par la communauté des nations comme relevant du principe de l'immunité des États. • CEDH, gr. ch., 21 nov. 2001, *Al-Adsani c/ Royaume-Uni,* n° 35763/97 § 61 et 66 : *préc. note 1.*

Art. 4 *Interdiction de l'esclavage et du travail forcé.* 1. Nul ne peut être tenu en esclavage ni en servitude.

2. Nul ne peut être astreint à accomplir un travail forcé ou obligatoire.

3. N'est pas considéré comme "travail forcé ou obligatoire" au sens du présent article :

a) tout travail requis normalement d'une personne soumise à la détention dans les conditions prévues par l'article 5 de la présente Convention, ou durant sa mise en liberté conditionnelle ;

b) tout service de caractère militaire ou, dans le cas d'objecteurs de conscience dans les pays où l'objection de conscience est reconnue comme légitime, à un autre service à la place du service militaire obligatoire ;

c) tout service requis dans le cas de crises ou de calamités qui menacent la vie ou le bien-être de la communauté ;

d) tout travail ou service formant partie des obligations civiques normales.

BIBL. ▶ ANDRIANTSIMBAZOVINA, L'esclavage, la servitude et le travail forcé ou obligatoire dans la jurisprudence de la Cour européenne des droits de l'homme : une échelle pertinente des formes d'exploitation de l'être humain ?, *Rev. Droits, 2010/2, p. 97.* – CHASSIN, L'article 4 CEDH : de la lettre à l'esprit, *in* L'homme dans la société internationale. *Mélanges en hommage au Professeur Paul Tavernier, Bruxelles, Bruylant, 2013, p. 585.*

COMMENTAIRE

V. sur le Code en ligne.

1. Principe. Le présent art. consacre l'une des valeurs fondamentales des sociétés démocratiques qui forment le Conseil de l'Europe. *Vu son importance au sein de la Conv.,* sa portée ne pourrait se limiter aux seuls agissements directs des autorités de l'État. Ladite disposition met aussi à la charge des États membres une série d'obligations positives se rapportant notamment à la protection de la victime de la traite d'êtres humains ainsi que la prévention et la répression de celle-ci. • CEDH 26 juill. 2005, *Siliadin c/ France,* n° 73316/01 § 7 et 89 : *AJDA 2005. 1886, chron. Flauss ; D. 2006. 346,* note Roets ; ibid. 1717, obs. *Renucci ; RSC 2006. 139, obs. Massias ; RTD civ. 2005. 740, obs. Marguénaud* • CEDH 21 janv. 2016, *L. E. c/ Grèce,* n° 71545/12 § 64. ♦ Dans certaines circonstances, l'État se trouve devant l'obligation de prendre des mesures concrètes pour protéger les victimes avérées ou potentielles de traitements contraires au présent art. qui peut, dans certaines circonstances, imposer à l'État ce type d'obligation. Il n'en résulte pas, toutefois, que l'on puisse déduire de cette disposition une obligation positive d'empêcher toute violence potentielle. Enfin, le présent art. impose une obligation procédurale d'enquêter sur les situations de traite potentielle d'êtres humains. • CEDH 21 janv. 2016, *L. E. c/ Grèce,* n° 71545/12 § 66 s. • CEDH 30 mars 2017, *Chowdury et a. c/ Grèce,* n° 21884/15 § 88.

2. Traite d'êtres humains. Il n'y a pas de doute que la traite d'êtres humains porte atteinte à la dignité humaine et aux libertés fondamentales de ses victimes et on ne peut pas dès lors le considérer comme compatible avec une société démocratique et les valeurs expliquées dans la Conv. EDH. La Cour devant interpréter la Conv. EDH à la lumière de réalités actuelles considère inutile de rechercher si la traite d'êtres humains dont le requérant se dit victime constitue de « l'esclavage », de « la servitude » ou « un travail forcé ou obligatoire ». Au lieu de cela, la Cour conclut que la traite d'êtres humains lui-même tombe sous le coup du présent art. • CEDH 7 janv. 2010, *Rantsev c/ Chypre et Russie,* n° 25965/04 § 282 : *AJDA 2010. 997, chron. Flauss ; RSC 2010. 681, obs. Roets .* ♦ Rappr. *a contrario,* les faits n'étant pas prouvés en l'espèce. • CEDH 31 juill. 2012, *M. et a. c/ Italie et Bulgarie,* n° 40020/03 § 146 s. ♦ Vue sous l'angle du présent art. qui ne la définit pas plus qu'il ne la mentionne, la notion de traite des êtres humains se rapporte à la traite nationale aussi bien qu'internationale, qu'elle soit liée ou non à la criminalité organisée dès lors que sont présents les éléments constitutifs de la définition internationale de la traite (acte, moyens, objectif) tels qu'établis par la Convention du Conseil de l'Europe sur la lutte contre la traite des êtres humains du 16 mai 2005 (dite anti-traite) et par le Protocole du 15 nov. 2000 visant à prévenir, réprimer et punir la traite des personnes (Protocole « dit de Palerme » rattaché à la Convention des Nations unies contre la criminalité transnationale organisée les 12-15 déc. 2000). • CEDH, gr. ch., 25 juin 2020, *Croatie,* n° 60561/14 § 303.

3. Le retard mis par les autorités internes pour reconnaître la requérante en tant que victime de traite d'êtres humains a marqué un défaut substantiel quant aux mesures opérationnelles que les autorités pouvaient prendre pour la protéger, défaut conduisant à la violation du présent art. • CEDH 21 janv. 2016, *Grèce,* n° 71545/12 § 73 s.

4. La traite et l'exploitation d'individus aux fins de prostitution relève du présent art. • CEDH 19 juill. 2018, *Croatie,* n° 60561/14 § 54. ♦ Le parquet et les tribunaux n'ont pas soumis l'affaire de la requérante à l'examen scrupuleux qu'exige le présent art. afin d'éviter que l'effet dissuasif du système de droit pénal en place ne se trouve amoindri. • CEDH 19 juill. 2018, *Croatie,* n° 60561/14 § 73 s.

5. « Esclavage moderne » et servitude. Aux termes de la Convention supplémentaire relative à l'abolition de l'esclavage, de la traite des esclaves et des institutions et pratiques analogues à l'esclavage, chacun des États parties doit prendre toutes les mesures réalisables et nécessaires pour obtenir l'abolition complète ou l'abandon des institutions et pratiques suivantes : « d) Toute institution ou pratique en vertu de laquelle un enfant ou un adolescent de moins de dix-huit ans est remis, soit par ses parents ou par l'un d'eux, soit par son tuteur, à un tiers, contre paiement ou non, en vue de l'exploitation de la personne, ou du travail dudit enfant ou adolescent ». En l'espèce, en sus du fait que la requérante a été astreinte à un travail forcé, la Cour relève que ce travail s'effectuait 7 jours sur 7 et environ 15 h par jour. Amenée en France par une relation de son père, elle n'avait pas choisi de travailler chez les épx B. Mineure, elle était sans ressources, vulnérable et isolée, et n'avait aucun moyen de vivre ailleurs que chez les épx B. où elle partageait la chambre des enfants, aucune autre forme d'hébergement ne lui ayant été proposée. Elle était entièrement à la merci des épx B. puisque ses papiers lui avaient été confisqués et qu'il lui avait été promis que sa situation serait régularisée, ce qui ne fut jamais fait. De plus, la requérante, qui craignait d'être arrêtée par la police, n'était en tout état de cause autorisée à sortir que pour accompagner les enfants en classe et à leurs différentes activités. Elle ne disposait donc d'aucune liberté de mouvement ni d'aucun temps libre. N'ayant par ailleurs pas été scolarisée, malgré ce qui avait été promis à son père, la requérante ne pouvait espérer voir sa situation évoluer et était entièrement dépendante des épx B. La Cour conclut de ce qui précède que la requérante, mineure à l'époque des faits, a été tenue en état de servitude au sens de l'art. 4 de la Conv. EDH. • CEDH 26 juill. 2005, *Siliadin c/ France,* n° 73316/01 § 125 à 129 : *AJDA 2005. 1886, chron. Flauss ; D. 2006. 346, note Roets ; ibid. 1717, obs. Renucci ; RSC 2006. 139, obs. Massias ; ibid. 431, obs. Massias ; RTD civ. 2005. 740, obs. Marguénaud .* ♦ La requérante a été forcée de fournir un travail d'une telle importance que sans son aide, les épx M. auraient dû avoir recours à une employée de maison professionnelle et donc rémunérée. Elle avait la conviction que sa situation administrative sur le territoire français était dépendante de son hébergement par les épx M. et qu'elle ne pouvait pas s'émanciper de leur tutelle sans risquer de se trouver en situation irrégulière.

Ce sentiment était renforcé lors d'événements tels que son hospitalisation sous le nom d'une de ses cousines. En outre, la requérante n'était pas scolarisée et ne bénéficiait d'aucune formation professionnelle lui permettant d'espérer travailler un jour contre une rémunération et en dehors du domicile des épx M. N'ayant aucun jour de repos, ni aucun loisir, elle n'avait pas la possibilité de nouer des contacts à l'extérieur lui permettant de demander de l'aide. Elle avait donc le sentiment que sa condition, à savoir le fait d'effectuer un travail forcé ou obligatoire au domicile des épx M., ne pouvait pas évoluer et que cette condition était immuable, d'autant plus qu'elle a duré quatre années. Cette situation a commencé quand elle était mineure et s'est poursuivie quand elle est devenue majeure. La requérante a bien été maintenue en état de servitude par les épx M. • CEDH 11 oct. 2012, *France*, n° 67724/09 § 79 et 92 : *AJDA 2013. 165, chron. Burgorgue-Larsen ; D. 2012. 2451 ; ibid. 2013. 2123, obs. Mallet-Bricout et Reboul-Maupin ; AJ pénal 2013. 162, obs. Lavric ; RSC 2013. 149, obs. Roets*.

6. La Cour, bien que consciente de l'importance du phénomène de la traite des femmes nigérianes en France et des difficultés pour ces personnes à se faire connaître des autorités en vue d'obtenir une protection, ne peut que constater, au vu de ce qui précède, que la requérante n'a pas tenté d'interpeller les autorités sur sa situation. Elle est donc d'avis que les éléments exposés par la requérante ne suffisent pas à prouver que les autorités de police savaient ou auraient dû savoir que la requérante était une victime d'un réseau de traite des êtres humains au moment où elles ont décidé de son éloignement. En conséquence, il ne peut être considéré que les autorités ont failli à mettre en œuvre des mesures efficaces et adéquates pour protéger la requérante. • CEDH, décis., 29 nov. 2011, *V. F. c/ France*, n° 7196/10.

7. L'obligation de secret professionnel prévue dans le contrat de travail du requérant et qui s'étend dans le temps au-delà de la rupture de son contrat ne cadre pas avec la notion de servitude telle qu'elle est envisagée au présent art. • CEDH, décis., 7 mars 2000, *Séguin c/ France*, n° 42400/98 § 4.

8. Le présent art. consacre l'une des valeurs fondamentales des sociétés démocratiques. Le premier paragraphe de cet art. ne prévoit pas de restrictions, ce en quoi il contraste avec la *majorité des clauses normatives de la Conv.* EDH et des Protocoles n°s 1 et 4, et d'après l'art. 15, § 2, il ne souffre nulle dérogation, même en cas de guerre ou d'autre danger public menaçant la vie de la Nation. Dans ces conditions, la Cour estime que, conformément aux normes et aux tendances contemporaines en la matière, il y a lieu de considérer que les obligations positives qui pèsent sur les États membres en vertu du présent art. commandent la criminalisation et la répression effective de tout acte tendant à maintenir une personne dans ce genre de situation. • CEDH 26 juill. 2005, *Siliadin c/ France*, n° 73316/01 § 112 : *préc. note 5.* ♦ L'absence de pourvoi du procureur général à l'encontre de l'arrêt d'appel ayant abouti à la relaxe a eu pour conséquence que la Cour de cassation et la cour d'appel de renvoi n'ont été saisies que du volet civil de l'affaire. • CEDH 26 juill. 2005, *Siliadin c/ France*, n° 73316/01 § 72 : *préc. note 1* • CEDH 11 oct. 2012, *C. N. et V. c/ France*, n° 67724/09 § 107 : *préc. note 5.*

9. Travail forcé ou obligatoire. Le § 3 du présent art. ne tend pas à « limiter » l'exercice du droit garanti par le § 2 mais à « délimiter » le contenu même de ce droit, car il forme un tout avec le § 2 et indique ce qui n'est pas considéré comme « travail forcé ou obligatoire ». Cela dit, le § 3 contribue à l'interprétation du § 2. Ses 4 al., par-delà leur diversité, reposent sur les idées maîtresses d'intérêt général, de solidarité sociale et de normalité. • CEDH 23 nov. 1983, *Van der Mussele c/ Belgique*, n° 8919/80 § 38 • CEDH 18 juill. 1994, *Karlheinz Schmidt c/ Allemagne*, n° 13580/88 § 22 : *AJDA 1995. 212, chron. Flauss* • CEDH 20 juin 2006, *Zarb Adami c/ Malte*, n° 17209/02 § 44 : *AJDA 2006. 1709, chron. Flauss ; RD publ. 2006. 872, note Surrel.*

10. Lorsqu'un employeur abuse de son pouvoir ou tire profit de la situation de vulnérabilité de ses ouvriers afin de les exploiter, ceux-ci n'offrent pas leur travail de plein gré. Le consentement préalable de la victime n'est pas suffisant pour exclure de qualifier un travail de travail forcé. Les requérants ont commencé à travailler alors qu'ils se trouvaient dans une situation de vulnérabilité, en tant que migrants en situation irrégulière n'ayant pas de ressources et courant le risque d'être arrêtés, détenus et expulsés. Les intéressés se rendaient sans doute compte que, s'ils arrêtaient de travailler, ils n'allaient jamais percevoir les arriérés de leurs salaires dont le montant ne cessait d'augmenter au fil des jours. Les conditions de travail des requérants dont la plupart ont été mises en lumière par l'arrêt de la cour d'assises, et qui ne sont pas du reste contestées par le Gouvernement, démontrent clairement qu'elles sont constitutives de la traite des êtres humains et du travail forcé. • CEDH 30 mars 2017, *Chowdury et a. c/ Grèce*, n° 21884/15 § 96 s.

11. Ne peuvent être considérés comme du travail forcé : ... le service exigé des notaires à un taux d'honoraires réduit. Ce service n'est ni injuste ni opprimant puisqu'il fait partie de leurs fonctions normales et est corrélatif à leur compétence presque exclusive d'enregistrement. • Comm. EDH 13 déc. 1979, *X. c/ Allemagne,* n° 8410/78. ♦ ... La commission d'office des avocats qu'elle soit rétribuée ou non, l'intéressé ayant volontairement embrassé la profession d'avocat en connaissant la pratique en cause. • CEDH 23 nov. 1983, *Van der Mussele c/ Belgique,* n° 8919/80 § 40 et 41. ♦ ... La désignation d'un avocat comme curateur légal d'une personne handicapée mentale même si, lorsque la personne concernée n'a pas de moyens suffisants, les curateurs ne reçoivent pas de rémunération. En effet, d'une part, le requérant savait, lorsqu'il a décidé de devenir avocat, qu'il pouvait être obligé de faire fonction de curateur et, d'autre part, le nombre d'affaires dans lesquelles il devait agir comme curateur n'était ni important ni particulièrement chronophage ou complexe. Enfin, dans ce contexte, il faut garder à l'esprit que les avocats en exercice et les notaires bénéficient de privilèges par rapport à d'autres catégories professionnelles tels que le droit de représenter des parties dans certains types de procédure judiciaire. • CEDH 18 oct. 2011, *Graziani-Weiss c/ Autriche,* n° 31950/06 § 41 : *AJDA 2012. 143, chron. Burgorgue-Larsen* ; *AJ fam. 2012. 53, obs. Rouillard*. ♦ ... Les gardes ou permanences exigées des professions médicales et paramédicales. • Comm. EDH 17 déc. 1963, *Iversen c/ Norvège,* n° 1468/62. ♦ ... L'obligation imposée à un footballeur professionnel de continuer à jouer dans le club lorsque celui avec lequel il souhaite jouer refuse de payer l'indemnité de transfert, dès lors que le requérant a librement choisi de devenir joueur de football professionnel, sachant qu'en embrassant cette profession, il se trouverait soumis aux règles régissant les rapports entre ses futurs employeurs. • Comm. EDH 3 mai 1983, *X. c/ Pays-Bas,* n° 9322/81.

12. Relève des exceptions prévues au présent article la « peine de mise à disposition du gouvernement » prononcée par les juridictions, dès lors que le travail demandé à V. n'a pas excédé les limites « normales » en la matière car il tendait à l'aider à se reclasser dans la société et avait pour base légale des textes dont on rencontre l'équivalent dans certains autres États membres du Conseil de l'Europe. • CEDH 24 juin 1982, *Van Droogenbroeck c/ Belgique,* n° 7906/77 § 59. ♦ V. déjà, s'agissant d'un travail effectué dans le cadre d'une sanction administrative, • CEDH 18 juin 1971, *De Wilde, Ooms et Versyp c/ Belgique,* n° 2832/66 § 90 : *Berger 12e éd., n° 52.* ♦ ... La participation du locataire d'un terrain de chasse à la lutte contre une épizootie. • Comm. EDH 4 oct. 1984, *S. c/ Allemagne,* n° 96982/82. ♦ ... L'obligation de faire un service civique de substitution au service militaire. • Comm. EDH 14 oct. 1985, *Johansen c/ Norvège,* n° 10600/83.

13. Le présent art. ne comporte aucune disposition concernant la rémunération censée être versée aux détenus pour le travail accompli par eux. • CEDH, gr. ch., 7 juill. 2011, *Stummer c/ Autriche,* n° 37452/02 § 122 : *AJDA 2012. 143, chron. Burgorgue-Larsen* ; *RD publ. 2012. 799, chron. Sudre.* ♦ V. déjà : • Comm. EDH 6 avr. 1968, *Vingt et un détenus c/ Allemagne,* n° 3134/67. ♦ Le travail obligatoire accompli par le requérant pendant sa détention sans être affilié au régime des pensions de retraite doit être considéré comme un « travail requis normalement d'une personne soumise à la détention », au sens de l'art. 4 § 3 a) de la Conv. EDH. • CEDH, gr. ch., 7 juill. 2011, *Stummer c/ Autriche,* n° 37452/02 § 132 : *préc.*

14. Cependant, un travail normal en soi peut se révéler anormal si la discrimination préside au choix des groupes ou individus tenus de le fournir, ce qu'affirme précisément l'intéressé. • CEDH 23 nov. 1983, *Van der Mussele c/ Belgique,* n° 8919/80 § 43. ♦ Tel est le cas lorsque seuls les hommes sont astreints à effectuer un service de sapeur-pompier ou à verser une contribution financière en lieu et place d'un tel service. • CEDH 18 juill. 1994, *Karlheinz Schmidt c/ Allemagne,* n° 13580/88 § 29 : *préc. note 9.* ♦ ... Lorsque les fonctions de jurés sont systématiquement effectuées par un pourcentage négligeable de femmes. • CEDH 20 juin 2006, *Zarb Adami c/ Malte,* n° 17209/02 § 75 et 83 : *préc. note 9.*

15. V. pour la notion de travail forcé dans le cadre de l'esclavage moderne les références ss. la note 5.

16. Prostitution forcée et traite des êtres humains. La prostitution donnant lieu à des approches différentes selon le système juridique et suivant la manière dont la société la conçoit, la Cour n'a pas jugé pertinent de chercher à savoir si la prostitution résulte toujours d'une forme d'exploitation recourant à la contrainte de sorte qu'elle serait en elle-même contraire à la Conv. EDH. La Cour a en revanche considéré « avec la plus grande fermeté » que la prostitution est incompatible avec les droits et la dignité de la personne humaine dès lors qu'elle est contrainte. N'étant pas fondée à se dire « contrainte » de continuer à se prostituer du fait de l'attitude de l'URSSAF à son égard, la requérante n'est pas astreinte à « un travail forcé ou obligatoire » au sens du présent art. • CEDH 11 sept. 2007, *France,* n° 37194/02, §§ 24-25 et 35 : *D. 2009. 123, obs. Roujou de Boubée, Garé et Mirabail* ; *RTD civ. 2007. 730, obs. Marguénaud*. ♦ La prostitution forcée entre dans le périmètre du « travail forcé ou obligatoire », indépendamment de la question de savoir si, dans le cas d'espèce, elle se produit ou non dans le contexte spécifique de la traite des êtres humains. C'est au regard de toutes les circonstances de l'espèce qu'il convient de déterminer si une situation réunit tous les éléments constitutifs de la « traite des êtres humains » et/ou soulève un « problème distinct » de prostitution forcée. Celle-ci peut également comporter des éléments permettant de la qualifier de « servitude » ou d'« esclavage » ainsi que soulever un problème sous l'angle d'une autre disposition de la Conv. • CEDH, gr. ch., 25 juin 2020, *Croatie*, n° 60561/14 § 303.

17. Obligation positive de mettre en place un système législatif et administratif interdisant et réprimant les traitements concernés. Les États parties doivent au titre du présent art. mettre en place un cadre législatif et administratif interdisant et réprimant le travail forcé ou obligatoire, la servitude et l'esclavage. • CEDH 26 juill. 2005, *Siliadin c/ France*, n° 73316/01 § 112 : *AJDA 2005. 1886, chron. Flauss ; D. 2006. 346, note Roets ; ibid. 1717, obs. Renucci ; RSC 2006. 139, obs. Massias ; RTD civ. 2005. 740, obs. Marguénaud*. ♦ Il en est de même pour la traite des êtres humains sachant qu'en la matière, outre les mesures de droit pénal visant à sanctionner les trafiquants, le présent art. impose aux États parties de mettre en place des mesures visant à réglementer les secteurs généralement utilisés comme couvertures pour la traite d'êtres humains. • CEDH 7 janv. 2010, *Rantsev c/ Chypre et Russie*, n° 25965/04 § 284 : *AJDA 2010. 997, chron. Flauss ; RSC 2010. 681, obs. Roets.*

18. Obligation positive de prendre des mesures opérationnelles pour protéger les victimes des traitements prohibés. Les États parties doivent dans certaines circonstances prendre des mesures concrètes pour protéger les victimes avérées ou potentielles des traitements prohibés par le présent art. Devant être interprétée de manière à ne pas imposer aux autorités nationales un fardeau insupportable ou excessif, cette obligation positive à caractère matériel trouve à s'appliquer lorsque celles-ci avaient ou devaient avoir connaissance de circonstances permettant de soupçonner raisonnablement qu'un individu était soumis, ou se trouvait en danger réel et immédiat de l'être, à l'un des traitements prohibés. • CEDH 7 janv. 2010, *Rantsev c/ Chypre et Russie*, n° 25965/04 § 284 et 287 : *AJDA 2010. 997, chron. Flauss ; RSC 2010. 681, obs. Roets* • CEDH 13 nov. 2012, *Royaume-Uni*, n° 4239/08 § 67 et 68. ♦ N'ayant pas tenté d'interpeller les autorités (l'OFPRA, la CNDA dans le cadre de ses démarches en vue d'obtenir l'asile ou encore lors de sa garde à vue pour racolage) sur sa situation de victime d'un réseau de traite d'êtres humains, la requérante n'est pas parvenue, au moyen des éléments exposés, à prouver que les autorités savaient ou auraient dû savoir de sorte qu'il ne peut être considéré qu'elles ont failli à leur obligation positive de protection au titre du présent art. • CEDH, décis., 29 nov. 2011, *France*, n° 7196/10.

19. Obligation positive d'enquêter sur les situations potentielles de traitement prohibé. Les États parties sont soumis, au titre du présent art., à une obligation positive à caractère procédural leur imposant d'appliquer en pratique les mécanismes de droit pénal mis en place pour interdire et sanctionner les traitements prohibés par cette disposition. Les principes convergents concernant l'obligation procédurale découlant des art. 2 et 3 Conv. EDH apportent traditionnellement un éclairage sur les exigences relatives à l'obligation procédurale résultant du présent art. Constitutif d'une obligation de moyen ne devant pas être interprétée de manière à imposer un fardeau insupportable ou excessif, cette exigence procédurale implique pour les autorités nationales de lancer d'office, dès que l'affaire est portée à leur attention, une enquête apte à conduire à l'établissement des faits et à permettre d'identifier et, le cas échéant, de sanctionner les responsables de sorte qu'en la matière, la Cour est appelée à se prononcer sur des défaillances importantes dans la procédure et le processus décisionnel. • CEDH, gr. ch., 25 juin 2020, *Croatie*, n° 60561/14 § 308 et 320. ♦ L'obligation procédurale prend naissance auprès des autorités nationales lorsque la victime leur a présenté un grief défendable de traitement interdit ou lorsqu'un commencement de preuve tendant à indiquer la soumission à pareil traitement a été porté à leur connaissance. C'est donc à l'aune des circonstances prévalant à cette période, et non à la lumière des conclusions de l'enquête ou de la procédure, que s'examine l'existence d'une telle obligation, et ce tout particulièrement lorsque, comme en l'espèce, le requérant conteste la qualité de l'enquête. • CEDH, gr. ch., 25 juin 2020, *Croatie*, n° 60561/14 § 324 et 325.

Art. 5 ***Droit à la liberté et à la sûreté.*** **1. Toute personne a droit à la liberté et à la sûreté. Nul ne peut être privé de sa liberté, sauf dans les cas suivants et selon les voies légales :**

a) **s'il est détenu régulièrement après condamnation par un tribunal compétent ;**

b) **s'il a fait l'objet d'une arrestation ou d'une détention régulières pour insoumission à une ordonnance rendue, conformément à la loi, par un tribunal ou en vue de garantir l'exécution d'une obligation prescrite par la loi ;**

c) s'il a été arrêté et détenu en vue d'être conduit devant l'autorité judiciaire compétente, lorsqu'il y a des raisons plausibles de soupçonner qu'il a commis une infraction ou qu'il y a des motifs raisonnables de croire à la nécessité de l'empêcher de commettre une infraction ou de s'enfuir après l'accomplissement de celle-ci ;

d) s'il s'agit de la détention régulière d'un mineur, décidée pour son éducation surveillée ou de sa détention régulière, afin de le traduire devant l'autorité compétente ;

e) s'il s'agit de la détention régulière d'une personne susceptible de propager une maladie contagieuse, d'un aliéné, d'un alcoolique, d'un toxicomane ou d'un vagabond ;

f) s'il s'agit de l'arrestation ou de la détention régulières d'une personne pour l'empêcher de pénétrer irrégulièrement dans le territoire, ou contre laquelle une procédure d'expulsion ou d'extradition est en cours.

2. Toute personne arrêtée doit être informée, dans le plus court délai et dans une langue qu'elle comprend, des raisons de son arrestation et de toute accusation portée contre elle.

3. Toute personne arrêtée ou détenue, dans les conditions prévues au paragraphe 1 *c* du présent article, doit être aussitôt traduite devant un juge ou un autre magistrat habilité par la loi à exercer des fonctions judiciaires et a le droit d'être jugée dans un délai raisonnable, ou libérée pendant la procédure. La mise en liberté peut être subordonnée à une garantie assurant la comparution de l'intéressé à l'audience.

4. Toute personne privée de sa liberté par arrestation ou détention a le droit d'introduire un recours devant un tribunal, afin qu'il statue à bref délai sur la légalité de sa détention et ordonne sa libération si la détention est illégale.

5. Toute personne victime d'une arrestation ou d'une détention dans des conditions contraires aux dispositions de cet article a droit à réparation.

COMMENTAIRE

V. sur le Code en ligne.

PLAN DES ANNOTATIONS

I. GÉNÉRALITÉS

A. PRINCIPES

1. Le droit à la liberté revêt une trop grande importance dans une « société démocratique », au sens de la Conv. EDH, pour qu'une personne perde le bénéfice de la protection de celle-ci du seul fait qu'elle se constitue prisonnière. Une détention pourrait enfreindre l'art. 5 quand bien même l'individu dont il s'agit l'aurait acceptée. Dans une matière qui relève de l'ordre public au sein du Conseil de l'Europe, un contrôle scrupuleux, de la part des organes de la Convention, de toute mesure pouvant porter atteinte aux droits et libertés garantis, est commandé dans tous les cas. • CEDH 18 juin 1971, *De Wilde, Ooms et Versyp c/ Belgique,* n° 2832/66 § 65 : *Jur. CEDH, 12 éd., n° 52, obs. Berger.*

2. En proclamant le « droit à la liberté », l'art. 5, § 1, vise la liberté individuelle dans son acception classique, c'est-à-dire la liberté physique de la personne. Il a pour but d'assurer que nul n'en soit dépouillé de manière arbitraire ; ainsi que l'ont relevé le Gouvernement et la Commission, il ne concerne pas les simples restrictions à la liberté de circuler (Prot. n° 4, art. 2). Cela ressort à la fois de l'emploi des termes « privé de sa liberté », « arrestation » et « détention », qui figurent également aux § 2 à 5, et d'une comparaison entre le présent art. et les autres dispositions normatives de la Conv. EDH et des Protocoles. • CEDH 8 juin 1976, *Engel et a. c/ Pays-Bas,* n° 5100/71 § 58 : *CDE 1978. 364, obs. Cohen-Jonathan ; AFDI 1977. 481, obs. Pelloux.* ♦ En proclamant le « droit à la liberté », l'art. 5, § 1, vise la liberté physique de la personne et non la liberté de circulation qui relève, elle, de l'art. 2, Prot. 4, Conv. EDH. • CEDH 6 nov. 1980, *Guzzardi c/ Italie,* n° 7367/76 • CEDH, gr. ch., 15 mars 2012, *Austin et a. c/ Royaume-Uni,* n° 39692/09 § 57 : *AJDA 2012. 1726, chron. Burgorgue-Larsen ; RD publ. 2013. 739, chron. Sudre.* ♦ Comp. • CEDH, gr. ch., 23 févr. 2017, *Tommaso c/ Italie,* n° 43395/09 • CEDH, gr. ch., 15 déc. 2016, *Khlaifia et a. c/ Italie,* n° 16483/12 § 64.

3. Entre privation et restriction de liberté, il n'y a pourtant qu'une différence de degré ou d'intensité, non de nature ou d'essence. Le classement dans l'une ou l'autre de ces catégories se révèle parfois ardu, car dans certains cas marginaux il s'agit d'une pure affaire d'appréciation, mais la Cour ne saurait éluder un choix dont dépendent l'applicabilité ou inapplicabilité du présent art. • CEDH 6 nov. 1980, *Guzzardi c/ Italie,* n° 7367/76 § 93 • CEDH, gr. ch., 17 janv. 2012, *Stanev c/ Bulgarie,* n° 36760/06 § 115 : *RDSS 2012. 863, note Lucas ; RD publ. 2013. 739, chron. Sudre* • CEDH, gr. ch., 15 déc. 2016, *Khlaifia et a. c/ Italie,* n° 49483/12 § 64.

4. Sous réserve qu'elles soient le résultat inévitable de circonstances échappant au contrôle des autorités, qu'elles soient nécessaires pour prévenir un risque réel d'atteintes graves aux personnes ou aux biens et qu'elles soient limitées au minimum requis à cette fin, des restrictions à la liberté par exemple dans les transports publics, lors de déplacements sur l'autoroute, ou à l'occasion d'un match de football ne peuvent à bon droit être regardées comme des « privations de liberté » au sens du présent art. Dès lors, la technique du « *kettling* », qui consiste pour la police à retenir un groupe de personnes pour des motifs d'ordre public, ne relève pas du présent art. • CEDH, gr. ch., 15 mars 2012, *Austin et a. c/ Royaume-Uni,* n° 39692/09 § 59 et 67 : *préc. note 2.*

5. La Cour reconnaît qu'un certain délai dans l'exécution d'une décision de remise en liberté est normal ; elle constate cependant qu'en l'espèce le requérant est resté détenu pendant 11 h après l'arrêt de la chambre d'accusation qui ordonnait son élargissement « sur-le-champ » et sans que cette décision lui ait été notifiée ni qu'elle ait reçu un commencement d'exécution. • CEDH 22 mars 1995, *Quinn c/ France,* n° 18580/91 § 41 : *RSC 1995. 643, obs. Pettiti ; ibid. 1996. 466, obs. Koering-Joulin ; D. 1996. 198, obs. Renucci.*

6. La notion de sûreté doit être interprétée en liaison avec celle de liberté mentionnée dans la première phrase du § 1 du présent art. et apporte une garantie contre les ingérences arbitraires dans la liberté de la personne. Elle garantit que les individus arrêtés et détenus le seront conformément aux conditions procédurales et matérielles définies dans une loi existante. • Comm. EDH 9 oct. 1984, *Dyer c/ Royaume-Uni,* n° 10475/83. ♦ Le fait que ces expulsions d'étrangers, précédées d'arrestations massives – dans les rues, sur leur lieu de travail ou à leur domicile – aient été qualifiées de « collectives » par la Cour implique, dans les circonstances de l'espèce, que les arrestations qui les précédaient revêtaient un caractère arbitraire. • CEDH, gr. ch., 3 juill. 2014, *Géorgie c/ Russie,* n° 13255/07 § 185.

7. Prise en compte des circonstances. La capture et la détention étaient conformes aux pouvoirs dont jouissait le Royaume-Uni en vertu des troisième (relative au traitement des prisonniers de guerre) et quatrième (relative à la protection des personnes civiles en temps de guerre) conventions de Genève et dépourvues d'arbitraire. • CEDH, gr. ch., 16 sept. 2014, *Hassan c/ Royaume-Uni,* n° 29750/09 § 110.

8. Étendue de la notion. Pour établir si quelqu'un se trouve « privé de sa liberté » au sens du présent art., il faut partir de sa situation concrète et prendre en compte un ensemble de critères propres à son cas particulier comme le genre, la durée, les effets et les modalités d'exécution de la mesure considérée. • CEDH 6 nov. 1980, *Guzzardi c/ Italie,* n° 7367/76 § 92 • CEDH 16 juin 2005, *Storck c/ Allemagne,* n° 61603/00 § 71 • CEDH, gr. ch., 17 janv. 2012, *Stanev c/ Bulgarie,* n° 36760/06 § 115 : *préc. note 3* • CEDH 4 juin 2013, *Stelian Rosca c/ Roumanie,* n° 5543/06 § 54. ♦ Tel qu'on le rencontre dans les États contractants, le service militaire ne constitue point par lui-même une privation de liberté au regard de la Conv. EDH puisqu'elle le consacre expressément en son art. 4, § 3, *b.* Or il entraîne, en raison de ses impératifs spécifiques, d'assez amples limitations à la liberté de mouvement des membres des forces armées ; les restrictions normales dont il s'accompagne ne tombent donc pas davantage sous le coup du présent art. Dès lors, il faut admettre qu'une sanction ou une mesure disciplinaire qui s'analyserait sans conteste en une privation de liberté si on l'appliquait à un civil peut ne pas en avoir le caractère si on l'inflige à un militaire. Elle n'échappe cependant pas au présent art. quand elle se traduit par des restrictions s'écartant nettement des conditions normales de la vie au sein des forces armées des États contractants. Pour savoir s'il en est ainsi, il y a lieu de tenir compte d'un ensemble d'éléments tels que la nature, la durée, les effets et les modalités d'exécution de la sanction ou mesure considérée. • CEDH 8 juin 1976, *Engel et a. c/ Pays-Bas,* n° 5100/71 § 59 : *préc. note 2.* ♦ Les sanctions disciplinaires punissant le requérant de jours de cellule n'ont constitué, à l'égard d'un détenu privé de sa liberté en raison des condamnations visées au présent art., que des modalités différentes, quoique plus sévères, de sa détention. • TA Strasbourg, 2 juill. 1991, *Théron : AJDA 1992. 77, concl. Albanel.*

B. MISE EN ŒUVRE

9. ***Privation de liberté en raison des restrictions subies.*** Sont considérés comme des privations de liberté : ... le fait de conduire une personne de force devant un médecin expert pour subir un examen du sang. • Comm. EDH 13 déc. 1979, *X. c/ Autriche,* n° 8278/78. ♦ ... Le fait de ne pas laisser des personnes libres de leurs mouvements et de les obliger à rester à la disposition des autorités polonaises dans une zone aéroportuaire dans laquelle elles sont surveillées en permanence par les gardes-frontières. • CEDH 27 nov. 2003, *Shamsa c/ Pologne,* n° 45355/99 § 41. ♦ ... Le transfert des requérants par la police à l'hôtel puis leur maintien dans l'hôtel pendant 10 jours. • CEDH 14 oct. 1999, *Riera Blume et a. c/ Espagne,* n° 37680/97 § 30. ♦ ... Le confinement d'une personne à l'intérieur de son appartement, placée sous surveillance et avec une interdiction formelle de sortir, pendant plus de 11 mois. • CEDH 28 nov. 2002, *Lavents c/ Lettonie,* n° 58442/00 § 63. ♦ ... L'assignation d'une personne dans un endroit reculé, difficile d'accès, avec contrôle policier permanent. ... • CEDH 6 nov. 1980, *Guzzardi c/ Italie,* n° 7367/76 § 95. ♦ ... Une détention, fût-elle brève. • CEDH 24 juin 2008, *Foka c/ Turquie,* n° 28940/95 § 75. ♦ ... La détention en cellule de dégrisement. • CEDH 4 avr. 2000, *Witold Litwa c/ Pologne,* n° 26629/95 § 46 : *RFDA 2001. 1250, chron. Labayle et Sudre ; RSC 2001. 881, obs. Tulkens.* ♦ Rappr. • CEDH 1er juin 2006, *Taïs c/ France,* n° 39922/03 § 95 : *AJ pénal 2006. 403, obs. Saas.* ♦ ... L'internement psychiatrique ou de la mise en observation des requérants aux fins d'un examen psychiatrique, même s'il s'agissait de périodes de temps d'une durée brève. • Comm. EDH 13 mai 1987, *B. c/ France,* n° 10179/82 • CEDH 19 mai 2004, *R. L. et M.-J. D. c/ France,* n° 44568/98 § 123 à 129 : *RSC 2005. 630, obs. Massias* • CEDH 4 juin 2013, *Stelian Rosca c/ Roumanie,* n° 5543/06 § 62. ♦ ... Compte tenu de ses effets et de ses modalités d'exécution, l'assignation à résidence en l'espèce. • CEDH 15 juill. 2014, *Ninescu c/ Moldavie,* n° 47306/07 § 53.

10. La notion de privation de liberté au sens du présent art. ne comporte pas seulement un aspect objectif, à savoir l'internement d'une personne dans un certain espace restreint pendant un laps de temps non négligeable. Une personne ne peut passer pour avoir été privée de sa liberté que si – et cela constitue l'aspect subjectif – elle n'a pas valablement consenti à son internement. • CEDH 16 juin 2005, *Storck c/ Allemagne,* n° 61603/00 § 74 • CEDH 17 janv. 2012, *Stanev c/ Bulgarie,* n° 36760/06 § 131 : *préc. note 3.* ♦ Ce ne peut être le cas d'une personne juridiquement incapable de consentir ou de s'opposer à la mesure proposée. • CEDH 5 oct. 2004, *H. L. c/ Royaume-Uni,* n° 45508/99 § 90. ♦ En l'espèce, le Gouvernement n'a pas démontré que le requérant, à son arrivée au foyer ou à une date ultérieure, a accepté d'y demeurer. L'intéressé ne semble pas avoir consenti au placement ou l'avoir accepté de manière tacite plus tard et tout au long de son séjour. • CEDH 17 janv. 2012, *Stanev c/ Bulgarie,* n° 36760/06 § 131 : *préc. note 3.*

11. La détention non reconnue d'un individu constitue une totale négation de ces garanties et une violation extrêmement grave du présent art. Les autorités qui ont mis la main sur un individu sont tenues de révéler l'endroit où il se trouve. C'est pourquoi il faut considérer que le présent art. leur fait obligation de prendre des mesures effectives pour pallier le risque d'une disparition et mener une enquête rapide et efficace dans l'hypothèse d'une plainte plausible selon laquelle une personne a été appréhendée et n'a pas été revue depuis. • CEDH 25 mai 1998, *Kurt c/ Turquie,* n° 24276/94 § 124. • CEDH 10 mai 2001, *Chypre c/ Turquie,* n° 25781/94 § 147.

12. Absence de privation de liberté. Ne constitue pas une privation de liberté le placement d'un enfant dans un établissement de soin, en raison de son état nerveux, dès lors que les restrictions à sa liberté de mouvement et à ses contacts avec le monde extérieur ne différaient guère de celles qu'un enfant peut subir dans un hôpital ordinaire. Sans doute la porte du pavillon, comme celle de chacun des pavillons infantiles de l'hôpital, était-elle verrouillée, mais à seule fin d'empêcher les enfants de s'exposer à des dangers, de courir de tous côtés et de déranger d'autres patients. Le requérant avait la faculté, sur autorisation, de quitter le pavillon pour aller, par exemple, à la bibliothèque ; avec des camarades et un membre du personnel, il se rendait sur des terrains de jeux, dans des musées ou à d'autres activités récréatives ou éducatives ; il pouvait aussi voir sa mère et son père régulièrement, de même que ses anciens condisciples ; vers la fin de son séjour il recommença à fréquenter l'école ; d'une manière générale, l'existence dans le pavillon passait pour « aussi proche que possible de la vie dans un véritable foyer ». • CEDH 28 nov. 1988, *Nielsen c/ Danemark,* n° 10929/84 § 70. ♦ Il en va de même : ... du placement par les autorités d'une personne âgée, se trouvant dans un grave état d'abandon, dans un foyer dans lequel elle jouissait de toute sa liberté de mouvement et était en mesure d'entretenir des relations sociales avec le monde extérieur. • CEDH 26 févr. 2002, *H. M. c/ Suisse,* n° 39187/98 § 45 et 47 : *JCP 2002. I. 157, chron. Sudre.* ♦ ... De l'interdiction faite au requérant d'entrer sur le territoire suisse alors même qu'il réside dans une enclave italienne en Suisse et ne peut donc pas se rendre dans les autres parties de l'Italie. • CEDH, gr. ch., 12 sept. 2012, *Nada c/ Suisse,* n° 10593/08 § 210 et 211. ♦ ... De l'internement volontaire. • CEDH 4 juin 2013, *Stelian Rosca c/ Roumanie,* n° 5543/06 § 57. ♦ ... Du « placement sous surveillance de la police » et de l'« assignation à domicile », mesures préventives impliquant certaines restrictions à la liberté de circulation, ainsi que l'obligation de se plier régulièrement à certaines procédures de *contrôle mais n'impliquant aucun confinement* des intéressés dans un local délimité, ceux-ci restant en principe libres de se déplacer dans les limites géographiques de leur district. • CEDH 9 févr. 2006, *Freimanis et Lidums c/ Lettonie,* n° 73443/01 § 87. ♦ ... D'une mesure obligeant une personne à se présenter une fois par mois à l'autorité de police chargée de la surveillance, à garder des contacts avec un centre psychiatrique, à habiter à une adresse précise, à ne pas s'éloigner de la commune où elle réside et à rester à son domicile entre 22 heures et 7 heures. • CEDH 20 avr. 2010, *Villa c/ Italie,* n° 19675/06 § 41 : *RSC 2010. 705, obs. Roets.* ♦ V. notes ss. Prot. add. n° 4, art. 2.

13. Maintien d'étrangers dans des zones de transit ou installations d'accueil. Dans un tel contexte et compte tenu du droit pour les États, sous réserve de leurs engagements internationaux, de contrôler leurs frontières et de prendre les mesures de nature à faire respecter les limitations apportées à l'immigration, la distinction entre la restriction de la liberté de circuler et la privation de liberté s'apprécie au regard d'un éventail de facteurs : la situation personnelle et les choix de l'intéressé, le régime juridique applicable et ses objectifs, la durée du maintien évaluée à l'aune du but poursuivi et de la protection procédurale assurée, la nature et le degré des restrictions concrètement imposées ou effectivement subies. • CEDH, gr. ch., 21 nov. 2019, *Hongrie,* n° 47287/15 § 213 et 217. ♦ La Cour réaffirme le standard minimum garanti au titre du présent art. « en dépit de la « crise migratoire » montante en Europe ». • CEDH, gr. ch., 21 nov. 2019, *Russie,* n° 61411/15 § 127. ♦ Ne constitue pas une privation de leur liberté au sens du présent art. le séjour d'une durée de 23 jours des requérants, dans l'attente de la décision de recevabilité de leur demande d'asile, dans une zone de transit située à la frontière terrestre entre deux États membres du Conseil de l'Europe, et ce, dans la mesure où, premièrement, en franchissant la frontière entre la Serbie et la Hongrie, les requérants y sont entrés de leur plein gré – et non pour échapper à un danger immédiat en Serbie –, deuxièmement, la durée du séjour n'a pas excédé ce qui était strictement nécessaire aux autorités nationales pour instruire la recevabilité de la demande des intéressés, et, troisièmement, ceux-ci avaient la possibilité pratique de quitter la zone de transit, certes pas pour se rendre ailleurs sur le territoire hongrois, mais pour regagner la frontière à pied, la traverser et repasser en Serbie, et ce, nonobstant les risques qu'un tel départ pouvait occasionner non seulement sur l'examen de leur demande d'asile en Hongrie mais aussi sur leur situation en Serbie (craintes d'être exposés aux défaillances du système d'asile serbe et à un refoulement vers d'autres États parties), lesquels risques sont à examiner à l'aune de l'art. 3 de la présente Conv. • CEDH, gr. ch., 21 nov. 2019, *Hongrie,* n° 47287/15 § 220 à 248. ♦ Constitue en revanche une privation de liberté au sens du présent art. le maintien des requérants dans la zone de transit d'un aéroport dès lors notamment que le droit de quitter le pays s'avère théorique. • CEDH 25 juin 1996, *Amuur c/ France*, n° 19776/92 § 49 : *RSC 1997. 457, obs. Koering-Joulin* ; *JCP 1997. I. 4000, chron. Sudre* • CEDH 24 janv. 2008, *Belgique*, n° 29787/03 § 68 • CEDH, gr. ch., 21 nov. 2019, *Russie*, n° 61411/15 § 156. ♦ ... Le maintien dans un centre de premier accueil puis dans un navire • CEDH, gr. ch., 15 déc. 2016, *Italie*, n° 16483/12 § 72. ♦ ... Le placement en détention de demandeurs d'asile dans un *hot spot* fermé. Le présent art. n'est cependant pas applicable pour la période au cours de laquelle les requérant ont été soumis à un régime « semi-ouvert » leur permettant de quitter le centre toute la journée pour y revenir pour la nuit. • CEDH, 25 janv. 2018, *Grèce*, n° 22696/16 § 87.

II. PRIVATIONS DE LIBERTÉ CONFORMES

A. CAS DANS LESQUELS LA PRIVATION DE LIBERTÉ EST POSSIBLE

14. Interprétation stricte. La liste limitative dressée par le 1er § du présent art. appelle une interprétation étroite. • CEDH 24 oct. 1979, *Winterwerp c/ Pays-Bas*, n° 6301/73 § 37 • CEDH 29 févr. 1988, *Bouamar c/ Belgique*, n° 9106/80 § 43. • CEDH 22 févr. 1989, *Ciulla c/ Italie*, n° 11152/84 § 41. ♦ Une interprétation extensive entraînerait des résultats incompatibles avec l'idée de prééminence du droit dont s'inspire la Convention tout entière. • CEDH 8 juin 1976, *Engel et a. c/ Pays-Bas*, n° 5100/71 § 69 : *préc. note 2.* ♦ Les al. *a)* à *f)* de l'art. 5 § 1 de la Conv. EDH renferment une liste exhaustive des motifs autorisant la privation de liberté ; une privation de liberté n'est donc pas régulière si elle ne relève pas de l'un de ces motifs. • CEDH 6 nov. 1980, *Guzzardi c/ Italie*, n° 7367/76 § 96 • CEDH 17 déc. 2009, *M. c/ Allemagne*, n° 19359/04 § 86.

15. Employer le terme de « condamnation » pour une mesure préventive prise sur la base d'indices dénotant une propension à la délinquance ou de sûreté ne s'accorderait pas avec le principe de l'interprétation étroite, à observer en la matière. • CEDH 6 nov. 1980, *Guzzardi c/ Italie*, n° 7367/76 § 98 et 100. ♦ V. déjà. • Comm. EDH 2 mars 1994, *S.F. c/ Suisse*, n° 16360/90. ♦ V. cependant : Lire le *f)* de l'art. 5 § 1 comme autorisant uniquement la détention d'une personne dont il est établi qu'elle tente de se soustraire aux restrictions à l'entrée du territoire reviendrait à interpréter de manière trop étroite les termes de la disposition ainsi que le pouvoir de l'État d'exercer l'indéniable droit de contrôle. • CEDH, gr. ch., 29 janv. 2008, *Saadi c/ Royaume-Uni*, n° 13229/03 § 65 : *AJDA 2008. 978, chron. Flauss* ; *JCP 2008. I. 167, chron. Sudre.* ♦ Le *f)* du présent § prévoit une exception en permettant aux États de restreindre la liberté des étrangers dans le cadre du contrôle de l'immigration. • CEDH 19 janv. 2012, *Popov c/ France*, n° 39472/07 §117 : *AJDA 2012. 127* ; *D. 2012. 363, obs. Fleuriot ; ibid. 864, entretien Slama.*

16. Il en résulte que l'art. 5 § 1 ne peut s'interpréter comme autorisant la recherche d'un juste équilibre entre le droit à la liberté individuelle et l'intérêt de l'État à protéger sa population contre la menace terroriste. • CEDH, gr. ch., 19 févr. 2009, *A. et a. c/ Royaume-Uni*, n° 3455/05 § 171 : *AJDA 2009. 872, chron. Flauss* .

17. La Cour admet que, tant qu'un État n'a pas autorisé l'entrée sur son territoire d'un individu, y compris un demandeur d'asile, cette entrée est « irrégulière » de sorte que le § 1 *f)* du présent art. permet sa détention avant l'octroi par l'État d'une autorisation d'entrer. Mais la Cour souligne que pareille détention doit se concilier avec la finalité générale de l'art. 5, qui est de protéger le droit à la liberté et d'assurer que nul ne soit dépouillé de sa liberté de manière arbitraire. • CEDH, gr. ch., 29 janv. 2008, *Saadi c/ Royaume-Uni*, n° 13229/03 § 65-66 : *préc. note 15.* ♦ Le présent art. ne proscrit donc pas la privation de liberté d'un demandeur d'asile, pour une période limitée, dans une zone de transit, dès lors qu'il est nécessaire de garantir la présence des candidats à l'asile pendant l'examen de leur demande ou qu'il convient d'examiner rapidement la recevabilité de leurs demandes dans le cadre d'une structure et de procédures adaptées à cet effet au sein de ladite zone. • CEDH, gr. ch., 21 nov. 2019, *Russie*, n° 61411/15 § 163.

18. N'entre pas dans le champ des exceptions prévues au présent art. l'internement ou la détention préventive lorsque aucune poursuite pénale n'est envisagée dans un délai raisonnable. • CEDH 6 nov. 1980, *Guzzardi c/ Italie*, n° 7367/76 § 102 • CEDH, gr. ch., 7 juill. 2011, *Al-Jedda c. Royaume-Uni*, n° 27021/08 § 100 : *AJDA 2012. 143, chron. Burgorgue-Larsen* ; *RD publ. 2012. 801, chron. Sudre.* ♦ ... Une assignation à résidence. • CEDH 22 févr. 1989, *Ciulla c/ Italie*, n° 11152/84 § 41. ♦ ... La détention pendant 6 h dans un « centre de désintoxication d'une personne ivre sans qu'elle présente une menace pour l'ordre public ou pour elle-même ». • CEDH 4 avr. 2000, *Witold Litwa c/ Pologne*, n° 26629/95 § 49. ♦ V. déjà : le fait de conduire une personne de force devant un médecin expert pour subir un examen du sang constitue une privation de liberté. • Comm. EDH 13 déc. 1979, *X. c/ Autriche*, n° 8278/78.

19. En revanche, entre dans le champ des exceptions prévues au présent art. le maintien des requérants dans la zone de transit d'un aéroport. • CEDH 25 juin 1996, *Amuur c/ France*, n° 19776/92 § 49 : *préc. note 9* • CEDH

24 janv. 2008, *Riad et Idiab c/ Belgique,* n° 29787/03 § 73.

B. CONDITIONS DE VALIDITÉ DES PRIVATIONS DE LIBERTÉ

20. Toute privation de liberté doit non seulement relever de l'une des exceptions énoncées aux al. *a)* à *f)* mais aussi être « régulière ». • CEDH, gr. ch., 29 janv. 2008, *Saadi c/ Royaume-Uni,* n° 13229/03 § 67 : *préc. note 15* • CEDH 17 déc. 2009, *M. c/ Allemagne,* n° 19359/04 § 90.

21. La « régularité » d'une détention doit marquer tant l'adoption que l'application de la mesure privative de liberté. Elle suppose d'abord la conformité au droit interne mais aussi, l'art. 18 Conv. EDH le confirme, aux buts des restrictions ménagées par le présent art. • CEDH 28 mai 1985, *Ashinghane c/ Royaume-Uni,* n° 8225/78 § 44. ♦ Pour assurer le respect dû non seulement au « droit à la liberté », mais aussi au « droit à la sûreté », il convient de s'assurer de la « régularité » de la « détention » litigieuse. En la matière, la Convention renvoie pour l'essentiel à la législation nationale et consacre la nécessité d'en appliquer les règles, mais elle exige de surcroît la conformité de toute mesure privative de liberté au but du présent art. : protéger l'individu contre l'arbitraire. • CEDH 18 déc. 1986, *Bozano c/ France,* n° 9990/82 § 54 : *RGDIP 1987. 548, obs. Sudre* • CEDH 10 juill. 2008, *Medvedyev c/ France,* n° 3394/03 § 122 : *D. 2009. 600, note Renucci ; ibid. 2008 3055, note Hennion-jaquet ; RSC 2009. 176, note Marguenaud ; AJ pénal 2008. 469, obs. Saas ; JCP 2009. I. 104, chron. Sudre* • CEDH, gr. ch., 19 févr. 2009, *A. et a. c/ Royaume-Uni,* n° 3455/05 § 164 : *préc. note 16* • CEDH, gr. ch., 23 févr. 2012, *Creanga c/ Roumanie,* n° 29226/03 § 84.

1° RESPECT DES VOIES LÉGALES

22. Base légale. Le § 1 du présent art. impose ainsi en premier lieu que toute arrestation ou détention ait une base légale en droit interne. • CEDH 25 juin 1996, *Amuur c/ France,* n° 19776/92 § 49 : *préc. note 9* • CEDH 24 janv. 2008, *Riad et Idiab c/ Belgique,* n° 29787/03 § 72 • CEDH 15 janv. 2009, *Faure c/ France,* n° 19421/04 § 36 : *D. 2009. 2771, obs. Renucci* • CEDH 5 mars 2013, *Salih Salman Kiliç c/ Turquie,* n° 22077/10 § 16. ♦ Le Gouvernement est resté en défaut d'expliquer *sur quelle base légale se fondaient* le transfert et le maintien en zone de transit. • CEDH 24 janv. 2008, *Riad et Idiab c/ Belgique,* n° 29787/03 § 78. ♦ De même, aucun texte du droit interne ne réglementant à cette époque la détention d'une personne entre le moment de la fin de sa garde à vue et celui de sa présentation devant le juge d'instruction, la détention pendant cette période est contraire au présent art. • CEDH 27 juill. 2006, *Zervudacki c/ France,* n° 73947/01 § 47 • CEDH 20 nov. 2008, *Maire d'Église c/ France,* n° 20335/04 § 47 • CEDH 19 mars 2015, *Corbet et a. c/ France,* n° 7494/11 § 48 : *Constitutions 2015. 208, chron. Bachschmidt .* ♦ Pour d'autres cas d'absence de base légale, V. • CEDH 15 avr. 2014, *Tomaszewscy c/ Pologne,* n° 8933/05 § 140 s. ♦ Le présent § consacre l'obligation de respecter les normes de fond comme de procédure de la législation nationale. • CEDH 9 juill. 2013, *Ciobanu c/ Roumanie et Italie,* n° 4509/08 § 59.

23. Sécurité juridique et qualité de la loi. La Cour souligne que, lorsqu'il s'agit d'une privation de liberté, il est particulièrement important de satisfaire au principe général de la sécurité juridique. Par conséquent, il est essentiel que les conditions de la privation de liberté en vertu du droit interne soient clairement définies et que la loi elle-même soit prévisible dans son application, de façon à remplir le critère de « légalité » fixé par la Convention, qui exige que toute loi soit suffisamment précise pour éviter tout risque d'arbitraire. • CEDH 25 juin 1996, *Amuur c/ France,* n° 19776/92 § 50 : *préc. note 9* • CEDH 1er oct. 2007, *Nasroulloiev c/ Russie,* n° 656/06 § 71 • CEDH 20 mars 2000, *Baranowski c/ Pologne,* n° 28358/95 § 50 • CEDH 24 janv. 2008, *Riad et Idiab c/ Belgique,* n° 29787/03 § 72 • CEDH 15 janv. 2009, *Faure c/ France,* n° 19421/04 § 45 : *préc. note 22* • CEDH, gr. ch., 23 févr. 2012, *Creanga c/ Roumanie,* n° 29226/03 § 120.

24. Tout comme le membre de phrase « prévue par la loi » du § 2 des art. 8 à 11 Conv. EDH, les termes « selon les voies légales » ne se bornent pas uniquement à renvoyer au droit interne, ils concernent aussi la qualité de la loi ; ils la veulent compatible avec la prééminence du droit, notion inhérente à l'ensemble des articles de la Conv. EDH. • CEDH 25 juin 1996, *Amuur c/ France,* n° 19776/92 § 49 : *préc. note 9.* ♦ Pareille qualité implique qu'une loi nationale autorisant une privation de liberté – surtout lorsqu'il s'agit d'un demandeur d'asile – soit suffisamment accessible et précise afin d'éviter tout danger d'arbitraire. • CEDH 25 juin 1996, *Amuur c/ France,* n° 19776/92 § 50 : *préc. note 9.* ♦ De même, le critère de « légalité » fixé par la Conv. EDH exige que toute loi soit suffisamment précise pour permettre au citoyen – en s'entourant au besoin de conseils éclairés – de prévoir, à un degré raisonnable dans les circonstances de la cause, les conséquences de nature à dériver d'un acte déterminé. • CEDH 23 sept. 1998, *Steel et a. c/ Royaume-Uni,* n° 24838/94 § 54 : *RSC 1999. 384, obs. Koering-Joulin* • CEDH 24 janv. 2008, *Riad et Idiab c/ Belgique,* n° 29787/03 § 72 • CEDH 11 avr. 2013, *Firoz Muneer c/ Belgique,* n° 56005/10 § 55.

25. Pour rechercher si une privation de liberté a respecté le principe de légalité interne, il incombe donc à la Cour d'apprécier non seulement la législation en vigueur dans le domaine considéré, mais aussi la qualité des autres normes juridiques applicables aux intéressés. En ce sens, ni le décret, ni la circulaire, d'ailleurs non publiée, – seul texte, en vigueur à l'époque, visant spécifiquement au moment des faits le maintien d'étrangers dans la zone de transit –, ne constituaient une « loi » d'une « qualité » suffisante. • CEDH 25 juin 1996, *Amuur c/ France,* n° 19776/92 § 53 : *préc. note 9* • CEDH 4 déc. 2014, *Hassan et a. c/ France,* n° 46695/10 § 69 s. : *D. 2015. 303, note Renucci* (s'agissant du droit applicable à l'époque des faits à la situation des personnes arrêtées par les forces françaises à raison d'actes de piraterie commis en haute mer). ♦ La Cour estime que le fait de « détenir » un individu dans cette zone durant une période indéterminée et imprévisible, sans que cette détention se fonde sur une disposition légale concrète ou sur une décision judiciaire valable et avec des possibilités de contrôle judiciaire limitées vu les difficultés de contact permettant un accompagnement juridique concret, est en soi contraire au principe de la sécurité juridique, qui est implicite dans la Conv. EDH et constitue l'un des éléments fondamentaux de l'État de droit. • CEDH 24 janv. 2008, *Riad et Idiab c/ Belgique,* n° 29787/03 § 78.

26. Pour d'autres ex. d'absence de base légale, V. • CEDH, gr. ch., 15 déc. 2016, *Khlaifia et a. c/ Italie,* n° 16483/12 § 97 s.

27. Clarté de la jurisprudence. La jurisprudence de la Cour de cassation était suffisamment précise pour permettre au requérant – en s'entourant au besoin de conseils éclairés de son avocat – de prévoir, à un degré raisonnable dans les circonstances de la cause, la possibilité pour l'État de former un pourvoi contre l'arrêt et les conséquences de nature à dériver de ce recours, notamment son caractère suspensif. • CEDH 11 avr. 2013, *Firoz Muneer c/ Belgique,* n° 56005/10 § 60. ♦ V. à l'inverse pour une jurisprudence divergente quant au fait qu'un *assignation à résidence* avec autorisation de sortir pour travailler soit ou non privative de liberté. • CEDH 9 juill. 2013, *Ciobanu c/ Roumanie et Italie,* n° 4509/08 § 64.

28. Cas particulier. Les relations en matière d'extradition entre un État partie et un État non-partie à la Conv. EDH, les normes établies par un traité d'extradition ou, en l'absence d'un tel traité, la coopération entre les États concernés figurent aussi parmi les éléments pertinents pour établir la légalité de l'arrestation mise en cause par la suite devant la Cour. La livraison d'un fugitif résultant d'une coopération entre États ne constitue pas, en tant que telle, une atteinte à la légalité de l'arrestation, donc ne pose pas de problème sous l'angle du présent art. • Comm. EDH 7 oct. 1980, *Freda c/ Italie,* n° 8916/80 § 4 (en droit) • CEDH, gr. ch., 12 mai 2005, *Ocalan c/ Turquie,* n° 46221/99 § 87.

29. Prévisibilité. En particulier, le critère de « légalité » fixé par la Conv. EDH exige que toute loi soit suffisamment précise pour permettre au citoyen – en s'entourant au besoin de conseils éclairés – de prévoir, à un degré raisonnable dans les circonstances de la cause, les conséquences de nature à dériver d'un acte déterminé. • CEDH 27 nov. 2003, *Shamsa c/ Pologne,* n° 45355/99 § 40 • CEDH 24 janv. 2008, *Riad et Idiab c/ Belgique,* n° 29787/03 § 72. ♦ V. également, parlant du « droit écrit comme non écrit ». • CEDH 24 sept. 1998, *Steel c/ Royaume-Uni,* n° 24838/94 § 54 : *préc. note 24.*

2° CONFORMITÉ DES DÉTENTIONS AU BUT DU PRÉSENT ARTICLE

30. Principe. Le droit interne se conforme lui-même à la Convention, y compris aux principes généraux énoncés ou impliqués par elle. • CEDH 24 oct. 1979, *Winterwerp c/ Pays-Bas,* n° 6301/73 § 45 • CEDH 2 sept. 1998, *Erkalo c/ Pays-Bas,* n° 23807/94 § 52 • CEDH 24 janv. 2008, *Riad et Idiab c/ Belgique,* n° 29787/03 § 72. ♦ La détention pendant la période en jeu doit donc être conforme au but de l'art. 5, § 1, à savoir protéger l'individu de toute privation de liberté arbitraire. • CEDH 20 mars 2000, *Baranowski c/ Pologne,* n° 28358/95 § 52 • CEDH 9 juill. 2013, *Dinc et Cakir c/ Turquie,* n° 66066/09 § 42.

a. Conditions générales de régularité

31. Proportionnalité. La privation de liberté est une mesure si grave qu'elle ne se justifie que lorsque d'autres mesures, moins sévères, ont été considérées et jugées insuffisantes pour sauvegarder l'intérêt personnel ou public exigeant la détention. Il ne suffit donc pas que la privation de liberté soit conforme au droit national, encore faut-il qu'elle soit nécessaire dans les circonstances de l'espèce. • CEDH 4 avr. 2000, *Witold Litwa c/ Pologne,* n° 26629/95 § 78 • CEDH 4 mai 2008, *Ambruszkiewicz c/ Pologne,* n° 38797/03 § 31.

32. Est dès lors contraire au présent art. : ... dans les circonstances de l'espèce, le fait d'interner une personne en état d'ébriété dans une unité de dégrisement, ce qui constitue la mesure la plus grave, puisqu'elle peut très bien être conduite par la police dans un établissement de santé publique ou à son domicile • CEDH 4 avr. 2000, *Witold Litwa c/ Pologne,* n° 26629/95 § 79. ♦ ... Le fait de placer le requérant en détention alors que le droit interne donnait au juge, comme cela lui a été demandé, à plusieurs reprises, par l'avocat du requérant, la possibilité d'ordonner la reconduite du requérant à l'audience par la police, de le sommer de verser une caution ou, à défaut, d'indiquer une tierce personne qui pourrait lui servir de garant ou encore, de placer le requérant sous surveillance policière. Du reste, le droit interne impose au juge d'envisager d'abord l'application de mesures moins sévères que la privation de liberté et, dans le cas où il opterait quand même pour cette dernière, d'expliquer les raisons justifiant la détention. • CEDH 4 mai 2008, *Ambruszkiewicz c/ Pologne,* n° 38797/03 § 32. ♦ ... Le fait de maintenir, après un examen médical, le requérant pendant 6 h dans les locaux de l'infirmerie psychiatrique de la préfecture de police en l'absence de justifications médicales uniquement parce que le médecin n'avait pas de pouvoir de remise en liberté. • CEDH 19 mai 2004, *R. L. et M.-J. D. c/ France,* n° 44568/98 § 128.

33. De même, n'est pas régulière une détention mise en œuvre dans des conditions inadaptées comme par exemple la détention d'un aliéné dans un établissement pénitentiaire dès lors qu'il est montré à suffisance qu'il ne pouvait pas être considéré comme un établissement approprié à la détention d'aliénés, ces derniers n'y bénéficiant ni d'un suivi médical ni d'un environnement thérapeutique. • CEDH 30 juill. 1998, *Aerts c/ Belgique,* n° 25357/94 § 49. ♦ C'est également le cas pour la détention d'un mineur dans un établissement pénitentiaire du fait de l'inexistence de structure d'éducation surveillée adéquate. • CEDH 16 mai 2002, *D. G. c/ Irlande,* n° 39474/98 § 84.

34. A l'inverse, dès lors qu'il s'agit de simples modalités d'application de la peine, si elles peuvent parfois tomber sous le coup de la Conv. EDH – notamment lorsqu'elles sont incompatibles avec l'art. de celle-ci –, elles ne sauraient, en principe, influer sur la « régularité » d'une privation de liberté. Dès lors, le fait qu'une personne condamnée à 8 ans de réclusion criminelle pour trafic de stupéfiants exécute sa peine dans un établissement pénitentiaire traditionnel alors que le juge avait indiqué qu'il convenait que le requérant, toxicomane soit placé dans un établissement pénitentiaire spécialisé ne constitue pas une violation du présent art. • CEDH 15 nov. 1996, *Bizzotto c/ Grèce,* n° 22126/93 § 34.

35. Détention de durée indéterminée. La détention de durée indéterminée pour la protection du public peut être justifiée au regard de l'art. 5, § 1, mais elle ne saurait ouvrir la porte aux détentions arbitraires. Lorsqu'un prisonnier est détenu au seul motif qu'on le juge dangereux pour la société, il faut tenir compte de la nécessité de l'aider à se réhabiliter. Dans le cas des requérants, cela impliquait de leur fournir une possibilité raisonnable de suivre les cours destinés à traiter leur comportement délinquant et à faire en sorte qu'ils ne soient plus une menace pour la société. L'expérience montre qu'il est nécessaire pour que les prisonniers dangereux ne le soient plus qu'ils suivent des cours. Le présent art. n'impose certes pas l'obligation absolue d'offrir aux détenus un accès immédiat à tous les cours dont ils pourraient avoir besoin, mais toute restriction et tout retard dus à des problèmes de moyens doivent rester raisonnables. • CEDH 18 sept. 2012, *James, Wells et Lee c/ Royaume-Uni,* n° 25119/09 § 209 s.

36. Procédé déloyal. S'il n'est certes pas exclu que la police puisse légitimement user de stratagèmes afin, par exemple, de mieux déjouer des activités criminelles, en revanche le comportement de l'administration qui cherche à donner confiance à des demandeurs d'asile en vue de les arrêter, puis de les expulser, n'est pas à l'abri de la critique au regard des principes généraux énoncés par la Conv. EDH ou impliqués par elle. • CEDH 5 févr. 2002, *Conka c/ Belgique,* n° 51564/99 § 41 : *AJDA 2002. 500, chron. Flauss ; JCP 2002. I. 157, chron. Sudre.* ♦ Il n'est pas compatible avec le présent art. que dans un souci de facilité ou d'efficacité, l'administration décide consciemment de tromper des personnes, même en situation illégale, sur le but d'une convocation, pour mieux pouvoir les priver de leur liberté. • CEDH 5 févr. 2002, *Conka c/ Belgique,* n° 51564/99 § 42 : *préc.* ♦ Pour ne pas être taxée d'arbitraire, la mise en œuvre de pareille mesure de détention doit donc se faire de bonne foi. • CEDH, gr. ch., 29 janv. 2008, *Saadi c/ Royaume-Uni,* n° 13229/03 § 74 : *préc. note 15.*

37. La privation de liberté subie par le requérant n'était pas « régulière », au sens du présent art., ni compatible avec le « droit à la sûreté ». Il s'agissait en réalité d'une mesure d'extradition déguisée, destinée à tourner l'avis défavorable de la chambre d'accusation et non d'une « détention » nécessaire dans le cadre normal d'une « procédure d'expulsion ». • CEDH 18 déc. 1986, *Bozano c/ France,* n° 9990/82 § 60 : *préc. note 21.* ♦ Il y a tout lieu de croire que si la rédaction de la convocation en question était « malencontreuse », elle n'était pas pour autant le résultat d'une quelconque inadvertance, mais au contraire voulue comme telle, dans le but d'inciter le plus grand nombre de destinataires de la convocation à y donner suite. A l'audience, le conseil du Gouvernement a parlé à ce propos d'une « petite ruse », consciemment utilisée par les autorités pour assurer la réussite du « rapatriement collectif » qu'elles avaient décidé d'organiser. • CEDH 5 févr. 2002, Conka c/ Belgique, n° 51564/99 § 41 : *préc. note 32.*

38. Il arrive aux organes d'un État contractant de commettre de bonne foi des irrégularités ; dans un tel cas, même la constatation ultérieure du manquement par un juge peut ne pas rejaillir, en droit interne, sur la validité des mesures de mise en œuvre prises dans l'intervalle. Il en va autrement si les autorités avaient, dès le départ, conscience de transgresser la législation en vigueur, en particulier si leur décision initiale se trouvait entachée de détournement de pouvoir. • CEDH 18 déc. 1986, *Bozano c/ France,* n° 9990/82 § 55 : *préc. note 21* • CEDH 10 oct. 2006, *Gebremedhin [Gaberamadhian] c/ France,* n° 25389/05 § 56. ♦ En l'espèce, il apparaît que la décision de placement en zone de transit était manifestement contraire aux arrêts rendus et que l'Office des étrangers avait sciemment outrepassé ses pouvoirs. • CEDH 24 janv. 2008, *Riad et Idiab c/ Belgique,* n° 29787/03 § 76. ♦ Les circonstances entourant l'arrestation du requérant ne manquent pas de susciter des interrogations. En indiquant que son maintien en détention était nécessaire à la résolution d'un homicide, les autorités induisaient apparemment en erreur le requérant sur les raisons réelles pour lesquelles il était arrêté. La Cour considère que de telles méthodes non seulement sont contraires au principe de sécurité juridique mais risquent de saper la nécessaire confiance dans les autorités. • CEDH 13 janv. 2009, *Giorgi Nikolaishvili c/ Géorgie,* n° 37048/04 § 56. ♦ V. encore : chose plus grave, tout se présente comme si les autorités françaises avaient voulu laisser le requérant dans l'ignorance de ce qui se préparait contre lui, pour mieux le placer ensuite devant le fait accompli. • CEDH 18 déc. 1986, *Bozano c/ France,* n° 9990/82 § 54 : *préc. note 21.*

b. Conditions spécifiques aux différents cas de détention

1. Détention « après » jugement (art. 5, § 1, a)

39. Par « condamnation » au sens du présent art. § 1, a), il faut entendre, eu égard au texte français, une déclaration de culpabilité, consécutive à l'établissement légal d'une infraction. • CEDH 6 nov. 1980, *Guzzardi c/ Italie,* n° 7367/76 § 100. ♦ ... Et l'infliction d'une peine ou autre mesure privatives de liberté. • CEDH 25 avr. 1983, *Van Droogenbroeck c/ Belgique,* n° 7906/77 § 35 • CEDH 17 déc. 2009, *M. c/ Allemagne,* n° 19359/04 § 86 • CEDH 13 janv. 2011, *Haidn c/ Allemagne,* n° 6587/04 § 74.

40. Il doit exister un lien suffisant entre la décision juridictionnelle et la privation de liberté en cause. • CEDH 25 avr. 1983, *Van Droogenbroeck c/ Belgique,* n° 7906/77 § 39. ♦ Selon la jurisprudence de la Cour, dans l'alinéa *a)* le mot « après » n'implique pas un simple ordre chronologique de succession entre « condamnation » et « détention » : la seconde doit en outre résulter de la première, se produire « à la suite et par suite » – ou « en vertu » – « de celle-ci » • CEDH 2 mars 1987, *Weeks c/ Royaume-Uni,* n° 9787/82 § 42. ♦ En bref, il doit exister entre elles un lien de causalité suffisant (*ibidem*). • CEDH 2 mars 1987, *Monnell et Morris c/ Royaume-Uni,* n° 9562/81 § 40 • CEDH 17 déc. 2009, *M. c/ Allemagne,* n° 19359/04 § 88 • CEDH 13 janv. 2011, *Haidn c/ Allemagne,* n° 6587/04 § 75.

41. La Cour a la conviction que la détention litigieuse était directement liée à la condamnation initiale de M. E. et peut donc passer pour une « détention régulière » « après condamnation par un tribunal compétent ». • CEDH 27 mai 1997, *Eriksen c/ Norvège,* n° 17391/90 § 85 : *RSC 1998. 383, obs. Koering-Joulin.* ♦ La décision du tribunal de l'exécution des peines de maintenir la personne concernée en détention ne satisfaisait pas à ce critère, car elle n'était pas liée à un constat de culpabilité d'une infraction. La décision du tribunal régional de Passau ne comportait aucune ordonnance de placement en détention de sûreté en sus de la peine d'emprisonnement, d'autant que pareille ordonnance ne pouvait pas être prise en vertu de la législation en vigueur à l'époque. • CEDH 13 janv. 2011, *Haidn c/ Allemagne,* n° 6587/04 § 75.

42. Le présent *littera* ne garantit pas, en tant que tel, le droit pour un condamné de bénéficier de façon anticipée d'une loi d'amnistie ou d'une remise en liberté conditionnelle ou définitive. • CEDH, décis., 2 oct. 2001, *Kalan c/ Turquie,* n° 73561/01 • CEDH, décis., 1er juin 2010, *Celikkaya c/ Turquie,* n° 34026/03 § 60. ♦ Rappr. • CEDH, décis., 18 oct. 2001, *Mouesca c/ France,* n° 52189/99. ♦ Il peut en aller autrement lorsque les juridictions internes sont tenues, en l'absence de tout pouvoir discrétionnaire, d'appliquer une telle mesure à toute personne remplissant les conditions fixées par la loi pour en bénéficier. • CEDH 10 juill. 2003, *Grava c/ Italie,* n° 43522/98 § 43 • CEDH 2 mars 2006, *Pilla c/ Italie,* n° 64088/00 § 41 • CEDH 17 juin 2008, *Sahin Karatas c/ Turquie,* n° 16110/03 § 35 • CEDH, gr. ch., 21 oct. 2013, *Del Rio Prada c/ Espagne,* n° 42750/09 § 126 : *D. 2013. 2775, obs. Falxa ; RSC 2014. 174, obs. Roets.* ♦ V. déjà • CEDH 10 juill. 2012, *Del Rio Prada c/ Espagne,* n° 42750/09 § 71 : *AJ pénal 2012. 494, obs. Herzog-Evans.* ♦ Il convient aussi de s'assurer que la durée effective de la privation de liberté, compte tenu des règles concernant les remises de peine applicables, était suffisamment « prévisible ». Dès lors qu'un constat de violation de l'art. 7 Conv. EDH de ce chef a été prononcé, la Cour estime que la requérante ne pouvait à l'époque des faits prévoir à un degré raisonnable que, du fait d'un revirement de jurisprudence, la durée effective de sa privation de liberté se prolongerait de presque neuf ans en vidant de sens les remises de peine pour travail auxquelles elle avait droit sous l'empire de l'ancien code pénal. Dès lors, au-delà de la date à laquelle les remises de peine auraient dû jouer, il y a violation du présent art. • CEDH, gr. ch., 21 oct. 2013, *Del Rio Prada c/ Espagne,* n° 42750/09 § 120 : *préc.* ♦ V. déjà • CEDH 10 juill. 2012, *Del Rio Prada c/ Espagne,* n° 42750/09 § 74 et 75 : *préc.*

43. Toutefois, il pourrait en aller autrement lorsque les juridictions internes sont tenues, en l'absence de tout pouvoir discrétionnaire, d'appliquer une telle mesure à toute personne remplissant les conditions fixées par la loi pour en bénéficier. • CEDH, gr. ch., 21 oct. 2013, *Del Rio Prada c/ Espagne,* n° 42750/09 § 130 : *préc. note 42.* ♦ Il y a violation du présent § dès lors que les décisions judiciaires définitives concernant des demandes de remise de peine des requérants étaient intervenues tardivement et que les intéressés ont purgé des peines supérieures à celles qu'ils auraient dû effectuer en cas d'octroi du bénéfice sollicité. • CEDH 10 juill. 2003, *Grava c/ Italie,* n° 43522/98 § 31 s. : *RSC 2004. 165, obs. Massias* • CEDH 25 févr. 2014, *Alican Demir c/ Turquie,* n° 41444/09 § 91.

2. Arrestation ou détention découlant d'une ordonnance judiciaire ou d'une obligation légale (art. 5, § 1, *b*)

44. Les mots « garantir l'exécution d'une obligation prescrite par la loi » concernent seulement les cas où la loi autorise à détenir quelqu'un pour le forcer à exécuter une obligation spécifique et concrète qu'il a négligé jusqu'ici de remplir. Une interprétation extensive entraînerait des résultats incompatibles avec l'idée de prééminence du droit dont s'inspire la Convention tout entière. Elle justifierait, par exemple, un internement administratif tendant à contraindre un citoyen à s'acquitter, sur un point quelconque, de son devoir général d'obéissance à la loi. • CEDH 8 juin 1976, *Engel et a. c/ Pays-Bas,* n° 5100/71 § 69 : *préc. note 2.* ♦ ... Et non des lois imposant des obligations générales. • CEDH 6 nov. 1980, *Guzzardi c/ Italie,* n° 7367/76 § 101.

45. L'obligation ne peut jouer qu'à partir du moment où elle prend naissance et non à une date antérieure. • CEDH 22 févr. 1989, *Ciulla c/ Italie,* n° 11152/84 § 36.

46. Ce mandat d'arrêt a été décerné parce que le requérant avait enfreint l'obligation qui lui avait été imposée, conformément aux textes, de ne pas s'éloigner du lieu de résidence qui lui avait été indiqué. Le requérant a été donc privé de sa liberté dans les conditions prévues au présent al. • Comm. EDH 7 oct. 1980, *Freda c/ Italie,* n° 8916/80 § 4 (en droit).

47. Pour qu'une détention soit justifiée au regard du présent *b),* l'obligation doit être spécifique et concrète et l'arrestation et la détention doivent avoir pour but de garantir l'exécution de celle-ci sans revêtir un caractère punitif. • CEDH 22 mai 2008, *Iliya Stefanov c/ Bulgarie,* n° 65755/01 § 72. ♦ En outre, dès qu'il est satisfait à cette obligation, la base de la détention cesse d'exister. Enfin, il faut établir un équilibre entre la nécessité dans une société démocratique de garantir l'exécution immédiate de l'obligation dont il s'agit et l'importance du droit à la liberté. A cet égard, la Cour tiendra compte de la nature de l'obligation, y compris son objet et son but sous-jacents, de la personne détenue, des circonstances particulières ayant abouti à sa détention et de la durée de celle-ci. • CEDH 24 mars 2005, *Epple c/ Allemagne,* n° 77909/01 § 37 • CEDH 22 févr. 2011, *Soare et a. c/ Roumanie,* n° 24329/02 § 236. ♦ Une rétention s'analysant en une conséquence logique du droit des autorités de s'assurer de la présence des témoins dans le cadre d'une enquête pénale est conforme au présent *b).* • CEDH 22 mai 2008, *Iliya Stefanov c/ Bulgarie,* n° 65755/01 § 73 • CEDH 22 févr. 2011, *Soare et a. c/ Roumanie,* n° 24329/02 § 237.

3. Arrestation ou détention en vue de conduire la personne en cause devant l'autorité judiciaire compétente (art. 5, § 1, c)

48. Infraction pénale. Il y a violation du présent alinéa dans le chef d'une personne détenue pour détournement de fonds publics, dès lors que ses actes – octroi de fonds d'aide et de crédits à des pays en développement – ne peuvent en aucun cas impliquer la nécessité de répondre pénalement. • CEDH 20 mars 1997, *Loukanov c/ Bulgarie,* n° 21915/93 § 41 : *RSC 1997. 888, obs. Pettiti ; RSC 1998. 382, obs. Koering-Joulin ; JCP 1998. I. 107, chron. Sudre ; JDI 1998. 186, obs. Decaux et Tavernier.*

49. Soupçons plausibles. L'exigence selon laquelle les soupçons doivent reposer sur des raisons plausibles constitue un élément essentiel de la protection offerte contre les privations de liberté arbitraires. • CEDH 19 mai 2004, *Goussinski c/ Russie,* n° 70276/01 § 53. ♦ Il existait suffisamment de faits ou d'informations propres à fournir des raisons plausibles et objectives de soupçonner M. d'avoir commis l'infraction. • CEDH 28 oct. 1994, *Murray c/ Royaume-Uni,* n° 14310/88 § 63 : *RSC 1995. 143, obs. Pettiti .*

50. Il ne doit pas apparaître que les faits

reprochés eux-mêmes aient été liés à l'exercice par le requérant de ses droits garantis par la Conv. Le fait que des actes ne pouvant raisonnablement être pénalement répréhensibles en droit interne ou étant liés en grande partie à l'exercice de droits garantis par la Conv. soient considérés dans l'acte d'accusation comme des éléments constitutifs d'une infraction affaiblit en soi la plausibilité des soupçons en question. • CEDH 10 déc. 2019, *Turquie*, n° 28749/18 § 129 et 157 : *AJDA 2020. 160, chron. Burgorgue-Larsen* ✎. ♦ La notion de « soupçons raisonnables » ne saurait être interprétée de manière à porter atteinte au droit à la liberté d'expression garanti par l'art. 10 de la Conv. EDH. N'appelant ni à des méthodes violentes, ni à financer des organisations terroristes, ne faisant pas l'apologie de l'auteur d'un attentat, ne relevant pas de l'endoctrinement terroriste, le discours tenu par le requérant ne saurait en lui-même convaincre un observateur objectif que l'intéressé a pu commettre l'infraction d'appartenance à une organisation terroriste. • CEDH, gr. ch., 22 déc. 2020, *Demirtas c/ Turquie (n° 2)*, n° 14305/17 § 328.

51. Le présent art. parle de soupçons « plausibles » et non pas seulement authentiques et sincères. • CEDH 30 août 1990, *Fox, Campbell et Hartley c/ Royaume-Uni*, n° 12244/89 § 32. ♦ Cela ne signifie pas, pour qu'une arrestation soit justifiée, que la police ait rassemblé des preuves suffisantes pour porter des accusations, soit au moment de l'arrestation, soit pendant la garde à vue. • CEDH 29 nov. 1988, ⚖ *Brogan et a. c/ Royaume-Uni*, n° 11209/84 § 53. ♦ Les termes « raisons plausibles de soupçonner » supposent l'existence de faits ou renseignements propres à persuader un observateur objectif que l'individu en cause peut avoir accompli l'infraction. • CEDH 19 mai 2004, ⚖ *Goussinski c/ Russie*, n° 70276/01 § 53.

52. De même, l'absence d'inculpation et de renvoi en jugement n'implique pas nécessairement que la privation de liberté des requérants n'avait pas poursuivi un objectif conforme au présent art. • CEDH 29 nov. 1988, ⚖ *Brogan et a. c/ Royaume-Uni*, n° 11209/84 § 53. ♦ En effet, l'objet d'une détention en vue d'un interrogatoire est de compléter une enquête pénale en confirmant ou en écartant les soupçons fondant la détention. Ainsi, les faits donnant naissance à des soupçons ne doivent pas être du même niveau que ceux nécessaires pour justifier une condamnation ou même pour porter une accusation, ce qui intervient dans la phase suivante de la procédure de l'enquête pénale. • CEDH 28 oct. 1994, ⚖ *Murray c/ Royaume-Uni*, n° 14310/88 § 55 : *préc. note 49* • CEDH 9 juill. 2013, ⚖ *Dinc et Cakir c/ Turquie*, n° 66066/09 § 45.

53. La Cour n'a reçu aucun élément ou renseignement propre à démontrer qu'il existait à l'époque des motifs plausibles de soupçonner le requérant d'avoir cherché, pour lui-même ou pour un tiers, à retirer un avantage de sa participation à l'affectation des fonds en question. • CEDH 20 mars 1997, ⚖ *Loukanov c/ Bulgarie*, n° 21915/93 § 41 : *RSC 1997. 888, obs. Pettiti* ✎ ; *RSC 1998. 382, obs. Koering-Joulin* ✎ ; *JCP 1998. I. 107, chron. Sudre* ; *JDI 1998. 186, obs. Decaux et Tavernier.*

54. La persistance de raisons plausibles de soupçonner la personne arrêtée d'avoir commis une infraction est une condition *sine qua non* de la régularité de son maintien en détention, mais au bout d'un certain temps elle ne suffit plus. La Cour doit alors établir si les autres motifs adoptés par les autorités judiciaires continuent à légitimer la privation de liberté. Quand ils se révèlent « pertinents » et « suffisants », elle recherche de surcroît si les autorités nationales compétentes ont apporté une « diligence particulière » à la poursuite de la procédure. • CEDH 26 oct. 2000, ⚖ *Kudla c/ Pologne*, n° 30210/96 § 111 • CEDH 23 sept. 1998, *I.A. c/ France*, n° 28312/95 § 102. ♦ La complexité et les particularités de l'enquête sont des éléments importants à prendre en compte à cet égard. • CEDH 18 déc. 1996, ⚖ *Scott c/ Espagne*, n° 21335/93 § 74 • CEDH 28 nov. 2002, ⚖ *Lavents c/ Lettonie*, n° 58442/00 § 71.

55. Risque de fuite ou de commission de nouvelles infractions. La Cour reconnaît que le risque de fuite, ajouté aux raisons de soupçonner le requérant d'avoir commis les infractions en question, pouvait initialement suffire à légitimer la détention. Toutefois, au fil du temps, il est inévitablement devenu moins pertinent et, compte tenu de ce qu'avant d'être réincarcéré le requérant avait déjà passé presque un an en détention, seules des raisons vraiment impérieuses pourraient persuader la Cour que cette nouvelle période de 2 ans et 4 mois de privation de liberté se justifiait au regard du § 3 du présent art. • CEDH 26 oct. 2000, ⚖ *Kudla c/ Pologne*, n° 30210/96 § 114. ♦ Les motifs retenus par les juridictions lettonnes à l'appui de leurs décisions, ou invoqués par le Gouvernement dans ses observations devant la Cour, sont insuffisants pour justifier la détention prolongée du requérant et ne résistent pas à l'épreuve du temps. Il s'ensuit que, par sa durée excessive, la détention litigieuse a enfreint l'art. 5, § 3. • CEDH 28 nov. 2002, ⚖ *Lavents c/ Lettonie*, n° 58442/00 § 76. ♦ Il en va de même d'un risque de collusion entre les coaccusés et de destruction de preuves. • CEDH 9 nov. 1999, ⚖ *Debboub alias Husseini Ali c/ France*, n° 37786/97 § 44 : *D. 2000. 180, obs. Renucci* ; *RSC 2000. 239, obs. Mathias* ✎ ; *JCP 2000. I. 203, chron. Sudre.* ♦ L'arrestation de L. n'était pas nécessaire pour « l'empêcher de commettre une infraction ou de s'enfuir après l'accomplissement de celle-ci ». En particulier, les autorités n'ont pas expliqué pourquoi le requérant, alors qu'on lui reprochait d'avoir abusé de ses fonctions, a pu poursuivre ce type d'activité près d'un an après avoir quitté les fonctions de ministre de l'intérieur. Quant au risque de fuite, L. s'était engagé à rester à la disposition de la justice auprès de l'enquêteur qui l'avait arrêté et qui apparemment n'a rien trouvé à redire à la façon dont le requérant s'est acquitté de cette obligation. • CEDH 3 juill. 2012, *Lutsenko c/ Ukraine,* n° 6492/11 § 64.

56. En raison de la nature et de l'ampleur des condamnations antérieures du requérant pour menaces et voies de fait et son état mental à l'époque, il existait des motifs réels de penser qu'il commettrait d'autres actes délictueux semblables. • CEDH 27 mai 1997, *Eriksen c/ Norvège,* n° 17391/90 § 86.

57. Terrorisme. L'internement et la détention préventive sans inculpation sont incompatibles avec le droit fondamental à la liberté consacré par le présent art. en l'absence d'une dérogation valable établie au titre de l'art. 15 Conv. EDH. • CEDH, gr. ch., 19 févr. 2009, *A. et a. c/ Royaume-Uni,* n° 3455/05 § 172 : *préc. note 16.*

58. Il ne faut certes pas appliquer le présent al. d'une manière qui causerait aux autorités de police des États contractants des difficultés excessives pour combattre par des mesures adéquates le terrorisme organisé. Partant, on ne saurait demander à ces États d'établir la plausibilité des soupçons motivant l'arrestation d'un terroriste présumé en révélant les sources confidentielles des informations recueillies à l'appui, ou même des faits pouvant aider à les repérer ou identifier. La Cour doit cependant pouvoir déterminer si la substance de la garantie offerte par le présent al. est demeurée intacte. Dès lors, il incombe au Gouvernement défendeur de lui fournir au moins certains faits ou renseignements propres à la convaincre qu'il existait des motifs plausibles de soupçonner la personne arrêtée d'avoir commis l'infraction alléguée. Il en va d'autant plus ainsi lorsque, comme en l'espèce, le droit interne n'exige pas des soupçons plausibles mais uniquement des soupçons sincères. • CEDH 30 août 1990, *Fox, Campbell et Hartley c/ Royaume-Uni,* n° 12244/89 § 34.

59. Délai prévu par le droit interne. Le requérant a été transféré devant le juge du tribunal d'instance pénal normalement compétent *quarante-cinq jours après son placement* en détention par le juge de D. Un tel délai ne saurait manifestement être considéré comme répondant à l'exigence de transfert « dans les plus brefs délais », comme le prévoit le droit interne. • CEDH 5 mars 2013, *Salih Salman Kiliç c/ Turquie,* n° 22077/10 § 20.

60. Le placement en garde à vue et la réalisation d'une fouille à corps d'un avocat appelé pour assister une personne mineure placée en garde à vue alors qu'il voulait verser au dossier des observations écrites pour demander un examen médical de son client, ce dernier déclarant avoir été victime de violences policières et présentant des lésions sur le visage, doivent être particulièrement motivés. • CEDH 23 avr. 2015, *François c/ France,* n° 26690/11 § 52 s.

4. Arrestation ou détention s'il y a des motifs raisonnables de croire à la nécessité de l'empêcher de commettre une infraction ou de s'enfuir après l'accomplissement de celle-ci (art. 5, § 1, c)

61. Arrestations préventives. Sous réserve que le droit national fournisse les garanties supplémentaires visées aux § 3 et 5 du présent art., lorsqu'un individu est libéré après avoir fait l'objet d'une courte privation de liberté préventive, soit parce que le risque a disparu, soit par exemple parce qu'un délai légal court a expiré, l'exigence selon laquelle les autorités doivent avoir pour but lorsqu'elles privent la personne de liberté de la conduire devant l'autorité judiciaire compétente ne devrait pas en elle-même faire obstacle à une privation de liberté préventive relevant du second volet de l'art. 5 § 1 c). • CEDH, gr. ch., 22 oct. 2018, *Danemark,* n° 35553/12 § 126 : *AJ pénal 2018. 572, obs. Gallois.* ♦ V. déjà : • CEDH 7 mars 2013, *Allemagne,* n° 15598/08 : *D. 2013. 710 ; RSC 2013. 653, obs. Marguénaud.* ♦ Cependant, il faut souligner que toute souplesse dans ce domaine est limitée par les garanties importantes posées au § 1 du présent art., notamment par l'exigence que la privation de liberté soit régulière, conformément au but de protection de l'individu contre l'arbitraire, que l'infraction soit concrète et déterminée, notamment en ce qui concerne le lieu et le moment où elle serait commise ainsi que ses victimes potentielles, et que les autorités soient en mesure de produire des faits ou renseignements propres à persuader un observateur objectif que l'intéressé aurait selon toute probabilité participé à la commission de cette infraction concrète et déterminée s'il n'en avait pas été empêché par la privation de liberté dont il a fait l'objet. La souplesse est en outre limitée par l'exigence selon laquelle il doit y avoir « des motifs raisonnables de croire à la nécessité » de l'arrestation et de la privation de liberté. Pour déterminer la portée de cette exigence, on peut tenir compte du degré auquel les mesures concernées portent atteinte à des intérêts protégés par d'autres droits garantis par la Convention. • CEDH, gr. ch., 22 oct. 2018, *Danemark,* n° 35553/12 § 127 : *préc..* ♦ V. également l'application du § 3 du présent art., note 93.

62. Lorsque les requérants ont été arrêtés, la police avait toutes les raisons de croire qu'ils étaient en train d'organiser une rixe entre hooligans qui devait avoir lieu au cours des heures qui auraient précédé ou suivait le match ou pendant celui-ci, ce qui présentait un danger considérable pour la sécurité de nombreuses personnes. Les faits établis par les juridictions nationales indiquaient de manière suffisante que l'« infraction » qu'il fallait empêcher pouvait être considérée comme « concrète et déterminée ». • CEDH, gr. ch., 22 oct. 2018, *Danemark,* n° 35553/12 § 158 et 159 : *préc. note 61.*

5. Détention de mineur (art. 5, § 1, *d*)

63. Principe. La Conv. EDH n'interdit pas la détention régulière de mineur de 16 ans. • Crim. 22 mai 1990, n° 90-81.469 P : *D. 1990. 456, note Renucci.*

64. Les autorités internes ont justifié le besoin de placement de la requérante par le risque de la voir entraînée dans la prostitution, car celle-ci était incitée à accomplir « des services sexuels », ainsi que par son manque de coopération, son comportement agressif et ses fugues. • CEDH 19 mai 2016, *D. L. c/ Bulgarie,* n° 7472/14 § 73.

65. Nécessité de mesures éducatives. L'internement d'un mineur en maison d'arrêt n'enfreint pas forcément le présent al., même quand il n'est pas de nature à pourvoir comme tel à l'« éducation surveillée » de l'intéressé. Ainsi qu'il ressort de la préposition « pour » (« *for the purpose of* » dans le texte anglais), la « détention » dont parle ce texte constitue un moyen d'assurer le placement de l'intéressé sous « éducation surveillée », mais il peut ne pas s'agir d'un placement immédiat. Tout comme l'art. 5, § 1, reconnaît, en ses alinéas *c)* et *a),* la distinction entre détention avant jugement et détention après condamnation, l'alinéa *d)* n'empêche pas une mesure provisoire de garde qui serve de préliminaire à un régime d'éducation surveillée sans en revêtir elle-même le caractère. Encore faut-il, dans cette hypothèse, que l'emprisonnement débouche à bref délai sur l'application effective d'un tel régime *dans un milieu spécialisé – ouvert* ou fermé – qui jouisse de ressources suffisantes correspondant à sa finalité. • CEDH 29 févr. 1988, *Bouamar c/ Belgique,* n° 9106/80 § 50. ♦ L'absence de perspective d'éducation surveillée la rend donc irrégulière. • CEDH 16 mai 2002, *D. G. c/ Irlande,* n° 39474/98 § 84.

66. L'internement en centre de détention provisoire est une mesure de courte durée, une solution provisoire, et on voit mal comment une véritable éducation surveillée visant à modifier le comportement d'un mineur et à lui faire suivre une thérapie et une rééducation appropriées pourrait être assurée dans un laps de temps de trente jours au maximum. • CEDH, gr. ch., 23 mars 2016, *Blokhin c/ Russie,* n° 47152/06 § 169.

67. La requérante a pu poursuivre un cursus scolaire, des efforts individuels ont été déployés à son égard pour tenter d'aplanir ses difficultés scolaires, elle a obtenu une note l'autorisant à passer dans la classe supérieure et enfin elle a pu obtenir une qualification professionnelle lui permettant d'envisager sa réintégration ultérieure dans la société. Ces éléments suffisent à la Cour pour conclure que l'on ne peut reprocher à l'État d'avoir manqué à son obligation découlant du présent art. • CEDH 19 mai 2016, *D. L. c/ Bulgarie,* n° 7472/14 § 77.

6. Détention de certains malades et marginaux (art. 5, § 1, *e*)

68. Généralités. Est contraire au § 1 en général la détention d'une personne en vue d'effectuer « toutes les investigations nécessaires » et de « recueillir l'avis d'une commission de médecins spécialistes » sur son état de santé mentale dès lors que d'autres mesures, moins sévères, n'ont, à aucun moment, été envisagées par les autorités pour permettre au parquet de ce faire ou que ces mesures alternatives auraient été insuffisantes pour atteindre le but visé. • CEDH 4 juin 2013, *Stelian Rosca c/ Roumanie,* n° 5543/06 § 69.

69. Malades mentaux. On ne saurait évidemment considérer que le présent al. autorise à détenir quelqu'un du seul fait que ses idées ou son comportement s'écarte des normes prédominant dans une société donnée. • CEDH 24 oct. 1979, *Winterwerp c/ Pays-Bas,* n° 6301/73 § 37.

70. Pour priver une personne de sa liberté on doit, sauf dans cas d'urgence, avoir établi son « aliénation » de manière probante. La nature même de ce qu'il faut démontrer devant l'autorité nationale compétente – un trouble mental réel – appelle une expertise médicale objective. En outre, le trouble doit revêtir un caractère ou une ampleur légitimant l'internement. Qui plus est, ce dernier ne peut se prolonger valablement sans la persistance de pareil trouble. • CEDH 24 oct. 1979, *Winterwerp c/ Pays-Bas,* n° 6301/73 § 39 • CEDH 24 oct. 1997, *Johnson c/ Royaume-Uni,* n° 22520/93 § 60 • CEDH 19 mai 2004, *R. L. et M.-J. D. c/ France,* n° 44568/98 §115 : *RSC 2005. 630, obs. Massias* • CEDH 18 févr. 2014, *Ruiz Rivera c/ Suisse,* n° 8300/06 § 59. ♦ L'expertise doit être suffisamment récente. • CEDH 12 juin 2003, *Herz c/ Allemagne,* n° 44672/98 § 50. ♦ La détention du requérant n'a pas constitué la « détention (...) régulière d'un aliéné » au sens du présent al., dans la mesure où elle a été ordonnée sans qu'un médecin eût été consulté. • CEDH 5 oct. 2000, *Varbanov c/ Bulgarie,* n° 31365/96 § 49 : *JCP 2001. I. 291, chron. Sudre.*

71. Dès lors que le juge interne prend soin de s'assurer que le trouble mental dont le requérant souffre à l'époque de l'arrêt revêt un caractère et une ampleur légitimant l'internement et qu'il constate qu'il s'agit d'un individu alors réellement dangereux, à telle enseigne qu'il a jugé nécessaire de prescrire l'exécution provisoire de sa décision, l'internement est régulier. • CEDH 23 févr. 1984, *Luberti c/ Italie,* n° 9019/80 § 28. ♦ Le président du tribunal disposant de quatre avis médicaux différents et ayant pu s'appuyer aussi sur les affirmations de l'épouse de l'intéressé et sur un rapport de police, la Cour n'aperçoit aucune raison de douter du poids des éléments sur lesquels il se fonda pour juger nécessaire de prolonger l'internement du requérant. • CEDH 27 sept. 1990, *Wassink c/ Pays-Bas,* n° 12535/86 § 25 : *RFDA 1991. 843, chron. Berger, Labayle et Sudre* . ♦ Il ne semble pas que le requérant soit atteint d'un trouble mental faisant de lui un « aliéné » justifiant que sa détention serait régulière au sens de l'art. 5, § 1, *e).* En effet, le requérant n'a pas été initialement placé en hôpital psychiatrique mais dans une prison ordinaire. Sa rétention au-delà de la peine d'emprisonnement ne semble dès lors pas relever du présent al. • CEDH 13 janv. 2011, *Haidn c/ Allemagne,* n° 6587/04 § 94.

72. En principe, la « détention » d'une personne comme malade mental ne sera « régulière » au regard de l'al. *e)* du § 1 que si elle se déroule dans un hôpital, une clinique ou un autre établissement approprié. • CEDH 28 mai 1985, *Royaume-Uni,* n° 8225/78 § 44. ♦ Ainsi en est-il de l'internement du requérant dans un lieu inadapté à son état de santé (prison), ce qui a rompu le lien requis par le présent art entre le but de la détention et les conditions dans lesquelles elle a lieu. • CEDH 6 sept. 2016, *Belgique,* n° 73548/13 § 134. ♦ La privation de liberté remplit ici une double fonction, d'une part, une fonction sociale de protection, et d'autre part, une fonction thérapeutique liée à l'intérêt pour l'aliéné de bénéficier d'un parcours de soins appropriés et individualisés allant au-delà des soins de base. L'administration d'un tel traitement, dans la définition duquel l'État dispose d'une certaine marge de manœuvre pour la forme comme le contenu, fait donc partie intégrante de la notion « d'établissement approprié ». • CEDH, gr. ch., *31 janv. 2019, Rooman c/ Belgique,* n° 18052/11 § 210 : *D. 2019. 524, note Sferlazzo-Boubli* . ♦ Si l'al. *e)* de l'art. 5 § 1 ne garantit pas à l'interné le droit d'accéder à des soins dans sa langue, les circonstances de l'espèce, liées à l'état de santé de l'intéressé combiné à la durée indéterminée de sa détention et à l'absence de suite donnée à ses demandes de soins prodigués en allemand (une des langues officielles), peuvent conduire à un constat de violation de cet art. 5 sans pour autant emporter mécaniquement la méconnaissance de l'art. 3 dès lors que, compte tenu de la différence d'intensité du contrôle, un parcours thérapeutique peut correspondre aux exigences de l'art. 3 tout en étant insuffisant à l'aune de l'art. 5. • CEDH, gr. ch., 31 janv. 2019, *Rooman c/ Belgique,* n° 18052/11 § 230, 241 et 213 : *préc.*

73. La détention de sûreté ordonnée subséquemment par un jugement intervenu 13 ans après sa condamnation pénale est justifiée compte tenu de l'état de santé mentale du requérant, la validité du maintien en détention étant conditionnée par la persistance de son trouble mental. • CEDH, gr. ch., 4 déc. 2018, *Allemagne,* n° 10211/12 § 159 et 170.

74. Toxicomanes et alcooliques. La Cour estime que, sous l'angle de l'art. 5 § 1 *e)* de la Conv. EDH, les personnes dont la conduite et le comportement sous l'influence de l'alcool constituent une menace pour l'ordre public ou pour elles-mêmes, même si aucun diagnostic d'« alcoolisme » n'a été posé les concernant, peuvent être détenues à des fins de protection du public ou dans leur propre intérêt, par exemple leur santé ou leur sécurité personnelle. • CEDH 4 avr. 2000, *Pologne,* n° 26629/95 § 61.

7. Détention des étrangers (art. 5, § 1, *f*)

75. Principe. Pour qu'une détention se concilie avec le § 1, *f),* il suffit qu'une procédure d'expulsion soit en cours et que celle-ci soit effectuée aux fins de son application. Il n'y a donc pas lieu de rechercher si la décision initiale d'expulsion se justifiait ou non au regard de la législation interne ou de la Conv. EDH ou si la détention pouvait être considérée comme raisonnablement nécessaire, par exemple pour empêcher un risque de fuite ou d'infraction. Seul le déroulement de la procédure d'expulsion justifie la privation de liberté fondée sur la présente disposition. • CEDH 15 nov. 1996, *Chahal c/ Royaume-Uni,* n° 22414/93 § 112 : *AJDA 1997. 977, chron. Flauss* ; *ibid. 1998. 37, chron. Flauss* ; *RSC 1997. 452, obs. Koering-Joulin* ; *ibid. 687, obs. L.-E. Pettiti* ; *JCP 1997. I. 4000, chron. Sudre* • CEDH 24 janv. 2008, *Riad et Idiab c/ Belgique,* n° 29787/03 § 70 • CEDH 19 janv. 2012, *Popov c/ France,* n° 39472/07 § 116 : *préc. note 15* • CEDH 2 mai 2013, Chkhartishvili c/ Grèce, n° 22910/10 § 69. ♦ Si, aux termes du droit interne, la requérante ne pouvait pas faire l'objet d'une expulsion car elle avait donné naissance à un enfant et ceci indépendamment du fait que le bébé était décédé, les autorités violent la présente disposition en plaçant la requérante en détention. • CEDH 8 févr. 2011, *Seferovic c/ Italie,* n° 12921/04 § 39 : *RFDA 2012. 455, chron. Labayle et Sudre* ; *RD publ. 2012. 800, chron. Sudre.*

76. Assorti de garanties adéquates pour les personnes qui en font l'objet, un tel maintien n'est acceptable que pour permettre aux États de combattre l'immigration clandestine. • CEDH 25 juin 1996, *Amuur c/ France,* n° 19776/92 § 43 : *préc. note 9.* ♦ Pour ne pas être taxée d'arbitraire, la mise en œuvre de pareille mesure de détention doit donc se faire de bonne foi ; elle doit aussi être étroitement liée au but consistant à empêcher une personne de pénétrer irrégulièrement sur le territoire ; en outre, le lieu et les conditions de détention doivent être appropriés, car « une telle mesure s'applique non pas à des auteurs d'infractions pénales mais à des étrangers qui, craignant souvent pour leur vie, fuient leur propre pays » ; enfin, la durée de la détention ne doit pas excéder le délai raisonnable nécessaire pour atteindre le but poursuivi. • CEDH, gr. ch., 29 janv. 2008, *Saadi c/ Royaume-Uni,* n° 13229/03 § 74 : *préc. note 15.* ♦ Si la procédure n'est pas menée avec la diligence requise, la détention cesse d'être justifiée. • CEDH 15 nov. 1996, *Chahal c/ Royaume-Uni,* n° 22414/93 § 113 : *préc. note 75* • CEDH 26 nov. 2009, *Tabesh c/ Grèce,* n° 8256/07 § 46 • CEDH 24 mars 2015, *Gallardo Sanchez c/ Italie,* n° 11620/07 § 40. ♦ Au-delà du défaut de base légale de la privation de liberté et qui justifie en soi un constat de violation du présent art., apparaissent comme des facteurs additionnels aggravant la situation des demandeurs d'asile : l'accès entravé à la procédure par un défaut d'information, d'assistance juridique et de communication (non-délivrance d'attestation de mise à l'instruction de leur demande) ; la durée considérable et manifestement excessive (de 5 à 21 mois) au regard de la nature et de l'objet de la procédure, du maintien dans la zone de transit aéroportuaire ; l'inadaptation du lieu du confinement à un séjour de longue durée. • CEDH, gr. ch., 21 nov. 2019, *Russie,* n° 61411/15 § 165 à 169.

77. Néanmoins, cette restriction de liberté doit respecter les engagements internationaux conclus par l'État et notamment la Convention de Genève de 1951 relative au statut des réfugiés et la Conv. EDH ; le souci légitime des États de déjouer les tentatives de plus en plus fréquentes de contourner les restrictions à l'immigration ne doit pas priver les demandeurs d'asile de la protection accordée par ces conventions. • CEDH 25 juin 1996, *Amuur c/ France,* n° 19776/92 § 43 : *préc. note 9.* ♦ Si l'étranger est détenu régulièrement en application du présent art., il n'en reste pas moins que ses conditions de détention ne doivent pas violer l'art. 3 Conv. EDH (V. ss. cet art.). • CEDH 1er août 2013, *Horshill c/ Grèce,* n° 70427/11 § 65.

78. En adoptant une démarche globale et en se fondant sur un faisceau d'éléments concordants, la Cour arrive à la conclusion que la privation de liberté subie par le requérant n'était pas « régulière », au sens du présent al., ni compatible avec le « droit à la sûreté ». Il s'agissait en réalité d'une mesure d'extradition déguisée, destinée à tourner l'avis défavorable de la chambre d'accusation de la cour d'appel de Limoges, et non d'une « détention » nécessaire dans le cadre normal d'une « procédure d'expulsion ». • CEDH 18 déc. 1986, *Bozano c/ France,* n° 9990/82 § 54 : *préc. note 21.*

79. Mineurs. La requérante a été détenue dans un centre fermé conçu pour des adultes étrangers en séjour illégal, dans les mêmes conditions que celles d'une personne adulte, lesquelles n'étaient par conséquent pas adaptées à sa situation d'extrême vulnérabilité liée à son statut de mineure étrangère non accompagnée. • CEDH 12 oct. 2006, *Mubilanzila Mayeka et Kaniki Mitunga c/ Belgique,* n° 13178/03 § 103 • CEDH 19 janv. 2010, *Muskhadzhiyeva et a. c/ Belgique,* n° 41442/07 § 73. ♦ En ordonnant la mise en détention du requérant les autorités nationales ne se sont aucunement penchées sur la question de son intérêt supérieur en tant que mineur. De plus, elles n'ont pas recherché si le placement du requérant dans le centre de rétention était une mesure de dernier ressort et si elles pouvaient lui substituer une autre mesure moins radicale afin de garantir son expulsion. La détention du requérant n'était pas « régulière » au sens du présent art. • CEDH 5 avr. 2011, *Rahimi c/ Grèce,* n° 8687/08 § 109 : *AJDA 2011. 1993, chron. Burgorgue-Larsen* ; *RD publ. 2012. 800, chron. Sudre.* ♦ Il en va de même en dépit du fait qu'ils étaient accompagnés de leurs parents et même si le centre de rétention prévoyait une aile d'accueil des familles. • CEDH 19 janv. 2012, *Popov c/ France,* n° 39472/07 § 119 : *préc. note 15.*

III. GARANTIES OFFERTES AUX PERSONNES PRIVÉES DE LIBERTÉ

A. DROIT D'ÊTRE INFORMÉ (ART. 5, § 2)

80. Dès lors qu'elle conclut, sous l'angle du § 1er, que la rétention des requérants était dépourvue d'une base légale claire et accessible on voit mal comment les autorités auraient pu signaler aux intéressés les raisons juridiques de leur privation de liberté et leur fournir ainsi des informations suffisantes pour leur permettre de contester les motifs de leur privation de liberté devant un tribunal. • CEDH, gr. ch., 15 déc. 2016, *Khlaifia et a. c/ Italie,* n° 16483/12 § 117.

81. Consciente de la connotation pénale des

termes utilisés au présent paragraphe, la Cour considère cependant qu'ils doivent recevoir une interprétation autonome, conforme en particulier à l'objet et au but de l'article entier : protéger toute personne contre les privations arbitraires de liberté. Aussi l'« arrestation » visée au présent paragraphe dépasse-t-elle le cadre des mesures à caractère pénal. De même, en parlant de « toute accusation » (« *any charge* ») le texte n'entend pas formuler une condition à son applicabilité, mais désigner une éventualité qu'il prend en compte. Le lien étroit entre les paragraphes 2 et 4 du présent art. corrobore cette interprétation : quiconque a le droit d'introduire un recours en vue d'une décision rapide sur la légalité de sa détention ne peut s'en prévaloir efficacement si on ne lui révèle pas dans le plus court délai, et à un degré suffisant, les raisons pour lesquelles on l'a privé de sa liberté. • CEDH 21 févr. 1990, ♔ *Van der Leer c/ Pays-Bas,* n° 11509/85 § 27.

82. L'un des buts de la règle énoncée au présent paragraphe est de fournir à la personne arrêtée suffisamment de renseignements pour lui permettre de faire usage du droit reconnu par le § 4 du présent art. de contester la régularité de sa détention. • Comm. EDH 12 oct. 1983, ♔ *G., S. et M. c/ Autriche,* n° 9614/81 § 3 (en droit). ♦ Dès lors, le présent paragraphe oblige à signaler à la personne, dans un langage simple accessible pour elle, les raisons juridiques et factuelles de sa privation de liberté, afin qu'elle puisse en discuter la légalité devant un tribunal. • CEDH 30 août 1990, *Fox, Campbell et Hartley c/ Royaume-Uni,* n° 12244/89 § 40. ♦ La Cour ne doute pas que les agents du parquet général aient eux-mêmes eu besoin de procéder à un examen minutieux des pièces fournies par les autorités russes. Cependant, ce motif ne justifie pas à lui seul que l'on refuse aux intéressés tout accès à des documents qui ont des répercussions directes sur leurs droits et dont dépend l'exercice du recours prévu au § 4 du présent art. La Cour rappelle que, si le présent paragraphe n'exige pas la communication du dossier complet à l'intéressé, celui-ci doit toutefois recevoir des informations suffisantes lui permettant d'exercer le recours prévu au § 4. • CEDH 12 avr. 2005, ♔ *Chamaïev et a. c/ Géorgie et Russie,* n° 36378/02 § 427.

83. Dès lors que le requérant a été informé lors de son placement en garde à vue de la nature des infractions visées par la commission rogatoire et sur lesquelles portait l'enquête, *que cette information portait sur* la qualification des infractions (escroquerie par manœuvres frauduleuses, recel de ces délits, corruption active par salarié, faux et usage de faux en écriture privée) et l'information factuelle que ces infractions avaient été commises au préjudice de la société Sogedac, qu'avant d'être entendu, il a pu prendre connaissance de la commission rogatoire, laquelle visait expressément les infractions pour lesquelles une information contre X était ouverte et que, par ailleurs, lui ont été lues des déclarations le mettant en cause et un certain nombre de pièces placées sous scellés lui ont été présentées, les dispositions du présent paragraphe sont respectées. • CEDH 20 nov. 2008, *Maire d'Église c/ France,* n° 20335/04 § 61.

84. Le requérant, qui s'était évadé, a eu connaissance de la prorogation décidée dès sa prise de contact par téléphone avec l'hôpital, 12 jours plus tard. Cela lui a été confirmé à la date de son retour. Ainsi, les exigences du présent paragraphe sont remplies. • CEDH 25 oct. 1990, ♔ *Keus c/ Pays-Bas,* n° 12228/86 § 22. ♦ Si, au moment où elle les a appréhendés, la police se contenta d'aviser les requérants du texte en vertu duquel qu'elle se saisissait d'eux, au motif elle les soupçonnait de terrorisme, cette simple mention de la base légale de l'arrestation ne répondait pas à elle seule aux besoins du présent paragraphe. Cependant, par la suite, la police questionna chacun des requérants au sujet de leur rôle présumé dans des actes criminels précis et de leur appartenance supposée à des organisations prohibées et, dès lors, rien n'autorise à penser qu'ils ne purent comprendre de la sorte les motifs de leur privation de liberté. Dès lors, on leur indiqua pendant leur interrogatoire pourquoi on les soupçonnait de terrorisme, satisfaisant ainsi aux exigences du présent paragraphe. • CEDH 30 août 1990, *Fox, Campbell et Hartley c/ Royaume-Uni,* n° 12244/89 § 41.

85. Les raisons de la détention n'avaient pas été données « dans le plus court délai ». En effet, des déclarations générales – en l'occurrence des annonces émanant du Parlement – ne pouvaient répondre à l'obligation d'informer l'intéressé des motifs de son arrestation ou de sa détention. Dès lors, la première fois que le requérant s'était vu communiquer le motif véritable de sa détention, c'était par l'intermédiaire de son représentant, alors qu'il se trouvait déjà en détention depuis 76 h. En admettant même qu'une communication orale à un représentant satisfasse aux exigences du présent paragraphe, un tel délai est incompatible avec l'obligation de fournir le motif « dans le plus court délai ». • CEDH, gr. ch., 29 janv. 2008, ♔ *Saadi c/ Royaume-Uni,* n° 13229/03 § 84 : *préc. note 15.* ♦ V. pour une information plus de 20 heures après l'arrestation. • CEDH 3 juill. 2012, ♔ *Lutsenko c/ Ukraine,* n° 6492/11 § 78.

B. DROIT AU JUGE (ART. 5, § 3)

86. Le présent paragraphe vise structurellement deux aspects distincts : les premières heures après une arrestation, moment où une personne se retrouve aux mains des autorités, et la période avant le procès éventuel devant une juridiction pénale, pendant laquelle le suspect peut être détenu ou libéré, avec ou sans condition. Ces deux volets confèrent des droits distincts et n'ont apparemment aucun lien logique ou temporel. • CEDH, gr. ch., 3 oct. 2006, *McKay c/ Royaume-Uni*, n° 543/03 § 31 : *JCP 2007. I. 106, chron. Sudre.*

87. Le droit d'obtenir la cessation d'une privation de liberté se distingue de celui de recevoir un dédommagement pour une telle privation. Du reste le droit interne subordonne l'octroi d'une indemnité à la réunion de conditions précises non exigées par le § 3 du présent art. telles que l'adoption d'« une décision de non-lieu ou d'acquittement devenue définitive » et l'existence d'« un préjudice manifestement anormal et d'une particulière gravité ». Il en découle que contrairement à ce que prétend le Gouvernement, le fait que le requérant ait saisi la Commission d'indemnisation près la Cour de cassation et obtenu réparation ne rend pas vain le grief formulé sur le terrain du présent art. • CEDH 27 août 1992, *Tomasi c/ France*, n° 12850/87 § 78 et 79 : *AJDA 1993. 105, chron. Flauss ; D. 1993. 383, obs. Renucci ; RSC 1993. 33, obs. Sudre ; ibid. 142, obs. Pettiti ; AFDI 1992. 629, obs. Coussirat-Coustère.*

1° DROIT D'ÊTRE TRADUIT AUSSITÔT DEVANT UN JUGE OU UN AUTRE MAGISTRAT

88. Le présent paragraphe consacre un droit fondamental de l'homme : la protection de l'individu contre les atteintes arbitraires de l'État à sa liberté. Le contrôle judiciaire de pareille ingérence de l'exécutif constitue un élément essentiel de la garantie offerte, conçue pour réduire autant que possible le risque d'arbitraire et assurer la prééminence du droit, l'un des « principes fondamentaux » d'une « société démocratique », auquel « se réfère expressément le préambule de la Convention ». • CEDH 26 nov. 1997, *Sakik et a. c/ Turquie*, n° 23878/94 § 44. ♦ Ce contrôle judiciaire rapide et automatique assure aussi une protection appréciable contre les comportements arbitraires, les détentions au secret et les mauvais traitements. • CEDH, gr. ch., 12 mai 2005, *Ocalan c/ Turquie*, n° 46221/99 § 103. ♦ Le contrôle doit être automatique. • CEDH 22 mai 1984, *De Jong, Baljet et van den Brink c/ Pays-Bas*, n° 8805/79 § 51. ♦ ... Et ne peut être rendu tributaire d'une demande formée par la personne détenue. • CEDH, gr. ch., 29 avr. 1999, *Aquilina c/ Malte*, n° 25642/94 § 49 • CEDH 10 juill. 2008, *Medvedyev c/ France*, n° 3394/03 § 122 : *préc. note 21* • CEDH 4 mars 2008, *Samoila et Cionca c/ Roumanie*, n° 33065/03 § 48 • CEDH 23 juin 2009, *Oral et Atabay c/ Turquie*, n° 39686/02 § 40 • CEDH 23 nov. 2010, *Moulin c/ France*, n° 37104/06 § 46. ♦ V. dans une affaire où les autorités n'avaient pas eu la moindre intention de s'assurer que l'intéressé avait bénéficié du droit automatique d'obtenir un contrôle juridictionnel de la légalité de sa détention. • CEDH 3 juill. 2012, *Lutsenko c/ Ukraine*, n° 6492/11 § 86.

89. Le contrôle automatique initial portant sur l'arrestation et la détention doit permettre d'examiner les questions de régularité et celle de savoir si des raisons plausibles de soupçonner la personne arrêtée d'avoir commis une infraction persistent mais oblige également le magistrat à avancer des motifs pertinents et suffisants à l'appui de la privation de liberté dès la première décision ordonnant le placement en détention provisoire, c'est-à-dire « aussitôt » après l'arrestation. • CEDH, gr. ch., 5 juill. 2016, *Buzadji c/ Moldavie*, n° 23755/07 § 102.

90. Le présent paragraphe, en tant qu'il s'inscrit dans ce cadre de garanties, vise structurellement deux aspects distincts : les premières heures après une arrestation, moment où une personne se retrouve aux mains des autorités, et la période avant le procès éventuel devant une juridiction pénale, pendant laquelle le suspect peut être détenu ou libéré, avec ou sans condition. Ces deux volets confèrent des droits distincts et n'ont apparemment aucun lien logique ou temporel. • CEDH, gr. ch., 3 oct. 2006, *McKay c/ Royaume-Uni*, n° 543/03 § 31. ♦ Cependant, il est à noter que dans chaque cas, la période à prendre en compte commence à partir du moment de l'arrestation, et que l'autorité judiciaire qui autorise la privation de liberté doit se prononcer sur l'existence de raisons la justifiant et, en leur absence, ordonner l'élargissement. Ainsi, en pratique, l'application des garanties du second volet chevauche souvent dans une certaine mesure celle des garanties du premier, typiquement dans les cas où l'autorité judiciaire qui autorise la privation de liberté dans le cadre du premier volet ordonne en même temps la détention provisoire dans le respect des garanties du second volet. • CEDH, gr. ch., 5 juill. 2016, *Buzadji c/ Moldavie*, n° 23755/07 § 100.

a. Délai

91. Même si la célérité de pareille procédure doit s'apprécier dans chaque cas suivant les circonstances de la cause, les délais de 7 et 11 jours ne sauraient passer pour brefs (« aussitôt ») même si l'on prend en compte les impératifs de la vie et de la justice militaires. • CEDH 22 mai 1984, *Jong, Baljet et van den Brink c/ Pays-Bas*, n° 8805/79 § 52. ♦ Compte tenu de la fragilité psychologique du requérant pendant les premiers jours suivant son arrestation et de l'absence de toute circonstance pouvant justifier la décision de ne pas le traduire devant un juge au cours des 2e et 3e jours de sa détention, l'État a failli à son obligation de présenter « aussitôt » le requérant à un magistrat habilité à contrôler la légalité de sa détention. • CEDH 15 oct. 2013, *Gutsanovi c/ Bulgarie,* n° 34529/10 § 159.

92. Le poids à accorder aux circonstances de chaque cause ne saurait jamais aller jusqu'à porter atteinte à la substance du droit protégé par le présent paragraphe, c'est-à-dire jusqu'à dispenser en pratique l'État d'assurer un élargissement rapide ou une prompte comparution devant une autorité judiciaire. En ce sens, l'utilisation dans le texte français de l'adverbe « aussitôt », lequel évoque avec force l'idée d'imminence, confirme que le degré de souplesse lié à la notion de promptitude (« *promptness* ») est limité. • CEDH 29 nov. 1988, *Brogan c/ Royaume-Uni,* n° 11209/84 § 59.

93. Même la plus brève des quatre périodes litigieuses, à savoir 4 jours et 6 h de garde à vue, va au-delà des strictes limites de temps permises par le présent paragraphe. On élargirait de manière inacceptable le sens manifeste d'« aussitôt » si l'on attachait aux caractéristiques de la cause un poids assez grand pour justifier une si longue détention sans comparution devant un juge ou un « autre magistrat ». On mutilerait de la sorte, au détriment de l'individu, la garantie de procédure ainsi offerte et l'on aboutirait à des conséquences contraires à la substance même du droit protégé. Il faut donc conclure que pas un seul des requérants ne fut traduit « aussitôt ». Le fait incontesté que les privations de liberté incriminées s'inspiraient d'un but légitime, prémunir la collectivité dans son ensemble contre le terrorisme, ne suffit pas pour assurer le respect des exigences précises du présent paragraphe. • CEDH 29 nov. 1988, *Brogan c/ Royaume-Uni,* n° 11209/84 § 62. ♦ Dès lors, même à supposer que les activités reprochées aux intéressés aient présenté un lien avec une menace terroriste, la Cour ne saurait admettre qu'il ait été nécessaire de les détenir pendant 12 et 14 jours sans intervention judiciaire. • CEDH 26 nov. 1997, *Sakik et a. c/ Turquie,* n° 23878/94 § 45. ♦ Même à supposer que les activités reprochées aux intéressés aient présenté un lien avec une menace terroriste, la Cour ne saurait admettre qu'il ait été nécessaire de les détenir pendant 13 jours sans intervention judiciaire. • CEDH 22 oct. 2002, *Murat Sakik et a. c/ Turquie,* n° 24737/94 § 24. ♦ Il en va de même d'un période de 7 jours, sans qu'il y ait lieu de tenir compte des conditions météorologiques. • CEDH, gr. ch., 12 mai 2005, *Ocalan c/ Turquie,* n° 46221/99 § 104.

94. Dès lors, il en va de même de 15 jours, pour des soupçons d'actes graves de contrebande ainsi que d'une lourde infraction à la législation sur les stupéfiants et d'un danger de fuite. • CEDH 26 oct. 1984, *McGoff c/ Suède,* n° 9017/80 § 27. ♦ ... Pour un crime de droit commun. • CEDH 11 juill. 2006, *Harkmann c/ Estonie,* n° 2192/03 § 39. ♦ ... 5 jours pour le soupçon d'avoir fait venir en Suisse une femme étrangère, sous le prétexte de lui offrir un poste de serveuse, afin de l'encourager à la prostitution par la suite. • CEDH 15 mars 2007, *Kaiser c/ Suisse,* n° 17073/04 § 39 à 41. ♦ V. pour 45 jours. • CEDH 5 mars 2013, *Salih Salman Kilic c/ Turquie,* n° 22077/10 § 28. ♦ De même, la détention d'un équipage le temps de son convoiement vers un port de l'État défendeur, pendant 16 et 13 jours, n'était pas incompatible avec la notion d'« aussitôt traduit » énoncée au présent §, compte tenu de l'existence de « circonstances tout à fait exceptionnelles » qui justifiaient un tel délai. • CEDH, décis., 12 janv. 1999, *Rigopoulos c/ Espagne,* n° 37388/97 • CEDH 10 juill. 2008, *Medvedyev c/ France,* n° 3394/03 § 131 : *préc. note 21.* ♦ Cependant, une fois arrivé à bon port, rien ne justifie un délai supplémentaire de garde à vue de 48 heures. • CEDH 27 juin 2013, *Vassis et a. c/ France,* n° 62736/09 § 59 : *D. 2013. 1687, obs. Bachelet ; AJ pénal 2013. 549, obs. Roussel ; RSC 2013. 656, obs. Roets .*

95. Il n'est pas possible de décomposer le délai en fonction du régime juridique de la privation de la liberté. Il convient de prendre en compte la totalité de la période considérée. • CEDH 23 nov. 2010, *Moulin c/ France,* n° 37104/06 § 47 s.

96. V. pour des hypothèses de délai estimés répondre aux exigences du présent paragraphe. • CEDH 10 nov. 2016, *France,* n° 70474/11 § 52 (tenant compte du temps nécessaire au transfert du prévenu entre deux villes distantes de 500km dans des conditions météorologiques difficiles).

97. Arrestations préventives. La garantie selon laquelle toute personne arrêtée ou détenue dans les conditions prévues au § 1 c) doit être aussitôt traduite devant un juge s'applique également à la privation de liberté préventive opérée en vertu du second volet de l'article 5 § 1 c). Cependant, il découle directement du libellé du présent § que si la personne n'est plus « arrêtée ou détenue » mais a été libérée, il n'y a pas d'obligation de la traduire aussitôt devant un juge. En effet, le juge doit soit examiner la question de la privation de liberté soit statuer sur le bien-fondé d'une accusation en matière pénale. • CEDH 29 nov. 1988, *Royaume-Uni,* n° 11209/84 § 58. ♦ Pour déterminer si la remise en liberté a eu lieu avant qu'il n'ait été possible de traduire aussitôt la personne devant un juge, il faut partir de la manière dont l'exigence de célérité a été appliquée dans la jurisprudence. La Cour estime que de manière générale, dans le cas d'une privation de liberté préventive, une libération intervenant « plus tôt qu'un contrôle juridictionnel à bref délai » doit intervenir au bout de quelques heures et non au bout de quelques jours. • CEDH, gr. ch., 22 oct. 2018, *Danemark,* n° 35553/12 § 128 : *préc. note 61.*

b. « Autre magistrat »

98. Indépendance. Si une analyse littérale donne donc à penser que le présent paragraphe englobe les magistrats du parquet comme ceux du siège, et si le « magistrat » ne se confond pas avec le « juge », encore faut-il qu'il en possède certaines des qualités, c'est-à-dire qu'il remplisse des conditions constituant autant de garanties pour la personne arrêtée, la première d'entre elles résidant dans l'indépendance à l'égard de l'exécutif et des parties. • CEDH 4 déc. 1979, *Schiesser c/ Suisse,* n° 7710/76 § 28 et 31. ♦ Ainsi, dès lors que les procureurs agissent en qualité de magistrats du ministère public, subordonnés d'abord au procureur général, puis au ministre de la justice, ils ne remplissent pas l'exigence d'indépendance à l'égard de l'exécutif. • CEDH 3 juin 2003, *Pantea c/ Roumanie,* n° 33343/96 § 238 : *D. 2003. 2268, obs. Renucci ; ibid. 2004. 1101, obs. Céré ; JCP 2003. I. 160, chron. Sudre.* ♦ Force est de constater que le procureur de la République n'est pas une « autorité judiciaire » au sens que la jurisprudence de la Cour donne à cette notion : comme le soulignent les requérants, il lui manque en particulier l'indépendance à l'égard du pouvoir exécutif pour pouvoir être ainsi qualifié. • CEDH 10 juill. 2008, *Medvedyev c/ France,* n° 3394/03 § 61 : *préc. note 21.* ♦ La CEDH considère que, du fait de leur statut de dépendance vis-à-vis du pouvoir exécutif, les membres du ministère public français ne remplissent pas l'exigence d'indépendance qui compte, au même titre que l'impartialité, parmi les garanties inhérentes à la notion autonome de « magistrat » au sens de l'art. 5, § 3, Conv. EDH. • CEDH 23 nov. 2010, *Moulin c/ France,* n° 37104/06 § 56.

99. L'auditeur militaire ne jouissait pas du type d'indépendance que postule le présent paragraphe. Quoique indépendant des autorités militaires, il pouvait lui incomber de jouer, dans la même affaire, le rôle d'organe de poursuite après le renvoi en jugement devant le conseil de guerre. Il se trouvait alors engagé dans le procès pénal intenté contre le militaire sur la détention duquel il avait exprimé son avis avant la saisine de la juridiction. En bref, il ne pouvait être « indépendant des parties » à ce stade préliminaire parce que, justement, il avait des chances de devenir l'une d'elles lors de la phase ultérieure. • CEDH 22 mai 1984, *De Jong, Baljet et van den Brink c/ Pays-Bas,* n° 8805/79 § 49 • CEDH 28 mai 1988, *Pauwels c/ Belgique,* n° 10208/82 § 38. ♦ La Cour ne discerne aucune raison d'aboutir en l'espèce à une conclusion différente pour la justice pénale de droit commun. Sans doute la Convention n'exclut-elle pas que le magistrat qui décide de la détention ait aussi d'autres fonctions, mais son impartialité peut paraître sujette à caution s'il peut intervenir dans la procédure pénale ultérieure en qualité de partie poursuivante. • CEDH 23 oct. 1990, *Huber c/ Suisse,* n° 12794/87 § 43 : *AFDI 1991. 587, obs. Coussirat-Coustère.* ♦ Les apparences objectives existant à la date de la décision sur la détention entrent en ligne de compte : s'il s'avère, à ce moment-là, que le « magistrat » peut intervenir à un stade ultérieur de la procédure pénale au nom de l'autorité de poursuite, son indépendance et son impartialité peuvent paraître sujettes à caution • CEDH, gr. ch., 25 mars 1999, *Nikolova c/ Bulgarie,* n° 31195/96 § 49. ♦ Le magistrat doit présenter les garanties requises d'indépendance à l'égard de l'exécutif et des parties, ce qui exclut notamment qu'il puisse agir par la suite contre le requérant dans la procédure pénale, à l'instar du ministère public. • CEDH, gr. ch., 29 mars 2010, *Medvedyev c/ France,* n° 3394/03 § 124 : *D. 2010. 1386, note Renucci ; ibid. 952, entretien Spinosi ; ibid. 970, point de vue Rebut ; ibid. 1390, note Hennion-Jacquet ; AJDA 2010. 648 ; RSC 2010. 685, obs. Marguénaud ; JCP 2010. I. 454, chron. Sudre.*

100. Le simple fait que, conformément aux lois applicables, les procureurs, en plus de l'exercice d'un rôle accusateur, agissent aussi comme gardiens de l'intérêt public ne peut pas être considéré comme leur conférant une indépendance suffisante. Il en résulte que exécutant des fonctions d'investigation et de poursuites, les procureurs doivent être considérés comme un partie à la procédure. • CEDH 4 juill. 2000, *Niedbala c/ Pologne,* n° 27915/95 § 53 : *JCP 2001. I. 191, chron. Sudre.*

101. Autres conditions à remplir. A la condition de l'indépendance s'ajoutent, selon le présent paragraphe, une exigence de procédure et une de fond. La première comporte l'obligation d'entendre personnellement l'individu traduit devant lui ; la seconde, celle d'examiner les circonstances qui militent pour ou contre la détention, de se prononcer selon des critères juridiques sur l'existence de raisons la justifiant et, en leur absence, d'ordonner l'élargissement. • CEDH 4 déc. 1979, *Schiesser c/ Suisse,* n° 7710/76 § 28 et 31. ♦ Afin que le droit garanti soit concret et effectif, et non pas théorique et illusoire, le magistrat qui procède au premier contrôle automatique de la régularité de la privation de liberté et de l'existence d'un motif de détention devrait également avoir la compétence d'examiner la question d'une mise en liberté provisoire ; non seulement il s'agirait là d'une bonne pratique mais ce serait hautement souhaitable pour réduire les délais au minimum. Toutefois, ce n'est pas une exigence posée par la Convention et il n'y a aucune raison de principe pour que ces questions ne puissent pas être examinées par deux magistrats, dans le laps de temps requis. Quoi qu'il en soit, on ne saurait avancer une interprétation qui voudrait que l'examen d'une mise en liberté provisoire soit conduit à plus bref délai que le premier contrôle automatique, pour lequel la Cour a défini un délai maximum de 4 jours • CEDH 3 oct. 2006, *McKay c/ Royaume-Uni,* n° 543/03 § 47 : *préc. note 86.*

102. Le présent paragraphe exige donc que le magistrat se penche sur le bien-fondé de la détention. • CEDH 29 avr. 1999, *T.W. c/ Malte,* n° 25644/94 § 41 • CEDH 29 avr. 1999, *Aquilina c/ Malte,* n° 25642/94 § 47. ♦ Le contrôle automatique initial portant sur l'arrestation et la détention doit donc permettre d'examiner les questions de régularité et celle de savoir s'il existe des raisons plausibles de soupçonner que la personne arrêtée a commis une infraction, c'est-à-dire si la détention se trouve englobée par les exceptions autorisées énumérées au § 1 *c* du présent art. S'il n'en est pas ainsi, ou si la détention est illégale, le magistrat doit avoir le pouvoir d'ordonner la libération. • CEDH 3 oct. 2006, *McKay c/ Royaume-Uni,* n° 543/03 § 40 : *préc. note 86.*

2° DROIT D'ÊTRE JUGÉ DANS UN DÉLAI RAISONNABLE

103. Pendant la période pertinente de leur garde à vue, les requérants n'ont pu solliciter leur remise en liberté et aucune preuve justifiant leur maintien en détention n'a été produite ; il y a eu violation du droit des intéressés à être jugés dans un délai raisonnable ou libérés pendant la procédure. • CEDH 18 janv. 2007, *Chitayev c/ Russie,* n° 59334/00 § 190.

a. Durée raisonnable

104. Principe. Le terme « raisonnable » s'appliquant au délai dans lequel une personne a le droit d'être jugée, une interprétation grammaticale conduirait à laisser aux autorités judiciaires une option entre l'obligation de conduire la procédure jusqu'au jugement dans un délai raisonnable et celle de libérer l'accusé, *fût-ce moyennant certaines garanties.* La Cour n'a aucun doute qu'une telle interprétation ne répondrait pas à la pensée des Hautes Parties Contractantes. On ne concevrait pas en effet que celles-ci aient entendu réserver à leurs autorités judiciaires la faculté, moyennant libération des accusés, de poursuivre les procédures au-delà d'une durée raisonnable. C'est essentiellement en fonction de l'état de détention de la personne poursuivie que les tribunaux nationaux, et éventuellement après eux la Cour européenne, doivent apprécier si le délai écoulé, pour quelque cause que ce soit, avant le jugement de l'accusé a dépassé à un moment donné les limites raisonnables, c'est-à-dire celles du sacrifice qui, dans les circonstances de la cause, pouvait raisonnablement être infligé à une personne présumée innocente. En d'autres termes c'est, au sens du présent art., la détention provisoire des accusés qui ne peut être maintenue au-delà des limites raisonnables. • CEDH 27 juin 1968, *Wemhoff c/ Allemagne,* n° 2122/64 § 4 et 5.

105. La Cour rappelle que la détention provisoire est une mesure de caractère exceptionnel pouvant être utilisée seulement dans les cas où elle s'avérerait strictement nécessaire • CEDH 31 mai 2005, *Dinler c/ Turquie,* n° 61443/00 § 51 • CEDH 8 nov. 2007, *Lelièvre c/ Belgique,* n° 11287/03 § 89.

106. Il incombe en premier lieu aux autorités judiciaires nationales de veiller à ce que, dans un cas donné, la durée de la détention provisoire d'un accusé ne dépasse pas la limite du raisonnable. A cette fin, il leur faut examiner toutes les circonstances de nature à révéler ou écarter l'existence d'une exigence d'intérêt public justifiant, eu égard à la présomption d'innocence, une exception à la règle du respect de la liberté individuelle et en rendre compte dans leurs décisions relatives aux demandes d'élargissement. • CEDH 8 nov. 2007, *Lelièvre c/ Belgique,* n° 11287/03 § 89 • CEDH 23 janv. 2007, *Cretello c/ France,* n° 20788/04 § 34 : Dr. pénal 2008. 34, obs. Dreyer. ♦ Une période de détention même relativement courte doit être suffisamment justifiée au regard du présent art. • CEDH 15 oct. 2013, *Gutsanovi c/ Bulgarie,* n° 34529/10 § 166.

107. Computation. La personne condamnée en première instance, qu'elle ait ou non été détenue jusqu'à ce moment, se trouve dans le cas prévu à l'alinéa a) du paragraphe 1er du présent art., lequel autorise la privation de liberté des personnes « après condamnation ». Ces derniers mots ne peuvent être interprétés comme se limitant à l'hypothèse d'une condamnation définitive, car ceci exclurait l'arrestation à l'audience de personnes condamnées ayant comparu en liberté, quels que soient les recours qui leur sont encore ouverts. Or, une telle pratique est courante dans de nombreux États contractants et on ne peut croire qu'ils aient entendu y renoncer. On ne peut perdre de vue, au surplus, le fait que la culpabilité d'une personne détenue pendant la procédure d'appel ou de cassation a été établie au cours d'un procès qui s'est déroulé conformément aux exigences de l'art. 6. Une personne qui aurait à se plaindre de la prolongation de sa détention au-delà du jugement de condamnation en raison du retard mis à statuer sur son recours ne peut se prévaloir du présent paragraphe mais pourrait éventuellement alléguer la méconnaissance du délai raisonnable prévu à l'art. 6, § 1. Il en découle qu'il faut adopter, comme terme final de la période de détention visée au présent paragraphe, non le jour où est devenu définitif un jugement de condamnation mais celui où il est statué sur le bien-fondé de l'accusation, fût-ce seulement en premier ressort. • CEDH 27 juin 1968, *Wemhoff c/ Allemagne,* n° 2122/64 § 9.

108. Lorsque la détention provisoire d'un accusé se décompose en plusieurs périodes non consécutives et qu'il est loisible à l'intéressé de soumettre des griefs concernant sa détention provisoire pendant qu'il se trouve en liberté, ces périodes non consécutives doivent être considérées non pas comme un tout, mais séparément. C'est ainsi que la finalité de la règle des 6 mois se trouve le mieux respectée. • CEDH, gr. ch., 22 mai 2012, *Idalov c/ Russie,* n° 5826/03 § 129 : *RSC 2012. 687, obs. Marguénaud*. ♦ V. déjà • CEDH 27 juin 1968, *Neumeister c/ Autriche,* n° 1936/63 § 6 (en droit) • CEDH 8 oct. 2009, *Bordikov c/ Russie,* n° 921/03 § 80 à 84. ♦ *Ab. jur.* • CEDH 27 nov. 1991, *Kemmache c/ France (nos 1 et 2),* n° 12325/86 § 44.

109. Dès lors, une fois en liberté, un requérant est tenu de soulever dans les 6 mois à compter de la date de son élargissement effectif tout grief qu'il peut nourrir au sujet de sa détention provisoire. La Cour ne peut connaître de périodes de détention provisoire ayant pris fin plus de 6 mois avant qu'un requérant ne la saisisse. Toutefois, si les périodes en question s'inscrivent dans le cadre de la même procédure pénale, la Cour, lorsqu'elle examine le caractère raisonnable de la détention aux fins du présent § 3, peut tenir compte du fait que l'intéressé a déjà passé un certain temps en détention provisoire. • CEDH, gr. ch., 22 mai 2012, *Idalov c/ Russie,* n° 5826/03 § 130 : *préc. note 108.*

b. Conditions du maintien en détention

110. La question d'une libération pendant la procédure est un problème distinct et séparé, qui n'entre logiquement en ligne de compte qu'après l'établissement de l'existence d'une base légale et d'un motif de détention conforme à la Conv. Ni le fait que ce soit un autre tribunal ou juge qui ait ordonné l'élargissement ni le fait que l'examen de cette question fût tributaire d'une demande du requérant ne révèlent un élément d'abus ou d'arbitraire. • CEDH, gr. ch., 3 oct. 2006, *McKay c/ Royaume-Uni,* n° 543/03 § 49.

1. Généralités

111. Principe. Le présent paragraphe ne peut pas être compris comme offrant aux autorités judiciaires une option entre la mise en jugement dans un délai raisonnable et une mise en liberté provisoire, fût-elle subordonnée à des garanties. Le caractère raisonnable de la durée de détention s'écoulant jusqu'à la mise en jugement doit s'apprécier en fonction de l'état de détention dans lequel se trouve une personne accusée. Jusqu'à condamnation, celle-ci doit être réputée innocente et l'objet de la disposition analysée est essentiellement d'imposer la mise en liberté provisoire à partir du où le maintien en détention cesse d'être raisonnable. • CEDH 27 juin 1968, *Neumeister c/ Autriche,* n° 1936/63 § 4 (en droit). ♦ Il existe donc une présomption en faveur de la libération. • CEDH 3 oct. 2006, *McKay c/ Royaume-Uni,* n° 543/03 § 41 : *préc. note 86.* ♦ Il appartient aux juges d'examiner toutes les circonstances de nature à révéler ou écarter l'existence d'une véritable exigence d'intérêt public justifiant, eu égard à la présomption d'innocence, une exception à la règle du respect de la liberté individuelle et d'en rendre compte dans leurs décisions relatives aux demandes d'élargissement. C'est essentiellement sur la base des motifs figurant dans lesdites décisions, ainsi que des faits non controuvés indiqués par l'intéressé dans ses recours, que la Cour doit déterminer s'il y a eu ou non violation du présent paragraphe. • CEDH 9 nov. 1999, *Debboub alias Husseini Ali c/ France,* n° 37786/97 § 39 : *préc. note 55.* ♦ Les motivations avancées par la cour dans ses décisions de maintien en détention provisoire ne permettent pas de penser que cette mesure n'a été utilisée – au regard de l'âge du requérant – qu'en dernier recours, comme l'exigent tant le droit interne que plusieurs conventions internationales. A la lecture des décisions relatives au maintien en détention provisoire, il n'apparaît aucunement que les juges appelés à se prononcer sur cette question aient d'abord envisagé des méthodes autres que la détention. • CEDH 9 juill. 2013, *Dinc et Cakir c/ Turquie,* n° 66066/09 § 63. ♦ Sachant que les juridictions internes doivent respecter la présomption d'innocence lors de l'examen de la nécessité de prolonger la détention provisoire d'un accusé, il convient de rappeler que le maintien en détention ne saurait servir à anticiper sur une peine privative de liberté en s'appuyant essentiellement et de manière abstraite sur la gravité des faits commis. • CEDH 1er juill. 2008, *Calmanovici c/ Roumanie,* n° 42250/02 § 99.

112. L'imputation intégrale de la durée de la détention provisoire sur la peine prononcée par les juridictions nationales ne retire pas en principe au requérant la qualité de victime prétendue d'un manquement aux exigences de l'art. 5, § 3, de la Convention. Il ne faut la prendre en considération que pour apprécier l'ampleur du dommage qu'il a pu subir. • CEDH 22 mai 1984, *De Jong, Baljet et Van Den Brink c/ Pays-Bas,* n° 8805/79 § 41 • CEDH 8 août 2006, *Hüseyin Esen c/ Turquie,* n° 49048/99 § 68.

113. Nécessité d'une évaluation concrète. Le délai raisonnable ne se prête pas à une évaluation abstraite. Le caractère raisonnable du maintien en détention d'un accusé doit s'apprécier dans chaque cas d'après les particularités de la cause. La poursuite de l'incarcération ne se justifie, dans une espèce donnée, que si des indices concrets révèlent une véritable exigence d'intérêt public prévalant, nonobstant la présomption d'innocence, sur la règle du respect de la liberté individuelle. • CEDH 24 août 1998, *Contrada c/ Italie,* n° 27143/95 § 54 • CEDH, gr. ch., 22 mai 2012, *Idalov c/ Russie,* n° 5826/03 § 139 : *préc. note 108* • CEDH 17 avr. 2012, *Piechowicz c/ Pologne,* n° 20071/07 § 195 s. ♦ Les chambres d'accusation examinèrent de manière purement abstraite la nécessité de prolonger la privation de liberté, se bornant à considérer la gravité de l'infraction et non la réalité du trouble à l'ordre public qui servait de justification. • CEDH 26 juin 1991, *Letellier c/ France,* n° 12369/86 § 51 : *D. 1992. 328, obs. Renucci ; RSC 1991. 805, obs. Pettiti.*

114. Une durée de détention provisoire de plus de 5 ans doit être accompagnée de justifications particulièrement fortes. • CEDH 23 janv. 2007, *Cretello c/ France,* n° 2078/04 § 35 : *Dr. pénal 2008. 34, obs. Dreyer* • CEDH 8 oct. 2019, *Mesplede c/ France,* n° 28050/16 § 41 (justifiée en l'espèce). ♦ *A fortiori,* une période de 7 ans et 9 mois. • CEDH 23 juill. 2013, *Urfi Cetinkaya c/ Turquie,* n° 19866/04 § 129.

115. C'est essentiellement sur la base des motifs figurant dans ces décisions, ainsi que des faits non controversés indiqués par l'intéressé dans ses recours, que la Cour doit déterminer s'il y a eu ou non violation du présent paragraphe. La persistance de raisons plausibles de soupçonner la personne arrêtée d'avoir accompli une infraction est une condition *sine qua non* de la régularité du maintien en détention, mais au bout d'un certain temps elle ne suffit plus ; la Cour doit alors établir si les autres motifs adoptés par les autorités judiciaires continuent à légitimer la privation de liberté. Quand ils se révèlent « pertinents » et « *suffisants », la Cour recherche* de surcroît si les autorités nationales compétentes ont apporté une « diligence particulière » à la poursuite de la procédure. • CEDH 26 juin 1991, *Letellier c/ France,* n° 12369/86 § 35 : *préc. note 113* • CEDH 24 août 1998, *Contrada c/ Italie,* n° 27143/95 § 54 • CEDH 23 janv. 2007, *Cretello c/ France,* n° 20788/04 § 34 : *préc. note 106.* ♦ La Cour conclut souvent à la violation du présent § 3 lorsque les tribunaux internes avaient maintenu le requérant en détention : ... en invoquant essentiellement la gravité des charges et en recourant à des formules stéréotypées sans évoquer des faits précis ou sans envisager d'autres mesures préventives. • CEDH, gr. ch., 22 mai 2012, *Idalov c/ Russie,* n° 5826/03 § 147 et 148 : *préc. note 108.* ♦ ... En recourant à une motivation générale et abstraite. • CEDH 3 oct. 2013, *Vosgien c/ France,* n° 12430/11 § 50 et 57. ♦ La chambre de l'instruction n'a fourni aucun élément d'explication concret qui aurait justifié en quoi la personnalité du requérant rendait plausible le danger de réitération de l'infraction. • CEDH 3 oct. 2013, *Vosgien c/ France,* n° 12430/11 § 53.

2. Justifications possibles

116. Conditions sine qua non. La persistance de raisons plausibles de soupçonner la personne arrêtée d'avoir accompli une infraction est une condition *sine qua non* de la régularité du maintien en détention, mais au bout d'un certain temps elle ne suffit plus. • CEDH 10 nov. 1969, *Stögmüller c/ Autriche,* n° 1602/62 § 4 • CEDH 5 oct. 2004, *Blondet c/ France,* n° 4945/99 § 41 : *AJ pénal 2004. 450, obs. Coste* • CEDH 31 mai 2005, *Dumont-Maliverg c/ France,* n° 57547/00 § 60 • CEDH 23 juill. 2013, *Urfi Cetinkaya c/ Turquie,* n° 19866/04 § 129.

117. Justifications complémentaires : danger de fuite. Justifie la détention provisoire d'une personne suspectée d'avoir commis une infraction le danger de fuite. • CEDH 10 nov. 1969, *Stögmüller c/ Autriche,* n° 1602/62 § 15 (en droit) • CEDH 12 déc. 1991, *Toth c/ Autriche,* n° 11894/85 § 72. ♦ Ce danger doit notamment être apprécié à la lumière d'éléments tenant à la personnalité de l'intéressé, à son sens moral, à sa domiciliation, à sa profession, à ses ressources, à ses liens familiaux et à d'autres types de liens avec le pays dans lequel il est poursuivi. • CEDH 4 oct. 2005, *Becciev c/ Moldavie,* n° 9190/03 § 58. ♦ L'absence d'un domicile fixe ne fait pas naître à elle seule un danger de fuite. • CEDH 15 févr. 2005, *Sulaoja c/ Estonie,* n° 55939/00 § 64 • CEDH 15 juill. 2014, *Ninescu c/ Moldavie,* n° 47306/07 § 68.

118. ... Récidive. La gravité d'une inculpation peut conduire les autorités judiciaires à placer et laisser le suspect en détention provisoire pour empêcher des tentatives de nouvelles infractions. • CEDH 10 nov. 1969, *Matzenetter c/ Autriche,* n° 2178/64 § 9 à 11. ♦ Encore faut-il, entre autres conditions, que les circonstances de la cause, et notamment les antécédents et la personnalité de l'intéressé, rendent plausible le danger et adéquate la mesure. • CEDH 12 déc. 1991, *Clooth c/ Belgique*, n° 12718/87 § 40 : *RSC 1992. 366, obs. Pettiti*. ♦ La référence aux antécédents ne peut suffire à justifier le refus de mise en liberté. • CEDH 17 mars 1997, *Muller c/ France*, n° 21802/93 § 44 : *RSC 1997. 685, obs. Pettiti ; ibid. 1998. 384, obs. Koering-Joulin ; JCP 1998. I. 107, chron. Sudre*. ♦ Ces conditions ne sont pas remplies lorsque l'acte délictueux, qui avait valu au requérant une condamnation antérieure à six mois d'emprisonnement par le tribunal pour enfants, n'est pas suffisamment comparable, par son degré de gravité, aux charges qui pesaient contre lui dans la procédure litigieuse. • CEDH 3 oct. 2013, *Vosgien c/ France*, n° 12430/11 § 53. ♦ V. pour une hypothèse dans laquelle le risque de récidive a été justement retenu. • CEDH 30 juill. 2015, *Loisel c/ France*, n° 50104/11 § 44.

119. ... Entrave à l'action en justice. Justifie la détention provisoire d'une personne suspectée d'avoir commis une infraction le risque que l'accusé, une fois remis en liberté, n'entrave l'action de la justice : ... par la suppression de preuves. • CEDH 27 juin 1968, *Wemhoff c/ Allemagne*, n° 2122/64 § 14 • CEDH, gr. ch., 6 avr. 2000, *Labita c/ Italie*, n° 26772/95 § 162 (*a contrario*) : *RFDA 2001. 1250, chron. Labayle et Sudre ; RSC 2000. 667, obs. Massias ; JCP 2001. I. 291, obs. Sudre ; RTDH 2007. 117, obs. Beernaert*. ♦ ... Par des pressions sur les témoins. • CEDH 26 juin 1991, *Letellier c/ France*, n° 12369/86 § 38 : *préc. note 113* (a contrario). ♦ ... Par une concertation frauduleuse. • CEDH 3 oct. 2013, *Vosgien c/ France*, n° 12430/11 § 54 (*a contrario*).

120. ... Risque de trouble à l'ordre public. Justifie encore la détention provisoire d'une personne suspectée d'avoir commis une infraction le risque qu'elle ne trouble l'ordre public. • CEDH 26 juin 1991, *Letellier c/ France*, n° 12369/86 § 51 : *préc. note 113* (a contrario) • CEDH 27 août 1992, *Tomasi c/ France*, n° 12850/87 § 90 et 91 : *préc. note 87*. ♦ Par leur gravité particulière et par la réaction du public à leur accomplissement, certaines infractions peuvent susciter un trouble social de nature à justifier une détention provisoire, au *moins pendant un temps*. Dans des circonstances exceptionnelles, cet élément peut donc entrer en ligne de compte au regard de la Conv. EDH, en tout cas dans la mesure où le droit interne reconnaît la notion de trouble à l'ordre public provoqué par une infraction. • CEDH 26 sept. 2006, *Gérard Bernard c/ France*, n° 27678/02 § 46.

121. Il incombe aux tribunaux internes de motiver de manière concrète, sur la base de faits pertinents, les raisons pour lesquelles l'ordre public serait effectivement menacé dans le cas où l'accusé comparaît libre. • CEDH 1er juill. 2008, *Calmanovici c/ Roumanie*, n° 42250/02 § 99. ♦ Le risque de trouble à l'ordre public ne doit pas être abordé abstraitement, en se bornant à faire référence à la nature du crime en cause, aux circonstances dans lesquelles il a été commis ou aux états psychiques de l'accusé et de la victime. • CEDH 20 mars 2001, *Bouchet c/ France*, n° 33591/96 § 43. ♦ ... Sans préciser en quoi l'élargissement du requérant, en tant que tel, aurait eu pour effet de le troubler. • CEDH 26 juin 1991, *Letellier c/ France*, n° 12369/86 § 51 : *préc. note 113* • CEDH 31 mai 2005, *Dumont-Maliverg c/ France*, n° 57547/00 § 64 • CEDH 26 sept. 2006, *Gérard Bernard c/ France*, n° 27678/02 § 46. ♦ V. pour une hypothèse dans laquelle le mode opératoire mis en œuvre par le requérant a été justement retenu comme ayant causé un trouble indéniable à l'ordre public en ce qu'il a pu créer un climat d'insécurité. • CEDH 30 juill. 2015, *Loisel c/ France*, n° 50104/11 § 44.

122. Nécessité de l'instruction. Il est plus difficile de fonder le maintien en détention sur les nécessités de l'instruction. A supposer que les juges internes aient fondé une partie de leurs décisions sur ce motif, la Cour note que de telles nécessités disparaissent nécessairement au fil de l'instruction, outre qu'elles renvoient aux diligences du juge d'instruction : or, à compter de la date de notification aux parties de la fin de l'information, ce motif n'était aucunement pertinent. • CEDH 31 mai 2005, *Dumont-Maliverg c/ France*, n° 57547/00 § 70. ♦ A tout le moins à partir de l'ordonnance de clôture de l'instruction en vue du renvoi devant la cour d'assises, la détention litigieuse a cessé de se fonder sur des motifs pertinents et suffisants. • CEDH 17 mars 1997, *Muller c/ France*, n° 21802/93 § 45 : *préc. note 118*.

123. Modalités d'appréciation. Cependant, de tels arguments (dangers de fuite ou de destruction de preuve ; fort soupçon de participation à des infractions graves, etc.) ne peuvent s'apprécier uniquement sur la base de la gravité de la peine encourue. Ils doivent s'analyser en fonction d'un ensemble d'éléments supplémentaires pertinents propres soit à en confirmer l'existence, soit à en faire apparaître à ce point réduit qu'il ne peut justifier une détention provisoire. Cela est d'autant plus vrai lorsqu'ils n'ont pas été pris en considération par les autorités judiciaires internes. • CEDH 27 août 1992, *Tomasi c/ France*, n° 12850/87 § 90 et 91 : *préc. note 87* • CEDH 15 juill. 2002, *Kalachnikov c/ Russie*, n° 47095/99 § 116 • CEDH 8 août 2006, *Hüseyin Esen c/ Turquie*, n° 49048/99 § 75.

124. Criminalité organisée. Pourtant, lorsque la procédure dirigée contre le requérant concerne des délits liés à la criminalité de type mafieux et compte tenu que la lutte contre ce fléau peut, dans certains cas, appeler à l'adoption de mesures justifiant une dérogation à la règle fixée au présent art., visant à protéger, avant tout, la sécurité et l'ordre publics, ainsi qu'à prévenir la commission d'autres infractions pénales graves, une présomption légale de dangerosité peut se justifier, en particulier lorsqu'elle n'est pas absolue, mais se prête à être contredite par la preuve du contraire. • CEDH 6 nov. 2003, *Pantano c/ Italie,* n° 60851/00 § 9.

3. Conditions procédurales

125. Principe. La Cour doit alors établir si les autres motifs adoptés par les autorités judiciaires continuent à légitimer la privation de liberté. • CEDH 10 nov. 1969, *Stögmüller c/ Autriche,* n° 1602/62 § 4 • CEDH 27 juin 1968, *Wemhoff c/ Allemange,* n° 2122/64 § 12 (en droit) • CEDH 16 juill. 1971, *Ringeisen c/ Autriche,* n° 2614/65 § 104 : *RGDIP 1972. 110, note Vallée.* ♦ Quand ils se révèlent « pertinents » et « suffisants », elle recherche de surcroît si les autorités nationales compétentes ont apporté une « diligence particulière » à la poursuite de la procédure. • CEDH 10 nov. 1969, *Matznetter c/ Autriche,* n° 2178/64 § 12 • CEDH 28 mars 1990, *B. c/ Autriche,* n° 11968/86 § 42 • CEDH 26 juin 1991, *Letellier c/ France,* n° 12369/86 § 35 • CEDH 9 nov. 1999, *Debboub alias Husseini Ali c/ France,* n° 37786/97 § 39 : *préc. note 55* • CEDH 5 oct. 2004, *Blondet c/ France,* n° 4945/99 § 41 : *préc. note 116* • CEDH 31 mai 2005, *Dumont-Maliverg c/ France,* n° 57547/00 § 60.

126. Réitération des demandes. Encore faut-il que les motifs de rejet des demandes soient pertinents et suffisants à l'origine et ne perdent pas une grande partie de ces caractères au fil du temps. • CEDH 27 août 1992, *Tomasi c/ France,* n° 12850/87 § 99 : *préc. note 87* • CEDH 26 sept. 2006, *Gérard Bernard c/ France,* n° 27678/025 § 47. ♦ La Cour observe que les motivations des décisions pertinentes étaient, au moins au début, plausibles, mais également tout à fait générales ; elles se référaient à la globalité des détenus et se bornaient à mentionner abstraitement la nature du crime en cause. Elles ne révélaient aucune considération susceptible d'étayer le fondement des risques évoqués et n'en établissaient pas la réalité par rapport au requérant, qui n'avait aucun antécédent et était accusé d'un rôle mineur dans le cadre de l'association mafieuse en question (le procureur avait requis pour lui une peine de 3 ans). Elles ne tenaient pas compte de ce que les accusations dirigées contre le requérant reposaient sur des éléments qui, au fil du temps, s'affaiblissaient au lieu de se renforcer. • CEDH, gr. ch., 6 avr. 2000, *Labita c/ Italie,* n° 26772/95 § 163 : *préc. note 120.* ♦ Si la crainte de pression sur les témoins pouvait se concevoir au début de l'instruction, elle n'était plus déterminante après les multiples auditions de témoins. Au surplus, rien ne montrerait que la requérante ait usé de manœuvres d'intimidation pendant sa période de liberté sous contrôle judiciaire. Dès lors, si la Cour peut reconnaître qu'un risque réel de pressions sur les témoins peut avoir existé à l'origine, elle estime qu'il s'atténua et disparut même au fil du temps. • CEDH 26 juin 1991, *Letellier c/ France,* n° 12369/86 § 38 et 39. ♦ La Cour admet que par leur gravité particulière et par la réaction du public à leur accomplissement, certaines infractions peuvent susciter un trouble social de nature à justifier une détention provisoire, au moins pendant un temps. Dans des circonstances exceptionnelles, cet élément peut donc entrer en ligne de compte au regard de la Conv. EDH, en tout cas dans la mesure où le droit interne reconnaît la notion de trouble à l'ordre public provoqué par une infraction. En tous les cas, la détention ne demeure légitime que si l'ordre public reste effectivement menacé ; sa continuation ne saurait servir à anticiper sur une peine privative de liberté. • CEDH 26 juin 1991, *Letellier c/ France,* n° 12369/86 § 51. ♦ Si la crainte d'une collusion entre les coaccusés et une destruction de preuves se concevait au début de l'instruction, elle ne pouvait cependant plus jouer un rôle déterminant à partir du moment où les témoins avaient été entendus en maintes occasions. Au demeurant, ni la CA de Paris ni le TGI n'ont motivé, notamment dans leurs dernières décisions, de manière précise, dans quelle mesure l'élargissement du requérant aurait contribué à la réalisation de la crainte exprimée. Dès lors, le risque en question ne pouvait plus servir de fondement à la détention. • CEDH 9 nov. 1999, *Debboub alias Husseini Ali c/ France,* n° 37786/97 § 44 : *préc. note 55.*

127. Nécessité d'une procédure conduite avec la diligence requise. L'instruction a duré presque 5 ans. Au cours de cette période, le requérant n'a été entendu qu'à 5 reprises par le magistrat instructeur. Ces 5 auditions eurent lieu lors de la première année et demi de l'instruction, et le requérant ne fut plus entendu par la suite. De plus, la Cour relève plusieurs périodes d'inactivité imputables aux autorités judiciaires. Ces éléments provoquèrent sans conteste un ralentissement de la procédure, qui nécessita ensuite des mesures plus longues, comme le releva la chambre d'accusation, en mentionnant « une information [déjà] fort longue qui exige désormais l'audition méthodique [du requérant] ». En outre, le délai d'audiencement devant la cour d'assises fut de plus d'1 an. • CEDH 5 oct. 2004, *Blondet c/ France,* n° 4945/99 § 41 : *préc. note 116.* ♦ Si la Cour admet que les fluctuations du requérant au sujet de ses déclarations initiales ont pu provoquer la conduite de nouvelles investigations, elle ne s'explique pas que l'instruction d'une affaire, n'apparaissant pas particulièrement complexe, ait duré plus de 5 ans. Elle relève en particulier que dès le mois de déc. 2001, le magistrat instructeur semblait n'accorder que peu de crédit aux rétractations du requérant, pourtant à l'origine, selon le Gouvernement, de la prolongation de la procédure. Elle constate par ailleurs que l'expert psychologue mandaté afin de procéder à l'examen clinique du requérant et de son fils n'a déposé ses rapports qu'après un délai de 2 ans, sans qu'un tel délai soit aucunement justifié. Les autorités judiciaires doivent contrôler les expertises et leur responsabilité ne se trouve pas dégagée par la lenteur regrettable de celles-ci. • CEDH 23 janv. 2007, *Cretello c/ France*, n° 20788/04 § 36 : *préc. note 106.* ♦ Si le déroulement de l'information au cours des années 1996 à 1998 ne révèle aucune période d'inactivité particulière, l'instruction ayant été menée à cette époque sans discontinuité, il en est autrement s'agissant des années ultérieures, jusqu'à la libération sous contrôle judiciaire du requérant. Le dernier acte d'instruction a eu lieu en nov. 1998, entraînant ainsi une période de latence pendant les 18 derniers mois de la détention provisoire du requérant. Durant cette période, sont intervenu l'avis de fin d'information et l'ordonnance de transmission de pièces. Le requérant a fait l'objet d'un renvoi aux assises le 11 janv. 2000, avant d'être libéré en juill. 2000, la chambre d'accusation de la cour d'appel ayant d'ailleurs reconnu, dans son arrêt rendu le 26 juill. 2000, le caractère « non raisonnable » de la durée de la détention provisoire du requérant. • CEDH 10 juill. 2008, *Garriguenc c/ France*, n° 21148/02 § 49 : *Dr pénal 2009. 20, obs. Dreyer.*

c. Garantie de comparution à l'audience

128. La détermination du taux de la garantie à fournir par un détenu exclusivement en fonction du montant du préjudice qui lui est imputé ne paraît pas conforme au présent paragraphe. La garantie prévue par cette disposition a pour objet d'assurer non la réparation du préjudice, mais la présence de l'accusé à l'audience. Son importance doit dès lors être appréciée principalement par rapport à l'intéressé, à ses ressources, à ses liens avec les personnes appelées à servir de cautions et pour tout dire à la confiance qu'on peut avoir que la perspective de perte du cautionnement ou de l'exécution des cautions en cas de non-comparution à l'audience agira sur lui comme un frein suffisant pour écarter toute velléité de fuite. • CEDH 27 juin 1968, *Neumeister c/ Autriche*, n° 1936/63 § 14 (en droit). ♦ S'agissant du droit fondamental à la liberté, garanti par le présent art., les autorités doivent vouer autant de soin à fixer un cautionnement approprié qu'à décider si le maintien d'une personne accusée en détention demeure ou non indispensable. La Cour reconnaît le caractère élevé de la caution. Elle observe cependant qu'elle a été payée par la *London Steamship Owners Mutual Insurance Association*, qui se trouvait être l'assureur de l'armateur du Prestige, en l'occurrence, l'employeur du requérant et qui, conformément au contrat conclu entre les deux parties, couvrait la responsabilité civile du navire en cas de dégâts occasionnés par la pollution. Par conséquent, la caution fut satisfaite en application de la relation juridique contractuelle existant entre l'armateur et l'assureur. • CEDH 8 janv. 2009, *Mangouras c/ Espagne*, n° 12050/04 § 37 et 39.

C. DROIT À UN RECOURS (ART. 5, § 4)

129. Le présent art. fixe des conditions plus strictes que l'art. 13 Conv. EDH, lequel doit être considéré comme la *lex generalis* pour les doléances tirées du présent art. Dès lors, il n'y pas lieu d'examiner ces doléances sous l'angle de l'art. 13 Conv. EDH puisqu'elles le sont sous l'angle du présent art. • CEDH 22 mai 1984, *de Jong, Baljet et van den Brink c/ Pays-Bas*, n° 8805/79 § 60 • CEDH 26 mai 1993, *Brannigan et McBride c/ Royaume-Uni*, n° 14553/89 § 76 • CEDH 15 nov. 1996, *Chahal c/ Royaume-Uni*, n° 22414/93 § 126 : *préc. note 75.*

1° PRINCIPES GÉNÉRAUX À RESPECTER

130. Le présent art. reconnaît aux personnes détenues le droit d'introduire un recours pour faire contrôler le respect des exigences de procédure et de fond nécessaires à la « légalité », au sens de la Conv. EDH, de leur privation de liberté. • CEDH 18 févr. 2014, *Ruiz Rivera c/ Suisse*, n° 8300/06 § 67. ♦ Toute personne arrêtée ou détenue a le droit de faire examiner par le juge le respect des exigences de procédure et de fond nécessaires à la « régularité », au sens du § 1 du présent art., de sa privation de liberté. • CEDH, gr. ch., 22 mai 2012, *Idalov c/ Russie*, n° 5826/03 § 161 : *RSC 2012. 687, obs. Marguénaud*. ♦ Cela signifie notamment que toute personne arrêtée ou détenue a le droit de faire contrôler la régularité de sa détention à la lumière non seulement des exigences du droit interne mais aussi de la Conv. EDH, des principes généraux qui y sont consacrés et de la finalité des restrictions permises par le § 1 du présent art. • CEDH 12 juill. 2016, *A. M. c/ France*, n° 56324/13 § 40 : *AJDA 2016. 1740, chron. Burgorgue-Larsen ; JCP Adm. 2016. 718.*

131. Pour remplir les exigences du présent paragraphe, pareil contrôle doit respecter les normes de fond comme de procédure de la législation nationale et s'exercer de surcroît en conformité avec le but du présent art. : protéger l'individu contre l'arbitraire. La seconde condition implique non seulement que les juridictions compétentes statuent « à bref délai », mais aussi que leurs décisions se suivent à un rythme raisonnable. • CEDH 24 sept. 1992, *Herczegfalvy c/ Autriche,* n° 10533/83 § 75 • CEDH 26 févr. 2002, *Magalhaes Pereira c/ Portugal,* n° 44872 § 41. ♦ V. pour la mise en œuvre d'un tel recours dans le cadre d'une détention conforme à l'art. 5, § 1, f). • CEDH 2 mai 2013, *Chkhartishvili c/ Grèce,* n° 22910/10 § 81.

132. Ce droit doit pouvoir être exercé par toutes les personnes détenues. La loi ne prévoit pas que les mineurs puissent faire l'objet d'une mesure de placement en rétention. Il en résulte que les enfants « accompagnant » leurs parents en rétention tombent dans un vide juridique ne leur permettant pas d'exercer le recours garanti à leurs parents ; les enfants n'ont pas fait l'objet d'un arrêté préfectoral prévoyant leur expulsion que ceux-ci auraient pu contester devant les juridictions. Ils n'ont pas non plus fait l'objet d'un arrêté prévoyant leur placement en rétention administrative et le JLD n'a ainsi pas pu se prononcer sur la légalité de leur présence au centre de rétention administrative. • CEDH 19 janv. 2012, *Popov c/ France,* n° 39472/07 § 124 : *préc. note 15* • CEDH 12 juill. 2016, *A. B. et a. c/ France,* n° 11593/12 § 133 s. : *AJDA 2016. 1423 ; ibid. 1738, chron. Burgorgue-Larsen.*

133. Bref délai. L'expression « à bref délai » ne peut se définir *in abstracto,* mais doit – comme pour le « délai raisonnable » des art. 5, § 3 et 6, § 1 – s'apprécier à la lumière des circonstances de chaque affaire. • CEDH 21 oct. 1986, *Suisse,* n° 9862/82 § 75 • CEDH 18 juin 2002, *Delbec c/ France,* n° 43125/98 § 33 : *RD publ. 2003. 689, obs. Thomas.* ♦ Les dernières décisions juridictionnelles sur le bien-fondé des requêtes de mise en liberté, rendues par la chambre des mises en accusation, étaient chaque fois favorables au requérant, et n'ont pas été cassées par la Cour de cassation pour des motifs tenant à leur justification légale. On ne saurait dès lors considérer que le requérant a été mis en liberté « à bref délai ». • CEDH 11 avr. 2013, *Belgique,* n° 56005/10 § 86. ♦ La conséquence pratique de la rectification apportée par le greffe a été limitée, l'audience de la chambre de l'instruction ayant été fixée moins de 24 heures après l'expiration du délai de 10 jours prévu. • CEDH 6 oct. 2015, *Alouache c/ France,* n° 28724/11 § 56. ♦ Le juge qui a rendu sa décision 35 jours après une demande de mise en liberté n'a pas statué à bref délai. • CEDH 8 mars 2018, *Grèce,* n° 39726/10 : *JCP Adm. 2018. 285.*

134. Qualité du recours. Une voie de recours doit exister avec un degré suffisant de certitude, sans quoi lui manquent l'accessibilité et l'efficacité requises par le présent paragraphe. • CEDH 24 août 1998, *Soumare c/ France,* n° 23824/94 § 42 : *RD publ. 1999. 862, obs. Thomas.* ♦ Le concept de « régularité » ou de « légalité » (« *lawfulness* ») doit avoir la même portée au § 4 qu'au § 1. • CEDH 28 mai 1985, *Ashingdane c/ Royaume-Uni,* n° 8225/78 § 52 • CEDH 22 févr. 2011, *Soare et a. c/ Roumanie,* n° 24329/02 § 168. ♦ Il en résulte que la « légalité » d'une « arrestation ou détention » s'apprécie sous l'angle non du seul droit interne, mais aussi du texte de la Convention, des principes généraux qu'elle consacre et du but des restrictions qu'autorise le § 1 du présent art. • CEDH 29 nov. 1988, *Brogan c/ Royaume-Uni,* n° 11209/84 § 65 • CEDH 22 févr. 2011, *Soare et a. c/ Roumanie,* n° 24329/02 § 168. ♦ Si le présent § ne garantit pas un droit à un contrôle juridictionnel d'une ampleur telle qu'il habiliterait le tribunal compétent à substituer sur l'ensemble des aspects de la cause, y compris des considérations de pure opportunité, sa propre appréciation à celle de l'autorité dont émane la décision, il n'en reste pas moins que les personnes arrêtées ou détenues ont droit à un examen du respect des exigences de procédure et de fond nécessaires à la « légalité », au sens de la Conv., de leur privation de liberté. Par conséquent, les requérants devaient disposer d'un recours qui permît au tribunal compétent de vérifier à la fois l'observation des règles de procédure interne et le caractère raisonnable des soupçons motivant l'arrestation, ainsi que la légitimité du but poursuivi par celle-ci puis par la garde à vue. • CEDH 29 nov. 1988, *Brogan c/ Royaume-Uni,* n° 11209/84 § 65. ♦ La « juridiction » chargée de ce contrôle ne doit pas posséder d'attributions simplement consultatives, mais doit être dotée de la compétence de « statuer » sur la « légalité » de la détention et d'ordonner la libération en cas de détention illégale. • CEDH 15 nov. 1996, *Chahal c/ Royaume-Uni,* n° 22414/93 § 130 : *préc. note 75* • CEDH, gr. ch., 19 févr. 2009, *A. et a. c/ Royaume-Uni,* n° 3455/05 § 202 : *préc. note 16* • CEDH 22 févr. 2011, *Soare et a. c/ Roumanie,* n° 24329/02 § 168. ♦ V. s'agissant d'une juridiction d'appel qui ne répond pas de manière adéquate aux observations du requérant. • CEDH 3 juill. 2012, *Lutsenko c/ Ukraine,* n° 6492/11 § 78.

135. En l'état de sa jurisprudence, la Cour n'a jamais exigé que les recours prévus dans le cadre du présent § aient un effet suspensif à l'égard de privations de liberté relevant du paragraphe 1 f) du présent art. • CEDH 12 juill. 2016, *A. M. c/ France,* n° 56324/13 § 38 : *préc. note 130.*

136. Qualité de la procédure. Rien n'empêche de considérer comme un « tribunal », au sens de l'art. 5, § 4, un organe spécialisé tel que la commission de libération conditionnelle, s'il a la compétence de « statuer » sur la « légalité » de la détention et d'ordonner la libération en cas de détention illégale. • CEDH 2 mars 1987, *Weeks c/ Royaume-Uni,* n° 9787/82 § 61.

137. Le présent paragraphe implique que le tribunal offre des garanties substantiellement identiques à celles que consacre le volet pénal de l'art. 6, § 1. • CEDH, gr. ch., 19 févr. 2009, *A. et a. c/ Royaume-Uni,* n° 3455/05 § 217 : *préc. note 16.* ♦ Il convient donc : ... que la procédure soit contradictoire. • CEDH 21 oct. 1986, *Sanchez-Reisse c/ Suisse,* n° 9862/82 § 51. ♦ ... Que l'égalité des armes soit assurée. • CEDH 4 juill. 2000, *Niedbala c/ Pologne,* n° 27915/95 § 67 • CEDH 17 avr. 2012, *Piechowicz c/ Pologne,* n° 20071/07 § 203 s. • CEDH 28 oct. 2014, *Hebat Aslan et Firas Aslan c/ Turquie,* n° 15048 § 87. ♦ ... Que le requérant puisse être présent ou représenté. • CEDH 13 juill. 1995, *Kamparis c/ Grèce,* n° 17977/91 § 47 • CEDH, gr. ch., 22 mai 2012, *Idalov c/ Russie,* n° 5826/03 § 161 : *préc. note 108.*

138. Le présent paragraphe, même s'il commande la tenue d'une audience aux fins du contrôle de la légalité d'une détention provisoire, n'exige pas, en règle générale, qu'une telle audience se déroule en public. La Cour n'exclut pas la possibilité que dans des circonstances particulières une audience publique puisse être nécessaire. Cependant, l'existence de pareilles circonstances n'a pas été démontrée en l'espèce. Aucun autre vice dans le contrôle de la légalité de la détention provisoire du requérant n'a été constaté. • CEDH 15 nov. 2005, *Reinprecht c/ Autriche,* n° 67175/01 § 41. ♦ De même, le présent paragraphe n'astreint pas les États contractants à instaurer un double degré de juridiction pour l'examen de demandes d'élargissement. Néanmoins, un État qui se dote d'un tel système doit en principe accorder aux détenus les mêmes garanties en appel qu'en première instance. • CEDH 12 déc. 1991, *Toth c/ Autriche,* n° 11894/85 § 84.

139. Spécificité en cas d'internement psychiatrique. Dans le cas précis de l'internement des aliénés, outre le contrôle de la décision privative de liberté, il doit toujours y avoir place pour un contrôle ultérieur, devant un tribunal pour contester, à exercer à des intervalles raisonnables, la « légalité » – au sens de la Conv. EDH – de son internement, car les motifs qui justifiaient à l'origine la détention peuvent cesser d'exister. • CEDH 23 févr. 1984, *Luberti c/ Italie,* n° 9019/80 § 31 • CEDH 12 mai 1992, *Megyeri c/ Allemagne,* n° 13770/88 § 22 • CEDH 28 oct. 2003, *Rakevitch c/ Russie,* n° 58973/00 § 43 s. ♦ Il n'en va pas autrement lorsque la détention avait à l'origine été validée par une autorité judiciaire. • CEDH 5 nov. 1981, *X. c/ Royaume-Uni,* n° 7215/75 § 52. ♦ La procédure doit revêtir un caractère judiciaire et offrir à l'individu en cause des garanties adaptées à la nature de la privation de liberté dont il se plaint ; pour déterminer si une procédure offre des garanties suffisantes, il faut avoir égard à la nature particulière des circonstances dans lesquelles elle se déroule. • CEDH 27 sept. 1990, *Wassink c/ Pays-Bas,* n° 12535/86 § 30 : *préc. note 71.* ♦ Si les instances judiciaires relevant du présent § ne doivent pas toujours s'accompagner de garanties identiques à celles que l'art. 6, § 1, prescrit pour les litiges civils ou pénaux, encore faut-il que l'intéressé ait accès à un tribunal et ait l'occasion d'être entendu lui-même ou, au besoin, moyennant une certaine forme de représentation. Des garanties spéciales de procédure peuvent s'imposer pour protéger ceux qui, en raison de leurs troubles mentaux, ne sont pas entièrement capables d'agir pour leur propre compte. • CEDH 24 oct. 1979, *Winterwerp c/ Pays-Bas,* n° 6301/73 § 60. ♦ V. reprenant l'ensemble de ces points. • CEDH 12 mai 1992, *Megyeri c/ Allemagne,* n° 13770/88 § 22 • CEDH, gr. ch., 17 janv. 2012, *Stanev c/ Bulgarie,* n° 36760/06 § 171 : *préc. note 3.* ♦ La procédure doit être contradictoire et respecter « l'égalité des armes » entre les parties. A cet égard, la tenue d'une audience, dans le cadre d'une procédure contradictoire prévoyant la possibilité d'être représenté et d'interroger des témoins, est nécessaire, lorsqu'il s'agit pour l'autorité judiciaire d'examiner la personnalité et le degré de maturité de la personne concernée, en vue d'en mesurer la dangerosité. • CEDH 18 févr. 2014, *Ruiz Rivera c/ Suisse,* n° 8300/06 § 59.

140. Par ailleurs, le contrôle requis par le présent art. doit être accessible à l'intéressé. • CEDH 22 févr. 2011, *Soare et a. c/ Roumanie,* n° 24329/02 § 170 et 174. ♦ ... Et être assez ample pour s'étendre à chacune des conditions indispensables à la régularité de la détention d'une personne, en l'occurrence pour aliénation mentale. • CEDH 28 mai 1985, *Ashingdane c/ Royaume-Uni,* n° 8225/78 § 52 • CEDH 29 août 1990, *E. c/ Norvège,* n° 11701/85 § 50 • CEDH 20 févr. 2003, *Hutchison Reid c/ Royaume-Uni,* n° 50272/99 § 65 • CEDH 18 nov. 2010, *Baudouin c/ France,* n° 35935/03 § 101 : *D. 2011. 1713, obs. Bernaud et Gay* ; *AJ pénal 2011. 144, obs. Péchillon* ; *JCP 2011. 189, note Grabarczyk* • CEDH 22 févr. 2011, *Soare et a. c/ Roumanie,* n° 24329/02 § 170.

2° APPLICATION DE CES PRINCIPES

141. Dans des affaires où des détenus n'ont pas été informés des raisons justifiant leur privation de liberté, la Cour a jugé que le droit des intéressés d'introduire un recours contre la détention litigieuse se trouve vidé de son contenu. • CEDH 12 avr. 2005, *Chamaïev et a. c/ Géorgie et Russie,* n° 36378/02 § 432 : *AJDA 2005. 1886, chron. Flauss* • CEDH, gr. ch., 15 déc. 2016, *Khlaifia et a. c/ Italie,* n° 16483/12 § 132.

142. Le maintien en détention provisoire de A. après l'arrêt clair et non ambigu de la Cour constitutionnelle concluant à la violation de l'art. 19, § 3 Const. turque, ne peut pas être considéré comme « régulier » et opéré « selon les voies légales » tel qu'exigé par le droit à la liberté et à la sûreté protégés par le présent art. • CEDH 20 mars 2018, *Turquie,* n° 16538/17.

143. Détention judiciaire. De prime abord, le libellé du présent paragraphe pourrait donner à penser qu'il reconnaît au détenu le droit de faire toujours contrôler par un tribunal la légalité d'une détention antérieure qui l'a privé de sa liberté (...). Si cette décision émane d'un organe administratif, il ne fait pas de doute que les États soient astreints à ouvrir au détenu un recours auprès d'un tribunal, mais rien n'indique qu'il en aille de même quand elle est rendue par un tribunal statuant à l'issue d'une procédure judiciaire. Dans cette dernière hypothèse, le contrôle se trouve incorporé à la décision ; tel est le cas, par exemple, d'une « condamnation » à l'emprisonnement prononcée « par un tribunal compétent » en application de l'alinéa *a)* du § 1 du présent art. • CEDH 18 juin 1971, *De Wilde, Ooms et Versyp c/ Belgique,* n° 2832/66 § 65 : *Jur. CEDH, 12 éd., n° 52, obs. Berger.* ♦ Le procès initial et la procédure d'appel ont offert la garantie du présent paragraphe, qui ne confère aucun droit supplémentaire à contester la légalité du maintien en détention ou de la réincarcération après révocation de la liberté sous condition. En l'occurrence, aucune question nouvelle de légalité ne se pose donc qui ouvrirait au requérant droit au contrôle de son maintien en détention sur la base de la peine perpétuelle obligatoire initiale. • CEDH 18 juill. 1994, *Royaume-Uni,* n° 15484/89 § 36.

144. En revanche, on méconnaîtrait le but et l'objet de l'art. 5 si l'on interprétait son § 4, lu dans son contexte, comme exemptant la détention de tout contrôle ultérieur de légalité pour peu qu'un tribunal ait pris la décision initiale. Par nature, la privation de liberté dont il s'agit paraît appeler la possibilité de semblable contrôle, à exercer à des intervalles raisonnables. • *CEDH 24 oct. 1979, Winterwerp c/ Pays-Bas,* n° 6301/73 § 55. ♦ Il est ainsi possible de contester une décision prolongeant la détention et ce dans un délai qui ne doit pas rendre la décision ineffective comme c'est le cas lorsque le juge statue après que la décision de prolongation ne soit devenue caduque. • CEDH 5 janv. 2010, *Frasik c/ Pologne,* n° 22933/02 § 65.

145. Internement psychiatrique. Délai. S'agissant d'une procédure particulière dont le but était de faire statuer sans délai sur une demande de sortie d'internement, il y allait de la liberté de la requérante. Il appartenait donc au magistrat saisi de statuer le plus rapidement possible. • CEDH 18 juin 2002, *Delbec c/ France,* n° 43125/98 § 37 : *préc. note 133.*

146. Pendant les deux premières semaines, il s'est agi pour les autorités de désigner le juge compétent pour statuer sur la demande, puisque la requérante avait mis en cause le président du tribunal. La Cour ne peut qu'approuver le souci d'impartialité objective des autorités françaises, tout en notant qu'un laps de temps de deux semaines pour désigner un juge peut, dans une telle procédure d'urgence, paraître excessif. Au-delà de ces deux semaines, le vice-président du tribunal était saisi du dossier mais n'a accompli aucun acte jusqu'à la date à laquelle la requérante a bénéficié d'un congé d'essai. Or, la pratique habituelle dans de telles affaires, où le juge statue « en la forme des référés », est de nommer immédiatement un expert afin qu'il examine l'intéressé et qu'il donne son avis sur la demande de sortie. En l'espèce, la décision de nommer un expert n'a été prise qu'après la libération de la requérante. • CEDH 18 juin 2002, *Delbec c/ France,* n° 43125/98 § 34 à 36 : *préc. note 133.*

147. En l'espèce, la requérante a déposé sa demande de sortie immédiate le 9 juin 2000 ; le président du tribunal a désigné un expert le 27 juin suivant, celui-ci devant rendre son rapport avant le 4 août puis pour le 21 août avant de finalement le déposer le 6 oct. Le tribunal a rendu sa décision le 20 oct., soit plus de 4 mois après avoir été saisi. La CA de Lyon a rendu, quant à elle, son arrêt le 2 oct. 2003. Bien que la requérante fût sortie à l'essai le 11 juill. 2000, il convient toutefois de souligner qu'elle était susceptible d'être réinternée à tout moment dès lors que l'arrêté préfectoral n'était pas levé et que le tribunal n'avait pas statué. • CEDH 27 oct. 2005, *Mathieu c/ France,* n° 68671/01 § 37 et 38. ♦ V. pour des délais un peu plus courts mais encore loin d'être brefs. • CEDH 3 oct. 2006, *Tréboux c/ France,* n° 7217/05 § 35 • CEDH 14 avr. 2011, *Patoux c/ France,* n° 35079/06 § 73 : *JCP Adm. 2011. 307, obs. Albert.* ♦ Évidemment lorsque la demande de sortie d'internement n'est même pas examinée, il y a violation du présent paragraphe. • CEDH 7 mars 2006, *Van Glabeke c/ France,* n° 38287/02 § 30.

148. La Cour reconnaît que dans une procédure de contrôle d'un internement psychiatrique, la complexité des questions médicales en jeu est un facteur peuvant entrer en ligne de compte lorsqu'il s'agit d'apprécier le respect de l'exigence du « contrôle à bref délai » du présent al. • CEDH 25 mars 1999, *Musial c/ Pologne,* n° 24557/94 § 47. ♦ En l'espèce, toutefois, le retard en cause ne saurait raisonnablement être considéré comme lié essentiellement à la complexité des questions médicales en jeu, mais plutôt à un manque de célérité de la part de l'autorité judiciaire saisie, d'autant que, statuant « en la forme des référés », la juridiction est tenue de statuer en urgence, en particulier lorsqu'il en va de la liberté d'un individu. • CEDH 28 mars 2006, *Gaultier c/ France,* n° 41522/98 § 41. ♦ Et ce à supposer même que l'on doive déduire de cette période, comme le soutient le Gouvernement, le temps que le requérant et son représentant ont pris afin de déposer leurs conclusions, soit près de 4 mois. • CEDH 16 janv. 2007, *Menvielle c/ France (n° 2),* n° 97/03 § 29.

149. Même si le délai de 22 jours, dont 4 imputables au requérant, n'apparaît pas excessif en soi, la Cour considère qu'il convient de l'examiner à la lumière des textes et des circonstances de l'espèce. Il a fallu 3 jours pour que la plainte du requérant, déposée auprès du parquet compétent, soit enregistrée au greffe du tribunal départemental qui devait la juger, et 7 jours pour qu'elle soit examinée par ce dernier. Surtout, à nouveau 7 jours se sont écoulés avant que la cour d'appel n'enregistre le recours formé par le requérant contre le jugement, le parquet ne lui ayant transféré la demande de recours que 6 jours après l'avoir reçue. • CEDH 24 févr. 2009, *Toma c/ Roumanie,* n° 42716/02 § 76.

150. ... Expertise. L'expertise doit être suffisamment récente pour permettre aux autorités compétentes d'apprécier la condition clinique de la personne concernée au moment où la demande de libération est prise en considération. • CEDH 12 juin 2003, *Herz c/ Allemagne,* n° 44672/98 § 50 • CEDH 18 févr. 2014, *Ruiz Rivera c/ Suisse,* n° 8300/06 § 65. ♦ Du moins une expertise ancienne doit elle être confirmée par avis médical plus récent. • CEDH 23 janv. 2013, *Dörr c/ Allemagne,* n° 2894/08.

151. Procédure. Seul le juge civil avait le pouvoir de se prononcer sur la justification médicale de la privation de liberté et d'ordonner la remise en liberté de l'intéressé. Les recours en annulation afin de contester la légalité externe d'une mesure d'internement ne permettent pas aux internés d'obtenir la sortie immédiate de l'établissement hospitalier. • CEDH 18 juin 2002, *Delbec c/ France,* n° 43125/98 § 30 : *préc. note 133.* ♦ Il s'agissait de recours non directement accessibles au requérant et de surcroît, aucune des personnes théoriquement habilitées à les exercer n'a montré l'intention d'agir dans les intérêts de S., et ce dernier ne pouvait pas agir de sa propre initiative sans leur approbation. • CEDH, gr. ch., 17 janv. 2012, *Stanev c/ Bulgarie,* n° 36760/06 § 174 : *préc. note 3.*

152. S'agissant de déterminer si le requérant a disposé d'un recours effectif lui permettant d'obtenir la mainlevée de la mesure d'hospitalisation d'office dont il faisait l'objet, alors que l'irrégularité formelle de l'acte fondant son internement était avérée, il faut examiner l'ensemble des voies de recours exercées par le requérant. Les mécanismes de référé dont a usé l'intéressé, qu'il s'agisse du référé-suspension (CJA, art. L. 521-1-12) qui doit être suivi d'un recours en annulation de l'arrêté contesté, ou du référé-liberté qui permet uniquement au juge de contrôler l'illégalité manifeste d'un acte de l'autorité administrative, ne peuvent donner lieu à un examen au fond de la légalité d'une décision d'internement et ne tombent pas dès lors sous l'empire du présent art. Seule une procédure judiciaire relative à la demande de sortie immédiate peut être entreprise. En effet, selon le partage de compétences opéré par le T. confl. (• T. confl. 17 févr. 1997, *Préfet de la région Île-de-France, préfet de Paris : JCP 1997. II. 22885,* concl. Sainte-Rose), lorsque la juridiction administrative s'est prononcée sur la régularité de l'arrêté d'internement, c'est l'autorité judiciaire qui est compétente pour statuer sur les conséquences dommageables de l'ensemble des irrégularités entachant la mesure d'hospitalisation d'office. Le requérant a usé de cette possibilité mais les juridictions judiciaires saisies se sont attachées à déterminer si l'hospitalisation d'office du requérant était justifiée par son état de santé, et n'ont abordé la question de la légalité externe des arrêtés d'hospitalisation que pour constater la compétence des juges administratifs en la matière. La CA ayant relevé qu'aucune voie de fait ne pouvait être retenue, a estimé qu'il n'y avait pas lieu d'ordonner la sortie immédiate du requérant. Le requérant n'a donc disposé d'aucun recours effectif qui lui aurait permis d'obtenir une décision judiciaire constatant l'irrégularité de l'acte fondant son internement et mettant fin, par voie de conséquence, à sa privation de liberté irrégulière. • CEDH 18 nov. 2010, *Baudoin c/ France,* n° 35935/03 § 102 à 109.

153. Objet. Dès lors que l'intéressé n'attaque pas la base juridique de sa détention en qualité d'aliéné ou ne réclame pas son élargissement à proprement parler mais revendique un hébergement et un traitement dans le cadre, plus « approprié », d'un hôpital psychiatrique d'une autre catégorie, les dispositions du présent art. ne trouvent pas à s'appliquer. • CEDH 28 mai 1985, *Ashingdane c/ Royaume-Uni,* n° 8225/78 § 52.

154. Éducation surveillée. La législation applicable n'autorise pas les mineurs placés dans un centre éducatif – internat à s'adresser aux juridictions pour demander le réexamen de leur détention. • CEDH 19 mai 2016, *D. L. c/ Bulgarie,* n° 7472/14 § 90.

D. DROIT À RÉPARATION (ART. 5, § 5)

155. Les art. 5, § 5, et 50 (art. 45 actuellement) se situent sur des plans différents, bien qu'ils s'occupent tous deux de problèmes de réparation dans le cadre de la Convention. Le premier édicte une règle de fond : figurant parmi les clauses « normatives » du Titre I Conv. EDH, il garantit un droit individuel dont le respect s'impose d'abord aux autorités des États contractants, ainsi que le confirme l'emploi de l'adjectif « *enforceable* » dans le texte anglais. Le second énonce, lui, une règle de compétence : inséré dans le Titre IV Conv. EDH, il habilite expressément la Cour à octroyer à la « partie lésée » une satisfaction équitable, sous certaines conditions. L'une de ces dernières consiste dans l'existence d'une décision ou mesure nationale contraire à « des obligations découlant de la (...) Convention », et rien n'indique qu'une infraction à l'un des 4 premiers paragraphes de l'art. n'entre pas en ligne de compte à cet égard. Si le § 5 *d)* du présent art. a pris soin de spécifier que « toute personne victime » d'une telle infraction « a droit à réparation », il ne s'ensuit nullement que la Cour ne puisse pas appliquer l'art. 50 (art. 45 actuel), quand elle a constaté une violation du § 3 du présent art., par exemple ; il en résulte, sans plus, que dans l'exercice de la large compétence que lui attribue l'art. 50 (art. 45 actuel) elle doit prendre en considération, entre autres éléments, la règle de fond du § 5 du présent art. • CEDH 7 mai 1974, *Neumeister c/ Autriche,* n° 1936/63 § 30. ♦ Une décision prise sous l'angle du présent art. ne préjuge pas de la compétence de la Cour pour accorder une satisfaction équitable pécuniaire au titre de l'art. 50 (actuel art. 45) (arrêt *Brogan et a.* du 29 nov 1988, série A n° 145-B, p. 35, § 67). • CEDH 27 sept. 1990, *Wassink c/ Pays-Bas,* n° 12535/86 § 38 : *préc. note 71.*

156. Principes. Le présent § se trouve respecté dès lors que l'on peut demander réparation du chef d'une privation de liberté opérée dans des conditions contraires aux § 1, 2, 3 ou 4. • CEDH 27 sept. 1990, *Wassink c/ Pays-Bas,* n° 12535/86 § 38 : *préc. note 71.* ♦ Le droit à réparation énoncé au § 5 suppose donc qu'une violation de l'un de ces autres § ait été établie par une autorité nationale ou par les institutions de la Conv. EDH. • CEDH 17 mars 2009, *Houtman et Meeus c/ Belgique, n° 22945/07 § 43.* ♦ A cet égard, la jouissance effective du droit à réparation garanti par cette dernière disposition doit se trouver assurée à un degré suffisant de certitude. • CEDH, gr. ch., 18 déc. 2002, *N. C. c/ Italie,* n° 24952/94 § 49 • CEDH 22 févr. 2011, *Soare et a. c/ Roumanie,* n° 24329/02 § 182 • CEDH 15 avr. 2014, *Tomaszewscy c/ Pologne,* n° 8933/05 § 155 et 156. ♦ Elle doit par ailleurs constituer un recours effectif, ce qui n'est pas le cas dès lors que le Gouvernement est resté en défaut de produire une quelconque décision de justice relative à l'octroi d'une indemnité. • CEDH 28 oct. 2014, *Hebat Aslan et Firas Aslan c/ Turquie,* n° 15048 § 93.

157. Pour conclure à la violation du présent §, il doit être établi que le constat de violation d'un des autres § du présent art. ne pouvait, avant l'arrêt concerné de la Cour, ni ne peut après cet arrêt, donner lieu à une demande d'indemnité devant les juridictions nationales. • CEDH 29 nov. 1988, *Brogan et a. c/* Royaume-Uni : n° 11209/84 § 66 et 67 • CEDH 22 févr. 2011, *Soare et a. c/ Roumanie,* n° 24329/02 § 183 • CEDH 15 oct. 2013, *Gutsanovi c/ Bulgarie,* n° 34529/10 § 170.

158. Le droit de ne pas être privé de sa liberté n'est pas le même que le droit de recevoir indemnisation pour une détention. Le § 1 de l'art. 5 Conv. EDH vise le passé et le § 5 concerne le futur. Une juridiction invitée à accorder une réparation pour une détention illicite n'a pas compétence pour mettre fin à la détention. Les deux actions sont sur des plans différents. • CEDH 23 avr. 2009, *Moskovets c/ Russie,* n° 14370/03 § 51.

159. L'atténuation de la peine peut priver l'intéressé de son statut de victime lorsque les autorités nationales ont reconnu la violation de la Convention et a réduit la peine du requérant d'une manière mesurable en vue de redresser les violations antérieures du présent art. • CEDH 25 oct. 2007, *Lebedev c/ Russie,* n° 4493/04 § 47.

160. L'approche formaliste des tribunaux nationaux, qui fait peser sur le requérant l'obligation d'établir l'existence d'un préjudice moral du fait de sa détention illégale par le biais de preuves susceptibles d'attester des manifestations externes de ses souffrances physiques ou psychologiques au cours de sa détention, a eu pour résultat de priver le requérant de la réparation qu'il aurait dû obtenir pour sa détention irrégulière. Elle néglige par ailleurs le fait que les effets néfastes d'une détention irrégulière sur l'état psychologique d'un individu peuvent perdurer même après sa libération. Dès lors il y a violation du présent art. • CEDH 2 sept. 2010, *Danev c/ Bulgarie,* n° 9411/05 § 33 et 34. ♦ Rappr. au titre de l'art. 13 Conv. EDH. • CEDH 2 févr. 2006, *Iovtchev c/ Bulgarie,* n° 41211/98 § 146.

161. Mise en œuvre. Hormis le cas – étranger à la présente espèce – d'un non-lieu, d'un acquittement ou d'un jugement dispensant d'une peine, toutes les hypothèses de réparation visées par cette disposition supposent que la privation de liberté ait enfreint la loi. Or ici les détentions litigieuses ont eu lieu dans le respect de la loi turque, comme le Gouvernement en convient d'ailleurs. La jouissance effective du droit garanti par le présent paragraphe ne se trouve pas assurée à un degré suffisant de certitude. • CEDH 21 oct. 2002, *Sakik et a. c/ Turquie,* n° 23878/94 § 60.

162. Dans le cadre de la procédure pénale engagée contre le requérant, le tribunal de première instance a déduit de la peine infligée au requérant la durée de son arrestation de vingt-quatre heures qui avait été jugée illégale. Cette déduction, appliquée afin de réparer l'atteinte illégale subie par le requérant à son droit à la liberté, constitue une réparation adéquate et suffisante de la violation du § 1 du présent art. Dès lors, le requérant ne saurait prétendre que son droit à une réparation au titre du présent § a été méconnu. • CEDH, décis., 27 nov. 2012, *Selaru c/ Roumanie,* n° 15237/03. ♦ *A contrario*, s'agissant d'une réduction de peine automatique. • CEDH 25 oct. 2007, *Lebedev c/ Russie,* n° 4493/04 § 47. ♦ Rappr., s'agissant d'une violation du délai raisonnable de la procédure pénale mais sans reconnaissance de la violation et d'une réduction non mesurable. • CEDH 4 févr. 2010, *Malkov c/ Estonie,* n° 31407/07 § 40 et 41.

163. La cour d'appel militaire a déclaré que le droit interne ne permettait pas aux requérants d'obtenir une réparation car leur détention aurait résulté d'une « faute lourde » de leur part (§ 24 et 41). Les requérants ne pouvant présenter de demande d'indemnité devant les autorités nationales, il s'ensuit qu'il y a eu aussi violation du présent paragraphe. • CEDH 29 mai 1997, *Tsirlis et Kouloumpas c/ Grèce,* n° 19233/91 § 66. ♦ La violation constatée du § 1 du présent art. ne pouvait ni, même après le présent arrêt, donner lieu de leur part à aucune demande d'indemnité devant les juridictions d'Irlande du Nord. Il y a violation du présent paragraphe. • CEDH 30 août 1990, *Fox, Campbell et Hartley c/ Royaume-Uni,* n° 12244/86 § 46. ♦ Les requérants n'ont pu se prévaloir d'un droit exécutoire à réparation devant les juridictions internes pour les violations constatées ci-dessus. Il s'ensuit que le présent paragraphe a été violé. • CEDH 19 févr. 2009, *A. et a. c/ Royaume-Uni,* n° 3455/05 § 229 : *préc. note 16.*

164. Le prononcé du présent arrêt concluant à la violation des § 1 et 4 du présent art. ne permettra pas au requérant de demander réparation dès lors qu'il ne ressort pas de la législation pertinente qu'un tel recours existe. • CEDH 22 févr. 2011, *Soare et a. c/ Roumanie,* n° 24329/02 § 189.

165. Les autorités judiciaires n'ayant à aucun moment considéré comme illégales ou contraires au § 1 les présentations forcées du requérant au laboratoire de médecine légale, et la cour d'appel de Constanta, qui a examiné en dernier ressort la demande d'annulation des mandats d'amener, ayant au contraire estimé que ces présentations forcées étaient conformes au droit interne, la Cour conclut qu'aucune compensation ne pouvait être réclamée par le requérant en vertu des dispositions du code civil indiquées par le Gouvernement, qui ne permettent d'engager la responsabilité civile des autorités que si une faute – fût-elle seulement de négligence ou d'imprudence – peut leur être imputée. • CEDH 4 juin 2013, *Stelian Rosca c/ Roumanie,* n° 5543/06 § 77.

Art. 6 ***Droit à un procès équitable.*** **1. Toute personne a droit à ce que sa cause soit entendue équitablement, publiquement et dans un délai raisonnable, par un tribunal indépendant et impartial, établi par la loi, qui décidera, soit des contestations sur ses droits et obligations de caractère civil, soit du bien-fondé de toute accusation en matière pénale dirigée contre elle. Le jugement doit être rendu publiquement, mais l'accès de la salle d'audience peut être interdit à la presse et au public pendant la totalité ou une partie du procès dans l'intérêt de la moralité, de l'ordre public ou de la sécurité nationale dans une société démocratique, lorsque les intérêts des mineurs ou la protection de la vie privée des parties au procès l'exigent, ou dans la mesure jugée strictement nécessaire par le tribunal, lorsque dans des circonstances spéciales la publicité serait de nature à porter atteinte aux intérêts de la justice.**

2. Toute personne accusée d'une infraction est présumée innocente jusqu'à ce que sa culpabilité ait été légalement établie.

3. Tout accusé a droit notamment à :

***a*) être informé, dans le plus court délai, dans une langue qu'il comprend et d'une manière détaillée, de la nature et de la cause de l'accusation portée contre lui ;**

***b*) disposer du temps et des facilités nécessaires à la préparation de sa défense ;**

***c*) se défendre lui-même ou avoir l'assistance d'un défenseur de son choix et, s'il n'a pas les moyens de rémunérer un défenseur, pouvoir être assisté gratuitement par un avocat d'office, lorsque les intérêts de la justice l'exigent ;**

***d*) interroger ou faire interroger les témoins à charge et obtenir la convocation et l'interrogation des témoins à décharge dans les mêmes conditions que les témoins à charge ;**

e) se faire assister gratuitement d'un interprète, s'il ne comprend pas ou ne parle pas la langue employée à l'audience.

COMMENTAIRE

V. sur le Code en ligne.

PLAN DES ANNOTATIONS

1. Principe. Dans une société démocratique au sens de la Conv. EDH, le droit à une bonne administration de la justice occupe une place si éminente qu'une interprétation restrictive du § 1 du présent art. ne correspondrait pas au but et à l'objet de cette disposition. • CEDH 17 janv. 1970, *Delcourt c/Belgique,* n° 2689/65 § 25 • CEDH 20 nov. 1989, *Kostovski c/ Pays-Bas,* n° 11454/85 § 44 : *AFDI 1991. 602, obs. Coussirat-Coustère.*

2. Eu égard à la place éminente que le droit à un procès équitable occupe dans une société démocratique et le but de la Conv. EDH consistant à protéger des droits non pas théoriques ou illusoires, mais concrets et effectifs, il convient d'assurer : ... le droit d'accès aux tribunaux. • CEDH 9 oct. 1979, *Airey c/ Irlande,* n° 6289/73 § 24. ♦ ... Le droit à un procès équitable. • CEDH 13 mai 1980, *Artico c/ Italie,* n° 6694/74 § 33 : *CDE 1982. 213, obs. Cohen-Jonathan ; AFDI 1981. 288, obs. Pelloux ; JDI 1982. 202, obs. Rolland.*

3. Un principe fondamental sous-tend le présent art. à savoir que les revendications civiles doivent pouvoir être portées devant un juge. Il en va de même du principe de droit international qui prohibe le déni de justice. Le présent art. doit se lire à leur lumière. • CEDH 21 févr. 1975, *Golder c/ Royaume-Uni,* n° 4451/70 § 35 • CEDH 21 sept. 1994, *Fayed c/ Royaume-Uni,* n° 17101/90 § 65 • CEDH 18 janv. 2011, *Guadagnino c/ Italie et France,* n° 2555/03 § 64. ♦ Si le § 1 du présent art. était interprété comme autorisant un État partie à soustraire à la compétence des tribunaux le règlement de certaines catégories de différends de caractère civil ou à conférer à certains groupes une immunité les exemptant de la responsabilité de leurs actes, sans aucune possibilité de contrôle des organes de la Convention, il n'existerait aucune protection contre le risque d'arbitraire. • Comm. EDH 9 oct. 1984, *Dyer c/ Royaume-Uni,* n° 10475/83.

I. CHAMP D'APPLICATION DU DROIT À UN PROCÈS ÉQUITABLE

A. PRINCIPES GÉNÉRAUX

1° HYPOTHÈSES DANS LESQUELLES LE DROIT AU PROCÈS ÉQUITABLE PEUT NE PAS S'APPLIQUER

4. Demande d'aide juridictionnelle. La procédure de demande d'aide juridictionnelle concerne uniquement l'octroi d'une assistance judiciaire au requérant. D'une part, elle ne concerne ni l'établissement de la culpabilité ni la fixation du montant de la peine, et ne vise ni le bien-fondé en droit ni le bien-fondé en fait. Le requérant pouvait donc, malgré le refus d'aide juridictionnelle et compte tenu de l'enjeu de la procédure, ne commandant pas l'assistance d'un avocat d'office, et de sa nature (procédure orale devant le tribunal de police et absence d'obligation de représentation par un avocat), décider de se défendre seul ou de se faire représenter par un avocat. D'autre part, elle ne semble pas constituer un droit reconnu en droit interne et, si la procédure concernant l'octroi de l'aide juridictionnelle peut être déterminante en matière de droit d'accès au tribunal, ce qui implique l'applicabilité de l'art. 6, § 1, un tel droit d'accès n'a pas été invoqué en l'espèce. • CEDH 12 juin 2003, *Gutfreund c/ France,* n° 45681/99 § 31 à 47 : *D. 2003. 2268, obs. Fricero.*

5. Droit des étrangers. Les décisions relatives à l'entrée, au séjour et à l'éloignement des étrangers n'emportent pas contestation sur des droits ou obligations de caractère civil du requérant ni n'ont trait au bien-fondé d'une accusation en matière pénale dirigée contre lui, au sens du présent art. • CEDH, gr. ch., 5 oct. 2000, *Maaouia c/ France,* n° 39652/98 § 40. ♦ V. déjà : • CEDH, décis., 16 avr. 2002, *Penafiel Salgado c/ Espagne,* n° 65964/01. ♦ Il en va de même d'une procédure de demande d'asile. • Comm. EDH 25 oct. 1996, *Kareem c/ Suède,* n° 32025/96. ♦ ... Ou d'une procédure de demande de visa. • CEDH, gr. ch., décis., 5 mai 2020, *Belgique,* n° 3599/18 § 137.

6. *Procédure de référé.* Le présent art. n'est pas applicable à une procédure de caractère conservatoire tendant à une ordonnance de référé. Cette procédure vise en effet à régir une situation temporaire en attendant qu'il soit statué au principal, et ne tend donc pas à une décision sur des droits et obligations de caractère civil. • CEDH 28 juin 2001, *Maillard Bous c/ Portugal,* n° 41288/98 § 19.

7. *Contentieux fiscal.* Le présent paragraphe n'est pas applicable aux contestations ressortissant exclusivement au domaine du droit public et notamment aux procédures fiscales en tant que telles, puisque celles-ci n'ont pas trait à des contestations sur des droits ou obligations de caractère civil. • CEDH, décis., 20 avr. 1999, *Vidacar S. A. et Opergrup S. L. c/ Espagne,* n° 41601/98. ♦ Les évolutions qui ont pu avoir lieu dans les sociétés démocratiques ne concernent pas la nature essentielle de l'obligation pour les individus ou les entreprises de payer des impôts. Par rapport à l'époque de l'adoption de la Conv. EDH, il n'y a pas là d'intervention nouvelle de l'État dans le domaine « civil » de la vie des individus. La Cour estime que la matière fiscale ressortit encore au noyau dur des prérogatives de la puissance publique, le caractère public du rapport entre le contribuable et la collectivité restant prédominant. • CEDH, gr. ch., 12 juill. 2001, *Ferrazzini c/ Italie,* n° 44759/98 § 29 : *JCP 2002. I. 105, chron. Sudre ; Europe 2001. 339, obs. Lechevallier ; JDI 2002. 261, obs. Tavernier.* ♦ V. déjà : le présent art. n'est pas applicable, en principe, au titre de la notion « droits et obligations de caractère civil », à la procédure de caractère fiscal, même si les mesures fiscales en cause ont entraîné des répercussions sur les droits patrimoniaux. • CEDH, décis., 5 oct. 1999, *Gantzer c/ France,* n° 43604/98.

8. Néanmoins, certains éléments de ce *contentieux relèvent du champ* d'application du présent paragraphe tels que les avantages fiscaux. • CEDH 26 mars 1992, *Éd. Périscope c/ France,* n° 11760/85 § 40 : *JCP 1993. I. 3654, chron. Sudre.* ♦ ... Les demandes de remboursement ou de restitution engagées à l'encontre de l'administration fiscale. • CEDH 23 oct. 1997, *National and Provincial Building Society et a. c/ Royaume-Uni,* n° 21319/93 § 97.

9. *Contentieux électoral et contentieux des droits politiques.* Le fait qu'une procédure se déroule devant une juridiction constitutionnelle ne suffit pas à la soustraire au champ d'application de cette disposition. Il faut rechercher en l'espèce si ces procédures avaient ou non trait à une « contestation sur [des] droits et obligations de caractère civil » du requérant ou une « accusation en matière pénale » dirigée contre lui. • CEDH 21 oct. 1997, *Pierre-Bloch c/ France,* n° 24194/94 § 50 : *RFDA 1998. 999, note Jan ; AJDA 1998. 65, note Burgogue-Larsen* • CEDH, gr. ch., 6 janv. 2011, *Paksas c/ Lituanie,* n° 34932/04 § 65. ♦ La décision par laquelle le juge (en l'espèce, le Cons. const.) déclare le requérant inéligible pendant 1 an et démissionnaire d'office, compromettant ainsi son droit de se porter candidat à une élection à l'Assemblée nationale et de conserver son mandat, affecte un droit de caractère politique et non « civil » au sens du présent paragraphe. Il en résulte que les litiges relatifs à l'organisation de son exercice – tels ceux portant sur l'obligation des candidats de limiter leurs dépenses électorales – sortent du champ d'application de cette disposition. • CEDH 21 oct. 1997, *Pierre-Bloch c/ France,* n° 24194/94 § 50 : *préc.* ♦ De même, le droit pour le requérant de percevoir sa pension de déput,é qui se rattache directement à l'exercice de son ancien mandat de député, est un droit de nature politique qui, comme tel, échappe au champ d'application de l'art. 6, § 1, Conv. EDH. • CEDH 15 oct. 2005, *Papon c/ France,* n° 344/04. ♦ Il en va également ainsi s'agissant d'une procédure d'*empeachment* entreprise contre un chef d'État. • CEDH, gr. ch., 6 janv. 2011, *Paksas c/ Lituanie,* n° 34932/04 § 68.

10. *Renonciation.* La renonciation se rencontre fréquemment au civil, notamment sous la forme de clauses contractuelles d'arbitrage, et au pénal sous celle, entre autres, des amendes de composition. Présentant pour les intéressés comme pour l'administration de la justice des avantages indéniables, elle ne se heurte pas en principe à la Convention. Si la perspective de comparaître devant le juge pénal est assurément de nature à inciter beaucoup d'« accusés » à se montrer accommodants, la pression qu'elle crée sur eux n'a rien d'incompatible avec la Conv. EDH. • CEDH 27 févr. 1980, *Deweer c/ Belgique,* n° 6903/75 § 49 et 51 : *JDI 1982. 197, obs. Rolland.*

11. La renonciation doit, pour entrer en ligne de compte sous l'angle de la Conv. EDH, se trouver établie de manière non équivoque et s'entourer d'un minimum de garanties correspondant à sa gravité. • CEDH 23 nov. 1993, *Poitrimol c/ France,* n° 14032/88 § 31 : *RSC 1994.*

362, obs. Koering-Joulin ; *JDI 1994. 821, obs. Decaux et Tavernoer ; AFDI 1994. 658, obs. Coussirat-Coustère.* ♦ Aucun contrôle scrupuleux n'ayant été effectué pour déterminer, au-delà de tout doute raisonnable, si la renonciation à comparaître du condamné était dénuée d'équivoque, il y a violation du présent art. • CEDH 18 mai 2004, *Somogyi c/ Italie,* n° 67972/01 § 73. ♦ Le « droit à un tribunal » revêt une trop grande importance dans une société démocratique pour qu'une personne en perde le bénéfice par cela seul qu'elle a souscrit à un arrangement parajudiciaire. • CEDH 27 févr. 1980, *Deweer c/ Belgique,* n° 6903/75 § 49 : *préc. note 10.* ♦ Si la publicité des débats judiciaires constitue un principe fondamental, consacré par le présent paragraphe, ni la lettre ni l'esprit de ce texte n'empêchent une personne d'y renoncer de son plein gré de manière expresse ou tacite, mais pareille renonciation doit être non équivoque et ne se heurter à aucun intérêt public important. • CEDH 21 févr. 1990, *Hakansson et Sturesson c/ Suède,* n° 11855/85 § 66.

12. Avant qu'un accusé puisse être considéré comme ayant implicitement renoncé, par son comportement, à un droit important sous l'angle de l'art. 6, il doit être établi qu'il aurait pu raisonnablement prévoir les conséquences du comportement en question. • CEDH, décis., 12 déc. 2006, *Battisti c/ France,* n° 28796/05.

13. Il n'incombe pas à l'accusé de prouver qu'il n'entendait pas se dérober à la justice, ni que son absence s'expliquait par un cas de force majeure. • CEDH, décis., 12 déc. 2006, *Battisti c/ France,* n° 28796/05.

14. Il s'agit de savoir si l'on peut parler de renonciation tacite car il n'y en a pas eu d'explicite. Comme en Suède pareille procédure se déroule en général sans audience publique, on pouvait s'attendre à les voir en solliciter une s'ils y attachaient du prix. Or il n'en fut rien. On doit donc considérer qu'ils ont renoncé sans équivoque à leur droit à une audience publique devant la cour suédoise. • CEDH 21 févr. 1990, *Hakansson et Sturesson c/ Suède,* n° 11855/85 § 67. ♦ Au vu des circonstances de l'espèce, que le requérant était manifestement informé de l'accusation portée contre lui, ainsi que du déroulement de la procédure devant les juridictions italiennes et ce, nonobstant sa fuite ; il était dès lors loisible aux autorités judicaires italiennes d'abord, puis aux autorités françaises, de conclure que le requérant avait renoncé d'une manière non équivoque à son droit de comparaître personnellement et d'être jugé en sa présence. • CEDH, décis., 12 déc. 2006, *Battisti c/ France,* n° 28796/05. ♦ Avant qu'un accusé puisse être considéré comme ayant implicitement renoncé, par son comportement, à un droit important sous l'angle du présent art., il doit être établi qu'il aurait pu raisonnablement prévoir les conséquences du comportement en question. • CEDH, gr. ch., 1er mars 2016, *Sejdovic c/ Italie,* n° 56581/00 § 87 : *Rev. UE 2015. 353, étude Mezaguer* . ♦ Il ne ressort pas non plus du dossier que le requérant ait fait des déclarations écrites ou orales prouvant qu'il aurait indiqué ne pas souhaiter donner suite à des interpellations dont il aurait eu connaissance et ait ainsi clairement renoncé à se présenter à son procès. • CEDH 11 oct. 2012, *Abdelali c/ France,* n° 43353/07 § 53 : *D. 2012. 2452* ; *RSC 2013. 117, obs. Danet* ; *ibid. 155, obs. Roets* . ♦ Le requérant avait toujours vécu chez ses parents et ne pouvait pas ignorer qu'il était recherché et s'était volontairement enfui afin de se soustraire à la justice. • CEDH 2 févr. 2017, *Ait Abbou c/ France,* n° 44921/13 § 63.

15. La renonciation de D. à un procès équitable, entouré de l'ensemble des garanties que la Convention exige en la matière, se trouvait entachée de contrainte. Il y a donc eu violation du présent art. • CEDH 27 févr. 1980, *Deweer c/ Belgique,* n° 6903/75 § 54 : *préc. note 10.*

16. Recours extraordinaire : réouverture de procédures tranchées par des décisions de justice définitives. Une fois l'affaire tranchée par un jugement interne définitif ayant acquis force de chose jugée, on ne peut en principe soutenir qu'un recours ou une demande extraordinaire formés ultérieurement pour solliciter la révision de ce jugement permettent d'alléguer de manière défendable qu'il existe un droit reconnu dans l'ordre juridique national, ou que l'issue de la procédure au cours de laquelle il s'agit de statuer sur l'opportunité de réexaminer l'affaire est déterminante pour des « droits et obligations de caractère civil » ou une « accusation en matière pénale ». • CEDH, gr. ch., 5 févr. 2015, *Brochan c/ Ukraine n° 2,* n° 22251/08 : *AJDA 2015. 1739, chron. Burgorgue-Larsen* . ♦ Cependant, si un recours extraordinaire conduit de plein droit ou concrètement à faire entièrement rejuger le litige ou si la procédure interne est assimilable dans sa nature et son étendue à une procédure d'appel ordinaire, la qualification au niveau interne de « recours extraordinaire » n'est pas déterminante. • CEDH, gr. ch., 5 févr. 2015, *Brochan c/ Ukraine n° 2,* n° 22251/08 §46 et 47 : *préc.* ♦ Pour ce qui concerne la procédure pénale, le présent art. n'est pas applicable à une procédure tendant à sa réouverture, car la personne qui, une fois sa condamnation passée en force de chose jugée, demande pareille réouverture n'est pas « accusée d'une infraction » au sens dudit article. De la même manière, il n'est pas applicable à un pourvoi en cassation dans l'intérêt de la loi, introduit aux fins de l'annulation d'une condamnation passée en force de chose jugée à la suite d'un constat de violation par la Cour, la personne en cause n'étant pas davantage « accusée d'une infraction » dans une telle procédure. • CEDH, décis., 6 mai 2003, *Autriche,* n° 27569/02 • CEDH, décis., 6 juill. 2010, *Turquie,* n° 5980/07. ♦ Cependant, il trouve à s'appliquer sous son volet pénal aux procédures pénales relatives aux recours qualifiés d'extraordinaires en droit national si la juridiction nationale est amenée à statuer sur le bien-fondé de l'accusation. • CEDH, gr. ch., 11 juill. 2017, *Moreira Ferreira c/ Portugal n° 2,* n° 19867/12 § 65 et 72.

17. Procédure d'exécution des décisions de justice. Le contentieux sous-jacent n'acquiert pas une nature « civile » du seul fait que son exécution est poursuivie en justice et donne lieu à une décision de justice. Le § 1er du présent art. ne trouve donc pas à s'appliquer à la non-exécution d'une décision juridictionnelle intervenant dans une matière échappant au périmètre de ladite disposition (octroi de visa). • CEDH, gr. ch., décis., 5 mai 2020, *Belgique,* n° 3599/18 § 139 et 140.

2° APPLICATION DU DROIT AU PROCÈS ÉQUITABLE EN DEHORS DE LA PHASE JURIDICTIONNELLE

a. Procédures accessoires

18. Procédures accessoires. Toutes les phases des procédures judiciaires tendant à vider des « contestations sur des droits et obligations de caractère civil » doivent aboutir dans un délai raisonnable, sans que l'on puisse excepter les phases postérieures aux décisions sur le fond. • CEDH 23 sept. 1997, *Robins c/ Royaume-Uni,* n° 22410/93 § 28. ♦ La Cour estime que la procédure relative aux frais, bien que menée séparément, doit être considérée comme une continuation de celle suivie au principal, et donc comme une partie d'une procédure tendant à décider d'une « contestation sur des droits et obligations de caractère civil ». • CEDH 23 sept. 1997, *Robins c/ Royaume-Uni,* n° 22410/93 § 29. ♦ Le droit à un procès équitable garanti par l'art. 6 de la Convention et les principes du contradictoire et de l'égalité des armes s'appliquent aux procédures accessoires ayant pour objet uniquement la détermination des frais ou dépens dès lors que la procédure principale porte sur des droits et obligations à caractère civil. • CEDH 6 févr. 2001, *Beer c/ Autriche,* n° 30428/96 § 12 et 13 • CEDH 21 févr. 2002, *Ziegler c/ Suisse,* n° 33499/96 § 24 à 26 • CEDH 7 oct. 2004, *Baumann c/ Autriche,* n° 76809/01 § 48 • CEDH, décis., 21 févr. 2012, *Sumbera c/ Rép. tchèque,* n° 48228/08.

b. Phase préparatoire au procès

19. Bien qu'il ne se trouvât pas encore inculpé de complicité d'homicide volontaire, son interpellation et sa garde à vue s'inscrivaient dans le cadre de l'information judiciaire ouverte quelques jours plus tôt par un juge d'instruction de Paris et lui conféraient la qualité d'« accusé » au sens du présent art. Les deux hauts fonctionnaires de police étaient en l'occurrence chargés de conduire les investigations. Tenus en contrepoint de l'information judiciaire et appuyés par le ministre de l'Intérieur, leurs propos (en substance : « DV et son acolyte DR sont les instigateurs de l'assassinat ») s'expliquent par l'existence de celle-ci et présentent un lien direct avec elle. Ils portent atteinte à la présomption d'innocence protégée par le présent art. • CEDH 10 févr. 1995, *Allenet de Ribemont c/ France,* n° 15175/89 § 37 : *RSC 1995. 639, obs. Pettiti ; D. 1996, somm., p. 196, obs. Renucci ; JCP 1996. I. 3910, chron. Sudre.* ♦ Les garanties du présent art. s'appliquent à l'ensemble de la procédure, y compris aux phases de l'information préliminaire et de l'instruction judiciaire. • CEDH 24 nov. 1993, *Imbrioscia c/ Suisse,* n° 13972/88 § 36 • CEDH 26 sept. 1996, *Miailhe c/ France,* n° 18978/91 § 43 • CEDH, gr. ch., 25 mars 1999, *Pélissier et Sassi c/ France,* n° 25444/94 § 46 • CEDH 21 sept. 2006, *Pandy c/ Belgique,* n° 13583/02 § 50. ♦ .... Dans la mesure où leur inobservation initiale risque de compromettre gravement le caractère équitable du procès. • CEDH 6 janv. 2010, *Vera Fernandez Huidobro c/ Espagne,* n° 74181/01 § 109. ♦ Il incombe donc aux juridictions pénales nationales de s'assurer que les actes réalisés à l'étranger n'ont pas été accomplis en violation des droits de la défense et de veiller ainsi à l'équité de la procédure dont elles avaient la charge. • CEDH 27 oct. 2011, *Stojkovic c/ France et Belgique,* n° 25303/08 § 37.

20. En effet, la Conv. EDH a pour but de « protéger des droits non pas théoriques ou illusoires, mais concrets et effectifs » et la jurisprudence de la Cour ne se désintéresse pas des phases qui se déroulent avant la procédure de jugement. • CEDH 24 nov. 1993, *Imbrioscia c/ Suisse,* n° 13972/88 § 36 • CEDH, gr. ch., 27 nov. 2008, *Salduz c/ Turquie,* n° 36391/02 § 55 : *JCP 2009. I. 104, chron. Sudre.*

c. Mesures provisoires

21. Il ne se justifie plus de considérer automatiquement que les procédures d'injonction ne sont pas déterminantes pour des droits ou obligations de caractère civil. En effet, une déficience d'une telle procédure peut ne pas être nécessairement corrigée à un stade ultérieur, à savoir dans le cadre de la procédure au fond régie par le présent art., étant donné que tout préjudice subi dans l'intervalle pourrait alors être devenu irréversible et que les chances d'obtenir un redressement du dommage seraient vraisemblablement minces, en dehors peut-être d'une éventuelle indemnisation. Ainsi, dès lors que, premièrement, le droit en jeu tant dans la procédure au principal que dans la procédure d'injonction doit être « de caractère civil » au sens autonome que revêt cette notion dans le cadre du présent art. et que, deuxièmement, la mesure provisoire est déterminante pour le droit ou l'obligation de caractère civil en jeu, quelle que soit la durée pendant laquelle elle sera en vigueur, le présent art. trouvera à s'appliquer. • CEDH, gr. ch., 15 oct. 2009, *Micallef c/ Malte*, n° 17056/06 § 80, 84 et 85 : *AJDA 2010. 997, chron. Flauss ; RTD civ. 2010. 285, obs. Marguénaud ; RD publ. 2010. 867, obs. Gonzalez ; JCP 2010. I. 70, chron. Sudre.* ♦ Si l'ordonnance avait le même objet que la procédure au principal – interdire la diffusion de l'émission litigieuse –, visait à trancher le même droit que celui en jeu dans cette procédure – le droit à la liberté d'expression et à communiquer des informations par voie de presse – et était exécutoire immédiatement, il faut noter qu'au jour de l'introduction de la requête, la procédure au fond n'avait pas été poursuivie. L'art. 6 est donc applicable. • CEDH 19 mars 2011, *RTBF c/ Belgique*, n° 50084/06 § 65.

d. Exécution des décisions de justice

22. Principe. Le droit à un procès équitable serait illusoire si l'ordre juridique interne d'un État contractant permettait qu'une décision judiciaire définitive et obligatoire reste inopérante au détriment d'une partie. En effet, on ne comprendrait pas que le présent art. décrive en détail les garanties de procédure – équité, publicité et célérité – accordées aux parties et qu'il ne protège pas la mise en œuvre des décisions judiciaires ; si cet art. devait passer pour concerner exclusivement l'accès au juge et le déroulement de l'instance, cela risquerait de créer des situations incompatibles avec le principe de la prééminence du droit que les États contractants se sont engagés à respecter en ratifiant la Conv. EDH. L'exécution d'un jugement ou arrêt, de quelque juridiction que ce soit, doit donc être considérée comme faisant partie intégrante du « procès » au sens du présent art. • CEDH 19 mars 1997, *Hornsby c/ Grèce*, n° 18357/91 § 40 : *D. 1998. 74, note Fricero ; RTD civ. 1997. 1009, obs. Margueraud ; RGDIP 1998. 230, obs. Flauss ; JCP 1997. 22949, note Dugrip et Sudre* • CEDH 18 mai 2004, *Prodan c/ Moldavie*, n° 49806/99 § 52 • CEDH 31 oct. 2006, *Jelicic c/ Bosnie-Herzégovine*, n° 41183/02 § 38 et 39 • CEDH 15 janv. 2009, *Bourdov c/ Russie (n° 2)*, n° 33509/04 § 65 (arrêt pilote) • CEDH 24 sept. 2013, *Luca c/ Italie*, n° 43870/04 § 66 : *JCP Adm. 2013. Actu. 790* • CEDH 7 janv. 2014, *Fondation Foyers des élèves de l'Église réformée et Stanomirescu c/ Roumanie*, n° 2699/03 § 55. ♦ V. déjà incluant l'exécution dans la recherche du « délai raisonnable ». • CEDH 26 sept. 1996, *Zappia c/ Italie*, n° 24295/94 § 16-20 • CEDH 21 avr. 1998, *Estima Jorge c/ Portugal*, n° 24550/94 § 35 : *D. 1998. 369, obs. Fricero ; JCP 1999. I. 105, chron. Sudre.* ♦ Le droit d'accès à un tribunal protège également la mise en œuvre des décisions judiciaires définitives et obligatoires qui, dans un État ayant accepté la prééminence du droit, ne sauraient rester inopérantes au détriment d'une partie. • CEDH 1er mars 2002, *Kutic c/ Croatie*, n° 48778/99 § 24. ♦ Si l'État refuse ou omet de s'exécuter, ou encore tarde à le faire, les garanties de l'art. 6 dont a bénéficié le justiciable pendant la phase judiciaire de la procédure perdraient toute raison d'être. • CEDH 9 avr. 2015, *Tchokontio Happi c/ France*, n° 65829/12 § 4 : *AJDA 2015. 720 ; D. 2015. 805 ; AJDI 2016. 667, chron. Zitouni ; Dr. soc. 2016. 697, étude Marguénaud et Mouly ; RDSS 2015. 651, note Tharaud ; Dr. adm. 2015. 43, obs. Noguellou ; Dr. adm. 2016. 4, chron. Platon ; JCP Adm. 2017. 2116, étude Samaké et Hansen.* ♦ L'exécution doit, en outre, être complète, parfaite et non partielle. • CEDH 31 mars 2005, *Matheus c/ France*, n° 62740/00 § 58. ♦ Le présent art. s'applique à l'exécution des décisions de justice étrangères définitives. • CEDH, décis., 29 avr. 2008, *McDonald c/ France*, n° 18648/04 • CEDH 18 déc. 2008, *Saccoccia c/ Autriche*, n° 69917/01 § 60 à 62.

23. Le principe de la prééminence du droit et la notion du procès équitable s'opposent à toute ingérence du pouvoir législatif dans l'administration de la justice dans le but d'influer sur le dénouement judiciaire d'un litige auquel l'État est partie. • CEDH 9 déc. 1994, *Raffineries grecques Stran et Stratis Andreadis c/ Grèce*, n° 13427/87 § 49 • CEDH 14 déc. 1999, *Antonakopoulos et a. c/ Grèce*, n° 37098/97 § 25.

24. La Cour relève la fréquence de ses constats de violation du présent art et/ou de l'art. 1er Prot. add. n° 1 à raison de la non-exécution ou de l'exécution tardive de jugements contraignants et exécutoires. Par ailleurs, l'absence de recours effectif en droit turc pour dénoncer la non-exécution et/ou l'exécution tardive des décisions de justice obligeait les justiciables à soumettre systématiquement à la Cour des requêtes qui auraient pu être instruites d'abord et de manière plus appropriée au sein de l'ordre juridique turc. Au 31 janv. 2012, près de 1 200 requêtes découlant de la même problématique étaient toujours pendantes devant la Cour. • CEDH, décis., 4 juin 2013, *Demiroglu et a. c/ Turquie*, n° 56125/10.

25. Marge d'appréciation. Cependant, le droit à la mise en œuvre sans délai d'une décision de justice définitive et obligatoire n'est pas absolu. Il appelle par sa nature même une réglementation par l'État. Les États contractants jouissent en la matière d'une certaine marge d'appréciation. Il appartient pourtant à la Cour de statuer en dernier ressort sur le respect des exigences de la Conv. EDH ; elle doit se convaincre que les limitations mises en œuvre ne restreignent pas l'accès offert à l'individu d'une manière ou à un point tels que le droit s'en trouve atteint dans sa substance même. Pareille limitation ne se concilie avec le présent art. que si elle tend à un but légitime, et s'il existe un rapport raisonnable de proportionnalité entre les moyens employés et le but visé. • CEDH 9 avr. 2015, *Tchokontio Happi c/ France,* n° 65829/12 § 48 : *préc. note 22.* ♦ L'obligation positive incombant à l'État en matière d'exécution consiste uniquement à mettre à la disposition des individus un système leur permettant d'obtenir de leurs débiteurs récalcitrants le paiement des sommes allouées par les juridictions. • CEDH, décis., 6 juin 2000, *Dachar c/ France,* n° 42338/98.

26. Si on peut admettre que les États contractants, dans des circonstances exceptionnelles et, comme en l'espèce, dans le cadre de la marge d'appréciation dont ils jouissent en matière de réglementation de l'usage des biens, interviennent dans une procédure d'exécution d'une décision de justice, pareille intervention ne peut avoir comme conséquence ni d'empêcher, invalider ou encore retarder de manière excessive l'exécution, ni, encore moins, de remettre en question le fond de cette décision. • CEDH, gr. ch., 28 juill. 1999, *Immobiliare Saffi c/ Italie,* n° 22774/93 § 74 : *JCP 2000. I. 203, chron. Sudre.*

27. Le droit d'accès à un tribunal ne peut obliger un État à faire exécuter chaque jugement de caractère civil quel qu'il soit et quelles que soient les circonstances comme par exemple lorsque le défaut de paiement d'une créance exécutoire est dû à l'insolvabilité d'un débiteur privé. • CEDH 27 mai 2003, *Sanglier c/ France,* n° 50342/99 § 39.

28. Retard. Il appartient aux autorités, dès qu'elles sont informées de la situation des requérants, de prendre, dans un délai raisonnable, toutes les mesures nécessaires afin que la décision de justice soit respectée. • CEDH 21 janv. 2010, *Barret et Sirjean c/ France,* n° 13829/03 § 45 : *RTD civ. 2010. 293, obs. Marguénaud.* ♦ Un retard dans l'exécution d'un jugement peut se justifier dans des circonstances particulières, mais le retard ne peut avoir pour conséquence une atteinte à la *substance même du droit protégé par* le présent paragraphe. • CEDH 31 oct. 2006, *Jelicic c/ Bosnie-Herzégovine,* n° 41183/02 § 39. ♦ Un délai d'exécution déraisonnablement long d'un jugement obligatoire peut donc emporter violation de la Conv. EDH. Le caractère raisonnable d'un tel délai doit s'apprécier en tenant compte en particulier de la complexité de la procédure d'exécution, du comportement du requérant et des autorités compétentes et du montant et de la nature de la somme accordée par le juge. • CEDH 15 janv. 2009, *Bourdov c/ Russie (n° 2),* n° 33509/04 § 65 (arrêt pilote) • CEDH 15 févr. 2007, *Raïlian c/ Russie,* n° 22000/03 § 31 • CEDH 7 janv. 2014, *Fondation Foyers des élèves de l'église réformée et Stanomirescu c/ Roumanie,* n° 2699/03 § 57.

29. Démarches. Une personne qui a obtenu un jugement contre l'État n'a normalement pas à ouvrir une procédure distincte pour en obtenir l'exécution forcée. • CEDH 27 mai 2004, *Metaxas c/ Grèce,* n° 8415/02 § 19 • CEDH 15 janv. 2009, *Bourdov c/ Russie (n° 2),* n° 33509/04 § 65 (arrêt pilote). ♦ Les intéressés peuvent devoir effectuer certaines démarches procédurales de manière à permettre ou à accélérer l'exécution d'un jugement. L'obligation faite aux individus de coopérer ne doit toutefois pas excéder ce qui est strictement nécessaire et, quoi qu'il en soit, elle n'exonère pas l'administration de l'obligation que fait peser sur elle la Convention d'agir de sa propre initiative et dans les délais prévus, en se fondant sur les informations à sa disposition, afin d'honorer le jugement rendu contre elle. • CEDH 15 janv. 2009, *Bourdov c/ Russie,* n° 33509/04 § 65 (arrêt pilote) • CEDH 8 nov. 2007, *Kosmidis et Kosmidou c/ Grèce,* n° 32141/04 § 24 • CEDH 7 janv. 2014, *Fondation Foyers des élèves de l'église réformée et Stanomirescu c/ Roumanie,* n° 2699/03 § 59.

30. Bien que le requérant ait perçu une indemnisation pour faute lourde de l'État du fait de son refus de prêter concours à l'exécution de la décision de justice litigieuse, cette compensation ne saurait combler la carence des autorités nationales dans l'exécution de l'arrêt qui n'a pas été exécuté *ad litteram.* • CEDH 31 mars 2005, *Matheus c/ France,* n° 62740/00 § 58.

31. Violations. Les dispositions du présent paragraphe sont privées de tout effet utile dans les cas suivants : l'arrêt de la Cour des comptes fut notifié à la Comptabilité générale de l'État mais celle-ci refusa de s'y conformer et de payer la somme due aux requérants. Le législateur a adopté une loi déclarant prescrites les prétentions des requérants, loi déclarée inconstitutionnelle par la Cour des comptes, siégeant en formation plénière et, à ce jour, les requérants n'ont pas encore reçu les sommes allouées par la Cour des comptes. • CEDH 14 déc. 1999, *Antonakopoulos* et a. *c/ Grèce,* n° 37098/97 § 24. ♦ La requérante a obtenu une ordonnance exécutoire fixant l'expulsion du locataire. A l'exception de deux brèves périodes, l'exécution des expulsions demeura suspendue *ex lege* pendant 15 ans et elle ne put récupérer son appartement que 18 ans plus tard, et cela non pas avec l'aide de la police, mais à la suite du départ spontané du locataire. • CEDH 22 janv. 2001, *P. M. c/ Italie,* n° 24650/94 § 49 et 50. ♦ Une autorité de l'État ne saurait prétexter du manque de ressources pour ne pas honorer une dette fondée sur une décision de justice. Certes, un retard dans l'exécution d'un jugement peut se justifier dans des circonstances particulières, mais le retard ne peut avoir pour conséquence une atteinte à la substance même du droit protégé par le présent paragraphe. • CEDH 31 oct. 2006, *Jelicic c/ Bosnie-Herzégovine,* n° 41183/02 § 39.

32. Une autorité de l'État ne saurait prétexter du manque de ressources pour ne pas honorer une dette fondée sur une décision de justice. • CEDH 26 sept. 2006, *Sté de gestion du port de Campoloro,* n° 57516/00 : *Dr. adm. 2006. 175* • CEDH 15 janv. 2009, *Bourdov c/ Russie (n° 2),* n° 33509/04 § 70 (arrêt pilote). ♦ Il en résulte que la pénurie de logements disponibles ne peut valablement justifier la non-exécution d'une décision de justice dans le cadre de la loi sur le droit au logement opposable. • CEDH 9 avr. 2015, *Tchokontio Happi c/ France,* n° 65829/12 § 48 : *préc. note 22.*

33. De même, a été privé d'un accès au juge le requérant qui a, en vain, exercé plusieurs démarches en vue de l'exécution des décisions judiciaires, en demandant l'infliction d'une amende au maire, en déposant une plainte pénale et en demandant même l'exécution forcée d'une des décisions auprès d'un huissier de justice. • CEDH 24 juin 2014, *Rosiilanu c/ Roumanie,* n° 27329/06 § 45 et 47.

34. Autres cas. Le droit reconnu aux requérants ainsi que la demande en indemnisation acceptée aux termes de la sentence arbitrale sont de nature patrimoniale. Leur droit à toucher les sommes accordées par le tribunal arbitral revêt donc un « caractère civil » au sens du présent art., quelle que soit la nature du contrat conclu entre les requérants et l'État grec au regard de la loi grecque. • CEDH 9 déc. 1994, *Raffineries grecques Stran et Stratis Andreadis c/ Grèce,* n° 13427/87 § 49.

35. Il importe peu que la procédure litigieuse ne porte pas sur un jugement mais sur un autre titre exécutoire, à savoir un acte notarié garantissant une créance déterminée. La procédure n'en visait que le recouvrement. L'esprit de la Convention commande de ne pas prendre le terme « contestation » dans une acception trop technique et d'en donner une définition matérielle plutôt que formelle ; la version anglaise de l'art. 6 n'en renferme du reste pas le pendant. • CEDH 21 avr. 1998, *Estima Jorge c/ Portugal,* n° 24550/94 § 37 : *préc. note 22.*

B. CONTESTATION SUR DES DROITS ET OBLIGATIONS DE CARACTÈRE CIVIL

1° CONTESTATION SUR DES DROITS OU OBLIGATIONS

a. Contestation

36. Pour que l'art. 6, § 1, trouve à s'appliquer sous son volet « civil », il faut qu'il y ait « contestation » sur un « droit » que l'on peut prétendre, au moins de manière défendable, reconnu en droit interne, que ce droit soit ou non protégé par la Conv. EDH. • CEDH, gr. ch., 3 avr. 2012, *Boulois c/ Luxembourg,* n° 37575/04 § 90 : *AJ pénal 2012. 352, obs. Herzog-Evans.*

37. Notion autonome. L'esprit de la Conv. EDH commande de ne pas prendre le terme de « contestation » dans « une acception trop technique » et « d'en donner une définition matérielle plutôt que formelle ». • CEDH 23 juin 1981, *Le Compte, Leuven et De Meyere c/ Belgique,* n° 6878/75 § 45. ♦ La contestation peut porter aussi bien « sur l'existence même d'un droit » que sur son étendue ou ses modalités d'exercice. • CEDH 23 juin 1981, *Le Compte, Leuven et De Meyere c/ Belgique,* n° 6878/75 § 49. ♦ Elle peut concerner tant des « points de fait » que « des questions juridiques ». • CEDH 23 juin 1981, *Le Compte, Leuven et De Meyere c/ Belgique,* n° 6878/75 § 49. ♦ L'ensemble de cette interprétation est repris par : • CEDH 23 oct. 1985, *Benthem c/ Pays-Bas,* n° 8848/80 § 32.

38. Caractère de la contestation. La contestation doit être réelle et sérieuse. • CEDH 23 sept. 1982, *Sporrong et Lönnroth c/ Suède,* n° 7151/75 § 81.

39. Par ailleurs les termes (...) « contestations sur (des) droits et obligations de caractère civil » couvrent toute procédure dont l'issue est déterminante pour (de tels) droits et obligations. • CEDH 16 juill. 1971, *Ringeisen c/ Autriche,* n° 2614/65 § 94 • CEDH 28 juin 1978, *König c/ Allemagne,* n° 6232/73 § 90. ♦ Les droits et obligations de caractère civil doivent constituer l'objet – ou l'un des objets – de la contestation, l'issue de la procédure être directement déterminante pour un tel droit. • CEDH 23 juin 1981, *Le Compte, Leuven et De Meyere c/ Belgique,* n° 6878/75 § 47. ♦ L'ensemble de cette interprétation est repris par : • CEDH 23 oct. 1985, *Benthem c/ Pays-Bas,* n° 8848/80 § 32.

b. Présence d'un droit ou d'une obligation

40. Droit ou obligation reconnu en droit interne. Le présent art. régit uniquement les « contestations » sur des « droits et obligations de caractère civil » que l'on peut dire, au moins de manière défendable, reconnus en droit interne ; il n'assure par lui-même aux « droits et obligations de caractère civil » aucun contenu matériel déterminé dans l'ordre juridique des États contractants. • CEDH 27 oct. 1987, *Pudas c/ Suède,* n° 10426/83 § 30 • CEDH 30 nov. 1987, *H. c/ Belgique,* n° 8950/80 § 40. ♦ Il importe peu que ces droits soient ou non protégés de surcroît par la Conv. EDH. • CEDH 26 mars 1992, *Éd. Périscope c/ France,* n° 11760/85 § 35 : *préc. note 8* • CEDH 12 oct. 1992, *Salerno c/ Italie,* n° 11955/86 § 14.

41. Devant les juridictions espagnoles, les requérants revendiquaient donc un droit que la législation ne leur reconnaît pas. Or, selon la jurisprudence de la Commission, les organes de la Convention ne sauraient créer, par voie d'interprétation du présent art., un droit matériel qui n'aurait aucune espèce de fondement dans le droit interne de l'État en cause. • Comm. EDH 11 mars 1985, *Asociación de aviadores de la República, Mata et a. c/ Espagne,* n° 10733/84. ♦ En se plaignant qu'en vertu de la jurisprudence leurs recours seraient voués à l'échec, les requérants se plaignent, en réalité, de ne pas pouvoir saisir les juridictions internes d'une contestation qui, en tout état de cause, ne saurait porter sur un droit reconnu par la législation interne. • Comm. EDH 6 avr. 1995, *Féd. grecque des commissaires en douane Gialouris, Christopoulos et 3 333 autres commissaires en douane c/ Grèce,* n° 24581/94. ♦ De même, la « faveur » permettant d'accorder aux détenus un « congé pénal » (autorisation de sortie) ne constitue pas un droit pour les détenus qui remplissent les conditions pour le demander. • CEDH, gr. ch., 3 avr. 2012, *Boulois c/ Luxembourg,* n° 37575/04 § 102 : *préc. note 36.*

42. Le requérant pouvait soutenir de manière plausible et défendable qu'en vertu du droit suédois il avait le loisir de continuer ses activités au titre de la licence. • CEDH 27 oct. 1987, *Pudas c/ Suède,* n° 10426/83 § 30. ♦ Le procès tendait à la réparation du dommage que l'État aurait causé aux Éditions Périscope en leur refusant les réductions consenties par lui à des entreprises concurrentes. Dans son recours devant le tribunal administratif de Paris, la société éditrice dénonçait les « fautes du service public » qui l'avaient conduite, selon elle, à cesser de publier « Périscope de l'usine et du bureau » et à interrompre ses activités. Au centre de la contestation figurait donc un droit, le droit à une indemnité pour faute de l'administration de nature à engager la responsabilité de l'État. • *CEDH 26 mars 1992, Éd. Périscope c/ France,* n° 11760/85 § 37 : *préc. note 8.* ♦ La Cour note d'abord que, en son art. 31, la Constitution suisse garantit la liberté de l'activité professionnelle, conçue par le Tribunal fédéral comme englobant la profession médicale. La contestation portait donc sur l'existence même d'un droit que l'on pouvait dire, d'une façon défendable, reconnu dans la législation interne. En outre, elle était réelle et sérieuse : ayant obtenu en 1981 le diplôme de médecin, K. pouvait prétendre à l'octroi d'une autorisation de pratiquer à titre libéral à Zurich du moment qu'il remplissait les conditions définies par la loi ; il en avait possédé une en 1982 et 1983, mais l'avait perdue par la suite car il n'habitait plus dans le canton. • CEDH 19 avr. 1993, *Kraska c/ Suisse,* n° 13942/88 § 24.

43. Principe général du droit international. Qu'une personne ait, au plan interne, une prétention pouvant donner lieu à une action en justice peut dépendre non seulement du contenu matériel, à proprement parler, du droit de caractère civil en cause tel que le définit le droit national, mais encore de l'existence de barrières procédurales (*procedural bars*) empêchant ou limitant les possibilités de saisir un tribunal de plaintes potentielles. Dans cette dernière catégorie d'affaires, le présent art. peut trouver à s'appliquer. Certes, les organes de la Conv. EDH ne sauraient créer, par voie d'interprétation du présent art., un droit matériel de caractère civil n'ayant aucune base légale dans l'État concerné. Toutefois, par exemple, qu'un État puisse sans réserve ou sans contrôle des organes de la Convention soustraire à la compétence des tribunaux toute une série d'actions civiles ou exonérer de toute responsabilité civile de larges groupes ou catégories de personnes ne se concilierait pas avec la prééminence du droit dans une société démocratique ni avec le principe fondamental qui sous-tend le présent art. à savoir que les revendications civiles doivent pouvoir être portées devant un juge (V. note 3). • CEDH 2 nov. 2001, *Royaume-Uni,* n° 35763/97 § 47.

2° NOTION DE DROITS ET OBLIGATIONS DE CARACTÈRE CIVIL

44. L'existence d'un droit trouve son point de départ dans les dispositions du droit national pertinent et l'interprétation qu'en font les juridictions internes. • CEDH, gr. ch., 19 oct. 2005, *Roche c/ Royaume-Uni,* n° 32555/96 § 120 • CEDH, gr. ch., 29 nov. 2016, *Paroisse gréco-catholique de Lupeni et a. c/ Roumanie,* n° 76943/11 § 71. ♦ V. déjà. • CEDH 28 sept. 1995, *Pays-Bas,* n° 15346/89 § 49. ♦ Le présent art n'assure aux « droits et obligations » aucun contenu matériel déterminé dans l'ordre juridique des États contractants et la Cour ne saurait créer, par voie d'interprétation, un droit matériel n'ayant aucune base légale dans l'État concerné. • CEDH, gr. ch., 3 avr. 2012, *Boulois c/ Luxembourg,* n° 37575/04 § 91. ♦ V. déjà. • CEDH 21 sept. 1994, *Royaume-Uni,* n° 17101/90 § 65.

45. Il y a droit au sens du présent art. lorsqu'un droit matériel reconnu en droit national est assorti du droit procédural permettant d'en faire sanctionner le respect en justice. • CEDH, gr. ch., 19 sept. 2017, *Regner c/ Rép. Tchèque*, n° 35289/11 § 102 : *JCP Adm. 2017. 416.* ♦ La seule présence d'un élément discrétionnaire dans le libellé d'une disposition légale n'exclut pas, en soi, l'existence d'un droit. • CEDH 18 oct. 2016, *Belgique*, n° 31517/12 § 48. ♦ V. déjà. • CEDH, décis., 23 nov. 1999, *Camps c/ France*, n° 42401/98. ♦ En effet, le présent art. s'applique lorsque la procédure judiciaire porte sur une décision discrétionnaire heurtant les droits du requérant. • CEDH 28 juin 1990, *Suède*, n° 11309/84 § 32.

46. En revanche, l'art. n'est pas applicable là où la législation nationale, sans conférer un droit, accorde un certain avantage qu'il n'est pas possible de faire reconnaître en justice. • CEDH, gr. ch., 3 avr. 2012, *Boulois c/ Luxembourg*, n° 37575/04 § 90. ♦ La même situation se présente lorsqu'une personne ne se voit reconnaître par la législation nationale qu'un espoir de se faire accorder un droit, l'octroi de celui-ci dépendant d'une décision entièrement discrétionnaire et non motivée des autorités. • CEDH, décis., 27 juin 2000, *Suède*, n° 35178/97. ♦ La Cour doit dès lors examiner dans chaque cas si le requérant pouvait se prévaloir d'un droit ou s'il se trouvait dans une situation dans laquelle il aspirait à un simple avantage ou privilège que l'autorité compétente pouvait lui accorder ou lui refuser discrétionnairement sans avoir à motiver son choix. • CEDH, gr. ch., 19 sept. 2017, *Regner c/ Rép. Tchèque*, n° 35289/11 § 116.

47. De même, ne constitue pas un droit au sens du présent art. une créance patrimoniale découlant du service ecclésiastique du requérant et régi par le seul le droit ecclésiastique. • CEDH, gr. ch., 14 sept. 2017, *Karoly Nagy c/ Hongrie*, n° 56665/09 § 75 s.

a. Phénomène d'extension permanente du champ d'application

48. Droits civils ou privés. Les termes français « contestations sur (des) droits et obligations de caractère civil » couvrent toute procédure dont l'issue est déterminante pour des *droits et obligations* de caractère privé. • CEDH 28 juin 1978, *Allemagne*, n° 6232/73 § 90.

49. Relèvent de toute évidence des garanties offertes par le présent art. : ... l'absence de décision dans un délai raisonnable sur le droit, de caractère civil, de la requérante de rendre visite à sa fille. • CEDH 8 juill. 1987, *Royaume-Uni*, n° 9580/81. ♦ ... Une action en désaveu qui ressortit au droit de la famille. • CEDH 28 nov. 1984, *Rasmussen c/ Danemark*, n° 8777/79 § 32 : *JDI 1986. 1074, obs. Rolland et Tavernier ; AFDI 1985. 403, obs. Coussirat-Coustère.* ♦ ... Le caractère prohibitif d'un procès empêchant de saisir la juridiction compétente pour demander une séparation judiciaire entre époux. • CEDH 9 oct. 1979, *Airey c/ Irlande*, n° 6289/73 § 28. ♦ ... L'obtention d'un changement de nom. • CEDH 17 juin 2003, *Mustafa c/ France*, n° 63056/00 § 14 : *RTD civ. 2004. 61, obs. Hauser*. ♦ ... Le retrait de l'attestation de sécurité du requérant ayant pour conséquence l'impossibilité pour lui d'exercer les fonctions qui étaient les siennes dans le cadre de sa relation de travail basée sur les dispositions du code du travail (et non en tant que fonctionnaire). • CEDH, gr. ch., 19 sept. 2017, *Regner c/ Rép. Tchèque*, n° 35289/11 § 120 s.

50. Il en va de même des contestations relatives à la réparation : ... d'un préjudice telle que l'indemnisation d'un accident de la circulation. • CEDH 10 juill. 1984, *Guincho c/ Portugal*, n° 8990/80 § 28. ♦ ... D'un dommage consécutif à une altercation familiale. • CEDH 23 oct. 1990, *Moreira de Azevedo c/ Portugal*, n° 11296/84 § 12. ♦ ... D'une nullité d'un contrat de vente. • CEDH 22 oct. 1984, *Sramek c/ Autriche*, n° 8790/79 § 34. ♦ ... Des mesures de placement de mineurs en institution. • CEDH 17 juill. 2012, *M. D. et a. c/ Malte*, n° 64791/10 : *AJ fam. 2012. 549, obs. Rouillard*. ♦ ... Du droit d'accès à l'information faisant partie de la liberté d'expression. • CEDH 24 juin 2014, *Rosiilanu c/ Roumanie*, n° 27329/06 § 35.

51. Notion autonome. La notion de « droits et obligations de caractère civil » ne peut s'interpréter par simple « référence au droit interne de l'État défendeur ». • CEDH 28 juin 1978, *König c/ Allemagne*, n° 6232/73 § 88. ♦ La notion de « droits et obligations de caractère civil » ne doit pas s'interpréter par simple référence au droit interne de l'État défendeur et le § 1 du présent art. s'applique indépendamment de la qualité des parties comme de la nature de la loi régissant la « contestation » et de l'autorité compétente pour trancher. • CEDH 29 mai 1997, *Georgiadis c/ Grèce*, n° 21522/93 § 34. ♦ V. déjà : • CEDH 16 juill. 1971, *Ringeisen c/ Autriche*, n° 2614/65 § 94.

52. Si la Cour conclut ainsi à l'autonomie de la notion de « droits et obligations de caractère civil », elle ne juge pas pour autant dénuée d'intérêt, dans ce domaine, la législation de l'État concerné. C'est en effet au regard non de la qualification juridique, mais du contenu matériel et des effets que lui confère le droit interne de l'État en cause, qu'un droit doit être considéré ou non comme étant de caractère civil au sens de cette expression dans la Conv. EDH. Il appartient à la Cour, dans l'exercice de son contrôle, de tenir compte aussi de l'objet et du but de la Conv. EDH ainsi que des systèmes de droit interne des autres États contractants. Pour savoir si une contestation porte sur la détermination d'un droit ou une obligation de caractère civil, seul compte le caractère du droit qui se trouve en cause. • CEDH 28 juin 1978, *König c/ Allemagne,* n° 6232/73 § 89 et 90.

53. La conclusion selon laquelle un droit à caractère civil n'est pas en jeu n'est pas affectée par le fait que les juridictions internes n'ont pas remis en question l'applicabilité de l'art. 6 aux procédures en cause. En effet, la Conv. ne fait pas obstacle, conformément à son art. 53, à ce que les États parties accordent aux droits et libertés qu'elle garantit une protection juridique plus étendue que celle qu'elle met en œuvre. • CEDH, gr. ch., décis., 5 mai 2020, *Belgique,* n° 3599/18 § 140.

54. Élargissement aux contestations de droit public. Il n'est pas nécessaire, pour que le présent art. s'applique à une contestation, que les 2 parties au litige soient des personnes privées. • CEDH 16 juill. 1971, *Ringeisen c/ Autriche,* n° 2614/65 § 94. ♦ Si la contestation oppose un particulier à une autorité publique, il n'est pas décisif que celle-ci ait agi comme personne privée ou en tant que détentrice de la puissance publique. • CEDH 28 juin 1978, *König c/ Allemagne,* n° 6232/73 § 90. ♦ En conséquence, pour savoir si une contestation porte sur la détermination d'un droit de caractère civil, seul compte le caractère du droit qui se trouve en cause. • CEDH 28 juin 1978, *König c/ Allemagne,* n° 6232/73 § 90.

55. Peu importent dès lors la nature de la loi suivant laquelle la contestation doit être tranchée (loi civile, commerciale, administrative, etc.) et celle de l'autorité compétente en la matière (juridiction de droit commun, organe administratif, etc.). • CEDH 16 juill. 1971, *Ringeisen c/ Autriche,* n° 2614/65 § 94. ♦ Le présent art. s'applique indépendamment de la qualité des parties comme de la nature de la loi régissant la contestation et de l'autorité compétente pour trancher ; il suffit que l'issue de la procédure soit déterminante pour des droits et obligations de caractère privé. • CEDH 4 févr. 2003, *Épx Goletto c/ France,* n° 54596/00 § 12.

56. Caractère patrimonial de la contestation. L'action de la société requérante ayant un objet « patrimonial » et se fondant sur une atteinte alléguée à des droits eux aussi patrimoniaux, le droit en question revêt « un caractère civil », nonobstant l'origine du différend et la compétence des juridictions administratives. • CEDH 26 mars 1992, *Éd. Périscope c/ France,* n° 11760/85 § 40 : *préc. note 8.*

57. Le présent art. joue donc dès lors que l'action a un objet « patrimonial » et se fonde sur une atteinte alléguée à des droits eux aussi patrimoniaux ou que son issue est « déterminante pour des droits et obligations de caractère privé ». • CEDH 25 nov. 1994, *Ortenberg c/ Autriche,* n° 12844/87 § 28.

58. Certes, le recours devant le Conseil d'État ne pouvait aboutir qu'à l'annulation des arrêtés controversés, mais cette dernière aurait permis à la requérante de s'adresser aux juridictions civiles pour récupérer le montant qu'elle estimait indûment payé. En l'exerçant, P. utilisait l'unique moyen – indirect – dont elle disposait pour tenter d'obtenir le remboursement des prélèvements supplémentaires. Dès lors, compte tenu du lien étroit existant entre la procédure engagée par l'intéressée et les répercussions que l'issue de ladite procédure aurait pu avoir sur un droit de caractère patrimonial et, d'une manière plus large, sur l'activité économique de P., le droit en question revêtait un caractère civil. • CEDH 28 sept. 1995, *Procola c/ Luxembourg,* n° 14570/89 § 39 : *D. 1986. 301, obs. Benoît-Rohmer ; AJDA 1996. 383, chron. Flauss ; RFDA 1996. 777, obs. Autin et Sudre ; JCP 1996. I. 3910, obs. Sudre ; ibid. 1997. I. 4017, chron. Petit.*

b. Exemples de domaine relevant désormais du champ d'application du présent article

1. Plaintes avec constitution de partie civile

59. Le droit à indemnité revendiqué par T. dépendait donc de l'issue de sa plainte, c'est-à-dire de la condamnation des auteurs des sévices incriminés. Il revêtait un caractère civil, nonobstant la compétence des juridictions pénales. • CEDH 27 août 1992, *Tomasi c/ France,* n° 12850/87 § 121 : *RSC 1993. 142, obs. Pettiti ; D. 1993. 383, obs. Renucci ; AFDI 1992. 62, obs. Coussirat-Coustère* • CEDH 21 nov. 1995, *Acquaviva c/ France,* n° 19248/91 § 45 : *D. 1997. 2006, obs Renucci* • CEDH, décis., 21 mai 2002, *Zuili c/ France,* n° 46820/99 (sol. impl.).

60. En effet, en droit français, la procédure dans laquelle une personne se prétend victime d'une infraction est déterminante pour ses « droits de caractère civil » dès l'acte de constitution de partie civile, donc y compris durant l'instruction. De fait, le présent art. est applicable aux procédures relatives aux plaintes avec constitution de partie civile, et ce y compris durant la phase de l'instruction prise isolément, voire, le cas échéant, en cas de procédure pendante ou potentielle devant les juridictions civiles. Sur ce dernier point, la Cour estime en effet qu'il serait artificiel de considérer que l'issue de la procédure diligentée devant les juridictions pénales par la victime de l'infraction perd son caractère déterminant du seul fait de l'existence d'une procédure civile, pendante ou potentielle, dès lors que la Cour ne peut que constater, selon le droit français, la prééminence du pénal sur le civil, tant au regard des moyens disponibles pour l'établissement des faits et la recherche des preuves qu'au regard du principe selon lequel « le pénal tient le civil en l'état » ou encore celui de « l'autorité de la chose définitivement jugée au pénal sur le civil ». • CEDH 12 févr. 2004, *Perez c/ France*, n° 47287/99 § 66 : *RSC 2004. 698, obs. Massias ; D. 2004. 2948, note Divier ; AJDA 2004. 1809, chron. Flauss ; JCP 2004. I. 161, chron. Sudre.*

61. Cependant, une plainte avec constitution de partie civile n'entre pas dans le champ d'application du présent paragraphe, dans les hypothèses d'une action civile à des fins purement répressives ou d'une renonciation, établie de manière non équivoque, au droit d'intenter l'action, par nature civile, offerte par le droit interne, « ne serait-ce qu'en vue de l'obtention d'une réparation symbolique ou de la protection d'un droit à caractère civil, à l'instar par exemple du droit de jouir d'une bonne réputation ». • CEDH 12 févr. 2004, *Perez c/ France*, n° 47287/99 § 69 à 71 : *préc. note 60* • CEDH 22 sept. 2005, *Sigalas c/ Grèce*, n° 19754/02 § 25 • CEDH 22 sept. 2009, *Beyazgül c/ Turquie*, n° 27849/03 § 33. ♦ La plainte avec constitution de partie civile déposée par le requérant n'était pas une plainte dont le but était essentiellement répressif (vengeance privée ou *actio popularis*), et elle ne faisait pas état d'une renonciation expresse au droit à réparation du requérant. • CEDH 1er févr. 2005, *Frangy c/ France*, n° 42270/98 § 48. ♦ Rappr. • CEDH, décis., 21 mai 2013, *Guvenc c/ Turquie*, n° 43036/08 § 50.

2. Contentieux disciplinaire

62. Les poursuites disciplinaires ne conduisent pas en général à une contestation sur des « droits et obligations de caractère civil » ; il peut cependant en être autrement dans certaines circonstances. • CEDH 23 juin 1981, *Belgique*, n° 6878/75 § 42. ♦ De même, pareilles poursuites ne relèvent pas, comme telles, de la « matière pénale », mais il peut en aller différemment dans des cas déterminés. • CEDH 8 juin 1976, *Pays-Bas*, n° 5100/71 § 58 : *CDE 1978. 364, obs. Cohen-Jonathan ; AFDI 1977. 481, obs. Pelloux* • CEDH 10 févr. 1983, *Belgique*, n° 7299/75 § 25 : *AFDI 1984. 447, obs. Pelloux.* ♦ Un contentieux disciplinaire dont l'enjeu est le droit de continuer à pratiquer une profession doit être considéré comme donnant lieu à des « contestations sur des droits (...) de caractère civil ». • CEDH 26 sept. 1995, *France*, n° 18160/91 § 27 : *AJDA 1996. 376, chron. Flauss ; RSC 1996. 481, obs. Koering-Joulin* • CEDH 9 juill. 2013, *Di Giovanni c/ Italie*, n° 51160/06 § 36.

63. Dans le chef de médecins pratiquant l'art de guérir à titre libéral, tels les requérants, le droit de continuer à exercer est mis en œuvre dans des relations d'ordre privé avec leurs clients ou patients ; en droit belge, elles revêtent de coutume la forme de relations contractuelles ou quasi contractuelles et, de toute façon, se nouent directement entre individus sur un plan personnel, sans qu'une autorité publique intervienne de manière essentielle ou déterminante dans leur établissement. Il s'agit dès lors d'un droit de caractère privé, nonobstant la nature spécifique et d'intérêt général de la profession de médecin et les devoirs particuliers qui s'y rattachent. • CEDH 23 juin 1981, *Le Compte, Leuven et De Meyere c/ Belgique*, n° 6878/75 § 48 • CEDH 10 févr. 1983, *Albert et Le Compte c/ Belgique*, n° 7299/75 § 25 : *préc. note 62.* ♦ Tout d'abord, la profession d'avocat compte en Belgique parmi les professions libérales traditionnelles. Une fois inscrit au tableau de l'ordre, le membre du barreau est libre de pratiquer ou non. A moins d'une désignation d'office, il a une clientèle qui le choisit de son plein gré et directement, sans l'intervention d'une autorité publique ; il peut refuser son assistance si sa conscience l'exige et même pour d'autres motifs. Révocable *ad nutum*, le mandat qui l'unit à son client constitue une relation de droit privé. Quant aux honoraires, l'avocat les fixe lui-même « avec la discrétion qu'on doit attendre de [son] ministère » et sous réserve de l'accord de l'intéressé, sauf intervention du conseil de l'ordre en cas d'excès. En deuxième lieu, le cabinet et la clientèle de l'avocat représentent des éléments patrimoniaux et relèvent à ce titre du droit de propriété, lequel revêt un caractère civil au sens du présent paragraphe. Enfin, si l'avocat jouit d'un monopole de plaidoirie, il accomplit en dehors de l'enceinte des palais de justice nombre de tâches importantes : conseiller, concilier, voire arbitrer. Parfois très absorbantes, elles forment un aspect traditionnel et normal de la profession. Or elles n'ont souvent pas de lien avec les procédures judiciaires. Par conséquent, on ne saurait réduire l'activité des membres du barreau à leur participation au fonctionnement des juridictions du pays. • CEDH 30 nov. 1987, *H. c/ Belgique*, n° 8950/80 § 47.

64. La requérante, magistrate, a été jugée par un organe à caractère juridictionnel, la section disciplinaire du CSM, qui avait plénitude de juridiction pour trancher toute question soulevée par l'affaire et aboutir à différentes sanctions allant du simple avertissement à la suspension ou, même, à la cessation de l'activité. En outre, la requérante a pu contester la décision de cet organe devant la Cour de cassation. Dès lors, l'art. 6 trouve à s'appliquer en l'espèce dans son volet civil. • CEDH 9 juill. 2013, *Italie*, n° 51160/06 § 36 et 38. ♦ Rappr. • CEDH, gr. ch., 25 sept. 2018, *Ukraine*, n° 76639/11 § 53 • CEDH, gr. ch., 6 nov. 2018, *Portugal*, n° 55391/13 § 87.

65. En matière de contentieux disciplinaire pénitentiaire, dès lors qu'il ne s'agit pas de sanctions (V. note 92) mais de restrictions à des droits communément reconnus aux détenus, la Cour considère que le présent § s'applique sous son volet civil. • CEDH 30 oct. 2003, *Ganci c/ Italie,* n° 41576/98 § 20 à 26 • CEDH, gr. ch., 17 sept. 2009, *Enea c/ Italie,* n° 74912/01 § 81 s. : *JCP 2010. I. 70, chron. Sudre* • CEDH 9 avr. 2019, *Turquie (n° 2),* n° 11236/09 § 68 (s'agissant du droit du détenu de s'entretenir en privé avec son avocat).

3. Contentieux traditionnellement de droit public

66. Généralités. Revêt un « caractère civil » aux fins du présent paragraphe le « droit » contesté du requérant à construire sur son terrain (refus de permis de construire). Ni la généralité des interdictions de construire ni le double fait que la planification relève, comme le soutient le Gouvernement, du droit public et qu'une interdiction de bâtir représente un élément nécessaire de l'aménagement urbain, n'y changent rien. • CEDH 25 oct. 1989, *Suède,* n° 10842/84 § 73. ♦ Le fait qu'un tel droit relève en France du droit public et est subordonné au respect de l'intérêt général n'y change rien. • CEDH 4 févr. 2003, *France,* n° 54596/00 § 12. ♦ Revêt également un « caractère civil » aux fins du présent paragraphe un refus d'une commission de la construction d'accorder par dérogation à un plan d'urbanisme le permis d'édifier, à l'emplacement destiné au parc naturel, une maison et deux garages car les bâtiments projetés ne cadraient pas avec le plan de construction en vigueur. • CEDH 28 juin 1990, *Suède,* n° 12258/86 § 29. ♦ ... Un arrêté de classement en site naturel qui avait pour conséquence juridique de priver O. de sa liberté de cultiver son domaine à sa guise et de l'obliger à solliciter une autorisation du ministre à diverses fins, notamment pour adopter un mode d'exploitation différent ou plus intensif, ou pour accomplir certaines activités agricoles : défrichement, labourage ou épandage d'herbicides. • CEDH 27 nov. 1991, *Pays-Bas,* n° 12565/86 § 46. ♦ ... Une procédure contestant une décision d'expropriation. • CEDH 21 févr. 1997, *France,* n° 19632/92 § 32 (sol impl.). ♦ ... Une procédure de remembrement. • CEDH 7 févr. 2002, n° 42189/98 § 19 s. (sol impl.). ♦ ... Une procédure de révocation d'un magistrat. • CEDH, gr. ch., 25 sept. 2018, *Ukraine,* n° 76639/11 § 53.

67. Contentieux des juridictions financières : gestion de fait. En tant que présidente de droit d'associations bénéficiaires de subventions communales, la requérante n'a pas participé à l'exercice de la puissance publique et n'a pas exercé de missions d'intérêt général ; au demeurant, le maire d'une commune n'est pas un fonctionnaire ou un agent de l'État en litige avec celui-ci en tant que son employeur, mais un élu qui n'a aucun rapport hiérarchique avec lui. En réalité, la requérante se trouve en litige financier avec l'État et pourrait être considérée comme l'auteur d'un délit civil qui cause au Trésor public un dommage qu'il lui faut réparer. • CEDH, décis., 7 oct. 2003, *Richard-Dubarry c/ France,* n° 53929/00 : *Rec. C. comptes 189 ; Rev. Trésor 2004. 307, note Lascombe et Vandendriessche ; RFDA 2004. 378, note Potteau* • CEDH, décis., 17 oct. 2006, *Baumet c/ France,* n° 56802/00.

68. ... Gestion patente. Ni la nature des fonctions qu'exerçait le requérant, ni les responsabilités qu'elles comportaient ne peuvent le faire regarder comme participant « à l'exercice de la puissance publique et aux fonctions visant à sauvegarder les intérêts généraux de l'État ou des autres collectivités publiques », sauf à envisager ces notions de façon extensive, alors qu'il faut retenir, conformément à l'objet et au but de la Convention, une interprétation restrictive des exceptions aux garanties du présent paragraphe. • CEDH, gr. ch., 12 avr. 2006, *Martinie c/ France,* n° 58675/00 § 30 : *Rec. C. comptes 137 ; RFDA 2006. 577, note Sermet ; AJDA 2006. 1709, chron. Flauss ; ibid. 986, note Rolin, Entretien Genevois ; ibid. 986, note Rollin ; Rev. Trésor 2006. 350, note Lascombe et Vandendriessche ; JCP Adm. 2006. 1131, note Andriantsimbazovina.* ♦ *Nota.* Bien que rendue sous l'empire de la jurisprudence *Pellegrin* (• CEDH, gr. ch., 8 déc. 1999, *Pellegrin c/ France,* n° 28541/95 § 67 : *RTDH 2000. 819, note Wachsmann*) avant le revirement de jurisprudence *Vilho Eskelinen* (V. note 73), cette solution reste valable. ♦ V. déjà, retenant la nature particulière du litige opposant le requérant à l'État, pour en tirer la conclusion que les obligations mises à la charge du requérant étaient de caractère « civil », les aspects de droit privé prédominant en l'espèce. • CEDH 13 janv. 2004, *Martinie c/ France,* n° 58675/00 § 28 : *préc.*

69. Les art. 1er et 14 de la Conv. EDH précisent que « toute personne relevant de [la] juridiction » des États contractants doit jouir, « sans distinction aucune », des droits et libertés énumérés au titre I. En règle générale, les garanties de la Convention s'étendent aux fonctionnaires. • CEDH, gr. ch., 19 avr. 2007, *Vilho Eskelinen et a. c/ Finlande,* n° 63235/00 § 58. ♦ Lorsqu'un ordre interne empêche l'accès à un tribunal, la Cour vérifie que le litige est bien tel qu'il justifie une dérogation aux garanties du présent art. Si tel n'est pas le cas, aucun problème ne se pose et le § 1 du présent art. trouve à s'appliquer. • CEDH, gr. ch., 19 avr. 2007, *Vilho Eskelinen et a. c/ Finlande,* n° 63235/00 § 60. ♦ En l'espèce, il ne prête pas à controverse que les requérants avaient tous accès à un tribunal en vertu du droit national. Le présent paragraphe est donc applicable. • CEDH, gr. ch., 19 avr. 2007, *Vilho Eskelinen et a. c/ Finlande,* n° 63235/00 § 63.

70. Dès lors, pour que l'État défendeur puisse devant la Cour invoquer le statut de fonctionnaire d'un requérant afin de le soustraire à la protection offerte par le présent art., deux conditions doivent être remplies. En premier lieu, le droit interne de l'État concerné doit avoir expressément exclu l'accès à un tribunal s'agissant du poste ou de la catégorie de salariés en question. En second lieu, cette dérogation doit reposer sur des motifs objectifs liés à l'intérêt de l'État. Le simple fait que l'intéressé relève d'un secteur ou d'un service qui participe à l'exercice de la puissance publique n'est pas en soi déterminant. Pour que l'exclusion soit justifiée, il ne suffit pas que l'État démontre que le fonctionnaire en question participe à l'exercice de la puissance publique ou qu'il existe – pour reprendre les termes employés par la Cour dans l'arrêt *Pellegrin* – un « lien spécial de confiance et de loyauté » entre l'intéressé et l'État employeur. Il faut aussi que l'État montre que l'objet du litige est lié à l'exercice de l'autorité étatique ou remet en cause le lien spécial susmentionné. Ainsi, rien en principe ne justifie de soustraire aux garanties du présent art. les conflits ordinaires du travail – tels ceux portant sur un salaire, une indemnité ou d'autres droits de ce type – à raison du caractère spécial de la relation entre le fonctionnaire concerné et l'État en question. En effet, il y aura présomption que le présent art. trouve à s'appliquer, et il appartiendra à l'État défendeur de démontrer, premièrement, que d'après le droit national un requérant fonctionnaire n'a pas le droit d'accéder à un tribunal, et, deuxièmement, que l'exclusion des droits garantis au présent art. est fondée s'agissant de ce fonctionnaire. • CEDH, gr. ch., 19 avr. 2007, *Vilho Eskelinen et a. c/ Finlande,* n° 63235/00 § 58 • CEDH 17 déc. 2013, *Nikolova et Vandova c/ Bulgarie,* n° 20688/04 § 62. ♦ Il peut en aller de même dans les mêmes conditions s'agissant d'un juge, même président de cour suprême. • CEDH 5 févr. *2009, Olujic c/ Croatie,* n° *22330/05 : AJDA 2009. 872, chron. Flauss.* ♦ Comp. *a contrario*, la compatibilité du texte avec l'état de droit étant contestable. • CEDH, gr. ch., 23 juin 2016, *Baka c/ Hongrie,* n° 20261/12 § 105 s. : *AJDA 2016. 1744, chron. Burgorgue-Larsen.* ♦ Un fonctionnaire dans un lycée qui exerce les fonctions d'agent comptable ne participe pas à l'exercice de la puissance publique. • CEDH, gr. ch., 12 avr. 2006, *Martinie c/ France,* n° 58675/00 § 30 : *préc. note 68.* ♦ Il en va de même s'agissant d'un ancien salarié d'une ambassade étrangère qui sollicitait l'obtention d'une indemnité pour licenciement abusif. • CEDH, gr. ch., 23 mars 2010, *Cudak c/ Lituanie,* n° 15869/02 § 46. ♦ ... D'une personne exerçant les fonctions de comptable, puis de chef comptable, à l'ambassade du Koweït. • CEDH 29 juin 2011, *Sabeh El Leil c/ France,* n° 34869/05 § 39. ♦ Rappr. en matière d'immunité diplomatique pour une personne assistante au service des publications de l'École française de Rome. • CEDH 18 janv. 2011, *Guadagnino c/ Italie et France,* n° 2555/03 § 72.

71. Les litiges en matière de pensions relèvent tous du domaine du présent §, parce que, une fois admis à la retraite, l'agent a rompu le lien particulier qui l'unit à l'administration ; il se trouve dès lors, ainsi qu'à plus forte raison ses ayants droit, dans une situation qui est tout à fait comparable à celle d'un salarié de droit privé : le lien spécial de confiance et de loyauté avec l'État a cessé d'exister, et l'agent ne peut plus détenir de parcelle de la souveraineté de l'État. • CEDH, gr. ch., 8 déc. 1999, *Pellegrin c/ France,* n° 28541/95 § 67 : *préc. note 68.*

4. Contentieux social

72. Entre dans le champ du présent paragraphe une contestation relative à un licenciement. • CEDH 6 mai 1981, *Buchholz c/ Allemagne,* n° 7759/77 § 46. ♦ ... Y compris s'il s'agit d'un contractuel licencié par l'administration. • CEDH 26 oct. 1996, *Darnell c/ Royaume-Uni,* n° 15058/89 § 20.

73. Il en va de même du droit : ... de continuer à recevoir des allocations d'assurance maladie. • CEDH 29 mai 1986, *Feldbrugge c/ Pays-bas,* n° 8562/79 § 25. ♦ ... De percevoir une pension complémentaire de veuve. • CEDH 29 mai 1986, *Deumeland c/ Allemagne,* n° 9384/81 § 59. ♦ ... De percevoir l'aide sociale, notion certes différente de l'assurance sociale mais sans que les différences entre les deux puissent être tenues pour fondamentales au stade actuel du développement du droit de la sécurité sociale. • CEDH 26 févr. 1993, *Salesi c/ Italie,* n° 13023/87 § 19.

74. Il en va également ainsi, malgré l'importance des aspects de droit public et leur proximité avec les contributions fiscales, des cotisations sociales. • CEDH 9 déc. 1994, *Schouten et Meldrum c/ Pays-Bas,* n° 19005/91 § 49 et 60 : *JCP 1995. I. 3823, chron. Sudre.*

75. Il en va ainsi encore, malgré les aspects de droit public signalés par le Gouvernement, du fait que la requérante ne se voyait pas seulement concernée dans ses rapports avec l'administration en tant que telle, mais aussi atteinte dans ses moyens d'existence ; elle invoquait un droit subjectif de caractère patrimonial (« rente » pour une incapacité de travail due à sa maladie). • CEDH 24 juin 1993, *Schuler-Zgraggen c/ Suisse,* n° 14556/89 § 46.

5. Contentieux constitutionnel

76. La Cour n'a pas à se prononcer dans l'abstrait sur l'applicabilité du présent art. aux cours constitutionnelles ; elle doit pourtant rechercher si des droits garantis aux requérants par ce texte ont été touchés en l'espèce. Tout en admettant qu'en général les procédures constitutionnelles ne concernent pas des contestations sur des droits et obligations de caractère civil, les requérants insistent sur les particularités de la loi portant expropriation de R. S.A., dont ils étaient les actionnaires. Malgré son rang de loi formelle, elle s'analyserait en une mesure concrète et déterminée visant un groupe de sociétés énumérées dans son annexe. Les intéressés soulignent qu'ils ne pouvaient combattre l'expropriation devant le juge civil sans l'invalidation de ladite loi ; or seul pouvait la prononcer le Tribunal constitutionnel, après saisine par le tribunal n° 18 de Madrid ou l'*Audiencia provincial*. La Cour constate qu'il existait bien un lien étroit entre les objets respectifs des deux types de procédures : l'annulation, par le Tribunal constitutionnel, des normes controversées aurait amené les juges civils à accueillir les prétentions de la famille R.-M. En l'occurrence, les instances civiles et constitutionnelles apparaissaient même tellement imbriquées qu'à les dissocier on verserait dans l'artifice et l'on affaiblirait à un degré considérable la protection des droits des requérants. La Cour rappelle que, en suscitant des questions d'inconstitutionnalité, ces derniers utilisaient l'unique moyen – indirect – dont ils disposaient pour se plaindre d'une atteinte à leur droit de propriété. • CEDH 26 juin 1993, *Ruiz-Mateos c/ Espagne,* n° 12952/87 § 57 à 59 : *RFDC 1994. 175, obs. Cohen-Jonathan ; JDI 1994. 799, obs. Tavernier.* ♦ Une procédure relève du présent paragraphe, même si elle se déroule devant une juridiction constitutionnelle, si son issue est déterminante pour des droits ou obligations de caractère civil. • CEDH 16 sept. 1996, *Süssmann c/ Allemagne,* n° 20024/92 § 41 • CEDH 1er juill. 1997, *Pammel c/ Allemagne,* n° 17820/91 § 51 • CEDH 18 oct. 2001, *Mianowicz c/ Allemagne,* n° 42505/98 § 45.

77. Les litiges relatifs à la résiliation du contrat de travail du requérant et à la résolution judiciaire de son contrat de travail moyennant le versement d'une indemnité étaient de *nature pécuniaire et concernaient indubitablement* un droit de caractère civil. • CEDH 18 oct. 2001, *Mianowicz c/ Allemagne,* n° 42505/98 § 45. ♦ Le requérant avait résilié le contrat de bail avec la ville de Höxter et demandé l'éviction de cette dernière, ainsi que de l'association des jardins familiaux, en vue de récupérer son terrain. Le litige devant les juridictions civiles avait donc trait au droit de propriété de l'intéressé, qui revêt assurément un caractère civil. • CEDH 1er juill. 1997, *Pammel c/ Allemagne,* n° 17820/91 § 54. ♦ Le litige relatif au montant de la pension du requérant était de nature pécuniaire et concernait indubitablement un droit de caractère civil. Après les arrêts de principe rendus par la Cour fédérale de justice, la seule voie qui s'ouvrait à S. pour faire à nouveau statuer sur ce litige était l'introduction d'un recours alléguant une atteinte à son droit constitutionnel de propriété. Partant, la procédure devant la Cour constitutionnelle fédérale avait trait à une contestation sur un droit de caractère civil. • CEDH 16 sept. 1996, *Süssmann c/ Allemagne,* n° 20024/92 § 42.

78. Les litiges peuvent avoir été introduits directement par le justiciable (voie d'action). • CEDH 16 sept. 1996, *Süssmann c/ Allemagne,* n° 20024/92 § 42 • CEDH 26 oct. 2000, *Castanheira Barros c/ Portugal,* n° 36945/97 § 36 (sol. impl.). ♦ ... Ou par voie d'exception, le litige étant alors transmis à la Cour constitutionnelle par la juridiction saisie par le requérant. En l'espèce, dans la motivation de son renvoi, il est tenu d'indiquer dans quelle mesure l'issue du litige devant lui dépend de la validité de la disposition législative en question. • CEDH 1er juill. 1997, *Pammel c/ Allemagne,* n° 17820/91 § 52 et 56.

C. BIEN-FONDÉ D'UNE ACCUSATION EN MATIÈRE PÉNALE

1° DÉFINITION D'« ACCUSATION EN MATIÈRE PÉNALE »

a. Notion d'accusation

79. Notion autonome. La notion d'« accusation en matière pénale » revêt cependant un caractère « autonome » ; elle doit s'entendre « au sens de la Convention ». • CEDH 27 juin 1968, *Neumeister c/ Autriche,* n° 1936/63 § 18 (en droit). ♦ ... D'autant qu'en son texte anglais le présent paragraphe – comme du reste l'art. 5, § 2 – se sert d'un mot, « charge », de portée fort vaste. • CEDH 27 févr. 1980, *Deweer c/ Belgique,* n° 6903/75 § 42 : *préc. note 10.*

80. Définition retenue. L'« accusation » pourrait, aux fins du présent art., se définir comme la notification officielle, émanant de l'autorité compétente, du reproche d'avoir accompli une infraction pénale. Plusieurs décisions et avis de la Comm. EDH adoptent l'idée, qui semble assez voisine, de « répercussions importantes sur la situation » du suspect. • CEDH 27 févr. 1980, *Deweer c/ Belgique,* n° 6903/75 § 42 : *préc. note 10* • CEDH 15 juill. 1982, *Eckle c/ Allemagne,* n° 8130/78 § 73

• CEDH 20 oct. 1997, *Serves c/ France,* n° 20225/92 § 42.

b. Notion de « matière pénale »

81. Notion autonome. Si les États contractants pouvaient à leur guise qualifier une infraction de disciplinaire plutôt que de pénale, ou poursuivre l'auteur d'une infraction « mixte » sur le plan disciplinaire de préférence à la voie pénale, le jeu des clauses fondamentales des art. 6 et 7 Conv. EDH se trouverait subordonné à leur volonté souveraine. Une latitude aussi étendue risquerait de conduire à des résultats incompatibles avec le but et l'objet de la Convention. La Cour a donc compétence pour s'assurer, sur le terrain du présent art. et en dehors même des art. 17 et 18 Conv. EDH, que le disciplinaire n'empiète pas indûment sur le pénal. • CEDH 8 juin 1976, *Pays-Bas,* n° 5100/71 § 81 : *préc. note 62.* ♦ Il convient donc d'admettre l'autonomie de la « matière pénale » au sens de la Conv. EDH. • CEDH 21 févr. 1984, *Allemagne,* n° 8544/79 § 49. ♦ Reste qu'à double tranchant, l'autonomie de la notion de « matière pénale » conduit la Cour à procéder à son propre examen de l'applicabilité du présent art., y compris dans le cas où celle-ci a été admise par les juridictions nationales en raison de la nature des amendes, et ce quitte pour le juge européen à adopter précisément sur ce terrain une appréciation inverse et à déclarer l'inapplicabilité de l'art. 6 Conv. EDH, nonobstant, il est vrai, la faculté pour les Parties contractantes d'offrir, conformément à l'art. 53 Conv. EDH, une protection renforcée des droits garantis dans leurs ordres juridiques internes respectifs. • CEDH, gr. ch., 22 déc. 2020, *Gestur Jonsson e. a. c/ Islande,* n° 68271/14 § 92 et 93.

82. Rapports avec les autres dispositions de la Convention. Après avoir constaté que les amendes contestées ne peuvent s'analyser comme une peine dans le cadre du volet pénal de l'art. 6 Conv. EDH, la Cour juge d'emblée, dans un souci de cohérence de l'interprétation de la Convention considérée globalement, qu'elles ne peuvent constituer une « peine » au sens de l'art. 7 Conv. EDH (pas de peine sans loi), confirmant ainsi que la notion de « peine » *dispose de la même acception dans* le cadre des deux stipulations. • CEDH, gr. ch., 22 déc. 2020, *Gestur Jonsson e. a. c/ Islande,* n° 68271/14 § 112. ♦ V. pour une application dans le cadre du principe *non bis in idem* (Prot. n° 7, art. 4) : • CEDH, gr. ch., 10 févr. 2009, *Russie,* n° 14939/03 § 53 : *D. 2009. 2014, note Pradel ; RSC 2009. 675, obs. Roets ; RD publ. 2010. 873, note Surrel ; JCP 2009. I. 143, chron. Sudre.*

83. Différents critères retenus. Il importe d'abord de savoir si le ou les textes définissant l'infraction incriminée appartiennent, d'après la technique juridique de l'État défendeur, au droit pénal, au droit disciplinaire ou aux 2 à la fois. Il s'agit cependant là d'un simple point de départ. L'indication qu'il fournit n'a qu'une valeur formelle et relative ; il faut l'examiner à la lumière du dénominateur commun aux législations respectives des divers États contractants. La nature même de l'infraction représente un élément d'appréciation d'un plus grand poids. Là ne s'arrête pourtant pas le contrôle de la Cour. Il se révélerait en général illusoire s'il ne prenait pas également en considération le degré de sévérité de la sanction que risque de subir l'intéressé. Dans une société attachée à la prééminence du droit, ressortissent à la « matière pénale » les privations de liberté susceptibles d'être infligées à titre répressif, hormis celles qui par leur nature, leur durée ou leurs modalités d'exécution ne sauraient causer un préjudice important. Ainsi le veulent la gravité de l'enjeu, les traditions des États contractants et la valeur que la Conv. EDH attribue au respect de la liberté physique de la personne. • CEDH 8 juin 1976, *Pays-Bas,* n° 5100/71 § 82 : *préc. note 62* • CEDH 22 mai 1990, *Suisse,* n° 11034/84 § 31 à 34 • CEDH 23 mars 1994, *Suède,* n° 14220/88 § 30 • CEDH 22 oct. 1995, *Autriche,* n° 15523/89 § 27 • CEDH, gr. ch., 9 oct. 2003, *Royaume-Uni,* n° 39665/98 § 82 : *AJDA 2004. 534, chron. Flauss ; AJ pénal 2004. 36, obs. Céré ; RSC 2004. 165, obs. Massias ; ibid. 173, obs. Massias.*

84. Caractère alternatif des critères. Les critères adoptés sont alternatifs et non cumulatifs : pour que le présent art. s'applique au titre des mots « accusation en matière pénale », il suffit que l'infraction en cause soit, par nature, « pénale » au regard de la Conv. EDH ou ait exposé l'intéressé à une sanction qui, par sa nature et son degré de gravité, ressortit en général à la « matière pénale ». • CEDH 25 août 1987, *Allemagne,* n° 9912/82 § 55 : *JDI 1988. 874, obs. Rolland et Tavernier.* ♦ V. le raisonnement passant en revue successivement les trois critères dans : • CEDH 28 juin 1984, *Royaume-Uni,* n° 7819/77 § 69 à 73 • CEDH, gr. ch., 9 oct. 2003, *Royaume-Uni,* n° 39665/98 § 126 et 129 : *préc. note 83.* ♦ Cela n'empêche pas l'adoption d'une approche cumulative si l'analyse séparée de chaque critère ne permet pas d'aboutir à une conclusion claire quant à l'existence d'une « accusation en matière pénale ». • CEDH, gr. ch., 23 nov. 2006, *Finlande,* n° 73053/01 § 30 : *AJDA 2007. 902, chron. Flauss* • CEDH 31 juill. 2007, *Lettonie,* n° 65022/01 § 31 • CEDH 4 mars 2014, *Italie,* n° 18640/10 § 94 : *RSC 2014. 110, obs. Stasiak.*

1. Nature et degré de la sanction

85. Principe. En l'occurrence, l'intéressé est exposé à une sanction qui, par sa nature et son degré de gravité, ressortit en général à la

« matière pénale ». • CEDH 25 août 1987, *Allemagne,* n° 9912/82 § 55 : *préc. note 84.* ♦ Quant à la sévérité de la sanction, la Cour rappelle que, sous cet angle, elle doit envisager la peine maximale prévue par les dispositions juridiques internes, même si la peine effectivement appliquée constitue elle aussi un élément pertinent. • CEDH, gr. ch., 9 oct. 2003, *Royaume-Uni,* n° 39665/98 § 120 : *préc. note 83.* ♦ Le résultat final du recours ne saurait amoindrir l'enjeu initial. V. déjà • CEDH 8 juin 1976, *Pays-Bas,* n° 5100/71 § 85 : *préc. note 45.*

86. Ressortissent à la « matière pénale » ... Des sanctions privatives de liberté. Des « accusations » qui tendaient à l'infliction de lourdes peines privatives de liberté. • CEDH 8 juin 1976, *Pays-Bas,* n° 5100/71 § 85 : *préc. note 62.* ♦ Eu égard aux privations de liberté qu'encouraient les requérants et qui leur ont été effectivement infligées. • CEDH, gr. ch., 9 oct. 2003, *Royaume-Uni,* n° 39665/98 § 126 et 129 : *préc. note 83.*

87. ... Autres sanctions. Sont de nature pénale le retrait de points en matière de permis de conduire. • CEDH 23 sept. 1998, *Malige c/ France,* n° 27812/95 § 38 : *JCP 1999. 10089, note Sudre.* ♦ ... Une amende fiscale importante. • CEDH 7 juin 2012, *Segame SA c/ France,* n° 4837/06 : *RFDA 2013. 576, chron. Labayle, Sudre, Dupré de Boulois et Milano* (sol. impl.). ♦ ... Une amende importante infligée par une autorité administrative. • CEDH 4 mars 2014, *Grande Stevens et a. c/ Italie,* n° 18640/10 § 94 : *préc. note 84.* ♦ V. déjà, s'agissant du Conseil de la concurrence, • CEDH 3 déc. 2002, *Lilly c/ France,* n° 53892/00 (sol. impl.). ♦ ... Du Conseil des marché financiers. • CEDH, décis., 27 août 2002, *Didier c/ France,* n° 58188/00 (sol. impl.). ♦ ... De la Commission bancaire. • CEDH 11 juin 2009, *Dubus SA c/ France,* n° 5242/04 § 61 : *AJDA 2009. 1936, chron. Flauss ; D. 2009. 2247, note Couret ; AJ pénal 2009. 354, étude Lasserre Capdeville ; RD publ. 2010. 869, obs. Gonzalez ; JCP 2009. I. 143, chron. Sudre.* ♦ ... Une amende « civile » infligée pour pratiques restrictives de concurrence par une juridiction civile ou commerciale. • CEDH, décis., 1er oct. 2019, *Carrefour France c/ France,* n° 37858/14 § 42.

88. Ne ressortissent pas à la « matière pénale ». Des « arrêts simples » non privatifs de liberté ou une sanction privative de liberté de trop courte durée. • CEDH 8 juin 1976, *Pays-Bas,* n° 5100/71 § 85 : *préc. note 62.* ♦ *Une sanction disciplinaire qui, bien qu'ayant* ajouté un élément nouveau – la détention en cellule disciplinaire –, n'a en aucune manière allongé la durée de la détention du requérant. • CEDH 20 janv. 2011, *France,* n° 19606/08 § 98 : *AJDA 2011. 139 ; ibid. 1993, chron. Burgorgue-Larsen ; D. 2011. 643, obs. Lavric ; ibid. 1306, obs. Céré, Herzog-Evans et Péchillon ; AJ pénal 2011. 88, note Herzog-Evans ; RSC 2011. 718, obs. Marguénaud ; ibid. 2012. 208, chron. Poncela* • CEDH 10 nov. 2011, *France,* n° 48337/09 § 66 : *D. 2012. 1294, obs. Céré, Herzog-Evans et Péchillon ; AJ pénal 2011. 605 ; RSC 2012. 208, chron. Poncela ; ibid. 263, obs. Marguénaud .* ♦ De même, une amende de 3,07 dollars américains n'est pas de nature à conférer à la procédure suivie en l'espèce le caractère pénal exigé pour rendre applicable la règle *non bis in idem.* • CEDH 31 mai 2011, *Bulgarie,* n° 16137/04 § 44. ♦ Même solution pour une amende de 798 € prononcée à l'encontre d'une société. • CEDH 29 oct. 2013, *Roumanie,* n° 24935/04 § 51. ♦ Même élevé – plus de 6 000 € en l'espèce–le montant des amendes infligées et l'absence de plafond légal ne permettent pas à eux seuls de considérer que la nature et la gravité de la sanction la font relever de la sphère pénale au sens autonome du présent art. (à propos d'une amende « procédurale » prononcée par un tribunal à l'encontre d'avocats pour avoir intentionnellement retardé la procédure de manière indue.) • CEDH, gr. ch., 22 déc. 2020, *Gestur Jonsson e. a. c/ Islande,* n° 68271/14 § 96.

89. Neutralisation du critère de la gravité de la sanction. Comme le manquement commis par O. revêtait un caractère pénal, il ne s'impose pas de l'examiner de surcroît sous l'angle du dernier des critères énoncés plus haut. La faiblesse relative de l'enjeu ne saurait retirer à une infraction son caractère pénal intrinsèque. • CEDH 21 févr. 1984, *Ostürk c/ Allemagne,* n° 8544/79 § 54. ♦ Il n'existe donc pas, dans la jurisprudence de la Cour, de précédent faisant autorité qui permette de dire que la légèreté de la sanction constituerait, en matière fiscale ou autre, un facteur décisif pour l'exclure du champ d'application du présent art. revêtant par ailleurs un caractère pénal. • CEDH, gr. ch., 23 nov. 2006, *Jussilia c/ Finlande,* n° 73053/01 § 35 : *RTDH 2007. 239, note Costea.* ♦ V. déjà, il suffit que l'infraction en cause soit, par nature, « pénale » au regard de la Convention, comme en l'occurrence. • CEDH 25 août 1987, *Lutz c/ Allemagne,* n° 9912/82 § 55 : *préc. note 84.*

2. Caractère et but de la norme

90. Le caractère général de la norme et le but, à la fois préventif et répressif, de la sanction suffisent à établir, au regard du présent art., la nature pénale de l'infraction litigieuse. • CEDH 21 févr. 1984, *Ostürk c/ Allemagne,* n° 8544/79 § 53. ♦ L'applicabilité du présent art. ne se limite pas aux cas où une amende pour soustraction d'impôt a effectivement été prononcée. Lorsque la procédure tend à la détermination des montants dus à titre d'impôt, sans complètement exclure qu'une amende soit prononcée, il est également applicable, même si, en fin de compte, les autorités renoncent à infliger toute sanction financière au requérant. • CEDH 3 mai 2001, *J. B. c/ Suisse,* n° 31827/96 § 47 et 48 • CEDH 5 avr. 2012, *Chambaz c/ Suisse,* n° 11663/04 § 40 : *RFDA 2013. 576, chron. Labaye et Sudre .*

3. Coloration de droit pénal

91. Quatre facteurs jouent dans le sens opposé. En premier lieu, les faits incriminés tombaient sous le coup du CGI. Or il concerne tous les citoyens en leur qualité de contribuables, et non un groupe déterminé doté d'un statut particulier ; il leur prescrit un certain comportement et assortit cette exigence d'une sanction. Deuxièmement, les majorations d'impôt ne tendent pas à la réparation pécuniaire d'un préjudice, mais visent pour l'essentiel à punir pour empêcher la réitération d'agissements semblables. Troisièmement, elles se fondent sur une norme de caractère général dont le but est à la fois préventif et répressif. Enfin, elles revêtaient en l'occurrence une ampleur considérable et le défaut de paiement exposait B. à l'exercice, par les juridictions répressives, de la contrainte par corps. Ayant évalué le poids respectif des divers aspects de l'affaire, la Cour note la prédominance de ceux qui présentent une coloration pénale. Aucun d'eux n'apparaît décisif à lui seul, mais additionnés et combinés ils conféraient à l'« accusation » litigieuse un « caractère pénal » au sens du présent art., lequel trouvait donc à s'appliquer. • CEDH 24 févr. 1994, *Bendenoun c/ France,* n° 12547/86 § 47 • CEDH 29 août 1997, *A. P., M. P. et T. P. c/ Suisse,* n° 19958/92 § 40 s. • CEDH, décis., 14 sept. 1999, *J. B. c/ France,* n° 33634/96.

2° DOMAINES D'APPLICATION DU VOLET PÉNAL DE L'ARTICLE 6 DE LA CONVENTION

92. Sanctions disciplinaires. Les poursuites disciplinaires ne relèvent pas, comme telles, de la « matière pénale ». • CEDH 23 juin 1981, *Belgique,* n° 6878/75 § 42 • CEDH, décis., 31 janv. 2012, *France,* n° 10212/07 • CEDH, décis., 19 déc. 2017, *France,* n° 2316/15 § 14 • CEDH, gr. ch., 6 nov. 2018, *Portugal,* n° 55391/13 § 124 s. ♦ Elles relèvent du présent art., dès lors seulement qu'elles correspondent aux critères dégagés, aussi bien s'agissant de celles prononcées dans le cadre des forces armées. • CEDH 8 juin 1976, *Pays-Bas,* n° 5100/71 : *préc. note 62* • CEDH, décis., 13 sept. 2007, *France,* n° 27521/04. ♦ ... Ou dans le cadre pénitentiaire. • CEDH 28 juin 1984, *Royaume-Uni,* n° 7819/77 § 69 à 73 • CEDH, gr. ch., 9 oct. 2003, *Royaume-Uni,* n° 39665/98 § 126 et 129 : *préc. note 83.* ♦ Rappr. s'agissant des sanctions prononcées par la Cour de discipline budgétaire et financière. • CEDH 26 sept. 2000, *France,* n° 33933/96 § 59 : *RD publ. 2001. 667, obs. Surrel.* ♦ ... Des sanctions prononcées par la COB. • CEDH 20 janv. 2011, *France,* n° 30183/06 § 32.

93. Domaine fiscal. Les sanctions fiscales relèvent du présent art. qu'elles prennent la forme de majorations. • CEDH 24 févr. 1994, *Bendenoun c/ France,* n° 12547/86. ♦ ... Ou d'amendes. • CEDH 29 août 1997, *A.P., M.P. et T.P. c/ Suisse,* n° 19958/92.

94. Il en va de même de l'ensemble de la procédure fiscale. • CEDH 26 sept. 1996, *Miailhe c/ France,* n° 18978/91 § 43 • CEDH, décis., 11 janv. 2000, *Le Meignen c/ France,* n° 41544/98.

95. Il convient d'élargir ces analyses aux dispositions répressives du droit douanier français qui relèvent de la « matière pénale ». • CEDH 7 oct. 1998, *Salabiaku c/ France,* n° 10519/83 § 24. ♦ Les particularités du droit douanier ne sauraient justifier une telle atteinte au droit, pour tout « accusé » au sens autonome que le présent art. attribue à ce terme, de se taire et de ne point contribuer à sa propre incrimination. • CEDH 25 févr. 1993, *Funke c/ France,* n° 10828/84 § 44 : *D. 1993. 457, note Pannier* • CEDH 3 mai 2001, *J. B. c/ Suisse,* n° 31827/96, § 64 : *AJDA 2001. 1060, chron. Flauss ; JCP 2001. I. 342 chron. Sudre.*

II. LES GARANTIES DU PROCÈS ÉQUITABLE

96. Principe : juridictions ordinaires. Certes, le présent art. n'astreint pas les États contractants à créer des cours d'appel ou de cassation. Néanmoins, un État qui se dote de juridictions de cette nature a l'obligation de veiller à ce que les justiciables jouissent auprès d'elles des garanties fondamentales du présent art. • CEDH 17 janv. 1970, *Delcourt c/ Belgique,* n° 2689/656 § 25 • CEDH 22 févr. 1984, *Sutter c/ Suisse,* n° 8209/78 § 28 (sol impl.) • CEDH 19 mars 2011, *RTBF c/ Belgique,* n° 50084/06 § 70.

97. Sans doute ces garanties fondamentales, parmi lesquelles figure l'impartialité, doivent-elles être assurées par les cours d'appel ou de cassation qu'a pu créer un État contractant. • CEDH 22 févr. 1984, *Sutter c/ Suisse,* n° 8209/78 § 28. ♦ Mais il n'en découle point que les juridictions inférieures n'aient pas à les fournir même en pareil cas. Une telle conséquence irait à l'encontre de la volonté sous-jacente à l'instauration de plusieurs degrés de juridiction : renforcer la protection des justiciables. • CEDH 26 oct. 1984, *De Cubber c/ Belgique,* n° 9186/80 § 32.

98. ... Autres organes ou juridictions. Le présent art., s'il consacre le « droit à un tribunal », n'astreint pas pour autant les États contractants à soumettre les « contestations sur [des] droits et obligations de caractère civil » à des procédures se déroulant à chacun de leurs stades devant des « tribunaux » conformes à ses diverses prescriptions. Des impératifs de souplesse et d'efficacité, entièrement compatibles avec la protection des droits de l'homme, peuvent justifier l'intervention préalable d'organes administratifs ou corporatifs, et *a fortiori* d'organes juridictionnels ne satisfaisant pas sous tous leurs aspects à ces mêmes prescriptions ; un tel système peut se réclamer de la tradition juridique de beaucoup d'États membres du Conseil de l'Europe. • CEDH 23 juin 1981, *Le Compte, Leuven et De Meyere c/ Belgique,* n° 6878/75 § 51.

99. Le respect des présentes dispositions commande dès lors l'un des deux systèmes suivants : ou bien lesdites juridictions remplissent elles-mêmes les exigences du présent art., ou bien elles n'y répondent pas mais subissent le contrôle ultérieur d'un organe judiciaire de pleine juridiction présentant, lui, les garanties de cet article. • CEDH 10 févr. 1983, *Albert et Le Compte c/ Belgique,* n° 7299/75 § 29 : *préc. note 62.* ♦ Dès lors, une violation du présent art. ne peut être fondée sur le manque allégué d'indépendance ou d'impartialité d'un organe juridictionnel, ni sur le manquement par cet organe à une garantie procédurale essentielle si la décision rendue était soumise au contrôle subséquent d'un organe judiciaire doté de la plénitude de juridiction et offrant les garanties du présent art. • CEDH 19 déc. 1997, *Helle c/ Finlande,* n° 20772/92 § 46.

A. LES GARANTIES GÉNÉRALES APPLICABLES TANT AU PROCÈS « CIVIL » QU'AU PROCÈS « PÉNAL » (ART. 6, § 1)

1° DROIT À CE QUE SA CAUSE SOIT ENTENDUE ET « DROIT AU JUGE »

a. Reconnaissance du droit d'accès à un tribunal : le « droit au juge »

1. Généralités

100. Principe. On ne comprendrait pas que l'art. 6, § 1, décrive en détail les garanties de procédure accordées aux parties à une action civile en cours et qu'il ne protège pas d'abord ce qui seul permet d'en bénéficier en réalité : l'accès au juge. Équité, publicité et célérité du procès n'offrent point d'intérêt en l'absence de procès. Le droit d'accès constitue un élément *inhérent au droit qu'énonce le présent art.* • CEDH 21 févr. 1975, *Royaume-Uni,* n° 4451/70 § 35 et 36 • CEDH 14 déc. 2006, *Grèce,* n° 2898/03 § 26.

V. pour d'autres décisions dans le même sens :.

101. Ce « droit à un tribunal », dont le droit d'accès ne constitue qu'un aspect, est garanti à toute personne qui considère de manière défendable que l'ingérence dans l'exercice de ses droits civils est arbitraire et prétend qu'elle n'a pas eu de possibilité de se plaindre de ce grief auprès d'un tribunal présentant les garanties du présent art. • CEDH, gr. ch., 21 nov. 2001, *Irlande,* n° 31253/96 § 23 • CEDH, gr. ch., 19 oct. 2005, *Royaume-Uni,* n° 32555/96 § 117 • CEDH 13 oct. 2009, *Serbie,* n° 36500/05 § 132 • CEDH 17 janv. 2012, *Bulgarie,* n° 36760/06 § 229. ♦ Le droit à un procès équitable, garanti par le présent art., doit s'interpréter à la lumière du principe de la prééminence du droit, qui exige l'existence d'une voie judiciaire effective permettant de revendiquer les droits civils. • CEDH, gr. ch., 28 oct. 1999, *Brumarescu c/ Roumanie,* n° 28342/95 § 61 • CEDH 11 mars 2014, *Howald Moor et a. c/ Suisse,* n° 52067/10 § 70 : *D. 2014. 1019, note Borghetti ; JCP Adm. 2014. 319, obs. Milano.*

102. Lorsqu'une question d'accès à un tribunal se pose, les garanties de l'art. 13 Conv. EDH sont absorbées par celles du présent art. • CEDH 7 juill. 1989, *Tre Traktörer Aktiebolag c/ Suède,* n° 10873/84 § 51 • CEDH 19 déc. 1997, *Brualla Gomez de la Torre c/ Espagne,* n° 26737/95 § 41 : *D. 1998. 210, note Fricero* • CEDH, gr. ch., 26 oct. 2000, *Kudla c/ Pologne,* n° 30210/96 § 146 : *RTD civ. 2001. 442, obs. Marguénaud ; RTDH 2002. 169, obs. Flauss ; JCP 2001. I. 291, chron. Sudre* • CEDH 30 oct. 2003, *Ganci c/ Italie,* n° 41576/98 § 31 : *D. 2004. 1102, note Céré* • CEDH 21 sept. 2011, *Ullens de Schooten et Rezabek c/ Belgique,* n° 3989/07 § 52 : *RFDA 2012. 455, chron. Labaye et Sudre .*♦ ... Dès lors que les exigences de l'art. 13 sont moins strictes que celles du présent art. • CEDH 7 juill. 1989, *Tre Traktörer Aktiebolag c/ Suède,* n° 10873/84 § 51 • CEDH 16 déc. 1992, *Geouffre de la Pradelle c/ France,* n° 12964/87 § 37 : *D. 1993. 562, note Benoît-Rohmer* • CEDH 6 déc. 2001, *Tsironis c/ Grèce,* n° 44584/98 § 31 • CEDH 22 mai 2001, *Baumann c/ France,* n° 33592/96 § 39.

103. Il ne s'agit pas là d'une interprétation extensive de nature à imposer aux États contractants de nouvelles obligations : elle se fonde sur les termes mêmes de la première phrase, lue dans son contexte et à la lumière de l'objet et du but de ce traité normatif qu'est la Conv. EDH, ainsi que de principes généraux de droit. Le présent art. garantit à chacun le droit à ce qu'un tribunal connaisse de toute contestation relative à ses droits et obligations de caractère civil. Il consacre de la sorte le « droit à un tribunal », dont le droit d'accès, à savoir le droit de saisir le tribunal en matière civile, ne constitue qu'un aspect. • CEDH 21 févr. 1975, *Golder c/ Royaume-*

Uni, n° 4451/70 § 36. ♦ Le présent art. garantit aux plaideurs un droit effectif d'accès aux tribunaux pour les décisions relatives à leurs « droits et obligations de caractère civil ». • CEDH 9 oct. 1979, *Airey c/ Irlande*, n° 6289/73 § 26.

104. Accès au tribunal compétent. Le droit d'accès à un tribunal s'entend du droit d'accès à la juridiction compétente, en vertu des normes applicables, pour connaître des questions de droit qui se posent dans le cadre d'une procédure. • CEDH 21 sept. 2011, *Ullens de Schooten et Rezabek c/ Belgique*, n° 3989/07 § 58 : *préc. note 102*. ♦ Cet aspect prend en outre un relief particulier dans le contexte juridictionnel de l'Union européenne. En effet, l'enjeu de la mise en œuvre du troisième alinéa de l'art. 267 TFUE est, comme l'a souligné la Cour de justice de l'Union, « la bonne application et l'interprétation uniforme du droit communautaire dans l'ensemble des États membres », cette disposition visant plus particulièrement à « éviter que s'établissent des divergences de jurisprudence à l'intérieur de la Communauté sur des questions de droit communautaire ». Le présent art. met dans ce contexte à la charge des juridictions internes une obligation de motiver au regard du droit applicable les décisions par lesquelles elles refusent de poser une question préjudicielle, d'autant plus lorsque le droit applicable n'admet un tel refus qu'à titre d'exception. La Cour (EDH) doit s'assurer que la décision de refus est dûment assortie de tels motifs. Cela étant, s'il lui revient de procéder rigoureusement à cette vérification, il ne lui appartient pas de connaître d'erreurs qu'auraient commises les juridictions internes dans l'interprétation ou l'application du droit pertinent. • CEDH 21 sept. 2011, *Ullens de Schooten et Rezabek c/ Belgique*, n° 3989/07 § 58 à 61. ♦ V. l'obligation générale de motivation, notes 305 s.

105. Caractère non absolu. Le droit d'accès à un tribunal n'est pas absolu et se prête à des limitations implicitement admises, car il appelle de par sa nature même une réglementation par l'État, lequel jouit à cet égard d'une certaine marge d'appréciation. • CEDH 23 oct. 1996, *Levages Prestations Services c/ France*, n° 21920/93 § 40 • CEDH 19 déc. 1997, *Brualla Gomez de la Torre c/ Espagne*, n° 26737/95 § 33 : *préc. note 102* • CEDH 19 févr. 1998, *Edificaciones March Gallego S A c/ Espagne*, n° 28028/95 § 34 • CEDH, gr. ch., 18 févr. 1999, *Waite et Kenedy c/ Allemagne*, n° 26083/94 § 59 • CEDH 15 févr. 2000, *Garcia Manibardo c/ Espagne*, n° 38695/97 § 36 • CEDH 31 juill. 2001, *Mortier c/ France*, n° 42195/98 § 33 • CEDH 3 déc. 2002, *Berger c/ France*, n° 48221/99 § 30 : *RSC 2003. 411, obs. Massias ; RD publ. 2003. 689, obs. Hugon ; JCP 2003. I. 109, chron. Sudre* • CEDH 8 mars 2007, *Arma c/ France*, n° 23241/04 § 29 : *JCP 2007. I. 182, chron. Sudre* • CEDH 6 avr. 2010, *CGIL et Cofferati c/ Italie (n° 2)*, n° 2/08 § 43 • CEDH 24 sept. 2013, *Luca c/ Italie*, n° 43870/04 § 69. ♦ Cette réglementation peut varier dans le temps et dans l'espace en fonction des besoins et des ressources de la communauté et des individus. • CEDH, gr. ch., 29 nov. 2016, *Paroisse gréco-catholique Lupeni et a. c/ Roumanie*, n° 76943/11 § 89 : *AJDA 2017. 157, chron. Burgorgue-Larsen*.

106. Si les États contractants jouissent en la matière d'une certaine marge d'appréciation, il appartient pourtant à la Cour de statuer en dernier ressort sur le respect des exigences de la Conv. EDH. • CEDH 22 oct. 1996, *Stubbings et a. c/ Royaume-Uni*, n° 22083/93 § 50 • CEDH 23 oct. 1997, *National et Provincial Building Society, The Leeds Permanent Building Society et The Yorkshire Building Society c/ Royaume-Uni*, n° 21319/93 § 105 • CEDH 17 janv. 2012, *Stanev c/ Bulgarie*, n° 36760/06 § 230. ♦ Ainsi, les limitations appliquées ne doivent pas restreindre l'accès ouvert à l'individu d'une manière ou à un point tel que le droit s'en trouve atteint dans sa substance même. En outre, elles ne se concilient avec le § 1 du présent art. que si elles poursuivent un but légitime et s'il existe un rapport raisonnable de proportionnalité entre les moyens employés et le but visé. • CEDH 13 juill. 1995, *Tolstoy Miloslavsky c/ Royaume-Uni*, n° 18139/91 § 59 • CEDH 19 févr. 1998, *Edificaciones March Gallego SA c/ Espagne*, n° 28028/95 § 34 • CEDH 4 déc. 1995, *Bellet c/ France*, n° 23805/94 § 37 : *D. 1996. 357, note Collin-Demumieux ; D. 1997. 205, obs. Perez ; AJDA 1996. 376, obs. Flauss ; RFDA 1996. 561, obs. Dreifuss ; JCP 1996. II. 22648, note Harichaud* • CEDH 19 déc. 1997, *Brualla Gomez de la Torre c/ Espagne*, n° 26737/95 § 33 et 36 : *préc. note 102* • CEDH, gr. ch., 18 févr. 1999, *Waite et Kennedy c/ Allemagne*, n° 26083/94 § 59 • CEDH 3 déc. 2002, *Berger c/ France*, n° 48221/99 § 30 : *préc. note 105* • CEDH 30 mai 2006, *SARL Aborcas c/ France*, n° 59423/00 § 32 • CEDH 6 avr. 2010, *CGIL et Cofferati c/ Italie (n° 2)*, n° 2/08 § 43. ♦ V. déjà : • CEDH 28 mai 1985, *Ashingdane c/ Royaume-Uni*, n° 8225/78 § 57. ♦ V. sur une privation du droit d'accès particulièrement longue portant atteinte au rapport raisonnable de proportionnalité. • CEDH 24 sept. 2013, *Luca c/ Italie*, n° 43870/04 § 72.

107. Renvois préjudiciels. La Convention ne garantit pas, comme tel, un droit à ce qu'une affaire soit renvoyée, à titre préjudiciel, par une juridiction nationale devant une autre instance nationale ou internationale. Comme le droit d'accès à un tribunal n'est pas absolu, le droit de saisir un tribunal par voie de question préjudicielle ne peut pas non plus être absolu, même lorsqu'une législation réserve un domaine juridique à la seule appréciation d'un tribunal et prévoit pour les autres juridictions l'obligation de lui soumettre, sans réserve, toutes les questions qui s'y rapportent. Il est conforme au fonctionnement de pareil mécanisme que le juge vérifie s'il peut ou doit poser une question préjudicielle, en s'assurant que celle-ci doit être résolue pour permettre de trancher le litige dont il est appelé à connaître. Cela étant, il n'est pas exclu que, dans certaines circonstances, le refus opposé par une juridiction nationale, appelée à se prononcer en dernière instance, puisse porter atteinte au principe de l'équité de la procédure, tel qu'énoncé au présent art., en particulier lorsqu'un tel refus apparaît comme entaché d'arbitraire. • CEDH 22 juin 2000, *Coëme et a. c/ Belgique,* n° 32492/96 § 114. ♦ La Cour de cassation a dûment pris en compte les griefs des requérants relatifs à l'illégalité ou l'inconstitutionnalité de la disposition contestée ainsi que leur demande de voir poser une question préjudicielle à la cour d'arbitrage à ce sujet. Elle s'est ensuite prononcée sur la demande par une décision suffisamment motivée et n'apparaissant pas entachée d'arbitraire. • CEDH 5 nov. 2002, *Coëme et a. c/ Belgique,* n° 32576/96 § 42.

2. Effectivité du droit d'accès

108. Effectivité de l'accès. Le fait d'avoir pu emprunter les voies de recours internes mais seulement pour entendre déclarer ses actions irrecevables par le jeu de la loi ne satisfait pas toujours aux impératifs de l'art. 6, § 1 : encore faut-il que le degré d'accès procuré par la législation nationale suffise pour assurer à l'individu le « droit à un tribunal » eu égard au principe de la prééminence du droit dans une société démocratique. Eu égard à l'ensemble des circonstances de la cause, la Cour constate que le requérant n'a pas bénéficié d'un droit d'accès concret et effectif devant la cour d'appel de Paris. Partant, il y a eu violation du présent art. • CEDH 4 déc. 1995, *Bellet c/ France,* n° 23805/94 § 36 et 38 : *préc. note 106.* ♦ L'effectivité du droit d'accès demande qu'un individu jouisse d'une possibilité claire et concrète de contester un acte constituant une ingérence dans ses droits. • CEDH 30 oct. 1998, *F. E. c/ France,* n° 38212/97 § 46 : *D. 1999. 453, obs. Fricero et Perez ; JCP 1999. I. 105, chron. Sudre.* ♦ Les garanties de procédure énoncées au présent art. assurent à chacun le *droit à ce qu'un tribunal connaisse de toute* contestation relative à ses droits et obligations de caractère civil ; il consacre de la sorte le « droit à un tribunal », dont le droit d'accès, à savoir le droit de saisir le tribunal en matière civile, constitue un aspect. • CEDH 1er mars 2002, *Kutic c/ Croatie,* n° 48778/99 § 24. ♦ Le Gouvernement n'ayant produit aucune décision de justice démontrant que des personnes mises sous curatelle ont pu accéder de manière autonome à un tribunal pour demander la mainlevée de la mesure, la Cour estime établi que le requérant ne pouvait pas, sans l'intermédiaire de son curateur ou de l'une des personnes visées par la loi, demander le rétablissement de sa capacité juridique. • CEDH 17 janv. 2012, *Stanev c/ Bulgarie,* n° 36760/06 § 239.

109. Effectivité du recours. En matière de visite domiciliaire, les personnes concernées doivent pouvoir obtenir un contrôle juridictionnel effectif, en fait comme en droit, de la régularité de la décision prescrivant la visite ainsi que, le cas échéant, des mesures prises sur son fondement ; le ou les recours disponibles doivent permettre, en cas de constat d'irrégularité, soit de prévenir la survenance de l'opération, soit, dans l'hypothèse où une opération jugée irrégulière a déjà eu lieu, de fournir à l'intéressé un redressement approprié. Tel n'est pas le cas si les ordonnances autorisant les visites domiciliaires ne sont susceptibles que d'un pourvoi en cassation. • CEDH 21 févr. 2008, *Ravon c/ France,* n° 18497/03 § 28 : *D. 2008. 1054, obs. Guélaud ; RSC 2009. 598, obs. Matsopoulou ; RD publ. 2009. 905, obs. Gonzalez ; JCP 2008. I. 167, chron. Sudre.* ♦ Rappr. des conditions que doivent remplir les recours pour satisfaire aux exigences d'effectivité : V. notes ss. Conv. EDH, art. 13. ♦ Ne sera pas effectif un recours contre un arrêté prescrivant des restrictions aux droits d'un détenu qui, jugé tardivement, conduit le tribunal à rejeter le recours, au motif que l'arrêté a cessé de reproduire ses effets. • CEDH, gr. ch., 17 sept. 2009, *Enea c/ Italie,* n° 74912/01 § 81 s. : *préc. note 65.*

110. Avant la conclusion du marché public, les concurrents évincés de la procédure de passation du marché public peuvent exercer, à l'instar de la requérante en l'espèce, un recours précontractuel devant un juge qui, bien que statuant en la forme des référés, est doté d'une compétence de plein contentieux. Après la signature du contrat, les candidats écartés peuvent exercer un autre recours, dénommé « Tropic », devant un juge du contrat, qui a tout pouvoir pour annuler ce dernier ou accorder une indemnisation des préjudices causés notamment par le non-respect des règles encadrant la procédure de passation du marché public. Cette seconde procédure peut être exercée malgré l'absence d'introduction préalable d'un référé précontractuel ou en cas d'échec de celui-ci. Elle permet de pallier les insuffisances du recours précontractuel, notamment dans les hypothèses où la procédure de passation du marché n'a pas été suspendue ou lorsque le pouvoir adjudicateur n'a pas respecté cette suspension. • CEDH, décis., 17 sept. 2013, *Novabat-OI c/ France*, n° 11693/10 § 30.

111. Effectivité de l'exécution des décisions de justice. V. notes 22 s.

3. Contrôle

112. Nécessité du contrôle de la CEDH. Il serait incompatible avec la prééminence du droit dans une société démocratique et avec le principe fondamental qui sous-tend le présent art., qu'un État puisse, sans réserve ou sans contrôle des organes de la Conv. EDH, soustraire à la compétence des tribunaux toute une série d'actions civiles ou exonérer de toute responsabilité des catégories de personnes. • CEDH 21 sept. 1994, *Fayed c/ Royaume-Uni*, n° 17101/90 § 65 • CEDH 30 janv. 2003, *Cordova c/ Italie (n° 1)*, n° 45649/99 § 58 : *RSC 2003. 618, obs. Massias ; RD publ. 2004. 1063, obs. Burgorgue-Larsen ; JCP 2003. I. 160, chron. Sudre* • CEDH 24 févr. 2009, *CGIL et Cofferati c/ Italie*, n° 46967/07 § 69.

113. Atteinte au droit d'accès... Principe. Le droit d'accès à un tribunal se trouve atteint lorsque sa réglementation cesse de servir les buts de la sécurité juridique et de la bonne administration de la justice et constitue une sorte de barrière qui empêche le justiciable de voir son litige tranché au fond par la juridiction compétente. • CEDH 16 nov. 2006, *Tsalkitis c/ Grèce*, n° 11801/04 § 44 : *AJDA 2007. 902, chron. Flauss ; RD publ. 2010. 868, obs. Gonzalez.*

114. ... Amendes forfaitaires. La réclamation du requérant à l'encontre de l'avis de recouvrement de l'amende et sa demande d'être convoqué devant un tribunal compétent pour contester la réalité de l'infraction d'excès de vitesse ont été rejetées par l'officier du ministère public comme étant « irrecevable[s] car juridiquement non fondée[s] ». Ce motif de rejet, non prévu par les textes, constitue, selon le Gouvernement défendeur lui-même, une erreur de droit de la part de l'officier du ministère public, alors que la saisine du tribunal compétent était de droit dans le cas du requérant. La Cour ne peut donc que constater que le droit d'accès du requérant à un tribunal a été atteint dans sa substance même, sans but légitime et de façon disproportionnée. • CEDH 21 mai 2002, *Peltier c/ France*, n° 32872/96 § 37. ♦ La requérante a contesté, par deux fois, devant l'autorité compétente, à savoir l'officier du ministère public, l'amende qui lui avait été infligée pour infraction au code de la route. Par deux fois, l'officier du ministère public demanda à la requérante de payer l'amende, relevant la seconde fois que « les faits étaient établis ». Il ne saisit pas le tribunal de police de ces réclamations nonobstant les termes de l'art. 530-1 C. pr. pén., qui ne laisse à l'officier du ministère public que cette faculté de saisine, à moins qu'il ne renonce aux poursuites ou constate l'irrecevabilité de la réclamation, ce qui ne fut pas le cas en l'espèce. • CEDH 7 mars 2006, *Besseau c/ France*, n° 73893/01 : *AJ pénal 2006. 213, obs. Céré .* ♦ La décision d'irrecevabilité de l'officier du ministère public a entraîné l'encaissement de la consignation équivalant au paiement de l'amende forfaitaire. Ainsi, nonobstant la contestation du requérant, l'amende était payée et l'action publique était éteinte, sans qu'un « tribunal » ait examiné le fondement de l'« accusation » dirigée contre lui et entendu ses arguments relatifs à celle-ci. • CEDH 8 mars 2012, *Celice c/ France*, n° 14166/09 § 34 : *D. 2012. 984, note Céré ; RSC 2012. 690, obs. Roets .*

115. ... Pourvoi en cassation. Les modalités d'exercice du pourvoi en cassation, prescrites spécialement quant à la production des pièces, peuvent passer pour prévisibles aux yeux d'un justiciable, de surcroît représenté par un avocat au Conseil d'État et à la Cour de cassation. • CEDH 23 oct. 1996, *Levages Prestations Services c/ France*, n° 21920/93 § 42 : *D. 1997. 209, note Fricero .* ♦ L'irrecevabilité du pourvoi, pour des raisons liées à la fuite du requérant, s'analysait elle aussi en une sanction disproportionnée, eu égard à la place primordiale que les droits de la défense et le principe de la prééminence du droit occupent dans une société démocratique. • CEDH 23 nov. 1993, *Poitrimol c/ France*, n° 14032/88 § 38 : *préc. note 11.* ♦ De même, l'irrecevabilité d'un pourvoi en cassation, fondée uniquement, comme en l'espèce, sur le fait que le demandeur ne s'est pas constitué prisonnier en exécution de la décision de justice faisant l'objet du pourvoi, contraint l'intéressé à s'infliger d'ores et déjà à lui-même la privation de liberté résultant de la décision attaquée, alors que cette décision ne peut être considérée comme définitive aussi longtemps qu'il n'a pas été statué sur le pourvoi ou que le délai de recours ne s'est pas écoulé. • CEDH 29 juill. 1998, *Omar c/ France*, n° 24767/94 § 40 : *D. 1998. 364, obs. Renucci ; RSC 1998. 832, obs. Pettiti ; RGDIP 1998. 246, obs. Flauss* • CEDH 29 juill. 1998, *Guérin c/ France*, n° 25201/94 § 43. ♦ Lorsqu'il y a cassation et renvoi devant une autre cour d'appel : dans ce cas, l'obligation de se constituer prisonnier avant même de connaître l'issue du pourvoi (désormais supprimée : L. n° 2000-516 du 15 juin 2000) peut être ressentie comme particulièrement injuste. Plus fondamentalement, le respect de la présomption d'innocence, combiné avec l'effet suspensif du pourvoi, s'oppose à l'obligation pour un accusé libre de se constituer prisonnier, quelle que soit la durée, même brève, de son incarcération. • CEDH 14 déc. 1999, *Khalfaoui c/ France*, n° 34791/97 § 49 : *D. 2000. 180, obs. Renucci ; RSC 2000. 455, obs. Massias ; JCP 2000. I. 203, chron Sudre* • CEDH 25 juill. 2002, *Papon c/ France,* n° 54210/00 § 99 et 100 : *D. 2002. 2572, obs. Renucci .* ♦ La possibilité de demander une dispense ne soustrait pas à l'obligation de mise en état son caractère disproportionné au regard du droit d'accès à un tribunal. • CEDH 16 mai 2002, *Goth c/ France,* n° 53613/99 § 35 : *JDI 2003. 506, obs. Decaux et Tavernier* • CEDH 17 déc. 2002, *Coste c/ France,* n° 50528/99 § 24. ♦ ... *A fortiori* en est-il ainsi lorsque l'intéressé a obtenu une dispense sous réserve du paiement d'une caution et que, 4 jours plus tard, la déchéance de son pourvoi est prononcée au motif qu'il n'a pas versé celle-ci et qu'il ne s'est pas constitué prisonnier ; la dispense accordée en l'espèce au requérant s'est avérée purement illusoire dans la mesure où elle ne lui a pas permis de se dégager de l'obligation de se constituer prisonnier préalablement à l'examen de son pourvoi tant il lui était manifestement matériellement impossible de verser la caution demandée. • CEDH 1er juill. 2004, *Walser c/ France,* n° 56653/00 § 29. ♦ La demande de dispense de mise en état ne saurait être considérée comme une voie de recours adéquate, et le requérant ne pouvait être tenu de l'exercer. • CEDH 14 févr. 2004, *Morel c/ France (n° 2),* n° 43284/98 § 49. ♦ Sur la nécessité de devoir exécuter la décision d'appel, V. note 133.

116. Dès lors que l'irrecevabilité du pourvoi provoqué du requérant tient essentiellement à l'irrecevabilité du pourvoi principal, due à la négligence du procureur qui avait un rôle central et particulier dans la procédure de retour d'enfants sur le fondement de la Convention de La Haye, la Cour de cassation a fait preuve d'un formalisme excessif en ce qui concerne l'application de l'exigence procédurale litigieuse. • CEDH 5 nov. 2015, *Henrioud c/ France,* n° 21444/11 § 65 et 67.

117. Le seul fait que le pouvoir ait été donné par le requérant à son avocat avant que la cour d'appel ne rende son arrêt est de nature à permettre de conclure à l'absence de volonté réelle de celui-ci de se pourvoir en cassation. Au contraire, les termes du mandat révèlent une volonté non équivoque et circonstanciée de se pourvoir en cassation en cas de condamnation dans un domaine où le délai pour se pourvoir en cassation dans cette matière est de cinq jours francs. En déclarant irrecevable le pourvoi en cassation du requérant, les *autorités ont fait preuve d'un formalisme* excessif ayant porté une atteinte disproportionnée à son droit d'accès au tribunal. • CEDH 12 juill. 2016, *Reichman c/ France,* n° 50147/11 § 35 s. : *D. 2016. 1652 ; JCP Adm. 2016. 642.*

118. ... Appel. Il ne saurait être question d'obliger un accusé à se constituer prisonnier pour bénéficier du droit d'être rejugé dans des conditions conformes au présent art. Ce serait en effet subordonner l'exercice du droit à un procès équitable à une sorte de caution, la liberté physique de l'intéressé. • CEDH 13 févr. 2001, *Krombach c/ France,* n° 29731/96 § 87 : *D. 2001. 3304, note Marguénaud ; JCP 2001. I. 342, chron. Sudre.* ♦ Le refus de la cour d'appel de déclarer recevable l'acte d'appel par l'intermédiaire d'un avocat, au motif que le requérant se dérobe à l'exécution d'un mandat d'arrêt et l'obligation qui en résulte pour le requérant de déférer à ce dernier pour faire opposition audit arrêt, a pour effet de subordonner le droit d'accès au tribunal à une caution constituée par la liberté physique du requérant. La Cour, dans ces conditions, considère que l'entrave au droit d'accès à un tribunal (la cour d'appel en l'occurrence) est disproportionnée. • CEDH 27 avr. 2004, *Maat c/ France,* n° 39001/97 § 46 : *AJ pénal 2004. 246, obs. Leblois-Happe .*

119. Absence d'atteinte au droit d'accès. En dehors de sept cas limitativement énumérés, la partie civile n'est pas recevable à former seule un pourvoi devant la Cour de cassation contre un arrêt de la chambre d'accusation, si le ministère public ne forme pas lui-même de pourvoi. Le pourvoi de la requérante a été déclaré irrecevable au motif que les moyens proposés ne correspondaient à aucun des cas énumérés au 2e al. de la disposition susmentionnée. La possibilité s'offrait à la requérante de poursuivre devant les juridictions civiles la société contre laquelle elle avait porté plainte. En fait, la requérante a bien fait usage de cette voie de droit en saisissant le tribunal de grande instance de Strasbourg, mais elle fut déboutée de ses demandes tant en première instance qu'en appel. La requérante n'a pas, du fait des conditions imposées pour la recevabilité de son pourvoi en cassation, subi d'entrave à son droit d'accès à un tribunal. • CEDH 3 déc. 2002, *Berger c/ France,* n° 48221/99 § 31 et 38 : *préc. note 105.*

b. Limites au droit d'accès

1. Règles procédurales

120. Principe. L'État peut ainsi mettre en œuvre des règles notamment en ce qui concerne : ... les conditions de recevabilité d'un recours. • CEDH 23 oct. 1996, *Levages Prestations Services c/ France,* n° 21920/93 § 40 • CEDH 9 janv. 2014, *Viard c/ France,* n° 71658/10 § 29 : AJ pénal 2014. 241, obs. *Lavric .* ♦ ... Les formes à respecter pour introduire un recours visant à assurer une bonne administration de la justice. • CEDH 16 nov. 2000, *Sotiris et Nikos Koutras Attee c/ Grèce,* n° 39442/98 § 19. ♦ ... La prescription extinctive. • CEDH 6 déc. 2001, *Yagtzilar et* *a. c/ Grèce,* n° 41727/98 § 27. ♦ Il en va de même en matière de délai de prescription en général. • CEDH 22 oct. 1996, *Stubbings et a. c/ Royaume-Uni,* n° 22083/93 § 51. ♦ Ainsi, une procédure préalable d'admission des pourvois en cassation est, en soi, conforme aux dispositions du présent art. • CEDH, décis., 28 janv. 2003, *Burg et a. c/ France,* n° 34763/02 • CEDH 9 janv. 2014, *Viard c/ France,* n° 71658/10 § 29 : *préc.*

121. Prescriptions extinctives. Les délais légaux de péremption ou de prescriptions, qui figurent parmi les restrictions légitimes au droit à un tribunal, ont plusieurs finalités importantes, à savoir garantir la sécurité juridique en fixant un terme aux actions, mettre les défendeurs potentiels à l'abri de plaintes tardives peut-être difficiles à contrer et empêcher l'injustice qui pourrait se produire si les tribunaux étaient appelés à se prononcer sur des événements survenus loin dans le passé à partir d'éléments de preuve auxquels on ne pourrait plus ajouter foi et qui seraient incomplets en raison du temps écoulé. • CEDH 11 mars 2014, *Howald Moor et a. c/ Suisse,* n° 52067/10 § 72 : *préc. note 100.* ♦ D'ailleurs, à propos d'une procédure disciplinaire pour rupture de serment de la part d'un magistrat, la Cour juge que l'absence de délai de prescription méconnaît le présent art. en ce qu'il porte gravement atteinte au principe de sécurité juridique. • CEDH 9 janv. 2013, *Ukraine,* n° 21722/11 § 139 et 140. ♦ Dans les affaires d'indemnisation des victimes d'atteinte à l'intégrité physique, celles-ci devaient avoir le droit d'agir en justice lorsqu'elles étaient effectivement en mesure d'évaluer le dommage subi. • CEDH 17 sept. 2013, *Esim c/ Turquie,* n° 59601/09 § 18. ♦ Lorsqu'il est scientifiquement prouvé qu'une personne est dans l'impossibilité de savoir qu'elle souffre d'une certaine maladie, une telle circonstance devrait être prise en compte pour le calcul du délai de péremption ou de prescription. • CEDH 11 mars 2014, *Howald Moor et a. c/ Suisse,* n° 52067/10 § 78 : *préc. note 100.*

122. La question peut encore se poser sous l'angle de la qualité pour agir. • CEDH 27 août 1991, *Philis c/ Grèce,* n° 12750/87 § 61 s.

123. L'application par les juridictions internes de formalités à respecter pour former un recours est susceptible de violer le droit d'accès à un tribunal. Il en est ainsi quand l'interprétation par trop formaliste de la légalité ordinaire faite par une juridiction empêche, effectivement, l'examen au fond du recours exercé par l'intéressé. • CEDH 12 nov. 2002, *Beles et a. c/ Rép. tchèque,* n° 47273/99 § 69 • CEDH 28 avr. 2008, *Kempf et a. c/ Luxembourg,* n° 17140/05 § 59 • CEDH 19 mars 2011, *RTBF c/ Belgique,* n° 50084/06 § 71. ♦ La règle appliquée par la Cour de cassation, pour déclarer irrecevable le second moyen, est une construction jurisprudentielle qui ne découle pas d'une disposition légale spécifique, mais qui est inspirée par la spécificité du rôle joué par la Cour de cassation, dont le contrôle est limité au respect du droit ; elle a fait en l'occurrence preuve de formalisme excessif. • CEDH 19 mars 2011, *RTBF c/ Belgique,* n° 50084/06 § 73. ♦ La Cour de cassation a estimé devoir l'écarter en sa seconde branche, qualifiant cette partie de l'argumentation de moyen « nouveau mélangé de fait et de droit ». Or, la requérante a été assistée par un avocat durant toute la procédure interne et, notamment, devant la Cour de cassation, par un avocat au Conseil d'État et à la Cour de cassation. Spécialisé dans cette procédure, ce dernier était parfaitement à même d'apprécier les conditions de recevabilité du pourvoi de la requérante. Or la notion de moyen nouveau mélangé de fait et de droit fait partie intégrante de la jurisprudence de la Cour de cassation, qui y a fréquemment recours. • CEDH 16 févr. 2012, *Tourisme d'affaires c/ France,* n° 17814/10 : *AJDA 2012. 350.* ♦ La décision d'irrecevabilité d'un appel du fait du non-respect des différentes modalités imposées pour porter à la connaissance des autorités judiciaires la désignation d'un nouvel avocat durant l'instruction, en fonction du lieu de résidence de la partie qui procède à cette désignation, est excessive. • CEDH 30 juin 2016, *Duceau c/ France,* n° 29151/11 § 34 s. : *AJ pénal 2016. 484, note Lavric.*

124. En ce qui concerne l'application de restrictions légales à l'accès aux juridictions supérieures découlant du taux du ressort, certains autres facteurs sont pris en considération à différents degrés : 1) la prévisibilité de la restriction ; 2) le point de savoir si c'est le requérant ou l'État défendeur qui doit supporter les conséquences négatives des erreurs commises au cours de la procédure et qui ont eu pour effet de priver le requérant d'un accès à la juridiction suprême ; 3) celui de savoir si les restrictions en question peuvent passer pour révéler un « formalisme excessif ». • CEDH 21 sept. 2010, *Monténégro,* n° 17931/07 § 30 à 32 • CEDH 31 janv. 2017, *Turquie,* n° 19074/05 § 30 à 34 • CEDH, gr. ch., 5 avr. 2018, *Zubac c/ Croatie,* n° 40160/12 § 85.

125. Caractère proportionné de l'entrave. Ainsi, a conduit le requérant à subir une entrave disproportionnée à son droit d'accès à un tribunal l'irrecevabilité opposée à un recours au motif que le procès-verbal de son dépôt ne portait pas de numéro d'enregistrement alors que ce numéro figurait tant sur le sceau apposé en regard de l'acte de dépôt que sur la première page du recours, de sorte que l'identification du recours ne se trouvait pas compromise. • CEDH 16 nov. 2000, *Sotiris et Nikos Koutras Attee c/ Grèce,* n° 39442/98 § 19 à 23. ♦ ... Le fait d'opposer la prescription à un stade si avancé de la procédure – que les requérants avaient poursuivie de bonne foi et à un rythme suffisamment soutenu – les privant définitivement de toute possibilité de faire valoir leur droit à une indemnité pour leur olivaie, d'abord occupée, puis expropriée par l'État grec. • CEDH 6 déc. 2001, *Yagtzilar et a. c/ Grèce,* n° 41727/98 § 27. ♦ ... Le rejet pour tardiveté, par une application particulièrement rigoureuse d'une règle de procédure, du recours de la requérante alors que celle-ci a démontré son intention claire de former un recours. • CEDH 28 oct. 1998, *Perez de Rada Cavanilles c/ Espagne,* n° 28090/95 § 49 : *D. 1999. 270, obs. Fricero ; JCP 1999. I. 105, chron. Sudre.* ♦ Rappr. s'agissant de la capacité du dirigeant d'une personne morale à interjeter appel d'un jugement ayant prononcé la liquidation judiciaire de la société qu'il dirige. • CEDH 8 mars 2007, *Arma c/ France,* n° 23241/04 § 34 : *préc. note 105.*

126. Alors que le requérant avait une espérance légitime d'attendre que les tribunaux statuent sur sa demande d'indemnisation, que ce soit de manière favorable ou défavorable, le retard avec lequel les autorités des poursuites ont traité le dossier a entraîné la prescription des infractions incriminées et, par conséquent, l'impossibilité pour le requérant de voir statuer sur sa demande d'indemnisation, privant ce dernier d'un droit d'accès à un tribunal. • CEDH 3 avr. 2003, *Anagnostopoulos c/ Grèce,* n° 54589/00 § 32. ♦ La date indiquée sur l'arrêt par le greffe ne correspondait pas à la date d'envoi effective, ce qui a eu pour effet de réduire le délai dont auraient dû disposer les requérants pour former leur pourvoi. S'agissant d'un délai particulièrement bref (5 j francs, soit 6 j au maximum), sa réduction, de moitié en l'espèce, a abouti à une restriction singulièrement rigoureuse du délai réel pour se pourvoir. • CEDH 10 janv. 2006, *Gruais et Bousquet c/ France,* n° 67881/01 § 29 • CEDH 9 janv. 2014, *Viard c/ France,* n° 71658/10 § 38 : *préc. note 120.*

127. Le requérant a fait part, à deux reprises, de sa volonté d'interjeter appel et ce, la veille de l'échéance du délai, une première fois le matin, puis au cours de l'après-midi. Suivant les instructions du surveillant d'étage, qui était à la fois son seul interlocuteur et le représentant de l'autorité pénitentiaire, il a formulé sa seconde demande par écrit. Cette dernière fut remise au surveillant vers 16 h 45, soit avant *l'heure de fermeture du greffe.* La déclaration d'appel, clairement identifiée comme telle par le surveillant, n'a pas été transmise par lui à la permanence et ce, sans délai ou, à tout le moins, au cours de la soirée. On ne saurait exiger du requérant qu'il supplée aux carences de la maison d'arrêt. • CEDH 17 janv. 2006, *Barbier c/ France,* n° 76093/01 § 27 et 30 : *D. 2006. 1209, note Defferard et Durtette.* ♦ Le requérant, condamné par la cour d'assises, a été placé d'office en établissement psychiatrique. La Cour de cassation, constatant qu'il n'avait pas interjeté appel dans le délai légal, ne désigna pas de cour d'assises chargée de statuer en appel. A supposer même que le requérant ait été en mesure d'interjeter appel avant son internement ou le jour de sa sortie, son délai d'appel, dont la CEDH observe qu'il est en soi particulièrement court, aurait été considérablement réduit, passant de 10 à 3 jours. • CEDH 26 sept. 2006, *Labergère c/ France,* n° 16846/02 § 23 : *AJDA 2005. 1895, chron. Flauss.*

128. Vu la spécificité du rôle que joue le Tribunal suprême comme juridiction de cassation, l'on peut admettre qu'un formalisme plus grand assortisse la procédure suivie devant lui. La procédure devant le Tribunal suprême succédait à l'examen de la cause de la requérante par le tribunal de première instance de Madrid puis par l'*Audiencia provincial,* comme juridiction d'appel, tous 2 disposant de la plénitude de juridiction. L'équité des procédures qui se sont déroulées devant ces juridictions n'a aucunement été mise en cause devant la Cour. Dès lors, l'irrecevabilité du pourvoi de la requérante résultant des nouvelles dispositions d'applicabilité immédiate n'a pas porté atteinte au droit d'accès au tribunal à la requérante. • CEDH 19 déc. 1997, *Brualla Gomez de la Torre c/ Espagne,* n° 26737/95 § 38 : *préc. note 102.*

129. Les juridictions de droit commun ont refusé d'enregistrer les actions que la requérante leur avait soumises sur DVD. Pourtant, le code de procédure civile prévoyait sans ambiguïté la possibilité de communiquer des documents par voie électronique. On ne saurait donc reprocher à la société requérante de s'en être prévalue. De fait, ce mode d'introduction des procédures était parfaitement logique compte tenu du volume des affaires qu'elle souhaitait porter devant la justice et qui concernaient plusieurs dizaines de milliers de personnes. Si elles avaient été imprimées, ces actions et les pièces justificatives auraient représenté plus de 40 millions de pages. Dans ces conditions, on ne saurait considérer comme un abus de procédure ou juger inapproprié le moyen choisi par la société requérante pour communiquer ces documents et le refus opposé à la requérante a dès lors restreint de manière disproportionnée son droit de transmettre ses affaires à la justice de manière efficace. • CEDH 16 juin 2009, *Lawyer Partners AS c/ Slovaquie,* n° 54252/07 § 53 à 55.

130. Montant des sommes exigées. Le doyen des juges d'instruction, après avoir constaté que A. n'avait pas bénéficié de l'aide juridictionnelle, a déclaré sa constitution de partie civile relative à sa première plainte irrecevable, faute pour lui d'avoir versé la somme requise. La fixation d'une somme aussi élevée, eu égard à l'absence totale de ressources de l'intéressé, que le doyen des juges d'instruction ne pouvait ignorer, a en pratique privé le requérant de son recours devant ce magistrat. • CEDH 28 oct. 1998, *Aït-Mouhoub c/ France*, n° 22924/93 § 60 et 61 : *D. 1999. 268, obs. Renucci.* ♦ L'irrecevabilité de l'appel présenté par la requérante résultait de l'obligation légale, sauf pour les bénéficiaires de l'assistance judiciaire, de consignation, auprès de l'*Audiencia Provincial*, d'un certain montant (celui de l'indemnité perçue) comme condition préalable à l'introduction formelle d'un appel. En l'obligeant à consigner le montant de la condamnation, l'*Audiencia Provincial* a empêché la requérante de se prévaloir d'un recours existant et disponible. • CEDH 15 févr. 2000, *Garcia Manibardo c/ Espagne*, n° 38695/97 § 44 et 45 : *JCP 2001. I. 291, chron. Sudre.* ♦ Même si le montant exigé du requérant pour introduire son action a été considérablement réduit par rapport à celui qui avait été initialement imposé, il équivalait néanmoins au salaire annuel moyen en Pologne à l'époque des faits. Dès lors, compte tenu de la situation du requérant et des circonstances de l'espèce, la somme réclamée au requérant pour poursuivre son action était excessive, le conduisant à se désister de l'instance et à ne pas pouvoir faire entendre sa cause par un tribunal. • CEDH 19 juin 2001, *Kreuz c/ Pologne*, n° 28249/95 : *JCP 2001. I. 342, chron. Sudre.* ♦ Le non-paiement, au titre du droit de timbre pour l'introduction de l'action, d'une somme sans conteste très élevée pour tout justiciable ordinaire qui n'était justifiée ni par les circonstances particulières de l'affaire ni par la situation financière des requérants, mais représentant un pourcentage fixe, établi par la loi, de la somme constituant l'objet du litige, a entraîné l'annulation de celle-ci et constitué une mesure disproportionnée, portant ainsi atteinte à la substance même du droit d'accès à un tribunal. • CEDH 24 mai 2006, *Weissman c/ Roumanie*, n° 63945/00 § 38 s.

131. En l'espèce, le Gouvernement n'a pu prouver que le tribunal départemental ou bien la cour d'appel avaient expliqué au requérant les conséquences du non-paiement des droits de timbre ou qu'il pouvait demander à être exonéré de ce paiement, étant donné qu'une telle demande, si incertaine que fût son issue à l'époque, constituait pour le requérant le seul moyen de voir ses appels jugés au fond. • CEDH 14 oct. 2008, *Iordache c/ Roumanie*, n° 6817/02 § 42.

132. Le requérant s'est vu refuser l'accès au tribunal de police au motif qu'il n'avait pas acquitté, dans un premier temps, la somme de 135 euros correspondant au montant de l'amende forfaitaire encourue et, dans un second temps, la somme de 375 euros correspondant au montant de l'amende majorée. S'il est vrai, comme le souligne le requérant, qu'aucune aide juridictionnelle n'était prévue pour éviter de payer ces consignations, la Cour note qu'il n'est pas allégué par le requérant que celui-ci avait des difficultés financières ne lui permettant pas de verser cette somme dans les délais impartis. • CEDH, décis., 29 avr. 2008, *Thomas c/ France*, n° 14279/05 : *RSC 2009. 697, obs. Roets* • CEDH, décis., 30 juin 2009, *Schneider c/ France*, n° 49852/06 • CEDH, décis., 17 oct. 2017, *Leduc c/ France*, n° 16852/16. ♦ Rappr. ss. l'angle du § 2 du présent art. • CEDH 8 mars 2012, *Celice c/ France*, n° 14166/09 § 39 : *préc. note 114.*

133. Un système qui subordonne l'accès à une juridiction de recours au versement d'une certaine somme due au titre de l'arrêt d'appel peut soulever un problème au regard du présent art. Tel est le cas lorsque le retrait des pourvois par le premier président de la Cour de cassation, au motif que les requérants ne justifiaient pas avoir exécuté les décisions frappées de pourvoi, a été décidé sans tenir compte du fait que les requérants se trouvaient dans des situations de surendettement et que leurs conditions de vie précaires ne pouvaient pas prêter à controverse à l'époque des demandes de retrait du rôle. La précarité des situations respectives des requérants, excluant ne serait-ce qu'un début d'exécution des condamnations prononcées en appel, doit constituer l'élément décisif de l'examen de la limitation apportée à leur droit d'accès à la Cour de cassation et lui permet de conclure au caractère disproportionné de la mesure. • CEDH 14 nov. 2000, *Annoni di Gussola et a. c/ France*, n° 31819/96 § 51, 55, 56 et 59 : *D. 2001. 1061, obs. Fricero* • CEDH, décis., 30 juin 2009, *Schneider c/ France*, n° 49852/06. ♦ V. *a contrario* • CEDH 10 oct. 2013, *Pompey c/ France*, n° 37640/11 § 35 • CEDH, décis., 3 sept. 2013, *Gray c/ France*, n° 27338/11 § 20 s. ♦ Rappr. ss. l'angle du § 2 du présent art. • CEDH 8 mars 2012, *Celice c/ France*, n° 14166/09 § 39 : *préc. note 114.* ♦ Rappr., avec une disproportion plus grande encore : • CEDH 31 mars 2011, *Chatelier c/ France*, n° 34658/07 § 41 : *D. 2011. 1089* ; *ibid. 2012. 244, obs. Fricero* ; *RTD civ. 2011. 313, obs. Marguénaud*. ♦ V. également un cas dans lequel, en plus de la disproportion, l'âge particulièrement élevé du requérant constitue un élément déterminant au regard de l'appréciation des capacités de l'intéressé à exécuter sa condamnation dans des délais lui permettant de voir son pourvoi examiné. • CEDH 18 janv. 2005, *Carabasse c/ France*, n° 59765/00 § 57 à 59 : *RTD civ. 2005. 337, obs. Marguénaud*. ♦ ... Les capacités de paiement du requérant ne lui permettaient pas d'effectuer des paiements supplémentaires en sus de ceux réalisés mensuellement en exécution de ladite saisie. • CEDH 3 oct. 2006, *Cour c/ France,* n° 44404/02 § 44 • CEDH, décis., 30 juin 2009, *Schneider c/ France,* n° 49852/06 (*a contrario*). ♦ Il convient donc que le requérant bénéficie d'un examen effectif et concret de sa situation. • CEDH 31 juill. 2001, *Mortier c/ France,* n° 42195/98 § 36 et 37. ♦ Rappr. malgré ses ressources limitées, la requérante a dû acquitter la taxe judiciaire pour que son affaire soit examinée, mais, cette taxe judiciaire représentant en vertu du droit interne un pourcentage du montant des dommages et intérêts réclamés, elle a dû restreindre ses demandes devant les juridictions internes. • CEDH 26 juill. 2011, *Georgel et Georgeta Stoicescu c/ Roumanie,* n° 9718/03 § 72.

134. Clarté de la législation. On ne peut cependant que relever, avec le requérant, l'extrême complexité du droit positif, telle qu'elle résulte de la combinaison de la législation relative à la protection des sites avec la jurisprudence concernant la catégorisation des actes administratifs. Le requérant était en droit de compter sur un système cohérent qui ménageât un juste équilibre entre les intérêts de l'administration et les siens ; spécialement, il devait jouir d'une possibilité claire, concrète et effective de contester un acte administratif qui constituait une ingérence directe dans son droit de propriété. Au total, le système ne présentait donc pas une cohérence et une clarté suffisantes. A la lumière de l'ensemble des circonstances de la cause, la Cour constate que le requérant n'a pas bénéficié d'un droit d'accès concret et effectif au Conseil d'État. • CEDH 16 déc. 1992, *Geouffre de la Pradelle c/ France,* n° 12964/87 § 33 à 35 : *préc. note 102.* ♦ Le requérant pouvait raisonnablement croire à la possibilité d'introduire ou de poursuivre des actions parallèles à sa demande d'indemnisation présentée au fonds, même après acceptation de l'offre de ce dernier. Compte tenu du libellé de l'art. applicable en l'espèce, on ne saurait reprocher à B. de s'être référé à l'intention du législateur, telle qu'elle ressortait des travaux parlementaires. D'après ceux-ci, le législateur a effectivement souhaité que les victimes, fussent-elles déjà indemnisées, conservent leur intérêt à agir. A la lumière de la loi et des travaux préparatoires, B., qui avait de bonne foi accepté l'indemnité, ne devait pas *s'attendre à ce que la cour d'appel* déclare son recours irrecevable. Dès lors, le système ne présentait pas une clarté et des garanties suffisantes pour éviter un malentendu quant aux modalités d'exercice des recours offerts et aux limitations découlant de leur exercice simultané. • CEDH 4 déc. 1995, *Bellet c/ France,* n° 23805/94 § 37 : *préc. note 106.* ♦ Ni la loi, ni ses travaux préparatoires ne permettaient à l'intéressé de se douter des conséquences juridiques que la Cour de cassation allait déduire de son acceptation de l'offre ; en d'autres termes, il ne pouvait penser que son acceptation de l'offre du fonds pouvait avoir pour conséquence de le priver de son intérêt à agir contre le responsable de sa contamination afin d'obtenir une indemnisation d'un montant supérieur à celui alloué par le fonds. Au total, à la date de l'acceptation de l'offre, le système n'était pas suffisamment clair et ne présentait pas des garanties suffisantes pour éviter un malentendu quant aux modalités d'exercice des recours offerts et aux limitations découlant de leur exercice simultané. En conséquence, le requérant n'a pas eu la possibilité claire et concrète de contester devant un tribunal le montant de l'indemnisation. Le requérant n'a pas bénéficié d'un droit d'accès concret et effectif devant un tribunal. • CEDH 30 oct. 1998, *F. E. c/ France,* n° 38212/97 § 47 et 48 : *préc. note 108.* ♦ L'application des règles fixant des délais pour l'introduction des recours ne doit pas empêcher le justiciable d'utiliser une voie de recours disponible. En l'espèce, la question posée relève du principe de la sécurité juridique ; il ne s'agit pas d'un simple problème d'interprétation de règles matérielles, mais de l'interprétation d'une exigence procédurale qui a empêché l'examen au fond de l'affaire des requérants, au mépris du droit à une protection effective par les cours et tribunaux. Si les requérants ont décidé d'introduire leur pourvoi en cassation, ils n'ont fait qu'user de la possibilité offerte par la loi, et cela ne doit pas leur nuire. On ne peut pas non plus leur reprocher d'avoir commis une erreur en ne présentant leur recours constitutionnel que le « x », puisque la question du *dies a quo* était controversée. • CEDH 12 nov. 2002, *Zvolsky et Zvolska c/ Rép. tchèque,* n° 46129/99 § 51. ♦ Rappr., s'agissant d'une jurisprudence particulièrement complexe : la spécificité d'une procédure devant une Haute Juridiction ne peut justifier qu'il ne soit pas offert au demandeur, auquel il est reconnu en droit interne le droit de se représenter personnellement, des moyens de procédure qui lui assureront le droit à un procès équitable devant cette juridiction. En l'espèce, la jurisprudence du Conseil d'État, sur ce point, peut paraître d'une relative complexité à un non-professionnel du droit puisque, notamment, l'expression « (le demandeur) se réserve le droit de produire tout mémoire », proche de celle employée par le requérant [« je me réserve le droit d'amplifier le présent recours si besoin est »], n'a pas été interprétée par la Haute Juridiction comme annonçant la présentation d'un mémoire complémentaire. • CEDH 15 janv. 2009, *Guillard c/ France,* n° 24488/04 : *AJDA 2009. 547, note Pacteau.*

♦ Rappr. le Tribunal fédéral a fait subir à la requérante les conséquences d'une faute dont la responsabilité primaire revenait à l'instance inférieure, qui avait méconnu le nouveau délai de dix jours applicable en la matière, ce qui apparaît disproportionné par rapport aux buts légitimes visés – en l'occurrence la bonne administration de la justice et le respect de la sécurité juridique –, et cela d'autant plus s'agissant d'une procédure de retour d'enfants selon la Conv. de La Haye sur les enlèvements internationaux, à la fois complexe et susceptible d'avoir des conséquences très graves et délicates pour les personnes concernées. • CEDH 9 sept. 2014, *Gajtani c/ Suisse*, n° 43730/07 § 75 : *AJ fam. 2014. 568, obs. Viganotti*.

135. Les parties ne s'accordent pas sur la question de savoir si une requête en nullité d'actes de la procédure d'information doit faire l'objet ou non d'une déclaration formelle au greffe de la chambre de l'instruction sur un document prévu à cet effet. La loi ne permet pas de trancher cette question avec certitude, dans la mesure où elle ne requiert pas, expressément, que la requête en nullité fasse l'objet d'une déclaration sur un document distinct de la requête elle-même, tel un procès-verbal ou un formulaire spécifique. Dès lors, la décision des juridictions nationales de déclarer irrecevable la requête en nullité présentée par le requérant souffre d'un formalisme excessif. • CEDH 26 juill. 2007, *Walchli c/ France*, n° 35787/03 § 30 à 32.

136. En exigeant la déclaration prévue à l'art. 5 de la L. de 1901 pour une association étrangère n'ayant pas de « principal établissement » en France et souhaitant introduire une action en diffamation afin de lui permettre d'ester en justice, les autorités françaises n'ont pas seulement sanctionné l'inobservation d'une simple formalité nécessaire à la protection de l'ordre public et des tiers, comme e soutient le Gouvernement, mais ont aussi imposé aux requérantes une véritable restriction, au demeurant non suffisamment prévisible, qui porte atteinte à la substance même de leur droit d'accès à un tribunal. • CEDH 15 janv. 2009, *Ligue du monde islamique et Organisation islamique mondiale du secours islamique c/ France*, n° *36497/05 § 58 : D. 2009. 374, note Léna ; ibid. Pan. 2779, obs. Renucci ; RSC 2009. 134, obs. Giudicelli ; JCP 2009. I. 143, chron. Sudre.*

137. Le jugement du tribunal aux affaires familiales de Lisbonne n'indique ni le suivi à lui donner ni la date prévue pour l'acquisition de force jugée ; on ne saurait dès lors reprocher au requérant de ne pas avoir contesté le jugement en respectant les formes et les voies prévues par la loi en tenant compte des circonstances particulières de l'affaire (le requérant n'avait pas pris connaissance de la date prévue pour le prononcé du jugement et n'était pas représenté par un avocat). L'absence d'information de manière claire, fiable et officielle, quant aux voies, formes et délai de recours, à l'égard du requérant a porté atteinte à son droit d'accès à un tribunal. • CEDH 31 janv. 2012, *Assuncoa Chaves c/ Portugal*, n° 61226/08 § 844 s.

2. Respect de la sécurité juridique (revirement de jurisprudence)

138. Principe. Le droit à un procès équitable doit s'interpréter à la lumière du préambule de la Conv. EDH, qui énonce la prééminence du droit comme élément du patrimoine commun des États contractants. Or un des éléments fondamentaux de la prééminence du droit est le principe de la sécurité des rapports juridiques. • CEDH, gr. ch., 28 oct. 1999, *Brumarescu c/ Roumanie*, n° 28342/95 § 61. ♦ L'accessibilité, la clarté et la prévisibilité des dispositions légales (V. note 134) et de la jurisprudence assurent l'effectivité du droit d'accès à un tribunal, s'agissant notamment des règles de forme, de délais de recours et de prescription. • CEDH 16 déc. 1992, *Geouffre de la Pradelle c/ France*, n° 12964/87 § 33 à 35 : *préc. note 102* • CEDH 4 déc. 1995, *Bellet c/ France*, n° 23805/94 § 7 : *préc. note 106* • CEDH, gr. ch., 28 oct. 1999, *Brumarescu c/ Roumanie*, n° 28342/95 § 65. ♦ Ce principe tend notamment à garantir aux justiciables une certaine stabilité des situations juridiques ainsi qu'à favoriser la confiance du public dans la justice. • CEDH, gr. ch., 20 oct. 2011, *Nejdet Sahin et Perihan Sahin c/ Turquie*, n° 13279/05 § 57 : *RD publ. 2012. 804, chron. Sudre.* ♦ Cependant, les exigences de la sécurité juridique et de protection de la confiance légitime des justiciables ne consacrent pas de droit acquis à une jurisprudence constante. • CEDH 26 mai 2011, *Legrand c/ France*, n° 23228/08 § 36 : *RFDA 2012. 455, chron. Labayle et Sudre ; D. 2012. 244, obs. Fricero* • CEDH 12 juill. 2018, *Allègre c/ France*, n° 22008/12 § 61 : *D. 2018. 1554*.

139. Évolution de la jurisprudence. Si les divergences de jurisprudence constituent, par nature, la conséquence inhérente à tout système judiciaire qui repose sur un ensemble de juridictions du fond ayant autorité sur leur ressort territorial, et que le rôle d'une juridiction suprême était précisément de régler les contradictions de jurisprudence... • CEDH 20 oct. 1999, *Zielinski et Pradal & Gonzalez et a. c/ France*, n° 24846/94 § 59 • CEDH 6 déc. 2007, *Beian c/ Roumanie n° 1*, n° 30658/05 § 37 • CEDH, gr. ch., 29 nov. 2016, *Paroisse Gréco-catholique Lupeni et a. c/ Roumanie*, n° 76943/11 § 123 : *préc. note 105.* ♦ ... Toute persistance de divergences de jurisprudence est susceptible de créer une incertitude juridique de nature à réduire la confiance du public dans le système judiciaire, alors même que cette confiance constitue l'une des composantes fondamentales de l'État de droit. • CEDH 1er déc. 2005, *Paduraru c/ Roumanie,* n° 63252/00 § 98 • CEDH 1er déc. 2009, *Vincic et a. c/ Serbie,* n° 44698/06 § 56 • CEDH, gr. ch., 20 oct. 2011, *Nejdet Sahin et Perihan Sahin c/ Turquie,* n° 13279/05 § 57 : *préc. note 138.* ♦ Toutefois les exigences de la sécurité juridique et de la protection de la confiance légitime des justiciables ne consacrent pas un droit acquis à une jurisprudence constante. • CEDH 18 déc. 2008, *Unédic c/ France,* n° 20153/04 § 74. ♦ En effet, une évolution de jurisprudence n'est pas en soi contraire à une bonne administration de la justice dans la mesure où l'absence d'une approche dynamique et évolutive serait susceptible d'entraver tout changement ou amélioration. • CEDH 14 janv. 2010 *Atanasovski c/ « Ex-République yougoslave de Macédoine »,* n° 36815/03 § 38 • CEDH, gr. ch., 20 oct. 2011, *Nejdet Sahin et Perihan Sahin c/ Turquie,* n° 13279/05 § 58 : *préc. note 138.*

140. Le nouvel état du droit introduit par un revirement, intervenu en assemblée plénière, formation la plus solennelle de la Cour de cassation, à la suite de divergences apparues dès 2004 entre plusieurs chambres de la juridiction, était parfaitement connu de toutes les parties lorsque le recours a été exercé. Il n'existait aucune incertitude sur l'état du droit lorsque la Cour de cassation a statué sur le cas des requérants. • CEDH 26 mai 2011, *Legrand c/ France,* n° 23228/08 § 40 : *préc. note 138.* ♦ Le requérant ne peut donc prétendre avoir été pris de court par l'arrêt de l'assemblée plénière de la Cour de cassation. Il le peut d'autant moins qu'il a fait délivrer son assignation avant les arrêts alors que la jurisprudence dominante allait dans le sens de l'unification des procédures de presse et ce d'autant plus que l'interprétation du droit interne, en particulier des règles procédurales telles que les formes et délais d'introduction d'un recours, appartient au premier chef aux juridictions internes. • CEDH 2 mars 2017, *Debray c/ France,* n° 52733/13 § 36 et 37.

141. Divergences de jurisprudence. Il y a privation du droit du requérant à un procès équitable lorsqu'il existe « des divergences profondes et persistantes » dans la jurisprudence d'une juridiction suprême à moins que la législation interne prévoit des mécanismes permettant de supprimer ces incohérences, sous réserve *que ces mécanismes aient été appliqués,* et les effets de leur application. • CEDH 6 déc. 2007, *Beian c/ Roumanie (n° 1),* n° 30658/05 § 36, 38 et 39 • CEDH 2 juill. 2009, *Iordan Iordanov et a. c/ Bulgarie,* n° 23530/02 § 49 à 53. ♦ V. déjà : • CEDH 1er déc. 2005, *Paduraru c/ Roumanie,* n° 63252/00 § 98. ♦ Il en va de même lorsque, dans une série d'arrêts, la Cour suprême de justice, contrairement à sa jurisprudence constante, adopte une solution diamétralement opposée dans les affaires des requérants sans expliquer les raisons du changement de sa position et qu'elle revient ultérieurement à sa jurisprudence constante. • CEDH 27 janv. 2009, *Stefan et Stef c/ Roumanie,* n° 24428/03 § 35 et 36. ♦ L'incertitude jurisprudentielle dans le cadre de laquelle a été examinée l'action formée par les intéressés, à laquelle s'ajoute en l'espèce l'absence d'utilisation prompte du mécanisme prévu par le droit interne pour assurer la cohérence des pratiques au sein même de la plus haute juridiction du pays, a porté atteinte au principe de la sécurité juridique et, en cela, a eu pour effet de priver les requérants d'un procès équitable. • CEDH, gr. ch., 29 nov. 2016, *Paroisse gréco-catholique Lupeni et a. c/ Roumanie,* n° 76943/11 § 134 : *préc. note 105.*

142. Le rôle d'une juridiction suprême est de régler les contradictions de jurisprudence, or, en l'espèce, ce fut la Cour suprême qui était à l'origine des divergences litigieuses. Il convient cependant de souligner que la loi mettait en place des mécanismes censés assurer la cohérence de pratique au sein des tribunaux inférieurs ainsi qu'au sein de la Cour suprême. Le but de ces mécanismes étant de régler, et non d'empêcher, des différends juridictionnels, la Cour se doit d'accepter qu'une telle unification de la jurisprudence nécessite un certain temps. Force est de constater que, en l'occurrence, l'interprétation s'est stabilisée, dès 2001, notamment parce que la Cour suprême l'a qualifiée d'une question d'importance juridique cruciale. Le fait, fût-il regrettable, que la décision adoptée par cette juridiction dans l'affaire des requérants, en l'an 2000, ne reflétait pas encore cette nouvelle approche plus ouverte ne saurait à lui seul enfreindre le principe de la sécurité juridique. • CEDH, décis., 2 déc. 2008, *Schwarzkopf et Taussik c/ Rép. tchèque,* n° 42162/02. ♦ Les juridictions internes appliquaient des critères d'interprétation contradictoires mais elle se félicite de la solution du problème adoptée par le Tribunal suprême qui, en tant que la plus haute instance dans cette matière, a fixé l'interprétation à suivre. • CEDH 28 juin 2007, *Pérez Arias c/ Espagne,* n° 32978/03 § 25. ♦ Rappr. • CEDH 26 mai 2011, *Legrand c/ France,* n° 23228/08 § 40 : *préc. note 140.* ♦ Dans un système juridictionnel marqué par la pluralité des ordres de juridictions et au sein duquel coexistent en outre plusieurs cours suprêmes appelées à statuer dans un même temps et de manière parallèle, l'élaboration d'un consensus jurisprudentiel est un processus qui peut s'inscrire dans la durée : des phases de divergences de jurisprudence peuvent dès lors être tolérées sans qu'il y ait pour autant remise en cause de la sécurité juridique. Dès lors, deux juridictions, dotées chacune de sa sphère de compétence et statuant dans des affaires différentes, peuvent fort bien trancher de façon divergente mais néanmoins rationnelle et motivée une même question juridique soulevée à partir de faits semblables. • CEDH, gr. ch., 20 oct. 2011, *Nejdet Sahin et Perihan Sahin c/ Turquie,* n° 13279/05 § 83 et 86 : *préc. note 138.* ♦ Cependant, le recours individuel à la Cour ne saurait être utilisé comme un mécanisme de traitement ou de résorption des divergences de jurisprudence pouvant surgir en droit interne ni comme un mécanisme de contrôle visant à suppléer aux incohérences décisionnelles des juridictions nationales. • CEDH, gr. ch., 20 oct. 2011, *Nejdet Sahin et Perihan Sahin c/ Turquie,* n° 13279/05 § 95 : *préc. note 138.*

3. Immunités juridictionnelles

143. Immunité des États. On ne saurait considérer que, en conférant en l'espèce l'immunité aux États-Unis en vertu de la L. de 1978, le Royaume-Uni a outrepassé la marge d'appréciation reconnue aux États quand il s'agit de limiter le droit d'accès d'un individu à un tribunal. • CEDH, gr. ch., 21 nov. 2001, *Fogarty c/ Royaume-Uni,* n° 37112/97 § 39. ♦ On ne peut dès lor,s de façon générale, considérer comme une restriction disproportionnée au droit d'accès à un tribunal, tel que le consacre le présent art., des mesures prises par une Haute Partie contractante qui reflètent des règles de droit international généralement reconnues en matière d'immunité des États. De même que le droit d'accès à un tribunal est inhérent à la garantie d'un procès équitable accordée par cet art., de même certaines restrictions à l'accès doivent être tenues par lui inhérentes ; on en trouve un exemple dans les limitations généralement admises par la communauté des nations comme relevant de la doctrine de l'immunité des États. • CEDH, gr. ch., 21 nov. 2001, *Al-Adsani c/ Royaume-Uni,* n° 35763/97 § 56 : *RSC 2002. 147, obs. Massias ; JCP 2002. I. 105, chron. Sudre* • CEDH, gr. ch., 21 nov. 2001, *McElhinney c/ Irlande,* n° 31253/96 § 40 • CEDH, gr. ch., 23 mars 2010, *Cudak c/ Lituanie,* n° 15869/02 § 60 • CEDH 18 janv. 2011, *Guadagnino c/ Italie et France,* n° 2555/03 § 63.

144. Les limitations mises en œuvre ne doivent cependant pas restreindre l'accès offert à l'individu d'une manière ou à un point tels que le droit s'en trouve atteint dans sa substance même. Pareille limitation au droit d'accès à un tribunal ne se concilie avec le présent art. que si elle tend à un but légitime et s'il existe un rapport raisonnable de proportionnalité entre les moyens employés et le but visé. • CEDH, gr. ch., 21 nov. 2001, *Fogarty c/ Royaume-Uni,* n° 37112/97 § 33 • CEDH, gr. ch., 23 mars 2010, *Cudak c/ Lituanie,* n° 15869/02 § 55. ♦ Rappr. des arrêts mentionnés note 3. ♦ Dès lors, dans les cas où l'application de la règle de l'immunité juridictionnelle de l'État entrave l'exercice du droit d'accès à la justice, la Cour doit rechercher si les circonstances de la cause justifiaient cette entrave. • CEDH 18 janv. 2011, *Guadagnino c/ Italie et France,* n° 2555/03 § 68 • CEDH 29 juin 2011, *Sabeh El Leil c/ France,* n° 34869/05 § 51.

145. Ont failli au maintien d'un rapport raisonnable de proportionnalité les juridictions qui ont accueilli l'exception tirée de l'immunité de juridiction et rejeté la demande du requérant, sans motivation pertinente et suffisante, et nonobstant les dispositions applicables du droit international. • CEDH 29 juin 2011, *Sabeh El Leil c/ France,* n° 34869/05 § 67. ♦ ... Le défaut de compétence des juridictions internes pour connaître des demandes de la requérante, assistante au service des publications de l'École française de Rome, ayant trait à sa reconstitution de carrière et à la légitimité du licenciement. • CEDH 18 janv. 2011, *Guadagnino c/ Italie et France,* n° 2555/03 § 74.

146. Immunité des organisations internationales. Le fait pour les États d'accorder généralement l'immunité de juridiction aux organisations internationales en vertu des instruments constitutifs de celles-ci ou d'accords additionnels constitue une pratique de longue date, destinée à assurer le bon fonctionnement de ces organisations. L'importance de cette pratique se trouve renforcée par la tendance à l'élargissement et à l'intensification de la coopération internationale qui se manifeste dans tous les domaines de la société contemporaine. Dans ces conditions, la Cour estime que la règle de l'immunité de juridiction, que les tribunaux allemands ont appliquée à l'ASE, poursuit un but légitime. • CEDH, gr. ch., 18 févr. 1999, *Beer et Regan c/ Allemagne,* n° 28934/95 § 53 • CEDH, gr. ch., 18 févr. 1999, *Waite et Kenedy c/ Allemagne,* n° 26083/94 § 63. ♦ Et ne porte pas au droit d'accès à un tribunal une atteinte disproportionnée dès lors que les requérants disposent d'autres voies raisonnables pour protéger efficacement leurs droits garantis par la Conv. EDH. • CEDH, gr. ch., 18 févr. 1999, *Beer et Regan c/ Allemagne,* n° 28934/95 § 58 • CEDH, gr. ch., 18 févr. 1999, *Waite et Kenedy c/ Allemagne,* n° 26083/94 § 68.

147. Immunité parlementaire. Accorder généralement une immunité plus ou moins étendue aux membres du Parlement constitue une pratique de longue date, qui vise les buts légitimes que sont la protection de la liberté d'expression au Parlement et le maintien de la séparation des pouvoirs entre le législatif et le judiciaire. • CEDH 17 déc. 2002, *A. c/ Royau-*

me-Uni, n° 35373/97 § 77 : *AJDA 2003. 607, chron. Flauss* • CEDH 30 janv. 2003, *Cordova c/ Italie (n° 1),* n° 400877/98 § 55 : *préc. note 112* • CEDH 24 févr. 2009, *CGIL et Cofferati c/ Italie,* n° 46967/07 § 69. ♦ ... Ou encore à empêcher que des poursuites partisanes puissent porter atteinte à la fonction parlementaire. • CEDH 6 avr. 2010, *CGIL et Cofferati c/ Italie (n° 2),* n° 2/08 § 44. ♦ V. déjà : • Comm. EDH 17 janv. 1996, *Youg c/ Irlande : DR 84-B, p. 122.*

148. Lorsqu'un État reconnaît une immunité aux membres de son Parlement, la protection des droits fondamentaux peut s'en trouver affectée. Toutefois, il serait contraire au but et à l'objet de la Conv. EDH que les États contractants, en adoptant l'un ou l'autre des systèmes normalement utilisés pour assurer une immunité aux membres du Parlement, soient ainsi exonérés de toute responsabilité au regard de la Conv. EDH dans le domaine d'activité concerné. • CEDH 30 janv. 2003, *Cordova c/ Italie (n° 1),* n° 400877/98 § 58 : *préc. note 112* • CEDH 30 janv. 2003, *Cordova c/ Italie (n° 2),* n° 45649/99 § 59 : *AJDA 2003. 607, chron. Flauss* • CEDH 16 nov. 2006, *Tsalkitis c/ Grèce,* n° 11801/04 § 46 : *préc. note 113.* ♦ La Cour réalise ce contrôle. • CEDH 17 déc. 2002, *A. c/ Royaume-Uni,* n° 35373/97 § 86 : *préc. note 147.* ♦ V. Const. 58, art. 26, notes 5 s.

149. Il convient dans ces cas de distinguer selon que le parlementaire s'exprime ou non dans l'enceinte de l'assemblée. Si son intervention est extérieure, son immunité ne peut être que considérablement réduite, l'absence d'un lien évident avec une activité parlementaire appelant une interprétation étroite de la notion de proportionnalité entre le but visé et les moyens employés. • CEDH 30 janv. 2003, *Cordova c/ Italie (n° 1),* n° 400877/98 § 63 : *préc. note 112* • CEDH 30 janv. 2003, *Cordova c/ Italie (n° 2),* n° 45649/99 § 64 : *préc. note 148* • CEDH 3 juin 2004, *De Jorio c/ Italie,* n° 73936/01 § 53 • CEDH 6 déc. 2005, *Ielo c/ Italie,* n° 23053/02 § 55.

150. La CEDH va s'assurer, en cas de refus de lever de l'immunité parlementaire, que celle-ci n'entraîne pas au droit de l'intéressé à un tribunal une atteinte disproportionnée au but légitime poursuivi. • CEDH 16 nov. 2006, *Tsalkitis c/ Grèce,* n° 11801/04 § 50 : *préc. note 113* • CEDH 3 déc. 2009, *Kart c/ Turquie* n° 8917/05 § 80, 112 et 113 : *AJDA 2010. 997, chron. Flauss.* ♦ V. Const. 58, art. 26, notes 5 s.

4. Privilège de juridiction

151. Le fait pour les États d'accorder généralement des privilèges de juridiction aux magistrats constitue une pratique de longue date, destinée à assurer le bon fonctionnement de la justice. Le privilège de juridiction entend éviter, d'une part, que des poursuites téméraires, injustifiées ou vexatoires soient intentées contre les personnes auxquelles ce régime est applicable et, d'autre part, que ces mêmes personnes soient traitées avec trop de sévérité ou trop de clémence. Pareil privilège, voire une immunité de juridiction, existant au profit de magistrats appartenant à d'autres ordres juridiques internes ou à des ordres juridiques internationaux a des fondements similaires, la mise en œuvre du privilège de juridiction applicable aux magistrats, en tant que moyen veillant au bon fonctionnement de la justice, poursuivait un but légitime. • CEDH 15 juill. 2003, *Ernst et a. c/ Belgique,* n° 33400/96 § 50 : *JCP 2004. I. 107, chron. Sudre.* ♦ Pour déterminer si un tel privilège de juridiction est admissible au regard de la Convention, il importe, selon la Cour, d'examiner si les requérants disposaient d'autres voies raisonnables pour protéger efficacement leurs droits garantis par la Conv. • CEDH 15 juill. 2003, *Ernst et a. c/ Belgique,* n° 33400/96 § 53 : *préc.*

c. Droit d'obtenir une décision

152. Le droit d'accès à un tribunal comprend non seulement le droit d'engager une action, mais aussi le droit à une « solution » juridictionnelle du litige. Il serait illusoire que l'ordre juridique interne d'un État contractant permette qu'un individu engage devant un tribunal une action au civil sans veiller à ce que la cause fasse l'objet d'une décision définitive à l'issue de la procédure judiciaire. En effet, on ne comprendrait pas que le § 1 du présent art. décrive en détail les garanties de procédure – équité, publicité et célérité – accordées aux parties et qu'il n'assure pas à celles-ci le droit d'obtenir une solution à leurs litiges d'ordre civil. • CEDH 1er mars 2002, *Kutic c/ Croatie,* n° 48778/99 § 25.

153. Le pouvoir de rendre une décision obligatoire ne pouvant être modifiée par une autorité non judiciaire au détriment d'une partie est inhérent à la notion même de « tribunal », ainsi que le confirment les termes « qui décidera » (*détermination*) utilisé au présent art. • CEDH 19 avr. 1994, *Van Hurk c/ Pays-Bas,* n° 16034/90 § 45. ♦ V. notion de tribunal, note 166.

154. D'après le droit suédois, seul le Gouvernement pouvait trancher la contestation en dernier ressort. Ses décisions ne se prêtaient pas à un contrôle de leur légalité par les juridictions ordinaires ou administratives, ni par un autre organe pouvant être considéré comme un « tribunal » au sens de l'art. 6, § 1. • CEDH 25 oct. 1989, *Allan Jacobsson c/ Suède,* n° 10842/84 § 76.

155. L'absence de toute décision sur le fond des recours a annulé l'impact du contrôle exercé par les tribunaux sur les arrêtés du ministre de la justice. L'absence de décision par le tribunal de surveillance sur les recours déposés contre les arrêtés du ministre de la justice a violé le droit du requérant à ce que sa cause soit entendue par un tribunal. • CEDH 30 oct. 2003, *Ganci c/ Italie*, n° 41576/98 § 31 : *préc. note 102.*

156. A aucun moment de la procédure engagée par le requérant il n'y a eu un quelconque contrôle indépendant par les organes d'enquête pour examiner les faits qui ont conduit le ministre à délivrer les certificats valant preuve irréfragable. La commission pour l'égalité en matière d'emploi n'a jamais reçu aucun élément expliquant pourquoi l'on considérait que le requérant présentait un risque pour la sécurité et, dans la procédure de contrôle juridictionnel engagée devant la *High Court* il n'y a eu aucun examen des faits sur la base desquels le ministre a pris sa décision. • CEDH 30 oct. 2001, *Devlin c/ Royaume-Uni*, n° 29545/95 § 30 • CEDH 19 mars 2002, *Devenney c/ Royaume-Uni*, n° 24265/94 § 28.

157. Sur l'exécution des décisions de justice, V. note 22.

d. Aide juridictionnelle

158. Principe. Le présent art. peut parfois astreindre l'État à pourvoir à l'assistance d'un membre du barreau quand elle se révèle indispensable à un accès effectif au juge soit parce que la loi prescrit la représentation par un avocat, comme la législation nationale de certains États contractants le fait pour diverses catégories de litiges, soit en raison de la complexité de la procédure ou de la cause. • CEDH 9 oct. 1979, *Airey c/ Irlande*, n° 6289/73 § 26 : *CDE 1980. 470, obs. Cohen-Jonathan ; AFDI 1980. 323, obs. Pelloux ; JDI 1982. 187, obs. Rolland* • CEDH 15 févr. 2005, *Steel et Morris c/ Royaume-Uni*, n° 6846/02 § 68 s. ♦ La possibilité de défendre sa cause seul, dans une procédure l'opposant à un professionnel du droit, n'offrait pas au requérant un droit d'accès à un tribunal dans des conditions lui permettant, de manière effective, de bénéficier de l'égalité des armes inhérente à la notion de procès équitable. • CEDH 13 févr. 2003, *Bertuzzi c/ France*, n° 36378/97 § 31.

159. Le présent art. s'applique en principe à une procédure portant sur l'aide juridictionnelle lorsque cette procédure peut être considérée comme déterminante pour le droit d'accès à un tribunal. • CEDH 12 juin 2003, *Gutfreund c/ France*, n° 45681/99 § 44.

160. L'octroi de l'aide juridictionnelle doit aussi permettre de respecter le principe d'égalité des armes. • CEDH 13 févr. 2003, *Bertuzzi c/ France*, n° 36378/97 § 27 • CEDH 15 févr. 2005, *Steel et Morris c/ Royaume-Uni*, n° 6846/02 § 72.

161. Garantie de la procédure accordant l'aide. En principe, il n'appartient pas au bureau d'aide judiciaire d'apprécier les chances de succès du pourvoi envisagé. En rejetant la demande au motif que la prétention ne paraissait pas actuellement juste, le bureau d'assistance judiciaire a porté atteinte à la substance même du droit d'accès à un tribunal. • CEDH 20 juill. 1998, *Aerts c/ Belgique*, n° 25357/94 § 60. ♦ Cependant, un système d'assistance judiciaire ne peut fonctionner sans la mise en place d'un dispositif permettant de sélectionner les affaires susceptibles d'en bénéficier. • CEDH 19 sept. 2000, *Gnahoré c/ France*, n° 40031/98 § 41 : *D. 2001. 725, note Rolin ; D. 2001. 1063, obs. Fricero ; JCP 2001. I. 291, chron. Sudre.* ♦ En l'espèce, celui-ci offre des garanties substantielles aux individus, de nature à les préserver de l'arbitraire : d'une part, le bureau d'aide juridictionnelle établi près la Cour de cassation est présidé par un magistrat du siège de cette cour et comprend également son greffier en chef, deux membres choisis par la Haute Juridiction, deux fonctionnaires, deux avocats au Conseil d'État et à la Cour de cassation, ainsi qu'un membre désigné au titre des usagers ; d'autre part, les décisions de rejet peuvent faire l'objet d'un recours devant le premier président de la Cour de cassation. Au surplus, la requérante avait pu faire entendre sa cause en première instance, puis en appel. Dès lors, le refus du bureau d'aide juridictionnelle de lui accorder l'aide judiciaire pour saisir la Cour de cassation n'a pas atteint dans sa substance même le droit d'accès à un tribunal. • CEDH 19 sept. 2000, *Gnahoré c/ France*, n° 40031/98 § 41 : *préc.* • CEDH 26 févr. 2002, *Del Sol c/ France*, n° 46800/99 § 26 • CEDH 26 févr. 2002, *Essaadi c/ France*, n° 49384/99 § 36 : *AJDA 2002. 500, chron. Flauss ; RD publ. 2003. 689, obs Gouttenoire ; JDI 2003. 506, obs. Decaux et Tavernier* • CEDH 21 sept. 2004, *Santambrogio c/ Italie*, n° 61945/00 § 55.

162. En matière d'assistance éducative, les parties sont dispensées du ministère d'un avocat au Conseil d'État et à la Cour de cassation. Le rejet de la demande d'aide juridictionnelle du requérant faisait donc seulement obstacle à ce qu'il bénéficiât de l'assistance gratuite d'un tel avocat ; elle n'empêchait pas *ipso facto* la poursuite du pourvoi. • CEDH 19 sept. 2000, *Gnahoré c/ France*, n° 40031/98 § 39 : *préc. note 161.*

163. Efficacité de l'aide accordée. La décision accordant l'aide resta lettre morte puisque les trois avocats désignés successivement demandèrent à être relevés de leur mandat en raison de leurs liens personnels avec l'avocat que le requérant désirait poursuivre. Le requérant n'obtint pas, malgré ses démarches, la nomination d'un nouvel avocat par le président du bureau d'aide juridictionnelle et ne put donc introduire son recours. • CEDH 13 févr. 2003, *Bertuzzi c/ France,* n° 36378/97 § 27. ♦ Il ressort du dossier que Me L. (désigné par le bâtonnier) n'a pas eu la possibilité d'intervenir dans cette procédure. La Cour ne conçoit pas comment le requérant qui n'a pas cessé, depuis l'octroi du bénéfice de l'aide juridictionnelle, de solliciter la désignation d'un avocat, aurait omis de se mettre en contact avec Me L. De même, la mention de Me P., avocat désigné pour assister le requérant dans deux autres procédures, sur l'ordonnance de refus d'informer ne peut s'expliquer que par une absence de mention du nom de Me L. sur le dossier de l'affaire ou par une erreur du TGI. • CEDH 10 mai 2007, *Seris c/ France,* n° 38208/03 § 61.

164. Représentation obligatoire. La spécificité de la procédure devant la Cour de cassation peut justifier de réserver aux seuls avocats spécialisés le monopole de la prise de parole. • CEDH, gr. ch., 26 juill. 2002, *Meftah c/ France,* n° 32911/96 § 42 : *D. 2003. 593, obs. Fricero ; AJDA 2002. 1279, chron. Flauss ; RD publ. 2003. 703, obs. Soler ; JCP 2003. I. 109, chron Sudre* • CEDH, décis., 6 mars 2003, *G. L. et S. L. c/ France,* n° 58811/00 : *AJDA 2003. 1924, chron. Flauss* • CEDH, décis., 4 juin 2013, *Marc-Antoine c/ France,* n° 54984/09 • CEDH 27 oct. 2016, *Les Authentiks et Supras Auteuil 91 c/ France,* n° 4696/11 § 58 : *AJDA 2016. 2071* . ♦ La mise en œuvre de l'aide juridictionnelle se justifie dès lors encore plus. • CEDH 20 juill. 1998, *Aerts c/ Belgique,* n° 25357/94 § 60 • CEDH 19 sept. 2000, *Gnahoré c/ France,* n° 40031/98 § 39 : *préc. note 161 (a contrario)* • CEDH 21 sept. 2004, *Santambrogio c/ Italie,* n° 61945/00 § 55 (a contrario) • CEDH 10 juill. 2008, *Blandeau c/ France,* n° 9090/06 § 22.

165. Cette spécificité ne peut justifier qu'il ne soit pas offert au demandeur en cassation, auquel il est reconnu en droit interne le droit de se défendre personnellement, des moyens de procédure qui lui assureront le droit à un procès équitable devant cette juridiction. • CEDH 8 févr. 2000, *Voisine c/ France,* n° 27362/95 § 33 : *D. 2000. 651, note Thierry ; ibid. 186, obs. Fricero ; JCP 2001. I. 291, chron. Sudre.* ♦ ... Un tel monopole n'est pas de nature à remettre en cause la possibilité raisonnable qu'ont les requérants de présenter leur cause dans des conditions qui ne les placent pas dans une situation désavantageuse. • CEDH, gr. ch., 26 juill. 2002, *Meftah c/ France,* n° 22911/96 § 47 : *préc. note 164.* ♦ Cette conclusion s'impose également quant au monopole de prise de parole dont jouissent les avocats au Conseil d'État et à la Cour de cassation devant le Conseil d'État et la Commission spéciale de cassation des pensions. • CEDH 8 avr. 2003, *Mocie c/ France,* n° 46096/99 § 24.

2° DROIT À UN TRIBUNAL

a. Notion de tribunal

166. Un « tribunal » se caractérise au sens matériel par son rôle juridictionnel : trancher, sur la base de normes de droit et à l'issue d'une procédure organisée, toute question relevant de sa compétence. • CEDH 22 oct. 1984, *Sramek c/ Autriche,* n° 8790/79 § 36 • CEDH 30 nov. 1987, *H. c/ Belgique,* n° 8950/80 § 50 • CEDH 27 août 1991, *Demicoli c/ Malte,* n° 13057/87 § 38 : *AFDI 1991. 585, obs. Coussirat-Coustère ; JDI 1992. 792, obs. Decaux et Tavernier* • CEDH 29 avr. 1998, *Belilos c/ Suisse,* n° 101328/83 § 64 • CEDH 22 juin 2000, *Coëme et a. c/ Belgique,* n° 32492/96 § 99 • CEDH 9 juill. 2013, *Di Giovanni c/ Italie,* n° 51160/06 § 52. ♦ La compétence de décider est inhérente à la notion même de « tribunal » au sens de la Conv. EDH. Un organe consultatif, même si son avis prévaut dans la grande majorité des cas, comme en l'espèce, ne peut prétendre à être un « tribunal ». • CEDH 23 oct. 1985, *Benthem c/ Pays-Bas,* n° 8848/80 § 40.

167. C'est un organe de pleine juridiction. • CEDH 10 févr. 1983, *Albert et Le Compte c/ Belgique,* n° 7299/75 § 29 : *préc. note 62* • CEDH 21 sept. 1993, *Zumtobel c/ Autriche,* n° 12235/86 § 29 • CEDH 24 nov. 1994, *Beaumartin c/ France,* n° 15287/89 § 38. ♦ ... Ce qui suppose que celui-ci ne renonce à aucune des composantes de la fonction de juger. • CEDH 13 févr. 2003 *Chevrol c/ France,* n° 49636/99 § 63. ♦ ... Et puisse apprécier les questions autant en fait qu'en droit. • CEDH 28 juin 1990, *Obermeier c/ Autriche,* n° 11761/85 § 70. ♦ ... Ou réformer les décisions entreprises autant en fait qu'en droit. • CEDH 23 oct. 1995, *Gradinger c/ Autriche,* n° 15963/90 § 44.

168. Un litige tranché par des autorités administratives telles qu'une préfecture, une Direction nationale ou le Gouvernement n'est pas tranché par une juridiction. • CEDH 7 juill. 1989, *Tre Traktörer Aktiebolag c/ Suède,* n° 10873/84 § 48 • CEDH 25 oct. 1989, *Allan Jacobsson c/ Suède,* n° 10842/84 § 76.

169. Il est pourtant admis que dans le cadre d'un recours pour excès de pouvoir, en premier et dernier ressort, même si le Conseil d'État ne jouit pas de la « plénitude de juridiction », ce qui aurait pour effet de substituer sa décision à celle du conseil médical de l'aéronautique civile, il ressort du dossier qu'il a pu examiner tous les moyens soulevés par la requérante, en fait comme en droit, et apprécier toutes les pièces de son dossier médical, au vu des conclusions de l'ensemble des rapports médicaux, discutées par les parties. • CEDH 29 oct. 2009, *Chaudet c/ France*, n° 49037/06 § 37 : *JCP 2010. I. 488, chron. Sudre.* ♦ ... Que, le tribunal ayant prononcé la sanction pénale principale ou complémentaire qu'il juge adaptée, le ministre de l'Intérieur, sur la base de la condamnation prononcée par le juge pénal, retire le nombre de points correspondant au type d'infraction en fonction du barème fixé par le législateur. • CEDH 23 sept. 1998, *Malige c/ France*, n° 27812/95 § 38 : *préc. note 87.*

170. La possibilité pour le ministre de révoquer une mesure de placement ne remplit pas les exigences du présent art., dès lors que le ministre ne constitue pas un tribunal indépendant et impartial. • CEDH 17 juill. 2012, *M. D. et a. c/ Malte*, n° 64791/10 § 56 : *préc. note 50.*

171. Un « tribunal » se caractérise au sens matériel par son rôle juridictionnel mais il doit également remplir d'autres conditions – indépendance, impartialité, durée du mandat de ses membres, garanties accordées par sa procédure – dont plusieurs figurent dans le texte même du présent article. • CEDH 29 avr. 1998, *Belilos c/ Suisse*, n° 101328/83 § 64. ♦ La notion même de « tribunal » implique en outre que celui-ci se compose de juges sélectionnés sur la base du mérite – c'est-à-dire de juges qui, grâce à leurs compétences professionnelles et à leur intégrité morale, sont capables d'exercer les fonctions judiciaires associées à cette charge dans un État régi par la prééminence du droit. Cette exigence vise à garantir non seulement la capacité professionnelle d'un organe juridictionnel à rendre la justice en tant que « tribunal » mais aussi à préserver la confiance du public dans la justice et à conforter l'indépendance personnelle des juges. Plus le tribunal se situe à un niveau élevé dans la hiérarchie juridictionnelle, plus les critères de sélection applicables devraient être exigeants, étant entendu que les juges non professionnels peuvent être soumis à des critères de sélection différents, en ce qui concerne en particulier les compétences professionnelles requises. • CEDH, gr. ch., 1er déc. 2020, *Astradsson c/ Islande*, n° 26374/18 § 220 et 222 : *AJDA 2021. 200, chron. Burgorgue-Larsen.*

b. Droit à un tribunal établi par la loi

172. Cette expression reflète le principe de l'État de droit, inhérent à tout le système de la Convention et de ses protocoles. En effet, un organe n'ayant pas été établi conformément à la volonté du législateur serait nécessairement dépourvu de la légitimité requise dans une société démocratique pour entendre la cause des particuliers. L'expression « établi par la loi » concerne non seulement la base légale de l'existence même du tribunal, mais encore la composition du siège dans chaque affaire. La « loi » visée par cette disposition est donc non seulement la législation relative à l'établissement et à la compétence des organes judiciaires, mais également toute autre disposition du droit interne dont le non-respect rend irrégulière la participation d'un ou de plusieurs juges à l'examen de l'affaire. Il s'agit notamment des dispositions relatives aux mandats, aux incompatibilités et à la récusation des magistrats. Le non-respect, par un tribunal, des dispositions susvisées, emporte en principe violation de l'art. 6, § 1. La Cour a donc compétence pour se prononcer sur le respect des règles du droit interne sur ce point. Toutefois, vu le principe général selon lequel c'est en premier lieu aux juridictions nationales elles-mêmes qu'il incombe d'interpréter la législation interne, la Cour estime qu'elle ne doit mettre en cause leur appréciation que dans des cas d'une violation flagrante de cette législation (V. *Coëme et a. c/ Belgique* cité, § 98 *in fine*, et *T. S. et F. S. c/ Italie*, n° 013274/87, décision de la Commission du 6 sept. 1990, *DR 66, p. 164*). • CEDH 28 nov. 2002, *Lavents c/ Lettonie*, n° 58442/00 § 114. ♦ La Cour estime que cette disposition est rédigée dans des termes suffisamment clairs pour permettre aux membres d'un tribunal de prévoir avec certitude l'étendue de leurs obligations et les conséquences juridiques en découlant. Il en ressort qu'à partir du 14 déc. 1999, date de l'annulation de la décision arrêtée par les 2 juges assesseurs, ces assesseurs ne pouvaient plus siéger dans la même formation. Le collège de la cour régionale n'était donc plus composé conformément à la loi. • CEDH 28 nov. 2002, *Lavents c/ Lettonie*, n° 58442/00 § 115. ♦ L'introduction du terme « établi par la loi » au présent art. « a pour objet d'éviter que l'organisation du système judiciaire (...) ne soit laissée à la discrétion de l'Exécutif et de faire en sorte que cette matière soit régie par une loi du Parlement ». Dans des pays de droit codifié, l'organisation du système judiciaire ne saurait pas davantage être laissée à la discrétion des autorités judiciaires, ce qui n'exclut cependant pas de leur reconnaître un certain pouvoir d'interprétation de la législation nationale en la matière. • CEDH 22 juin 2000, *Coëme et a. c/ Belgique*, n° 32492/96 § 98. ♦ Dans la mesure où la connexité n'était pas prévue par la loi, la Cour estime que la Cour de cassation n'était pas un tribunal « établi par la loi » au sens du présent art. pour examiner les poursuites contre ces quatre autres requérants. • CEDH 22 juin 2000, *Coëme et a. c/ Belgique*, n° 32492/96 § 108.

173. La nomination des juges. Le processus de nomination des juges constitue nécessairement un élément inhérent à la notion de « tribunal établi par la loi », et ce compte tenu des conséquences fondamentales qu'il emporte pour le bon fonctionnement et la légitimité du pouvoir judiciaire dans un État démocratique régi par la prééminence du droit. Cela étant dit, consciente de la variété des systèmes de nomination retenus en Europe, la Cour souligne que cette exigence d'établissement par la loi ne vise nullement à uniformiser les pratiques nationales. Elle affirme ainsi que le seul fait que le pouvoir exécutif exerce une influence décisive dans le processus de nomination ne peut en lui-même passer pour faire obstacle à ce qu'une juridiction soit réputée établie par la « loi ». En revanche, cette notion implique que le droit interne relatif à la nomination des juges soit non seulement libellé dans la mesure du possible en des termes non équivoques en vue d'empêcher tout ingérence arbitraire, notamment de la part de l'exécutif, dans le processus de nomination mais aussi respecté. Au-delà, la Cour n'exclut pas qu'*a priori* conforme aux règles internes en la matière, une procédure de nomination d'un juge emporte des conséquences incompatibles avec l'objet et le but du droit à un « tribunal établi par la loi ». • CEDH, gr. ch., 1er déc. 2020, *Astradsson c/ Islande,* n° 26374/18 § 227, 230 et 245.

174. La violation des règles internes relatives à la nomination des juges. Seules les irrégularités dans le processus de nomination atteignant un certain seuil de gravité emportent violation du droit à un « tribunal établi par la loi », et ce compte tenu des répercussions considérables d'un tel constat sur les principes de sécurité juridique et de l'inamovibilité des juges. Le seuil de gravité est ainsi atteint à la triple condition premièrement qu'il existe une violation manifeste – c'est-à-dire objectivement et réellement reconnaissable en tant que telle – du droit interne, deuxièmement que ladite violation porte sur les règles fondamentales de la procédure de nomination –, celles dont la violation viderait de sa substance le droit à un « tribunal établi par loi » en nuisant au but et aux effets des exigences qu'il comporte –, et troisièmement que les juridictions nationales n'aient pas, dans le cadre de la latitude qui leur est accordée en la matière, ménagé un juste équilibre entre les intérêts en présence lorsqu'elles ont eu à se prononcer sur les conséquences juridiques, quant aux droits garantis, d'une telle atteinte aux règles internes afférentes aux nominations judiciaires. • CEDH, gr. ch., 1er déc. 2020, *Astradsson c/ Islande,* n° 26374/18 § 240 et 243 à 252.

175. Application. Constitue à l'évidence une violation manifeste une irrégularité constatée par les juridictions internes. • CEDH, gr. ch., 1er déc. 2020, *Astradsson c/ Islande,* n° 26374/18 § 240 et 243 à 252. ♦ Constitue, au regard du contexte politique, une grave irrégularité affectant dans sa substance même le droit à un « tribunal établi par la loi » la décision du ministre de la justice de s'écarter, sans apporter de justification fondée sur de solides raisons, de l'appréciation de la commission d'évaluation des candidatures, et ce d'autant que la procédure parlementaire d'approbation des candidats ainsi proposés a exacerbé les suspicions puisqu'appel a été fait à un vote en bloc plutôt qu'au vote séparé prévu par la loi. • CEDH, gr. ch., 1er déc. 2020, *Astradsson c/ Islande,* n° 26374/18 § 240 et 260 à 272. ♦ L'écoulement d'un certain délai après un processus irrégulier de nomination peut en principe faire pencher la balance en faveur de la sécurité juridique. • CEDH, gr. ch., 1er déc. 2020, *Astradsson c/ Islande,* n° 26374/18 § 284. ♦ La question de savoir si les irrégularités du processus de nomination ont une incidence concrète sur l'indépendance ou l'impartialité des juges concernés n'a elle-même aucun rapport direct avec le grief séparé relatif à un manquement au droit à un « tribunal établi par la loi » considéré, dans ce cadre, comme une garantie spécifique découlant du présent article. Toutefois, si les irrégularités sont d'une gravité telle qu'elles emportent violation dudit droit, la Cour juge qu'elle n'a pas à examiner si ces irrégularités ont également compromis l'indépendance et l'impartialité de la juridiction. • CEDH, gr. ch., 1er déc. 2020, *Astradsson c/ Islande,* n° 26374/18 § 285 et 295.

176. Conséquences de la violation du droit à un « tribunal établi par la loi ». La Cour estime en l'espèce que le constat de violation du droit à un « tribunal établi par la loi » résultant de la nomination irrégulière d'un juge ne peut en lui-même être considéré comme imposant à l'État défendeur l'obligation, dans le cadre de l'art. 46 Conv. EDH, de rouvrir toutes les affaires similaires qui sont depuis lors passées en force de chose jugée conformément au droit national. En revanche, il revient aux autorités nationales de prendre les mesures générales appropriées visant à empêcher que des violations similaires se produisent à l'avenir. • CEDH, gr. ch., 1er déc. 2020, *Astradsson c/ Islande,* n° 26374/18 § 314.

c. Droit à un tribunal indépendant

177. Les exigences d'indépendance et d'impartialité mentionnées au présent art. concernent le tribunal chargé de se prononcer sur le fond de l'affaire, et non les parties à la procédure donc le représentant du parquet. • CEDH, décis., 28 mai 2002, *Forcellini c/ Saint-Marin,* n° 34657/97 • CEDH, décis., 8 déc. 2009, *Previti c/ Italie,* n° 45291/06 § 255 • CEDH, gr. ch., 7 juin 2012, *Centro Europa 7 SRL et di Stefano c/ Italie,* n° 38433/09 § 198. ♦ ... Ou l'organe qui, sans se pencher sur son innocence ou sa culpabilité, est chargé de décider si l'accusé doit être jugé par un « tribunal ». • CEDH, décis., 12 févr. 2004, De Lorenzo c/ Italie, n° 69264/01.

1. Généralités

178. Principe. Pour déterminer si un organe peut passer pour indépendant, notamment à l'égard de l'exécutif et des parties, il convient de s'attacher au mode de désignation et à la durée du mandat de ses membres. • CEDH 23 juin 1981, *Le Compte, Leuven et De Meyere c/ Belgique,* n° 6878/75 § 55. ♦ ... A l'existence de garanties contre des pressions extérieures. • CEDH 1er oct. 1982, *Piersack c/ Belgique,* n° 8692/79 § 27. ♦ ... Et au point de savoir s'il y a ou non apparence d'indépendance. • CEDH 17 janv. 1970, *Delcourt c/ Belgique,* n° 2689/65 § 31. ♦ V. pour la reprise de l'ensemble des éléments. • CEDH 28 juin 1984, *Campbell et Fell c/ Royaume-Uni,* n° 7819/77 § 78 • CEDH, gr. ch., 18 juill. 2013, *Maktouf et Damjanovic c/ Bosnie-Herzégovine,* n° 2312/08 § 49 : *RSC 2013. 662, obs. Roets* • CEDH 9 juill. 2013, *Di Giovanni c/ Italie,* n° 51160/06 § 54. ♦ L'inamovibilité des juges en cours de mandat est généralement considérée comme un corollaire de leur indépendance et, partant, comme l'une des exigences du présent §. • CEDH 28 juin 1984, *Campbell et Fell c/ Royaume-Uni,* n° 7819/77 § 80 • CEDH, gr. ch., 18 juill. 2013, *Maktouf et Damjanovic c/ Bosnie-Herzégovine,* n° 2312/08 § 49 : *préc.*

179. Composition et nomination. L'indépendance du conseil d'appel ne saurait être mise en doute. En effet, sa composition assure une parité complète entre praticiens de l'art médical et magistrats de l'ordre judiciaire, et sa présidence incombe à l'un de ces derniers, désigné par le Roi, et détenteur d'une voix prépondérante en cas de partage. • CEDH 23 juin 1981, *Le Compte, Leuven et De Meyere c/ Belgique,* n° 6878/75 § 57. ♦ L'indépendance et l'impartialité du magistrat ne prêtent pas à discussion. • CEDH 22 oct. 1984, *Sramek c/ Autriche,* n° 8790/79 § 40. ♦ Les membres internationaux de la Cour d'État étaient des magistrats professionnels dans leurs pays d'origine respectifs et ils étaient détachés à la Cour d'État, ce qui constituait une garantie supplémentaire contre les pressions extérieures. • *CEDH, gr. ch., 18 juill. 2013, Maktouf et Damjanovic c/ Bosnie-Herzégovine,* n° 2312/08 § 51 : *préc. note 178.*

180. La nomination par le ministre de l'intérieur n'entraîne pas nécessairement que les membres de la juridiction dépendent de l'exécutif : à ce compte, il faudrait en dire autant des juges désignés par décision ou sur l'avis d'un ministre doté de compétence en matière d'administration des juridictions. • CEDH 28 juin 1984, *Campbell et Fell c/ Royaume-Uni,* n° 7819/77 § 79. ♦ La nomination des membres – sauf le magistrat – incombe au gouvernement du Land, cela ne suffit pas non plus pour jeter un doute sur leur indépendance. • CEDH 22 oct. 1984, *Sramek c/ Autriche,* n° 8790/79 § 38. ♦ Leur seule élection par le Parlement ne saurait entacher l'indépendance des juges s'il ressort clairement de leur statut que, une fois désignés, ils ne reçoivent ni pressions ni instructions de la part du Parlement et exercent leurs fonctions en toute indépendance. • CEDH, décis., 26 août 2003, *Filippini c/ Saint-Marin,* n° 10526/02. ♦ Le simple fait que les membres de la section disciplinaire appartiennent au corps judiciaire ne saurait porter atteinte en soi au principe d'indépendance ; le mandat des juges dure quatre ans ; ceux-ci sont irrévocables pour toute la durée de leur mandat et ne sont liés par aucune dépendance hiérarchique ou autre vis-à-vis de leurs pairs, qui les ont élus à bulletin secret. • CEDH 9 juill. 2013, *Di Giovanni c/ Italie,* n° 51160/06 § 57.

181. L'absence d'un président permanent, qui n'a pas à espérer de promotion ni à craindre le renvoi et n'est pas soumis à des rapports quant aux décisions judiciaires qu'il prend, prive les cours martiales de la marine d'un poste qui a été considéré, dans le cadre de l'armée de l'air, comme contribuant dans une mesure importante à l'indépendance d'un tribunal par ailleurs composé de manière *ad hoc.* Par ailleurs, le *judge advocate* siégeant en cour martiale de la marine est un officier de la marine en activité qui, lorsqu'il ne siège pas en cour martiale, accomplit des tâches courantes dans cette arme. • CEDH 16 déc. 2003, *Grieves c/ Royaume-Uni,* n° 57067/00 § 81 et 85. ♦ Comp. • CEDH 16 déc. 2003, *Cooper c/ Royaume-Uni,* n° 48843/99 § 117 et 118.

182. Quoique le ministère de l'intérieur puisse donner aux comités des directives concernant l'exercice de leurs fonctions, il n'a pas à leur adresser d'instructions dans le domaine de leurs attributions contentieuses. • CEDH 28 juin 1984, *Campbell et Fell c/ Royaume-Uni,* n° 7819/77 § 79. ♦ La loi interdit aux pouvoirs publics de leur donner des instructions. • CEDH 22 oct. 1984, *Sramek c/ Autriche,* n° 8790/79 § 38.

183. Nulle clause relative à la révocation des membres des comités, ni aucune garantie de leur inamovibilité ne figurent dans le règlement pénitentiaire. Le ministre de l'intérieur pourrait, semble-t-il, inviter l'un d'entre eux à se démettre, mais il n'agirait de la sorte que dans les circonstances les plus exceptionnelles et l'on ne saurait voir dans cette perspective une menace quelconque pour leur indépendance dans l'accomplissement de leurs fonctions judiciaires. • CEDH 28 juin 1984, *Campbell et Fell c/ Royaume-Uni,* n° 7819/77 § 80. ♦ La loi répond aux exigences du présent art. en ce qui concerne la durée du mandat des membres de l'Autorité régionale et la possibilité – limitée – de les révoquer. • CEDH 22 oct. 1984, *Sramek c/ Autriche,* n° 8790/79 § 38. La durée du mandat des membres du conseil (6 ans) offre d'ailleurs une garantie supplémentaire à cet égard. • CEDH 23 juin 1981, *Le Compte, Leuven et De Meyere c/ Belgique,* n° 6878/75 § 57.

184. Il est compréhensible que le requérant, objecteur de conscience, ayant à répondre devant un tribunal composé exclusivement de militaires d'infractions purement militaires, ait redouté de comparaître devant des juges appartenant à l'armée, laquelle peut dans un tel cas de figure être assimilée à une partie à la procédure. De ce fait, l'intéressé pouvait légitimement craindre que le tribunal du commandement se laissât indûment guider par des considérations partiales. Les doutes nourris par le requérant quant à l'indépendance et à l'impartialité de cette juridiction étaient objectivement justifiés. • CEDH 12 juin 2012, *Turquie,* n° 42730/05 § 111.

185. Sur le cas particulier des juridictions spéciales pour la poursuite pénale d'un membre du gouvernement pour des actes accomplis dans l'exercice de fonctions ministérielles, V. ss. Const. 58, art. 68-2.

186. Sur le cas particulier des CSM : V. pour un composé majoritairement de non magistrats. • CEDH 9 janv. 2013, *Ukraine,* n° 21722/11 § 11 • CEDH, gr. ch., 25 sept. 2018, *Ukraine,* n° 76639/11 § 68 s. ♦ Compte tenu notamment du contexte particulier des procédures disciplinaires, qui étaient dirigées contre une juge, de la gravité des sanctions, du fait que les garanties procédurales devant le CSM étaient restreintes et de la nécessité d'apprécier des éléments factuels touchant à la crédibilité de la requérante et des témoins et constituant des points décisifs, le cumul des deux éléments que sont, d'une part, l'insuffisance du contrôle juridictionnel opéré par la section du contentieux de la Cour suprême et, d'autre part, l'absence d'audience tant au stade de la procédure disciplinaire qu'à celui du contrôle juridictionnel a eu pour conséquence que la cause de la requérante n'a pas été entendue dans le respect des exigences du présent art. • CEDH, gr. ch., 6 nov. 2018, *Portugal,* n° 55391/13 § 214.

187. Indépendance interne. L'indépendance impose non seulement que chaque juge soit à l'abri de toute influence extérieure au pouvoir judiciaire, mais aussi de toute influence qui *pourrait provenir de l'intérieur même* de ce pouvoir. Cette indépendance interne impose que les juges ne puissent être tenus par des directives ou soumis à des pressions de leurs pairs ou de ceux qui ont des responsabilités administratives dans la juridiction comme, par exemple, son président. L'absence de garanties suffisantes assurant l'indépendance des juges dans le pouvoir judiciaire et, particulièrement vis-à-vis de leurs supérieurs juridiques, pourrait pousser la Cour à conclure qu'un requérant peut avoir des doutes objectivement justifiés quant à l'indépendance du tribunal. • CEDH 6 oct. 2011, *Ukraine,* n° 23465/03 § 137 : *RFDA 2012. 455, chron. Labayle et Sudre* ; *RD publ. 2012. 804, chron. Sudre.*

188. Apparence d'indépendance. Quant à leur impartialité objective et à leur apparence d'indépendance, en revanche, la Cour constate qu'ils avaient été recommandés par des associations avec lesquelles ils entretenaient des liens étroits et toutes deux intéressées à voir subsister la clause de négociation. Comme il réclamait la suppression de cette dernière, le requérant pouvait légitimement craindre qu'ils n'eussent un intérêt commun contraire au sien et donc redouter une rupture de l'équilibre d'intérêts, inhérent à la composition du tribunal des locations dans d'autres litiges, quand il s'agirait de décider du sort de sa propre demande. • CEDH 22 juin 1989, *Langborger c/ Suède,* n° 11179/84 § 32 • CEDH 3 févr. 2005, *Thaler c/ Autriche,* n° 58141/00 § 33. ♦ V. également traité sous l'angle de l'impartialité. • CEDH 20 mai 1998, *Gautrin c/ France,* n° 21257/93 § 59 : *JDI 1998. 239, obs. Muscat ; AJDA 1998. 984, chron. Flauss* .

189. Les notions d'indépendance et d'impartialité objective sont étroitement liées. • CEDH 28 nov. 2002, *Lavents c/ Lettonie,* n° 58442/00 § 117. ♦ Au point qu'il est parfois difficile de les distinguer. • CEDH 22 juin 1989, *Langborger c/ Suède,* n° 11179/84 § 32 • CEDH 25 nov. 1993, *Holm c/ Suède,* n° 14191/88 § 30. ♦ Même les apparences peuvent présenter de l'importance (V., *mutatis mutandis,* note 196). A Lausanne, le membre de la commission de police est un fonctionnaire supérieur issu de la direction de police et susceptible d'être appelé à y accomplir à nouveau d'autres tâches. Les justiciables auront tendance à voir en lui un membre du corps de police, intégré à une hiérarchie et solidaire de ses collègues. Pareille situation risque d'ébranler la confiance que les juridictions se doivent d'inspirer dans une société démocratique. Bref, la requérante pouvait légitimement éprouver des doutes quant à l'indépendance et à l'impartialité structurelle de la commission de police, laquelle ne répondait donc pas sur ce point aux exigences du présent art. • CEDH 29 avr. 1998, *Belilos c/ Suisse,* n° 101328/83 § 67.

2. Intervention du législateur

190. Principe. Le présent paragraphe ne saurait toutefois s'interpréter comme empêchant toute ingérence des pouvoirs publics dans une procédure judiciaire pendante à laquelle ils sont parties. • CEDH 23 oct. 1997, *National* *and Provincial building Society et a. c/ Royaume-Uni,* n° 21319/93 § 112. ♦ V. déjà : • CEDH 9 déc. 1994, *Raffineries grecques Stran et Stratis Andreadis c/ Grèce,* n° 13427/87. ♦ Il importe peu que les procédures litigieuses n'aient pas été annulées en vertu de la nouvelle loi dès lors que celle-ci a influencé le dénouement judiciaire du litige. En effet, s'il est vrai que la Cour des comptes a rejeté les recours des requérants après un examen au fond, la Cour relève que cette juridiction n'a pas omis de faire référence aux dispositions de la loi critiquée pour étayer ses décisions. De l'avis de la Cour, le fait que la Cour des comptes se soit fondée, même à titre subsidiaire, sur la loi critiquée pour rejeter les recours dont elle était saisie se traduit en une immixtion du pouvoir législatif dans le fonctionnement du pouvoir judiciaire en vue d'influer sur le dénouement du litige. • CEDH 7 nov. 2007, *Anagnostopoulos et a. c/ Grèce,* n° 39374/98 § 21. ♦ La réforme législative réalisée n'a pas eu comme finalité, ainsi que le Gouvernement le souligne, d'influer sur le dénouement judiciaire du litige porté par le requérant devant les juridictions nationales, dès lors qu'elle ne visait pas, manifestement, à donner plus de chances de succès à une partie qu'à l'autre, il n'en reste pas moins que la nouvelle procédure et son application, en l'espèce par les tribunaux, ont entraîné l'impossibilité pour le requérant de soumettre les décisions prises par une autorité administrative, ne remplissant pas elle-même les exigences d'un « tribunal », au sens du présent art., au contrôle ultérieur d'un organe judiciaire de pleine juridiction. • CEDH 27 mai 2003, *Crisan c/ Roumanie,* n° 42930/98 § 27.

191. En l'espèce, la Cour constate que l'État n'était pas partie à la procédure judiciaire lors de l'intervention législative en cause. Cependant, la Cour estime que sa jurisprudence (V. note 190) va au-delà des litiges dans lesquels l'État est partie. • CEDH 11 avr. 2006, *Cabourdin c/ France,* n° 60796/00 § 29. ♦ En effet, elle parvient à un constat de non-violation du présent art. après avoir jugé que « l'intervention du législateur, parfaitement prévisible, répondait à une évidente et impérieuse justification d'intérêt général » (V. note 192), et non en raison du fait que l'État n'était pas directement partie au litige. • Même décision.

192. Conditions de mise en œuvre. Le principe de la prééminence du droit et la notion de procès équitable consacrés par le présent art. s'opposent à toute ingérence du pouvoir législatif dans l'administration de la justice dans le but d'influer sur le dénouement judiciaire d'un litige. • CEDH 9 déc. 1994, *Raffineries grecques Stran et Stratis Andreadis c/ Grèce,* n° 13427/87 § 49 • CEDH 22 oct. 1997, *Papageorgiou c/ Grèce,* n° 24628/94 § 37.

193. Si, en principe, le pouvoir législatif n'est pas empêché de réglementer en matière civile, par de nouvelles dispositions à portée rétroactive, des droits découlant de lois en vigueur, le principe de la prééminence du droit et la notion de procès équitable consacrés par le présent art. s'opposent, sauf pour d'impérieux motifs d'intérêt général, à l'ingérence du pouvoir législatif dans l'administration de la justice dans le but d'influer sur le dénouement judiciaire du litige. • CEDH 28 oct. 1999, *Zielinski et Pradal et Gonzalez et a. c/ France,* n° 24846/94 § 57 • CEDH 11 avr. 2006, *Cabourdin c/ France,* n° 60796/00 § 28 • CEDH 9 janv. 2007, *Arnolin c/ France,* n° 20127/03 § 69. ♦ Dans cette affaire, les requérants et l'État défendeur étaient engagés dans un litige depuis 9 ans et les premiers disposaient d'un jugement définitif et exécutoire contre le second. En l'espèce, la procédure en contrôle juridictionnel engagée par les requérants n'avait pas même atteint le stade d'une audience contradictoire. D'ailleurs, lorsqu'ils ont adopté l'art. 64 de la L. de 1992, en lui donnant effet rétroactif, les pouvoirs publics avaient des motifs d'intérêt général encore plus impérieux de rendre ingagnables les procédures en contrôle juridictionnel et l'action corollaire en restitution que ce qui n'avait été le cas pour l'adoption de l'art. 53 de la L. de 1991. La contestation des circulaires du ministère des finances avait engendré une incertitude quant aux recettes substantielles levées depuis 1986. • CEDH 23 oct. 1997, *National and Provincial building Society et a. c/ Royaume-Uni,* n° 21319/93 § 112.

194. La Cour ne discerne pas, dans les faits de l'espèce, ce en quoi les divergences de jurisprudence imposaient une intervention législative en cours de procédures. Elle considère que de telles divergences constituent, par nature, la conséquence inhérente à tout système judiciaire qui, à l'instar du modèle français, repose sur un ensemble de juridictions du fond ayant autorité sur leur ressort territorial. • CEDH 28 oct. 1999, *Zielinski et Pradal et Gonzalez et a. c/ France,* n° 24846/94 § 59. ♦ Le risque financier dénoncé par le Gouvernement (...) ne saurait permettre, en soi, que le législateur se substitue, tant aux parties à la convention collective, qu'aux juges pour régler le litige. • CEDH 28 oct. 1999, *Zielinski et Pradal et Gonzalez et a. c/ France,* n° 24846/94 § 59. ♦ Un motif financier ne permet pas à lui seul de justifier une telle intervention législative. En tout état de cause, dans les faits de l'espèce, aucun élément ne vient étayer l'argument selon lequel l'impact aurait été d'une telle importance que l'équilibre du secteur bancaire et l'activité économique en général auraient été mis en péril. Les sénateurs eux-mêmes, semble-t-il, n'ont pas reçu d'informations précises à ce sujet. Outre l'absence d'évaluation crédible du coût virtuel des procédures en cours et futures, lesquelles n'ont pas davantage été recensées, force est de constater que la question ne concernait que certaines banques, à savoir celles qui n'avaient pas respecté l'obligation prévue par l'art. L. 312-8 C. consom. Par ailleurs, lesdites banques n'étaient pas directement exposées à un paiement de dommages-intérêts ou de pénalités, mais principalement à un remboursement de sommes préalablement perçues de leurs clients. De fait, si les bénéfices des établissements concernés auraient pu souffrir de l'absence de la loi, il n'est pas établi que leur survie et, *a fortiori*, l'équilibre général de l'économie nationale auraient été menacés. • CEDH 11 avr. 2006, *Cabourdin c/ France,* n° 60796/00 § 37. ♦ Dans les faits de l'espèce, aucun élément ne vient étayer l'argument selon lequel l'impact aurait été d'une telle importance que l'équilibre du secteur de la santé et de la protection sociale aurait été mis en péril. Le Parlement lui-même n'a pas reçu d'informations précises à ce sujet, puisqu'il ne disposait que d'une estimation, au demeurant fournie par le syndicat des associations d'employeurs, adversaires des requérants dans les procès en cours, fixée à 4 milliards de francs, soit pratiquement six cent dix millions d'euros. • CEDH 9 janv. 2007, *Arnolin c/ France,* n° 20127/03 § 76.

195. S'agissant de la nécessité de mettre un terme à une incertitude juridique, la Cour constate que la Cour de cassation avait adopté une position favorable aux salariés en 1990, position confirmée en 1997. Certes, 4 arrêts de 1999 ont suscité des interrogations et entrenu l'incertitude quant aux régimes d'équivalence. Force est cependant de constater que très rapidement, à savoir dès le 29 juin 1999, la Cour de cassation a clairement réaffirmé sa position de principe sur la question, qui avait été la sienne depuis 1990. En conséquence, la période d'incertitude jurisprudentielle alléguée n'aura finalement duré que quelques mois, alors même que la solution favorable aux salariés s'appliquait depuis des années. • CEDH 9 janv. 2007, *Arnolin c/ France,* n° 20127/03 § 77.

196. Conventionnalité et constitutionnalité. Le risque financier (...), expressément relevé par le Conseil constitutionnel pour motiver sa décision, ne saurait permettre, en soi, que le législateur se substitue, tant aux parties à la convention collective, qu'aux juges pour régler le litige. • CEDH 28 oct. 1999, *Zielinski et Pradal et Gonzalez et a. c/ France,* n° 24846/94 § 59. ♦ Quant à la décision du Conseil constitutionnel indiquant que le motif impérieux d'intérêt général résulterait de la nécessité de sauvegarder l'équilibre financier du système bancaire et de l'activité économique en général, la Cour rappelle qu'elle ne saurait suffire à établir la conformité de la loi avec les dispositions de la Conv. EDH. Elle note toutefois que le Conseil constitutionnel, s'inspirant de la jurisprudence de la Cour, exige désormais un intérêt général « suffisant ». • CEDH 11 avr. 2006, *Cabourdin c/ France,* n° 60796/00 § 36.

197. Maintien des effets d'une disposition annulée jusqu'à son remplacement. Dans différents contextes, la Cour a admis qu'une cour constitutionnelle puisse, dans l'intérêt de la sécurité juridique, maintenir provisoirement une disposition en vigueur après l'avoir annulée, jusqu'à ce que le législateur adopte une nouvelle législation. • CEDH, décis., 6 févr. 2018, *Chessa c/ France,* n° 76186/11 § 31. ♦ Est ainsi manifestement mal fondé le grief tiré de l'iniquité d'une procédure dans laquelle, saisi d'une question prioritaire de constitutionnalité, le Conseil constitutionnel a décidé de repousser l'abrogation des dispositions litigieuses à une date déterminée de manière à permettre au législateur de remédier à leur inconstitutionnalité. Eu égard à sa motivation – éviter les conséquences en l'occurrence excessives de l'abrogation immédiate –, cette décision n'apparaît pas arbitraire. • CEDH, décis., 24 sept. 2019, *Jeantet c/ France,* n° 40629/16 § 31-34.

d. Droit à un tribunal impartial

198. Si l'impartialité se définit d'ordinaire par l'absence de préjugé ou de parti pris, elle peut, notamment sous l'angle du présent art., s'apprécier de diverses manières. On peut distinguer sous ce rapport entre une démarche subjective, essayant de déterminer ce que tel juge pensait dans son for intérieur en telle circonstance, et une démarche objective amenant à rechercher s'il offrait des garanties suffisantes pour exclure à cet égard tout doute légitime. • CEDH 1er oct. 1982, *Piersack c/ Belgique,* n° 8692/79 § 30 : *AFDI 1985. 415, obs. Coussirat-Coustère ; JDI 1985. 210, obs. Rolland et Tavernier.* ♦ L'impartialité doit s'apprécier selon une démarche subjective, essayant de déterminer la conviction personnelle de tel juge en telle occasion, et aussi selon une démarche objective amenant à s'assurer qu'il offrait des garanties suffisantes pour exclure à cet égard tout doute légitime. • CEDH 24 mai 1989, *Hauschildt c/ Danemark,* n° 10486/83 § 46 : *AFDI 1991. 585, obs. Coussirat-Coustère ; JDI 1990. 727, obs. Rolland et Tavernier* • CEDH 25 juin 1992, *Thorgeir Thorgeirson c/ Islande,* n° 13778/88 § 49 • CEDH 24 févr. 1993, *Fey c/ Autriche,* n° 14396/88 § 28 • CEDH 6 juin 2000, *Morel c/ France,* n° 34130/96 § 40 : *D. 2001. 1062, obs. Fricero ; ibid. 1610, obs. Niboyet ; RTD civ. 2000. 93, obs. Marguénaud ; JCP 2001. I. 291, chron. Sudre* • CEDH 9 juill. 2013, *Di Giovanni c/ Italie,* n° 51160/06 § 54.

199. Il s'agit en premier lieu d'une démarche subjective, essayant de déterminer la conviction et le comportement personnels de tel juge en telle occasion. En particulier, le tribunal ne doit manifester subjectivement aucun parti pris ni préjugé personnels ; l'impartialité personnelle du juge se présume jusqu'à la preuve du contraire. En deuxième lieu, il y a lieu d'appliquer une démarche objective, amenant à s'assurer que le tribunal offrait des garanties suffisantes pour exclure à cet égard tout doute légitime. • CEDH 10 juin 1996, *Pullar c/ Royaume-Uni,* n° 22399/93 § 30 • CEDH 4 avr. 2000, *Academy Trading Ltd. et a. c/ Grèce,* n° 30342/96 § 43 • CEDH 11 oct. 2000, *Daktaras c/ Lituanie,* n° 42095/98 § 30 • CEDH 28 nov. 2002, *Lavents c/ Lettonie,* n° 58442/00 § 117 • CEDH, gr. ch., 27 mai 2014, *Margus c/ Croatie,* n° 4455/10 § 84.

200. Le présent art. implique pour toute juridiction nationale l'obligation de vérifier si, par sa composition, elle constitue « un tribunal impartial » au sens de cette disposition lorsque, comme en l'espèce, surgit sur ce point une contestation qui n'apparaît pas d'emblée manifestement dépourvue de sérieux. Or, dans la présente affaire, la cour d'assises du Rhône n'a pas procédé à une telle vérification, privant ainsi le justiciable de la possibilité de remédier, le cas échéant, à une situation contraire aux exigences de la Convention. Cette constatation, eu égard à la confiance que les tribunaux d'une société démocratique se doivent d'inspirer au justiciable, suffit à la Cour pour conclure à la violation du présent art. • CEDH 23 avr. 1996, *Remli c/ France,* n° 16839/90 § 48 : *RSC 1997. 473, obs. Koering-Joulin.* ♦ Dès lors, la violation peut être évitée : le juge s'est trouvé confronté à une allégation de racisme au sein du jury, qui, bien que vague et imprécise, ne pouvait être considérée comme dénuée de fondement. Compte tenu des circonstances, il prit des mesures suffisantes pour s'assurer que le tribunal pouvait passer pour impartial au sens du présent art. • CEDH 25 févr. 1997, *Gregory c/ Royaume-Uni,* n° 22299/93 § 49 : *RSC 1998. 392, obs. Koering-Joulin.* ♦ Le juge aurait dû réagir de manière plus énergique au lieu de se contenter de demander aux jurés de fournir de vagues assurances selon lesquelles ils allaient laisser leurs préjugés de côté et trancher l'affaire sur la seule base des preuves. Faute de cela, le juge ne s'est pas entouré de garanties suffisantes pour exclure tous doutes légitimes ou objectivement justifiés quant à l'impartialité du tribunal. Il s'ensuit que la juridiction qui a condamné le requérant n'était pas impartiale d'un point de vue objectif. • CEDH 9 mai 2000, *Sander c/ Royaume-Uni,* n° 34129/96 § 34.

201. Ces principes s'appliquent autant aux membres de la juridiction, magistrats, professionnels ou non. • CEDH 22 juin 1989, *Langborger c/ Suède,* n° 11179/84 § 34. ♦ ... Qu'aux jurés. • CEDH 25 nov. 1993, *Holm c/ Suède,* n° 14191/88 § 30 • CEDH 23 avr. 1996, *Remli c/ France,* n° 16839/90 § 46 : *préc. note 200* • CEDH 9 mai 2000, *Sander c/ Royaume-Uni,* n° 34129/96 § 34.

202. Pour que les tribunaux inspirent au public la confiance indispensable, il faut de surcroît tenir compte de considérations de caractère organique. • CEDH 1er oct. 1982, *Piersack c/ Belgique,* n° 8692/79 § 30. ♦ L'existence de procédures nationales destinées à garantir l'impartialité, à savoir des règles en matière de déport des juges, est un facteur pertinent. De telles règles expriment le souci du législateur national de supprimer tout doute raisonnable quant à l'impartialité du juge ou de la juridiction concernée et constituent une tentative d'assurer l'impartialité en éliminant la cause de préoccupations en la matière. En plus de garantir l'absence de véritable parti pris, elles visent à supprimer toute apparence de partialité et renforcent ainsi la confiance que les tribunaux d'une société démocratique se doivent d'inspirer au public. • CEDH 15 juill. 2005, *Meznaric c/ Croatie,* n° 71615/01 § 27. ♦ La Cour prendra ces règles en compte pour apprécier si le tribunal a été impartial et, notamment, si les craintes du requérant peuvent passer pour objectivement justifiées. • CEDH, gr. ch., 15 oct. 2009, *Micallef c/ Malte,* n° 17056/06 § 99 : *préc. note 36.*

203. Obligation de se déporter. Doit donc se récuser tout juge dont on peut légitimement craindre un manque d'impartialité. Il y va de la confiance que les tribunaux se doivent d'inspirer aux justiciables dans une société démocratique. • CEDH 1er oct. 1982, *Piersack c/ Belgique,* n° 8692/79 § 30 • CEDH 24 mai 1989, *Hauschildt c/ Danemark,* n° 10486/83 § 48 : *préc. note 198* • CEDH 25 juin 1992, *Thorgeir Thorgeirson c/ Islande,* n° 13778/88 § 51.

204. Mention des noms. La loi ne permettait pas au requérant d'avoir connaissance de la composition de la commission qui lui a infligé la sanction, et donc de s'assurer de l'absence d'un éventuel préjugement de sa part ou d'un lien de l'un de ses membres avec la partie en cause, susceptibles de vicier la procédure. Dans ces conditions, et au nom des apparences, le défaut d'indication de l'identité de l'ensemble des membres de la COB ayant délibéré était de nature à faire douter de son impartialité. • CEDH 20 janv. 2011, *Vernes c/ France,* n° 30183/06 § 42.

1. Impartialité subjective ou personnelle

205. L'impartialité personnelle d'un magistrat se présume jusqu'à la preuve du contraire, non fournie en l'espèce. • CEDH 24 mai 1989, *Hauschildt c/ Danemark,* n° 10486/83 § 47 : *préc. note 198* • CEDH 25 juin 1992, *Thorgeir*

Thorgeirson c/ Islande, n° 13778/88 § 50 • CEDH 22 févr. 1996, *Bulut c/ Autriche,* n° 17358/90 § 32 : *RSC 1997. 472, obs. Koering-Joulin ; Justices 1997. 206, obs. Cohen-Jonathan et Flauss ; JCP 1997. I. 4000, chron. Sudre* • CEDH 6 juin 2000, *Morel c/ France,* n° 34130/96 § 41 : *préc. note 198* • CEDH, gr. ch., 15 oct. 2009, *Micallef c/ Malte,* n° 17056/06 § 94 : *préc. note 36.*

206. Quant à la démarche subjective, la Cour rappelle que la discrétion qui s'impose aux autorités judiciaires, lorsqu'elles sont appelées à juger, doit les amener à ne pas utiliser la presse, même pour répondre à des provocations ; ainsi le veulent les impératifs supérieurs de la justice et la grandeur de la fonction judiciaire. En particulier, le fait, pour le président ou le membre d'un tribunal, appelé à trancher une affaire, d'employer publiquement des expressions sous-entendant une appréciation négative de la cause de l'une des parties, est incompatible avec les exigences d'impartialité de tout tribunal, consacrées par le présent art. En effet, les déclarations du président du tribunal étaient de nature à justifier objectivement les craintes du requérant à l'égard de son impartialité. • CEDH 16 sept. 1999, *Buscemi c/ Italie,* n° 29569/95 § 67 et 68 : *D. 2000. 184, obs. Fricero ; JCP 2000. I. 203, chron. Sudre* • CEDH 28 nov. 2002, *Lavents c/ Lettonie,* n° 58442/00 § 118.

207. La Cour constate que, dans ses déclarations publiées, la présidente du tribunal critiqua l'attitude de la défense devant le tribunal. Elle formula également des prévisions sur l'issue de l'affaire. En effet, en soutenant qu'elle ne savait pas encore « si le jugement porter[ait] condamnation ou acquittement partiel », elle écarta l'hypothèse d'un acquittement total. Qui plus est, dans ses déclarations publiées, elle exprima son étonnement devant le fait que le requérant persistât à plaider non coupable de tous les chefs d'accusation, et lui suggéra de prouver son innocence. Aux yeux de la Cour, de telles déclarations ne constituent pas une simple « appréciation négative de la cause » du requérant, mais une véritable prise de position sur l'issue de l'affaire, avec une nette préférence pour un constat de culpabilité de l'accusé. La Cour estime que ses déclarations ne peuvent en aucun cas être considérées comme compatibles avec les exigences du présent art. • CEDH 28 nov. 2002, *Lavents c/ Lettonie,* n° 58442/00 § 119. ♦ Les juges, dans leur décision condamnant le requérant, ont déclaré *qu'ils avaient été « profondément insultés »* en tant que « personnes ». Même s'ils ont immédiatement ajouté que leur personne représentait le moindre de leurs soucis, cette déclaration, de l'avis de la Cour, montre en soi que les juges se sont sentis personnellement agressés par les propos et la conduite de K. et indique une implication personnelle de leur part. Les juges n'ont pas réussi à considérer la situation avec le détachement nécessaire. • CEDH 15 nov. 2005, *Kyprianou c/ Chypre,* n° 73797/01 § 130 et 131.

208. La déclaration d'un des jurés, selon laquelle il serait raciste, constitue un préjugé. • CEDH 23 avr. 1996, *Remli c/ France,* n° 16839/90 § 48 : *préc. note 200.* ♦ Un membre du jury a soumis une note où il alléguait que deux jurés « [avaient] fait des remarques et plaisanteries ouvertement racistes » et déclarait craindre qu'ils ne « condamne[nt] les défendeurs non pas en se fondant sur les preuves mais parce que ces derniers [étaient] asiatiques ». Confronté à ces allégations, un juré admit qu'il « se pouvait qu'il ait fait de telles plaisanteries » et « qu'il regrettait d'avoir été offensant ». La Cour considère donc comme établi que l'un des jurés au moins a formulé des remarques pouvant être comprises comme des plaisanteries au sujet des Asiatiques. A son avis, cela en soi ne prouve pas que le juré en question nourrissait un réel préjugé à l'encontre du requérant. De plus, la Cour relève que le juge du fond n'avait pas la possibilité d'interroger les jurés au sujet de la véritable nature de ces remarques et du contexte exact dans lequel elles avaient été prononcées. Il s'ensuit qu'il n'a pas été établi que le tribunal ayant jugé le requérant manquait d'impartialité d'un point de vue subjectif. • CEDH 9 mai 2000, *Sander c/ Royaume-Uni,* n° 34129/96 § 26. ♦ V. cette même affaire sous l'angle de la partialité objective note 200. ♦ V. aussi. • CEDH 25 févr. 1997, *Gregory c/ Royaume-Uni,* n° 22299/93 § 49 : *préc. note 200.*

209. Le fait que le collège soit également, au sein de l'AMF, l'autorité principalement compétente pour édicter ou conférer un statut normatif aux règles dont la violation peut être sanctionnée par la Commission des sanctions ne porte pas non plus atteinte à l'impartialité de cette dernière instance, laquelle jouit d'une indépendance et d'une plénitude de juridiction pour apprécier la portée de ces règles et l'existence d'un manquement à celles-ci. • CEDH 1er sept. 2016, *X. et Y c/ France,* n° 48158/11 § 44 : *D. 2016. 1816 ; AJ pénal 2016. 590, obs. Boursier ; Dr. adm. 2016. 119.*

2. Impartialité objective ou fonctionnelle

210. Principe. L'impartialité objective conduit à se demander si, indépendamment de la conduite du juge, certains faits vérifiables autorisent à suspecter l'impartialité de ce dernier. • CEDH 25 juin 1992, *Thorgeir Thorgeirson c/ Islande,* n° 13778/88 § 51 • CEDH 24 févr. 1993, *Fey c/ Autriche,* n° 14396/88 § 30 • CEDH 28 nov. 2002, *Lavents c/ Lettonie,* n° 58442/00 § 117. • CEDH, gr. ch., 15 oct. 2009, *Micallef c/ Malte,* n° 17056/06 § 96 :

préc. note 36. ♦ ... Ou, lorsqu'une juridiction collégiale est en cause, l'impartialité de la juridiction elle-même. • CEDH 15 nov. 2005, *Kyprianou c/ Chypre,* n° 73797/01 § 118 • CEDH 4 mars 2014, *Fazli Aslaner c/ Turquie,* n° 36073/04 § 31. ♦ En la matière, même les apparences peuvent revêtir de l'importance ou, comme le dit un adage anglais « *justice must not only be done, it must also be seen to be done* » (il faut non seulement que justice soit faite, mais aussi qu'elle le soit au vu et au su de tous). Les tribunaux d'une société démocratique doivent inspirer la confiance aux justiciables, à commencer, au pénal, aux prévenus. • CEDH 25 juin 1992, *Thorgeir Thorgeirson c/ Islande,* n° 13778/88 § 51 • CEDH 24 févr. 1993, *Fey c/ Autriche,* n° 14396/88 § 30 • CEDH, gr. ch., 15 oct. 2009, *Micallef c/ Malte,* n° 17056/06 § 98 : *préc. note 36.*

211. Il en résulte que pour se prononcer sur l'existence, dans une affaire donnée, d'une raison légitime de redouter d'un juge un défaut d'impartialité, l'optique de l'accusé entre en ligne de compte mais ne joue pas un rôle décisif. • CEDH 25 juin 1992, *Thorgeir Thorgeirson c/ Islande,* n° 13778/88 § 51 • CEDH 24 févr. 1993, *Fey c/ Autriche,* n° 14396/88 § 30. ♦ L'élément déterminant consiste à savoir si l'on peut considérer les appréhensions de l'intéressé comme objectivement justifiées. • CEDH 25 juin 1992, *Thorgeir Thorgeirson c/ Islande,* n° 13778/88 § 51 • CEDH 24 févr. 1993, *Fey c/ Autriche,* n° 14396/88 § 30 • CEDH, gr. ch., 15 oct. 2009, *Micallef c/ Malte,* n° 17056/06 § 96 : *préc. note 36* • CEDH 9 juill. 2013, *Di Giovanni c/ Italie,* n° 51160/06 § 55 • CEDH, décis., 10 avr. 2018, *SPRL Projet Pilote Garoube c/ France,* n° 58986/13. ♦ Les inquiétudes subjectives du suspect, pour compréhensibles qu'elles puissent être, ne constituent pas l'élément déterminant : il échoit avant tout d'établir si elles peuvent passer pour objectivement justifiées en l'occurrence. • CEDH 24 août 1993, *Pays-Bas,* n° 13924/88 § 30 : *D. 1995. 105, obs. Renucci ; RSC 1994. 362, obs. Koering-Joulin.* ♦ L'appréciation objective porte essentiellement sur les liens hiérarchiques ou autres entre le juge et d'autres acteurs de la procédure. • CEDH, gr. ch., 15 oct. 2009, *Micallef c/ Malte,* n° 17056/06 § 97 : *préc. note 36.*

212. Le simple fait, pour un juge, d'avoir déjà pris des décisions avant un procès ne peut justifier en soi des doutes quant à son impartialité. • CEDH 24 mai 1989, *Hauschildt c/ Danemark,* n° 10486/83 § 46 • CEDH, décis., 3 nov. 2011, *Ökten c/ Turquie,* n° 22347/07 • CEDH, gr. ch., 27 mai 2014, *Margus c/ Croatie,* n° 4455/10 § 85. ♦ Ce qui importe est l'étendue des mesures adoptées par ce juge avant le procès. De même, la connaissance approfondie du dossier par un juge n'implique pas un préjugé empêchant de le considérer comme impartial au moment du jugement sur le fond. L'appréciation préliminaire des données disponibles ne saurait non plus passer comme préjugeant de leur appréciation finale. • CEDH 6 juin 2000, *Morel c/ France,* n° 34130/96 § 45 : *préc. note 198* • CEDH 2 mars 2010, *Adamkiewicz c/ Pologne,* n° 54729/00 § 101 : *D. 2010. 1324, note Bonfils ; ibid. 1904, obs. Gouttenoire et Bonfils ; ibid. 2011. 1107, obs. Douchy-Oudot.* ♦ V. déjà • CEDH 24 août 1993, *Nortier c/ Pays-Bas,* n° 13924/88 § 33 : *préc. note 211.*

213. La prise de position préalable de certains juges ne suffit pas à elle seule pour considérer que l'impartialité de l'assemblée du contentieux avait été altérée en l'espèce. En effet, il convient, dans ce type de situations, de prendre également en compte d'autres éléments tels que le nombre de magistrats concernés par pareille prise de position ainsi que leur rôle au sein de la formation de jugement. Mais il convient de prendre en compte par ailleurs à la fois la proportion élevée de magistrats concernés et les fonctions de président ou de rapporteur exercées par ces derniers au sein de la formation collégiale. • CEDH 4 mars 2014, *Fazli Aslaner c/ Turquie,* n° 36073/04 § 37 s. ♦ En l'espèce, si le nombre ou la proportion des juges concernés par la problématique de l'impartialité objective n'est pas déterminante et que des considérations de nature quantitative n'ont pas d'incidence sur l'examen de la question, aucun motif sérieux ne rendait absolument nécessaire la participation des trois intéressés à la formation de jugement avec voix délibérative. En outre, Mme T. Ç., figurant parmi ces magistrats, a exercé en sa qualité de vice-présidente du Conseil d'État la fonction de présidente de l'assemblée du contentieux et a, à ce titre, dirigé les débats lors des délibérations, ce qui constitue une circonstance supplémentaire portant atteinte à l'apparence d'impartialité. • CEDH 4 mars 2014, *Fazli Aslaner c/ Turquie,* n° 36073/04 § 40 et 41.

214. Pour qu'un manquement à l'impartialité soit constitué, il faut qu'un magistrat ait déjà effectué un acte qui reflète clairement son opinion sur la question qu'il va être amené à trancher en tant que juge par la suite. • CEDH, gr. ch., 22 oct. 2007, *Lindon, Otchakovsky-Laurens et July c/ France,* n° 21279/02 § 79 : *AJDA 2008. 978, chron. Flauss ; RFDA 2008. 737, obs. Labayle et Sudre ; D. 2007. 2737, obs. Lavric ; JCP 2007. 10193, note Derieux ; ibid. 2008. I. 110, chron. Sudre ; RTDH 2009. 491, obs. Wachsmann* • CEDH 4 mars 2014, *Fazli Aslaner c/ Turquie,* n° 36073/04 § 45 s.

215. Apparence de violation. Il y avait, au moins en apparence, un lien entre les mesures prises par la juge en faveur de son époux et les avantages consentis à ce dernier par la Banque nationale. La Cour ne saurait spéculer sur le point de savoir si elle a tiré un quelconque profit personnel de cette opération et n'aperçoit aucune raison de penser qu'elle ou son mari avait un intérêt direct dans le dénouement du litige opposant le requérant à la Banque nationale. Toutefois, le rôle joué par la juge dans l'arrangement en question, les faveurs accordées à son conjoint et les liens de celui-ci avec la Banque nationale étaient tels, par leur nature et leur ampleur, et étaient si proches dans le temps de l'examen de l'affaire par la Cour suprême, que le requérant avait des raisons légitimes de redouter que l'impartialité requise pût faire défaut dans cet examen. • CEDH 10 juill. 2003, *Sigurdsson c/ Islande,* n° 39731/98 § 42 et 45. ♦ Eu égard aux considérations précitées quant à l'insuffisance des garanties législatives et financières contre les pressions extérieures qui pouvaient être exercées sur le juge appelé à connaître de l'affaire, et spécialement à l'absence de pareilles garanties relativement à d'éventuelles pressions de la part du président du tribunal régional, à la nature contraignante des instructions données par le *présidium* du tribunal régional et au libellé des décisions judiciaires interlocutoires pertinentes rendues en l'affaire, la Cour estime que les doutes exprimés par le requérant quant à l'impartialité du juge du tribunal du district peuvent passer pour objectivement justifiés. • CEDH 6 sept. 2005, *Salov c/ Ukraine,* n° 65518/01 § 86. ♦ Rappr., s'agissant d'un objecteur de conscience jugé par un tribunal composé exclusivement de militaires, • CEDH 12 juin 2012, *Savda c/ Turquie,* n° 42730/05 § 111.

216. L'un des jurés rédigea une lettre à part où il admettait indirectement avoir proféré des plaisanteries racistes. La Cour considère que cette question n'est pas à prendre à la légère car des plaisanteries de cette nature, lorsqu'elles émanent de jurés dans le cadre d'une procédure judiciaire, prennent une autre coloration et revêtent une signification différente de celle de plaisanteries formulées dans une atmosphère plus intime et informelle. Elle considère que les allégations contenues dans la lettre étaient susceptibles de faire naître chez le requérant et tout observateur objectif des doutes légitimes quant à l'impartialité du tribunal, que ne pouvaient dissiper ni la lettre collective ni les nouvelles instructions données par le juge au jury. • CEDH 9 mai 2000, *Sander c/ Royaume-Uni,* n° 34129/96 § 27 s.

217. L'un des magistrats de la formation de jugement avait, dans un cadre officiel, l'assemblée générale des magistrats du siège du tribunal de grande instance de Paris, tenu des propos de caractère assez général en faveur de l'une des parties. Nonobstant, l'impartialité de la juridiction dans laquelle il a siégé pouvait susciter des doutes sérieux et les craintes du requérant à cet égard pouvaient passer pour objectivement justifiées. • CEDH, gr. ch., 23 avr. 2015 *Morice c/ France,* n° 29369/10 § 76, 82 s.

218. Cumul de fonctions juridictionnelle et consultative. Il y a eu confusion, dans le chef de quatre conseillers d'État, de fonctions consultatives et de fonctions juridictionnelles. Dans le cadre d'une institution telle que le Conseil d'État luxembourgeois, le seul fait que certaines personnes exercent successivement, à propos des mêmes décisions, les 2 types de fonctions, est de nature à mettre en cause l'impartialité structurelle de ladite institution. En l'espèce, P. a pu légitimement craindre que les membres du comité du contentieux ne se sentissent liés par l'avis donné précédemment. Ce simple doute, aussi peu justifié soit-il, suffit à altérer l'impartialité du tribunal en question, ce qui dispense la Cour d'examiner les autres aspects du grief. • CEDH 28 sept. 1995, *Procola c/ Luxembourg,* n° 14570/89 § 45 : *préc. note 58.* ♦ Le simple fait que le « bailli adjoint » ait présidé les *States of Deliberation* lors de l'adoption du plan d'aménagement détaillé n° 6 en 1990 est susceptible d'inspirer des doutes quant à son impartialité lorsqu'il a ultérieurement été amené à trancher, comme unique juge du droit, l'appel du requérant en matière d'aménagement du territoire. Le requérant était donc fondé à craindre que le bailli ait pu être influencé par sa participation antérieure à l'adoption du plan d'aménagement détaillé n° 6. Ce doute en lui-même, quelle que soit la légèreté de sa justification, suffit à altérer l'impartialité de la *Royal Court.* Il n'est donc pas nécessaire que la Cour examine les autres aspects du grief. • CEDH 8 févr. 2002, *McGonnell c/ Royaume-Uni,* n° 28488/95 § 57. ♦ V. s'agissant de la Cour des comptes : le rapport public, en décrivant des mouvements illégaux de fonds opérés à Noisy-le-Grand, aborde l'affaire dans son ensemble et ne distingue pas la qualification de la gestion de fait de l'évaluation des sommes irrégulièrement décaissées qu'il mentionne. Ainsi, l'association est explicitement citée dans le rapport, ainsi que les sommes mises en cause, avec une évaluation chiffrée. La Cour des comptes ne présentait pas, au stade de la détermination de la ligne de compte, les garanties d'impartialité. • CEDH 6 oct. 2016, *Beausoleil c/ France,* n° 63979/11 § 41 : *AJDA 2016. 1900 ; ibid. 2017. 180, note Sorbara ; AJDA 2017. 157, chron. Burgorgue-Larsen ; Gestion et fin. publ. 2017, n° 2, p. 141, chron. Damarey, Lascombe, Vandendriessche.*

219. Les requérants ont fait valoir essentiellement des arguments de nature générale tenant à l'organisation du Conseil d'État, aux carrières des conseillers d'État et aux fonctions qu'ils ont pu auparavant exercer. Ils n'ont toutefois indiqué aucun élément susceptible de faire conclure que, dans l'exercice de fonctions antérieures ou parallèles, les membres de la formation de jugement auraient eu à prendre position sur les textes en cause, en auraient connu d'une quelconque façon, ou auraient eu avec les parties adverses des liens de nature à faire redouter un défaut d'impartialité. Il n'existe aucune raison de douter ni de l'indépendance ni de l'impartialité des membres du Conseil d'État, faute de preuve contraire. • CEDH, décis., 6 mars 2003, *G. L. et S. L. c/ France,* n° 58811/00 : *AJDA 2003. 1924, chron. Flauss*. ♦ Les avis consultatifs rendus relativement au projet de loi sur la planification des infrastructures de transport et la procédure subséquente d'examen des recours introduits contre l'arrêté de tracé ne pouvant passer pour représenter « la même affaire » ou « la même décision », il n'y a pas violation du présent art. dans le fait que le Conseil d'État plénier rendit, concernant le projet de loi sur la planification des infrastructures de transport, un avis qui prévoyait des règles procédurales encadrant le processus décisionnel applicable à l'aménagement suprarégional de nouvelles grandes infrastructures de transport. • CEDH, gr. ch., 6 mai 2003, *Kleyn et a. c/ Pays-Bas,* n° 39343/98 § 200 : *AJDA 2003. 1490, note Rolin ; ibid. 1924, chron. Flauss ; JCP 2003. I. 160, chron. Sudre.* ♦ Les questions soulevées dans l'avis relatif « aux travaux de sauvegarde et remise en état du site après l'abandon de l'exploitation minière », à la suite de l'entrée en vigueur de la loi du « x » modifiant certaines dispositions du code minier, et les procédures relatives à la contestation des arrêtés interpréfectoraux portant mesures de police des mines ne peuvent passer pour des « décisions » parfaitement identiques. • CEDH 9 nov. 2006, *Sacilor-Lormines c/ France,* n° 65411/01 § 71 : *AJDA 2007. 902, chron. Flauss ; JCP 2007. I. 106, chron. Sudre.* ♦ En l'espèce, M. P. n'avait pas exercé antérieurement de fonction législative, exécutive ou consultative en rapport avec la matière ou les questions juridiques sur lesquelles la cour d'appel a statué dans le cadre du recours formé par la société requérante. La procédure judiciaire litigieuse ne saurait donc passer pour avoir porté sur « la même cause » *ou « la même décision ». La Cour n'est pas* convaincue que la simple appartenance de M. P. au corps législatif à l'époque où il a connu de l'appel de la société requérante suffise à susciter des doutes quant à l'indépendance et à l'impartialité de la cour d'appel. La société requérante s'appuie sur la théorie de la séparation des pouvoirs ; or ce principe n'est pas déterminant dans l'abstrait. • CEDH 22 juin 2004, *Pabla Ky c/ Finlande,* n° 47221/99 § 34. ♦ Rappr. s'agissant de la participation d'un magistrat andorran à un cabinet d'avocats donnant ses conseils au Gouvernement andorran : • CEDH 29 mai 2012, *UTE Aur Vallnet c/ Andorre,* n° 16047/10 *JCP Adm. 2012. 400.*

220. Cumul de fonction juridictionnelle et de contrôle. Le cumul des fonctions d'instruction et de jugement peut être compatible avec le respect de l'impartialité garanti par le présent paragraphe. Le simple fait, pour un juge, d'avoir déjà pris des décisions avant le procès ne peut passer pour justifier en soi des appréhensions relativement à son impartialité. Ce qui compte est l'étendue des mesures adoptées par le juge avant le procès. • CEDH, décis., 27 août 2002, *Didier c/ France,* n° 58188/00. ♦ Ce cumul est cependant subordonné à la nature et l'étendue des tâches du rapporteur durant la phase d'instruction, et notamment à l'absence d'accomplissement d'acte d'accusation de sa part. Or, en l'espèce, il ne ressort pas du code, ni d'un éventuel règlement intérieur, de distinction claire entre les fonctions de poursuite, d'instruction et de sanction dans l'exercice du pouvoir juridictionnel de la Commission bancaire. • CEDH 11 juin 2009, *Dubus SA c/ France,* n° 5242/04 § 61 : *préc. note 87.*

221. Cumul des fonctions d'instruction et de jugement. Dès lors que les questions qu'un magistrat doit trancher en l'espèce avant les débats ne se confondent pas avec celles qui dicteront son jugement final, il n'y a pas violation du présent art. • CEDH 24 mai 1989, *Hauschildt c/ Danemark,* n° 10486/83 § 50 : *préc. note 198.* ♦ De même, la connaissance approfondie du dossier par le juge n'implique pas un préjugé empêchant de le considérer comme impartial au moment du jugement sur le fond. Enfin, l'appréciation préliminaire des données disponibles ne saurait non plus passer comme préjugeant l'appréciation finale. • CEDH 2 mars 2010, *Adamkiewicz c/ Pologne,* n° 54729/00 § 101 : *D. 2010. 1324, note Bonfils*.

222. En se prononçant sur la détention provisoire et sur d'autres problèmes de ce genre avant le procès, il apprécie sommairement les données disponibles pour déterminer si de prime abord les soupçons de la police ont quelque consistance ; lorsqu'il statue à l'issue du procès, il lui faut rechercher si les éléments produits et débattus en justice suffisent pour asseoir une condamnation. On ne saurait assimiler des soupçons à un constat formel de culpabilité. Dès lors, qu'un juge de première instance ou d'appel, dans un système comme celui du Danemark, ait déjà pris des décisions avant le procès, notamment au sujet de la détention provisoire, ne peut donc passer pour justifier en soi des appréhensions quant à son impartialité. • CEDH 24 mai 1989, *Hauschildt c/ Danemark,* n° 10486/83 § 50 : *préc. note 198* • CEDH, décis., 10 sept. 2002, *Mujea c/ Roumanie,* n° 44696/98. ♦ La chambre d'accusation déclara se « référer expressément » aux faits déjà examinés par elle dans un arrêt antérieur, rendu dans une composition largement différente et qui renfermait des constatations fort précises se fondant sur les propres déclarations de l'intéressé, qui ne revint pas sur elles et ne prétendit jamais qu'elles lui eussent été extorquées, déclarations corroborées de surcroît par des preuves matérielles non contestées. Ils se bornèrent à apprécier sommairement les données disponibles pour déterminer si de prime abord les soupçons de la gendarmerie avaient quelque consistance et laissaient craindre un risque de fuite. En conclusion, la participation des conseillers B1 et B2 à l'adoption de l'arrêt contesté n'a pas porté atteinte à l'impartialité de la chambre des appels correctionnels, les appréhensions du requérant ne pouvant passer pour objectivement justifiées. • CEDH 16 déc. 1992, *Sainte-Marie c/ France,* n° 12981/87 § 33 et 34 : *D. 1993. 384, obs. Renucci ; JCP 1993. I. 2742, chron. Sudre.* ♦ En l'espèce, il n'a pas été établi que le magistrat ait dû prendre une quelconque décision de procédure. Son rôle, limité dans le temps, consistait à interroger deux témoins. Il n'emportait aucune appréciation des éléments produits, ni n'exigeait dudit magistrat une quelconque conclusion quant au rôle du requérant. Dans ce contexte limité, on ne peut dès lors considérer comme objectivement justifiée la crainte du requérant de voir le tribunal régional d'Innsbruck manquer d'impartialité. • CEDH 22 févr. 1996, *Bulut c/ Autriche,* n° 17358/90 § 34 : *préc. note 205.*

223. Lorsque le magistrat militaire prend part à un ou plusieurs actes de procédure qui restent par la suite valables dans l'instance pénale concernée, l'accusé peut raisonnablement éprouver des doutes quant à la régularité de l'ensemble de la procédure, à moins qu'il ne soit établi que la procédure suivie par la suite devant la cour a suffisamment dissipé ces doutes. Plus précisément, le fait que le magistrat militaire ait participé, dans un procès contre un civil, à un acte de procédure faisant partie inhérente de l'instance prive l'ensemble de la procédure de l'apparence d'avoir été menée par un tribunal indépendant et impartial. • CEDH, gr. ch., 12 mai 2005, *Ocalan c/ Turquie,* n° 46221/99 § 115.

224. Certaines circonstances peuvent néanmoins, dans une affaire donnée, autoriser une conclusion différente. En l'espèce, la Cour ne peut qu'attribuer une importance spéciale à un fait : dans neuf des ordonnances prorogeant la détention provisoire de H., le juge L. s'appuya explicitement sur l'article « x ». En la prolongeant à leur tour avant l'ouverture des débats en appel, les magistrats qui contribuèrent ensuite à l'adoption de l'arrêt final se fondèrent eux aussi sur le même texte à plusieurs reprises. Or pour appliquer cet art., un juge doit, entre autres, s'assurer de l'existence de « soupçons particulièrement renforcés » que l'intéressé a commis les infractions dont on l'accuse. D'après les explications officielles, cela signifie qu'il lui faut avoir la conviction d'une culpabilité « très claire ». L'écart entre la question à trancher pour recourir audit art. et le problème à résoudre à l'issue du procès devient alors infime. Dans ces conditions, la violation est avérée. • CEDH 24 mai 1989, *Hauschildt c/ Danemark,* n° 10486/83 § 51 et 52 : *préc. note 198.* ♦ En l'occurrence, la crainte d'un manque d'impartialité tient à un double fait. D'une part, l'arrêt de la cour d'assises d'appel, présidée par le juge S. P., contenait de nombreuses références aux requérants et à leurs rôles respectifs pendant l'action criminelle ; en particulier, il parlait des « coauteurs » du double crime, de « l'indication précise par G. V. que G. G. avec S. avaient été les exécuteurs matériels des meurtres », et il affirmait que F. avait aidé à fouiller la caserne et à transporter du matériel appartenant aux carabiniers. D'autre part, un autre arrêt de la cour d'appel, section des mineurs, condamnait les intéressés en citant souvent des passages de la décision de la cour d'assises d'appel relative à G. G. ; le juge S. P. était encore une fois président de la juridiction pour mineurs et de surcroît juge rapporteur. Ces faits suffisent pour considérer comme objectivement justifiées les craintes des requérants à l'égard de l'impartialité de la cour d'appel, section des mineurs. • CEDH 7 août 1996, *Ferrantelli et Santangelo c/ Italie,* n° 19874/92 § 59 et 60 : *RSC 1997. 482, obs. Koering-Joulin.* ♦ En l'occurrence, la crainte d'un manque d'impartialité tient du fait que le jugement prononcé à l'encontre de A. contenait de nombreuses références au requérant et à son rôle au sein de l'organisation criminelle à laquelle il était soupçonné faire partie. En particulier, plusieurs passages se réfèrent au requérant comme étant l'organisateur ou le promoteur d'un trafic de stupéfiants entre l'Italie et l'Amérique latine. Deux des juges, ayant prononcé ce jugement, ont ensuite été appelés à décider le bien-fondé des accusations portées à l'encontre du requérant, qui concernaient, au moins en partie, les mêmes faits qui étaient à la base de la condamnation de A. • CEDH 16 nov. 2000, *Rojas Morales c/ Italie,* n° 39676/98 § 33.

225. Le juge aux affaires familiales a fait durant l'instruction un ample usage des attributions étendues que lui conférait la loi sur la procédure applicable aux mineurs. La Cour ne décèle pas dans quelle mesure le fait que ce même magistrat ait subséquemment présidé la formation de jugement du tribunal ayant déclaré le requérant auteur des faits pouvait en l'espèce contribuer à assurer la meilleure protection de l'intérêt supérieur de l'enfant que le requérant était alors. • CEDH 2 mars 2010,

Adamkiewicz c/ Pologne, n° 54729/00 § 104 et 107 : *préc. note 221.* ♦ V. par opposition. • CEDH 24 août 1993, *Nortier c/ Pays-Bas,* n° 13924/88 § 34 et 35 : *préc. note 211.*

226. En s'exprimant en des termes clairs et non équivoques quant au rôle exact du requérant et à sa place dans le réseau délictueux (« il agissait en véritable professionnel du trafic », et était considéré comme « l'un des principaux trafiquants »), ainsi que sur l'étendue de son implication dans ce trafic (« dont il tirait très largement bénéfice »), les magistrats de la chambre de l'instruction de la cour d'appel d'Orléans sont allés au-delà d'un simple état de suspicion à son encontre. Dès lors, en adoptant une telle motivation, et notamment en tirant des conclusions catégoriques de discordances apparentes entre les déclarations du requérant et certains éléments matériels recueillis lors des investigations, la chambre de l'instruction ne s'est pas limitée à une appréciation sommaire des faits reprochés pour justifier la pertinence d'un maintien en détention provisoire, mais s'est au contraire prononcée sur l'existence d'éléments de culpabilité à la charge du requérant. Il en résulte que l'impartialité objective des deux magistrats de la chambre des appels correctionnels de la cour d'appel d'Orléans – qui ont fait partie de la chambre de l'instruction de la cour d'appel d'Orléans ayant rendu les arrêts litigieux des 17 avr. et 31 juill. 2003 – pouvait ainsi paraître sujette à caution et que les appréhensions du requérant peuvent passer pour objectivement justifiées. • CEDH 22 avr. 2010, *Chesne c/ France,* n° 29808/06 : *AJ pénal 2010. 346, obs. Ascensi.*

227. Pour d'autres exemples, V. • CEDH 4 mars 2014, *Grande Stevens et a. c/ Italie,* n° 18640/10 § 132 s. : *préc. note 84.*

228. Cumul des fonctions de poursuite et de jugement. Si un juge, après avoir occupé au parquet une charge de nature à l'amener à traiter un certain dossier dans le cadre de ses attributions, se trouve saisi de la même affaire comme magistrat du siège, les justiciables sont en droit de craindre qu'il n'offre pas assez de garanties d'impartialité. • CEDH 1er oct. 1982, *Piersack c/ Belgique,* n° 8692/79 § 30. ♦ V. déjà : • CEDH 25 févr. 1997, *Findlay c/ Royaume-Uni,* n° 22107/93 § 74 s. • CEDH 24 sept. 1997, *Coyne c/ Royaume-Uni,* n° 25942/94 § 55 s. ♦ A l'inverse, le fait pour la *Commission des sanctions* d'avoir demandé un supplément d'instruction et sollicité à cette occasion des observations complémentaires sur l'interprétation des dispositions en cause de la part du président de l'AMF, pris en sa qualité de président de l'organe de poursuite, ne porte pas en soi atteinte à son impartialité, dès lors notamment que les requérants ont également été entendus et qu'ils ont pu discuter contradictoirement les observations complémentaires ainsi recueillies. • CEDH 1er sept. 2016, *X. et Y. c/ France,* n° 48158/11 § 44 : *préc. note 209.*

229. Cumul de fonctions juridictionnelles. On ne peut voir un motif légitime de craindre un défaut d'impartialité dans la circonstance qu'un même juge a participé à l'adoption d'une décision en première instance, puis a pris part à la procédure ouverte après le renvoi de l'affaire pour réexamen à la suite de l'annulation de cette décision. On ne saurait poser en principe général découlant du devoir d'impartialité qu'une juridiction de recours qui annule une décision judiciaire a l'obligation de renvoyer l'affaire à un organe autrement constitué de la juridiction de première instance. • CEDH, gr. ch., 27 mai 2014, *Margus c/ Croatie,* n° 4455/10 § 86. ♦ Un juge ne peut pas connaître d'une de ses propres décisions. Une procédure d'appel se déroulant devant une Cour dont trois des magistrats ont également pris part au jugement rendu en première instance n'est pas impartiale. • CEDH 23 mai 1991, *Oberschlick c/ Autriche (n° 1),* n° 11662/85 § 48 s. ♦ Rappr. pour un juge ayant à connaître de sa propre décision • CEDH 26 août 1997, *De Haan c/ Pays-Bas,* n° 22839/93 § 51 s. ♦ Il en va de même lorsqu'un même juge connaît d'affaires certes distinctes mais ayant de très forts liens entre elles : lorsque le requérant a engagé la procédure en question devant le tribunal administratif auquel Mme R. siégeait en qualité de juge, la procédure parallèle dans laquelle celle-ci intervenait en tant que représentante légale de la municipalité contre le requérant était pendante devant le Tribunal fédéral, lequel a rendu son arrêt huit mois plus tard. Moins de deux mois après la fin de cette procédure, le tribunal administratif a rendu son jugement. Il y a donc eu concomitance des 2 instances impliquant Mme R., qui exerçait la double fonction de juge, d'une part, et de représentante légale de la partie adverse, d'autre part. En conséquence, dans le cadre de la procédure devant le tribunal administratif, le requérant pouvait avoir des raisons de redouter que Mme R. continuât de voir en lui un adversaire. • CEDH 21 déc. 2000, *Wettstein c/ Suisse,* n° 33958/96 § 47. ♦ V. encore pour des juges jugeant eux-mêmes, après l'avoir initiée, l'infraction d'outrage dont ils ont été victimes. • CEDH 15 nov. 2005, *Kyprianou c/ Chypre,* n° 73797/01 § 130 et 131.

230. Renonciation. Il n'est pas possible de tirer argument du fait que le justiciable n'ait pas invoqué la question de la partialité du tribunal pour estimer qu'il a renoncé à son droit d'être jugé par un tribunal impartial. En effet, la renonciation à un droit garanti par la Convention – pour autant qu'elle soit licite – doit se trouver établie de manière non équivoque. • CEDH 23 mai 1991, *Oberschlick c/ Autriche (n° 1),* n° 11662/85 § 51. ♦ En outre, dans le cas de droits de nature procédurale, semblable déclaration, pour entrer en ligne de compte sous l'angle de la Convention, doit s'entourer d'un minimum de garanties correspondant à sa gravité. • CEDH 25 févr. 1992, *Pfeifer et Plankl c/ Autriche,* n° 10802/84 § 34. ♦ Il faut en outre établir que le justiciable était conscient de l'existence des doutes. Ainsi, le requérant ne saurait prétendre avoir eu des motifs légitimes de douter de l'impartialité du tribunal qui l'a jugé alors qu'il pouvait en récuser la composition mais s'en est abstenu. • CEDH 22 févr. 1996, *Bulut c/ Autriche,* n° 17358/90 § 34 : *préc. note 205.*

3° DROIT À ÊTRE JUGÉ DANS UN DÉLAI RAISONNABLE

231. Principe. Le présent paragraphe a pour but de les protéger contre les lenteurs excessives de la procédure ; en matière répressive, spécialement, elle vise à éviter qu'une personne inculpée ne demeure trop longtemps dans l'incertitude de son sort. • CEDH 10 nov. 1969, *Stögmuller c/ Autriche,* n° 1602/62 § 5 (en droit). ♦ La Convention souligne par là l'importance qui s'attache à ce que la justice ne soit pas rendue avec des retards propres à en compromettre l'efficacité et la crédibilité. • CEDH 24 oct. 1989, *H. c/ France,* n° 10073/82 § 58. ♦ Le présent art. oblige les États contractants à organiser leur système judiciaire de telle sorte que leurs cours et tribunaux puissent remplir chacune de ses exigences et, notamment, garantir à chacun le droit d'obtenir une décision définitive dans un délai raisonnable. • CEDH 14 nov. 2000, *Delgado c/ France,* n° 38437/97 § 50 : *D. 2001. 2787, note Marguénaud et Mouly* • CEDH, gr. ch., 27 juin 2000, *Frydlender c/ France,* n° 30979/96 § 45 • CEDH 19 mars 2002, *Van der Kar et Lissaur van West c/ France,* n° 44952/98 § 21. ♦ Tout État qui laisse une procédure se poursuivre au-delà du « délai raisonnable » sans rien tenter pour la faire progresser est responsable du retard qui en résulte. • CEDH, gr. ch., 17 juill. 2014, *Svinarenko et Slyadnev c/ Russie,* n° 32541/08 § 143 et 144. ♦ V. déjà • CEDH 26 sept. 2006, *Blake c/ Royaume-Uni,* n° 68890/01 § 45.

232. Sur la nécessité de prévoir un recours permettant de se plaindre de la lenteur de la procédure judiciaire, la question doit être traitée sous l'angle de l'art. 13 Conv. EDH. • CEDH, gr. ch., 26 oct. 2000, *Kudla c/ Pologne,* n° 30210/96 § 146 s. : *préc. note 102* • CEDH 26 mars 2002, *Lutz c/ France,* n° 48215/99 § 19 : *JCP 2002. I. 157, chron. Sudre.* ♦ V. notes ss. Conv. EDH, art. 13.

233. Constat. La répétition des violations constatées montre qu'il y a là accumulation de manquements de nature identique et assez nombreux pour ne pas se ramener à des incidents isolés. Ces manquements reflètent une situation qui perdure, à laquelle il n'a pas encore été porté remède et pour laquelle les justiciables ne disposent d'aucune voie de recours interne. Cette accumulation de manquements est, dès lors, constitutive d'une pratique incompatible avec la Conv. EDH. • CEDH, gr. ch., 28 juill. 1999, *Ferrari c/ Italie,* n° 33440/96 § 21. ♦ Dans la mesure où la Cour constate un tel manquement, cette accumulation constitue une circonstance aggravante de la violation de l'art. • CEDH 10 nov. 2004, *Apicella c/ Italie,* n° 64890/01 § 22. ♦ La Cour, après avoir pendant des années évalué les causes des retards imputables aux parties dans le cadre des règles italiennes de procédure, a dû se résoudre à uniformiser la rédaction de ses arrêts, ce qui lui a permis d'adopter depuis 1999 plus de 1 000 arrêts contre l'Italie en matière de durée de procédures civiles. Or, une telle approche a rendu nécessaire, quant à l'octroi pour dommage moral dans le cadre de l'application de l'art. 41 Conv. EDH, la mise en place de barèmes fondés sur l'équité, afin de parvenir à des résultats équivalents dans des cas similaires. Tout cela a amené la Cour à des niveaux d'indemnisation qui sont plus élevés que ceux pratiqués avant 1999 et qui peuvent différer de ceux appliqués en cas de constat d'autres violations. Cette augmentation, loin de revêtir un caractère punitif, avait un double objectif : d'une part, elle visait à inciter l'État à trouver une solution propre et accessible à tous et, d'autre part, elle permettait aux requérants de ne pas être pénalisés du fait de l'absence de recours internes. • CEDH, gr. ch., 26 mars 2006, *Apicella c/ Italie,* n° 64890/01 § 65.

234. Modalités de réparation. Une décision ou mesure favorable au requérant ne suffit, en principe, à lui retirer la qualité de « victime » que si les autorités nationales ont reconnu, explicitement ou en substance, puis réparé la violation de la Conv. EDH. • CEDH, gr. ch., 26 mars 2006, *Apicella c/ Italie,* n° 64890/01 § 69. ♦ En revanche, lorsque les autorités nationales ont constaté une violation et que leur décision constitue un redressement approprié et suffisant de cette violation, la partie concernée ne peut plus se prétendre victime au sens de l'art. 34 Conv. EDH. • CEDH 30 janv. 2001, *Holzinger c/ Autriche (n° 1),* n° 23459/94 § 21. ♦ Eu égard au fait que différentes exigences n'ont pas été satisfaites, la Cour considère que le redressement s'est révélé insuffisant. La seconde condition, à savoir un redressement approprié et suffisant, n'ayant pas été remplie, la Cour estime que la requérante peut en l'espèce toujours se prétendre « victime » d'une violation de l'exigence du « délai raisonnable ». • CEDH, gr. ch., 26 mars 2006, *Apicella c/ Italie,* n° 64890/01 § 105. ♦ Pour évaluer le montant de l'indemnisation allouée par les juridictions nationales, la Cour examine, sur la base des éléments dont elle dispose, ce qu'elle aurait accordé dans la même situation pour la période prise en considération par la juridiction interne. • CEDH, gr. ch., 29 mars 2006, *Cocchiarella c/ Italie,* n° 64886/01 § 86 s. • CEDH 26 nov. 2013, *Francesco Quattrone c/ Italie,* n° 13431/07 § 52.

a. Estimation du délai

235. En matière civile et administrative. La période à considérer a débuté à la date de l'assignation des requérants devant le TGI de Nice, pour s'achever avec le prononcé de l'arrêt de la C. cass. • CEDH 20 févr. 1991, *Vernillo c/ France,* n° 11889/95 § 29 : *D. 1992. 333, obs. Renucci.* ♦ V. déjà : • CEDH 6 mai 1981, *Buchholz c/ Allemagne,* n° 7759/77 § 47. ♦ ... A débuté à la date de la demande préalable d'indemnisation au ministre de la solidarité, de la santé et de la protection sociale. Elle n'a pas encore pris fin, X. ayant introduit un recours devant la CAA de Paris. • CEDH 31 mars 1992, *X. c/ France,* n° 18020/91 § 31. ♦ ... A débuté lorsque le requérant présenta une réclamation administrative auprès de l'administration fiscale et a pris fin à la date de la notification de l'arrêt du CE. • CEDH 26 sept. 2000, *J. B. c/ France,* n° 33634/96 § 17. ♦ ... A débuté avec l'introduction par le requérant de sa requête en partage judiciaire et s'est terminée avec l'ordonnance de classement de la procédure rendue par le TI. • CEDH 28 nov. 2000, *Siegel c/ France,* n° 363509/97 § 42 : *Procédures, avr. 2001, n° 83, obs. Fricero.* ♦ ... A débuté avec l'assignation par le requérant de son ancien expert-comptable. S'agissant de la fin de la période à considérer, la Cour rappelle sa jurisprudence constante selon laquelle le délai dont il lui incombe de contrôler le caractère raisonnable couvre l'ensemble de la procédure en cause, y compris les instances de recours, et s'étend jusqu'à la décision vidant la contestation. Or, la Cour observe que, dans la présente affaire, aucune décision définitive vidant la contestation n'a été rendue. • CEDH, décis., 3 déc. 2002, *C. R. c/ France,* n° 42407/98.

236. La période à considérer a débuté lorsque le requérant se constitua partie civile et a *pris fin à la* date à laquelle la C. cass. rendit son second arrêt de rejet. • CEDH 21 mars 2000, *Boudier c/ France,* n° 41857/98 § 32.

237. En matière pénale. La période à prendre en considération, la Cour estime qu'elle doit courir à partir de la date à laquelle furent formulées les premières accusations en même temps que son arrestation était ordonnée. C'est à partir de cette date en effet que s'ouvrit son droit à ce que sa cause fût entendue dans un délai raisonnable afin qu'il pût être statué sur le bien-fondé de ces accusations. • CEDH 27 juin 1968, *Wemhoff c/ Allemagne,* n° 2122/64 § 19 (en droit) • CEDH 26 févr. 1993, *Messina c/ Italie,* n° 13803/88 § 25.

238. Pour contrôler en matière pénale le respect du « délai raisonnable », il faut commencer par rechercher à partir de quand une personne se trouve « accusée » ; il peut s'agir d'une date antérieure à la saisine de la juridiction de jugement, celle notamment de l'arrestation, de l'inculpation ou de l'ouverture des enquêtes préliminaires. Si l'« accusation », au sens du présent art., peut en général se définir comme « la notification officielle, émanant de l'autorité compétente, du reproche d'avoir accompli une infraction pénale », elle peut dans certains cas revêtir la forme d'autres mesures impliquant un tel reproche et entraînant elles aussi des répercussions importantes sur la situation du suspect. • CEDH 10 déc. 1982, *Corigliano c/ Italie,* n° 8304/78 § 34.

239. Il importe peu que la procédure se termine par un non-lieu. • CEDH 19 févr. 1991, *Maj c/ Italie,* n° 13087/87 § 13. ♦ Que l'instruction soit toujours en cours. • CEDH 19 févr. 1991, *Viezzer c/ Italie,* n° 12598/86 § 15.

240. Une instance devant une cour constitutionnelle entre en ligne de compte pour calculer la période à examiner lorsque son résultat peut influer sur l'issue du litige débattu devant les juridictions ordinaires. • CEDH 23 avr. 1987, *Poiss c/ Autriche,* n° 9816/82 § 52 • CEDH 26 juin 1993, *Ruiz Mateos c/ Espagne,* n° 12952/87 § 35 : *préc. note 76.*

241. Exceptions. Ne sont pas prises en compte : ... une procédure de révision. • CEDH, décis., 20 avr. 1999, *J. F. c/ France,* n° 39616/98. ♦ ... Une procédure conservatoire qui vise à régir une situation temporaire en attendant qu'il soit statué au principal, et ne tend donc pas à une décision sur des droits et obligations de caractère civil. • CEDH 28 juin 2001, *Maillard Bous c/ Portugal,* n° 41288/98 § 19 : *D. 2002. 286, obs. Fricero.* ♦ ... Les procédures préjudicielles devant la CJUE. • CEDH 26 févr. 1998, *Pafitis et a. c/ Grèce,* n° 20323/92 § 95 : *RGDIP 1998. 232, obs. Flauss ; JCP 1999. I. 105, chron. Sudre.*

b. Appréciation du délai

242. La Cour se fonde sur la durée globale de la procédure. • CEDH 26 sept. 2000, *J. B. c/ France,* n° 33634/96 § 19 • CEDH 3 mars 2012, *Michelioudakis c/ Grèce,* n° 54447/10 § 45. ♦ La durée raisonnable d'une procédure doit s'apprécier suivant les circonstances de la cause et à l'aide des critères suivants : la complexité de l'affaire, le comportement du requérant, celui des autorités compétentes et l'enjeu du litige pour l'intéressé. • CEDH, gr. ch., 27 juin 2000, *Frydlender c/ France,* n° 30979/96 § 43 • CEDH 8 juin 2006, *Sürmeli c/ Allemagne,* n° 75529/01 § 128 : *JDI 2007. 696, obs. Matter*

• CEDH 10 juill. 2012, *Kayak c/ Turquie,* n° 60444/08 § 74.

243. Complexité de l'affaire. Elle s'établit eu égard à l'ensemble des circonstances de la cause et à sa complexité en fait comme en droit. • CEDH 27 oct. 1994, *Katte Klitsche de la Grange c/ Italie,* n° 12539/86 § 62 • CEDH, gr. ch., 25 mars 1999, *Pélissier et Sassi c/ France,* n° 25444/94 § 67 • CEDH, gr. ch., 27 juin 2000, *Frydlender c/ France,* n° 30979/96 § 43 • CEDH 19 mars 2002, *Van der Kar et Lissaur van West c/ France,* n° 44952/98 § 19 • CEDH 3 mars 2012, *Michelioudakis c/ Grèce,* n° 54447/10 § 45.

244. La Cour a retenu, pour déterminer si l'affaire est complexe, la nature des faits à établir. • CEDH 19 févr. 1991, *Triggiani c/ Italie,* n° 13509/88 § 17. ♦ ... Le nombre des accusés et des témoins. • CEDH 19 févr. 1991, *Angelucci c/ Italie,* n° 12666/87 § 15. ♦ ... La jonction de plusieurs affaires. • CEDH 27 févr. 1992, *Diana c/ Italie,* n° 11898/85 § 17. ♦ ... L'intervention de tiers. • CEDH 27 févr. 1992, *Manieri c/ Italie,* n° 12053/86 § 18. ♦ ... La situation du pays : en l'espèce, reprise du paiement des pensions militaires de l'ancienne Yougoslavie entraînant une multiplicité de recours constitutionnels. • CEDH 12 juin 2001, *Trickovic c/ Slovénie,* n° 39914/98. ♦ ... La nature des accusations ainsi que des problèmes de compétence concernant les faits commis par des mineurs en même temps que des adultes. • CEDH 7 août 1996, *Ferrantelli et Santangelo c/ Italie,* n° 19874/92 § 42. ♦ ... La complexité des règles de droit. • CEDH 3 août 2000, *Kanoun c/ France,* n° 35589/97 § 49.

245. L'enquête présentait des difficultés ; au début, elles résultaient de l'absence de témoins et du fait que B. et P. se rejetaient mutuellement la responsabilité du crime dont ils étaient soupçonnés l'un et l'autre. Si le rapport commun du médecin légiste et de l'expert en balistique fournit des éléments propres à aider à identifier l'auteur du coup mortel, des « zones d'ombre » n'en subsistèrent pas moins. L'instruction, menée sans désemparer, ne réussit pas à élucider les mobiles du meurtre ni à cerner la personnalité des inculpés. En revanche, elle révéla que des liens pouvaient exister avec d'autres infractions. • CEDH 12 oct. 1992, *Boddaert c/ Belgique,* n° 12919/87 § 37.

246. A l'inverse, le simple fait que plusieurs experts aient dû être saisis afin de déterminer la valeur de certains actifs ne peut expliquer à lui seule la longueur globale de l'affaire qui, d'un point de vue juridique, ne peut pas être considérée comme complexe. • CEDH 25 mai 2004, *Szakaly c/ Hongrie,* n° 59056/00 § 35.

247. Comportement du requérant. Le comportement du requérant vient nécessairement atténuer ses prétentions quant au dépassement du délai raisonnable ; ainsi en est-il d'un requérant qui demande 17 renvois d'audience. • CEDH 4 déc. 1995, *Ciricosta et Viola c/ Italie,* n° 19753/92 § 29 • CEDH 19 mars 2002, *Van der Kar et Lissaur van West c/ France,* n° 44952/98 § 19. ♦ Parfois, malgré le comportement du requérant, il y aura dépassement. • CEDH 24 nov. 1994, *Beaumartin c/ France,* n° 15287/89 § 33.

248. Si le présent art. n'exige pas des intéressés une coopération active avec les autorités judiciaires, on ne saurait non plus leur reprocher d'avoir tiré pleinement partie des voies de recours que leur ouvrait le droit interne. Cependant, leur comportement constitue un fait objectif, non imputable à l'État défendeur et à prendre en compte pour répondre à la question de savoir si la procédure a ou non dépassé le délai raisonnable. • CEDH 15 juill. 1982, *Eckle c/ Allemagne,* n° 8130/78 § 82. ♦ L'intéressé est tenu seulement d'accomplir avec diligence les actes le concernant, de ne pas user de manœuvres dilatoires et d'exploiter les possibilités offertes par le droit interne pour abréger la procédure ; rien ne l'oblige à entreprendre des démarches impropres à cette fin. • CEDH 7 juill. 1989, *Union Alimentaria Sanders c/ Espagne,* n° 11681/85 § 35.

249. L'allongement de la procédure résulte, certes, partiellement de l'utilisation par les parties de toutes les voies de recours que leur ouvrait le droit interne. Elle témoigne cependant de la complexité de la question posée, et du choix jurisprudentiel opéré par les juridictions internes dont il n'appartient pas à la Cour d'apprécier l'opportunité, mais également de l'enjeu du litige pour elles ; l'on ne saurait cependant leur reprocher d'avoir tiré pleinement partie de ces possibilités même si certains retards dans la procédure ont pu en résulter. • CEDH 3 août 2000, *Kanoun c/ France,* n° 35589/97 § 49.

250. Même dans les systèmes juridiques consacrant le principe de la conduite du procès par les parties, comme le fait le code de procédure civile allemand, l'attitude des intéressés ne dispense pas les juges d'assurer la célérité voulue par l'art. 6, § 1. • CEDH 10 juill. 1984, *Guincho c/ Portugal,* n° 8990/80 § 32 • CEDH 11 oct. 2001, *H. T. c/ Allemagne,* n° 38073/97 § 35 • CEDH 29 juill. 2004, *McMullen c/ Irlande,* n° 42297/98 § 38 • CEDH 8 juin 2006, *Sürmeli c/ Allemagne,* n° 75529/01 § 129 : *préc. note 242.* ♦ Rappr. dans les procédures françaises laissant l'initiative aux parties et dans lesquelles il leur incombe « d'accomplir les actes de la procédure dans les formes et délais requis ». • CEDH 17 déc. 1996, *Duclos c/ France,* n° 20940/92 § 55. ♦ Il en est de même lorsque la collaboration d'un expert s'avère nécessaire au cours de la procédure. • CEDH 26 oct. 1988, *Martins Moreira c/ Portugal,* n° 11371/85 § 60 • CEDH 31 juill. 2003, *Her-*

bolzheimer c/ Allemagne, n° 57249/00 § 48 • CEDH 8 juin 2006, *Sürmeli c/ Allemagne,* n° 75529/01 § 129 : *préc. note 242.*

251. Comportement des autorités. Le présent art. prescrit la célérité des procédures judiciaires, mais il consacre aussi le principe, plus général, d'une bonne administration de la justice. Dans les circonstances de la cause, le comportement des autorités se révèle compatible avec le juste équilibre à ménager entre les divers aspects de cette exigence fondamentale. • CEDH 12 oct. 1992, *Boddaert c/ Belgique,* n° 12919/87 § 39. ♦ La Cour réaffirme qu'il incombe aux États contractants d'organiser leur système judiciaire de telle sorte que leurs juridictions puissent garantir à chacun le droit d'obtenir une décision définitive sur les contestations relatives à ses droits et obligations de caractère civil dans un délai raisonnable. • CEDH 9 nov. 1999, *Gozalvo c/ France,* n° 38894/97 § 27 : *D. 2000. 183, obs. Fricero ; RD publ. 2000. 719, obs. Soler* • CEDH 26 sept. 2000, *Garcia c/ France,* n° 41001/98 § 14. ♦ ... Le devoir de diligence dans l'administration de la justice incombant en premier lieu aux autorités compétentes. • CEDH 31 juill. 2003, *Doran c/ Irlande,* n° 50389/99 § 47.

252. L'attitude de l'administration (en l'espèce, fiscale) peut se combiner avec la lenteur des juridictions. • CEDH 26 sept. 2000, *J. B. c/ France,* n° 33634/96 § 19.

253. La Conv. EDH astreint les États contractants à organiser leurs juridictions de manière à leur permettre de répondre aux exigences du présent art. notamment quant au « délai raisonnable ». Néanmoins, un engorgement passager du rôle n'engage pas leur responsabilité s'ils recourent, avec la promptitude voulue, à des mesures propres à surmonter pareille situation exceptionnelle. • CEDH 13 juill. 1983, *Zimmermann et Steiner c/ Suisse,* n° 8737/79 § 29. ♦ Il incombe donc, face à une augmentation prévisible d'un contentieux, que l'État mette en œuvre, suffisamment tôt, les moyens nécessaires pour éviter un accroissement des délais. • CEDH 10 juill. 1984, *Guincho c/ Portugal,* n° 8990/80 § 40 (*a contrario*).

254. Contribuent à un dépassement du délai raisonnable, nonobstant l'attitude des requérants, de longues périodes de stagnation devant le Conseil d'État, pour lesquelles elle n'a pas obtenu d'explication : ainsi l'administration défenderesse attendit 20 mois après la saisine pour déposer des observations et la juridiction de jugement plus de 5 ans pour tenir sa première audience. • CEDH 24 nov. 1994, *Beaumartin c/ France,* n° 15287/89 § 33. ♦ ... Les nombreux ajournements décidés en première instance fondés sur des raisons liées à l'organisation interne du tribunal de Rome. • CEDH 19 févr. 1991, *Triggiani c/ Italie,* n° 13509/88 § 17. ♦ La lenteur des juridictions ; le Conseil d'État a statué plus de 3 ans et demi après le jugement du tribunal administratif de Paris ; devant le conseil de prud'hommes, il fallut attendre près de 2 ans et demi entre l'audience de conciliation et la déclaration de partage des voix, puis à nouveau presque 1 an avant le jugement ; quant à la Cour de cassation, elle a rendu son arrêt plus de 3 ans après l'arrêt de la cour d'appel de Versailles. • CEDH 16 avr. 2002, *Seguin c/ France,* n° 42400/98 § 25 : *D. 2002. 2573, obs. Fricero.* ♦ ... Une période de 2 ans et plus de 9 mois s'est écoulée entre l'introduction de la requête devant le tribunal administratif de Nice et la réception du premier mémoire en défense de l'administration fiscale. • CEDH 8 juin 2004, *Clinique Mozart SARL c/ France,* n° 46098/99 § 36.

255. Il va de soi que l'inertie de l'État constitue une violation du présent paragraphe. Il appartenait donc à l'État défendeur de faire le nécessaire pour éviter des délais d'inactivité aussi longs. En particulier, le juge et le conseiller de la mise en état avaient le pouvoir de délivrer des injonctions aux parties pour éviter de tels retards dans la procédure. • CEDH 7 janv. 2003, *C. D. c/ France,* n° 42405/98 § 34. ♦ Il en va de même de l'obstruction. Les autorités administratives et juridictionnelles ont en outre constamment fait obstacle à la production de l'enregistrement audiovisuel qui eût permis à R. d'apporter la preuve des propos tenus durant la conférence de presse : les premières ont usé de moyens dilatoires telle la communication du dossier au ministre de la culture et n'ont pas produit cette pièce qui pourtant se trouvait entre leurs mains ; les secondes ont refusé d'intervenir dans ce sens alors que le requérant ne pouvait l'obtenir par ses seuls moyens. La Cour ne doute pas que là réside la principale cause de la lenteur de la procédure. • CEDH 10 févr. 1995, *Allenet de Ribemont c/ France,* n° 15175/89 § 56 : *préc. note 19.*

256. Lorsqu'une commune est partie à une procédure, les retards qui lui sont imputables sont à mettre à la charge des « autorités » au sens de la jurisprudence précitée. Le Gouvernement reconnaît que le comportement de la ville de Bordeaux a notablement contribué à prolonger la procédure dont il est question, soulignant l'absence de complexité du litige, notant une période de latence de 3 ans et 6 mois devant le tribunal administratif pour laquelle le Gouvernement ne fournit pas d'explication. • CEDH 19 mars 2002, *Beaume Marty c/ France,* n° 56672/00 § 15.

257. Pour d'autres ex. de dépassement du délai raisonnable, la Cour procède à une étude des comportements tant du requérant, que des autorités et de la complexité de la procédure, V. • CEDH 28 oct. 2014, *Panju c/ Belgique,* n° 18393/09 § 70 s.

258. Enjeu de la procédure pour le justiciable : ... En matière pénale. Le délai raisonnable du présent art. est étroitement lié à l'exigence de comparution rapide des personnes privées de liberté prévue à l'art. 5, § 3, Conv. EDH. • CEDH 21 déc. 2000, *Jablonski c/ Pologne,* n° 33985/05.

259. ... En matière de protection de l'enfant. Dans une affaire de ce genre, l'adéquation d'une mesure se juge à la rapidité de sa mise en œuvre. En effet, les procédures relatives à l'attribution de l'autorité parentale, y compris l'exécution de la décision rendue à leur issue, exigent un traitement urgent, car le passage du temps peut avoir des conséquences irrémédiables pour les relations entre les enfants et celui des parents qui ne vit pas avec eux. En l'espèce, il en va d'autant plus ainsi que l'action introduite par la requérante est une action en référé. Or l'essence d'une telle action est de prémunir l'individu contre tout préjudice pouvant résulter du simple écoulement du temps. • CEDH 25 janv. 2000, *Ignaccolo-Zenide c/ Roumanie,* n° 31679/96 § 102 (rendu sous l'art. 8 Conv. EDH). ♦ V. déjà : sous l'angle du présent art., il importe que les affaires de garde soient traitées rapidement. • CEDH 23 sept. 1994, *Hokkanen c/ Finlande,* n° 19823/92 § 72 • CEDH 27 févr. 2003, *Niederböster c/ Allemagne,* n° 39547/98 § 47.

260. ... Dans les conflits du travail et d'activité professionnelle. Les « litiges du travail » appellent par nature une décision rapide compte tenu de leur enjeu particulier pour les intéressés. • CEDH 19 mars 2002, *Beaume Marty c/ France,* n° 56672/00 § 15. ♦ Un employé s'estimant suspendu à tort par son employeur a un important intérêt personnel à obtenir promptement une décision judiciaire sur la légalité de cette mesure. Sans doute la procédure litigieuse présentait-elle une certaine complexité : interaction entre les procédures administratives et judiciaires en matière de licenciement des personnes handicapées, multiplicité des instances ; il n'en demeure pas moins qu'un laps de temps de 9 ans sans décision définitive dépasse le délai raisonnable. • CEDH 28 juin 1990, *Obermeier c/ Autriche,* n° 11761/81 § 72. ♦ Une procédure par laquelle la requérante contestait son licenciement exigeait donc une célérité des juridictions internes. • CEDH 8 avr. 2003, *Jussy c/ France,* n° 42277/98 § 23. ♦ La continuation de l'activité professionnelle du requérant dépendait dans une large mesure de la procédure en question et la Cour en déduit que, comme pour les litiges du travail, elle appelait une décision rapide compte tenu de l'enjeu du litige pour l'intéressé. • CEDH 26 sept. 2000, *Garcia c/ France,* n° 41001/98 § 14 • CEDH 3 août 2000, *Kanoun c/ France,* n° 35589/97 § 51. ♦ Un employé s'estimant suspendu ou licencié à tort par son employeur a un important intérêt personnel à obtenir rapidement une décision judiciaire sur la légalité de cette mesure, les litiges du travail appelant par nature une décision rapide, compte tenu de l'enjeu du litige pour l'intéressé, qui perd, du fait du licenciement, ses moyens de subsistance. • CEDH 27 juin 2000, *Frydlender c/ France,* n° 30979/96 § 45. ♦ S'agissant d'une action en contestation de licenciement pour motif économique, la complexité de l'affaire ne saurait justifier un tel délai. • CEDH 16 avr. 2002, *Seguin c/ France,* n° 42400/98 § 23 : *préc. note 254.*

261. ... Compte tenu de l'état de santé du justiciable. L'enjeu de la procédure litigieuse revêtait une importance extrême pour le requérant, eu égard au mal incurable qui le minait et à son espérance de vie réduite : séropositif lors de l'introduction de son recours préalable devant le ministre et de la saisine du tribunal, il avait évolué vers le Sida avéré. Tout retard risquait donc de priver d'objet utile la question à trancher par le tribunal. Bref, une diligence exceptionnelle s'imposait en l'occurrence, nonobstant le nombre des litiges à traiter, d'autant qu'il s'agissait d'un débat dont le Gouvernement connaissait les données depuis plusieurs mois et dont la gravité ne pouvait lui échapper. Or le tribunal administratif n'a pas utilisé ses pouvoirs d'injonction pour presser la marche de l'instance, bien qu'averti de la détérioration de l'état de santé de X. En particulier, il lui incombait de mener, aussitôt saisi, des investigations sur la responsabilité de l'État et d'inviter instamment le ministre à produire son mémoire en défense ou de statuer sans ce dernier. • CEDH 31 mars 1991, *X. c/ France,* n° 18020/91 § 47 et 48 : *D. 1992. 334, obs. Renucci* • CEDH 8 févr. 1996, *A. et a. c/ Danemark,* n° 20826/92 § 78 • CEDH 9 nov. 1999, *Gozalvo c/ France,* n° 38894/97 § 27 : *préc. note 251.* ♦ Même si l'affaire revêtait une certaine complexité, les données permettant de trancher la question de la responsabilité de l'État étaient disponibles depuis longtemps ; les principes de la responsabilité de l'État dans la contamination des hémophiles étaient dégagés. Le tribunal aurait en tout cas pu solliciter plus tôt l'avis du Conseil d'État. • CEDH 26 avr. 1994, *Vallée c/ France,* n° 22121/93 § 35 s.

262. ... Autres cas. La procédure portant sur une demande d'octroi de dommages et intérêts et d'une pension pour le préjudice subi à cause de l'accident, elle ne relevait pas d'une catégorie appelant de par sa nature une célérité particulière. • CEDH 8 juin 2006, *Sürmeli c/ Allemagne,* n° 75529/01 § 133 : *préc. note 242.* ♦ Cependant, introduite en sept. 1989, l'action en justice du requérant n'a toujours pas débouché, après plus de 16 ans et demi, sur une décision judiciaire définitive (violation). • CEDH 8 juin 2006, *Sürmeli c/ Allemagne,* n° 75529/01 § 133 : *préc. note 242.* ♦ V. pour une procédure en indemnisation du dommage moral subi par une personne défunte. • CEDH 30 oct. 2014, *Palermo c/ France,* n° 77362/11 § 21.

263. De même, eu égard à ce qui était en jeu pour le requérant, à savoir la cessation des procédures matrimoniales par un partage définitif des biens des parties, la procédure s'est étendue sur 7 années. • CEDH 25 mai 2004, *Szakaly c/ Hongrie,* n° 59056/00 § 37. ♦ ... A savoir son droit de voir établir ou réfuter la paternité du défendeur et donc de mettre un terme à son incertitude quant à l'identité de son géniteur, le présent art. faisait obligation aux autorités internes compétentes d'agir avec une diligence particulière afin de garantir un déroulement rapide de la procédure. • CEDH 7 févr. 2002, *Mikulic c/ Croatie,* n° 53176/99 § 44. ♦ V. déjà s'agissant d'une procédure en matière d'état et de capacité des personnes. • CEDH 29 mars 1989, *Bock c/ Allemange,* n° 11118/84 § 49.

c. Invocabilité

264. Le recours fondé sur l'art. L. 781-1 COJ permet de remédier à une violation alléguée du droit de voir sa cause entendue dans un « délai raisonnable » au sens de l'art. 6, § 1, Conv. EDH lorsque la procédure litigieuse est achevée au plan interne. Ce recours a acquis, à la date du 20 sept. 1999, le degré de certitude juridique requis pour pouvoir et devoir être utilisé aux fins de l'art. 35, § 1, Conv. Il est donc établi que, lorsqu'une procédure judiciaire est achevée au plan interne au jour de la saisine de la Cour et que cette saisine est postérieure au 20 sept. 1999, un grief tiré de la durée de cette procédure est irrecevable si le requérant ne l'a pas préalablement vainement soumis aux juridictions internes dans le cadre d'un recours fondé sur l'art. L. 781-1 (devenu L. 141-1) COJ. • CEDH, gr. ch., décis., 11 sept. 2002, *Mifsud c/ France,* n° 57220/00 § 16 : *RD publ. 2003. 690, obs. Sudre.* ♦ V. *a contrario.* • CEDH 9 juill. 2002, *Nouhaud c/ France,* n° 33424/96 § 44 s. ♦ Il ressort clairement des jugements et arrêts auxquels se réfère le Gouvernement que le droit positif ne distingue pas les procédures pendantes des procédures achevées : quel que soit l'état de la procédure dont la durée apparaît excessive, l'art. susvisé permet au justiciable d'obtenir un constat de manquement à son droit de voir sa cause entendue dans un délai raisonnable ainsi que la réparation du préjudice en résultant. • CEDH, gr. ch., décis., 11 sept. 2002, *Mifsud c/ France,* n° 57220/00 § 17 : *préc.* ♦ V. déjà : Les requérants n'ont pas fait usage de ce recours, alors qu'ils ne pouvaient ignorer, à la date d'introduction de leur requête, le 24 août 2000, la possibilité d'obtenir indemnisation d'une durée excessive de procédure par un recours fondé sur l'art. L 781-1 COJ. • CEDH, décis., 12 juin 2001, *Giummarra c/ France,* n° 61166/00 : *RTD civ. 2002. 395, obs. Marguénaud ; JCP 2002. 105, chron. Sudre.*

265. Il ressort clairement de l'arrêt du 28 juin 2002 (• CE, ass., 28 juin 2002, *Garde des Sceaux, Min. Justice c/ Magiera*) que le recours en responsabilité de l'État pour fonctionnement défectueux du service public de la justice permet aux justiciables, parties à une procédure devant les juridictions administratives, d'obtenir un constat de violation de leur droit à voir leur cause entendue dans un « délai raisonnable » et l'indemnisation du préjudice qui en résulte. La Cour juge en outre convaincante la thèse du Gouvernement selon laquelle cela vaut pour les procédures pendantes comme pour les procédures achevées au plan interne. Selon la Cour, il peut être considéré que cet arrêt avait acquis un degré de certitude juridique suffisant à une période qui se situe aux alentours de la fin de l'année 2002 dès lors qu'il figure sur le site internet du Conseil d'État depuis le 1er juill. 2002 et a été publié et largement commenté. • CEDH 21 oct. 2003, *Broca et Tixier-Micault c/ France,* n° 27928/02 § 19 et 20 : *RTD civ. 2004. 417, obs. Marguénaud ; RD publ. 2004. 822, obs. Gonzalez* • CEDH, décis., 4 avr. 2006, *Moullet c/ France,* n° 27521/04. ♦ V. *a contrario.* • CEDH 26 mars 2002, *Lutz c/ France,* n° 48215/99 § 20 : *JCP 2002. I. 157, chron. Sudre.* ♦ Rappr., quoi qu'il en soit, la question semble aujourd'hui résolue, les juridictions administratives s'estimant désormais compétentes pour connaître des actions en responsabilité intentées contre l'État pour durée excessive d'une procédure. • CEDH, décis., 27 mars 2003, *Paulino Tomas c/ Portugal,* n° 58698/00.

266. La Cour note que le nouveau recours institué en Slovaquie vise spécifiquement à résoudre l'incapacité des tribunaux ordinaires à traiter d'une affaire sans retard excessif. • CEDH, décis., 22 oct. 2002, *Andrasik et a. c/ Slovaquie,* n° 57984/00. ♦ V. s'agissant de l'Italie. • CEDH, décis., 6 sept. 2001, *Brusco c/ Italie,* n° 69789/01 : *D. 2002. 685, obs. Renucci* • CEDH, décis. 24 juin 2004, *Di Sante c/ Italie,* n° 56079/00. ♦ ... De la Russie. • CEDH, décis., 23 sept. 2010, *Fakhretdinov et a. c/ Russie,* n° 26716/09. ♦ ... De la Croatie. • CEDH, décis., 5 mai 2002, *Nogolica c/ Croatie,* n° 77784/01. ♦ ... De la Grèce. • CEDH, décis., 1er oct. 2013, *Techniki Olympiaki A. E. c/ Grèce,* n° 40547/10 § 36 s. ♦ Ces résultats sont le plus souvent dus à la mise en œuvre de la procédure de l'« arrêt pilote » : V. ss. Conv. EDH, art. 46.

267. A l'inverse, ne sont pas effectifs les recours présentés comme tels par la Belgique.

• CEDH 28 oct. 2014, *Panju c/ Belgique*, n° 18393/09 § 70 s.

268. La loi « Pinto » vise notamment à rendre effectif au niveau interne le principe de la « durée raisonnable », inscrit dans la Constitution italienne après la modification de l'art. 111. Il convient de noter que, selon la loi en question, toute personne partie à une procédure judiciaire tombant sous le coup de l'art. 6 § 1 Conv. EDH peut introduire un recours visant à faire constater la violation du principe du « délai raisonnable » et à obtenir, le cas échéant, une satisfaction équitable couvrant les préjudices patrimoniaux et non patrimoniaux subis. De plus, le juge national est appelé, dans l'appréciation du caractère raisonnable de la durée d'une procédure, à appliquer les critères consacrés par la jurisprudence de la Cour, à savoir la complexité de l'affaire, le comportement du requérant et celui des autorités compétentes. Dans ces circonstances, la Cour considère que rien ne permet de penser que le recours mis en place par la loi Pinto n'offrirait pas au requérant la possibilité de faire redresser son grief, ou qu'il ne présenterait aucune perspective raisonnable de succès. • CEDH, décis., 6 sept. 2001, *Brusco c/ Italie*, n° 69789/01 : *préc. note 265.*

4° DROIT À UNE PROCÉDURE PUBLIQUE

269. La publicité de la procédure des organes judiciaires visés au présent paragraphe protège les justiciables contre une justice secrète échappant au contrôle du public ; elle constitue aussi l'un des moyens de préserver la confiance dans les cours et tribunaux. Par la transparence qu'elle donne à l'administration de la justice, elle aide à réaliser le but du présent paragraphe : le procès équitable, dont la garantie compte parmi les principes de toute société démocratique au sens de la Conv. EDH. • CEDH 8 déc. 1983, *Axen c/ Allemagne*, n° 8273/78 § 25 : *RSC 1984. 1139, obs. Pettiti ; AFDI 1984. 451, obs. Pelloux.* ♦ Elle présente deux aspects : la tenue de débats et le « prononcé » des jugements et arrêts. • CEDH 8 déc. 1983, *Axen c/ Allemagne*, n° 8273/78 § 25 : *préc.*

a. La publicité de l'audience

270. La publicité des débats judiciaires constitue un principe fondamental consacré par le présent paragraphe. Ladite publicité protège les justiciables contre une justice secrète échappant au contrôle du public ; elle constitue aussi l'un des moyens de contribuer à préserver la confiance dans les cours et tribunaux. Par la transparence qu'elle donne à l'administration de la justice, elle aide à atteindre le but du présent paragraphe : le procès équitable. • CEDH 26 sept. 1995, *Diennet c/ France*, n° 18160/91 § 33 : *préc. note 62* • CEDH 24 nov. 1997, *Werner c/ Autriche*, n° 21835/93 § 45 : *RSC 1998. 393, obs. Koering-Joulin ; JCP 1998. I. 107, chron. Sudre* • CEDH, gr. ch., 12 juill. 2001, *Malhous c/ Rép. tchèque*, n° 33071/96 § 55 • CEDH 19 déc. 2006, *Adem Arslan c/ Turquie*, n° 75836/01 § 25 • CEDH 2 déc. 2008, *Gemici c/ Turquie*, n° 25471/02 § 22 : *Dr. pénal 2009. 22, obs. Dreyer.* ♦ A condition de ne pas franchir les bornes fixées aux fins d'une bonne administration de la justice, les comptes rendus de procédures judiciaires, y compris les commentaires, contribuent à les faire connaître et sont donc parfaitement compatibles avec l'exigence de publicité de l'audience énoncée au présent art. • CEDH 29 août 1997, *Worm c/ Autriche*, n° 22714/93 § 50 : *RSC 1998. 389, obs. Koering-Joulin ; JCP 1998. I. 107, chron. Sudre.*

271. Ce principe revêt une importance particulière en matière pénale, où il doit y avoir généralement un tribunal de première instance répondant pleinement aux exigences du présent art. et où un justiciable peut légitimement exiger d'être « entendu » et de bénéficier notamment de la possibilité d'exposer oralement ses moyens de défense, d'entendre les dépositions à charge, d'interroger et de contre-interroger les témoins. • CEDH, gr. ch., 23 nov. 2006, *Jussila c/ Finlande*, n° 73053/01 § 40. ♦ Cependant, la Cour n'exclut pas que, même dans le cadre de certaines procédures pénales, les tribunaux saisis puissent, en raison de la nature des questions qui se posent, se dispenser de tenir une audience. S'il faut garder à l'esprit que les procédures pénales, qui ont pour objet la détermination de la responsabilité pénale et l'imposition de mesures à caractère répressif et dissuasif, revêtent une certaine gravité, il va de soi que certaines d'entre elles ne comportent aucun caractère infamant pour ceux qu'elles visent et que les « accusations en matière pénale » n'ont pas toutes le même poids. • CEDH 4 mars 2014, *Grande Stevens et a. c/ Italie*, n° 18640/10 § 120 : *préc. note 84.*

272. Dans une procédure se déroulant, comme en l'espèce, devant un premier et seul tribunal, le droit de chacun à ce que sa cause soit « entendue publiquement », au sens du présent paragraphe, implique le droit à une « audience » à moins que des circonstances exceptionnelles justifient de s'en dispenser. • CEDH 23 févr. 1994, *Fredin c/ Suède (n° 2)*, n° 18928/91 § 21 • CEDH 23 avr. 1997, *Stallinger et Kuso c/ Autriche*, n° 14696/89 § 51 • CEDH 19 févr. 1998, *Allan Jacobsson c/ Suède (n° 2)*, n° 16970/90 § 46.

273. Absence de circonstances exceptionnelles. Le requérant aurait dû bénéficier de la possibilité d'expliquer oralement à la cour d'assises de K. le dommage moral que lui avait occasionné son emprisonnement en termes de désespoir et d'angoisse. La nature essentiellement personnelle de l'expérience vécue par le requérant et la détermination du montant adéquat à accorder à titre d'indemnisation rendaient sa comparution indispensable. On ne saurait prétendre qu'il s'agissait de questions à caractère technique pouvant être réglées de manière satisfaisante sur la seule base du dossier. Au contraire, la Cour estime que la bonne administration de la justice et la responsabilité de l'État auraient été mieux servies en l'espèce si le requérant avait été autorisé à exposer sa situation personnelle au cours d'une audience devant les juridictions internes et sous le contrôle du public. • CEDH, gr. ch., 11 juill. 2002, *Göc c/ Turquie,* n° 36590/97 § 51. ♦ Rappr. • CEDH 23 avr. 1997, *Stallinger et Kuso c/ Autriche,* n° 14696/89 § 51.

1. Exceptions expressément prévues par la Convention

274. Ordre public. Certes la procédure pénale ordinaire – qui peut fort bien concerner les individus dangereux ou entraîner la comparution d'un détenu – se déroule presque toujours en public, nonobstant les problèmes de sécurité qui en résultent, le risque d'affirmations malintentionnées et les souhaits de l'accusé. La Cour ne peut cependant négliger les facteurs mentionnés par le Gouvernement, à savoir les considérations d'ordre public et les questions de sécurité que mettraient en jeu des audiences publiques en matière de discipline pénitentiaire. Un tel système créerait sans nul doute des complications plus grandes que celles qui surgissent dans le procès pénal ordinaire. Le comité de visiteurs exerce d'habitude ses attributions contentieuses à l'intérieur de la prison, ce qui s'accorde avec la nature de pareille instance disciplinaire ; or la difficulté d'admettre le public dans l'enceinte de l'établissement est manifeste. Si les séances se tenaient au dehors, le transport du détenu et sa présence aux débats soulèveraient des problèmes analogues. On imposerait aux autorités de l'État un fardeau disproportionné si l'on exigeait que les procédures disciplinaires relatives aux détenus condamnés aient lieu en public. • CEDH 28 juin 1984, *Campbell et Fell c/ Royaume-Uni,* n° 7819/77 § 87.

275. Intérêt des mineurs. Les procédures pour lesquelles les requérants avaient sollicité la publicité avaient trait à la garde de leurs fils respectifs à la suite du divorce ou de la séparation des parents. La Cour estime que ces procédures représentent des exemples types d'une situation dans laquelle il peut se justifier d'interdire l'accès de la salle d'audience à la presse et au public, afin de protéger la vie privée de l'enfant concerné et des parties et d'éviter de nuire aux intérêts de la justice. Pour permettre au juge du fond de se faire une image aussi complète et précise que possible des avantages et inconvénients des différentes possibilités quant à la garde et au droit de visite, il est essentiel que les parents et autres témoins aient le sentiment de pouvoir s'exprimer franchement sur des questions très personnelles sans avoir à craindre la curiosité ou les commentaires du public. • CEDH 24 avr. 2001, *B. et P. c/ Royaume-Uni,* n° 36337/97 § 38.

276. S'agissant d'un jeune enfant accusé d'une infraction grave qui a un retentissement considérable auprès des médias et du public, la Cour estime qu'il faudrait conduire le procès de manière à réduire autant que possible l'intimidation et l'inhibition de l'intéressé. Le procès du requérant s'est déroulé sur 3 semaines en public devant la *Crown Court.* Des mesures spéciales furent prises eu égard au jeune âge de T. et pour aider celui-ci à comprendre la procédure ; par exemple, il a bénéficié d'explications et a visité la salle d'audience au préalable, et les audiences ont été écourtées pour ne pas fatiguer excessivement les accusés. Toutefois, le formalisme et le rituel de la *Crown Court* ont dû par moment être incompréhensibles et intimidants pour un enfant de 11 ans, et divers éléments montrent que certains des aménagements de la salle d'audience, en particulier la surélévation du banc qui devait permettre aux accusés de voir ce qui se passait, ont eu pour effet d'accroître le malaise du requérant durant le procès car il s'est senti exposé aux regards scrutateurs de la presse et de l'assistance. Le procès a suscité un très vif intérêt auprès des médias et du public, à la fois dans la salle d'audience et en dehors, si bien que le juge, dans son résumé, a évoqué les problèmes créés par la publicité qui avait entouré la comparution des témoins et a demandé aux jurés d'en tenir compte dans l'appréciation des dépositions de ces personnes. • CEDH, gr. ch., 16 déc. 1999, *T. c/ Royaume-Uni,* n° 24724/94 § 85 à 88 : *Dr. fam. 2000. Comm. 46, obs. Gouttenoire-Cornut.*

277. Protection de la vie privée. La Cour constate en particulier que la nature même des manquements reprochés au requérant et de ses propres griefs contre l'Ordre des médecins ne relevait pas de l'art de guérir. Rien ne donne à penser que l'un des motifs énumérés dans la seconde phrase du présent paragraphe aurait pu justifier le huis clos. La question se présente autrement pour le Dr A. : les fautes imputées à celui-ci concernaient directement l'exercice de la profession médicale, lequel pourrait poser des problèmes tombant sous le coup des exceptions prévues au présent paragraphe. Les éléments fournis à la Cour ne suffisent cependant pas à montrer qu'il existait en l'occurrence une situation de nature à légitimer l'absence de publicité. • CEDH 10 févr. 1983, *Albert et Le Compte c/ Belgique,* n° 7299/75 § 34 : *préc. note*

62. ♦ *Idem* pour la profession d'avocat. • CEDH 30 nov. 1987, *H. c/ Belgique,* n° 8950/80 § 54.

278. Intérêt de la justice. Il est établi dans la jurisprudence de la Cour que, même dans un contexte pénal où la publicité serait escomptée, il peut parfois se révéler nécessaire au regard du présent art. de limiter la transparence et la publicité de la procédure, par exemple pour protéger un témoin ou sa vie privée, ou pour promouvoir le libre échange d'informations et d'opinions dans l'intérêt de la justice. • CEDH 24 avr. 2001, *B. et P. c/ Royaume-Uni,* n° 36337/97 § 37. ♦ Sur la question du droit des témoins, V. notes 455 s.

279. Le présent art. ne requiert pas explicitement que les intérêts des témoins en général, et ceux des victimes appelées à déposer en particulier, soient pris en considération. Toutefois, il peut y aller de leur vie, de leur liberté ou de leur sûreté, comme d'intérêts relevant, d'une manière générale, du domaine de l'art. 8 Conv. EDH. Pareils intérêts des témoins et des victimes sont en principe protégés par d'autres dispositions normatives de la Convention, qui impliquent que les États contractants organisent leur procédure pénale de manière que lesdits intérêts ne soient pas indûment mis en péril. Cela posé, les principes du procès équitable commandent également que, dans les cas appropriés, les intérêts de la défense soient mis en balance avec ceux des témoins ou des victimes appelés à déposer. • CEDH 26 mars 1996, *Doorson c/ Pays-Bas,* n° 20524/92 § 70 : *D. 1997. 207, obs. Renucci.* ♦ Rappr. • CEDH, gr. ch., 16 févr. 2000, *Jasper c/ Royaume-Uni,* n° 27052/95 § 52.

2. Exception en raison de la nature des questions à trancher

280. Principe. L'obligation de tenir une audience publique n'est pas absolue. • CEDH 21 févr. 1990, *Hakansson et Sturesson c/ Suède,* n° 11858/85 § 66. ♦ Le présent art. n'exige pas nécessairement la tenue d'une audience dans toutes les procédures. • CEDH, gr. ch., 23 nov. 2006, *Jussila c/ Finlande,* n° 73053/01 § 41. ♦ La Cour ne saurait conclure, même dans l'hypothèse d'une juridiction investie de la plénitude de juridiction, comme en l'espèce, que le présent art. implique toujours le droit à une audience publique, indépendamment de la nature des questions à trancher. D'autres considérations, dont le droit à un jugement dans un délai raisonnable et la nécessité en découlant d'un traitement rapide des affaires inscrites au rôle, entrent en ligne de compte pour déterminer si des débats publics correspondent à un besoin. • CEDH, décis., 25 avr. 2002, *Varela Assalino c/ Portugal,* n° 64336/01.

281. Possibilité de combler le déficit d'audience publique dans le cadre de l'appel. Dans certains cas, il est possible de « combler » en appel l'absence d'audience publique en première instance. Lorsque le Conseil d'État statue en cassation sur les décisions de la section disciplinaire du Conseil national de l'ordre des médecins, il ne peut passer pour un « organe judiciaire de pleine juridiction », notamment parce qu'il n'a pas le pouvoir d'apprécier la proportionnalité entre la faute et la sanction : le caractère public des audiences devant lui ne suffit donc pas à combler la lacune constatée au stade de la procédure disciplinaire. • CEDH 26 sept. 1995, *Diennet c/ France,* n° 18160/91 § 34 (a contrario) • CEDH 10 févr. 1983, *Albert et Le Compte c/ Belgique,* n° 7299/75 § 36 : *préc. note 62 (a contrario).* ♦ La procédure devant les chambres régionales des comptes se déroulant à huis clos, la Cour juge essentiel que les comptables publics se voient offrir la possibilité de solliciter une audience publique devant la Cour des comptes lorsque celle-ci est saisie en appel d'un jugement de première instance les mettant en débet ; en l'absence d'une telle demande, l'audience pourrait rester non publique eu égard, comme il a été dit, à la technicité des débats. • CEDH, gr. ch., 12 avr. 2006, *Martinie c/ France,* n° 58675/00 § 44 : *préc. note 68.*

282. Appel ou cassation. L'absence de débats publics en deuxième ou troisième degrés, comme dans les procédures d'autorisation d'appel, ou consacrées exclusivement à des points de droit et non de fait, peut se justifier par les caractéristiques de la procédure dont il s'agit, pourvu qu'il y ait eu audience publique en première instance. • CEDH 26 mai 1988, *Ekbatani c/ Suède,* n° 10563/83 § 31 : *JDI 1989. 815, obs. Rolland et Tavernier* • CEDH, gr. ch., 26 juill. 2002, *Meftah et a. c/ France,* n° 32911/96 § 41 : *préc. note 164.*

283. Cependant, eu égard à la gravité de l'enjeu pour le requérant, à savoir sa réputation et sa carrière professionnelles, la Cour estime que la question de la culpabilité des prévenus ne pouvait bien se résoudre, aux fins d'un procès équitable, sans une appréciation directe par la cour d'appel des témoignages personnels de M. H. et des 2 parties adverses, lesquelles se prétendaient innocentes. La Cour conclut à l'absence de toute particularité capable de justifier le refus au requérant de débats publics. • CEDH 29 oct. 1991, *Helmers c/ Suède,* n° 11826/85 § 38 et 39.

284. Documents classifiés. La simple présence de documents classifiés dans un dossier judiciaire n'implique pas automatiquement l'exclusion du public des débats, sans aucune évaluation de la nécessité d'une telle exclusion par la mise en balance du principe de publicité des débats et des impératifs de protection de l'ordre public et de la sécurité nationale. Avant d'exclure le public d'une affaire particulière, le tribunal devrait considérer de manière spécifique si une telle exclusion est nécessaire pour la protection d'un intérêt public et de la limiter à ce qui est strictement nécessaire à atteindre l'objectif poursuivi. • CEDH 4 déc. 2008, *Belachev c/ Russie,* n° 28617/03 § 83. ♦ V. pour une hypothèse dans laquelle le juge interne ne procède pas à une telle évaluation. • CEDH 17 déc. 2013, *Nikolova et Vandova c/ Bulgarie,* n° 20688/04 § 85. ♦ Lorsqu'une affaire judiciaire implique le traitement d'informations classifiées, il existe des techniques permettant d'assurer une certaine publicité des décisions rendues tout en préservant le secret des informations sensibles, comme : ... publier uniquement le dispositif du jugement. • CEDH 1er mars 2011, *Welke et Bialek c/ Pologne,* n° 15924/05 § 84. ♦ ... Classifier seulement partiellement de tels jugements. • CEDH, gr. ch., 19 févr. 2009, *A. et a. c/ Royaume-Uni,* n° 3455/05 § 93.

285. Contentieux technique. Le caractère hautement technique des questions à trancher peut justifier l'absence de publicité, pourvu que la spécificité de la matière n'exige pas le contrôle du public. • CEDH 10 avr. 2012, *Lorenzetti c/ Italie,* n° 32075/09 § 32. ♦ La Cour n'estime donc pas que les observations du requérant à la Cour administrative suprême pouvaient soulever, quant au droit de construire de l'intéressé, des questions de fait ou de droit dont la solution commandait la tenue d'une audience. Au contraire, les problèmes à trancher étant de caractère restreint, la Cour administrative suprême, même si elle agissait comme première et seule juridiction en l'occurrence, était dispensée de l'obligation que lui fait normalement le présent paragraphe de tenir une audience. • CEDH 19 févr. 1998, *Allan Jacobsson c/ Suède (n° 2),* n° 16970/90 § 49. ♦ Il n'apparaît pas que le différend soulevât des questions d'intérêt public rendant nécessaires des débats. Hautement technique, il se prêtait mieux à des écritures qu'à des plaidoiries ; de plus, son caractère médical et intime aurait sans doute dissuadé l'intéressée de souhaiter la présence du public. • CEDH 24 juin 1993, *Schuler-Zgraggen c/ Suisse, n° 14518/89 § 58.* ♦ La Cour ne doute pas qu'une procédure écrite puisse souvent se révéler plus efficace qu'une procédure orale pour le contrôle de l'exactitude des déclarations de situation patrimoniale faites par les contribuables ainsi que de l'existence et de la régularité des justificatifs produits. Elle n'est pas convaincue par la thèse du requérant selon laquelle se posaient, en l'espèce, des questions de crédibilité appelant un débat sur les éléments de preuve ou une audition contradictoire de témoins (d'autant plus que la somme en jeu était minime) et juge pertinent l'argument du Gouvernement selon lequel tous les points de fait et de droit susceptibles de surgir dans cette affaire pouvaient être examinés et tranchés de manière adéquate sur la base des écritures des parties. • CEDH, gr. ch., 23 nov. 2006, *Jussilia c/ Finlande,* n° 73053/01 § 47 : *préc. note 89.* ♦ La Cour ne considère pas que les questions débattues dans le cadre de la procédure litigieuse, à savoir la sanction disciplinaire imposée à une fonctionnaire de police pour des faits relatifs notamment à des accusations de corruption, présentaient un caractère hautement technique et ne nécessitaient pas une audience sous le contrôle du public. • CEDH 17 déc. 2013, *Nikolova et Vandova c/ Bulgarie,* n° 20688/04 § 56.

286. Autres espèces. Autres exemples où la technicité ne justifie pas le huis clos systématique : • CEDH, gr. ch., 12 avr. 2006, *Martinie c/ France,* n° 58675/00 § 30 : *préc. note 68* • CEDH 10 avr. 2012, *Lorenzetti c/ Italie,* n° 32075/09 § 32.

287. Points de droit. Lorsqu'il n'y a que des questions de droit à trancher, pour lesquelles le différend à traiter se prête mieux à des écritures qu'à des plaidoiries, un examen sur la base du dossier peut suffire. • CEDH, décis., 25 avr. 2002, *Varela Assalino c/ Portugal,* n° 64336/01 • CEDH 22 avr. 2014, *Nurset Kaya et a. c/ Turquie,* n° 43750/06 § 83. ♦ Compte tenu de la spécificité de la procédure devant la Cour de révision et de la nature du débat susceptible d'intervenir devant elle, particulièrement technique et portant sur des moyens de droit, une participation orale s'inscrirait dans une approche par trop formaliste de la procédure. • CEDH, décis., 1er juin 2010, *Fogwell c/ Monaco,* n° 14157/08. ♦ Il en va de même de la participation orale des requérants à l'audience de la Cour de cassation. • CEDH, gr. ch., 26 juill. 2002, *Meftah et a. c/ France,* n° 32911/96 § 44 : *préc. note 164.* ♦ Lorsque les faits ne sont pas controversés et les questions de droit ne revêtent pas de complexité particulière, la non-tenue d'une audience publique ne porte pas atteinte aux exigences en matière d'oralité et de publicité. • CEDH 22 avr. 2014, *Nurset Kaya et a. c/ Turquie,* n° 43750/06 § 84 : *préc.*

288. Considérations d'efficacité et d'économie. La Cour relève que pour certaines affaires il est légitime que les autorités nationales tiennent compte d'impératifs d'efficacité et d'économie. • CEDH 24 juin 1993, *Schuler-Zgraggen c/ Suisse,* n° 14518/89 § 58. Ainsi, dans des cas comme celui de l'espèce, dans lesquels les faits ne sont pas controversés et les questions de droit ne revêtent pas de complexité particulière, la non-tenue d'une audience publique ne porte pas atteinte aux exigences du présent paragraphe. en matière d'oralité et de publicité. • CEDH, décis., 25 avr.

2002, *Varela Assalino c/ Portugal,* n° 64336/01. ♦ Il en va de même pour les affaires ne soulevant pas de question de crédibilité ou ne suscitant pas de controverse sur les faits qui auraient requis une audience, et pour lesquelles les tribunaux peuvent se prononcer de manière équitable et raisonnable sur la base des conclusions présentées par les parties et d'autres pièces. • CEDH, gr. ch., 23 nov. 2006, *Jussila c/ Finlande,* n° 73053/01 § 41 • CEDH 4 mars 2014, *Grande Stevens et a. c/ Italie,* n° 18640/10 § 118 : *préc. note 84.*

289. Renonciation. Ni la lettre ni l'esprit du présent paragraphe n'empêchent une personne de renoncer de son plein gré de manière non équivoque (expresse ou tacite) à la publicité de l'audience. • CEDH 10 févr. 1983, *Albert et Le Compte c/ Belgique,* n° 7299/75 § 35 : *préc. note 62.* ♦ Une procédure se déroulant dans le secret avec l'accord de l'intéressé n'enfreint pas la Conv. EDH. • CEDH 30 nov. 1987, *H. c/ Belgique,* n° 8950/80 § 54. ♦ Mais pareille renonciation doit être non équivoque et ne se heurter à aucun intérêt public important. • CEDH 21 févr. 1990, *Hakansson et Sturesson c/ Suède,* n° 11855/85 § 66.

290. La renonciation ne doit pas avoir été obtenue sous la contrainte. • CEDH 27 févr. 1980, *Deweer c/ Belgique,* n° 6903/75 § 51 à 54 : *préc. note 10.*

291. On ne saurait reprocher au requérant de ne pas avoir exigé d'exercer un droit que la pratique des barreaux belges ne lui reconnaissait pas et qu'il n'avait guère de chance d'obtenir. • CEDH 30 nov. 1987, *H. c/ Belgique,* n° 8950/80 § 54 • CEDH 24 nov. 1997, *Werner c/ Autriche,* n° 21835/93 § 57.

292. Publicité optionnelle. La loi suédoise ménageait en termes exprès la possibilité de débats publics : le code de procédure judiciaire habilitait la cour d'appel à en tenir si l'instruction de l'affaire le commandait. Dans leurs recours, les requérants contestaient surtout la légalité de la vente de 1985. Comme en Suède pareille procédure se déroule en général sans audience publique, on pouvait s'attendre à les voir en solliciter une s'ils y attachaient du prix. Or il n'en fut rien. On doit donc considérer qu'ils ont renoncé sans équivoque à leur droit à une audience publique devant la cour d'appel. • CEDH 21 févr. 1990, *Hakansson et Sturesson c/ Suède,* n° 11855/85 § 67. ♦ Si les comptables publics se voient offrir la possibilité de solliciter une audience publique devant la Cour des comptes lorsque celle-ci est saisie en *appel d'un jugement* de première instance les mettant en débet, l'absence d'une telle demande, permet de laisser l'audience non publique eu égard, comme il a été dit, à la technicité des débats. • CEDH, gr. ch., 12 avr. 2006, *Martinie c/ France,* n° 58675/00 § 44 : *préc. note 68.*

293. L'intéressé ne s'est pas vu refuser la possibilité de solliciter la tenue d'une audience, même s'il appartenait aux tribunaux de se prononcer sur la question de savoir si pareille mesure était nécessaire, et que le tribunal administratif a motivé son refus de la considérer comme telle. • CEDH, gr. ch., 23 nov. 2006, *Jussilia c/ Finlande,* n° 73053/01 § 48 : *préc. note 89.*

b. Publicité du prononcé

294. De nombreux États membres du Conseil de l'Europe connaissent de longue date, à côté de la lecture à haute voix, d'autres moyens de rendre publiques les décisions de leurs juridictions ou de certaines d'entre elles, spécialement leurs cours de cassation, par exemple par un dépôt à un greffe accessible au public. Les rédacteurs de la Convention ne sauraient avoir négligé cette circonstance même si le souci d'en tenir compte ne ressort pas aussi nettement de leur œuvre. La Cour ne croit donc pas devoir opter pour une interprétation littérale. Elle estime qu'il échet, dans chaque cas, d'apprécier à la lumière des particularités de la procédure dont il s'agit, et en fonction du but et de l'objet du présent paragraphe, la forme de publicité du « jugement » prévue par le droit interne de l'État en cause. • CEDH 8 déc. 1983, *Pretto et a. c/ Italie,* n° 7984/77 § 26.

295. Malgré l'absence de restrictions, l'exigence selon laquelle le jugement doit être rendu publiquement a été interprétée avec une certaine souplesse. Ainsi, la Cour a estimé qu'il convenait, dans chaque cas, d'apprécier à la lumière des particularités de la procédure dont il s'agit, et en fonction du but et de l'objet du présent paragraphe, la forme de publicité du « jugement » prévue par le droit interne de l'État en cause. • CEDH 15 juill. 2003, *Ernst et a. c/ Belgique,* n° 33400/96 § 69. ♦ L'exigence de publicité posée par l'art. 6, § 1, avait été remplie par le fait que toute personne justifiant d'un intérêt pouvait consulter le texte intégral des arrêts du Tribunal militaire de cassation ou s'en procurer une copie, et que les plus importants d'entre eux étaient publiés dans un recueil officiel. • CEDH 22 févr. 1984, *Sutter c/ Suisse,* n° 8209/78 § 34. ♦ D'autant qu'un prononcé public des jugements saperait dans une large mesure les objectifs poursuivit par le présent paragraphe de protection de la vie privée des enfants et des parties et des intérêts de la justice. • CEDH 24 avr. 2001, *B. et P. c/ Royaume-Uni,* n° 36337/97 § 46. ♦ Il en résulte que l'exigence de publicité des jugements ne devait pas nécessairement prendre la forme d'une lecture à haute voix de l'arrêt. • CEDH 15 juill. 2003, *Ernst et a. c/ Belgique,* n° 33400/96 § 69.

296. Même si une tierce personne peut être autorisée, en vertu du code de procédure pénale, à avoir accès aux dossiers et à obtenir des copies des jugements qu'ils contiennent, si elle justifie d'un intérêt légitime, cette autorisation est, dans chaque cas, soumise à la libre appréciation des tribunaux compétents et il ne s'agit pas là d'un libre accès de chacun au texte intégral des jugements. • CEDH 24 nov. 1997, *Werner c/ Autriche,* n° 21835/93 § 57. ♦ La possibilité d'obtenir le texte intégral des jugements auprès du greffe n'existant que pour les arrêts de la Cour suprême, de la Cour administrative et de la Cour constitutionnelle, et non pour des jugements et décisions des cours d'appel ou des tribunaux de première instance, il y a violation du présent art., l'argument du Gouvernement relatif à la préservation de la présomption d'innocence du requérant ne pouvant prospérer. • CEDH 24 nov. 1997, *Szucs c/ Autriche,* n° 20602/92 § 46 et 47.

297. Toute personne pouvant justifier d'un intérêt peut consulter ou se procurer une copie du texte intégral des ordonnances et/ou jugements de première instance rendus dans les affaires de garde d'enfants et les décisions de la cour d'appel et des tribunaux de première instance dans les affaires présentant un intérêt particulier sont systématiquement publiées, cela permet au public de voir quels sont les raisonnements généralement suivis et les principes appliqués par les tribunaux lorsqu'ils statuent sur de pareilles affaires. • CEDH 24 avr. 2001, *B. et P. c/ Royaume-Uni,* n° 36337/97 § 47. ♦ En revanche, il y a violation du présent paragraphe lorsqu'il n'apparaît pas qu'une mesure quelconque ait été prise pour rendre publique la décision de justice. • CEDH 28 juin 1984, *Campbell et Fell c/ Royaume-Uni,* n° 7819/77 § 92.

5° DROIT À UNE PROCÉDURE ÉQUITABLE

298. Spécificités de la procédure pénale. Lorsqu'elle examine un grief tiré du présent §, la Cour doit essentiellement déterminer si la procédure pénale a revêtu, dans son ensemble, un caractère équitable. • CEDH 16 déc. 1992, *Royaume-Uni,* n° 13071/87 § 34 • CEDH 23 févr. 1994, *Royaume-Uni,* n° 16757/90 § 24 • CEDH, gr. ch., 16 nov. 2010, *Taxquet c/ Belgique,* n° 926/05 § 84 : *D. 2011. 47, obs. Bachelet, note Renucci ; ibid. 48, note Pradel ; Just. et cass. 2011. 241, étude Mathon ; AJ pénal 2011. 35, obs. Renaud-Duparc ; RSC 2011. 214, obs. Marguénaud.* ♦ Pour ce faire, elle envisage la procédure dans son ensemble et vérifie le respect non seulement des droits de la défense mais aussi de l'intérêt du public et des victimes à ce que les auteurs de l'infraction soient dûment poursuivis. • CEDH, gr. ch., 1er juin 2010, *Allemagne,* n° 22978/05 § 175 • CEDH, gr. ch., 15 déc. 2011, *Royaume-Uni,* n° 26766/05 § 118. ♦ … Et, si nécessaire, des droits des témoins. • CEDH 26 mars 1996, *Pays-bas,* n° 20524/92 § 70. ♦ Sur la question du droit des témoins, V. notes 455 s.

299. Les requérants ne peuvent valablement invoquer la possibilité, dans le cadre d'une procédure, de se prévaloir d'un « droit » techniquement imparfait sans que, au nom du respect de l'équité de la procédure, le législateur puisse intervenir pour préciser les conditions de ce droit et ses limites. Le but de l'intervention législative était de clarifier, par une rédaction plus explicite, le sens de la disposition en cause et de restituer et réaffirmer la volonté initiale du législateur d'exonérer des cotisations patronales les rémunérations des aides au domicile d'origine des personnes dépendantes dans le but de maintenir leur autonomie au sein de leur foyer personnel. Les requérants ont tenté de détourner l'esprit de la loi et ne pouvaient exclure que le législateur intervienne pour en préciser les termes. • CEDH 8 nov. 2018, *France,* n° 18096/12 § 72 s.

a. Loyauté des preuves

300. Principe. La recevabilité des preuves relève des règles du droit interne et des juridictions nationales et que la seule tâche de la Cour consiste à déterminer si la procédure a été équitable. • CEDH 12 juill. 1988, *Suisse,* n° 10862/84 § 46 • CEDH 9 juin 1998, *Portugal,* n° 25829/94 § 34 à 38 : *RSC 1999. 401, obs. Koering-Joulin ; JCP 1999. I. 105, chron. Sudre* • CEDH 1er mars 2007, *Heglas c/ Rép. tchèque,* n° 5935/02 § 84 • CEDH, gr. ch., 1er juin 2010, *Allemagne,* n° 22978/05 § 162. ♦ La validité et la fiabilité d'une même preuve ont été interprétées de manière différente par les juridictions internes. Cette appréciation contradictoire a abouti à des solutions juridiques différentes quant à l'établissement des faits et plus particulièrement quant à la possession par la requérante de gazole non conforme. Or, dans la mesure où cette preuve constituait la preuve déterminante pour l'établissement des faits, un problème surgit sur le plan de l'équité de la procédure. • CEDH 29 oct. 2013, *Roumanie,* n° 24935/04 § 39.

301. Lorsque sont contestés les faits essentiels à la base des chefs d'inculpation et que les seuls témoins de l'accusation sont les policiers qui ont joué un rôle actif dans les événements litigieux, il est indispensable que les tribunaux usent de toute possibilité raisonnable de vérifier les déclarations à charge faites par ces policiers. • CEDH 3 oct. 2013, *Russie,* n° 21613/07 § 64. ♦ … Sans quoi il y aura violation des principes fondamentaux du droit pénal, en particulier du principe *in dubio pro reo.* • CEDH 5 janv. 2016, *Russie,* n° 74568/12 § 166 • CEDH, gr. ch., 15 nov. 2018, *Russie,* n° 29580/12 § 83 et 84.

302. Infiltrations ou provocations poli-

cières. La recevabilité des preuves relève au premier chef des règles de droit interne, et en principe il revient aux juridictions nationales d'apprécier les éléments recueillis par elles. La tâche de la Cour consiste à rechercher si la procédure envisagée dans son ensemble, y compris le mode de présentation des moyens de preuve, a revêtu un caractère équitable. • CEDH 9 juin 1998, *Portugal,* n° 25829/94 § 34 à 38 : *préc. note 300.* ♦ ... Si la procédure, y compris la manière dont les éléments de preuve ont été recueillis, a été équitable dans son ensemble, ce qui implique l'examen de l'« illégalité » éventuelle de celle-ci et, dans le cas où se trouve en cause la violation d'un autre droit protégé par la Convention, de la nature de cette violation. • CEDH 1er mars 2007, *Rép. tchèque,* n° 8935/02 § 85.

303. Si la Conv. EDH n'empêche pas de s'appuyer, au stade de l'instruction préparatoire et lorsque la nature de l'infraction peut le justifier, sur des sources telles que des indicateurs occultes, leur emploi ultérieur par le juge du fond pour justifier une condamnation soulève un problème différent. L'intervention d'agents infiltrés doit être circonscrite et entourée de garanties même lorsque est en cause la répression du trafic de stupéfiants. En effet, si l'expansion de la délinquance organisée commande à n'en pas douter l'adoption de mesures appropriées, il n'en demeure pas moins que, dans une société démocratique, le droit à une bonne administration de la justice occupe une place si éminente qu'on ne saurait le sacrifier à l'opportunité. Les exigences générales d'équité consacrées au présent art. s'appliquent aux procédures concernant tous les types d'infraction criminelle, de la plus simple à la plus complexe. L'intérêt public ne saurait justifier l'utilisation d'éléments recueillis à la suite d'une provocation policière. En l'espèce, la Cour conclut que l'activité des deux policiers a outrepassé celle d'un agent infiltré puisqu'ils ont provoqué l'infraction, et que rien n'indique que, sans leur intervention, celle-ci aurait été perpétrée. Cette intervention et son utilisation dans la procédure pénale litigieuse ont privé *ab initio* et définitivement le requérant d'un procès équitable. • CEDH 9 juin 1998, *Teixeira de Castro c/ Portugal,* n° 25829/94 § 34 à 38 : *préc. note 300.* ♦ Les requérants affirment tous deux avoir été victimes d'un guet-apens. La Cour rappelle que, si la recevabilité des preuves relève au premier chef des règles du droit interne, l'exigence générale d'équité des procédures pénales consacrée par le présent art. implique que l'intérêt public à lutter contre la criminalité ne peut justifier l'utilisation d'éléments recueillis à la suite d'une provocation policière. • CEDH 22 juill. 2003, *Edwards et Lewis c/ Royaume-Uni,* n° 39647/98 § 49. ♦ Rappr. • CEDH 15 déc. 2005, *Vaniane c/ Russie,* n° 53203/99 § 49 : *RSC 2006. 449, obs. Massias.* ♦ Tout en ayant à l'esprit l'importance et les difficultés du travail d'investigation, eu égard à ce qui précède, la Cour estime que les agissements de A. Z. et V. S. ont eu pour effet de provoquer le requérant à commettre l'infraction pour laquelle il a été condamné et que rien n'indique que, sans leur intervention, celle-ci aurait été commise. • CEDH, gr. ch., 5 févr. 2008, *Ramanauskas c/ Lituanie,* n° 74420/01 § 73 : *RSC 2009. 694, obs. Giudicelli.*

304. L'interdiction de la provocation policière se justifie par le fait qu'il incombe à la police de prévenir et d'enquêter sur le crime et non de l'inciter. • CEDH 23 oct. 2014, *Allemagne,* n° 54648/09 § 48. ♦ Il y a provocation policière lorsque les agents impliqués – membres des forces de l'ordre ou personnes intervenant à leur demande – ne se limitent pas à examiner d'une manière purement passive l'activité délictueuse, mais exercent sur la personne qui en fait l'objet une influence de nature à l'inciter à commettre une infraction qu'autrement elle n'aurait pas commise, pour en rendre possible la constatation, c'est-à-dire en apporter la preuve et la poursuivre. • CEDH, gr. ch., 5 févr. 2008, *Lituanie,* n° 74420/01 § 55. ♦ La Cour appréhende les affaires de provocations policières en premier lieu sous un angle matériel consistant à déterminer s'il y a eu provocation ou uniquement infiltration légitime. Elle recourt pour ce faire à un ensemble de critères tels que l'existence de soupçons objectifs selon lesquels le requérant est impliqué dans une activité criminelle ou est prédisposé à commettre une infraction pénale, l'existence de pression sur le requérant pour qu'il commette une infraction, l'existence de procédures claires et prévisibles d'autorisation, de mise en œuvre et de contrôle. Si l'existence d'une incitation en ressort, la Cour procède en second lieu à un examen sous l'angle procédural consistant à déterminer si, devant le juge national, les allégations de provocation constituent un moyen de défense matériel permettant d'exclure les preuves qui en résultent. Les aveux ne peuvent effacer la provocation ni ses effets en raison de ce que le requérant peut être contraint de s'y résoudre aux fins de dénoncer l'étendue de l'incitation. Compte tenu du lien étroit entre les aveux et l'incitation, le juge national aurait dû exclure non seulement les aveux mais aussi le témoignage de l'agent d'infiltration. • CEDH 15 oct. 2020, *Allemagne,* n° 37273/15 § 137 et 139. ♦ L'agent infiltré s'est borné à faire connaître sa disponibilité à importer et vendre de très importantes quantités de stupéfiants. Comme il ressort du jugement du tribunal, le requérant a alors spontanément contacté Jürgen, lui a versé de l'argent et a organisé un rendez-vous au cours duquel 46 kg de cocaïne auraient dû être livrés. Ainsi faisant, le requérant a démontré qu'il était inséré au sein d'un réseau lié au trafic international de stupéfiants. • CEDH, décis., 21 mars 2002, *Calabro c/ Italie*, n° 17426/02.

305. En droit anglais, si le guet-apens ne constitue pas un moyen de défense au fond en matière pénale, il fait peser sur le juge l'obligation soit de prononcer l'abandon des poursuites pour cause d'abus de la procédure judiciaire, soit d'exclure les preuves obtenues grâce au guet-apens au motif que l'admission de ces preuves aurait un effet tellement préjudiciable sur l'équité de la procédure que le tribunal ne pourrait que les écarter. Il est impossible à la Cour de déterminer si les requérants ont ou non été victimes de guet-apens contraires au présent art., puisque les informations pertinentes n'ont pas été divulguées par les autorités de poursuite. Aussi est-il capital que la Cour examine la procédure dans le cadre de laquelle il a été, dans chacune des deux affaires, statué sur l'allégation de guet-apens, afin de vérifier si les droits de la défense ont été adéquatement protégés. Dans les circonstances de l'espèce, la Cour estime que la procédure suivie dans les deux affaires pour trancher les questions de divulgation des preuves et de guet-apens n'a pas satisfait aux exigences nécessaires pour garantir le caractère contradictoire de la procédure et l'égalité des armes et qu'elle n'offrait pas les garanties permettant de protéger adéquatement les intérêts des accusés. • CEDH 22 juill. 2003, *Edwards et Lewis c/ Royaume-Uni*, n° 39647/98 § 50, 51 et 59 • CEDH, gr. ch., 27 oct. 2004, *Edwards et Lewis c/ Royaume-Uni*, n° 39647/98 § 48.

306. Aveux obtenus par un tiers. Si l'emploi d'appareils d'écoute secrète était contraire à l'art. 8 Conv. EDH, puisque le recours à de tels dispositifs était dépourvu de base en droit interne et que l'ingérence dans l'exercice, par les requérants concernés, du droit au respect de leur vie privée n'était pas « prévue par la loi », l'admission comme preuves des informations ainsi obtenues ne se heurtait pas dans les circonstances de ces affaires aux exigences d'équité posées par le présent paragraphe. • CEDH 1er mars 2007, *Heglas c/ Rép. tchèque, n° 8935/02* § 85.

307. Lors de ses interrogatoires par la police à la suite de son arrestation, le requérant s'est invariablement prévalu de son droit de garder le silence, sur les conseils de son *solicitor*. Les aveux que le requérant aurait livrés à H., et qui constituèrent l'élément principal ou déterminant à charge à son procès, ne furent pas des déclarations spontanées et non provoquées que le requérant aurait formulées de son plein gré, mais ont été suscités par l'interrogatoire insistant de H. qui, comme le lui avait demandé la police, a orienté leurs conversations sur le meurtre dans des conditions qui peuvent passer comme équivalant en fait à un interrogatoire, sans les garanties dont s'accompagnerait un interrogatoire de police formel, parmi lesquelles la présence d'un avocat et la mise en garde habituelle. • CEDH 5 nov. 2002, *Allan c/ Royaume-Uni*, n° 48539/99 § 52.

308. En l'espèce, aucune pression n'a été exercée sur le requérant pour l'amener à recevoir V. dans le « pavillon des invités », à lui parler ou à émettre des observations particulières sur la question soulevée par lui. Le requérant ne se trouvait pas en détention provisoire mais en liberté dans sa propriété, où il avait à son service des agents de sécurité et d'autres personnels. La nature de sa relation avec V. – subordination de celui-ci – ne lui a pas imposé de comportement particulier. En d'autres termes, le requérant était libre de voir V. et de lui parler, ou de refuser de le faire. Il apparaît qu'il était disposé à poursuivre la conversation engagée par V. puisque le sujet présentait un intérêt personnel pour lui. La Cour n'est donc pas convaincue que les éléments de preuve aient été obtenus par le recours à la contrainte ou à la pression. • CEDH 10 mars 2009, *Bykov c/ Russie*, n° 4378/02 § 102.

309. Utilisation de la contrainte. L'admission d'éléments de preuve obtenus par la torture est manifestement contraire non seulement aux dispositions du présent art. Il y aurait donc déni de justice flagrant si pareils éléments étaient admis dans un procès pénal. • CEDH 17 janv. 2012, *Othman (Abu qatada) c/ Royaume-Uni*, n° 8139/09 § 280 : *RFDA 2013. 576, chron. Labaye et Sudre*. ♦ V. s'agissant de l'administration d'un constituant un traitement inhumain et dégradant contraire aux dispositions matérielles de l'art. 3 Conv. EDH. Toute autre conclusion ne ferait que légitimer indirectement le type de conduite moralement répréhensible. • CEDH, gr. ch., 11 juill. 2006 *Jalloh c/ Allemagne*, n° 54810/00 § 104 et 105 : *JCP 2007. I. 106, chron. Sudre*. ♦ Rappr. • CEDH 21 avr. 2011, *Nechiporuk et Yonkalo c/ Ukraine*, n° 42310/04 § 279.

310. Des preuves recueillies par des moyens contraires à l'art. 3 Conv. EDH ne soulèvent une question sous l'angle du présent art. que si l'utilisation n'en a pas été écartée au procès pénal d'un requérant. La Cour relève que le tribunal régional a exclu au procès tous les aveux que le requérant avait livrés sous la menace ou les effets continus de celle-ci dans le cadre de la procédure d'enquête. • CEDH, gr. ch., 1er juin 2010, *Gäfgen c/ Allemagne*, n° 22978/05 § 172. ♦ Rappr. • CEDH 10 mars 2009, *Bykov c/ Russie*, n° 4378/02 § 103. ♦ V. également, justifiant un refus d'extradition, • CEDH 17 janv. 2012, *Othman (Abu qatada) c/ Royaume-Uni*, n° 8139/09 § 280 : *préc. note 309.*

♦ … Ou de l'utilisation par une juridiction d'un État partie de preuve obtenue de la sorte dans un État tiers. • CEDH 25 sept. 2012 *El Haski c/ Belgique,* n° 649/08 § 99.

311. Moment de présentation des preuves. Les éléments de preuve (dont font partie les témoignages : V. note 432) doivent normalement être produits devant l'accusé en audience publique, en vue d'un débat contradictoire. • CEDH 6 déc. 1988, *Barbera, Messegué et Jabardo c/ Espagne,* n° 10590/83 § 78.

b. Motivation des décisions de justice

312. Principe. Le présent paragraphe implique notamment, à la charge du « tribunal », l'obligation de se livrer à un examen effectif des moyens, arguments et offres de preuve des parties, sauf à en apprécier la pertinence pour la décision à rendre. Il oblige dès lors les tribunaux à motiver leurs décisions, mais il ne peut se comprendre comme exigeant une réponse détaillée à chaque argument. • CEDH 19 avr. 1994, *Van den Hurk c/ Pays-Bas,* n° 16034/90 § 59 et 61 : *Justices 1996. 235, obs. Flauss.* ♦ Le droit à un procès équitable englobe, entre autres, le droit des parties au procès à présenter les observations qu'elles estiment pertinentes pour leur affaire. La Conv. EDH ne visant pas à garantir des droits théoriques ou illusoires mais des droits concrets et effectifs, ce droit ne peut passer pour effectif que si ces observations sont vraiment « entendues », c'est-à-dire dûment examinées par le tribunal saisi. Autrement dit, le présent art. implique notamment, à la charge du « tribunal », l'obligation de se livrer à un examen effectif des moyens, arguments et offres de preuve des parties, sauf à en apprécier la pertinence. • CEDH 21 mars 2000, *Dulaurans c/ France,* n° 34553/97 § 33.

313. Si le présent art. oblige les tribunaux à motiver leurs décisions, il ne peut se comprendre comme exigeant une réponse détaillée à chaque argument. L'étendue de ce devoir peut varier selon la nature de la décision. • CEDH 9 déc. 1994, *Hiro Balani c/ Espagne,* n° 18064/91 § 27 : *D. 1996. 202, obs. Fricero ; Justices 1996. 236, obs. Cohen-Jonathan et Flauss* • CEDH 9 déc. 1994, *Ruiz Torija c/ Espagne,* n° 18390/91 § 27 • CEDH 19 févr. 1998, *Higgins et a. c/ France,* n° 20124/92 § 42 : *D. 1998. 369, obs. Fricero ; JCP 1999. I. 105, chron. Sudre* • CEDH 14 déc. 2006, *N. T. Giannousis & Kliafas Brothers SA c/ Grèce,* n° 2898/03 § 26. ♦ L'obligation de motivation s'applique aussi à la condamnation aux frais et *dépens. • CEDH, décis., 22 nov. 2011, The Association for the Defence of Human Rights c/ Roumanie,* n° 2959/11. ♦ … Et aux amendes imposées en raison du caractère abusif du recours. • Comm. EDH 9 mai 1994, *G. L. c/ Italie,* n° 15384/89 • CEDH 26 nov. 2013, *Francesco Quattrone c/ Italie,* n° 13431/07 § 44. ♦ Il faut, en outre, tenir compte notamment de la diversité de moyens qu'un plaideur peut soulever en justice et des différences dans les États contractants en matière de dispositions légales, coutumes, conceptions doctrinales, présentation et rédaction des jugements et arrêts. C'est pourquoi la question de savoir si un tribunal a manqué à son obligation de motiver découlant du présent art. ne peut s'analyser qu'à la lumière des circonstances de l'espèce. • CEDH 9 déc. 1994, *Hiro Balani c/ Espagne,* n° 18064/91 § 27 : *préc.*

314. Un moyen décisif impose une réponse spécifique et explicite. • CEDH 9 déc. 1994, *Ruiz Torija c/ Espagne,* n° 18390/91 § 30 • CEDH 9 déc. 1994, *Hiro Balani c/ Espagne,* n° 18064/91 § 28 : *préc. note 313.* ♦ Il en va de même d'un moyen fondé sur les droits garantis par la Conv. EDH. • CEDH 28 juin 2007, *Wagner et J. M. W. L. c/ Luxembourg,* n° 76240/01 § 97 : *D. 2007. 2700, note Marchadier ; AJDA 2007. 1918, chron. Flauss.* ♦ Il appartient aux juges de prendre connaissance de l'entier dossier pour pouvoir répondre aux arguments avancés. • Comm. EDH 16 avr. 1993, *Fouquet c/ France,* n° 20398/92.

315. L'exigence de motivation requiert ainsi une importance particulière dans le cadre du contentieux administratif. Dans ce domaine, l'acte administratif contesté par le justiciable entraîne souvent des effets irréversibles sur ses activités personnelles ou professionnelles. Or, juger consiste à trancher au fond le litige porté devant une juridiction. Le présent art. ne permet pas l'emploi de subterfuges visant à éviter l'examen du fond du litige. Dans ce cas, l'attitude du juge équivaudrait à un déni de justice, ce qui porterait atteinte au droit d'accès à un tribunal. • CEDH 14 déc. 2006, *N. T. Giannousis & Kliafas Brothers SA c/ Grèce,* n° 2898/03 § 26.

316. Au vu des motifs retenus par la Cour de cassation et le Conseil d'État à l'appui de leur refus de donner suite aux demandes des requérants de saisir la Cour de justice à titre préjudiciel des questions relatives à l'interprétation du droit communautaire qu'ils avaient formulées dans le cadre des procédures devant ces juridictions, et considérant ces procédures dans leur ensemble, la Cour conclut qu'il n'y a pas eu violation du droit des requérants à un procès équitable. • CEDH 21 sept. 2011, *Ullens de Schooten et Rezabek c/ Belgique,* n° 3989/07 § 67 : *préc. note 102.* ♦ La Cour déplore parfois sans le sanctionner, compte tenu des circonstances, le manque de motivation : nonobstant les particularités de la procédure devant la Cour de cassation et la possibilité d'imposer des conditions de recevabilité d'un pourvoi plus rigoureuses que pour un appel, le recours à la notion de « moyen nouveau » justifierait davantage de motivation. En effet, un renforcement de cette dernière serait à même d'éclairer utilement les justiciables sur le sens de la décision. • CEDH 16 févr. 2012, *Tourisme d'affaires c/ France,* n° 17814/10 : *préc. note 123.*

317. Exception. Le présent art. n'exige pas que soit motivée en détail une décision par laquelle une juridiction de recours, se fondant sur une disposition légale spécifique, écarte un recours comme dépourvu de chance de succès. Ce peut être le cas par ex. en ce qui concerne la procédure préalable d'examen et d'admission des pourvois en cassation par un organe institué au sein de la Cour de cassation. • CEDH, décis., 10 déc. 2002, *Latournerie c/ France,* n° 50321/99 • CEDH, décis., 31 janv. 2006, *Mérigaud c/ France,* n° 32976/04 • CEDH, gr. ch., 20 mars 2009, *Gorou c/ Grèce,* n° 12686/03 § 41. ♦ Il en va de même devant les juridictions administratives. • CEDH, décis., 9 mars 1999, *SA Immeuble Groupe Kosser c/ France,* n° 38748/97.

318. Motivation insuffisante. La prescription relevait d'une catégorie juridique complètement distincte de celle de la cause de résiliation, de sorte qu'elle exigeait une réponse spécifique et explicite. Faute de cette dernière, il est impossible de savoir si l'*Audiencia Provincial* a simplement négligé le moyen tiré de la prescription ou bien a voulu le rejeter et, dans cette dernière hypothèse, pour quelles raisons. • CEDH 9 déc. 1994, *Ruiz Torija c/ Espagne,* n° 18390/91 § 30. ♦ La question de savoir si la société japonaise pouvait se prévaloir de son droit à son nom commercial exigeait donc une réponse spécifique et explicite. Faute de cette dernière, il est impossible de savoir si le Tribunal suprême a simplement négligé le moyen tiré du droit antérieur à la marque *Creacions Orient* ou bien a voulu le rejeter et, dans cette dernière hypothèse, pour quelles raisons. Ni la démarche entreprise par la requérante auprès du registre de la propriété industrielle pour étendre la liste des articles, ni le fait que le service juridique dudit registre a exprimé dans son rapport au premier juge l'avis que ce moyen devait être écarté, ni la circonstance que – selon le Gouvernement – la Haute Juridiction aurait déjà formulé cette même opinion dans une décision entre les mêmes parties dans un contexte identique n'enlèvent rien à cette conclusion. • CEDH 9 déc. 1994, *Hiro Balani c/ Espagne,* n° 18064/91 § 28 : *préc. note 313.* ♦ La question de l'incompatibilité de la décision de première instance au regard de l'art. 8 Conv. EDH figurait parmi les moyens principaux soulevés par les requérantes, de sorte qu'elle exigeait une réponse spécifique et explicite. Or la cour d'appel a omis de donner une réponse au moyen selon lequel l'ordre public commandait précisément d'accorder, au titre de l'art. 8 Conv. EDH, l'exequatur à la décision d'adoption péruvienne. La Cour de cassation a, de surcroît, entériné cette solution des juges du fond, et ce en dépit de sa jurisprudence selon laquelle la Convention déploie ses effets directs dans l'ordre juridique luxembourgeois. • CEDH 28 juin 2007, *Wagner et J. M. W. L. c/ Luxembourg,* n° 76241/01 § 97 : *préc. note 314.*

319. Lorsque le requérant voulut, le lendemain du prononcé, se procurer le texte exact de l'arrêt, le greffier lui aurait dit qu'il faudrait attendre la « mise au propre ». Dans son pourvoi, formé dans le délai de 5 jours prévu, H. put seulement s'appuyer sur ce qu'il avait entendu ou saisi pendant les débats et se référer dans l'abstrait à l'article pertinent. Quand il reçut le procès-verbal de l'audience, il se trouvait forclos pour préciser son pourvoi : une jurisprudence constante n'autorise la prise en compte de moyens supplémentaires que si le mémoire introductif énonce au moins un moyen déclaré recevable et suffisamment étayé. • CEDH 16 déc. 1992, *Hadjianastassiou c/ Grèce,* n° 12945/87 § 34 et 36.

320. Les juridictions internes ont estimé que l'État n'était pas responsable de la détention du requérant au motif que celui-ci avait commis une « faute lourde ». L'absence de précision quant à cette notion, qui implique une appréciation des faits, imposait que les tribunaux énoncent des motifs plus détaillés, eu égard notamment au caractère déterminant de leur conclusion pour le droit à réparation du requérant. • CEDH 29 mai 1997, *Georgiadis c/ Grèce,* n° 21522/93 § 43 : *RSC 1998. 394. obs. Koering-Joulin.*

321. L'arrêt de la Cour de cassation ne fournit aucune indication de nature à éclairer la Cour sur le sort différent accordé à la procédure contre la BBC. Ni la procédure en rectification d'erreur matérielle ni celle en cassation contre l'arrêt de la cour d'appel n'ont fourni aux requérants une réponse explicite et spécifique sur les conséquences à tirer de l'arrêt. Faute de motivation, il est impossible de savoir si la Cour de cassation a simplement négligé d'évoquer la troisième affaire ou bien n'a pas voulu en ordonner le renvoi et, dans cette dernière hypothèse, pour quelles raisons. • CEDH 19 févr. 1998, *Higgins et a. c/ France,* n° 20124/92 § 43 : *préc. note 313.*

322. Arrêts d'assises. La Conv. EDH ne requiert pas que les jurés donnent les raisons de leur décision et l'art. 6 ne s'oppose pas à ce qu'un accusé soit jugé par un jury populaire même dans le cas où son verdict n'est pas motivé. Il n'en demeure pas moins que pour que les exigences d'un procès équitable soient respectées, le public et, au premier chef, l'accusé doivent être à même de comprendre le verdict qui a été rendu. C'est là une garantie essentielle contre l'arbitraire. Devant les cours d'assises avec participation d'un jury populaire, il faut s'accommoder des particularités de la procédure où, le plus souvent, les jurés ne sont pas tenus de – ou ne peuvent pas – motiver leurs convictions. Dans ce cas également, le présent art. exige de rechercher si l'accusé a pu bénéficier des garanties suffisantes de nature à écarter tout risque d'arbitraire et à lui permettre de comprendre les raisons de sa condamnation. Ces garanties procédurales peuvent consister, par exemple, en des instructions ou éclaircissements donnés par le président de la cour d'assises aux jurés quant aux problèmes juridiques posés ou aux éléments de preuve produits, et en des questions précises, non équivoques soumises au jury par ce magistrat, de nature à former une trame apte à servir de fondement au verdict ou à compenser adéquatement l'absence de motivation des réponses du jury (V. arrêt *Papon* ci-dessous). Enfin, doit être prise en compte, lorsqu'elle existe, la possibilité pour l'accusé d'exercer des voies de recours. • CEDH, gr. ch., 16 nov. 2010, *Taxquet c/ Belgique*, n° 926/05 § 90 et 92 : *préc. note 298* • CEDH 10 janv. 2013, *Agnelet c/ France*, n° 61198/08 § 71 : *AJDA 2013. 1798, chron. Burgogue-Larsen ; D. 2013. 615, note Renucci ; AJ pénal 2013. 336, note Renaud-Duparc ; RSC 2013. 112, obs. Danet ; ibid. 158, obs. Marguénaud*. ♦ Le ministère public et l'accusé s'étaient vu offrir la possibilité de contester les questions posées et de demander au président de poser au jury une ou plusieurs questions subsidiaires. Après avoir constaté que le jury avait répondu aux 768 questions posées par le président de la cour d'assises, la Cour a estimé que celles-ci formaient une trame apte à servir de fondement à la décision et que leur précision compensait adéquatement l'absence de motivation des réponses du jury. La Cour a rejeté comme manifestement mal fondé le grief tiré de l'absence de motivation de l'arrêt de la cour d'assises. • CEDH, décis., 15 nov. 2001, *Papon c/ France*, n° 54210/00 : *D. 2002. 2572, obs. Renucci*.

323. V. pour des cas dans lesquels les condamnés n'ont pas disposé de garanties suffisantes leur permettant de comprendre le verdict de condamnation qui a été prononcé à leur encontre. • CEDH 24 févr. 2015, *Magy c/ Belgique*, n° 43137/09 § 37 s.

324. V. pour des cas dans lesquels les condamnés ont disposé de garanties suffisantes leur permettant de comprendre le verdict de condamnation qui a été prononcé à leur encontre : • CEDH 13 nov. 2014, *Bodein c/ France*, n° 40014/10 § 41 s. : *AJDA 2015. 150, chron. Burgorgue-Larsen ; D. 2014. 2303 ; AJ pénal 2015. 105, obs. Céré* (pour un cas dans lequel le nombre et la précision des questions posées aux jurés permettent au requérant de comprendre le verdict de condamnation qui a été prononcé à son encontre) • CEDH, gr. ch., 29 nov. 2016, *Lhermitte c/ Belgique*, n° 34238/09 (le fait que l'arrêt sur la peine ait été rédigé par les magistrats professionnels, absents lors des délibérations sur la culpabilité, ne saurait remettre en cause la valeur et la portée des explications fournies à la requérante) • CEDH 19 déc. 2017, *Ramda c/ France*, n° 78477/11 § 69 : *D. 2018. 11, et les obs. ; AJ pénal 2018. 153, obs. Lavric* (compte tenu des trois arrêts de mise en accusation particulièrement motivés, des débats au cours des audiences, et ce tant en première instance qu'au cours de la procédure, ainsi que des questions, nombreuses et précises, posées à la cour d'assises).

325. Motivation par référence. La notion de procès équitable requiert qu'une juridiction interne qui n'a que brièvement motivé sa décision, que ce soit en incorporant les motifs fournis par une juridiction inférieure ou autrement, ait réellement examiné les questions essentielles qui lui ont été soumises et qu'elle ne se soit pas contentée d'entériner purement et simplement les conclusions d'une juridiction inférieure. • CEDH 19 nov. 1997, *Helle c/ Finlande*, n° 20772/92 § 60 : *AJDA 1998. 984, chron. Flauss ; RTD civ. 1998. 516, obs. Marguénaud* • CEDH 17 juill. 2006, *Nedzela c/ France*, n° 73695/01 § 55.

326. Le simple fait que la cour d'appel ait rappelé les décisions adoptées en l'espèce par les juridictions inférieures et les arguments sur lesquels celles-ci s'étaient fondées ne pouvait la dégager de son obligation d'examiner les questions soulevées dans le recours du requérant. Il en était d'autant plus ainsi que les juridictions inférieures dont la cour d'appel a résumé les décisions avaient abouti à des conclusions radicalement différentes et qu'elle était, pour sa part, appelée à statuer en dernier ressort et à rendre une décision définitive et irrévocable. • CEDH 28 avr. 2005, *Albina c/ Roumanie*, n° 57808/00 § 34.

327. Le droit à un réexamen de sa condamnation ne peut passer pour effectif que si les arguments de l'appelant sont vraiment « entendus », c'est-à-dire dûment examinés par le tribunal saisi. • CEDH 17 juill. 2006, *Nedzela c/ France*, n° 73695/01 § 55.

c. Égalité des armes et principe du contradictoire

328. Notion d'égalité des armes. L'égalité des armes, au sens d'un « juste équilibre » entre les parties, vaut en principe aussi bien au civil qu'au pénal ; dans les litiges opposant des intérêts privés, l'égalité des armes implique l'obligation d'offrir à chaque partie une possibilité raisonnable de présenter sa cause – y compris ses preuves – dans des conditions qui ne la placent pas dans une situation de net désavantage par rapport à son adversaire. • CEDH 27 oct. 1993, *Dombo Beheer B.V. c/ Pays-bas,* n° 14448/88 § 33.

329. Le principe de l'égalité des armes requiert que chaque partie se voit offrir une possibilité raisonnable de présenter sa cause dans des conditions qui ne la placent pas dans une situation de net désavantage par rapport à son adversaire. • CEDH 24 févr. 1997, *De Haes et Gijsels c/ Belgique,* n° 19983/92 § 53 : *RSC 1998. 394, obs. Koering-Joulin ; JCP 1998. I. 107, chron. Sudre.* ♦ ... Y compris au plan procédural : requérant ne bénéficiant pas d'une suspension des délais pendant les vacances judiciaires. • CEDH 11 janv. 2001, *Platakou c/ Grèce,* n° 38460/97 § 48. ♦ ... Délai d'appel distinct pouvant être prolongé pour le parquet alors que le requérant est enfermé dans un délai strict. • CEDH 3 oct. 2006, *Ben Naceur c/ France,* n° 63879/00 § 40 : *D. 2007. Pan. 979, obs. Pradel ; JCP 2007. I. 106, chron. Sudre* • CEDH 22 mai 2008, *Gacon c/ France,* n° 1092/04 § 34 : *RSC 2008. 696, obs. Marguénaud ; RSC 2009. 635, obs. Giudicelli .*

330. La présence du parquet lors d'une séance d'information des jurés n'est pas contraire au présent paragraphe dès lors qu'aucune instruction ne fut donnée aux jurés par les magistrats présents et que la neutralité de la séance fut par ailleurs effectivement assurée par le président de la cour d'assises qui l'a dirigée. • CEDH 4 oct. 2007, *Corcuff c/ France,* n° 16290/04 § 32. ♦ Rappr. • CEDH 2 mai 2000, *Condron c/ Royaume-Uni,* n° 35718/97 § 61 s. ♦ En revanche, dès lors qu'il y a communication entre le parquet et les jurés, le principe est violé. • CEDH 16 janv. 2007, *Farhi c/ France,* n° 17070/05 § 27.

331. Notion de contradictoire. Le droit à une procédure contradictoire implique en principe la faculté pour les parties à un procès, pénal ou civil, de prendre connaissance de toute pièce ou observation présentée au juge, même par un magistrat indépendant, en vue d'influencer sa décision, et de la discuter. • CEDH 20 févr. 1996, *Vermeulen c/ Belgique,* n° 19075/91 § 33 • CEDH 20 févr. 1996, *Lobo Machado c/ Portugal,* n° 15764/89 § 31 • CEDH 22 févr. 1996, *Bulut c/ Autriche,* n° 17358/90 § 50 : *préc. note 205.*

332. La cour d'appel s'étant prononcée à l'issue d'une procédure contradictoire au cours de laquelle les différents moyens de preuve ont été débattus et le requérant ayant pu contester les moyens développés par les parties poursuivantes et faire valoir toutes les observations et arguments qu'il a estimés nécessaires, il n'y a pas violation du droit à un procès équitable. • CEDH 14 févr. 2004, *Morel c/ France (n° 2),* n° 43284/98 § 68.

333. Les parties ont été en mesure de débattre tant des faits retenus pour motiver la mesure de dissolution que de la substitution de motif opérée pour en faire la justification unique et suffisante. Dès lors, la Cour estime que la substitution de motif à laquelle a procédé le Conseil d'État n'a pas porté atteinte au droit de celles-ci à un procès équitable. En effet, le motif substitué retenu par le Conseil d'État s'appuyait sur des éléments de fait et de droit déjà dans le débat, que les requérantes ont pu discuter sans être prises au dépourvu. En outre, le ministre de l'intérieur a expressément soutenu, dans son mémoire, que ces faits « constituaient à eux seuls des actes suffisamment graves de nature à justifier la dissolution », et les requérantes n'ont pas spécifiquement répondu sur ce point. • CEDH 27 oct. 2016, *Les Authentiks et Supras Auteuil 91 c/ France,* n° 4696/11 § 52 : *préc. note 164.*

334. Distinction entre égalité des armes et principe du contradictoire. Les observations du tribunal cantonal ne furent communiquées à aucune des parties au litige devant le Tribunal fédéral : ni au requérant ni à la société défenderesse. De son côté, le tribunal cantonal, juridiction indépendante, ne saurait passer pour l'adversaire de l'une d'elles. Aucun manquement à l'égalité des armes ne se trouve donc établi. • CEDH 18 févr. 1997, *Nideröst-Huber c/ Suisse,* n° 18990/91 § 23. ♦ Toutefois, la notion de procès équitable implique aussi en principe le droit pour les parties à un procès de prendre connaissance de toute pièce ou observation présentée au juge et de la discuter. Il importe peu que ces pièces ne présentent aucun fait ou argument qui ne figure pas déjà dans la décision attaquée. Cette appréciation, en réalité, appartient aux seules parties au litige : c'est à elles de juger si un document appelle des commentaires. Il y va notamment de la confiance des justiciables dans le fonctionnement de la justice : elle se fonde, entre autres, sur l'assurance d'avoir pu s'exprimer sur toute pièce au dossier. • CEDH 18 févr. 1997, *Nideröst-Huber c/ Suisse,* n° 18990/91 § 24 et 29. ♦ Le principe de l'égalité des armes requiert que chaque partie se voie offrir une possibilité raisonnable de présenter sa cause dans des conditions qui ne la placent pas dans une situation de net désavantage par rapport à son adversaire. Quant au droit à une procédure contradictoire, il impliquerait en principe la faculté pour les parties au procès, pénal ou civil, de prendre connaissance de toute pièce ou observation présentée au juge, même par un magistrat indépendant, en vue d'influencer sa décision et de la discuter. • CEDH, décis., 21 mars 2006, *Flament c/ France,* n° 28584/03.

335. Il en découle que, au besoin, il convient de rouvrir le contradictoire. • CEDH 27 avr. 2000, *Kuopila c/ Finlande,* n° 27752/95 § 38.

336. Le principe de l'égalité des armes représente un élément de la notion plus large de procès équitable, qui englobe aussi le droit fondamental au caractère contradictoire de l'instance. • CEDH 26 juin 1993, *Ruiz Mateos c/ Espagne*, n° 12952/87 § 63 : *préc. note 76.*

337. Une différence de traitement quant à l'audition des témoins des parties peut donc être de nature à enfreindre le principe d'égalité des armes. • CEDH 27 oct. 1993, *Dombo Beheer B. V. c/ Pays-Bas*, n° 14448/88 § 34 • CEDH 23 oct. 1996, *Ankerl c/ Suisse*, n° 17748/91 § 38.

338. Dans ce contexte, la Cour attribue une importance aux apparences autant qu'à la sensibilité accrue aux garanties d'une bonne justice. • CEDH 22 févr. 1996, *Bulut c/ Autriche*, n° 17358/90 § 47 : *préc. note 205.* ♦ Elle pourra pourtant admettre, dans certaines circonstances (en l'espèce, confidentialité de certains documents) que les limitations subies par le requérant dans la jouissance des droits qu'il tirait des principes du contradictoire et de l'égalité des armes soient compensées de telle manière que le juste équilibre entre les parties n'ait pas été affecté au point de porter atteinte à la substance même du droit du requérant à un procès équitable. • CEDH, gr. ch., 19 sept. 2017, *Regner c/ Rép. Tchèque*, n° 35289/11 § 161.

1. Notion de parties

339. Principe. Nul ne doute de l'objectivité avec laquelle le parquet de cassation s'acquitte de ses fonctions. • CEDH 30 oct. 1991, *Belgique*, n° 12005/86 § 26. ♦ Nul n'a jamais mis en doute l'indépendance ni l'impartialité du commissaire du Gouvernement, et la Cour estime qu'au regard de la Convention son existence et son statut organique ne sont pas en cause. L'indépendance du commissaire du Gouvernement et le fait qu'il n'est soumis à aucune hiérarchie ne sont pas contestés. • CEDH, gr. ch., 7 juin 2001, *Kress c/ France*, n° 39594/98 § 71 : *AJDA 2001. 675, note Rolin ; ibid. 1060, chron. Flauss ; ibid. 2002. 9, étude Chabanol ; D. 2001. 2619, note Drago ; ibid. 2611, chron. Andriantsimbazovina ; ibid. 2003. 152, chron. Guinchard ; GAJA, 21e éd., n° 99 ; RFDA 2001. 991, note Genevois ; ibid. 1000, note Autin et Sudre ; RTD eur. 2001. 727, note Benoît-Rohmer.*

340. Néanmoins, son opinion ne saurait passer pour neutre du point de vue des parties à l'instance en cassation : en recommandant l'ad*mission ou le rejet du pourvoi* d'un accusé, le magistrat du ministère public en devient l'allié ou l'adversaire objectif. Dans la seconde hypothèse, le présent paragraphe impose le respect des droits de la défense et du principe de l'égalité des armes. • CEDH 30 oct. 1991, *Borgers c/ Belgique*, n° 12005/86 § 26. ♦ De même, il convient d'attacher une grande importance au rôle réellement assumé dans la procédure par le commissaire du Gouvernement (rapporteur public) et plus particulièrement au contenu et aux effets de ses conclusions. • CEDH, gr. ch., 7 juin 2001, *Kress c/ France*, n° 39594/98 § 71 : *préc. note 339.*

341. Eu égard à la place dévolue à l'action civile dans le procès pénal et aux intérêts complémentaires de la partie civile et du ministère public, le principe de l'égalité des armes n'est pas méconnu du seul fait que, en dehors de sept cas limitativement énumérés, la partie civile n'est pas recevable à former seule un pourvoi devant la Cour de cassation contre un arrêt de la chambre d'accusation, si le ministère public ne forme pas lui-même de pourvoi. La partie civile ne peut être considérée comme l'adversaire du ministère public, ni d'ailleurs nécessairement comme son alliée, leur rôle et leurs objectifs étant clairement distincts. • CEDH 3 déc. 2002, *Berger c/ France*, n° 48221/99 § 31 et 38 : *préc. note 105.*

342. Dans la procédure en fixation des indemnités, l'exproprié se trouve confronté non seulement à l'autorité expropriante mais aussi au commissaire du Gouvernement ; le commissaire du Gouvernement et l'expropriant – lequel est dans certains cas représenté par un fonctionnaire issu des mêmes services que le premier – bénéficient d'avantages notables dans l'accès aux informations pertinentes ; en outre, le commissaire du Gouvernement, à la fois expert et partie, occupe une position dominante dans la procédure et exerce une influence importante sur l'appréciation du juge. Tout cela crée, au détriment de l'exproprié, un déséquilibre incompatible avec le principe de l'égalité des armes. • CEDH 24 avr. 2003, *Yvon c/ France*, n° 44962/98 § 37 : *AJDA 2004. 1441, tribune Hostiou ; ibid. 2003. 1924, chron. Flauss ; D. 2003. 2456, note Hostiou ; AJDI 2003. 361 ; ibid. 330, obs. Musso ; RDI 2003. 425, étude Struillou.*

2. Participation au délibéré

343. Parquet. La participation, avec voix consultative, de l'avocat général au délibéré de la Cour constitue une violation du présent art. Pareille assistance, prêtée en toute objectivité, peut offrir une certaine utilité pour la rédaction des arrêts, quoique celle-ci relève au premier chef de la Haute Juridiction elle-même. On conçoit mal cependant qu'elle puisse rester cantonnée aux questions de forme, au demeurant souvent indissociables du fond, si elle a également pour but, comme l'affirme aussi le Gouvernement, de contribuer au maintien de l'unité de la jurisprudence. Quand bien même elle s'y serait limitée en l'espèce, l'avocat général pouvait légitimement sembler disposer en chambre du conseil d'une occasion supplémentaire d'appuyer, à l'abri de la contradiction du requérant, ses conclusions de rejet du pourvoi. • CEDH 30 oct. 1991, *Borgers c/ Belgique,* n° 12005/86 § 28. ♦ Il en va pareillement de la présence de son adjoint même sans voix consultative. • CEDH 20 févr. 1996, *Lobo Machado c/ Portugal,* n° 15764/89 § 32. ♦ Il en va de même en matière civile. • CEDH 20 févr. 1996, *Vermeulen c/ Belgique,* n° 19075/91 § 34. ♦ ... Ou disciplinaire. • CEDH 25 juin 1997, *Van Orshoven c/ Belgique,* n° 20122/92 § 37.

344. Commissaire du Gouvernement (rapporteur public). La Cour ne voit aucune raison de s'écarter de cette solution s'agissant du commissaire du Gouvernement (rapporteur public), dont l'opinion n'emprunte cependant pas son autorité à celle d'un ministère public. De l'avis de la Cour, l'avantage pour la formation de jugement de cette assistance purement technique est à mettre en balance avec l'intérêt supérieur du justiciable, qui doit avoir la garantie que le commissaire du Gouvernement ne puisse pas, par sa présence, exercer une certaine influence sur l'issue du délibéré. Tel n'est pas le cas dans le système français actuel. En conclusion, il y a eu violation du présent paragraphe, du fait de la participation du commissaire du Gouvernement au délibéré de la formation de jugement. • CEDH, gr. ch., 7 juin 2001, *Kress c/ France,* n° 39594/98 § 83, 85 et 87 : *préc. note 339.*

345. Simple présence. La Cour rappelle que, sur le fondement notamment de la théorie dite « des apparences », elle a jugé contraire au présent paragraphe la participation de l'avocat général au délibéré de la Cour de cassation belge, avec voix consultative, la présence du procureur général adjoint au délibéré de la Cour suprême portugaise, quand bien même il n'y disposait d'aucune voix consultative ou autre (V. note 343), et la présence du commissaire du Gouvernement au délibéré du Conseil d'État français. La Cour en déduit que la seule présence de l'avocat général au délibéré de la chambre criminelle de la Cour de cassation est incompatible avec le présent paragraphe. • CEDH 27 nov. 2003, *Slimane-Kaïd c/ France (n° 2),* n° 48943/99 § 20 : *D. 2004. 32 ; RD publ. 2004. 816, obs. Gonzalez.* ♦ V. spécifiquement sur le procureur général. • CEDH 14 déc. 2004, *Nesme c/ France,* n° 72783/01 § 43. ♦ ... Spécifiquement sur le commissaire du Gouvernement (rapporteur public). • CEDH 5 juill. 2005, *Marie-Louise Loyen et a. c/ France,* n° 55929/00 § 63. ♦ Il importe peu que cette présence soit « active » ou « passive ». • CEDH, gr. ch., 12 avr. 2006, *Martinie c/ France,* n° 58675/00 § 53 : *préc. note 68.*

346. Renonciation. Une disposition prévoit expressément la faculté pour les parties de demander à ce que le commissaire du Gouvernement n'assiste pas au délibéré. Cette faculté est indiquée sur l'avis d'audience transmis aux parties. La Cour considère donc que la requérante, qui a été informée préalablement à l'audience de la possibilité de demander que le commissaire du Gouvernement n'assiste pas au délibéré, a renoncé à cette faculté. Aucun obstacle n'ayant empêché la requérante de faire usage de cette possibilité, celle-ci ne saurait se plaindre devant la Cour de la participation du commissaire du Gouvernement au délibéré de la formation du Conseil d'État. • CEDH, décis., 15 sept. 2009, *Étienne c/ France,* n° 11396/08 : *AJDA 2009. 2468, note El Boudouhi.*

3. Communication des conclusions

347. Principe. A aucun moment le requérant ne put répondre aux conclusions de l'avocat général tendant au rejet du pourvoi. Or, avant, il n'en connaissait pas la teneur, faute d'en avoir reçu communication au préalable. De plus, le requérant est empêché de déposer des notes écrites après l'intervention du ministère public. On n'aperçoit point ce qui justifie de telles restrictions aux droits de la défense. Dès lors que le parquet avait présenté des conclusions défavorables au requérant, celui-ci avait un intérêt certain à pouvoir les discuter avant la clôture des débats. Que seules les questions de droit ressortissent à la compétence de la Cour de cassation, n'y change rien. • CEDH 30 oct. 1991, *Borgers c/ Belgique,* n° 12005/86 § 27. ♦ Les parties à un procès, pénal ou civil, doivent avoir la possibilité de prendre connaissance de toute pièce ou observation présentée au juge, même par un magistrat indépendant, en vue d'influencer sa décision, et de la discuter. • CEDH 20 févr. 1996, *Vermeulen c/ Belgique,* n° 19075/91 § 33 • CEDH 31 mars 1998, *Reinhardt et Slimane-Kaïd,* n° 23043/93 § 103 : *D. 1998. 366, obs. Baudoux ; RTD civ. 1998. 511, obs. Marguénaud ; JCP 1999. I. 105, chron. Sudre.* ♦ Compte tenu de ce qu'était l'enjeu pour l'intéressé dans la procédure et de la nature des conclusions de l'avocat général, l'impossibilité pour le requérant de répondre à celles-ci avant que la Cour de cassation ne rendît sa décision a méconnu son droit à une procédure contradictoire. • CEDH 23 mars 1998, *J. J. c/ Pays-Bas,* n° 21351/93 § 43.

348. Il n'est pas contesté que, dans la procédure devant le Conseil d'État, les avocats qui le souhaitent peuvent demander au commissaire du Gouvernement, avant l'audience, le sens général de ses conclusions. Il n'est pas davantage contesté que les parties peuvent répliquer, par une note en délibéré, aux conclusions du commissaire du Gouvernement, ce qui permet, et c'est essentiel aux yeux de la Cour, de contribuer au respect du principe du contradictoire. C'est d'ailleurs ce que fit l'avocat de la requérante en l'espèce. Enfin, au cas où le commissaire du Gouvernement invoquerait oralement, lors de l'audience, un moyen non soulevé par les parties, le président de la formation de jugement ajournerait l'affaire pour permettre aux parties d'en débattre. Dans ces conditions, la Cour estime que la procédure suivie devant le Conseil d'État offre suffisamment de garanties au justiciable et qu'aucun problème ne se pose sous l'angle du droit à un procès équitable pour ce qui est du respect du contradictoire. • CEDH, gr. ch., 7 juin 2001, *Kress c/ France,* n° 39594/98 § 76 : *préc. note 339.* ♦ Le dépôt d'une note en délibéré contribue au respect du principe du contradictoire à certaines conditions. En particulier, les justiciables doivent pouvoir déposer une telle note indépendamment de la décision éventuelle du président d'ajourner l'affaire, tout en disposant d'un délai suffisant pour la rédiger. Par ailleurs, afin d'éviter tout litige quant à sa prise en compte par la Haute Juridiction administrative, la Cour estime que l'arrêt devrait expressément viser l'existence d'une note en délibéré, comme c'est déjà le cas s'agissant de la mention, dans les arrêts du Conseil d'État, de la requête ou du recours enregistré auprès de son secrétariat, des autres pièces du dossier et des interventions en audience publique. • CEDH 21 mars 2002, *APBP c/ France,* n° 38436/97 § 27.

349. Requérant assurant seul sa défense. Le requérant n'a pas bénéficié de la pratique – réservée aux seuls avocats à la Cour de cassation – que la Cour a jugé « de nature à offrir [aux parties] la possibilité de prendre connaissance des conclusions litigieuses et de les commenter dans des conditions satisfaisantes ». Si l'on conçoit légitimement que, pour les raisons énoncées par le Gouvernement, pareille pratique puisse être réservée à des avocats spécialisés au vu de la spécificité de la procédure devant la Cour de cassation, il n'en demeure pas moins que le droit à une procédure contradictoire au sens du présent paragraphe, tel qu'interprété par la jurisprudence, « implique en principe le droit pour les parties à un procès de se voir communiquer et de discuter toute pièce ou observation présentée au juge, fût-ce par un magistrat indépendant, en vue d'influencer sa décision ». Dans la présente affaire, le requérant ne disposa pas de l'accès aux conclusions de l'avocat général. • CEDH 8 févr. 2000, *Voisine c/ France,* n° 27362/95 § 28 à 31 : *préc. note 165.* ♦ En l'espèce, la Cour note *que les requérants n'ont pu connaître* le sens des conclusions de l'avocat général avant l'audience de la Cour de cassation et, partant, n'ont pu y répondre par une note en délibéré, alors même qu'ils ont le droit de déposer avant l'audience un mémoire signé par eux. En outre, la transmission du sens de ces conclusions pourrait d'ailleurs s'avérer utile pour éclairer les demandeurs au pourvoi quant à leurs choix procéduraux. • CEDH, gr. ch., 26 juill. 2002, *Meftah c/ France,* n° 32911/96 § 51 : *préc. note 164.* ♦ Le requérant n'ayant pas été informé par une lettre du greffe de la Cour de cassation de la date du dépôt du rapport du conseiller rapporteur et de la possibilité de le consulter en temps utile, le présent art. a été violé. • CEDH 24 juill. 2008, *Arouette c/ France,* n° 42122/04 § 19.

4. Communication du rapport du conseiller rapporteur

350. C'est l'intégralité dudit rapport ainsi que le projet d'arrêt qui furent communiqués à l'avocat général. Or celui-ci n'est pas membre de la formation de jugement. Il a pour mission de veiller à ce que la loi soit correctement appliquée lorsqu'elle est claire, et correctement interprétée lorsqu'elle est ambiguë. Il « conseille » les juges quant à la solution à adopter dans chaque espèce et, avec l'autorité que lui confèrent ses fonctions, peut influencer leur décision dans un sens soit favorable, soit contraire à la thèse des demandeurs. Étant donné l'importance du rapport du conseiller rapporteur, principalement du second volet de celui-ci, le rôle de l'avocat général et les conséquences de l'issue de la procédure, le déséquilibre ainsi créé, faute d'une communication identique du rapport aux conseils des requérants, ne s'accordent pas avec les exigences du procès équitable. • CEDH 31 mars 1998, *Reinhardt et Slimane-Kaïd,* n° 23043/93 § 105 : *préc. note 331* • CEDH 3 déc. 2002, *Berger c/ France,* n° 48221/99 § 43 : *préc. note 105* • CEDH 14 déc. 2004, *Nesme c/ France,* n° 72783/01 § 38 • CEDH 7 mars 2006, *Vesque c/ France,* n° 3774/02 § 33 ♦ V. s'agissant des juridictions administratives dotées d'un parquet. • CEDH, gr. ch., 12 avr. 2006, *Martinie c/ France,* n° 58675/00 § 53 : *préc. note 68.*

351. Le rapport du conseiller rapporteur devant le Conseil d'État ne contient qu'un « simple résumé des pièces » du dossier. En l'espèce, le demandeur au pourvoi est en possession des pièces du dossier, et notamment des mémoires échangés entre les parties. Il ne saurait dès lors soutenir valablement devant la Cour que la lecture par le commissaire du Gouvernement, ou même la possession, d'un document résumant lesdites pièces puisse fournir davantage d'informations que de posséder les pièces elles-mêmes. Partant, il ne saurait être, en aucune mesure, soutenu qu'une transmission du rapport du conseiller rapporteur au commissaire du Gouvernement puisse créer une situation de net désavantage eu égard à l'une ou l'autre des parties. • CEDH, décis., 21 mars 2006, *Flament c/ France,* n° 28584/03. ♦ Dès lors, il ne saurait être valablement soutenu devant la Cour que la lecture par le commissaire du Gouvernement, ou même la possession, d'un document résumant lesdites pièces puisse fournir davantage d'informations que de posséder les pièces elles-mêmes et qu'aucune situation de net désavantage eu égard à l'une ou l'autre des parties ne pouvait être constatée de ce fait. La Cour ne voit pas de raison de s'éloigner de cette conclusion en l'espèce. • CEDH 14 févr. 2008, *Assoc. Avenir d'Allet c/ France*, n° 13324/04 § 35 • CEDH, décis., 4 juin 2013, *Marc-Antoine c/ France*, n° 54984/09 § 28 : *AJDA 2013. 1580, note Platon ; AJDA 2013. 1798, chron. Burgogue-Larsen ; RFDA 2014. 47, ét. Pacteau ; Dr. adm. 2013. 15. Étude Wavelet ; ibid. 74, note Éveillard ; JCP Adm. 2013. 2299, note Wavelet.*

5. Communication du projet d'arrêt

352. Concernant le projet de décision du conseiller rapporteur, lequel est un magistrat de la formation de jugement chargé d'instruire le dossier, la Cour note qu'il ne s'agit pas d'une pièce produite par une partie et susceptible d'influencer la décision juridictionnelle, mais d'un élément établi au sein de la juridiction dans le cadre du processus d'élaboration de la décision finale. Partant, un tel document de travail interne à la formation de jugement, couvert par le secret, ne saurait être soumis au principe du contradictoire. • CEDH, décis., 4 juin 2013, *Marc-Antoine c/ France*, n° 54984/09 § 31 : *préc. note 351.*

353. Le rapporteur public est membre du Conseil d'État, auquel il accède selon les mêmes modalités que ses collègues siégeant dans les formations de jugement, dont ne le distinguent que les fonctions particulières qui lui sont confiées de façon temporaire. Pour remplir son rôle, qui consiste à exposer publiquement, et en toute indépendance, son opinion sur les questions que présentent à juger les requêtes et sur les solutions qu'elles appellent, il procède à une analyse du dossier comparable à celle faite par le rapporteur. Le rapporteur public, qu'il partage ou non l'orientation du conseiller rapporteur, s'appuie notamment sur le projet de décision de celui-ci pour arrêter la position qu'il soumet publiquement à la formation de jugement. La Cour peut donc admettre que les conclusions du rapporteur public, en ce qu'elles intègrent l'analyse du conseiller rapporteur, sont de nature à permettre aux parties de percevoir les éléments décisifs du dossier et la lecture qu'en fait la juridiction, leur offrant ainsi l'opportunité d'y répondre avant que les juges n'aient statué. Cette particularité procédurale, qui permet aux justiciables de saisir la réflexion de la juridiction pendant qu'elle s'élabore et de faire connaître leurs dernières observations avant que la décision ne soit prise, ne porte pas atteinte au caractère équitable du procès. Au surplus, le requérant ne démontre pas en quoi le rapporteur public serait susceptible d'être qualifié d'adversaire ou de partie dans la procédure, condition préalable pour être à même d'alléguer une rupture de l'égalité des armes. • CEDH, décis., 4 juin 2013, *Marc-Antoine c/ France*, n° 54984/09 § 31 : *préc. note 351.*

6. Discussion des expertises

354. Le respect du contradictoire, comme celui des autres garanties de procédure, vise l'instance devant un « tribunal ». Il ne peut donc être déduit de cette disposition un principe général et abstrait selon lequel, lorsqu'un expert a été désigné par un tribunal, les parties doivent avoir dans tous les cas la faculté d'assister aux entretiens conduits par le premier ou de recevoir communication des pièces qu'il a prises en compte. L'essentiel est que les parties puissent participer de manière adéquate à la procédure devant le « tribunal ». • CEDH 18 mars 1997, *Mantovanelli c/ France*, n° 21497/93 § 33 : *RTD civ. 1997. 1006, obs. Marguénaud ; JCP 1998. I. 107, chron. Sudre.*

355. Pourtant, une expertise médicale, en ce qu'elle ressortit à un domaine technique échappant à la connaissance des juges, est susceptible d'influencer de manière prépondérante leur appréciation des faits et constitue un élément de preuve essentiel qui doit pouvoir être efficacement commenté par les parties au litige. En l'espèce, la question à laquelle l'expert était chargé de répondre se confondait avec celle que devait trancher le tribunal : déterminer si les circonstances dans lesquelles de l'halothane avait été administré à la fille des requérants révélaient une faute du CHRN. Or elle ressortissait à un domaine technique échappant à la connaissance des juges. Ainsi, bien que le tribunal administratif ne fût pas juridiquement lié par les conclusions de l'expertise litigieuse, celles-ci étaient susceptibles d'influencer de manière prépondérante son appréciation des faits. Dans de telles circonstances, et eu égard aussi au fait que les juridictions administratives rejetèrent leur demande de nouvelle expertise, les requérants n'auraient pu faire entendre leur voix de manière effective qu'avant le dépôt du rapport de l'expertise en cause. Aucune difficulté technique ne faisait obstacle à ce qu'ils fussent associés au processus d'élaboration de celui-ci, ladite expertise consistant en l'audition de témoins et l'examen de pièces. Ils furent pourtant empêchés de participer à ladite audition alors que les cinq personnes interrogées par l'expert étaient employées par le CHRN et que parmi elles figuraient le chirurgien, qui avait opéré M. en dernier lieu, et l'anesthésiste. En conséquence, les requérants n'eurent pas la possibilité de contre-interroger ces cinq personnes dont on pouvait légitimement s'attendre à ce qu'elles déposent dans le sens du CHRN, partie adverse à l'instance. Quant aux pièces prises en considération par l'expert, les intéressés n'en eurent connaissance qu'une fois le rapport achevé et communiqué. • CEDH 18 mars 1997, *Mantovanelli c/ France,* n° 21497/93 § 33 : *préc. note 354.* ♦ Présente un caractère déterminant la mission confiée au médecin qualifié, qui consiste dans un examen du dossier médical ayant pour finalité de conclure, ou non, à la réunion des conditions médicales pour l'attribution de la prestation sociale réclamée. Il n'y a pas lieu dans cette matière de faire la distinction entre l'avis du médecin qualifié et le rapport d'un expert médical au regard de la soumission à la discussion contradictoire des parties. Même s'il est vrai que l'avis du médecin qualifié, en droit, ne liait pas la juridiction, il est susceptible d'exercer une influence décisive sur la décision de cette juridiction et doit donc être communiqué aux parties pour être discuté. • CEDH 11 janv. 2007, *Augusto c/ France,* n° 71665/01 § 51 et 52.

356. Si le requérant a pu formuler, devant la cour d'appel, des observations sur la teneur et les conclusions du rapport d'expertise qui lui furent communiquées, la Cour n'est pas convaincue qu'il avait là une possibilité véritable de commenter efficacement celui-ci. En effet, la question à laquelle l'expert était chargé de répondre se confondait avec l'une de celles qu'estimait devoir trancher la cour d'appel pour se prononcer sur la qualification pénale des faits reprochés au requérant. Or cette question ressortissait à un domaine technique échappant à la connaissance des juges. Ainsi, bien que la cour d'appel ne fût pas juridiquement liée par les conclusions de l'expertise litigieuse, celle-ci devait influencer de manière prépondérante son appréciation des faits et conférer à l'opinion de l'expert un poids tout particulier, comme la cour d'appel l'a elle-même constaté lorsqu'elle se prononça sur la question des frais de cette expertise et les mit à la charge du requérant. • CEDH 2 juin 2005, *Cottin c/ Belgique,* n° 48386/99 § 31 : *RSC 2006. 449, obs. Massias.*

357. L'expert désigné avait rédigé les rapports de l'Institut et leur transmission au parquet avait déclenché les poursuites pénales contre B. Or il lui incombait d'« exposer et compléter les constatations ou l'avis » de l'Institut. On comprend aisément que des doutes surgissent, en particulier chez l'« accusé », sur la neutralité d'un expert dont *le rapport a précisément provoqué l'exercice de* l'action publique. En l'espèce, les apparences rapprochaient plutôt le directeur d'un témoin à charge. En soi, son audition pendant les débats ne se heurtait pas à la Conv. EDH, mais le principe de l'égalité des armes découlant de la notion de procès équitable exigeait un équilibre entre cette audition et celle des personnes qui, à un titre quelconque, étaient ou pouvaient être entendues à la demande de la défense. Le déséquilibre se révéla particulièrement frappant dans la première procédure, en raison de la différence entre les places respectives de l'expert désigné par le tribunal et de P. « expert-témoin » de la défense. Simple témoin, P. ne fut admis à comparaître devant le tribunal qu'au moment de sa déposition ; pendant celle-ci, il s'entendit interroger tant par le juge que par l'expert ; après quoi il se vit relégué sur les bancs du public. En revanche, le directeur de l'Institut exerça les facultés que lui offrait la législation autrichienne ; bien plus, il interrogea directement P. et l'« accusé ». • CEDH 6 mai 1985, *Bönisch c/ Autriche,* n° 8658/79 § 31 à 35.

d. Possibilité pour les parties de prendre part au procès

358. La possibilité pour les parties de prendre part au procès découle de l'objet et du but du présent art., pris dans son ensemble. Du reste, les principes du contradictoire et de l'égalité des armes ne se conçoivent guère sans la participation des parties au procès. La Cour considère qu'il est nécessaire, lors de l'examen de procédures relevant du volet civil du présent art., de s'inspirer de l'approche qu'elle applique en matière pénale (V. *infra*). En effet, elle n'aperçoit aucune raison justifiant qu'elle adopte une autre démarche. • CEDH 4 mars 2014, *Turquie,* n° 7942/05 § 76 et 80. ♦ En l'espèce, tout porte même à croire que les diligences que l'on pouvait légitimement et raisonnablement attendre des autorités n'ont pas été accomplies ; il est tout à fait troublant que, dès lors qu'il s'est agi d'exécuter le jugement, la véritable adresse du requérant ait été retrouvée sans difficulté moins d'une semaine après que ledit jugement fut devenu définitif, alors qu'elle ne l'avait pas été pour l'informer de l'acte introductif d'instance. • CEDH 4 mars 2014, *Turquie,* n° 7942/05 § 85.

359. Hypothèse d'un déséquilibre engendré par le statut particulier d'une des parties (en l'espèce, le Président de la République). V. ss. Const. 58, art. 67.

B. GARANTIES SPÉCIALES À LA MATIÈRE « PÉNALE »

1° PRÉSOMPTION D'INNOCENCE (ART. 6, § 2)

360. Principe. Le présent art. exige en premier lieu que les membres du tribunal, en remplissant leur fonction, ne partent pas de la conviction ou de la supposition que les prévenus ont commis l'acte incriminé. Au moment de prendre leur décision, ils ne doivent arriver à une condamnation que sur la base de preuves directes ou indirectes mais suffisamment fortes aux yeux de la loi pour établir la culpabilité de l'intéressé. Si donc le présent art.

concerne au premier chef l'état d'esprit dans lequel les juges s'acquittent de leur tâche, on peut se demander s'il ne se réfère pas également à l'attitude d'autres personnes qui participent à la procédure, par exemple les représentants du ministère public et de la partie civile, les experts et les témoins. Si de telles personnes se laissent aller, envers le prévenu, à des écarts de langage de nature à troubler la sérénité de l'audience par leur violence ou leur caractère injurieux, pareil comportement ne saurait toutefois attirer au tribunal aucun reproche sous l'angle du présent art. sauf dans la mesure où le président, faute de régir contre ces manifestations, créerait l'impression que le tribunal partage l'animosité qui se fait jour à l'endroit de l'accusé et considère celui-ci comme condamné d'avance. • Comm. EDH rapport, 30 mars 1963, *Autriche c/ Italie*, n° 788/60 § 179.

361. Aux yeux de la Cour, la présomption d'innocence se trouve méconnue si, sans établissement légal préalable de la culpabilité d'un prévenu et, notamment, sans que ce dernier ait eu l'occasion d'exercer les droits de la défense, une décision judiciaire le concernant reflète le sentiment qu'il est coupable. Il peut en aller ainsi même en l'absence de constat formel ; il suffit d'une motivation donnant à penser que le juge considère l'intéressé comme coupable. • CEDH 23 mars 1983, *Minelli c/ Suisse*, n° 8660/79 § 37 • CEDH 6 déc. 1988, *Barberà, Messegué et Jabardo c/ Espagne*, n° 10590/83 § 91 • CEDH 30 juin 2011, *Klouvi c/ France*, n° 30754/03 § 39 : *D. 2011. 1902, obs. Bachelet ; RSC 2011. 607, obs. Mayaud ; ibid. 714, obs. Roets ; JCP Adm. 2012. 2184, chron. Seban et Hénon* • CEDH 4 juin 2013, *Teodor c/ Roumanie*, n° 46878/06 § 36. ♦ Il en va de même si une déclaration officielle concernant un prévenu reflète le sentiment qu'il est coupable, alors que sa culpabilité n'a pas été préalablement légalement établie. Le choix des termes employés par les agents de l'État dans les déclarations qu'ils formulent avant qu'une personne n'ait été jugée et reconnue coupable d'une infraction revêt une importance particulière. • CEDH 10 févr. 1995, *Allenet de Ribemont c/ France*, n° 15175/89 § 35 : *préc. note 23* • CEDH 10 oct. 2000, *Daktaras c/ Lituanie*, n° 42095/98 § 41 • CEDH 15 oct. 2013, *Gutsanovi c/ Bulgarie*, n° 34529/10 § 200. ♦ Ce qui importe, néanmoins, c'est le sens réel des déclarations litigieuses, compte tenu des circonstances particulières dans lesquelles elles ont été formulées. • CEDH 28 oct. 2008, *Y. B. et a. c/ Turquie*, n° 48173/99. ♦ La circonstance que la recevabilité de la requête en exonération et de la réclamation est subordonnée au paiement préalable d'une consignation d'un montant correspondant à l'amende forfaitaire n'emporte pas violation du présent art. • CEDH 8 mars 2012, *Celice c/ France*, n° 14166/09 § 39 : *préc. note 114*.

362. Aux yeux de la Cour, cette motivation pouvait donner l'impression que le requérant avait causé à P. des lésions corporelles et commis ainsi une faute. L'extrait précité ne se limitait pas à décrire un « état de suspicion », les motifs de la décision, dès lors qu'ils font corps avec le dispositif et l'on ne peut les en dissocier, pouvant fort bien s'interpréter comme déclarant A. coupable d'une infraction pénale encore que l'acte incriminé ne méritât pas de sanction. • CEDH 26 mars 1982, *Adolf c/ Autriche*, n° 8269/78 § 38 et 39.

363. Application à la presse (combinée avec Conv. EDH, art. 10). Il appartient aux États de veiller à ce que la presse ne porte pas atteinte à la présomption d'innocence, tout en préservant sa liberté. • CEDH 29 août 1997, *Worm c/ Autriche*, n° 22714/93 § 52 et 53 : *RSC 1998. 389, obs. Koering-Joulin ; JCP 1998. I. 107, chron. Sudre*. ♦ Les motifs avancés par les juridictions françaises pour justifier l'ingérence dans le droit des requérants à la liberté d'expression découlant de leur condamnation étaient « pertinents et suffisants » aux fins de l'art. 10, § 2, de la Convention. Surtout, la Cour considère que l'intérêt des requérants à communiquer et celui du public à recevoir des informations au sujet du déroulement d'une procédure pénale et sur la culpabilité des personnes mises en examen, alors que l'instruction judiciaire n'était pas terminée, n'étaient pas de nature à l'emporter sur les considérations invoquées par les juridictions. En effet, celles-ci ont souligné les conséquences néfastes d'une diffusion de l'article incriminé sur la protection de la réputation et des droits de A. et de B. et de leur présomption d'innocence, ainsi que sur l'autorité et l'impartialité du pouvoir judiciaire. • CEDH 24 nov. 2005, *Tourancheau et July c/ France*, n° 53886/00 § 76 : *RSC 2006. 670, obs. Massias ; JCP 2006. 10076, note Derieux ; JCP 2006. I. 109, chron. Sudre*.

a. Mise en œuvre du principe

1. Administration de la preuve

364. La charge de la preuve de la culpabilité incombe au ministère public et le doute profite à l'inculpé. • Comm. EDH rapport, 30 mars 1963, *Autriche c/ Italie*, n° 788/60 § 179. ♦ La charge de la preuve pèse sur l'accusation et le doute profite à l'accusé. • CEDH 6 déc. 1988, *Barberà, Messegué et Jabardo c/ Espagne*, n° 10590/83 § 77 • CEDH 13 janv. 2005, *Capeau c/ Belgique*, n° 42914/98 § 25 : *RSC 2006. 451, obs. Massias*.

365. En outre, il incombe à l'accusation d'indiquer à l'intéressé de quelles charges il fera l'objet – afin de lui fournir l'occasion de préparer et présenter sa défense en conséquence – et d'offrir des preuves suffisantes pour fonder une déclaration de culpabilité. • CEDH 6 déc. 1988, *Barberà, Messegué et Jabardo c/ Espagne*, n° 10590/83 § 77.

366. Les juges doivent permettre à ce dernier de leur fournir ses contre-preuves. • Comm. EDH rapport, 30 mars 1963, *Autriche c/ Italie*, n° 788/60 § 179.

2. Moyen de faire respecter la présomption

367. Une procédure en diffamation est la voie de recours privilégiée pour contester tout propos imputant à autrui la responsabilité d'une infraction lorsque aucune procédure pénale n'est en cours ou n'a été ouverte. • CEDH, décis., 27 nov. 2003, *Zollmann c/ Royaume-Uni*, n° 62902/00. ♦ ... Dès lors une plainte pour diffamation, couplée à une action civile en dommages et intérêts, peut constituer une voie de recours interne à épuiser en cas d'allégation de violation de la présomption d'innocence. • CEDH, décis., 27 mai 2008, *Marchiani c/ France*, n° 30329/03. ♦ ... Sous réserve de son effectivité. • CEDH 18 mars 2010, *Kuzmin c/ Russie*, n° 58939/00 § 64. ♦ ... Et que la charge de la preuve ne soit pas laissée au plaignant. • CEDH 15 oct. 2013, *Gutsanovi c/ Bulgarie*, n° 34529/10 § 179.

3. Champ d'application

368. Principe. Le champ d'application du présent paragraphe ne se limite donc pas aux procédures pénales qui sont pendantes, mais s'étend aux décisions de justice prises après l'arrêt des poursuites (en particulier intervenant avant toute décision définitive au fond), ou après un acquittement. • CEDH 25 août 1987, *Lutz c/ Allemagne*, n° 9912/82 § 60 • CEDH 13 janv. 2005, *Capeau c/ Belgique*, n° 42914/98 § 22 : *préc. note 364* • CEDH 4 juin 2013, *Teodor c/ Roumanie*, n° 46878/06 § 37.

369. S'il suffit, même en l'absence d'un constat formel, d'une motivation donnant à penser que le magistrat ou l'agent public considère l'intéressé comme coupable, l'expression prématurée d'une telle opinion par le tribunal lui-même bafoue incontestablement la présomption d'innocence. • CEDH 23 mars 1983, *Minelli c/ Suisse*, n° 8660/79 § 37 • CEDH 28 juin 2005, *Karakas et Yesilirmak c/ Turquie*, n° 43925/98 § 49 • CEDH 19 sept. 2006, *Matijasevic c/ Serbie*, n° 23037/04 § 45.

370. Lien avec une procédure disciplinaire. Le licenciement disciplinaire de la première requérante n'était pas motivé par le fait qu'elle avait commis une infraction pénale mais était fondé sur des actes qui, même s'ils réunissaient également les éléments constitutifs d'une infraction pénale, constituaient une faute professionnelle. Les faits ont été dûment établis devant les juridictions administratives, qui ne se sont pas appuyées sur les constats établis dans le cadre de la procédure pénale, et la requérante a eu l'opportunité d'en contester la véracité. En outre, rien dans les constations ou le langage utilisé dans les décisions des juridictions administratives ne semble remettre en question la présomption d'innocence de l'intéressée ou impliquer qu'elle était coupable des infractions reprochées dans le cadre de la procédure pénale. Cette dernière procédure n'a d'ailleurs été mentionnée par la Cour administrative suprême que pour répondre à l'argument soulevé par la première requérante et dire que l'autorité administrative n'était pas tenue d'attendre l'issue de la procédure pénale pour imposer une sanction disciplinaire. • CEDH 17 déc. 2013, *Nikolova et Vandova c/ Bulgarie*, n° 20688/04 § 85. ♦ V. déjà. • CEDH, décis., 2 oct. 2012, *Matos Dinis c/ Portugal*, n° 61213/08 § 44.

371. Issue des poursuites inopérante. Le fait que le requérant ait finalement été reconnu coupable et condamné à 8 années d'emprisonnement ne saurait effacer son droit initial d'être présumé innocent jusqu'à ce que sa culpabilité fût légalement établie. La Cour l'a rappelé à maintes reprises dans sa jurisprudence : l'art. 6, § 2, régit l'ensemble de la procédure pénale, « indépendamment de l'issue des poursuites ». • CEDH 19 sept. 2006, *Matijasevic c/ Serbie*, n° 23037/04 § 49.

372. Avant la condamnation définitive. Au cours de l'examen de son maintien en détention provisoire, le tribunal a déclaré que l'intéressé avait « commis les infractions pénales faisant l'objet des poursuites en l'espèce » ; la Cour suprême de Serbie, saisie en appel, a manqué à rectifier cette « erreur ». La déclaration litigieuse, formulée dans le contexte d'un maintien en détention, viole la présomption d'innocence. • CEDH 19 sept. 2006, *Matijasevic c/ Serbie*, n° 23037/04 § 50.

373. Avant l'examen du bien-fondé de l'accusation. La Cour estime qu'une atteinte à la présomption d'innocence peut émaner non seulement d'un juge ou d'un tribunal mais aussi d'autres autorités publiques. En l'espèce, lors de la conférence de presse, R. venait d'être arrêté par la police ; bien qu'il ne se trouvât pas encore inculpé de complicité d'homicide volontaire, son interpellation et sa garde à vue s'inscrivaient dans le cadre de l'information judiciaire ouverte quelques jours plus tôt par un juge d'instruction de Paris et lui conféraient la qualité d'« accusé » au sens du présent paragraphe. Certains des plus hauts responsables de la police française (appuyés par le ministre de l'intérieur) désignèrent R., sans nuance ni réserve, comme l'un des instigateurs, et donc le complice, d'un assassinat. Il s'agit là à l'évidence d'une déclaration de culpabilité qui, d'une part, incitait le public à croire en celle-ci et, de l'autre, préjugeait de l'appréciation des faits par les juges compétents. • CEDH 10 févr. 1995, *Allenet de Ribemont c/ France*, n° 15175/89 § 41 : *préc. note 23.* ♦ Les remarques incriminées émanant du président du Parlement ont été brèves et formulées à des occasions distinctes, la Cour estime qu'il s'agissait de déclarations d'un « fonctionnaire » quant à la culpabilité du requérant qui ont eu pour effet d'inciter le public à croire à sa culpabilité et ont préjugé de l'appréciation des faits à laquelle allait procéder l'autorité judiciaire compétente. • CEDH 26 mars 2002, *Butkevicius c/ Lituanie*, n° 48297/99 § 53. ♦ L'utilisation sans nuances ni réserves du qualificatif « trafiquant international de stupéfiants » au sujet du requérant dans un communiqué de presse publié par le commandement de la gendarmerie était de nature à inciter le public à croire à la culpabilité de celui-ci et elle préjugeait de l'appréciation des faits par les juges compétents. • CEDH 23 juill. 2013, *Urfi Cetinkaya c/ Turquie*, n° 19866/04 § 148.

374. Constatation de la prescription. Après avoir estimé que les faits ont été établis et examiné les conditions de constitution de l'infraction, le procureur général conclut que « l'action pénale (...) ne pourra s'exercer en raison de la prescription même si les faits conduisent au constat qu'une infraction a bel et bien été commise sur les victimes ». En outre, l'emploi d'expressions superfétatoires vient ajouter à ces constatations. Ainsi en va-t-il de la « manière éhontée » dont le requérant aurait commis l'infraction « à tout le moins » sur les deux prétendues victimes. Par conséquent, il ne fait aucun doute que l'Ord. du 25 sept. 2008 exprime le sentiment du procureur général sur la culpabilité du requérant et ne se borne pas à décrire un état de suspicion. • CEDH 28 oct. 2014, *Peltereau-Villeneuve*, n° 60101/09 § 35.

375. Après l'arrêt des poursuites. Ces motifs, longuement développés et indissociables du dispositif, amenaient la chambre de la cour d'assises à conclure que, sans la prescription, l'article incriminé du *National Zeitung* aurait « très probablement conduit à la *condamnation » du requérant. Ils* présentaient comme établis les agissements dénoncés par les plaignants ; de surcroît, ils s'appuyaient sur les décisions prises dans deux autres causes, relatives aux mêmes faits, mais auxquelles M. n'était point partie et qui, juridiquement, se distinguaient de la sienne. La chambre de la cour d'assises se montrait ainsi convaincue de la culpabilité du prévenu. Nonobstant l'absence de constat formel et malgré quelques précautions de langage (« selon toute vraisemblance », « très probablement »), elle se livrait à des appréciations incompatibles avec le respect de la présomption d'innocence. • CEDH 23 mars 1983, *Minelli c/ Suisse*, n° 8660/79 § 37. ♦ Dans la procédure concernant le licenciement du requérant, les juridictions civiles ont insisté sur le fait que la prescription « ne signifie pas l'effacement du verdict de culpabilité, mais s'oppose seulement à l'application d'une sanction pénale ». Or, une telle affirmation sur la culpabilité pourrait facilement amener le lecteur à conclure qu'en l'absence de la prescription de la responsabilité pénale l'intéressé aurait nécessairement été jugé coupable des infractions reprochées. • CEDH 4 juin 2013, *Teodor c/ Roumanie*, n° 46878/06 § 43.

376. Une décision refusant à un « accusé » (ou à ses héritiers), après l'arrêt des poursuites, le remboursement de ses frais et dépens nécessaires et une réparation pour détention provisoire peut soulever un problème sous l'angle du présent paragraphe si des motifs indissociables du dispositif équivalent en substance à un constat de culpabilité sans établissement légal préalable de celle-ci, et notamment sans que l'intéressé ait eu l'occasion d'exercer les droits de la défense. • CEDH 25 août 1987, *Englert c/ Allemagne*, n° 10282/83 § 37 • CEDH 25 août 1983, *Nölkenbockhoff c/ Allemagne*, n° 10300/83 § 37.

377. Après que l'infraction a été prescrite, pour s'abstenir de mettre à la charge du Trésor les frais et dépens nécessaires de M. L., le tribunal cantonal de Heilbronn a relevé que, « en l'état du dossier, l'intéressé aurait très probablement été condamné ». En rejetant le recours de l'intéressé, le tribunal régional a estimé notamment que, sans l'obstacle procédural de la prescription des poursuites, celui-ci « aurait presque certainement été condamné ». Pour la Cour constitutionnelle fédérale, ces décisions se bornaient « à juste titre à constater, pour motiver leur conclusion sur les frais, que le requérant aurait très probablement été condamné ». • CEDH 25 août 1987, *Lutz c/ Allemagne*, n° 9912/82 § 62 : *préc. note 84.*

378. Le refus de la commission se fondait uniquement sur la circonstance que le requérant n'avait pas apporté, à l'appui de sa demande de réparation, la preuve de son innocence comme l'impose la loi. Une telle exigence, sans nuance ni réserve, laisse planer un doute sur l'innocence du requérant. On ne saurait à bon droit renverser purement et simplement la charge de la preuve dans le cadre de la procédure d'indemnisation introduite à la suite d'une décision définitive de non-lieu à poursuites. Le fait d'exiger d'une personne qu'elle apporte la preuve de son innocence, ce qui donne à penser que la juridiction considère l'intéressée comme coupable, apparaît déraisonnable et révèle une atteinte à la présomption d'innocence. • CEDH 13 janv. 2005, *Capeau c/ Belgique*, n° 42914/98 § 25 : *préc. note 364.*

379. V. également les affaires mentionnées note 381.

380. Après un acquittement. En dépit de la décision d'acquittement, le tribunal repoussa la demande d'indemnité du requérant. Selon lui, il subsistait de sérieuses charges propres à étayer l'état de suspicion dans lequel se trouvait S. ; il les énumérait en s'appuyant sur le dossier de la cour d'assises. Les indices dont il s'agit pouvaient, d'après lui, continuer à plaider pour la culpabilité du suspect. Du compte rendu des délibérations du jury, le tribunal déduisait que l'intéressé avait été acquitté au simple bénéfice du doute. De telles affirmations – non corroborées par l'arrêt d'acquittement, ni par le compte rendu des délibérations du jury – laissaient planer un doute tant sur l'innocence du requérant que sur le bien-fondé de la décision de la cour d'assises. Malgré l'existence d'un arrêt définitif d'acquittement, les juridictions saisies de la demande d'indemnité se livrèrent à une appréciation de la culpabilité de S. sur la base d'éléments du dossier de la cour d'assises. L'expression de soupçons sur l'innocence d'un accusé se conçoit tant que la clôture des poursuites pénales n'emporte pas décision sur le bien-fondé de l'accusation, mais on ne saurait s'appuyer à bon droit sur de tels soupçons après un acquittement devenu définitif. Par conséquent, le raisonnement du tribunal régional et de la cour d'appel se révèle incompatible avec le respect de la présomption d'innocence. • CEDH 25 août 1993, *Sekanina c/ Autriche,* n° 13126/87 § 29 et 30 : *RSC 1994. 362, obs. Koering-Joulin* • CEDH 21 mars 2000, *Asan Rushiti c/ Autriche,* n° 28389/95 § 30 et 31. ♦ La cour d'appel résuma les accusations de violences sexuelles portées à l'encontre du requérant lors du procès pénal et rappela le verdict du jury et l'acquittement de l'intéressé par les juges, puis examina si les conditions d'octroi d'une indemnité étaient remplies. S'appuyant sur les éléments de preuve produits lors du procès pénal, elle jugea probable que la fille du requérant avait subi des violences sexuelles et conclut, « eu égard à l'ensemble de l'affaire, (...) qu'il n'a[vait] pas été démontré, selon le critère de la plus forte probabilité, que [le requérant] n'a[vait] pas eu de rapports sexuels avec sa fille ». De l'avis de la Cour, le raisonnement de la cour d'appel s'analyse clairement en l'expression de soupçons sur l'innocence du requérant relativement aux accusations de violences sexuelles dont il a été acquitté. • CEDH 11 févr. 2003, *O. c/ Norvège,* n° 29327/95 § 39 : *JCP 2003. I. 160, chron. Sudre.* ♦ Les chambres d'accusation de la cour d'appel d'Athènes et de la Cour de cassation, examinant les poursuites en diffamation entreprises par le requérant, ont totalement méconnu l'acquittement préalable et définitif de celui-ci. De l'avis de la Cour, considérer le requérant comme l'auteur des infractions, pour lesquelles il avait déjà été acquitté, équivalait, en substance, à le déclarer coupable alors même que les poursuites engagées contre lui étaient closes. • CEDH 19 mai 2005, *Diamantides c/ Grèce,* n° 71563/01 § 49 : *RSC 2006. 452, obs. Massias* . ♦ Le ministère de la justice se fonda sur l'absence de certitude totale quant à l'innocence du requérant pour rejeter sa demande d'indemnisation, malgré l'existence d'un arrêt du Tribunal constitutionnel qui avait rétabli son droit à la présomption d'innocence. Dans ces conditions, le raisonnement du ministère de la justice, confirmé ultérieurement par les juridictions internes saisies, se révèle incompatible avec le respect de la présomption d'innocence. • CEDH 25 avr. 2006, *Puig Panella c/ Espagne,* n° 1483/02 § 57.

381. Ni le présent §, ni aucune autre clause de la Conv. EDH ne garantit pas à l'accusé un droit à réparation pour une détention provisoire régulière ou un droit au remboursement de ses frais lorsque les poursuites sont par la suite abandonnées ou aboutissent à un acquittement. • CEDH 25 août 1987, *Englert c/ Allemagne,* n° 10282/83 § 36 • CEDH 7 mars 2006, *Yassar Hussain c/ Royaume-Uni,* n° 8866/04 § 20. ♦ De même, cette disposition ne garantit pas à une personne acquittée d'une infraction pénale un droit à réparation pour une erreur judiciaire, quelle qu'elle soit. • CEDH, gr. ch., 12 juill. 2013, *Allen c/ Royaume-Uni,* n° 25424/09 § 82. ♦ ... Ni qu'elle ait le droit de se faire rembourser les frais qu'elle a exposés dans la procédure pénale engagée contre elle, si nécessaires qu'ils fussent. • CEDH 28 sept. 1995, *Masson et Van Zon c/ Pays-Bas,* n° 15346/89 § 49 : *RSC 1996. 480, obs. Koering-Joulin* .

382. Chaque fois que la question de l'applicabilité du présent § se pose dans le cadre d'une procédure ultérieure, le requérant doit démontrer l'existence d'un lien entre la procédure pénale achevée et l'action subséquente. Pareil lien peut être présent, par exemple, lorsque l'action ultérieure nécessite l'examen de l'issue de la procédure pénale et, en particulier, lorsqu'elle oblige la juridiction concernée à analyser le jugement pénal, à se livrer à une étude ou à une évaluation des éléments de preuve versés au dossier pénal, à porter une appréciation sur la participation du requérant à l'un ou à l'ensemble des événements ayant conduit à l'inculpation, ou à formuler des commentaires sur les indications qui continuent de suggérer une éventuelle culpabilité de l'intéressé. • CEDH, gr. ch., 12 juill. 2013, *Allen c/ Royaume-Uni,* n° 25424/09 § 104. ♦ Le refus d'indemniser une personne proclamée innocente par le juge en constatant qu'il n'y a pas eu d'erreur judiciaire ouvrant droit à indemnisation ne viole pas la présomption d'innocence.

• CEDH, gr. ch., 12 juill. 2013, *Allen c/ Royaume-Uni,* n° 25424/09 § 134 s.

383. Après le décès de l'auteur. Indépendamment du point de savoir si feu M. L. était ou non réellement coupable, les requérants ont fait l'objet d'une sanction pénale pour une fraude fiscale imputée au défunt. Or il existe une règle fondamentale du droit pénal, selon laquelle la responsabilité pénale ne survit pas à l'auteur de l'acte délictueux. C'est ce que reconnaît en fait le droit pénal général de la Suisse. De l'avis de la Cour, cette règle est aussi requise par la présomption d'innocence consacrée au présent paragraphe. Hériter de la culpabilité du défunt n'est pas compatible avec les normes de la justice pénale dans une société régie par la prééminence du droit. Il y a dès lors eu violation. • CEDH 29 août 1997, *E. L., R. L. et J. O. L. c/ Suisse,* n° 20919/92 § 52 et 53 : *AJDA 1997. 989, chron. Flauss ; RSC 1998. 395, obs. Koering-Joulin ; JCP 1999. I. 107, chron. Sudre.*

384. Après l'absorption de la société responsable. Si le principe de personnalité des peines est frontalement heurté en cas de condamnation d'une personne physique à raison d'un acte commis par une autre personne physique, il n'en est pas nécessairement de même dans l'hypothèse d'une fusion-absorption car, du fait de la continuité économique, la société absorbée n'est pas véritablement « autrui » à l'égard de la société absorbante, de sorte que ne contrevient pas audit principe le fait d'infliger, sur le fondement de la continuité économique et fonctionnelle de l'entreprise, une amende à la seconde pour des faits commis par la première. • CEDH, décis., 1er oct. 2019, *Carrefour France c/ France,* n° 37858/14 § 53.

385. La présomption d'innocence n'a pas de raison de jouer. Lorsque le juge fait référence au dispositif d'un jugement passé en force de chose jugée et au vu duquel les juridictions administratives constatèrent le défaut de valeur probante de la comptabilité de la société requérante, il n'a pas en l'espèce, porté atteinte au respect de la présomption d'innocence de la société requérante. En outre, le fait que la société n'a pas été partie à l'instance pénale ne retire rien ni à l'autorité de la chose jugée par le juge pénal ni à l'obligation pour le juge administratif d'appliquer les constatations sur lesquelles le juge pénal s'est fondé. • CEDH, décis., 14 mai 2002, *Ardex SA c/ France,* n° 53951/00. ♦ Dès lors qu'il a été dûment prouvé que le justiciable est coupable de l'infraction en cause, la présomption d'innocence ne peut s'appliquer en rapport avec les allégations énoncées au sujet de la personnalité et du comportement de l'intéressé dans le cadre de la procédure d'infliction de la peine, à moins que ces allégations soient d'une nature et d'un degré tels qu'elles s'analysent en la formulation d'une nouvelle « accusation ». • CEDH 5 juill. 2001, *Phillips c/ Royaume-Uni,* n° 41087/98 § 35.

386. Dans le cadre de la responsabilité civile. Le fait qu'un acte pouvant donner lieu à une demande d'indemnisation en vertu du droit de la responsabilité civile réunit également les éléments constitutifs objectifs d'une infraction pénale ne constitue pas, nonobstant la gravité de l'acte en question, un motif suffisant de considérer que la personne présentée comme en étant responsable dans le cadre de l'affaire civile est « accusée d'une infraction ». Le fait que les éléments de preuve soumis lors du procès pénal soient utilisés pour la détermination des conséquences de l'acte dans le domaine civil ne justifie pas davantage pareille conclusion. S'il en allait autrement, comme le Gouvernement le fait remarquer à juste titre, le présent paragraphe conférerait à un acquittement pénal l'effet indésirable de priver la victime de la possibilité de réclamer réparation sur le fondement du droit de la responsabilité civile, ce qui constituerait une limitation arbitraire et disproportionnée à son droit d'accès à un tribunal au sens du § 1 du présent art. A l'inverse, une personne déclarée innocente d'une infraction pénale, mais dont la responsabilité pourrait être retenue en vertu des critères de preuve applicables au civil, bénéficierait de l'avantage indu d'échapper à toute responsabilité pour ses actes. Une interprétation aussi large ne trouverait de soutien ni dans les termes du présent paragraphe ni dans une quelconque convergence des systèmes juridiques nationaux des États parties à la Convention. Au contraire, dans un nombre important d'États contractants, une personne acquittée de certains faits peut être reconnue civilement responsable de leurs conséquences. Dès lors, la Cour considère que, si l'acquittement prononcé au pénal ne doit pas être remis en cause dans le cadre de la procédure en réparation, cela ne doit pas faire obstacle à l'établissement, sur la base d'exigences de preuves moins strictes, d'une responsabilité civile emportant obligation de verser une indemnité à raison des mêmes faits. • CEDH 11 févr. 2003, *Ringvold c/ Norvège,* n° 34964/97 § 38.

387. Si la décision interne sur l'action civile devait renfermer une déclaration imputant une responsabilité pénale à la partie défenderesse, cela poserait une question sur le terrain du présent paragraphe. • CEDH 11 févr. 2003, *Ringvold c/ Norvège,* n° 34964/97 § 38 • CEDH 15 mai 2008, *Orr c/ Norvège,* n° 31283/04 § 52 et 53.

4. Domaine d'application

388. Le présent principe concerne toute la matière pénale au sens du présent art. Il s'applique donc : ... en matière d'amende pour infractions routières. • CEDH 25 août 1987, *Lutz c/ Allemagne,* n° 9912/82. ♦ ... En matière d'infractions douanières. • CEDH 7 oct. 1988, *Salabiaku c/ France,* n° 10519/83 : *RSC 1989. 167, obs. Pettiti et Teitgen ; JDI 1989. 829, obs. Rolland et Tavernier.* ♦ ... En matière de fraude fiscale. • CEDH 22 sept. 1994, *Hentrich c/ France,* n° 13616/88 § 62 s. • CEDH 29 août 1997, *E. L., R. L. et J. O. L. c/ Suisse,* n° 20919/92 : *préc. note 383.* ♦ Il est possible, alors même que la responsabilité des médias ne saurait être directement mise en cause devant la Cour (Conv. EDH, art. 19), que celle de l'État puisse l'être du fait des médias s'il existe un comportement ou une omission coupable de sa part. • CEDH 2 juin 2005, *Claes et a. c/ Belgique,* n° 46825/99 § 47.

b. Exception au principe : la présomption réfragable de culpabilité

389. Principe. Tout système juridique connaît des présomptions de fait ou de droit ; la Convention n'y met évidemment pas obstacle en principe, mais en matière pénale elle oblige les États contractants à ne pas dépasser à cet égard un certain seuil. Le présent paragraphe ne se désintéresse donc pas des présomptions de fait ou de droit qui se rencontrent dans les lois répressives. Il commande aux États de les enserrer dans des limites raisonnables prenant en compte la gravité de l'enjeu et préservant les droits de la défense. La Cour recherchera si elles ont été franchies au détriment du justiciable. • CEDH 7 oct. 1988, *Salabiaku c/ France,* n° 10519/83 § 28 : *préc. 310* • CEDH 25 sept. 1992, *Pham Hoang c/ France,* n° 13191/87 § 33 : *D. 1993. 386, obs. Renucci* • CEDH 30 juin 2011, *Klouvi c/ France,* n° 30754/03 § 41 : *préc. note 361.*

390. Il convient que les juges du fond se gardent de tout recours automatique à la présomption et exercent leur pouvoir d'appréciation « au vu des éléments de preuve contradictoirement débattus devant eux ». • CEDH 7 oct. 1988, *Salabiaku c/ France,* n° 10519/83 § 29 : *préc. note 388.*

391. Eu égard à l'importance de l'enjeu – il s'agit de prévenir efficacement la diffusion dans les médias d'allégations ou imputations diffamatoires ou injurieuses en obligeant le directeur de la publication à exercer un contrôle préalable – la Cour estime que la présomption de responsabilité reste dans des « limites raisonnables » requises. Relevant ensuite que *les juridictions internes ont examiné* avec la plus grande attention les moyens des requérants relatifs à la bonne foi du troisième d'entre eux et à l'absence de « fixation préalable » du message litigieux, la Cour conclut qu'elles n'ont pas, en l'espèce, porté atteinte à la présomption d'innocence. • CEDH 30 mars 2004, *Radio France et a. c/ France,* n° 53984/00 § 24 : *D. 2004. 2756, obs. de Lamy ; ibid. 1060, obs. Bîrsan ; RSC 2005. 630, obs. Massias ; RTD civ. 2004. 801, obs. Marguénaud*

2° DROITS DE LA DÉFENSE (ART. 6, § 3)

392. Les exigences du présent § représentent des aspects particuliers du droit à un procès équitable garanti par le § 1 de cette disposition, dont il faut tenir compte pour apprécier l'équité de la procédure. • CEDH, gr. ch., 15 déc. 2011, *Al-Khawaja et Tahery c/ Royaume-Uni,* n° 26766/05 § 118. ♦ Le présent art. a pour finalité principale, au pénal, d'assurer un procès équitable devant un « tribunal » compétent pour décider « du bien-fondé de l'accusation », mais il n'en résulte pas qu'il se désintéresse des phases qui se déroulent avant la procédure de jugement. Ainsi, le « délai raisonnable » visé au § 1 commence à courir dès la naissance de l'accusation, au sens autonome et matériel qu'il échet d'attribuer à ce terme ; il arrive même à la Cour d'en constater le dépassement dans une affaire clôturée par un non-lieu ou encore à l'instruction (V. note 237). D'autres exigences du présent art., et notamment le présent paragraphe, peuvent, elles aussi, jouer un rôle avant la saisine du juge du fond si et dans la mesure où leur inobservation initiale risque de compromettre gravement le caractère équitable du procès. • CEDH 24 nov. 1993, *Imbrioscia c/ Suisse,* n° 13972/88 § 36. ♦ ... Et ce y compris pendant l'interrogatoire. • CEDH 8 févr. 1996, *John Murray c/ Royaume-Uni,* n° 18731/91 § 45.

393. Eu égard à la place éminente qu'occupe le droit à une bonne administration de la justice dans une société démocratique, toute mesure restreignant les droits de la défense doit être absolument nécessaire. Dès lors qu'une mesure moins restrictive peut suffire, c'est elle qu'il faut appliquer. • CEDH 23 avr. 1997, *Van Mechelen c/ Pays-Bas,* n° 21363/93 § 58 • CEDH 5 oct. 2006, *Marcello Viola c/ Italie,* n° 45106/04 § 62 : *JCP 2007. I. 106, chron. Sudre.*

a. Droit d'être informé de la nature et de la cause de l'accusation

394. Principe. Aviser quelqu'un des poursuites intentées à sa charge constitue cependant un acte juridique d'une telle importance qu'il doit répondre à des conditions de forme et de fond propres à garantir l'exercice effectif des droits de l'accusé. Une connaissance vague et non officielle ne saurait suffire. • CEDH 12 oct. 1992, *T. c/ Italie,* n° 14104/88 § 28. ♦ Il y a pour les autorités nécessité à mettre un soin extrême à notifier l'« accusation » à l'intéressé. • CEDH 19 déc. 1989, *Kamasinski c/ Autriche,* n° 9783/82 § 79 • CEDH 25 mars

1999, *Pelissier et Sassi c/ France,* n° 25444/94 § 56 : *D. 2000. 357, note Roets* • CEDH 19 déc. 2006, *Mattei c/ France,* n° 34043/02 § 34 : *AJ pénal 2007. 82, obs. Saas ; JDI 2007. 710, obs. Bachelet.* ♦ Le requérant n'était pas italien d'origine et ne résidait pas en Italie. Il signala aux autorités judiciaires italiennes compétentes, de manière non équivoque, que faute de connaître l'italien il comprenait peu le contenu de leur communication. Il les pria de la lui adresser dans sa langue maternelle ou dans l'une des langues officielles des Nations unies. Ayant reçu cette demande, lesdites autorités auraient dû y donner suite, sauf à établir qu'en réalité le requérant possédait assez l'italien pour saisir la portée de l'acte lui notifiant les accusations formulées contre lui. Or pareille preuve ne ressort ni des pièces du dossier ni des dépositions des témoins. • CEDH 19 déc. 1989, *Brozicek c/ Italie,* n° 10964/84 § 41.

395. Les dispositions du présent al. n'imposent aucune forme particulière quant à la manière dont l'accusé doit être informé de la nature et de la cause de l'accusation portée contre lui. Il existe par ailleurs un lien entre les al. *a)* et *b)* du présent paragraphe, et le droit à être informé de la nature et de la cause de l'accusation doit être envisagé à la lumière du droit pour l'accusé de préparer sa défense. • CEDH 19 déc. 2006, *Mattei c/ France,* n° 34043/02 § 36 : *préc. note 394.* ♦ Cependant, aviser quelqu'un des poursuites intentées à sa charge constitue un acte juridique d'une telle importance qu'il doit répondre à des conditions de forme et de fond propres à garantir l'exercice effectif des droits de l'accusé. Une connaissance vague et non officielle ne saurait suffire. • CEDH 12 oct. 1992, *T. c/ Italie,* n° 14104/88 § 28.

396. Langue qu'il comprend. Si le présent al. ne spécifie pas qu'il échet de fournir ou traduire par écrit à un inculpé étranger les renseignements pertinents, il montre la nécessité de mettre un soin extrême à notifier l' « accusation » à l'intéressé. L'acte d'accusation joue un rôle déterminant dans les poursuites pénales : à compter de sa signification, l'inculpé est officiellement avisé par écrit de la base juridique et factuelle des reproches formulés contre lui. Un accusé à qui la langue employée par le tribunal n'est pas familière peut en pratique se trouver désavantagé si on ne lui délivre pas aussi une traduction de l'acte d'accusation, établie dans un idiome qu'il comprend. Les huit chefs énumérés dans l'acte d'accusation n'étaient complexes ni quant aux faits de la cause ni du point de vue juridique. L'acte d'accusation lui-même constituait un document de six pages, relativement simple. Auparavant, la police puis les magistrats instructeurs avaient, en présence d'interprètes, longuement interrogé le requérant sur les infractions dont on le soupçonnait, ce qui à soi seul dut lui donner une connaissance suffisamment détaillée des accusations portées contre lui. Grâce aux explications verbales reçues par lui en anglais, le requérant avait été suffisamment informé de « la nature et de la cause de l'accusation portée contre lui ». Dans les circonstances de l'espèce, l'absence d'une traduction écrite de l'acte d'accusation ne l'empêcha pas de se défendre ni ne le priva d'un procès équitable. • CEDH 19 déc. 1989, *Kamasinski c/ Autriche,* n° 9783/82 § 79.

397. Requalification. Les requérants ne se virent à aucun moment reprocher, de la part des autorités judiciaires, une éventuelle complicité de banqueroute, que ce soit dans la citation à comparaître ou au cours des débats. Certes, la Cour constate que les conclusions additionnelles de la Sté B. furent déposées avant l'audience devant la cour d'appel. Cependant, le Gouvernement n'a fourni aucune information susceptible d'établir que ces conclusions auraient effectivement été communiquées aux requérants ou à leur conseil lors du dépôt au greffe, ou même ultérieurement. Or la Cour estime que la simple mise à disposition des conclusions additionnelles de la partie civile au greffe de la cour d'appel ne saurait suffire, en soi, au respect des dispositions du présent al. Les requérants n'ont donc pas eu connaissance de la possibilité de requalification des faits en « complicité » de banqueroute par la cour d'appel. En tout état de cause, compte tenu de la « nécessité de mettre un soin extrême à notifier l'accusation à l'intéressé » et du rôle déterminant joué par l'acte d'accusation dans les poursuites pénales, la Cour estime les dispositions du présent alinéa n'ont pas été respectées. • CEDH 25 mars 1999, *Pelissier et Sassi c/ France,* n° 25444/94 § 55 et 56. ♦ Il peut donc être valablement soutenu que le changement de qualification opéré devant la cour d'assises (de tentative de viol en viol) était susceptible d'entraîner une aggravation de la peine infligée au requérant, sans que celui-ci ait eu l'occasion de préparer et de présenter ses moyens de défense relatifs à la nouvelle qualification et à ses conséquences, y compris, le cas échéant, au regard de la peine susceptible d'être prononcée concrètement. La Cour note d'ailleurs qu'alors que le plafond légal de la peine applicable est de 15 ans de réclusion criminelle, le requérant a été condamné à 12 ans de réclusion criminelle, soit une durée proche dudit plafond. • CEDH 26 sept. 2006, *Miraux c/ France,* n° 73529/01 § 36 : *JDI 2007. 710, obs. Bachelet.* ♦ La Cour ne saurait souscrire à l'argument du Gouvernement selon lequel il appartenait au requérant d'élever un incident de procédure en demandant la réouverture des débats en vertu de l'art. 352 C. pr. pén. La Cour estime au contraire qu'il incombait à la juridiction interne, faisant usage de son droit incontesté de requalifier les faits, de donner la possibilité au requérant d'exercer ses droits de défense de manière concrète et effective, notamment en temps utile, en procédant par exemple au renvoi de l'affaire pour rouvrir les débats ou en sollicitant les observations du requérant. • CEDH 26 sept. 2006, *Miraux c/ France,* n° 73529/01 § 34 : *préc.*

398. Si les juridictions du fond disposent, lorsqu'un tel droit leur est reconnu en droit interne, de la possibilité de requalifier les faits dont elles sont régulièrement saisies, elles doivent s'assurer que les accusés ont eu l'opportunité d'exercer leurs droits de défense sur ce point d'une manière concrète et effective, en étant informés, en temps utile, de la cause de l'accusation, c'est-à-dire des faits matériels qui sont mis à leur charge et sur lesquels se fonde l'accusation, mais aussi de la qualification juridique donnée à ces faits et ce d'une manière détaillée. • CEDH 19 déc. 2006, *Mattei c/ France,* n° 34043/02 § 36 : *préc. note 394* • CEDH 5 mars 2013, *Varela Geis c/ Espagne,* n° 61005/09 § 54. ♦ En l'espèce, la Cour constate que la requalification des faits de tentative d'extorsion de fonds en complicité de ce délit a été effectuée au moment du délibéré de la cour d'appel, ce qui, en tant que tel, peut faire douter du respect des garanties du présent al. • CEDH 19 déc. 2006, *Mattei c/ France,* n° 34043/02 § 36 : *préc. note 394.* ♦ Le Gouvernement n'a fourni aucun élément susceptible d'établir que le requérant a été informé du changement de qualification effectué par l'Audiencia provincial. • CEDH 5 mars 2013, *Varela Geis c/ Espagne,* n° 61005/09 § 49.

399. Motivation. La motivation des décisions de justice est également un élément permettant à la personne d'être informée de la nature et de la cause de l'accusation et donc de pouvoir faire appel de la décision. • CEDH 16 déc. 1992, *Hadjianastassiou c/ Grèce,* n° 12945/87 § 34 et 36. ♦ V. également note 312.

b. Disposer du temps et des facilités nécessaires à sa défense

400. M. avait exercé la profession d'avocat et travaillé comme collaborateur d'un avocat au Conseil d'État et à la Cour de cassation. Il savait donc que la législation en vigueur n'obligeait pas à lui signifier l'arrêt au prononcé duquel il avait assisté. Rompu aux arcanes de la procédure judiciaire, il ne pouvait ignorer que des délais relativement brefs enserraient cette dernière, d'autant plus que les règles applicables présentaient une cohérence et une clarté suffisantes. • CEDH 22 juin 1993, *Melin c/ France,* n° 12914/87 § 24.

401. Il est important pour le requérant d'avoir accès à son dossier et d'obtenir la communication des pièces le composant, afin d'être en mesure de contester le procès-verbal établi à son encontre. Faute d'avoir eu cette possibilité, l'intéressé n'était pas en mesure de préparer sa défense d'une manière adéquate et n'a pas bénéficié de l'égalité des armes, contrairement aux exigences du § 1 du présent art., combiné avec le § 3. • CEDH 18 mars 1997, *Foucher c/ France,* n° 22209/93 § 36 : *D. 1997. 360, obs. Renucci ; RSC 1998. 395, obs. Koering-Joulin ; JCP 1998. I. 107, chron. Sudre.* ♦ Rappr. • CEDH, gr. ch., 12 mai 2005, *Ocalan c/ Turquie,* n° 46221/99 § 148.

402. Lorsque l'enquête a nécessité le tri électronique par le parquet d'une masse considérable de données en vue de sélectionner les informations pertinentes pour l'enquête, il convient en principe d'assurer à la défense la possibilité d'une part de participer à l'établissement des critères permettant de déterminer ce qui est pertinent, et d'autre part de réaliser des recherches destinées à trouver des éléments potentiellement à décharge parmi les documents étiquetés. • CEDH 4 juin 2019, *Sigurour Einarsson c/ Islande,* n° 39757/15 § 90-91.

403. Le fait que le jugement comprenant la motivation n'a pas été communiqué au requérant faute d'avoir été retranscrit par écrit par le greffe dans le délai d'appel de 10 jours constituait donc une anomalie que le Gouvernement reconnaît d'ailleurs puisqu'il l'explique par la surcharge de travail que connaissent les tribunaux. Or, seul le dispositif du jugement a été lu à l'audience devant l'un des 2 avocats représentant le requérant et cette lecture, particulièrement laconique, ne permettait de connaître que la peine et les dommages-intérêts infligés. A cet égard, la Cour note que, dans la version dactylographiée fournie au requérant, le dispositif du jugement ne comportait pas tous les éléments prévus par le C. pr. pén., à savoir la référence aux infractions retenues et aux textes de loi appliqués, indications se trouvant dans le corps de la motivation. Ainsi, faute d'avoir pu obtenir le jugement complet avant l'expiration du délai d'appel, le requérant avait donc pour seule issue d'interjeter appel sans connaître aucun élément de la motivation retenue par le tribunal correctionnel. • CEDH 24 juill. 2007, *Baucher c/ France,* n° 53640/00 § 43 s. : *AJ pénal 2007. 529, obs Porteron ; JCP 2008. I. 110, chron. Sudre.*

404. Si des demandes de renvoi infondées sont assurément préjudiciables à la bonne administration de la justice, celles qui reposent sur des justificatifs objectifs, et non sur de simples affirmations non étayées, doivent non seulement être effectivement examinées par les juridictions internes, mais également donner lieu à une réponse motivée. La cour d'appel ayant seulement indiqué qu'elle retenait l'affaire après avoir délibéré sur la demande de renvoi sans autre explication quant aux excuses invoquées et la Cour de cassation ayant rejeté le moyen des requérants tiré du présent art., au motif que la cour d'appel avait souverainement apprécié la valeur des arguments présentés, il faut conclure à une violation. • CEDH 25 juill. 2013, *Henri Rivière et a. c/ France*, n° 46460/10 § 31 s. – V. pour un cas dans lequel la cour d'appel avait analysé les certificats médicaux pour conclure qu'il n'en résultait pas que le requérant était dans l'impossibilité de se présenter à l'audience. • CEDH 23 mai 2000, *Van Pelt c/ France*, n° 31070/96 § 64 : *D. 2001. 1061, obs. Renucci ; RSC 2001. 429, obs. Massias ; JCP 2000. I. 291, chron. Sudre.*

c. Droit de se défendre soi-même ou par l'intermédiaire d'un défenseur de son choix

405. Principe. Le présent art. ne précise pas les conditions d'exercice du droit de « se défendre soi-même ou avoir l'assistance d'un défenseur (...) » et laisse ainsi aux États le choix des moyens propres à permettre à leur système judiciaire de le garantir ; la Cour recherche si la voie empruntée cadre avec les exigences d'un procès équitable. • CEDH 24 mai 1991, *Quaranta c/ Suisse*, n° 12744/87 § 30 • CEDH, gr. ch., 18 oct. 2006, *Hermi c/ Italie*, n° 18114/02 § 95 • CEDH, gr. ch., 2 nov. 2010, *Sakhnovski c/ Russie*, n° 21272/03 § 95 • CEDH 25 juill. 2013, *Sfez c/ France*, n° 53737/09 § 27.

406. Droit de se défendre soi-même. Le droit de tout accusé de « se défendre lui-même ou [d']avoir l'assistance d'un défenseur de son choix » n'est pas absolu. Il est forcément sujet à certaines limitations en matière d'assistance judiciaire gratuite et aussi lorsqu'il appartient aux tribunaux de décider si les intérêts de la justice exigent de doter l'accusé d'un défenseur d'office. • CEDH, gr. ch., 20 oct. 2015, *Dvorski c/ Croatie*, n° 25703/11 § 79 : *D. 2016. 225, obs. Renucci*. ♦ Le choix entre les deux options relève de la législation applicable ou du règlement de procédure du tribunal concerné. • CEDH, gr. ch., 2 nov. 2010, *Sakhnovskiy c/ Russie*, n° 21272/03 § 95 • CEDH 21 juill. 2011, *République tchèque*, n° 44438/06 § 60. ♦ La décision d'autoriser un accusé à se défendre lui-même sans l'assistance d'un avocat ou de désigner un avocat pour le représenter relève de la marge d'appréciation des États contractants, qui sont mieux placés que la Cour pour choisir les moyens propres à permettre à leur système judiciaire de garantir les droits de la défense. • CEDH 3 juill. 2012, *Finlande*, n° 34806/04 § 182. ♦ La renonciation autorisée par le droit interne doit se trouver établie de manière non équivoque, ne doit se heurter à aucun intérêt public important et doit être entourée d'un minimum de garanties correspondant à sa gravité. • CEDH, gr. ch., 1er mars 2006, *Sejdovic c/ Italie*, n° 56581/00 § 86 : *Rev. UE 2015. 353, étude Mezaguer* • CEDH, gr. ch., 20 oct. 2015, *Dvorski c/ Croatie*, n° 25703/11 § 110 s. : *D. 2016. 225, obs. Renucci*. ♦ La marge d'appréciation dont les États disposent pour autoriser l'accusé à assurer seul sa propre défense n'est donc pas illimitée dans ce contexte non plus ; les limites dont elle est assortie sont liées à la protection de l'accusé et aux intérêts publics en jeu. • CEDH, gr. ch., 4 avr. 2018, *Correia De Matos c/ Portugal*, n° 56402/12 § 128.

407. La règle portugaise relative à l'obligation d'être représenté par un avocat dans une procédure pénale vise essentiellement à garantir une bonne administration de la justice et un procès équitable respectant le droit de l'accusé à l'égalité des armes. Eu égard à l'ensemble du contexte procédural dans lequel cette obligation de représentation a été imposée et à la marge d'appréciation laissée aux États membres quant au choix des moyens à mettre en œuvre pour garantir la défense d'un accusé, la Cour estime que les raisons fournies à l'appui de l'obligation d'être assisté, en général et en l'espèce, étaient à la fois pertinentes et suffisantes. • CEDH, gr. ch., 4 avr. 2018, *Correia De Matos c/ Portugal*, n° 56402/12 § 159.

408. Mise en œuvre. Un accusé qui ne veut pas se défendre lui-même doit pouvoir recourir aux services d'un défenseur de son choix. • CEDH 28 juin 1984, *Royaume-Uni*, n° 7819/77 § 99 • CEDH 25 avr. 1983, *Pakelli c/ Allemange*, n° 8398/78 § 31 : *RSC 1984. 138, obs. Pettiti ; AFDI 1984. 449, obs. Pelloux.* ♦ Le droit de tout accusé à être effectivement défendu par un avocat, au besoin commis d'office, figure parmi les éléments fondamentaux du procès équitable. • CEDH 23 nov. 1993, *Poitrimol c/ France*, n° 14032/88 § 34 : *préc. note 11* • CEDH, gr. ch., 27 nov. 2008, *Salduz c/ Turquie*, n° 36391/02 § 55 : *JCP 2009. I. 104, chron. Sudre* • CEDH 28 févr. 2008, *Bulgarie*, n° 68020/01 § 50 • CEDH 13 oct. 2009, *Dayanan c/ Truquie*, n° 7377/03 § 30 : *D. 2009. 2897, note Renucci ; AJ pénal 2010. 27, obs. Saas ; RSC 2010. 231, obs. Roets* • CEDH 27 oct. 2011, *Stojkovic c/ France et Belgique*, n° 25303/08 § 49.

409. Les deux requérants ont demandé à être représentés par un avocat, notamment en vue de l'audience disciplinaire devant le directeur de la prison, lequel, jugeant cette représentation inutile, a rejeté leur demande et violé le présent al. • CEDH, gr. ch., 9 oct. 2003, *Royaume-Uni*, n° 39665/98 § 13 s. : *préc. note 83.*

410. Un accusé ne perd pas le bénéfice de se défendre du seul fait de son absence aux débats. • CEDH 28 juin 1984, *Campbell et Fell* *c/ Royaume-Uni,* n° 7819/77 § 99 • CEDH 23 nov. 1993, *Poitrimol c/ France,* n° 14032/88 § 34 : *préc. note 11.* ♦ Pour la Cour, il appartient aux juridictions d'assurer le caractère équitable d'un procès et de veiller par conséquent à ce qu'un avocat qui, à l'évidence y assiste pour défendre son client en l'absence de celui-ci, se voie donner l'occasion de le faire ; il n'est pas possible d'interdire à l'avocat de défendre son client pour inciter ce dernier à assister aux audiences. • CEDH 23 mai 2000, *Van Pelt c/ France,* n° 31070/96 § 66 : *préc. note 403.* ♦ Ce droit à être représenté doit dès lors est mis en œuvre y compris dans la procédure de contumace (supprimée depuis) si le contumax a souhaité être représenté. • CEDH 13 févr. 2001, *Krombach c/ France,* n° 29731/96 § 90 : *préc. note 118.* ♦ ... Lors de l'exécution d'une commission rogatoire internationale pour laquelle il existe à l'encontre du requérant des indices rendant vraisemblable sa participation aux faits poursuivis. • CEDH 27 oct. 2011, *Stojkovic c/ France et Belgique,* n° 25303/08 § 51.

411. Possibilité de bénéficier d'un avocat dès l'interrogatoire de police. La notion d'équité consacrée par le présent art. exige que l'accusé ait le bénéfice de l'assistance d'un avocat dès les premiers stades de l'interrogatoire de police. Dénier cet accès pendant les 48 premières heures de celui-ci, alors que les droits de la défense peuvent fort bien subir une atteinte irréparable, est – quelle qu'en soit la justification – incompatible avec les droits que le présent art. reconnaît à l'accusé. • CEDH 8 févr. 1996, *John Murray c/ Royaume-Uni,* n° 18731/91 § 66 • CEDH 6 juin 2000, *Magee et Averill c/ Royaume-Uni,* n° 28135/95 § 42 et 46.

412. Ce droit, que la Convention n'énonce pas expressément, peut toutefois être soumis à des restrictions pour des raisons valables. Il s'agit de savoir dans chaque cas si, à la lumière de l'ensemble de la procédure, la restriction a privé l'accusé d'un procès équitable. • CEDH 8 févr. 1996, *John Murray c/ Royaume-Uni,* n° 18731/91 § 63 : *AJDA 1996. 1005, chron. Flauss ; RSC 1997. 476, obs. Koering-Joulin.*

413. Pour que le droit à un procès équitable consacré par le § 1 du présent art. demeure suffisamment « concret et effectif », il faut, en règle générale, que l'accès à un avocat soit consenti dès le premier interrogatoire d'un suspect par la police, sauf à démontrer, à la lumière des circonstances particulières de l'espèce, *qu'il existe des raisons impérieuses* de restreindre ce droit. Même lorsque des raisons impérieuses peuvent exceptionnellement justifier le refus de l'accès à un avocat, pareille restriction – quelle que soit sa justification – ne doit pas indûment préjudicier aux droits découlant pour l'accusé du présent art. Il est en principe porté une atteinte irrémédiable aux droits de la défense lorsque des déclarations incriminantes faites lors d'un interrogatoire de police subi sans assistance possible d'un avocat sont utilisées pour fonder une condamnation. • CEDH, gr. ch., 27 nov. 2008, *Salduz c/ Turquie,* n° 36391/02 § 55 : *préc. note 408* • CEDH 27 oct. 2011, *Stojkovic c/ France et Belgique,* n° 25303/08 § 50. ♦ Un besoin urgent, dont l'existence a été démontrée de manière convaincante, de prévenir des atteintes graves à la vie, à la liberté ou à l'intégrité physique peut s'analyser en de telles raisons impérieuses. • CEDH, gr. ch., 13 sept. 2016, *Ibrahim et a. c/ Royaume-Uni,* n° 50541/08 § 259 et 276 : *D. 2016. 1862.*

414. Du fait de l'automaticité de la privation d'un tel droit en raison de la loi, la violation du présent art. entraîne, y compris lorsque le requérant a gardé le silence au cours de sa garde à vue. • CEDH 24 oct. 2013, *Navone et a. c/ Monaco,* n° 62880/11 § 84.

415. L'équité d'une procédure pénale requiert d'une manière générale, que le suspect jouisse de la possibilité de se faire assister par un avocat dès le moment de son placement en garde à vue ou en détention provisoire. • CEDH 13 oct. 2009, *Dayanan c/ Truquie,* n° 7377/03 § 31 : *préc. note 408* • CEDH, gr. ch., 12 mai 2005, *Ocalan c/ Turquie,* n° 46221/99 § 148 • CEDH 24 oct. 2013, *Navone et a. c/ Monaco,* n° 62880/11 § 79. ♦ En particulier ce droit permet de respecter le principe découlant du présent art. selon lequel un individu ne doit pas s'incriminer lui-même, l'avocat étant en mesure d'informer la personne sur son droit à garder le silence et de ne pas s'auto-incriminer. • CEDH 14 oct. 2010, *Brusco c/ France,* n° 1466/07 § 54 : *D. 2010. 2950, note Renucci ; ibid. 2425, édito. Rome ; ibid. 2696, entretien Mayaud ; ibid. 2783, chron. Pradel ; ibid. 2850, point de vue Guérin ; RSC 2011. 211, obs. Roets.* ♦ Rappr. • CEDH 21 avr. 2011, *Nechiporuk et Yonkalo c/ Ukraine,* n° 42310/04 § 265. ♦ Compte tenu de la vulnérabilité particulière des mineurs, de leur degré de maturité et de leurs capacités sur les plans intellectuel et émotionnel, la Cour souligne l'importance fondamentale de la possibilité pour tout mineur placé en garde à vue d'avoir accès à un avocat pendant cette détention. • CEDH, gr. ch., 23 mars 2016, *Blokhin c/ Russie,* n° 47152/06 § 199.

416. Dès lors qu'il est dans l'impossibilité de prouver que le prévenu a volontairement renoncé à la présence d'un avocat, le Gouvernement peut présenter des éléments pertinents et suffisants pour démontrer qu'il n'a pas été porté une atteinte irrémédiable à l'équité de la procédure pénale contre le requérant considérée dans son ensemble du fait de l'absence d'assistance d'un avocat pendant sa période de garde à vue. • CEDH, gr. ch., 12 mai 2017, ♔ *Bulgarie*, n° 21980/04 § 144.

417. Compte tenu du caractère très strict du contrôle des raisons impérieuses justifiant la restriction du droit d'accès à un avocat, la Cour estime que la procédure pénale menée à l'égard du requérant, considérée dans son ensemble, n'a pas permis de remédier aux lacunes procédurales survenues durant la phase préalable au procès. • CEDH, gr. ch., 9 nov. 2018, ♔ *Belgique*, n° 71409/10 § 193 s. • CEDH 11 juill. 2019, *Olivieri c/ France*, n° 62313/12 § 40. ♦ Étant donné que, même en l'absence de raisons impérieuses, il ne saurait y avoir de violation automatique de la Conv., la Cour considère qu'en l'espèce, la procédure pénale a permis de remédier aux lacunes procédurales survenues durant la garde à vue dès lors notamment que, ignorant durant le procès au fond les propos tenus en garde à vue, le tribunal comme la cour d'appel ont fondé leur jugement sur des éléments extérieurs aux déclarations faites par le requérant durant la phase litigieuse. • CEDH 11 juill. 2019, *Bloise c/ France*, n° 30828/13 § 57-60.

418. Il n'est pas possible d'imposer le choix d'un avocat au suspect en particulier lorsque l'avocat qu'il souhaite est présent et qui plus est mandaté par ses parents pour le représenter et assurer sa défense. • CEDH, gr. ch., 20 oct. 2015, *Croatie*, n° 25703/11 § 93 s.

419. Entretien avec l'avocat. Le droit, pour l'accusé, de communiquer avec son avocat hors de portée d'ouïe d'un tiers figure parmi les exigences élémentaires du procès équitable dans une société démocratique et découle du présent al. Si un avocat ne pouvait s'entretenir avec son client sans une telle surveillance et en recevoir des instructions confidentielles, son assistance perdrait beaucoup de son utilité, alors que le but de la Convention consiste à protéger des droits concrets et effectifs. • CEDH 28 nov. 1991, ♔ *Suisse*, n° 12629/87 § 48 • CEDH, gr. ch., 12 mai 2005, ♔ *Ocalan c/ Turquie*, n° 46221/99 § 132. ♦ Ainsi, la présence d'un policier à portée d'ouïe lors de la première consultation entre le requérant et son *solicitor* a porté atteinte au droit de l'intéressé d'exercer de manière effective les droits de la défense. • *CEDH 16 oct. 2001*, ♔ *Royaume-Uni*, n° 39846/98 § 63. ♦ Rappr. • CEDH, gr. ch., 12 mai 2005, ♔ *Ocalan c/ Turquie*, n° 46221/99 § 148.

420. Si aucune raison en principe ne s'oppose à l'application du devoir de silence à un ancien membre des services de sécurité poursuivi pour divulgation de secrets d'État, il conveint néanmoins à la Cour de savoir dans quelle mesure l'application du devoir de silence a nui au droit à la défense. Dès lors que, sans l'avis de professionnels, une personne sur laquelle pèse de graves chefs d'inculpation n'est pas censée pouvoir peser les avantages de révéler tout ce qu'elle sait à son avocat à l'aune du risque, si elle le fait, d'être exposée à de nouvelles poursuites, il y a violation du présent §, l'équité de la procédure ayant été irrémédiablement compromise par les restrictions des communications entre le requérant et son avocat. • CEDH 25 juill. 2017, *Pays-Bas*, n° 2156/10 § 95 s.

1. Aide juridictionnelle

421. Octroi de l'aide... dans l'intérêt de la justice. La procédure s'annonçait lourde de conséquences pour le demandeur, relaxé en première instance mais reconnu coupable, en appel, d'importation en contrebande de marchandises prohibées et condamné à payer de fortes sommes à l'administration des douanes. En outre et surtout, P. entendait contester devant la Cour de cassation la compatibilité de certains art. du C. douanes avec l'art. 6, § 1 et 2, Conv. EDH. Or il lui manquait la formation juridique indispensable pour présenter et développer lui-même les arguments appropriés sur des questions aussi complexes. Seul un conseil expérimenté aurait pu s'en charger en essayant, par exemple, d'amener la Cour de cassation à infléchir sa jurisprudence dans le domaine considéré et partant, les « intérêts de la justice » exigeaient, en l'espèce, la désignation d'un avocat d'office. • CEDH 25 sept. 1992, ♔ *Pham Hoang c/ France*, n° 13191/87 § 41 : *préc. note 389*. ♦ La comparution de son avocat aurait permis à P. d'expliquer ses griefs, de les préciser au besoin et d'approfondir son argumentation écrite. Il aurait notamment pu commenter l'exposé du conseiller rapporteur. De telles occasions d'intervenir dans le déroulement de l'instance auraient eu d'autant plus de prix que le pourvoi, volumineux, avait trait à 19 points différents. En outre, l'arrêt que la Cour fédérale s'apprêtait à rendre ne s'annonçait pas négligeable pour l'évolution de la jurisprudence. Dans ces conditions, il va sans dire que la comparution personnelle du demandeur n'eût pas compensé l'absence de son avocat : sans le ministère d'un praticien du barreau, il ne pouvait contribuer utilement à l'examen des questions de droit en litige, et notamment de celle qui avait trait à l'art. 146 du C. pr. pén. En refusant de le doter d'un défenseur, la Cour fédérale l'a privé, pendant la phase orale de la procédure, de la possibilité d'influer sur l'issue du litige, possibilité qu'il aurait gardée si l'instance s'était déroulée entièrement par écrit. • CEDH 25 avr. 1983, ♔ *Pakelli c/ Allemange*, n° 8398/78 § 37 à 39 : *préc. note 408*.

422. ... À la suite d'une appréciation d'ensemble. Pour déterminer si les « intérêts de la justice » voulaient que Q. bénéficiât des services d'un avocat d'office, la Cour utilisera divers critères tels que le défaut de difficultés particulières de la cause, l'absence d'un représentant du ministère public lors des débats de première instance, la personnalité du requérant, la brièveté de sa détention préventive et la peine encourue. Un enjeu aussi lourd de conséquences que le risque de 3 ans de prison en l'espèce, commandait en l'espèce d'accorder au requérant l'assistance gratuite d'un avocat. A cela s'ajoutait la complexité de l'affaire du fait que les infractions reprochées se situaient pendant le délai d'épreuve, obligeant le tribunal correctionnel à statuer à la fois sur une éventuelle révocation du sursis et sur le choix d'une nouvelle peine. L'intervention d'un avocat aurait permis d'assurer au mieux la défense de l'accusé, d'autant qu'un large éventail de solutions s'offrait au tribunal. Par ailleurs, Q. est un jeune adulte d'origine étrangère et provenant d'un milieu modeste, ne possédant pas de véritable formation professionnelle et ayant un passé délictueux chargé. Il consommait des stupéfiants presque quotidiennement, et à l'époque des faits il vivait, avec sa famille, des secours de l'assistance publique. Sa propre comparution devant le juge d'instruction puis devant le tribunal correctionnel, sans le concours d'un avocat, ne lui a donc pas fourni le moyen de plaider sa cause de manière adéquate. • CEDH 24 mai 1991, *Quaranta c/ Suisse,* n° 12744/87 § 30 à 36.

423. Carence de l'État avérée. Plus de 8 mois s'étant écoulés, l'intéressé demanda également au tribunal une entrevue avec son avocat, lequel n'était pas encore entré en contact avec lui. En raison de l'utilisation d'une langue étrangère, le juge n'en tint pas compte. Pourtant, il y avait là de quoi révéler aux autorités compétentes une carence manifeste du premier avocat d'office, d'autant plus que celui-ci n'avait, depuis sa désignation, pris aucune mesure. Pour cette raison, et eu égard au rejet des deux demandes formulées pendant cette même période par l'accusé lui-même, le tribunal aurait dû se renseigner sur la manière dont le conseil exerçait son ministère, et éventuellement pourvoir plus tôt à son remplacement, sans attendre que celui-ci déclare ne pas être en mesure de l'exercer. Par ailleurs, après avoir désigné un remplaçant, le tribunal, qui devait savoir que le requérant n'avait pas bénéficié jusqu'alors d'une véritable assistance juridique, aurait pu, de sa propre initiative, ajourner les débats. Que le second avocat d'office n'ait pas présenté une telle demande ne tire pas à conséquence. Les circonstances de la cause commandaient à la juridiction de ne pas demeurer passive. • *CEDH 21 avr. 1998, Daud c/ Portugal,* n° 22600/93 § 42 : *RSC 1999. 384, obs. Koering-Joulin.*

424. Le présent al. n'oblige les autorités nationales compétentes à intervenir que si la carence de l'avocat d'office apparaît manifeste ou si on les en informe suffisamment de quelque autre manière. • CEDH 19 déc. 1989, *Kamasinski c/ Autriche,* n° 8783/82 § 70. ♦ Les carences des avocats d'office énumérées ci-dessus étaient manifestes, ce qui obligeait les autorités internes à intervenir. Or il ne ressort pas du dossier que ces dernières aient pris des mesures pour garantir à l'accusé une défense et une représentation effectives. • CEDH 27 avr. 2006, *Sannino c/ Italie,* n° 30961/03 § 51.

425. L'indépendance du barreau n'étant pas affectée par une simple invitation du tribunal à corriger une erreur de forme qui constitue une manifestation des pouvoirs de conduite de la procédure détenus par le juge, dans l'intérêt d'une bonne administration de la justice, il y a violation du présent art. dans le fait que cette invitation n'ait pas été faite. • CEDH 10 oct. 2002, *Czekalla c/ Portugal,* n° 38830/97 § 70.

426. Carence de l'État non avérée. La nomination d'un avocat dans le cadre de l'aide juridictionnelle n'assure pas à elle seule l'effectivité de l'assistance car l'avocat d'office peut mourir, tomber gravement malade, avoir un empêchement durable ou se dérober à ses devoirs. Si on les en avertit, les autorités doivent le remplacer ou l'amener à s'acquitter de sa tâche. • CEDH 13 mai 1980, *Artico c/ Italie,* n° 6694/74 § 36 : *préc. note 2.* ♦ On ne saurait pour autant « imputer à un État la responsabilité de toute défaillance d'un avocat d'office ». • CEDH 13 mai 1980, *Artico c/ Italie,* n° 6694/74 § 36 : *préc. note 2* • CEDH 25 juill. 2013, *Sfez c/ France,* n° 53737/09 § 29. ♦ Le présent art. n'oblige les autorités nationales compétentes à intervenir que si la carence de l'avocat d'office apparaît manifeste ou si on les en informe suffisamment de quelque autre manière. • CEDH 21 avr. 1998, *Daud c/ Portugal,* n° 22600/93 § 38 : *préc. note 423* • CEDH 27 avr. 2006, *Sannino c/ Italie,* n° 30961/03 § 49. ♦ Tel n'est pas le cas dès lors que le requérant n'a jamais porté à l'attention des autorités d'éventuelles difficultés qu'il aurait rencontrées dans la préparation de sa défense. • CEDH, gr. ch., 18 oct. 2006, *Hermi c/ Italie,* n° 18114/02 § 97. ♦ Il en va de même *a fortiori* lorsque le requérant a librement choisi son avocat. • CEDH 25 juill. 2013, *Sfez c/ France,* n° 53737/09 § 30. ♦ De l'indépendance du barreau par rapport à l'État, il découle que la conduite de la défense appartient pour l'essentiel à l'accusé et à son avocat, commis au titre de l'aide judiciaire ou rétribué par son client. Nonobstant les critiques du requérant, les circonstances de sa représentation au procès ne laissent pas apparaître un défaut de lui fournir l'assistance d'un défenseur, voulue par le présent al., ni un déni du procès équitable exigé au § 1. • CEDH 19 déc. 1989, *Kamasinski c/ Autriche,* n° 8783/82 § 65 et 70. ♦ V. encore, reprenant les mêmes éléments.

• CEDH 7 oct. 2008, *Bogumil c/ Portugal,* n° 35228/03 § 46.

427. Limite au libre choix. Malgré l'importance de relations confiantes entre avocat et client, on ne saurait prêter à ce droit un caractère absolu. Il est forcément sujet à certaines limitations en matière d'assistance judiciaire gratuite et, comme en l'espèce, il appartient aux tribunaux de décider si les intérêts de la justice exigent de doter l'accusé d'un défenseur d'office. En désignant un tel avocat, les juridictions nationales doivent assurément se soucier des vœux de l'accusé. Elles peuvent cependant passer outre s'il existe des motifs pertinents et suffisants de juger que les intérêts de la justice le commandent. • CEDH 29 sept. 1992, *Croissant c/ Allemagne,* n° 13611/88 § 29. ♦ De même, le libre choix n'implique pas la possibilité de changer de défenseur y compris au profit d'un défenseur connaissant mieux la langue que parle l'accusé. • CEDH 14 janv. 2003, *Lagerblom c/ Suède,* n° 26891/95 § 55 et 61.

2. Consultation du dossier

428. Une disposition qui réserve à l'avocat de la défense le droit de consulter le dossier et d'en prendre copie ne se heurte pas en soi au droit garanti à la défense par le présent al. Le fait que le requérant ait demandé à pouvoir lui-même consulter son dossier et que cela ne lui soit pas accordé n'a pas davantage, aux yeux de la Cour, enfreint cette disposition. • CEDH 19 déc. 1989, *Kamasinski c/ Autriche,* n° 9783/82 § 88. ♦ Il n'est pas incompatible avec les droits de la défense de réserver à l'avocat d'un accusé l'accès au dossier de la juridiction saisie. • CEDH 21 sept. 1993, *Kremzow c/ Autriche,* n° 12350/86 § 52.

429. Pourtant si le justiciable choisit de se défendre seul, droit qui lui est expressément reconnu tant par la Conv. EDH que par le droit interne, le raisonnement suivi par la Cour (V. note 428), d'après lequel il n'est pas incompatible avec les droits de la défense de réserver à l'avocat d'un accusé l'accès au dossier de la juridiction saisie, ne saurait jouer. • CEDH 18 mars 1997, *Foucher c/ France,* n° 22209/93 § 35 : *préc. note 401.* ♦ De même, lorsque le justiciable doit se défendre seul à cause d'un disfonctionnement de la mise en œuvre de l'aide juridictionnelle, la Cour examine la procédure pour s'assurer qu'elle pouvait être mise en œuvre par le requérant seul. Elle estime, par exemple, qu'à l'impossibilité pour le requérant de respecter la forme requise pour interjeter appel s'ajoute l'impossibilité dans laquelle il s'est trouvé de contester le seul document sur lequel s'est fondée l'ordonnance du refus d'informer : le rapport médical retenant une incapacité de 7 jours, ce qui a conféré une nature contraventionnelle aux faits de la cause. En dépit de ses démarches, le requérant n'a pas pu se procurer une copie de ce rapport pour, le cas échéant, le contester, ce qu'il aurait d'ailleurs fait, eu égard au contenu d'un autre certificat médical faisant état de 10 à 12 jours d'incapacité temporaire de travail. • CEDH 10 mai 2007, *Seris c/ France,* n° 38208/03 § 63.

d. Droit aux témoins

430. Principe. D'une part, l'absence d'un témoin doit être justifiée par un motif sérieux ; d'autre part, lorsqu'une condamnation se fonde uniquement ou dans une mesure déterminante sur des dépositions faites par une personne que l'accusé n'a pu interroger ou faire interroger ni au stade de l'instruction ni pendant les débats, les droits de la défense peuvent se trouver restreints d'une manière incompatible avec les garanties du présent art. (règle de la « preuve unique ou déterminante » : V. *infra*). • CEDH, gr. ch., 15 déc. 2011, *Al-Khawaja et Tahery c/ Royaume-Uni,* n° 26766/05 § 119.

431. Notion de témoin. Il peut s'agir : d'experts. • CEDH 6 mai 1985, *Bönisch c/ Autriche,* n° 8658/79 § 31 et 32 • CEDH 28 août 1991, *Brandstetter c/ Autriche,* n° 11170/84. ♦ ... De la partie civile. • CEDH 7 juill. 1989, *Bricmont c/ Belgique,* n° 10857/84. ♦ ... D'un coïnculpé. • CEDH 27 févr. 2001, *Luca c/ Italie,* n° 33354/96 § 41.

1. Conditions générales d'audition des témoins

432. Principe. Il revient en principe aux juridictions nationales d'apprécier les éléments rassemblés par elles et la pertinence de ceux dont les accusés souhaitent la production. • CEDH 6 déc. 1988, *Barberà, Messegué et Jabardo c/ Espagne,* n° 10590/83 § 68 • CEDH 20 nov. 1989, *Kostovski c/ Pays-bas,* n° 11454/85 § 39 : *préc. note 1.* ♦ Le présent al. leur laisse, en principe, le soin de juger de l'utilité d'une offre de preuve par témoins au sens « autonome » que ce terme possède dans le système de la Conv. EDH. • CEDH 26 avr. 1991, *Asch c/ Autriche,* n° 12398/86 § 25.

433. Les éléments de preuve (dont font partie les témoignages) doivent normalement être produits devant l'accusé en audience publique, en vue d'un débat contradictoire. • CEDH, gr. ch., 15 déc. 2011, *Al-Khawaja et Tahery c. Royaume-Uni,* n° 26766/05 § 118. ♦ Il n'en résulte pourtant pas que la déclaration d'un témoin doive toujours se faire dans le prétoire et en public pour pouvoir servir de preuve ; en particulier, cela peut se révéler impossible dans certains cas. Utiliser des dépositions remontant à la phase de l'instruction préparatoire ne se heurte pas en soi au présent al., sous réserve du respect des droits de la défense. • CEDH 6 déc. 1988, *Barberà, Messegué et Jabardo c/ Espagne,* n° 10590/83 § 78 • CEDH 20 nov.

1989, *Kostovski c/ Pays-bas,* n° 11454/85 § 41 : *préc. note 1* • CEDH 26 avr. 1991, *Asch c/ Autriche,* n° 12398/86 § 27. ♦ Sous réserve que les droits de la défense ne s'en trouvent pas réduits. • CEDH 24 nov. 1986, *Unterpertinger c/ Autriche,* n° 9120/80 § 33.

434. Il ne suffit pas de démontrer que « l'accusé » n'a pas pu interroger un certain témoin à décharge, encore faut-il que l'intéressé rende vraisemblable que la convocation dudit témoin était nécessaire à la recherche de la vérité et que le refus de l'interroger a causé un préjudice aux droits de la défense. • CEDH, décis., 5 avr. 2001, *Italie,* n° 48799/99. ♦ … Encore faut-il qu'il étaye sa demande d'audition de témoins en en précisant l'importance et que cette audition soit nécessaire à la manifestation de la vérité. • CEDH, gr. ch., 6 mai 2003, *Italie,* n° 48898/99 § 29. ♦ Il en résulte qu'il convient de s'assurer que la demande d'audition de témoin était suffisamment motivée et pertinente au regard de l'objet de l'accusation, que les juridictions internes ont examiné la pertinence que pouvait avoir la déposition et motivé par des raisons suffisantes leur décision de ne pas auditionner le témoin au procès et que la décision des juridictions internes de ne pas auditionner le témoin n'a pas nui à l'équité globale du procès. • CEDH 18 déc. 2018, *Russie,* n° 36658/05 § 158. ♦ Il a été précédemment jugé que seules des circonstances exceptionnelles peuvent conduire la Cour à conclure à l'incompatibilité avec le présent art. de la non-audition d'une personne comme témoin. • CEDH 13 avr. 2006, *France,* n° 75699/01 § 50. ♦ V. déjà : • CEDH 7 juill. 1989, *Belgique,* n° 10857/84 § 89.

435. Pour s'assurer de la compatibilité avec le présent § et le § 1 du présent art. d'une procédure dans laquelle les déclarations d'un témoin qui n'a pas comparu et n'a pas été interrogé pendant le procès sont utilisées à titre de preuves, la Cour doit rechercher : 1) s'il existait un motif sérieux justifiant la non-comparution du témoin et, en conséquence, l'admission à titre de preuve de sa déposition ; 2) si la déposition du témoin absent a constitué le fondement unique ou déterminant de la condamnation ; 3) s'il existait des éléments compensateurs, notamment des garanties procédurales solides, suffisants pour contrebalancer les difficultés causées à la défense en conséquence de l'admission d'une telle preuve et pour assurer l'équité de la procédure dans son ensemble. • CEDH, gr. ch., 15 déc. 2011, *Al-Khawaja et Tahery c/ Royaume-Uni,* n° 26766/05 §152. ♦ Si, en règle générale il sera pertinent d'examiner ces trois éléments dans l'ordre indiqué, les trois étapes du critère sont interdépendantes et, prises ensemble, servent à établir si la procédure pénale en cause a été globalement équitable. Il peut donc être approprié, dans une affaire donnée, d'examiner ces critères dans un ordre différent, notamment lorsque l'un d'eux e révèle particulièrement probant pour déterminer si la procédure a été ou non équitable. • CEDH, gr. ch., 15 déc. 2015, *Schatschaschwili c/ Allemagne,* n° 9154/10 §118. ♦ V. par ex. pour des affaires dans lesquelles la question de savoir si les déclarations du témoin absent constituaient l'élément à charge unique ou déterminant, a été examinée avant la première étape. • CEDH 24 janv. 2012, *Nechto c/ Russie,* n° 24893/05 § 119 s. • CEDH 2 oct. 2012, *Mitkus c/ Lettonie,* n° 7259/03 § 101 s. • CEDH 19 févr. 2013, *Gani c/ Espagne,* n° 61800/08 § 43 s.

436. Absence des témoins. Si l'absence de motif sérieux justifiant la non-comparution d'un témoin ne peut en soi rendre un procès inéquitable, le manque de motif sérieux justifiant l'absence d'un témoin à charge constitue un élément de poids s'agissant d'apprécier l'équité globale d'un procès ; pareil élément est susceptible de faire pencher la balance en faveur d'un constat de violation de l'art. 6, § 1 et 3 *d*). • CEDH, gr. ch., 15 déc. 2015, *Schatschaschwili c/ Allemagne,* n° 9154/10 § 113.

437. Absence des témoins. Lorsque le témoin est décédé, son témoignage ne peut être pris en compte que si sa déposition a été versée au dossier. • CEDH 7 août 1966, *Ferrantelli et Santangelo c/ Italie,* n° 19874/92 § 52 • CEDH, décis., 27 janv. 2009, *Mika c/ Suède,* n° 31243/06. ♦ Pour des hypothèses d'absence due à l'état de santé des témoins, V. par ex. : • CEDH 9 juill. 2013, *Bobes c/ Roumanie,* n° 29752/05 § 39 et 40 • CEDH 27 mars 2014, *Matytsina c/ Russie,* n° 58428/10 § 164 et 165, ♦ Dans les affaires concernant l'absence d'un témoin du fait de l'impossibilité d'entrer en contact avec lui, la Cour exige du tribunal du fond qu'il ait fait tout ce que l'on pouvait raisonnablement attendre de lui pour assurer la comparution de l'intéressé. Il appartient aux États contractants de prendre des mesures positives pour permettre à l'accusé d'interroger ou de faire interroger les témoins à charge, faute de quoi l'absence du témoin est imputable aux autorités internes. • CEDH 10 avr. 2012, *Gabrielyan c/ Arménie,* n° 8088/05 § 78 s. • CEDH 22 nov. 2012, *Tseber c/ République tchèque,* n° 46203/08 § 48.

438. Les juridictions internes doivent se pencher avec prudence sur les déclarations non vérifiées d'un témoin absent et démontrer qu'elles étaient conscientes de la valeur réduite de leurs déclarations. • CEDH, gr. ch., 15 déc. 2011, *Al-Khawaja et Tahery c/ Royaume-Uni,* n° 26766/05 § 124. ♦ Comp. • CEDH 9 juill. 2013, *Bobes c/ Roumanie,* n° 29752/05 § 46 • CEDH, gr. ch., 15 déc. 2015, *Schatschaschwili c/ Allemagne,* n° 9154/10 § 126.

439. L'absence due à la peur appelle un examen plus poussé. Le plus souvent, la peur qu'ont les témoins de venir déposer n'est pas directement imputable à des menaces de l'accusé ou de personnes agissant pour son compte. Dans bien des cas, par exemple, elle est due à la notoriété de l'accusé ou de ses acolytes. Il n'est donc pas nécessaire pour que le témoin soit dispensé de comparaître à l'audience que sa peur soit directement due à des menaces de l'accusé. En outre, la peur pour la vie ou l'intégrité physique d'un tiers et la crainte d'un préjudice matériel sont également des éléments à prendre en compte lorsqu'il s'agit d'apprécier l'opportunité de contraindre un témoin à comparaître. Pour autant, toute peur subjective ressentie par le témoin ne suffit pas à le dispenser de comparaître. Le juge interne doit mener les investigations appropriées pour déterminer, premièrement, si cette peur est fondée sur des motifs objectifs et, deuxièmement, si ces motifs objectifs reposent sur des éléments concrets. • CEDH 28 févr. 2006, *Krasniki c/ Rép. tchèque*, n° 51277/99 § 80 à 83 • CEDH, gr. ch., 15 déc. 2011, *Al-Khawaja et Tahery c/ Royaume-Uni*, n° 26766/05 § 124.

440. Anonymat des témoins. Le maintien de cet anonymat confronta la défense à des difficultés qui ne devraient normalement pas s'élever dans le cadre d'un procès pénal. Néanmoins, aucune violation du présent art. dans ses § 1 et 3 ne peut être constatée s'il est établi que la procédure suivie devant les autorités judiciaires a suffisamment compensé les obstacles auxquels se heurtait la défense. • CEDH 26 mars 1996, *Doorson c/ Pays-bas*, n° 20524/92 § 72 : *préc. note 279.*

441. Interrogation des témoins. Les droits de la défense sont restreints de manière incompatible avec les garanties du présent art. lorsqu'une condamnation se fonde, uniquement ou dans une mesure déterminante, sur des dépositions faites par une personne que l'accusé n'a pu interroger ou faire interroger ni au stade de l'instruction ni pendant les débats. • CEDH 13 avr. 2006, *Vaturi c/ France*, n° 75699/01 § 50. ♦ Lorsque le témoin n'a jamais été interrogé aux stades antérieurs de la procédure, il ne faut admettre sa déposition écrite en lieu et place de sa présence au procès qu'en dernier recours. • *CEDH, gr. ch., 15 déc. 2011, Al-Khawaja et Tahery c/ Royaume-Uni*, n° 26766/05 § 125.

442. Le présent al. n'autorise les juridictions à fonder une condamnation sur les dépositions d'un témoin à charge que l'« accusé » ou son conseil n'ont pu interroger à aucun stade de la procédure, que dans les limites suivantes : premièrement, lorsque le défaut de confrontation est dû à l'impossibilité de localiser le témoin, il doit être établi que les autorités compétentes ont activement recherché celui-ci aux fins de permettre cette confrontation ; deuxièmement, le témoignage litigieux ne peut en tout état de cause constituer le seul élément sur lequel repose la condamnation. • CEDH 13 nov. 2003, *Rachdad c/ France*, n° 71846/01 § 24 : *D. 2004. 988, obs. Renucci* ; *AJ pénal 2004. 76, obs. Leblois-Happe*. ♦ Rappr. pour des témoignages fait uniquement à la gendarmerie. • CEDH 24 nov. 1986, *Unterpertinger c/ Autriche*, n° 9120/80 § 33.

443. Il appartient à l'accuser de solliciter la possibilité d'interroger les témoins à charge. • CEDH 19 déc. 1989, *Autriche*, n° 9783/82 § 91 (sol. impl.). ♦ Il importe peu que cette demande soit faite dans les formes. • CEDH 20 sept. 1993, *Saïdi c/ France*, n° 14647/89 § 39 : *D. 1994. 104, obs. Renucci* ; *RSC 1994. 142, obs. Pettiti* ; *ibid. 362, obs. Koering-Joulin* ; *JCP 1994. 22215, obs. Chambon.* ♦ En acceptant la lecture de la déposition préliminaire du témoin à l'audience et en ne réitérant pas sa demande tendant à faire citer ce dernier, la requérante a renoncé à son droit de l'interroger. • CEDH 18 déc. 2018, *Russie*, n° 36658/05 § 127.

444. Preuve unique ou déterminante. Pour décider si la condamnation d'un requérant se fonde exclusivement, ou dans une mesure déterminante, sur les déclarations de témoins absents, la Cour doit partir des décisions des tribunaux internes et vérifier leur évaluation à la lumière de l'acception qu'elle donne aux termes « preuve unique » et « preuve déterminante » pour s'assurer par elle-même que l'évaluation faite par ces tribunaux du poids de la preuve n'était pas inacceptable ou arbitraire. Elle doit également se livrer à sa propre appréciation de l'importance accordée à la déposition du témoin absent si les juridictions internes n'ont pas indiqué leur position à cet égard ou si celle-ci n'est pas claire. • CEDH, gr. ch., 15 déc. 2015, *Schatschaschwili c/ Allemagne*, n° 9154/10 § 124.

445. Si la condamnation de l'accusé repose uniquement ou dans une mesure déterminante sur des dépositions de témoins qu'à aucun stade de la procédure il n'a pu interroger, il est porté atteinte aux droits de la défense dans une mesure excessive. • CEDH 24 nov. 1986, *Unterpertinger c/ Autriche*, n° 9120/80 § 33. ♦ Un témoignage ou d'autres déclarations chargeant un accusé peuvent fort bien constituer un mensonge ou résulter d'une simple erreur ; la défense ne peut guère le démontrer si elle ne possède pas les informations qui lui fourniraient le moyen de contrôler la crédibilité de l'auteur ou de jeter le doute sur celle-ci. Les dangers inhérents à pareille situation tombent sous le sens. • CEDH 20 nov. 1989, *Kostovski c/ Pays-bas*, n° 11454/85 § 42 : *préc. note 1.* ♦ Si l'admission à titre de preuve d'un témoignage par ouï-dire constituant l'élément à charge unique ou déterminant n'emporte pas automatiquement violation du § 1 du présent art., lorsqu'une condamnation repose exclusivement ou dans une mesure déterminante sur les dépositions de témoins absents, la Cour doit soumettre la procédure à l'examen le plus rigoureux. Étant donné les risques inhérents aux témoignages par ouï-dire, le caractère unique ou déterminant d'une preuve de ce type admise dans une affaire est un facteur très important à prendre en compte dans l'appréciation de l'équité globale de la procédure et il doit être contrebalancé par des éléments suffisants, notamment par des garanties procédurales solides. Dans chaque affaire où le problème de l'équité de la procédure se pose en rapport avec une déposition d'un témoin absent, il s'agit de savoir s'il existe des éléments suffisamment compensateurs des inconvénients liés à l'admission d'une telle preuve pour permettre une appréciation correcte et équitable de la fiabilité de celle-ci. L'examen de cette question permet de ne prononcer une condamnation que si la déposition du témoin absent est suffisamment fiable compte tenu de son importance dans la cause. • CEDH gr. ch., 15 déc. 2011, *Al-Khawaja et Tahery c/ Royaume-Uni*, n° 26766/05 § 147.

446. Éléments compensateurs suffisants. Pour s'assurer que la procédure dans son ensemble était équitable, la Cour doit vérifier s'il existait des éléments compensateurs suffisants non seulement dans les affaires dans lesquelles les déclarations d'un témoin absent constituaient le fondement unique ou déterminant de la condamnation du défendeur, mais aussi dans celles où, après avoir apprécié l'évaluation faite par les tribunaux internes de l'importance de pareilles dépositions, elle juge difficile de discerner si ces éléments constituaient la preuve unique ou déterminante mais est néanmoins convaincue qu'ils revêtaient un poids certain et que leur admission pouvait avoir causé des difficultés à la défense. La portée des facteurs compensateurs nécessaires pour que le procès soit considéré comme équitable dépendra de l'importance que revêtent les déclarations du témoin absent. Plus cette importance est grande, plus les éléments compensateurs devront être solides afin que la procédure dans son ensemble soit considérée comme équitable. • CEDH, gr. ch., 15 déc. 2015, *Schatschaschwili c/ Allemagne*, n° 9154/10 § 116.

447. Entrent dans les éléments compensateurs suffisants : la production au procès d'éléments de preuve venant corroborer la déposition non vérifiée ; la possibilité offerte à la défense de poser ses propres questions au témoin indirectement ; des déclarations faites au procès par des personnes auxquelles le témoin absent a rapporté les événements immédiatement après leur survenue ; la collecte d'autres preuves factuelles en rapport avec l'infraction ; l'existence de fortes similitudes entre la description faite par le témoin absent et celle faite par un autre témoin ; la possibilité d'interroger le témoin au stade de l'enquête ; la possibilité de donner sa propre version des faits et de mettre en doute la crédibilité du témoin absent en soulignant toute incohérence ou contradiction avec les déclarations d'autres témoins. Enfin, lorsque l'identité du témoin est connue de la défense, celle-ci est en mesure d'identifier et d'analyser les motifs que le témoin peut avoir de mentir, et donc de contester sa crédibilité de manière effective même en son absence, bien que dans une mesure moindre qu'au cours d'une confrontation directe. • CEDH, gr. ch., 15 déc. 2015, *Schatschaschwili c/ Allemagne*, n° 9154/10 § 127 s.

448. Hypothèses de violation. Malgré la complexité de l'affaire (...), le procureur de la République près le TGI de Paris diligenta une simple enquête de police à l'issue de laquelle il décida de faire citer à comparaître le requérant directement devant le tribunal. Ce faisant, aucune information judiciaire ne fut ouverte et aucun juge d'instruction désigné, de sorte que, au stade de l'enquête préliminaire, l'intéressé ne put ni solliciter des mesures d'instruction, ni être confronté aux personnes qui l'accusaient et leur apporter la contradiction. Par la suite, durant la phase de jugement, son unique demande d'audition et de confrontation fut rejetée par la CA de Paris, de façon lapidaire. Il en résulte que c'est tout le système de défense adopté par le requérant qui s'est trouvé compromis, lequel reposait sur l'audition, de façon contradictoire et en audience publique, des témoins sollicités, à charge comme à décharge. Dans ces conditions, la Cour n'estime pas devoir spéculer sur le caractère fondamental ou non des auditions requises par le requérant, dans la mesure où elle considère que, en tout état de cause, elles auraient pu contribuer, dans les circonstances de l'espèce, à l'équilibre et à l'égalité qui doivent régner tout au long du procès entre l'accusation et la défense. L'économie générale du procès commandait d'accorder au requérant la faculté d'interroger ou de faire interroger un témoin de son choix. • CEDH 13 avr. 2006, *Vaturi c/ France*, n° 75699/01 § 58. ♦ La contrainte et l'abus d'autorité revêtant un caractère décisif dans la qualification de l'infraction, il faut constater que le requérant n'a eu, ni durant l'enquête préliminaire, ni durant les débats, la possibilité d'interroger ou faire interroger les témoins à charge à cet égard. • CEDH 22 juin 2006, *Guilloury c/ France*, n° 62236/00 § 59. ♦ Les juridictions répressives qui ont statué sur l'opposition formée par le requérant ont condamné ce dernier pour trois délits distincts sur le fondement de déclarations faites par des témoins à l'occasion de l'enquête ou de l'instruction. Or le requérant n'avait pas été confronté à ces témoins à ce stade de la procédure et le T. corr. de Reims a rejeté sa demande tendant à l'audition de ceux-ci. Quant à la CA de Reims, elle a certes fait droit à cette demande, mais n'a effectivement entendu que le témoin du troisième délit – lequel, au demeurant, a déclaré à l'audience ne pas reconnaître le requérant comme étant la personne qu'il avait mise en cause au cours de l'enquête –, les autres témoins n'ayant pas déféré à leur citation. • CEDH 13 nov. 2003, *Rachdad c/ France,* n° 71846/01 § 25 : *préc. note 442.*

449. Pour l'essentiel, la cour d'appel a fondé la condamnation du requérant sur une nouvelle interprétation de témoignages dont elle n'a pas entendu les auteurs, et ce malgré les demandes en ce sens du requérant. Tout s'est passé comme si la cour d'appel, ayant des doutes sur la crédibilité des témoins à décharge, les avait « récusés » *a priori* sans procéder à leur audition et s'était contentée de cette impression, pour prendre le contre-pied du jugement de première instance, qui avait relaxé le requérant sur la base, notamment, des dépositions de ces témoins. Sans doute appartenait-il à la juridiction d'appel d'apprécier les diverses données recueillies, de même que la pertinence de celles dont le requérant souhaitait la production ; il n'en demeure pas moins que le requérant a été reconnu coupable sur la base des témoignages mêmes qui avaient suffisamment fait douter les premiers juges du bien-fondé de l'accusation contre le requérant pour motiver son acquittement en première instance. Dans ces conditions, le refus de la cour d'appel d'entendre ces témoins, en dépit de la demande du requérant en ce sens, avant de le déclarer coupable, a sensiblement réduit les droits de la défense. • CEDH 18 mai 2004, *Destrehem c/ France,* n° 56651/00 § 45. ♦ V. déjà : • CEDH 22 avr. 1992, *Vidal c/ Belgique,* n° 12351/86 § 33 et 34.

450. Ni le requérant ni son conseil n'eurent jamais une occasion suffisante d'interroger des témoins dont les dires, recueillis en leur absence et rapportés plus tard par un fonctionnaire de police qui n'avait pas assisté à l'agression dans le métro, furent pris en compte par le juge du fond, d'une manière déterminante en première instance et en appel, le dossier ne contenant aucun autre indice. Ils ne purent donc en contrôler la crédibilité ni jeter un doute sur elle. • CEDH 19 déc. 1990, *Delta c/ France,* n° 11444/85 § 37 : *AFDI 1991. 583, obs. Coussirat-Coustère.* ♦ Les témoignages constituèrent ainsi la seule base de la condamnation, après avoir représenté l'unique cause du renvoi en jugement. Or ni au stade de l'instruction ni pendant les débats, le requérant ne put en interroger ou faire interroger les auteurs. L'absence de toute confrontation le priva, en partie, d'un procès équitable. La Cour ne méconnaît pas les indéniables difficultés de la lutte contre le trafic des stupéfiants – notamment en matière de recherche et d'administration des preuves –, non plus que les ravages provoqués par celui-ci dans la société, mais ils ne sauraient conduire à limiter à un tel point les droits de la défense de « tout accusé ». • CEDH 20 sept. 1993, *Saïdi c/ France,* n° 14647/89 § 44 : *préc. note 443.*

451. La défense put certes interroger, quant aux déclarations des deux femmes, trois des agents de police ayant participé à l'enquête mais ni l'accusé ni son conseil – en dépit de leurs demandes réitérées – n'eurent jamais l'occasion d'interroger des témoins dont les dires furent recueillis en leur absence, rapportés plus tard par des tiers pendant les débats puis, comme il ressort du jugement, pris en compte par le tribunal. • CEDH 27 sept. 1990, *Windisch c/ Autriche,* n° 12489/86 § 27 et 28.

452. Le caractère déterminant du témoignage de T. en l'absence dans le dossier de preuves solides aptes à le corroborer emporte la conclusion que les jurés n'ont pas pu apprécier correctement et équitablement la fiabilité de ce témoignage. Considérant l'équité de la procédure dans son ensemble, la Cour juge que les éléments censés compenser les difficultés auxquelles la défense s'est trouvée confrontée du fait de l'admission de la déposition de T. n'étaient pas suffisants. • CEDH, gr. ch., 15 déc. 2011, *Al-Khawaja et Tahery c/ Royaume-Uni,* n° 26766/05 § 165. ♦ Aucun élément n'a compensé l'impossibilité pour le requérant d'interroger S. et la mère de celui-ci au cours de la procédure. Le requérant n'a pas pu examiner le déroulement de l'interrogatoire des témoins mené par l'enquêteur et n'a eu la possibilité de les interroger ni au moment de cet interrogatoire ni plus tard. En outre, les déclarations formulées par les témoins devant les autorités d'enquête n'ayant pas fait l'objet d'un enregistrement vidéo, ni le requérant ni ses juges n'ont pu observer leur comportement pendant leur interrogatoire et se faire une opinion quant à leur fiabilité. • CEDH, gr. ch., 23 mars 2016, *Blokhin c/ Russie,* n° 47152/06 § 215.

453. Si le tribunal du fond s'est livré à un examen méticuleux de la crédibilité des témoins absents et de la fiabilité de leurs dépositions, s'efforçant ainsi de compenser l'absence de leur contre-interrogatoire, et si le requérant a pu donner sa propre version des faits, il faut constater que, vu l'importance que revêtaient les déclarations de O. et P., seuls témoins oculaires de l'infraction pour laquelle le requérant a été condamné, les autorités de poursuite n'ont pas donné au requérant la possibilité (qu'il aurait pu se voir offrir en vertu des dispositions du droit interne) de faire interroger O. et P. au stade de l'instruction par un avocat désigné pour le représenter. En procédant de la sorte, les autorités ont pris le risque prévisible, qui s'est par la suite matérialisé, que ni l'accusé ni son avocat ne puissent être en mesure d'interroger O. et P. à quelque stade de la procédure que ce soit. • CEDH, gr. ch., 15 déc. 2015, *Schatschaschwili c/ Allemagne,* n° 9154/10 § 163.

454. Absence de violation. Dès lors qu'il ne s'agissait pas d'un témoin anonyme mais connu tant de la défense que du juge d'instruction et des magistrats qui statuèrent en première instance et en appel et que le juge d'instruction l'avait interrogé plusieurs fois sur des questions relatives au requérant et aux coaccusés et avait procédé en outre à deux confrontations destinées à comparer les déclarations antérieures de ce témoin avec celles du requérant, son absence aux débats n'a pas porté aux droits de la défense de limitations telles qu'elles ont privé l'intéressé d'un procès équitable et ce d'autant plus que ce témoignage n'est pas le seul sur lequel se soit fondé le juge. • CEDH 19 févr. 1991, *Isgro c/ Italie,* n° 11339/85 § 35 et 37. ♦ Considérant l'équité du procès dans son ensemble, si des difficultés ont été causées à la défense par l'admission de la déposition de S. T. et s'il y a des risques inhérents à ce type de preuve, il existait en l'espèce des éléments compensateurs suffisants dès lors que la fiabilité de cette déposition était corroborée par de nombreux éléments. • CEDH, gr. ch., 15 déc. 2011, *Al-Khawaja et Tahery c/ Royaume-Uni,* n° 26766/05 § 156 et 158.

2. Protection des témoins

455. Le présent art. ne requiert pas explicitement que les intérêts des témoins en général, et ceux des victimes appelées à déposer en particulier, soient pris en considération. Toutefois, il peut y aller de leur vie, de leur liberté ou de leur sûreté, comme d'intérêts relevant, d'une manière générale, du domaine de l'art. 8 Conv. EDH. Pareils intérêts des témoins et des victimes sont en principe protégés par d'autres dispositions, normatives, de la Conv., qui impliquent que les États contractants organisent leur procédure pénale de manière que lesdits intérêts ne soient pas indûment mis en péril. Cela posé, les principes du procès équitable commandent également que, dans les cas appropriés, les intérêts de la défense soient mis en balance avec ceux des témoins ou des victimes appelés à déposer. • CEDH 26 mars 1996, *Doorson c/ Pays-Bas, n° 20524/92 § 70 : préc. note 279.* ♦ Rappr. • CEDH, gr. ch., 3 avr. 2012, *Van der Heijden c/ Pays-Bas,* n° 42857/05 § 62 s.

456. Protection des mineurs. Pour écarter la demande d'audition des victimes, la juridiction interne a fait valoir que les intérêts de l'accusé étaient contrebalancés par ceux des enfants de ne pas être pas forcés de revivre une expérience probablement très traumatisante. Cependant, la Cour constate que cette opinion n'était étayée par aucune preuve comme, par exemple, un avis d'expert. Si la prise en compte de la protection des intérêts de très jeunes témoins, en particulier dans des affaires de délits sexuels, est une considération qui peut être prise en compte, elle est, en l'espèce, insuffisamment justifiée. • CEDH 10 nov. 2005, *Bocos-Cuesta c/ Pays-Bas,* n° 54789/00 § 72 : *RSC 2006. 431, obs. Massias.* ♦ V. déjà : • CEDH 20 déc. 2001, *P. S. c/ Allemagne,* n° 33900/96 § 30 et 31 : *JCP 2002. I. 105, chron. Sudre.*

457. Hautes personnalités. Une réglementation spéciale de l'audition et de l'interrogatoire des hauts personnages de l'État se rencontre dans l'ordre juridique interne de plusieurs États membres du Conseil de l'Europe. Son existence se fonde sur des raisons objectives et ne se heurte pas, en tant que telle, au présent art. • CEDH 7 juill. 1989, *Bricmont c/ Belgique,* n° 10857/84 § 77.

458. Témoignages anonymes. Si l'expansion de la délinquance organisée commande à n'en pas douter l'adoption de mesures appropriées, dans une société démocratique, le droit à une bonne administration de la justice occupe une place si éminente qu'on ne saurait le sacrifier à l'opportunité. La Conv. EDH n'empêche pas de s'appuyer, au stade de l'instruction préparatoire, sur des sources telles que des indicateurs occultes, mais l'emploi ultérieur de déclarations anonymes comme des preuves suffisantes pour justifier une condamnation soulève un problème différent. En l'espèce, il a conduit à restreindre les droits de la défense d'une manière incompatible avec les garanties du présent art. dès lors que la condamnation du requérant s'est fondée « à un degré déterminant » sur ces dépositions anonymes. • CEDH 20 nov. 1989, *Kostovski c/ Pays-bas,* n° 11454/85 § 44 : *préc. note 1* • CEDH 26 mars 1996, *Doorson c/ Pays-Bas,* n° 20524/92 § 69 : *préc. note 279.* ♦ Le seul élément de preuve identifiant formellement les requérants comme les auteurs des infractions sur lequel se soit fondée la cour d'appel était constitué des déclarations des policiers anonymes. Dès lors, la condamnation des requérants repose « dans une mesure déterminante » sur ces dépositions anonymes. • CEDH 23 avr. 1997, *Van Mechelen c/ Pays-Bas,* n° 21363/93 § 63 : *D. 1997. 360, obs. Renucci ; JCP 1998. I. 107, chron. Sudre.*

459. La Cour estime souhaitable que, dans l'intérêt d'une bonne administration de la justice, les déclarations anonymes soient examinées par un juge qui connaisse l'identité du témoin, qui contrôle les raisons justifiant l'anonymat et qui puisse exprimer son avis quant à la crédibilité du témoin, afin de déceler d'éventuels liens d'inimitié avec la personne poursuivie. • CEDH 13 janv. 2009, *Taxquet c/ Belgique*, n° 926/05 § 64 : *préc. note 298.* ♦ V. déjà : • CEDH 28 févr. 2006, *Pologne*, n° 51277/99 § 75 s.

460. Les témoins anonymes ont été interrogés en appel, en présence de l'avocat du requérant, par un juge d'instruction qui connaissait leur identité, même si ce n'était pas le cas de la défense. Dans son procès-verbal de constatations, ledit magistrat énuméra des circonstances sur la base desquelles la cour d'appel fut en mesure de tirer des conclusions quant à la crédibilité de leur témoignage. Non seulement l'avocat du requérant était présent, mais on lui permit de poser aux témoins toutes les questions qui lui paraissaient servir les intérêts de la défense, sauf celles qui auraient pu conduire au dévoilement de leur identité, et toutes ces questions reçurent des réponses. S'il eût clairement été préférable que le requérant assistât à l'interrogatoire des témoins, la Cour considère, tout bien pesé, que la cour d'appel d'Amsterdam a pu estimer que les intérêts du requérant étaient, à cet égard, moins importants que la nécessité de garantir la sécurité des témoins. • CEDH 26 mars 1996, *Doorson c/ Pays-Bas*, n° 20524/92 § 73 et 74 : *préc. note 279.*

461. Agents infiltrés ou occultes. La Conv. EDH n'empêche pas de s'appuyer, au stade de l'instruction préparatoire et lorsque la nature de l'infraction peut le justifier, sur des sources telles que des indicateurs occultes, mais leur emploi ultérieur par le juge du fond pour justifier une condamnation peut soulever un problème au regard de l'équité de la procédure. • CEDH 9 juin 1998, *Teixeira de Castro c/ Portugal*, n° 25829/94 § 35 : *préc. note 300* • CEDH 27 mai 2008, *Unel c/ Turquie*, n° 35686/02 § 31.

462. Ni le magistrat ni les juridictions de jugement ne purent ou ne voulurent ouïr Toni, officier de police assermenté et infiltré dont le juge d'instruction n'ignorait pas la mission et que le requérant connaissait sinon par son identité réelle, du moins par son apparence physique pour l'avoir rencontré à 5 reprises. Il n'y eut donc pas de confrontation destinée à comparer les déclarations de celui-ci avec les allégations de L. En outre, ni L. ni son conseil n'eurent à aucun moment de la procédure l'occasion d'interroger Toni et de jeter un doute sur sa crédibilité. Il eût été possible pourtant de le faire en prenant en compte l'intérêt légitime des autorités de police, dans une affaire de trafic de stupéfiants, à préserver l'anonymat de leur agent pour pouvoir non seulement le protéger mais aussi l'utiliser encore à l'avenir. • CEDH 15 juin 1992, *Lüdi c/ Suisse*, n° 12433/86 § 49 : *AFDI 1992. 629, obs. Coussirat-Coustère.*

463. Obligation de témoigner. Si l'obligation de témoigner imposée à la requérante est une « obligation civique » comme le soutient le Gouvernement, la tentative des autorités de contraindre l'intéressée à témoigner contre M. A. dans le cadre des poursuites pénales dirigées contre lui s'analyse en une « ingérence » dans le droit de celle-ci au respect de sa vie privée et familiale. Rappr. • CEDH, gr. ch., 3 avr. 2012, *Van der Heijden c/ Pays-Bas*, n° 42857/05 § 62 s. ♦ V. notes ss. Conv. EDH, art. 8.

e. Droit à un interprète

464. Le droit à l'assistance gratuite d'un interprète ne vaut pas pour les seules déclarations orales à l'audience, mais aussi pour les pièces écrites et pour l'instruction préparatoire. L'accusé ne comprenant ou ne parlant pas la langue employée dans le prétoire a droit aux services gratuits d'un interprète afin que lui soit traduit ou interprété tout acte de la procédure engagée contre lui dont il lui faut, pour bénéficier d'un procès équitable, saisir le sens ou le faire rendre dans la langue du tribunal. • CEDH 28 nov. 1978, *Allemagne*, n° 6210/73 § 48 : *AFDI 1979. 354, obs. Pelloux ; CDE 1979. 477, obs. Cohen-Jonathan* • CEDH 19 déc. 1989, *Autriche*, n° 9783/82 § 74. ♦ En rejetant l'exception de nullité prise de ce que, ne parlant ni ne comprenant la langue de son client, de nationalité néerlandaise, l'avocat de X. n'a pu s'entretenir avec lui avant l'audience, faute d'avoir obtenu que lui soit adjoint un interprète, l'arrêt attaqué, qui énonce notamment que les dispositions du C. pr. pén. ne permettent ni n'exigent la désignation d'un interprète en dehors de l'audience ou à l'immédiate approche de celle-ci, a méconnu le présent al. en ne mettant pas le prévenu en mesure de préparer utilement sa défense. • Crim. 29 juin 2005, n° 04-86.110 P : *AJ pénal 2005. 419, obs. P. R.* ♦ V. pour l'absence d'un interprète durant la garde à vue. • CEDH 14 oct. 2014, *Baytar c/ Turquie*, n° 45440/14 § 59. ♦ V. pour la présence d'un interprète dans une langue dont les autorités n'ont pas vérifié le niveau de connaissance qu'en a le requérant : • CEDH 28 août 2018, *Slovénie*, n° 59868/08 § 97.

465. Cependant, le présent al. ne va pas jusqu'à exiger une traduction écrite de toute preuve documentaire ou pièce officielle du dossier. L'assistance prêtée en matière d'interprétation doit permettre à l'accusé de savoir ce qu'on lui reproche et de se défendre, notamment en livrant au tribunal sa version des événements. • CEDH 19 déc. 1989, *Kamasinski c/ Autriche*, n° 9783/82 § 74.

466. Le droit ainsi garanti doit être concret

et effectif. L'obligation des autorités compétentes ne se limite donc pas à désigner un interprète : il leur incombe en outre, une fois alertées dans un cas donné, d'exercer un certain contrôle ultérieur de la valeur de l'interprétation assurée. • CEDH 19 déc. 1989, *Kamasinski c/ Autriche,* n° 9783/82 § 74.

467. Il ne résulte pas du présent al. qu'une fois condamné l'accusé puisse avoir à payer les frais d'interprète. Considérer que cet al. autorise les juridictions internes à les faire supporter à un condamné équivaudrait à en restreindre, dans le temps, le bénéfice et, en pratique, à le refuser à tout accusé ultérieurement condamné. Or pareille interprétation priverait en grande partie cet al. de son effet : elle laisserait subsister les désavantages que subit un accusé ne comprenant ou ne parlant pas la langue employée à l'audience par rapport à un accusé la connaissant. Il y aurait par ailleurs le risque que, dans des cas limites, la désignation ou non-désignation d'un interprète dépende de l'attitude de l'accusé, laquelle pourrait de son côté être influencée par la crainte de conséquences financières. • CEDH 28 nov. 1978, *Luedicke, Belkacem et Koc c/ Allemagne,* n° 6210/73 § 42 : *préc. note 464.* ♦ Il en découle logiquement que l'assistance d'un avocat, dont la tâche consiste notamment à faire en sorte que soit respecté le droit de tout accusé de ne pas s'incriminer lui-même, doit être mise en œuvre. • CEDH, gr. ch., 27 nov. 2008, *Salduz c/ Turquie,* n° 36391/02 § 54 : *préc. note 408.*

468. Dès lors que la traduction est assurée, le présent droit n'implique pas la possibilité de changer le défenseur commis d'office y compris au profit d'un défenseur connaissant mieux la langue que parle l'accusé. • CEDH 14 janv. 2003, *Lagerblom c/ Suède,* n° 26891/95 § 55 et 61.

f. Droit de se taire et de ne pas contribuer à sa propre incrimination

469. Principe. Même si le présent art. ne les mentionne pas expressément, le droit de garder le silence et le droit de ne pas contribuer à sa propre incrimination sont des normes internationalement reconnues qui sont au cœur de la notion de procès équitable. • CEDH 8 avr. 2004, *Weh c/ Autriche,* n° 38544/97 § 39 • CEDH 21 déc. 2000, *Quinn c/ Irlande,* n° 36887/97 § 40 • CEDH 3 mai 2001, *J. B. c/ Suisse,* n° 31827/96 § 64 : *préc note 95.* ♦ V. *déjà. • CEDH 8 févr. 1996, John Murray c/ Royaume-Uni,* n° 18721/91 § 45. ♦ Il s'agit de normes internationalement reconnues. • CEDH 24 oct. 2013, *Navone et a. c/ Monaco,* n° 62880/11 § 71 • CEDH 19 mars 2015, *Corbet et a.,* n° 7494/11 § 32.

470. Le droit de ne pas contribuer à sa propre incrimination présuppose que, dans une affaire pénale, l'accusation cherche à fonder son argumentation sans recourir à des éléments de preuve obtenus par la contrainte ou les pressions, au mépris de la volonté de l'accusé. • CEDH 17 déc. 1996, *Saunders c/ Royaume-Uni,* n° 19187/91 § 8 et 69 • CEDH 3 mai 2001, *J. B. c/ Suisse,* n° 31827/96 § 64 : *préc. note 95* • CEDH 17 oct. 2006, *Göcmen c/ Turquie,* n° 72000/01 § 71. ♦ En ce sens, ce droit est étroitement lié au principe de la présomption d'innocence. • CEDH 21 déc. 2000, *Quinn c/ Irlande,* n° 36887/97 § 40 • CEDH 21 déc. 2001, *Heaney et McGuinness c/ Irlande,* n° 34720/97 § 40 • CEDH 19 mars 2015, *Corbet et a.,* n° 7494/11 § 32. ♦ La présence d'un avocat qui peut informer son client de son droit de ne pas s'incriminer soi-même permet d'assurer le respect de ce principe. • CEDH 14 oct. 2010, *Brusco c/ France,* n° 1466/07 § 54 : *préc. note 415.*

471. En mettant celui-ci à l'abri d'une coercition abusive de la part des autorités, ces immunités concourent à éviter des erreurs judiciaires. • CEDH 8 févr. 1996, *John Murray c/ Royaume-Uni,* n° 18721/91 § 45 • CEDH 3 mai 2001, *J. B. c/ Suisse,* n° 31827/96 § 64 : *préc. note 95.*

472. Tout « accusé » au sens autonome que le présent art. attribue à ce terme a le droit de se taire et de ne point contribuer à sa propre incrimination. • CEDH 25 févr. 1993, *Funke c/ France,* n° 10828/84 § 44 : *préc. note 95.* ♦ Le droit de ne pas s'incriminer soi-même concerne en premier lieu le respect de la détermination d'un accusé de garder le silence. • CEDH 21 déc. 2001, *Heaney et McGuinness c/ Irlande,* n° 34720/97 § 40.

473. Le droit de ne pas témoigner contre soi-même n'est pas absolu. • CEDH 21 déc. 2000, *Heaney et McGuinness c/ Irlande,* n° 34720/97 § 47. ♦ Compte tenu de la nature du droit de ne pas témoigner contre soi-même et du droit de garder le silence, la Cour considère que, en principe, il ne peut y avoir de justification au défaut de signification de ces droits à un suspect. Toutefois, dans l'hypothèse où ce dernier n'en aurait pas été informé, elle doit rechercher si, malgré cette lacune, la procédure dans son ensemble a été équitable. • CEDH, gr. ch., 13 sept. 2016, *Ibrahim et a. c/ Royaume-Uni,* n° 50541/08 § 273 et 311.

474. Mise en œuvre. Le refus d'être assisté par un avocat ne peut être interprété comme entraînant automatiquement un refus de bénéficier de toutes les autres garanties, notamment le droit au silence ; il n'est pas vrai que l'officier de police judiciaire aurait dû informer les requérants de leur droit de se taire que dans l'hypothèse où ils auraient décidé de demander l'assistance d'un avocat ; il s'agit de droits distincts. • CEDH 24 oct. 2013, *Navone et a. c/ Monaco,* n° 62880/11 § 73.

475. Pour rechercher si une procédure a anéanti la substance même du droit à ne pas contribuer à sa propre incrimination, la Cour doit examiner la nature et le degré de la coercition, l'existence de garanties appropriées dans la procédure et l'utilisation qui est faite des éléments ainsi obtenus. • CEDH 5 nov. 2002, *Allan c/ Royaume-Uni,* n° 48539/99 § 44 • CEDH, gr. ch., 11 juill. 2006, *Jalloh c/ Allemagne,* n° 54810/00 § 101 : *préc. note 309.*

476. Il y a deux types d'affaire dans lesquelles la Cour a constaté des violations du droit de garder le silence et du droit de ne pas s'incriminer soi-même. Premièrement, les affaires concernant l'utilisation de la contrainte aux fins d'obtention de renseignements susceptibles d'incriminer la personne concernée dans le cadre d'une procédure pénale déjà pendante ou envisagée contre elle, ou, en d'autres termes, concernant une infraction dont cette personne a été « accusée », au sens autonome que revêt cette notion. Deuxièmement, les affaires concernant l'utilisation dans le cadre de poursuites pénales subséquentes d'informations incriminantes obtenues par la contrainte en dehors du contexte d'une procédure pénale. • CEDH 21 déc. 2001, *Heaney et McGuinness c/ Irlande,* n° 34720/97 § 41 à 43.

477. L'admission comme preuves de déclarations faites était particulièrement incertaine lorsque les requérants ont été interrogés et qu'ils ont reçu à cet égard des informations contradictoires des policiers. Eu égard à cette incertitude quant à l'admission ultérieure comme preuves des déclarations formulées ne peut, de l'avis de la Cour, avoir contribué à préserver la substance des droits des requérants de garder le silence et de ne pas s'incriminer eux-mêmes. • CEDH 21 déc. 2001, *Heaney et McGuinness c/ Irlande,* n° 34720/97 § 53 et 54.

478. Il apparaît donc que les autorités ont tenté de contraindre le requérant à soumettre des documents qui auraient fourni des informations sur son revenu en vue de son imposition. Le requérant ne pouvait exclure que tout revenu supplémentaire de sources non imposées que ces documents feraient ressortir aurait constitué l'infraction de soustraction d'impôt. • CEDH 3 mai 2001, *J. B. c/ Suisse, n° 31827/96 § 66 : préc. note 95.* ♦ Ce principe vaut en matière fiscale : en infligeant des amendes au requérant, les autorités ont fait pression sur lui pour qu'il leur soumette des documents qui auraient fourni des informations sur son revenu et sa fortune en vue de son imposition, plus particulièrement en ce qui concerne ses comptes auprès de la Banque S. • CEDH 5 avr. 2012, *Chambaz c/ Suisse,* n° 11663/04 § 40 : *préc. note 90.*

479. L'obligation qu'avait le requérant de se présenter devant des enquêteurs financiers et de répondre à leurs questions concernant des faits qui lui avaient déjà valu d'être inculpé d'infractions était incompatible avec son droit de ne pas contribuer à sa propre incrimination. • CEDH, gr. ch., 4 oct. 2005, *Shannon c/ Royaume-Uni,* n° 6563/03 § 41. ♦ Rappr. en matière de délits routiers. • CEDH 24 mars 2005, *Rieg c/ Autriche,* n° 63207/00 § 28.

480. On ne saurait affirmer que le juge, en procédant à des déductions défavorables, ait dépassé les limites de l'équité puisqu'il était fondé à conclure que l'on pouvait attendre du requérant qu'il fournît des explications à la police lorsqu'il a été interrogé, durant sa garde à vue, au sujet de l'endroit où il se trouvait au moment des faits et de la présence des fibres sur ses cheveux et ses vêtements. Il y a lieu de noter que l'intéressé a été arrêté par la police non loin du lieu du crime et a donné spontanément une explication sur ses déplacements. Toutefois, après avoir été placé en garde à vue, il est demeuré silencieux. Pour la Cour, la présence sur les cheveux et les vêtements du requérant de fibres qui l'incriminaient appelait une explication. Le fait qu'il n'en ait fourni aucune lorsqu'il a été interrogé par la police pouvait autoriser à conclure à son encontre, par un simple raisonnement de bon sens, qu'il n'avait aucune explication à donner et qu'il était coupable, d'autant qu'il avait vu son avocat tous les jours après les 24 premières heures lorsqu'il a de nouveau été interrogé à ce sujet moyennant un avertissement. • CEDH 6 juin 2000, *Averill c/ Royaume-Uni,* n° 35718/97 § 51.

481. Les intéressés avaient tous deux été informés que, en tant que gardiens de leurs véhicules, ils devaient communiquer le nom et l'adresse complets de la personne qui était au volant au moment indiqué, et que le refus de fournir ces renseignements constituait une infraction pénale punie d'une amende et du retrait du permis de conduire ou de 3 points de celui-ci. Eu égard notamment à la nature particulière de la réglementation en cause et au caractère limité des informations sollicitées dans l'avis de poursuites, la Cour estime qu'il n'a pas été porté atteinte à la substance même du droit des requérants de garder le silence et de ne pas contribuer à leur propre incrimination. • CEDH, gr. ch., 29 juin 2007, *O'Halloran et Francis c/ Royaume-Uni,* n° 15809/02 § 56 et 62 : *JCP 2008. I. 110, chron. Sudre.*

482. S'agissant d'aveux obtenus sous la contrainte : V. note 309.

483. Domaine et champ d'application. La Cour estime que les exigences générales d'équité consacrées par le présent art., y compris le droit de ne pas contribuer à sa propre incrimination, s'appliquent aux procédures pénales concernant tous les types d'infraction criminelle, de la plus simple à la plus complexe. L'intérêt public ne saurait justifier l'utilisation de réponses obtenues de force dans une enquête non judiciaire pour incriminer l'accusé au cours de l'instance pénale. Ce n'est pas parce que le requérant a formulé des déclarations avant d'être inculpé que leur usage ultérieur dans la procédure pénale ne constitue pas une atteinte à ce droit. • CEDH 17 déc. 1996, *Saunders c/ Royaume-Uni,* n° 19187/91 § 74.

484. Ce droit s'applique à l'ensemble de la matière pénale au sens du présent art. c'est-à-dire, y compris, au domaine fiscal. • CEDH 25 févr. 1993, *Funke c/ France,* n° 10828/84 § 44 : *préc. note 95* • CEDH 3 mai 2001, *J. B. c/ Suisse,* n° 31827/96 : *préc. note 95.*

485. Le droit de se taire et de ne pas contribuer à sa propre incrimination s'applique lors d'un interrogatoire de police. • CEDH 8 févr. 1996, *John Murray c/ Royaume-Uni,* n° 18721/91 § 45.

486. L'impossibilité pour les personnes appelées à comparaitre devant une commission d'enquête parlementaire d'invoquer le respect de ces droits pour éviter de répondre à des questions qui pourraient les conduire à s'auto-incriminer est en soi problématique au regard du présent art. • CEDH 19 mars 2015, *Corbet et a.,* n° 7494/11 § 33. ♦ Ce qui compte, c'est l'utilisation faite au cours du procès pénal des dépositions recueillies sous la contrainte ; si elles ont été utilisées d'une manière tendant à incriminer l'intéressé, il y a violation. • CEDH, gr. ch., 17 déc. 1996, *Saunders c/ Royaume-Uni,* n° 19187/91§ 71 et 72 • CEDH 19 mars 2015, *Corbet et a. c/ France,* n° 7494/11 § 36 (*a contrario*).

487. Sur l'application dans le cadre de commissions d'enquête parlementaires, V. Const. 58, ss. art. 51-2.

488. Conséquences du silence. S'il est manifestement incompatible avec les interdictions dont il s'agit de fonder une condamnation exclusivement ou essentiellement sur le silence du prévenu ou sur son refus de répondre à des questions ou de déposer, il est tout aussi évident pour la Cour que ces interdictions ne peuvent et ne sauraient empêcher de prendre en compte le silence de l'intéressé, dans des situations qui appellent assurément une explication de sa part, pour apprécier la force de persuasion des éléments à charge. • CEDH 8 févr. 1996, *Royaume-Uni,* n° 18721/91 § 47 • CEDH 25 janv. 2000, *Royaume-Uni,* n° 35718/97 § 56.

489. Moyennant des garanties adéquates, le silence d'un accusé dans des situations qui appellent manifestement une explication peut être pris en compte lorsqu'il s'agit d'apprécier la force des éléments à charge. Ainsi, il eût fallu indiquer au jury qu'il pouvait tirer des conclusions en défaveur des requérants seulement s'il avait la conviction que l'on pouvait raisonnablement attribuer le silence des requérants, lors des interrogatoires de police, au fait qu'ils n'avaient pas de réponse à fournir ou aucune qui résisterait à un contre-interrogatoire. Il est en effet impérieux de veiller à ce que le jury soit correctement informé de la manière dont il doit envisager la question du silence des requérants. • CEDH 25 janv. 2000, *Condron c/ Royaume-Uni,* n° 35718/97 § 61 et 62 • CEDH 8 oct. 2002, *Beckles c/ Royaume-Uni,* n° 44652/98 § 64.

g. Droit d'être présent à l'audience et de participer réellement à son procès

490. Principe. Quoique non mentionnée en termes exprès au présent paragraphe, la faculté pour l'« accusé » de prendre part à l'audience découle de l'objet et du but de l'ensemble de l'art. Du reste, les al. *c), d)* et *e)* du § 3 du présent art. reconnaissent à « tout accusé » le droit à « se défendre lui-même », « interroger ou faire interroger les témoins » et « se faire assister gratuitement d'un interprète, s'il ne comprend pas ou ne parle pas la langue employée à l'audience », ce qui ne se conçoit guère sans sa présence. • CEDH 22 janv. 1985, *Colozza c/ Italie,* n° 9024/80 § 27. ♦ Ce droit inclut encore celui d'entendre et suivre les débats. • CEDH 23 févr. 1994, *Stanford c/ Royaume-Uni,* n° 16757/90 § 26 • CEDH 5 oct. 2006, *Marcello Viola c/ Italie,* n° 45106/04 § 53 : *préc. note 393.*

491. La comparution d'un prévenu revêt une importance capitale dans l'intérêt d'un procès pénal équitable et juste en raison tant du droit de celui-ci à être entendu que de la nécessité de contrôler l'exactitude de ses affirmations et de les confronter avec les dires de la victime, dont il y a lieu de protéger les intérêts, ainsi que des témoins. Dès lors, le législateur doit pouvoir décourager les abstentions injustifiées. • CEDH 23 nov. 1993, *Poitrimol c/ France,* n° 14032/88 § 35 : *préc. note 11* • CEDH 22 sept. 1994, *Lala c/ Pays-Bas,* n° 14861/89 § 33. ♦ ... A condition que les sanctions ne se révèlent pas disproportionnées dans les circonstances de la cause et que l'accusé ne soit pas privé du droit à l'assistance d'un défenseur. • CEDH, gr. ch., 1er mars 2006, *Sejdovic c/ Italie,* n° 56581/00 § 92.

492. Il y a donc lieu, lorsque l'accusé a été absent à certaines audiences, seulement de vérifier si, par rapport à ces dernières, le refus du tribunal d'ajourner les débats était justifié, ou bien si les conditions de santé du requérant étaient d'une gravité telle qu'elles l'empêchaient de manière absolue d'exercer son droit de participer à son procès. • CEDH, décis., 12 févr. 2004, *De Lorenzo c/ Italie,* n° 69264/01. ♦ Le requérant – qui a été jugé par contumace et dont il n'a pas été démontré qu'il avait cherché à se soustraire à la justice ou qu'il avait renoncé de manière non équivoque au droit de comparaître – ne s'est pas vu offrir la possibilité d'obtenir qu'une juridiction statue à nouveau, après l'avoir entendu dans le respect des droits de la défense, sur le bien-fondé des accusations portées à son encontre. • CEDH, gr. ch., 1er mars 2006, *Sejdovic c/ Italie,* n° 56581/00 § 105.

493. Expulsion de la salle d'audience. S'il est essentiel pour une bonne administration de la justice que règnent dans le prétoire la dignité, l'ordre et la bienséance, qui sont les marques de la procédure judiciaire et si le mépris flagrant par un prévenu des règles élémentaires de bonne conduite ne peut ni ne doit être toléré, il convient néanmoins que le requérant soit avant tout rappelé à l'ordre ou qu'un bref ajournement soit prononcé afin de lui faire prendre conscience des conséquences auxquelles il s'exposerait s'il persistait dans son comportement et de lui permettre de se ressaisir, faute de quoi, malgré le comportement perturbateur du requérant, il n'est pas possible de conclure que celui-ci avait renoncé sans équivoque à son droit d'assister à son procès. • CEDH, gr. ch., 25 mai 2012, *Idalov c/ Russie,* n° 5826/03 § 178.

494. Mise en œuvre. En l'espèce, à aucun moment des six jours de débats le requérant n'essaya, lui-même ou par le truchement de ses défenseurs, d'informer le juge de ses difficultés d'audition. Or, malgré la perte minime de son due à l'écran de verre, les niveaux acoustiques du prétoire étaient satisfaisants. • CEDH 23 févr. 1994, *Stanford c/ Royaume-Uni,* n° 16757/90 § 27 et 29.

495. La Cour ne voit pas sur quel fondement et pourquoi un individu reconnu inapte à défendre ses intérêts civils et bénéficiant d'une assistance à cet effet ne disposerait pas également d'une assistance pour se défendre contre une accusation pénale dirigée contre lui. Dans l'espèce, s'agissant d'une accusation pénale grave, une bonne administration de la justice aurait exigé que les autorités nationales accomplissent des diligences supplémentaires. Elles auraient ainsi pu sommer le requérant à se rendre à la convocation en vue de l'examen psychiatrique ainsi qu'à comparaître à l'audience et, *à défaut, y faire assurer* sa représentation par son curateur ou par un avocat. Cela aurait permis au requérant de comprendre la procédure en cours et d'être informé d'une manière détaillée de la nature et de la cause de l'accusation portée contre lui. • CEDH 30 janv. 2001, *Vaudelle c/ France,* n° 35683/97 § 62 et 65 : *D. 2002. 353, note Gouttenoire-Cornut et Rubi-Cavagna.*

496. Monopole de la prise de parole. V. note 165.

497. Mineurs. Des mesures spéciales furent prises eu égard au jeune âge de T. et pour aider celui-ci à comprendre la procédure ; par exemple, il a bénéficié d'explications et a visité la salle d'audience au préalable, et les audiences ont été écourtées pour ne pas fatiguer excessivement les accusés. Toutefois, le formalisme et le rituel de la *Crown Court* ont dû par moment être incompréhensibles et intimidants pour un enfant de 11 ans. Le requérant affirme qu'en raison des conditions dans lesquelles il a été jugé, il n'a pas été à même de suivre le procès ou de prendre des décisions au mieux de ses intérêts. Il ne suffisait pas que le requérant fût représenté par des avocats compétents et expérimentés. En l'espèce, bien que les avocats fussent, comme le précise le Gouvernement, « assez près du requérant pour pouvoir communiquer avec lui en chuchotant », il est très peu probable que celui-ci se fût senti assez à l'aise, dans une salle où l'ambiance était tendue et où il était exposé aux regards scrutateurs de l'assistance, pour conférer avec ses conseils durant le procès, voire qu'il fût capable de coopérer avec eux hors du prétoire et de leur fournir des informations pour sa défense, vu son immaturité et le fait qu'il était bouleversé. • CEDH, gr. ch., 16 déc. 1999, *T. c/ Royaume-Uni,* n° 24724/94 § 85 à 88 : *préc. note 276.*

498. La Cour estime que, lorsqu'il est décidé de régler la situation d'un enfant tel que le requérant – qui risque de ne pas pouvoir participer réellement à la procédure en raison de son jeune âge et de capacités intellectuelles limitées – par le biais d'une procédure pénale plutôt que d'opter pour une autre solution visant avant tout à déterminer quels sont ses intérêts supérieurs et ceux de la communauté, il est essentiel que l'enfant soit jugé par une juridiction spécialisée capable de se montrer pleinement attentive aux handicaps dont il souffre, d'en tenir compte et d'adapter la procédure en conséquence. • CEDH 15 juin 2004, *S. C. c/ Royaume-Uni,* n° 60958/00 § 35.

499. Vidéoconférence. Si la participation de l'accusé aux débats par vidéoconférence n'est pas, en soi, contraire à la Conv. EDH, il appartient à la Cour de s'assurer que son application dans chaque cas d'espèce poursuit un but légitime et que ses modalités de déroulement sont compatibles avec les exigences du respect des droits de la défense. • CEDH 5 oct. 2006, *Marcello Viola c/ Italie,* n° 45106/04 § 67 : *préc. note 393.*

500. Condamnation par défaut ou contumace. L'impossibilité d'une procédure par contumace ou par défaut risque de paralyser l'exercice de l'action publique en entraînant, par exemple, l'altération des preuves, la prescription de l'infraction ou un déni de justice. Cela ne doit pourtant pas justifier une perte totale et irréparable du droit de participer à l'audience. Quand une législation nationale autorise le déroulement d'un procès nonobstant l'absence d'un « accusé », l'intéressé doit, par la suite, pouvoir obtenir qu'une juridiction statue à nouveau, après l'avoir entendu, sur le bien-fondé de l'accusation portée contre lui. • CEDH 22 janv. 1985, *Colozza c/ Italie*, n° 9024/80 § 29. ♦ Dès lors, si une procédure se déroulant en l'absence du prévenu n'est pas en soi incompatible avec le présent art., il en demeure néanmoins qu'un déni de justice est constitué lorsqu'un individu condamné *in absentia* ne peut obtenir ultérieurement qu'une juridiction statue à nouveau, après l'avoir entendu, sur le bien-fondé de l'accusation en fait comme en droit, alors qu'il n'est pas établi de manière non équivoque qu'il a renoncé à son droit à comparaître et à se défendre. • CEDH 18 mai 2004, *Somogyi c/ Italie*, n° 67972/01 § 66.

501. L'extradition du requérant vers les États-Unis serait donc susceptible de soulever un problème sous l'angle du présent art. s'il existait des motifs sérieux et avérés de croire qu'il ne pourrait obtenir la purge de la contumace dans cet État et qu'il y serait détenu en exécution de la peine prononcée en son absence. • CEDH, décis., 16 oct. 2001, *Einhorn c/ France*, n° 71555/01 § 33.

502. Appel et cassation. En première instance, la notion de procès équitable implique en principe la faculté, pour l'accusé, d'assister aux débats. En appel ou en cassation, il est possible d'admettre que le justiciable ne soit pas présent du fait des caractéristiques de la procédure dont il s'agit. Ainsi, les procédures d'autorisation d'appel, ou consacrées exclusivement à des points de droit et non de fait, peuvent remplir les exigences du présent art. même si la cour d'appel ou de cassation n'a pas donné au recourant la faculté de s'exprimer en personne devant elle. • CEDH 26 mai 1988, *Ekbatani c/ Suède*, n° 10563/83 § 31 : *JDI 1989. 815, obs. Rolland et Tavernier* • CEDH 19 déc. 1989, *Kamasinski c/ Autriche*, n° 9783/82 § 106 • CEDH 21 sept. 1993, *Kremzow c/ Autriche*, n° 12350/86 § 63 • CEDH, gr. ch., 26 juill. 2002, *Meftah et a. c/ France*, n° 32911/96 § 41 : *préc. note 164.*

503. En revanche, eu égard à la gravité de l'enjeu pour le requérant, à savoir sa réputation et sa carrière professionnelles, la Cour estime que la question de la culpabilité des prévenus ne pouvait bien se résoudre, aux fins *d'un procès équitable, sans une appréciation* directe par la cour d'appel des témoignages personnels de M. H. et des deux parties adverses, lesquelles se prétendaient innocentes. La Cour conclut à l'absence de toute particularité capable de justifier le refus au requérant du droit à être entendu en personne. • CEDH 29 oct. 1991, *Helmers c/ Suède*, n° 11826/85 § 38 et 39 • CEDH 21 sept. 1993, *Kremzow c/ Autriche*, n° 12350/86 § 67.

504. Il ne ressort pas de l'examen des faits que le requérant ait eu vent de l'ouverture de poursuites contre lui ; il était, sans plus, censé être au courant grâce aux notifications déposées au greffe du juge d'instruction puis du tribunal. En outre, les recherches menées pour le découvrir furent inadéquates : elles se limitèrent à la résidence où on l'avait déjà cherché en vain avant et au domicile indiqué dans les registres de l'état civil ; or on savait qu'il n'y habitait plus. Or, quand une législation nationale autorise le déroulement d'un procès nonobstant l'absence d'un « accusé » placé dans la situation du requérant, l'intéressé doit, une fois au courant des poursuites, pouvoir obtenir qu'une juridiction statue à nouveau, après l'avoir entendu, sur le bien-fondé de l'accusation portée contre lui. • CEDH 22 janv. 1985, *Colozza c/ Italie*, n° 9024/80 § 28.

505. Exceptions. Lorsque l'accusé se met lui-même dans une situation l'empêchant d'assister aux audiences (grève de la faim entraînant un état de santé incompatible avec la présence aux audiences), le procès peut se dérouler sans sa présence. • Comm. EDH 8 juill. 1978, *Ensslin, Baader et Raspe c/ Allemagne*, n° 7572/76.

506. Renonciation. La renonciation par un prévenu à sa présence au procès doit être sans équivoque. • CEDH 18 mai 2004, *Somogyi c/ Italie*, n° 67972/01 § 66. ♦ En l'occurrence, le requérant avait clairement manifesté la volonté de ne pas se rendre aux audiences d'appel, donc de ne pas se défendre lui-même. • CEDH 23 nov. 1993, *Poitrimol c/ France*, n° 14032/88 § 32 : *préc. note 11.*

507. La personne qui a renoncé à sa présence n'en conserve pas moins le droit de se faire représenté par son avocat. Le fait que l'accusé, bien que dûment assigné, ne comparaisse pas ne saurait – même à défaut d'excuse – justifier qu'il soit privé du droit à l'assistance d'un défenseur que lui reconnaît le § 3 du présent art. (violation du § 1 et du § 3 du présent art.). • CEDH 22 sept. 1994, *Pelladoah c/ Pays-Bas*, n° 16737/90 § 40 et 42.

508. Les autorités néerlandaises avaient demandé la collaboration des autorités italiennes, leur signalant par là même l'incarcération du requérant aux Pays-Bas. Or la justice italienne n'en tira pas les conséquences voulues quant à la procédure pendante à Milan contre F. C. B., attitude peu compatible avec la diligence que les États contractants doivent déployer pour assurer la jouissance effective des droits garantis par le présent art., et a jugé en son absence le prévenu (violation du § 1 et du § 3 du présent art.). • CEDH 28 août 1991, *F. C. B. c/ Italie*, n° 12151/86 § 33.

Art. 7 *Pas de peine sans loi.* **1. Nul ne peut être condamné pour une action ou une omission qui, au moment où elle a été commise, ne constituait pas une infraction d'après le droit national ou international. De même il n'est infligé aucune peine plus forte que celle qui était applicable au moment où l'infraction a été commise.**

2. Le présent article ne portera pas atteinte au jugement et à la punition d'une personne coupable d'une action ou d'une omission qui, au moment où elle a été commise, était criminelle d'après les principes généraux de droit reconnus par les nations civilisées.

COMMENTAIRE

V. sur le Code en ligne.

1. Le présent art., élément essentiel de la prééminence du droit, occupe une place primordiale dans le système de protection de la Conv. EDH, comme l'atteste le fait que son art. 15 n'y autorise aucune dérogation en temps de guerre ou autre danger public. Ainsi qu'il découle de son objet et de son but, on doit l'interpréter et l'appliquer de manière à assurer une protection effective contre les poursuites, les condamnations et sanctions arbitraires. • CEDH 22 nov. 1995, n° 20166/92 § 34 • CEDH, gr. ch., 21 oct. 2013, n° 42750/09 § 77.

V. pour d'autres décisions dans le même sens :.

2. Le présent art. ne se borne pas à prohiber l'application rétroactive du droit pénal au détriment de l'accusé. Il consacre aussi, de manière plus générale, le principe de la légalité des délits et des peines (*nullum crimen, nulla poena sine lege*) et celui qui commande de ne pas appliquer la loi pénale de manière extensive au détriment de l'accusé, notamment par analogie. • CEDH 25 mai 1993, *Kokkinakis c/ Grèce*, n° 14307/88 § 52 : *RSC 1994. 362, obs. Koering-Joulin ; AFDI 1994. 658, obs. Coussirat-Coustère ; JDI 1994. 790, obs. Decaux et Tavernier* • CEDH 22 nov. 1995, *S. W. c/ Royaume-Uni*, n° 20166/92 § 35 • CEDH 22 juin 2000, *Coëme c/ Belgique*, n° 32492/96 § 145 • CEDH, gr. ch., 12 févr. 2008, *Kafkaris c/ Chypre*, n° 21906/04 § 138 : *préc. note 1* • CEDH, gr. ch., 21 oct. 2013, *Del Rio Prada c/ Espagne*, n° 42750/09 § 77. ♦ V déjà • CEDH 10 juill. 2012, *Del Rio Prada c/ Espagne*, n° 42750/09 § 46 et 57 : *préc. note 1*.

3. « Droit de Nuremberg ». Il ressort des travaux préparatoires de la Conv. EDH que le § 2 du présent art. a pour but de préciser que cet art. n'affecte pas les lois qui, dans les circonstances tout à fait exceptionnelles qui se sont produites à l'issue de la deuxième guerre mondiale, ont été passées pour réprimer les crimes de guerre et les faits de trahison et de collaboration avec l'ennemi et ne vise à aucune condamnation juridique ou morale de ces lois. Elle estime que ce raisonnement vaut également pour les crimes contre l'humanité. En l'espèce, le requérant a été condamné non pour un crime de droit commun mais pour complicité de crime contre l'humanité, ce qui ressort clairement de la procédure diligentée contre le requérant et de l'arrêt de condamnation. Il s'ensuit que ce grief doit être rejeté comme étant manifestement mal fondé. • Comm. EDH 13 janv. 1997, *Touvier c/ France*, n° 29420/95 § 7 (en droit). ♦ Le § 2 du présent art. prévoit expressément que ledit article ne porte pas atteinte au jugement et à la punition d'une personne coupable d'une action ou d'une omission qui, au moment où elle a été commise, était criminelle d'après les principes généraux du droit reconnus par les nations civilisées, ce qui est le cas du crime contre l'humanité, dont l'imprescriptibilité a été consacrée par le Statut du tribunal international de Nuremberg annexé à l'accord interallié du 8 août 1945, et par une loi française, qui s'y réfère expressément pour disposer que les crimes contre l'humanité sont imprescriptibles. • CEDH, décis., 15 nov. 2001, *Papon c/ France*, n° 54210/00 § 5 (en droit) • CEDH, décis., 17 janv. 2006, *Kolk et Kislyiy c/ Estonie*, n° 23052/04.

4. Le paragraphe s'applique dès lors qu'il n'a pas été démontré qu'il était prévisible que les actes commis par le requérant constituaient des crimes contre l'humanité d'après le droit international. • CEDH, gr. ch., 19 sept. 2008, *Korbely c/ Hongrie*, n° 9174/02 § 95 : *RSC 2009. 193, obs. Roets ; RD publ. 2009. 907, obs. Sudre*.

5. A l'époque où ils ont été commis, les actes du requérant étaient constitutifs d'infractions définies avec suffisamment d'accessibilité et de prévisibilité par les lois et coutumes de la guerre. La Cour estime que la condamnation du requérant pour crimes de guerre n'a pas emporté violation de l'art. 7, § 1, de la Convention. Il n'y a donc pas lieu d'examiner cette condamnation sous l'angle de l'art. 7, § 2. • CEDH, gr. ch., 17 mai 2010, *Kononov c/ Lettonie*, n° 36376/04 § 244 à 246. ♦ ... Par le droit national ou international. • CEDH, décis., 10 avr. 2012, *Simsic c/ Bosnie-Herzégovine*, n° 51552/10 § 23.

6. Limites à la protection offerte par le 1er paragraphe du présent art. Une pratique étatique telle que celle de la RDA relative à la surveillance de la frontière, qui méconnaît de manière flagrante les droits fondamentaux et surtout le droit à la vie, valeur suprême dans l'échelle des droits de l'homme au plan international, ne saurait être protégée par le présent art. Cette pratique, qui a vidé de sa substance la législation sur laquelle elle était censée se fonder, et qui était imposée à tous les organes de l'État y compris ses organes judiciaires, ne saurait être qualifiée de « droit ». Ainsi les requérants qui, en tant que dirigeants de la RDA, avaient créé l'apparence de légalité émanant de l'ordre juridique de la RDA, puis ont mis en place ou poursuivi une pratique méconnaissant de manière flagrante les principes mêmes de cet ordre, ne sauraient se prévaloir de la protection du présent art. Raisonner autrement serait méconnaître l'objet et le but de cette disposition, qui veut que nul ne soit soumis à des poursuites, condamnations ou sanctions arbitraires. Eu égard à tous ces éléments, au moment où elles ont été commises, les actions des requérants constituaient des infractions définies avec suffisamment d'accessibilité et de prévisibilité par le droit de la RDA. • CEDH, gr. ch., 22 mars 2001, *Strelets, Kessler et Krens c/ Allemagne,* n° 34044/96 § 87 à 89 : *RSC 2001. 639, obs. Massias.*

7. Rôle de la Cour. La Cour n'a pas pour tâche de se substituer aux juridictions internes dans l'appréciation et la qualification juridique des faits, pourvu que celles-ci reposent sur une analyse raisonnable des éléments du dossier. Plus généralement, c'est au premier chef aux autorités nationales, notamment aux cours et aux tribunaux, qu'il appartient d'interpréter la législation interne. Le rôle de la CEDH se limite donc à vérifier la compatibilité avec la Conv. EDH des effets de pareille interprétation. • CEDH, gr. ch., 18 févr. 1999, *Waite et Kennedy c/ Allemagne,* n° 26083/94 § 54 • CEDH, gr. ch., 19 sept. 2008, *Korbely c/ Hongrie,* n° 9174/02 § 72-73 : *préc. note 4* • CEDH, gr. ch., 17 mai 2010, *Kononov c/ Lettonie,* n° 36376/04 § 197 : *préc. note 5* • CEDH, gr. ch., 27 janv. 2015, *Rohlena c/ Rép. Tchèque,* n° 59552/08 § 55.

A. NOTIONS DE PEINE ET D'INFRACTION

8. Principe. La notion de « peine » contenue au présent art. possède une portée autonome. • CEDH 9 févr. 1995, *Welch c/ Royaume-Uni,* n° 17440/90 § 27 • CEDH, gr. ch., 21 oct. 2013, *Del Rio Prada c/ Espagne,* n° 42750/09 § 77. ♦ *V. déjà.* • *CEDH 10 juill. 2012, Del Rio Prada c/ Espagne,* n° 42750/09 § 48 : *préc. note 1* . ♦ En effet, si les États contractants pouvaient à leur guise, en qualifiant une infraction d'« administrative » plutôt que de pénale, écarter le jeu des clauses fondamentales des art. 6 et 7, l'application de celles-ci se trouverait subordonnée à leur volonté souveraine. Une latitude aussi étendue risquerait de conduire à des résultats incompatibles avec l'objet et le but de la Conv. EDH. • CEDH 21 févr. 1984, *Ostürk c/ Allemagne,* n° 8544/79 § 49. ♦ Après avoir constaté que les amendes contestées ne peuvent s'analyser comme une peine dans le cadre du volet pénal de l'art. 6, la Cour juge d'emblée, dans un souci de cohérence de l'interprétation de la Convention considérée globalement, qu'elles ne peuvent constituer une « peine » au sens du présent article, confirmant ainsi que la notion de « peine » dispose de la même acception dans le cadre des deux stipulations. • CEDH, gr. ch., 22 déc. 2020, *Gestur Jonsson e. a. c/ Islande,* n° 68271/14 § 112.

9. Pour rendre efficace la protection ainsi offerte, la Cour doit demeurer libre d'aller au-delà des apparences et d'apprécier elle-même si une mesure particulière s'analyse au fond en une « peine » au sens de cette clause. • CEDH 9 févr. 1995, *Welch c/ Royaume-Uni,* n° 17440/90 § 27 • CEDH 8 juin 1995, *Jamil c/ France,* n° 15917/89 § 30 : *AJDA 1995, 727, chron. Flauss ; RSC 1996, 471, obs. Koering-Joulin ; JCP 1996. 22677, note Bourdeaux* • CEDH, gr. ch., 12 févr. 2008, *Kafkaris c/ Chypre,* n° 21906/04 § 142 : *préc. note 1* • CEDH, gr. ch., 21 oct. 2013, *Del Rio Prada c/ Espagne,* n° 42750/09 § 81. ♦ V. déjà. • CEDH 10 juill. 2012, *Del Rio Prada c/ Espagne,* n° 42750/09 § 48 : *préc. note 1.*

10. Le point de départ de toute appréciation de l'existence d'une peine consiste à déterminer si la mesure en question est imposée à la suite d'une condamnation pour une « infraction ». D'autres éléments peuvent être jugés pertinents à cet égard : la nature et le but de la mesure en cause, sa qualification en droit interne, les procédures associées à son adoption et à son exécution, ainsi que sa gravité. • CEDH 9 févr. 1995, *Welch c/ Royaume-Uni,* n° 17440/90 § 27 : *RSC 1996. 470, obs. Koering-Joulin* • CEDH 8 juin 1995, *Jamil c/ France,* n° 15917/89 § 31 : *préc. note 9* • CEDH, gr. ch., 12 févr. 2008, *Kafkaris c/ Chypre,* n° 21906/04 : *préc. note 1* • CEDH, gr. ch., 21 oct. 2013, *Del Rio Prada c/ Espagne,* n° 42750/09 § 82. ♦ V. déjà. • CEDH 10 juill. 2012, *Del Rio Prada c/ Espagne,* n° 42750/09 § 48 : *préc. note 1* • CEDH 16 sept. 2014, *Plechkov c/ Roumanie,* n° 1660/03 § 63 • CEDH 3 sept. 2015, *Berland c/ France,* n° 42875/10 § 37 : *D. 2015. 1896 ; ibid. 2465, obs. Roujou de Boubée, Garé, Ginestet, Gozzi et Mirabail ; AJ pénal 2015. 599, obs. Margaine.*

11. Même si le présent art. ne mentionne pas expressément le lien moral entre l'élément matériel de l'infraction et la personne qui en est considérée comme l'auteur, la logique de la peine et de la punition ainsi que la notion de « *guilty* » (dans la version anglaise) et la notion correspondante de « personne coupable » (dans la version française) vont dans le sens d'une interprétation qui exige, pour punir, un lien de nature intellectuelle (conscience et volonté) permettant de déceler un élément de responsabilité dans la conduite de l'auteur matériel de l'infraction. A défaut, la peine ne serait pas justifiée. Il serait par ailleurs incohérent, d'une part, d'exiger une base légale accessible et prévisible et, d'autre part, de permettre que l'on considère une personne comme « coupable » et la « punir » alors qu'elle n'était pas en mesure de connaître la loi pénale, en raison d'une erreur invincible ne pouvant en rien être imputée à celui ou celle qui en est victime. • CEDH 20 janv. 2009, *Sud Fondi Srl et a. c/ Italie,* n° 75909/01 § 116. ♦ La sanction pénale infligée au requérant, alors que l'infraction pénale était éteinte et que sa responsabilité n'a pas été consignée dans un jugement de condamnation, ne se concilie pas avec les principes de légalité pénale. • CEDH 29 oct. 2013, *Varvara c/ Italie,* n° 17475/09 § 72.

12. Mise en œuvre. Sont des peines au sens du présent art. : une ordonnance de confiscation. • CEDH 9 févr. 1995, n° 17440/90 § 35. ♦ ... La contrainte par corps qui, prononcée par la juridiction répressive et destinée à exercer un effet dissuasif, pouvait aboutir à une privation de liberté de caractère punitif. • CEDH 8 juin 1995, *Jamil c/ France,* n° 15917/89 § 32 : *préc. note 9* • CEDH 2 juill. 2002, *Göktan c/ France,* n° 33402/96 § 48. ♦ ... Une expulsion prononcée à titre de peine. • CEDH 15 déc. 2009, n° 16012/06 § 43 : *AJDA 2010. 997, chron. Flauss*. ♦ ... Un allongement de la période de sûreté. • CEDH 17 déc. 2009, n° 19359/04 § 135 : *D. 2010. 737, note Pradel ; AJ pénal 2010. 129, étude Leblois-Happe ; RSC 2010. 228, obs. Roets*. ♦ ... Une confiscation de bien pour sanctionner une infraction. • CEDH, décis., 30 août 2007, *Sud Fondi Srl et a. c/ Italie,* n° 75909/01 • CEDH, gr. ch., 28 juin 2018, *G.I.E.M. S.R.L. c/ Italie,* n° 1828/06 § 233 : *AJDA 2018. 1770, chron. Burgorgue-Larsen*.

13. Il en va de même de la détention de sûreté. Tout comme une peine d'emprisonnement, la détention de sûreté entraîne une privation de liberté. De plus, eu égard aux modalités d'exécution en pratique en Allemagne des ordonnances de placement en détention de sûreté par comparaison à celles des peines d'emprisonnement ordinaires, il est frappant de constater que les personnes en détention de sûreté sont incarcérées dans des prisons ordinaires, même si elles le sont dans des ailes séparées. Les modifications minimes dont elles bénéficient par rapport au régime de détention des détenus ordinaires purgeant leur peine, comme des privilèges tels que le droit de porter leurs propres vêtements et d'aménager leurs cellules plus confortablement, ne sauraient cacher qu'il n'existe aucune différence fondamentale entre l'exécution d'une peine d'emprisonnement et celle d'une ordonnance de placement en détention de sûreté. En témoigne aussi le fait que la loi sur l'exécution des peines contient très peu de dispositions consacrées expressément à l'exécution des ordonnances de placement en détention de sûreté et que, en dehors de celles-ci, ce sont celles relatives à l'exécution des peines d'emprisonnement qui s'appliquent *mutatis mutandis.* Eu égard à la situation que connaissent concrètement les personnes en détention de sûreté, la Cour estime que la détention de sûreté ne vise qu'un but purement préventif et nullement un but punitif. Elle note que seules peuvent être placées en détention de sûreté les personnes qui ont été condamnées à plusieurs reprises pour des infractions pénales d'une certaine gravité. Elle observe notamment qu'il ne semble exister aucun instrument, mesure ou établissement spécialisés, en dehors de ceux prévus pour les détenus ordinaires condamnés à de longues peines, qui soient destinés aux personnes se trouvant en détention de sûreté et visent à réduire le danger qu'elles représentent et ainsi à limiter la durée de leur détention à la période minimale strictement nécessaire pour les empêcher de commettre de nouvelles infractions. Enfin, quant à la gravité de la détention de sûreté – qui n'est pas un critère décisif en soi – la Cour observe qu'il s'agit d'une mesure qui ne connaît pas de limite de durée. En outre, l'octroi d'un sursis avec mise à l'épreuve est subordonné à un constat d'un tribunal selon lequel il ne subsiste pas de risque que le détenu commette de nouvelles infractions (graves), condition qui peut être difficile à remplir. Force est donc pour la Cour de constater que cette mesure paraît être l'une des plus graves – sinon la plus grave – de celles prévues par le code pénal allemand. Elle note à cet égard que le requérant a eu beaucoup plus à pâtir de la prolongation de sa détention de sûreté – dont la durée est à ce jour plus de trois fois supérieure à celle de la peine d'emprisonnement – que de la peine d'emprisonnement proprement dite. • CEDH 17 déc. 2009, *M. c/ Allemagne,* n° 19359/04 : *préc. note 12.*

14. Ne sont pas des peines au sens du présent art. : ... une interdiction définitive du territoire assimilée à une mesure de police. • Comm. EDH 26 févr. 1997, *Renna c/ France,* n° 32809/96 § 1 (en droit) • CE 24 mars 1977, *Errahali,* n° 162318. ♦ ... L'inscription sur un fichier automatisé d'auteur d'infraction et les obligations qui en découlent ne constituent pas une « peine » analysées comme une mesure préventive. • CEDH 17 déc. 2009, *B. c/ France,* n° 5335/06 § 46. • CEDH 17 déc. 2009,

Gardel c/ France, n° 16428/05 § 46. ♦ Comp. avec la détention de sûreté prévue en droit allemand (ordonnée après une condamnation pour tentative de meurtre et vol qualifié qui vise davantage un but punitif que préventif, ainsi qu'en attestent son exécution dans une prison ordinaire, l'absence de soins spécialisés pour réduire la dangerosité de la personne concernée, la durée illimitée de la détention, son prononcé par les tribunaux et son exécution déterminée par les tribunaux de l'application des peines). • CEDH 17 déc. 2009, *M. c/ Allemagne,* n° 19359/04 § 124 à 131 : *D. 2010. 737, note Pradel ; AJ pénal 2010. 129, étude Leblois-Happe ; RSC 2010. 228, obs. Roets .* ♦ … Une faillite prononcée par une autorité non répressive. • Comm. EDH 10 mars 1981, *X. c/ Belgique,* n° 8988/80. ♦ … La destitution qui peut frapper un chef d'État dans le cadre d'une procédure d'*impeachment*. • CEDH, gr. ch., 6 janv. 2011, *Paksas c/ Lituanie,* n° 34932/04 § 68. ♦ … L'hospitalisation d'office (C. pr. pén., art. 706-135) au motif « qu'il ressort des débats que les troubles mentaux [du requérant] compromettent la sûreté des personnes et nécessitent des soins au long cours et devant se dérouler dans un cadre hospitalier » et l'interdiction, pendant une durée de vingt ans, de rentrer en relation avec les parties civiles et de détenir ou porter une arme (mesures de sûreté de l'art. 706-136 C. pr. pén.). • CEDH 3 sept. 2015, *Berland c/ France,* n° 42875/10 § 46 : *préc. note 10.*

15. Lorsque la nature et le but d'une mesure concernent la remise d'une peine ou un changement dans le système de libération conditionnelle, cette mesure ne fait pas partie intégrante de la « peine ». • Comm. EDH 3 mars 1986, *Hogben c/ Royaume-Uni,* n° 11653/85 • CEDH 10 juill. 2003, *Grava c/ Italie,* n° 43522/98 § 51 • CEDH, gr. ch., 17 sept. 2009, *Scoppola c/ Italie (n° 2),* n° 10249/03 § 98 : *AJDA 2010. 997, chron. Flauss ; D. 2010. 2732, obs. Roujou de Boubée, Garé et Mirabail ; RSC 2010. 234, obs. Marguénaud ; RD publ. 2010. 871, obs. Gonzalez.* ♦ Cependant, la distinction entre les deux n'est peut-être pas toujours nette en pratique. • CEDH, gr. ch., 12 févr. 2008, *Kafkaris c/ Chypre,* n° 21906/04 § 142 : *préc. note 1* • CEDH 15 déc. 2009, *Gurguchiani c/ Espagne,* n° 16012/06 § 31 • CEDH, gr. ch., 21 oct. 2013, *Del Rio Prada c/ Espagne,* n° 42750/09 § 83. ♦ V. déjà. • CEDH 10 juill. 2012, *Del Rio Prada c/ Espagne,* n° 42750/09 § 48 : *préc. note 1.*

16. Évidemment un acquittement n'est pas une peine. • Comm. EDH 10 mars 1989, *Tomasi c/ France,* n° 13853/88.

17. Possibilité d'imposer des peines par des procédures autres que pénales. L'applicabilité du présent art. n'exclut pas la possibilité pour les autorités nationales d'imposer des « peines » à travers des procédures autres que des procédures pénales au sens du droit national. • CEDH, gr. ch., 28 juin 2018, *G.I.E.M. S.R.L. c/ Italie,* n° 1828/06 § 233 : *préc. note 12.* ♦ La déclaration de responsabilité pénale requise est souvent énoncée dans un jugement pénal condamnant formellement l'accusé, il ne faut pas pour autant y voir une règle obligatoire. Le respect du présent art ne requiert pas que tout litige relevant doive nécessairement être traité dans le cadre d'une procédure pénale au sens strict. En ce sens, l'applicabilité de cette disposition n'a pas pour effet d'imposer la « criminalisation » par les États de procédures que, dans l'exercice de leur pouvoir discrétionnaire, ils ne font pas relever du droit pénal au sens strict. • CEDH, gr. ch., 28 juin 2018, *G.I.E.M. S.R.L. c/ Italie,* n° 1828/06 § 233, 252 et 253 : *préc. note 12.*

B. QUALITÉ DE LA LOI

18. Notion de « droit » ou de « loi ». La notion de « droit » (« *law* ») utilisée au présent art. correspond à celle de « loi » qui figure dans d'autres art. de la Conv. EDH, notion qui englobe le droit écrit comme non écrit aussi bien que la jurisprudence et implique des conditions qualitatives, entre autres celles d'accessibilité et de prévisibilité. • CEDH 22 nov. 1995, *S. W. c/ Royaume-Uni,* n° 20166/92 § 35 • CEDH 16 sept. 2014, *Plechkov c/ Roumanie,* n° 1660/03 § 60 et 61. ♦ Pour plus de précisions, V. annotations ss. Préamb. Conv. EDH. ♦ On ne saurait interpréter le présent art. comme proscrivant la clarification graduelle des règles de la responsabilité pénale par l'interprétation judiciaire d'une affaire à l'autre, « à condition que le résultat soit cohérent avec la substance de l'infraction et raisonnablement prévisible ». • CEDH, gr. ch., 22 mars 2001, *Streletz, Kessler et Krenz c/ Allemagne,* n° 34044/96 § 50 : *RSC 2001. 639, obs. Massias .* ♦ La fonction de décision confiée aux juridictions sert précisément à dissiper les doutes qui pourraient subsister quant à l'interprétation des normes. • CEDH 6 oct. 2011, *Soros c/ France,* n° 50425/06 § 52 : *D. 2012. 199, obs. Bachelet ; ibid. 2011. 2823, obs. Roujou de Boubée, Garé, Mirabail et Potaszkin ; ibid. 2012. 1698, obs. Mascala ; AJ pénal 2012. 156, note Lasserre Capdeville ; Rev. sociétés 2012. 180, note Matsopoulou ; RSC 2012. 252, obs. Roets ; ibid. 580, obs. Stasiak .*

19. Technique de « législation par référence ». N'est pas en soi incompatible avec les exigences qualitatives du présent art. le recours à la technique de « législation par référence » par laquelle des dispositions de fond du droit pénal renvoient, pour définir les éléments constitutifs de telle ou telle infraction, à des dispositions juridiques ne relevant pas du droit pénal. • CEDH, gr. ch., avis,

29 mai 2020, n° P16-2019-001 § 74. ♦ Dans ce cadre, la lecture conjointe de la disposition de droit pénal (norme référente) et de la disposition ne relevant pas du droit pénal à laquelle la première renvoie (norme référée) doit permettre à la personne concernée de déterminer, en s'entourant au besoin de conseils éclairés, quel comportement est propre à engager sa responsabilité pénale, et ce y compris lorsque la norme référée dispose, par rapport à la norme référente, d'un rang hiérarchique et/ou d'un degré d'abstraction plus élevés. • CEDH, gr. ch., avis, 29 mai 2020, n° P16-2019-001 § 74. ♦ La norme référée ne doit au surplus pas étendre la portée de l'incrimination telle qu'elle est définie par la norme référente. • CEDH, gr. ch., avis, 29 mai 2020, n° P16-2019-001 § 74. ♦ La Cour estime que, dans le cadre de cette technique, la manière la plus efficace de garantir la clarté et la prévisibilité d'une incrimination est de faire en sorte que la référence soit explicite et que la norme référente définisse les éléments constitutifs de l'infraction. • CEDH, gr. ch., avis, 29 mai 2020, n° P16-2019-001 § 74.

1° LA LOI DOIT ÊTRE CLAIRE

a. Définition claire

20. Une infraction doit être clairement définie par la loi. Cette condition se trouve remplie lorsque l'individu peut savoir, à partir du libellé de la clause pertinente et, au besoin, à l'aide de son interprétation par les tribunaux, quels actes et omissions engagent sa responsabilité. • CEDH 25 mai 1993, *Kokkinakis c/ Grèce,* n° 14307/88 § 52 : *préc. note 2* • CEDH 22 nov. 1995, *S. W. c/ Royaume-Uni,* n° 20166/92 § 35 • CEDH 22 juin 2000, *Coëme c/ Belgique,* n° 32492/96 § 145. • CEDH, gr. ch., 29 mars 2006, *Achour c/ France,* n° 67335/01 § 41 : *préc. note 1.* • CEDH 11 avr. 2013, *Vyerentsov c/ Ukraine,* n° 20372/11 § 67. ♦ Il en va de même des peines. • CEDH, décis., 11 avr. 2006, *Kafkaris c/ Chypre,* n° 21906/04 • CEDH, gr. ch., 21 oct. 2013, *Del Rio Prada c/ Espagne,* n° 42750/09 § 79. ♦ V. déjà. • CEDH 10 juill. 2012, *Del Rio Prada c/ Espagne, n° 42750/09 § 46 : préc. note 1.* ♦ La Cour doit rechercher si la condamnation du requérant repose sur une base suffisamment claire. • CEDH, gr. ch., 17 mai 2010, *Kononov c/ Lettonie,* n° 36376/04 § 199 : *préc. note 5* • CEDH, gr. ch., 27 janv. 2015, *Rohlena c/ Rép. Tchèque,* n° 59552/08 § 53 : *préc. note 8.* ♦ Ceci peut conduire la Cour à rechercher si au regard du droit international tel qu'il se présentait à l'époque, la condamnation du requérant reposait sur une base suffisamment claire. • CEDH, gr. ch., 20 oct. 2015, *Vasiliauskas c/ Lituanie,* n° 35343/05 § 162.

b. Interprétation jurisprudentielle

21. Utilité de la jurisprudence. En raison même du principe de généralité des lois, le libellé de celles-ci ne peut présenter une précision absolue. L'une des techniques types de réglementation consiste à recourir à des catégories générales plutôt qu'à des listes exhaustives. Aussi de nombreuses lois se servent-elles par la force des choses de formules plus ou moins floues, afin d'éviter une rigidité excessive et de pouvoir s'adapter aux changements de situation. L'interprétation et l'application de pareils textes dépendent de la pratique. • CEDH 15 nov. 1996, *Cantoni c/ France,* n° 17862/91 § 31 : *D. 1997. 202, obs. Henry ; RSC 1997. 462, obs. Koering-Joulin ; JCP 1997. I. 4000, chron. Sudre* • CEDH, gr. ch., 12 févr. 2008, *Kafkaris,* n° 21906/04 § 141 • CEDH 6 oct. 2011, *Soros c/ France,* n° 50425/06 § 51 : *préc. note 18.*

22. En effet, aussi clair que le libellé d'une disposition légale puisse être, dans quelque système juridique que ce soit, y compris le droit pénal, il existe immanquablement un élément d'interprétation judiciaire. Il faudra toujours élucider les points douteux et s'adapter aux changements de situation. D'ailleurs, il est solidement établi dans la tradition juridique du Royaume-Uni comme des autres États parties à la Convention que la jurisprudence, en tant que source du droit, contribue nécessairement à l'évolution progressive du droit pénal. On ne saurait interpréter le présent art. comme proscrivant la clarification graduelle des règles de la responsabilité pénale par l'interprétation judiciaire d'une affaire à l'autre, à condition que le résultat soit cohérent avec la substance de l'infraction et raisonnablement prévisible. • CEDH 22 nov. 1995, *C. R. c/ Royaume-Uni,* n° 20190/92 § 34 • CEDH 22 nov. 1995, *S. W. c/ Royaume-Uni,* n° 20166/92 § 36. ♦ En outre, la certitude, bien que hautement souhaitable, s'accompagne parfois d'une rigidité excessive ; or le droit doit savoir s'adapter aux changements de situation. On ne saurait interpréter le présent art. comme proscrivant la clarification graduelle des règles de la responsabilité pénale par l'interprétation judiciaire d'une affaire à l'autre, « à condition que le résultat soit cohérent avec la substance de l'infraction et raisonnablement prévisible ». • CEDH, gr. ch., 12 févr. 2008, *Kaflaris,* n° 21906/04 § 141 : *préc. note 1* • CEDH, gr. ch., 21 oct. 2013, *Del Rio Prada c/ Espagne,* n° 42750/09 § 93. ♦ V. déjà. • CEDH 10 juill. 2012, *Del Rio Prada c/ Espagne,* n° 42750/09 § 47 : *préc. note 1.*

23. Limite à l'interprétation jurisprudentielle. Comme corollaire du principe de la légalité des condamnations, les dispositions de droit pénal sont soumises au principe d'interprétation stricte. • CEDH 24 mai 2007, *Dragotoniu et Militaru-Pidhorni c/ Roumanie,* n° 77193/01 § 40 : *RSC 2008. 140, obs. Roets*. ♦ Par ailleurs, la loi pénale de ne pas être interprétée de manière extensive au détriment de l'accusé, notamment par analogie. • CEDH 8 juill. 1999, *Baskaya et Okcuoglu c/ Turquie,* n° 23536/94 § 42. ♦ V. également note 1.

24. Le juge peut préciser les éléments constitutifs d'une infraction mais non les modifier, de manière substantielle, au détriment de l'accusé. S'il n'y a rien à objecter à ce que les éléments constitutifs existants de l'infraction soient précisés et adaptés à des circonstances nouvelles pouvant raisonnablement entrer dans la conception originelle de l'infraction, en revanche, il est exclu qu'un acte qui n'était pas jusqu'alors punissable se voie attribuer par les tribunaux un caractère pénal ou que la définition d'infractions existantes soit élargie de façon à englober des faits qui ne constituaient pas jusqu'alors une infraction pénale. • Comm. EDH 4 mars 1985, *Enkelmann c/ Suisse,* n° 10505/83.

25. Il va de soi que, si la loi est claire et qu'elle est encore précisée par une interprétation claire, les conditions fixées par le présent art. sont remplies. • CEDH, gr. ch., 27 janv. 2015, *Rohlena c/ Rép. tchèque,* n° 59552/08 § 53 : *préc. note 8.*

2° LA LOI DOIT ÊTRE PRÉVISIBLE ET ACCESSIBLE

26. Principe. Le justiciable doit pouvoir comprendre, à partir du libellé de la disposition pertinente et, au besoin, à l'aide de son interprétation par les tribunaux, quels actes et omissions engagent sa responsabilité pénale. • CEDH 25 mai 1993, *Kokkinakis c/ Grèce,* n° 14307/88 § 52 : *préc. note 2* • CEDH 22 nov. 1995, *S. W. c/ Royaume-Uni,* n° 20166/92 § 35 • CEDH 22 juin 2000, *Coëme c/ Belgique,* n° 32492/96 § 145 • CEDH, gr. ch., 29 mars 2006, *Achour c/ France,* n° 67335/01 § 41 : *préc. note 1.*

27. La portée des notions de prévisibilité et d'accessibilité dépend dans une large mesure du contenu du texte en cause, du domaine qu'il couvre ainsi que du nombre et de la qualité de ses destinataires. • CEDH 28 mars 1990, *Groppera Radio AG et a. c/ Suisse,* n° 10890/84 § 68 • CEDH 25 mai 1993, *Kokkinakis c/ Grèce,* n° 14307/88 § 40 : *préc. note 2* • CEDH 6 oct. 2011, *Soros c/ France, n° 50425/06 § 53 : préc. note 18.* ♦ La prévisibilité de la loi ne s'oppose pas à ce que la personne concernée soit amenée à recourir à des conseils éclairés pour évaluer, à un degré raisonnable dans les circonstances de la cause, les conséquences pouvant résulter d'un acte déterminé. • CEDH 25 févr. 1992, *Margareta et Roger Andersson c/ Suède,* n° 12963/87 § 75 (dans le cadre de l'art. 8 Conv. EDH) • CEDH 13 juill. 1995, *Tolstoy Miloslavsky c/ Royaume-Uni,* n° 18139/91 § 37 (dans le cadre de l'art. 10 Conv. EDH) • CEDH 6 oct. 2011, *Soros c/ France,* n° 50425/06 § 53 : *préc. note 18.* ♦ Il en va spécialement ainsi des professionnels, habitués à devoir faire preuve d'une grande prudence dans l'exercice de leur métier. Aussi peut-on attendre d'eux qu'ils mettent un soin particulier à évaluer les risques qu'il comporte. • CEDH 6 oct. 2011, *Soros c/ France,* n° 50425/06 § 53 : *préc. note 18.* ♦ V. déjà • CEDH 22 juin 1993, *Melin c/ France,* n° 12914/87 § 24.

28. Prévisibilité. En l'occurrence, les dispositions litigieuses du droit international des télécommunications présentaient un aspect fort technique et complexe ; de plus, elles s'adressaient au premier chef à des spécialistes qui, grâce aux indications fournies par le Recueil officiel, savaient comment se les procurer. On pouvait donc attendre d'une société commerciale désireuse d'exercer une activité transfrontière de radiodiffusion qu'elle cherchât, au besoin avec l'aide de conseils, à se renseigner de manière complète sur les règles applicables en Suisse. En outre, on ne saurait dire que les divers textes examinés plus haut manquaient de la clarté et de la précision voulues. Bref, les normes en question étaient propres à permettre aux requérants et à leurs conseils de régler leur conduite en la matière. • CEDH 28 mars 1990, *Groppera Radio AG et a. c/ Suisse,* n° 10890/84 § 68.

29. La jurisprudence de la Cour de cassation règle depuis longtemps la question de savoir si une loi nouvelle allongeant le délai entre les deux termes de la récidive peut s'appliquer à une seconde infraction commise postérieurement à son entrée en vigueur. En effet, par une jurisprudence claire et constante depuis la fin du XIXe siècle, ce qui n'est pas contesté par le requérant, la chambre criminelle de la Cour de cassation décide que, lorsqu'une loi institue un nouveau régime de la récidive, il suffit, pour entraîner son application immédiate, que l'infraction constitutive du second terme soit postérieure à son entrée en vigueur. Une telle jurisprudence était à l'évidence de nature à permettre à A. de régler sa conduite. • CEDH, gr. ch., 29 mars 2006, *Achour c/ France,* n° 67335/01 § 52 : *préc. note 1.*

30. Si la L. du 29 juill. 1881 ne renvoie pas explicitement à la provocation à la discrimination économique, les requérants pouvaient savoir, en l'état de la jurisprudence de la Cour de cassation à l'époque des faits de leur cause, qu'ils risquaient d'être condamnés sur le fondement de cette loi en raison de l'appel à boycott des produits d'importés d'Israël qu'ils ont proférés. • CEDH 11 juin 2020, *France,* n° 15271/16 § 40 : *AJDA 2020. 1844, chron. Burgorgue-Larsen ; D. 2020. 1657, note Duhamel et Poissonnier ; AJ pénal 2020. 412, obs. Poissonnier ; Légipresse 2020. 340 ; ibid. 485, étude Lécuyer ; ibid. 490, étude Crédeville ; RSC 2020. 753, obs. Roets .*

31. Il ne s'agit pas, en l'occurrence, d'un changement intempestif dans la jurisprudence du Tribunal suprême sur l'interprétation des délais de prescription, mais de l'application de la jurisprudence déjà existante à un nouveau concept de collectivité qui n'avait pas encore été identifié par la jurisprudence précédente. Le Tribunal suprême a, par conséquent, estimé que, dans un cas comme la présente espèce, la procédure était déjà dirigée contre le coupable lorsque la plainte admise pour enquête ou la procédure initiée d'office se dirigeaient contre la collectivité, et cela bien qu'il n'existât pas de désignation nominative ou individuelle des responsables criminels. Cette interprétation n'est pas contraire à la jurisprudence précédente, mais se limite à donner une réponse précise à une situation spécifique différente de celles pour lesquelles elle avait été établie. • CEDH, décis., 2 mai 2007, *Saiz Oceja c/ Espagne*, n° 74182/02.

32. L'interprétation faite par les juridictions nationales de la notion de génocide est cohérente avec la substance de cette infraction et était raisonnablement prévisible au moment des faits. Ces conditions réunies, il appartenait aux juges allemands de décider de l'interprétation de la notion de génocide qu'ils souhaitaient adopter en droit interne. • CEDH 12 juill. 2007, *Jorgic c/ Allemange*, n° 74613/01 § 114 : *JCP 2008. I. 110, chron. Sudre.*

33. Le caractère inédit, au regard notamment de la jurisprudence, de la question juridique posée ne constitue pas en soi une atteinte aux exigences d'accessibilité et de prévisibilité de la loi, dès lors que la solution retenue faisait partie des interprétations possibles et raisonnablement prévisibles. • CEDH 1er sept. 2016, n° 48158/11 § 61 : *D. 2016. 1816 ; AJ pénal 2016. 590, obs. Boursier ; Rev. sociétés 2017. 51, obs. Conac ; RSC 2017. 527, obs. Brigant .* ♦ Quel que soit le niveau de développement de la jurisprudence interne à l'époque des faits, la Cour note que le requérant était un « investisseur institutionnel », familier du monde des affaires et habitué à être contacté pour participer à des projets financiers de grande envergure. Compte tenu de son statut et de son expérience, il ne pouvait ignorer que sa décision d'investir dans les titres de la banque S. pouvait le faire tomber sous le coup du délit d'initié. Ainsi, sachant qu'il n'existait aucun précédent comparable, il aurait dû faire preuve d'une prudence accrue lorsqu'il a décidé d'investir sur les titres de la banque S. • CEDH 6 oct. 2011, *Soros c/ France*, n° 50425/06 § 53 : *préc. note 18.*

34. Non-prévisibilité. Même en tant que professionnel qui pouvait s'entourer de conseils de juristes, il était difficile, voire impossible, pour le requérant de prévoir le revirement de jurisprudence de la Cour de cassation et donc de savoir que, au moment où il les a commis, ses actes pouvaient entraîner une sanction pénale. • CEDH 10 oct. 2006, *Pessino c/ France*, n° 40403/02 § 36 : *D. 2007. 124, note Roets ; JCP 2007. 10092, note Zenouki-Cottin.* ♦ L'interprétation retenue par le tribunal départemental et la cour d'appel ne s'appuyait sur aucune jurisprudence interne établie. • CEDH 16 sept. 2014, *Plechkov c/ Roumanie*, n° 1660/03 § 73. ♦ Il n'existe pas de base suffisamment solide pour conclure que la Convention des Nations unies de 1948 pour la prévention et la répression du crime de génocide ou le droit international coutumier applicable en 1953 incluait les « groupes politiques » parmi ceux relevant de la définition du génocide. • CEDH, gr. ch., 20 oct. 2015, *Vasiliauskas c/Lituanie*, n° 35343/05 § 162.

35. Il n'est pas contesté que, dans son jugement, l'*Audiencia Provincial* de Madrid, tout en reconnaissant le requérant coupable du délit d'atteinte à la santé publique, apprécia également la circonstance atténuante d'altération des capacités mentales ; la juridiction du fond n'a pas pris en compte la circonstance atténuante constatée dans la fixation de la peine d'emprisonnement. Dès lors que le Gouvernement admet qu'il s'agit d'une erreur, l'exigence de la sécurité juridique inhérente au principe de la légalité commandait, pour le moins, une rectification du *quantum* de la peine prononcée. • CEDH 22 juill. 2003, *Gabarri Moreno c/ Espagne*, n° 68066/01 § 28 à 30 et 33 : *RSC 2004. 166, obs. Massias .*

36. Revirement de jurisprudence (y compris par la CEDH elle-même). L'abandon de l'idée inacceptable qu'un mari ne pourrait être poursuivi pour le viol de sa femme était conforme non seulement à une notion civilisée du mariage mais encore et surtout aux objectifs fondamentaux de la Convention dont l'essence même est le respect de la dignité et de la liberté humaines. De plus, l'interprétation jurisprudentielle opérait une évolution manifeste, cohérente avec la substance même de l'infraction, du droit pénal qui tendait à traiter d'une manière générale pareille conduite comme relevant de l'infraction de viol. Cette évolution était telle que la reconnaissance judiciaire de l'absence d'immunité constituait désormais une étape raisonnablement prévisible de la loi. • CEDH 22 nov. 1995, *S. W. c/ Royaume-Uni*, n° 20166/92 § 43 et 44 • CEDH 22 nov. 1995, *C. R. c/ Royaume-Uni*, n° 20190/92 § 43 et 44.

37. Critère de comparaison des lois pénales dans le temps. Aux fins du présent art., en vue donc de déterminer si une loi adoptée après la commission des faits allégués est plus ou moins favorable à l'accusé que celle qui était en vigueur au moment de ceux-ci, il doit être fait appel, non pas à une comparaison *in abstracto*, mais au principe de concrétisation prenant en considération les circonstances particulières de l'espèce, et ce tant en ce qui concerne l'étendue de la peine encourue que la définition de l'infraction. • CEDH, gr. ch., avis, 29 mai 2020, n° P16-2019-001 § 88 et 90.

3° LA LOI PÉNALE NE DOIT PAS ÊTRE RÉTROACTIVE

38. Hypothèses de rétroactivité. A l'époque où le requérant a commis l'infraction, le droit chypriote pertinent pris dans son ensemble n'était pas formulé avec suffisamment de précision pour permettre au requérant de discerner, à un degré raisonnable dans les circonstances, fût-ce en s'entourant au besoin de conseils éclairés, la portée de la peine de réclusion à perpétuité et les modalités de son exécution. Il y a donc eu violation de l'art. 7 de la Conv. à cet égard. • CEDH, gr. ch., 12 févr. 2008, *Kafkaris c/ Chypre,* n° 21906/04 § 150 : *préc. note 1.* ♦ A l'époque où le requérant a commis son infraction, il découlait de l'ordonnance de placement en détention de sûreté émise par la juridiction de jugement, combinée avec l'art. 67 *d*, § 1, C. pén. alors en vigueur, que le requérant ne pouvait être maintenu en détention de sûreté au-delà d'une limite de 10 ans. La prolongation de la détention de sûreté du requérant par les tribunaux de l'exécution des peines à la suite de l'amendement de l'art. 67 *d* C. pén. ne concerne donc pas seulement l'exécution de la peine (détention de sûreté de 10 ans au maximum) infligée au requérant conformément à la loi applicable au moment de la commission de l'infraction. Il s'agit au contraire d'une peine supplémentaire qui a été prononcée contre lui rétroactivement, en vertu d'une loi entrée en vigueur après que le requérant eut commis une infraction. • CEDH 17 déc. 2009, *M. c/ Allemagne,* n° 19359/04 § 135 : *préc. note 12.* ♦ A l'époque où la requérante a commis les infractions, mais aussi au moment où la décision sur le cumul des peines a été prononcée, le droit espagnol pertinent pris dans son ensemble, y compris le droit jurisprudentiel, était formulé avec suffisamment de précision pour permettre *à la requérante de discerner, à un degré raisonnable* dans les circonstances, la portée de la peine infligée et les modalités de son exécution. La nouvelle interprétation du Tribunal suprême, telle qu'appliquée au cas d'espèce, a abouti à allonger rétroactivement la peine que la requérante devait purger de presque neuf ans, dans la mesure où les remises de peine pour travail dont elle aurait pu bénéficier sont devenues complètement inopérantes, compte tenu de la durée des peines auxquelles elle avait été condamnée. La Cour estime que le nouveau mode de calcul des remises de peine applicables, sur la base du revirement jurisprudentiel opéré par le Tribunal suprême, ne concernait pas seulement l'exécution de la peine infligée à la requérante. Il s'agissait d'une mesure qui a eu également un impact décisif sur la portée de la « peine » infligée à la requérante, aboutissant en pratique à l'allongement de presque neuf ans de la peine à purger. Dès lors que le manque de jurisprudence préalable au revirement du Tribunal suprême conduit le Gouvernement lui-même à admettre que la pratique pénitentiaire et judiciaire préexistante allait jusque-là dans le sens le plus favorable à la requérante, la Cour estime qu'il était difficile, voire impossible, pour la requérante de prévoir ce revirement et donc de savoir, à l'époque des faits, ainsi qu'au moment où toutes ses peines ont été cumulées, que le calcul des remises de peine serait fait sur la base de chacune des peines individuellement imposées et non sur celle de la peine totale à purger, allongeant ainsi substantiellement la durée de son emprisonnement. • CEDH, gr. ch., 21 oct. 2013, *Del Rio Prada c/ Espagne,* n° 42750/09 § 111 s. ♦ V. déjà. • CEDH 10 juill. 2012, *Del Rio Prada c/ Espagne,* n° 42750/09 § 55 s. : *préc. note 1.*

39. La disposition en cause impose, dans sa nouvelle version, l'expulsion de la personne condamnée et l'interdiction de retour pour une durée de 10 ans, peine bien plus sévère que celle prévue par l'ancienne version de la même disposition du C. pén., qui prévoyait l'expulsion et une interdiction de territoire de 3 à 10 ans, selon le critère du juge. Il y a eu violation du présent art. en ce que le requérant s'est vu infliger une peine plus lourde que celle qu'il encourait pour l'infraction dont il a été reconnu coupable. • CEDH 15 déc. 2009, *Gurguchiani c/ Espagne,* n° 16012/06 § 43 et 44 : *préc. note 12.*

40. L'infraction dont les requérants étaient accusés doit être considérée comme une infraction continue qui, par définition, est un type d'infraction commis sur une certaine période. Lorsqu'une personne est accusée d'une infraction continue, le principe de la sécurité juridique commande que les actes constitutifs de cette infraction, qui mettent en jeu la responsabilité pénale de l'intéressé, soient clairement énoncés dans l'acte d'accusation. En outre, la décision rendue par la juridiction interne doit elle aussi bien préciser que le verdict de culpabilité et la peine reposent sur le constat que l'accusation a établi l'existence des éléments constitutifs d'une infraction continue. Or les éléments de preuve d'une infraction continue sont en contradiction avec les termes mêmes de l'acte d'accusation, qui portait sur les années visées seulement. Les requérants ont préparé leur défense compte tenu des infractions telles qu'elles se trouvaient précisées dans l'acte d'accusation et de la peine qu'ils encouraient s'ils étaient reconnus coupables. Dès lors, les requérants se sont vu infliger en vertu de la loi de 1991 une peine plus lourde que celle qu'ils encouraient à l'époque où l'infraction dont ils ont été reconnus coupables a été commise. • CEDH 27 févr. 2001, *Ecer et Zeyrek c/ Turquie*, n° 29295/95 § 33, 35 et 36.

41. Absence de rétroactivité. La prolongation du délai de prescription et son application immédiate par la Cour de cassation ont, certes, eu pour effet d'étendre le délai durant lequel les faits pouvaient être poursuivis et ont été défavorables pour les requérants, en déjouant notamment leurs attentes. Pareille situation n'entraîne cependant pas une atteinte aux droits garantis par le présent art. car on ne peut interpréter cette disposition comme empêchant, par l'effet de l'application immédiate d'une loi de procédure, un allongement des délais de prescription lorsque les faits reprochés n'ont jamais été prescrits. • CEDH 22 juin 2000, *Coëme c/ Belgique*, n° 32492/96 § 149.

42. La peine infligée au requérant n'a pas dépassé le maximum encouru aux termes des dispositions de l'ancien art. 303 C. pén. applicable à l'époque des faits. Quant aux dispositions du C. pén. entrées en vigueur le 1er mars 1994, elles constituent une évolution du C. pén. entraînant non pas l'apparition d'une nouvelle infraction, mais un aménagement législatif concernant des comportements qui étaient déjà expressément visés et réprimés par l'ancien C. pén. Force est de constater que la peine plus forte encourue au regard de l'art. 222-1 C. pén. n'a pas été appliquée au requérant en l'espèce. Il ne saurait donc y avoir un quelconque problème de rétroactivité. Eu égard à tout ce qui précède, la Cour estime que, au moment où elles ont été commises, les actions du requérant constituaient des infractions définies avec suffisamment d'accessibilité et de prévisibilité d'après le droit français et le droit international, et que le requérant pouvait raisonnablement, au besoin à l'aide d'un avis juridique éclairé, prévoir le risque d'être poursuivi et condamné pour les actes de torture qu'il a commis entre 1990 et 1991. • CEDH, décis., 17 mars 2009, *Ould Dah c/ France*, n° 13113/03 : *D. 2009. 1573, note Renucci ; ibid. 2825, obs. Roujou de Boubée, Garé et Mirabail ; RSC 2009. 659, obs. Roets .*

43. Dès lors que l'appréciation sous l'angle de la nouvelle loi de faits antérieurs à l'entrée en vigueur de celle-ci n'a pas entraîné la fixation d'un châtiment désavantageux pour le requérant qui ne s'est vu imposer qu'une peine dont il était de toute manière passible à raison des faits commis par lui après l'entrée en vigueur de la nouvelle loi, la loi pénale n'a pas été appliquée de manière rétroactive. • CEDH, gr. ch., 27 janv. 2015, *Rohlena c/ Rép. Tchèque*, n° 59552/08 § 68 et 70 : *préc. note 8.*

44. Certes, les juges internes ont tenu compte de la condamnation prononcée en 1984, constitutive du premier terme, pour retenir la récidive. Néanmoins, la prise en considération rétrospective de la situation pénale antérieure du requérant par les juges du fond, rendue possible par l'inscription au casier judiciaire de la condamnation de 1984, n'est pas contraire aux dispositions du présent art., les faits poursuivis et sanctionnés étant quant à eux effectivement apparus après l'entrée en vigueur de l'art. 132-9 du nouveau C. pén. En tout état de cause, une telle démarche rétrospective se distingue de la notion de rétroactivité *stricto sensu*. • CEDH, gr. ch., 29 mars 2006, *Achour c/ France*, n° 67335/01 § 59 : *préc. note 1.*

45. Il importe peu que les peines prononcées s'inscrivent aussi bien dans la fourchette prévue par le code pénal antérieur que dans celle prévue par le code pénal en vigueur ; il y a eu violation du présent art. non pas car des peines plus légères auraient dû être imposées, mais simplement parce que pour ce qui est de la fixation des peines ce sont les dispositions du code antérieur qui auraient dû être appliquées aux requérants. • CEDH, décis., 10 avr. 2012, *Simsic c/ Bosnie-Herzégovine*, n° 51552/10 § 76.

46. Rétroactivité in mitius. Il est cohérent avec le principe de la prééminence du droit de s'attendre que le juge du fond applique à chaque acte punissable la peine que le législateur estime proportionnée. Infliger une peine plus forte pour la seule raison qu'elle était prévue au moment de la commission de l'infraction s'analyserait en une application au détriment de l'accusé des règles régissant la succession des lois pénales dans le temps. Cela équivaudrait en outre à ignorer tout changement législatif favorable à l'accusé intervenu avant le jugement et à continuer à infliger des peines que l'État et la collectivité, qu'il représente, considèrent désormais comme excessives. La Cour note que l'obligation d'appliquer, parmi plusieurs lois pénales, celle dont les dispositions sont les plus favorables à l'accusé, s'analyse en une clarification des règles en matière de succession des lois pénales, ce qui satisfait la prévisibilité des sanctions. • CEDH, gr. ch., 17 sept. 2009, *Scoppola c/ Italie (n° 2)*, n° 10249/03 § 108 : *préc. note 15.* ♦ V. déjà : les faits reprochés au requérant tombent aussi sous le coup de la loi nouvelle. Partant du principe de l'application de la loi plus douce tant pour l'incrimination que pour la répression, les juridictions nationales ont appliqué une disposition qui correctionnalise l'infraction reprochée à G., autrefois de nature criminelle. Son application, certes rétroactive, a donc été favorable au requérant. • CEDH 27 sept. 1995, *G. c/ France*, n° 15312/89 § 26 : *JDI 1996. 249, obs. Tavernier.*

Art. 8 *Droit au respect de la vie privée et familiale.* **1. Toute personne a droit au respect de sa vie privée et familiale, de son domicile et de sa correspondance.**

2. Il ne peut y avoir ingérence d'une autorité publique dans l'exercice de ce droit que pour autant que cette ingérence est prévue par la loi et qu'elle constitue une mesure qui, dans une société démocratique, est nécessaire à la sécurité nationale, à la sûreté publique, au bien-être économique du pays, à la défense de l'ordre et à la prévention des infractions pénales, à la protection de la santé ou de la morale, ou à la protection des droits et libertés d'autrui.

COMMENTAIRE

V. sur le Code en ligne.

PLAN DES ANNOTATIONS

1. Étendue des garanties. Le présent art. a essentiellement pour objet de protéger l'individu contre des ingérences arbitraires des pouvoirs publics dans sa vie privée ou familiale. • CEDH 23 juill. 1968, *Affaire « relative à certains aspects du régime linguistique de l'enseignement en Belgique »*, n° 1474/62 § 7 (en droit).

2. Obligation positive. En proclamant le droit au respect de la vie familiale, le présent art. signifie d'abord que l'État ne peut s'immiscer dans l'exercice de ce droit, sauf sous les strictes conditions énoncées au § 2. En effet, si le présent art. a « essentiellement » pour objet de prémunir l'individu contre des ingérences arbitraires des pouvoirs publics, il ne se contente pourtant pas d'astreindre l'État à s'abstenir de pareilles ingérences : à cet engagement plutôt négatif peuvent s'ajouter des obligations positives inhérentes à un « respect » effectif de la vie (privée ou) familiale (des droits qu'il garantit). • CEDH 13 juin 1979, *Marckx c/ Belgique*, n° 6833/74 § 31 : *CDE 1980. 473, obs. Cohen-Jonathan ; AFDI 1980. 317, chron. Pelloux ; JDI 1982. 183, obs. Rolland* • CEDH, gr. ch., 16 juill. 2014, *Hamalanien c/ Finlande*, n° 37359/09 : *AJDA 2014. 1763, chron. Burgorgue-Larsen ; D. 2014. 1639 ; AJ fam. 2014. 565, obs. de Boysson*.

V. pour d'autres décisions dans le même sens : .

3. Il en résulte notamment que l'État, en fixant dans son ordre juridique interne le régime applicable à certains liens de famille (...), doit agir de manière à permettre aux intéressés de mener une vie familiale normale. Tel que le conçoit le présent art., le respect de la vie familiale implique en particulier, aux yeux de la Cour, l'existence en droit national d'une protection juridique rendant possible (dans l'espèce *Marcks*), dès la naissance l'intégration de l'enfant dans sa famille. Divers moyens s'offrent *en la matière au choix* de l'État, mais une législation ne répondant pas à cet impératif enfreint le § 1 du présent art. sans qu'il y ait lieu de l'examiner sous l'angle du § 2. • CEDH 13 juin 1979, *Marckx c/ Belgique*, n° 6833/74 § 31 : *préc. note 2* • CEDH 9 oct. 1979, *Airey c/ Irlande*, n° 6289/73 § 33.

4. Ces obligations peuvent impliquer l'adoption de mesures visant au respect de la vie privée jusque dans les relations des individus entre eux. • CEDH 26 mars 1985, *X. et Y. c/ Pays-Bas*, n° 8978/80 § 23 • CEDH 7 févr. 2002, *Mikulic c/ Croatie*, n° 53176/99 § 57 : *JCP 2002. I. 157, chron. Sudre* • CEDH 9 nov. 2006, *Tavli c/ Turquie*, n° 11449/02 § 28 • CEDH, gr. ch., 7 févr. 2012, *Von Hannover c/ Allemagne (n° 2)*, n° 40660/08 § 97 • CEDH, gr. ch., 15 mars 2012, *Aksu c/ Turquie*, n° 4149/04 § 59 • CEDH 16 juill. 2013, *Mater c/ Turquie*, n° 54997/08 § 50 (renvoi en grande chambre).

5. La frontière entre les obligations positives et négatives de l'État au titre du présent art. ne se prête pas à une définition précise ; les principes applicables sont néanmoins comparables. Dans les deux cas, il faut avoir égard au juste équilibre à ménager entre les intérêts concurrents de l'individu et de la communauté ; de même, dans les deux hypothèses, l'État jouit d'une certaine marge d'appréciation. • CEDH 21 févr. 1990, *Powell et Rayner c/ Royaume-Uni*, n° 9310/81 § 41 • CEDH 26 mai 1994, *Keegan c/ Irlande*, n° 16969/90 § 49 • CEDH 24 févr. 1998, *Botta c/ Italie*, n° 21439/93 § 33 • CEDH 17 oct. 2006, *Gourguénidzé c/ Géorgie*, n° 71678/01 § 38 • CEDH, gr. ch., 7 févr. 2012, *Von Hannover c/ Allemagne (n° 2)*, n° 40660/08 § 99 • CEDH, gr. ch., 15 mars 2012, *Aksu c/ Turquie*, n° 4149/04 § 62 • CEDH 10 mai 2011, *Mosley c/ Royaume-Uni*, n° 48009/08 § 106 : *D. 2011. 1487*. ♦ Sur les liens entre vie privée et liberté de la presse, V. notes ss. Conv. EDH, art. 10.

6. Cependant, cette obligation ne doit pas être interprétée de manière à imposer aux autorités un fardeau insupportable ou excessif. • CEDH 22 févr. 2005, *Novosseletski c/ Ukraine*, n° 4714/99 § 70. ♦ V. déjà. • CEDH 8 juill. 2003 *Zehnalova et Zehnal c/ Rép. tchèque*, n° 38621/97.

7. Par ailleurs, lorsque les autorités compétentes ont fait de sérieux efforts pour atteindre l'objectif et que l'échec des dispositions qu'elles prirent dans ce sens trouve exclusivement sa source dans la conduite du requérant, il n'y a pas violation. • CEDH 19 sept. 2000, *Gnahore c/ France*, n° 40031/098 § 63 : *D. 2001. 725, note Rolin ; ibid. 1063, obs. Fricero*.

8. Distinction des concepts de vie privée et de vie familiale. Il n'est pas nécessaire de décider ici du point de savoir si, en l'absence de tout rapport juridique de parenté, les liens entre la requérante et le jeune L. constituent une « vie familiale » selon le présent art. En effet, étant donné que la requérante a voué ses soins à l'enfant durant de longues années et qu'elle lui est profondément attachée, la séparation prononcée par le juge affecte sans aucun doute sa « vie privée ». • Comm EDH,

10 juill. 1978, *X. c/ Suisse,* n° 8257/78. ♦ La relation entre le requérant et sa fiancée ne saurait passer pour constituer le type de vie familiale protégée par le présent art. Cependant cette relation relève bien de la notion de vie privée. • Comm. EDH 1er oct. 1990, *Wakefield c/ Royaume-Uni,* n° 15817/89.

I. PROTECTION DE LA VIE PRIVÉE

BIBL. Blay-Grabarczyk, Surveillance secrète, visites domiciliaires et autres intrusions des pouvoirs publics dans la vie privée, *RD publ. 2016. 1022.*

9. Principe. La notion de « vie privée » est large et ne se prête pas à une définition exhaustive. • CEDH 25 mars 1993, *Costello-Roberts c/ Royaume-Uni,* n° 13134/87 § 36 : *AJDA 1993. 486, chron. Flauss ; JDI 1994. 775, obs. Decaux et Tavernier ; JCP 1994. II. 22262, note Mazière* • CEDH 27 avr. 2010, *Ciuboratu c/ Moldavie,* n° 27138/04 § 49. ♦ La Cour ne juge ni possible ni nécessaire de chercher à définir de manière exhaustive la notion de « vie privée ». • CEDH 16 déc. 1992, *Niemietz c/ Allemagne,* n° 13710/88 § 29 : *D. 1993. 386, obs. Renucci ; AFDI 1992. 629, obs. Coussirat-Coustère ; JDI 1993. 755, obs. Decaux et Tavernier* • CEDH, gr. ch., 15 mars 2012, *Aksu c/ Turquie,* n° 4149/04 § 58.

10. Il serait toutefois trop restrictif de la limiter à un « cercle intime » où chacun peut mener sa vie personnelle à sa guise et d'en écarter entièrement le monde extérieur à ce cercle. Le respect de la vie privée doit aussi englober, dans une certaine mesure, le droit pour l'individu de nouer et développer des relations avec ses semblables. • CEDH 16 déc. 1992, *Niemietz c/ Allemagne,* n° 13710/88 § 29 : *préc. note 9.*

11. Intégrité physique et morale. La sphère de la vie privée, telle que la Cour la conçoit, couvre l'intégrité physique et morale d'une personne. • CEDH 26 mars 1986, *X. et Y. c/ Pays-Bas,* n° 8978/80 § 21 : *JDI 1986. 1086, obs. Rolland* • CEDH 3 oct. 2013, *I. B. c/ Grèce,* n° 552/10 § 67. ♦ La garantie offerte par le présent art. est principalement destinée à assurer le développement, sans ingérences extérieures, de la personnalité de chaque individu dans les relations avec ses semblables. • CEDH 24 févr. 1998, *Botta c/ Italie,* n° 21439/93 § 32.

12. Identité physique et sociale. Elle peut parfois englober des aspects de l'identité physique et sociale d'un individu. • CEDH 7 févr. 2002, *Mikulic c/ Croatie,* n° 53176/99 § 53 : *préc. note 4* • CEDH, gr. ch., 15 mars 2012, *Aksu c/ Turquie,* n° 4149/04 § 58 • CEDH 3 oct. 2013, *I. B. c/ Grèce,* n° 552/10 § 67. ♦ V. notes 132 s.

13. Relations personnelles, sociales et économiques. Il ne prête pas à controverse que les deux femmes ont quitté la Lettonie contre leur gré après l'échec de la procédure concernant la légalité de leur séjour en Lettonie. Elles ont ainsi été éloignées du pays où elles avaient, sans interruption depuis la naissance, noué des relations personnelles, sociales et économiques qui sont constitutives de la vie privée de tout être humain. • CEDH, gr. ch., 9 oct. 2003, *Slivenko c/ Lettonie,* n° 48321/99 § 96. ♦ Les requérants avaient tous passé une partie substantielle de leur existence en Slovénie et y avaient donc construit des relations personnelles, sociales, culturelles, linguistiques et économiques qui constituent la vie privée de tout être humain. Dès lors, à l'époque pertinente, ils jouissaient en Slovénie d'une vie privée au sens du présent art. • CEDH, gr. ch., 26 juin 2012, *Kuric et a.,* n° 26828/06 § 336 et 339. ♦ Rappr. • CEDH 22 juin 2006, *Kaftailova c/ Lettonie,* n° 59643/00.

14. Vie privée et condamnation pénale. Une personne ne peut invoquer le présent art. pour se plaindre d'une atteinte à sa réputation qui résulterait de manière prévisible de ses propres actions, telle une infraction pénale. • CEDH 27 juill. 2004, *Sidabras et Dziautas c/ Lituanie,* n° 55480/00 § 49 : *AJDA 2005. 541, chron. Flauss ; JCP 2005. I. 103, chron. Sudre* • CEDH 18 janv. 2011, *Mikolajová c/ Slovaquie,* n° 4479/03 § 57 • CEDH, gr. ch., 3 avr. 2012, *Gillberg c/ Suède,* n° 41723/06 § 67.

15. Sur les liens entre « vie privée » et « liberté d'expression », V. notes ss. Conv. EDH, art. 10.

16. Exceptions du § 2. L'énumération des exceptions au droit au respect de la vie privée qui figure dans le second paragraphe de l'art. 8 est exhaustive et la définition de ces exceptions est restrictive. Pour être compatible avec la Convention, une restriction à ce droit doit notamment être inspirée par un but susceptible d'être rattaché à l'un de ceux que cette disposition énumère. • CEDH 14 juin 2007, *Svyato-Mykhaylivska Parafiya c/ Ukraine,* n° 77703/01 § 132 • CEDH, gr. ch., 1er juill. 2014, *S.A.S. c/ France,* n° 38835/11 § 113 • CEDH, gr. ch., 27 août 2015, *Parrillo c/ Italie,* n° 46470/11 § 163 : *D. 2015. 1700 ; AJ fam. 2015. 433, obs. Dionisi-Peyrusse ; RTD civ. 2015. 830, obs. Marguénaud .*

A. VIE PRIVÉE ET SPHÈRE INTIME

1° INTÉGRITÉ PHYSIQUE ET MORALE DE LA PERSONNE

a. Mauvais traitements (combinaison avec l'art. 3 Conv. EDH)

17. Combinaison avec l'art. 3 Conv. EDH. La sanction disciplinaire prononcée contre J. pour une série d'infractions mineures au règlement de l'école ne présente pas une gravité suffisante pour tomber sous le coup de l'art. 3 Conv. EDH. La Cour n'exclut pas la possibilité de considérer le présent art. comme octroyant parfois, en matière de mesures disciplinaires, une protection plus ample que celle de l'art. 3. Même si, en l'espèce, le traitement incriminé n'a pas nui à l'intégrité physique ou morale du requérant au point de relever de l'interdiction du présent art. • CEDH 25 mars 1993, *Costello-Roberts c/ Royaume-Uni*, n° 13134/87 § 36. ♦ Si les actes ou décisions dommageables pour l'intégrité physique ou morale d'une personne n'entraînent pas nécessairement une atteinte au droit au respect de la vie privée, la jurisprudence de la Cour n'exclut toutefois pas qu'un traitement qui ne présente pas la gravité d'un traitement relevant de l'art. 3 Conv. EDH puisse néanmoins nuire à l'intégrité physique et morale au point d'enfreindre le présent art. sous l'aspect vie privée. • CEDH 6 févr. 2001, *Bensaid c/ Royaume-Uni*, n° 44599/98 § 46.

18. Lorsqu'une mesure ne relève pas des traitements interdits par l'art. 3 Conv. EDH, elle peut malgré tout tomber sous le coup du présent art., qui prévoit notamment la protection de l'intégrité physique et morale sous l'angle du respect de la vie privée. Il ne fait pas de doute que l'obligation de se soumettre à une fouille à corps constitue généralement une ingérence au sens du § 1 de cet art. • CEDH 26 sept. 2006, *Wainwright c/ Royaume-Uni*, n° 12350/04 § 43.

19. La Cour estime que les États ont l'obligation positive, inhérente aux art. 3 et 8 Conv. EDH, d'adopter des dispositions en matière pénale qui sanctionnent effectivement le viol et de les appliquer en pratique au travers d'une enquête et de poursuites effectives. • CEDH 4 déc. 2003, *M. C. c/ Bulgarie*, n° 39272/98 § 153 : *JCP 2004. I. 107, chron. Sudre ; RSC 2004. 441, obs. Massias* • CEDH 20 mars 2012, *C. A. S. et C. S. c/ Roumanie*, n° 26692/05 § 68.

20. Autres violences. L'épouse du requérant se plaint d'avoir été contrainte de se soumettre à un examen gynécologique pendant sa garde à vue. La Cour estime toutefois que, dans les circonstances de l'espèce, on ne pouvait s'attendre à ce que la femme du requérant résistât à un tel examen, eu égard à sa vulnérabilité alors qu'elle se trouvait aux mains des autorités qui ont exercé un contrôle total sur elle tout au long de sa détention. Il y a donc eu une « ingérence d'une autorité publique » dans l'exercice par la femme du requérant de son droit au respect de sa vie privée. • CEDH 22 juill. 2003, *Turquie*, n° 24209/94 § 34 et 35 : *RD publ. 2004. 826, obs. Picheral.*

21. Les violences domestiques entrent dans les atteintes à l'intégrité physique protégée par le présent art. • CEDH 15 sept. 2009, *Slovaquie*, n° 8227/04 § 33.

22. Sévices sexuels et viol. V. notes 64 s.

23. Interpellation et fouille. Est manifestement constitutif d'une ingérence dans l'exercice du droit au respect de la vie privée le recours à des pouvoirs légaux de contrainte imposant à quiconque de se plier à une fouille minutieuse de sa personne, de ses vêtements ou de ses effets personnels, même si la fouille est conduite en public. • CEDH 12 janv. 2010, *Royaume-Uni*, n° 4158/25 § 65. ♦ Contrevient au présent art. le pouvoir des agents de police et des douanes d'interpeller, d'interroger et de fouiller les passagers notamment dans les aéroports dès lors que la base légale n'offre pas les garanties suffisantes pour éviter que ce pouvoir ne soit exercé de manière arbitraire, ce qui s'apprécie au regard de la portée géographique et temporelle du dispositif, de la latitude conférée aux autorités dans l'exercice de leurs prérogatives, des limites fixées à ces dernières et de la possibilité d'un contrôle notamment juridictionnel. • CEDH 28 févr. 2019, *Royaume-Uni*, n° 4755/16 § 89. ♦ La Cour juge à cet égard que l'absence d'une condition de soupçon légitime pour déclencher le contrôle n'entache pas en elle-même d'illégalité l'exercice des pouvoirs en question. • Même arrêt, § 94. ♦ Mais le fait que cette absence soit combinée à ce que l'interrogatoire puisse durer jusqu'à neuf heures sans l'assistance d'un avocat et sans la possibilité d'un contrôle notamment juridictionnel emporte violation du présent art. • Même arrêt, § 109.

b. Protection de la santé

24. Principe. Si la Convention ne garantit pas en tant que tel le droit à un niveau particulier de soins médicaux, la Cour a dit précédemment que la vie privée recouvre l'intégrité physique et morale de la personne et que l'État a également l'obligation positive de reconnaître à ses ressortissants le droit au respect effectif de cette intégrité. • CEDH 7 févr. 2006, *Pologne*, n° 5410/03 § 107 • CEDH 8 nov. 2011, *Slovaquie*, n° 18968/07 § 141. ♦ Entrent dans le champ du présent art. les questions liées à l'intégrité morale et physique des individus, à leur privation de participation au choix des actes médicaux qui leur sont prodigués ainsi qu'à leur consentement à cet égard, et à l'accès à des informations leur permettant d'évaluer les risques sanitaires auxquels ils sont exposés. • CEDH, décis., 5 oct. 2006, *Trocellier c/ France*, n° 75725/01 : *RFDA 2008. 737, chron. Labayle et Sudre*. ♦ Ces questions sont donc examinées sous l'angle du présent art. et non de l'art. 2 Conv. EDH. • CEDH 5 janv. 2010, *Turquie*, n° 25266/05 § 55 • CEDH 25 sept. 2012, *Pologne*, n° 19764/07 § 67.

25. La sauvegarde de la stabilité mentale est

à cet égard un préalable inéluctable à la jouissance effective du droit au respect de la vie privée. • CEDH 6 févr. 2001, *Royaume-Uni,* n° 44599/98 § 47.

26. L'obligation d'adopter des mesures réglementaires propres à assurer le respect de l'intégrité physique des patients qui s'impose aux États parties repose sur la nécessité de préserver ces derniers, autant que faire se peut, des conséquences graves que peuvent avoir à cet égard les interventions médicales. Il en résulte que les États parties sont, au titre de cette obligation, tenus de prendre les mesures réglementaires nécessaires à ce que les médecins s'interrogent sur les conséquences prévisibles que l'intervention médicale projetée peut avoir sur l'intégrité physique de leurs patients et qu'ils en informent préalablement ceux-ci de manière qu'ils soient en mesure de donner un accord éclairé. En corollaire, en particulier, si un risque prévisible de cette nature se réalise sans que le patient en ait été dûment préalablement informé par ses médecins et que, comme en l'espèce, lesdits médecins exercent au sein d'un hôpital public, l'État partie concerné peut être directement responsable sur le terrain du présent art. du fait de ce défaut d'information. • CEDH, décis., 5 oct. 2006, *Trocellier c/ France,* n° 75725/01 : *RFDA 2008. 737, chron. Labayle et Sudre* • CEDH 2 juin 2009, *Codarcea c/ Roumanie,* n° 31675/04 § 105 : *JCP 2009. I. 143, chron. Sudre.*

27. Traitements médicaux imposés. Tout en acceptant l'argument du Gouvernement selon lequel l'examen des détenus par un médecin légiste peut constituer une garantie importante contre les fausses accusations de violences sexuelles ou de mauvais traitements, la Cour considère que toute atteinte à l'intégrité physique d'une personne doit être prévue par la loi et requiert le consentement de l'intéressé. Sinon, une personne en situation de vulnérabilité, telle qu'un détenu, serait privée des garanties légales contre les actes arbitraires. • CEDH 22 juill. 2003, *Turquie,* n° 24209/94 § 43. ♦ La décision d'imposer un traitement à D. malgré les protestations de sa mère s'analyse en une atteinte au droit du premier au respect de sa vie privée, et plus particulièrement à son droit à l'intégrité physique. • CEDH 9 mars 2004, *Royaume-Uni,* n° 61827/00 § 70. ♦ La Cour relève qu'aucune des parties ne conteste que la détention d'un malade mental en vue d'un traitement médical doit avoir été ordonnée par un tribunal si la *personne concernée n'a pas consenti* à son internement et à son traitement ou n'était pas en mesure de le faire. Or l'internement de la requérante à la clinique pour traitement médical n'a pas été autorisé par un tribunal. • CEDH 16 juin 2005, *Allemagne,* n° 61603/01 § 152. ♦ L'absence à l'époque des faits de garanties accordant une attention particulière à la santé reproductive de la requérante en tant que femme rom est la conséquence du fait que l'État défendeur ne se soit pas conformé à son obligation positive d'assurer à la requérante une mesure de protection suffisante lui permettant de jouir effectivement de son droit au respect de sa vie privée et familiale. • CEDH 8 nov. 2011, *Slovaquie,* n° 18968/07 § 141.

28. Il se révéla indispensable d'alimenter artificiellement le requérant au vu de son extrême affaiblissement, dû à son refus de toute nourriture. Plus tard, c'est en partie à sa propre demande qu'il fut nourri par sonde tant qu'il continua – du moins en apparence – sa grève de la faim. Les autorités hospitalières pouvaient à bon droit considérer la maladie psychiatrique de l'intéressé comme rendant celui-ci entièrement incapable d'autodétermination. Partant, aucune violation de l'art. 8 ne se trouve établie à cet égard. • CEDH 24 sept. 1992, *Autriche,* n° 10533/83 § 86.

29. En tant qu'intervention médicale non volontaire, la vaccination obligatoire constitue une ingérence dans l'exercice du droit au respect de la vie privée au sens du présent article, et plus particulièrement dans la jouissance des droits d'ordre intime. Il en est ainsi lorsque l'irrespect de l'obligation vaccinale emporte des conséquences telles que la non-admission à l'école maternelle ou l'imposition d'une amende sans pour autant que le droit national permette d'imposer l'acte médical de force. • CEDH, gr. ch., 8 avr. 2021, *République tchèque,* n° 47621/13 § 263 et 276. ♦ Visant à protéger contre des maladies faisant peser un risque grave pour la santé, la vaccination obligatoire poursuit des buts légitimes de préservation de la santé et de protection des droits d'autrui dès lors qu'elle prémunit tant les vaccinés que ceux ne pouvant l'être et qui, vulnérables, sont protégés par l'immunité de groupe dépendant d'un taux élevé de vaccination. • CEDH, gr. ch., 8 avr. 2021, *République tchèque,* n° 47621/13 § 272. ♦ S'il existe un consensus quant à la nécessité, compte tenu de l'efficacité de cet acte médical, de parvenir à un taux de vaccination le plus élevé possible dans la population, il n'y a pas de modèle unique quant au moyen de protéger cet intérêt (recommandation ou obligation) de sorte qu'en la matière, les parties contractantes disposent d'une ample marge d'appréciation. • CEDH, gr. ch., 8 avr. 2021, *République tchèque,* n° 47621/13 § 280. ♦ En considérant dans le cas d'espèce que le caractère obligatoire de la vaccination est demeuré dans les limites de cette large marge d'appréciation, la Cour n'a pas tranché la question de savoir si une autre politique, moins prescriptive, aurait pu être adoptée. • CEDH, gr. ch., 8 avr. 2021, *République tchèque,* n° 47621/13 § 310. ♦ L'intérêt supérieur de l'enfant devant être placé au centre de toutes les décisions touchant à leur santé et à leur développement, l'objectif doit être dans cette optique de veiller à ce que tout enfant soit protégé contre les maladies graves. Si cet objectif ne peut être atteint de manière suffisante par une politique de vaccination volontaire, les parties contractantes peuvent faire appel à la vaccination obligatoire. • CEDH, gr. ch., 8 avr. 2021, *République tchèque,* n° 47621/13 § 288. ♦ Le caractère proportionné de l'ingérence occasionnée par une vaccination obligatoire est apprécié par la Cour à l'aune des caractéristiques du régime national (existence de dispense, garanties procédurales, intégrité et transparence du processus d'élaboration des politiques, efficacité et innocuité des vaccins, possibilité d'obtenir réparation en cas d'atteinte à la santé) et des conséquences de l'irrespect de l'obligation. A ce dernier égard, une amende administrative de 110 euros susceptible d'être infligée une seule fois est jugée modérée tandis que, à caractère protecteur plutôt que punitif, l'exclusion de la seule école maternelle n'est pas jugée disproportionnée dès lors qu'elle repose sur l'exigence à l'égard de ceux pour qui la vaccination représente un risque lointain pour la santé d'accepter une mesure de protection universellement appliquée au nom de la solidarité sociale pour le bien du petit nombre d'enfants vulnérables ne pouvant bénéficier de la vaccination. • CEDH, gr. ch., 8 avr. 2021, *République tchèque,* n° 47621/13 § 290 et 309.

30. Traitements médicaux refusés ou impossibles. La législation polonaise, telle qu'appliquée en l'espèce, ne contenait pas de mécanismes effectifs permettant de déterminer si les conditions à remplir pour bénéficier d'un avortement légal étaient réunies dans le cas de la requérante. Dès lors, celle-ci s'est trouvée plongée dans une incertitude prolongée et a éprouvé de grandes angoisses lorsqu'elle envisageait les conséquences négatives susceptibles de découler pour sa santé de sa grossesse et de son accouchement. • CEDH 7 févr. 2006, *Pologne,* n° 5410/03 § 124.

31. Nécessité d'informer des risques sur la santé. La Cour observe qu'étant donné que l'exposition à des niveaux élevés de rayonnement est connue pour avoir des effets cachés mais graves et durables, il est normal que l'incertitude des requérants quant à la question de savoir s'ils avaient ou non été ainsi exposés à des dangers leur ait causé une anxiété et une détresse importante. Elle considère que dès lors que ces documents contenaient des informations qui auraient pu les aider à évaluer les niveaux de rayonnement dans les zones où ils se trouvaient stationnés pendant les essais nucléaires et qui auraient pu ainsi servir à les rassurer à cet égard, ils avaient un intérêt protégé par le présent art. à pouvoir y accéder. • CEDH 9 juin 1998, *McGinley et Egan c/ Royaume-Uni,* n° 21825/93 § 99 : *JCP 1999. I. 105, chron. Sudre.* ♦ Rappr. s'agissant de tests sur des produits toxiques. • CEDH, gr. ch., 29 oct. 2005, *Roche c/ Royaume-Uni,* n° 32555/96 § 155 • CEDH 28 avr. 2009, *Slovaquie,* n° 32881/04 § 43.

32. Sur le lien entre le présent art. et la protection de l'environnement, V. note 313.

33. Financements publics. Si la Convention ne garantit pas en tant que tel un droit à la gratuité des soins médicaux, la Cour a estimé que le présent art. entre en ligne de compte s'agissant de griefs sur le financement public devant faciliter la mobilité et la qualité de vie de requérants handicapés. • CEDH 8 juill. 2003, *Rép. tchèque,* n° 38621/97. ♦ S'il est à l'évidence souhaitable que quiconque ait accès à une gamme complète de traitements médicaux, dont des techniques médicales et des médicaments pouvant sauver la vie, les États contractants comptent malheureusement, faute de ressources, de nombreux individus qui ne peuvent en bénéficier, surtout lorsqu'il s'agit de traitements permanents et onéreux. • CEDH, décis., 8 juill. 2003, *Moldova,* n° 14462/03.

34. Obligation positive à mettre en œuvre. Dans le contexte spécifique des négligences médicales (ss. l'angle de l'art. 2 Conv. EDH), les États parties ont l'obligation d'instaurer un système judiciaire efficace et indépendant, permettant d'établir la cause du décès d'un individu se trouvant sous la responsabilité de professionnels de la santé, tant ceux agissant dans le cadre du secteur public que ceux travaillant dans des structures privées, et le cas échéant d'obliger ceux-ci à répondre de leurs actes. • CEDH 17 janv. 2002, *Calvelli et Ciglio,* n° 32967/96 § 49 : *JCP 2002. I. 157, obs. Sudre* • CEDH 8 juill. 2004, *Vo c/ France,* n° 53924/00 § 89 : *AJDA 2004. 1809, chron. Flauss ; D. 2004. 2456, note Pradel ; ibid. 2535, obs. Berro-Lefèvre ; ibid. 2754, obs. Roujou de Boubée ; ibid. 2801, chron. Serverin ; RSC 2005. 135, obs. Massias ; RTD civ. 2004. 714, obs. Hauser ; ibid. 799, obs. Marguénaud.* ♦ V. déjà. • CEDH 4 mai 2000, *Royaume-Uni,* n° 45305/99. ♦ ... Ou d'un défaut de surveillance du personnel non médical s'agissant d'une personne âgée malade de l'Alzheimer et ayant disparu. • CEDH 17 janv. 2008, *Bulgarie,* n° 59548/00 § 81. ♦ Rappr. s'agissant de détenus. • CEDH 16 nov. 2000, *Turquie,* n° 21422/93. ♦ Même formulation ss. l'angle du présent art. • CEDH 25 sept. 2012, *Pologne,* n° 19764/07 § 82.

35. Cette obligation procédurale n'exige pas nécessairement (ss. l'angle de l'art. 2 Conv. EDH) dans tous les cas un recours de nature pénale. Pareille obligation peut aussi être réputée remplie si, par exemple, le système juridique en cause offre aux intéressés un recours devant les juridictions civiles – seul ou combiné avec un recours devant les juridictions pénales – propre à permettre l'établissement de la responsabilité éventuelle des médecins en cause et, le cas échéant, l'application de toute sanction civile appropriée, tels le versement de dommages-intérêts et/ou la publication de l'arrêt. Des mesures disciplinaires peuvent également être envisagées. • CEDH 17 janv. 2002, *Calvelli et Ciglio,* n° 32967/96 § 51 : *préc. note 34* • CEDH, décis. 7 nov. 2002, *Italie,* n° 53749/00 • CEDH 8 juill. 2004, *Vo c/ France,* n° 53924/00 § 90 : *préc. note 34.* ♦ Même formulation ss. l'angle du présent art. • CEDH 25 sept. 2012, *Pologne,* n° 19764/07 § 82.

36. Malgré l'existence en droit bulgare de trois voies de recours (pénale, disciplinaire et civile) pour ce type d'affaire, les autorités n'ont pas, en pratique, assuré la possibilité effective d'établir les circonstances de la disparition de la mère du requérant (hospitalisée à raison d'une maladie d'Alzheimer) et d'engager la responsabilité des personnes ou des institutions qui ont manqué à leurs devoirs. Les défaillances de la réglementation applicable ont sans nul doute contribué à ce résultat et le Gouvernement n'a fait état d'aucune autre voie de recours. • CEDH 17 janv. 2008, *Bulgarie,* n° 59548/00 § 97 (ss. l'angle de l'art. 2 Conv. EDH).

37. En l'espèce, les requérants ont bénéficié de l'examen de leur affaire par les tribunaux civils sur trois degrés de juridiction ainsi que par l'autorité disciplinaire de l'ordre des médecins. Dans le cadre desdites procédures, dont le déroulement n'est pas critiquable, ce sont au total quatre avis d'expertise qui ont été recueillis, lesquels ont tous, d'une part, écarté l'hypothèse d'un lien de causalité entre les actions du personnel soignant et le handicap du requérant et, d'autre part, fait la lumière sur les circonstances à l'origine de l'état de santé de celui-ci. Ainsi, même si le déroulement de l'enquête pénale avait été susceptible de soulever des questions au regard du présent art., il ne saurait être soutenu que le système juridique polonais, considéré dans son ensemble, n'a pas fourni aux requérants de recours permettant d'examiner leur affaire de manière adéquate. • CEDH 25 sept. 2012, *Pologne,* n° 19764/07 § 99.

38. V. également, en matière d'avortement, note 69.

c. Activités ou situations dangereuses

39. Si tous les risques concernant l'intégrité physique n'obligent pas les autorités à prendre des mesures concrètes pour éviter qu'ils ne se matérialisent, dès lors qu'il est établi que les autorités savaient ou auraient dû savoir qu'un risque réel et immédiat pour la vie ou l'intégrité physique d'une personne identifiée était susceptible de se concrétiser et qu'elles n'ont pas pris les mesures jugées raisonnables dans le cadre de leurs pouvoirs, alors que celles-ci auraient sans doute pallié ce risque, il y a violation du présent art. • CEDH 26 juill. 2011, *Roumanie,* n° 9718/03 § 51. ♦ En l'espèce, il n'est pas contesté que les autorités étaient informées de manière détaillée de la présence d'un grand nombre de chiens errants dans la ville de Bucarest et du danger qu'ils représentaient pour l'intégrité physique et pour la santé de la population ; or le Gouvernement roumain n'a pu mentionner aucune mesure concrète prises à l'époque de l'incident pour mettre en œuvre les lois existantes afin de traiter ce problème grave. • CEDH 26 juill. 2011, *Roumanie,* n° 9718/03 § 56 et 57. ♦ Si la conduite automobile constitue par nature une activité comportant un risque de préjudice grave en cas d'accident, ce risque est atténué par les règles de circulation visant à garantir la sécurité routière si bien qu'en cas d'accident ne résultant pas d'acte de violence commis dans le but de porter atteinte à l'intégrité physique et psychologique du requérant, ce dernier ne peut invoquer le présent art. au soutien d'une requête mettant en cause la manière dont l'enquête a été conduite. • CEDH, gr. ch., 25 juin 2019, *Tanase c/ Roumanie,* n° 41720/13 § 130 à 132. ♦ La question est parfois traitée sous l'angle de l'art. 2 Conv. EDH (V. par ex. • CEDH, gr. ch., 25 juin 2019, *Tanase c/ Roumanie,* n° 41720/13 § 151 et 152).

d. Sépulture

40. Le droit de donner à un parent une sépulture est protégé par le présent art. • CEDH 30 juin 2011, *Girard c/ France,* n° 22590/04 § 101 : *D. 2011. 1900.*

41. La conservation des prélèvements effectués sur la fille des requérants jusqu'à l'arrêt de la cour d'assises du Val-de-Marne ordonnant leur restitution n'est pas constitutive d'une ingérence dans les droits que leur garantit le présent art. En revanche, le délai de plus de 7 mois qui s'est écoulé entre cette décision et la restitution effective a constitué une ingérence dans le droit au respect de la vie privée et familiale des requérants et n'a pas ménagé un juste équilibre entre le droit des requérants au respect de leur vie privée et familiale et le but légitime visé. • CEDH 30 oct. 2001, *Pannullo et Forte c/ France,* n° 37794/97 § 39 • CEDH 30 juin 2011, *Girard c/ France,* n° 22590/04 § 107 : *préc. note 40.*

2° PROTECTION DU NOM

42. En dépit de l'usage de plus en plus répandu de numéros personnels d'identité en Finlande et dans d'autres États contractants, le nom conserve un rôle déterminant pour l'identification des gens. • CEDH 25 nov. 1994, *Stjerna c/ Finlande*, n° 18131/91 § 39 : *AJDA 1995. 212, chron. Flauss ; AFDI 1994. 658, obs. Coussirat-Coustère ; JCP 1995. I. 3823, chron. Sudre.* ♦ En tant que moyen d'identification personnelle et de rattachement à une famille, le nom d'une personne n'en concerne pas moins la vie privée et familiale de celle-ci. • CEDH 22 févr. 1994, *Burghartz c/ Suisse*, n° 16213/90 § 24 : *D. 1995. 7, note Marguénaud ; AFDI 1994. 658, obs. Coussirat-Coustère ; RTDH 1995. 53, note Georgin* • CEDH 17 juin 2003, *Mustafa c/ France*, n° 63056/00 § 14 : *RTD civ. 2004. 61, obs. Hauser* • CEDH 5 déc. 2013, *Henry Kismoun c/ France*, n° 32265/10 § 26 : *préc. note 2.*

43. Le choix du prénom de l'enfant par ses parents revêt un caractère intime et affectif, et entre donc dans la sphère privée de ces derniers. • CEDH 24 oct. 1996, *Guillot c/ France*, n° 22500/93 § 22 : *RTD civ. 1997. 396, obs. Hauser ; ibid. 551, obs. Marguénaud ; AFDI 1996. 749, obs. Coussirat-Coustère ; JCP 1997. I. 4000, chron. Sudre.* ♦ Il en va de même du choix du nom de famille. • CEDH 7 janv. 2014, *Cusan et Fazzo c/ Italie*, n° 77/07 § 56 : *D. 2014. 1171, obs. Granet-Lambrechts ; AJ fam. 2014. 126, obs. Doublein .*

44. Que l'État et la société aient intérêt à réglementer l'usage du nom ne constitue pas un obstacle, dès lors que ces aspects de droit public se concilient avec la vie privée conçue comme englobant, dans une certaine mesure, le droit pour l'individu de nouer et développer des relations avec ses semblables, y compris dans le domaine professionnel ou commercial. • CEDH 22 févr. 1994, *Burghartz c/ Suisse*, n° 16213/90 § 24 : *préc. note 42* • CEDH 5 déc. 2013, *Henry Kismoun c/ France*, n° 32265/10 § 31 : *préc. note 2.* ♦ De même, tout en reconnaissant donc qu'il peut exister de véritables raisons amenant un individu à désirer changer de nom, la Cour admet que des restrictions légales à pareille possibilité puissent se justifier dans l'intérêt public ; par exemple, afin d'assurer un enregistrement exact de la population ou de sauvegarder les moyens d'une identification personnelle et de relier à une famille les porteurs d'un nom donné. • CEDH 25 nov. 1994, *Stjerna c/ Finlande*, n° 18131/91 § 39 : *préc. note 42.* ♦ De même le choix du prénom peut-il être réglementé dans l'intérêt de l'enfant. • CEDH 24 oct. 1996, *Guillot c/ France*, n° 22500/93 § 22 : *préc. note 43* (sol. impl.).

45. Compte tenu de l'importance pour une personne d'avoir un nom unique, force est de constater qu'il ressort de la motivation des décisions par lesquelles les autorités nationales ont rejeté la demande du requérant que celles-ci n'ont pas pris en compte l'aspect identitaire de sa demande et ont omis de ce fait de mettre en balance, avec l'intérêt public en jeu, l'intérêt primordial du requérant. • CEDH 5 déc. 2013, *Henry Kismoun c/ France*, n° 32265/10 § 36 : *préc. note 2.*

46. Il est parfaitement concevable que l'unité de la famille soit préservée et consolidée lorsqu'un couple marié choisit de ne pas porter un nom de famille commun. L'observation des systèmes applicables en Europe ne permet pas de parvenir à un constat différent. En fait, il n'a pas été démontré par le Gouvernement dans le cadre de la présente affaire que l'absence de manifestation de l'unité de la famille par un nom de famille commun risquerait d'entraîner des difficultés concrètes ou notables pour les époux et/ou pour les tierces personnes ou une atteinte à l'intérêt public. Dans ces circonstances, la Cour estime que l'obligation faite à la femme mariée, au nom de l'unité de la famille, de porter le patronyme de son mari, même si elle peut le faire précéder par son nom de jeune fille, manque de justification objective et raisonnable. • CEDH 16 nov. 2004, *Unal Tekili c/ Turquie*, n° 29865/96 § 66 : *RTD civ. 2005. 343, obs. Marguénaud ; JCP 2005. I. 103, chron. Sudre.*

47. Mettre le nom d'une personnalité en relation avec un produit commercialisé sans le consentement de celle-ci peut soulever des questions au regard du présent art. Cependant, eu égard au caractère satirique de la publicité en cause qui cherchait à faire un lien humoristique entre la représentation d'un paquet de sa marque de cigarettes et un événement d'actualité impliquant une personne connue du public, il n'y a pas violation. • CEDH 19 févr. 2015, *Allemagne*, n° 53649/09 § 4 s.

3° ATTEINTE À LA RÉPUTATION

48. La protection du droit à la réputation d'une personne est assurée par le présent art., comme une partie intégrante du droit au respect de la vie privée. • CEDH 22 déc. 2005, *Paturel c/ France*, n° 54968/00 § 30 : *AJ pénal 2006. 169, obs. Plana* • CEDH 14 oct. 2008, *Pétrina c/ Roumanie*, n° 78060/01 § 29 : *JCP 2009. I. 104, chron. Sudre.* ♦ En effet, la réputation d'une personne représente une partie de son identité personnelle et psychique, qui relève de sa vie privée, même dans le cadre d'une critique dans le contexte d'un débat public. • CEDH 15 nov. 2007, *Pfeifer s/ Autriche*, n° 12556/03 § 35 • CEDH 14 oct. 2008, *Pétrina c/ Roumanie*, n° 78060/01 § 29 : *préc.* • CEDH 16 juill. 2013, *Turquie*, n° 54997/08 § 50 (renvoi en grande chambre). ♦ V. Conv. EDH, art. 10, comm. et notes.

4° SEXUALITÉ

BIBL. Lécuyer, L'utilisation « retenue » de la théorie du genre par la CEDH, *RD publ. 2015. 1327.*

a. Identité sexuelle

49. L'identité (la définition d'une personne) sexuelle est l'un des aspects les plus intimes de la vie privée de l'individu. • CEDH, gr. ch., 11 juill. 2002, *Christine Goodwin c/ Royaume-Uni,* n° 28957/95 § 82 : *D. 2003. 525, obs. Birsan ; ibid. 1935, obs. Lemouland ; AJ fam. 2002. 413, obs. Granet ; RTD civ. 2002. 782, obs. Hauser ; ibid. 862, obs. Marguénaud et Raynard ; JCP 2003. I. 109, chron. Sudre* • CEDH 12 juin 2003, *Allemagne,* n° 35968/97 § 56 • CEDH 10 mars 2015, *Turquie,* n° 14793/08 § 60. ♦ Il en va de même de l'orientation sexuelle. • CEDH 15 mars 2012, *Gas et Dubois c/ France,* n° 25951/07 § 37 : *AJDA 2012. 1726, chron. Burgorgue-Larsen ; D. 2012. 1241, obs. Gallmeister , note Dionisi-Peyrusse ; ibid. 2013. 663, obs. Galloux et Gaumont-Prat ; ibid. 798, obs. Douchy-Oudot ; ibid. 1436, obs. Granet-Lambrechts ; AJ fam. 2012. 220, obs. Siffrein-Blanc ; ibid. 163, point de vue Chénedé ; RTD civ. 2012. 275, obs. Marguénaud ; ibid. 306, obs. Hauser .* ♦ Seules des raisons particulièrement graves devaient justifier l'ingérence de l'État dans cette sphère. • CEDH 27 sept. 1999, *Smith et Grady c/ Royaume-Uni,* n° 33985/96 § 90 • CEDH 24 juill. 2003, *Karner c/ Autriche,* n° 40016/98 § 37 : *RD publ. 2004. 821, obs. Levinet* • CEDH 24 juin 2010, *Schalk et Kopf c/ Autriche,* n° 30141/04 § 97 : *D. 2011. 1040, obs. Lemouland et Vigneau ; AJ fam. 2010. 333 ; Constitutions 2010. 557, obs. Burgorgue-Larsen ; RTD civ. 2010. 738, obs. Marguénaud ; ibid. 765, obs. Hauser ; JCP 2010, act. 768, obs. Picheral.* ♦ V. également notes ss. Conv. EDH, art. 14.

50. Le droit au mariage homosexuel ne peut pas se déduire ni de l'art. 12 Conv. EDH, ni de l'art. 14 combiné avec le présent art. • CEDH 24 juin 2010, *Schalk et Kopf c/ Autriche,* n° 30141/04 § 49 à 64 et 101 : *préc. note 49* • CEDH 15 mars 2012, *Gas et Dubois c/ France,* n° 25951/07 § 66 : *préc. note 49* • CEDH, gr. ch., 16 juill. 2014, *Hamalanien c/ Finlande,* n° 37359/09 § 71 : *préc. note 2.*

51. La dignité et la liberté de l'homme relevant de l'essence même de la Convention, le droit à l'épanouissement personnel et à l'intégrité physique et morale des transsexuels est garanti. • CEDH 9 janv. 2009, *Suisse,* n° 29002/06 § 101. ♦ La faculté pour les transsexuels de jouir pleinement, à l'instar de leurs concitoyens, du droit au développement personnel et à l'intégrité physique et morale ne saurait être considérée comme une question controversée exigeant du temps pour que l'on parvienne à appréhender plus clairement les problèmes en jeu. • CEDH, gr. ch., 11 juill. 2002, *Christine Goodwin c/ Royaume-Uni,* n° 28957/95 § 90 : *préc. note 49.*

52. Aucun facteur important d'intérêt public n'entrant en concurrence avec l'intérêt de la requérante à obtenir la reconnaissance juridique de sa conversion sexuelle, la Cour conclut que la notion de juste équilibre inhérente à la Convention fait désormais résolument pencher la balance en faveur de la requérante. • CEDH, gr. ch., 11 juill. 2002, *Christine Goodwin c/ Royaume-Uni,* n° 28957/95 § 93 : *préc. note 49.* ♦ La Cour estime que l'État défendeur ne peut plus invoquer sa marge d'appréciation en la matière, sauf pour ce qui est des moyens à mettre en œuvre afin d'assurer la reconnaissance du droit protégé par la Conv. EDH. • CEDH, gr. ch., 11 juill. 2002, *Christine Goodwin c/ Royaume-Uni,* n° 28957/95 § 93 : *préc. note 49.*

53. Les États sont tenus d'assurer la reconnaissance des changements de sexe des transsexuels opérés, notamment en permettant aux intéressés de faire modifier leur état civil, avec les conséquences en résultant. • CEDH, gr. ch., 11 juill. 2002, *Christine Goodwin c/ Royaume-Uni,* n° 28957/95 § 93 : *préc. note 49.* ♦ Rappr. • CEDH 23 mai 2006, *Grant c/ Royaume-Uni,* n° 32570/03 § 39 s. : *RTD civ. 2006. 725, obs. Marguénaud .* ♦ Eu égard à la situation très particulière dans laquelle se trouvait la requérante – âgée de plus de 67 ans au moment de sa demande de prise en charge des frais liés à l'opération –, et compte tenu de la marge d'appréciation étroite dont l'État défendeur bénéficiait s'agissant d'une question touchant à l'un des aspects les plus intimes de la vie privée, un juste équilibre n'a pas été ménagé entre les intérêts de la compagnie d'assurance, d'une part, et les intérêts de la requérante, d'autre part, dans la manière dont le Tribunal fédéral des assurances a traité sa demande de remboursement de ses frais médicaux. • CEDH 9 janv. 2009, n° 29002/06 § 115. ♦ Le requérant se trouve dans la situation intermédiaire d'un transsexuel préopératoire qui a subi une chirurgie de conversion sexuelle partielle et qui a pu faire modifier certains actes importants de l'état civil. Toutefois, tant qu'il n'aura pas subi les interventions chirurgicales nécessaires au parachèvement de sa conversion sexuelle, son code personnel restera le même, ce qui signifie que, dans certains domaines importants de sa vie privée, par exemple la recherche d'un emploi ou les voyages à l'étranger, il sera toujours une femme. Du fait de cette lacune législative le requérant se trouve dans une situation d'incertitude pénible pour ce qui est du déroulement de sa vie privée et de la reconnaissance de sa véritable identité. Compte tenu du faible nombre de personnes concernées, le budget de l'État n'aurait pas été excessivement grevé par l'adoption de cette mesure. • CEDH 11 sept. 2007, n° 27527/03 § 57 et 59. ♦ Dès lors que le présent art. ne peut être compris comme imposant aux États contractants l'obligation d'ouvrir le mariage aux couples homosexuels, la Cour considère qu'il n'est pas disproportionné de poser comme condition préalable à la reconnaissance juridique du changement de sexe de la requérante que son mariage soit transformé en partenariat enregistré, celui-ci représentant selon elle une option sérieuse offrant aux couples de même sexe une protection juridique pratiquement identique à celle du mariage. • CEDH, gr. ch., 16 juill. 2014, *Hamalanien c/ Finlande,* n° 37359/09 § 87 : *préc. note 2.* ♦ La Cour ne s'explique pas pourquoi l'incapacité de procréer d'une personne souhaitant se soumettre à une opération de changement de sexe devrait être établie avant même que ne soit engagé le processus physique de changement de sexe (violation). • CEDH 10 mars 2015, n° 14793/08 § 116 et 122. ♦ Le rejet de la demande tendant à la modification de l'état civil au motif que n'était pas établi le caractère irréversible de la transformation de l'apparence des requérants, c'est-à-dire démontré avoir subi une opération stérilisante ou un traitement médical entraînant une très forte probabilité de stérilité, s'analyse en un manquement par l'État défendeur à son obligation positive de garantir le droit de ces derniers au respect de leur vie privée. • CEDH 6 avr. 2017, *A. P., Garçon et Nicot c/ France,* n° 79885/12 § 135 : *D. 2017. 1027, note Vauthier et Vialla ; ibid. 994, point de vue Moron-Puech ; AJ fam. 2017. 299, obs. Viney ; ibid. 329, obs. Dionisi-Peyrusse ; JCP Adm. 2017. 299.* ♦ V., sur les conditions d'accès à une prestation de pension de retraite en droit de l'Union. • CJUE, gr. ch., 26 juin 2018, n° C-451/16 : *AJDA 2018. 1606, chron. Bonneville, Broussy, Cassagnabère et Gänser ; D. 2018. 1386 ; AJ fam. 2018. 478, obs. Saulier .*

54. A l'inverse, la Cour observe qu'un psychodiagnostic préalable figure parmi les conditions de la reconnaissance juridique de l'identité de genre des personnes transgenres dans la très grande majorité des quarante États parties dans lesquels une telle reconnaissance est possible : seuls quatre d'entre eux ont adopté une législation mettant en place une procédure de reconnaissance qui exclut un tel diagnostic préalable. Il y a donc à l'heure actuelle une quasi-unanimité à cet égard. Elle en déduit que, même si un aspect important de l'identité des personnes transgenres est en cause dès lors qu'il s'agit de la reconnaissance de leur identité sexuelle, les États parties conservent une large marge d'appréciation quant à la décision d'y poser une telle condition. • CEDH 6 avr. 2017, *Garçon et Nicot c/ France,* n° 79885/12 § 139 s. : *préc. note 53.*

b. Pratiques sexuelles

55. La Cour admet qu'à un certain stade, des actes sexuels peuvent être accomplis de manière telle que l'intervention de l'État est justifiable, soit parce qu'elle ne constitue pas une ingérence dans le droit au respect de la vie privée, soit pour la protection, par exemple de la santé ou de la morale. • CEDH 31 juill. 2000, *Royaume-Uni,* n° 35735/97 § 37.

56. Les autorités ne disposent pourtant dans ce domaine comme dans d'autres affaires portant sur des aspects intimes de la vie privée que d'une marge d'appréciation étroite. • CEDH 22 oct. 1981, *Dudgeon c/ Royaume-Uni,* n° 7525/76 § 52 : *CDE 1982. 221, obs. Cohen-Jonathan ; AFDI 1982. 504, obs. Pelloux* • CEDH 31 juill. 2000, *A. D. T. c/ Royaume-Uni,* n° 35735/97 § 37.

57. Homosexualité. Le maintien de règles juridiques ayant pour résultat général la prohibition pénale de rapports homosexuels auxquels se livreraient en privé des hommes adultes capables d'y consentir ne se justifie pas. En particulier, ni les attitudes morales envers l'homosexualité masculine ni la crainte qu'une atténuation de ces règles n'aboutisse à miner les valeurs morales existantes ne permettent en soi une ingérence si étendue dans la vie privée du requérant. « Dépénaliser » ne veut pas dire approuver, et la peur de voir certains milieux tirer à cet égard des conclusions erronées d'une réforme de la législation ne constitue pas une bonne raison de conserver celle-ci jusque dans ses aspects injustifiables. • CEDH 22 oct. 1981, *Royaume-Uni,* n° 7525/76 § 61. ♦ Aucun « besoin social impérieux » ne commande, en Irlande, d'ériger de tels actes en infractions pénales. • CEDH 26 oct. 1988, *Irlande,* n° 10581/83 § 46. ♦ L'interdiction d'actes homosexuels entre adultes mâles et en privé continuant à figurer dans le recueil des lois atteint en permanence et directement le requérant dans sa vie privée. • CEDH 22 avr. 1993, *Chypre,* n° 15070/89 § 20 et 24. ♦ V. s'agissant du refus d'octroyer un permis de séjour pour un regroupement familial à une personne en couple homosexuel. • CEDH 23 févr. 2016, *Pajic c/ Croatie,* n° 68453/13 : *JCP Adm. 2016. 180* • CEDH 30 juin 2016, *Taddeucci et McCall c/ Italie,* n° 51362/09 : *D. 2016. 2100, note Fulchiron ; RTD civ. 2016. 799, obs. Marguénaud ; JCP Adm. 2016. 599.*

58. Ni les investigations menées sur les préférences sexuelles des requérants ni la révocation de ceux-ci en raison de leur homosexualité conformément à la politique du ministère de la défense ne se justifiaient au regard du présent art. • CEDH 27 sept. 1999, *Lustig-Prean et Beckett c/ Royaume-Uni,* n° 31417/96 § 104 : *RTD civ. 1999. 917, obs. Marguénaud* • CEDH 27 sept. 1999, *Smith et Grady c/ Royaume-Uni,* n° 33985/96 § 111 : *JCP 2000. I. 203, chron. Sudre.*

59. Le requérant participait à des actes sexuels avec un nombre restreint d'amis dans des circonstances telles qu'il était très peu probable que d'autres personnes auraient connaissance de cet épisode. Il est vrai que les actes en question ont été enregistrés sur une cassette vidéo, mais la Cour relève que le requérant a été poursuivi en raison des actes eux-mêmes, et non de l'enregistrement ou d'un quelconque risque que celui-ci soit répandu dans le public. Ces actes revêtaient donc un caractère véritablement « privé ». • CEDH 31 juill. 2000, *Royaume-Uni,* n° 35735/97 § 37.

60. Du reste, des relations homosexuelles durables relèvent désormais du droit au respect de la vie familiale. • CEDH 24 juin 2010, *Schalk et Kopf c/ Autriche,* n° 30141/04 § 94 : *préc. note 49.* ♦ *Ab jur.* • CEDH, décis., 10 mai 2001, *Mata Estevez c/ Espagne,* n° 56501/00. ♦ Sur la question : ... de l'adoption, V. note 249. ♦ ... De la garde d'un enfant, V. note 281. ♦ ... Du mariage, V. notes ss. Conv. EDH, art. 12.

61. Une disposition prévoyant un âge de consentement plus élevé pour les actes homosexuels que pour les actes hétérosexuels traduit les préjugés d'une majorité hétérosexuelle envers une minorité homosexuelle et viole les présentes dispositions combinées avec l'art. 14 Conv. EDH. • CEDH 9 janv. 2003, *Autriche,* n° 39392/98 § 47 et 52 : *D. 2003. 2278, note Burgogue-Larsen* ; *JCP 2003. I. 160, chron. Sudre* • CEDH 10 févr. 2004, *Royaume-Uni,* n° 53760/00 § 24.

62. Sado-masochisme. Le droit d'entretenir des relations sexuelles découle du droit de disposer de son corps, partie intégrante de la notion d'autonomie personnelle. A cet égard, la faculté pour chacun de mener sa vie comme il l'entend peut également inclure la possibilité de s'adonner à des activités perçues comme étant d'une nature physiquement ou moralement dommageable ou dangereuse pour sa personne. Néanmoins, si une personne peut revendiquer le droit d'exercer des pratiques sexuelles le plus librement possible, c'est dans *le respect de la volonté de la « victime »* de ces pratiques, dont le propre droit au libre choix quant aux modalités d'exercice de sa sexualité doit aussi être garanti. Ceci implique que les pratiques se déroulent dans des conditions qui permettent un tel respect. Ce qui ne fut pas le cas en l'espèce, les engagements des requérants visant à intervenir et arrêter immédiatement les pratiques en cause lorsque la « victime » n'y consentait plus n'ayant pas été respectés. • CEDH 17 févr. 2005, *Belgique,* n° 42758/98 § 83 à 85 : *D. 2005. 2973, note Fabre-Magnan* ; *RTD civ. 2005. 341, obs. Marguénaud* ; *RD publ. 2006. 805, obs. Levinet ; JCP 2005 I. 159, chron. Sudre.*

63. La Cour fait observer que toute pratique sexuelle menée à huis clos ne relève pas nécessairement du domaine de la vie privée. En l'espèce, les requérants se sont livrés de leur plein gré à des actes sadomasochistes dans un but de jouissance sexuelle. Il ne fait aucun doute que les tendances et le comportement sexuels se rapportent à un aspect intime de la vie privée. Cependant, un nombre considérable de personnes ont pris part à ces actes, qui comportaient notamment le recrutement de nouveaux « membres », la mise à disposition de plusieurs « chambres » équipées spécialement et l'enregistrement de nombreuses vidéocassettes distribuées parmi les « membres » en question. Il est donc permis de se demander, vu les circonstances particulières de l'espèce, si les pratiques sexuelles des requérants relèvent entièrement de la notion de « vie privée ». • CEDH 19 févr. 1997, *Laskey, Jaggard et Brown c/ Royaume-Uni,* n° 21627/93 § 36 : *D. 1998. 97, note Larralde* . ♦ Il en résulte que des poursuites pour coups et blessures volontaires, en dépit du consentement des victimes adultes, peuvent se justifier. • CEDH 19 févr. 1997, *Royaume-Uni,* n° 21627/93 § 49 s. : *préc.*

64. Sévices sexuels sur personnes vulnérables. Les sévices sexuels constituent incontestablement un type odieux de méfaits qui fragilisent les victimes. Les enfants et les autres personnes vulnérables ont droit à la protection de l'État, sous la forme d'une prévention efficace les mettant à l'abri de formes aussi graves d'ingérence dans des aspects essentiels de leur vie privée. • CEDH 22 oct. 1996, *Royaume-Uni,* n° 22083/93 § 64.

65. Viol. Les États ont l'obligation positive, inhérente aux art. 3 et 8 Conv. EDH, d'adopter des dispositions en matière pénale qui sanctionnent effectivement le viol et de les appliquer en pratique au travers d'une enquête et de poursuites effectives. • CEDH 4 déc. 2003, *Bulgarie,* n° 39272/98 § 153 : *JCP 2004. I. 107, chron. Sudre ; RSC 2004. 441, obs. Massias* ; *RD publ. 2004. 803.* ♦ V. déjà estimant que le viol peut constituer une torture. • CEDH 25 sept. 1997, Turquie, n° 23178/94 § 83. ♦ La Cour est convaincue que toute approche rigide de la répression des infractions à caractère sexuel, qui consisterait par exemple à exiger dans tous les cas la preuve qu'il y a eu résistance physique, risque d'aboutir à l'impunité des auteurs de certains types de viol et par conséquent de compromettre la protection effective de l'autonomie sexuelle de l'individu. Conformément aux normes et aux tendances contemporaines en la matière, il y a lieu de considérer que les obligations positives qui pèsent sur les États membres commandent la criminalisation et la répression effective de tout acte sexuel non consensuel, y compris lorsque la victime n'a pas opposé de résistance physique. • CEDH 4 déc. 2003, *Bulgarie,* n° 39272/98 § 166 : *préc.*

5° DROIT DE DEVENIR PARENTS (OU NON) – RECHERCHE ET DÉNONCIATION DE PATERNITÉ

66. La notion de « vie privée » recouvre également le droit au respect des décisions de devenir ou de ne pas devenir parent. • CEDH, gr. ch., 10 avr. 2007, *Evans c/ Royaume-Uni,* n° 6339/05 § 71 : *D. 2007. 1202, obs. Delaporte-Carré ; ibid. 2008. 1435, obs. Galloux et Gaumont-Prat ; RDSS 2007. 810, note Roman ; RTD civ. 2007. 295, obs. Marguénaud ; ibid. 545, obs. Hauser* • CEDH, gr. ch., 22 janv. 2008, *France,* n° 43546/02 § 43 : *D. 2008. 2038, note Hennion-Jacquet ; AJDA 2008. 978, chron. Flauss ; JCP 2008. 10071, note Gouttenoire et Sudre* • CEDH, gr. ch., 16 déc. 2010, *Irlande,* n° 25579/05 § 212 • CEDH 8 nov. 2011, *Slovaquie,* n° 18968/07 § 138. • CEDH 14 janv. 2016, *Mandet c/ France,* n° 30955/12 § 44 : *D. 2016. 257 ; AJ fam. 2016. 213, obs. Chénedé*. ♦ Rappr. La détermination des relations juridiques d'un père avec son enfant putatif relève de la « vie privée » de l'intéressé. • CEDH 28 nov. 1984, *Danemark,* n° 8777/79 § 33 • CEDH 6 déc. 2011, *Turquie,* n° 2899/05 § 23 : *D. 2012. 1432, obs. Granet-Lambrechts* • CEDH 25 févr. 2014, *Roumanie,* n° 12547/06 § 30 : *AJ fam. 2014. 246* • CEDH 14 janv. 2016, *Mendet c/ France,* n° 30955/12 § 44 : *D. 2016. 213, obs. Chénédé*.

67. Dès lors, le présent art. est applicable aux griefs des requérants en ce que le refus de l'insémination artificielle concerne leur vie privée et familiale, ces notions incluant le droit au respect de leur décision de devenir parents génétiques. • CEDH, gr. ch., 4 déc. 2007, *Dickson c/ Royaume-Uni,* n° 44362/04 § 66 : *RSC 2008. 140, obs. Marguénaud ; AJ pénal 2008. 47 obs. Herzog-Evans ; RTD civ. 2008. 272, obs. Hauser ; JCP 2008. I. 110, chron. Sudre* • CEDH, gr. ch., 3 nov. 2011, *Autriche,* n° 57813/00 § 82. ♦ Il en va de même en matière de stérilisation. • CEDH 8 nov. 2011, *Slovaquie,* n° 18968/07 § 138 (sol impl.).

68. Le fait que le législateur autrichien a interdit les dons de sperme et d'ovules à des fins de fécondation *in vitro* sans pour autant proscrire le don de sperme à des fins de fécondation *in vivo* témoigne du soin avec lequel il a cherché à concilier les réalités sociales avec ses positions de principe en la matière. En outre, le droit autrichien n'interdit pas aux personnes concernées de se rendre à l'étranger pour s'y soumettre à des traitements contre la stérilité faisant appel à des techniques de procréation artificielle non autorisées en Autriche. Dès lors, ni l'interdiction du don d'ovules à des fins de procréation artificielle, ni la prohibition du don de sperme à des fins de fécondation *in vitro* posées par l'art. 3 de la loi sur la procréation artificielle n'ont excédé la marge d'appréciation dont le législateur autrichien disposait à l'époque pertinente. • CEDH, gr. ch., 3 nov. 2011, *Autriche,* n° 57813/00 § 114 et 115. ♦ La Cour constitutionnelle autrichienne ayant précisé que ces données n'étaient pas figées et qu'elles pouvaient subir des évolutions dont le législateur devrait tenir compte, la Cour note que le parlement autrichien n'a pas, à ce jour, procédé à un réexamen approfondi des règles régissant la procréation artificielle à la lumière de l'évolution rapide que connaissent la science et la société à cet égard et observe que le domaine en cause appelle un examen permanent de la part des États contractants. • CEDH, gr. ch., 3 nov. 2011, *Autriche,* n° 57813/00 § 117 et 118.

69. IVG. La décision d'une femme enceinte d'interrompre sa grossesse ou non appartient à la sphère de la vie privée et de l'autonomie. Par conséquent, la législation régissant l'interruption de grossesse touche la sphère de la vie privée, puisque chaque fois qu'une femme est enceinte, sa vie privée est étroitement associée au développement du fœtus. Le droit de la femme enceinte au respect de sa vie privée doit se mesurer à l'aune d'autres droits et libertés concurrents, y compris ceux de l'enfant à naître. • CEDH, gr. ch., 16 déc. 2010, *Irlande,* n° 25579/05 § 213 : *D. 2011. 1360, chron. Hennette-Vauchez ; ibid. 2012. 308, obs. Galloux et Gaumont-Prat ; RDSS 2011. 293, note Roman ; Constitutions 2011. 213, obs. Dubout ; RTD civ. 2011. 303, obs. Marguénaud* • CEDH 26 mai 2011, *Pologne,* n° 27617/04 § 181 : *AJDA 2011. 1993, chron. Burgorgue-Larsen*. ♦ Si le présent art. ne saurait s'interpréter comme consacrant un droit à l'avortement, l'interdiction de l'avortement pour motifs de santé et/ou de bien-être dont se plaignent deux requérantes, et l'impossibilité dans laquelle la troisième requérante se serait trouvée de faire établir qu'elle remplissait les conditions pour avorter légalement en Irlande sont des questions qui relèvent du droit des intéressées au respect de leur vie privée. • CEDH, gr. ch., 16 déc. 2010, *Irlande,* n° 25579/05 § 214 : *préc.* ♦ Il ressort également de l'examen de ces cas que la question a toujours été déterminée par pesée à des droits différents, et parfois contradictoires, ou les libertés revendiquées par une mère ou un père par rapport à l'autre ou vis-à-vis du fœtus. • CEDH 8 juill. 2004, *Vo c/ France,* n° 53924/00

§ 82 : *préc. note 34* • CEDH 26 mai 2011, *Pologne*, n° 27617/04 § 181 : *préc.*

70. La nature même des questions en jeu dans les décisions d'interruption de grossesse est telle que le facteur temps revêt une importance cruciale. Les procédures en place doivent donc être conçues pour que ces décisions soient prises en temps et en heure, afin de prévenir ou limiter le préjudice qui pourrait découler pour la santé de la femme d'un avortement tardif. Des procédures prévoyant le contrôle *a posteriori* de décisions relatives à la possibilité d'avorter légalement ne sauraient remplir un tel rôle. L'absence de procédures préventives de ce type en droit interne peut passer pour constituer un manquement de l'État aux obligations positives qui lui incombent au titre du présent art. • CEDH 20 mars 2007, *Pologne*, n° 5410/03 § 118.

71. Une situation dans laquelle il est impossible de faire prévaloir la réalité biologique sur une présomption légale de paternité n'est pas compatible avec l'obligation de garantir le « respect » effectif de la vie privée et familiale, même eu égard à la marge d'appréciation dont jouissent les États. • CEDH 10 oct. 2006, *Slovaquie*, n° 10699/05 § 46 • CEDH 9 nov. 2006, *Turquie*, n° 11449/02 § 36 et 37. ♦ Il n'est cependant pas déraisonnable que les tribunaux internes donnent plus de poids aux intérêts de l'enfant et de la famille dans laquelle il vit qu'à ceux que peut avoir le requérant à vérifier un fait biologique. • CEDH, décis., 24 août 2010, *Roumanie*, n° 4901/04 § 40 • CEDH 6 déc. 2011, *Turquie*, n° 2899/05 § 32 : *D. 2012. 1432, obs. Granet-Lambrechts*. ♦ Il conviendra donc de distinguer selon que l'enfant est mineur ou majeur au moment de la demande. • CEDH 10 oct. 2006, *Slovaquie*, n° 10699/05 § 46. ♦ En déclarant irrecevable sa demande de réouverture de la procédure en recherche de paternité de l'enfant né hors mariage, alors que tous les intéressés semblaient favorables à l'établissement de la vérité biologique concernant la filiation de H.-A., les autorités nationales n'ont pas eu égard au juste équilibre à ménager entre les intérêts en présence. • CEDH 25 févr. 2014, *Roumanie*, n° 12547/06 § 45 : *AJ fam. 2014. 246*.

72. Les requérants avaient conçu un véritable projet parental, en passant d'abord par des tentatives de fécondation *in vitro*, puis en demandant et obtenant l'agrément pour adopter, et, enfin, en se tournant vers le don d'ovules et le recours à une mère porteuse. Une grande partie de leur vie était projetée vers l'accomplissement de leur projet, devenir parents en vue d'aimer et éduquer un enfant. • CEDH, gr. ch., 24 janv. 2017, *Paradisio et Campanelli*, n° 25358/12 § 163 : *D. 2017. 215, obs. Le Maigat* ; *ibid. 663, chron. Chénedé* ; *ibid. 729, obs. Granet-Lambrechts* ; *ibid. 781, obs. Galloux et Gaumont-Prat* ; *AJ fam. 2017. 93, obs. Dionisi-Peyrusse*. ♦ Cependant, en l'espèce, accepter de laisser l'enfant avec les requérants, peut-être dans l'optique que ceux-ci deviennent ses parents adoptifs, serait revenu à légaliser la situation créée par eux en violation de règles importantes du droit italien. La Cour admet donc que les juridictions italiennes, ayant conclu que l'enfant ne subirait pas un préjudice grave ou irréparable en conséquence de la séparation, ont ménagé un juste équilibre entre les différents intérêts en jeu en demeurant dans les limites de l'ample marge d'appréciation dont elles disposaient en l'espèce. • CEDH, gr. ch., 24 janv. 2017, *Paradisio et Campanelli*, n° 25358/12 § 215 : *préc.*.

73. Ne garantissant pas le droit de fonder une famille, le présent art. ne saurait englober le droit à une descendance pour des grands-parents ni même celui d'accéder au souhait de leur fils décédé de se perpétuer par le truchement d'une insémination *post mortem*. • CEDH, décis., 12 nov. 2019, *France*, n° 23038/19 § 19-20.

6° DROIT À L'IMAGE

74. Principe. Le droit à l'image relève du présent art. • CEDH 24 juin 2004, *Von Hannover c/ Allemagne*, n° 59320/00 § 57 : *D. 2004. 2538, obs. Renucci* ; *ibid. 2005. 340, note Halperin* ; *RTD civ. 2004. 802, note Marguénaud* ; *JCP 2004. I. 161, chron. Sudre* • CEDH, décis., 21 oct. 2004, *K. c/ Lettonie*, n° 71225/01. ♦ V. déjà, implicitement. • CEDH 28 janv. 2003, *Royaume-Uni*, n° 44647/98.

75. L'image (la photo) d'un individu est l'un des attributs principaux de sa personnalité, du fait qu'elle dégage son originalité et lui permet de se différencier de ses congénères. Le droit de la personne à la protection de son image constitue ainsi l'une des composantes essentielles de son épanouissement personnel et présuppose principalement la maîtrise par l'individu de son image. • CEDH 15 janv. 2009, *Grèce*, n° 1234/05 § 40 : *RTD civ. 2009. 283, obs. Marguénaud* ; *JCP 2009. I. 143, chron. Sudre* • CEDH, gr. ch., 7 févr. 2012, *Von Hannover c/ Allemagne (n° 2)*, n° 40660/08 § 96.

76. La publication par différents magazines allemands de photos représentant la requérante seule ou avec d'autres personnes dans sa vie quotidienne relevait de sa vie privée. • CEDH 24 juin 2004, *Von Hannover c/ Allemagne*, n° 59320/00 § 53 : *préc. note 61*. ♦ La notion de vie privée comprend des éléments se rapportant au droit à l'image d'une personne et la publication d'une photographie relève de la vie privée. • CEDH 11 janv. 2005, *Italie*, n° 50774/99 § 29.

77. La sphère de la vie privée, telle que la Cour la conçoit, permet d'assurer le développement, sans ingérences extérieures, de la personnalité de chaque individu dans les relations avec ses semblables. Il existe donc une zone d'interaction entre l'individu et des tiers qui, même dans un contexte public, peut relever de la « vie privée ». • CEDH 24 juin 2004, *Von Hannover c/ Allemagne,* n° 59320/00 § 50 : *prec. note 61.*

78. Catégories de personnes concernées. S'il existe une zone d'interaction entre l'individu et des tiers qui, même dans un contexte public, peut relever de la « vie privée », le caractère de « personne ordinaire » de la requérante élargit cette zone d'interaction susceptible de relever de la vie privée ; le fait que l'intéressée était l'objet de poursuites pénales ne saurait restreindre le champ de cette protection. • CEDH 11 janv. 2005, *Italie,* n° 50774/99 § 29. ♦ Cependant, toute personne, même connue du grand public, doit pouvoir bénéficier d'une « espérance légitime » de protection et de respect de sa vie privée. • CEDH 24 juin 2004, *Von Hannover c/ Allemagne,* n° 59320/00 § 69 : *prec. note 61* • CEDH 9 nov. 2006, *Belgique,* n° 64772/01 § 78. • CEDH 4 juin 2009, *Autriche (n° 2),* n° 21277/05 § 487 • CEDH 23 juill. 2009, *Hachette Filipacchi Associés (« Ici Paris ») c/ France,* n° 12268/03 § 53 : *JCP 2010. I. 70, chron. Sudre* • CEDH, gr. ch., 7 févr. 2012, *Von Hannover c/ Allemagne (n° 2),* n° 40660/08 § 97.

79. Combinaison avec la liberté d'informer. S'il existe un droit du public à être informé, droit essentiel dans une société démocratique qui, dans des circonstances particulières, peut même porter sur des aspects de la vie privée de personnes publiques, notamment lorsqu'il s'agit de personnalités politiques, cela n'est pas le cas lorsque les faits se situent en dehors de la sphère de tout débat politique ou public, et que les photos publiées et les commentaires les accompagnant se rapportent exclusivement à des détails de la vie privée. • CEDH 24 juin 2004, *Allemagne,* n° 59320/00 § 64 : *prec. note 61.* ♦ V. *a contrario,* s'agissant l'arrestation de X, acteur célèbre, qui a eu lieu en public, sous l'un des chapiteaux de la fête de la bière à Munich. • CEDH, gr. ch., 7 févr. 2012, *Axel Springer AG c/ Allemagne,* n° 39954/08 § 107. ♦ ... Ou de photos de personnalités, prises dans les rues d'une station de sports d'hiver. • CEDH, gr. ch., 7 févr. 2012, *Von Hannover c/ Allemagne (n° 2),* n° 40660/08 § 118. ♦ V. également notes ss. CEDH, art. 10.

80. Étendue de la protection. La maîtrise de son image implique dans la plupart des cas la possibilité pour l'individu de refuser la diffusion de son image, elle comprend en même temps le droit pour lui de s'opposer à la captation, la conservation et la reproduction de celle-ci par autrui. En effet, l'image étant l'une des caractéristiques attachées à la personnalité de chacun, sa protection effective présuppose, en principe et dans des circonstances similaires à celles de l'espèce (photographies prises dans un lieu uniquement accessible aux médecins et infirmières de la clinique et image du nouveau-né, capturée par l'effet d'un acte délibéré du photographe), le consentement de l'individu dès sa captation et non pas seulement au moment de son éventuelle diffusion au public. Dans le cas contraire, un attribut essentiel de la personnalité pourrait être retenu captif par autrui sans que l'intéressé ait la maîtrise sur son éventuel usage ultérieur. • CEDH 15 janv. 2009, *Reklos et Davourlis c/ Grèce,* n° 1234/05 § 40 : *préc. note 62.*

81. Vidéosurveillance. Un certain nombre d'éléments entrent en ligne de compte lorsqu'il s'agit de déterminer si la vie privée d'une personne est touchée par des mesures prises en dehors de son domicile ou de ses locaux privés. Puisque à certaines occasions les gens se livrent sciemment ou intentionnellement à des activités qui sont ou peuvent être enregistrées ou rapportées publiquement, ce qu'un individu est raisonnablement en droit d'attendre quant au respect de sa vie privée peut constituer un facteur significatif, quoique pas nécessairement décisif. Une personne marchant dans la rue sera forcément vue par toute autre personne qui s'y trouve aussi. Le fait d'observer cette scène publique par des moyens techniques (par exemple un agent de sécurité exerçant une surveillance au moyen d'un système de télévision en circuit fermé) revêt un caractère similaire. En revanche, la création d'un enregistrement systématique ou permanent de tels éléments appartenant au domaine public peut donner lieu à des considérations liées à la vie privée. • CEDH 25 sept. 2001, *Royaume-Uni,* n° 44787/98 § 57.

82. Le fait de surveiller les actes d'un individu dans un lieu public en utilisant un système de prise de vues sans enregistrer de données visuelles n'entraîne pas en soi une ingérence dans la vie privée de l'individu. • Comm. EDH 14 janv. 1998, *Belgique,* n° 32200/96 • CEDH 28 janv. 2003, *Peck c/ Royaume-Uni,* n° 44647/98 § 59. ♦ En revanche, dès lors que la scène est vue dans une mesure excédant largement ce qu'un passant aurait pu voir ou ce qui aurait pu être observé à des fins de sécurité, en particulier du fait de sa diffusion à la télévision, il y a atteinte à la vie privée. • CEDH 28 janv. 2003, *Royaume-Uni,* n° 44647/98 § 62.

83. C'est donc l'enregistrement des images (ou des voix, V. note 341) et le caractère systématique ou permanent de celui-ci qui peuvent constituer une ingérence dans le droit au respect de la vie privée, comme en matière de données personnelles, V. note 84. ♦ V. égal., s'agissant de vidéosurveillance sur le lieu de travail, note 118.

7° DONNÉES À CARACTÈRE PERSONNEL

84. Principe. Tant la mémorisation de données relatives à la « vie privée » d'un individu que leur communication, assorties du refus d'accorder à M. la faculté de les réfuter, entrent dans le champ d'application du présent art. • CEDH 26 mars 1987, *Suède*, n° 9248/81 § 48.

85. La protection des données à caractère personnel joue un rôle fondamental pour l'exercice du droit au respect de la vie privée et familiale. La législation interne doit donc ménager des garanties appropriées pour empêcher toute utilisation de données à caractère personnel qui ne serait pas conforme aux garanties prévues au présent art. La nécessité de disposer de telles garanties se fait d'autant plus sentir lorsqu'il s'agit de protéger les données à caractère personnel soumises à un traitement automatique, en particulier lorsque ces données sont utilisées à des fins policières. Le droit interne doit notamment assurer que ces données sont pertinentes et non excessives par rapport aux finalités pour lesquelles elles sont enregistrées, et qu'elles sont conservées sous une forme permettant l'identification des personnes concernées pendant une durée n'excédant pas celle nécessaire aux finalités pour lesquelles elles sont enregistrées. Le droit interne doit aussi contenir des garanties aptes à protéger efficacement les données à caractère personnel enregistrées contre les usages impropres et abusifs. • CEDH, gr. ch., 4 déc. 2008, *S. et Marper c/ Royaume-Uni*, n° 30562/04 § 103 : *RFDA 2009. 741, note Peyrou-Pistoulet ; AJ pénal 2009. 81, obs. Roussel ; RSC 2009. 182, obs. Marguénaud ; RD publ. 2009. 910, obs. Gonzalez ; JCP 2009. I. 104, chron. Sudre* • CEDH 18 avr. 2013, *M. K. c/ France*, n° 19522/09 § 35 : *D. 2013. 1067* • CEDH 18 sept. 2014, *Brunet c/ France*, n° 21010/10 § 35 : *AJDA 2014. 1796 ; D. 2014. 1880 ; JCP Adm. 2014. 775 ; ibid. 2015. 2002, chron. Correia.* ♦ V. déjà : Il appartient donc aux autorités de justifier le recours à cette pratique (en l'espèce : sécurité nationale) et à l'entourer de garanties suffisantes (en l'espèce commission de contrôle indépendante et Parlement). • CEDH 26 mars 1987, *Suède*, n° 9248/81 § 67.

86. Données en général. Une fiche contenant des données relatives à la vie privée du *requérant a été établie par le ministère public*, puis conservée dans le fichier de la Confédération. Ces éléments suffisent à constituer une ingérence, au sens de l'art. 8, dans le droit au respect de la vie privée du requérant. • CEDH, gr. ch., 16 févr. 2000, *Amann c/ Suisse*, n° 27798/95 § 70.

87. La lettre contenait diverses informations sur la vie du requérant, en particulier sur ses études, sur ses activités politiques et sur son casier judiciaire, dont une partie avait été recueillie il y a plus de 50 ans. De tels renseignements, lorsqu'ils sont, d'une manière systématique, recueillis et mémorisés dans un fichier tenu par des agents de l'État, relèvent de la « vie privée » et ce d'autant plus, en l'espèce, que certaines informations ont été déclarées fausses et qu'elles risquent de porter atteinte à la réputation de l'intéressé. • CEDH, gr. ch., 5 mai 2000, *Rotaru c/ Roumanie*, n° 28341/95 § 44 : *AJDA 2000. 1006, chron. Flauss ; D. 2001. 1988, obs. A. Lepage ; JCP 2001. I. 291, chron. Sudre.* ♦ Les informations au sujet des requérants conservées dans le fichier de la Sûreté et divulguées aux intéressés relèvent clairement de leur « vie privée ». En fait, ce constat s'applique même aux informations publiques puisque celles-ci ont été systématiquement réunies et conservées dans les fichiers détenus par les autorités. Compte tenu de la nature de ces renseignements et de leur ancienneté, estime que leur conservation ne se fondait pas sur des motifs pertinents et suffisants au regard de la protection de la sécurité nationale. De même, la conservation de la majeure partie de ces informations ne peut guère passer pour répondre à des intérêts de sécurité nationale véritablement pertinents pour l'État défendeur. La conservation des renseignements selon lesquels l'intéressé aurait, en 1969, préconisé d'opposer une résistance violente aux contrôles de police durant des manifestations se fonde sur des motifs qui, malgré leur caractère pertinent, ne sauraient passer pour suffisants 30 ans plus tard. • CEDH 6 juin 2006, *Suède*, n° 62332/00 § 72 et 90.

88. Fichiers d'infractions. Il faut tenir compte du risque de stigmatisation, qui découle du fait que les personnes dans la situation des requérants, qui n'ont été reconnus coupables d'aucune infraction et sont en droit de bénéficier de la présomption d'innocence, sont traitées de la même manière que des condamnés. Il convient de ne pas perdre de vue à cet égard que le droit de toute personne à être présumée innocente que garantit la Conv. EDH comporte une règle générale en vertu de laquelle on ne peut plus exprimer des soupçons sur l'innocence d'un accusé une fois que celui-ci a été acquitté (V. Conv. EDH, art. 6 § 2). Certes, la conservation de données privées concernant les requérants n'équivaut pas à l'expression de soupçons. Néanmoins, l'impression qu'ont les intéressés de ne pas être considérés comme innocents se trouve renforcée par le fait que les données les concernant sont conservées indéfiniment tout comme celles relatives à des personnes condamnées, alors que celles concernant des individus n'ayant jamais été soupçonnés d'une infraction doivent être détruites. • CEDH, gr. ch., 4 déc. 2008, *S. et Marper c/ Royaume-Uni*, n° 30562/04 § 122 : *préc. note 85* • CEDH 18 avr. 2013, *M. K. c/ France*, n° 19522/09 § 36 : *préc. note 85.* ♦ V. pour la durée de conservation des informations du fichier des infractions constatées (STIC). • CEDH 18 sept. 2014, *Brunet c/ France*, n° 21010/10 § 44 : *préc. note 85.* ♦ Rappr. S'agissant de la mention « prostituée » dans les dossiers de la police durant 5 ans. • CEDH 18 oct. 2011, *Suisse*, n° 16188/07 § 63 s. ♦ V. pour l'effacement des données de ce type de fichiers. Le régime actuel de conservation des profils ADN dans le FNAEG, auquel le requérant s'est opposé en refusant le prélèvement, n'offre pas, en raison tant de sa durée que de l'absence de possibilité d'effacement, une protection suffisante à l'intéressé. Elle ne traduit donc pas un juste équilibre entre les intérêts publics et privés concurrents en jeu. • CEDH 22 juin 2017, *Aycaguer c/ France*, n° 8806/12 § 44 et 45 : *AJDA 2017. 1311 ; ibid. 1768, chron. Burgorgue-Larsen ; D. 2017. 1363 ; AJ pénal 2017. 391, note Gautron .* ♦ Comp. pour le fichier judiciaire national automatisé des auteurs d'infractions sexuelles ou violentes. • CEDH 17 déc. 2009, *B. c/ France*, n° 5335/06 § 68 et 69 : *D. 2010. 93, obs. Gachi ; ibid. 2732, obs. Roujou de Boubée, Garé et Mirabail ; RSC 2010. 239, obs. D. Roets ; JCP 2010. Actu. 62, obs. Sudre.*

89. Empreintes digitales et génétiques. Les considérations qui précèdent valent tout spécialement lorsque est en jeu la protection de catégories particulières de données plus sensibles, notamment des données ADN, qui, dans la mesure où elles contiennent le patrimoine génétique de la personne, revêtent une grande importance tant pour elle-même que pour sa famille. • CEDH, gr. ch., 4 déc. 2008, *S. et Marper c/ Royaume-Uni*, n° 30562/04 § 103 : *préc. note 85.* ♦ Le régime de conservation dans le fichier litigieux des empreintes digitales de personnes soupçonnées d'avoir commis des infractions mais non condamnées, tel qu'il a été appliqué au requérant en l'espèce, ne traduisant pas un juste équilibre entre les intérêts publics et privés concurrents en jeu. En effet, la *conservation des informations* insérées dans le fichier est limitée dans le temps, cette période d'archivage est de vingt-cinq ans. Compte tenu de son précédent constat selon lequel les chances de succès des demandes d'effacement sont pour le moins hypothétiques, une telle durée est en pratique assimilable à une conservation indéfinie ou du moins, comme le soutient le requérant, à une norme plutôt qu'à un maximum. • CEDH 18 avr. 2013, *M. K. c/ France*, n° 19522/09 § 45 et 46 : *préc. note 87.*

90. Données médicales. La protection de la confidentialité des données médicales, qui est dans l'intérêt du patient comme de la collectivité dans son ensemble, peut parfois s'effacer devant la nécessité d'enquêter sur des infractions pénales, d'en poursuivre les auteurs et de protéger la publicité des procédures judiciaires, lorsqu'il est prouvé que ces derniers intérêts revêtent une importance encore plus grande. • CEDH 25 févr. 1997, *Z. c/ Finlande*, n° 22009/93 § 97 : *JCP 1998. I. 107, chron. Sudre.*

91. Il en va de même lorsque la communication est nécessaire à l'établissement d'une indemnisation. Ainsi, le service de gynécologie avait des raisons pertinentes et suffisantes de communiquer à la caisse le dossier médical de Mme M. S. La mesure n'était pas disproportionnée au but légitime poursuivi. • CEDH 27 août 1997, *Suède*, n° 20837/92 § 44.

92. En revanche la divulgation de ces données au public y compris dans une décision de justice, porte atteinte à la vie privée. • CEDH 25 févr. 1997, *Finlande*, n° 22009/93 § 97 : *préc. note 78.* ♦ La cour d'appel fonda en partie sa décision sur les constatations détaillées du compte rendu opératoire, en y reproduisant les passages qu'elle estimait pertinents. Ce faisant, elle divulgua et rendit publiques des informations touchant à la santé et donc à la vie privée du requérant. • CEDH 10 oct. 2006, *L. L. c/ France*, n° 7508/02 § 33 et 47. ♦ Rappr. • CEDH 29 juin 2006, *Ukraine*, n° 11901/02 § 51 et 52.

93. Il convient donc que l'État se dote d'une législation pertinente. • CEDH 10 oct. 2006, *L. L. c/ France*, n° 7508/02 § 47. ♦ Et la simple possibilité d'obtenir réparation du dommage subi ne satisfait pas cette exigence. • CEDH 17 juill. 2008, *Finlande*, n° 20511/03 § 48 et 49 : *JCP 2009. I. 106, chron. Sudre.* ♦ Il en est de même de l'existence de lourdes sanctions en cas de publication par la presse. • CEDH 25 nov. 2008, *Lithuanie*, n° 23373/03 § 46.

94. Même si la liberté d'expression et la confidentialité des communications sont des préoccupations primordiales et que les utilisateurs des télécommunications et des services internet doivent avoir la garantie que leur intimité et leur liberté d'expression seront respectées, cette garantie ne peut être absolue, et elle doit parfois s'effacer devant d'autres impératifs légitimes tels que la défense de l'ordre et la prévention des infractions pénales ou la protection des droits et libertés d'autrui. Sans préjudice de la question de savoir si, compte tenu de sa nature répréhensible, la conduite de la personne ayant passé l'annonce illégale sur internet relève ou non de la protection des art. 8 et 10 Conv. EDH. Le législateur aurait dû en tout cas prévoir un cadre permettant de concilier les différents intérêts à protéger dans ce contexte. Un tel cadre n'était pas en place au moment des faits. • CEDH 2 déc.

2008, *Finlande*, n° 2872/02 : *RD publ. 2009. 909, obs. Lévinet.*

95. Droit à la connaissance de ses origines. Les personnes se trouvant dans la situation du requérant (en l'espèce : personne maltraitée alors qu'elle se trouvait sous assistance ; depuis sa majorité, elle essaie de savoir où, chez qui et dans quelles conditions elle a vécu, afin de pouvoir surmonter ses problèmes et connaître son passé) ont un intérêt primordial, protégé par la Conv. EDH, à recevoir les renseignements qu'il leur faut pour connaître et comprendre leur enfance et leurs années de formation. Cependant, (...) il peut être nécessaire de préserver des tiers. Sous ce dernier aspect, un système qui subordonne l'accès aux dossiers à l'acceptation des informateurs peut en principe être tenu pour compatible avec le présent art. Il doit toutefois sauvegarder, quand un informateur n'est pas disponible ou refuse abusivement son accord, les intérêts de quiconque cherche à consulter des pièces relatives à sa vie privée et familiale ; il ne cadre avec le principe de proportionnalité que s'il charge un organe indépendant, au cas où un informateur ne répond pas ou ne donne pas son consentement, de prendre la décision finale sur l'accès. • CEDH 7 juill. 1989, *Gaskin c/ Royaume-Uni*, n° 10454/83 § 49 : *AFDI 1991. 604, obs. Coussirat-Coustère ; JDI 1990. 715, obs. Rolland et Tavernier.* ♦ Le respect de la vie privée exige que chacun puisse établir les détails de son identité d'être humain ; le droit d'un individu à de telles informations est essentiel du fait de leurs incidences sur la formation de la personnalité. • CEDH 7 févr. 2002, *Mikulic c/ Croatie*, n° 53176/99 § 54 : *préc. note 4.* ♦ L'établissement des détails de son identité d'être humain et l'intérêt vital, protégé par la Convention, à obtenir des informations nécessaires à la découverte de la vérité concernant un aspect important de son identité personnelle, par exemple l'identité de ses géniteurs, contribuent à l'épanouissement personnel. La naissance, et singulièrement les circonstances (donc le droit de connaître son ascendance) de celle-ci, relève de la vie privée de l'enfant, puis de l'adulte. • CEDH, gr. ch., 13 févr. 2003, *Odièvre c/ France*, n° 42326/98 § 29 : *AJDA 2003. 603, chron. Flauss ; D. 2003. 739 ; ibid. 1240, chron. Mallet-Bricout ; RDSS 2003. 219, note Monéger ; RTD civ. 2003. 276, obs. Hauser ; ibid. 375, obs. Marguénaud ; JCP 2003. 10049, note Gouttenoire-Cornut et Sudre* • CEDH 16 juin 2011, *Pascaud c/ France, n° 19535/08 § 48.* ♦ Les personnes essayant d'établir leur ascendance ont un intérêt vital, protégé par la Conv. EDH, à obtenir les informations qui leur sont indispensables pour découvrir la vérité sur un aspect important de leur identité personnelle. En même temps, il faut garder à l'esprit que la nécessité de protéger les tiers peut exclure la possibilité de contraindre ceux-ci à se soumettre à quelque analyse médicale que ce soit, notamment à des tests ADN. • CEDH 13 juill. 2006, *Jäggi c/ Suisse*, n° 58757/00 § 38 : *Mél. Genevois 2008. 563, étude Hottelier ; RTD civ. 2006. 727, obs. Marguénaud ; ibid. 2007. 99, obs. Hauser .*

96. Dans la présente affaire le droit à la vie privée de la requérante est en cause dans la mesure où il concerne sa demande à être reconnue comme la petite-fille de V. T. A. Bien que la Cour ne doute pas de l'importance de connaître l'identité de son grand-père, elle ne peut cependant lui accorder le même impact dans la vie privée que celui du droit à connaître son père, qui en l'espèce n'est pas en cause. Ainsi, la Cour estime que lors de la mise en balance des différents intérêts en jeu, celui de la requérante doit s'incliner face à la protection des droits de la famille de V. T. A. et de la sécurité juridique. • CEDH, décis., 5 mai 2009, *Menendez Garcia c/ Espagne*, n° 21046/07 : *Constitutions 2010. 77, obs. Burgorgue-Larsen .*

97. La question de savoir s'il est préférable, du point de vue de l'enfant conçu, de protéger l'anonymat du donneur de sperme ou de donner à l'enfant le droit de connaître l'identité de celui-ci relève de la marge d'appréciation de l'État. • CEDH 22 avr. 1997, *Royaume-Uni*, n° 21830/93 § 44 : *D. 1997. 362, obs. Fricero ; ibid. 584, note Grataloup ; JCP 1998. I. 107, chron. Sudre.* ♦ La sauvegarde de l'équilibre des familles et le risque majeur de remettre en cause le caractère social et affectif de la filiation, le risque d'une baisse substantielle des dons de gamètes, ainsi que celui d'une remise en cause de l'éthique qui s'attache à toute démarche de don d'éléments ou de produits du corps justifient les dispositions législatives relatives à l'anonymat du don de gamètes et le rejet d'une demande de levée de l'anonymat fondé sur le présent art. • CE 28 déc. 2017, n° 396571 : *AJDA 2018. 5 ; ibid. 497, chron. Roussel et Nicolas .*

98. Un système qui ne prévoit pas de moyens de contraindre le père prétendu à se conformer à un ordre du tribunal lui enjoignant de se soumettre à des tests ADN peut en principe être jugé compatible avec les obligations découlant du présent art., eu égard à la marge d'appréciation de l'État. Toutefois, dans le cadre d'un tel système, les intérêts de la personne qui cherche à déterminer sa filiation doivent être défendus lorsque la paternité ne peut être établie au moyen de tests ADN. L'absence de toute mesure procédurale de nature à contraindre le père prétendu à se plier à l'injonction d'un tribunal n'est conforme au principe de proportionnalité que si le système en question offre d'autres moyens grâce auxquels une autorité indépendante peut statuer rapidement sur l'action en recherche de paternité. • CEDH 7 févr. 2002, *Mikulic c/ Croatie,* n° 53176/99 § 64 : *préc. note 4.* ♦ Lorsque la recherche concerne un défunt, il y a violation du présent art. à refuser le prélèvement. • CEDH 13 juill. 2006, *Jäggi c/ Suisse,* n° 58757/00 § 42 : *préc. note 95.*

99. Le système mis en place par la France, s'il conserve le principe de l'admission de l'accouchement sous X, renforce la possibilité de lever le secret de l'identité. La nouvelle loi facilite la recherche des origines biologiques grâce à la mise en place d'un Conseil national pour l'accès aux origines personnelles, organe indépendant, composé de magistrats, de représentants d'associations concernées par l'objet de la loi et de professionnels ayant une bonne connaissance pratique des enjeux de la question. • CEDH, gr. ch., 13 févr. 2003, *Odièvre c/ France,* n° 42326/98 § 29 : *préc. note 95.* ♦ Les juridictions nationales ont laissé des contraintes juridiques l'emporter sur la réalité biologique en se fondant sur l'absence de consentement de W. A., alors même que les résultats de l'expertise ADN constituaient une preuve déterminante de l'allégation du requérant. C'est d'autant moins admissible que, à son décès, W. A. n'avait plus aucune famille connue. Dans les circonstances de l'espèce, il n'a pas été ménagé un juste équilibre entre les intérêts en présence ; le requérant a subi une atteinte injustifiée à son droit au respect de sa vie privée. • CEDH 16 juin 2011, *Pascaud c/ France,* n° 19535/08 § 68.

100. L'obligation pour un père putatif de se soumettre à un test génétique dans le cadre d'une procédure en reconnaissance de paternité poursuit un but légitime, celui de permettre à l'État de respecter ses obligations positives à l'égard de la fille putative du requérant car, même en matière civile, une démarche médicale n'est pas en elle-même contraire aux principes de l'état de droit. • CEDH 29 janv. 2019, *Malte,* n° 62257/15 § 65 et 71. ♦ Une telle obligation n'emporte pas violation du présent art. lorsque le juge l'ordonne après avoir procédé à la mise en balance des intérêts du descendant putatif à voir sa filiation établie et ceux de l'ascendant putatif de ne pas subir de tests génétiques, et ce dans le cadre d'une procédure judiciaire à laquelle ce dernier a participé par l'intermédiaire du conseil de son choix et au cours de laquelle il a pu faire valoir ses droits procéduraux. • CEDH 29 janv. 2019, *Malte,* n° 62257/15 § 77.

101. Données de localisation. L'obligation de localisation qui s'impose aux sportifs placés dans le groupe cible représente une ingérence dans l'exercice par les requérants et la requérante des droits découlant du § 1 du présent art. Même si ces obligations de localisation sont astreignantes, les enjeux sanitaires et de santé publique en cause et les légitimes préoccupations d'ordre éthique qui leur sont associées fournissent un argument déterminant quant à la nécessité de l'ingérence résultant de l'obligation de localisation litigieuse. Réduire ou supprimer les obligations dont ils se plaignent serait de nature à accroître les dangers du dopage pour leur santé et celle de toute la communauté sportive, et irait à l'encontre de la communauté de vue européenne et internationale sur la nécessité d'opérer des contrôles inopinés. • CEDH 18 janv. 2018, *Féd. nat. assoc. et synd. sportifs c/ France,* n° 48151/11 § 159, 169, 177 et 191 : *AJDA 2018. 135*.

102. La géolocalisation par l'apposition d'un récepteur GPS sur le véhicule du requérant, ainsi que le traitement et l'utilisation des données obtenues s'analysent en une ingérence dans la vie privée. • CEDH 8 févr. 2018, *Ben Faiza c/ France,* n° 31446/12 § 55 : *D. actu. 6 mars 2018, obs. Nalepa ; D. 2018. 352 ; JCP Adm. 2018. 168.* ♦ Il convient de distinguer les méthodes d'investigations permettant de géolocaliser une personne a posteriori de celles qui permettent de la géolocaliser en temps réel, ces dernières étant davantage susceptibles de porter atteinte au droit d'une personne au respect de sa vie privée. • CEDH 8 févr. 2018, *Ben Faiza c/ France,* n° 31446/12 § 74 : *préc.*

8° IDENTITÉ ETHNIQUE

103. L'identité ethnique d'un individu doit aussi être considérée comme un élément important de sa vie privée. • CEDH, gr. ch., 4 déc. 2008, *S. et Marper c/ Royaume-Uni,* n° 30562/04 § 66 : *préc. note 85* • CEDH 27 avr. 2010, *Ciuboratu c/ Moldavie,* n° 27138/04 § 49. ♦ En particulier, à partir d'un certain degré d'enracinement, tout stéréotype négatif concernant un groupe peut agir sur le sens de l'identité de ce groupe ainsi que sur les sentiments d'estime de soi et de confiance en soi de ses membres. En cela, il peut être considéré comme touchant à la vie privée des membres du groupe. • CEDH, gr. ch., 15 mars 2012, *Aksu c/ Turquie,* n° 4149/04 § 58.

104. Les juridictions internes étaient appelées à ménager un juste équilibre entre, d'une part, les droits que le présent art. reconnaissait au requérant en sa qualité de membre de la communauté rom, et, d'autre part, la liberté pour l'auteur de l'ouvrage litigieux de se livrer à des travaux de recherche universitaires/scientifiques sur un groupe ethnique spécifique et de publier ses conclusions. Si l'auteur évoque des activités illégales de certains membres de la communauté rom vivant dans des régions particulières, à aucun moment dans le livre il ne formule des observations négatives sur la population rom en général ou ne prétend que l'ensemble des Roms se livrent à des activités répréhensibles. En outre, dans différentes parties du livre (préface, introduction et conclusion), l'auteur explique clairement que son intention est de permettre de mieux comprendre le monde inconnu de la communauté rom en Turquie, victime d'ostracisme et visée par des remarques dévalorisantes fondées principalement sur des préjugés. Eu égard à ce qui précède, et en l'absence de tout élément de nature à démontrer que les déclarations de l'auteur manquaient de sincérité, la Cour estime que les juridictions internes étaient fondées à conclure que l'intéressé s'était donné de la peine et qu'il n'était pas mû par des intentions racistes. • CEDH, gr. ch., 15 mars 2012, *Aksu c/ Turquie,* n° 4149/04 § 70.

9° QUALITÉ DE VIE ; EUTHANASIE

105. C'est sous l'angle du présent art. que la notion de qualité de la vie prend toute sa signification. A une époque où l'on assiste à une sophistication médicale croissante et à une augmentation de l'espérance de vie, de nombreuses personnes redoutent qu'on ne les force à se maintenir en vie jusqu'à un âge très avancé ou dans un état de grave délabrement physique ou mental aux antipodes de la perception aiguë qu'elles ont d'elles-mêmes et de leur identité personnelle. • CEDH 29 avr. 2002, *Pretty c/ Royaume-Uni,* n° 2346/02 § 65 : *AJDA 2003. 1383, note Le Baut-Ferrarèse ; D. 2002. 1596 ; RDSS 2002. 475, note Pedrot ; RSC 2002. 645, obs. Massias ; RTD civ. 2002. 482, obs. Hauser ; ibid. 858, obs. Marguénaud ; JCP 2003. 10062, note Girault* • CEDH 20 mai 2014, *Mc Donald c/ Royaume-Uni,* n° 4241/12 § 47 : *JCP Adm. 2014. 512.* ♦ Une réduction du niveau des soins (suppression d'une aide de nuit pour accéder aux toilettes remplacée par la fourniture de protections d'incontinence), si elle peut conduire la personne à vivre en conflit avec la perception qu'elle a d'elle-même et de son identité personnelle, a été prise en mettant en balance de manière adéquate les intérêts de la requérante et l'intérêt général d'assurer les besoins de soins de tous. • CEDH 20 mai 2014, *Mc Donald c/ Royaume-Uni,* n° 4241/12 § 47 et 57 : *préc.*

106. La Cour estime que le droit d'un individu de décider de quelle manière et à quel moment sa vie doit prendre fin, à condition qu'il soit en mesure de forger librement sa propre volonté à ce propos et d'agir en conséquence, est l'un des aspects du droit au respect de sa vie privée. • CEDH 20 janv. 2011, *Haas c/ Suisse,* n° 31322/07 § 51 : *D. 2011. 925, note Martinent, Reynier et Vialla ; ibid. 2012. 308, obs. Galloux et Gaumont-Prat ; RTD civ. 2011. 311, obs. Marguénaud ; RD publ. 2012. 807, chron. Sudre.* ♦ Ce droit, à supposer qu'il fût reconnu en droit interne, revêtait un caractère éminemment personnel et appartenait à la catégorie des droits non transférables (V. annotations ss. Conv. EDH, art. 34). • CEDH 19 juill. 2012, *Koch c/ Allemagne,* n° 497/09 § 78 : *RJFP 2012, n° 9-10, p. 19, note Putman.* ♦ V. également la question de la « fin de vie » traitée ss. l'art. 2 Conv. EDH.

107. La Cour est d'avis que le régime mis en place par les autorités, à savoir l'exigence d'une ordonnance médicale afin de prévenir des abus, a pour objectif légitime de protéger notamment toute personne d'une prise de décision précipitée, ainsi que de prévenir des abus, notamment d'éviter qu'un patient incapable de discernement obtienne une dose mortelle de pentobarbital sodique. Cela est d'autant plus vrai s'agissant d'un pays comme la Suisse, dont la législation et la pratique permettent assez facilement l'assistance au suicide. Lorsqu'un pays adopte une approche libérale, des mesures appropriées de mise en œuvre d'une telle législation libérale et des mesures de prévention des abus s'imposent. De telles mesures sont également indiquées pour éviter que ces organisations interviennent dans l'illégalité et la clandestinité, avec un risque d'abus considérable. Même à supposer que les États aient une obligation positive d'adopter les mesures permettant de faciliter un suicide dans la dignité, les autorités suisses n'ont pas violé cette obligation dans le cas d'espèce. • CEDH 20 janv. 2011, *Haas c/ Suisse,* n° 31322/07 § 56, 57 et 61 : *préc. note 106.*

10° AUTRES SITUATIONS

108. Les États devant aussi protéger l'intégrité morale des personnes contre les atteintes d'autrui, il y a violation du présent art. dès lors que, D. et sa mère ayant été soumis à un harcèlement prolongé, la vie privée et familiale de la mère en a été affectée sans que les autorités la protège en prenant des mesures pour empêcher que D. continue d'être harcelé. • CEDH 24 juill. 2012, *Dordevic c/ Croatie,* n° 41526/10 § 153 : *RSC 2012. 686, obs. Marguénaud .*

109. La possibilité d'exercer un choix conscient et réfléchi quant au sort à réserver à ses embryons touche un aspect intime de la vie personnelle et relève à ce titre du droit à l'autodétermination ; le présent art., sous l'angle du droit au respect de la vie privée, trouve donc à s'appliquer. • CEDH, gr. ch., 27 août 2015, *Parrillo c/ Italie,* n° 46470/11 § 159 : *préc. note 16.* ♦ La « protection de la potentialité de vie dont l'embryon est porteur » peut être rattachée au but de protection de la morale et des droits et libertés d'autrui. • CEDH, gr. ch., 27 août 2015, *Parrillo c/ Italie,* n° 46470/11 § 167 : *préc. note 16.* ♦ La question du don d'embryons non destinés à l'implantation suscite de toute évidence « des interrogations délicates d'ordre moral et éthique » ; l'interdiction faite par le Gouvernement de donner à la recherche scientifique des embryons issus d'une fécondation *in vitro* non destinés à l'implantation n'a pas excédé la marge d'appréciation dont il jouit en la matière. • CEDH, gr. ch., 27 août 2015, *Parrillo c/ Italie,* n° 46470/11 § 197 : *préc. note 16.*

110. La possibilité pour un détenu de communiquer oralement, dans sa langue maternelle, par le biais de conversations téléphoniques a trait non pas à la liberté linguistique des requérants en tant que telle, mais à leur droit de maintenir un contact réel avec leur famille. La pratique consistant à imposer aux requérants qui avaient souhaité s'entretenir en kurde par téléphone avec les membres de leur famille une procédure préalable visant à vérifier si ceux-ci étaient dans l'incapacité effective de s'exprimer en turc n'était pas fondée sur des motifs pertinents et suffisants au regard de la restriction en résultant pour les requérants quant à leurs contacts avec leurs proches. • CEDH 22 avr. 2014, *Nurset Kaya et a. c/ Turquie,* n° 43750/06 § 54 et 60.

111. La vie en caravane fait partie intégrante de l'identité des gens du voyage, même lorsqu'ils ne vivent plus de façon nomade, et que des mesures portant sur le stationnement des caravanes influent sur leur faculté de conserver leur identité et de mener une vie privée et familiale conforme à cette tradition. • CEDH, gr. ch., 18 janv. 2001, *Chapman c/ Royaume-Uni,* n° 27238/95 § 73 : *D. 2002. 2758, note Fiorina ; AJDA 2001. 1060, chron. Flauss ; RTD civ. 2001. 448, obs. Marguénaud* • CEDH 27 mai 2004, *Connors c/ Royaume-Uni,* n° 66746/01 § 68 • CEDH 17 oct. 2013, *Winterstein et a. c/ France,* n° 27013/07 § 141 : *D. 2013. 2678, note Marguénaud et Mouly ; ibid. 2014. 238, obs. Renucci ; ibid. 445, obs. Boskovic, Corneloup, Jault-Sekeke, Joubert et Parrot ; AJCT 2014. 165, obs. Péchillon ; AJDA 2014. 2061 ; AJDI 2014. 500, étude Zitouni ; JCP Adm. 2014. 865.*

112. Dès lors que la surveillance GPS est limitée à des personnes soupçonnées d'avoir commis des infractions extrêmement graves, qu'un contrôle de proportionnalité est assuré par les juridictions, palliant ainsi l'absence de limitation par la loi de la durée de la surveillance, et que *le juge pénal peut, à défaut* de la délivrance par un organe indépendant de l'autorisation préalable de surveillance, contrôler ultérieurement la légalité de celle-ci et exclure les preuves obtenues illégalement, l'atteinte à la vie privée est proportionnée au but poursuivi. • CEDH 2 sept. 2010, *Uzum c/ Allemagne,* n° 35623/05 § 64 s. : *D. 2011. 724, obs. Lavric , note Matsopoulou ; RSC 2011. 217, obs. Roets .*

113. L'impossibilité faite aux requérants de regagner leurs domiciles respectifs constitue une ingérence injustifiée au respect de leur vie privée et familiale. • CEDH, gr. ch., 16 juin 2015, *Chiragov et a. c/ Arménie,* n° 13216/05 § 207.

114. La mise au monde d'un enfant englobe des questions touchant à l'intégrité physique et morale, aux soins médicaux, à la santé génésique et à la protection des informations relatives à la santé. Ces questions, y compris le choix du lieu de l'accouchement, sont donc fondamentalement liées à la vie privée d'une femme. Le droit tchèque n'autorise pas les professionnels de santé à assister les femmes pendant leur accouchement à domicile. Eu égard à la marge d'appréciation de l'État, la Cour estime que l'ingérence dans l'exercice par les requérantes du droit au respect de leur vie privée n'était pas disproportionnée. • CEDH, gr. ch., 15 nov. 2016, *Rép. Tchèque,* n° 28859/11 § 163 et 190.

115. Il y a eu atteinte au droit des requérants au respect de leur vie privée et familiale du fait que les autorités n'ont pas informé ni même pris des dispositions en vue d'informer ceux-ci du décès de leur fils avant l'enterrement. • CEDH 24 avr. 2018, *Russie,* n° 4587/09 § 38. ♦ L'exhumation des dépouilles des maris des requérantes s'analyse en une ingérence dans l'exercice par les intéressées de leur droit au respect de la vie privée et familiale. Le droit polonais n'offrait pas de garanties suffisantes contre l'arbitraire dans le contexte d'un ordre d'exhumation délivré par le parquet. • CEDH 20 sept. 2018, *Pologne,* n° 30491/17 § 108 et 126.

B. VIE PRIVÉE ET VIE SOCIALE

1° RELATIONS SOCIO-ÉCONOMIQUES

116. Principe. Aucune raison de principe n'impose de comprendre la notion de « vie privée » comme excluant les activités professionnelles ou commerciales : après tout, c'est dans leur travail que la majorité des gens ont beaucoup, voire le maximum d'occasions de resserrer leurs liens avec le monde extérieur. Dans les occupations de quelqu'un, on ne peut pas toujours démêler ce qui relève du domaine professionnel de ce qui en sort. Spécialement, les tâches d'un membre d'une profession libérale peuvent constituer un élément de sa vie à un si haut degré que l'on ne saurait dire en quelle qualité il agit à un moment donné. • CEDH 16 déc. 1992, *Niemietz c/ Allemagne,* n° 13710/88 § 29 : *préc. note 9.* ♦ Des restrictions apportées à la vie professionnelle peuvent tomber sous le coup du présent art., lorsqu'elles se répercutent dans la façon dont l'individu forge son identité sociale par le développement des relations avec ses semblables. • CEDH 28 mai 2009, *Bigaeva c/ Grèce,* n° 26713/05 § 23 : *AJDA 2009. 1936, chron. Flauss ; RD publ. 2010. 874, obs. Levinet ; JCP*

2009. I. 143, chron. Sudre. ♦ Si on ne saurait déduire du présent art. un droit générique à l'emploi ou au renouvellement d'un contrat de travail à durée déterminée, il n'y a aucune raison de principe de considérer que la « vie privée » exclut les activités professionnelles. • CEDH, gr. ch., 12 juin 2014, *Fernandez Martinez c/ Espagne,* n° 56030/07 § 109 et 110 : *AJDA 2014. 1763, chron. Burgorgue-Larsen.*

117. Les écoutes téléphoniques, bien que portant aussi sur les communications commerciales, s'analysaient sans nul doute en une « ingérence de l'autorité publique » dans l'exercice du droit des intéressés au respect de leur « correspondance » et de leur « vie privée ». • CEDH 24 avr. 1990, *France,* n° 11105/84 § 25.

118. Surveillance au travail. Au titre de leurs obligations positives résultant du présent art., les autorités nationales doivent ménager en la matière un juste équilibre entre deux intérêts divergents, le droit au respect de la vie privée des salariés d'une part, et d'autre part la faculté pour leur employeur d'assurer la protection de ses biens comme le bon fonctionnement de son entreprise, notamment en exerçant son pouvoir disciplinaire. A propos de la mise en place par un employeur de mesures de surveillance de la correspondance et des autres communications, la Cour estime que, quelles qu'en soient l'étendue et la durée, elle doit s'accompagner de garanties adéquates et suffisantes contre les abus, la proportionnalité et les garanties procédurales contre l'arbitraire étant des éléments essentiels. La Cour dégage six facteurs permettant d'évaluer cette proportionnalité : avertissement des employés, ampleur de la surveillance, légitimité des motifs justifiant la surveillance, existence d'alternatives moins intrusives, conséquences de la surveillance à l'égard des employés, garanties offertes à ces derniers. • CEDH, gr. ch., 5 sept. 2017, *Barbulescu c/ Roumanie,* n° 61496/08 § 72 s., 120 s. : *AJDA 2017. 1642 ; ibid. 1639 ; ibid. 2018. 150, chron. Burgorgue-Larsen ; D. 2017. 1709 ; ibid. 2018. 138, obs. Renucci ; ibid. 1033, obs. Fauvarque-Cosson et W. Maxwell ; Dr. soc. 2018. 455, étude Dabosville ; Dalloz IP/IT 2017. 548, obs. Derieux.* ♦ S'agissant de la vidéosurveillance à leur insu de caissières et de vendeuses dans un supermarché, ayant permis d'identifier les auteurs de vols, ce qui a conduit au licenciement des employées concernées, la Cour estime que, si seul un impératif prépondérant relatif à *la protection d'intérêts publics ou privés importants* peut justifier en la matière l'absence d'information préalable, l'atteinte à la vie privée peut se justifier par l'existence de soupçons raisonnables quant à la commission de graves irrégularités. • CEDH, gr. ch., 17 oct. 2019, *Lopez Ribalda c/ Espagne,* n°s 1874/13 et 8567/13, § 133 à 134. ♦ Comp. lorsque l'ingérence est le fait d'une autorité publique et non d'un employeur relevant strictement du secteur privé : • CEDH 22 févr. 2018, *Liebert c/ France,* n° 588/13 § 42 s. : *D. 2018. 463 ; Dr. soc. 2018. 455, étude Dabosville.* ♦ Pour la mise en place d'une vidéo surveillance (dans les amphis, s'agissant de professeurs d'université). • CEDH 28 nov. 2017, *Antovic et Mirkovic c/ Monténégro,* n° 70838/13 : *JCP Adm. 2017. 598 ; Dr. adm. 2018. 12.*

119. Convention EDH et Charte sociale européenne. Le droit revendiqué par B., à savoir celui de pouvoir accéder à la plage et à la mer loin de sa demeure habituelle pendant ses vacances, concerne des relations interpersonnelles d'un contenu si ample et indéterminé qu'aucun lien direct entre les mesures exigées de l'État pour remédier aux omissions des établissements de bains privés et la vie privée de l'intéressé n'est envisageable. Ce domaine des relations humaines a trait à des droits de nature sociale, visant en l'espèce la participation des handicapés aux activités récréationnelles et de loisirs qui se déroulent sur les plages, dont l'étendue dépasserait le concept d'obligation juridique, lequel serait inhérent à la notion de « respect » de la « vie privée ». Dans ce contexte, le respect des obligations mises à la charge des États et prévues par des dispositions législatives ou réglementaires internes ou internationales dépendrait d'un ensemble de facteurs, notamment de nature financière. Le caractère social de ce droit appelle des mécanismes de protection plus souples, notamment du genre de celui mis en place par la Charte sociale européenne. • CEDH 24 févr. 1998, *Italie,* n° 21439/93 § 28 et 35.

120. Le présent art. ne saurait s'appliquer en règle générale et chaque fois que la vie quotidienne de la requérante est en cause, mais seulement dans les cas exceptionnels où un manque d'accès aux établissements publics et ouverts au public empêcherait la requérante de mener sa vie de façon telle que le droit à son développement personnel et son droit d'établir et d'entretenir des rapports avec d'autres êtres humains et le monde extérieur soient mis en cause. Dans un tel cas, une obligation positive de l'État pourrait être établie pour assurer l'accès aux établissements mentionnés. • CEDH, décis., 14 mai 2002, *Zehnalova et Zehnal c/ Rép. tchèque,* n° 38621/97.

121. L'ampleur des indemnités perçues à titre permanent pour faire face aux handicaps du troisième requérant – dont les requérants ne contestent pas les montants indiqués par le Gouvernement – permet à la Cour de conclure que l'Italie s'acquitte d'ores et déjà des obligations positives qui lui incombent aux termes du présent art. • CEDH, décis., 20 nov. 2000, *La Parola et a. c/ Italie,* n° 39712/98.

122. Droit de mener une activité professionnelle. Une interdiction générale d'occuper un emploi dans le secteur privé porte bien atteinte à la « vie privée ». • CEDH 27 juill. 2004, *Sidabras et Dziautas c/ Littuanie*, n° 55480/00 § 47 : *préc. note 14.* ♦ Les restrictions imposées par l'État aux perspectives d'emploi d'une personne dans une société du secteur privé en raison d'un manque de loyauté de la part de l'intéressé envers l'État ne peuvent se justifier, sous l'angle de la Conv. EDH, de la même manière que les restrictions à l'accès à la fonction publique. • CEDH 7 avr. 2005, *Rainys et Gasparavicius c/ Lituanie*, n° 70665/01. ♦ L'absence de passeport est en soi à l'origine d'une série de problèmes au quotidien car la requérante avait besoin de son passeport pour (...) des besoins cruciaux, comme trouver un emploi. • CEDH 24 juill. 2003, *Smirnova c/ Russie*, n° 46133/99 § 97. ♦ Rappr. • CEDH, gr. ch., 9 oct. 2003, *Slivenko c/ Lettonie*, n° 48321/99 § 96. ♦ V. également : il ne fait aucun doute pour la Cour que le refus opposé aux intéressés d'accéder à leur domicile et à leurs moyens de subsistance s'analyse non seulement en une violation de l'art. 1er du Protocole n° 1 mais aussi en une ingérence grave et injustifiée dans leur droit au respect de leur vie familiale et de leur domicile. • CEDH 29 juin 2004, *Dogan et a. c/ Turquie*, n° 8803/02 § 159.

123. L'inscription du nom du requérant dans le registre des faillis comporte une série d'incapacités personnelles prévues par la loi, telle l'interdiction d'être nommé administrateur et syndic d'une société commerciale ou coopérative, l'incapacité d'exercer la profession de syndic, etc. D'autres incapacités sont dues au fait que le failli, ne jouissant plus pleinement de ses droits civils, ne peut pas s'inscrire dans certains tableaux professionnels. Ces incapacités, influençant la possibilité du requérant de développer des relations avec le monde extérieur, tiennent à n'en pas douter à la sphère de la vie privée de celui-ci. • CEDH 23 mars 2006, *Albanese c/ Italie*, n° 77924/01 § 54.

124. La requérante s'est établie légalement en Grèce à l'âge de 23 ans. Elle y a appris la langue grecque et poursuivi des études universitaires et post-universitaires en droit. Dans ce contexte, son choix ultérieur d'effectuer le stage réglementaire dans le but de participer aux examens organisés par l'ordre des avocats était étroitement lié à des décisions personnelles prises au fil du temps et ayant eu des répercussions tant sur sa vie privée que professionnelle. En effet, l'accomplissement du stage réglementaire et la perspective de participer aux examens étaient le point culminant d'un long parcours personnel et académique, établissant sa volonté de s'intégrer dans la société de son pays d'accueil en exerçant une profession correspondant à ses qualifications professionnelles. La Cour considère que le comportement des autorités compétentes (autoriser la requérante à réaliser le stage réglementaire, alors qu'il était clair qu'une fois le stage accompli, elle n'aurait pas le droit de participer aux examens de l'ordre des avocats) a manqué de cohérence et de respect pour la personne et la vie professionnelle de la requérante et a ainsi porté atteinte à son droit à la vie privée. • CEDH 28 mai 2009, *Bigaeva c/ Grèce*, n° 26713/05 § 34 et 35 : *préc. note 116.*

125. Le requérant, en signant ses contrats d'emploi successifs, a accepté en connaissance de cause et volontairement un devoir de loyauté accru envers l'Église catholique, ce qui a limité dans une certaine mesure l'étendue de son droit au respect de sa vie privée et familiale. Pareilles limitations contractuelles sont acceptables au regard de la Conv. EDH lorsqu'elles sont librement consenties. En effet, du point de vue de l'intérêt de l'Église à la défense de la cohérence de ses préceptes, l'enseignement de la religion catholique à des adolescents peut passer pour une fonction cruciale exigeant une allégeance particulière. Être perçu comme militant publiquement dans des mouvements qui s'opposent à la doctrine catholique va de toute évidence à l'encontre de cette obligation. L'intéressé, comme ancien prêtre et directeur de séminaire, était ou devait être conscient du contenu et de l'importance de cette obligation. • CEDH, gr. ch., 12 juin 2014, *Fernandez Martinez c/ Espagne*, n° 56030/07 §1 36 et 141 : *préc. note 116.*

126. Relations du travail. La collecte et la conservation, à l'insu de la requérante, de données à caractère personnel se rapportant à l'usage qu'elle faisait, sur son lieu de travail, du téléphone, du courrier électronique et de l'internet ont constitué une ingérence dans l'exercice du droit de l'intéressée au respect de sa vie privée et de sa correspondance. • CEDH 3 avr. 2007, *Copland c/ Royaume-Uni*, n° 62617/00 § 44.

127. Dans certaines hypothèses, l'État doit, dans le cadre de ses obligations positives, reconnaître au requérant le droit au respect de sa vie privée contre une mesure de licenciement. Tel est le cas, par exemple lorsqu'un licenciement est justifié par le fait que le requérant a noué une relation extraconjugale alors qu'il est employé par l'Église catholique. En l'espèce, les juridictions du travail n'ont pas suffisamment exposé pourquoi, d'après les conclusions de la cour d'appel du travail, les intérêts de la paroisse l'emportaient de loin sur ceux du requérant, et n'ont pas mis en balance les droits du requérant et ceux de l'Église employeur d'une manière conforme à la Conv. EDH. • CEDH 23 sept. 2010, *Schluth c/ Allemagne*, n° 1620/03 § 57 et 74 : *D. 2011. 1637, chron. Marguénaud et Mouly ; ibid. 2012.*

901, obs. Lokiec et Porta ; RDT 2011. 45, obs. Couard . ♦ Rappr. pour une interdiction de travailler dans le secteur privé en raison de la profession antérieure des intéressés. • CEDH 27 juill. 2004, *Sidabras et Sziautas c/ Lituanie,* n° 55480/00 § 50 : *préc. note 14.* ♦ Rappr. pour un licenciement fondé sur la séropositivité du requérant. • CEDH 3 oct. 2013, *I. B. c/ Grèce,* n° 552/10 § 90.

128. Ne portent pas atteinte à la vie privée des tests de dépistage de l'alcool ou de drogue imposés aux salariés pour des raisons de sécurité ou de protection d'autrui. • CEDH, décis., 9 mars 2004, *Suède,* n° 46210/99 : *D. 2005. 36, note Mouly et Marguénaud ; JCP E 2004. 1859, n° 4, obs. Raynaud.*

129. Relation client-avocat. La communication d'un individu avec un avocat dans le cadre de l'assistance juridique (conseils généraux ou assistance pour un litige civil ou criminel) relève de la vie privée puisque l'objectif de cette interaction est de permettre à une personne de prendre des décisions éclairées sur sa vie (en l'espèce, entretien en face-à-face d'un détenu avec son avocat). • CEDH 9 avr. 2019, *Turquie (n° 2),* n° 11236/09 § 49. ♦ Seules des circonstances exceptionnelles peuvent justifier de restreindre le droit à une communication confidentielle avec un avocat. • CEDH 9 avr. 2019, *Turquie (n° 2),* n° 11236/09 § 52. ♦ V. également s'agissant de la correspondance et des écoutes § 336 s.

130. Droit à l'oubli. Nonobstant leur importance, les droits d'une personne ayant fait l'objet d'une publication disponible sur internet doivent aussi être mis en balance avec l'intérêt du public – protégé par l'art. 10 Conv. EDH – à s'informer sur des événements du passé et de l'histoire contemporaine via les archives électroniques publiques de la presse. Si, avec l'écoulement du temps, l'intérêt du public à l'égard du crime commis par les requérants ont décliné, il a connu un regain de notoriété après que les requérants ait tenté d'obtenir la réouverture de leur procès pénal en s'adressant à la presse à ce propos. Ainsi, ils n'étaient pas de simples personnes privées inconnues du public. La balance à effectuer entre les intérêts divergents que sont l'importance de garder disponibles des reportages dont la licéité lors de leur parution n'est pas contestée et le respect de la vie privée des requérants relève de la marge d'appréciation de l'État. • CEDH 28 juin 2018, *Allemagne,* n° 60798/10 § 97, 107 et 116.

2° IDENTIFICATION SOCIALE

131. Droit au développement personnel et au maintien des relations avec le monde extérieur. Le présent art. protège également le droit au développement personnel et le droit d'établir et entretenir des rapports avec d'autres êtres humains et le monde extérieur. • CEDH 6 févr. 2001, *Bensaid c/ Royaume-Uni,* n° 44599/98 § 47 • CEDH29 avr. 2002, *Pretty c/ Royaume-Uni,* n° 2346/02 § 61 : *préc. note 105* • CEDH, gr. ch., 10 avr. 2007, *Evans c/ Royaume-Uni,* n° 6339/05 § 71 : *préc. note 66.* ♦ Il implique le droit pour un détenu de pouvoir regarder la télévision. • CEDH 11 oct. 2011, *Auad c/ Bulgarie,* n° 46390/10 § 53.

132. Identification personnelle. Des éléments tels, par exemple, l'identification sexuelle, le nom, l'orientation sexuelle et la vie sexuelle relèvent de la sphère personnelle protégée par le présent art. Cette disposition comporte un droit à l'autodétermination en tant que tel, la notion d'autonomie personnelle reflétant un principe important qui sous-tend l'interprétation des garanties du présent art. • CEDH 6 févr. 2001, *Bensaid c/ Royaume-Uni,* n° 44599/98 § 47 • CEDH 29 avr. 2002, *Pretty c/ Royaume-Uni,* n° 2346/02 § 61 : *préc. note 105* • CEDH, gr. ch., 10 avr. 2007, *Evans c/ Royaume-Uni,* n° 6339/05 § 71 : *préc. note 66* • CEDH, gr. ch., 15 mars 2012, *Aksu c/ Turquie,* n° 4149/04 § 58.

133. De même, au-delà du nom, la vie privée et familiale peut englober d'autres moyens d'identification personnelle et de rattachement à une famille. Par ailleurs, les informations relatives à la santé d'une personne constituent un élément important de sa vie privée. Enfin, l'identité ethnique d'un individu doit aussi être considérée comme un élément important de sa vie privée. • CEDH, gr. ch., 4 déc. 2008, *S. et Marper c/ Royaume-Uni,* n° 30562/04 § 66 : *préc. note 85.* ♦ Il en va de même du droit de connaître son ascendance. • CEDH 13 juill. 2006, *Jäggi c/ Suisse,* n° 58757/00 § 37 : *préc. note 95.* ♦ ... De la filiation dans laquelle s'inscrit chaque individu. • CEDH 26 juin 2014, *Menesson c/ France,* n° 65192/11 § 46 : *D. 2014. 1376* .

134. Prise en compte de l'intérêt supérieur de l'enfant. Il est concevable que la France puisse souhaiter décourager ses ressortissants de recourir à l'étranger à une méthode de procréation qu'elle prohibe sur son territoire. Toutefois, les effets de la non-reconnaissance en droit français du lien de filiation entre les enfants ainsi conçus et les parents d'intention ne se limitent pas à la situation de ces derniers, qui seuls ont fait le choix des modalités de procréation que leur reprochent les autorités françaises : ils portent aussi sur celle des enfants eux-mêmes, dont le droit au respect de la vie privée, qui implique que chacun puisse établir la substance de son identité, y compris sa filiation, se trouve significativement affecté. Se pose donc une question grave de compatibilité de cette situation avec l'intérêt supérieur des enfants. En l'espèce, non seulement le lien entre les enfants et leur père biologique n'a pas été admis à l'occasion de la demande de transcription des actes de naissance, mais encore sa consécration par la voie d'une reconnaissance de paternité ou de l'adoption ou par l'effet de la possession d'état se heurterait à la jurisprudence prohibitive établie également sur ces points par la Cour de cassation. Compte tenu des conséquences de cette grave restriction sur l'identité et le droit au respect de la vie privée des enfants, en faisant ainsi obstacle tant à la reconnaissance qu'à l'établissement en droit interne de leur lien de filiation à l'égard de leur père biologique, l'État défendeur est allé au-delà de ce que lui permettait sa marge d'appréciation. • CEDH 26 juin 2014, *Mennesson c/ France,* n° 65192/11 § 99 et 100 : *préc. note 133* • CEDH 21 juill. 2016, *Foulon et Bouvet,* n° 9063/14 : *AJDA 2016. 1748, chron. Burgorgue-Larsen ; D. 2016. 2152, note Caire ; AJ fam. 2016. 407, obs. Dionisi-Peyrusse ; RTD civ. 2016. 819, obs. Hauser ; JCP Adm. 2016. 699.* ♦ Dans le cas où l'enfant est né à l'étranger par gestation pour autrui issue des gamètes du père d'intention et de celles d'une tierce donneuse (ou *a fortiori* de la mère d'intention) et où le lien de filiation entre l'enfant et le père d'intention a été reconnu en droit interne, le droit au respect de la vie privée de l'enfant requiert que le droit interne permette la reconnaissance d'un lien de filiation entre cet enfant et la mère d'intention désignée comme « mère légale » dans l'acte de naissance légalement établi à l'étranger. • CEDH, gr. ch., avis, 10 avr. 2019, n° P-16-2018-001 § 46-47 : *AJDA 2019. 788 ; D. 2019. 759 .* ♦ Dans l'hypothèse précitée, le droit au respect de la vie privée de l'enfant n'impose pas une reconnaissance du lien de filiation par transcription sur les registres de l'état civil de l'acte de naissance légalement établi à l'étranger dès lors qu'eu égard à leur marge d'appréciation en la matière, les États peuvent opter pour d'autres voies acceptables, telles que l'adoption, à la condition de garantir l'effectivité et la célérité de mise en œuvre dans l'intérêt supérieur de l'enfant. • CEDH, gr. ch., avis, 10 avr. 2019, n° P-16-2018-001, § 55 : *préc.* ♦ Dans ce cas de figure, ce n'est pas imposer aux enfants concernés un fardeau excessif que d'attendre des requérants qu'ils engagent une procédure d'adoption à cette fin, la durée moyenne d'adoption n'étant que de 4 mois environ • CEDH, décis., 12 déc. 2019, *France,* n°s 1468/18 et 17348/18 § 43. ♦ La différence de traitement entre les enfants nés de GPA à l'étranger et les autres enfants nés hors du territoire quant à l'établissement des liens de filiation à l'égard de celle qui figure sur l'acte de naissance étranger repose sur une justification objective et raisonnable en ce qu'elle permet, de par le contrôle juridictionnel induit par l'adoption, de s'assurer au regard des circonstances particulières de chaque cas qu'il est dans l'intérêt supérieur de l'enfant né de GPA qu'un tel lien soit établi à l'égard de la mère d'intention. • CEDH, décis., 12 déc. 2019, *France,* n°s 1468/18 et 17348/18 § 53-54.

135. La notion de vie privée comprend par ailleurs des éléments se rapportant au droit à l'image. • CEDH 11 janv. 2005, *Sciacca c/ Italie,* n° 50774/99 § 29 • CEDH, gr. ch., 7 févr. 2012, *Von Hannover c/ Allemagne (n° 2),* n° 40660/08 § 95.

136. Perte de nationalité. Le droit d'acquérir ou de conserver une nationalité donnée ne figure pas parmi les droits et libertés garantis par la Conv. EDH. Pourtant, les liens sociaux et communautaires qu'entretiennent des migrants établis comme les requérants (dont la plupart résidaient légalement en Slovénie depuis plusieurs décennies) sont constitutifs d'une vie privée au sens du présent art., et se trouvent ainsi protégés par la Conv. • CEDH, gr. ch., 26 juin 2012, *Kuric et a.,* n° 26828/06 § 339. ♦ La perte d'une nationalité acquise par la naissance ou d'une autre manière peut avoir le même effet (voire un effet plus important) sur la vie privée et familiale d'une personne que le refus de lui reconnaître le droit d'acquérir cette nationalité. Ainsi, il est possible que dans certaines circonstances, le retrait de la nationalité soulève des questions sous l'angle du présent art. en raison de son incidence sur la vie privée de la personne. • CEDH 12 juin 2016, *Ramadan c/ Malte,* n° 76136/12 § 85.

II. PROTECTION DE LA VIE FAMILIALE

137. Sur le mariage. V. comm. ss. Conv. EDH, art. 12.

138. L'aspect « vie familiale » du présent art. ne comprend pas uniquement des relations de caractère social, moral ou culturel ; il englobe aussi des intérêts matériels. • CEDH 13 juin 1979, *Marckx c/ Belgique,* n° 6833/74 § 52 • CEDH 22 déc. 2004, *Merger et Cros c/ France,* n° 68864/01 § 46 : *RTD civ. 2005. 335, obs. Marguénaud* • CEDH 2 févr. 2016, *Di Trizio c/ Suisse,* n° 7186/09 § 60.

A. NOTION DE FAMILLE

1° LIEN DE PARENTÉ

a. Relations entre adultes

139. Quoi que le mot « famille » puisse désigner par ailleurs, il englobe la relation née d'un mariage légal et non fictif. Il faut regarder ces unions comme suffisantes pour mériter le respect que peut vouloir le présent art. • CEDH 28 mai 1985, *Abdulaziz, Cabales et Balkandali c/ Royaume-Uni,* n° 9214/80 § 62. ♦ Les intéressés ont introduit une requête unique et soulevé les mêmes griefs. Compte tenu de leur âge et de l'absence d'enfant à leur foyer, l'ingérence litigieuse touche au premier chef leur vie familiale d'époux. • CEDH 26 mars 1992, *Beldjoudi c/ France,* n° 12083/86 § 76 : *D. 1993. 388, obs. Renucci ; RSC 1992. 635, obs. Pettiti ; AFDI 1992. 629, obs. Coussirat-Coustère.*

140. Le droit interne prévoit une dispense de l'obligation de témoigner fondée sur la vie familiale, cette dispense ne vaut que pour les proches parents, le conjoint, l'ex-conjoint, le partenaire enregistré et l'ex-partenaire enregistré d'un suspect. Cette limitation a pour effet de restreindre le bénéfice de la dispense aux personnes dont les liens avec un suspect peuvent faire l'objet d'une vérification objective. La Cour ne peut souscrire à l'argument de la requérante selon lequel sa relation avec M. A., assimilable selon elle à un mariage ou à un partenariat enregistré du point de vue social, doit avoir les mêmes effets juridiques que ceux qui s'attachent à ces unions officiellement reconnues. Tout État qui prévoit dans sa législation la possibilité d'une dispense de l'obligation de témoigner peut parfaitement la circonscrire au mariage et au partenariat enregistré. Le législateur est en droit d'accorder un statut spécial au mariage ou au partenariat enregistré et de le refuser à d'autres formes de vie commune de fait. • CEDH, gr. ch., 3 avr. 2012, *Van der Heijden c/ Pays-Bas,* n° 42857/05 § 68 s. : *AJDA 2012. 1726, chron. Burgogue-Larsen ; AJ fam. 2012. 343 ; RTD civ. 2012. 512, obs. Hauser .*

141. Les relations homosexuelles durables relèvent désormais du droit au respect de la vie familiale. • CEDH 24 juin 2010, *Schalk et Kopf c/ Autriche,* n° 30141/04 § 94 : *préc. note 49.* ♦ V. aussi note 176. ♦ L'interprétation restrictive appliquée au deuxième requérant de la notion de « membre de la famille » n'a pas dûment tenu compte de la situation personnelle des requérants et notamment de l'impossibilité pour eux d'obtenir en Italie un mode de reconnaissance juridique de leur relation homosexuelle. • CEDH 30 juin 2016, *Taddeucci et McCall c/ Italie,* n° 51362/09 : *préc. note 57.*

b. Relations père/mère-enfant

142. Filiation naturelle. La Conv. EDH ne distingue pas entre famille « légitime » et famille « naturelle ». Pareille distinction se heurterait aux mots « toute personne ». Le présent art. vaut donc pour la « vie familiale » de la famille « naturelle » comme de la famille « légitime ». • CEDH 13 juin 1979, *Marckx c/ Belgique,* n° 6833/74 § 31 : *préc. note 2* • Comm. EDH 15 mars 1984, *B. R. et J. c/ Allemagne,* n° 9639/82 • CEDH 18 déc. 1986, *Johnston c/ Irlande,* n° 9697/82 § 75. ♦ V. en matière de droit de garde. • CEDH 3 déc. 2009, *Zaunegger c/ Allemagne,* n° 22028/04. ♦ ... De droit de visite d'un parent n'ayant pas la garde. • CEDH, gr. ch., 8 juill. 2003, *Sahin c/ Allemagne,* n° 30943/96 : *RTD civ. 2003. 760, obs. Marguénaud ; JCP 2004. I. 107, chron. Sudre.* ♦ V. aussi. • CEDH 7 août 1996, *C. c/ Belgique,* n° 21794/93 § 25.

143. Filiation adultérine. L'impossibilité d'appartenir juridiquement à sa famille biologique et sociale fondée sur une alliance hors mariage qui interdit au père biologique d'établir en droit sa paternité soulève un problème quant au respect de la vie familiale. • Comm. EDH 14 mai 1986, *Jolie et Lebrun c/ Belgique,* n° 11418/85. ♦ Nonobstant la large marge d'appréciation dont l'Irlande jouit en la matière, l'absence d'un régime juridique approprié reflétant les liens familiaux naturels de la troisième requérante (enfant illégitime de J.) constitue un manque de respect pour la vie familiale de l'intéressée. • CEDH 18 déc. 1986, *Johnston c/ Irlande,* n° 9697/82 § 75. ♦ Le « respect » de la « vie familiale » exige que la réalité biologique et sociale prévale sur une présomption légale heurtant de front tant les faits établis que les vœux des personnes concernées, sans réellement profiter à personne. • CEDH 27 oct. 1994, *Kroon c/ Pays-Bas,* n° 18535/91 § 40.

144. Filiation adoptive. Bien que le droit d'adopter ne figure pas en tant que tel au nombre des droits garantis par la Conv. EDH, les relations entre un adoptant et un adopté sont en principe de même nature que les relations familiales protégées par le présent art. • Comm. EDH 5 oct. 1982, *X. c/ France,* n° 9993/82 • CEDH 22 juin 2004, *Pini et Bertani c/ Roumanie,* n° 78028/02 § 140 : *D. 2004. 3026, note Renucci et Berro-Lefevre ; JCP 2005. I. 116, obs. Rubellin-Devichi ; ibid. 2004. I. 161, chron. Sudre.* ♦ Rappr. l'enfant vivait avec sa mère depuis sa naissance et avec son père adoptif depuis l'âge de 8 mois. Ce dernier avait participé à l'éducation de l'enfant, qui le considérait comme son père. L'adoption consolida et officialisa ces liens. • CEDH 28 oct. 1998, *Söderbäck c/ Suède,* n° 24484/94 § 33.

145. Lien biologique et... désaveu de paternité. Le lien biologique doit pouvoir être prouvé et doit permettre de contester la « réalité juridique ». • CEDH 7 févr. 2002, *Mikulic c/ Croatie,* n° 53176/99 § 61 : *préc. note 4* • CEDH 18 mai 2006, *Rozanski c/ Pologne,* n° 55339/00. ♦ Une situation dans laquelle une présomption légale peut prévaloir sur la réalité biologique ne saurait être compatible avec l'obligation de garantir le « respect » effectif de la vie privée et familiale, même eu égard à la marge d'appréciation dont jouissent les États. Le fait que le requérant n'a jamais été autorisé à mener une action en désaveu de paternité vis-à-vis de Y. n'est pas proportionné aux buts légitimes poursuivis. • CEDH 12 déc. 2006, *Mizzi c/ Malte,* n° 26111/02 § 114. ♦ Rappr. : en principe, l'« intérêt légitime » à assurer la sécurité juridique et la stabilité des relations familiales et à protéger les intérêts de l'enfant peut justifier que l'on traite des personnes ayant intérêt à contester une paternité différemment selon que celle-ci soit simplement présumée ou qu'elle ait été déterminée par une décision devenue définitive. En l'espèce, toutefois, la recherche de cet intérêt a eu pour effet de priver le requérant de toute procédure lui permettant de faire invalider la déclaration de sa paternité, alors que d'autres parties dans une situation analogue auraient pu agir en ce sens. • CEDH 10 oct. 2006, *Paulik c/ Slovaquie,* n° 10699/05 § 58.

146. Sur un autre aspect du désaveu de paternité, V. note 298.

147. ... Don de sperme. Cependant, le fait pour un homme de faire don de son sperme pour permettre à une femme de concevoir par insémination artificielle ne confère pas en soi au donneur le droit au respect de sa vie familiale avec l'enfant issu de cette insémination. • Comm. EDH 8 févr. 1993, *M. c/ Pays-Bas,* n° 16944/90.

c. Autres liens de parenté

148. Fratrie. La question de la vie familiale peut se poser à propos des liens entre frères et sœurs (en l'espèce, mesure de placement). • CEDH 24 mars 1988, *Olsson c/ Suède(n° 1),* n° 10465/83 § 81. ♦ V. aussi. • CEDH 26 févr. 2002, *Kutzner c/ Allemagne,* n° 46544/99 § 77. ♦ ... Y compris entre frères et sœurs adultes. • CEDH 24 avr. 1996, *Boughanemi c/ France,* n° 22070/93 § 35 : *RSC 1997. 464, obs. Koering-Joulin.*

149. Grands-parents/petits-enfants. Aux yeux de la Cour, la « vie familiale » englobe pour le moins les rapports entre proches parents, lesquels peuvent y jouer un rôle considérable, par exemple entre grands-parents et petits-enfants. • CEDH 13 juin 1979, *Marckx c/ Belgique,* n° 6833/74 § 45 : *préc. note 2.* ♦ Pour un parent et son enfant, être ensemble représente un élément fondamental de la vie familiale et des mesures internes qui les en empêchent constituent une ingérence dans le droit protégé par l'art. 8. Il en va de même lorsqu'il s'agit, comme en l'espèce, de relations entre un enfant ayant vécu pendant un certain temps avec ses grands-parents et ceux-ci. • CEDH 9 juin 1998, *Bronda c/ Italie,* n° 22430/93 § 51. ♦ V. aussi. • CEDH 23 sept. 1994, *Hokkanen c/ Finlande,* n° 19823/92 § 60. ♦ V. cependant. • CEDH, décis., 5 mai 2009, *Menendez Garcia c/ Espagne,* n° 21046/07 : *préc. note 96.* ♦ Rappr. en matière de succession. • CEDH 29 nov. 1991, *Vermeire c/ Belgique,* n° 12849/87 § 28.

150. Oncle-neveu. V. • CEDH 28 févr. 1994, *Boyle c/ Royaume-Uni,* n° 16580/90 (renvoyant au rapport de la Comm. EDH du 9 févr. 1993).

2° EFFECTIVITÉ DE LA VIE FAMILIALE

151. Il n'est pas contesté que M. a pris en charge sa fille Alexandra dès sa naissance et n'a cessé de s'en occuper, de sorte qu'il a existé et existe entre elles une vie familiale effective. • CEDH 13 juin 1979, *Marckx c/ Belgique,* n° 6833/74 § 31 : *préc. note 2.* ♦ Le requérant a vécu avec son fils depuis la naissance de celui-ci jusqu'à la date à laquelle la mère est partie avec ses deux enfants, soit pendant 1 an et demi environ. Il a continué à voir fréquemment son fils pendant les 3 années qui suivirent. Les décisions ultérieures lui refusant le droit de visite s'analysent dès lors en une ingérence dans l'exercice du droit au respect de la vie familiale. • CEDH, gr. ch., 13 juill. 2000, *Elsholz c/ Allemagne,* n° 25735/94 § 44 : *JCP 2001. I. 291, chron. Sudre.*

152. La notion de « famille » visée par l'art. 8 ne se borne pas aux seules relations fondées sur le mariage, mais peut englober d'autres liens « familiaux » *de facto*, lorsque les parties cohabitent en dehors de tout lien marital. • CEDH 26 mai 1994, *Keegan c/ Irlande,* n° 16969/90 § 44 • CEDH 27 oct. 1994, *Kroon c/ Pays-Bas,* n° 18535/91 § 30 • CEDH 10 nov. 2011, *M. c/ France,* n° 29681/08 § 30 : *AJDA 2011. 2205.*

a. Parenté et effectivité

1. Effectivité non nécessaire

153. Relations parents-enfants. Il importe peu que le requérant ait reconnu assez tardivement l'enfant mis au monde par Mlle S. La notion de famille inclut, même en l'absence de cohabitation, le lien entre un individu et son enfant, que ce dernier soit légitime ou naturel. • CEDH 24 avr. 1996, *Boughanemi c/ France,* n° 22070/93 § 35 : *préc. note 148.* ♦ La notion de famille inclut, même en l'absence de cohabitation, le lien entre une personne et son enfant, que ce dernier soit légitime ou naturel. • CEDH 7 août 1996, *C. c/ Belgique,* n° 21794/93 § 25.

154. Si une vie familiale ne se trouve pas encore pleinement établie, en l'espèce, vu l'absence de cohabitation ou de liens *de facto* suffisamment étroits entre les requérants et leurs filles adoptives respectives avant ou après les décisions d'adoption, ce fait ne saurait être imputable aux requérants, qui, en choisissant les mineures sur la base d'une simple photo, sans qu'il y ait de véritables contacts avec elles qui les auraient préparées à l'adoption, n'ont fait que suivre la procédure qu'avait mise en place l'État défendeur en la matière. De surcroît, il ressort des éléments du dossier que les requérants se sont toujours considérés comme les parents des mineures et se sont toujours comportés de la sorte à leur égard par la seule voie qui leur était ouverte, à savoir en leur faisant parvenir des lettres, écrites en roumain. La Cour considère qu'une telle relation, née d'une adoption légale et non fictive, pourrait être regardée comme suffisante pour que le présent art. trouve, dès lors, à s'appliquer. • CEDH 22 juin 2004, *Pini et Bertani c/ Roumanie,* n° 78028/02 § 146 à 148 : *préc. note 144.*

155. La Cour ne voit pas dans la vie commune une condition sans laquelle on ne saurait parler de vie familiale entre parents et enfants mineurs. La relation qu'un mariage à la fois légal et non fictif crée entre les époux doit être qualifiée de « vie familiale ». La notion de famille sur laquelle repose le présent art. a pour conséquence qu'un enfant issu de pareille union s'insère de plein droit dans cette relation ; partant, dès l'instant et du seul fait de sa naissance il existe entre lui et ses parents, même si ces derniers ne cohabitent pas alors, un lien constitutif d'une « vie familiale ». • CEDH 21 juin 1988, *Berrehad c/ Pays-Bas,* n° 10730/84 § 21.

156. La relation entre K. et la mère de l'enfant dura deux ans, dont un pendant lequel ils cohabitèrent. En outre, la conception de leur enfant résultait d'une décision délibérée et ils avaient aussi projeté de se marier. A l'époque, leur relation se plaçait donc sous le sceau de la vie familiale. Le fait qu'elle se brisa par la suite ne modifie pas davantage cette conclusion qu'elle ne le ferait pour un couple légalement marié et dans une situation comparable. A partir de la naissance de l'enfant, il y a eu en conséquence entre elle et le requérant un lien constitutif d'une vie familiale. • CEDH 26 mai 1994, *Keegan c/ Irlande,* n° 16969/90 § 45. ♦ Le fait que le requérant et son fils n'aient jamais vécu ensemble peut constituer un élément pertinent s'agissant de mettre en balance les droits et intérêts opposés du requérant et de la famille d'accueil de l'enfant. Toutefois, il convient de tenter de réunir les parents naturels et leurs enfants. • CEDH 26 févr. 2004, *Görgülü c/ Allemagne,* n° 74969/01 § 45.

157. La requérante a demandé à rencontrer les enfants 4 jours après son accouchement et 2 mois plus tard elle a introduit devant le tribunal pour enfants une demande de suspension de la procédure d'adoption. Certes, cette demande a été rejetée car les enfants avaient été placés en vue de l'adoption. Toutefois, la Cour ne saurait nier l'intérêt que la requérante a porté à ses enfants et écarter la relation potentielle qui aurait pu se développer entre elle et ses enfants si elle avait eu la possibilité de remettre en question son choix devant le tribunal. A la lumière de ce qui précède, la Cour considère que le lien entre la requérante et ses enfants relève de la vie familiale. • CEDH 13 janv. 2009, *Todorova c/ Italie,* n° 33932/06 § 54 et 55.

158. Relations parents et gendre ou bru. Il ressort du dossier que le requérant et son épouse hébergeaient leurs cinq enfants, dont F., ainsi que leur gendre B. A. Dès lors que ce dernier résidait sous le toit familial avec le requérant, fait qui constitue d'ailleurs l'objet du litige, que F. et B. A. étaient mariés depuis 2 ans, qu'ils avaient entrepris des démarches administratives au titre du regroupement familial et enfin, qu'ils attendaient un enfant, la Cour considère que l'existence d'un lien familial entre le requérant et son gendre B. A. est établi. • CEDH 10 nov. 2011, *M. c/ France,* n° 29681/08 § 31. ♦ Cependant, en l'espèce, il faut constater qu'en dépit du lien familial qui l'unit à son gendre, le requérant n'entrait pas dans la catégorie des personnes fixée par la loi et ne pouvait pas donc bénéficier de l'immunité pénale. Tenant compte des circonstances particulières de l'espèce et du comportement du requérant qui n'avait été dicté uniquement par la générosité, les juridictions ont assorti la déclaration de culpabilité d'une dispense de peine. Dès lors il n'y a pas violation du présent art. • CEDH 10 nov. 2011, *M. c/ France,* n° 29681/08 § 40 : *préc.*

159. Lien biologique. La vie « vie familiale » implique, outre une parenté, des rapports personnels étroits. La notion de « vie familiale » n'implique pas nécessairement une vie commune des membres d'une famille, s'ils ont des contacts réguliers. En l'espèce, les contacts sont trop distendus entre le père biologique donneur de sperme et l'enfant pour considérer que le refus de lui accorder un droit de visite constitue un défaut de respect de sa vie familiale. • Comm. EDH 8 févr. 1993, *M. c/ Pays-Bas,* n° 16944/90.

160. Détenus et... droits. Dès lors que les détenus continuent en général de jouir de tous les droits et libertés fondamentaux garantis par la Conv. EDH, à l'exception du droit à la liberté lorsqu'une détention régulière entre expressément dans le champ d'application de l'art. 5 Conv. EDH, toute restriction à ces autres droits doit être justifiée, même si pareille justification peut tout à fait reposer sur les considérations de sécurité, notamment la prévention du crime et la défense de l'ordre, qui découlent inévitablement des circonstances de l'emprisonnement. Il n'est donc nullement question qu'un détenu soit déchu de ses droits garantis par la Conv. EDH du simple fait qu'il se trouve incarcéré à la suite d'une condamnation. • CEDH, gr. ch., 6 oct. 2005, *Hirst c/ Royaume-Uni (n° 2),* n° 74025/01 § 69 et 70 : *AJDA 2006. 466,* chron. Flauss ; RD publ. 2006. 811, obs. Surrel.

161. … Droit de visite. Bien que toute détention régulière entraîne par sa nature une restriction à la vie privée et familiale de l'intéressé, il est cependant essentiel au respect de la vie familiale que l'administration pénitentiaire et les autres autorités compétentes aident le détenu à maintenir un contact avec sa famille proche. • Comm. EDH 12 mars 1990, *Ouinas c/ France,* n° 13756/88 • CEDH 28 sept. 2000, *Messina c/ Italie (n° 2),* n° 25498/94 § 61 : *JCP 2001. I. 291, chron. Sudre* • CEDH 28 nov. 2002, *Lavents c/ Lettonie,* n° 58442/00 § 139 : *JCP 2003. I. 109, chron. Sudre.*

162. Le refus du juge d'autoriser le requérant à rencontrer sa compagne ou ses parents en prison suffit pour conclure que le requérant a subi une ingérence dans l'exercice de son droit au respect de sa vie familiale. • CEDH 15 juin 2006, *Moisejevs c/ Lettonie,* n° 64856/01 § 153. ♦ Il en va de même durant la garde à vue du fait de ne pas pouvoir entrer en contact avec ses proches. • CEDH 4 avr. 2006, *Sari et Colak c/ Turquie,* n° 42596/98 § 37.

163. Le requérant était soumis à un régime spécial de détention, qui entraînait des limitations du nombre de visites familiales (pas plus de deux par mois) et imposait des mesures de surveillance de ces rencontres (les détenus étaient séparés des visiteurs par une paroi vitrée). Ces restrictions constituent une ingérence dans l'exercice par le requérant de son droit au respect de sa vie familiale. • CEDH 28 sept. 2000, *Messina c/ Italie (n° 2),* n° 25498/94 § 62 : *préc. note 161.*

164. La Cour apprécie la proportionnalité des restrictions par rapport à chaque cas de détention. Si les restrictions apportées aux visites familiales d'un détenu provisoire peuvent se justifier par une multitude de facteurs – le risque de collusion ou de soustraction, la protection des témoins, la nécessité d'assurer un bon déroulement de l'instruction – encore faut-il que ces restrictions se fondent sur un besoin social impérieux et qu'elles demeurent proportionnées aux buts légitimes recherchés. Les autorités nationales compétentes doivent donc faire preuve de leurs efforts pour trouver un juste équilibre entre les exigences de l'investigation et les droits du détenu. En particulier, la durée de l'interdiction des visites familiales et sa portée sont des facteurs à prendre en considération aux fins de détermination de la proportionnalité de cette mesure. En tout état de cause, une interdiction absolue de visites ne peut se justifier que par des circonstances exceptionnelles. • CEDH 28 nov. 2002, *Lavents c/ Lettonie,* n° 58442/00 § 139 : *préc. note 161.* ♦ V. déjà. • CEDH 28 sept. 2000, *Messina c/ Italie (n° 2),* n° 25498/94 § 65 et 73 : *préc. note 161* • CEDH 17 avr. 2012, *Piechowicz c/ Pologne,* n° 20071/07 § 221 s. ♦ On ne saurait ignorer les effets qu'ont emportés l'absence de contact physique entre le requérant et ses visiteurs, le fait que l'intéressé n'a pu maintenir un lien avec ces derniers que par correspondance et par des visites, et l'obstacle physique à une discussion libre créé par la cloison en verre. En l'absence de motifs justifiant l'imposition de restrictions aussi amples aux droits du requérant, qui était accusé de fraude et ne présentait aucun risque pour la sécurité, il y a eu violation du présent art. • CEDH 19 juin 2007, *Ciorap c/ Moldavie,* n° 12066/02. ♦ La combinaison des diverses restrictions sévères et durables apportées à la possibilité pour le requérant de recevoir des visites en prison et le régime litigieux en la matière ne prenant pas dûment en compte le principe de proportionnalité et les impératifs d'amendement et de réinsertion des détenus de longue durée, la mesure en question n'a pas ménagé un juste équilibre entre le droit du requérant à la protection de sa vie privée et familiale, d'une part, et les buts invoqués par le Gouvernement défendeur, d'autre part. • CEDH, gr. ch., 30 juin 2015, *Khoroshenko c/ Russie,* n° 41418/04 § 148 : *AJ fam. 2015. 496, obs. Saulier .*

165. Aucune punition disciplinaire ne devrait inclure une interdiction totale de contacts familiaux. • CEDH 20 mai 2008, *Gülmez c/ Turquie,* n° 16330/02 § 50.

166. Le droit du requérant à rencontrer ses proches et son représentant était limité à une visite par mois à laquelle assistaient deux gardiens qui écoutaient les conversations et qui étaient autorisés à intervenir lorsqu'ils considéraient que l'intéressé ou ses visiteurs disaient quelque chose de « faux ». • CEDH 23 avr. 2003, *Poltoratski c/ Ukraine,* n° 38812/97 § 152.

167. … Enterrements. Le refus d'autoriser le requérant à assister aux enterrements de ses parents n'était pas « nécessaire dans une société démocratique », ne correspondait pas à un besoin impérieux et n'était pas proportionné aux buts légitimes poursuivis. • CEDH 12 nov. 2002, *Ploski c/ Pologne,* n° 26761/95 • CEDH 6 déc. 2007, *Lind c/ Russie,* n° 25664/05. ♦ Ne contrevient cependant pas au présent art. le refus opposé à la demande de sortie sous escorte de la requérante en vue de se recueillir sur la dépouille de son père au funérarium dès lors que, dans le cadre d'un examen diligent de la demande comportant une mise en balance des intérêts en jeu (respect de la vie familiale de la requérante d'une part et sûreté pubique, défense de l'ordre et prévention des infractions pénales d'autre part), les autorités nationales n'ont pas dépassé leur marge d'appréciation en la matière en considérant qu'au regard notamment du profil de la requérante, de la gravité des crimes commis (terrorisme), du contexte de la sortie à organiser (distance de 650 km), le délai imparti de quelques jours était insuffisant pour organiser une escorte et un repérage des lieux adaptés. • CEDH 11 avr. 2019, *Guimon c/ France,* n° 48798/14 § 46 à 50 : *AJ fam. 2019. 288, obs. Saulier ; AJ pénal 2019. 340, obs. Evans.*

168. ... Relations sexuelles. Le refus de l'administration pénitentiaire d'autoriser les détenus à avoir des relations intimes avec leurs conjoints peut à l'heure actuelle être considéré comme justifié par la défense de l'ordre et la prévention des infractions pénales. • Comm. EDH 22 oct. 1997, *E. L. H. et P. B. H. c/ Royaume-Uni,* n° 32094/96 • CEDH 29 avr. 2003, *Aliev c/ Ukraine,* n° 41220/98 § 188. ♦ La Cour estime que le présent art. est applicable aux griefs des requérants en ce que le refus de l'insémination artificielle concerne leur vie privée et familiale, ces notions incluant le droit au respect de leur décision de devenir parents génétiques. • CEDH, gr. ch., 4 déc. 2007, *Dickson c/ Royaume-Uni,* n° 44362/04 § 66 : *préc. note 67.* ♦ V. également les décisions citées note 9.

169. ... Interdiction d'exercice des droits parentaux. L'interdiction d'exercer les droits parentaux qui s'applique automatiquement et d'une manière absolue à titre de peine accessoire à toute personne qui exécute une peine de prison, sans aucun contrôle de la part des tribunaux et sans aucune prise en considération du type d'infraction et de l'intérêt des mineurs constitue plutôt un blâme moral ayant comme finalité la punition du condamné et non pas une mesure de protection de l'enfant. • CEDH 28 sept. 2004, *Sabou et Picalab c/ Roumanie,* n° 46572/99 § 48 : *D. 2005. Pan. 995, obs. Céré.*

170. ... Permissions de sortie. Le refus opposé à un détenu de sortir du monde carcéral, par le biais de permissions de sortie temporaire, en vue, par exemple, comme en l'espèce du maintien du lien familial, doit s'analyser également en une ingérence dans le droit du requérant au respect de sa vie familiale garanti par l'art. 8 de la Conv. EDH. • CEDH 12 nov. 2002, *Ploski c/ Pologne,* n° 26761/95. ♦ Il faut néanmoins avoir égard aux exigences normales et raisonnables de l'emprisonnement. En l'espèce, le refus litigieux opposé par le juge de l'application des peines au requérant ne reposait ni sur la mauvaise conduite de celui-ci en prison, ni sur le risque qu'il provoque des incidents au cours d'une telle permission ; au surplus, le juge de l'application des peines se dit sensible à la demande du requérant. Les parents du requérant ont obtenu un droit de visite permanent et ils l'ont exercé régulièrement, en particulier le père, pendant la période au cours de laquelle le refus litigieux de permission de sortie fut opposé au requérant. • CEDH 18 oct. 2005, *Schemkamper c/ France,* n° 75833/01 § 31 et 35 : *RSC 2006. 423, obs. Poncela.*

2. Effectivité nécessaire

171. Les rapports entre adultes, comme ici entre une mère et son fils de 33 ans, ne bénéficieront pas nécessairement de la protection de l'art. 8 Conv. EDH sans que soit démontrée l'existence d'éléments supplémentaires de dépendance, autres que des liens affectifs normaux. • Comm. EDH 10 déc. 1984, *S. et S. c/ Royaume-Uni,* n° 10375/83.

b. Effectivité sans parenté : vie familiale de facto

172. Relations parents-enfants. Le concept de « vie familiale » ne se borne pas aux seules familles fondées sur le mariage mais peut englober d'autres relations *de facto*. X. est un transsexuel qui a subi une intervention chirurgicale de conversion sexuelle. Il vit avec Y., assumant aux yeux de tous le rôle de partenaire masculin. Le couple a demandé, et obtenu, un traitement devant permettre à Y. de concevoir un enfant. X. a soutenu Y. pendant cette période et se comporte à tous égards comme « le père » de Z. depuis la naissance de celle-ci. Dans ces conditions, la Cour estime que des liens familiaux *de facto* unissent les trois requérants. Cependant, étant donné que le transsexualisme soulève des questions complexes de nature scientifique, juridique, morale et sociale, ne faisant pas l'objet d'une approche généralement suivie dans les États contractants, la Cour estime que le présent art. ne saurait passer pour impliquer que l'État défendeur soit dans l'obligation de reconnaître officiellement comme le père de l'enfant une personne qui n'en est pas le père biologique. • CEDH 22 avr. 1997, *X., Y. et Z. c/ Royaume-Uni,* n° 21830/93 § 36, 37 et 52 : *préc. note 97.*

173. Les requérants ont accueilli un enfant, âgé d'1 mois, dans leur famille pendant 19 mois. Pendant ce temps, il a vécu avec une sœur et un frère, ce dernier adopté auparavant par la première requérante. En outre, les expertises conduites sur la famille montrent que la mineure y était bien insérée et qu'elle était profondément attachée aux requérants et aux enfants de ces derniers. Les requérants ont également assuré le développement social de l'enfant. A cet égard, la Cour note qu'à l'âge de 7 mois, elle s'est habituée à la crèche et qu'elle avait suivi les requérants et leurs enfants dans un voyage au Brésil. Ces éléments suffisent à la Cour pour dire qu'il existait entre les requérants et l'enfant un lien interpersonnel étroit et que les requérants se comportaient à tous égards comme ses parents de sorte que des « liens familiaux » existaient « *de facto* » entre eux. • CEDH 27 avr. 2010, n° 16318/07 § 49 et 50.

174. V. pour d'autres ex. d'une vie familiale *de facto* : • CEDH, gr. ch., 24 janv. 2017, *Paradiso et Campanelli c/ Italie*, n° 25358/12 § 142 à 158 : *D. 2017. 897, obs. Le Maigat, note de Saint-Pern ; ibid. 663, chron. Chénedé ; ibid. 729, obs. Granet-Lambrechts ; ibid. 781, obs. Galloux et Gaumont-Prat ; ibid. 1011, obs. Gaudemet-Tallon et Jault-Seseke ; ibid. 1727, obs. Bonfils et Gouttenoire ; AJ fam. 2017. 301, obs. Clavin ; ibid. 93, obs. Dionisi-Peyrusse ; Rev. crit. DIP 2017. 426, note Kouteeva-Vathelot ; RTD civ. 2017. 335, obs. Marguénaud ; ibid. 367, obs. Hauser.*

175. Nécessité d'un examen concret de la situation. Les juges ne pouvaient raisonnablement refuser la reconnaissance des liens familiaux qui préexistaient *de facto* entre les requérantes et se dispenser ainsi d'un examen concret de la situation. Dès lors en refusant l'exequatur d'un jugement plénier d'adoption au motif que celle-ci est réservée aux époux, le présent art. a été violé. • CEDH 28 juin 2007, *Wagner et J. M. W. L. c/ Luxembourg*, n° 76240/01 § 135 : *D. 2007. 2700*. ♦ La Cour de cassation a souligné que l'annulation de la transcription sur les registres français des actes de naissance des troisième et quatrième requérantes ne les empêchait pas de vivre avec les premiers requérants en France. Les juges français ne se sont donc pas dispensés d'un examen concret de la situation, puisque, par cette formule, ils ont estimé, implicitement mais nécessairement, que les difficultés pratiques que les requérants pourraient rencontrer dans leur vie familiale en l'absence de reconnaissance en droit français du lien établi entre eux à l'étranger ne dépasseraient pas les limites qu'impose le respect du présent art., ménageant un juste équilibre entre les intérêts des requérants et ceux de l'État, pour autant que cela concerne leur droit au respect de leur vie familiale. • CEDH 26 juin 2014, *Mennesson c/ France*, n° 65192/11 § 93 et 94 : *préc. note 133.*

176. Relation stable entre individus.. De la même manière qu'il ne peut y avoir d'analogie entre, d'un côté, un couple marié ou en partenariat civil et, de l'autre, un couple hétérosexuel ou homosexuel dont les deux membres ont choisi de vivre ensemble sans devenir des époux ou des partenaires civils, l'absence d'un tel accord juridiquement contraignant entre les requérantes fait que leur relation de cohabitation, malgré sa longue durée, est fondamentalement différente de celle qui existe entre deux conjoints ou partenaires civils. • CEDH, gr. ch., 29 avr. 2008, *Burden c/ Royaume-Uni*, n° 13378/05 § 65 : *RTD civ. 2008. 458, obs. Hauser ; JCP 2008. I. 167, chron. Sudre.*

177. ... De sexes opposés. Le présent art. n'impose pas à l'État d'instaurer un régime spécial pour une catégorie particulière de couples non mariés. • CEDH 18 déc. 1986, *Johnston c/ Irlande*, n° 9697/82 § 68 • CEDH 2 nov. 2010, *Serife Yigit c/ Turquie*, n° 3976/05 § 102. ♦ Le fait que la requérante qui n'est pas civilement mariée n'ait pas la qualité d'héritière, conformément aux dispositions du code civil régissant les règles successorales ou à la loi nationale sur la sécurité sociale, n'implique pas qu'il y ait eu atteinte à ses droits en méconnaissance du présent art. • CEDH 2 nov. 2010, *Serife Yigit c/ Turquie*, n° 3976/05 § 102.

178. ... De même sexe. Il est artificiel de continuer à considérer que, au contraire d'un couple hétérosexuel, un couple homosexuel ne saurait connaître une « vie familiale ». En conséquence, la relation qu'entretiennent les requérants, un couple homosexuel cohabitant de fait de manière stable, relève de la notion de « vie familiale » au même titre que celle d'un couple hétérosexuel se trouvant dans la même situation. • CEDH 24 juin 2010, *Schalk et Kopf c/ Autriche*, n° 30141/04 § 94 : *préc. note 49* • CEDH 22 juill. 2010, *P. B. et J. S. c/ Autriche*, n° 18984/02 § 30. ♦ V. déjà : la Cour ne peut admettre qu'il soit nécessaire, aux fins de la protection de la famille, de refuser de manière générale la transmission d'un bail aux personnes vivant une relation homosexuelle. • CEDH 2 mars 2010, *Kozak c/ Pologne*, n° 13102/02.

179. Sur la question du mariage homosexuel, V. notes ss. Conv. EDH, art. 12, y compris lorsque le présent art. est invoqué ou utilisé par la CEDH.

B. CONTENU DE LA PROTECTION DE LA VIE FAMILIALE

180. La protection de leur vie privée ou familiale exige parfois de relever les époux du devoir de cohabiter. Un respect effectif de la vie privée ou familiale impose aux États de rendre ce moyen effectivement accessible, quand il y a lieu, à quiconque désire l'employer. • CEDH 9 oct. 1979, *Airey c/ Irlande*, n° 6289/73 § 33. ♦ ... Sans que cela implique pour eux l'obligation d'adopter des mesures autorisant le divorce et le remariage. • CEDH 18 déc. 1986, *Johnston c/ Irlande*, n° 9697/82 § 75.

1° VIE FAMILIALE ET DROIT DES ÉTRANGERS

a. Situation des étrangers non ressortissants de l'Union

181. Principe. La Conv. EDH ne garantit, comme tel, aucun droit pour un étranger d'entrer ou de résider sur le territoire d'un pays déterminé et de permettre le regroupement familial sur son territoire. • CEDH 2 août 2001,

Boultif c/ Suisse, n° 54273/00 § 39 : *AJDA 2001. 1060, chron. Flauss* • CEDH 31 janv. 2006, *Rodrigues Da Silva and Hoogkamer c/ Pays-Bas,* n° 50435/99 § 39 • CEDH 28 juin 2011, *Nunez c/ Norvège,* n° 55597/09 § 70 : *D. 2012. 2267, obs. Bonfils et Gouttenoire*. ♦ Toutefois, le contrôle de l'immigration doit néanmoins s'exercer d'une manière compatible avec les exigences de celle-ci et le fait d'écarter quelqu'un du territoire d'un État où vivent des membres de sa famille peut poser un problème au regard du présent art. • CEDH 28 mai 1985, *Abdulaziz, Cabales et Balkandali c/ Royaume-Uni,* n° 9214/80 § 59. ♦ Le fait d'exclure une personne d'un pays où vivent ses parents proches peut de même constituer une ingérence dans le droit au respect de la vie familiale, tel que protégé par le présent art. • CEDH 2 août 2001, *Boultif c/ Suisse,* n° 54273/00 § 39 : *préc.* • CEDH 11 juin 2013, *Hasanbasic c/ Suisse,* n° 52166/09 § 46. ♦ Rappr. s'agissant d'une interdiction pouvant empêcher le requérant de rendre visite à ses proches. • CEDH, gr. ch., 12 sept. 2012, *Nada c/ Suisse,* n° 10593/08 § 154 : *AJDA 2013. 165, chron. Burgorgue-Larsen* ; *RFDA 2013. 576, chron. Labayle, Sudre, Dupré de Boulois et Milano* ; *RTD eur. 2013. 515, note Tinière*.

182. Il n'en découle pas pour autant pour les États l'obligation générale de respecter le choix, par des couples mariés, de leur domicile commun et d'accepter l'installation de conjoints non nationaux dans le pays. • CEDH 28 mai 1985, *Abdulaziz, Cabales et Balkandali c/ Royaume-Uni,* n° 9214/80 § 68 • CEDH 19 févr. 1996, *Gül c/ Suisse,* n° 23218/94 § 38 : *AJDA 1996. 1005, chron. Flauss* ; *JCP 1997. I. 4000, chron. Sudre* • CEDH 28 nov. 1996, *Ahmut c/ Pays-Bas,* n° 21702/93 § 67.

183. Toutefois, si la législation nationale confère le droit d'être rejoint par les conjoints à certaines catégories d'immigrants, il doit le faire d'une manière qui est conforme à l'art. 14 Conv. EDH. • CEDH 6 nov. 2012, *Hode et Abdi c/ Royaume-Uni,* n° 22341/09 § 43 : *RD publ. 2013. 731, chron. Sudre.* ♦ En effet, là où les décisions en matière d'entrée, de séjour et d'éloignement des non-nationaux porteraient atteinte à un droit protégé par le présent art., elles doivent se révéler nécessaires dans une société démocratique, c'est-à-dire justifiées par un besoin social impérieux et, notamment, proportionnées au but légitime poursuivi. • CEDH 18 févr. 1991, *Moustaquim c/ Belgique,* n° 12313/86 § 43 : *D. 1992. 326, obs. Renucci* ; *AFDI 1991. 586, obs. Coussirat-Coustère* ; *JDI 1992. 777, obs. Decaux et Tavernier.* ♦ Rappr. en lien avec l'art. 14 Conv. EDH, le refus de laisser entrer un étranger séropositif marié légalement en Russie avec une ressortissante russe. • CEDH 10 mars 2011, *Kiyutin c/ Russie,* n° 2700/10.

184. Famille nucléaire. Dans ce cadre, la notion de « vie familiale » est interprétée comme englobant la « vie familiale » effective établie sur le sol d'un État contractant par des non-nationaux qui y séjournent légalement, étant entendu que la « vie familiale » en ce sens se limite normalement au noyau familial. • CEDH, gr. ch., 9 oct. 2003, *Slivenko c/ Lettonie,* n° 48321/99 § 94.

185. Droit au contrôle des entrées et séjours. L'étendue de l'obligation, pour un État, d'admettre sur son territoire des parents d'immigrés dépend de la situation des intéressés et de l'intérêt général. D'après un principe de droit international bien établi, les États ont le droit, sans préjudice des engagements découlant pour eux de traités, de contrôler l'entrée des non-nationaux sur leur sol. • CEDH 28 mai 1985, *Abdulaziz, Cabales et Balkandali c/ Royaume-Uni,* n° 9214/80 § 67 • CEDH 19 févr. 1996, *Gül c/ Suisse,* n° 23218/94 § 38 : *préc. note 182.* ♦ Il incombe aux États contractants d'assurer l'ordre public, en particulier dans l'exercice de leur droit de contrôler, en vertu d'un principe de droit international bien établi et sans préjudice des engagements découlant pour eux de traités, l'entrée, le séjour et l'éloignement des non-nationaux. • CEDH 26 mars 1992, *Beldjoudi c/ France,* n° 12083/86 § 74 : *D. 1993. 388*.

186. L'étendue de l'obligation, pour un État, d'admettre sur son territoire des parents d'immigrés dépend de la situation des intéressés. • CEDH 28 mai 1985, *Abdulaziz, Cabales et Balkandali c/ Royaume-Uni,* n° 9214/80 § 67. ♦ Dès lors que la vie familiale peut se reconstituer ailleurs, il n'y a pas violation du présent art. • CEDH 20 mars 1991, *Cruz Varas c/ Suède,* n° 15576/89 § 87.

187. La situation d'un immigré établi et celle d'un étranger sollicitant l'admission sur le territoire national étant, en fait et en droit, différentes (même si, comme la requérante, l'étranger a sollicité à plusieurs reprises un permis de séjour et réside sur le territoire depuis plusieurs années), les critères que la Cour a élaborés au fil de sa jurisprudence pour apprécier si le retrait du permis de séjour d'un immigré établi est compatible avec le présent art. ne peuvent être transposés automatiquement à la situation d'une requérante qui se trouve aux Pays-Bas depuis mars 1997, mais ne s'est jamais vu délivrer de permis de séjour par les autorités néerlandaises. • CEDH, gr. ch., 3 oct. 2014, *Jeunesse c/ Pays-Bas,* n° 12738/10 § 105 : D. 2014. *2049*. ♦ Lorsque les autorités se trouvent mises devant le fait accompli, ce n'est que dans des circonstances exceptionnelles (réunies en l'espèce) que l'éloignement du membre de la famille qui est ressortissant d'un pays tiers peut être jugé incompatible avec les dispositions du présent art. • CEDH, gr. ch., 3 oct. 2014, *Jeunesse c/ Pays-Bas,* n° 12738/10 § 114 : *préc.*

1. Éloignement des étrangers

188. Critères à appliquer. Pour apprécier les critères pertinents en pareil cas, la Cour prendra en compte la nature et la gravité de l'infraction commise par le requérant ; la durée du séjour de l'intéressé dans le pays dont il doit être expulsé ; le laps de temps qui s'est écoulé depuis l'infraction et la conduite du requérant pendant cette période ; la nationalité des diverses personnes concernées ; la situation familiale du requérant, et notamment, le cas échéant, la durée de son mariage, et d'autres facteurs témoignant de l'effectivité d'une vie familiale au sein d'un couple ; la question de savoir si le conjoint avait connaissance de l'infraction à l'époque de la création de la relation familiale ; la question de savoir si des enfants sont issus du mariage et, dans ce cas, leur âge ; la gravité des difficultés que le conjoint risque de rencontrer dans le pays vers lequel le requérant doit être expulsé. • CEDH 2 août 2001, *Boultif c/ Suisse,* n° 54273/00 § 48 : *préc. note 181* • CEDH, gr. ch., 18 oct. 2006, *Uner c/ Pays-Bas,* n° 46410/99 § 57 : *AJDA 2007. 902, obs. Flauss* ; *JCP 2007. I. 106, chron. Sudre.* ♦ Il convient d'y ajouter désormais l'intérêt et le bien-être des enfants, en particulier la gravité des difficultés que les enfants du requérant sont susceptibles de rencontrer dans le pays vers lequel l'intéressé doit être expulsé et la solidité des liens sociaux, culturels et familiaux avec le pays hôte et avec le pays de destination. • CEDH, gr. ch., 18 oct. 2006, *Uner c/ Pays-Bas,* n° 46410/99 § 58 : *préc.* • CEDH 16 avr. 2013, *Udeh c/ Suisse,* n° 12020/09 § 45. ♦ La Cour pourra aussi tenir compte, parmi d'autres critères, d'éléments d'ordre médical. • CEDH 22 mai 2008, *Emre c/ Suisse,* n° 42034/04 § 81 à 83 : *AJDA 2008. 1929, chron. Flauss* • CEDH 11 juin 2013, *Hasanbasic c/ Suisse,* n° 52166/09 §54 et 64. ♦ ... Du caractère provisoire ou définitif de la mesure d'éloignement prononcée. • CEDH 22 mai 2008, *Emre c/ Suisse,* n° 42034/04 § 84 : *préc.* ♦ Même provisoire, la durée de la mesure d'éloignement doit rester proportionnée. • CEDH 11 oct. 2011, *Emre c/ Suisse (n° 2),* n° 5056/10 § 73 et 76.

189. Il convient encore de déterminer si les mesures litigieuses ont respecté un juste équilibre entre les intérêts en présence, à savoir, d'une part, les droits de l'intéressé protégés par la Conv. EDH et, d'autre part, les intérêts de la société. La Cour a donc compétence pour statuer en dernier lieu sur le point de savoir si une mesure d'éloignement d'une personne se concilie avec le présent art., et en particulier si elle était nécessaire dans une société démocratique, c'est-à-dire justifiée par un besoin social impérieux et proportionnée au but légitime poursuivi. • CEDH 26 sept. 1997, *Mehemi c/ France,* n° 25017/94 § 34 : *RSC 1998. 385, obs. Koering-Joulin* ; *JCP 1998. I. 107, chron. Sudre* • CEDH 19 févr. 1998, *Dalia c/ France,* n° 26102/95 § 52 : *RSC 1999. 384, obs. Koering-Joulin* ; *RTD civ. 1998. 513, obs. Marguénaud* ; *JCP 1999. I. 105, chron. Sudre* • CEDH 2 août 2001, *Boultif c/ Suisse,* n° 54273/00 § 46 : *préc. note 181* • CEDH 11 juin 2013, *Hasanbasic c/ Suisse,* n° 52166/09 § 56.

190. Les personnes qui, sans se conformer aux règlements en vigueur, mettent par leur présence sur le territoire d'un État contractant les autorités de ce pays devant un fait accompli, ne peuvent d'une manière générale invoquer une espérance légitime qu'un droit de séjour leur sera accordé. • CEDH 31 janv. 2006, *Rodrigues Da Silva et Hoogkamer c/ Pays-Bas,* n° 50435/99 § 43.

191. Catégories d'étrangers visées. Les mêmes critères doivent à plus forte raison être utilisés pour les immigrés de la seconde génération ou des étrangers arrivés dans leur prime jeunesse, pour autant que ceux-ci aient fondé une famille dans leur pays d'accueil. Si tel n'est pas le cas, la Cour n'aura égard qu'aux trois premiers d'entre eux. S'ajoutent toutefois à ces différents critères les liens particuliers que ces immigrés ont tissés avec le pays d'accueil où ils ont passé l'essentiel de leur existence. Ils y ont reçu leur éducation, y ont noué la plupart de leurs attaches sociales et y ont donc développé leur identité propre. Nés ou arrivés dans le pays d'accueil du fait de l'émigration de leurs parents, ils y ont le plus souvent leurs principales attaches familiales. Certains de ces immigrés n'ont même conservé avec leurs pays natal que le seul lien de la nationalité. • CEDH 15 juill. 2003, *Mokrani c/ France,* n° 52206/99 § 31 • CEDH 17 janv. 2006, *Aoulmi c/ France,* n° 50278/99 § 84 : *D. 2006. 1151, note Lazaud* ; *AJDA 2006. 466, chron. Flauss.*

192. Tous les immigrés installés, indépendamment de la durée de leur résidence dans le pays dont ils sont censés être expulsés, n'ont pas nécessairement une « vie familiale » au sens du présent art. Toutefois, dès lors que cet art. protège également le droit de nouer et entretenir des liens avec ses semblables et avec le monde extérieur et qu'il englobe parfois des aspects de l'identité sociale d'un individu, il faut accepter que la totalité des liens sociaux entre les immigrés installés et la communauté dans laquelle ils vivent fait partie intégrante de la notion de « vie privée ». Indépendamment de l'existence ou non d'une « vie familiale », dès lors, l'expulsion d'un immigré installé s'analyse en une atteinte à son droit au respect de sa vie privée. C'est en fonction des circonstances de l'affaire portée devant elle que la

Cour décidera s'il convient de mettre l'accent sur l'aspect « vie familiale » plutôt que sur l'aspect « vie privée ». • CEDH, gr. ch., 18 oct. 2006, *Uner c/ Pays-Bas,* n° 46410/99 § 59 : *préc. note 188* • CEDH 11 juin 2013, *Hasanbasic c/ Suisse,* n° 52166/09 § 48.

193. Lorsque la personne qui doit être expulsée est un jeune adulte qui n'a pas encore fondé sa propre famille, les critères pertinents sont les suivants : la nature et la gravité de l'infraction commise par le requérant ; la durée du séjour de l'intéressé dans le pays dont il doit être expulsé ; le laps de temps qui s'est écoulé depuis l'infraction et la conduite du requérant durant cette période ; la solidité des liens sociaux, culturels et familiaux avec le pays hôte et avec le pays de destination. L'âge de la personne concernée peut jouer un rôle dans l'application de certains des critères susmentionnés. Par exemple, pour apprécier la nature et la gravité de l'infraction commise par un requérant, il y a lieu d'examiner s'il l'a perpétrée alors qu'il était adolescent ou à l'âge adulte. • CEDH, gr. ch., 23 juin 2008, *Maslov c/ Autriche,* n° 1638/03 § 71 : *AJDA 2008. 1929, chron. Flauss ; RD publ. 2009. 913, obs. Surrel ; JCP 2008. I. 167, chron. Sudre.* ♦ Entre également en jeu, parmi d'autres critères, le caratère définitif ou provisoire de la mesure d'éloignement. • CEDH 22 mai 2008, *Emre c/ Suisse,* n° 42034/04 § 84 : *préc. note 188.* ♦ Même provisoire, la durée de la mesure d'éloignement doit rester proportionnée. • CEDH 11 oct. 2011, *Emre c/ Suisse (n° 2),* n° 5056/10 § 73 et 76.

194. S'agissant de résidents de longue date, la Cour a envisagé l'expulsion aussi bien sous le volet de la « vie privée » que sous celui de la « vie familiale », une certaine importance étant accordée sur ce plan au degré d'intégration sociale des intéressés. Le refus de renouveler le permis de séjour du requérant constitue une ingérence dans son droit au respect de sa vie « privée ». Dans la mesure où ce refus peut entraîner la séparation d'avec leur épouse ainsi que de leurs enfants communs résidant en Suisse, qui sont tous titulaires de permis de séjour pour ledit pays, les requérants ont également subi une ingérence dans leur droit au respect de leur vie « familiale ». • CEDH 11 juin 2013, *Hasanbasic c/ Suisse,* n° 52166/09 § 47 et 49. ♦ S'agissant d'un immigré qui a passé légalement la majeure partie, sinon l'intégralité, de son enfance et de sa jeunesse dans le pays d'accueil, il y a lieu d'avancer de très solides raisons pour justifier l'expulsion, surtout lorsque la personne concernée a commis les infractions à l'origine de la mesure d'expulsion pendant son adolescence. • CEDH, gr. ch., 23 juin 2008, *Maslov c/ Autriche,* n° 1638/03 § 75 : *préc. note 193* • CEDH 14 juin 2011, *Osman c/ Danemark,* n° 38058/09 § 65 : *RFDA 2012. 455, chron. Labayle et Sudre ; D. 2012. 2267, obs. Bonfils et Gouttenoire .*

195. Mise en œuvre des critères... Durée du séjour et lien avec le pays hôte. Le motif sous-jacent à la décision de faire de la durée du séjour d'une personne dans le pays hôte l'un des éléments à prendre en considération réside dans la supposition que plus longtemps une personne réside dans un pays particulier, plus forts sont ses liens avec ce pays et plus faibles sont ses liens avec son pays d'origine. A la lumière de ces considérations, il est évident que la Cour tiendra compte de la situation particulière des étrangers qui ont passé la majeure partie, sinon l'intégralité, de leur enfance dans le pays hôte, qui y ont été élevés et qui y ont reçu leur éducation. • CEDH, gr. ch., 18 oct. 2006, *Uner c/ Pays-Bas,* n° 46410/99 § 58 : *préc. note 188.* ♦ En outre, C. a tissé en Belgique de réels liens sociaux : il y a habité depuis l'âge de onze ans, y a reçu une formation scolaire puis professionnelle et y a travaillé pendant plusieurs années. Il y a donc établi aussi une vie privée, laquelle englobe le droit pour l'individu de nouer et développer des relations avec ses semblables, y compris dans le domaine professionnel et commercial. Partant, l'expulsion du requérant s'analyse en une ingérence dans le droit de celui-ci au respect de sa vie privée et familiale. • CEDH 7 août 1996, *C. c/ Belgique,* n° 21794/93 § 25. ♦ Quant à la solidité des liens sociaux, culturels et familiaux avec le pays hôte et le pays d'origine, le requérant a passé l'intégralité de son enfance et de son adolescence en France. Il parle la langue française et a reçu toute son éducation en France, où vivent tous ses proches, à l'exception de sa tante qui vit au Maroc. Son père, âgé de quatre-vingts ans, vit également en France et a acquis la nationalité française. En tant qu'immigré arrivé à un âge très précoce en France, la très grande majorité de ses attaches familiales, sociales et culturelles se trouvait en France. Même si rien n'est spécifié quant à la durée de l'expulsion du requérant, puisque celui-ci peut solliciter l'abrogation de la mesure d'expulsion, il est possible de considérer qu'il s'agit en l'espèce d'une expulsion définitive. En effet, le requérant sollicita l'abrogation de la mesure d'expulsion en 2007, ce qui lui fut refusé. • CEDH 23 sept. 2010, *M. B. c/ France,* n° 25672/07 § 49 et 52 : *AJDA 2010. 1797 ; D. 2010. 2868, obs. Boskovic, Corneloup, Jault-Seseke, Joubert et K. Parrot ; AJ pénal 2010. 507 .*

196. Eu égard au caractère non violent – à une exception près – des infractions commises par le requérant alors qu'il était mineur et à l'obligation de l'État de faciliter la réintégration de l'intéressé dans la société, à la durée pendant laquelle le requérant a séjourné légalement en Autriche, à ses liens familiaux, sociaux et linguistiques avec l'Autriche et à l'absence de liens démontrés avec le pays d'origine, la Cour estime que l'imposition de l'interdiction de séjour, même pour une période de temps limitée, était disproportionnée au but légitime poursuivi, à savoir « la défense de l'ordre et la prévention des infractions pénales ». • CEDH, gr. ch., 23 juin 2008, *Maslov c/ Autriche,* n° 1638/03 § 100 : *préc. note 193.*

197. Si le bien-être économique du pays peut certes servir de but légitime pour un refus de renouveler un titre de séjour, ce motif doit néanmoins être apprécié à sa juste mesure et à la lumière de l'ensemble des circonstances de l'espèce. Or, eu égard notamment à la durée considérable du séjour des requérants en Suisse et à leur intégration sociale incontestée dans ledit pays, la Cour estime que la mesure litigieuse, essentiellement fondée sur le cumul de dettes importantes ainsi que sur les sommes considérables que les requérants avaient touchées de l'assistance publique entre 1994 et 2001, ainsi qu'entre 2003 et 2008, n'était pas justifiée par un besoin social impérieux et n'était pas proportionnée aux buts légitimes invoqués. • CEDH 11 juin 2013, *Hasanbasic c/ Suisse,* n° 52166/09 § 59 et 66.

198. ... Nature et gravité de l'infraction ; temps écoulé depuis l'infraction. La Cour attribue une grande importance à la nature de l'infraction à l'origine de l'arrêté d'expulsion. • CEDH 29 janv. 1997, *Bouchelkia c/ France,* n° 23078/93 § 41, 50 et 51 : *RSC 1998. 385, obs. Koering-Joulin ; JCP 1997. 22924, note Lévinet.*

199. Eu égard à la nature des infractions commises par le requérant, au nombre d'années durant lesquelles il avait régulièrement séjourné en Allemagne, au fait qu'il était en possession d'un permis de séjour permanent, et aux difficultés auxquelles ses enfants risquaient d'avoir à faire face s'ils le suivaient en Turquie, la Cour estime qu'une interdiction définitive du territoire allemand emporte violation des droits du requérant au respect de sa vie privée et familiale. • CEDH 27 oct. 2005, *Keles c/ Allemagne,* n° 32231/02. ♦ L'expulsion de B. a été décidée à la suite de la condamnation de celui-ci à un total de presque quatre années d'emprisonnement ferme dont trois pour proxénétisme aggravé. La gravité de cette dernière infraction et les antécédents de l'intéressé pèsent lourd dans la balance. • CEDH 24 avr. 1996, *Boughanemi c/ France,* n° 22070/93 § 44 : *préc. note 148.* ♦ S'il est vrai que le requérant était un mineur de dix-sept ans lorsqu'il commit le crime de viol aggravé, toujours est-il que cette circonstance, pertinente principalement au regard de la détermination de la sanction qui fut fixée par la cour d'assises des mineurs, n'enlève rien au sérieux et à la gravité d'un tel crime. Dès lors il importe peu que le requérant vive toujours au moment de la décision au sein de sa famille d'origine et réside, depuis l'âge de deux ans, sur le territoire français où se trouvait l'essentiel de ses attaches privées et familiales, d'autant plus qu'il entretenait, à l'époque des faits, des liens avec son pays d'origine dont il possédait la nationalité et où résidaient alors des proches parents. • CEDH 29 juin 1997, *Bouchelkia c/ France,* n° 32078/93 § 41, 50 et 51 : *préc. note 198.*

200. B. est arrivé en France à l'âge de cinq ans et y réside depuis 1967, mise à part la période de « X » mois, pendant laquelle il purgea une peine en Suisse. Il y a reçu son éducation, y a travaillé pendant une brève période, et ses parents ainsi que ses huit frères et sœurs y habitent. Cependant, il semble qu'il n'ait jamais manifesté la volonté de devenir Français quand il était en droit de le faire. Les infractions commises (vol avec port d'arme et vol avec violence), par leur gravité et par l'importance des peines infligées à leur auteur, constituent une atteinte particulièrement grave à la sécurité des personnes et des biens et à l'ordre public justifiant que les impératifs de l'ordre public l'emportent, en l'espèce, sur les considérations de caractère personnel. • CEDH 21 oct. 1997, *Boujlifa c/ France,* n° 25404/94 § 44 : *D. 1998. 210, obs. Renucci ; RSC 1998. 385, obs. Koering-Joulin ; RTD civ. 1998. 513, obs. Marguénaud.* ♦ La mesure d'interdiction du territoire prononcée à l'encontre du requérant a pour celui-ci des conséquences plus importantes encore que le retrait de son titre de séjour puisqu'elle rend impossible aussi longtemps qu'elle est en vigueur toute visite, même de courte durée, aux Pays-Bas. Toutefois, eu égard à la nature et à la gravité des infractions commises par l'intéressé ainsi qu'au fait que la mesure d'interdiction du territoire est limitée à dix ans, la Cour ne peut conclure que l'État défendeur a fait trop largement prévaloir ses propres intérêts lorsqu'il a décidé d'imposer cette mesure. • CEDH, gr. ch., 18 oct. 2006, *Uner c/ Pays-Bas,* n° 46410/99 § 65 : *préc. note 188.*

201. Au vu des ravages de la drogue dans la population, la Cour conçoit que les autorités fassent preuve d'une grande fermeté à l'égard de ceux qui contribuent activement à la propagation de ce fléau. • CEDH 30 nov. 1999, *Baghli c/ France,* n° 34374/97 § 48 : *D. 2000. 189, obs. Renucci ; JCP 2000. I. 203, chron. Sudre.* ♦ La participation de Mme D. au trafic organisé par son époux pèse toujours aussi lourd dans la balance. • CEDH 19 févr. 1998, *Dalia c/ France,* n° 26102/95 § 54 : *préc. note 189.* ♦ Malgré l'intensité des liens personnels du requérant avec la France, la Cour conclut que la cour d'appel de Lyon pouvait légitimement considérer, du fait du comportement du requérant et de la gravité des faits reprochés (condamnation pour un trafic d'héroïne ; deux condamnations antérieures essentiellement pour des faits de vol avec effraction et de recel, et échec de toutes les mesures antérieures tendant à favoriser sa réinsertion sociale), que lui infliger une mesure d'interdiction du territoire définitive était nécessaire à la défense de l'ordre et à la prévention des infractions pénales. La mesure litigieuse était, dès lors, proportionnée aux buts poursuivis. • CEDH 17 janv. 2006, *Aoulmi c/ France*, n° 50278/99 § 90 : *préc. note 191.* ♦ Rappr. • CEDH 10 juill. 2003, *Benhabba c/ France*, n° 53441/99 § 37 : *AJDA 2003. 1924, chron. Flauss ; AJ pénal 2003. 65, obs. L.-H.*

202. Si la gravité de l'infraction commise par le requérant peut laisser craindre que celui-ci constitue à l'avenir un danger pour l'ordre et la sûreté publics, la Cour estime que les circonstances particulières de l'espèce atténuent ces craintes. • CEDH 2 août 2001, *Boultif c/ Suisse*, n° 54273/00 § 51 : *préc. note 181.* ♦ Les deux infractions de cambriolage dont le requérant a été reconnu coupable et pour lesquelles les juridictions autrichiennes n'ont infligé que des peines d'emprisonnement avec sursis ne pouvaient – même si l'on tient compte d'une autre procédure pénale qui fut interrompue une fois que le requérant eut versé une réparation à la victime – passer pour particulièrement graves puisqu'elles n'avaient pas été commises avec violence. Le seul élément qui puisse évoquer une tendance à un comportement violent chez le requérant est l'interdiction de détention d'armes dont il a fait l'objet en mai 1995. S'il ne faut pas en sous-estimer la gravité, une telle mesure ne saurait être assimilée à une condamnation pour un acte de violence. Or rien n'indique que le requérant ait jamais été accusé d'actes de ce genre. • CEDH 6 févr. 2003, *Jakupovic c/ Autriche*, n° 36757/97.

203. Les infractions à la législation sur les stupéfiants apparaissent essentiellement liées à des faits d'usage et de consommation de drogues. De l'avis de la Cour, on ne peut raisonnablement soutenir que du fait de ces infractions le requérant constituait une menace grave pour l'ordre public, comme le montre la légèreté relative de la peine prononcée en première instance et en appel, malgré le constat d'un état de récidive. Il en est *a fortiori* de même des faits pour lesquels il a été condamné en 1993, 1995 et 1997, eu égard à leur nature et aux peines infligées. Les infractions commises par le requérant ne sauraient donc, ni séparément, ni dans leur ensemble, être considérées comme étant d'une particulière gravité. • CEDH 13 févr. 2001, *Ezzouhdi c/ France*, n° 47160/99 § 35 : *AJDA 2001. 1060, chron. Flauss ; D. 2001. 747 ; RD publ. 2002. 699, obs. Lévinet ; JCP 2001. I. 342 chron. Sudre.*

204. … Lien avec le pays de destination, difficultés qui peuvent y être rencontrées. Aucun élément ne donne à penser que le requérant ait conservé des attaches – et encore moins des attaches solides – avec l'Iran ; en revanche il a noué des liens étroits avec le Danemark. L'épouse du requérant n'est jamais allée en Iran, ne comprend pas le farsi et n'est pas musulmane. En dehors du fait qu'elle est mariée à un Iranien, elle n'a aucun lien avec le pays de son époux. Même s'il n'était pas impossible à l'épouse et aux enfants du requérant de vivre en Iran, cela de toute évidence leur causerait néanmoins de graves difficultés. De plus, la Cour rappelle que la fille de A., qui est née d'une précédente relation et vit avec sa mère depuis sa naissance, refuse d'aller vivre en Iran. La Cour estime que compte tenu de cet autre élément, on ne saurait attendre de A. qu'elle suive le requérant en Iran. Rien n'indique non plus que M. et son épouse pourraient être autorisés à vivre dans un autre pays que l'Iran. Ainsi, l'expulsion permanente du requérant aurait pour effet de séparer la famille, puisqu'il serait impossible aux intéressés de maintenir leur vie familiale hors du Danemark. • CEDH 11 juill. 2002, *Amrollahi c/ Danemark*, n° 56811/00 : *JCP 2003. I. 109, chron. Sudre.*

205. … Situation familiale. Cependant, la circonstance que le requérant a participé en 1989 à l'importation d'une grande quantité de haschisch pèse ainsi lourd dans la balance. Néanmoins, eu égard à l'absence d'attaches du requérant en Algérie, à l'intensité de ses liens avec la France et surtout au fait que la mesure d'interdiction définitive du territoire prise à son encontre a pour effet de le séparer de ses enfants mineurs et de son épouse, la Cour estime que ladite mesure n'était pas proportionnée aux buts poursuivis. • CEDH 26 sept. 1997, *Mehemi c/ France*, n° 25017/94 § 37 : *préc. note 189.* ♦ Comp. • CEDH 26 sept. 1997, *El Boujaïdi c/ France*, n° 25613/94 § 41. ♦ Ni la situation du père des enfants de la requérante qui séjourne illégalement en Belgique ni, compte tenu de leur âge (6, 4 et 1 ans) et de leur capacité d'adaptation, le fait que les enfants de la requérante soient nés en Belgique et y soient scolarisés ne font obstacle à ce que la requérante ne reçoive pas de titre de séjour. • CEDH 27 févr. 2014, *Josef c/ Belgique*, n° 70055/10 § 142 et 143.

206. Eu égard aux lourdes conséquences qu'une expulsion aurait sur les responsabilités qui pèsent sur la première requérante en sa qualité de mère, ainsi que sur sa vie familiale avec R., et vu qu'il est manifestement dans l'intérêt de la fille que sa mère demeure aux Pays-Bas, la Cour estime que dans les circonstances particulières de l'espèce le bien-être économique du pays ne l'emporte pas sur les droits découlant pour les requérantes du présent art., nonobstant le fait que la première requérante résidait illégalement aux Pays-Bas à l'époque de la naissance de R. • CEDH 31 janv. 2006, *Rodrigues Da Silva et Hoogkamer c/ Pays-Bas,* n° 50435/99 § 44. ♦ Se penchant sur l'intérêt des enfants de Mme N., la Cour relève que c'est elle qui s'est principalement occupée d'eux entre leur naissance et 2007, lorsque leur père s'en est vu confier la garde. De plus, conformément à la décision des juridictions internes, les enfants seraient restés en Norvège où ils avaient vécu toute leur vie et ou résidait leur père, un immigré établi. De plus, les enfants ont certainement souffert de la séparation de leurs parents, du transfert de la garde de leur mère à leur père, et de la menace d'expulsion pesant sur leur mère. Il leur serait difficile de comprendre les raisons pour lesquelles ils seraient séparés de leur mère. La Cour conclut donc que, si Mme Nunez était expulsée et interdite de séjour pendant deux ans sur le territoire norvégien, cela affecterait excessivement ses enfants, en violation du présent art. • CEDH 28 juin 2011, *Nunez c/ Norvège,* n° 55597/09 § 84 : *préc. note 181.* ♦ Eu égard à leurs enfants communs, à la relation familiale qui existe réellement entre le requérant et les enfants ainsi qu'au fait que le requérant a commis une seule infraction grave et que son comportement ultérieur a été irréprochable, ce qui laisse supposer une évolution positive pour l'avenir, la Cour estime que l'État défendeur a outrepassé la marge d'appréciation dont il jouissait dans le cas d'espèce. • CEDH 16 avr. 2013, *Udeh c/ Suisse,* n° 12020/09 § 54.

207. Obligation procédurale. La procédure doit permettre à la personne de pouvoir apporter la preuve de l'existence d'une vie familiale ou privée justifiant qu'elle ne soit pas soumise à la mesure d'éloignement. En l'espèce, les autorités ont préjugé l'issue de la procédure relative à la question du droit de visite en expulsant le requérant mais, et cela est plus grave, elles ont privé l'intéressé de toute possibilité de participer utilement à cette procédure, pour laquelle sa disponibilité, notamment pour les rencontres tests, revêtait manifestement une importance capitale. On ne peut guère douter par ailleurs que, lorsque C. finit par obtenir un visa lui permettant de revenir aux Pays-Bas pour 3 mois, le simple écoulement du temps avait eu pour effet de trancher par un fait accompli l'action en fixation d'un régime des visites alors engagée par l'intéressé. En ne coordonnant pas les différentes procédures portant sur les droits familiaux du requérant, les autorités ont dès lors agi d'une manière qui n'a pas permis aux liens familiaux revendiqués de se développer. • CEDH 11 juill. 2000, *Cizil c/ Pays-Bas,* n° 29192/95.

208. Toute personne qui fait l'objet d'une mesure basée sur des motifs de sécurité nationale doit avoir des garanties contre l'arbitraire. Elle doit notamment avoir la possibilité de faire contrôler la mesure litigieuse par un organe indépendant et impartial, habilité à se pencher sur toutes les questions de fait et de droit pertinentes, pour trancher sur la légalité de la mesure et sanctionner un éventuel abus des autorités. Devant cet organe de contrôle, la personne concernée doit bénéficier d'une procédure contradictoire afin de pouvoir présenter son point de vue et réfuter les arguments des autorités. • CEDH 12 oct. 2006, *Kaya c/ Roumanie,* n° 33970/05 § 41 : *JCP 2007. I. 106, chron. Sudre.*

209. Cas particuliers. Il convient de réserver les cas des ressortissants russes ou des apatrides expulsés de Lettonie à l'indépendance du pays. • CEDH, gr. ch., 9 oct. 2003, *Slivenko c/ Lettonie,* n° 48321/99 § 96 • CEDH 22 juin 2006, *Kaftailova c/ Lettonie,* n° 59643/00.

210. Eu égard à ce cumul de circonstances particulières, notamment la situation d'un homme sourd, muet, ne pouvant trouver un minimum d'équilibre psychologique et social que dans sa famille, composée en majorité de citoyens français n'ayant eux-mêmes aucune attache avec l'Algérie, il apparaît que la décision d'expulser le requérant, si elle recevait exécution, ne serait pas proportionnée au but légitime poursuivi malgré sa condamnation pour viol en réunion. • CEDH 13 juill. 1995, *Nasri c/ France,* n° 19465/92 § 46 : *D. 1996. 194, obs. Pérez.*

2. Entrée des étrangers

211. Le fils du requérant a vécu au Maroc toute sa vie. Il en résulte qu'il a des liens solides avec l'environnement linguistique et culturel de son pays. De surcroît, il y possède toujours de la famille, à savoir son frère aîné, sa sœur, deux oncles et peut-être sa grand-mère. Il n'y a dès lors pas de raison qu'il rejoigne désormais son père installé seul aux Pays-Bas depuis plusieurs années. • CEDH 28 nov. 1996, *Ahmut c/ Pays-Bas,* n° 21702/93 § 69. ♦ Pour la situation inverse compte tenu du jeune âge de l'enfant dont l'immigration est demandée. • CEDH 21 déc. 2001, *Sen c/ Pays-Bas,* n° 31465/96 § 40 : *JCP 2002. I. 105, chron. Sudre.* ♦ Rappr. en matière de refoulement de personne en transit. • CEDH 12 oct. 2006, *Mubilanzila Mayeka et Kaniki Mitunga c/ Belgique,* n° 13178/03 § 83 : *D. 2007. 771, note Muzny.*

212. T. et son mari vivent aux Pays-Bas depuis un certain nombre d'années et ont obtenu la nationalité néerlandaise. De plus, ils ont deux enfants qui ne connaissent guère le pays d'origine de leurs parents. En conséquence, la

Cour considère que le meilleur moyen, pour les requérants, de développer une vie familiale est de faire venir M., fils de T. né d'un premier lit, aux Pays-Bas. • CEDH 1er déc. 2005, *Tuquabo-Tekele et a. c/ Pays-Bas,* n° 60665/00.

213. L'interdiction en question n'empêchait pas seulement le requérant de se rendre en Suisse mais elle lui interdisait également, du fait de la situation enclavée de Campione d'Italia, de quitter celle-ci pour toute autre destination, même pour se rendre dans d'autres parties de l'Italie, pays dont il était ressortissant, sans violer le régime des sanctions. On ne pouvait pas raisonnablement exiger du requérant qu'il déménageât de Campione d'Italia, où il réside depuis 1970, vers une autre région d'Italie. Les restrictions ainsi imposées à la liberté de circulation du requérant pendant une durée considérable n'ont pas ménagé un juste équilibre entre, d'une part, le droit de l'intéressé à la protection de sa vie privée et familiale et, d'autre part, les buts légitimes que constituent la prévention des infractions pénales, la protection de la sécurité nationale et de la sécurité publique de la Suisse. • CEDH, gr. ch., 12 sept. 2012, *Nada c/ Suisse,* n° 10593/08 § 189, 190 et 198 : *préc. note 181.*

214. Procédure. Si, en cas d'expulsion, les étrangers bénéficient de garanties procédurales spécifiques prévues par l'art. 1er Prot. n° 7 Conv. EDH, de telles garanties ne sont pas réglementées par la Conv. EDH en ce qui concerne la vie familiale des étrangers sous l'angle du présent art. ; celui-ci ne contient pas d'exigences procédurales explicites. Néanmoins, le processus décisionnel conduisant à des mesures d'ingérence n'en doit pas moins être équitable et respecter comme il convient les intérêts sauvegardés par cet art. • CEDH 24 févr. 1995, *Mc Michael c/ Royaume-Uni,* n° 16424/90 § 87 : *AJDA 1995. 719, chron. Flauss* ; *ibid. 1996. 376, chron. Flauss* ; *D. 1995. 449, note Huyette* ; *RTD civ. 1995. 875, obs. Hauser*. ♦ En la matière, la qualité du processus décisionnel dépend spécialement de la célérité avec laquelle l'État agit. • CEDH 10 juill. 2014, *Tanda-Muzinga c/ France,* n° 2260/10 § 68 : *AJDA 2014. 1463* ; *JCP Adm. 613.* ♦ Le processus décisionnel doit présenter les garanties de souplesse, de célérité et d'effectivité requises pour faire respecter le droit des requérants au respect de leur vie familiale garanti par le présent art. • CEDH 10 juill. 2014, *Senigo Longue et a. c/ France,* n° 19113/09 § 75 : *AJDA 2014. 1463* ; *JCP Adm. 613* • CEDH 10 juill. 2014, *Tanda-Muzinga c/ France,* n° 2260/10 § 82 : *préc.*

215. Dans une affaire qui concerne la vie familiale aussi bien que l'immigration, l'étendue des obligations pour l'État varie en fonction de la situation particulière de la personne concernée et de l'intérêt général. Les facteurs à prendre en considération dans ce contexte sont la mesure dans laquelle il y a effectivement entrave à la vie familiale, l'étendue des liens que les personnes concernées ont avec l'État contractant en cause, la question de savoir s'il existe ou non des obstacles insurmontables à ce que la famille vive dans le pays d'origine d'une ou plusieurs des personnes concernées et celle de savoir s'il existe des éléments touchant au contrôle de l'immigration ou des considérations d'ordre public pesant en faveur d'une exclusion. Lorsqu'il y a des enfants, les autorités nationales doivent, dans leur examen de la proportionnalité aux fins de la Conv. EDH, faire primer leur intérêt supérieur. • CEDH 10 juill. 2014, *Senigo Longue et a. c/ France,* n° 19113/09 § 61 et 62 : *préc. note 214.*

216. S'agissant du règlement de la preuve pour les demandeurs d'asile, eu égard à la situation particulière dans laquelle se trouvent ceux-ci, il convient dans de nombreux cas de leur accorder le bénéfice du doute lorsque l'on apprécie la crédibilité de leurs déclarations et des documents soumis à l'appui de celles-ci. Toutefois, lorsque des informations sont soumises qui donnent de bonnes raisons de douter de la véracité des déclarations du demandeur d'asile, celui-ci est tenu de fournir une explication satisfaisante pour les incohérences de son récit. De la même manière, il incombe au requérant de fournir une explication suffisante pour écarter d'éventuelles objections pertinentes quant à l'authenticité des documents par lui produits. En l'espèce, faute d'explications et de motivations pourtant requises par la loi, quinze mois après sa première demande de regroupement familial, le requérant était incapable de comprendre précisément ce qui s'opposait à ce projet. • CEDH 10 juill. 2014, *Tanda-Muzinga c/ France,* n° 2260/10 § 68 et 78 : *préc. note 214.*

217. Pour un autre ex. de procédure non satisfaisante au regard du présent art., V. • CEDH 10 juill. 2014, *Mugenzi c/ France,* n° 52701/09 : *AJDA 2014. 1463* ; *JCP Adm. 613.*

218. Délit de solidarité. Le délit d'aide à l'entrée, à la circulation et au séjour irréguliers d'un étranger en France a pour objectif de lutter contre l'immigration clandestine et les réseaux organisés tels que les passeurs qui aident, en contrepartie de sommes importantes, les étrangers à entrer ou à se maintenir illégalement sur le territoire. Un mécanisme d'impunité légale a été prévu pour les membres de la famille les plus proches de l'étranger en situation irrégulière, à savoir les ascendants de l'étranger, ses descendants, ses frères et sœurs, ainsi que son conjoint ou la personne qui vit notoirement en situation maritale avec lui. En l'espèce, en dépit du lien familial qui l'unit à son gendre, le requérant n'entrait pas dans la catégorie des personnes fixée par la loi et ne pouvait donc bénéficier de l'immunité pénale. Cependant, tenant compte des circonstances particulières de l'espèce et du comportement du requérant qui avait été dicté uniquement par la générosité, les juridictions ont assorti la déclaration de culpabilité d'une dispense de peine ménageant ainsi un juste équilibre entre les divers intérêts en présence, à savoir la nécessité de préserver l'ordre public et de prévenir les infractions pénales d'une part, et de protéger le droit du requérant au respect de sa vie familiale, d'autre part. • CEDH 10 nov. 2011, *Mallah c/ France,* n° 29681/08 § 40 : *AJDA 2011. 2205 ; D. 2011. 2872, obs. Grand ; ibid. 2012. 390, obs. Boskovic, Corneloup, Jault-Seseke, Joubert et Parrot ; RSC 2012. 256, obs. Roets ; RD publ. 2012. 808, chron. Sudre.*

b. Ressortissants de l'Union européenne

219. En tant que ressortissant marocain, C. se prétend victime d'une discrimination fondée sur la nationalité et la race ; au mépris de l'art. 14 Conv. EDH combiné avec le présent art., son expulsion lui aurait infligé un sort moins favorable que celui des délinquants dont la citoyenneté d'un pays membre de l'Union européenne protège en Belgique contre pareille mesure. Pareil traitement préférentiel repose sur une justification objective et raisonnable, dès lors que les États membres de l'Union européenne forment un ordre juridique spécifique, ayant instauré de surcroît une citoyenneté propre. • CEDH 7 août 1996, *C. c/ Belgique,* n° 21794/93 § 37 et 38. ♦ V. déjà. • CEDH 18 févr. 1991, *Moustaquim c/ Belgique,* n° 1213/86 § 49 : *préc. note 181.*

220. Si le présent art. ne va pas jusqu'à garantir à l'intéressé le droit à un type particulier de titre de séjour (permanent, temporaire ou autre), à condition que la solution proposée par les autorités lui permette d'exercer sans entrave ses droits au respect de la vie privée et familiale, la Cour considère toutefois qu'il s'impose, dans la présente requête, d'avoir une approche différente : en effet, le point essentiel tient à la qualité de ressortissante communautaire de la requérante, qui tirait directement du droit communautaire le droit de séjourner en France et de se voir délivrer une « carte de séjour de ressortissant d'un État membre de la communauté économique », d'une durée de 5 ans. Dès lors, le présent art. doit être interprété à la lumière du droit communautaire et en particulier des obligations imposées aux États membres quant aux droits d'entrée et de séjour des ressortissants communautaires. Il en résulte que le délai de plus de 14 ans mis par les autorités françaises pour délivrer un titre de séjour à la requérante n'était pas prévu par la loi, que la « loi » en question soit française ou communautaire. • CEDH 17 janv. 2006, *Aristimuno Lendizabal c/ France,* n° 51431/99 § 66, 67, 69 et 79. ♦ Rappr. s'agissant du refus d'autoriser le séjour des parents d'enfants en bas âge ressortissant d'un État membre dont ils assument la charge et du refus de leur délivrer un permis de travail. • CJUE 8 mars 2011, *Ruiz Zambrano c/ Office national le l'emploi,* n° C-34/09 : *AJDA 2011. 1082, note Houser .*

2° PROTECTION DES RELATIONS PARENTS-ENFANTS

221. Principe. Pour un parent et son enfant, être ensemble représente un élément fondamental de la vie familiale. • CEDH 24 mars 1988, *Olsson c/ Suède (n° 1),* n° 10465/83 § 59 • CEDH 28 juin 2006, *Fourchon c/ France,* n° 60145/00 § 25 • CEDH 31 janv. 2012, *Assuncoa Chaves c/ Portugal,* n° 61226/08 § 97. ♦ Il convient de tenter de réunir les parents naturels et leurs enfants. • CEDH 26 févr. 2004, *Görgülü c/ Allemagne,* n° 74969/01 § 45. ♦ Là où l'existence d'un lien familial se trouve établi, l'État doit en principe agir de manière à permettre à ce lien de se développer et prendre les mesures propres à réunir le parent et l'enfant concernés. • CEDH 22 juin 1989, *Eriksson c/ Suède,* n° 11373/85 § 71 • CEDH 19 sept. 2000, *Gnahoré c/ France,* n° 40031/98 § 51 : *D. 2001. 725, note Rolin ; ibid. 1063, obs. Fricero ; RD publ. 2001. 682 obs. Gouttenoire-Cornut* • CEDH 1er févr. 2011, *Karoussiotis c/ Portugal,* n° 23205/08 § 81.

V. pour d'autres décisions dans le même sens : .

222. L'obligation positive de prendre des mesures afin de faciliter la réunion de la famille dès que cela sera vraiment possible s'impose aux autorités compétentes dès le début de la période de prise en charge et avec de plus en plus de force, mais doit toujours être mise en balance avec le devoir de considérer l'intérêt supérieur de l'enfant. • CEDH 26 févr. 2002, *Kutzner c/ Allemagne,* n° 46544/99 § 76 • CEDH 17 juill. 2014, *T. c/ Rép. tchèque,* n° 19315/11 § 112. ♦ Sur l'intérêt supérieur de l'enfant, V. note 236. ♦ Le présent art. implique le droit d'un parent à des mesures propres à le réunir avec son enfant et l'obligation pour les autorités nationales de les prendre. • CEDH 18 juin 2013, *R. M. S. c/ Espagne,* n° 28775/12 § 89 : *AJ fam. 2013. 500, obs. Rouillard* • CEDH 17 juill. 2014, *T. c/ Rép. tchèque,* n° 19315/11 § 112. ♦ Le caractère très tenu du lien familial entretenu peut justifier des mesures conduisant à la rupture de celui-ci. • CEDH 26 sept. 2013, *Zambotto Perrin c/ France,* n° 4962/11 § 100 : *AJ fam. 2013. 633, obs. Viganotti .*

223. Il en résulte que la durée du processus décisionnel est importante. En l'espèce, les autorités judiciaires portugaises n'ont pas déployé des moyens efficaces pour traiter de façon expéditive les deux procédures en cause (rapatrier son enfant en Allemagne et, d'autre part, lui en attribuer la garde). Les atermoiements survenus au cours de la procédure ont provoqué une rupture entre la mère et l'enfant depuis plus de cinq ans, comportant une « aliénation » croissante entre les deux, au détriment de l'intérêt supérieur de l'enfant. • CEDH 1er févr. 2011, *Karoussiotis c/ Portugal,* n° 23205/08 § 91.

224. Si le fait pour les parents et les enfants de ne pas être séparés est un élément fondamental garantissant l'effectivité de la vie familiale, il ne saurait en être déduit que le seul fait que la cellule familiale soit maintenue garantit nécessairement le respect du droit à une vie familiale et ce, particulièrement lorsque la famille est détenue. • CEDH 19 janv. 2012, *Popov c/ France,* n° 39472/07 § 134 : *AJDA 2012. 127 ; ibid. 1726, chron. Burgorgue-Larsen ; D. 2012. 363, obs. Fleuriot ; ibid. 864, entretien Slama ; ibid. 2267, obs. Bonfils et Gouttenoire ; ibid. 2013. 324, obs. Boskovic, Corneloup, Jault-Seseke, Joubert et Parrot ; AJ pénal 2012. 281, note Dlama ; RFDA 2013. 576, chron. Labayle, Sudre, Dupré de Boulois et Milano ; Rev. crit. DIP 2012. 826, note Parrot .*

225. Mesure positive témoignant du respect de la vie familiale. Si le présent art. ne comporte pas un droit au congé parental et n'impose pas non plus aux États l'obligation positive de prévoir une allocation de congé parental, il n'en reste pas moins qu'en permettant à l'un des parents de rester au foyer pour s'occuper des enfants, le congé parental et l'allocation y afférente favorisent la vie familiale et ont nécessairement une incidence sur l'organisation de celle-ci. Le congé parental et l'allocation correspondante permettant à l'État de témoigner son respect pour la vie familiale, au sens du présent art., cette allocation entre donc dans le champ d'application de ce dernier. • CEDH, gr. ch., 22 mars 2012, *Konstantin Markin c/ Russie,* n° 30078/06 § 130. ♦ V. déjà. • CEDH 27 mars 1998, *Petrovic c/ Autriche,* n° 20458/92 § 29.

a. Mesures prises envers les enfants

226. Généralités. La prise en charge de l'enfant par l'autorité publique s'analyse en une ingérence dans le droit des requérants au respect de leur vie familiale mais ne met pas fin *aux relations familiales naturelles.* • CEDH 8 juill. 1987, *W. c/ Royaume-Uni,* n° 9749/82 § 59 • CEDH 24 mars 1988, *Olsson c/ Suède (n° 1),* n° 10465/83 § 59. ♦ Les mêmes principes s'appliquent lorsque le transfert provisoire de la prise en charge trouve son origine dans un accord entre particuliers. • CEDH 23 sept. 1994, *Hokkanen c/ Finlande,* n° 19823/92 § 55.

227. Types de mesure concernés. Des mesures d'assistance éducative ordonnées par la juge des enfants et, plus particulièrement, le placement de Victoria auprès des services sociaux puis auprès de ses grands-parents, constituent une ingérence dans l'exercice du droit des requérants au respect de leur vie familiale. • CEDH 26 juill. 2007, *Schmidt c/ France,* n° 35109/02 § 58 : *JCP 2008. I. 102, obs. Gouttenoire.* ♦ Il en va de même d'une déclaration d'abandon. • CEDH 26 sept. 2013, *Zambotto Perrin c/ France,* n° 4962/11 § 90 : *préc. note 221.* ♦ ... De mesures tendant à l'adoption des enfants. • CEDH 24 mars 1988, *Olsson c/ Suède(n° 1),* n° 10465/83 • CEDH 26 sept. 2013, *Zambotto Perrin c/ France,* n° 4962/11 § 90 : *préc. note 221.* ♦ ... De déchéance de l'autorité parentale conduisant à la désignation d'un tuteur et à engager une procédure d'adoption. • CEDH 31 janv. 2012, *Assuncoa Chaves c/ Portugal,* n° 61226/08 • CEDH 17 juill. 2012, *M. D. et a. c/ Malte,* n° 64791/10 § 76 : *AJ fam. 2012. 549, obs. Rouillard .* • CEDH 1er août 2013, *Antonyuk c/ Russie,* n° 47721/10 § 116.

1. Conditions de validité des mesures prises

228. Mesures temporaires. Il faut normalement considérer la prise en charge d'un enfant comme une mesure temporaire à suspendre dès que la situation s'y prête et que tout acte d'exécution doit concorder avec un but ultime : unir à nouveau le parent naturel et l'enfant. • CEDH 7 août 1996, *Johansen c/ Norvège,* n° 17383/90 § 78 : *D. 1997. 210, obs. Fricero ; RTD civ. 1997. 541, obs. Marguénaud ; JCP 1997. I. 4000, chron. Sudre* • CEDH 18 juin 2013, *R. M. S. c/ Espagne,* n° 28775/12 § 89 : *préc. note 221.* ♦ La prise en charge d'un enfant doit en principe être considérée comme une mesure temporaire, à suspendre dès que les circonstances s'y prêtent, et que tout acte d'exécution doit concorder avec un but ultime : unir à nouveau le parent par le sang et l'enfant. • CEDH 26 févr. 2002, *Kutzner c/ Allemagne,* n° 46544/99 § 76.

229. Recherche du juste équilibre... dans la décision. Un juste équilibre doit être ménagé entre les intérêts de l'enfant à demeurer placé et ceux du parent à vivre avec lui. • CEDH 27 nov. 1992, *Olsson c/ Suède (n° 2),* n° 13441/87 § 90. • CEDH 14 janv. 2016, *Mandet c/ France,* n° 30955/12 § 53 : *préc. note 66.* ♦ Rappr. s'agissant du délai de rétractation en matière d'abandon. • CEDH 10 janv. 2008, *Kearns c/ France,* n° 35991/04 § 83 : *D. 2008. 415, obs. Guiomard ; AJ fam. 2008. 78, obs. Chénedé ; RDSS 2008. 353, note Neirinck ; RTD civ. 2008. 252, obs. Marguénaud ; ibid. 285, obs. Hauser* • CEDH 1er août 2013, *Antonyuk c/ Russie,* n° 47721/10 § 116.

230. Lorsqu'une période de temps considérable s'est écoulée depuis que l'enfant a été placé pour la première fois sous assistance, l'intérêt qu'a l'enfant à ne pas voir sa situation familiale *de facto* changer de nouveau peut l'emporter sur l'intérêt des parents à la réunion de leur famille. Dès lors, la Cour reconnaît que les autorités jouissent d'une grande latitude pour apprécier la nécessité de prendre en charge un enfant, mais il faut exercer un contrôle plus rigoureux à la fois sur les restrictions supplémentaires aux droits et aux visites des parents, et sur les garanties destinées à assurer la protection effective du droit des parents et des enfants au respect de leur vie familiale. Ces restrictions supplémentaires comportent le risque d'amputer les relations familiales entre les parents et un jeune enfant. • CEDH 12 juill. 2001, *K. et T. c/ Finlande,* n° 25702/94 § 102 : *JCP 2002. I. 155, chron. Sudre.*

231. Pour respecter en l'espèce l'exigence de proportionnalité, les autorités tchèques auraient dû envisager d'autres mesures moins radicales que la prise en charge des enfants. En effet, la Cour considère que le rôle des autorités de la protection sociale est précisément d'aider les personnes en difficulté qui n'ont pas les connaissances nécessaires du système, de les guider dans leurs démarches et de les conseiller, entre autres, quant aux différents types d'allocations sociales, aux possibilités d'obtenir un logement social ou quant aux autres moyens de surmonter leurs difficultés. • CEDH 26 oct. 2006, *Wallova et Walla c/ Rép. tchèque,* n° 23848/04 § 74.

232. ... Dans les mesures d'exécution. Il est possible que, alors même que la décision prise ne viole pas les présentes dispositions, sa mise en œuvre ou sa prise en charge constitue une violation. • CEDH 24 mars 1988, *Olsson c/ Suède (n° 1),* n° 10465/83 § 84.

233. La Cour juge donc inacceptable que les services sociaux puissent modifier dans la pratique la portée des décisions des tribunaux prévoyant le principe de rencontres. Les rencontres organisées jusqu'à présent, pratiquement épisodiques si l'on considère leur nombre et leur espacement dans le temps, n'ont guère de sens. • CEDH, gr. ch., 13 juill. 2000, *Scozzari et Giunta c/ Italie, n° 39221/98 § 178 : RTD civ. 2001. 451, obs. Marguénaud ; JCP 2001. I. 291, chron. Sudre.*

234. Dans le cadre du réexamen continu de l'intérêt supérieur de l'enfant, les services sociaux d'Helsinki pouvaient raisonnablement, à la lumière de la réticence à coopérer témoignée en dernier lieu par le requérant, recommander une suppression du droit de visite jusqu'à ce que l'enfant grandisse. De même, la décision du tribunal d'arrondissement d'Helsinki de supprimer le droit de visite en avril 1998 ne saurait passer pour déraisonnable. • CEDH 27 juin 2000, *Nuutinen c/ Finlande,* n° 32842/96 § 136.

235. La décision de prise en charge, mais non cette décision en soi ni son maintien en vigueur, a enfreint le présent art. • CEDH 24 mars 1988, *Olsson c/ Suède (n° 1),* n° 10465/83 § 84.

236. Intérêt supérieur de l'enfant. Il existe actuellement un large consensus – y compris en droit international – autour de l'idée que dans toutes les décisions concernant des enfants, leur intérêt supérieur doit primer. • CEDH, gr. ch., 6 juill. 2010, *Neulinger et Shuruk c/ Suisse,* n° 41615/07 § 135 : *préc. note 221* • CEDH 19 janv. 2012, *Popov c/ France,* n° 39472/07 § 140 : *préc. note 224* • CEDH 10 juill. 2014, *Senigo Longue et a. c/ France,* n° 19113/09 § 62 : *préc. note 215.* • CEDH 14 janv. 2016, *Mandet c/ France,* n° 30955/12 §53 et 56 : *préc. note 66.* ♦ Rappr. s'agissant de la prise en compte de l'intérêt supérieur de l'enfant dans l'incarcération d'un mineur non accompagné et dès lors sous l'angle de l'art. 5, § 1 f. • CEDH 5 avr. 2011, *Rahimi c/ Grèce,* n° 8687/08 § 109.

237. En procédant à la recherche du juste équilibre, la Cour attachera une importance particulière à l'intérêt supérieur de l'enfant qui, selon sa nature et sa gravité, peut l'emporter sur celui du parent, notamment lorsque ce dernier prend des mesures préjudiciables à la santé et au développement de l'enfant. • CEDH 7 août 1996, *Johansen c/ Norvège,* n° 17383/90 § 78 : *préc. note 228* • CEDH 1er août 2013, *Antonyukc/ Russie,* n° 47721/10 § 116. ♦ L'intérêt de l'enfant commande que seules des circonstances tout à fait exceptionnelles puissent conduire à une rupture du lien familial, et que tout soit mis en œuvre pour maintenir les relations personnelles et, le cas échéant, le moment venu, « reconstituer » la famille. • CEDH 17 juill. 2014, *T. c/ Rép. Tchèque,* n° 19315/11 § 112. ♦ L'obligation positive de prendre des mesures afin de faciliter la réunion de la famille doit toujours être mise en balance avec le devoir de considérer l'intérêt supérieur de l'enfant. • CEDH 26 févr. 2002, *Kutzner c/ Allemagne,* n° 46544/99 § 76 • CEDH 31 janv. 2012, *Assuncoa Chaves c/ Portugal,* n° 61226/08 § 104. ♦ Une importance particulière doit être attachée à l'intérêt supérieur de l'enfant afin d'examiner si les autorités nationales ont pris toutes les mesures nécessaires que l'on pouvait raisonnablement exiger d'elles pour assurer le regroupement de l'enfant et de ses parents. • CEDH 22 juin 2004, *Pini et Bertani c/ Roumanie,* n° 78028/02 § 155 : *préc. note 144.* ♦ V. également. • CEDH 27 juin 2000, *Nuutinen c/ Finlande,* n° 32842/96 § 136 • CEDH 29 juin 2004, *Volesky c/ Rép. tchèque,* n° 63627/00 § 123 • CEDH 26 juill. 2007, *Tchepelev c/ Russie,* n° 58077/00 § 29 s. ♦ Cette prise en compte peut conduire à une mesure coupant le lien naturel, V. note 253. ♦ ... A un refus de partager l'autorité parentale. • CEDH 27 mai 2014, *Buchs c/ Suisse,* n° 9929/12 § 55. ♦ Pour la prise en compte de cet élément dans le cas de risque d'enlèvement d'enfant, V. note 284. ♦ Pour une prise en compte de cet élément en cas de détention, V. note 293.

238. L'intérêt supérieur de l'enfant est du reste garanti par l'art. 3 de la Conv. EDH relative aux droits de l'enfant à laquelle la Cour se réfère pour l'interprétation des obligations positives qui pèse sur l'État en cette matière. • CEDH 12 oct. 2006, *Mubilanzila Mayeka et Kaniki Mitunga c/ Belgique,* n° 13178/03 § 83 : *préc. note 211* • CEDH 28 juin 2007, *Wagner et J. M. W. L. c/ Luxembourg,* n° 76240/01 § 120 : *préc. note 175.*

239. Une telle mesure doit reposer sur des considérations inspirées par l'intérêt de l'enfant et ayant assez de poids et de solidité pour, eu égard au juste équilibre à ménager entre les intérêts concurrents de l'individu et de la société dans son ensemble, être néanmoins justifiée. La Cour ne se borne pas à se demander si l'État défendeur a usé de son pouvoir d'appréciation de bonne foi, avec soin et de manière sensée, et ne saurait se contenter d'examiner isolément les décisions critiquées ; il lui faut les considérer à la lumière de l'ensemble de l'affaire et déterminer si les motifs invoqués à l'appui des ingérences en cause sont pertinents et suffisants. • CEDH, gr. ch., 13 juill. 2000, *Scozzari et Giunta c/ Italie,* n° 39221/98 § 148 : *préc. note 233.*

240. La continuation du placement de l'enfant par les autorités judiciaires était justifiée en raison de l'« incapacité éducative » du père de prendre C. en charge. Ce sont là sans doute des raisons pertinentes pour maintenir le placement de l'enfant, et tout indique que les décisions prises en la matière visaient effectivement à la préservation de l'intérêt primordial de l'enfant. • CEDH 19 sept. 2000, *Gnahoré c/ France,* n° 4001/98 § 57 : *préc. note 221.* ♦ En matière de garde d'enfant, par exemple, « l'intérêt supérieur de l'enfant » peut avoir un double objet : d'une part, lui garantir une évolution dans un environnement sain, et un parent ne saurait être autorisé à prendre des mesures préjudiciables à sa santé et à son développement ; d'autre part, maintenir ses liens avec sa famille, sauf dans les cas où celle-ci s'est montrée particulièrement indigne, car briser ce lien revient à couper l'enfant de ses racines. • CEDH 6 déc. 2007, *Maumousseau et Washington c/ France,* n° 39388/05 § 68 : *D. 2008, Pan. 1855, obs. Gouttenoire et Bonfils ; AJ fam. 2008. 83, obs. Boiché .*

241. Dans le cadre d'une demande de retour faite en application de la Conv. de La Haye, la notion d'intérêt supérieur de l'enfant doit s'apprécier à la lumière des exceptions prévues par la Conv. de La Haye, lesquelles concernent l'écoulement du temps (art. 12), les conditions d'application de la convention (art. 13, al. 1 a) et l'existence d'un « risque grave » (art. 13, al. 1 b), ainsi que le respect des principes fondamentaux de l'État requis sur la sauvegarde des droits de l'homme et des libertés fondamentales (art. 20). • CEDH 5 févr. 2015, *Phostira Efthymiou et Ribeiro Fernandes c/ Portugal,* n° 66775/11 § 41.

242. Mesures justifiées. Répond à ces conditions une mesure justifiée par : ... un ensemble de circonstances « de nature à compromettre gravement l'équilibre psychologique et l'épanouissement de la mineure » et mettant l'accent sur les conclusions de l'expertise psychiatrique ordonnée, notamment concernant le père de V., ainsi que sur l'évolution favorable du comportement de celle-ci pendant la période du placement. De même, les décisions ultérieures, plaçant Victoria chez ses grands-parents et prolongeant cette mesure, se réfèrent toutes à l'évolution favorable de V. au sein de sa famille paternelle et à la nécessité de préparer psychologiquement tout retour dans le foyer familial. • CEDH 26 juill. 2007, *Schmidt c/ France,* n° 35109/02 § 58 : *JCP 2008. I. 102, obs. Gouttenoire.* ♦ Une rupture du lien familial peut être justifiée par une situation de violence ou de maltraitance physique ou psychique. • CEDH, décis., 10 mars 2005, *Dewinne c/ Belgique,* n° 56024/00. • CEDH, décis., 13 déc. 2005, *Zakharova c/ France,* n° 57306/00. ♦ ... Des abus sexuels. • CEDH 9 mai 2003, *Covezzi et Morselli c/ Italie,* n° 52763/99 § 104. ♦ De même, une adoption ne viole pas le présent art. si elle n'empêche pas la requérante de continuer à entretenir une relation personnelle avec l'enfant et n'a pas eu pour conséquence de couper l'enfant de ses racines. • CEDH 1er juill. 2004, *Couillard Maugery c/ France,* n° 64796/01 § 237 • CEDH 28 oct. 2010, *Aune c/ Norvège,* n° 52502/07.

243. L'intérêt de l'enfant commandait donc de la laisser chez les F. et de développer ses contacts avec le requérant peu à peu ; ces facteurs l'emportaient, tout bien pesé, sur l'intérêt du requérant à être réuni à elle. • CEDH 22 avr. 1993, *Rieme c/ Suède,* n° 12366/86 § 70. ♦ ... De maintenir l'enfant à l'hôpital puis en centre d'accueil dès lors que la mère souffrait de problèmes de toxicomanie, d'oligophrénie et d'épilepsie, qu'elle refusait de se soigner et que l'ensemble se doublait d'une situation de précarité matérielle dans laquelle vivaient les parents de l'enfant et de l'existence de conflits avec la famille maternelle. • CEDH 31 janv. 2012, *Assuncoa Chaves c/ Portugal,* n° 61226/08 § 104. ♦ ... Une fois la déclaration d'abandon décidée, de voir la situation personnelle de G. stabilisée et sécurisée par l'établissement d'un lien légalement reconnu avec sa famille nourricière, étant observé que l'enfant était alors âgé de trois ans et demi et qu'elle n'avait vu qu'une seule fois sa mère naturelle. • CEDH 26 sept. 2013, *Zambotto Perrin c/ France,* n° 4962/11 § 103 : *préc. note 221.* ♦ ... Se trouvait moins dans le maintien de la filiation établie par la reconnaissance de paternité effectuée par le deuxième requérant que dans l'établissement de sa filiation réelle. • CEDH 14 janv. 2016, *Mandet c/ France,* n° 30955/12 § 59 : *préc. note 66.*

244. Si la surveillance et certaines restrictions quant au choix du lieu des visites ont dû limiter dans une certaine mesure les contacts entre la mère et sa fille ainsi que la possibilité pour elles de développer leurs liens, la Cour considère que la surveillance par le service de l'enfance était nécessaire pour permettre au juge national de rendre une décision avisée. • CEDH 27 sept. 2011, *Diamante et Pelliccioni c/ Saint-Marin,* n° 32250/08 § 185.

245. Mesures non justifiées... mesures d'assistance éducative. Le fait qu'un enfant puisse être accueilli dans un cadre plus propice à son éducation ne saurait en soi justifier qu'on le soustraie de force aux soins de ses parents biologiques ; pareille ingérence dans le droit des parents, au titre de l'art. 8 de la Convention, à jouir d'une vie familiale avec leur enfant doit encore se révéler « nécessaire » en raison d'autres circonstances. • CEDH 14 janv. 2003, *K. A. c/ Finlande,* n° 27751/95 § 92 • CEDH 8 avr. 2004, *Haase c/ Allemagne,* n° 11057/02 § 94.

246. Les capacités éducatives et affectives des requérants n'ont jamais été mises en cause et les tribunaux ont reconnu leurs efforts déployés afin de surmonter leurs difficultés. Dès lors, la prise en charge des enfants des requérants a été ordonnée pour la seule raison que la famille occupait à l'époque un logement inadéquat. De l'avis de la Cour, il s'agissait donc d'une carence matérielle que les autorités nationales auraient pu compenser à l'aide des moyens autres que la séparation totale de la famille, laquelle semble être la mesure la plus radicale ne pouvant s'appliquer qu'aux cas les plus graves. • CEDH 26 oct. 2006, *Wallova et Walla c/ Rép. tchèque,* n° 23848/04 § 73.

247. La somme des restrictions imposées par les services sociaux aux rencontres des requérants et à leurs communications épistolaires et téléphoniques se révèle disproportionnée par rapport au but légitime poursuivi. • CEDH 25 févr. 1992, *Margareta et Roger Andersson c/ Suède,* n° 12963/87 § 97.

248. Dans le cas d'espèce, il y a lieu d'observer qu'une seule rencontre ne pouvait suffire à donner aux enfants l'occasion de renouer une relation avec leur mère. Comme elle avait été précédée d'une phase de préparation soutenue qui avait déjà contribué à retarder le début des rencontres, la Cour ne comprend pas pourquoi la première rencontre n'a pas été suivie rapidement par d'autres rencontres. Elle estime en outre que le Gouvernement n'a fourni aucune explication de nature à justifier la durée de la phase de préparatifs ultérieure, encore 4 mois jusqu'à la rencontre suivante, et *a fortiori* l'absence de toute autre rencontre depuis. • CEDH, gr. ch., 13 juill. 2000, *Scozzari et Giunta c/ Italie,* n° 39221/98 § 178 : *préc. note 233.*

249. ... Adoption. La référence à l'homosexualité de la requérante était sinon explicite du moins implicite. L'influence de l'homosexualité déclarée de la requérante sur l'appréciation de sa demande est avérée et elle a revêtu un caractère décisif, menant à la décision de refus d'agrément en vue d'adopter. Or le droit français autorise l'adoption d'un enfant par un célibataire, ouvrant ainsi la voie à l'adoption par une personne célibataire homosexuelle, ce qui n'est pas contesté. Compte tenu de cette réalité du régime légal interne, la Cour considère que les raisons avancées par le Gouvernement ne sauraient être qualifiées de particulièrement graves et convaincantes pour justifier le refus d'agrément opposé à la requérante. • CEDH, gr. ch., 22 janv. 2008, *E. B. c/ France,* n° 43546/02 : *préc. note 66.* ♦ Rappr. sur la garde de l'enfant confiée à un de ses parents homosexuel, V. note 281. ♦ *Ab jur.* Les autorités nationales ont légitimement et raisonnablement pu considérer, dès lors que la communauté scientifique – et plus particulièrement les spécialistes de l'enfance, les psychiatres et les psychologues – est divisée sur les conséquences éventuelles de l'accueil d'un enfant par un ou des parents homosexuels, que le droit de pouvoir adopter dont le requérant, homosexuel, se prévalait trouvait sa limite dans l'intérêt des enfants susceptibles d'être adoptés, nonobstant les aspirations légitimes du requérant et sans que soient remis en cause ses choix personnels. Si l'on tient compte de la grande marge d'appréciation à laisser ici aux États et de la nécessité de protéger les intérêts supérieurs des enfants pour atteindre l'équilibre voulu, le refus d'agrément n'a pas transgressé le principe de proportionnalité. • CEDH 26 févr. 2002, *Fretté c/ France,* n° 36515/97 § 42 : *D. 2002. 2024, obs. Grannet ; ibid. 2569, obs. Courtin ; AJDA 2002. 401, étude Poirot-Mazères ; RDSS 2002. 377, obs. Monéger ; JCP 2002. 10074, note Gouttenoire et Sudre.*

250. La situation des première et troisième requérantes qui forment un couple homosexuel au regard de l'adoption coparentale n'est pas comparable à celle d'un couple marié ; en revanche, il ne doit pas y avoir de différence de traitement avec les couples non mariés hétérosexuels. • CEDH, gr. ch., 19 févr. 2013, *X. c/ Autriche*, n° 19010/07 § 109 et 130 : *D. 2013. 502, obs. Gallmeister* ; *ibid. 1436, obs. Granet-Lambrechts* ; *AJDA 2013. 1797, chron. Burgogue-Larsen* ; *AJ fam. 2013. 227, obs. Chénedé*. ♦ En l'absence de différence de situation entre couples non mariés qu'ils soient homosexuels ou non, le législateur peut réserver l'adoption aux seuls couples mariés. • CEDH 15 mars 2012, *Gas et Dubois c/ France*, n° 25951/07 § 69 : *préc. note 49.* ♦ V. également ss. Conv. EDH, art. 4.

251. Ne peuvent justifier une rupture du lien familial : ... le déficit affectif des parents. • CEDH 26 févr. 2002, *Allemagne*, n° 46544/99 § 68. ♦ ... L'incapacité des parents de garantir des conditions de vie adéquates. • CEDH 18 déc. 2008, *Ukraine*, n° 39948/06. ♦ ... L'incapacité de la requérante à assurer le développement de la personnalité de cet enfant et le fait qu'elle était psychologiquement traumatisante pour l'enfant, à cause, entre autres, de l'ischémie dont elle avait souffert au moment de l'accouchement, dès lors que son comportement n'était pas négatif. • CEDH 21 janv. 2014, *Zhou c/ Italie*, n° 33773/11 § 57 : *AJ fam. 2014. 182, obs. Salvage-Gerest*.

252. ... Placement en famille d'accueil. Si le rapport de suivi du service de protection des mineurs a démontré qu'après presque six ans de séparation d'avec la requérante, l'enfant était bien intégrée dans sa famille d'accueil, qui subvenait à tous ses besoins matériels et affectifs et avec laquelle elle habitait depuis le 16 févr. 2007, la Cour observe que le passage du temps a eu pour effet de rendre très difficilement réversible une situation qui aurait pu être redressée avec des moyens autres que la séparation et la déclaration de l'enfant comme étant en situation d'abandon. L'inertie de l'administration et celle des juridictions internes, qui n'ont pas estimé déraisonnables les motifs donnés par l'administration pour priver une mère de sa fille sur la seule base de motifs économiques – la santé mentale de la requérante, initialement invoquée, n'ayant fait l'objet d'aucune expertise –, ont contribué de façon décisive à l'absence de toute possibilité de regroupement familial entre la requérante et sa fille. • CEDH 18 juin 2013, *Espagne*, n° 28775/12 § 91 et 92 : *préc. note 221.*

253. Sur le cas des détenus, V. note 160.

254. Caractère exceptionnel des mesures coupant le lien naturel. Des mesures d'une portée particulièrement grande en ce qu'elles ont totalement privé l'intéressée d'une vie familiale avec l'enfant ne cadrent pas avec le but de réunir mère et fille ; elles ne doivent dès lors être appliquées que dans des circonstances exceptionnelles et ne peuvent se justifier que si elles s'inspirent d'une exigence primordiale touchant à l'intérêt supérieur de l'enfant. • CEDH 7 août 1996, *Johansen c/ Norvège*, n° 17383/90 § 78 : *préc. note 228* • CEDH, gr. ch., 13 juill. 2000, *Scozzari et Giunta c/ Italie*, n° 39221/98 § 167 et 170 : *préc. note 233* • CEDH 25 févr. 1992, *Margareta et Roger Andersson c/ Suède*, n° 12963/87 § 95. ♦ Rappr. • CEDH 12 juill. 2001, *K. et T. c/ Finlande*, n° 25702/94 § 169 : *préc. note 230.*

255. Durée de la procédure. La durée du processus décisionnel est importante dans ce type d'affaire. • CEDH 1er févr. 2011, *Karoussiotis c/ Portugal*, n° 23205/08 § 91. ♦ Rappr. • CEDH 5 févr. 2015, *Phostira Efthymiou et Ribeiro Fernandes c/ Portugal*, n° 66775/11 § 44.

2. Nécessité de respecter une procédure équitable

256. Principe. Même si le présent art. ne renferme aucune condition explicite de procédure, il faut que le processus décisionnel débouchant sur des mesures d'ingérence soit équitable et respecte comme il se doit les intérêts protégés par cette disposition. • CEDH 5 déc. 2002, *Hoppe c/ Allemagne*, n° 28422/95 • CEDH 8 avr. 2004, *Haase c/ Allemagne*, n° 11057/02 § 94. ♦ Si le présent art. ne comporte pas d'exigences procédurales explicites, le processus décisionnel suivi lorsque l'on a affaire à des mesures constitutives d'ingérences doit être équitable et propre à assurer le respect des intérêts sauvegardés par le présent art. • CEDH 17 déc. 2002, *Venema c/ Pays-Bas*, n° 35731/97 § 91. ♦ Le traitement de la question sous l'angle de l'art. 6 peut conduire la Cour à ne pas la traiter sous l'angle du présent art. • CEDH 31 janv. 2012, *Assuncoa Chaves c/ Portugal*, n° 61226/08 § 109.

257. La Cour souligne la différence de nature des intérêts protégés par les art. 6, § 1, et 8 Conv. EDH. Ainsi, l'art. 6, § 1, accorde une garantie procédurale, à savoir le « droit à un tribunal » qui connaîtra des « droits et obligations de caractère civil » d'un individu ; tandis que l'exigence procédurale inhérente au présent art. non seulement couvre les procédures administratives aussi bien que judiciaires, mais va de pair avec l'objectif plus large consistant à assurer le juste respect, entre autres, de la vie familiale. La différence entre l'objectif visé par les garanties respectives des art. 6, § 1, et 8 peut, selon les circonstances, justifier l'examen d'une même série de faits sous l'angle de l'un et l'autre art. • CEDH 24 févr. 1995, *Mc Michael c/ Royaume-Uni*, n° 16424/90 § 91 : *préc. note 214.*

258. Intervention des parents. La Cour doit donc déterminer, en fonction des circonstances de l'espèce et notamment de la gravité des décisions à prendre, si les requérants ont pu jouer dans le processus décisionnel, considéré comme un tout, un rôle suffisamment important pour leur assurer la protection requise de leurs intérêts. • CEDH 8 juill. 1987, *W. c/ Royaume-Uni,* n° 9749/82 § 64 • CEDH 1er août 2013, *Antonyuk c/ Russie,* n° 47721/10 § 123 et 134.

V. pour d'autres décisions dans le même sens : .

259. Eu égard à la déchéance automatique des droits parentaux et au défaut d'accès à un tribunal pour contester ensuite la privation des droits parentaux, les autorités n'ont pas ménagé un juste équilibre entre les intérêts des enfants, ceux de leur mère et ceux de la société en général. • CEDH 17 juill. 2012, *M.D. et a. c/ Malte,* n° 64791/10 § 79 : *préc. note 227.* ♦ La requérante a comparu en personne, elle a été assistée de son avocat, et elle a pu prendre connaissance de la décision attaquée et présenter de nouvelles pièces. Les juges ont analysé ces dernières avec soin, ce qui ressort expressément de leur motivation. • CEDH 26 sept. 2013, *Zambotto Perrin c/ France,* n° 4962/11 § 103 : *préc. note 221.*

260. La Cour note par ailleurs que le juge des enfants ne s'est pas limité à entériner les propositions des experts qui avaient examiné le père et l'enfant : il rencontra et entendit le requérant, prit compte du contexte familial dans lequel C. avait évolué, suivit l'évolution de l'enfant dans son foyer d'accueil et s'enquit de l'avis de ce dernier et de celui des services sociaux qui en avaient la charge. • CEDH 19 sept. 2000, *Gnahoré c/France,* n° 4001/98 § 57 : *préc. note 221.* ♦ On ne saurait estimer que le requérant n'a joué aucun rôle dans le processus décisionnel. Il y a été au contraire actif, il a toujours pu exposer ses vues devant les juridictions nationales et il a pu prendre connaissance de tous les documents. En outre, l'un des experts privés a pu discuter avec les experts d'office les résultats des examens effectués au cours de l'expertise. En fait, le processus décisionnel considéré dans son ensemble n'apparaît pas inéquitable. • CEDH 16 sept. 1999, *Buscemi c/ Italie,* n° 29569/95 § 60 : *préc. note 258.* ♦ L'examen effectué par le tribunal ne suffisait pas pour asseoir la conclusion concernant la dangerosité de la requérante pour la vie et la santé de ses enfants et dès lors, la procédure suivie par les juridictions russes ne leur a pas *permis de rassembler* suffisamment d'éléments pour prendre une décision motivée sur la question de la résidence des enfants. • CEDH 1er août 2013, *Antonyuk c/ Russie,* n° 47721/10 §145 et 146.

261. Nonobstant l'intérêt prépondérant de l'enfant dans le processus décisionnel, celui aboutissant au retrait de l'autorité parentale et à l'autorisation de l'adoption doit conduire à une véritable mise en balance entre les intérêts de l'enfant et ceux de la famille biologique. Tel n'est pas le cas lorsque les autorités nationales se sont concentrées sur les intérêts de l'enfant au point de fonder leur appréciation quant aux aptitudes parentales de la requérante sur une base factuelle insuffisante, en l'absence en l'occurrence d'expertise actualisée. • CEDH, gr. ch., 10 sept. 2019, *Strand Lobben e.a. c/ Norvège,* n° 37283/13 § 220 et 225.

262. Lorsque des mesures doivent être prises d'urgence pour protéger un enfant, il peut ne pas toujours être possible, compte tenu justement de l'urgence, d'associer au processus décisionnel les personnes qui ont la garde de l'enfant. Semblable concertation, lorsqu'elle est envisageable, peut même ne pas être souhaitable si les personnes en question sont perçues comme représentant une menace immédiate pour l'enfant, dès lors que le fait même d'avertir préalablement ces personnes serait de nature à priver la mesure de son efficacité. Il y a toutefois lieu de convaincre la Cour que les autorités nationales pouvaient à bon droit considérer qu'il existait des circonstances justifiant que l'enfant fût soustrait de manière abrupte à la garde de ses parents sans que ceux-ci eussent été avisés ou consultés au préalable. • CEDH 8 avr. 2004, *Haase c/ Allemagne,* n° 11057/02 § 95.

263. En l'espèce, il était compréhensible de ne mêler ni T. ni K. au processus décisionnel car il ne fallait pas provoquer de crise dans la famille avant la naissance de J., qui serait source de tension nerveuse. • CEDH 12 juill. 2001, *K. et T. c/ Finlande,* n° 25702/94 § 169 : *préc. note 230.*

264. Droit d'accès au dossier. Il ne devrait pas incomber au seul parent d'obtenir ou de solliciter la communication des preuves fondant la décision de prendre en charge son enfant. L'obligation positive qui pèse sur les États contractants de protéger les intérêts de la famille exige que ces éléments soient mis à la disposition du parent concerné, même s'il n'en fait pas la demande. S'il y avait des doutes sur le point de savoir si pareille communication comportait un risque pour le bien-être de l'enfant, l'autorité locale aurait dû soumettre la question au juge à un stade aussi précoce que possible de la procédure pour qu'il pût se prononcer sur les problèmes en jeu. • CEDH, gr. ch., 10 mai 2001, *T. P. et K. M. c/ Royaume-Uni,* n° 28945/95 § 82 : *préc. note 258.*

265. Audition de l'enfant. L'absence d'audition des enfants peut constituer une violation. • CEDH 26 févr. 2002, *Kutzner c/ Allemagne,* n° 46544/99 § 77. ♦ Concernant l'audition de l'enfant par le tribunal, la Cour observe qu'il revient en principe aux juridictions nationales d'apprécier les éléments rassemblés par elles, y compris la manière dont les faits pertinents ont été établis. Ce serait aller trop loin que de dire que les tribunaux internes sont toujours tenus d'entendre un enfant en audience lorsque est en jeu le droit de visite d'un parent n'exerçant pas la garde. En effet, cela dépend des circonstances particulières de chaque cause et compte dûment tenu de l'âge et de la maturité de l'enfant concerné. • CEDH, gr. ch., 8 juill. 2003, *Sahin c/ Allemagne,* n° 30943/96 § 73 : *préc. note 142.* ♦ L'enfant était âgée de treize ans lorsqu'elle fut entendue par le juge du tribunal de district au sujet du droit de visite. Ce juge l'avait déjà interrogée, quand elle avait 10 et 11 ans respectivement, dans le cadre de la première procédure. Ayant bénéficié de contacts directs avec la jeune fille, le tribunal de district était bien placé pour apprécier ses déclarations et établir si elle avait pu ou non se former librement une opinion. A partir de là, le tribunal a raisonnablement pu conclure qu'il n'était pas justifié de forcer l'enfant à voir le requérant contre son gré. • CEDH, gr. ch., 8 juill. 2003, *Sommerfeld c/ Allemagne,* n° 31871/96 § 72 : *RTD civ. 2003. 760, obs. Marguénaud ; JCP 2004. I. 107, chron. Sudre.*

266. Les tribunaux nationaux ont admis que les deux parents avaient des capacités nécessaires pour assumer l'éducation de leurs enfants. Ils ont cependant relevé que les mineures étaient bien intégrées dans la nouvelle famille de leur père qui était pour eux l'autorité parentale principale, et qu'elles souhaitaient rester chez lui ; l'attribution de la garde à M. R. a également été recommandée par le tuteur dès le début de la procédure. • CEDH 18 juill. 2006, *Reslova c/ Rép. tchèque,* n° 7550/04 § 64.

267. Autres éléments de procédure. La Cour considère que l'affaire a été tranchée avec une diligence particulière, comme cela est nécessaire dans les affaires touchant les relations entre un parent et son enfant, pour pallier le risque que l'affaire ne se résolve en réalité de par le temps qui passe. • CEDH 5 déc. 2002, *Hoppe c/ Allemagne,* n° 28422/95. ♦ Le refus d'ordonner une expertise psychologique indépendante, joint à l'absence d'audience devant le tribunal régional, montre, de l'avis de la Cour, que le requérant n'a pas joué dans le processus décisionnel un rôle suffisamment important. • CEDH, gr. ch., 13 juill. 2000, *Elsholz c/ Allemagne,* n° 25735/94 § 53. ♦ S'il est regrettable qu'il ait fallu 3 ans pour statuer sur le recours formé contre la décision concernant le droit de garde, dès lors que plusieurs ordonnances ont été rendues et plusieurs accords conclus dans l'intervalle, que les droits de visite de Mme Diamante ont été régulièrement conservés et que le calendrier des visites a été modifié régulièrement, il faut considérer qu'il n'y a eu aucune période importante d'inactivité. • CEDH 27 sept. 2011, *Diamante et Pelliccioni c/ Saint-Marin,* n° 32250/08 § 189.

268. A l'inverse, dès lors que les tribunaux internes n'ont pas statué avec diligence sur la demande de la requérante de se voir confier la garde de son fils, ils ne se sont pas conformés à l'obligation qui était la leur en vertu du présent art. • CEDH 18 janv. 2007, *Kaplan c/ Autriche,* n° 45983/99 § 36.

269. Si le délai de rétractation de deux mois ouvert au parent ayant abandonné un enfant peut sembler bref, il paraît néanmoins suffisant pour que la mère biologique ait le temps de réfléchir et de remettre en cause le choix d'abandonner l'enfant. • CEDH 10 janv. 2008, *Kearns c/ France,* n° 35991/04 § 81 : *préc. note 229.*

270. Réparation. Une mesure d'une autorité publique éliminant ou atténuant l'effet de l'acte ou de l'omission en question n'enlève à pareille personne la qualité de victime que si les autorités nationales ont reconnu, explicitement ou en substance, puis réparé la violation de la Conv. EDH. • CEDH 28 nov. 1996, *Nsona c/ Pays-Bas,* n° 23366/94 § 106 • CEDH, décis., 1er mars 2005, *D. H. et a. c/ Rép. tchèque,* n° 57325/00 • CEDH, gr. ch., 23 mars 2006, *Scordino c/ Italie,* n° 36813/97 § 180. ♦ Or, en l'espèce, les autorités n'ont nullement reconnu une quelconque violation des droits des requérants. • CEDH 26 oct. 2006, *Wallova et Walla c/ Rép. tchèque,* n° 23848/04 § 55.

b. Séparation des parents

271. Principes. La vie familiale des parents avec leurs enfants ne prend pas fin avec le divorce, et le présent art. inclut le droit pour le parent divorcé non investi du droit de garde de rendre visite à son enfant ou d'avoir des contacts avec lui. • CEDH 28 juin 2006, *Fourchon c/ France,* n° 60145/00 § 25. ♦ V. déjà. • CEDH 23 sept. 1994, *Hokkanen c/ Finlande,* n° 19823/92 § 60 s. ♦ Les mêmes principes s'appliquent au droit de garde. • CEDH 23 sept. 1994, *Hokkanen c/ Finlande,* n° 19823/92 § 63. ♦ ... A l'attribution de l'autorité parentale. • CEDH 3 déc. 2009, *Zaunegger c/ Allemagne,* n° 22028/04 • CEDH 27 mai 2014, *Buchs c/ Suisse,* n° 9929/12.

272. Les principes sont les mêmes pour des parents célibataires. Le Gouvernement n'a pas suffisamment expliqué pourquoi l'intéressé, dont la paternité a été établie et qui s'est comporté en père, a fait l'objet d'un traitement différent de celui qui aurait été appliqué à un père ayant exercé l'autorité parentale avant de se séparer ou de divorcer d'avec la mère. • CEDH 3 déc. 2009, *Zaunegger c/ Allemagne,* n° 22028/04 § 62.

273. Le fait que le lien – tenant *de facto* du lien parent-enfant – entre la requérante et l'enfant issu de la PMA de son ex-compagne soit entravé est la conséquence de la séparation du couple de sorte qu'il ne résulte pas de la décision de refuser à la requérante le droit de visite et d'hébergement, laquelle décision imputable aux autorités nationales s'examine, nonobstant l'analyse convergente contraire des parties, à l'aune des obligations positives – et non négatives – prescrites par le présent article. • CEDH 12 nov. 2020, *Honner c/ France,* n° 19511/16, § 52 et 53 : *D. 2021. 499, obs. M. Douchy-Oudot ; AJ fam. 2020. 616, obs. A. Dionisi-Peyrusse.*

274. Obligations des États. Les autorités internes ont une obligation positive de fournir au requérant une assistance qui lui aurait permis d'exercer effectivement ses droits parentaux et son droit de visite. • CEDH 23 juin 2005, *Zawadka c/ Pologne,* n° 48542/99 § 67.

275. Le caractère adéquat d'une mesure se juge à la rapidité de sa mise en œuvre. En effet, les procédures relatives à l'attribution de l'autorité parentale, y compris l'exécution de la décision rendue à leur issue, appellent un traitement urgent, car le passage du temps peut avoir des conséquences irrémédiables sur les relations entre l'enfant et le parent qui ne vit pas avec lui. • CEDH 26 juin 2003, *Maire c/ Portugal,* n° 48206/99 § 74. ♦ L'enjeu de la procédure pour le requérant, à savoir l'octroi d'un droit de visite, exigeait un traitement urgent car le passage du temps peut avoir des conséquences irrémédiables sur les relations entre l'enfant et celui des parents qui ne vit pas avec lui. En effet, la rupture de contact avec un enfant très jeune peut conduire à une aliénation croissante de celui-ci par rapport à son parent. • CEDH 29 juin 2004, *Volesky c/ Rép. tchèque,* n° 63627/00 § 106.

276. Il appartient aux autorités compétentes de prendre les mesures adéquates afin de sanctionner ce manque de coopération du parent dont le comportement est répréhensible. Si des mesures coercitives à l'égard des enfants ne sont pas souhaitables dans ce domaine délicat, le recours à des sanctions ne doit pas être écarté en cas de comportement manifestement illégal du parent avec lequel vit l'enfant. Même lorsque l'ordre juridique interne ne permet pas l'adoption de sanctions efficaces, la Cour estime qu'il appartient à chaque État contractant de se doter d'un arsenal juridique adéquat et suffisant pour assurer le respect des obligations positives qui lui incombent. • CEDH 26 juin 2003, *Maire c/ Portugal,* n° 48206/99 § 76. ♦ L'État doit donc posséder une panoplie de sanctions adéquates, efficaces et capables d'assurer les droits légitimes des intéressés ainsi que le respect des décisions judiciaires. • CEDH 22 nov. 2005, *Reigado Ramos c/ Portugal,* n° 73229/01 § 56. ♦ On ne saurait affirmer que les autorités ont manqué de prendre des mesures coercitives ou préparatoires en vue du rétablissement des liens entre le requérant et son fils. La Cour considère comme nécessaire de rappeler que les obligations positives qu'a l'État en la matière consistent à essayer de rapprocher l'enfant de ses deux parents, à l'aide de mesures qui soient adéquates et proportionnelles. Elle estime que dans les circonstances exceptionnelles de l'espèce, l'intérêt supérieur de l'enfant empêchait les autorités d'aller au-delà de ce qui a été fait, les mesures coercitives pouvant s'avérer contreproductives. • CEDH 29 juin 2004, *Volesky c/ Rép. tchèque,* n° 63627/00 § 123.

277. Le manque de coopération ne saurait dispenser les autorités compétentes de mettre en œuvre tous les moyens susceptibles de permettre le maintien du lien familial. Or, la procédure d'exécution forcée n'a débouché que sur la condamnation de la mère au paiement d'une amende modique et au versement d'une indemnisation dont le montant est assez modeste. • CEDH 22 nov. 2005, *Reigado Ramos c/ Portugal,* n° 73229/01 § 55.

278. Respect d'une procédure adéquate. V. note 254.

279. Respect d'un principe d'égalité (en lien avec l'art. 14 Conv. EDH). Seules de très fortes raisons pourraient amener à estimer compatible avec la Convention une différence de traitement fondée sur la naissance hors mariage. • CEDH 1er févr. 2000, *Mazurek c/ France,* n° 34406/97 § 49 : *D. 2000. 332, note Thierry ; RTD civ. 2000. 429, obs. Marguénaud ; JCP 2000. 10286, note Gouttenoire-Cornut et Sudre ; JCP 2001. I. 293, chron. Rubellin-Devichi* • CEDH, gr. ch., 8 juill. 2003, *Sahin c/ Allemagne,* n° 30943/96 § 94 : *préc. note 142.* ♦ Rappr. en matière patrimoniale. • CEDH 3 oct. 2000, *Camp et Bourimi c/ Pays-Bas,* n° 28369/95 § 38. ♦ Cela vaut également pour une différence de traitement entre le père d'un enfant né d'une relation où les parents vivaient ensemble sans être mariés et le père d'un enfant né de parents mariés. Or la Cour ne discerne aucune raison de cette nature en l'espèce. • CEDH, gr. ch., 8 juill. 2003, *Sommerfeld c/ Allemagne,* n° 31871/96 § 93 : *préc. note 265.* ♦ V. cependant pour un couple non marié vivant uni, l'attribution de l'autorité parentale à la mère exclusivement n'entraîne en pratique que de faibles inconvénients. Ceux-ci résultent d'un libre choix et ne sauraient être éliminés que par le mariage. • Comm. EDH 15 mars 1984, *B. R. et J. c/ Allemagne,* n° 9639/82.

280. Respect du droit des parents. Le fait que la garde soit accordée à l'un des parents pour la raison que l'autre est Témoin de Jéhovah viole, en l'absence d'autres arguments, le présent art. et l'art. 14 Conv. EDH. • CEDH 23 juin 1993, *Hoffmann c/ Autriche,* n° 12875/87 § 33 : *D. 1994. 326, note Hauser ; JDI 1994. 778, obs. Decaux et Tavernier.* ♦ La juridiction ayant estimé que l'ensemble des documents produits par la mère n'était « pas en contradiction avec l'argumentation de R. qui ne prétend pas démentir les qualités maternelles de la mère, se bornant à critiquer l'éducation dirigée dont les enfants sont l'objet en raison des convictions religieuses de leur mère », il ne fait pas de doute qu'elle a accordé une importance déterminante à la religion de la requérante. En effet, après avoir relevé plus haut que la requérante « ne dénie pas son appartenance aux Témoins de Jéhovah pas plus que le fait que les deux enfants recevaient auprès d'elle une éducation conforme aux pratiques de cette religion », la cour d'appel a estimé que l'intérêt des enfants est d'échapper aux contraintes et interdits imposés par une religion structurée comme une secte violant ainsi le présent art. et l'art. 14 Conv. EDH. • CEDH 16 déc. 2003, *Palau-Martinez c/ France*, n° 64927/01 § 36 et 37 : *D. 2004. 1058, obs. Burgogue-Larsen ; RD publ. 2004. 843, obs. Gonzalez ; JCP 2004. 1386, note Gouttenoire.*

281. En prenant en considération pour refuser d'accorder au requérant la garde de son enfant le fait que le requérant était homosexuel et vivait avec un autre homme pour observer que « l'enfant doit vivre au sein (...) d'une famille traditionnelle portugaise » et qu'« il n'y a pas ici lieu de chercher à savoir si l'homosexualité est ou non une maladie ou si elle est une orientation sexuelle à l'égard des personnes du même sexe. Dans les deux cas, l'on est en présence d'une anormalité et un enfant ne doit pas grandir à l'ombre de situations anormales », la cour d'appel a opéré une distinction dictée par des considérations tenant à l'orientation sexuelle du requérant violant ainsi le présent art. • CEDH 21 déc. 1999, *Salgueiro Da Silva Mouta c/ Portugal*, n° 33290/96 § 34 et 36 : *RTD civ. 2000. 313, obs. Hauser.*

282. Le requérant n'avait pas vu sa fille depuis qu'elle avait atteint l'âge de 2 ans, c'est-à-dire pendant plus de 3 ans avant que l'adoption ne fût accordée au second mari de la mère de sa fille. Le père adoptif avait des liens étroits avec l'enfant qui considérait son beau-père comme son « père » puisqu'ils vivaient ensemble depuis presque 3 ans au moment de l'adoption. La décision d'adoption consolida et officialisa les liens déjà existants et servait donc l'intérêt supérieur de l'enfant. Les effets indésirables que l'adoption a eu sur la relation du requérant avec sa fille n'ont pas été disproportionnés. • CEDH 26 juill. 2007, *Tchepelev c/ Russie*, n° 58077/00 § 29 s.

283. Intérêt supérieur de l'enfant. Ne méconnaît pas le présent article la décision des autorités nationales de rejeter la demande de droit de visite et d'hébergement d'un enfant avec lequel la requérante entretient des liens de type *de facto* enfant-parent dès lors que le juge national, qui a eu à connaître de l'affaire, a ménagé un équilibre entre le droit au respect de la vie familiale de la requérante et l'intérêt supérieur de l'enfant, lequel intérêt doit primer. En l'occurrence, les rencontres entre la requérante et l'enfant avaient été jugées trop traumatisantes pour ce dernier de sorte qu'il n'entrait pas dans son intérêt de les poursuivre. • CEDH 12 nov. 2020, *Honner c/ France*, n° 19511/16, § 60 : *préc. note 273.*

c. Enlèvement d'enfants

284. S'agissant plus précisément des obligations positives que l'art. 8 de la Convention fait peser sur les États contractants en matière de réunion d'un parent avec ses enfants, celles-ci doivent s'interpréter à la lumière de la Conv. de La Haye du 25 oct. 1980 sur les aspects civils de l'enlèvement international d'enfants (et à la lumière de la Conv. EDH relative aux droits de l'enfant du 20 nov. 1989). • CEDH 20 janv. 2000, *Ignaccolo-Zenide c/ Roumanie*, n° 31679/96 § 95 : *préc. note 221* • CEDH 6 nov. 2008, *Carlson c/ Suisse*, n° 49492/06 § 69 : *AJDA 2009. 872, chron. Flauss ; AJ fam. 2009. 225, obs. Boiché ; JCP 2009. I. 104, chron. Sudre.* • CEDH 7 mars 2013, *Raw et a. c/ France*, n° 10131/11 § 82 : *D. 2013. 708.* ♦ Cette Conv. n'a pas de raison de s'appliquer en l'absence d'enlèvement. • CEDH, décis., 2 sept. 2003, *Guichard c/ France*, n° 56838/00.

285. Le présent art. fait peser sur les autorités internes une obligation procédurale particulière à ce titre : dans le cadre de l'examen de la demande de retour de l'enfant, les juges doivent non seulement examiner des allégations défendables de « risque grave » pour l'enfant en cas de retour, mais également se prononcer à ce sujet par une décision spécialement motivée au vu des circonstances de l'espèce. • CEDH 5 févr. 2015, *Phostira Efthymiou et Ribeiro Fernandes c/ Portugal*, n° 66775/11 § 44. ♦ Tant un refus de tenir compte d'objections au retour susceptibles de rentrer dans le champ d'application des art. 12, 13 et 20 de la Conv. de La Haye qu'une insuffisance de motivation de la décision rejetant de telles objections seraient contraires aux exigences de l'art. 8 de la Conv. EDH, mais également au but et à l'objet de la Conv. de La Haye. La prise en compte effective de telles allégations, attestée par une motivation des juridictions internes qui soit non pas automatique et stéréotypée, mais suffisamment circonstanciée au regard des exceptions visées par la Conv. EDH, est nécessaire. • CEDH, gr. ch., 26 nov. 2013, *X. c/ Lettonie*, n° 27853/09 § 107 : D. 2013. 2848 ; ibid. *2014. 1059, obs. Gaudemet-Tallon et Jault-Seseke ; AJ fam. 2014. 58, obs. Boiché.* ♦ Rappr. • CEDH 5 févr. 2015, *Phostira Efthymiou et Ribeiro Fernandes c/ Portugal*, n° 66775/11 § 43. ♦ V. pour un ex. de procédure raisonnable. • CEDH 9 sept. 2014, *Gaj-*

tani c/ Suisse, n° 43730/07 §110 s. : *AJ fam. 2014. 568, obs. Viganotti*. ♦ Bien que ne s'étant pas expressément prononcée dans la motivation de sa décision sur un certificat médical produit par le requérant, la juridiction interne a, dans les circonstances substantielles et procédurales de l'espèce, procédé à un examen effectif des éléments du dossier, sans perdre de vue l'intérêt supérieur de l'enfant. • CEDH 10 oct. 2019, *Lacombe c/ France*, n° 23941/14 § 68 à 72.

286. La Cour souscrit entièrement à la philosophie sous-jacente de cette Convention. Inspirée par le désir de protéger l'enfant considéré comme la première victime du traumatisme causé par son déplacement ou son non-retour, cet instrument entend lutter contre la multiplication des enlèvements internationaux d'enfants. Il s'agit donc, une fois les conditions d'application de la Conv. de La Haye réunies, de revenir au plus vite au *statu quo ante* en vue d'éviter la consolidation juridique de situations de fait initialement illicites, et de laisser les questions relatives au droit de garde et d'autorité parentale à la compétence des juridictions du lieu de résidence habituelle de l'enfant, conformément à l'art. 19 de cette Conv. • CEDH 6 déc. 2007, *Maumousseau et Washington c/ France*, n° 39388/05 § 69.

287. La Cour estime que la notion d'« intérêt supérieur » de l'enfant est également primordiale dans le cadre des procédures relevant de la Conv. de La Haye. Parmi ses éléments constitutifs figure le fait, pour le mineur, de ne pas être éloigné d'un de ses parents et retenu par l'autre, c'est-à-dire par celui qui estime, à tort ou à raison, avoir un droit aussi ou plus important sur sa personne. • CEDH 6 déc. 2007, *Maumousseau et Washington c/ France*, n° 39388/05 § 68.

288. Les autorités n'ayant pas adopté les mesures propres à assurer le retour des enfants auprès de la requérante énumérées à l'art. 7 de la Conv. de La Haye. la Cour conclut que les autorités roumaines ont omis de déployer des efforts adéquats et suffisants pour faire respecter le droit de la requérante au retour de ses enfants, méconnaissant ainsi son droit au respect de sa vie familiale garanti par le présent *art. • CEDH 20 janv. 2000, Ignaccolo-Zenide c/ Roumanie*, n° 31679/96 § 113 : *préc. note 221.*

289. Le retour de l'enfant ne saurait être ordonné de façon automatique ou mécanique dès lors que la Conv. de La Haye s'applique. L'intérêt supérieur de l'enfant, du point de vue de son développement personnel, dépend en effet de plusieurs circonstances individuelles, notamment de son âge et de sa maturité, de la présence ou de l'absence de ses parents, de l'environnement dans lequel il vit et de son histoire personnelle. C'est pourquoi il doit s'apprécier au cas par cas (retour non justifié en l'espèce compte tenu des intérêts de l'enfant). • CEDH, gr. ch., 6 juill. 2010, *Neulinger et Shuruk c/ Suisse*, n° 41615/07 § 138 : *préc. note 221.* ♦ Retour non souhaité par l'enfant. • CEDH 9 sept. 2014, *Gajtani c/ Suisse*, n° 43730/07 § 110 : *préc. note 285.* ♦ V. déjà. • CEDH 6 déc. 2007, *Maumousseau et Washington c/ France*, n° 39388/05 § 72. ♦ Dans l'hypothèse où des contacts avec les parents risquent de menacer ces intérêts ou de porter atteinte à ces droits, il revient aux autorités nationales de veiller à un juste équilibre. • CEDH 25 janv. 2000, *Ignaccolo-Zenide c/ Roumanie*, n° 31679/96 § 94 : *préc. note 221.* • CEDH 7 mars 2013, *Raw et a. c/ France*, n° 10131/11 § 80 : *préc. note 284.* ♦ La Cour n'ignore pas que l'une des difficultés auxquelles les autorités se sont heurtées en l'espèce tient de l'attitude des enfants eux-mêmes, qui ont clairement manifesté leur refus de retourner en Grande-Bretagne auprès de leur mère. Elle estime toutefois que cette attitude n'était pas nécessairement immuable et conclut que les autorités françaises n'ont pas pris toutes les mesures que l'on pouvait raisonnablement exiger d'elles pour faciliter l'exécution de l'arrêt de la cour d'appel ordonnant le retour de D. et A. en Grande-Bretagne. • CEDH 7 mars 2013, *Raw et a. c/ France*, n° 10131/11 § 94 et 95 : *préc. note 284.*

290. Les États ont en cette matière également l'obligation de mettre en œuvre un processus décisionnel équitable. Rien ne permet de penser que le processus décisionnel ayant conduit les juridictions nationales à prendre la mesure litigieuse n'ait pas été équitable ou n'ait pas permis aux requérantes de faire valoir pleinement leurs droits. • CEDH 6 déc. 2007, *Maumousseau et Washington c/ France*, n° 39388/05 § 76.

291. L'adéquation d'une mesure se juge à la rapidité de sa mise en œuvre. Les procédures relatives au retour d'un enfant enlevé, y compris l'exécution des décisions rendues à leur issue, exigent un traitement urgent, car le passage du temps peut avoir des conséquences irrémédiables pour les relations entre les enfants et celui des parents qui ne vit pas avec eux. • CEDH 6 nov. 2008, *Carlson c/ Suisse*, n° 49492/06 § 69 : *préc. note 284.* ♦ Le fait de laisser la procédure s'enliser constitue une violation du présent art. • CEDH 24 avr. 2003, *Sylvester c/ Autriche*, n° 36812/97 § 72.

292. Même si la Cour ne pense pas que la crainte d'un enlèvement par Mme D.de sa fille fût objectivement fondée, elle reconnaît que, Saint-Marin n'étant pas partie à la Conv. de La Haye pendant la période considérée, les juridictions internes ont jugé bon d'ordonner des mesures permettant d'offrir une autre solution de protection contre tout risque de ce type en interdisant à l'enfant de quitter le territoire.

Elle est donc disposée à accepter que la mesure visait au maintien de l'ordre public et à la protection des droits d'autrui. Compte tenu en outre de la brièveté de la restriction, elle estime que la mesure en cause était proportionnée aux buts poursuivis (sous l'angle de l'art. 2 Prot. n° 4 Conv. EDH). • CEDH 27 sept. 2011, *Diamante et Pellicciconi c/ Saint-Marin,* n° 32250/08 § 213 et 214.

d. Détention

293. Famille avec mineur. L'intérêt supérieur de l'enfant ne peut se limiter à maintenir l'unité familiale mais les autorités doivent mettre en œuvre tous les moyens nécessaires afin de limiter autant que faire se peut la détention de familles accompagnées d'enfants et préserver effectivement le droit à une vie familiale. Aussi, en l'absence de tout élément permettant de soupçonner que la famille allait se soustraire aux autorités, la détention, pour une durée de quinze jours, dans un centre fermé apparaît disproportionnée par rapport au but poursuivi. • CEDH 19 janv. 2012, *Popov c/ France,* n° 39472/07 § 147 : *préc. note 224.*

3° PROTECTION SPÉCIFIQUE DES ENFANTS

294. Dès la naissance l'enfant est intégré dans sa famille. • CEDH 13 juin 1979, *Marckx c/ Belgique,* n° 6833/74 § 31 : *préc. note 2.*

a. Connaissance de ses origines

295. V. également, dans le cadre du respect de la vie privée, note 95.

296. L'enfant doit disposer du droit de faire établir sa paternité par des tests ADN. • CEDH 7 févr. 2002, *Mikulic c/ Croatie,* n° 53176/99 § 61 : *préc. note 4.* ♦ La Cour fait sien l'adage « *mater semper certa est* ». • CEDH 13 juin 1979, *Marckx c/ Belgique,* n° 6833/74 § 36 et 37 : *préc. note 2.*

297. Ce droit doit bénéficier à tous les enfants qu'ils soient légitimes, naturels ou adultérins. • CEDH 18 déc. 1986, *Johnston c/ Irlande,* n° 9697/82 § 75.

298. A l'inverse, l'action en désaveu de paternité peut, dans l'intérêt de l'enfant, être enfermée dans un certain délai dès lors que les tribunaux ou le ministère public disposent du pouvoir d'autoriser, à titre exceptionnel, l'exercice d'une action après l'expiration du délai légal. • CEDH 24 nov. 2005, *Shofman c/ Russie, n° 74826/01.* ♦ *Le système mis en place par* la France, s'il conserve le principe de l'admission de l'accouchement sous X, renforce la possibilité de lever le secret de l'identité. La nouvelle loi facilite la recherche des origines biologiques grâce à la mise en place d'un Conseil national pour l'accès aux origines personnelles, organe indépendant, composé de magistrats, de représentants d'associations concernées par l'objet de la loi et de professionnels ayant une bonne connaissance pratique des enjeux de la question. • CEDH, gr. ch., 13 févr. 2003, *Odièvre c/ France,* n° 42326/98 § 29 : *préc. note 95.*

b. Droits patrimoniaux

299. Le domaine des successions – et des libéralités – entre proches parents apparaît intimement associé à la vie familiale. Celle-ci ne comprend pas uniquement des relations de caractère social, moral ou culturel, par exemple dans la sphère de l'éducation des enfants ; elle englobe aussi des intérêts matériels, comme le montrent notamment les obligations alimentaires et la place attribuée à la réserve héréditaire dans l'ordre juridique interne de la majorité des États contractants. Si les droits successoraux ne s'exercent d'ordinaire qu'à la mort du *de cujus*, donc à un moment où la vie familiale change ou même se dissout, il n'en découle pas que nul problème les concernant ne surgisse avant le décès : la succession peut se régler et, en pratique, se règle assez souvent par testament ou avance d'hoirie ; elle constitue un élément non négligeable de la vie familiale. • CEDH 13 juin 1979, *Marckx c/ Belgique,* n° 6833/74 § 52 : *préc. note 2.* ♦ Contrairement à un enfant « légitime », A. n'a jamais eu de vocation successorale *ab intestat* à l'égard de membres de la famille de P. La Cour n'aperçoit pas de justification objective et raisonnable et considère que A. a été victime d'une violation de l'art. 14 Conv. EDH, combiné avec le présent art., du fait tant des restrictions à sa capacité de recevoir des biens de sa mère que de son absence complète de vocation successorale à l'égard de ses proches parents du côté maternel. • CEDH 13 juin 1979, *Marckx c/ Belgique,* n° 6833/74 § 52 : *préc.* ♦ Rappr. • CEDH 29 nov. 1991, *Vermeire c/ Belgique,* n° 12849/87 § 28. ♦ Rappr. • CEDH 28 oct. 1987, *Inze c/ Autriche,* n° 8695/79. ♦ Rappr. • CEDH, gr. ch., 7 févr. 2013, *Fabris c/ France,* n° 16574/08 § 72 : *D. 2013. 434, obs. Gallmeister ; ibid. 1436, obs. Granet-Lambrechts ; AJDA 2013. 1794, chron. Burgogue-Larsen ; AJ fam. 2013. 189, obs. Levillain ; RTD civ. 2013. 333, obs. Marguénaud ; ibid. 358, obs. Hauser .*

300. S. a été traité différemment non seulement des enfants nés dans le mariage, mais également des enfants qui, tout en étant nés hors mariage, ont été reconnus par leur père. Bien que les lettres de légitimation fussent destinées à remplacer semblable reconnaissance, S. s'est trouvé dans l'impossibilité d'hériter de son père. Pour la Cour, seules des raisons très fortes pourraient amener à estimer cette dernière différence compatible avec la Conv. EDH.

• CEDH 3 oct. 2000, *Camp et Bourimi c/ Pays-Bas,* n° 28369/95 § 38. ♦ Un enfant ayant fait l'objet d'une adoption – qui plus est d'une adoption plénière – se trouve dans la même position juridique que s'il était l'enfant biologique de ses parents, et cela à tous égards : relations et conséquences liées à sa vie de famille et droits patrimoniaux qui en découlent. La Cour a affirmé à maintes reprises que seules des raisons très fortes pourraient amener à estimer compatible avec la Convention une distinction fondée sur la naissance hors mariage. La clause testamentaire, telle qu'elle fut établie par C., ne faisait aucune distinction entre enfant biologique et enfant adoptif. L'interprétation faite par le Tribunal supérieur de justice de la clause testamentaire litigieuse ayant eu pour effet de priver le premier requérant de son droit à la succession de sa grand-mère, au profit des filles de son cousin s'analyse donc en une exclusion judiciaire de l'enfant adoptif dans ses droits successoraux. • CEDH 13 juill. 2004, *Pla et Puncerneau c/ Andorre,* n° 69498/01 § 60 et 61 : *préc. note 2.* ♦ A raison de son statut d'enfant naturel conçu alors que son père était engagé dans les liens d'un mariage avec une autre personne, la première requérante s'est trouvée dans l'incapacité légale de recevoir de son père, entre vifs et pour cause de mort, plus que la moitié de la part réservataire qui lui serait revenue si elle avait été un enfant légitime. De même, en raison de cette incapacité, les libéralités faites par son père à sa mère ont été légalement présumées lui avoir été faites par personne interposée. En conséquence, au décès du disposant, toutes les libéralités ont été fictivement rapportées à la masse successorale et, après calcul, la première requérante a dû verser aux autres héritiers, enfants légitimes, une soulte pour ne recevoir effectivement que sa quote-part réduite de moitié. La Cour ne trouve en l'espèce, comme dans le domaine des droits successoraux, aucun motif de nature à justifier une telle discrimination fondée sur la naissance hors mariage. • CEDH 22 déc. 2004, *Merger et Cros c/ France,* n° 68864/01 § 49.

III. PROTECTION DU DOMICILE

BIBL. Blay-Grabarczyk, Surveillance secrète, visites domiciliaires et autres intrusions des pouvoirs publics dans la vie privée, *RD publ. 2016. 1022.*

A. PROTECTION DU DOMICILE PRIVÉ

1° NOTION DE DOMICILE

301. Principe. Le domicile est normalement le lieu, l'espace physiquement déterminé où se développe la vie privée et familiale. • CEDH 16 nov. 2004, *Moreno Gomez c/ Espagne,* n° 4143/03 § 53. ♦ La notion de « domicile » au sens du présent art. ne se limite pas au domicile légalement occupé ou établi, mais il s'agit d'un concept autonome qui ne dépend pas d'une qualification en droit interne. La question de savoir si une habitation particulière constitue un « domicile » dépendra des circonstances factuelles, notamment de l'existence de liens suffisants et continus avec un lieu déterminé. • CEDH 18 nov. 2004, *Prokopovitch c/ Russie,* n° 58255/00 § 36 : *JCP 2005. I. 103, chron. Sudre.*

302. La requérante soutient qu'elle élut domicile dans l'appartement litigieux lorsqu'elle s'y installa avec son compagnon. Elle a produit des factures et d'autres documents financiers qui montrent qu'elle avait acheté des meubles et des articles ménagers avec lui et qu'ils avaient payé les charges et les frais d'entretien ensemble. Apparemment, la requérante recevait également des lettres et des cartes postales envoyées à son compagnon et à elle-même à l'adresse postale de l'appartement en question. La requérante entretenait avec l'appartement de F. des liens suffisamment étroits et continus pour que ce logement soit considéré comme son « domicile ». • CEDH 18 nov. 2004, *Prokopovitch c/ Russie,* n° 58255/00 § 36 : *préc. note 301.*

303. Terrain et caravane. B. a acheté le terrain dans le but d'y élire domicile. Elle y vit presque sans interruption, mis à part une absence de 2 semaines pour raisons familiales, et nul ne suggère qu'elle ait établi une résidence ailleurs ou ait l'intention de le faire. L'espèce porte donc sur le droit de la requérante au respect de son « domicile ». Elle s'est vue refuser le permis d'aménagement foncier qui l'aurait autorisée à vivre en caravane sur son terrain, fut sommée d'enlever ses caravanes et poursuivie pour refus d'obtempérer. Il y a dès lors incontestablement eu « ingérence d'une autorité publique » dans l'exercice du droit de la requérante au respect de son domicile. • CEDH 25 sept. 1996, *Buckley c/ Royaume-Uni,* n° 20348/92 § 54 et 60. ♦ Rappr. s'agissant de caravanes des gens du voyage. • CEDH 17 oct. 2013, *Winterstein et a. c/ France,* n° 27013/07 § 141 : *préc. note 111.* ♦ Les décisions des services de l'aménagement refusant à la requérante l'autorisation de rester sur son terrain avec ses caravanes, et les mesures d'exécution prises du fait que l'intéressée a continué d'occuper son terrain constituent une ingérence dans le droit de celle-ci au respect de sa vie privée et familiale et de son domicile. • CEDH, gr. ch., 18 janv. 2001, *Chapman c/ Royaume-Uni,* n° 27238/95 § 78 : *préc. note 111.*

304. Cependant, la vulnérabilité des Tsiganes, du fait qu'ils constituent une minorité, implique d'accorder une attention spéciale à leurs besoins et à leur mode de vie propre tant dans le cadre réglementaire valable en matière d'aménagement que lors de la prise de décision dans des cas particuliers. Dans cette mesure, le présent art. impose donc aux États contractants l'obligation positive de permettre aux Tsiganes de suivre leur mode de vie. • CEDH, gr. ch., 18 janv. 2001, *Chapman c/ Royaume-Uni*, n° 27238/95 § 96 : *préc. note 111* • CEDH 27 mai 2004, *Connors c/ Royaume-Uni*, n° 66746/01 § 84 • CEDH, gr. ch., 13 nov. 2007, *D. H. c/ Rép. tchèque*, n° 57325/00 § 181 : *AJDA 2008. 978, obs. Flauss* ; *JCP 2008. I. 110, chron. Sudre.*

305. Évacués d'un campement six mois après s'y être installés illégalement, les requérants de nationalité roumaine appartenant à la communauté rom ne peuvent invoquer le droit au respect de leur domicile, en l'absence de tout lien suffisant et continu avec ce lieu. La Cour considère néanmoins qu'une telle expulsion constitue une ingérence dans le droit au respect de la vie privée et familiale des requérants compte tenu des répercussions inévitables d'une telle mesure sur les liens familiaux. Or, si les autorités nationales étaient en droit de procéder en l'occurrence à l'expulsion, les modalités retenues pour ce faire emportent violation du présent art. dans la mesure où les requérants n'ont pu faire examiner la proportionnalité de la mesure par un tribunal indépendant que 18 mois après l'évacuation alors même qu'ils appartiennent à un groupe socialement défavorisé dont les besoins particuliers doivent être pris en compte par les autorités lorsqu'elles envisagent des solutions à l'occupation illégale des lieux. • CEDH 14 mai 2020, *Hirtu c/ France*, n° 24720/13 § 65 : *AJDA 2020. 1030* .

306. Résidence secondaire. La Cour note qu'une personne peut diviser son temps entre deux maisons ou avoir des liens émotionnels forts avec une deuxième maison, la traitant comme son domicile. Donc, une interprétation étroite du mot « domicile » pourrait faire naître le même risque d'inégalité de traitement qu'une interprétation étroite de la notion « de vie privée ». En l'espèce, la maison est entièrement meublée et équipée, la famille l'utilise régulièrement pendant de longues périodes au cours de l'année. La maison est considérée par le requérant et sa famille comme un « domicile » servant de maison de vacances accueillant parents, amis et des relations d'affaires. • CEDH 31 juill. 2003, *Demandes c/ Turquie*, n° 16219/90 § 31 et 32. ♦ Détenue par une société au nom de laquelle tout le patrimoine familial est inscrit, la résidence secondaire du requérant est qualifiée de « domicile » au sens du présent art. dans les circonstances de l'espèce caractérisées notamment par les liens émotionnels forts entre le requérant et sa résidence. • CEDH 16 mai 2019, *Halabi c/ France*, n° 66554/14 § 42 et 43 : *AJDA 2019. 1079* ; *ibid. 1826, note Coleman* ; *D. 2019. 1172, et les obs.* ; *RDI 2019. 403, obs. de Jacobet de Nombel* ; *AJ pénal 2019. 393, obs. Courcelle-Labrousse* .

307. Une maison qu'une personne a régulièrement acquise et habitée durant plusieurs années ne cesse pas d'être son « domicile » du seul fait que, pour des raisons imprévues, cette personne n'est plus autorisée à y habiter. • Comm. EDH 8 févr. 1978, *Wiggins c/ Royaume-Uni*, n° 7456/76. ♦ Les requérants ont toujours conservé la propriété de la maison et ont toujours eu l'intention d'y revenir y laissant leurs meubles. Ils y ont vécu quelque temps dans le dessein d'y habiter en permanence dès que les négociations avec les services du logement quant à leur statut résidentiel et les réparations nécessaires auraient été menées à terme. • CEDH 24 nov. 1986, *Gillow c/ Royaume-Uni*, n° 9063/80 § 46 : *CDE 1988. 466, obs. Cohen-Jonathan ; AFDI 1987. 239, obs. Coussirat-Coustère.*

308. Automobile en stationnement. Le domicile reste néanmoins une notion précise qui ne pourrait être étendue arbitrairement et, par conséquent, la fouille de la voiture en stationnement dans les circonstances de la présente affaire ne saurait être assimilée à une fouille domiciliaire. • Comm. EDH 30 mai 1974, *X. c/ Belgique*, n° 5488/72.

2° PROTECTIONS ACCORDÉES DU DOMICILE

309. Principe. L'individu a droit au respect de son domicile, conçu non seulement comme le droit à un simple espace physique mais aussi comme celui à la jouissance, en toute tranquillité, dudit espace. Des atteintes au droit au respect du domicile ne visent pas seulement les atteintes matérielles ou corporelles, telles que l'entrée dans le domicile d'une personne non autorisée, mais aussi les atteintes immatérielles ou incorporelles, telles que les bruits, les émissions, les odeurs et autres ingérences. Si les atteintes sont graves, elles peuvent priver une personne de son droit au respect du domicile parce qu'elles l'empêchent de jouir de son domicile. • CEDH 16 nov. 2004, *Moreno Gomez c/ Espagne*, n° 4143/03 § 53.

310. Libre choix du domicile et du mode de résidence. Le présent art. ne va pas nécessairement jusqu'à permettre aux préférences individuelles en matière de résidence de l'emporter sur l'intérêt général. Les intérêts de la communauté doivent être mis en balance avec le droit de B. au respect de son « domicile », lequel relève de sa sécurité et de son bien-être personnels et de ceux de ses enfants. • CEDH 25 sept. 1996, *Buckley c/ Royaume-Uni*, n° 20348/92 § 76 et 81. ♦ Pour déterminer si l'obligation imposée à une personne de quitter son domicile est proportionnée au but légitime poursuivi, il est tout à fait pertinent de savoir si ce domicile a été établi illégalement. S'il a été établi légalement, cela amoindrit à l'évidence la légitimité de toute mesure sommant l'individu de partir. A l'inverse, lorsque le domicile a été établi illégalement dans un endroit donné, la personne qui conteste la légalité d'un ordre de partir est dans une position moins forte. La Cour aura quelque réticence à accorder une protection aux personnes qui, bravant sciemment les interdits de la loi, établissent leur domicile sur un site à l'environnement protégé. • CEDH, gr. ch., 18 janv. 2001, *Chapman c/ Royaume-Uni,* n° 27238/95 § 102 : *préc. note 111.*

311. Accès aux biens. L'entrée de tierces personnes dans la cour de la maison du requérant et le déversement par ces personnes de plusieurs charrettes de fumier devant la porte et sous les fenêtres de la maison constituent des ingérences répétées dans l'exercice par le requérant de son droit au respect de son domicile. Les entraves à la jouissance de son domicile alléguées par le requérant portent sur une période d'environ 5 ans et demi, période pendant laquelle toutes les plaintes pénales du requérant du chef de violation de domicile se sont achevées par des ordonnances successives de non-lieu. • CEDH 20 avr. 2004, *Surugiu c/ Roumanie,* n° 48995/99 § 50, 60 et 61. ♦ L'impossibilité faite aux requérants de regagner leurs domiciles respectifs constitue une ingérence injustifiée. • CEDH, gr. ch., 16 juin 2015, *Chiragov et a. c/ Arménie,* n° 13216/05 § 207.

312. Atteintes aux biens. La perte d'un logement est une atteinte des plus graves au droit au respect du domicile. • CEDH 17 oct. 2013, *Winterstein et a. c/ France,* n° 27013/07 § 148 : *préc. note 111.* ♦ L'incendie délibéré des maisons des requérants et de leur contenu par une milice privée constitue tout à la fois une grave ingérence dans le droit des intéressés au respect de leur vie familiale et de leur domicile et une atteinte grave dans leur droit au respect de leurs biens. • CEDH 16 sept. 1996, *Akdivar et a. c/ Turquie,* n° 21893/93 § 88. ♦ ... *A fortiori* lorsque les forces publiques y participent. • CEDH 24 avr. 1998, *Selcuk et Asker c/ Turquie,* n° 23184/94 § 86.

313. Atteintes environnementales. Ni le présent art. ni aucune autre disposition de la Conv. ne garantit spécifiquement une protection générale de l'environnement en tant que tel ; d'autres instruments internationaux et législations internes sont plus adaptés lorsqu'il s'agit de traiter cet aspect particulier. • CEDH 22 mai 2003, *Kyrtatos c/ Grèce,* n° 41666/98 § 52. ♦ Cependant, le présent art. peut trouver à s'appliquer dans les affaires d'environnement, que la pollution soit directement causée par l'État ou que la responsabilité de ce dernier découle de l'absence de réglementation adéquate de l'industrie privée. • CEDH 8 juill. 2003, *Hatton et a. c/ Royaume-Uni,* n° 36022/97 § 98.

314. Des atteintes graves à l'environnement peuvent affecter le bien-être d'une personne et la priver de la jouissance de son domicile de manière à nuire à sa vie privée et familiale, sans pour autant mettre en grave danger la santé de l'intéressée. • CEDH 9 déc. 1994, *Lopez Ostra c/ Espagne,* n° 16798/90 § 51 • CEDH 19 févr. 1998, *Guerra et a. c/ Italie,* n° 14967/89 § 60. ♦ V. déjà • CEDH 21 févr. 1990, *Powell et Rayner c/ Royaume-Uni,* n° 9310/81 • CEDH 10 nov. 2004, *Taskin et a. c/ Turquie,* n° 46117/99 § 113 : *RD publ. 2005. 788, obs. Picheral* • CEDH 8 juill. 2003, *Hatton et a. c/ Royaume-Uni,* n° 36022/97 § 96. ♦ L'incidence directe des émissions de substances nocives sur le droit des requérantes au respect de leur vie privée et familiale permet de conclure à l'applicabilité du présent art. • CEDH 19 févr. 1998, *Guerra et a. c/ Italie,* n° 14967/89 § 57 • CEDH 2 nov. 2006, *Giacomelli c/ Italie,* n° 59909/00 § 77. ♦ Le traitement et l'élimination des déchets constituant des activités dangereuses, il pesait sur l'État l'obligation positive d'adopter des mesures raisonnables et adéquates capables de protéger les droits des intéressés au respect de leur vie privée et de leur domicile et, plus généralement, à la jouissance d'un environnement sain et protégé. • CEDH 10 janv. 2012, *Di Sarno et a. c/ Italie,* n° 30765/08 § 110 : *D. 2012. 2557, obs. Trébulle ; RFDA 2013. 576, chron. Labaye et Sudre.* ♦ Rappr. sous l'angle de l'art. 2, droit à la vie. • CEDH, gr. ch., 30 nov. 2004, *Oneryildiz c/ Turquie,* n° 48939/99 § 71 : *AJDA 2005. 1133, note Rabiller ; ibid. 2004. 2301 ; ibid. 2005. 541, chron. Flauss ; ibid. 1081, édito. Jégouzo ; RDI 2005. 98, obs. Trébulle ; RTD civ. 2005. 422, obs. Revet ; RD publ. 2005.765, chron. Sudre* • CEDH 28 févr. 2012, *Kolyadenko et a. c/ Russie,* n° 17423/05 § 159 : *RFDA 2013. 576, chron. Labaye et Sudre.* ♦ Compte tenu de la prolongation d'une situation de pollution environnementale résultant des émissions d'une aciérie mettant en danger la santé des requérants qui, à l'instar de l'ensemble de la population affectée, demeurent privés d'informations quant au déroulement de l'assainissement et eu égard à l'impasse dans laquelle se trouvent les autorités nationales dans la gestion des conséquences environnementales de cette activité économique, la Cour constate la violation du présent art. du fait de l'abstention des autorités nationales et met explicitement à la charge de l'État l'obligation de mettre à exécution dans les plus brefs délais le plan environnemental • CEDH 24 janv. 2019, *Cordella c/ Italie,* n° 54414/13 § 171-173 et 182 : *AJDA 2019. 1803, chron.*

Burgorgue-Larsen ; *D. 2019. 674* , et les *obs.* , *note Nadaud et Marguénaud* .

315. Les intéressés ont dû subir pendant plus de trois ans les nuisances causées par la station, avant de déménager avec les inconvénients que cela comporte. Ils ne l'ont fait que lorsqu'il apparut que la situation pouvait se prolonger indéfiniment et sur prescription du pédiatre. • CEDH 9 déc. 1994, *Lopez Ostra c/ Espagne,* n° 16798/90 § 57. ♦ Les requérantes sont restées, jusqu'à l'arrêt de la production de fertilisants, dans l'attente d'informations essentielles qui leur auraient permis d'évaluer les risques pouvant résulter pour elles et leurs proches du fait de continuer à résider sur le territoire de M., une commune aussi exposée au danger en cas d'accident dans l'enceinte de l'usine. • CEDH 19 févr. 1998, *Guerra et a. c/ Italie,* n° 14967/89 § 6.

316. L'administration municipale de Valence a adopté des mesures (telles que l'arrêté relatif aux bruits et vibrations), qui en principe auraient dû être adéquates, pour assurer le respect des droits garantis ; cependant, durant la période concernée, cette autorité a toléré des entorses répétées à la réglementation qu'elle-même avait établie, et y a même contribué. Une réglementation ayant pour objet la protection des droits garantis constitue une mesure illusoire si elle n'est pas observée de façon constante. Les faits montrent que la requérante a subi une atteinte grave à son droit au respect du domicile, en raison de la passivité de l'administration face au tapage nocturne. • CEDH 16 nov. 2004, *Moreno Gomez c/ Espagne,* n° 4143/03 § 61.

317. Le droit au respect du domicile inclut la prévention de violations diffuses telle que le bruit, les émissions, les odeurs ou autres formes similaires d'interférences. Le requérant a été exposé à une perturbation sonore excessive pendant une période de temps substantielle qui a créé une charge individuelle disproportionnée et en conséquence, l'État défendeur n'a pas rempli son obligation positive de garantir le droit du requérant au respect de son domicile et de sa vie privée. • CEDH 9 nov. 2010, *Deés c/ Roumanie,* n° 2345/06 : *AJDA 2010. 2137* .

318. A supposer même que les aménagements urbains effectués dans la zone aient eu de graves répercussions sur l'environnement, les requérants n'ont présenté aucun argument convaincant démontrant que le tort qui aurait été causé aux oiseaux et aux autres espèces protégées vivant dans le marais était de nature à porter directement atteinte à leurs propres droits garantis par le présent art. • CEDH 22 mai 2003, *Kyrtatos c/ Grèce,* n° 41666/98 § 53.

319. En cette matière, le processus décisionnel doit nécessairement comporter la réalisation d'enquêtes et d'études appropriées, de manière à permettre l'établissement d'un juste équilibre entre les divers intérêts concurrents en jeu ; les personnes concernées doivent pouvoir y avoir accès. • CEDH 8 juill. 2003, *Hatton et a. c/ Royaume-Uni,* n° 36022/97 § 128.

320. Sur les atteintes environnementales, V. aussi ss. Prot. n° 1 Conv. EDH, art. 1er, note 104.

321. Absence de droit au logement. Le présent art. ne reconnaît pas comme tel le droit de se voir fournir un domicile, pas plus que la jurisprudence de la Cour. Il est à l'évidence souhaitable que tout être humain dispose d'un endroit où il puisse vivre dans la dignité et qu'il puisse désigner comme son domicile, mais il existe malheureusement dans les États contractants beaucoup de personnes sans domicile. La question de savoir si l'État accorde des fonds pour que tout le monde ait un toit relève du domaine politique et non du domaine judiciaire. • CEDH, gr. ch., 18 janv. 2001, *Chapman c/ Royaume-Uni,* n° 27238/95 § 99 : *préc. note 111.*

322. Aide au logement décent. Le rôle des autorités de la protection sociale est précisément d'aider les personnes en difficultés qui n'ont pas les connaissances nécessaires du système, de les guider dans leurs démarches et de les conseiller, entre autres, quant aux différents types d'allocations sociales, aux possibilités d'obtenir un logement social ou quant aux autres moyens de surmonter leurs difficultés. Les autorités nationales avaient la possibilité de veiller sur les conditions de vie et d'hygiène dans lesquelles les requérants se trouvaient, et elles auraient notamment pu les conseiller sur les démarches à faire pour qu'ils puissent eux-mêmes améliorer la situation et trouver une solution à leurs problèmes en les aidant à trouver un logement décent. • CEDH 26 oct. 2006, *Wallova et Walla c/ Rép. tchèque,* n° 23848/04 § 74 et 75.

323. Perquisitions. Si les perquisitions ne sont pas en elles-mêmes contraires au présent art., encore faut-il qu'elles soient faites dans un but légitime et proportionnées. En l'espèce, les saisies subies revêtirent un caractère massif et surtout indifférencié ; à telle enseigne que les douanes jugèrent sans intérêt pour l'enquête plusieurs milliers de documents et les restituèrent aux intéressés. • CEDH 25 févr. 1993, *Miailhe c/ France,* n° 12661/87 § 38 et 39. ♦ L'absence d'un mandat de perquisition peut être contrecarrée par un contrôle judiciaire *ex post factum* sur la légalité et la nécessité de cette mesure d'instruction. • CEDH 15 févr. 2011, *Heino c/ Finlande,* n° 56720/09 § 45. ♦ Encore faut-il que ce contrôle soit efficace dans les circonstances particulières de l'affaire en cause. • CEDH 7 juin 2007, *Smirnov c/ Russie,* n° 71362/01 § 45. ♦ En l'espèce, le contrôle effectif sur la légalité et la nécessité de la mesure d'instruction en cause était d'autant plus nécessaire qu'à aucun moment avant celle-ci il n'a été précisé quels étaient concrètement les documents et les objets liés à l'enquête pénale que les enquêteurs s'attendaient à découvrir et saisir au domicile des requérants. • CEDH 15 oct. 2013, *Gutsanovi c/ Bulgarie,* n° 34529/10 § 224.

324. Bien que moins intrusives que celles menées par d'autres administrations (fiscale, douanière, etc.) et pouvant conduire à la saisie de nombreux documents, données ou objets, les visites domiciliaires effectuées par les agents de l'urbanisme au sein du domicile d'une personne sans son autorisation ainsi que la prise de photos au sein de cet espace utilisé pour des activités relevant de sa vie privée sont constitutives d'une ingérence dans le droit au respect du domicile. • CEDH 16 mai 2019, *Halabi c/ France,* n° 66554/14 § 55 : *préc. note 306.* ♦ En matière d'urbanisme, le risque de dépérissement des preuves d'une infraction étant susceptible d'être très limité voire inexistant, il ne peut justifier une ingérence dans un domicile sans l'assentiment de son occupant ou, à défaut, sans l'autorisation d'une autorité judiciaire, et ce *a fortiori* si, comme en l'espèce, aucune voie de recours effective n'est disponible *ex post* en ce qui concerne la légalité et la nécessité de la mesure litigieuse. • Même arrêt, § 67 à 69.

325. Obligation procédurale. Les procédures d'urbanisme en général doivent associer les personnes concernées. • CEDH 25 sept. 1996, *Buckley c/ Royaume-Uni,* n° 20348/92 § 76. ♦ Lorsqu'il s'agit pour un État de traiter des questions complexes de politique environnementale et économique, le processus décisionnel doit tout d'abord comporter la réalisation des enquêtes et des études appropriées, de manière à prévenir et évaluer à l'avance les effets des activités qui peuvent porter atteinte à l'environnement et aux droits des individus, et à permettre ainsi l'établissement d'un juste équilibre entre les divers intérêts concurrents en jeu. L'importance de l'accès du public aux conclusions de ces études ainsi qu'à des informations permettant d'évaluer le danger auquel il est exposé ne fait pas de doute. Enfin, les individus concernés doivent aussi pouvoir former un recours contre toute décision, tout acte ou toute omission devant les tribunaux, s'ils considèrent que leurs intérêts ou leurs observations n'ont pas été suffisamment pris en compte dans le processus décisionnel. • CEDH 2 nov. 2006, *Giacomelli c/ Italie,* n° 59909/00 § 83.

326. Toute personne qui risque de perdre son domicile doit en principe pouvoir faire examiner la proportionnalité de cette mesure par un tribunal indépendant à la lumière des principes pertinents qui découlent du présent art., quand bien même son droit d'occuper les lieux aurait été éteint par l'application du droit interne. • CEDH 21 sept. 2010, *Kay et a. c/ Royaume-Uni,* n° 37341/06 § 68. ♦ Cela signifie, entre autres, que lorsque des arguments pertinents concernant la proportionnalité de l'ingérence ont été soulevés par le requérant dans les procédures judiciaires internes, les juridictions nationales doivent les examiner en détail et y répondre par une motivation adéquate. • CEDH 17 oct. 2013, *Winterstein et a. c/ France,* n° 27013/07 § 148 : *préc. note 111.* ♦ En l'espèce, les juridictions internes ont ordonné l'expulsion des requérants sans avoir analysé la proportionnalité de cette mesure : une fois constatée la non-conformité de leur présence au plan d'occupation des sols, elles ont accordé à cet aspect une importance prépondérante, sans le mettre en balance d'aucune façon avec les arguments invoqués par les requérants. • CEDH 17 oct. 2013, *Winterstein et a. c/ France,* n° 27013/07. ♦ De même, les autorités n'ont pas porté une attention suffisante aux besoins des familles qui avaient demandé un relogement sur des terrains familiaux. • Même arrêt.

B. PROTECTION DES LOCAUX PROFESSIONNELS

1° LOCAUX CONCERNÉS

327. Le terme « domicile », plus large que le mot « home » (figurant dans le texte anglais de l'art. 8), peut englober par exemple le bureau ou le cabinet d'un membre d'une profession libérale. Il doit s'interpréter comme incluant aussi le bureau officiel d'une société dirigée par un particulier, et le bureau officiel d'une personne morale, y compris les filiales et autres locaux professionnels. • CEDH 28 avr. 2005, *Buck c/ Allemagne,* n° 41604/98 § 31 • CEDH 18 avr. 2013, *Saint-Paul Luxembourg SA c/ Luxembourg,* n° 26419/10 § 37 : *D. 2013. 1066.*

328. Interpréter le mot « domicile » comme incluant certains locaux professionnels ou commerciaux répondrait à l'objet et au but essentiel du présent art. : prémunir l'individu contre des ingérences arbitraires des pouvoirs publics. Les États contractants ne s'en trouveraient pas indûment bridés car ils conserveraient, dans la mesure autorisée par le § 2 de l'art. 8, leur droit d'« ingérence » et celui-ci pourrait fort bien aller plus loin pour des locaux ou activités professionnels ou commerciaux que dans d'autres cas. • CEDH 16 déc. 1992, *Niemietz c/ Allemagne,* n° 13710/88 § 31 : *préc. note 9.* ♦ V. aussi, • CEDH 25 févr. 1993, *Funke c/ France,* n° 10828/84 § 48 : *D. 1993. 457.* ♦ Plus généralement, une perquisition effectuée au domicile d'une personne physique se trouvant simultanément être le siège des bureaux d'une société contrôlée par elle constituait bien une ingérence dans le droit au respect du domicile. • CEDH 15 oct. 2003, *Ernst et a. c/ Belgique,* n° 33400/96 § 109.

329. Dans certaines circonstances, les droits garantis par le présent art. peuvent être interprétés comme incluant, pour une société, le droit au respect de son siège, de son agence ou de ses locaux professionnels. • CEDH 16 avr. 2002, *Sté Colas Est et a. c/ France,* n° 37971/97 § 41 : *D. 2003. 527, obs. Bîrsan ; AJDA 2002. 500, chron. Flauss ; RD publ. 2003. 689, obs. Levinet* • CEDH 9 déc. 2004, *Van Rossem c/ Belgique,* n° 41872/98 § 36. ♦ Cette protection englobe également sa « correspondance », voire, dans une certaine mesure, celle, de nature privée, de ses employés. • CEDH 2 oct. 2014, *Delta Pekarny A. S. c/ Rép. tchèque,* n° 97/11 § 78.

330. La Cour souligne que la notion de « domicile » peut faire l'objet d'une conception extensive, et être applicable aux termes de sa jurisprudence à des locaux professionnels. Toutefois cette conception extensive du « domicile » doit trouver des limites, sauf à heurter le bon sens et à prendre le contre-pied complet de l'intention des auteurs de la Conv. EDH. Il est ainsi clair qu'une exploitation agricole spécialisée dans l'élevage porcin et abritant plusieurs centaines de porcs peut difficilement être qualifiée de « domicile », fût-il professionnel, sauf éventuellement à ce que la société elle-même allègue une violation de son siège ou de ses bureaux, ce qui n'est pas le cas en l'espèce. • CEDH 6 sept. 2005, *Leveau et Fillon c/ France,* n° 63512/00 : *AJDI 2006. 226, obs. Raynaud .*

2° CONDITIONS À RESPECTER

331. Secret professionnel. Les perquisitions et saisies chez un avocat portent incontestablement atteinte au secret professionnel, qui est la base de la relation de confiance qui existe entre l'avocat et son client. D'ailleurs, la protection du secret professionnel est notamment le corollaire du droit qu'a le client d'un avocat de ne pas contribuer à sa propre incrimination. • CEDH 24 juill. 2008, *André et a. c/ France,* n° 18603/03 § 44 : *D. 2008. 2353 ; RD publ. 2009. 911, obs. Surrel ; JCP 2008. 10182, note Louit.* ♦ La manière dont la perquisition a été effectuée comportait un risque d'atteinte au secret professionnel. La Cour accorde un poids particulier à ce risque car il peut avoir des répercussions sur la bonne administration de la justice. Les autorités internes et le Gouvernement ont soutenu que le premier requérant n'était pas le conseil de la société requérante et que les données saisies ne concernaient pas leur relation client-avocat. Certes, à la différence de ce qu'il a fait devant la Cour, le premier requérant n'avait pas affirmé devant les autorités internes être le conseil de la société requérante ni être celui de Novamed. Il a en revanche invariablement déclaré au cours de la procédure être le conseil de nombreuses sociétés dont la seconde requérante détenait les actions. Par ailleurs, le Gouvernement ne conteste pas les dires des requérants selon lesquels les données électroniques saisies renfermaient grosso modo les mêmes informations que les documents sur papier qui furent saisis et dont le juge d'instruction retourna une partie au premier requérant parce qu'ils étaient couverts par le secret professionnel. On peut donc raisonnablement supposer que les données électroniques saisies contenaient elles aussi des informations couvertes par le secret professionnel. De plus les fonctionnaires de police n'ayant pas respecté certaines des garanties de procédure censées prévenir les abus ou l'arbitraire et protéger le secret professionnel de l'avocat, la fouille et la saisie des données électroniques du premier requérant ont été disproportionnées au but légitime poursuivi. • CEDH 16 oct. 2007, *Wieser et Bicos Beteiligungen GmbH c/ Autriche,* n° 74336/01 § 65 et 66. ♦ L'obligation de déclaration de soupçon qui vise l'achat et la vente de biens immeubles ou de fonds de commerce, la gestion de fonds, titres ou autres actifs appartenant au client, l'ouverture de comptes bancaires, d'épargne ou de titres ou de contrats d'assurance [...], ne concerne donc que des activités éloignées de la mission de défense confiée aux avocats, similaires à celles exercées par les autres professionnels soumis à cette obligation. Elle ne touche donc pas à l'essence même de la mission de défense qui, comme indiqué précédemment, constitue le fondement du secret professionnel des avocats. De plus, la loi met en place un filtre protecteur du secret professionnel : les avocats ne communiquent pas les déclarations directement à Tracfin mais [...] au bâtonnier de l'ordre auprès duquel ils sont inscrits. • CEDH 6 déc. 2012, *Michaud c/ France,* n° 12323/11 § 127 s. : *AJDA 2013. 165, chron. Burgorgue-Larsen ; D. 2013. 284, note Defferrard ; ibid. 1647, obs. Mascala ; ibid. 2014. 169, obs. Wickers ; AJ pénal 2013. 160, obs. Lasserre Capdeville ; D. avocats 2013. 8, obs. Dargent ; ibid. 96, note Feugère ; RFDA 2013. 576, chron. Labayle, Sudre, Dupré de Boulois et Milano ; RSC 2013. 160, obs. Marguénaud ; RTD eur. 2013. 664, obs. Benoît-Rohmer .*

332. Conditions de mise en œuvre d'une perquisition. Ni le fait que la visite domiciliaire, effectuée en l'absence du juge qui l'avait autorisée, se soit accompagnée d'une garantie spéciale de procédure, puisqu'elle fut exécutée en présence du bâtonnier de l'ordre des avocats dont relevaient les requérants, ni par ailleurs, la présence du bâtonnier et les observations concernant la sauvegarde du secret professionnel que celui-ci estima devoir faire à propos des documents à saisir furent mentionnées dans le procès-verbal des opérations, n'ont pas été de nature à empêcher la consultation effective de tous les documents du cabinet, ainsi que leur saisie. S'agissant notamment de la saisie de notes manuscrites du premier requérant, la Cour relève qu'il n'est pas contesté qu'il s'agissait de documents personnels de l'avocat, soumis au secret professionnel, comme le soutenait le bâtonnier. • CEDH 24 juill. 2008, *André et a. c/ France,* n° 18603/03 § 44 : *préc. note 331.*

333. Aucune infraction n'était reprochée aux requérants. Les différents mandats de perquisition étaient rédigés en termes larges. En effet, le conseiller instructeur de la série des perquisitions « à l'effet d'y rechercher et d'y saisir tous documents et objets utiles à l'instruction », sans aucune limitation. Ces mandats de perquisition, qui ne donnaient aucune information sur l'instruction en cause, sur les lieux précis à visiter et sur les objets à saisir, octroyaient ainsi de larges pouvoirs aux enquêteurs. Un grand nombre d'objets, dont des disquettes informatiques et des disques durs des ordinateurs des requérants, furent effectivement saisis ; le contenu de certains documents et supports magnétiques fut copié. En outre, le Gouvernement admet que les requérants ne reçurent pas d'information sur les poursuites qui ont rendu l'opération nécessaire. Ils ont ainsi été laissés dans l'ignorance quant aux motifs concrets des perquisitions effectuées chez eux. • CEDH 15 oct. 2003, *Ernst et a. c/ Belgique,* n° 33400/96 § 116.

334. Le fait que le journaliste et d'autres collaborateurs de la requérante aient coopéré avec la police ne saurait enlever à la perquisition et à la saisie qui l'a accompagnée sa nature intrusive, d'autant plus qu'une éventuelle absence de collaboration n'aurait pas empêché les policiers d'exécuter le mandat judiciaire qui leur avait été confié. • CEDH 18 avr. 2013, *Saint-Paul Luxembourg SA c/ Luxembourg,* n° 26419/10 § 38 : *préc. note 327.*

335. En l'absence d'une autorisation préalable d'un juge, d'un contrôle effectif *a posteriori* de la nécessité de la mesure contestée et d'une réglementation relative à une éventuelle destruction des copies obtenues, les garanties procédurales n'étaient pas suffisantes pour prévenir le risque d'abus de pouvoir de la part de l'Autorité de la concurrence dans le cadre de l'inspection litigieuse. • CEDH 2 oct. 2014, *Delta Pekarny A. S. c/ Rép. tchèque,* n° 97/11 § 78.

336. Nécessité de l'ingérence. Le journaliste avait signé son article sous le nom « Domingos Martins ». Or, même si la liste des journalistes officiellement reconnus au Luxembourg ne renseigne pas un tel nom, elle contient cependant le nom de « De Araujo Martins Domingos Alberto », qui contient l'ensemble des éléments du nom sous lequel l'article litigieux était paru. De plus, elle ne contient aucun autre nom contenant ces éléments. Cette liste renseigne encore que le dénommé « De Araujo Martins Domingos Alberto » travaille pour le journal *Contacto*. La similitude des noms, l'exclusivité des éléments nominaux associés et son lien avec le journal en cause rendent dès lors le rapprochement entre l'auteur de l'article litigieux et la personne figurant sur la liste évident. A partir de ces éléments, le juge d'instruction aurait pu, dans un premier temps, prendre une mesure moins intrusive qu'une perquisition afin de confirmer l'identité du rédacteur de l'article s'il avait encore jugé nécessaire de le faire. La perquisition et la saisie n'étaient donc pas, à ce stade, nécessaires. • CEDH 18 avr. 2013, *Saint-Paul Luxembourg SA c/ Luxembourg,* n° 26419/10 §44 : *préc. note 327.*

IV. PROTECTION DE LA CORRESPONDANCE

337. Notion de correspondance. Le terme de « correspondance » ne s'accompagne d'aucun adjectif, contrairement au terme « vie ». Il en résulte que ce terme vaut pour les correspondances qui émanent de locaux professionnels ou sont reçues dans de tels locaux. • CEDH 25 juin 1997, *Halford c/ Royaume-Uni,* n° 20605/92 § 44 : *AJDA 1998. 42, chron. Flauss* • CEDH, gr. ch., 16 févr. 2000, *Amann c/ Suisse,* n° 27798/95 § 44 : *préc. note 86.* ♦ Une feuille de papier pliée en deux, sur laquelle un avocat a écrit un message, remise par cet avocat à ses clients, doit être considérée comme une correspondance. • CEDH 24 mai 2018, *Laurent c/ France,* n° 28798/13 § 36 : *D. 2018. 1159* ; *D. avocats 2018. 211, obs. Dargent* .

338. Quoi que le présent art. ne mentionne pas les conversations téléphoniques, la Cour estime avec la Commission qu'elles se trouvent comprises dans les notions de « vie privée » et de « correspondance », visées par ce texte. • CEDH 6 sept. 1978, *Klass c/ Allemagne,* n° 5029/71 § 41 : *préc. note 343* • CEDH 26 avr. 2007, *Roumanie (n° 2),* n° 71525/01 § 61 • CEDH 24 mai 2011, *Roumanie,* n° 33810/07 § 167. ♦ Il importe peu que cette interception soit mise en place à la demande de la police, en vertu d'un mandat du ministre de l'intérieur. • CEDH 2 août 1984, *Royaume-Uni,* n° 8691/79 § 64. ♦ ... Ou ordonnée par l'autorité judiciaire. • CEDH 24 avr. 1990, *Kruslin c/ France,* n° 11801/85 : *D. 1990. 353, note Pradel* ; *AFDI 1991. 606, obs. Coussirat-Coustère.*

339. L'exploitation d'informations concernant la date et la durée des appels téléphoniques, mais aussi les numéros composés, fait « partie intégrante des communications téléphoniques », même si elle se distingue par nature de l'interception des communications. • CEDH 25 sept. 2001, *Royaume-Uni,* n° 44787/98 § 42 • CEDH 8 févr. 2018, *Ben Faiza c/ France,* n° 31446/12 § 66 : *D. actu. 6 mars 2018, obs. Nalepa ; D. 2018. 352 ; JCP Adm. 2018. 168.* ♦ V. déjà de manière plus implicite. • CEDH 2 août 1984, *Royaume-Uni,* n° 8691/79 § 84.

340. Les appels téléphoniques émanant de locaux professionnels, tout comme ceux provenant du domicile, peuvent se trouver compris dans les notions de « vie privée » et de « correspondance ». • CEDH 25 juin 1997, *Royaume-Uni,* n° 20605/92 § 44. • CEDH 25 mars 1998, *Suisse,* n° 23224/94 § 50. ♦ Il en va de même des communications de téléphonie mobile. • CEDH 4 déc. 2015, *Russie,* n° 47143/06 § 173. ♦ Il peut s'agir encore : de l'interception de messages sur un « bipeur ». • CEDH 22 oct. 2002, *Royaume-Uni,* n° 47114/99. ♦ ... De l'obtention par la police d'informations relatives aux numéros composés sur le téléphone d'un appartement. • CEDH 25 sept. 2001, *Royaume-Uni,* n° 44787/98 § 42. ♦ ... De courriels, là encore même s'ils émanent ou proviennent du lieu de travail, le type de messagerie instantanée sur internet n'étant autre qu'une forme de communication faisant partie de l'exercice d'une vie privée sociale. • CEDH, gr. ch., 5 sept. 2017, *Barbulescu c/ Roumanie,* n° 61496/08 § 72 s. : *préc. note 118.* ♦ ... Sous réserve que ces fichiers soient bien identifiés comme « privés » selon la charte de l'utilisateur mise en place par l'employeur. • CEDH 22 févr. 2018, *Liebert c/ France,* n° 588/13 § 52 : *préc. note 118.*

341. L'enregistrement des voix des requérants lors de leur inculpation et à l'intérieur de leur cellule au commissariat révèle une ingérence dans leur droit au respect de leur vie privée. • CEDH 25 sept. 2001, *Royaume-Uni,* n° 44787/98 § 60. ♦ Il en va de même de la « sonorisation » d'un appartement. • CEDH 31 mai 2005, *Vetter c/ France,* n° 59842/00 § 20 : *D. 2005. 2575, note Hennion-Jacquet ; RSC 2006. 663, obs. Massias.* ♦ Il en va également ainsi de l'utilisation d'appareil de radio transmission. • CEDH, gr. ch., 1er oct. 2009, *Russie,* n° 4378/02 § 79. ♦ ... De l'enregistrement d'images. • CEDH 17 juill. 2003, *Perry c/ Royaume-Uni,* n° 63737/00 § 43 : *RSC 2004. 441, obs. Massias.*

342. Relèvent encore du présent art. la saisie et la copie de fichiers informatiques. • CEDH 16 oct. 2007, *Autriche,* n° 74336/01. ♦ V. également note 329 pour les sociétés et leurs employés.

343. Principes. Caractéristique de l'État policier, le pouvoir de surveiller en secret les citoyens n'est tolérable d'après la Convention que dans la mesure strictement nécessaire à la sauvegarde des institutions démocratiques. • CEDH 6 sept. 1978, *Klass c/ Allemagne,* n° 5029/71 § 42 : *CDE 1979. 474, obs. Cohen-Jonathan ; AFDI 1979. 338, obs. Pelloux.* ♦ L'ouverture d'une lettre suffit à constituer une ingérence dans le droit du requérant au respect de sa correspondance. • CEDH 1er juin 2004, *Narinen c/ Finlande,* n° 45027/98 § 32.

344. Les États ne disposent pas d'une latitude illimitée pour assujettir à des mesures de surveillance secrète les personnes soumises à leur juridiction. Consciente du danger, inhérent à pareille loi, de saper, voire de détruire, la démocratie au motif de la défendre, la Cour affirme qu'ils ne sauraient prendre, au nom de la lutte contre l'espionnage et le terrorisme, n'importe quelle mesure jugée par eux appropriée. Quel que soit le système de surveillance retenu, la Cour doit se convaincre de l'existence de garanties adéquates et suffisantes contre les abus. Cette appréciation ne revêt qu'un caractère relatif : elle dépend de toutes les circonstances de la cause, par exemple la nature, l'étendue et la durée des mesures éventuelles, les raisons requises pour les ordonner, les autorités compétentes pour les permettre, exécuter et contrôler, le type de recours fourni par le droit interne. • CEDH 6 sept. 1978, *Klass c/ Allemagne,* n° 5029/71 § 49 et 50 : *préc. note 343.*

345. Les États contractants doivent se voir accorder une marge d'appréciation étendue pour évaluer la nécessité d'adopter un cadre juridique régissant les conditions dans lesquelles un employeur peut adopter une politique encadrant les communications non professionnelles, électroniques ou autres, de ses employés sur leur lieu de travail. Néanmoins, la latitude dont jouissent les États dans ce domaine ne saurait être illimitée. Les juridictions internes doivent s'assurer que la mise en place par un employeur de mesures de surveillance de la correspondance et des autres communications, quelles qu'en soient l'étendue et la durée, s'accompagne de garanties adéquates et suffisantes contre les abus. • CEDH, gr. ch., 5 sept. 2017, *Barbulescu c/ Roumanie,* n° 61496/08 § 119 s. : *préc. note 340.* ♦ La Cour précise ensuite les facteurs dont les autorités nationales devraient tenir compte et constate que la balance des intérêts a manqué en l'espèce. • CEDH, gr. ch., 5 sept. 2017, *Barbulescu c/ Roumanie,* n° 61496/08 § 121 s. et 141 : *préc. note 118.* ♦ Comp. lorsque l'ingérence est le fait d'une autorité publique et non d'un employeur relevant strictement du secteur privé : • CEDH 22 févr. 2018, *Liebert c/ France,* n° 588/13 § 42 s. : *préc. note 118.*

A. CORRESPONDANCES ÉCRITES

1° CORRESPONDANCE DES DÉTENUS

346. Principe. La « nécessité » d'une ingérence dans l'exercice du droit d'un condamné détenu au respect de sa correspondance doit s'apprécier en fonction des exigences normales et raisonnables de la détention. La « défense de l'ordre » et la « prévention des infractions pénales », par exemple, peuvent justifier des ingérences plus amples à l'égard d'un tel détenu que d'une personne en liberté. Dans cette mesure, mais dans cette mesure seulement, une privation régulière de liberté ne manque pas de se répercuter sur l'application du présent art. • CEDH 21 févr. 1975, *Golder c/ Royaume-Uni,* n° 4451/70 § 45. ♦ Un certain contrôle de la correspondance des détenus est acceptable et ne se heurte pas en soi à la Convention, eu égard aux exigences normales et raisonnables de l'emprisonnement. • CEDH 25 mars 1992, *Campbell c/ Royaume-Uni,* n° 13590/88 § 45.

347. La possibilité pour un détenu de communiquer oralement, dans sa langue maternelle, par le biais de conversations téléphoniques constitue certes un aspect particulier de son droit au respect de sa correspondance mais surtout de son droit au respect de sa vie familiale, au sens du présent art. • CEDH 22 avr. 2014, *Nurset Kaya et a. c/ Turquie,* n° 43750/06 § 49.

348. L'interception de correspondances avec l'avocat ou l'interdiction de correspondre avec lui constituent une violation du présent art. • CEDH 21 févr. 1975, *Golder c/ Royaume-Uni,* n° 4451/70 § 45 • CEDH 28 juin 1984, *Campbell et Fell c/ Royaume-Uni,* n° 7819/77 § 108 • CEDH 25 mars 1992, *Campbell c/ Royaume-Uni,* n° 13590/88 § 48 et 53. ♦ Il en va de même de correspondances purement privées. • CEDH 27 avr. 1988, *Boyle et Rice c/ Royaume-Uni,* n° 9659/82 § 50 • CEDH 30 août 1990, *Mc Callum c/ Royaume-Uni,* n° § 9511/81 § 31. ♦ ... Y compris si ces lettres privées visent « à attirer le mépris sur les autorités » ou usent de « termes délibérément injurieux pour les autorités pénitentiaires ». • CEDH 25 mars 1983, *Silver et a. c/ Royaume-Uni,* n° 5947/72 § 64 et 99. ♦ Il en va de même de la censure partielle de la correspondance. • CEDH 25 févr. 1992, *Pfeifer c/ Autriche,* n° 10802/84 § 47 : *D. 1992. 331, obs. Renucci* • CEDH 23 avr. 2003, *Poltoratski c/ Ukraine,* n° 38812/97 § 152.

349. Le retard dans l'acheminement du courrier du requérant constitue, en l'occurrence, une ingérence au droit au respect de sa correspondance. • CEDH 3 juin 2003, *Cotlet c/ Roumanie,* n° 38565/97 § 34 : *D. 2004, Pan., p. 1102, obs. Céré.* ♦ *Contra.* • CEDH 30 août 1990, *McCallum c/ Royaume-Uni,* n° 9511/81 § 31. ♦ Le refus d'acheminer le courrier au motif que, rédigé en arabe, il n'est pas possible aux instances nationales d'apprécier son caractère « gênant » ou non au regard de la loi déterminant les cas dans lesquels les autorités sont autorisées à retenir la correspondance d'un détenu n'est dès lors pas prévu par la loi. • CEDH 11 janv. 2011, *Mehmet Nuri Özen et a. c/ Turquie,* n° 15672/08 § 55 et 59.

350. L'ouverture du courrier du requérant destiné à la Comm. EDH ou à la Cour EDH ou émanant de celles-ci constitue une ingérence au droit au respect de sa correspondance. • CEDH 3 juin 2003, *Cotlet c/ Roumanie,* n° 38565/97 § 34 : *préc. note 349.* ♦ Il en va de même du contrôle de ce courrier par la censure. • CEDH 21 mai 2003, *Messina c/ Italie (n° 3),* n° 33993/96 § 23 et 29. ♦ ... De même pour le courrier de la Cour au requérant. • CEDH, gr. ch., 22 mai 2012, *Idalov c/ Russie,* n° 5826/03 § 199 : *RSC 2012. 687, obs. Marguénaud*. ♦ Il ressort clairement du dossier que les deux enveloppes litigieuses correspondent à deux lettres envoyées au requérant par le greffe de la Cour, et non à R. avec qui le greffe ne correspondait pas à cette date, contrairement à ce que prétend le Gouvernement. Il s'ensuit que les deux courriers étaient bien destinés au requérant et ont été ouverts par les autorités pénitentiaires. De plus, contrairement au Gouvernement qui soutient qu'une telle ouverture résulterait d'une simple erreur, la Cour considère que la répétition de l'ouverture des lettres, deux fois à un mois d'intervalle, alors qu'il n'est pas contesté par les parties que le tampon du greffe de la Cour y était facilement lisible, constitue bien un dysfonctionnement des services pénitentiaires et s'analyse sans conteste en une ingérence dans le droit du requérant au respect de sa correspondance. • CEDH 5 oct. 2004, *Blondet c/ France,* n° 49451/99 § 52. ♦ Rappr. s'agissant d'une mesure d'éducation surveillée dans un établissement où un contrôle automatique et indifférencié de l'ensemble du courrier (et des appels téléphoniques) des mineures placées n'opère aucune distinction catégorielle entre les personnes avec qui les mineures peuvent correspondre. • CEDH 19 mai 2016, *D. L. c/ Bulgarie,* n° 7472/14 § 105 s. et 114.

351. Obligations des États. Si le présent art. n'oblige pas les États à supporter les frais d'affranchissement de toute la correspondance des détenus, ni ne garantit aux détenus le choix du matériel à écrire, un problème pourrait surgir si, faute de moyens financiers, la correspondance d'un détenu a sérieusement été entravée. De même, l'obligation faite aux détenus d'utiliser pour leur correspondance le papier réglementaire de la prison ne constitue pas une ingérence dans le droit au respect de la correspondance, pourvu que ce papier soit immédiatement disponible. En l'espèce, les enveloppes ne sont pas suffisantes pour pouvoir exercer son droit à la correspondance. En effet, toutes les demandes de fournitures, adressées oralement auprès du commandant de la prison, ont été rejetées au motif que seules des enveloppes affranchies pour la Roumanie, et non pas pour l'étranger, étaient disponibles. • CEDH 3 juin 2003, *Cotlet c/ Roumanie,* n° 38565/97 § 34 : *préc. note 349.*

352. La loi italienne n'indique pas avec assez de clarté l'étendue et les modalités d'exercice du pouvoir d'appréciation des autorités dans le domaine considéré, de sorte que D. n'a pas joui du degré minimal de protection voulu par la prééminence du droit dans une société démocratique. • CEDH 15 nov. 1996, *Calogero Diana c/ Italie,* n° 15211/89 § 33. ♦ La loi ne réglementant ni la durée des mesures de contrôle de la correspondance des détenus, ni les motifs pouvant les justifier, n'indique pas avec assez de clarté l'étendue et les modalités d'exercice du pouvoir d'appréciation des autorités compétentes dans le domaine considéré. • CEDH 21 mai 2003, *Messina c/ Italie (n° 3),* n° 33993/96 § 28.

353. La décision de ne pas acheminer ladite lettre a été prise par le chef d'établissement parce que, selon lui, elle « ne correspond[ait] pas à la définition de la notion de correspondance ». Aucun texte de nature législative ou réglementaire ne pourvoit à une définition de cette notion, et le Gouvernement ne prétend pas que cette lacune a été comblée par la jurisprudence. Comme le requérant, il renvoie à cet égard à la définition figurant dans une circulaire selon laquelle « la correspondance est une relation par écrit entre deux personnes nommément désignées qui se distingue des bulletins, lettres, circulaires, tracts, imprimés dont le contenu ne concerne pas spécifiquement et exclusivement le destinataire ». Or les circulaires ne sont rien de plus que des instructions de service adressées, en vertu de son pouvoir hiérarchique, par une autorité administrative supérieure à des agents subordonnés ; elles sont en principe dépourvues de force obligatoire vis-à-vis des administrés et on ne saurait voir dans un texte de cette nature, édicté en dehors de l'exercice d'un pouvoir normatif, la « loi » à laquelle renvoie le présent art. • CEDH 12 juin 2007, *Frérot c/ France,* n° 70204/01 § 59 : *D. 2007. 2632, obs. Roujou de Boubée et a .; ibid. 2008. 2015, obs. Céré et a .; RSC 2008. 140, obs. Marguénaud et Roets ; RFDA 2008. 737, Labayle et Sudre* . ♦ La définition de la notion de « correspondance » que retient la circulaire excluant notamment les « lettres (...) dont le contenu ne concerne pas spécifiquement et exclusivement le destinataire » est incompatible avec le présent art., en ce qu'elle s'articule autour du contenu de la « correspondance » et conduit à exclure d'office du champ de protection de cette disposition une catégorie entière d'échanges épistolaires privés auxquels des détenus peuvent souhaiter participer. • CEDH 12 juin 2007, *Frérot c/ France,* n° 70204/01 § 61 : *préc.*

354. Présomption de causalité. Un État contractant ne saurait affirmer avoir rempli les obligations qui lui incombent au titre du présent art. s'il se borne à produire un relevé des lettres envoyées à un détenu et arrivées à la prison. Faute de pièces ou autres éléments propres à établir le contraire, la Cour n'a pas la certitude que les objets dont il s'agit aient atteint leur destinataire. • CEDH 26 févr. 1993, *Messina c/ Italie (n° 1),* n° 13803/88 § 31.

2° CORRESPONDANCE DES AVOCATS

355. La protection du secret professionnel attaché aux correspondances échangées entre un avocat et son client est, notamment, le corollaire du droit qu'a ce dernier de ne pas contribuer à sa propre incrimination. • CEDH 24 juill. 2008, *André et a. c/ France,* n° 18603/03 § 41 : *préc. note 331.* ♦ Si le présent art. protège la confidentialité de toute « correspondance » entre individus, il accorde une protection renforcée aux échanges entre les avocats et leurs clients. Cela se justifie par le fait que les avocats se voient confier une mission fondamentale dans une société démocratique : la défense des justiciables. • CEDH 6 déc. 2012, *Michaud c/ France,* n° 12323/11 § 118 : *préc. note 334.* ♦ Les saisies ont porté sur de nombreux documents informatiques, incluant l'intégralité des messageries électroniques professionnelles de certains employés des sociétés requérantes. Or, il n'est pas contesté que ces documents et messageries comportaient un certain nombre de fichiers et informations relevant de la confidentialité attachée aux relations entre un avocat et son client. • CEDH 2 avr. 2015, *Vinci construction et GTM génie civil et services c/ France,* n° 63629/10 § 67. ♦ V. également : • CEDH 24 mai 2018, *Laurent c/ France,* n° 28798/13 § 36 : *préc. note 337.*

356. La Cour n'aperçoit pourtant aucune raison de distinguer entre les différentes catégories de correspondances avec des avocats : quelle qu'en soit la finalité, elles portent sur des sujets de nature confidentielle et privée. En principe, de telles missives jouissent d'un statut privilégié en vertu du présent art. Il en résulte que les autorités pénitentiaires peuvent ouvrir la lettre d'un avocat à un détenu si elles ont des motifs plausibles de penser qu'il y figure un élément illicite non révélé par les moyens normaux de détection. Toutefois, elles ne doivent que la décacheter, sans la lire. Il y a lieu de fournir des garanties appropriées pour en empêcher la lecture, par exemple l'ouverture de l'enveloppe en présence du détenu. Quant à la lecture du courrier d'un détenu à destination ou en provenance d'un avocat, elle ne devrait être autorisée que dans des cas exceptionnels, si les autorités ont lieu de croire à un abus du privilège en ce que le contenu de la lettre menace la sécurité de l'établissement ou d'autrui ou revêt un caractère délictueux d'une autre manière. • CEDH 25 mars 1992, n° 13590/88 § 48. ♦ Ces principes s'appliquent même dans le cadre de démarches préliminaires lorsque l'avocat n'est pas encore désigné par son client potentiel. • CEDH 20 juin 1998, n° 11368/85 § 29.

B. ÉCOUTES

357. Principe. Les écoutes et autres formes d'interception des entretiens téléphoniques représentent une atteinte grave au respect de la vie privée et de la correspondance. • CEDH 24 avr. 1990, *Kruslin c/ France,* n° 11801/85 § 33 : *préc. note 338.* ♦ Peut constituer une ingérence dans ces droits la crainte de surveillance secrète découlant de l'existence même d'une législation prévoyant des mesures de surveillance non accompagnées par des garanties suffisantes contre les ingérences arbitraires dans la vie privée et la correspondance des personnes pouvant tomber sur son coup. Ainsi, la Cour a aussi accepté qu'un individu puisse, sous certaines conditions, se prétendre victime d'une violation entraînée par la simple existence de mesures secrètes ou d'une législation les autorisant, sans avoir besoin d'avancer qu'on les lui a réellement appliquées. • CEDH 10 févr. 2009, *Iordachi et a. c/ Moldavie,* n° 25198/02 § 34 • CEDH 24 mai 2011, *Assoc. « 21 Décembre 1989 » et a. c/ Roumanie,* n° 33810/07 § 167. ♦ V. déjà. • CEDH 6 sept. 1978, *Klass c/ Allemagne,* n° 5029/71 § 34, 35 et 41 : *préc. note 343.* ♦ Le requérant doit avoir à sa disposition un recours *a posteriori* pour faire contrôler les enregistrements litigieux. • CEDH 21 janv. 2010, *Xavier Da Silveira c/ France,* n° 43757/05 § 44 • CEDH 3 févr. 2015, *Pruteanu c/ Roumanie,* n° 30181/05 § 51.

358. Parloir et cellules. Si l'écoute par l'administration pénitentiaire des conversations tenues au parloir est effectuée dans un souci de sécurité de la détention, parfaitement légitime, l'enregistrement systématique de celles-ci à d'autres fins dénie à la fonction du parloir sa seule raison d'être, celle de maintenir une « vie privée » du détenu – relative – qui englobe l'intimité des propos tenus avec ses proches. Les conversations tenues dans le parloir d'une prison peuvent en conséquence se trouver comprises dans les notions de « vie privée » et de « correspondance ». • CEDH 20 déc. 2005, *Wisse c/ France,* n° 71611/01 § 29 : *D. 2006. 764, note Roets ; AJ pénal 2006. 128, obs. Céré ; RSC 2006. 429, obs. Poncela ; ibid. 664, obs. Massias .* ♦ V. déjà, sous l'angle de l'art. 6 Conv. EDH et du droit de ne pas s'incriminer. • CEDH 5 nov. 2002, *Allan c/ Royaume-Uni,* n° 48539/99. ♦ De même, le droit, pour l'accusé, de communiquer avec son avocat hors de portée d'ouïe d'un tiers figure parmi les exigences élémentaires du procès équitable. • CEDH 28 nov. 1991, *S. c/ Suisse,* n° 12629/87 § 48.

359. Avocats. Les appels téléphoniques en provenance et à destination de locaux professionnels, comme c'est le cas pour un cabinet d'avocats, peuvent se trouver compris dans les notions de « vie privée » et de « correspondance ». • CEDH 25 mars 1998, *Kopp c/ Suisse,* n° 23224/94 § 50. ♦ Même justifiées par une autorisation d'écouter des délinquants donnée par le juge, ces écoutes, étendues à l'avocat du prévenu, doivent pouvoir être contestées par celui-ci. • CEDH 3 févr. 2015, *Pruteanu c/ Roumanie,* n° 30181/05 § 51. ♦ V. pour l'écoute des propos tenus par un magistrat non titulaire de la ligne mise sur écoute. • CEDH 29 juin 2017, *Terrazzoni c/ France,* n° 33242/12 § 43.

360. Obligations des États. Les écoutes et enregistrements doivent se fonder sur une « loi » d'une précision particulière. L'existence de règles claires et détaillées en la matière apparaît indispensable, d'autant que les procédés techniques utilisables ne cessent de se perfectionner. • CEDH 24 avr. 1990, *Kruslin c/ France,* n° 11801/85 § 33 : *préc. note 338* • CEDH 23 nov. 1993, *France,* n° 14838/89 § 39. ♦ La loi doit user de termes assez clairs pour indiquer à tous de manière suffisante en quelles circonstances et sous quelles conditions elle habilite la puissance publique à prendre pareilles mesures secrètes. • CEDH 25 juin 1997, *Royaume-Uni,* n° 20605/92 § 49 • CEDH, gr. ch., 1er oct. 2009, *Russie,* n° 4378/02 § 79. ♦ Les écoutes et autres formes d'interception des entretiens téléphoniques représentent une atteinte grave au respect de la vie privée et de la correspondance. Partant, elles doivent se fonder sur une « loi » d'une précision particulière. L'existence de règles claires et détaillées en la matière apparaît indispensable, d'autant que les procédés techniques ne cessent de se perfectionner. • CEDH 25 mars 1998, *Suisse,* n° 23224/94 § 72. ♦ Les systèmes de surveillance secrète doivent, pour être compatibles avec le présent art., contenir des garanties établies par la loi et applicables au contrôle des activités des services concernés. Les procédures de contrôle doivent respecter aussi fidèlement que possible les valeurs d'une société démocratique, en particulier la prééminence du droit, à laquelle se réfère expressément le préambule de la Conv. Elle implique, entre autres, qu'une ingérence de l'exécutif dans les droits de l'individu soit soumise à un contrôle efficace que doit normalement assurer, au moins en dernier ressort, le pouvoir judiciaire, car il offre les meilleures garanties d'indépendance, d'impartialité et de procédure régulière.

• CEDH 6 sept. 1978, *Klass c/ Allemagne*, n° 5029/71 § 55 : *préc. note 343* • CEDH, gr. ch., 5 mai 2000, *Rotaru c/ Roumanie*, n° 28341/95 § 59 : *préc. note 87*.

361. Lors de l'interception de communications dans le cadre d'une enquête pénale, la législation doit énoncer six exigences minimales pour éviter les abus de pouvoir : la nature des infractions susceptibles de donner lieu à un mandat d'interception ; la définition des catégories de personnes susceptibles de voir intercepter leurs communications ; la limite à la durée de l'interception ; la procédure à suivre pour l'examen, l'utilisation et la conservation des données recueillies ; les précautions à prendre pour la communication des données à d'autres parties ; les circonstances dans lesquelles peuvent ou doivent s'opérer l'effacement ou la destruction des données interceptées. • CEDH 24 avr. 1990, *Huvig c/ France*, n° 11105/84 § 34 : *RFDA 1991. 101, chron. Berger, Labayle et Sudre* ; *RSC 1990. 615, obs. Pettiti* • CEDH, gr. ch., 4 déc. 2015, *Russie*, n° 47143/06 § 231 • CEDH, gr. ch., 13 sept. 2018, *Royaume-Uni*, n° 58170/13 § 307 : *D. 2018. 1916, obs. Lavric* ; *AJ pénal 2018. 529, obs. Taleb-Karlsson* .

362. La Cour estime cependant que les garanties introduites par la loi ne répondent pas à toutes les conditions exigées par la jurisprudence pour éviter les abus. Il en va ainsi de la nature des infractions pouvant donner lieu aux écoutes, de la fixation d'une limite à la durée d'exécution de la mesure, et des conditions d'établissement des procès-verbaux de synthèse consignant les conversations interceptées, tâche qui est laissée à la compétence exclusive du greffier du tribunal. Ces insuffisances concernent également les précautions à prendre pour communiquer intacts et complets les enregistrements réalisés, aux fins d'un contrôle éventuel par le juge et par la défense. La loi ne contient aucune disposition à cet égard. • CEDH 18 févr. 2003, *Espagne*, n° 58496/00 § 30. ♦ La « loi » doit notamment être « prévisible » « quant au sens et à la nature des mesures applicables » : elle doit être « compatible avec la prééminence du droit », et « offrir une certaine protection contre des atteintes arbitraires de la puissance publique aux droits garantis. En outre, la « loi » doit user de termes assez clairs pour indiquer aux individus de manière suffisante en quelles circonstances et sous quelles conditions elle habilite les autorités publiques à prendre des mesures de surveillance secrète. • CEDH 31 mai 2005, *Vetter c/ France*, n° 59842/00 § 26 : *préc. note 341*.

363. A l'époque des faits, la mise sur écoute ou l'interception de conversations téléphoniques aux fins d'obtenir des preuves contre une personne soupçonnée d'avoir commis une infraction impliquait qu'une instruction préliminaire ait eu lieu et qu'un juge d'instruction ait émis une ordonnance à cette fin. Aucune de ces deux conditions n'ayant été respectée en l'espèce, il s'ensuit que l'ingérence n'était pas prévue par la loi. • CEDH 8 avr. 2003, *Pays-Bas*, n° 39339/98. ♦ Rappr. • CEDH 26 juill. 2002, *Royaume-Uni*, n° 48521/99. ♦ La législation roumaine applicable en matière de mesures de surveillance secrète liée à la sécurité nationale et visant la collecte et l'archivage de données ne contenait pas les garanties nécessaires à la sauvegarde du droit à la vie privée des individus. Elle n'indiquait pas avec assez de clarté l'étendue et les modalités d'exercice du pouvoir d'appréciation des autorités dans le domaine considéré. • CEDH, gr. ch., 5 mai 2000, *Roumanie*, n° 28341/95 § 61 : *préc. note 87* • CEDH 26 avr. 2007, *Roumanie (n° 2)*, n° 71525/01 § 83-84. ♦ Faute de garanties dans la législation nationale pertinente, le requérant encourt un risque sérieux de voir ses communications téléphoniques mises sur écoute. • CEDH 24 mai 2011, *Roumanie*, n° 33810/07 § 175. ♦ Un système qui permet aux services secrets et à la police d'intercepter directement les communications de n'importe quel citoyen sans leur imposer l'obligation de présenter une autorisation d'interception au fournisseur de services de communication ou à quiconque, est particulièrement exposé aux abus et ne comporte pas de garanties adéquates et effectives contre l'arbitraire et le risque d'abus inhérent à tout système de surveillance secrète, risque qui est particulièrement élevé dans un système où les services secrets et la police jouissent grâce à des moyens techniques d'un accès direct à l'ensemble des communications de téléphonie mobile. • CEDH, gr. ch., 4 déc. 2015, *Roman Zakharov c/ Russie*, n° 47143/06 § 270 et 302. ♦ Si les services de renseignements britanniques prennent au sérieux les obligations qui résultent pour eux de la Conv. EDH et n'abusent pas de leurs pouvoirs, l'examen de ces pouvoirs permet néanmoins de mettre en évidence deux grands motifs de préoccupation : premièrement, l'absence de contrôle sur l'ensemble du processus de sélection, notamment en ce qui concerne le choix des porteurs pour l'interception, les sélecteurs et les critères de recherche utilisés pour filtrer les communications interceptées, et la sélection des éléments à faire examiner par un analyste ; deuxièmement, l'absence de véritables garanties applicables à la sélection des données de communication pertinentes à examiner. • CEDH, gr. ch., 13 sept. 2018, *Royaume-Uni*, n° 58170/13 § 387.

364. Si les dispositions de la loi régissant les écoutes téléphoniques répondent aux exigences du présent art., force est de constater que le raisonnement de la Cour de cassation pourrait conduire à des décisions privant de la protection de la loi un nombre très important de personnes, à savoir toutes celles qui conversent sur une autre ligne téléphonique que la leur. Cela reviendrait d'ailleurs, en pratique, à vider le mécanisme protecteur d'une large partie de sa substance. • CEDH 24 août 1998, *Lambert c/ France*, n° 23618/94 § 38 : *D. 1999. 271, obs. Renucci* ; *RSC 1998. 829, obs. Pettiti* ; *ibid. 1999. 384, obs. Koering-Joulin* • CEDH 29 mars 2006, *Matheron c/ France*, n° 57752/00 § 41 et 42 : *RSC 2006. 663, obs. Massias* ; *JCP 2005. 10091, note Di Raimondo.* ♦ L'écoute et la transcription litigieuses ont été ordonnées par un magistrat et réalisées sous son contrôle, un contrôle juridictionnel a eu lieu dans le cadre de la procédure pénale dirigée contre Me P. et la requérante a obtenu un examen de la légalité de la transcription de cette écoute dans le cadre de la procédure disciplinaire dont elle a été l'objet. Ce faisant, la Cour estime que, même si elle n'a pas eu la possibilité de saisir un juge d'une demande d'annulation de la transcription de la communication téléphonique, il y a eu dans les circonstances particulières de l'espèce un contrôle efficace, apte à limiter l'ingérence litigieuse à ce qui était nécessaire dans une société démocratique. • CEDH 16 juin 2016, *Versini-Campinchi et Crasnianski c/ France*, n° 49176/11 § 74 : *D. 2016. 1852, note Raschel*. ♦ Rappr. et comp. • CEDH 29 juin 2017, *Terrazzoni c/ France*, n° 33242/12 § 59 s.

365. Le requérant a été filmé dans la salle de garde à vue d'un commissariat de police. Le Gouvernement soutient, d'une part, que cet endroit ne peut être considéré comme un lieu privé et, d'autre part, que les caméras installées pour des raisons de sécurité étaient parfaitement visibles du requérant, qui aurait dû se rendre compte qu'il était filmé et qui ne pouvait pas dès lors raisonnablement s'attendre à jouir d'une quelconque intimité. En l'espèce, le film contesté a été réalisé sans l'accord de l'intéressé, dans des circonstances où celui-ci ne pouvait raisonnablement prévoir que des images de lui seraient enregistrées et utilisées à des fins d'identification. La police régla la caméra de surveillance de façon à obtenir des images nettes du requérant dans la salle de garde à vue, puis inséra les séquences le concernant dans un montage où figuraient d'autres personnes, l'intention étant de présenter le montage aux témoins pour voir s'ils désigneraient le requérant comme l'auteur des agressions, objet de l'enquête. Cet enregistrement vidéo fut également montré dans une salle d'audience publique au cours du procès du requérant. Il s'agit donc de déterminer si le recours à la caméra et aux enregistrements litigieux s'analyse en un traitement ou en une utilisation de données personnelles propres à porter atteinte au respect de la vie privée. • CEDH 17 juill. 2003, *Perry c/ Royaume-Uni*, n° 63737/00 § 39 et 40 : *préc. note 341.*

366. Les États doivent également faire en sorte que les éléments du dossier issus de ces conversations enregistrées ne se retrouvent pas dans la presse. • CEDH 17 juill. 2003, *Craxi c/ Italie (n° 2)*, n° 25337/94 : *D. 2004. 2536, obs. Montovani* ; *JCP 2004. I. 107, chron. Sudre.*

367. Même si la jurisprudence consacre le principe, d'ailleurs généralement admis, que le secret professionnel de l'avocat ne couvre que la relation avocat-clients, la loi n'explicite pas comment, à quelles conditions et par qui doit s'opérer le tri entre ce qui relève spécifiquement du mandat d'avocat et ce qui a trait à une activité qui n'est pas celle de conseil. • CEDH 25 mars 1998, *Kopp c/ Suisse*, n° 23224/94 § 73.

Art. 9 ***Liberté de pensée, de conscience et de religion.*** **1. Toute personne a droit à la liberté de pensée, de conscience et de religion ; ce droit implique la liberté de changer de religion ou de conviction, ainsi que la liberté de manifester sa religion ou sa conviction individuellement ou collectivement, en public ou en privé, par le culte, l'enseignement, les pratiques et l'accomplissement des rites.**

2. La liberté de manifester sa religion ou ses convictions ne peut faire l'objet d'autres restrictions que celles qui, prévues par la loi, constituent des mesures nécessaires, dans une société démocratique, à la sécurité publique, à la protection de l'ordre, de la santé ou de la morale publiques, ou à la protection des droits et libertés d'autrui.

COMMENTAIRE

V. sur le Code en ligne.

PLAN DES ANNOTATIONS

1. Principes gouvernant le présent art. Telle que la protège le présent art., la liberté de pensée, de conscience et de religion représente l'une des assises d'une « société démocratique » au sens de la Convention. Elle figure, dans sa dimension religieuse, parmi les éléments les plus essentiels de l'identité des croyants et de leur conception de la vie, mais elle est aussi un bien précieux pour les athées, les agnostiques, les sceptiques ou les indifférents. Il y va du pluralisme – chèrement conquis au cours des siècles – consubstantiel à pareille société. Si la liberté religieuse relève d'abord du for intérieur, elle « implique » de surcroît, notamment, celle de « manifester sa religion ». Le témoignage, en paroles et en actes, se trouve lié à l'existence de convictions religieuses. Aux termes du présent art., la liberté de manifester sa religion ne s'exerce pas uniquement de manière collective, « en public » et dans le cercle de ceux dont on partage la foi : on peut aussi s'en prévaloir « individuellement » et « en privé » ; en outre, elle comporte en principe le droit d'essayer de convaincre son prochain, par exemple au moyen d'un « enseignement », sans quoi du reste « la liberté de changer de religion ou de conviction », consacrée par le même art., risquerait de demeurer lettre morte. • CEDH 25 mai 1993, *Kokkinakis c/ Grèce,* n° 14307/88 § 31 : *RSC 1994. 362, obs. Koering-Joulin ; AFDI 1994. 658, obs. Coussirat-Coustère ; JDI 1994. 790, obs. Decaux et Tavernier.*

2. Cette liberté est, dans sa dimension religieuse, l'un des éléments les plus vitaux contribuant à former l'identité des croyants et leur conception de la vie. • CEDH 20 sept. 1994, *Otto-Preminger Institut c/ Autriche,* n° 13470/87 § 47 : *JDI 1995. 772, obs. Tavernier* • CEDH 13 déc. 2001, *Église métropolitaine de Bessarabie et a. c/ Moldova, n° 45701/99 § 114.*

3. Cette liberté suppose, entre autres, celle d'adhérer ou non à une religion et celle de la pratiquer ou non. • CEDH, gr. ch., 18 févr. 1999, *Buscarini et a. c/ Rép. de Saint-Marin,* n° 24645/94 § 34 • CEDH, décis., 11 sept. 2001, *Tepeli et a. c/ Turquie,* n° 31876/96 • CEDH 13 déc. 2001, *Église métropolitaine de Bessarabie et a. c/ Moldova,* n° 45701/99 § 114 • CEDH, gr. ch., 10 nov. 2005, *Leyla Sahin c/ Turquie,* n° 44774/98 § 104 : *AJDA 2006. 315, note Gonzalez ; ibid. 466, chron. Flauss ; D. 2006. Pan. 1719, obs. Renucci ; RD publ. 2006. 806, obs. Levinet* • CEDH 2 févr. 2010, *Simon Isik c/ Turquie,* n° 21924/05 § 37. ♦ V. déjà, implicitement. • CEDH 25 mai 1993, *Kokkinakis c/ Grèce,* n° 14307/88 § 31 : *préc. note 1.* ♦ V. également, admettant que l'athéisme est protégé par le présent art. • Comm. EDH 3 déc. 1986, *Angeleni c/ Suède,* n° 10491/83.

4. La liberté de manifester ses convictions religieuses comporte aussi un aspect négatif, à savoir le droit pour l'individu de ne pas être obligé de faire état de sa confession ou de ses convictions religieuses et de ne pas être contraint d'adopter un comportement duquel on pourrait déduire qu'il a – ou n'a pas – de telles convictions. • CEDH, décis., 12 déc. 2002, *Sofianopoulos et a. c/ Grèce,* n° 1977/02 • CEDH 21 févr. 2008, *Alexandridis c/ Grèce,* n° 19516/06 § 38 • CEDH 2 févr. 2010, *Simon Isik c/ Turquie,* n° 21924/05 § 41 • CEDH 3 juin 2010, *Dimitras et a. c/ Grèce,* n° 42837/06 § 78 • CEDH 21 févr. 2008, *Alexandridis c/ Grèce,* n° 19516/06 § 38.

5. Une croyance ou une confession particulière ne peut tirer de la notion de liberté de religion un droit d'être à l'abri des critiques. • Comm. EDH 14 juill. 1980, *Church of Scientology c/ Suède,* n° 8282/78.

I. LA LIBERTÉ D'AVOIR DES CROYANCES OU DES CONVICTIONS

6. Le caractère fondamental des droits que garantit le 1er al. du présent art. se traduit aussi par le mode de formulation de la clause relative à leur restriction. A la différence du § 2 des art. 8, 10 et 11 Conv. EDH, qui englobe l'ensemble des droits mentionnés en leur § 1er, le § 2 du présent art. ne vise que la « liberté de manifester sa religion ou ses convictions ». • CEDH 25 mai 1993, *Kokkinakis c/ Grèce,* n° 14307/88 § 33 : *préc. note 1* • CEDH 12 avr. 2007, *Ivanova c/ Bulgarie,* n° 52435/99 § 79.

A. CHAMP D'APPLICATION

7. Principe. Considéré isolément et dans son acception ordinaire, le mot « convictions » n'est pas synonyme des termes « opinion » et « idées » tels que les emploie l'art. 10 Conv. EDH qui garantit la liberté d'expression ; on le retrouve dans la version française du présent art. (en anglais *beliefs*). Il s'applique à des vues atteignant un certain degré de force, de sérieux, de cohérence et d'importance. • CEDH 25 févr. 1982, *Campbell et Cosans,* n° 7511/76 § 36 : *CDE 1986. 230, obs. Cohen-Jonathan ; JDI 1985. 191, obs. Rolland et Tavernier* • CEDH 18 déc. 1966, *Valsamis c/ Grèce,* n° 21787/93 § 25 • CEDH 9 oct. 2007, *Hasan et Eylem Zengin c/ Turquie,* n° 1448/04 § 49 et 66. ♦ Le présent art. protège les actes intimement liés à ces comportements, tels les actes de culte ou de dévotion qui sont des aspects de la pratique d'une religion ou d'une conviction sous une forme généralement reconnue. • CEDH, décis., 2 oct. 2001, *Pichon et Sajous c/ France,* n° 49853/99.

8. Personnes concernées. Le droit essentiellement invoqué par la requérante, à savoir la liberté de conscience au sens du présent art., n'est pas, par nature, susceptible d'être exercé par une personne morale. En effet, s'agissant du présent art., il y a lieu de distinguer entre la liberté de conscience et la liberté de religion qui peut, elle, être exercée par une église en tant que telle. • Comm. EDH 12 oct. 1988, *Verein Kontakt-Information-Therapie et Siegfried Hagen c/ Autriche,* n° 11921/86 § 1 (en droit). ♦ En effet, lorsqu'un organe ecclésial introduit une requête en vertu de la Conv. EDH, il le fait en réalité au nom des fidèles ; il faut en conséquence admettre qu'un tel organe est capable de posséder et d'exercer à titre personnel, en tant que représentant des fidèles, les droits énoncés au présent art. • Comm. EDH 5 mai 1979, *X. et Église de scientologie c/ Suède,* n° 7805/77 § 2 (en droit). ♦ Une association à but religieux et philosophique peut exercer les droits définis au présent art. • Comm. EDH 19 mars 1981, *Swami Omkarananda et le Divine Light Zentrum c/ Suisse,* n° 8118/77.

9. Une SARL, en tant que personne morale à but lucratif, ne peut ni bénéficier ni se prévaloir des droits mentionnés au présent art. • Comm. EDH 15 avr. 1996, *Kustannus Oy Vapaa Ajattelija AB et a. c/ Finlande,* n° 20471/92 § 1 (en droit). ♦ V. déjà. • Comm. EDH 27 févr. 1979, *Sté X. c/ Suisse,* n° 7865/77.

10. Même si la mise en œuvre en est difficile, la liberté de religion d'un ministre de culte, exerçant ses fonctions au sein d'une Église d'État et dont les convictions sont en conflit avec les obligations administratives de sa charge, est sauvegardée par la garantie de pouvoir renoncer à ses fonctions. • Comm. EDH 8 mars 1985, *Knudsen c/ Norvège,* n° 11045/84. ♦ Rappr. • Comm. EDH 12 mars 1981, *X. c/ Royaume-Uni,* n° 8160/78.

11. Ne relève pas du présent art., dès lors que l'Église et ses paroisses sont des organisations non gouvernementales, un grief présenté par une paroisse de langue finnoise de l'Église de Suède portant sur la décision de l'Assemblée de l'Église interdisant de suivre la liturgie de l'Église évangélique luthérienne de Finlande. • Comm. EDH 11 avr. 1996, *Finska Forsamlingen i Stockholm et Teuvo Hautaniemi c/ Suède,* n° 24019/94. ♦ En effet, les Églises ne sont pas tenue d'assurer la liberté de religion de leurs prêtres et de leurs fidèles. S'il s'agit d'une Église d'État, la liberté de religion personnelle des ecclésiastiques s'exerce au moment d'accepter ou de refuser leur fonction et par la faculté de quitter l'Église. • Comm. EDH 8 mars 1976, *X. c/ Danemark,* n° 7374/76.

12. Notion de religion. La possibilité d'invoquer le présent art. ne se conçoit que si la religion à laquelle le détenu prétend adhérer est identifiable. En l'espèce, la Commission constate que le requérant n'a exposé aucun fait permettant d'établir l'existence d'une religion Wicca. Bien plus, il s'est contenté d'affirmer que le refus de l'enregistrer en tant qu'adepte de la religion Wicca le privait du droit de manifester ses convictions en établissant des contacts avec des coreligionnaires et l'empêchait de consulter des livres de préceptes religieux. • Comm. EDH 4 oct. 1977, *X. c/ Royaume-Uni,* n° 7291/75.

13. Il est indéniable que l'étude et la discussion collective de textes religieux par les membres du groupe religieux des Témoins de Jéhovah sont une forme reconnue de manifestation de leur religion par le culte et l'enseignement. Ainsi, le libre exercice du droit à la liberté de religion des Témoins de Jéhovah est protégé par le présent art. • CEDH 11 janv. 2007, n° 184/02 § 57 • CEDH 3 mai 2007, n° 71156/01 § 129 s. • CEDH 31 juill. 2008, n° 40825/98 § 98 • CEDH 10 juin 2010, n° 302/02 § 101 s. • CEDH 30 juin 2011, *Assoc. Les Témoins de Jéhovah c/ France,* n° 8916/05 § 50 : *AJDA 2011. 1993, chron. Burgorgue-Larsen ; D. 2011. 1820 ; JCP Adm. 2011. 500* • CEDH 25 sept. 2012, n° 27540/05 (sol. impl.). ♦ Est également une religion le culte de Krishna. • Comm. EDH 8 mars 1994, n° 20490/92. ♦ ... L'Église de scientologie. • Comm. EDH 5 mai 1979, n° 7805/77. ♦ ... La secte Moon. • Comm. EDH 15 oct. 1981, n° 8652/79. ♦ ... Le Divine Light Zentrum. • Comm. EDH 19 mars 1981, n° 8118/77. ♦ ...

L'alévisme. • CEDH, gr. ch., 25 avr. 2016, n° 62649/10 § 68 et 95. ♦ ... Le wahhabisme/salafisme. • CEDH 5 déc. 2017, n° 57792/15 : *AJDA 2018. 1595, étude Bréchot*.

14. Les variantes minoritaires des religions sont également protégées par le présent art. • CEDH, gr. ch., 27 juin 2000, *Cha'are Shalom Ve Tsedek c/ France,* n° 27417/95 : *RDTH 2001. 195, note Flauss.*

15. La situation du druidisme est moins nette. • Comm. EDH 14 juill. 1987, *Chappell c/ Royaume-Uni,* n° 12587/86.

16. Notion de « pratiques ». Le terme « pratiques » employé au § 1 du présent art. ne recouvre pas tout acte motivé ou influencé par une religion ou une conviction. • Comm. EDH 12 oct. 1978, *Arrowsmith c/ Royaume-Uni,* n° 7050/75 § 71 • Comm. EDH 10 mars 1981, *X. c/ Allemagne,* n° 8741/79 • Comm. EDH 6 janv. 1993, *Yanasik c/ Turquie,* n° 14524/89 • Comm. EDH 22 févr. 1995, *Van den Dungen c/ Pays-Bas,* n° 22838/93 • Comm. EDH 6 sept. 1996, *Logan c/ Royaume-Uni,* n° 24875/94 • CEDH, gr. ch., 10 nov. 2005, *Leyla Sahin c/ Turquie,* n° 44774/98 § 105 : *préc. note 3* • CEDH, gr. ch., 27 juin 2000, *Cha'are Shalom Ve Tsedek c/ France,* n° 27417/95 § 82 : *préc. note 14* • CEDH, décis., 2 oct. 2001, *Pichon et Sajous c/ France,* n° 49853/99.

1° SONT DES CROYANCES OU DES CONVICTIONS

17. Ces convictions ne doivent pas être incompatibles avec la dignité de la personne. • CEDH 25 févr. 1982, *Campbell et Cosans,* n° 7511/76 § 36 : *préc. note 7.*

18. Pacifisme. En tant que philosophie et, en particulier, dès lors qu'il conduit à s'engager en théorie comme en pratique dans une attitude consistant à réaliser des objectifs politiques ou autres sans recourir à la menace ni à l'usage de la force contre tout être humain quelles que soient les circonstances et même pour répondre à la menace ou à l'usage de la force, le pacifisme rentre dans le domaine d'application du droit à la liberté de pensée et de conscience. L'attitude du pacifiste peut donc être considérée comme une conviction (en anglais : *belief*) protégée par le présent art. • Comm. EDH 12 oct. 1978, *Arrowsmith c/ Royaume-Uni,* n° 7050/75 § 68 et 69.

19. Opposition aux châtiments corporels. Les opinions des requérantes ont trait à un aspect grave et important de la vie et de la conduite de l'homme : l'intégrité de la personne, la légitimité ou l'illégitimité d'infliger des punitions corporelles et l'exclusion de l'angoisse que suscite le risque de pareil traitement. Elles répondent aux critères et se distinguent en cela des idées que l'on pourrait professer sur d'autres méthodes de discipline ou sur la discipline en général. • CEDH 25 févr. 1982, *Campbell et Cosans,* n° 7511/76 § 36 : *préc. note 7.*

20. Opposition à la pratique de la chasse. Les requérants sont des opposants éthiques à la pratique de la chasse et la Cour considère que leurs convictions à cet égard atteignent un certain degré de force, de cohérence et d'importance et méritent de ce fait respect dans une société démocratique. • CEDH 29 avr. 1999, *Chassagnou c/ France,* n° 25088/94 § 114 : *AJDA 1999. 922, note Priet ; ibid. 2000. 526, chron. Flauss ; D. 1999. 163 ; ibid. 389, chron. Charollois ; ibid. 2000. 141, chron. Alfandari ; RFDA 1999. 451 ; RTD civ. 1999. 913, obs. Marguénaud ; ibid. 2000. 360, obs. Revet.*

21. Objection de conscience. La Cour relève que le présent art. ne mentionne pas expressément le droit à l'objection de conscience. Elle considère toutefois que l'opposition au service militaire, lorsqu'elle est motivée par un conflit grave et insurmontable entre l'obligation de servir dans l'armée et la conscience d'une personne ou ses convictions sincères et profondes, de nature religieuse ou autre, constitue une conviction atteignant un degré suffisant de force, de sérieux, de cohérence et d'importance pour entraîner l'application de ces garanties. Quant à savoir si et dans quelle mesure l'objection au service militaire relève de cette disposition, la question doit être tranchée en fonction des circonstances propres à chaque affaire. En l'espèce, le requérant fait partie des Témoins de Jéhovah, groupe religieux dont les croyances comportent la conviction qu'il y a lieu de s'opposer au service militaire, indépendamment de la nécessité de porter les armes. Par conséquent, la Cour n'a aucune raison de douter que l'objection du requérant au service militaire fût motivée par des convictions religieuses sincères qui entraient en conflit, de manière sérieuse et insurmontable, avec son obligation d'effectuer le service militaire. • CEDH, gr. ch., 7 juill. 2011, *Bayatyan c/ Arménie,* n° 23459/03 § 110 et 111 • CEDH 17 janv. 2012, *Feti Demirtas c/ Turquie,* n° 5260/07 § 98. ♦ *Ab. jur.* Aucun droit à l'objection de conscience ne figure au nombre des droits et libertés garantis par la Convention. La Commission se réfère à ce sujet à sa décision antérieure sur la recevabilité de la requête n° 5591/72 dans laquelle elle a constaté que l'art. 9 de la Convention, interprété à la lumière de l'art. 4, § 3, n'impose pas aux États l'obligation de reconnaître les objecteurs de conscience. • Comm. EDH 7 mars 1977, *Groupe d'objecteurs de conscience c/ Danemark,* n° 7565/76 • CEDH 27 oct. 2009, *Bayatyan c/ Arménie,* n° 23459/03. ♦ On peut dès lors s'interroger sur le maintien de la jurisprudence estimant qu'il n'est pas discriminatoire de réserver l'exemption du service militaire et du service de remplacement aux objecteurs adhérents à une secte religieuse imposant à ses membres une discipline spirituelle et morale générale et rigoureuse, garante de l'authenticité de leurs motivations, telle la secte des Témoins de Jéhovah. • Comm. EDH 11 oct. 1984, *N. c/ Suède,* n° 10410/83. ♦ V. en particulier. • CEDH 12 juin 2012, *Savda c/ Turquie,* n° 42730/05 § 96 et 97. ♦ En toute hypothèse, un système qui ne prévoit aucun service de remplacement et aucune procédure accessible et effective au travers de laquelle le requérant aurait pu faire établir s'il pouvait ou non bénéficier du droit à l'objection de conscience ne peut passer pour avoir ménagé un juste équilibre entre l'intérêt de la société dans son ensemble et celui des objecteurs de conscience. • CEDH 12 juin 2012, *Savda c/ Turquie,* n° 42730/05 § 100. ♦ En l'absence de motif convaincant ou impérieux – la nécessité de défendre l'intégrité territoriale n'étant en l'espèce qu'invoquée par le défendeur sans démontrer qu'elle rend la restriction nécessaire –, la limitation du service de remplacement aux seuls membres du clergé remplissant une charge ecclésiastique et élèves des établissements religieux ne peut passer pour ménager un juste équilibre entre l'intérêt de la société dans son ensemble et celui des objecteurs de conscience (en l'occurrence Témoins de Jéhovah condamnés à une peine de prison pour avoir refusé de servir dans l'armée pour motifs religieux). • CEDH 17 oct. 2019, *Azerbaïdjan,* n° 14604/08 § 96 à 98 : *AJDA 2020. 160, chron. Burgorgue-Larsen.*

22. Ceux des États qui n'ont pas encore mis en place des formes de service de remplacement afin d'offrir une solution aux personnes dont les convictions personnelles leur interdisaient d'accomplir leurs obligations militaires ne disposent que d'une marge d'appréciation limitée dans ce domaine et doivent, pour justifier une éventuelle ingérence, présenter des raisons convaincantes et impératives. En particulier, ils doivent apporter la preuve que l'ingérence répond à un « besoin social impérieux ». • CEDH, gr. ch., 7 juill. 2011, *Arménie,* n° 23459/03 § 126 • CEDH 17 janv. 2012, *Turquie,* n° 5260/07 § 110. ♦ Le système du service militaire obligatoire en vigueur en Turquie ne ménage pas un juste équilibre entre l'intérêt de la société dans son ensemble et celui des objecteurs de conscience. Il n'autorise aucune exemption pour raisons de conscience et donne lieu à l'imposition de lourdes sanctions pénales aux personnes qui refusent d'accomplir leur service militaire. En conséquence, les peines qui ont été infligées au requérant alors que rien n'était prévu pour tenir compte des exigences de sa conscience et de ses convictions ne peuvent passer pour une mesure nécessaire dans une société démocratique. • CEDH 22 nov. 2011, *Turquie,* n° 43965/04 § 63 et 64 • CEDH 12 juin 2012, *Turquie,* n° 42730/05 § 94. ♦ Le système de service civil de remplacement présente deux défauts majeurs. Il n'est pas suffisamment distinct de l'armée (les militaires prennent part à la supervision et à l'organisation du service de remplacement et interviennent notamment pour effectuer des contrôles ponctuels, prendre des mesures en cas d'absences non autorisées et décider des mutations, des affectations et de l'application des règles militaires ; les recrues du service civil sont tenues de porter un uniforme) et il est nettement plus long que le service militaire, ce qui produit forcément un effet dissuasif, voire punitif. • CEDH 12 oct. 2017, *Arménie,* n° 75604/11.

23. Divers. Est recevable une requête invoquant une violation de la liberté de pensée en raison de la condamnation pour adhésion au parti communiste. • Comm. EDH 11 oct. 1991, *Hazar et a. c/ Turquie,* n° 16311/90. ♦ Sont également recevables une requête : d'une législation relative à la détermination du prénom des enfants. • Comm. EDH 2 juill. 1997, *Mauri Henrik et Soile Salonen c/ Finlande,* n° 27868/95. ♦ ... Fondée sur l'athéisme du requérant. • Comm. EDH 3 déc. 1986, *Angeleni c/ Suède,* n° 10491/83. ♦ ... Relative à une législation ne reconnaissant pas le droit au divorce obligeant le requérant à vivre avec sa nouvelle compagne dans des relations extraconjugales. • CEDH 18 déc. 1986, *Johnston c/ Irlande,* n° 9697/82 § 62 et 63 : *CDE 1988. 464, obs. Cohen-Jonathan ; AFDI 1987. 239, obs. Coussirat-Coustère.*

2° NE SONT PAS DES CROYANCES OU DES CONVICTIONS

24. Droit de ne pas porter le costume pénitentiaire. La Commission estime que le droit, pour une certaine catégorie de détenus à un pareil statut préférentiel, ne figure pas au nombre des droits garantis par la Conv. et par le présent art. La liberté de manifester sa religion ou sa conviction « par la pratique » ne peut être interprétée comme incluant le droit pour les requérants de porter leurs vêtements personnels en prison. • Comm. EDH 15 mai 1980, *McFeeley et a. c/ Royaume-Uni,* n° 8317/78 § 29.

25. Préférences linguistiques. Cette disposition (Prot. n° 1, art. 2) n'impose pas aux États le respect, dans le domaine de l'éducation ou de l'enseignement, des préférences linguistiques des parents, mais uniquement celui de leurs convictions religieuses et philosophiques. Interpréter les termes « religieuses » et « philosophiques » comme couvrant les préférences linguistiques équivaudrait à en détourner le sens ordinaire et habituel et à faire dire à la Convention ce qu'elle ne dit pas. • CEDH 23 juill. 1968, *Affaire relative à certains* *aspects du régime linguistique de l'enseignement en Belgique,* n° 1474/62 § 6 (en droit).

26. Service civil. Lu à la lumière de l'art. 4, § 3 *a* et *b*, Conv. EDH, le présent art. ne reconnaît pas aux objecteurs de conscience un droit à être exempté du service civil de remplacement. • Comm. EDH 14 oct. 1985, *Johansen c/ Norvège,* n° 10600/83. ♦ *Nota*. Cette décision est rendue avant le revirement. • CEDH, gr. ch., 7 juill. 2011, *Bayatyan c/ Arménie,* n° 23459/03.

27. Euthanasie, suicide assisté. La Cour ne doute pas de la fermeté des convictions de la requérante concernant le suicide assisté, mais observe que tous les avis ou convictions n'entrent pas dans le champ d'application du présent art. Les griefs de l'intéressée ne se rapportent pas à une forme de manifestation d'une religion ou d'une conviction par le culte, l'enseignement, les pratiques ou l'accomplissement des rites, au sens de la deuxième phrase du § 1 de l'art. • CEDH 29 avr. 2002, *Pretty c/ Royaume-Uni,* n° 2346/02 § 82.

28. Objection à la vaccination obligatoire. Le requérant n'ayant pas laissé entendre que son avis critique à l'égard de la vaccination avait une inspiration religieuse, est potentiellement en jeu sa liberté de pensée et de conscience au titre du présent article. • CEDH, gr. ch., 8 avr. 2021, *République tchèque,* n° 47621/13 § 330. ♦ Essentiellement fondée en l'espèce sur des motifs liés à la santé et manquant de constance, l'objection à la vaccination de l'intéressé n'est pas de nature à constituer une conviction atteignant un degré suffisant de force, de sérieux, de cohérence et d'importance pour entraîner l'application des garanties que le présent article comporte. • CEDH, gr. ch., 8 avr. 2021, *République tchèque,* n° 47621/13 § 335.

29. Divers. N'est pas recevable une requête invoquant une violation de la liberté de pensée fondée sur le désir du requérant de se faire inhumer dans sa propriété. • Comm. EDH 10 mars 1981, *X. c/ Allemagne,* n° 8741/79. ♦ ... Sur l'obligation d'adhésion à un ordre professionnel dès lors qu'elle s'applique à tout architecte sur une base neutre, dont on ne saurait dire qu'elle ait un lien étroit quelconque avec ses convictions personnelles. • Comm. EDH 8 sept. 1989, *Revert et Legallais c/ France,* n° 14331/88.

30. Ne peut, en l'occurrence, être considérée comme la manifestation, par les pratiques, d'une conviction au sens du présent art. la distribution de tracts dissuadant les femmes de se faire avorter. • Comm. EDH 22 févr. 1995, *Van den Dungen c/ Pays-Bas,* n° 22838/93. ♦ ... Le souhait du requérant de donner comme prénom à son enfant « Ainut Vain Marjaana » (la Seule et Unique Marjaana). Le prénom souhaité procède certainement d'une forte motivation personnelle. Cependant, la Commission ne saurait estimer qu'il s'agit là de la manifestation d'une conviction pouvant être interprétée comme l'expression d'une vision cohérente sur des problèmes fondamentaux. De plus, rien n'empêche la famille et l'entourage d'appeler l'enfant par le prénom choisi par les parents. • Comm. EDH 2 juill. 1997, *Mauri Henrik et Soile Salonen c/ Finlande,* n° 27868/95. ♦ ... Le refus opposé par un homme de remettre à son ex-épouse, en opposition sur ce point avec les autorités religieuses mêmes dont il se réclame, la lettre de répudiation constatant le divorce religieux. • Comm. EDH 6 déc. 1983, *D. c/ France,* n° 10180/82.

B. PROTECTION APPORTÉE

1° NEUTRALITÉ DE L'ÉTAT

31. Principe. Le droit à la liberté de religion tel que l'entend la Conv. EDH exclut toute appréciation de la part de l'État sur la légitimité des croyances religieuses ou sur les modalités d'expression de celles-ci. • CEDH 26 sept. 1996, *Manoussakis et a. c/ Grèce,* n° 18748/91 § 47 : *RSC 1997. 466, obs. Koering-Joulin ; AFDI 1996. 749, obs. Coussirat-Coustère ; JDI 1997. 248, obs. Decaux et Tavernier ; JCP 1997. I. 4000, chron. Sudre* • CEDH, gr. ch., 26 oct. 2000, *Hassan et Tchaouch c/ Bulgarie,* n° 30985/96 § 78 : *JCP 2001. I. 291, chron. Sudre ; JDI 2001. 211, obs. Decaux et Tavernier ; RTDH 2001. 185, note Flauss.* ♦ V. aussi, implicitement, dès lors que la question est traitée sous l'angle du droit de la famille. • CEDH 23 juin 1993, *Hoffmann c/ Autriche,* n° 12875/87 § 34 : *RSC 1994. 362, obs. Koering-Joulin ; JDI 1994. 778, obs. Decaux et Tavernier.* ♦ Le rôle de l'État, en tant qu'organisateur neutre et impartial de l'exercice des diverses religions, cultes et croyances, doit contribuer à assurer l'ordre public, la paix religieuse et la tolérance dans une société démocratique mais ce devoir de neutralité et d'impartialité de l'État est incompatible avec un quelconque pouvoir d'appréciation de la part de celui-ci quant à la légitimité des croyances religieuses ou des modalités d'expression de celles-ci. • CEDH, gr. ch., 10 nov. 2005, *Leyla Sahin c/ Turquie,* n° 44774/98 § 107 : *préc. note 3.* ♦ L'appréciation donnée quant à la confession du requérant par les tribunaux internes, sur la base d'un avis émis par une autorité chargée des affaires dans le domaine de la religion musulmane, ne saurait se concilier avec le devoir de neutralité et d'impartialité de l'État. • CEDH 2 févr. 2010, *Simon Isik c/ Turquie,* n° 21924/05 § 46. ♦ L'art. 1er Const. 58 dispose notamment que la France est une République laïque, qui assure l'égalité devant la loi de tous les citoyens. Dans le droit de l'État défendeur, cette disposition constitutionnelle établit le fondement du devoir de neutralité et d'impartialité de l'État à l'égard de toutes les croyances religieuses ou des modalités d'expression de celles-ci et elle est interprétée et lue conjointement avec l'application qu'en ont fait les juridictions nationales. • CEDH 26 nov. 2015, *Ebrahimian c/ France,* n° 68846/11 § 50.

32. En présence de faits démontrant un manquement des autorités à leur obligation de neutralité dans l'exercice de leurs pouvoirs en matière de liberté religieuse, il y a lieu de conclure que l'État a porté atteinte à la liberté des fidèles de manifester leur religion au sens du présent art. • CEDH, gr. ch., 26 oct. 2000, *Hassan et Tchaouch c/ Bulgarie,* n° 30985/96 § 78 : *préc. note 31.*

33. Carte d'identité. La carte d'identité ne pouvait être considérée comme un moyen destiné à assurer aux fidèles, de quelque religion ou confession qu'ils soient, le droit d'exercer ou de manifester une religion. Cette carte, lorsqu'elle existe, constitue simplement un document officiel permettant d'identifier et d'individualiser les personnes en leur qualité de citoyens et dans leurs rapports avec l'ordre juridique de l'État. Les convictions religieuses ne constituent pas une donnée servant à individualiser un citoyen dans ses rapports avec l'État. • CEDH, décis., 12 déc. 2002, *Sofianopoulos et a. c/ Grèce,* n° 1977/02. ♦ La Cour n'aperçoit pas pourquoi il serait nécessaire de mentionner la religion dans les registres d'état civil ou sur les cartes d'identité pour des raisons démographiques, ce qui impliquerait nécessairement une législation imposant la déclaration non volontaire des croyances religieuses. Lorsque les cartes d'identité comportent une case consacrée à la religion, le fait de laisser celle-ci vide a inévitablement une connotation spécifique. Les titulaires d'une carte d'identité sans information concernant la religion se distingueraient, contrairement à leur gré et en vertu d'une ingérence des autorités publiques, des personnes qui ont une carte d'identité sur laquelle figurent leurs convictions religieuses. Par ailleurs, l'attitude consistant à demander qu'aucune mention ne figure sur les cartes d'identité a un lien étroit avec les convictions les plus profondes de l'individu. Dès lors, la divulgation d'un des aspects les plus intimes de l'individu est toujours en jeu. • CEDH 2 févr. 2010, *Simon Isik c/ Turquie,* n° 21924/05 § 44 et 51.

34. Impôt ecclésial. Est contraire au présent art. le fait d'imposer à une personne de payer un impôt ecclésial, fut-ce à une Église d'État, dès lors qu'il n'est pas membre de cette Église. • CEDH 23 oct. 1990, *Darby c/ Suède,* n° 11581/85 : *RTDH 1992. 181, note Flauss* (sol. impl.) ♦ A cette fin, les autorités nationales peuvent exiger une manifestation expresse de volonté de celui qui désire quitter une église. • Comm. EDH 4 déc. 1984, *Gottesmann c/ Suisse,* n° 10161/83 • CEDH 17 févr. 2011, *Wasmuth c/ Allemagne,* n° 12884/03 (demande de renvoi en grande chambre en cours). ♦ Cependant, si l'impôt ecclésial vise à financer l'exercice par l'Église d'attributions publiques (enterrements, conservations et entretien des biens et monuments historiques et des registres paroissiaux anciens) non exclusivement associées à une conviction religieuse, la part de cet impôt correspondant à ces attributions est due par tous. • CEDH, décis., 28 août 2001, *Bruno c/ Suède,* n° 32196/96 (non publié).

35. Obligations positives. L'État doit assurer à ceux qui professent des croyances la paisible jouissance du droit garanti au présent art. Dès lors, le respect des sentiments religieux des croyants peut, dans certains cas, être violé par des représentations provocatrices d'objets de vénération religieuse. • CEDH 20 sept. 1994, *Otto-Preminger Institut c/ Autriche,* n° 13470/87 § 47 : *préc. note 2.* ♦ Par conséquent, un État peut avoir certaines obligations positives qui peuvent, dans certaines circonstances, constituer un moyen légal d'éviter qu'un individu ne soit perturbé dans l'exercice de son culte par les activités d'autrui. • Comm. EDH 18 avr. 1997, *Dubowska c/ Pologne,* n° 33490/96.

36. Enregistrement des religions. Dès lors que ces conditions sont remplies, une période de 10 ans d'attente avant qu'une communauté religieuse puisse demander sa reconnaissance en tant que société religieuse n'avait aucune justification objective et raisonnable. • CEDH 31 juill. 2008, *Religionsgemeinschaft der Zeugen Jehovas et a. c/ Autriche,* n° 40825/98 § 98 • CEDH 26 févr. 2009, *Verein der Freunde der Christengemeinschaft et a.,* n° 76581/01 § 43 : *AJDA 2009. 872, chron. Flauss.* ♦ Il découle des conclusions auxquelles est parvenue la Cour – à savoir que les raisons invoquées par le département de la Justice de Moscou et reprises par les juridictions moscovites pour refuser de réinscrire la requérante étaient dépourvues de base légale et de base factuelle – qu'en refusant d'inscrire la branche de Moscou de l'Armée du Salut, les autorités moscovites n'ont pas agi de bonne foi et ont négligé leur devoir de neutralité et d'impartialité envers la communauté religieuse de la requérante. • CEDH 5 oct. 2006, *Branche de Moscou de l'Armée du Salut c/ Russie,* n° 72881/01 § 96 et 97.

37. Légitimité des croyances religieuses. Sauf dans des cas très exceptionnels, le droit à la liberté de religion tel que l'entend la Convention exclut toute appréciation de la part de l'État sur la légitimité des croyances religieuses ou sur les modalités d'expression de celles-ci. • CEDH, gr. ch., 26 oct. 2000, *Hassan et Tchaouch c/ Bulgarie,* n° 30985/96 § 62 et 78 : *préc. note 31* • CEDH 23 sept. 2010, *Obst c/ Allemagne,* n° 425/03 § 44 • CEDH

30 juin 2011, *Assoc. Les Témoins de Jéhovah c/ France,* n° 8916/05 § 48 : *préc. note 13.*

38. L'État tend à se servir des potentialités des dispositions législatives (donnant au ministre le pouvoir d'autoriser la création de lieu de culte, après avis du métropolite) de manière à imposer des conditions rigides ou mêmes prohibitives à l'exercice de certains cultes non orthodoxes, notamment celui des Témoins de Jéhovah. Certes, le Conseil d'État annule pour absence de motifs tout refus injustifié d'autorisation, mais l'abondante jurisprudence en la matière semble manifester une nette tendance des autorités administratives et ecclésiastiques à utiliser les potentialités de ces dispositions en vue de limiter les activités des confessions non orthodoxes. • CEDH 26 sept. 1996, *Manoussakis et a. c/ Grèce,* n° 18748/91 § 48 : *préc. note 31.*

39. Organisation des communautés religieuses. Les communautés religieuses existent traditionnellement et universellement sous la forme de structures organisées. Elles respectent des règles que les adeptes considèrent souvent comme étant d'origine divine. Les cérémonies religieuses ont une signification et une valeur sacrées pour les fidèles lorsqu'elles sont célébrées par des ministres du culte qui y sont habilités en vertu de ces règles. La personnalité de ces derniers est assurément importante pour tout membre actif de la communauté. La participation à la vie de la communauté est donc une manifestation de la religion, qui jouit de la protection du présent art. Lorsque l'organisation de la communauté religieuse est en cause, cet art. doit s'interpréter à la lumière de l'art. 11 Conv. EDH qui protège la vie associative contre toute ingérence injustifiée de l'État. Le droit des fidèles à la liberté de religion suppose donc que la communauté puisse fonctionner paisiblement, sans ingérence arbitraire de l'État. En effet, l'autonomie des communautés religieuses est indispensable au pluralisme dans une société démocratique et se trouve donc au cœur même de la protection offerte par le présent art. Elle présente un intérêt direct non seulement pour l'organisation de la communauté en tant que telle, mais aussi pour la jouissance effective par l'ensemble de ses membres actifs du droit à la liberté de religion. Si l'organisation de la vie de la communauté n'était pas protégée par cet art., tous les autres aspects de la liberté de religion de l'individu s'en trouveraient fragilisés. • CEDH, gr. ch., 26 oct. 2000, *Hassan et Tchaouch c/ Bulgarie,* n° 30985/96 § 62 : *préc. note 31.* ♦ Le pouvoir exécutif bulgare a édicté, par une décision non motivée, des changements dans la direction et les statuts de la communauté musulmane sans fournir aucune explication sur le choix des dirigeants élus à la conférence nationale organisée par les partisans de M. Gendjev, au détriment du premier requérant, qui bénéficiait du soutien d'une autre partie de la communauté, comme en témoignent les résultats de la conférence nationale suivante. • CEDH, gr. ch., 26 oct. 2000, *Hassan et Tchaouch c/ Bulgarie,* n° 30985/96 § 79 : *préc.* ♦ V. aussi. • CEDH 9 oct. 2007, *Hasan et Eylem Zengin c/ Turquie,* n° 1448/04 § 54 • CEDH 16 déc. 2004, *Haut Conseil spirituel de la cté musulmane c/ Bulgarie,* n° 39023/97 § 85.

40. L'État n'a pas besoin de prendre des mesures pour garantir que les communautés religieuses demeurent ou soient placées sous une direction unique. • CEDH 14 déc. 1999, *Serif c/ Grèce,* n° 38178/97 § 51 • CEDH 17 oct. 2002, *Agga c/ Grèce,* n° 50776/99 § 61 • CEDH 16 déc. 2004, *Haut Conseil spirituel de la cté musulmane c/ Bulgarie,* n° 39023/97 § 96 • CEDH 9 oct. 2007, *Hasan et Eylem Zengin c/ Turquie,* n° 1448/04 § 54. ♦ ... Ou pour intervenir dans les rites appliqués dans le cadre d'une religion. • CEDH, gr. ch., 27 juin 2000, *Cha'are Shalom Ve Tsedek c/ France,* n° 27417/95 : *préc. note 14* (sol. impl.).

41. Enseignement des religions. Sur la question des programmes et des enseignements obligatoires de religions ou d'éthique, V. notes ss. Prot. n° 1 Conv. EDH, art. 2. ♦ Les parents ayant choisi de faire suivre à leur enfant le cours d'éthique et non celui de religion, l'indication sur le bulletin scolaire d'une note en face du mot « éthique » ne porte pas atteinte à leur liberté religieuse dès lors que ce bulletin n'étant pas le certificat de fin d'étude, il n'est pas destiné à être présenté par la suite. • Comm. EDH 16 janv. 1996, *Janik c/ Pologne,* n° 23380/94.

42. Prestation de serment. Le fait d'avoir imposé aux requérants (élus du peuple, membres du Parlement) le serment sur les Évangiles équivaut toutefois à l'obligation pour 2 élus du peuple de faire allégeance à une religion donnée, ce qui n'est pas compatible avec le présent art. • CEDH, gr. ch., 18 févr. 1999, *Buscarini et a. c/ Rép. de Saint-Marin,* n° 24645/94 § 39. ♦ Il n'est pas loisible aux autorités étatiques de s'immiscer dans la liberté de conscience d'une personne en s'enquérant de ses convictions religieuses ou en l'obligeant à les manifester, et spécialement à le faire, notamment à l'occasion d'une prestation de serment, pour pouvoir exercer certaines fonctions. • CEDH 21 févr. 2008, *Alexandridis c/ Grèce,* n° 19516/06 § 38.

43. Respect de la réglementation générale. Le présent art. ne confère pas au requérant le droit d'invoquer ses convictions pour refuser de se soumettre à une législation dont la Conv. EDH prévoit la mise en œuvre et qui s'applique de manière générale et neutre dans le domaine public, sans empiéter sur les libertés garanties. • Comm. EDH 15 déc. 1983, *C. c/ Royaume-Uni,* n° 10358/83.

44. Dès lors que les autorités nationales ont accordé un poids suffisant à la liberté de religion lorsqu'elles ont mis en balance les différentes considérations d'urbanisme, le requérant ne peut pas se prévaloir des présentes dispositions pour se soustraire aux règles habituelles d'urbanisme. • Comm. EDH 8 mars 1994, *ISKCON c/ Royaume-Uni,* n° 20490/92. ♦ Rappr. s'agissant de la préservation d'un monument archéologique. • Comm. EDH 14 juill. 1987, *Chappell c/ Royaume-Uni,* n° 12587/86.

45. La liberté de religion n'implique nullement que les Églises ou leurs fidèles doivent se voir accorder un statut fiscal différent de celui des autres contribuables. • CEDH, décis., 14 juin 2001, *Alujer Fernandez et Caballero Garcia c/ Espagne,* n° 53072/99 • CEDH, décis., 6 nov. 2001, *Féd. chrétienne des Témoins de Jéhovah de France c/ France,* n° 53430/99 • CEDH 30 juin 2011, *Assoc. Les Témoins de Jéhovah c/ France,* n° 8916/05 § 52 : *préc. note 13.* ♦ En effet, l'obligation d'acquitter l'impôt est une obligation d'ordre général qui n'a en elle-même aucune incidence précise au plan de la conscience. • Comm. EDH 15 déc. 1983, *C. c/ Royaume-Uni,* n° 10358/83. ♦ Il en résulte que le contribuable ne peut refuser l'affectation de l'impôt à certaines dépenses. • Comm. EDH 15 déc. 1983, *C. c/ Royaume-Uni : préc.*

46. Dès lors que la vente de ce produit est légale, et qu'elle intervient sur prescription médicale uniquement et obligatoirement dans les pharmacies, les requérants ne sauraient faire prévaloir et imposer à autrui leurs convictions religieuses pour justifier le refus de vente de ce produit, la manifestation desdites convictions pouvant s'exercer de multiples manières hors de la sphère professionnelle. • CEDH, décis., 2 oct. 2001, *Pichon et Sajous c/ France,* n° 49853/99. ♦ L'obligation imposée aux élèves de porter un uniforme scolaire et de se présenter nu-tête à l'école est une règle générale, qui s'applique à tous les élèves indépendamment de leurs convictions religieuses. • CEDH, décis., 24 janv. 2006, *Köse et 93 a. requérants c/ Turquie,* n° 26625/02 : *D. 2006. Pan. 1720, obs. Renucci.*

47. Accès aux professions. Si, en principe, les États ont un intérêt légitime à exclure certains délinquants de la profession d'expert-comptable, il faut admettre que, contrairement à des condamnations pour d'autres infractions majeures, une condamnation consécutive à un refus de porter l'uniforme pour des motifs religieux ou philosophiques ne dénote aucune malhonnêteté ou turpitude morale de nature à amoindrir les capacités de l'intéressé à exercer cette profession et que dès lors l'exclusion du requérant au motif qu'il n'avait pas les qualités requises n'était donc pas justifiée. • CEDH, gr. ch., 6 avr. 2000, *Thlimmenos c/ Grèce,* n° 34369/97 § 44 : *JCP 2001. I. 291, chron. Sudre.*

48. Le licenciement de la requérante est dû non pas simplement à une modification justifiée des critères de qualification pour son poste, mais bien à ses convictions religieuses et à son appartenance à Parole de Vie. Le fait qu'il ait été mis fin au contrat de travail de la requérante dans le respect de la législation du travail applicable – en introduisant de nouveaux critères de qualification pour son poste, auxquels elle ne répondait pas – n'efface pas le motif réel de son licenciement. L'élément le plus parlant à cet égard est la réunion au cours de laquelle deux agents de l'État ont fait pression sur la requérante pour qu'elle renonce à ses convictions religieuses afin de garder son emploi. • CEDH 12 avr. 2007, *Ivanova c/ Bulgarie,* n° 52435/99 § 84.

49. Lorsque les obligations professionnelles d'un employé sont en conflit avec ses convictions religieuses, la possibilité de renoncer à son emploi est l'ultime garantie de son droit à la liberté de religion. • CEDH 3 déc. 1996, *Kontinen c/ Finlande,* n° 24949/94 • Comm. EDH 9 avr. 1997, *Stedman c/ Royaume-Uni,* n° 29107/95. ♦ Rappr. • Comm. EDH 8 mars 1985, *Knudsen c/ Norvège,* n° 11045/84. ♦ S'agissant des militaires, V. note 88.

50. V. également s'agissant des prestations de serment note 42.

51. Instruction des enfants. L'État ayant le devoir de veiller à ce que les enfants puissent exercer leur droit à l'instruction, lorsqu'au lieu de le conforter le droit des parents au respect de leurs convictions religieuses entre en conflit avec le droit de l'enfant à l'instruction, les intérêts de l'enfant priment. • CEDH, décis., 27 avr. 1999, *A. Martins Casimiro et L.-M. Cerveira Ferreira c/ Luxembourg,* n° 44888/98.

2° LA QUESTION DU PROSÉLYTISME

52. La liberté de manifester sa religion ne s'exerce pas uniquement de manière collective, « en public » et dans le cercle de ceux dont on partage la foi : on peut aussi s'en prévaloir « individuellement » et « en privé » ; en outre, elle comporte en principe le droit d'essayer de convaincre son prochain, par exemple au moyen d'un « enseignement », sans quoi du reste « la liberté de changer de religion ou de conviction », consacrée par le même art., risquerait de demeurer lettre morte. • CEDH 25 mai 1993, *Kokkinakis c/ Grèce,* n° 14307/88 § 31 : *préc. note 1.*

53. Il échet d'abord de distinguer le témoignage chrétien du prosélytisme abusif : le premier correspond à la vraie évangélisation, « mission essentielle » et « responsabilité de chaque chrétien et de chaque église ». Le second en représente la corruption ou la déformation. Il peut revêtir la forme d'activités offrant « des avantages matériels ou sociaux en vue d'obtenir des rattachements à une Église ou exerçant une pression abusive sur des personnes en situation de détresse ou de besoin », voire impliquer le recours à la violence ou au « lavage de cerveau » ; plus généralement, il ne s'accorde pas avec le respect dû à la liberté de pensée, de conscience et de religion d'autrui. • CEDH 25 mai 1993, *Kokkinakis c/ Grèce*, n° 14307/88 § 31 : *préc. note 1.* ♦ V. également note 98.

II. LA LIBERTÉ DE MANIFESTER SES CROYANCES OU CONVICTIONS

54. Si la liberté religieuse relève d'abord du for intérieur, elle « implique » de surcroît, notamment, celle de « manifester sa religion » individuellement et en privé, ou de manière collective, en public et dans le cercle de ceux dont on partage la foi. Le témoignage, en paroles et en actes, se trouve lié à l'existence de convictions religieuses. • CEDH 25 mai 1993, *Kokkinakis c/ Grèce*, n° 14307/88 § 31 : *préc. note 1* • CEDH 13 déc. 2001, *Église métropolitaine de Bessarabie et a. c/ Moldova*, n° 45701/99 § 114 • CEDH 30 juin 2011, *Assoc. Les Témoins de Jéhovah c/ France*, n° 8916/05 § 48 : *préc. note 13.*

A. FORMES DE MANIFESTATIONS PROTÉGÉES

55. Le présent art. énumère les diverses formes que peut prendre la manifestation d'une religion ou d'une conviction, à savoir le culte, l'enseignement, les pratiques et l'accomplissement des rites. • CEDH 13 déc. 2001, *Église métropolitaine de Bessarabie et a. c/ Moldova*, n° 45701/99 § 114 • CEDH 12 févr. 2009, *Nolan et K. c/ Russie*, n° 2512/04 § 73 • CEDH 30 juin 2011, *Assoc. Les Témoins de Jéhovah c/ France*, n° 8916/05 § 48 : *préc. note 13.* ♦ Tout acte inspiré, motivé ou influencé par elle ne peut passer pour en constituer une « manifestation ». Pour être qualifié de « manifestation » au sens du présent art., l'acte doit être étroitement lié à la religion ou à la conviction, tels des actes du culte ou de dévotion relevant de la pratique d'une religion ou d'une conviction sous une forme généralement reconnue. Toutefois, la manifestation d'une religion ou d'une conviction ne se limite pas aux actes de ce type : l'existence d'un lien suffisamment étroit et direct entre l'acte et la conviction qui en est à l'origine doit être établie au vu des circonstances de chaque cas d'espèce. En particulier, le requérant n'est aucunement tenu d'établir qu'il a agi conformément à un commandement de la religion en question. • CEDH 15 janv. 2013, *Eweida et a. c/ Royaume-Uni*, n° 48420/10 § 82 : *AJDA 2013. 1802, chron. Burgogne-Larsen*. ♦ V. déjà, à propos d'un rite : • CEDH, gr. ch., 27 juin 2000, *Cha'are Shalom Ve Tsedek c/ France*, n° 27417/95 § 73 et 74 : *préc. note 14.* ♦ Un individu peut, dans l'exercice de sa liberté de manifester sa religion, avoir à tenir compte de sa situation particulière. • CEDH 1er juill. 1997, *Kalac c/ Turquie*, n° 20704/92 § 274 : *AJDA 1998. 37, chron. Flauss* ; *JDI 1998. 204, obs. Decaux et Tavernier* • CEDH 13 avr. 2006, *Kosteski c/ ex-République yougoslave de Macédoine*, n° 55170/00 § 37 : *AJDA 2006. 1709, chron. Flauss* • CEDH 3 avr. 2012, *Francesco Sessa c/ Italie*, n° 28790/08 § 34.

1° LE CULTE ET L'ACCOMPLISSEMENT DES RITES

56. En prison. Le présent art. implique le droit pour les détenus de pratiquer les rites de leur religion. • Comm. EDH 5 mars 1976, *X. c/ Royaume-Uni*, n° 5947/72.

57. Il n'y a pas violation des présentes dispositions dès lors que, bien que l'établissement pénitentiaire n'abrite qu'un petit nombre de détenus de confession juive, le requérant s'est vu offrir un régime kasher. Il a eu des contacts avec un visiteur juif laïque, assisté de l'aumônier de la prison et le Comité des visiteurs juifs lui a conseillé d'accepter le régime kasher végétarien. Le Grand Rabbin a été également consulté et a approuvé les efforts des autorités. • Comm. EDH 5 mars 1976, *X. c/ Royaume-Uni*, n° 5947/72. ♦ Le requérant n'a pas apporté le moindre élément dont il ressortirait, par exemple, qu'il a demandé aux autorités pénitentiaires l'octroi des facilités désirées et l'examen de ce grief ne permet pas de penser que ces autorités auraient en aucune manière porté une atteinte effective au droit du requérant de manifester sa religion. • Comm. EDH 4 oct. 1977, *X. c/ Royaume-Uni*, n° 7291/75.

58. Il y a violation des présentes dispositions dès lors que les dépositions orales et les documents démontrant que le requérant n'a pas pu assister au service religieux hebdomadaire ouvert aux autres détenus et qu'aucun aumônier ne lui a rendu visite avant le (...), le traitement réservé au requérant s'analyse en une ingérence dans sa « liberté de manifester sa religion ou sa conviction ». • CEDH 29 avr. 2003, *Poltoratski c/ Ukraine*, n° 38812/97 § 167 • CEDH 29 avr. 2003, *Kuznetsov c/ Ukraine*, n° 39042/97 § 150 et 151.

59. L'interception par les autorités pénitentiaires d'un ouvrage qui, bien que de caractère religieux ou philosophique, contient un chapitre consacré aux arts martiaux est une mesure qui peut être considérée comme nécessaire pour assurer l'ordre et la sécurité. • Comm. EDH 18 mai 1976, *X. c/ Royaume-Uni*, n° 6886/75.

60. *Dans le cadre de l'armée.* Les militaires disposent, en dehors des heures de travail et dans des locaux réservés au culte, de la possibilité de prier et d'accomplir leurs autres devoirs religieux. • Comm. EDH 6 janv. 1993, ♔ *Yanasik c/ Turquie,* n° 14524/89. ♦ Le requérant, dans les limites apportées par les exigences de la vie militaire, a pu s'acquitter des obligations qui constituent les formes habituelles par lesquelles un musulman pratique sa religion. Ainsi, il disposait notamment de la possibilité de prier 5 fois par jour et d'accomplir les autres devoirs religieux, notamment celui d'observer le jeûne du ramadan et de se rendre aux prières du vendredi à la mosquée. • CEDH 1er juill. 1997, ♔ *Kalac c/ Turquie,* n° 20704/92 § 29 : *préc. note 55.*

61. *Dans le cadre du travail.* Une personne peut, dans l'exercice de sa liberté de manifester sa religion, avoir à tenir compte de sa situation professionnelle ou contractuelle particulière. Compte tenu des exigences du système éducatif, la liberté de religion du requérant n'a pas été méconnue du fait que son contrat ne lui permettait pas d'assister au culte, durant les heures d'enseignement, sur le lieu de culte. • Comm. EDH 12 mars 1981, ♔ *X. c/ Royaume-Uni,* n° 8160/78. ♦ Lorsque des droits spécifiques sont accordés aux adeptes d'une religion comme, en l'espèce, des possibilités de congés spéciaux à l'occasion de fêtes religieuses, il n'y a pas violation du présent art. si une personne absente lors de ces fêtes alors qu'elle n'est pas membre de la religion visée est sanctionnée. • CEDH 13 avr. 2006, ♔ *Kosteski c/ ex-Rép. yougoslave de Macédoine,* n° 55170/00 § 39 : *préc. note 55.*

62. Un licenciement prononcé par une Église à l'encontre de l'un de ses personnels ne respectant pas les préceptes de la religion pour laquelle il travaille ne viole pas les dispositions du présent art. L'intéressé, pour avoir grandi au sein de l'Église mormone, était ou devait être conscient, lors de la signature du contrat de travail, de l'importance que revêtait la fidélité maritale pour son employeur et de l'incompatibilité de la relation extraconjugale qu'il avait choisi d'établir avec les obligations de loyauté accrues qu'il avait contractées envers l'Église mormone en tant que directeur pour l'Europe au département des relations publiques. • CEDH 23 sept. 2010, ♔ *Obst c/ Allemagne,* n° 425/03 § 50 (en l'espèce, jugé sous l'angle de l'art. 8 Conv. EDH) • CEDH 3 févr. 2011, *Siebenhaar c/ Allemagne,* n° 18136/02 § 46. ♦ V. également. • CEDH 20 oct. 2009, ♔ *Lombardi Vallauri c/ Italie,* n° 39128/05 § 41. ♦ Rappr. s'agissant de la liberté d'expression. • Comm. EDH 6 sept. 1989, ♔ *Rommelfanger c/ Allemagne,* n° 12242/86.

63. De même, le licenciement d'un ministre de culte, dû à son refus de s'acquitter de ses fonctions administratives au sein d'une Église d'État, n'est pas contraire au présent art. lorsque ce refus n'exprime pas directement une conviction. • Comm. EDH 8 mars 1985, ♔ *Knudsen c/ Norvège,* n° 11045/84. ♦ De même, dès lors que le requérant n'a pas été révoqué en raison de ses convictions religieuses, mais pour avoir refusé de respecter ses horaires de travail, il ne bénéficie pas de la protection du présent art. En effet, ce refus, bien que motivé par ses convictions religieuses, ne saurait être considéré comme relevant en soi de la liberté religieuse dès lors que le requérant, en sa qualité d'agent des chemins de fer finlandais, avait le devoir de s'acquitter de certaines obligations envers son employeur, notamment celle de respecter les règles applicables à ses horaires de travail. • CEDH 3 déc. 1996, ♔ *Kontinen c/ Finlande,* n° 24949/94. ♦ V. également au sujet du travail dominical. • Comm. EDH 9 avr. 1997, ♔ *Stedman c/ Royaume-Uni,* n° 29107/95. ♦ Rappr. s'agissant d'un avocat : la fixation de l'audience litigieuse à une date correspondant à une festivité juive, ainsi que le refus de la reporter à une autre date, ne peuvent s'analyser en une restriction au droit du requérant à exercer librement son culte. • CEDH 3 avr. 2012, ♔ *Francesco Sessa c/ Italie,* n° 28790/08 § 34.

64. V. également les décisions recensées note 46.

65. *Accès aux lieux de culte.* Jusqu'à une période récente, des Chypriotes grecs ne pouvaient se rendre comme ils le voulaient au monastère Apostolos Andreas, ni sortir de leurs villages pour participer à des cérémonies religieuses. Il en découle que les restrictions touchant leur liberté de circulation pendant la période à l'étude ont considérablement réduit leur aptitude à respecter leurs convictions religieuses, notamment l'accès aux lieux de culte situés en dehors de leurs villages et leur participation à d'autres aspects de la vie religieuse. • CEDH, gr. ch., 10 mai 2001, ♔ *Chypre c/ Turquie,* n° 25781/94 § 245 : *RTDH 2002. 807, obs. Tavernier.* ♦ Sont une entrave à la liberté protégée par le présent art. des obstacles bureaucratiques insurmontables afin d'empêcher les membres de l'association de se rassembler pour pratiquer leur religion, et ce en dépit de leurs demandes tendant à leur permettre de disposer d'un lieu de culte. • CEDH 24 mai 2016, ♔ *Assoc. Solidarité avec les Témoins de Jéhovah c/ Turquie,* n° 36915/10 § 108 : *JCP Adm. 2016. 511.*

66. Encore convient-il que cette pratique soit nécessaire. Le fait de se rendre dans un monastère bouddhiste n'apparaît pas comme un élément indispensable du culte religieux pratiqué par l'intéressé. • Comm. EDH 6 sept. 1996, ♔ *Logan c/ Royaume-Uni,* n° 24875/94.

2° PRATIQUES

67. Le présent art. ne protège pas des professions de prétendue foi religieuse, qui apparaissent comme des arguments de vente dans des annonces à caractère purement commercial, faites par un groupe religieux. Il y a donc lieu d'établir une distinction entre les annonces dont l'objet est uniquement d'« informer » ou de « décrire » et les annonces commerciales qui proposent des articles à la vente. Dès lors qu'une annonce relève de cette dernière catégorie – encore qu'elle puisse concerner des objets religieux essentiels au regard d'un besoin particulier –, des déclarations à teneur religieuse expriment, de l'avis de la Commission, davantage un désir de commercialiser des marchandises à des fins lucratives qu'une conviction par les pratiques, au sens propre de ce terme. • Comm. EDH 5 mai 1979, *X. et Église de scientologie c/ Suède,* n° 7805/77 § 4 (en droit).

3° PORT D'INSIGNES OU SIGNES DISTINCTIFS

68. Le refus par British Airways de permettre à la requérante de rester en fonction tout en portant visiblement sa croix s'analyse en une ingérence dans le droit de l'intéressée de manifester sa religion. La volonté d'un employeur privé de projeter une certaine image commerciale ne justifie pas l'interdiction faite à la requérante de manifester sa conviction religieuse. • CEDH 15 janv. 2013, *Eweida et a. c/ Royaume-Uni,* n° 48420/10 § 95 : *AJDA 2013. 81 ; ibid. 1794, chron. Burgorgue-Larsen ; D. 2013. 1026, obs. Lokiec et Porta ; RDT 2013. 337, obs. Laronze ; Constitutions 2013. 564, obs. Lutton .* ♦ La protection de la santé et de la sécurité dans un service hospitalier est par nature importante et permet aux responsables hospitaliers (hôpital public) de déterminer si le port d'une croix en pendentif peut présenter un risque pour le service. • CEDH 15 janv. 2013, *Eweida et a. c/ Royaume-Uni,* n° 48420/10 § 100 : *préc.* ♦ Un témoin, devant une juridiction, ne peut se voir imposer un devoir de discrétion, de neutralité et d'impartialité, notamment le devoir de ne pas porter des symboles et vêtements religieux contrairement aux agents publics lorsqu'ils exercent des fonctions officielles. • CEDH 5 déc. 2017, *Bosnie-Herzégovine,* n° 57792/15.

4° CONVICTIONS

69. Dans le cadre du travail. Les instances *nationales ayant ouvert la procédure* disciplinaire et les tribunaux nationaux qui avaient rejeté l'action en discrimination ouverte par l'intéressée, n'ont pas excédé la marge d'appréciation dont ils jouissaient en sanctionnant la requérante qui, estimant que les unions homosexuelles sont contraires à la volonté de Dieu, a refusé de participer à la création entre personnes de même sexe d'une situation assimilable au mariage en enregistrant à l'état civil les unions civiles. • CEDH 15 janv. 2013, *Eweida et a. c/ Royaume-Uni,* n° 48420/10 § 106 : *préc. note 69.* ♦ La solution est la même pour l'employé d'une société privée qui a refusé de s'engager à proposer des conseils en thérapie psychosexuelle à des couples de même sexe alors que cette société a pour politique connue d'imposer à son personnel de fournir des services aux couples hétérosexuels comme aux couples homosexuels. • CEDH 15 janv. 2013, *Eweida et a. c/ Royaume-Uni,* n° 48420/10 § 110 : *préc. note 69.*

5° ENSEIGNEMENT

70. V. notes ss. Prot. n° 1 Conv. EDH, art. 2.

71. La participation obligatoire à un cours de natation mixte avait pour but l'intégration des enfants étrangers de différentes cultures et religions, ainsi que le bon déroulement de l'enseignement, le respect de la scolarité obligatoire et l'égalité entre les sexes. La mesure visait tout particulièrement à protéger les élèves étrangers contre tout phénomène d'exclusion sociale. En faisant primer l'obligation pour les enfants de suivre intégralement la scolarité et la réussite de leur intégration sur l'intérêt privé des requérants de voir leurs filles dispensées des cours de natation mixtes pour des raisons religieuses, les autorités internes n'ont pas outrepassé la marge d'appréciation considérable dont elles jouissaient dans la présente affaire, qui porte sur l'instruction obligatoire. • CEDH 10 janv. 2017, *Suisse,* n° 29086/12 § 64 et 105 : *D. actu. 3 févr. 2017, obs. Gaté ; JCP Adm. 2017. 53 ; Dr. adm. 2017. 47.*

6° LIEUX DE CULTE

72. Le présent art. protège, en principe, le droit de créer, d'ouvrir et de gérer des lieux ou des bâtiments consacrés au culte religieux. • CEDH, décis., 17 sept. 2019, *Grèce,* n° 36267/19 § 21. ♦ Ayant eu pour effet de priver les requérantes de la possibilité de disposer d'un lieu réservé à leur pratique religieuse, les mesures des autorités nationales s'analysent comme une ingérence car le droit à la liberté de religion se trouve vidé de sa substance si une communauté religieuse ne peut disposer d'un lieu pour y pratiquer son culte. • CEDH 24 mai 2016, *Turquie,* n° 36915/10 § 90-91. ♦ Cependant, l'on ne saurait tirer de la Conv. EDH le droit d'une communauté religieuse à obtenir un lieu de culte par les autorités publiques. • CEDH, décis., 18 sept. 2007, *Allemagne,* n° 52336/99.

73. Le fait que les autorités nationales ont toléré pendant une certaine période l'usage à des fins cultuelles d'un bâtiment appartenant à l'État, par des personnes n'ayant aucun titre légal pour le faire, ne fait naître aucune obligation positive dans le chef de ces autorités. • CEDH, décis., 8 janv. 2013, *Azerbaïdjan*, n° 15405/04 § 60. ♦ L'intérêt public d'aménagement rationnel du territoire ne saurait à l'évidence être supplanté par les besoins de culte d'une communauté religieuse qui avait empiété de manière arbitraire sur le domaine public pour établir et faire fonctionner un lieu de culte non conforme au plan urbanistique. • CEDH, décis., 17 sept. 2019, *Grèce*, n° 36267/19 § 28.

74. Les dispositions de la Conv. ne mettent à la charge des États parties aucune obligation d'accorder un statut spécial aux lieux de culte mais, si un État décide d'offrir un tel statut et d'aller au-delà de ses obligations conventionnelles, il importe de vérifier, à l'aune du présent art. combiné à l'art. 14 Conv. EDH, s'il n'en a pas refusé de manière discriminatoire le bénéfice à certains groupes religieux. • CEDH 2 déc. 2014, *Turquie*, n° 32093/10 § 48.

B. RESTRICTIONS AUTORISÉES

75. Le § 2 du présent art. constate que, dans une société démocratique, où plusieurs religions coexistent au sein d'une même population, il peut se révéler nécessaire d'assortir la liberté de manifester sa religion et ses convictions de limitations propres à concilier les intérêts des divers groupes et à assurer le respect des convictions de chacun. • CEDH 25 mai 1993, *Kokkinakis c/ Grèce*, n° 14307/88 § 33 : *préc. note 1* • CEDH, gr. ch., 10 nov. 2005, *Leyla Sahin c/ Turquie*, n° 44774/98 § 106 : *préc. note 3.*

1° ÉTENDUE DE LA POSSIBILITÉ D'INTERVENTION DE L'ÉTAT

76. Principe. Si le présent art. a essentiellement pour objet de prémunir l'individu contre des ingérences arbitraires de l'État, il peut aussi s'y ajouter des obligations positives inhérentes à un respect effectif de la liberté de religion de l'individu. • Comm. EDH 12 mars 1981, *X. c/ Royaume-Uni*, n° 8160/78. ♦ Les mots « en public » ou « en privé » ne confèrent pas aux autorités publiques un choix entre 2 obligations alternatives mais reconnaissent simplement que la religion peut se pratiquer sous l'une ou l'autre forme. • Comm. EDH 12 mars 1981, *X. c/ Royaume-Uni : préc.*

77. Un État peut légitimement estimer nécessaire de prendre des mesures visant à réprimer certaines formes de comportement, y compris la communication d'informations et d'idées jugées incompatibles avec le respect de la liberté de pensée, de conscience et de religion d'autrui. • CEDH 25 mai 1993, *Kokkinakis c/ Grèce*, n° 14307/88 § 48 : *préc. note 1* • CEDH 20 sept. 1994, *Otto-Preminger Institut c/ Autriche*, n° 13470/87 § 47 : *préc. note 2.* ♦ La Cour rappelle que les États ont le droit de contrôler si un mouvement ou une association met en œuvre ostensiblement, dans la poursuite de ses objectifs, des activités religieuses qui sont dangereuses pour la population ou pour la sécurité publique. • CEDH 6 nov. 2008, *Leela Forderkreis E. V. et a. c/ Allemagne*, n° 58911/00 § 93 : *AJDA 2009. 872, chron. Flauss* ; *RD publ. 2009. 914, obs. Gonzales.*

78. L'État, en s'acquittant des fonctions assumées par lui en matière d'éducation et d'enseignement, veille à ce que les informations ou connaissances figurant au programme soient diffusées de manière objective, critique et pluraliste. Elle lui interdit de poursuivre un but d'endoctrinement qui puisse être considéré comme ne respectant pas les convictions religieuses et philosophiques des parents. Là se place la limite à ne pas dépasser. • CEDH 7 déc. 1976, *Kjeldsen, Busk Madsen et Pedersen c/ Danemark*, n° 5095/71 § 53. ♦ V. aussi notes ss. Prot. n° 1 Conv. EDH, art. 2.

79. Les autorités étatiques n'ont pas le droit d'intervenir dans le domaine de la liberté de conscience de l'individu et de rechercher ses convictions religieuses, ou de l'obliger à manifester ses convictions concernant la divinité. • CEDH 2 févr. 2010, *Simon Isik c/ Turquie*, n° 21924/05 § 41. ♦ Cela est d'autant plus vrai dans le cas où une personne est obligée d'agir de la sorte dans le but d'exercer certaines fonctions, notamment à l'occasion d'une prestation de serment. • CEDH 3 juin 2010, *Dimitras et a. c/ Grèce*, n° 42837/06 § 78 • CEDH 21 févr. 2008, *Alexandridis c/ Grèce*, n° 19516/06 § 38 • CEDH 3 nov. 2011, *Dimitras et a. c/ Grèce (n° 2)*, n° 34207/08 § 28.

80. Restrictions prévues par la loi. Plus spécifiquement, sur la stratégie fiscale française à l'égard des dérives sectaires, V. notes ss. Préamb. Conv. EDH.

81. Buts poursuivis par les restrictions. Les exceptions à la liberté de religion énumérées au § 2 du présent art. doivent être interprétées de façon restrictive s'agissant tant de l'énumération contenue dans cette disposition qui doit être considérée comme strictement limitative, que de la définition donnée des différentes hypothèses. • CEDH 14 juin 2007, *Svyato-Mykhaylivska Parafiya c/ Ukraine*, n° 77703/01 § 132.

82. Les buts légitimes mentionnés dans cette disposition comprennent les intérêts de la sécurité publique, la protection de l'ordre, la santé ou la moralité publiques, et la protection des droits et libertés d'autrui (V. notes 54 s.) et non, contrairement aux § 2 des art. 8, 10 et 11 Conv. EDH, la sécurité nationale. Loin d'être une omission accidentelle, la non-inclusion de ce motif particulier reflète l'importance primordiale du pluralisme religieux comme « l'un des fondements d'une « société démocratique » au sens de la Convention » et le fait qu'un État ne peut pas dicter ce qu'une personne croit ou prendre des mesures coercitives pour lui faire changer ses croyances. Il s'ensuit que les intérêts de sécurité nationale ne pouvaient pas servir de justification pour les mesures prises par les autorités russes contre le requérant. • CEDH 12 févr. 2009, *Nolan et K. c/ Russie,* n° 2512/04 § 73.

2° MISE EN ŒUVRE DES PRINCIPES

83. On peut légitimement estimer que le respect des sentiments religieux des croyants tel qu'il est garanti au présent art. a été violé par des représentations provocatrices d'objets de vénération religieuse ; de telles représentations peuvent passer pour une violation malveillante de l'esprit de tolérance, qui doit aussi caractériser une société démocratique. • CEDH 20 sept. 1994, *Otto-Preminger Institut c/ Autriche,* n° 13470/87 § 47 : *préc. note 2.*

a. Protection de la santé publique

84. Le port obligatoire d'un casque de protection est une mesure de sécurité nécessaire pour les motocyclistes. Dès lors, toute ingérence que le requérant pourrait avoir subie de ce fait dans l'exercice de son droit à la liberté de religion est justifiée pour la protection de la santé. • Comm. EDH 12 juill. 1978, *X. c/ Royaume-Uni,* n° 7992/77. ♦ Dès lors qu'elle n'empêche pas les fidèles de s'approvisionner en viande abattue selon le rituel prescrit, la mesure refusant l'agrément à certains scarificateurs ne viole pas les dispositions du présent art. • CEDH, gr. ch., 27 juin 2000, *Cha'are Shalom Ve Tsedek c/ France,* n° 27417/95 § 83 et 88 : *préc. note 14.* ♦ V. également pour le port d'une croix dans le cadre d'un service hospitalier. • CEDH 15 janv. 2013, *Eweida et a. c/ Royaume-Uni,* n° 48420/10 § 95 : *préc. note 69.*

85. La conclusion des autorités nationales selon laquelle le port d'un voile, tel le foulard islamique, n'est pas compatible avec la pratique du sport pour des raisons de sécurité ou d'hygiène, n'est pas déraisonnable. • CEDH 4 déc. 2008, *Dogru c/ France,* n° 27058/05 § 73 : *AJDA 2008. 2311 ; Dr. adm. 2009. 8, note Raimbault ; RD publ. 2010. 876, obs. Levinet ; Constitutions 2010. 74, obs. Burgogue-Larsen.*

86. A l'inverse, les contraintes imposées par *la communauté requérante à ses membres,* telles que la prière, la diffusion de leur foi par porte-à-porte et certaines restrictions quant à leurs activités de loisirs, ne sont pas fondamentalement différentes de contraintes analogues imposées par d'autres religions à leurs fidèles dans la sphère privée. De plus, la conclusion des juridictions internes selon laquelle certaines personnes avaient été forcées de rejoindre la communauté n'est étayée par aucun élément. Le fait que la communauté requérante prêchait le refus des transfusions sanguines même en cas de danger de mort n'est pas suffisant pour déclencher l'application d'une mesure aussi radicale que l'interdiction de ses activités, étant donné que le droit russe laisse aux patients la liberté de choix quant au traitement médical qu'ils souhaitent suivre. • CEDH 10 juin 2010, *Témoins de Jéhovah de Moscou c/ Russie,* n° 302/02 § 141.

b. Ordre public

87. Le présent art. ne garantit pas par lui-même le droit pour un étranger de demeurer dans un pays donné. L'expulsion ne constitue donc pas en tant que telle une ingérence dans l'exercice des droits garantis, sauf à établir que la mesure incriminée visait à réduire l'exercice de ces droits et à étouffer la propagation de la religion ou de la philosophie de l'intéressé et de ses adeptes. • Comm. EDH 19 mars 1981, *Swami Omkarananda et le Divine Light Zentrum c/ Suisse,* n° 8118/77.

88. Les États peuvent adopter pour leurs armées des règlements disciplinaires interdisant tel ou tel comportement, notamment une attitude qui va à l'encontre de l'ordre établi répondant aux nécessités du service militaire. • CEDH 1er juill. 1997, *Kalac c/ Turquie,* n° 20704/92 § 29 : *préc. note 60.* ♦ Ces limitations peuvent comporter également un devoir pour le personnel militaire de renoncer à s'engager dans le mouvement de fondamentalisme islamique, qui a pour but et pour plan d'action d'assumer la prééminence des règles religieuses. • Comm. EDH 6 janv. 1993, *Yanasik c/ Turquie,* n° 14524/89 • CEDH, décis., 11 sept. 2001, *Tepeli et a. c/ Turquie,* n° 31876/96.

89. La Cour admet que « l'intérêt public » puisse justifier que soit refusée une autorisation de tenir une cérémonie druidique dans un site archéologique. • Comm. EDH 14 juill. 1987, *Chappell c/ Royaume-Uni,* n° 12587/86. ♦ ... La construction d'un lieu de culte, bâtiment d'utilité publique, dans une zone où un plan d'urbanisme et d'aménagement interdit ce type de bâtiment. • CEDH 24 juin 2004, *Vergos c/ Grèce,* n° 65501/01 § 37 à 41. ♦ L'application des règles d'urbanisme correspond au but légitime de « protection de l'ordre » du § 2 du présent art. • CEDH, décis., 17 sept. 2019, *Grèce,* n° 36267/19 § 24. ♦ Comp. lorsque les règles en matière d'autorisation d'implantation d'un lieu de culte sont utilisées en vue d'imposer des conditions restrictives à l'exercice de la religion. • CEDH 26 sept. 1996, *Manoussakis et a. c/ Grèce,* n° 18748/91 § 48 : *préc. note 31.*

90. Port du voile dans des lieux publics.

Les requérants ont été sanctionnés pour la tenue vestimentaire qu'ils portaient dans des lieux publics ouverts à tous comme les voies ou places publiques. Il ne s'agit donc pas de la réglementation du port de symboles religieux dans des établissements publics, dans lesquels le respect de la neutralité à l'égard de croyances peut primer sur le libre exercice du droit de manifester sa religion. Or, il ne ressort pas du dossier que la façon dont les requérants ont manifesté leurs croyances par une tenue spécifique constituait ou risquait de constituer une menace pour l'ordre public ou une pression sur autrui ni même que les requérants aient tenté de faire subir des pressions abusives aux passants dans les voies et places publiques dans un désir de promouvoir leurs convictions religieuses. • CEDH 23 févr. 2010, *Ahmet Arslan c/ Turquie*, n° 41135/98 § 49 s. : *D. 2010. 682, note Marguénaud ; JCP Adm. 2011. 2252, note Le Rouzic; AJDA 2010. 362* (mentionné). ♦ S'il est vrai que le champ de l'interdiction est large puisque tous les lieux accessibles au public sont concernés (sauf les lieux de culte), la loi du 11 oct. 2010 n'affecte pas la liberté de porter dans l'espace public tout habit ou élément vestimentaire – ayant ou non une connotation religieuse – qui n'a pas pour effet de dissimuler le visage. Certes, la prohibition critiquée pèse pour l'essentiel sur les femmes musulmanes qui souhaitent porter le voile intégral ; néanmoins cette interdiction n'est pas explicitement fondée sur la connotation religieuse des habits visés mais sur le seul fait qu'ils dissimulent le visage. Cela distingue l'espèce de l'affaire Ahmet Arslan. L'État défendeur indique de son côté qu'il s'agit pour lui de répondre à une pratique qu'il juge incompatible, dans la société française, avec les modalités de la communication sociale et, plus largement, du « vivre ensemble ». Il apparaît ainsi que la question de l'acceptation ou non du port du voile intégral dans l'espace public constitue un choix de société. En conséquence, notamment au regard de l'ampleur de la marge d'appréciation dont disposait l'État défendeur en l'espèce, l'interdiction que pose la loi préc. peut passer pour proportionnée au but poursuivi, à savoir la préservation des *conditions du « vivre ensemble »* en tant qu'élément de la « protection des droits et libertés d'autrui ». • CEDH, gr. ch., 1er juill. 2014, *S.A.S. c/ France*, n° 43835/11 §152, 153 et 157 : *AJDA 2014. 1348*. ♦ L'État a entendu répondre à une pratique qu'il juge incompatible avec … l'établissement de rapports humains indispensables à la vie en société. • CEDH 11 juill. 2017, *Dakir c/ Belgique*, n° 4619/12 § 56 : *Dr adm. 2017. 124*. ♦ Comp. avec les constatations du : • Comité des droits de l'homme 17 juill. 2018, *Sonia Yaker c/ France*, n° 2747/2016 § 8.17.

c. Sécurité publique

91. La répression pénale de menées tendant à reconstituer le parti fasciste peut être considérée comme nécessaire, dans une société démocratique, à la sécurité publique. • Comm. EDH 21 mai 1976, *X. c/ Italie*, n° 6741/74.

92. Les contrôles de sécurité dans les aéroports sont sans aucun doute nécessaires à la sécurité publique au sens de la présente disposition. Dès lors, l'obligation faite au requérant d'avoir à retirer son turban dans le cadre du contrôle de sécurité litigieux, alors même qu'il n'avait refusé ni de passer par le portique de détection de métaux ni d'être contrôlé avec un détecteur manuel, entre dans la marge d'appréciation de l'État défendeur, d'autant plus clairement qu'il ne s'agit que d'une mesure ponctuelle. • CEDH, décis., 11 janv. 2005, *Phull c/ France*, n° 35753/03. ♦ La mesure litigieuse, consistant à retirer son voile afin de se soumettre à un contrôle d'identité, est constitutive d'une restriction au sens du § 2 du présent art. • CEDH, décis., 4 mars 2008, *Fatima El Morsli c/ France*, n° 15585/06 : *AJDA 2009. 872, chron. Flauss*. ♦ La photographie d'identité avec « tête nue », apposée sur le permis de conduire, est nécessaire aux autorités chargées de la sécurité publique et de la protection de l'ordre public, notamment dans le cadre de contrôles, indispensables à la sécurité publique au sens de l'art., effectués en relation avec les dispositions du code de la route, pour identifier le conducteur et s'assurer de son droit à conduire le véhicule concerné. • CEDH, décis., 13 nov. 2008, *Mann Singh*, n° 24479/07.

d. Protection des droits et libertés d'autrui

93. Partis politiques. La répression pénale de menées tendant à reconstituer le parti fasciste peut être considérée comme nécessaire, dans une société démocratique, à la protection des droits et libertés d'autrui. • Comm. EDH 21 mai 1976, *X. c/ Italie*, n° 6741/74.

94. Port de signes religieux. Mettant en balance le droit de l'instituteur de manifester sa religion et la protection de l'élève à travers la sauvegarde de la paix religieuse, la Cour estime que, dans les circonstances données et vu surtout le bas âge des enfants dont la requérante avait la charge en tant que représentante de l'État, les autorités genevoises n'ont pas outrepassé leur marge d'appréciation en lui interdisant de porter le foulard dans le cadre de son activité d'enseignement et que, dès lors, la mesure litigieuse s'analyse en une mesure justifiée dans son principe et proportionnée à l'objectif visé de protection des droits et libertés d'autrui. • CEDH, décis., 15 févr. 2001, *Dahlab c/ Suisse*, n° 42393/98 : *AJDA 2001. 480, chron. Flauss ; RFDA 2003. 536, note Chauvain*.

95. Dans l'enseignement supérieur, où les valeurs de pluralisme, de respect des droits d'autrui et, en particulier, d'égalité des hommes et des femmes devant la loi, sont enseignées et appliquées dans la pratique, on peut comprendre que les autorités compétentes aient voulu préserver le caractère laïque de leur établissement et ainsi estimé comme contraire à ces valeurs d'accepter le port de tenues religieuses, y compris, comme en l'espèce, celui du foulard islamique. • CEDH, gr. ch., 10 nov. 2005, *Leyla Sahin c/ Turquie,* n° 44774/98 § 116 : *préc. note 3* • CEDH 29 juin 2004, *Leyla Sahin c/ Turquie,* n° 44774/98 : *Dr. adm. 2004, n° 146, note Lombard ; AJDA 2004. 1816, chron. Flauss ; JCP Adm. 2004. 1831, note Gauthier.* ♦ En choisissant de faire ses études supérieures dans une université laïque, un étudiant se soumet à sa réglementation universitaire. Celle-ci peut soumettre la liberté des étudiants de manifester leur religion à des limitations de lieu et de forme destinées à assurer la mixité des étudiants de croyances diverses. Notamment, dans les pays où la grande majorité de la population adhère à une religion précise, la manifestation des rites et des symboles de cette religion, sans restriction de lieu et de forme, peut constituer une pression sur les étudiants qui ne pratiquent pas ladite religion ou sur ceux adhérant à une autre religion. Les universités laïques, lorsqu'elles établissent les règles disciplinaires concernant la tenue vestimentaire des étudiants, peuvent veiller à ce que certains courants fondamentalistes religieux ne troublent pas l'ordre public dans l'enseignement supérieur et ne portent pas atteinte aux croyances d'autrui. • Comm. EDH 3 mai 1993, *Karaduman c/ Turquie,* n° 16278/90 : *LPA 16 nov. 1993, n° 142, p. 11, note Flauss.* ♦ L'interdiction faite à la requérante (assistante sociale en service de psychiatrie au sein d'un Centre d'accueil et de soins hospitaliers) de manifester ses convictions religieuses dans l'exercice de ses fonctions poursuivait un objectif de protection « des droits et libertés d'autrui ». • CEDH 26 nov. 2015, *Ebrahimian c/ France,* n° 68846/11 § 53.

96. V. aussi pour le port du voile sur la voie publique note 90.

97. Présence de crucifix dans les écoles. V. notes ss. Prot. n° 1 Conv. EDH, art. 2.

98. Prosélytisme. Sont justifiées les mesures que les autorités grecques ont prises pour mettre les hommes du rang à l'abri des pressions abusives que les requérants leur faisaient subir *dans leur désir de promouvoir* leurs convictions religieuses. • CEDH 24 févr. 1998, *Larissis c/ Grèce,* n° 23372/94 § 54. ♦ A l'inverse, les circonstances qui ont présidé à la condamnation des requérants pour prosélytisme à l'égard des civils qu'ils cherchaient à convertir sans exercer sur eux des pressions et des contraintes du même ordre que celles exercées sur les soldats conduisent à la violation du présent art. • CEDH 24 févr. 1998, *Larissis c/ Grèce,* n° 23372/94 § 57 et 59. ♦ V. également notes 52 s.

99. Bon fonctionnement de l'administration de la justice. Se justifiait par la protection des droits et libertés d'autrui, et en particulier le droit des justiciables de bénéficier d'un bon fonctionnement de l'administration de la justice et le respect du principe du délai raisonnable de la procédure, le refus de reporter l'audience litigieuse à une date ne correspondant pas à une festivité juive. • CEDH 3 avr. 2012, n° 28790/08 § 38. ♦ En revanche, l'exclusion d'une salle d'audience d'une femme portant le foulard islamique viole le présent art ; dès lors que cette personne n'est pas la représentante de l'État dans l'exercice d'une fonction publique, que l'objectif poursuivi par son exclusion n'était pas la préservation de la neutralité de l'espace public et que l'intéressée ne s'est pas comportée, lors de son entrée dans la salle, de manière irrespectueuse et ne constituait pas une menace pour le déroulement de l'audience. • CEDH 18 sept. 2018, *Lachiri c/ Belgique,* n° 3413/09 : *JCP Adm. 2018. 734.*

e. Laïcité et manifestation des convictions religieuses

100. Principe. En France, comme en Turquie ou en Suisse, la laïcité est un principe constitutionnel, fondateur de la République, auquel l'ensemble de la population adhère et dont la défense paraît primordiale, en particulier à l'école. La Cour réitère qu'une attitude ne respectant pas ce principe ne sera pas nécessairement acceptée comme faisant partie de la liberté de manifester sa religion, et ne bénéficiera pas de la protection qu'assure le présent art. Eu égard à la marge d'appréciation qui doit être laissée aux États membres dans l'établissement des délicats rapports entre l'État et les Églises, la liberté religieuse ainsi reconnue et telle que limitée par les impératifs de la laïcité paraît légitime au regard des valeurs sous-jacentes à la Convention. • CEDH 4 déc. 2008, *Dogru c/ France,* n° 27058/05 § 72 : *préc. note 85* • CEDH 4 déc. 2008, *Kervanci c/ France,* n° 31645/04 § 72. ♦ V. déjà. • CEDH, gr. ch., 13 févr. 2003, *Refah Partisi (Parti de la prospérité) et a. c/ Turquie,* n° 41340/98 § 93.

101. Port du voile dans l'enseignement. L'interdiction de tous les signes religieux ostensibles dans les écoles, collèges et lycées publics a été motivée uniquement par la sauvegarde du principe constitutionnel de laïcité et cet objectif est conforme aux valeurs sous-jacentes à la Conv. EDH : les droits et libertés d'autrui, la paix civile, les impératifs de l'ordre public et le pluralisme. • CEDH, décis., 30 juin 2009,

Tuba Aktas et a. c/ France, n° 43563/08 : *AJDA 2009. 2077, Gonzalez* ; *JCP Adm. 2009. 2263, note Dieu*. ♦ V. déjà mais justifié aussi par la santé et la sécurité publique dès lors qu'il s'agissait de la pratique du sport. • CEDH 4 déc. 2008, *Dogru c/ France*, n° 27058/05 § 73 : *préc. note 85*. ♦ V. encore, où la laïcité est mentionnée mais combinée avec la protection de l'ordre public et des droits et libertés d'autrui. • CEDH, gr. ch., 10 nov. 2005, *Leyla Sahin c/ Turquie*, n° 44774/98 § 116 : *préc. note 3*.

102. La réglementation interdisant à la requérante, enseignante à l'université et, en cette qualité, détentrice de l'autorité universitaire et représentante de l'État et comme telle ne pouvant ignorer les règles qui l'obligent à faire preuve de discrétion dans l'expression publique de ses convictions religieuses, de porter le voile était justifiée par les impératifs liés aux principes de neutralité de la fonction publique, en particulier de l'enseignement public, et de laïcité. • CEDH, décis., 24 janv. 2006, *Kurtulmus c/ Turquie*, n° 65500/01 : *AJDA 2006. 1713, chron. Flauss* .

103. Neutralité religieuse des agents publics. Le principe de laïcité-neutralité constitue l'expression d'une règle d'organisation des relations de l'État avec les cultes, qui implique son impartialité à l'égard de toutes les croyances religieuses dans le respect du pluralisme et de la diversité. La Cour estime que le fait que les juridictions nationales ont accordé plus de poids à ce principe et à l'intérêt de l'État qu'à l'intérêt de la requérante de ne pas limiter l'expression de ses croyances religieuses ne pose pas de problème au regard de la Conv. EDH. Les autorités nationales n'ont pas outrepassé leur marge d'appréciation en constatant l'absence de conciliation possible entre les convictions religieuses de la requérante et l'obligation de ne pas les manifester puis en décidant de faire primer l'exigence de neutralité et d'impartialité de l'État. • CEDH 26 nov. 2015, *Ebrahimian c/ France*, n° 64846/11 § 67 s. : *AJDA 2015. 2292* ; *ibid. 2016. 528, étude Andriantsimbazovina* ; *D. 2015. 2506, obs. de Montecler* ; *AJFP 2016. 32* , *Comm. Zarca* ; *AJCT 2016. 227, obs. de la Morena* ; *RDT 2016. 345, obs. Willocx* ; *JCP Adm. 2016. 2132, note Dieu* ; *Dr. adm. 2016. 4, chron. Platon*. ♦ Un représentant de l'État dans l'exercice d'une fonction publique est soumis, en raison de son statut officiel, à une obligation de discrétion dans l'expression publique de ses convictions religieuses. • CEDH 18 sept. 2018, *Lachiri c/ Belgique*, n° 3413/09 : *préc. note 99* (*a contrario*).

104. Mariage civil. Tenant compte de l'importance du principe de laïcité en Turquie, le mariage civil monogamique obligatoire doit être célébré préalablement à toute union religieuse pour mettre un terme à une tradition du mariage qui place la femme dans une situation nettement désavantageuse, voire dans une situation de dépendance et d'infériorité, par rapport à l'homme. • CEDH, gr. ch., 2 nov. 2010, *Serife Yigit c/ Turquie*, n° 3976/05 § 81.

105. Doctrine politique. Il en résulte que le système « multijuridique », dans lequel chaque groupe serait régi par un ordre juridique conforme aux convictions religieuses de ses membres (proposé par le Refah), introduirait dans l'ensemble des rapports de droit une distinction entre les particuliers fondée sur la religion, les catégoriserait selon leur appartenance religieuse et leur reconnaîtrait des droits et libertés non pas en tant qu'individus, mais en fonction de leur appartenance à un mouvement religieux. Supprimant le rôle de l'État en tant que garant des droits et libertés individuels et organisateur impartial de l'exercice des diverses convictions et religions dans une société démocratique, puisqu'il obligerait les individus à obéir non pas à des règles établies par l'État dans l'accomplissement de ses fonctions précitées, mais à des règles statiques de droit imposées par la religion concernée, le « multijuridisme » conduirait l'État à ne pouvoir remplir l'obligation positive d'assurer à toute personne dépendant de sa juridiction de bénéficier pleinement, et sans pouvoir y renoncer à l'avance, des droits et libertés garantis par la Convention et enfreindrait indéniablement le principe de non-discrimination des individus dans leur jouissance des libertés publiques, qui constitue l'un des principes fondamentaux de la démocratie. Partant, un tel modèle de société ne saurait passer pour compatible avec le système de la Conv. EDH. • CEDH, gr. ch., 13 févr. 2003, *Refah Partisi (Parti de la prospérité) et a. c/ Turquie*, n° 41340/98 § 119.

Art. 10 *Liberté d'expression.* **1. Toute personne a droit à la liberté d'expression. Ce droit comprend la liberté d'opinion et la liberté de recevoir ou de communiquer des informations ou des idées sans qu'il puisse y avoir ingérence d'autorités publiques et sans considération de frontière. Le présent article n'empêche pas les États de soumettre les entreprises de radiodiffusion, de cinéma ou de télévision à un régime d'autorisations.**

2. L'exercice de ces libertés comportant des devoirs et des responsabilités peut être soumis à certaines formalités, conditions, restrictions ou sanctions, prévues par la loi, qui constituent des mesures nécessaires, dans une société démocratique, à la sécurité nationale, à l'intégrité territoriale ou à la sûreté publique, à la défense de l'ordre et à

la prévention du crime, à la protection de la santé ou de la morale, à la protection de la réputation ou des droits d'autrui, pour empêcher la divulgation d'informations confidentielles ou pour garantir l'autorité et l'impartialité du pouvoir judiciaire.

COMMENTAIRE

V. sur le Code en ligne.

Plan des annotations

1. Principe. La liberté d'expression constitue l'un des fondements essentiels de la société démocratique, l'une des conditions primordiales de son progrès et de l'épanouissement de chacun. • CEDH 7 déc. 1976, *Handyside c/ Royaume-Uni,* n° 5493/72 § 49 : *CDE 1978. 350, obs. Cohen-Jonathan ; AFDI 1977. 494, obs. Pelloux ; JDI 1978. 706, obs. Rolland.* ♦ V. également les décisions mentionnées note 5. ♦ Sous réserve du § 2 du présent art. 10, elle vaut non seulement pour les « informations » ou « idées » accueillies avec faveur ou considérées comme inoffensives ou indifférentes, mais aussi pour celles qui heurtent, choquent ou inquiètent l'État ou une fraction quelconque de la population. Ainsi le veulent le pluralisme, la tolérance et l'esprit d'ouverture sans lesquels il n'est pas de « société démocratique ». Il en découle notamment que toute « formalité », « condition », « restriction » ou « sanction » imposée en la matière doit être proportionnée au but légitime poursuivi. • CEDH 7 déc. 1976, *Handyside c/ Royaume-Uni,* n° 5493/72 § 49 : *préc.* • CEDH 24 mai 1988, *Müller et a. c/ Suisse,* n° 10737/84 § 33 : *JDI 1989. 812, obs. Rolland et Tavernier* • CEDH, gr. ch., 6 mai 2003, *Perna c/ Italie,* n° 48898/99 § 39 • CEDH, gr. ch., 13 juill. 2012, *Mouvement raëlien suisse c/ Suisse,* n° 16354/06 § 48 : *D. 2013. 457, obs. Dreyer ; RFDA 2013. 576, chron. Labaye et Sudre ; AJDA 2013. 165, chron. Burgorgue-Larsen ; JCP Adm. 2012. 530.* ♦ Il n'est pas de démocratie sans pluralisme. La démocratie se nourrit de la liberté d'expression. Il est de son essence de permettre la proposition et la discussion de projets politiques divers, même ceux qui remettent en cause le mode d'organisation actuel d'un État, pourvu qu'ils ne visent pas à porter atteinte à la démocratie elle-même. • CEDH 17 sept. 2009, *Manole et a. c/ Moldova,* n° 13936/02 § 95 • CEDH 25 mai 1998, *Parti socialiste et a. c/ Turquie,* n° 21237/93 § 41, 45 et 47 (sous l'angle de l'art. 11 Conv. EDH) • CEDH, gr. ch., 7 juin 2012, *Centro Europa 7 S. R. L. et Di Stefano c/ Italie,* n° 38433/09 § 129.

2. Les principes généraux permettant d'apprécier la nécessité d'une ingérence donnée dans l'exercice de la liberté d'expression ont été récemment résumés par la Cour. • CEDH, gr. ch., 23 avr. 2015, *Morice c/ France,* n° 29369/10 § 124 s. : *D. 2015. 974 ; ibid. 2016. 225, obs. Renucci ; AJ pénal 2015. 428, obs. Porteron ; RSC 2015. 740, obs. Roets.*

3. Quiconque se prévaut de sa liberté d'expression assume en effet, selon les propres termes de ce paragraphe, des « devoirs et responsabilités » ; leur étendue dépend de sa situation et du procédé utilisé. La Cour ne saurait le perdre de vue en contrôlant la nécessité de la sanction incriminée dans une société démocratique. • CEDH 7 déc. 1976, *Handyside c/ Royaume-Uni,* n° 5493/72 § 49 : *préc. note 1* • CEDH 24 mai 1988, *Müller et a. c/ Suisse,* n° 10737/84 § 34 : *préc. note 1.*

4. La Cour n'exclut pas qu'un droit négatif à la liberté d'expression soit protégé par le présent art., mais elle estime que cette question devrait être traitée au cas par cas. • CEDH, gr. ch., 3 avr. 2012, *Gillberg c/ Suisse,* n° 41723/06 § 86. ♦ En toute hypothèse, un tel droit ne peut se justifier que s'agissant d'information dont on est propriétaire. • CEDH, gr. ch., 3 avr. 2012, *Gillberg c/ Suisse,* n° 41723/06 § 92.

5. Exclusion. Le présent art. garantit le droit de tous à la liberté d'expression. Cependant, cette disposition ne garantit pas le droit de vote en tant que tel. • Comm. EDH 19 déc. 1974, *X. c/ Pays-Bas,* n° 6573/74. ♦ Il en va de même du droit de participer à un référendum, tel le référendum britannique sur l'adhésion aux Communautés européennes. • Comm. EDH 3 oct. 1975, *X. c/ Royaume-Uni,* n° 7096/75. ♦ De même encore, la question du refus de témoigner n'entre pas, par elle-même, dans le champ d'application du présent art. • CEDH 26 avr. 1991, *Ezelin c/ France,* n° 11800/85 § 33 : *AJDA 1992. 15, chron. Flauss ; D. 1992. 335, obs. Renucci ; RFDA 1992. 510, chron. Berger, Giakoumopoulos, Labayle et Sudre.*

I. LIBERTÉ D'EXPRESSION

A. CONTENU DE LA LIBERTÉ D'EXPRESSION

6. La liberté d'expression vaut non seulement pour les « informations » ou « idées » accueillies avec faveur ou considérées comme inoffensives ou indifférentes, mais aussi pour celles qui heurtent, choquent ou inquiètent l'État ou une fraction quelconque de la population. • CEDH 7 déc. 1976, *Handyside c/ Royaume-Uni,* n° 5493/72 § 49 : *préc. note 1* • CEDH 26 avr. 1979, *Sunday Times c/ Royaume-Uni (n° 1),* n° 6538/74 § 65 • CEDH 23 sept. 1998, *Lehideux et Isorni c/ France,* n° 24662/94 § 55 : *AJDA 1998. 998, chron. Flauss ; RFDA 1999. 792,* *obs. Labayle et Sudre ; D. 1999. 223, note Rolland* ; *RSC 1999. 151, note Massias* ; *ibid. 384, obs. Koering-Joulin* ; *AFDI 1999. 747, obs. Coussirat-Coustère ; JCP 1999. I. 105, chron. Sudre ; JCP 1999. 10110, note Moutouh* • CEDH, gr. ch., 13 juill. 2012, *Mouvement raëlien suisse c/ Suisse*, n° 16354/06 § 48 : *préc. note 1.*

V. pour d'autres décisions dans le même sens : .

7. Arborer un symbole sur un vêtement relève du présent art. • CEDH 8 juill. 2008, *Vajnai c/ Hongrie*, n° 33629/06 § 47 : *AJDA 2008. 1929, chron. Flauss* ; *RD publ. 2009. 919, obs. Lévinet.*

8. Situation d'internet et des réseaux. La possibilité pour les individus de s'exprimer sur internet constitue un outil sans précédent d'exercice de la liberté d'expression. • CEDH, gr. ch., 16 juin 2015, *Delfi AS c/ Estonie*, n° 64569/09 § 110. ♦ V. déjà : • CEDH 18 déc. 2012, *Ahmet Yildirim c/ Turquie*, n° 3111/10 § 48 : *AJDA 2013. 165, chron. Burgorgue-Larsen* . ♦ Rappr. • CEDH 10 mars 2009, *Times newspapers LTD c/ Royaume-Uni*, n° 3002/03 § 27. ♦ La mise à disposition d'une application mobile par un parti politique dans le cadre d'une campagne référendaire relève doublement de l'exercice de sa liberté d'expression en ce qu'elle lui permet de communiquer des informations et des idées tout en fournissant aux électeurs une plateforme leur offrant la faculté d'exprimer leurs opinions politiques. • CEDH, gr. ch., 20 janv. 2020, *MKKP c/ Hongrie*, n° 201/17 § 91.

9. Cependant, les avantages de ce média s'accompagnent d'un certain nombre de risques. Des propos clairement illicites, notamment des propos diffamatoires, haineux ou appelant à la violence, peuvent être diffusés comme jamais auparavant dans le monde entier, en quelques secondes, et parfois demeurer en ligne pendant fort longtemps. Compte tenu de la nécessité de protéger les valeurs qui sous-tendent la Conv. et considérant que les droits qu'elle protège respectivement en ses art. 10 et 8 méritent un égal respect, il y a lieu de ménager un équilibre qui préserve l'essence de l'un et l'autre de ces droits. Ainsi, tout en reconnaissant les avantages importants qu'Internet présente pour l'exercice de la liberté d'expression, il faut en principe conserver la possibilité pour les personnes lésées par des propos diffamatoires ou par d'autres types de contenu illicite d'engager une action en responsabilité de nature à constituer un recours effectif contre les violations des droits de la personnalité. • CEDH, gr. ch., 16 juin 2015, *Delfi AS c/ Estonie*, n° 64569/09 § 110.

10. Boycott. Protégeant non seulement la substance des idées et des informations exprimées mais aussi leur mode d'expression, le présent art. s'applique en principe à l'appel au boycott qui, en tant que modalité d'expression d'opinions protestataires, vise à communiquer ces opinions en appelant à des actions spécifiques qui leur sont liées. Le boycott se heurte néanmoins à une limite indépassable dans le cadre de l'exercice de la liberté d'expression si le traitement différencié qu'il promeut s'analyse en l'occurrence en un appel à la discrimination d'autrui, et donc à l'intolérance. • CEDH 11 juin 2020, *Baldassi c/ France*, n° 15271/16 § 63 et 64 : *AJDA 2020. 1844, chron. Burgorgue-Larsen* ; *D. 2020. 1657 et les obs., note Duhamel et Poissonnier* ; *AJ pénal 2020. 412, obs. Poissonnier* ; *Légipresse 2020. 340 ; ibid. 485, étude Lécuyer* ; *ibid. 490, étude Crédeville* ; *RSC 2020. 753, obs. Roets* . ♦ La condamnation de citoyens pour avoir pacifiquement appelé au boycott de produits en provenance d'Israël viole le présent art. dès lors qu'elle ne s'est accompagnée d'aucune motivation circonstanciée alors même que l'expression portait sur un sujet d'intérêt général (celui du respect du droit international public et des droits de l'homme) et que cette condamnation est fondée sur une disposition nationale dont l'interprétation et l'application conduisent à interdire tout appel au boycott de produits à raison de leur origine géographique, quels que soient la teneur de cet appel, ses motifs et les circonstances. • CEDH 11 juin 2020, *Baldassi c/ France*, n° 15271/16 § 80 : *préc.* ♦ Ne méconnaît, en revanche, pas le présent art. la condamnation d'un maire annonçant, au mépris de la neutralité et du devoir de réserve qu'elle lui imposait et sans avoir ouvert le débat au sein du conseil municipal, sa décision de demander aux services municipaux de restauration de boycotter les produits israéliens. • CEDH 16 juill. 2009, *Willem c/ France*, n° 10883/05 § 40 : *AJDA 2009. 1936, chron. Flauss* .

1° QUESTIONS CHOQUANTES POUR LA POPULATION

11. La publication par l'Association pour défendre la mémoire du maréchal Pétain et l'Association nationale Pétain-Verdun (associations qui ont été légalement constituées et n'ont, ni avant ni après 1984, fait l'objet de poursuites en rapport avec la mise en œuvre de leur objet social) dans un quotidien d'un encart publicitaire « Français, vous avez la mémoire courte » suivi de la mention, en petits caractères et en italiques, « Philippe Pétain, le 17 juin 1941 » et se terminant par une invitation à leur écrire, relève de l'exercice du droit d'expression. • CEDH 23 sept. 1998, Lehideux et Isorni *c/ France*, n° 24662/94 § 58 : *préc. note 6.*

12. Il n'est pas douteux que des propos ayant sans équivoque pour but de justifier des crimes de guerre tels que la torture ou des exécutions sommaires sont pareillement caractéristiques d'un détournement de l'art. 10 de sa vocation. Toutefois, sans pour autant se prononcer sur la constitution en l'espèce du délit d'apologie de crimes de guerre (...), la Cour estime que l'on ne peut retenir que l'ouvrage publié par les requérants était consacré à un tel but. Il ressort en effet du contenu dudit ouvrage que son auteur, affecté en Algérie, entre la fin de l'année 1954 et l'automne 1957, en qualité d'officier des services de renseignement, entendait contribuer à un « débat historique » – selon les mots des requérants – et apporter son témoignage direct sur un sujet qui, bien que sensible et polémique, relevait sans aucun doute de l'intérêt général : la question de l'usage de la torture et du recours aux exécutions sommaires par les autorités françaises durant la guerre d'Algérie. • CEDH 15 janv. 2009, *Orban et a. c/ France*, n° 20985/05 § 35 : *AJDA 2009. 872, chron. Flauss* ; *RSC 2009. 124, obs. Francillon* ; *ibid. 663, obs. Roets* ; *RD publ. 2010. 881, obs. Lévinet* ; *JCP 2009. I. 143, chron. Sudre* ; *JCP 2009. 10040, note Derieux* ; *Dr. pénal 2009. Chron. 4, obs. Dreyer.*

13. Les événements évoqués dans l'ouvrage litigieux se sont produits plus de 40 ans avant sa publication. S'il est certain que les propos litigieux n'ont pas perdu leur capacité à raviver des souffrances, il n'est pas approprié de les juger avec le degré de sévérité qui pouvait se justifier 10 ou 20 ans auparavant. Il faut au contraire les aborder avec le recul du temps. Cela participe des efforts que tout pays est appelé à fournir pour débattre ouvertement et sereinement de sa propre histoire. • CEDH 23 sept. 1998, *Lehideux et Isorni c/ France*, n° 24662/94 § 55 : *préc. note 6* • CEDH 15 janv. 2009, *Orban et a. c/ France*, n° 20985/05 § 52 : *préc. note 12.*

14. S'agissant de l'interdiction de publications « promouvant » l'homosexualité, la Cour rejette l'argument du Gouvernement selon lequel la règlementation du débat public sur les questions LGBT était justifiée par la nécessité de protéger la morale même si, selon le Gouvernement, les Russes dans leur majorité désapprouvent l'homosexualité, laquelle serait généralement perçue comme contraire aux valeurs familiales traditionnelles. Le Gouvernement n'a pas plus montré en quoi la liberté d'expression sur les questions LGBT aurait pour effet de dévaloriser les « familles traditionnelles » actuelles et existantes, de leur nuire ou de remettre en cause leur avenir. Il en va de même des autres arguments que le Gouvernement a avancés, à savoir la protection de la santé et des droits d'autrui (notamment des mineurs, qui auraient besoin d'être protégés contre un risque d'incitation à changer d'orientation sexuelle). • CEDH 20 juin 2017, *Bayev et a. c/ Russie*, n° 67667/09 : *AJDA 2017. 1768, chron. Burgorgue-Larsen* .

2° LIBERTÉ D'EXPRESSION ET HISTOIRE

15. Débat historique. La Cour considère que la recherche de la vérité historique fait partie intégrante de la liberté d'expression et estime qu'il ne lui revient pas d'arbitrer la question historique de fond, qui relève d'un débat toujours en cours entre historiens et au sein même de l'opinion sur le déroulement et l'interprétation des événements dont il s'agit. • CEDH 23 sept. 1998, *Lehideux et Isorni c/ France*, n° 24662/94 § 47 : *préc. note 6* • CEDH 29 juin 2004, *Chauvy c/ France*, n° 64915/01 § 69 • CEDH 21 sept. 2006, *Suisse*, n° 73604/01 § 57 : *AJDA 2007. 902, chron. Flauss* . ♦ Sanctionner un éditeur pour avoir aidé à la diffusion du témoignage d'un tiers sur des événements s'inscrivant dans l'histoire d'un pays entraverait gravement la contribution aux discussions de problèmes d'intérêt général et ne saurait se concevoir sans raisons particulièrement sérieuses. • CEDH 15 janv. 2009, *Orban et a. c/ France*, n° 20985/05 § 52 : *préc. note 12.*

16. Faits historiques établis ; révisionnisme. Il existe pourtant une catégorie de faits historiques clairement établis – tel l'Holocauste – dont la négation ou la révision se verrait soustraite, par l'art. 17 Conv. EDH, à la protection du présent art. • CEDH 23 sept. 1998, *Lehideux et Isorni c/ France*, n° 24662/94 § 47 : *préc. note 6* • CEDH 29 juin 2004, *Chauvy c/ France*, n° 64915/01 § 69. ♦ Il ne fait aucun doute que contester la réalité de faits historiques clairement établis, tels que l'Holocauste, comme le fait le requérant dans son ouvrage, ne relève en aucune manière d'un travail de recherche historique s'apparentant à une quête de la vérité. L'objectif et l'aboutissement d'une telle démarche sont totalement différents, car il s'agit en fait de réhabiliter le régime national-socialiste, et, par voie de conséquence, d'accuser de falsification de l'histoire les victimes elles-mêmes. • CEDH 24 juin 2003, *Garaudy c/ France*, n° 65831/01 : *D. 2004. 987, obs. Renucci* ; *ibid. 239, note Roets* ; *Légipresse 2003. 181, obs. Ghnassia.* ♦ V. également s'agissant de la contestation de l'existence et de l'usage de chambres à gaz pour une extermination humaine de masse. • Comm. EDH 6 sept. 1995, *Remer c/ Allemagne*, n° 25096/94 • Comm. EDH 24 juin 1996, *Marais c/ France*, n° 31159/96. ♦ V. déjà : l'interdiction faite à une personne de propager une publication qualifiant de mensonge le fait historique de l'assassinat de millions de juifs par le régime nazi est une mesure nécessaire dans une société démocratique. • Comm. EDH 16 juill. 1982, *X. c/ Allemagne*, n° 9235/81. ♦ En présence d'une publication tendant à justifier certaines atrocités nazies, les autorités nationales peuvent estimer nécessaires, à la défense de l'ordre dans une société démocratique, des poursuites et une condamnation pénales. • Comm. EDH 14 juill. 1983, *T. c/ Belgique,* n° 9777/82. ♦ L'intérêt général que présentent la défense de l'ordre et la prévention du crime face à des accusations refusant la persécution de juifs sous le régime nazi et la nécessité de protéger la réputation et les droits de cette communauté priment, dans une société démocratique, sur la liberté de tenir de telles déclarations lors d'une réunion. • Comm. EDH 29 nov. 1995, *Nationaldemokratische Partei Deutschlands, Bezirksverband Munchen-Oberbayern c/ Allemagne,* n° 25995/94.

17. A l'inverse, il n'apparaît pas que les requérants aient voulu nier ou réviser ce qu'ils ont eux-mêmes appelé, dans leur publication, les « atrocités » et les « persécutions nazies », ou encore la « toute-puissance allemande et sa barbarie ». En qualifiant de « suprêmement habile » la politique de Philippe Pétain, les auteurs du texte ont plutôt soutenu l'une des thèses en présence dans le débat sur le rôle du chef du Gouvernement de Vichy, la thèse dite du « double jeu ». • CEDH 23 sept. 1998, *Lehideux et Isorni c/ France,* n° 24662/94 § 47 : *préc. note 6.* ♦ Il en va de même s'agissant des circonstances dans lesquelles Jean Moulin, principal chef de la Résistance intérieure en France, fut arrêté par les nazis le 21 juin 1943. • CEDH 29 juin 2004, *Chauvy c/ France,* n° 64915/01 § 69. ♦ Rappr. s'agissant d'un article relatif à la portée du dogme et de ses liens éventuels avec l'Holocauste. • CEDH 31 janv. 2006, *Giniewski c/ France,* n° 64016/00 § 52 : *AJDA 2006. 473, chron. Flauss ; D. 2006. pan., P. 1717, obs. Renucci ; RGDIP 2006. 464, obs. Weckel ; JDI 2007. 724, obs. Deleplace.*

18. Qualité du travail historique. Le contenu de l'ouvrage en cause n'a pas respecté les règles essentielles de la méthode historique et il y est procédé à des insinuations particulièrement graves. • CEDH 29 juin 2004, *Chauvy c/ France,* n° 64915/01 § 77.

19. Il en découle un nécessaire droit à l'accès aux sources. Dès lors, en empêchant ainsi K. de consulter les documents dont il avait besoin pour rédiger son étude, les autorités ont commis un abus de pouvoir en retardant l'exercice par M. K. du droit à la liberté d'expression et ont donc violé le présent art. • CEDH 26 mai 2009, *Kenedi c/ Hongrie,* n° 31475/05 § 45.

20. Lutte contre le terrorisme. La Cour porte une attention particulière aux termes employés dans le discours et au contexte dans lequel il a été prononcé. Elle tient compte des circonstances entourant le cas soumis à son examen, en particulier des difficultés liées à la lutte contre le terrorisme. • CEDH 9 juin 1998, *Incal c/ Turquie,* n° 22678/93 § 58 • CEDH 8 juill. 1999, *Karatas c/ Turquie,* n° 23168/94 § 51 • CEDH 10 oct. 2000, *Ibrahim Aksoy c/ Turquie,* n° 28635/95 § 60 • CEDH 23 sept. 2004, *Feridun Yazar c/ Turquie,* n° 42713/98 § 23 • CEDH 21 oct. 2004, *Doganer c/ Turquie,* n° 49283/99 § 22.

21. Les propos de l'intéressée visaient spécifiquement les services de l'État chargés de la lutte contre le terrorisme. Les États ont la possibilité d'adopter, en leur qualité de garants de l'ordre public, des mesures même pénales, destinées à réagir de manière adéquate et non excessive à de pareils propos ou à des imputations diffamatoires dénuées de fondement ou formulées de mauvaise foi. • CEDH 24 janv. 2008, *Coutant c/ France,* n° 17155/03 : *RSC 2009. 692, obs. Marguénaud.* ♦ Le fait que la restriction à la liberté d'expression du requérant a été décidée dans le cadre de la libération anticipée d'une figure importante et connue d'une organisation terroriste, condamnée notamment à la réclusion criminelle à perpétuité à raison d'homicides commis dans un contexte terroriste, et le fait que cette libération anticipée avait suscité une vive émotion chez les proches des victimes et, plus largement, au sein de la population locale conduisent à admettre qu'en imposant au requérant, dans le cadre de sa libération conditionnelle, l'obligation de s'abstenir de diffuser tout ouvrage ou œuvre audiovisuelle dont il serait l'auteur ou le co-auteur et qui porterait, en tout ou partie, sur les infractions pour lesquelles il a été condamné, et de s'abstenir de toute intervention publique relative à celles-ci, les juridictions internes n'ont pas excédé la marge d'appréciation dont elles disposaient. • CEDH 12 nov. 2015, *Bidart c/ France,* n° 52363/11 § 45 et 46 : *AJDA 2016. 143, chron. Burgorgue-Larsen.*

22. Eu égard à l'exigence de qualité du fondement légal de l'ingérence, constitue en revanche une violation du présent art. une interprétation à ce point extensive d'une disposition de droit pénal afférente au terrorisme qu'elle conduit à assimiler l'exercice du droit à la liberté d'expression au fait d'appartenir à une organisation terroriste en l'absence de tout élément de preuve concret d'un tel lien avec ladite organisation. • CEDH, gr. ch., 22 déc. 2020, *Demirtas c/ Turquie (n° 2),* n° 14305/17 § 280.

23. V. s'agissant de la publication de déclarations de groupements terroristes. • CEDH 23 janv. 2007, *Falakaoglu et Saygili c/ Turquie,* n° 22147/02 : *Dr. pénal 2008. 37, obs. Dreyer.* ♦ V. aussi note 25.

24. Génocide arménien. Des propos tels que : « les allégations de » génocide arménien « sont un mensonge international. Un mensonge international peut-il exister ? » se rapportant à une question d'intérêt public, appelaient la protection renforcée du présent art. • CEDH, gr. ch., 15 oct. 2015, *Perinçek c/ Suisse*, n° 27510/08 § 240 : *D. 2015. 2183, obs. Poissonnier* ; *RSC 2015. 877, obs. Francillon*. ♦ Ces propos ayant été tenus en Suisse, il n' y a pas de lien entre ce pays et les événements survenus en 1915 dans l'Empire ottoman ; par ailleurs, ils ont été tenus à un intervalle de temps de plus de 90 ans. Ceci différencie le cas du génocide arménien de celui de l'Holocauste. Du reste, il n'y a pas de consensus européen criminalisant la négation de tout génocide. • CEDH, gr. ch., 15 oct. 2015, *Perinçek c/ Suisse*, n° 27510/08 § 240 : *préc.*

3° PROPOS DIRIGÉS CONTRE LES VALEURS QUI SOUS-TENDENT LA CONVENTION

25. Le requérant cherche avant tout à utiliser la liberté d'information pour asseoir des activités qui sont contraires à la lettre et à l'esprit de la Convention et contribueraient, si elles étaient autorisées, à détruire les droits et libertés énoncés dans la Conv. • CEDH 12 mai 1988, *Kuhnen c/ Allemagne*, n° 12194/86.

26. Appel à la haine ou à la violence. Des expressions concrètes constituant un discours de haine, pouvant être insultantes pour des individus ou des groupes, ne bénéficient pas de la protection du présent art. • CEDH 23 sept. 1994, *Jersild c/ Danemark*, n° 15890/89 § 35 : *AJDA 1995. 212, chron. Flauss* ; *AFDI 1994. 658, obs. Coussirat-Coustère* ; *JCP 1995. I. 3823, chron. Sudre* ; *RUDH 1995. 1, obs. Cohen-Jonathan* • CEDH 4 déc. 2003, *Gunduz c/ Turquie*, n° 35071/97 § 41 et 51 : *AJDA 2004. 534, chron. Flauss*. ♦ V. s'agissant d'une émission de fiction contenant des propos offensant pour la population d'une ville et risquant de conduire en fait à un développement de la haine ou de la violence. • CEDH 21 juill. 2012, n° 32181/04 § 207 s. ♦ V. s'agissant d'un interview dans laquelle le requérant opposait, d'une part, les Français et, d'autre part, une communauté, dont l'appartenance religieuse est expressément mentionnée et dont la forte croissance constituerait une menace, déjà présente, pour la dignité et la sécurité des Français. • CEDH, décis., 20 avr. 2010, *Le Pen c/ France*, n° 18788/09.

27. Dans son appréciation de l'ingérence dans la liberté d'expression dans les affaires concernant des expressions censées attiser ou justifier des actes de violence, de haine ou d'intolérance, la Cour tient compte d'un certain nombre de facteurs, résumés dans l'affaire *Perinçek* (préc. note 24). • CEDH 9 mai 2018, *Stomakhin c/ Russie*, n° 52273/07 § 93 : *AJDA 2018. 1770, chron. Burgorgue-Larsen*. ♦ Lorsque des opinions n'incitent pas à la violence – c'est-à-dire lorsqu'elles ne préconisent pas le recours à des procédés violents ou à une vengeance sanglante, qu'elles ne justifient pas la commission d'actes terroristes en vue de la réalisation des objectifs de leurs partisans, et qu'elles ne peuvent être interprétées comme susceptibles de favoriser la violence par la haine profonde et irrationnelle qu'elles insuffleraient envers des personnes identifiées –, les États contractants ne peuvent restreindre le droit du public à en être informé, même en se prévalant des buts énoncés au § 2 du présent art. • CEDH 20 mars 2018, *Mehmet Hasan Altan c/ Turquie*, n° 13237/17 § 209 : *AJDA 2018. 1770, chron. Burgorgue-Larsen*.

28. Le langage employé par le requérant incitant clairement à la discrimination et à la haine raciale, ce qui ne peut être camouflé par le processus électoral, la Cour estime que l'ingérence dans la liberté d'expression du requérant était pertinente, compte tenu du besoin social impérieux de protéger l'ordre public et les droits d'autrui, c'est-à-dire ceux de la communauté immigrée. • CEDH 16 juill. 2009, *Féret c/ Belgique*, n° 15615/07 § 78 : *RD publ. 2010. 879, note Lévinet.*

29. S'il est vrai que le requérant ne s'est pas personnellement associé aux opinions exprimées dans les lettres, il n'en a pas moins fourni à leurs auteurs un support pour attiser la violence et la haine. • CEDH, gr. ch., 8 juill. 1999, *Sürek c/ Turquie (n° 1)*, n° 26682/95 § 63 : *JCP 2000. I. 203, chron. Sudre* • CEDH 23 sept. 2004, *Feridun Yazar c/ Turquie*, n° 42713/98 § 27. ♦ *A contrario*, l'auteur, lançant un appel aux « travailleurs kurdes-turcs et l'ensemble des travailleurs », dénonçait « la politique de négationnisme et d'oppression » et militait pour « la reconnaissance d'une pleine égalité de droit ». Selon lui, « toute interdiction faisant obstacle à la mise en œuvre d'une égalité dans la pratique et sur le plan constitutionnel doit être annulée et la politique d'assimilation doit être abandonnée (...) ». Ces formules ne sauraient être considérées en elles-mêmes comme suffisantes pour justifier l'ingérence dans le droit du requérant à la liberté d'expression dès lors que, à l'analyse, rien, dans cet article, ne peut passer pour un appel à la violence, au soulèvement ou à toute autre forme de rejet des principes démocratiques. • CEDH 10 oct. 2006, *Falakaoglu c/ Turquie*, n° 11480/02 § 21. ♦ Rappr. • CEDH 27 avr. 1995, *Piermont c/ France*, n° 15773/89 § 77 : *D. 1996. 193*. • CEDH 9 juin 1998, *Incal c/ Turquie*, n° 22678/93 § 50. ♦ V. également s'agissant d'une caricature dont le texte semblait approuver les attentats du 11 sept. 2001. • CEDH 2 oct. 2008, *Leroy c/ France*, n° 36109/03 § 42 et 46 : *RSC 1009. 124, obs. Francillon* ; *RD publ. 2009. 919, note Lévinet* ; *JCP 2008. I. 209, obs. de Lamy* ; *ibid. 2009. I. 104, chron. Sudre.* ♦ V. encore, s'agissant de propos niant l'existence du génocide arménien. • CEDH, gr. ch., 15 oct. 2015,

Perinçek c/ Suisse, n° 27510/08 § 229 s. : *préc. note 24.*

30. V., s'agissant de réactions d'internautes sur un site commercial d'actualités. • CEDH, gr. ch., 16 juin 2015, n° 64569/09 § 162. ♦ V. pour une hypothèse dans laquelle la Cour indique précisément qu'il n'y a ni violence ni haine (aff. des « Pussy Riot »). • CEDH 17 juill. 2018, *Mariya Alekhina c/ Russie,* n° 38004/12 § 227 : *AJDA 2018. 1770, chron. Burgorgue-Larsen.*

31. Intolérance. De même, des propos justifiant la haine fondée sur l'intolérance, y compris l'intolérance religieuse, ne bénéficient pas de la protection du présent art. • CEDH 4 déc. 2003, *Gunduz c/ Turquie,* n° 35071/97 § 51 : *préc. note 26.* ♦ Toutefois, le simple fait de défendre la *charia,* sans en appeler à la violence pour l'établir, ne saurait passer pour un « discours de haine ». • CEDH 4 déc. 2003, *Gunduz c/ Turquie,* n° 35071/97 § 51 : *préc.*

32. Ne constituent pas des propos dirigés contre les valeurs qui sous-tendent la Conv. EDH. Des propos qualifiant « tous les partis, [à l'exception du sien], de partis d'injustes, amoureux de l'infidèle, défendant le système prétendument basé sur l'intérêt » et aboutissant à prôner l'idée selon laquelle « ces partis-là avaient déclaré la guerre, selon le Coran, contre Allah » révèlent davantage une vision de la société structurée exclusivement autour des valeurs religieuses et paraissent ainsi difficilement conciliables avec le pluralisme qui caractérise les sociétés actuelles où se confrontent les groupes les plus divers. • CEDH 6 juill. 2006, *Erbakan c/ Turquie,* n° 59405/00 § 61 et 62.

33. D'après les signataires de la déclaration en question, le Gouvernement est coupable « d'exécutions extrajudiciaires », « de massacres », « de destructions de villages » et de détentions arbitraires. On ne peut qualifier ces critiques, certes virulentes, de « gratuites », étant donné que des cas concrets avec les noms des personnes prétendument victimes de tels actes ont été cités. Ainsi, les signataires exposaient des faits d'un grand intérêt pour l'opinion publique et invitaient la presse à faire son devoir démocratique, à savoir « le chien de garde » des droits individuels. • CEDH 15 oct. 2002, *Karakoc c/ Turquie,* n° 27692/95 § 42.

4° OBLIGATION POSITIVE

34. L'exercice réel et effectif de la liberté d'expression ne dépend pas simplement du *devoir de l'État de s'abstenir de toute ingérence,* mais peut exiger que ce dernier prenne, en droit ou en pratique, des mesures positives de protection. • CEDH 16 mars 2000, *Ozgur Gundem c/ Turquie,* n° 23144/93 § 42 à 46 • CEDH 29 févr. 2000, *Fuentes Bobo c/ Espagne,* n° 39293/98 § 38 : *D. 2001. 574, note Marguénaud et Mouly* • CEDH 6 mai 2003, *Appleby et a. c/ Royaume-Uni,* n° 44306/98 § 39 et 40. ♦ Compte tenu de l'importance des enjeux, l'État doit être l'ultime garant du pluralisme. • CEDH 24 nov. 1993, *Informationsverein Lentia et a. c/ Autriche,* n° 13914/88 § 38 • CEDH 28 juin 2001, *VgT Verein gegen Tierfabriken c/ Suisse,* n° 24699/94 § 44 à 47 • CEDH 17 sept. 2009, *Manole et a. c/ Moldova,* n° 13936/02 § 99. ♦ L'État a l'obligation positive de protéger le droit à la liberté d'expression contre des atteintes provenant même de personnes privées. • CEDH 8 déc. 2009, *Aguilera Jimenez c/ Espagne,* n° 28389/06 § 25 : *D. 2010. 1456, note Marguénaud et Mouly* • CEDH, gr. ch., 12 sept. 2011, *Palomo Sanchez et a. c/ Espagne,* n° 28955/06 § 59. ♦ Dans un secteur aussi sensible que celui des médias audiovisuels, au devoir négatif de non-ingérence s'ajoute pour l'État l'obligation positive de mettre en place un cadre législatif et administratif approprié pour garantir un pluralisme effectif. Cela est d'autant plus souhaitable lorsque, comme en l'espèce, le système audiovisuel national se caractérise par une situation de duopole. • CEDH, gr. ch., 7 juin 2012, *Centro Europa 7 S. R. L. et Di Stefano c/ Italie,* n° 38433/09 § 134.

35. Protection de la liberté d'expression. Les autorités savaient que *Ozgur Gundem* (quotidien de langue turque qui avait son siège à Istanbul) et certains de ses collaborateurs avaient été victimes d'une série d'actes violents et que les requérants craignaient d'être délibérément pris pour cible dans des incidents visant à empêcher la parution et la distribution du journal. Toutefois, la très grande majorité des pétitions et demandes de protection présentées par le journal ou son personnel n'a fait l'objet d'aucune réponse. Le Gouvernement n'a pu invoquer qu'une seule mesure de protection concernant la diffusion du journal, qui a été appliquée alors que le quotidien existait toujours. Les dispositions prises après l'explosion d'une bombe au siège d'Istanbul en déc. 1994 concernaient le journal ayant pris la suite d'*Ozgur Gundem*. Compte tenu de la gravité et de l'ampleur de ces agressions, le Gouvernement ne saurait faire valoir que les investigations ordonnées par certains procureurs sur des incidents particuliers ont répondu de manière adéquate ou efficace aux requérants, qui prétendaient que les agressions participaient d'une campagne concertée soutenue, ou tolérée, par les autorités. • CEDH 16 mars 2000, *Ozgur Gundem c/ Turquie,* n° 23144/93 § 44.

36. Le requérant a été licencié pour avoir proféré à l'égard des dirigeants de la TVE, son employeur, des propos considérés comme offensants. Toutefois, les déclarations litigieuses s'inscrivaient dans le contexte particulier d'un conflit du travail opposant le requérant à son employeur suite à la suppression de l'émission dont il était responsable, doublé d'un large débat public concernant des questions d'intérêt général relatives à la gestion de la télévision publique. Les propos litigieux ont été tenus dans le cadre de débats publics et passionnés sur de prétendues anomalies dans la gestion de la TVE, service public de la radiotélévision espagnole. Le requérant dénonçait des dysfonctionnements de l'entité publique et ses critiques revêtaient sans conteste un intérêt général. Certes, il y ajouta des propos grossiers et impolis, qualifiés d'offensants par les juridictions nationales. Néanmoins, les propos en question ont été employés d'abord par les animateurs des émissions de radio, le requérant se bornant à les confirmer, et ce, dans le cadre d'un échange rapide et spontané de commentaires entre le requérant et les journalistes. Il ne ressort pas du dossier que la TVE ou les personnes supposées avoir été visées par les propos offensants aient engagé des actions judiciaires pour diffamation ou injures à l'encontre du requérant, de la station de radio ou des animateurs des émissions en question. • CEDH 29 févr. 2000, *Fuentes Bobo c/ Espagne*, n° 39293/98 § 48 : *préc. note 34.*

37. Les requérants se sont vu interdire par P., une société privée propriétaire du centre commercial les Galeries, d'établir un stand à cet endroit afin de distribuer des tracts. La restriction imposée à la possibilité de communiquer leurs opinions se limitait aux entrées et voies de passage des Galeries et n'empêchait pas d'obtenir une autorisation individuelle de la part des commerces se trouvant dans l'enceinte des Galeries ni de distribuer des tracts sur les voies publiques d'accès au secteur. Si la façon la plus facile et la plus efficace d'atteindre le public consistait à s'adresser à lui dans les Galeries, les requérants ne peuvent néanmoins soutenir que le refus opposé les empêcha effectivement de communiquer leur point de vue à leurs concitoyens. • CEDH 6 mai 2003, *Appleby et a. c/ Royaume-Uni*, n° 44306/98 § 48.

38. Sur les relations entre employés et employeurs privés, V. note 99.

39. Sur la question relative aux conditions permettant aux entreprises de radiodiffusion, de cinéma ou de télévision d'émettre, V. note 184.

40. Sur le droit à la réception des informations, V. note 198.

41. Combinaison avec des obligations positives découlant d'autres articles. Les États contractants ont la faculté, voire le devoir, en vertu de leurs obligations positives au titre de l'art. 8 Conv. EDH, de réglementer l'exercice de la liberté d'expression de manière à assurer une protection adéquate par la loi de la réputation des individus. • CEDH, gr. ch., 17 déc. 2004, *Cumpana et Mazare c/ Roumanie*, n° 33348/96 § 111. ♦ Sur cette question, V. note 85 ss. Conv. EDH, art. 8.

5° LIBERTÉ D'EXPRESSION ET ÉTAT D'URGENCE

42. V. Conv. EDH, ss. art. 15.

B. BÉNÉFICIAIRES DE LA LIBERTÉ D'EXPRESSION

43. Le présent art. garantit la liberté d'expression à « toute personne » et ne distingue pas d'après la nature, lucrative ou non, du but recherché. • CEDH 22 mai 1990, *Autronic AG c/ Suisse*, n° 12726/87 § 47 • CEDH 24 févr. 1994, *Casado Coca c/ Espagne*, n° 15450/89 § 35 : *RTDH 1995. 69, obs. Halperin* • CEDH 5 mars 2009, *Hachette Filipacchi Presse Automobile et Dupuy c/ France*, n° 13353/05 § 29 : *RSC 2009. 668, obs. Roets ; JCP 2009. I. 143, chron. Sudre.* ♦ V. aussi, implicitement. • CEDH 20 nov. 1989, *Markt Intern Verlag GmbH et Klaus Beermann c/ Allemagne*, n° 10572/83 • CEDH 28 mars 1990, *Groppera Radio AG et a. c/ Suisse*, n° 10890/84.

1° FONCTION PUBLIQUE

a. Hypothèse générale

1. Principes

44. Applicabilité. Le présent art. s'étend à la sphère professionnelle en général et à la fonction publique en particulier. • CEDH 26 sept. 1995, *Vogt c/ Allemagne*, n° 17851/91 § 53 : *AFDI 1995. 498, obs. Coussirat-Coustère ; RTDH 1996. 405, obs. Sudre ; JDI 1996. 242, obs. Decaux* • CEDH, gr. ch., 12 févr. 2008, *Guja c/ Moldavie*, n° 14277/04 § 52 : *AJDA 2008. 978, chron. Flauss ; JCP 2008. I. 167, chron. Sudre.* ♦ Les fonctionnaires ne sortent pas du champ d'application de cet instrument. En ses art. 1er et 14, la Conv. EDH précise que « toute personne relevant de [la] juridiction » des États contractants doit jouir, « sans distinction aucune », des droits et libertés énumérés au titre I de l'art. 11, § 2, *in fine*, qui permet aux États d'apporter des restrictions spéciales à l'exercice des libertés de réunion et d'association des « membres des forces armées, de la police ou de l'administration de l'État », cela confirme au demeurant qu'en règle générale les garanties de la Conv. EDH s'étendent aux fonctionnaires. • CEDH, gr. ch., 28 oct. 1999, *Wille c/ Liechtenstein*, n° 28396/95 § 41. ♦ Il est indéniable que les membres de la fonction publique bénéficient de la protection du présent art. • CEDH 14 mars 2002, *De Diego Nafría c/ Espagne*, n° 46833/99 § 37.

45. Les garanties contenues au présent art. valent pour les requérants, nonobstant leur statut de fonctionnaires employés par des collectivités locales. • CEDH 2 sept. 1998, *Ahmed et a. c/ Royaume-Uni*, n° 22954/93 § 41 : *JCP 1999. I. 105, chron. Sudre.*

46. Loyauté. Cependant, un État démocratique est en droit d'exiger de ses fonctionnaires qu'ils soient loyaux envers les principes constitutionnels sur lesquels il s'appuie. • CEDH 26 sept. 1995, *Vogt c/ Allemagne*, n° 17851/91 § 59 : *préc. note 44.* ♦ Si la Cour n'a pas à porter de jugement sur un système en tant que tel, elle constate néanmoins que le caractère absolu de cette obligation telle que les juridictions allemandes l'ont interprétée est frappant. Elle s'impose de manière égale à tous les fonctionnaires, quels que soient leurs fonctions et leurs rangs. Elle implique que tout fonctionnaire, quelles que soient ses propres opinions sur la question, doit renoncer sans équivoque à tous les groupements et mouvements que les autorités compétentes jugent hostiles à la Constitution. Elle ne permet pas de distinction entre activité professionnelle et vie privée. Cette obligation doit toujours être remplie quel que soit le contexte. • CEDH 26 sept. 1995, *Vogt c/ Allemagne*, n° 17851/91 § 59 : *préc.* ♦ *Ab. jur.* • CEDH 28 août 1986, *Glasenapp c/ Allemagne*, n° 9228/80 § 53.

47. Il apparaît légitime pour l'État de soumettre les fonctionnaires, en raison de leur statut, à une obligation de réserve. En particulier, la Cour doit tenir compte du fait que, quand la liberté d'expression des fonctionnaires se trouve en jeu, les devoirs et responsabilités visés au § 2 du présent art. revêtent une importance particulière. • CEDH 14 mars 2002, *De Diego Nafría c/ Espagne*, n° 46833/99 § 37.

48. Le système d'administration locale de l'État défendeur s'est longtemps appuyé sur une relation de confiance entre les membres élus et un corps permanent de fonctionnaires locaux qui, d'une part, conseillent les élus sur les politiques à mener et, d'autre part, assument la responsabilité de la mise en œuvre des politiques adoptées. Cette relation de confiance procède du droit des membres élus des collectivités locales de pouvoir compter, dans l'accomplissement de leurs fonctions, sur l'assistance de fonctionnaires politiquement neutres et devant faire preuve de loyauté envers l'ensemble du conseil qui les emploie. Les électeurs sont aussi en droit d'attendre des élus pour lesquels ils ont voté qu'ils s'acquittent de leur *mandat dans le respect* des engagements pris par eux durant la campagne électorale et que la poursuite des objectifs ainsi tracés ne s'étiole pas sous l'effet de l'opposition politique des propres conseillers desdits élus. Il convient également de noter que les citoyens peuvent légitimement escompter qu'à l'occasion de leurs démarches personnelles auprès des services administratifs locaux, ils seront conseillés par des fonctionnaires politiquement neutres et tout à fait détachés du combat politique. Le règlement appliqué aux requérants visait à renforcer cette tradition et à garantir que l'efficacité du système de la démocratie politique locale ne pâtirait pas de la corrosion de la neutralité politique de certaines catégories de fonctionnaires et était donc destiné à protéger le droit d'autrui – membres des assemblées locales et électeurs confondus – à un régime politique véritablement démocratique au niveau local. • CEDH 2 sept. 1998, *Ahmed et a. c/ Royaume-Uni*, n° 22954/93 § 53 et 54 : *préc. note 45.* ♦ Les fonctionnaires, tels les requérants, ont une obligation de neutralité politique non seulement envers les membres élus de la collectivité locale qui les emploie, mais aussi envers les membres de l'électorat local, dès lors que ceux-ci ont émis leur vote de manière à permettre à la composition politique de l'assemblée de refléter leur avis sur la question de savoir quelles politiques sont les mieux adaptées à leur circonscription. • CEDH 2 sept. 1998, *Ahmed et a. c/ Royaume-Uni*, n° 22954/93 § 63 : *préc. note 45.*

49. Le devoir de loyauté est d'autant plus important que le fonctionnaire appartient à la haute fonction publique. • CEDH 14 mars 2002, *De Diego Nafría c/ Espagne*, n° 46833/99 § 40.

50. Protection des agents publics. Les limites de la critique admissible peuvent dans certains cas être plus larges pour les fonctionnaires agissant dans l'exercice de leurs pouvoirs que pour les simples particuliers. Les fonctionnaires doivent, pour s'acquitter de leurs fonctions, bénéficier de la confiance du public sans être indûment perturbés, et il peut dès lors s'avérer nécessaire de les protéger contre des attaques verbales offensantes lorsqu'ils sont en service. • CEDH, gr. ch., 21 janv. 1999, *Janowski c/ Pologne*, n° 25716/94 § 33. • CEDH 21 mars 2002, *Nikula c/ Finlande*, n° 31611/96 § 48 : *JCP 2002. I. 157, chron. Sudre.* • CEDH 21 janv. 2016, *De Carolis c/ France*, n° 29313/10 § 52. ♦ En effet, on ne saurait dire que des fonctionnaires s'exposent sciemment à un contrôle attentif de leurs faits et gestes exactement comme c'est le cas des hommes politiques et devraient dès lors être traités sur un pied d'égalité avec ces derniers lorsqu'il s'agit de critiques de leur comportement. • CEDH, gr. ch., 21 janv. 1999, *Janowski c/ Pologne*, n° 25716/94 § 33 • CEDH 21 mars 2002, *Nikula c/ Finlande*, n° 31611/96 § 48 : *préc.*

2. Mise en œuvre

51. Les devoirs et les responsabilités particuliers qui incombent à un enseignant, symbole d'autorité pour ses élèves, valent aussi dans une certaine mesure pour ses activités en dehors de l'école. En l'espèce, aucun élément ne permet de dire que Mme V. elle-même, fût-ce en dehors de son travail au lycée, ait effectivement tenu des propos anticonstitutionnels ou ait personnellement adopté une attitude anticonstitutionnelle. Les seules critiques qu'elle se soit attirée concernaient son engagement actif au sein du Deutsche Kommunistische Partei, les fonctions qu'elle y avait exercées et sa candidature aux élections du Parlement du Land. • CEDH 26 sept. 1995, *Vogt c/ Allemagne,* n° 17851/91 § 60 : *préc. note 44.*

52. Il est également de l'intérêt des électeurs que les fonctionnaires qui influent sur la gestion quotidienne des affaires locales ne s'engagent pas dans des activités pouvant être interprétées, non seulement par les membres élus de l'assemblée mais également par le public, comme faussant ce processus. Pour cette raison, les restrictions imposées par le règlement et visant à éviter que les fonctionnaires émettent des commentaires partisans pouvant s'interpréter comme épousant ou combattant les thèses d'un parti politique peuvent raisonnablement passer pour constituer une réponse justifiée à la nécessité de maintenir l'impartialité des fonctionnaires tels que les requérants. La même conclusion peut être tirée à propos d'une part des restrictions frappant les activités exercées par des fonctionnaires à raison de leur qualité de membre d'un parti politique et d'autre part de celles faisant obstacle à la participation aux activités politiques qui, compte tenu de leur visibilité, seraient de nature à établir aux yeux du public ou des membres de l'assemblée locale concernée un lien entre le titulaire d'un poste soumis à des restrictions sur le plan politique et le programme d'un parti déterminé. • CEDH 2 sept. 1998, *Ahmed et a. c/ Royaume-Uni,* n° 22954/93 § 63 : *préc. note 45.*

53. Le droit d'accès à la fonction publique ayant été délibérément omis de la Conv. EDH, le refus de nommer quelqu'un fonctionnaire ne saurait donc fonder en soi une plainte sur le terrain de la Conv. EDH. Il n'en ressort pas pour autant qu'une personne désignée comme fonctionnaire ne puisse pas dénoncer sa révocation si celle-ci enfreint l'un des droits garantis. • CEDH, gr. ch., 28 oct. 1999, *Wille c/ Liechtenstein,* n° 28396/95 § 41.

b. Magistrats

54. Principe. On est en droit d'attendre des fonctionnaires de l'ordre judiciaire qu'ils usent de leur liberté d'expression avec retenue chaque fois que l'autorité et l'impartialité du pouvoir judiciaire sont susceptibles d'être mises en cause. La Cour n'en estime pas moins que toute atteinte à la liberté d'expression d'un magistrat dans la situation du requérant appelle de sa part un examen attentif. • CEDH, gr. ch., 28 oct. 1999, *Wille c/ Liechtenstein,* n° 28396/95 § 64 • CEDH 13 nov. 2008, *Kayasu c/ Turquie (n° 1),* n° 64119/00 § 91 : *AJDA 2009. 872, chron. Flauss ; RD publ. 2009. 917, obs. Sudre* • CEDH 9 juill. 2013, *Di Giovanni c/ Italie,* n° 51160/06 § 71.

55. Mise en œuvre. Les propos litigieux s'inscrivaient dans le contexte particulier d'un débat sur la possibilité de poursuivre au pénal les auteurs du coup d'État en Turquie du 12 sept. 1980, et notamment sur la Constitution adoptée par référendum en nov. 1982 et qui est toujours en vigueur. Ces propos préconisaient l'ouverture d'une procédure pénale contre les auteurs de ce coup d'État et se voulaient l'instrument de ce processus judiciaire. La Cour note que ces propos relèvent clairement d'un débat historique, politique et juridique qui porte non seulement sur un événement majeur survenu dans le passé récent, mais aussi sur l'actualité du pays. Il s'agit sans aucun doute d'un débat d'intérêt général, auquel le requérant a entendu participer en tant que simple citoyen, d'une part, et en tant que procureur, d'autre part. Elle rappelle à cet égard que la présence d'un sujet d'intérêt général implique un niveau de protection élevé au titre du présent art. • CEDH 13 nov. 2008, *Kayasu c/ Turquie (n° 1),* n° 64119/00 § 91 : *préc. note 54.* ♦ Les doutes de la requérante quant à l'impartialité du tribunal de Moscou apparaissant justifiés compte tenu des accusations que l'intéressée avait portées contre le président de cette juridiction, la sanction de révocation de Mme K. est de nature à avoir un « effet inhibiteur » sur les juges souhaitant participer au débat public sur l'efficacité des organes judiciaires. • CEDH 26 févr. 2009, *Kudeshkina c/ Russie,* n° 29492/05 § 94 et 99.

56. A l'inverse, des critiques que le requérant exprime publiquement à titre professionnel en sa qualité de président de la Cour suprême et du Conseil national de la justice alors qu'il a non seulement le droit mais encore le devoir de formuler un avis sur des réformes législatives susceptibles d'avoir une incidence sur les tribunaux et sur l'indépendance de la justice, questions d'intérêt public, n'ont pas dépassé le domaine de la simple critique d'ordre strictement professionnel. Dès lors, sa position et ses déclarations devaient bénéficier d'un niveau élevé de protection et toute ingérence dans cet exercice de sa liberté d'expression devait faire l'objet d'un contrôle strict, lequel va de pair avec une marge d'appréciation restreinte des autorités de l'État défendeur. • CEDH, gr. ch., 23 juin 2016, *Baka c/ Hongrie,* n° 20261/12 § 171 : *AJDA 2016. 1746, chron. Burgorgue-Larsen.*

c. Personnel en uniforme

57. Principe. Le présent art. ne s'arrête pas aux portes des casernes. Il vaut donc pour les militaires comme pour l'ensemble des autres personnes relevant de la juridiction des États contractants. • CEDH 16 déc. 1992, *Hadjianastassiou c/ Grèce,* n° 12945/87 § 39 • CEDH 19 déc. 1994, *Vereinigung demokratischer Soldaten Österreichs et Gubi c/ Autriche,* n° 15153/89 § 27 et 36 • CEDH 25 nov. 1997, *Grigoriades c/ Grèce,* n° 24348/94 § 45.

58. Il convient cependant d'être attentif aux particularités de la condition militaire et à ses conséquences sur la situation des membres des forces armées : l'État doit pouvoir imposer des restrictions à la liberté d'expression là où existe une menace réelle pour la discipline militaire, le fonctionnement efficace d'une armée ne se concevant guère sans des règles juridiques destinées à empêcher de saper cette discipline. • CEDH 12 déc. 1992, *Hadjianastassiou c/ Grèce,* n° 12945/87 § 46 • CEDH 19 déc. 1994, *Vereinigung demokratischer Soldaten Österreichs et Gubi c/ Autriche,* n° 15153/89 § 36 • CEDH 25 nov. 1997, *Grigoriades c/ Grèce,* n° 24348/94 § 45. ♦ Les autorités nationales ne peuvent toutefois pas s'appuyer sur de telles règles pour faire obstacle à l'expression d'opinions, quand bien même elles seraient dirigées contre l'armée en tant qu'institution. • CEDH 25 nov. 1997, *Grigoriades c/ Grèce,* n° 24348/94 § 45 • CEDH 15 sept. 2009, *Matelly c/ France,* n° 30330/04 : *AJDA 2009. 2484, chron. Flauss ; ibid. 2010. 997, chron. Flauss.*

59. L'obligation imposée à certaines catégories de fonctionnaires, notamment aux policiers, de s'abstenir d'activités politiques vise à dépolitiser les services concernés et de ce fait à contribuer à la consolidation et au maintien de la démocratie pluraliste dans le pays. Compte tenu du rôle de la police dans la société, avoir des forces de police politiquement neutres constitue un but légitime pour toute société démocratique. • CEDH, gr. ch., 20 mai 1999, *Rekvenyi c/ Hongrie,* n° 25390/94 § 41 et 46.

60. Mise en œuvre. Le requérant a fait remettre à son commandant une lettre que ce dernier a jugée insultante pour les forces armées et qui contenait certaines remarques virulentes et outrancières au sujet des forces armées grecques. Toutefois, ces commentaires ont été faits dans le contexte d'un discours général et assez long critiquant la vie militaire et l'armée en tant qu'institution. La lettre n'a pas été *publiée ni diffusée par lui auprès de tiers* – mis à part un autre officier à qui il en aurait donné une copie – et nul n'a allégué que quiconque d'autre en ait eu connaissance. Elle ne renfermait pas davantage d'insultes à l'adresse de son destinataire ou de quiconque d'autre et dès lors son impact objectif sur la discipline militaire était insignifiant. • CEDH 25 nov. 1997, *Grigoriades c/ Grèce,* n° 24348/94 § 47.

61. La divulgation de l'intérêt de l'État pour une arme donnée et celle des connaissances techniques correspondantes, qui peuvent fournir des indications sur le degré d'avancement de la fabrication, sont de nature à causer à la sécurité nationale un préjudice considérable. • CEDH 12 déc. 1992, *Hadjianastassiou c/ Grèce,* n° 12945/87 § 46.

62. Les propos tenus par le requérant dans les différents médias, faisant en particulier référence à une manipulation des chiffres de la délinquance par les officiers de gendarmerie et à une absence de contrôle par la hiérarchie, sont de nature à porter atteinte à la crédibilité de ce corps militaire, et à la confiance du public dans l'action de la gendarmerie elle-même. Dans ces conditions, les autorités internes ont pu avoir des raisons fondées d'estimer que le requérant avait outrepassé son devoir de réserve, et qu'il était nécessaire à la défense de l'ordre et de la discipline militaire de prendre la décision critiquée. • CEDH 15 sept. 2009, *Matelly c/ France,* n° 30330/04 : *préc. note 58.*

d. Professeurs d'université

63. La liberté académique autorise notamment les universitaires à exprimer librement leurs opinions sur l'institution ou le système au sein duquel ils travaillent ainsi qu'à diffuser sans restriction le savoir et la vérité. • CEDH 23 juin 2009, *Sorguc c/ Turquie,* n° 17089/03 § 35 : *AJDA 2009. 1936, chron. Flauss ; RD publ. 2010. 880, obs. Lévinet* • CEDH 20 oct. 2009, *Lombardi Vallauri c/ Italie,* n° 39128/05 § 43 : *AJDA 2010. 215, note Laffaille.* ♦ La liberté des universitaires d'effectuer des recherches et de publier leurs résultats ne se limite pas à la recherche universitaire ou scientifique, mais s'étend également à la liberté des universitaires d'exprimer librement leurs points de vue et opinions, si controversées ou impopulaires soient-elles, dans les domaines de leur recherche, d'expertise et de compétence professionnelles. Cela peut inclure un examen du fonctionnement des institutions publiques dans un système politique donné, et une critique de celui-ci. • CEDH 27 mai 2014, *Mustafa Erdogan et a. c/ Turquie,* n° 346/04 § 40 : *JCP Adm. 2014. 511.* ♦ Rappr. s'agissant de travaux universitaires appréciés sout l'angle de l'art. 8 Conv. EDH. • CEDH, gr. ch., 15 mars 2012, *Aksu c/ Turquie,* n° 4149/04 § 71.

2° HOMMES ET PARTIS POLITIQUES ; PERSONNAGES PUBLICS

64. Le présent art. ne laisse guère de place pour des restrictions à la liberté d'expression dans le domaine du discours politique ou de questions d'intérêt général. • CEDH 2 oct.

2001, Stankov et Organisation macédonienne unie Ilinden, n° 29221/95 § 85 • CEDH 14 mars 2013, *Éon c/ France*, n° 26118/10 § 59 : *D. 2013. 968, note Beaud ; AJDA 2013. 1801, chron. Burgogue-Larsen ; RFDA 2013. 576, chron. Labayle, Sudre, Dupré de Boulois et Milano ; ibid. 594, chron. Droin ; JCP Adm. 2013. 298.*

V. pour d'autres décisions dans le même sens :.

a. Principes

65. Large liberté d'expression. Cette liberté d'expression s'étend aux parlementaires qui, du reste, bénéficient par ailleurs d'une immunité juridictionnelle (ss. l'angle de l'art. 6, § 1, Conv. EDH) du fait des propos qu'ils tiennent. • CEDH 17 déc. 2002, n° 35373/97 § 77. ♦ ... Y compris en dehors de l'enceinte parlementaire même si, dans ce dernier cas, il convient de retenir une interprétation étroite de la notion de proportionnalité entre le but visé et les moyens employés, et dès lors, de limiter les effets de cette immunité. • CEDH 30 janv. 2003, *Cordova c/ Italie (n° 1)*, n° 40877/98 § 63 : *RSC 2003. 618, obs. Massias ; RD publ. 2004. 1063, obs. Burgorgue-Larsen ; JCP 2003. I. 160, chron. Sudre* • CEDH 6 déc. 2005, n° 23053/02 § 55. ♦ V. s'agissant des parlementaires européens et « malgré des propos particulièrement choquants ». • Trib. UE, 31 mai 2018, n° T-770/16 : *JCP Adm. 2018. 535.*

66. Précieuse pour chacun, la liberté d'expression l'est tout particulièrement pour un élu du peuple (pour les partis politiques et leurs membres actifs). Il représente ses électeurs, signale leurs préoccupations et défend leurs intérêts. Partant, des ingérences dans la liberté d'expression d'un parlementaire de l'opposition, tel le requérant, commandent à la Cour de se livrer à un contrôle des plus stricts. • CEDH 23 avr. 1992, *Espagne*, n° 11798/85 § 42 • CEDH, gr. ch., 17 mai 2016, *Karacsony et a. c/ Hongrie*, n° 42461/13 § 137.

V. pour d'autres décisions dans le même sens :.

67. Un adversaire des idées et positions officielles doit pouvoir trouver sa place dans l'arène politique. • CEDH 27 avr. 1995, *Piermont c/ France*, n° 15773/89 § 76 : *préc. note 29.* ♦ Les ingérences dans la liberté d'expression d'un membre de l'opposition, qui représente ses électeurs, signale leurs préoccupations et défend leurs intérêts, commandent de se livrer à un contrôle des plus stricts. Le fait qu'un adversaire des idées et positions officielles doit pouvoir trouver sa place dans l'arène politique inclut nécessairement la possibilité de pouvoir discuter de la régularité d'une élection. Enfin, dans le contexte d'une compétition électorale, la vivacité des propos est plus tolérable qu'en d'autres circonstances. • CEDH 11 avr. 2006, *Brasilier c/ France*, n° 71343/01 § 42. ♦ Même solution pour les partis politiques et leurs membres actifs. • CEDH 22 nov. 2007, *Desjardin c/ France*, n° 22567/03 § 47 • CEDH 12 avr. 2012, *de Lesquen du Plessis-Casso c/ France*, n° 54216/09 § 38 : *AJDA 2012. 789* . ♦ Même solution dans le cadre des débats d'un conseil municipal. • CEDH 7 sept. 2017, *Lacroix c/ France*, n° 41519/12 : *AJDA 2017. 1693 ; JCP Adm. 2017. 401.*

68. Les requérants s'exprimaient en leur qualité d'homme politique, dans le cadre de leur rôle d'acteur de la vie politique turque, n'incitant ni à l'usage de la violence ni à la résistance armée ni au soulèvement, et il ne s'agissait pas d'un discours de haine, ce qui est aux yeux de la Cour l'élément essentiel à prendre en considération. • CEDH 23 sept. 2004, *Feridun Yazar c/ Turquie*, n° 42713/98 § 27.

69. Possibilité large de critiquer. Le libre jeu du débat politique se trouve au cœur même de la notion de société démocratique qui domine la Conv. EDH tout entière. Partant, les limites de la critique admissible sont plus larges à l'égard d'un homme politique, visé en cette qualité, que d'un simple particulier : à la différence du second, le premier s'expose inévitablement et consciemment à un contrôle attentif de ses faits et gestes tant par les journalistes que par la masse des citoyens ; il doit, par conséquent, montrer une plus grande tolérance surtout lorsqu'il se livre lui-même à des déclarations publiques pouvant prêter à critique. Assurément, le § 2 du présent art. permet de protéger la réputation d'autrui, c'est-à-dire de chacun. L'homme politique en bénéficie lui aussi, même quand il n'agit pas dans le cadre de sa vie privée, mais en pareil cas les impératifs de cette protection doivent être mis en balance avec les intérêts de la libre discussion des questions politiques, les exceptions à la liberté d'expression appelant une interprétation étroite. • CEDH 8 juill. 1986, *Lingens c/ Autriche*, n° 9815/82 § 42 : *RSC 1987. 269, obs. Pettiti et Teitgen ; CDE 1988. 470, obs. Cohen-Jonathan ; AFDI 1987. 239, obs. Coussirat-Coustère ; JDI 1987. 790, obs. Rolland et Tavernier* • CEDH 7 juin 2007, *Dupuis c/ France*, n° 1914/02 § 40 : *D. 2007. 2506, note Marguénaud ; AJDA 2008. 978, chron. Flauss ; RSC 2007. 563, obs. Francillon ; JCP 2007. 10127, note Derieux.*

V. pour d'autres décisions dans le même sens :.

70. L'invective politique déborde souvent sur le plan personnel ; ce sont les aléas du jeu politique et du libre débat d'idées, garants d'une société démocratique. • CEDH 28 sept. 2000, *Lopes Gomes da Silva c/ Portugal*, n° 37698/97 § 30 • CEDH 12 avr. 2012, *de Lesquen du Plessis-Casso c/ France*, n° 54216/09 § 40 : *préc.*

note 65 • CEDH 10 oct. 2013, *Jean-Jacques Morel c/ France*, n° 25689/10 § 35 : *préc. note 65.* ♦ Eu égard à sa position d'homme politique, nul doute que P. était un personnage public et devait en supporter les conséquences. • CEDH 26 févr. 2002, *Krone Verlag GmbH & Co. KG c/ Autriche*, n° 34315/96 § 37.

71. Il en va ainsi autant au niveau national qu'au niveau local : un maire (ou ses adjoints) est un personnage politique. • CEDH 27 mai 2004, *Vides Aizsardzibas Klubs c/ Lettonie*, n° 57829/00 • CEDH 12 avr. 2012, *de Lesquen du Plessis-Casso c/ France (n° 1)*, n° 54216/09 § 38 : *préc. note 65* • CEDH 7 sept. 2017, *Lacroix c/ France*, n° 41519/12 : *préc. note 66.* ♦ ... Comme un représentant d'un mouvement d'opposition à la majorité municipale. • CEDH 30 janv. 2014, *de Lesquen du Plessis-Casso c/ France (n° 2)*, n° 34400/10 § 38. ♦ Les propos des requérants, s'ils ne sont pas exempts d'une certaine virulence, s'inscrivent pleinement dans le contexte d'un débat local présentant une réelle vivacité. Ils visent en particulier à répondre à la mise en cause publique, par l'élu, du comportement professionnel, et même personnel, d'une adhérente de leur syndicat. • CEDH 6 oct. 2011, *Vellutini et Michel*, n° 32820/09 § 39 : *AJDA 2011. 2372* ; *D. 2011. 2475* ; *JCP Adm. 2011. 654* ; *ibid. 2012. 2184, chron. Seban et Henon.* ♦ Il en va de même de propos prononcés sur le ton de l'invective fondés sur une base factuelle suffisante. • CEDH 7 sept. 2017, *Lacroix c/ France*, n° 41519/12 : *préc. note 66.*

72. L'homme politique s'expose également à un contrôle attentif de ses faits et gestes par un adversaire politique. Il doit montrer une plus grande tolérance, surtout lorsqu'il se livre lui-même à des déclarations publiques pouvant prêter à critique. • CEDH 22 févr. 2005, *Pakdemirli c/ Turquie*, n° 35839/97 § 45.

73. Ces principes s'étendent aux partis politiques et à leurs membres actifs. • CEDH 9 juin 1998, *Incal c/ Turquie*, n° 22678/93 § 46. ♦ Ils sont étendus aux associations. • CEDH 27 mai 2004, *Vides Aizsardzibas Klubs c/ Lettonie*, n° 57829/00 § 42. ♦ ... Voire aux groupes de particuliers qui contribuent au débat public, en particulier dans le domaine de l'environnement. • CEDH 15 févr. 2005, *Steel et Morris c/ Royaume-Uni*, n° 68416/01 § 89 : *AJDA 2005. 1895, chron. Flauss* .

74. Personnages publics. Le requérant s'exprimait en sa qualité de dirigeant syndical, dans le cadre de son rôle d'acteur de la vie politique turque. • CEDH, gr. ch., 8 juill. 1999, *Ceylan c/ Turquie*, n° 23556/94 § 36 • CEDH 23 sept. 2003, *Turquie*, n° 43928/98 § 36. ♦ En raison de la dimension institutionnelle et de l'importance des fonctions qu'il occupe K. est un personnage public et non un gérant d'une société civile immobilière dont la gestion est privée. En tant que directeur et gérant statutaire de la Grande Mosquée de Lyon, il représentait la communauté musulmane dans la région lyonnaise, et s'exposait ainsi à des critiques relatives à l'exercice de ses fonctions. • CEDH 18 sept. 2008, *Chalabi c/ France*, n° 35916/04 § 42 : *D. 2008. 2424, obs. Lavric* ; *AJ pénal 2008. 463, obs. Girault* ; *RSC 2009. 129, obs. Francillon* ; *JCP 2008. 10172, note Durieux.* ♦ V. s'agissant d'une personnalité du cinéma et de la télévision ayant publié des propos controversés sur les femmes victime d'un « post » très critique. • CEDH 7 nov. 2017, *Egill Einarsson c/ Islande*, n° 24703/15 § 43 : *AJDA 2018. 150, chron. Burgorgue-Larsen* .

75. Situation du Gouvernement. Les limites de la critique admissible sont plus larges à l'égard du Gouvernement que d'un simple particulier, ou même d'un homme politique. Dans un système démocratique, ses actions ou omissions doivent se trouver placées sous le contrôle attentif non seulement des pouvoirs législatif et judiciaire, mais aussi de l'opinion publique. En outre, la position dominante qu'il occupe lui commande de témoigner de retenue dans l'usage de la voie pénale, surtout s'il y a d'autres moyens de répondre aux attaques et critiques injustifiées de ses adversaires ou des médias. Il n'en reste pas moins loisible aux autorités compétentes de l'État d'adopter, en leur qualité de garantes de l'ordre public, des mesures même pénales, destinées à réagir de manière adéquate et non excessive à de pareils propos ou à des imputations diffamatoires dénuées de fondement ou formulées de mauvaise foi. • CEDH 23 avr. 1992, *Castells c/ Espagne*, n° 11798/85 § 46 • CEDH 9 juin 1998, *Incal c/ Turquie*, n° 22678/93 § 54 • CEDH, gr. ch., 8 juill. 1999, *Sürek c/ Turquie (n° 1)*, n° 26682/95 § 61 : *préc. note 29.*

b. Mise en œuvre

76. Principe. La liberté de discussion politique ne revêt assurément pas un caractère absolu. Un État contractant peut l'assujettir à certaines « restrictions » ou « sanctions », mais il appartient à la Cour de statuer en dernier lieu sur leur compatibilité avec la liberté d'expression telle qu'elle est consacrée par le présent art. • CEDH 23 avr. 1992, *Castells c/ Espagne*, n° 11798/85 § 46 • CEDH 9 juin 1998, *Incal c/ Turquie*, n° 22678/93 § 53.

77. Limites admissibles du débat politique respectées. Sans doute M. C. ne s'était-il pas en l'espèce prononcé à la tribune du Sénat, ainsi qu'il aurait pu sans risque de sanctions, mais dans un périodique. Il ne perdait pas pour autant le droit de critiquer le Gouvernement. • CEDH 23 avr. 1992, *Castells c/ Espagne*, n° 11798/85 § 43.

78. Les propos reprochés à Mme P., ressortissante allemande, ont été tenus au cours d'une manifestation pacifique autorisée. A aucun moment, la parlementaire européenne n'a appelé à la violence ou au désordre ; elle a pris la parole à l'appui des revendications antinucléaires et indépendantistes exprimées par plusieurs partis locaux. Son intervention s'inscrivait donc dans le cadre d'un débat démocratique en Polynésie. En outre, la manifestation ne fut suivie d'aucun désordre et le Gouvernement n'a pas démontré que les prises de position de la requérante ont causé des troubles en Polynésie. Selon le tribunal administratif de Papeete, lesdits propos « ne présentaient aucun caractère séditieux et ne pouvaient en eux-mêmes constituer un risque sérieux de troubles de l'ordre public ». De surcroît, si l'arrêté d'expulsion a été notifié juste avant le départ de la requérante, il a été adopté le lendemain de la manifestation litigieuse. Rien n'indique que le Haut-Commissaire de la République avait l'intention de prendre une mesure purement symbolique. • CEDH 27 avr. 1995, *Piermont c/ France,* n° 15773/89 § 77 : *préc. note 29.*

79. Les passages litigieux du tract critiquaient certaines mesures administratives et municipales prises par les autorités, notamment contre les marchands ambulants. Ils exposaient ainsi des faits avérés présentant un certain intérêt pour l'opinion publique d'Izmir. Ils dénonçaient une atmosphère défavorable aux citoyens d'origine kurde dans cette ville et supposait que les mesures en cause étaient dirigées en particulier contre ces derniers, pour les forcer à quitter Izmir. Le texte contenait certaines remarques virulentes au sujet de la politique du Gouvernement turc et lançait de graves accusations en tenant celui-ci pour responsable de la situation : en s'adressant à « l'opinion publique des patriotes démocrates », il qualifiait les actes des autorités de « terreur » et comme faisant partie d'une « guerre spéciale » menée « dans le pays » contre « le peuple kurde ». Il invitait les citoyens à « s'opposer » à cette situation, notamment par le biais des « comités de quartier ». Si ces appels lancés, entre autres, à la population d'origine kurde, invitaient celle-ci à se regrouper et faire valoir certaines revendications politiques, elles ne sauraient néanmoins, lues dans leur contexte, passer pour une incitation à l'usage de la violence, à l'hostilité ou à la haine entre citoyens. • CEDH 9 juin 1998, *Incal c/ Turquie,* n° 22678/93 § 50. ♦ Rappr. • CEDH 10 oct. 2006, *Falakaoglu c/ Turquie,* n° 11480/02 § 21.

80. Le débat au sein du conseil municipal portait sur l'octroi de subventions aux associations, et la requérante formula des commentaires sur l'un des points à l'ordre du jour, à savoir l'octroi de subventions à une association d'aide aux parents dont les enfants avaient été entraînés dans des sectes. Les propos de la requérante visaient à mettre en lumière la nécessité d'une telle assistance en décrivant le danger présenté par des groupes qui étaient souvent qualifiés de sectes, terme dont la connotation est assez différente de celle qu'il avait dans les controverses religieuses du passé. Dans ce contexte – où la requérante n'avait pas mentionné les associations IPM et VPM –, elle expliqua le terme de secte et précisa que, selon elle, l'un des aspects que ces sectes avaient en commun était leur caractère totalitaire. Son exposé sur ce point était totalement conforme aux définitions générales du totalitarisme. Ce n'est que plus loin dans son discours que la requérante critiqua les liens entre le Parti populaire autrichien, d'une part, et l'IPM et le VPM, d'autre part. • CEDH 27 févr. 2001, *Jerusalem c/ Autriche,* n° 26958/95 § 41.

81. La déclaration du requérant a été rédigée dans un contexte éminemment politique ainsi que crucial pour l'évolution de la Slovaquie. Elle contenait des mots durs mais n'était pas dépourvue de base factuelle. Rien ne donne à penser qu'elle ait été formulée autrement que de bonne foi, dans le but légitime de protéger l'évolution démocratique du nouvel État dont l'intéressé était ressortissant. • CEDH 12 juill. 2001, *Slovaquie,* n° 29032/95 § 84. ♦ Les remarques incriminées traduisaient l'opinion du requérant au sujet de déclarations qu'un secrétaire d'État avait faites dans le cadre d'une interview précédemment publiée dans un magazine. Il s'agissait de jugements de valeur sur une question d'intérêt public qui, dès lors, ne se prête pas à la démonstration de son exactitude. En l'espèce, le jugement formulé par le requérant se fondait sur des informations déjà connues du grand public. • CEDH 19 mai 2005, *Turquie,* n° 48176/99 § 25. ♦ Le discours litigieux consistait en une critique de la politique du Gouvernement concernant la nomination d'une personnalité politique en tant que ministre de la justice. • CEDH 1er mars 2005, *Birol c/ Turquie,* n° 44104/98 § 27. ♦ Les publications critiquaient les deux personnalités politiques en des termes vigoureux, polémiques et sarcastiques. Nul doute que les plaignants ont été offensés et qu'ils ont même pu être choqués. Toutefois, en choisissant leur métier, ils se sont exposés à une critique et un contrôle rigoureux ; tel est le fardeau que les hommes politiques doivent accepter dans une société démocratique. • CEDH 29 mars 2005, *Ukraine,* n° 72713/01 § 67. ♦ Les allégations d'abus de pouvoir formulées par la requérante ne constituaient pas une attaque personnelle gratuite mais ressortissaient au débat politique. Même si certaines déclarations contenaient des mots durs, elles visaient un homme politique connu. • CEDH 6 avr. 2006, *Malisiewicz-Gasior c/ Pologne,* n° 43797/98 § 66. ♦ Les personnes, même les personnes publiques qui ont suscité un débat houleux en raison de leur comportement et des commentaires du public, n'ont pas à tolérer d'être accusés publiquement d'actes criminels violents sans que de tels jugements de valeur soient étayés par des faits. • CEDH 7 nov. 2017, *Egill Einarsson c/ Islande,* n° 24703/15 § 43 : *préc. note 74.*

82. Le SCPRI, dont M. Pellerin était le directeur, avait notamment pour fonction de surveiller le niveau de contamination du territoire et d'alerter ses ministères de tutelle en cas de problème. Si la confiance du public a une importance particulière pour le bon accomplissement d'une mission de cette nature, encore faut-il que les responsables chargés de cette mission contribuent eux-mêmes à justifier cette confiance en faisant preuve, par exemple, de prudence dans l'expression de leur évaluation des dangers et des risques tels que ceux pouvant résulter d'une catastrophe nucléaire comme celle de Tchernobyl. La Cour ne voit en outre pas en quoi un tel enjeu pouvait perdurer à l'époque où le requérant a tenu les propos jugés diffamatoires : le SCPRI n'existait plus et, âgé de 76 ans, le fonctionnaire concerné n'était plus en activité. Par ailleurs, la question de la responsabilité tant personnelle qu'« institutionnelle » de M. Pellerin s'inscrit entièrement dans le débat d'intérêt général en cause, dès lors qu'en sa qualité de directeur du SCPRI il avait accès aux mesures effectuées et était intervenu à plusieurs reprises dans les médias pour informer le public du degré de contamination, ou plutôt, pourrait-on dire, d'absence de contamination, du territoire français. • CEDH 7 nov. 2006, *Mamère c/ France,* n° 12697/03 § 28 : *D. 2007. 1704, note Marguénaud ; RTD civ. 2008. 165, obs. Roets.*

83. Les propos tenus par le requérant relevaient à double titre d'un sujet d'intérêt général. D'une part, ses affirmations étaient relatives à la question de l'environnement et de la santé publique ; d'autre part, le requérant s'exprimait sans aucun doute en sa qualité de membre d'un parti politique et dans le cadre de son engagement écologiste, de sorte que ses propos relevaient de l'expression politique. Par ailleurs, le requérant candidat à l'élection cantonale était en campagne électorale lorsqu'il a procédé à la distribution du tract litigieux. • CEDH 22 nov. 2007, *Desjardin c/ France,* n° 22567/03 § 46 et 47. ♦ Les expressions utilisées par les requérants relèvent d'une animosité personnelle manifeste, s'inscrivant au contraire dans les limites de la critique admissible s'agissant de représentants syndicaux engagés dans un débat d'intérêt général. • CEDH 6 oct. 2011, *Vellutini et Michel,* n° 32820/09 § 42 : *préc. note 71.*

84. Limites admissibles du débat politique dépassées. Pour ce qui est, en l'espèce, de la teneur du discours litigieux, la Cour observe qu'une partie des termes employés par le requérant relève plus d'une salve d'injures et d'imprécations que d'une critique politique. Ces propos, qui peuvent passer pour polémiques, et qui semblent contenir, dans une certaine mesure, une attaque personnelle gratuite, sont difficilement analysables en une opinion dans un débat politique, même si les personnalités et le cadre du discours relèvent, de leur côté, du domaine politique. • CEDH 22 févr. 2005, *Turquie,* n° 35839/97 § 46 (sol. impl.). ♦ Quelle que soit la vigueur des luttes politiques, il est légitime de vouloir leur conserver un minimum de modération et de bienséance, ce d'autant plus que la réputation d'un politicien, fût-il controversé, doit bénéficier de la protection garantie par le présent art. • CEDH 22 oct. 2007, *Lindon, Otchakovsky-Laurens et July c/ France,* n° 21279/02 § 57 : *D. 2007. 2737, obs. Lavric ; AJDA 2008. 978, chron. Flauss ; RFDA 2008. 737, obs. Labayle et Sudre ; JCP 2007. 10193, note Derieux ; JCP 2008. I. 110, chron. Sudre ; RTDH 2009. 491, obs. Wachsmann.* ♦ Des ragots sur l'état de son mariage ou sur de prétendues relations extraconjugales du Président autrichien ne contribuent pas à tout débat public, mais servent simplement à satisfaire la curiosité d'un certain lectorat. • CEDH 4 juin 2009, *Standard Verlags GmbH c/ Autriche (n° 2),* n° 21277/05 § 52 : *AJDA 2009. 1936, chron. Flauss .* ♦ Il en est de même du choix délibéré du requérant de faire dévier ce qui aurait pu être un débat d'idées, concernant la place réservée aux harkis par la communauté nationale, vers une approche touchant à un aspect de la vie privée du maire. • CEDH 30 janv. 2014, *de Lesquen du Plessis-Casso c/ France (n° 2),* n° 34400/10 § 38. ♦ … Les propos tenus par le requérant à l'encontre d'un magistrat constituaient une attaque personnelle gratuite et pouvaient passer pour trompeurs car il n'en a donné aucune explication objective. • CEDH, décis., 9 janv. 2018, *Meslot c/ France,* n° 50538/12 § 48 : *préc. note 64.*

85. Limites admissibles du débat politique partiellement respectées. Si la relation entre un Premier ministre et une jeune femme relevait d'un débat d'intérêt général car elle pouvait donner des indications sur l'honnêteté et le jugement de celui-ci, en revanche la description de sa vie sexuelle et de moments intimes du couple était constitutive d'une atteinte à la vie privée. • CEDH 14 janv. 2014, *Ruusunen c/ Finlande,* n° 76579/10 § 49 à 52. ♦ Même si, en l'état actuel de la Constitution monégasque, l'enfant ne peut prétendre succéder à son père, son existence même est de nature à intéresser le public et notamment les citoyens de Monaco. En effet, le titre se transmettant de manière héréditaire, la naissance d'un enfant revêt une importance toute particulière. En outre, l'attitude du Prince pouvait être révélatrice de sa personnalité et de sa capacité à exercer ses fonctions de manière adéquate. En l'espèce, les impératifs de protection de la vie privée du Prince et le débat sur l'avenir de la monarchie héréditaire étaient donc en concurrence. Or il s'agit d'une question d'importance politique. Il y avait donc un intérêt légitime du public à connaître l'existence de cet enfant et à pouvoir débattre de ses conséquences éventuelles sur la vie politique de la Principauté de Monaco. Toutefois, cette analyse ne saurait s'appliquer à tous les détails sur la vie privée du Prince et de Mme C. qui sont mis en avant dans le texte et notamment les circonstances de leur rencontre et de leur liaison, le comportement du Prince à l'annonce de la grossesse et ultérieurement à l'égard de l'enfant. • CEDH 12 juin 2014, *Couderc et Hachette Filipacchi associés c/ France,* n° 40454/07 § 59 : *AJDA 2014. 1763, chron. Burgorgue-Larsen ; JCP Adm. 2014. 510.*

86. Excès de protection. – Chefs d'État. S'il est tout à fait légitime que les institutions de l'État soient protégées par les autorités compétentes en leur qualité de garantes de l'ordre public institutionnel, la position dominante que ces institutions occupent commande aux autorités de faire preuve de retenue dans l'usage de la voie pénale. • CEDH 15 mars 2011, *Otegi Mondragon c/ Espagne,* n° 2034/07 § 58. ♦ Le principe vaut aussi bien si la protection est accordée par une loi que lorsqu'elle découle d'une pratique jurisprudentielle du même ordre. • CEDH 22 févr. 2005, *Pakdemirli c/ Turquie,* n° 35839/97 § 52.

87. Ainsi, l'impossibilité de faire valoir l'*exceptio veritatis* en cas de poursuite pour offense au Chef de l'État constitue une mesure excessive pour protéger la réputation et les droits d'une personne, même lorsqu'il s'agit d'un Chef d'État ou de Gouvernement. • CEDH 25 juin 2002, *Colombani c/ France,* n° 51279/99 § 66 : *D. 2002. 2571, obs. Renucci ; D. 2003. 715, note Beignier et de Lamy ; AJDA 2002. 1277, chron. Flauss ; RD publ. 2003. 689, obs. Lévinet ; JCP 2003. 10136, note Pech ; RTDH 2003. 975, note Wachsmann.* ♦ En l'espèce les propos litigieux ne mettaient pas en cause la vie privée du roi ou son honneur personnel, et ne comportaient pas une attaque personnelle gratuite contre sa personne. Les déclarations du requérant ont été prononcées dans un contexte public et politique. Ces propos ne mettaient pas non plus en cause la manière dont le roi s'était acquitté de ses fonctions officielles dans un domaine particulier ni ne lui attribuaient une quelconque responsabilité individuelle dans la commission d'une infraction pénale concrète. Les formules employées par le requérant visaient uniquement la responsabilité institutionnelle du roi en tant que chef et symbole de l'appareil étatique et des forces qui, selon les dires du requérant, avaient torturé les responsables du journal E. • CEDH 15 mars 2011, *Otegi Mondragon c/ Espagne,* n° 2034/07 § 57. ♦ Si les articles litigieux consistaient en une critique virulente du Président de la République de l'époque, tenu pour responsable de la mauvaise administration du pays, ils relevaient de sujets d'intérêt général particulièrement importants, à savoir la protection de l'environnement et de la santé publique et la manière dont les autorités turques ont géré ces questions dans le contexte du séisme catastrophique survenu le 17 août 1999. Aussi la marge d'appréciation dont disposaient les autorités pour juger de la « nécessité » de la mesure litigieuse était davantage restreinte. • CEDH 26 juill. 2007, *Artun et Güvener c/ Turquie,* n° 75510/01 27 et 29. ♦ En reprenant à son compte une formule abrupte (« casse-toi, pov' con »), utilisée par le Président de la République lui-même, largement diffusée par les médias puis reprise et commentée par une vaste audience de façon fréquemment humoristique, le requérant a choisi d'exprimer sa critique sur le mode de l'impertinence satirique. • CEDH 14 mars 2013, *Éon c/ France,* n° 26118/10 § 60 : *préc. note 64.* ♦ Le Prince est une personne qui, par sa naissance en tant que membre d'une famille princière et ses fonctions publiques, à la fois politique et de représentation, en qualité de Chef d'État, jouit d'une notoriété publique indéniable. Il fallait donc que les juridictions nationales envisagent la mesure dans laquelle cette notoriété et ces fonctions publiques étaient de nature à influer sur la protection dont sa vie privée pouvait bénéficier. • CEDH 10 nov. 2015, *Couderc et Hachette Filipacchi associés c/ France,* n° 40454/07 § 127 : *AJDA 2016. 143, chron. Burgorgue-Larsen ; D. 2016. 116, note J.-F. Renucci .*

3° AVOCATS

88. Principe. La liberté d'expression vaut aussi pour les avocats. • CEDH 20 mai 1998, *Schöpfer c/ Suisse,* n° 25405/94 § 29 : *D. 1999. 273, obs. Fricero ; JCP 1999. I. 105, chron. Sudre* • CEDH 21 mars 2002, *Nikula c/ Finlande,* n° 31611/96 § 46 • CEDH 20 avr. 2004, *Amihalachioaie c/ Moldova,* n° 60115/00 § 28 • CEDH 15 déc. 2011, *Mor c/ France,* n° 28198/09 § 43 : *AJDA 2012. 143, chron. Burgorgue-Larsen ; D. 2012. 667, obs. Lavric , note François ; ibid. 2013. 136, obs. Wickers ; AJ pénal 2012. 337, note Porteron ; RSC 2012. 260, obs. Marguénaud .*

89. Modulation. Le statut spécifique des avocats les place dans une situation centrale dans l'administration de la justice, comme intermédiaires entre les justiciables et les tribunaux, ce qui explique les normes de conduite imposées en général aux membres du barreau. Eu égard au rôle clé des avocats dans ce domaine, on peut attendre d'eux qu'ils contribuent au bon fonctionnement de la justice et, ainsi, à la confiance du public en celle-ci. • CEDH 24 févr. 1994, *Casado Coca c/ Espagne*, n° 15450/89 § 54 : *préc. note 43* • CEDH,gr. ch., 23 avr. 2015, *Morice c/ France*, n° 9369/10 § 132 : *préc. note 2*.

V. pour d'autres décisions dans le même sens : .

90. L'action des tribunaux, qui sont garants de la justice et dont la mission est fondamentale dans un État de droit, a besoin de la confiance du public. Aussi convient-il de la protéger contre des attaques dénuées de fondement, alors surtout que le devoir de réserve interdit aux magistrats de réagir. • CEDH 24 févr. 1997, *De Haes et Gijsels c/ Belgique*, n° 19983/92 § 37 : *RSC 1998. 394, obs. Koering-Joulin* ; *JCP 1998. I. 107, chron. Sudre* • CEDH 21 mars 2002, *Nikula c/ Finlande*, n° 31611/96 § 45 • CEDH 20 mai 1998, *Schöpfer c/ Suisse*, n° 25405/94 § 29 : *préc. note 88*.

91. Grâce à leurs contacts directs et constants avec leurs membres, les autorités ordinales ou les cours et tribunaux du pays se trouvent mieux placés que le juge international pour préciser où se situe, à un moment donné, le juste équilibre à ménager. C'est pourquoi ils jouissent d'une certaine marge d'appréciation pour juger de la nécessité d'une ingérence en la matière, mais cette marge va de pair avec un contrôle européen portant à la fois sur les normes pertinentes et sur les décisions les appliquant. • CEDH 24 févr. 1994, *Casado Coca c/ Espagne*, n° 15450/89 § 50 et 55 : *préc. note 43* (en matière de publicité professionnelle) • CEDH 20 mai 1998, *Schöpfer c/ Suisse*, n° 25405/94 § 33 : *préc. note 88*.

92. Procédures engagées contre des magistrats. Contrevient au présent art. la condamnation à une amende, à l'issue d'une procédure pénale, d'un avocat pour diffamation ou atteinte à l'honneur d'un juge, et ce, pour avoir soit adressé au Conseil supérieur de la magistrature une lettre (non publique) mettant en cause sur la base d'éléments factuels « l'existence d'une ambiance de grande intimité » dans le cadre d'une procédure (motif légal de récusation, critique que tout juge peut s'attendre à recevoir), soit engagé, en représentation de son client et sans enfreindre ses devoirs déontologiques, une action pénale pour *discrimination, non dénuée de toute base factuelle*, à l'encontre d'un magistrat. N'ayant pas ménagé le juste équilibre voulu entre la nécessité de protéger le droit à l'honneur des juges concernés, l'autorité judiciaire et la liberté d'expression des requérants, ces sanctions sont en outre de nature à produire un effet dissuasif pour la profession d'avocat dans son ensemble, notamment lorsqu'il s'agit pour les avocats de défendre les intérêts de leurs clients, et peuvent contraindre un avocat à refuser un mandat, ce qui risquerait de porter atteinte au droit d'accès de tout justiciable à un tribunal garanti par l'art. 6 de la Conv EDH. • CEDH 8 oct. 2019, *Portugal*, n° 24845/13 § 67-72.

a. Dans le prétoire

93. Principe. La liberté d'expression dont jouit un avocat dans le prétoire n'est pas illimitée, et certains intérêts, tels que l'autorité du pouvoir judiciaire, sont assez importants pour justifier des restrictions à ce droit. Néanmoins, même si l'infliction des peines appartient aux juridictions nationales, ce n'est qu'exceptionnellement qu'une restriction à la liberté d'expression de l'avocat de la défense, même au moyen d'une sanction pénale légère, peut passer pour nécessaire dans une société démocratique. • CEDH, gr. ch., 15 déc. 2005, *Kyprianou c/ Chypre*, n° 73797/01 § 174. ♦ Dès lors que la liberté d'expression de l'avocat peut soulever une question sous l'angle du droit de son client à un procès équitable, l'équité milite également en faveur d'un échange de vues libre, voire énergique, entre les parties (et l'avocat a le devoir de « défendre avec zèle les intérêts de ses clients », ce qui le conduit parfois à s'interroger sur la nécessité de s'opposer ou non à l'attitude du tribunal ou de s'en plaindre). • CEDH, gr. ch., 23 avr. 2015, *Morice c/ France*, n° 29369/10 § 137 : *préc. note 2*.

94. De manière générale, la différence qui est établie entre le rôle du procureur, c'est-à-dire l'adversaire de l'accusé, et celui du juge confère une meilleure protection aux déclarations par lesquelles un accusé critique un procureur, par opposition à celles contenant des propos agressifs envers le juge ou le tribunal dans son ensemble. • CEDH 21 mars 2002, *Nikula c/ Finlande*, n° 31611/96 § 50.

95. Mise en œuvre. La requérante a certes accusé le procureur T. de comportement illégal, mais cette critique portait sur la stratégie que T. avait choisie pour mener l'accusation, à savoir les deux décisions prises par lui avant le procès et qui, selon elle, constituaient des « manipulations méconnaissant (...) les devoirs de sa charge ». Même si certains des termes employés étaient déplacés, les critiques de l'intéressée portaient uniquement sur la manière dont T. s'était acquitté de ses fonctions de procureur dans l'affaire dirigée contre le client de l'avocate, et non sur les qualités professionnelles ou autres de T. en général. Dans ce contexte procédural, dès lors que les arguments de la requérante ne sont pas sortis de la salle d'audience, T. devait tolérer des critiques très larges de la part de la requérante en sa qualité d'avocate de la défense. Il en résulte que la Cour ne saurait non plus conclure que les critiques formulées par la requérante à l'égard du procureur constituaient une insulte personnelle, étant donné qu'elles revêtaient un caractère procédural (Comp. • Comm. EDH 30 juin 1997, *W.R. c/ Autriche,* n° 26602/95, non publiée, où l'avocat avait qualifié l'avis d'un juge de « ridicule », et • Comm. EDH 14 janv. 1998, *Mahler c/ Allemagne,* n° 29045/95, non publiée, où l'avocat avait affirmé que le procureur avait rédigé l'acte d'accusation « alors qu'il était totalement ivre »). • CEDH 21 mars 2002, *Nikula c/ Finlande,* n° 31611/96 § 51 et 52.

96. La conduite du requérant peut certes passer pour dénoter un certain irrespect à l'égard des juges de la cour d'assises. Néanmoins, bien que discourtois, les commentaires de l'intéressé portant uniquement sur la manière dont les juges conduisaient l'instance, concernant en particulier le contre-interrogatoire d'un témoin que M. K. était en train de mener dans le cadre de la défense de son client contre une accusation de meurtre. • CEDH, gr. ch., 15 déc. 2005, *Kyprianou c/ Chypre,* n° 73797/01 § 179.

97. Le contrôle *ex post facto* des paroles ou des écrits litigieux d'un avocat doit être mis en œuvre avec une prudence et une mesure particulières. S'il appartient aux autorités judiciaires et disciplinaires, dans l'intérêt du bon fonctionnement de la justice, de relever et parfois même de sanctionner certains comportements des avocats, elles doivent veiller à ce que ce contrôle ne constitue pas pour ceux-ci une menace ayant un effet « inhibant », qui porterait atteinte à la défense des intérêts de leurs clients. • CEDH 15 déc. 2015, *Bono c/ France,* n° 29024/11 § 55 : *D. 2016. 84* ; *JCP Adm. 2016. 41.*

b. Hors du prétoire

98. Principe. La liberté d'expression vaut aussi pour les avocats, qui ont certes le droit de se prononcer publiquement sur le fonctionnement de la justice, mais dont la critique ne saurait franchir certaines limites. Eu égard au rôle clé des avocats dans ce domaine, on peut attendre d'eux qu'ils contribuent au bon fonctionnement de la justice et, ainsi, à la confiance du public en celle-ci. A cet égard, il convient de tenir compte de l'équilibre à ménager entre les divers intérêts en jeu, parmi lesquels figurent le droit du public d'être informé sur les questions qui touchent au fonctionnement du pouvoir judiciaire, les impératifs d'une bonne administration de la justice et la dignité de la profession d'avocat. • CEDH 20 mai 1998, *Schöpfer c/ Suisse,* n° 25405/94 § 29 et 33 : *préc. note 88* • CEDH 21 mars 2002, *Finlande,* n° 31611/96 § 46 • CEDH 20 avr. 2004, *Moldova,* n° 60115/00 § 28. ♦ Même hors du prétoire, une ingérence dans la liberté d'expression de l'avocat ne peut qu'exceptionnellement passer pour nécessaire dans une société démocratique. • CEDH 21 mars 2002, *Nikula c/ Finlande,* n° 31611/96 § 55 • CEDH 15 déc. 2011, *Mor c/ France,* n° 28198/09 § 44 : *préc. note 88.* ♦ La défense d'un client peut se poursuivre avec une apparition dans un journal télévisé ou une intervention dans la presse et, à cette occasion, avec une information du public sur des dysfonctionnements de nature à nuire à la bonne marche d'une instruction. Il reste que les avocats ne peuvent tenir des propos d'une gravité dépassant le commentaire admissible sans solide base factuelle ou proférer des injures. • CEDH, gr. ch., 23 avr. 2015, *Morice c/ France,* n° 29369/10 § 138 : *préc. note 2.* ♦ V. déjà. • CEDH, décis., 8 janv. 2004, *Finlande,* n° 44998/9 • CEDH 30 oct. 2012, *Grèce,* n° 6086/10 § 78. • CEDH, décis., 24 janv. 2008, *Coutant c/ France,* n° 17155/03 : *préc. note 23.*

99. Mise en œuvre. S. a d'abord attaqué publiquement le fonctionnement de la justice en tenant une conférence de presse dont il affirmait qu'elle constituait son dernier recours. Il a formé ensuite seulement, devant la cour d'appel de Lucerne, un appel qui a abouti en partie. Il a, de surcroît, omis de saisir l'autre autorité de tutelle de la préfecture, le parquet, dont il n'a pas cherché à établir l'inefficacité autrement que par de simples assertions. Ce faisant, il a adopté un comportement peu compatible avec la contribution à apporter par les avocats à la confiance du public dans la justice en exprimant en public ses doléances au sujet d'une procédure pénale qui était alors pendante devant une juridiction pénale. • CEDH 20 mai 1998, *Schöpfer c/ Suisse,* n° 25405/94 § 34 : *préc. note 88.*

100. La requérante a choisi, une semaine après le début du procès, de s'exprimer par la voie d'un communiqué de presse – qui fut ensuite partiellement repris par une dépêche de l'AFP –, selon elle pour dénoncer les conditions critiquables de l'interpellation de son client et l'impossibilité d'assurer sa défense dans le cadre d'un procès équitable. Or, le dossier soumis à la Cour ne comporte aucun élément tendant à montrer que, dans les circonstances, ce mode d'expression constituait pour l'intéressée l'unique moyen de faire valoir les moyens de défense qu'elle entendait présenter. Au contraire, la Cour constate que, d'une part, la requérante n'a présenté aucun moyen de nullité lors de l'instruction et que, d'autre part, l'intéressée, dans le communiqué litigieux, dépasse le cadre de la défense pénale de son client pour se livrer à un réquisitoire général contre les méthodes des services policiers et judiciaires impliqués dans la lutte contre le terrorisme. Il en découle que le caractère excessif et l'absence de base factuelle des propos litigieux sont aggravés par le fait qu'ils émanent d'une avocate. • CEDH 24 janv. 2008, *Coutant c/ France,* n° 17155/03 : *préc. note 21.* ♦ Rappr. • CEDH, décis., 19 déc. 2017, *Szpiner c/ France,* n° 2316/15 § 19.

101. Les déclarations du requérant portaient sur une question d'intérêt général et elles s'inscrivaient dans le cadre d'une vive polémique déclenchée parmi les avocats par une décision de la Cour constitutionnelle sur le statut de la profession qui mettait fin à l'organisation des avocats en une structure unique, l'Union des avocats de Moldova, dont le requérant était le président. Même si les affirmations contenues dans ces déclarations peuvent passer pour dénoter une certaine absence de considération à l'égard de la Cour constitutionnelle du fait de sa décision, elles ne peuvent être qualifiées ni de graves ni d'injurieuses à l'égard des juges de la Cour. • CEDH 20 avr. 2004, *Moldavie,* n° 60115/00 § 35. ♦ Les propos reprochés au requérant (« J'ai toujours su qu'il était possible. Un jury blanc, exclusivement blanc, où les communautés ne sont pas toutes représentées (...), la voie de l'acquittement était une voie royalement ouverte, ce n'est pas une surprise. ») peuvent être analysés comme une assertion générale sur l'organisation de la justice criminelle par un avocat et constituent une critique à l'égard du jury et des magistrats de la cour d'assises ayant prononcé le verdict d'acquittement mais s'inscrivent dans un débat d'intérêt général relatif au fonctionnement de la justice pénale dans le contexte d'une affaire médiatique. S'ils sont susceptibles de choquer, ils n'en constituent pas moins un jugement de valeur reposant sur une base factuelle suffisante et s'inscrivant dans le cadre de la défense pénale de son client. • CEDH 19 avr. 2018, *Ottan c/ France,* n° 41841/12 § 66 et 74 : *D. 2018. 894.*

102. A l'exception des allégations relatives à des pressions exercées sur l'expert, la requérante s'est en réalité bornée à commenter les informations déjà largement diffusées dans l'article « Vaccin hépatite B : le rapport qui accuse » qui précédait son entretien et fut repris dans d'autres médias. De l'avis de la Cour, tant la teneur du rapport dont la presse avait eu connaissance par une source inconnue que la qualité d'avocate des victimes de la requérante expliquent que celle-ci ait été invitée à faire des commentaires sur cette affaire. Les déclarations de la requérante s'inscrivaient dans le cadre d'un débat d'intérêt général. La Cour estime que la déclaration de culpabilité de la requérante, qui s'exprimait en sa qualité d'avocate pour la défense des intérêts de ses clients, s'analyse en une ingérence disproportionnée dans le droit à la liberté d'expression de l'intéressée. • CEDH 15 déc. 2011, *Mor c/ France,* n° 28198/09 § 53, 54 et 64 : *préc. note 88.* ♦ Les propos reprochés au requérant ne constituaient pas des attaques gravement préjudiciables à l'action des tribunaux dénuées de fondement sérieux, mais des critiques à l'égard des juges M. et L. L., exprimées dans le cadre d'un débat d'intérêt général relatif au fonctionnement de la justice et dans le contexte d'une affaire au retentissement médiatique important depuis l'origine. S'ils pouvaient certes passer pour virulents, ils n'en constituaient pas moins des jugements de valeurs reposant sur une « base factuelle » suffisante. • CEDH, gr. ch., 23 avr. 2015, *Morice c/ France,* n° 29369/10 § 174 : *préc. note 2.*

4° DÉTENUS

103. Les détenus en général continuent de jouir de tous les droits et libertés fondamentaux garantis par la Conv. EDH, à l'exception du droit à la liberté lorsqu'une détention régulière entre expressément dans le champ d'application de l'art. 5 Conv. EDH. Aussi continuent-ils de jouir du droit à la liberté d'expression. • CEDH 20 janv. 2015, *Mesut Yurtsever et a. c/ Turquie,* n° 14946/08 § 101 : *D. 2015. 266, obs. Falxa.*

104. Le requérant a été sanctionné pour avoir consigné ses pensées dans un manuscrit personnel qu'il n'avait apparemment encore montré à personne au moment de la saisie. L'intéressé n'a ni « prononcé » ni « diffusé » une quelconque déclaration insultante ou diffamatoire. En particulier, il n'a pas été allégué que le requérant avait diffusé le texte aux autres détenus. En outre, en tant que premier jet, le manuscrit n'était pas prêt pour la publication et il n'y avait aucun danger immédiat qu'il fût diffusé, même si on l'avait sorti de la prison. En infligeant au requérant – un détenu – une sanction disciplinaire de 7 jours d'isolement cellulaire pour avoir inséré des remarques quelque peu insultantes dans un manuscrit personnel critiquant le système judiciaire et n'ayant pas été diffusé aux autres détenus, les autorités ont dépassé leur marge d'appréciation. Dès lors, il y a eu violation du présent art. • CEDH 11 déc. 2003, *Yankov c/ Bulgarie,* n° 39084/97 § 141 et 143.

105. Les tribunaux, comme avec toutes les autres institutions publiques, ne sont pas à l'abri de critiques et de contrôle. Les personnes détenues jouissent dans ce domaine des mêmes droits que tous les autres membres de la société. Une distinction claire doit cependant être faite entre la critique et l'insulte. Si l'intention exclusive de toute forme d'expression est d'insulter un tribunal ou les membres de ce tribunal, une peine appropriée ne viole pas, en principe, le présent art. • CEDH 27 mai 2003, *Skalka c/ Pologne,* n° 43425/98 § 34.

106. V. s'agissant de la publication de déclarations provenant de détenus appartenant à des groupes terroristes. • CEDH 23 janv. 2007,

⚖ *Falakaoglu et Saygili c/ Turquie,* n° 22147/02.

5° RELATIONS ENTRE EMPLOYEUR ET EMPLOYÉ

107. Le présent art. s'impose non seulement dans les relations entre employeur et employé lorsque celles-ci obéissent au droit public. • CEDH 29 févr. 2000, ⚖ *Fuentes Bobo c/ Espagne,* n° 39293/98 : *préc. note 34* (sol. impl.). ♦ ... Mais peut également s'appliquer lorsque ces relations relèvent du droit privé. • CEDH 8 déc. 2009, ⚖ *Aguilera Jimenez c/ Espagne,* n° 28389/06 § 25 : *préc. note 34* • CEDH, gr. ch., 12 sept. 2011, ⚖ *Palomo Sanchez et a. c/ Espagne,* n° 28955/06 § 59.

108. Les requérants ont été licenciés pour avoir écrit, publié et affiché sur le tableau d'affichage du syndicat dont ils faisaient partie, situé au sein de la société dans laquelle ils travaillaient, un bulletin contenant un dessin et 2 articles considérés comme offensants et portant atteinte à l'honorabilité des personnes concernées. Le dessin et certaines des affirmations contenues dans les articles du bulletin litigieux constituaient, de par leur gravité et leur ton, des attaques personnelles, offensantes, outrancières et gratuites, et nullement nécessaires à la légitime défense des intérêts des requérants. • CEDH 8 déc. 2009, ⚖ *Aguilera Jimenez c/ Espagne,* n° 28389/06 § 28 et 34 : *préc. note 34.* ♦ Une atteinte à l'honorabilité des personnes faite par voie d'expressions grossièrement insultantes ou injurieuses au sein du milieu professionnel revêt, en raison de ses effets perturbateurs, une gravité particulière, susceptible de justifier une sanction sévère. Dès lors, il n'était pas nécessaire que l'État y portât remède en l'annulant ou en y substituant une sanction moins sévère. • CEDH, gr. ch., 12 sept. 2011, ⚖ *Palomo Sanchez et a. c/ Espagne,* n° 28955/06 § 76 et 77. ♦ Rappr., pour des propos proférés dans le cadre d'un échange oral rapide et spontané et dès lors moins critiquables. • CEDH 29 févr. 2000, ⚖ *Fuentes Bobo c/ Espagne,* n° 39293/98 § 48 : *préc. note 34.*

109. Le fait qu'une personne accepte le statut d'employé d'un hôpital catholique ne le prive pas de la protection du présent art. même si le requérant a, ce faisant, accepté un devoir de loyauté envers l'Église catholique qui a limité jusqu'à un certain point sa liberté d'expression. La Conv. EDH autorise les obligations contractuelles de ce type si elles sont librement acceptées par l'intéressé et leur violation entraîne normalement les conséquences juridiques stipulées dans le contrat, notamment le licenciement. • Comm. EDH 6 sept. 1989, ⚖ *Rommelfanger c/ Allemagne,* n° 12242/86. ♦ Rappr. s'agissant de la liberté religieuse et du droit à une vie familiale. • CEDH 23 sept. 2010, ⚖ *Obst c/ Allemagne,* n° 425/03 § 50. ♦ Néanmoins, il convient que les droits de l'individu concerné soient respectés et en particulier que la décision soit étayée par des éléments justificatifs suffisants. En l'esèce, le Conseil de faculté n'a pas indiqué à l'intéressé, ni même évalué, dans quelle mesure les opinions prétendument hétérodoxes qui lui étaient reprochées se reflétaient dans son activité d'enseignement et comment, de ce fait, elles étaient susceptibles de porter atteinte à l'intérêt de l'université consistant à dispenser un enseignement inspiré de ses convictions religieuses propres. • CEDH 20 oct. 2009, ⚖ *Lombardi Vallauri c/ Italie,* n° 39128/05 § 47 : *préc. note 63.*

6° PERSONNES MORALES

110. Entreprises. Dans une économie de marché, une entreprise qui cherche à s'implanter s'expose inévitablement à une surveillance étroite de ses pratiques par ses concurrents. Sa stratégie commerciale et la manière dont elle honore ses engagements peuvent susciter des critiques des consommateurs et de la presse spécialisée. Pour mener sa tâche à bien, cette dernière doit pouvoir révéler des faits de nature à intéresser ses lecteurs et contribuer ainsi à la transparence des activités commerciales. • CEDH 20 nov. 1989, ⚖ *Markt Intern Verlag GmbH et Klaus Beermann c/ Allemagne,* n° 10572/83 § 35.

111. S'agissant des entreprises de presse, V. les nombreuses décisions étudiées ci-après dans le cadre de la liberté d'information.

112. Associations. La participation d'une association au débat public, et en particulier celle d'une organisation non gouvernementale spécialisée en matière d'environnement, étant essentielle pour une société démocratique, la Cour estime qu'elle est similaire au rôle de la presse tel que défini par sa jurisprudence constante. Par conséquent, pour mener sa tâche à bien et exercer son rôle de « chien de garde », une association doit pouvoir divulguer des faits de nature à intéresser le public, à leur donner une appréciation et contribuer ainsi à la transparence des activités des autorités publiques. • CEDH 27 mai 2004, ⚖ *Vides Aizsardzibas Klubs c/ Lettonie,* n° 57829/00 § 42.

113. Groupes de particuliers. Dans une société démocratique, même des petits groupes militants non officiels, comme London Greenpeace, doivent pouvoir mener leurs activités de manière effective et il existe un net intérêt général à autoriser de tels groupes et les particuliers en dehors du courant dominant à contribuer au débat public par la diffusion d'informations et d'opinions sur des sujets d'intérêt général comme la santé et l'environnement. • CEDH 15 févr. 2005, ⚖ *Steel et Morris c/ Royaume-Uni,* n° 68416/01 § 89 : *AJDA 2005. 1895, chron. Flauss* ✎. ♦ Le présent art. protège aussi la libre circulation d'informations et d'idées sur les activités de puissantes sociétés commerciales qui concoure à l'intérêt général, les groupes militants pouvant légitimement et fortement contribuer au débat public. • CEDH 15 févr. 2005, *Steel et Morris c/ Royaume-Uni,* n° 68416/01 § 95 : *préc.*

7° LANCEURS D'ALERTE

114. Les agents de la fonction publique, qu'ils soient contractuels ou statutaires, peuvent être amenés, dans l'exercice de leur mission, à prendre connaissance d'informations internes, éventuellement de nature secrète, que les citoyens ont un grand intérêt à voir divulguer ou publier. La dénonciation par de tels agents de conduites ou d'actes illicites constatés sur leur lieu de travail doit être protégée dans certaines circonstances. Pareille protection peut s'imposer lorsque l'agent concerné est seul à savoir – ou fait partie d'un petit groupe dont les membres sont seuls à savoir – ce qui se passe sur son lieu de travail et est donc le mieux placé pour agir dans l'intérêt général en avertissant son employeur ou l'opinion publique. • CEDH, gr. ch., 12 déc. 2008, *Guja c/ Moldavie,* n° 14277/04 § 72 : *préc. note 45.* ♦ V. Déjà, s'agissant d'un fonctionnaire du ministère des affaires étrangères licencié pour avoir divulgué des informations confidentielles en infraction avec le règlement du service diplomatique. • Comm. EDH 13 mai 1992, *Haseldine c/ Royaume-Uni,* n° 18757/91.

115. Dénonciation calomnieuse. Indépendamment de la problématique spécifique des lanceurs d'alerte, dénoncer un comportement illicite auprès d'une autorité est susceptible de relever de la liberté d'expression au sens du présent art. de sorte que la condamnation pour dénonciation calomnieuse de l'auteur d'une lettre adressée au président de l'AMF est susceptible de méconnaître cette liberté si elle est prononcée sans avoir au préalable mis en balance le droit à la liberté d'expression de l'auteur et celui au respect de la vie privée de la personne dont la réputation est en cause en l'espèce. La Cour juge d'ailleurs que les juridictions saisies d'un moyen tiré d'une violation du présent art. à l'occasion de poursuites pour dénonciation calomnieuse ne peuvent se trouver dispensées d'y répondre. En l'occurrence et en l'absence d'une telle motivation, le caractère pénal de la condamnation prononcée combiné au statut d'élu de l'auteur de la lettre, à l'objet de l'expression portant sur des questions d'intérêt général, aux précautions stylistiques retenues (forme interrogative plutôt qu'affirmative) et à l'absence de poursuites engagées à l'encontre de la personne visée par la dénonciation conduit la Cour à considérer que l'ingérence n'est pas proportionnée. • CEDH 26 mars 2020, *Tête c/ France,* n° 59636/16 § 49, 57 et 69 : *Légipresse 2020. 276 ; ibid. 438, étude Besse.*

II. LIBERTÉ D'INFORMATION

A. GÉNÉRALITÉS

1° PRINCIPE

116. Presse. La liberté d'expression revêt une importance particulière pour la presse. • CEDH 26 avr. 1979, *Sunday Times c/ Royaume-Uni (n° 1),* n° 6538/74 § 65 • CEDH 27 mars 1996, *Goodwin c/ Royaume-Uni,* n° 17488/90 § 39 : *D. 1997. 211, obs. Fricero ; RTD civ. 1996. 1026, note Marguénaud ; AFDI 1996. 749, obs. Coussirat-Coustère ; JDI 1997. 212, obs. Decaux et Tavernier ; JCP. I. 4000, chron. Sudre* • CEDH 17 sept. 2009, *Manole et a. c/ Moldova,* n° 13936/02 § 96. ♦ Si elle ne doit pas franchir les bornes fixées en vue, notamment, de préserver la sécurité nationale ou de garantir l'autorité du pouvoir judiciaire (V. note 240), de protéger la réputation et les droits d'autrui (V. note 220) et d'empêcher la divulgation d'informations confidentielles, il lui incombe néanmoins de communiquer des informations et des idées sur des questions d'intérêt public. A sa fonction qui consiste à en diffuser, s'ajoute le droit, pour le public, d'en recevoir. S'il en était autrement, la presse ne pourrait jouer son rôle indispensable de « chien de garde ». • CEDH 26 nov. 1991, *Observer et Guardian c/ Royaume-Uni,* n° 13585/88 § 59 : *AJDA 1992. 15, chron. Flauss ; RFDA 1992. 510, chron. Berger, Giakoumopoulos, Labayle et Sudre ; RSC 1992. 370, obs. Pettiti* • CEDH 14 févr. 2008, *July et SARL Libération c/ France,* n° 20893/03 § 76 : *RSC 2008. 628, obs. Francillon ; JCP 2008. 10118, note Derieux.*

V. pour d'autres décisions dans le même sens : .

117. Dès lors, les États doivent : éviter d'adopter des mesures propres à dissuader les médias de remplir leur rôle d'alerte du public en cas d'abus apparents ou supposés de la puissance publique. • CEDH, gr. ch., 17 déc. 2004, *Cumpana et Mazare c/ Roumanie,* n° 33348/96 § 113 : *préc. note 41.* ♦ … Assurer l'exécution forcée d'une décision de justice prescrivant l'accès des journalistes aux locaux où ils exercent la profession en raison du rôle de garant du pluralisme et de l'indépendance de la presse. • CEDH 5 mai 2012, *Frasila et Ciocirlan c/ Roumanie,* n° 25329/03 § 64.

118. La liberté de la presse fournit à l'opinion publique l'un des meilleurs moyens de connaître et juger les idées et attitudes des dirigeants. Plus généralement, le libre jeu du débat politique se trouve au cœur même de la notion de société démocratique qui domine la Conv. EDH tout entière. • CEDH 8 juill. 1986,

Lingens c/ Autriche, n° 9815/82 § 42 : *préc. note 69* • CEDH 23 avr. 1992, *Castells c/ Espagne*, n° 11798/85 § 43. ♦ Il en va de même des autres médias d'information. • CEDH 17 sept. 2009, *Manole et a. c/ Moldova*, n° 13936/02 § 96. ♦ V. pour une application de ces principes à la publication d'un ouvrage. • CEDH 15 janv. 2009, *Orban et a. c/ France*, n° 20985/05 § 45 : *préc. note 12*.

119. Les médias exercent un rôle de plus en plus important dans la société moderne, car non seulement ils informent, mais ils peuvent en même temps suggérer, par la façon de présenter les informations, comment les destinataires devraient les apprécier. Dans un monde dans lequel l'individu est confronté à un immense flux d'informations, circulant sur des supports traditionnels ou électroniques et impliquant un nombre d'auteurs toujours croissant, le contrôle du respect de la déontologie journalistique revêt une importance accrue. • CEDH, gr. ch., 10 déc. 2007, *Stoll c/ Suisse*, n° 69698/01 § 104 : *JCP 2008. I. 110, chron. Sudre*.

120. Associations. Dès lors qu'elles contribuent au débat public, la protection particulière dont bénéficie la presse semble étendue aux associations de protection de l'environnement. • CEDH 27 mai 2004, *Vides Aizsardzibas Klubs c/ Lettonie*, n° 57829/00 § 42. ♦ ... Ainsi qu'à certains groupes de particuliers agissant dans ce domaine. • CEDH 15 févr. 2005, *Steel et Morris c/ Royaume-Uni*, n° 68416/02 § 89. ♦ Il n'appartient pas à la Cour, ni aux juridictions nationales d'ailleurs, de se substituer à la presse pour dire quelle technique de compte rendu les journalistes doivent adopter. Outre la substance des idées et informations exprimées, le présent art. protège leur mode d'expression • CEDH 23 mai 1991, *Oberschlick c/ Autriche (n° 1)*, n° 11662/85 § 57 • CEDH 23 sept. 1994, *Jersild c/ Danemark*, n° 15890/89 § 31 : *préc. note 26* • CEDH 5 mai 2012, *Frasila et Ciocirlan c/ Roumanie*, n° 25329/03 § 63.

121. Lorsqu'une organisation non gouvernementale est impliquée dans les questions d'intérêt public, elle exerce un rôle de « chien de garde public » d'une importance similaire à *celle de la presse. • CEDH, gr. ch., 22 avr. 2013, Animal Defenders international c/ Royaume-Uni*, n° 48876/08 § 103 : *AJDA 2013 1800, chron. Burgogue-Larsen* • CEDH 25 juin 2013, *Youth Initiative For Human Rights c/ Serbie*, n° 48135/06 § 20.

2° CHAMP D'APPLICATION

122. Le présent art. ne joue pas seulement pour certains types de renseignements, d'idées ou de modes d'expression, notamment ceux de nature politique ; il englobe aussi l'expression artistique, des informations à caractère commercial, ou même de la musique légère et des messages publicitaires diffusés par câble. • CEDH 5 mars 2009, *Hachette Filipacchi Presse Automobile et Dupuy c/ France*, n° 13353/05 § 30 : *préc. note 43*.

a. Presse

123. Audiovisuel. Bien que formulés d'abord pour la presse écrite, ces principes s'appliquent à n'en pas douter aux moyens audiovisuels. • CEDH 23 sept. 1994, *Jersild c/ Danemark*, n° 15890/89 § 31 : *préc. note 26*. ♦ V. déjà admettant l'applicabilité du présent art. à la radiodiffusion. • Comm. EDH 12 mars 1976, *Sacchi c/ Italie*, n° 6452/74 • Comm. EDH 16 oct. 1986, *Verein Alternatives Lokalradio Bern et Verein Radio Dreyeckland Basel c/ Suisse*, n° 10746/84.

124. Il n'est pas nécessaire de définir ici avec précision ce qu'il y a lieu d'entendre par « informations » et « idées ». La « radiodiffusion » se trouve mentionnée dans la Conv. EDH à propos, justement, de la liberté d'expression. La diffusion de programmes par voie hertzienne comme leur retransmission par câble relèvent du droit consacré par les 2 premières phrases du § 1 du présent art., sans qu'il faille distinguer selon le contenu des programmes. • CEDH 28 mars 1990, *Groperra Radio AG et a. c/ Suisse*, n° 10890/84 § 55.

125. Le présent art. concerne non seulement le contenu des informations mais aussi les moyens de transmission ou de captage, car toute restriction apportée à ceux-ci touche le droit de recevoir et de communiquer des informations. Du reste, la dernière phrase de son § 1 mentionne certaines entreprises principalement intéressées par lesdits moyens. • CEDH 22 mai 1990, *Autronic AG c/ Suisse*, n° 12726/87 § 47.

126. Publication de photos. La liberté d'expression s'étend à la publication de photos. • CEDH 24 juin 2004, *Von Hannover c/ Allemagne*, n° 59320/00 § 59 : *D. 2004. 2538, obs. Renucci ; D. 2005. 340, note Halperin ; RTD civ. 2004. 802, note Marguénaud ; JCP 2004. I. 161, chron. Sudre* (ici sur la base de l'art. 8 Conv. EDH) • CEDH 14 déc. 2006, *Verlagsgruppe News GmbH c/ Autriche (n° 2)*, n° 10520/02 § 29 • CEDH 5 mars 2009, *Hachette Filipacchi Presse Automobile et Dupuy c/ France*, n° 13353/05 § 31 : *préc. note 43*.

127. Caricature, satire, performance provocatrice. La caricature, par définition provocatrice, relève de la satire et constitue une forme d'expression artistique et de commentaire social qui, par ses caractéristiques intrinsèques d'exagération et de distorsion de la réalité, vise naturellement à provoquer et à susciter l'agitation. Dès lors, toute atteinte au droit d'un artiste de recourir à pareil mode d'expression doit être examinée avec une attention particulière. • CEDH 25 janv. 2007, n° 68354/01 § 33 • CEDH 2 oct. 2008, *Leroy c/ France,* n° 36109/03 § 39 et 43 : *préc. note 29* • CEDH 20 oct. 2009, n° 41665/07 § 27. ♦ V., pour l'affaire « casse-toi, pov' con », • CEDH 14 mars 2013, *Éon c/ France,* n° 26118/10 § 60 : *préc. note 64.* ♦ V. pour les performances provocatrices des Pussy Riot. • CEDH 17 juill. 2018, *Mariya Alekhina c/ Russie,* n° 38004/12 § 211 s. : *préc. note 30.* ♦ V., à l'inverse, pour une affaire dans laquelle la Cour ne retient pas l'expression satirique d'une performance provocatrice, estimant qu'il y avait, pour la requérante, des manières plus appropriées d'exposer son point de vue. • CEDH 27 févr. 2018, *Sinkova c/ Ukraine,* n° 39496/11 § 110 : *AJDA 2018. 1770, chron. Burgorgue-Larsen.*

b. Expression artistique

128. Sans doute le présent art. ne précise-t-il pas que la liberté d'expression artistique, qui se trouve en cause, entre dans son champ d'application ; il ne distingue pas pour autant les diverses formes d'expression. Il englobe la liberté d'expression artistique – notamment dans la liberté de recevoir et communiquer des informations et des idées –, qui permet de participer à l'échange public des informations et idées culturelles, politiques et sociales de toutes sortes. • CEDH 24 mai 1988, *Müller et a. c/ Suisse,* n° 10737/84 § 27 et 33 : *préc. note 1.*

129. Roman. Le roman relève de l'expression artistique, laquelle entre dans le champ d'application du présent art. en ce qu'elle permet de participer à l'échange public d'informations et idées culturelles, politiques et sociales de toutes sortes. Ceux qui créent ou diffusent une œuvre, littéraire par exemple, contribuent à l'échange d'idées et d'opinions indispensable à une société démocratique. • CEDH, gr. ch., 22 oct. 2007, *Lindon, Otchakovsky-Laurens et July c/ France,* n° 21279/02 § 47 : *préc. note 84.* ♦ V. également • CEDH 18 mai 2004, *Éd. Plon c/ France,* n° 58148/00 § 53 : *D. 2004. 1838, note Guedj ; ibid. 2539, obs. Fricero ; RTD civ. 2004. 483, obs. Hauser ; JCP 2004. I. 161, chron. Sudre ; Légipresse, 2004. 173, obs. Derieux.* ♦ Rappr. s'agissant d'un court-métrage vidéo. • CEDH 25 nov. 1996, *Wingrove c/ Royaume-Uni,* n° 17419/90 § 36 : *AJDA 1998. 37, chron. Flauss ; RTDH 1997. 713, note Larralde.*

130. Le livre contient des passages dans lesquels sont donnés les détails graphiques de fiction de mauvais traitements et les atrocités commises contre les villageois, qui créent sans aucun doute dans l'esprit du lecteur une hostilité puissante en vers l'injustice à laquelle les villageois ont été soumis dans le conte. Pris littéralement, certains passages pourraient être interprétés comme incitant les lecteurs à la haine, la révolte et l'usage de la violence. Il convient néanmoins de garder à l'esprit que le support utilisé était un roman, une forme d'expression artistique qui s'adresse à un public relativement étroit par rapport, par exemple, aux médias de masse. • CEDH 29 mars 2005, *Alinak c/ Turquie,* n° 40287/98 § 41.

131. Poèmes. L'ouvrage litigieux contient des poèmes qui, à travers un style souvent pathétique et de nombreuses métaphores, appellent au sacrifice pour le « Kurdistan » et contiennent des passages très agressifs à l'égard du pouvoir turc. Le requérant est un simple particulier et s'est exprimé par la voie de poèmes – un genre qui par définition s'adresse à un public très restreint – plutôt que par celle de moyens de communication de masse, ce qui constitue une limite notable à leur impact potentiel sur la « sécurité nationale », l'« ordre public » ou l'« intégrité territoriale ». • CEDH 8 juill. 1999, *Karatas c/ Turquie,* n° 23168/94 § 49 et 52.

132. Films. Le refus de l'Office britannique des visas cinématographiques d'accorder un visa au film vidéo réalisé par le requérant Visions of Ecstasy, combiné avec les dispositions législatives selon lesquelles diffuser un film vidéo dépourvu de visa constitue une infraction pénale, équivalait à l'ingérence d'une autorité publique dans l'exercice par le requérant du droit à communiquer des idées. • CEDH 25 nov. 1996, *Wingrove c/ Royaume-Uni,* n° 17419/90 § 36 : *préc. note 129.* ♦ V. implicitement s'agissant de films vidéo à destination de sex-shops homosexuels. • Comm. EDH 25 mars 1994, *Scherer c/ Suisse,* n° 17116/90 (affaire rayée du rôle).

133. Musique. En l'espèce, il s'agissait de musique légère, de bulletins d'information, de messages publicitaires et d'émissions dans lesquelles réalisateurs et auditeurs communiquaient directement ou indirectement entre eux par le truchement du téléphone ou de l'émetteur. Or les décisions administratives litigieuses ont assurément entravé la rediffusion par câble des programmes de Sound Radio et empêché les abonnés de la région de M. de les recevoir par ce moyen ; elles s'analysent donc en une « ingérence d'autorités publiques » dans l'exercice de ladite liberté. • CEDH 28 mars 1990, *Groperra Radio AG et a. c/ Suisse,* n° 10890/84 § 55.

134. Tableaux. Ceux qui créent, interprètent, diffusent ou exposent une œuvre d'art contribuent à l'échange d'idées et d'opinions indispensable à une société démocratique. D'où l'obligation, pour l'État, de ne pas empiéter indûment sur leur liberté d'expression même si l'artiste et ceux qui promeuvent ses œuvres n'échappent pas aux possibilités de limitation que ménage le présent art. • CEDH 24 mai 1988, *Müller et a. c/ Suisse,* n° 10737/84 § 27 et 33 : *préc. note 1* (en l'espèce, enlèvement et saisie de tableaux puis confiscation de ceux-ci) • CEDH 25 janv. 2007, *Vereinigung Bildender Künstler c/ Autriche,* n° 68354/01 § 26 (en l'espèce interdiction d'exposition d'un tableau).

c. Annonces et publicités

135. La liberté d'expression ne tient pas compte du caractère lucratif ou non du but recherché et s'applique également à la publicité commerciale. • CEDH 24 févr. 1994, *Casado Coca c/ Espagne,* n° 15450/89 : *préc. note 44.*

136. L'article incriminé s'adressait sans contredit à un cercle limité de commerçants et ne concernait pas directement le public dans son ensemble ; cependant, il renfermait des informations de caractère commercial. Or elles ne sauraient être exclues du domaine du présent art., lequel ne s'applique pas seulement à certaines catégories de renseignements, d'idées ou de modes d'expression. • CEDH 20 nov. 1989, *Markt Intern Verlag GmbH et Klaus Beermann c/ Allemagne,* n° 10572/83 § 26.

137. Les annonces litigieuses indiquaient simplement les nom, profession, adresse et numéro de téléphone du requérant. Elles visaient assurément un but publicitaire, mais elles fournissaient aux personnes ayant besoin d'une assistance juridique des renseignements d'une utilité certaine et de nature à faciliter leur accès à la justice. • CEDH 24 févr. 1994, *Casado Coca c/ Espagne,* n° 15450/89 § 36 : *préc. note 43.*

138. La campagne en cause visait pour l'essentiel à attirer l'attention du public sur les idées et les activités d'un groupe à connotation censément religieuse entendant véhiculer un message prétendument transmis par des extraterrestres, et mentionnant à cette fin un lien internet. Le site internet de la requérante ne se réfère ainsi qu'incidemment à des idées sociales ou politiques. La Cour estime que le type de discours en cause n'est pas politique car le but principal du site internet en question est d'attirer des personnes à la cause de l'association requérante et non pas d'aborder des questions relevant du débat politique en Suisse. Même si le discours de la requérante échappe au cadre publicitaire – il ne s'agit pas d'inciter le public à acheter un produit particulier – il n'en demeure pas moins qu'il s'apparente davantage au discours commercial qu'au discours politique au sens strict en ce qu'il vise à un certain prosélytisme. • CEDH, gr. ch., 13 juill. 2012, *Mouvement raëlien suisse c/ Suisse,* n° 16354/06 § 62 : *préc. note 1.*

d. Divers

139. Campagnes électorales. Une disposition limitant les dépenses en matière électorale durant les campagnes électorales, même si elle ne restreint pas les dépenses liées à la transmission des informations et des opinions en général, mais seulement celles exposées pendant la période en question et « visant à favoriser ou obtenir l'élection d'un candidat », équivaut à une restriction à la liberté d'expression. • CEDH 19 févr. 1998, *Bowman c/ Royaume-Uni,* n° 24839/94 § 33.

140. S'il est vrai que les messages en cause s'inscrivaient dans le cadre de la campagne pour les élections locales et régionales de la même année, l'interdiction de la publicité prévue par la loi sur la radio-télédiffusion était absolue et permanente, et elle ne s'appliquait pas spécialement aux élections. Dans ces circonstances, il ne serait pas approprié d'accorder un poids important aux différentes justifications avancées sur le fondement de l'art. 3 Prot. n° 1 Conv. EDH en faveur d'une large marge d'appréciation nationale. Si tel était le cas, l'application de la présente disposition serait laissée à la discrétion des États contractants dans une mesure susceptible d'avoir des effets incompatibles avec la position privilégiée qu'occupe la liberté du discours politique en vertu du présent art. • CEDH 11 déc. 2008, *Tv Vest As & Rogaland Pensjonistparti c/ Norvège,* n° 21132/05 § 66 : *RD publ. 2009. 918, obs. Sudre.*

141. La prévisibilité du fondement légal d'une ingérence dans la liberté d'expression d'un parti politique en période électorale (référendaire en l'espèce) fait l'objet d'une surveillance rigoureuse protégeant non seulement les partis politiques démocratiques contre des ingérences arbitraires des autorités, mais encore la démocratie elle-même, car l'apport de restrictions à la liberté d'expression dans ce domaine en l'absence de règles suffisamment prévisibles est de nature à nuire au déroulement d'un débat politique ouvert, à la légitimité du processus électoral et des résultats qui en découlent et, en définitive, risque de saper la confiance des citoyens dans l'intégrité des institutions démocratiques et leur adhésion à l'état de droit. • CEDH, gr. ch., 20 janv. 2020, *MKKP c/ Hongrie,* n° 201/17 § 101.

142. Distribution de tracts. Le présent article joue également pour la distribution de tracts. • CEDH 25 août 1993, *Chorherr c/ Autriche,* n° 13308/87 • CEDH 6 mai 2003, *Appleby et a. c/ Royaume-Uni,* n° 44306/98 § 41 • CEDH 15 févr. 2005, *Steel et Morris c/ Royaume-Uni,* n° 6846/02 • CEDH 16 juill. 2009, *Féret c/ Belgique,* n° 15615/07 : *préc. note 28* • CEDH 6 oct. 2011, *Vellutini et Michel,* n° 32820/09 § 38 : *préc. note 71.*

143. L'auteur de l'ouvrage litigieux était libre de se livrer à des travaux de recherche universitaires/scientifiques sur un groupe ethnique spécifique et de publier ses conclusions. Si l'auteur évoque des activités illégales de certains membres de la communauté rom vivant dans des régions particulières, à aucun moment dans le livre il ne formule des observations négatives sur la population rom en général ou ne prétend que l'ensemble des Roms se livrent à des activités répréhensibles. • CEDH, gr. ch., 15 mars 2012, *Aksu c/ Turquie*, n° 4149/04 § 70 (jugé sous l'angle de l'art. 8 Conv. EDH). ♦ Un dictionnaire constitue une source d'informations qui recense les mots composant une langue et précise leurs différentes acceptions, celle de base étant simplement descriptive ou littérale, d'autres pouvant être figuratives, allégoriques ou métaphoriques. En cela il reflète le langage en usage dans la société. Dans les deux dictionnaires, la définition littérale du terme « tsigane » apparaît. Ces dictionnaires étaient manifestement volumineux et visaient à couvrir l'ensemble de la langue turque. Le second d'entre eux s'intitule « Dictionnaire de la langue turque à l'usage des élèves ». Il est clair que, dans un dictionnaire destiné à des écoliers, une attention accrue est requise s'agissant de définir des expressions qui font partie du langage courant mais qui peuvent être ressenties comme humiliantes ou insultantes. De l'avis de la Cour, il aurait été préférable d'indiquer que de telles expressions sont « péjoratives » ou « insultantes », plutôt que de se borner à les qualifier de métaphoriques. Toutefois, la Cour juge que cet élément ne suffit pas à lui seul pour l'amener à substituer son propre avis à celui des juridictions internes, d'autant que le dictionnaire en cause n'était pas un manuel scolaire et n'était pas distribué dans les écoles ni recommandé par le ministère de l' Éducation comme ouvrage de référence pour les programmes scolaires. • CEDH, gr. ch., 15 mars 2012, *Aksu c/ Turquie*, n° 4149/04 § 84 à 86 (jugé sous l'angle de l'art. 8 Conv. EDH).

144. Autres. Le présent art. joue encore pour une étude technique contenant des renseignements militaires d'importance mineure. • CEDH 16 déc. 1992, *Hadjianastassiou c/ Grèce*, n° 12945/87 § 39.

B. DIFFUSION DE L'INFORMATION

1° CONDITIONS D'EXERCICE DE LA LIBERTÉ D'INFORMATION GÉNÉRALE

145. *Il n'y a pas violation du présent art.* bien que le requérant, journaliste, ait été arrêté lors d'une manifestation et ensuite gardé à vue. En effet, les forces de l'ordre avaient clairement fait les sommations indiquant clairement que toute personne qui demeurerait sur les lieux serait appréhendée. Les autres journalistes ont tous obtempéré et ont pu continuer à faire leur travail en se plaçant à l'arrière du cordon de police. • CEDH, gr. ch., 20 oct. 2015, *Pentikainen c/ Finlande*, n° 11882/10 § 101 : *AJDA 2016. 143, chron. Burgorgue-Larsen*.

a. Éthique journalistique ; règles déontologiques

1. Principes généraux

146. Le droit des journalistes de communiquer des informations sur des questions d'intérêt général est protégé à condition qu'ils agissent dans le respect de leurs devoirs et de leurs responsabilités, de bonne foi, sur la base de faits exacts, et fournissent des informations « fiables et précises » (de manière à fournir des informations exactes et dignes de crédit) dans le respect de l'éthique journalistique. • CEDH 27 mars 1996, *Goodwin c/ Royaume-Uni*, n° 17488/90 § 39 : *préc. note 116* • CEDH 21 janv. 1999, *Fressoz et Roire c/ France*, n° 29183/95 § 54 : *D. 1999. 272, obs. Fricero ; RSC 1999. 630, obs. Massias ; RTD civ. 1999. 359, obs. Hauser ; ibid. 909, obs. Marguénaud ; RTD com. 1999. 783, obs. Deboissy ; RD publ. 2000. 732, obs. Lévinet ; JCP 1999. 10120, note Derieux ; JCP 2000. I. 203, chron. Sudre* • CEDH, gr. ch., 20 mai 1999, *Bladet Tromso et Stensaas c/ Norvège*, n° 21980/93 § 59 • CEDH 2 mai 2000, *Bergen Tidende c/ Norvège*, n° 26132/95 § 53 • CEDH 30 mars 2004, *Radio France et a. c/ France*, n° 53984/00 § 37 : *D. 2004. 1060, obs. Birsan ; RTD civ. 2004. 801, obs. Marguénaud* • CEDH, gr. ch., 17 déc. 2004, *Pedersen et Baadsgaard c/ Danemark*, n° 49017/99 § 78 • CEDH 14 févr. 2006, *Katamadze c/ Géorgie*, n° 69857/01 • CEDH 22 oct. 2007, *Lindon, Otchakovsky-Laurens et July c/ France*, n° 21279/02 § 67 : *préc. note 84* • CEDH, gr. ch., 10 déc. 2007, *Stoll c/ Suisse*, n° 69698/01 § 103 : *préc. note 119.*

147. Le fait d'exiger de manière générale que les journalistes se distancient systématiquement et formellement du contenu d'une citation qui pourrait insulter des tiers, les provoquer ou porter atteinte à leur honneur ne se concilie pas avec le rôle de la presse d'informer sur des faits ou des opinions et des idées qui ont cours à un moment donné. • CEDH 29 mars 2001, *Thoma c/ Luxembourg*, n° 38432/97 § 64.

148. Une certaine dose « d'exagération » ou de « provocation » est permise dans le cadre de l'exercice de la liberté journalistique. En outre, l'impossibilité de prouver la véracité d'un propos ne saurait impliquer, en soi, un manquement de la part de son auteur à ses devoirs déontologiques. • CEDH 12 juill. 2016, *Reichman c/ France*, n° 50147/11 § 62 s. : *D. 2016. 1652 ; JCP Adm. 2016. 642.*

149. Respect de ces règles. La publication

en question était constituée d'informations présentées de manière équilibrée conformément à la déontologie du journalisme, et entrait donc dans le cadre des garanties que la présente disposition offre aux médias pour le traitement des questions d'intérêt général. • CEDH 16 oct. 2001, *Verdens Gang et Aase c/ Norvège,* n° 45710/99. ♦ Rappr. s'agissant d'un ouvrage sur la communauté rom (jugé sur la base de l'art. 8 Conv. EDH). • CEDH, gr. ch., 15 mars 2012, *Aksu c/ Turquie,* n° 4149/04 § 70. ♦ Les bulletins litigieux reprennent un article détaillé et documenté et une interview, à paraître dans un hebdomadaire dont le sérieux n'est pas en cause, et précisent systématiquement cette source. L'on ne saurait donc soutenir que, du seul fait de la diffusion de tels bulletins, le troisième requérant a manqué à son devoir d'agir de bonne foi. • CEDH 30 mars 2004, *Radio France et a. c/ France,* n° 53984/00 § 37 : *préc. note 146.*

150. Absence de respect de ces règles. P. ne peut pas non plus invoquer sa bonne foi ni le respect des règles de l'éthique journalistique. Les recherches menées par lui ne paraissent en effet pas suffisantes pour étayer des allégations aussi graves. Il suffit à cet égard de relever que de l'aveu même du requérant, celui-ci n'a assisté à aucune audience pénale présidée par le juge J. ; en outre, il n'a donné à ce magistrat aucune occasion de s'exprimer au sujet des reproches à son encontre. • CEDH 26 avr. 1995, *Prager et Oberschlick c/ Autriche,* n° 15974/90 § 37 : *JDI 1996. 218, note Bodeau ; Gaz. Pal. 1996. 2. 518, note Vorms ; JCP 1995. I. 3910, chron. Sudre.*

151. Les bulletins litigieux reprennent un article détaillé et documenté et une interview, à paraître dans un hebdomadaire dont le sérieux n'est pas en cause, et précisent systématiquement cette source mais contiennent également une affirmation que l'on ne retrouve pas dans cet hebdomadaire sans que l'on puisse voir là l'expression de la « dose d'exagération » ou de « provocation » dont il est permis d'user dans le cadre de l'exercice de la liberté journalistique. Il s'agit de la diffusion d'une information inexacte au regard du contenu de l'article et de l'interview publiés. • CEDH 30 mars 2004, *Radio France et a. c/ France,* n° 53984/00 § 38 : *préc. note 146.*

152. L'accusation, fondée sur les dires d'un témoin apparu plus de 9 ans après les événements, était très grave pour le commissaire principal cité et aurait entraîné des poursuites pénales si elle avait été véridique. Or les requérants n'ont pas contrôlé si la chronologie qu'indiquait le témoin avait un fondement objectif. Ils auraient pourtant facilement pu le faire, comme le montre la vérification effectuée par la police, qui a révélé que les obsèques de la grand-mère du témoin s'étaient déroulées non à 13 h, mais à 14 h. Dès lors, les observations quant à l'endroit où se trouvait X étaient parfaitement exactes en se fondant sur un calcul effectué en revenant en arrière à partir de l'heure de l'enterrement. Les journalistes requérants ont du reste estimé « regrettable » de leur part de ne pas avoir vérifié l'heure de l'enterrement. • CEDH, gr. ch., 17 déc. 2004, *Pedersen et Baadsgaard c/ Danemark,* n° 49017/99 § 83.

153. La forme tronquée et réductrice des articles en question était de nature à induire en erreur les lecteurs au sujet de la personnalité et des aptitudes de l'ambassadeur. • CEDH, gr. ch., 10 déc. 2007, *Stoll c/ Suisse,* n° 69698/01 § 152 : *préc. note 119.*

2. Droit à une expression polémique

154. La liberté journalistique comprend aussi le recours possible à une certaine dose d'exagération, voire de provocation. • CEDH 26 avr. 1995, *Prager et Oberschlick c/ Autriche,* n° 15974/90 § 38 : *préc. note 150* • CEDH 20 mai 1999, *Bladet Tromso et Stensaas c/ Norvège,* n° 21980/93 § 59 • CEDH 28 sept. 1999, *Dalban c/ Roumanie,* n° 28114/95 § 49 • CEDH 6 févr. 2001, *Tammer c/ Estonie,* n° 41205/98 § 68 • CEDH 14 févr. 2008, *July et SARL Libération c/ France,* n° 20893/03 § 76 : *préc. note 116.* ♦ Il faut en outre replacer ces déclarations dans leur contexte : le requérant enchaînait spontanément sur l'évocation par une autre des personnalités invitées d'un ouvrage consacré aux victimes de la catastrophe de Tchernobyl et de l'émotion qu'elle avait ressentie à sa lecture, dans le cadre d'une émission qui tient moins de l'information que du spectacle et qui a construit sa notoriété sur l'exagération et la provocation. • CEDH 7 nov. 2006, *Mamère c/ France,* n° 12697/03 § 25 : *préc. note 82.* ♦ Il faut cependant que l'expression reste dans les limites acceptables ; tel n'est pas le cas d'une prise de position haineuse et antisémite caractérisée, travestie sous l'apparence d'une production artistique. • CEDH, décis., 20 oct. 2015, *M'bala M'bala c/ France,* n° 25239/13 § 39 et 40 : *AJDA 2015. 143, chron. Burgorgue-Larsen.*

155. Les commentaires de D.H. et G. contenaient certes des critiques très sévères, celles-ci n'en paraissent pas moins à la mesure de l'émotion et de l'indignation suscitées par les faits allégués dans les articles litigieux. Quant au ton polémique, voire agressif des journalistes, il y a lieu de rappeler que, outre la substance des idées et informations exprimées, le présent art. protège aussi leur mode d'expression. • CEDH 24 févr. 1997, *De Haes et Gijsels c/ Belgique,* n° 19983/92 § 48 : *préc. note 90.*

156. Les requérants, en publiant l'article,

n'ont même pas eu recours à une dose « d'exagération » ou une dose de « provocation » pourtant permise dans le cadre de l'exercice de la liberté journalistique dans une société démocratique, et n'ont donc pas dépassé les limites qui y sont attachées dont il est permis d'user. Les termes litigieux – qui sont rapportés – ne constituent pas une expression « manifestement outrageante » à l'endroit des magistrats en cause, en particulier en ce qui concerne le qualificatif « rocambolesque ». • CEDH 14 févr. 2008, *July et SARL Libération c/ France,* n° 20893/03 § 76 : *préc. note 116.* ♦ Même si le langage utilisé peut passer pour provocateur, il ne contenait pas d'insultes personnelles à l'endroit de la requérante ni d'appel à la violence à son encontre et n'a donc pas franchi les limites de la critique acceptable. • CEDH 16 juill. 2013, *Mater c/ Turquie,* n° 54997/08 § 60, 64 et 66 (renvoi en grande chambre).

157. Eu égard à la teneur des passages litigieux de l'ouvrage, à l'impact potentiel sur le public des propos jugés diffamatoires du fait de leur diffusion par un quotidien national largement distribué et à la circonstance qu'il n'était pas nécessaire de les retranscrire pour rendre complètement compte de la condamnation des 2 premiers requérants et des critiques qu'elle suscitait, il n'apparaît pas déraisonnable de considérer que le troisième requérant a dépassé les limites de la « provocation » admissible en reproduisant ceux-ci. • CEDH 22 oct. 2007, *Lindon, Otchakovsky-Laurens et July c/ France,* n° 21279/02 § 66 : *préc. note 84.*

158. S'agissant de caricatures, malgré le langage inhérent à ce type d'expression artistique, le créateur, dont l'œuvre relève de l'expression politique ou militante, n'échappe pas à toute possibilité de restriction au sens du § 2 du présent art. : quiconque se prévaut de sa liberté d'expression assume, selon les termes de ce paragraphe, des « devoirs et responsabilités ». • CEDH 2 oct. 2008, *Leroy c/ France,* n° 36109/03 § 44 : *préc. note 29.*

159. Le fait de formuler des critiques contre les gouvernements et le fait de publier des informations qui sont considérées comme dangereuses pour les intérêts nationaux par les leaders et dirigeants d'un pays ne doivent pas aboutir à la formulation d'accusations pénales particulièrement graves comme l'appartenance ou l'assistance à une organisation terroriste, la tentative de renversement du gouvernement ou de l'ordre constitutionnel ou la propagande du terrorisme. • CEDH 20 mars 2018, *Turquie,* n° 16538/17.

3. Contribution à l'intérêt du public et au débat d'intérêt général

160. Présence. Les articles contestés ont été écrits alors qu'une série spectaculaire de lettres piégées avait été envoyée à des hommes politiques et autres personnalités de la vie publique autrichienne, blessant grièvement plusieurs personnes. Ces agressions constituaient donc un sujet d'actualité présentant un extrême intérêt pour le public. Les articles de la société requérante portaient sur les activités de l'extrême droite et notamment de B., qui avait été arrêté en tant que suspect numéro un. Étant un militant d'extrême droite, il avait fait parler de lui bien avant la série de lettres piégées. De plus, il faut se rappeler que les infractions qu'il était soupçonné d'avoir commises, à savoir des infractions à la loi d'interdiction et celle de complicité d'agressions par la voie de lettres piégées, étaient des infractions touchant au domaine politique dirigées contre les fondements de la démocratie. • CEDH 11 janv. 2000, *Autriche,* n° 31457/96 § 54. ♦ La société requérante a accusé P., un homme politique, de gagner de l'argent illégalement, ce qui, à n'en pas douter, est une question d'intérêt public. • CEDH 26 févr. 2002, *Autriche,* n° 34315/96 § 36. ♦ Le débat touchant aux organisations qualifiées de « sectes » est d'intérêt général. • CEDH 22 déc. 2005, *Paturel c/ France,* n° 54968/00 § 32 : *AJDA 2006. 473, chron. Flauss ; AJ pénal 2006. 169 .* ♦ Le thème de l'ouvrage concernait un débat qui était d'un intérêt public considérable. Il apportait une contribution à ce qu'il convient d'appeler, avec le Gouvernement, une affaire d'État, qui intéressait l'opinion publique, et il donnait certaines informations et réflexions s'agissant des personnalités qui avaient fait l'objet d'écoutes téléphoniques illégales [dites de l'Élysée], des conditions dans lesquelles ces dernières avaient été réalisées, et de l'identité des donneurs d'ordre. Force est d'ailleurs de constater que la liste des « deux mille personnes écoutées » comprenait des noms de nombreuses personnalités pour le moins médiatiques ou médiatisées. • CEDH 7 juin 2007, *Dupuis et a. c/ France,* n° 1914/02 § 39 : *préc. note 69.* ♦ Le sujet du débat en cause – l'adoption d'une législation permettant de dévoiler les noms des anciens collaborateurs de la Securitate –, débat médiatisé et suivi avec attention par le grand public, représentait un intérêt majeur pour la société roumaine entière. La collaboration des hommes politiques avec cette organisation était une question sociale et morale très sensible dans le contexte historique spécifique de la Roumanie. • CEDH 14 oct. 2008, *Roumanie,* n° 78060/01 § 42 : *JCP 2009. I. 104, chron. Sudre.* ♦ Le débat en question concernait, pour l'essentiel, une polémique entre 2 journalistes. Cependant, il faut observer que cette polémique avait pour origine les critiques du requérant à l'éventuelle nomination d'une tierce personne – cadre d'un parti politique – à un poste au ministère de l'éducation. Il s'agit là, aux yeux de la Cour, d'une question relevant clairement de l'intérêt général. • CEDH 29 nov. 2005, *Portugal,* n° 75088/01 § 29 : *RSC 2006. 670, obs. Massias*. ♦ L'article portait sur une nouvelle technique d'opération au laser permettant de corriger la vue des patients et fournissait au public des informations sur une question d'intérêt médical à caractère général. • CEDH 17 oct. 2002, *Allemagne,* n° 37928/97 § 47 : *JCP 2003. I. 109, chron. Sudre.* ♦ Les articles litigieux portent sur l'arrestation et la condamnation de l'acteur X, c'est-à-dire sur des faits judiciaires publics que l'on peut considérer comme présentant un certain intérêt général. En effet, le public a en principe un intérêt à être informé des procédures en matière pénale et à pouvoir s'informer à cet égard, dans le strict respect de la présomption d'innocence. • CEDH, gr. ch., 7 févr. 2012, *Axel Springer AG c/ Allemagne,* n° 39954/08 § 96. ♦ V. s'agissant de la valeur informative de certaines photos. • CEDH, gr. ch., 7 févr. 2012, *Von Hannover c/ Allemagne (n° 2),* n° 40660/08 § 118. ♦ Les articles consacrés respectivement aux conditions de travail dans un club de striptease et à une agression qui aurait eu lieu dans un autre club de ce type ont contribué à un débat public. • CEDH 10 juill. 2012, *Islande,* n° 46443/09 § 80 • CEDH 10 juill. 2012, *Islande,* n° 43380/10 § 71. ♦ V. également • CEDH 12 juin 2014, *Couderc et Hachette Filipacchi associés c/ France,* n° 40454/07 § 59 : *préc. note 85.*

161. La protection des animaux constitue un débat d'intérêt général. • CEDH, gr. ch., 20 mai 1999, *Bladet Tromso et Stensaas c/ Norvège,* n° 21980/93 § 61 à 64 • CEDH 28 juin 2001, *VgT Verein gegen Tierfabriken c/ Suisse,* n° 24699/94 § 70 à 72 • CEDH, gr. ch., 13 juill. 2012, *Mouvement raëlien suisse c/ Suisse,* n° 16354/06 § 59 à 61 : *préc. note 1* • CEDH, gr. ch., 22 avr. 2013, *Animal defenders international c/ Royaume-Uni,* n° 48876/08 § 102 : *préc. note 121.*

162. La conversation téléphonique en question se tenait entre deux hauts responsables du Gouvernement, le secrétaire d'État au ministère de la justice d'une part et le Premier ministre adjoint et ministre des finances d'autre part. Cette conversation portait sur la lutte de pouvoir qui eut lieu en juin 1996 entre deux groupes, bénéficiant chacun d'appuis politiques, ayant l'un et l'autre un intérêt à la privatisation de SP, une importante compagnie d'assurances nationale. • CEDH 19 déc. 2006, *Radio Twist a.s. c/ Slovaquie,* n° 62202/00 § 58.

163. S'agissant de débats historiques, V. note 13.

164. Absence. L'emploi des termes critiqués pour qualifier la vie privée de Mme L. n'est pas justifié par l'intérêt du public et ces expressions ne portent pas sur une question d'importance générale. Il n'a notamment pas été établi que l'opinion publique se soit préoccupée de sa vie privée en avril 1996. On peut donc difficilement considérer que les remarques du requérant ont servi l'intérêt public. • CEDH 6 févr. 2001, *Tammer c/ Estonie,* n° 41205/98 § 68. ♦ L'article édité par la requérante, ayant pour seul objet de satisfaire la curiosité d'un certain public sur l'intimité de la vie privée des époux concernés, ne saurait passer pour contribuer à un quelconque débat d'intérêt général pour la société, malgré la notoriété de ces personnes. • CEDH 1er juill. 2003, *Sté Prisma-Presse c/ France,* n° 71612/01. ♦ Rappr. s'agissant de la publication de photos. • CEDH 24 juin 2004, *Von Hannover c/ Allemagne,* n° 59320/00 § 64 : *préc. note 126.* ♦ S'agissant des accusations de conduites gravement irrégulières de plusieurs dirigeants de la Banque d'Espagne, dont son Gouverneur, la Cour constate que ces accusations ne s'inséraient pas dans le cadre d'un quelconque débat public concernant des questions d'intérêt général relatives à la gestion de la banque nationale. • CEDH 14 mars 2002, *De Diego Nafría c/ Espagne,* n° 46833/99 § 38. ♦ Les reportages, objet du litige, en centrant leur contenu sur des aspects purement privés de la vie des personnes mises en cause, ne sauraient être considérés comme ayant contribué à un quelconque débat d'intérêt général pour la société, malgré la notoriété sociale de ces personnes. • CEDH 12 déc. 2000, *Campmany y Diez de Revenga et Lopez-Galiacho Perona c/ Espagne,* n° 54224/00 • CEDH 13 mai 2003, *Bou Gibert et El Hogar Y La Moda SA c/ Espagne,* n° 14929/02. ♦ Il convient de distinguer entre l'information concernant la santé d'un politicien qui peut dans certaines circonstances être une question d'intérêt public et les ragots sur l'état de son mariage ou sur de prétendues relations extraconjugales. Ce dernier élément ne contribue pas au débat public, mais sert simplement à satisfaire la curiosité d'un certain lectorat. • CEDH 4 juin 2009, *Standard Verlags GmbH c/ Autriche (n° 2),* n° 21277/05 § 52.

165. Malgré l'intérêt public que soulevait la question des fonds en déshérence, vivement discutée en Suisse, en particulier au moment où les publications du requérant ont paru, la forme tronquée et réductrice des articles en question, laquelle était de nature à induire en erreur les lecteurs au sujet de la personnalité et des aptitudes de l'ambassadeur, et du fait de l'emplacement de l'un des articles en première page d'un hebdomadaire suisse du dimanche à grand tirage, a considérablement réduit l'importance de leur contribution au débat public protégé par le présent art. • CEDH, gr. ch., 10 déc. 2007, *Stoll c/ Suisse,* n° 69698/01 § 120, 151 et 152 : *préc. note 119.*

166. Malgré l'intérêt public de l'affaire « Dutroux », les informations essentielles fournies dans l'article de presse étaient que, sur la base du contenu de ses notes, on pouvait déduire que la juge s'était « préparée » préalablement à son audition devant la commission d'enquête afin d'y faire « bonne figure ». Il ne s'agissait d'ailleurs pas d'une révélation puisque l'article lui-même indique que la juge avait prononcé, lors de son audition, la phrase suivante : « Quand je passais un examen à l'université, je m'y préparais aussi... ». La commission d'enquête l'avait aussi spécifiquement interrogée sur ce point lors de son audience retransmise intégralement et en direct à la télévision. Selon le quotidien « Le Soir », les notes ne révélaient que peu de choses intéressantes, excepté la « préparation » préalable. On peut donc difficilement considérer, à cet égard, que l'article litigieux a servi l'intérêt public. • CEDH 9 nov. 2006, ⚖ *Leempoel et SA ED Ciné revue c/ Belgique,* n° 64772/01 § 73.

167. S'agissant de la publication de photos et du respect du droit à l'image dans le cadre de la vie privée combinés avec l'apport au débat d'intérêt général, V. note 229.

168. Variation dans le temps. V. s'agissant d'un ouvrage : la diffusion de l'ouvrage à une date si proche du décès ne pouvait qu'aviver la légitime émotion des proches du défunt, héritiers de ses droits. En revanche, plus la date du décès s'éloignait, plus cet élément perdait de son poids. Parallèlement, plus le temps passait, plus l'intérêt public du débat lié à l'histoire des 2 septennats accomplis par le Président Mitterrand l'emportait sur les impératifs de la protection des droits de celui-ci au regard du secret médical. • CEDH 18 mai 2004, ⚖ *Éd. Plon c/ France,* n° 58148/00 § 53 : *préc. note 129.*

169. Contrôle de la présence de l'intérêt public. Seule importe la question de savoir si un reportage est susceptible de contribuer au débat d'intérêt général et non de savoir s'il a pleinement atteint cet objectif. • CEDH 24 févr. 2015, ⚖ *Haldimann et a. c/ Suisse,* n° 21830/09 § 57. ♦ Il n'est pas nécessaire, pour qu'une publication contribue à un débat d'intérêt général, qu'elle y soit entièrement consacrée : il peut suffire qu'elle s'y rattache et qu'elle présente un ou plusieurs éléments en ce sens. • CEDH 14 janv. 2014, *Ruusunen c/ Finlande,* n° 76579/10 § 49.

170. L'intérêt évident du Dr R. à protéger sa réputation professionnelle était insuffisant pour primer l'important intérêt public à préserver la liberté pour la presse de fournir des informations sur des questions présentant un intérêt public légitime. • CEDH 2 mai 2000, ⚖ *Bergen Tidende c/ Norvège,* n° 26132/95 § 60. ♦ Le *plaignant avait certes droit à voir* protéger sa réputation, même en dehors du cadre de sa vie privée, mais les impératifs de cette protection devaient être mis en balance avec les intérêts de la libre discussion des questions politiques. • CEDH 29 nov. 2005, ⚖ *Urbino Rodriguez c/ Portugal,* n° 75088/01 § 31 : *préc. note 160.* ♦ A l'inverse, l'intérêt du Dr D. à protéger sa réputation professionnelle n'était pas, en l'espèce, contrebalancé par un important intérêt public à préserver la liberté pour la presse de fournir des informations présentant un intérêt public légitime. • CEDH 16 oct. 2001, ⚖ *Verdens Gang et Aase c/ Norvège,* n° 45710/99. ♦ La publication de la requérante ne s'inscrivait ni dans un débat quelconque d'un intérêt public légitime, ni dans une polémique entre elle et ses confrères d'un autre journal mais dans une querelle purement personnelle. • CEDH 14 févr. 2006, ⚖ *Katamadze c/ Géorgie,* n° 69857/01. ♦ Rappr. • CEDH 14 mars 2002, ⚖ *De Diego Nafría c/ Espagne,* n° 46833/99 § 38.

171. L'article litigieux, qui publiait des informations confidentielles, se rattachait à un sujet d'intérêt général qui suscitait de nombreux débats. Les travaux de la « Commission Dutroux » s'inscrivaient dans un débat public amplement ouvert à l'époque des faits et articulé autour de l'attitude des autorités belges et, notamment des autorités judiciaires, dans les enquêtes sur les disparitions d'enfants. Il faut cependant encore examiner si, à la lumière de son contenu et du contexte général de la présente affaire, cet article contribuait à la discussion publique de ces questions qui intéressaient la vie de la collectivité et s'il s'inscrivait dans la mission que les médias se voient confier dans une société démocratique. Nul doute que les notes publiées et leurs commentaires pouvaient satisfaire une certaine curiosité du public. Cet aspect ne saurait cependant suffire. Pour légitimer la diffusion, les informations publiées par les requérants devaient aussi posséder la composante essentielle de l'intérêt public. Il convient dès lors, pour mesurer les intérêts en jeu, de prendre en compte la nature et le contenu de l'article litigieux. • CEDH 9 nov. 2006, ⚖ *Leempoel et SA ED Ciné revue c/ Belgique,* n° 64772/01 § 72.

172. L'information litigieuse n'était pas dénuée de toute incidence politique, et elle pouvait susciter l'intérêt du public sur les règles de succession en vigueur dans la Principauté (qui excluaient les enfants nés hors mariage de la succession au trône). De même, l'attitude du Prince, qui entendait conserver le secret de sa paternité et se refusait à une reconnaissance publique, pouvait, dans une monarchie héréditaire dont le devenir est intrinsèquement lié à l'existence d'une descendance, provoquer l'attention du public. • CEDH, gr. ch., 10 nov. 2015, ⚖ *Couderc et Hachette Filipacchi associés c/ France,* n° 40454/07 § 111 : préc. note 87.

4. Distinction entre déclaration factuelle et jugement de valeur

173. Dans sa pratique, la Cour distingue entre faits et jugements de valeur ou opinions.

Si la matérialité des premiers peut se prouver, les seconds ne se prêtent pas à une démonstration de leur exactitude. • CEDH 24 févr. 1997, *De Haes et Gijsels c/ Belgique*, n° 19983/92 § 42 : *préc. note 90* • CEDH 10 oct. 2013, *Jean-Jacques Morel c/ France*, n° 25689/10 § 41 : *préc. note 65.* ♦ La Cour insiste pour que les juridictions nationales suivent cette analyse dans leurs décisions. • CEDH 12 juill. 2016, *Reichman c/ France*, n° 50147/11 § 63 et 71 : *préc. note 148.* ♦ Pour les jugements de valeur, cette exigence est irréalisable et porte atteinte à la liberté d'opinion elle-même. Lorsqu'une déclaration s'analyse en un jugement de valeur, la proportionnalité de l'ingérence peut être fonction de l'existence d'une base factuelle suffisante car, faute d'une telle base, un jugement de valeur peut lui aussi se révéler excessif. • CEDH 24 févr. 1997, *De Haes et Gijsels c/ Belgique*, n° 19983/92 § 47 : *préc. note 90* • CEDH 27 févr. 2001, *Jerusalem c/ Autriche*, n° 26958/95 § 43 • CEDH 29 nov. 2005, *Urbino Rodriguez c/ Portugal*, n° 75088/01 § 32 : *préc. note 160* • CEDH 22 déc. 2005, *Paturel c/ France*, n° 54968/00 § 36 : *préc. note 160* • CEDH 14 déc. 2006, *Karman c/ Russie*, n° 29372/02 § 41 • CEDH 19 déc. 2006, *Dabrowski c/ Pologne*, n° 18235/02 § 34 • CEDH 15 nov. 2007, *Pfeifer s/ Autriche*, n° 12556/03 § 46.

174. On ne saurait imposer à un journal de vérifier systématiquement le bien-fondé de tout propos d'un politicien à l'égard d'un autre qu'il entend reproduire et qui a été tenu dans le contexte d'un débat politique public. Eu égard à la manière dont *Bild* a obtenu les propos litigieux et compte tenu de l'actualité de l'information concernant l'ancien chancelier, diffusée trois jours avant la parution de l'article, et aussi du caractère éphémère général des informations, rien n'indique que la requérante ne pouvait pas publier les propos sans procéder à d'autres vérifications au préalable. • CEDH 10 juill. 2014, *Axel Springer AG c/ Allemagne (n° 2)*, n° 48311/10 § 70.

175. Le degré de précision requis pour établir le bien-fondé d'une accusation en matière pénale par un tribunal compétent ne peut guère se comparer avec celui que doit respecter un journaliste exprimant son avis sur une question d'intérêt général, les critères appliqués pour apprécier les activités politiques d'une personne du point de vue moral étant différents de ceux qui sont requis pour établir une infraction en matière pénale. • CEDH 14 déc. 2006, *Karman c/ Russie*, n° 29372/02 § 41.

176. Le fait de mettre directement en cause des personnes déterminées implique l'obligation de fournir une base factuelle suffisante, de sorte que même un jugement de valeur peut se révéler excessif s'il est totalement dépourvu de base factuelle. • CEDH 14 oct. 2008, *Roumanie*, n° 78060/01 § 42 : *préc. note 160.* ♦ Les deux premières affirmations n'avaient aucune base factuelle. En l'occurrence, la destitution du maire en question avait été ordonnée par le préfet pour des raisons étrangères à l'activité et au comportement du sous-préfet. La Cour note également que, dans le procès pénal qui s'est déroulé à la suite de l'accident de circulation dans lequel le sous-préfet avait été impliqué, il n'a nullement été question de la prétendue conduite en état d'ivresse. • CEDH 8 sept. 2005, *Roumanie*, n° 18624/03. ♦ Les propos des requérants à l'égard de Mme R. M. étaient principalement énoncés sous la forme d'une alternative – « soit elle a signé le contrat en méconnaissance de la loi (...), soit elle a accepté des pots-de-vin » –, ce qui pouvait donner à penser qu'il s'agissait d'un jugement de valeur. Toutefois, lorsqu'on examine les affirmations litigieuses à la lumière de l'article dans son ensemble, y compris la caricature qui l'accompagnait, force est de constater qu'elles renfermaient, en réalité, des imputations factuelles précises à l'égard de Mme R. M., à savoir qu'elle s'était rendue complice de conclusion de contrats illégaux et qu'elle avait perçu des pots-de-vin. Les propos des requérants donnaient l'impression aux lecteurs que Mme R. M. avait eu une conduite malhonnête et intéressée, et étaient de nature à emporter la conviction que l'« escroquerie » dont elle et l'ancien adjoint au maire étaient accusés et les pots-de-vin qu'ils auraient encaissés constituaient des faits établis et ne prêtant pas à controverse. Si le rapport de la Cour des comptes sur lequel, soi-disant, était basé l'article, pouvait être considéré comme une base factuelle solide et crédible pour les allégations mettant en doute la légalité du contrat d'association entre la mairie et la société V., rien n'y est précisé, ni même suggéré, quant à la prétendue malhonnêteté de l'ancien adjoint au maire et de Mme R. M. ou quant au fait qu'ils auraient perçu des pots-de-vin pour conclure un tel contrat. • CEDH 17 déc. 2004, *Roumanie*, n° 33348/96 § 100 et 108. ♦ La gravité des faits imputés à J. C. et le fait que le journal Enbata ne disposait d'aucune base factuelle susceptible de fonder l'information litigieuse auraient dû inciter le requérant à faire preuve de la plus grande rigueur et d'une particulière mesure, ce qui apparaît pas avoir été le cas en l'espèce. • CEDH 21 sept. 2004, *France*, n° 58729/00. ♦ Ces affaires débouchent le plus souvent sur une mise en cause de la réputation et de la dignité des personnes, V. note 228. ♦ La condamnation du requérant pour complicité de diffamation ne contrevient pas au présent art. dès lors qu'en l'absence d'une base factuelle solide et convaincante pour accuser publiquement de corruption un homme politique, l'ingérence dans la liberté d'expression est manifestement nécessaire dans une société démocratique pour protéger la réputation d'autrui. • CEDH, décis., 12 févr. 2019, *Campion c/ France,* n° 35255/17 § 27 : *D. actu. 21 mars 2019, obs. Lavric.*

177. L'article contesté relatait pour l'essentiel ce que d'autres disaient au sujet de brutalités policières. Or l'auteur se vit juger coupable faute d'avoir, notamment, démontré ce qui, d'après le tribunal national, constituait ses propres allégations, à savoir que des membres non déterminés de la police de Reykjavik s'étaient livrés à une série d'actes d'agression graves ayant rendu infirmes leurs victimes, ainsi qu'à des falsifications et à d'autres délits. Dans la mesure où l'on entendait l'obliger à prouver l'exactitude de ses assertions, on le plaçait devant une tâche déraisonnable, voire impossible. • CEDH 25 juin 1992, *Thorgeir Thorgeirson c/ Islande,* n° 13778/88 § 65.

178. Un certain nombre de facteurs indiquent que l'intéressé ne s'est soucié de vérifier de manière sérieuse la véracité ou la fiabilité des allégations qu'*a posteriori*, une fois l'action en diffamation engagée contre lui. Tout d'abord, le requérant a affirmé dans sa requête à la Cour que pour établir si M. C. avait utilisé ou pouvait à juste titre être soupçonné d'avoir utilisé des substances dopantes, il faudrait inévitablement recourir à une vaste expertise, dont l'accès était compromis par ses moyens financiers limités. Ensuite, l'article litigieux ne faisait lui-même état d'aucun élément sérieux étayant l'affirmation relative à la prise de produits dopants. Le requérant reconnaissait d'ailleurs dans l'article qu'« il n'existait aucune aiguille hypodermique recouverte de sang ni aucune preuve directe accusant C. », et que son allégation ne reposait que sur des « indices ». Enfin, les témoignages que le requérant décrivait comme essentiels à sa thèse ont été présentés pour la première fois et en des termes très vagues plus d'un an après la parution de l'article, pour être développés tout juste avant l'ouverture du procès. L'obligation faite au requérant de prouver, selon le critère de la plus forte probabilité, que les allégations formulées dans l'article étaient en substance conformes à la vérité constituait une restriction justifiée à sa liberté d'expression. • CEDH 7 mai 2002, *Mc Vicar c/ Royaume-Uni,* n° 46311/99 § 86 et 87.

179. Bien que le reportage évoque certains faits précis, les déclarations incriminées constituent davantage des jugements de valeur que de pures déclarations de fait, compte tenu de *la tonalité générale* des propos de la journaliste comme du contexte dans lequel ils ont été tenus, dès lors qu'elles renvoient principalement à un travail d'investigation et à une évaluation globale du comportement du Prince T. à la lumière des différents éléments recueillis durant l'enquête de la journaliste, y compris les propres déclarations faites par l'intéressé à cette journaliste. La « base factuelle » sur laquelle reposaient ces jugements de valeur était suffisante. • CEDH 21 janv. 2016, *De Carolis c/ France,* n° 29313/10 § 54 et 56.

180. Le document publié commençait par un résumé des faits consistant à rapporter les déclarations de G.-M. Nul ne conteste l'exactitude de cette partie du texte. Suivait une analyse desdites déclarations, d'où les plaignants déduisaient que G.-M. avait sciemment exprimé des idées proches de celles des nazis. On ne peut voir dans la dernière section du document qu'un jugement de valeur : les auteurs s'y prononçaient sur la proposition de G.-M., en présentant clairement leur avis comme le résultat d'une simple comparaison de celle-ci avec des extraits du manifeste du NSDAP. Partant, O. avait publié une version fidèle des faits, assortie d'un jugement de valeur. Les tribunaux autrichiens estimèrent toutefois qu'il devait prouver la véracité de ses assertions. Or, pour les jugements de valeur, cette exigence est irréalisable et constitue elle-même une atteinte à la liberté d'opinion. • CEDH 23 mai 1991, *Oberschlick c/ Autriche (n° 1),* n° 11662/85 § 63.

181. Rien ne prouve que les faits décrits dans les articles étaient totalement faux et servaient à alimenter une campagne diffamatoire à l'égard de G. S. et du sénateur R. T. Les écrits de D. ne portaient pas sur des aspects de la vie privée de R. T., mais sur ses comportements et attitudes en tant qu'élu du peuple. • CEDH 28 sept. 1999, *Dalban c/ Roumanie,* n° 28114/95 § 50.

182. La Cour tient compte du fait que les journalistes ont pondéré les déclarations litigieuses des employés des clubs de striptease par l'évocation en parallèle des versions livrées par les propriétaires des clubs. • CEDH 10 juill. 2012, *Bjork Eidsdottir c/ Islande,* n° 46443/09 § 80.

5. Prise en compte du média utilisé

183. Quiconque exerce sa liberté d'expression assume « des devoirs et des responsabilités » dont l'étendue dépend de sa situation et du procédé technique utilisé. • CEDH 7 déc. 1976, *Handyside c/ Royaume-Uni,* n° 5493/72 § 49 : *préc. note 1.* ♦ Il y a lieu de rappeler que toute personne, fût-elle journaliste, qui exerce sa liberté d'expression, assume « des devoirs et des responsabilités » dont l'étendue dépend de sa situation et du procédé technique utilisé. • CEDH, gr. ch., 10 déc. 2007, *Stoll c/ Suisse,* n° 69698/01 § 102 : *préc. note 119.*

184. L'impact potentiel du moyen d'expression concerné devant être pris en considération dans l'examen de la proportionnalité de l'ingérence, il faut tenir compte du fait que les médias audiovisuels ont des effets beaucoup plus immédiats et puissants que la presse écrite. • CEDH 23 sept. 1994, *Jersild c/ Danemark,* n° 15890/89 § 31 : *préc. note 26* • CEDH 10 juill. 2003, *Murphy c/ Irlande,* n° 44179/98 § 69. ♦ Le fait que le support choisi soit une revue trimestrielle quasi académique, par opposition à un journal populaire, entre en ligne de compte. • CEDH 27 mai 2014, *Mustafa Erdogan et a. c/ Turquie,* n° 346/04 § 45 : *préc. note 63.*

185. L'extrême gravité des faits imputés à J. et la circonstance que le bulletin en question était destiné à être plusieurs fois répété à l'antenne – et le fut – obligeaient à faire preuve de la plus grande rigueur et d'une particulière mesure et ce d'autant plus que ledit bulletin était diffusé par la voie hertzienne, sur les ondes d'une radio couvrant l'ensemble du territoire français. • CEDH 30 mars 2004, *Radio France et a. c/ France,* n° 53984/00 § 39 : *préc. note 146.* ♦ L'allégation a été diffusée à une heure de grande écoute sur une chaîne de télévision nationale au cours d'une émission attachée à l'objectivité et au pluralisme et a donc atteint un large public. • CEDH, gr. ch., 17 déc. 2004, *Pedersen et Baadsgaard c/ Danemark,* n° 49017/99 § 79.

186. V. prenant en compte le choix d'une publication à tirage limité, voire restreint, ou à destination d'un public particulier. • CEDH 29 mars 2005, *Alinak c/ Turquie,* n° 40287/98 § 41 (s'agissant d'un roman) • CEDH 8 juill. 1999, *Karatas c/ Turquie,* n° 23168/94 § 49 et 52 (s'agissant de poèmes). ♦ ... Et implicitement s'agissant de films vidéo à destination de sex-shops homosexuels. • Comm. EDH 25 mars 1994, *Scherer c/ Suisse,* n° 17116/90 (affaire rayée du rôle).

187. Dans le cadre de la presse écrite, il convient de tenir compte de l'emplacement des articles (en l'espèce, en première page) et du tirage du support (en l'espèce, hebdomadaire du dimanche à grand tirage). • CEDH, gr. ch., 10 déc. 2007, *Stoll c/ Suisse,* n° 69698/01 § 151 : *préc. note 119.*

6. Caméra cachée

188. Si la personne filmée à son insu n'était pas un personnage public et n'avait pas donné son consentement à être filmée et pouvait donc « raisonnablement croire au caractère privé » de cet entretien, les journalistes n'ont pas ignoré les règles journalistiques telles que définies par le Conseil suisse de la presse limitant l'usage de la caméra cachée mais ont plutôt conclu – à tort selon la plus haute juridiction suisse – que l'objet de leur reportage devait les autoriser à faire usage de la caméra cachée. La Cour note que cette question n'a pas fait l'unanimité au sein même des juridictions suisses, qui ont, en première instance, acquitté les requérants de toute condamnation pénale. Partant, la Cour est d'avis que les requérants doivent bénéficier du doute quant à leur volonté de respecter les règles déontologiques applicables au cas d'espèce, s'agissant du mode d'obtention des informations. • CEDH 24 févr. 2015, *Suisse,* n° 21830/09 § 61. ♦ V. pour la distinction entre l'usage de la caméra cachée dans un lieu public pour filmer un personnage public et l'usage envers la même personne dans des locaux privés : • CEDH 22 févr. 2018, *Grèce,* n° 72562/10 : *JCP Adm. 2018. 284.*

7. Prudence et modération

189. Si un manque de modération est permis lorsque l'on s'exprime sur un sujet d'intérêt général... • CEDH 7 nov. 2006, *Mamère c/ France,* n° 12697/03 § 25 : *préc. note 82* • CEDH, gr. ch., 22 oct. 2007, *Lindon, Otchakovsky-Laurens et July c/ France,* n° 21279/02 § 56 : *préc. note 84.* ♦ ... La Cour estime que ce principe ne peut valablement être invoqué pour justifier l'affirmation d'une intention meurtrière qui n'était pourtant qu'une hypothèse et l'ajout de circonstances factuelles, dont l'exactitude n'est pas établie par les éléments du dossier, dans le but de présenter une mise en scène tragique figurant un tout jeune enfant confronté physiquement à l'horreur du meurtre de son père. • CEDH 3 déc. 2015, *Prompt c/ France,* n° 30936/12 § 47 : *D. 2016. 225, obs. Renucci.*

b. Protection des sources

190. Principe. La protection des sources journalistiques est l'une des pierres angulaires de la liberté de la presse, comme cela ressort des lois et codes déontologiques en vigueur dans nombre d'États contractants et comme l'affirment en outre plusieurs instruments internationaux sur les libertés journalistiques. L'absence d'une telle protection pourrait dissuader les sources journalistiques d'aider la presse à informer le public sur des questions d'intérêt général. En conséquence, la presse pourrait être moins à même de jouer son rôle indispensable de « chien de garde » et son aptitude à fournir des informations précises et fiables pourrait s'en trouver amoindrie. Eu égard à l'importance que revêt la protection des sources journalistiques pour la liberté de la presse dans une société démocratique, pareille mesure ne saurait se concilier avec le présent art. que si elle se justifie par un impératif prépondérant d'intérêt public. • CEDH 27 mars 1996, *Goodwin c/ Royaume-Uni,* n° 17488/90 § 39 : *préc. note 116* • CEDH 25 févr. 2003, *Roemen et Schmit c/ Luxembourg,* n° 51772/99 § 46 : *D. 2003. Somm., p. 2271, obs. Fricero ; JCP 2003. I. 160, chron. Sudre* • CEDH 15 juill. 2003, *Ernst et a. c/ Belgique,* n° 33400/96 § 91 • CEDH 27 nov. 2007, *Tillack c/ Belgi-*

que, n° 20477/05 § 53 : *JCP 2008. 10008, note Derieux.* ♦ Le droit des journalistes de taire leurs sources ne saurait être considéré comme un simple privilège qui leur serait accordé ou retiré en fonction de la licéité ou de l'illicéité des sources, mais un véritable attribut du droit à l'information, à traiter avec la plus grande circonspection. • CEDH 27 nov. 2007, *Tillack c/ Belgique,* n° 20477/05 § 65 : *préc.* • CEDH 28 juin 2012, *Ressiot et a. c/ France,* n° 15054/07 § 124 : *AJDA 2012. 1726, chron. Burgorgue-Larsen ; D. 2012. 2282, note Dreyer ; Constitutions 2012. 645, obs. de Bellescize ; RSC 2012. 603, obs. Francillon ; JCP Adm. 2012. 478.*

191. Mise en œuvre. Il en résulte que les limitations apportées à la confidentialité des sources journalistiques appellent l'examen le plus scrupuleux. • CEDH 27 mars 1996, *Goodwin c/ Royaume-Uni,* n° 17488/90 § 40 : *préc. note 116.*

192. Une ordonnance enjoignant la divulgation des sources du journaliste appelle donc à vérifier qu'elle se concilie avec le présent art. et qu'elle est justifiée par un impératif prépondérant d'intérêt public. • CEDH 27 mars 1996, *Goodwin c/ Royaume-Uni,* n° 17488/90 § 39 : *préc. note 116.* ♦ Des perquisitions au domicile et dans les locaux professionnels du requérant ayant pour objet de découvrir la source d'un journaliste constituent – même si elles restent sans résultat – un acte plus grave qu'une sommation de divulgation de l'identité de la source. En effet, les enquêteurs qui, munis d'un mandat de perquisition, surprennent un journaliste à son lieu de travail, ont des pouvoirs d'investigation très larges du fait qu'ils ont, par définition, accès à toute la documentation détenue par le journaliste. • CEDH 25 févr. 2003, *Roemen et Schmit c/ Luxembourg,* n° 51772/99 § 57 : *préc. note 190.* • CEDH 12 avr. 2012, *Martin et a. c/ France,* n° 30002/08 § 70 : *Constitutions 2012. 645, obs. de Bellescize ; RSC 2012. 603, obs. Francillon* • CEDH 18 avr. 2013, *Saint-Paul Luxembourg SA c/ Luxembourg,* n° 26419/10 § 61 : *D. 2013. 1066 .* ♦ A aucun moment, il n'a été allégué qu'un article de presse rédigé par un des requérants au sujet des affaires visées par le procureur général dans son réquisitoire aurait contenu des informations secrètes. Dans la mesure où, d'après le dossier, aucune infraction n'a été reprochée aux requérants, il faut en déduire que les mesures litigieuses – des perquisitions effectuées notamment et simultanément *au domicile des requérants et au siège* de leur rédaction – avaient pour objet de rassembler des objets utiles à la manifestation de la vérité dans les dossiers ouverts à la suite des « fuites ». L'identification des auteurs potentiels, au sein du parquet, d'une violation du secret de l'instruction aurait certes pu engendrer une procédure pour éventuelle faute professionnelle subséquente commise par les requérants dans l'exercice de leurs fonctions. Les mesures tombaient ainsi, à n'en pas douter, dans le domaine de la protection des sources journalistiques. L'absence de résultat apparent des perquisitions et saisies n'enlève pas à ces dernières leur objet, à savoir trouver les responsables des fuites et donc la source d'information des journalistes. • CEDH 15 juill. 2003, *Ernst et a. c/ Belgique,* n° 33400/96 § 100.

193. Méthodes. Par essence, le présent art. laisse aux journalistes le soin de décider s'il est nécessaire ou non de reproduire le support de leurs informations pour en asseoir la crédibilité, y compris s'il s'agit de documents obtenus à la suite d'une infraction et faisant donc l'objet d'un recel. • CEDH 21 janv. 1999, *Fressoz et Roire c/ France,* n° 29183/95 § 54 : *préc. note 146* (sol. impl.).

194. La condamnation pour instigation à la violation du secret de fonction a constitué une espèce de censure tendant à l'inciter à ne pas se livrer à des activités de recherche, inhérentes à son métier, en vue de préparer et étayer un article de presse sur un sujet d'actualité. Sanctionnant ainsi un comportement intervenu à un stade préalable à la publication, pareille condamnation risque de dissuader les journalistes de contribuer à la discussion publique de questions qui intéressent la vie de la collectivité. Par là même, elle est de nature à entraver la presse dans l'accomplissement de sa tâche d'information. • CEDH 25 avr. 2006, *Dammann c/ Suisse,* n° 77551/01 § 57. ♦ La saisie et le placement sous scellés des listings des appels des requérants, les perquisitions et saisies opérées aux sièges des journaux et les perquisitions opérées aux domiciles des requérants furent validées par la chambre de l'instruction sans que soit démontrée l'existence d'un besoin social impérieux. Lors de la perquisition dans les locaux du journal furent notamment saisis et placés sous scellés les ordinateurs des requérants, la liste de la messagerie d'un requérant étant, quant à elle, éditée et également placée sous scellés. Ces perquisitions aux sièges de deux journaux, impressionnantes et spectaculaires, ne pouvaient que marquer profondément les professionnels qui y travaillaient et être perçues par eux comme une menace potentielle pour le libre exercice de leur profession. • CEDH 28 juin 2012, *Ressiot et a. c/ France,* n° 15054/07 § 125 : *préc. note 190.*

195. La société requérante a été pénalisée essentiellement pour le simple fait qu'elle avait diffusé des informations qu'un tiers avait obtenues et enregistrées illégalement. Ce seul fait ne peut suffire à priver la société requérante de la protection du présent art. • CEDH 19 déc. 2006, *Radio Twist a.s. c/ Slovaquie,* n° 62202/00 § 62.

2° RÉGIME D'AUTORISATION DES ENTREPRISES DE RADIODIFFUSION, DE CINÉMA OU DE TÉLÉVISION

a. Portée de la clause d'autorisation

196. Spécificité des moyens audiovisuels. Les médias audiovisuels, tels que la radio et la télévision, ont un rôle particulièrement important en raison de leur pouvoir de faire passer des messages par le son et par l'image ; ils ont des effets plus immédiats et plus puissants que la presse écrite. • CEDH 23 sept. 1994, *Jersild c/ Danemark,* n° 15890/89 § 31 : *préc. note 26* • CEDH, gr. ch., 17 déc. 2004, *Pedersen et Baadsgaard c/ Danemark,* n° 49017/99 § 79. ♦ La fonction de la télévision et de la radio, sources familières de divertissement au cœur de l'intimité du téléspectateur ou de l'auditeur, renforce encore leur impact. • CEDH 10 juill. 2003, *Murphy c/ Irlande,* n° 44179/98 § 74. ♦ De plus, la télévision et la radio peuvent, notamment dans les régions isolées, être plus aisément accessibles que les autres médias. • CEDH 17 sept. 2009, *Manole et a. c/ Moldova,* n° 13936/02 § 97.

197. Justification de la clause d'autorisation. La troisième phrase du présent art. s'inspirait manifestement, lors de sa rédaction, de préoccupations techniques ou pratiques, comme le nombre réduit des fréquences disponibles et les investissements importants à consacrer à la construction des émetteurs. Elle traduisait aussi un souci politique de plusieurs États : réserver à la puissance publique l'activité de radiodiffusion. Depuis lors, l'évolution des conceptions et le progrès technique, en particulier l'apparition de la transmission par câble, ont entraîné dans de nombreux pays d'Europe l'abolition des monopoles étatiques et la création, en sus des chaînes publiques, de radios privées, souvent locales. De surcroît, des régimes nationaux d'autorisations s'imposent non seulement pour la réglementation ordonnée des entreprises de radiodiffusion au niveau national, mais aussi dans une large mesure pour donner effet à des normes internationales. • CEDH 28 mars 1990, *Groperra Radio AG et a. c/ Suisse,* n° 10890/84 § 60.

198. *Pour importants* que soient ces aspects techniques, d'autres considérations peuvent, elles aussi, conditionner l'octroi ou le refus d'une autorisation, dont celles qui concernent la nature et les objectifs d'une future station, ses possibilités d'insertion au niveau national, régional ou local, les droits et besoins d'un public donné, ainsi que les obligations issues d'instruments juridiques internationaux. • CEDH 24 nov. 1993, *Informationsverein Lentia et a. c/ Autriche,* n° 13914/88 § 32 • CEDH 20 oct. 1997, *Radio ABC c/ Autriche,* n° 19736/92 § 33.

199. Grâce aux progrès des dernières décennies, les restrictions basées sur les questions techniques ne peuvent plus aujourd'hui se fonder sur des considérations liées au nombre des fréquences et des canaux disponibles. Ensuite, elles ont perdu beaucoup de leurs raisons d'être avec la multiplication des émissions étrangères destinées à un public autrichien et la décision de la Cour administrative de reconnaître la légalité de leur retransmission par le câble. Enfin et surtout, on ne saurait alléguer l'absence de solutions équivalentes moins contraignantes ; à titre d'exemple, il n'est que de citer la pratique de certains pays consistant soit à assortir les licences de cahiers des charges au contenu modulable, soit à prévoir des formes de participation privée à l'activité de l'institut national. • Comm. EDH 16 oct. 1986, *Verein Alternatives Lokalradio Bern et Verein Radio Dreyeckland Basel c/ Suisse,* n° 10746/84 • CEDH 24 nov. 1993, *Informationsverein Lentia et a. c/ Autriche,* n° 13914/88 § 39 • CEDH 20 oct. 1997, *Radio ABC c/ Autriche,* n° 19736/92 § 33.

200. Interprétation de la clause d'autorisation. La troisième phrase du présent art., ainsi que son champ d'application, doivent s'envisager dans le contexte de l'article pris dans son ensemble et notamment au regard des exigences du § 2. Cette phrase n'a pas d'équivalent dans le premier paragraphe des art. 8, 9 et 11 Conv. EDH, dont l'architecture se rapproche pourtant beaucoup de celle du présent art. d'une manière générale. Elle présente une certaine similitude de libellé avec la dernière phrase de l'art. 11, § 2, Conv. EDH, mais la structure des deux articles diffère à cet égard. Le présent art. énonce déjà dans son § 1 certaines des limitations permises. L'art. 11 Conv. EDH, lui, prévoit dans son seul § 2 la possibilité de restrictions spéciales à l'exercice de la liberté d'association des membres des forces armées, de la police et de l'administration ; on pourrait en déduire qu'elles échappent aux impératifs de la première phrase du § 2, à l'exception de celui de légalité dès lors qu'elles doivent être « légitimes ». Une comparaison des 2 textes montre donc que la troisième phrase du § 1 du présent art., pour autant qu'elle s'analyse en une exception au principe proclamé par les 2 premières, a une portée réduite. L'art. 19 PIDCP ne renferme pas de clause correspondante. Pareille insertion fut jugée superflue. Les autorisations prévues en l'espèce pouvaient être mises en œuvre dans le cadre de la notion d'« ordre public » au sens du § 3 de cet art. Une conclusion s'en trouve renforcée : la troisième phrase du § 1 du présent art. tend à préciser que les États peuvent réglementer, par un système de licences, l'organisation de la radiodiffusion sur leur territoire, en particulier ses aspects techniques. Elle ne soustrait pas les mesures d'autorisation aux exigences du § 2, sans quoi on aboutirait à un résultat contraire à l'objet et au but du présent art. considéré dans son ensemble. • CEDH 28 mars 1990, *Groperra Radio AG et a. c/ Suisse*, n° 10890/84 § 61 • CEDH 22 mai 1990, *Autronic AG c/ Suisse*, n° 12726/87 § 52.

201. L'objet et le but de la troisième phrase du § 1 du présent art. ainsi que son champ d'application doivent s'envisager dans le contexte de l'art. pris dans son ensemble et notamment à la lumière du § 2, à l'empire duquel les mesures d'autorisation demeurent soumises ; il reste à déterminer si le régime de monopole appliqué en Autriche remplit aussi les conditions pertinentes du § 2. • CEDH 24 nov. 1993, *Informationsverein Lentia et a. c/ Autriche*, n° 13914/88 § 29 et 33. ♦ Il convient donc en toute hypothèse de déterminer si le régime mis en place par l'État remplit aussi les conditions pertinentes du § 2 du présent art. • CEDH 20 oct. 1997, *Radio ABC c/ Autriche*, n° 19736/92 § 28.

202. Le présent art., en n'empêchant pas les États de soumettre les médias audiovisuels à un régime d'autorisation, admet le principe d'un traitement différencié pour ces médias et les médias écrits. Toutefois, la distinction faite par la Cour de cassation belge selon le support de l'information, à savoir entre la presse écrite et la presse audiovisuelle, et qui entraîne une application des articles différents de la Constitution, ne paraît pas déterminante en l'espèce. Elle n'assure pas la protection d'un cadre légal strict aux restrictions préalables que la Conv. EDH entend accorder à la diffusion des informations, idées et opinions, d'autant plus que la jurisprudence ne tranche pas la question du sens à donner à la notion de « censure », prohibée par l'art. 25 de la Constitution. • CEDH 29 mars 2011, *RTBF c/ Belgique*, n° 50084/06 § 115.

b. Mise en œuvre de la clause d'autorisation

203. La clause d'autorisation ne semble pas interdire le monopole. • Comm. EDH 12 mars 1976, *Sacchi c/ Italie*, n° 6452/74. ♦ Le régime de monopole appliqué en Autriche peut contribuer à la qualité et à l'équilibre des programmes, par le contrôle qu'il confère aux autorités sur les médias. Il cadre donc en l'occurrence avec la troisième phrase du § 1 du présent art. • CEDH 24 nov. 1993, *Informationsverein Lentia et a. c/ Autriche*, n° 13914/88 § 33. ♦ Le monopole public impose les restrictions les plus fortes à la liberté d'expression, à savoir l'impossibilité totale de s'exercer autrement que par le biais d'une station nationale et le cas échéant, de façon très réduite, par une station câblée locale. Eu égard à leur radicalité, elles ne sauraient se justifier qu'en cas de nécessité impérieuse. • CEDH 24 nov. 1993, *Informationsverein Lentia et a. c/ Autriche*, n° 13914/88 § 39 • CEDH 20 oct. 1997, *Radio ABC c/ Autriche*, n° 19736/92 § 31.

204. Un régime d'autorisation qui ne respecterait pas en tant que tel les exigences de pluralisme, de tolérance et d'esprit d'ouverture porterait alors atteinte au § 1 du présent art. • Comm. EDH 16 oct. 1986, *Verein Alternatives Lokalradio Bern et Verein Radio Dreyeckland Basel c/ Suisse*, n° 10746/84. ♦ Les circonstances politiques particulières en Suisse rendent nécessaire l'application de critères politiques sensibles comme le pluralisme culturel et linguistique, l'équilibre entre régions de plaine et régions de montagne et une politique fédéraliste équilibrée. • Comm. EDH 16 oct. 1986, *Verein Alternatives Lokalradio Bern et Verein Radio Dreyeckland Basel c/ Suisse : préc.* ♦ Compte tenu de leur fort impact sur le public, les autorités nationales peuvent viser à prévenir une offre unilatérale de programmes de télévision commerciaux. La structure politique et culturelle particulière de la Suisse, État fédéral, peut justifier le refus d'octroyer la concession de diffusion qui avait été sollicitée. Ces facteurs, qui encouragent en particulier le pluralisme dans la diffusion, peuvent légitimement être pris en considération lors de l'octroi d'une autorisation de diffuser des émissions de radio et de télévision. • CEDH 5 nov. 2002, *Demuth c/ Suisse*, n° 38743/97 § 43 et 44.

205. Lorsque l'État décide de mettre en place un système public de radio-télédiffusion, il découle du présent art. que le droit et la pratique internes doivent garantir que ce système assure un service pluraliste. Lorsque, en particulier, les stations privées sont encore trop faibles pour proposer une véritable alternative et que l'organisme public ou d'État est donc le seul diffuseur ou le diffuseur dominant dans un pays ou une région, il est indispensable pour le bon fonctionnement de la démocratie qu'il diffuse des informations et des commentaires impartiaux, indépendants et neutres, et qu'il fournisse en outre un forum de discussion publique dans le cadre duquel un éventail aussi large que possible d'opinions et de points de vue puissent s'exprimer. • CEDH 17 sept. 2009, *Manole et a. c/ Moldova*, n° 13936/02 § 101.

C. RÉCEPTION DE L'INFORMATION

206. Le présent art. prévoit clairement le droit, pour le public, de recevoir des informations. S'il en était autrement, la presse ne pourrait jouer son rôle indispensable de « chien de garde » public. Bien que formulés d'abord pour la presse écrite, ces principes s'appliquent à n'en pas douter aux moyens audiovisuels. • CEDH 26 avr. 1979, *Sunday Times c/ Royaume-Uni (n° 1)*, n° 6538/74 § 49 • CEDH 26 nov. 1991, *Observer et Guardian c/ Royaume-Uni*, n° 13585/88 § 59 : *préc. note 116*

• CEDH 25 juin 1992, *Thorgeir Thorgeirson c/ Islande,* n° 13778/88 § 63 • CEDH 23 sept. 1994, *Jersild c/ Danemark,* n° 15890/89 § 31 : *préc. note 26* • CEDH 14 févr. 2008, *July et SARL Libération c/ France,* n° 20893/03 § 66 : *préc. note 116.* ♦ Rappr. l'idée selon laquelle le public peut prétendre à l'information. • CEDH 24 nov. 1993, *Informationsverein Lentia et a.,* n° 13914/88 § 38.

207. La liberté de recevoir des informations interdit essentiellement à un Gouvernement d'empêcher quelqu'un de recevoir des informations que d'autres aspirent ou peuvent consentir à lui fournir. • CEDH 26 mars 1986, *Leander c/ Suède,* n° 9248/81 § 74 : *RSC 1987. 749, obs. Pettiti et Teitgen ; CDE 1988. 463, obs. Cohen-Jonathan ; JDI 1988. 858, obs. Rolland et Tavernier* • CEDH, gr. ch., 3 avr. 2012, *Gillberg c/ Suisse,* n° 41723/06 § 83. ♦ V. pour l'application de ce droit aux détenus : les décisions des autorités pénitentiaires de ne pas remettre aux requérants certaines éditions du quotidien ... ne reposaient sur aucun des motifs énoncés dans la loi mais sur le seul fait qu'il s'agissait d'un quotidien en langue étrangère. • CEDH 20 janv. 2015, *Mesut Yurtsever et a. c/ Turquie,* n° 14946/08 § 101 : *préc. note 103.*

208. La réception de programmes télévisés au moyen d'une antenne – parabolique ou autre – relève du droit consacré par les deux premières phrases du § 1 du présent art., sans qu'il faille rechercher pour quelle raison et dans quel but son titulaire entend s'en prévaloir. • CEDH 22 mai 1990, *Autronic AG c/ Suisse,* n° 12726/87 § 47. ♦ V. aussi, implicitement. • CEDH 17 sept. 2009, *Manole et a. c/ Moldova,* n° 13936/02 § 101.

209. Grâce à leur accessibilité ainsi qu'à leur capacité à conserver et à diffuser de grandes quantités de données, les sites Internet contribuent grandement à améliorer l'accès du public à l'actualité et, de manière générale, à faciliter la communication de l'information. La constitution d'archives sur Internet représentant un aspect essentiel du rôle joué par les sites Internet, elle relève du champ d'application du présent art. • CEDH 10 mars 2009, *Times newspapers LTD c/ Royaume-Uni,* n° 3002/03 § 27.

210. Obligation positive. Le présent art. s'applique aux décisions de justice empêchant une personne de recevoir des émissions transmises par des satellites de télécommunication et permet d'exiger des mesures positives de protection jusque dans les relations des individus entre eux. En l'espèce, le propriétaire arguait, pour interdire l'installation satellite, qu'elle endommageait l'immeuble et nuisait à l'esthétique de la façade, et qu'elle entravait l'accès à l'appartement. La cour d'appel n'a pas directement répondu à ces préoccupations, néanmoins elle a affirmé qu'il était de l'intérêt prépondérant et raisonnable du propriétaire de veiller au bon usage des lieux. L'expulsion de leur logement des requérants et de leurs 3 enfants pour avoir réalisé cette installation satellite destinée à recevoir des programmes télévisés de leur pays ou région d'origine en arabe et en farsi ne saurait être considérée comme une mesure proportionnée à l'objectif poursuivi. • CEDH 16 déc. 2008, *Khurshid Mustafa et Tarzibachi c/ Suède,* n° 23883/06 § 32, 47 et 49.

211. Droit d'accès. La liberté de recevoir des informations comprend un droit d'accès à l'information. • CEDH 25 juin 2013, *Youth Initiative For Human Rights c/ Serbie,* n° 48135/06 § 20 • CEDH, gr. ch., 8 nov. 2016, *Magyar Helsinki Bizottsag c/ Hongrie,* n° 18030/11 § 149 : *AJDA 2017. 157, chron. Burgorgue-Larsen.* ♦ ... En particulier lorsqu'elle présente un caractère public. • CEDH 24 juin 2014, *Rosiilanu c/ Roumanie,* n° 27329/06 § 34 et 35. ♦ V. déjà : la liberté de recevoir des informations, mentionnée au présent paragraphe, concerne avant tout l'accès à des sources générales d'information. • CEDH, décis., 10 juill. 2006, *Sdruzeni Jihoceske Matky c/ République tchèque,* n° 19101/03. ♦ Rappr. • CEDH 26 mai 2009, *Kenedi c/ Hongrie,* n° 31475/05 § 45. ♦ ... Même s'il est « difficile de déduire de la Convention un droit général d'accès aux données et documents de caractère administratif ». • CEDH, décis., 18 nov. 2003, *Loiseau c/ France,* n° 46809/99 § 7 : *D. 2004. 990, obs. Bîrsan.*

212. La Cour considère que le présent art. n'accorde pas à l'individu un droit d'accès aux informations détenues par une autorité publique, ni n'oblige l'État à les lui communiquer. Toutefois, un tel droit ou une telle obligation peuvent naître, premièrement, lorsque la divulgation des informations a été imposée par une décision judiciaire devenue exécutoire et, deuxièmement, lorsque l'accès à l'information est déterminant pour l'exercice par l'individu de son droit à la liberté d'expression, en particulier « la liberté de recevoir et de communiquer des informations », et que refuser cet accès constitue une ingérence dans l'exercice de ce droit. • CEDH, gr. ch., 8 nov. 2016, *Magyar Helsinki Bizottsag c/ Hongrie,* n° 18030/11 § 156. ♦ Il y a lieu de considérer qu'obtenir l'accès à des informations est nécessaire lorsque leur rétention serait de nature à entraver l'exercice par l'individu de son droit à la liberté d'expression ou à porter atteinte à ce droit, qui comprend la liberté « de recevoir et de communiquer des informations et des idées » dans le respect des « droits et responsabilités » découlant du § 2 du présent art. • CEDH, gr. ch., 8 nov. 2016, *Magyar Helsinki Bizottsag c/ Hongrie,* n° 18030/11 § 159.

213. La liberté de recevoir des informations n'accorde pas à l'individu le droit d'accéder à un registre où figurent des renseignements sur sa propre situation, ni n'oblige le Gouvernement à les lui communiquer. • CEDH 26 mars 1986, *Leander c/ Suède*, n° 9248/81 § 74 : *préc. note 207* • CEDH 7 juill. 1989, *Gaskin c/ Royaume-Uni*, n° 10454/83 § 52 : *AFDI 1991. 604, obs. Coussirat-Coustère ; JDI 1990. 715, obs. Rolland et Tavernier* • CEDH 14 avr. 2009, *Tarsasag un Szabadsagjogokert c/ Hongrie*, n° 37374/05 § 35 : *AJDA 2009. 1936, chron. Flauss*. ♦ ... Ne saurait se comprendre comme imposant à un État des obligations positives de collecte et de diffusion, *motu proprio*, des informations. • CEDH 19 févr. 1998, *Guerra c/ Italie*, n° 14967/89 § 53 : *D. 1998. 370, obs. Renucci et Fricero*. ♦ V. cependant, en application de l'art. 8 Conv. EDH. • CEDH 7 juill. 1989, *Gaskin c/ Royaume-Uni*, n° 10454/83 § 49 : *préc.*

214. Les informations que la requérante avait sollicitées aux fins d'alimenter l'enquête sur l'efficacité du système des commissions d'office étaient les noms des avocats commis d'office et le nombre de fois où ils avaient été commis dans certains ressorts. La demande de communication de ces noms, qui étaient certes des données à caractère personnel, se rapportait principalement à la conduite d'activités professionnelles dans le cadre de procédures publiques. Il s'agissait seulement d'informations de nature statistique sur le nombre de fois où chacune des personnes en question avait été désignée pour représenter un accusé dans une procédure pénale publique dans le cadre du dispositif national d'assistance judiciaire financé par l'État. Le refus de faire droit à cette demande a en pratique entravé la contribution à un débat public sur une question d'intérêt général. • CEDH, gr. ch., 8 nov. 2016, *Magyar Helsinki Bizottsag c/ Hongrie*, n° 18030/11 § 194 s.

215. Accès à l'information et détention. Le présent art. ne peut être interprété comme imposant aux autorités une obligation générale de fournir aux détenus un accès à internet ou à des sites spécifiques. • CEDH 17 janv. 2017, *Jankovskis c/ Lutuanie*, n° 21575/08 § 55 : *D. 2017. 1274, obs. Céré et Herzog-Evans ; AJ pénal 2017. 146, obs. Falxa ; JCP Adm. 2017. 82.* ♦ Cependant, les autorités doivent fournir un accès à internet à un détenu souhaitant obtenir des informations publiques sur le site du ministère de l'éducation nationale dans la perspective de passer un diplôme universitaire. • CEDH 17 janv. 2017, *Jankovskis c/ Lutuanie*, n° 21575/08 § 61 s. : *préc.*

III. RESTRICTIONS APPORTÉES À LA LIBERTÉ D'EXPRESSION

A. RESTRICTIONS ADMISES À LA LIBERTÉ D'EXPRESSION

216. Principe. Telle que la consacre le présent art., la liberté d'expression est assortie d'exceptions qui appellent toutefois une interprétation étroite. • CEDH 26 avr. 1979, *Sunday Times c/ Royaume-Uni (n° 1)*, n° 6538/74, § 65 • CEDH 10 juill. 2008, *Soulas et a. c/ France*, n° 15948/03 § 35 : *AJDA 2008. 1929, chron. Flauss ; JCP 2008. I. 104, chron. Sudre.*

V. pour d'autres décisions dans le même sens :.

217. L'adjectif « nécessaire », au sens du § 2 du présent art., implique un « besoin social impérieux ». • CEDH 26 nov. 1991, *Sunday Times c/ Royaume-Uni (n° 2)*, n° 13166/87 § 50 • CEDH 10 oct. 2013, *Jean-Jacques Morel c/ France*, n° 25689/10 § 41 : *préc. note 65.*

218. Le besoin de restreindre les droits et libertés garantis par le § 1 du présent art. doit se trouver établi de manière convaincante. • CEDH 26 avr. 1979, *Sunday Times c/ Royaume-Uni (n° 1)*, n° 6538/74 § 65 • CEDH 10 juill. 2008, *Soulas et a. c/ France*, n° 15948/03 § 35 : *préc. note 216.*

V. pour d'autres décisions dans le même sens :.

219. Il ne suffit pas que l'ingérence dont il s'agit se classe parmi l'une des exceptions énumérées au § 2 du présent art. ; il ne suffit pas davantage qu'elle ait été imposée parce que son objet se rangeait dans telle catégorie ou tombait sous le coup d'une règle juridique formulée en termes généraux ou absolus : la Cour doit s'assurer qu'il était nécessaire d'y recourir eu égard aux faits et circonstances de la cause précise pendante devant elle. • CEDH 26 avr. 1979, *Sunday Times c/ Royaume-Uni (n° 1)*, n° 6538/74 § 65.

220. Une restriction à la liberté d'expression ne peut être compatible avec le présent art. que si elle répond, notamment, au critère de nécessité exigé par le § 2. • CEDH 10 juill. 2003, *Murphy c/ Irlande*, n° 44179/98 § 66.

221. Prévue par la loi. V. notes ss. Conv. EDH, préambule. Si des restrictions préalables doivent intervenir dans le domaine de la presse, elles ne peuvent que s'inscrire dans un cadre légal particulièrement strict quant à la délimitation de l'interdiction et efficace quant au contrôle juridictionnel contre les abus éventuels. • CEDH 29 mars 2011, *RTBF c/ Belgique*, n° 50084/06 § 113 et 115.

222. Le présent art. ne laisse guère de place pour des restrictions à la liberté d'expression dans le domaine du discours politique ou de questions d'intérêt général. • CEDH 25 nov. 1996, *Wingrove c/ Royaume-Uni*, n° 17419/90 § 36 : *préc. note 129* • CEDH, gr. ch., 15 oct. 2015, Perinçek c/ Suisse, n° 27510/08 § 197 : *préc. note 24.*

1° PROTECTION DE L'ORDRE PUBLIC

223. Ordre public et sécurité. Le dessin montrant la destruction des tours accompagné de la légende « nous en avions tous rêvé, le Hamas l'a fait », pastichant un slogan publicitaire d'une grande marque, a été considéré par les juridictions nationales comme constitutif de complicité d'apologie du terrorisme. Par les termes employés, le requérant juge favorablement la violence perpétrée à l'encontre des milliers de civils et porte atteinte à la dignité des victimes ; la « sanction » prononcée contre le requérant repose dès lors sur des motifs « pertinents et suffisants ». • CEDH 2 oct. 2008, *Leroy c/ France,* n° 36109/03 § 42 et 46 : *préc. note 29.*

224. Les propos tenus dans le livre avaient pour objet de provoquer chez le lecteur un sentiment de rejet et d'antagonisme, accru par l'emprunt au langage militaire, à l'égard des communautés visées, désignées comme l'ennemi principal, et de l'amener à partager la solution préconisée par l'auteur, celle d'une guerre de reconquête ethnique. • CEDH 10 juill. 2008, *Soulas et a. c/ France,* n° 15948/03 § 43 : *préc. note 216.*

225. Le livre intitulé « Euskadi en guerre » est paru dans quatre versions (basque, anglaise, espagnole et française) ; il s'agit d'un ouvrage collectif auquel ont collaboré des universitaires spécialistes du Pays basque et qui retrace les aspects historiques, culturels, linguistiques et sociopolitiques du combat des Basques. Il se termine par un article à caractère politique intitulé « Euskadi en guerre, un horizon pour la paix », rédigé par le mouvement basque de libération nationale. L'ouvrage ne présentait pas, au regard notamment de la sécurité et de l'ordre publics, un caractère de nature à justifier la gravité de l'atteinte à la liberté d'expression de la requérante, constituée par l'arrêté d'interdiction du ministre de l'intérieur. • CEDH 17 juill. 2001, *Assoc. Ekin c/ France,* n° 39288/98 § 41 : *AJDA 2002. 52, note Julien-Laferrière.*

226. En choisissant la cérémonie militaire célébrant le trentième anniversaire de la neutralité autrichienne et le quarantième de la fin de la Seconde Guerre mondiale comme cadre de son action critique envers l'armée autrichienne, C. devait s'attendre à provoquer des remous pouvant appeler des mesures de contrainte, lesquelles du reste n'eurent rien d'excessif. • CEDH 25 août 1993, *Chorherr c/ Autriche,* n° 13308/87 § 32.

227. Sur la situation des militaires, V. note 55.

228. Sur les propos attisant la haine et la violence, V. note 25.

229. Sur la question du terrorisme, V. note 19.

230. Ordre public et morale. On chercherait en vain dans l'ordre juridique et social des divers États contractants une notion uniforme de la morale. • CEDH 7 déc. 1976, *Handyside c/ Royaume-Uni,* n° 5493/72 § 48 : *préc. note 1* • CEDH 24 mai 1988, *Müller c/ Suisse,* n° 10727/84 § 35. ♦ L'idée que les États contractants se font des exigences de la morale « varie dans le temps et l'espace, spécialement à notre époque ». • CEDH 26 avr. 1979, *Sunday Times c/ Royaume-Uni (n° 1),* n° 6538/74 § 59 • CEDH 24 mai 1988, *Müller c/ Suisse,* n° 10727/84 § 35. ♦ Grâce à leurs contacts directs et constants avec les forces vives de leur pays, les autorités de l'État se trouvent en principe mieux placées que le juge international pour se prononcer sur le contenu précis de ces exigences comme sur la « nécessité » d'une « restriction » ou « sanction » destinée à y répondre. • CEDH 24 mai 1988, *Müller c/ Suisse,* n° 10727/84 § 35. ♦ V. s'agissant de la publication des photos du corps d'un ancien Président de la République. • CEDH 18 mai 2004, *Éd. Plon c/ France,* n° 58148/00 § 53 : *préc. note 129.* ♦ V. s'agissant d'une publicité pour le site internet d'un mouvement « sectaire ». • CEDH, gr. ch., 13 juill. 2012, *Mouvement raëlien suisse c/ Suisse,* n° 16354/06 § 63 : *préc. note 1.*

231. La restriction incriminée concerne la communication de renseignements sur les possibilités pour une femme enceinte de se rendre à l'étranger pour y subir un avortement. Il était dispensé aux femmes enceintes des conseils dans le cadre desquels les conseillères ne préconisaient ni n'encourageaient l'avortement, mais se bornaient à expliquer les solutions qui s'offraient. Cette restriction réduit la liberté de recevoir ou communiquer des informations sur des services licites dans d'autres États contractants et dont peuvent dépendre la santé et le bien-être d'une femme. Nonobstant le fait que ces informations pouvaient choquer la morale, la restriction était trop importante. • CEDH 29 oct. 1992, *Open Door et Dublin Well Woman c/ Irlande,* n° 14234/88 § 72 et 75.

232. En l'espèce, il est question de l'œuvre d'un auteur mondialement connu, Guillaume Apollinaire. Cet ouvrage, le roman érotique « Les onze mille verges », avait lors de sa première publication en France, en 1907, fait scandale par son contenu érotique jugé trop cru. Le texte a depuis été publié en plusieurs langues, aussi bien sur papier que sur internet, et est entré dans la collection « La Pléiade » en 1993. • CEDH 16 févr. 2010, *Akdas c/ Turquie,* n° 41056/04 § 28.

2° LIBERTÉ D'EXPRESSION ET « DROITS D'AUTRUI »

233. Principe. La presse ne doit pas franchir certaines limites, notamment quant à la réputation et aux droits d'autrui. • CEDH 23 sept. 1994, *Jersild c/ Danemark,* n° 15890/89 § 31 : *préc. note 26* • CEDH 24 févr. 1997, *De Haes* *et Gijsels c/ Belgique,* n° 19983/92 § 37 : *préc. note 90* • CEDH, gr. ch., 17 déc. 2004, *Pedersen et Baadsgaard c/ Danemark,* n° 49017/99 § 78. ♦ ... Et à la nécessité d'empêcher la divulgation d'informations confidentielles. • CEDH, gr. ch., 20 mai 1999, *Bladet Tromso et Stensaas c/ Norvège,* n° 21980/93 § 59 • CEDH 6 févr. 2001, *Tammer c/ Estonie,* n° 41205/98 § 62.

234. Le présent art. ne garantit pas une liberté d'expression sans aucune restriction même en ce qui concerne la couverture médiatique des questions présentant un intérêt public sérieux. Aux termes du § 2 de l'art. 10 Conv. EDH, l'exercice de cette liberté comporte des « devoirs et responsabilités » qui s'appliquent aussi à la presse. • CEDH 16 oct. 2001, *Verdens Gang et Aase c/ Norvège,* n° 45710/99.

235. Si sanctionner un journaliste pour avoir aidé à la diffusion de déclarations émanant des tiers, lui demander de prouver l'exactitude de ces déclarations, ou exiger qu'il se distancie systématiquement et formellement d'une citation qui pourrait porter atteinte à l'honneur des tiers entraverait gravement la contribution de la presse aux discussions de problèmes d'intérêt général, il est également vrai qu'une distorsion de la réalité, opérée de mauvaise foi, peut parfois transgresser les limites de la critique acceptable. • CEDH 9 nov. 2004, *Stangu c/ Roumanie,* n° 57551/00.

a. Vie privée

236. L'issue de la requête devant la Cour ne saurait en principe varier selon qu'elle a été portée devant elle, sous l'angle de l'art. 10 Conv. EDH, par l'éditeur qui a publié le reportage litigieux ou, sous l'angle de l'art. 8 Conv. EDH, par la personne faisant l'objet de ce reportage. En effet, ces droits méritent *a priori* un égal respect. • CEDH 23 juill. 2009, *Hachette Filipacchi Associés (« Ici Paris ») c/ France,* n° 12268/03 § 41 : *JCP 2010. I. 70, chron. Sudre* • CEDH 10 mai 2011, *Mosley c/ Royaume-Uni,* n° 48009/08 § 111 • CEDH, gr. ch., 7 févr. 2012, *Axel Springer AG c/ Allemagne,* n° 39954/08 § 87. • CEDH 12 juin 2014, *Couderc et Hachette Filipacchi associés c/ France,* n° 40454/07 § 140 : *préc. note 85.* ♦ La Cour a attaché beaucoup de poids au fait que les autorités internes avaient établi l'existence de droits contradictoires et la nécessité de ménager un juste équilibre entre eux. • CEDH 4 juin 2009, *Standard Verlags GmbH c/ Autriche (n° 2), n° 21277/05 § 52.* ♦ *La souffrance* ressentie par les proches d'I. H. devait conduire les journalistes à faire preuve de prudence et de précaution, dès lors que le décès était survenu dans des circonstances particulièrement violentes et traumatisantes pour la famille de la victime. La publication de la photographie, en couverture et à quatre reprises dans un magazine de très large diffusion, a eu pour conséquence d'aviver le traumatisme subi par ces derniers. • CEDH 25 févr. 2016, *Sté de conception de presse et d'édition c/ France,* n° 4683/11 § 47.

237. Une personne, même connue du public, peut se prévaloir d'une « espérance légitime » de protection et de respect de sa vie privée. • CEDH 24 juin 2004, *Von Hannover c/ Allemagne,* n° 59320/00 § 69 : *préc. note 126* • CEDH 9 nov. 2006, *Leempoel et SA ED Ciné revue c/ Belgique,* n° 64772/01 § 78 • CEDH 4 juin 2009, *Standard Verlags GmbH c/ Autriche (n° 2),* n° 21277/05 § 487 • CEDH 23 juill. 2009, *Hachette Filipacchi Associés (« Ici Paris ») c/ France,* n° 12268/03 § 53 : *préc. note 236* • CEDH, gr. ch., 7 févr. 2012, *Von Hannover c/ Allemagne (n° 2),* n° 40660/08 § 97.

238. Droit à l'image. S'il existe un droit du public à être informé, droit essentiel dans une société démocratique qui, dans des circonstances particulières, peut même porter sur des aspects de la vie privée de personnes publiques, notamment lorsqu'il s'agit de personnalités politiques, cela n'est pas le cas en l'occurrence : en effet, celui-ci se situe en dehors de la sphère de tout débat politique ou public, car les photos publiées et les commentaires les accompagnant se rapportent exclusivement à des détails de la vie privée de la requérante. • CEDH 24 juin 2004, *Von Hannover c/ Allemagne,* n° 59320/00 § 64 : *préc. note 126* (ici sur la base de l'art. 8 Conv. EDH). ♦ V. *a contrario* pour des photos prises en pleine rue à Saint-Moritz en hiver et n'étant pas en elles-mêmes offensantes. • CEDH, gr. ch., 7 févr. 2012, *Von Hannover c/ Allemagne (n° 2),* n° 40660/08 § 123. ♦ En effet, l'élément déterminant dans la mise en balance de la protection de la vie privée et de la liberté d'expression doit résider dans la contribution que l'information ou la photographie publiée apporte au débat d'intérêt général. • CEDH 24 juin 2004, *Von Hannover c/ Allemagne,* n° 59320/00 § 76 : *préc. note 126* • CEDH 17 oct. 2006, *Gourguénidzé c/ Géorgie,* n° 71678/01 § 59. ♦ V. s'agissant de l'information en général, note 160.

239. La protection de la vie privée de B. et la bonne administration de la justice étaient suffisantes pour justifier la restriction apportée au droit des journalistes requérants à la liberté d'expression. De plus, l'intérêt de restreindre la publication des photographies l'emportait sur celui de la presse à informer la population sur un sujet d'intérêt public. • CEDH 19 avr. 2009, *Egeland et Hanseid c/ Norvège,* n° 34438/04 § 63 : *RSC 2009. 670, obs. Marguénaud* ✎. ♦ De ce point de vue, il importe peu que les photographies en question concernent un événement public et aient été prises dans un lieu public. • CEDH 19 avr. 2009, *Egeland et Hanseid c/ Norvège,* n° 34438/04 § 61 : *préc.*

240. La souffrance ressentie par les proches de la victime devait conduire les journalistes à faire preuve de prudence et de précaution dès lors que le décès était survenu dans des circonstances violentes et traumatisantes pour la famille de la victime. La Cour attache en outre une importance particulière au fait que cette dernière s'était expressément opposée à la publication de la photographie du préfet assassiné. Cette publication, dans un magazine de très large diffusion, a eu pour conséquence d'aviver le traumatisme subi par les proches de la victime à la suite de l'assassinat. Ceux-ci ont donc pu légitimement estimer qu'il avait été porté atteinte à leur droit au respect de la vie privée. • CEDH 14 juin 2007, *Hachette Filipacchi Associés c/ France,* n° 71111/01 § 48 et 49 : *préc. note 236.* ♦ Rappr. s'agissant d'un ouvrage. • CEDH 29 juin 2004, *Chauvy c/ France,* n° 64915/01 § 70.

241. Il en va différemment si la nature des clichés est exclusivement publicitaire. En l'espèce, les clichés n'étaient ni dénaturés, ni détournés de leur finalité commerciale, puisqu'ils illustraient, de manière certes critique, l'information du journal selon laquelle le chanteur, pour satisfaire ses besoins financiers, vendait son image au profit de produits de consommation divers et variés – produits dont les lieux de vente étaient au demeurant indiqués par le magazine lui-même. • CEDH 23 juill. 2009, *Hachette Filipacchi Associés (« Ici Paris ») c/ France,* n° 12268/03 § 47 et 48 : *préc. note 236.*

242. Atteinte à la dignité et à la réputation. Il doit exister des motifs spécifiques pour pouvoir relever les médias de l'obligation qui leur incombe de vérifier des déclarations factuelles diffamatoires à l'encontre de particuliers. A cet égard, entrent spécialement en jeu la nature et le degré de la diffamation en cause et la question de savoir à quel point les médias peuvent raisonnablement considérer leurs sources comme crédibles pour ce qui est des allégations. • CEDH 20 mai 1999, *Bladet Tromso et Stensaas c/ Norvège,* n° 21980/93 § 66 • CEDH 7 mai 2002, *Mc Vicar c/ Royaume-Uni,* n° 46311/99 § 84 • CEDH, gr. ch., 17 déc. 2004, *Pedersen et Baadsgaard c/ Danemark,* n° 49017/99 § 78 • CEDH 22 oct. 2007, *Lindon, Otchakovsky-Laurens et July c/ France,* n° 21279/02 § 67 : *préc. note 84.*

243. Sur la base de l'art. 8 Conv. EDH : la déclaration litigieuse, en assurant que le requérant avait provoqué la mort de P. en finissant par le pousser au suicide, outrepasse les limites acceptables car elle a en fait accusé le requérant d'avoir commis des actes équivalant à un comportement criminel, portant ainsi atteinte à sa réputation. • CEDH 15 nov. 2007, *Pfeifer c/ Autriche,* n° 12556/03 § 48 et 49. ♦ Malgré le caractère satirique de l'hebdomadaire, les articles en cause étaient de nature à offenser le plaignant, puisqu'il n'y avait aucun indice concernant l'éventuelle appartenance de celui-ci à la Securitate et que le message des articles litigieux était clair et direct, dépourvu de tout élément ironique ou humoristique. Les propos litigieux renfermaient des imputations factuelles prouvant que les 2 journalistes entendaient transmettre à l'opinion publique un message peu équivoque – à savoir que le requérant, personnage politique connu dans la nouvelle démocratie roumaine, qui avait détenu une position importante dans l'appareil de répression communiste, s'était « déguisé » après la Révolution de 1989 en défenseur de la démocratie – et en ce sens portaient atteinte à sa réputation. • CEDH 14 oct. 2008, *Petrina c/ Roumanie,* n° 78060/01 § 44 et 46 : *préc. note 160.* ♦ Rappr. s'agissant d'une accusation d'avoir perçu des pots-de-vin pour conclure un contrat. • CEDH 17 déc. 2004, *Cumpana et Mazare c/ Roumanie,* n° 33348/96 § 100 et 108.

244. Le droit à la réputation des personnes mises en cause, qui, en tant qu'élément de la vie privée, se trouve protégé par l'art. 8 Conv. EDH, peut nécessiter l'adoption de mesures positives propres à garantir le respect effectif de la vie privée jusque dans les relations des individus entre eux. • CEDH 22 déc. 2005, *Paturel c/ France,* n° 54968/00 § 30 : *préc. note 160.* ♦ Il en est de même pour une ingérence dans la liberté d'expression. • CEDH, gr. ch., 27 juin 2017, *Satakunnan Markkinapörssi Oy et Satamedia Oy c/ Finlande,* n° 931/13 § 159. ♦ Cependant, pour que l'art. 8 entre en ligne de compte, l'atteinte à la réputation personnelle doit présenter un certain niveau de gravité et avoir été effectuée de manière à causer un préjudice à la jouissance personnelle du droit au respect de la vie privée. • CEDH, gr. ch., 7 févr. 2017, *Axel Springer AG c/ Allemagne,* n° 39954/08 § 83 : *Constitutions 2012. 645, obs. de Bellescize ; RTD civ. 2012. 279, obs. Marguénaud* • CEDH 9 avr. 2009, *A. c/ Norvège,* n° 28070/06 § 64. ♦ Par ailleurs, une personne ne saurait invoquer l'art. 8 pour se plaindre d'une atteinte à sa réputation qui résulterait de manière prévisible de ses propres actions, telle une infraction pénale. • CEDH 27 juill. 2004, *Sidabras et Dziautas c/ Lituanie,* n° 55480/00 § 49.

245. Compte tenu, en particulier, du caractère extrême des commentaires en cause, du fait qu'ils ont été déposés en réaction à un article publié par la société requérante sur un portail d'actualités qu'elle exploite à titre professionnel dans le cadre d'une activité commerciale, de l'insuffisance des mesures que ladite société a prises pour retirer sans délai après leur publication des commentaires constitutifs d'un discours de haine et d'une incitation à la violence, la décision des juridictions internes de tenir la société requérante pour responsable reposait sur des motifs pertinents et suffisants, eu égard à la marge d'appréciation dont bénéficie l'État défendeur. • CEDH, gr. ch., 16 juin 2015, *Delfi AS c/ Estonie,* n° 64569/09 § 162.

246. V. pour la mise en balance de l'atteinte à la réputation et les intérêts de la libre discussion des questions politiques, notes 84, 164 et 169.

247. V. pour l'atteinte à la réputation de la communauté juive du fait de propos révisionnistes, note 15.

b. Liberté de religion

248. Une croyance ou une confession particulière ne peut tirer de la notion de liberté de religion un droit d'être à l'abri des critiques. • Comm. EDH 14 juill. 1980, *Church of Scientology c/ Suède,* n° 8282/78. ♦ Eu égard au pluralisme, à la tolérance et à l'esprit d'ouverture sans lesquels il n'est pas de société démocratique, l'art. 10 Conv. EDH n'implique pas qu'un individu doive être à l'abri de l'expression de points de vue religieux pour la simple raison qu'ils sont différents des siens. La Cour observe néanmoins qu'on ne saurait exclure qu'un message, qui n'est à première vue pas offensant, puisse, dans certaines conditions, se révéler tel. La question qui se pose est donc de savoir si une interdiction d'un certain type (annonce) d'expression (religieuse) par un média donné (l'audiovisuel) est justifiée dans les circonstances particulières de l'affaire. • CEDH 10 juill. 2003, *Murphy c/ Irlande,* n° 44179/98 § 72.

249. Malgré le ton de l'article, qui, comme elle l'a constaté, contenait des allusions sexuelles et des sous-entendus vulgaires, la Cour estime qu'on ne saurait conclure que le requérant, en publiant son article, a porté atteinte au droit à la liberté de religion d'autrui d'une manière justifiant la sanction qui lui a été infligée. • CEDH 31 oct. 2006, *Klein c/ Slovaquie,* n° 72208/01 § 53.

250. Le refus d'accorder un visa à Visions of Ecstasy visait à protéger les « droits d'autrui » et, plus précisément, à fournir une protection contre des attaques gravement offensantes concernant des questions considérées comme sacrées par les chrétiens. Après avoir visionné le film, la Cour a la conviction que les décisions des autorités nationales ne sauraient passer pour arbitraires ou excessives. • CEDH 25 nov. 1996, *Wingrove c/ Royaume-Uni,* n° 17419/90 § 57 et 61 : *préc. note 129.*

251. Si l'article du requérant critique une encyclique papale et donc la position du pape, une telle analyse ne saurait être étendue à l'ensemble de la chrétienté qui, comme le rappelle le requérant, comporte divers courants différents, dont plusieurs rejettent l'autorité papale. Le requérant a voulu élaborer une thèse sur la portée d'un dogme et sur ses liens possibles avec les origines de l'Holocauste. Il a ainsi apporté une contribution, par définition discutable, à un très vaste débat d'idées déjà engagé, sans ouvrir une polémique gratuite ou éloignée de la réalité des réflexions contemporaines. En envisageant les conséquences dommageables d'une doctrine, le texte litigieux participait donc à la réflexion sur les diverses causes possibles de l'extermination des Juifs en Europe, question relevant incontestablement de l'intérêt général dans une société démocratique. • CEDH 31 janv. 2006, *Giniewski c/ France,* n° 64016/00 § 49 à 51 : *préc. note 17.*

252. Se trouvent en cause non seulement des propos qui heurtent ou qui choquent, ou une opinion « provocatrice », mais également une attaque injurieuse contre la personne du prophète de l'islam. Nonobstant le fait qu'une certaine tolérance règne au sein de la société turque, profondément attachée au principe de laïcité, lorsqu'il s'agit de la critique des dogmes religieux, les croyants peuvent légitimement se sentir attaqués de manière injustifiée et offensante par certains passages de l'ouvrage, justifiant une protection contre des attaques offensantes concernant des questions jugées sacrées par les musulmans. • CEDH 13 sept. 2005, *I. A. c/ Turquie,* n° 42571/98 § 29 et 30 : *AJDA 2006. 466, chron. Flauss ; RSC 2006. 672, obs. Massias .*

253. Le requérant a été condamné pour diffamation envers une association, l'UNADFI, en raison du contenu de plusieurs passages de son livre intitulé « Sectes, Religions et Libertés Publiques » dans lequel il entendait dénoncer les dérives des mouvements anti-sectaires privés, financés par les pouvoirs publics. Les déclarations incriminées dans la présente affaire reflètent des assertions sur des questions d'intérêt public et constituent à ce titre des jugements de valeur plutôt que des déclarations de fait. En exigeant du requérant qu'il prouve la véracité des extraits litigieux, au demeurant sortis du contexte général de l'ouvrage, tout en écartant systématiquement les nombreux documents produits à l'appui de ceux-ci et ce, en lui opposant de manière récurrente une prétendue partialité et une animosité personnelle principalement déduites de sa qualité de membre d'une association qualifiée de secte par la partie civile, les juridictions françaises ont excédé la marge d'appréciation dont elles disposaient. • CEDH 22 déc. 2005, *Paturel c/ France,* n° 54968/00 § 33, 37 et 50 : *préc. note 160.*

254. Ce qui est de nature à offenser gravement des personnes d'une certaine croyance religieuse varie fort dans le temps et dans l'espace, spécialement à notre époque caractérisée par une multiplicité croissante de croyances et de confessions. • CEDH 25 nov. 1996, *Royaume-Uni,* n° 17419/90 § 58. ♦ V. pour l'usage de symboles religieux dans des publicités, la primauté absolue ayant, en l'espèce, été donnée à la protection des sentiments des personnes religieuses, sans prendre en compte de manière adéquate le droit de la requérante à la liberté d'expression : • CEDH 30 janv. 2018, *Lituanie,* n° 69317/14 § 83 : *AJDA 2018. 1907, note Portier et Sibileau ; JCP Adm. 2018. 192.*

3° PRÉSOMPTION D'INNOCENCE, BONNE ADMINISTRATION DE LA JUSTICE ET AUTORITÉ ET IMPARTIALITÉ DU POUVOIR JUDICIAIRE

255. Commentaire sur des affaires en jugement. On ne saurait penser que les questions dont connaissent les tribunaux ne puissent, auparavant ou en même temps, donner lieu à discussion ailleurs, que ce soit dans des revues spécialisées, la grande presse ou le public en général. • CEDH 7 juin 2007, *Dupuis et a. c/ France,* n° 1914/02 § 35 : *préc. note 69* • CEDH, gr. ch., 7 févr. 2012, *Axel Springer AG c/ Allemagne,* n° 39954/08 § 80. ♦ Du reste, à condition de ne pas franchir les bornes fixées aux fins d'une bonne administration de la justice, les comptes rendus de procédures judiciaires, y compris les commentaires, contribuent à les faire connaître et sont donc parfaitement compatibles avec l'exigence de publicité de l'audience énoncée au présent art. • CEDH 29 août 1997, *Worm c/ Autriche,* n° 22714/93 § 50 : *préc. note 69* ♦ A la fonction des médias consistant à communiquer de telles informations et idées s'ajoute le droit, pour le public, d'en recevoir. • CEDH 11 janv. 2000, *News Verlags GmbH & Co.KG c/ Autriche,* n° 31457/96 § 56 • CEDH 24 avr. 2008, *Campos Dâmaso c/ Portugal,* n° 17107/05 § 31 • CEDH, gr. ch., 7 févr. 2012, *Axel Springer AG c/ Allemagne,* n° 39954/08 § 80. ♦ Le droit du requérant d'informer le public et le droit du public de recevoir des informations se heurtent à des intérêts publics et privés de même importance, protégés par l'interdiction de divulguer des informations couvertes par le secret de l'instruction. Ces intérêts sont : l'autorité et l'impartialité du pouvoir judiciaire, l'effectivité de l'enquête pénale et le droit du prévenu à la présomption d'innocence et à la protection de sa vie privée. • CEDH, gr. ch., 29 mars 2016, *Bédat c/ Suisse,* n° 56925/08 § 55.

256. Toutefois, il convient de tenir compte du droit de chacun de bénéficier d'un procès équitable tel que garanti à l'art. 6, § 1, Conv. EDH, ce qui, en matière pénale, comprend le droit à un tribunal impartial. Les journalistes qui rédigent des articles sur des procédures pénales en cours doivent s'en souvenir, car les limites du commentaire admissible peuvent ne pas englober des déclarations qui risqueraient, intentionnellement ou non, de réduire les chances d'une personne de bénéficier d'un procès équitable ou de saper la confiance du public dans le rôle tenu par les tribunaux dans l'administration de la justice pénale. • CEDH 29 août 1997, *Worm c/ Autriche,* n° 22714/93 § 50 : *préc. note 69* • CEDH 24 avr. 2008, *Campos Dâmaso c/ Portugal,* n° 17107/05 § 31.

V. pour d'autres décisions dans le même sens :

257. Le passage laissant entendre que A. avait fraudé le fisc n'est que l'expression d'un soupçon. Les termes « la seule hypothèse possible est celle d'une fraude fiscale commise par A. » traduisent au contraire clairement l'avis que A. était coupable des accusations portées contre lui. Cette opinion était de surcroît rédigée en termes tellement absolus que le lecteur avait l'impression qu'une juridiction pénale n'aurait d'autre ressource que de condamner A. On ne saurait dire que cet article n'était pas susceptible d'influer sur l'issue du procès de A. • CEDH 29 août 1997, *Worm c/ Autriche,* n° 22714/93 § 52 et 53 : *préc. note 69.*

258. Une interdiction de publication générale et absolue visant tout type d'information justifiée pour protéger la réputation d'autrui et garantir l'autorité du pouvoir judiciaire ne concernant que les procédures pénales ouvertes sur plainte avec constitution de partie civile à l'exclusion de celles ouvertes sur réquisition du parquet ou sur plainte simple n'est pas justifiée. Une différence de traitement du droit à l'information ne semble fondée sur aucune raison objective, alors qu'elle entrave de manière totale le droit pour la presse d'informer le public sur des sujets qui, bien que concernant une procédure pénale avec constitution de partie civile, peuvent être d'intérêt public, ce qui était le cas ici puisque la présente espèce visait des personnalités du monde politique français et mettait en cause leurs agissements, prétendument frauduleux, à la direction d'une société publique de gestion de foyers d'hébergement pour immigrés. • CEDH 3 oct. 2000, *Du Roy et Malaurie c/ France,* n° 34000/96 § 35 : *préc. note 256.* ♦ Ainsi, constitue un but légitimant la restriction à la liberté d'expression l'art. 38 de la loi de 1881 interdisant de publier les actes d'accusation et tous autres actes de procédure criminelle ou correctionnelle avant qu'ils aient été lus en audience publique. • CEDH 1er juin 2017, *Giesbert et a. c/ France,* n° 68974/11 § 82. ♦ La Cour ne partage pas l'avis des requérants selon lequel la large couverture médiatique de l'affaire autorisait la publication *in extenso* de nombreux et longs extraits d'actes de procédure. Au vu des questions complexes que les autorités judiciaires avaient à trancher quant à la vulnérabilité de Mme B. d'une part, et quant à l'élément matériel du délit d'abus de faiblesse reproché à B. d'autre part, la publication de ces actes insérés dans des articles orientés comportait les risques que le bon déroulement du procès soit perturbé et que le droit de l'intéressé à un procès équitable soit menacé. ♦ L'interdiction de publier des actes de procédures judiciaires en cours n'empêche pas l'analyse ou le commentaire des actes de procédure, ou la publication d'une information dont la teneur a été puisée dans la procédure elle-même, mais se borne à interdire toute reproduction littérale de ces actes, et ce seulement jusqu'à ce qu'ils soient lus en audience publique ; elle n'a donc ni un caractère général et absolu ni n'entrave de manière totale le droit pour la presse d'informer le public. • CEDH 1er juin 2017, *Giesbert et a. c/ France,* n° 68974/11 § 98. ♦ V. déjà. • CEDH 24 nov. 2005, *Tourancheau et July c/ France,* n° 53886/00 § 73 : *préc. note 116.* ♦ Opinion dissidente des juges Costa, Tulkens et Lorenzen : en l'espèce, il n'est pas directement reproché aux requérants d'avoir révélé des informations qui ont perturbé l'enquête judiciaire ou porté atteinte à la présomption d'innocence de A., dont le nom n'est d'ailleurs pas mentionné dans l'article. Leur condamnation est fondée sur le seul fait d'avoir publié des citations brèves émanant de pièces du dossier et d'avoir ainsi contrevenu à une interdiction qui, en l'espèce, apparaît plus formelle que substantielle. *A contrario,* il aurait suffi à la première requérante de ne pas mentionner ses sources pour éviter de tomber sous le coup de la loi. La solution de la Cour apparaît donc artificielle. • CEDH 24 nov. 2005, *Tourancheau et July c/ France,* n° 53886/00 : *préc.*

259. L'article, écrit avant l'enquête pénale sur le viol allégué, avait non seulement porté atteinte aux droits des joueurs à être présumés innocents tant que leur culpabilité n'aurait pas été établie, mais les avait aussi diffamés en exposant des éléments qui n'avaient pas encore été établis. En effet, même si l'article était écrit d'une manière objective et ne mentionnait pas les noms des personnes impliquées dans l'incident, les joueurs ont pu être identifiés par les fans de baseball et par un plus grand public dès lors qu'ils appartenaient au club sportif local dont le nom était donné et qu'ils étaient membres de l'équipe gagnante de l'année 2000. Les médias doivent prendre en compte des impératifs autres que des questions d'intérêt général avant de présenter au public un épisode comme un fait. Le droit à la présomption d'innocence et au respect de la réputation des tiers revêt tout autant d'importance, surtout lorsqu'on a affaire à de graves accusations de délit en matière sexuelle. • CEDH 6 avr. 2010, *Ruokanen et a. c/ Finlande,* n° 45130/06 § 45 et 48. ♦ Si l'article litigieux n'exprimait aucune position quant au caractère intentionnel de l'acte dont était accusé le prévenu, il traçait néanmoins de ce dernier un portrait très négatif, sur un ton presque moqueur. Les titres utilisés par le requérant ? « L'interrogatoire du conducteur fou », « La version du chauffard » et « Il a perdu la boule... », ainsi que la photo en gros plan du prévenu, publiée en grand format, ne laissent aucun doute quant à l'approche sensationnaliste que le requérant avait entendu donner à son article. Par ailleurs, l'article mettait en exergue la vacuité des déclarations du prévenu et ses contradictions, qualifiées parfois explicitement de « mensonges à répétition », pour en conclure, sur le mode interrogatif, que, par « ce mélange de naïveté et d'arrogance », M. B. faisait « tout pour se rendre indéfendable ». La Cour souligne que ces questions faisaient précisément partie de celles que les autorités judiciaires étaient appelées à trancher, tant au stade de l'instruction qu'à celui du jugement. • CEDH, gr. ch., 29 mars 2016, *Bédat c/ Suisse,* n° 56925/08 § 60.

260. Garantie de l'autorité et de l'impartialité du pouvoir judiciaire. Est un but légitime la garantie de « l'autorité et l'impartialité du pouvoir judiciaire ». • CEDH 9 juill. 2013, *Di Giovanni c/ Italie,* n° 51160/06 § 74. ♦ La plus grande discrétion s'impose aux autorités judiciaires, la Cour rappelle que cette discrétion doit les amener à ne pas utiliser la presse, même pour répondre à des provocations. Ainsi le veulent les impératifs supérieurs de la justice et la grandeur de la fonction judiciaire. • CEDH 9 juill. 2013, *Di Giovanni c/ Italie,* n° 51160/06 § 80. ♦ L'objet de la condamnation consiste essentiellement dans ses déclarations à la presse au sujet des agissements prétendus d'un magistrat pour favoriser sa propre fille dans le cadre d'un concours public ; or les propos en question concernant les rumeurs d'agissement illégaux de la part de E. F. n'ont été confirmés par aucun élément objectif. Dès lors, la Cour ne considère pas comme déraisonnable la conclusion des juridictions internes selon laquelle la requérante n'a pas fait preuve de la discrétion requise d'un magistrat. • CEDH 9 juill. 2013, *Di Giovanni c/ Italie,* n° 51160/06 § 77 s. ♦ En dehors de l'hypothèse d'attaques gravement préjudiciables dénuées de fondement sérieux, compte tenu de leur appartenance aux institutions fondamentales de l'État, les magistrats peuvent faire, en tant que tels, l'objet de critiques personnelles dans des limites admissibles, et non pas uniquement de façon théorique et générale. A ce titre, les limites de la critique admissibles à leur égard, lorsqu'ils agissent dans l'exercice de leurs fonctions officielles, sont plus larges qu'à l'égard de simples particuliers. En l'espèce, les propos du requérant n'étaient pas de nature à perturber la sérénité des débats judiciaires, compte tenu du dessaisissement, par la juridiction supérieure, des deux juges d'instruction visés par les critiques. Ni le nouveau juge d'instruction, ni les juridictions supérieures n'étaient en aucune façon visés par les propos litigieux. • CEDH, gr. ch., 23 avr. 2015, *Morice c/ France,* n° 29369/10 § 131 et 169 : *préc. note 2.*

261. L'auteur de l'article ne s'est pas borné à déclarer que C. nourrissait ou avait manifesté des convictions politiques et que cela pouvait autoriser des doutes quant à son impartialité dans l'exercice de ses fonctions. L'ensemble de l'article en question – et les autorités judiciaires nationales l'ont à juste titre relevé – visait à transmettre à l'opinion publique un message clair et dénué de toute ambiguïté : C., notamment concernant la mise en accusation de M. Andreotti, aurait sciemment commis un abus de pouvoir dans le but de favoriser le déploiement de la prétendue stratégie de conquête des parquets italiens par le PCI. Dans ce contexte, même des phrases comme celle relative au « serment d'obédience » prennent une valeur tout autre que symbolique. • CEDH, gr. ch., 6 mai 2003, *Perna c/ Italie,* n° 48898/99 § 47 : *préc. note 1.* ♦ De même justifie une condamnation (même si en l'espèce elle est trop forte) un article attribuant aux magistrats du parquet des comportements impliquant une utilisation détournée de leurs pouvoirs institutionnels. • CEDH 24 sept. 2013, *Italie,* n° 43612/10 § 59. ♦ V. à l'inverse la violation de la liberté d'expression d'un justiciable critiquant la qualité d'un magistrat dès lors que toutes les personnes présentes étaient, en raison de leur position et de leur formation, peu susceptibles d'avoir été sensibles à la critique débordante et émotionnelle formulée envers le juge : • CEDH 6 mars 2018, *Mikhaylova c/ Ukraine,* n° 10644/08 : *JCP Adm. 2018. 249.*

262. Secret de l'instruction. Il est légitime de vouloir accorder une protection au secret de l'instruction compte tenu de l'enjeu d'une procédure pénale, tant pour l'administration de la justice que pour le droit au respect de la présomption d'innocence des personnes mises en examen. • CEDH 1er juill. 2014, *A. B. c/ Suisse, n° 56925/08 § 41.* ♦ La divulgation d'informations couvertes par le secret de l'instruction est sanctionnée dans chacun des 30 États membres du Conseil de l'Europe dont la législation a été étudiée dans le cadre de la présente affaire. • CEDH, gr. ch., 29 mars 2016, *Bédat c/ Suisse,* n° 56925/08 § 80. ♦ Ne méconnaît pas le présent art. la condamnation pénale d'un journaliste pour recel de secret professionnel du fait de la détention, révélée par sa publication, d'un portrait-robot d'un violeur en série réalisé dans le cadre de la procédure pénale en cours, et ce compte tenu non seulement du sensationnalisme et du manque de fiabilité de l'approche éditoriale retenue induisant les lecteurs en erreur (qui l'ont interprétée comme un appel à témoins) et interférant ainsi dans le déroulement de la phase la plus délicate de l'enquête mais eu égard également au montant proportionné de l'amende (3000 euros) qui n'est pas de nature à dissuader l'exercice de la liberté d'expression des journalistes souhaitant informer le public au sujet d'une procédure pénale en cours. • CEDH 17 déc. 2020, *Sellami c/ France,* n° 61470/15 § 65 : *AJ pénal 2021. 104, obs. Royer ; Légipresse 2021. 14 ; ibid. 31, étude Dreyer .*

263. Sur la position des avocats, V. note 88.

4° CONFIDENTIALITÉ DE CERTAINES INFORMATIONS

264. Principe. Il y a lieu d'adopter une interprétation de la phrase « empêcher la divulgation d'informations confidentielles » englobant les informations confidentielles divulguées aussi bien par une personne soumise à un devoir de confidentialité que par une tierce personne, et notamment, comme en l'espèce, par un journaliste. • CEDH, gr. ch., 10 déc. 2007, *Stoll c/ Suisse,* n° 69698/01 § 61 : *préc. note 119.*

265. Tous les États membres du Conseil de l'Europe ont adopté des réglementations destinées à préserver le caractère confidentiel ou secret de certaines données sensibles et à poursuive les agissements contraires à ce but, ces réglementations font preuve d'une grande diversité non seulement par rapport à la définition du secret et à la manière de gérer les domaines sensibles tombant dans leur compétence, mais aussi quant aux modalités et conditions de poursuite de l'auteur d'une divulgation illicite d'informations. • CEDH, gr. ch., 10 déc. 2007, *Stoll c/ Suisse,* n° 69698/01 § 107 : *préc. note 119.*

266. Le caractère confidentiel du dossier remis par la juge ne faisait aucun doute et des mesures spéciales avaient été prises pour le garantir. Cette circonstance, d'ailleurs rappelée au début de l'article, n'était ignorée ni des requérants ni de l'auteur de l'article. Passer outre le caractère confidentiel nécessitait des raisons impérieuses d'intérêt d'information du public. La Cour examinera si de telles raisons existaient en l'espèce dans le cadre de son examen des autres motifs sur lesquels se sont fondées les juridictions nationales pour justifier l'ingérence. • CEDH 9 nov. 2006, *Leempoel et SA ED Ciné revue c/ Belgique,* n° 64772/01 § 70. ♦ Sur la question de l'intérêt de l'information du public, V. note 164.

267. L'exclusion absolue du débat public des questions relevant des affaires étrangères en raison de la protection due à la correspondance diplomatique n'est pas acceptable.

• CEDH, gr. ch., 10 déc. 2007, *Stoll c/ Suisse,* n° 69698/01 § 128 : *préc. note 119.*

268. Informations commerciales. Même la publication d'articles véridiques et décrivant des événements réels peut être prohibée par le devoir d'observer la confidentialité de certaines informations commerciales. En l'espèce, l'auteur de l'article n'était pas lui-même un concurrent du « Club », mais voulait – à bon droit – protéger les intérêts des droguistes et des détaillants de produits de beauté. L'article lui-même contenait sans conteste des déclarations exactes, mais il exprimait aussi des doutes quant au crédit à accorder au « Club », et il invitait les lecteurs à signaler des « expériences analogues » alors que le « Club » avait promis d'enquêter promptement sur l'incident rapporté qui était apparemment isolé. • CEDH 20 nov. 1989, *Markt Intern Verlag GmbH et Klaus Beermann c/ Allemagne,* n° 10572/83 § 36.

5° LANCEURS D'ALERTE

269. Principes. Eu égard à l'obligation de discrétion des agents publics, il importe que la personne concernée procède à la divulgation d'abord auprès de son supérieur ou d'une autre autorité ou instance compétente. La divulgation au public ne doit être envisagée qu'en dernier ressort, en cas d'impossibilité manifeste d'agir autrement. Par ailleurs, pour juger du bien-fondé des limitations imposées par l'État, il faut également accorder une attention particulière à l'intérêt public que présentait l'information divulguée, la Conv. EDH ne laissant guère de place pour des restrictions à la liberté d'expression dans le domaine des questions d'intérêt général. Dans un système démocratique, les actions ou omissions du gouvernement doivent se trouver placées sous le contrôle attentif non seulement des pouvoirs législatif et judiciaire, mais aussi des médias et de l'opinion publique. L'intérêt de l'opinion publique pour une certaine information peut parfois être si grand qu'il peut l'emporter même sur une obligation de confidentialité imposée par la loi. De même, il faut s'attacher à l'authenticité de l'information divulguée. Il est loisible aux autorités compétentes de l'État d'adopter des mesures destinées à réagir de manière adéquate et non excessive à des imputations diffamatoires dénuées de fondement ou formulées de mauvaise foi. De même encore, il convient d'apprécier le poids respectif du dommage que la divulgation litigieuse risquait de causer à l'autorité publique et de l'intérêt que *le public pouvait avoir à obtenir* cette divulgation. A cet égard, elle peut prendre en compte l'objet de la divulgation et la nature de l'autorité administrative concernée. La motivation du salarié qui procède à la divulgation est un autre facteur déterminant pour l'appréciation du point de savoir si la démarche doit ou non bénéficier d'une protection. Par exemple, un acte motivé par un grief ou une animosité personnels ou encore par la perspective d'un avantage personnel, notamment un gain pécuniaire, ne justifie pas un niveau de protection particulièrement élevé. Il importe donc d'établir si la personne concernée, en procédant à la divulgation, a agi de bonne foi et avec la conviction que l'information était authentique, si la divulgation servait l'intérêt général et si l'auteur disposait ou non de moyens plus discrets pour dénoncer les agissements en question. Enfin, l'évaluation de la proportionnalité de l'ingérence par rapport au but légitime poursuivi passe par une analyse attentive de la peine infligée et de ses conséquences. • CEDH, gr. ch., 12 févr. 2008, *Guja c/ Moldavie,* n° 14277/04 § 72 s. : *préc. note 45.*

270. V. pour le cas de personnes n'étant pas tenues à une obligation de loyauté, de réserve ou de discrétion et ne se trouvant pas dans un rapport hiérarchique. • CEDH, gr. ch., 27 juin 2017, *Medzlis Islamske Zajednice Brcko et a. c/ Bosnie-Herzégovine,* n° 17224/11.

271. Mise en œuvre. La divulgation concernant la conduite d'un vice-président du Parlement, c'est-à-dire d'une personnalité de haut rang, et le procureur général, qui était au courant de la situation depuis six mois environ, n'ayant manifesté aucune intention de réagir, donnant plutôt l'impression d'avoir succombé aux pressions exercées sur le parquet, une divulgation à l'extérieur du parquet, même à un journal, pouvait se justifier. • CEDH, gr. ch., 12 févr. 2008, *Guja c/ Moldavie,* n° 14277/04 § 82 s. : *préc. note 45.* ♦ Les informations divulguées par le requérant avaient un rapport avec des abus commis par des fonctionnaires de haut rang et avec les fondements démocratiques de l'État. Il ne fait aucun doute qu'il s'agit là de questions très importantes relevant du débat politique dans une société démocratique, dont l'opinion publique a un intérêt légitime à être informée. • CEDH 8 janv. 2013, *Bucur et Toma,* n° 40238/02 § 103. ♦ Un débat sur l'équilibre ethnique au sein du personnel de la fonction publique revêt un caractère important et relève de la sphère publique. • CEDH, gr. ch., 27 juin 2017, *Medzlis Islamske Zajednice Brcko et a. c/ Bosnie-Herzégovine,* n° 17224/11 § 94.

272. Sur l'application par le juge interne, V. ss DDH, art. 11.

B. CONTRÔLE DE LA MISE EN ŒUVRE DES RESTRICTIONS

273. Les considérations dont les institutions de la Conv. EDH doivent tenir compte pour exercer leur contrôle sur le terrain du § 2 du présent art. font pencher la balance des intérêts en présence en faveur de celui de la défense de la liberté de la presse dans une société démocratique. • CEDH 27 mars 1996, *Goodwin c/ Royaume-Uni,* n° 17488/90 § 45 : *préc. note 116* • CEDH 28 juin 2012, *Ressiot et a. c/ France,* n° 15054/07 § 127 : *préc. note 190.*

1° MARGE D'APPRÉCIATION LAISSÉE AUX ÉTATS

a. Principe

274. Les États contractants jouissent d'une certaine marge d'appréciation pour juger de l'existence d'un besoin social impérieux justifiant les restrictions à la liberté d'expression. • CEDH 22 févr. 1989, *Barfod c/ Danemark,* n° 11508/85 § 28 • CEDH 26 nov. 1991, *Sunday Times c/ Royaume-Uni (n° 2),* n° 13166/87 § 50 • CEDH 20 nov. 1989, *Markt Intern Verlag GmbH et Klaus Beermann c/ Allemagne,* n° 10572/83 § 33.

275. Les États contractants jouissent d'une marge d'appréciation certaine pour déterminer si les restrictions aux droits et libertés garantis par la Conv. EDH peuvent passer pour « nécessaires, dans une société démocratique » ; cependant cette marge n'est pas illimitée. • CEDH 25 nov. 1996, *Wingrove c/ Royaume-Uni,* n° 17419/90 § 53 : *préc. note 129* • CEDH 10 juill. 2003, *Murphy c/ Irlande,* n° 44179/98 § 66. ♦ Pour juger de la nécessité d'une ingérence, les États contractants jouissent d'une marge d'appréciation, mais celle-ci va de pair avec un contrôle européen (V. note 311). • CEDH 7 déc. 1976, *Handyside c/ Royaume-Uni,* n° 5493/72 § 48 à 50 : *préc. note 1.* ♦ S'il s'agit, comme ici, d'une ingérence dans l'exercice des droits et libertés garantis par le § 1 du présent art., ce contrôle doit être strict en raison de leur importance. • CEDH 20 oct. 1997, *Radio ABC c/ Autriche,* n° 19736/92 § 30 • CEDH, gr. ch., 25 nov. 1999, *Nilsen et Johnsen c/ Norvège,* n° 23118/93 § 43. ♦ Il revient en premier lieu aux autorités nationales d'évaluer s'il existe un « besoin social impérieux » susceptible de justifier une restriction à la liberté d'expression, exercice pour lequel elles jouissent d'une certaine marge d'appréciation. • CEDH 27 mars 1996, *Goodwin c/ Royaume-Uni,* n° 17488/90 § 40 : *préc. note 116.*

276. Le requérant a pu, après comme avant le refus opposé à sa demande de réintégration dans la nationalité française, librement exprimer ses opinions, participer à des manifestations et adhérer aux associations de son choix. Par ailleurs, s'il fait état de l'effet dissuasif que cette mesure aurait eu sur son aptitude à exercer les droits garantis par le présent art. et les art. 9 et 11 Conv. EDH, il n'étaye pas cette allégation. Il ne ressort du reste pas du dossier qu'il aurait par exemple renoncé à des engagements associatifs ou à l'expression de ses opinions à la suite de celle-ci. • CEDH, décis., 13 juin 2017, *Boudelal c/ France,* n° 14894/14.

b. Étendue de la marge d'appréciation

277. Principe. Le pouvoir national d'appréciation n'a pas une ampleur identique pour chacun des buts énumérés au présent art. Ainsi, si l'idée que les États contractants se font des exigences de la morale « varie dans le temps et l'espace, spécialement à notre époque », et dès lors que « les autorités de l'État se trouvent en principe mieux placées que le juge international pour se prononcer sur le contenu précis de ces exigences », il n'en va pas exactement de même de la notion, beaucoup plus objective, d'« autorité » du pouvoir judiciaire. En la matière, une assez grande concordance de vues ressort du droit interne et de la pratique des États contractants. A une liberté d'appréciation moins discrétionnaire correspond donc ici un contrôle européen plus étendu. • CEDH 26 avr. 1979, *Sunday Times c/ Royaume-Uni (n° 1),* n° 6538/74 § 59.

278. Liberté de la presse. Là où la liberté de la « presse » est en jeu, les autorités ne disposent que d'une marge d'appréciation restreinte pour juger de l'existence d'un « besoin social impérieux ». • CEDH, gr. ch., 10 déc. 2007, *Stoll c/ Suisse,* n° 69698/01 § 105 : *préc. note 119.*

279. Pourtant, la liberté de la presse s'avère d'autant plus importante dans des circonstances dans lesquelles les activités et les décisions étatiques, en raison de leur nature confidentielle ou secrète, échappent au contrôle démocratique ou judiciaire. • CEDH, gr. ch., 10 déc. 2007, *Stoll c/ Suisse,* n° 69698/01 § 110 : *préc. note 119.*

280. Dès lors qu'ils contribuent au débat public, la protection particulière dont bénéficie la presse semble étendue aux associations de protection de l'environnement. • CEDH 27 mai 2004, *Vides Aizsardzibas Klubs c/ Lettonie,* n° 57829/00 § 42. ♦ ... Ainsi qu'à certains groupes de particuliers agissant dans ce domaine. • CEDH 15 févr. 2005, *Steel et Morris c/ Royaume-Uni,* n° 6846/02 § 89.

281. Autres cas. Les États peuvent, dès lors que le caractère confidentiel de certaines informations est en jeu, se prévaloir d'une certaine marge d'appréciation. • CEDH, gr. ch., 10 déc. 2007, *Stoll c/ Suisse,* n° 69698/01 § 107 : *préc. note 119.*

282. La marge d'appréciation concerne notamment la sélection des méthodes – raisonnables et appropriées – à utiliser par les autorités pour assurer le déroulement pacifique d'événements publics licites. • CEDH 25 août 1993, *Chorherr c/ Autriche,* n° 13308/87 § 31.

283. Variation dans le temps. La marge

d'appréciation des États varie en fonction du passage du temps dans de nombreux cas, que ce soit en matière de morale. • CEDH 26 avr. 1979, *Sunday Times c/ Royaume-Uni (n° 1)*, n° 6538/74 § 59. ♦ ... De questions religieuses. • CEDH 25 nov. 1996, *Wingrove c/ Royaume-Uni*, n° 17419/90 § 58 : *préc. note 129.* ♦ ... D'intérêt pour le débat public. • CEDH 18 mai 2004, *Éd. Plon c/ France*, n° 58148/00 § 53 : *préc. note 129.* ♦ ... De publication de roman érotique. • CEDH 16 févr. 2010, *Akdas c/ Turquie*, n° 41056/04 § 28.

1. Étendue de la marge d'appréciation en matière politique ou d'intérêt général

284. Le § 2 du présent art. laisse très peu de place aux restrictions qui visent les discours politiques ou les débats sur des questions d'intérêt général. • CEDH 8 juill. 1986, *Lingens c/ Autriche*, n° 9815/82 § 42 : *préc. note 69* • CEDH 11 déc. 2008, *Tv Vest As & Rogaland Pensjonistparti c/ Norvège*, n° 21132/05 § 64 : *préc. note 140.*

V. pour d'autres décisions dans le même sens : .

285. Il est fondamental, dans une société démocratique, de défendre le libre jeu du débat politique. Dès lors, compte tenu de la haute importance accordée à la liberté d'expression dans le contexte du débat politique, on ne saurait restreindre le discours politique sans raisons impérieuses. Y permettre de larges restrictions dans tel ou tel cas affecterait sans nul doute le respect de la liberté d'expression en général dans l'État concerné. • CEDH 12 juill. 2001, *Feldek c/ Slovaquie*, n° 29032/95 § 83.

286. Le contexte et la teneur de la conversation étaient manifestement politiques, et la Cour ne parvient à déceler aucun aspect privé dans les faits en cause. La tolérance particulière établie par la jurisprudence des organes de la Conv. EDH doit donc s'appliquer. • CEDH 19 déc. 2006, *Radio Twist a.s. c/ Slovaquie*, n° 62202/00 § 58. ♦ V. *a contrario*. • CEDH 14 mars 2002, *De Diego Nafría c/ Espagne*, n° 46833/99 § 38 • CEDH 14 févr. 2006, *Katamadze c/ Géorgie*, n° 69857/01. ♦ Rappr. • CEDH 6 févr. 2001, *Tammer c/ Estonie*, n° 41205/98 § 65.

287. Sur la contribution au débat public d'intérêt général, V. note 164.

288. Publicité et participation au débat public. Il y a lieu de relativiser l'ampleur de la *marge d'appréciation laissée aux États* lorsque est en jeu non le discours strictement « commercial » de tel individu mais sa participation à un débat touchant à l'intérêt général, comme par exemple à la santé publique. • CEDH 25 août 1998, *Hertel c/ Suisse*, n° 25181/94 § 47 : *D. 1999. 239, note Niboyet* • CEDH 28 juin 2001, *VgT Verein gegen Tierfabriken c/ Suisse*, n° 24699/94 § 71.

289. La publication litigieuse touche au domaine commercial mais celle-ci s'inscrit dans le cadre d'une information relative à un événement d'actualité. L'existence d'un droit pour le public de recevoir des informations a été maintes fois reconnue par la Cour dans des affaires relatives à des restrictions à la liberté de la presse, comme corollaire de la fonction propre aux journalistes de diffuser des informations ou des idées sur des questions d'intérêt public. Il ne s'agissait donc pas d'une publication à caractère « strictement » commercial, et la marge d'appréciation de l'État s'en trouve ainsi limitée. La Cour entend en conséquence procéder à un examen attentif de la proportionnalité des mesures litigieuses au but poursuivi. Afin d'examiner si, en l'espèce, la mesure litigieuse était proportionnée au but poursuivi, il revient à la Cour de mettre en balance les exigences de la protection de la santé publique avec la liberté d'expression des requérants. • CEDH 5 mars 2009, *Hachette Filipacchi Presse Automobile et Dupuy c/ France*, n° 13353/05 § 45 : *préc. note 43.*

290. Il se peut que ces informations aient eu un effet publicitaire pour la clinique du Dr B. et aient embarrassé des collègues, mais en l'occurrence un tel effet se révèle fort accessoire au regard du contenu principal de l'article comme de la nature de la question à soumettre au grand public. L'application d'un critère trop rigide dans la manière d'aborder le problème de la publicité des professions libérales ne cadre pas avec la liberté d'expression et risque de décourager les membres de ces professions de contribuer à la discussion publique des questions concernant la vie de la collectivité, pour peu que pareille contribution ait des chances de passer pour produire quelque effet publicitaire. Par là même, elle est de nature à entraver la presse dans l'accomplissement de sa tâche d'information et de contrôle. • CEDH 25 mars 1985, *Barthold c/ Allemagne*, n° 8734/79 § 58 : *préc. note 218.*

291. La publicité de l'association requérante (s'élevant contre l'industrie de la viande) échappait au contexte commercial normal dans lequel il s'agit d'inciter le public à acheter un produit particulier, et elle traduisait plutôt des opinions controversées tenant à la société moderne en général. Les autorités suisses elles-mêmes ont considéré que le contenu de la publicité produite par l'association requérante était « politique » au sens de l'art. 18, § 5, de la loi fédérale sur la radio et la télévision. En effet, il n'est pas contestable que, dans beaucoup de sociétés européennes, la protection et les modalités d'élevage des animaux donnaient et donnent toujours lieu à un débat général.

• CEDH 28 juin 2001, *VgT Verein gegen Tierfabriken c/ Suisse,* n° 24699/94 § 70.

292. En l'espèce on ne saurait nier l'existence d'un tel débat, portant sur les effets des micro-ondes sur la santé humaine. Le requérant s'est borné à transmettre une copie de son rapport d'étude au « Journal Franz Weber » : il n'a participé ni à la rédaction du numéro ni au choix de son illustration, et n'en a eu connaissance qu'après sa parution. Même si la diffusion de tels propos pouvait avoir un effet négatif sur les ventes desdits fours en Suisse, il n'est pas inopportun de relever à cet égard que le « Journal Franz Weber » est publié à plus ou moins 120 000 exemplaires, ce qui n'est pas négligeable. Il y a lieu néanmoins de relever que ce périodique n'a pas une vocation généraliste puisqu'il traite surtout de questions touchant à l'environnement et à la santé publique et qu'il est très essentiellement distribué par abonnement ; il touche donc vraisemblablement un lectorat spécifique si bien que l'impact des idées qui y sont exposées mérite d'être relativisé. • CEDH 25 août 1998, *Hertel c/ Suisse,* n° 25181/94 § 47 à 49 : *préc. note 288.*

293. Publicité politique. Il n'y a pas de consensus au sein des États contractants quant à la manière de réglementer la publicité politique payante à la radio et à la télévision. L'absence de consensus au sein des États contractants peut constituer un argument en faveur d'une marge d'appréciation quelque peu élargie par rapport à celle normalement laissée à l'État en matière de restrictions à la liberté d'expression sur des sujets d'intérêt public. En l'espèce, d'autres moyens de communication restent ouverts à la requérante et il s'agit là d'un facteur clé pour l'appréciation de la proportionnalité d'une restriction à l'accès à des médias potentiellement utiles. • CEDH, gr. ch., 22 avr. 2013, *Animal defenders international c/ Royaume-Uni,* n° 48876/08 § 123 et 124 : *préc. note 121.*

294. La disposition contestée dresse, en pratique, un obstacle absolu qui a empêché B. de publier des informations visant à influencer les électeurs de Halifax en faveur d'un candidat opposé à l'avortement. La Cour n'est pas convaincue qu'il était dès lors nécessaire de limiter les dépenses de l'intéressée à 5 GBP(£) pour atteindre l'objectif légitime de garantir l'égalité entre les candidats, d'autant qu'aucune restriction n'empêchait la presse de librement favoriser ou contrecarrer l'élection d'un candidat donné, ni les partis politiques et leurs partisans de faire de la publicité au niveau national ou régional, à condition que cette publicité ne visât pas à servir ou compromettre les chances d'un candidat donné d'être élu dans une circonscription donnée. Elle conclut en conséquence que la restriction en question était disproportionnée au but poursuivi. • CEDH 19 févr. 1998, *Bowman c/ Royaume-Uni,* n° 24839/94 § 47.

295. Les publicités en cause consistaient en une brève présentation du parti des retraités et invitaient les téléspectateurs à voter pour le parti aux élections à venir. Même s'il s'agissait d'un message publicitaire payé et non d'un reportage de presse sur un débat politique, la teneur du discours en question était incontestablement de nature politique. Ainsi, la publicité en cause se situait clairement hors du domaine commercial de la vente de produits, dans lequel les États jouissent traditionnellement d'une large marge d'appréciation. De plus, rien ne suggère en l'espèce que les publicités en question contenaient le moindre élément susceptible de choquer les convictions personnelles morales ou religieuses de quiconque. Dès lors, la nature politique des publicités interdites appelle un examen strict de sa part et une marge nationale d'appréciation limitée en conséquence quant à la nécessité des restrictions. • CEDH 11 déc. 2008, *Tv Vest As & Rogaland Pensjonistparti c/ Norvège,* n° 21132/05 § 64 : *préc. note 140.*

296. S'il est vrai que les messages en cause s'inscrivaient dans le cadre de la campagne pour les élections locales et régionales de la même année, l'interdiction de la publicité prévue par la loi sur la radio-télédiffusion était absolue et permanente, et elle ne s'appliquait pas spécialement aux élections. Dès lors, il n'y a pas lieu d'accorder un poids important aux différentes justifications avancées sur le fondement de l'art. 3 Prot. n° 1 Conv. EDH en faveur d'une large marge d'appréciation nationale car cela laisserait l'application de cette disposition à la discrétion des États contractants dans une mesure susceptible d'avoir des effets incompatibles avec la position privilégiée qu'occupe la liberté du discours politique en vertu du présent art. • CEDH 11 déc. 2008, *Tv Vest As & Rogaland Pensjonistparti c/ Norvège,* n° 21132/05 § 66 : *préc. note 140.* ♦ Même s'il faut en tenir compte pour apprécier la proportionnalité de l'ingérence, le fait que les médias audiovisuels aient des effets beaucoup plus immédiats et puissants que les autres médias ne peut justifier l'interdiction litigieuse. • CEDH 11 déc. 2008, *Tv Vest As & Rogaland Pensjonistparti c/ Norvège,* n° 21132/05 § 76 : *préc.*

297. Limites des dépenses de campagne. V. Prot. n° 1 Conv. EDH, art. 3.

2. Étendue de la marge d'appréciation en matière religieuse

298. Les États ont généralement une plus grande marge d'appréciation lorsqu'ils réglementent la liberté d'expression dans des domaines susceptibles d'offenser des convictions personnelles intimes relevant de la morale ou, plus particulièrement, de la religion. Du reste, comme dans le domaine de la morale, et peut-être à un degré plus important encore, les pays européens n'ont pas une conception uniforme des exigences afférentes à « la protection des droits d'autrui » s'agissant des attaques contre des convictions religieuses. Ce qui est de nature à offenser gravement des personnes d'une certaine croyance religieuse varie fort dans le temps et dans l'espace, spécialement à notre époque caractérisée par une multiplicité croissante de croyances et de confessions. Grâce à leurs contacts directs et constants avec les forces vives de leurs pays, les autorités de l'État se trouvent en principe mieux placées que le juge international pour se prononcer sur le contenu précis de ces exigences par rapport aux droits d'autrui comme sur la « nécessité » d'une « restriction » destinée à protéger contre ce genre de publications les personnes dont les sentiments et les convictions les plus profonds en seraient gravement offensés. • CEDH 25 nov. 1996, *Wingrove c/ Royaume-Uni,* n° 17419/90 § 58 : *préc. note 129* • CEDH 10 juill. 2003, *Murphy c/ Irlande,* n° 44179/98 § 67.

299. La nature et le but du message contenu dans l'annonce en question permettent de le qualifier de religieux, par opposition à commercial, même si le requérant a acheté le temps de diffusion nécessaire. • CEDH 10 juill. 2003, *Murphy c/ Irlande,* n° 44179/98 § 70.

300. Les autorités nationales jouissent d'une large marge d'appréciation dans une sphère qui touche à des questions de croyance sur la nature de la vie humaine. • CEDH 29 oct. 1992, *Open Door et Dublin Well Woman c/ Irlande,* n° 14234/88 § 68.

3. Étendue de la marge d'appréciation en matière commerciale

301. Principe. Le critère de la « nécessité » du § 2 du présent art. doit être moins rigoureux dès lors qu'il est appliqué à des restrictions apportées aux « idées » commerciales. • Comm. EDH 5 mai 1979, *Church of Scientology c/ Suède,* n° 7805/77. ♦ Pareille marge d'appréciation est indispensable en matière commerciale, en particulier dans un domaine aussi complexe et fluctuant que celui de la concurrence déloyale. Sinon, la CEDH devrait se livrer à un réexamen des faits et de l'ensemble des circonstances de chaque cause. • CEDH 20 nov. 1989, *Markt Intern Verlag GmbH et Klaus Beermann c/ Allemagne,* n° 10572/83 § 33 *• CEDH 24 févr. 1994, Casado Coca c/ Espagne,* n° 15450/89 § 54 : *préc. note 43* • CEDH 25 août 1998, *Hertel c/ Suisse,* n° 25181/94 § 47 : *préc. note 288.* ♦ Opinion dissidente du juge Pettiti : La défense des intérêts des usagers et des consommateurs face aux positions dominantes dépend de la liberté de publication des critiques des produits, même les plus vives. La liberté doit être totale ou quasi totale sauf délit (publicité mensongère) ou action en concurrence déloyale, mais dans ce cas la solution n'est pas la censure mais la poursuite pénale ou l'action civile entre les entreprises. • CEDH 20 nov. 1989, *Markt Intern Verlag GmbH et Klaus Beermann c/ Allemagne,* n° 10572/83 : *préc.*

302. Les autorités suisses disposaient donc d'une certaine marge d'appréciation pour juger de l'existence d'un « besoin social impérieux » de refuser de diffuser la publicité. Pareille marge d'appréciation est particulièrement indispensable en matière commerciale, spécialement dans un domaine aussi complexe et fluctuant que la publicité. • CEDH 24 févr. 1994, *Casado Coca c/ Espagne,* n° 15450/89 § 54 : *préc. note 43* • CEDH 23 juin 1994, *Jacubowski c/ Allemagne,* n° 15088/89 § 26 • CEDH 28 juin 2001, *VgT Verein gegen Tierfabriken c/ Suisse,* n° 24699/94 § 69. ♦ Lorsque le discours commercial est en jeu, les normes d'examen peuvent être moins strictes. • CEDH 5 nov. 2002, *Demuth c/ Suisse,* n° 38743/97 § 42. ♦ V. s'agissant d'une publicité pour le site internet d'un mouvement « sectaire ». • CEDH, gr. ch., 13 juill. 2012, *Mouvement raëlien suisse c/ Suisse,* n° 16354/06 § 63 : *préc. note 1.*

303. La réglementation de la profession d'avocat, notamment dans le domaine de la publicité, varie d'un pays à l'autre en fonction des traditions culturelles. La majorité des États contractants connaît depuis quelque temps une évolution vers un assouplissement, en raison des changements dans leurs sociétés respectives et notamment du rôle croissant des médias dans celles-ci. Tout en maintenant le principe de l'interdiction, des textes autorisent les avocats à s'exprimer devant les médias, à se faire connaître et à participer au débat public ; c'est le cas en Catalogne. Le large éventail de réglementations et les différences de rythme dans l'évolution de ces règles dans les États membres du Conseil de l'Europe montrent la complexité du problème. Grâce à leurs contacts directs et constants avec leurs membres, les autorités ordinales ou les cours et tribunaux du pays se trouvent mieux placés que le juge international pour préciser où se situe, à un moment donné, le juste équilibre à ménager entre les divers intérêts en jeu : les impératifs d'une bonne administration de la justice, la dignité de la profession, le droit de toute personne à recevoir une information sur l'assistance juridique et la possibilité pour un avocat de faire de la publicité pour son cabinet. • CEDH 24 févr. 1994, *Casado Coca c/ Espagne,* n° 15450/89 § 54 : *préc. note 43.*

304. Possibilité d'ingérence pour des raisons tenant... à la santé publique. Il résulte de cette large marge d'appréciation que la libre circulation d'idées commerciales peut être restreinte afin de protéger les consommateurs contre des pratiques trompeuses ou mensongères. • Comm. EDH 5 mai 1979, *Church of Scientology c/ Suède,* n° 7805/77. ♦ La restriction de la publicité en faveur du tabac et des produits du tabac constitue un axe essentiel d'une stratégie plus globale de lutte contre le fléau social que constitue le tabagisme. Cette politique suscite dans l'opinion et auprès des pouvoirs publics un intérêt soutenu. Ainsi, des considérations primordiales de santé publique, sur lesquelles l'État et l'Union européenne ont d'ailleurs légiféré, peuvent primer sur des impératifs économiques, et même sur certains droits fondamentaux comme la liberté d'expression. • CEDH 5 mars 2009, *Hachette Filipacchi Presse Automobile et Dupuy c/ France,* n° 13353/05 § 46 : *préc. note 43.*

305. ... À la prévention de la concurrence déloyale. La publicité constitue pour le citoyen un moyen de connaître les caractéristiques des services et des biens qui lui sont offerts. Néanmoins, elle peut parfois faire l'objet de restrictions destinées, notamment, à empêcher la concurrence déloyale et la publicité mensongère ou trompeuse. Dans certains contextes, même la publication de messages publicitaires objectifs et véridiques pourrait subir des limitations, tendant au respect des droits d'autrui ou fondées sur les particularités d'une activité commerciale ou d'une profession déterminée. Elles appellent cependant un contrôle attentif de la Cour, laquelle doit mettre en balance les exigences desdites particularités avec la publicité en cause et, à cet effet, considérer la sanction incriminée à la lumière de l'ensemble de l'affaire. • CEDH 24 févr. 1994, *Casado Coca c/ Espagne,* n° 15450/89 § 54 : *préc. note 43.* ♦ V. déjà implicitement. • CEDH 20 nov. 1989, *Markt Intern Verlag GmbH et Klaus Beermann c/ Allemagne,* n° 10572/83 § 34.

306. Il en résulte que la libre circulation d'idées commerciales peut être restreinte afin de prévenir un acte de concurrence déloyale contraire aux « bonnes mœurs », car la circulaire dont la diffusion fut interdite pour l'avenir visait avant tout à détourner la clientèle de la « *ddp* » au profit de la nouvelle agence de presse que le requérant créa peu après. • CEDH 23 juin 1994, *Jacubowski c/ Allemagne,* n° 15088/89 § 26. ♦ La publicité constitue pour le citoyen un moyen de connaître les caractéristiques des services et des biens qui lui sont offerts. Néanmoins, elle peut parfois faire l'objet de restrictions destinées, notamment, à empêcher la concurrence déloyale et la publicité mensongère ou trompeuse. Dans certains contextes, même la publication de messages publicitaires objectifs et véridiques pourrait subir des limitations, tendant au respect des droits d'autrui ou fondées sur les particularités d'une activité commerciale ou d'une profession déterminée. • CEDH 11 déc. 2003, *Krone Verlag GmbH & Co. KG c/ Autriche (n° 3),* n° 39069/97 § 31.

307. Le fait d'illustrer un article de presse avec une photographie du requérant dans son cadre professionnel ne saurait passer pour une information interdite et non objective ou pour de la publicité mensongère. De fait, la photographie avait un lien étroit avec le contenu de l'article. • CEDH 17 oct. 2002, *Stambuk c/ Allemagne,* n° 37928/97 § 48 : *préc. note 160.*

308. Même si l'entreprise avait pour intention de diffuser des émissions sur tous les aspects de l'automobile, de communiquer en particulier des informations sur les voitures et leurs accessoires ainsi que sur la circulation des véhicules privés et qu'elle visait de plus à traiter de questions concernant notamment la politique énergétique, la sécurité routière, le tourisme et l'environnement, ces éléments restaient secondaires, l'objectif de l'entreprise étant essentiellement commercial puisque la chaîne visait à promouvoir des voitures et donc à encourager leur vente. • CEDH 5 nov. 2002, *Demuth c/ Suisse,* n° 38743/97 § 41.

309. ... À la protection de la morale. Les autorités internes ont pu de bonne foi penser qu'il était indispensable, pour la protection de la santé et de la morale ainsi que pour la prévention du crime, d'interdire une campagne d'affichage, étant donné que l'association requérante propose, sur son site Internet, un lien vers celui de Clonaid, entreprise créée pour l'association requérante et pour laquelle elle admet une opinion favorable au clonage, activité clairement interdite par l'art. 119, al. 2 a, de la Const. fédérale. • CEDH, gr. ch., 13 juill. 2012, *Mouvement raëlien suisse c/ Suisse,* n° 16354/06 § 72 : *préc. note 1.*

2° CONTRÔLE EXERCÉ PAR LA COUR

a. Rôle de la Cour

310. Principe. La marge d'appréciation laissée aux États (V. note 274) pour juger de l'existence d'un besoin social impérieux justifiant les restrictions à la liberté d'expression se double nécessairement d'un contrôle européen portant à la fois sur la loi et sur les décisions qui l'appliquent, même quand elles émanent d'une juridiction indépendante. La Cour a donc compétence pour statuer en dernier lieu sur le point de savoir si une « restriction » se concilie avec la liberté d'expression que protège le présent art. • CEDH 26 nov. 1991, *Sunday Times c/ Royaume-Uni (n° 2),* n° 13166/87 § 50 • CEDH, gr. ch., 7 févr. 2012, *Axel Springer AG c/ Allemagne,* n° 39954/08 § 85 et 86.

V. pour d'autres décisions dans le même sens : 🏛.

311. La CEDH doit se borner à rechercher si les mesures prises au niveau national se justifient en principe et sont proportionnées et non se livrer à un réexamen des faits et de l'ensemble des circonstances de chaque cause. • CEDH 20 nov. 1989, *Markt Intern Verlag GmbH et Klaus Beermann c/ Allemagne,* n° 10572/83 § 33. ♦ C'est à la CEDH de se prononcer de manière définitive sur la compatibilité de la restriction avec la Conv. EDH • CEDH 20 nov. 1989, *Markt Intern Verlag GmbH et Klaus Beermann c/ Allemagne,* n° 10572/83 • CEDH 25 nov. 1996, *Wingrove c/ Royaume-Uni,* n° 17419/90 § 53 : *préc. note 129* • CEDH, gr. ch., 25 nov. 1999, *Nilsen et Johnsen c/ Norvège,* n° 23118/93 § 43.

312. Le contrôle de la Cour peut être considéré d'autant plus nécessaire que la notion de respect des convictions religieuses d'autrui est assez vague et que des risques d'ingérence excessive dans la liberté d'expression sous le couvert de mesures prises contre des éléments prétendument offensants existent. • CEDH 10 juill. 2003, *Murphy c/ Irlande,* n° 44179/98 § 68.

313. Étendue du contrôle de la Cour. La Cour n'a point pour tâche, lorsqu'elle exerce son contrôle, de se substituer aux juridictions internes compétentes, mais de vérifier sous l'angle du présent art. les décisions qu'elles ont rendues en vertu de leur pouvoir d'appréciation. Il ne s'ensuit pas qu'elle doive se borner à rechercher si l'État défendeur a usé de ce pouvoir de bonne foi, avec soin et de façon raisonnable ; il lui faut considérer l'ingérence litigieuse à la lumière de l'ensemble de l'affaire pour déterminer si elle était « proportionnée au but légitime poursuivi » et si les motifs invoqués par les autorités nationales pour la justifier apparaissent « pertinents et suffisants ». • CEDH 26 avr. 1979, *Sunday Times c/ Royaume-Uni (n° 1),* n° 6538/74 § 62 • CEDH 10 oct. 2013, *Jean-Jacques Morel c/ France,* n° 25689/10 § 41 : *préc. note 65.*

V. pour d'autres décisions dans le même sens : .

314. Il s'agit donc pour la Cour de déterminer si les motifs invoqués par les autorités internes pour justifier les mesures attentatoires à la liberté d'expression du requérant étaient « pertinents et suffisants » aux fins du § 2 du présent art. • CEDH 25 nov. 1996, *Wingrove c/ Royaume-Uni,* n° 17419/90 § 59 : *préc. note 129* • CEDH 29 août 1997, *Worm c/ Autriche,* n° 22714/93 § 47 : *préc. note 69* • CEDH 25 nov. 1997, *Zana c/ Turquie,* n° 18954/91 § 51 • CEDH 10 juill. 2003, *Murphy c/ Irlande,* n° 44179/98 § 68.

315. Sanctions parlementaires. Les requérants ont été sanctionnés non pas pour avoir exprimé leur point de vue sur les questions débattues à l'Assemblée mais plutôt en raison du moment, du lieu et des modalités (pancartes et utilisation d'un porte-voix) qu'ils avaient choisis pour ce faire. • CEDH, gr. ch., 17 mai 2016, *Karacsony et a. c/ Hongrie,* n° 42461/13 § 149.

b. Contrôle de la proportionnalité de la restriction mise en œuvre

316. La Cour a compétence pour statuer par un arrêt définitif sur le point de savoir si une « restriction » ou « sanction » se concilie avec la liberté d'expression telle que la protège le présent art. • CEDH 7 déc. 1976, *Handyside c/ Royaume-Uni,* n° 5493/72 § 49 : *préc. note 1.*

1. Type de restriction

317. Restrictions préalables. Le présent art. n'interdit pas en elle-même toute restriction préalable à la publication. En témoignent les termes « conditions », « restrictions », « empêche » et « prévention » qui y figurent. • CEDH 26 nov. 1991, *Sunday Times c/ Royaume-Uni (n° 2),* n° 13166/87 § 51. ♦ V. aussi implicitement • CEDH 26 avr. 1979, *Sunday Times c/ Royaume-Uni (n° 1),* n° 6538/74 § 11 • CEDH 20 nov. 1989, *Markt Intern Verlag GmbH et Klaus Beermann c/ Allemagne,* n° 10572/83 § 13 • CEDH 26 nov. 1991, *Observer et Guardian c/ Royaume-Uni,* n° 13585/88 § 60 : *préc. note 116.*

318. De telles restrictions présentent pourtant de si grands dangers qu'elles appellent de la part de la Cour l'examen le plus scrupuleux. Il en va spécialement ainsi dans le cas de la presse : l'information est un bien périssable et en retarder la publication, même pour une brève période, risque fort de la priver de toute valeur et de tout intérêt. • CEDH 26 nov. 1991, *Sunday Times c/ Royaume-Uni (n° 2),* n° 13166/87 § 51 • CEDH 26 nov. 1991, *Observer et Guardian c/ Royaume-Uni,* n° 13585/88 § 60 : *préc. note 116.* ♦ ... Et doivent s'inscrire dans un cadre légal particulièrement strict quant à la délimitation de l'interdiction et efficace quant au contrôle juridictionnel contre les éventuels abus. • CEDH 17 juill. 2001, *Assoc. Ekin c/ France,* n° 39288/98 § 41 : *préc. note 225.*

319. Publication des écrits de tiers. S'il est vrai que le requérant ne s'est pas personnellement associé aux opinions exprimées dans les lettres, il n'en a pas moins fourni à leurs auteurs un support pour attiser la violence et la haine. La Cour ne souscrit pas à l'argument de l'intéressé selon lequel il aurait dû être exonéré de toute responsabilité pénale pour le contenu des lettres du fait qu'il n'avait qu'un rapport commercial, et non éditorial, avec la revue. Il en était le propriétaire et avait à ce titre le pouvoir de lui imprimer une ligne éditoriale. Il partageait donc indirectement les

« devoirs et responsabilités » qu'assument les rédacteurs et journalistes lors de la collecte et de la diffusion d'informations auprès du public, rôle qui revêt une importance accrue en situation de conflit et de tension. • CEDH, gr. ch., 8 juill. 1999, *Sürek c/ Turquie (n° 1),* n° 26682/95 § 63 : *préc. note 29.* ♦ En fournissant un support aux auteurs, les éditeurs participent à l'exercice de la liberté d'expression, en corollaire ils partagent indirectement les « devoirs et responsabilités » que lesdits auteurs assument lors de la diffusion de leurs écrits. • CEDH 29 juin 2004, *Chauvy c/ France,* n° 64915/01 § 79.

320. Les requérants ont publié des déclarations de groupements terroristes par le biais d'un quotidien dont ils étaient respectivement rédacteur en chef et propriétaire. Ces déclarations ont été rédigées par des détenus, se réclamant de leur appartenance à des groupements terroristes. Elles portent énonciation de leurs revendications quant aux conditions carcérales dans les prisons de type F où ils étaient incarcérés, revendications pour la satisfaction desquelles ils sont en « résistance par le jeûne de la mort » et invitent « toutes les personnes » à « soutenir », « à s'approprier cette lutte » tendant à « démolir » les prisons de type F. Les annonces litigieuses consistaient ainsi en une interpellation directe de l'opinion publique dans un but de mobilisation et « soutien » à l'action menée pour « démolir » les prisons de type F ; action impliquant la mise en péril de la vie de leurs auteurs. Or, force est de constater que cette interpellation a été publiée telle quelle, sans aucun commentaire journalistique pour la présenter ou l'analyser. A cet égard, s'il est vrai que les requérants ne se sont pas personnellement associés aux déclarations exprimées dans les annonces litigieuses, ils n'en ont pas moins fourni une tribune à leurs auteurs et permis leur diffusion et ne sauraient s'exonérer de toute responsabilité quant à son contenu, le droit de communiquer des informations ne pouvant servir d'alibi ou de prétexte à la diffusion de déclarations de groupements terroristes. • CEDH 23 janv. 2007, *Falakaoglu et Saygili c/ Turquie,* n° 22147/02 § 32 et 34 : *préc. note 23.*

2. Proportionnalité de la restriction ou de la sanction

321. Principe. Il appartient à la Cour de déterminer si l'« ingérence » incriminée correspondait à un « besoin social impérieux » qu'implique l'adjectif « nécessaire », si elle était « proportionnée au but légitime poursuivi », si les motifs fournis par les autorités nationales pour la justifier sont « pertinents et suffisants » au regard du présent art. • CEDH 26 avr. 1979, *Sunday Times c/ Royaume-Uni (n° 1),* n° 6538/74 § 62. ♦ V. déjà, implicitement. • CEDH 7 déc. 1976, *Handyside c/ Royaume-Uni,* n° 5493/72 § 48 à 50 : *préc. note 1* • CEDH 8 oct. 2013, *Ricci c/ Italie,* n° 30210/06 § 47 et 49. ♦ La portée de la restriction prévue par la loi importe particulièrement. • CEDH 10 juill. 2003, *Murphy c/ Irlande,* n° 44179/98 § 68. ♦ La marge d'appréciation des États est particulièrement large lorsque deux droits fondamentaux sont en conflit (en l'espèce : le droit à la liberté d'expression des requérants et la protection des droits d'auteur). • CEDH 10 janv. 2013, *Ashby Donald et a. c/ France,* n° 36769/08 § 41 : *AJDA 2013. 1794, chron. Burgogue-Larsen ; D. 2013. 172, obs. Manara ; ibid. 2487, obs. Larrieu, Le Stanc et Tréfigny ; RTD com. 2013. 274, obs. Pollaud-Dulian .*

322. Importance de la sanction. La nature et la lourdeur des peines infligées sont des éléments à prendre en considération lorsqu'il s'agit de mesurer la proportionnalité d'une atteinte au droit à la liberté d'expression. • CEDH, gr. ch., 8 juill. 1999, *Ceylan c/ Turquie,* n° 23556/94 § 37 • CEDH 8 juill. 1999, *Okcuoglu c/ Turquie,* n° 24246/94 § 50 • CEDH 14 oct. 2014, *Erdogan Gorke c/ Turquie,* n° 31736/04 § 54.

V. pour d'autres décisions dans le même sens :

323. Modalités de détermination de la sanction. L'exercice par un parlement de son pouvoir de sanction en cas de comportement perturbateur de l'un de ses membres doit respecter le principe de proportionnalité inhérent au présent art., y compris sous son volet procédural. En matière de sanctions disciplinaires *a posteriori,* la Cour considère que les garanties procédurales offertes à cette fin doivent prévoir, au minimum, le droit pour le parlementaire concerné d'être entendu dans le cadre d'une procédure parlementaire préalablement au prononcé de la sanction. • CEDH, gr. ch., 17 mai 2016, *Karacsony et a. c/ Hongrie,* n° 42461/13 § 152 et 156.

324. Sanction non proportionnée. Rien n'indique que le Parti des retraités relève de la catégorie des partis ou des groupes qui sont les cibles principales de l'interdiction litigieuse, à savoir ceux qui, du fait de leur plus grande puissance financière, risqueraient d'obtenir un avantage indu par rapport à ceux dont les ressources sont moins importantes car ils pourraient acheter plus de temps de publicité à la télévision. Au contraire, le Parti des retraités appartient à une catégorie que l'interdiction était censée protéger. A la différence des grands partis politiques, qui ont fait l'objet d'une large couverture télévisée, le Parti des retraités n'a pratiquement pas été mentionné à la télévision. Ainsi, le seul moyen qu'il a eu de faire passer son message au public par ce média a été d'y acheter du temps d'antenne.

La loi l'ayant privé de cette possibilité, il s'est trouvé désavantagé par rapport aux grands partis, qui bénéficiaient d'une couverture médiatique. La possibilité d'utiliser d'autres médias moins puissants ne compensait pas ce handicap. • CEDH 11 déc. 2008, *Tv Vest As & Rogaland Pensjonistparti c/ Norvège,* n° 21132/05 § 72 et 73 : *préc. note 140.*

325. Les motifs invoqués par l'État défendeur ne suffisent pas à démontrer que l'ingérence litigieuse fût « nécessaire dans une société démocratique ». La Cour estime qu'il n'y avait pas un rapport de proportionnalité raisonnable entre les restrictions au droit des requérants à la liberté d'expression résultant des mesures appliquées et le but légitime poursuivi. • CEDH 2 mai 2000, *Bergen Tidende c/ Norvège,* n° 26132/95 § 60. ♦ La Cour estime qu'un juste équilibre n'a pas été ménagé entre la nécessité de protéger le droit du requérant à la liberté d'expression et celle de protéger les droits et la réputation de I. P. Si les motifs fournis par les juridictions nationales pour justifier la condamnation du requérant pouvaient ainsi passer pour pertinents, ils n'étaient pas suffisants et ne correspondaient dès lors à aucun besoin social impérieux. • CEDH 29 nov. 2005, *Urbino Rodriguez c/ Portugal,* n° 75088/01 § 34 : *préc. note 160.*

326. Eu égard conjointement au montant des dommages-intérêts auxquels le requérant fut condamné, représentant 3 fois la somme la plus haute jamais attribuée auparavant en Angleterre en matière de diffamation et à l'absence, à l'époque, de sauvegardes adéquates et effectives contre des indemnités d'une ampleur disproportionnée, la cour d'appel ne pouvant pas annuler une indemnité au simple motif qu'elle était excessive, mais seulement si elle était à ce point déraisonnable qu'elle ne pouvait avoir été accordée par des personnes sensées et qu'elle devait avoir été allouée de manière capricieuse, inconsciente ou irrationnelle, il y a eu violation des droits garantis au requérant par le présent art. • CEDH 13 juill. 1995, *Tolstoy Miloslavsky c/ Royaume-Uni,* n° 18139/91 § 49 à 51.

327. Le *quantum* des dommages-intérêts mis à la charge du requérant peut, à lui seul, constituer une violation du présent art. ; toute décision accordant des dommages-intérêts doit présenter un rapport raisonnable de proportionnalité avec l'atteinte causée à la réputation. • CEDH 22 févr. 2005, *Pakdemirli c/ Turquie,* n° 35839/97 § 55. ♦ Rappr. • CEDH 6 oct. 2011, *Vellutini et Michel,* n° 32820/09 § 43 : *préc. note 71.*

328. La Cour est frappée par la sévérité de la peine infligée au requérant – 1 an et 8 mois d'emprisonnement notamment – et par l'insistance des poursuites à son égard. Elle remarque en effet qu'après avoir purgé sa peine d'emprisonnement, le requérant se vit encore condamner à une amende supplémentaire. • CEDH 8 juill. 1999, *Okcuoglu c/ Turquie,* n° 24246/94 § 49 • CEDH 8 juill. 1999, *Karatas c/ Turquie,* n° 23168/94 § 53. ♦ Les peines infligées aux requérants sont sévères : 10 mois d'emprisonnement et une amende importante. Le sursis à exécuter les peines infligées n'est intervenu que tardivement, alors que les requérants avaient déjà été privés de leur liberté pendant diverses périodes en raison de la procédure pénale engagée à leur encontre. En outre, ceux-ci s'étaient également trouvés menacés de peines sévères durant la période de sursis. • CEDH 15 oct. 2002, *Karakoc c/ Turquie,* n° 27692/95 § 44. ♦ Outre leur condamnation à verser des dommages et intérêts pour préjudice moral à Mme R. M., les requérants se sont vus infliger une peine de 7 mois d'emprisonnement ferme, assortie de l'interdiction d'exercer certains droits civils et le métier de journaliste pendant une année. Il s'agissait là assurément de sanctions très sévères. • CEDH, gr. ch., 17 déc. 2004, *Cumpana et Mazare c/ Roumanie,* n° 33348/96 § 112. ♦ La peine infligée au requérant et sa radiation temporaire du barreau constituaient des sanctions très sévères. • CEDH 6 sept. 2005, *Salov c/ Ukraine,* n° 65518/01 § 115. ♦ La Cour relève en outre l'extrême sévérité de la peine infligée au requérant, à savoir une peine d'emprisonnement de 2 ans – laquelle a été convertie en une amende –, assortie d'une amende. Par ailleurs, une interdiction de publication du quotidien en cause pendant 2 jours a également été ordonnée. • CEDH 10 oct. 2006, *Falakaoglu c/ Turquie,* n° 11480/02 § 21. ♦ Les requérants ayant été condamnés à une amende correctionnelle de 2 000 euros, au paiement de dommages-intérêts en faveur de la partie civile d'un montant de 3 000 euros, ainsi qu'à la publication de l'intégralité du dispositif de l'arrêt par le magazine Lyon Mag', la Cour estime que ces condamnations doivent être considérées, au vu des faits reprochés aux requérants, comme étant disproportionnées. • CEDH 20 nov. 2008, *Brunet-Lecomte et SARL Lyon Mag' c/ France,* n° 13327/04 § 37 : *préc. note 322.* ♦ L'ingérence dont a été victime le requérant, qui consistait en l'infliction d'une lourde peine d'amende et à la saisie de tous les exemplaires de l'ouvrage, ne peut passer pour proportionnée au but légitime visé. Elle n'était donc pas nécessaire dans une société démocratique. • CEDH 16 févr. 2010, *Akdas c/ Turquie,* n° 41056/04 § 31. ♦ En plus de la réparation des dommages, le requérant a été condamné à quatre mois et cinq jours d'emprisonnement. Bien qu'il y ait eu sursis à l'exécution de cette sanction et bien que la Cour de cassation ait déclaré l'infraction prescrite, l'infliction en particulier d'une peine de prison a pu avoir un effet dissuasif significatif. Par ailleurs, le cas d'espèce, qui portait sur la diffusion d'une vidéo dont le contenu n'était pas de nature à provoquer un préjudice important, n'était marqué par aucune circonstance exceptionnelle justifiant le recours à une sanction aussi sévère. • CEDH 8 oct. 2013, *Ricci c/ Italie*, n° 30210/06 § 59.

329. Les tribunaux internes ont en l'espèce donné la priorité à la protection de la réputation de l'autre concurrente et au droit des lecteurs à être protégés contre une publicité trompeuse. Toutefois, ayant mis en balance les intérêts concurrents en jeu et eu égard aux conséquences de l'injonction sur les possibilités pour la société requérante de faire de la publicité comparative de prix, la Cour estime que les juridictions autrichiennes ont ici dépassé leur marge d'appréciation et que la mesure litigieuse était disproportionnée. • CEDH 11 déc. 2003, *Krone Verlag GmbH & Co. KG c/ Autriche (n° 3)*, n° 39069/97 § 34.

330. Si, dans les circonstances de l'espèce, la Cour estime que l'intérêt protégé par l'ingérence litigieuse était suffisamment important pour justifier des limitations à la liberté d'expression et, dès lors, une peine appropriée pour insulte à la Cour en tant qu'institution et à un juge anonyme mais identifiable ne constituerait pas une violation du présent art., elle constate néanmoins que la sévérité de la sanction appliquée dans ce cas a dépassé la gravité de l'infraction. • CEDH 27 mai 2003, *Skalka c/ Pologne*, n° 43425/98 § 41 et 42. ♦ Si, face aux propos tenus par le requérant, de nature à mettre directement en cause la dignité des magistrats, la Cour peut accepter que le tribunal ait estimé nécessaire l'imposition d'une sanction, en l'espèce, le requérant s'est vu infliger une peine d'emprisonnement de 6 mois, soit la sanction maximale prévue, dont les 2 premiers mois devaient être purgés en isolement cellulaire. Bien que le juge interne ait décidé de surseoir à l'exécution des 4 mois restant à purger, la lourdeur et la gravité de la peine que le requérant a du exécuter, à savoir, l'isolement cellulaire pour les 2 premiers mois, apparaissent comme étant disproportionnées aux buts visés et dès lors, non « nécessaire dans une société démocratique ». • CEDH 30 mars 2006, *Saday c/ Turquie*, n° 32458/96 § 36.

331. Après avoir pesé l'intérêt de la condamnation pénale pour offense au chef de l'État dans les circonstances particulières de l'espèce et l'effet de la condamnation à l'égard du requérant, la Cour juge que le recours à une sanction pénale par les autorités compétentes était disproportionné au but visé et n'était donc pas nécessaire dans une société démocratique. • CEDH 14 mars 2013, *Éon c/ France*, n° 26118/10 § 62 : *préc. note 64*.

332. Pour d'autres exemples de sanctions disproportionnées, V. • CEDH 12 juin 2014, *Couderc et Hachette Filipacchi associés c/ France*, n° 40454/07 § 71 s. : *préc. note 85* • CEDH 1er juill. 2014, *A. B. c/ Suisse*, n° 56925/08 § 63 • CEDH 21 janv. 2016, *De Carolis c/ France*, n° 29313/10 § 63.

333. Sanction proportionnée. L'ingérence dans l'exercice par les requérants de leur liberté d'expression n'était pas disproportionnée par rapport au but consistant à protéger la réputation ou les droits d'autrui. L'analyse de la Cour, constatant que l'intérêt à protéger la réputation du plaignant primait sur la liberté d'expression des requérants, s'est fondée sur des motifs pouvant raisonnablement être jugés pertinents et suffisants. • CEDH 16 oct. 2001, *Verdens Gang et Aase c/ Norvège*, n° 45710/99. ♦ Absence de disproportion également dans l'analyse des juridictions internes, constatant qu'aucune des allégations susmentionnées ne se retrouvait dans les témoignages de l'enseignant P. G. et de l'élève V. J. devant le tribunal de première instance, pas plus que dans la transcription de l'entretien que le requérant avait eu avec plusieurs élèves, ou dans le mémoire envoyé par ceux-ci au ministère de l'Intérieur. • CEDH 9 nov. 2004, *Stangu c/ Roumanie*, n° 57551/00. ♦ ... L'appel à la haine et à la violence dans les déclarations publiées même si le requérant ne s'est pas personnellement associé aux opinions exprimées. • CEDH, gr. ch., 8 juill. 1999, *Sürek c/ Turquie (n° 1)*, n° 26682/95 § 63 : *préc. note 29*. ♦ *A contrario*. • CEDH 23 sept. 2004, *Feridun Yazar c/ Turquie*, n° 42713/98 § 29.

334. La Cour estime que la condamnation du requérant et la peine qui lui a été infligée n'étaient pas disproportionnées au but légitime visé et que les motifs avancés par les tribunaux internes étaient suffisants et pertinents pour justifier pareilles mesures. • CEDH 6 févr. 2001, *Tammer c/ Estonie*, n° 41205/98 § 68. ♦ La sanction infligée au requérant en sa qualité de propriétaire de la revue peut raisonnablement être considérée comme répondant à un « besoin social impérieux », et les motifs avancés par les autorités pour justifier la condamnation de l'intéressé sont « pertinents et suffisants ». • CEDH, gr. ch., 8 juill. 1999, *Sürek c/ Turquie (n° 1)*, n° 26682/95 § 64 : *préc. note 29*. ♦ V. pour la condamnation d'un avocat à une sanction pénale qui n'était pas « la plus modérée possible » mais au contraire importante, sa qualité d'avocat ayant même été retenue pour justifier une plus grande sévérité. • CEDH, gr. ch., 23 avr. 2015, *Morice c/ France*, n° 29369/10 § 176 : *préc. note 2*. ♦ V. pour une condamnation importante des photographes ayant diffusé sur internet des clichés de créations de mode sans l'autorisation des titulaires des droits d'auteurs. • CEDH 10 janv. 2013, *Ashby Donald et a. c/ France*, n° 36769/08 § 41 : *préc. note 321*. ♦ V. dans le même sens pour un site d'échange de fichiers. • CEDH, décis., 19 févr. 2013, *Neij and Sunde Kolmisoppi c/ Suède,* n° 40397/12. ♦ V. pour une sanction n'ayant pas provoqué le retrait des ouvrages déjà édités et ne faisant pas obstacle à une réédition du texte dans sa version initiale, pour autant qu'elle soit assortie d'un avertissement. • CEDH 3 déc. 2015, *Prompt c/ France,* n° 30936/12 § 47 : *préc. note 189.* ♦ Rappr. pour le fait d'ordonner uniquement que soient occultées les reproductions de la photographie litigieuse constituant une sanction adaptée aux circonstances de l'espèce et à l'atteinte à la vie privée subie par les proches d'I. H., tout en emportant des restrictions proportionnées à l'exercice des droits de la société requérante. • CEDH 25 févr. 2016, *Sté de conception de presse et d'édition c/ France,* n° 4683/11 § 51.

335. Le requérant fut condamné initialement à un mois de prison avec sursis. Cette peine fut ensuite commuée en une amende de 4 000 CHF, somme qui fut fixée en tenant compte des antécédents judiciaires du requérant et qui ne fut pas déboursée par le requérant lui-même mais avancée par son employeur. Cette sanction punissait la violation du secret d'une instruction pénale et protégeait en l'occurrence le bon fonctionnement de la justice ainsi que les droits du prévenu à un procès équitable et au respect de sa vie privée. • CEDH, gr. ch., 29 mars 2016, *Bédat c/ Suisse,* n° 56925/08 § 81.

336. Pour d'autres ex. de sanctions proportionnées, V. • CEDH 1er juin 2017, *Giesbert et a. c/ France,* n° 68974/11 § 101 • CEDH, gr. ch., 27 juin 2017, *Satakunnan Markkinapörssi Oy et Satamedia Oy c/ Finlande,* n° 931/13 § 197 • CEDH, gr. ch., 27 juin 2017, *Medzlis Islamske Zajednice Brcko et a. c/ Bosnie-Herzégovine,* n° 17224/11 § 118.

337. Critères mis en œuvre : examen du sens des termes. La Cour s'assure de la portée réelle des termes employés. • CEDH 22 oct. 2007, *Lindon, Otchakovsky-Laurens et July c/ France,* n° 21279/02 § 64 : *préc. note 84.*

338. Les propos en cause ne constituent pas des termes « manifestement outrageants » susceptibles de pouvoir justifier une restriction à la liberté d'expression de leur auteur, et on ne saurait tenir pour excessif le langage utilisé par le requérant. Les mots « pas claire » suggèrent essentiellement un manque de transparence dans la gestion de la SCI Mosquée de Lyon, et le passage incriminé de l'entretien n'impute en réalité aucun fait précis de « malversation », au *sens pénal du terme, à la partie civile.* • CEDH 18 sept. 2008, *Chalabi c/ France,* n° 35916/04 § 46 : *préc. note 74.* ♦ Compte tenu du rôle joué par les journalistes et la presse, qui consiste à communiquer des informations et des idées sur des questions d'intérêt général, même celles qui peuvent heurter, choquer ou inquiéter, l'emploi de l'expression « néofasciste local » n'a pas excédé les limites de la critique acceptable. • CEDH 14 déc. 2006, *Karman c/ Russie,* n° 29372/02 § 43.

339. Le langage employé par le requérant incitant clairement à la discrimination et à la haine raciale, ce qui ne peut être camouflé par le processus électoral, la Cour estime que l'ingérence dans la liberté d'expression du requérant était pertinente, compte tenu du besoin social impérieux de protéger l'ordre public et les droits d'autrui, c'est-à-dire ceux de la communauté immigrée. • CEDH 16 juill. 2009, *Féret c/ Belgique,* n° 15615/07 § 78 : *préc. note 28.*

340. ... Choix des termes et contexte. Par ailleurs, la Cour ne conteste pas que les propos « la religion, il s'en fout (...) ; d'ailleurs il n'y connaît rien » puissent paraître choquants à l'égard d'un directeur d'une institution religieuse. Toutefois, ce dernier, assumant la dimension publique de ses fonctions, devait s'attendre à ce genre de critique. • CEDH 18 sept. 2008, *Chalabi c/ France,* n° 35916/04 § 46 : *préc. note 74.*

341. Le contenu de l'article litigieux, considéré dans le contexte de l'affaire, laisse deviner une controverse d'origine privée entre la requérante et les journalistes concernés, la requérante ayant utilisé le journal dont elle est rédactrice en chef comme tribune pour attaquer publiquement ses confrères à l'égard desquels elle éprouvait un mécontentement accru. • CEDH 14 févr. 2006, *Katamadze c/ Géorgie,* n° 69857/01. ♦ Rappr. • CEDH 6 févr. 2001, *Tammer c/ Estonie,* n° 41205/98 § 65.

342. Si le terme « énergumène » possède incontestablement un caractère ironique, son emploi, même répété, ne saurait, à lui seul et dans les circonstances de l'espèce, être considéré comme injurieux. L'attitude polémique du professeur a pu influencer le ton employé pour le décrire et, dès lors, le propos litigieux n'a pas dépassé la dose d'exagération ou de provocation généralement admise de la part de la presse. • CEDH 20 nov. 2008, *Brunet-Lecomte et SARL Lyon Mag' c/ France,* n° 13327/04 § 35 : *préc. note 322.*

343. Compte tenu de la nature et de la teneur des propos en cause ainsi que du contexte – les festivités du carnaval – dans lequel l'action du requérant a eu lieu, on pouvait difficilement prendre à la lettre les accusations du requérant à l'égard du plaignant. • CEDH 20 oct. 2009, *Alves Da Silva c/ Portugal,* n° 41665/07 § 27.

344. ... Contexte général. V. pour une prise en compte de la situation du pays comme faisant partie de l'ancien bloc de l'Est et n'ayant que récemment mis en œuvre une démocratie pluraliste. • CEDH, gr. ch., 20 mai

1999, ⚖ *Rekvenyi c/ Hongrie,* n° 25390/94 § 47. ♦ Sur la variation de la situation dans le temps, V. note 283.

345. ... Droit de répliquer. Le style ou l'attitude de la personne visée par des propos qualifiés de diffamatoires ou d'injurieux peut entrer en ligne de compte dans l'appréciation de la nécessité de l'ingérence à la liberté d'expression. • CEDH 20 nov. 2008, *Brunet-Lecomte et SARL Lyon Mag' c/ France,* n° 13327/04 § 35 : *préc. note 322.*

346. L'affirmation contestée répondait à son tour à une accusation du plaignant selon laquelle le journal dont le requérant était le directeur avait menti de « manière éhontée ». • CEDH 29 nov. 2005, ⚖ *Urbino Rodriguez c/ Portugal,* n° 75088/01 § 33 : *préc. note 160.*

347. Les juridictions internes, tout en reconnaissant le caractère provocateur et incisif du texte du plaignant auquel répliquait le texte contesté, n'ont pas suffisamment pris en compte un tel élément lorsqu'elles ont été appelées à mettre en balance les intérêts des deux parties. • CEDH 29 nov. 2005, ⚖ *Urbino Rodriguez c/ Portugal,* n° 75088/01 § 31 : *préc. note 160.*

3. Contrôle attentif des mesures ou sanctions à caractère dissuasif

348. Principe. La Cour doit faire preuve de la plus grande prudence lorsque, comme en l'espèce, les mesures prises ou les sanctions infligées par l'autorité nationale sont de nature à dissuader la presse de participer à la discussion de problèmes d'un intérêt général légitime. • CEDH 29 mars 2001, ⚖ *Thoma c/ Luxembourg,* n° 38432/97 § 58 • CEDH, gr. ch., 17 déc. 2004, ⚖ *Cumpana et Mazare c/ Roumanie,* n° 33348/96 § 111. ♦ La Cour rappelle l'intérêt plus général d'assurer la libre circulation d'informations et le libre débat d'idées sur l'action politique ainsi que l'effet inhibiteur potentiel sur autrui qui pourrait constituer de telles condamnations. • CEDH 29 nov. 2005, ⚖ *Urbino Rodriguez c/ Portugal,* n° 75088/01 § 34 : *préc. note 45.*

349. En l'espèce, ce qui compte n'est pas le caractère mineur de la peine infligée au requérant, mais le fait même de la condamnation du journaliste ; celle-ci ne représentait pas un moyen raisonnablement proportionné à la poursuite du but légitime visé, compte tenu de l'intérêt de la société démocratique à assurer et à maintenir la liberté de la presse. • CEDH 28 sept. 2000, ⚖ *Lopes Gomes Da Silva c/ Portugal,* n° 37698/97 § 36.

350. Même lorsque la sanction est la plus modérée possible, à l'instar d'une condamnation accompagnée d'une dispense de peine sur le plan pénal et à ne payer qu'un « euro symbolique » au titre des dommages-intérêts, elle n'en constitue pas moins une sanction pénale qui peut avoir un effet dissuasif quant à l'exercice de la liberté d'expression, lequel doit être pris en compte pour apprécier la proportionnalité de l'ingérence. • CEDH 23 sept. 1994, ⚖ *Jersild c/ Danemark,* n° 15890/89 § 35 : *préc. note 26.* ♦ Le prononcé même d'une condamnation pénale est l'une des formes les plus graves d'ingérence dans le droit à la liberté d'expression, eu égard à l'existence d'autres moyens d'intervention et de réfutation, notamment par les voies de droit civiles. • CEDH, gr. ch., 15 oct. 2015, ⚖ *Perincek c/ Suisse,* n° 27510/08 § 273 : *préc. note 24.* ♦ Pour cette raison, la Cour a invité à plusieurs reprises les autorités internes à faire preuve de retenue dans l'usage de la voie pénale. • CEDH 12 juill. 2016, ⚖ *Reichman c/ France,* n° 50147/11 § 73 : *préc. note 148.*

351. Nature ou importance de la sanction : peine de prison. Par rapport au but légitime poursuivi, la condamnation pénale de D., doublée d'une peine de prison, a constitué une ingérence disproportionnée dans l'exercice de sa liberté d'expression en tant que journaliste. • CEDH 28 sept. 1999, ⚖ *Dalban c/ Roumanie,* n° 28114/95 § 52. ♦ Rien dans les circonstances de la présente espèce, qui constitue une affaire classique de diffamation d'un particulier dans le contexte d'un débat sur une question présentant un intérêt public légitime, n'était de nature à justifier l'imposition d'une peine de prison. Par sa nature même, une telle sanction produit immanquablement un effet dissuasif. • CEDH, gr. ch., 17 déc. 2004, ⚖ *Cumpana et Mazare c/ Roumanie,* n° 33348/96 § 116. ♦ Outre sa condamnation à une amende, le requérant s'est vu infliger une peine d'un an d'emprisonnement, assortie de l'interdiction d'exercer plusieurs droits civils et politiques. Il s'agissait là assurément de sanctions très sévères pour un homme politique notoire. Il convient en particulier de noter que, par sa nature même, une telle sanction produit immanquablement un effet dissuasif. • CEDH 6 juill. 2006, ⚖ *Erbakan c/ Turquie,* n° 59405/00 § 69.

352. Le fait que le requérant n'a pas exécuté la peine ne saurait rien changer à cette conclusion selon laquelle celle-ci présente un caractère dissuasif incompatible avec les principes de la Conv. EDH • CEDH, gr. ch., 17 déc. 2004, ⚖ *Cumpana et Mazare c/ Roumanie,* n° 33348/96 § 116. ♦ Il en va de même lorsque le sursis de la peine et l'extinction ultérieure de l'action pénale dont a bénéficié l'intéressé ne sont que la conséquence de l'arrivée du terme du sursis et notamment de l'absence de commission d'une infraction de même type. • CEDH 6 juill. 2006, ⚖ *Erbakan c/ Turquie,* n° 59405/00 § 69. ♦ En effet, le sursis à l'exécution de la peine dont bénéficie un journaliste a eu pour effet de censurer partiellement ses activités pendant la période de sursis et de limiter grandement son aptitude à exposer publiquement une critique qui a sa place dans un débat public et dont l'existence ne peut être niée. • CEDH 27 sept. 2005, *Asli Gunes c/ Turquie,* n° 53916/00 § 26.

353. ... Sanctions pécuniaires. En l'espèce, le requérant n'a été condamné qu'à 1 franc de dommages-intérêts pour une diffamation constitutive d'une faute civile. Bien que la condamnation au « franc symbolique » soit la plus modérée possible, la Cour estime que cela ne saurait suffire, en soi, à justifier l'ingérence dans le droit d'expression du requérant. Elle a d'ailleurs maintes fois souligné qu'une atteinte à la liberté d'expression peut risquer d'avoir un effet dissuasif quant à l'exercice de cette liberté. • CEDH 11 avr. 2006, *Brasilier c/ France,* n° 71343/01 § 43. ♦ V. pour des amendes plus importantes • CEDH 10 oct. 2013, *Jean-Jacques Morel c/ France,* n° 25689/10 § 44 : *préc. note 65* • CEDH 24 févr. 2015, *Haldimann et a. c/ Suisse,* n° 21830/09 § 67. ♦ V. pour des dommages et intérêts importants. • CEDH, gr. ch., 10 nov. 2015, *Couderc et Hachette Filipacchi associés c/ France,* n° 40454/07 § 111 : *préc. note 87.*

354. Si la sanction qui a frappé l'auteur ne l'a pas à proprement parler empêché de s'exprimer, elle n'en a pas moins constitué une espèce de censure tendant à l'inciter à ne pas se livrer désormais à des critiques formulées de la sorte. Dans le contexte du débat politique, pareille condamnation risque de dissuader les journalistes de contribuer à la discussion publique de questions qui intéressent la vie de la collectivité. Par là même, elle est de nature à entraver la presse dans l'accomplissement de sa tâche d'information et de contrôle. • CEDH 8 juill. 1986, *Lingens c/ Autriche,* n° 9815/82 § 44 : *préc. note 69.* ♦ La condamnation a, malgré sa faiblesse, constitué une espèce de censure tendant à l'inciter à ne pas se livrer à des activités de recherche, inhérentes à son métier, en vue de préparer et étayer un article de presse sur un sujet d'actualité. Sanctionnant ainsi un comportement intervenu à un stade préalable à la publication, pareille condamnation risque de dissuader les journalistes de contribuer à la discussion publique de questions qui intéressent la vie de la collectivité. Par là même, elle est de nature à entraver la presse dans l'accomplissement de sa tâche d'information et de contrôle. • CEDH 25 avr. 2006, *Dammann c/ Suisse,* n° 77551/01 § 57. ♦ Rappr. • CEDH, gr. ch., 7 févr. 2012, *Axel Springer AG c/ Allemagne, n° 39954/08 § 109.* ♦ *Dans la présente affaire,* l'admission des plaintes des téléspectateurs par les autorités compétentes n'a pas à proprement parler empêché le requérant de s'exprimer, les mesures litigieuses étant intervenues après la diffusion du reportage « L'honneur perdu de la Suisse ». L'admission en question n'en a pas moins constitué une espèce de censure tendant à inciter le requérant à ne pas se livrer désormais à des critiques formulées de la sorte. Dans le contexte du débat sur un sujet d'intérêt général majeur, pareille sanction risque de dissuader les journalistes de contribuer à la discussion publique de questions qui intéressent la vie de la collectivité. Par là même, elle est de nature à entraver les médias dans l'accomplissement de leur tâche d'information et de contrôle. • CEDH 21 sept. 2006, *Monnat c/ Suisse,* n° 73604/01 § 57 : *préc. note 15.*

355. V. pour une sanction conduisant à la saisie du domicile d'un des requérants • CEDH 4 mars 2014, *Dilipak et Karakaya c/ Turquie,* n° 7942/05 § 140.

356. Critère retenu par la juridiction nationale trop rigide. Un critère aussi rigide – la publicité est interdite dans les professions libérales dès lors qu'elle ne s'efface pas entièrement derrière d'autres mobiles – ne cadre pas avec la liberté d'expression. Son application risque de décourager les membres de ces professions de contribuer à la discussion publique des questions concernant la vie de la collectivité, pour peu que pareille contribution ait des chances de passer pour produire quelque effet publicitaire. Par là même, elle est de nature à entraver la presse dans l'accomplissement de sa tâche d'information et de contrôle. • CEDH 25 mars 1985, *Barthold c/ Allemagne,* n° 8734/79 § 58 : *préc. note 218.*

357. Existence même d'une sanction : diffusions d'informations de tiers. Sanctionner un journaliste pour avoir aidé à la diffusion de déclarations émanant d'un tiers dans un entretien entraverait gravement la contribution de la presse aux discussions de problèmes d'intérêt général et ne saurait se concevoir sans raisons particulièrement sérieuses. La Cour n'admet pas à cet égard l'argument du Gouvernement selon lequel le faible montant de l'amende entre en ligne de compte ; ce qui importe, c'est que le journaliste a été condamné. • CEDH 23 sept. 1994, *Jersild c/ Danemark,* n° 15890/89 § 35 : *préc. note 26* • CEDH 29 mars 2001, *Thoma c/ Luxembourg,* n° 38432/97 § 62 • CEDH 25 avr. 2006, *Dammann c/ Suisse,* n° 77551/01 § 57. ♦ Sanctionner un éditeur pour avoir aidé à la diffusion du témoignage d'un tiers sur des événements s'inscrivant dans l'histoire d'un pays entraverait gravement la contribution aux discussions de problèmes d'intérêt général et ne saurait se concevoir sans raisons particulièrement sérieuses. • CEDH 15 janv. 2009, *Orban et a. c/ France,* n° 20985/05 § 52 : *préc. note 12.*

358. Divulgation d'informations secrètes. La condamnation d'un journaliste pour divulgation d'informations considérées comme confidentielles ou secrètes peut dissuader les professionnels des médias d'informer le public sur des questions d'intérêt général. En pareil cas, la presse pourrait ne plus être à même de jouer son rôle indispensable de « chien de garde » et son aptitude à fournir des informations précises et fiables pourrait s'en trouver amoindrie. • CEDH, gr. ch., 10 déc. 2007, *Stoll c/ Suisse,* n° 69698/01 § 104 : *préc. note 119.*

359. Journalisme d'investigation. Si les États contractants ont la faculté, voire le devoir, en vertu de leurs obligations positives au titre de l'art. 8 de la Conv. EDH, de réglementer l'exercice de la liberté d'expression de manière à assurer une protection adéquate par la loi de la réputation des individus, ils doivent éviter ce faisant d'adopter des mesures propres à dissuader les médias de remplir leur rôle d'alerte du public en cas d'abus apparents ou supposés de la puissance publique. Les journalistes d'investigation risquent d'être réticents à s'exprimer sur des questions présentant un intérêt général – telles des irrégularités présumées dans l'octroi de contrats publics à des entités commerciales – s'ils courent le danger d'être condamnés, lorsque la législation prévoit de telles sanctions pour les attaques injustifiées contre la réputation d'autrui, à des peines de prison ou d'interdiction d'exercice de la profession. • CEDH, gr. ch., 17 déc. 2004, *Cumpana et Mazare c/ Roumanie,* n° 33348/96 § 111.

360. Importance du débat en cause. En l'espèce, le requérant a fait l'objet d'une relaxe pénale. Au civil, il a été condamné à payer 1 franc de dommages et intérêts à l'association demanderesse, et surtout à la publication d'un communiqué à ses frais dans un journal d'audience nationale. Or, dans la présente affaire, la mention de l'existence du délit de diffamation dans le communiqué revêt un caractère dissuasif certain et la sanction ainsi infligée paraît disproportionnée, compte tenu de l'importance du débat auquel le requérant a voulu légitimement participer et sur l'intérêt duquel il est inutile de revenir. • CEDH 31 janv. 2006, *Giniewski c/ France,* n° 64016/00 § 52 : *préc. note 17.* ♦ V. *a contrario.* • CEDH 29 juin 2004, *Chauvy c/ France,* n° 64915/01 § 78.

Art. 11 ***Liberté de réunion et d'association.*** **1. Toute personne a droit à la liberté de réunion pacifique et à la liberté d'association, y compris le droit de fonder avec d'autres des syndicats et de s'affilier à des syndicats pour la défense de ses intérêts.**

2. L'exercice de ces droits ne peut faire l'objet d'autres restrictions que celles qui, prévues par la loi, constituent des mesures nécessaires, dans une société démocratique, à la sécurité nationale, à la sûreté publique, à la défense de l'ordre et à la prévention du crime, à la protection de la santé ou de la morale, ou à la protection des droits et libertés d'autrui. Le présent article n'interdit pas que des restrictions légitimes soient imposées à l'exercice de ces droits par les membres des forces armées, de la police ou de l'administration de l'État.

COMMENTAIRE

V. sur le Code en ligne.

PLAN DES ANNOTATIONS

I. LIBERTÉ DE RÉUNION

1. *Principe.* Le droit de réunion pacifique est un droit fondamental dans une société démocratique et l'un des fondements de pareille société. • Comm. EDH 10 oct. 1979, *Rassemblement jurassien c/ Suisse,* n° 8191/78. ♦ La liberté de réunion et le droit d'exprimer ses vues à travers cette liberté font partie des valeurs fondamentales d'une société démocratique. • CEDH 12 juill. 2005, *Guneri et a. c/ Turquie,* n° 42853/98 § 76. ♦ Dès lors, le droit de réunion ne doit pas faire l'objet d'une interprétation restrictive. • CEDH 20 févr. 2003, *Djavit An c/ Turquie,* n° 20652/92 § 56.

2. *Liberté de réunion et autres libertés.* Le droit de réunion est souvent associé au droit à la liberté d'expression protégé par l'art. 10 Conv. EDH. • Comm. EDH 10 oct. 1979, *Suisse,* n° 8191/78 • CEDH 26 avr. 1991, *Ezelin c/ France,* n° 11800/85 § 37 : *D. 1992. 335, obs. Renucci ; AFDI 1991. 604, obs. Coussirat-Coustère ; JDI 1992. 785, obs. Decaux et Tavernier.* ♦ Malgré son rôle autonome et la spécificité de sa sphère d'application, le présent art. doit s'envisager aussi à la lumière de l'art. 10 Conv. EDH. La protection des opinions et de la liberté de les exprimer constitue l'un des objectifs de la liberté de réunion (et d'association) consacrée au présent art. • CEDH, gr. ch., 8 déc. 1999, *Turquie,* n° 23885/94 § 37 • CEDH 2 oct. 2001, n° 29221/95 § 85 • CEDH 29 juin 2006, *Autriche,* n° 76900/01 § 38 • CEDH 18 juin 2013, *Turquie,* n° 8029/07 § 76 • CEDH, gr. ch., 15 oct. 2015, *Lituanie,* n° 37553/05 § 86 : *AJDA 2016. 143, chron. Burgorgue-Larsen .* ♦ Du reste, s'agissant d'une manifestation sous la forme de rassemblement et de défilé, la liberté de pensée et la liberté d'expression s'effacent derrière la liberté de réunion pacifique. • Comm. EDH 17 oct. 1985, *Autriche,* n° 10126/82 : *JDI 1989. 824, obs. Tavernier* • CEDH, décis., 8 mars 2005, *Turquie,* n° 74552/01. ♦ Par conséquent, elle examine dans ce cas les griefs sous l'angle du présent art., qui est la *lex specialis.* • CEDH 5 mars 2009, *Barraco c/ France,* n° 31684/05 § 26 : *RD publ. 2010. 881, obs. Sudre.*

3. Le droit de réunion est aussi associé à la liberté de religion. • CEDH 29 juin 2006, *Ollinger c/ Autriche,* n° 76900/01 § 34.

4. *Étendue.* La liberté de réunion s'adresse évidemment aux partis politiques et doit d'autant plus être assurée compte tenu de leur rôle essentiel pour le maintien du pluralisme et le bon fonctionnement de la démocratie. • CEDH, gr. ch., 8 déc. 1999, *Parti de la liberté et de la démocratie (ÖZDEP) c/ Turquie,* n° 23885/94 § 37. ♦ Il en va d'autant plus ainsi que l'art. 10 Conv. EDH ne laisse guère de place pour des restrictions à la liberté d'expression dans le domaine du discours politique ou de questions d'intérêt général. • CEDH 2 oct. 2001, *Stankov et Organisation macédonienne unie Ilinden,* n° 29221/95 § 85 • CEDH 13 nov. 2003, *Scharsach et News Verlagsgesellschaft c/ Autriche,* n° 39394/98 § 30 • CEDH 29 juin 2006, *Ollinger c/ Autriche,* n° 76900/01 § 38 • CEDH 18 juin 2013, *Gun et a. c/ Turquie,* n° 8029/07 § 76.

5. C'est de plus une liberté qui peut être exercée non seulement par les individus participants à pareille manifestation mais aussi par les organisateurs, y compris un organe constitué comme l'association requérante. • Comm. EDH 16 juill. 1980, *Christian against Racism and Fascism c/ Royaume-Uni,* n° 8440/78 • CEDH 20 févr. 2003, *Djavit An c/ Turquie,* n° 20652/92 § 56.

A. RÉUNIONS CONCERNÉES

1° TYPES DE RÉUNION

6. Le droit de réunion couvre, à la fois les réunions privées et les réunions sur la voie publique. • Comm. EDH 10 oct. 1979, *Rassemblement jurassien c/ Suisse,* n° 8191/78 • CEDH 20 févr. 2003, *Djavit An c/ Turquie,* n° 20652/92 § 56 • CEDH 18 juin 2013, *Gun et a. c/ Turquie,* n° 8029/07 § 73.

7. *Réunions sur la voie publique.* La liberté de réunion pacifique ne couvre pas seulement les réunions statiques mais aussi les défilés publics. • Comm. EDH 16 juill. 1980, *Christian against Racism and Fascism c/ Royaume-Uni,* n° 8440/78 • CEDH 20 févr. 2003, *Djavit An c/ Turquie,* n° 20652/92 § 56. ♦ Le droit de réunion pacifique englobe donc le droit de manifestation. • CEDH 5 mars 2009, *Barraco c/ France,* n° 31684/05 § 39 : *préc. note 2.*

8. *Objet de la manifestation.* La liberté de réunion s'étend aussi aux manifestations susceptibles de heurter ou de mécontenter des éléments hostiles aux idées ou revendications qu'elles veulent promouvoir. • CEDH 2 oct. 2001, *Stankov et Organisation macédonienne unie Ilinden,* n° 29221/95 § 86. ♦ Il arrive à une manifestation donnée de heurter ou de mécontenter des éléments hostiles aux idées ou revendications qu'elle veut promouvoir. Les participants doivent pourtant pouvoir la tenir. • CEDH 21 juin 1988, *Plattform « Ärzte für das Leben » c/ Autriche,* n° 10126/82 § 32 : *préc. note 2* • CEDH 21 oct. 2010, *Alexeiev c/ Russie,* n° 4916/07 § 80. ♦ Ni le caractère illégal de l'action ni le risque de trouble à l'ordre public n'ont nécessairement pour effet d'affecter la liberté de manifester. • CEDH 9 avr. 2002, *Cissé c/ France,* n° 51346/99 § 37 : *JDI 2003. 506, obs. Decaux et Tavernier ; RD publ. 2003. 689, obs. Levinet.*

9. Il est incompatible avec les valeurs de la Convention de subordonner à l'acceptation de la majorité l'exercice par les groupes minoritaires du droit de réunion pacifique. • CEDH 26 juill. 2007, *Barankevitch c/ Russie,* n° 10519/03 § 31 • CEDH 21 oct. 2010, *Alexeiev c/ Russie,* n° 4916/07 § 81.

10. Manifestation illégale. Une situation illégale, telle que l'organisation d'une manifestation sans autorisation préalable, ne justifie pas nécessairement une ingérence dans l'exercice par une personne de son droit à la liberté d'expression. Les États étant en droit d'exiger une autorisation, ils doivent pouvoir sanctionner ceux qui participent à une manifestation ne satisfaisant pas à cette condition. En même temps, la liberté de participer à une réunion pacifique revêt une telle importance qu'une personne ne peut faire l'objet d'une quelconque sanction – même une sanction se situant vers le bas de l'échelle des peines disciplinaires – pour avoir participé à une manifestation non prohibée, dans la mesure où l'intéressé ne commet par lui-même, à cette occasion, aucun acte répréhensible. • CEDH, gr. ch., 15 oct. 2015, *Lituanie,* n° 37553/05 § 149 : *préc. note 2.* ♦ La cour constate un manquement persistant des autorités nationales à faire preuve de tolérance vis-à-vis des réunions non autorisées mais pacifiques et, plus généralement, à appliquer des critères conformes aux principes découlant du présent art. La police interpelle et arrête des manifestants au seul motif que leur rassemblement n'avait pas été autorisé, l'illégalité formelle ayant été présentée comme étant la seule justification de la mesure. La réglementation impose des conditions de forme excessivement restrictives quant à l'organisation de certaines réunions publiques. Par ailleurs, l'interprétation extensive de la notion de réunion soumise à notification et le manque de tolérance à l'égard des réunions ne respectant pas la procédure mettent en lumière l'absence de garantie autour du pouvoir qui permet aux autorités nationales de faire ingérence dans les réunions publiques pacifiques ne générant ni « troubles » ni nuisances. Enfin, la latitude excessive dont elles jouissent pour imposer des restrictions à ces réunions par une application rigide des règles en recourant, comme elles l'ont fait en l'espèce, à des arrestations et des privations de liberté immédiates, ainsi qu'à des sanctions de nature pénale démontre encore plus le non-respect de la liberté défendue au présent art. • CEDH gr. ch., 15 nov. 2018, *Russie,* n° 29580/12 § 150.

2° CARACTÈRE PACIFIQUE DE LA RÉUNION

11. Principe. Le présent art. ne protège que le droit à la liberté de « réunion pacifique ». Cette notion ne couvre pas les manifestations dont les organisateurs et participants ont des intentions violentes qui conduisent à des troubles publics. • Comm. EDH 6 mars 1989, *G. c/ Allemagne,* n° 13079/87 • CEDH 2 oct. 2001, *Stankov et Organisation macédonienne unie Ilinden,* n° 29221/95 § 77 • CEDH 18 juin 2013, *Gun et a. c/ Turquie,* n° 8029/07 § 49. ♦ Le caractère pacifique d'une réunion ne doit, en aucun cas, s'apprécier par rapport à sa légalité au regard du droit interne. • CEDH 9 avr. 2002, *Cissé c/ France,* n° 51346/99 § 37 : *préc. note 8.* ♦ Une personne ne cesse pas de jouir du droit à la liberté de réunion pacifique en raison d'actes de violence sporadiques ou d'autres actes répréhensibles commis par d'autres personnes au cours de la manifestation, dès lors que les intentions ou le comportement de l'individu en question demeurent pacifiques. • CEDH, gr. ch., 15 oct. 2015, *Kudrevicius et a. c/ Lituanie,* n° 37553/05 § 94 : *préc. note 2.*

12. Contrôle. En l'espèce, il n'a jamais été reproché aux occupants de l'église et à la requérante un quelconque comportement violent. • CEDH 9 avr. 2002, *Cissé c/ France,* n° 51346/99 § 37 : *préc. note 8.* ♦ Le requérant n'attendait qu'un petit nombre de participants, qui envisageaient d'exprimer leur opinion par des moyens pacifiques et silencieux – ils devaient porter des messages commémoratifs – et avaient expressément écarté le recours aux chants et aux banderoles. En outre, si les autorités craignaient que de vives discussions puissent avoir lieu, comme au cours des années précédentes, il n'a pas été allégué que des incidents violents étaient survenus par le passé. • CEDH 29 juin 2006, *Ollinger c/ Autriche,* n° 76900/01 § 47. ♦ La Cour relève que le Gouvernement n'a pas étayé ses allégations relatives à la violence des manifestations du PPDC. D'ailleurs, alors qu'elles ont examiné à deux reprises la question de la licéité des rassemblements du PPDC, les juridictions nationales n'ont jamais constaté de violences dans ces rassemblements. Qui plus est, la vidéocassette produite par le Gouvernement montre que ceux-ci étaient pacifiques. • CEDH 14 févr. 2006, *Parti populaire démocrate-chrétien c/ Moldova,* n° 28793/02 § 45 : *JDI 2007. 727, obs. Callejon.* ♦ Le comportement dont les requérants ont fait preuve pendant les manifestations et dont ils ont été tenus pour responsables (atteintes à l'ordre public causées par les barrages routiers) n'était pas d'une nature ou d'une gravité propres à faire échapper leur participation à ces manifestations au domaine de protection du droit à la liberté de réunion pacifique. • CEDH, gr. ch., 15 oct. 2015, *Kudrevicius et a. c/ Lituanie,* n° 37553/05 § 97 : *préc. note 2.*

13. Existence de contre-manifestation. Dans une démocratie, le droit de contre-manifester ne saurait aller jusqu'à paralyser l'exercice du droit de manifester. • CEDH 21 juin 1988, *Plattform « Ärzte für das Leben » c/ Autriche,* n° 10126/82 § 32 : *préc. note 2.* ♦ La possibilité de contre-manifestations violentes ou celle que des extrémistes aux intentions violentes non membres de l'association organisatrice se joignent à la manifestation ne peuvent, comme telles, supprimer ce droit. Même s'il existe un risque réel qu'un défilé public soit à l'origine de troubles par suite d'événements échappant au contrôle des organisateurs, ce défilé ne sort pas pour cette seule raison du champ d'application du présent art. • Comm. EDH 16 juill. 1980, *Christian against Racism and Fascism c/ Royaume-Uni,* n° 8440/78. ♦ Il arrive à une manifestation donnée de heurter ou mécontenter des éléments hostiles aux idées ou revendications qu'elle veut promouvoir. Les participants doivent pourtant pouvoir la tenir sans avoir à redouter des brutalités que leur infligeraient leurs adversaires : pareille crainte risquerait de dissuader les associations ou autres groupes défendant des opinions ou intérêts communs de s'exprimer ouvertement sur des thèmes brûlants de la vie de la collectivité. • CEDH 21 juin 1988, *Plattform « Ärzte für das Leben » c/ Autriche,* n° 10126/82 § 32 : *préc. note 2.* ♦ Si toute éventualité de tensions et d'échanges agressifs entre des groupes opposés pendant une manifestation devait justifier son interdiction, la société en question se caractériserait par l'impossibilité de prendre connaissance de différents points de vue. • CEDH 2 oct. 2001, *Stankov et Organisation macédonienne unie Ilinden,* n° 29221/95 § 107 • CEDH 21 oct. 2010, *Alexeiev c/ Russie,* n° 4916/07 § 77. ♦ Rappr. s'agissant de réunions d'une association. • CEDH 20 oct. 2005, *Ouranio Toxo et a. c/ Grèce,* n° 74989/01 § 37.

14. Suite de la manifestation. En se joignant à une manifestation qui avait fait l'objet d'une déclaration préalable et ne fut pas interdite, le requérant a usé de sa liberté de réunion pacifique. Dès lors qu'il ne ressort pas du procès-verbal dressé par le commissaire principal de Basse-Terre, ni d'aucun autre élément du dossier, que Me E. ait lui-même proféré des menaces ou tracé des inscriptions, la sanction dont il a été l'objet pour n'avoir pas « exprimé sa désapprobation de ces excès, ni abandonné le cortège pour se désolidariser de ces actes délictueux » constitue une ingérence dans l'exercice de sa liberté de réunion pacifique. • CEDH 26 avr. 1991, *Ezelin c/ France,* n° 11800/85 § 37 : *préc. note 2.*

B. OBLIGATIONS DES ÉTATS

1° ABSTENTION D'INGÉRENCE

15. Si la Cour reconnaît qu'il faut un certain temps à un pays pour définir son cadre législatif au cours d'une période transitoire telle que celle que l'Ukraine traverse actuellement, elle ne saurait admettre qu'un délai de plus de 20 ans se justifie, notamment lorsqu'est en jeu un droit aussi fondamental que le droit à la liberté de réunion pacifique. • CEDH 11 avr. 2013, *Vyerentsov c/ Ukraine,* n° 20372/11 § 55.

16. L'État doit s'abstenir de toute ingérence dans le droit à la liberté de réunion pacifique. • CEDH 29 juin 2006, *Ollinger c/ Autriche,* n° 76900/01 § 36. ♦ Les États doivent non seulement protéger le droit de réunion pacifique mais également s'abstenir d'apporter des restrictions abusives à ce droit ; le présent art. tend pour l'essentiel à prémunir l'individu contre des ingérences arbitraires des pouvoirs publics dans l'exercice de ses droits protégés. • CEDH 20 févr. 2003, *Djavit An c/ Turquie,* n° 20652/92 § 57 • CEDH 20 sept. 2005, *Yesilgoz c/ Turquie,* n° 45454/99 27. ♦ Il en va de même d'éventuelles restrictions indirectes. • CEDH 26 avr. 1991, *Ezelin c/ France,* n° 11800/85 § 37 : *préc. note 2.*

17. En l'absence d'actes de violence de la part des manifestants, il est important que les pouvoirs publics fassent preuve d'une certaine tolérance pour les rassemblements pacifiques, afin que la liberté de réunion telle qu'elle est garantie par le présent art. ne soit pas dépourvue de tout contenu. • CEDH 5 déc. 2006, *Oya Ataman c/ Turquie,* n° 74552/01 § 42. ♦ Les mesures qui portent atteinte à la liberté de réunion et d'expression en dehors des cas d'incitation à la violence ou de rejet des principes démocratiques – aussi choquants et inacceptables que peuvent sembler certains points de vue ou termes utilisés aux yeux des autorités – desservent la démocratie, voire, souvent, la mettent en péril. • CEDH 23 oct. 2008, *Serguei Kouznetsov c/ Russie,* n° 10877/04 § 45 • CEDH 21 oct. 2010, *Alexeiev c/ Russie,* n° 4916/07 § 80. ♦ Une manifestation pacifique ne devrait pas, en principe, être soumise à la menace d'une sanction pénale. • CEDH 17 mai 2011, *Akgöl et Göl c/ Turquie,* n° 28495/06 § 43 • CEDH 31 janv. 2012, *Asici c/ Turquie,* n° 26656/04 § 49 • CEDH 18 juin 2013, *Gun et a. c/ Turquie,* n° 8029/07 § 83.

18. La proportionnalité appelle à mettre en balance les impératifs des fins énumérées au § 2 du présent art. avec ceux d'une libre expression par la parole, le geste ou même le silence, des opinions de personnes réunies dans la rue ou en d'autres lieux publics. La recherche d'un juste équilibre ne doit pas conduire à décourager les participants de faire état de leurs convictions en pareille circonstance. • CEDH 26 avr. 1991, *Ezelin c/ France,* n° 11800/85 § 52 : *préc. note 2.* ♦ Ainsi, une interdiction générale des manifestations ne peut se justifier que s'il existe un risque réel qu'elles aboutissent à des troubles qu'on ne peut empêcher par d'autres mesures moins rigoureuses. « Ce n'est que si l'inconvénient dû au fait que pareils défilés soient touchés par l'interdiction est manifestement dépassé par les considérations de sécurité justifiant cette interdiction et que s'il n'existe aucune possibilité d'éviter de tels effets secondaires indésirables de l'interdiction en circonscrivant étroitement sa portée, du point de vue de son application territoriale et de sa durée, que l'interdiction peut être considérée comme nécessaire au sens du § 2 du présent art. » • Comm. EDH 16 juill. 1980, *Christian against Racism and Fascism c/ Royaume-Uni,* n° 8440/78 • CEDH 18 juin 2013, *Gun et a. c/ Turquie,* n° 8029/07 § 50.

19. Absence de base légale. Le Gouvernement défendeur n'a pas mentionné de loi ou de mesure en vigueur en « RTCN » qui réglementerait la délivrance aux Chypriotes turcs vivant dans le nord de Chypre d'autorisations de traverser la ligne « verte » pour se rendre dans le sud de l'île afin de participer à des réunions bicommunautaires. En outre, il n'a pas indiqué dans quels cas il était possible de refuser de délivrer de telles autorisations. La Cour conclut qu'il n'existe apparemment pas de loi applicable en l'espèce qui réglemente la délivrance aux Chypriotes turcs résidant dans le nord de Chypre d'autorisations de traverser la ligne « verte » pour se rendre dans le sud de l'île afin de se réunir pacifiquement avec des Chypriotes grecs. Dès lors, la manière dont des restrictions ont été imposées à l'exercice par le requérant de son droit à la liberté de réunion n'était pas « prévue par la loi ». • CEDH 20 févr. 2003, *Djavit An c/ Turquie,* n° 20652/92 § 66 et 67. ♦ Les jugements, même si leur effet est rétroactif, ont *de facto* supprimé la base légale de la mesure. Ces considérations suffisent à la Cour pour conclure que l'interdiction de manifester sur la place Kossuth n'avait pas de base légale en droit hongrois. • CEDH 17 janv. 2012, *Patyi c/ Hongrie (n° 2),* n° 35127/08 § 25. ♦ Dans ces cas, il n'y a pas lieu de s'interroger sur la proportionnalité de la mesure. • CEDH 20 févr. 2003, *Djavit An c/ Turquie : préc.* • CEDH 17 janv. 2012, *Patyi c/ Hongrie : préc.*

20. Proportionnalité. Toute décision restreignant l'exercice de la liberté de réunion doit reposer sur une appréciation acceptable des faits pertinents. • CEDH 14 févr. 2006, *Parti populaire démocrate-chrétien c/ Moldova, n° 28793/02 § 70.* ♦ Tel n'est pas le cas lorsque les autorités justifient leur intervention sur des événements faux, en l'espèce, que la manifestation s'était tenue à l'intérieur du Palais de justice dans le hall. • CEDH 2 oct. 2012, *Kakabadze et a. c/ Géorgie,* n° 1484/07 § 90.

21. Mesures disproportionnées. Dans une société démocratique fondée sur la prééminence du droit, les idées politiques, qui contestent l'ordre établi et dont la réalisation est défendue par des moyens pacifiques, doivent se voir offrir une possibilité convenable de s'exprimer à travers l'exercice de la liberté de réunion ainsi que par d'autres moyens légaux. • CEDH 2 oct. 2001, *Stankov et Organisation macédonienne unie Ilinden,* n° 29221/95 § 97 • CEDH 12 juill. 2005, *Guneri et a. c/ Turquie,* n° 42853/98 § 76. ♦ Rien n'indiquait que la visite prévue dans la région de Tunceli par le requérant et l'association était susceptible de servir de tribune pour propager des idées de violence et de rejet de la démocratie, ou avaient un impact potentiel néfaste qui justifiait leur interdiction. • CEDH 20 sept. 2005, *Yesilgoz c/ Turquie,* n° 45454/99 § 30.

22. La dispersion de la manifestation interdisant la lecture d'une déclaration à l'intention de la presse prévue en clôture empêchée par une intervention musclée de la police est manifestement disproportionnée dès lors qu'aucun élément du dossier ne permet d'affirmer que le groupe de manifestants présentait un danger pour l'ordre public, mis à part d'éventuelles perturbations de la circulation. Il s'agissait, tout au plus, d'une cinquantaine de personnes qui souhaitaient attirer l'opinion publique sur une question d'actualité. • CEDH 5 déc. 2006, *Oya Ataman c/ Turquie,* n° 74552/01 § 41. ♦ Les policiers ont fait preuve d'une absence de tolérance et ont, en l'absence de tout besoin social impérieux susceptible de justifier leur intervention, entravé le droit à la liberté de rassemblement pacifique du requérant en empêchant que les manifestants puissent lire publiquement le contenu de la lettre qu'ils venaient de remettre au Consulat. • CEDH 31 janv. 2012, *Asici c/ Turquie,* n° 26656/04 § 49.

23. Le maire de Moscou a exprimé en de nombreuses occasions sa détermination à empêcher la tenue de marches gays et d'événements similaires, apparemment parce qu'il les jugeait déplacés. Le Gouvernement a également déclaré dans ses observations que ce type d'événements devait être interdit par principe car la propagande pour l'homosexualité était incompatible avec les doctrines et les valeurs morales de la majorité et pouvait être nuisible pour les enfants et les adultes vulnérables. Ces raisons ne permettant pas en droit russe d'interdire ou de restreindre la tenue d'un événement public, ce sont les questions de sécurité qui ont été mises en avant devant la Cour. La Cour n'est pas persuadée que le Gouvernement puisse à ce stade remplacer un but légitime protégé par la Convention par un autre but qui n'a jamais fait l'objet d'une mise en balance au niveau interne. Par ailleurs, elle considère qu'en tout état de cause, l'interdiction était disproportionnée à l'un et l'autre de ces 2 buts. • CEDH 21 oct. 2010, *Alexeiev c/ Russie,* n° 4916/07 § 78 et 79.

24. La nature et la lourdeur des peines infligées sont aussi des éléments à prendre en considération lorsqu'il s'agit d'apprécier la proportionnalité d'une ingérence. La peine infligée (un an et six mois d'emprisonnement ainsi qu'une amende de 489 livres turques) est excessive dans la mesure où elle est de nature à décourager toute personne membre d'une association ou d'un parti politique d'exercer, par peur de sanctions pénales, son droit de manifester. • CEDH 18 juin 2013, *Gun et a. c/ Turquie,* n° 8029/07 § 82.

25. Est encore disproportionnée une sanction disciplinaire infligée à un avocat pour n'avoir pas « exprimé sa désapprobation de ces excès, ni abandonné le cortège pour se désolidariser de ces actes délictueux » alors qu'il participait à une réunion pacifique. • CEDH 26 avr. 1991, *Ezelin c/ France,* n° 11800/85 § 37 : *préc. note 2.* ♦ ... Une sanction de 3 jours de privation de liberté pour avoir participé à une manifestation de rue autorisée et pacifique. • CEDH 15 nov. 2007, *Galstyan c/ Arménie,* n° 26986/03 § 116. ♦ ... Une sanction de 30 jours de privation de liberté pour avoir participé à un piquet de grève compte tenu de l'absence de tout comportement violent par les requérants. Le caractère abusif de la sanction draconienne est en l'espèce encore amplifié par l'absence de motifs suffisants et pertinents dans la décision de justice ainsi rendue. • CEDH 2 oct. 2012, *Kakabadze et a. c/ Géorgie,* n° 1484/07 § 91.

26. Mesures proportionnées. Il n'est pas contraire à l'esprit du présent art. que, pour des raisons d'ordre public et de sécurité nationale, une Haute Partie contractante puisse soumettre à autorisation préalable la tenue de réunions et réglementer les activités des associations. • CEDH 5 déc. 2006, *Oya Ataman c/ Turquie,* n° 74552/01 § 37. ♦ V. déjà, implicitement. • CEDH 20 févr. 2003, *Djavit An c/ Turquie,* n° 20652/92 § 67. ♦ Il en va de même de la condamnation pénale du requérant pour délit d'entrave à la circulation publique du fait d'une manifestation, bloquant une autoroute et causant par là même une obstruction plus importante, cette obstruction complète du trafic allant manifestement au-delà de la simple gêne occasionnée par toute manifestation sur la voie publique. • CEDH 5 mars 2009, *Barraco c/ France,* n° 31684/05 § 47 : *préc. note 2.*

27. Après 2 mois d'occupation de l'église par des étrangers séjournant en France de façon irrégulière – dont la requérante –, leur présence au sein de celle-ci, quoique pacifique et n'ayant provoqué par elle-même aucun trouble direct à l'ordre public ni à l'exercice du culte par les fidèles, s'était développée en une situation où l'état de santé des grévistes de la faim s'était dégradé et où les circonstances sanitaires étaient gravement insuffisantes, cela selon le constat d'un huissier dressé à l'initiative du préfet de police ; la crainte des autorités selon laquelle la situation aurait pu se détériorer rapidement et pouvait difficilement rester en l'état trop longtemps n'était pas déraisonnable. Dans ces conditions, la Cour estime que l'ingérence dans la liberté de réunion de la requérante ne fut pas, eu égard à l'ensemble des circonstances de l'espèce, disproportionnée. • CEDH 9 avr. 2002, *Cissé c/ France,* n° 51346/99 § 51 à 53 : *préc. note 8.*

28. Le préfet de police, dont la décision a été confirmée en dernière instance par le Conseil d'État, a légitimement considéré qu'un rassemblement en vue de la distribution sur la voie publique d'aliments contenant du porc, vu son message clairement discriminatoire et attentatoire aux convictions des personnes privées du secours proposé, risquait de causer des troubles à l'ordre public que seule son interdiction pouvait éviter. • CEDH, décis., 16 juin 2009, *Assoc. Solidarité des Français c/ France,* n° 26787/07 : *D. 2010. 65, note Raynaud.*

29. Le blocage quasi total de trois autoroutes importantes, au mépris flagrant des ordres de la police et des intérêts et droits des usagers de la route, s'analyse en un comportement qui, tout en étant moins grave que le recours à la violence physique, peut être qualifié de « répréhensible » ; les restrictions litigieuses découlant de la décision des autorités nationales de sanctionner la conduite des requérants étaient justifiées par des motifs pertinents et suffisants et ont ménagé un juste équilibre entre les buts légitimes de la « défense de l'ordre » et la « protection des droits et libertés d'autrui » d'une part, et les impératifs de la liberté de réunion d'autre part. • CEDH, gr. ch., 15 oct. 2015, *Kudrevicius et a. c/ Lituanie,* n° 37553/05 § 174, 175 et 182 : *préc. note 2.*

2° OBLIGATIONS POSITIVES

30. Il incombe aux États contractants d'adopter des mesures raisonnables et appropriées afin d'assurer le déroulement pacifique des manifestations licites. • CEDH 21 juin 1988, *Plattform « Ärzte für das Leben » c/ Autriche,* n° 10126/82 § 34 : *préc. note 2* • CEDH 18 juin 2013, *Gun et a. c/ Turquie,* n° 8029/07 § 69. ♦ ... Et donc de prendre des mesures positives pour que des contre-manifestations n'empêchent pas le déroulement d'une manifestation licite. • CEDH 29 juin 2006, *Ollinger c/ Autriche,* n° 76900/01 § 37. ♦ Le présent art. peut engendrer des obligations positives d'assurer la jouissance effective de ces droits. • CEDH 20 févr. 2003, *Djavit An c/ Turquie,* n° 20652/92 § 57 • CEDH 3 mai 2007, *Baczkowski et a. c/ Pologne,* n° 1543/06 § 64.

31. Ainsi, les participants doivent pourtant pouvoir tenir une manifestation pacifique sans avoir à redouter des brutalités que leur infligeraient leurs adversaires : pareille crainte risquerait de dissuader les associations ou autres groupes défendant des opinions ou intérêts communs de s'exprimer ouvertement sur des thèmes brûlants de la vie de la collectivité. • CEDH 21 juin 1988, *Plattform « Ärzte für das Leben » c/ Autriche*, n° 10126/82 § 32 : *préc. note 2* • CEDH 21 oct. 2010, *Alexeiev c/ Russie*, n° 4916/07 § 73. ♦ Les autorités étaient tenues de prendre les mesures nécessaires pour empêcher les actes de violence dirigés contre les participants au rassemblement d'Ilinden, ou au moins limiter leur ampleur. Toutefois, en prenant certaines mesures d'organisation pour permettre le déroulement pacifique de la manifestation commémorative, les autorités n'ont pas, semble-t-il, pris toutes les mesures appropriées que l'on pouvait raisonnablement attendre d'elles dans les circonstances de l'espèce. • CEDH 20 oct. 2005, *Organisation macédonienne unie Ilinden et Ivanov c/ Bulgarie*, n° 44079/98 § 115.

32. Le moment où se déroule un rassemblement public visant à exprimer certaines opinions peut être essentiel à son retentissement politique et social. Dès lors, si les pouvoirs publics peuvent dans certaines circonstances refuser d'autoriser la tenue d'une manifestation, pour autant que leur décision soit compatible avec les exigences du présent art., ils ne peuvent modifier la date prévue par les organisateurs. Un rassemblement public qui se tient alors que le problème de société en cause n'est plus actuel ou important dans le cadre d'un débat politique ou social risque d'avoir beaucoup moins d'écho. Si elle ne peut être exercée au bon moment, la liberté de réunion risque d'être vidée de tout sens. • CEDH 3 mai 2007, *Baczkowski et a. c/ Pologne*, n° 1543/06 § 82. ♦ Dès lors, pour un exercice effectif de la liberté de réunion, il est important que la législation applicable prévoie des délais raisonnables dans lesquels les autorités publiques devront statuer sur les questions qui leur sont soumises. • CEDH 3 mai 2007, *Baczkowski et a. c/ Pologne : préc.*

33. S'agissant d'assurer le déroulement pacifique d'une réunion, l'État ne saurait pour autant le garantir de manière absolue et jouit d'un large pouvoir d'appréciation dans le choix de la méthode à utiliser. En la matière, il assume, en vertu du présent art., une obligation de moyens et non de résultat. • CEDH 21 juin 1988, *Plattform « Ärzte für das Leben » c/ Autriche*, n° 10126/82 § 32 : *préc. note 2.*

II. LIBERTÉ D'ASSOCIATION

A. CONTENU DE LA LIBERTÉ D'ASSOCIATION

34. Sur la possibilité pour une association de saisir la Cour, V. note ss. Conv. EDH, art. 34.

1° LIBERTÉ DE S'ASSOCIER

35. Création d'association. Le droit qu'énonce le présent art. inclut celui de fonder une association même s'il ne proclame en termes exprès que le droit de fonder des syndicats. La possibilité pour les citoyens de former une personne morale afin d'agir collectivement dans un domaine d'intérêt commun constitue un des aspects les plus importants du droit à la liberté d'association, sans quoi ce droit se trouverait dépourvu de toute signification. La manière dont la législation nationale consacre cette liberté et l'application de celle-ci par les autorités dans la pratique sont révélatrices de l'état de la démocratie dans le pays dont il s'agit. • CEDH 10 juill. 1998, *Sidiropoulos et a. c/ Grèce*, n° 26695/95 § 40 • CEDH, gr. ch., 17 févr. 2004, *Gorzelik et a. c/ Pologne*, n° 44158/98 § 88 : *JCP 2004. I. 161, chron. Sudre.* ♦ La possibilité pour les citoyens de former une personne morale afin d'agir collectivement dans un domaine de leur intérêt constitue un des aspects les plus importants du droit à la liberté d'association, sans quoi ce droit se trouverait dépourvu de tout sens. • CEDH 10 juill. 1998, *Sidiropoulos et a. c/ Grèce*, n° 26695/95 § 40.

36. Forme d'association. Il est inacceptable qu'une personne morale soit contrainte de prendre une forme juridique que ses fondateurs et membres n'avaient pas choisie. Une telle approche, si elle est retenue, permettrait de réduire la liberté d'association des fondateurs et des membres de manière à la rendre inexistante ou sans valeur pratique. • CEDH 21 juin 2007, *Zetchev c/ Bulgarie*, n° 57045/00 § 56. ♦ Cela est particulièrement vrai des partis politiques que la transformation en association publique priverait de la possibilité de participer aux élections, puisqu'en Russie les partis politiques sont les seuls acteurs de la scène politique habilités à présenter des candidats aux élections fédérales et régionales. Il était donc essentiel pour le parti requérant qu'il conserve sa forme de parti politique. • CEDH 12 avr. 2011, *Parti républicain russe c/ Russie*, n° 12976/07 § 106.

37. Choix des membres. V. note 85.

2° LIBERTÉ DE NE PAS S'ASSOCIER

38. La liberté d'association implique la liberté de ne pas s'associer ou de ne pas s'affilier à une association, réserve faite de certaines situations spécifiques, notamment celles qui résultent de relations régies par le droit public. • Comm. EDH 1er mars 1983, *X. c/ Pays-Bas*, n° 99226/82. ♦ Le présent art. consacre un droit d'association négatif. • CEDH 30 juin 1993, *Sigurdur A. Sigurjonsson c/ Islande*, n° 16130/90 § 35 : *D. 1994. 181, note Marguénaud ; JCP 1994. I. 3742, chron. Sudre* • CEDH 29 avr. 1999, *Chassagnou c/ France*, n° 25088/94 § 103 : *AJDA 1999. 922, obs. Priet ; RFDA 1999. 451, obs. Andriantsimbazovina ; RTD civ. 1999. 913, obs. Marguénaud ;*

ibid. 2000. 360, note Revet ; *JCP 1999. 10172, note Malafosse* ; *ibid. 2000. I. 203, chron. Sudre.*

39. « Associations » de droit public. L'Ordre des médecins est une institution de droit public. Fondé par le législateur et non par des particuliers, il demeure intégré aux structures de l'État et des magistrats nommés siègent dans la plupart de ses organes. Il poursuit un but d'intérêt général, la protection de la santé, en assurant par la loi un certain contrôle public de l'exercice de l'art médical. Dans le cadre de cette compétence, il lui incombe notamment de dresser le tableau de l'Ordre. Pour accomplir les tâches que lui a confiées l'État, il jouit en vertu de la loi de prérogatives exorbitantes du droit commun, tant administratives que normatives ou disciplinaires, et utilise ainsi des procédés de la puissance publique. Eu égard à ces divers éléments considérés dans leur ensemble, l'Ordre ne saurait s'analyser en une association au sens du présent art. • CEDH 23 juin 1983, *Le Compte, Van Leuven et De Meyere c/ Belgique,* n° 6878/75 § 64 et 65 • CEDH 10 févr. 1983, *Albert et Le Compte, c/ Belgique,* n° 7299/75 § 44. ♦ V. s'agissant de l'ordre des architectes. • Comm. EDH 8 sept. 1989, *Revert et Legallais c/ France,* n° 14331/88.

40. A l'inverse, créée conformément au droit privé, la Frami a toute latitude pour décider de ses objectifs, de son organisation et de ses méthodes. D'après ses statuts, à la vérité anciens et en cours de révision, elle a pour but de protéger les intérêts professionnels de ses adhérents et de promouvoir la solidarité parmi les chauffeurs de taxi professionnels ; de déterminer et négocier les horaires de travail, les salaires et les tarifs de ses membres, ainsi que de formuler des revendications en la matière ; d'essayer de maintenir le nombre des taxis dans certaines limites et de représenter ses affiliés devant les pouvoirs publics. Partant, elle est d'abord une organisation de droit privé, que l'on doit donc tenir pour une « association » aux fins du présent art. • CEDH 30 juin 1993, *Sigurdur A. Sigurjonsson c/ Islande,* n° 16130/90 § 31 : *préc. note 38.*

B. ÉTENDUE DE LA LIBERTÉ D'ASSOCIATION

1° CHAMP D'APPLICATION DE LA LIBERTÉ D'ASSOCIATION

41. Partis politiques. Le libellé du présent art. fournit un premier élément de réponse à la question de savoir si les partis politiques *peuvent se prévaloir de cette disposition.* Il évoque « la liberté d'association, y compris le droit de fonder avec d'autres des syndicats » ; la conjonction « y compris » montre clairement qu'il ne s'agit là que d'un exemple parmi d'autres de la forme que peut prendre l'exercice du droit à la liberté d'association. On ne saurait donc en conclure, comme le Gouvernement, qu'en mentionnant les syndicats – pour des raisons qui tiennent principalement aux débats en cours à l'époque –, les auteurs de la Convention aient entendu exclure les partis politiques du champ d'application du présent art. Par ailleurs, les partis politiques représentent une forme d'association essentielle au bon fonctionnement de la démocratie. Eu égard à l'importance de celle-ci dans le système de la Convention, il ne saurait faire aucun doute qu'ils relèvent du présent art. • CEDH 30 janv. 1998, *Parti socialiste unifié de Turquie et a. c/ Turquie,* n° 19392/92 § 24 et 25 : *D. 1998. 372, obs. Perez* ; *JCP 1999. I. 105, chron. Sudre.*

42. Cependant, un parti politique peut promouvoir un changement de la législation ou des structures légales ou constitutionnelles de l'État à deux conditions : 1. les moyens utilisés à cet effet doivent être légaux et démocratiques ; 2. le changement proposé doit lui-même être compatible avec les principes démocratiques fondamentaux. Il en découle nécessairement qu'un parti politique, dont les responsables incitent à recourir à la violence ou proposent un projet politique qui ne respecte pas la démocratie ou qui vise la destruction de celle-ci ainsi que la méconnaissance des droits et libertés qu'elle reconnaît, ne peut se prévaloir de la protection de la Conv. et donc du présent art. contre les sanctions infligées pour ces motifs. • CEDH 9 avr. 2002, *Yazar et a. c/ Turquie,* n° 22723/93 § 49 • CEDH, gr. ch., 13 févr. 2003, *Refah Partisi (Parti de la Prospérité) et a. c/ Turquie,* n° 41340/98 § 98 : *JCP 2003. I. 160, chron. Sudre.*

43. Sur le choix de créer un parti politique ou une association, V. note 35.

44. Associations étrangères. La Cour ne voit aucune justification objective et raisonnable à une différence de traitement entre ressortissants russes et ressortissants étrangers quant à leur capacité d'exercer le droit à la liberté de religion en participant à la vie de communautés religieuses organisées. • CEDH 3 févr. 2005, *Partidul Comunistilor (Nepeceristi) et Ungureanu c/ Roumanie,* n° 46626/99 § 49 • CEDH 5 oct. 2005, *Branche de l'Armée du Salut c/ Russie,* n° 72881/01 § 86 : *AJDA 2007. 902, chron. Flauss* .

45. Contenu de la liberté d'association. Si le droit protégé par le présent art. intéresse la création des associations (V. note 30), la protection du présent art. s'étend également à toute la durée de vie des associations, leur dissolution par les autorités d'un pays devant, en conséquence, satisfaire aux exigences du § 2 de cette disposition. • CEDH 30 janv. 1998, *Parti socialiste unifié de Turquie et a. c/ Turquie,* n° 19392/92 § 33 : *préc. note 41.*

46. Associations (syndicats) dissoutes ou

dont l'enregistrement est refusé. Une association qui a été dissoute ou dont l'enregistrement a été refusé a la capacité de former, par l'intermédiaire de ses représentants, une requête dénonçant cette dissolution ou ce refus. • CEDH, gr. ch., 9 juill. 2013, *Sindicatul « Pastorul cel bun » c/ Roumanie,* n° 2330/09 § 70 • CEDH 2 oct. 2001, *Stankov et Organisation macédonienne unie Ilinden,* n° 29221/95 § 57 • CEDH 15 juin 2015, *Manole et « Les cultivateurs directs de Roumanie »,* n° 46551/06 § 45.

2° INTERVENTION DE L'ÉTAT

a. Limites à l'exercice de la liberté d'association

47. Principe. Les exceptions visées au présent art. appellent une interprétation stricte ; seules des raisons convaincantes et impératives peuvent justifier des restrictions à la liberté d'association. • CEDH 10 juill. 1998, *Sidiropoulos et a. c/ Grèce,* n° 26695/95 § 40 • CEDH 5 oct. 2006, *Parti nationaliste basque, Organisation régionale d'Iparralde c/ France,* n° 71251/01 § 45 : *D. 2007. 3048, note Lécuyer* • CEDH, décis., 11 déc. 2006, *Kalifatstaat c/ Allemagne,* n° 13828/04. ♦ Les États ne disposent que d'une marge d'appréciation réduite, laquelle se double d'un contrôle européen rigoureux portant à la fois sur la loi et sur les décisions qui l'appliquent, y compris celles d'une juridiction indépendante. • CEDH 10 juill. 1998, *Sidiropoulos et a. c/ Grèce,* n° 26695/95 § 40.

48. A cet égard, l'ensemble des actes et prises de positions des membres et dirigeants de l'association ou du parti en cause peut entrer en ligne de compte dans la procédure d'interdiction de celle-ci. • CEDH, gr. ch., 13 févr. 2003, *Refah Partisi (Parti de la Prospérité) et a. c/ Turquie,* n° 41340/98 § 100 et 101 : *préc. note 42* • CEDH, décis., 11 déc. 2006, *Kalifatstaat c/ Allemagne,* n° 13828/04.

49. Hypothèses de limitation. La dernière phrase du § 2 du présent art. habilite les États à imposer des « restrictions légitimes » à l'exercice du droit à la liberté d'association des policiers. Le terme « légitime » figurant dans cette phrase fait référence exactement à la même notion de légitimité que celle à laquelle la Conv. renvoie ailleurs, dans des termes identiques ou similaires, notamment l'expression « prévues par la loi ». • CEDH 20 mai 2005, *Rekvenyi c/ Hongrie,* n° 25390/94 § 59. ♦ Rappr. : l'interdiction faite à un agent de la garde municipale de s'affilier à un parti politique poursuit une fin légitime, au sens du § 2 du présent art., à savoir la protection de la sécurité nationale, de l'ordre public et des droits et libertés d'autrui. • CEDH 10 avr. 2012, *Strzelecki c/ Pologne,* n° 26648/03 § 46 : *RFDA 2013. 576, chron. Labaye et Sudre.*

1. Absence de base légale

50. Ces mesures doivent être prévues par la loi. • CEDH 5 oct. 2005, *Branche de l'Armée du Salut c/ Russie,* n° 72881/01 § 86 : *préc. note 44.* ♦ Tel n'est pas le cas des termes de la directive invoquée ; ceux-ci n'étaient pas suffisamment clairs pour permettre à leurs destinataires, personnes pourtant avisées et à l'aise avec le droit puisqu'il s'agissait de magistrats, de se rendre compte – même à la lumière du débat qui avait précédé l'adoption dudit texte – qu'une adhésion de leur part à une loge maçonnique officielle pouvait déboucher sur des sanctions à leur égard. • CEDH 2 août 2011, *N. F. c/ Italie,* n° 37119/97 § 31 • CEDH, gr. ch., 17 févr. 2004, *Maestri c/ Italie,* n° 39748/98 § 41. ♦ Un refus systématique d'inscription opposé par l'État à une association ou sa dissolution sans que soient précisées les raisons qui justifient ces mesures est dépourvu de base légale. • CEDH 10 juin 2010, *Témoins de Jéhovah de Moscou c/ Russie,* n° 302/02 § 181.

2. Proportionnalité

51. Principe. La Cour doit considérer l'ingérence litigieuse à la lumière de l'ensemble de l'affaire pour déterminer si elle était « proportionnée au but légitime poursuivi » et si les motifs invoqués par les autorités nationales pour la justifier apparaissent « pertinents et suffisants ». Ce faisant, la Cour doit se convaincre que les autorités nationales ont appliqué des règles conformes aux principes consacrés par la Conv. et ce, de surcroît, en se fondant sur une appréciation acceptable des faits pertinents. • CEDH 5 oct. 2005, *Branche de l'Armée du Salut c/ Russie,* n° 72881/01 § 77 : *préc. note 44.*

52. La proportionnalité appelle à mettre en balance les impératifs des objectifs énumérés au § 2 du présent art. et ceux d'un libre exercice de la liberté d'association. La recherche d'un juste équilibre ne doit pas conduire à décourager les individus d'exercer leur droit d'association en pareille circonstance, par peur de voir leur candidature écartée. • CEDH 2 août 2011, *Grande Oriente d'Italia di Palazzo Giustiniani c/ Italie,* n° 35972/97 § 25 : *Europe 2001. 345, obs. Deffains ; JDI 2002. 305, obs. Benzimra-Hazan ; JCP 2002. I. 105, chron. Sudre.*

53. Partis politiques. La dissolution d'un parti politique pour risque d'atteinte aux principes démocratiques qui répondait à un « besoin social impérieux » doit se concentrer sur les points suivants : 1. s'il existe des indices montrant que le risque d'atteinte à la démocratie, sous réserve d'être établi, est suffisamment et raisonnablement proche ; 2. si les actes et discours des dirigeants et des membres du parti politique pris en considération dans le cadre de l'affaire sont imputables à l'ensemble du parti ; 3. si les actes et les discours imputables au parti politique constituent un tout qui donne une image nette d'un modèle de société conçu et prôné par le parti, et qui serait en contradiction avec la conception d'une « société démocratique ». • CEDH, gr. ch., 13 févr. 2003, *Refah Partisi (Parti de la Prospérité) et a. c/ Turquie,* n° 41340/98 § 104 : *préc. note 42.*

54. Sans être un parti politique, l'association porte un programme politique, ce qui doit inciter la Cour à procéder à un examen plus rigoureux de la nécessité d'une restriction que celui qu'elle effectuerait à l'égard d'une association apolitique. • CEDH 8 oct. 2020, *Ayoub c/ France,* n° 77400/14 § 109 : *DAE 20 nov. 2020, note Bonnet ; JA 2020, n° 627, p. 12, obs. Delpech*.

3. Mise en œuvre

55. Mesures disproportionnées... Associations. Contraindre par la loi un individu à une adhésion profondément contraire à ses propres convictions et l'obliger, du fait de cette adhésion, à apporter le terrain dont il est propriétaire pour que l'association en question réalise des objectifs qu'il désapprouve va au-delà de ce qui est nécessaire pour assurer un juste équilibre entre des intérêts contradictoires et ne saurait être considéré comme proportionné au but poursuivi. • CEDH 29 avr. 1999, *Chassagnou c/ France,* n° 25088/94 § 117 : *préc. note 38.*

56. Est disproportionné comme ne répondant pas à un « besoin social impérieux » le refus d'enregistrement d'une association tendant exclusivement à la préservation et au développement de la culture populaire et des traditions régionales. De tels buts paraissent parfaitement clairs et légitimes : il est loisible aux habitants de la région d'un pays de former des associations afin de promouvoir, pour des raisons aussi bien historiques qu'économiques, les spécificités de cette région. Même s'il est vrai qu'une fois fondée, l'association aurait pu, sous le couvert des buts mentionnés dans ses statuts, se livrer à des activités inconciliables avec ceux-ci, cette éventualité, perçue comme une certitude par les juridictions nationales, n'aurait guère pu se voir démentie par des actions concrètes car, n'ayant pas existé, l'association n'a pas eu le temps d'en mener. • CEDH 10 juill. 1998, *Sidiropoulos et a. c/ Grèce,* n° 26695/95 § 44 et 46. ♦ Rappr. • CEDH 7 déc. 2006, *Linkov c/ Rép. tchèque,* n° 10504/03 § 40 s.

57. La liberté d'association revêt une importance telle que l'on ne saurait l'assortir d'une quelconque limitation, pas même s'agissant d'une personne candidate à une charge publique, dès lors que celle-ci ne commet elle-même aucun acte répréhensible du fait de son appartenance à la loge maçonnique en question. L'interdiction incriminée, si minime qu'elle puisse être pour la requérante, n'apparaît pas « nécessaire dans une société démocratique ». • CEDH 2 août 2011, *Grande Oriente d'Italia di Palazzo Giustiniani c/ Italie,* n° 35972/97 § 26 : *préc. note 52.* ♦ Rappr. pour une violation de l'art. 14 Conv. EDH combinée avec celle du présent art. • CEDH 31 mai 2007, *Grande Oriente d'Italia di Palazzo Giustiniani c/ Italie (n° 2),* n° 26740/02 : *AJDA 2007. 1922, chron. Flauss*.

58. ... Partis politiques. Sont disproportionnées comme ne répondant pas à un « besoin social impérieux » la dissolution d'un parti politique avant même ses premières activités et assortie d'une interdiction pour ses dirigeants d'exercer toute autre responsabilité politique. • CEDH 30 janv. 1998, *Parti socialiste unifié de Turquie et a. c/ Turquie,* n° 19392/92 § 31 : *préc. note 41.* ♦ ... Un refus d'enregistrement dans les mêmes conditions. • CEDH 3 févr. 2005, *Partidul Comunistilor (Nepeceristi) et Ungureanu c/ Roumanie,* n° 46626/99 § 57. ♦ ... Eu égard à l'absence de projet politique du HEP de nature à compromettre le régime démocratique dans le pays et/ou à l'absence d'une invitation ou d'une justification de recours à la force à des fins politiques, la dissolution dudit parti. • CEDH 9 avr. 2002, *Yazar et a. c/ Turquie,* n° 22723/93 § 60. ♦ Est disproportionnée la dissolution d'un parti dont le projet politique, à supposer même qu'il visât en fait l'autonomie, voire la sécession de la région de la Macédoine du Pirin, n'était pas nécessairement contraire aux principes de la démocratie. Le seul fait pour un parti politique d'appeler à l'autonomie ou même de demander la sécession d'une partie du territoire d'un pays n'est pas suffisant pour justifier sa dissolution pour des motifs de sécurité nationale. • CEDH 20 oct. 2005, *Organisation macédonienne unie Ilinden – Pirin et a. c/ Bulgarie,* n° 59489/00 § 61. ♦ ... La dissolution, même temporaire, d'un parti politique sur les seules raisons de la présence d'enfants à ces rassemblements et certaines déclarations formulées lors de ceux-ci qui auraient été assimilables à des incitations à la violence sachant que, d'une part, la présence d'enfants n'était pas le fruit d'une action ou d'une politique de la part du requérant mais résultait du fait que, les rassemblements s'étant déroulés dans des lieux publics, quiconque pouvait y prendre part, y compris des enfants et, d'autre part, que chanter une chanson d'étudiants plutôt inoffensive puisse raisonnablement être interprété comme une incitation à la violence. • CEDH 14 févr. 2006, *Parti populaire démocrate-chrétien c/ Moldova,* n° 28793/02 § 74 et 75.

59. De même ne sont pas justifiées les exigences concernant le nombre minimal de membres qu'un parti doit avoir dès lors qu'elles sont élevées et souvent modifiées. En tous les cas, ces exigences ne peuvent être justifiées ni par la volonté d'éviter des dépenses publiques excessives dès lors que seuls les partis qui ont obtenu plus de 3 % des suffrages exprimés aux élections ont droit à un financement public ni par celle d'éviter une fragmentation excessive du parlement, puisque cet objectif est atteint en Russie grâce à un seuil électoral de 7 % et par la règle selon laquelle seuls les partis ayant des sièges à la Douma d'État ou ayant recueilli un certain nombre de signatures peuvent présenter des candidats aux élections. • CEDH 12 avr. 2011, *Parti républicain russe c/ Russie*, n° 12976/07 § 112 et 113.

60. Mesures proportionnées... Associations. Est justifié le non-enregistrement d'une association refusant la suppression, à l'art. 30 de ses statuts, de la mention d'une « organisation d'une minorité nationale » ; les tribunaux n'ont fait qu'exercer légitimement leur pouvoir de contrôler la légalité des statuts de l'association, y compris celui de refuser toute disposition ambiguë ou trompeuse susceptible d'aboutir à un abus de droit, en l'espèce, une disposition qui permettait à l'association et à ses membres de jouir sans aucun obstacle de privilèges électoraux auxquels ils n'avaient pas droit. • CEDH 17 févr. 2004, *Gorzelik et a. c/ Pologne*, n° 44158/98 § 103 : *JCP 2004. I. 161, chron. Sudre.* ♦ Il peut se justifier d'obliger des propriétaires opposés à la chasse d'adhérer à une association de chasseurs dès lors que ceux-ci ont disposé d'un délai d'un an à compter de la publication de la loi pour se soustraire de leur adhésion à ladite association et qu'ils n'ont pas fait usage de cette faculté. • CEDH 22 sept. 2011, *ASPAS et Lasgrezas c/ France*, n° 29953/08 § 35 : *AJDA 2012. 53, note Cresp ; ibid. 143, chron. Burgorgue-Larsen ; D. 2011. 2335 ; ibid. 2012. 2128, obs. Mallet-Bricout et Reboul-Maupin*. ♦ Eu égard au contexte dans lequel les mesures litigieuses ont été prises, la Cour admet que les autorités nationales ont pu considérer qu'il existait un « besoin social impérieux » d'imposer des restrictions drastiques à l'égard des groupes de supporters, et partant de porter atteinte à la substance même de la liberté d'association, pour prévenir les risques de troubles à l'ordre public et y mettre fin en « cassant la spirale de la violence » et en « évitant l'émulation malsaine entre les différentes associations, au demeurant toutes dissoutes ». • CEDH 27 oct. 2016, *Les Authentiks et Supras Auteuil 91 c/ France*, n° 4696/11 : *AJDA 2016. 2071*. ♦ Dans un contexte d'exacerbation des conflits entre militants et à la suite du décès d'un étudiant au cours d'une rixe dans laquelle des membres de l'association étaient impliqués, répond à un besoin social impérieux de prévention des troubles à l'ordre public la dissolution de cette association dont les dirigeants prônent et les membres s'adonnent, dans le cadre d'une organisation paramilitaire, à des activités violentes assimilables à celles d'une milice privée. Bien que radicale, la dissolution d'une telle association est jugée proportionnée eu égard notamment à ses effets, au contrôle juridictionnel interne minutieux dont elle a pu faire l'objet et à la marge d'appréciation plus large dont disposent les autorités nationales dans leur examen lorsqu'elles sont confrontées à l'incitation à l'usage de la force à l'égard d'un individu, d'un représentant de l'État ou d'une partie de la population. • CEDH 8 oct. 2020, *Ayoub c/ France*, n° 77400/14 § 108 et 121 : *préc. note 54.*

61. ... Partis politiques. Les libertés garanties par le présent art. ne sauraient priver les autorités d'un État, dont une association, par ses activités, met en danger les institutions, du droit de protéger celles-ci. On ne saurait exiger de l'État d'attendre, avant d'intervenir, qu'un parti politique s'approprie le pouvoir et commence à mettre en œuvre un projet politique incompatible avec les normes de la Conv. et de la démocratie, en adoptant des mesures concrètes visant à réaliser ce projet, même si le danger de ce dernier pour la démocratie est suffisamment démontré et imminent. La Cour accepte que, lorsque la présence d'un tel danger est établie par les juridictions nationales, à l'issue d'un examen minutieux soumis à un contrôle européen rigoureux, un État doive pouvoir raisonnablement empêcher la réalisation d'un (...) projet politique, incompatible avec les normes de la Convention, avant qu'il ne soit mis en pratique par des actes concrets risquant de compromettre la paix civile et le régime démocratique dans le pays. • CEDH, gr. ch., 13 févr. 2003, *Refah Partisi (Parti de la Prospérité) et a. c/ Turquie*, n° 41340/98 § 96 et 102 : *préc. note 42* • CEDH 30 juin 2009, *Herri Batasuna et Batasuna c/ Espagne*, n° 25803/04 § 81. ♦ V. déjà. • CEDH 31 juill. 2001, *Refah Partisi (Parti de la Prospérité) et a. c/ Turquie*, n° 41340/98 § 81 : *JCP 2002. I. 105, chron. Sudre ; JDI 2002. 308, obs. Adjovi.* ♦ V. encore pour une tentative de reconstitution d'un parti précédemment dissous. • CEDH 15 janv. 2013, *Eusko Abertzale Ekintza – Accion Nacionalista Vasca (EAE-ANV) c/ Espagne*, n° 40959/09 § 81 : *AJDA 2013. 1799, chron. Burgogue-Larsen*.

62. Ainsi, l'interdiction du financement des partis politiques par des États étrangers est nécessaire à la préservation de la souveraineté nationale. Par ailleurs, les États contractants demeurent libres de déterminer quels fonds étrangers peuvent être recueillis par les partis politiques. L'impact de ces dispositions sur les capacités du parti requérant à exercer une activité politique n'est pas immodéré. Si la prohibition de l'obtention de contributions du Parti nationaliste basque espagnol affecte ses ressources, elle le met à cet égard dans une situation qui n'est autre que celle de tout petit parti politique désargenté. • CEDH 7 juin 2007, *Parti nationaliste basque, Organisation régionale d'Iparralde c/ France,* n° 71251/01 § 47 et 51 : *préc. note 47.*

63. De même, sont justifiées les dissolutions : ... d'un parti prônant l'instauration d'un régime inspiré de la charia. • CEDH, gr. ch., 13 févr. 2003, *Refah Partisi (Parti de la Prospérité) et a. c/ Turquie,* n° 41340/98 § 120 s. : *préc. note 42.* ♦ ... D'une association rejetant la démocratie et le régime basé sur un État de droit au sens de la Loi fondamentale et voulant à terme instaurer un régime islamique mondial fondé sur la charia, ce qui est incompatible avec les principes fondamentaux de la démocratie, tels qu'ils résultent de la Conv. • CEDH, décis., 11 déc. 2006, *Kalifatstaat c/ Allemagne,* n° 13828/04. ♦ ... D'un parti dont les comportements s'apparentent fort à un soutien explicite à la violence et à un éloge de personnes vraisemblablement liées au terrorisme. Aussi peuvent-ils être considérés comme susceptibles de provoquer des conflits sociaux entre les partisans des partis requérants et les autres formations politiques, en particulier celles du Pays Basque. • CEDH 30 juin 2009, *Herri Batasuna et Batasuna c/ Espagne,* n° 25803/04 § 86.

64. Enfin est justifié le refus d'enregistrement d'un parti (et non d'une association) fondé sur une affiliation ethnique ou religieuse. Eu égard au principe du respect de la spécificité nationale en matière électorale, la Cour estime que ces motifs ne sont ni arbitraires ni déraisonnables. • CEDH, décis., 7 déc. 2006, *Artyomov c/ Russie,* n° 17582/05 : *AJDA 2007. 902, chron. Flauss.*

65. Les attributions et le mode de fonctionnement de la garde communale justifient l'adoption de restrictions plus importantes à la liberté d'association de ses membres en vue de la préservation de leur neutralité politique. L'interdiction faite à un agent de la garde municipale de s'affilier à un parti politique n'est pas constitutive d'une atteinte à la substance de la liberté d'association. En effet, le statut des agents de garde communale fait apparaître que ceux-ci conservent le droit d'exprimer leurs opinions et préférences politiques sous d'autres formes que l'affiliation à un parti *politique (adhésion à des syndicats* et à des associations, possibilité de voter et de se porter candidat aux élections législatives, locales ou à la fonction de maire). Ainsi, il n'apparaît pas que cette mesure ait pour vocation d'interdire l'éventuelle implication des agents concernés dans toute activité politique ; elle ne s'applique qu'aux activités susceptibles d'impliquer une réelle possibilité pour eux d'influer sur le pouvoir et la politique de l'État. • CEDH 10 avr. 2012, *Strzelecki c/ Pologne,* n° 26648/03 § 46 : *préc. note 49.*

b. Obligations positives

66. Même si le présent art. 11 a pour objectif essentiel de protéger l'individu contre les ingérences arbitraires des pouvoirs publics dans l'exercice des droits qui y sont énoncés, il peut en outre impliquer l'obligation positive d'assurer le respect effectif de ces droits. • CEDH, gr. ch., 25 avr. 1996, *Gustafsson c/ Suède,* n° 15573/89 § 45 : *JCP 1997. I. 4000, chron. Sudre* • CEDH 6 nov. 2012, *Redfearn c/ Royaume-Uni,* n° 47335/06 § 42.

67. Un exercice réel et effectif de la liberté d'association (et de réunion) ne se limite pas à un simple devoir de non-ingérence de la part de l'État. Il peut ainsi exister des obligations positives inhérentes à un respect effectif de cette liberté. • CEDH 3 mai 2007, *Baczkowski et a. c/ Pologne,* n° 1543/06 § 64. ♦ V. déjà s'agissant d'un syndicat. • CEDH 2 juill. 2002, *Wilson, National Union of journalists et a. c/ Royaume-Uni,* n° 30668/96 § 41 : *JCP 2003. I. 109, chron. Sudre.* ♦ Ces obligations revêtent une importance toute particulière pour les personnes dont les opinions sont impopulaires ou qui appartiennent à des minorités, du fait qu'elles sont plus exposées aux brimades. • CEDH 3 mai 2007, *Baczkowski et a. c/ Pologne,* n° 1543/06 § 64.

68. Ainsi y a-t-il une obligation positive pour les autorités de fournir une protection contre le licenciement par les employeurs privés lorsque le licenciement est motivé par le seul fait qu'un employé appartient à un parti politique. • CEDH 6 nov. 2012, *Redfearn c/ Royaume-Uni,* n° 47335/06 § 43. ♦ Dans certaines circonstances, un employeur peut légalement imposer des restrictions à la liberté d'association des employés lorsque cela est jugé nécessaire dans une société démocratique, par exemple pour protéger les droits d'autrui ou maintenir la neutralité politique des fonctionnaires. • CEDH 2 sept. 1998, *Ahmed et a. c/ Royaume-Uni,* n° 22954/93 § 70 : *D. 1999. 273, obs. Perez ; JCP 1999. I. 105, chron. Sudre.*

69. Il incombe aux autorités publiques de garantir le bon fonctionnement d'une association ou d'un parti politique, même quand ceux-ci heurtent ou mécontentent des éléments hostiles aux idées ou revendications légales qu'ils veulent promouvoir. Leurs membres doivent pouvoir se réunir sans avoir à redouter les brutalités que leur infligeraient leurs adversaires. Pareille crainte risquerait de dissuader d'autres associations ou partis politiques de s'exprimer ouvertement sur des sujets brûlants de la collectivité. En effet, dans une démocratie, le droit de contre-manifester ne saurait aller jusqu'à paralyser l'exercice du droit d'association. • CEDH 20 oct. 2005, *Ouranio Toxo et a. c/ Grèce,* n° 74989/01 § 37. ♦ De même dans le cas d'entraves à la liberté d'association par des actes individuels, il incombe de plus aux autorités compétentes de prendre des mesures efficaces d'enquête. • CEDH 20 oct. 2005, *Ouranio Toxo et a. c/ Grèce,* n° 74989/01 § 43.

70. Un État contractant à la Convention, en se fondant sur ses obligations positives, peut imposer aux partis politiques, formations destinées à accéder au pouvoir et à diriger une part importante de l'appareil étatique, le devoir de respecter et de sauvegarder les droits et libertés garantis par la Convention ainsi que l'obligation de ne pas proposer un programme politique en contradiction avec les principes fondamentaux de la démocratie. • CEDH, gr. ch., 13 févr. 2003, *Refah Partisi (Parti de la Prospérité) et a. c/ Turquie,* n° 41340/98 § 03 : *préc. note 42* • CEDH 30 juin 2009, *Herri Batasuna et Batasuna c/ Espagne,* n° 25803/04 § 82.

71. Place des partis dans le cadre des élections démocratiques. La Cour estime que l'art. 3 Prot. n° 1 est la *lex specialis,* et qu'il n'y a pas lieu d'examiner séparément les griefs de la requérante au regard du présent art. • CEDH, gr. ch., 16 mars 2006, *Zdanoka c/ Lettonie,* n° 58278/00 § 141.

III. LIBERTÉ SYNDICALE

A. AFFIRMATION DE LA LIBERTÉ SYNDICALE

72. Notion. Le présent art. présente la liberté syndicale comme une forme ou un aspect particulier de la liberté d'association. • CEDH 27 oct. 1975, *Synd. nat. police belge c/ Belgique,* n° 4464/70 § 38 : *AFDI 1976. 121, obs. Pelloux ; JDI 1978. 685, obs. Rolland* • CEDH 6 févr. 1976, *Synd. suédois des conducteurs de locomotives c/ Suède,* n° 5614/72 § 39 • CEDH 6 févr. 1976, *Schmidt et Dahlström c/ Suède,* n° 5589/72 § 34 • Comm. EDH 13 mai 1985, *Cheall c/ Royaume-Uni,* n° 10550/83 • CEDH 2 juill. 2002, *Wilson, National Union of journalists et a. c/ Royaume-Uni,* n° 30668/96 § 42 : *préc. note 67* • CEDH 21 févr. 2006, *Tüm Haber Sen et Cinar c/ Turquie,* n° 28602/95 § 28 : *JCP 2006. I. 164, chron. Sudre* • CEDH, gr. ch., 11 janv. 2006, *Sorensen et Rasmussen c/ Danemark,* n° 52562/99 § 54 : *AJDA 2006. 474, chron. Flauss ; JCP 2006. I. 164, chron Sudre* • CEDH 14 nov. 2006, *Metin Turan c/ Turquie,* n° 20868/02 § 27 • CEDH, gr. ch., 9 juill. 2013, *Sindicatul « Pastorul cel bun » c/ Roumanie,* n° 2330/09 § 131 : *D. 2013. 1836, obs. Gaté.* ♦ Le droit, garanti par ce texte, de créer des syndicats ou de s'y inscrire constitue un aspect particulier du droit plus large à la liberté d'association, et non un droit distinct. • CEDH 30 juin 1993, *Sigurdur A. Sigurjonsson c/ Islande,* n° 16130/90 § 32 : *préc. note 38* • CEDH 15 juin 2015, *Manole et « Les cultivateurs directs de Roumanie »,* n° 46551/06 § 57.

73. Eu égard à l'évolution du droit international du travail, il apparaît que la liberté syndicale est un élément essentiel du dialogue social entre travailleurs et employeurs et, par là même, un outil important dans la recherche de la justice et de la paix sociales. • CEDH, gr. ch., 9 juill. 2013, *Sindicatul « Pastorul cel bun » c/ Roumanie,* n° 2330/09 § 130 : *préc. note 72.* ♦ Même si la Conv. EDH ne définit pas précisément la notion de « syndicat » au-delà de l'indication générale qu'il s'agit d'une association ayant pour but de défendre les intérêts de ses membres, dans la plupart des cas examinés par la Cour, il s'agit d'employés et, plus généralement, de personnes se trouvant dans une « relation de travail » • CEDH, gr. ch., 9 juill. 2013, *Sindicatul « Pastorul cel bun » c/ Roumanie,* n° 2330/09 § 142. ♦ A l'instar des autres travailleurs indépendants, le requérant et les autres personnes ayant fondé le syndicat requérant, en tant qu'agriculteurs exerçant de manière indépendante, ne pouvaient qu'adhérer à des syndicats, et non en constituer, mais ils pouvaient créer des associations professionnelles. La législation nationale reconnaissant aux organisations professionnelles d'agriculteurs des droits essentiels pour la défense des intérêts de leurs membres devant les pouvoirs publics, sans qu'elles aient besoin pour cela d'être établies sous la forme de syndicats, il n'y a pas violation du présent art. • CEDH 15 juin 2015, *Manole et « Les cultivateurs directs de Roumanie »,* n° 46551/06 § 69 s.

74. Étendue du droit garanti. Les garanties qu'apporte le présent art. sont : ... le droit de former un syndicat et de s'y affilier. • CEDH 21 févr. 2006, *Tüm Haber Sen et Cinar c/ Turquie,* n° 28602/95 : *préc. note 72.* ♦ ... L'interdiction des accords de monopole syndical. • CEDH, gr. ch., 11 janv. 2006, *Sorensen et Rasmussen c/ Danemark,* n° 52562/99 § 75 : *préc. note 72.* ♦ ... Le droit pour un syndicat de chercher à persuader l'employeur d'écouter ce qu'il a à dire au nom de ses membres. • CEDH 2 juill. 2002, *Wilson, National Union of Journalists et a. c. Royaume-Uni,* n° 30668/96 § 44 : *préc. note 67.* ♦ La Cour a également estimé, compte tenu des évolutions du monde du travail, qu'en principe et mis à part des cas très particuliers le droit de mener des négociations collectives avec l'employeur est devenu l'un des éléments essentiels du droit de fonder avec d'autres des syndicats et de s'affilier à des syndicats pour la défense de ses intérêts. • CEDH, gr. ch., 12 nov. 2008, *Demir et Baykara c/ Turquie,* n° 34503/97 § 154 : *AJDA 2009. 872,* *chron. Flauss ; D. 2009. 739, chron. Marguénaud et Mouly ; RDT 2009. 288, étude Hervieu ; JCP S 2009, n° 1153, note Sudre ; RTDH 2009. 811, obs. Van Drooghenbroeck ; JCP 2007, n° 120, obs. Renucci.*

75. La législation nationale reconnaissant aux organisations professionnelles d'agriculteurs des droits essentiels pour la défense des intérêts de leurs membres devant les pouvoirs publics, sans qu'elles aient besoin pour cela d'être établies sous la forme de syndicats, réservée désormais aux travailleurs salariés et aux membres des coopératives, dans l'agriculture, tout comme dans les autres secteurs économiques, le refus opposé en l'espèce par le tribunal départemental d'enregistrer le syndicat requérant n'a pas outrepassé la marge d'appréciation dont bénéficient les autorités nationales. • CEDH 16 juin 2015, *Manole et « les cultivateurs directs de Roumanie » c/ Roumanie*, n° 46551/08 §73 et 74.

1° DROIT DE FORMER UN SYNDICAT ET DE S'Y AFFILIER

76. Principe. En l'absence d'éléments concrets propres à démontrer que la fondation du Tüm Haber Sen ou ses activités représentaient une menace pour la société ou l'État turc, la Cour ne saurait admettre que le moyen tiré d'une interdiction simple par la loi puisse, à lui seul, rendre la dissolution du syndicat conforme aux conditions dans lesquelles la liberté d'association peut être restreinte. En effet, le Gouvernement n'est pas parvenu à démontrer en quoi l'interdiction absolue de fonder des syndicats qu'imposait le droit turc, tel qu'il était appliqué à l'époque, aux fonctionnaires et aux agents contractuels travaillant dans le secteur public des communications, correspondait à un « besoin social impérieux ». • CEDH 21 févr. 2006, *Tüm Haber Sen et Cinar c/ Turquie*, n° 28602/95 § 40 : *préc. note 72.*

77. Le droit de fonder des syndicats comporte le droit pour les syndicats d'établir leurs propres règlements et d'administrer leurs propres affaires. • Comm. EDH 13 mai 1985, *Cheall c/ Royaume-Uni*, n° 10550/83 • Comm. EDH 7 mai 1990, *Johansson c/ Suède*, n° 13537/88. ♦ ... D'instaurer des fédérations de syndicats et d'y adhérer. • Comm. EDH 13 mai 1985, *Cheall c/ Royaume-Uni*, n° 10550/83.

78. La Conv. n° 87 de l'OIT, qui est le principal instrument juridique international garantis*sant le droit à la liberté syndicale*, prévoit en son art. 2 que « les travailleurs et les employeurs, sans distinction d'aucune sorte », ont le droit de constituer des organisations de leur choix. C'est à la lumière de ce texte qu'il convient de déterminer qui peut fonder ou adhérer à un syndicat. • CEDH, gr. ch., 9 juill. 2013, *Sindicatul « Pastorul cel bun » c/ Roumanie*, n° 2330/09 § 142 : *préc. note 72.*

79. Fonction publique. Le droit syndical s'applique dans la fonction publique. • CEDH 27 oct. 1975, *Synd. nat. police belge c/ Belgique*, n° 4464/70 : *préc. note 72* • CEDH 20 sept. 2005, *Ertas Aydin et a. c/ Turquie*, n° 43672/98. ♦ Si des restrictions légitimes peuvent être imposées à l'exercice des droits syndicaux par les membres des forces armées, de la police ou de l'administration de l'État, il faut aussi tenir compte de ce que les exceptions visées au présent art. appellent une interprétation stricte, seules des raisons convaincantes et impératives pouvant justifier des restrictions à la liberté d'association. • CEDH 21 févr. 2006, *Tüm Haber Sen et Cinar c/ Turquie*, n° 28602/95 § 35 : *préc. note 72.* ♦ Les « membres des forces armées de la police et de l'administration de l'État » ne sauraient être soustraits du champ du présent art. Tout au plus les autorités nationales peuvent-elles leur imposer des « restrictions légitimes » conformes à son § 2. • CEDH, gr. ch., 12 nov. 2008, *Demir et Baykara c/ Turquie*, n° 34503/97 § 107 : *préc. note 74* • CEDH 2 oct. 2014, *Matelly c/ France*, n° 10609/10 § 56 : *AJDA 2014. 1919 ; ibid. 2015. 150, chron. Burgorgue-Larsen ; ibid. 204, étude Le Rouzic ; D. 2014. 2560 , et les obs. , note Poissonnier ; AJFP 2015. 42, note Zarca ; JCP Adm. 2015. 2070, note Thomas-Tual.* ♦ Ces restrictions appellent une interprétation stricte et doivent dès lors se limiter à l'« exercice » des droits en question. Elles ne doivent pas porter atteinte à l'essence même du droit de s'organiser. • CEDH, gr. ch., 12 nov. 2008, *Demir et Baykara c/ Turquie*, n° 34503/97 § 144 et 145 : *préc. note 74* • CEDH 2 oct. 2014, *Matelly c/ France*, n° 10609/10 § 56 : *préc.*

80. Il appartient à l'État concerné de montrer que les fonctionnaires appartiennent à l'administration d'État. • CEDH, gr. ch., 12 nov. 2008, *Demir et Baykara c/ Turquie*, n° 34503/97 § 107 : *préc. note 74.*

81. La spécificité des missions incombant aux forces armées exige une adaptation de l'activité syndicale ; dès lors des restrictions, même significatives, peuvent être apportées dans ce cadre aux modes d'action et d'expression d'une association professionnelle et des militaires qui y adhèrent. De telles restrictions ne doivent cependant pas priver les militaires et leurs syndicats du droit général d'association pour la défense de leurs intérêts professionnels et moraux. • CEDH 2 oct. 2014, *Matelly c/ France*, n° 10609/10 § 56 : *préc. note 79.* ♦ En interdisant par principe à l'association d'agir en justice en raison de la nature syndicale de son objet social, sans déterminer concrètement les seules restrictions qu'imposaient les missions spécifiques de l'institution militaire, les autorités internes ont porté atteinte à l'essence même de la liberté d'association. Il s'ensuit qu'elles ont manqué à leur obligation de ménager un juste équilibre entre les intérêts concurrents qui se trouvaient en cause. Si la liberté d'association des militaires peut faire l'objet de restrictions légitimes, l'interdiction pure et simple pour une association professionnelle d'exercer toute action en lien avec son objet social porte à l'essence même de cette liberté, une atteinte prohibée par la Conv. • CEDH 2 oct. 2014, *ADEFDROMIL c/ France,* n° 32191/09 § 60 : *AJDA 2014. 1919 ; ibid. 2015. 150, chron. Burgorgue-Larsen ; ibid. 204, étude Le Rouzic ; D. 2014. 2560, note Poissonnier ; Dr. adm. 2015. 8, note Videlin.*

82. Comme les autres travailleurs, les fonctionnaires, mis à part des cas très particuliers, doivent bénéficier du droit de mener des négociations collectives, sans préjudice toutefois des effets des « restrictions légitimes » pouvant devoir être imposées aux « membres de l'administration de l'État ». • CEDH, gr. ch., 12 nov. 2008, *Demir et Baykara c/ Turquie,* n° 34503/97 § 154 : *préc. note 74.*

83. Sur la question du droit de grève dans la fonction publique, V. note 97.

84. Membres et personnels laïcs du clergé. Les fonctions exercées par les membres du syndicat litigieux présentent de nombreux aspects caractéristiques d'une relation de travail. Ainsi, ils exercent leur activité sur la base d'une décision de l'évêque qui prononce leur nomination et précise leurs droits et leurs obligations. Sous la direction et la supervision de l'évêque, ils s'acquittent des tâches qui leur sont assignées, parmi lesquelles figurent, outre l'accomplissent des rites du culte et les contacts avec les fidèles, l'enseignement et la gestion du patrimoine de la paroisse, les membres du clergé étant responsables de la vente d'objets religieux. En outre, la loi nationale prévoit un nombre précis de postes ecclésiastiques et laïcs financés majoritairement par le budget de l'État et des collectivités locales, la rémunération des personnes occupant ces postes étant par ailleurs fixée par rapport à celle des fonctionnaires du ministère de l'éducation nationale. L'Église orthodoxe roumaine paie des cotisations patronales sur les rémunérations versées aux membres de son clergé, et les prêtres s'acquittent de l'impôt sur le revenu, cotisent à la caisse nationale de sécurité sociale et bénéficient de l'ensemble des prestations sociales ouvertes aux salariés ordinaires, dont l'assurance santé, le versement d'une pension à partir de l'âge légal de départ à la retraite, ou encore l'assurance chômage. • CEDH, gr. ch., 9 juill. 2013, *Sindicatul « Pastorul cel bun » c/ Roumanie,* n° 2330/09 § 130 : *préc. note 72.* ♦ V. déjà • CEDH 31 janv. 2012, *Sindicatul « Pastorul cel Bun » c/ Roumanie,* n° 2330/09 § 64 et 65 : *D. 2012. 901, obs. Lokiec et Porta ; RDT 2012. 442, obs. Martín Puebla ; ibid. 451, obs. Tiberiu Ticlea .*

85. Choix des membres. Le présent art. ne saurait être interprété comme imposant aux associations ou aux organisations syndicales l'obligation d'admettre dans leurs rangs toute personne souhaitant adhérer. Lorsque des associations sont formées par des personnes qui, épousant certaines valeurs ou certains idéaux, ont l'intention de poursuivre des buts communs, il serait contraire à l'essence même de la liberté en jeu de les empêcher de choisir leurs membres. • CEDH 27 févr. 2007, *Associated Society of Locomotive Engineers & Firemen (ASLEF) c/ Royaume-Uni,* n° 11002/05 § 39.

2° INTERDICTION DES ACCORDS DE MONOPOLE SYNDICAL (CLOSED SHOP)

86. Principe. Le présent art. consacre un droit d'association négatif. • CEDH 30 juin 1993, *Sigurdur A. Sigurjonsson c/ Islande,* n° 16130/90 § 35 : *préc. note 38* • CEDH, gr. ch., 25 avr. 1996, *Gustafsson c/ Suède,* n° 15573/89 § 45 : *préc. note 66.* ♦ La Cour n'exclut pas en principe que les aspects négatifs et les aspects positifs du droit consacré par le présent art. doivent bénéficier du même niveau de protection dans le domaine pertinent. Il est toutefois difficile de trancher *in abstracto* cette question, qui ne peut être examinée de façon adéquate qu'à la lumière des circonstances propres à une affaire donnée. • CEDH, gr. ch., 11 janv. 2006, *Sorensen et Rasmussen c/ Danemark,* n° 52562/99 § 56 : *préc. note 72.* ♦ Il apparaît que les États contractants ne sont guère favorables au maintien des accords de monopole syndical et que les instruments européens indiquent clairement que l'usage de ces accords sur le marché de l'emploi n'est pas indispensable pour garantir la jouissance effective des libertés syndicales. • CEDH, gr. ch., 11 janv. 2006, *Sorensen et Rasmussen c/ Danemark,* n° 52562/99 § 56 : *préc. note 72.* ♦ Rappr. en matière d'associations non syndicales. • CEDH 29 avr. 1999, *Chassagnou c/ France,* n° 25088/94 § 117 : *préc. note 38.*

87. Mise en œuvre. On ne saurait considérer qu'une personne a renoncé à son droit d'association négatif dans une situation où, sachant que l'appartenance à un syndicat est une condition préalable pour s'assurer un emploi, elle accepte une offre d'emploi malgré son hostilité à la condition imposée. N'est donc pas défendable la distinction entre un accord de monopole syndical avant embauche et un accord de monopole syndical après embauche aux fins de déterminer l'étendue de la protection garantie par le présent art. Tout au plus cette distinction peut-elle être regardée comme un aspect à prendre en compte dans l'appréciation des faits de la cause et de leur compatibilité avec la Conv. • CEDH, gr. ch., 11 janv. 2006, *Sorensen et Rasmussen c/ Danemark,* n° 52562/99 § 56 : *préc. note 72.*

88. Les autorités nationales peuvent être obligées, dans certaines circonstances, d'intervenir dans les relations entre des personnes privées en adoptant des mesures raisonnables et appropriées afin d'assurer le respect effectif du droit à la liberté de ne pas se syndiquer. • CEDH 20 avr. 1993, *Sibson c/ Royaume-Uni,* n° 14327/88 § 29 • CEDH, gr. ch., 25 avr. 1996, *Gustafsson c/ Suède,* n° 15573/89 § 45 : *préc. note 66.*

89. Le requérant se trouve forcé de demeurer membre de la Frami, sans quoi il risquerait de perdre sa licence comme le montre de manière éclatante la révocation de celle-ci. En l'occurrence, pareil type de coercition atteint la substance même du droit que protège le présent art. et constitue en soi une ingérence dans cette liberté. • CEDH 30 juin 1993, *Sigurdur A. Sigurjonsson c/ Islande,* n° 16130/90 § 36 : *préc. note 38.*

90. Financement obligatoire de syndicats. La question est parfois envisagée sous l'angle des prélèvements obligatoires (déductions de salaire) opérés pour couvrir certaines activités syndicales. Il s'agit dans ce cas d'une violation de l'art. 1 du Prot. n° 1 : les activités de supervision du syndicat manquaient de transparence et, même en tenant compte du montant limité des sommes en jeu, il n'était pas proportionné en l'espèce d'opérer des déductions sur les salaires des intéressés sans leur donner la possibilité de contrôler comment cet argent était dépensé. • CEDH 13 févr. 2007, *Evaldsson et a. c/ Suède,* n° 75252/01. ♦ Ou encore en combinant le présent art. avec les art. 9 et 10 Conv. EDH : le requérant a été astreint par la loi à apporter un soutien financier à une organisation de droit privé qu'il n'avait pas personnellement choisie et qui, de surcroît, défend des politiques – notamment l'adhésion à l'Union européenne – qu'il juge fondamentalement contraires à ses propres vues et intérêts politiques. L'obligation pesant sur les personnes non membres d'un syndicat de verser des cotisations à celui-ci et les mesures gouvernementales favorisant ou discriminant un syndicat peuvent, dans certaines circonstances, passer pour incompatibles avec leur droit de constituer les organisations de leur choix et de s'y affilier. • CEDH 27 avr. 2010, *Vordur Olafsson c/ Islande,* n° 20161/06 § 51 s.

B. CONTENU DE LA LIBERTÉ SYNDICALE

91. Il doit être loisible à un syndicat d'intervenir pour la défense des intérêts de ses membres, et les adhérents individuels ont droit à ce que leur syndicat soit entendu en vue de la défense de leurs intérêts. • CEDH 27 oct. 1975, *Synd. nat. police belge c/ Belgique,* n° 4464/70 § 39 : *préc. note 72* • CEDH 21 févr. 2006, *Tüm Haber Sen et Cinar c/ Turquie,* n° 28602/95 § 38 : *préc. note 72* • CEDH 17 juill. 2007, *Dilek (ex. Satilmis) et a. c/ Turquie,* n° 74611/01 § 65 : *AJDA 2007. 1918, obs. Flauss ; JCP S 2007, n° 1702, note Cavallini* ♦ Le présent art. ne garantit pas aux syndicats un traitement précis de la part de l'État. Ce qu'exige la Conv. EDH, c'est que la législation permette aux syndicats, selon des modalités conformes au présent art., de lutter pour la défense des intérêts de leurs membres. • CEDH, gr. ch., 9 juill. 2013, *Sindicatul « Pastorul cel bun » c/ Roumanie,* n° 2330/09 § 134 : *préc. note 72.*

1° DROIT DE NÉGOCIATION COLLECTIVE

92. Eu égard aux développements du droit du travail tant international que national et de la pratique des États contractants en la matière, le droit de négocier et de conclure des conventions collectives avec l'employeur est, en principe, devenu l'un des éléments essentiels du « droit de fonder avec d'autres des syndicats et de s'affilier à des syndicats pour la défense de ses intérêts » énoncé au présent art., étant entendu que les États demeurent libres d'organiser leur système de manière à reconnaître, le cas échéant, un statut spécial aux syndicats représentatifs. • CEDH, gr. ch., 12 nov. 2008, *Demir et Baykara c/ Turquie,* n° 34503/97 § 154 : *préc. note 74.*

93. Les États demeurent libres d'organiser leur système de manière à reconnaître, le cas échéant, un statut spécial aux syndicats représentatifs. • CEDH, gr. ch., 12 nov. 2008, *Demir et Baykara c/ Turquie,* n° 34503/97 § 154 : *préc. note 74.*

2° DROIT DE GRÈVE

94. Principe. Si l'octroi du droit de grève représente sans nul doute l'un des plus importants moyens permettant aux syndicats de défendre les intérêts professionnels de leurs adhérents, il y en a d'autres. • CEDH 6 févr. 1976, *Schmidt et Dahlström c/ Suède,* n° 5589/72 § 36 • Comm. EDH 4 juill. 1984, *S. c/ Allemagne,* n° 10365/83. ♦ Un tel droit, que le présent art. ne consacre pas expressément, peut être soumis par le droit interne à une réglementation de nature à en limiter dans certains cas l'exercice. La Charte sociale du 18 oct. 1961 ne le garantit que sous réserve de pareille réglementation, de même que d'« autres restrictions » compatibles avec son art. 31, et non sans reconnaître aux employeurs le droit de recourir de leur côté à une action collective. • CEDH 6 févr. 1976, *Schmidt et Dahlström c/ Suède,* n° 5589/72 § 36. ♦ Le présent art. ne consacre pas expressément le droit de grève ; tout au plus peut-il être considéré comme garantissant la liberté des syndicats de protéger les intérêts professionnels de leurs membres. • CEDH, décis., 10 janv. 2002, *UNISON c/ Royaume-Uni,* n° 53574/99 : *D. 2003. 939, note Marguénaud et Mouly.*

95. L'octroi du droit de grève représente sans nul doute l'un des plus importants droits syndicaux, mais il y en a d'autres. • CEDH 17 juill. 2007, *Dilek et a. c/ Turquie,* n° 74611/01 § 68 : *préc. note 91.* ♦ V. déjà. • CEDH, décis., 10 janv. 2002, *UNISON c/ Royaume-Uni,* n° 53574/99 : *préc. note 94.* ♦ Le droit de grève n'a pas de caractère absolu ; il peut être soumis à certaines conditions et faire l'objet de certaines restrictions. • CEDH 21 avr. 2009, *Enerji Yapi-Yol Sen c/ Turquie,* n° 68959/01 § 32 : *JCP 2009. I. 143, chron. Sudre.*

96. L'interdiction de la grève doit passer pour une limitation au pouvoir du requérant de protéger ces intérêts, et révèle en conséquence une restriction à la liberté d'association. • CEDH, décis., 10 janv. 2002, *UNISON c/ Royaume-Uni,* n° 53574/99 : *préc. note 94* • CEDH, décis., 27 juin 2002, *Féd. synd. travailleurs offshore et a. c/ Norvège,* n° 38190/97.

97. Fonction publique. Le droit de grève s'adresse aussi bien aux salariés du secteur privé qu'aux fonctionnaires. • CEDH 17 juill. 2007, *Dilek et a. c/ Turquie,* n° 74611/01 : *préc. note 91.* ♦ Si le principe de la liberté syndicale peut être compatible avec l'interdiction du droit de grève des fonctionnaires exerçant des fonctions d'autorité au nom de l'État, elle ne peut pas s'étendre aux fonctionnaires en général ou aux travailleurs publics des entreprises commerciales ou industrielles de l'État. • CEDH 21 avr. 2009, *Enerji Yapi-Yol Sen c/ Turquie,* n° 68959/01 § 32 : *préc. note 95.*

98. La Commission admettait, mais il est vrai il y a quelques années, qu'une mesure disciplinaire décidée contre le requérant pour participation à une décision conseillant une grève ou une action revendicative analogue ne saurait en soi être considérée comme une violation du droit à la liberté d'association. • Comm. EDH 4 juill. 1984, *S. c/ Allemagne,* n° 10365/83.

99. Mesures disproportionnées. Constitue une restriction à la liberté syndicale une sanction disciplinaire infligée à un fonctionnaire en raison de sa participation à la journée d'action organisée par le syndicat dont il était membre, pour défendre le pouvoir d'achat des fonctionnaires, sanction qui, si minime qu'elle ait été, est de nature à dissuader les membres de syndicats de participer légitimement à des journées de grève ou à des actions pour défendre les intérêts de leurs affiliés. • CEDH 27 mars 2007, *Karacay c/ Turquie,* n° 6615/03 § 37. ♦ ... L'engagement de la responsabilité civile des requérants par le tribunal pour l'indemnisation de la perte de l'administration à la suite de leurs actions syndicales ; en l'espèce, celle-ci n'était pas nécessaire dans une société démocratique. • CEDH 17 juill. 2007, *Dilek et a. c/ Turquie,* n° 74611/01 § 73 : *préc. note 91.* ♦ ... Une circulaire rédigée en des termes généraux qui interdisaient de manière absolue à tous les fonctionnaires le droit de grève, sans procéder à une mise en balance des impératifs des fins énumérées au § 2 du présent art. • CEDH 21 avr. 2009, *Enerji Yapi-Yol Sen c/ Turquie,* n° 68959/01 § 32 : *préc. note 95.*

C. OBLIGATIONS DE L'ÉTAT

100. On ne saurait perdre de vue que, si le présent art. a pour objectif essentiel de protéger l'individu contre les ingérences arbitraires des pouvoirs publics dans l'exercice des droits qu'il consacre, il peut impliquer en outre l'obligation positive d'assurer la jouissance effective de ces droits. La responsabilité d'un État contractant serait engagée si les faits incriminés résultaient d'un manquement de sa part à garantir aux requérants, en droit interne, la jouissance des droits ainsi consacrés. • CEDH, gr. ch., 25 avr. 1996, *Gustafsson c/ Suède,* n° 15573/89 § 45 : *préc. note 66* • CEDH 2 juill. 2002, *Wilson, National Union of journalists et a. c/ Royaume-Uni,* n° 30668/96 § 42 : *préc. note 67* • CEDH 21 nov. 2006, *Demir et Baykara c/ Turquie,* n° 34503/97 § 32 : *préc. note 74* • CEDH 17 juill. 2007, *Dilek et a. c/ Turquie,* n° 74611/01 § 66 : *préc. note 91.*

1° LIMITES À L'EXERCICE DE LA LIBERTÉ SYNDICALE

101. Principe. Comme en matière de liberté d'association en général, les exceptions visées au présent art. appellent une interprétation stricte, seules des raisons convaincantes et impératives pouvant justifier des restrictions à la liberté d'association. • CEDH 21 févr. 2006, *Tüm Haber Sen et Cinar c/ Turquie,* n° 28602/95 § 35 : *préc. note 72.* ♦ Rappr. • CEDH 10 juill. 1998, *Sidiropoulos et a. c/ Grèce,* n° 26695/95 § 40. ♦ ... Que ce soit en matière de négociation collective. • CEDH, gr. ch., 12 nov. 2008, *Demir et Baykara c/ Turquie,* n° 34503/97 § 119 : *préc. note 74.* ♦ ... Ou de droit de grève. V. notes 94 s.

102. Les États ne disposent que d'une marge d'appréciation réduite, laquelle se double d'un contrôle européen rigoureux portant à la fois sur la loi et sur les décisions qui l'appliquent, y compris celles d'une juridiction indépendante. • CEDH 21 févr. 2006, *Tüm Haber Sen et Cinar c/ Turquie,* n° 28602/95 § 35 : *préc. note 72.*

103. Le droit garanti au présent art. protège d'abord et avant tout contre les agissements de l'État. L'État ne peut pas s'immiscer dans la fondation des syndicats ni dans l'affiliation à ceux-ci sauf sur la base des conditions énoncées au présent art. • Comm. EDH 13 mai 1985, *Cheall c/ Royaume-Uni,* n° 10550/83. ♦ V. déjà, implicitement. • CEDH 13 août 1981, *Young, James et Webster c/ Royaume-Uni,* n° 7601/76 § 51 s. : *CDE 1982. 226, obs. Cohen-Jonathan ; AFDI 1982. 499, obs. Pelloux ; JDI 1982. 220. obs. Rolland.*

104. Il n'incombe pas à la Cour d'apprécier au regard de la Conv. l'opportunité d'une décision en tant que telle ; il lui appartient d'étudier les incidences d'une telle décision sur le droit des requérants de mener des activités syndicales. • CEDH 20 sept. 2005, *Bulga c/ Turquie,* n° 43974/98 § 70.

105. Mesures proportionnées. Le statut des intéressés prévoit, en principe, la possibilité de mutation dans un autre service ou dans une autre ville selon les besoins du service public. Les décisions de mutation de fonctionnaires membres d'un syndicat ne constituent pas une limitation ou un empêchement à leur droit d'adhérer à un syndicat, d'exercer ou de jouir de la liberté d'association. Quant à leur liberté individuelle d'association, ils l'ont conservée en droit comme en fait malgré les mesures incriminées dans le sens où ils sont restés membres de leur organisation syndicale. Ces mesures s'inscrivent dans le cadre de la gestion et de l'exercice d'une bonne administration du service public de l'État. En décidant de muter les intéressés dans une autre ville ou une autre région, les autorités nationales ont agi dans le cadre de leur marge d'appréciation. • CEDH 20 sept. 2005, *Bulga c/ Turquie,* n° 43974/98 § 72 et 74. ♦ Il en va en particulier ainsi dès lors que les requérantes n'ont pas démontré que les décisions de mutation prises à leur encontre ont constitué une ingérence telle que leur droit à mener des activités syndicales a été atteint dans sa substance. • CEDH 20 sept. 2005, *Ertas Aydin et a. c/ Turquie,* n° 43672/98 § 53.

106. Le tribunal a refusé d'enregistrer le syndicat requérant après avoir constaté que sa demande ne répondait pas aux exigences du statut de l'Église car ses membres n'avaient pas respecté la procédure spéciale prévue pour la création d'une association. En procédant ainsi, le tribunal n'a fait qu'appliquer le principe de l'autonomie des organisations religieuses : son refus d'autoriser l'enregistrement du syndicat requérant en raison du non-respect de la condition d'obtention de l'autorisation de l'archevêque était une conséquence directe du droit de la communauté religieuse en cause de *s'organiser librement et de fonctionner* conformément aux dispositions de son statut. Le statut de l'Église orthodoxe roumaine ne prévoit pas d'interdiction absolue, pour les membres de son clergé, de constituer des syndicats pour protéger leurs droits et leurs intérêts légitimes. Rien n'empêche donc les membres du syndicat requérant de jouir de leurs droits garantis par le présent art. en fondant une telle association dont les objectifs seraient compatibles avec le statut de l'Église et qui ne remettrait pas en question la structure hiérarchique traditionnelle de l'Église et la manière dont les décisions y sont prises. Il est loisible, par ailleurs, aux membres du syndicat requérant d'adhérer librement à l'une ou à l'autre des associations existantes à ce jour au sein de l'Église orthodoxe roumaine qui ont été autorisées par les juridictions nationales et qui exercent leurs activités en conformité avec les exigences de son statut. • CEDH, gr. ch., 9 juill. 2013, *Sindicatul « Pastorul cel bun » c/ Roumanie,* n° 2330/09 § 168 et 170 : *préc. note 72.*

107. La Cour, dans une décision ancienne il est vrai, n'a pas estimé contraire au présent art. d'accorder le bénéfice de la rétroactivité de majoration de traitement aux seuls fonctionnaires qui n'avaient pas fait grève ou qui n'appartenaient pas à un syndicat ayant appelé à la grève compte tenu de la solidarité qui régnait, dans le contexte d'une tactique concertée de lutte syndicale par secteurs, entre les divers membres des deux organisations : si les uns participaient en personne à la grève là où elle avait été déclenchée, les autres, bien qu'exerçant leurs fonctions dans des services non touchés par le mouvement, apportaient à celui-ci leur concours financier et psychologique. • CEDH 6 févr. 1976, *Schmidt et Dahlström c/ Suède,* n° 5589/72 § 41.

108. Jugé encore, mais sous l'angle de la liberté d'expression, que le dessin et certaines des affirmations contenus dans les articles du bulletin litigieux, affiché sur le panneau syndical, constituaient, de par leur gravité et leur ton, des attaques personnelles, offensantes, outrancières et gratuites, et nullement nécessaires à la légitime défense des intérêts des requérants. • CEDH 8 déc. 2009, *Aguilera Jimenez c/ Espagne,* n° 28389/06 § 28 et 34 : *D. 2010. 1456, note Marguénaud et Mouly* • CEDH, gr. ch., 12 sept. 2011, *Palomo Sanchez et a. c/ Espagne,* n° 28955/06 § 76 et 77. ♦ La Cour estime qu'aucun indice ne démontre que le licenciement des requérants était un acte de représailles de la part de leur employeur pour leur appartenance au syndicat. • CEDH 8 déc. 2009, *Aguilera Jimenez c/ Espagne,* n° 28389/06 § 39 : *préc.*

109. Mesures disproportionnées. En l'absence d'éléments concrets propres à démontrer que la fondation du Tüm Haber Sen ou ses activités représentaient une menace pour la société ou l'État turc, la Cour ne saurait admettre que le moyen tiré d'une interdiction simple par la loi puisse, à lui seul, rendre la dissolution du syndicat conforme aux conditions dans lesquelles la liberté d'association peut être restreinte. • CEDH 21 févr. 2006, *Tüm Haber*

Sen et Cinar c/ Turquie, n° 28602/95 § 40 : *préc. note 72.* ♦ Malgré la marge d'appréciation de l'État défendeur, les autorités islandaises n'ont pas ménagé d'équilibre adéquat entre, d'une part, la liberté d'association du requérant et, d'autre part, le motif d'intérêt général, que constituent la promotion et le développement de l'industrie islandaise, justificatif de la mise en place d'une cotisation obligatoire à un syndicat. • CEDH 27 avr. 2010, *Vordur Olafsson c/ Islande,* n° 20161/06 § 51 s.

2° OBLIGATIONS POSITIVES DE L'ÉTAT

110. Ce qu'exige la Conv. c'est que la législation permette aux syndicats, selon des modalités non contraires au présent art., de lutter pour défendre les intérêts de leurs membres. • CEDH 27 oct. 1975, *Synd. nat. police belge c/ Belgique,* n° 4464/70 § 39 : *préc. note 72* • CEDH 6 févr. 1976, *Synd. suédois des conducteurs de locomotives c/ Suède,* n° 5614/72 § 40 • CEDH 6 févr. 1976, *Schmidt et Dahlström c/ Suède,* n° 5589/72 § 36. ♦ Le présent art. garantit aux membres d'un syndicat, en vue de la défense de leurs intérêts, que leur syndicat soit entendu mais laisse à chaque État le choix des moyens à employer à cette fin. • CEDH 27 oct. 1975, *Synd. nat. police belge c/ Belgique,* n° 4464/70 § 39 : *préc. note 72* • CEDH 6 févr. 1976, *Synd. suédois des conducteurs de locomotives c/ Suède,* n° 5614/72 § 40 • CEDH 2 juill. 2002, *Wilson, National Union of journalists et a. c/ Royaume-Uni,* n° 30668/96 § 42 : *préc. note 67* • CEDH 17 juill. 2007, *Dilek et a. c/ Turquie,* n° 74611/01 § 65 : *préc. note 91.*

111. Les termes « pour la défense de ses intérêts » ne sont pas redondants et la Conv. protège la liberté de défendre les intérêts professionnels des adhérents d'un syndicat par l'action collective de celui-ci, action dont les États contractants doivent à la fois autoriser et rendre possibles la conduite et le développement. • CEDH 17 juill. 2007, *Dilek et a. c/ Turquie,* n° 74611/01 § 67 : *préc. note 91.*

112. Il appartient à l'État de veiller à ce que les adhérents des syndicats ne soient pas empêchés ou retenus d'utiliser leur syndicat pour les représenter dans leurs tentatives de réguler leurs relations avec leurs employeurs. • CEDH 2 juill. 2002, *Wilson, National Union of journalists et a. c/ Royaume-Uni,* n° 30668/96 § 46 : *préc. note 67.* ♦ En permettant aux employeurs d'avoir recours à des incitants financiers pour amener les salariés à renoncer à des droits syndicaux importants, l'État défendeur a manqué à son obligation positive de garantir la jouissance des droits consacrés au présent art. Ce manquement emporte violation du présent art. tant à l'égard des syndicats requérants qu'à l'égard des individus requérants. • CEDH 2 juill. 2002, *Wilson, National Union of journalists et a. c/ Royaume-Uni,* n° 30668/96 § 48 : *préc. note 67.*

113. Sur l'intervention parfois nécessaire de l'État pour assurer le respect effectif du droit à la liberté de ne pas se syndiquer, V. note 88.

Art. 12 ***Droit au mariage.*** **A partir de l'âge nubile, l'homme et la femme ont le droit de se marier et de fonder une famille selon les lois nationales régissant l'exercice de ce droit.**

COMMENTAIRE

V. sur le Code en ligne.

A. PRINCIPES GÉNÉRAUX

1. Le mariage est hétérosexuel. Le présent art. vise le mariage traditionnel entre deux personnes de sexe biologique différent. Son libellé *le confirme.* • CEDH 10 oct. 1996, *Rees c/ Royaume-Uni,* n° 9532/81 § 49 : *JDI 1987. 796, obs. Tavernier* • CEDH 30 juill. 1998, *Sheffield et Horsham c/ Royaume-Uni,* n° 22985/93 § 66 : *D. 1998. 370, obs. Renucci ; RTD civ. 1998. 1001, obs. Marguénaud ; RTD civ. 1999. 59, obs. Hauser* • CEDH, gr. ch., 11 juill. 2002, *Christine Goodwin c/ Royaume-Uni,* n° 28957/95 § 100 : *D. 2003. 325, obs. Birsan ; D. 2003. 2023, note Chavent-Leclère ; D. 2003. 1935, obs. Lemouland ; AJ fam. 2002. 413, obs. Granet ; RTD civ 2002. 782, obs. Hauser ; RTD civ. 2002. 862, obs. Marguénaud et Raynard ; JCP 2003. I. 109, chron. Sudre.*

2. Le mariage confère un statut particulier à ceux qui s'y engagent. L'exercice du droit de se marier est protégé par l'art. 12 Conv. EDH et emporte des conséquences sociales, personnelles et juridiques. • CEDH, décis., 29 juin 1999, *Nylund c/ Finlande,* n° 27110/95 • CEDH, gr. ch., 29 avr. 2008, *Burden c/ Royaume-Uni,* n° 13378/05 § 65 : *AJDA 2008. 1929, chron. Flauss ; JCP 2008. I. 167, chron. Sudre* • CEDH, gr. ch., 2 nov. 2010, *Serife Yigit c/ Turquie,* n° 3976/05 § 72 • CEDH 15 mars 2012, *Gas et Dubois c/ France,* n° 25951/07 § 68.

3. Absence de droit au divorce. Le sens ordinaire des mots « droit de se marier« est clair : ils visent la formation de relations conjugales et non leur dissolution. De plus, ils figurent dans un contexte renvoyant expressément aux « lois nationales« ; même si, comme l'affirment les requérants, l'interdiction du divorce doit s'analyser en une limitation à la capacité de se marier, pareille limitation ne saurait, dans une société adhérant au principe de la monogamie, passer pour une atteinte à la substance même du droit garanti. • CEDH 18 déc. 1986, *Johnston c/ Irlande*, n° 9697/82 § 52 : *CDE 1988. 464, obs. Cohen-Jonathan ; AFDI 1987. 239, obs. Coussirat-Coustère.*

4. Même si la protection de leur vie privée ou familiale exige parfois de relever les époux du devoir de cohabiter et qu'un respect effectif de la vie privée ou familiale impose aux États de rendre ce moyen effectivement accessible, quand il y a lieu, à quiconque désire l'employer. • CEDH 9 oct. 1979, *Airey c/ Irlande*, n° 6289/73 § 33 : *JDI 1982. 187, chron. Rolland ; AFDI 1980. 323, chron. Pelloux.* ♦ Cela n'implique pas pour eux l'obligation d'adopter des mesures autorisant le divorce et le remariage. • CEDH 18 déc. 1986, *Johnston c/ Irlande*, n° 9697/82 § 75 : *préc. note 3.*

5. Absence de lien entre mariage et vie de famille. Si le présent art. garantit le droit fondamental, pour un homme et une femme, de se marier et de fonder une famille, le second aspect n'est pas une condition du premier, et l'incapacité pour un couple de concevoir ou d'élever un enfant ne saurait en soi passer pour le priver du droit visé par la première branche de la disposition en cause. • CEDH, gr. ch., 11 juill. 2002, *Christine Goodwin c/ Royaume-Uni*, n° 28957/95 § 98 : *préc. note 1.* ♦ V. déjà. • Comm. EDH 1er mars 1979, *Van Oosterwijck c/ Belgique*, n° 7654/76 § 59.

6. Les limites ne doivent pas vider ce droit de sens. Les limitations résultant des lois nationales ne doivent pas restreindre ou réduire ce droit d'une manière ou à un degré qui l'atteindraient dans sa substance même, mais on ne saurait attribuer un tel effet à l'empêchement apporté au Royaume-Uni au mariage de personnes n'appartenant pas à des sexes biologiques différents. • CEDH 10 oct. 1996, *Rees c/ Royaume-Uni*, n° 9532/81 § 49 : *préc. note 1* • CEDH 30 juill. 1998, *Sheffield et Horsham c/ Royaume-Uni*, n° 22985/93 § 66 : *préc. note 1* • CEDH, gr. ch., 11 juill. 2002, *Christine Goodwin c/ Royaume-Uni*, n° 28957/95 § 99 : *préc. note 1* • CEDH 14 déc. 2010, *O'Donoghue et a. c/ Royaume-Uni*, n° 34848/07 § 82.

7. Tel est le cas d'une législation interdisant *au conjoint divorcé jugé responsable* de la désunion de se remarier avant un certain délai. • CEDH 18 déc. 1987, *F. c/ Suisse*, n° 11329/85 § 40. ♦ ... Interdisant le mariage entre des beaux-parents et leurs beaux-enfants. • CEDH 13 sept. 2005, *B. et L. c/ Royaume-Uni*, n° 36536/02. ♦ ... Qui prévoit des frais de dossier tellement onéreux qu'un demandeur nécessiteux ne pourrait les payer, en particulier compte tenu du fait que bon nombre de personnes relevant du contrôle de l'immigration n'ont pas la possibilité de travailler au Royaume-Uni ou perçoivent des revenus extrêmement faibles. • CEDH 14 déc. 2010, *O'Donoghue et a. c/ Royaume-Uni*, n° 34848/07 § 90.

B. APPLICATIONS PARTICULIÈRES

1° MARIAGE DES DÉTENUS

8. L'exercice du droit de se marier ne dépend aucunement du fait qu'une personne soit en liberté ou en prison. Si l'emprisonnement prive les personnes de leur liberté et de certains droits et privilèges, cela ne signifie pas que les détenus ne peuvent pas se marier. Les restrictions imposées aux personnes privées de liberté doivent être réduites au strict nécessaire et doivent être proportionnelles aux objectifs légitimes pour lesquels elles ont été imposées. • CEDH 5 janv. 2010, *Frasik c/ Pologne*, n° 22933/02 § 91. ♦ V. déjà. • Comm. EDH 13 déc. 1979, *Hamer c/ Royaume-Uni*, n° 7114/75.

2° MARIAGE DES TRANSSEXUELS

9. La Cour n'est pas convaincue que l'on puisse aujourd'hui continuer d'admettre que ces termes (homme et femme) impliquent que le sexe doive être déterminé selon des critères purement biologiques. Depuis l'adoption de la Convention, l'institution du mariage a été profondément bouleversée par l'évolution de la société, et les progrès de la médecine et de la science ont entraîné des changements radicaux dans le domaine de la transsexualité. La Cour a constaté, sur le terrain de l'art. 8 Conv. EDH, que la non-concordance des facteurs biologiques chez un transsexuel opéré ne pouvait plus constituer un motif suffisant pour justifier le refus de reconnaître juridiquement le changement de sexe de l'intéressé. D'autres facteurs doivent être pris en compte : la reconnaissance par la communauté médicale et les autorités sanitaires dans les États contractants de l'état médical de trouble de l'identité sexuelle, l'offre de traitements, y compris des interventions chirurgicales, censés permettre à la personne concernée de se rapprocher autant que possible du sexe auquel elle a le sentiment d'appartenir, et l'adoption par celle-ci du rôle social de son nouveau sexe. La Cour note également que le libellé de l'art. 9 de la Charte UE adoptée récemment s'écarte – et cela ne peut être que délibéré – de celui de l'art. 12 de la Conv. EDH en ce qu'il exclut la référence à l'homme et à la femme. La Cour ne voit aucune raison justifiant que les transsexuels soient privés en toutes circonstances du droit de se marier. • CEDH, gr. ch., 11 juill. 2002, *Christine*

Goodwin c/ Royaume-Uni, n° 28957/95 § 100 et 103 : *préc. note 1.* ♦ La question relative aux conséquences sur le mariage du requérant de son changement de sexe ne relève pas du présent art. mais de l'art. 8 Conv. EDH. • CEDH 13 nov. 2012, *H. c/ Finlande,* n° 37359/09 § 53.

3° MARIAGE DES HOMOSEXUELS

10. Le législateur était conscient du fait qu'un petit nombre de transsexuels restaient mariés, mais il a délibérément choisi, sans violer la Conv. EDH, de ne pas prévoir le maintien de ces mariages dans le cas où l'un des époux recourrait à la procédure de reconnaissance de sa nouvelle appartenance sexuelle. • CEDH 28 nov. 2006, *Parry c/ Royaume-Uni,* n° 42971/05 : *RTD civ. 2007. 287, obs. Marguénaud* .

11. L'institution du mariage a certes été profondément bouleversée par l'évolution de la société depuis l'adoption de la Conv. EDH, cependant, il n'existe pas de consensus européen sur la question du mariage homosexuel. A l'heure actuelle, seuls 6 États contractants sur 47 autorisent le mariage entre partenaires de même sexe. Néanmoins, en l'état actuel des choses, l'autorisation ou l'interdiction du mariage homosexuel est régie par les lois nationales des États contractants. • CEDH 24 juin 2010, *Schalk et Kopf c/ Autriche,* n° 30141/04 § 58 et 61 : *JCP 2010. Actu. 768, obs. Picheral* • CEDH, gr. ch., 16 juill. 2014, *Hamalanien c/ Finlande,* n° 37359/09 § 96 : *D. 2014. 1639* ; *AJ fam. 2014. 565, obs. de Boysson* .♦ Ces conclusions restaient valables malgré l'évolution graduelle des États en la matière, onze États membres du Conseil de l'Europe autorisant désormais le mariage entre personnes de même sexe. Ni le présent art. combiné ou non avec l'art. 14, ni l'art. 14 combiné avec l'art. 8, dont le but et la portée sont plus généraux, ne peuvent s'interpréter comme imposant aux États contractants l'obligation d'ouvrir le mariage aux couples homosexuels. • CEDH 21 juill. 2015, *Olivari et a. c/ Italie,* n° 18766/11 § 192 à 194 : *D. 2015. 2160, note Fulchiron* ; *ibid. 2016. 674, obs. Douchy-Oudot* ; *ibid. 915, obs. Regine* ; *AJ fam. 2015. 615, obs. Rouillard* • CEDH 9 juin 2016, *Chapin et Charpentier c/ France,* n° 40183/07 § 38 : *AJ fam. 2016. 391, obs. Berdeaux-Gacogne* .

12. Lorsque le mariage de personnes du même sexe est célébré à l'étranger, les couples doivent pouvoir bénéficier (sur la base de l'art. 8 Conv. EDH) d'un cadre juridique aussi protecteur dans les autres pays. • CEDH 14 déc. 2017, *Orlandi et a. c/ Italie,* n° 26431/12 : *D. 2018. 446, note Fulchiron* ; *ibid. 966, obs. Clavel et Jault-Seseke* ; *ibid. 1104, obs. Lemouland et Vigneau* ; *AJ fam. 2018. 128, obs. Berdeaux* ; *RTD civ. 2018. 81, obs. Leroyer* ; *Dr. adm. 2017. 875.* ♦ Si l'état des personnes relève de la compétence des États membres de l'Union, qui sont ainsi libres de prévoir ou non le mariage de personnes du même sexe, la notion de conjoint est neutre du point de vue du genre et est donc susceptible d'englober le conjoint de même sexe. Le refus des autorités de cet État, de reconnaître, aux seules fins de l'octroi d'un droit de séjour dérivé à un ressortissant d'un État tiers, le mariage de ce dernier avec un citoyen de l'Union de même sexe ressortissant de cet État membre conclu lors de leur séjour dans un autre État membre conformément au droit de cet État, est susceptible d'entraver le droit de circuler et séjourner librement sur le territoire des États membres. • CJUE 5 juin 2018, n° C-673/16 : *AJDA 2018. 1127* ; *ibid. 1603, chron. Bonneville, Broussy, Cassagnabère et Gänser* ; *D. 2018. 1674, note Fulchiron et Panet* ; *AJ fam. 2018. 404, obs. Kessler* ; *RTD eur. 2018. 673, obs. Pataut* . ♦ Rappr. • CJUE 12 juill. 2018, n° C-89/17 : *AJDA 2018. 1477* ; *D. 2018. 1555* .

4° MARIAGE DES INDIVIDUS NE JOUISSANT PAS DE LEUR PLEINE CAPACITÉ JURIDIQUE

13. Les curatélaires ne sont pas privés du droit de se marier. En revanche, leur mariage est soumis à une autorisation préalable, en raison de la restriction que subit leur capacité juridique, ce qui constitue l'un des motifs de fond dont la pertinence est reconnue par la jurisprudence. Le refus opposé, en l'espèce, au requérant, relèvent de la marge d'appréciation dont dispose le Gouvernement défendeur. En effet, l'obligation pour le requérant de solliciter une autorisation préalable à son mariage est motivée par le fait qu'il fait l'objet d'une mesure de protection légale, étant placé sous le régime de la curatelle renforcée. Les autorités disposent dès lors d'une marge d'appréciation, afin d'être en mesure de le protéger effectivement au regard des circonstances, et ainsi d'anticiper les conséquences susceptibles d'être préjudiciables à ses intérêts. • CEDH 25 oct. 2018, *France,* n° 37646/13 § 58 et 64 : *AJ fam. 2018. 693, obs. Raoul* .

5° PARTENARIAT CIVIL

14. La situation de deux concubins hétérosexuels n'était pas comparable à celle de deux conjoints aux fins de l'éligibilité aux prestations de survivants, « le mariage demeurant une institution largement reconnue comme conférant un statut particulier à ceux qui s'y engagent ». Pour la Grande Chambre, ce point de vue reste valable. Cependant, comme pour le mariage, les conséquences juridiques du partenariat civil – dans lequel deux personnes décident expressément et délibérément de s'engager – distinguent ce type de relation des autres formes de vie commune. Plutôt que la durée ou le caractère solidaire de la relation, l'élément déterminant est l'existence d'un engagement public, qui va de pair avec un ensemble de droits et d'obligations d'ordre contractuel. De la même manière qu'il ne peut y avoir d'analogie entre, d'un côté, un couple marié ou en partenariat civil et, de l'autre, un couple hétérosexuel ou homosexuel dont les deux membres ont choisi de vivre ensemble sans devenir des époux ou des partenaires civils, l'absence d'un tel accord juridiquement contraignant entre les requérantes fait que leur relation de cohabitation, malgré sa longue durée, est fondamentalement différente de celle qui existe entre deux conjoints ou partenaires civils. • CEDH, gr. ch., 29 avr. 2008, *Burden c/ Royaume-Uni,* n° 13378/05 § 65 : *préc. note 2.*

Art. 13 ***Droit à un recours effectif.*** **Toute personne dont les droits et libertés reconnus dans la présente Convention ont été violés, a droit à l'octroi d'un recours effectif devant une instance nationale, alors même que la violation aurait été commise par des personnes agissant dans l'exercice de leurs fonctions officielles.**

COMMENTAIRE

V. sur le Code en ligne.

PLAN DES ANNOTATIONS

I. PRINCIPES GÉNÉRAUX

1. Sur le droit d'accès à un tribunal, V. notes ss. Conv. EDH, art. 6.

2. Cette disposition a donc pour conséquence d'exiger un recours interne habilitant à examiner le contenu d'un « grief défendable » fondé sur la Conv. EDH et à offrir le redressement approprié. La portée de l'obligation que le présent art. fait peser sur les États contractants varie en fonction de la nature du grief du requérant. Toutefois, le recours ainsi exigé doit être « effectif » en pratique comme en droit. • CEDH, gr. ch., 16 oct. 2000, *Kudla c/ Pologne,* n° 30210/96 § 157 : *AJDA 2000. 1006, chron. Flauss ; RFDA 2001. 1250, chron. Labayle et Sudre ; ibid. 2003. 85, étude Andriantsimbazovina ; RTD civ. 2001. 442, obs. Marguénaud ; RSC 2001. 881, obs. Tulkiens ; RTDH 2002. 169, obs. Flauss ; JCP 2001. I. 291, chron. Sudre* • CEDH, gr. ch., 21 janv. 2011, *M. S. S. c/ Belgique et Grèce,* n° 30696/09 § 288 : *RFDA 2012. 455, chron. Labayle et Sudre ; AJDA 2011. 138 ; D. 2012. 390, obs. Boskovic, Corneloup, Jault-Seseke, Joubert et Parrot ; Constitutions 2011. 334, obs. Levade ; JCP Adm. 2011. 2367, note Marti* • CEDH 6 juin 2013, *M. E. c/ France,* n° 50064/10 § 62. ♦ Malgré le risque d'engorgement des juridictions pouvant entraîner des conséquences contraires à la bonne administration de la justice, le présent art. astreint les États contractants à organiser leurs juridictions de manière à leur permettre de répondre à ses exigences. • CEDH 22 avr. 2014, *A. C. et a. c/ Espagne,* n° 6528/11 § 98.

A. INVOCABILITÉ ET EFFETS

3. Le droit de recours prévu par l'art. 13 ne peut concerner qu'un droit protégé par la Conv. EDH. • CEDH 21 oct. 1997, *Pierre-Bloch c/ France,* n° 24194/94 § 64 • CEDH 4 avr. 2006, *Bompard c/ France,* n° 44081/02.

4. En énonçant de manière explicite l'obligation pour les États de protéger les droits de l'homme en premier lieu au sein de leur propre ordre juridique, le présent art. établit au profit des justiciables une garantie supplémentaire de jouissance effective des droits en question. Tel qu'il se dégage des travaux préparatoires, l'objet du présent art. est de fournir un moyen au travers duquel les justiciables puissent obtenir, au niveau national, le redressement des violations de leurs droits garantis par la Conv., avant d'avoir à mettre en œuvre le mécanisme international de plainte devant la Cour. Vu sous cet angle, le droit de chacun à voir sa cause entendue dans un délai raisonnable ne peut être que moins effectif s'il n'existe aucune possibilité de saisir d'abord une autorité nationale des griefs tirés de la Conv. EDH, et les exigences de l'art. 13 doivent être regardées comme renforçant celles de l'art. 6, § 1, plutôt que comme étant absorbées par l'obligation générale, imposée par cet article, de ne pas soumettre les justiciables à des procédures judiciaires anormalement longues. • CEDH, gr. ch., 26 oct. 2000, *Kudla c/ Pologne,* n° 30210/96 § 152 : *préc. note 2.*

5. L'absence d'un recours effectif en cas d'une sanction disciplinaire telle que l'avertissement infligé au requérant le prive de toute garantie pour éviter d'éventuels abus ou simplement permettre de contrôler la légalité d'une telle mesure disciplinaire. • CEDH 27 mars 2007, *Karacay c/ Turquie,* n° 6615/03 § 44. ♦ V. également pour l'impossibilité de contester une décision interdisant la tenue d'une réunion. • CEDH 12 juill. 2005, *Güneri et a. c/ Turquie,* n° 42853/98 § 77 et 87. ♦ ... Une mutation. • CEDH 14 nov. 2006, *Metin Turan c/ Turquie,* n° 20868/02 § 36 à 38.

1° AUTONOMIE DE L'ARTICLE 13

6. Pris à la lettre, le présent art. semble indiquer que l'on n'a droit à un recours interne que s'il y a eu « violation ». Cependant, nul ne peut l'établir devant une « instance nationale » s'il n'est pas d'abord à même de saisir une telle « instance ». On ne peut donc subordonner le jeu de cet art. à la condition que la Conv. EDH soit vraiment violée. • CEDH 6 sept. 1978, *Klass c/ Allemagne,* n° 5029/71 § 64 : *CDE 1979. 474, obs. Cohen-Jonathan ; AFDI 1979. 338, obs. Pelloux.* ♦ Nonobstant son libellé, le présent art. peut entrer en jeu même sans violation d'une autre clause – dite « normative » – de la Conv. EDH. • CEDH 27 avr. 1988, *Boyle et Rice c/ Royaume-Uni,* n° 9659/82 § 52. ♦ Le présent art. garantit un recours effectif devant une « instance nationale » à quiconque se prétend, pour des motifs défendables, victime d'une violation des droits et libertés protégés par la Conv. EDH ; toute autre interprétation – telle celle du Gouvernement qui soutient que son applicabilité dépend de la violation d'une clause normative de la Conv. EDH comme le prouve, selon lui, le texte français où figurent les mots « ont été violés », plus clairs, à son avis, que les termes anglais correspondants (« are violated ») – le priverait de sens. • CEDH 21 juin 1988, *Plattform « Ärzte für das Leben » c/ Autriche,* n° 10126/82 § 25 : *JDI 1989. 801, obs. Tavernier.*

2° GRIEF DÉFENDABLE

7. Notion. Un individu qui, de manière plausible, se prétend victime d'une violation des droits reconnus dans la Conv. EDH doit disposer d'un recours devant une « instance nationale » afin de voir statuer sur son grief et, s'il y a lieu, d'obtenir réparation. • CEDH 6 sept. 1978, *Klass c/ Allemagne,* n° 5029/71 § 64 : *préc. note 6* • CEDH 25 mars 1983, *Silver et a. c/ Royaume-Uni,* n° 5947/72 § 113 • CEDH 8 juill. 1986, *Lithgow et a.,* n° 9006/80 § 205 • CEDH 21 juin 1988, *Plattform « Ärte für das Leben » c/ Autriche,* n° 10126/82 § 25 : *préc. note 6.* ♦ Le présent art. ne saurait s'interpréter comme exigeant un recours interne pour toute doléance, si injustifiée soit-elle, qu'un individu peut présenter sur le terrain de la Convention : il doit s'agir d'un grief défendable au regard de celle-ci. • CEDH 27 avr. 1988, *Boyle et Rice c/ Royaume-Uni,* n° 9659/82 § 52. ♦ Quiconque se prétend, pour des motifs défendables, victime d'une violation des droits et libertés protégés par la Conv. EDH, a droit à un recours effectif devant une instance nationale, afin de voir statuer sur ses griefs et, s'il y a lieu, d'obtenir réparation. • CEDH 18 déc. 1996, *Valsamis c/ Grèce,* n° 21787/93 § 46 : *JCP 1997. I. 4000, chron. Sudre* • CEDH 10 avr. 2003, *Konti-Arvaniti c/ Grèce,* n° 53401/99 § 28 • CEDH 15 janv. 2009, *Bourdov c/ Russie (n° 2),* n° 33509/04 §96 (arrêt pilote).

8. Si les États ne sont donc pas tenus d'incorporer la Conv. EDH à leur système juridique national, ils n'en doivent pas moins, aux termes du présent art. et sous une forme ou une autre, y assurer à quiconque relève de leur juridiction la substance des droits et libertés reconnus et donc l'existence en droit interne d'un recours effectif permettant de s'y prévaloir des droits et libertés de la Conv. EDH tels qu'ils peuvent s'y trouver consacrés. • CEDH 21 févr. 1986, *James et a. c/ Royaume-Uni,* n° 8793/79 § 84. ♦ Le présent art. garantit l'existence en droit interne d'un recours permettant de se prévaloir des droits et libertés de la Conv. EDH tels qu'ils peuvent s'y trouver consacrés. • CEDH 8 juill. 1986, *Lithgow et a.,* n° 9006/80 § 205 • CEDH 27 avr. 1988, *Boyle et Rice c/ Royaume-Uni,* n° 9659/82 § 52 • CEDH, gr. ch., 21 janv. 2011, *M. S. S. c/ Belgique et Grèce,* n° 30696/09 § 365 : *préc. note 2* • CEDH 28 juin 2011, *Sufi et Elmi c/ Royaume-Uni,* n° 8319/07 § 288. ♦ ... Mais ne garantit pas de permettre aux individus de dénoncer devant une autorité interne la compatibilité avec la Convention des lois nationales. • CEDH 25 mars 1993, *Costello-Roberts c/ Royaume-Uni,* n° 13134/87 § 40 : *AJDA 1993. 483, chron. Flauss ; RFDA 1994. 1182, chron. Giakoumopoulos, Keller, Labayle et Sudre* • CEDH, gr. ch., 12 sept. 2012, *Nada c/ Suisse,* n° 10593/08 § 208. ♦ Cette disposition a donc pour conséquence d'exiger un recours interne habilitant l'instance nationale compétente à connaître du contenu d'un « grief défendable » fondé sur la Conv. EDH et à offrir le redressement approprié. • CEDH 7 juill. 1989, *Soering c/ Royaume-Uni,* n° 14038/88 § 120 : *Berger 12e éd., n° 15 ; JCP 1990. 3452, note Labayle ; RGDIP 1990. 103, obs. Sudre* • CEDH 30 oct. 1991, *Vilvarajah et a. c/ Royaume-Uni,* n° 13163/87 § 122 • CEDH 15 nov. 1996, *Chahal c/ Royaume-Uni,* n° 22414/93 § 145 : *JCP 1997. I. 4000, chron. Sudre* • CEDH, gr. ch., 27 juin 2000, *Ilhan c/ Turquie,* n° 22277/93 § 97 • CEDH, gr. ch., 26 oct. 2000, *Kudla c/ Pologne,* n° 30210/96 § 157 : *préc. note 2* • CEDH 10 avr. 2003, *Konti-Arvaniti c/ Grèce,* n° 53401/99 § 28 • CEDH 17 janv. 2012, *Stanev c/ Bulgarie,* n° 36760/06 § 217.

9. Examen par la Cour de la défendabilité. La Cour ne croit pas devoir donner une définition abstraite de la notion de défendabilité. Il y a lieu en revanche de rechercher, à la lumière des faits comme de la nature du ou des problèmes juridiques en jeu, si chaque allégation de violation à l'origine d'un grief présenté sur le terrain du présent art. pouvait se défendre. • CEDH 27 avr. 1988, *Boyle et Rice c/ Royaume-Uni,* n° 9659/82 § 55. ♦ Le caractère « défendable » du grief tiré de l'art. 8 Conv. EDH et relatif au refus du directeur de la maison d'arrêt de Fleury-Mérogis d'acheminer un courrier du requérant ne fait pas de doute en l'espèce. • CEDH 12 juin 2007, *Frérot c/ France,* n° 70204/01 § 66 : *D. 2007. 2632, obs. Roujou de Boubée ; ibid. 2008. 2015, obs. Céré ; RCS 2008. 140, obs. Marguénaud et Roets ; RFDA 2008. 737, chron. Labayle et Sudre ; AJ pénal 2008. 33, obs. Dreyer ; JCP 2007. I. 182, chron Sudre.* ♦ Sur la base des preuves produites devant elle, la Cour a jugé l'État défendeur responsable, au regard de l'art. 3, des tortures subies par le requérant. Les griefs énoncés par l'intéressé sont dès lors « défendables ». • CEDH 8 août 2006, *Hüseyin Esen c/ Turquie,* n° 49048/99 § 56.

10. Bien qu'ayant constaté l'absence d'infraction aux art. 3 et 8 Conv. EDH, la Cour doit, conformément à sa jurisprudence, examiner le moyen fondé sur l'art. 13, pour autant que les doléances relatives aux art. 3 et 8 puissent être considérées comme « défendables » au regard de la Conv. EDH. En l'espèce, elle estime cette condition remplie. • CEDH 25 mars 1993, *Costello-Roberts c/ Royaume-Uni,* n° 13134/87 § 39 *préc. note 8.* ♦ Les conclusions par lesquelles la Cour constate l'absence de violation des dispositions conventionnelles n'impliquent pas que les allégations de manquement aux exigences des art. 2 Prot. nos 1 et 9 Conv. EDH n'étaient pas défendables. La Cour reconnaît qu'elles l'étaient. Les requérants étaient donc en droit de disposer d'un recours pour les faire valoir. En revanche, en ce qui concerne le grief tiré de l'art. 3 Conv. EDH, que V. ne développe d'ailleurs pas, la Cour estime qu'il ne contient aucune allégation défendable de violation. • CEDH 18 déc. 1996, *Valsamis c/ Grèce,* n° 21787/93 § 47 : *préc. note 7.*

11. Même si en l'espèce la Cour conclut à l'absence de violation, le caractère « défendable » du grief tiré de l'art. 8 Conv. EDH ne fait pas de doute puisque la Cour a jugé que la perquisition litigieuse s'analyse en une ingérence dans l'exercice du droit de C. au respect de son domicile. • CEDH 16 déc. 1997, *Camenzind c/ Suisse,* n° 21353/93 § 53.

12. V. encore pour une hypothèse d'absence de violation de l'art. 3 Conv. EDH mais de violation du présent art. • CEDH, gr. ch., 4 juill. 2006, *Ramirez-Sanchez c/ France,* n° 59450/00 § 150 et 166 : *D. 2006. 2210 ; JCP 2007. I. 106, chron. Sudre.*

B. NOTION DE RECOURS EFFECTIF DEVANT UNE INSTANCE NATIONALE

13. Marge d'appréciation des États. Les États contractants jouissent d'une certaine marge d'appréciation quant à la manière de se conformer aux obligations que leur fait la présente disposition. • CEDH 30 oct. 1991, *Vilvarajah et a. c/ Royaume-Uni,* n° 13163/87 § 122 • CEDH, gr. ch., 27 juin 2000, *Ilhan c/ Turquie,* n° 22277/93 § 97. ♦ Cependant, cette marge ne saurait permettre de dénier au requérant la possibilité de disposer en pratique des garanties procédurales minimales adéquates visant à le protéger contre une décision d'éloignement arbitraire. • CEDH, gr. ch., 13 déc. 2012, *De Souza Ribeiro c/ France,* n° 22689/07 § 97 : *RFDA 2013. 576, chron. Labaye et Sudre ; AJDA 2012. 2408 .*

1° NOTION DE RECOURS

14. Absence de contrôle in abstracto. Le présent art. ne va pas jusqu'à exiger un recours permettant d'attaquer, devant une « instance nationale », les lois d'un État contractant comme contraires, en tant que telles, à la Conv. EDH ou à des règles juridiques internes équivalentes. • CEDH 21 févr. 1986, *James et a. c/ Royaume-Uni,* n° 8793/79 § 85 • CEDH 25 mars 1993, *Costello-Roberts c/ Royaume-Uni,* n° 13134/87 § 39 : *préc. note 8* • CEDH 11 juin 2002, *Willis c/ Royaume-Uni,* n° 36042/97 § 62 • CEDH 1er oct. 2009, *Tsonyo Tsonev c/ Bulgarie,* n° 33726/03 § 47 et 48. ♦ V. déjà. • Comm. EDH 14 déc. 1989, *Habsburg-Lothringen c/ Autriche,* n° 15344/89. ♦ Le présent art. ne saurait donc être interprété comme exigeant un recours contre l'état du droit interne. • CEDH 6 mai 2003, *Appleby et a. c/ Royaume-Uni,* n° 44306/98 § 56 • CEDH 13 sept. 2005, *Ostrovar c/ Moldavie,* n° 35207/03 § 113 • CEDH 10 févr. 2009, *Iordachi et a. c/ Moldavie,* n° 25198/02 § 56 • CEDH 8 nov. 2011, *V. C. c/ Slovaquie,* n° 18968/07 § 167.

15. Le présent art. ne saurait non plus exiger un recours permettant de contester une jurisprudence constitutionnelle à effet normatif. • CEDH 6 janv. 2011, *Paksas c/ Lituanie,* n° 34932/04 § 114.

16. Absence de forme particulière. Il ne va pas cependant jusqu'à exiger une forme particulière de recours. • CEDH 30 oct. 1991, *Vilvarajah et a. c/ Royaume-Uni,* n° 13163/87 § 122.

17. Prise en compte d'un ensemble de recours. L'ensemble des recours offerts par le droit interne peut remplir les exigences de l'art. 13, même si aucun d'eux n'y répond en entier à lui seul. • CEDH 25 mars 1983, *Silver et a. c/ Royaume-Uni,* n° 5947/72 § 113 • CEDH 15 nov. 1996, *Chahal c/ Royaume-Uni,* n° 22414/93 § 145 : *préc. note 8* • CEDH, gr. ch., 26 oct. 2000, *Kudla c/ Pologne,* n° 30210/96 § 157 : *préc. note 2* • CEDH 15 juill. 2002, *Stratégies et Communications et Dumoulin c/ Belgique,* n° 37370/97 § 50 • CEDH 10 avr. 2003, *Konti-Arvaniti c/ Grèce,* n° 53401/99 § 28 • CEDH 8 juin 2006, *Sürmeli c/ Allemagne,* n° 75529/01 § 115 *(a contrario)* : *JDI 2007. 696, obs. Matter* • CEDH 23 févr. 2012, *Hirsi Jamaa et a. c/ Italie,* n° 27765/09 § 197.

18. Absence de recours. La Cour de cassation a affirmé que le droit italien ne prévoit pas de voies de recours à l'égard des décisions ordonnant le contrôle de la correspondance des détenus. • CEDH 15 nov. 1996, *Calogero Diana c/ Italie,* n° 15211/89 § 41. ♦ Les comparants conviennent qu'un recours en annulation devant les juridictions administratives était exclu. De la sorte, les requérants ne pouvaient obtenir une décision judiciaire constatant l'illégalité de la mesure disciplinaire de renvoi scolaire. • CEDH 18 déc. 1996, *Valsamis c/ Grèce,* n° 21787/93 § 48 : *préc. note 7.* ♦ La procédure de contrôle extraordinaire prévue par le code des infractions administratives ne pouvait être engagée que par un procureur ou par le président de la juridiction supérieure et n'était pas directement accessible à une partie à la procédure. • CEDH 6 sept. 2005, *Gurepka c/ Ukraine,* n° 61406/00 § 60. ♦ V. également, sur la base d'une violation de l'art. 5 § 4 Conv. EDH. • CEDH 18 janv. 2007, *Chitayev c/ Russie,* n° 59334/00 § 204. ♦ Le requérant a bien saisi le tribunal régional d'un recours contre l'ordonnance, mais sa plainte a été rejetée justement au motif que la législation interne ne permettait pas aux juridictions administratives d'examiner la régularité de ce type d'ordonnances reposant sur les impératifs de la sécurité nationale. Cette position du tribunal de première instance a été confirmée par la Cour administrative suprême. Il en ressort qu'en dépit du revirement de la jurisprudence de la haute juridiction administrative opéré depuis 2003 et observé dans d'autres affaires similaires, le requérant n'a pas pu bénéficier de cette voie de recours. • CEDH 12 juill. 2011, *Baltaji c/ Bulgarie,* n° 12919/04 § 46. ♦ Ayant constaté dans l'examen de la recevabilité en relation avec l'épuisement des voies de recours internes l'absence de recours permettant de faire constater la violation des art. 3 et 8 de la Conv. EDH, la Cour ne peut que conclure à la violation du présent art. • CEDH 15 oct. 2013, *Gutsanovi c/ Bulgarie,* n° 34529/10 § 233 s.

19. Le requérant a formé un recours devant le tribunal administratif mais le tribunal l'a rejeté en rappelant qu'il s'agissait d'une mesure intérieure non susceptible d'être déférée au juge administratif. Or compte tenu de l'importance des répercussions d'une mise à l'isolement prolongée pour un détenu, un recours effectif permettant à celui-ci de contester aussi bien la forme que le fond, et donc les motifs, d'une telle mesure devant une instance juridictionnelle est indispensable. • CEDH, gr. ch., 4 juill. 2006, *Ramirez-Sanchez c/ France,* n° 59450/00 § 162 et 165 : *préc. note 12.* ♦ Un changement de jurisprudence ultérieur, n'ayant en tout cas pas d'effet rétroactif, n'a pu avoir d'incidence sur la situation du requérant. • CEDH, gr. ch., 4 juill. 2006, *Ramirez-Sanchez c/ France,* n° 59450/00 § 165 : *préc. note 12.*

20. Le Conseil d'État a déclaré irrecevable la demande du requérant tendant à l'annulation de cette décision de refus, au seul motif qu'il s'agissait d'une mesure d'ordre intérieur, insusceptible de faire l'objet d'un recours pour excès de pouvoir. Elle relève ensuite que le Gouvernement ne prétend pas qu'un autre recours répondant aux exigences du présent art. était à la disposition du requérant. Ce dernier a donc été privé de tout recours, s'agissant du grief tiré d'une violation de son droit au respect de sa correspondance. • CEDH 12 juin 2007, *Frérot c/ France,* n° 70204/01 § 66 : *préc. note 9.*

21. A l'époque des faits, soit avant la juridictionnalisation complète des décisions du juge de l'application des peines opérée par la L. du 9 mars 2004, les ordonnances rendues par celui-ci en matière de permissions de sortir étaient qualifiées par la loi elle-même de mesures d'administration judiciaire et ne pouvaient faire l'objet d'un recours devant le tribunal correctionnel que de la part du Procureur de la République. • CEDH 18 oct. 2005, *Schemkamper c/ France,* n° 75833/01 § 43 : *AJ pénal 2005. 420.* ♦ Pour le moment, le système juridique russe ne dispose pas d'un recours efficace qui pourrait être utilisé pour mettre fin à des conditions de détention inhumaines et dégradantes et fournir au demandeur réparation adéquate et suffisante dans le cadre d'une plainte au sujet des conditions de détention inadéquates. • CEDH 10 janv. 2012, *Ananyev et a. c/ Russie,* n° 42525/07 § 119.

22. Pour des exemples d'absence de recours du fait de la remise sur-le-champ des requérants par les autorités des frontières aux capitaines des ferry-boats et qui n'ont pas eu accès à un interprète ni à des agents pouvant leur fournir les informations minimales nécessaires à propos du droit d'asile et de la procédure pertinente, V. • CEDH, gr. ch., 21 janv. 2011, *M. S. S. c/ Belgique et Grèce,* n° 30696/09 § 299 à 320 : *préc. note 2* • CEDH 21 oct. 2014, *Sharifi et a. c/ Italie et Grèce,* n° 16643/09 § 175 s. et 242 s.

2° NOTION DE RECOURS EFFECTIF

a. Notion d'effectivité

23. Absence de nécessité d'issue favorable. L'« effectivité » d'un « recours » au sens du présent art. ne dépend pas de la certitude d'une issue favorable pour le requérant. • CEDH 6 févr. 1976, *Synd. suédois des conducteurs de locomotives,* n° 5614/72 § 50 • CEDH 30 oct. 1991, *Vilvarajah et a. c/ Royaume-Uni,* n° 13163/87 § 122 • CEDH 26 nov. 1991, *Observer et Guardian c/ Royaume-Uni,* n° 13585/88 § 76 • CEDH 30 oct. 1991, *Vilvarajah et a. c/ Royaume-Uni,* n° 13163/87 § 122 • CEDH 25 mars 1993, *Costello-Roberts c/ Royaume-Uni,* n° 13134/87 § 40 : *préc. note 8* • CEDH 10 avr. 2003, *Konti-Arvaniti c/ Grèce,* n° 53401/99 § 28 • CEDH, gr. ch., 21 janv. 2011, *M. S. S. c/ Belgique et Grèce,* n° 30696/09 § 289 : *préc. note 2* • CEDH 23 févr. 2012, *Hirsi Jamaa et a. c/ Italie,* n° 27765/09 § 197.

1. Principe

24. L'« effectivité » d'un « recours » au sens du présent art. dépend du fait qu'il ait eu la possibilité de faire examiner son grief par une instance nationale et que celle-ci ait été en mesure d'en examiner le bien-fondé. • CEDH 19 déc. 2006, *Mattei c/ France,* n° 34043/02 § 46 : *JDI 2007. 2. 710, obs. Bachelet ; AJ pénal 2007. 89, obs. Saas* • CEDH 28 janv. 2008, *Milan c/ France,* n° 7549/03 § 69. ♦ Le recours est privé de toute effectivité puisque les juridictions l'ayant examiné ont négligé de prendre en compte bon nombre des arguments présentés par le requérant. • CEDH 17 févr. 2011, *Pfeifer c/ Bulgarie,* n° 24733/04 § 71.

25. L'effectivité du droit d'accès demande qu'un individu jouisse d'une possibilité claire et concrète de contester un acte constituant une ingérence dans ses droits. • CEDH 4 déc. 1995, *Bellet c/ France,* n° 23805/94 § 36 et 38 : *D. 1996. 357, note Collin-Demumieux ; D. 1997. 205, obs. Perez ; AJDA 1996. 376, obs. Flauss ; RFDA 1996. 561, obs. Dreifuss ; JCP 1996. II. 22648, note Harichaud* • CEDH 30 oct. 1998, *F. E. c/ France,* n° 38212/97 § 46 : *D. 1999. 453, obs. Fricero et Perez ; JCP 1999. I. 105, chron. Sudre.* ♦ V. déjà. • CEDH 16 déc. 1992, *Geouffre de la Pradelle c/ France,* n° 12964/87 § 34 : *D. 1993. 562, note Benoît-Rohmer.*

26. L'« effectivité » du recours au sens du présent art. doit être appréciée, à l'instar de l'existence de voies de recours interne à épuiser au sens de l'art. 35 § 1, Conv. EDH, ces deux dispositions présentant « d'étroites affinités ». • CEDH, gr. ch., 26 oct. 2000, *Kudla c/ Pologne,* n° 30210/96 § 152 : *préc. note 2* • CEDH 9 juill. 2002, *Nouhaud c/ France,* n° 33424/96 § 44 : *D. 2003. 593, obs. Fricero ; JCP 2003. I. 109, chron. Sudre ; RD publ. 2003. 689, obs. Sudre.*

2. Option

27. Empêcher ou faire cesser la violation. Le présent art. ouvre une option : sont « effectifs » des moyens qui peuvent empêcher la survenance ou la continuation de la violation alléguée. • CEDH, gr. ch., 26 oct. 2000, *Kudla c/ Pologne,* n° 30210/96 § 157 : *préc. note 2* • CEDH, gr. ch., 11 sept. 2002, *Mifsud c/ France,* n° 57220/00 § 17 : *RD publ. 2003. 690, obs. Sudre ; JCP 2003. I. 109, chron. Sudre* • CEDH 22 mai 2003, *Paulino Tomas c/ Portugal,* n° 58698/00 • CEDH 8 juin 2006, *Sürmeli c/ Allemagne,* n° 75529/01 § 116 : *préc. note 17* • CEDH, gr. ch., 4 juill. 2006, *Ramirez-Sanchez c/ France,* n° 59450/00 § 160 : *préc. note 12.*

28. Le temps nécessaire à l'examen d'un recours peut en mettre en cause l'efficacité ; cela n'implique pas pour autant que le simple dépassement d'un délai légal constitue une méconnaissance du droit garanti au présent art. En l'espèce, le non-respect systématique du délai légal a sensiblement réduit, voire annulé l'impact du contrôle exercé par les tribunaux sur les arrêtés du ministre de la justice prorogeant le régime spécial de détention auquel était soumis le requérant. Par exemple, en l'espèce, le tribunal d'application des peines a révoqué en 3 occasions les restrictions aux visites familiales, mais en raison du retard dans ces décisions (un retard d'environ 7 mois au total), le requérant a subi lesdites restrictions plus longtemps qu'il n'était nécessaire. • CEDH 28 sept. 2000, *Messina c/ Italie (n° 2),* n° 25498/94 § 94 et 96 : *RSC 2001. 881, obs. Tulkens.* ♦ Rappr. sur la base d'une violation de l'art. 6 Conv. EDH. : Si la loi applicable prévoit un délai de décision de 10 jours seulement, c'est, de l'avis de la Cour, en raison, d'une part, de la gravité de l'impact du régime spécial sur les droits du détenu et, d'autre part, de la validité limitée dans le temps de la décision attaquée. • CEDH 30 oct. 2003, *Ganci c/ Italie,* n° 41576/98 § 31 : *D. 2004. 1095, note Céré.*

29. ... Ou assurer un redressement approprié. Sont « effectifs » des moyens qui offrent le redressement approprié pour toute violation s'étant déjà produite. • CEDH, gr. ch., 26 oct. 2000, *Kudla c/ Pologne,* n° 30210/96 § 157 : *préc. note 2* • CEDH, gr. ch., 11 sept. 2002, *Mifsud c/ France,* n° 57220/00 § 17 : *préc. note 27* • CEDH 10 avr. 2003, *Konti-Arvaniti c/ Grèce,* n° 53401/99 § 28 • CEDH 22 mai 2003, *Paulino Tomas c/ Portugal,* n° 58698/00 • CEDH 8 juin 2006, *Sürmeli c/ Allemagne,* n° 75529/01 § 116 : *préc. note 17* • CEDH, gr. ch., 4 juill. 2006, *Ramirez-Sanchez c/ France,* n° 59450/00 § 160 : *préc. note 12.* ♦ V. déjà. • CEDH 18 déc. 1996, *Valsamis c/ Grèce,* n° 21787/93 § 46 : *préc. note 7.*

30. V. également pour une application de l'option dans le cadre de l'art. 6 Conv. EDH, en matière de visite domiciliaire que les personnes concernées puissent obtenir un contrôle juridictionnel effectif, en fait comme en droit, de la *régularité de la décision* prescrivant la visite ainsi que, le cas échéant, des mesures prises sur son fondement ; le ou les recours disponibles doivent permettre, en cas de constat d'irrégularité, soit de prévenir la survenance de l'opération, soit, dans l'hypothèse où une opération jugée irrégulière a déjà eu lieu, de fournir à l'intéressé un redressement approprié. Tel n'est pas le cas si les ordonnances autorisant les visites domiciliaires ne sont susceptibles que d'un pourvoi en cassation. • CEDH 21 févr. 2008, *Ravon c/ France,* n° 18497/03 § 28 : *D. 2008. 1054, obs. Guélaud ; RSC 2009. 598, obs. Matsoloulou ; RD publ. 2009. 905, obs. Gonzalez ; JCP 2008. I. 167, chron. Sudre.*

3. Qualité du recours prévu

31. Principe. Le recours exigé par le présent art. doit être « effectif » en pratique comme en droit. • CEDH 18 déc. 1996, *Aksoy c/ Turquie,* n° 21987/93 § 95 : *RSC 1997. 453, obs. Koering-Joulin ; Justices 1997. 183, obs. Cohen-Jonathan et Flauss ; AFDI 1996. 749, obs. Coussirat-Coustère ; JCP 1997. I. 4000, chron. Sudre* • CEDH, gr. ch., 27 juin 2000, *Ilhan c/ Turquie,* n° 22277/93 § 97 • CEDH, gr. ch., 26 oct. 2000, *Kudla c/ Pologne,* n° 30210/96 § 157 : *préc. note 2* • CEDH 15 juill. 2002, *Stratégies et Communications et Dumoulin c/ Belgique,* n° 37370/97 § 50 • CEDH 10 avr. 2003, *Konti-Arvaniti c/ Grèce,* n° 53401/99 § 28.

32. Son exercice ne doit pas être entravé de manière injustifiée par les actes ou omissions des autorités de l'État défendeur. • CEDH 18 déc. 1996, *Aksoy c/ Turquie,* n° 21987/93 § 95 : *préc. note 31* • CEDH 25 sept. 1997, *Aydin c/ Turquie,* n° 23178/94 § 103 : *D. 1998. 205, obs. Renucci ; RSC 1998. 380, obs. Koering-Joulin* • CEDH 19 févr. 1998, *Kaya c/ Turquie,* n° 22729/93 § 106 • CEDH, gr. ch., 27 juin 2000, *Ilhan c/ Turquie,* n° 22277/93 § 97.

33. N'est pas effectif un recours qui, ayant donné gain de cause au requérant se heurte au refus du ministre des finances de se conformer au jugement du tribunal. • CEDH 25 mars 1999, *Iatridis c/ Grèce,* n° 31107/96 § 66.

34. Durée et accessibilité du recours. L'action en responsabilité extra-contractuelle de l'État doit demeurer elle-même un recours efficace, adéquat et accessible pour faire sanctionner la durée excessive d'une procédure judiciaire. C'est pourquoi il serait souhaitable que les juridictions administratives portent une attention particulière à ces actions, notamment pour ce qui est de la durée de leur examen. On ne peut en effet exclure qu'une lenteur excessive à cet égard affecte le caractère adéquat de l'action en responsabilité. • CEDH 22 mai 2003, *Paulino Tomas c/ Portugal,* n° 58698/00. ♦ Par ailleurs, il faut prêter une attention particulière à la rapidité du recours lui-même puisqu'il n'est pas exclu que la durée excessive d'un recours le rende inadéquat. • CEDH 31 juill. 2003, *Doran c/ Irlande,* n° 50389/99 § 57.

35. Un recours inapte à prospérer en temps utile n'est ni adéquat ni effectif. • CEDH 4 mai 2006, *Kadikis c/ Lettonie (n° 2),* n° 62393/00 § 62 • CEDH 20 janv. 2011, *Payet c/ France,* n° 19606/08 § 133 : *AJDA 2011. 139 ; ibid. 1993, chron. Burgorgue-Larsen ; D. 2011. 643, obs. Lavric, note Céré ; ibid. 1306, obs. Céré, Herzog-Evans et Péchillon ; AJ pénal*

2011. 88, note Herzog-Evans ; RFDA 2012. 455, chron. Labayle, Sudre, Dupré de Boulois et Milano ; RSC 2012. 208, chron. Poncela .

36. Contrôle voisin de celui de la CEDH. A supposer même que les griefs que présentent les requérants aient été pour l'essentiel formulés devant les juridictions internes et examinés par elles, le seuil à partir duquel la High Court et la Cour d'appel auraient pu tenir la politique du ministère de la défense pour irrationnelle était si élevé qu'il excluait en pratique toute considération par les tribunaux internes de la question de savoir si l'ingérence dans les droits des requérants répondait à un besoin social impérieux ou était proportionnée aux buts poursuivis – sécurité nationale et ordre public –, principes qui sont au cœur de l'analyse par la CEDH des griefs tirés de l'art. 8 Conv. EDH. • CEDH 27 sept. 1999, *Smith et Grady c/ Royaume-Uni,* n° 33985/96 § 138.

37. Rien n'empêchait S. de plaider « l'irrationalité Wednesbury » sur la base de données voisines de celles qu'il a produites à Strasbourg à propos du syndrome du « couloir de la mort ». Pareille demande aurait été examinée de la manière « la plus scrupuleuse », en raison du caractère fondamental du droit de l'homme en cause. Il n'appartient pas à la Cour de spéculer sur ce qu'auraient décidé les juridictions anglaises. • CEDH 7 juill. 1989, *Soering c/ Royaume-Uni,* n° 14038/88 § 122 : *préc. note 8.* ♦ Les juridictions anglaises pouvaient apprécier le « caractère raisonnable » d'une décision d'extradition à la lumière d'éléments du genre de ceux que le requérant invoquait à Strasbourg dans le contexte de l'art. 3 Conv. EDH. • CEDH 30 oct. 1991, *Vilvarajah et a. c/ Royaume-Uni,* n° 13163/87 § 123.

38. Indemnisation voisine de celle accordée par la CEDH. V. point II. A. 1° *a)* 2.

b. Appréciation in concreto

1. Généralités

39. L'existence d'un recours effectif est appréciée *in concreto.* • Comm. EDH 9 juill. 1982, *Colozza et Rubinat c/ Italie,* n° 9024/80. ♦ V. pour une analyse détaillée, *in concreto,* du recours et de la procédure. • CEDH 17 janv. 2012, *Othman (Abu Qatada) c/ Royaume-Uni,* n° 8139/09 § 215 s.

40. Dès lors que le Gouvernement admet qu'il n'existait pas de recours effectif, la solution s'impose d'elle-même. • CEDH 5 janv. 2010, *Frasik c/ Pologne,* n° 22933/02 § 103 et 104.

41. Aucun des quatre recours évoqués par le Gouvernement ne peut être qualifié d'effectif. En ce qui concerne l'effectivité de ces recours considérés dans leur ensemble, la Cour note que le Gouvernement n'a ni allégué ni démontré que la combinaison de deux ou plusieurs d'entre eux satisfasse aux exigences. • CEDH 8 juin 2006, *Sürmeli c/ Allemagne,* n° 75529/01 § 115 : *préc. note 17* • CEDH 18 déc. 1996, *Valsamis c/ Grèce,* n° 21787/93 § 48 : *préc. note 7.*

2. Absence de recours effectif

42. Existence même du recours. La possibilité de s'adresser au médiateur et au ministre ne conférait pas aux requérantes un droit à réparation dont elles auraient pu obtenir la sanction en justice. • CEDH 10 mai 2001, *T. P. et M. K. c/ Royaume-Uni,* n° 28945/95 § 109.

43. Une décision d'annulation impossible à obtenir constituant le préalable à l'introduction d'une demande en réparation, les actions en indemnisation prévues par la loi d'accompagnement du code civil n'étaient donc d'aucune utilité pour les requérants. • CEDH 18 déc. 1996, *Valsamis c/ Grèce,* n° 21787/93 § 48 : *préc. note 7.*

44. S'agissant des fouilles corporelles, la Cour note que le grief du requérant sous l'angle du présent art. concerne la fréquence des fouilles qu'il subissait. Le seul exemple jurisprudentiel cité par le Gouvernement est relatif à un placement fautif au quartier disciplinaire d'un détenu suite à une fouille intégrale en présence de codétenus que le tribunal administratif en 2006 a qualifié d'irrégulière et d'humiliante. En revanche, le requérant produit une ordonnance du président du tribunal administratif de Nantes aux termes de laquelle la décision de fouiller un détenu prise sur le fondement de l'art. D. 275 C. pr. pén. ne présentait pas le caractère d'une décision susceptible de recours. Il n'est donc pas établi qu'il existait en droit interne un recours pour contester la décision de procéder à une fouille corporelle. • CEDH 9 juill. 2009, *Khider c/ France,* n° 39364/05 § 144 : *D. 2009. 2462, note Herzog-Evans ; RCS 2010. 225, obs. Marguénaud ; RD publ. 2010. 864, obs. Lévinet.* ♦ A l'époque des faits, le droit français n'offrait au requérant aucun recours susceptible d'empêcher la continuation des conditions de détention qu'il subissait ou d'obtenir une amélioration de celles-ci. • CEDH 21 mai 2015, *Yengo c/ France,* n° 50494/12 : *AJDA 2015. 1289 , tribune Jacquemet-Gauché et Gauché ; AJ Pénal 2015. 450, note Senna .*

45. Durée du recours. Un délai de 5 mois pour qu'il soit statué sur la demande du requérant de revenir sur la décision ne lui accordant pas le droit de se marier conduit la Cour à considérer que le recours n'est pas effectif. • CEDH 5 janv. 2010, *Jaremowicz c/ Pologne,* n° 24023/03 § 71.

46. Recours a posteriori. Si la législation applicable prévoyait des délais pour la communication des avis d'organisation des événements, les autorités n'étaient en revanche tenues par aucun cadre juridiquement contraignant de rendre de décisions définitives avant la date prévue des marches ou des piquets protestataires. Le recours judiciaire ouvert au requérant en l'espèce, qui était un recours *a posteriori*, n'était pas de nature à redresser de manière satisfaisante les violations alléguées de la Conv. • CEDH 21 oct. 2010, *Alexeïev c/ Russie*, n° 4916/07 § 99.

47. La chambre d'accusation déclara irrecevable la partie de la plainte de C. relative à la perquisition litigieuse, au motif que « [cette mesure avait] pris fin et que le requérant [n'était] plus actuellement atteint par [celle-ci] ». Ainsi, même si la chambre d'accusation procéda à l'examen de la partie de la plainte relative à l'écoute et à l'enregistrement de la communication téléphonique en cause, le recours sus-décrit ne peut être qualifié d'« effectif ». • CEDH 16 déc. 1997, *Camenzind c/ Suisse*, n° 21353/93 § 54.

48. Ensemble de la procédure. Eu égard à la procédure devant le magistrat administratif, la Cour souligne les obstacles rencontrés par le requérant pour introduire une requête motivée et documentée dans un délai particulièrement court (48 h), avec l'assistance ponctuelle d'un avocat commis d'office rencontré peu de temps avant l'audience. Elle émet de sérieux doutes sur le fait que le requérant ait été en mesure de faire valoir efficacement ses griefs tirés de l'art. 3 Conv. EDH devant le magistrat administratif. Quant à l'effectivité du système de droit interne pris dans son ensemble, la Cour constate que si les recours exercés par le requérant étaient théoriquement disponibles, leur accessibilité en pratique a été limitée par plusieurs facteurs, liés pour l'essentiel au classement automatique de sa demande en procédure prioritaire, à la brièveté des délais de recours à sa disposition et aux difficultés matérielles et procédurales d'apporter des preuves alors que le requérant se trouvait en détention ou en rétention. Les insuffisances relevées quant à l'effectivité des recours exercés par le requérant n'ont pu être compensées en appel. Sa demande ayant été traitée en procédure prioritaire, le requérant ne disposait en effet d'aucun recours en appel ou en cassation suspensif, que ce soit devant la CNDA, la cour administrative d'appel ou le Conseil d'État. • CEDH 2 févr. 2012, *I. M. c/ France*, n° 9152/09 § 150 à 156 : *AJDA 2012. 244 ; RFDA 2013. 576, chron. Labaye et Sudre ; Dr. adm. 2012. 37, note Tchen ; JCP Adm. 2012. 2212, note Marti.*

49. Ne peut être considéré comme effectif un recours qui, s'il permet de vérifier si la Suisse était liée par les résolutions du Conseil de sécurité, ne permettait pas de lever pour non-respect des droits de l'homme les sanctions prises contre le requérant. Il en va de même de la procédure de radiation de la liste qu'il était possible d'entreprendre devant les Nations unies. • CEDH, gr. ch., 12 sept. 2012, *Nada c/ Suisse*, n° 10593/08 § 210 et 211.

50. Dans les circonstances de l'espèce, la Cour estime que la hâte avec laquelle la mesure de renvoi a été mise en œuvre a eu pour effet en pratique de rendre les recours existants inopérants et donc indisponibles. Si la Cour reconnaît l'importance de la rapidité des recours, celle-ci ne saurait aller jusqu'à constituer un obstacle ou une entrave injustifié à leur exercice, ni être privilégiée aux dépens de leur effectivité en pratique. Or la Cour ne peut que constater que, ayant saisi le tribunal administratif le 26 janv. 2007 à 15 heures et 11 minutes, le requérant a été éloigné vers le Brésil le même jour à 16 heures. Aux yeux de la Cour, la brièveté de ce délai exclut toute possibilité pour le tribunal d'examiner sérieusement les circonstances et arguments juridiques qui militent pour ou contre la violation de l'art. 8 Conv. EDH en cas de mise à exécution de la décision d'éloignement. • CEDH, gr. ch., 13 déc. 2012, *De Souza Ribeiro c/ France*, n° 22689/07 §94 et 95 : *préc. note 13.* ♦ La situation géographique de la Guyane, et la forte pression migratoire subie par ce DROM, ne saurait justifier le régime d'exception prévu par la législation ainsi que son fonctionnement. • CEDH, gr. ch., 13 déc. 2012, *De Souza Ribeiro c/ France*, n° 22689/07 §97 : *préc. note 13.*

51. Conditions exigées par la juridiction. Le formalisme excessif des tribunaux quant à l'établissement du préjudice moral dû à de mauvaises conditions carcérales a eu pour résultat de priver l'action en responsabilité de l'État de son effectivité. En l'occurrence, la Cour a relevé que les tribunaux nationaux n'avaient pas considéré que les mauvaises conditions dans lesquelles le requérant avait été détenu – fait amplement prouvé – ainsi que les affirmations de celui-ci faisant part de ses souffrances, pouvaient être retenues comme éléments pour l'établissement d'un préjudice moral. Une telle approche des tribunaux nationaux, qui avaient demandé à l'intéressé d'étayer ses souffrances par d'autres éléments de preuve, en particulier avec des témoignages, sans qu'il puisse y parvenir, a privé le requérant d'un recours effectif. • CEDH 2 févr. 2006, *Iovtchev c/ Bulgarie*, n° 41211/98 § 146. ♦ Rappr. au titre de l'art. 5, § 5, Conv. EDH. • CEDH 2 sept. 2010, *Danev c/ Bulgarie*, n° 9411/05 §33 et 34. ♦ ... Et au titre de l'art. 3 Conv. EDH. • CEDH 25 janv. 2011, *Elefteriadis c/ Roumanie*, n° 38427/05 § 54 : *RFDA 2012. 455, chron. Labayle et Sudre ; RD publ. 2012. 796, chron. Sudre.*

3. Présence de recours effectif

52. Le requérant a tenté d'user de la voie de l'appel apparemment tardif, qui lui aurait permis de faire valoir que la procédure par contumace engagée contre lui n'était pas compatible avec les exigences de l'art. 6 Conv. EDH. L'appel fut déclaré irrecevable par la cour d'appel de Rome mais, sur pourvoi du requérant, la Cour de cassation examina néanmoins le grief formulé par lui et conclut qu'il avait à juste titre été déclaré *contumax*. • Comm. EDH 9 juill. 1982, *Colozza et Rubinat c/ Italie,* n° 9024/80.

53. Sur le terrain de la Conv. EDH, O. et G. s'en prennent pour l'essentiel à l'atteinte injustifiée à leur liberté d'expression que constituaient, d'après eux, les injonctions provisoires prononcées à leur encontre. Or il est clair non seulement qu'ils pouvaient soulever ce problème en substance devant les tribunaux internes, mais qu'ils les en ont saisis. • CEDH 26 nov. 1991, *Observer et Guardian c/ Royaume-Uni,* n° 13585/88 § 76. ♦ La législation suédoise offrait au requérant un recours dont il a du reste usé : l'introduction d'une instance devant le tribunal du travail. La lecture du jugement révèle que le tribunal du travail a examiné avec soin les griefs dont il était saisi, à la lumière de la législation en vigueur et non sans tenir compte des engagements internationaux de la Suède. • CEDH 6 févr. 1976, *Synd. suédois des conducteurs de locomotives,* n° 5614/72 § 50.

54. La Cour constate que le requérant a pu déposer une plainte avec constitution de partie civile qui a été instruite par un juge d'instruction. Une enquête a été menée par l'IGPN, au cours de laquelle le requérant, les policiers concernés et le médecin ayant examiné le requérant pendant la garde à vue ont été entendus. C'est au vu des résultats de cette enquête que le juge a rendu une ordonnance de non-lieu. La chambre de l'instruction, saisie sur appel du requérant, a procédé à un examen de l'affaire avant de rejeter le recours du requérant. • CEDH 28 janv. 2008, *Milan c/ France,* n° 7549/03 § 69.

55. Quant au déroulement de la fouille intégrale du 30 juin 2004, le requérant disposait d'un recours qu'il a du reste utilisé : la plainte avec constitution de partie civile pour agression sexuelle. • CEDH 9 juill. 2009, *Khider c/ France,* n° 39364/05 § 144 : *préc. note 44.*

56. Nécessité que le recours soit connu. Selon une jurisprudence constante du Conseil d'État jusqu'au 30 juill. 2003, les mises à l'isolement étaient assimilées à des mesures d'ordre intérieur insusceptibles de recours devant les juridictions administratives. Il serait souhaitable que le changement de jurisprudence permettant désormais de présenter un recours contre ces mesures soit mieux connu. • CEDH, gr. ch., 4 juill. 2006, *Ramirez-Sanchez c/ France,* n° 59450/00 § 165 : *préc. note 12.*

57. Invocation d'une menace sur la sécurité nationale : « recours aussi efficace que possible ». Aux fins du présent litige, un « recours effectif » selon l'art. 13 doit s'entendre d'un recours aussi effectif qu'il peut l'être eu égard à sa portée limitée, inhérente à tout système de surveillance nécessaire, dans une société démocratique et dans la situation actuelle, à la sécurité nationale comme à la défense de l'ordre et à la prévention des infractions pénales. • CEDH 6 sept. 1978, *Klass c/ Allemagne,* n° 5029/71 § 68 et 69 : *préc. note 6.* ♦ V. cependant les cas où sont invoqués la violation de droits essentiels garantis par la Conv. EDH notes 5 s. ♦ V. note ss. Conv. EDH, art. 6, encore s'agissant de la mise en œuvre du recours effectif pour violation du délai raisonnable de l'art. 6 § 1.

58. Même si l'on allègue une menace pour la sécurité nationale, la garantie d'un recours effectif exige au minimum que l'instance de recours indépendante compétente soit informée des motifs de la décision, même si ceux-ci ne sont pas accessibles au public. L'instance doit avoir compétence pour rejeter l'affirmation du pouvoir exécutif selon laquelle il existait une menace pour la sécurité nationale lorsqu'elle la juge arbitraire ou abusive. Il doit y avoir une forme quelconque de procédure contradictoire, assurée si besoin est par la présence d'un représentant spécial bénéficiant d'une habilitation de sécurité. • CEDH 20 juin 2002, *Al-Nashif c/ Bulgarie,* n° 50963/99 § 137.

59. La condition que le recours soit « aussi effectif qu'il peut l'être » ne convient pas pour un grief selon lequel l'expulsion de l'intéressé l'exposera à un risque réel de subir un traitement contraire à l'art. 3 Conv. EDH, domaine où les questions de sécurité nationale ne doivent pas entrer en ligne de compte. L'examen conduisant à la recherche de l'existence de motifs sérieux de redouter un risque réel de traitements contraires à l'art. 3. ne doit pas tenir compte de ce que l'intéressé a pu faire pour justifier une expulsion ni de la menace à la sécurité nationale éventuellement perçue par l'État qui expulse. • CEDH 15 nov. 1996, *Chahal c/ Royaume-Uni,* n° 22414/93 § 150 et 151 : *préc. note 8.*

60. Recours non suspensif. L'« effectivité » du recours prévu par le présent art. n'exige pas nécessairement que ce recours ait un effet suspensif. • CEDH, gr. ch., 13 déc. 2012, *De Souza Ribeiro c/ France,* n° 22689/07 § 83 : *préc. note 13.* ♦ La Cour a cependant estimé qu'il pouvait en aller différemment lorsque l'exécution de la décision contestée peut avoir des conséquences potentiellement irréversibles, par exemple sous l'angle des art. 2 et 3 Conv. EDH. ou de l'art. 4 Prot. n° 4, V. note 96. ♦ S'agissant de mesures d'éloignement, V. notes 72 et 98.

61. En l'espèce, le recours dont le requérant

a bénéficié a permis de faire reconnaître l'illégalité de l'arrêté préfectoral et, par la suite, de lui faire délivrer un titre de séjour. Si, en l'absence d'effet suspensif, le tribunal administratif ne s'est pas prononcé sur les griefs du requérant avant que celui-ci ne soit reconduit à la frontière, toutefois, les conséquences de l'ingérence dans les droits garantis par l'art. 8 Conv. EDH sont en principe réversibles et le cas d'espèce le démontre car le lien familial n'a pas été durablement rompu à la suite de l'expulsion du requérant. Celui-ci a en effet pu revenir vivre en Guyane quelque temps après son expulsion. • CEDH 30 juin 2011, *De Souza Ribeiro c/ France,* n° 22689/07 § 43 et 44 : *préc. note 13.*

4. Notion d'instance nationale

62. Organe non juridictionnel. Il n'est pas nécessaire que cet examen soit mené par une instance judiciaire, mais alors ses pouvoirs et les garanties qu'elle présente entrent en ligne de compte pour apprécier l'efficacité du recours s'exerçant devant elle. • CEDH 6 sept. 1978, *Klass c/ Allemagne,* n° 5029/71 § 67 : *préc. note 6* • CEDH 25 mars 1983, *Silver et a. c/ Royaume-Uni,* n° 5947/72 § 113 • CEDH 26 mars 1987, *Leander c/ Suède,* n° 9248/81 § 77 • CEDH 15 nov. 1996, *Chahal c/ Royaume-Uni,* n° 22414/93 § 152 : *préc. note 8* • CEDH, gr. ch., 26 oct. 2000, *Kudla c/ Pologne,* n° 30210/96 § 157 : *préc. note 2* • CEDH 15 juill. 2002, *Stratégies et Communications et Dumoulin c/ Belgique,* n° 37370/97 § 50 • CEDH 10 avr. 2003, *Konti-Arvaniti c/ Grèce,* n° 53401/99 § 28 • CEDH, gr. ch., 21 janv. 2011, *M. S. S. c/ Belgique et Grèce,* n° 30696/09 § 289 : *préc. note 2.*

63. L'« instance » dont parle la présente disposition n'a pas besoin d'être une institution judiciaire, mais alors, si tel n'est pas le cas, ses pouvoirs et les garanties qu'elle présente entrent en ligne de compte pour apprécier l'effectivité du recours s'exerçant devant elle. • CEDH, gr. ch., 4 juill. 2006, *Ramirez-Sanchez c/ France,* n° 59450/00 § 159 : *préc. note 12* • CEDH 23 févr. 2012, *Hirsi Jamaa et a. c/ Italie,* n° 27765/09 § 197.

64. Indépendance de l'organe. Le présent art. exige pour le moins qu'un organe indépendant apprécie la totalité des faits et des éléments produits et soit habilité à prendre une décision qui serait contraignante pour le ministre. • CEDH 15 nov. 1996, *Chahal c/ Royaume-Uni,* n° 22414/93 § 144 : *préc. note 8.*

65. Le recours gracieux au juge de l'application des peines ne saurait passer pour un recours effectif au sens du présent art. car ledit magistrat est appelé à réexaminer le bien-fondé d'un acte qu'il a pris lui-même, d'ailleurs en l'absence de toute procédure contradictoire. • CEDH 15 nov. 1996, *Calogero Diana c/ Italie,* n° 15211/89 § 41.

66. En matière de contestation des résultats électoraux, la Cour note qu'un recours juridictionnel ou quasi juridictionnel intervenant en première instance ou après décision d'un organe non juridictionnel (par ex. un organe parlementaire) est en principe de nature à remplir les exigences du droit à des élections libres garanti à l'art. 3 du premier protocole additionnel à la Conv. Néanmoins, elle estime que, compte tenu de la diversité des systèmes électoraux existant en Europe et de la large marge d'appréciation des États parties en la matière, il ne lui appartient pas d'indiquer quel type de recours devrait être prévu pour satisfaire aux exigences de la Conv. L'organe compétent doit cependant présenter des garanties suffisantes d'impartialité. Son pouvoir d'appréciation doit être circonscrit par les dispositions de droit interne à un niveau suffisant de précision. La procédure suivie doit enfin présenter des garanties effectives de nature à assurer une décision équitable, objective et suffisamment motivée. • CEDH, gr. ch., 10 juill. 2020, *Belgique,* n° 310/15 § 137-139. ♦ Rappr. • CEDH 2 mars 2010, *Roumanie,* n° 78039/01 § 62.

67. Le recours n'offrait pas suffisamment de garanties contre l'arbitraire : il s'agissait d'un recours hiérarchique, introduit devant le ministre de l'intérieur qui était l'organe administratif supérieur à celui qui avait délivré l'ordonnance litigieuse ; l'intéressé n'avait été informé à aucun moment de la base factuelle sur laquelle reposaient le retrait de son permis de séjour et son expulsion et dès lors n'a pas pu se défendre de manière effective. • CEDH 12 juill. 2011, *Bulgarie,* n° 12919/04 § 37.

68. Force du recours juridictionnel. S'il n'y a pas lieu de se prononcer sur le point de savoir si seule une procédure juridictionnelle aurait pu aboutir à une réparation effective, il est vrai que les recours judiciaires offrent de solides garanties d'indépendance, d'accès à la procédure pour la victime et sa famille et d'exécution des décisions d'indemnisation, conformes à ce qu'exige le présent art. • CEDH 6 sept. 1978, *Klass et a. c/ Allemagne,* n° 5029/71 § 67 : *préc. note 6* • CEDH 10 mai 2001, *T. P. et M. K. c/ Royaume-Uni,* n° 28945/95 § 109.

II. MISE EN ŒUVRE

A. PRINCIPE : CARACTÈRE SECONDAIRE DU PRÉSENT ARTICLE

69. Les exigences du présent art. sont moins strictes que celles de l'art. 6 Conv. EDH et dès lors bien souvent absorbées par elles. • CEDH 7 juill. 1989, *Tre Traktörer Aktiebolag c/ Suède,* n° 10873/84 § 51 • CEDH 21 févr. 1990, *Hakansson et Sturesson c/ Suède,* n° 11855/85

§ 69 • CEDH 16 déc. 1992, *Geouffre de la Pradelle c/ France,* n° 12964/87, § 37 : *préc. note 25* • CEDH 19 déc. 1997, *Brualla Gomez de la Torre c/ Espagne,* n° 26737/95 § 41 : *D. 1998. 210, note Fricero* • CEDH, gr. ch., 26 oct. 2000, *Kudla c/ Pologne,* n° 30210/96 § 146 : *préc. note 2* • CEDH 6 déc. 2001, *Tsironis c/ Grèce,* n° 44584/98 § 31 • CEDH 22 mai 2001, *Baumann c/ France,* n° 33592/96 § 39 • CEDH 30 oct. 2003, *Ganci c/ Italie,* n° 41576/98 § 31 : *préc. note 28* • CEDH 21 févr. 2008, *Ravon c/ France,* n° 18497/03 § 27 : *préc. note 30* • CEDH 21 sept. 2011, *Ullens de Schooten et Rezabek c/ Belgique,* n° 3989/07 § 52.

70. Le présent art. fixe des conditions moins strictes que l'art. 5 § 4 Conv. EDH, lequel doit être considéré comme la *lex specialis* pour les doléances tirées de l'art. 5. • CEDH 22 mai 1984, *de Jong, Baljet et van den Brink c/ Pays-Bas,* n° 8805/79 § 60 • CEDH 26 mai 1993, *Brannigan et McBride c/ Royaume-Uni,* n° 14553/89 § 76 • CEDH 15 nov. 1996, *Chahal c/ Royaume-Uni,* n° 22414/93 § 126 : *préc. note 8.*

B. APPLICATIONS PARTICULIÈRES

71. Principe. La portée de l'obligation que le présent art. fait peser sur les États contractants varie en fonction de la nature du grief du requérant. • CEDH 18 déc. 1996, *Aksoy c/ Turquie,* n° 21987/93 § 95 : *préc. note 31* • CEDH, gr. ch., 27 juin 2000, *Ilhan c/ Turquie,* n° 22277/93 § 97 • CEDH, gr. ch., 26 oct. 2000, *Kudla c/ Pologne,* n° 30210/96 § 157 : *préc. note 2* • CEDH 15 juill. 2002, *Stratégies et Communications et Dumoulin c/ Belgique,* n° 37370/97 § 50 • CEDH 10 avr. 2003, *Konti-Arvaniti c/ Grèce,* n° 53401/99 § 28.

72. S'agissant d'éloignements d'étrangers contestés sur la base d'une atteinte alléguée à la vie privée et familiale, l'effectivité ne requiert pas que les intéressés disposent d'un recours de plein droit suspensif. Il n'en demeure pas moins qu'en matière d'immigration, lorsqu'il existe un grief défendable selon lequel une expulsion risque de porter atteinte au droit de l'étranger au respect de sa vie privée et familiale, le présent art combiné avec l'art. 8 Conv. EDH exige que l'État fournisse à la personne concernée une possibilité effective de contester la décision d'expulsion ou de refus d'un permis de séjour et d'obtenir un examen *suffisamment approfondi et offrant* des garanties procédurales adéquates des questions pertinentes par une instance interne compétente fournissant des gages suffisants d'indépendance et d'impartialité. • CEDH, gr. ch., 13 déc. 2012, *De Souza Ribeiro c/ France,* n° 22689/07 § 83 : *préc. note 13.*

1° EFFECTIVITÉ ET DROITS INTANGIBLES

a. Mauvais traitements et/ou droit à la vie (Conv. EDH, art. 2 et 3)

73. Principe. Lorsque la famille formule une allégation défendable d'homicide illégal commis par des agents de l'État, la notion de recours effectif, au sens du présent art., implique outre le versement d'une indemnité là où il convient, des investigations approfondies et effectives propres à conduire à l'identification et à la punition des responsables et comportant un accès effectif de la famille à la procédure d'enquête. Vues sous cet angle, les exigences du présent art. vont plus loin que l'obligation procédurale que l'art. 2 Conv. EDH fait aux États contractants de mener une enquête effective. • CEDH 19 févr. 1998, *Kaya c/ Turquie,* n° 22729/93 § 107 • CEDH 3 avr. 2001, *Keenan c/ Royaume-Uni,* n° 27229/95 § 123 • CEDH 14 mars 2002, *Paul et Audrey Edwards c/ Royaume-Uni,* n° 46477/99 § 97. ♦ S'il n'en allait pas ainsi, nonobstant son importance fondamentale, l'interdiction légale générale de la torture et des peines ou traitements inhumains ou dégradants serait inefficace en pratique, et il serait possible dans certains cas à des agents de l'État de fouler aux pieds, en jouissant d'une quasi-impunité, les droits de ceux soumis à leur contrôle. • CEDH 3 juin 2004, *Bati c/ Turquie,* n° 33097/96 § 134.

1. Enquête

74. Nécessité d'une enquête. Si la Conv. EDH ne contient aucune disposition expresse du genre de celle consacrée à l'art. 12 de la Conv. EDH contre la torture ou autres peines ou traitements cruels, inhumains ou dégradants adoptée en 1984 par les Nations unies, qui impose une obligation de procéder « immédiatement à une enquête impartiale » chaque fois qu'il y a des motifs raisonnables de croire qu'un acte de torture a été commis, la CEDH estime toutefois que pareille exigence découle implicitement de la notion de « recours effectif », au sens de l'art. 13 Conv. EDH. Le présent art. impose aux États, sans préjudice de tout autre recours disponible en droit interne, une obligation de mener une enquête approfondie et effective au sujet des cas de torture. • CEDH 18 déc. 1996, *Aksoy c/ Turquie,* n° 21987/93 § 98 : *préc. note 31.* ♦ Lorsque l'on peut prétendre de manière défendable qu'il y a eu violation d'un ou de plusieurs droits consacrés par la Conv. EDH, la victime doit disposer d'un mécanisme permettant d'établir la responsabilité des fonctionnaires ou d'organes de l'État quant à ce manquement. • CEDH 10 mai 2001, *T. P. et M. K. c/ Royaume-Uni,* n° 28945/95 § 107.

75. S'agissant d'une disparition conduisant à une violation à la fois des art. 2 et 3 Conv.

EDH : K. peut valablement plaider que son fils a été placé en détention ; ce grief n'a jamais donné lieu à une enquête sérieuse puisqu'on l'a écarté en faveur d'une explication hâtive et non étayée d'après laquelle ce fils aurait été enlevé par le PKK. • CEDH 25 mai 1998, *Kurt c/ Turquie,* n° 24276/94 § 140 s. ♦ L'absence d'une enquête pénale effective quant aux omissions et négligences dans la protection de la vie de D. susceptibles de mener à l'identification et à la sanction des responsables amène donc la Cour à constater également une violation du présent art. combiné avec l'art. 2 Conv. EDH, les requérants ayant été ainsi privés de l'accès à d'autres recours théoriquement disponibles, tels qu'une action en dommages-intérêts. • CEDH 14 sept. 2010, *Dink c/ Turquie,* n° 2668/07 § 145.

76. La Cour reprend ici des principes qu'elle a déjà dégagés sous l'angle de l'art. 2 Conv. EDH. : L'obligation de protéger le droit à la vie implique et exige de mener une forme d'enquête efficace lorsque le recours à la force, notamment par des agents de l'État, a entraîné mort d'homme. • CEDH 27 sept. 1995, *McCann c/ Royaume-Uni,* n° 18984/91 § 149. ♦ Il en va de même s'agissant de négligences de l'État. • CEDH, gr. ch., 17 juill. 2014, *Centre de ressources juridiques au nom de Valentin Campeanu c/ Roumanie,* n° 47848/08 § 153 : *AJDA 2014. 1763, chron. Burgorgue-Larsen.* ♦ V. déjà sous l'angle de l'art. 3 Conv. EDH. : Cette enquête, à l'instar de celle résultant de l'art. 2 Conv. EDH, doit pouvoir mener à l'identification et à la punition des responsables. • CEDH, gr. ch., 6 avr. 2000, *Labita c/ Italie,* n° 26772/95 § 131 : *JCP 2001. I. 291 obs. Sudre ; RTDH 2007. 117, obs. Beernaert.*

77. Si le degré de contrôle public requis peut varier d'une affaire à l'autre, dans tous les cas, toutefois, un accès effectif du plaignant à la procédure d'enquête est indispensable. • CEDH 9 juin 1998, *Tekin c/ Turquie,* n° 22496/93 § 66 • CEDH, gr. ch., 27 juin 2000, *Ilhan c/ Turquie,* n° 22277/93 § 97 • CEDH 21 déc. 2000, *Büyükdag c/ Turquie,* n° 28340/95 § 64 • CEDH 8 août 2006, *Hüseyin Esen c/ Turquie,* n° 49048/99 § 53 et 55.

78. Sur la base des preuves produites devant elle, la Cour a jugé l'État défendeur responsable, au regard de l'art. 3 Conv. EDH, des tortures subies par le requérant. Les griefs énoncés par l'intéressé sont dès lors « défendables » aux fins du présent art. Les autorités avaient donc l'obligation d'ouvrir et de mener une enquête effective répondant aux exigences exposées ci-dessus. • CEDH 8 août 2006, *Hüseyin Esen c/ Turquie,* n° 49048/99 § 56.

79. La Cour observe que le requérant a, à maintes reprises, informé les autorités qu'il avait subi des traitements contraires à l'art. 3 dans le cadre de la procédure engagée à son encontre, en présentant à l'appui de ces allégations le certificat médical. L'absence de toute enquête suffit à la Cour pour conclure que le requérant n'a pas bénéficié d'un recours effectif au sens du présent art. • CEDH 17 oct. 2006, *Göcmen c/ Turquie,* n° 72000/01 § 61. Rappr. • CEDH 28 janv. 2008, *Milan c/ France,* n° 7549/03 § 69.

80. Les autorités étaient tenues de mener une enquête effective concernant les accusations portées contre les policiers mais elles ont manqué à cette obligation. Dès lors, toute autre voie de recours qui s'offrait au requérant – y compris une action en dommages-intérêts – présentait des perspectives de succès limitées. Si les juridictions civiles ont la faculté d'apprécier les faits de manière indépendante, en pratique le poids accordé à une enquête judiciaire préalable est si important que même une preuve contraire extrêmement convaincante est souvent rejetée, et un tel recours s'avère simplement théorique et illusoire. La Cour conclut que, dans les circonstances particulières de l'espèce, la possibilité d'engager contre la police une action en dommages-intérêts était purement théorique. • CEDH 26 juill. 2007, *Cobzaru c/ Roumanie,* n° 48254/99 § 83.

81. Enquête approfondie et effective. L'enquête doit être approfondie et effective, du type de celle qu'exige l'art. 3 Conv. EDH. • CEDH 28 oct. 1998, *Assenov c/ Bulgarie,* n° 24760/94 § 117. ♦ ... Ou l'art. 2 Conv. EDH. • CEDH 24 mars 2011, *Giuliani et Gaggio c/ Italie,* n° 23458/02 § 337. ♦ L'enquête menée doit être « effective » en pratique comme en droit et ne pas être entravée de manière injustifiée par les actes ou omissions des autorités de l'État défendeur. • CEDH 3 juin 2004, *Bati c/ Turquie,* n° 33097/96 § 134. ♦ Rappr. sur l'effectivité du recours conduisant à l'effectivité de l'enquête, note 31.

82. Si, après le dépôt de la déposition de B., le parquet a entamé d'office une enquête, le procureur de la République d'Istanbul s'est contenté, pour aboutir à un non-lieu, de recueillir les dépositions des policiers responsables de la garde à vue de la requérante. Puis, s'appuyant entièrement sur les explications verbales de ces policiers, il n'a pas jugé nécessaire de recourir à la déposition de la requérante ou de lui faire subir un nouvel examen médical en vue de déterminer la cause des séquelles constatées, alors pourtant que les dépositions des policiers ne contenaient aucune explication quant à l'origine de ces séquelles. La procédure ultérieure concernant la plainte de B. n'a pas donné lieu non plus à la réouverture d'une enquête sur le fond de ses allégations, bien que la requérante ait dénoncé devant le président de la cour d'assises l'absence d'une notification régulière de l'ordonnance de non-lieu initiale. Dans ces conditions, cette enquête ne peut valablement être qualifiée d'approfondie et effective de façon à répondre aux exigences du présent art. • CEDH 21 déc. 2000, *Büyükdag c/ Turquie,* n° 28340/95 § 67 à 69.

83. Compte tenu du retard très important dans la conduite de la procédure devant la première instance, retard pour lequel aucune explication n'a été fournie par le Gouvernement, la Cour note que les autorités turques ne peuvent passer pour avoir agi avec célérité afin d'empêcher que les policiers incriminés ne jouissent d'une quasi-impunité. Elle constate ainsi que la voie de recours pénale engagée contre les policiers n'a pas servi au rétablissement des conséquences d'une violation constatée par les juridictions internes. Quant aux voies de recours civiles, la Cour estime que l'on pourrait difficilement attendre du requérant, qui a tenté d'obtenir une réparation dans le cadre d'une procédure pénale pour ses griefs relevant de l'art. 3 Conv. EDH, et qui a finalement vu l'annulation de la condamnation des policiers en raison de prescription, qu'il épuise des voies de recours civiles. • CEDH 8 août 2006, *Hüseyin Esen c/ Turquie,* n° 49048/99 § 63.

84. Même s'il ne s'agit pas d'une obligation de résultat, mais de moyens et même si les allégations de tortures subies pendant une garde à vue sont extrêmement difficiles à étayer pour la victime si elle a été isolée du monde extérieur et privée de la possibilité de voir médecins, avocats, parents ou amis, susceptibles de lui fournir un soutien et d'établir les preuves nécessaires, les autorités doivent avoir pris les mesures raisonnables dont elles disposaient pour obtenir les preuves relatives aux faits en question, y compris, entre autres, la déclaration détaillée de la victime présumée au sujet de ces allégations, les dépositions des témoins oculaires, les expertises et, le cas échéant, les certificats médicaux complémentaires propres à fournir un compte rendu complet et précis des blessures et une analyse objective des constatations médicales, notamment de la cause des blessures. Toute déficience de l'enquête affaiblissant sa capacité à établir la cause des blessures ou les responsabilités risque de ne pas répondre à cette norme. • CEDH 3 juin 2004, *Bati c/ Turquie,* n° 33097/96 § 134.

85. Les tribunaux de rang inférieur ont clairement établi que le requérant avait subi de nombreuses blessures en raison d'un recours excessif à la force. Sans remettre ces constats *en cause, la Cour de cassation a jugé* que les policiers avaient agi légalement puisque le requérant tentait de s'enfuir et avait été – quoique par erreur – reconnu comme étant l'individu recherché par la police. La Cour de cassation a ainsi mis de côté un certain nombre d'autres éléments – le fait que le requérant était à l'époque âgé de 14 ans, que les violences dirigées contre lui ont continué après qu'il eut été maîtrisé et que les coups avaient été portés délibérément – alors que tous ces éléments étaient pertinents pour déterminer si les actes dénoncés étaient constitutifs d'une violation de l'art. 3. Cette méthode est en totale contradiction avec les principes qui se dégagent de la jurisprudence de Strasbourg en la matière et constituent une violation du présent art. • CEDH 12 avr. 2007, *Ivan Vassilev c/ Bulgarie,* n° 48130/99 § 79.

2. Indemnisation

86. Lorsqu'un individu formule une allégation défendable de sévices graves subis aux mains d'agents de l'État, la notion de « recours effectif » implique le versement d'une indemnité là où il échet. • CEDH 18 déc. 1996, *Aksoy c/ Turquie,* n° 21987/93 § 98 : *préc. note 31* • CEDH 9 juin 1998, *Tekin c/ Turquie,* n° 22496/93 § 66 • CEDH 28 oct. 1998, *Assenov c/ Bulgarie,* n° 24760/94 § 117 • CEDH, gr. ch., 27 juin 2000, *Ilhan c/ Turquie,* n° 22277/93 § 97 • CEDH 21 déc. 2000, *Büyükdag c/ Turquie,* n° 28340/95 § 64 • CEDH 8 août 2006, *Hüseyin Esen c/ Turquie,* n° 49048/99 § 53 et 55. ♦ Dans les cas qui s'y prêtent, une indemnisation des dommages – matériels aussi bien que moraux – découlant de la violation doit en principe être possible et faire partie du régime de réparation mis en place. • CEDH 10 mai 2001, *T. P. et M. K. c/ Royaume-Uni,* n° 28945/95 § 107. ♦ Lorsque, comme en l'espèce, la Cour a constaté une violation de l'art. 3, une indemnisation pour le dommage moral découlant de cette violation doit en principe être possible et faire partie du régime de réparation mis en place. • CEDH 2 févr. 2006, *Iovtchev c/ Bulgarie,* n° 41211/98 § 143 • CEDH 17 janv. 2012, *Stanev c/ Bulgarie,* n° 36760/06 § 218. ♦ Il en va de même lorsque la famille formule une allégation défendable d'homicide illégal. • CEDH 19 févr. 1998, *Kaya c/ Turquie,* n° 22729/93 § 107. ♦ En effet, la Cour considère que, en cas de violation des art. 2 et 3 Conv. EDH, qui sont les dispositions les plus fondamentales de la Conv., la réparation du dommage moral découlant de la violation doit en principe figurer au nombre des recours possibles. • CEDH 3 avr. 2001, *Keenan c/ Royaume-Uni,* n° 27229/95 § 130 • CEDH 14 mars 2002, *Paul et Audrey Edwards c/ Royaume-Uni,* n° 46477/99 § 97 • CEDH 19 avr. 2003, *McGlinchey et a. c/ Royaume-Uni,* n° 50390/99 § 63 • CEDH 17 mars 2005, *Bubbins c/ Royaume-Uni,* n° 50196/99 § 171 • CEDH 13 mars 2012, *Reynolds c/ Royaume-Uni,* n° 2694/08 § 60.

87. Les requérants ne disposaient pas d'un moyen approprié de faire statuer sur leurs allégations aux termes desquelles les autorités étaient restées en défaut de protéger le droit à la vie de leur fils, ni d'une possibilité d'obtenir une décision exécutoire d'indemnisation pour le dommage ainsi subi. Or la Cour estime qu'il s'agit là, pour un parent qui a perdu son enfant, d'un élément essentiel du recours prévu par le présent art. • CEDH 14 mars 2002, ⚖ *Paul et Audrey Edwards c/ Royaume-Uni,* n° 46477/99 § 101. ♦ S'il est vrai que la responsabilité de l'État a été interprétée par les juridictions internes comme pouvant être engagée du fait des préjudices subis par des détenus en milieu carcéral en raison de mauvaises conditions de détention, selon le Gouvernement, le placement du requérant au foyer de Pastra n'est pas considéré comme une détention en droit interne. Dès lors, l'intéressé n'aurait pas pu obtenir réparation pour les mauvaises conditions de vie dans ce foyer. • CEDH 17 janv. 2012, ⚖ *Stanev c/ Bulgarie,* n° 36760/06 § 219.

88. Les requérantes auraient dû disposer d'un moyen de faire valoir l'existence d'un lien de causalité entre l'usage fait par l'autorité locale des procédures existantes et les dommages subis par elles ; elles auraient dû pouvoir réclamer une indemnité au titre de ces dommages. Même si un dommage psychologique a été causé, il peut aussi y avoir des éléments (tels les frais médicaux, et les vives douleurs et souffrance éprouvées) se prêtant à l'octroi de pareille compensation. • CEDH 10 mai 2001, ⚖ *T. P. et M. K. c/ Royaume-Uni,* n° 28945/95 § 109 • CEDH 10 oct. 2002, ⚖ *D. P. et J. C. c/ Royaume-Uni,* n° 38719/97 § 138 : *JCP 2003. I. 109, chron. Sudre.* ♦ La requérante n'a pas eu à sa disposition, avant l'introduction de sa requête devant la Cour, les procédures civiles lui permettant d'établir une responsabilité et d'obtenir une indemnisation en raison du dommage moral subi par elle sur la mort de son fils schizophrène, à la suite d'une chute du sixième étage d'un hôpital public. • CEDH 13 mars 2012, ⚖ *Reynolds c/ Royaume-Uni,* n° 2694/08 § 67.

3. Risque de mauvais traitements en cas de mesures d'éloignement

89. Principe. Vu le caractère irréversible du dommage pouvant se produire si le risque de mauvais traitements se concrétisait et vu l'importance que la Cour attache à l'art. 3, la notion de recours effectif au sens du présent art. exige d'examiner en toute indépendance l'argument qu'il existe des motifs sérieux de redouter un risque réel de traitements contraires à l'art. 3. • CEDH 15 nov. 1996, ⚖ *Chahal c/ Royaume-Uni,* n° 22414/93 § 150 et 151 : *préc. note 8.* ♦ Requiert, d'une part, un examen indépendant et rigoureux de tout grief aux termes duquel il existe des motifs sérieux de croire à l'existence d'un risque réel de traitements contraires à l'art. 3 et, d'autre part, la possibilité de faire surseoir à l'exécution de la mesure litigieuse. • CEDH 11 juill. 2000, ⚖ *Jabari c/ Turquie,* n° 40035/98 § 50. ♦ Le grief d'un requérant selon lequel son extradition aura des conséquences contraires aux art. 2 et 3 de la Conv. EDH doit impérativement faire l'objet d'un contrôle attentif par une « instance nationale ». • CEDH 12 avr. 2005, ⚖ *Chamaïev et a. c/ Géorgie et Russie,* n° 36378/02 § 448 • CEDH 11 oct. 2011, ⚖ *Auad c/ Bulgarie,* n° 46390/10 § 121. ♦ ... Avec une célérité particulière. • CEDH 3 juin 2004, ⚖ *Bati c/ Turquie,* n° 33097/96 § 136. ♦ V. pour un résumé de ces principes. • CEDH, gr. ch., 13 déc. 2012, ⚖ *De Souza Ribeiro c/ France,* n° 22689/07 § 82 : *préc. note 13.* ♦ V. reprenant l'ensemble de ces éléments. • CEDH 6 juin 2013, *M. E. c/ France,* n° 50064/10 § 64.

90. Il appartient aux autorités d'un État d'agir avec d'autant plus de célérité et de diligence pour permettre à l'intéressé, d'une part, de faire soumettre à un examen indépendant et rigoureux son grief fondé sur les art. 2 et 3 et, d'autre part, de faire surseoir à l'exécution de la mesure litigieuse lorsqu'elles s'empressent de remettre un individu à un autre État le surlendemain du jour où la décision a été adoptée. La Cour juge inadmissible qu'une personne apprenne qu'elle va être extradée juste avant d'être conduite à l'aéroport, alors qu'elle a voulu fuir le pays de destination en raison de la crainte d'y subir un traitement contraire aux art. 2 et 3 Conv. EDH. • CEDH 12 avr. 2005, ⚖ *Chamaïev et a. c/ Géorgie et Russie,* n° 36378/02 § 460.

91. Nécessité que les requérants puissent effectivement présenter le recours prévu. Les autorités grecques n'ont pas pris de disposition pour assurer la communication entre les autorités compétentes et le requérant. Cette situation, combinée avec les dysfonctionnements de la procédure de notification pour « les personnes de résidence inconnue », rend fort aléatoire la possibilité pour le requérant de suivre le résultat de sa demande afin de ne pas laisser expirer le délai de recours. • CEDH 21 janv. 2011, ⚖ *Belgique et Grèce,* n° 30696/09 § 318 : *préc. note 2.* ♦ Si telle construction présentée par le Gouvernement peut en théorie se révéler efficace, en pratique, elle est difficilement opérationnelle et trop complexe pour remplir les exigences découlant du présent art. 13 combiné avec l'art. 3 de disponibilité et d'accessibilité des recours en droit comme en pratique. • CEDH 27 févr. 2014, *Belgique,* n° 70055/10 § 103 • CEDH 22 avr. 2014, *Espagne,* n° 6528/11 § 85.

92. Recours avant la mesure d'éloignement. La remise des requérants aux autorités irakiennes a anéanti de manière injustifiée l'effectivité de tout recours devant la Chambre des Lords. • CEDH 2 mars 2010, *Royaume-Uni,* n° 61498/08 § 166.

4. Les conditions de détention

93. L'effectivité du système de protection des droits des détenus garantis par l'art. 3 Conv. EDH implique, au titre du présent art., la combinaison de remèdes préventifs et de remèdes compensatoires dès lors que la seule perspective d'une réparation ne saurait légitimer de graves souffrances infligées en méconnaissance d'une stipulation essentielle de la Conv. • CEDH 10 janv. 2012, *Russie,* n° 42525/07 § 98. ♦ Confrontée en la matière à un problème structurel récurrent ayant conduit à l'introduction de 120 requêtes encore pendantes et à 55 arrêts constatant la violation de l'art. 3 Conv. EDH et du présent art., la Cour recourt à un arrêt pilote dans lequel, sur la base de l'art. 46 Conv. EDH, elle indique des mesures générales. Elle suggère d'une part d'enrayer la surpopulation carcérale en recourant notamment plus largement aux mesures alternatives à l'incarcération et de réserver des fonds appropriés aux fins de procéder à des travaux de rénovation/remplacement des centres de détention. D'autre part, la Cour indique à l'État partie qu'aux fins de se conformer à l'arrêt, il doit mettre en place dans les 18 mois un système de recours préventifs et compensatoires effectifs. • CEDH 30 janv. 2020, *Ukraine,* n° 14057/17 § 134-160.

94. Recours préventif. L'effectivité du recours préventif s'apprécie à sa capacité d'empêcher la continuation de la violation alléguée ou de permettre une amélioration des conditions matérielles de détention. Il doit pouvoir être exercé sans crainte de représailles et être porté auprès d'une instance judiciaire ou administrative indépendante du système pénitentiaire, s'assurant de la participation des détenus à l'examen de leur grief, veillant au traitement rapide et diligent du grief, statuant conformément aux principes généraux énoncés dans la jurisprudence de la Cour sur le terrain de l'art. 3 Conv. EDH, disposant d'une large gamme d'instruments juridiques permettant de mettre fin aux problèmes à l'origine des griefs, y compris en cas de surpopulation, des mesures générales propres à résoudre les problèmes de violation simultanées de droits des détenus résultant des mauvaises conditions d'incarcération et étant en mesure de rendre des décisions contraignantes et exécutoires. • CEDH 30 janv. 2020, *J.M.B. c/ France,* n° 9671/15 § 208 : *AJDA 2020. 263 ; ibid. 1064, note Avvenire ; D. 2020. 753, note Renucci ; ibid. 1195, obs. Céré, Falxa et Herzog-Evans ; ibid. 1643, obs. Pradel ; JA 2020, n° 614, p. 11, obs. Giraud.* ♦ Si le référé-liberté semble offrir un cadre juridique théorique solide pour juger d'atteintes graves aux droits des détenus, la Cour considère qu'il ne constitue pas pour autant un recours préventif effectif dans le contexte de surpopulation carcérale et de vétusté des prisons dès lors d'une part qu'il confère au juge un pouvoir d'injonction de portée limitée ne permettant pas, par exemple, d'exiger la réalisation de travaux d'ampleur suffisante pour mettre fin aux traitements litigieux, et d'autre part qu'il conduit à prononcer des injonctions s'avérant en pratique difficiles à mettre en œuvre. Il en est de même pour le référé mesures utiles. • CEDH 30 janv. 2020, *J.M.B. c/ France,* n° 9671/15 § 217 et 220 : *préc.*

95. Recours compensatoire. Au titre du présent art., les détenus ayant eu à subir des conditions de détention contraires à l'art. 3 Conv. EDH doivent pouvoir accéder à un recours leur permettant d'obtenir réparation pour le traitement enduré sachant que de telles conditions de détention sont réputées causer à la victime un préjudice moral. • CEDH 27 janv. 2015, *Bulgarie,* n° 36925/10 § 190. ♦ Le montant de la réparation susceptible d'être accordé est un élément constitutif de l'effectivité du recours au sens du présent art. de sorte que son insuffisance peut conduire à une violation de ce dernier. Une large marge d'appréciation doit être laissée aux autorités nationales en ce qui concerne l'évaluation du montant de l'indemnisation qui doit toutefois être effectuée en cohérence avec le niveau de vie et le système juridique du pays concerné. Après avoir estimé extrêmement modique le montant de 500 euros au titre de l'indemnisation du préjudice moral subi à raison de quatre mois de détention dans des conditions indignes, la Cour juge, dans les circonstances de l'espèce, ineffectif le recours compensatoire dès lors qu'il aboutit, compte tenu des frais d'expertise mis parallèlement à la charge du requérant, à placer finalement ce dernier en situation d'être redevable de plusieurs centaines d'euros à l'égard de l'État. • CEDH 19 nov. 2020, *Barbotin c/ France,* n° 25338/16 § 48, 49, 57 et 58 : *DAE 5 janv. 2021 ; AJDA 2020. 2385 ; ibid. 2021. 1, tribune Jacquemet-Gauché ; AJ pénal 2021. 47, obs. Céré.* ♦ Sous certaines conditions, une réduction mesurable d'une peine d'emprisonnement peut constituer une réparation satisfaisante lorsque les autorités nationales ont explicitement ou en substance reconnu la violation de la Conv. Aux yeux de la Cour, en accélérant la libération des détenus, cette forme de redressement présente au surplus l'avantage d'apporter une réponse à la problématique de la surpopulation carcérale. • CEDH, décis., 16 sept. 2014, *Italie,* n° 49169/09 § 60.

b. Expulsions collectives (Prot. n° 4, art. 4)

96. L'effectivité des recours exigés par le présent art. suppose qu'ils puissent empêcher l'exécution des mesures contraires à la Conv. EDH et dont les conséquences sont potentiellement irréversibles. En conséquence, le présent art. s'oppose à ce que pareilles mesures soient exécutées avant même l'issue de l'examen par les autorités nationales de leur compatibilité avec la Conv. EDH. Or il apparaît que l'administration n'est pas tenue de surseoir à l'exécution de la mesure d'expulsion tant que le référé d'extrême urgence est pendant, pas même au cours d'un délai minimum raisonnable permettant au Conseil d'État de statuer. De plus, c'est sur celui-ci que repose en pratique la charge de s'enquérir des intentions de l'administration quant aux expulsions envisagées et d'agir en conséquence, mais rien ne semble l'obliger à le faire. Enfin, c'est en vertu de simples instructions internes que, dans ce but, le greffier du Conseil d'État, sur instructions du conseiller, prend contact avec l'administration, sans que l'on connaisse les conséquences d'une éventuelle omission dans ce domaine. Au bout du compte, le requérant n'a aucune garantie de voir le Conseil d'État statuer, ou même siéger, avant son expulsion, ou l'administration respecter un délai minimum raisonnable. • CEDH 5 févr. 2002, *Conka c/ Belgique,* n° 51564/99 § 79 et 83. ♦ Rappr. • CEDH, gr. ch., 3 juill. 2014, *Géorgie c/ Russie,* n° 13255/07 § 210 s.

c. Recours suspensif

97. La Cour considère que l'effectivité des recours exigés par le présent art. suppose qu'ils puissent empêcher l'exécution des mesures contraires à la Conv. et dont les conséquences sont potentiellement irréversibles. En conséquence, le présent art. s'oppose à ce que pareilles mesures soient exécutées avant même l'issue de l'examen par les autorités nationales de leur compatibilité avec la Conv. Toutefois, les États contractants jouissent d'une certaine marge d'appréciation quant à la manière de se conformer à ces obligations. • CEDH 5 févr. 2002, *Conka c/ Belgique,* n° 51564/99 § 79 • CEDH 10 nov. 2011, *Plathey c/ France,* n° 48337/09 § 73.

98. Compte tenu de l'importance que la Cour attache à l'art. 3 Conv. EDH et de la nature irréversible du dommage susceptible d'être causé en cas de réalisation du risque de torture ou de mauvais traitements, ses dispositions valent évidemment aussi dans le cas où un État partie décide de renvoyer un étranger vers un pays où il y a des motifs sérieux de croire qu'il courrait un risque de cette nature : le présent art. exige que l'intéressé ait accès à un recours de plein droit suspensif. • CEDH 26 avr. 2007, *Gebremedhin [Gaberamadhien] c/ France,* n° 25389/05 § 66 : *D. 2007. 2780, note Marguénaud ; AJDA 2007. 1928, obs. Flauss ; AJ pénal 2007. 476, obs. Gacon ; RDFA 2008. 737, obs. Labaye et Sudre ; JCP 2007. I. 182, chron. Sudre* • CEDH 26 juill. 2011, *M. et a. c/ Bulgarie,* n° 41416/08 § 128 • CEDH 23 févr. 2012, *Hirsi Jamaa et a. c/ Italie,* n° 27765/09 § 198 • CEDH, gr. ch., 13 déc. 2012, *De Souza Ribeiro c/ France,* n° 22689/07 § 94 et 82 : *préc. note 13* • CEDH 22 avr. 2014, *A. C. et a. c/ Espagne,* n° 6528/11 § 88. ♦ V. déjà. • Comm. EDH 13 déc. 1984, *M. c/ France,* n° 1008/82 • CEDH 18 déc. 1986, *Bozanoc/ France,* n° 9990/82 § 48 : *RGDIP 1987. 548, obs. Sudre* (sol. impl). • CEDH 11 juill. 2000, *Jabari c/ Turquie,* n° 40035/98 § 50 • CEDH 12 avr. 2005, *Chamaïev et a. c/ Géorgie et Russie,* n° 36378/02 § 460. ♦ V. également en matière d'expulsion collective (Prot. n° 4, art. 4). • CEDH 5 févr. 2002, *Conka c/ Belgique,* n° 51564/99 § 81 à 83 • CEDH 23 févr. 2012, *Hirsi Jamaa et a. c/ Italie,* n° 27765/09 § 205.

99. Compte tenu de l'importance de l'art. 3 Conv. et de la nature irréversible du dommage susceptible d'être causé en cas de réalisation du risque de torture ou de mauvais traitements, la Cour a jugé que le critère de l'effet suspensif devait s'appliquer également dans le cas où un État partie déciderait de renvoyer un étranger vers un État où il y a des motifs sérieux de croire qu'il courrait un risque de cette nature. • CEDH 26 avr. 2007, *Gebremedhin [Gaberamadhien] c/ France,* n° 25389/05 § 66 : *préc. note 98* • CEDH 23 févr. 2012, *Hirsi Jamaa et a. c/ Italie,* n° 27765/09 § 200 • CEDH 23 févr. 2012, *Hirsi Jamaa et a. c/ Itali,* n° 27765/09 § 199. ♦ L'exigence de faire surseoir à l'exécution de la mesure litigieuse ne peut être envisagée de manière accessoire, c'est-à-dire en faisant abstraction des exigences quant à l'étendue du contrôle. Le contraire reviendrait en effet à reconnaître aux États la faculté de procéder à l'éloignement de l'intéressé sans avoir procédé à un examen aussi rigoureux que possible des griefs tirés de l'art. 3 Conv. EDH. Une procédure d'examen du sursis, qui réduit à sa plus simple expression l'exercice des droits de la défense et l'instruction de la cause, n'est dès lors pas satisfaisante. • CEDH 21 janv. 2011, *M. S. S. c/ Belgique et Grèce,* n° 30696/09 § 388 et 389 : *préc. note 2* • CEDH 2 févr. 2012, *I. M. c/ France,* n° 9152/09 § 135 : *préc. note 48.* ♦ Ainsi, la Cour relève en particulier à cet égard l'absence de caractère suspensif du recours formé devant la CNDA de la décision de refus par l'OFPRA de la demande d'asile, lorsque l'examen de celle-ci s'inscrit dans le cadre de la procédure prioritaire. • CEDH 2 févr. 2012, *I. M. c/ France,* n° 9152/09 § 156 : *préc. note 48.*

100. Le requérant fut détenu en cellule disciplinaire pendant une période de 45 jours ; pour être effectif au sens du présent art., un recours interne devait donc présenter des garanties minimales de célérité. Un recours inapte à prospérer en temps utile n'est ni adéquat ni effectif. Partant, compte tenu de l'importance des répercussions d'une détention en cellule disciplinaire, un recours effectif permettant au détenu de contester aussi bien la forme que le fond, et donc les motifs et les modalités d'exécution, d'une telle mesure devant une instance juridictionnelle est indispensable. En l'espèce, le requérant n'a pas eu à sa disposition un recours effectif lui permettant d'obtenir qu'un juge statue sur les conditions de sa détention en cellule disciplinaire avant la fin de l'exécution de sa sanction. • CEDH 20 janv. 2011, *Payet c/ France,* n° 19606/08 § 132 et 133 : *préc. note 35* • CEDH 3 nov. 2011, *Cocaign c/ France,* n° 32010/07 § 80 • CEDH 10 nov. 2011, *Plathey c/ France,* n° 48337/09 § 75 à 79.

2° EFFECTIVITÉ ET DÉLAI RAISONNABLE

a. Principe

101. Autonomie du présent art. Il n'y a pas superposition, et donc pas absorption, des dispositions du présent art. par l'art. 6 Conv. EDH lorsque, comme en l'espèce, le grief fondé sur la Conv. que l'individu souhaite porter devant une « instance nationale » est celui tiré d'une méconnaissance du droit à faire entendre sa cause dans un délai raisonnable, au sens de l'art. 6 § 1 Conv. EDH. La question de savoir si le requérant dans une affaire donnée a pu faire statuer dans un délai raisonnable sur une contestation relative à des droits ou obligations de caractère civil ou sur une accusation en matière pénale est juridiquement distincte de celle de savoir s'il disposait, en droit interne, d'un recours effectif pour se plaindre à cet égard. En l'espèce, la question que les « tribunaux » visés par l'art. 6 § 1 Conv. EDH devaient trancher était celle des accusations en matière pénale dirigées contre le requérant, tandis que le grief que l'intéressé souhaitait voir examiner par une « instance nationale » aux fins de l'art. 13 Conv. EDH était celui, distinct, du caractère déraisonnable de la durée de la procédure. Eu égard à l'introduction devant la Cour d'un nombre toujours plus important de requêtes dans lesquelles se trouve exclusivement ou principalement allégué un manquement à l'obligation d'entendre les causes dans un délai raisonnable, au sens de l'art. 6 § 1 Conv. EDH, l'oblige désormais à examiner le grief fondé par le requérant sur le présent art. considéré isolément, nonobstant le fait qu'elle a déjà conclu à la violation de l'art. 6 § 1 pour manquement à l'obligation d'assurer à l'intéressé un procès dans un délai raisonnable. • CEDH, gr. ch., 26 oct. 2000, *Kudla c/ Pologne,* n° 30210/96 § 146 s. : *préc. note 2.* ♦ *Ab. jur.* par ex. en dernier lieu : • CEDH 25 janv. 2000, *Giuseppe Tripodi c/ Italie,* n° 40946/98 § 15. ♦ Et l'arrêt de principe. • CEDH 13 août 1981, *Young, James et Webster c/ Royaume-Uni,* n° 7601/76 § 67 : *CDE 1982. 226, obs. Cohen-Jonathan ; AFDI 1982. 499, obs. Pelloux ; JDI 1982. 220. obs. Rolland.* ♦ Il en résulte que l'interprétation correcte du présent art. est que cette disposition garantit un recours effectif devant une instance nationale permettant de se plaindre d'une méconnaissance de l'obligation, imposée par l'art. 6 § 1, Conv. EDH, d'entendre les causes dans un délai raisonnable. • CEDH, gr. ch., 26 oct. 2000, *Kudla c/ Pologne,* n° 30210/96 § 156 et s. : *préc. note 2* • CEDH 26 mars 2002, *Lutz c/ France,* n° 48215/99 § 19 : *JCP 2002. I. 157, chron. Sudre.* • CEDH 10 avr. 2003, *Konti-Arvaniti c/ Grèce,* n° 53401/99 § 26.

102. Option. Le présent art. ouvre une option en la matière (V. note 27) : un recours est « effectif » dès lors qu'il permet soit de faire intervenir plus tôt la décision des juridictions saisies, soit de fournir au justiciable une réparation adéquate pour les retards déjà accusés. • CEDH, gr. ch., 26 oct. 2000, *Kudla c/ Pologne,* n° 30210/96 § 159 : *préc. note 2.*

103. La circonstance que ce recours soit purement indemnitaire et ne permette pas d'accélérer une procédure en cours n'est pas déterminante. • CEDH, gr. ch., 26 oct. 2000, *Kudla c/ Pologne,* n° 30210/96 § 159 : *préc. note 2* • CEDH, gr. ch., 11 sept. 2002, *Mifsud c/ France,* n° 57220/00 § 17 : *préc. note 27.* ♦ Un État peut faire le choix d'une procédure purement indemnitaire. • CEDH, gr. ch., 29 mars 2006, *Scordino c/ Italie n° 1,* n° 36813/97 § 187.

104. Le meilleur remède dans l'absolu est, comme dans de nombreux domaines, la prévention. Lorsqu'un système judiciaire s'avère défaillant à l'égard de l'exigence découlant de l'art. 6 § 1, Conv. EDH quant au délai raisonnable, un recours permettant de faire accélérer la procédure afin d'empêcher la survenance d'une durée excessive constitue la solution la plus efficace. Un tel recours présente un avantage incontestable par rapport à un recours uniquement indemnitaire car il évite également d'avoir à constater des violations successives pour la même procédure et ne se limite pas à agir *a posteriori* comme le fait un recours indemnitaire. • CEDH 8 juin 2006, *Sürmeli c/ Allemagne,* n° 75529/01 § 100 : *préc. note 17.*

105. Dans la mesure où un ordre juridique prévoit la possibilité d'engager une action contre l'État, la Cour a souligné que pareille action doit demeurer un recours efficace, adéquat et accessible pour sanctionner la durée excessive d'une procédure judiciaire et que le caractère adéquat du recours peut être affecté par une lenteur excessive et dépendre du niveau de l'indemnisation. • CEDH, gr. ch., 8 juin 2006, *Sürmeli c/ Allemagne,* n° 75529/01 § 101 : *préc. note 15.* ♦ V. le principe, note 31.

106. Utilisation de la procédure d'« arrêt pilote ». L'absence de recours permettant d'indemniser le non-respect du délai raisonnable donne parfois lieu à un « arrêt pilote » (V. cette notion ss. Conv. EDH, art. 46). Ainsi en est-il s'agissant des manquements récurrents et largement constatés depuis 2006 de l'Allemagne à garantir un délai raisonnable des procédures devant les juridictions administratives et à adopter un recours interne permettant d'obtenir réparation de la longueur excessive des procédures. • CEDH 2 sept. 2010, *Rumpf c/ Allemagne,* n° 46344/06 : *D. 2011. 193, obs. Renucci.* ♦ ... Des mêmes manquements en Grèce. • CEDH 21 déc. 2010, *Vassilios Athanasiou et a. c/ Grèce,* n° 50973/08 : *RFDA 2011. 987, chron. Labayle et Sudre.* ♦ Rappr. pour d'autres juridictions dans d'autres pays. • CEDH 10 mai 2011, *Dimitrov et Hamanov c/ Bulgarie,* n° 48059/06 (dispositif) • CEDH 20 mars 2012, *Ummuhan Kaplan c/ Turquie,* n° 24240/07 : *D. 2013. 201, obs. Renucci, Fricero et Strickler* (dispositif) • CEDH 3 avr. 2012, *Michelioudakis c/ Grèce,* n° 54447/10 : *D. 2013. 201, obs. Renucci, Fricero et Strickler* (dispositif) • CEDH 30 oct. 2012, *Glykantzi c/ Grèce,* n° 40150/09 : *D. 2013. 201, obs. Renucci, Fricero et Strickler* (dispositif).

107. Contrôle de la Cour. Le Gouvernement n'a pas démontré que les recours qu'il invoque, y compris le recours en indemnisation pour violation du droit constitutionnel à être jugé avec une diligence raisonnable, constituent des recours effectifs qui étaient disponibles en théorie et en pratique à l'époque des faits. • CEDH 10 sept. 2010, *Mc Farlane c/ Irlande,* n° 31333/06 § 128 • CEDH 3 mars 2012, *Michelioudakis c/ Grèce,* n° 54447/10 § 53. ♦ L'ordre juridique hellénique n'offre pas aux intéressés un recours effectif au sens du présent art., leur permettant de se plaindre de la durée d'une procédure. • CEDH 10 avr. 2003, *Konti-Arvaniti c/ Grèce,* n° 53401/99 § 29 et 30 • CEDH 9 juin 2005, *Fraggalexi c/ Grèce,* n° 18830/03 § 22 • CEDH 1er avr. 2010, *Galanis c/ Grèce,* n° 8725/08 § 29. ♦ La Cour ne distingue en l'espèce aucune raison de s'écarter de cette jurisprudence, d'autant plus que le Gouvernement n'affirme pas que l'ordre juridique hellénique fût entre-temps doté d'une telle voie de recours. • CEDH 21 déc. 2010, *Vassilios Athanasiou et a. c/ Grèce,* n° 50973/08 § 34.

b. Mise en œuvre

108. Ne sont pas effectifs. A la date d'introduction de la requête, l'effectivité « en pratique » et « en droit » du recours invoqué par le Gouvernement n'était pas avérée. • CEDH 9 juill. 2002, *Nouhaud c/ France,* n° 33424/96 § 44 s. : *préc. note 26* • CEDH 15 janv. 2009, *Bourdov c/ Russie (n° 2),* n° 33509/04 § 117 (arrêt pilote) • CEDH 31 mai 2012, *Vasilev et Doycheva c/ Bulgarie,* n° 14966/04 § 60. ♦ La décision fournie par le Gouvernement, simple jugement rendu par un tribunal de première instance, est un précédent récent et la Cour ne peut pas spéculer sur les chances que ce précédent soit confirmé par les juridictions administratives d'appel, voire par le Conseil d'État, au cas où cette question leur serait soumise à l'avenir. • CEDH 31 juill. 2008, *Shore Technologies c/ Luxembourg,* n° 35704/06 § 27 • CEDH 3 mars 2012, *Michelioudakis c/ Grèce,* n° 54447/10 § 53. ♦ Le recours indemnitaire pour faute invoqué par le Gouvernement ne constituant pas une « voie de droit spécifique au travers de laquelle le requérant aurait pu se plaindre de la durée de la procédure », à défaut d'une jurisprudence interne démontrant l'efficacité de ce recours dans ce contexte précis, son effectivité « en pratique » et « en droit » ne serait pas établie. • CEDH 26 mars 2002, *Lutz c/ France,* n° 48215/99 § 20 : *préc. note 101.*

109. S'il n'existe pas une voie de droit spécifique au travers de laquelle le requérant peut se plaindre de la durée de la procédure, le Gouvernement soutient que l'ensemble des divers recours disponibles remplissait les conditions prescrites pour remplir les exigences du présent art. Il n'indique toutefois pas dans quelle mesure le requérant pouvait obtenir satisfaction – préventive ou compensatoire – en utilisant ces voies de droit. Il ne prétend pas que l'un quelconque des différents recours évoqués, ou une combinaison de plusieurs d'entre eux, aurait pu faire intervenir plus tôt la décision sur les charges dirigées contre le requérant ou aurait pu fournir à ce dernier une réparation adéquate pour les retards déjà accusés. De plus, il n'a pu produire aucun exemple de la pratique interne attestant qu'il aurait été possible au requérant d'obtenir pareil redressement en utilisant les recours en question. • CEDH, gr. ch., 26 oct. 2000, *Kudla c/ Pologne,* n° 30210/96 § 159 : *préc. note 2.*

110. Le Gouvernement n'affirme pas qu'il existe une voie de droit spécifique au travers de laquelle la requérante aurait pu se plaindre de la durée de la procédure, mais soutient que la requérante aurait pu demander le remplacement de l'expert et engager une action en dommages-intérêts contre ce dernier. De l'avis de la Cour, les recours proposés par le Gouvernement ne remplissent pas les conditions du présent art., car ils ne visent qu'à sanctionner le comportement de l'expert et n'offrent pas un redressement direct de la situation incriminée. • CEDH 10 avr. 2003, *Konti-Arvaniti c/ Grèce,* n° 53401/99 § 29.

111. Effectivité en matière de délai raisonnable. Sur la possibilité de soulever devant la Cour la question du « délai raisonnable » en France et dans les pays dotés d'un mécanisme permettant de remédier à une violation alléguée de ce droit (comme, en Italie, la loi « Pinto »), V. Conv. EDH, notes ss. art. 6 (point consacré à l'invocabilité du « délai raisonnable »).

112. Conditions d'effectivité du recours indemnitaire. Les indemnités accordées, bien que par nature fondée sur l'équité, doivent intervenir dans un environnement défini par le droit se référant aux montants alloués par la CEDH, dans des affaires similaires ; il est permis de s'éloigner mais de façon raisonnable. • CEDH, gr. ch., 29 mars 2006, *Scordino c/ Italie (n° 1),* n° 36813/97 § 146 (sol. impl.). • CEDH 31 mars 2009, *Simaldone c/ Italie,* n° 22644/03 § 69. V. déjà • CEDH 3 juin 2004, *Cataldo c/ Italie,* n° 45656/99 • CEDH 22 mai 2003, *Paulino Tomas c/ Portugal,* n° 58698/00. ♦ Dans la mesure où la Cour a considéré que la décision de la cour d'appel est conforme à sa jurisprudence, elle estime que le recours entrepris, dans les circonstances de l'espèce, remplissait les exigences du présent art. • CEDH 3 juin 2004, *Cataldo c/ Italie,* n° 45656/99.

113. La Cour observe que le montant accordé représente environ 14 % de ce qu'elle octroie généralement dans des affaires italiennes similaires. Cet élément à lui seul aboutit à un résultat manifestement déraisonnable par rapport à sa jurisprudence. • CEDH, gr. ch., 29 mars 2006, *Cocchiarella c/ Italie,* n° 64886/01 § 106. ♦ V. pour d'autres montants et pourcentages. • CEDH, gr. ch., 29 mars 2006, *Scordino c/ Italie (n° 1),* n° 36813/97 § 214 • CEDH, gr. ch., 29 mars 2006, *Apicella c/ Italie,* n° 64890/01 § 104.

114. Un État qui s'est doté de différents recours, dont un tendant à accélérer la procédure et un de nature indemnitaire, et dont les décisions, conformes à la tradition juridique et au niveau de vie du pays, sont rapides, motivées, et exécutées avec célérité, peut accorder des sommes inférieures à celles fixées par la Cour dès lors que celles-ci ne sont pas déraisonnables. Cependant, lorsque les exigences énumérées ci-dessus n'ont pas toutes été respectées par le recours interne, il est envisageable que le montant à partir duquel le justiciable pourra encore se prétendre « victime » soit plus élevé. Il est même possible de concevoir que la juridiction fixant le montant de l'indemnisation fasse état de son propre retard et qu'elle accorde une réparation particulièrement élevée afin de combler ce retard supplémentaire. Compte tenu de la lenteur excessive de la procédure d'indemnisation, la Cour constate que le redressement, en l'espèce, n'était pas adéquat et que le requérant peut toujours se prétendre victime d'une violation de son droit à voir sa cause examinée dans un délai raisonnable. • CEDH 24 sept. 2009, *Sartory c/ France,* n° 40589/07 § 24 et 27.

115. Dans le cas où l'indemnité accordée est insuffisante, l'effectivité du recours n'est pas remise en cause et il n'est donc pas possible d'invoquer le présent art. • CEDH 5 juin 2007, *Delle Cave et Corrado c/ Italie,* n° 14626/03 § 45 • CEDH 31 mars 2009, *Simaldone c/ Italie,* n° 22644/03 § 71. ♦ En revanche, la violation de l'art. 6 § 1 relatif à la durée de la procédure n'étant pas réparée, il y a lieu pour la Cour d'accorder une réparation complémentaire sur cette base. • CEDH 5 juin 2007, *Delle Cave et Corrado c/ Italie,* n° 14626/03 § 38 et 50 • CEDH 31 mars 2009, *Simaldone c/ Italie,* n° 22644/03 § 37 et 89.

116. Quant au retard de paiement de l'indemnité décidée par le juge national, s'il constitue une violation des art. 6 § 1, Conv. EDH et 1er Prot. n° 1, il ne remettrait en cause l'effectivité du recours que dans la mesure où il serait suffisamment important. • CEDH 31 mars 2009, *Simaldone c/ Italie,* n° 22644/03 § 84.

Art. 14 ***Interdiction de discrimination.*** **La jouissance des droits et libertés reconnus dans la présente Convention doit être assurée, sans distinction aucune, fondée notamment sur le sexe, la race, la couleur, la langue, la religion, les opinions politiques ou toutes autres opinions, l'origine nationale ou sociale, l'appartenance à une minorité nationale, la fortune, la naissance ou toute autre situation.**

COMMENTAIRE

V. sur le Code en ligne.

❑

Plan des annotations

I. MISE EN ŒUVRE DU PRINCIPE DE NON-DISCRIMINATION

A. AUTONOMIE DU PRINCIPE DE NON-DISCRIMINATION

1. *Principe.* Selon le présent art., la jouissance des droits et libertés reconnus dans la Conv. EDH doit être assurée sans distinction aucune (« without discrimination »). Si cette garantie n'a pas, il est vrai, d'existence indépendante en ce sens qu'elle vise uniquement les « droits et libertés reconnus dans la Convention », une mesure conforme en elle-même aux exigences de l'art. consacrant le droit ou la liberté en question peut cependant enfreindre cet art., combiné avec le présent art., pour le motif qu'elle revêt un caractère discriminatoire. • CEDH 23 juill. 1968, *Affaire « relative à certains aspects du régime linguistique de l'enseignement en Belgique »*, n° 1474/62 § 8 et 9 (en droit). ♦ Bien que le présent art. n'ait pas d'existence indépendante, il peut jouer un important rôle autonome en complétant les autres clauses normatives de la Conv. EDH et des Protocoles : dans la jouissance des droits et libertés qu'elles reconnaissent, il protège contre toute discrimination les individus placés dans des situations analogues. Enfreint donc le présent art., combiné avec l'art. de la Conv. EDH ou des Protocoles consacrant tel droit ou liberté, une mesure conforme en elle-même aux exigences du second mais revêtant un caractère discriminatoire incompatible avec le premier. Tout se passe comme si le présent art. faisait partie intégrante de chacune des dispositions garantissant des droits et libertés. Dès lors, et puisque l'art. 8 entre en ligne de compte en l'espèce, il y a lieu de prendre aussi en considération l'art. 14 combiné avec lui. • CEDH 13 juin 1979, *Marckx c/ Belgique*, n° 6833/74 § 32 : *CDE 1980. 473, obs. Cohen-Jonathan ; AFDI 1980. 317, chron. Pelloux ; JDI 1982. 183, obs. Rolland.* ♦ Le présent art. complète les autres clauses normatives de la Conv. EDH et des Protocoles. Il n'a pas d'existence indépendante puisqu'il vaut uniquement pour « la jouissance des droits et libertés » qu'elles garantissent. Il peut entrer en jeu même sans un manquement à leurs exigences et, dans cette mesure, possède une portée autonome. • CEDH 28 mai 1985, *Abdulaziz, Cabales et Balkandali c/ Royaume-Uni*, n° 9214/80 § 71 : *RSC 1986. 157, obs. Pettiti ; CDE 1988. 476, obs. Cohen-Jonathan ; JDI 1986. 1084, obs. Rolland et Tavernier* • CEDH 28 oct. 1987, *Inze c/ Autriche*, n° 8695/79 § 36. ♦ Le présent art., bien qu'il n'ait pas d'existence indépendante, complète les autres dispositions normatives de la Convention et des Protocoles : il protège les individus ou groupements (syndicaux en l'espèce) placés dans une situation comparable contre toute discrimination dans la jouissance des droits et libertés qu'elles reconnaissent. • CEDH 27 oct. 1975, *Synd. nat. de la police belge c/ Belgique*, n° 4464/70 § 44 : *AFDI 1976. 121, obs. Pelloux ; JDI 1978. 685, obs. Rolland.* ♦ Seules les différences de traitement fondées sur une caractéristique identifiable (« *situation* » en anglais) sont susceptibles de revêtir un caractère discriminatoire aux fins du présent art. • CEDH 7 déc. 1976, *Kjeldsen, Busk Madsen et Pedersen*, n° 5095/71 § 56 • CEDH, gr. ch., 16 mars 2010, *Carson c/ Royaume-Uni*, n° 42184/05 § 61 : *AJDA 2010. 2362, chron. Flauss ; RDSS 2010. 474, note Roman* • CEDH 15 janv. 2013, *Eweida et a. c/ Royaume-Uni*, n° 48420/10 § 86 : *AJDA 2013. 1802, chron. Burgogue-Larsen ; D. 2013. 1026, obs. Lokiec et Porta ; RDT 2013. 337, obs. Laronze.*

1° LIEN AVEC UNE DISPOSITION PROTÉGEANT UN DROIT

2. Le présent art. ne saurait trouver à s'appliquer si les faits du litige ne tombent pas sous l'empire de l'une au moins des clauses de la Conv. EDH ou de ses Protocoles. • CEDH

28 mai 1985, *Abdulaziz, Cabales et Balkandali c/ Royaume-Uni,* n° 9214/80 § 71 • CEDH 28 oct. 1987, *Inze c/ Autriche,* n° 8695/79 § 36 • CEDH 28 nov. 1987, *Rasmussen c/ Danemark,* n° 8777/79 § 29 : *JDI 1986, 1074, obs. Rolland et Tavernier ; AFDI 1985. 403, obs. Coussirat-Coustère* • CEDH 27 juill. 2004, *Sidabras et Dziautas c/ Lituanie,* n° 55480/00 § 38 : *JCP 2005. I. 103, chron. Sudre.* ♦ Si donc la Cour n'a pas constaté de violation de l'art. 8 pris isolément, les faits litigieux se situent néanmoins dans le domaine de cet art. • CEDH 28 mai 1985, *Abdulaziz, Cabales et Balkandali c/ Royaume-Uni,* n° 9214/80 § 71. ♦ ... Se rattachent à l'exercice d'un droit garanti. • CEDH 6 févr. 1976, *Schmidt et Dahlström c/ Suède,* n° 5589/72 § 39. ♦ ... Comptent parmi les modalités d'exercice d'un droit garanti. • CEDH 27 oct. 1975, *Synd. nat. de la police belge c/ Belgique,* n° 4464/70 § 45 : *préc. note 1.*

3. Le présent art. ne saurait trouver à s'appliquer si les faits du litige ne tombent pas sous l'emprise de l'une au moins des dispositions de la Convention. • CEDH 28 mai 1985, *Abdulaziz, Cabales et Balkandali c/ Royaume-Uni,* n° 9214/80 § 71 • CEDH 18 juill. 1994, *Karlheinz Schmidt c/ Allemagne,* n° 13580/88 § 22 : *AFDI 1994. 658, obs. Coussirat-Coustère ; JDI 1995. 768, obs. Decaux et Tavernier ; JCP 1995. I. 3823, chron. Sudre* • CEDH 21 févr. 1997, *Van Raalte c/ Pays-Bas,* n° 20060/92 § 33 : *JCP 1998. I. 107, chron. Sudre* • CEDH 27 mars 1998, *Pétrovic c/ Autriche,* n° 20458/92 § 22 • CEDH 26 févr. 2002, *Fretté c/ France,* n° 36515/97 § 27 : *D. 2002. 2024, obs. Grannet ; D. 2002. 2569, obs. Courtin ; AJDA 2002. 500, chron. Flauss ; RDSS 2002. 377, obs. Monéger ; JCP 2002. 10074, note Gouttenoire et Sudre.*

4. Si le présent art. ne fait que compléter les autres clauses matérielles de la Conv. EDH et de ses protocoles et n'a pas d'existence indépendante, puisqu'il vaut uniquement pour « la jouissance des droits et libertés » qu'elles garantissent, son application ne présuppose pas nécessairement la violation de l'un des droits matériels garantis par la Conv. EDH. • CEDH, gr. ch., 12 avr. 2006, *Stec et a.,* n° 65731/01 § 39 : *AJDA 2006. 1715, obs. Flauss ; RD publ. 2007. 872, obs. Surrel ; JCP 2006. I. 164, obs. Sudre* • CEDH, gr. ch., 24 mai 2016, *Biao c/ Danemark,* n° 38590/10 § 88 • CEDH 12 janv. 2017, *Saumier c/ France,* n° 74734/14 § 43.

2° *ÉLARGISSEMENT DU LIEN*

a. Droits rattachés

5. L'octroi du bénéfice de la rétroactivité d'augmentations de salaires ou d'autres avantages sort par lui-même du domaine de l'art. 11 § 1 ; toutefois, il se rattache en l'occurrence à l'exercice d'un droit garanti par ce texte : la liberté de défendre les intérêts professionnels des adhérents d'un syndicat par l'action collective de celui-ci. En effet, l'État suédois a choisi la négociation collective, la conclusion de conventions collectives et la reconnaissance du droit de grève comme trois des moyens de rendre possibles la conduite et le développement d'une telle action par les syndicats des secteurs public et privé, et c'est à la suite d'une grève, à l'issue d'une négociation et dans le cadre d'une convention collective que l'Office a adopté l'attitude que lui reprochent les requérants. Dès lors, l'art. 14 entre en jeu. • CEDH 6 févr. 1976, *Schmidt et Dahlström c/ Suède,* n° 5589/72 § 39.

6. Le refus d'attribuer l'allocation de congé parental à P. ne saurait constituer un manque de respect pour la vie familiale, car l'art. 8 n'impose pas aux États une obligation positive de fournir l'assistance financière en question. Cependant, le versement de cette allocation par l'État vise à favoriser la vie familiale et a nécessairement une incidence sur l'organisation de celle-ci, puisqu'elle permet, associée au congé parental, à l'un des parents de rester au foyer pour s'occuper de leur enfant. L'attribution de l'allocation de congé parental permettant à l'État de témoigner son respect pour la vie familiale, au sens de l'art. 8 Conv. EDH, elle entre donc dans le champ d'application de ce dernier. Partant, l'art. 14 combiné avec cette disposition trouve à s'appliquer. • CEDH 27 mars 1998, *Petrovic c/ Autriche,* n° 20458/92 § 26 à 29.

7. Le principe de non-discrimination s'applique encore s'agissant de l'interdiction d'occuper un emploi dans le secteur privé. • CEDH 27 juill. 2004, *Sidabras et Dziautas c/ Lituanie,* n° 55480/00 : *préc. note 2.* ♦ ... De la possibilité de pratiquer une profession réglementée. • CEDH 28 mai 2009, *Bigaeva c/ Grèce,* n° 26713/05 § 40 : *RD publ. 2010. 874 obs. Levinet ; JCP 2009. I. 143, chron Sudre.* ♦ ... En matière de droit à l'éducation. • CEDH 21 juin 2011, *Anatoliy and Vitaliy Ponomaryov c/ Bulgarie,* n° 5335/05.

8. Il en va de même encore en matière fiscale dès lors qu'il s'agit du droit pour l'État d'« assurer le paiement des impôts ou d'autres contributions ou des amendes » entrant dans le domaine de l'art. 1er Prot. n° 1. • CEDH 21 févr. 1997, *Van Raalte c/ Pays-Bas,* n° 20060/92 § 34 : *préc. note 3.*

b. Droits additionnels ou protection apportée par les États

9. L'interdiction de la discrimination s'applique aussi aux droits additionnels, relevant du champ d'application général de tout article de la Conv. EDH, que l'État a volontairement décidé de protéger. • CEDH, gr. ch., 22 janv. 2008, *E. B. c/ France*, n° 43546/48 : *D. 2008. 2038, note Hennion-Jacquet* ; *AJDA 2008. 978, chron. Flauss* ; *JCP 2008. 10071, note Gouttenoire et Sudre*. • CEDH, décis., 28 févr. 2017, *Gouri c/ France*, n° 41069/11 : *JCP Adm. 2017. 250*.

10. Si les personnes soumises à la juridiction d'un État contractant ne peuvent puiser dans l'art. 2 Prot. n° 1 le droit d'obtenir des pouvoirs publics la création de tel ou tel établissement d'enseignement, néanmoins, l'État qui aurait créé pareil établissement ne pourrait, en en réglementant l'accès, prendre des mesures discriminatoires au sens du présent art. • CEDH 23 juill. 1968, *Affaire « relative à certains aspects du régime linguistique de l'enseignement en Belgique »*, n° 1474/62 § 9 (en droit). ♦ Le droit garanti au requérant par l'art. 343-1 C. civ., qui tombe sous l'empire de l'art. 8 Conv. EDH, est dès lors atteint sur le fondement déterminant de son orientation sexuelle. Partant, l'art. 14, combiné avec l'art. 8, trouve à s'appliquer. • CEDH 26 févr. 2002, *Fretté c/ France*, n° 36515/97 § 32 et 33 : *préc. note 3*.

11. Sans doute la matière sur laquelle porte le désavantage, à savoir la consultation, est-elle en principe laissée par l'art. 11, § 1, Conv. EDH à la discrétion des États contractants, mais elle compte parmi les modalités d'exercice d'un droit garanti par ce texte : le droit des membres d'un syndicat à ce que celui-ci soit entendu en vue de la défense de leurs intérêts. En effet, l'État belge a instauré un système de consultation dans ses relations avec les agents des provinces et des communes ainsi qu'avec les siens ; il a choisi la consultation comme l'un des moyens de rendre possibles la conduite et le développement, par les syndicats, d'une action collective destinée à la défense des intérêts professionnels de leurs adhérents. Dès lors, le présent art. entre en jeu dans le domaine considéré. • CEDH 27 oct. 1975, *Synd. nat. de la police belge c/ Belgique*, n° 4464/70 § 45 : *préc. note 1*.

12. La Cour estime que le droit à l'allocation d'urgence – dans la mesure où il est prévu par la législation applicable – est un droit patrimonial au sens de l'art. 1er Prot. n° 1. Cette disposition s'applique par conséquent sans qu'il faille se fonder uniquement sur le lien qui existe entre l'attribution de l'allocation d'urgence et l'obligation de payer « des impôts ou autres contributions ». Le requérant ayant été exclu du bénéfice de l'allocation d'urgence en vertu d'une distinction relevant de l'art. 14 Conv. EDH, à savoir sa nationalité, cette disposition est donc également applicable. • CEDH 16 sept. 1996, *Gaygusuz c/ Autriche*, n° 17371/90 § 41 : *D. 1998. 438, note Marguénaud et Mouly* ; *AFDI 1996. 740, obs. Coussirat-Coustère* ; *JCP 1997. I. 4000, chron. Sudre*. ♦ Rappr. : ... s'agissant d'une allocation pour adulte handicapé. • CEDH 30 sept. 2003, *Koua Poirrez c/ France*, n° 40892/98 § 38 : *JCP 2004. I. 107, chron. Sudre* ; *RD publ. 2004. 845, obs. Sudre*. ♦ Des allocations familiales. • CEDH 21 févr. 1997, *Van Raalte c/ Pays-Bas*, n° 20060/92 § 44 : *JCP 1998. I. 107, chron. Sudre*. ♦ ... De veuve. • CEDH 11 juin 2002, *Willis c/ Royaume-Uni*, n° 36042/97 § 32. ♦ ... Des allocations de vieillesse. • CEDH 4 juin 2002, *Wessels-Bergervoet c/ Pays-Bas*, n° 34462/97 § 43. ♦ ... Des allocations de retraite. • CEDH 26 nov. 2002, *Buchen c/ Rép. tchèque*, n° 36541/97 § 46.

c. Effet « horizontal »

13. Le refus de la police d'intervenir promptement sur les lieux pour protéger les requérants et les enfants de certains d'entre eux contre des actes de violence religieuse, ainsi que l'indifférence subséquente que les autorités compétentes ont opposée aux intéressés sont en grande partie le corollaire des convictions religieuses des requérants. • CEDH 3 mai 2007, *97 membres de la Congrégation des témoins de Jéhovah de Gldani c/ Georgie*, n° 71156/01 § 140.

14. La Cour ne spéculera pas sur le point de savoir si une protection effective du droit des requérants de ne pas subir de discrimination aurait pu, comme ils l'affirment, empêcher leur employeur d'adopter de nouvelles mesures défavorables à leur égard. Néanmoins, elle considère que compte tenu des effets objectifs de la conduite de l'employeur, l'absence d'une telle protection pouvait faire naître des craintes de discrimination potentielle et décourager d'autres personnes d'adhérer au syndicat. Cette situation aurait pu, à terme, aboutir à la disparition du syndicat, avec les conséquences néfastes que cela aurait emporté pour la jouissance du droit à la liberté d'association. • CEDH 30 juill. 2009, *Danilenkov c/ Russie*, n° 67336/01 § 135 et 136 : *JCP 2010. I. 70, chron. Sudre*.

d. Obligation procédurale

15. Le devoir qu'ont les autorités de rechercher s'il existe un lien entre des attitudes racistes et un acte de violence constitue un aspect des obligations procédurales découlant pour elles de l'art. 2 Conv. EDH, mais ce devoir peut également passer pour faire implicitement partie de la responsabilité qui incombe aux autorités, en vertu du présent art. combiné avec l'art. 2, d'assurer sans discrimination la jouissance du droit à la vie. • CEDH, gr. ch., 6 juill. 2005, *Natchova c/ Bulgarie*, n° 43577/98 § 161 : *AJDA 2005. 1886, chron. Flauss* ; *RSC 2006. 431, obs. Massias*. ♦ Les autorités ont manqué à l'obligation qui leur incombait en vertu du présent art. combiné avec l'art. 3 Conv. EDH de prendre toutes les mesures possibles pour rechercher si un comportement discriminatoire avait pu ou non jouer un rôle dans le comportement des fonctionnaires de police pendant la garde à vue des requérants. • CEDH 13 déc. 2005, *Bekos et Koutropoulos c/ Grèce,* n° 15250/02 § 75.

16. Les autorités ont su à un stade très précoce de l'enquête que les auteurs de l'agression contre le proche des requérants étaient inspirés par des motifs racistes, D. K. ayant fait une déposition en ce sens. La Cour juge totalement inacceptable que, tout en sachant que l'agression était motivée par la haine raciale, les autorités n'aient pas mené à bien avec célérité l'instruction préliminaire contre les agresseurs et ne les aient pas traduits en jugement. • CEDH 26 juill. 2007, *Anguelova et Iliev c/ Bulgarie,* n° 55523/00 § 116 : *JCP. I. 110 chron. Sudre.*

17. L'État ne s'est pas dûment acquitté de ses obligations positives de mettre en œuvre une protection judiciaire claire et effective contre la discrimination fondée sur l'appartenance à un syndicat. • CEDH 30 juill. 2009, *Danilenkov c/ Russie,* n° 67336/01 § 135 et 136 : *préc. note 14.*

B. PLACE DU PRINCIPE DE NON-DISCRIMINATION

18. L'art. 14 n'a pas d'existence indépendante. Il représente un élément particulier (non-discrimination) de chacun des droits protégés par la Convention. Les art. les consacrant peuvent se trouver méconnus isolément ou/et en combinaison avec l'art. 14. si la Cour ne constate pas de violation séparée de l'un d'entre eux, invoqué à la fois en soi et conjointement avec le présent art., il lui faut examiner aussi la cause sous l'angle de ce dernier. En revanche, pareil examen ne s'impose pas en général quand elle aperçoit un manquement aux exigences d'un autre art. pris en lui-même. Il en va autrement si une nette inégalité de traitement dans la jouissance du droit en question constitue un aspect fondamental de l'affaire. • CEDH 9 oct. 1979, *Airey c/ Irlande,* n° 6289/73 § 30 • CEDH 22 oct. 1981, *Dudgeon c/ Royaume-Uni,* n° 7525/76 § 67 : *CDE 1982. 221, obs. Cohen-Jonathan ; AFDI 1982. 504, obs. Pelloux* • CEDH, gr. ch., 29 avr. 1999, *Chassagnou et a. c/ France,* n° 25088/94 § 89 : *AJDA 1999. 922, note Priest ; ibid. 2000. 526, chron. Flauss ; D. 1999. 163 ; ibid. 389, chron. Charollois ; ibid. 2000. 141, chron. Alfandari ; RFDA 1999. 451 ; RTD civ. 1999. 913, obs. Marguénaud ; ibid. 2000. 360, obs. Revet .*

19. Si, dès lors qu'il complète les autres clauses normatives de la Convention et des Protocoles le présent art. n'a pas d'existence indépendante puisqu'il vaut uniquement pour « la jouissance des droits et libertés » qu'elles garantissent, il peut néanmoins entrer en jeu même sans un manquement à leurs exigences et, dans cette mesure, possède une portée autonome, même s'il ne saurait trouver à s'appliquer si les faits du litige ne tombent pas sous l'empire de l'une au moins desdites clauses. • CEDH 28 mai 1985, *Abdulaziz, Cabales et Balkandali c/ Royaume-Uni,* n° 9214/80 § 71 • CEDH 28 oct. 1987, *Inze c/ Autriche,* n° 8695/79 § 36 • CEDH 24 févr. 1998, *Botta c/ Italie,* n° 21439/93 § 39.

20. Eu égard à la conclusion figurant au paragraphe précédent (violation de l'art. 14), la Cour estime inutile de statuer sur la violation alléguée de l'art. 8 pris isolément ; les arguments avancés sur ce point coïncident, en substance, avec ceux déjà examinés dans le contexte de l'art. 8 combiné avec l'art. 14. • CEDH 21 déc. 1999, *Salgueiro Da Silva Mouta c/ Portugal,* n° 33290/96 § 37 : *RTD civ. 2000. 313, obs. Hauser ; JCP 2000. I. 203, chron. Sudre.*

21. L'objectif de traduire l'unité de la famille par un nom de famille commun ne saurait justifier la différence de traitement fondée sur le sexe, incriminée en l'espèce. Partant, la différence de traitement litigieuse méconnaît l'art. 14 combiné avec l'art. 8. Eu égard à cette conclusion, la Cour ne juge pas nécessaire de rechercher s'il y a eu aussi violation de l'art. 8 pris isolément. • CEDH 16 nov. 2004, *Unal Tekili c/ Turquie,* n° 29865/96 § 68 et 69 : *RTD civ. 2005. 343, obs. Marguénaud ; JCP 2005. I. 103, chron. Sudre.* ♦ V. également. • CEDH 27 juill. 2004, *Sidabras et Dziautas c/ Lituanie,* n° 55480/00 § 63 : *préc. note 2.*

C. INDICATION PROCÉDURALE

22. Un grief formulé à ce titre doit donner au moins une indication de la personne ou de la catégorie de personnes avec laquelle le requérant entend se comparer, ainsi que du motif de la différence de traitement censée avoir été opérée. La requête doit ainsi contenir tous les paramètres nécessaires pour permettre à la Cour de délimiter la question qu'elle sera appelée à examiner, de même que le sera le Gouvernement si la Cour décidait de l'inviter à présenter ses observations sur la recevabilité et/ou sur le fond de la requête. A cet égard, il convient également de garder à l'esprit que les justifications des différences de traitement peuvent parfaitement varier en fonction de la catégorie ou des catégories auxquelles on se compare ainsi que du motif ou des motifs de distinction en cause. Ainsi, il ne suffit pas que le formulaire de requête énonce un grief sur le terrain de l'art. 14 de la Convention pour que la Cour le considère comme servant à introduire tous ceux qui seront ultérieurement formulés sous l'angle de cette disposition. • CEDH, gr. ch., 5 sept. 2017, *Fabian c/ Hongrie*, n° 78117/13 § 96 : *AJDA 2017. 1638* ; *ibid. 2018. 150* . *Chron. Burgorgue-Larsen.*

II. MODALITÉS DE MISE EN ŒUVRE DU PRINCIPE DE NON-DISCRIMINATION

23. *Principe.* Il faut que la différence de traitement existe réellement pour qu'il puisse y avoir discrimination. Ainsi, même si le requérant était une femme et que la discrimination dont il se plaint se trouvait supprimée, il ne remplirait pas actuellement les conditions requises pour pouvoir prétendre à une pension de veuve en vertu de la loi de 1992. ... Étant donné que le requérant n'a fait l'objet d'aucune différence de traitement par rapport à une femme se trouvant dans une situation analogue, la Cour conclut qu'aucune question de discrimination ne se pose en l'espèce quant au droit de l'intéressé à une pension de veuve. • CEDH 11 juin 2002, *Willis c/ Royaume-Uni*, n° 36042/97 § 48. ♦ La situation des requérantes est la même situation que celle des couples hétérosexuels non mariés. Ces couples peuvent avoir conclu un Pacs, comme les requérantes, ou vivre en concubinage. Pour l'essentiel, la Cour relève que des couples placés dans des situations juridiques comparables, la conclusion d'un Pacs, se voient opposer les mêmes effets, à savoir le refus de l'adoption simple. Elle ne relève donc pas de différence de traitement fondée sur l'orientation sexuelle des requérantes. • CEDH 15 mars 2012, *Gas et Dubois c/ France*, n° 25951/07 § 69 : *AJDA 2012. 1726, chron. Burgorgue-Larsen* ; *D. 2012. 1241, obs. Gallmeister* , *note Dionisi-Peyrusse* ; *ibid. 2013. 663, obs. Galloux et Gaumont-Prat* ; *ibid. 798, obs. Douchy-Oudot* ; *ibid. 1436, obs. Granet-Lambrechts* ; *AJ fam. 2012. 220, obs. Siffrein-Blanc* ; *ibid. 163, point de vue Chénedé* ; *RTD civ. 2012. 275, obs. Marguénaud* ; *ibid. 306, obs. J. Hauser* . ♦ V. pour des couples homosexuels non mariés dans une situation différente des couples hétérosexuels également non mariés. • CEDH, gr. ch., 19 févr. 2013, *X c/ Autriche*, n° 19010/07 § 130 : *D. 2013. 502, obs. Gallmeister* ; *ibid. 1436, obs. Granet-Lambrechts* ; *AJDA 2013. 1797, chron. Burgogue-Larsen* ; *AJ fam. 2013. 227, obs. Chénedé* . ♦ C'est précisément l'absence de la possibilité, pour les couples homosexuels, d'avoir accès à une forme de reconnaissance légale qui a placé les requérants dans une situation différente de celle d'un couple hétérosexuel non marié. A la différence d'un couple hétérosexuel, le deuxième requérant ne disposait, en Italie, d'aucun moyen légal pour se voir reconnaître le statut de « membre de la famille » du premier requérant et pour pouvoir dès lors bénéficier d'un permis de séjour pour raison familiale. • CEDH 30 juin 2016, *Taddeucci et McCall c/ Italie*, n° 51362/09 : *D. 2016. 2100, note Fulchiron* ; *RTD civ. 2016. 799, obs. Marguénaud* ; *JCP Adm. 2016. 599.*

24. En l'espèce le requérant, d'origine rom, allègue qu'un livre et deux dictionnaires financés par l'État comprennent des observations et expressions hostiles aux Roms. L'intéressé estime que ces propos constituent une attaque contre son identité rom. Cependant, aucune différence de traitement, et spécialement aucune question de discrimination ethnique, n'est en jeu en l'espèce, le requérant n'ayant pas produit d'éléments aptes à valoir un commencement de preuve que les publications litigieuses eussent une intention discriminatoire ou qu'elles aient produit un effet discriminatoire. • CEDH, gr. ch., 15 mars 2012, *Aksu c/ Turquie*, n° 4149/04 § 45.

25. Lorsque est invoqué que l'attitude des autorités publiques trouve son origine dans une différence fondée sur la race, il appartient à la Cour de s'assurer, au-delà du doute raisonnable, que tel est bien le cas. • CEDH 22 févr. 2011, *Soare et a. c/ Roumanie*, n° 24329/02 § 205.

26. *Obligation positive.* La discrimination fondée notamment sur l'origine ethnique d'une personne constitue une forme de discrimination raciale. La discrimination raciale est une forme de discrimination particulièrement odieuse qui, compte tenu de la dangerosité de ses conséquences, exige une vigilance spéciale et une réaction vigoureuse de la part des autorités. Celles-ci doivent recourir à tous les moyens dont elles disposent pour combattre le racisme, renforçant ainsi la conception démocratique de la société, dans laquelle la diversité est perçue non pas comme une menace, mais comme une richesse. • CEDH, gr. ch., 6 juill. 2005, *Natchova et a. c/ Bulgarie*, n° 43577/98 § 145 : *préc. note 15* • CEDH 13 déc. 2005, *Timichev c/ Russie*, n° 55762/00 § 56 • CEDH, gr. ch., 15 mars 2012, *Aksu c/ Turquie*, n° 4149/04 § 44.

A. CAS DE DISCRIMINATION

1° CARACTÈRE NON LIMITATIF DE LA LISTE

27. La liste que renferme le présent art. revêt un caractère indicatif, et non limitatif, dont témoigne l'adverbe « notamment ». • CEDH 8 juin 1976, *Engel et a. c/ Pays-Bas*, n° 5100/71 § 72 : *CDE 1978. 364, obs. Cohen-Jonathan ; AFDI 1977. 481, obs. Pelloux* • CEDH 28 nov. 1987, *Rasmussen c/ Danemark*, n° 8777/79 § 34 : *préc. note 2* • CEDH 21 déc. 1999, *Salgueiro Da Silva Mouta c/ Portugal*, n° 33290/96 § 28 : *préc. note 20* • CEDH 9 janv. 2003, *L. et V. c/ Autriche*, n° 39392/98 § 50 : *D. 2003. 2278, note Burgogue-Larsen* ; *JCP 2003. I. 160, chron. Sudre* • CEDH, gr. ch.,

22 janv. 2008, *E. B. c/ France,* n° 43546/02 § 50 : *D. 2008. 2038, note Hennion-Jacquet ; AJDA 2008. 378, chron. Flauss ; JCP 2008. II. 10071, note Gouttenoire et Sudre.* ♦ ... Ou encore l'utilisation des termes « ou toute autre situation ». • CEDH 1er déc. 2009, *G. N. et a. c/ Italie,* n° 43134/05 § 126. ♦ V. encore. • CEDH, gr. ch., 12 avr. 2006, *Stec et a.,* n° 65731/01 § 50 : *préc. note 4.*

28. Le présent art. interdit, dans le domaine des droits et libertés garantis, un traitement discriminatoire ayant pour base ou pour motif une caractéristique personnelle par laquelle des personnes ou groupes de personnes se distinguent les uns des autres. • CEDH 7 déc. 1976, *Kjeldsen, Busk Madsen et Pedersen,* n° 5095/71 § 56 • CEDH 16 mars 2010, *Carson c/ Royaume-Uni,* n° 42184/05 § 71 : *préc. note 1.* ♦ Cependant, la protection conférée par le présent art. ne se limite pas à des distinctions de traitement fondées sur des caractéristiques personnelles en ce sens qu'elles seraient innées ou inhérentes. • CEDH 13 juill. 2010, *Clift c/ Royaume-Uni,* n° 7205/07 § 59. ♦ Ainsi, le lieu de résidence d'une personne s'analyse en un aspect de sa situation personnelle et constitue par conséquent un motif de discrimination prohibé par le présent art. • CEDH, gr. ch., 16 mars 2010, *Carson c/ Royaume-Uni,* n° 42184/05 § 71 : *préc. note 1* • CEDH, décis., 28 févr. 2017, *Gouri c/ France,* n° 41069/11 : *préc. note 9.*

29. Alors que le présent art. ne les mentionne pas parmi les motifs de discrimination interdits, le champ d'application du présent art. a été étendu : ... aux discriminations fondées sur un handicap. • CEDH 30 avr. 2009, *Glor c/ Suisse,* n° 13444/04 § 80. ♦ ... Aux discriminations fondées sur une maladie génétique. • CEDH 1er déc. 2009, *G. N. et a. c/ Italie,* n° 43134/05 § 127. ♦ ... Aux différences de situations fondées sur le grade dans l'armée. • CEDH 8 juin 1976, *Engel et a. c/ Pays-Bas,* n° 5100/71 § 72 : *préc. note 27.* ♦ ... Aux différences de situations fondées sur des considérations tenant à l'orientation sexuelle du requérant. • CEDH 21 déc. 1999, *Salgueiro Da Silva Mouta c/ Portugal,* n° 33290/96 § 34 et 36 : *préc. note 20* • CEDH 26 févr. 2002, *Fretté c/ France,* n° n° 36515/97 § 32 : *préc. note 3.* ♦ ... Aux différences de situations fondées sur des considérations ethniques. • CEDH 13 déc. 2005, *Timichev c/ Russie,* n° 55762/00 § 54 • CEDH, gr. ch., 13 nov. 2007, *D. H. c/ Rép. tchèque,* n° 57325/00 § 176 : *RFDA 2008. 737, obs. Labayle et Sudre ; AJDA 2008. 1929, obs. Flauss ; JCP 2008. I. 110, chron. Sudre ; RTDH 2008. 821, note Debout* • CEDH, gr. ch., 16 mars 2010, *Orsus c/ Croatie,* n° 15766/03 § 149 : *AJDA 2010. 2362, chron. Flauss .* ♦ ... Aux différences de situations fondées sur l'appartenance à des associations secrètes (franc-maçonnerie). • CEDH 31 mai 2007, *Grande Oriente d'Italia di Palazzo Giustiniani c/ Italie (n° 2),* n° 26740/02 : *AJDA 2007. 1918, chron. Flauss.* ♦ ... La séropositivité. • CEDH 10 mars 2011, *Kiyutin c/ Russie,* n° 2700/10 § 58 • CEDH 3 oct. 2013, *I. B. c/ Grèce,* n° 552/10 § 81.

30. Il n'est pas justifié de priver le père biologique, ressortissant hongrois, et l'ensemble de sa famille des indemnités de maternité destinées à la subsistance des nouveaux-nés du seul fait que la mère des enfants ne possédait pas la nationalité hongroise. • CEDH 31 mars 2009, *Weller c/ Hongrie,* n° 44399/05 § 35 et 38 : *JCP 2009. I. 143, chron. Sudre.*

31. Il existait aux yeux de la Cour une différence de traitement entre R. et son ex-épouse quant à la possibilité de contester en justice la paternité du premier. Il n'y a pas lieu de rechercher sur quoi elle se fondait, la liste dressée à l'art. 14 n'étant pas limitative. • CEDH 28 nov. 1987, *Rasmussen c/ Danemark,* n° 8777/79 § 34 : *préc. note 2.*

32. La discrimination peut trouver son origine dans l'interprétation faite par les juridictions internes de la loi applicable. • CEDH, gr. ch., 7 févr. 2013, *Fabris c/ France,* n° 16574/08 § 60 : *AJDA 2013. 1794, chron. Burgorgue-Larsen ; D. 2013. 434, obs. Gallmeister ; ibid. 1436, obs. Granet-Lambrechts ; AJ fam. 2013. 189, obs. Levillain ; RTD civ. 2013. 333, obs. Marguénaud ; ibid. 358, obs. Hauser .* ♦ V. déjà. • CEDH 21 juill. 2011, *Fabris c/ France,* n° 16574/08 § 55 : *D. 2011. 2036, obs. Gallmeister ; AJ fam. 2011. 556, obs. Vernières ; RTD civ. 2011. 732, obs. Marguénaud ; ibid. 753, obs. Hauser*

2° *INÉGALITÉ ET DISCRIMINATION*

33. Principe. Toute inégalité ne constitue pourtant pas une discrimination. • CEDH 23 juill. 1968, *Affaire « relative à certains aspects du régime linguistique de l'enseignement en Belgique »,* n° 1474/62 § 10 (en droit) • CEDH 27 oct. 1975, *Synd. nat. de la police belge c/ Belgique,* n° 4464/70 § 46 : *préc. note 1.* ♦ La notion de discrimination englobe d'ordinaire les cas dans lesquels un individu ou un groupe se voit, sans justification adéquate, moins bien traité qu'un autre, même si la Conv. EDH ne requiert pas leur traitement plus favorable. • CEDH 28 mai 1985, *Abdulaziz, Cabales et Balkandali c/ Royaume-Uni,* n° 9214/80 § 82 • CEDH 7 janv. 2014, *Cusan et Fazzo c/ Italie,* n° 77/07 § 60 : *D. 2014. 1171, obs. Granet-Lambrechts ; AJ fam. 2014. 126 .* ♦ Le présent art. n'interdit pas toute différence de traitement dans l'exercice des droits et libertés reconnus par la Conv. EDH. • CEDH 8 juill. 1986, *Lithgow et a. c/ Royaume-Uni,* n° 9006/80 § 177. ♦ Toute différence de traitement n'emporte pas automatiquement violation du présent art. Il faut établir que des personnes placées dans des situations analogues ou comparables en la matière jouissent d'un traitement préférentiel et que cette distinction ne trouve aucune justification objective ou raisonnable. • CEDH 26 nov. 2002, *Buchen c/ Rép. tchèque*, n° 36541/97 § 73 • CEDH 23 janv. 2014, *Montoya c/ France*, n° 62170/10 § 30 : *JCP Adm. 2014. 113 ; ibid. 158.* ♦ ... Et si, s'inspirant de l'intérêt public, elle ménage un juste équilibre entre la sauvegarde des intérêts de la communauté et le respect des droits et libertés garantis par la Conv. EDH. • CEDH, décis., 27 sept. 2001, *G.M.B. et K.M. c/ Suisse*, n° 36797/97 • CEDH 20 juin 2006, *Zarb Adami c/ Malte*, n° 17209/02 § 73 • CEDH 7 janv. 2014, *Cusan et Fazzo c/ Italie*, n° 77/07 § 60 : *préc.*

34. Nécessité de traiter différemment des personnes dans des situations différentes. Le présent art. n'interdit pas à un État membre de traiter des groupes de manière différenciée pour corriger des « inégalités factuelles » entre eux ; de fait, dans certaines circonstances, l'absence d'un traitement différencié pour corriger une inégalité peut en soi emporter violation de la disposition en cause. • CEDH 23 juill. 1968, *Affaire « relative à certains aspects du régime linguistique de l'enseignement en Belgique »*, n° 1474/62 § 10 (en droit). • CEDH, gr. ch., 13 nov. 2007, *D. H. c/ Rép. tchèque*, n° 57325/00 § 175 : *préc. note 29.* ♦ La Cour a conclu jusqu'à présent à la violation du droit garanti par le présent art. de ne pas subir de discrimination dans la jouissance des droits reconnus par la Convention lorsque les États font subir sans justification objective et raisonnable un traitement différent à des personnes se trouvant dans des situations analogues. Toutefois, elle estime que ce n'est pas la seule facette de l'interdiction de toute discrimination énoncée par le présent art. Le droit de jouir des droits garantis par la Conv. EDH sans être soumis à discrimination est également transgressé lorsque, sans justification objective et raisonnable, les États n'appliquent pas un traitement différent à des personnes dont les situations sont sensiblement différentes. • CEDH, gr. ch., 6 avr. 2000, *Thlimmenos c/ Grèce*, n° 34369/97 § 44 : *AJDA 2001. 1060, chron. Flauss ; RFDA 2001. 1250, chron. Labayle et Sudre ; RTD civ. 2000. 434, obs. Marguénaud ; JCP 2001. I. 291, chron. Sudre* • CEDH, gr. ch., 18 janv. 2001, *Chapman c/ Royaume-Uni*, n° 27238/95 § 129 : *AJDA 2001. 1060, chron. Flauss ; D. 2002. 2758, note Fiorina ; RTD civ. 2001. 448, obs. Marguénaud* • CEDH, gr. ch., 6 juill. 2005, *Natchova et a. c/ Bulgarie*, n° 43577/98 § 160 : *préc. note 15* • CEDH, gr. ch., 12 avr. 2006, *Stec et a.*, n° 65731/01 § 51 : *préc. note 4* • CEDH, gr. ch., 13 nov. 2007, *D. H. c/ Rép. tchèque*, n° 57325/00 § 175 : *préc. note 29* • CEDH, gr. ch., 16 mars 2010, *Orsus c/ Croatie*, n° 15766/03 § 149 : *préc. note 29.*

35. Même si la vulnérabilité des Tsiganes, du fait qu'ils constituent une minorité, implique d'accorder une attention spéciale à leurs besoins et à leur mode de vie propre tant dans le cadre réglementaire valable en matière d'aménagement que lors de la prise de décision dans des cas particuliers, traiter différemment un Tsigane qui a illégalement stationné ses caravanes à un endroit donné, des non-Tsiganes qui y ont établi un site caravanier et toute personne qui y a fait construire une maison soulèverait des problèmes substantiels au regard du présent art. • CEDH, gr. ch., 18 janv. 2001, *Chapman c/ Royaume-Uni*, n° 27238/95 § 95 et 96 : *préc. note 34.* ♦ Il en va de même en matière d'éducation. • CEDH, gr. ch., 13 nov. 2007, *D. H. c/ Rép. tchèque*, n° 57325/00 § 198 : *préc. note 29.* ♦ ... Même si l'État a l'obligation de prendre des mesures positives de nature à aider les requérants à acquérir les compétences linguistiques nécessaires dans le délai le plus court possible, notamment par le biais de cours de langue spéciaux, afin qu'ils puissent être rapidement intégrés dans des classes mixtes (Tsiganes et non-Tsiganes). • CEDH, gr. ch., 16 mars 2010, *Orsus c/ Croatie*, n° 15766/03 § 165 : *préc. note 29.*

36. Discrimination positive. Le droit de jouir des droits garantis par la Conv. EDH sans être soumis à discrimination est également transgressé lorsque, sans justification objective et raisonnable, les États n'appliquent pas un traitement différent à des personnes dont les situations sont sensiblement différentes. • CEDH, gr. ch., 6 avr. 2000, *Thlimmenos c/ Grèce*, n° 34369/97 § 44 : *préc. note 34* • CEDH, gr. ch., 2 nov. 2010, *Serife Yigit c/ Turquie*, n° 3976/05 § 69 : *D. 2011. 1040, obs. Lemouland et Vigneau ; AJ fam. 2010. 544, obs. Jean-Baptiste*. ♦ Le présent art. n'interdit pas à un État membre de traiter des groupes de manière différenciée pour corriger des « inégalités factuelles » entre eux. • CEDH, gr. ch., 12 avr. 2006, *Stec et a.*, n° 65731/01 § 51 : *préc. note 4.*

37. A son origine, la différence établie entre les hommes et les femmes quant à l'âge légal du départ à la retraite visait à corriger des « inégalités factuelles » entre les premiers et les secondes, et on peut donc considérer qu'elle était objectivement justifiée. • CEDH, gr. ch., 12 avr. 2006, *Stec et a.*, n° 65731/01 § 61 : *préc. note 4* • CEDH 10 mai 2007, *Runkee et White c/ Royaume-Uni*, n° 42949/98 § 40. ♦ ... Et le demeurera jusqu'à ce que l'évolution sociale et économique du pays fasse disparaître la nécessité d'accorder un régime particulier aux femmes. • CEDH 17 févr. 2011, *Andrle c/ Rép. tchèque,* n° 6268/08 § 60.

B. CRITÈRES DE NON-DISCRIMINATION

38. Principe. Il importe donc de rechercher les critères qui permettent de déterminer si une distinction de traitement donnée, relative bien entendu à l'exercice de l'un des droits et libertés reconnus, contrevient ou non au présent art. A ce sujet, la Cour, suivant en cela les principes qui se dégagent de la pratique judiciaire d'un grand nombre d'États démocratiques, retient que l'égalité de traitement est violée si la distinction manque de justification objective et raisonnable. • CEDH 23 juill. 1968, *Affaire « relative à certains aspects du régime linguistique de l'enseignement en Belgique »,* n° 1474/62 § 10 (en droit). • CEDH 27 oct. 1975, *Synd. nat. de la police belge c/ Belgique,* n° 4464/70 § 46 : *préc. note 1.* ♦ La discrimination consiste à traiter de manière différente, sauf justification objective et raisonnable, des personnes placées dans des situations comparables. • CEDH 11 juin 2002, *Willis c/ Royaume-Uni,* n° 36042/97 § 48 • CEDH 13 déc. 2005, *Bekos et Koutropoulos c/ Grèce,* n° 15250/02 § 63 • CEDH 23 janv. 2014, *Montoya c/ France,* n° 62170/10 § 30 : *préc. note 33.*

39. Groupe de personnes. Le principe s'applique aux groupes de personnes. • CEDH 28 mai 1985, *Abdulaziz, Cabales et Balkandali c/ Royaume-Uni,* n° 9214/80 § 82. ♦ V. également les hypothèses de discrimination indirecte notes 35 s.

40. Discrimination indirecte. La Cour a également admis que pouvait être considérée comme discriminatoire une politique ou une mesure générale qui avait des effets préjudiciables disproportionnés sur un groupe de personnes, même si elle ne visait pas spécifiquement ce groupe. • CEDH 4 mai 2001, *Hugh Jordan c/ Royaume-Uni,* n° 24746/94 § 154 • CEDH, gr. ch., 13 nov. 2007, *D. H. c/ Rép. tchèque,* n° 57325/00 § 175 : *préc. note 29.* ♦ Une telle situation peut être autant le résultat d'une disposition législative que d'une situation de fait. • CEDH 20 juin 2006, *Zarb Adami c/ Malte,* n° 17209/02 § 76 : *RD publ. 2006. 872, note Surrel.*

41. Tel est le cas lorsque les fonctions de jurés sont systématiquement effectuées par un pourcentage négligeable de femmes. • CEDH 20 juin 2006, *Zarb Adami c/ Malte,* n° 17209/02 § 75 et 83 : *préc. note 40.* ♦ ... Lorsque les enfants tsiganes sont très majoritairement ceux qui sont placés dans des classes spéciales du fait de leur maîtrise insuffisante de la langue d'enseignement. • CEDH, gr. ch., 13 nov. 2007, *D. H. c/ Rép. tchèque,* n° 57325/00 § 198 : *préc. note 29* • CEDH, gr. ch., 16 mars 2010, *Orsus c/ Croatie,* n° 15766/03 § 165 : *préc. note 29.* ♦ De même, lorsque les femmes sont les principales victimes de la passivité généralisée – mais non volontaire – des juridictions, la Cour estime que les violences infligées aux requérantes doivent être considérées comme fondées sur le sexe et constituent par conséquent une forme de discrimination à l'égard des femmes. • CEDH 9 juin 2009, *Opuz c/ Turquie,* n° 33401/02 § 200.

42. Charge de la preuve de la discrimination. Lorsqu'un requérant a établi l'existence d'une différence de traitement, il incombe au Gouvernement de démontrer que cette différence de traitement était justifiée • CEDH, gr. ch., 13 nov. 2007, *D. H. c/ Rép. tchèque,* n° 57325/00 § 177 : *préc. note 29.*

43. La Cour constate que le Gouvernement, sur qui pesait la charge de la preuve, n'a pas été en mesure de produire des informations statistiques sur le recours à un tel motif selon l'orientation sexuelle – déclarée ou connue – des demandeurs, seules à même de fournir une image fidèle de la pratique administrative et d'établir l'absence de discriminations dans son utilisation. • CEDH, gr. ch., 22 janv. 2008, *E. B. c/ France,* n° 43546/02 § 74 : *préc. note 27* • CEDH 4 mars 2008, *Stoica c/ Roumanie,* n° 42722/02 § 130. ♦ ... De fournir des explications quant aux raisons pour lesquelles les églises requérantes, qui sont d'une dénomination réformiste, n'étaient pas qualifiés comme « historiques des communautés religieuses du cercle culturel européen » par la Commission des Communautés religieuses. • CEDH 9 déc. 2010, *Savez Crkava Rijec Zivota et a. c/ Croatie,* n° 7798/08 § 91.

44. A déjà été jugé que le Gouvernement n'a pas fait état de motifs convaincants et solides pouvant justifier une interprétation étroite de la loi sur les loyers qui prive le partenaire survivant d'un couple composé de personnes du même sexe de la possibilité d'invoquer cette disposition. • CEDH 24 juill. 2003, *Karner c/ Autriche,* n° 40016/98 § 42 : *RD publ. 2004. 821, obs. Levinet.* ♦ Rappr. • CEDH 26 juill. 2007, *Cobzaru c/ Roumanie,* n° 48254/99 § 74 et 100. ♦ Si une présomption réfragable de discrimination relativement à l'effet d'une mesure ou d'une pratique est ainsi établie par le requérant alléguant une discrimination indirecte, il incombe ensuite à l'État défendeur de réfuter cette présomption en démontrant que la différence en question n'est pas discriminatoire. • CEDH, gr. ch., 13 nov. 2007, *D. H. c/ Rép. tchèque,* n° 57325/00 § 189 : *préc. note 29.* ♦ Le Gouvernement n'a pas démontré qu'il existait des considérations impérieuses ou très fortes non liées à l'origine ethnique propres à justifier l'effet indirectement discriminatoire de la règle contestée. • CEDH, gr. ch., 24 mai 2016, *Biao c/ Danemark,* n° 38590/10 § 127 et 138.

45. Apparence de discrimination. La Cour note qu'un officier supérieur de police de Kabardino-Balkarie a ordonné aux agents de la police de la circulation de ne pas admettre de « Tchétchènes ». L'origine ethnique d'une personne ne figurant nulle part sur les pièces d'identité russes, comme l'indique le Gouvernement, l'instruction interdisait le passage non seulement aux personnes qui étaient effectivement d'origine tchétchène, mais aussi à celles qui étaient simplement perçues comme appartenant à ce groupe ethnique. • CEDH 13 déc. 2005, *Timichev c/ Russie,* n° 55762/00 § 54. ♦ La Cour considère en l'espèce qu'aux fins de son examen elle ne saurait faire abstraction des opinions personnelles bien arrêtées exprimées publiquement par le maire sur des questions directement liées aux décisions en cause, qui touchaient à l'exercice de la liberté de réunion des requérants. Elle constate que celles-ci ont été rendues par les autorités municipales au nom du maire après qu'il avait fait part dans la presse de ses vues quant à l'exercice de la liberté de réunion et à la « propagande en faveur de l'homosexualité ». Elle note que, de surcroît, l'édile s'est exprimé alors que ces mêmes autorités étaient déjà saisies d'une demande d'autorisation des manifestations en question. Elle estime que l'on peut raisonnablement supposer que les opinions du maire ont pu avoir des répercussions sur le processus décisionnel en l'espèce et, ainsi, porter atteinte de manière discriminatoire au droit des requérants à la liberté de réunion. • CEDH 3 mai 2007, *Baczkowski c/ Pologne,* n° 1543/06 § 100 : *JCP 2007. I. 183, chron. Sudre.*

46. Statistiques. La Cour relève qu'il ressort des statistiques produites par les parties qu'en 1997 – l'année pendant laquelle le requérant a été convoqué pour servir en qualité de juré et n'a pas comparu devant le tribunal – le nombre d'hommes (7 503) inscrits sur les listes de jurés était trois fois plus élevé que celui des femmes (2 494). L'année précédente, ces différences étaient encore plus notables, puisque seulement 147 femmes figuraient sur les listes de jurés, contre 4 298 hommes. La Cour est également frappée par le fait qu'en 1996, 5 femmes et 174 hommes ont servi en qualité de juré. Pour la Cour, ces chiffres montrent que l'obligation civique du service de jury pèse de manière prédominante sur les hommes. Dès lors, il existe une différence de traitement entre deux groupes – les hommes et les femmes – qui, en ce qui concerne cette obligation, se trouvaient dans une situation similaire. • CEDH 20 juin 2006, *Zarb Adami c/ Malte,* n° 17209/02 § 76 : *préc. note 40.* ♦ La Grande Chambre observe que lesdites données ne sont pas contestées par le Gouvernement, lequel n'a d'ailleurs pas soumis d'autres statistiques. Prenant en compte l'argument du Gouvernement selon lequel il n'existe pas d'information officielle sur l'origine ethnique des élèves, la Cour admet que les statistiques présentées par les requérants peuvent ne pas être entièrement fiables. A ses yeux, ces chiffres révèlent néanmoins la tendance prédominante, confirmée tant par l'État défendeur que par des organes de contrôle indépendants qui se sont penchés sur la question. • CEDH, gr. ch., 13 nov. 2007, *D. H. c/ Rép. tchèque,* n° 57325/00 § 191 : *préc. note 29.*

1° DIFFÉRENCE DE SITUATION

47. Situations analogues. Le présent art. protège contre toute discrimination les individus placés dans des situations analogues. • CEDH 13 juin 1979, *Marckx c/ Belgique,* n° 6833/74 § 32 : *préc note 1* • CEDH 23 nov. 1983, *Van der Mussele c/ Belgique,* n° 8919/80 § 46 • CEDH 18 déc. 1986, *Johnston c/ Irlande,* n° 9697/82 § 60 • CEDH 28 nov. 1987, *Rasmussen c/ Danemark,* n° 8777/79 § 37 : *préc. note 2* • CEDH 18 févr. 1991, *Fredin c/ Suède (n° 1),* n° 12033/86 § 60 • CEDH 26 nov. 2002, *Buchen c/ Rép. tchèque,* n° 36541/97 § 75.

48. Sans négliger les différences qui peuvent exister entre le père et la mère dans leur relation avec l'enfant, on part de l'hypothèse que pour les soins à apporter à l'enfant pendant la période qui suit l'accouchement et qui a pour but de permettre au bénéficiaire du congé de rester au foyer pour s'occuper en personne du nourrisson, les deux parents sont placés dans des « situations analogues ». • CEDH 27 mars 1998, *Petrovic c/ Autriche,* n° 20458/92 § 36. ♦ Père et mère se trouvent dans une situation identique s'agissant du choix du nom de famille. • CEDH 7 janv. 2014, *Cusan et Fazzo c/ Italie,* n° 77/07 § 63 : *préc. note 33.* ♦ Sont dans des situations analogues, les personnes ayant une résidence temporaire ou les résidents au regard de l'impôt ecclésial. • CEDH 23 oct. 1990, *Darby c/ Suède,* n° 11581/85 § 32 : *RTDH 1992. 181, note Flauss.* ♦ Les étrangers sont, au regard de l'allocation pour adulte handicapé, dans une situation analogue à celle des nationaux. • CEDH 30 sept. 2003, *Koua Poirrez c/ France,* n° 40892/98 : *préc. note 12.* ♦ Il en va de même de chacun des époux quant au choix du nom de famille. • CEDH 22 févr. 1994, *Burghartz c/ Suisse,* n° 16213/90 : *D. 1995. 7, note Marguénaud* ; *AFDI 1994. 658, obs. Coussirat-Coustère ; RTDH 1995. 53, note Georgin ; JCP 1995. 3823, chron. Sudre* (sol. impl.). ♦ ... Des célibataires hétérosexuels ou homosexuels par rapport au droit d'adopter. • CEDH 26 févr. 2002, *Fretté c/ France,* n° 36515/97 § 32 : *préc. note 3.* ♦ Des étrangers désirant se marier quel que soit le rite religieux qu'ils souhaitent respecter. • CEDH 14 déc. 2010, *O'Donoghue et a. c/ Royaume-Uni,* n° 34848/07 § 102.

49. Si la Cour considère que le travail pénitentiaire diffère du travail des salariés ordinaires, notamment en ce qu'il vise principalement à assurer la réinsertion et la resocialisation des détenus et qu'en droit autrichien il revêt un caractère obligatoire, elle estime que cet élément n'est pas déterminant en soi. Ce qui est ici en cause ce n'est pas tant la nature du travail pénitentiaire et l'objectif poursuivi par lui, mais la nécessité d'un système de prévoyance pour les personnes âgées. La Cour estime qu'à cet égard le requérant, en sa qualité de détenu exerçant un travail, se trouvait dans une situation comparable à celle des salariés ordinaires. Or il était traité différemment de ces derniers puisqu'il n'était pas affilié au régime des pensions de retraite prévu par la loi sur le régime général de la sécurité sociale. • CEDH, gr. ch., 7 juill. 2011, *Stummer c/ Autriche,* n° 37452/02 § 93 à 95 : *AJDA 2012. 143, chron. Burgorgue-Larsen ; RDSS 2012. 684, note Tharaud .*

50. Le fait pour la requérante de relever du statut des « détenus à titre provisoire » correspondait bien à la notion de « toute autre situation » visée au présent art. ; l'intéressée pouvait prétendre se trouver dans une situation similaire à celle des « personnes condamnées ». • CEDH 5 mars 2013, *Gülay Çetin c/ Turquie,* n° 44084/10 § 127.

51. La Cour juge contestable qu'en 2007, des années après les arrêts *Marckx* et *Mazurek* précités, le juge national ait pu moduler différemment la protection de la sécurité juridique selon qu'elle était opposée à un enfant légitime ou à un enfant « adultérin ». • CEDH, gr. ch., 7 févr. 2013, *Fabris c/ France,* n° 16574/08 § 60 : *préc. note 32.*

52. Situations non analogues. Ne sont pas dans des situations analogues : des personnes résidant en Irlande ou domiciliées à l'étranger, au regard des règles d'*exequatur* d'un jugement de divorce. • CEDH 18 déc. 1986, *Johnston c/ Irlande,* n° 9697/82 § 60. ♦ ... Un couple marié ou en partenariat civil et, de l'autre, un couple hétérosexuel ou homosexuel dont les deux membres ont choisi de vivre ensemble sans devenir des époux ou des partenaires civils (en l'espèce, deux sœurs), au regard du droit successoral. • CEDH, gr. ch., 29 avr. 2008, *Burden c/ Royaume-Uni,* n° 13378/05 § 65 : *AJDA 2008. 1929, chron. Flauss ; JCP 2008. I. 167, chron. Sudre.* ♦ ... Des retraités qui se sont expatriés dans des pays non liés au Royaume-Uni par des accords de réciprocité en matière de sécurité sociale prévoyant la revalorisation des pensions, et des pensionnés résidant sur le territoire britannique ou dans des pays signataires de tels accords au regard du droit à revalorisation des pensions. • CEDH, gr. ch., 16 mars 2010, *Carson c/ Royaume-Uni,* n° 42184/05 § 90 : *préc. note 1.* ♦ Les étrangers ayant la nationalité d'un pays membre de l'Union européenne et les autres étrangers. • CEDH 7 août 1996, *C. c/ Belgique,* n° 21794/93 § 38. ♦ ... Les salariés victimes d'un accident du travail ou d'une maladie professionnelle causée par la faute de leur employeur et les individus victimes de dommages corporels ou d'atteintes à la santé causés par la faute d'une personne qui n'est pas leur employeur. • CEDH 12 janv. 2017, *Saumier c/ France,* n° 74734/14 § 58 : *préc. note 4.*

53. Les requérantes, en tant que sœurs vivant ensemble, ne sauraient être comparées à des conjoints ou partenaires civils. • CEDH, gr. ch., 29 avr. 2008, *Burden c/ Royaume-Uni,* n° 13378/05 § 66. ♦ La Cour ne peut souscrire à l'argument de la requérante selon lequel sa relation de vie commune de fait avec M. A., assimilable selon elle à un mariage ou à un partenariat enregistré du point de vue social, doit avoir les mêmes effets juridiques que ceux qui s'attachent à ces unions officiellement reconnues. • CEDH, gr. ch., 3 avr. 2012, *Van Der Heijden c. Pays-Bas,* n° 42857/05 § 68 s. : *AJDA 2012. 1726, chron. Burgogue-Larsen ; AJ fam. 2012. 343 ; RTD civ. 2012. 512, obs. Hauser .*

54. Le mariage confère un statut particulier à ceux qui s'y engagent. L'exercice du droit de se marier est protégé par l'art. 12 de la Convention et emporte des conséquences sociales, personnelles et juridiques. • CEDH, décis., 29 juin 1999, *Nylund c/ Finlande,* n° 27110/95 • CEDH, gr. ch., 29 avr. 2008, *Burden c/ Royaume-Uni,* n° 13378/05 § 65 : *AJDA 2008. 1929, chron. Flauss ; JCP 2008. I. 167, chron. Sudre* • CEDH, gr. ch., 2 nov. 2010, *Serife Yigit c/ Turquie,* n° 3976/05 § 72 : *préc. note 36.* ♦ La protection du mariage constitue en principe une raison importante et légitime pouvant justifier une différence de traitement entre couples mariés et couples non mariés. • Comm. EDH, 4 mars 1998, *Quintana Zapata c/ Espagne,* n° 34615/97 • CEDH, gr. ch., 2 nov. 2010, *Serife Yigit c/ Turquie,* n° 3976/05 § 72 : *préc. note 36.* ♦ Par conséquent, la Cour estime que l'on ne saurait considérer, en matière d'adoption par le second parent, que les requérantes se trouvent dans une situation juridique comparable à celle des couples mariés. • CEDH 15 mars 2012, *Gas et Dubois c/ France,* n° 25951/07 § 68 : *préc. note 23.*

2° JUSTIFICATION OBJECTIVE ET RAISONNABLE

55. Principe. Une distinction est discriminatoire au sens du présent art. si elle manque de justification objective et raisonnable, c'est-à-dire si elle ne poursuit pas un but légitime ou s'il n'y a pas de rapport raisonnable de proportionnalité entre les moyens employés et le but visé. • CEDH 28 oct. 1987, *Inze c/ Autriche*, n° 8695/79 § 41 • CEDH 23 oct. 1990, *Darby c/ Suède*, n° 11581/85 § 31 : *préc. note 48* • CEDH 18 juill. 1994, *Karlheinz Schmidt c/ Allemagne*, n° 13580/88 § 24 • CEDH 21 févr. 1997, *Van Raalte c/ Pays-Bas*, n° 20060/92 § 39 : *préc. note 3* • CEDH, gr. ch., 29 avr. 1999, *Chassagnou et a. c/ France*, n° 25088/94 § 91 : *préc. note 18* • CEDH 11 juin 2002, *Willis c/ Royaume-Uni*, n° 36042/97 § 39 • CEDH, gr. ch., 12 avr. 2006, *Stec et a.*, n° 65731/01 § 51 : *préc. note 4* • CEDH 12 mars 2009, *Lang c/ Autriche*, n° 28648/03 § 30 • CEDH 23 janv. 2014, *Montoya c/ France*, n° 62170/10 § 30 : *préc. note 33.*

56. Formulation plus ancienne. L'existence d'une justification doit s'apprécier par rapport au but et aux effets de la mesure considérée, eu égard aux principes qui prévalent généralement dans les sociétés démocratiques. Une distinction de traitement dans l'exercice d'un droit consacré par la Convention ne doit pas seulement poursuivre un but légitime : le présent art. est également violé lorsqu'il est clairement établi qu'il n'existe pas de rapport raisonnable de proportionnalité entre les moyens employés et le but visé. • CEDH 23 juill. 1968, *Affaire « relative à certains aspects du régime linguistique de l'enseignement en Belgique »*, n° 1474/62 § 10 (en droit). • CEDH 27 oct. 1975, *Synd. nat. de la police Belge c/ Belgique*, n° 4464/70 § 46 : *préc. note 1.*

57. Marge d'appréciation. Les États contractants jouissent d'une certaine marge d'appréciation pour déterminer si et dans quelle mesure des différences entre des situations à d'autres égards analogues justifient des distinctions de traitement. • CEDH 28 nov. 1987, *Rasmussen c/ Danemark*, n° 8777/79 § 40 : *préc. note 2* • CEDH 18 juill. 1994, *Karlheinz Schmidt c/ Allemagne*, n° 13580/88 § 24 • CEDH, gr. ch., 12 avr. 2006, *Stec et a.*, n° 65731/01 § 51 : *préc. note 4* • CEDH, gr. ch., 16 mars 2010, *Orsus c/ Croatie*, n° 15766/03 § 149 : *préc. note 29* • CEDH 23 janv. 2014, *Montoya c/ France*, n° 62170/10 § 30 : *préc. note 33.* ♦ ... Y compris des distinctions de traitement juridique. • CEDH 13 juin 1979, *Marckx c/ Belgique*, n° 6833/74 § 38 : *préc note 1.* ♦ L'absence de consensus européen sur la question traitée joue en faveur d'une large marge d'appréciation accordée aux États. • CEDH 27 mars 1998, *Petrovic c/ Autriche*, n° 20458/92 § 42.

58. L'étendue de cette marge d'appréciation dépend cependant du fondement de la discrimination mise en œuvre. • CEDH 21 févr. 1997, *Van Raalte c/ Pays-Bas*, n° 20060/92 § 42 : *préc. note 3* • CEDH 28 mai 1985, *Abdulaziz, Cabales et Balkandali c/ Royaume-Uni*, n° 9214/80 § 78 • CEDH 28 oct. 1987, *Inze c/ Autriche*, n° 8695/79 § 41 • CEDH, gr. ch., 22 déc. 2009, *SeJDlc et Finci c/ Bosnie-Herzégovine*, n° 27996/06 § 42 : *AJDA 2010. 997, obs. Flauss* ; *RD publ. 2010. 860, obs. Surrel.* ♦ Elle est plus ample lorsqu'il s'agit de prendre des mesures d'ordre général en matière économique ou sociale. • CEDH, gr. ch., 12 avr. 2006, *Stec et a.*, n° 65731/01 § 50 : *préc. note 4* • CEDH 24 juin 2010, *Schalk et Kopf c/ Autriche*, n° 30141/04 § 97 : *JCP 2010, act. 768, obs. Picheral* • CEDH 15 mars 2012, *Gas et Dubois c/ France*, n° 25951/07 § 58 : *préc. note 23* • CEDH, décis., 28 févr. 2017, *Gouri c/ France*, n° 41069/11 : *préc. note 9.* ♦ Lorsqu'une différence de traitement est fondée sur le sexe ou l'orientation sexuelle, la marge d'appréciation laissée à l'État est étroite. • CEDH 24 juill. 2003, *Karner c/ Autriche*, n° 40016/98 § 37 : *préc. note 44* • CEDH 24 juin 2010, *Schalk et Kopf c/ Autriche*, n° 30141/04 § 97 : *préc.* • CEDH 21 oct. 2010, *Alexeiev c/ Russie*, n° 4916/07 § 108 • CEDH 15 mars 2012, *Gas et Dubois c/ France*, n° 25951/07 § 58 : *préc. note 23.* ♦ Rappr. dans le cadre de l'art. 8 Conv. EDH. • CEDH 27 sept. 1999, *Smith et Grady c/ Royaume-Uni*, n° 33985/96 § 90.

59. La présence ou l'absence d'un dénominateur commun aux systèmes juridiques des États contractants peut constituer un facteur pertinent à cet égard. • CEDH 13 juin 1979, *Marckx c/ Belgique*, n° 6833/74 § 41 : *préc note 1* • CEDH 9 janv. 2003, *L. et V. c/ Autriche*, n° 39392/98 § 49 : *préc. note 27* • CEDH 24 juin 2010, *Schalk et Kopf c/ Autriche*, n° 30141/04 § 98 : *préc. note 58* • CEDH 15 mars 2012, *Gas et Dubois c/ France*,n° 25951/07 § 58 : *préc. note 23.*

60. Dès lors que le Gouvernement est incapable d'avancer une justification raisonnable et objective à la différence de traitement, il y a violation du présent art. • CEDH 14 déc. 2010, *O'Donoghue et a. c/ Royaume-Uni*, n° 34848/07 § 102 • CEDH 25 avr. 2016, *Izzettin Dogan et a. c/ Turquie*, n° 62649/10 § 184. ♦ Le Gouvernement n'a pas fait état de raisons solides et convaincantes pouvant justifier l'exclusion des couples de même sexe du champ d'application du « pacte de vie commune ». • CEDH 7 nov. 2013, *Vallianatos et a. c/ Grèce*, n° 29381/09 § 92 : *AJDA 2014. 147, chron. Burgorgue-Larsen*.

61. Le refus d'attribuer les allocations familiales aux requérants était dû, non pas à leur seule nationalité ou à tout autre critère couvert par le présent art., mais au non-respect par eux des règles applicables au regroupement familial, ces dernières constituant une différence de traitement reposant sur une justification objective et raisonnable. • CEDH 1er oct.

2015, *Okitaloshima Okondo Osungu c/ France,* n° 76860/11 : *AJDA 2015. 1833*.

a. But légitime

62. Absence de but légitime. La mesure refusant d'appliquer une réduction sur le montant de l'impôt dû étant essentiellement justifiée par la complexité qu'il y aurait à la mettre en œuvre, elle ne pouvait passer pour fondée sur un but légitime aux fins de la Conv. EDH, il y a eu méconnaissance des présentes dispositions. • CEDH 23 oct. 1990, *Darby c/ Suède,* n° 11581/85 § 22 et 33 : *préc. note 48.*

63. Ne poursuit pas un but légitime une distinction de traitement entre nationaux et non nationaux reposant sur l'idée que l'État a une responsabilité particulière envers ses propres ressortissants, qu'il doit les prendre en charge et subvenir à leurs besoins essentiels. • CEDH 16 sept. 1996, *Gaygusuz c/ Autriche,* n° 17371/90 § 50. ♦ ... Le fait de refuser une pension d'invalidité à une femme au motif que nombre de femmes mariées travaillant en dehors de leur domicile jusqu'à la naissance de leur premier enfant, interrompent cette activité aussi longtemps que de besoin pour élever elles-mêmes leurs enfants et qu'il faut dès lors appliquer en l'espèce cette hypothèse tirée de l'expérience de la vie courante dans la détermination de la méthode applicable pour le calcul de l'invalidité de la requérante qui, selon toute probabilité aurait, même si son état de santé ne s'était pas détérioré, limité son activité à la fonction de mère au foyer. • CEDH 24 juin 1993, *Schuler-Zgraggen c/ Suisse,* n° 14518/89 § 29 et 67.

64. La Cour considère qu'aucune différence de traitement fondée exclusivement ou de manière déterminante sur l'origine ethnique d'un individu ne peut passer pour objectivement justifiée dans une société démocratique contemporaine, fondée sur les principes du pluralisme et du respect de la diversité culturelle. • CEDH 13 déc. 2005, *Timichev c/ Russie,* n° 55762/00 § 54. ♦ ... Que les problèmes que les différentes catégories d'anciens militaires ont pu rencontrer en changeant d'emploi après leur départ de l'armée et par l'importance des efforts et de l'initiative personnels qu'ils ont dû déployer à cette occasion ne peuvent servir de justification à une différence de traitement parmi des personnes placées dans des situations analogues dès lors que ce sont des critères par définition subjectifs. • CEDH 26 nov. 2002, *Buchen c/ Rép. tchèque,* n° 36541/97 § 74.

65. Peuvent constituer un but légitime. ... La volonté de réaliser l'unité linguistique à l'intérieur des régions constituant l'État belge. • CEDH 23 juill. 1968, *Affaire « relative à certains aspects du régime linguistique de l'enseignement en Belgique »,* n° 1474/62 § 7 (questions). ♦ ... La volonté de lutter contre l'anarchie syndicale. • CEDH 27 oct. 1975, *Synd. nat. de la police Belge c/ Belgique,* n° 4464/70 § 48 : *préc note 1.* ♦ ... La protection juridictionnelle des mineurs. • CEDH 29 févr. 1988, *Belgique,* n° 9106/80 § 67. ♦ ... La protection de la santé et des droits de l'enfant. • CEDH 23 juin 1993, *Hoffmann c/ Autriche,* n° 12875/87 § 34 : *RSC 1994. 362, obs. Koering-Joulin ; JDI 1994. 778, obs. Decaux et Tavernier.* ♦ ... La protection de l'intérêt légitime des enfants. • CEDH 16 déc. 2003, *Palau-Martinez c/ France,* n° 64927/01 § 40 : *D. 2004. 1058, obs. Burgogue-Larsen ; RD publ. 2004. 843, obs. Gonzalez ; JCP 2004. 1386, note Gouttenoire.* ♦ ... La construction d'un ordre juridique spécifique de l'Union européenne. • CEDH 7 août 1996, *Belgique,* n° 21794/93 § 38 • CEDH 21 déc. 1999, *Salgueiro Da Silva Mouta c/ Portugal,* n° 33290/96 § 30 : *préc. note 20.* ♦ ... Le fait d'éviter une pratique anarchique de la chasse et de favoriser une gestion rationnelle du patrimoine cynégétique. • CEDH, gr. ch., 29 avr. 1999, *Chassagnou et a. c/ France,* n° 25088/94 §79 : *préc. note 18.* ♦ ... La protection de la famille fondée sur le mariage. • CEDH 10 mai 2001, *Espagne,* n° 56501/00. ♦ ... La régulation des conditions d'emploi dans le service public ainsi que dans le secteur privé. • CEDH 27 juill. 2004, *Sidabras et Dziautas c/ Lituanie,* n° 55480/00 § 52 : *préc. note 2.* ♦ ... L'assurance que les fonctionnaires fassent preuve de loyauté envers les principes constitutionnels sur lesquels reposent la société. • CEDH 27 juill. 2004, *Sidabras et Dziautas c/ Lituanie,* n° 55480/00 § 52 : *préc. note 2.* ♦ ... Le rétablissement de la paix. • CEDH, gr. ch., 22 déc. 2009, *Sejdic et Finci c/ Bosnie-Herzégovine,* n° 27996/06 § 45 : *préc. note 58.* ♦ ... Tenant compte de l'importance du principe de laïcité en Turquie, l'institution du mariage civil monogamique obligatoire à célébrer préalablement à toute union religieuse pour mettre un terme à une tradition du mariage qui place la femme dans une situation nettement désavantageuse, voire dans une situation de dépendance et d'infériorité, par rapport à l'homme. • CEDH, gr. ch., 2 nov. 2010, *Serife Yigit c/ Turquie,* n° 3976/05 § 81 : *préc. note 36.* ♦ ... La préservation de l'efficacité économique du système des pensions de retraite et le maintien de sa cohérence générale au travers de l'exclusion du droit à prestations des personnes n'ayant pas versé une quantité significative de cotisations. • CEDH, gr. ch., 7 juill. 2011, *Stummer c/ Autriche,* n° 37452/02 § 98 : *préc. note 49.* ♦ ... Le manque de logements sociaux. • CEDH 27 sept. 2011, *Royaume-Uni,* n° 56328/07 § 49. ♦ ... Le fait d'assurer la stabilité des règlements successoraux achevés. • CEDH, gr. ch., 7 févr. 2013, *Fabris c/ France,* n° 16574/08 : *préc. note 32.* ♦ ... L'amélioration du niveau des études universitaires. • CEDH 9 juill. 2013, *Turquie,* n° 37222/04 § 46 et 53. ♦ ... La volonté d'exclure, d'une manière qui reflète l'évolution de la société en la matière, certains groupes de délinquants de la réclusion à perpétuité. • CEDH, gr. ch., 24 janv. 2017, *Khamtokhu et Aksenchik c/ Russie,* n° 60367/08 § 86. ♦ ... Assurer un niveau de vie suffisant aux personnes résidant sur le territoire national. • CEDH, décis., 28 févr. 2017, *Gouri c/ France,* n° 41069/11 : *préc. note 9.* ♦ ... Renforcer les pères dans leur responsabilité éducative à l'égard de leurs enfants par un investissement précoce auprès de ceux-ci et à faire évoluer le partage des tâches domestiques entre hommes et femmes. • CEDH, décis., 12 déc. 2017, *Hallier et a. c/ France,* n° 46386/10 § 31.

b. Caractère disproportionné

1. Proportionnalité

66. Présentent un caractère disproportionné. ... La prise en compte de leur résidence dans une région unilingue néerlandophone pour interdire aux enfants francophones de pouvoir accéder à des écoles francophones des communes voisines. • CEDH 23 juill. 1968, *Affaire « relative à certains aspects du régime linguistique de l'enseignement en Belgique »,* n° 1474/62 § 32 (questions). ♦ ... Principalement des considérations de religion pour refuser d'attribuer la garde d'un enfant à l'un des parents. • CEDH 23 juin 1993, *Hoffmann c/ Autriche,* n° 12875/87 § 36 : *préc. note 65.* ♦ ... Des considérations tenant à l'orientation sexuelle pour refuser d'attribuer la garde d'un enfant à l'un des parents. • CEDH 21 déc. 1999, *Salgueiro Da Silva Mouta c/ Portugal,* n° 33290/96 § 35 et 36 : *préc. note 20.* ♦ ... Des considérations relatives à la séropositivité pour restreindre les déplacements des personnes concernées. • CEDH 10 mars 2011, *Kiyutin c/ Russie,* n° 2700/10 § 71. ♦ ... Ou justifier un licenciement dès lors que les juridictions n'ont pas suffisamment exposé pourquoi les intérêts de l'employeur du requérant l'emportaient sur ceux du requérant et n'ont pas mis en balance les droits des deux parties d'une manière conforme à la Conv. EDH. • CEDH 3 oct. 2013, *I. B. c/ Grèce,* n° 552/10 § 81.

67. De même est disproportionné au but légitime recherché l'interdiction qui a été faite aux requérants de chercher un emploi dans diverses branches du secteur privé du fait de leur ancienne appartenance au KGB. • CEDH 27 juill. 2004, *Sidabras et Dziautas c/ Lituanie,* n° 55480/00 § 52 : *préc. note 2.* ♦ Rappr. • CEDH 7 avr. 2005, *Rainys et Gasparavicius c/ Lituanie,* n° 70665/01. ♦ ... Le fait pour le juge de se prononcer *in abstracto* et en fonction de considérations de caractère général, sans établir, éventuellement par un enquête sociale, de lien entre les conditions de vie des enfants auprès de leur mère et leur intérêt réel. • CEDH 16 déc. 2003, *Palau-Martinez c/ France,* n° 64927/01 § 42 : *préc. note 65.*

68. De même est injustifiée : l'exigence de payer des frais pour leurs études secondaires imposée aux requérants en raison de leur nationalité et le statut d'immigration. • CEDH 21 juin 2011, *Bulgarie,* n° 5335/05 § 63. ♦ ... L'obligation faite aux seuls membres d'une association maçonnique de déclarer leur affiliation lorsqu'ils postulent pour la nomination à certains postes de fonctionnaire régional. • CEDH 31 mai 2007, *Italie (n° 2),* n° 26740/02 § 56 : *préc. note 29.* ♦ ... L'obligation faite aux seuls petits propriétaires fonciers de devoir apporter leurs terrains aux associations communales de chasse agréées pour qu'il en soit fait un usage contraire à leurs convictions. • CEDH, gr. ch., 29 avr. 1999, *Chassagnou et a. c/ France,* n° 25088/94 § 95 : *préc. note 18.* ♦ A l'inverse, dès lors que le requérant n'est pas un opposant éthique à la chasse, l'obligation est proportionnée. • CEDH, gr. ch., 4 oct. 2012, *Chabauty c/ France,* n° 57412/08 § 57 : *D. 2012. 2391 ; Gaz. Pal. 2012, n° 319-320, p. 8, note Lagier ; JCP 2012, n° 50, p. 2266, note Surrel.* ♦ ... La mise à l'isolement d'un détenu homosexuel. • CEDH 9 oct. 2012, *Turquie,* n° 24626/09 § 64 : *RD publ. 2013. 730, chron Sudre.* ♦ ... La prise en compte du caractère adultérin de la filiation pour assurer la protection des droits successoraux du demi-frère et de la demi-sœur du requérant. • CEDH, gr. ch., 7 févr. 2013, *Fabris c/ France,* n° 16574/08 § 70 : *préc. note 32.* ♦ ... L'absence de prévisibilité des modifications apportées aux règles d'accès à l'enseignement supérieur et l'absence de toute mesure corrective applicable au cas du requérant, réduisant son droit d'accès à l'enseignement supérieur en le privant d'effectivité. • CEDH 9 juill. 2013, *Turquie,* n° 37222/04 § 50. ♦ ... La scolarisation d'enfants roms dans des écoles où seuls des enfants roms sont scolarisés. • CEDH 5 juin 2008, *Grèce,* n° 32526/05 § 66 : *AJDA 2008. 1929, chron. Flauss* • CEDH 11 déc. 2012, *Grèce,* n° 59608/09 § 103 : *RD publ. 2012. 731, chron. Sudre.* ♦ ... Le refus aux membres d'une minorité religieuse du droit d'opter volontairement pour le droit commun et d'en jouir. • CEDH, gr. ch., 19 déc. 2018, *Grèce,* n° 20452/14 § 157 : *AJDA 2019. 169, chron. Burgorgue-Larsen ; D. 2019. 316 , point de vue Fulchiron ; AJ fam. 2019. 158, obs. Houssier* • CEDH 14 mars 2019, *Quilichini c/ France,* n° 38299/15 § 43.

69. Présente un caractère proportionné. Une mesure de traitement différencié entre adultes et mineurs dans la procédure de détention préventive. • CEDH 29 févr. 1988, *Bouamar c/ Belgique,* n° 9106/80 § 67. ♦ ... Entre couple marié et union de fait quand à l'octroi d'une pension au conjoint survivant. • CEDH 10 mai 2001, *Mata Estevez c/ Espagne,* n° 56501/00. ♦ ... Une mesure de traitement différencié tenant compte de la représentativité syndicale dans le cadre des consultations. • CEDH 27 oct. 1975, *Synd. nat. de la police Belge c/ Belgique,* n° 4464/70 § 48 : *préc. note 1.* ♦ ... De la nationalité des délinquants dans le cadre du droit de l'expulsion et accordant aux ressortissants de l'Union une protection supérieure en matière d'expulsion. • CEDH 7 août 1996, *C. c/ Belgique,* n° 21794/93 § 38. ♦ ... Une mesure de traitement différencié instaurant des régimes distincts pour la prescription des actions à raison de dommages délibérés et de dommages accidentels puisque, par exemple, la possibilité d'engager une action civile apparaît peut-être moins aisément aux victimes de cette dernière catégorie de dommages. • CEDH 22 oct. 1996, *Stubbings et a. c/ Royaume-Uni,* n° 22083/93 § 70. ♦ ... Une mesure de traitement différencié tenant compte de différences et de caractéristiques régionales de nature objective et raisonnable conduisant, compte tenu et de la portée géographique de la législation due à l'existence des différents territoires composant le Royaume-Uni qui n'en partagent pas toujours la même conception, et du lieu où se trouve l'intéressé au moment des faits, à l'application dans ces domaines, de règles différentes. • CEDH 6 juin 2000, *Magee c/ Royaume-Uni,* n° 28135/95 § 50. ♦ ... Le choix fait par le Gouvernement en s'abstenant d'affilier les détenus exerçant un travail au régime des pensions de retraite. • CEDH, gr. ch., 7 juill. 2011, *Stummer c/ Autriche,* n° 37452/02 § 110 : *préc. note 49.* ♦ ... Le choix fait par le Gouvernement, et connu de la requérante au moment de l'arrivée de son fils, de déterminer les catégories de personnes pouvant bénéficier d'un logement social et de spécifier celles qui peuvent prétendre à un traitement prioritaire de leur demande. • CEDH 27 sept. 2011, *Bah c/ Royaume-Uni,* n° 56328/07 § 50. ♦ ... La distinction pour le concours d'entrée à l'université selon que les candidats sont issus de lycées d'enseignement général ou de lycées professionnels, en vue de l'amélioration du niveau des études dans l'enseignement supérieur. • CEDH 9 juill. 2013, *Altinay c/ Turquie,* n° 37222/04 § 50. ♦ La différence de traitement dont les requérants ont fait l'objet était raisonnablement et objectivement justifiée par la nécessité d'assurer la transition dans le temps de l'évolution des règles de dévolution du nom de famille, et par la légitimité du choix de tenir compte du respect dû aux principes de sécurité juridique et d'immutabilité du nom, en décidant de ne pas en faire bénéficier les enfants nés avant l'entrée en vigueur des lois et ayant plus de treize ans au « X ». • CEDH, décis., 27 août 2013, *De Ram et a. c/ France,* n° 38275/10 § 26 : *AJ fam. 2013. 645, obs. Doublein.* ♦ ... Une mesure différenciée d'indemnisation entre supplétifs d'origine européenne ou arabo-berbère. • CEDH 23 janv. 2014, *Montoya c/ France,* n° 62170/10 § 30 : *préc. note 33.*

70. Tout État qui prévoit dans sa législation la possibilité d'une dispense de l'obligation de témoigner peut parfaitement la circonscrire au mariage et au partenariat enregistré. Le législateur est en droit d'accorder un statut spécial au mariage ou au partenariat enregistré et de le refuser à d'autres formes de vie commune de fait. • CEDH, gr. ch., 3 avr. 2012, *Van Der Heijden c/ Pays-Bas,* n° 42857/05 § 68 s. : *préc. note 53.*

71. La question évolue dans le temps. La progression vers l'égalité des sexes est un but important des États membres du Conseil de l'Europe et seules des considérations très fortes peuvent amener à estimer compatible avec la Conv. EDH une différence de traitement à cet égard. • CEDH, gr. ch., 22 mars 2012, *Konstantin Markin c/ Russie,* n° 30078/06 § 127 : *AJDA 2012. 1726, chron. Burgorgue-Larsen ; D. 2013. 1235, obs. REGINE ; RDSS 2012. 1041, note Tharaud* • CEDH 22 févr. 1994, *Burghartz c/ Suisse,* n° 16213/90 § 27 : *AJDA 1994. 511, chron. Flauss ; ibid. 1995. 212, chron. Flauss ; D. 1995. 5, note Marguénaud ; RTD civ. 1994. 563, obs. Hauser* • CEDH 24 juin 1993, *Schuler-Zgraggen c/ Suisse,* n° 14518/89 § 29 et 67 : *AJDA 1994. 16, chron. Flauss.* ♦ En particulier, des références aux traditions, présupposés d'ordre général ou attitudes sociales majoritaires ayant cours dans un pays donné, ne suffisent pas à justifier une différence de traitement fondée sur le sexe. Par exemple, les États ne peuvent imposer des traditions qui trouvent leur origine dans l'idée que l'homme joue un rôle primordial et la femme un rôle secondaire dans la famille. • CEDH 16 nov. 2004, *Unal Tekili c/ Turquie,* n° 29865/96 § 63 : *AJDA 2005. 541, chron. Flauss ; RTD civ. 2005. 343, obs. Marguénaud* • CEDH, gr. ch., 22 mars 2012, *Konstantin Markin c/ Russie,* n° 30078/06 § 142 : *AJDA 2012. 1726, chron. Burgorgue-Larsen ; D. 2013. 1235, obs. REGINE ; RDSS 2012. 1041, note Tharaud* • CEDH 2 févr. 2016, *Di Trizio c/ Suisse,* n° 7186/09 § 82 • CEDH 25 juill. 2017, *Portugal,* n° 17484/15.

72. La différence existant entre les hommes et les femmes au Royaume-Uni quant à l'âge légal du départ à la retraite visait à l'origine à corriger le désavantage dont souffraient les femmes sur le plan économique. Cette différence a continué à être raisonnablement et objectivement justifiée pour ce motif jusqu'à une époque où les changements intervenus aux plans social et économique avaient fait disparaître la nécessité d'un traitement spécial des femmes. Les décisions de l'État défendeur quant au calendrier de la réforme et aux moyens précis de redresser l'inégalité en cause n'étaient pas manifestement déraisonnables au point d'excéder l'ample marge d'appréciation reconnue à l'État en pareille matière. • CEDH, gr. ch., 12 avr. 2006, *Stec et a.*, n° 65731/01 § 66 : *préc. note 4.* ♦ L'âge et le sexe de la requérante étaient apparemment des éléments décisifs dans la décision définitive de la Cour administrative suprême non seulement de réduire le montant de l'indemnité accordée pour souffrance physique et mentale mais aussi pour le recours à une domestique. Cette décision était de surcroît fondée sur le postulat général que la sexualité n'a pas autant d'importance pour une quinquagénaire mère de deux enfants que pour une femme plus jeune. Elle a ignoré l'importance physique et psychologique de la sexualité pour l'épanouissement de la femme ainsi que d'autres aspects de la sexualité féminine dans le cas concret de la requérante elle-même. Pour la Cour, ces considérations révèlent des préjugés dominants au sein de la magistrature portugaise. • CEDH 25 juill. 2017, *Portugal*, n° 17484/15. ♦ Rappr. s'agissant du congé parental : les stéréotypes liés au sexe – telle l'idée que ce sont plutôt les femmes qui s'occupent des enfants et plutôt les hommes qui travaillent pour gagner de l'argent – ne peuvent en soi passer pour constituer une justification suffisante de la différence de traitement en cause, pas plus que ne le peuvent des stéréotypes du même ordre fondés sur la race, l'origine, la couleur ou l'orientation sexuelle. • CEDH, gr. ch., 22 mars 2012, *Konstantin Markin c/ Russie*, n° 30078/06 § 142 : *AJDA 2012. 1726, chron. Burgorgue-Larsen ; D. 2013. 1235, obs. REGINE ; RDSS 2012. 1041, note Tharaud .* ♦ *Ab. jur.* • CEDH 27 mars 1998, *Petrovic c/ Autriche*, n° 20458/92 § 43. ♦ Rappr. s'agissant du refus d'octroyer un permis de séjour pour un regroupement familial à une personne en couple homosexuel. • CEDH 23 févr. 2016, *Pajic c/ Croatie*, n° 68453/13 : *JCP Adm. 2016. 180.* ♦ Rappr. s'agissant d'une méthode de calcul du taux d'invalidité qui a eu pour conséquence que la requérante s'est vu refuser une rente d'invalidité à cause de l'activité professionnelle qu'elle a exercée à temps partiel. • CEDH 2 févr. 2016, *Suisse*, n° 7186/09 § 94 s.

2. Exigence de raisons impérieuses

73. Hypothèses. Le présent art. exige que toute mesure d'exonération de cotisation s'applique en principe dans les mêmes conditions aux hommes et aux femmes, sauf à produire des raisons impérieuses justifiant une différence de traitement. • CEDH 21 févr. 1997, *Van Raalte c/ Pays-Bas*, n° 20060/92 § 42 : *préc. note 3.* ♦ En effet, seules des considérations très fortes peuvent amener la Cour à estimer compatible avec la Conv. une différence de traitement exclusivement fondée sur le sexe. • CEDH 18 juill. 1994, *Karlheinz Schmidt c/ Allemagne*, n° 13580/88 § 24. ♦ ... Sur la naissance hors mariage. • CEDH 1er févr. 2000, *Mazurek c/ France*, n° 34406/97 § 49 : *D. 2000. 332, note Thierry ; RTD civ. 2000. 429, obs. Marguénaud ; JCP 2000. 10286, note Gouttenoire-Cornut et Sudre ; JCP 2001. I. 293, chron. Rubellin-Devichi.* ♦ Comme les différences fondées sur le sexe, les différences fondées sur l'orientation sexuelle doivent être justifiées par des raisons particulièrement graves. • CEDH 24 juill. 2003, *Karner c/ Autriche*, n° 40016/98, § 37 : *préc. note 44.* ♦ De même, lorsqu'une différence de traitement est fondée sur la race, la couleur ou l'origine ethnique, la notion de justification objective et raisonnable doit être interprétée de manière aussi stricte que possible. • CEDH, gr. ch., 13 nov. 2007, *D.H. c/ Rép. tchèque*, n° 57325/00 § 181 : *préc. note 29* • CEDH, gr. ch., 22 déc. 2009, *Sejdic et Finci c/ Bosnie-Herzégovine*, n° 27996/06 § 53 : *préc. note 58.*

74. Différence des sexes. Ainsi violent le présent art. : une politique de regroupement familial selon qu'il s'agit d'accueillir les maris ou les femmes des personnes étrangères établies dans le pays considéré. • CEDH 28 mai 1985, *Abdulaziz, Cabales et Balkandali c/ Royaume-Uni*, n° 9214/80 § 78. ♦ ... L'obligation faite à la femme mariée de porter le patronyme de l'époux comme nom de famille. • CEDH 16 nov. 2004, *Unal Tekili c/ Turquie*, n° 29865/96 § 68 et 69 : *préc. note 21.* ♦ ... A l'inverse, l'interdiction aux hommes mariés de pouvoir adjoindre à leur nom celui de leur épouse. • CEDH 22 févr. 1994, *Burghartz c/ Suisse*, n° 16213/90 § 29 : *préc. note 48.* ♦ ... L'obligation faite aux hommes d'accomplir un service de sapeur-pompier. • CEDH 18 juill. 1994, *Karlheinz Schmidt c/ Allemagne*, n° 13580/88 § 29. ♦ ... L'obligation d'acquitter une cotisation sociale. • CEDH 21 févr. 1997, *Van Raalte c/ Pays-Bas*, n° 20060/92 § 42 : *préc. note 3.* ♦ ... L'obligation faite dans le choix du nom de l'enfant de retenir nécessairement le nom du père. • CEDH 7 janv. 2014, *Cusan et Fazzo c/ Italie*, n° 77/07 § 63 : *préc. note 33.*

75. Différence de filiation. De même, violent le présent art. : ... une différence dans l'établissement de la filiation maternelle entre enfants naturels et légitimes en violation du principe « mater semper certa est ». • CEDH 13 juin 1979, *Marckx c/ Belgique*, n° 6833/74 § 43 : *préc note 1.* ♦ ... Une réduction de la vocation successorale de l'enfant naturel. • CEDH 28 oct. 1987, *Inze c/ Autriche*, n° 8695/79 § 41 • CEDH 29 nov. 1991, *Vermeire c/ Belgique*, n° 12849/87 § 25 : *AFDI 1991.*

588, obs. Coussirat-Coustère ; JDI 1992. 799, obs. Decaux et Tavernier. ♦ Il en va *a fortiori* de même d'une exclusion totale de la succession. • CEDH 13 juin 1979, *Marckx c/ Belgique,* n° 6833/74 § 43 : *préc. note 1* • CEDH 28 mai 2009, *Brauer c/ Allemagne,* n° 3545/04 § 44. ♦ Il en va de même de l'enfant adultérin. • CEDH 1er févr. 2000, *Mazurek c/ France,* n° 34406/97 § 54 • CEDH 22 déc. 2004, *Merger et Cros c/ France,* n° 68864/01 § 49 : *RTD civ. 2005. 335, obs. Marguénaud ; JCP 2005. I. 103, chron. Sudre.* ♦ Il en va de même enfin de l'enfant adoptif. • CEDH 13 juill. 2004, *Pla et Puncerneau c/ Andorre,* n° 69498/01 § 60 et 61 : *D. 2005. 1832, note Poisson-Drocourt ; RTD civ. 2004. 804, obs. Marguénaud ; JCP 2005. 10052, note Boulanger ; ibid. I. 103, chron. Sudre.*

76. Différence d'orientation sexuelle. Violent encore le présent art. : ... une différence au regard de l'âge de consentement à des relations sexuelles selon le type de relations. • CEDH 9 janv. 2003, *L. et V. c/ Autriche,* n° 39392/98 § 51 : *préc. note 27* • CEDH 10 févr. 2004, *B. B. c/ Royaume-Uni,* n° 53760/00 § 24. ♦ ... L'exclusion des couples homosexuels du bénéfice du transfert du bail au survivant en cas de décès du preneur. • CEDH 24 juill. 2003, *Karner c/ Autriche,* n° 40016/98, § 42 : *préc. note 44.* ♦ ... Un refus d'adoption d'un célibataire fondé uniquement sur ses orientations sexuelles. • CEDH, gr. ch., 22 janv. 2008, *E. B. c/ France,* n° 43546/02 : *préc. note 27.* ♦ V. déjà. • CEDH 21 déc. 1999, *Salgueiro Da Silva Mouta c/ Portugal,* n° 33290/96 § 35 et 36 : *préc. note 20.* ♦ ... Un refus d'autoriser certains événements publics fondé sur l'orientation sexuelle de l'organisateur et celle des autres participants aux événements envisagés. • CEDH 21 oct. 2010, *Alexeiev c/ Russie,* n° 4916/07 § 109. ♦ ... L'impossibilité pour les couples homosexuels de bénéficier de la couverture sociale du partenaire. • CEDH 22 juill. 2010, *P.B. et J.S. c/ Autriche,* n° 18984/02 § 42 : *AJ fam. 2010. 395* • CEDH, gr. ch., 16 juill. 2014, *Hamalainen c/ Finlande,* n° 37359/09 § 87 : *D. 2014. 1639 ; AJ fam. 2014. 565, obs. de Boysson (a contrario).* • CEDH, gr. ch., 9 juin 2016, *Chapin et Charpentier c/ France,* n° 40183/07 § 51 : *AJ fam. 2016. 391, obs. Berdeaux-Gacogne (a contrario).* ♦ L'absence de la possibilité, pour les couples homosexuels, d'avoir accès à une forme de reconnaissance légale. • CEDH 30 juin 2016, *Taddeucci et McCall c/ Italie,* n° 51362/09 § 83 et 95 : *préc. note 23.*

77. Différence fondée sur la race. Viole le présent art. une disposition qui interdit à certaines personnes de se porter candidates aux élections à la Chambre des peuples et à la présidence de Bosnie-Herzégovine à raison de leurs origines rom ou juive. • CEDH, gr. ch., 22 déc. 2009, *SeJDIc et Finci c/ Bosnie-Herzégovine,* n° 27996/06 § 45 et 50 : *préc. note 58.*

3. Arbitraire

78. Il appartenait aux autorités nationales de décider si la nationalité grecque ou la nationalité d'un État membre de la Communauté européenne serait une condition requise en ce sens. La réglementation pertinente excluant les ressortissants des États tiers de l'accès à la profession d'avocat ne saurait à elle seule suffire à créer une distinction discriminatoire entre les 2 catégories de personnes susmentionnées. Compte tenu notamment de l'objet du litige, il n'appartient donc pas à la Cour de substituer son appréciation à celle des autorités étatiques compétentes, lesquelles ont décidé de ne pas permettre à la requérante de participer aux examens organisés par l'Ordre des avocats. A défaut d'arbitraire, la Cour ne saurait remettre en question les motifs qui ont amené les autorités nationales à considérer ce choix fondé sur une justification objective et raisonnable. • CEDH 28 mai 2009, *Bigaeva c/ Grèce,* n° 26713/05 § 40 : *préc. note 7.*

79. Relève également de l'arbitraire le fait de refuser que les témoins de Jéhovah se voient accorder la possibilité de faire appel à des pasteurs étrangers alors que cela est admis pour les autres religions. • CEDH 25 sept. 2012, *Jehovas Zeugen c/ Autriche,* n° 27540/05 § 36. ♦ V. déjà, refusant aux témoins de Jéhovah les avantages consentis aux religions. • CEDH 12 mars 2009, *Lang c/ Autriche,* n° 28648/03 § 30.

Art. 15 *Dérogation en cas d'état d'urgence.* **1. En cas de guerre ou en cas d'autre danger public menaçant la vie de la nation, toute Haute Partie contractante peut prendre des mesures dérogeant aux obligations prévues par la présente Convention, dans la stricte mesure où la situation l'exige et à la condition que ces mesures ne soient pas en contradiction avec les autres obligations découlant du droit international.**

2. La disposition précédente n'autorise aucune dérogation à l'article 2, sauf pour le cas de décès résultant d'actes licites de guerre, et aux articles 3, 4 (paragraphe 1) et 7.

3. Toute Haute Partie contractante qui exerce ce droit de dérogation tient le Secrétaire général du Conseil de l'Europe pleinement informé des mesures prises et des motifs qui les ont inspirées. Elle doit également informer le Secrétaire général du

Conseil de l'Europe de la date à laquelle ces mesures ont cessé d'être en vigueur et les dispositions de la Convention reçoivent de nouveau pleine application.

COMMENTAIRE

V. sur le Code en ligne.

I. CONDITIONS DE MISE EN ŒUVRE

1. Contrôle de la condition de forme. En l'espèce, le Gouvernement irlandais a adressé, le « X », une lettre au Secrétaire général du Conseil de l'Europe l'informant de l'entrée en vigueur, le « Y », de la deuxième partie de la loi de 1940 ; qu'à cette lettre étaient joints les textes de la proclamation faite à ce sujet par le Gouvernement irlandais et de la loi de 1940 elle-même. Le Gouvernement irlandais a précisé dans ladite lettre que la mesure dont il s'agit « est apparue nécessaire pour empêcher la perpétration de délits contre la paix et l'ordre publics et le maintien de forces militaires ou armées autres que celles autorisées par la Constitution ». • CEDH 1er juill. 1961, n° 332/57 § 43. ♦ La Cour a compétence pour se pencher d'office sur le point de savoir si la notification turque de dérogation contient suffisamment d'informations au sujet de la mesure litigieuse, qui a permis la détention du requérant pendant au moins quatorze jours sans contrôle judiciaire, pour remplir les exigences du présent art. • CEDH 18 déc. 1996, n° 21987/93 § 86. ♦ V. déjà, • CEDH 18 janv. 1978, n° 5310/71 § 223.

2. La notification de dérogation de la Turquie, indiquant que l'état d'urgence a été déclaré pour répondre à la menace causée pour la vie de la Nation par les graves dangers posés par la tentative de coup d'État militaire ainsi que d'autres actes terroristes, ne mentionne pas explicitement quels articles de la Conv. EDH feront l'objet d'une dérogation. Au lieu de cela, elle annonce simplement que « les mesures prises peuvent impliquer une dérogation aux obligations découlant de la Convention ». Néanmoins, la Cour observe qu'aucune des parties n'a contesté que la notification de dérogation de la Turquie remplissait la condition formelle de l'art. 15, § 3, Conv. EDH, à savoir tenir le Secrétaire général du Conseil de l'Europe pleinement informé des mesures prises par dérogation à la Conv. EDH et des raisons les justifiant. Elle est dès lors prête à accepter que cette condition formelle a été respectée. • CEDH 20 mars 2018, *Mehmet Hasan Altan c/ Turquie,* n° 13237/17 § 89 : *AJDA 2018. 1770, chron. Burgorgue-Larsen*.

3. Contrôle du respect des cas de mise en œuvre. Dans le contexte général du présent art., le sens normal et habituel des mots « en cas de guerre ou en cas d'autre danger public menaçant la vie de la nation » est suffisamment clair ; ils désignent, en effet, une situation de crise ou de danger exceptionnel et imminent qui affecte l'ensemble de la population et constitue une menace pour la vie organisée de la communauté composant l'État. • CEDH 1er juill. 1961, n° 332/57 § 28 • CEDH, gr. ch., 19 févr. 2009, *A. et a. c/ Royaume-Uni,* n° 3455/05 § 176.

4. L'existence d'un « danger public menaçant la vie de la nation » a pu être raisonnablement déduite par le Gouvernement irlandais de la conjonction de plusieurs éléments constitutifs, à savoir, notamment, le fait qu'il existait, sur le territoire de la République d'Irlande, une armée secrète agissant en dehors de l'ordre constitutionnel et usant de la violence pour atteindre ses objectifs ; en second lieu, le fait que cette armée opérait également en dehors du territoire de l'État, compromettant ainsi gravement les relations de la République d'Irlande avec le pays voisin ; troisièmement, l'aggravation progressive et alarmante des activités terroristes depuis l'automne 1956 et pendant tout le cours du premier semestre de l'année 1957. • CEDH 1er juill. 1961, *Lawless c/ Irlande (n° 3),* n° 332/57 § 28. ♦ Se livrant à sa propre appréciation à la lumière de l'ensemble des éléments dont elle dispose quant à l'ampleur et aux effets de la violence terroriste en Irlande du Nord et ailleurs au Royaume-Uni, la Cour estime hors de doute qu'existait un « danger public menaçant la vie de la nation ». • CEDH 20 mai 1993, *Brannigan et McBride c/ Royaume-Uni,* n° 14553/89 § 47. ♦ La Cour considère, à la lumière de l'ensemble des éléments dont elle dispose, que l'ampleur et les effets particuliers de l'activité terroriste du PKK dans le sud-est de la Turquie ont indubitablement créé, dans la région concernée, un « danger public menaçant la vie de la nation ». • CEDH 18 déc. 1996, *Aksoy c/ Turquie,* n° 21987/93 § 70 • CEDH 23 sept. 1998, *Demir et a. c/ Turquie,* n° 21380/93 § 45.

5. On ne saurait contester la validité de la dérogation pour la simple raison que le Gouvernement avait résolu d'étudier la possibilité d'imaginer, à l'avenir, un moyen de mieux se conformer aux obligations découlant de la Convention. De fait, pareil processus de réflexion continue non seulement se concilie avec le présent art., qui commande un réexamen constant de la nécessité de mesures d'exception, mais encore correspond de manière implicite à la notion même de proportionnalité.

• CEDH 20 mai 1993, *Brannigan et McBride c/ Royaume-Uni,* n° 14553/89 § 54.

6. La Commission ne peut pas souscrire à la position du Gouvernement selon laquelle les mesures de temps de guerre, justifiées à l'origine par le présent art., ne peuvent perdre automatiquement leur effet lorsque la guerre prend fin. En effet, il ressort clairement du § 3 du présent art. que les mesures de dérogation introduites en vertu de cet art. se justifient exclusivement dans les circonstances définies au § 1er de sorte que leur maintien en vigueur après la disparition de ces circonstances enfreint les prescriptions de la Conv. EDH. • Comm. EDH 9 juin 1958, *De Becker c/ Belgique,* n° 214/56 § 271.

7. Contrôle de la nécessité des mesures (proportionnalité). Aucun des moyens de la législation ordinaire n'aurait pu permettre de faire face de manière efficace à la situation existant en Irlande en 1957 ; dans ces conditions, la détention administrative – telle qu'introduite par la loi de 1940 – des individus soupçonnés de vouloir participer à des entreprises terroristes se présentait, malgré sa gravité, comme une mesure exigée par les circonstances. • CEDH 1er juill. 1961, *Lawless c/ Irlande (n° 3),* n° 332/57 § 36. ♦ Le pouvoir de détention prolongée sans contrôle judiciaire étant nettement lié à la persistance de l'état d'urgence, rien ne montre que la dérogation fût autre chose qu'une riposte véritable à celle-ci. • CEDH 20 mai 1993, *Brannigan et McBride c/ Royaume-Uni,* n° 14553/89 § 51. ♦ Eu égard à la nature de la menace terroriste en Irlande du Nord, à l'ampleur limitée de la dérogation et aux motifs invoqués à l'appui, tout comme à la présence de garanties fondamentales contre les abus, la Cour estime que le Gouvernement n'a pas excédé sa marge d'appréciation en considérant que la dérogation répondait aux strictes exigences de la situation. • CEDH 20 mai 1993, *Brannigan et McBride c/ Royaume-Uni,* n° 14553/89 § 66.

8. La Cour ne saurait admettre qu'il soit nécessaire de détenir un suspect pendant quatorze jours sans intervention judiciaire. Cette période exceptionnellement longue a laissé le requérant à la merci non seulement d'atteintes arbitraires à son droit à la liberté, mais également de la torture. De surcroît, le Gouvernement n'a pas énoncé devant la Cour de raisons détaillées expliquant pourquoi la lutte contre le terrorisme dans le sud-est de la Turquie rendrait impraticable toute intervention judiciaire. • CEDH 18 déc. 1996, *Aksoy c/ Turquie,* n° 21987/93 § 78. ♦ Rappr. • CEDH 23 sept. 1998, *Demir et a. c/ Turquie,* n° 21380/93 § 57 • CEDH 21 févr. 2006, *Bilen c/ Turquie,* n° 34482/97 § 47 s.

9. Alors que l'objectif visé était de parer à une menace réelle et imminente d'attentats terroristes qui, à l'évidence, émanait aussi bien de ressortissants britanniques que d'étrangers, en choisissant de recourir à une mesure relevant du droit des étrangers pour traiter un problème d'ordre essentiellement sécuritaire, l'exécutif et le Parlement lui ont apporté une réponse inadaptée et ont exposé un groupe particulier de terroristes présumés au risque disproportionné et discriminatoire d'une détention à durée indéterminée. La Cour estime, comme la Chambre des Lords, que les mesures dérogatoires étaient disproportionnées en ce qu'elles opéraient une discrimination injustifiée entre étrangers et citoyens britanniques. Il s'ensuit qu'il y a eu violation de l'art. 5, § 1. • CEDH, gr. ch., 19 févr. 2009, *A. et a. c/ Royaume-Uni,* n° 3455/05 § 186 et 190.

10. La Cour n'a jamais expressément jugé que le danger invoqué devait être de nature temporaire, quoique la durée de celui-ci puisse entrer en ligne de compte pour la question de la proportionnalité de la riposte qui lui est apportée. Il ressort au contraire des affaires concernant l'état d'urgence en Irlande du Nord qu'un « danger public » au sens du présent art. peut persister plusieurs années. La Cour estime que des mesures dérogatoires mises en œuvre immédiatement après les attentats perpétrés par Al-Qaïda sur le territoire américain et soumises à un réexamen annuel par le Parlement ne sauraient être déclarées invalides au motif qu'elles ne sont pas « provisoires ». • CEDH, gr. ch., 19 févr. 2009, *A. et a. c/ Royaume-Uni,* n° 3455/05 § 178.

11. Caractère territorial de la déclaration. Il échet de relever cependant que le présent art. n'autorise les dérogations aux obligations découlant de la Convention que « dans la stricte mesure où la situation l'exige ». En l'espèce, la Cour irait à l'encontre du but et de l'objet de cette disposition si, appelée à apprécier la portée territoriale de la dérogation dont il s'agit, elle en étendait les effets à une partie du territoire turc non explicitement couverte par la notification. Il en résulte que la dérogation en question est inapplicable *ratione loci* aux faits de la cause. • CEDH 16 nov. 1997, *Sakik et a. c/ Turquie,* n° 23878/94 § 39.

II. CONTRÔLE DE LA MISE EN ŒUVRE

12. Limite au contrôle de la Cour. Les limites du pouvoir de contrôle de la Cour se manifestent avec une clarté particulière dans le domaine du présent art. Il incombe d'abord à chaque État contractant, responsable de « la vie de [sa] nation », de déterminer si un « danger public » la menace et, dans l'affirmative, jusqu'où il faut aller pour essayer de le dissiper. En contact direct et constant avec les réalités pressantes du moment, les autorités nationales se trouvent en principe mieux placées que le juge international pour se prononcer sur la présence de pareil danger comme sur la nature et l'étendue de dérogations nécessaires pour le conjurer. Le présent art. leur laisse en la matière une large marge d'appréciation. • CEDH 18 janv. 1978, *Irlande c/ Royaume-Uni,* n° 5310/71 § 207. ♦ Il incombe à chaque État contractant, responsable de « la vie de [sa] nation », de déterminer si celle-ci est menacée par un « danger public » et, dans l'affirmative, jusqu'où il faut aller pour essayer de le dissiper. En contact direct et constant avec les réalités pressantes du moment, les autorités nationales se trouvent en principe mieux placées que le juge international pour se prononcer sur la présence de pareil danger comme sur la nature et l'étendue des dérogations nécessaires pour le conjurer. Partant, on doit leur laisser en la matière une ample marge d'appréciation. • CEDH 20 mai 1993, *Brannigan et McBride c/ Royaume-Uni,* n° 14553/89 § 43 • CEDH 18 déc. 1996, *Aksoy c/ Turquie,* n° 21987/93 § 68 • CEDH, gr. ch., 19 févr. 2009, *A. et a. c/ Royaume-Uni,* n° 3455/05 § 173.

13. Compétence de la Cour. Il appartient à la Cour de vérifier si les conditions énumérées au présent art. pour l'exercice du droit exceptionnel de dérogation sont réunies. • CEDH 1er juill. 1961, *Lawless c/ Irlande (n° 3),* n° 332/57 § 22. ♦ … Et ce, d'office. • CEDH 18 déc. 1996, *Aksoy c/ Turquie,* n° 21987/93 § 86. ♦ La mission de la Cour, qui est d'assurer le respect des engagements résultant pour les Parties Contractantes de la Conv. EDH, l'appelle à rechercher d'office si la condition ici examinée était bien remplie dans l'espèce. • CEDH 1er juill. 1961, *Lawless c/ Irlande (n° 3),* n° 332/57 § 40.

14. Ayant dégagé le sens normal et habituel de cette notion, la Cour doit vérifier si les faits et circonstances, qui ont déterminé le Gouvernement irlandais à prendre la Proclamation du 5 juill. 1957, entrent dans le cadre de cette notion ; la Cour, après examen, retient que tel était bien le cas. • CEDH 1er juill. 1961, *Lawless c/ Irlande (n° 3),* n° 332/57 § 28.

15. Les États ne jouissent pas d'un pouvoir illimité en ce domaine. La Cour a compétence pour décider, notamment, s'ils ont excédé la « stricte mesure » des exigences de la crise. La *marge nationale* d'appréciation s'accompagne donc d'un contrôle européen. Quand elle exerce celui-ci, la Cour doit en même temps attacher le poids qui convient à des facteurs pertinents tels que la nature des droits touchés par la dérogation, la durée de l'état d'urgence et les circonstances qui l'ont créé. • CEDH 18 janv. 1978, n° 5310/71 § 207 • CEDH 20 mai 1993, n° 14553/89 § 43 • CEDH 18 déc. 1996, n° 21987/93 § 68 • CEDH, gr. ch., 19 févr. 2009, n° 3455/05 § 173.

16. Nécessaire respect de l'État de droit. Le fait qu'un autre tribunal remette en question les compétences d'une cour constitutionnelle, dotée du pouvoir de rendre des arrêts définitifs et contraignants concernant les recours individuels, va à l'encontre des principes fondamentaux de l'État de droit et de la sécurité juridique qui sont les pierres angulaires des garanties contre l'arbitraire. La Cour constitutionnelle a jugé que la privation de liberté litigieuse était hors de proportion par rapport aux strictes exigences de la situation. Eu égard au présent art. et à la dérogation de la Turquie, la Cour estime, à l'instar de l'arrêt de la Cour constitutionnelle, qu'une mesure de détention provisoire, qui n'est pas « régulière » et qui n'a pas été opérée « selon les voies légales » en raison de l'absence de raisons plausibles, ne peut pas être considérée comme avoir respecté la stricte mesure requise par la situation. Le Gouvernement n'a fourni aucun élément propre à convaincre de s'écarter de la conclusion de la Cour constitutionnelle. • CEDH 20 mars 2018, *Mehmet Hasan Altan c/ Turquie,* n° 13237/17 § 139 et 140 : *préc. note 3.*

17. Prise en compte de l'analyse des juridictions nationales. Compte tenu des circonstances exceptionnelles de la présente affaire, où la cour suprême de l'État défendeur a jugé, après avoir examiné les questions soulevées par la dérogation, qu'il existait un danger public menaçant la vie de la nation mais que les mesures prises pour le conjurer n'étaient pas strictement exigées par la situation, la Cour estime ne pouvoir parvenir à une solution contraire sans avoir la certitude que les juridictions internes ont commis une erreur d'application ou d'interprétation de l'art. 15 ou de sa jurisprudence ou que leurs conclusions sont manifestement déraisonnables. • CEDH, gr. ch., 19 févr. 2009, *A. et a. c/ Royaume-Uni,* n° 3455/05 § 174. ♦ Frappée par le fait que le Royaume-Uni a été le seul État contractant à avoir dérogé à la Convention pour riposter à la menace d'Al-Qaïda, alors pourtant que d'autres États y ont été confrontés, la Cour n'en reconnaît pas moins que chaque Gouvernement, garant de la sécurité de la population dont il a la charge, demeure libre d'apprécier par lui-même les faits à la lumière des informations qu'il détient. L'opinion de l'exécutif et du Parlement britannique importe donc en la matière, et il convient d'accorder un grand poids à celle des juridictions internes, qui sont mieux placées pour évaluer les éléments de preuve relatifs à l'existence d'un danger. • CEDH, gr. ch., 19 févr. 2009, *A. et a. c/ Royaume-Uni,* n° 3455/05 § 180. ♦ V. également note 7.

18. L'existence d'un « danger public menaçant la vie de la Nation » ne doit pas être le prétexte pour limiter le libre jeu du débat politique, qui se trouve au cœur même de la notion de société démocratique. De l'avis de la Cour, même en cas d'état d'urgence, qui est, comme le souligne la Cour constitutionnelle, un régime légal dont le but est le retour au régime ordinaire en garantissant les droits fondamentaux (voir le paragraphe 80 ci-dessus), les États contractants doivent garder à l'esprit que les mesures à prendre doivent viser la défense de l'ordre démocratique menacé et ils doivent tout faire pour protéger les valeurs d'une société démocratique, comme le pluralisme, la tolérance et l'esprit d'ouverture. • CEDH 20 mars 2018, *Mehmet Hasan Altan c/ Turquie,* n° 13237/17 § 210 : *préc. note 3.*

Art. 16 ***Restrictions à l'activité politique des étrangers.*** **Aucune des dispositions des articles 10, 11 et 14 ne peut être considérée comme interdisant aux hautes parties contractantes d'imposer des restrictions à l'activité politique des étrangers.**

COMMENTAIRE

V. sur le Code en ligne.

Art. 17 ***Interdiction de l'abus de droit.*** **Aucune des dispositions de la présente Convention ne peut être interprétée comme impliquant pour un État, un groupement ou un individu, un droit quelconque de se livrer à une activité ou d'accomplir un acte visant à la destruction des droits ou libertés reconnus dans la présente Convention ou à des limitations plus amples de ces droits et libertés que celles prévues à ladite Convention.**

COMMENTAIRE

V. sur le Code en ligne.

1° ÉCONOMIE GÉNÉRALE DE L'INTERDICTION DE L'ABUS DE DROIT

1. Principes. Le présent art. a pour but de mettre les individus ou les groupements dans l'impossibilité de tirer de la Conv. EDH un droit qui leur permette de se livrer à une activité ou d'accomplir un acte visant à la destruction des droits et libertés reconnus dans celle-ci. Ainsi personne ne doit pouvoir se prévaloir des dispositions de la Conv. EDH pour se livrer à des actes visant à la destruction des droits et libertés. • CEDH 1er juill. 1961, *Lawless c/ Irlande (n° 3),* n° 332/57 § 7 (en droit) • CEDH 2 oct. 2008, *Leroy c/ France,* n° 36109/03 § 23 s. : *AJDA 2009. 872, chron. Flauss ; RSC 1009. 124, obs. Francillon ; RD publ. 2009. 919, note Levinet ; JCP 2008. I. 209, obs. de Lamy ; ibid. 2009. I. 104, chron. Sudre.*

V. pour d'autres décisions dans le même sens :.

2. Si l'on s'en réfère aux travaux préparatoires, le présent art. a été introduit pour la raison qu'on ne pouvait exclure qu'une personne ou un groupe de personnes invoquent les droits consacrés par la Conv. EDH pour en tirer le droit de se livrer à des activités visant à la destruction de ces droits. • CEDH, gr. ch., 13 mars 2006, *Zdanoka c/ Lettonie,* n° 58278/00 § 99 • CEDH, gr. ch., 15 oct. 2015, *Perinçek c/ Suisse,* n° 27510/08 § 113 : *D. 2015. 2183, note Poissonnier ; RSC 2015. 877, note Francillon.*

3. La limite tolérable pour que des propos puissent tomber sous le coup du présent art. réside dans la question de savoir si un discours a pour but d'inciter à la haine ou à la violence. • CEDH 17 déc. 2013, *Perinceek c/ Suisse,* n° 27510/08 § 52 : *AJDA 2014. 147, chron. Burgorgue-Larsen ; D. 2014. 144, obs. Poissonnier ; RSC 2014. 125, obs. Francillon ; ibid. 179, obs. Marguénaud.* ♦ L'incitation à la haine ne requiert pas nécessairement l'appel à tel ou tel acte de violence ou à un autre acte délictueux. Les atteintes aux personnes commises en injuriant, en ridiculisant ou en diffamant certaines parties de la population ou des groupes spécifiques de celle-ci, ou l'incitation à la discrimination suffisent pour que les autorités privilégient la lutte contre le discours raciste face à une liberté d'expression irresponsable et portant atteinte à la dignité, voire à la sécurité de ces parties ou de ces groupes de la population. • CEDH 17 déc. 2013, *Perinçek c/ Suisse,* n° 27510/08 § 43 : *préc.*

4. La présente disposition, qui a une portée négative, ne saurait être interprétée a contrario comme privant une personne physique des droits individuels fondamentaux garantis aux art. 5 et 6 (art. 5, art. 6) de la Conv. EDH ; en l'espèce L. ne se prévaut pas de la Conv. EDH en vue de justifier ou d'accomplir des actes contraires aux droits et libertés y reconnus, mais a porté plainte pour avoir été privé des garanties accordées par les art. 5 et 6 Conv. EDH ; par conséquent, la Cour ne peut retenir, sur ce chef, les conclusions présentées par le Gouvernement irlandais prétendant que, impliqué dans des activités visées par le présent art. il n'avait plus le droit de se prévaloir des art. 5, 6 et 7 ou de tout autre article de la Conv. EDH. • CEDH 1er juill. 1961, *Lawless c/ Irlande,* n° 332/57 § 7 (en droit). ♦ Le présent art. vise essentiellement les droits qui permettraient de tenter d'en déduire celui de se livrer effectivement à des activités visant à la destruction des droits et libertés reconnus dans la Conv. EDH • Comm. EDH 11 oct. 1979, *Glimmerveen et Hagenbeek c/ Pays-Bas,* n° 8348/78. ♦ Le présent art. couvre essentiellement les droits qui permettraient, si on les invoquait, d'essayer d'en tirer le droit de se livrer effectivement à des activités visant à la destruction des droits ou libertés reconnus dans la Conv. EDH • CEDH 24 juin 2003, *Garaudy c/ France,* n° 65831/01 : *AJDA 2003. 1924, chron. Flauss ; Legipresse 2003. 181, obs. Ghnassia* • CEDH, décis., 2 sept. 2004, *W.P. et a. c/ Pologne,* n° 42264/98.

5. Le présent art. possède une portée assez limitée : il ne s'applique qu'à ceux qui menacent le régime démocratique des parties contractantes, et ce dans une mesure strictement proportionnée à la gravité et à la durée de pareille menace, ainsi que le confirme d'ailleurs l'art. 18. Dès lors une personne privée ne saurait être privée à jamais de ses droits et liberté du seul fait qu'à un moment déterminé elle a manifesté des convictions totalitaires et agi en conséquence. • Comm. EDH, 9 juin 1958, *De Becker c/ Belgique,* n° 214/56 § 279. ♦ Le but général de cette disposition est d'empêcher que des individus ou des groupements totalitaires puissent exploiter en leur faveur les principes posés par la Conv. EDH. • CEDH, décis., 14 nov. 2004, *Norwood c/ Royaume-Uni,* n° 23131/03.

6. Le présent art. ne trouve à s'appliquer qu'à titre exceptionnel et dans des hypothèses extrêmes, ce qu'illustre au demeurant la jurisprudence de la Cour. • CEDH 6 janv. 2011, *Paksas c/ Lituanie,* n° 34932/04 § 87 • CEDH, gr. ch., 15 oct. 2015, *Perinçek c/ Suisse,* n° 27510/08 § 114 : *préc. note 2.* ♦ Dans les affaires relatives à l'art. 10 Conv. EDH, il ne doit être employé que s'il est tout à fait clair que les propos incriminés visaient à faire dévier cette disposition de sa finalité réelle par un usage du droit à la liberté d'expression à des fins manifestement contraires aux valeurs de la Conv. EDH. • CEDH, décis., 12 juin 2012, *Hizb ut-Tahrir et a. c/ Allemagne,* n° 31098/08 § 73-74 et 78. • CEDH, gr. ch., 15 oct. 2015, *Perinçek c/ Suisse,* n° 27510/08 § 114 : *préc. note 2.*

7. Le requérant ne se prévaut pas de la Conv. EDH en vue de justifier ou d'accomplir des actes contraires aux droits et libertés reconnus, mais il se plaint d'avoir été privé des garanties accordées par l'art. 6 Conv. EDH. Par conséquent, il n'y a pas lieu d'appliquer le présent art. • CEDH 5 mars 2013, *Varela Geis c/ Espagne,* n° 61005/09 § 40.

8. Partis à programmes dictatoriaux. Le national-socialisme est une doctrine totalitaire incompatible avec la démocratie et les droits de l'homme, et ses partisans visent incontestablement des objectifs du type mentionné au présent art. • Comm. EDH 12 oct. 1989, *H., W., P. et K. c/ Autriche,* n° 12774/87 • Comm. EDH 18 oct. 1995, *Hondsik c/ Autriche,* n° 25062/94. ♦ V. déjà pour la dissolution du parti communiste : la poursuite des fins ultimes du parti communiste implique le passage par la dictature du prolétariat. Le recours à la dictature est incompatible avec la Convention en ce qu'il comporte la destruction de nombre des droits et libertés consacrés par celle-ci. • Comm. EDH 20 juill. 1957, *Parti communiste c/ Allemagne,* n° 250/57.

2° MISE EN ŒUVRE DE L'INTERDICTION DE L'ABUS DE DROIT

9. La Cour, alors même que le Gouvernement n'a pas soulevé que la requête tombe sous le coup du présent art., peut estimer opportun d'examiner la question. • CEDH, gr. ch., 15 oct. 2015, *Perinçek c/ Suisse,* n° 27510/08 § 105 et 115. ♦ Le présent art. n'ayant pas été soulevé par le défendeur et les faits qualifiés par le juge interne n'étant pas constitutifs *prima facie* de comportements visant à la destruction des droits et libertés reconnus par la Convention, la Cour juge qu'il n'est pas en l'espèce nécessaire de déterminer si le grief – violation de la liberté d'association – est incompatible *ratione materiae* avec les dispositions de la Convention, et ce d'autant que l'ingérence sera examinée à l'aune de la compatibilité des activités de la requérante avec les valeurs de tolérance, de justice et de paix de la Convention. • CEDH 8 oct. 2020, *Ayoub c/ France,* n° 77400/14, § 103 : *DAE 20 nov. 2020, note Bonnet ; JA 2020, n° 627, p. 12, obs. Delpech.*

a. Combinaison avec la liberté d'expression

10. Principe. La liberté d'expression consacrée à l'art. 10 Conv. EDH ne peut pas être invoquée en un sens contraire au présent art. • Comm. EDH 11 oct. 1979, *Glimmerveen et Hagenbeek c/ Pays-Bas,* n° 8348/78 • Comm. EDH 12 mai 1988, *Kuhnen c/ Allemagne,* n° 12194/86 • Comm. EDH 18 oct. 1995, *Honsik c/ Autriche,* n° 25062/94.

11. Un « propos dirigé contre les valeurs qui sous-tendent la Convention » se voit soustrait par le présent art. à la protection de l'art. 10. • CEDH 23 sept. 1998, *Lehideux et Isorni c/ France,* n° 24662/94 § 53 : *AJDA 1998. 998, chron. Flauss ; RFDA 1999. 792, obs. Labayle et Sudre ; D. 1999. 223, note Rolland ; RSC 1999. 151, note Massias ; ibid. 384, obs. Koering-Joulin ; AFDI 1999. 747, obs. Coussirat-Coustère ; JCP 1999. I. 105, chron. Sudre ; ibid. 10110, note Moutouh* • CEDH, décis., 24 juin 2003, *Garaudy c/ France,* n° 65831/01 : *préc. note 4* • CEDH 6 janv. 2011, *Paksas c/ Lituanie,* n° 34932/04 §88.

12. Dans une affaire relative à la négation de l'Holocauste, la Cour décide au cas par cas, en fonction des circonstances de chaque cas individuel, si elle applique directement le présent art., déclarant le grief incompatible *ratione materiae* ou si elle juge l'art. 10 de la Conv. EDH applicable, invoquant le présent art. à un stade ultérieur lorsqu'elle examine la nécessité de l'ingérence alléguée, étant entendu que, dans ce dernier cas, si la Cour considère que le requérant a cherché à utiliser son droit à la liberté d'expression dans le but de promouvoir des idées contraires au texte et à l'esprit de la Conv., cela pèse lourdement dans l'appréciation de la nécessité de l'ingérence. • CEDH 3 oct. 2019, *Pastörs c/ Allemagne,* n° 55225/14 § 37 et 46 : *Légipresse 2019. 595.*

13. Négationnisme. Le requérant, dans ses publications, réfute sur un ton partial et polémique, sans aucun souci d'objectivité scientifique, la réalité du génocide des Juifs au moyen de gaz toxiques dans les camps de concentration nazis. Ce faisant, il cherche avant tout à utiliser la liberté d'information garantie par l'art. 10 Conv. EDH pour asseoir des activités qui sont contraires à la lettre et à l'esprit de la Conv. EDH et contribueraient, si elles étaient autorisées, à détruire les droits et libertés énoncés dans la Conv. EDH. • Comm. EDH 18 oct. 1995, ⚖ *Honsik c/ Autriche,* n° 25062/94 • Comm. EDH 16 janv. 1996, ⚖ *Rebhandl c/ Autriche,* n° 24398/94. ♦ La contestation de crimes contre l'humanité apparaît comme l'une des formes les plus aiguës de diffamation raciale envers les Juifs et d'incitation à la haine à leur égard. La négation ou la révision de faits historiques de ce type remettent en cause les valeurs qui fondent la lutte contre le racisme et l'antisémitisme et sont de nature à troubler gravement l'ordre public. Portant atteinte aux droits d'autrui, de tels actes sont incompatibles avec la démocratie et les droits de l'homme et leurs auteurs visent incontestablement des objectifs du type de ceux prohibés par le présent art. • CEDH, décis., 24 juin 2003, *Garaudy c/ France,* n° 65831/01 : *préc. note 4.* ♦ En vertu des dispositions du présent art., le requérant ne peut pas se prévaloir des dispositions de l'art. 10 de la Conv. EDH en ce qui concerne les éléments relevant de la contestation de crimes contre l'humanité. • CEDH, décis., 24 juin 2003, ⚖ *Garaudy c/ France, n° 65831/01 : préc. note 4.* ♦ V. également pour une négation de l'holocoste. • CEDH, décis., 13 déc. 2005, ⚖ *Witzsch c/ Allemagne,* n° 7485/03.

14. Les juridictions internes ont constaté que le contenu de la publication visait en réalité, sous couvert d'une démonstration technique, à remettre en cause l'existence et l'usage de chambres à gaz pour une extermination humaine de masse. Ces écrits vont à l'encontre de valeurs fondamentales de la Conv. EDH, telles que l'exprime son préambule, à savoir la justice et la paix. Le requérant tente de détourner l'art. 10 de sa vocation en utilisant son droit à la liberté d'expression à des fins contraires au texte et à l'esprit de la Conv. EDH qui, si elles étaient admises, contribueraient à la destruction des droits et libertés garantis par la Convention. En conséquence, les motifs invoqués pour condamner le requérant étaient pertinents et suffisants, et l'ingérence était « nécessaire dans une société démocratique » au sens de l'art. 10, § 2 Conv. EDH. • Comm. EDH 24 juin 1996, ⚖ *Marais c/ France,* n° 31159/96. ♦ L'intérêt général que présentent la défense de l'ordre et la prévention du crime dans la société allemande face à l'incitation à la haine contre les Juifs et la nécessité de protéger la réputation et les droits de cette communauté priment, dans une société démocratique, sur la liberté du requérant de diffuser des publications contestant l'extermination des Juifs dans les chambres à gaz des camps de concentration sous le régime nazi et contenant des accusations d'extorsion. • Comm. EDH 6 sept. 1995, ⚖ *Remer c/ Allemagne,* n° 25096/94.

15. Les contre-vérités délibérément énoncées par un représentant élu au Parlement devant ce dernier afin de diffamer les juifs et les persécutions qu'ils ont subies pendant la Seconde Guerre mondiale constituent un usage de la liberté d'expression visant à promouvoir des idées contraires au texte et à l'esprit de la Conv. et ont porté atteinte à la dignité des juifs au point de justifier une réponse pénale dans un État, qui, ayant vécu les horreurs nazies, peut, compte tenu de son rôle historique et de son expérience, être considéré comme ayant une responsabilité morale particulière de prendre ses distances par rapport aux atrocités de masse perpétrées par les nazis. • CEDH 3 oct. 2019, *Pastörs c/ Allemagne,* n° 55225/14 § 46 et 48 : *préc. note 12.*

16. La négation du génocide arménien par un Turc lors d'une intervention faite en Suisse 90 ans après les faits ne permet pas d'opposer à l'auteur de ces propos les dispositions du présent art. • CEDH, gr. ch., 15 oct. 2015, ⚖ *Perinçek c/ Suisse,* n° 27510/08 § 282 : *préc. note 2.*

17. Antisémitisme. Le requérant a écrit et publié une série d'articles décrivant les Juifs comme la source du mal en Russie. Il a accusé l'intégralité d'un groupe ethnique de fomenter un complot contre le peuple russe et a attribué aux membres influents de la communauté juive une idéologie fasciste. Tant dans ses publications que dans ses déclarations orales au procès, il n'a cessé de dénier aux Juifs le droit à la dignité nationale, affirmant qu'ils ne formaient pas une nation. La teneur fortement antisémite des opinions du requérant ne fait aucun doute ; du reste et les tribunaux internes ont conclu que l'intéressé cherchait par ses publications à faire haïr le peuple juif. Une attaque aussi générale et véhémente contre un groupe ethnique particulier est en contradiction avec les valeurs de tolérance, de paix sociale et de non-discrimination qui sous-tendent la Conv. EDH. • CEDH, décis., 20 févr. 2007, *Pavel Ivanov c/ Russie,* n° 35222/04. ♦ Une prise de position haineuse et antisémite caractérisée, travestie sous l'apparence d'une production artistique, est aussi dangereuse qu'une attaque frontale et abrupte ; c'est en particulier le cas d'une soirée perdant son caractère de spectacle de divertissement pour devenir un meeting. • CEDH, décis., 20 oct. 2015, *M'bala M'bala c/ France,* n° 25239/13 § 39 et 40 : *AJDA 2016. 143, chron. Burgorgue-Larsen.* • CE 9 nov. 2015, *AGRIF,* n° 376107 : *Lebon ; AJDA 2015. 2118 ; ibid. 2508, concl. Bretonneau ; ibid. 2512, note Bioy ; AJCT 2016. 220, obs. Gaté.*

18. Islamophobie. L'affiche en cause dans la présente affaire était une photographie des Twin Towers en flammes, avec les termes « L'Islam, dehors ! – Protégeons le peuple britannique » ainsi que le symbole du croissant et de l'étoile reproduit dans un panneau d'interdiction. La Cour prend acte de l'appréciation effectuée par les juridictions nationales et l'approuve, en particulier pour dire que les termes et les images figurant sur l'affiche constituaient l'expression publique d'une attaque dirigée contre tous les musulmans du Royaume-Uni. Une attaque aussi véhémente, à caractère général, contre un groupe religieux, qui établit un lien entre l'ensemble du groupe et un acte terroriste grave, est contraire aux valeurs proclamées et garanties par la Conv. EDH, à savoir la tolérance, la paix sociale et la non-discrimination. Le fait pour le requérant d'exposer l'affiche à sa fenêtre s'analyse en un acte qui relève du présent art. et ne bénéficie donc pas de la protection des art. 10 et 14 Conv. EDH. • CEDH, décis., 16 nov. 2004, *Norwood c/ Royaume-Uni,* n° 23131/03.

19. Haine interethnique. Par leur contenu, ces messages, qui font des références à la minorité rom et à la minorité homosexuelle, visant à instiguer à la haine contre ces minorités, étaient de nature à troubler gravement l'ordre public et allaient à l'encontre des valeurs fondamentales de la Conv. EDH et d'une société démocratique. Portant atteinte aux droits d'autrui, de tels actes sont incompatibles avec la démocratie et les droits de l'homme, de sorte que, en vertu des dispositions du présent art., le requérant ne puisse pas se prévaloir des dispositions de l'art. 10 Conv. EDH. • CEDH, décis., 23 oct. 2012, *Molnar c/ Roumanie,* n° 16637/06 § 23.

20. Absence d'atteinte à des valeurs protégées par la Convention. La Cour ne saurait conclure que ce comportement eût pour but de justifier ou de défendre l'oppression totalitaire au service de « groupes totalitaires ». L'étoile rouge n'était que le symbole de mouvements politiques légaux de gauche. Le moyen d'expression sanctionné en l'espèce ne véhiculait aucune propagande raciste. • CEDH 8 juill. 2008, *Vajnai c/ Hongrie,* n° 33629/06 § 25.

21. Absence de proportionnalité. Les passages incriminés du livre en cause ne sont pas suffisamment graves pour justifier l'application du présent art. Partant, elle rejette l'exception du Gouvernement. • CEDH 10 juill. 2008, *Soulas et a. c/ France,* n° 15948/03 § 48 : *AJDA 2008. 1929, chron. Flauss ; JCP. I. 104, chron. Sudre.*

22. Dès lors que rien n'indique que le requérant ait l'intention de porter atteinte aux droits et libertés garantis par la Conv. EDH, il n'y a pas lieu de faire jouer le présent art. • CEDH 6 janv. 2011, *Paksas c/ Lituanie,* n° 34932/04 § 89.

23. L'expression litigieuse [« Nous en avions tous rêvé ... le Hamas l'a fait »] ne rentre pas dans le champ d'application des publications qui se verraient soustraites par le présent art. à la protection de l'art. 10. D'une part, publiée sous la forme humoristique certes controversée d'une caricature, le message de fond visé par le requérant – la destruction de l'impérialisme américain – ne vise pas la négation de droits fondamentaux et n'a pas d'égal avec des propos dirigés contre les valeurs qui sous-tendent la Conv. EDH telles que le racisme, l'antisémitisme ou l'islamophobie. D'autre part, nonobstant la qualification d'apologie de terrorisme retenue par les juridictions nationales, la Cour est d'avis que le dessin litigieux et le commentaire qui l'accompagne ne constituent pas une justification à ce point non équivoque de l'acte terroriste qui les feraient échapper à la protection garantie par l'art. 10 de la liberté de la presse. • CEDH 2 oct. 2008, *Leroy c/ France,* n° 36109/03 § 27 : *préc. note 1.*

24. La Cour estime disproportionnée et, dès lors, non nécessaire dans une société démocratique, la condamnation pénale subie par les requérants. Partant, il y a eu violation de l'art. 10. Cette conclusion autorise la Cour à considérer qu'il n'y a pas lieu d'appliquer le présent art. • CEDH 23 sept. 1998, *Lehideux et Isorni c/ France,* n° 24662/94 § 58 : *préc.*

note 11. ♦ Il faut en effet que les écrits touchent à des questions particulièrement sensibles. Ainsi bien que les textes litigieux divulgués par le requérant incitent clairement à la discrimination et à la haine raciale, le contenu des tracts incriminés ne justifie pas l'application du présent art. en l'espèce. • CEDH 16 juill. 2009, *Féret c/ Belgique,* n° 15615/07 § 78 et 82 : *AJDA 2009. 1936, chron. Flauss ; RD publ. 2010. 879, note Levinet.* ♦ Le rejet de la qualification juridique des événements de 1915 n'était pas de nature en lui-même à inciter à la haine contre le peuple arménien. • CEDH 17 déc. 2013, *Perinçek c/ Suisse,* n° 27510/08 § 52 : *préc. note 1.*

b. Combinaison avec la liberté d'association

25. Racisme, antisémitisme et intolérance. Les statuts de l'Association nationale et patriotique des victimes polonaises du bolchevisme et du sionisme renfermaient des déclarations soutenant que les Polonais étaient persécutés par la minorité juive et alléguant l'existence d'une inégalité entre Polonais et Juifs. Ces idées peuvent passer pour raviver l'antisémitisme. Les attitudes racistes des requérants ressortent également de la teneur antisémite de certaines des observations qu'ils ont soumises à la Cour. Celle-ci est donc convaincue que les éléments de preuve disponibles en l'espèce justifient de faire jouer le présent art. pour empêcher les requérants de bénéficier des dispositions de l'art. 11 Conv. EDH. • CEDH, décis., 2 sept. 2004, *W. P. et a. c/ Pologne,* n° 42264/98. ♦ Dissoutes par décret au motif notamment qu'elles provoquaient à la haine, à la discrimination ou à la violence envers des personnes à raison de leur non-appartenance à la nation française, de leur origine, de leur confession musulmane ou juive et de leur orientation sexuelle, les associations requérantes, ayant pu contester les motifs de dissolution devant le juge interne, constituaient effectivement des organisations radicales qui, sans être un parti, portaient un programme politique menaçant le processus démocratique (appel à se débarrasser des personnes non blanches, apologie du régime de Vichy et de sa législation raciale, organisation de camps de formation paramilitaire permettant de diffuser l'idéologie auprès de jeunes « soldats politiques ») de sorte que, poursuivant des buts prohibés par le présent art. en menant des activités incompatibles avec les fondements de la démocratie, elles ont abusé de leur liberté d'association. Leur dissolution s'analyse comme une décision en faveur d'une démocratie apte à se défendre dans un contexte de persistance et de renforcement du racisme et de l'intolérance en France et en Europe. • CEDH 8 oct. 2020, *Ayoub c/ France,* n° 77400/14 § 138 : *préc. note 9.*

c. Combinaison avec le principe des élections libres

26. Candidature aux élections. En vertu de l'art. 17 Conv. EDH, il est inacceptable que les requérants aient l'intention de se présenter à des élections dans un but contraire à la lettre et à l'esprit de la Conv. EDH. • Comm. EDH 11 oct. 1979, *Glimmerveen et Hagenbeek c/ Pays-Bas,* n° 8348/78.

27. Rien n'indique que le requérant poursuivrait un objectif de se livrer à des activités contraires à la lettre et à l'esprit de la Conv. EDH. Il se fonde légitimement sur l'art. 3, Prot. n° 1, pour contester l'inéligibilité dont il se trouve frappé, et obtenir de la Cour un arrêt dont l'exécution au plan interne serait susceptible d'avoir pour effet de lui permettre de se porter candidat à des élections législatives. En d'autres termes, il entend recouvrer la pleine jouissance d'un droit garanti en principe à tout individu par la Convention, dont il estime avoir été indûment privé par les autorités lituaniennes, l'allégation du Gouvernement selon laquelle le requérant vise en réalité une réélection à la présidence de la République étant à cet égard dénuée de pertinence. Le présent art. ne saurait donc entrer en jeu. • CEDH 6 janv. 2011, *Paksas c/ Lituanie,* n° 34932/04 § 89.

Art. 18 ***Limitation de l'usage des restrictions aux droits.*** **Les restrictions qui, aux termes de la présente Convention, sont apportées auxdits droits et libertés ne peuvent être appliquées que dans le but pour lequel elles ont été prévues.**

COMMENTAIRE

V. sur le Code en ligne.

I. ÉCONOMIE DE LA CLAUSE ANTI-DÉTOURNEMENT

1. Absence d'autonomie. Le présent art., comme l'art. 14, n'a pas d'existence autonome. Il doit toujours être invoqué en conjonction avec d'autres dispositions conventionnelles. Il peut y avoir une violation du présent art. en liaison avec un autre art. Toutefois, il n'y a pas de violation du présent art. pris isolément. • Comm. EDH, rapport, 14 juill. 1974, *Kamma c/ Pays-Bas,* n° 471/71 • CEDH, décis., 11 mai 2000,

Oates c/ Pologne, n° 35036/97 • CEDH 19 mai 2004, *Goussinski c/ Russie,* n° 70276/01 § 73 • CEDH 13 nov. 2007, *Cebotari c/ Moldavie,* n° 35615/06 § 49 • CEDH 3 juill. 2012, *Lutsenko c/ Ukraine,* n° 6492/11 § 105.

2. Il ressort des termes mêmes du présent art. que la violation ne peut naître que si le droit ou la liberté en question est soumis à des restrictions autorisées par la présente Conv. EDH. • Comm. EDH, rapport, 14 juill. 1974, *Kamma c/ Pays-Bas,* n° 471/71 • CEDH 19 mai 2004, *Goussinski c/ Russie,* n° 70276/01 § 73 • CEDH 13 nov. 2007, *Cebotari c/ Moldavie,* n° 35615/06 § 49. ♦ Tel est le cas du droit à la liberté puisque ce droit peut être restreint conformément aux al. *a)* à *f)* de l'art. 5. • Comm. EDH 12 juill. 1984, *Bozano c/ Suisse,* n° 9009/80.

3. Limite dans le temps. Selon le présent art. les restrictions ne pouvant être appliquées que dans le but pour lequel elles ont été prévues, il faut convenir que les mesures de dérogation introduites en vertu de l'art. 15 ne se justifient plus après la disparition des circonstances définies au § 1er de ce même art. • Comm. EDH 9 juin 1958, *De Becker c/ Belgique,* n° 214/56 § 271. ♦ Le Gouvernement irlandais était fondé à déclarer qu'un danger public menaçant la vie de la nation existait dans la République d'Irlande et qu'en conséquence il était en droit de prendre, par application des dispositions de l'art. 15, § 1 Conv. EDH et pour le but en vue duquel ces dispositions ont été prévues, des mesures dérogeant aux obligations découlant de la Conv. EDH. • CEDH 1er juill. 1961, *Lawless c/ Irlande (n° 3),* n° 332/57 § 30 (en droit). ♦ Rappr. estimant que l'art. 17 Conv. EDH ne s'applique qu'à ceux qui menacent le régime démocratique des Parties contractantes, et ce dans une mesure strictement proportionnée à la gravité et à la durée de pareille menace, ainsi que le confirme d'ailleurs le présent art. • Comm. EDH 9 juin 1958, *De Becker c/ Belgique,* n° 214/56 § 279.

4. Caractère volontaire du détournement. Les requérants ont allégué que l'injonction dont ils se plaignent les a empêché d'exercer leurs fonctions de journalistes. Même si ce n'était là qu'un effet secondaire non directement voulu par les autorités, il était, de l'avis des requérants, contraire aux dispositions du présent art. qui prévoit que les restrictions apportées en vertu de la Convention sur les droits et libertés qui y sont énoncés ne peuvent être appliquées à d'autres fins que celles pour lesquelles elles ont été prévues. Pourtant, rien n'indique que les autorités ont poursuivi un but différent de celui de « garantir l'autorité et l'impartialité du pouvoir judiciaire » ou la protection des droits des justiciables. • Comm. EDH, rapport, 17 mai 1977, *Sunday Times c/ Royaume-Uni,* n° 6538/74 § 263 à 265.

5. Il y a toujours eu un lien entre le but de l'internement litigieux et la maladie mentale de A. Sans doute la cause immédiate du retard mis à transférer celui-ci de l'établissement spécial de sécurité à l'hôpital local tenait-elle aux relations de travail et non à la thérapeutique, mais il ne s'agissait manifestement pas d'une indifférence consciente pour le bien-être de l'intéressé. Les autorités compétentes s'efforcèrent de trouver dès que possible une solution. Les éléments fournis à la Cour donnent à penser qu'elles ont probablement suivi la seule voie praticable. De toute manière, la Cour est convaincue que le maintien en détention du requérant n'a pas été entaché d'arbitraire, ni décidé dans un but inavoué, en violation de l'art. 5, § 1 *e)* combiné avec le présent art. • CEDH 28 mai 1985, *Ashingdame c/ Royaume-Uni,* n° 8225/78 § 48.

6. Recherche du but poursuivi en l'espèce. L. n'a pas été détenu « en vue d'être conduit devant l'autorité judiciaire compétente » et, pendant sa détention, il n'a effectivement pas été traduit devant un juge « dans un délai raisonnable ». Par conséquent, sa détention en vertu de la loi de 1940 n'était pas conforme aux prescriptions de l'art. 5, § 1 *c)* et § 3 Conv. EDH. Il y a lieu, dès lors, d'examiner si, eu égard aux circonstances particulières de l'affaire, cette détention n'avait pas d'autre fondement juridique. • CEDH 1er juill. 1961, *Lawless c/ Irlande (n° 3),* n° 332/57 § 15 (en droit).

7. Buts cachés de la législation. L'île de Guernesey est d'une superficie très réduite. Partant, il est normal que les autorités s'efforcent de contenir la population dans des limites compatibles avec un développement économique équilibré. Il est également légitime qu'elles témoignent, en décidant de l'octroi de permis d'habiter des locaux à loyer modéré, de quelque faveur pour les personnes ayant avec l'île des liens étroits ou y occupant un emploi essentiel pour la collectivité. La législation litigieuse tend donc au bien-être économique de l'île ; aux yeux de la Cour, il n'est pas établi qu'elle ait visé un autre objectif (lutte contre l'immigration). • CEDH 24 nov. 1986, *Gillow c/ Royaume-Uni,* n° 9063/80 § 54.

8. Preuve de la violation. Pour tenir un État membre responsable en vertu de cette disposition, le demandeur doit être en mesure de fournir à la Cour une preuve irréfutable et directe à l'appui de ses allégations. • CEDH 20 sept. 2011, *OAO Neftyanaya Kompaniya Yukos c/ Russie,* n° 14902/04 § 663. ♦ Un simple soupçon que les autorités ont utilisé leurs pouvoirs à d'autres fins que celles définies dans la convention ne suffit pas à prouver que l'art. 18 a été violé. Cela explique que les cas dans lesquels une violation du présent art. a été constatée restent rares. • CEDH 31 mai 2011, *Kodorkovski c/ Russie,* n° 5829/04 § 255 • CEDH 3 juill. 2012, *Lutsenko c/ Ukraine,* n° 6492/11 § 106 et 107.

9. La charge de la preuve dans un tel contexte devrait incomber au demandeur. Rien dans la jurisprudence de la Cour ne permet de soutenir que, si un motif illégitime est établi *prima facie*, la charge de la preuve revient au gouvernement défendeur. • CEDH 31 mai 2011, *Kodorkovski c/ Russie,* n° 5829/04 § 256.

II. MISE EN ŒUVRE DE LA CLAUSE ANTI-DÉTOURNEMENT

A. BUT POURSUIVI CONFORME

10. Prise en compte du but avec référence au présent art. En ce qui concerne le cas particulier de L., rien n'indique que les pouvoirs de détention conférés au Gouvernement irlandais par la loi de 1940 aient été utilisés à l'égard de sa personne, au sens du présent art., dans un but autre que celui pour lequel ils avaient été prévus. Au contraire, la Commission européenne, ayant constaté dans sa décision sur la recevabilité de la requête que l'intéressé avait bien introduit sa requête devant elle après avoir épuisé les voies de recours internes, a fait état, dans son rapport, de ce que le comportement général de L., « ses relations avec des personnes notoirement membres actifs de l'I.R.A., sa condamnation pour port de documents compromettants, ainsi que d'autres faits, étaient de nature à le faire très sérieusement soupçonner d'être encore impliqué dans les activités de l'I.R.A. lors de son arrestation en juillet 1957, qu'il ait été encore ou non, à cette date, membre de cette organisation ». Il résulte également du dossier que, dès le début de la détention de L. en vertu de la loi de 1940, le Gouvernement irlandais a informé l'intéressé qu'il serait remis en liberté s'il prenait, par écrit, l'engagement de « respecter la Constitution et les lois d'Irlande » et de « n'adhérer ni venir en aide à aucune organisation déclarée illégale », ce que L. a accepté en prenant, devant la Commission de détention, l'engagement verbal de ne se « livrer à aucune activité illégale » et qu'aussitôt cet engagement pris, il a été mis en liberté. • CEDH 1er juill. 1961, *Lawless c/ Irlande (n° 3),* n° 332/57 § 15 et 38 (en droit).

11. Si le directeur a privé de contacts le requérant à diverses reprises au cours de son incarcération, il n'est pas établi que les autorités aient tenté de briser sa volonté et de l'utiliser à des fins expérimentales. Ces privations étaient justifiées par son comportement perturbateur et ses tentatives de donner des ordres à d'autres détenus. De même, sa mise en cellule disciplinaire était rendue nécessaire par le manque de quartiers permettant de séparer un détenu du reste de la collectivité pénitentiaire. • Comm. EDH 15 mai 1980, *Mc Feeley et a. c/ Royaume-Uni,* n° 8317/78. ♦ En l'espèce, le requérant a été privé de sa liberté dans le cadre d'une procédure d'extradition. Les autorités suisses ne pouvaient se soustraire à leurs obligations conventionnelles envers l'Italie, quand bien même, comme dans le cas d'espèce, la personne dont l'extradition était requise avait été expulsée vers la frontière suisse par un pays tiers. Il en ressort qu'aucun détournement de pouvoir ne peut être établi et qu'il n'y a donc en l'espèce aucune apparence de violation du présent art, combiné avec l'art. 5. • Comm. EDH 12 juill. 1984, *Bozano c/ Suisse,* n° 9009/80. ♦ Rappr. • Comm. EDH, rapport, 14 juill. 1974, *Kamma c/ Pays-Bas,* n° 471/71. ♦ La condamnation dont il s'agit se fondait sur le code pénal autrichien ; elle visait à la protection de la « réputation ou des droits d'autrui », et il n'existe aucune raison de penser qu'elle ait recherché un autre objectif en violation du présent art. • CEDH 8 juill. 1986, *Lingens c/ Autriche,* n° 9815/82 § 36.

12. La « régularité » de la détention au regard de l'art. 5, § 1 *e)* suppose la conformité au droit interne mais aussi, le présent art. le confirme, au but des restrictions autorisées par l'art. 5, § 1 *e)* ; elle doit marquer tant l'adoption que l'exécution de la mesure privative de liberté. • CEDH 24 oct. 1979, *Winterwerp c/ Pays-Bas,* n° 6301/73 § 39 • CEDH 28 mai 1985, *Ashingdame c/ Royaume-Uni,* n° 8225/78 § 44.

13. La Cour ne voit aucun élément donnant à penser que les autorités lettonnes auraient commis un abus de pouvoir en appliquant une restriction autorisée par la Conv. EDH dans un but autre que celui pour lequel elle a été conçue. Sur ce point, elle ne voit aucune similitude entre l'espèce et l'affaire G. (V. note 17) dans laquelle il fut constaté que la mise en détention du requérant avait également été motivée par des raisons autres que celles prévues par la Conv. EDH. Dans ces circonstances, et vu l'ensemble de ses conclusions ci-dessus, la Cour ne voit aucune raison de soulever d'office la question de l'application du présent art. • CEDH 15 janv. 2007, *Syssoyeva et a. c/ Lettonie,* n° 60654/00 § 129.

14. Prise en compte du but sans référence au présent art. La Commission a examiné si les dispositions en question se justifiaient comme « nécessaires, dans une société démocratique », à l'un des objectifs mentionnés à l'art. 8, § 2. Le ministère de l'intérieur a expliqué que ces dispositions étaient jugées nécessaires à la sécurité. Selon la Commission, il n'y a pas lieu de douter que ce soit véritablement ce pour quoi elles ont été imposées. • Comm. EDH 3 mai 1978, *X. c/ Royaume-Uni,* n° 8065/77. ♦ Les mesures prises par les autorités de la prison était prises en application des objectifs reconnus comme légitimes en vertu du § 2 des art. 8 et 10 Conv. EDH ; rien ne montre que l'ingérence dans le droit du requérant à la liberté de correspondance ou d'expression ne constituait un abus du droit du Gouvernement défendeur d'imposer de telles limitations ou avait été effectuée d'une manière contraire à la Convention. • Comm. EDH 12 déc. 1963, *X. c/ Allemagne,* n° 1628/62. ♦ Rappr. • Comm. EDH 8 juill. 1974, *X. c/ Royaume-Uni,* n° 5852/72. ♦ La condamnation était « prévue par la loi » et tendait à une fin légitime au regard de l'art. 10, § 2. • CEDH 8 juill. 1986, *Lingens c/ Autriche,* n° 9815/82 § 36.

15. Selon le requérant, le dessein véritable, mais inavoué, des juridictions cantonales consistait à intervenir dans un combat politique pour « écraser dans l'œuf » toute critique du fonctionnement de la justice vaudoise. Pareil objectif d'intimidation et de censure irait à l'encontre du pluralisme et de la tolérance qui caractérisent la société démocratique. Eu égard aux circonstances particulières de l'affaire et aux termes mêmes des arrêts des juridictions compétentes, la Cour considère que l'application dudit article à l'intéressé tendait à garantir la bonne marche de l'enquête, donc à protéger l'autorité et l'impartialité du pouvoir judiciaire. • CEDH 22 mai 1990, *Weber c/ Suisse,* n° 11034/84 § 44 et 45. ♦ D'après le requérant, ladite ingérence n'avait pas pour finalité la « défense de l'ordre » ou la « prévention des infractions pénales ». Dans le cas du courrier à l'arrivée, les autorités pénitentiaires ne voulaient pas détecter des éléments prohibés, mais connaître avant le destinataire le contenu des lettres. Aux yeux de la Cour, il n'y a pas lieu de douter que l'on contrôlait la correspondance du requérant, en vertu du règlement pénitentiaire et des instructions, pour s'assurer notamment qu'elle ne renfermait pas d'éléments préjudiciables à la sécurité de la prison ou d'autrui ou présentant d'une autre manière un caractère délictueux. L'ingérence poursuivait donc l'objectif, légitime, de « la défense de l'ordre » ou de la « prévention des infractions pénales ». • CEDH 25 mars 1992, *Campbell c/ Royaume-Uni,* n° 13590/88 § 39 et 41. ♦ D'après les requérants, les limitations de contact ne cherchaient pas à résoudre les problèmes scolaires de R. ni à préserver sa santé, mais à l'empêcher de raconter à des tiers les conditions d'existence « terribles » qui régnaient au foyer d'accueil. Aux yeux de la Cour, la législation suédoise pertinente avait pour but manifeste de protéger « la santé » ou « la morale » ainsi que les « droits et libertés » des enfants. Rien ne donne à penser qu'elle ait servi à d'autres fins en l'espèce. • CEDH 25 févr. 1992, *Margareta et Roger Andersson c/ Suède,* n° 12963/87 § 86 et 87. ♦ De l'avis de la Cour, la législation suédoise applicable voulait protéger « la santé » et « les droits et libertés » de l'enfant ; rien n'autorise à prétendre qu'elle ait servi en l'espèce à une autre fin. L'ingérence poursuivait donc des objectifs légitimes sous l'angle de l'art. 8, § 2. • CEDH 22 avr. 1992, *Rieme c/ Suède,* n° 12366/86 § 66. ♦ Il n'apparaît pas établi que l'une quelconque des restrictions aux visites cherchât à mettre obstacle au rassemblement de la famille ou à la divulgation de renseignements du genre indiqué par les requérants. La Cour est au contraire persuadée qu'elles poursuivaient les mêmes fins légitimes de protection de la « santé » et des « droits et libertés » des enfants. • CEDH 27 nov. 1992, *Olsson c/ Suède,* n° 13441/87 § 85.

16. La Conv. EDH exige la conformité de toute mesure privative de liberté au but de l'art. 5 : protéger l'individu contre l'arbitraire. • CEDH 18 déc. 1996, *Bozano c/ France,* n° 9990/82 § 54 • CEDH 20 mars 1997, *Loukanov c/ Bulgarie,* n° 21915/93 § 41. ♦ La privation de liberté subie par le requérant n'était pas « régulière », au sens de l'art. 5, § 1 *f),* ni compatible avec le « droit à la sûreté ». Il s'agissait en réalité d'une mesure d'extradition déguisée, destinée à tourner l'avis défavorable que la chambre d'accusation de la cour d'appel de Limoges avait exprimé, et non d'une « détention » nécessaire dans le cadre normal d'une « procédure d'expulsion ». Ayant déjà noté, sur le terrain de l'art. 5, § 1 (art. 5-1) considéré isolément, que la procédure d'expulsion a été déviée en l'espèce de son objet et de sa finalité naturels, la Cour n'estime pas nécessaire d'examiner la même question sous l'angle du présent art. • CEDH 18 déc. 1996, *Bozano c/ France,* n° 9990/82 § 54, 60 et 61. ♦ L., en sa qualité de membre du Gouvernement bulgare, a pris part aux décisions – octroi de fonds d'aide et de crédits à certains pays en développement – qui ont donné lieu aux accusations portées contre lui. Cependant, la Cour n'a reçu aucun élément ou renseignement propre à démontrer qu'il existait à l'époque des motifs plausibles de soupçonner L. d'avoir cherché, pour lui-même ou pour un tiers, à retirer un avantage de sa participation à l'affectation des fonds en question. La Cour, rappelant ses conclusions au regard de l'art. 5, § 1, estime qu'aucune question distincte ne se pose sur le terrain du présent art. • CEDH 20 mars 1997, *Loukanov c/ Bulgarie,* n° 21915/93 § 44 et 49.

B. BUT POURSUIVI NON CONFORME

17. Que Gazprom ait prié le requérant de signer l'accord de juillet alors qu'il était en prison, qu'un ministre ait avalisé ce pacte par sa signature et qu'un magistrat instructeur, agent de l'État, l'ait ensuite appliqué en abandonnant les accusations constituent autant d'éléments donnant fortement à penser que les poursuites dirigées contre G. étaient une manœuvre d'intimidation. Force est dès lors à la Cour de conclure que l'on a imposé au requérant une restriction de sa liberté – permise par l'art. 5, § 1 *c)* – non seulement en vue de le conduire devant l'autorité judiciaire compétente parce qu'il y avait des raisons plausibles de le soupçonner d'avoir commis une infraction, mais aussi pour d'autres motifs (à savoir comme stratégie dans une négociation commerciale). • CEDH 19 mai 2004, *Goussinski c/ Russie,* n° 70276/01 § 76 et 77.

18. La Cour ne peut que conclure que le véritable but de la procédure pénale, de l'arrestation et de la détention du requérant était de faire pression sur lui en vue d'entraver la poursuite de sa requête devant la Cour. Elle estime donc que la restriction au droit du requérant à la liberté a été appliquée dans un but autre que celle prévue à l'art. 5, § 1 *(c)*. De ce fait, il ya eu violation du présent art. combiné avec l'art. 5, § 1. • CEDH 13 nov. 2007, *Cebotari c/ Moldavie,* n° 35615/06 § 52.

19. Le requérant est l'un des principaux dirigeants de l'opposition ; son affaire a suscité une attention considérable. Accusé d'abus de fonctions, il était en droit de répondre à cette accusation par le biais des médias. Les autorités de poursuite ont indiqué que ses interventions dans les médias constituaient l'un des motifs de son arrestation. Ils lui ont reproché d'induire l'opinion publique en erreur concernant les infractions dont il était inculpé, de discréditer les autorités de poursuite et de tenter d'influencer l'issue de son procès afin d'éviter la mise en jeu de sa responsabilité pénale. De l'avis de la Cour, pareil raisonnement témoigne clairement d'une tentative des autorités de *sanctionner L. parce qu'il contestait* publiquement les accusations dont il faisait l'objet et clamait son innocence. La Cour ne peut donc que conclure que les restrictions à la liberté du requérant étaient motivées non seulement par la volonté de le conduire devant l'autorité judiciaire compétente car il y avait des raisons plausibles de soupçonner qu'il avait commis une infraction, mais également par d'autres raisons. • CEDH 3 juill. 2012, *Ukraine,* n° 6492/11 § 108 et 109.

20. Au regard des faits, notamment de leur chronologie, du dossier d'accusation ainsi que de deux discours du Président de la République, la Cour juge au-delà de tout doute raisonnable que la détention du requérant poursuivait un but inavoué contraire au présent art., celui de réduire au silence un défenseur des droits de l'homme, ce qui est susceptible en outre de dissuader le travail de ses semblables. Or un tel but inavoué est d'une gravité significative compte tenu du rôle particulier des défenseurs des droits de l'homme et des organisations non gouvernementales dans une démocratie pluraliste. • CEDH 10 déc. 2019, *Turquie,* n° 28749/18 § 230 et 232 : *AJDA 2020. 160, chron. Burgorgue-Larsen*.

C. ABSENCE DE PREUVE

21. Relevant notamment que Yukos dit avoir été poursuivie pour des raisons politiques, la Cour reconnaît que l'affaire a très largement attiré l'attention du public. Cependant, en dehors des violations constatées, rien n'indique que la procédure dirigée contre Yukos eût connu d'autres problèmes ou défaillances qui lui permettraient de conclure que la Russie a détourné cette procédure pour détruire Yukos et prendre le contrôle de ses actifs. La Cour en conclut à l'absence de violation du présent art., en combinaison avec l'art. 1er, Prot. n° 1, eu égard aux griefs tirés de ce que les biens de Yukos auraient fait l'objet d'une expropriation déguisée et de ce que cette société elle-même aurait été délibérément détruite. • CEDH 20 sept. 2011, *OAO Neftyanaya Kompaniya Yukos c/ Russie,* n° 14902/04 § 665. ♦ La Cour fait observer que, si K. est en droit d'avoir des doutes quant à la véritable intention des autorités russes pour lancer les poursuites contre lui et que beaucoup de gens pouvaient être portés à croire que les poursuites engagées contre le requérant étaient motivées par le désir de le voir se retirer de la scène politique et de s'approprier ses richesses, ses allégations selon lesquelles lesdites autorités seraient animées par des motifs politiques ne sauraient se passer de preuves incontestables, qui n'ont pas été apportées. • CEDH 31 mai 2011, *Kodorkovski c/ Russie,* n° 5829/04 § 259 et 260.

TITRE II Cour européenne des droits de l'homme

Art. 19 ***Institution de la Cour.*** **Afin d'assurer le respect des engagements résultant pour les Hautes Parties contractantes de la présente Convention et de ses protocoles, il est institué une Cour européenne des Droits de l'Homme, ci-dessous nommée "la Cour". Elle fonctionne de façon permanente.**

1. En vertu du présent art., la Cour est seulement compétente pour assurer le respect des droits et libertés garantis par la Conv. EDH elle-même et par ses Protocoles. Elle n'est donc pas compétente pour se prononcer formellement sur le respect du droit interne, d'autres traités internationaux et du droit de l'Union européenne. • CEDH 4 mars 2008, *Jetzen c/ Luxembourg,* n° 34471/04 § 52. ♦ En particulier, la tâche d'interpréter et d'appliquer les dispositions du règlement contesté incombe, premièrement, à la Cour de justice de l'Union européenne qui se prononce dans le cadre d'un renvoi préjudiciel, et deuxièmement, aux juges nationaux en leur qualité de juges de l'Union, c'est-à-dire lorsqu'ils mettent en œuvre l'interprétation donnée par la Cour de justice. Quant à la compétence de la Cour européenne des droits de l'homme, elle se limite au contrôle du respect des exigences de l'art. 6, § 1, de la Convention dans les circonstances de l'espèce. • CEDH 25 févr. 2014, *Avotins c/ Lettonie,* n° 17502/07 § 47 : *Rev. crit. DIP 2014. 679, note Marchadier ; RTD eur. 2014. 361, étude Bergé ; Rev. UE 2016. 426, étude Picheral .*

2. Là où la Convention, comme en son art. 5, renvoie directement au droit interne, le respect de celui-ci forme partie intégrante des obligations des États contractants, de sorte que la Cour a compétence pour s'en assurer au besoin. • CEDH 20 mars 1997, *Loukanov c/ Bulgarie,* n° 21915/93 § 41 : *RSC 1997. 888, obs. Pettiti ; ibid. 1998. 382, obs. Koering-Joulin ; JCP 1998. I. 107, chron. Sudre ; JDI 1998. 186, obs. Decaux et Tavernier.*

3. Dans les affaires où il existe des versions divergentes des faits, la Cour se trouve inévitablement aux prises, lorsqu'il lui faut établir les circonstances de la cause, avec les mêmes difficultés que celles auxquelles toute juridiction de première instance doit faire face. Elle rappelle que, pour l'appréciation des éléments de preuve, elle retient le critère de la preuve « au-delà de tout doute raisonnable ». Elle n'a toutefois jamais eu pour dessein d'emprunter la démarche des ordres juridiques nationaux qui appliquent ce critère. Il lui incombe de statuer non pas sur la culpabilité en vertu du droit pénal ou sur la responsabilité civile, mais sur la responsabilité des États contractants au regard de la Conv. EDH. La spécificité de la tâche que lui attribue le présent art. – assurer le respect par les Hautes Parties contractantes de leur engagement consistant à reconnaître les droits fondamentaux consacrés par cet instrument – conditionne sa façon d'aborder les questions de preuve. Dans le cadre de la procédure devant elle, il n'existe aucun obstacle procédural à la recevabilité d'éléments de preuve ni de formules prédéfinies applicables à leur appréciation. Elle adopte les conclusions qui, à son avis, se trouvent étayées par la libre appréciation de l'ensemble des éléments de preuve, y compris les déductions qu'elle peut tirer des faits et des observations des parties. Conformément à sa jurisprudence constante, la preuve peut résulter d'un faisceau d'indices, ou de présomptions non réfutées, suffisamment graves, précis et concordants. En outre, le degré de conviction nécessaire pour parvenir à une conclusion particulière et, à cet égard, la répartition de la charge de la preuve sont intrinsèquement liés à la spécificité des faits, à la nature de l'allégation formulée et au droit conventionnel en jeu. La Cour est également attentive à la gravité d'un constat selon lequel un État contractant a violé des droits fondamentaux. • CEDH, gr. ch., 13 déc. 2012, *El Masri c/ ERYM,* n° 39630/09 § 151 : *AJDA 2013. 165, chron. Burgorgue-Larsen ; RFDA 2013. 576, chron. Labayle, Sudre, Dupré de Boulois et Milano* • CEDH 23 févr. 2016, *Nasr et Ghali c/ Italie,* n° 44883/09 § 219 • CEDH, gr. ch., 23 mars 2016, *Blokhin c/ Suisse,* n° 47152/06 § 139.

4. Révision des arrêts (Règl. de la Cour, art. 80). Même s'il avait pu être démontré qu'un docteur avait fourni des éléments fallacieux quant aux effets psychiatriques à long terme de ces techniques d'interrogatoire sur les personnes qui y avaient été soumises, on ne saurait dire que pareille information aurait pu avoir une influence décisive de nature à déboucher sur un constat de torture. En effet, l'arrêt initial ne faisait aucunement référence à la question des effets à long terme et il est difficile d'affirmer qu'à l'époque, la Cour y a attaché une importance particulière. • CEDH 20 mars 2018, *Irlande c/ Royaume-Uni,* n° 5310/71.

Art. 20 ***Nombre de juges.*** **La Cour se compose d'un nombre de juges égal à celui des Hautes Parties contractantes.**

Art. 21 ***Conditions d'exercice des fonctions.*** **1. Les juges doivent jouir de la plus haute considération morale et réunir les conditions requises pour l'exercice de hautes fonctions judiciaires ou être des jurisconsultes possédant une compétence notoire.**

(Prot. add. n° 15 du 24 juin 2013, art. 2, en vigueur le 1er août 2021) **« 2. Les candidats doivent être âgés de moins de 65 ans à la date à laquelle la liste de trois candidats est attendue par l'Assemblée parlementaire, en vertu de l'article 22. »**

3. Les juges siègent à la Cour à titre individuel.

4. Pendant la durée de leur mandat, les juges ne peuvent exercer aucune activité incompatible avec les exigences d'indépendance, d'impartialité ou de disponibilité requise par une activité exercée à plein temps ; toute question soulevée en application de ce paragraphe est tranchée par la Cour.

Il est clair que les conditions visées au présent art. sont impératives et lient toutes les parties contractantes de la même façon lors de la sélection des candidats appelés à figurer sur les listes à soumettre à l'Assemblée parlementaire. • CEDH, gr. ch., avis n° 1, 12 févr. 2008 : *§ 42* • CEDH, gr. ch., avis n° 2, 22 janv. 2010 : *§ 45.* ♦ Dans le cadre conventionnel ainsi défini, les Hautes Parties contractantes ont toute latitude pour composer leurs listes. • CEDH, gr. ch., 22 janv. 2010 : *§ 45.* ♦ Rien n'empêche les parties contractantes de se laisser guider par des critères ou des considérations supplémentaires. Parmi ceux-ci, il peut y avoir, par exemple, le souci de réaliser un certain équilibre entre les sexes ou les professions juridiques représentées par une liste ou au sein de la Cour. Toutefois, malgré leur légitimité, des considérations de ce type ne sauraient dispenser une partie contractante d'avoir à présenter des candidats qui chacun remplissent toutes les conditions visées au présent art., lesquelles concernent exclusivement les qualités morales et les qualifications professionnelles des candidats. D'ailleurs, le respect de cette exigence représente également un enjeu majeur pour la Cour dans la mesure où il est essentiel pour son autorité et la qualité de sa jurisprudence qu'elle soit composée de membres jouissant des plus hautes qualifications juridiques et qualités morales. • CEDH, gr. ch., avis n° 1, 12 févr. 2008 : *§ 42.*

Art. 22 ***Élection des juges.*** **Les juges sont élus par l'Assemblée parlementaire au titre de chaque Haute Partie contractante, à la majorité des voix exprimées, sur une liste de trois candidats présentés par la Haute Partie contractante.**

1. Dans l'exercice de la fonction qui lui est dévolue par le présent art., l'Assemblée parlementaire est tenue d'abord et avant tout par l'art. 21, § 1 Conv. EDH. Ayant la charge d'élire les juges, il lui incombe, dans l'intérêt du bon fonctionnement et de l'autorité de la Cour, de s'assurer en dernière instance que tous les candidats figurant sur une liste remplissent toutes les conditions visées par cette disposition. Il va de soi aussi que l'Assemblée peut se laisser guider par des critères additionnels qu'elle estime pertinents pour déterminer son choix parmi les candidats présentés par une Partie contractante et, comme elle l'a fait dans un but de transparence et de prévisibilité, reprendre ces critères dans ses résolutions et recommandations. En effet, aucune limitation explicite ne se dégage du présent art. quant aux critères en fonction desquels l'Assemblée parlementaire fait son choix parmi les candidats proposés. Ainsi l'Assemblée a-t-elle pour habitude de considérer également les candidats « dans la perspective d'une composition harmonieuse de la Cour en tenant compte, par exemple, des antécédents professionnels et d'une représentation équitable des deux sexes ». Toutefois, l'Assemblée ne peut refuser une liste au motif qu'une condition non explicitement prévue par l'art. 21, § 1, ne serait pas remplie, en l'occurrence celle qui veut que, conformément à ses résolutions, chaque liste comporte au moins un candidat du sexe sous-représenté à la Cour. En ne permettant aucune exception à la représentation du sexe sous-représenté, la pratique actuelle de l'Assemblée parlementaire n'est pas conforme à la Conv. EDH : là où une Partie contractante a pris toutes les mesures nécessaires et adéquates en vue d'assurer la présence du sexe sous-représenté sur sa liste mais sans succès, et à plus forte raison quand elle a suivi les recommandations de l'Assemblée préconisant une procédure ouverte et transparente avec appel à candidatures, l'Assemblée ne saurait rejeter la liste en question pour la seule raison que cette présence n'est pas réalisée. • CEDH, gr. ch., avis n° 1, 12 févr. 2008 : *§ 44, 45 et 54.*

2. L'Assemblée applique encore, sans qu'il soit explicitement prévu par l'art. 21, § 1, le critère de la « connaissance suffisante d'au moins une des langues officielles » et des critères énumérés dans le rapport de la Commission des questions juridiques et des droits de l'homme relatif à la résolution 1366 (par ex. connaissance de la jurisprudence de la Convention européenne, connaissances et expérience juridiques générales, capacité intellectuelle et analytique, etc.). De l'avis de la Cour, il est permis de considérer que ces derniers critères découlent implicitement de l'art. 21, §1 et en fournissent en quelque sorte une explicitation. Ainsi, par exemple, la connaissance suffisante d'au moins une des langues officielles est-elle nécessaire pour pouvoir contribuer utilement au travail de la Cour, dès lors que celle-ci ne s'exprime que dans l'une de ces deux langues (art. 34, § 1, du règlement de la Cour). • CEDH, gr. ch., avis n° 1, 12 févr. 2008 : *§ 47.*

3. La faculté pour les États membres, pendant la période initiale de la procédure, de retirer et/ou remplacer – en totalité ou en partie – une liste de candidats relève de l'autonomie dont elles jouissent, la seule limite étant l'obligation de ne pas perturber le déroulement normal et le calendrier de la procédure d'élection par l'Assemblée parlementaire. Il convient cependant, dans l'intérêt de la sécurité juridique et dans un souci de transparence et d'efficacité de la procédure d'élection, de fixer une date limite pour ce faire. Au-delà de celle-ci, les Hautes Parties contractantes ne seront plus en droit de retirer les listes. Ainsi, sauf si une liste est rejetée par un organe compétent du Conseil de l'Europe au motif qu'un ou plusieurs des candidats ne répondent pas aux critères énoncés à l'art. 21, § 1, cette date limite mettra fin au droit de retrait dont elles jouissent. • CEDH, gr. ch., avis n° 2, 22 janv. 2010 : *§ 46 et 47.*

4. Si le désistement d'un ou plusieurs candidats inscrits sur une liste soumise par un État à l'Assemblée avant que celle-ci ne se prononce sur la liste en question par un vote final est antérieur à la date limite, les États peuvent soit remplacer seulement le ou les candidat(s) défaillant(s), soit communiquer une nouvelle liste de trois candidats. Pareille faculté relève en effet de la marge d'autonomie dont ils jouissent pour déterminer les candidats à soumettre au choix de l'Assemblée. En revanche, si le désistement est postérieur à la date limite en question, les États devront se limiter à remplacer le ou les candidats défaillants. • CEDH, gr. ch., avis n° 2, 22 févr. 2008 : *§ 55 à 57.*

Art. 23 ***Durée du mandat et révocation.*** **1. Les juges sont élus pour une durée de neuf ans. Ils ne sont pas rééligibles.**

(Abrogé par Prot. add. n° 15 du 24 juin 2013, art. 2, à compter du 1er août 2021) ***« 2. Le mandat des juges s'achève dès qu'ils atteignent l'âge de 70 ans. »***

3. Les juges restent en fonction jusqu'à leur remplacement. Ils continuent toutefois de connaître des affaires dont ils sont déjà saisis.

4. Un juge ne peut être relevé de ses fonctions que si les autres juges décident, à la majorité des deux tiers, que ce juge a cessé de répondre aux conditions requises.

Art. 24 ***Greffe et rapporteurs.*** **1. La Cour dispose d'un greffe dont les tâches et l'organisation sont fixées par le règlement de la Cour.**

2. Lorsqu'elle siège en formation de juge unique, la Cour est assistée de rapporteurs qui exercent leurs fonctions sous l'autorité du président de la Cour. Ils font partie du greffe de la Cour.

Art. 25 ***Assemblée plénière.*** **La Cour réunie en assemblée plénière :**

a) **Élit, pour une durée de trois ans, son président et un ou deux vice-présidents ; ils sont rééligibles ;**

b) **Constitue des chambres pour une période déterminée ;**

c) **Élit les présidents des chambres de la cour, qui sont rééligibles ;**

d) **Adopte le règlement de la cour ;**

e) **Élit le greffier et un ou plusieurs greffiers adjoints ;**

f) **Fait toute demande au titre de l'article 26, paragraphe 2.**

V. ci-dessous le Règl. CEDH.

Règlement de la Cour européenne des droits de l'homme, à jour au 1er janvier 2020,

La Cour européenne des droits de l'homme,

Vu la Convention de sauvegarde des droits de l'homme et des libertés fondamentales et ses Protocoles,

Arrête le présent règlement :

Art. 1er *Définitions.* Aux fins de l'application du présent règlement, et sauf si le contraire ressort du contexte :

a) le terme "Convention" désigne la Convention de sauvegarde des droits de l'homme et des libertés fondamentales et ses Protocoles ;

b) l'expression "Cour plénière" désigne la Cour européenne des droits de l'homme siégeant en assemblée plénière ;

c) l'expression "Grande Chambre" désigne la Grande Chambre de dix-sept juges constituée en application de l'article 26 § 1er de la Convention ;

d) le terme "section" désigne une chambre constituée par la Cour plénière pour une période déterminée en vertu de l'article 25 b) de la Convention, et l'expression "président de la section" désigne le juge élu président de ladite section par la Cour plénière en vertu de l'article 25 c) de la Convention ;

e) le terme "chambre" désigne une chambre de sept juges constituée en vertu de l'article 26 § 1er de la Convention, et l'expression "président de la chambre" désigne le juge présidant une telle "chambre" ;

f) le terme "comité" désigne un comité de trois juges constitué en application de l'article 26 § 1er de la Convention, et l'expression "président du comité" désigne le juge qui préside un tel comité ;

g) l'expression "formation de juge unique" désigne une formation constituée en application de l'article 26 § 1er de la Convention ;

h) le terme "Cour" désigne indifféremment la Cour plénière, la Grande Chambre, une section, une chambre, un comité, un juge unique ou le collège de cinq juges mentionné à l'article 43 § 2 de la Convention et à l'article 2 du Protocole n° 16 à la Convention ;

i) l'expression "juge *ad hoc*" désigne toute personne choisie en application de l'article 26 § 4 de la Convention et conformément à l'article 29 du présent règlement pour faire partie de la Grande Chambre ou d'une chambre ;

j) les termes "juge" et "juges" désignent les juges élus par l'Assemblée parlementaire du Conseil de l'Europe et les juges *ad hoc* ;

k) l'expression "juge rapporteur" désigne un juge nommé pour accomplir les tâches prévues aux articles 48 et 49 du présent règlement ;

l) le terme "rapporteur non judiciaire" désigne un membre du greffe chargé d'assister les formations de juge unique prévues à l'article 24 § 2 de la Convention ;

m) le terme "délégué" désigne un juge nommé par la chambre pour faire partie d'une délégation ; l'expression "chef de la délégation" désigne le délégué nommé par la chambre pour conduire sa délégation ;

n) le terme "délégation" désigne un organe composé de délégués, de membres du greffe et de toute autre personne nommée par la chambre pour assister la délégation ;

o) le terme "greffier" désigne, selon le contexte, le greffier de la Cour ou le greffier d'une section ;

p) les termes "partie" et "parties" désignent :

les Parties contractantes requérantes ou défenderesses ;

le requérant (personne physique, organisation non gouvernementale ou groupe de particuliers) qui a saisi la Cour au titre de l'article 34 de la Convention ;

q) l'expression "tiers intervenant" désigne toute Partie contractante ou toute personne concernée ou le Commissaire aux droits de l'homme du Conseil de l'Europe qui, comme prévu à l'article 36 §§ 1er, 2 et 3 de la Convention et à l'article 3 du Protocole n° 16, a exercé son droit de présenter des observations écrites et de prendre part à une audience, ou y a été invité ;

r) les termes "audience" et "audiences" désignent les débats consacrés à la recevabilité et/ou au fond d'une requête, à une demande de révision ou d'avis consultatif, à une demande d'interprétation introduite par une partie ou par le Comité des Ministres, ou à une question de manquement dont la Cour peut être saisie en vertu de l'article 46 § 4 de la Convention ;

s) l'expression "Comité des Ministres" désigne le Comité des Ministres du Conseil de l'Europe ;

t) les termes "ancienne Cour" et "Commission" désignent respectivement la Cour et la Commission européennes des droits de l'homme créées en vertu de l'ancien article 19 de la Convention.

TITRE Ier. DE L'ORGANISATION ET DU FONCTIONNEMENT DE LA COUR

CHAPITRE Ier. *DES JUGES*

Art. 2 *Calcul de la durée du mandat.* 1. Lorsque le siège est vacant à la date de l'élection du juge, ou lorsque l'élection a lieu moins de trois mois avant que le siège ne devienne vacant, le mandat commence à courir à la date de la prise de fonctions, laquelle ne peut intervenir plus de trois mois après la date de l'élection.

2. Lorsque l'élection d'un juge a lieu plus de trois mois avant que le siège ne devienne vacant, le mandat commence à courir à la date à laquelle le siège devient vacant.

3. Conformément à l'article 23 §, 3, de la Convention, le juge élu reste en fonctions jusqu'au moment où son successeur a prêté le serment ou fait la déclaration, prévus à l'article 3 du présent règlement.

Art. 3 *Serment ou déclaration solennelle.* 1. Avant d'entrer en fonctions, tout juge élu doit, à la première séance de la Cour plénière à laquelle il assiste ou, en cas de besoin, devant le président de la Cour, prêter le serment ou faire la déclaration solennelle que voici :

"Je jure" – ou "Je déclare solennellement" – "que j'exercerai mes fonctions de juge avec honneur, indépendance et impartialité, et que j'observerai le secret des délibérations."

2. Il en est dressé procès-verbal.

Art. 4 *Incompatibilités.* 1. En vertu de l'article 21, § 3, de la Convention, les juges ne peuvent exercer pendant la durée de leur mandat aucune activité politique ou administrative ni aucune activité professionnelle incompatible avec leur devoir d'indépendance et d'impartialité ou avec la disponibilité requise par une activité exercée à plein temps. Chaque juge déclare au président de la Cour toute activité supplémentaire. En cas de désaccord entre ce dernier et l'intéressé, toute question soulevée est tranchée par la Cour plénière.

2. Un ancien juge ne peut représenter, à quelque titre que ce soit, une partie ou un tiers intervenant à une procédure devant la Cour portant sur une requête introduite avant la date à laquelle il a cessé d'exercer ses fonctions. Un ancien juge ne peut représenter, à quelque titre que ce soit, une partie ou un tiers intervenant à une procédure devant la Cour portant sur une requête introduite après la date à laquelle il a cessé d'exercer ses fonctions qu'à l'expiration d'un délai de deux ans à compter de cette date.

Art. 5 *Préséance.* 1. Les juges élus prennent rang après les président et vice-présidents de la Cour et les présidents des sections, suivant la date de leur prise de fonctions conformément à l'article 2, §§ 1 et 2, du présent règlement.

2. Les vice-présidents de la Cour élus à cette fonction le même jour prennent rang suivant la durée de leurs fonctions de juge. En cas d'égalité, ils prennent rang suivant leur âge. La même règle vaut pour les présidents des sections.

3. Les juges dont la durée de fonctions est la même prennent rang suivant leur âge.

4. Les juges *ad hoc* prennent rang suivant leur âge, après les juges élus.

Art. 6 *Démission.* La démission d'un juge est adressée au président de la Cour, qui la transmet au Secrétaire général du Conseil de l'Europe. Sous réserve de l'application des articles 24, § 4, *in fine* et 26, § 3, du présent règlement, elle emporte vacance de siège.

Art. 7 *Révocation.* Un juge ne peut être relevé de ses fonctions que si les autres juges, réunis en session plénière, décident, à la majorité des deux tiers des juges élus en fonctions, qu'il a cessé de répondre aux conditions requises. Il doit au préalable être entendu par la Cour plénière. Tout juge peut mettre en mouvement la procédure de révocation.

CHAPITRE II. *DE LA PRÉSIDENCE DE LA COUR ET DU RÔLE DU BUREAU*

Art. 8 *Élection du président et des vice-présidents de la Cour et des présidents et vice-présidents des sections.* 1. La Cour plénière élit son président et ses deux vice-présidents pour une période de trois ans et les présidents de section pour une période de deux ans, sans que ces périodes puissent excéder la durée du mandat de juge des intéressés.

2. Chaque section élit de même un vice-président pour une période de deux ans, sans que celle-ci puisse excéder la durée du mandat de juge des intéressés.

3. Un juge élu conformément aux paragraphes 1 ou 2 ci-dessus ne peut être réélu qu'une seule fois au même niveau de fonctions.

4. Les présidents et vice-présidents continuent d'exercer leurs fonctions jusqu'à l'élection de leurs successeurs.

5. Les élections visées au paragraphe 1 du présent article ont lieu au scrutin secret ; seuls y participent les juges élus présents. Si aucun candidat ne réunit la majorité absolue des suffrages exprimés, il est procédé à un ou plusieurs tours additionnels de scrutin jusqu'à ce qu'un candidat ait réuni la majorité absolue. A l'issue de chaque tour, tout candidat ayant recueilli moins de cinq voix sera éliminé. Si plus de deux candidats ayant

obtenu au moins cinq voix restent encore en lice, celui ayant recueilli le plus petit nombre de voix sera également éliminé. Si plus d'un candidat se trouve dans cette situation, seul est éliminé le candidat qui vient en dernier dans l'ordre de préséance selon l'article 5 du présent règlement. En cas de partage des voix entre deux candidats lors du tour de scrutin final, préférence est donnée au juge qui a la préséance selon le même article 5.

6. Les règles fixées au paragraphe précédent s'appliquent aux élections visées au paragraphe 2 de cet article. Cependant, lorsque plus d'un tour de scrutin est nécessaire pour que l'un des candidats réunisse la majorité absolue, seul le candidat ayant reçu le plus petit nombre de voix sera éliminé à l'issue de chaque tour de scrutin.

Art. 9 *Fonctions du président de la Cour.* 1. Le président de la Cour dirige les travaux et les services de la Cour. Il représente la Cour et, notamment, en assure les relations avec les autorités du Conseil de l'Europe.

2. Il préside les séances plénières de la Cour, les séances de la Grande Chambre et celles du collège de cinq juges.

3. Il ne participe pas à l'examen des affaires traitées par les chambres, sauf s'il est le juge élu au titre d'une Partie contractante concernée.

Art. 9 A *Rôle du bureau.* 1. a) La Cour se dote d'un bureau, composé du président et des vice-présidents de la Cour et des présidents de section. Lorsqu'un vice-président de la Cour ou un président de section est empêché d'assister à une réunion du bureau, il est remplacé par le vice-président de la section ou, à défaut, par le membre de la section qui prend rang immédiatement après lui, au sens de l'article 5 du présent règlement.

b) Le bureau peut convier à une de ses réunions tout autre membre de la Cour ou toute autre personne dont il juge la présence nécessaire.

2. Le bureau est assisté par le greffier et les greffiers adjoints.

3. Le bureau a pour tâche d'assister le président dans l'accomplissement de ses fonctions de direction du travail et des services de la Cour. A cet effet, le président peut lui soumettre toute question administrative ou extrajudiciaire relevant de sa compétence.

4. Le bureau facilite également la coordination entre les sections de la Cour.

5. Le président peut consulter le bureau avant d'émettre des instructions pratiques au sens de l'article 32 du présent règlement et avant d'approuver les instructions générales établies par le greffier au titre de l'article 17, § 4, du présent règlement.

6. Le bureau peut faire rapport sur toute question à la Cour plénière, qu'il peut également saisir de propositions.

7. Un compte rendu de chaque réunion du bureau est établi et distribué aux juges dans les deux langues officielles de la Cour. Le secrétaire du bureau est désigné par le greffier en accord avec le président.

Art. 10 *Fonctions des vice-présidents de la Cour.* Les vice-présidents de la Cour assistent le président de la Cour. Ils le remplacent en cas d'empêchement ou de vacance de la présidence, ou à sa demande. Ils font aussi fonction de présidents de section.

Art. 11 *Remplacement du président et des vice-présidents de la Cour.* En cas d'empêchement simultané du président et des vice-présidents de la Cour, ou en cas de vacance simultanée de leurs fonctions, la présidence est assumée par un des présidents de section ou, si aucun d'eux n'est disponible, par un autre juge élu, suivant l'ordre de préséance établi à l'article 5 du présent règlement.

Art. 12 *Présidence des sections et des chambres.* Les présidents des sections président les séances de la section et des chambres dont ils font partie et dirigent le travail des sections. Les vice-présidents des sections les remplacent en cas d'empêchement ou de vacance de la présidence de la section, ou à la demande du président de la section. A *défaut, les membres de la section* et des chambres les remplacent, suivant l'ordre de préséance établi à l'article 5 du présent règlement.

Art. 13 *Incapacité d'exercice.* Les membres de la Cour ne peuvent exercer la présidence dans une affaire où est partie une Partie contractante dont ils sont ressortissants ou au titre de laquelle ils ont été élus, ou dans une affaire où ils siègent en qualité de juge désigné au titre de l'article 29, § 1, a) ou de l'article 30, § 1, du présent règlement.

Art. 14 *Représentation équilibrée des sexes.* Dans les désignations régies par le présent chapitre et par le chapitre suivant, la Cour poursuit une politique visant à une représentation équilibrée des sexes.

CHAPITRE III. *DU GREFFE*

Art. 15 *Élection du greffier.* 1. La Cour plénière élit son greffier. Les candidats doivent jouir de la plus haute considération morale et posséder les connaissances juridiques, administratives et linguistiques ainsi que l'expérience requises pour l'exercice des fonctions.

2. Le greffier est élu pour un mandat de cinq ans et est rééligible. Il ne peut être relevé de ses fonctions que si les juges, réunis en session plénière, décident, à la majorité des deux tiers des juges élus en fonctions, que l'intéressé a cessé de répondre aux conditions requises. Il doit au préalable être entendu par la Cour plénière. Tout juge peut mettre en mouvement la procédure de révocation.

3. Les élections visées au présent article ont lieu au scrutin secret ; seuls y participent les juges élus présents. Si aucun candidat ne réunit la majorité absolue des suffrages exprimés, il est procédé à un ou plusieurs tours additionnels de scrutin jusqu'à ce qu'un candidat ait réuni la majorité absolue. A l'issue de chaque tour, tout candidat ayant recueilli moins de cinq voix sera éliminé. Si plus de deux candidats ayant obtenu au moins cinq voix restent encore en lice, celui ayant recueilli le plus petit nombre de voix sera également éliminé. En cas de partage des voix lors d'un tour de scrutin supplémentaire, préférence est donnée d'abord à la candidate, s'il y en a une, et ensuite au candidat le plus âgé.

4. Avant d'entrer en fonctions, le greffier doit, devant la Cour plénière ou, en cas de besoin, devant le président de la Cour, prêter le serment ou faire la déclaration solennelle que voici :

"Je jure" – ou "Je déclare solennellement" – "que j'exercerai en toute loyauté, discrétion et conscience les fonctions qui m'ont été confiées en ma qualité de greffier de la Cour européenne des droits de l'homme."

Il en est dressé procès-verbal.

Art. 16 *Élection des greffiers adjoints.* 1. La Cour plénière élit également un ou plusieurs greffiers adjoints dans les conditions, de la manière et pour la durée définies à l'article précédent. La procédure prévue pour la révocation du greffier s'applique également pour la révocation des greffiers adjoints. La Cour consulte au préalable le greffier.

2. Avant d'entrer en fonctions, un greffier adjoint doit, devant la Cour plénière ou, en cas de besoin, devant le président de la Cour, prêter un serment ou faire une déclaration semblables à ceux prévus pour le greffier. Il en est dressé procès-verbal.

Art. 17 *Fonctions du greffier.* 1. Le greffier assiste la Cour dans l'accomplissement de ses fonctions. Il est responsable de l'organisation et des activités du greffe, sous l'autorité du président de la Cour.

2. Il a la garde des archives de la Cour et sert d'intermédiaire pour les communications et notifications adressées à celle-ci, ou émanant d'elle, au sujet des affaires portées ou à porter devant elle.

3. Le greffier, sous réserve du devoir de discrétion attaché à ses fonctions, répond aux demandes de renseignements concernant l'activité de la Cour, notamment à celles de la presse.

4. Des instructions générales préparées par le greffier et approuvées par le président de la Cour règlent le fonctionnement du greffe.

Art. 18 *Organisation du greffe.* 1. Le greffe se compose des greffes de section, en nombre égal à celui des sections constituées par la Cour, et des services nécessaires pour fournir à la Cour les prestations administratives et juridiques requises.

2. Le greffier de section assiste la section dans l'accomplissement de ses fonctions. Il peut être secondé par un greffier adjoint de section.

3. Les agents du greffe sont nommés par le greffier sous l'autorité du président de la Cour. La nomination du greffier et des greffiers adjoints est régie par les articles 15 et 16 du présent règlement.

Art. 18 A *Rapporteurs non judiciaires.* 1. Lorsqu'elle siège en formation de juge unique, la Cour est assistée de rapporteurs non judiciaires qui fonctionnent sous l'autorité du président de la Cour. Ils font partie du greffe de la Cour.

2. Les rapporteurs non judiciaires sont désignés par le président de la Cour sur proposition du greffier. Les greffiers de section et greffiers adjoints de section visés à l'article 18 § 2 du présent règlement font de droit fonction de rapporteurs non judiciaires.

Art. 18 B *Jurisconsulte.* Aux fins de la qualité et de la cohérence de sa jurisprudence, la Cour est assistée d'un jurisconsulte. Celui-ci fait partie du greffe. Il fournit des avis et des informations, notamment aux formations de jugement et aux membres de la Cour.

CHAPITRE IV. *DU FONCTIONNEMENT DE LA COUR*

Art. 19 *Siège de la Cour.* 1. Le siège de la Cour est fixé à Strasbourg, siège du Conseil de l'Europe. La Cour peut toutefois, lorsqu'elle le juge utile, exercer ses fonctions en d'autres lieux du territoire des États membres du Conseil de l'Europe.

2. La Cour peut décider, en tout état d'instruction d'une requête, qu'il est nécessaire qu'elle-même ou l'un ou plusieurs de ses membres procèdent à une enquête ou accomplissent toute autre tâche en d'autres lieux.

Art. 20 *Sessions plénières de la Cour.* 1. Sur convocation de son président, la Cour se réunit en session plénière chaque fois que l'exige l'exercice des fonctions lui incombant en vertu de la Convention et du présent règlement. Le président procède à pareille convocation si un tiers au moins des membres le demande, et en tout cas une fois l'an pour l'examen de questions administratives.

2. Le quorum de deux tiers des juges élus en fonctions est exigé pour le fonctionnement de la Cour plénière.

3. Si le quorum n'est pas atteint, le président ajourne la séance.

Art. 21 *Autres sessions de la Cour.* 1. La Grande Chambre, les chambres et les comités siègent de façon permanente. Toutefois, sur proposition de son président, la Cour arrête chaque année les périodes de session.

2. En dehors desdites périodes, la Grande Chambre et les chambres peuvent être convoquées par leur président en cas d'urgence.

Art. 22 *Délibérations.* 1. La Cour délibère en chambre du conseil. Ses délibérations restent secrètes.

2. Seuls les juges prennent part aux délibérations. Sont présents dans la chambre du conseil le greffier ou la personne désignée pour le remplacer, ainsi que les autres agents du greffe et les interprètes dont l'assistance paraît nécessaire. Aucune autre personne ne peut y être admise qu'en vertu d'une décision spéciale de la Cour.

3. Avant tout vote sur une question soumise à la Cour, le président peut inviter les juges à exprimer leur opinion.

Art. 23 *Votes.* 1. Les décisions de la Cour sont prises à la majorité des voix des juges présents. En cas de partage des voix, le vote est renouvelé et, s'il y a toujours partage, la voix du président est prépondérante. Le présent paragraphe s'applique sauf disposition contraire du présent règlement.

2. Les décisions et arrêts de la Grande Chambre et des chambres sont adoptés à la majorité des juges effectifs. Les abstentions ne sont pas admises pour les votes définitifs portant sur la recevabilité ou sur le fond d'une affaire.

3. En règle générale, les votes s'effectuent à main levée. Le président peut décider de procéder à un vote sur appel nominal, dans l'ordre inverse de préséance.

4. Toute question devant être mise aux voix est formulée en termes précis.

Art. 23 A *Décision par accord tacite.* Lorsqu'il est nécessaire pour la Cour de trancher un point de procédure ou toute autre question en dehors d'une réunion programmée, le président peut donner instruction de faire circuler un projet de décision parmi les juges et de fixer à ceux-ci un délai pour la formulation d'observations. En l'absence de toute objection de la part des juges, la proposition est réputée avoir été adoptée à l'expiration dudit délai.

CHAPITRE V. *DES FORMATIONS*

Art. 24 *Composition de la Grande Chambre.* 1. La Grande Chambre se compose de dix-sept juges et d'au moins trois juges suppléants.

2. a) Font partie de la Grande Chambre le président et les vice-présidents de la Cour, ainsi que les présidents des sections. Lorsqu'un vice-président de la Cour ou le président

d'une section ne peut siéger à la Grande Chambre, il est remplacé par le vice-président de la section concernée.

b) Le juge élu au titre d'une Partie contractante concernée ou, le cas échéant, le juge désigné en vertu des articles 29 ou 30 du présent règlement est membre de droit de la Grande Chambre, conformément à l'article 26 §§ 4 et 5 de la Convention.

c) Dans les affaires qui lui sont déférées en vertu de l'article 30 de la Convention, la Grande Chambre comprend également les membres de la chambre s'étant dessaisie.

d) Dans les affaires qui lui sont déférées en vertu de l'article 43 de la Convention, la Grande Chambre ne comprend aucun juge ayant siégé dans la chambre qui a rendu l'arrêt concernant l'affaire ainsi renvoyée, à l'exception du président de cette chambre et du juge ayant siégé au titre de l'État partie intéressé, ni aucun juge ayant siégé dans la chambre ou les chambres s'étant prononcées sur la recevabilité de la requête.

e) Les juges et juges suppléants appelés à compléter la Grande Chambre chaque fois qu'une affaire lui est déférée sont désignés parmi les juges restants au moyen d'un tirage au sort effectué par le président de la Cour en présence du greffier. Les modalités du tirage au sort sont fixées par la Cour plénière, qui veille à ce que soit assurée une composition géographiquement équilibrée et reflétant la diversité des systèmes juridiques existant dans les Parties contractantes.

f) Pour l'examen d'une demande soumise au titre de l'article 46 § 4 de la Convention, la Grande Chambre comprend, outre les juges visés aux paragraphes 2 a) et b) du présent article, les membres du comité ou de la chambre ayant rendu l'arrêt en cause. Si celui-ci a été rendu par une Grande Chambre, elle est composée des mêmes juges que cette dernière. Dans tous les cas, y compris ceux où il n'est pas possible de réunir la Grande Chambre initiale, les juges et juges suppléants appelés à compléter la Grande Chambre sont désignés conformément au paragraphe 2 e) du présent article.

g) Lorsqu'elle examine une demande d'avis consultatif au titre de l'article 47 de la Convention, la Grande Chambre est constituée conformément aux dispositions des paragraphes 2 a) et e) du présent article.

h) Lorsqu'elle examine une demande d'avis consultatif soumise en vertu du Protocole n° 16 à la Convention, la Grande Chambre est constituée conformément aux dispositions des paragraphes 2 a), b) et e) du présent article.

3. Si des juges ne peuvent siéger, ils sont remplacés par les juges suppléants suivant l'ordre de désignation prévu au paragraphe 2 e) du présent article.

4. Les juges et juges suppléants désignés conformément aux dispositions précitées siègent jusqu'à l'achèvement de la procédure. Leur mandat expiré, ils continuent de participer à l'examen de l'affaire s'ils en ont déjà connu au fond. Ces dispositions s'appliquent également à la procédure relative aux avis consultatifs.

5. a) Le collège de cinq juges de la Grande Chambre appelé à examiner une demande de renvoi présentée en vertu de l'article 43 de la Convention se compose :

• du président de la Cour ; si le président de la Cour se trouve empêché, il est remplacé par le vice-président ayant la préséance ;

• de deux présidents de section désignés par rotation ; si un président de section ainsi désigné se trouve empêché, il est remplacé par le vice-président de sa section ;

• de deux juges désignés par rotation parmi les juges élus au sein des sections restantes pour siéger au collège pour une période de six mois ;

• d'au moins deux juges suppléants désignés par rotation parmi les juges élus au sein des sections pour siéger au collège pour une période de six mois.

b) Lorsqu'il examine une demande de renvoi, le collège ne comporte aucun juge ayant pris part à l'examen de la recevabilité ou du fond de l'affaire en question.

c) Un juge élu au titre d'une Partie contractante concernée par une demande de renvoi ou ressortissant d'une telle partie ne peut siéger au collège lorsque celui-ci examine la demande. De même, un juge élu désigné en vertu des articles 29 ou 30 du présent règlement ne peut participer à l'examen de la demande.

d) Si un membre du collège se trouve empêché pour l'un des motifs visés aux alinéas b) ou c), il est remplacé par un juge suppléant désigné par rotation parmi les juges élus au sein des sections pour siéger au collège pour une période de six mois.

e) Lorsqu'il est saisi d'une demande d'avis consultatif soumise en vertu de l'article 1er du Protocole n° 16 à la Convention, le collège est composé conformément aux dispositions de l'article 93 du présent règlement.

Art. 25 *Constitution des sections.* 1. Les chambres prévues à l'article 25 b) de la Convention (et dénommées "sections" dans le présent règlement) sont constituées par la Cour plénière, sur proposition du président, pour une période de trois ans à compter de l'élection des titulaires de fonctions présidentielles visés à l'article 8 du présent règlement. Il y a au moins quatre sections.

2. Chaque juge est membre d'une section. La composition des sections doit être équilibrée tant du point de vue géographique que du point de vue de la représentation des sexes et tenir compte des différents systèmes juridiques existant dans les Parties contractantes.

3. Lorsqu'un juge cesse de faire partie de la Cour avant l'échéance de la période pour laquelle la section a été constituée, son successeur à la Cour le remplace comme membre de la section.

4. Le président de la Cour peut exceptionnellement procéder à des modifications dans la composition des sections si les circonstances le requièrent.

5. Sur proposition du président, la Cour plénière peut constituer une section supplémentaire.

Art. 26 *Constitution des chambres.* 1. Les chambres de sept juges prévues à l'article 26 § 1 de la Convention pour examiner les affaires portées devant la Cour sont constituées comme suit à partir des sections.

a) Sous réserve du paragraphe 2 du présent article et de l'article 28 § 4, dernière phrase, du présent règlement, la chambre comprend pour chaque affaire le président de la section et le juge élu au titre de toute Partie contractante concernée. Si ce dernier n'est pas membre de la section à laquelle la requête a été attribuée conformément aux articles 51 ou 52 du présent règlement, il siège comme membre de droit de la chambre, conformément à l'article 26 § 4 de la Convention. L'article 29 du présent règlement s'applique si ledit juge ne peut siéger ou se déporte.

b) Les autres membres de la chambre sont désignés par le président de la section, par rotation, parmi les membres de la section.

c) Les membres de la section qui ne sont pas désignés de la sorte siègent dans l'affaire en qualité de suppléants.

2. Le juge élu au titre de toute Partie contractante concernée, ou, le cas échéant, le juge élu ou *ad hoc* désigné conformément aux articles 29 ou 30 du présent règlement, peut être dispensé par le président de la chambre d'assister aux réunions consacrées aux questions préparatoires ou procédurales. Aux fins de pareilles réunions, le premier juge suppléant siégera.

3. Même après la fin de son mandat, le juge continue de connaître des affaires pour lesquelles il a pris part à l'examen au fond.

Art. 27 *Comités.* 1. Des comités de trois juges appartenant à la même section sont constitués, en application de l'article 26 § 1 de la Convention. Après avoir consulté les présidents des sections, le président de la Cour décide du nombre de comités à créer.

2. Les comités sont constitués pour une période de douze mois, par rotation parmi les membres de chaque section autres que le président.

3. Les membres de la section, y compris le président de la section, qui ne sont pas membres d'un comité peuvent, s'il y a lieu, être appelés à siéger. Ils peuvent également remplacer des membres empêchés de siéger.

4. Le comité est présidé par le membre qui a la préséance au sein de la section.

Art. 27 A *Formation de juge unique.* 1. Des juges uniques sont institués en application de l'article 26 § 1er de la Convention. Après avoir consulté le bureau, le président de la Cour décide du nombre de juges uniques à créer et procède aux désignations requises au titre d'une ou plusieurs Parties contractantes.

2. Siègent également comme juges uniques :

a) les présidents de section lorsqu'ils exercent les compétences qui leur sont dévolues par l'article 54 §§ 2 b) et 3 du présent règlement ;

b) les vice-présidents de section désignés pour statuer sur les demandes de mesures provisoires conformément à l'article 39 § 4 du présent règlement.

3. Conformément à l'article 26 § 3 de la Convention, un juge ne peut statuer en qualité de juge unique sur une requête dirigée contre la Partie contractante au titre de

laquelle il a été élu. En outre, un juge ne peut statuer en qualité de juge unique sur une requête dirigée contre une Partie contractante dont il est ressortissant.

4. Les juges uniques sont désignés pour une période de douze mois. Ils continuent d'assumer leurs autres tâches au sein des sections dont ils sont membres conformément à l'article 25 § 2 du présent règlement.

5. En application de l'article 24 § 2 de la Convention, chaque juge unique, lorsqu'il statue, est assisté d'un rapporteur non judiciaire.

Art. 28 *Empêchement, déport ou dispense.* 1. Tout juge empêché de participer aux séances pour lesquelles il est convoqué en fait part, dans le plus bref délai, au président de la chambre.

2. Aucun juge ne peut participer à l'examen d'une affaire :

a) s'il a un intérêt personnel dans celle-ci, du fait par exemple d'un lien conjugal ou parental, d'un autre lien de proche parenté, d'un lien personnel ou professionnel étroit, ou d'un lien de subordination avec l'une quelconque des parties ;

b) s'il est antérieurement intervenu dans l'affaire, soit comme agent, conseil ou conseiller d'une partie ou d'une personne ayant un intérêt dans l'affaire, soit, au niveau national ou au niveau international, comme membre d'une autre juridiction ou commission d'enquête, ou à tout autre titre ;

c) s'il s'engage, alors qu'il est juge *ad hoc* ou ancien juge élu continuant à siéger au titre de l'article 26 § 3 du présent règlement, dans une activité politique ou administrative, ou dans une activité professionnelle incompatible avec son indépendance ou son impartialité ;

d) s'il a exprimé en public, par le truchement des médias, par écrit, par des actions publiques ou par tout autre moyen, des opinions qui sont objectivement de nature à nuire à son impartialité ;

e) si, pour quelque autre raison que ce soit, son indépendance ou son impartialité peuvent légitimement être mises en doute.

3. Si un juge se déporte pour l'une desdites raisons, il en informe le président de la chambre, qui le dispense de siéger.

4. Si le juge concerné ou le président de la chambre hésitent sur l'existence ou non de l'une des causes de déport énumérées au paragraphe 2 du présent article, la chambre décide. Elle entend le juge concerné, puis délibère et vote hors sa présence. Aux fins des délibérations et vote en question, l'intéressé est remplacé par le premier juge suppléant de la chambre. Il en va de même s'il siège au titre d'une Partie contractante concernée conformément aux articles 29 et 30 du présent règlement.

5. Les dispositions ci-dessus s'appliquent également aux juges appelés à siéger comme juges uniques ou dans un comité, étant entendu que la notification visée aux paragraphes 1 et 3 est adressée au président de la section.

Art. 29 *Juges ad hoc.* 1. a) Si le juge élu au titre d'une Partie contractante concernée se trouve empêché de siéger dans une chambre, se déporte ou est dispensé, ou si pareil juge fait défaut, le président de la chambre désigne un juge *ad hoc* pouvant participer à l'examen de l'affaire conformément à l'article 28 du présent règlement à partir d'une liste préalablement soumise par la Partie contractante et contenant les noms de trois à cinq personnes remplissant les critères fixés au paragraphe 1 c) du présent article et désignées par elle comme pouvant servir en qualité de juge ad hoc pour une période renouvelable de quatre ans.

La liste, où les deux sexes doivent figurer, doit être accompagnée d'une notice biographique des personnes qui la composent. Celles-ci ne peuvent représenter, à quelque titre que ce soit, une partie ou un tiers intervenant devant la Cour.

b) La procédure décrite au paragraphe 1 a) du présent article s'applique si la personne ainsi désignée se trouve empêchée ou se déporte.

c) Un juge *ad hoc* doit posséder les qualifications requises par l'article 21 § 1 de la Convention et être à même de satisfaire aux exigences de disponibilité et de présence énoncées au paragraphe 5 du présent article. Pendant la durée de son mandat, un juge *ad hoc* ne peut représenter, à quelque titre que ce soit, une partie ou un tiers intervenant devant la Cour.

2. Le président de la chambre désigne un autre juge élu pour siéger en qualité de juge *ad hoc* lorsque :

a) au moment de la communication de la requête au titre de l'article 54 § 2 b) du règlement, la Partie contractante concernée n'avait pas fourni au greffier la liste visée au paragraphe 1 a) du présent article, ou

b) il estime que moins de trois des personnes indiquées dans la liste répondent aux conditions fixées au paragraphe 1 c) du présent article.

3. Le président de la chambre peut décider de ne désigner un juge ad hoc conformément au paragraphe 1 a) ou 2 du présent article qu'au moment où connaissance de la requête sera donnée à la Partie contractante en vertu de l'article 54 § 2 b) du présent règlement. Dans l'attente de la décision du président de la chambre, c'est le premier juge suppléant qui siège.

4. Au début de la première séance consacrée à l'examen de l'affaire après sa désignation, le juge *ad hoc* prête le serment ou fait la déclaration solennelle prévus à l'article 3 du présent règlement. Il en est dressé procès-verbal.

5. Les juges *ad hoc* doivent se tenir à la disposition de la Cour et, sous réserve de l'article 26 § 2 du présent règlement, assister aux réunions de la chambre.

6. Les dispositions du présent article s'appliquent mutatis mutandis à la procédure suivie devant un collège de la Grande Chambre relativement à une demande d'avis consultatif soumise en vertu de l'article 1 du Protocole n° 16 à la Convention et à la procédure suivie devant la Grande Chambre constituée pour examiner les demandes acceptées par le collège.

Art. 30 *Communauté d'intérêt.* 1. Si deux ou plusieurs Parties contractantes requérantes ou défenderesses ont un intérêt commun, le président de la chambre peut les inviter à s'entendre pour ne désigner, en qualité de juge de la communauté d'intérêt, qu'un seul des juges élus à leur titre, qui sera appelé à siéger de droit ; à défaut d'accord, il tire au sort parmi les juges proposés celui qui siégera en qualité de juge de la communauté d'intérêt.

2. Le président de la chambre peut décider de n'inviter les Parties contractantes concernées à procéder à la désignation visée au paragraphe 1 du présent article qu'une fois la requête portée à la connaissance des Parties contractantes défenderesses conformément à l'article 54 § 2 du présent règlement.

3. En cas de contestation sur l'existence d'une communauté d'intérêt ou sur toute autre question connexe, la chambre décide, au besoin après avoir recueilli les observations écrites des Parties contractantes concernées.

TITRE II. PROCÉDURE

CHAPITRE Ier. *RÈGLES GÉNÉRALES*

Art. 31 *Possibilité de dérogations particulières.* Les dispositions du présent titre ne font pas obstacle à ce que la Cour y déroge pour l'examen d'une affaire particulière après avoir consulté les parties en tant que de besoin.

Art. 32 *Instructions pratiques.* Le président de la Cour peut édicter des instructions pratiques, notamment en rapport avec des questions telles que la comparution aux audiences et le dépôt d'observations écrites ou d'autres documents.

Art. 33 *Publicité des documents.* 1. Tous les documents déposés au greffe par les parties ou par des tiers intervenants en rapport avec une requête, à l'exception de ceux soumis dans le cadre de négociations menées en vue de parvenir à un règlement amiable comme le prévoit l'article 62 du présent règlement, sont accessibles au public, selon les modalités pratiques édictées par le greffier, à moins que le président de la chambre n'en décide autrement pour les raisons indiquées au paragraphe 2 du présent article, soit d'office, soit à la demande d'une partie ou de toute autre personne intéressée.

2. L'accès du public à un document ou à une partie d'un document peut être restreint dans l'intérêt de la moralité, de l'ordre public ou de la sécurité nationale dans une société démocratique lorsque les intérêts des mineurs ou la protection de la vie privée des parties ou de toute personne concernée l'exigent, ou, dans la mesure jugée strictement nécessaire par le président de la chambre, lorsque, dans des circonstances spéciales, la publicité serait de nature à porter atteinte aux intérêts de la justice.

3. Toute demande de confidentialité formulée au titre du paragraphe 1er du présent article doit être motivée et préciser si elle vise tous les documents ou seulement une partie d'entre eux.

Art. 34 *Emploi des langues.* 1. Les langues officielles de la Cour sont le français et l'anglais.

2. Lorsqu'une requête est introduite au titre de l'article 34 de la Convention, toutes communications avec le requérant ou son représentant et toutes observations orales ou écrites soumises par le requérant ou son représentant, si elles ne se font pas ou ne sont pas rédigées dans l'une des langues officielles de la Cour, doivent se faire ou être rédigées dans l'une des langues officielles des Parties contractantes tant que la requête n'a pas été portée à la connaissance d'une Partie contractante en vertu du présent règlement. Si une Partie contractante est informée d'une requête ou si une requête est portée à sa connaissance en vertu du présent règlement, la requête et ses annexes doivent lui être communiquées dans la langue dans laquelle le requérant les a déposées au greffe.

3. a) Toutes communications avec le requérant ou son représentant et toutes observations orales ou écrites soumises par le requérant ou son représentant et se rapportant à une audience, ou intervenant après que la requête a été portée à la connaissance d'une Partie contractante, doivent se faire ou être rédigées dans l'une des langues officielles de la Cour, sauf si le président de la chambre donne l'autorisation de continuer à employer la langue officielle d'une Partie contractante.

b) Si pareille autorisation est accordée, le greffier prend les dispositions nécessaires en vue de l'interprétation ou de la traduction, intégrale ou partielle, en français ou en anglais des observations orales ou écrites du requérant lorsque le président de la chambre juge pareille mesure dans l'intérêt de la bonne conduite de la procédure.

c) Exceptionnellement, le président de la chambre peut subordonner l'octroi de l'autorisation à la condition que le requérant supporte tout ou partie des frais ainsi occasionnés.

d) Sauf décision contraire du président de la chambre, toute décision prise en vertu des dispositions ci-dessus du présent paragraphe demeure applicable à toutes les phases ultérieures de la procédure, y compris à celles entraînées par l'introduction d'une demande de renvoi de l'affaire à la Grande Chambre ou d'une demande en interprétation ou en révision de l'arrêt au sens respectivement des articles 73, 79 et 80 du présent règlement.

4. a) Toutes communications avec une Partie contractante qui est partie au litige et toutes observations orales ou écrites émanant d'une telle partie doivent se faire ou être rédigées dans l'une des langues officielles de la Cour. Le président de la chambre peut autoriser la Partie contractante concernée à employer sa langue officielle ou l'une de ses langues officielles pour ses observations, orales ou écrites.

b) Si pareille autorisation est accordée, la partie qui l'a sollicitée doit

i. déposer une traduction française ou anglaise de ses observations écrites dans un délai qu'il appartient au président de la chambre de fixer, le greffier conservant la possibilité de prendre les dispositions nécessaires pour faire traduire le document aux frais de la Partie demanderesse si cette dernière n'a pas fourni la traduction dans le délai imparti ;

ii. assumer les frais afférents à l'interprétation en français ou en anglais de ses observations orales, le greffier se chargeant de prendre les dispositions nécessaires pour assurer cette interprétation.

c) Le président de la chambre peut enjoindre à une Partie contractante qui est partie au litige de fournir dans un délai déterminé une traduction ou un résumé en français ou en anglais de l'ensemble ou de certaines des annexes à ses observations écrites ou de toute autre pièce pertinente, ou d'extraits de ces documents.

d) Les alinéas ci-dessus du présent paragraphe s'appliquent aussi, *mutatis mutandis*, aux tierces interventions au titre de l'article 44 du présent règlement et à l'emploi d'une langue non officielle par un tiers intervenant.

5. Le président de la chambre peut inviter la Partie contractante défenderesse à fournir une traduction de ses observations écrites dans sa langue officielle ou dans une de ses langues officielles, afin d'en faciliter la compréhension par le requérant.

6. Tout témoin, expert ou autre personne comparaissant devant la Cour peut employer sa propre langue s'il n'a une connaissance suffisante d'aucune des deux langues officielles. Dans ce cas, le greffier prend les dispositions nécessaires en vue de l'interprétation et de la traduction.

7. La demande d'avis consultatif soumise à la Cour par une juridiction en vertu de l'article 1er du Protocole n° 16 à la Convention, et dans le respect des conditions décri-

tes à l'article 92 du présent règlement, peut être formulée dans la langue nationale officielle employée dans la procédure interne. Si la langue en question n'est pas l'une des langues officielles de la Cour, une traduction en anglais ou en français de la demande doit être déposée dans un délai qu'il appartient au président de la Cour de fixer.

Art. 35 *Représentation des Parties contractantes.* Les Parties contractantes sont représentées par des agents, qui peuvent se faire assister par des conseils ou conseillers.

Art. 36 *Représentation des requérants.* 1. Les personnes physiques, organisations non gouvernementales et groupes de particuliers visés à l'article 34 de la Convention peuvent initialement soumettre des requêtes en agissant soit par eux-mêmes, soit par l'intermédiaire d'un représentant.

2. Une fois la requête notifiée à la Partie contractante défenderesse comme prévu à l'article 54 § 2 b) du présent règlement, le requérant doit être représenté conformément au paragraphe 4 du présent article, sauf décision contraire du président de la chambre.

3. Le requérant doit être ainsi représenté à toute audience décidée par la chambre, sauf si le président de la chambre autorise exceptionnellement le requérant à présenter sa cause lui-même, sous réserve, au besoin, qu'il soit assisté par un conseil ou par un autre représentant agréé.

4. a) Le représentant agissant pour le compte du requérant en vertu des paragraphes 2 et 3 du présent article doit être un conseil habilité à exercer dans l'une quelconque des Parties contractantes et résidant sur le territoire de l'une d'elles, ou une autre personne agréée par le président de la chambre.

b) Dans des circonstances exceptionnelles et à tout moment de la procédure, le président de la chambre peut, lorsqu'il considère que les circonstances ou la conduite du conseil ou de l'autre personne désignés conformément à l'alinéa précédent le justifient, décider que ce conseil ou cette personne ne peut plus représenter ou assister le requérant et que celui-ci doit chercher un autre représentant.

5. a) Le conseil ou l'autre représentant agréé du requérant, ou ce dernier s'il demande à pouvoir assumer lui-même la défense de ses intérêts, doivent, même s'ils obtiennent l'autorisation visée à l'alinéa b) ci-dessous, avoir une compréhension suffisante de l'une des langues officielles de la Cour.

b) S'ils n'ont pas une aisance suffisante pour s'exprimer dans l'une des langues officielles de la Cour, le président de la chambre peut, en vertu de l'article 34, § 3, du présent règlement, leur accorder l'autorisation d'employer l'une des langues officielles des Parties contractantes.

Art. 37 *Communications, notifications et citations.* 1. Les communications et notifications adressées aux agents ou conseils des parties sont réputées adressées aux parties.

2. Si, pour une communication, notification ou citation destinée à des personnes autres que les agents ou conseils des parties, la Cour estime requis le concours du Gouvernement de l'État sur le territoire duquel la communication, notification ou citation doit produire effet, le président de la Cour s'adresse directement à ce Gouvernement pour obtenir les facilités nécessaires.

Art. 38 *Observations écrites.* 1. Il ne peut être déposé d'observations écrites ou d'autres documents que dans le délai fixé par le président de la chambre ou par le juge rapporteur, selon le cas, conformément au présent règlement. Les observations écrites ou autres documents déposés en dehors de ce délai ou en méconnaissance d'une instruction pratique édictée au titre de l'article 32 du présent règlement ne peuvent être versés au dossier, sauf décision contraire du président de la chambre.

2. C'est la date certifiée de l'envoi du document ou, à défaut, la date de réception au greffe qui est prise en compte pour le calcul du délai visé au paragraphe 1 du présent article.

Art. 38 A *Examen des questions de procédure.* Les questions de procédure nécessitant une décision de la chambre sont traitées au moment de l'examen de l'affaire, sauf décision contraire du président de la chambre.

Art. 39 *Mesures provisoires.* 1. La chambre ou, le cas échéant, le président de la section ou un juge de permanence désigné conformément au paragraphe 4 du présent article peuvent, soit à la demande d'une partie ou de toute autre personne intéressée, soit d'office, indiquer aux parties toute mesure provisoire qu'ils estiment devoir être adoptée dans l'intérêt des parties ou du bon déroulement de la procédure.

2. Le cas échéant, le Comité des Ministres est immédiatement informé des mesures adoptées dans une affaire.

3. La chambre ou, le cas échéant, le président de la section ou un juge de permanence désigné conformément au paragraphe 4 du présent article peuvent inviter les parties à leur fournir des informations sur toute question relative à la mise en œuvre des mesures provisoires indiquées.

4. Le président de la Cour peut désigner des vice-présidents de section comme juges de permanence pour statuer sur les demandes de mesures provisoires.

Art. 40 *Communication en urgence d'une requête.* En cas d'urgence, toutes autres mesures de procédure étant réservées, le greffier peut, avec l'autorisation du président de la chambre et par tout moyen disponible, informer une Partie contractante concernée de l'introduction d'une requête et de l'objet sommaire de celle-ci.

Art. 41 *Ordre de traitement des requêtes.* Pour déterminer l'ordre dans lequel les affaires doivent être traitées, la Cour tient compte de l'importance et de l'urgence des questions soulevées, sur la base de critères définis par elle. La chambre et son président peuvent toutefois déroger à ces critères et réserver un traitement prioritaire à une requête particulière.

Art. 42 ***(ancien art. 43)*** *Jonction et examen simultané de requêtes.* 1. La chambre peut, à la demande des parties ou d'office, ordonner la jonction de deux ou plusieurs requêtes.

2. Le président de la chambre peut, après avoir consulté les parties, ordonner qu'il soit procédé simultanément à l'instruction de requêtes attribuées à la même chambre, sans préjuger la décision de la chambre sur la jonction des requêtes.

Art. 43 ***(ancien art. 44)*** *Radiation du rôle et réinscription au rôle.* 1. A tout moment de la procédure, la Cour peut décider de rayer une requête du rôle dans les conditions de l'article 37 de la Convention.

2. Lorsqu'une Partie contractante requérante fait connaître au greffier son intention de se désister, la chambre peut rayer la requête du rôle de la Cour conformément à l'article 37 de la Convention si l'autre Partie contractante ou les autres Parties contractantes concernées par l'affaire acceptent le désistement.

3. En cas de règlement amiable au sens de l'article 39 de la Convention, la Cour raye la requête du rôle par la voie d'une décision. Conformément à l'article 39, § 4, de la Convention, cette décision est transmise au Comité des Ministres, qui surveille l'exécution des termes du règlement amiable tels qu'ils figurent dans la décision. Dans les autres cas prévus par l'article 37 de la Convention, la requête est rayée du rôle par la voie d'un arrêt si elle a été déclarée recevable, ou par la voie d'une décision si elle n'a pas été déclarée recevable. Dans le cas où la requête est rayée du rôle par la voie d'un arrêt, une fois celui-ci devenu définitif le président de la chambre le communique au Comité des Ministres pour lui permettre de surveiller, conformément à l'article 46, § 2, de la Convention, l'exécution des engagements auxquels ont pu être subordonnés le désistement ou la solution du litige.

4. Lorsqu'une requête a été rayée du rôle en vertu de l'article 37 de la Convention, les dépens sont laissés à l'appréciation de la Cour. S'ils sont alloués par une décision rayant du rôle une requête qui n'a pas été déclarée recevable, le président de la chambre transmet la décision au Comité des Ministres.

5. Lorsqu'une requête a été rayée du rôle en vertu de l'article 37 de la Convention, la Cour peut décider sa réinscription au rôle si elle estime que des circonstances exceptionnelles le justifient.

Art. 44 *Tierce intervention.* 1. a) Lorsqu'une requête introduite en vertu de l'article 33 ou de l'article 34 de la Convention est portée à la connaissance de la Partie contractante défenderesse en vertu de l'article 51 § 1er ou de l'article 54 § 2 b) du présent règlement, le greffier communique en même temps une copie de la requête à toute autre Partie contractante dont un ressortissant est requérant dans la cause. Il notifie aussi, le cas échéant, à pareille Partie contractante la décision de tenir une audience dans la cause.

b) Si une Partie contractante souhaite exercer le droit que lui reconnaît l'article 36 § 1er de la Convention de présenter des observations écrites ou de prendre part à une audience, elle doit en aviser le greffier par écrit au plus tard douze semaines après la communication ou la notification visées à l'alinéa qui précède. Le président de la chambre peut, à titre exceptionnel, fixer un autre délai.

2. Si le Commissaire aux droits de l'homme du Conseil de l'Europe souhaite exercer le droit que lui reconnaît l'article 36 § 3 de la Convention de présenter des observations écrites ou de prendre part à une audience, il doit en aviser le greffier par écrit au plus tard douze semaines après la communication de la requête à la Partie contractante défenderesse ou de la notification à celle-ci de la décision de tenir une audience. Le président de la chambre peut, à titre exceptionnel, fixer un autre délai.

Pour le cas où le Commissaire aux droits de l'homme ne pourrait pas participer lui-même à la procédure devant la Cour, il indiquera le nom du ou des membres de son bureau qu'il aura désignés pour le représenter. Il pourra se faire assister par un conseil.

3. a) Une fois la requête portée à la connaissance de la Partie contractante défenderesse en vertu des articles 51 § 1er ou 54 § 2 b) du présent règlement, le président de la chambre peut, dans l'intérêt d'une bonne administration de la justice, comme le prévoit l'article 36 § 2 de la Convention, inviter ou autoriser toute Partie contractante non partie à la procédure, ou toute personne intéressée autre que le requérant, à soumettre des observations écrites ou, dans des circonstances exceptionnelles, à prendre part à l'audience.

b) Les demandes d'autorisation à cette fin doivent être dûment motivées et soumises par écrit dans l'une des langues officielles, comme l'exige l'article 34 § 4 du présent règlement, au plus tard douze semaines après que la requête a été portée à la connaissance de la Partie contractante défenderesse. Le président de la chambre peut, à titre exceptionnel, fixer un autre délai.

4. a) Dans les affaires qui doivent être examinées par la Grande Chambre, les délais prescrits aux paragraphes précédents courent à compter de la notification aux parties de la décision adoptée par la chambre en vertu de l'article 72 § 1er du présent règlement de se dessaisir en faveur de la Grande Chambre, ou de la décision adoptée par le collège de la Grande Chambre en vertu de l'article 73 § 2 du présent règlement d'accueillir la demande de renvoi devant la Grande Chambre soumise par une partie.

b) Les délais fixés au présent article peuvent exceptionnellement être prorogés par le président de la chambre si des arguments suffisants sont avancés pour justifier pareille mesure.

5. L'invitation ou l'autorisation mentionnées au paragraphe 3 a) du présent article sont assorties de conditions, y compris de délai, fixées par le président de la chambre. En cas de non-respect de ces conditions, le président peut décider de ne pas verser les observations au dossier ou de limiter la participation à l'audience dans la mesure qu'il juge appropriée.

6. Les observations écrites soumises au titre du présent article doivent être rédigées dans l'une des langues officielles, comme le prévoit l'article 34 § 4 du présent règlement. Le greffier les transmet aux parties, qui, sous réserve des conditions, y compris de délai, fixées par le président de la chambre, sont autorisées à y répondre par écrit ou, le cas échéant, à l'audience.

7. Les dispositions du présent article s'appliquent *mutatis mutandis* à la procédure suivie lorsqu'il s'agit pour la Grande Chambre de rendre un avis consultatif au titre de l'article 2 du Protocole n° 16 à la Convention. Le président de la Grande Chambre fixe les délais impartis aux tiers intervenants.

Art. 44 A *Obligation de coopérer avec la Cour.* Les parties ont l'obligation de coopérer pleinement à la conduite de la procédure et, en particulier, de prendre les dispositions en leur pouvoir que la Cour juge nécessaires à la bonne administration de la justice. Cette obligation s'applique également, le cas échéant, aux Parties contractantes qui ne sont pas parties à la procédure.

Art. 44 B *Non-respect d'une ordonnance de la Cour.* Lorsqu'une partie ne se conforme pas à une ordonnance de la Cour relative à la conduite de la procédure, le président de la chambre peut prendre toute mesure qu'il juge appropriée.

Art. 44 C *Défaut de participation effective.* 1. Lorsqu'une partie reste en défaut de produire les preuves ou informations requises par la Cour ou de divulguer de son propre chef des informations pertinentes, ou lorsqu'elle témoigne autrement d'un manque de participation effective à la procédure, la Cour peut tirer de son comportement les conclusions qu'elle juge appropriées.

2. L'abstention ou le refus par une Partie contractante défenderesse de participer effectivement à la procédure ne constitue pas en soi pour la chambre une raison d'interrompre l'examen de la requête.

Art. 44 D *Observations hors de propos formulées par une partie.* Si le représentant d'une partie formule des observations abusives, frivoles, vexatoires, trompeuses ou prolixes, le président de la chambre peut l'exclure de la procédure, refuser d'admettre tout ou partie des observations en cause ou rendre toute ordonnance qu'il juge appropriée, sans préjudice de l'article 35, § 3, de la Convention.

Art. 44 E *Non-maintien d'une requête.* Comme le prévoit l'article 37 § 1 a) de la Convention, si une Partie contractante requérante ou un individu requérant n'entend plus maintenir sa requête, la chambre peut rayer celle-ci du rôle de la Cour, conformément à l'article 43 du présent règlement.

CHAPITRE II. *DE L'INTRODUCTION DE L'INSTANCE*

Art. 45 *Signatures.* 1. Toute requête formulée en vertu des articles 33 ou 34 de la Convention doit être présentée par écrit et signée par le requérant ou son représentant.

2. Lorsque la requête est présentée par une organisation non gouvernementale ou par un groupe de particuliers, elle est signée par les personnes habilitées à représenter l'organisation ou le groupe. La chambre ou le comité concernés décident de toute question relative au point de savoir si les personnes qui ont signé une requête avaient compétence pour le faire.

3. Lorsqu'un requérant est représenté conformément à l'article 36 du présent règlement, son ou ses représentants doivent produire une procuration ou un pouvoir écrit.

Art. 46 *Contenu d'une requête étatique.* La ou les Parties contractantes qui désirent introduire une requête devant la Cour en vertu de l'article 33 de la Convention en déposent le texte au greffe en donnant :

a) le nom de la Partie contractante contre laquelle la requête est dirigée ;

b) un exposé des faits ;

c) un exposé de la ou des violations alléguées de la Convention et des arguments pertinents ;

d) un exposé sur l'observation des critères de recevabilité (épuisement des recours internes et observation du délai de six mois) énoncés à l'article 35 § 1 de la Convention ;

e) l'objet de la requête et les grandes lignes de la ou des demandes de satisfaction équitable éventuellement formulées au titre de l'article 41 de la Convention pour le compte de la ou des parties censément lésées ;

f) les nom et adresse de la ou des personnes désignées comme agents ;

et en l'assortissant :

g) des copies de tous documents pertinents et en particulier des décisions, judiciaires ou autres, concernant l'objet de la requête.

Art. 47 1. Toute requête déposée en vertu de l'article 34 de la Convention est présentée sur le formulaire fourni par le greffe, sauf si la Cour en décide autrement. Elle doit contenir tous les renseignements demandés dans les parties pertinentes du formulaire de requête et indiquer :

a) les nom, date de naissance, nationalité et adresse du requérant et, lorsque le requérant est une personne morale, les nom complet, date de constitution ou d'enregistrement, numéro officiel d'enregistrement (le cas échéant) et adresse officielle de celle-ci ;

b) s'il y a lieu, les nom, adresse, numéros de téléphone et de télécopie et adresse électronique de son représentant ;

c) si le requérant a un représentant, la date et la signature originale du requérant dans l'encadré du formulaire de requête réservé au pouvoir ; la signature originale du représentant montrant qu'il a accepté d'agir au nom du requérant doit aussi figurer dans cet encadré ;

d) la ou les Parties contractantes contre lesquelles la requête est dirigée ;

e) un exposé concis et lisible des faits ;

f) un exposé concis et lisible de la ou des violations alléguées de la Convention et des arguments pertinents ; et

g) un exposé concis et lisible confirmant le respect par le requérant des critères de recevabilité énoncés à l'article 35 § 1 de la Convention.

2. a) Toutes les informations visées aux alinéas e) à g) du paragraphe 1 ci-dessus doivent être exposées dans la partie pertinente du formulaire de requête et être suffisantes pour permettre à la Cour de déterminer, sans avoir à consulter d'autres documents, la nature et l'objet de la requête.

b) Le requérant peut toutefois compléter ces informations en joignant au formulaire de requête un document d'une longueur maximale de 20 pages exposant en détail les faits, les violations alléguées de la Convention et les arguments pertinents.

3.1. Le formulaire de requête doit être signé par le requérant ou son représentant et être assorti :

a) des copies des documents afférents aux décisions ou mesures dénoncées, qu'elles soient de nature judiciaire ou autre ;

b) des copies des documents et décisions montrant que le requérant a épuisé les voies de recours internes et observé le délai exigé à l'article 35 § 1 de la Convention ;

c) le cas échéant, des copies des documents relatifs à toute autre procédure internationale d'enquête ou de règlement ;

d) si le requérant est une personne morale, comme le paragraphe 1 a) du présent article le prévoit, du (des) document(s) montrant que l'individu qui introduit la requête a qualité pour représenter le requérant ou détient un pouvoir à cet effet.

3.2. Les documents soumis à l'appui de la requête doivent figurer sur une liste par ordre chronologique, porter des numéros qui se suivent et être clairement identifiés.

4. Le requérant qui ne désire pas que son identité soit révélée doit le préciser et fournir un exposé des raisons justifiant une dérogation à la règle normale de publicité de la procédure devant la Cour. Cette dernière peut autoriser l'anonymat ou décider de l'accorder d'office.

5.1. En cas de non-respect des obligations énumérées aux paragraphes 1 à 3 du présent article, la requête ne sera pas examinée par la Cour, sauf si :

a) le requérant a fourni une explication satisfaisante pour le non-respect en question ;

b) la requête concerne une demande de mesure provisoire ;

c) la Cour en décide autrement, d'office ou à la demande d'un requérant.

5.2. La Cour pourra toujours demander à un requérant de soumettre dans un délai déterminé toute information ou tout document utiles sous la forme ou de la manière jugées appropriées.

6. a) Aux fins de l'article 35 § 1 de la Convention, la requête est réputée introduite à la date à laquelle un formulaire de requête satisfaisant aux exigences posées par le présent article est envoyé à la Cour, le cachet de la poste faisant foi.

b) Si elle l'estime justifié, la Cour peut toutefois décider de retenir une autre date.

7. Le requérant doit informer la Cour de tout changement d'adresse et de tout fait pertinent pour l'examen de sa requête.

CHAPITRE III. *DES JUGES RAPPORTEURS*

Art. 48 *Requêtes étatiques.* 1. Lorsque la Cour est saisie en vertu de l'article 33 de la Convention, la chambre constituée pour examiner l'affaire nomme juge(s) rapporteur(s) un ou plusieurs de ses membres qu'elle charge de soumettre un rapport sur la recevabilité, après réception des observations des Parties contractantes concernées.

2. Le ou les juges rapporteurs soumettent à la chambre les rapports, projets de textes et autres documents susceptibles d'aider celle-ci et son président à s'acquitter de leurs fonctions.

Art. 49 *Requêtes individuelles.* 1. Lorsque les éléments produits par le requérant suffisent par eux-mêmes à révéler que la requête est irrecevable ou devrait être rayée du rôle, celle-ci est examinée par un juge unique, sauf raison spéciale de procéder autrement.

2. Lorsque la Cour est saisie en vertu de l'article 34 de la Convention et que la requête semble justifier un examen par une chambre ou par un comité exerçant ses fonctions conformément à l'article 53 § 2 du présent règlement, le président de la section à laquelle l'affaire est attribuée désigne le juge qui examinera la requête en qualité de juge rapporteur.

3. Au cours de son examen, le juge rapporteur :
a) peut demander aux parties de soumettre, dans un délai donné, tous renseignements relatifs aux faits, tous documents ou tous autres éléments qu'il juge pertinents ;
b) décide du point de savoir si la requête doit être examinée par un juge unique, par un comité ou par une chambre, sachant que le président de la section peut ordonner que l'affaire soit soumise à une chambre ou à un comité.
c) soumet les rapports, projets de textes et autres documents pouvant aider la chambre, le comité ou leurs présidents respectifs à s'acquitter de leurs fonctions.

Art. 50 *Procédure devant la Grande Chambre.* Lorsqu'une affaire a été déférée à la Grande Chambre en vertu de l'article 30 ou de l'article 43 de la Convention, le président de la Grande Chambre désigne comme juge(s) rapporteur(s) un ou – dans le cas d'une requête étatique – plusieurs de ses membres.

CHAPITRE IV. *DE LA PROCÉDURE D'EXAMEN DE LA RECEVABILITÉ*

Requêtes étatiques

Art. 51 *Attribution des requêtes et procédure subséquente.* 1. Lorsqu'une requête est introduite en vertu de l'article 33 de la Convention, le président de la Cour la porte immédiatement à la connaissance de la Partie contractante défenderesse et l'attribue à l'une des sections.

2. Conformément à l'article 26 § 1 a) du présent règlement, les juges élus au titre des Parties contractantes requérantes et défenderesses sont membres de droit de la chambre constituée pour examiner l'affaire. L'article 30 du présent règlement s'applique si la requête a été introduite par plusieurs Parties contractantes ou si des requêtes ayant le même objet et introduites par plusieurs Parties contractantes sont examinées conjointement en application de l'article 42 du présent règlement.

3. Une fois l'affaire attribuée à une section, le président de la section constitue la chambre conformément à l'article 26 § 1 du présent règlement et invite la Partie contractante défenderesse à présenter par écrit ses observations sur la recevabilité de la requête. Le greffier communique les observations ainsi obtenues à la Partie contractante requérante, qui peut soumettre par écrit des observations en réponse.

4. Avant l'intervention de la décision sur la recevabilité de la requête, la chambre ou son président peuvent décider d'inviter les parties à lui présenter des observations complémentaires par écrit.

5. Une audience sur la recevabilité est organisée si l'une ou plusieurs des Parties contractantes concernées en font la demande ou si la chambre en décide ainsi d'office.

6. Avant de fixer la procédure écrite et, le cas échéant, la procédure orale, le président de la chambre consulte les parties.

Requêtes individuelles

Art. 52 *Attribution d'une requête à une section.* 1. Le président de la Cour attribue à une section toute requête introduite en vertu de l'article 34 de la Convention, en veillant à une répartition équitable de la charge de travail entre les sections.

2. La chambre de sept juges prévue à l'article 26, § 1, de la Convention est constituée par le président de la section concernée, conformément à l'article 26, § 1, du présent règlement.

3. En attendant la constitution d'une chambre conformément au paragraphe 2 du présent article, le président de la section exerce les pouvoirs que le présent règlement confère au président de la chambre.

Art. 52 A *Procédure devant le juge unique.* 1. Conformément à l'article 27 de la Convention, un juge unique peut déclarer irrecevable une requête introduite en vertu de l'article 34 de la Convention ou la rayer du rôle lorsque pareille décision peut être prise sans autre examen. Cette décision est définitive. Elle est sommairement motivée. Elle est communiquée au requérant.

2. Si le juge unique n'adopte aucune des décisions visées au paragraphe 1 du présent article, il transmet la requête pour examen soit à un comité, soit à une chambre.

Art. 53 *Procédure devant un comité.* 1. Conformément à l'article 28 § 1er a) de la Convention, le comité peut, à l'unanimité et à tout stade de la procédure, déclarer une requête irrecevable ou la rayer du rôle de la Cour lorsque pareille décision peut être prise sans autre examen.

2. Si, à la lumière des observations des parties reçues conformément à l'article 54 § 2 b) du présent règlement, le comité estime que l'affaire doit être examinée selon la procédure prévue à l'article 28 § 1er b) de la Convention, il adopte, à l'unanimité, un arrêt incluant sa décision sur la recevabilité et, le cas échéant, sur la satisfaction équitable.

3. Si le juge élu au titre de la Partie contractante concernée n'est pas membre du comité, ce dernier peut, à l'unanimité et à tout stade de la procédure, décider de l'inviter à siéger en son sein en lieu et place de l'un de ses membres, en prenant en compte tous facteurs pertinents, y compris la question de savoir si la Partie contractante a contesté l'application de la procédure prévue à l'article 28 § 1er b) de la Convention.

4. Les décisions et les arrêts rendus au titre de l'article 28 § 1er de la Convention sont définitifs. Ils sont motivés. Les décisions peuvent ne contenir qu'une motivation sommaire lorsqu'elles ont été adoptées après avoir été transmises par un juge unique conformément à l'article 52A § 2 du présent règlement.

5. Le greffier communique la décision du comité au requérant ainsi qu'à la Partie ou aux Parties contractantes concernées lorsque celles-ci ont précédemment été informées de la requête en application du présent règlement.

6. Si le comité n'adopte ni décision ni arrêt, il transmet la requête à la chambre constituée conformément à l'article 52 § 2 du présent règlement pour connaître de l'affaire.

7. Les dispositions des articles 42 § 1er et 79 à 81 du présent règlement s'appliquent *mutatis mutandis* aux procédures suivies devant un comité.

Art. 54 *Procédure devant une chambre.* 1. La chambre peut sur-le-champ déclarer la requête irrecevable ou la rayer du rôle de la Cour. La décision de la chambre peut porter sur tout ou partie de la requête.

2. Sinon, la chambre ou le président de la section peuvent :

a) demander aux parties de soumettre tous renseignements relatifs aux faits, tous documents ou tous autres éléments jugés pertinents par la chambre ou son président ;

b) donner connaissance de la requête ou d'une partie de la requête à la Partie contractante défenderesse et inviter celle-ci à soumettre par écrit des observations à leur sujet et, à réception de ces dernières, inviter le requérant à y répondre ;

c) inviter les parties à soumettre par écrit des observations complémentaires.

3. Dans l'exercice des compétences qu'il tire du paragraphe 2 b) du présent article, le président de la section peut, en qualité de juge unique, déclarer sur-le-champ une partie de la requête irrecevable ou rayer une partie de la requête du rôle de la Cour. Pareille décision est définitive. Elle est assortie d'une motivation sommaire. Elle est communiquée au requérant ainsi qu'à la Partie ou aux Parties contractantes concernées au moyen d'une lettre exposant cette motivation.

4. Le paragraphe 2 du présent article s'applique également aux vice-présidents de section désignés comme juges de permanence en vertu de l'article 39 § 4 pour statuer sur les demandes de mesures provisoires. Une décision déclarant une requête irrecevable est assortie d'une motivation sommaire. Elle est communiquée au requérant au moyen d'une lettre exposant cette motivation.

5. Avant de statuer sur la recevabilité, la chambre peut décider, soit à la demande d'une partie, soit d'office, de tenir une audience si elle l'estime nécessaire à l'accomplissement de ses fonctions au titre de la Convention. En ce cas, les parties sont aussi invitées à se prononcer sur les questions de fond soulevées par la requête, sauf si la chambre en décide autrement à titre exceptionnel.

Art. 54 A *Examen conjoint de la recevabilité et du fond.* 1. Lorsqu'elle donne connaissance de la requête à la Partie contractante défenderesse en vertu de l'article 54 § 2 b) du présent règlement, la chambre décide, en principe, d'en examiner conjointement la recevabilité et le fond, comme le prévoit l'article 29 § 1 de la Convention. Les parties sont invitées à s'exprimer dans leurs observations sur la question de la satisfaction équitable et, le cas échéant, à y inclure leurs propositions en vue d'un règlement amiable. Les conditions fixées aux articles 60 et 62 du présent règlement s'appliquent *mutatis mutandis*. La Cour peut toutefois décider à tout moment, si nécessaire, de prendre une décision séparée sur la recevabilité.

2. Si les parties ne peuvent aboutir à un règlement amiable ou à une autre solution et que la chambre est convaincue, à la lumière de leurs arguments respectifs, que l'affaire est recevable et en état d'être jugée au fond, elle adopte immédiatement un arrêt comportant sa décision sur la recevabilité, sauf dans les cas où elle décide de prendre séparément une telle décision.

Requêtes étatiques et individuelles

Art. 55 *Exceptions d'irrecevabilité.* Si la Partie contractante défenderesse entend soulever une exception d'irrecevabilité, elle doit le faire, pour autant que la nature de l'exception et les circonstances le permettent, dans les observations écrites ou orales sur la recevabilité de la requête présentées par elle au titre, selon le cas, de l'article 51 ou de l'article 54 du présent règlement.

Art. 56 *Décision de la chambre.* 1. La décision de la chambre indique si elle a été prise à l'unanimité ou à la majorité ; elle est motivée.

2. La décision de la chambre est communiquée par le greffier au requérant. Si la Partie ou les Parties contractantes concernées et, le cas échéant, le ou les tiers intervenants, y compris le Commissaire aux droits de l'homme du Conseil de l'Europe, ont précédemment été informés de la requête en application du présent règlement, la décision doit également leur être communiquée. En cas de règlement amiable, la décision de rayer une requête du rôle est transmise au Comité des Ministres conformément à l'article 43 § 3 du présent règlement.

Art. 57 *Langue de la décision.* La Cour rend toutes ses décisions en français ou en anglais, sauf si elle décide de rendre une décision dans les deux langues officielles. Les décisions de la Grande Chambre sont toutefois rendues dans les deux langues officielles, les deux versions linguistiques faisant également foi.

CHAPITRE V. *DE LA PROCÉDURE POSTÉRIEURE À LA DÉCISION SUR LA RECEVABILITÉ*

Art. 58 *Requêtes étatiques.* 1. Lorsque la chambre a décidé de retenir une requête introduite en vertu de l'article 33 de la Convention, le président de la chambre, après consultation des Parties contractantes concernées, fixe les délais pour le dépôt des observations écrites sur le fond et pour la production de preuves supplémentaires éventuelles. Le président peut cependant, avec l'accord des Parties contractantes concernées, décider qu'il n'y a pas lieu à procédure écrite.

2. Une audience sur le fond est organisée si une ou plusieurs des Parties contractantes concernées en font la demande ou si la chambre en décide ainsi d'office. Le président de la chambre fixe la procédure orale.

Art. 59 *Requêtes individuelles.* 1. Une fois qu'une requête introduite en vertu de l'article 34 de la Convention a été déclarée recevable, la chambre ou son président peuvent inviter les parties à soumettre des éléments de preuve ou observations écrites complémentaires.

2. Sauf décision contraire, le délai fixé pour la présentation des observations est le même pour chacune des parties.

3. La chambre peut décider, soit à la demande d'une partie, soit d'office, de tenir une audience sur le fond si elle l'estime nécessaire à l'accomplissement de ses fonctions au titre de la Convention.

4. Le président de la chambre fixe, le cas échéant, la procédure écrite et orale.

Art. 60 *Demande de satisfaction équitable.* 1. Tout requérant qui souhaite que la Cour lui accorde une satisfaction équitable au titre de l'article 41 de la Convention en cas de constat d'une violation de ses droits découlant de celle-ci doit formuler une demande spécifique à cet effet.

2. Sauf décision contraire du président de la chambre, le requérant doit soumettre ses prétentions, chiffrées et ventilées par rubrique et accompagnées des justificatifs pertinents, dans le délai qui lui a été imparti pour la présentation de ses observations sur le fond.

3. Si le requérant ne respecte pas les exigences décrites dans les paragraphes qui précèdent, la chambre peut rejeter tout ou partie de ses prétentions.

4. Les prétentions du requérant sont transmises à la Partie contractante défenderesse pour observations.

Art. 61 *Procédure de l'arrêt pilote.* 1. La Cour peut décider d'appliquer la procédure de l'arrêt pilote et adopter un arrêt pilote lorsque les faits à l'origine d'une requête introduite devant elle révèlent l'existence, dans la Partie contractante concernée, d'un problème structurel ou systémique ou d'un autre dysfonctionnement similaire qui a donné lieu ou est susceptible de donner lieu à l'introduction d'autres requêtes analogues.

2. a) Avant de décider d'appliquer la procédure de l'arrêt pilote, la Cour doit inviter les parties à donner leur avis sur la question de savoir si la requête à examiner a pour origine pareil problème ou dysfonctionnement au sein de la Partie contractante concernée et si elle se prête à cette procédure.

b) La Cour peut décider d'appliquer la procédure de l'arrêt pilote d'office ou à la demande de l'une ou des deux parties.

c) Toute requête pour laquelle il a été décidé que la procédure de l'arrêt pilote serait appliquée doit se voir réserver un traitement prioritaire au sens de l'article 41 du règlement de la Cour.

3. La Cour doit indiquer dans l'arrêt pilote adopté par elle la nature du problème structurel ou systémique ou du dysfonctionnement qu'elle a constaté et le type de mesures *[mesure]* de redressement que la Partie contractante concernée doit prendre au niveau interne en application du dispositif de l'arrêt.

4. La Cour peut fixer, dans le dispositif de l'arrêt pilote adopté par elle, un délai déterminé pour l'adoption des mesures mentionnées au point 3 ci-dessus, en tenant compte de la nature des mesures requises et de la rapidité avec laquelle il peut être remédié, au niveau interne, au problème constaté par elle.

5. Lorsqu'elle adopte un arrêt pilote, la Cour peut réserver la question de la satisfaction équitable en tout ou partie dans l'attente de l'adoption par la Partie contractante défenderesse des mesures tant individuelles que générales indiquées dans l'arrêt.

6. a) Le cas échéant, la Cour peut ajourner l'examen de toutes les requêtes procédant du même motif dans l'attente de l'adoption des mesures de redressement indiquées dans le dispositif de l'arrêt pilote.

b) Les requérants concernés sont informés de la décision d'ajournement sous la forme qui convient. S'il y a lieu, tout élément nouveau intéressant leur affaire leur est notifié.

c) La Cour peut à tout moment examiner une requête ajournée si l'intérêt d'une bonne administration de la justice l'exige.

7. Lorsque les parties à une affaire pilote parviennent à un règlement amiable, celui-ci doit comporter une déclaration de la Partie contractante défenderesse concernant la mise en œuvre des mesures générales indiquées dans l'arrêt et des mesures de redressement devant être accordées aux autres requérants, déclarés ou potentiels.

8. Si la Partie contractante concernée ne se conforme pas au dispositif de l'arrêt pilote, la Cour, sauf décision contraire, reprend l'examen des requêtes qui ont été ajournées en application du point 6 ci-dessus.

9. Le Comité des Ministres, l'Assemblée parlementaire du Conseil de l'Europe, le Secrétaire général du Conseil de l'Europe et le Commissaire aux droits de l'homme du Conseil de l'Europe sont systématiquement informés de l'adoption d'un arrêt pilote ou de tout autre arrêt où la Cour signale l'existence d'un problème structurel ou systémique au sein d'une Partie contractante.

10. La décision de traiter une requête suivant la procédure de l'arrêt pilote, l'adoption d'un arrêt pilote, son exécution et la clôture de la procédure donnent lieu à la publication d'informations sur le site internet de la Cour.

Art. 62 *Règlement amiable.* 1. La requête une fois retenue, le greffier, agissant sur les instructions de la chambre ou du président de celle-ci, entre en rapport avec les parties en vue de parvenir à un règlement amiable, conformément à l'article 39 § 1 de la Convention. La chambre prend toutes mesures appropriées pour faciliter la conclusion d'un tel règlement.

2. En vertu de l'article 39 § 2 de la Convention, les négociations menées en vue de parvenir à un règlement amiable sont confidentielles et sans préjudice des observations des parties dans la procédure contentieuse. Aucune communication écrite ou orale ni aucune offre ou concession intervenue dans le cadre desdites négociations ne peut être mentionnée ou invoquée dans la procédure contentieuse.

3. Si la chambre apprend par le greffier que les parties acceptent un règlement amiable, et après s'être assurée que ledit règlement s'inspire du respect des droits de

l'homme tels que les reconnaissent la Convention et ses Protocoles, elle raye l'affaire du rôle conformément à l'article 43, § 3, du présent règlement.

4. Les paragraphes 2 et 3 s'appliquent, *mutatis mutandis*, à la procédure prévue à l'article 54 A du présent règlement.

Art. 62 A *Déclaration unilatérale.* 1. a) Dans les cas où le requérant refuse les termes d'une proposition de règlement amiable faite en vertu de l'article 62 du présent règlement, la Partie contractante concernée peut saisir la Cour d'une demande de radiation du rôle sur le fondement de l'article 37 § 1 de la Convention.

b) Pareille demande est accompagnée d'une déclaration reconnaissant clairement qu'il y a eu violation de la Convention à l'égard du requérant ainsi que d'un engagement de la Partie contractante concernée de fournir un redressement adéquat et, le cas échéant, de prendre les mesures correctives nécessaires.

c) Une déclaration au sens du paragraphe 1 b) du présent article doit être faite dans le cadre d'une procédure publique et contradictoire, menée indépendamment de l'éventuelle procédure de règlement amiable visée à l'article 39 § 2 de la Convention et à l'article 62 § 2 du présent règlement et dans le respect de la confidentialité de celle-ci.

2. Dans les cas où des circonstances exceptionnelles le justifient, la demande et la déclaration l'accompagnant peuvent être soumises à la Cour même si un règlement amiable n'a pas été préalablement recherché.

3. Si elle considère que la déclaration offre une base suffisante pour conclure que le respect des droits de l'homme garantis par la Convention et ses Protocoles n'exige pas qu'elle poursuive l'examen de la requête, la Cour peut rayer la requête du rôle, en tout ou en partie, quand bien même le requérant souhaiterait qu'elle poursuive l'examen de la requête.

4. Le présent article s'applique, *mutatis mutandis*, à la procédure prévue à l'article 54 A du présent règlement.

CHAPITRE VI. *DE L'AUDIENCE*

Art. 63 *Publicité des audiences.* 1. L'audience est publique, à moins que, en vertu du paragraphe 2 du présent article, la chambre n'en décide autrement en raison de circonstances exceptionnelles, soit d'office, soit à la demande d'une partie ou de toute autre personne intéressée.

2. L'accès de la salle peut être interdit à la presse et au public pendant la totalité ou une partie de l'audience, dans l'intérêt de la moralité, de l'ordre public ou de la sécurité nationale dans une société démocratique, lorsque les intérêts des mineurs ou la protection de la vie privée des parties l'exigent, ou dans la mesure jugée strictement nécessaire par la chambre, lorsque, dans des circonstances spéciales, la publicité serait de nature à porter atteinte aux intérêts de la justice.

3. Toute demande d'audience à huis clos formulée au titre du paragraphe 1 du présent article doit être motivée et indiquer si elle vise l'intégralité ou une partie seulement des débats.

Art. 64 *Direction des débats.* 1. Le président de la chambre organise et dirige les débats ; il détermine l'ordre dans lequel les comparants sont appelés à prendre la parole.

2. Tout juge peut poser des questions à toute personne qui se présente devant la chambre.

Art. 65 *Défaillance.* Lorsqu'une partie ou toute autre personne supposées comparaître s'en abstiennent ou s'y refusent, la chambre peut néanmoins poursuivre l'audience si cela lui paraît compatible avec une bonne administration de la justice.

Art. 66 à 69 *Supprimés.*

Art. 70 *Compte rendu des audiences.* 1. Si le président de la chambre en décide ainsi, un compte rendu de l'audience est établi par les soins du greffier. Y figurent :

a) la composition de la chambre ;

b) la liste des comparants ;

c) le texte des observations formulées, des questions posées et des réponses recueillies ;

d) le texte de toute décision prononcée à l'audience.

2. Si la totalité ou une partie du compte rendu est rédigée dans une langue non officielle, le greffier prend les dispositions voulues pour la faire traduire dans l'une des langues officielles.

3. Les représentants des parties reçoivent communication d'une copie du compte rendu afin de pouvoir, sous le contrôle du greffier ou du président de la chambre, le corriger, sans toutefois modifier le sens et la portée de ce qui a été dit à l'audience. Le greffier fixe, sur les instructions du président de la chambre, les délais dont ils disposent à cette fin.

4. Une fois corrigé, le compte rendu est signé par le président de la chambre et le greffier ; il fait foi de son contenu.

CHAPITRE VII. *DE LA PROCÉDURE DEVANT LA GRANDE CHAMBRE*

Art. 71 *Applicabilité des dispositions procédurales.* 1. Les dispositions régissant la procédure devant les chambres s'appliquent, *mutatis mutandis*, à celle devant la Grande Chambre.

2. Les pouvoirs conférés aux chambres par les articles 54, § 3, et 59, § 3, du présent règlement en matière de tenue d'audiences peuvent, dans les procédures devant la Grande Chambre, être aussi exercés par le président de la Grande Chambre.

Art. 72 *Dessaisissement au profit de la Grande Chambre.* 1. Lorsqu'une affaire pendante devant une chambre soulève une question grave relative à l'interprétation de la Convention ou de ses Protocoles, la chambre peut se dessaisir au profit de la Grande Chambre, à moins que l'une des parties ne s'y oppose conformément au paragraphe 4 du présent article.

2. Lorsque la solution d'une question dont une chambre est saisie dans une affaire pendante peut conduire à une contradiction avec la jurisprudence de la Cour, la chambre doit se dessaisir au profit de la Grande Chambre, à moins que l'une des parties ne s'y oppose conformément au paragraphe 4 du présent article.

3. Une décision de dessaisissement n'a pas besoin d'être motivée.

4. Le greffier communique aux parties l'intention de la chambre de se dessaisir. Elles disposent d'un délai d'un mois à partir de la date de cette communication pour soumettre par écrit au greffe une objection dûment motivée. Toute objection ne satisfaisant pas auxdites conditions sera considérée par la chambre comme non valable.

Art. 73 *Renvoi à la Grande Chambre demandé par une partie.* 1. En vertu de l'article 43 de la Convention, toute partie peut à titre exceptionnel, dans le délai de trois mois à compter de la date du prononcé de l'arrêt rendu par une chambre, déposer par écrit au greffe une demande de renvoi à la Grande Chambre, en indiquant la question grave relative à l'interprétation ou à l'application de la Convention ou de ses Protocoles, ou la question grave de caractère général qui, selon elle, mérite d'être examinée par la Grande Chambre.

2. Un collège de cinq juges de la Grande Chambre constitué conformément à l'article 24, § 5, du présent règlement examine la demande sur la seule base du dossier existant. Il ne la retient que s'il estime que l'affaire soulève bien pareille question. La décision de rejet de la demande n'a pas besoin d'être motivée.

3. Si le collège retient la demande, la Grande Chambre statue par un arrêt.

CHAPITRE VIII. *DES ARRÊTS*

Art. 74 *Contenu de l'arrêt.* 1. Tout arrêt visé aux articles 28, 42 et 44 de la Convention comprend :

a) le nom du président et des autres juges composant la chambre ou le comité ainsi que du greffier ou du greffier adjoint ;
b) la date de son adoption et celle de son prononcé ;
c) l'indication des parties ;
d) le nom des agents, conseils et conseillers des parties ;
e) l'exposé de la procédure ;
f) les faits de la cause ;
g) un résumé des conclusions des parties ;
h) les motifs de droit ;
i) le dispositif ;
j) s'il y a lieu, la décision prise au titre des frais et dépens ;
k) l'indication du nombre des juges ayant constitué la majorité ;
l) s'il y a lieu, l'indication de celui des textes qui fait foi.

2. Tout juge qui a pris part à l'examen de l'affaire par une chambre ou par la Grande Chambre a le droit de joindre à l'arrêt soit l'exposé de son opinion séparée, concordante ou dissidente, soit une simple déclaration de dissentiment.

Art. 75 *Décision sur la question de la satisfaction équitable.* 1. Lorsque la chambre ou le comité constatent une violation de la Convention ou de ses Protocoles, ils statuent par le même arrêt sur l'application de l'article 41 de la Convention si une demande spécifique a été soumise conformément à l'article 60 du présent règlement et si la question se trouve en état ; sinon, ils la réservent, en tout ou en partie, et fixent la procédure ultérieure.

2. Pour statuer sur l'application de l'article 41 de la Convention, la chambre ou le comité siègent autant que possible dans la même composition que pour l'examen du fond de l'affaire. S'il n'est pas possible de réunir la chambre ou le comité initiaux *[initial]*, le président de la section ou du comité complète ou constitue la chambre ou le comité par tirage au sort.

3. Lorsque la chambre ou le comité accordent une satisfaction équitable au titre de l'article 41 de la Convention, ils peuvent décider que, si le règlement n'intervient pas dans le délai indiqué, des intérêts moratoires seront dus sur les sommes allouées.

4. Si la Cour reçoit communication d'un accord intervenu entre la partie lésée et la Partie contractante responsable, elle vérifie qu'il est équitable et, si elle le juge tel, raye l'affaire du rôle conformément à l'article 43, § 3, du présent règlement.

Art. 76 *Langue de l'arrêt.* La Cour rend tous ses arrêts en français ou en anglais, sauf si elle décide de rendre un arrêt dans les deux langues officielles. Les arrêts de la Grande Chambre sont toutefois rendus dans les deux langues officielles, les deux versions linguistiques faisant également foi.

Art. 77 *Signature, prononcé et communication de l'arrêt.* 1. L'arrêt est signé par le président de la chambre ou du comité et par le greffier.

2. L'arrêt rendu par une chambre peut être lu en audience publique par le président de la chambre ou par un autre juge délégué par lui. Les agents et représentants des parties sont dûment prévenus de la date de l'audience. En l'absence de lecture en audience publique de pareil arrêt et dans le cas des arrêts rendus par un comité, la communication visée au paragraphe 3 du présent article vaut prononcé.

3. L'arrêt est transmis au Comité des Ministres. Le greffier en communique copie aux parties, au Secrétaire général du Conseil de l'Europe, à tout tiers intervenant y compris le Commissaire aux droits de l'homme du Conseil de l'Europe et à toute autre personne directement concernée. L'exemplaire original, dûment signé, est déposé aux archives de la Cour.

Art. 78 *Supprimé.*

Art. 79 *Demande en interprétation d'un arrêt.* 1. Toute partie peut demander l'interprétation d'un arrêt dans l'année qui suit le prononcé.

2. La demande est déposée au greffe. Elle indique avec précision le ou les points du dispositif de l'arrêt dont l'interprétation est demandée.

3. La chambre initiale peut décider d'office de l'écarter au motif que nulle raison n'en justifie l'examen. S'il n'est pas possible de réunir la chambre initiale, le président de la Cour constitue ou complète la chambre par tirage au sort.

4. Si la chambre n'écarte pas la demande, le greffier communique celle-ci à toute autre partie concernée, en l'invitant à présenter ses observations écrites éventuelles dans le délai fixé par le président de la chambre. Celui-ci fixe aussi la date de l'audience si la chambre décide d'en tenir une. La chambre statue par un arrêt.

Art. 80 *Demande en révision d'un arrêt.* 1. En cas de découverte d'un fait qui, par sa nature, aurait pu exercer une influence décisive sur l'issue d'une affaire déjà tranchée et qui, à l'époque de l'arrêt, était inconnu de la Cour et ne pouvait raisonnablement être connu d'une partie, cette dernière peut, dans le délai de six mois à partir du moment où elle a eu connaissance du fait découvert, saisir la Cour d'une demande en révision de l'arrêt dont il s'agit.

2. La demande mentionne l'arrêt dont la révision est demandée, contient les indications nécessaires pour établir la réunion des conditions prévues au paragraphe 1 du présent

article et s'accompagne d'une copie de toute pièce à l'appui. Elle est déposée au greffe, avec ses annexes.

3. La chambre initiale peut décider d'office d'écarter la demande au motif que nulle raison n'en justifie l'examen. S'il n'est pas possible de réunir la chambre initiale, le président de la Cour constitue ou complète la chambre par tirage au sort.

4. Si la chambre n'écarte pas la demande, le greffier communique celle-ci à toute autre partie concernée, en l'invitant à présenter ses observations écrites éventuelles dans le délai fixé par le président de la chambre. Celui-ci fixe aussi la date de l'audience si la chambre décide d'en tenir une. La chambre statue par un arrêt.

Art. 81 *Rectification d'erreurs dans les décisions et arrêts.* Sans préjudice des dispositions relatives à la révision des arrêts et à la réinscription au rôle des requêtes, les erreurs de plume ou de calcul et les inexactitudes évidentes peuvent être rectifiées par la Cour soit d'office, soit à la demande d'une partie si cette demande est présentée dans le délai d'un mois à compter du prononcé de la décision ou de l'arrêt.

CHAPITRE IX. *DES AVIS CONSULTATIFS AU TITRE DES ARTICLES 47, 48 ET 49 DE LA CONVENTION*

Art. 82 En matière d'avis consultatifs demandés par le Comité des Ministres, la Cour applique, outre les dispositions des articles 47, 48 et 49 de la Convention, les dispositions ci-après. Elle applique également, dans la mesure où elle le juge approprié, les autres dispositions du présent règlement.

Art. 83 La demande d'avis consultatif est adressée au greffier. Elle indique en termes complets et précis la question sur laquelle l'avis de la Cour est requis et, en outre :

a) la date à laquelle le Comité des Ministres a pris la décision visée à l'article 47 § 3 de la Convention ;

b) les nom et adresse de la ou des personnes désignées par le Comité des Ministres pour fournir à la Cour toutes explications qu'elle pourrait demander.

Est joint à la demande tout document pouvant servir à élucider la question.

Art. 84 1. Dès réception de la demande, le greffier adresse un exemplaire de celle-ci et de ses annexes à tous les membres de la Cour.

2. Il informe les Parties contractantes qu'elles peuvent soumettre à la Cour des observations écrites sur la demande.

Art. 85 1. Le président de la Cour fixe les délais dans lesquels seront déposés les observations écrites ou autres documents.

2. Les observations écrites ou autres documents sont adressés au greffier. Le greffier les communique à tous les membres de la Cour, au Comité des Ministres et à chacune des Parties contractantes.

Art. 86 Après clôture de la procédure écrite, le président de la Cour décide s'il y a lieu de permettre aux Parties contractantes qui ont présenté des observations écrites de les développer oralement lors d'une audience fixée à cet effet.

Art. 87 1. Une Grande Chambre est constituée pour examiner la demande d'avis consultatif.

2. Si la Grande Chambre estime que la demande ne relève pas de sa compétence telle que définie à l'article 47 de la Convention, elle le constate dans une décision motivée.

Art. 88 1. Décisions motivées et avis consultatifs sont émis à la majorité des voix par la Grande Chambre. Ils mentionnent le nombre des juges ayant constitué la majorité.

1B. Décisions motivées et avis consultatifs sont rendus dans les deux langues officielles de la Cour, les deux versions linguistiques faisant également foi.

2. Tout juge peut, s'il le désire, joindre à la décision motivée ou à l'avis consultatif de la Cour soit l'exposé de son opinion séparée, concordante ou dissidente, soit une simple déclaration de dissentiment.

Art. 89 La décision motivée ou l'avis consultatif peuvent être lus en audience publique, dans l'une des deux langues officielles, par le président de la Grande Chambre ou par un autre juge délégué par lui, le Comité des Ministres et toutes les Parties contractantes ayant été prévenus. A défaut, il est procédé à la notification prévue à l'article 90 du règlement.

Art. 90 L'avis consultatif ou la décision motivée sont signés par le président de la Grande Chambre et par le greffier. L'exemplaire original, dûment signé, est déposé aux archives de la Cour. Le greffier en communique copie certifiée conforme au Comité des Ministres, aux Parties contractantes et au Secrétaire général du Conseil de l'Europe.

CHAPITRE X. *DES AVIS CONSULTATIFS AU TITRE DU PROTOCOLE N° 16 À LA CONVENTION*

Art. 91 *Généralités.* Dans les procédures relatives aux demandes d'avis consultatif émanant des juridictions désignées par les Parties contractantes conformément à l'article 10 du Protocole n° 16 à la Convention, la Cour applique, outre les dispositions de ce protocole, les dispositions ci-après. Elle applique également, dans la mesure où elle le juge approprié, les autres dispositions du présent règlement.

Art. 92 *Introduction d'une demande d'avis consultatif.* 1. En vertu de l'article 1er du Protocole n° 16 à la Convention, certaines juridictions des Parties contractantes à ce protocole peuvent adresser à la Cour des demandes d'avis consultatif sur des questions de principe relatives à l'interprétation ou à l'application des droits et libertés définis par la Convention ou ses Protocoles. Toute demande d'avis consultatif est à adresser au greffier de la Cour.

2.1 La demande doit être motivée et exposer :

a) l'objet de l'affaire interne ainsi que le contexte juridique et factuel pertinent ;

b) les dispositions juridiques internes pertinentes ;

c) les questions pertinentes relatives à la Convention, en particulier les droits ou libertés en jeu ;

d) si cela est pertinent, un résumé des arguments des parties à la procédure interne sur la question ; et

e) si cela est possible et opportun, un exposé par la juridiction dont émane la demande d'avis consultatif de son propre avis sur la question, y compris toute analyse qu'elle a pu faire de la question.

2.2. La juridiction dont émane la demande soumet tous les autres documents pertinents au regard du contexte juridique et factuel de l'affaire pendante.

2.3. En cas de retrait de sa demande, la juridiction dont émane la demande notifie ce retrait au greffier. A réception de pareille notification, la Cour clôt la procédure.

Art. 93 *Examen d'une demande par le collège.* 1.1 La demande d'avis consultatif est examinée par un collège de cinq juges de la Grande Chambre. Le collège se compose :

a) du président de la Cour ; si le président de la Cour se trouve empêché, il est remplacé par le vice-président ayant la préséance ;

b) de deux présidents de section désignés par rotation ; si un président de section ainsi désigné se trouve empêché, il est remplacé par le vice-président de sa section ;

c) d'un juge désigné par rotation parmi les juges élus au sein des sections restantes pour siéger au collège pour une période de six mois ;

d) du juge élu au titre de la Partie contractante dont relève la juridiction qui a procédé à la demande ou, le cas échéant, d'un juge désigné conformément à l'article 29 du présent règlement ; et

e) d'au moins deux juges suppléants désignés par rotation parmi les juges élus au sein des sections pour siéger au collège pour une période de six mois.

1.2. Un juge siégeant au collège continue à siéger s'il a participé à l'examen d'une demande d'avis consultatif et qu'aucune décision définitive n'a été prise à l'expiration de la période pour laquelle il a été désigné pour siéger au collège.

2. Les demandes d'avis consultatif doivent se voir réserver un traitement prioritaire au sens de l'article 41 du présent règlement.

3. Le collège de la Grande Chambre accepte la demande s'il estime qu'elle satisfait aux exigences de l'article 1er du Protocole n° 16 à la Convention.

4. Le refus du collège d'accepter une demande est motivé.

5. Le rejet ou l'acceptation de la demande par le collège est notifié à la juridiction qui l'a soumise et à la Partie contractante dont cette juridiction relève.

Art. 94 *Procédure consécutive à l'acceptation par le collège d'une demande d'avis consultatif.* 1. Lorsque le collège accepte une demande d'avis consultatif au titre de l'article 93, une Grande Chambre est constituée conformément à l'article 24 § 2 h) du présent règlement pour examiner la demande et rendre un avis consultatif.

2. Le président de la Grande Chambre peut inviter la juridiction dont émane la demande à soumettre à la Cour toute information complémentaire jugée nécessaire pour préciser l'objet de la demande ou l'avis de la juridiction concernée sur la question soulevée par la demande.

3. Le président de la Grande Chambre peut inviter les parties à la procédure interne à présenter des observations écrites et, le cas échéant, à prendre part à l'audience.

4. Les observations écrites ou les autres documents sont adressés au greffier dans les délais impartis par le président de la Grande Chambre.

5. Une copie des observations écrites déposées conformément aux dispositions de l'article 44 du présent règlement est communiquée à la juridiction dont émane la demande, qui pourra formuler des remarques sur les observations en question.

6. La procédure écrite une fois clôturée, le président de la Grande Chambre décide du point de savoir s'il y a lieu de tenir une audience.

7. Les avis consultatifs sont émis par la Grande Chambre à la majorité des voix. Ils mentionnent le nombre des juges ayant constitué la majorité.

7B. Les avis consultatifs sont rendus dans les deux langues officielles de la Cour, les deux versions linguistiques faisant également foi.

8. Tout juge peut, s'il le désire, joindre à l'avis consultatif de la Cour soit l'exposé de son opinion séparée, concordante ou dissidente, soit une simple déclaration de dissentiment.

9. L'avis consultatif est signé par le président de la Grande Chambre et par le greffier. L'exemplaire original, dûment signé, est déposé aux archives de la Cour. Le greffier en communique copie certifiée conforme à la juridiction qui a soumis la demande et à la Partie contractante dont cette juridiction relève.

10. Copie de l'avis consultatif est également communiquée aux tiers intervenants qui ont pris part à la procédure au titre de l'article 3 du Protocole n° 16 à la Convention et de l'article 44 du présent règlement.

Art. 95 *Frais et dépens afférents à la procédure d'avis consultatif et assistance judiciaire.* 1. Lorsque le président de la Grande Chambre a invité, en vertu de l'article 44 § 7 et de l'article 94 § 3 du présent règlement, une partie à la procédure interne à intervenir dans la procédure d'avis consultatif, la question du remboursement des frais et dépens exposée par cette partie n'est pas tranchée par la Cour, mais elle est réglée conformément au droit et à la pratique de la Haute Partie contractante dont relève la juridiction qui a procédé à la demande.

2. Les dispositions du chapitre XII s'appliquent *mutatis mutandis* lorsque le président de la Grande Chambre a invité, en vertu de l'article 44 § 7 et de l'article 94 § 3 du présent règlement, une partie à la procédure interne à intervenir dans la procédure d'avis consultatif et que cette partie n'a pas de ressources suffisantes pour faire face aux frais encourus, en tout ou partie.

CHAPITRE XI. *DES PROCÉDURES AU TITRE DE L'ARTICLE 46 §§ 3, 4 ET 5 DE LA CONVENTION*

Procédure au titre de l'article 46 § 3 de la Convention

Art. 96 ***(ancien art. 91)*** Toute demande d'interprétation soumise au titre de l'article 46 § 3 de la Convention est adressée au greffier. Elle énonce de manière exhaustive et précise la nature et l'origine de la question d'interprétation qui a mis obstacle à l'exécution de l'arrêt qu'elle vise et s'accompagne :

a) des informations relatives à la procédure d'exécution devant le Comité des Ministres, s'il en est mené une, de l'arrêt qu'elle vise ;

b) d'une copie de la décision visée à l'article 46 § 3 de la Convention ;

c) des nom et adresse de la ou des personnes désignées par le Comité des Ministres pour donner à la Cour toutes explications qu'elle pourrait souhaiter obtenir.

Art. 97 ***(ancien art. 92)*** 1. La demande d'interprétation est examinée par la Grande Chambre, la chambre ou le comité qui a rendu l'arrêt qu'elle vise.

2. Lorsqu'il n'est pas possible de réunir la Grande Chambre, la chambre ou le comité originaire, le président de la Cour complète ou compose la formation par tirage au sort.

Art. 98 ***(ancien art. 93)*** La décision par laquelle la Cour se prononce sur la question d'interprétation dont elle a été saisie par le Comité des Ministres est définitive. Elle ne peut faire l'objet d'aucune opinion séparée des juges. Copie en est transmise au Comité des Ministres et aux parties concernées ainsi qu'à tout tiers intervenant y compris le Commissaire aux droits de l'homme du Conseil de l'Europe.

Procédure au titre de l'article 46 §§ 4 et 5 de la Convention

Art. 99 ***(ancien art. 94)*** Lorsqu'elle est saisie d'une question portant sur le point de savoir si une Partie contractante a ou non manqué à son obligation découlant de l'article 46 § 1er de la Convention, la Cour applique, outre les dispositions de l'article 31 b) et de l'article 46 §§ 4 et 5 de la Convention, les dispositions qui suivent. Elle applique également d'autres dispositions du règlement dans la mesure où elle le juge approprié.

Art. 100 ***(ancien art. 95)*** Toute demande introduite au titre de l'article 46 § 4 de la Convention doit être motivée et adressée au greffier. Elle s'accompagne :

a) de l'arrêt qu'elle vise ;

b) des informations se rapportant à la procédure d'exécution devant le Comité des Ministres de l'arrêt qu'elle vise, y compris, le cas échéant, des observations écrites formulées par les parties concernées dans le cadre de cette procédure et des communications auxquelles celle-ci a donné lieu ;

c) de la copie de la mise en demeure notifiée à la ou aux Parties contractantes et de la copie de la décision visée à l'article 46 § 4 de la Convention ;

d) des nom et adresse de la ou des personnes désignées par le Comité des Ministres pour fournir à la Cour toutes explications qu'elle pourrait souhaiter obtenir ;

e) de la copie de tous autres documents de nature à éclairer la question.

Art. 101 ***(ancien art. 96)*** Une Grande Chambre est constituée conformément à l'article 24 § 2 g) du règlement pour examiner la question soumise à la Cour.

Art. 102 ***(ancien art. 97)*** Le président de la Grande Chambre informe le Comité des Ministres et les parties concernées qu'elles peuvent soumettre des observations écrites sur la question dont la Cour est saisie.

Art. 103 ***(ancien art. 98)*** 1. Le président de la Grande Chambre fixe les délais à l'intérieur desquels les observations écrites ou autres documents doivent être déposés.

2. La Grande Chambre peut décider de tenir une audience.

Art. 104 ***(ancien art. 99)*** La Grande Chambre statue par la voie d'un arrêt. Copie de l'arrêt est communiquée au Comité des Ministres et aux parties concernées ainsi qu'à tout tiers intervenant, y compris le Commissaire aux droits de l'homme du Conseil de l'Europe.

CHAPITRE XI A. *PUBLICATION DES ARRÊTS, DÉCISIONS ET AVIS CONSULTATIFS*

Art. 104 A *Publication dans la base de données jurisprudentielles de la Cour.* Tous les arrêts, toutes les décisions et tous les avis consultatifs sont publiés, sous l'autorité du greffier, sur HUDOC, la base de données jurisprudentielles de la Cour. Toutefois, cette règle ne s'applique pas aux décisions qui, en vertu de l'article 52 A § 1er du présent règlement, sont adoptées par un juge unique, aux décisions qui, en vertu de l'article 54 §§ 3 et 4 du présent règlement, sont adoptées par un président de section ou un vice-président de section agissant en qualité de juge unique, et aux décisions de comité qui, en vertu de l'article 52 A § 2 du présent règlement ne comportent qu'une motivation sommaire ; la Cour rend périodiquement accessibles au public des informations générales sur ces décisions.

Art. 104 B *Affaires phares.* En outre, le greffier met en évidence, de la façon qu'il convient, les arrêts, décisions et avis consultatifs que le bureau considère comme relatifs à des affaires phares.

CHAPITRE XII. *DE L'ASSISTANCE JUDICIAIRE*

Art. 105 ***(ancien art. 100)*** 1. Le président de la chambre peut, soit à la demande d'un requérant ayant introduit une requête en vertu de l'article 34 de la Convention, soit d'office, accorder l'assistance judiciaire à ce requérant pour la défense de sa cause une fois que, conformément à l'article 54 § 2 b) du présent règlement, la Partie contractante défenderesse a présenté par écrit ses observations sur la recevabilité de la requête ou que le délai qui lui était imparti à cet effet a expiré.

2. Sous réserve de l'article 110 du présent règlement, lorsque le requérant s'est vu accorder l'assistance judiciaire pour la défense de sa cause devant la chambre, il continue d'en bénéficier devant la Grande Chambre.

Art. 106 ***(ancien art. 101)*** L'assistance judiciaire ne peut être accordée que si le président de la chambre constate :

a) que l'octroi de cette assistance est nécessaire à la bonne conduite de l'affaire devant la chambre ;

b) que le requérant ne dispose pas de moyens financiers suffisants pour faire face à tout ou partie des frais qu'il est amené à exposer.

Art. 107 ***(ancien art. 102)*** 1. En vue de déterminer si le requérant dispose ou non de moyens financiers suffisants pour faire face à tout ou partie des frais qu'il est amené à exposer, il est invité à remplir une déclaration indiquant ses ressources, ses avoirs en capital et les engagements financiers qu'il a envers les personnes à sa charge, ou toute autre obligation financière. La déclaration doit être certifiée par la ou les autorités internes qualifiées.

2. Le président de la chambre peut inviter la Partie contractante concernée à présenter ses observations par écrit.

3. Après avoir recueilli les renseignements visés au paragraphe 1er du présent article, le président de la chambre décide de l'octroi ou du refus de l'assistance judiciaire. Le greffier en informe les parties intéressées.

Art. 108 ***(ancien art. 103)*** 1. Les honoraires ne peuvent être versés qu'à un conseil ou à une autre personne désignée conformément à l'article 36 § 4 du présent règlement. Ils peuvent, le cas échéant, couvrir les services de plus d'un représentant ainsi défini.

2. Outre les honoraires, l'assistance judiciaire peut couvrir les frais de déplacement et de séjour ainsi que les autres débours nécessaires exposés par le requérant ou son représentant désigné.

Art. 109 ***(ancien art. 104)*** L'assistance judiciaire une fois accordée, le greffier fixe :

a) le taux des honoraires à verser conformément au barème en vigueur ;

b) le montant à verser au titre des frais.

Art. 110 ***(ancien art. 105)*** S'il est convaincu que les conditions énoncées à l'article 106 du présent règlement ne sont plus remplies, le président de la chambre peut à tout moment retirer ou modifier le bénéfice de l'assistance judiciaire.

TITRE III. DISPOSITIONS TRANSITOIRES

Art. 111 ***(ancien art. 106)*** *Relations entre la Cour et la Commission.* 1. Dans les affaires portées devant la Cour en vertu de l'article 5 §§ 4 et 5 du Protocole n° 11 à la Convention, la Cour peut inviter la Commission à déléguer un ou plusieurs de ses membres pour participer à l'examen de l'affaire devant la Cour.

2. Dans les affaires évoquées au paragraphe 1er du présent article, la Cour prend en considération le rapport adopté par la Commission au titre de l'ancien article 31 de la Convention.

3. Sauf décision contraire du président de la chambre, le rapport est rendu public par les soins du greffier aussitôt que possible après la saisine de la Cour.

4. Dans les affaires déférées à la Cour en vertu de l'article 5 §§ 2 à 5 du Protocole n° 11, les autres documents composant le dossier de la Commission, y compris l'ensemble des mémoires et observations, restent confidentiels, à moins que le président de la chambre n'en décide autrement.

5. Dans les affaires où la Commission a recueilli des témoignages mais n'a pas été en mesure d'adopter un rapport au titre de l'ancien article 31 de la Convention, la Cour prend en considération les comptes rendus intégraux, la documentation et l'avis émis par les délégations de la Commission à l'issue de ces investigations.

Art. 112 ***(ancien art. 107)*** *Procédure devant une chambre et la Grande Chambre.* 1. Lorsqu'une affaire est déférée à la Cour en vertu de l'article 5 § 4 du Protocole n° 11 à la Convention, un collège de juges de la Grande Chambre constitué conformément à l'article 24 § 5 du présent règlement décide, sur la seule base du dossier, si elle doit être tranchée par une chambre ou par la Grande Chambre.

2. Si l'affaire est tranchée par une chambre, l'arrêt de celle-ci est définitif, conformément à l'article 5 § 4 du Protocole n° 11, et l'article 73 du présent règlement est inapplicable.

3. Les affaires transmises à la Cour en vertu de l'article 5 § 5 du Protocole n° 11 sont déférées à la Grande Chambre par le président de la Cour.

4. Pour chaque affaire qui lui est transmise en vertu de l'article 5 § 5 du Protocole n° 11, la Grande Chambre est complétée par des juges désignés par rotation au sein de l'un des groupes évoqués à l'article 24 § 3 du présent règlement, les affaires étant attribuées alternativement à chacun des groupes.

Art. 113 *(ancien art. 108)* *Octroi de l'assistance judiciaire.* Sous réserve de l'article 101 du présent règlement, dans les affaires déférées à la Cour en application de l'article 5 §§ 2 à 5 du Protocole n° 11 à la Convention, un requérant qui s'est vu accorder l'assistance judiciaire dans le cadre de la procédure devant la Commission ou l'ancienne Cour continue d'en bénéficier pour la défense de sa cause devant la Cour.

Art. 114 *(ancien art. 109)* *Demande en révision d'un arrêt.* 1. Lorsqu'une partie soumet une demande en révision d'un arrêt rendu par l'ancienne Cour, le président de la Cour la transmet à l'une des sections conformément aux conditions prévues aux articles 51 ou 52 du présent règlement, selon le cas.

2. Nonobstant l'article 80 § 3 du présent règlement, le président de la section concernée constitue une nouvelle chambre pour examiner la demande.

3. La chambre à constituer comprend de plein droit :

a) le président de la section ;

et, qu'ils appartiennent ou non à la section concernée,

b) le juge élu au titre de la Partie contractante concernée ou, s'il est empêché, tout juge désigné en application de l'article 29 du présent règlement ;

c) tout membre de la Cour ayant appartenu à la chambre initiale de l'ancienne Cour qui a rendu l'arrêt.

4. a) Le président de la section tire au sort les autres membres de la chambre parmi les membres de la section concernée ;

b) Les membres de la section non désignés ainsi siègent comme juges suppléants.

TITRE IV. CLAUSES FINALES

Art. 115 *(ancien art. 110)* *Suspension d'un article.* L'application de toute disposition concernant le fonctionnement interne de la Cour peut être immédiatement suspendue sur proposition d'un juge, à condition que cette décision soit prise à l'unanimité par la chambre concernée. La suspension ainsi décidée ne déploie ses effets que pour les besoins du cas particulier pour lequel elle a été proposée.

Art. 116 *(ancien art. 111)* *Amendement d'un article.* 1. Toute modification aux dispositions du présent règlement peut être adoptée par la majorité des juges de la Cour, réunis en session plénière, sur proposition soumise préalablement. La proposition de modification, formulée par écrit, doit parvenir au greffier au moins un mois avant la session où elle sera examinée. Lorsqu'il reçoit une telle proposition, le greffier en donne le plus tôt possible connaissance à tous les membres de la Cour.

2. Le greffier informe les Parties Contractantes des propositions de la Cour visant à modifier les dispositions du règlement qui concernent directement la conduite des procédures suivies devant elle et les invite à présenter des observations écrites sur les propositions en question. De même, il invite les organisations possédant une expérience en matière de représentation des requérants devant la Cour, ainsi que des associations des barreaux, à présenter des observations écrites sur ces propositions.

Art. 117 *(ancien art. 112)* *Entrée en vigueur du règlement.* Le présent règlement entrera en vigueur le 1er novembre 1998.

ANNEXE AU RÈGLEMENT (CONCERNANT LES ENQUÊTES)

Art. A1 *Mesures d'instruction.* 1. La chambre peut, soit à la demande d'une partie, soit d'office, adopter toute mesure d'instruction qu'elle estime apte à l'éclairer sur les faits de la cause. Elle peut notamment prier les parties de produire des preuves écrites et décider d'entendre en qualité de témoin ou d'expert, ou à un autre titre, toute personne dont les dépositions, dires ou déclarations lui paraissent utiles à l'accomplissement de sa tâche.

2. La chambre peut aussi inviter toute personne ou institution de son choix à exprimer un avis ou à lui faire un rapport écrit sur toute question que la chambre juge pertinente pour l'affaire.

3. Après qu'une affaire a été déclarée recevable ou, exceptionnellement, avant la décision sur la recevabilité, la chambre peut désigner un ou plusieurs de ses membres ou d'autres juges de la Cour comme délégués pour procéder à une collecte de renseignements, à une visite des lieux ou à une autre mesure d'instruction. Elle peut également désigner toute personne ou institution de son choix pour assister la délégation de la manière qu'elle juge appropriée.

4. Les dispositions du présent chapitre relatives aux mesures d'instruction mises en œuvre par une délégation s'appliquent, *mutatis mutandis*, aux mesures d'instruction mises en œuvre par la chambre elle-même.

5. Les auditions menées par une chambre ou une délégation dans le cadre d'une mesure d'instruction ont lieu à huis clos, sauf décision contraire du président de la chambre ou du chef de la délégation.

6. Le président de la chambre peut, lorsqu'il l'estime approprié, inviter ou autoriser tout tiers intervenant à participer à une mesure d'instruction. Il fixe les conditions de pareille participation et peut limiter celle-ci en cas de non-respect desdites conditions.

Art. A2 *Obligations des parties relativement aux mesures d'instruction.* 1. Le requérant et toute Partie contractante concernée aident la Cour en tant que de besoin dans la mise en œuvre des mesures d'instruction.

2. La Partie contractante sur le territoire de laquelle une délégation procède à des investigations *in situ* accorde à celle-ci les facilités et la coopération nécessaires au bon déroulement de la procédure. Elle a ainsi l'obligation, dans toute la mesure nécessaire, de garantir la liberté de circulation sur son territoire et de prendre toutes les mesures de sécurité voulues pour la délégation, pour le requérant et pour l'ensemble des témoins, experts et autres personnes pouvant être entendus par la délégation. Il lui incombe de veiller à ce qu'aucune personne ou organisation n'ait à pâtir d'un témoignage ou d'une aide fournis à la délégation.

Art. A3 *Non-comparution devant une délégation.* Lorsqu'une partie ou toute autre personne supposées comparaître s'en abstiennent ou s'y refusent, la délégation peut néanmoins poursuivre ses travaux si cela lui paraît compatible avec une bonne administration de la justice.

Art. A4 *Conduite de la procédure devant une délégation.* 1. Les délégués exercent le cas échéant les pouvoirs conférés à la chambre par la Convention ou le présent règlement et dirigent la procédure devant eux.

2. Le chef de la délégation peut décider de tenir une réunion préparatoire avec les parties ou leurs représentants préalablement à toute audition par la délégation.

Art. A5 *Citation des témoins, experts et autres personnes à comparaître devant une délégation.* 1. Les témoins, experts et autres personnes devant être entendus par la délégation sont convoqués par le greffier.

2. La convocation indique :

a) l'affaire dont il s'agit ;

b) l'objet de l'enquête, expertise ou autre mesure d'instruction ordonnée par la chambre ou son président ;

c) les dispositions prises pour le paiement de l'indemnité revenant à la personne convoquée.

3. Les parties fournissent autant que possible des informations suffisantes pour établir l'identité et l'adresse des témoins, experts ou autres personnes devant être convoqués.

4. Conformément à l'article 37 § 2 du règlement, la Partie contractante sur le territoire de laquelle réside le témoin assume la responsabilité de notifier toute convocation que lui adresse la chambre à cette fin. Si elle se trouve dans l'impossibilité de se conformer à cette obligation, elle s'en explique par écrit. Il lui incombe par ailleurs de prendre toutes mesures raisonnables propres à assurer la comparution des personnes convoquées qui se trouvent sous son autorité ou son contrôle.

5. Lorsqu'une délégation procède à des auditions *in situ*, son chef peut solliciter la comparution devant elle de témoins, experts ou autres personnes. La Partie contractante sur le territoire de laquelle les auditions ont lieu prend, si elle y est invitée, l'ensemble des mesures raisonnables propres à faciliter cette comparution.

6. Si un témoin, un expert ou une autre personne sont convoqués à la demande ou pour le compte d'une Partie contractante requérante ou défenderesse, les frais de comparution incombent à celle-ci, sauf décision contraire de la chambre. Lorsque la personne convoquée se trouve détenue dans la Partie contractante sur le territoire de laquelle la délégation mène ses investi-

gations *in situ*, les frais afférents à sa comparution incombent à ladite partie, sauf décision contraire de la chambre. Dans tous les autres cas, la chambre décide si les frais doivent être supportés par le Conseil de l'Europe ou s'il échet de les mettre à la charge du requérant ou de la tierce partie à la demande ou pour le compte de laquelle la personne comparaît. Dans tous les cas, ils sont fixés par le président de la chambre.

Art. A6 *Serment ou déclaration solennelle des témoins et experts entendus par une délégation.* 1. Après vérification de son identité et avant de déposer, le témoin prête le serment ou fait la déclaration solennelle que voici :

"Je jure" – ou "Je déclare solennellement, en tout honneur et en toute conscience," – "que je dirai la vérité, toute la vérité et rien que la vérité."

Il en est dressé procès-verbal.

2. Après vérification de son identité et avant d'accomplir sa mission pour la délégation, tout expert prête le serment ou fait la déclaration solennelle que voici :

"Je jure" – ou "Je déclare solennellement" – "que je m'acquitterai de mes fonctions d'expert en tout honneur et en toute conscience."

Il en est dressé procès-verbal.

Art. A7 *Audition de témoins, experts ou autres personnes par une délégation.* 1. Tout délégué peut poser des questions aux agents, conseils et conseillers des parties, au requérant, aux témoins, aux experts, ainsi qu'à toute autre personne qui se présente devant la délégation.

2. Sous le contrôle du chef de la délégation, les témoins, experts et autres personnes comparaissant devant la délégation peuvent être interrogés par les agents, conseils et conseillers des parties. En cas de contestation sur une question posée, le chef de la délégation décide.

3. Sauf circonstances exceptionnelles et moyennant le consentement du chef de la délégation, les témoins, experts et autres personnes devant être entendus par une délégation ne sont pas admis à pénétrer dans la salle avant de déposer.

4. Le chef de la délégation peut prendre des dispositions spéciales pour que des témoins, experts ou autres personnes puissent être entendus hors la présence des parties lorsque la bonne administration de la justice l'exige.

5. En cas de litige relativement à la récusation d'un témoin ou d'un expert, le chef de la délégation décide. La délégation peut entendre à titre de simple renseignement une personne ne réunissant pas les conditions pour être entendue comme témoin ou expert.

Art. A8 *Compte rendu des auditions menées par une délégation.* 1. Le greffier établit un compte rendu de toutes auditions menées par une délégation dans le cadre d'une mesure d'instruction. Y figurent :

a) la composition de la délégation ;

b) la liste des comparants : agents, conseils et conseillers des parties ;

c) les nom, prénom, qualité et adresse des témoins, experts ou autres personnes entendus ;

d) le texte des déclarations faites, des questions posées et des réponses recueillies ;

e) le texte de toute décision prononcée pendant les auditions par la délégation ou par son chef.

2. Si la totalité ou une partie du compte rendu est rédigée dans une langue non officielle, le greffier prend les dispositions voulues pour la faire traduire dans l'une des langues officielles.

3. Les représentants des parties reçoivent communication d'une copie du compte rendu afin de pouvoir, sous le contrôle du greffier ou du chef de la délégation, le corriger, sans toutefois modifier le sens et la portée de ce qui a été dit lors des auditions. Le greffier fixe, sur les instructions du chef de la délégation, les délais dont ils disposent à cette fin.

4. Une fois corrigé, le compte rendu est signé par le chef de la délégation et par le greffier ; il fait foi de son contenu.

INSTRUCTIONS PRATIQUES

Instruction pratique relative aux demandes de mesures provisoires. (Article 39 du règlement)

En vertu de l'article 39 de son règlement, la Cour peut indiquer des mesures provisoires, obligatoires pour l'État concerné. Pareilles mesures ne sont indiquées que dans des circonstances exceptionnelles.

La Cour n'indique des mesures provisoires à un État membre que lorsque, après avoir examiné toutes les informations pertinentes, elle considère que le requérant serait exposé à un risque réel de dommages graves et irréversibles en l'absence de la mesure en question.

Les requérants ou leurs représentants *[Il y a lieu de fournir toutes précisions à cet égard]* qui sollicitent des mesures provisoires au titre de l'article 39 du règlement doivent se conformer aux exigences exposées ci-dessous.

I. Fournir tous éléments à l'appui

Toute demande adressée à la Cour doit être motivée. Le requérant doit en particulier exposer de manière détaillée les éléments sur lesquels se fondent ses craintes, la nature des risques invoqués et les dispositions de la Convention dont la violation est alléguée.

Un simple renvoi à des énonciations contenues dans un autre document ou à la procédure interne ne suffit pas. Il est capital que les demandes s'accompagnent de l'ensemble des éléments propres à les étayer, et notamment des décisions rendues par les juridictions, commissions ou autres organes internes, ainsi que de tous autres documents jugés de nature à corroborer les allégations du requérant.

La Cour n'a pas pour règle de contacter les requérants dont les demandes de mesures provisoires sont incomplètes. En principe, elle ne se prononce pas sur les demandes qui ne comportent pas les informations requises pour qu'elle puisse statuer.

Lorsque l'affaire est déjà pendante devant la Cour, le numéro attribué à la requête doit être mentionné.

Dans les affaires d'extradition ou d'expulsion, il y a lieu de préciser la date et l'heure auxquelles la décision est censée être mise en œuvre, l'adresse du requérant ou son lieu de détention et son numéro de dossier officiel. Toute modification de ces informations (date et heure de renvoi, adresse, etc.) doit être communiquée dès que possible.

La Cour peut décider d'examiner en même temps la recevabilité de l'affaire et la demande de mesure provisoire.

II. Envoyer les demandes par télécopie ou par courrier

[En fonction du degré d'urgence et étant précisé que les demandes par courrier ne doivent pas être envoyées par courrier ordinaire]

Les demandes de mesures provisoires formées au titre de l'article 39 du règlement doivent être envoyées par télécopie ou par courrier. La Cour ne traite pas les demandes adressées par courrier électronique. Dans toute la mesure du possible, ces demandes doivent être établies dans l'une des langues officielles des Parties contractantes. Toute demande doit comporter les mentions suivantes, à faire figurer en gras sur la première page du document :

"**Article 39 – Urgent**
"**Personne à contacter (nom et coordonnées) : ...**
"***[Dans les affaires d'expulsion ou d'extradition]***
"**Date et heure du renvoi et destination : ...**"

III. Introduire les demandes en temps utile

Il faut en principe envoyer la demande de mesure provisoire dès que possible après que la décision interne définitive a été rendue, de manière à laisser à la Cour et à son greffe suffisamment de temps pour examiner la question. Dans les affaires d'éloignement, la Cour pourra ne pas traiter les demandes reçues moins d'un jour ouvré avant la date prévue d'exécution de la mesure d'éloignement *[La liste des jours fériés ou chômés pendant lesquels le greffe de la Cour est fermé peut être consultée sur le site internet de la Cour : http ://www.echr.coe.int/ECHR/FR/Bottom/Contact/Holidays.htm]*.

Lorsque la décision interne définitive est imminente et que sa mise en œuvre risque d'être immédiate, notamment dans les affaires d'extradition ou d'expulsion, les requérants et leurs représentants doivent soumettre leur demande de mesure provisoire sans attendre cette décision, en indiquant clairement la date à laquelle celle-ci sera rendue et en précisant que leur demande est subordonnée au caractère négatif de la décision interne définitive.

IV. Mesures internes à effet suspensif

La Cour n'est pas une instance d'appel des décisions des juridictions internes. Dans les affaires d'extradition ou d'expulsion, les requérants doivent exercer les recours internes susceptibles de conduire à une suspension de la mesure d'éloignement avant d'adresser à la Cour une demande de mesure provisoire. Dans le cas où il demeure loisible aux requérants d'exercer un recours interne à effet suspensif, la Cour n'applique pas l'article 39 du règlement pour empêcher l'exécution de la mesure d'éloignement.

V. Suite à donner à la demande de mesure provisoire

Les requérants auteurs d'une demande de mesure provisoire au titre de l'article 39 du règlement doivent veiller à répondre aux lettres que leur adresse le greffe de la Cour. En cas de rejet d'une demande de mesure provisoire, ils doivent notamment indiquer à la Cour s'ils souhaitent poursuivre leur affaire. Lorsqu'une mesure provisoire a été indiquée, ils doivent régulièrement et sans délai informer la Cour de l'état d'avancement des procédures internes en instance, faute de quoi l'affaire pourra être rayée du rôle.

Instruction pratique relative à l'introduction de l'instance (Requêtes individuelles au titre de l'art. 34 de la Conv. EDH)

Cette instruction pratique complète les art. 45 et 47 du Règl.

I Généralités

1. Toute requête introduite au titre de l'article 34 de la Convention doit être présentée par écrit. Aucune requête ne peut être soumise par téléphone. Sauf dans les cas prévus par l'article 47 du règlement de la Cour, seul un formulaire de requête complet interrompt le cours du délai de six mois fixé à l'article 35 § 1er de la Convention. Le formulaire de requête est disponible en ligne sur le site internet de la Cour. Les requérants sont vivement encouragés à le télécharger et à l'imprimer plutôt que de demander à la Cour de leur en envoyer une version papier par la poste. Ils gagneront ainsi du temps et seront plus à même d'introduire une requête complète dans le délai de six mois. On trouve aussi sur le site de la Cour une aide pour remplir les différents champs du formulaire.

2. Toute requête doit être envoyée à l'adresse suivante :
Monsieur le Greffier de la Cour européenne des droits de l'homme
Conseil de l'Europe
F-67075 Strasbourg Cedex

3. L'envoi d'une requête par télécopie n'interrompt pas le cours du délai de six mois fixé à l'article 35 § 1er. Les requérants doivent, avant l'expiration du délai de six mois, faire suivre leur télécopie d'un envoi par la poste de l'original du formulaire signé.

4. Les requérants doivent faire preuve de diligence dans la conduite de leur correspondance avec le greffe de la Cour. Une réponse tardive ou une absence de réponse peuvent être considérées comme un signe indiquant que le requérant n'entend plus maintenir sa requête.

II Forme et contenu

5. Les déclarations faites dans le formulaire de requête au sujet des faits, des griefs et du respect des exigences relatives à l'épuisement des voies de recours internes et du délai d'introduction de la requête fixé à l'article 35 § 1er de la Convention doivent être conformes aux règles énoncées à l'article 47 du règlement. Les déclarations supplémentaires, présentées le cas échéant sur des feuilles séparées, ne doivent pas dépasser 20 pages (article 47 § 2 b) du règlement) et doivent :

a) être au format A4 et comprendre une marge d'au moins 3,5 cm de large ;

b) être parfaitement lisibles et, si elles sont dactylographiées, être rédigées dans une police de caractères d'au moins 12 points dans le corps du texte et 10 points dans les notes en bas de page, avec un interligne de 1,5 ;

c) ne comporter que des nombres exprimés en chiffres, et non en toutes lettres ;

d) être paginées (pages numérotées consécutivement) ;

e) être divisées en paragraphes numérotés ;

f) être divisées en chapitres de la manière suivante : "Faits", "Griefs ou exposé des violations" et "Informations relatives à l'épuisement des voies de recours internes et au respect du délai fixé à l'article 35 § 1".

6. Tous les champs pertinents du formulaire de requête doivent être remplis avec des mots. Évitez d'utiliser des symboles, des signes ou des abréviations. Formulez chaque réponse en mots, même si elle est négative ou si la question ne semble pas pertinente.

7. Le requérant doit exposer les faits, ses griefs et les explications relatives au respect des critères de recevabilité dans l'encadré du formulaire de requête prévu à cet effet. Ces informations doivent être suffisantes pour permettre à la Cour de déterminer la nature et l'objet de la requête. Le formulaire rempli doit ainsi se suffire à lui-même. Il ne suffit pas de joindre en annexe un exposé des faits, des griefs et des informations relatives au respect des critères, même en ajoutant la mention "voir annexe". La présence de ces informations sur le formulaire de requête a pour but d'aider la Cour à examiner et à attribuer rapidement les nouvelles requêtes. Un complément d'informations peut être fourni, si nécessaire, dans un document à part ne devant pas dépasser 20 pages. Un tel complément ne peut en aucun cas remplacer l'exposé des faits, des griefs et des explications relatives au respect des critères de recevabilité qui doit obligatoirement figurer sur le formulaire de requête lui-même. Un formulaire de requête ne comportant pas ces informations ne sera pas considéré comme conforme à l'article 47 du règlement.

8. Une personne morale (à savoir une société, une organisation non gouvernementale ou une association) qui veut saisir la Cour doit le faire par l'intermédiaire d'un représentant dont l'identité doit être indiquée dans l'encadré approprié du formulaire de requête ; il doit en outre fournir ses coordonnées et expliquer à quel titre il agit au nom de la personne morale ou quel est

son lien avec celle-ci. Il faut fournir avec le formulaire de requête la preuve que le représentant a qualité pour agir au nom de la personne morale, par exemple un extrait du registre du commerce ou un compte rendu de l'organe dirigeant. Le représentant de la personne morale n'est pas la même personne que l'avocat qui est autorisé à la défendre devant la Cour. Il se peut que le représentant de la personne morale soit aussi avocat ou juriste et qu'il soit compétent pour assurer en plus la fonction de représentant en justice. Il convient dans tous les cas de remplir les deux parties du formulaire de requête concernant la représentation et de joindre les documents requis attestant l'existence d'un mandat pour représenter la personne morale.

9. Un requérant n'est pas obligé d'être représenté par un défenseur au moment où il introduit sa requête. S'il mandate un avocat, il faut remplir l'encadré du formulaire de requête réservé au pouvoir. Dans ce cas, la signature du requérant ainsi que celle de son représentant doivent être apposées dans cet encadré. Il n'est pas admis à ce stade de fournir un pouvoir sur un formulaire séparé car la Cour demande que toutes les informations essentielles figurent sur le formulaire de requête. S'il est allégué qu'il n'est pas possible au requérant d'apposer sa signature dans l'encadré du formulaire de requête réservé au pouvoir en raison de difficultés pratiques insurmontables, il faut expliquer à la Cour en quoi consistent ces difficultés, preuves à l'appui. Il n'est pas possible de prétexter un manque de temps dû à la nécessité de remplir le formulaire rapidement afin de respecter le délai de six mois.

10. Le formulaire de requête doit être accompagné des documents pertinents :

a) relatifs aux décisions ou mesures dénoncées ;

b) montrant que le requérant a respecté la règle de l'épuisement des voies de recours internes et le délai mentionnés à l'article 35 § 1er de la Convention ;

c) contenant, le cas échéant, des informations au sujet d'autres procédures internationales.

Si le requérant n'est pas en mesure de produire une copie de l'un de ces documents, il doit en tout cas fournir une explication satisfaisante ; il ne lui suffira pas de faire simplement état de difficultés s'il est raisonnable d'attendre que l'explication soit étayée par des documents, comme une preuve d'indigence, un refus des autorités de fournir une décision ou autre élément montrant l'impossibilité pour le requérant de se procurer le document en question. Si aucune explication n'est fournie, ou si l'explication fournie est insuffisante, la requête ne sera pas attribuée à une formation judiciaire. Lorsque les documents sont fournis par voie électronique, ils doivent respecter le format exigé dans la présente instruction et doivent aussi être classés et numérotés en suivant l'ordre de la liste figurant sur le formulaire de requête.

11. Lorsqu'un requérant a déjà soumis une ou plusieurs autres requêtes sur lesquelles la Cour a statué ou qu'il a une ou plusieurs autres requêtes pendantes devant la Cour, il doit en informer le greffe et préciser le numéro de ces requêtes.

12. a) Lorsqu'un requérant demande que son identité ne soit pas divulguée, il doit s'en expliquer par écrit, conformément à l'article 47 § 4 du règlement.

b) Le requérant doit également préciser, pour le cas où sa demande d'anonymat serait accueillie par le président de la chambre, s'il souhaite être désigné par ses initiales ou par une simple lettre (par exemple "X", "Y" ou "Z").

13. Le formulaire de requête doit être signé par le requérant ou par le représentant désigné. S'il est représenté, le requérant ainsi que son représentant doivent apposer leur signature dans l'encadré du formulaire de requête réservé au pouvoir. Ni le formulaire de requête ni l'encadré réservé au pouvoir ne peuvent être signés "par procuration" ("p.p.").

III Requêtes groupées et requérants multiples

14. Lorsqu'un requérant ou un représentant introduit pour plusieurs requérants des requêtes concernant des faits différents, il faut utiliser un formulaire de requête pour chacun, en indiquant toutes les informations requises et en annexant les documents relatifs à chaque requérant au formulaire correspondant.

15. Lorsqu'il y a plus de dix requérants, le représentant doit fournir, en plus des formulaires de requête et des documents, un tableau récapitulant les informations personnelles requises de chaque requérant. Ce tableau est disponible en téléchargement sur le site Internet de la Cour. *Lorsque le représentant est avocat*, le tableau doit aussi être fourni sous forme électronique.

16. Lorsque l'affaire porte sur un grand nombre de requérants ou de requêtes, la Cour peut demander aux requérants ou à leurs représentants de fournir le texte de leurs observations et déclarations ou leurs documents par voie électronique ou par un autre moyen. Elle peut aussi leur demander de prendre d'autres mesures visant à faciliter le traitement efficace et rapide des requêtes.

IV Défaut de réponse aux demandes d'information ou non-respect des instructions données

17. Le manquement à fournir dans les délais fixés les informations ou les pièces supplémentaires sollicitées par la Cour ou à respecter les instructions qu'elle a données quant à la forme et à la manière dont la requête doit être introduite, y compris dans le cas de requêtes groupées ou de requérants multiples, peut, selon le stade de la procédure, amener la Cour à ne pas examiner la ou les requête(s), à les déclarer irrecevables ou à les rayer du rôle.

Instruction pratique relative aux observations écrites

I. Dépôt d'observations

Généralités

1. Les observations doivent être déposées au greffe dans le délai fixé en application de l'article 38 du règlement et de la manière décrite au paragraphe 2 dudit article.
2. La date à laquelle des observations ou autres documents ont été reçus au greffe de la Cour est apposée sur les pièces en question au moyen d'un tampon dateur.
3. A l'exception des observations et documents pour lesquels un système d'envoi électronique a été mis en place (voir les instructions pratiques pertinentes), tous les autres documents comportant des observations, de même que tous les documents les accompagnant, doivent être soumis au greffe de la Cour en trois exemplaires envoyés par courrier ou en un exemplaire unique envoyé par télécopie suivi de trois exemplaires envoyés par courrier.
4. Les observations ou autres documents envoyés par courrier électronique ne sont pas acceptés.
5. Les documents secrets doivent être envoyés par courrier recommandé.
6. Les observations dont la production n'a pas été demandée ne peuvent être versées au dossier que sur décision du président de la chambre (voir l'article 38 § 1er du règlement).

Envoi par télécopie

7. Une partie peut présenter des observations ou autres documents à la Cour en les envoyant par télécopie.
8. Le nom de la personne ayant signé les observations doit également apparaître en caractères imprimés, de manière à ce que cette personne puisse être identifiée.

Envoi électronique

9. La Cour peut autoriser le gouvernement d'une Partie contractante ou, après la communication d'une requête, le requérant à envoyer des observations et d'autres documents par voie électronique. En pareil cas, l'instruction pratique relative aux observations écrites s'applique conjointement à celles relatives à l'envoi électronique de documents.

II. Forme et contenu

Forme

10. Tout document renfermant des observations doit comporter :

a) le numéro de la requête et le nom de l'affaire ;

b) un intitulé indiquant la nature de son contenu (par exemple, observations sur la recevabilité [et le fond] ; réponse aux observations sur la recevabilité [et le fond] soumises par le Gouvernement/le requérant ; observations sur le fond ; observations additionnelles sur la recevabilité [et le fond] ; mémoire, etc.)

11. Les observations doivent en outre normalement

a) être établies sur du papier au format A4 avec une marge non inférieure à 3,5 cm de large ;

b) être dactylographiées et facilement lisibles, le texte lui-même devant apparaître au minimum en corps 12 et les notes en bas de page en corps 10, avec un interligne de 1,5 ;

c) avoir tous les nombres exprimés en chiffres ;

d) avoir toutes les pages numérotées de manière continue ;

e) être divisées en paragraphes numérotés ;

f) être divisées en chapitres et/ou têtes de rubriques correspondant à la forme et au style des décisions et arrêts de la Cour ("En fait"/"Droit [et pratique] interne[s] pertinent[s]"/"Griefs"/"En droit" ; ce dernier chapitre doit être composé de sections intitulées "Exception préliminaire tirée de (...)" ; "Violation alléguée de l'article (...)" selon le cas) ;

g) exposer sous une section distincte les réponses aux questions posées par la Cour ou aux arguments développés par la partie adverse ;

h) comporter des renvois à tous les documents et/ou pièces probantes mentionnés dans les observations et s'y trouvant annexés ;

i) dans le cas d'un envoi par courrier, être établies seulement sur la face recto des feuilles, les feuilles et les annexes devant être assemblées de manière à pouvoir être facilement séparées (il convient d'éviter de les coller ou de les agrafer).

12. Si exceptionnellement des observations excèdent 30 pages, elles doivent être aussi accompagnées d'un bref résumé.

13. Lorsqu'une partie produit des documents et/ou d'autres annexes à l'appui d'observations, chaque pièce doit être répertoriée dans une annexe distincte.

Contenu

14. Les observations déposées par les parties à la suite de la communication de la requête doivent comporter :

a) tous commentaires jugés utiles concernant les faits de la cause ; toutefois,

i. si une partie n'a rien à redire à l'exposé des faits établi par le greffe, elle doit limiter ses observations à une brève déclaration en ce sens ;

ii. si une partie ne conteste qu'à certains égards l'exposé des faits établi par le greffe, ou si elle souhaite y ajouter des précisions, elle doit limiter ses observations à ces points précis ;

iii. si une partie conteste l'exposé des faits ou une partie de l'exposé des faits émanant de la partie adverse, elle doit préciser clairement les points qu'elle ne conteste pas et limiter ses observations aux points qu'elle conteste ;

b) les arguments juridiques se rapportant, à la recevabilité d'abord, au fond ensuite ; toutefois,

i. si des questions précises sur un point de fait ou de droit ont été adressées à une partie, celle-ci doit, sans préjudice de l'article 55 du règlement, limiter ses arguments à ces questions ;

ii. si des observations répondent à des arguments de la partie adverse, elles doivent se référer aux arguments précis en cause, dans l'ordre prescrit ci-dessus.

15. a) Les observations déposées par les parties après la déclaration de recevabilité de la requête doivent comporter :

i. une brève déclaration indiquant la position adoptée quant aux faits de la cause tels qu'établis dans la décision sur la recevabilité ;

ii. les arguments juridiques relatifs au fond de l'affaire ;

iii. les réponses aux questions précises posées par la Cour relativement à des points de fait ou de droit.

b) Une partie requérante qui soumet en même temps une demande de satisfaction équitable doit le faire de la manière décrite dans l'instruction pratique concernant la présentation des demandes de satisfaction équitable.

16. Eu égard au caractère confidentiel de la procédure de règlement amiable (voir les articles 39 § 2 de la Convention et 62 § 2 du règlement), l'ensemble des observations et documents déposés dans le cadre de la procédure visant à la conclusion d'un règlement amiable doivent être soumis séparément des observations écrites.

17. Aucune référence aux offres, concessions ou autres déclarations soumises en rapport avec le règlement amiable ne peut figurer dans les observations déposées dans le cadre de la procédure contentieuse.

III. Délais

Généralités

18. Chaque partie doit veiller à ce que ses observations et tous documents ou pièces les accompagnant parviennent au greffe de la Cour en temps utile.

Prorogation des délais

19. Tout délai fixé en vertu de l'article 38 du règlement peut être prorogé à la demande d'une partie.

20. Toute partie qui souhaite obtenir pareille prorogation de délai doit formuler une demande à cet égard dès qu'elle a connaissance des circonstances lui paraissant justifier une telle mesure et, en tout état de cause, avant l'expiration du délai en question. Elle doit motiver sa demande.

21. Si une prorogation de délai est accordée, elle vaut pour toutes les parties assujetties au respect du délai en question, y compris celles qui n'ont pas sollicité de prorogation.

IV. Non-respect des exigences entourant le dépôt d'observations

22. Lorsque des observations ont été déposées d'une manière non conforme aux exigences énoncées aux paragraphes 8 à 15 de la présente instruction pratique, le président de la chambre peut inviter la partie concernée à les soumettre une nouvelle fois, en respectant ces exigences.

23. En cas de non-respect des conditions énumérées ci-dessus, la Cour peut considérer que les observations n'ont pas été déposées de manière valable (voir l'article 38 § 1er du règlement).

Instruction pratique relative aux demandes de satisfaction équitable

I. Introduction

1. L'octroi d'une satisfaction équitable ne découle pas automatiquement du constat par la Cour européenne des droits de l'homme qu'il y a eu violation d'un droit garanti par la Convention européenne des droits de l'homme ou ses Protocoles. Cela ressort clairement du libellé de l'article 41 de la Convention, qui dispose que la Cour n'accorde une satisfaction équitable que si le droit interne ne permet d'effacer qu'imparfaitement les conséquences d'une violation et, même en pareil cas, que "s'il y a lieu" (*if necessary* dans le texte anglais) de le faire.

2. L'indemnité allouée au titre de l'article 41 de la Convention doit être "équitable" (*just* dans le texte anglais) compte tenu des circonstances de la cause. La Cour doit donc prendre en considération les caractéristiques de l'affaire dont elle se trouve saisie. Elle peut estimer que le constat de violation de la Convention constitue en soi une satisfaction équitable suffisante pour tel ou tel chef de préjudice allégué et qu'il n'y a pas lieu d'accorder une réparation pécuniaire. Elle peut aussi déceler des motifs d'équité pour octroyer une somme inférieure à la valeur du dommage réellement subi ou aux frais et dépens effectivement exposés, voire pour n'accorder aucune indemnité. Ce peut être le cas, par exemple, si la situation dénoncée, le montant du dommage ou le niveau des frais sont imputables à une faute du requérant lui-même. Pour fixer le montant à accorder, la Cour peut envisager aussi les situations respectives du requérant, partie lésée par une violation, et de la Partie contractante, responsable de l'intérêt général. Enfin, la Cour prend d'habitude en compte la situation économique de l'État mis en cause.

3. Lorsqu'elle accorde une indemnité au titre de l'article 41 de la Convention, la Cour peut décider de se référer aux normes internes. Elle n'est toutefois jamais liée par elles.

4. Tout requérant désireux de déposer une demande de satisfaction équitable doit respecter les conditions de forme et de fond pertinentes fixées par la Convention et le règlement de la Cour.

II. Dépôt de demandes de satisfaction équitable : conditions de forme

5. L'article 60 du règlement fixe les délais et les autres conditions de forme à respecter pour déposer une demande de satisfaction équitable. Ses passages pertinents sont ainsi libellés :

> 1. Tout requérant qui souhaite que la Cour lui accorde une satisfaction équitable au titre de l'article 41 de la Convention en cas de constat d'une violation de ses droits découlant de celle-ci doit formuler une demande spécifique à cet effet.
> 2. Sauf décision contraire du président de la chambre, le requérant doit soumettre ses prétentions, chiffrées et ventilées par rubrique et accompagnées des justificatifs pertinents, dans le délai qui lui a été imparti pour la présentation de ses observations sur le fond.
> 3. Si le requérant ne respecte pas les exigences décrites dans les paragraphes qui précèdent, la chambre peut rejeter tout ou partie de ses prétentions.
>
> (...) »

La Cour exige donc des demandes précises, pièces justificatives à l'appui, sans quoi elle n'alloue aucune indemnité. Elle écarte les demandes présentées dans les formulaires de requête mais non réitérées au stade approprié de la procédure. Elle rejette aussi les demandes tardives.

III. Dépôt de demandes de satisfaction équitable : conditions de fond

6. La Cour peut allouer des indemnités au titre de l'article 41 de la Convention pour :

a) dommage matériel ;
b) préjudice moral, et
c) frais et dépens.

1. Le dommage de manière générale

7. Il faut démontrer clairement l'existence d'un lien de causalité entre le dommage prétendument subi et la violation dénoncée. La Cour ne se contentera pas d'un lien simplement ténu entre la violation alléguée et le préjudice, ni de simples spéculations quant à ce qui aurait pu être.

8. Une indemnité pour dommage peut être accordée pour autant que celui-ci résulte de la violation constatée. Aucune indemnité ne peut être allouée pour un préjudice provoqué par des événements ou des situations dont la Cour n'estime pas qu'ils emportent violation de la Convention, ni pour un dommage se rapportant à des griefs déclarés irrecevables à un stade antérieur de la procédure.

9. Lorsqu'elle accorde une indemnité pour dommage, la Cour tend à indemniser le requérant des conséquences préjudiciables réelles d'une violation. Elle n'entend pas punir la Partie contractante responsable. Jusqu'ici, la Cour n'a donc pas jugé bon d'accueillir des demandes de dommages-intérêts catalogués comme "punitifs", "aggravés" ou "exemplaires".

2. Dommage matériel

10. En ce qui concerne le dommage matériel, le principe est que le requérant doit être placé, autant que faire se peut, dans la situation dans laquelle il se serait trouvé si la violation ne s'était pas produite – il s'agit, en d'autres termes, de réaliser une *restitutio in integrum*. Ce qui peut supposer une réparation pour la perte effectivement subie (*damnum emergens*) et la perte ou le manque à gagner auxquels il faut s'attendre pour l'avenir (*lucrum cessans*).

11. Il appartient au requérant de démontrer que la violation ou les violations alléguées ont entraîné pour lui un préjudice matériel. Il doit produire les documents pertinents afin de prouver, dans la mesure du possible, non seulement l'existence mais aussi le montant ou la valeur du dommage.

12. En principe, l'indemnité allouée par la Cour reflète l'intégralité du dommage calculé. Toutefois, si le préjudice réel ne se prête pas à une évaluation précise, la Cour procède à une estimation à partir des éléments dont elle dispose. Comme il est indiqué au paragraphe 2 ci-dessus, elle peut aussi trouver en équité des motifs d'allouer une somme inférieure au montant total de la perte subie.

3. Dommage moral

13. L'indemnité que la Cour alloue pour préjudice moral est censée fournir une réparation pécuniaire du dommage moral, par exemple la souffrance physique ou mentale.

14. Par sa nature, le dommage moral ne se prête pas à un calcul précis. Si son existence est établie, et si la Cour estime qu'il y a lieu d'accorder une indemnité pécuniaire, elle procède à une évaluation en équité en ayant égard aux normes qui se dégagent de sa jurisprudence.

15. Tout requérant qui demande réparation d'un dommage moral est invité à préciser le montant de l'indemnité qu'il estime équitable de se voir allouer. Celui qui se prétend victime de plusieurs violations peut réclamer une somme forfaitaire destinée à couvrir l'ensemble du préjudice résultant des violations alléguées ou solliciter des montants distincts pour chacune des violations en question.

4. Frais et dépens

16. La Cour peut ordonner de rembourser au requérant les frais et dépens qu'il a assumés – d'abord au niveau interne puis dans la procédure devant elle – pour empêcher la violation ou pour en faire effacer les conséquences. Les frais et dépens incluent d'ordinaire les frais de l'assistance d'un avocat, les frais de justice, etc. Ils peuvent comprendre aussi les frais de déplacement et de séjour, en particulier ceux rendus indispensables par la nécessité d'assister à une audience devant la Cour.

17. La Cour ne peut accueillir les demandes pour frais et dépens que si elles se rapportent aux violations constatées par elle. Elle doit les écarter si elles concernent des griefs qui n'ont pas débouché sur le constat d'une violation, ou des griefs déclarés irrecevables. Cela étant, il est loisible à un requérant de ventiler ses prétentions au titre des frais et dépens entre les différents griefs qu'il soulève.

18. Les frais et dépens doivent avoir été réellement exposés. Autrement dit, le requérant doit les avoir réglés, ou être tenu de les régler, en vertu d'une obligation légale ou contractuelle. Tout montant versé ou dû par les autorités internes ou le Conseil de l'Europe au titre de l'assistance judiciaire doit être déduit de la somme éventuellement allouée pour frais et dépens.

19. Les frais et dépens doivent avoir été nécessaires, c'est-à-dire que le requérant a dû les engager pour empêcher la violation ou y faire remédier.

20. Ils doivent être d'un montant raisonnable. Si la Cour les juge excessifs, elle alloue une somme raisonnable selon sa propre estimation.

21. La Cour exige des preuves, comme des notes d'honoraires et des factures détaillées. Elles doivent être suffisamment précises pour lui permettre de déterminer dans quelle mesure les conditions susmentionnées se trouvent remplies.

5. Informations quant au paiement

22. Le requérant est invité à indiquer un compte bancaire sur lequel il souhaite voir verser les sommes qui pourraient lui être octroyées. S'il désire que tel ou tel montant, comme les sommes allouées pour frais et dépens, soit réglé séparément, par exemple directement sur le compte bancaire de son représentant, il doit le préciser.

IV. Forme des réparations octroyées par la Cour

23. La réparation éventuellement accordée par la Cour revêt d'ordinaire la forme d'une somme d'argent à verser par la Partie contractante défenderesse à la victime ou aux victimes des violations constatées. Ce n'est que très exceptionnellement que la Cour peut envisager d'inviter la Partie contractante défenderesse à prendre telle ou telle mesure pour mettre fin ou remédier aux violations en question. Toutefois, la Cour a la faculté de donner des indications quant à la manière dont il convient d'exécuter ses arrêts (article 46 de la Convention).

24. L'indemnité que le requérant peut se voir allouer par la Cour au titre de l'article 41 de la Convention est en principe exprimée en euros (EUR, €), indépendamment de la monnaie dans laquelle l'intéressé formule ses demandes. Si le requérant doit percevoir son indemnité dans une monnaie autre que l'euro, la Cour ordonne que les sommes exprimées en euros soient converties dans cette autre monnaie, au taux de change applicable à la date du versement. Lorsqu'il présente ses prétentions, le requérant doit, le cas échéant, envisager ce qu'implique cette politique compte tenu des effets qu'aura la conversion en euros de sommes exprimées dans une monnaie différente ou la conversion de sommes exprimées en euros dans une monnaie différente.

25. La Cour fixe, de son propre chef, un délai pour le versement éventuel à opérer ; ce délai est d'habitude de trois mois à compter de la date à laquelle l'arrêt devient définitif et exécutoire. La Cour ordonne aussi le paiement d'intérêts moratoires simples en cas de versement intervenant après échéance du délai ainsi fixé. Elle fixe d'ordinaire le taux de ces intérêts à un niveau égal à celui du taux d'intérêt de la facilité de prêt marginal de la Banque centrale européenne pour la période comprise entre la date d'expiration du délai fixé jusqu'au versement de l'indemnité allouée, augmenté de trois points de pourcentage.

Instruction pratique relative à l'envoi électronique sécurisé de documents par le gouvernement

I. Champ d'application

1. Les gouvernements des États contractants qui ont opté pour le système d'envoi électronique sécurisé de documents mis en place par la Cour envoient toutes leurs communications écrites avec la Cour en les transférant vers le site Internet sécurisé créé à cet effet et acceptent les communications écrites qui leur sont adressées par le greffe de la Cour en les téléchargeant à partir dudit site, sous réserve des exceptions suivantes :

a) en cas de dysfonctionnement du site sécurisé, les documents relatifs à une demande tendant à l'indication d'une mesure provisoire en vertu de l'article 39 du règlement doivent obligatoirement être envoyés par télécopieur ou par e-mail ; il faut alors indiquer clairement sur le document "Article 39. Urgent" ;

b) les annexes telles que plans, manuels, etc., qui ne peuvent être visualisées en totalité sous format électronique peuvent être envoyées par courrier ;

c) le greffe de la Cour peut demander qu'un document ou une annexe papier soient envoyés par courrier.

2. Si le gouvernement a envoyé un document par courrier ou par télécopie, il adresse dès que possible par voie électronique une note d'envoi par courrier ou par télécopie qui décrit le document envoyé, indique la date de son envoi et expose les raisons pour lesquelles un envoi électronique n'a pas été possible.

II. Exigences techniques

3. Le gouvernement se dote de l'équipement technique nécessaire et suit le manuel de l'utilisateur reçu du greffe de la Cour.

III. Format et convention de dénomination

4. Tout document transmis par voie électronique doit l'être en format PDF, et de préférence en format PDF recherchable.

5. Les lettres et observations écrites non signées ne sont pas acceptées. Les documents signés devant être transmis par voie électronique sont générés par scannage de la copie papier originale. Le gouvernement conserve la copie papier originale dans son dossier.

6. Le nom d'un document transmis par voie électronique se compose du numéro de la requête suivi du nom du requérant tel qu'écrit en alphabet latin par le greffe de la Cour et d'une indication du contenu du document.

IV. Date à retenir pour les délais

7. La date à laquelle le Gouvernement a téléchargé avec succès un document sur le site sécurisé est considérée comme la date d'envoi du document au sens de l'article 38 § 2 du règlement ou comme la date de dépôt du document aux fins de l'article 73 § 1er du règlement.

8. Afin de faciliter la traçabilité de la correspondance échangée, chaque jour peu avant minuit le serveur sécurisé génère automatiquement un message électronique donnant la liste des documents transmis par voie électronique au cours des vingt-quatre heures écoulées.

V. Pluralité de versions d'un seul et même document

9. Le site électronique sécurisé ne permet pas la modification, le remplacement ou la suppression d'un document téléchargé. Si le gouvernement est confronté à la nécessité de modifier un document téléchargé par lui, il crée un nouveau document, qu'il nomme différemment (par exemple en ajoutant le mot « modifié » au nom du premier document). Cette possibilité ne doit être utilisée qu'en cas de véritable nécessité, et non aux fins de correction d'erreurs mineures.

10. Lorsque le gouvernement a envoyé plus d'une version du même document, seul le document parvenu dans les délais est pris en considération. Lorsque plus d'une version est parvenue au greffe dans les délais, c'est la dernière qui est prise en considération, sauf décision contraire du président de la chambre.

Instruction pratique relative aux demandes d'anonymat

(Articles 33 et 47 du règlement)

Principes généraux

Il est rappelé aux parties que, sauf dérogation accordée en vertu des articles 33 ou 47 du règlement, les documents afférents aux procédures suivies devant la Cour sont publics. Ainsi, toutes les informations soumises en rapport avec une requête, que ce soit dans le cadre de la procédure écrite ou dans celui de la procédure orale, y compris les informations au sujet du requérant ou de tiers, sont accessibles au public.

Les parties doivent également savoir que les exposés des faits, les décisions et les arrêts de la Cour sont normalement publiés dans Hudoc *[www.echr.coe.int/echr/fr/hudoc]* sur le site iternet de la Cour (article 78 du règlement).

Demandes formulées dans des affaires pendantes

Tout requérant qui souhaite conserver l'anonymat doit en faire la demande au moment où il remplit le formulaire de requête ou aussitôt que possible par la suite. Dans un cas comme dans l'autre, il doit exposer les motifs de sa demande et préciser l'impact qu'une divulgation de son identité pourrait avoir sur lui.

Demandes rétroactives

Si un requérant souhaite demander l'anonymat relativement à une affaire ou à des affaires publiées sur Hudoc avant le 1er janvier 2010, il doit envoyer au greffe une lettre exposant les motifs de sa demande et précisant l'impact que la divulgation de son identité a eu ou pourrait avoir sur lui. Il doit également expliquer pourquoi il n'a pas sollicité l'anonymat alors que l'affaire était pendante devant la Cour.

Pour statuer sur la demande, le président tient compte des explications fournies par le requérant, du degré de publicité que la décision ou l'arrêt a déjà reçu et du point de savoir s'il est opportun ou non, notamment sur le plan pratique, d'accueillir la demande.

Si le président fait droit à la demande, il détermine également les mesures à prendre pour éviter que le requérant ne soit identifié. Il peut ainsi décider, par exemple, que la décision ou l'arrêt concernant le requérant sera retiré du site iternet de la Cour ou que les éléments d'identification personnelle de l'intéressé seront supprimés des documents publiés.

Autres mesures

Le président peut également prendre relativement à tout document publié par la Cour toute autre mesure lui paraissant nécessaire ou souhaitable pour garantir le droit au respect de la vie privée.

Instruction pratique relative à l'envoi électronique de documents par le requérant

I Champ d'application

1. Après communication de la requête, tout requérant qui aura opté pour l'envoi électronique de documents adresse toutes ses communications écrites avec la Cour en utilisant le Service de communication par voie électronique (eComms) de la Cour et accepte les communications écrites qui lui sont adressées par le greffe de la Cour par le biais de eComms, sous réserve des exceptions suivantes :

a) les communications écrites concernant une demande de mesures provisoires au titre de l'article 39 du règlement ne sont envoyées que par télécopie et par courrier ;

b) les annexes telles que plans, manuels, etc., qui ne peuvent être visualisées en totalité sous format électronique peuvent être envoyées par courrier ;

c) le greffe de la Cour peut demander qu'un document ou une annexe papier soient envoyés par courrier.

2. Si le requérant a envoyé un document par courrier ou par télécopie, il adresse dès que possible par voie électronique une note d'envoi par courrier ou par télécopie qui décrit le document envoyé, indique la date de son envoi et expose les raisons pour lesquelles un envoi électronique n'a pas été possible.

II Exigences techniques

3. Le requérant se dote de l'équipement technique nécessaire et suit le manuel de l'utilisateur disponible sur le site eComms.

III Format et convention de dénomination

4. Tout document transmis par voie électronique doit l'être en format PDF. Les documents PDF doivent être du type « PDF texte » plutôt que « PDF image ».

5. Les lettres et observations écrites non signées ne sont pas acceptées. Les documents signés devant être transmis par voie électronique sont générés par scannage de la copie papier originale. Le requérant en conserve la copie papier originale dans son dossier.

6. Le nom d'un document transmis par voie électronique se compose du numéro de la requête suivi du nom du requérant tel qu'écrit en alphabet latin par le greffe de la Cour et d'une indication du contenu du document.

IV Date à retenir pour les délais

7. La date à laquelle le requérant a transmis avec succès un document par voie électronique est considérée comme la date d'envoi (heure de Strasbourg) du document au sens de l'article 38 § 2 du règlement ou comme la date de dépôt du document aux fins de l'article 73 § 1er du règlement.

8. Afin de faciliter la traçabilité de la correspondance échangée et de garantir le respect des délais fixés par la Cour, le requérant doit régulièrement vérifier son courrier électronique et son compte eComms.

V Pluralité de versions d'un seul et même document

9. eComms ne permet pas la modification, le remplacement ou la suppression d'un document téléchargé. Si le requérant est confronté à la nécessité de modifier un document téléchargé par lui, il crée un nouveau document, qu'il nomme différemment (par exemple en ajoutant le mot « modifié » au nom du premier document). Cette possibilité ne doit être utilisée qu'en cas de véritable nécessité, et non aux fins de correction d'erreurs mineures.

10. Lorsque le requérant a envoyé plus d'une version du même document, seul le document *parvenu dans les délais* est pris en considération. Lorsque plus d'une version est parvenue au greffe dans les délais, c'est la dernière qui est prise en considération, sauf décision contraire du président de la chambre.

Art. 26 ***Formations de juge unique, comités, Chambres et Grande Chambre.*** **1. Pour l'examen des affaires portées devant elle, la cour siège en formations de juge unique, en comités de trois juges, en Chambres de sept juges et en une Grande Chambre de dix-sept juges. Les Chambres de la cour constituent les comités pour une période déterminée.**

2. A la demande de l'Assemblée plénière de la Cour, le Comité des ministres peut, par une décision unanime et pour une période déterminée, réduire à cinq le nombre de juges des Chambres.

3. Un juge siégeant en tant que juge unique n'examine aucune requête introduite contre la Haute Partie contractante au titre de laquelle ce juge a été élu.

4. Le juge élu au titre d'une Haute Partie contractante partie au litige est membre de droit de la Chambre et de la Grande Chambre ; en cas d'absence de ce juge, ou lorsqu'il n'est pas en mesure de siéger, une personne choisie par le président de la Cour sur une liste soumise au préalable par cette Partie siège en qualité de juge.

5. Font aussi partie de la Grande Chambre le président de la Cour, les vice-présidents, les présidents des Chambres et d'autres juges désignés conformément au règlement de la Cour. Quand l'affaire est déférée à la Grande Chambre en vertu de l'article 43, aucun juge de la Chambre qui a rendu l'arrêt ne peut y siéger, à l'exception du président de la Chambre et du juge ayant siégé au titre de la Haute Partie contractante intéressée.

Art. 27 *Compétence des juges uniques.* 1. Un juge unique peut déclarer une requête introduite en vertu de l'article 34 irrecevable ou la rayer du rôle lorsqu'une telle décision peut être prise sans examen complémentaire.

2. La décision est définitive.

3. Si le juge unique ne déclare pas une requête irrecevable ou ne la raye pas du rôle, ce juge la transmet à un comité ou à une Chambre pour examen complémentaire.

Art. 28 *Compétence des comités.* 1. Un comité saisi d'une requête individuelle introduite en vertu de l'article 34 peut, par vote unanime,

a) la déclarer irrecevable ou la rayer du rôle lorsqu'une telle décision peut être prise sans examen complémentaire ; ou

b) la déclarer recevable et rendre conjointement un arrêt sur le fond lorsque la question relative à l'interprétation ou à l'application de la Convention ou de ses Protocoles qui est à l'origine de l'affaire fait l'objet d'une jurisprudence bien établie de la Cour.

2. Les décisions et arrêts prévus au paragraphe 1 sont définitifs.

3. Si le juge élu au titre de la Haute Partie contractante partie au litige n'est pas membre du comité, ce dernier peut, à tout moment de la procédure, l'inviter à siéger en son sein en lieu et place de l'un de ses membres, en prenant en compte tous facteurs pertinents, y compris la question de savoir si cette Partie a contesté l'application de la procédure du paragraphe 1.*b*.

Art. 29 *Décisions des Chambres sur la recevabilité et le fond.* 1. Si aucune décision n'a été prise en vertu des articles 27 ou 28, ni aucun arrêt rendu en vertu de l'article 28, une Chambre se prononce sur la recevabilité et le fond des requêtes individuelles introduites en vertu de l'article 34. La décision sur la recevabilité peut être prise de façon séparée.

2. Une Chambre se prononce sur la recevabilité et le fond des requêtes étatiques introduites en vertu de l'article 33. Sauf décision contraire de la Cour dans des cas exceptionnels, la décision sur la recevabilité est prise séparément.

Art. 30 *Dessaisissement en faveur de la Grande Chambre.* Si l'affaire pendante devant une Chambre soulève une question grave relative à l'interprétation de la Convention ou de ses protocoles, ou si la solution d'une question peut conduire à une contradiction avec un arrêt rendu antérieurement par la cour, la Chambre peut, tant qu'elle n'a pas rendu son arrêt, se dessaisir au profit de la Grande Chambre *(Abrogé par Prot. add. n° 15 du 24 juin 2013, art. 3, à compter du 1er août 2021)* « *, à moins que l'une des parties ne s'y oppose* ».

Art. 31 *Attributions de la Grande Chambre.* La Grande Chambre :

a) Se prononce sur les requêtes introduites en vertu de l'article 33 ou de l'article 34 lorsque l'affaire lui a été déférée par la Chambre en vertu de l'article 30 ou lorsque l'affaire lui a été déférée en vertu de l'article 43 ;

b) se prononce sur les questions dont la Cour est saisie par le Comité des ministres en vertu de l'article 46, paragraphe 4 ; et

c) Examine les demandes d'avis consultatifs introduites en vertu de l'article 47.

1. Le contenu et l'objet de « l'affaire » renvoyée devant la Grande Chambre sont délimités par la décision de la chambre sur la recevabilité. • CEDH, gr. ch., 12 juill. 2001, *Finlande,* n° 25702/94 § 141 • CEDH, gr. ch., 28 avr. 2004, *Chypre,* n° 56679/00 § 32 : *AJDA 2004. 1809,* *chron. Flauss* ✎. ♦ Cela signifie que la Grande Chambre ne peut pas examiner les parties de la requête qui ont été déclarées irrecevables par la chambre. • CEDH, gr. ch., 15 janv. 2007, *Lettonie*, n° 60654/00 § 61 : *AJDA 2007. 902, chron. Flauss* ✎ • CEDH 26 avr. 2016, *Murray c/ Pays-Bas*, n° 10511/10 § 86 : *D. 2016. 1542, note Renucci* ✎ ; *AJ pénal 2016. 322, note Vouleli et Van Zyl Smit* ✎ • CEDH, gr. ch., 12 mai 2017, *Bulgarie*, n° 21980/04 § 83.

2. A l'intérieur du cadre ainsi tracé, la Grande Chambre peut traiter toute question de fait ou de droit qui surgit pendant l'instance engagée devant elle. • CEDH, gr. ch., 17 sept. 2009, *Scoppola c/ Italie n° 2*, n° 10249/03 § 48 : *AJDA 2010. 997, chron. Flauss* ✎ ; *D. 2010. 2732, obs. Roujou de Boubée, Garé et Mirabail* ✎ ; *RSC 2010. 234, obs. Marguénaud* ✎. ♦ V. déjà s'agissant de l'ancienne Cour. • CEDH 27 août 1991, *Grèce (n° 1)*, n° 12750/87 § 56 : *AJDA 1992. 15, chron. Flauss* ✎. ♦ « L'affaire » renvoyée devant la Grande Chambre englobe nécessairement tous les aspects de la requête que la chambre a examinés précédemment dans son arrêt. • CEDH, gr. ch., 12 juill. 2001, *Finlande*, n° 25702/94 § 140. ♦ ... Et non uniquement la « question » grave qui a motivé le renvoi. • CEDH, gr. ch., 6 nov. 2018, *Portugal*, n° 55391/13 § 87. ♦ La Chambre ayant déclaré l'art. 6 Conv. EDH applicable en l'espèce, la question de son applicabilité relève clairement de l'affaire renvoyée devant la Grande Chambre, quand bien même elle l'a été par les requérants et en dépit de ce que cette applicabilité n'a pas été contestée devant la Chambre par le défendeur qui est ensuite revenu sur sa position devant la Grande Chambre. • CEDH, gr. ch., 22 déc. 2020, *Gestur Jonsson e. a. c/ Islande*, n° 68271/14 § 73 et 74. ♦ La Grande Chambre a déjà décidé dans certaines affaires, compte tenu de l'importance des questions en jeu, d'étudier certains griefs que la chambre n'avait pas jugé nécessaire d'examiner, et ce même dans les cas où l'issue était défavorable à la partie qui avait demandé le renvoi devant elle. • CEDH, gr. ch., 30 nov. 2004, *Turquie*, n° 48939/99 § 141 et 149. ♦ La Cour, étant maîtresse de la qualification juridique des faits de la cause relativement aux griefs qui n'ont pas été déclarés irrecevables, relève de l'objet du litige, porté en application de l'art. 43 de la Conv. auprès de la Grande Chambre, un grief ayant été soumis à la chambre mais à propos de la recevabilité duquel celle-ci ne s'est pas prononcée. • CEDH, gr. ch., 21 nov. 2019, *Ilias et Ahmed c/ Hongrie*, n° 47287/15 § 177. ♦ La Cour n'a en revanche pas compétence *ratione temporis* pour connaître de griefs que le requérant a soumis pour la première fois dans le cadre de la demande de renvoi à la Grande Chambre, dès lors qu'en tout état de cause ils ont été soumis plus de six mois après la dernière décision interne prononcée à cet égard. • CEDH, gr. ch., 10 sept. 2019, *Norvège*, n° 37283/13 § 146.

3. On ne saurait considérer que les remarques formulées par le requérant au sujet des conclusions de la chambre s'analysent en un retrait sans équivoque dudit grief. • CEDH 26 avr. 2016, *Murray c/ Pays-Bas*, n° 10511/10 § 88 : *préc. note 1.* ♦ En revanche, lorsque le requérant indique dans ses observations écrites qu'il ne souhaite pas « insister » sur son grief, fondé sur l'art. 3 Conv. EDH, relatif aux conditions matérielles de sa détention, et plus précisément à l'état des locaux pénitentiaires, la Cour estime qu'en disant « ne pas insister », le requérant signifie qu'il n'entend pas maintenir, au sens de l'art. 37 § 1, a) Conv. EDH, ce volet du grief fondé sur l'art. 3. Dès lors que, conformément à l'art. 37 § 1 *in fine*, il n'existe aucune circonstance spéciale touchant au respect des droits de l'homme garantis par la Conv. EDH et ses Protocoles qui lui imposerait de se pencher sur ce grief, la Grande Chambre peut décider de ne pas l'examiner. • CEDH 26 avr. 2016, *Murray c/ Pays-Bas*, n° 10511/10 § 89 : *préc. note 1.*

4. Il en va de même lorsque le renvoi est opéré en application de l'art. 43 Conv. EDH. Dès lors que les trois paragraphes de cet art. emploient tous le terme « l'affaire » *(the case)* pour décrire la matière dont la Grande Chambre se trouve saisie et qu'en particulier, en son § 3 dispose que la Grande Chambre « se prononce sur l'affaire », la Grande Chambre se trouve saisie de l'ensemble de l'affaire et pas seulement de la « question grave » évoquée au § 2. Le libellé de l'art. 43 précise bien que, si l'existence d'« une question grave relative à l'interprétation ou à l'application de la Convention ou de ses Protocoles, ou encore une question grave de caractère général » est la condition préalable pour que la demande d'une partie soit accueillie, une fois la demande acceptée, c'est l'ensemble de « l'affaire » qui est renvoyé devant la Grande Chambre, laquelle se prononcera par un nouvel arrêt. • CEDH, gr. ch., 12 juill. 2001, *Finlande*, n° 25702/94 § 140.

5. V. également notes ss. Conv. EDH, art. 35, IX : Règles procédurales.

Art. 32 *Compétence de la Cour.* **1. La compétence de la Cour s'étend à toutes les questions concernant l'interprétation et l'application de la Convention et de ses protocoles qui lui seront soumises dans les conditions prévues par les articles 33, 34, 46 et 47.**

2. En cas de contestation sur le point de savoir si la Cour est compétente, la Cour décide.

COMMENTAIRE

V. sur le Code en ligne.

1. Principe. Une fois régulièrement saisie, la Cour jouit de la plénitude de juridiction et peut donc connaître de toutes les questions de fait et de droit qui se poseront au cours de l'examen de l'affaire. • CEDH 18 juin 1971, *De Wilde, Ooms et Versyp c/ Belgique*, n° 1649 § 49.

2. Les dispositions de la Conv. EDH et d(es) Protocole(s) forment un tout ; une fois régulièrement saisie, la Cour peut connaître de chacun des problèmes de droit qui surgissent en cours d'instance à propos des faits soumis à son contrôle par un État contractant : maîtresse de la qualification juridique à donner à ces faits, elle a compétence pour les examiner, si elle le juge nécessaire et au besoin d'office, à la lumière de l'ensemble de la Conv. EDH et d(es) Protocole(s). • CEDH 7 déc. 1976, *Handyside c/ Royaume-Uni*, n° 5493/72 § 41.

3. Principe « jura novit curia ». Maîtresse de la qualification juridique des faits de la cause, la Cour ne se considère pas comme liée par celle que leur attribuent les requérants ou les Gouvernements. En vertu du principe *jura novit curia*, elle a par exemple examiné d'office plus d'un grief sous l'angle d'un art. ou d'un § que n'avaient pas invoqué les parties, et même d'une clause que la Commission avait déclarée irrecevable tout en la retenant sur le terrain d'une autre. Un grief se caractérise par les faits qu'il dénonce et non par les simples moyens ou arguments de droit invoqués. • CEDH, gr. ch., 19 févr. 1998, *Italie*, n° 14967/89 § 44 • CEDH, gr. ch., 17 sept. 2009, *Scoppola c/ Italie (n° 2)*, n° 10249/03 § 54 : *AJDA 2010. 997, chron. Flauss ; D. 2010. 2732, obs. Roujou de Boubée, Garé et Mirabail ; RSC 2010. 234, obs. Marguénaud*. ♦ A la lumière de ces principes, la Cour estime que les questions soulevées en l'espèce doivent être examinées sous l'angle de l'art. 3 Conv. EDH et non de l'art. 6 invoqué par les requérants. • CEDH 11 févr. 2014, *Roumanie*, n° 14974/09 § 51.

4. Si l'importance des arguments juridiques ne s'apprécie pas dans l'abstrait, un grief se caractérise toujours par les faits qu'il dénonce. L'objet d'une affaire devant la Cour demeure délimité par les faits tels qu'exposés par le requérant. Si la Cour venait à se prononcer sur la base de faits non visés par le grief, elle statuerait au-delà de l'objet de l'affaire et outrepasserait sa compétence en tranchant des questions qui ne lui auraient pas été « soumises », au sens de l'art. 32 Conv. EDH. En pareil cas, il pourrait aussi se poser la question du respect du principe de l'égalité des armes. En revanche, la Cour ne statuerait pas hors de l'objet de l'affaire si, en application du principe *jura novit curia*, elle venait à requalifier en droit les faits dénoncés en se prononçant sur la base d'un article ou d'une disposition de la Conv. non invoqués par le requérant. L'objet d'une affaire « soumise » à la Cour dans l'exercice du droit de recours individuel est délimité par le grief soumis par le requérant. Un grief comporte deux éléments : des allégations factuelles et des arguments juridiques. Elle ne peut toutefois pas se prononcer sur la base de faits non visés par le grief car cela reviendrait à statuer au-delà de l'objet de l'affaire ou, autrement dit, à trancher des questions qui ne lui auraient pas été « soumises ». • CEDH, gr. ch., 20 mars 2018, *Radomilja et a. c/ Croatie*, n° 37685/10 § 115, 122 et 126. ♦ Même si le requérant n'a pas expressément mentionné les art. 2 et 8 de la Conv. EDH, la Cour, eu égard à la base factuelle des griefs formulés par celui-ci, juge approprié d'examiner la présente espèce également sous l'angle de ces deux stipulations. • CEDH, gr. ch., 25 juin 2019, *Tanase c/ Roumanie*, n° 41720/13 § 86.

5. La Grande Chambre considère que l'adjonction tardive d'une période de plus de cinquante ans à la base factuelle du grief qui, rappelons-le, repose sur l'usucapion – notion juridique qui désigne une voie d'acquisition de la propriété dans laquelle l'élément temporel est primordial –, doit s'analyser en une modification de la substance de ce grief. • CEDH, gr. ch., 20 mars 2018, *Radomilja et a. c/ Croatie*, n° 37685/10 § 132.

6. Limite à la compétence de la Cour. Aux termes du § 1 du présent art., la compétence de la Cour ne porte que sur les « questions concernant l'interprétation et l'application de la Convention et de ses Protocoles ». A l'inverse du TPIY, de la CPI ou de la CIJ, la Cour ne jouit d'aucune compétence pénale ou autre tirée de la convention sur le génocide ou d'un autre instrument de droit international en la matière. • CEDH, gr. ch., 15 oct. 2015, *Perinçek c/ Suisse*, n° 27510/08 § 101 : *D. 2015. 2183, note Poissonnier ; RSC 2015. 877, note Francillon*.

7. Compétence de la grande chambre. V. Annotations ss. Conv. EDH, art. 43 et Comm. ss. préambule Conv EDH.

8. Mise en œuvre. La Cour constate que si certains autres art. (Conv. EDH, art. 9 et 10) ont été invoqués par les requérants devant la Commission, seuls sont retenus dans les arguments et conclusions tant de la Commission que du Gouvernement belge l'art. 2 Prot. n° 1 et les art. 8 et 14 Conv. EDH. Bien que les dispositions de la Conv. EDH et d(es) Protocole(s) doivent être envisagées comme un tout, la Cour estime que la décision à prendre dépend essentiellement du contenu et de la portée de ces trois art. • CEDH 23 juill. 1968, *Affaire relative à certains aspects du régime linguistique de l'enseignement en Belgique*, n° 1474/62 § 1 (en droit).

9. La Cour, eu égard à la requête initiale de M. Handyside et à certaines déclarations faites devant elle-même, croit devoir se placer sur le terrain de l'art. 14 Conv. EDH en sus des art. 10 et 18 ainsi que de l'art. 1er Prot. n° 1. Elle souscrit à l'opinion de la Commission selon laquelle les art. 1, 7, 9, 13 et 17 n'entrent pas en ligne de compte en l'espèce. • CEDH 7 déc. 1976, *Handyside c/ Royaume-Uni*, n° 5493/72 § 41.

10. Requalification. En estimant qu'il était opportun d'examiner si les dispositions introduites par le texte avaient également « porté atteinte aux principes du procès équitable tels que garantis par l'art. 6 § 1 Conv. EDH », la deuxième section de la Cour s'est bornée à faire usage de son droit de qualifier le grief du requérant et de l'examiner sous l'angle de plusieurs dispositions de la Convention. Une telle requalification, qui a tenu compte, entre autres, des nouveaux arguments du requérant, ne saurait être considérée comme arbitraire. De plus, étant donné que le grief tiré de la condamnation du requérant à perpétuité n'a jamais été écarté, elle ne se heurte pas au principe selon lequel la décision de déclarer un grief irrecevable est définitive et ne peut former l'objet d'aucun recours. • CEDH, gr. ch., 17 sept. 2009, *Scoppola c/ Italie (n° 2)*, n° 10249/03 § 55 : *préc. note 3.*

Art. 33 ***Affaires interétatiques.*** **Toute Haute Partie contractante peut saisir la cour de tout manquement aux dispositions de la Convention et de ses protocoles qu'elle croira pouvoir être imputé à une autre Haute Partie contractante.**

1. Un État qui n'est pas partie à la Conv. ne peut introduire une requête auprès de la Cour ni au titre du présent art. qui réserve cette faculté aux Hautes Parties contractantes, ni au titre de l'art. 34 dans la mesure où un État tiers ne relève d'aucune des trois catégories de requérants énoncées à cet article et ne saurait, en particulier, s'analyser comme une « organisation non gouvernementale ». • CEDH, décis., 6 oct. 2020, *République démocratique du Congo c/ Belgique*, n° 16554/19 § 12 et 19.

2. Estimant que la cohérence interne et l'harmonie entre les différentes dispositions de la Convention vaut non seulement pour les droits matériels mais aussi en matière de juridiction et procédure – en l'espèce les art. 1er, 33 et 34 –, et que l'objectif fondamental sous-tendant la Conv. EDH et ressortant de l'art. 1er comme du préambule implique de réserver la titularité des droits découlant de la Conv. aux seuls personnes physiques, groupes de particuliers et personnes morales pouvant être qualifiées d'organisations non gouvernementales au sens de l'art. 34, à l'exclusion donc des États contractants et des personnes morales devant être regardées comme des organisations gouvernementales, la Cour juge, sur la base de cette corrélation systémique directe entre les art. 33 et 34, ne pas être compétente, au sens de l'art. 32 § 2, pour connaître d'une requête interétatique alléguant une violation d'un droit garanti à l'égard d'une personne morale ne s'analysant pas comme une organisation non gouvernementale au sens de l'art. 34. • CEDH, gr. ch., 8 nov. 2020, *Slovénie c/ Croatie*, n° 54155/16 § 79 : *AJDA 2021. 200, chron. L. Burgorgue-Larsen.*

Art. 34 ***Requêtes individuelles.*** **La Cour peut être saisie d'une requête par toute personne physique, toute organisation non gouvernementale ou tout groupe de particuliers qui se prétend victime d'une violation par l'une des Hautes Parties contractantes des droits reconnus dans la Convention ou ses protocoles. Les Hautes Parties contractantes s'engagent à n'entraver par aucune mesure l'exercice efficace de ce droit.**

Sur les personnes participant aux procédures devant la CEDH, V., ci-dessous, Accord européen du 5 mars 1996.

COMMENTAIRE

V. sur le Code en ligne.

PLAN DES ANNOTATIONS

1. Caractère essentiel de la disposition. Le présent art. est une disposition essentielle à l'efficacité du système de la Conv. EDH • CEDH 23 mars 1995, *Loizidou c/ Turquie*, n° 15218/89 § 70 (exceptions préliminaires). ♦ ... Un pilier essentiel. • CEDH, gr. ch., 4 févr. 2005, *Mamatkoulov et Askarov c/ Turquie*, n° 46827/99 § 100 : *AJDA 2005. 1886, chron. Flauss ; D. 2003. 2277, obs. Bîrsan ; RTD civ. 2003. 381, obs. Marguénaud ; RD publ. 2006. 789, obs. Gonzalez ; RGDIP 2005. 421, obs. Cohen-Jonathan* (exceptions préliminaires). ♦ ... Figure parmi les clefs de voûte du mécanisme de sauvegarde des droits et libertés énoncés dans la Conv. • CEDH, gr. ch., 4 févr. 2005, *Mamatkoulov et Askarov c/ Turquie*, n° 46827/99 § 122 : *préc.*

2. Méthode d'interprétation. Cet art. doit s'interpréter à la lumière des conditions de vie actuelles, pareille démarche ne se limitant pas aux dispositions normatives de la Conv. EDH, mais valant aussi pour celles qui régissent le fonctionnement du mécanisme de sa mise en œuvre. • CEDH 23 mars 1995, *Loizidou c/ Turquie*, n° 15218/89 §71. ♦ Lorsque la Cour interprète une telle disposition clé, elle doit tenir compte du caractère singulier de la Convention, traité de garantie collective des droits de l'homme et des libertés fondamentales. A la différence des traités internationaux de type classique, la Conv. EDH déborde le cadre de la simple réciprocité entre États contractants. En sus d'un réseau d'engagements synallagmatiques bilatéraux, elle crée des obligations *objectives qui, aux termes de son préambule,* bénéficient d'une « garantie collective ». • CEDH, gr. ch., 4 févr. 2005, *Mamatkoulov et Askarov c/ Turquie*, n° 46827/99 § 100 : *préc. note 1.* ♦ L'objet et le but de cet instrument de protection des êtres humains appellent à comprendre et appliquer ses dispositions d'une manière qui en rende les exigences concrètes et effectives dans le cadre du système de requêtes individuelles. • CEDH, gr. ch., 4 févr. 2005, *Mamatkoulov et Askarov c/ Turquie*, n° 46827/99 § 101 : *préc. note 1.*

3. Contenu de la requête. Le présent art. exige que les particuliers requérants se prétendent victimes « d'une violation des droits reconnus dans la Convention » ; il ne les astreint pas à préciser de quel article, paragraphe ou alinéa, voire de quel droit ils se réclament. Plus de rigueur aboutirait à des conséquences inéquitables : les recours « individuels » émanent, dans leur immense majorité, de profanes s'adressant à la Comm. EDH sans l'assistance d'un juriste. • CEDH 6 nov. 1980, *Guzzardi c/ Italie*, n° 7367/76 § 61.

4. Absence d'actio popularis. La Conv. EDH n'institue pas au profit des particuliers une sorte d'*actio popularis* pour l'interprétation de la Conv. EDH et n'autorise donc pas les individus à se plaindre *in abstracto* d'une loi au seul motif qu'elle leur semble enfreindre la Conv. • CEDH 27 mars 1962, *De Becker c/ Belgique*, n° 214/56 § 14 • CEDH, gr. ch., 11 déc. 2018, *Slovénie*, n° 36480/07 § 107.

V. pour d'autres décisions dans le même sens : .

5. En cas de pluralité de requérants, la situation de certains d'entre eux pourra être considérée comme relevant de l'*actio popularis* alors que d'autres seront effectivement admis comme « victimes ». • CEDH 16 sept. 2014, *Mansur Yalcin et a. c/ Turquie*, n° 21163/11 § 44. – V. *infra* « notion de victime ».

6. Mécanisme de traitement des divergences de jurisprudence. Le recours individuel à la Cour ne saurait être utilisé comme un mécanisme de traitement ou de résorption des divergences de jurisprudence pouvant surgir en droit interne ni comme un mécanisme de contrôle visant à suppléer aux incohérences décisionnelles des juridictions nationales. • CEDH, gr. ch., 20 oct. 2011, *Nejdet Sahin et Perihan Sahin c/ Turquie,* n° 13279/05 § 95.

I. MISE EN ŒUVRE DU DROIT AU RECOURS INDIVIDUEL

A. TITULAIRES DU DROIT DE RECOURS INDIVIDUEL

7. Personnes physiques ou morales. Aux termes de cet art., la Conv. EDH protège non seulement les personnes physiques mais également les personnes morales relevant de la juridiction des États contractants. • Comm. EDH 1er juill. 1998, *Assoc. des amis de Saint-Raphaël et de Fréjus et a. c/ France,* n° 38192/97 • CEDH, décis., 23 mars 2010, *Dosemealti Belediyesi c/ Turquie,* n° 50108/06. ♦ V. aussi • CEDH 6 sept. 1978, *Klass et a. c/ Allemagne,* n° 5029/71 § 33 • CEDH, gr. ch., 29 avr. 2008, *Burden c/ Royaume-Uni,* n° 13378/05 § 33 : *préc. note 4.*

8. Groupe de particuliers. Il peut s'agir de groupes d'habitants de communes. • CEDH 9 févr. 1967, *Affaire « relative à certains aspects du régime linguistique de l'enseignement en Belgique » c/ Belgique,* n° 1474/62. • CEDH 6 sept. 1978, *Klass et a. c/ Allemagne,* n° 5029/71 § 33 • CEDH, gr. ch., 29 avr. 2008, *Burden c/ Royaume-Uni,* n° 13378/05 § 33 : *préc. note 4.* ♦ ... Sous réserve que les droits et libertés invoqués par les requérants les concernent individuellement et ne soient pas attribuables à la commune où ils habitent. • CEDH, décis., 9 nov. 2010, *Demirbas c/ Turquie,* n° 1093/08.

1° PERSONNES PHYSIQUES

9. Principe. En principe une personne n'ayant pas, au plan interne, le droit de représenter une autre personne peut tout de même, dans certaines circonstances, agir devant la Cour au nom de cette autre personne. Ainsi, même si la mère a été privée de l'autorité parentale, ce qui est d'ailleurs l'un des faits générateurs du conflit qu'elle porte devant la Cour, sa qualité de mère biologique suffit pour lui donner le pouvoir d'ester devant la Cour également au nom de ses enfants afin de protéger leurs propres intérêts. • CEDH, gr. ch., 13 juill. 2000, *Scozzari et Giunta c/ Italie,* n° 39221/98 § 138 : *RTD civ. 2001. 451, obs. Marguénaud ; JCP 2001. I. 291, chron. Sudre* • CEDH, gr. ch., 10 sept. 2019, *Norvège,* n° 37283/13 § 156-159. ♦ En droit français, le père et la mère exercent l'autorité parentale en commun même s'ils sont séparés ; il en résulte que la première requérante a qualité pour agir devant la Cour au nom de ses enfants mineurs, alors même qu'elle n'a pas l'autorité parentale exclusive et qu'elle ne se prévaut pas de l'accord de leurs pères. • CEDH 7 mars 2013, *Raw et a. c/ France,* n° 10131/11 § 52 : *D. 2013. 708.* ♦ A l'inverse, les requérants n'exercent aucune autorité parentale sur A., ne sont pas ses tuteurs et n'ont aucun lien biologique avec elle. La procédure visant à obtenir l'adoption de A. n'a pas abouti. A. a été adoptée par une autre famille. Aucune procuration n'a été signée en faveur des deux premiers requérants pour que les intérêts de A. soient représentés par eux devant la Cour. Cela implique que les requérants ne possèdent pas, d'un point de vue juridique, les qualifications nécessaires pour représenter les intérêts de la mineure dans le cadre d'une procédure judiciaire. • CEDH 27 avr. 2010, *Moretti et Benedetti c/ Italie,* n° 16318/07 § 33.

10. Des mineurs peuvent saisir la Cour. • CEDH 23 sept. 1998, *A. c/ Royaume-Uni,* n° 25599/94 : *AJDA 1998. 984, chron. Flauss ; RSC 1999. 384, obs. Koering-Joulin ; RTD civ. 1999. 498, obs. Marguénaud* • CEDH, gr. ch., 13 juill. 2000, *Scozzari et Giunta c/ Italie,* n° 39221/98 § 138 : *préc. note 9.*

11. Si, en droit interne, la mise sous tutelle d'un incapable légal empêche celui-ci de contracter ou d'ester en justice validement, devant la Cour, la nécessité de faire représenter par un tuteur une personne à qui le droit interne ne reconnaît pas la capacité légale est moins évidente. Dans certains cas, il peut donc se révéler justifié de lui permettre de saisir par elle-même la Cour. En effet, les dispositions du présent art. n'imposent aucune obligation, de manière générale ou dans le cas particulier des personnes frappées d'incapacité juridique, d'être représenté au stade initial de la procédure. • CEDH 16 juill. 2009, *Zehentner c/ Autriche,* n° 20082/02 § 39 : *RTD civ. 2009. 697, obs. Hauser.*

12. Les détenus peuvent également saisir la Cour. • CEDH 25 mars 1992, *Campbell c/ Royaume-Uni,* n° 13590/88 : *AJDA 1992. 416, chron. Flauss.*

13. Représentation. Il est essentiel pour les représentants de démontrer qu'ils ont reçu des instructions spécifiques et explicites de la part des victimes alléguées, au sens du présent art., au nom desquelles ils prétendent agir. • CEDH, décis., 20 janv. 2009, *Post c/ Pays-Bas :n° 21727/08.* ♦ En l'espèce ni Mme X, ni le représentant des autres requérants, qui seul entretient la correspondance avec la Cour, n'ont soumis un pouvoir de représentation de sa part. • CEDH 18 juin 2013, *Nencheva et a. c/ Bulgarie,* n° 48609/06 § 83.

14. La circonstance que le pouvoir aux fins de la représentation d'un requérant devant elle ne soit pas établi selon les exigences du droit interne n'est pas de nature à mettre en doute la validité de ce document. • CEDH, décis.,

19 déc. 2002, *Khachiev et Akaïeva c/ Russie,* n° 57942/00. ♦ La Cour s'assure de la validité des signatures des pouvoirs ainsi établis. • CEDH 13 janv. 2009, *Aliev c/ Géorgie,* n° 522/04 § 44 et 45. ♦ En cas de contestation, il appartient au Gouvernement de justifier ses doutes. • CEDH 15 juin 2015, *Manole et « Les cultivateurs directs de Roumanie »,* n° 46551/06 § 34.

2° PERSONNES MORALES

15. Une personne morale « qui se prétend victime d'une violation par l'une des hautes parties contractantes des droits reconnus dans la Conv. EDH ou ses Protocoles » peut se porter requérante devant la Cour, pour peu qu'elle ait la qualité d'« organisation non gouvernementale » au sens du présent art. • CEDH, décis., 23 sept. 2003, *Radio France et a. c/ France,* n° 53984/00 § 26 : *AJDA 2004. 534, chron. Flauss.* ♦ Seules les personnes morales entrant dans la catégorie des « organisations non gouvernementales » peuvent être titulaires des droits découlant de la Conv. EDH de sorte que celles qui échappent à cette qualification ne peuvent ni introduire une requête au titre du présent art. ni voir soulever, dans le cadre d'une requête interétatique fondée sur l'art. 33, l'allégation selon laquelle elles auraient été victimes d'une violation d'un droit garanti. • CEDH, gr. ch., 18 nov. 2020, *Slovénie c/ Croatie,* n° 54155/16 § 66 et 79.

a. Personnes morales de droit public (ou de droit privé gérant un service public)

16. Doivent être qualifiés d'« organisations gouvernementales », par opposition à « organisations non gouvernementales » au sens du présent art., non seulement les organes centraux de l'État, mais aussi les autorités décentralisées qui exercent des « fonctions publiques », quel que soit leur degré d'autonomie par rapport auxdits organes. • CEDH, décis., 23 sept. 2003, *Radio France et a. c/ France,* n° 53984/00 § 26 : *préc. note 15.* ♦ Là où il y a décentralisation du pouvoir, l'expression « organisations gouvernementales » désigne toute autorité nationale qui exerce des fonctions publiques. • CEDH, décis., 1er févr. 2001, *Ayuntamiento de Mula c/ Espagne,* n° 55346/00. ♦ … Et ce quel que soit leur degré d'autonomie par rapport auxdits organes. • CEDH, décis., 3 févr. 2004, *Gvt de la Cté autonome du Pays basque c/ Espagne,* n° 29134/03.

17. Entrent dans la catégorie des « organisations gouvernementales » les personnes morales qui participent à l'exercice de la puissance publique ou qui gèrent un service public sous le contrôle des autorités. • CEDH, décis., 23 sept. 2003, *Radio France et a. c/ France,* n° 53984/00 § 26 : *préc. note 15.* ♦ Tel est *a fortiori* le cas d'un État non partie à la Conv. EDH de sorte qu'il ne peut saisir la Cour ni au titre du présent article, ni sur le fondement de l'art. 33 n'offrant cette faculté qu'aux Hautes Parties contractantes. • CEDH, décis., 6 oct. 2020, *République démocratique du Congo c/ Belgique,* n° 16554/19 § 12 et 19.

1. Collectivités territoriales

18. Les autorités décentralisées qui exercent des fonctions publiques ne peuvent introduire une requête devant les organes de la Conv. EDH car, quel que soit le degré de leur autonomie, elles exercent une partie de la puissance publique et, ainsi, leurs actes ou omissions engagent la responsabilité de l'État en vertu de la Conv. EDH. • CEDH, décis., 3 févr. 2004, *Gvt de la Cté autonome du Pays basque c/ Espagne,* n° 29134/03. • CEDH, décis., 27 sept. 2007, *Karagianis et a. c/ Grèce,* n° 33408/05. • CEDH, décis., 23 mars 2010, *Dosemealti Belediyesi c/ Turquie,* n° 50108/06.

19. Doivent être qualifiées d'« organisations gouvernementales » les collectivités territoriales. • Comm. EDH 14 déc. 1988, *Cne de Rothenthurm c/ Suisse,* n° 13252/87 • Comm. EDH 15 sept. 1998, *Province de Bari, F. Sorrentino et T. Messeni Nemagna c/ Italie,* n° 41877/98 • CEDH, décis., 1er févr. 2001, *Ayuntamiento de Mula c/ Espagne,* n° 55346/00 • CEDH, décis., 7 juin 2001, *Danderyds Kommun c/ Suède,* n° 52559/99. ♦ … Les sections de communes qui, constituées par « toute partie d'une commune possédant à titre exclusif des biens ou des droits distincts de ceux de la commune », participent à la gestion de biens et de droits collectifs, patrimoine attaché à un territoire déterminé, dans l'intérêt général et non individuel de ses habitants. • CEDH, décis., 23 nov. 1999, *Sect. de Cne d'Antilly c/ France,* n° 45129/98.

20. De même, dès lors qu'elles sont une agence subordonnée au Gouvernement, n'est-il pas possible d'admettre que les CCI néerlandaises puissent saisir la Cour. • CEDH, décis., 3 mai 2001, *Smits, Kleyn, Mettler Toledo B. V. et a., c/ Pays-Bas,* n° 39032/97.

21. Dès lors les maires des communes qui saisissent la Cour en cette qualité ne sont pas recevables. • CEDH, décis., 27 sept. 2007, *Karagianis et a. c/ Grèce,* n° 33408/05. ♦ Il en va également ainsi d'un requérant autorisé à se constituer partie civile au lieu et place d'une commune dans le cadre de l'information judiciaire ouverte relative à des infractions dont aurait été victime cette commune. En effet, le requérant, nonobstant le fait qu'il ait reçu cette autorisation en sa qualité de contribuable de la commune, est substitué à celle-ci, pour la défense des intérêts de cette dernière, concernant des droits et obligations de caractère civil dont elle est titulaire. • CEDH, décis., 26 août 2003, *Breisacher c/ France,* n° 76976/01 : *AJDA 2004. 534, chron. Flauss*. ♦ Il en ira de même d'un « groupe d'habitants » dès lors qu'en fait ils agissent au nom de la commune. • CEDH, décis., 9 nov. 2010, *Demirbas c/ Turquie,* n° 1093/08.

2. Personnes morales autres qu'une collectivité territoriale

22. Pour déterminer si une personne morale donnée, autre qu'une collectivité territoriale, entre dans la catégorie des « organisations gouvernementales », il y a lieu de prendre en considération son statut juridique et, le cas échéant, les prérogatives qui lui sont données, la nature de l'activité qu'elle exerce et le contexte dans lequel s'inscrit celle-ci, et son degré d'indépendance par rapport aux autorités politiques. • CEDH, décis., 23 sept. 2003, *Radio France et a. c/ France,* n° 53984/00 § 26 : *préc. note 15.* • CEDH 18 déc. 2008, *UNEDIC c/ France,* n° 20153/04 § 54 : *AJDA 2009. 872, chron. Flauss*.

23. Les organes gouvernementaux ou sociétés publiques placés sous le contrôle strict de l'État ne sont pas autorisés à introduire une requête au titre de l'art. 34 de la Conv. EDH. L'idée qui sous-tend ce principe est d'empêcher une Partie contractante d'être à la fois requérante et défenderesse devant la Cour. Or les circonstances de l'espèce diffèrent de celles décrites par le Gouvernement et le fait que la société requérante ait son siège dans un État qui n'est pas partie à la Convention ne joue aucun rôle à cet égard. • CEDH 13 déc. 2007, *Cie de navigation de la République islamique d'Iran c/ Turquie,* n° 40998/98 § 81.

24. Absence de prérogatives de puissance publique. Les monastères requérants n'exercent pas de prérogatives de puissance publique. La Charte statutaire de l'Église de Grèce qualifie les monastères d'institutions religieuses d'ascétisme. Leurs objectifs essentiellement ecclésiaux et spirituels, et même culturels et sociaux pour certains d'entre eux, ne sont pas de nature à les faire ranger parmi des organisations gouvernementales poursuivant des objectifs d'administration publique. De la qualification de personnes morales de droit public se déduit seulement la volonté du législateur de leur assurer, en raison des liens particuliers qui les unissent à l'État, la même protection juridique à l'égard des tiers que celle accordée aux autres personnes morales de droit public. En outre, le seul pouvoir des conseils monastiques consiste à édicter des règlements portant sur l'organisation et la promotion de la vie spirituelle et sur l'administration interne de chaque monastère. • CEDH 9 déc. 1994, *Saints Monastères c/ Grèce,* n° 13092/87 § 49 : *AJDA 1995. 212, chron. Flauss* ; *D. 1996. 329, note Fiorina* • CEDH, décis., 23 sept. 2003, *Radio France et a. c/ France,* n° 53984/00 § 26 : *préc. note 15.* ♦ La société requérante est une personne morale exerçant des activités commerciales soumises au droit commun de la République d'Iran. Elle ne participe pas à l'exercice de la puissance publique et n'a pas non plus un rôle de service public ni ne détient un monopole dans un secteur concurrentiel. La société requérante est essentiellement régie par le droit des sociétés, ne jouit d'aucun pouvoir allant au-delà de ceux conférés par le droit commun dans l'exercice de ses activités et relève de la compétence des juridictions judiciaires et non administratives. La société requérante fonctionne comme une société commerciale et rien ne donne à penser que la requête à l'étude a été en réalité soumise par la République islamique d'Iran, qui n'est pas partie à la Conv. EDH. • CEDH 13 déc. 2007, *Cie de navigation de la République islamique d'Iran c/ Turquie,* n° 40998/98 § 80 et 81.

25. A l'inverse, n'a pas qualité pour introduire une requête, le Conseil général des Ordres officiels d'économistes d'Espagne au motif qu'il exerce « des fonctions officielles (...) attribuées par la Constitution et par la loi ». • Comm. EDH 28 juin 1995, *Consejo General de Colegios Oficiales de Economistas de España c/ Espagne,* n° 26114/95.

26. Autonomie. Relevant de la tutelle – spirituelle – de l'archevêque du lieu où ils se trouvent situés et non de celle de l'État, les monastères constituent des entités distinctes de ce dernier, à l'égard duquel ils jouissent d'une autonomie complète. • CEDH 9 déc. 1994, *Saints monastères c/ Grèce,* n° 13092/87 § 49 : *préc. note 24.*

27. Si la Sté Radio France s'est vu assigner des missions de service public et si elle dépend pour beaucoup de l'État pour son financement, le législateur a mis en place un régime dont l'objectif est sans aucun doute de garantir son indépendance éditoriale et son autonomie institutionnelle. La Sté Radio France ne se trouve pas placée sous la tutelle de l'État, mais sous le contrôle du CSA, qualifié d'« autorité indépendante » par la loi, lequel a en particulier pour mission de « garantir l'indépendance et l'impartialité du secteur public de la radiodiffusion sonore » ; en témoigne également le fait que seulement quatre des douze membres de son conseil d'administration représentent l'État et que le président de celui-ci est désigné par le CSA. D'autre part, la Sté Radio France ne détient pas un monopole de la radiodiffusion sonore ; elle opère dans un secteur ouvert à la concurrence, la loi permettant notamment, dans certaines conditions et sous le contrôle du CSA, l'utilisation de la voie hertzienne par des sociétés privées ou des associations ; elle est au demeurant, pour l'essentiel, soumise à la législation sur les sociétés anonymes, ne dispose pas de prérogatives exorbitantes du droit commun dans le cadre de l'exercice de son activité et relève non des juridictions administratives mais des juridictions judiciaires. • CEDH, décis., 23 sept. 2003, *Radio France et a. c/ France,* n° 53984/00 § 26 : *préc. note 15.* ♦ Les mêmes critères de liberté éditoriale et d'autonomie institutionnelle accordées par le législateur profitent à une chaine de radiodiffusion autrichienne. • CEDH 7 déc. 2006, *Osterreichischer Rundfunk c/ Autriche,* n° 35841/02 § 46 s. ♦ Rappr. pour l'UNEDIC le fait qu'aucune autorité publique n'ait voie délibérative ou consultative et le financement privé de l'organisme, le fait qu'il peut y avoir exceptionnellement financement par l'État, n'y changeant rien. • CEDH 18 déc. 2008, *UNEDIC c/ France,* n° 20153/04 § 56 : *préc. note 22.*

28. A l'inverse, n'a pas qualité pour introduire une requête la Sté nationale des chemins de fer espagnols, au motif que le conseil d'administration est responsable devant le Gouvernement et que la structure interne et l'organisation des activités de la société requérante étaient réglementées par des dispositions législatives. • Comm. EDH 8 sept. 1997, *RENFE c/ Espagne,* n° 35216/97.

b. Personnes morales de droit privé

29. Il peut s'agir de sociétés commerciales à but lucratif. • CEDH 22 mai 1990, *Autronic A. G. c/ Suisse,* n° 12726/87.♦ ... Quelle que soit leur forme, la Cour n'estimant justifié de lever le « voile social » ou de faire abstraction de la personnalité juridique d'une société que dans des circonstances exceptionnelles. • CEDH 24 oct. 1995, *Agrotexim Hellas et a. c/ Grèce,* n° 14807/89 §66. • CEDH, décis., 23 mars 2000, *Sté Faugyr Finance QA c/ Luxembourg,* n° 38788/97.

30. Il peut s'agir de personnes morales sans but lucratif telles que : des associations. • CEDH 21 juin 1988, *Plattform « Ärzte für das Leben » c/ Autriche,* n° 10126/82 : *JDI 1989. 824, obs. Tavernier.* ♦ ... Des syndicats. • CEDH 27 oct. 1975, *Synd. nat. police belge c/ Belgique,* n° 4464/70 : *AFDI 1976. 121, obs. Pelloux ; JDI 1978. 685, obs. Rolland* ♦ ... Des partis politiques. • Comm. EDH 20 juill. 1957, *Parti communiste c/ Allemagne,* n° 250/57 • CEDH 30 janv. 1998, *Parti communiste unifié de Turquie c/ Turquie,* n° 19392/92 • CEDH, gr. ch., 9 juill. 2013, *Sindicatul « Pastorul cel bun » c/ Roumanie,* n° 2330/09 : *D. 2013. 1836, obs. Gaté.* ♦ ... Des organisations religieuses. • Comm. EDH 14 juill. 1980, *Church of Scientology c/ Suède,* n° 8282/78.

V. pour d'autres décisions dans le même sens : .

31. Une association qui a été dissoute ou dont l'enregistrement a été refusé a la capacité de former, par l'intermédiaire de ses représentants, une requête dénonçant cette dissolution ou ce refus. • CEDH 2 oct. 2001, *Stankov et Organisation macédonienne unie Ilinden c/ Bulgarie,* n° 29221/95 § 57 • CEDH, gr. ch., 9 juill. 2013, *Sindicatul « Pastorul cel bun » c/ Roumanie,* n° 2330/09 § 70 : *préc. note 30* • CEDH 16 juin 2015, *Manole et « les cultivateurs directs de Roumanie » c/ Roumanie,* n° 46551/08 § 44 • CEDH 8 oct. 2020, *Ayoub c/ France,* n° 77400/14 § 58 : *DAE 20 nov. 2020, note Bonnet ; JA 2020, n° 627, p. 12, obs. Delpech.*

B. LIBERTÉ D'EXERCICE DU DROIT AU RECOURS INDIVIDUEL

1° GÉNÉRALITÉS

32. Principe. L'objet et le but de cette Convention de protection des êtres humains appellent à comprendre et appliquer ses dispositions d'une manière qui en rende les exigences concrètes et effectives dans le cadre du système de requêtes individuelles. L'engagement de ne pas entraver l'exercice efficace du droit de recours interdit les ingérences dans l'exercice du droit pour l'individu de porter et défendre effectivement sa cause devant la Cour. • CEDH, gr. ch., 4 févr. 2005, *Mamatkoulov et Askarov c/ Turquie,* n° 46827/99 § 101 et 102 : *préc. note 1.*

33. Pour que le mécanisme de recours individuel instauré au présent art. soit efficace, il est de la plus haute importance que les requérants, déclarés ou potentiels, soient libres de communiquer avec la Cour, sans que les autorités ne les pressent en aucune manière de retirer ou modifier leurs griefs. Par le mot « presse[r] », il faut entendre non seulement la coercition directe et les actes flagrants d'intimidation des requérants déclarés ou potentiels, de leur famille ou de leurs représentants en justice, mais aussi les actes ou contacts indirects et de mauvais aloi tendant à dissuader ceux-ci ou à les décourager de se prévaloir du recours qu'offre la Conv. EDH. • CEDH, gr. ch., 16 sept. 1996, *Akdivar et a. c/ Turquie,* n° 21893/93 §105 • CEDH 23 sept. 1998, *Petra c/ Roumanie,* n° 27273/95 § 43 • CEDH, gr. ch., 17 juin 2000, *Salman c/ Turquie,* n° 21986/93 § 130 : *RFDA 2001. 1250, chron. Labayle et Sudre.* • CEDH, gr. ch., 4 févr. 2005, *Mamatkoulov et Askarov c/ Turquie,* n° 46827/99 § 102 : *préc. note 1* • CEDH 15 juin 2006, *Kornakovs c/ Lettonie,* n° 61005/00 § 164 • CEDH, gr. ch., 9 juill. 2013, *Sindicatul « Pastorul cel bun » c/ Roumanie,* n° 2330/09 § 73 : *préc. note 30.*

34. Bien que l'obligation imposée ici soit de nature procédurale et distincte des droits matériels énoncés dans la Conv. EDH et dans ses Protocoles, il découle de l'essence même de ce droit qu'il est possible aux personnes de se plaindre de violations de ce droit dans les procédures engagées. • CEDH, décis., 9 juill. 2002, *Manoussos c/ République tchèque et Allemagne,* n° 46468/99 • CEDH 7 oct. 2004, *Poleshchuk c/ Russie,* n° 60776/00 § 27. ♦ Pour autant qu'il dénonce des faits qui se seraient produits après la saisine de la grande chambre, il ne serait donc pas forclos lors même qu'il a invoqué la violation du présent art. pour la première fois devant la grande chambre. • CEDH, gr. ch., 9 juill. 2013, *Sindicatul « Pastorul cel bun » c/ Roumanie,* n° 2330/09 § 74 et 76 : *préc. note 30.* ♦ V. concluant à une violation du présent art. • CEDH 15 juin 2006, *Kornakovs c/ Lettonie,* n° 61005/00 § 167. ♦ V. concluant à l'absence de violation. • CEDH, gr. ch., 9 juill. 2013, *Sindicatul « Pastorul cel bun » c/ Roumanie,* n° 2330/09 § 78 : *préc. note 30.*

35. Prise en compte des circonstances. En l'espèce, la Cour constate que l'interrogatoire de la première requérante en général et les questions qui lui ont été posées en particulier ont revêtu un caractère incident ; il ne ressort pas des pièces du dossier que les autorités lettonnes aient tenté de convoquer l'intéressée une seconde fois. Il n'apparaît pas non plus que la police de la sécurité ait contraint la première requérante à témoigner, que ce soit sur sa requête devant la Cour ou sur les actes de corruption allégués, qui étaient l'objet principal de l'interrogatoire. La Cour estime qu'elle ne peut négliger le contexte général dans lequel s'inscrivait l'interrogatoire litigieux. S'il est vrai que, dans plusieurs affaires où les autorités publiques avaient interrogé les requérants au sujet de leurs requêtes, la Cour a constaté de ce fait un manquement aux obligations découlant du présent art. (V. les aff. mentionnées note 44), tenant compte des circonstances très particulières des affaires précitées, elle ne décèle l'existence d'aucun facteur similaire dans le cas des requérants. • CEDH, gr. ch., 15 janv. 2007, *Sussoyeva et a. c/ Lettonie,* n° 60654/00 § 121 et 123. ♦ Le requérant a déposé sa requête auprès de la Cour relative à la procédure pénale alors que les enregistrements existaient encore. Il s'ensuit qu'il aurait pu demander une copie s'il avait considéré que le contenu des bandes était important pour sa requête devant la Cour. La destruction des enregistrements n'a pas empêché le requérant d'exercer effectivement son droit de recours. • CEDH, décis., 9 févr. 2010, *Hollande c/ Suède,* n° 27700/08 § 15 et 17. ♦ Ni le droit d'accès à un tribunal ni le droit de recours individuel garanti par le présent art. n'ont été entravés par des obstacles insurmontables qui auraient empêché le requérant d'ester en justice pour contester les décisions nationales relatives à ses droits de caractère civil, d'introduire une requête et de communiquer librement avec la Cour. Malgré l'absence de rampe d'accès au tribunal, il aurait été loisible au requérant, en vertu de la législation nationale, d'introduire une contestation en justice ou un recours administratif par l'intermédiaire d'un mandataire, y compris un membre de sa famille, ce que le requérant avait du reste déjà fait. • CEDH, décis., 14 sept. 2010, *Farcas c/ Roumanie,* n° 32596/04 § 51 et 54. ♦ Même si la Cour admet que le requérant et sa famille ont dû se sentir intimidés et effrayés par la visite du procureur à leur domicile, rien n'indique que cette visite – qui avait apparemment pour but d'obtenir des informations à jour sur la situation familiale du requérant en vue de la préparation des observations du Gouvernement à la Cour – ou les circonstances dans lesquelles elle s'est déroulée aient été destinées à pousser le requérant à retirer ou modifier sa requête ou à le gêner de toute autre manière dans l'exercice effectif du droit de recours individuel, ou qu'elles aient en réalité eu un tel effet. • CEDH, gr. ch., 22 mars 2012, *Konstantin Markin c/ Russie,* n° 30078/06 § 163 : *AJDA 2012. 1726, chron. Burgorgue-Larsen ; D. 2013. 1235, obs. Regine ; RDSS 2012. 1041, note Tharaud .*

36. Dès lors que l'intervention peut avoir eu un effet dissuasif, la Cour considérera qu'il y a eu entrave. • CEDH 23 oct. 2007, *Colibaba c/ Moldova,* n° 29089/06 § 68. ♦ Procéder comme le Gouvernement l'a fait en l'espèce a été, selon la Cour, raisonnablement interprété par la requérante comme une tentative de l'intimider. • CEDH 18 juin 2002, *Orhan c/ Turquie,* n° 25656/94 § 409. ♦ Rappr. indiquant que la requérante a déclaré avoir été effrayée. • CEDH, gr. ch., 8 juill. 1999, *Tanrikulu c/ Turquie,* n° 23763/94 § 131.

37. Prise en compte de la vulnérabilité du requérant. Pour déterminer si des contacts entre les autorités et un requérant, déclaré ou potentiel, constituent des pratiques inacceptables du point de vue du présent art., il faut tenir compte des circonstances particulières de la cause et prendre en considération la vulnérabilité du plaignant ainsi que le risque que les autorités ne l'influencent. • CEDH 25 mai 1998, *Kurt c/ Turquie,* n° 24276/94 § 160 • CEDH 23 sept. 1998, *Petra c/ Roumanie,* n° 27273/95 § 43 • CEDH 24 juin 2008, *Iambor c/ Roumanie,* n° 64536/01 § 212. ♦ Il en va en particulier ainsi d'un requérant enfermé dans un espace clos et ayant, de ce fait, peu de contacts avec ses proches ou avec le monde extérieur. • CEDH 3 juin 2003, *Cotlet c/ Roumanie,* n° 38565/97 § 71.

38. Libre communication avec les organes de la Conv. EDH. La Cour attache de l'importance à la confidentialité du courrier envoyé par la Comm. EDH, car il peut concerner des allégations contre les autorités ou agents pénitentiaires. Ouvrir des lettres de la Comm. EDH crée indubitablement la possibilité de les lire et peut aussi, à l'occasion, exposer le détenu concerné à des représailles du personnel pénitentiaire. • CEDH 25 mars 1992, *Campbell c/ Royaume-Uni,* n° 13590/88 § 62 : *préc. note 12.*

39. Les lettres adressées par la Comm. EDH au requérant ont également été ouvertes. Il y a donc eu ingérence dans le droit du requérant au respect de sa correspondance sous l'angle de l'art. 8 Conv. EDH et, en l'espèce, il n'existe pas de raison impérieuse obligeant à contrôler les lettres concernées, dont il était important de respecter la confidentialité. Bien que le Gouvernement ait fait une allusion générale à la possibilité que les enveloppes de la Commission soient imitées afin d'introduire des substances interdites dans la prison, la Cour estime, comme les organes de la Conv. EDH l'ont fait précédemment, que le risque est si négligeable qu'il faut l'écarter. Dès lors, l'ingérence litigieuse n'était pas nécessaire dans une société démocratique au sens de l'art. 8, § 2. • CEDH 19 avr. 2001, *Peers c/ Grèce,* n° 28524/95 § 81 et 84 : *AJDA 2001. 1060, chron. Flauss ; RSC 2001. 881, obs. Tulkens .* ♦ V. pour une violation du présent art. • CEDH 3 juin 2003, *Cotlet c/ Roumanie,* n° 38565/97 § 71.

40. La Cour estime que refuser d'envoyer la lettre à Strasbourg et la transmettre au juge chargé du dossier, qui la retourna à la prison avant qu'elle soit, finalement, versée au dossier personnel du requérant sans jamais atteindre son destinataire, constitue un exemple typique d'une entrave prohibée par la seconde phrase du présent art. Elle considère qu'en l'occurrence cette entrave était d'autant plus inacceptable qu'il s'agissait de la première communication de l'intéressé, servant, en principe, à déterminer le respect du délai de six mois au sens de l'art. 35, § 1, Conv. EDH. En saisissant la lettre du requérant et en omettant de l'expédier à la Cour, les autorités lettonnes ont violé le présent art. • CEDH 15 juin 2006, *Kornakovs c/ Lettonie,* n° 61005/00 §165 et 167. ♦ ... Y compris si ce refus est prétendument justifié par le non-épuisement des voies de recours internes. • CEDH 7 juin 2007, *Nourmagomedov c/ Russie,* n° 30138/02 § 58.

41. Doute sur l'authenticité de la requête. Si un Gouvernement a des raisons de croire que, dans une affaire donnée, il y a abus du droit de recours individuel, il doit en avertir la *Cour et lui faire part de ses doutes.* • *CEDH, gr. ch., 8 juill. 1999, Tanrikulu c/ Turquie,* n° 23763/94 § 131. ♦ La Cour est seule compétente pour se prononcer sur le point de savoir si une requête satisfait aux exigences du présent art. et de l'art. 35 Conv. EDH. • CEDH 12 avr. 2005, *Chamaïev et a. c/ Géorgie et Russie,* n° 36378/02 § 293 : *AJDA 2005. 1886, chron. Flauss* • CEDH, gr. ch., 9 juill. 2013, *Sindicatul « Pastorul cel bun » c/ Roumanie,* n° 2330/09 § 69 : *préc. note 30.*

2° TENTATIVES DE PRESSIONS

a. Pressions sur le requérant

42. Pressions sur les détenus. Il peut s'agir là d'actes d'intimidation, combinés avec l'omission de l'administration pénitentiaire de donner au requérant les fournitures nécessaires pour sa correspondance avec la Cour. • CEDH 3 juin 2003, *Cotlet c/ Roumanie,* n° 38565/97 § 71. ♦ ... De menaces des autorités pénitentiaires. • CEDH 23 sept. 1998, *Petra c/ Roumanie,* n° 27273/95 § 44. ♦ ... De contacts entre l'avocat et son client sous le regard de l'administration à travers une cloison en verre. • CEDH 19 déc. 2006, *Oferta Plus SRL c/ Moldavie,* n° 14385/04 § 153 et 156.

43. Pressions sur le requérant pour qu'il retire sa saisine. Une requérante fut emmenée chez le notaire par un soldat en uniforme et elle n'eut pas à verser d'honoraires pour la rédaction des déclarations dans lesquelles elle prétendait retirer sa requête. • CEDH 25 mai 1998, *Kurt c/ Turquie,* n° 24276/94 § 162.

44. Procédure d'enquête concernant les requérants. Compte tenu de la vulnérabilité des villageois requérants et de ce que, dans le sud-est de la Turquie, porter plainte contre les autorités peut fort bien susciter une crainte légitime de représailles, interroger les requérants sur leur requête à la Comm. EDH constitue une forme de pression illicite et inacceptable qui entrave le droit de recours individuel. • CEDH 25 mai 1998, *Kurt c/ Turquie,* n° 24276/94 § 160. ♦ La requérante a été interrogée sur l'authenticité de la procuration qui avait été soumise pour sa représentation dans le cadre de la procédure. La Cour souligne qu'il n'est guère approprié que les autorités d'un État défendeur entrent en contact direct avec un requérant sous prétexte que « de faux documents ont été soumis dans d'autres affaires ». Si un gouvernement a des raisons de croire que, dans une affaire donnée, il y a abus du droit de recours individuel, il doit en avertir la Cour et lui faire part de ses doutes. • CEDH, gr. ch., 8 juill. 1999, *Tanrikulu c/ Turquie,* n° 23763/94 § 131. ♦ Rappr. • CEDH 30 janv. 2001, *Dulas c/ Turquie,* n° 25801/94 § 81 • CEDH 31 mai 2001, *Akdeniz et a. c/ Turquie,* n° 23954/94 § 118. ♦ Le requérant a été entendu à deux reprises par les autorités et les interrogatoires ont été menés par la section anti-terrorisme de la police et le procureur. Dans ces conditions, la Cour considère que le requérant n'a pu manquer de se sentir intimidé par ces entrevues avec les autorités, d'une manière qui a constitué une ingérence indue dans son droit de recours. • CEDH 28 juill. 1998, *Ergi c/ Turquie*, n° 23818/94 § 105. ♦ V. également • CEDH 13 juill. 2010, *Lopata c/ Russie*, n° 72250/01 § 157.

b. Pressions sur l'entourage du requérant

45. Pressions sur les avocats. Tel est le cas : d'un courrier envoyé aux avocats du requérant indiquant qu'une enquête pénale serait engagée à la suite de la plainte prétendument abusive du requérant aux « organisations internationales ». • CEDH 23 oct. 2007, *Colibaba c/ Moldavie*, n° 29089/06 § 67. ♦ ... De menaces de poursuites à leur égard. • CEDH 25 mai 1998, *Kurt c/ Turquie*, n° 24276/94 § 164. ♦ ... D'une plainte pour faute professionnelle. • CEDH 28 mai 2002, *McShane c/ Royaume-Uni*, n° 43290/98 § 151. ♦ ... D'une convocation pour un interrogatoire de l'avocat et du traducteur concernant la demande de satisfaction équitable présentée par le requérant. • CEDH 13 avr. 2006, *Fedorova c/ Russie*, n° 73225/01 § 49. ♦ ... D'une tentative d'intimidation pour obtenir des documents confidentiels de la part du cabinet dans lequel travaille l'avocat du requérant. • CEDH 31 janv. 2008, *Ryabov c/ Russie*, n° 3896/04 § 61. ♦ ... D'un contact entre l'avocat et son client sous le regard de l'administration à travers une cloison en verre. • CEDH 19 déc. 2006, *Oferta Plus SRL c/ Moldavie*, n° 14385/04 § 153 et 156.

46. Pressions sur les autres conseils du requérant. Sur le traducteur • CEDH 13 avr. 2006, *Fedorova c/ Russie*, n° 73225/01 § 49.

47. Pressions sur les témoins. La façon dont les témoins appelés à exposer les conditions de détention, y compris après leur sortie de prison, ont été interrogés par les autorités pouvait être perçue par eux comme intimidante et coercitive. • CEDH 10 févr. 2009, *Novinski c/ Russie*, n° 11982/02 § 119 s.

C. MESURES PROVISOIRES

1° JUSTIFICATION ET RESPECT DES MESURES PROVISOIRES

48. Principe. L'obligation énoncée au présent art. *in fine* exige que les États contractants non seulement s'abstiennent d'exercer des pressions sur les requérants mais aussi se gardent de tout acte ou omission qui, en détruisant ou faisant disparaître l'objet d'une requête, rendrait celle-ci inutile ou empêcherait la Cour de toute autre manière de l'examiner selon sa méthode habituelle, au détriment des intérêts des individus concernés. • CEDH, gr. ch., 4 févr. 2005, *Mamatkoulov et Askarov c/ Turquie*, n° 46827/99 § 102 : *préc. note 1*. ♦ V. déjà. • CEDH 6 févr. 2003, *Mamatkoulov et Askarov c/ Turquie*, n° 46827/99 § 100 s. : *AJDA 2003. 603, chron. Flauss ; D. 2003. 2277, obs. Bîrsan ; RTD civ. 2003. 381, obs. Marguénaud ; AFDI 2003. 671, obs. Cohen-Jonathan et Flauss ; RGDIP 2003. 601, obs. Tigroudja*. ♦ Il ressort clairement de la finalité de cette règle, à savoir garantir l'effectivité du droit de recours individuel, que les intentions ou raisons sous-jacentes à une action ou omission interdite par le présent art. n'ont que peu de pertinence lorsqu'il s'agit d'apprécier si cette disposition a été ou non respectée. L'important est de déterminer si la situation engendrée par l'action ou l'omission des autorités est conforme au présent art. • CEDH, gr. ch., 10 mars 2009, *Paladi c/ Moldavie*, n° 39806/05 § 87.

49. Les mesures provisoires, telles qu'elles ont été constamment appliquées en pratique, se révèlent d'une importance fondamentale pour éviter des situations irréversibles qui empêcheraient la Cour de procéder dans de bonnes conditions à un examen de la requête et, le cas échéant, d'assurer au requérant la jouissance pratique et effective du droit protégé par la Conv. qu'il invoque. • CEDH 17 janv. 2006, *Aoulmi c/ France*, n° 50278/99 § 107 : *AJDA 2006. 466, chron. Flauss ; D. 2006. 1151, note Lazaud*.

50. Le requérant demande une mesure provisoire, et la Cour l'accorde, en vue de faciliter « l'exercice efficace » du droit de recours individuel garanti par le présent art., c'est-à-dire de préserver l'objet de la requête lorsqu'elle estime qu'il y a un risque que celui-ci subisse un dommage irréparable en raison d'une action ou omission de l'État défendeur. • CEDH 12 avr. 2005, *Chamaïev et a. c/ Georgie et Russie*, n° 36378/02 § 473 : *préc. note 41*. ♦ Dans des affaires où le requérant allègue de manière plausible un risque de dommage irréparable quant à la jouissance de l'un des droits qui relèvent du noyau dur des droits protégés par la Convention, une mesure provisoire a pour objet de préserver et protéger les droits et intérêts des parties à un litige pendant devant la Cour dans l'attente de la décision finale de celle-ci. Partant, il découle de la nature même des mesures provisoires qu'une décision sur le point de savoir s'il convient d'en indiquer dans un cas donné devra en général être prise dans un temps très court, en vue d'empêcher la survenue d'un dommage potentiel imminent. Par conséquent, les faits de la cause ne seront souvent pas établis dans leur intégralité avant l'arrêt de la Cour sur le fond du grief auquel se rapporte la mesure. C'est précisément afin de préserver la capacité de la Cour à rendre cet arrêt après un examen effectif du grief que de telles mesures sont indiquées. Jusque-là, la Cour peut se voir contrainte d'indiquer des mesures provisoires sur la base de faits qui, tout en appelant *a priori* l'application de telles mesures, sont par la suite complétés ou contestés au point de remettre en question la justification de celles-ci. • CEDH, gr. ch., 10 mars 2009, *Paladi c/ Moldavie,* n° 39806/05 § 89. ♦ S'il apparaît par la suite que le dommage que la mesure provisoire visait à empêcher ne se produit pas alors même que l'État ne s'est pas pleinement conformé à la mesure provisoire, cette circonstance n'est pas non plus pertinente s'agissant d'apprécier si l'État concerné a respecté ses obligations au titre du présent art. • CEDH, gr. ch., 10 mars 2009, *Paladi c/ Moldavie,* n° 39806/05 § 89. ♦ Cependant, ce n'est que lorsqu'il y a un risque imminent de dommage irréparable que la Cour applique l'art. 39 de son règlement • CEDH, gr. ch., 4 févr. 2005, *Mamatkoulov et Askarov c/ Turquie,* n° 46827/99 § 104 : *préc. note 1.*

51. Une mesure conservatoire est, de par sa nature même, provisoire, et sa nécessité est évaluée dans un moment historique précis en raison de l'existence d'un risque qui pourrait entraver l'exercice effectif du droit de recours garanti par l'art. 34 de la Conv. EDH. • CEDH 15 janv. 2008, *Mostafa c/ Turquie,* n° 16348/05 § 42. ♦ Dès lors qu'elle n'a plus de raison d'être, elle est levée. • CEDH 7 avr. 2015, *J. K. c/ France,* n° 7466/10 § 61.

52. Obligation de respecter les mesures provisoires. L'inobservation par un État défendeur de mesures provisoires met en péril l'efficacité du droit de recours individuel, tel que garanti par le présent art., ainsi que l'engagement formel de l'État, en vertu de l'art. 1er Conv. EDH, de sauvegarder les droits et libertés énoncés dans la Conv. EDH • CEDH 17 janv. 2006, *Aoulmi c/ France,* n° 50278/99 § 107 : *préc. note 49.* ♦ L'inobservation de mesures provisoires par un État doit être considérée comme empêchant la Cour d'examiner efficacement le grief du requérant et entravant l'exercice efficace de son droit et, partant, comme une violation du présent art. • CEDH, gr. ch., 4 févr. 2005, *Mamatkoulov et Askarov c/ Turquie,* n° 46827/99 § 128 : *préc. note 1.* ♦ La décision de l'État quant au respect de la mesure ne peut pas être reportée dans l'attente d'une éventuelle confirmation de l'existence d'un risque. La simple inobservation d'une mesure provisoire décidée par la Cour en raison de l'existence d'un risque est, en soi, une grave entrave, à ce moment précis, à l'exercice effectif du droit de recours individuel. L'obligation des États d'observer ces mesures provisoires ne doit pas être liée à la constatation postérieure de l'existence d'entraves à l'exercice effectif du droit de recours. • CEDH 10 août 2006, *Olaechea Cahuas c/ Espagne,* n° 24668/03 § 75 et 81 : *JDI 2007. 681, obs. Moulier* • CEDH 7 juill. 2009, *Grori c/ Albanie,* n° 25336/04 § 194. ♦ Après une période de détention dans le pays où il a été expulsé malgré les mesures imposées par la Cour, le requérant a été remis en liberté et a pu reprendre contact avec son avocat. Cependant, de cette réalité constatée après la décision d'appliquer la mesure provisoire, il ne découle pas que le Gouvernement a respecté son obligation de n'entraver par aucune mesure l'exercice efficace du droit garanti par le présent art. • CEDH 5 avr. 2011, *Toumi c/ Italie,* n° 25716/09 § 74.

53. Il n'appartient pas à un État contractant de substituer son propre point de vue à celui de la Cour pour vérifier s'il existait ou non un risque réel que le requérant subisse un dommage immédiat et irréparable au moment où la mesure provisoire a été indiquée. Il n'appartient pas davantage aux autorités internes de décider des délais pour se conformer à une mesure provisoire ou du degré auquel elle doit être respectée. C'est à la Cour de contrôler le respect de la mesure provisoire, tandis qu'un État qui estime être en possession d'éléments matériels de nature à la convaincre d'annuler cette mesure doit l'en informer. • CEDH, gr. ch., 10 mars 2009, *Paladi c/ Moldavie,* n° 39806/05 § 90. ♦ Rappr. • CEDH 10 août 2006, *Olaechea Cahuas c/ Espagne,* n° 24668/03 § 70 : *préc. note 52.*

54. En ce qui concerne le respect des mesures provisoires au titre de l'art. 39 du règlement de la Cour, il convient aussi de déterminer si l'action ou l'omission des autorités est conforme au présent art. puisque de telles mesures sont indiquées par la Cour aux fins de garantir l'efficacité du droit de recours individuel. Il s'ensuit qu'il y aura violation du présent art. si les autorités d'un État contractant ne prennent pas toutes les mesures qui pouvaient raisonnablement être envisagées pour se conformer à la mesure indiquée par la Cour. • CEDH, gr. ch., 10 mars 2009, *Paladi c/ Moldavie,* n° 39806/05 § 88. ♦ La conséquence du non-respect des mesures provisoires est que le requérant a été entravé dans l'exercice effectif de son droit de recours individuel, garanti par le présent art. • CEDH 17 janv. 2006, *Aoulmi c/ France,* n° 50278/99 § 110 : *préc. note 49* • CEDH 1er févr. 2018, *M. A. c/ France,* n° 9373/15 § 70 : *AJDA 2018. 250 ; JCP Adm. 2018. 144.*

55. Contrôle du respect des mesures. Pour vérifier si l'État défendeur s'est conformé à la mesure en question, il faut partir du libellé même de celle-ci. La Cour doit examiner si l'État défendeur a respecté la lettre et l'esprit de la mesure provisoire qui lui avait été indiquée. • CEDH, gr. ch., 10 mars 2009, *Paladi c/ Moldavie,* n° 39806/05 § 91.

56. Dans le cadre de l'examen d'un grief au titre du présent art. concernant le manquement allégué d'un État contractant à respecter une mesure provisoire, la Cour ne va donc pas reconsidérer l'opportunité de sa décision d'appliquer la mesure en question. Il incombe au gouvernement défendeur de lui démontrer que la mesure provisoire a été respectée ou, dans des cas exceptionnels, qu'il y a eu un obstacle objectif qui l'a empêché de s'y conformer, et qu'il a entrepris toutes les démarches raisonnablement envisageables pour supprimer l'obstacle et pour tenir la Cour informée de la situation. • CEDH, gr. ch., 10 mars 2009, *Paladi c/ Moldavie,* n° 39806/05 § 92 • CEDH 2 mars 2010, *Al-Saadoon et Mufdhi c/ Royaume-Uni,* n° 61498/08 § 160 : *D. 2011. 193, obs. Renucci ; RSC 2010. 675, obs. Marguénaud et Roets.* ♦ La Cour doit déterminer s'il y avait des obstacles objectifs qui ont empêché le gouvernement de se conformer à la mesure provisoire en temps voulu. • CEDH 13 juill. 2010, *D. B. c/ Turquie,* n° 33526/08 § 67.

57. Sur le respect de ses mesures par le juge interne, V. notes ss. DDH, art. 16.

58. Non-respect des mesures. Après réception de la décision d'application de l'art. 39 du règlement de la Cour, les autorités internes ont fait parvenir à la Cour une décision judiciaire confirmant le bien-fondé de l'extradition. Cette attitude supposait implicitement le non-respect de la mesure provisoire adoptée par la Cour. • CEDH 10 août 2006, *Olaechea Cahuas c/ Espagne,* n° 24668/03 § 69 : *préc. note 52.* ♦ Les juridictions internes qui ont examiné la situation ont conclu que la mesure provisoire s'adressait à l'État russe dans son ensemble, et non à l'un de ses organes en particulier, et que le droit russe ne reconnaissait pas de force contraignante aux mesures provisoires indiquées par la Cour. En outre, estimant que le requérant ne pouvait agir sans le consentement de sa mère, elles n'ont considéré Me Bartenev (l'avocat) comme le représentant légal de l'intéressé ni au niveau interne ni aux fins de la procédure devant la Cour. • CEDH 27 mars 2008, *Chtoukaturov c/ Russie,* n° 44009/05 § 142 : *AJDA 2008. 1929, chron. Flauss.*

59. Constitue une violation des mesures provisoires édictées par la Cour le renvoi du requérant vers l'Algérie qui a gêné l'examen, de manière appropriée, des griefs du requérant conformément à sa pratique constante dans des affaires similaires et, en fin de compte, l'a empêchée de le protéger en cas de besoin des *violations potentielles de la Conv. EDH.* • CEDH 17 janv. 2006, *Aoulmi c/ France,* n° 50278/99 § 110 : *préc. note 49.* ♦ ... Le non-respect d'un délai fixé par la Cour pour que le requérant puisse rencontrer un avocat afin de signer une procuration. • CEDH 13 juill. 2010, *Turquie,* n° 33526/08 § 66. ♦ ... Un délai trop long entre la réception de la mesure et sa mise en œuvre. • CEDH 7 juill. 2009, *Albanie,* n° 25336/04 § 186. ♦ ... La remise de détenus à des autorités étrangères alors que la Cour avait décidé que les requérants ne devaient être ni éloignés ni transférés jusqu'à nouvel ordre. • CEDH 2 mars 2010, *Al-Saadoon et Mufdhi c/ Royaume-Uni,* n° 61498/08 § 79 et 165 : *préc. note 56.*

60. Les autorités françaises ont délibérément et de manière irréversible, amoindri le niveau de protection des droits énoncés dans l'art. 3 Conv. EDH que le requérant cherchait à faire respecter en introduisant sa demande devant la Cour. Dans les circonstances de l'espèce, l'expulsion a pour le moins ôté toute utilité à l'éventuel constat de violation de la Convention, le requérant ayant été éloigné vers un pays qui n'est pas partie à cet instrument, où il alléguait risquer d'être soumis à des traitements contraires à celle-ci. • CEDH 19 avr. 2018, *A. S. c/ France,* n° 46240/15 § 77 : *AJDA 2018. 678.*

61. Recherche des obstacles objectifs. Le Gouvernement justifie le non-respect de la mesure en arguant qu'il a manqué de temps pour suspendre l'extradition. A cet égard, force est de constater qu'après avoir reçu la décision d'application de la mesure provisoire de suspension de l'extradition, le Gouvernement a transmis cette demande au juge compétent, puis renvoyé la réponse négative de celui-ci à la Cour. Le temps nécessaire n'aurait pas été plus long si le Gouvernement, en tant qu'autorité interne, avait ordonné la suspension de l'extradition en application de la mesure décidée par la Cour. Partant, la justification donnée pour la non-application de la mesure ne saurait être accueillie. • CEDH 10 août 2006, *Olaechea Cahuas c/ Espagne,* n° 24668/03 § 70 : *préc. note 52.*

62. Le requérant a été mis dans un avion environ 26 heures après la notification de la mesure provisoire à l'État défendeur. Cette période comprend un jour ouvrable, durant lequel tous les bureaux concernés étaient ouverts et alors qu'aucune difficulté de communication n'a été signalée. La Cour est consciente des difficultés qui surgissent lorsque les différences de temps sont en cause, mais dans le cas présent il est clair qu'elles n'étaient pas de nature à expliquer l'échec de transmettre le message au service responsable. • CEDH 3 juin 2010, *Kamaliyevy c/ Russie,* n° 52812/07 § 77. ♦ Comp. • CEDH 11 déc. 2008, *Muminov c/ Russie,* n° 42502/06 § 136. ♦ Sans spéculer sur le fait de savoir si les autorités compétentes l'ont reçu le même jour et quel a été l'effet des jours fériés suivants sur la possibilité de se conformer à cette décision, la Cour note qu'il n'est pas contesté par le Gouvernement que les autorités compétentes ont eu connaissance de ladite décision le lundi 9 mai 2005 au matin et l'ont communiquée au ministère des affaires étrangères à Ankara le même jour. Les requérants ont été extradés le 11 mai 2005. La Cour en conclut que le Gouvernement défendeur n'a pas appliqué la mesure provisoire. • CEDH

15 janv. 2008, *Mostafa c/ Turquie,* n° 16348/05 § 38.

63. Évidemment, le fait qu'aucune mesure provisoire n'ait été prise et communiquée au gouvernement constitue un obstacle à leur mise en œuvre. • CEDH, décis., 20 févr. 2007, *Al Moyad c/ Allemagne,* n° 35865/03 § 122.

2° TYPES DE MESURES PROVISOIRES

64. La Cour peut décider que les requérants ne doivent être ni éloignés ni transférés jusqu'à nouvel ordre. • CEDH 2 mars 2010, *Al-Saadoon et Mufdhi c/ Royaume-Uni,* n° 61498/08 § 79 : *préc. note 1.* ♦ ... Que leur extradition doit être suspendue. • CEDH 7 juill. 1989, *Soering c/ Royaume-Uni,* n° 14038/88 § 4 • CEDH, gr. ch., 4 févr. 2005, *Mamatkoulov et Askarov c/ Turquie,* n° 46827/99 § 128 : *préc. note 56* • CEDH 3 juin 2010, *Kamaliyevy c/ Russie,* n° 52812/07 § 31.

65. La Cour peut encore mettre en demeure l'État de permettre au requérant de rencontrer un avocat. • CEDH 13 juill. 2010, *D. B. c/ Turquie,* n° 33526/08 § 66 • CEDH 27 mars 2008, *Chtoukaturov c/ Russie,* n° 44009/05 § 140 : *préc. note 58.*

66. Il peut s'agir encore de transférer le requérant dans un hôpital pour des examens médicaux et un traitement approprié. • CEDH 7 juill. 2009, *Grori c/ Albanie,* n° 25336/04 § 186. ♦ ... Ou de ne pas le transférer pour garantir des soins (en l'espèce, lui faire quitter un hôpital neurologique). • CEDH, gr. ch., 10 mars 2009, *Paladi c/ Moldavie,* n° 39806/05 § 94.

67. Il est souhaitable, dans l'intérêt du bon déroulement de la procédure, que le Gouvernement prenne les mesures nécessaires pour que les embryons, dont la destruction forme l'objet des griefs de la requérante, soient conservés jusqu'à ce que la Cour ait terminé d'examiner l'affaire. Les mesures indiquées au Gouvernement en application de l'art. 39 du règlement de la Cour doivent demeurer en vigueur jusqu'à ce que le présent arrêt devienne définitif ou que le collège de la Grande Chambre accepte la demande de renvoi de l'affaire devant celle-ci, qui aurait été formulée par l'une des parties ou les deux en vertu de l'art. 43 Conv. EDH. • CEDH 7 mars 2006, *Evans c/ Royaume-Uni,* n° 6339/05 § 3 et 77 : *RDSS 2006. 573, obs. Hennion-Jacquet ; RTD civ. 2006. 255, obs. Marguénaud .*

D. FACILITATION DE L'EXAMEN DE L'AFFAIRE

68. Principe. Il est capital, pour le bon fonctionnement du mécanisme de recours individuel instauré par le présent art., que les États fournissent toutes les facilités nécessaires pour permettre un examen sérieux et effectif des requêtes. • CEDH, gr. ch., 8 juill. 1999, *Tanrikulu c/ Turquie,* n° 23763/94 § 70 • CEDH 27 juill. 2007, *Bazorkina c/ Russie,* n° 69481/01 § 170.

69. La Cour rappelle que les procédures concernant des affaires où un individu accuse des agents de l'État d'avoir violé les droits qui lui sont garantis par la Conv. EDH ne se prêtent pas toujours à une application rigoureuse du principe selon lequel quiconque formule une allégation doit la prouver et qu'il est capital, pour le bon fonctionnement du mécanisme de recours individuel instauré par le présent art., que les États fournissent toutes les facilités nécessaires pour permettre un examen sérieux et effectif des requêtes. • CEDH 9 nov. 2006, *Imakaïeva c/ Russie,* n° 7615/02 § 199. ♦ Dans les procédures concernant des affaires de ce type, il est inévitable que l'État défendeur soit parfois seul à avoir accès aux informations susceptibles de confirmer ou de réfuter ces allégations. • CEDH 13 juin 2000, *Timutas c/ Turquie,* n° 23531/94 § 66 : *RFDA 2001. 1250, chron. Labayle et Sudre* • CEDH 9 mai 2003, *Tepe c/ Turquie,* n° 27244/95 § 128.

70. Entraves à la démarche du requérant. L'administration de la prison ayant conditionné la délivrance des copies d'un nombre limité de pièces, précisément identifiées, qui étaient nécessaires pour étayer la requête du requérant (le dossier pénal et une fiche de renseignements médicaux attestant les maladies dont il souffrait) en paiement du coût engendré, le requérant, en l'absence des ressources nécessaires, n'a pu les obtenir qu'à l'issue de plusieurs démarches, environ quatre mois après avoir fait sa première demande. • CEDH 24 févr. 2009, *Gagiu c/ Roumanie,* n° 63258/00 § 95. ♦ Rappr. d'un cas où il n'a pas été possible au requérant, compte tenu de la législation, d'accéder à son dossier pénal et aux documents lui permettant de présenter son recours. • CEDH 14 oct. 2010, *Naydyon c/ Ukraine,* n° 16474/03 § 64 s. ♦ Il a été interdit au requérant de voir son avocat depuis son hospitalisation jusqu'à sa sortie de l'hôpital. En outre, les appels téléphoniques et la correspondance lui ont également été interdits pendant pratiquement toute cette période. Ces restrictions l'ont mis dans la quasi-impossibilité de poursuivre la procédure devant la Cour : ainsi, il n'a pu remplir le formulaire de requête qu'après sa sortie de l'hôpital. Les autorités ne pouvaient ignorer qu'il avait introduit une requête devant la Cour au sujet, notamment, de son internement à l'hôpital. Dans ces conditions, elles ont, en restreignant à ce point les contacts du requérant avec le monde extérieur, porté atteinte à ses droits découlant du présent art. • CEDH 27 mars 2008, *Chtoukaturov c/ Russie,* n° 44009/05 § 140 : *préc. note 58.*

71. Entraves au travail de l'avocat. Impossibilité pour lui de rencontrer le médecin du requérant pour pouvoir accéder à son dossier médical. • CEDH 11 juill. 2006, *Boicenco c/ Moldavie*, n° 41088/05 § 158 • CEDH 27 mars 2008, *Chtoukaturov c/ Russie*, n° 44009/05 § 138 : *préc. note 58.*

72. Conséquences. V. notes ss. Conv. EDH, art. 38.

II. QUALITÉ DE VICTIME

73. Principe. La Cour n'est point appelée à statuer sur un problème abstrait touchant la compatibilité d'une loi avec les dispositions de la Convention, mais sur le cas concret de l'application d'une telle loi à l'égard du requérant et dans la mesure où celui-ci se trouverait, de ce fait, lésé dans l'exercice de l'un des droits garantis par la Conv. EDH • CEDH 27 mars 1962, *De Becker c/ Belgique*, n° 214/56 § 14. ♦ Ainsi, contrairement à l'art. 33 Conv. EDH (anc. art. 24) selon lequel l'intérêt général s'attachant au respect de la Convention rend recevable, sous réserve des autres conditions fixées, une requête étatique, le présent art. (anc. art. 25) exige qu'un individu requérant se prétende effectivement lésé par la violation qu'il allègue. • CEDH 6 sept. 1978, *Klass et a. c/ Allemagne*, n° 5029/71 § 33. ♦ V. également les aff. mentionnées note 4.

74. Jonction avec l'établissement des faits. L'exception relative à la qualité de victime soulevée par l'État défendeur étant fondée sur la contestation de la véracité des faits livrés par les requérants, la Cour examine cette exception comme une question liminaire relative à l'établissement des faits. • CEDH, gr. ch., 13 févr. 2020, *N.D. et N.T. c/ Espagne*, n° 8675/15 et 8697/15 § 83. ♦ La répartition de la charge de la preuve et le degré de conviction nécessaire sont intrinsèquement liés à la spécificité des faits, à la nature de l'allégation formulée et au droit conventionnel en jeu. Dans le cas où la plainte a trait à une mesure contribuant aux difficultés rencontrées par les requérants pour apporter la preuve de leur implication – donc leur qualité de victime –, la charge de la preuve pèse sur l'État défendeur en ce sens que, sur la base d'un commencement de preuve présenté par les requérants, la Cour présumera leur version des faits véridique, sauf à ce que le Gouvernement parvienne à la réfuter de manière convaincante. • Même arrêt, § 85.

75. Jonction au fond. L'exception préliminaire relative à la qualité de victime soulève des questions concernant l'effectivité de l'enquête pénale menée aux fins d'établir les faits et les responsabilités relativement à l'attaque incriminée par la requérante. Ces questions sont étroitement liées au fond des griefs de la requérante. • CEDH 24 févr. 2005, *Issaïeva c/ Russie*, n° 57950/00 § 161. ♦ L'argument tiré de la perte de qualité de victime de la requérante soulève des questions concernant les dispositions pénales du droit français relatives à l'esclavage, à la servitude et au travail forcé et obligatoire et l'interprétation qui en est faite par les juridictions internes. Ces questions sont étroitement liées au fond du grief de la requérante. • CEDH 26 juill. 2005, *Siliadin c/ France*, n° 73316/01 § 63 : *AJDA 2005. 1886, chron. Flauss ; D. 2006. 346, note Roets ; ibid. 1717, obs. Renucci ; RSC 2006. 139, obs. Massias ; ibid. 431, obs. Massias ; RTD civ. 2005. 740, obs. Marguénaud.* ♦ Il en va ainsi en particulier lorsque cette partie de la requête pose des questions de fait et de droit complexes, qui ne peuvent être tranchées qu'après un examen au fond ; il y a lieu, dès lors, de déclarer la requête recevable. • CEDH, gr. ch., 23 févr. 2012, *Hirsi Jamaa et a. c/ Italie*, n° 27765/09 § 112 : *AJDA 2012. 1726, chron. Burgorgue-Larsen* • CEDH, gr. ch., 13 déc. 2012, *Souza Ribeiro c/ France*, n° 22689/07 § 76 : *AJDA 2012. 2408 ; D. 2013. 91.*

76. Réparation préalable. Le redressement offert en droit interne s'étant révélé suffisant et approprié, les requérants ne peuvent plus se prétendre « victimes » de la violation ; il s'ensuit que le grief des requérants est incompatible *ratione personae* avec les dispositions du présent paragraphe et qu'il doit être rejeté. • CEDH 28 oct. 2014, *Hebat Aslan et Firas Aslan c/ Turquie*, n° 15048 § 52.

A. BÉNÉFICE DE LA QUALITÉ DE VICTIME

77. Notion autonome. La notion de « victime » doit être interprétée de façon autonome et indépendante de notions internes telles que celles concernant l'intérêt ou la qualité pour agir. • Comm. EDH 4 déc. 1995, *Tauira et a. c/ France*, n° 28204/95 • Comm. EDH 1er juill. 1998, *Assoc. des amis de Saint-Raphaël et de Fréjus et a. c/ France*, n° 38192/97 • CEDH, décis., 20 mars 2003, *Jensen et Rasmussen c/ Danemark*, n° 52620/99 • CEDH 27 avr. 2004, *Gorraiz Lizarraga et a. c/ Espagne*, n° 62543/00 § 35 • CEDH 1er avr. 2008, *Stukus et a. c/ Pologne*, n° 12534/03 § 34 • CEDH, gr. ch., 15 oct. 2009, *Micallef c/ Malte*, n° 17056/06 § 48 : *AJDA 2010. 997, chron. Flauss ; RTD civ. 2010. 285, obs. Marguénaud ; RD publ. 2010. 856, obs. Sudre.*

78. La jurisprudence adopte une interprétation très extensive de la notion de victime. • CEDH 1er avr. 2008, *Stukus et a. c/ Pologne*, n° 12534/03 § 34. ♦ Ce critère ne saurait être appliqué de façon rigide, mécanique et inflexible. • CEDH gr. ch., 15 oct. 2009, *Micallef c/ Malte*, n° 17056/06 § 45 : *préc. note 77.* ♦ ... En ce qui concerne la représentation des enfants devant les organes de la Conv. EDH.

• CEDH 27 avr. 2010, *Moretti et Benedetti c/ Italie,* n° 16318/07 § 32. ♦ V. notes 7 s.

79. Absence de préjudice. L'existence d'un manquement aux exigences de la Conv. EDH se conçoit même en l'absence de préjudice ; celui-ci ne joue un rôle que sur le terrain de l'art. 41 Conv. EDH. • CEDH 25 mars 1982, *Adolf c/ Autriche,* n° 8269/78 § 37 • CEDH 15 juill. 1982, *Eckle c/ Allemagne,* n° 8130/78 § 66 • CEDH 25 juin 1996, *Ammur c/ France,* n° 19776/92 § 36 : *AJDA 1996. 1005, chron. Flauss* ; *D. 1997. 203, obs. Perez* ; *RFDA 1997. 242, étude Labayle* ; *RSC 1997. 457, obs. Koering-Joulin* • CEDH, gr. ch., 28 oct. 1999, *Brumarescu c/ Roumanie,* n° 28342/95 § 50 : *D. 2000. 187, obs. Fricero* • CEDH 26 sept. 2000, *Guisset c/ France,* n° 33933/96 § 67 : *RFDA 2001. 1250, chron. Labayle et Sudre* ; *RD publ. 2001. 667, obs. Surrel* • CEDH, gr. ch., 12 sept. 2012, *Nada c/ Suisse,* n° 10593/08 § 128 : *AJDA 2013. 165, chron. Burgorgue-Larsen* ; *RFDA 2013. 576, chron. Labayle, Sudre, Dupré de Boulois et Milano* ; *RTD eur. 2013. 515, note Tinière* .

80. Issue favorable. En cas d'acquittement définitif ou d'annulation définitive d'une condamnation, le requérant ne peut pas être considéré comme « victime » d'éventuelles violations des droits garantis par l'art. 6 Conv. EDH en rapport avec l'équité de la procédure. • CEDH, décis., 2 mars 2010, *Bouglame c/ Belgique,* n° 16147/08. ♦ Il en est de même, dans le cas où la procédure civile concernant la capacité d'exercice de la requérante se termine par le rejet de l'action qui avait été engagée à son encontre dès lors que la requérante ne pouvait obtenir une issue plus favorable. • CEDH 1er août 2013, *Antonyuk c/ Russie,* n° 47721/10 § 105.

81. Principes. Par « victime », le présent art. désigne la personne directement concernée par l'acte ou l'omission litigieux. • CEDH 25 mars 1982, *Adolf c/ Autriche,* n° 8269/78 § 37 • CEDH 15 juill. 1982, *Eckle c/ Allemagne,* n° 8130/78 § 66 • CEDH 25 juin 1996, *Ammur c/ France,* n° 19776/92 § 36 : *préc. note 79* • CEDH, gr. ch., 28 oct. 1999, *Brumarescu c/ Roumanie,* n° 28342/95 § 50 : *préc. note 79.* ♦ Une personne peut valablement se prétendre « victime » d'une ingérence dans l'exercice de ses droits garantis par la Conv. EDH si elle a été directement touchée par les faits prétendument constitutifs de l'ingérence. • CEDH 20 sept. 1994, *Otto-Preminger-Institut c/ Autriche,* n° 13470/87 § 39. ♦ Pour qu'un *requérant puisse se prétendre victime,* il doit exister un lien suffisamment direct entre le requérant et le préjudice qu'il estime avoir subi du fait de la violation alléguée. • Comm. EDH 1er juill. 1998, *Assoc. des amis de Saint-Raphaël et de Fréjus et a. c/ France,* n° 38192/97 • CEDH 27 avr. 2004, *Gorraiz Lizarraga et a. c/ Espagne,* n° 62543/00 § 35 • CEDH 1er avr. 2008, *Stukus et a. c/ Pologne,* n° 12534/03 § 34 • CEDH 18 juin 2013, *Nencheva et a. c/ Bulgarie,* n° 48609/06 § 88 : *préc. note 13* • CEDH, gr. ch., 5 juin 2015, *Lambert et a. c/ France,* n° 46043/14 § 89 : *AJDA 2015. 1124* ; *ibid. 1736, chron. Burgorgue-Larsen* ; *D. 2015. 1212* ; *AJ fam. 2015. 364, obs. Dionisi-Peyrusse* . ♦ Il doit être en mesure de démontrer qu'il est concerné directement par la ou les violations de la Conv. EDH qu'il allègue. • CEDH, décis., 30 mars 1999, *Comité des médecins à diplômes étrangers et a. c/ France,* n° 39527/98. ♦ Il doit avoir subi directement les effets de la mesure litigieuse. • CEDH, gr. ch., 29 avr. 2008, *Burden c/ Royaume-Uni,* n° 13378/05 § 33 : *préc. note 4* • CEDH 24 sept. 2013, *Luca c/ Italie,* n° 43870/04 § 38.

82. Ce principe connaît une exception lorsque la ou les violations invoquées de la Conv. EDH sont étroitement liées à des disparitions ou décès dans des circonstances dont il est allégué qu'elles engagent la responsabilité de l'État. Dans de tels cas, en effet, la Cour reconnaît aux proches parents de la victime la qualité pour soumettre une requête. • CEDH, gr. ch., 5 juin 2015, *Lambert et a. c/ France,* n° 46043/14 § 90 : *préc. note 81.*

83. A cet égard, la Cour distingue selon que le décès de la victime directe est postérieur ou antérieur à l'introduction de la requête devant elle. Dans des cas où le requérant était décédé après l'introduction de la requête, la Cour a admis qu'un proche parent ou un héritier pouvait en principe poursuivre la procédure dès lors qu'il avait un intérêt suffisant dans l'affaire. La situation est en revanche variable lorsque la victime directe est décédée avant l'introduction de la requête devant la Cour. En pareil cas, la Cour, s'appuyant sur une interprétation autonome de la notion de « victime », s'est montrée disposée à reconnaître la qualité pour agir d'un proche soit parce que les griefs soulevaient une question d'intérêt général touchant au « respect des droits de l'homme » et que les requérants en tant qu'héritiers avaient un intérêt légitime à maintenir la requête, soit en raison d'un effet direct sur les propres droits du requérant. Il y a lieu de noter que ces affaires avaient été le plus souvent portées devant la Cour à la suite ou à propos d'une procédure interne à laquelle la victime directe avait elle-même participé de son vivant. • CEDH, gr. ch., 17 juill. 2014, *Centre de ressources juridiques au nom de Valentin Campeanu c/ Roumanie,* n° 47848/08 § 97 et 98 : *AJDA 2014. 1763, chron. Burgorgue-Larsen* .

84. Par ailleurs, si la requête n'est pas introduite par la victime elle-même, l'art. 45 § 3 du règlement impose de produire un pouvoir écrit dûment signé. Il est essentiel pour le représentant de démontrer qu'il a reçu des instructions précises et explicites de la part de la victime alléguée au nom de laquelle il entend agir devant la Cour. Les organes de la Convention ont toutefois estimé que des considérations spéciales pouvaient se justifier dans le cas de victimes alléguées de violations des art. 2, 3 et 8 Conv. EDH subies aux mains des autorités nationales. • CEDH, gr. ch., 5 juin 2015, *Lambert et a. c/ France,* n° 46043/14 § 91 : *préc. note 81.* ♦ Des requêtes introduites par des particuliers au nom de la ou des victimes ont ainsi été déclarées recevables, alors même qu'aucun type de pouvoir valable n'avait été présenté. • CEDH, gr. ch., 17 juill. 2014, *Centre de ressources juridiques au nom de Valentin Campeanu c/ Roumanie,* n° 47848/08 §103 : *préc. note 83.*

1° VICTIME DIRECTE

85. Requérant directement concerné par la violation. Certes, les intéressés n'étaient pas parties à la procédure d'exécution de la décision ordonnant la démolition de la digue située sur leur terrain, intentée *ex officio* par l'organe administratif compétent. Toutefois, ils ont tenté à plusieurs reprises d'intervenir dans la procédure et d'accélérer son déroulement, l'issue de la procédure d'exécution intentée par l'inspecteur régional de la police des bâtiments étant primordiale pour leurs intérêts. En plus, le fait qu'ils aient intenté une action civile tendant à obliger la commune à démolir la digue démontre clairement que l'exécution de la décision revêtait une importance particulière pour la protection de leurs droits patrimoniaux. La Cour ne peut faire abstraction de ces éléments dans l'interprétation de la notion de « victime ». Une autre approche, trop formaliste de la notion de victime, rendrait inefficace et illusoire la protection des droits garantis par la Conv. EDH. • CEDH 1er avr. 2008, *Stukus et a. c/ Pologne,* n° 12534/03 § 35. ♦ Les expertises techniques présentées au cours de la procédure interne indiquaient qu'à l'issue des travaux entamés illégalement par le voisin, la propriété des requérants a été sérieusement endommagée, de telle sorte que leur sécurité et celle de leur famille avaient été mises en danger. Dans ces circonstances, il ne peut prêter à controverse que les requérants avaient un intérêt certain à ce que la procédure d'exécution soit conduite promptement afin que la situation conforme aux normes techniques, et en particulier à celles de sécurité, puisse être rétablie dans les meilleurs délais. • CEDH 12 mai 2009, *Zietal c/ Pologne,* n° 64972/01 § 57. ♦ Eu égard en particulier à la relation exceptionnellement proche entre le requérant et sa défunte épouse et à son implication immédiate dans la réalisation du souhait de l'intéressée de mettre fin à ses jours, la Cour estime que le requérant peut prétendre avoir été directement affecté par le refus de l'Institut fédéral d'autoriser l'acquisition d'une dose létale de pentobarbital de sodium. • CEDH 19 juill. 2012, *Koch c/ Allemagne,* n° 497/09 § 50 : *RTD civ. 2012. 700, obs. Marguénaud.* ♦ Dans la mesure où, par l'effet de la loi qui exclut les couples homosexuels du champ d'application de celle-ci, ces personnes physiques adultes, d'après les éléments produits devant elle, entretiennent une relation homosexuelle soit dans le cadre soit en dehors d'une cohabitation et ne peuvent conclure un « pacte de vie commune » ni organiser leur relation de couple selon le régime juridique prescrit par cette loi, elles sont directement concernées par la situation et ont un intérêt personnel légitime à ce qu'il y soit mis fin. • CEDH 7 nov. 2013, *Vallianatos et a. c/ Grèce,* n° 29381/09 § 48 : *AJDA 2014.147, chron. Burgorgue-Larsen ; D. 2013. 2888, note Laffaille ; ibid. 2014. 238, obs. Renucci ; ibid. 1342, obs. Lemouland et Vigneau ; AJ fam. 2014. 49, obs. Beaudoin ; RTD civ. 2014. 89, obs. Hauser ; ibid. 301, obs. Marguénaud.*

86. Le requérant, qui est d'origine rom, dénonce des remarques et expressions qui, selon lui, sont dévalorisantes pour la communauté rom. L'intéressé n'est certes pas personnellement visé, mais les remarques concernant le groupe ethnique auquel il appartient peuvent heurter sa susceptibilité. En outre, la qualité pour agir du requérant n'a pas été contestée au cours de la procédure interne, le fond de l'affaire ayant ainsi été examiné par les tribunaux nationaux à deux degrés de juridiction. • CEDH, gr. ch., 15 mars 2012, *Aksu c/ Turquie,* n° 4149/04 § 53.

87. Le seul fait que deux des requérants figurent dans la liste à laquelle il est fait référence en tant que « groupes ou entités impliqués dans des actes de terrorisme » peut être gênant, mais constitue un lien beaucoup trop ténu pour justifier l'application de la Conv. EDH. • CEDH, décis., 23 mai 2002, *Segi et a. c/ 15 États de l'Union européenne,* n° 6422/02 : *AJDA 2002. 1277, chron. Flauss ; D. 2003. 523, obs. Renucci.* ♦ N'excluant pas que l'utilisation éventuelle des embryons en cause pourrait servir à des fins de recherche scientifique et que cette dernière peut constituer une forme de liberté de communication des informations, la Cour relève que, tel que formulé par la requérante, le grief porte sur un droit dont les opérateurs du secteur, à savoir les chercheurs et les scientifiques et non pas directement la requérante, sont titulaires. • CEDH, décis., 28 mai 2013, *Parrillo c/ Italie,* n° 46470/11.

88. On ne saurait se prétendre « victime » d'un acte dépourvu, temporairement ou définitivement, de tout effet juridique. Ainsi, malgré l'invitation à quitter le territoire, dépourvue par elle-même de caractère exécutoire, et le rejet de la demande d'admission exceptionnelle au séjour présentée par P., aucun ordre de reconduite à la frontière n'a été pris à l'encontre des requérants. Si le préfet de police décidait leur renvoi, les intéressés disposeraient du recours et de l'ensemble des garanties dont il s'accompagne ; s'ils s'avisaient d'introduire aujourd'hui ledit recours, les juridictions saisies le déclareraient probablement irrecevable parce que prématuré ou sans objet. • CEDH 27 août 1992, *Vijayanathan et Pusparajah c/ France,* n° 17550/90 § 46 : *AJDA 1993. 105, chron. Flauss* ; *RFDA 1993. 963, chron. Berger, Giakoumopoulos, Labayle et Sudre*.

89. A l'inverse, un acte qui ne déploie que temporairement des effets juridiques peut suffire à faire admettre la qualité de « victime » d'un requérant s'il a des effets juridiques. • CEDH, décis., 14 nov. 2000, *Benamar et a. c/ France,* n° 42216/98 • CEDH 21 sept. 2006, *Monnat c/ Suisse,* n° 73604/01 § 33.

90. Usage d'internet. La réponse à la question de savoir si un requérant peut se prétendre victime d'une mesure de blocage d'accès à un site internet dépend d'une appréciation des circonstances de chaque affaire, en particulier de la manière dont celui-ci utilise le site internet et de l'ampleur des conséquences de pareille mesure qui peuvent se produire pour lui. Entre également en ligne de compte le fait que l'internet est aujourd'hui devenu l'un des principaux moyens d'exercice par les individus de leur droit à la liberté de recevoir ou de communiquer des informations ou des idées : on y trouve des outils essentiels de participation aux activités et débats relatifs à des questions politiques ou d'intérêt public. • CEDH 1er déc. 2015, *Cengiz et a. c/ Turquie,* n° 48226/10 § 49. ♦ Les requérants se plaignent pour l'essentiel de l'effet collatéral de la mesure prise contre YouTube dans le cadre de la loi sur internet. Les intéressés affirment que, en raison des caractéristiques de YouTube, la mesure de blocage les a privés d'un moyen important d'exercer leur droit à la liberté de recevoir et communiquer des informations et des idées. Eu égard à la nécessité d'appliquer de manière flexible les critères de reconnaissance de la qualité de victime, la Cour admet que, dans les circonstances particulières de l'affaire, les requérants, bien que n'étant pas directement visés par la décision de blocage de l'accès à YouTube, peuvent légitimement prétendre que la mesure en question a affecté leur droit de recevoir et de communiquer des informations ou des idées. • CEDH 1er déc. 2015, *Cengiz et a. c/ Turquie,* n° 48226/10 § 54 et 55.

91. Associations. V. notes 124 s.

92. Actionnaire, associé, société et filiale. Les actionnaires d'une société peuvent se voir reconnaître la qualité de victime au sens du présent art. lorsque leur requête est dirigée contre des mesures portant atteinte aux droits attachés à leur qualité d'actionnaire. Ces actes se distinguent des mesures ou des procédures affectant la société en ce que leur nature ou leurs effets allégués produisent sur les droits des actionnaires des répercussions directes et individuelles qui n'ont pas pour seul effet de léser les intérêts des actionnaires dans la société mais bouleversent également leur position au sein de la structure de gouvernance de celle-ci (vente contrainte d'actions, perte du droit de vote ou de la possibilité d'exercer les fonctions de gérant). • CEDH, gr. ch., 7 juill. 2020, *Hongrie,* n° 5294/14 § 122, 123 et 134. ♦ Une mesure privant définitivement les organes de gouvernance d'une banque d'une partie importante de son pouvoir d'administration affecte certes les intérêts des actionnaires mais, eu égard à l'importance relative de leur participation, de manière contingente et indirecte. • CEDH, gr. ch., 7 juill. 2020, *Hongrie,* n° 5294/14 § 154. ♦ En revanche, les actionnaires eux-mêmes ne peuvent pas se prévaloir de la qualité de victime des mesures touchant leur société, sauf dans deux situations : lorsque la société et ses actionnaires se confondent au point qu'il serait artificiel de les distinguer ou lorsque des circonstances exceptionnelles le justifient. • CEDH, gr. ch., 7 juill. 2020, *Hongrie,* n° 5294/14 § 122 et 123. ♦ La détention d'une part même substantielle des actions ne saurait suffire, en principe, pour qualifier les requérants de « victimes » d'une violation des droits de leur société sous l'art. 1er du Prot. n° 1. • CEDH 24 oct. 1995, *Agrotexim et a. c/ Grèce,* n° 14807/89 § 63 et 71. ♦ S'agissant des cas où une société commerciale est directement concernée par l'acte ou l'omission litigieux, seules des circonstances exceptionnelles permettent d'admettre d'autres personnes à venir aux droits de la société concernée, à condition toutefois de justifier d'un intérêt personnel suffisant, matérialisé par exemple par la détention de la quasi-totalité des actions. • CEDH, décis., 1er avr. 2004, *Camberrow MM5 AD c/ Bulgarie,* n° 50357/99 • CEDH 18 nov. 2010, *Tunnel Report Ltd c/ France,* n° 27940/07 § 25. ♦ Sont « exceptionnelles » les circonstances dans lesquelles il est concrètement et véritablement impossible à la société de saisir les organes de la Conv. par l'intermédiaire de ses organes statutaires, ce que les actionnaires devront démontrer au moyen d'arguments solides et convaincants aux fins d'être autorisés à faire valoir leurs griefs au nom de la société. • CEDH, gr. ch., 7 juill. 2020, *Hongrie,* n° 5294/14 § 145. ♦ Hormis ces cas exceptionnels, des actionnaires – y compris ceux qui détiennent une part substantielle des actions – doivent avoir des intérêts personnels dans l'objet de la requête, notamment visant une atteinte à leurs droits en tant qu'actionnaires. • CEDH, décis., 15 nov. 2011, *Ion Pana c/ Roumanie,* n° 3240/03 § 79 s. ♦ La société S., actionnaire majoritaire de BDA, n'entend pas invoquer un autre préjudice que celui subi par sa filiale, laquelle a tout à fait valablement saisi la Cour d'une demande motivée par les faits de la cause. Par ailleurs, la société S. n'allègue aucune circonstance exceptionnelle qui justifierait la levée du « voile social », tel que celui par exemple d'un conflit d'intérêts entre les représentants de BDA ou son liquidateur et elle-même. • CEDH 11 juill. 2013, *Sofiran et BDA c/ France,* n° 63684/09 § 38.

93. Une société non encore constituée est directement concernée par la longueur de la procédure visant à enregistrer ladite société. • Comm. EDH 5 févr. 1990, *Mendes Godinho e Filhos c/ Portugal,* n° 11724/85. ♦ Une société bien que gérée par le syndic de faillite, conservant la personnalité juridique, peut toujours se prétendre victime des violations alléguées. • CEDH, gr. ch., 27 juin 2017, *Satakunnan Markkinapörssi Oy et Satamedia Oy c/ Finlande,* n° 931/13 § 94.

2° VICTIME POTENTIELLE

94. Effet d'une législation. En principe, il ne suffit pas à un individu requérant de soutenir qu'une loi viole par sa simple existence les droits dont il jouit aux termes de la Conv. EDH ; elle doit avoir été appliquée à son détriment. Néanmoins, la loi peut violer par elle-même les droits d'un individu s'il en subit directement les effets, même en l'absence de mesure spécifique d'exécution. • CEDH 23 juill. 1968, *Aff. « relative à certains aspects du régime linguistique de l'enseignement en Belgique »,* n° 1474/62 • CEDH 7 déc. 1976, *Kjeldsen, Busk Madsen et Pedersen,* n° 5095/71 • CEDH, décis., 20 mars 2003, *Jensen et Rasmussen c/ Danemark,* n° 52620/99. ♦ ... Ou s'il risque d'en subir directement les effets. C'est en particulier le cas si le requérant fait partie d'une catégorie de personnes risquant de subir directement les effets de la législation. • CEDH 13 juin 1979, *Marckx c/ Belgique,* n° 6833/74 § 27 : *CDE 1980. 473, obs. Cohen-Jonathan ; AFDI 1980. 317, chron. Pelloux ; JDI 1982. 183, obs. Rolland* • CEDH, gr. ch., 29 avr. 2008, *Burden c/ Royaume-Uni,* n° 13378/05 § 34 : *préc. note 4.* ♦ ... Ou s'il est obligé de changer de comportement sous peine de poursuites. • CEDH 22 oct. 1981, *Dudgeon c/ Royaume-Uni,* n° 7525/76 § 41 • CEDH, gr. ch., 1er juill. 2014, *S.A.S c/ France,* n° 43835/11 § 57 : *AJDA 2014. 1348 ; ibid. 1763, chron. Burgorgue-Larsen ; ibid. 1866, étude Gervier ; D. 2014. 1451 ; ibid. 1701, chron. Chassang ; RTD civ. 2014. 620, obs. Hauser ; RD publ. 2015. 830, chron. Sudre.*

V. pour d'autres décisions dans le même sens : .

95. Il en va de même de dispositions constitutionnelles. • CEDH, gr. ch., 22 déc. 2009, *Sejdic et Finci c/ Bosnie-Herzégovine,* n° 27996/06 § 28 : *préc. note 4.*

96. Il faut toutefois que le requérant produise des indices raisonnables (plausibles) et convaincants de la probabilité de réalisation d'une violation en ce qui le concerne personnellement ; de simples suspicions ou conjectures sont insuffisantes à cet égard. • Comm. EDH 4 déc. 1995, *Tauira et 18 a. c/ France,* n° 28204/95 : *AJDA 1996. 376, chron. Flauss ; RGDIP 1996. 741 note Decaux* • CEDH 11 juin 2002, *Willis c/ Royaume-Uni,* n° 36042/97 § 50 : *AJDA 2002. 1277, chron. Flauss .* ♦ Rappr. : s'agissant d'une amende. • CEDH, gr. ch., décis., 10 mars 2004, *Senator Lines GmbH c/ Autriche, Belgique, Danemark, Finlande, France, Allemagne, Grèce, Irlande, Italie, Luxembourg, Pays-Bas, Portugal, Espagne, Suède et Royaume-Uni,* n° 56672/00 : *AJDA 2004. 1809, chron. Flauss ; D. 2004. 2533, obs. Burgorgue-Larsen .* ♦ ... S'agissant d'une décision de justice visant une tierce personne. • CEDH, décis., 16 déc. 2008, *Ada Rossi et a. c/ Italie,* n° 55185/08. ♦ ... S'agissant des incidences prétendument néfastes qu'auraient eues et auront sur la requérante elle-même et les membres de sa famille l'adoption et la publication de deux rapports des commissions d'enquête parlementaire sur les sectes, ainsi que la promulgation de la loi « tendant à renforcer la prévention et la répression des mouvements sectaires portant atteinte aux droits de l'homme et aux libertés fondamentales ». • CEDH, décis., 6 nov. 2001, *Féd. chrétienne des témoins de Jéhovah de France c/ France,* n° 53430/99 : *AJDA 2002. 500, chron. Flauss .*

97. Ainsi en est-il d'un avocat spécialisé dans le droit financier et fiscal qui soit se plie au règlement « relatif aux procédures internes destinées à mettre en œuvre les obligations de lutte contre le blanchiment des capitaux et le financement du terrorisme et au dispositif de contrôle interne destiné à assurer le respect des procédures » et renonce ainsi à sa conception du principe de confidentialité des échanges entre l'avocat et son client ; soit ne s'y plie pas et s'expose à des sanctions disciplinaires pouvant aller jusqu'à la radiation. • CEDH 6 déc. 2012, *Michaud c/ France,* n° 12323/11 § 52 : *AJDA 2013. 165, chron. Burgorgue-Larsen ; D. 2013. 284, note Defferrard ; ibid. 1647, obs. Mascala ; AJ pénal 2013. 160, obs. Lasserre Capdeville ; D. avocats 2013. 8, obs. Dargent ; ibid. 96, note Feugère ; RFDA 2013. 576, chron. Labayle, Sudre, Dupré de Boulois et Milano ; RSC 2013. 160, obs. Marguénaud ; RTD eur. 2013. 664, obs. Benoît-Rohmer ; Gaz. Pal. 2013, nos 13-15, p. 20, note Krebs ; RD publ. 2013. 727, chron. Sudre.* ♦ ... Pour une association agissant comme chien de garde particulièrement critique à l'égard du Gouvernement s'agissant d'une mesure de surveillance pouvant avoir un impact sur ses activités. • CEDH 12 janv. 2016, *Szabo et Vissy c/ Hongrie,* n° 37138/14 § 38 : *AJDA 2016. 1738, chron. Burgorgue-Larsen.*

98. Compte tenu de leur âge, des testaments rédigés par elles et de la valeur des biens possédés par chacune, les requérantes ont établi l'existence d'un risque réel de voir, dans un futur qui n'est guère lointain, l'une d'elles obligée d'acquitter d'importants droits de succession sur les biens hérités de sa sœur. Dans ces conditions, les intéressées subissent directement les effets de la législation litigieuse et peuvent se prétendre victimes du traitement discriminatoire allégué. • CEDH 21 sept. 2006, *Monnat c/ Suisse,* n° 73604/01 § 35 : *AJDA 2007. 902, chron. Flauss.* ♦ Rappr. • CEDH, gr. ch., 29 avr. 2008, *Burden c/ Royaume-Uni,* n° 13378/05 § 35 : *préc. note 4.*

99. Eu égard au caractère secret des mesures de surveillance prévues par la législation litigieuse, à leur large application, puisqu'elles touchent tous les usagers des services de communications de téléphonie mobile, et à l'absence de moyens effectifs qui permettraient de contester au niveau interne l'application alléguée de telles mesures, la Cour estime justifié l'examen *in abstracto* de cette législation. • CEDH, gr. ch., 4 déc. 2015, *Roman Zakharov c/ Russie,* n° 47143/06 § 178.

100. Risque du fait de l'éloignement du territoire. En principe, il n'appartient pas aux organes de la Conv. EDH de statuer sur l'existence ou l'absence de violations virtuelles de celle-ci. Une dérogation à la règle générale s'impose pourtant si un fugitif allègue que la décision de l'extrader enfreindrait l'art. 3 au cas où elle recevrait exécution, en raison des conséquences à en attendre dans le pays de destination ; il y va de l'efficacité de la garantie assurée par ce texte, vu la gravité et le caractère irréparable de la souffrance prétendument risquée. • CEDH 7 juill. 1989, *Soering c/ Royaume-Uni,* n° 14038/88 § 90 : *Berger 12e éd., n° 15 ; JCP 1990. 3452, note Labayle ; RGDIP 1990. 103, obs. Sudre.* ♦ Il en va de même du risque que ferait courir au requérant au regard de son droit à une vie familiale normale l'exécution de la mesure d'expulsion. • CEDH 26 mars 1992, *Beldjoudi c/ France,* n° 12083/86 § 76 : *AJDA 1992. 416, chron. Flauss ; D. 1993. 388, obs. Renucci ; RFDA 1993. 963, chron. Berger, Giakoumopoulos, Labayle et Sudre ; RSC 1992. 635, obs. Pettiti ; AFDI 1992. 629, obs. Coussirat-Coustère.*

3° VICTIME INDIRECTE

101. Dès lors que la victime directe a elle-même introduit la requête, il n'y a pas de place pour que le prétoire soit ouvert à des victimes indirectes. • CEDH 16 juill. 2015, *Ghedir et a. c/ France,* n° 20579/12 § 104 : *AJ pénal 2015. 596, note Grégoire.*

a. Décès de la victime directe

102. La jurisprudence ci-dessous ne peut s'appliquer que si la victime est effectivement décédée et non lorsqu'elle se trouve dans un état qualifié par l'expertise médicale d'état végétatif. • CEDH, gr. ch., 5 juin 2015, *Lambert et a. c/ France,* n° 46043/14 § 97 : *préc. note 81.*

1. Décès ou disparition de la victime directe du fait d'une violation

103. Violation de l'art. 2 Conv. EDH. Les organes de la Convention ont toujours et de manière inconditionnelle considéré dans leur jurisprudence qu'un parent, un frère, une sœur, un neveu ou une nièce d'une personne dont il est allégué que le décès engage la responsabilité de l'État défendeur peuvent se prétendre victimes d'une violation de l'art. 2 Conv. EDH, même lorsque des parents plus proches, tels les propres enfants du défunt, n'ont pas soumis de requête. Dans tous ces cas, la question de savoir si le requérant était l'héritier légal de la personne décédée a été jugé sans pertinence. • CEDH, décis., 18 mai 1999, *Velikova c/ Bulgarie,* n° 41488/98. • CEDH 17 avr. 2014, *Guerdner c/ France,* n° 68780/10 § 52 : *JCP Adm. 2014. 376.*

104. Les ayants droit de la victime directe peuvent présenter leur requête en leur nom propre comme victime indirecte, qu'il s'agisse : des parents de la victime directe. • Comm. EDH 7 mars 1985, *H. c/ Royaume-Uni et Irlande,* n° 9833/82 • Comm. EDH 6 oct. 1986, *Wolfram c/ Allemagne,* n° 11257/84. ♦ ... De la sœur du défunt bien qu'en droit interne les héritiers du défunt soient ses enfants qui ne sont pas requérants. • Comm. EDH 5 juill. 1995, *Andronicou et Constantinou c/ Chypre,* n° 25052/94. ♦ ... Du conjoint. • CEDH, gr. ch., 27 sept. 1995, *McCann et a. c/ Royaume-Uni,* n° 18984/91 : *RSC 1996. 184, obs. Pettiti ; ibid. 461, obs. Koering-Joulin.* ♦ ... D'un neveu. • CEDH 2 sept. 1998, *Yasa c/ Turquie,* n° 22495/93 § 66. ♦ ... D'un concubin. • CEDH, décis., 18 mai 1999, *Velikova c/ Bulgarie,* n° 41488/98.

105. Il en va de même dans le cas où la personne est disparue. • CEDH, gr. ch., 8 juill. 1999, *Cakici c/ Turquie,* n° 23657/94 § 87 • CEDH 9 mai 2000, *Ertak c/ Turquie,* n° 20764/92. ♦ La Cour juge inutile de statuer sur le point de savoir s'il faut ou non reconnaître la qualité de requérant aux disparus, dans la mesure où les proches de ceux-ci peuvent incontestablement introduire des requêtes soulevant des griefs relatifs à la disparition, pour autant qu'ils relèvent de la compétence de la

Cour. • CEDH 18 sept. 2009, *Varnava et a. c/ Turquie,* n° 16064/90 § 112.

106. En effet, les proches de personnes décédées dans des circonstances soulevant des questions sous l'angle de l'art. 2 Conv. EDH peuvent se déclarer requérants à part entière, du fait de la situation particulière régie par la nature de la violation alléguée et des considérations liées à l'application effective de l'une des dispositions les plus fondamentales du système de la Conv. • CEDH, décis., 8 mars 2005, *Fairfield et a. c/ Royaume-Uni,* n° 24790/04.

107. Violation de l'art. 3 Conv. EDH. La question est plus discutée s'agissant de la disparition de la victime directe conduisant à faire naître indirectement une violation de l'art. 3 à l'égard de ses parents. Une mère (ou un père) a pu être considérée comme victime indirecte. • CEDH 25 mai 1998, *Kurt c/ Turquie,* n° 24276/94 § 134. ♦ ... Ou, au contraire, ne pas bénéficier de cette qualité. • CEDH 31 juill. 2012, *M. et a. c/ Italie et Bulgarie,* n° 40020/03 § 76. ♦ ... Comme ce fut le cas d'un frère. • CEDH, gr. ch., 8 juill. 1999, *Cakici c/ Turquie,* n° 23657/94 § 99. ♦ ... D'une belle-sœur. • CEDH 31 juill. 2012, *M. et a. c/ Italie et Bulgarie,* n° 40020/03 § 76.

108. Pour déterminer si un parent est ainsi victime, la Cour se fonde sur l'existence de facteurs particuliers conférant à la souffrance du requérant une dimension et un caractère distincts du désarroi affectif que l'on peut considérer comme inévitable pour les proches parents d'une personne victime de violations graves des droits de l'homme. Parmi ces facteurs figureront la proximité de la parenté – dans ce contexte, le lien parent-enfant sera privilégié –, les circonstances particulières de la relation, la mesure dans laquelle le parent a été témoin des événements en question, la participation du parent aux tentatives d'obtention de renseignements sur le disparu, et la manière dont les autorités ont réagi à ces demandes. La Cour souligne en outre que l'essence d'une telle violation ne réside pas tant dans le fait de la « disparition » du membre de la famille que dans les réactions et le comportement des autorités face à la situation qui leur a été signalée. C'est notamment au regard de *ce dernier élément* qu'un parent peut se prétendre directement victime du comportement des autorités. • CEDH, gr. ch., 8 juill. 1999, *Cakici c/ Turquie,* n° 23657/94 § 98 • CEDH 31 juill. 2012, *M. et a. c/ Italie et Bulgarie,* n° 40020/03 § 74.

109. La requérante s'est adressée au procureur dans les jours qui ont suivi la disparition de son fils car elle croyait fermement qu'il avait été placé en détention. Elle a vu de ses yeux qu'il avait été appréhendé au village et la circonstance qu'il n'ait pas reparu depuis lors lui fait craindre pour sa sécurité, comme l'attestent ses plaintes. Or le procureur n'a pas examiné sa doléance, préférant accepter sans réserve l'hypothèse des gendarmes selon laquelle le fils avait été enlevé par le PKK. L'intéressée resta donc dans l'angoisse car elle savait que son fils était détenu et aucune information officielle n'était fournie quant à ce qu'il était devenu. • CEDH 25 mai 1998, *Kurt c/ Turquie,* n° 24276/94 § 133. ♦ Non seulement l'enquête sur la plainte du requérant a manqué de célérité et d'efficacité, mais certains membres des forces de l'ordre ont fait preuve d'un franc mépris pour les préoccupations de l'intéressé en bafouant la vérité et en niant en sa présence que son fils avait été placé en garde à vue. L'auteur du rapport d'intervention a même laissé le requérant lui montrer une photographie de son fils simplement pour pouvoir prétendre qu'il n'avait jamais vu la personne figurant sur le cliché. L'angoisse du requérant relativement au sort de son fils demeure, la Cour estime que la disparition de ce dernier constitue un traitement inhumain et dégradant dans le chef du requérant lui-même. • CEDH 13 juin 2000, *Timutas c/ Turquie,* n° 23531/94 § 97 et 98 : *préc. note 69.* ♦ V. dans le même esprit. • CEDH 17 févr. 2004, *Ipek c/ Turquie,* n° 25760/94 § 182 et 183.

110. Le requérant n'était pas présent lorsque les forces de sécurité ont emmené son frère puisqu'il vivait avec sa propre famille dans une autre ville. Il apparaît également que si l'intéressé a été associé à diverses plaintes et demandes adressées aux autorités, ce n'est pas lui qui a porté le poids de cette tâche mais son père, qui a pris l'initiative de présenter le recours à la cour de sûreté. • CEDH, gr. ch., 8 juill. 1999, *Cakici c/ Turquie,* n° 23657/94 § 99.

111. Violation d'autres articles. Ont été considérés comme non transférables à l'issue du décès de la victime les droits réclamés par une mère au titre des art. 5 et 6 Conv. EDH. • CEDH 15 avr. 2014, *Tomaszewscy c/ Pologne,* n° 8933/05 § 80.

2. Poursuite de requêtes engagées par la victime directe

112. Dans les cas où le requérant originaire décède après l'introduction de la requête, la Cour autorise normalement les proches de l'intéressé à poursuivre la procédure, à condition qu'ils aient un intérêt légitime à le faire. • CEDH 26 avr. 2016, *Murray c/ Pays-Bas,* n° 10511/10 § 79 : *D. 2016. 1542, note Renucci ; AJ pénal 2016. 322, note Vouleli et Van Zyl Smit.*

113. Dans plusieurs affaires où un requérant était décédé pendant la procédure, la CEDH a pris en compte la volonté de poursuivre celle-ci exprimée par des héritiers ou parents proches.

• CEDH 27 févr. 1980, *Deweer c/ Belgique,* n° 6903/75 § 37 (renonciation à l'examen de sa cause par un tribunal). ♦ S'agissant d'une observation du délai raisonnable. • CEDH 31 mars 1992, *X c/ France,* n° 18020/91 § 26 : *AJDA 1992. 416, chron. Flauss ; D. 1992. 334, obs. Renucci ; ibid. 1993. 67, chron. Lambert-Faivre* • CEDH 27 févr. 1992, *Pandolfelli et Palumbo c/ Italie,* n° 13218/87 §2 • CEDH 8 nov. 2007, *Stojkovic c/ « L'ex-République yougoslave de Macédoine »,* n° 14818/02 § 26. ♦ … Du fait de ne pas avoir bénéficié d'une audience publique devant un tribunal indépendant et impartial. • CEDH 12 juill. 2001, *Malhous c/ République tchèque,* n° 33071/96 § 1. ♦ … De constater que la condamnation de la victime directe a eu lieu en méconnaissance du droit à la liberté d'expression. • CEDH, gr. ch., 28 sept. 1999, *Dalban c/ Roumanie,* n° 28114/95 § 39 : *AJDA 2000. 526, chron. Flauss* .

114. Il en va en particulier ainsi lorsque à la suite du décès du requérant le principal problème soulevé par l'affaire demeure posé ; l'affaire dépasse la personne et les intérêts du requérant et de ses héritières. • CEDH 27 févr. 1980, *Deweer c/ Belgique,* n° 6903/75 § 37. ♦ V. pour un exemple où l'exécuteur testamentaire n'indique pas clairement sa volonté et d'autant plus que la législation en cause a subi de profonds changements. • CEDH 25 mars 1994, *Scherer c/ Suisse,* n° 17116/90 § 31 et 32. ♦ V. pour un exemple où la Cour poursuit l'examen de l'affaire en l'absence d'héritiers souhaitant prendre le relais, estimant que l'objet de la requête (une différence de traitement, en droit autrichien, à l'égard des homosexuels dans la transmission des baux) concerne une question importante d'intérêt général, non seulement pour l'Autriche mais également pour d'autres États parties à la Conv. • CEDH 24 juill. 2003, *Karner c/ Autriche,* n° 40016/98 § 27 : *RTD civ. 2003. 764, obs. Marguénaud* . ♦ V., *a contrario,* le refus s'agissant de la fille de l'un des requérants initiaux dans une affaire relative à des droits – non transférables – découlant des art. 3 et 8 Conv. EDH et où aucun intérêt général n'était en jeu. • CEDH 15 nov. 2011, *M. P. et a. c/ Bulgarie,* n° 22457/08 § 96 à 100. ♦ V., *a contrario,* le refus s'agissant de la fille de l'un des requérants initiaux dans une affaire relative à des droits – non transférables – découlant des art. 3 et 8 Conv. EDH et où aucun intérêt général n'était en jeu. • CEDH 15 nov. 2011, *M.P. et a. c/ Bulgarie,* n° 22457/08 § 96 à 100.

115. Il en va également ainsi lorsque les héritiers du requérant se trouvent eux-mêmes concernés en tant que tels. • CEDH 22 févr. 1994, *Raimondo c/ Italie,* n° 12954/87 : *RSC 1994. 614, obs. Pettiti* (saisie de biens appartenant au requérant).

116. Si la personne désireuse de maintenir la requête n'est ni un proche parent du requérant ni un héritier et si les droits sont éminemment personnels et non transférables, la personne en question ne peut être reconnue comme victime même indirecte. • CEDH, décis., 28 févr. 2006, *Thévenon c/ France,* n° 2476/02. ♦ Rappr. pour une demande de poursuite de la procédure présentée par une personne ne justifiant ni de sa qualité d'héritière ou de parent proche, ni de l'existence d'un intérêt légitime. • CEDH, gr. ch., 30 mars 2009, *Léger c/ France,* n° 19324/02 § 50 : *D. 2009. 1453, note Renucci ; RSC 2009. 431, chron. Poncela ; ibid. 654, obs. Roets* .

117. Constatant que S. a mis fin à ses jours quand il l'a voulu, sa belle-sœur, quoique héritière légalement désignée par ce dernier pour poursuivre les procédures qu'il avait engagées lorsqu'il était en vie, ne saurait le remplacer dans ses demandes à se voir reconnaître un droit à mourir dignement, un tel droit, à supposer qu'il puisse être reconnu en droit interne, ayant, en tout état de cause, un caractère éminemment personnel et non transférable. • CEDH, décis., 26 oct. 2000, *Sanles Sanles c/ Espagne,* n° 48335/99 • CEDH 19 juill. 2012, *Koch c/ Allemagne,* n° 497/09 § 78 s. : *préc. note 85.*

3. Décès de la victime directe avant qu'elle ait pu saisir la Cour

118. Les requérantes, qui, en tant que proches parentes et ayants droit, ont introduit la requête deux mois après le décès de L., ont néanmoins un intérêt légitime leur donnant qualité pour se plaindre, au nom de leur époux et père décédé, de la violation des art. 6, §1, et 13 Conv. EDH. • CEDH 5 juill. 2005, *Marie-Louise Loyen et a. c/ France,* n° 55929/00 § 29 : *AJDA 2005. 1491 ; ibid. 1593 , tribune Flauss ; RD publ. 2006. 790, obs. Gonzalez.* ♦ De même, pour une atteinte à la présomption d'innocence de son mari décédé, une épouse peut avoir un intérêt matériel légitime, à titre d'héritière du défunt, et un intérêt moral, pour elle-même et sa famille, à voir feu son époux déchargé de tout constat de culpabilité. • CEDH 25 août 1987, *Nölkenbockhoff c/ Allemagne,* n° 10300/83 § 33. ♦ De même encore, eu égard aux circonstances particulières de l'affaire, les requérants, ayants droit des marins victimes du naufrage, peuvent se prétendre victimes. La chambre maritime d'appel a retenu des charges (entre autres en reprochant à l'équipage de ne pas avoir fixé correctement le chargement et d'avoir été insuffisamment formé aux opérations de sauvetage) contre l'équipage dans son ensemble, même si elle n'a désigné directement que certains de ses membres. • CEDH 3 mars 2005, *Brudnicka et a. c/ Pologne,* n° 54723/00 § 30 et 31.

119. Pour ce qui est des griefs tirés de l'art. 6 Conv. EDH, la CEDH se montre prête à reconnaître la qualité de victime d'un proche lorsque les griefs soulevaient une question d'intérêt général et que les requérants, en tant qu'héritiers, avaient un intérêt légitime au maintien de la requête. • CEDH 5 juill. 2005, *Marie-Louise Loyen et a. c/ France,* n° 55929/00 § 29 : *préc. note 118* • CEDH 2 févr. 2006, *Bic et a. c/ Turquie,* n° 55955/00 § 23 (a contrario). ♦ Tel est le cas de la lacune alléguée du droit pertinent qui rendait impossible la récusation d'un juge au motif que l'avocat de l'une des parties était son neveu ou que l'affaire avait trait à l'attitude de son frère. Ces griefs soulèvent des problèmes touchant à la bonne administration de la justice et constitue donc une question importante d'intérêt général. • CEDH, gr. ch., 15 oct. 2009, *Micallef c/ Malte,* n° 17056/06 § 50 : *préc. note 77.*

120. Il en va de même en raison de l'effet direct sur les droits patrimoniaux d'un requérant étant donné qu'en vertu de la qualité d'héritiers le jugement est devenu obligatoire pour eux. • CEDH 13 juill. 2006, *Ressegatti c/ Suisse,* n° 17671/02 § 25. ♦ Tel est le cas du requérant ayant dû payer les frais de la procédure engagée par sa sœur et ayant donc un intérêt patrimonial à se voir rembourser cette somme. • CEDH, gr. ch., 15 oct. 2009, *Micallef c/ Malte,* n° 17056/06 § 49 : *préc. note 77.*

121. Là encore, il conviendra que les droits en cause soient transférables. Ainsi, les requérants (fille et ses exécuteurs testamentaires) ne peuvent prétendre à la qualité de victime, s'ils allèguent que l'arrestation et la condamnation de H. sont contraires aux art. 9 et 10 Conv. EDH, qui protègent, l'un la liberté de pensée, de conscience et de religion, l'autre la liberté d'expression. • CEDH, décis., 8 mars 2005, *Fairfield et a. c/ Royaume-Uni,* n° 24790/04. ♦ V. également s'agissant d'une question de durée de procédure. • CEDH, décis., 24 mars 2005, *Makri et a. c/ Grèce,* n° 5977/03. ♦ ... Des droits de vote et d'éligibilité. • CEDH 23 avr. 2009, *Gakiyev et Gakiyeva c/ Russie,* n° 3179/05 § 168.

b. Sans décès de la victime directe

122. Par « victime », le présent art. désigne la ou les victimes directes ou indirectes de la violation alléguée. Ainsi, doit être considérée comme victime toute personne alléguant une violation, par un État contractant, d'une des dispositions de la Conv. EDH ou de ses Protocoles. • CEDH 11 juill. 2006, *SARL du Parc d'activités de Blotzheim c/ France,* n° 72377/01 § 20 : *AJDA 2006. 1709, chron. Flauss* • CEDH 16 sept. 2014, *Mansur Yalcin et a. c/ Turquie,* n° 21163/11 § 40. ♦ A été admise la qualité de victime d'un mari sur la base de l'art. 5, § 5, Conv. EDH (droit à réparation) pour l'internement de son épouse car, s'il ne s'est pas opposé à l'internement de son épouse, l'initiative ne venait pas de lui ; il n'a fait que subir les événements et suivre les recommandations des médecins, qui avaient préconisé l'internement de la requérante. Lorsque le docteur L. lui avait parlé d'un internement de deux ou trois semaines, il a déclaré qu'il ne pouvait qu'acquiescer car il avait confiance en les médecins. Lorsqu'on l'a informé qu'elle serait placée dans un département fermé, il aurait demandé si cela était vraiment nécessaire. • CEDH 17 mars 2009, *Houtman et Meeus c/ Belgique,* n° 22945/07 § 30. ♦ Il en va de même lorsqu'une décision relative au nom patronymique touche l'un des époux seulement, l'autre s'estimant victime par contrecoup des décisions incriminées. • CEDH 22 févr. 1994, *Burghartz c/ Suisse,* n° 16213/90 § 18 : *AJDA 1994. 511, chron. Flauss ; ibid. 1995. 212, chron. Flauss ; D. 1995. 5, note Marguénaud ; RTD civ. 1994. 563, obs. Hauser.*

123. Situation des personnes vulnérables. L'examen de la jurisprudence concernant les cas dans lesquels les organes de la Convention ont admis qu'un tiers puisse, dans des circonstances exceptionnelles, agir au nom et pour le compte d'une personne vulnérable fait ressortir les deux critères principaux suivants : le risque que les droits de la victime directe soient privés d'une protection effective et l'absence de conflit d'intérêts entre la victime et le requérant. • CEDH, gr. ch., 5 juin 2015, *Lambert et a. c/ France,* n° 46043/14 § 102 : *préc. note 81.* ♦ Dans l'hypothèse d'une personne en état végétatif, la Cour ne décèle aucun risque que ses droits soient privés d'une protection effective. En effet, conformément à sa jurisprudence constante, les requérants, en leur qualité de proches, peuvent invoquer devant elle en leur propre nom le droit à la vie. • CEDH, gr. ch., 5 juin 2015, *Lambert et a. c/ France,* n° 46043/14 § 103 : *préc. note 81.* ♦ Dès lors que la personne vulnérable a fait connaître son souhait de ne pas survivre en état végétatif, il n'y a pas convergence d'intérêts avec les requérants qui souhaitent son maintien en vie. • CEDH, gr. ch., 5 juin 2015, *Lambert et a. c/ France,* n° 46043/14 § 104 : *préc. note 81.*

4° CAS DES ORGANISATIONS NON GOUVERNEMENTALES

124. Pour satisfaire aux conditions posées par la présente disposition, tout requérant, y compris une association, doit être en mesure de démontrer qu'il est concerné directement par la ou les violations de la Conv. EDH qu'il allègue. • CEDH, décis., 16 déc. 2008, *Italie,* n° 55185/08. ♦ Ainsi, une association ne saurait se prétendre elle-même victime de mesures qui auraient porté atteinte aux droits que la

Conv. EDH reconnaît à ses membres. • CEDH, décis., 6 janv. 2005, *Dayras et a. et l'assoc. « SOS Sexisme » c/ France,* n° 65390/01 : *RTD civ. 2005. 343, obs. Marguénaud* • CEDH 18 juin 2013, *Nencheva et a. c/ Bulgarie,* n° 48609/06 § 93. ♦ Les associations requérantes n'ont pas pour but la construction de mosquées pourvues d'un minaret, pas plus qu'elles n'allèguent avoir l'intention d'ériger de tels bâtiments à l'avenir. • CEDH, décis., 28 juin 2008, *Ligue des musulmans de Suisse et a. c/ Suisse,* n° 66274/09 : *AJDA 2011. 1993, chron. Burgorgue-Larsen* . ♦ Le seul fait que l'association a pour objet la lutte contre l'extrême pauvreté et l'exclusion sociale ne suffit pas à lui conférer la qualité de victime bien qu'elle ait fourni de substantiels efforts et moyens d'action pour tenter de faire respecter effectivement l'égale dignité des requérants et leurs droits fondamentaux. • CEDH 17 oct. 2013, *Winterstein et a. c/ France,* n° 27013/07 § 108 : *AJDA 2014. 2061* ; *D. 2013. 2678, note Marguénaud et Mouly* ; *ibid. 2014. 238, obs. Renucci* ; *ibid. 445, obs. Boskovic, Corneloup, Jault-Seseke, Joubert et Parrot* ; *AJCT 2014. 165, obs. Péchillon* ; *JCP Adm. 2014. 865.* ♦ Le seul fait que l'association offre un soutien psychologique et moral aux personnes homosexuelles ne suffit pas à lui conférer la qualité de victime directe ou indirecte dans une affaire où est contestée pour des personnes physiques de même sexe l'impossibilité de conclure un « pacte de vie commune ». • CEDH 7 nov. 2013, *Vallianatos et a. c/ Grèce,* n° 29381/09 § 48 : *préc. note 85.*

125. Le seul fait que la fédération et les quatre syndicats se soient vus reconnaître un intérêt à agir par le Conseil d'État pour contester l'ordonnance litigieuse ne peut suffire à les considérer comme victimes au sens du présent art. dès lors qu'ils ne sont pas directement touchés par la mesure litigieuse. • CEDH 18 janv. 2018, *Féd. nat. assoc. et synd. sportifs c/ France,* n° 48151/11 § 94 : *AJDA 2018. 135* .

126. S'agissant des associations à but idéal, elles ne sauraient se prétendre elles-mêmes victimes de mesures qui auraient porté atteinte aux droits que la Conv. EDH reconnaît à ses membres. • Comm. EDH 1er juill. 1998, *Assoc. des amis de Saint-Raphaël et de Fréjus et a.,* n° 38192/97. ♦ Le fait qu'elles constituent un rassemblement d'individus ne saurait engendrer dans leur chef des droits analogues à ceux dont bénéficient leurs membres. • CEDH, décis., 21 oct. 1999, *Grande Oriente d'Italia di Palazzo Giustiniani c/ Italie,* n° 35972/97. ♦ Toutefois, une association peut se plaindre d'ingérences ayant pour conséquence le départ d'un certain nombre de membres et une perte de prestige de l'association elle-même. • CEDH 2 août 2001, *Italie,* n° 35972/97 § 15. ♦ Au cœur des revendications de l'association requérante, se trouvait la question du droit du public à l'information et à la participation au processus décisionnel lorsqu'il s'agissait d'autoriser une activité présentant un danger pour la santé ou l'environnement. • CEDH, décis., 28 mars 2006, *Collectif national d'information et d'opposition à l'usine Melox – Collectif stop Melox et Mox c/ France,* n° 75218/01.

127. Il ressort des éléments du dossier que ni l'association considérée, composée d'une pluralité d'associations et d'une fondation, ni ses membres ne sont directement touchés par les faits incriminés. Par ailleurs, en ce qui concerne l'art. 6 Conv. EDH, n'étaient en cause dans la procédure ni ses « droits et obligations de caractère civil » ni ceux de ses membres. Il s'ensuit que ni l'association et ni ses membres ne peuvent prétendre être une « victime » d'une violation de ces dispositions dans le sens du présent art. • CEDH, décis., 3 mai 2001, *Smits, Kleyn, Mettler Toledo B. V. et a. c/ Pays-Bas,* n° 39032/97.

128. Pour autant que l'association requérante allègue une atteinte à l'art. 6, § 1, Conv. EDH, la Cour note qu'elle a été partie à la procédure qu'elle avait engagée devant les juridictions internes pour défendre les intérêts de ses membres. Dès lors, l'association peut être considérée comme victime, au sens du présent art., des manquements allégués sur ce terrain. • CEDH, décis., 10 juill. 2001, *Assoc. Protection des acheteurs d'automobiles et a. c/ Roumanie,* n° 34746/97 • CEDH 27 avr. 2004, *Gorraiz Lizarraga et a. c/ Espagne,* n° 62543/00 § 36. ♦ Les intéressés n'ont pas été parties à la procédure litigieuse en leur nom propre, mais par l'intermédiaire de l'association qu'ils avaient constituée en vue de défendre leurs intérêts. Cela étant, la notion de victime évoquée au présent art. doit, comme les autres dispositions de la Conv. EDH, faire l'objet d'une interprétation évolutive à la lumière des conditions de vie d'aujourd'hui. Or, dans les sociétés actuelles, lorsque le citoyen est confronté à des actes administratifs spécialement complexes, le recours à des entités collectives telles que les associations constitue l'un des moyens accessibles, parfois le seul, dont il dispose pour assurer une défense efficace de ses intérêts particuliers. La qualité pour agir en justice des associations, dans la défense des intérêts de leurs membres, leur est d'ailleurs reconnue par la plupart des législations européennes. Tel était précisément le cas en l'espèce. La Cour ne peut faire abstraction de cet élément dans l'interprétation de la notion de « victime ». Une autre approche, par trop formaliste de la notion de victime, rendrait inefficace et illusoire la protection des droits garantis par la Conv. EDH. • CEDH 27 avr. 2004, *Gorraiz Lizarraga et a. c/ Espagne,* n° 62543/00 § 38. ♦ Il ressort des statuts de l'association que celle-ci a un but géographiquement et matériellement limité, à savoir la défense de l'environnement de la région de Marche-Nassogne constitué essentiellement de cinq communes de petite taille dans un périmètre limité. Tous les fondateurs et administrateurs de l'association sont domiciliés dans ces communes, de sorte qu'ils peuvent être considérés comme des riverains directement affectés par le projet d'extension de la déchetterie qui risque d'avoir des incidences non négligeables sur leur vie privée, de par les nuisances qu'elle provoquerait pour la qualité de leur vie quotidienne, et par voie de conséquence sur la valeur marchande de leurs propriétés situées dans ces communes, laquelle risquait de subir de ce fait une dépréciation. • CEDH 24 févr. 2009, *L'Érablière ASBL c/ Belgique*, n° 49230/07 § 25 : *préc. note 4.*

129. V. le cas très particulier d'une assoc. agissant au nom d'un jeune Rom atteint de déficiences mentales graves et infecté par le VIH, décédé avant l'introduction de la requête. Ce jeune était extrêmement vulnérable et n'avait pas de proches. Sans avoir eu de contacts significatifs avec le jeune homme de son vivant ni avoir reçu de pouvoir ou d'instructions de sa part ou de la part d'une quelconque autre personne compétente, l'association saisit la Cour d'une requête portant notamment sur les circonstances de sa mort, ce que la Cour admet, eu égard aux circonstances exceptionnelles de l'espèce et à la gravité des allégations formulées. • CEDH, gr. ch., 17 juill. 2014, *Centre de ressources juridiques au nom de Valentin Campeanu c/ Roumanie*, n° 47848/08 § 104 et 112 : *préc. note 83.*

B. PERTE DE LA QUALITÉ DE VICTIME

1° GÉNÉRALITÉS

130. Principe. La question de savoir si un requérant peut se prétendre victime de la violation alléguée se pose à tous les stades de la procédure sur le terrain de la Conv. EDH. • Comm. EDH 13 mai 1987, *E. c/ Autriche*, n° 10668/83 • CEDH, décis., 25 nov. 1999, *Malama c/ Grèce*, n° 43622/98 • CEDH 7 mai 2002, *Bourdov c/ Russie*, n° 59498/00 § 30 : *D. 2002. 2574, obs. Fricero* • CEDH 11 déc. 2003, *Karahalios c/ Grèce (n° 1)*, n° 62503/00 § 21 • CEDH, gr. ch., 29 mars 2006, *Scordino c/ Italie (n° 1)*, n° 36813/97 § 179 • CEDH 21 sept. 2006, *Monnat c/ Suisse*, n° 73604/01 § 31 : *AJDA 2007. 902, chron. Flauss* • CEDH, gr. ch., 1er juin 2010, *Gafgen c/ Allemagne*, n° 22978/05 § 115 : *D. 2010. 2850, point de vue Guérin ; RSC 2010. 678, obs. Marguénaud* • CEDH, gr. ch., 12 sept. 2012, *Nada c/ Suisse*, n° 10593/08 § 129. ♦ La question de savoir si une personne peut encore se prétendre victime d'une violation alléguée de la Conv. EDH se pose à tous les stades de la procédure sur le terrain de la Conv. EDH. • CEDH 26 juill. 2005, *Siliadin c/ France*, n° 73316/01 § 61 : *AJDA 2005. 1886, chron. Flauss ; D. 2006. 346, note Roets ; ibid. 1717, obs. Renucci ; RSC 2006. 139, obs. Massias ; RTD civ. 2005. 740, obs. Marguénaud*. ♦ ... Et implique essentiellement pour la Cour de se livrer à un examen *ex post facto* de la situation de la personne concernée. • CEDH, gr. ch., 29 mars 2006, *Scordino c/ Italie n° 1*, n° 36813/97 § 181 • CEDH, gr. ch., 7 juin 2012, *Centro Europa 7 SRL et Di Stefano c/ Italie*, n° 38433/09 § 81.

131. En l'absence d'une mesure quelconque susceptible de leur retirer la qualité de « victime », les requérants se trouvent à l'heure actuelle dans la même situation et continuent à pâtir du refus des autorités nationales de s'exécuter. • CEDH 23 oct. 2012, *Süzer et Eksen Holding A.S. c/ Turquie*, n° 6334/05 § 94.

132. Mesure favorable. Une décision ou une mesure favorable au requérant ne suffit, en principe, à lui retirer la qualité de « victime » sauf si les autorités nationales ont reconnu, explicitement ou en substance, puis réparé la violation de la Conv. EDH. • CEDH 25 juin 1996, *Ammur c/ France*, n° 19776/92 § 36 : *préc. note 79* • CEDH 26 avr. 2016, *Murray c/ Pays-Bas*, n° 10511/10 § 83 : *préc. note 112.*

V. pour d'autres décisions dans le même sens :

133. Il en découle qu'il appartient à la Cour de vérifier, d'une part, s'il y a eu reconnaissance par les autorités, au moins en substance, d'une violation d'un droit protégé par la Conv. EDH et, d'autre part, si le redressement peut être considéré comme approprié et suffisant. • CEDH, gr. ch., 29 mars 2006, *Scordino c/ Italie (n° 1)*, n° 36813/97 § 193 • CEDH 17 juill. 2008, *Camdereli c/ Turquie*, n° 28433/02 § 26. ♦ Même si l'on estimait que l'inobservation du « délai raisonnable » se dégage desdites décisions avec une netteté suffisante, encore faudrait-il qu'il y ait eu réparation. Il s'agit alors de savoir si l'atténuation de la peine, accordée selon les motifs de sa décision par le tribunal régional de Trèves, et l'arrêt des poursuites ordonné par le tribunal régional de Cologne ont redressé la situation incriminée. • CEDH 15 juill. 1982, *Eckle c/ Allemagne*, n° 8130/78 § 70 • CEDH 10 nov. 2011, *Arat c/ Turquie*, n° 10309/03 § 46. ♦ S'il est vrai qu'au jour de l'adoption du présent arrêt, les autorités n'ont pas sollicité le concours de la force publique pour procéder à l'évacuation ni demandé la liquidation de l'astreinte, l'arrêt de la cour d'appel de Versailles est une décision passée en force de chose jugée qui peut être exécutée à tout moment. • CEDH 17 oct. 2013, *Winterstein et a. c/ France*, n° 27013 § 113 : *préc. note 124.* ♦ La levée des sanctions ne saurait en effet passer pour une reconnaissance, même implicite, par le Gouvernement, de la violation de la Conv. EDH. • CEDH, gr. ch., 12 sept. 2012, *Nada c/ Suisse,* n° 10593/08 § 129 : *préc. note 79.*

134. Dans certains cas, une décision finale favorable au requérant peut être suffisante pour remédier à ses doléances formulées au titre de la Conv. EDH. • Comm. EDH 25 févr. 1991, *Stromillo c/ Italie,* n° 15831/89 • Comm. EDH 1er juill. 1992, *Byrn c/ Danemark,* n° 13156/87 • Comm. EDH 21 oct. 1997, *Italie,* n° 29321/95. ♦ V. notes 139 et 147. ♦ Si les autorités nationales n'ont pas eu à se prononcer sur la violation alléguée de l'art. 8 Conv. EDH, elles ont, en revanche, pleinement réparé le préjudice tel qu'allégué par le requérant. En conséquence, au moment où le requérant a saisi la Cour, il ne pouvait plus prétendre avoir la qualité de victime. • CEDH 8 févr. 2018, *Ben Faiza c/ France,* n° 31446/12 § 47 : *D. actu. 6 mars 2018, obs. Nalepa ; D. 2018. 352 ; JCP Adm. 2018. 168.*

135. La Cour peut estimer que, malgré l'absence de réparation de ses préjudices matériels, les autorités ont néanmoins redressé de manière appropriée et suffisante l'infraction dont le requérant a été victime. • CEDH, décis., 12 févr. 2004, *Carboni c/ Italie,* n° 51554/99.

136. Notion de redressement approprié. Le fait de savoir si le requérant a obtenu pour le dommage qui lui a été causé une réparation comparable à la satisfaction équitable dont parle l'art. 41 Conv. EDH revêt de l'importance. Il ressort de la jurisprudence constante de la Cour que, lorsque les autorités nationales ont constaté une violation et que leur décision constitue un redressement approprié et suffisant de cette violation, la partie concernée ne peut plus se prétendre victime au sens du présent art. • CEDH 30 janv. 2001, *Holzinger c/ Autriche (n° 1),* n° 23459/94 § 21 • CEDH, gr. ch., 29 mars 2006, *Scordino c/ Italie (n° 1),* n° 36813/97 § 181. ♦ Rappr. • CEDH, décis., 20 juin 2001, *Jensen c/ Danemark,* n° 48470/99 • CEDH, décis., 14 juin 2001, *Normann c/ Danemark,* n° 44704/98.

137. La Cour estime que la réponse à la question de savoir si, dans chaque cas concret, un tel redressement a effectivement eu lieu dépend de la nature du droit dont la violation est alléguée, de la motivation de la décision de la juridiction supérieure et de la persistance des conséquences désavantageuses pour l'intéressé après cette décision. • CEDH 9 févr. 2006, *Freimanis et Lidums c/ Lettonie,* n° 73443/01 *§ 68 • CEDH, gr. ch., 2 nov. 2010, Sakhnovski c/ Russie,* n° 21272/03 § 67. ♦ Le requérant se trouve à l'heure actuelle dans la même situation qu'au préalable, aucune décision définitive n'ayant reconnu, au moins en substance, puis réparé l'éventuelle violation de la Conv. résultant de l'arrêt de la Cour suprême de justice. Dans ces circonstances, on ne saurait nier que le requérant, comme il le soutient, demeure concerné par l'arrêt litigieux de la Cour suprême de justice et continue d'être victime des violations de la Conv. qui, selon lui, découlent de cet arrêt. • CEDH, gr. ch., 28 oct. 1999, *Brumarescu c/ Roumanie,* n° 28342/95 § 50 : *préc. note 79.*

138. La réparation adéquate et suffisante pour remédier au niveau interne à la violation du droit garanti par la Conv. EDH dépend de l'ensemble des circonstances de la cause, eu égard en particulier à la nature de la violation de la Conv. EDH qui se trouve en jeu. • CEDH, gr. ch., 1er juin 2010, *Gafgen c/ Allemagne,* n° 22978/05 § 116 : *préc. note 130.* ♦ Le statut de victime d'un requérant peut dépendre du montant de l'indemnisation qui lui a été accordée au niveau national pour la situation dont il se plaint devant la Cour. • CEDH, gr. ch., 1er juin 2010, *Gafgen c/ Allemagne,* n° 22978/05 § 118 : *préc. note 130.*

2° MISES EN ŒUVRE

139. Décès ou mauvais traitements. En cas de mauvais traitement délibéré infligé par des agents de l'État, la Cour estime de manière constante que, outre la reconnaissance de la violation, deux mesures s'imposent pour que la réparation soit suffisante. • CEDH, gr. ch., 1er juin 2010, *Gafgen c/ Allemagne,* n° 22978/05 § 116 : *préc. note 130.* ♦ La décision de la Cour commune de justice n'a pas conclu au caractère inacceptable des conditions de détention du requérant en des termes équivalents à ceux employés par l'art. 3 Conv. EDH. En conséquence la Cour commune de justice ne peut passer pour avoir reconnu explicitement ou en substance que le requérant avait été victime. • CEDH 29 sept. 2005, *Mathew c/ Pays-Bas,* n° 24919/03 § 151.

140. Premièrement, les autorités de l'État doivent mener une enquête approfondie et effective pouvant conduire à l'identification et à la punition des responsables. • CEDH 30 sept. 2004, *Krastanov c/ Bulgarie,* n° 50222/99 § 48 : *RSC 2005. 630, obs. Massias* . ♦ En effet, limiter la réparation exclusivement à l'octroi d'une indemnité à la victime en cas de mauvais traitements infligés par les agents de l'État, sans poursuivre et sanctionner les responsables, reviendrait à admettre que les agents de l'État peuvent violer les droits de ceux qui sont soumis à leur contrôle dans une quasi-impunité ; les interdictions juridiques générales de la torture et des traitements inhumains et dégradants, en dépit de leur importance fondamentale, seraient inefficaces en pratique. • CEDH 17 juill. 2008, *Camdereli c/ Turquie,* n° 28433/02 § 29 • CEDH 24 juill. 2008, *Vladimir Romanov c/ Russie,* n° 41461/02 § 78. ♦ Rappr. s'agissant de l'obligation d'épuiser les voies de recours ne permettant d'obtenir qu'une indemnisation. • CEDH, gr. ch., 8 juill. 1999, *Tanrikulu c/ Turquie,* n° 23763/94 § 79 • CEDH, gr. ch., 27 juin 2000, *Salman c/ Turquie,* n° 21986/93 § 83 : *préc. note 33.*

141. Deuxièmement, le requérant doit le cas échéant percevoir une compensation. • CEDH 24 juill. 2008, *Vladimir Romanov c/ Russie,* n° 41461/02 §78. ♦ ... Ou, du moins, avoir la possibilité de demander et d'obtenir une indemnité pour le préjudice que lui a causé le mauvais traitement. • CEDH 20 déc. 2007, *Nikolova et Velitchkova c/ Bulgarie,* n° 7888/03 § 56 • CEDH, gr. ch., 1er juin 2010, *Gafgen c/ Allemagne,* n° 22978/05 § 116 et 118 : *préc. note 130.* ♦ Même en tenant compte de la période relativement courte de la détention dans des conditions inhumaines, l'indemnisation obtenue par le requérant est considérablement inférieure au minimum généralement accordé par la Cour dans les cas où elle a constaté une violation de l'art. 3 Conv. EDH. • CEDH 20 juill. 2010, *Ciorap c/ Moldavie,* n° 7481/06 § 24.

142. L'enquête sur les allégations du requérant concernant les mauvais traitements n'ayant pas été efficacement menée et la réparation attribuée étant insuffisante, il peut toujours se prétendre « victime » d'une violation des droits à raison des mauvais traitements infligés par des policiers. • CEDH 29 juill. 2010, *Kopilov c/ Russie,* n° 3933/04 § 150.

143. Une mesure de grâce accordée au requérant pour des motifs tenant à la détérioration de son état de santé, sans que cette décision emporte reconnaissance de la violation alléguée de l'art. 3 Conv. EDH, n'a pas qualité réparatrice. • CEDH 26 avr. 2016, *Murray c/ Pays-Bas,* n° 10511/10 § 84 : *préc. note 112.*

144. Droit à un procès équitable. La requérante se plaint d'une violation de son droit à un procès équitable et non de la durée de la procédure (comp. avec la situation dans ce cas : V. note 117). L'abandon des poursuites permet dans ce cas d'admettre que le requérant a perdu sa qualité de victime. • Comm. EDH 13 mars 1980, *X. c/ Royaume-Uni,* n° 8083/77 • CEDH, décis., 4 sept. 2003, *Osmanov et Huseinov c/ Bulgarie,* n° 54178/00 § 3 • CEDH, décis., 16 juin 2009, *Jozef Oleksy, n° 1379/06* • *CEDH, décis.,* 2 mars 2010, *Bouglame c/ Belgique,* n° 16147/08.

145. Même si la condamnation a été réexaminée et annulée, la Cour relève que, dans l'intervalle, le requérant avait déjà purgé une partie de sa peine de prison. Aucune indemnité n'ayant été versée au requérant en réparation de cet emprisonnement et le Gouvernement n'indiquant pas les voies de recours ouvertes en droit interne pour en demander une, la Cour conclut donc que le requérant peut encore être considéré comme une victime. • CEDH 10 nov. 2009, *Arat c/ Turquie,* n° 10309/03 § 47. ♦ Même solution pour trois mois de prison exécutés. • CEDH 23 avr. 2009, *Moskovets c/ Russie,* n° 14370/03 § 50.

146. La décision d'acquittement, prise à la suite de la réouverture de la procédure, plus de cinq ans après la condamnation du requérant par une décision définitive, se fondait uniquement sur l'absence d'intention de diffamer. Cette décision ne contient aucune référence au déroulement de la procédure devant le tribunal départemental de Bucarest ou aux griefs du requérant à ce sujet et ne saurait, dès lors, passer pour une reconnaissance explicite ou en substance d'une prétendue violation de l'art. 6, §1, Conv. EDH (l'intéressé n'a pas été entendu) et, quoi qu'il en soit, cette décision ne fournit pas une réparation adéquate. • CEDH 27 juin 2000, *Constantinescu c/ Roumanie,* n° 28871/95 § 42 : *RFDA 2001. 1250, chron. Labayle et Sudre.* ♦ Bien que concluant à la relaxe du requérant, l'arrêt de la CDBF énonce expressément dans ses motifs que le requérant a « enfreint les règles relatives à l'exécution des recettes de l'État et qu'il tombe sous le coup des sanctions prévues ». Dès lors, le fait que le requérant ait été finalement exonéré de la peine encourue ne peut en aucun cas être considéré comme une réparation de la violation alléguée. Le requérant n'a pas perdu sa qualité de « victime ». • CEDH 26 sept. 2000, *Guisset c/ France,* n° 33933/96 § 59 : *préc. note 79.* ♦ Ni l'arrêté ministériel autorisant la requérante à exercer la profession de médecin, ni l'inscription de la requérante au tableau de l'ordre ne font mention d'une quelconque violation de la Conv. EDH, d'où il ressort qu'aucune des autorités compétentes n'a reconnu explicitement, ni même de façon implicite, une violation de l'équité de la procédure. • CEDH 13 févr. 2003, *Chevrol c/ France,* n° 49636/99 § 40 et 41 : *AJDA 2003. 1984, note Rambaud ; ibid. 603, chron. Flauss ; D. 2003. 931, note Moutouh ; RTD civ. 2003. 572, obs. Libchaber.*

147. Affaires de durée de procédure. Dans des affaires de durée de procédure, l'acquittement ou l'atténuation de la peine du prévenu en raison de cette durée excessive ne le privent pas en principe de la qualité de victime au sens de l'art. 34 Conv. EDH. • CEDH 9 févr. 2006, *Freimanis et Lidums c/ Lettonie,* n° 73443/01 § 68. ♦ Cette règle générale peut notamment souffrir une exception lorsque les autorités nationales ont reconnu de façon suffisamment explicite le non-respect de l'exigence du délai raisonnable et ont accordé une réparation en réduisant la peine d'une manière expresse et mesurable. • CEDH 26 juin 2001, *Beck c/ Norvège,* n° 26390/95 § 27 • CEDH, décis., 7 mars 2002, *Wejrup c/ Danemark,* n° 49126/99 (a contrario) • CEDH 9 févr. 2006,

Freimanis et Lidums c/ Lettonie, n° 73443/01 § 68.

148. Quant à la méconnaissance de l'exigence du délai raisonnable, une des caractéristiques d'un redressement susceptible de faire perdre au justiciable sa qualité de « victime » tient au montant qui lui a été alloué à l'issue du recours interne. La Cour a déjà eu l'occasion d'indiquer que le statut de victime d'un requérant peut dépendre du montant de l'indemnisation qui lui a été accordée au niveau national pour la situation dont il se plaint devant la Cour. • CEDH, gr. ch., 29 mars 2006, *Scordino c/ Italie (n° 1),* n° 36813/97 § 202. ♦ Comme elle l'a déjà dit dans d'autres affaires de durée de procédures, le fait de savoir si la victime a obtenu pour le dommage qui lui a été causé une réparation – comparable à la satisfaction équitable dont parle l'art. 41 Conv. EDH – revêt de l'importance. Il ressort de la jurisprudence constante de la Cour que lorsque les autorités nationales ont constaté une violation et que leur décision constitue un redressement approprié et suffisant de cette violation, la partie concernée ne peut plus se prétendre victime. • CEDH, gr. ch., 29 mars 2006, *Cocchiarella c/ Italie,* n° 64886/01 § 72. ♦ En se bornant, après avoir constaté le dépassement d'un délai raisonnable de jugement, à octroyer une somme de 1 032, 92 € à chaque requérant pour dommage moral, la cour d'appel de Rome n'a pas réparé la violation en cause de manière appropriée et suffisante. La Cour relève en effet que la somme en question ne représente guère plus que 10 % environ de ce qu'elle octroie généralement dans des affaires italiennes similaires. • CEDH 5 juin 2007, *Delle Cave et Corrado c/ Italie,* n° 14626/03 § 29. ♦ La Cour a précisé que le juge national est manifestement mieux placé pour statuer sur l'existence et l'ampleur du dommage matériel allégué. Il n'en va cependant pas de même à l'égard du dommage moral. Il existe une présomption solide, quoique réfragable, selon laquelle la durée excessive d'une procédure cause un dommage moral. La Cour estime que cette présomption est particulièrement forte en cas de délai excessif dans l'exécution par l'État d'un jugement rendu contre lui, eu égard au sentiment d'impuissance qu'engendre inévitablement la méconnaissance par lui de son obligation d'honorer ses dettes et au fait que le requérant a déjà été contraint de saisir le juge pour obtenir gain de cause. • CEDH 15 janv. 2009, *Bourdov c/ Russie,* n° 33509/04 § 100.

149. *La Cour est convaincue que le requérant* s'est vu accorder une réparation adéquate pour la violation alléguée. Sur ce point, il convient de rappeler que, malgré la gravité des infractions en cause, le requérant n'a été condamné qu'à 2 ans de prison, c'est-à-dire à une peine minimale, compte tenu de l'échelle des peines pertinentes et donc sensiblement moins que dans des cas comparables. • CEDH 26 juin 2001, *Beck c/ Norvège,* n° 26390/95 § 27. ♦ Après avoir rappelé l'atteinte grave à l'ordre public que constituait le délit de corruption, les juges insistèrent encore sur l'intention délictuelle continue du requérant. Ils décidèrent ensuite que la peine à prononcer à son égard était à alléger, au vu du dépassement du délai raisonnable. Prenant encore en compte l'absence d'antécédents judiciaires dans le chef de l'intéressé, les juges retinrent ainsi une peine d'emprisonnement de neuf mois, assortie du sursis intégral et l'amende fut fixée à 2 500 €, vu la situation financière du requérant. Le tribunal décida en outre qu'eu égard au dépassement du délai raisonnable, il n'était plus opportun de sanctionner le comportement du requérant par une privation des droits civils et politiques. Au vu des circonstances relevées ci-avant, la Cour est d'avis que les autorités luxembourgeoises ont expressément reconnu puis réparé la violation de l'art. 6, §1, Conv. EDH. • CEDH, décis., 13 nov. 2003, *Morby c/ Luxembourg,* n° 27156/02.

150. Respect de la vie privée et familiale. La première condition pour que l'on puisse conclure à la perte de la qualité de victime, à savoir la reconnaissance d'une violation par les autorités nationales, se trouve remplie. En effet, les services administratifs ont accordé des permis de séjour permanent aux six requérants à la suite des décisions de la Cour constitutionnelle déclarant la législation en vigueur inconstitutionnelle et après l'adoption de la loi modifiée sur le statut juridique. • CEDH, gr. ch., 26 juin 2012, *Kuric et a.,* n° 26828/06 § 265.

151. Une fois qu'ils ont obtenu un permis, les requérants peuvent ne plus être considérées comme victimes des violations alléguées de la Conv. EDH. La CEDH peut déclarer les requêtes des intéressés irrecevables. De même les modalités de régularisation offertes aux requérants peuvent constituer un redressement « adéquat » et « suffisant » pour leurs griefs sur le terrain de l'art. 8 Conv. EDH. Dans ces affaires, la Cour a également tenu compte du fait que les requérants n'étaient plus menacés d'expulsion. • CEDH, décis., 28 oct. 1999, *Pancenko c/ Lituanie,* n° 40772/98 • CEDH, décis., 12 sept. 2002, *Mikheyeva c/ Lettonie,* n° 50029/99 • CEDH, décis., 6 avr. 2006, *Fjodorova et a. c/ Lettonie,* n° 69405/01 • CEDH, gr. ch., 7 déc. 2007, *Chevanova c/ Lettonie,* n° 58822/00 § 48 à 50.

152. A l'inverse, eu égard à cette longue période d'insécurité et d'incertitude juridique qu'ont connue les requérants et à la gravité des conséquences de l'« effacement » pour eux, la Grande Chambre, contrairement à la chambre, estime que la reconnaissance des violations des droits de l'homme et l'octroi de permis de séjour permanent aux requérants n'ont pas constitué un redressement « approprié » et « suffisant » au niveau national. • CEDH, gr. ch., 26 juin 2012, *Kuric et a.*, n° 26828/06 § 267.

153. Liberté d'expression. Même si l'arrêt de la Cour suprême de justice, cassant les jugements attaqués au motif que le requérant avait agi de bonne foi sur la base de documents officiels, pourrait passer pour une reconnaissance en substance de la restriction injustifiée du « droit à la liberté d'expression », la Cour estime que ledit arrêt ne fournit pas une réparation adéquate au sens de sa jurisprudence. En effet, bien que le Gouvernement cite des art. du C. civ. et du C. pén., il n'est pas clair « si et par quel moyen » D. pourra obtenir un quelconque dédommagement. La voie ouverte par le code civil (pour laquelle, comme l'affirme D. non contredite par le Gouvernement, il y a lieu de payer une taxe judiciaire élevée) exige l'existence d'une faute pour que la responsabilité civile soit engagée. Quant à la voie prévue par le code de procédure pénale, il ne serait pas raisonnable d'exiger qu'après des poursuites pénales ayant abouti à une condamnation confirmée en appel, un pourvoi extraordinaire du parquet et un arrêt de la Cour suprême de justice, D. entreprenne maintenant une nouvelle procédure à l'issue pour le moins incertaine. • CEDH, gr. ch., 28 sept. 1999, *Dalban c/ Roumanie*, n° 28114/95 § 44 : *préc. note 113.* ♦ L'arrêt du Conseil d'État, annulant l'arrêté ministériel interdisant la publication de l'ouvrage litigieux, constitue une reconnaissance en substance de la restriction injustifiée du « droit à la liberté d'expression ». La Cour estime cependant que ledit arrêt ne fournit pas une réparation suffisante au sens de sa jurisprudence. En effet, bien que le Gouvernement cite la possibilité d'un recours indemnitaire devant les juridictions internes, il n'est pas clair si, et par quel moyen, la requérante pourra obtenir un quelconque dédommagement. • CEDH, décis., 18 janv. 2000, *Assoc. Ekin c/ France*, n° 39288/98 : *AJDA 2000. 526, chron. Flauss* • CEDH 17 juill. 2001, *Assoc. Ekin c/ France*, n° 39288/98 § 37 et 38 : *AJDA 2002. 52, note Julien-Laferrière ; ibid. 2001. 1060, chron. Flauss ; D. 2002. 2770, obs. Massis .*

154. Liberté de réunion ou d'association. Dans ce type d'hypothèse, une indemnisation des victimes peut constituer une réparation adéquate dès lors qu'elle est en pratique la seule réparation possible, la *restitutio in integrum* étant impossible à mettre en œuvre. • CEDH, décis., 20 mars 2003, *Jensen et Rasmussen c/ Danemark*, n° 52620/99.

155. Droit des biens. L'amende demandée par les douanes et infligée par le tribunal correctionnel a été aggravée par la cour d'appel et le pourvoi du requérant déclaré non admis par la Cour de cassation. La décision produite par le Gouvernement que l'amende ne sera pas recouvrée est purement comptable et ne saurait valoir reconnaissance ni *a fortiori* réparation de la violation alléguée ; le requérant peut toujours se prétendre victime. • CEDH 9 juill. 2009, *Moon c/ France*, n° 39973/03 § 31 : *D. 2009. 2825, obs. Roujou de Boubée, Garé et Mirabail .*

156. Liberté de circulation. Par sa décision, le tribunal pour mineurs et famille a annulé la décision ordonnant l'interdiction de quitter le pays après avoir constaté son illégalité pour ce qui était de la compétence de la juridiction. La Cour considère donc que par cette décision, le tribunal pour mineurs et famille a reconnu au moins en substance la violation du droit des requérantes à la liberté de circulation. Compte tenu de surcroît de la rapidité avec laquelle la décision litigieuse a été annulée (un mois), la Cour estime que cette décision d'annulation a été suffisante pour remédier complètement au grief en question. • CEDH, décis., 20 oct. 2009, *D.J. et A.-K.R. c/ Roumanie*, n° 34175/05 § 78 et 79.

157. Non bis in idem. Lorsque les autorités nationales engagent deux procédures mais reconnaissent une violation du principe *non bis in idem* et offrent un redressement approprié par la suite, par exemple en clôturant ou annulant la deuxième procédure et en en effaçant les effets, la Cour peut considérer que le requérant n'a plus la qualité de « victime ». S'il en était autrement, les autorités internes ne pourraient pas redresser des violations alléguées de l'art. 4 du Prot. n° 7. • CEDH, gr. ch., 10 févr. 2009, *Sergueï Zolotoukhine c/ Russie*, n° 14939/03 § 115 : *AJDA 2009. 872, chron. Flauss ; D. 2009. 2014, note Pradel ; RSC 2009. 675, obs. Roets ; RD publ. 2010. 873, note Surrel ; JCP 2009. I. 143, chron. Sudre.* ♦ Les autorités internes ayant conduit simultanément deux procédures contre le requérant, après le prononcé d'un jugement « définitif » dans la première procédure, la juridiction nationale avait clos la seconde au motif qu'il y avait méconnaissance du principe *non bis in idem* ; le requérant ne pouvait donc pas se prétendre « victime » de la violation alléguée. • CEDH, décis., 3 oct. 2002, *Zigarella c/ Italie*, n° 48154/99. ♦ La première procédure ayant été conduite par une autorité administrative qui n'avait pas compétence pour ce faire et celle-ci ayant reconnu son erreur, suspendu la procédure et remboursé l'amende, le requérant ne peut plus prétendre avoir subi un préjudice du fait de l'issue de cette procédure. • CEDH, décis., 30 sept. 2004, *Falkner c/ Autriche*, n° 6072/02.

158. La relaxe du requérant de l'infraction définie à l'article « X » ne fut pas fondée sur la circonstance que l'intéressé avait été jugé pour les mêmes faits en application du code des infractions administratives. La référence à la procédure administrative dans le texte du jugement pénal est un simple constat du déroulement de cette procédure. Le tribunal de district a examiné les preuves à charge et estimé qu'elles ne répondaient pas au critère requis au pénal. Partant, la relaxe repose sur un motif de fond et non de procédure. • CEDH, gr. ch., 10 févr. 2009, *Sergueï Zolotoukhine c/ Russie,* nº 14939/03 § 116 : *préc. note 157.*

Accord européen du 5 mars 1996,

Concernant les personnes participant aux procédures devant la Cour européenne des droits de l'homme.

Signé par la France le 31 mars 1998.

Les États membres du Conseil de l'Europe, signataires du présent Accord,

Vu la Convention de sauvegarde des droits de l'homme et des libertés fondamentales, signée à Rome le 4 novembre 1950 (ci-après dénommée « la Convention ») ;

Vu l'Accord européen concernant les personnes participant aux procédures devant la Commission et la Cour européennes des droits de l'homme, signé à Londres le 6 mai 1969 ;

Vu le Protocole nº 11 à la Convention, portant restructuration du mécanisme de contrôle établi par la Convention, signé à Strasbourg le 11 mai 1994 (ci-après dénommé « Protocole nº 11 à la Convention »), qui établit une nouvelle Cour permanente européenne des droits de l'homme (ci-après dénommée « la Cour ») remplaçant la Commission et la Cour européennes des droits de l'homme ;

Considérant, à la lumière de ce développement, qu'il est opportun, pour mieux atteindre les objectifs de la Convention, que les personnes participant aux procédures devant la Cour se voient accorder certaines immunités et facilités par un nouvel accord, l'Accord européen concernant les personnes participant aux procédures devant la Cour européenne des droits de l'homme (ci-après dénommé « l'Accord »),

Sont convenus de ce qui suit :

Art. 1er 1. Les personnes auxquelles le présent Accord s'applique sont :

a. toutes les personnes qui participent à la procédure engagée devant la Cour, soit en tant que partie, soit comme représentant ou conseil d'une partie ;

b. les témoins, les experts appelés par la Cour, ainsi que les autres personnes invitées par le Président de la Cour à participer à la procédure.

2. Aux fins d'application du présent Accord, le terme « Cour » désigne les comités, les chambres, le collège de la Grande Chambre, la Grande Chambre et les juges. L'expression « participer à la procédure » vise aussi toute communication tendant à l'introduction d'une requête dirigée contre un État partie à la Convention.

3. Dans le cas où, au cours de l'exercice par le Comité des Ministres des fonctions qui lui sont dévolues par application de l'article 46, paragraphe 2, de la Convention, une personne visée au premier paragraphe ci-dessus est appelée à comparaître devant lui ou à lui soumettre des déclarations écrites, les dispositions du présent Accord s'appliquent également à cette personne.

Art. 2 1. Les personnes visées au premier paragraphe de l'article 1er du présent Accord jouissent de l'immunité de juridiction à l'égard de leurs déclarations faites oralement ou par écrit à la Cour, ainsi qu'à l'égard des pièces qu'elles lui soumettent.

2. Cette immunité ne s'applique pas à la communication en dehors de la Cour des déclarations faites ou de pièces produites devant la Cour.

Art. 3 1. Les Parties contractantes respectent le droit des personnes visées au premier paragraphe de l'article 1er du présent Accord de correspondre librement avec la Cour.

2. En ce qui concerne les personnes détenues, l'exercice de ce droit implique notamment que :

a. leur correspondance doit être transmise et leur être remise sans délai excessif et sans altération ;

b. ces personnes ne peuvent faire l'objet d'aucune mesure disciplinaire du fait d'une communication transmise à la Cour par les voies appropriées ;

c. ces personnes ont le droit, au sujet d'une requête à la Cour et de toute procédure qui en résulte, de correspondre avec un conseil admis à plaider devant les tribunaux du pays où elles sont détenues et de s'entretenir avec lui sans pouvoir être entendues par quiconque d'autre.

3. Dans l'application des paragraphes précédents, il ne peut y avoir d'ingérence d'une autorité publique que pour autant que cette ingérence est prévue par la loi et qu'elle constitue une mesure nécessaire, dans une société démocratique, à la sécurité nationale, à la recherche et à la poursuite d'une infraction pénale ou à la protection de la santé.

Art. 4 1. a. Les Parties contractantes s'engagent à ne pas empêcher les personnes visées au premier paragraphe de l'article 1er du présent Accord de circuler et de voyager librement pour assister à la procédure devant la Cour et en revenir.

b. Aucune autre restriction ne peut être imposée à ces mouvements et déplacements que celles qui, prévues par la loi, constituent des mesures nécessaires, dans une société démocratique, à la sécurité nationale, à la sûreté publique, au maintien de l'ordre public, à la prévention des infractions pénales, à la protection de la santé ou de la morale, ou à la protection des droits et libertés d'autrui.

2. a. Dans les pays de transit et dans le pays où se déroule la procédure, ces personnes ne peuvent être ni poursuivies, ni détenues, ni soumises à aucune autre restriction de leur liberté individuelle en raison de faits ou condamnations antérieurs au commencement du voyage.

b. Toute Partie contractante peut, au moment de la signature, de la ratification, de l'acceptation ou de l'approbation de cet Accord, déclarer que les dispositions de ce paragraphe ne s'appliqueront pas à ses propres ressortissants. Une telle déclaration peut être retirée à tout moment par notification adressée au Secrétaire Général du Conseil de l'Europe.

3. Les Parties contractantes s'engagent à laisser rentrer ces personnes sur leur territoire lorsqu'elles y ont commencé leur voyage.

4. Les dispositions des paragraphes 1 et 2 du présent article cessent de s'appliquer lorsque la personne intéressée a eu la possibilité, pendant quinze jours consécutifs après que sa présence a cessé d'être requise par la Cour, de rentrer dans le pays où son voyage a commencé.

5. En cas de conflit entre les obligations résultant pour une Partie contractante du paragraphe 2 du présent article et celles résultant d'une convention du Conseil de l'Europe ou d'un traité d'extradition ou d'un autre traité relatif à l'entraide judiciaire en matière pénale conclu avec d'autres Parties contractantes, les dispositions du paragraphe 2 du présent article l'emportent.

Au moment de ratifier l'Accord, la République française déclare qu'elle interprète le paragraphe 1a de l'art. 4 comme ne s'appliquant pas aux personnes détenues.

« Pour l'application du paragraphe 1 de l'article 4, les ressortissants étrangers visés au paragraphe 1 de l'article 1 de l'Accord devront être munis des documents de circulation requis pour l'entrée en France et obtenir s'il y a lieu le visa nécessaire. Un visa dit "visa spécial" devra en outre être obtenu par les étrangers expulsés du territoire français. Ces visas seront délivrés dans les délais les plus brefs par les représentants consulaires français compétents, sous réserve des dispositions du paragraphe 1b de l'article 4 de l'Accord. » (période d'effet : 1er janv. 1999.)

La République française déclare que, compte tenu des termes du paragraphe 4 de l'article 4, elle interprète le paragraphe 2a de cet article comme ne s'appliquant pas sur le territoire français aux personnes résidant habituellement en France. (période d'effet : 1er janv. 1999.)

Art. 5 1. Les immunités et facilités sont accordées aux personnes visées au premier paragraphe de l'article 1er du présent Accord uniquement en vue de leur assurer la liberté de parole et l'indépendance nécessaires à l'accomplissement de leurs fonctions, tâches ou devoirs, ou à l'exercice de leurs droits devant la Cour.

2. a. La Cour a seule qualité pour prononcer la levée totale ou partielle de l'immunité prévue au premier paragraphe de l'article 2 du présent Accord ; elle a non seulement le droit mais le devoir de lever l'immunité dans tous les cas où, à son avis, celle-ci entraverait le cours de la justice et où sa levée totale ou partielle ne nuirait pas au but défini au premier paragraphe du présent article.

b. L'immunité peut être levée par la Cour, soit d'office, soit à la demande de toute Partie contractante ou de toute personne intéressée.

c. Les décisions prononçant la levée d'immunité ou la refusant sont motivées.

3. Si une Partie contractante atteste que la levée de l'immunité prévue au premier paragraphe de l'article 2 du présent Accord est nécessaire aux fins de poursuites pour atteinte à la sécurité nationale, la Cour doit lever l'immunité dans la mesure spécifiée dans l'attestation.

4. En cas de découverte d'un fait de nature à exercer une influence décisive et qui, à l'époque de la décision refusant la levée d'immunité, était inconnu de l'auteur de la demande, ce dernier peut saisir la Cour d'une nouvelle demande.

Art. 6 Aucune des dispositions du présent Accord ne sera interprétée comme limitant ou dérogeant aux obligations assumées par les Parties contractantes en vertu de la Convention ou de ses protocoles.

Art. 7 1. Le présent Accord est ouvert à la signature des États membres du Conseil de l'Europe qui peuvent exprimer leur consentement à être liés par :

a. signature sans réserve de ratification, d'acceptation ou d'approbation ; ou

b. signature sous réserve de ratification, d'acceptation ou d'approbation, suivie de ratification, d'acceptation ou d'approbation.

2. Les instruments de ratification, d'acceptation ou d'approbation seront déposés près le Secrétaire Général du Conseil de l'Europe.

Art. 8 1. Le présent Accord entrera en vigueur le premier jour du mois qui suit l'expiration d'une période d'un mois après la date à laquelle dix États membres du Conseil de l'Europe auront exprimé leur consentement à être liés par l'Accord, conformément aux dispositions de l'article 7, si à cette date le Protocole n° 11 à la Convention est entré en vigueur, ou à la date d'entrée en vigueur du Protocole n° 11 à la Convention dans le cas contraire.

2. Pour tout État membre qui exprimera ultérieurement son consentement à être lié par l'Accord, celui-ci entrera en vigueur le premier jour du mois qui suit l'expiration d'une période d'un mois après la date de la signature ou du dépôt de l'instrument de ratification, d'acceptation ou d'approbation.

Art. 9 1. Tout État contractant peut, au moment du dépôt de son instrument de ratification, d'acceptation ou d'approbation, ou à tout autre moment par la suite, étendre l'application du présent Accord, par déclaration adressée au Secrétaire Général du Conseil de l'Europe, à tout territoire désigné dans la déclaration et dont il assure les relations internationales ou pour lequel il est habilité à stipuler.

2. Le présent Accord entrera en vigueur à l'égard de tout territoire désigné en vertu du paragraphe 1 le premier jour du mois qui suit l'expiration d'une période d'un mois après la date de réception de la déclaration par le Secrétaire Général.

3. Toute déclaration faite en vertu du paragraphe 1 pourra être retirée, en ce qui concerne tout territoire désigné dans cette déclaration, aux conditions prévues selon la procédure prévue pour la dénonciation par l'article 10 du présent Accord.

Art. 10 1. Le présent Accord demeurera en vigueur sans limitation de durée.

2. Toute Partie contractante pourra, en ce qui la concerne, dénoncer le présent Accord en adressant une notification au Secrétaire Général du Conseil de l'Europe.

3. La dénonciation prendra effet six mois après la date de la réception de la notification par le Secrétaire Général. Toutefois, une telle dénonciation ne peut avoir pour effet de délier la Partie contractante intéressée de toute obligation qui aurait pu naître en vertu du présent Accord à l'égard de toute personne visée au premier paragraphe de l'article 1er.

Art. 11 Le Secrétaire Général du Conseil de l'Europe notifiera aux États membres du Conseil :

a. toute signature ;

b. le dépôt de tout instrument de ratification, d'acceptation ou d'approbation ;

c. toute date d'entrée en vigueur du présent Accord, conformément à ses articles 8 et 9 ;

d. tout autre acte, notification ou communication ayant trait au présent Accord.

Art. 35 ***Conditions de recevabilité.*** **1. La Cour ne peut être saisie qu'après l'épuisement des voies de recours internes, tel qu'il est entendu selon les principes de droit inter-**

national généralement reconnus, et *(Prot. add. n° 15 du 24 juin 2013, art. 4, en vigueur le 1er août 2021)* « dans un délai de quatre mois *[ancienne rédaction : dans un délai de six mois]* » à partir de la date de la décision interne définitive.

2. La Cour ne retient aucune requête individuelle introduite en application de l'article 34, lorsque :

a) Elle est anonyme ; ou

b) Elle est essentiellement la même qu'une requête précédemment examinée par la cour ou déjà soumise à une autre instance internationale d'enquête ou de règlement, et si elle ne contient pas de faits nouveaux.

3. La Cour déclare irrecevable toute requête individuelle introduite en application de l'article 34, lorsqu'elle estime :

a) que la requête est incompatible avec les dispositions de la Convention ou de ses Protocoles, manifestement mal fondée ou abusive ; ou

b) que le requérant n'a subi aucun préjudice important, sauf si le respect des droits de l'homme garantis par la Convention et ses Protocoles exige un examen de la requête au fond *(Abrogé par Prot. add. n° 15 du 24 juin 2013, art. 5, à compter du 1er août 2021)* ***« et à condition de ne rejeter pour ce motif aucune affaire qui n'a pas été dûment examinée par un tribunal interne ».***

4. La Cour rejette toute requête qu'elle considère comme irrecevable en application du présent article. Elle peut procéder ainsi à tout stade de la procédure.

COMMENTAIRE

V. sur le Code en ligne.

Plan des annotations

I. ÉPUISEMENT DE VOIES DE RECOURS INTERNES. CONV. EDH, ART. 35, § 1

1. *Fondement de la règle.* Il est primordial que le mécanisme de sauvegarde instauré par la Convention revête un caractère subsidiaire par rapport aux systèmes nationaux de garantie des droits de l'homme. • CEDH, décis., 4 juill. 2002, *Slavicek c/ Croatie,* n° 20862/02 • CEDH, gr. ch., décis., 1er mars 2010, *Demopoulos et a. c/ Turquie,* n° 46113/99 : *AJDA 2010. 2362, chron. Flauss*. ♦ V. déjà. • CEDH 7 déc. 1976, *Handyside c/ Royaume-Uni,* n° 5493/72 § 48.

2. Le fondement de la règle de l'épuisement des voies de recours internes est qu'avant de saisir un tribunal international, l'État responsable doit avoir la faculté de redresser le grief allégué par les moyens internes dans le cadre de son propre système juridique ; conformément aux principes de droit international généralement reconnus, cela signifie que si un individu se voit accorder par le système juridique de l'État responsable des voies de recours qui paraissent être efficaces et suffisantes, il faut qu'il use de ces voies de recours et les épuise normalement. C'est l'ensemble du système de protection légale, tel qu'il est établi par l'ordre juridique interne, qui doit être épuisé avant la saisine de la juridiction internationale. • Comm. EDH 16 déc. 1961, *Retimag SA c/ Allemagne,* n° 712/60.

3. Les États n'ont pas à répondre de leurs *actes devant un organisme* international avant d'avoir eu la possibilité de redresser la situation dans leur ordre juridique interne. • CEDH, gr. ch., 16 sept. 1996, *Akdivar et a. c/ Turquie,* n° 21893/93 § 65 : *AJDA 1997. 977, chron. Flauss ; RSC 1997. 454, obs. Koering-Joulin* • CEDH, décis., 15 nov. 2001, *Thieme c/ Allemagne,* n° 38365/97. ♦ La finalité de la règle précitée est de ménager aux États contractants l'occasion de prévenir ou de redresser, normalement par la voie des tribunaux, les violations alléguées contre eux avant qu'elles ne soient soumises à la Cour. • CEDH 22 sept. 1994, *Hentrich c/ France,* n° 13616/88 § 33 : *AJDA 1995. 212, chron. Flauss ; D. 1995. 465, note Fiorina* • Comm. EDH 7 avr. 1997, *Scientology Kirche Deutschland E. v. c/ Allemagne,* n° 34614/97 • CEDH, gr. ch., 21 janv. 1999, *Fressoz et Roire c/ France,* n° 29183/95 § 37 : *D. 1999. 272, obs. Fricero ; RSC 1999. 631, obs. Massias ; RTD civ. 1999. 359, obs. Hauser ; ibid. 909, obs. Marguénaud ; RTD com. 1999. 783, obs. Deboissy* • CEDH, décis., 22 juin 2004, *Thibaud c/ France,* n° 69603/01. ♦ Tout requérant doit avoir donné aux juridictions internes l'occasion que la présente disposition a pour finalité de ménager en principe les États contractants, à savoir éviter ou redresser les violations alléguées contre eux. • CEDH, gr. ch., 28 sept. 1999, *Civet c/ France,* n° 29340/95 § 41 • CEDH, gr. ch., 10 sept. 2010, *McFarlane c/ Irlande,* n° 31333/06 § 107 • CEDH 18 févr. 2014, *Ruiz Rivera c/ Suisse,* n° 8300/06 § 41. ♦ Les personnes désireuses de se prévaloir de la compétence de contrôle de la Cour en ce qui concerne les griefs dirigés contre un État ont donc l'obligation d'utiliser auparavant les recours qu'offre le système juridique de leur pays. • CEDH, gr. ch., décis., 1er mars 2010, *Demopoulos et a. c/ Turquie,* n° 46113/99 : *préc. note 1.*

4. Cette règle se fonde sur l'hypothèse, objet de l'art. 13 Conv. EDH, avec laquelle elle présente d'étroites affinités, que l'ordre interne offre un recours effectif quant à la violation alléguée. • CEDH, gr. ch., 16 sept. 1996, *Akdivar et a. c/ Turquie,* n° 21893/93 § 65 : *préc.*

note 3 • CEDH, gr. ch., 10 sept. 2010, *McFarlane c/ Irlande,* n° 31333/06 § 107.

5. Le principe selon lequel une personne doit utiliser les recours offerts par l'ordre juridique interne avant de saisir une juridiction internationale constitue un aspect important du mécanisme de sauvegarde instauré par la Conv. EDH. • CEDH, gr. ch., 28 juill. 1999, *Selmouni c/ France,* n° 25803/94 § 74 : *AJDA 2000. 526, chron. Flauss ; D. 2000. 31, obs. Mayaud ; ibid. 179, obs. Renucci ; RSC 1999. 891, obs. Massias ; RTD civ. 1999. 911, obs. Marguénaud* • CEDH, décis., 22 oct. 2002, *Andrasik et a. c/ Slovaquie,* n° 57984/00. ♦ La Cour entend jouer un rôle subsidiaire par rapport aux systèmes nationaux de protection des droits de l'homme, et il est souhaitable que les tribunaux nationaux aient initialement la possibilité de trancher les questions de compatibilité du droit interne avec la Conv. Si une requête est néanmoins introduite par la suite à Strasbourg, la Cour doit pouvoir tirer profit des avis de ces tribunaux, lesquels sont en contact direct et permanent avec les forces vives de leurs pays. • CEDH, gr. ch., 29 avr. 2008, *Burden c/ Royaume-Uni,* n° 13378/05 § 42 : *RTD civ. 2008. 458, obs. Hauser* . ♦ La Cour ne saurait trop souligner qu'elle n'est pas une juridiction de première instance ; elle n'a pas la capacité, et il ne sied pas à sa fonction de juridiction internationale, de se prononcer sur un grand nombre d'affaires qui supposent d'établir les faits de base ou de calculer une compensation financière, deux tâches, qui, par principe et dans un souci d'effectivité, incombent aux juridictions internes. • CEDH, gr. ch., décis., 1er mars 2010, *Demopoulos et a. c/ Turquie,* n° 46113/99 § 69 : *préc. note 1.*

6. Des frontières, de fait ou de droit, ne mettent pas en soi obstacle à l'épuisement des voies de recours internes ; en principe, des requérants qui résident hors de la juridiction d'un État contractant ne sont pas relevés de l'obligation d'épuiser des voies de recours internes dans cet État, en dépit des inconvénients pratiques que cela représente ou d'une réticence personnelle compréhensible. • CEDH, gr. ch., décis., 1er mars 2010, *Demopoulos et a. c/ Turquie,* n° 46113/99 § 98 : *préc. note 1.* ♦ Il en va ainsi même si cette situation n'est pas le choix des requérants. • CEDH, décis., 30 juin 2009, *Al-Sadoon et Mufdhi c/ Royaume-Uni,* n° 61498/08 : *AJDA 2009. 1936, chron. Flauss* .

7. Mise en œuvre de la règle. Les États contractants ont qualité, au premier chef, pour apprécier l'opportunité d'user ou non de cette faculté ayant pour but principal de protéger leur ordre juridique interne ; lorsque l'État défendeur renonce manifestement au bénéfice de la faculté et de la protection susmentionnées, les principes de droit international généralement reconnus en la matière dispensent la Commission de se prononcer sur l'épuisement des voies de recours internes. • Comm. EDH 5 mars 1964, *57 habitants de Louvain et environs c/ Belgique,* n° 1994/63 • CEDH 18 juin 1971, *De Wilde, Ooms et Versyp c/ Belgique,* n° 2832/66 § 55. ♦ V. déjà. • Comm. EDH 8 mars 1962, *Isop c/ Autriche,* n° 808/60.

8. La règle de l'épuisement des voies de recours internes s'applique non seulement aux requêtes individuelles introduites conformément à l'art. 25 (34), mais encore aux affaires introduites par des États en application de l'art. 24 (33) Conv. EDH. • Comm. EDH 11 janv. 1961, *Autriche c/ Italie,* n° 788/60 • Comm. EDH 28 juin 1996, *Chypre c/ Turquie,* n° 25781/94 • CEDH, décis., 8 juin 1999, *Danemark c/ Turquie,* n° 34382/97.

9. Les requêtes individuelles émanent souvent de profanes qui, plus de neuf fois sur dix, écrivent sans l'assistance d'un juriste. Une application formaliste du présent art. conduirait dès lors à des conséquences inéquitables. • CEDH 16 juill. 1971, *Ringeisen c/ Autriche,* n° 2614/65 § 92 : *RGDIP 1972. 110, note Vallée.* ♦ Le présent art. doit s'appliquer avec une certaine souplesse et sans formalisme excessif. • CEDH 6 nov. 1980, *Guzzardi c/ Italie,* n° 7367/76 § 72 • CEDH 19 mars 1991, *Cardot c/ France,* n° 11069/84 § 34 : *AJDA 1992. 15, chron. Flauss ; D. 1992. 177, note Flauss ; ibid. 332, obs. Renucci ; RFDA 1992. 510, chron. Berger, Giakoumopoulos, Labayle et Sudre ; RSC 1991. 636, obs. Pettiti ; RUDH 1991. 529, note Flauss* • CEDH 23 avr. 1992, *Castells c/ Espagne,* n° 11798/85 § 27 • CEDH 19 déc. 1992, *Geouffre de la Pradelle c/ France,* n° 12964/87 § 26 : *AJDA 1993. 105, chron. Flauss ; D. 1993. 561, note Benoît-Rohmer ; RFDA 1993. 963, chron. Berger, Giakoumopoulos, Labayle et Sudre ; ibid. 963, chron. Berger, Giakoumopoulos, Labayle et Sudre* • CEDH, gr. ch., 16 sept. 1996, *Akdivar et a. c/ Turquie,* n° 21893/93 § 69 : *préc. note 3* • CEDH, gr. ch., 21 janv. 1999, *Fressoz et Roire c/ France,* n° 29183/95 § 37 : *préc. note 3* • CEDH, gr. ch., 28 juill. 1999, *Selmouni c/ France,* n° 25803/94 § 77 : *préc. note 5* • CEDH, décis., 14 oct. 1999, *Lehtinen c/ Finlande,* n° 39076/97.

10. Le présent art. et l'art. 13 Conv. EDH, qui présentent d'étroites affinités, énoncent de manière explicite ce caractère subsidiaire du rôle de la Cour. Il s'ensuit qu'une application incomplète des garanties de l'art. 13 gênerait le fonctionnement du caractère subsidiaire de la Cour au sein du mécanisme de la Convention et, de manière générale, ferait perdre de son efficacité, tant au plan national qu'au plan international, au système de protection des droits de l'homme érigé par la Convention. Partant, un contrôle incomplet de l'existence et du fonctionnement des recours internes affaiblirait et rendrait illusoires les garanties de l'art. 13, alors que la Conv. a pour but de protéger des droits non pas théoriques ou illusoires, mais concrets et effectifs. Dès lors, et contrairement à ce que le Gouvernement soutient, le principe de subsidiarité ne signifie pas qu'il faille renoncer à contrôler les recours internes. • CEDH, gr. ch., 10 sept. 2010, *McFarlane c/ Irlande,* n° 31333/06 § 112.

11. Dès lors que la question de l'épuisement des voies de recours interne est inextricablement (étroitement) liée au fond du grief articulé, la Cour ne l'examine pas à titre préliminaire. • CEDH, gr. ch., 8 juin 2006, *Surmeli c/Allemagne,* n° 75529/01 § 78 : *AJDA 2006. 1709, chron. Flauss* • CEDH 14 sept. 2010, *Dink c/ Turquie,* n° 2668/07 § 58 • CEDH, gr. ch., 16 déc. 2010, *A., B. et C. c/ Irlande,* n° 25579/05 § 155 : *D. 2011. 1360, chron. Hennette-Vauchez ; ibid. 2012. 308, obs. Galloux et Gaumont-Prat ; RDSS 2011. 293, note Roman ; Constitutions 2011. 213, obs. Dubout ; RTD civ. 2011. 303, obs. Marguénaud* • CEDH 1er févr. 2011, *Karoussiotis c/ Portugal,* n° 23205/08 § 57 : *AJDA 2011. 1993, chron. Burgorgue-Larsen ; AJ fam. 2011. 159, obs. Nord* • CEDH, gr. ch., 23 févr. 2012, *Hirsi Jamaa et a. c/ Italie,* n° 27765/09 § 62 : *AJDA 2012. 1726, chron. Burgorgue-Larsen.*

A. APPLICATION DE LA RÈGLE

1° ARTICULATION DES GRIEFS

12. Principe. Le présent art. impose de soulever devant l'organe interne adéquat, au moins en substance et dans les formes et délais prescrits par le droit interne, les griefs que l'on entend formuler par la suite devant la Cour. • CEDH 19 mars 1991, *Cardot c/ France,* n° 11069/84 § 34 : *préc. note 9* • CEDH, gr. ch., 16 sept. 1996, *Akdivar et a. c/ Turquie,* n° 21893/93 § 66 : *préc. note 3* • CEDH 9 juill. 2013, *Dinc et Cakir c/ Turquie,* n° 66066/09 § 69 • CEDH, gr. ch., 25 mars 2014, *Vuckovic c/ Serbie,* n° 17153/11 § 56. ♦ Un grief se caractérise par les faits qu'il dénonce. • CEDH 21 févr. 1990, *Powell et Rayner c/ Royaume-Uni,* n° 9310/81 § 29. ♦ Il peut donc suffire que le requérant ait porté à la connaissance des juridictions internes les circonstances de fait relatives aux conditions de sa détention et que, ce faisant, il ait observé les règles et procédures applicables en droit interne. • CEDH 19 mars 1991, *Cardot c/ France,* n° 11069/84 § 34 • CEDH, décis., 11 mars 2004, *Merger et Cros c/ France,* n° 68864/01 • CEDH, gr. ch., 1er juin 2010, *Gäfgen c/ Allemagne,* n° 22978/05 § 142.

13. L'analyse se fait grief par grief. • CEDH, décis., 15 juin 2000, *Messochoritis c/ Grèce,* n° 41867.

a. Griefs articulés « en substance »

1. Articulation admise

14. Arguments de droit interne équivalents. Sans s'appuyer en termes exprès sur la Conv. EDH, il puisa dans le droit interne de son pays des arguments qui équivalaient à dénoncer, en substance, une atteinte aux droits garantis par les art. 6 et 13 Conv. EDH ; il donna au Conseil d'État l'occasion d'éviter ou redresser les violations alléguées. • CEDH 19 déc. 1992, *Geouffre de la Pradelle c/ France,* n° 12964/87 § 26 : *préc. note 9.* ♦ Le requérant s'appuie sur l'art. 10 Conv. EDH à deux égards : on l'aurait poursuivi et condamné pour des affirmations conformes à la réalité, mais dont on l'aurait empêché d'établir l'exactitude ; l'écrit litigieux se situait dans le domaine de la critique politique que tout parlementaire est tenu d'exercer. Il appert que C. avait saisi le Tribunal suprême de chacun de ces points : l'arrêt écarta l'exception de vérité par rapport au délit d'injures au gouvernement et considéra que l'intéressé avait dépassé les limites de la critique politique. Quant au recours d'*amparo,* quoique s'appuyant sur une base plus étroite, l'intéressé revendiquait le droit, en qualité de sénateur, de contester l'action du gouvernement, droit manifestement inhérent à la liberté d'expression dans le cas spécifique des élus. Le Tribunal constitutionnel le reconnut du reste dans son résumé des griefs. Le requérant se prévalait de surcroît tant de son droit à la présomption d'innocence que de son droit d'utiliser les preuves de nature à établir l'exactitude de ses dires. Il formulait de la sorte une doléance liée, à l'évidence, à la violation alléguée de l'art. 10 Conv. EDH. Le Tribunal constitutionnel l'entendit d'ailleurs bien ainsi : il rattacha la question de la pertinence des preuves à celle du fond du litige, à savoir l'incrimination prévue au code pénal, dont il examina la compatibilité avec la liberté d'expression. • CEDH 23 avr. 1992, *Castells c/ Espagne,* n° 11798/85 § 28 à 30.

15. Devant ses juges, le requérant a invoqué des arguments de nature à montrer que les mesures restrictives de liberté autorisées par la loi se muaient en une véritable privation de liberté subie en un endroit qu'il allait jusqu'à désigner comme un camp de concentration où il se trouvait prisonnier. Il a donc tiré de la législation italienne des moyens qui aux yeux de la Cour équivalaient à dénoncer la méconnaissance du droit consacré par l'art. 5 Conv. EDH. • CEDH 6 nov. 1980, *Guzzardi c/ Italie,* n° 7367/76 § 72. ♦ Le requérant se plaint devant la Cour du manque d'équité de son procès pénal, des éléments de preuve obtenus directement à la suite des aveux qui lui avaient été extorqués ayant été admis au procès. L'intéressé avait soulevé spécifiquement cette question devant le tribunal régional, priant celui-ci de déclarer qu'il était totalement interdit d'utiliser au procès pénal les différents éléments de preuve dont les autorités d'enquête avaient eu connaissance grâce aux déclarations obtenues de manière illégale. Dans son pourvoi devant la Cour fédérale de justice, le requérant s'est référé à cette demande. Il a donc soulevé en substance son grief fondé sur l'art. 6 Conv. EDH d'un bout à l'autre de la procédure devant les cours et tribunaux internes. • CEDH, gr. ch., 1er juin 2010, *Gafgen c/ Allemagne*, n° 22978/05 § 143 : *D. 2010. 2850, point de vue Guérin ; RSC 2010. 678, obs. Marguénaud*. ♦ Dans leur pourvoi en cassation, les requérants reprochaient à l'arrêt attaqué de ne pas avoir déclaré irrecevable la demande de l'État comme tardive. Sans s'appuyer en termes exprès sur la Conv. EDH, les requérants ont puisé dans le droit interne des arguments qui équivalaient à dénoncer, en substance, une atteinte aux droits garantis par les art. 6 et 14. Du reste, pour rejeter le pourvoi, la Cour de cassation s'est fondée sur les art. 4, § 1 (égalité devant la loi), de la Constitution et 6, § 1, Conv. EDH. • CEDH 28 oct. 2010, *Karapanagiotou et a. c/ Grèce*, n° 1571/08 § 28 et 29.

16. Aux yeux de la Cour, le requérant a exposé, dans les formes prévues par le droit italien, des moyens visant à soutenir, entre autres, que la peine qui lui avait été infligée était excessive. • CEDH, gr. ch., 17 sept. 2009, *Scoppola c/ Italie (n° 2)*, n° 10249/03 § 74 : *AJDA 2010. 997, chron. Flauss ; D. 2010. 2732, obs. Roujou de Boubée, Garé et Mirabail ; RSC 2010. 234, obs. Marguénaud*.

17. Prise en compte de l'office du juge – Cassation. Si le pourvoi n'a pas abouti, faute de pouvoir mettre l'accent sur le problème de la privation de liberté avec toute la netteté désirable, c'est sans doute en raison des limites des attributions de la Cour de cassation : juge du droit, elle ne pouvait guère connaître en fait de la situation régnant sur l'île d'Asinara, ni découvrir dans la décision de la cour d'appel de quoi se prononcer sur l'existence d'un état de détention incompatible avec la législation italienne, dont la Convention forme partie intégrante. • *CEDH 6 nov. 1980, Guzzardi c/ Italie*, n° 7367/76 § 72. ♦ Nonobstant sa compétence qui est limitée aux moyens « en droit », la Cour de cassation n'en a pas moins pour mission de contrôler l'adéquation entre, d'une part, les faits établis par les juges du fond et, d'autre part, la conclusion à laquelle ces derniers ont abouti sur le fondement de ces constatations. Ainsi, au-delà d'un examen de la régularité de l'arrêt qui lui est déféré, la Cour de cassation vérifie que la chambre d'accusation a adéquatement motivé sa décision de maintien en détention au regard des faits de l'espèce. Dans le cas contraire, cette décision encourt la cassation. Dès lors la Cour de cassation est à même d'apprécier, sur la base d'un examen de la procédure, le respect de la part des autorités judiciaires du délai raisonnable conformément aux exigences de l'art. 5, § 3, Conv. EDH. • CEDH 28 sept. 1999, *Civet c/ France*, n° 29340/95 § 43 : *RSC 2000. 239, obs. Massias ; JDI 2000. 123, obs. Decaux et Tavernier ; JCP 2000. 203, chron. Sudre ; RD publ. 2000. 705, obs. Thomas* • CEDH 20 janv. 2000, *Yahiaoui c/ France*, n° 30962/96 : *JCP 2001. 291, chron. Sudre* • CEDH 3 oct. 2013, *Vosgien c/ France*, n° 12430/11 § 36. ♦ V. cependant note 47. ♦ Néanmoins, il faut encore que le pourvoi devant la Cour de cassation soit une voie apte à répondre à la demande du requérant. En l'espèce, après que les juridictions judiciaires de première instance et d'appel se soient prononcées et, suivant ainsi les conclusions du TGI et de la cour d'appel, le requérant a suivi une voie plus apte à permettre l'examen de son grief que la procédure relative aux indemnités d'expropriation. Les juridictions administratives se sont prononcées sur ce grief et ont été mises en mesure de se prononcer en premier lieu sur la violation alléguée de la Conv. EDH, il y a donc eu épuisement. • CEDH 25 juin 2015, *Couturon c/ France*, n° 24756/10 § 23 : *RDI 2015. 479, obs. Hostiou*.

18. Dès lors que le pourvoi devant la Cour de cassation française n'est pas admis sur le fondement d'une absence de moyen sérieux et non sur la base d'une irrecevabilité du pourvoi, il faut considérer que la décision touche au fond de l'affaire et que, dès lors, tous les recours internes ont bien été épuisés. • CEDH 30 juill. 2015, *Loisel c/ France*, n° 50104/11 § 33.

19. Conception encore plus large. Nonobstant le fait que ni le requérant ni son avocat n'ont soulevé la question par eux-mêmes, on ne saurait dire que la juridiction norvégienne n'a pas bénéficié de l'occasion que la règle de l'épuisement des voies de recours internes a précisément pour finalité de ménager aux États : redresser les manquements allégués à leur encontre. En effet, il ressort implicitement de l'arrêt de la Cour suprême que, selon elle, le fait de condamner le requérant sans le citer à comparaître ni l'entendre en personne n'entachait en rien l'équité de la procédure suivie en appel. • CEDH 19 févr. 1996, *Botten c/ Norvège*, n° 16206/90 § 36 : *RSC 1997. 177, obs. Pettiti ; ibid. 476, obs. Koering-Joulin ; RUDH 1997. 11, obs. Sudre*. ♦ Une taxe perçue par l'État qui, comme en l'espèce, trouve son origine dans l'incapacité de servir à l'armée en raison d'une maladie, donc d'un état de fait qui échappe à la volonté du justiciable, tombe sans aucun doute sous l'empire de l'art. 8 de la Conv., même si les conséquences de cette mesure sont avant tout pécuniaires. Le requérant a en substance invoqué la violation de l'art. 14 Conv. EDH, combiné avec l'art. 8, devant les instances internes, en affirmant qu'il était assujetti à la taxe d'exemption et empêché d'accomplir son service militaire bien qu'il ait toujours déclaré vouloir le faire. • CEDH 30 avr. 2009, *Glor c/ Suisse*, n° 13444/04 § 55 : *AJDA 2009. 1936, chron. Flauss ; RD publ. 2010. 854, obs. Gonzalez.*

20. Dans leurs écrits à l'appui de leur pourvoi, les requérants ont fait valoir que la publication incriminée n'était contraire à aucune disposition de la loi sur la presse et que, en sa qualité de journaliste, R. n'avait fait que son « devoir ». La Cour de cassation, en établissant dans son arrêt une distinction entre le régime applicable à l'information elle-même et celui applicable à son support, s'est d'ailleurs indirectement prononcée sur l'étendue du droit d'information des journalistes. Dans ces conditions, la Cour estime que la liberté d'expression était en cause, fût-ce de façon sous-jacente, dans la procédure devant la Cour de cassation, et que les arguments juridiques avancés par les requérants devant elle contenaient bien une doléance liée à l'art. 10 Conv. EDH. • CEDH, gr. ch., 21 janv. 1999, *Fressoz et Roire c/ France*, n° 29183/95 § 38 et 39 : *préc. note 3.* ♦ S'il est vrai que la requérante n'a pas invoqué l'art. 8 Conv. EDH devant les juridictions françaises, mais simplement saisi ces juridictions d'une demande tendant à ce que le centre hospitalier soit déclaré responsable des conséquences dommageables de l'intervention chirurgicale et à ce qu'il soit condamné à réparer son préjudice corporel, ces juridictions se trouvaient néanmoins saisies des questions de la responsabilité des autorités hospitalières du fait de l'atteinte à l'intégrité physique dont elle souffre et de l'insuffisance alléguée de l'information préopératoire qu'elle a reçue, lesquelles, comme indiqué précédemment, entrent dans le champ de cette disposition. La Cour en déduit que le respect de droits garantis par l'art. 8 était en cause devant les juridictions internes, fût-ce de façon sous-jacente, que les arguments juridiques avancés par la requérante à ce stade contenaient une doléance liée à de tels droits, et que cette dernière a invoqué devant elles, au moins en substance, le grief dont elle saisit la Cour. • CEDH, décis., 5 oct. 2006, *Trocellier c/ France*, n° 75725/01. ♦ Si le requérant a omis de se pourvoir en cassation des décisions refusant ses trois demandes de mise en liberté, lorsque la chambre de l'instruction de la cour d'appel a ordonné la prolongation de sa détention, en dépit des arguments présentés, le *requérant s'est pourvu en cassation pour dénon*cer une violation du présent art. et l'absence de motivation de l'arrêt contesté. Le but poursuivi par le requérant était donc de dénoncer le délai excessif de sa détention provisoire et de mettre fin à la situation qu'il critiquait ainsi. En procédant ainsi, le requérant a porté ce grief devant les autorités internes et épuisé les voies de recours interne. • CEDH 3 oct. 2013, *Vosgien c/ France*, n° 12430/11 § 37 à 39.

21. Pour d'autres ex. V. • CEDH 20 janv. 2015, *Mesut Yurtsever et a. c/ Turquie*, n° 14946/08 § 82 s. : *D. 2015. 266, obs. Falxa* (référence explicite au droit à la liberté de recevoir des informations, même si la juridiction n'a aucunement pris en compte cet argument dans son appréciation des circonstances portées à son examen).

2. Absence d'articulation

22. Principe jura novit curia. A supposer même que les juridictions grecques aient pu, voire dû, examiner d'office le litige sous l'angle de la Conv. EDH, cela ne saurait avoir dispensé le requérant de s'appuyer devant elles sur ce traité ou de leur présenter des moyens d'effet équivalent ou similaire et attirer ainsi leur attention sur le problème dont il entendait saisir après coup, au besoin, les organes de contrôle européens. • CEDH 6 nov. 1980, *Van Oosterwijck c/ Belgique*, n° 7654/76 § 39 • CEDH 15 nov. 1996, *Ahmet Sadik c/ Grèce*, n° 18877/91 § 33 : *AJDA 1997. 977, chron. Flauss ; Justices 1997. 174, note Flauss.*

23. Inaction du requérant. Le requérant n'a pas manifesté la volonté de voir le tribunal correctionnel entendre ses anciens coïnculpés, qui lui attribuaient pourtant un rôle majeur dans l'organisation du trafic de haschisch entre l'Iran et la France, et dont trois d'entre eux avaient maintenu leurs déclarations lors de leur confrontation avec lui devant le magistrat instructeur. Il n'a pas non plus déposé de requête à cette fin devant la cour d'appel. Aucune raison particulière qui ait pu le dispenser de provoquer ou solliciter pareilles auditions ne ressort du dossier. Quant à son pourvoi en cassation, il n'invoquait pas le § 3 *d)* de l'art. 6 Conv. EDH, ni même le principe général du § 1, et ne mentionnait pas les dépositions des témoins devant le magistrat instructeur, de sorte qu'il apparaissait trop vague pour attirer l'attention de la Cour suprême sur la question ultérieurement soumise aux organes de la Conv., à savoir celle de l'absence d'audition de témoins à charge lors du procès. • CEDH 19 mars 1991, *Cardot c/ France*, n° 11069/84 § 35 : *préc. note 9.* ♦ Le requérant n'a pas déposé de mémoire ampliatif dans le cadre de son pourvoi. • CEDH 20 janv. 2000, *Yahiaoui c/ France*, n° 30962/96 : *préc. note 17.* ♦ Les requérants n'ont soulevé aucun moyen à l'appui de leur pourvoi. • CEDH 27 juin 2013, *Vassis et a. c/ France*, n° 62736/09 § 33 : *D. 2013. 1687, obs. Bachelet ; AJ pénal 2013. 549, obs. Roussel ; RSC 2013. 656, obs. Roets .*

24. Arguments de droit interne non équivalents. Tant devant le tribunal correctionnel que devant la cour d'appel, l'intéressé qui, dans son pourvoi en cassation, a présenté des moyens tirés uniquement du droit interne et ne soulevant pas la question de la liberté d'expression, s'est borné à repousser l'accusation d'avoir troublé l'ordre public. Or, une accusation relative au trouble de l'ordre public peut être contestée à l'aide d'arguments qui ne soulèvent pas la question de la liberté d'expression. • CEDH 15 nov. 1996, *Ahmet Sadik c/ Grèce,* n° 18877/91 § 33 : *préc. note 22.* ♦ Le conseil du requérant évoqua la perte des prestations de retraite pour montrer que la révocation était une sanction exagérément sévère eu égard aux circonstances et qu'une mesure plus clémente aurait dû être infligée à la place. C'est pour cette raison que la Cour suprême ne s'est jamais prononcée sur la question de savoir si la révocation du requérant avait violé son droit patrimonial à une pension. • CEDH, gr. ch., 28 avr. 2004, *Azinas c/ Chypre,* n° 56679/00 § 40 : *AJDA 2004. 1809, chron. Flauss*. ♦ La Cour constate qu'aucun des moyens soumis à la Cour de cassation ne mentionne l'art. 11 Conv. EDH et l'art. 1er Prot. n° 1 Conv. EDH, seuls ou combinés avec l'art. 14 Conv. EDH, ou n'invoque, au moins en substance, les griefs qu'elle tire de ces art. Dans ces conditions, cette partie de la requête doit être rejetée. • CEDH, décis., 17 juin 2008, *Assoc. Les Témoins de Jéhovah c/ France,* n° 8916/05. ♦ Même si le requérant réclamait l'organisation d'une expertise psychiatrique et la tenue d'une audience contradictoire, il n'a pas exposé les circonstances de fait relatives aux conditions de sa détention et n'a donc jamais entendu s'en plaindre devant les juridictions internes. Le fait qu'il ait développé, au fil de son exposé, certains arguments concernant l'appréciation de sa situation par les autorités ne saurait être considéré comme suffisamment précis pour être assimilable à un grief développé en substance. • CEDH 18 févr. 2014, n° 8300/06 § 43 et 44. ♦ Le requérant n'a pas saisi la Cour de cassation de la question de savoir si le fait d'assujettir la reconnaissance de l'identité de genre d'une personne transgenre à la réalisation d'une opération ou d'un traitement impliquant une stérilité irréversible était compatible avec son droit au respect de la vie privée ou contrevenait à l'interdiction des traitements inhumains ou dégradants, alors que le droit positif posait déjà une condition de ce type. Plus largement, il s'avère que, loin de contester devant les juridictions internes les conditions requises par le droit positif, il soutenait au contraire qu'il remplissait ces conditions dès lors qu'il avait subi une opération de réassignation sexuelle à l'étranger. • CEDH 6 avr. 2017, *A. P., Garçon et Nicot c/ France,* n° 79885/12 § 89 : *D. 2017. 1027, note Vauthier et Vialla ; ibid. 994, point de vue Moron-Puech ; AJ fam. 2017. 299, obs. Viney ; ibid. 329, obs. Dionisi-Peyrusse ; JCP Adm. 2017. 299.*

25. Pour d'autres ex. dans lesquels la violation d'une disposition de la Conv. n'est pas soulevée « en substance », V. • CEDH 24 mai 2018, *N.T.P. c/ France,* n° 68862/13 § 56.

b. Respect des règles nationales de procédure

26. Non-épuisement. Toutefois, la Cour de cassation a déclaré le pourvoi irrecevable, au motif qu'il avait été introduit sans l'intervention d'un avocat à la Cour de cassation. La Cour de cassation n'ayant pu examiner le pourvoi introduit par le requérant, celui-ci n'a pas valablement épuisé les voies de recours internes dont il disposait en droit belge. • Comm. EDH 6 oct. 1976, *Le Compte c/ Belgique,* n° 6878/75. ♦ La décision permettant le renvoi par la force du requérant à Sri Lanka est la décision du délégué aux réfugiés. N'ayant pas recouru en bonne et due forme contre cette décision, le requérant n'a pas épuisé les voies de recours qui lui étaient offertes par le droit suisse pour contester la compatibilité de cette décision. • Comm. EDH 4 déc. 1991, *T. c/ Suisse,* n° 8079/91. ♦ Or, la Cour constate que le recours d'*amparo* présenté devant le Tribunal constitutionnel a été rejeté par la haute juridiction comme étant tardif, les requérants ayant laissé s'écouler le délai en exerçant des recours non pertinents et inadéquats. • CEDH, décis., 14 oct. 1999, *Flaquer Melis y Moll Espinosa, S.A c/ Espagne,* n° 40259/98 • CEDH, décis., 27 avr. 2000, *Ben Salah Adraqui et Dhaime c/ Espagne,* n° 45023/98. ♦ La société requérante a introduit un pourvoi en cassation directement auprès du Tribunal supérieur de commerce. Or, en vertu du code de procédure commerciale, le pourvoi aurait dû être déposé auprès du tribunal de première instance ou de la cour d'appel. Le Tribunal supérieur de commerce a rejeté les nouveaux pourvois formés par la société requérante au motif qu'ils avaient été introduits hors délai et a jugé que le pourvoi que la société requérante avait déposé directement auprès de lui n'interrompait pas le cours du délai. La Cour estime dès lors que le refus d'examiner le pourvoi en cassation reposait sur une base légale et ne révèle aucun élément d'arbitraire. • CEDH, décis., 18 oct. 2005, *MPP Golub c/ Ukraine,* n° 6778/05. ♦ La Cour constitutionnelle fédérale a déclaré irrecevable le recours constitutionnel formé par le requérant au motif que ce dernier n'avait pas présenté les documents pertinents à l'appui de son recours dans le délai d'un mois. • CEDH, décis., 25 sept. 2006, *Agbovi c/ Allemagne,* n° 71759/01. ♦ Les voies de recours internes n'ont pas été épuisées lorsqu'un appel n'est pas admis à cause d'une erreur procédurale émanant du requérant. • CEDH, gr. ch., 1er juin 2010, *Gafgen c/ Allemagne,* n° 22978/05 § 143 : *préc. note 15.* ♦ La requérante se plaignait en substance que les médecins de la prison n'aient pas exercé la diligence voulue pour empêcher que son état ne s'aggrave au point de devenir irréversible. Ces professionnels de la santé étant des fonctionnaires publics, pareille doléance relevait, en droit interne, du contentieux administratif qu'elle n'a pas entrepris. • CEDH 5 mars 2013, *Gülay Çetin c/ Turquie*, n° 44084/10 § 88 et 92.

27. Épuisement. En revanche, le non-épuisement des voies de recours internes ne peut être retenu contre celui-ci lorsque, bien qu'il n'ait pas respecté les formes prescrites par la loi, l'autorité compétente a examiné la substance du recours. • CEDH 24 juill. 2008, *Vladimir Romanov c/ Russie*, n° 41461/02 § 52 • CEDH, gr. ch., 1er juin 2010, *Gafgen c/ Allemagne*, n° 22978/05 § 143 : *préc. note 15.*

28. Tel est le cas lorsque le Tribunal fédéral a ajouté qu'en tout état de cause, au regard de sa propre jurisprudence et de celle de la CEDH, le grief soulevé au titre de l'art. 5, § 3, Conv. EDH serait également non fondé et a ainsi en fait examiné ce grief au fond. • Comm. EDH 9 juill. 1988, *Huber c/ Suisse*, n° 12794/87. ♦ Bien que trouvant leur action tardive, la Cour suprême de justice est passée ensuite à l'examen au fond des griefs des requérants et les a rejetés comme non fondés. • CEDH 7 juin 2001, *Église métropolitaine de Bessarabie et a. c/ Moldavie*, n° 45701/99. ♦ La Cour constitutionnelle fédérale ne rejette pas le recours constitutionnel de la requérante comme étant irrecevable (*unzulässig*), comme elle aurait pu le faire, mais comme non fondé (*unbegründet*). • CEDH, décis., 28 nov. 2002, *Voggenreiter c/ Allemagne*, n° 47169/99.

29. La Cour observe que la demande de révision de l'association requérante était formulée de manière très sommaire et à peine compatible avec les exigences de la loi fédérale d'organisation judiciaire. Néanmoins, dans la mesure où le Tribunal fédéral, après avoir exposé les motifs d'irrecevabilité, a conclu que l'association requérante n'avait pas suffisamment démontré qu'elle avait encore un intérêt à la diffusion du spot télévisé dans sa version originale, la Cour est d'avis, à la lumière de sa jurisprudence, que ce grief ne peut pas être rejeté pour non-épuisement des voies de recours internes, étant donné que cette juridiction s'est prononcée, aussi brièvement fût-il, sur le fond de l'affaire en estimant que l'association requérante n'avait probablement plus d'intérêt à la diffusion télévisée du spot dans sa version originale. • CEDH, gr. ch., 30 juin 2009, *Verein Gegen Tierfabriken Schweiz (VgT) c/ Suisse (n° 2)*, n° 32772/02 § 43 et 45 : *AJDA 2009. 1936, chron. Flauss.*

30. Le fait que cet élément (l'incompatibilité du droit français des successions avec les dispositions de la Convention) soit apparu alors que le délai de dépôt des moyens de cassation était expiré est indépendant de la volonté des requérantes et aucune négligence ne peut leur être reprochée à cet égard. • CEDH, décis., 11 mars 2004, *Merger et Cros c/ France*, n° 68864/01.

31. Cas particulier. Si, dans le cadre de la phase d'*exequatur*, les juridictions judiciaires ne se prononcent pas sur l'extradition même, qui relève de la compétence du pouvoir exécutif sous contrôle du Conseil d'État, cela ne signifie pas que les décisions qui jalonnent la phase d'*exequatur* ne puissent pas soulever de griefs au regard de la Conv. EDH. Devant la Cour de cassation, le requérant a ainsi fait valoir que l'exécution forcée du mandat d'arrêt américain qui avait été délivré à son endroit posait problème sous l'angle de l'art. 3 Conv. EDH. C'est dans les mêmes termes que le requérant s'est ensuite adressé à la Cour. • CEDH 4 sept. 2014, *Trabelsi c/ Belgique*, n° 140/10 § 91 : *AJDA 2014. 1688.*

2° ÉPUISEMENT DES VOIES DE RECOURS AU SENS STRICT

a. Généralités

1. Notion

32. La règle de l'épuisement n'impose l'exercice des recours que pour autant qu'il en existe qui soient accessibles aux intéressés (disponibles) et adéquats, c'est-à-dire de nature à porter remède à leurs griefs. • CEDH 10 nov. 1969, *Stögmüller c/ Autriche*, n° 1602/62 § 11 (en droit) • CEDH 18 juin 1971, *De Wilde, Ooms et Versyp c/ Belgique*, n° 2832/66 § 60 • CEDH 9 oct. 1979, *Airey c/ Irlande*, n° 6289/73 § 19 • CEDH, gr. ch., 16 sept. 1996, *Akdivar et a. c/ Turquie*, n° 21893/93 § 65 : *préc. note 3* • CEDH, décis., 11 mars 2004, *Merger et Cros c/ France*, n° 68864/01 • CEDH, décis., 26 janv. 2006, *Mubilanzila Mayeka et Kaniki Mitunga c/ Belgique*, n° 13178/03 • CEDH, gr. ch., 16 déc. 2010, *A, B et C c/ Irlande*, n° 25579/05 § 142 : *préc. note 11.* ♦ Ces recours doivent être à la fois relatifs aux violations incriminées, disponibles et adéquats. • CEDH, gr. ch., 6 janv. 2011, *Paksas c/ Lituanie*, n° 34932/04 § 75 • CEDH 2 mai 2013, *Chkhartishvili c/ Grèce*, n° 22910/10 § 41. ♦ V. pour un pourvoi formé hors des cas limitativement énumérés. • Comm. EDH 26 juin 1994, *Soubiran c/ France*, n° 23574/94 • CEDH, décis., 7 nov. 2000, *Rezgui c/ France*, n° 49859/99 • CEDH 9 juill. 2015, *R. K. c/ France*, n° 61264/11 § 40.

33. Ces recours doivent exister à un degré suffisant de certitude, en pratique comme en théorie, sans quoi leur manquent l'effectivité et l'accessibilité voulues. • CEDH 20 févr. 1991, *Vernillo c/ France*, n° 11889/85 § 27 : *D. 1992. 333, obs. Renucci ; RFDA 1992. 510, chron. Berger, Giakoumopoulos, Labayle et Sudre* • CEDH 18 déc. 1986, *Johnston et a. c/ Ir-*

lande, n° 9697/82 § 45 • CEDH, gr. ch., 16 sept. 1996, *Akdivar et a. c/ Turquie,* n° 21893/93 § 66 : *préc. note 3* • CEDH, gr. ch., 28 juill. 1999, *Selmouni c/ France,* n° 25803/94 § 75 : *préc. note 5* • CEDH 21 oct. 2003, *Broca et Tixier-Micault c/ France,* n° 27928/02 § 19 et 20 : *AJDA 2004. 534, chron. Flauss ; D. 2004. 1061, obs. Fricero ; RTD civ. 2004. 365, obs. Marguénaud ; RD publ. 2004. 822, obs. Gonzalez* • CEDH, décis., 11 mars 2004, *Merger et Cros c/ France,* n° 68864/01 • CEDH, gr. ch., 6 janv. 2011, *Paksas c/ Lituanie,* n° 34932/04 § 75 • CEDH 2 mai 2013, *Chkhartishvili c/ Grèce,* n° 22910/10 § 41. ♦ Rien n'impose d'user de recours qui ne sont ni adéquats ni effectifs. • Comm. EDH 8 avr. 1994, *Wingrove c/ Royaume-Uni,* n° 17419/90 • CEDH, gr. ch., 16 sept. 1996, *Akdivar et a. c/ Turquie,* n° 21893/93 § 66 : *préc. note 3* • CEDH, décis., 17 déc. 2002, *Prystavska c/ Ukraine,* n° 21287/02 • CEDH 9 juill. 2015, *R. K. c/ France,* n° 61264/11 § 40. ♦ V. pour application : • CEDH 13 avr. 2010, *Ferreira Alves c/ Portugal,* n° 46436/06 § 27 à 29. • CEDH 18 avr. 2013, *Saint-Paul Luxembourg SA c/ Luxembourg,* n° 26419/10 § 30 : *D. 2013. 1066*.

34. La possibilité de mettre en cause la responsabilité de l'État pour le dommage causé par l'absence de mesures suffisantes pour assurer que les juridictions puissent statuer dans un délai raisonnable n'avait pas encore acquis, au moment de l'introduction de la requête, un degré de certitude juridique suffisant pour pouvoir et devoir être utilisée aux fins du présent art. • CEDH, décis., 20 oct. 2005, *Panier c/ Belgique,* n° 2527/02. ♦ La Cour prend bonne note de ce revirement de jurisprudence et salue les efforts consentis par la Cour de cassation pour se conformer à la jurisprudence européenne. Elle rappelle en outre avoir jugé raisonnable de retenir que le revirement de jurisprudence ne pouvait plus être ignoré du public à partir du « X ». Par conséquent, elle a considéré qu'à partir de cette date il doit être exigé des requérants qu'ils usent de ce recours aux fins du présent art. • CEDH, gr. ch., 29 mars 2006, *Scordino c/ Italie (n° 1),* n° 36813/97 § 147. ♦ L'existence d'une voie de recours interne peut conduire la Cour à déclarer irrecevable la partie de la requête couverte par ce recours alors que le reste du recours sera recevable. • CEDH 9 juill. 2013, *Ciobanu c/ Roumanie et Italie,* n° 4509/08 § 40.

35. Sur les preuves à apporter par le Gouvernement quant au caractère effectif du recours, V. note 79.

36. La règle de l'épuisement des voies de recours internes ne s'accommode pas d'une application automatique et ne revêt pas un caractère absolu ; en en contrôlant le respect, il faut avoir égard aux circonstances de la cause. • CEDH 6 nov. 1980, *Van Oosterwijck c/ Belgique,* n° 7654/76 §35 • CEDH, gr. ch., 28 juill. 1999, *Selmouni c/ France,* n° 25803/94 § 77 : *préc. note 5* • CEDH, gr. ch., 13 nov. 2007, *D. H. et a. c/ République tchèque,* n° 57325/00 § 116 : *AJDA 2008. 978, chron. Flauss*. ♦ Cela signifie notamment que la Cour doit tenir compte de manière réaliste non seulement des recours prévus en théorie dans le système juridique de la Partie contractante concernée, mais également du contexte juridique et politique dans lequel ils se situent ainsi que de la situation personnelle des requérants. • CEDH, gr. ch., 16 sept. 1996, *Akdivar et a. c/ Turquie,* n° 21893/93 § 69 : *préc. note 3* • CEDH, gr. ch., 28 juill. 1999, *Selmouni c/ France,* n° 25803/94 § 77 : *préc. note 5* • CEDH, gr. ch., 27 juin 2000, *Ilhan c/ Turquie,* n° 22277/93 § 59 : *AJDA 2000. 1006, chron. Flauss ; RFDA 2001. 1250, chron. Labayle et Sudre ; RSC 2001. 881, obs. Tulkens* • CEDH, gr. ch., 19 févr. 2009, *Kozacioglu c/ Turquie,* n° 2334/03 § 40 : *AJDA 2009. 872, chron. Flauss ; AJDI 2010. 113, chron. Gilbert ; RTD civ. 2009. 683, obs. Marguénaud*. ♦ Il lui faut dès lors examiner si, compte tenu de l'ensemble des circonstances de la cause, le requérant a fait tout ce que l'on pouvait raisonnablement attendre de lui pour épuiser les voies de recours internes. • CEDH, gr. ch., 27 juin 2000, *Ilhan c/ Turquie,* n° 22277/93 § 59 : *préc.* • CEDH, gr. ch., 19 févr. 2009, *Kozacioglu c/ Turquie,* n° 2334/03 § 40 : *préc.* • CEDH, gr. ch., 13 nov. 2007, *D.H. et a. c/ République tchèque,* n° 57325/00 § 116 : *préc.*

37. Sur les preuves à apporter par le requérant montrant qu'il a fait tout ce que l'on pouvait raisonnablement attendre de lui, V. note 84.

2. Recours ne devant pas être entrepris

38. Recours inutiles. La Commission relève que le Tribunal constitutionnel n'a pas dit que la requérante aurait dû exercer d'autres recours. Le Gouvernement n'a donc pas démontré qu'un recours sur la base de la loi organique du pouvoir judiciaire pouvait être considéré comme un recours effectif dans une affaire où la plus haute juridiction nationale, à savoir le Tribunal constitutionnel, avait déjà décidé que la durée de la procédure n'avait pas dépassé un délai raisonnable. • Comm. EDH 11 déc. 1987, *Union Alimentaria Sanders c/ Espagne,* n° 11681/85. ♦ Le Gouvernement reproche aux requérants qu'aucun d'eux n'a tiré parti de la possibilité de faire appel de la décision ordonnant son placement dans une école spéciale, ni n'a introduit une action en protection des droits de la personnalité. La Cour constitutionnelle tchèque a décidé de ne pas tenir compte de ce manquement, il serait trop formaliste d'exiger des intéressés qu'ils usent d'un recours que même la juridiction suprême du pays ne les obligeait pas à exercer. • CEDH, gr. ch., 13 nov. 2007, *D.H. et a. c/ République tchèque,* n° 57325/00 § 117 et 118 : *préc. note 36.* ♦ Il en va de même lorsque les délais impartis aux requérants sont particulièrement brefs et obligent ceux-ci à réagir dans la hâte. • CEDH 15 déc. 2009, *Financial Times LTD et a. c/ Royaume-Uni,* n° 821/03 § 43 et 44. ♦ Il est établi que le recours constitutionnel au Portugal ne peut concerner qu'une disposition « normative » et non pas une décision judiciaire. Par conséquent, il n'était donc pas de nature à porter remède au grief soulevé par la requérante. • CEDH 16 avr. 2013, *Rolim Comercial SA c/ Portugal,* n° 16153/09 § 46. ♦ S'il est vrai que les griefs présentés n'ont pas été préalablement examinés par les juridictions internes dans le cadre de recours exercés par la requérante, le Cons. const. s'est prononcé en faveur de la conformité de la loi avec la liberté de religion. La chambre criminelle de la Cour de cassation a rejeté un moyen tiré de l'art. 9 Conv. EDH au motif que la loi dont s'agit visait, conformément au § 2 de cette disposition, à « protéger l'ordre et la sécurité publics en imposant à toute personne circulant dans un espace public de montrer son visage ». • CEDH, gr. ch., 1er juill. 2014, *S. A. S c/ France,* n° 43835/11 § 61 : *AJDA 2014. 1348 ; ibid. 1763, chron. Burgorgue-Larsen ; ibid. 1866, étude Gervier ; D. 2014. 1451 ; ibid. 1701, chron. Chassang ; RTD civ. 2014. 620, obs. Hauser .*

39. A supposer même qu'un recours en annulation du refus du préfet de prêter le concours de la force publique aurait eu des chances d'aboutir dans les circonstances de la cause, le Gouvernement ne saurait soutenir qu'il appartenait à la requérante d'user également de cette voie dès lors qu'il aurait contribué à prolonger la procédure interne alors que la jurisprudence de la Cour comme la Conv. de La Haye sur les aspects civils de l'enlèvement international des enfants mettent l'accent sur la nécessité d'agir rapidement dans cette matière. Ce recours était donc inadéquat en l'espèce. • CEDH 7 mars 2013, *Raw et a. c/ France,* n° 10131/11 § 62 : *D. 2013. 708 .* ♦ Si la loi sur la responsabilité de l'État prévoit effectivement un droit à indemnisation pour une personne qui, après avoir été mise en examen, a bénéficié d'une relaxe ou d'un abandon des poursuites, cette possibilité semble sans rapport avec les griefs soulevés par la première requérante, qui ont trait à la procédure administrative concernant son licenciement et non à la procédure pénale menée à son encontre. • CEDH 17 déc. 2013, *Nikolova et Vandova c/ Bulgarie,* n° 20688/04 § 57. ♦ On ne saurait attendre d'une personne dans la situation du requérant, qui n'était censé devoir être détenu que pour une courte période avant son expulsion, qu'elle saisisse au sujet de l'insalubrité des locaux de détention les juridictions, dont la décision aurait toutes les chances de n'intervenir qu'après son expulsion. • CEDH 12 déc. 2013, *Khuroshvili c/ Grèce,* n° 58165/10 § 67. ♦ Compte tenu de l'attitude adoptée par les autorités exécutives italiennes à l'égard des citoyens américains condamnés, la Cour considère que ces organes ont considérablement compromis – voire réduit à néant – les chances des requérants d'obtenir un dédommagement des personnes responsables. • CEDH 23 févr. 2016, *Nasr et Ghali c/ Italie,* n° 44883/09 § 207.

40. Un recours exclusivement indemnitaire ne saurait être considéré comme suffisant s'agissant de conditions d'internement ou de détention prétendument contraires à l'art. 3, dans la mesure où il n'a pas un effet « préventif » – en ce sens qu'il n'est pas à même d'empêcher la continuation de la violation alléguée ou de permettre aux détenus d'obtenir une amélioration de leurs conditions matérielles de détention. • CEDH 22 oct. 2010, *Norbert Sikorski c/ Pologne,* n° 17599/05 § 116 • CEDH 12 déc. 2013, *Khuroshvili c/ Grèce,* n° 58165/10 § 68.

41. Eu égard à ce qui précède, et en particulier à la durée totale de la procédure administrative engagée par les requérants et aux sentiments d'impuissance et de frustration qui ont inévitablement découlé de l'inertie prolongée manifestée par les autorités en dépit des décisions théoriquement exécutoires de la Cour constitutionnelle, la Cour estime que dans les circonstances particulières de l'espèce les requérants étaient dispensés de l'obligation de former des recours constitutionnels individuels. • CEDH, gr. ch., 26 juin 2012, *Kuric et a. c/ Slovénie,* n° 26828/06 § 303 : *D. 2013. 201, obs. Renucci, Fricero et Strickler .*

42. Si le pourvoi en cassation figure parmi les voies de recours à épuiser en principe (V. note 19), cette disposition doit s'appliquer avec une certaine souplesse et sans formalisme excessif. En l'espèce, les requérants se sont pourvus en cassation, mais que leurs demandes d'aide juridictionnelle ont fait l'objet de décisions de refus et leurs recours contre ces décisions ont été rejetés en raison de l'absence d'un moyen de cassation susceptible d'être utilement soulevé. Dans ces conditions, il ne peut leur être reproché de s'être désistés de leur pourvoi. • CEDH 17 oct. 2013, *Winterstein et a. c/ France,* n° 27013 § 117 : *AJDA 2014. 2061 ; JCP Adm. 2014. 865.*

43. Lacune du droit interne. Hormis le cas très particulier des menaces de mort, le code pénal bulgare n'érige pas en infractions pénales les agissements des agents de police causant des souffrances psychologiques, survenus par exemple dans le cadre d'opérations d'arrestation, de perquisition et de saisie conduites d'une manière agressive. Dès lors qu'il n'est pas allégué que le plaignant a subi une agression physique entre les mains des agents de police, les autorités ne sont pas tenues d'ouvrir des poursuites pénales concernant les actes dénoncés. Une plainte pénale n'aurait donc pas été suffisamment effective en l'espèce. • CEDH 15 oct. 2013, *Gutsanovi c/ Bulgarie,* n° 34529/10 § 91 et 97. ♦ Rappr. sur le plan d'une violation des obligations positives de l'art. 3. • CEDH 11 oct. 2011, *Hristovi c/ Bulgarie,* n° 42697/05 § 95.

44. L'effectivité d'un recours s'apprécie au cas par cas. Il peut donc y avoir non-épuisement pour certains des griefs invoqués et épuisement pour d'autres. Il apparaît, au vu des motifs de récusation prévus en droit italien, que les craintes de la requérante exposées sous les lettres *a)* et *b)* ne rentraient dans aucun des cas de récusation codifiés alors que ceux exposés sous la lettre *c)* y entraient. La Cour accueille donc l'exception du Gouvernement pour autant qu'elle concerne cette dernière crainte. • CEDH 9 juill. 2013, *Di Giovanni c/ Italie,* n° 51160/06 § 45 s.

45. Absence de possibilité de saisine directe. Dans le système juridique italien un individu ne jouit pas d'un accès direct à la Cour constitutionnelle pour l'inviter à vérifier la constitutionnalité d'une loi : seule a la faculté de la saisir, à la requête d'un plaideur ou d'office, une juridiction qui connaît du fond d'une affaire. Dès lors, pareille demande ne saurait s'analyser en un recours dont le présent art. exige l'épuisement. • CEDH 19 sept. 1989, *Brozicek c/ Italie,* n° 10964/84 § 34 • CEDH 28 sept. 1995, *Spadea et Scalabrino c/ Italie,* n° 12868/87 § 24. • CEDH, gr. ch., 27 août 2015, *Parrillo c/ Italie,* n° 46470/11 § 87 : *D. 2015. 1700, et les obs. ; ibid. 2016. 752, obs. Galloux et Gaumont-Prat ; AJ fam. 2015. 433, obs. Dionisi-Peyrusse ; RTD civ. 2015. 830, obs. Marguénaud ; ibid. 2016. 76, obs. Hauser.* ♦ Le requérant n'était pas tenu d'exercer le recours à présent évoqué. En effet, la possibilité de porter plainte auprès du médiateur, qui pouvait à son tour contester la loi devant la Cour constitutionnelle, ne représentait pas un recours effectif dès lors que le requérant ne pouvait saisir directement la juridiction constitutionnelle. • CEDH, gr. ch., 27 avr. 2010, *Tanase c/ Moldavie,* n° 7/08 § 122 : *AJDA 2009. 872, chron. Flauss.* ♦ Rappr. certes, la condamnation par contumace n'est pas définitive mais la Cour estime que la purge de la contumace, qui permet à l'accusé d'être rejugé, ne peut être assimilée à une « voie de recours » au sens ordinaire de ce terme. En effet, son exercice peut ne dépendre que d'un fait matériel, à savoir l'arrestation de l'accusé, laquelle, par définition, n'est pas en ce qui le concerne un acte volontaire. Il est vrai que la purge de la contumace est également mise en œuvre si l'accusé se constitue prisonnier. La Cour estime que la condition ainsi mise à l'ouverture d'un nouveau procès ne relève pas de l'exercice normal des voies de recours internes. En effet, l'obligation d'épuisement préalable ne vise que l'introduction, à l'initiative du requérant et dans les formes et délais prescrits par le droit interne, des recours susceptibles de remédier à la situation dont il se plaint. • CEDH 13 févr. 2001, *Krombach c/ France,* n° 29731/96 § 67 : *D. 2001. 3302, note Marguénaud ; RSC 2001. 429, obs. Massias.* ♦ En matière pénale, le pourvoi en cassation de la seule partie civile en l'absence de pourvoi du ministère public n'est recevable que dans certains cas énumérés de manière limitative, dont le Gouvernement ne soutient pas qu'ils seraient présents en l'espèce. Dans ces conditions, la Cour conclut que le pourvoi en cassation de la requérante aurait été voué à l'échec et ne peut dès lors être considéré comme une voie de recours efficace à épuiser. • CEDH 16 oct. 2008, *Renolde c/ France,* n° 5608/05 § 70 : *AJDA 2008. 1983 ; D. 2008. 2723, obs. Léna ; ibid. 2009. 123, obs. Roujou de Boubée, Garé et Mirabail ; ibid. 1376, obs. Céré, Herzog-Evans et Péchillon ; AJ pénal 2009. 41, obs. Céré ; RDSS 2009. 363, obs. Hennion-Jacquet ; RSC 2009. 173, obs. Marguénaud ; ibid. 431, chron. Poncela.* ♦ V. pour un recours permettant aux membres de la famille proche de l'intéressé de contester les actes de l'organe chargé de la tutelle et de la curatelle, qui, à son tour, devait contrôler les actes du curateur, y compris le contrat de placement, et procéder à son remplacement en cas de non-respect par lui de ses obligations mais toutefois non directement accessibles au requérant. Il en va de même d'autres recours que l'incapacité juridique du requérant lui interdisait d'entreprendre. • CEDH, gr. ch., 17 janv. 2012, *Stanev c/ Bulgarie,* n° 36760/06 § 174 s. : *RDSS 2012. 863, note Lucas.*

46. Jurisprudence bien établie. La Cour suprême d'Irlande a confirmé la constitutionnalité des articles de la loi sur les successions, estimant notamment que le traitement différentiel entre enfants ne méconnaît pas le principe constitutionnel d'égalité puisque son objet est de protéger la primauté de la famille fondée sur le mariage. Le recours n'est donc pas effectif. • Comm. EDH 14 oct. 1986, *Stoutt c/ Irlande,* n° 10978/84. ♦ A l'époque des faits, le Conseil d'État jugeait constamment les dispositions de l'art. 6, § 1, Conv. EDH inapplicables aux procédures se déroulant devant les conseils ordinaux. Dans ces conditions, un pourvoi en cassation fondé sur le grief que l'audience n'était pas publique n'eût point constitué un recours « adéquat » et « effectif ». • CEDH 20 mai 1998, *Gautrin et a. c/ France,* n° 21257/93 § 37 : *AJDA 1998. 984, chron. Flauss* . ♦ Les requérants pouvaient donc légitimement déduire de la jurisprudence de la chambre criminelle qu'en l'espèce, un moyen de cassation fondé sur l'art. 6 de la Convention eût été voué à l'échec. • CEDH, décis., 23 sept. 2003, *Radio France et a. c/ France*, n° 53984/00 § 34 : *AJDA 2004. 534, chron. Flauss* . ♦ La motivation du rejet par la cour d'appel de ces arguments était conforme à la jurisprudence de la Cour de cassation de l'époque. C'est précisément en raison de cette jurisprudence que les requérantes ont estimé qu'un moyen pris d'une discrimination entre les enfants adultérins et les enfants légitimes en ce qui concerne leur vocation successorale au regard des dispositions de la Conv. EDH était voué à un échec certain et ne l'ont pas soumis à la Cour de cassation. La Cour n'est pas convaincue par les arguments du Gouvernement et estime qu'un tel moyen de cassation, présenté en 1998, était effectivement voué à l'échec, en raison du contexte juridique et jurisprudentiel de cette époque. • CEDH, décis., 11 mars 2004, *Merger et Cros c/ France*, n° 68864/01. ♦ V. encore. • CEDH, décis., 27 mars 2003, *Scordino et a. c/ Italie (n° 1)*, n° 36813/97.

47. Ce raisonnement autorisait tous les requérants à considérer que, d'après la Cour d'arbitrage, les faits dénoncés devant celle-ci par 24 d'entre eux échappaient au champ d'application de l'art. 1er Prot. n° 1. Eu égard au rang et à l'autorité de cette cour dans le système juridictionnel du Royaume, de tels motifs pouvaient passer pour vouer à l'échec tout autre recours que les requérants auraient pu engager. • CEDH 20 nov. 1995, *Pressos Compania Naviera SA et a. c/ Belgique*, n° 17849/91 § 27. ♦ Eu égard à l'autorité de la Cour de cassation dans le système juridictionnel français, ainsi qu'à la nature des arrêts rendus, qui règlent clairement et sans ambiguïté une question de droit qui faisait auparavant l'objet d'interprétations divergentes par les juridictions du fond, la Cour estime que, dans un tel contexte juridique, les requérantes pouvaient légitimement déduire de la jurisprudence de la première chambre civile qu'en l'espèce, un pourvoi en cassation devant cette même instance eût été voué à l'échec. • CEDH, décis., 31 août 2010, *Gas et Dubois c/ France*, n° 25951/07 : *D. 2011. 1585, obs. Granet-Lambrechts ; ibid. 1713, obs. Bernaud et Gay ; AJ fam. 2010. 433, obs. Siffrein-Blanc ; Constitutions 2011. 75, obs. Chevalier ; RTD civ. 2011. 114, obs. Hauser* . ♦ Il faut en déduire qu'il importe peu que cette jurisprudence soit récente. • CEDH, décis., 31 août 2010, *Gas et Dubois c/ France*, n° 25951/07 : *préc.*

48. La Cour observe que la requérante se plaint essentiellement du cadre législatif applicable en matière d'enregistrement du domicile des nationaux, et que la Cour constitutionnelle slovaque a jugé à plusieurs reprises que l'examen d'un recours individuel relatif aux droits de l'homme ne peut s'accompagner d'un contrôle de la constitutionnalité de la législation en cause. • CEDH 20 juin 2006, *Babylonova c/ Slovaquie*, n° 69146/01 § 44.

49. Grâce à 5 requérants ayant satisfait aux exigences formelles du recours constitutionnel, la Cour constitutionnelle a eu l'occasion de se prononcer sur l'ensemble des griefs que les intéressés soulèvent aujourd'hui devant la Cour. La juridiction constitutionnelle ayant considéré que le recours dépassait les intérêts propres des requérants, sa décision avait donc un caractère plus général. Or, la Cour constitutionnelle s'est bornée à vérifier l'interprétation et l'application par les autorités compétentes des dispositions légales pertinentes, sans se pencher sur la question de leur impact, considéré comme discriminatoire par les requérants. Quant au grief concernant la discrimination raciale, cette juridiction a constaté en outre qu'il ne lui appartenait pas d'apprécier le contexte social global. • CEDH, gr. ch., 13 nov. 2007, *D.H. et a. c/ République tchèque*, n° 57325/00 § 120 et 121 : *préc. note 36.* ♦ Dès lors, en effet, que les prétentions de Mme Carson à cet égard avaient été rejetées par la Chambre des lords, celles de ses consorts n'avaient aucune chance de prospérer devant les tribunaux britanniques. • CEDH, gr. ch., 16 mars 2010, *Carson et a. c/ Royaume-Uni*, n° 42184/05 § 58 : *AJDA 2010. 2362, chron. Flauss ; RDSS 2010. 474, note Roman* . ♦ Vu le sort de l'appel du premier requérant à la Cour constitutionnelle, la Cour considère que tout appel interjeté par le second requérant, qui serait fondé sur les mêmes motifs, aurait eu peu ou pratiquement pas de chances raisonnables de succès. • CEDH 20 avr. 2010, *Laska et Lika c/ Albanie*, n° 12315/04 § 47 : *D. 2011. 193, obs. Renucci* . ♦ La Cour ne voit aucune raison de croire que la cour d'appel aurait décidé autrement si les autres requérants avaient fait appel. La Cour estime donc que le pourvoi était inefficace et le fait que certains requérants ne l'ont pas utilisé ne peut pas être considéré comme un non-épuisement des voies de recours internes. • CEDH 28 oct. 2010, *Vasilkoski et a. c/ « Ex-République yougoslave de Macédoine »*, n° 28169/08 § 46.

50. L'arrêt de la Cour suprême administrative a acquis une publicité au niveau interne, notamment dans le milieu juridique, six mois après son prononcé, celui-ci ayant pu effectivement être consulté sur la base de donnée de la jurisprudence. La requête devant la CEDH a été introduite bien avant, le recours n'avait pas encore le degré de certitude exigé par la Cour pour pouvoir et devoir être utilisé aux fins de l'art. 35, §, 1 Conv. EDH. • CEDH 29 oct. 2015, *Valada Matos das Neves c/ Portugal,* n° 73798/13 § 106 et 107.

51. Divergences de jurisprudence. L'action en responsabilité extracontractuelle en question ne saurait offrir un recours « effectif » tant que la Cour suprême administrative n'aura pas mis fin aux divergences jurisprudentielles qui se vérifient à l'heure actuelle. • CEDH 10 juin 2008, *Martins Castro et Alves Correia de Castro c/ Portugal,* n° 33729/06 § 56. ♦ Après quelques années, la Cour examine à nouveau la situation et constate que « la pratique des tribunaux internes a beaucoup évolué ». • CEDH 29 oct. 2015, *Valada Matos das Neves c/ Portugal,* n° 73798/13 § 66.

52. Incertitude du résultat. Un recours devant les juridictions administratives ne peut passer pour adéquat et suffisant en ce qui concerne les griefs des requérants, car la Cour n'est pas convaincue qu'une telle procédure permette de statuer sur leur allégation de destruction de leurs biens par des gendarmes. • CEDH, gr. ch., 16 sept. 1996, *Akdivar et a. c/ Turquie,* n° 21893/93 § 72 : *préc. note 3.* ♦ Les perspectives de succès d'une procédure civile fondée sur des allégations contre les forces de sécurité ne peuvent qu'être jugées négligeables en l'absence de toute enquête officielle sur ces allégations, même en supposant que les requérants aient pu s'assurer les services d'avocats prêts à défendre leur cause devant les tribunaux. A cet égard, la Cour s'étonne que les déclarations des villageois enregistrées après les événements donnent l'impression d'avoir été rédigées par les gendarmes. • CEDH, gr. ch., 16 sept. 1996, *Akdivar et a. c/ Turquie,* n° 21893/93 § 73 : *préc. note 3.* ♦ Quant à la possibilité d'intenter au civil une action en réparation d'un dommage subi à cause d'actes illicites ou d'un comportement manifestement illégal de la part d'agents de l'État, la Cour relève que le demandeur à une telle action doit non seulement établir l'existence d'un lien de causalité entre l'acte fautif et le dommage subi, mais il doit également identifier l'auteur présumé de l'acte. Le procureur n'entreprit aucune démarche pour déterminer qui était présent lorsque « I » fut arrêté ou lorsqu'il subit ses blessures et il ne prit aucune mesure pour découvrir des preuves confirmant ou infirmant le récit livré par les gendarmes quant à la nature prétendument accidentelle des blessures. Dans ces conditions, il n'apparaît pas qu'il y eût la moindre base sur laquelle « I » aurait pu engager une action au civil avec des chances raisonnables de succès. • CEDH, gr. ch., 27 juin 2000, *Ilhan c/ Turquie,* n° 22277/93 § 62 : *préc. note 36.* ♦ La tenue d'un nouveau procès, le cas échéant, n'est pas en soi de nature à éviter ou à redresser les violations intervenues dans la phase de jugement par contumace. La mise en œuvre de la purge de la contumace n'est soumise à aucune condition de forme ou de délai et peut se révéler purement hypothétique si l'accusé n'est pas arrêté ou ne se constitue pas prisonnier avant que la peine ne soit prescrite. • CEDH 13 févr. 2001, *Krombach c/ France,* n° 29731/96 § 67 : *préc. note 45.* ♦ Le requérant a tenté d'obtenir, en s'adressant aux juridictions civiles, une majoration de son indemnité d'expropriation, voie de droit dont nul ne conteste qu'elle constitue un recours interne à exercer aux fins de la règle de l'épuisement. La question se pose dès lors de savoir si l'intéressé devait de surcroît introduire une action devant les tribunaux administratifs. A cet égard, il convient de noter que, saisies par le requérant d'une demande d'invalidation des critères utilisés pour évaluer son bien et de désignation d'un expert qualifié pour déterminer la valeur historique de celui-ci, les juridictions turques ont débouté l'intéressé en se fondant sur la loi concernant la protection du patrimoine culturel et naturel. La Cour estime, eu égard aux circonstances de la cause, qu'il serait excessif de reprocher au requérant de n'avoir pas intenté les recours mentionnés par le Gouvernement alors qu'il a exercé devant les juridictions civiles un recours en majoration de l'indemnité d'expropriation dans le cadre duquel il a critiqué l'absence d'un expert qualifié dans la commission d'évaluation de son bien. • CEDH, gr. ch., 19 févr. 2009, *Kozacioglu c/ Turquie,* n° 2334/03 § 41 à 43 : *préc. note 36.* ♦ La Cour n'est pas convaincue qu'un recours indemnitaire pour cause de conditions de détention inhumaines et dégradantes dans les centres de rétention pour étrangers aurait une chance raisonnable de succès et offrirait au moment des faits un redressement approprié. • CEDH 13 juin 2013, *A. F. c/ Grèce,* n° 53709/11 § 61.

53. V. pour d'autres cas de recours ne présentant pas de chance raisonnable de succès : • CEDH 27 janv. 2015, *Paradiso et Campanelli c/ Italie,* n° 25358/12 § 64 : *D. 2015. 702, obs. Granet-Lambrechts* ; *AJ fam. 2015. 165, obs. Viganotti* ; *ibid. 77, obs. Dionisi-Peyrusse* (recours à l'issue d'une procédure à laquelle les requérants n'avaient pas la possibilité de participer).

54. A l'inverse, même si les chances de succès sont éventuellement réduites après la décision du Cons. const., un recours en annulation fondé sur les art. 8 et 14 Conv. EDH n'aurait pas été « de toute évidence voué à l'échec » dès lors que le contrôle de conformité d'une mesure individuelle à la Conv. EDH est effectué par le « juge ordinaire » et qu'il est distinct du contrôle de conformité de la loi à la Constitution effectué par le Cons. const. ; il devait donc être entrepris. Il en est ainsi d'autant plus que la décision invoquée du Cons. const. ne traite pas, ne serait-ce qu'indirectement, la question de la conformité de la disposition avec le droit constitutionnel de mener une vie familiale normale et le droit constitutionnel au respect de la vie privée, alors que la requête dont la Cour est saisie se fonde aussi sur le droit au respect de la vie privée et familiale que consacre l'art. 8 Conv. EDH. • CEDH, décis., 16 janv. 2018, *Charron et Merle-Montet c/ France,* n° 22612/15 § 27 s. : *AJ fam. 2018. 236, obs. Dionisi-Peyrusse ; Constitutions 2018. 74, chron. Larrouturou ; RTD civ. 2018. 349, obs. Marguénaud .* ♦ Bien que, dans le cadre d'une QPC faisant appel à des droits individuels similaires à ceux invoqués en l'espèce devant la Cour, le Cons. const. ait confirmé la constitutionnalité de la disposition législative fondant la mesure litigieuse, les voies de recours ne sont pas épuisées au sens du présent art. dès lors qu'à la date à laquelle la Cour se prononce, la juridiction administrative n'a définitivement pas statué sur le recours pour excès de pouvoir intenté à l'encontre de la mesure contestée. Soulignant la distinction à opérer entre le contrôle de constitutionnalité et le contrôle de conventionnalité, la Cour note en effet que la décision du Cons. const. ne fait pas obstacle à ce que le juge ordinaire examine au fond les moyens fondés sur la Conv. de sorte que le recours pour excès de pouvoir n'est pas voué à l'échec. • CEDH, décis., 5 mai 2020, *Graner c/ France,* n° 84536/17 § 59.

55. Prise en compte de la situation. La Cour ne peut pas non plus ignorer le risque de représailles auquel se seraient exposés les requérants ou leurs avocats s'ils avaient tenté d'engager des actions en justice en alléguant que les forces de sécurité avaient incendié leurs maisons dans le cadre d'une politique délibérée de l'État visant à évacuer les villages. • CEDH, gr. ch., 16 sept. 1996, *Akdivar et a. c/ Turquie,* n° 21893/93 § 74 : *préc. note 3.* ♦ Rappr. même si, sur le plan judiciaire, les perspectives de succès d'une nouvelle procédure mettant en cause les titres de détention des requérants ne peuvent être jugées négligeables, les appréhensions des requérants que ces recours n'auraient pas réellement eu d'impact pratique peuvent passer pour objectivement justifiées. La Cour garde présents à l'esprit les sentiments d'insécurité, de vulnérabilité et d'impuissance que devaient à ce moment éprouver les requérants, qui n'avaient pas recouvré leur liberté malgré deux séries de décisions judiciaires condamnant leurs privations de liberté antérieures. • CEDH *24 janv. 2008, n° 29787/03 § 62.* ♦ Il ressort des documents fournis que l'affaire devait être examinée par une formation restreinte. Dès lors, M. J. M., qui n'était ni président de la Chambre, ni Doyen, ni rapporteur, n'était pas supposé siéger dans cette affaire et le requérant n'avait aucune raison de penser qu'il le ferait. Pour ce qui est par ailleurs de la possibilité de soulever ce point à l'audience, la procédure devant la Cour de cassation est essentiellement écrite et aucun élément du dossier ne tend à prouver que l'avocat du requérant y aurait assisté. Dans ces conditions, le requérant n'avait aucun motif de demander la récusation de M. J. M. et donc aucune possibilité d'exercer le recours préconisé par le Gouvernement. • CEDH 11 juill. 2013, *Morice c/ France,* n° 29369/10 § 63 s. : *D. avocats 2013. 375, chron. Piau ; RSC 2013. 673, obs. Marguénaud* • CEDH, gr. ch., 23 avr. 2015, *Morice c/ France,* n° 29369/10 § 90 : *D. 2015. 974 ; ibid. 2016. 225, obs. Renucci ; AJ pénal 2015. 428, obs. Porteron ; RSC 2015. 740, obs. Roets .* ♦ Eu égard à tous les éléments dont elle dispose, la Cour considère que pendant la période en question il existait des obstacles réels pour les ressortissants géorgiens de saisir ces voies de recours, aussi bien au cours de la procédure devant les tribunaux russes en Fédération de Russie qu'une fois qu'ils avaient été expulsés vers la Géorgie. • CEDH, gr. ch., 3 juill. 2014, *Géorgie c/ Russie,* n° 13255/07 § 152.

56. Inadaptation du recours au redressement. Inefficacité. Ineffectivité. Lorsqu'un individu se plaint de ce que son renvoi l'exposerait à un traitement contraire à l'art. 3 Conv. EDH, les recours sans effet suspensif ne peuvent être considérés comme efficaces au sens du présent art. • Comm. EDH 13 déc. 1984, *M. c/ France,* n° 10078/82 • Comm. EDH 5 déc. 1996, *Urrutikoetxea c/ France,* n° 31113/96 • CEDH 20 sept. 2007, *Sultani c/ France,* n° 45223/05 § 50 • CEDH, gr. ch., 23 févr. 2012, *Hirsi Jamaa et a. c/ Italie,* n° 27765/09 § 206 : *préc. note 11.* ♦ Le droit d'obtenir la cessation d'une privation de liberté se distingue de celui de recevoir un dédommagement pour une telle privation. Un recours pour obtenir une telle indemnisation est donc inefficace. • Comm. EDH 5 sept. 1988, *Egue c/ France,* n° 11256/84 • CEDH 27 août 1992, *Tomasi c/ France,* n° 12850/87 § 79 : *AJDA 1993. 105, chron. Flauss ; D. 1993. 383, obs. Renucci ; RSC 1993. 33, obs. Sudre ; ibid. 142, obs. Pettiti ; AFDI 1992. 629, obs. Coussirat-Coustère* • CEDH 6 oct. 2015, *Alouache c/ France,* n° 28724/11 § 34. ♦ V. pour un ex. plus ancien. • Comm. EDH 20 mai 1998, *Durrand c/ France,* n° 36153/97. ♦ La détention du requérant ayant toujours été considérée comme légale par les tribunaux internes et la procédure pénale en cause étant toujours pendante au stade de l'instruction préliminaire, l'action en dommages et intérêts par le Gouvernement ne saurait constituer une voie de recours interne effective pour les allégations de durée excessive de détention. • CEDH 15 oct. 2013, *Gutsanovi c/ Bulgarie,* n° 34529/10 § 141. ♦ Le recours constitutionnel invoqué par le Gouvernement ne pouvait passer pour un recours effectif car, même couronné de succès, il n'aurait pas permis de redresser la violation alléguée. • CEDH, gr. ch., 17 mai 2016, *Karacsony et a. c/ Hongrie,* n° 42461/13 § 82.

57. Nonobstant le fait que l'action de K. ait connu une issue positive sous la forme d'une indemnité, elle confirme que sans le bénéfice des résultats d'une enquête pénale une action intentée au civil est inapte à déboucher sur des conclusions quant à l'identité des auteurs d'agressions mortelles, et plus encore à faire répondre ceux-ci de leurs actes. De surcroît, l'obligation que les art. 2 et 13 Conv. EDH font peser sur les États contractants d'effectuer une enquête propre à mener à l'identification et à la punition des responsables en cas d'agression mortelle pourrait être rendue illusoire si, pour les griefs formulés sur le terrain de ces art., un requérant devait être censé avoir exercé une action ne pouvant déboucher que sur l'octroi d'une indemnité. • CEDH 24 févr. 2005, *Khachiev et Akaieva c/ Russie,* n° 57942/00 § 121 : *RSC 2006. 431, obs. Massias*. ♦ V. déjà : la Cour rappelle que l'obligation issue des art. 2 et 13 Conv. EDH qui impose aux États contractants en cas d'agression mortelle de mener des investigations pouvant conduire à l'identification et à la punition des responsables peut être rendue illusoire si, pour les griefs tirés de ces dispositions, un requérant n'est pas tenu d'épuiser un recours de droit administratif aboutissant au simple octroi de dommages-intérêts. • CEDH 2 sept. 1998, *Yasa c/ Turquie,* n° 22495/93 § 74 • CEDH, gr. ch., 8 juill. 1999, *Tanrikulu c/ Turquie,* n° 23763/94 § 79. ♦ Rappr. • CEDH 21 déc. 2000, *Egmez c/ Chypre,* n° 30873/96 § 72. ♦ La Cour considère qu'il n'a pas été démontré qu'en l'espèce, où était contestée la compatibilité avec la Convention des règles applicables, un recours devant les organes administratifs eût offert au requérant la possibilité d'obtenir le redressement de ses griefs. • CEDH, décis., 9 mars 1999, *Slovgorodski c/ Estonie,* n° 37043/97. ♦ La démarche proposée par le Gouvernement n'aurait pas eu pour objet d'examiner la légalité du placement du requérant *per se,* mais uniquement de *reconsidérer le statut juridique* de celui-ci. • CEDH, gr. ch., 17 janv. 2012, *Stanev c/ Bulgarie,* n° 36760/06 § 173 : *préc. note 45.* ♦ S'agissant de la possibilité d'engager une action en condamnation du débiteur au paiement d'une amende civile ou à des dédommagements, la Cour note que ces voies de recours suggérées par le Gouvernement sont des moyens indirects de faire exécuter la décision définitive, et ne sont donc pas de nature à remédier directement à la violation prétendue. • CEDH 10 mai 2012, *Frasila et Ciocirlan c/ Roumanie,* n° 25329/03 § 70.

58. Les recours propres à remédier, d'après le Gouvernement, aux griefs fondés sur l'art. 3 sont globalement inefficaces. • CEDH 9 juin 2009, *Turquie,* n° 33401/02 § 175 : *RSC 2010. 219, obs. Marguénaud*. ♦ De même, en matière d'allégation de recours illégal à la force par les agents de l'État, des procédures civiles ou administratives visant uniquement à l'allocation de dommages et intérêts et non à l'identification et à la punition des responsables ne sont pas en règle générale des recours adéquats et effectifs propres à remédier à des griefs fondés sur le volet matériel du présent art. • CEDH, gr. ch., 17 sept. 2014, *Roumanie,* n° 10865/09 § 227 • CEDH 21 juin 2018, *France,* n° 36083/16 § 54 : *D. 2018. 1949, et les obs. , note Caire* • CEDH 5 déc. 2019, *J.M. c/ France,* n° 71670/14 § 70 : *AJDA 2020. 160, chron. Burgorgue-Larsen ; D. 2020. 644, note Caire ; AJ pénal 2020. 41, obs. Dominati* (traitement inhumain et dégradant infligé à un détenu).

59. Le recours pour se plaindre d'une atteinte aux exigences conventionnelles en raison de l'absence d'assistance d'un avocat pendant les interrogatoires en garde à vue et de la notification de garder le silence n'a été effectif qu'après les arrêts d'Assemblée plénière de la Cour de cassation du 15 avr. 2011 imposant aux juges de tirer immédiatement les conséquences dans les affaires pendantes de cette violation sans attendre l'aboutissement de la réforme législative. Les faits de l'espèce étant antérieurs, l'exception d'irrecevabilité tenant au défaut de recours est rejetée. • CEDH 11 juill. 2019, *Bloise c/ France,* n° 30828/13 § 39-41.

60. Pour qu'autres exemples, V. en Lettonie. Recours constitutionnel non effectif lorsque la violation alléguée résulte d'une interprétation ou d'une application prétendument erronée d'une disposition interne dont la constitutionnalité ou la conventionalité n'est pas en soi contestée. • CEDH 25 févr. 2014, *Lettonie,* n° 17502/07 § 38.

3. Recours devant être entrepris

BIBL. Larrouturou, La QPC est-elle une voie de recours à épuiser avant de saisir la CEDH ?, *RD publ. 2015. 111.*

61. Recours constitutionnel. Dans un ordre juridique où les droits fondamentaux sont protégés par la Constitution, il incombe à l'individu lésé d'éprouver l'ampleur de cette protection, l'intéressé devant, dans un système de *common law,* donner la possibilité aux juridictions nationales de faire évoluer ces droits par la voie de l'interprétation. A cet égard, il convient de rappeler que dans le cadre du droit irlandais une action déclaratoire devant la *High Court,* avec possibilité de recours devant la Cour suprême, constitue la voie la plus appropriée pour chercher à établir et faire valoir des droits constitutionnels. • CEDH, décis., 28 juin 2006, *D. c/ Irlande,* n° 26499/02 § 85 • CEDH, gr. ch., 16 déc. 2010, *A, B et C c/ Irlande,* n° 25579/05 § 142 : *préc. note 11.* ♦ Pour l'Italie et *a contrario*, V. note 46.

62. S'agissant en particulier de l'Allemagne, la Cour a généralement qualifié la voie du recours constitutionnel d'accessible et d'effective. • CEDH, décis., 11 mars 2008, *Müller c/ Allemagne,* n° 36395/07 • CEDH, décis., 3 févr. 2009, *Schädlich c/ Allemagne,* n° 21423/07. ♦ ... Compris pour assurer le respect de l'art. 3 Conv. EDH. • CEDH, décis., 22 juin 1999, *Djilali c/ Allemagne,* n° 48437/99. ♦ Dès lors, de simples doutes quant à l'effectivité de la jurisprudence de la Cour constitutionnelle ne dispensent pas le requérant de l'exercer, notamment dans le cas où il n'était pas en mesure de présenter des décisions à l'appui de sa thèse. • CEDH, décis., 19 janv. 1999, *Allaoui et a. c/ Allemagne,* n° 44911/98. ♦ V. cependant, s'agissant du respect du délai raisonnable, note 1. ♦ Une solution voisine est à retenir s'agissant de la République tchèque. • Comm. EDH 29 juin 1994, *Karel Hava c/ République tchèque,* n° 23256/94. ♦ S'agissant de l'Espagne, la Cour a indiqué que les griefs doivent impérativement faire l'objet d'un recours d'*amparo* avant de pouvoir être soumis à la Cour, à l'exception de ceux qui sont relatifs au droit de propriété, lequel n'est pas couvert par le recours en question. • CEDH, décis., 8 oct. 2002, *Arcadio Fernandez-Molina Gonzalez c/ Espagne,* n° 64359/01. ♦ A la lumière des éléments qui précèdent, la Cour estime que le Parlement turc a doté la Cour constitutionnelle de pouvoirs lui permettant d'offrir en principe un redressement direct et rapide des violations des droits et libertés protégés par la Conv. EDH. • CEDH, décis., 30 avr. 2013, *Uzun c/ Turquie,* n° 10755/13. ♦ S'agissant de la Lettonie, le recours constitutionnel individuel s'analyse en une voie de recours à épuiser lorsque le grief en question portait sur une disposition législative ou réglementaire que le requérant considérait, en tant que telle, comme étant contraire à la Conv. EDH. • CEDH, décis., 13 févr. 2003, *Grisankova et Grisankovs c/ Lettonie,* n° 36117/02. ♦ S'agissant de la Turquie, la Cour ne dispose donc d'aucun élément qui lui permettrait de dire que le recours constitutionnel n'était pas susceptible d'apporter un redressement approprié au grief du requérant tiré de l'art. 5 § 3 Conv. EDH et qu'il n'offrait pas des perspectives raisonnables de succès. • CEDH, décis., 1er juill. 2014, *Kocintar c/ Turquie,* n° 77429/12 § 44.

63. Privation de liberté. En matière de privation de liberté, lorsqu'un requérant affirme avoir été détenu en méconnaissance du droit interne – donc en violation de l'art. 5, § 1, Conv. EDH – et que la détention litigieuse a déjà pris fin, une action en réparation, susceptible d'aboutir à une reconnaissance de la violation alléguée et à l'attribution d'une indemnisation, est en principe un recours effectif qui doit être exercé s'il a été dûment établi qu'il était utilisable en pratique. • CEDH 6 nov. 2008, *Gavril Yossifov c/ Bulgarie,* n° 74012/01 § 41 • CEDH 10 mai 2012, *Rahmani et Dineva c/ Bulgarie,* n° 20116/08 § 66 • CEDH 25 févr. 2014, *Alican Demir c/ Turquie,* n° 41444/09 § 74.

64. Expulsion. Lorsqu'un requérant cherche à éviter d'être renvoyé par un État contractant, il est normalement appelé à épuiser un recours qui a un effet suspensif. • CEDH 19 févr. 1998, *Bahaddar c/ Pays-Bas,* n° 25894/94 § 47 et 48 : *AJDA 2008. 1929, chron. Flauss* • CEDH 9 juill. 2015, *R. K. c/ France,* n° 61264/11 § 41. ♦ Un contrôle juridictionnel, lorsqu'il existe et lorsqu'il fait obstacle au renvoi, doit être considéré comme un recours effectif qu'en principe les requérants doivent épuiser avant d'introduire une requête devant la Cour ou de solliciter des mesures provisoires en vertu de l'art. 39 du règlement de celle-ci en vue de retarder une expulsion. • CEDH 17 juill. 2008, *N. A. c/ Royaume-Uni,* n° 25904/07 § 90 • CEDH 9 juill. 2015, *R.K. c/ France,* n° 61264/11 § 41.

65. Exécution des décisions de justice. Dans le cadre de la mise en œuvre du droit au logement opposable, aussi longtemps que le requérant n'est pas relogé, le recours en responsabilité de l'État à raison de sa carence ne constitue pas, compte tenu de son caractère purement compensatoire, une voie de droit à épuiser en vue de se plaindre de l'inexécution du jugement enjoignant au préfet de procéder au relogement. En revanche, à partir de la date d'attribution d'un logement, quand bien même celle-ci serait postérieure à celle de l'introduction de la requête auprès de la Cour, ce recours indemnitaire devient effectif et doit donc être épuisé. • CEDH, décis., 25 juin 2019, *Bouhamla c/ France,* n° 31798/16 § 44.

b. Cas particuliers

1. Recours extraordinaire

66. Principe. Un requérant n'est pas tenu, en règle générale, de se prévaloir d'un recours extraordinaire. • CEDH, décis., 1er juin 1999, *Kiiskinen et Kovalainen c/ Finlande,* n° 26323/95. ♦ Le pourvoi de la requérante formé auprès de la Cour suprême pour remettre en cause une procédure qui s'était achevée par une décision définitive doit être considéré comme analogue à une demande de réouverture de cette procédure au moyen du recours extraordinaire. • CEDH, décis., 17 déc. 2002, *Prystavska c/ Ukraine,* n° 21287/02.

67. Néanmoins, eu égard aux circonstances

de l'espèce, le requérant peut être dans l'obligation de former un tel recours. • CEDH, décis., 1er juin 1999, *Kiiskinen et Kovalainen c/ Finlande,* n° 26323/95. ♦ Si une demande de réouverture de la procédure ne constitue pas en règle générale un recours efficace, la situation est cependant différente s'il est établi au regard du droit interne qu'une telle demande est en fait un recours efficace. • Comm. EDH 12 janv. 1994, *K. S. et K. S. AG c/ Suisse,* n° 19117/91.

68. Mise en œuvre. Les autres recours cités par le Gouvernement, c'est-à-dire des demandes au président du tribunal municipal ou au ministère de la justice en vue de faire accélérer la procédure, constituent des recours hiérarchiques qui reviennent en fait à communiquer des informations à l'organe de contrôle en lui suggérant qu'il fasse usage de ses pouvoirs s'il l'estime indiqué. Si une telle demande est présentée, l'organe de contrôle peut aborder ou ne pas aborder l'affaire avec le magistrat concerné, s'il juge que la demande en question n'est pas manifestement mal fondée. Dans le cas contraire, il ne prendra de toute façon aucune mesure. Si une procédure est engagée, elle implique exclusivement l'organe de contrôle et les magistrats visés. La requérante ne serait pas partie à une telle procédure ; tout au plus pourra-t-elle être informée des suites que l'organe de contrôle aura données à son recours. • CEDH 26 juill. 2001, *Horvat c/ Croatie,* n° 51585/99 § 47. ♦ La Cour note que le recours hiérarchique invoqué par le Gouvernement ne saurait être considéré comme une voie de recours efficace car il ne confère pas au justiciable un droit personnel à obtenir de l'État qu'il exerce ses pouvoirs de surveillance. • CEDH 10 juill. 2003, *Hartman c/ République tchèque,* n° 53341/99 § 66.

69. Il n'en demeure pas moins que ce recours est une voie visant à obtenir, à titre exceptionnel, la réouverture d'une procédure terminée par une décision ayant acquis force de chose jugée en vertu d'une erreur manifeste de fait commise par la Cour de cassation. Il n'était donc pas de nature à remédier aux griefs du requérant fondés sur l'incompatibilité entre les dispositions du décret-loi et ses droits conventionnels. • *CEDH,* gr. ch., 17 sept. 2009, *Scoppola c/ Italie (n° 2),* n° 10249/03 § 74 : *préc. note 16.* ♦ La jurisprudence interne citée par le Gouvernement ne saurait étayer l'argument de celui-ci selon lequel une demande en révision constituerait un recours effectif. Même si ce recours a été opérant dans certaines autres affaires, il n'en reste pas moins qu'il présente des caractéristiques procédurales qui ont amené la Cour à le qualifier de recours extraordinaire n'entrant pas dans le processus normal d'épuisement. • CEDH, gr. ch., 2 nov. 2010, *Sakhnovski c/ Russie,* n° 21272/03 § 43.

70. En raison de l'obligation spéciale qu'impose la Conv. EDH aux autorités internes dans le cas d'allégations défendables de violation de l'art. 3 Conv. EDH, le requérant, en présentant une plainte au médiateur, s'est acquitté de son devoir en vertu du présent art. d'offrir à l'État intéressé la possibilité de redresser la situation dans son ordre juridique interne avant d'avoir à répondre de ses actes devant un organisme international. La seule façon de redresser la situation dans les circonstances de l'espèce consistait à engager une procédure pénale contre les policiers impliqués et, eu égard aux lois sur le médiateur, une plainte présentée à celui-ci aurait dû normalement déboucher sur ce résultat. • CEDH 21 déc. 2000, *Egmez c/ Chypre,* n° 30873/96 § 72.

2. Pluralité de voies de recours pratiquement identiques

71. Lorsqu'une voie de recours a été utilisée, l'usage d'une autre voie dont le but est pratiquement le même n'est pas exigé. • Comm. EDH 15 janv. 1996, *Botta c/ Italie,* n° 21439/93 • Comm. EDH 7 juill. 1997, *Wojcik c/ Pologne,* n° 26757/95 • CEDH, décis., 29 avr. 2004, *Moreira Barbosa c/ Portugal,* n° 65681/01 • CEDH 24 janv. 2008, *Riad et Idiab c/ Belgique,* n° 29787/03 § 84 • CEDH, gr. ch., 19 févr. 2009, *Kozacioglu c/ Turquie,* n° 2334/03 § 40 : *préc. note 36* • CEDH 1er oct. 2013, *Huseyin Kaplan c/ Turquie,* n° 24508/09 § 30 • CEDH 24 oct. 2013, *Navone et a. c/ Monaco,* n° 62880/11 § 54. ♦ Il en va de même lorsque le droit interne prévoit plusieurs recours parallèles relevant de différents domaines. • CEDH 2 mai 2013, *Chkhartishvili c/ Grèce,* n° 22910/10 § 47. ♦ Un requérant qui a utilisé une voie de droit apparemment effective et suffisante ne saurait se voir reprocher de ne pas avoir essayé d'en utiliser d'autres qui étaient disponibles mais ne présentaient guère plus de chances de succès. • CEDH, gr. ch., 29 avr. 1999, *Aquilina c/ Malte,* n° 25642/94 § 39 • CEDH 25 avr. 2013, *Canali c/ France,* n° 40119/09 § 39 : *D. 2013. 1138, obs. Léna ; AJ pénal 2013. 403, note Céré* • CEDH 9 juill. 2015, *R. K. c/ France,* n° 61264/11 § 42 • CEDH 24 mai 2018, *N.T.P. c/ France,* n° 68862/13 § 29. ♦ La simple considération que le requérant aurait pu tenter d'obtenir le redressement de la violation alléguée par d'autres moyens au cours des différentes étapes de la procédure ou qu'il ait attendu jusqu'à la fin de la procédure pour présenter un tel recours, comme le droit interne le permettait, ne modifie en rien cette conclusion. Selon la jurisprudence constante de la Cour, lorsqu'une voie de recours a été utilisée, l'usage d'une autre voie dont le but est pratiquement le même n'est pas exigé. • CEDH, gr. ch., 19 févr. 2009, *Kozacioglu c/ Turquie,* n° 2334/03 § 40 : *préc. note 36* • CEDH, gr. ch.,

15 oct. 2009, *Micallef c/ Malte,* n° 17056/06 § 58 : *AJDA 2010. 997, chron. Flauss* ; *RTD civ. 2010. 285, obs. Marguénaud* . ♦ A supposer même que la saisine de la Cour constitutionnelle puisse passer pour une voie de droit interne effective au sens du présent art., la requérante pouvait opter entre deux recours internes effectifs et sa requête ne saurait être rejetée en raison du choix effectué par elle. • CEDH, décis., 15 nov. 2005, *Jelicic c/ Bosnie-Herzégovine,* n° 41183/02.

72. Les décisions de principe rendues par la Cour constitutionnelle en 1999 et en 2003, qui ordonnaient toutes deux des mesures générales, n'ont été pleinement respectées qu'au bout de plusieurs années. Ces décisions de principe avaient déjà à l'époque abordé en substance les griefs des requérants. Les intéressés n'étaient donc pas tenus d'introduire de surcroît une requête en contrôle abstrait de la constitutionnalité de la législation dénoncée, puisqu'un tel recours aurait fait double emploi avec ceux qui avaient déjà été introduits et fait l'objet d'une décision. • CEDH, gr. ch., 26 juin 2012, *Kuric et a. c/ Slovénie,* n° 26828/06 § 307 : *préc. note 41.*

73. Le requérant a poursuivi jusqu'au bout la voie de recours dans laquelle il s'était engagé. Il a ainsi déposé une première demande d'asile, qui fut rejetée par une décision de l'OFPRA. Son recours contre cette décision fut rejeté par la CNDA. Ensuite, il a sollicité le réexamen de sa demande d'asile après l'adoption de la mesure d'éloignement. Une fois en rétention, le requérant a de nouveau sollicité le réexamen de sa demande d'asile puis, face au rejet de l'OFPRA, a de nouveau saisi la CNDA, qui rejeta son recours. On ne saurait reprocher au requérant d'avoir poursuivi un seul type de voies de recours, à savoir celles qui étaient ouvertes devant les instances en charge de l'asile et de ne pas avoir introduit de recours devant le tribunal administratif. • CEDH 9 juill. 2015, *R. K. c/ France,* n° 61264/11 § 42.

74. V. également note 77.

B. ASPECTS PROCÉDURAUX

1° CHARGE DE LA PREUVE

75. Procédure. Il incombe au Gouvernement défendeur, s'il soulève l'exception de non-épuisement, de prouver l'existence, dans son système juridique national, de recours qui n'ont pas été exercés. • Comm. EDH 11 janv. 1961, *Autriche c/ Italie,* n° 788/60. ♦ Il incombe au *Gouvernement qui soulève l'exception* d'indiquer les moyens qui, à son avis, étaient à la disposition des intéressés et auraient dû être utilisés par eux jusqu'à épuisement. • CEDH 18 juin 1971, *De Wilde, Ooms et Versyp c/ Belgique,* n° 2832/66 § 60. ♦ Il incombe au Gouvernement excipant du non-épuisement de convaincre la Cour que le recours était effectif et disponible tant en théorie qu'en pratique à l'époque des faits, c'est-à-dire qu'il était accessible, susceptible d'offrir au requérant le redressement de ses griefs et présentait des perspectives raisonnables de succès. • CEDH, gr. ch., 1er mars 2006, *Sejdovic c/ Italie,* n° 56581/00 § 46 • CEDH 29 oct. 2015, *Valada Matos Das Neves c/ Portugal,* n° 73798 § 71. ♦ Il incombe à l'État défendeur de démontrer que ces exigences se trouvent réunies. • CEDH 22 mai 1984, *De Jong, Baljet et Van den Brink c/ Pays-Bas,* n° 8805/79 §39 • CEDH 20 févr. 1991, *Vernillo c/ France,* n° 11889/85 § 27 : *préc. note 33* • CEDH 19 févr. 1998, *Dalia c/ France,* n° 26102/95 § 38 : *RSC 1999. 384, obs. Koering-Joulin* ; *RTD civ. 1998. 513, obs. Marguénaud* • CEDH, gr. ch., 17 sept. 2009, *Scoppola c/ Italie (n° 2),* n° 10249/03 § 71 : *préc. note 16* • CEDH, gr. ch., 10 sept. 2010, *McFarlane c/ Irlande,* n° 31333/06 § 107 • CEDH, gr. ch., 16 déc. 2010, *A, B et C c/ Irlande,* n° 25579/05 § 142 : *préc. note 11.* • CEDH 18 avr. 2013, *Saint-Paul Luxembourg SA c/ Luxembourg,* n° 26419/10 § 30 : *préc. note 33* • CEDH 2 mai 2013, *Chkhartishvili c/ Grèce,* n° 22910/10 § 42 • CEDH, gr. ch., 27 août 2015, *Parrillo c/ Italie,* n° 46470/11 § 87 : *D. 2015. 1700* ; *AJ fam. 2015. 433, obs. Dionisi-Peyrusse* ; *RTD civ. 2015. 830, obs. Marguénaud* .

76. Cependant, une fois cela démontré, c'est au requérant qu'il revient d'établir que le recours évoqué par le Gouvernement a en fait été employé ou bien, pour une raison quelconque, n'était ni adéquat ni effectif compte tenu des faits de la cause ou encore que certaines circonstances particulières le dispensaient de cette obligation. • CEDH, gr. ch., 16 sept. 1996, *Akdivar et a. c/ Turquie,* n° 21893/93 § 68 : *préc. note 3* • CEDH, décis., 11 mars 2004, *Merger et Cros c/ France,* n° 68864/01.

a. Arguments du Gouvernement

77. Principe. L'évolution et la disponibilité d'un recours que l'on invoque, y compris sa portée et son champ d'application, doivent être exposés avec clarté et confirmés ou complétés par la pratique ou la jurisprudence. • CEDH 9 mai 2003, *Soc c/ Croatie,* n° 47863/99 § 94 • CEDH 28 nov. 2006, *Apostol c/ Géorgie,* n° 40765/02 § 38 • CEDH, gr. ch., 10 sept. 2010, *McFarlane c/ Irlande,* n° 31333/06 § 120. ♦ V. en ce domaine, les ex. donnés s'agissant du respect du délai raisonnable, ss Conv. EDH, art. 6.

78. Dès lors que l'Arménie nie qu'elle exerce et ait jamais exercé sa juridiction sur le Haut-Karabakh et les territoires environnants, il ne serait pas raisonnable d'attendre des requérants qu'ils introduisent une action en restitution ou en indemnisation devant les juridictions ou les autorités arméniennes. • CEDH, gr. ch., 16 juin 2015, *Chiragov et a. c/ Arménie,* n° 13216/05 § 119.

79. Degré de certitude suffisant. La Cour prend bonne note de ce revirement de jurisprudence et du fait que la nouvelle s'est diffusée très rapidement dans le milieu juridique concerné et même dans le public. Elle estime qu'à compter de cet arrêt, la voie de recours interne devant la Cour de cassation avait à nouveau acquis un degré de certitude juridique suffisant non seulement en théorie mais aussi en pratique pour pouvoir et devoir être à nouveau utilisé aux fins du présent art. • CEDH, décis., 24 juin 2004, *Di Sante c/ Italie,* n° 56079/00. ♦ La Cour a estimé que ce recours a acquis le degré de certitude juridique requis à la date du 20 sept. 1999. Elle a conclu, en conséquence, que tout grief tiré de la durée d'une procédure devant les juridictions judiciaires françaises introduit devant elle après cette date sans avoir préalablement été soumis aux juridictions internes dans le cadre de ce recours est irrecevable, quel que soit l'état de la procédure au plan interne ; il en va autrement des griefs introduits avant cette date. • CEDH 8 mai 2005, *Schwarkmann c/ France,* n° 52621/99 § 50. . ♦ V., pour un autre ex. de revirement de jurisprudence ouvrant, dès lors qu'il ne pouvait plus être ignoré du public, un recours que le requérant devait épuiser : • CEDH, décis., 21 mars 2017, *Poulain c/ France,* n° 16470/15.

80. La requérante s'est constituée partie civile en septembre 2000 dans le cadre de la procédure pénale pour homicide involontaire ouverte à la suite du suicide de son frère, qui a pris fin en janvier 2005. Le revirement est intervenu en mai 2003, soit près de trois ans après les faits, et ce n'est qu'à cette date que le recours indiqué par le Gouvernement a acquis un degré suffisant de certitude. La Cour est d'avis qu'on ne pouvait attendre de la requérante qu'elle engage ce recours supplémentaire après la fin de la procédure pénale. • CEDH 16 oct. 2008, *Renolde c/ France,* n° 5608/05 § 71 : *préc. note 45.* ♦ Rappr. • CEDH 9 oct. 2007, *Saoud c/ France,* n° 9375/02 § 78 : *RSC 2008. 140, obs. Marguénaud et Roets.* ♦ La Cour note avec intérêt l'évolution jurisprudentielle relative au régime de la responsabilité de l'État en raison des actes des services pénitentiaires. De même elle a pris en compte que le Conseil d'État a opéré un revirement de jurisprudence et a reconnu la responsabilité de l'État dans le suicide d'un détenu en détention provisoire, en raison d'une succession de fautes simples imputables au service pénitentiaire. Toutefois, le Gouvernement ne cite que cette seule décision en l'espèce, et elle ne concerne pas la responsabilité des autorités pénitentiaires dans le cadre de l'organisation des escortes des détenus faisant l'objet d'une extraction médicale. Dans ces conditions, la Cour considère que le recours préconisé par le Gouvernement n'a pas acquis un degré suffisant de certitude. • CEDH 29 oct. 2009, *Paradysz c/ France,* n° 17020/05 § 80.

81. Pluralité de recours. Lorsque le Gouvernement prétend qu'un recours n'a pas été exercé et qu'il aurait du l'être en plus d'un autre, la Cour doit déterminer uniquement si le Gouvernement a présenté un argument qui pourrait indiquer si les deux recours sont effectifs et n'ont pas « essentiellement le même objectif », c'est-à-dire, si le recours omis peut ajouter des éléments essentiels qui n'étaient pas disponibles avec le recours utilisé. • CEDH 21 déc. 2010, *Jasinskis c/ Lettonie,* n° 45744/08 § 50.

82. Absence de preuves apportées. Il est significatif que le Gouvernement, malgré l'ampleur des destructions de villages, n'ait pas été en mesure de citer des exemples d'indemnisations accordées à des personnes alléguant que des membres des forces de sécurité auraient délibérément détruit leurs biens, ni de faire état de poursuites engagées contre ceux-ci à la suite de telles allégations. • CEDH, gr. ch., 16 sept. 1996, *Akdivar et a. c/ Turquie,* n° 21893/93 § 71 : *préc. note 3.*

83. Le Gouvernement n'a pas été en mesure de faire état d'une jurisprudence qui soit véritablement établie, et qui aurait ouvert au requérant un recours efficace, en la circonstance. • Comm. EDH 7 juin 1990, *Kemmache c/ France,* n° 14992/89 • CEDH, décis., 26 sept. 2000, *Zannouti c/ France,* n° 42211/98 : *JCP 2001. 10491, note Boré* • CEDH 17 avr. 2014, *Guerdner c/ France,* n° 68780/10 § 56 : *JCP Adm. 2014. 376.* ♦ ... N'a produit devant la Cour aucune jurisprudence de nature à étayer sa thèse concernant l'adéquation et l'effectivité du recours. • CEDH 19 févr. 1998, *Dalia c/ France,* n° 26102/95 § 38 : *préc. note 75.* ♦ ... N'a fourni aucun exemple de cas où un détenu placé dans une situation analogue aurait obtenu réparation pour ses griefs après avoir saisi directement les tribunaux internes d'un recours constitutionnel invoquant les dispositions de la Conv. EDH. L'existence de pareils recours n'a donc pas été établie avec assez de certitude. • CEDH, décis., 9 mars 1999, *Slovgorodski c/ Estonie,* n° 37043/97. ♦ Le Gouvernement n'a pas démontré que le recours constitutionnel permet de remédier à la durée excessive d'une procédure civile en cours. • CEDH, gr. ch., 8 juin 2006, *Surmeli c/ Allemagne,* n° 75529/01 § 108 : *préc. note 11.* ♦ *Idem* s'agissant de la République tchèque. • CEDH 16 févr. 2012, *Eremiasova et Pechova c/ République tchèque,* n° 23944/04 § 98 à 101. ♦ ... N'a fourni aucun exemple d'affaire où cette disposition aurait été invoquée avec succès dans une situation comparable à celle du requérant. • CEDH, gr. ch., 17 sept. 2009, *Scoppola c/ Italie (n° 2)*, n° 10249/03 § 76 : *préc. note 16*. • CEDH 13 juin 2013, *A. F. c/ Grèce*, n° 53709/11 § 57. ♦ ... N'a pas montré de quelle manière les requérants auraient pu faire appliquer les dispositions de l'art. invoqué, à savoir procéder à l'exécution eux-mêmes ou par le biais d'un tiers. • CEDH 10 mai 2012, *Frasila et Ciocirlan c/ Roumanie*, n° 25329/03 § 69. ♦ ... N'a pas prouvé que les juridictions saisies sur base de la L. de 1988 auraient compétence pour apprécier la nécessité d'un acte d'instruction, cette compétence appartenant, selon les éléments fournis, aux seules juridictions d'instruction. Or, quant à ces dernières juridictions, le Gouvernement n'établit pas qu'elles auraient encore pu être saisies. • CEDH 18 avr. 2013, *Saint-Paul Luxembourg SA c/ Luxembourg*, n° 26419/10 § 31 : *préc. note 33*.

84. La Cour rappelle qu'elle a jugé que le recours « X » ne revêt pas le caractère d'un recours effectif. Le Gouvernement ne fournissant aucun élément de jurisprudence internesusceptible de modifier, en l'espèce, l'appréciation portée par la Cour sur l'effectivité d'un tel recours, la Cour ne saurait s'écarter de cette approche. • CEDH 8 mai 2005, *Schwarkmann c/ France*, n° 52621/99 § 49.

85. La Cour note avec intérêt l'évolution jurisprudentielle relative au champ d'application de l'art. « X ». Elle relève cependant que s'il ne semble pas faire de doute que le régime de responsabilité directe de l'État qu'il institue n'exclut pas, par principe, les fautes de service dans le cadre des opérations de police judiciaire, le Gouvernement ne fournit qu'une seule décision en ce sens, pertinente pour la présente espèce. Il s'agit d'un jugement du tribunal de grande instance de Paris, juridiction de premier degré et daté du 8 sept. 2004. A supposer même qu'il soit définitif comme l'indique le Gouvernement, ce jugement est donc largement postérieur aux faits de l'espèce, qui se sont déroulés en 1998 et qui ont fait l'objet d'une procédure pénale s'étant terminée par un arrêt de la Cour de cassation du 18 sept. 2001. Entre-temps, les requérants avaient saisi la Cour de la présente requête le 6 nov. 1999. • CEDH 9 oct. 2007, *Saoud c/ France*, n° 9375/02 § 78 : *préc. note 79*.

86. V. pour d'autres ex. dans lesquels le Gouvernement n'apporte pas la preuve d'existence de recours susceptibles d'apporter aux requérants, avec des perspectives raisonnables de succès, *le redressement de leur grief*. • CEDH 2 oct. 2014, *Fakailo (Safoka) et a. c/ France*, n° 2871/11 § 33 s. : *D. 2014. 2050, obs. Falxa* (possible condamnation de l'État à indemniser des personnes gardées à vue au titre de sa responsabilité pour comportement fautif résultant d'un manquement à assurer des conditions de détention compatibles avec le respect de la dignité humaine).

87. Même si la Cour salue les principes dégagés par les arrêts du 24 oct. 2007, notamment quant à la place revenant à la Conv. EDH dans les sources du droit et à l'invitation faite aux autorités judiciaires nationales d'interpréter les normes internes et la Constitution à la lumière de la Conv. EDH et de la jurisprudence de la Cour, force est de constater que le justiciable Italie ne jouissant pas d'un accès direct à la Cour constitutionnelle (seule une juridiction qui connaît du fond d'une affaire a la faculté de la saisir, à la requête d'un plaideur ou d'office), il n'est pas possible de considérer que le système d'interprétation obligatoire de la norme interne à la lumière de la Conv. établi par ces arrêts constitue un tournant de nature à réfuter qu'une pareille requête soit un recours dont la Convention exige l'épuisement. • CEDH, gr. ch., 27 août 2015, *Parrillo c/ Italie*, n° 46470/11 § 101 s. : *préc. note 78*.

88. Base de la voie de recours peu claire. Le code de l'organisation judiciaire fixe des conditions d'ouverture très strictes. Les requérants ne se prétendent pas victimes d'un déni de justice, ni même d'une faute lourde, et il ne ressort pas des décisions, pourtant assez nombreuses, signalées à la Cour par le Gouvernement que les cours et tribunaux français aient interprété la seconde de ces notions de manière extensive. • CEDH 20 févr. 1991, *Vernillo c/ France*, n° 11889/85 § 27 : *préc. note 33*. ♦ Le Gouvernement n'est pas parvenu à invoquer une base légale suffisamment précise qui aurait permis aux requérants de demander la réouverture de l'enquête pénale. • CEDH, décis., 30 nov. 2004, *Scavuzzo-Hager et a. c/ Suisse*, n° 41773/98. ♦ Le recours extraordinaire en carence n'a pas de base légale en droit interne. Si un nombre considérable de cours d'appel l'ont admis en principe, les conditions de son admission, elles, sont variables et dépendent des circonstances de l'affaire. Jusqu'à présent, la Cour fédérale de justice ne s'est quant à elle pas prononcée sur la recevabilité de ce recours. • CEDH, gr. ch., 8 juin 2006, *Surmeli c/ Allemagne*, n° 75529/01 § 110 : *préc. note 11*. ♦ Il n'a pas été démontré qu'à l'époque des faits, la législation polonaise, telle qu'elle était appliquée par les juridictions nationales, offrait une base légale suffisante pour permettre au requérant de solliciter, à un degré suffisant de certitude, l'indemnisation du préjudice subi du fait de ses conditions de détention. • CEDH 22 oct. 2009, *Norbert Sikorski c/ Pologne*, n° 17599/05 § 117 : *RSC 2010. 645, chron. Poncela* • CEDH 12 déc. 2013, *Khuroshvili c/ Grèce*, n° 58165/10 § 71. ♦ Les conclusions des arrêts susmentionnés du Conseil d'État ne sont pas automatiquement transposables à n'importe quelle situation et en particulier à celle de la détention d'étrangers faisant l'objet d'une expulsion. • CEDH 13 juin 2013, *A. F. c/ Grèce*, n° 53709/11 § 58.

b. Arguments du requérant

89. Simple doute. Le simple fait de nourrir des doutes quant aux perspectives de succès d'un recours donné qui n'est pas de toute évidence voué à l'échec ne constitue pas une raison valable pour justifier la non-utilisation de recours internes. • CEDH 6 nov. 1980, *Van Oosterwijck c/ Belgique*, n° 7654/76 § 37 • CEDH, gr. ch., 16 sept. 1996, *Akdivar et a. c/ Turquie*, n° 21893/93 § 71 : *préc. note 3* • CEDH, décis., 26 mai 2005, *Pellegriti c/ Italie*, n° 77363/01 • CEDH 29 avr. 2014, *Preda et a. c/ Roumanie*, n° 9584/02 § 112 : *AJDA 2014. 1763, chron. Burgorgue-Larsen* • CEDH, décis., 13 janv. 2015, *NML Capital Ldt c/ France*, n° 23242/12 § 26. ♦ Il faut, à tout le moins, que ces doutes soient corroborés. • CEDH 24 janv. 2008, *Riad et Idiab c/ Belgique*, n° 29787/03 § 62.

90. Dispense du fait de circonstances particulières. Selon les « principes de droit international généralement reconnus », certaines circonstances particulières peuvent dispenser le requérant de l'obligation d'épuiser les recours internes qui s'offrent à lui. • CEDH 6 nov. 1980, *Van Oosterwijck c/ Belgique*, n° 7654/76 § 36 à 40 • CEDH, gr. ch., 16 sept. 1996, *Akdivar et a. c/ Turquie*, n° 21893/93 § 69 : *préc. note 3* • CEDH, gr. ch., 28 juill. 1999, *Selmouni c/ France*, n° 25803/94 § 75 • CEDH 29 avr. 2014, *Preda et a. c/ Roumanie*, n° 9584/02 § 112 : *préc. note 89.*

91. Il en est ainsi lorsque sont prouvées l'existence d'une pratique administrative consistant en la répétition d'actes interdits par la Conv. EDH et la tolérance officielle de l'État, de sorte que toute procédure serait vaine ou ineffective. • Comm. EDH 5 avr. 1973, *Donnelly et a. c/ Royaume-Uni*, n° 5577/72 • CEDH 18 janv. 1978, *Irlande c/ Royaume-Uni*, n° 5310/71 § 159 • CEDH, gr. ch., 16 sept. 1996, *Akdivar et a. c/ Turquie*, n° 21893/93 § 67 : *préc. note 3* • CEDH, décis., 8 juin 1999, *Danemark c/ Turquie*, n° 34382/97 • CEDH, décis., 8 mars 2007, *Thiermann et a. c/ Norvège*, n° 18712/03. ♦ Rappr. • CEDH 24 janv. 2008, *Riad et Idiab c/ Belgique*, n° 29787/03 § 62.

92. Il en est ainsi également en cas de passivité totale des autorités nationales face à des allégations sérieuses selon lesquelles des agents de l'État ont commis des fautes ou causé un préjudice, par exemple lorsqu'elles n'ouvrent aucune enquête ou ne proposent aucune aide. Dans ces conditions, l'on peut dire que la charge de la preuve se déplace à nouveau, et qu'il incombe à l'État défendeur de montrer quelles mesures il a prises eu égard à l'ampleur et à la gravité des faits dénoncés. • CEDH, gr. ch., 16 sept. 1996, *Akdivar et a. c/ Turquie*, n° 21893/93 § 68 : *préc. note 3* • CEDH, gr. ch., 28 juill. 1999, *Selmouni c/ France*, n° 25803/94 § 76 : *préc. note 5.* ♦ Rappr. • CEDH 9 juin 2009, *Opuz c/ Turquie*, n° 33401/02 § 152 et 153 : *préc. note 58.* ♦ Les autorités n'ont pas pris les mesures positives que les circonstances de la cause imposaient pour faire aboutir le recours invoqué par le Gouvernement. • CEDH, gr. ch., 28 juill. 1999, *Selmouni c/ France*, n° 25803/94 § 80 : *préc. note 5.* ♦ Faute d'explications convaincantes du Gouvernement sur le caractère « effectif » et « adéquat » du recours invoqué par lui, savoir une plainte avec constitution de partie civile, la Cour estime que le recours dont le requérant disposait n'était pas, en l'espèce, normalement disponible et suffisant pour lui permettre d'obtenir réparation des violations qu'il allègue. • CEDH, gr. ch., 28 juill. 1999, *Selmouni c/ France*, n° 25803/94 § 81 : *préc. note 5.* ♦ La Cour ne peut que constater la passivité des autorités internes. Contrairement à ce qu'indique le Gouvernement, on ne saurait prétendre qu'aucune enquête ne pouvait être menée, faute pour le requérant d'avoir valablement mis en mouvement l'action publique en ne versant pas la consignation. Elle estime que les autorités internes n'ont pas pris les mesures positives que les circonstances de la cause imposaient pour faire aboutir l'action procédurale invoquée par le Gouvernement. • CEDH 27 nov. 2003, *Hénaf c/ France*, n° 65436/01 § 37 et 38 : *D. 2004. 1196, note Roets ; AJ pénal 2004. 78, obs. Céré ; RSC 2004. 441, obs. Massias.* ♦ Rappr. • CEDH 10 mai 2012, *Frasila et Ciocirlan c/ Roumanie*, n° 25329/03 § 71.

93. Les recours internes n'ayant pas permis de garantir à la requérante et à la mère de celle-ci une égale protection de la loi contre les atteintes aux droits consacrés par les art. 2 et 3 Conv. EDH, la Cour estime que des circonstances particulières ont libéré l'intéressée de son obligation d'épuiser les voies de recours nationales. • CEDH 9 juin 2009, *Opuz c/ Turquie*, n° 33401/02 § 201 : *préc. note 58.*

94. Eu égard au caractère provisoire et temporaire des décisions de prise en charge d'urgence que le conseil de protection sociale a entérinées alors qu'elles avaient été muées en décisions de prise en charge ordinaire, la Cour admet que, comme les requérants le soutiennent, dans les circonstances particulières de l'espèce, ils pouvaient en tout cas se dispenser de former un recours séparé contre les décisions de prise en charge d'urgence. En conclusion, il y a lieu de rejeter aussi les arguments du Gouvernement à cet égard. • CEDH, gr. ch.,

12 juill. 2001, *K. et T. c/ Finlande,* n° 25702/94 § 145.

95. Recours voué à l'échec. Est dispensé d'exercer un recours interne le requérant qui établit qu'en vertu de la jurisprudence ce recours est voué à l'échec. • CEDH 31 janv. 2012, *Assuncão Chaves c/ Portugal,* n° 61226/08 § 75.

96. Cumul de recours d'une durée excessive. Si le recours invoqué par le Gouvernement permet de remédier à une violation alléguée du droit de voir sa cause entendue dans un « délai raisonnable », quel que soit l'état de la procédure au plan interne, en l'espèce, le requérant se plaint de la durée de plus de dix ans d'un tel recours en responsabilité de l'État en raison du préjudice qu'il estimait avoir subi suite à la procédure pénale antérieure (elle-même d'une durée d'environ quatre ans), dès lors, la Cour estime qu'exiger du requérant un nouveau recours en responsabilité de l'État pour dysfonctionnement du service de la justice devant les juridictions internes, comme le suggère le Gouvernement, serait déraisonnable et constituerait un obstacle disproportionné à l'exercice efficace par le requérant de son droit de recours individuel. • CEDH 30 nov. 2004, *Vaney c/ France,* n° 53946/00 § 53 • CEDH 14 oct. 2010, *Veriter c/ France,* n° 31508/07 § 59 : *AJDA 2011. 889, chron. Burgorgue-Larsen*.

97. V. également les exemples donnés note 38.

2° MISE EN ŒUVRE DE L'EXCEPTION

a. Moments de présentation de l'exception

98. Principe. Aux termes de l'art. 55 Règl. CEDH, si la partie contractante défenderesse entend soulever une exception d'irrecevabilité, elle doit le faire, pour autant que la nature de l'exception et les circonstances le permettent, dans ses observations sur la recevabilité de la requête soumise au titre de l'art. 54 Règl. CEDH. • CEDH, gr. ch., 28 oct. 1999, *Brumarescu c/ Roumanie,* n° 28342/95 § 53 : *D. 2000. 187, obs. Fricero* • CEDH, gr. ch., 12 juill. 2001, *K. et T. c/ Finlande,* n° 25702/94 § 145 • CEDH, gr. ch., 18 déc. 2002, *N. C. c/ Italie,* n° 24952/94 § 44 • CEDH, gr. ch., 1er mars 2006, *Sejdovic c/ Italie,* n° 56581/00 § 41 • CEDH 25 oct. 2007, *Lebedev c/ Russie,* n° 4493/04 § 39 • CEDH, gr. ch., 9 juill. 2009, *Mooren c/ Allemagne,* n° 11364/03 § 57. ♦ La Cour note que le Gouvernement n'a pas *soulevé cette exception dans ses observations* écrites et ne l'a fait qu'à l'audience (forclusion). • CEDH 25 mai 1998, *Kurt c/ Turquie,* n° 24276/94 § 81. ♦ Les exceptions de non-épuisement des voies de recours internes soulevées après que la requête a été déclarée recevable ne peuvent être prises en compte au stade de l'examen au fond, sauf circonstances exceptionnelles. • CEDH 31 juill. 2003, *Demades c/ Turquie,* n° 16219/90 § 20 • CEDH 2 nov. 2010, *Lordos et a. c/ Turquie,* n° 15973/90 § 41 • CEDH, gr. ch., 23 févr. 2012, *Creanga c/ Roumanie,* n° 29226/03 § 62 • CEDH, gr. ch., 26 juin 2012, *Kuric et a. c/ Slovénie,* n° 26828/06 § 309 : *préc. note 41* • CEDH, gr. ch., 5 juill. 2016, *Buzadji c/ Moldavie,* n° 23755/07 § 67.

99. Présence de circonstances exceptionnelles. Lorsqu'un nouvel élément procédural ayant une importance juridique et pouvant influencer la recevabilité de la requête se produit, il serait contraire aux intérêts d'une bonne administration de la justice de permettre à une partie contractante défenderesse de laisser s'écouler un délai excessif avant de soulever une exception formelle. • CEDH, gr. ch., 18 déc. 2002, *N. C. c/ Italie,* n° 24952/94 § 45 • CEDH 25 oct. 2007, *Lebedev c/ Russie,* n° 4493/04 § 39.

100. Seules des circonstances exceptionnelles, tel en particulier le fait que le motif justifiant une exception d'irrecevabilité est venu au jour à un stade ultérieur, peuvent dispenser un gouvernement de l'obligation de soulever son exception dans ses observations sur la recevabilité de la requête avant l'adoption par la chambre de la décision sur la recevabilité. • CEDH, gr. ch., 1er mars 2006, *Sejdovic c/ Italie,* n° 56581/00 § 46 • CEDH 25 oct. 2007, *Lebedev c/ Russie,* n° 4493/04 § 40 • CEDH, gr. ch., 9 juill. 2009, *Mooren c/ Allemagne,* n° 11364/03 § 57.

101. En l'espèce, la décision sur la recevabilité de la requête a été adoptée le « X » et à cette époque le fait sur lequel l'exception du Gouvernement se fonde ne s'était pas encore produit. Par conséquent, les circonstances ne permettaient pas au Gouvernement de respecter le délai fixé à l'art. 55 Règl. CEDH. • CEDH, gr. ch., 18 déc. 2002, *N. C. c/ Italie,* n° 24952/94 § 44.

102. Absence de circonstances exceptionnelles. Plus de deux ans et deux mois se sont écoulés entre le moment où le Gouvernement aurait pu avoir connaissance de l'acquittement définitif du requérant et celui où l'exception de non-épuisement a été soulevée pour la première fois. En particulier, au cours de la procédure sur le fond devant la chambre, le Gouvernement a omis de faire référence à l'utilisation que le requérant aurait pu faire de ce recours ; la question a été soulevée seulement après que la demande du requérant de renvoi de son affaire à la Grande Chambre a été acceptée. La Cour considère qu'un tel délai est excessivement long et note qu'aucune explication n'a été donnée sur ce point par le Gouvernement (forclusion). • CEDH, gr. ch., 18 déc. 2002, *N. C. c/ Italie,* n° 24952/94 § 46.

103. La Cour ne saurait déceler aucune circonstance exceptionnelle susceptible d'exonérer le Gouvernement de l'obligation de soulever son exception préliminaire avant l'adoption de la décision de la chambre sur la recevabilité de la requête. • CEDH 18 nov. 2004, *Prokopovitch c/ Russie*, n° 58255/00 § 29 • CEDH, gr. ch., 1er mars 2006, *Sejdovic c/ Italie*, n° 56581/00 § 41. ♦ Même en supposant que la décision ait ouvert de nouvelles voies de recours pour le demandeur, le Gouvernement n'en a pas informé la Cour jusqu'en 2006 et celle-ci ne discerne aucune circonstance exceptionnelle qui aurait pu dispenser le Gouvernement de soulever cette objection dans un délai raisonnable. • CEDH 25 oct. 2007, *Lebedev c/ Russie*, n° 4493/04 § 39.

b. Date d'appréciation de l'exception

104. Principe. L'épuisement des voies de recours internes s'apprécie, sauf exceptions, à la date d'introduction de la requête devant la Cour. • CEDH, décis., 7 nov. 2000, *Van Der Kar et Lissaur Van West c/ France*, n° 44952/98 • CEDH 22 mai 2001, *Baumann c/ France*, n° 33592/96 § 47 • CEDH 20 juin 2006, *Babylonova c/ Slovaquie*, n° 69146/01 § 44 • CEDH 25 janv. 2011, *Iorga et a. c/ Roumanie*, n° 26246/05 § 56. ♦ On ne peut dès lors reprocher au requérant de ne pas avoir préalablement exercé un recours qui n'existait pas. • CEDH 25 févr. 2014, *Alican Demir c/ Turquie*, n° 41444/09 § 81. ♦ V. également • CEDH 15 avr. 2014, *Oran c/ Turquie*, n° 28881/07 § 35.

105. Il en résulte que lorsque le Gouvernement ne justifie pas des chances de succès de la procédure à la date des faits la Cour rejette l'exception de non-épuisement des voies de recours internes. • CEDH 22 mai 2001, *Baumann c/ France*, n° 33592/96 § 47. ♦ Il ne serait pas équitable d'opposer une voie de recours nouvellement intégrée dans le système juridique d'un État contractant aux individus qui se portent requérants devant la Cour, avant que les justiciables concernés en aient eu connaissance de manière effective. Dans les cas où, comme en la présente cause, le recours interne est le fruit d'une évolution jurisprudentielle, l'équité commande de prendre en compte un laps de temps raisonnable, nécessaire aux justiciables pour avoir effectivement connaissance de la décision interne qui la consacre. La durée de ce délai varie en fonction des circonstances, en particulier de la publicité dont ladite décision a fait l'objet. • CEDH, décis., 15 mai 2007, *Depauw c/ Belgique*, n° 2115/04.

106. A l'inverse, la Cour relevant que la loi a été adoptée par le Parlement et publiée au *Journal officiel* le 22 mars 2002, le requérant dont la présente requête a été portée devant la Cour le 10 mai 2002, soit après l'introduction du nouveau recours constitutionnel prévu par l'art. 59 *a)*, doit le mettre en œuvre. • CEDH, décis., 4 juill. 2002, *Slavicek c/ Croatie*, n° 20862/02.

107. Exception. La Cour rappelle qu'elle tolère que le dernier échelon des recours internes soit atteint peu après le dépôt de la requête, mais avant qu'elle soit appelée à se prononcer sur la recevabilité de celle-ci. • CEDH 1er févr. 2011, *Karoussiotis c/ Portugal*, n° 23205/08 § 57.

108. Cependant, l'appréciation à la date d'introduction de la requête ne va pas sans exceptions, qui peuvent être justifiées par les circonstances particulières de l'espèce. • CEDH, décis., 6 sept. 2001, *Brusco c/ Italie*, n° 69789/01 : *D. 2002. 685, obs. Renucci* • CEDH 18 mai 2004, *Prodan c/ Moldavie*, n° 49806/99 § 39 • CEDH 25 janv. 2011, *Iorga et a. c/ Roumanie*, n° 26246/05 § 56.

c. Création de nouvelles voies de recours

109. Domaine de mise en œuvre. La Cour s'est en particulier écartée de la règle générale d'appréciation à la date d'introduction de la requête dans des requêtes concernant : des recours formés pour durée excessive d'une procédure. • CEDH, décis., 6 sept. 2001, *Brusco c/ Italie*, n° 69789/01 : *préc. note 107* • CEDH, décis., 5 sept. 2002, *Nogolica c/ Croatie*, n° 77784/01 • CEDH, décis., 22 oct. 2002, *Andrasik et a. c/ Slovaquie*, n° 57984/00 • CEDH, décis., 1er mars 2005, *Charzynski c/ Pologne*, n° 15212/03 • CEDH, décis., 23 sept. 2010, *Fakhretdinov et a. c/ Russie*, n° 26716/09. ♦ ... L'ingérence dans le droit de propriété. • CEDH 12 janv. 2006, *Icyer c/ Turquie*, n° 18888/02 • CEDH, gr. ch., décis., 1er mars 2010, *Demopoulos et a. c/ Turquie*, n° 46113/99 : *préc. note 1*. ♦ ... L'inexécution de jugements internes. • CEDH, décis., 23 sept. 2010, *Nagovitsyn et Nalgiyev c/ Russie*, n° 27451/09 § 36 s. ♦ ... La surpopulation carcérale. • CEDH 12 oct. 2010, *Latak c/ Pologne*, n° 52070/08. ♦ ... Les droits à restitution ou à indemnisation pour des biens confisqués ou nationalisés par l'État sous le régime communiste. • CEDH 29 avr. 2014, *Preda et a. c/ Roumanie*, n° 9584/02 § 114 s. : *préc. note 89*.

110. Arrêt pilote. Il est également possible que, l'État ayant mis en place, suite à une injonction de la Cour dans un arrêt pilote, une procédure adéquate alors qu'elle faisait défaut, les requérants soient invités à mettre en œuvre cette procédure interne et que, par conséquent, leurs affaires soient déclarées irrecevables pour non-épuisement des voies de recours internes (Conv. EDH, art. 35, § 1). • CEDH, décis., 6 sept. 2001, *Brusco c/ Italie*, n° 69789/01 : *préc. note 109* • CEDH, décis., 16 sept. 2014, *Stella et a.*, n° 49169/09 § 64 s.

♦ A l'exception des situations dans lesquelles coexistent plusieurs titres de propriété se rapportant à un même immeuble bâti, la nouvelle loi offre en principe aux justiciables roumains la possibilité d'obtenir un redressement de leur grief au niveau interne, possibilité dont il leur incombe de faire usage. • CEDH 29 avr. 2014, *Preda et a. c/ Roumanie,* n° 9584/02 § 133 : *préc. note 89.*

111. Caractère du nouveau recours. Cette nouvelle voie de recours interne pouvant permettre de résoudre ce problème, puisqu'elle prévoit l'octroi d'une indemnisation et de plus oblige la Cour constitutionnelle à fixer un délai dans lequel une affaire doit faire l'objet d'une décision quant au fond, la Cour estime que le requérant doit tout d'abord saisir la Cour constitutionnelle d'un recours fondé sur le nouvel art. sur la Cour constitutionnelle et ce alors même, il est vrai, que le requérant a introduit sa requête auprès de la Cour à la date du 17 sept. 2001, alors que la loi ayant institué un recours effectif lui permettant de faire état de son grief n'a été adoptée que le 15 mars 2002. • CEDH, décis., 5 mai 2002, *Nogolica c/ Croatie,* n° 77784/01 • CEDH, décis., 4 juill. 2002, *Slavicek c/ Croatie,* n° 20862/02. ♦ La Cour est convaincue que la plainte prévue par l'article « X » de la Constitution est une voie de recours effective, dans le sens où elle est capable, à la fois, de prévenir la poursuite de la violation alléguée du droit à ce que la cause soit entendue sans retard excessif, et de remédier dûment à la violation qui s'est déjà produite. • CEDH, décis., 22 oct. 2002, *Andrasik et a. c/ Slovaquie,* n° 57984/00. ♦ Compte tenu du fait que la possibilité d'user des nouveaux recours relativement aux procédures pendantes en première ou en deuxième instance s'applique au requérant en l'espèce, ainsi qu'à tous les autres requérants qui ont introduit des plaintes semblables contre la Slovénie en vertu de l'art. 34 de la Convention, la Cour conclut que le requérant est tenu d'utiliser les recours que lui offre la loi de 2006 en vigueur depuis le 1er janv. 2007. • CEDH 3 mai 2007, *Grzincic c/ Slovénie,* n° 26867/02 § 110. ♦ La Cour estime que la loi « X » offre un cadre accessible et effectif pour le redressement d'allégations d'atteintes au droit au respect de biens appartenant à des Chypriotes grecs. Les propriétaires requérants dans les présentes affaires ne se sont pas prévalus de ce dispositif et leurs griefs fondés sur l'art. 1er du Prot. n° 1 Conv. EDH doivent donc être rejetés pour non-épuisement *des voies de recours internes.* La Cour estime que la loi « X » offre une possibilité réaliste de réparation dans la situation d'occupation qui règne actuellement et qu'elle-même n'a pas la compétence de résoudre. • CEDH, gr. ch., décis., 1er mars 2010, *Demopoulos et a. c/ Turquie,* n° 46113/99 § 127 : *préc. note 1.*

112. L'art. du nouveau code civil énonce pour principe général que les organes étatiques engagent leur responsabilité civile dans les cas où un préjudice a été causé par une décision administrative illégale ou par le fait qu'une demande n'a pas été traitée dans le délai prévu par la loi. En l'espèce, il n'y a eu ni décision administrative ni dépassement d'un délai fixé par la loi. En outre, cet art. ne prévoit aucun recours ni aucune procédure spécifique pour les cas de non-exécution de décisions judiciaires définitives. • CEDH 18 mai 2004, *Prodan c/ Moldavie,* n° 49806/99 § 40. ♦ Contrairement aux lois slovènes, polonaises et italiennes qui contiennent des dispositions transitoires concernant les affaires pendantes devant la Cour, la loi « X » ne contient pas de dispositions explicites qui feraient relever de la compétence des juridictions nationales toutes les requêtes pendantes devant la Cour, indépendamment du fait qu'elles soient encore pendantes au niveau national. • CEDH 7 févr. 2008, *Parizov c/ « Ex-République yougoslave de Macédoine »,* n° 14258/03 § 45. ♦ Rendant l'application des nouveaux recours compliquée et incertaine, la nouvelle législation n'a pas assuré à la requérante un recours en justice qui pourrait être considéré comme efficace. • CEDH 21 juill. 2009, *Robert Lesjak c/ Slovénie,* n° 33946/03 § 55 et 56. ♦ A supposer même qu'une exception soit faite en l'espèce à la règle selon laquelle les voies de recours doivent être disponibles à la date d'introduction de la requête, il n'est nullement certain que cette voie de recours aurait pu être empruntée dans les circonstances particulières de la présente affaire. • CEDH 25 janv. 2011, *Iorga et a. c/ Roumanie : préc.*

113. La Cour relève la fréquence de ses constats de violation du présent art. et/ou de l'art. 1er PA 1 à raison de la non-exécution ou de l'exécution tardive de jugements contraignants et exécutoires et de l'absence de recours effectif en droit turc pour dénoncer la non-exécution et/ou l'exécution tardive des décisions de justice obligeant les justiciables à soumettre systématiquement à la Cour des requêtes qui auraient pu être instruites d'abord et de manière plus appropriée au sein de l'ordre juridique turc. Au 31 janv. 2012, près de 1 200 requêtes découlant de la même problématique étaient toujours pendantes devant la Cour. La voie de recours introduite par la nouvelle loi s'inscrit dans la logique consistant, d'une part, à permettre à l'État défendeur de redresser les violations du droit à un tribunal et/ou du droit au respect des biens, et d'autre part, à réduire, voire effacer, le nombre de requêtes inscrites au rôle de la Cour concernant ce problème systémique ou structurel. Ce recours a été créé dans le but de traiter des quantités importantes d'affaires similaires et répétitives dirigées contre la Turquie et qui font peser une menace grandissante sur le système de la Convention. Il doit dès lors être entrepris, y compris par les requérants ayant saisi la Cour avant l'intervention de ladite loi. • CEDH, décis., 4 juin 2013, *Demiroglu et a. c/ Turquie*, n° 56125/10.

114. Caractère récent du recours. La requête a été introduite le 19 avr. 2004. Le 24 nov. 2007, la Cour constitutionnelle devait admettait ce type de recours. En conséquence, et indépendamment de l'efficacité dudit recours, il n'est pas possible d'exiger du requérant qu'il dépose un recours constitutionnel plus de 3 ans et 7 mois après la saisine de la Cour. • CEDH 10 juin 2008, *Cvetkovic c/ Serbie*, n° 17271/04 § 42. ♦ Rappr. • CEDH 18 janv. 2001, *Pikic c/ Croatie*, n° 16552/02 § 31. ♦ En l'espèce, la Cour ayant été saisie de la présente affaire le 12 déc. 2003, soit bien avant le 28 mars 2007, il ne saurait être reproché au requérant de ne pas avoir usé de ce recours. Il y a lieu en conséquence de rejeter l'exception soulevée par le Gouvernement. • CEDH, décis., 15 mai 2007, *Depauw c/ Belgique*, n° 2115/04.

II. DÉLAI DE SIX MOIS. CONV. EDH, ART. 35, § 1

115. Il existe une étroite corrélation entre les deux règles qu'énonce le présent art., à savoir celle de l'épuisement des voies de recours internes et celle du délai de six mois, car les deux règles non seulement font l'objet d'un article unique, mais figurent côte à côte dans une seule et même phrase dont la structure grammaticale impose l'idée de pareille corrélation. • Comm. EDH 9 juin 1958, *De Becker c/ Belgique*, n° 214/56 • Comm. EDH 13 déc. 1982, *X. c/ France*, n° 9587/81.

A. PRINCIPE

116. Raison d'être. L'objet de six mois est de garantir la sécurité juridique. • CEDH 18 juin 1971, *De Wilde, Ooms et Versyp c/ Belgique*, n° 2832/66 § 50. ♦ Il permet de veiller à ce que les affaires soulevant des questions relevant de la Conv. EDH soient traitées *dans un délai raisonnable* et que les décisions anciennes ne soient pas continuellement remises en cause. • CEDH, décis., 24 août 2004, *P. M. c/ Royaume-Uni*, n° 6638/03 • CEDH, décis., 25 août 2005, *O'Loughlin et a. c/ Royaume-Uni*, n° 23274/04 • CEDH, décis., 29 juin 2009, *Di Giorgio c/ Italie*, n° 35808/03. ♦ ... Et de protéger les autorités et autres personnes concernées de l'incertitude où les laisserait l'écoulement prolongé du temps. • CEDH, décis., 24 août 2004, *P. M. c/ Royaume-Uni*, n° 6638/03 • CEDH, décis., 1er juin 2010, *Kemevuako c/ Pays-Bas*, n° 65938/09 § 20.

117. La règle laisse à l'intéressé un délai de réflexion suffisant pour lui permettre d'apprécier l'opportunité de présenter une requête à la Cour et pour en définir le contenu. • Comm. EDH 27 nov. 1995, *Worm c/ Autriche*, n° 22714/93 • CEDH, décis., 23 mars 2004, *Iordache c/ Roumanie*, n° 55092/00 • CEDH, décis., 25 août 2005, *O'Loughlin et a. c/ Royaume-Uni*, n° 23274/04 • CEDH, décis., 29 juin 2009, *Di Giorgio c/ Italie*, n° 35808/03.

118. La règle permet de s'assurer des faits de la cause qui, autrement, s'estomperaient avec le temps et rendraient quasiment impossible l'examen équitable de la question en litige. • Comm. EDH 7 mai 1985, *Kelly c/ Royaume-Uni*, n° 10626/83 • CEDH, décis., 30 janv. 2003, *Nee c/ Irlande*, n° 52787/99 • CEDH, décis., 29 janv. 2004, *Berdzenishvili c/ Russie*, n° 31697/03 • CEDH, décis., 6 mai 2004, *Denisov c/ Russie*, n° 33408/03.

119. Effet. Ce délai marque ainsi la limite temporelle du contrôle effectué par la Cour et indique aux particuliers comme aux autorités la période au-delà de laquelle ce contrôle ne s'exerce plus. • CEDH, décis., 25 janv. 2000, *Walker c/ Royaume-Uni*, n° 34979/97 • CEDH 27 mai 2004, *Belaousof et a. c/ Grèce*, n° 66296/01 § 38 • CEDH, décis., 12 mai 2005, *Cheilas c/ Grèce*, n° 9693/03 • CEDH, décis., 29 juin 2009, *Di Giorgio c/ Italie*, n° 35808/03.

120. Ce délai ne saurait être interprété d'une manière qui exigerait qu'un requérant saisisse la Cour de son grief avant que la situation relative à la question en jeu n'ait fait l'objet d'une décision définitive au niveau interne. • CEDH, gr. ch., 18 sept. 2009, *Varnava et a. c/ Turquie*, n° 16064/90 § 157.

121. Procédure. Les États contractants ne sauraient écarter, de leur propre chef, le jeu de la règle du respect du délai de six mois. • Comm. EDH 13 déc. 1982, *X. c/ France*, n° 9587/81. ♦ La règle des six mois est d'ordre public ; par conséquent, la Cour a compétence pour l'appliquer d'office. • CEDH, gr. ch., 8 avr. 2004, *Assanidzé c/ Géorgie*, n° 71503/01 § 160 • CEDH, gr. ch., 17 juill. 2014, *Svinarenko et Slyadnev c/ Russie*, n° 32541/08 § 85. ♦ ... Même si le Gouvernement n'en a pas excipé. • CEDH, décis., 25 janv. 2000, *Walker c/ Royaume-Uni*, n° 34979/97 • CEDH 27 mai 2004, *Belaousof et a. c/ Grèce*, n° 66296/01 § 38.

122. Un élargissement tardif de la procédure à des États contre qui la requête n'était pas dirigée à l'origine rend celle-ci irrecevable à l'égard des États mentionnés dans l'élargissement. • CEDH, décis., 9 sept. 2008, *Boivin c/ France, Belgique et 32 autres États membres du Conseil de l'Europe*, n° 73250/01.

B. POINT DE DÉPART DU DÉLAI

123. Présence de voies de recours internes. La période de six mois commence à courir à partir de la date de la décision définitive qui clôture le processus d'épuisement des voies de recours internes au sens du présent art. • Comm. EDH 9 avr. 1996, *Mc Daid c/ Royaume-Uni,* n° 25681/94 • CEDH, décis., 4 juin 2001, *Edwards c/ Royaume-Uni,* n° 46477/99 • CEDH, décis., 25 sept. 2003, *Kadikis c/ Lettonie (n° 2),* n° 62393/00 • CEDH, décis., 17 juill. 2014, *Svinarenko et Slyadnev c/ Russie,* n° 32541/08 § 86.

124. Lorsque le requérant est en droit de se voir signifier d'office une copie de la décision interne définitive, il est plus conforme à l'objet et au but du présent art. de considérer que le délai de six mois commence à courir à compter de la date de la signification de la copie de la décision au requérant. • CEDH 29 août 1997, *Worm c/ Autriche,* n° 22714/93 § 33. ♦ ... Ou à son conseil. Il importe peu que le requérant n'ait eu connaissance de la décision qu'ultérieurement. • Comm. EDH 15 mai 1995, *Celik c/ Turquie,* n° 23655/94.

125. Lorsque la signification n'est pas prévue en droit interne, il convient de prendre en considération la date à partir de laquelle les parties peuvent réellement prendre connaissance de son contenu. • CEDH 12 mars 2013, *Aydan c/ Turquie,* n° 16281/10 § 57. ♦ Par exemple, la date de la mise au net de la décision. • CEDH, gr. ch., 25 mars 1999, *Papachelas c/ Grèce,* n° 31423/96 § 30. ♦ Il suffit que le requérant ou son conseil ait eu une connaissance suffisante de la décision interne définitive pour que le délai commence à courir. • CEDH, décis., 13 nov. 2008, *Koc et Tosun c/ Turquie,* n° 23852/04 § 8. ♦ C'est à l'État qui excipe de l'inobservation du délai de six mois qu'il appartient d'établir la date à laquelle le requérant a eu connaissance de la décision interne définitive, à plus forte raison lorsque le droit interne ne prévoit pas la notification aux plaignants des jugements rendus quant à leurs plaintes. • CEDH, décis., 1er avr. 2003, *Sahmo c/ Turquie,* n° 37415/97. ♦ Il appartient au besoin au requérant ou à son conseil de faire preuve de diligence pour obtenir copie de la décision déposée au greffe. • CEDH 1er févr. 2005, *Olmez c/ Turquie,* n° 39464/98.

126. Absence de voies de recours internes. Selon sa jurisprudence bien établie, en l'absence de voies de recours internes, le délai *de six mois court à partir de l'acte incriminé* dans la requête ou à partir de la date à laquelle le requérant a eu connaissance de l'acte ou de la décision incriminée. • Comm. EDH 6 juill. 1998, *Hilton c/ Royaume-Uni,* n° 12015/86 • CEDH, décis., 29 janv. 2002, *Bayram et Yildirim c/ Turquie,* n° 38587/97 • CEDH, gr. ch., 3 juill. 2014, *Géorgie c/ Russie,* n° 13255/07 § 161 • CEDH 16 juin 2016, *Versini-Campinchi et Crasnianski c/ France,* n° 49176/11 § 46. ♦ ... De la date des faits dénoncés. • CEDH 15 oct. 2013, *Gutsanovi c/ Bulgarie,* n° 34529/10 § 104. ♦ ... Ou à partir de la date à laquelle l'intéressé en prend connaissance ou en ressent les effets ou le préjudice. • CEDH, décis., 2 juill. 2002, *Dennis et a. c/ Royaume-Uni,* n° 76573/01 • CEDH, gr. ch., 18 sept. 2009, *Varnava et a. c/ Turquie,* n° 16064/90 § 157 • CEDH, gr. ch., 17 juill. 2014, *Svinarenko et Slyadnev c/ Russie,* n° 32541/08 § 86.

127. La garde à vue contestée a pris fin le « X », date à laquelle le gardé à vue a comparu devant le juge assesseur près la cour de sûreté de l'État. La requête ayant été introduite le « Z », ces griefs doivent être rejetés pour non-respect du délai de six mois. • CEDH, décis., 4 nov. 2008, *Cinar c/ Turquie,* n° 8345/04.

128. Recours inutiles. Rien n'impose à un requérant d'user de recours qui ne sont ni adéquats ni effectifs (V. note 32). Il s'ensuit que l'usage de pareils recours a des conséquences sur la détermination de la « décision définitive » et donc sur la computation du point de départ du délai de six mois. • CEDH, décis., 4 mai 1999, *Kucherenko c/ Ukraine : aff n° 41974/98* • CEDH, décis., 17 déc. 2002, *Prystavska c/ Ukraine,* n° 21287/02 • CEDH 6 sept. 2005, *Gurepka c/ Ukraine,* n° 61406/00 § 47 • CEDH 13 janv. 2009, *Sapeyan c/ Arménie,* n° 35738/03 § 21.

129. La mise en œuvre de recours inutiles ou abusifs présentés devant des instances qui n'ont pas la compétence ou le pouvoir d'accorder au requérant, sur le fondement de la Conv. EDH, réparation de la violation ne sont pas pris en compte. • CEDH, décis., 5 janv. 2006, *Fernie c/ Royaume-Uni,* n° 14881/04. ♦ Il en va en particulier ainsi de recours que la Cour n'a pas estimé nécessaire d'entreprendre au regard de l'épuisement de voies de recours internes du fait de leur inefficacité. • CEDH 23 oct. 2012, *Gauer et a. c/ France,* n° 61521/08 § 26 s.

130. Ne sont donc pas pris en compte dans le calcul du délai les demandes de révision ou autres recours extraordinaires similaires. • Comm. EDH 6 oct. 1983, *R. c/ Danemark,* n° 10326/83 • CEDH, décis., 29 janv. 2004, *Berdzenishvili c/ Russie,* n° 31697/03 • CEDH 21 févr. 2006, *Atkin c/ Turquie,* n° 39977/98 • CEDH, décis., 15 nov. 2007, *Galstyan c/ Arménie,* n° 26986/03 § 39. ♦ ... Les recours dont la mise en œuvre dépend du pouvoir discrétionnaire des agents publics et qui, par conséquent, ne sont pas directement accessibles. • CEDH, décis., 22 juin 1999, *Tumilovich c/ Russie,* n° 47033/99. ♦ ... Des recours qui n'ont pas de délais précis, créant de l'incertitude. • CEDH, décis., 29 janv. 2004, *Berdzenishvili* *c/ Russie,* n° 31697/03 • CEDH, décis., 15 nov. 2007, *Galstyan c/ Arménie,* n° 26986/03 § 39.

131. Cependant, lorsque le recours extraordinaire est le seul recours judiciaire et qu'il peut remédier pour partie aux griefs du requérant, il est possible de le prendre en compte. • CEDH, décis., 31 mai 2005, *Ahtinen c/ Finlande,* n° 48907/99.

132. S'agissant du recours en révision, une telle demande ne fait repartir le délai de six mois que si elle aboutit effectivement à la reprise de l'affaire. • Comm. EDH 18 mai 1994, *Pufler c/ France,* n° 23949/94 • CEDH 21 févr. 2006, *Atkin c/ Turquie,* n° 39977/98. ♦ ... Sous réserve que cette réouverture concerne les questions soulevées au regard de la Conv. EDH. • CEDH 13 janv. 2009, *Sapeyan c/ Arménie,* n° 35738/03 § 24.

133. La Cour rappelle qu'elle est compétente pour apprécier, à la lumière des circonstances de la cause, si, dans le cas précis, un recours donné offre une possibilité effective et suffisante de redressement au sens des principes de droit international généralement reconnus en ce qui concerne la règle d'épuisement des voies de recours internes et, dans la négative, pour en faire abstraction dans l'application du délai de six mois. • CEDH, décis., 6 mai 2004, *Denisov c/ Russie,* n° 33408/03 • CEDH, décis., 29 janv. 2004, *Berdzenishvili c/ Russie,* n° 31697/03.

134. Lorsqu'un requérant utilise un recours apparemment disponible et ne prend conscience que par la suite de l'existence de circonstances qui le rendent ineffectif, il peut être indiqué de considérer comme point de départ de la période de six mois la date à laquelle le requérant a eu ou aurait dû avoir pour la première fois connaissance de cette situation. • Comm. EDH 15 mai 1995, *Lacin c/ Turquie,* n° 23654/94 • CEDH, décis., 22 oct. 2002, *Baybora et a. c/ Chypre,* n° 77116/01 • CEDH, gr. ch., 18 sept. 2009, *Varnava et a. c/ Turquie,* n° 16064/90 § 157.

135. En cas de décès, les proches requérants sont censés prendre des mesures pour se tenir au courant de l'état d'avancement de l'enquête, ou de sa stagnation, et introduire leurs requêtes avec la célérité voulue dès lors qu'ils savent, ou devraient savoir, qu'aucune enquête pénale effective n'est menée. • CEDH, décis., 28 mai 2002, *Turquie,* n° 73065/01 • CEDH, décis., 29 janv. 2002, *Turquie,* n° 38587/97. ♦ Les mêmes principes s'appliquent dans des affaires concernant des disparitions. • CEDH, décis., 4 juill. 2002, *Turquie,* n° 42428/98 • CEDH, gr. ch., 18 sept. 2009, *Turquie,* n° 16064/90 § 158.

136. Recours obligatoires. Dès lors que, selon le droit interne, les requérants sont en principe tenus de former un recours constitutionnel avant de saisir la Cour. Dès lors, celle-ci ne peut spéculer sur le point de savoir si le recours constitutionnel était tardif au regard du droit interne, ni s'il était pour cette raison voué à l'échec, puisque la Cour constitutionnelle ne l'a pas rejeté pour tardiveté. Elle ne peut donc souscrire à l'argument consistant à dire que le recours constitutionnel devrait être ignoré aux fins du calcul du délai de six mois pour saisir la Cour. • CEDH, gr. ch., 11 déc. 2018, *Slovénie,* n° 36480/07 § 68.

137. Situations continues. Le délai de six mois ne s'applique pas en tant que tel aux situations continues. Dans ce cas, le délai recommence en fait à courir chaque jour, et ce n'est que lorsque la situation cesse que le dernier délai de six mois commence réellement à courir. • Comm. EDH 12 févr. 1992, *Grèce,* n° 14807/89 • CEDH 24 juin 2008, *Roumanie,* n° 35935/02 • CEDH, gr. ch., 18 sept. 2009, *Turquie,* n° 16064/90 § 159. • CEDH 1er oct. 2013, *Turquie,* n° 24508/09 § 31. ♦ Il en va de même lorsque le grief porte sur une situation continue contre laquelle il n'existe aucun recours : tant que celle-ci perdure, la règle des six mois ne trouve pas à s'appliquer. • CEDH 14 oct. 2008, *Roumanie,* n° 6817/02 § 50 • CEDH, gr. ch., 17 juill. 2014, *Russie,* n° 32541/08 § 86 • CEDH 21 janv. 2016, *Grèce,* n° 71545/12 § 52.

138. La notion de « situation continue » désigne un état de choses résultant d'actions continues accomplies par l'État ou en son nom, dont le requérant est victime. • CEDH, décis., 4 déc. 2007, *Petkov et a. c/ Bulgarie,* n° 77568/01. ♦ En cas de répétition des mêmes faits, par exemple le transfèrement d'un requérant entre son centre de détention et le tribunal, quand bien même l'opération n'aurait eu lieu que certains jours et n'aurait pas revêtu un caractère continu, l'absence de variations notables dans les conditions de transport d'une fois à l'autre avait fait naître une « situation continue » propre à faire passer toute la période dénoncée sous sa compétence. • CEDH 17 janv. 2012, *Fetisov et a. c/ Russie,* n° 43710/07 § 75. ♦ Il en va de même lorsque des requérants en détention sont enfermés dans une cage de métal à l'intérieur du prétoire chaque fois qu'ils sont conduits de leur centre de détention au tribunal pour y suivre leur procès. • CEDH, gr. ch., 17 juill. 2014, *Svinarenko et Slyadnev c/ Russie,* n° 32541/08 § 86.

139. Lorsque la détention provisoire d'un accusé se décompose en plusieurs périodes non consécutives et qu'il est loisible à l'intéressé de soumettre des griefs concernant sa détention provisoire pendant qu'il se trouve en liberté, la Cour estime que ces périodes non consécutives doivent être considérées non pas comme un tout, mais séparément. Elle considère que c'est ainsi que la finalité de la règle des six mois rappelée ci-dessus se trouve le mieux respectée. Dès lors, une fois en liberté, un requérant est tenu de soulever dans les six mois à compter de la date de son élargissement effectif tout grief qu'il peut nourrir au sujet de sa détention provisoire. Il s'ensuit que, au vu des dispositions du § 1 du présent art., la Cour ne peut connaître de périodes de détention provisoire ayant pris fin plus de six mois avant qu'un requérant ne la saisisse. Toutefois, si les périodes en question s'inscrivent dans le cadre de la même procédure pénale, la Cour, lorsqu'elle examine le caractère raisonnable de la détention aux fins du § 3 du présent art., peut tenir compte du fait que l'intéressé a déjà passé un certain temps en détention provisoire. • CEDH, gr. ch., 22 mai 2012, *Idalov c/ Russie,* n° 5826/03 § 129 et 130 : *RSC 2012. 687, obs. Marguénaud.* ♦ Rappr. • CEDH 12 déc. 2013, *Khuroshvili c/ Grèce,* n° 58165/10 § 94. ♦ V. déjà • CEDH 27 juin 1968, *Neumeister c/ Autriche,* n° 9136/63 § 6 • CEDH 8 oct. 2009, *Bordikov c/ Russie,* n° 921/03 § 83. ♦ *Ab. jur.* • CEDH 16 janv. 2007, *Solmaz c/ Turquie,* n° 27561/02 § 36.

140. Enquête pour mauvais traitement ou décès. Les requérants sont censés prendre des mesures pour se tenir au courant de l'état d'avancement de l'enquête, ou de sa stagnation, et introduire leurs requêtes avec la célérité voulue dès lors qu'ils savent, ou devraient savoir, qu'aucune enquête pénale effective n'est menée. • CEDH, gr. ch., 17 sept. 2014, *Mocanu et a. c/ Roumanie,* n° 10865/09 § 263. ♦ V. déjà • CEDH, décis., 30 août 2011, *Atallah c/ France,* n° 51987/07. ♦ Il s'ensuit que l'obligation de diligence incombant aux requérants comporte deux aspects distincts quoique étroitement liés : d'une part, les intéressés doivent s'enquérir promptement auprès des autorités internes de l'avancement de l'enquête – ce qui implique la nécessité de les saisir avec diligence car tout retard risque de compromettre l'effectivité de l'enquête – et, d'autre part, ils doivent promptement saisir la Cour dès qu'ils se rendent compte ou auraient dû se rendre compte que l'enquête n'est pas effective. • CEDH, gr. ch., 17 sept. 2014, *Mocanu et a. c/ Roumanie,* n° 10865/09 § 263. ♦ V. déjà. • CEDH, décis., 31 mai 2011, *Nasirkhayeva c/ Russie,* n° 1721/07.

141. Computation. Le jour du prononcé de la décision interne définitive ne compte pas dans le délai de six mois. Ce délai commence en effet à courir le lendemain du prononcé en *public de la décision définitive ou,* en l'absence de prononcé, le lendemain de la notification (ou de la mise à diisposition) au requérant ou à son représentant, et expire six mois calendaires plus tard quelle que soit la véritable durée de ceux-ci. • Comm. EDH 9 janv. 1995, *K. C. M. c/ Pays-Bas,* n° 21034/92 • CEDH, décis., 10 nov. 2009, *Otto c/ Allemagne,* n° 21425/06 • CEDH 8 juin 2010, *Buyukdere et a. c/ Turquie,* n° 6162/04 • CEDH 12 mars 2013, *Aydan c/ Turquie,* n° 16281/10 § 57. ♦ Le délai court à compter de la date de la signification de la copie de la décision, qu'il ait ou non auparavant été donné lecture de la décision en question. Étant donné que, conformément au droit interne, la décision définitive a, en l'espèce, été envoyée au requérant le « X », la Cour considère que le délai de six mois a commencé à courir à cette date. • CEDH, décis., 1er juin 2010, *Kemevuako c/ Pays-Bas,* n° 65938/09. ♦ V. déjà. • CEDH 29 août 1997, *Worm c/ Autriche,* n° 22714/93 § 33.

142. Le respect du délai de six mois doit répondre aux critères propres à la Convention et non aux modalités prévues par le droit interne de chaque État défendeur. L'application par la Cour de ses propres critères de computation des délais, indépendamment des règles nationales, tend à assurer la sécurité juridique, une bonne administration de la justice et, ainsi, le fonctionnement pratique et effectif du mécanisme de la Conv. EDH. En effet, si, dans la détermination du *dies ad quem,* la Cour devait nécessairement tenir compte du droit et de la pratique internes, il lui faudrait établir un calendrier complet des jours fériés dans les 47 États parties à la Convention, lesquels varient d'un pays à l'autre et parfois même au sein d'un même pays. • CEDH 28 oct. 2003, *Stone Court Shipping Company S. A. c/ Espagne,* n° 55524/00 § 39 (les deux communautés autonomes impliquées dans l'affaire n'avaient pas la même liste de jours fériés). ♦ ... Et peuvent également changer au fil des années. Dès lors la Cour ne tient pas compte des jours non ouvrables dans la détermination du *dies ad quem.* • CEDH, gr. ch., 29 juin 2012, *Sabri Gunes c/ Turquie,* n° 27396/06 § 48, 49 et 56.

C. DATE D'INTRODUCTION DE LA REQUÊTE

Nota : Compte tenu des modifications apportées à l'art. 47 Règl. CEDH à la suite de la Déclaration de Brighton du 20 avr. 2012 et entrées en vigueur le 1er janv. 2014, on peut douter que la pratique et la jurisprudence mentionnées aux § 114 à 120 puissent perdurer à l'identique. C'est donc semble-t-il désormais la date de soumission du formulaire de requête complet qui doit être retenue comme date d'introduction de la requête.

1° PREMIER CONTACT

143. Principe. Conformément à la pratique établie des organes de la Conv. EDH et à l'art. 47, § 5, de son règlement, la Cour considère normalement que la requête est introduite à la date de la première communication du requérant indiquant l'intention de l'intéressé de la saisir et exposant, même sommairement, la nature de la requête. Cette première communication, qui peut prendre la forme d'une télécopie, interrompt le cours du délai de six mois. • CEDH, décis., 1er juin 2010, *Kemevuako c/ Pays-Bas,* n° 65938/09 § 19. ♦ V. déjà. • CEDH, décis., 28 août 2001, *Allan c/ Royaume-Uni,* n° 48539/99.

144. Il serait contraire à l'esprit et à la finalité du présent art. de considérer que, par le biais de n'importe quelle communication initiale, un requérant pourrait déclencher la procédure établie par la Conv. EDH puis rester inactif pendant une durée inexpliquée et indéterminée. • CEDH, décis., 24 août 2004, *P. M. c/ Royaume-Uni,* n° 6638/03. ♦ A défaut, la Cour considère généralement que l'interruption du délai de six mois est caduque. • CEDH, décis., 1er juin 2010, *Kemevuako c/ Pays-Bas,* n° 65938/09 § 20 • CEDH 8 oct. 2013, *Ricci c/ Italie,* n° 30210/06 § 31. ♦ V. note 150.

145. La Commission estime que l'intéressé a prouvé qu'il s'intéressait toujours à la requête et estime, dans ces conditions, devoir considérer que la requête a été introduite le « X », date du premier contact. • Comm. EDH 12 déc. 1985, *B. c/ Royaume-Uni,* n° 10293/83.

146. Date retenue. Le conseil du requérant a daté la lettre d'introduction le 12 avr., mais a déposé celle-ci à la poste le 19 avr. Dans l'hypothèse où le conseil du requérant a rédigé la lettre d'introduction de la requête le 12 avr., il aurait dû la déposer à la poste, au plus tard, le lendemain de la date figurant sur celle-ci, à savoir le 13 avr. Le requérant n'apporte aucune explication quant à l'écart de six jours existant entre la date de la rédaction de la lettre et celle de son envoi par la poste. Il faut donc considérer que la date d'introduction de la requête est celle de la date à laquelle elle a été déposée à la poste. • CEDH, décis., 21 nov. 2002, *Arslan c/ Turquie,* n° 36747/02. ♦ La première lettre par laquelle la requérante a saisi la Cour, incluant le formulaire de requête daté du 9 avr. 2005, a été expédiée le 19 avr. 2005. Il y a donc lieu de fixer au 19 avr. 2005 la date d'introduction de la présente requête. • CEDH, décis., 16 sept. 2008, *Ruzickova c/ Rép. tchèque,* n° 15630/05. ♦ La première lettre incluant le formulaire de requête signée par le premier avocat du requérant et datée du 25 mai 2006 a été expédiée par télécopie le 29 mai 2006, à 8 h 17, date qu'il convient de fixer comme date de l'introduction de la présente requête. • CEDH, décis., 10 nov. 2009, *Otto c/ Allemagne,* n° 21425/06. ♦ Postée le 30 juill., la requête est arrivée à la Cour le 29 sept. La date d'envoi est celle qu'il faut retenir. • CEDH, gr. ch., 20 oct. 2015, *Vasiliauskas c/ Lituanie,* n° 34353/05 § 117. ♦ Le 14 avr. 2009, le greffe a reçu par voie postale les originaux des formulaires de requête dûment remplis ainsi que les documents pertinents. La lettre accompagnant les requêtes est datée du 6 avr. 2009, mais l'enveloppe contenant tous ces documents porte le cachet postal du 9 avr. 2009. Les requérants n'apportant aucune explication quant à l'écart de trois jours existant entre la date de la lettre et celle de son envoi par la poste, la Cour considère que la date d'introduction des requêtes est celle de la date à laquelle le pli a été déposé à la poste, à savoir le 9 avr. 2009. Le délai de six mois ayant commencé à courir le 7 oct. 2008, la Cour conclut que les requêtes sont tardives. • CEDH, décis, 20 mars 2012, *Boelens et a. c/ Belgique,* n° 20007/09.

147. Réouverture. Ainsi que le requérant l'a relevé, sa première correspondance adressée au secrétariat de la Commission date du « X » et non du « Z ». En conséquence, la Commission estime qu'il échet de rouvrir l'examen de la requête et de remplacer sa décision du « K » par la présente décision. • Comm. EDH 1er juill. 1992, *Gérard Morlet c/ France,* n° 16981/90. ♦ La Cour en déduit que, dès le « X », soit avant l'expiration du délai de six mois de l'art. 35, § 1, de la Convention, elle se trouvait saisie d'un grief tiré de l'art. 6, § 1, et relatif à la durée de la procédure. Elle décide en conséquence de rouvrir l'examen de la requête en ce qu'elle se rapporte à ce grief. • CEDH, décis., 26 févr. 2002, *Appietto c/ France,* n° 56927/00. ♦ La Cour estime par contre qu'il lui faut rechercher s'il y a eu en l'espèce, comme les requérants l'allèguent, une erreur manifeste sur la date à retenir comme le *dies a quo* du délai de six mois. L'erreur consistant à retenir la date du « X » comme celle du *dies a quo* du délai de six mois, au lieu du « Y » – date avérée et que le Gouvernement ne conteste d'ailleurs pas –, existe bien. • CEDH, décis., 5 juill. 2005, *Olmez c/ Turquie,* n° 39464/98. ♦ Les requérants soutiennent que les requêtes susmentionnées ont été introduites par télécopie le 6 avr. 2009. Ainsi, elles auraient été introduites dans le délai de six mois, qui commençait à courir le 7 oct. 2008, date des arrêts de la Cour de cassation. Cette erreur étant avérée au vu de la date de réception de la télécopie, la Cour décide la réouverture de la procédure relative à l'examen des requêtes. • CEDH, décis, 11 sept. 2012, *Boelens et a. c/ Belgique,* n° 20007/09.

2° FORMULAIRE DE REQUÊTE

148. Principe. Dès lors que la date du premier contact ne peut être retenue du fait de l'inertie du requérant c'est la date de soumission du formulaire de requête complet qui doit être retenue comme date d'introduction de la requête. • CEDH, décis., 1er juin 2010, *Kemevuako c/ Pays-Bas,* n° 65938/09 § 20.

149. Le fait que le formulaire de requête

complété ait été transmis au greffe par télécopie le 4 mars, jour d'expiration du délai de huit semaines, est sans pertinence puisque la Cour n'en a pas reçu l'original dans ledit délai. A cet égard, la Cour observe qu'alors que le formulaire et la lettre qui l'accompagnait étaient datés du 4 mars, le cachet de la poste figurant sur l'enveloppe dans laquelle ont été envoyés ces documents ainsi que le mandat d'avocat signé et les copies de tous les documents pertinents était daté du 10 mars. La Cour conclut que la date qui doit être considérée comme la date d'introduction de la présente affaire est celle du cachet de la poste figurant sur l'enveloppe contenant l'original du formulaire de requête, à savoir le 10 mars 2010. Le délai de six mois ayant commencé à courir le 15 juin 2009, la requête est donc tardive. • CEDH, décis., 1er juin 2010, *Kemevuako c/ Pays-Bas,* n° 65938/09 § 23 et 25. ♦ Rappr., l'envoi du formulaire étant également le premier contact. • CEDH, décis., 10 nov. 2009, *Otto c/ Allemagne,* n° 21425/06.

150. La première communication du requérant, envoyée le 18 juill., a été reçue par le greffe le 24. Par une lettre du 31, le greffe a invité le requérant à envoyer, dans un délai de six semaines, le formulaire de requête, dûment rempli et accompagné des documents pertinents pour l'examen de son affaire. Le formulaire et les documents, envoyés le 12 sept., ont été reçus par le greffe le 19, donc dans un délai raisonnable. • CEDH 8 oct. 2013, *Ricci c/ Italie,* n° 30210/06 § 32.

3° GRIEFS ULTÉRIEURS. MODIFICATION DE LA REQUÊTE INITIALE

151. En ce qui concerne les griefs (qui se caractérisent par les faits qu'ils dénoncent et non par les simples moyens ou arguments de droit invoqués). • CEDH, gr. ch., 17 sept. 2009, *Scoppola c/ Italie (n° 2),* n° 10249/03 § 76. ♦ Ne figurant pas dans la demande initiale, le délai de six mois de temps n'est interrompu qu'à la date à laquelle le grief est présenté pour la première fois. • CEDH, décis., 28 août 2001, *Allan c/ Royaume-Uni,* n° 48539/99.

152. Pour tout grief non contenu dans la requête proprement dite, le cours dudit délai n'est interrompu que le jour où il est exprimé pour la première fois devant elle. • Comm. EDH 12 déc. 1985, *B. c/ Royaume-Uni,* n° 10293/83 • Comm. EDH 26 mai 1997, *Fressoz et Roire c/ France,* n° 29183/95 • CEDH 25 mai 2004, *Paroisse gréco-catholique Sambata Bihor c/ Roumanie,* n° 48107/99.

153. Un grief nouveau présenté pour la première fois devant la Cour dans les observations du requérant sur la recevabilité et le bien-fondé de la requête a été considéré comme introduit en dehors du délai de six mois. • CEDH, décis., 15 juin 2000, *Messochoritis c/ Grèce,* n° 41867 • CEDH 25 mai 2004, *Paroisse gréco-catholique Sambata Bihor c/ Roumanie,* n° 48107/99.

154. Des griefs formulés après l'expiration du délai de six mois ne peuvent être examinés que s'ils touchent des aspects particuliers des griefs initiaux soulevés dans le délai. • Comm. EDH 7 mars 1996, *Raninen c/se Finlande,* n° 20972/92 • CEDH 25 mai 2004, *Paroisse gréco-catholique Sambata Bihor c/ Roumanie,* n° 48107/99.

155. Le simple fait d'invoquer l'art. 6 Conv. EDH avant l'expiration du délai ne permet pas, après l'expiration, de justifier tous les griefs formulés en application de cette disposition. Il y a lieu dès lors de les écarter. • CEDH, décis., 28 août 2001, *Allan c/ Royaume-Uni,* n° 48539/99 • CEDH 17 oct. 2002, *Zervakis c/ Grèce,* n° 64321/01 • CEDH 1er sept. 2005, *Adam et a. c/ Allemagne,* n° 290/03.

156. Le grief du requérant relatif à la durée de la procédure n'a été soulevé que le « X ». Le formulaire de requête déposé antérieurement ne comportait aucune explication de la part du demandeur quant aux violations alléguées ; simplement les documents de la procédure interne y étaient annexés. La mise à disposition des documents de la procédure interne ne suffit pas pour constituer l'introduction de tous les griefs subséquents fondés sur cette procédure. Une indication sommaire de la nature de la violation alléguée est nécessaire pour introduire un grief et interrompre le délai de six mois. • CEDH, décis., 1er févr. 2005, *Bozinovski c/ Ex République yougoslave de Macédoine,* n° 68368/01.

157. On rapprochera de cette situation le cas dans lequel un requérant, agissant en son nom personnel, indique après le délai de six mois qu'il souhaite agir également au nom de ses enfants. La requête sera considérée comme tardive. • CEDH 1er août 2013, *Antonyuk c/ Russie,* n° 47721/10 § 95.

III. REQUÊTE ANONYME. CONV. EDH, ART. 35, § 2, a)

158. Présence des informations de nature à permettre d'identifier le requérant. L'identité du requérant n'a pas été communiquée. Aucun des formulaires ou documents produits devant elle ne fait mention du nom de l'intéressé, qui est désigné seulement par les termes « Blondje », « NN cel 07 » ou « Nn.Pl09.m.20081101.1100 ». De plus, le pouvoir qui a été soumis est signé de la lettre « X ». Dès lors, étant donné que le dossier de l'affaire ne comporte aucune information de nature à permettre à la Cour d'identifier le requérant, la requête doit être considérée comme anonyme. • CEDH 15 sept. 2009,

« *Blondje* » *c/ Pays-Bas,* n° 7245/09. ♦ La Cour observe que, bien que non signé, le formulaire de requête contenait les données personnelles du demandeur suffisantes pour lever tout doute sur son identité ; de plus toute la correspondance ultérieure de la Cour a été dûment signée par les représentants du requérant. Dans de telles circonstances, la Cour n'a aucune raison de considérer la demande comme anonyme. • CEDH, décis, 9 janv. 2006, *Kuznetsova c/ Russie,* n° 67579/01.

159. Les associations ne se prétendant pas elles-mêmes victimes d'une violation de la Convention mais déclarant représenter des thérapeutes sans que ceux-ci aient été identifiés et que les associations justifient d'un mandat spécifique donné par chacun d'entre eux. • Comm. EDH 12 mai 1986, *Conf. synd. médicaux français et Féd. nat. des infirmiers c/ France,* n° 10983/84.

160. Requêtes sous des noms fictifs. La Cour ne conteste pas que les requérants introduisirent leur requête en lui indiquant des surnoms et qu'ils ne fournirent que plus tard leurs vrais patronymes. Même si la véracité de ceux-ci reste encore, dans certains cas, à prouver, la Cour ne met pas en doute le fait que, derrière les tactiques de dissimulation des vraies identités pour des raisons que l'on peut comprendre, se trouvent des personnes réelles, concrètes et identifiables par un nombre suffisant d'indices, autres que leurs noms. A l'exception de leurs vrais noms, les requérants fournirent un grand nombre d'éléments factuels et juridiques permettant à la Cour de les identifier par rapport aux faits litigieux et aux griefs invoqués. Le recoupement des éléments produits par les deux Gouvernements défendeurs (résultats de recherches d'identification, photographies, etc.), avec les informations fournies par les représentantes des requérants, permet de conclure à l'existence d'un lien suffisamment étroit entre les requérants et les événements en cause dans le cadre du cas d'espèce. • CEDH, décis., 16 sept. 2003, *Shamayev et 12 a. c/ Géorgie et Russie,* n° 36378/02. ♦ La Cour a considéré que la présente requête concernait des personnes réelles, concrètes et identifiables et que leurs griefs, qui portaient sur des atteintes alléguées à leurs droits au regard de la Convention, reposaient sur des faits réels, dont certains n'étaient contestés par aucun des deux Gouvernements défendeurs et n'aperçoit à ce stade aucune « circonstance spéciale » imposant un nouvel examen des arguments tirés du caractère abstrait et abusif de la présente requête. • CEDH 12 avr. 2005, *Chamaïev et a. c/ Géorgie et Russie,* n° 36378/02 § 275 : *AJDA 2005. 1886, chron. Flauss*.

161. Requête sous une fausse identité. V. « Requête abusive ».

162. Anonymat accordé par la Cour (Règl. CEDH, art. 47, § 3). Le syndicat requérant a saisi la Cour par l'intermédiaire de ses représentants, qui ont mandaté à cette fin Me G. Ils ont ensuite démenti les déclarations que l'archevêché de Craiova lui avait fait parvenir et dans lesquelles ils disaient renoncer à leur requête. Ils ont précisé que l'archevêché les avait contraints à faire ces déclarations. Étant donné qu'ils avaient fourni des éléments factuels et juridiques permettant à la Cour de les identifier et d'établir leurs liens avec les faits litigieux et le grief invoqué, le Président de la Chambre puis le Président de la Grande Chambre ont l'un comme l'autre accédé à leur demande de non-divulgation de leur identité. Dans ces conditions, la Cour estime que la requête n'est pas anonyme et que la volonté des membres du syndicat d'agir devant elle au nom du syndicat requérant ne fait pas de doute. • CEDH, gr. ch., 9 juill. 2013, *Sindicatul « Pastorul cel bun » c/ Roumanie,* n° 2330/09 § 71 et 72 : *D. 2013. 1836, obs. Gaté*. ♦ Le requérant a saisi la Cour en indiquant dans sa requête son identité. Il a présenté en même temps une demande d'anonymat pour la procédure devant la Cour au motif que sa vie et sa sécurité seraient en danger en Grèce et en Europe. La Cour a accueilli cette demande. Elle relève aussi que dans les procédures internes, que ce soit devant les autorités de police ou les instances judiciaires, le requérant était désigné par le même nom que celui sous lequel il a saisi la Cour. Ainsi, la Cour dispose d'un nombre d'éléments concordants lui permettant d'identifier le requérant par rapport aux faits litigieux et aux griefs invoqués. • CEDH 13 juin 2013, *A. F. c/ Grèce,* n° 53709/11 § 43.

IV. REQUÊTE REDONDANTE. CONV. EDH, ART. 35, § 2, b)

A. NOTION DE REQUÊTE REDONDANTE

163. La Cour doit vérifier si les deux requêtes dont elle a été saisie par l'association requérante ont trait essentiellement à la même personne, aux mêmes faits et aux mêmes griefs. • CEDH, gr. ch., 30 juin 2009, *Verein Gegen Tierfabriken Schweiz (VgT) c/ Suisse (n° 2),* n° 32772/02 § 63.

164. Même si la communication présentée par le requérant au Comité des droits de l'homme portait sur une discrimination relative à son droit à une pension de veuf, alors que la présente requête a trait à une discrimination relative au remplacement de sa pension de veuf par un versement en capital, calculé d'après les dispositions transitoires du huitième amendement à la loi sur les pensions, la Commission estime que cette communication et la présente requête ont essentiellement le même objet, à savoir la discrimination dont il aurait été victime en ce qui concerne sa demande de pension de veuf et l'application des dispositions transitoires à son droit à pension. • Comm. EDH 9 janv. 1995, *Pauger c/ Autriche,* n° 24872/94. ♦ La Commission estime que la requête dont elle est saisie n'est pas essentiellement la même que celle qui a été présentée au Comité des droits de l'homme, les griefs soulevés n'étant pas identiques. Devant le Comité, le requérant se plaint d'une discrimination, alors que les griefs soulevés devant la Commission portent sur les procédures devant les autorités et les juridictions autrichiennes. • Comm. EDH 9 janv. 1995, *Pauger c/ Autriche,* n° 16717/90.

1° *IDENTITÉ DE REQUÉRANTS*

165. Principe. Si ce n'est pas le même plaignant qui comparaît devant la Commission et, par exemple, devant le Comité des droits de l'homme des Nations unies, le grief soulevé devant la Commission ne saurait être considéré comme étant essentiellement le même. • Comm. EDH 20 févr. 1995, *Peltonen c/ Finlande,* n° 19583/92. ♦ La communication pendante devant le Comité des droits de l'homme des Nations unies qui a été déposée ne concerne que la première requérante ; pour cette raison ses effets ne peuvent être étendus à la seconde requérante. • CEDH, décis., 3 oct. 2002, *Smirnova c/ Russie,* n° 46133/99.

166. La Cour observe que les requérants qui l'ont saisie et les « auteurs » de la communication adressée au Comité des droits de l'homme de l'ONU dénonçaient tous, à l'issue de la même procédure interne à laquelle ils avaient tous été parties, l'absence de possibilité en droit norvégien d'obtenir une dispense totale du cours de KRL (christianisme, religion et philosophie) pour leurs enfants. Toutefois, d'après le principe établi dans la jurisprudence de la Conv. EDH, si les personnes qui se plaignent devant les deux institutions ne sont pas les mêmes, la « requête » reçue à la Cour ne peut passer pour être « essentiellement la même qu'une requête (...) déjà soumise » en l'occurrence au Comité des droits de l'homme de l'ONU (il faut noter à cet égard que le libellé français de l'art. 35, § 2, b) est plus strict que le texte anglais, qui dit : « *application that ... is substantially the same as a matter ... submitted...* » – soulignement ajouté). Sans nier les points communs qui existent entre la requête soumise au titre de la Conv. EDH à Strasbourg et la communication présentée en vertu du Pacte de l'ONU à Genève, la Cour juge qu'il *ne se justifie pas en* l'espèce de faire exception à ce principe. • CEDH, décis., 14 févr. 2006, *Folgero et a. c/ Norvège,* n° 15472/02.

167. Ce n'est pas le requérant lui-même qui a saisi l'organe des Nations unies mais son frère. Certes, selon sa jurisprudence, si les personnes qui se plaignent devant les deux institutions ne sont pas les mêmes, la « requête » reçue à la Cour ne peut passer pour être « essentiellement la même qu'une requête (...) déjà soumise » à une autre instance internationale. Toutefois, en l'espèce, et bien que formellement les auteurs des deux requêtes soient différents, la Cour estime qu'il ressort des éléments soumis à son appréciation que le frère du requérant a saisi le groupe de travail d'une requête afin de faire examiner la situation du requérant et non pas sa situation personnelle. • CEDH, décis., 7 avr. 2009, *Peraldi c/ France,* n° 2096/05.

168. Identité acquise en cours d'instance. En adhérant après l'introduction de la présente requête à la communication du premier requérant au Comité des droits de l'homme, le deuxième requérant est devenu partie à la procédure en cours devant le Comité des droits de l'homme au même titre que le premier requérant. Par conséquent, au moment où elle examine la requête que les requérants ont présentée devant elle, la Commission ne peut que relever l'irrecevabilité de la requête. • Comm. EDH 6 juill. 1992, *Calcerrada Fornieles et Cabeza Mato c/ Espagne,* n° 17512/90.

169. Personnes morales et individus. Les griefs soulevés devant l'OIT l'ont été en son nom par la Confédération des syndicats britanniques à travers son secrétaire général. Les six requérants individuels devant la Commission n'auraient d'ailleurs pas pu formuler de tels griefs puisque le Comité pour la liberté syndicale a été créé pour connaître des plaintes émanant d'organisations de travailleurs salariés, par opposition aux plaignants individuels. • Comm. EDH 20 janv. 1987, *Council of Civil Service Unions c/ Royaume-Uni,* n° 11603/85. ♦ La communication a été présentée non pas par les requérantes mais par l'Organisation mondiale contre la torture. Partant, il n'y a pas d'identité des auteurs des deux requêtes. • CEDH 5 juill. 2007, *Celniku c/ Grèce,* n° 21449/04 § 40. ♦ Cependant, bien que la plainte ait été présentée à titre principal par la FMTI, les quatre sections syndicales représentant les travailleurs de l'entreprise au sein du comité d'entreprise se sont jointes à la procédure dont l'objet portait précisément sur le licenciement des 23 requérants, ceux-là mêmes qui sont aujourd'hui devant la Commission. S'il est vrai que formellement les 23 requérants individuels devant la Commission ne sont pas les plaignants qui ont comparu devant les organes de l'OIT, l'accès à ces instances étant réservé aux organisations syndicales, il n'en demeure pas moins que, contrairement à l'affaire précitée, dans le présent cas la plainte a été soumise. • Comm. EDH 12 oct. 1992, *Miguel Cereceda Martin et 22 autres c/ Espagne,* n° 16358/90.

170. On ne saurait dire qu'en introduisant

une requête interétatique un Gouvernement requérant prive des particuliers de la possibilité d'introduire ou de faire valoir leurs propres griefs. • CEDH, gr. ch., 18 sept. 2009, *Varnava et a. c/ Turquie,* n° 16064/90 § 118.

2° *IDENTITÉ DE GRIEFS*

171. Se référant à la précédente requête que le requérant a introduite devant la Commission, la Cour relève que ces griefs sont essentiellement les mêmes que ceux examinés dans l'affaire suscitée. Il s'ensuit que cette partie de la requête doit être rejetée. • CEDH, décis., 22 nov. 2001, *Dinc c/ Turquie,* n° 42437/98.

172. La Commission note qu'elle a déclaré irrecevable en date du « X » le grief du requérant dans la requête n° « Y ». Après avoir examiné le présent grief, la Commission estime que celui-ci est essentiellement le même que celui présenté dans la requête n° « Y » (et qu'il ne contient pas de faits nouveaux). Il s'ensuit que ce grief doit être rejeté. • Comm. EDH 6 avr. 1995, *Duclos c/ France,* n° 23661/94. ♦ La Cour observe en premier lieu que l'allégation du requérant selon laquelle son « droit de se taire » a été méconnu par les juridictions d'instruction est essentiellement la même que celle examinée dans le cadre de la requête n° « K », qui a donné lieu à l'arrêt du « X ». Le présent art. fait en conséquence obstacle à ce que la Cour la prenne présentement en considération. • CEDH, décis, 4 mai 2000, *Serves c/ France,* n° 38642/97 § 25. ♦ La Cour constate que ce grief de la requérante a déjà été soumis aux organes de la Conv. EDH dans le cadre de la requête n° « Z ». Par décision du « X », la Commission a déclaré cette requête irrecevable pour non-épuisement des voies de recours internes, la requérante n'ayant pas formé de pourvoi en cassation devant le Conseil d'État. La Conv. EDH ne prévoyant aucune voie de recours contre les décisions par lesquelles ses organes déclarent une requête irrecevable, cette décision est définitive. La présente requête est irrecevable. • CEDH 1er juill. 2003, *Clinique Mozart SARL c/ France,* n° 46909/99 • CEDH, décis., 23 févr. 2010, *Rupa c/ Roumanie n° 2,* n° 37971/02 § 52 s. • CEDH, décis., 9 mars 2010, *Coscodar c/ Roumanie,* n° 36020/06 § 27.

173. Si la présente requête a pour objet un litige mettant en jeu un autre locataire et un autre appartement dans le même immeuble que celui concerné par la requête n° « S », le fond de la cause étant essentiellement le même, celle-ci a donné lieu à une procédure identique devant les tribunaux berlinois. Le requérant réitérant les griefs, dirigés notamment contre la législation des loyers, régissant son immeuble, qu'il a déjà formulés dans la requête n° « S », l'argumentation du requérant n'apporte aucun élément de nature à modifier essentiellement les données de base de la situation légale à la vue de laquelle la Commission avait décliné sa compétence quant à la requête n° « S » ; par conséquent, la recevabilité de la présente requête se heurte aux dispositions du présent art. • Comm. EDH 1er avr. 1968, *X. c/ Allemagne,* n° 2606/65.

174. La Cour rappelle que les présentes requêtes concernent les conditions de la garde à vue du requérant. Elle constate en outre que l'affaire Sadak et autres n° « X » concerne la condamnation, entre autres, du requérant par la Cour de sûreté de l'État d'Ankara. Par ailleurs, l'affaire *Sadak et autres* n° « Z » porte sur la déchéance des députés appartenant au Parti de la démocratie de leur mandat parlementaire suite à la dissolution de ce parti par la Cour constitutionnelle. Partant, la Cour conclut que les présentes requêtes ne sont pas essentiellement les mêmes que les requêtes nos « X » et/ou « Z ». • CEDH 8 avr. 2004, *Sadak c/ Turquie,* n° 25142/94 § 32 et 33 • CEDH 27 mai 2004, *Yurttas c/ Turquie,* n° 25143/94 § 36 et 37.

175. Les deux requêtes concernent la détention provisoire du requérant, et notamment la question de savoir si la durée de cette détention provisoire a été excessive. Elle remarque d'emblée que le groupe de travail s'est prononcé, à partir de nombreux éléments, dont principalement celui de la durée de la détention provisoire, sur la question de savoir si la détention du requérant était arbitraire. La Cour relève qu'aux termes de son mandat, le groupe de travail considère que la détention revêt un caractère arbitraire dans les cas où le non-respect de tout ou partie des normes internationales acceptées par les États concernés relatives au droit à un procès équitable est tel qu'il confère à la privation de liberté, quelle qu'elle soit, un caractère arbitraire. Elle constate que, dans le cas d'espèce, le groupe de travail a été amené à apprécier, dans son analyse globale du droit à un procès équitable, la notion de délai raisonnable évaluée conformément aux critères retenus par la Cour, c'est-à-dire en tenant compte des circonstances et du degré de complexité de chaque affaire et le cas échéant, de l'exercice des voies de recours et du droit de contester périodiquement le maintien en détention provisoire. Sa saisine englobait donc les griefs que le requérant présente à la Cour. • CEDH, décis., 7 avr. 2009, *Peraldi c/ France,* n° 2096/05.

3° *IDENTITÉ DE FAITS*

176. Absence de faits nouveaux. La Commission note qu'elle a déclaré irrecevable en date du « X » le grief du requérant dans la requête n° « Y ». Après avoir examiné le présent grief, la Commission estime que celui-ci est essentiellement le même que celui présenté dans la requête n° « Y » et qu'il ne contient pas de faits nouveaux. Il s'ensuit que ce grief doit être rejeté. • Comm. EDH 6 avr. 1995, *Duclos c/ France,* n° 23661/94. ♦ Le requérant n'apportant aucun élément nouveau par rapport à ceux qu'il avait présentés lors de la requête précédente, ce grief ne peut qu'être rejeté car « essentiellement » le même que celui précédemment examiné. • CEDH, décis., 31 janv. 2002, *Manuel c/ Portugal,* n° 62341/00.

177. Présence de faits nouveaux. Le requérant a présenté des faits nouveaux dans la mesure où il se plaint de la procédure introduite par lui devant la cour civile du tribunal cantonal du canton de Neuchâtel, procédure qui n'avait pas fait l'objet de sa première requête. Dès lors, la présente requête n'est pas essentiellement la même que la requête précédente. • Comm. EDH 12 oct. 1994, *Chappex c/ Suisse,* n° 20338/92. ♦ Si le grief tiré à présent de l'art. 8 Conv. EDH est, pour ce qui est des événements antérieurs au « X », essentiellement le même que celui qui a été à l'origine des constatations susmentionnées du Comité des droits de l'homme et que, dès lors cette partie de la requête doit par conséquent être rejetée en application du présent art., en revanche, dans la mesure où la situation dénoncée par le requérant continue et qu'il y a eu des faits nouveaux depuis le « X », la Cour s'estime compétente pour connaître du grief du requérant en ce qu'il se rapporte à la période postérieure à ladite date. • CEDH, décis., 10 janv. 2006, *Patera c/ Rép. tchèque,* n° 25326/03.

B. NOTION D'AUTRE INSTANCE INTERNATIONALE D'ENQUÊTE OU DE RÈGLEMENT

178. Reflétant le principe de *litispendance* et visant à éviter la pluralité de procédures internationales relatives aux mêmes affaires, cette disposition ne trouve cependant à s'appliquer que si la procédure engagée auprès d'un organe peut être assimilée, sous l'angle procédural et sous l'angle des effets potentiels, au droit de recours individuel prévu à l'art. 34, ce qui implique d'examiner la nature de l'organe de contrôle, la procédure suivie par celui-ci et l'effet de ses décisions. • CEDH, gr. ch., 22 déc. 2020, *Demirtas c/ Turquie (n° 2),* n° 14305/17 § 182.

1° NOTION D'INSTANCE

179. Caractère intergouvernemental. L'expression « instance internationale d'enquête ou de règlement » désigne des institutions et procédures créées par des États, ce qui exclut les organismes qui ne seraient pas intergouvernementaux tels que l'Union interparlementaire. • Comm. EDH 12 janv. 1995, *Lukanov c/ Bulgarie,* n° 21915/93. ♦ Cependant, même si un mécanisme donné n'a pas été mis en place par une organisation non gouvernementale, cela ne signifie pas automatiquement qu'il peut être qualifié « d'autre instance » au sens de cette disposition. Encore doit-il offrir une procédure judiciaire ou quasi judiciaire analogue à celle qui est prévue par la Convention. • CEDH, gr. ch., 22 déc. 2020, *Demirtas c/ Turquie (n° 2),* n° 14305/17 § 184. ♦ Sans se prononcer sur le changement allégué de statut de l'Union interparlementaire depuis la décision *Lukanov* préc., la Cour juge en tout état de cause que son comité ne peut être considéré comme une instance judiciaire ou quasi judiciaire similaire à celle mise en place par la Convention, dès lors que ce comité n'effectue pas des examens liés au respect des obligations découlant pour un État d'un instrument juridique particulier. • CEDH, gr. ch., 22 déc. 2020, *Demirtas c/ Turquie (n° 2),* n° 14305/17 § 188. ♦ V. pour une juridiction créée par un traité international et composée pour partie d'étrangers mais n'ayant qu'une compétence territoriale limitée à un seul État : • CEDH, décis., 15 nov. 2005, *Jelicic c/ Bosnie-Herzégovine,* n° 41183/02.

180. Caractère d'indépendance. Le groupe de travail sur la détention arbitraire est un mécanisme extra-conventionnel composé d'experts indépendants. Ces experts sont des personnalités éminentes spécialisées dans les droits de l'homme. Il peut notamment s'agir de hauts magistrats, d'universitaires, de juristes ou encore de membres d'organisations non gouvernementales. • CEDH, décis., 7 avr. 2009, *Peraldi c/ France,* n° 2096/05. ♦ La Commission des droits de l'homme des Nations unies « procédure 1503 » étant essentiellement un organe intergouvernemental composé de représentants de l'État, elle ne peut pas être considérée comme « une autre instance internationale d'enquête ou de règlement » au sens du présent art. • CEDH, décis., 5 janv. 2006, *Mikolenko c/ Estonie,* n° 16944/03.

181. Caractère judiciaire ou quasi judiciaire. Le terme « autre instance » vise une procédure judiciaire ou quasi judiciaire analogue à celle qui est prévue par la Conv. EDH. • Comm. EDH 12 janv. 1995, *Lukanov c/ Bulgarie,* n° 21915/93 • CEDH 17 juill. 2008, *De Pace c/ Italie,* n° 22728/03 § 25 • CEDH 1er févr. 2011, *Karoussiotis c/ Portugal,* n° 23205/08.

182. L'exigence d'une procédure judiciaire ou quasi judiciaire similaire à celle mise en place par la Conv. EDH implique nécessairement que l'examen effectué par l'organe en question ait une portée clairement définie et qu'il soit limité à certains droits et normes fondés sur un instrument juridique ou sur un « cadre » par lequel les États ont autorisé cet organe à examiner et trancher les plaintes déposés contre eux.

• CEDH, gr. ch., 22 déc. 2020, *Demirtas c/ Turquie (n° 2),* n° 14305/17 § 186.

183. Le Comité européen pour la prévention de la torture et des peines ou traitements inhumains ou dégradants (CPT) du Conseil de l'Europe n'est pas une instance judiciaire ou quasi judiciaire. Les informations recueillies par le CPT ont un caractère confidentiel et les particuliers ne disposent ni d'un droit de participation à la procédure, ni d'un droit à être informés des recommandations qui peuvent être formulées par le CPT, à moins qu'elles ne soient rendues publiques. • CEDH 17 juill. 2008, *De Pace c/ Italie,* n° 22728/03 § 25 • CEDH 1er déc. 2009, *Stolder c/ Italie,* n° 24418/03 § 18.

2° GARANTIES PROCÉDURALES

184. A la différence de la procédure devant la Cour, la « procédure 1503 » vise à identifier l'existence d'un ensemble de violations flagrantes et systématiques des droits de l'homme et des libertés fondamentales. En outre, il s'agit d'une procédure confidentielle et, par conséquent, les auteurs des communications faites en vertu de la « procédure 1503 » n'ont de droit de participation à aucun stade de cette procédure ; ils ne sont pas informés des mesures qui peuvent être prises par les Nations unies, à moins qu'elles ne soient rendues publiques. • CEDH 5 juill. 2007, *Celniku c/ Grèce,* n° 21449/04 § 40. ♦ Le groupe de travail peut être saisi de requêtes individuelles et les auteurs de ces requêtes bénéficient d'un droit de participer à la procédure et d'un droit à être informés des avis rendus par le groupe. Ces avis, assortis de recommandations au Gouvernement concerné si le groupe estime que la détention est arbitraire, sont annexés au rapport annuel transmis à la Commission des droits de l'homme, laquelle peut à son tour prendre des résolutions et adresser des recommandations à l'Assemblée générale des Nations unies par l'intermédiaire du Conseil économique et social. Il s'ensuit que la procédure devant le Groupe de travail s'apparente, tant sous l'angle procédural que sous l'angle de ses effets potentiels, à la requête individuelle prévue par l'art. 34 Conv. EDH. • CEDH, décis., 7 avr. 2009, *Peraldi c/ France,* n° 2096/05. ♦ Le Comité des droits de l'homme des Nations unies mène une procédure contradictoire, au terme de laquelle il rend des décisions motivées. • CEDH, décis., 7 avr. 2009, *Peraldi c/ France,* n° 2096/05.

185. Le groupe de travail peut en outre formuler des délibérations fixant sa position sur une question d'intérêt général aux fins de « jeter les bases de sa propre jurisprudence ». Ces délibérations ne sont pas adoptées « dans l'abstrait mais en liaison avec l'examen de cas individuels qui lui sont soumis ». Elles constituent des principes généraux à caractère essentiellement juridique auxquels le groupe se réfère lorsqu'il rend un avis sur un cas particulier. Il s'agit d'une instance dont la procédure est contradictoire et dont les décisions sont motivées, notifiées aux parties et publiées en annexe de son rapport. • CEDH, décis., 7 avr. 2009, *Peraldi c/ France,* n° 2096/05.

3° EFFET DES DÉCISIONS

186. Le Comité européen pour la prévention de la torture et des peines ou traitements inhumains ou dégradants (CPT) du Conseil de l'Europe n'est pas une instance judiciaire ou quasi judiciaire, son rôle, tel que défini par la Convention qui l'a institué, étant de nature préventive. • CEDH 17 juill. 2008, *De Pace c/ Italie,* n° 22728/03 § 25 • CEDH 1er déc. 2009, *Stolder c/ Italie,* n° 24418/03 § 18. ♦ Rappr. s'agissant d'un rapporteur chargé de la rédaction d'un rapport général. • CEDH 13 févr. 2001, *Yagmurdereli c/ Turquie,* n° 29590/96.

187. Si la Commission européenne, organe exécutif de l'Union européenne, veille également, au titre de l'art. 17 du Traité sur l'Union européenne, « à l'application des traités ainsi que des mesures adoptées par les institutions en vertu de ceux-ci » et si elle peut, à ce titre, engager contre un État membre une procédure en manquement, elle dispose, en fait, d'un pouvoir d'appréciation discrétionnaire excluant le droit pour les particuliers d'exiger d'elle qu'elle prenne position dans un sens déterminé. Cette possibilité ne peut donc être assimilée à une requête individuelle au sens de l'art. 34 Conv. EDH. • CEDH 1er févr. 2011, *Karoussiotis c/ Portugal,* n° 23205/08.

188. La Commission des droits de l'homme des Nations unies « procédure 1503 » traite des situations plutôt que des plaintes individuelles. • CEDH, décis., 5 janv. 2006, *Mikolenko c/ Estonie,* n° 16944/03.

189. Détermination des responsabilités. L'instance doit pouvoir déterminer les responsabilités. Tel n'est pas le cas du comité des personnes disparues de Chypre. • Comm. EDH 14 avr. 1998, *Varnava et a. c/ Turquie,* n° 16064/90. ♦ ... Du groupe de travail sur les disparitions forcées ou involontaires de la Commission des droits de l'homme des Nations unies. • CEDH 6 mars 2008, *Malsagova et a. c/ Russie,* n° 27244/03.

190. A l'inverse, les recommandations du groupe de travail des Nations unies sur la détention arbitraire permettent de déterminer les responsabilités étatiques quant aux cas de détention arbitraire constatés. • CEDH, décis., 7 avr. 2009, *Peraldi c/ France,* n° 2096/05. ♦ Il en va de même du Comité des droits de l'homme des Nations unies. • CEDH, décis., 7 avr. 2009, *Peraldi c/ France,* n° 2096/05.

191. Tendance à faire cesser la violation. La qualification d'instance internationale d'enquête ou de règlement ne peut être retenue dès lors que les requérants ne peuvent obtenir aucune réparation de la violation constatée. • CEDH, décis., 5 janv. 2006, *Mikolenko c/ Estonie*, n° 16944/03 • CEDH 6 mars 2008, *Malsagova et a. c/ Russie*, n° 27244/03.

192. A l'inverse, les recommandations du groupe de travail des Nations unies sur la détention arbitraire permettent de mettre fin aux situations litigieuses. • CEDH, décis., 7 avr. 2009, *Peraldi c/ France*, n° 2096/05. ♦ Il en va de même du Comité des droits de l'homme des Nations unies. • CEDH, décis., 7 avr. 2009, *Peraldi c/ France*, n° 2096/05.

193. Effet de l'instance. Les avis du groupe de travail des Nations unies sur la détention arbitraire font l'objet d'une procédure de suivi visant à assurer la mise en œuvre des recommandations formulées. • CEDH, décis., 7 avr. 2009, *Peraldi c/ France*, n° 2096/05. ♦ Il en va de même du Comité des droits de l'homme des Nations unies dont l'exécution des décisions fait l'objet d'une procédure de suivi spécifique. • CEDH, décis., 7 avr. 2009, *Peraldi c/ France*, n° 2096/05.

V. INCOMPATIBILITÉS. CONV. EDH, ART. 35, § 3, a)

A. INCOMPATIBILITÉ RATIONE PERSONAE

194. V. également notes ss. Conv. EDH, art. 1er.

195. Succession d'État. Les droits fondamentaux protégés par les traités internationaux en matière de droits de l'homme bénéficient aux individus résidant sur le territoire de l'État partie concerné, malgré sa dissolution ou sa succession subséquente. • CEDH 28 avr. 2009, *Bijelic c/ Monténégro et Serbie*, n° 11890/05 § 69. ♦ Rappr., *mutatis mutandis* : • CEDH 25 oct. 2004, *Konecny c/ Rép. tchèque*, n° 47269/99 § 62.

196. État n'ayant pas ratifié la Convention (le protocole). Bien que la requête soit formellement dirigée contre l'Allemagne, elle vise en réalité la République tchécoslovaque qui, n'ayant ni signé ni ratifié la Conv. EDH, ne possède pas la qualité de partie contractante. • Comm. EDH 28 août 1957, *E.S. c/ Allemagne*, n° 262/57.

197. Étant donné toutefois que le Royaume-Uni n'est pas partie audit protocole, la Commission doit rejeter ce grief comme incompatible *ratione personae*. • Comm. EDH 4 sept. 1995, *Horsham c/ Royaume-Uni*, n° 23390/94 • CEDH 24 juill. 2007, *De Saedeleer c/ Belgique*, n° 27535/04 § 68.

198. Requête contre un particulier. La situation dont se plaignent les requérantes découle de dispositions testamentaires qu'il n'appartient pas à l'État de modifier, et dont la légalité a été établie par les tribunaux italiens. Il s'ensuit que les griefs des requérantes portent sur le contenu du testament et sont dirigées en substance contre son auteur. Les organes de Strasbourg ne peuvent être saisis de requêtes dirigées contre un particulier. • Comm. EDH 12 janv. 1994, *Durini c/ Italie*, n° 19217/91.

199. Requête contre une organisation internationale. Dans la mesure où le grief du requérant est dirigé contre les Nations unies, la Cour note que la Force qui a le contrôle de la zone tampon est un organe subsidiaire de l'ONU créé en vertu de la Charte des Nations Unies et qui est sous le contrôle exclusif et le commandement de l'ONU. Par conséquent, ses actions et inactions sont en principe imputables à l'ONU qui a une personnalité juridique distincte de celle de ses États membres et n'est pas partie contractante à la Conv. EDH. La Cour n'est donc pas compétente *ratione personae* pour examiner ses actes. • CEDH, décis., 11 déc. 2008, *Stephens c/ Chypre, Turquie et les Nations unies*, n° 45267/06. ♦ Rappr. • CEDH, gr. ch., 2 mai 2007, *Behrami et Behrami c/ France and Saramati c/ France, Allemagne et Norvège*, n° 71412/01 § 151 et 152 ♦ V. déjà • Comm. EDH 10 juill. 1978, *CFDT c/ Ctés européennes, la collectivité de leurs États membres et leurs états membres pris individuellement*, n° 8030/77. ♦ De même, dès lors qu'est contestée une décision particulière prise par l'organe compétent d'une organisation internationale (en l'espèce des litiges opposant des fonctionnaires internationaux aux organisations internationales qui les emploient), la Cour, constatant qu'à aucun moment les États défendeurs n'étaient intervenus, directement ou indirectement, dans les litiges en cause, et n'ayant relevé aucune action ou omission de ces États ou de leurs autorités qui serait de nature à engager leur responsabilité au regard de la Convention, a conclu que les requérants ne relevaient pas de la « juridiction » des États mis en cause et que leurs griefs étaient donc incompatibles *ratione personae* avec les dispositions de la Conv. EDH. • CEDH, décis., 9 sept. 2008, *Boivin c/ 34 États membres du Conseil de l'Europe*, n° 73250/01 • CEDH 9 déc. 2008, *Connolly c/ 15 États membres de l'Union européenne*, n° 73274/01.

200. Pourtant, dès lors les requérants mettent en cause non une décision particulière prise par l'organe compétent de l'organisation internationale mais une lacune structurelle du mécanisme concerné, la Cour considère qu'il lui faut rechercher si ce mécanisme (en l'espèce, le mécanisme de règlement des conflits du travail interne à l'OTAN) est entaché d'une « insuffisance manifeste », renversant la présomption de respect par les États défendeurs de leurs obligations au titre de la Conv. EDH. • CEDH, décis., 12 déc. 2009, *Gasparini c/ Italie et Belgique*, n° 10750/03. ♦ Rappr. • CEDH gr. ch., 30 juin 2005, *Bosphorus Hava Yollari Turizm ve Ticaret Anonim Sirketi c/ Irlande*, n° 54036/98 § 155 et 156.

201. Violation imputable à l'État. Le Gouvernement n'a pas démontré qu'Atomspetsbud jouissait d'une indépendance institutionnelle et opérationnelle suffisante vis-à-vis de l'État pour exonérer celui-ci de sa responsabilité au regard de la Conv. EDH pour ses actions et omissions. • CEDH 30 nov. 2004, *Mikhaïlenki et a. c/ Ukraine*, n° 35091/02 § 44. ♦ Rappr. • CEDH 3 avr. 2007, *Cooperativa Agricola Slobozia-Hanesei c/ Moldavie*, n° 39745/02 § 19. ♦ De même dès lors qu'est contestée une décision particulière prise par l'organe compétent d'une organisation internationale (en l'espèce des litiges opposant des fonctionnaires internationaux aux organisations internationales qui les emploient), la Cour, constatant qu'à aucun moment les États défendeurs n'étaient intervenus, directement ou indirectement, dans les litiges en cause, et n'ayant relevé aucune action ou omission de ces États ou de leurs autorités qui serait de nature à engager leur responsabilité au regard de la Convention, a conclu que les requérants ne relevaient pas de la « juridiction » des États mis en cause et que leurs griefs étaient donc incompatibles ratione personae avec les dispositions de la Conv. EDH. • CEDH, décis., 9 sept. 2008, *Boivin c/ 34 États membres du Conseil de l'Europe*, n° 73250/01 • CEDH 9 déc. 2008, *Connolly c/ 15 États membres de l'Union européenne*, n° 73274/01.

202. Les faits dénoncés ont été causés par une décision imputable à l'Algérie, prise souverainement par elle sur son propre territoire et échappant au contrôle de la France. Autrement dit, dans les circonstances particulières de la cause, lesdits faits ne peuvent être imputés à la France. Il s'ensuit que cette partie des requêtes est incompatible *ratione personae* avec les dispositions de la Conv. EDH. • CEDH 14 mai 2002, *Gentilhomme, Schaff-Benhadji et Zerouki c/ France*, n° 48205/99 § 20.

203. V. également la question de l'application territoriale de la Conv. EDH et en particulier celle des territoires placés sous l'autorité des États parties ss. Conv. EDH, art. 1er.

204. Absence de qualité pour agir. Les deux premiers requérants qui n'exercent aucune autorité parentale sur A., ne sont pas ses tuteurs et n'ont aucun lien biologique avec elle, n'ayant pas qualité pour agir devant la Cour pour le compte de A. cette partie de la requête doit être rejetée comme étant incompatible *ratione personae* avec les dispositions de la Conv. EDH. • CEDH 27 avr. 2010, *Moretti et Benedetti c/ Italie*, n° 16318/07 § 35. ♦ V. plus généralement s'agissant des titulaires du droit de recours individuel notes ss. Conv. EDH, art. 34. ♦ Il en va de même lorsque des requérants se plaignent au nom d'un enfant de l'impossibilité d'obtenir la reconnaissance de la filiation établie à l'étranger et des mesures d'éloignement et placement adoptées par les juridictions nationales alors qu'ils ont été déboutés de la procédure visant l'adoption de l'enfant, qu'aucune procuration n'a été signée en faveur et que la procédure visant à donner en adoption l'enfant à une autre famille est en cours, l'enfant étant déjà placé dans une famille d'accueil. • CEDH 27 janv. 2015, *Paradiso et Campanelli c/ Italie*, n° 25358/12 § 49 et 50 : *D. 2015. 702, obs. Granet-Lambrechts ; AJ fam. 2015. 165, obs. Viganotti ; ibid. 77, obs. Dionisi-Peyrusse*. ♦ V. encore pour un détenu qui se plaint de l'interdiction de visites conjugales alors qu'il a divorcé de son épouse. • CEDH, gr. ch., 30 juin 2015, *Khoroshenko c/ Russie*, n° 41418/04 § 89 : *AJ fam. 2015. 496, obs. Saulier*.

205. Absence de qualité de victime. Le redressement offert en droit interne s'étant révélé suffisant et approprié, les requérants ne peuvent plus se prétendre « victimes » de la violation ; il s'ensuit que le grief des requérants est incompatible *ratione personae* avec les dispositions du présent paragraphe et qu'il doit être rejeté. • CEDH 28 oct. 2014, *Hebat Aslan et Firas Aslan c/ Turquie*, n° 15048 § 52.

B. INCOMPATIBILITÉ RATIONE LOCI

206. Territoire dont l'État assure les relations internationales. En l'absence d'une déclaration du Royaume-Uni que la Convention s'applique à Hong Kong, la Commission n'est pas compétente pour connaître de faits survenus sur ce territoire, même si les actes litigieux des autorités de Hong Kong étaient fondés sur la politique du Royaume-Uni. • Comm. EDH 12 mars 1990, *Bui Van Than et a. c/ Royaume-Uni*, n° 16137/90. ♦ Le texte de l'art. 4 du Prot. n° 1 montre donc clairement que l'applicabilité de ce protocole à Guernesey dépend d'une déclaration expresse. Or, d'après les archives du Conseil de l'Europe, le Royaume-Uni n'en a notifié aucune au Secrétaire général. La Cour en conclut que l'art. 1er Prot. n° 1 ne joue pas en l'espèce et qu'elle n'a pas compétence pour traiter l'affaire sur le terrain de cette disposition. • CEDH 24 nov. 1996, *Gillow c/ Royaume-Uni*, n° 9063/80 § 32 • CEDH, décis., 19 sept. 2006, *Quark Fishing LTD c/ Royaume-Uni*, n° 15305/06 (s'agissant des îles de Géorgie du Sud et Sandwich du Sud). ♦ En l'absence d'une déclaration du Portugal au titre de l'art. 56 Conv. EDH à l'égard du territoire de Macao, la Cour ne peut donc que conclure à son incompétence *ratione loci* pour connaître de la présente requête. • CEDH, décis., 25 nov. 1999, *Yonghong c/ Portugal*, n° 50887/99.

207. La Conv. EDH a cessé de s'appliquer au Surinam lorsque le pays est devenu un État indépendant. Dans la mesure où les griefs du requérant ont trait à des actes des autorités judiciaires postérieurs à cette indépendance, le Royaume des Pays-Bas ne peut en aucune manière être tenu pour responsable de ces actes aux termes de la Conv. EDH. • Comm. EDH 4 oct. 1976, *X. c/ Pays-Bas*, n° 7230/75.

208. Analyse de la question sous l'angle de la « juridiction » (Conv. EDH, art. 1er). Les griefs du requérant à l'égard de la Russie concernent le manquement allégué des autorités russes à prendre les mesures nécessaires pour protéger Mlle R. contre le risque de traite et d'exploitation et à mener une enquête sur les circonstances de son arrivée à Chypre, de son travail sur l'île et de son décès. Ces griefs ne reposent pas sur l'affirmation que la Russie serait responsable d'actes commis à Chypre ou par les autorités chypriotes. La traite alléguée ayant commencé en Russie et les autorités russes s'étant engagées à lutter contre ce phénomène, la Cour est compétente pour examiner le point de savoir si la Russie a respecté les obligations qu'elle pouvait avoir de prendre des mesures dans les limites de sa propre juridiction et de ses propres pouvoirs pour protéger Mlle R. de la traite et enquêter sur la possibilité qu'elle en ait été victime. • CEDH 7 janv. 2010, *Rantsev c/ Chypre et Russie*, n° 25965/04 § 207.

209. V. également sous cet angle (Conv. EDH, art. 1er) la question des actes accomplis par les autorités diplomatiques et consulaires et des actes accomplis dans les territoires sur lesquels l'État exerce un contrôle effectif.

C. INCOMPATIBILITÉ RATIONE TEMPORIS

210. Principe. En vertu des règles générales du droit international, les dispositions de la Convention ne lient une partie contractante ni en ce qui concerne un acte ou fait antérieur à la date de l'entrée en vigueur de la Convention à l'égard de cette partie, ni en ce qui concerne une situation qui avait cessé d'exister avant cette date. • CEDH, gr. ch., 8 mars 2006, *Blecic c/ Croatie*, n° 59532/00 § 70 • CEDH 28 juin 2007, *Haroutyounian c/ Arménie*, n° 36549/03 § 50 • CEDH, gr. ch., 18 sept. 2009, *Varnava et a. c/ Turquie*, n° 16064/90 § 130. ♦ Les dispositions de la Convention ne lient pas une partie contractante en ce qui concerne un acte ou fait s'étant produit – ou une situation ayant cessé d'exister – avant la date de l'entrée en vigueur de la Convention à l'égard de cette partie. • CEDH, gr. ch., 9 avr. 2009, *Silih c/ Slovénie*, n° 71463/01 § 140.

211. La compétence de la Cour *ratione temporis* ne couvre que la période ultérieure à la ratification de la Convention ou de ses Protocoles par l'État défendeur. A compter de la date de ratification, tous les actes ou omissions prétendument imputables à l'État doivent se conformer à la Convention ou à ses Protocoles, et les faits postérieurs n'échappent pas à la compétence de la Cour, même lorsqu'ils ne sont que les prolongements d'une situation préexistante. • CEDH 8 juin 1995, *Yagci et Sargin c/ Turquie*, n° 16419/90 § 40 • CEDH 11 janv. 2000, *Almeida Garrett, Mascarenhas Falcao et a. c/ Portugal*, n° 29813/96 § 43 • CEDH, gr. ch., décis., 19 déc. 2002, *Broniowski c/ Pologne*, n° 31443/96 § 74 • CEDH, gr. ch., 30 juin 2015, *Khoroshenko c/ Russie*, n° 41418/04 § 88 : *préc. note 204*.

212. La Cour n'est compétente pour examiner la compatibilité des faits de l'espèce avec la Convention que dans la mesure où ils se sont produits après le « X », date de la ratification du Prot. n° 1 par la Pologne. Elle peut cependant avoir égard aux faits antérieurs à la ratification pour autant que l'on puisse les considérer comme étant à l'origine d'une situation qui s'est prolongée au-delà de cette date ou importants pour comprendre les faits survenus après cette date. • CEDH, gr. ch., décis., 19 déc. 2002, *Broniowski c/ Pologne*, n° 31443/96 § 74 • CEDH, gr. ch., 19 juin 2006, *Hutten-Czapska c/ Pologne*, n° 35014/97 § 148 et 153.

213. Moyen d'office. La question de l'incompatibilité *ratione temporis* étant une question qui touche à la compétence de la Cour plutôt qu'une question de recevabilité au sens étroit du terme, l'étendue de la compétence de la Cour est déterminée par la Convention elle-même, spécialement par son art. 32, et non par les observations soumises par les parties dans une affaire donnée. Il en résulte que l'absence d'une exception d'incompatibilité ne saurait en soi avoir pour effet d'étendre cette compétence. • CEDH, gr. ch., 8 mars 2006, *Blecic c/ Croatie*, n° 59532/00 § 67.

214. Méthode. Pour établir la compétence temporelle de la Cour, il est donc essentiel d'identifier dans chaque affaire donnée la localisation exacte dans le temps de l'ingérence alléguée. La Cour doit tenir compte à cet égard tant des faits dont se plaint le requérant que de la portée du droit garanti par la Conv. EDH dont la violation est alléguée. • CEDH, gr. ch., 8 mars 2006, *Blecic c/ Croatie*, n° 59532/00 § 82 • CEDH, gr. ch., 18 sept. 2009, *Varnava et a. c/ Turquie*, n° 16064/90 § 131. ♦ Pour le cas particulier de la règle « *non bis in idem* », V. notes ss. Prot. n° 7, art. 4.

1° DATE À RETENIR OU « DATE CRITIQUE »

215. S'agissant du droit de recours individuel, il convient de retenir, avant l'entrée en vigueur du Prot. n° 11, la date à laquelle la partie défenderesse a reconnu le droit de recours individuel, lorsque cette reconnaissance était encore facultative. • CEDH, gr. ch., 9 avr. 2009, *Silih c/ Slovénie,* n° 71463/01 § 140. ♦ En vertu de l'art. 6 du Prot. n° 11, les déclarations faites au titre des anciens art. 25 ou 46 Conv. EDH et les éventuelles limitations temporelles qu'elles pouvaient comporter demeurent valables pour la détermination de la compétence de la Cour pour connaître des requêtes individuelles introduites au titre de l'actuel art. 34 de la Convention. • CEDH, gr. ch., 8 mars 2006, *Blecic c/ Croatie,* n° 59532/00 § 71. ♦ V. pour des applications de ces limitations temporelles régissant la situation de l'État pendant la période s'étendant de la ratification de la Conv. EDH à la déclaration pertinente. • CEDH 26 oct. 1993, *Stamoulakatos c/ Grèce,* n° 12806/87 § 32.

216. La Turquie est liée par les dispositions de la Conv. EDH depuis le 18 mai 1954. Toutefois, son acceptation du droit de recours individuel se limite aux faits survenus après la date – le 28 janvier 1987 – de la déclaration à cet effet. Lorsque l'ancienne Cour a cessé de fonctionner en 1998, la juridiction de la Cour actuelle est devenue obligatoire pour les États contractants, ce à partir de la date d'acceptation par eux du droit de recours individuel. Il s'ensuit que la Cour n'est pas compétente pour examiner les griefs soulevés par les requérants contre la Turquie pour autant que les allégations de violation ont trait à des faits antérieurs au 28 janv. 1987. • CEDH, gr. ch., 18 sept. 2009, *Varnava et a. c/ Turquie,* n° 16064/90 § 133. ♦ V. déjà. • CEDH 20 févr. 2001, *Cankocak c/ Turquie,* n° 25182/94 § 26.

2° PRISE EN COMPTE DES FAITS

217. Faits antérieurs à la date critique. En droit croate un bailleur souhaitant résilier un bail devait obtenir un jugement à cet effet. Le bail était réputé prendre fin à la date à laquelle le jugement du tribunal acquérait force de chose jugée. En l'espèce, le jugement a acquis force de chose jugée le « X », date à laquelle la Cour suprême a elle-même infirmé la décision du tribunal de comté. C'est dès lors à *ce moment – et ni avant ni après –* que la requérante a perdu le bénéfice de son bail. L'atteinte alléguée aux droits de la requérante tient à l'arrêt rendu par la Cour suprême le « X ». La décision rendue subséquemment par la Cour constitutionnelle a eu pour seul effet de laisser subsister l'ingérence supposée être résultée de l'arrêt de la Cour suprême, acte définitif qui était par lui-même susceptible de violer les droits de l'intéressée. Elle n'est donc pas en soi constitutive de l'ingérence. Dès lors, eu égard à la date à laquelle la Cour suprême a rendu son arrêt, l'ingérence alléguée échappe à la compétence temporelle de la Cour. • CEDH, gr. ch., 8 mars 2006, *Blecic c/ Croatie,* n° 59532/00 § 84 et 85. ♦ V. également. • CEDH décis., 8 juin 2006, *Mrkic c/ Croatie,* n° 7118/03.

218. La Conv. EDH est entrée en vigueur à l'égard de l'Arménie le « X ». La décision de la CNRT d'accorder une licence de radiodiffusion à une société autre que la société requérante, rejetant ainsi la candidature de ce dernier pour une licence de radiodiffusion, a été prise antérieurement. La société requérante a par la suite intenté une action judiciaire visant à annuler cette décision. La décision finale de ces procédures a été prise par la Cour de cassation après l'entrée en vigueur de la Convention à l'égard de l'Arménie. Cependant, l'offre de la société requérante pour une licence de radiodiffusion a été refusée par la décision de la CNRT et non dans le cadre des procédures judiciaires ultérieures. La CNRT était la seule autorité investie du pouvoir d'examiner la candidature de la société requérante d'une licence de radiodiffusion et de décider d'accorder ou de refuser une telle licence. • CEDH, décis., 27 mai 2008, *Meltex c/ Arménie,* n° 37780/02.

219. Les requérants se plaignent pour l'essentiel de l'impossibilité en droit grec de soumettre l'arrêté ministériel litigieux au contrôle d'un organe judiciaire de pleine juridiction. A supposer même que cette impossibilité ait constitué une violation de l'art. 6 Conv. EDH, les intéressés en seraient devenus victimes dès la date à laquelle l'arrêté litigieux fut publié au *Journal officiel* et, par là, acquit force obligatoire, date antérieure à la déclaration reconnaissant le droit de recours individuel par la Grèce. Les faits constitutifs de l'éventuelle violation se trouvent donc couverts par la limitation temporelle figurant dans la déclaration grecque. • CEDH 8 juin 1995, *Kefalas et a. c/ Grèce,* n° 14726/89 § 45.

220. L'art. 3 du Prot. n° 7 qui concerne le droit à l'indemnisation des personnes condamnées à la suite d'une erreur judiciaire ne s'applique pas avant que la condamnation ait été annulée. En l'espèce, dans la mesure où la condamnation du requérant a été annulée après la date d'entrée en vigueur dudit Prot. à l'égard de la Russie, les conditions de la compétence *ratione temporis* sont satisfaites. • CEDH 3 juill. 2008, *Matveyev c/ Russie,* n° 26601/01 § 38.

221. Faits postérieurs à la date critique. La Cour estime que le fait principal de la présente affaire, à savoir l'ingérence de l'État défendeur dans la liberté d'expression du requérant, réside dans l'adoption de la décision du tribunal civil postérieure à la date de ratification de la Conv. EDH. En effet, c'est à cette date seulement que le demandeur a été définitivement condamné à payer l'indemnité accordée. • CEDH 20 nov. 2007, *Filipovic c/ Serbie,* n° 27935/05 §33. ♦ Le requérant ne se plaint pas des mauvais traitements en soi, qui se sont incontestablement produits avant la date d'entrée en vigueur de la Conv. EDH à l'égard de l'Arménie. Ce qu'il dénonce c'est l'utilisation des éléments de preuve obtenus au moyen de ces mauvais traitements dans le cadre de la procédure pénale dirigée contre lui. A cet égard, la Cour observe que les décisions judiciaires rendues au cours de cette procédure ont été adoptées après la date d'entrée en vigueur. Il s'ensuit que les griefs du requérant relèvent de la compétence *ratione temporis* de la Cour. • CEDH 28 juin 2007, *Haroutyounian c/ Arménie,* n° 36549/03 § 50. ♦ En ce qui concerne l'exception du Gouvernement tirée de l'incompatibilité *ratione temporis* avec les dispositions de la Convention, il convient de relever que le titre de propriété des requérants a été annulé à la suite d'une action qui avait été intentée en 1962 et qui s'est achevée par l'arrêt de la Cour de cassation postérieur à l'acceptation par la Turquie de la juridiction obligatoire de la Cour. Or c'est cet arrêt qui a privé le requérant de sa propriété. • CEDH 8 juill. 2007, *Turgut et a. c/ Turquie,* n° 1411/03 § 73. ♦ Rappr. • CEDH, décis., 12 juin 2007, *Patriarcat œcuménique c/ Turquie,* n° 14340/05.

222. La Turquie n'a accepté la juridiction de la Cour que pour les faits ou événements postérieurs à la date du dépôt de sa déclaration. En l'espèce, le fait principal ne réside pas dans la déclaration de M. Zana aux journalistes, mais dans l'arrêt de la Cour de sûreté de l'État condamnant le requérant à douze mois d'emprisonnement pour « avoir fait l'apologie d'un acte que la loi punit comme un crime » au regard de la législation turque, confirmé par l'arrêt de la Cour de cassation. C'est en effet cette condamnation, postérieure à la reconnaissance par la Turquie de la juridiction obligatoire de la Cour, qui constitue « l'ingérence » au sens de l'art. 10 Conv. EDH dont la Cour est appelée à rechercher la justification au regard des exigences de cet article. Dès lors, il échet de rejeter cette exception préliminaire. • CEDH, gr. ch., 25 nov. 1997, *Zana c/ Turquie,* n° 18954/91 § 42.

223. Solutions originales. Cependant, dans certains cas, la solution est plus complexe. Le requérant a été licencié avant l'entrée en vigueur de la Convention à l'égard de la Croatie. La décision finale concernant sa cause a été rendue par la Cour constitutionnelle après cette *entrée en vigueur. Cette décision portait* pour l'essentiel sur la même question que celle dont la Cour est à présent saisie, à savoir le droit à la liberté d'expression du requérant. Toutefois, dissocier l'arrêt de la Cour constitutionnelle des faits qui ont donné lieu à la présente procédure reviendrait à donner un effet rétroactif à la Convention, ce qui serait contraire aux principes généraux du droit international et rendrait inopérante la déclaration de la Croatie reconnaissant la compétence de la Cour à être saisie de requêtes individuelles. • CEDH, décis., 28 févr. 2002, *Jovanovic c/ Croatie,* n° 59109/00.

224. La perquisition des locaux de l'entreprise du demandeur et la saisie de documents par la police ont eu lieu avant l'entrée en vigueur de la Conv. EDH à l'égard de l'Estonie. Les arrêts dans les procédures administratives rejetant l'appel de la société du requérant ont été rendues après cette date. La perquisition et la saisie de documents en question étaient des actes instantanés pour lesquels la Cour est incompétente *ratione temporis* sauf à donner à la Conv. EDH un caractère rétroactif. • CEDH 7 nov. 2002, *Veeber c/ Estonie,* n° 37571/97 § 55.

225. Le droit à réparation, au sens de l'art. 5, § 5, Conv. EDH, suppose qu'une violation de l'un des autres paragraphes de l'art. 5 ait préalablement été établie, soit par la Cour, soit par un organe interne. Or, le contrôle conventionnel de la légalité de la détention provisoire du requérant échappant à la compétence *ratione temporis* de la Cour, la même conclusion s'impose également au sujet du grief tiré de l'art. 5, § 5. • CEDH, décis., 28 sept. 2006, *Korizno c/ Lettonie,* n° 68163/01.

226. Prise en compte de la situation à la date critique. La date de la prise d'effet de la déclaration polonaise reconnaissant le droit de recours individuel aux fins de l'ancien art. 25 Conv. EDH est le « X ». Pour juger du caractère raisonnable ou non de la durée de la procédure, la Cour tiendra compte de l'état de la procédure à la date critique. • CEDH 30 oct. 1998, *Podbielski c/ Pologne,* n° 27916/95 § 31 • CEDH, gr. ch., 15 oct. 1999, *Humen c/ Pologne,* n° 26614/95 § 58 et 59. ♦ V. déjà. • CEDH 12 déc. 1982, *Foti et a. c/ Italie,* n° 7604/76 § 53.

227. Obligation procédurale. L'obligation procédurale que recèle l'art. 2 Conv. EDH de mener une enquête effective est une obligation distincte et indépendante. Bien qu'elle procède des actes concernant les aspects matériels de l'art. 2, elle peut donner lieu à un constat d'« ingérence »distincte et indépendante. Dans cette mesure, elle peut être considérée comme une obligation détachable résultant de l'art. 2 et pouvant s'imposer à l'État même lorsque le décès est survenu avant la date d'entrée en vigueur de la Conv. EDH à son égard. • CEDH, gr. ch., 9 avr. 2009, *Silih c/ Slovénie,* n° 71463/01 § 159 • CEDH, décis., 29 avr. 2010, *Cakir c/ Chypre,* n° 7864/06. ♦ La compétence temporelle de la Cour qui résulte de cette obligation est strictement limitée aux actes de nature procédurale qui ont été accomplis ou qui auraient dû être accomplis après l'entrée en vigueur de la Conv. EDH à l'égard de l'État défendeur, et est subordonnée à l'existence d'un lien véritable entre le fait générateur de l'obligation procédurale découlant des art. 2 et 3 et l'entrée en vigueur de la Conv. EDH. Ce lien se définit tout d'abord par la proximité temporelle entre le fait générateur et la date critique, qui ne devaient être séparés que par un laps de temps relativement bref n'excédant normalement pas dix ans même si ce critère de proximité temporelle n'est pas décisif en lui-même. Ce lien ne peut être établi que si l'essentiel de l'enquête – c'est-à-dire l'accomplissement d'une part importante des mesures procédurales visant à établir les faits et à engager la responsabilité de leurs auteurs – a eu lieu ou aurait dû avoir lieu postérieurement à l'entrée en vigueur de la Conv. • CEDH, gr. ch., 21 oct. 2010, *Janowiec et a.*, n° 55508/07 § 141 à 151 • CEDH, gr. ch., 17 sept. 2014, *Mocanu et a. c/ Roumanie*, n° 10865/09 § 206. ♦ V. déjà. • CEDH, gr. ch., 9 avr. 2009, *Silih c/ Slovénie*, n° 71463/01 § 162 et 163.

3° VIOLATIONS CONTINUES

228. Les décisions du Conseil de guerre n'ont fait que déclencher, de plein droit, l'application d'une prescription légale génératrice d'une situation continue et que, partant, ce n'est pas de la compatibilité de ces décisions avec la Convention mais bien de celle de ladite prescription légale que la Commission se trouve saisie en l'espèce. • Comm. EDH 9 juin 1958, *De Becker, c/ Belgique*, n° 214/56.

229. La Grèce n'a reconnu la compétence de la Commission en matière de requêtes « individuelles » que le « X », et seulement pour les actes, décisions, faits ou événements postérieurs à cette date, mais il faut noter que les griefs des intéressés ont trait à une situation continue, qui subsiste à l'heure actuelle. • CEDH 24 juin 1993, *Papamichalopoulos c/ Grèce*, n° 14556/89 § 40.

230. S'il est vrai que la Cour ne saurait ainsi examiner les questions liées à la privation de propriété elle-même, celles-ci se trouvant, à l'évidence, en dehors de sa compétence *ratione temporis, tel n'est pas* le cas pour ce qui est du retard dans la détermination et le paiement des indemnisations définitives, les requérants se trouvant donc confrontés à une situation continue. • CEDH 11 janv. 2000, *Almeida Garrett, Mascarenhas Falcao et a. c/ Portugal*, n° 29813/96 § 43.

231. La requête porte sur l'allégation de la requérante selon laquelle son droit de propriété serait l'objet d'une violation continue « née de l'application de lois lui imposant des baux et fixant des loyers insuffisants ». S'il est vrai que c'est à l'origine l'instauration en 1974 du « régime des baux spéciaux » qui a « imposé des baux » à la requérante, c'est néanmoins la loi de 1994 qui a introduit le système des « loyers réglementés » et soumis la maison de la requérante à ce système. Cette loi a mis légalement sur le même plan les « baux administratifs » afférents aux appartements de la requérante et des baux conclus librement par des parties à des contrats ordinaires de droit civil. Les lois sur le logement adoptées après cette date et sont toujours en vigueur perpétuent ce système. • CEDH, gr. ch., 19 juin 2006, *Hutten-Czapska c/ Pologne*, n° 35014/97 § 152. ♦ Les répercussions de l'« effacement », qui avait été jugé inconstitutionnel le « X », perduraient au « Y », date de l'entrée en vigueur de la Convention à l'égard de la Slovénie et continuaient à porter préjudice aux requérants plus de quinze ans après cette date. • CEDH, gr. ch., 26 juin 2012, *Kuric et a.*, n° 26828/06 § 240 et 339.

232. Une disparition est un phénomène distinct, qui se caractérise par une situation où les proches sont confrontés de manière continue à l'incertitude et au manque d'explications et d'informations sur ce qui s'est passé, les éléments pertinents à cet égard pouvant parfois même être délibérément dissimulés ou obscurcis. Cette situation dure souvent très longtemps, prolongeant par là même le tourment des proches de la victime. Dès lors, on ne saurait ramener une disparition à un acte ou événement « instantané » ; l'élément distinctif supplémentaire que constitue le défaut ultérieur d'explications sur ce qu'il est advenu de la personne disparue et sur le lieu où elle se trouve engendre une situation continue. Par conséquent, l'obligation procédurale subsiste potentiellement tant que le sort de la personne concernée n'a pas été éclairci ; l'absence persistante de l'enquête requise sera considérée comme emportant une violation continue. Il en est ainsi même lorsque l'on peut finalement présumer que la victime est décédée. • CEDH, gr. ch., 18 sept. 2009, *Varnava et a. c/ Turquie*, n° 16064/90 § 148 • CEDH 15 févr. 2011, *Palic c/ Bosnie-Herzégovine*, n° 4704/04 § 46. ♦ Comp. : l'exigence d'un lien entre le décès et les mesures d'instruction, d'une part, et la date d'entrée en vigueur de la Convention, d'autre part, vaut uniquement en cas d'homicide ou de décès suspect, lorsque l'élément factuel central, la perte de la vie de la victime, est connu avec certitude, même si la cause exacte ou la responsabilité ultime ne l'est pas. Dans ce contexte, l'obligation procédurale ne revêt pas un caractère continu. • CEDH, gr. ch., 9 avr. 2009, *Silih c/ Slovénie*, n° 71463/01 § 163.

233. A l'inverse, la privation d'un individu de son domicile ou de ses biens constitue en principe un acte instantané et ne crée pas une situation continue de « privation » de ses droits. • Comm. EDH 4 mars 1996, *Mayer et a. c/ Allemagne,* n° 19048/91 • CEDH, gr. ch., décis., 13 déc. 2000, *Malhous c/ Rép. tchèque,* n° 33071/96. ♦ La résiliation du bail de la requérante n'a pas débouché sur une situation de violation continue de la Convention. • CEDH, gr. ch., 8 mars 2006, *Blecic c/ Croatie,* n° 59532/00 § 86.

D. INCOMPATIBILITÉ RATIONE MATERIAE

234. Ne figure pas, en tant que tel, parmi lesdits droits et libertés, le droit au bénéfice d'une mesure de grâce. • Comm. EDH 8 mars 1962, *Koch c/ Allemagne,* n° 1270/61. ♦ ... Le droit à la délivrance ou au non-retrait d'un permis de conduire. • Comm. EDH 7 mars 1977, *X. c/ Allemagne,* n° 7462/76. ♦ ... Le droit à l'autodétermination. • Comm. EDH 4 oct. 1976, *X. c/ Pays-Bas,* n° 7230/75. ♦ ... Le droit d'entrer et de résider dans un État contractant à des personnes qui ne sont pas ressortissantes de cet État. • CEDH, décis., 16 avr. 2002, *Penafiel Salgado c/ Espagne,* n° 65964/01.

235. L'exception *ratione materiae* soulevée par le Gouvernement n'a pas été présentée au stade de l'examen de la recevabilité et est donc nouvelle. Toutefois une telle exception a trait à la compétence de la Cour et se doit d'être examinée à chaque stade de la procédure. • CEDH, gr. ch., 27 avr. 2010, *Tanase c/ Moldavie,* n° 7/08 § 131 : *préc. note 45.*

VI. DÉFAUT MANIFESTE DE FONDEMENT. CONV. EDH, ART. 35, § 3, a)

A. « QUATRIÈME INSTANCE »

236. Notion. Il n'appartient pas à la Cour d'apprécier elle-même les éléments de fait ayant conduit une juridiction nationale à adopter telle décision plutôt que telle autre, sous réserve de l'examen de compatibilité avec les dispositions de la Convention. Sinon, elle s'érigerait en juge de troisième ou quatrième instance et elle méconnaîtrait les limites de sa mission. • CEDH 24 nov. 1994, *Kemmache c/ France,* n° 17621/91 § 44 • CEDH, décis., 6 sept. 2005, *Sarkisova c/ Géorgie,* n° 73239/01 • CEDH 22 févr. 2007, *Perlala c/ Grèce,* n° 17721/04 § 25 • CEDH, gr. ch., 7 juin 2012, *Centro Europa 7 S. R. L. et di Stefano c/ Italie,* n° 38433/09 197. ♦ V. aussi, utilisant cette expression. • CEDH, décis., 13 nov. 2012, *Bifa Yem San. Ve Tic. A. S. c/ Turquie,* n° 36325/09 • CEDH 22 nov. 2012, *Tseber c/ Rép. tchèque,* n° 46203/08 § 42.

237. Pour autant que le grief du requérant puisse être compris comme visant l'appréciation des preuves et le résultat de la procédure menée devant les juridictions internes, la Cour rappelle qu'aux termes de l'art. 19 Conv. EDH, elle a pour tâche d'assurer le respect des engagements résultant de la Convention pour les Parties contractantes. Spécialement, il ne lui appartient pas de connaître des erreurs de fait ou de droit prétendument commises par une juridiction interne, sauf si et dans la mesure où elles pourraient avoir porté atteinte aux droits et libertés sauvegardés par la Conv. EDH. • CEDH, gr. ch., 21 janv. 1999, *Garcia Ruiz c/ Espagne,* n° 30544/96 § 28 • CEDH 23 sept. 2004, *Agathos et a. c/ Grèce,* n° 19841/02 § 27 • CEDH, décis., 6 sept. 2005, *Sarkisova c/ Géorgie,* n° 73239/01 • CEDH 22 févr. 2007, *Perlala c/ Grèce,* n° 17721/04 § 25.

238. C'est au premier chef aux autorités nationales, et notamment aux cours et aux tribunaux, qu'il incombe d'interpréter la législation interne. Le rôle de la Cour se limite à vérifier la compatibilité avec la Conv. EDH des effets de pareille interprétation. • CEDH 19 févr. 1998, *Edificaciones March Gallego S. A. c/ Espagne,* n° 28028/95 § 33 • CEDH 31 janv. 2006, *Dukmedjian c/ France,* n° 60495/00 § 72. ♦ Il n'appartient pas à la Cour d'apprécier l'opportunité des choix de politique jurisprudentielle opérés par les juridictions internes ; son rôle se limite à vérifier la conformité à la Convention des conséquences qui en découlent. • CEDH 19 déc. 1997, *Brualla Gómez de la Torre c/ Espagne,* n° 26737/95 § 31. ♦ En l'absence de toute apparence d'arbitraire, la Cour n'est pas compétente pour mettre en cause l'interprétation du droit interne par les juridictions nationales. • CEDH, décis., 3 avr. 2003, *Harlanova c/ Lettonie,* n° 57313/00. ♦ La Cour ne peut mettre en cause l'appréciation des autorités internes que lorsque celle-ci est révélatrice d'un arbitraire évident. • CEDH, gr. ch., 15 janv. 2007, *Syssoyeva et a. c/ Lettonie,* n° 60654/00 § 91. ♦ Vu l'absence d'arbitraire de la part des autorités nationales dans le calcul de l'indemnité, la Cour ne saurait substituer sa propre interprétation du droit à celle des juridictions nationales. • CEDH, décis., 6 juill. 2010, *Star Cate – Epilekta Gevmata et a. c/ Grèce,* n° 54111/07.

239. Il n'appartient pas à la Cour de comparer les diverses décisions rendues par des tribunaux nationaux – même dans des litiges de prime abord voisins ou connexes –, sauf s'il s'agit d'un déni de justice ou d'un abus manifeste. • CEDH 24 juin 2008, *Adamsons c/ Lettonie,* n° 3669/03 § 118.

240. Garanties procédurales. La tâche de la Cour consiste donc à rechercher si les observations des requérants ont vraiment été « entendues », c'est-à-dire dûment examinées par le tribunal saisi : la Cour doit s'assurer que l'irrecevabilité de l'unique moyen produit par la requérante à l'appui de son pourvoi ne fut pas le résultat d'une erreur manifeste d'appréciation de la part de la Cour de cassation. • CEDH 21 mars 2000, *Dulaurans c/ France,* n° 34553/97 § 33. ♦ La Cour ne décèle aucun indice d'arbitraire dans le déroulement de la procédure, qui a respecté le principe du contradictoire et au cours de laquelle les requérants avaient la possibilité de présenter tous les arguments pour la défense de leur cause. • CEDH 23 sept. 2004, *Agathos et a. c/ Grèce,* n° 19841/02 § 27. ♦ La Cour estime qu'il ne lui appartient de se prononcer ni sur la question de savoir si la Cour suprême aurait dû baser ses conclusions sur les documents invoqués par la requérante, ni sur l'application par cette juridiction du nouveau code civil à la place de l'ancien. Le simple désaccord de la requérante avec l'arrêt litigieux ne saurait suffire à conclure que la procédure en cassation n'a pas été équitable. • CEDH, décis., 6 sept. 2005, *Sarkisova c/ Géorgie,* n° 73239/01. ♦ La Cour a pour seule fonction, au regard de l'art. 6 Conv. EDH, d'examiner les requêtes alléguant que les juridictions nationales ont méconnu des garanties procédurales spécifiques énoncées par cette disposition ou que la conduite de la procédure dans son ensemble n'a pas garanti un procès équitable au requérant. • CEDH 7 mars 2006, *Donadzé c/ Géorgie,* n° 74644/01 § 30. ♦ La Cour constate qu'elle n'est amenée à se prononcer ni sur la question de savoir si les juridictions internes ont correctement apprécié les faits et appliqué la loi, ni sur le bien-fondé des conclusions auxquelles elles sont parvenues. La question se posant devant la Cour est celle de savoir si les juridictions internes ne se sont pas basées sur des constatations manifestement inexactes, relatives à la position prise par le requérant. • CEDH 7 mars 2006, *Donadzé c/ Géorgie,* n° 74644/01 § 31. ♦ La Cour ne décèle aucun élément donnant à penser que la procédure devant le Conseil d'État ne s'est pas déroulée conformément aux exigences du procès équitable. Il revient aux juridictions nationales de juger de l'utilité d'une offre de preuve. • CEDH, gr. ch., 7 juin 2012, *Centro Europa 7 S. R. L. et Di Stefano c/ Italie,* n° 38433/09 § 198. ♦ La partie requérante a bénéficié d'une procédure contradictoire et a pu, aux différents stades de celle-ci, présenter les éléments qu'elle jugeait pertinents pour la défense de sa cause. En outre, les jugements rendus en l'espèce sont amplement motivés, en fait comme en droit. La Cour ne dispose d'aucun élément lui permettant de critiquer la procédure interne ainsi menée ou de qualifier d'arbitraires les arrêts rendus à l'issue de cette procédure. • CEDH, décis., 13 nov. 2012, *Bifa Yem San. Ve Tic. A.S. c/ Turquie,* n° 36325/09.

241. Interprétation. Il n'apparaît pas que les autorités nationales aient dépassé les limites d'une interprétation raisonnable des dispositions légales applicables au cas d'espèce, en faisant application du principe jurisprudentiel de l'indépendance des procédures. • CEDH 31 janv. 2006, *Dukmedjian c/ France,* n° 60495/00 § 72.

242. Affaires pénales. Il n'appartient pas à la Cour de se prononcer, par principe, sur la recevabilité de certaines sortes d'éléments de preuve, par exemple des éléments obtenus de manière illégale, ou encore sur la culpabilité du requérant. Il y a lieu d'examiner si la procédure, y compris la manière dont les éléments de preuve ont été obtenus, fut équitable dans son ensemble, ce qui implique l'examen de l'« illégalité » en question et, dans les cas où se trouve en cause la violation d'un autre droit protégé par la Convention, de la nature de cette violation. • CEDH 12 mai 2000, *Khan c/ Royaume-Uni,* n° 35394/97 § 34. ♦ La mission confiée à la Cour par la Convention ne consiste pas à se prononcer sur le point de savoir si des dépositions de témoins ont été de bon droit admises comme preuves, mais à rechercher si la procédure considérée dans son ensemble, y compris le mode de présentation des moyens de preuve, a revêtu un caractère équitable. • CEDH, décis., 12 févr. 2004, *De Lorenzo c/ Italie,* n° 69264/01. ♦ Le rôle de la Cour en l'occurrence n'est donc pas de se prononcer sur la culpabilité du requérant ou sur la question de savoir si les juridictions internes ont correctement apprécié les faits et appliqué la loi, mais d'examiner les allégations du requérant que la conduite de la procédure dans son ensemble ne lui a pas garanti un procès équitable. • CEDH 22 févr. 2007, *Perlala c/ Grèce,* n° 17721/04 § 26. ♦ Il ne lui appartient pas d'apprécier la légalité des preuves au regard du droit interne des États parties à la Conv. EDH et de se prononcer sur la culpabilité des requérants. • CEDH 22 nov. 2012, *Tseber c/ Rép. tchèque,* n° 46203/08 § 42.

243. Remise en cause des faits. Le requérant se borne à contester l'issue de la procédure en remettant en cause les faits de la cause tels qu'ils furent exposés et analysés par les juridictions du fond. La Cour considère dès lors que cette partie de la requête est manifestement mal fondée et doit être rejetée. • CEDH 20 déc. 2005, *Marion c/ France,* n° 30408/02 § 22.

244. Solution à retenir. La Cour n'est pas compétente pour se prononcer sur l'opportunité d'accorder à l'étranger concerné tel statut légal plutôt que tel autre, ce choix relevant de l'appréciation souveraine des autorités nationales. • CEDH, gr. ch., 15 janv. 2007, *Sysoyeva et a. c/ Lettonie,* n° 60654/00 § 91.

B. AUTRES CAS

245. Caractère non fondé d'une totale évidence. L'examen du dossier ne permet pas de dégager, même d'office, l'apparence d'une violation des droits et libertés garantis par la Conv. EDH. L'étude des documents produits en l'espèce a pleinement convaincu la Commission que la requérante avance une série d'allégations et de griefs auxquels la Convention ne fournit pas le moindre appui, ne cherchant qu'à échapper aux conséquences de sa condamnation. • Comm. EDH 8 mars 1962, *Koch c/ Allemagne,* n° 1270/61. ♦ L'acceptation d'un emploi convenable étant une condition d'octroi des prestations de chômage, le refus est sanctionné par la perte temporaire d'allocations à l'exclusion de toute autre mesure. Il ne peut dès lors être question en l'espèce de travail forcé ou obligatoire au sens de l'art. 4 Conv. EDH. • Comm. EDH 13 déc. 1976, *X. c/ Pays-Bas,* n° 7602/76. ♦ La Cour a examiné ces griefs, tels qu'ils ont été présentés dans la requête. Compte tenu de l'ensemble des éléments en sa possession, et dans la mesure où elle est compétente pour connaître des allégations formulées, elle n'a relevé aucune apparence de violation des droits et libertés garantis par la Convention ou ses Protocoles. Il s'ensuit que cette partie de la requête est manifestement mal fondée et doit être rejetée. • CEDH, décis., 31 mai 2005, *Trofimchuk c/ Ukraine,* n° 4241/03 • CEDH, décis., 3 nov. 2009, *Hartung c/ France,* n° 10231/07.

246. Requête fantaisiste. Le requérant estime qu'il est indigne et contraire aux droits fondamentaux de l'homme que des êtres humains soient astreints à obéir aveuglément aux signaux de la circulation qui sont des choses inertes. • Comm. EDH 30 sept. 1968, *X. c/ Allemagne,* n° 3141/67.

247. Absence de preuves. La Commission estime que les griefs du requérant en ce qui concerne les prétendus mauvais traitements dont il aurait été victime sont manifestement mal fondés dès lors que celui-ci ne peut en apporter aucune preuve. • Comm. EDH 3 févr. 1971, *X. c/ Royaume-Uni,* n° 4220/69.

248. Absence de caractère arbitraire ou déraisonnable. La déclaration d'irrecevabilité prononcée par la Cour de cassation a sanctionné le requérant pour son manque de diligences dans la présentation du recours. Eu égard aux circonstances de l'espèce, une telle sanction n'était ni arbitraire, ni déraisonnable. En conséquence, la Cour juge que le requérant n'a pas été privé du droit d'accès à un tribunal et le grief doit dès lors être rejeté comme manifestement mal fondé. • CEDH, décis., 22 mai 2001, *Baillard c/ France,* n° 57730/00.

249. Absence apparente ou évidente de violation. La Cour estime que les autorités lettonnes n'ont pas outrepassé la marge d'appréciation qui leur est reconnue en la matière. Il s'ensuit que la requête doit dès lors être rejetée comme étant manifestement mal fondée. • CEDH, décis., 7 déc. 2004, *Mentzen alias Mencena c/ Lettonie,* n° 71074/01. ♦ La Cour estime que l'ingérence dans le droit du requérant au respect de sa vie privée, à supposer qu'elle soit établie, n'était pas disproportionnée par rapport au but poursuivi. Il s'ensuit que ce grief est manifestement mal fondé et doit être rejeté. • CEDH, décis., 3 nov. 2009, *Hartung c/ France,* n° 10231/07.

250. Si l'impossibilité légale pour un « accusé » privé de liberté d'être assisté par un avocat dès le début de sa détention affecte l'équité de la procédure pénale dont il est l'objet, on ne peut déduire de cette seule circonstance que sa détention est contraire à l'art. 5, § 1, Conv. EDH, en ce qu'elle ne répondrait pas à l'exigence de légalité inhérente à cette disposition. Dès lors, prise sous l'angle de cet art., la requête est manifestement mal fondée et doit être rejetée. • CEDH, décis., 28 août 2012, *Simons c/ Belgique,* n° 71407/10.

251. A la lumière des différentes décisions rendues par les juridictions nationales compétentes, la Cour constate que, indépendamment de l'affectation des biens meubles ou immeubles à l'exploitation des sites, en cas d'annulation des contrats, les sociétés ne pouvaient pas prétendre obtenir la propriété de tels biens. Partant, la Cour estime que la saisie par l'État défendeur des biens meubles ou immeubles à la suite de la résiliation des contrats n'implique pas qu'il y ait eu une méconnaissance de l'art. 1er Prot. n° 1. Il s'ensuit que cette partie du grief est manifestement mal fondée et doit être rejetée. • CEDH, décis., 29 mars 2011, *Uzan et a. c/ Turquie,* n° 18240/03.

252. Dans le cas où la procédure civile concernant la capacité d'exercice de la requérante se termine par le rejet de l'action qui avait été engagée à son encontre dès lors que la requérante ne pouvait obtenir une issue plus favorable, la requête est manifestement mal fondée. • CEDH 1er août 2013, *Antonyuk c/ Russie,* n° 47721/10 § 105.

VII. REQUÊTE ABUSIVE. CONV. EDH, ART. 35, § 3, a)

253. La Cour a fait application de cette disposition dans le cas de requêtes qui se fondaient délibérément sur des faits controuvés en vue de la tromper, dans des cas où le requérant avait utilisé, dans sa communication avec la Cour, des expressions particulièrement vexatoires, outrageantes, menaçantes ou provocatrices, dans des cas où le requérant avait intentionnellement méconnu la confidentialité des négociations relatives au règlement amiable et dans des cas de requérants qui avaient multiplié des requêtes chicanières et manifestement mal fondées, analogues à leur requête déjà déclarée irrecevable dans le passé. • CEDH, gr. ch., 1er juill. 2014, *S. A. S. c/ France,* n° 43835/11 § 67 : *préc. note 38.* ♦ Une requête peut être déclarée abusive d'une part si elle se fonde délibérément sur des faits controuvés en vue de tromper la Cour et d'autre part si le requérant utilise, dans sa communication avec la Cour, des expressions particulièrement vexatoires, outrageantes, menaçantes ou provocatrices. ♦ V. déjà. • CEDH 15 sept. 2009, *Mirolubovs et a. c/ Lettonie,* n° 798/05 § 62 à 66.

A. FAITS CONTROVERSÉS

254. Sauf dans des cas exceptionnels, une demande ne peut être rejetée comme abusive que si elle a été sciemment basée sur des faits mensongers, ce qui dans les espèces mentionnées ici n'est pas le cas. • CEDH 16 sept. 1996, *Akdivar et a. c/ Turquie,* n° 21893/93 § 53 • CEDH 5 oct. 2000, *Varbanov c/ Bulgarie,* n° 31365/96 § 36 • CEDH 22 déc. 2008, *Aleksanyan c/ Russie,* n° 46468/06 § 117. ♦ En particulier, ce ne peut être le cas lorsque l'élément est controversé. • CEDH 4 mars 2014, *Grande Stevens et a. c/ Italie,* n° 18640/10 § 69. ♦ Il en va de même lorsque des développements nouveaux importants surviennent au cours de la procédure suivie à Strasbourg et que, en dépit de l'obligation expresse lui incombant en vertu de l'art. 47, § 7, du règlement, le requérant n'en informe pas la Cour, l'empêchant ainsi de se prononcer sur l'affaire en pleine connaissance de cause. Toutefois, même dans de tels cas, l'intention de l'intéressé d'induire la Cour en erreur doit toujours être établie avec suffisamment de certitude. • CEDH, gr. ch., 30 sept. 2014, *Gross c/ Suisse,* n° 67810/10 § 28 : *AJDA 2015. 150, chron. Burgorgue-Larsen* ; *RD publ. 2015. 831, chron. Sudre.*

255. Falsification des documents adressés à la Cour. Falsification de la plainte pénale pour cacher la mention apposée en bas de la page, tout en essayant de passer sous silence le fait qu'une personne avait renoncé à sa plainte pénale et à l'expertise médicale de son état de santé qu'elle avait sollicitée auparavant. De même le certificat médical fourni par le requérant présente des modifications évidentes du nom de la personne prétendument examinée par le médecin légiste et de la date à laquelle se seraient produits les mauvais traitements ayant entraîné des blessures nécessitant un contrôle médical. S'y s'ajoute le fait qu'il était objectivement impossible pour le médecin l'ayant signé et paraphé de rencontrer le requérant, compte tenu de ce qu'il exerçait son métier dans une autre localité que celle où il se trouvait détenu. A la lumière de ce qui précède, la Cour estime qu'il est évident que le requérant a essayé volontairement d'induire la Cour en erreur, en lui présentant une image faussée de la partie la plus grave de sa requête. • CEDH, décis., 30 mars 2004, *Jian c/ Roumanie,* n° 46640/99. ♦ Selon les conclusions des enquêtes menées en Iran par les autorités néerlandaises, les deux documents fournis à la Cour étaient faux ; les requérantes n'ont pas contesté ces conclusions. • CEDH, décis., 15 mai 2007, *Bagheri et Maliki c/ Pays-Bas,* n° 30164/06. ♦ Un formulaire d'autorisation falsifié a été présenté dans le but de prétendre que la demande avait été déposée d'une manière juridiquement efficace. • CEDH, décis., 3 juill. 2007, *Poznanski et a. c/ Allemagne,* n° 25101/05.

256. Il convient évidemment que les faits soient réellement controuvés. Une simple divergence dans l'analyse des faits par le Gouvernement et le requérant ne peut constituer une requête abusive (en l'espèce le requérant estime n'avoir pas disposé de la possibilité de faire appel du fait qu'un avocat ne lui avait pas été commis ; en fait un avocat avait été commis mais n'avait eu au dossier du demandeur qu'un accès limité). • CEDH 28 mars 2006, *Melnik c/ Ukraine,* n° 72286/01 § 58 et 59.

257. Une requête ne pourrait constituer un abus du droit de recours que si elle se fondait manifestement sur des faits erronés. Or, cela est loin d'être évident à ce stade de la procédure. • Comm. EDH 20 févr. 1995, *Aslan c/ Turquie,* n° 22497/93 • Comm. EDH 27 juin 1996, *Assenov et a. c/ Bulgarie,* n° 24760/94.

258. Il ne fait aucun doute que les quatre lettres relatives à des plaintes auprès des autorités pénitentiaires s'agissant de la correspondance du détenu ont été soumises à la Cour dans un fichier altéré et non dans leur forme originale. Cela est cependant sans incidence sur la recevabilité de la requête dès lors que celle-ci ne porte pas sur la question de la correspondance. • CEDH, décis., 8 févr. 2011, *Miszczynski c/ Pologne,* n° 23672/07.

259. Fausse identité. La Cour est forcée de conclure à partir les éléments disponibles qu'une tentative a été faite pour présenter le requérant sous une fausse identité, celui-ci persistant, en outre, dans son refus de révéler sa véritable identité. Il y a dès lors requête abusive. • CEDH, décis., 22 févr. 2011, *Drijfhout c/ Pays-Bas,* n° 51721/09 § 27 à 30.

260. Inaction du requérant qui omet d'informer la Cour d'un élément essentiel. Une information incomplète et donc trompeuse peut également être qualifiée comme un abus du droit de recours individuel, particulièrement lorsqu'elle concerne le noyau de l'affaire et que le requérant n'explique pas de façon suffisante son manquement à divulguer les informations pertinentes. • CEDH 2 déc. 2008, *Predescu c/ Roumanie,* n° 21447/03 § 25 • CEDH, décis., 23 juin 2009, *Khvichia et a. c/ Géorgie,* n° 26446/06. ♦ Si des développements importants surviennent au cours de la procédure devant la Cour et si le requérant ne l'en informe pas, l'empêchant ainsi de se prononcer sur l'affaire en pleine connaissance de cause, sa requête peut être rejetée comme étant abusive. • CEDH, décis., 10 avr. 2012, *Bekauri c/ Géorgie,* n° 14102/02 § 21 à 23 • CEDH, décis., 10 juill. 2012, *Simonetti c/ Italie,* n° 50914/11 § 19. ♦ Le manque de diligence dans l'information de la Cour n'est toutefois pas nécessairement de nature à conférer à la requête un caractère abusif. • CEDH 24 sept. 2013, *Luca c/ Italie,* n° 43870/04 § 37.

261. Ni avant ni après la communication de la requête, le requérant n'a informé la Cour que la décision avait partiellement reçu exécution ; il s'est borné à insister sur la poursuite de la procédure devant elle. Aux yeux de la Cour, en procédant ainsi, il a voulu passer sous silence le fait qu'avant même qu'il saisisse la Cour, les autorités ministérielles avaient honoré leurs obligations en lui versant environ la moitié de la somme litigieuse et, bien avant la communication de la requête au Gouvernement défendeur, l'huissier de justice compétent avait utilement pris des mesures d'exécution forcée, nécessaires pour garantir le versement du restant de la dette. • CEDH, décis., 2 mai 2006, *Keretchachvili c/ Géorgie,* n° 5667/02. ♦ V. également, un cas dans lequel la Cour estime que le défaut d'information n'a pas conduit à rendre la requête irrecevable. • CEDH 20 juin 2002, *Al-Nashif c/ Bulgarie,* n° 50963/99 § 89. ♦ Les requérants n'ont pas fourni d'explication plausible s'agissant de l'omission d'informer la Cour du fait qu'ils avaient présenté, sur la base du nouveau système de recours interne, une demande d'indemnisation, élément essentiel empêchant ainsi la Cour de se prononcer sur l'affaire en pleine connaissance de cause. • CEDH, décis., 25 sept. 2007, *Hadrabova et a. c/ Rép. tchèque,* n° 42165/02. ♦ A aucun moment, même lorsque le greffe a communiqué à son mandataire l'exposé des faits qui la tenait pour vivante et pour étant encore la requérante, titulaire du droit litigieux dans l'affaire en cause, le requérant n'a informé la Cour du fait que Mme M. P. était décédée, ni fourni d'explication plausible de cette carence. • CEDH 2 déc. 2008, *Predescu c/ Roumanie,* n° 21447/03 § 25.

262. Recherche de l'intention de l'intéressé. Même dans de tels cas, l'intention de l'intéressé d'induire la Cour en erreur doit toujours être établie avec suffisamment de certitude. • CEDH 28 mars 2006, *Melnik c/ Ukraine,* n° 72286/01 § 60 • CEDH 29 juin 2006, *Nold c/ Allemagne,* n° 27250/02 § 87 • CEDH 15 sept. 2009, *Mirolubovs et a. c/ Lettonie, n° 798/05 § 63.* ♦ *La Cour conclut que l'exception* du Gouvernement n'est pas fondée dès lors qu'il y a aucun élément permettant d'affirmer que la requête a été sciemment basée sur des faits mensongers. • CEDH, décis., 6 avr. 2000, *I. S. c/ Bulgarie,* n° 32438/96 • CEDH 5 oct. 2000, *Varbanov c/ Bulgarie,* n° 31365/96 § 36. ♦ ... Dès lors qu'il n'y a aucun élément permettant d'affirmer que la requête a été délibérément basée sur des faits mensongers. • CEDH 16 sept. 1996, *Akdivar et a. c/ Turquie,* n° 21893/93 § 53.

263. Les déclarations faites par l'avocat du requérant, cité par le Gouvernement, reflètent son attitude émotionnelle envers le comportement des autorités de son client. Ce sont des jugements de valeur, et, à ce titre, ils ne peuvent pas être considérés comme des « faux ». • CEDH 22 déc. 2008, *Aleksanyan c/ Russie,* n° 46468/06 § 118.

B. USAGE D'UN LANGAGE OFFENSANT

264. Il ne fait aucun doute que l'usage d'un langage offensant dans la procédure devant la Cour est inapproprié. • CEDH 5 oct. 2000, *Varbanov c/ Bulgarie,* n° 31365/96 § 36 • CEDH, décis., 11 janv. 2007, *Di Salvo c/ Italie,* n° 16098/05.

265. Les termes dont les requérants font usage sont particulièrement injurieux et offensants ; la Commission en arrive donc à la conclusion que ces excès de langage sont abusifs. • Comm. EDH 30 sept. 1968, *X. et Y. c/ Allemagne,* n° 2625/65. ♦ Dans ses observations en réponse à celles de l'État partie, le requérant a fait, sans preuve et dans un langage à la fois insultant et abusif, une série d'allégations relatives à la conduite criminelle et malhonnête du Gouvernement et, plus particulièrement, d'un agent du Gouvernement. • Comm. EDH 9 avr. 1997, *Stamoulakatos c/ Royaume-Uni,* n° 27567/95. ♦ La Cour constate que D. a multiplié les correspondances, par voies postale et électronique, aux termes desquelles il met gravement en cause l'intégrité de certains juges de la Cour et agents du greffe. Le requérant, qui tente systématiquement de jeter l'opprobre sur des juges de la Cour, des membres de son greffe, ainsi que sur des responsables politiques de l'État défendeur, accuse en particulier certains juges d'avoir commis des délits et des crimes de la plus haute gravité. la conduite intolérable de D. et, à supposer qu'il existe, de G., est contraire à la vocation du droit de recours individuel. Il ne fait aucun doute qu'elle est abusive. • CEDH, décis., 4 févr. 2003, *Duringer et a. et Grunge c/ France,* n° 61164/00.

266. Les allégations du requérant sont intolérables, dépassant les limites de la critique normale, déplacées et confinent à l'outrage au tribunal. Un tel comportement de la requérante – à supposer même que sa demande initiale ne serait pas jugée manifestement mal fondée – est contraire à l'objet du droit de recours individuel et constitue, sans aucun doute, un abus du droit. • CEDH, décis., 18 mai 2004, *Rehak c/ Rép. tchèque,* n° 67208/01. ♦ Les allégations du requérant sont intolérables et l'intéressé a excédé les limites d'une critique normale, civique et légitime. Le comportement du requérant pourrait être qualifié, en substance, de *contempt of court* (outrage au tribunal). • CEDH, décis., 11 janv. 2007, *Di Salvo c/ Italie,* n° 16098/05.

267. Les déclarations faites par l'avocat du requérant, cité par le Gouvernement, reflètent l'attitude émotionnelle de son client envers le comportement des autorités. Quant à leur forme, les propos ne sont pas, aux yeux de la Cour, « insultants ou provocateurs » et ne constituent donc pas un abus du droit de pétition. En conséquence, l'exception du Gouvernement doit être rejetée. • CEDH 22 déc. 2008, *Aleksanyan c/ Russie,* n° 46468/06 § 118.

268. Dans certaines de ses conclusions le requérant a utilisé, sans justification, des expressions insultantes à propos du peuple tchèque en général et de certaines autorités tchèques. La Cour prend en considération le fait que de telles expressions sont rares dans les volumineux mémoires du requérant et que celui-ci n'a pas récidivé depuis la lettre du greffier l'informant des conséquences possibles de l'utilisation, pour l'avenir, d'un langage insultant. • CEDH, décis., 9 juill. 2002, *Manoussos c/ Rép. tchèque et Allemagne,* n° 46468/99. ♦ A la suite de l'avertissement formel de la Cour, le requérant a retiré ses propos désobligeants et a présenté ses excuses à la Cour, au Gouvernement défendeur et à son représentant. • CEDH 6 avr. 2006, *Tchernitsine c/ Russie,* n° 5964/02 § 26.

C. CARACTÈRE CONFIDENTIEL DU RÈGLEMENT AMIABLE

269. Principe. La Cour rappelle l'importance du principe selon lequel les négociations de règlement amiable sont confidentielles et que les communications faites par les parties dans le cadre de ces négociations ne doivent pas être invoquées lors d'une procédure contentieuse. Il ne peut être exclu que la violation de ce principe peut, dans certaines circonstances, justifier l'irrecevabilité de la requête pour abus du droit. • CEDH 18 janv. 2005, *Popov c/ Moldavie,* n° 74153/01 § 48. ♦ Une violation intentionnelle, par un requérant, de l'obligation de confidentialité du règlement amiable imposée aux parties par l'art. 38, § 2, Conv. EDH et l'art. 62, § 2, du règlement de la CEDH peut également être qualifiée d'abus du droit de recours et aboutir au rejet de la requête. En effet, la règle de confidentialité des négociations du règlement amiable revêt une importance particulière dans la mesure où elle vise à préserver les parties et la Cour elle-même de toute tentative de pression politique ou de quelque autre ordre que ce soit. Il est donc logique qu'un non-respect intentionnel de cette règle s'analyse en un abus de procédure. • CEDH 15 sept. 2009, *Mirolubovs et a. c/ Lettonie,* n° 798/05 § 66.

270. Toutefois, à la lumière de sa jurisprudence constante énoncée ci-dessus, la Cour estime que la responsabilité directe de l'intéressé dans la divulgation des informations confidentielles doit toujours être établie avec suffisamment de certitude, une simple suspicion ne suffisant pas pour déclarer la requête abusive. Ne disposant d'aucune preuve de ce que tous les requérants ont donné leur consentement à la divulgation du contenu des pièces confidentielles par F., la Cour ne peut que leur accorder le bénéfice du doute. • CEDH 15 sept. 2009, *Mirolubovs et a. c/ Lettonie,* n° 798/05 § 66 et 69.

271. La Cour constate que, sur la base des documents soumis par le Gouvernement, il est clair que, dans leur demande d'indemnisation, les intéressés font explicitement référence à la proposition du greffe établie dans le cadre du règlement amiable des négociations. Elle estime que ce comportement constitue une violation de la règle mentionnée ci-dessus de la confidentialité et doit également être considéré comme un abus de droit de recours. • CEDH, décis., 25 sept. 2007, *Hadrabova c/ Rép. tchèque,* n° 42165/02.

D. REQUÊTE CHICANIÈRE

272. L'étude des documents produits, en l'espèce, a pleinement convaincu la Commission qu'eu égard au but poursuivi par les requérants, la nature même des allégations et griefs, qui ont trait au nombre incommensurable de procédures de tous genres, introduits par eux et auxquels la Convention ne fournit pas le moindre appui, constitue en soi un abus manifeste et caractérisé du droit de recours individuel. • Comm. EDH 30 sept. 1968, *X. et Y. c/ Allemagne,* n° 2625/65.

273. Est abusif le fait de multiplier les requêtes analogues à des requêtes déjà déclarées irrecevables ou mal fondées. • Comm. EDH 17 oct. 1996, *Philis c/ Grèce,* n° 28970/95 • CEDH, décis., 24 juin 2008, *M. c/ Royaume-Uni,* n° 25087/06. ♦ Les requérantes reviennent sur leur engagement à renoncer à toute prétention à l'encontre du Portugal à propos des faits à l'origine des requêtes et dénoncent à nouveau devant la Cour la durée excessive des procédures et l'inefficacité des actions en responsabilité extracontractuelle engagées au niveau interne. Une telle attitude entrave le fonctionnement de la Cour dans la mesure où elle l'oblige à revenir sur l'examen de faits et griefs ayant pourtant déjà été conclus devant la Cour, de surcroît, par règlement amiable entre les parties. • CEDH, décis., 13 nov. 2012, *Anibal Vieira & Filhos LDA et Maria Rosa Ferreira da Costa LDA c/ Portugal,* n° 980/12.

274. V. également, avant l'entrée en vigueur du Prot. n° 14 ajoutant l'absence de préjudice important au présent art., une requête en remboursement de 7,99 €. • CEDH, décis., 19 janv. 2010, *Bock c/ Allemagne,* n° 22051/07.

VIII. ABSENCE DE PRÉJUDICE IMPORTANT. CONV. EDH, ART. 35, § 3 b)

275. Raison d'être. Le critère de l'absence de préjudice important a été conçu pour permettre à la CEDH de traiter rapidement les requêtes à caractère futile afin de se concentrer sur sa mission essentielle, qui est d'assurer au niveau européen la protection juridique des droits garantis par la Conv. EDH et ses prot. • CEDH, décis., 12 avr. 2011, *Stefanescu c/ Roumanie,* n° 11774/04 § 35 • CEDH 9 sept. 2014, *Gajtani c/ Suisse,* n° 43730/07 § 39 : *AJ fam. 2014. 568, obs. Viganotti .*

276. Moyen d'office. En l'espèce, la Cour constate que le préjudice financier allégué par le requérant du fait du non-respect des clauses contractuelles de transport était réduit. • CEDH 18 oct. 2011, *Giusti c/ Italie,* n° 13175/03 § 35 • CEDH 3 avr. 2012, *Nicoleta Gheorghe c/ Roumanie,* n° 23470/05 § 24.

A. NOTION DE PRÉJUDICE IMPORTANT

277. Principe. Bien qu'il n'y ait pas de hiérarchie formelle entre les trois éléments contenus au présent art., la question du « préjudice important » se trouve au cœur du nouveau critère. • CEDH, décis., 13 mars 2012, *Shefer c/ Russie,* n° 45175/04 § 17.

278. La notion de « préjudice important », issue du principe *de minimis non curat praetor,* renvoie à l'idée que la violation d'un droit doit atteindre un seuil minimal de gravité pour justifier un examen par une juridiction internationale. L'appréciation de ce seuil est, par nature, relative et dépend des circonstances de l'espèce. • CEDH 7 janv. 2014, *Cusan et Fazzo c/ Italie,* n° 77/07 § 36.

279. Afin de vérifier si la violation d'un droit atteint le seuil minimal de gravité, il y a lieu de prendre en compte notamment les éléments suivants : la nature du droit prétendument violé, la gravité de l'incidence de la violation alléguée dans l'exercice d'un droit ou les conséquences éventuelles de la violation sur la situation personnelle du requérant. Dans l'évaluation de ces conséquences, la Cour examinera, en particulier, l'enjeu de la procédure nationale ou son issue. • CEDH 18 oct. 2011, *Giusti c/ Italie,* n° 13175/03 § 34 • CEDH 24 avr. 2012, *De Ieso c/ Italie,* n° 34383/02 § 35 • CEDH 9 sept. 2014, *Gajtani c/ Suisse,* n° 43730/07 § 40 : *préc. note 275.*

280. L'appréciation de ce seuil est par nature relative et dépend de l'ensemble des circonstances particulières de chaque espèce. Cette appréciation doit tenir compte tant de la perception subjective du requérant que de l'enjeu objectif du litige. • CEDH, décis., 1er juill. 2010, *Korolev c/ Russie,* n° 25551/05 • CEDH, décis., 21 févr. 2012, *Sumbera c/ Rép. tchèque,* n° 48228/08.

281. L'impression subjective du requérant quant aux conséquences des violations alléguées doit pouvoir être justifiée par des motifs objectifs. • CEDH, décis., 30 août 2011, *Ladygin c/ Russie,* n° 3565/05. ♦ La Cour ne décèle pas de justification semblable en l'espèce, car la principale question de principe a vraisemblablement été résolue de manière positive pour l'intéressé. • CEDH, décis., 1er juill. 2010, *Korolev c/ Russie,* n° 25551/05. ♦ Le fait que l'action en justice du requérant, qui a épuisé l'ensemble des recours internes, puisse laisser penser qu'il percevait la solution de ce litige comme une question de principe ne saurait suffire. • CEDH, décis., 19 oct. 2010, *Rinck c/ France,* n° 18774/09.

282. La violation d'un droit, même réelle d'un point de vue purement juridique, doit atteindre un minimum de gravité pour mériter d'être examinée par une juridiction internationale. • CEDH, décis., 1er juill. 2010, *Korolev c/ Russie,* n° 25551/05 • CEDH, décis., 19 oct. 2010, *Rinck c/ France,* n° 18774/09 • CEDH, décis, 11 sept. 2012, *Boelens et a. c/ Belgique,* n° 20007/09. ♦ Les violations purement techniques et insignifiantes en dehors d'un cadre formaliste ne méritent pas un contrôle européen. • CEDH, décis., 13 mars 2012, *Shefer c/ Russie,* n° 45175/04 § 18.

283. Attitude du requérant. La passivité du requérant pendant un certain temps au cours de la procédure judiciaire peut témoigner du faible intérêt qu'il porte à l'affaire. • CEDH, décis., 13 mars 2012, *Shefer c/ Russie,* n° 45175/04 § 25.

1° IMPORTANCE DU PRÉJUDICE

284. Principe. Un tel préjudice renvoie à des critères tels que l'impact monétaire de la question litigieuse ou l'enjeu de l'affaire pour le requérant. • CEDH, décis., 1er juin 2010, *Ionescu c/ Roumanie,* n° 36659/04 § 34 • CEDH, décis., 17 janv. 2010, *Fernandez c/ France,* n° 65421/10.

285. Ne conduit pas à l'absence de préjudice important. La question de savoir si les intéressés ont finalement reçu des sommes éventuellement supérieures à celles qu'ils auraient reçues au titre du préjudice matériel dans le contexte de la procédure devant la Cour ne saurait être prise en considération aux fins du présent art., lequel appelle à un examen portant sur l'enjeu, et non uniquement l'issue, de l'affaire. Partant, l'exception du Gouvernement tirée de l'absence de préjudice important doit être rejetée. • CEDH 18 janv. 2011, *Sancho Cruz et 14 a., affaires « Réforme agraire » c/ Portugal,* n° 8851/07 § 35.

286. Il ne découle pas automatiquement du fait que les juridictions internes auraient reconnu, puis accordé une réparation pour violation de la Conv. EDH, qu'il n'y aurait pas de « préjudice » dans le chef du requérant, comme semble le soutenir le Gouvernement défendeur. En effet, l'évaluation au sujet de l'absence d'un tel « préjudice » ne se réduit pas à une estimation purement économique. • CEDH 24 avr. 2012, *De Ieso c/ Italie,* n° 34383/02 § 34.

a. Impact monétaire

287. Principe. La Cour apprécie l'enjeu financier du litige en tenant compte de la somme sollicitée au titre du dommage matériel et non pas de la somme correspondant au dommage moral. Elle considère que les prétentions fondées sur le dommage matériel indiquent la perte financière de l'intéressée et reflètent l'enjeu réel du litige, contrairement à la somme sollicitée au titre du dommage moral qui est estimée librement par l'intéressée sur la base d'une spéculation personnelle. • CEDH, décis., 20 sept. 2011, *Kiousi c/ Grèce,* n° 52036/09.

288. Absence de préjudice important. Le préjudice financier allégué par le requérant du fait du non-respect des clauses contractuelles de transport était réduit. Il s'agit, selon sa propre estimation, d'un montant de 90 euros, tous préjudices confondus, alors qu'aucun élément du dossier n'indique qu'il se trouvait dans une situation économique telle que l'issue du litige aurait eu des répercussions importantes sur sa vie personnelle. • CEDH, décis., 1er juin 2010, *Ionescu c/ Roumanie,* n° 36659/04 § 34. ♦ La Cour est frappée d'emblée par le caractère infime, voire quasi négligeable, de la perte pécuniaire qui a amené le requérant à porter sa cause devant elle (moins de 1 €). Les griefs soumis par l'intéressé se bornent expressément au manquement de l'autorité défenderesse à verser la somme équivalant à moins d'un euro que lui avaient allouée les tribunaux nationaux. *• CEDH, décis., 1er juill. 2010, Korolev c/ Russie,* n° 25551/05. ♦ Il en va de même s'agissant d'un préjudice de 12 euros. • CEDH 23 sept. 2010, *Vasilchenko c/ Russie,* n° 34784/02 § 49. ♦ V. déjà sous l'angle du caractère abusif pour 7, 99 euros. • CEDH, décis. 19 janv. 2010, *Bock c/ Allemagne,* n° 22051/07.

289. Le requérant a été condamné au paiement d'une amende de 150 euros, outre 22 euros de frais de procédure et le retrait d'un point de son permis de conduire. Dans ces conditions, le préjudice allégué par le requérant était particulièrement réduit, et aucun élément du dossier n'indique qu'il se trouvait dans une situation économique telle que l'issue du litige aurait eu des répercussions importantes sur sa vie personnelle. • CEDH, décis., 19 oct. 2010, *Rinck c/ France,* n° 18774/09. ♦ Pour des amendes inférieures. • CEDH, décis., 4 sept. 2012, *Mitric c/ Roumanie,* n° 47991/07 • CEDH, décis, 11 sept. 2012, *Boelens et a. c/ Belgique,* n° 20007/09.

290. L'enjeu financier du litige était relativement faible (à savoir 504 euros, la somme maximale qui aurait pu être accordée à la requérante) et l'action de la requérante était vouée à l'échec. • CEDH, décis., 20 sept. 2011, *Kiousi c/ Grèce,* n° 52036/09. ♦ La Cour constate que le préjudice subi par l'intéressé (227 €) n'atteint pas le niveau minimal requis. • CEDH, décis., 21 févr. 2012, *Sumbera c/ Rép. tchèque,* n° 48228/08.

291. Présence de préjudice important. Les sommes octroyées dans le cadre du recours « Pinto » vont de 200 à 13 749, 99 euros. Le retard litigieux, quant à lui, est compris entre 9 et 49 mois, étant égal ou supérieur à dix-neuf mois dans 65 % des affaires. Dans ces conditions, l'on ne saurait affirmer que les requérants n'ont subi aucun préjudice important au sens du critère susmentionné. • CEDH 21 déc. 2010, *Gaglione et a. c/ Italie,* n° 45867/07 §17. ♦ Dans les deux cas d'espèce, le préjudice subi par les requérants suite à l'expropriation de leurs propriétés était important, s'élevant à un total de 30 046 euros et 76 362 euros. • CEDH 18 janv. 2011, *Sancho Cruz et 14 a., affaires « Réforme agraire » c/ Portugal,* n° 8851/07 § 32 à 35.

292. Les requérants se plaignaient de la durée d'une procédure civile, portant sur l'exécution d'un contrat, s'étant étalée sur quinze ans et six mois environ pour deux degrés de juridiction. A l'évidence, une telle durée ne saurait être compatible avec le principe du délai raisonnable. Selon la Cour, afin d'évaluer la gravité des conséquences de ce type d'allégation, l'enjeu de l'affaire devant les juges nationaux ne saurait être déterminant que dans l'hypothèse où la valeur serait faible ou dérisoire, ce qui n'est pas le cas en l'occurrence puisque la valeur de l'exécution du contrat en question est importante. • CEDH 18 oct. 2011, *Giusti c/ Italie,* n° 13175/03 § 34.

293. V. également, tenant compte de la situation du requérant, les décisions référencées ss. la note 235.

b. Situation personnelle du requérant

294. Situation ne justifiant pas que le préjudice soit jugé « important ». Au-delà de l'aspect financier du litige, rien ne permet d'établir que la condamnation du requérant ait eu, dans les circonstances de l'espèce, y compris compte tenu du retrait d'un point sur son permis de conduire, des conséquences significatives sur sa situation personnelle. • CEDH, décis., 19 oct. 2010, *Rinck c/ France,* n° 18774/09. ♦ Même en tenant compte de la situation personnelle du demandeur, enseignante dans une école publique et mère célibataire, la Cour constate que, à la lumière du faible montant de l'indemnité réclamée du fait de l'absence d'indexation au taux d'inflation d'une somme due par l'État durant la période de retard de son paiement (à peu près égale à 25 €), la requérante n'a subi aucun préjudice important. • CEDH, décis., 22 févr. 2011, *Gaftoniuc c/ Roumanie,* n° 30934/05. ♦ Pour une absence de répercussion sur la situation personnelle du requérant. • CEDH, décis, 11 sept. 2012, *Boelens et a. c/ Belgique,* n° 20007/09. ♦ Aucun élément du dossier n'indique que la requérante se trouvait dans une situation économique telle que l'issue du litige aurait eu des répercussions importantes sur sa vie personnelle. • CEDH, décis., 20 sept. 2011, *Kiousi c/ Grèce,* n° 52036/09. ♦ La situation économique de la requérante, premier conseiller à la cour administrative d'appel de Marseille, conduit à estimer que le préjudice allégué (157 € et perte d'un point de permis de conduire) était particulièrement réduit. • CEDH, décis., 17 janv. 2010, *Fernandez c/ France,* n° 65421/10. ♦ Outre le fait qu'il était retraité et propriétaire de plusieurs immeubles, le requérant n'a fourni aucun élément permettant de conclure que malgré le montant faible des dépens, son préjudice était tout de même important en raison de sa situation personnelle ou de la situation économique particulière dans le pays. • CEDH, décis., 21 févr. 2012, *Sumbera c/ Rép. tchèque,* n° 48228/08.

295. Situation justifiant que le préjudice soit jugé « important ». Le requérant demande réparation pour des objets (dont la valeur était estimée à environ 350 €) qui, selon lui, avaient été dérobés dans son appartement par un tiers. Le requérant est retraité ; le montant mensuel moyen des pensions en Roumanie en 2003 équivaut à environ 50 €. Outre l'intérêt pécuniaire et la valeur sentimentale que revêtaient les biens eux-mêmes, il faut aussi prendre en compte le fait que cette procédure porte sur un point de principe aux yeux du requérant, à savoir son droit au respect de ses biens et de son domicile. • CEDH 21 juin 2011, *Guiran c/ Roumanie,* n° 24360/04 § 19 s. ♦ *V. également pour une obligation* de payer 1800 euros seul et 800 euros conjointement avec son assurance alors que le salaire moyen de la catégorie à laquelle appartient le requérant est de 220 euros environ. • CEDH 7 févr. 2012, *Diacenco c/ Roumanie,* n° 124/04 § 43 à 45.

2° AUTRES ENJEUX

296. Principe. Dans de nombreuses circonstances et en particulier s'agissant des atteintes au droit à un procès équitable, on ne saurait assimiler le « préjudice », au sens du présent art., à la somme réclamée par le fisc à l'origine de la procédure. • CEDH 14 déc. 2010, *Holub c/ Rép. tchèque,* n° 24880/05 • CEDH, décis., 3 avr. 2012, *Liga portuguesa de futebol profissional c/ Portugal,* n° 49639/09.

297. Situation ne justifiant pas que le préjudice soit jugé « important ». Le requérant se borne à se plaindre de ne pas avoir pu réagir aux observations de la Cour suprême et du tribunal régional, sans pour autant spécifier quels moyens, en sus de ceux soulevés dans son recours constitutionnel, il aurait ainsi voulu soumettre à la Cour constitutionnelle. Il n'a donc aucunement démontré qu'il aurait pu apporter, en réplique auxdites observations qui ne contenaient rien qui lui soit inconnu, des éléments nouveaux et pertinents pour l'examen de la cause dès lors que les juridictions du fond se sont bornées à se référer à leurs décisions contestées ou à réitérer les arguments contenus dans ces décisions. Il serait illusoire de croire que la communication au requérant des observations en question aurait pu influencer l'issue de la procédure devant la Cour constitutionnelle. • CEDH 14 déc. 2010, *Holub c/ Rép. tchèque,* n° 24880/05 • CEDH, décis., 6 févr. 2011, *Bratri Zatkoce, A. S., c/ Rép. tchèque,* n° 20862/06 • CEDH, décis., 29 mars 2011, *Matousek c/ Rép. tchèque,* n° 9965/08 • CEDH 4 avr. 2012, *Jirsak c/ Rép. tchèque,* n° 8968/08 § 88 s. ♦ Tout en réaffirmant sa jurisprudence constante selon laquelle la notion de procès équitable implique en principe la faculté pour les parties à un procès, pénal ou civil, de prendre connaissance de toute pièce ou observation présentée au juge, même par un magistrat indépendant, en vue d'influencer sa décision, et de la discuter, la Cour estime que la requérante n'a pas subi en l'espèce un « préjudice important » dans l'exercice de son droit de participer de manière adéquate à la procédure litigieuse dès lors que l'avis – de quelques lignes – qui ne lui a pas été communiqué se bornait à considérer que la décision attaquée avait bien interprété le droit applicable. • CEDH, décis., 3 avr. 2012, *Liga portuguesa de futebol profissional c/ Portugal,* n° 49639/09. ♦ Rien ne permettant d'établir que l'absence d'enregistrement des interrogatoires du requérant ait eu, dans les circonstances de l'espèce, des conséquences significatives sur l'exercice de ses droits dans le cadre de la procédure pénale dont il a été l'objet, ni même, plus largement, sur sa situation personnelle, la Cour en déduit qu'en tout état de cause, la discrimination dans la jouissance du droit à un procès équitable que dénonce le requérant n'a causé à ce dernier « aucun préjudice important ». • CEDH 10 nov. 2016, *Kiril Zlatkov Nikolov c/ France,* n° 70474/11 § 63 et 64.

298. Il en va de même de l'absence de prononcé public d'une décision de première instance, le requérant n'étant pas la partie lésée. • CEDH, décis., 4 oct. 2011, *Jancev c/ Ex République yougoslave de Macédoine,* n° 18716/09.

299. La réduction de la peine retenue à l'encontre du requérant a, tout du moins, compensé ou particulièrement réduit les préjudices découlant normalement de la durée excessive de la procédure conduisant à conclure que le requérant n'a pas subi un « préjudice important » au regard de son droit à un procès pénal dans un délai raisonnable. • CEDH 6 mars 2012, *Gagliano Giorgi c/ Italie,* n° 23563/07 § 57 et 58.

300. Situation justifiant que le préjudice soit jugé « important ». V., *a contrario,* dès lors que les observations présentées par les juridictions du fond à la Cour constitutionnelle développaient des arguments nouveaux par rapport à ceux contenus dans leurs décisions. On ne saurait dès lors écarter la possibilité que ces éléments aient pesé dans la décision adoptée en l'espèce par la Cour constitutionnelle et, dans ces conditions, la Cour ne saurait conclure que la société requérante n'a pas subi un « préjudice important » dans l'exercice de son droit de participer de manière adéquate à la procédure devant la Cour constitutionnelle. • CEDH 10 févr. 2011, *3A.CZ S. R. O. c/ Rép. tchèque,* n° 21835/06 § 34.

301. Les procédures internes qui font l'objet de la requête visaient à déterminer si le requérant était responsable de l'infraction en cause. Par conséquent, en plus de la question pécuniaire, il faut prendre en compte le fait que la procédure portait sur une question de principe pour le requérant, à savoir son droit à être présumé innocent jusqu'à preuve du contraire. • CEDH 7 févr. 2012, *Diacenco c/ Roumanie,* n° 124/04 § 43 à 45.

302. De telles durées ne sauraient être compatibles avec le principe du délai raisonnable. *Selon la Cour,* afin d'évaluer la gravité des conséquences de ce type d'allégation, l'enjeu de l'affaire devant les juges nationaux ne saurait être déterminant que dans l'hypothèse où la valeur serait faible ou dérisoire. Cela n'est pas le cas en l'occurrence compte tenu de la nature et/ou de la valeur des allocations et des frais en question. • CEDH 15 nov. 2012, *Pacifico c/ Italie,* n° 34389/02 § 27.

303. L'issue de la procédure, dont la requérante alléguait qu'elle avait été illégale et avait été conduite inéquitablement, a eu des conséquences particulièrement négatives sur la vie professionnelle de l'intéressée, la condamnation prononcée contre elle ayant notamment été à l'origine de son licenciement. • CEDH 9 juin 2011, *Luchanninova c/ Ukraine,* n° 16347/02 § 49. ♦ La possibilité de continuer à vivre avec ses deux enfants constituait aux yeux de la requérante un élément fondamental du droit au respect de sa vie familiale. • CEDH 9 sept. 2014, *Gajtani c/ Suisse,* n° 43730/07 § 39 : *préc. note 275.*

304. La procédure pénale de nombreux États contractants a pour caractéristique l'imputation de la période de détention subie avant la condamnation définitive sur la peine finalement infligée ; dès lors, si l'on concluait de manière générale que tout préjudice découlant d'une détention provisoire était *ipso facto* insignifiant au regard de la Conv. EDH, cela reviendrait à soustraire à l'examen de la Cour un nombre important de griefs potentiels tirés de l'art. 5 Conv. EDH. • CEDH 19 juill. 2011, *Van Velden c/ Pays-Bas,* n° 30666/08 § 39.

305. L'appréciation de la gravité d'une violation doit être aussi faite compte tenu à la fois de la perception subjective du requérant et de l'enjeu objectif d'une affaire donnée. Or l'importance subjective de la question paraît évidente pour le requérant. Ce dernier a en effet poursuivi la procédure jusqu'au bout, y compris après le refus d'aide juridictionnelle qui lui a été opposé pour absence de moyens sérieux. Quant à l'enjeu objectif de l'affaire, la Cour relève que celle-ci est largement médiatisée et qu'elle porte sur la question du maintien du délit d'offense au Chef de l'État, question régulièrement évoquée au sein du Parlement. • CEDH 14 mars 2013, *Eon c/ France,* n° 26118/10 § 34 : *D. 2013. 968, note Beaud ; RFDA 2013. 576, chron. Labayle, Sudre, Dupré de Boulois et Milano ; ibid. 594, chron. Droin ; JCP Adm. 2013. 298* • CEDH 7 janv. 2014, *Cusan et Fazzo c/ Italie,* n° 77/07 § 37.

B. NÉCESSITÉ D'UN EXAMEN DE LA REQUÊTE AU FOND

306. Principe. Le respect des droits de l'homme n'exige pas la poursuite de l'examen de la requête lorsque, par exemple, la législation pertinente a été modifiée et que des questions similaires ont déjà été résolues dans d'autres affaires portées devant elle. • CEDH, décis., 1er juin 2010, *Ionescu c/ Roumanie,* n° 36659/04 § 37 • CEDH, décis., 17 janv. 2010, *Fernandez c/ France,* n° 65421/10. ♦ L'appréciation de cette clause de sauvegarde doit prendre en compte notamment l'évolution du droit et de la pratique internes ainsi que la question de savoir si le problème juridique concerné par l'affaire était déjà suffisamment réglé par la jurisprudence de la Cour. • CEDH, décis.,

21 févr. 2012, *Sumbera c/ Rép. tchèque,* n° 48228/08.

1° ABSENCE DE NÉCESSITÉ

307. Caractère historique de l'affaire. Il n'est pas nécessaire, au sens du présent art., d'examiner l'affaire au fond compte tenu du fait qu'elle ne présente plus qu'un intérêt historique. • CEDH, décis., 1er juin 2010, *Ionescu c/ Roumanie,* n° 36659/04 39 • CEDH, décis, 11 sept. 2012, *Boelens et a. c/ Belgique,* n° 20007/09.

308. Question déjà largement traitée. La Cour ne voit aucune raison impérieuse touchant à l'ordre public qui justifierait un examen au fond. Tout d'abord, il lui est arrivé à maintes occasions de se prononcer sur des questions identiques à celle qui se pose en l'espèce et de vérifier avec soin les obligations des États en vertu de la Conv. EDH à cet égard. • CEDH, décis., 1er juill. 2010, *Korolev c/ Russie,* n° 25551/05 • CEDH 23 sept. 2010, *Vasilchenko c/ Russie,* n° 34784/02 § 49. ♦ Étant donné que la Cour a déjà eu plusieurs occasions de se prononcer sur l'application par les juridictions internes des règles de procédure, elle estime que le respect des droits de l'homme n'exige pas la poursuite de l'examen de ce grief. • CEDH, décis., 1er juin 2010, *Ionescu c/ Roumanie,* n° 36659/04 § 39 • CEDH, décis., 24 mai 2011, *Fedotov c/ Moldavie,* n° 51838/07 § 22. ♦ Le mécanisme de charge de la preuve des contraventions a été jugé, de manière répétée, conforme à la Conv. EDH et la question de la limitation des droits de la défense, et notamment celle des limites du droit à la divulgation par l'accusation d'éléments pertinents, a également fait l'objet de décisions de la Cour. • CEDH, décis., 19 oct. 2010, *Rinck c/ France,* n° 18774/09. ♦ La requête soulève la question de la compatibilité avec l'art. 6, § 1 et 2, Conv. EDH de l'obligation mise à la charge du requérant, devant les juridictions nationales, de renverser la présomption de légalité et de bien-fondé du procès-verbal par lequel un agent assermenté avait constaté qu'il avait enfreint des dispositions nationales en matière de circulation routière. Or, cette question a fait l'objet d'une jurisprudence copieuse de la Cour. • CEDH, décis., 4 sept. 2012, *Mitric c/ Roumanie,* n° 47991/07. ♦ La Cour rappelle qu'elle a traité à maintes reprises d'affaires soulevant le problème de la durée excessive des procédures judiciaires devant les juridictions. • CEDH, décis., 20 sept. 2011, *Kiousi c/ Grèce, n° 52036/09 • CEDH, décis., 20 sept.* 2011, *Havelka c/ Rép. tchèque,* n° 7332/10. ♦ Rappr. antérieurement, la législation pertinente ayant été modifiée et des questions similaires ayant été résolues dans d'autres affaires portées devant la Cour. • CEDH 30 mars 2009, *Léger c/ France,* n° 19324/02 § 51.

309. Tant la Cour que le Comité des ministres se sont penchés sur un problème structurel ou systémique comme par ex. l'inexécution de décisions de justice internes dans la Fédération de Russie (ou autres États) et sur la nécessité d'adopter des mesures générales pour prévenir de nouvelles violations similaires. Un examen au fond de la présente affaire n'apporterait pas de nouvel élément à ce sujet. • CEDH, décis., 1er juill. 2010, *Korolev c/ Russie,* n° 25551/05 • CEDH 23 sept. 2010, *Vasilchenko c/ Russie,* n° 34784/02 § 49 • CEDH, décis., 24 janv. 2012, *Gururyan c/ Arménie,* n° 11456/05 § 61 et 62. ♦ L'examen de cette demande sur le fond n'aurait apporté aucun élément nouveau à la jurisprudence existante de la Cour. • CEDH, décis., 14 juin 2011, *Burov c/ Moldavie,* n° 38875/03.

310. Bien que les griefs soulevés n'aient pas dans leur intégralité déjà été examinés par la Cour dans d'autres affaires, les questions soumises à l'appréciation de la Cour relèvent d'un champ matériel déjà clairement balisé par sa jurisprudence. • CEDH, décis., 17 janv. 2010, *Fernandez c/ France,* n° 65421/10.

311. Évolution du droit et de la pratique interne. La Cour constitutionnelle tchèque, révisant sa pratique, a publié, tenant compte des arrêts de la Cour, un avis recommandant aux juges rapporteurs d'envoyer les observations des parties aux requérants, avec un délai pour réplique, lorsque celles-ci contiennent de nouveaux faits, allégations ou arguments, et ce même lorsqu'il y a un doute à cet égard. Dans ces conditions, et étant donné que la Cour a déjà eu plusieurs occasions de se prononcer sur le problème soulevé par cette affaire, l'on ne saurait pas soutenir que la requête pose des questions sérieuses d'application ou d'interprétation de la Conv. EDH, ou des questions importantes relatives au droit national. • CEDH 14 déc. 2010, *Holub c/ Rép. tchèque,* n° 24880/05 • CEDH, décis., 6 févr. 2011, *Bratri Zatkoce, A. S., c/ Rép. tchèque,* n° 20862/06. ♦ Une nouvelle loi moldave sur les huissiers a été adoptée sur la recommandation des experts du Conseil de l'Europe. Cette nouvelle législation a créé un système d'huissiers privés visant à assurer une application efficace et en temps opportun des décisions de justice. • CEDH, décis., 14 juin 2011, *Burov c/ Moldavie,* n° 38875/03. ♦ Par un amendement élargissant les cas dans lesquels un appel doit être communiqué aux autres parties à la procédure et visant à assurer le respect du droit à un procès équitable, l'appel contre une décision ne concernant pas le fond de l'affaire doit être communiqué aux parties dont les droits et obligations sont concernés lorsque cela est opportun et rationnel (en tenant compte des circonstances et de la nature de l'affaire). • CEDH, décis., 21 févr. 2012, *Sumbera c/ Rép. tchè-*

que, n° 48228/08. ♦ Rappr. • CEDH, gr. ch., 30 mars 2009, *Léger c/ France*, n° 19324/02 § 51.

2° PRÉSENCE DE NÉCESSITÉ

312. L'exception du Gouvernement soulève des questions qui sont étroitement liées au bien-fondé de la plainte en question et qu'il serait plus pertinent d'examiner au stade du fond. Dans le même temps, la Cour estime, à la lumière des observations des parties, que la requête concernant l'accès aux tribunaux soulève de sérieuses questions de fait et de droit en vertu de la Conv. EDH, nécessitant un examen au fond et qu'elle donc être déclarée recevable. • CEDH 23 oct. 2012, *Zborovsky c/ Slovaquie*, n° 14325/08 § 37 à 40.

313. La présence d'une telle nécessité justifie parfois que la Cour ne s'interroge pas sur le caractère important ou non du préjudice. Tel est le cas d'une affaire posant un problème systémique potentiel de durée excessive des procédures civiles et l'absence alléguée d'un recours effectif. • CEDH 10 mai 2011, *Finger c/ Bulgarie*, n° 37346/05 § 75.

314. Nonobstant la valeur négligeable de l'amende (17 euros), une décision de la Cour sur les questions de principe en jeu s'impose pour guider les juridictions internes (première affaire concernant le respect de la présomption d'innocence et l'égalité des armes dans une procédure pénale depuis la modification du droit interne). • CEDH 3 avr. 2012, *Nicoleta Gheorghe c/ Roumanie*, n° 23470/05 § 24. ♦ La requête portée par les requérants soulève notamment la question de l'impossibilité, pour un couple marié, d'attribuer à ses enfants, à leur naissance, le nom de famille de la mère. Il s'agit de la première affaire de ce type que la Cour est appelée à examiner en ce qui concerne l'Italie et une décision de la Cour sur cette question de principe guiderait les juridictions nationales. • CEDH 7 janv. 2014, *Cusan et Fazzo c/ Italie*, n° 77/07 § 39.

315. A supposer même que le requérant n'ait subi aucun préjudice important en raison de l'impact financier en jeu, les questions liées au statut procédural des avocats désignés par la police au cours de l'enquête préliminaire, y compris le paiement de leurs honoraires, ne peuvent pas être considérées comme futiles et méritent un examen sur le fond. • CEDH 7 juin 2011, *Juhas Duric c/ Serbie*, n° 48155/06 § 56. ♦ La requête portée par les requérants soulève notamment la question de l'impossibilité, pour un couple marié, d'attribuer à ses enfants, à leur naissance, le nom de famille de la mère. Il s'agit de la première affaire de ce type que la Cour est appelée à examiner en ce qui concerne l'Italie et une décision de la Cour sur cette question de principe guiderait les juridictions nationales. • CEDH 7 janv. 2014, *Cusan et Fazzo c/ Italie*, n° 77/07 § 39.

316. Malgré le montant de l'amende (110 euros) qualifié de négligeable par le défendeur, la Grande Chambre juge la requête recevable dès lors qu'ayant fait l'objet d'un dessaisissement à son profit sans qu'à cet égard aucune des parties ne formule d'objection, il a été considéré que l'affaire portant sur l'obligation de vaccination soulève des questions graves relatives à l'interprétation de la Convention. • CEDH, gr. ch., 8 avr. 2021, *République tchèque*, n° 47621/13 § 163.

C. AFFAIRE NON DÛMENT EXAMINÉE PAR UN TRIBUNAL INTERNE

317. La notion de « l'affaire » (« *case* » en anglais) à distinguer dans cette disposition du terme « la requête » (« *application* » en anglais) se réfère à la demande, l'action ou la prétention portée par le requérant devant le tribunal et non pas à ses griefs tels qu'ils sont ensuite soumis à la Cour. • CEDH 14 déc. 2010, *Holub c/ Rép. tchèque*, n° 24880/05 • CEDH, décis., 17 janv. 2010, *Fernandez c/ France*, n° 65421/10.

318. Absence de déni de justice. Le fait que l'intéressé ne puisse plus, une fois son affaire jugée en dernière instance, faire examiner certains griefs au niveau interne ne constitue pas un obstacle à l'application du nouveau critère d'irrecevabilité. En effet, le contraire empêcherait la Cour de rejeter tout grief, fût-il insignifiant, qui concernerait une violation imputable à la dernière instance nationale. • CEDH, décis., 1er juill. 2010, *Korolev c/ Russie*, n° 25551/05. ♦ La cause du requérant, c'est-à-dire ses contestations sur ses droits et obligations de caractère civil nés de la conclusion d'un contrat de vente, a été examinée sur le fond en première instance et en appel. Dès lors, le requérant a eu la possibilité de prétendre à la protection d'au moins deux tribunaux internes. • CEDH 14 déc. 2010, *Holub c/ Rép. tchèque*, n° 24880/05 • CEDH, décis., 6 févr. 2011, *Bratri Zatkoce, A. S. c/ Rép. tchèque*, n° 20862/06.

319. L'affaire du requérant a été examinée sur le fond par le tribunal de première instance de Bucarest. Dès lors, le requérant a eu la possibilité de soulever ses moyens dans le cadre d'un débat contradictoire devant au moins une juridiction interne. • CEDH, décis., 1er juin 2010, *Ionescu c/ Roumanie*, n° 36659/04 § 40. ♦ La Cour constate que les actions des requérants ont été examinées sur le fond par les juridictions internes. Dès lors, ils ont eu la possibilité de soulever leurs moyens dans le cadre d'un débat contradictoire. • CEDH, décis, 11 sept. 2012, *Boelens et a. c/ Belgique*, n° 20007/09.

320. Les faits de la présente espèce considérés dans leur ensemble ne révèlent aucun déni de justice au niveau national. Les griefs initiaux du requérant contre les autorités nationales ont été examinés à deux niveaux de juridiction, et les actions de l'intéressé ont été accueillies. La plainte subséquente de celui-ci pour manquement de l'huissier à recouvrer le montant que lui avait alloué la justice a été rejetée par le tribunal de district pour non-respect des règles procédurales internes. Le requérant n'a pas satisfait à ces règles parce qu'il n'a pas soumis à nouveau sa demande, comme l'en avait prié le juge. Cette situation ne constitue pas un déni de justice imputable aux autorités. • CEDH, décis., 1er juill. 2010, *Korolev c/ Russie*, n° 25551/05. ♦ La requérante a pu présenter ses arguments devant la juridiction de proximité qui en a apprécié le bien-fondé, et les a rejetés au fond. Par ailleurs, la Cour observe que la Cour de cassation a rejeté le pourvoi de la requérante comme irrecevable au motif que les règles procédurales n'avaient pas été respectées. Aux yeux de la Cour, cette situation ne constitue pas un déni de justice qui peut être imposé aux autorités judiciaires. • CEDH, décis., 17 janv. 2010, *Fernandez c/ France*, n° 65421/10.

321. Le requérant a sollicité du juge de proximité un sursis à statuer pour obtenir du ministère public les éléments qu'il sollicitait, et il a ensuite soumis au juge de cassation les moyens tirés du refus de la juridiction de proximité de faire droit à sa demande. En outre, ces juridictions ont procédé à un examen du fond de l'affaire, ayant conduit à la condamnation du requérant. • CEDH, décis., 19 oct. 2010, *Rinck c/ France*, n° 18774/09.

322. Notion de « dûment examinée ». Quant à la question de savoir si son affaire a été « dûment examinée », la Cour estime que cette condition ne saurait être interprétée aussi strictement que les exigences de l'équité de la procédure ; sinon, l'on ne comprendrait pas pourquoi le libellé de l'art. 35, § 3, *b)* n'utilise pas le terme de « examinée équitablement ». • CEDH 14 déc. 2010, *Holub c/ Rép. tchèque*, n° 24880/05 • CEDH, décis., 4 sept. 2012, *Mitric c/ Roumanie*, n° 47991/07.

IX. RÈGLE PROCÉDURALE. CONV. EDH, ART. 35, § 4

323. La Cour réaffirme que rien n'empêche la Grande Chambre de se prononcer, le cas échéant, sur des questions relatives à la recevabilité d'une requête en vertu du présent art., *cette disposition l'habilitant à rejeter une requête* qu'elle considère comme irrecevable « à tout stade de la procédure ». • CEDH, gr. ch., 13 févr. 2003, *France*, n° 42326/98 § 22 : *D. 2003. 739 ; ibid. 1240, chron. Mallet-Bricout ; AJDA 2003. 603, chron. JFlauss ; RDSS 2003. 219, note Monéger ; RTD civ. 2003. 276, obs. Hauser ; ibid. 375, obs. Marguénaud* • CEDH, gr. ch., 9 juill. 2009, *Allemagne*, n° 11364/03 § 57 • CEDH, gr. ch., 6 nov. 2018, *Portugal*, n° 55391/13 § 97. ♦ La Grande Chambre peut examiner, le cas échéant, des questions relatives à la recevabilité de la requête comme cela est loisible à la chambre dans le cadre de la procédure habituelle, par exemple en vertu de l'art. 35, § 4, Conv. EDH (qui habilite la Cour à « rejet*[er]* toute requête qu'elle considère comme irrecevable (...) à tout stade de la procédure »), ou lorsque ces questions ont été jointes au fond ou encore lorsqu'elles présentent un intérêt au stade de l'examen au fond. • CEDH, gr. ch., 12 juill. 2001, *Finlande*, n° 25702/94 § 141 • CEDH, gr. ch., 8 juill. 2008, *Turquie*, n° 10226/03 § 72. ♦ Selon sa jurisprudence désormais bien établie, « l'affaire » renvoyée à la Grande Chambre englobe nécessairement tous les aspects de la requête que la chambre a examinés précédemment dans son arrêt, l'étendue de sa compétence en ce qui concerne « l'affaire » étant limitée uniquement par la décision de la chambre quant à la recevabilité. • CEDH, gr. ch., 6 mai 2003, *Italie*, n° 48898/99 § 23 et 24 • CEDH, gr. ch., 28 avr. 2004, *Chypre*, n° 56679/00 § 32.

324. Ainsi, même au stade de l'examen au fond, sous réserve de ce qui est prévu à l'art. 55 de son règlement, la Cour peut revenir sur la décision par laquelle la requête a été déclarée recevable lorsqu'elle constate que celle-ci aurait dû être considérée comme irrecevable pour une des raisons énumérées aux al. 1er à 3 de l'art. 35 de la Convention. • CEDH, gr. ch., 28 avr. 2004, *Azina c/ Chypre*, n° 56679/00 § 32 • CEDH, gr. ch., 25 mars 2014, *Vuckovic c/ Serbie*, n° 17153/11 § 56. ♦ La Grande Chambre peut examiner l'exception du Gouvernement relative au non-épuisement des voies de recours internes puisque, conformément à l'art. 55 du règlement de la Cour, le Gouvernement l'a dûment présentée au stade de l'examen de la recevabilité par la chambre. • CEDH, gr. ch., 28 avr. 2004, *Azina c/ Chypre*, n° 56679/00 § 37. ♦ V. cependant une hypothèse dans laquelle le Gouvernement a tardé et soulevé l'exception de non-épuisement seulement après que la demande du requérant de renvoi de son affaire à la Grande Chambre a été accepté ; la Cour a considéré un tel délai excessivement long, aucune explication n'ayant été donnée sur ce point par le Gouvernement (forclusion). • CEDH, gr. ch., 18 déc. 2002, N. C. c/ Italie, n° 24952/94 § 46. ♦ En toute hypothèse, il est dans l'intérêt d'une bonne administration de la justice que le Gouvernement soulève l'exception dans les meilleurs délais. • CEDH, gr. ch., 17 juill. 2014, *Svinarenko et Slyadnev c/ Russie*, n° 32541/08 § 79.

325. Doute sur l'authenticité de la requête. Si un Gouvernement a des raisons de croire que, dans une affaire donnée, il y a abus du droit de recours individuel, il doit en avertir la Cour et lui faire part de ses doutes. • CEDH, gr. ch., 8 juill. 1999, *Tanrikulu c/ Turquie,* n° 23763/94 § 131. ♦ La Cour est seule compétente pour se prononcer sur le point de savoir si une requête satisfait aux exigences du présent art. et de l'art. 34 Conv. EDH. • CEDH 12 avr. 2005, *Chamaïev et a. c/ Géorgie et Russie,* n° 36378/02 § 293 : *préc. note 160* • CEDH, gr. ch., 9 juill. 2013, *Sindicatul « Pastorul cel bun » c/ Roumanie,* n° 2330/09 § 69 : *préc. note 162.*

326. Représentation. La requérante n'a jamais été en contact direct avec la Cour et a introduit sa requête par l'intermédiaire de sa représentante. Toutefois, lorsqu'un requérant choisit de se faire représenter par un avocat, l'art. 45 § 3 du règlement de la Cour exige qu'il produise une procuration dûment signée. • CEDH, décis., 20 janv. 2009, *Post c/ Pays-Bas,* n° 21727/08. ♦ La signature du requérant sur la lettre de pouvoir constitue la preuve que celui-ci a donné des instructions spécifiques et explicites à son avocat en vue de l'introduction d'une requête. Le fait que l'avocat a initialement omis de signer la lettre ne saurait aucunement signifier que le requérant n'entendait pas introduire de requête et n'a même aucune incidence sur cette question. • CEDH 25 févr. 2014, *Alican Demir c/ Turquie,* n° 41444/09 § 61 et 63.

Art. 36 ***Tierce intervention.*** **1. Dans toute affaire devant une Chambre ou la Grande Chambre, une Haute Partie contractante dont un ressortissant est requérant a le droit de présenter des observations écrites et de prendre part aux audiences.**

2. Dans l'intérêt d'une bonne administration de la justice, le président de la cour peut inviter toute Haute Partie contractante qui n'est pas Partie à l'instance ou toute personne intéressée autre que le requérant à présenter des observations écrites ou à prendre part aux audiences.

3. Dans toute affaire devant une Chambre ou la Grande Chambre, le Commissaire aux Droits de l'Homme du Conseil de l'Europe peut présenter des observations écrites et prendre part aux audiences.

Art. 37 ***Radiation.*** **1. A tout moment de la procédure, la Cour peut décider de rayer une requête du rôle lorsque les circonstances permettent de conclure :**

a) **Que le requérant n'entend plus la maintenir ; ou**

b) **Que le litige a été résolu ; ou**

c) **Que, pour tout autre motif dont la Cour constate l'existence, il ne se justifie plus de poursuivre l'examen de la requête.**

Toutefois, la Cour poursuit l'examen de la requête si le respect des droits de l'homme garantis par la Convention et ses protocoles l'exige.

2. La Cour peut décider la réinscription au rôle d'une requête lorsqu'elle estime que les circonstances le justifient.

COMMENTAIRE

V. sur le Code en ligne.

1. Désistement. Par deux lettres du 22 déc. 2008, les parties ont informé la Cour de ce qu'elles étaient parvenues à s'entendre sur les modalités d'un accord qui règle définitivement le litige, le requérant précisant en outre qu'il *ne maintenait dès lors plus sa requête.* A la lumière de ce qui précède, la Cour constate donc que le requérant n'entend plus maintenir sa requête au sens de l'art. 37, § 1, *a)* de la Conv. EDH. • CEDH, décis., 20 janv. 2009, *Dray c/ Monaco,* n° 30219/06. ♦ V. déjà, • CEDH 28 juin 1991, *Owners' Services LTD c/ Italie,* n°. 12144/86 • CEDH 27 févr. 1992, *Sté Stenuit c/ France,* n° 11598/85.

2. Nonobstant plusieurs démarches du greffe s'échelonnant sur huit mois, donc bien au-delà du délai normal de deux semaines prescrit par l'art. 33 par. l'art. 3 *d)* du règlement, F. n'a pas montré d'intérêt pour la procédure pendante devant la Cour. La Cour considère, en revanche, qu'il y a en l'espèce désistement implicite. • CEDH 27 mars 1992, *Farmakopoulos c/ Belgique,* n° 11683/85. ♦ Les requérants n'ont pas répondu aux demandes d'information que le greffe leur a adressées par courrier, et ce malgré un rappel par lequel ils ont été avertis que leur requête pourrait être rayée du rôle. La Cour considère, compte tenu de l'attitude des requérants, que ceux-ci n'entendent plus maintenir la requête, au sens du §1, *a)* du présent art. et que, dès lors, la poursuite de l'examen de la requête ne se justifie plus. • CEDH 17 févr. 2005, *Liuba c/ Roumanie,* n° 31166/96 § 25 et 26. ♦ L'avocat du requérant, informant la Cour du décès de son client, demanda qu'un délai lui soit accordé pour lui permettre de contacter les héritiers du requérant et vérifier ainsi leurs intentions quant à la poursuite de la présente requête. Le greffier de section fixa ce délai resté sans réponse ; la Cour constate qu'aucun héritier du requérant n'a manifesté son intérêt à poursuivre la requête au sens du § 1, *a)* du présent art. • CEDH 15 nov. 2005, *Bitsinas c/ Grèce*, n° 33076/02 § 11 et 12. ♦ Le greffe de Strasbourg avait invité Me B. à produire une procuration dûment remplie et signée par ses clients. En outre, Me B. a reçu une copie des observations du Gouvernement, qui excipait de l'absence de procuration concernant le premier requérant. Elle n'a cependant pas produit une telle procuration, mais s'est bornée à faire parvenir au greffe un document non valide aux fins de la représentation devant la Cour. Dans ces circonstances, la Cour considère que le premier requérant n'entend plus maintenir sa requête. • CEDH 7 avr. 2009, *Cherif et a. c/ Italie*, n° 1860/07 § 41. ♦ La non-manifestation de volonté du requérant ou de ses héritiers de poursuivre la procédure est parfois considérée tout autant comme un « autre motif » au sens du *c)* du présent art. • CEDH 7 mars 2006, *Berdji c/ France*, n° 74184/01 § 19 et 20 • CEDH 7 avr. 2009, *Cherif et a. c/ Italie*, n° 1860/07 § 41. ♦ V. s'agissant de la non-manifestation de l'avocat du requérant. • CEDH, décis., 6 juill. 2006, *Fleury c/ France*, n° 2361/03.

3. Les derniers échanges entre les requérants et leur avocate sont antérieurs à l'arrêt rendu par la chambre et les requérants n'ont connaissance ni de cet arrêt ni du renvoi de l'affaire devant la Grande Chambre. La représentante des requérants ne saurait donc, de manière significative, continuer la procédure devant la Cour, en l'absence d'instruction de la part de ses clients, notamment en ce qui concerne les questions factuelles soulevées par les nouveaux documents produits par le Gouvernement. • CEDH, gr. ch., 17 nov. 2016, *V. M. et a. c/ Belgique*, n° 60125/11 § 36 s. : *AJDA 2017. 158, chron. Burgorgue-Larsen*. ♦ Il en résulte que, l'arrêt de chambre dont le renvoi a été accepté n'étant pas devenu définitif, l'arrêt de grande chambre constatant le désistement s'y substitue. • CEDH, gr. ch., 17 nov. 2016, *V. M. et a. c/ Belgique*, n° 60125/11.

4. L'engagement pris par le requérant de retirer sa requête dans le règlement du « X » est valable non seulement en droit interne mais également pour ce qui est de la présente requête. En ce qui concerne l'affirmation de *l'intéressé, figurant dans sa déclaration du* « Y », selon laquelle il avait été contraint d'émettre cette dernière, la Cour note que personne n'a fait pression sur lui. Il s'ensuit que la déclaration par laquelle le requérant a retiré sa requête est également valable. • CEDH, décis., 17 nov. 2005, *Zu Leiningen c/ Allemagne*, n° 59624/00 • CEDH, gr. ch., décis., 4 oct. 2006, *Assoc. SOS Attentats et de Boëry c/ France*, n° 76642/01 § 30.

5. Il n'y a pas lieu d'examiner plus en détail le sens des arguments présenté par le Gouvernement en faveur de la radiation, car aucun indice ne porte à croire que le requérant n'entend plus maintenir sa requête. • CEDH 11 oct. 2011, *Emre c/ Suisse*, n° 5056/10 § 47.

6. Litige résolu. Pour conclure que le litige a été résolu au sens de l'art. 37, § 1, *b)* et que le maintien de la requête par le requérant ne se justifie donc plus objectivement, la Cour considère qu'il est nécessaire d'examiner, d'une part, la question de savoir si les faits dont le requérant fait directement grief persistent ou non et, d'autre part, si les conséquences qui pourraient résulter d'une éventuelle violation de la Convention à raison de ces faits ont également été effacées. • CEDH, gr. ch., 24 oct. 2002, *Pisano c/ Italie*, n° 36732/97 § 42 • CEDH, gr. ch., décis., 4 oct. 2006, *Assoc. SOS Attentats et de Boëry c/ France*, n° 76642/01 § 32 • CEDH, gr. ch., 7 déc. 2007, *Chevanova c/ Lettonie*, n° 58822/00 § 45 • CEDH 27 mai 2014, *Buchs c/ Suisse*, n° 9929/12 § 30 (a contrario). ♦ V. déjà : la Cour de cassation de Belgique ayant récemment opéré un revirement de jurisprudence par rapport à sa décision précédente et, statuant sur les conclusions conformes du ministère public qui se référait à deux arrêts de la CEDH, s'étant exprimée dans des termes confirmant ce revirement, le problème que soulevait la requête apparaît désormais dépassé en Belgique. • CEDH 27 nov. 1987, *Ben Yaacoub c/ Belgique*, n° 9976/82 § 15. ♦ Le Gouvernement allemand a donné l'assurance que la requérante ne serait pas expulsée sur la base de l'arrêté d'expulsion contre lequel celle-ci a introduit la présente requête et que dans l'hypothèse où les autorités allemandes prendraient une nouvelle décision d'expulsion, la requérante disposerait des voies de recours offertes par le droit interne pour l'attaquer devant les juridictions allemandes. • CEDH, gr. ch., 21 sept. 2016, *Khan c/ Allemagne*, n° 38030/12 § 36 et 38.

7. En premier lieu, la condamnation litigieuse a été déjà effacée par les voies de recours internes et n'a plus de valeur juridique. Le grief principal du requérant concernant le refus d'entendre le témoin B. a également été redressé, ce témoin ayant été entendu dans le cadre de la procédure en révision. A supposer que la Cour statue sur le fond de la requête et que le requérant ait gain de cause, l'exécution de son arrêt par le Comité des Ministres ne pourrait plus avoir pour objectif la réouverture du procès du requérant. En second lieu, force est de constater que, selon le droit interne, le requérant peut demander à l'État défendeur un dédommagement pour sa condamnation.

• CEDH, gr. ch., 24 oct. 2002, *Pisano c/ Italie,* n° 36732/97 § 45 et 47. ♦ En l'espèce, les faits matériels dénoncés par la requérante ont cessé d'exister et la voie de régularisation proposée par les autorités lettonnes à la requérante constitue un redressement adéquat et suffisant de son grief. • CEDH, gr. ch., 7 déc. 2007, *Chevanova c/ Lettonie,* n° 58822/00 § 48 et 50. ♦ La Cour prend acte de la demande de chaque partie l'invitant à rayer l'affaire de son rôle à la lumière de l'entrée en vigueur de la loi amendant la loi sur les délits sexuels. En ramenant à seize ans l'âge du consentement pour les actes homosexuels entre personnes de sexe masculin consentantes, les nouvelles dispositions ont levé le risque ou la menace de poursuites qui existait auparavant dans le droit national de l'État défendeur et qui ont incité le requérant à introduire une requête. La Cour prend acte au surplus du remboursement, par le Gouvernement, des frais de justice que le requérant a exposés pour son affaire. Dans ces circonstances, la Cour a la conviction que le litige a été résolu au sens du § 1, *b)* du présent art. • CEDH, gr. ch., 27 mars 2001, *Sutherland c/ Royaume-Uni,* n° 25186/94 § 20.

8. La Cour constate que l'accord dont il est question a été conclu après l'arrêt du « X », alors que – à la supposer avérée – la violation alléguée de la Conv. EDH résultant du déni de justice dénoncé était définitivement consommée du fait même de cette décision. Elle relève ensuite que cet accord, auquel l'État français, en tant que tel, n'est pas partie, n'a pas pour objet ou pour effet d'ouvrir aujourd'hui aux intéressées l'accès aux juridictions françaises. Elle note en sus que le Gouvernement ne prétend pas qu'un quelconque autre élément ou événement postérieur à l'introduction de la requête devant la Cour aurait une telle conséquence ; bien au contraire, il soutient avec force que le droit international coutumier fait obstacle à ce qu'un chef d'État étranger en exercice soit poursuivi devant les tribunaux d'un autre État. Il apparaît ainsi que l'essentiel des faits dont les requérantes font directement grief persistent, ce qui suffit en principe pour conclure que le litige n'a pas été « résolu » au sens du § 1, *b)* du présent art. • CEDH, gr. ch., décis., 4 oct. 2006, *Assoc. SOS Attentats et de Boëry c/ France,* n° 76642/01 § 34.

9. Le requérant ayant clairement indiqué qu'il entendait maintenir sa requête, cela n'exclut pourtant pas d'appliquer les al. *b)* ou *c)* sans l'accord du requérant, le consentement de celui-ci n'étant pas une condition à cet égard. • CEDH, gr. ch., 24 oct. 2002, *Pisano c/ Italie,* n° 36732/97 § 41.

10. Autres motifs. Il ressort des termes du § 1, *c)* du présent art. que la Cour dispose d'une grande latitude quant à l'identification des motifs susceptibles d'être retenus pour procéder à une radiation sur ce fondement, étant entendu cependant qu'ils doivent se trouver dans les circonstances particulières à chaque cause. • CEDH, gr. ch., décis., 4 oct. 2006, *Assoc. SOS Attentats et de Boëry c/ France,* n° 76642/01 § 37.

11. L'avocat du requérant a ensuite été invité à présenter ses observations en réponse à celles du Gouvernement ainsi que ses demandes au titre de la satisfaction équitable. Cependant, la Cour constate que l'avocat du requérant n'a pas transmis d'observations, bien que le greffe de la Cour lui ait adressé plusieurs rappels par voie postale, dont une lettre en recommandé avec avis de réception l'avertissant de la possible radiation de la requête du rôle en l'absence de réponse. La Cour considère qu'il ne se justifie plus de poursuivre l'examen de la requête, au sens du § 1, *c)* du présent art. • CEDH, décis., 6 juill. 2006, *Fleury c/ France,* n° 2361/03.

12. Compte tenu de l'impossibilité d'établir tout contact avec l'un des proches ou héritiers légaux de la requérante, la Cour considère que le représentant de la requérante, d'une manière significative, ne peut continuer la procédure devant elle. • CEDH 29 avr. 2003, *Sevgi Erdogan c/ Turquie,* n° 28492/95 § 38. ♦ La demande de poursuite de la procédure ayant été présentée par une personne ne justifiant ni de sa qualité d'héritière ou de parent proche, ni de l'existence d'un intérêt légitime, conformément au § 1, *c)* du présent art., la Cour constate qu'il ne se justifie plus de poursuivre l'examen de la requête. • CEDH, gr. ch., 30 mars 2009, *Leger c/ France,* n° 19324/02 § 50 et 51. ♦ La Cour n'exclut pas qu'une personne morale désignée comme héritière puisse se substituer ainsi à un requérant décédé. Elle rappelle cependant que, en tout état de cause, il ne peut en aller de la sorte que lorsque la personne intéressée est en mesure de revendiquer un intérêt légitime – matériel ou moral – à faire poursuivre la procédure. Or le seul grief dont la Cour demeure saisie est tiré d'une méconnaissance des principes d'égalité des armes et du contradictoire devant la Cour de cassation et d'une violation consécutive de l'art. 6, § 1 Conv. EDH. Elle voit mal comment la Fondation de France pourrait avoir un quelconque intérêt à ce qu'un tel grief soit examiné par la Cour. A cet égard, elle souligne en particulier que lorsque la requête dont il est question porte sur des griefs d'une telle nature, l'espérance de se voir allouer une somme au titre de l'art. 41 Conv. EDH ne suffit pas à caractériser un intérêt légitime d'ordre matériel. En conclusion, à la lumière des circonstances de l'espèce, la Cour conclut qu'il ne se justifie plus de poursuivre l'examen de la requête au sens du § 1, *c)* du présent art.

• CEDH 18 sept. 2001, *S. G. c/ France,* n° 40669/98.

13. La conclusion de l'accord du 9 janv. 2004, les termes de celui-ci et le fait que la seconde requérante a obtenu un jugement effectif sur la question de la responsabilité de six officiels libyens constituent des circonstances qui, prises ensemble, conduisent la Cour à considérer qu'il ne se justifie plus de poursuivre l'examen de la requête au sens du § 1, *c)* du présent art. • CEDH, gr. ch., décis., 4 oct. 2006, *Assoc. SOS Attentats et de Boëry c/ France,* n° 76642/01 § 39. ♦ V. déjà • CEDH 19 mai 2005, *Cali et a. c/ Italie,* n° 52332/99 § 25 • CEDH 1er avr. 1999, *Trome SA c/ Espagne,* n° 27781/95.

14. Dans le cas où est parallèlement menée devant une juridiction d'une partie contractante une procédure tendant au recouvrement de fonds d'épargne en devises, il ne se justifie pas pour elle de poursuivre l'examen d'une requête ayant exactement le même objet. • CEDH, gr. ch., 3 oct. 2008, *Kovacic et a. c/ Slovénie,* n° 44574/98 § 267.

15. Le requérant n'ayant aucune excuse valable pour entraver de la sorte l'établissement des faits de sa propre cause, au mépris des avertissements fermes qui lui avaient été faits à ce sujet, la Cour estime qu'il ne se justifie plus de poursuivre l'examen de la requête. • CEDH 10 nov. 2005, *Hun c/ Turquie,* n° 5142/04 § 38.

16. D'importantes questions se trouvent en jeu, notamment en ce qui concerne les obligations que doivent remplir les parties à une procédure d'asile. Par son impact, l'espèce dépasse donc la situation particulière du requérant, contrairement à la plupart des affaires d'expulsion semblables qui sont examinées par une chambre. Dans ce contexte, la Cour estime que des circonstances spéciales touchant au respect des droits de l'homme garantis par la Conv. et ses Protocoles exigent qu'elle poursuive l'examen de la requête. • CEDH, gr. ch., 23 mars 2016, *F. G. c/ Suède,* n° 43611/11 § 79 s. • CEDH, gr. ch., 13 févr. 2020, *N.D. et N.T. c/ Espagne,* n° 8675/15 et 8697/15 § 78.

I. RÈGLEMENT AMIABLE

17. La radiation de la requête du fait de l'existence d'un règlement amiable est traité aussi bien par le *c)* que par le *b)* du § 1 du présent art.

18. La Cour estime que la solution adoptée par le Gouvernement et le requérant s'inspire *du respect des droits de l'homme* tels que les garantit la Conv. EDH (et ses Prot.). Partant, il échet de rayer l'affaire du rôle. • CEDH 30 sept. 1985, *Can c/ Autriche,* n° 9300/81 § 18 • CEDH 27 oct. 2005, *Quillevéré c/ France,* n° 61104/00 § 17 • CEDH 8 déc. 2005, *Quattrini c/ Italie,* n° 68189/01 § 19 • CEDH, gr. ch., 28 avr. 2008, *Hutten-Czapska c/ Pologne,* n° 35014/97 § 45.

19. La Cour n'a aucun motif de penser que ledit règlement ne reflète pas la libre volonté de M. S. qui a déclaré ne plus avoir de prétentions à faire valoir en la matière. • CEDH 2 oct. 1984, *Skoogstrom c/ Suède,* n° 8582/79 § 25.

20. La Cour donne acte au Gouvernement et au requérant du règlement amiable auquel ils ont abouti. Elle pourrait néanmoins y passer outre, eu égard aux responsabilités lui incombant aux termes de l'art. 19 de la Convention, si un motif d'ordre public lui paraissait l'exiger. • CEDH 11 oct. 1988, *Woukam Moufedo c/ France,* n° 10868/84 § 15. ♦ Elle n'aperçoit aucun motif d'ordre public s'opposant à la radiation de l'affaire du rôle. • CEDH 23 janv. 1991, *Djeroud c/ France,* n° 13446/87 § 12 • CEDH 23 juin 1993, *Lamguindaz c/ Royaume-Uni,* n° 16152/90 § 15. ♦ V. en l'absence de reconnaissance de violation par le Gouvernement. • CEDH 28 janv. 1994, *Hurtado c/ Suisse,* n° 17549/90 § 14 • CEDH 26 avr. 1994, *Diaz Ruano c/ Espagne,* n° 16988/90 § 17 et 18. ♦ Dans le cadre d'affaires où les requérants avaient conclu un accord en vertu duquel ils renonçaient à leurs droits garantis par la Conv. EDH, la renonciation – pour autant qu'elle fût licite – doit se trouver établie de manière non équivoque et s'entourer d'un minimum de garanties correspondant à sa gravité pour justifier la radiation de la requête. • CEDH, décis., 17 nov. 2005, *Zu Leiningen c/ Allemagne,* n° 59624/00 • CEDH, gr. ch., décis., 25 oct. 2006, *Assoc. SOS Attentats et de Boery c/ France,* n° 76642/01 § 30. ♦ Les requérants n'ayant pas agi sous la contrainte et leurs désistements étant dénués de toute ambiguïté, chacun d'entre eux ayant signé une déclaration dans laquelle ils s'engagent à se désister de l'action pendante devant la Cour, il y a lieu de constater que les requérants n'entendent plus maintenir leur requête au sens du *a)* § 1 du présent art. • CEDH, décis., 14 mai 2013, *Benaziz et a. c/ France,* n° 20883/10 § 43.

21. Quant à l'existence d'un « intérêt général », elle constate l'absence de tout motif d'ordre public pouvant justifier la poursuite de l'instance. Elle rappelle notamment que, dans plusieurs affaires antérieures, elle a déjà tranché, sur le terrain des art. 5, § 3 et 6, § 1 Conv. EDH, des questions juridiques analogues à celles qui se posent en l'espèce. Par là même, elle a précisé la portée des engagements assumés en ces matières par les États contractants. • CEDH 3 juin 1985, *Vallon c/ Italie,* n° 9621/81 § 23. ♦ La Cour prend acte du règlement amiable auquel sont parvenues les parties. A cet égard, elle estime avoir déjà précisé la nature et l'ampleur des obligations qui incombent à l'État défendeur dans les affaires d'expulsion de locataires, et la question de l'accomplissement de ces obligations est actuellement pendante devant le Comité des Ministres. Il ne se justifie donc plus de poursuivre l'examen de la requête. • CEDH 8 déc. 2005, *Quattrini c/ Italie,* n° 68189/01 § 19.

22. La Cour relève que le projet de loi présenté dans le règlement amiable prévoit la tenue, par la Cour des comptes, de débats contradictoires et publics, solution destinée – ainsi qu'il ressort de l'exposé des motifs – à répondre aux critiques de la Commission. Son adoption par les autorités belges compétentes supprimera tout motif éventuel d'ordre public de nature à exiger une décision de la Cour sur le fond. • CEDH 23 oct. 1991, *Muyldermans c/ Belgique,* n° 12217/86 § 20. ♦ La Cour note qu'une loi entrée en vigueur permet désormais l'accès direct des justiciables, par le biais du recours d'*empara* au Tribunal constitutionnel sans l'autorisation préalable du ministère public. Elle relève également qu'aux termes de la disposition transitoire de ladite loi, les personnes auxquelles le ministère public aurait refusé le recours d'*empara* peuvent présenter ce recours auprès du Tribunal constitutionnel dans un délai de quinze jours à partir de l'entrée en vigueur de la loi. • CEDH 6 juill. 1999, *Millan I Tornes c/ Andorre,* n° 35052/97 § 21.

23. La Cour admet qu'un règlement amiable puisse intervenir au stade de la satisfaction équitable. • CEDH, satisfaction équitable, 21 juin 2011, *Gunaydin Turizm Ve Insaat Ticaret Anonim Sirketi c/ Turquie,* n° 71831/01.

II. DÉCLARATIONS UNILATÉRALES

24. Principes. La Cour rappelle qu'elle a plénitude de juridiction dans les limites de l'affaire qui lui est déférée. Dans ce cadre, elle peut connaître de toutes les questions de fait et de droit qui surgissent au cours de la procédure portée devant elle. Dans les circonstances particulières de l'espèce, la Cour n'en juge pas moins devoir limiter l'objet de son examen, à ce stade de la procédure et sans préjuger le fond, à la question de savoir si la déclaration unilatérale déposée par le Gouvernement constitue une base suffisante pour dire qu'il ne se justifie plus de poursuivre l'examen de la requête aux fins du § 1, *c)* du présent art. • CEDH, gr. ch., 6 mai 2005, *Tahsin Acar c/ Turquie,* n° 26307/95 § 63 et 64.

25. Il y a lieu de distinguer entre, d'une part, les déclarations faites dans le cadre de négociations strictement confidentielles menées en vue d'un règlement amiable et, de l'autre, les déclarations unilatérales – comme celle dont il est question ici – formulées par un Gouvernement défendeur au cours d'une procédure publique et contradictoire devant la Cour. La Cour prendra pour base la déclaration unilatérale du Gouvernement et les observations déposées par les parties hors du cadre des négociations en vue d'un règlement amiable, et fera abstraction des observations que les parties ont présentées au moment où étaient étudiées les possibilités d'un règlement amiable de l'affaire, ainsi que des raisons pour lesquelles les parties n'ont pu se mettre d'accord sur les termes de pareil règlement. • CEDH, gr. ch., 6 mai 2005, *Tahsin Acar c/ Turquie,* n° 26307/95 § 74 • CEDH 26 juin 2001, *Akman c/ Turquie,* n° 37453/97 § 26.

26. Dans certaines circonstances, il peut être indiqué de rayer une requête du rôle en vertu du § 1, *c)* du présent art. sur la base d'une déclaration unilatérale du Gouvernement défendeur même si le requérant souhaite que l'examen de l'affaire se poursuive. • CEDH, gr. ch., 6 mai 2005, *Tahsin Acar c/ Turquie,* n° 26307/95 § 75 • CEDH, décis., 26 juin 2007, *Waza SP Z. O. O. c/ Pologne,* n° 11602/02 • CEDH, décis., 29 nov. 2011, *Bekerman c/ Liechtenstein,* n° 15994/10.

27. Ce seront les circonstances particulières de la cause qui permettront de déterminer si la déclaration unilatérale offre une base suffisante pour que la Cour conclue que le respect des droits de l'homme garantis par la Convention n'exige pas qu'elle poursuive l'examen de l'affaire. • CEDH, gr. ch., 6 mai 2005, *Tahsin Acar c/ Turquie,* n° 26307/95 § 75.

28. Critères. Parmi les facteurs à prendre en compte figurent la nature des griefs formulés, le point de savoir si les questions soulevées sont analogues à celles déjà tranchées par la Cour dans des affaires précédentes, la nature et la portée des mesures éventuellement prises par le Gouvernement défendeur dans le cadre de l'exécution des arrêts rendus par la Cour dans ces affaires, et l'incidence de ces mesures sur l'affaire à l'examen. Il y a peut-être aussi lieu de rechercher si les faits prêtent à controverse entre les parties et, dans l'affirmative, à quel degré, et quelle valeur probante il convient à première vue d'accorder aux observations que les parties leur ont consacrées. Revêtent de l'importance à ce propos les auditions de témoins auxquelles la Cour peut avoir déjà procédé elle-même dans l'affaire à l'examen afin d'élucider les faits prêtant à controverse. D'autres éléments sont à envisager ; entre autres, il faut voir si, dans sa déclaration unilatérale, le Gouvernement défendeur formule l'une ou l'autre concession en ce qui concerne les allégations de violations de la Convention et, dans cette hypothèse, quelles sont l'ampleur de ces concessions et les modalités du redressement qu'il entend fournir au requérant. Quant à ce dernier point, dans les cas où il est possible d'effacer les conséquences d'une violation alléguée (par exemple dans certaines affaires de propriété) et où le Gouvernement défendeur se déclare disposé à le faire, le redressement envisagé a davantage de chance d'être tenu pour adéquat aux fins d'une radiation de la requête, la Cour conservant, comme toujours, le pouvoir de réinscrire celle-ci au rôle ainsi que le prévoit le § 2 du présent art. • CEDH, gr. ch., 6 mai 2005, *Tahsin Acar c/ Turquie,* n° 26307/95 § 76.

29. Non-radiation. En l'espèce, la déclaration unilatérale du Gouvernement ne traite pas de manière adéquate les doléances du requérant. Le Gouvernement ne fait état d'aucune mesure propre à répondre aux griefs spécifiques de l'intéressé, puisqu'il se borne à s'engager de manière générale à poursuivre ses efforts pour prévenir désormais les disparitions, sans envisager les mesures pertinentes et réalisables qui pourraient s'imposer dans la présente affaire en particulier. Si l'on ne saurait considérer comme une condition *sine qua non* pour qu'elle soit prête à rayer une requête du rôle sur la base d'une déclaration unilatérale d'un Gouvernement défendeur que celui-ci reconnaisse pleinement la responsabilité de l'État défendeur à l'égard des allégations qu'un requérant formule, cependant, dans des affaires concernant des personnes disparues ou qui ont été tuées par des auteurs inconnus et lorsque figurent au dossier des commencements de preuve venant étayer les allégations selon lesquelles l'enquête menée sur le plan interne a été en deçà de ce que requiert la Conv. EDH, une déclaration unilatérale doit pour le moins renfermer une concession en ce sens, ainsi que l'engagement, de la part du Gouvernement défendeur, d'entreprendre, sous la surveillance du Comité des Ministres, une enquête qui soit pleinement conforme aux exigences de la Conv. EDH telles que la Cour les a définies dans des affaires antérieures semblables. La déclaration unilatérale du Gouvernement en l'espèce ne renfermant ni une telle concession ni un tel engagement, le respect des droits de l'homme exige la poursuite de l'examen de l'affaire. • CEDH, gr. ch., 6 mai 2005, *Tahsin Acar c/ Turquie,* n° 26307/95 § 83 à 85.

30. La Cour note que le Gouvernement a reconnu dans sa déclaration unilatérale que la procédure civile dans l'affaire du requérant n'avait pas satisfait à l'exigence d'équité, et a proposé de lui accorder 500 €. Toutefois, la Cour observe que le Gouvernement n'a ni procédé à la réouverture de la procédure interne ni veillé à ce que les nouvelles procédures respectent toutes les exigences de l'équité. A cet égard, la Cour relève que la nature de la violation alléguée dans la présente affaire est telle qu'il ne serait pas possible d'éliminer les effets de la violation du droit du requérant à un procès équitable sans rouvrir les procédures internes. Par ailleurs, la Cour relève que si le droit interne le permet la réouverture de la procédure en cas de constatation d'une violation de la Convention, il semble qu'il n'y ait pas de disposition permettant la réouverture des procédures internes en raison d'une décision de radiation. La Cour estime dès lors que le Gouvernement n'a pas réussi à établir une base suffisante pour conclure que le respect des droits de l'homme tel que défini dans la Conv. EDH et ses Prot. n'exige pas la Cour de poursuivre l'examen de l'affaire. • CEDH 6 déc. 2011, *Rozhin c/ Russie,* n° 50098/07 § 23 et 24. ♦ *A contrario,* radiation envisageable, même si le requérant souhaite la poursuite de l'affaire, lorsque le droit interne permet précisément au requérant de demander au procureur de rouvrir l'enquête sur le décès d'un proche non seulement dans le cas où la Cour a conclu à une violation de la Conv. EDH en raison de l'inexécution d'une enquête effective mais aussi dans l'hypothèse où la Cour a radié sa requête sur la base d'une déclaration unilatérale du Gouvernement. • CEDH, décis., 12 mars 2019, *Turquie,* n° 18357/11 § 18.

31. Radiation. La Cour a minutieusement examiné les termes de la déclaration du Gouvernement. Eu égard à la nature des admissions que celle-ci renferme et à la portée et l'étendue des engagements qu'elle invoque, ainsi qu'au montant proposé à titre de réparation, la Cour estime qu'il ne se justifie plus de poursuivre l'examen de la requête. De plus, la Cour est convaincue que le respect des droits de l'homme garantis par la Conv. EDH et ses Prot. n'exige pas qu'elle poursuive l'examen de la requête. Elle relève à cet égard que la déclaration précise la nature et la portée des obligations qui incombent à l'État défendeur au regard des art. 2 et 13 Conv. EDH en cas d'allégations d'homicide illégal commis par des membres des forces de l'ordre. • CEDH 26 juin 2001, *Akman c/ Turquie,* n° 37453/97 § 30.

32. Dans les affaires d'homicide ou de disparition dans lesquelles il apparaît *prima facie* que l'enquête menée par les autorités nationales ne répond pas aux exigences conventionnelles, la Cour considère en principe que la déclaration unilatérale doit non seulement reconnaître la déficience mais aussi comporter l'engagement de mener une enquête satisfaisante. La Cour admet néanmoins qu'il peut y avoir des situations dans lesquelles il est *de jure* ou *de facto* impossible, sauf à mettre en cause la sécurité juridique et les droits garantis par la Conv., de rouvrir des enquêtes pénales sur les incidents ayant donné lieu à l'examen des requêtes par la Cour (acquittement des auteurs présumés, expiration du délai de prescription, écoulement d'un long laps affectant les éléments de preuve). La question de savoir si la déclaration unilatérale doit contenir l'engagement de rouvrir la procédure dépend donc des circonstances spécifiques de l'affaire, y compris de la nature et de la gravité de violation alléguée, de l'identité de l'auteur présumé, de la raison pour laquelle l'enquête a été close, des lacunes de la procédure conduisant à la décision d'y mettre fin et de la contribution de l'auteur présumé aux déficiences ayant conduit à la clôture de la procédure pénale. • CEDH, décis., 12 mars 2019, *Turquie,* n° 52538/09 § 13-16.

33. Dans sa déclaration, le Gouvernement reconnaît que la durée de la procédure interne litigieuse a dépassé la limite du « raisonnable ». La Cour a précisé dans un grand nombre d'arrêts et de décisions la nature et l'étendue des obligations qui découlent, pour l'État défendeur, de la reconnaissance du droit pour les justiciables de voir statuer « dans un délai raisonnable » sur les contestations relatives à leurs droits et obligations de caractère civil ; elle estime que la déclaration du Gouvernement est compatible avec les normes jurisprudentielles applicables. La Cour comprend l'acceptation par le Gouvernement des prétentions du requérant, à concurrence de 5 000 € pour ce qui est du préjudice moral, et à hauteur du montant réclamé (1 000 €) pour ce qui est des frais et dépens, comme un engagement de verser ces sommes à l'intéressé dans l'hypothèse d'une radiation du rôle décidée par la Cour. De son côté, la Cour juge acceptable une indemnité de 5 000 € pour préjudice moral dans la présente affaire. • CEDH 29 sept. 2005, *Van Houten c/ Pays-Bas,* n° 25149/03 § 34 et 35. ♦ La jurisprudence de la Cour s'agissant des violations du droit à un procès équitable dans un délai raisonnable est clairement établie, y compris dans des affaires concernant le Liechtenstein. La Cour note que le Gouvernement a clairement admis que la durée de la procédure litigieuse constituait une violation de l'exigence du « délai raisonnable » de l'art. 6, § 1. En outre, le Gouvernement a proposé d'accorder une réparation à la requérante en lui versant une compensation pour dommage matériel et moral ainsi que pour frais et dépens. Le montant de cette indemnité est conforme aux montants accordés dans des cas similaires et donc adéquat. • CEDH, décis., 29 nov. 2011, *Bekerman c/ Liechtenstein,* n° 15994/10. ♦ V. déjà, • CEDH, décis., 26 juin 2007, *Waza SP Z.O.O. c/ Pologne,* n° 11602/02. ♦ Le Gouvernement français a reconnu sans équivoque que, en l'espèce, la durée de la procédure de liquidation judiciaire était excessive (...) et que l'impossibilité pour le requérant d'exercer une action en réparation du dommage causé par la durée de la procédure de liquidation judiciaire avait porté atteinte à ses droits garantis par les art. 6, § 1 et 13. Pour y remédier, le Gouvernement a proposé de verser la somme de 15 300 € au requérant. Au regard des circonstances de l'espèce et de la jurisprudence en la matière, il s'agit d'une somme d'un montant approprié. • CEDH 5 juin 2014, *Mathurin c/ France,* n° 63648/12 § 18.

34. Satisfaction équitable. Rien n'empêche l'État défendeur de prononcer une déclaration unilatérale concernant la procédure relative à l'art. 41 Conv. EDH (satisfaction équitable) dont la suite a été réservée. Dans cette optique, la Cour examinera minutieusement la déclaration à la lumière des principes généraux applicables sur le terrain de cet art. Compte tenu de cet examen et du montant de l'indemnisation proposé par le Gouvernement, qui apparaît équitable au vu des circonstances de l'espèce, la Cour estime qu'il ne se justifie plus de poursuivre l'examen de la requête. • CEDH, satisfaction équitable, 17 mai 2011, *Magadat.com SRL c/ Moldavie,* n° 21151/04 § 10 et 14.

Art. 38 ***Examen contradictoire de l'affaire.*** **La Cour examine l'affaire de façon contradictoire avec les représentants des parties et, s'il y a lieu, procède à une enquête pour la conduite efficace de laquelle les Hautes Parties contractantes intéressées fourniront toutes facilités nécessaires.**

COMMENTAIRE

V. sur le Code en ligne.

1. V. notes ss. Conv. EDH, art. 34.

2. Principe. La Cour rappelle qu'il est de la plus haute importance, pour un fonctionnement efficace du système de recours individuel instauré par l'art. 34, que non seulement les requérants, déclarés ou potentiels, soient libres de communiquer avec les institutions de la Conv. EDH, sans subir aucune pression des autorités (V. notes ss. Conv. EDH, art. 34) mais aussi que les États fournissent toutes facilités nécessaires pour permettre un examen sérieux et effectif des requêtes. • CEDH, gr. ch., 8 juill. 1999, *Tanrikulu c/ Turquie,* n° 23763/94 § 70 • CEDH 18 mai 2000, *Velikova c/ Bulgarie,* n° 41488/98 § 77 : *AJDA 2000. 1006, chron. Flauss ; RFDA 2001. 1250, chron. Labayle et Sudre* • CEDH 8 janv. 2013, *Bucur et Toma c/ Roumanie,* n° 40238/02 § 71. ♦ Le présent art., en application du principe *Pacta sunt servanda* codifié à l'art. 26 de la Conv. de Vienne sur le droit des traités, a pour conséquence que le gouvernement défendeur ne peut opposer aucun obstacle de droit interne pour justifier un refus de fournir toutes facilités nécessaires à l'examen de l'affaire par la Cour. • CEDH, gr.

ch., 21 oct. 2013, *Janowiec et a. c/ Russie,* n° 55508/07 § 211.

3. Cette obligation impose aux États contractants de fournir toutes facilités nécessaires à la Cour, que celle-ci cherche à établir les faits ou à accomplir ses fonctions d'ordre général tenant à l'examen des requêtes. • CEDH, gr. ch., 21 oct. 2013, *Janowiec et a. c/ Russie,* n° 55508/07. ♦ Cela implique que la mise en place de telles procédures serait nécessaire pour une communication sans entrave et suppose l'échange de documents avec la Cour. • CEDH 8 janv. 2013, *Bucur et Toma c/ Roumanie,* n° 40238/02 § 72. ♦ Dans ces circonstances, une simple référence à la déficience structurelle de la loi nationale qui rendrait impossible la communication de documents sensibles à des organismes internationaux est une explication insuffisante pour justifier la rétention d'informations essentielles demandées par la Cour. • CEDH 12 févr. 2009, *Nolan et K. c/ Russie,* n° 2512/04 § 56 : *AJDA 2009. 872, chron. Flauss* ✎.

4. Le fait qu'un Gouvernement ne fournisse pas les informations en sa possession sans donner à cela de justification satisfaisante peut non seulement altérer le respect par un État défendeur des obligations qui lui incombent au titre du présent art., mais peut aussi permettre de tirer des conclusions quant au bien-fondé des allégations. • CEDH, gr. ch., 8 juill. 1999, *Cakici c/ Turquie,* n° 23657/94 § 76 • CEDH 13 juin 2000, *Timurtas c/ Turquie,* n° 23531/94 § 66 : *RFDA 2001. 1250, chron. Labayle et Sudre* ✎ • CEDH 9 mai 2003, *Tepe c/ Turquie,* n° 27244/95 § 128 • CEDH 12 avr. 2005, *Chamaïev et a. c/ Géorgie et Russie,* n° 36378/02 § 504 : *AJDA 2005. 1886, chron. Flauss* • CEDH 2 août 2005, *Tanis et a. c/ Turquie,* n° 65899/01 § 164 • CEDH 9 nov. 2006, *Imakaïeva c/ Russie,* n° 7615/02 § 201 • CEDH 27 juill. 2007, *Bazorkina c/ Russie,* n° 69481/01 § 171 • CEDH 12 févr. 2009, *Nolan et K. c/ Russie,* n° 2512/04 § 56 : *préc. note 3* • CEDH, gr. ch., 21 oct. 2013, *Janowiec et a. c/ Russie,* n° 55508/07 § 202 ♦ V. pour une application dans une requête interétatique. • CEDH, gr. ch., 3 juill. 2014, *Géorgie c/ Russie,* n° 13255/07 § 104.

5. Les mêmes principes s'appliquent aux retards avec lesquels l'État transmet les informations nécessaires à l'établissement des faits, et ce tant avant qu'après la décision sur la recevabilité. • CEDH 18 juin 2002, *Orhan c/ Turquie,* n° 25656/94 § 266.

6. *L'obligation de fournir les éléments de preuve* sollicités par la Cour s'impose au Gouvernement défendeur aussitôt qu'il en est fait la demande, que ce soit dès la communication initiale de la requête au Gouvernement ou à un stade ultérieur de la procédure. • CEDH 2 sept. 2010, *Bekirski c/ Bulgarie,* n° 71420/01 § 111 à 113 (sol. impl.) • CEDH 26 avr. 2011, *Enoukidze et Guirgvliani c/ Géorgie,* n° 25091/07 § 295. ♦ La production dans son intégralité de la pièce sollicitée, si la Cour en fait la demande, est impérative et l'absence de tout élément devra être dûment justifiée. • CEDH 1er juill. 2010, *Davydov et a. c/ Ukraine,* n° 17674/02 § 167 s. • CEDH 26 avr. 2011, *Enoukidze et Guirgvliani c/ Géorgie,* n° 25091/07 § 299 et 300. ♦ De plus, les documents doivent être produits dans les meilleurs délais et, en tout état de cause, en respectant l'échéance fixée par la Cour, un retard substantiel et inexpliqué pouvant conduire celle-ci à juger non convaincantes les explications de l'État défendeur. • CEDH 26 avr. 2011, *Enoukidze et Guirgvliani c/ Géorgie,* n° 25091/07 § 297 et 301 • CEDH, gr. ch., 21 oct. 2013, *Janowiec et a. c/ Russie,* n° 55508/07 § 203.

7. Lorsque le Gouvernement défendeur a invoqué la confidentialité ou des impératifs de sécurité pour motiver son refus de produire les pièces sollicitées, la Cour a vérifié de manière indépendante s'il existait réellement ou non des raisons légitimes et solides de considérer les documents en question comme secrets ou confidentiels. • CEDH, gr. ch., 21 oct. 2013, *Janowiec et a. c/ Russie,* n° 55508/07 § 205. ♦ S'il existe des impératifs légitimes de sécurité nationale, le Gouvernement aurait dû effacer les passages sensibles ou produire un résumé des éléments de faits pertinents. • CEDH 12 févr. 2009, *Nolan et K. c/ Russie,* n° 2512/04 § 56 : *préc. note 3.* ♦ Face à des informations qualifiées de « classifiées », la Cour vérifie si le document est connu d'une quelconque personne étrangère aux renseignements et aux hautes sphères de l'État ; si tel est le cas (information connue de l'avocat d'une partie à un procès civil), il y a doute sur la sensibilité d'une information. • CEDH 12 févr. 2009, *Nolan et K. c/ Russie,* n° 2512/04 § 56 : *préc. note 3.* ♦ ... Est connu au-delà du cercle restreint des services secrets et des plus hauts fonctionnaires de l'État. • CEDH, gr. ch., 3 juill. 2014, *Géorgie c/ Russie,* n° 13255/07 § 107.

8. La Cour peut estimer qu'il y a infraction au présent art. même en l'absence de décision séparée sur la recevabilité de la requête. • CEDH 16 avr. 2011, *Enoukidze et Guirgvliani c/ Géorgie,* n° 25091/07 § 295.

9. Mise en œuvre. La Cour a conclu au non-respect par le Gouvernement défendeur des exigences du présent art. lorsqu'il n'avait fourni aucune explication à son refus de produire les documents sollicités. • CEDH 2 sept. 2010, *Bekirski c/ Bulgarie,* n° 71420/01 § 115 • CEDH 16 sept. 2010, *Tigran Ayrapetyan c/ Russie,* n° 75472/01 § 64. ♦ ... Communiqué une copie incomplète ou altérée, tout en refusant de produire l'original de manière qu'elle puisse l'inspecter. • CEDH 5 juill. 2005,

Troubnikov c/ Russie, n° 49790/99 § 50 à 57 • CEDH 21 juin 2007, *Bitiyeva et a. c/ Russie,* n° 57953/00 § 124. ♦ La Cour observe que, ayant demandé au Gouvernement de lui communiquer copie de toutes les pièces du dossier d'instruction concernant les faits survenus du fait qu'elle les jugeait cruciales aux fins de l'établissement des faits de l'espèce et notamment pour apprécier les allégations susmentionnées du requérant, le Gouvernement a fourni copie de décisions procédurales de clôture et de réouverture de l'action pénale, et a refusé de produire le moindre document supplémentaire. • CEDH 24 janv. 2008, *Maslova et Nalbandov c/ Russie,* n° 839/02 § 120.

10. La Cour rappelle que si les États contractants doivent fournir « toutes facilités nécessaires » à la conduite efficace de l'enquête, ces « facilités » concernent en premier lieu l'accès au pays, aux requérants que la Cour décide d'entendre et aux lieux qu'elle juge nécessaire de visiter. En l'occurrence, confrontée à plusieurs reprises au refus de la laisser avoir des contacts avec les requérants, la Cour a instamment prié le Gouvernement russe de lui permettre de procéder à l'établissement des faits et de satisfaire aux obligations lui incombant en vertu du présent art. Le Gouvernement russe n'a pas répondu favorablement à ces requêtes. • CEDH 12 avr. 2005, *Chamaïev et a. c/ Géorgie et Russie,* n° 36378/02 § 496 : *préc. note 4.*

11. La Cour tient à rappeler aussi clairement que possible qu'elle ne saurait avoir pour interlocuteurs plusieurs autorités ou juridictions nationales et que seule la responsabilité de l'État russe en tant que tel – et non celle d'un pouvoir ou d'un organe interne – est en cause devant elle. Il n'appartient donc pas à la Cour d'apprécier le bien-fondé des décisions de refus de la cour régionale, derrière lesquelles se retranche le Gouvernement russe. Son examen doit se limiter aux thèses soutenues devant elle par le représentant de la Fédération de Russie et à la question de savoir si cet État, Haute Partie contractante à la Convention, a respecté ses obligations découlant des dispositions de celle-ci. • CEDH 12 avr. 2005, *Chamaïev et a. c/ Géorgie et Russie,* n° 36378/02 § 498 : *préc. note 4.*

12. N'est pas convaincante l'explication du Gouvernement que les règles régissant la procédure de contrôle de la correspondance des détenus devaient s'analyser en un secret d'État. • CEDH 1er juill. 2010, *Davydov et a. c/ Ukraine,* n° 17674/02 § 170. ♦ Sur de nombreuses affaires ayant pour objet principal des disparitions en République tchétchène, le Gouvernement russe avait opposé la disposition du code de procédure pénale qui, selon lui, faisait obstacle à la publication des pièces du dossier d'une enquête en cours. La Cour a toutefois souligné qu'il devait s'agir d'une mauvaise interprétation de cette disposition car, au lieu de renfermer une interdiction absolue, celle-ci fixait la procédure et les limites de la publication des éléments de ce type. Elle a également noté que, dans bien d'autres affaires comparables, le Gouvernement avait communiqué les documents sollicités sans mentionner cette disposition ou accepté de produire les pièces d'un dossier d'enquête alors même qu'il l'avait invoquée auparavant. • CEDH, gr. ch., 21 oct. 2013, *Janowiec et a. c/ Russie,* n° 55508/07 § 205. ♦ A supposer même que le Gouvernement ait pu légitimement invoquer des impératifs de sécurité pour garder secret le texte de la décision sollicitée, ceux-ci auraient pu être satisfaits au moyen d'aménagements procéduraux adéquats, par exemple un accès restreint au document en question en vertu de l'art. 33 Règl. et, en dernier ressort, la tenue d'une audience à huis clos. Bien que parfaitement au fait de ces possibilités, le Gouvernement a préféré ne pas s'en prévaloir et ne pas demander à la Cour de les appliquer, ce qui est un autre signe de sa réticence à se conformer à la demande de la Cour au titre du présent art. • CEDH, gr. ch., 21 oct. 2013, *Janowiec et a. c/ Russie,* n° 55508/07 § 215. ♦ Rappr. • CEDH, gr. ch., 3 juill. 2014, *Géorgie c/ Russie,* n° 13255/07 § 108. ♦ Les représentants du premier requérant ont pu prendre connaissance des pièces classées ultrasecrètes au cours de la procédure pénale interne, mais il leur a été impossible de rendre public leur contenu en raison des engagements de confidentialité qu'ils ont dû signer. Cela montre que les informations contenues dans ces pièces ne relèvent pas de celles dont l'accès est interdit à toute personne excepté le service de renseignements ou des fonctionnaires de haut rang. • CEDH 8 janv. 2013, *Bucur et Toma c/ Roumanie,* n° 40238/02 § 72.

13. Tout en qualifiant de répréhensible la conduite de M. D., qui a menti sous serment aux délégués de la Commission, la Cour n'a pas estimé que celle-ci n'impliquait pas la méconnaissance, par l'État défendeur, des obligations qui lui incombaient en vertu du présent art. • CEDH 13 juin 2000, *Timurtas c/ Turquie,* n° 23531/94 § 71 et 72 : *préc. note 4.* ♦ Tenant compte de la situation particulière de l'espèce, la Cour conclut que les retards dans la présentation des informations demandées n'étaient pas de nature à porter préjudice à l'établissement des faits ou à prévenir un examen approprié de l'affaire. Dans ces circonstances, la Cour estime qu'il n'y a pas eu violation du présent art. en ce qui concerne le calendrier de la présentation des documents demandés par la Cour. • CEDH 27 juill. 2007, *Bazorkina c/ Russie,* n° 69481/01 § 174. ♦ Il n'y avait pas eu violation du présent art. car, même si les informations fournies par le Gouvernement ne couvraient pas de manière exhaustive tous les points, le caractère incomplet de ces informations n'avait pas empêché la Chambre d'examiner le cas d'espèce. • CEDH, gr. ch., 24 mars 2011, *Giuliani et Gaggio c/ Italie*, n° 23458/02 § 343.

14. Conséquences. Compte tenu de l'absence d'explication plausible apportée par le Gouvernement pour justifier ce refus, la Cour estime qu'elle peut tirer des conclusions du comportement adopté par lui à cet égard quant au bien-fondé des griefs. • CEDH 16 juin 2002, *Orhan c/ Turquie*, n° 25656/94 § 274 • CEDH 24 janv. 2008, *Maslova et Nalbandov c/ Russie*, n° 839/02 § 121. ♦ Le comportement des parties peut entrer en ligne de compte lors de la recherche des preuves. • CEDH 13 juin 2000, *Timurtas c/ Turquie*, n° 23531/94 § 66 : *préc. note 4.* ♦ Le fait qu'un Gouvernement s'abstienne, sans donner d'explication satisfaisante, de fournir les informations en sa possession, peut amener la Cour à tirer des conclusions quant au bien-fondé des allégations des requérants. Il peut aussi donner une impression négative de la mesure dans laquelle l'État défendeur respecte les obligations qui lui incombent au titre du présent art. • CEDH 8 janv. 2013, *Bucur et Toma c/ Roumanie*, n° 40238/02 § 71.

15. A la lumière des principes énoncés ci-dessus, la Cour a examiné la conduite du Gouvernement pour l'aider à l'établissement des faits ; elle en est venue à la conclusion que le Gouvernement ne s'est pas acquitté des obligations qui lui incombent en vertu du présent art. et, s'appuyant sur cette conclusion, elle établira les faits au besoin par des déductions. • CEDH 1er juill. 2010, *Davydov et a. c/ Ukraine*, n° 17674/02 § 175 • CEDH 8 janv. 2013, *Bucur et Toma c/ Roumanie*, n° 40238/02 § 73. ♦ La Cour en conclut que, faute pour lui d'avoir produit copie du document sollicité, le Gouvernement a manqué aux obligations que l'art. 38 de la Convention fait peser sur lui. • CEDH, gr. ch., 21 oct. 2013, *Janowiec et a. c/ Russie*, n° 55508/07 § 216.

16. La Cour considère que, tout au long de la procédure conduite au niveau national, le second requérant a présenté un récit cohérent et convaincant des faits survenus, confirmé d'ailleurs par les pièces recueillies par les autorités chargées de l'instruction. Lesdites pièces ont été jugées suffisamment solides pour permettre d'inculper les agents Kh. et S. d'abus de pouvoir et de mauvais traitements à l'égard du second requérant et de porter l'affaire devant la juridiction de jugement sous ces chefs d'inculpation. La Cour relève par ailleurs qu'elle n'a eu en sa possession aucun élément susceptible de la faire douter de la crédibilité des déclarations ou informations livrées par l'intéressé. En outre, ni les autorités nationales ni le Gouvernement n'ont donné en l'espèce une autre version des faits. Compte tenu de ces éléments, des conclusions qu'elle a tirées ci-dessus au sujet des lacunes de l'enquête, la Cour retient la version présentée par le requérant quant aux faits survenus à cette même date. • CEDH 24 janv. 2008, *Maslova et Nalbandov c/ Russie*, n° 839/02 § 122 et 123.

17. La Cour considère que, en érigeant des obstacles à la tenue de sa mission d'enquête et en lui refusant l'accès auprès des requérants détenus en Russie, le Gouvernement russe a entravé d'une manière qui n'est pas acceptable l'établissement d'une partie des faits dans la présente affaire et a dès lors méconnu ses obligations découlant du présent art... Dit, à l'unanimité, que la Fédération de Russie a méconnu ses obligations découlant de l'art. 38 de la Conv. EDH. • CEDH 12 avr. 2005, *Chamaïev et a. c/ Géorgie et Russie*, n° 36378/02 § 504 et dispositif : *préc. note 4.* ♦ Consciente de l'importance de la coopération d'un Gouvernement défendeur dans le cadre de la procédure menée au titre de la Conv. EDH, la Cour estime que l'État défendeur a failli aux obligations qui lui incombent en vertu du présent art. de fournir toutes facilités nécessaires à la Commission et à la Cour afin qu'elles puissent établir les faits... Dit, à l'unanimité, que l'État défendeur a failli à son obligation découlant de l'art. 38 de fournir toutes facilités nécessaires à la Commission et à la Cour afin qu'elles puissent établir les faits. • CEDH 24 avr. 2003, *Aktas c/ Turquie*, n° 24351/94 § 346 et dispositif. ♦ ... Dit qu'il y a eu manquement à se conformer à l'art. 38 de la Conv. EDH, en ce que le Gouvernement n'a pas soumis tous les documents demandés par la Cour. • CEDH 8 janv. 2013, *Bucur et Toma c/ Roumanie*, n° 40238/02 (dispositif).

Art. 39 *Règlements amiables.* 1. A tout moment de la procédure, la Cour peut se mettre à la disposition des intéressés en vue de parvenir à un règlement amiable de l'affaire s'inspirant du respect des droits de l'homme tels que les reconnaissent la Convention et ses Protocoles.

2. La procédure décrite au paragraphe 1 est confidentielle.

3. En cas de règlement amiable, la Cour raye l'affaire du rôle par une décision qui se limite à un bref exposé des faits et de la solution adoptée.

4. Cette décision est transmise au Comité des ministres qui surveille l'exécution des termes du règlement amiable tels qu'ils figurent dans la décision.

COMMENTAIRE

Voir le commentaire sous l'article 37 de la Convention EDH.

V. notes ss. Conv. EDH, art. 37.

Art. 40 ***Audience publique et accès aux documents.*** **1. L'audience est publique à moins que la Cour n'en décide autrement en raison de circonstances exceptionnelles.**

2. Les documents déposés au greffe sont accessibles au public à moins que le président de la cour n'en décide autrement.

Art. 41 ***Satisfaction équitable.*** **Si la cour déclare qu'il y a eu violation de la Convention ou de ses protocoles, et si le droit interne de la Haute Partie contractante ne permet d'effacer qu'imparfaitement les conséquences de cette violation, la Cour accorde à la partie lésée, s'il y a lieu, une satisfaction équitable.**

COMMENTAIRE

V. sur le Code en ligne.

I. CARACTÈRE DÉCLARATOIRE DES ARRÊTS DE LA COUR

1. Principe. La Cour n'a pas à se livrer à un examen abstrait des textes législatifs incriminés : elle recherche si leur application aux requérantes cadre ou non avec la Conv. EDH. Sans doute sa décision produira-t-elle fatalement des effets débordant les limites du cas d'espèce, d'autant que les violations relevées ont leur source immédiate dans lesdits textes et non dans des mesures individuelles d'exécution, mais elle ne saurait annuler ou abroger par elle-même les dispositions litigieuses : déclaratoire pour l'essentiel, elle laisse à l'État le choix des moyens à utiliser dans son ordre juridique interne pour s'acquitter de l'obligation qui découle pour lui de l'art. 46 (anc. art. 53). • CEDH 13 juin 1979, *Marckx c/ Belgique,* n° 6833/74 § 58.

2. Un constat de violation dans les arrêts de la Cour est essentiellement déclaratoire. • CEDH, décis., 8 août 2003, *Lyons et a. c/ Royaume-Uni,* n° 15227/03 • CEDH, décis., 30 mars 2004, *Krcmar et a. c/ Rép. tchèque,* n° 69190/01 • CEDH, gr. ch., 30 juin 2009, *Verein Gegen Tierfabriken Schweiz (VgT) c/ Suisse (n° 2),* n° 32772/02 § 61.

II. SATISFACTION ÉQUITABLE

3. Cas particulier des requêtes interétatiques. Le présent art. s'applique bien, en tant que tel, dans les affaires interétatiques. Toutefois, la question de savoir s'il se justifie d'accorder une satisfaction équitable à l'État requérant doit être examinée et tranchée par la Cour au cas par cas, eu égard notamment au type de grief formulé par le Gouvernement requérant, à la possibilité d'identifier les victimes des violations et à l'objectif principal de la procédure, dans la mesure où il ressort de la requête initialement introduite devant la Cour. Celle-ci admet qu'une requête introduite devant elle en vertu de l'art. 33 Conv. EDH peut renfermer différents types de griefs visant des buts différents. En pareil cas, chaque grief doit être examiné séparément afin de déterminer s'il y a lieu d'octroyer une satisfaction équitable. • CEDH, gr. ch., satisfaction équitable, 12 mai 2014, *Chypre c/ Turquie,* n° 25781/94 § 43. ♦ La Cour juge ainsi que la satisfaction équitable accordée dans une affaire interétatique doit nécessairement l'être au profit des victimes individuelles. • CEDH, gr. ch., satisfaction équitable, 12 mai 2014, *Chypre c/ Turquie,* n° 25781/94 § 46. ♦ Elle ne peut cependant pas l'être au profit de l'État requérant en raison de la violation de ses propres droits. • CEDH, gr. ch., satisfaction équitable, 31 janv. 2019, *Géorgie c/ Russie (I),* n° 13255/07 § 26.

4. Eu égard à l'ensemble des circonstances pertinentes de l'espèce, la Cour, statuant en équité, juge raisonnable d'allouer au Gouvernement chypriote les sommes globales de 30 000 000 € pour le dommage moral subi par les parents survivants des personnes disparues et de 60 000 000 € pour le dommage moral subi par les habitants enclavés dans la péninsule du Karpas, plus tout montant pouvant être dû à titre d'impôt ou de taxe sur ces sommes. Celles-ci doivent être distribuées par le Gouvernement requérant aux victimes individuelles des violations de ces deux chefs constatées dans l'arrêt au principal. • CEDH, gr. ch. satisfaction équitable, 12 mai 2014, *Chypre c/ Turquie,* n° 25781/94 § 58.

5. Absence de principe d'insaisissabilité des sommes allouées. La Cour estime que l'indemnité fixée par application des dispositions du présent art. et due en vertu d'un arrêt de la Cour devrait être insaisissable. Il semblerait quelque peu surprenant d'accorder au requérant une somme à titre de réparation, en raison notamment de mauvais traitements ayant entraîné une violation des dispositions de l'art. 3, ainsi que pour couvrir les frais et dépens occasionnés pour aboutir à ce constat, somme dont l'État lui-même serait ensuite à la fois débiteur et bénéficiaire. Quand bien même les sommes en jeu seraient-elles d'une nature différente, la Cour estime que la réparation du préjudice moral serait certainement détournée de sa vocation, et le système du présent art. perverti, si l'on pouvait se satisfaire d'une telle situation. Cependant, la Cour n'a pas compétence pour accéder à une telle demande. En conséquence, elle ne peut que s'en remettre à la sagesse des autorités françaises sur ce point. • CEDH, gr. ch., 28 juill. 1999, *Selmouni c/ France,* n° 25803/94 § 123. ♦ La Cour n'a pas à ordonner que les sommes allouées soient insaisissables. Le présent art. ne lui donne pas compétence pour adresser une telle injonction à un État contractant. • CEDH 27 août 1991, *Philis c/ Grèce,* n° 12750/87 § 79. ♦ En conséquence, la question a été laissée aux autorités nationales agissant conformément au droit interne pertinent. • CEDH, interprétation, 7 août 1996, *Allenet de Ribemont c/ France,* n° 15175/89 § 19. ♦ La somme peut ne pas être versée au requérant mais servir à rembourser les familles de ses victimes. *Comité des ministres 5 déc. 2013, *Del Rio Prada c/ Espagne,* n° 42750/09 : *Résol. DH-DD (2013) 1176.*

6. « Arrêt pilote » en matière de satisfaction équitable. La Cour estime que l'État défendeur doit mettre en place un recours qui garantisse véritablement une réparation effective des violations de la Convention constatées en l'espèce dans le chef de la présente requérante, mais aussi dans toutes les affaires similaires pendantes devant elle. Ce recours devra être disponible dans les trois mois à compter de la date du prononcé du présent arrêt et une réparation devra être fournie dans les trois mois suivants. • CEDH 22 déc. 2005, *Xenides-Arestis c/ Turquie,* n° 46347/99 § 40 : *AJDA 2006. 467, chron. Flauss.*

7. Principe de l'arrêt unique. La Cour estime que la question de l'application du présent art. ne se trouve pas en état. En conséquence, elle la réserve et fixera la procédure ultérieure compte tenu de la possibilité que le Gouvernement et la requérante parviennent à un accord. • CEDH 24 juin 2004, *Von Hannover c/ Allemagne,* n° 59320/00 § 85 • CEDH, gr. ch., 7 févr. 2013, *Fabris c/ France,* n° 16574/08 § 85 : *D. 2013. 434, obs. Gallmeister ; AJ fam. 2013. 189, obs. Levillain.* ♦ Il y a lieu de réserver la question également pour tenir compte de l'éventualité d'un accord entre l'État défendeur et les intéressés. • CEDH, gr. ch., 6 oct. 2005, *Draon c/ France,* n° 1513/03 § 122 : *AJDA 2005. 1924, obs. Montecler ; D. 2005. 2546, obs. de Montecler ; ibid. 2006. 1200, obs. Galloux et Gaumont-Prat ; RDSS 2006. 149, obs. Hennion-Jacquet ; RTD civ. 2005. 743, obs. Marguénaud ; ibid. 798, obs. Revet.* ♦ Ayant examiné les termes de l'accord intervenu, la Cour considère que celui-ci est équitable au sens de l'art. 75, § 4, du règlement de la Cour et qu'il s'inspire du respect des droits de l'homme tels que les reconnaissent la Convention et ses Protocoles. Partant, il y a lieu de rayer le restant de l'affaire du rôle. • CEDH, gr. ch., 21 juin 2006, *Draon c/ France,* n° 1513/03 § 34 et 35 : *AJDA 2006. 1248.*

8. Respect des formes. L'indication d'un souhait du requérant d'obtenir une éventuelle réparation pécuniaire, tel qu'exprimé dès 2008, au stade initial et non contentieux de la procédure devant la Cour, ne s'analyse pas en une « demande » au sens du règlement. Cependant, la pratique dans les affaires ayant fait l'objet d'un renvoi en vertu de l'art. 43 Conv. EDH consiste généralement à considérer que la demande de satisfaction équitable est la même que celle initialement présentée devant la chambre, un requérant n'étant autorisé devant la Grande Chambre qu'à soumettre ses prétentions au titre des frais et dépens exposés dans le cadre de la procédure devant celle-ci. Par ailleurs, concernant en particulier la satisfaction équitable pour préjudice moral, elle est guidée par le principe de l'équité, qui implique une certaine souplesse et un examen objectif de ce qui est juste, équitable et raisonnable compte tenu de l'ensemble des circonstances de l'affaire. La Cour peut à titre exceptionnel envisager l'octroi d'une satisfaction équitable pour préjudice moral en l'absence d'une « demande » formée de manière appropriée. • CEDH, gr. ch., 30 mars 2017, *Nagmetov c/ Russie,* n° 35589/08 § 61, 63, 73 et 77.

A. PRINCIPE

9. Caractère subsidiaire de la satisfaction équitable. Si le droit national ne permet pas ou ne permet qu'imparfaitement d'effacer les conséquences de la violation, le présent art. habilite la Cour à accorder, s'il y a lieu, à la partie lésée la satisfaction qui lui semble appropriée. • CEDH 31 oct. 1995, *Papamichalopoulos et a. c/ Grèce,* n° 14556/89 § 34 • CEDH, gr. ch., 23 janv. 2001, *Brumarescu c/ Roumanie,* n° 28342/95 § 20 : *AJDA 2001. 1060, chron. Flauss ; JCP 2001. 342, chron. Sudre.* ♦ Dès lors que la *restitutio in integrum* n'est pas appropriée dans les circonstances de l'espèce, la Cour opte pour la voie du dédommagement du requérant. • CEDH, satisfaction équitable, 5 déc. 2013, *Negrepontis-Giannisis c/ Grèce,* n° 56759/08 § 24.

10. Dès lors, en vertu du présent art., le but des sommes allouées à titre de satisfaction équitable est uniquement d'accorder une réparation pour les dommages subis par les intéressés dans la mesure où ils constituent une conséquence de la violation ne pouvant en tout cas pas être effacée. • CEDH, gr. ch., 13 juill. 2000, *Scozzari et Giunta c/ Italie*, n° 39221/98 § 250.

11. Si les traités internationaux auxquels le texte du présent art. a été emprunté avaient plus spécialement en vue le cas où la nature de la lésion permettrait d'effacer en entier les conséquences d'une violation, mais où le droit interne de l'État en cause y fait obstacle, les termes de cet art., qui reconnaissent à la Cour la compétence d'accorder à la partie lésée une satisfaction équitable, couvrent aussi l'hypothèse où l'impossibilité de *restitutio in integrum* résulte de la nature même de la lésion ; bien mieux, le sens commun indique qu'il doit *a fortiori* en être ainsi. En effet, la Cour n'aperçoit pas pourquoi elle ne serait pas dans ce dernier cas, tout comme dans le premier, en droit d'assurer aux personnes lésées la satisfaction équitable qu'elles n'auraient pas obtenue du gouvernement de l'État intéressé. • CEDH, satisfaction équitable, 10 mars 1972, *De Wilde, Ooms et Versyp c/ Belgique*, n° 2838/66 § 20.

12. Les conditions d'application du présent art. se trouvent réunies : la procédure qui s'est déroulée en Belgique après l'arrêt au principal n'a pas redressé la violation constatée ; elle n'a pas conduit à un résultat aussi proche d'une *restitutio in integrum* que la nature des choses s'y prêtait (voir, *a contrario*, l'arrêt *Piersack* du 26 oct. 1984, série A, n° 85, p. 15, § 11). • CEDH, satisfaction équitable, 14 sept. 1987, *De Cubber c/ Belgique*, n° 9186/80 § 21.

13. La mise en liberté et l'acquittement qui ont suivi ne pouvaient constituer en soi une *restitutio in integrum* ou une complète réparation du dommage découlant de leur détention. • CEDH, satisfaction équitable, 13 juin 1994, *Barbera, Messegué et Jabardo c/ Espagne*, n° 10588/83 § 16.

14. Restitutio in integrum. La Cour fait sien le principe dégagé par la CIJ (13 sept. 1928, *Usine de Chorzow*, pt. III) selon lequel : la réparation doit, autant que possible, effacer toutes les conséquences de l'acte illicite et rétablir l'état qui aurait vraisemblablement existé si ledit acte n'avait pas été commis. Restitution en nature, ou, si elle n'est pas possible, paiement d'une somme correspondant à la valeur qu'aurait la restitution en nature ; allocation, s'il y a lieu, de dommages-intérêts pour les pertes subies et qui ne seraient pas couvertes par la restitution en nature ou le paiement qui en prend la place ; tels sont les principes desquels doit s'inspirer la détermination du montant de l'indemnité due à cause d'un fait contraire au droit international. • CEDH 23 oct. 2012, *Suzer et Eksen Holding A. S. c/ Turquie*, n° 6334/05 § 170 : *RD publ. 2013. 730, chron. Sudre*. ♦ V. déjà • CEDH 31 oct. 1995, *Papamichalopoulos et a. c/ Grèce*, n° 14556/89 § 38. ♦ Il faut placer le requérant, le plus possible, dans une situation équivalant à celle où il se trouverait s'il n'y avait pas eu manquement aux exigences de la Conv. EDH. • CEDH, satisfaction équitable, 26 oct. 1984, *Piersack c/ Belgique*, n° 8692/79 § 12. ♦ Parfois pourtant, la seule constatation de la violation par la Cour suffit à constituer la satisfaction équitable. • CEDH 22 mars 2005, *Gungor c/ Turquie*, n° 28290/95 § 111. ♦ V. également les exemples donnés dans les différents cas ci-dessous.

15. La mise en conformité du système éducatif turc et du droit interne pertinent avec la disposition précitée de la Convention constituerait une forme appropriée de réparation qui permettrait de mettre un terme à la violation constatée en raison du caractère insuffisant du système éducatif turc, lequel, en matière d'enseignement du fait religieux, ne répond pas aux critères d'objectivité et de pluralisme et n'offre aucun moyen approprié tendant à assurer le respect des convictions des parents. • CEDH 9 oct. 2007, *Hasan et Eylem Zengin c/ Turquie*, n° 1448/04 § 84.

16. Détermination du montant accordé. La Cour tient compte des réparations déjà accordées par l'État pour déterminer le montant de la satisfaction équitable qu'elle accorde. • CEDH, satisfaction équitable, 25 juin 2013, *Trevalec c/ Belgique*, n° 30812/07 § 26. ♦ Lorsqu'elle relève que les sommes ainsi accordées peuvent faire l'objet d'une demande de remboursement, la Cour peut juger équitable de préciser que la somme qu'elle accorde ne pourra pas être réclamée. • CEDH, satisfaction équitable, 25 juin 2013, *Trevalec c/ Belgique*, n° 30812/07 § 27.

17. Intérêts moratoires. La Cour peut accorder des intérêts moratoires et en fixer le montant. La Cour juge approprié de calquer le taux des intérêts moratoires sur le taux d'intérêt de la facilité de prêt marginal de la Banque centrale européenne majoré de trois points de pourcentage. • CEDH 21 janv. 2016, *De Carolis c/ France*, n° 29313/10 § 73.

B. PRÉJUDICE RÉPARABLE

1° NATURE DU PRÉJUDICE

18. Préjudice matériel. V. également la question de la perte de chance notes 32 s.

19. Il doit y avoir un lien de causalité manifeste entre le dommage allégué par le requérant et la violation de la Conv. EDH. • CEDH, gr. ch., satisfaction équitable, 12 mars 2014, *Kuric et a. c/ Slovénie*, n° 26828/06 § 81.

20. Le préjudice matériel peut inclure une indemnité au titre de la perte de revenus. • CEDH 14 févr. 2002, *Abdurrahman Orak c/ Turquie*, n° 31889/96 § 105 • CEDH 2 août 2005, *Turquie*, n° 65899/01 § 231. ♦ ... De la perte de soutien financier. • CEDH 9 avr. 2013, *Turquie,* n° 13423/09 § 115. ♦ En ce qui concerne le préjudice relatif à des biens immobiliers, lorsqu'il n'y a pas eu privation de propriété mais que le requérant ne peut pas accéder à ses biens ni, dès lors, en jouir, l'approche générale de la Cour consiste à apprécier le préjudice subi par référence aux revenus fonciers annuels que la location aurait pu produire au cours de la période pertinente. • CEDH 28 juill. 1998, *Turquie,* n° 15318/89 § 33. ♦ ... Il est également possible de réparer le préjudice futur dès lors qu'il est certain et qu'il n'est pas pris en compte par ailleurs. • CEDH, gr. ch., satisfaction équitable, 12 mars 2014, *Kuric et a. c/ Slovénie,* n° 26828/06 § 82 et 103.

21. Préjudice moral. Le décès de son fils a indéniablement fait subir un dommage moral au requérant en raison de la violation constatée de l'art. 2. • CEDH 14 févr. 2002, *Abdurrahman Orak c/ Turquie,* n° 31889/96 § 105. ♦ La Cour estime que la violation des art. 2 ou 3 sous leur volet procédural a causé aux intéressés un préjudice moral en les plaçant dans une situation de détresse et de frustration. • CEDH 26 mars 2013, *Acatrinei et a. c/ Roumanie,* n° 10425/09 § 45. ♦ Le préjudice moral du requérant pour qui les autorités, qui étaient responsables de sa sécurité dans un contexte où sa vie était potentiellement en danger, n'avaient pas déployé toute la vigilance que l'on pouvait raisonnablement attendre d'elles, est caractérisé par la souffrance, morale comme physique, que ses blessures lui ont causée avant leur consolidation, par le fait que les séquelles dont il souffre le handicapent et empêchent ou rendent plus difficiles des activités qu'il pratiquait auparavant, ainsi que par les conséquences esthétiques qu'il décrit. • CEDH, satisfaction équitable, 25 juin 2013, *Trevalec c/ Belgique,* n° 30812/07 § 23.

22. Aucune infraction à l'art. 3 n'a encore eu lieu ; néanmoins, la Cour a conclu que la décision ministérielle de livrer le requérant aux États-Unis en entraînerait une si elle était mise en œuvre ; partant, il faut considérer le présent art. comme applicable en l'espèce. • CEDH 7 juill. 1989, *Soering c/ Royaume-Uni,* n° 14038/88 § 126 • CEDH 26 mars 1992, *Beldjoudi c/ France,* n° 12083/86 § 84 : *AJDA 1992. 416, chron. Flauss ; D. 1993. 388, obs. Renucci ; RFDA 1993. 963, chron. Berger, Giakoumopoulos, Labayle et Sudre ; RSC 1992. 635, obs. Pettiti .*

23. *Les intéressés ont vécu dans une incertitude prolongée* : ils ignoraient quel sort attendaient leurs immeubles et n'avaient pas droit à la prise en compte, par le Gouvernement, de leurs difficultés. • CEDH, satisfaction équitable, 18 déc. 1984, *Sporrong et Lönnroth c/ Suède,* n° 7151/75 § 25. ♦ Les requérants ont vécu dans une incertitude et une anxiété prolongées quant à l'issue et aux répercussions économiques de la procédure. • CEDH 23 avr. 1987, *Autriche,* n° 9316/81 § 64. ♦ Le requérant a dû subir un dommage moral du fait de la situation non résolue qui s'est installée dans le temps, de l'incertitude quant à ce qu'il était advenu de sa maison, de ses biens et des tombes de ses proches, et de la détresse et de la souffrance morales qui en ont découlé. • CEDH, gr. ch., satisfaction équitable, 12 déc. 2017, *Azerbaidjan,* n° 40167/06 § 51. ♦ Faute d'avoir eu l'assistance d'un avocat lors du contrôle de sa détention, l'intéressé doit avoir éprouvé un certain sentiment d'isolement et de désarroi. • CEDH 12 mai 1992, *Allemagne,* n° 13770/88 § 30. ♦ Si on ne peut pas mettre sur le même plan les sentiments d'impuissance et de frustration éprouvés par un propriétaire face à une dépossession illégale continue de ses biens et ceux d'un ancien propriétaire qui n'est simplement pas satisfait du montant d'indemnisation accordé par l'État, les requérants ont néanmoins subi un certain préjudice moral du fait de la violation constatée, de sorte que l'octroi d'une somme à ce titre est justifié. • CEDH, gr. ch., satisfaction équitable, 25 mars 2014, *Vistins et Perepjolkins,* n° 71243 § 47.

24. L'atteinte découlant de la violation constatée, portée à la famille que constituent les requérants homosexuels, conduit la Cour à juger approprié de leur allouer conjointement la somme destinée à réparer leur dommage moral. • CEDH, gr. ch., 19 févr. 2013, *X. et a. c/ Autriche,* n° 19010/07 § 157.

25. Les requérants ne semblent pas en avoir pâti de ce que la Haute Cour militaire avait entendu leur cause à huis clos, seule violation constatée par la Cour qui estime donc que son arrêt au principal constitue pour eux une satisfaction équitable suffisante au sens du présent art. • CEDH, satisfaction équitable, 23 nov. 1976, *Engel et a. c/ Pays-Bas,* n° 5100/71 § 11. ♦ Les requérants ont dû éprouver un préjudice moral, mais le présent arrêt leur fournit une compensation suffisante à cet égard. • CEDH 26 mars 1992, *Beldjoudi c/ France,* n° 12083/86 § 85 : *AJDA 1992. 416, chron. Flauss ; D. 1993. 388, obs. Renucci ; RFDA 1993. 963, chron. Berger, Giakoumopoulos, Labayle et Sudre ; RSC 1992. 635, obs. Pettiti .* ♦ A l'égard du dommage moral allégué, la Cour estime que son arrêt au principal, concluant à l'existence d'une violation de l'art. 6, § 1, a représenté déjà une satisfaction équitable suffisante aux fins du présent art. • CEDH, satisfaction équitable, 18 oct. 1982, *Le Compte, Van Leuven et De Meyere,* n° 6878/75 § 16 • CEDH 7 juill. 1989, *Soering c/ Royaume-Uni,* n° 14038/88 § 127. ♦ S'agissant du préjudice moral, la Cour estime que le constat d'une violation constitue par lui-même, dans les circonstances de la cause, une satisfaction équitable suffisante. • CEDH 27 oct. 1987, *Boden c/ Suède*, n° 10930/84 § 40. ♦ V. pour une violation de l'art. 2. • CEDH 22 mars 2005, *Gungor c/ Turquie*, n° 28290/95 § 111. ♦ V. pour une violation de l'art. 10. • CEDH 21 janv. 2016, *De Carolis c/ France*, n° 29313/10 § 68.

26. Quant à la frustration que l'intéressée aurait éprouvée en raison du manque de garanties procédurales adéquates lors de sa détention, la Cour juge que, dans les circonstances particulières de la cause, le constat de violation suffit. • CEDH, gr. ch., 25 mars 1999, *Nikolova c/ Bulgarie*, n° 31195/96 § 76. ♦ La Cour considère que, eu égard aux circonstances particulières de l'espèce, le constat d'une violation de l'art. 5, § 3, représente en soi une satisfaction équitable suffisante pour le dommage moral éventuellement souffert par le requérant. • CEDH 29 avr. 1999, *T. W. c/ Malte*, n° 25644/94 § 57. ♦ Rappr. s'agissant de l'impossibilité de faire exécuter une décision de justice • CEDH 24 sept. 2013, *Luca c/ Italie*, n° 43870/04 § 66.

27. Voir également, s'agissant du préjudice moral, l'importance du lien de causalité notes 28 s.

2° CONDITIONS RELATIVES AU PRÉJUDICE

28. Préjudice personnel. La Cour accorde à Mme C., à laquelle il y a lieu de reconnaître la qualité de « partie lésée », une indemnité de « X ». • CEDH 12 févr. 1985, *Colozza c/ Italie*, n° 9024/80 § 38. ♦ En cas de décès du requérant avant l'exécution de l'arrêt, la demande de révision permet de transférer aux héritiers les sommes alloués par la Cour au défunt. • CEDH, révision, 26 nov. 2002, *Frattini c/ Italie*, n° 52924/99 § 7. ♦ Tenant compte des circonstances de l'affaire, la Cour décide d'allouer au requérant la somme de « X », montant que celui-ci détiendra pour les héritiers de son fils décédé (violation de l'art. 2). • CEDH 14 févr. 2002, *Abdurrahman Orak c/ Turquie*, n° 31889/96 § 109.

29. Préjudice direct : lien de causalité. Il doit y avoir un lien de causalité manifeste *entre le dommage* allégué par les requérants et la violation de la Conv. • CEDH 14 févr. 2002, *Abdurrahman Orak c/ Turquie*, n° 31889/96 § 105 • CEDH 2 août 2005, *Tanis et a. c/ Turquie*, n° 65899/01 § 231 • CEDH 9 avr. 2013, *Mehmet Senturk et Bekir Senturk c/ Turquie*, n° 13423/09 § 115 • CEDH, gr. ch., 28 avr. 2016, *Winterstein et a. c/ France*, n° 27013/07 § 23.

30. La Cour estime probable, comme le montrent les décision intervenues depuis l'adoption de l'arrêt au principal, qu'au vu de l'ancienneté et de la stabilité de l'installation des requérants et de la longue tolérance de la commune, de l'intérêt supérieur des nombreux enfants scolarisés et de l'absence de mesures de relogement pour la plupart d'entre eux, la mesure d'expulsion aurait été, soit rejetée, soit assortie de délais et garanties leur permettant de préparer dans de meilleures conditions leur départ. Or il ressort du dossier que les requérants qui sont partis dans l'urgence à la suite de la procédure d'expulsion ont dû abandonner, soit leur caravane, soit les chalets ou bungalows qu'ils avaient construits (qui ont été immédiatement détruits par les autorités communales) avec les effets personnels qu'ils contenaient. La Cour estime donc que cet aspect du préjudice matériel qu'ils ont subi est en lien avec la violation constatée et qu'il y a lieu de l'indemniser. • CEDH, gr. ch., 28 avr. 2016, *Winterstein et a. c/ France*, n° 27013/07 § 24 et 25. ♦ Dans cette affaire la Cour examine également l'indemnisation du préjudice moral qui est différent selon les requérants. • CEDH gr. ch., 28 avr. 2016, *Winterstein et a. c/ France*, n° 27013/07 § 27 s.

31. En ce qui concerne les frais d'inhumation réclamés par le requérant, la Cour considère qu'il convient d'allouer une réparation car ces frais sont la conséquence directe de la violation constatée au titre de l'art. 2 Conv. EDH. • CEDH 14 févr. 2002, *Abdurrahman Orak c/ Turquie*, n° 31889/96 § 106.

32. La Cour n'aperçoit pas de lien de causalité entre la violation constatée et le rejet du recours de ladite société par les juridictions nationales. Elle écarte donc la demande. • CEDH 26 mars 1992, *Éd. Périscope c/ France*, n° 11760/85 § 47. ♦ Les frais d'enregistrement du rachat des propriétés ne découlent en aucune manière du défaut de recours judiciaire. Aucun lien de causalité ne les rattache donc au manquement constaté par la Cour. • CEDH 27 oct. 1987, *Boden c/ Suède*, n° 10930/84 § 43. ♦ La Cour relève que l'existence d'un préjudice matériel ne ressort pas du dossier ; elle ne peut donc y faire droit. • CEDH 23 sept. 1998, *Demir et a. c/ Turquie*, n° 21380/93 § 63. ♦ La Cour n'aperçoit pas de lien de causalité entre la violation de l'art. 5, § 3 et 4, et les sommes réclamées au titre de caution que la requérante avait versée pour être relevée de son assignation à résidence et du manque à gagner subi pendant la période où elle était détenue. Partant, elle rejette les prétentions de la requérante au titre du dommage matériel. • CEDH, gr. ch., 25 mars 1999, *Nikolova c/ Bulgarie*, n° 31195/96 § 71. ♦ La Cour n'aperçoit pas de lien de causalité entre la violation de l'art. 3 et les sommes réclamées au titre des soins dentaires. • CEDH 26 mars 2013, *Gyorgypal c/ Roumanie*, n° 29540/08 § 86.

33. Il n'y a lieu d'octroyer une satisfaction équitable que lorsque le dommage découle d'une privation de liberté que le requérant n'aurait pas connue s'il avait bénéficié des garanties prévues à l'art. 5, § 3. En l'espèce, elle ne saurait spéculer sur le point de savoir si la requérante aurait été placée en détention en cas d'absence de violation. • CEDH, gr. ch., 25 mars 1999, *Nikolova c/ Bulgarie*, n° 31195/96 § 76. ♦ La Cour constate qu'aucun lien de causalité ne se trouve établi entre l'infraction à l'art. 5, § 4, et le dommage matériel allégué (recouvrer la liberté plus tôt puis trouver un emploi). Elle n'estime pas davantage pouvoir considérer que le requérant a subi une perte réelle de chance à raison de la violation relevée. • CEDH 12 mai 1992, *Megyeri c/ Allemagne*, n° 13770/88 § 30. ♦ V. pour une indemnisation néanmoins accordée pour une violation de l'art. 5, § 4. • CEDH 11 avr. 2013, *Firoz Muneer c/ Belgique*, n° 56005/10 § 92.

34. La Cour ne saurait spéculer sur l'issue que la procédure litigieuse aurait connue si l'infraction à la Convention n'avait pas eu lieu ; aucun élément ne montre que le résultat aurait probablement été plus favorable pour le requérant. • CEDH, satisfaction équitable, 14 sept. 1987, *De Cubber c/ Belgique*, n° 9186/80 § 23. ♦ La Cour ne saurait spéculer sur le résultat auquel eût abouti le procès si la cour d'appel de Bruxelles avait consenti à entendre les quatre témoins à décharge proposés par la défense ; ainsi que le souligne le Gouvernement, l'existence d'un lien de causalité entre l'infraction à l'art. 6 et le préjudice allégué ne se trouve pas démontrée. • CEDH, satisfaction équitable, 22 avr. 1992, *Vidal c/ Belgique*, n° 12351/86 § 9. ♦ Dans les mêmes circonstances, la Cour considère que l'arrêt fournit à l'intéressé une compensation suffisante. • CEDH 20 sept. 1993, *Saïdi c/ France*, n° 14647/89 § 49. ♦ V. cependant certaines décisions mentionnées notes 38 s.

35. L'intéressé n'a pas apporté assez d'éléments pour établir que, s'il avait bénéficié d'un recours judiciaire par lequel il aurait pu discuter la régularité de l'octroi du permis d'exproprier, le tribunal aurait statué en sa faveur. Il n'appartient pas davantage à la Cour d'examiner le bien-fondé de la délivrance du permis au regard du droit suédois. Il faut aussi relever que les parties concernées ont fini par tomber d'accord sur le transfert des immeubles en 1984 puis sur leur rachat en 1986. Partant, la Cour ne voit pas de raison d'accorder au requérant une réparation pour dommage matériel. • CEDH 27 oct. 1987, *Boden c/ Suède*, n° 10930/84 § 40.

36. V. pour une mise en œuvre particulièrement nette des principes ci-dessus : • CEDH 15 févr. 2018, *Ghedir et a. c/ France*, n° 20579/12 (satisfaction équitable).

37. Dans son arrêt au principal, la Cour a constaté qu'en violation de la Conv., la requérante a été privée par les juridictions grecques des trois quarts des biens légués par son mari mais n'a pas pris de position de principe sur les droits revendiqués par cette dernière en ce qui concerne ceux de ces biens situés en Turquie de sorte que ceux-ci ne peuvent servir de base à une demande de satisfaction équitable dirigée contre l'État défendeur dans le cadre d'une procédure portant sur la question réservée de l'application du présent art. Nonobstant l'art. 46 Conv. EDH, rien n'empêche cependant les autorités turques de statuer à propos de ces biens en tenant compte de l'arrêt au principal, étant entendu que, dans le cas contraire, il sera en tout état de cause loisible à la requérante d'introduire une requête à l'encontre de l'État en question. • CEDH, gr. ch., satisfaction équitable, 19 déc. 2018, *Grèce*, n° 20452/14, § 50 à 52 : *AJDA 2019. 169, chron. Burgorgue-Larsen ; D. 2019. 316, point de vue Fulchiron ; AJ fam. 2019. 158, obs. Houssier ; Rev. crit. DIP 2019. 1002, note Pamboukis ; RTD civ. 2019. 281, obs. Marguénaud*.

38. Préjudice certain : perte de chance. Même si la Cour ne peut spéculer sur le résultat auquel aurait abouti le procès en l'absence de violation de la Conv. EDH, elle peut ne pas estimer déraisonnable de penser que l'intéressé a subi une perte de chances réelles. • CEDH 12 févr. 1985, *Italie*, n° 9024/80 § 38 • CEDH 21 mars 2000, *France*, n° 34553/97 § 43 • CEDH, gr. ch., 25 mars 1999, *France*, n° 25444/94 § 80 • CEDH 9 avr. 2013, *Roumanie*, n° 17520/04 § 69. ♦ ... Rétablissant un lien de causalité manifeste entre le dommage allégué par les requérants et la violation. • CEDH, satisfaction équitable, 13 juin 1994, *Espagne*, n° 10588/83 § 16. ♦ Sans spéculer sur l'issue de la procédure, il y a lieu de considérer que la cour d'appel a fortement aggravé la peine infligée en première instance ; il aurait pu ne pas en aller de la sorte si G. avait joui d'une défense concrète et effective. Pareille perte de chances réelles justifie en l'espèce l'octroi d'une satisfaction équitable. • CEDH 9 avr. 1984, *Italie*, n° 8966/80 § 35.

39. On ne saurait oublier non plus que, pendant les périodes de préjudice, les biens-fonds en question se sont naturellement dépréciés : de toute évidence, un immeuble frappé d'un permis d'exproprier et pouvant donc à tout moment échapper à son propriétaire ne conserve pas constamment sa valeur antérieure, même si en l'espèce ceux des requérants ont récupéré après lesdites périodes une valeur non *inférieure*, en couronnes constantes, à celle qu'elle avait lors de l'adoption des mesures litigieuses. En outre, tout projet de rénovation que les requérants ont pu envisager était à l'époque impraticable. On peut considérer qu'ils ont subi de ce chef une perte de chances à laquelle on doit avoir égard encore que la perspective de les réaliser eût été douteuse. • CEDH, satisfaction équitable, 18 déc. 1984, *Sporrong et Lönnroth c/ Suède,* n° 7151/75 § 25. ♦ Quant au dommage matériel allégué, les éléments du dossier n'autorisent pas à conclure que le respect de l'art. 6, § 1 eût permis d'échapper à la vente aux enchères de la maison. En revanche, les intéressés ont subi, en raison des conséquences de la durée de la procédure, une certaine perte de chances réelles qui justifie en l'espèce l'octroi d'une satisfaction équitable. • CEDH 23 avr. 1987, *Lechner et Hess c/ Autriche,* n° 9316/81 § 64. ♦ On ne saurait entièrement exclure que si le requérant avait pu, pendant la durée de validité des ordonnances d'assistance, saisir un tribunal du fond du problème de ses visites à ses cinq enfants, il aurait obtenu satisfaction dans une certaine mesure, en particulier s'il avait formulé sa demande assez tôt. A cet égard, on peut donc estimer qu'il a subi une perte de chances réelles justifiant l'octroi d'une indemnité. • CEDH, satisfaction équitable, 9 juin 1988, *O. c/ Royaume-Uni,* n° 9276/81 § 12.

C. FRAIS ET DÉPENS

40. Pour avoir droit à l'allocation de frais et dépens en vertu du présent art., la partie lésée doit les avoir engagés afin d'essayer de prévenir ou faire corriger une violation dans l'ordre juridique interne, d'amener (la Commission puis) la Cour à la relever et d'en obtenir l'effacement. Il faut aussi que se trouvent établis leur réalité, leur nécessité et le caractère raisonnable de leur taux. • CEDH, satisfaction équitable, 18 oct. 1982, *Le Compte, Van Leuven et De Meyere,* n° 6878/75 § 17 • CEDH 25 mars 1983, *Minelli c/ Suisse,* n° 8660/79 § 45 • CEDH 13 juill. 1983, *Zimmermann et Steiner c/ Suisse,* n° 8737/79 § 36 • CEDH, satisfaction équitable, 14 sept. 1987, *De Cubber c/ Belgique,* n° 9186/80 § 25 • CEDH 27 août 1991, *Demicoli c/ Malte,* n° 13057/87 § 49. • CEDH 9 avr. 2013, *Mehmet Senturk et Bekir Senturk c/ Turquie,* n° 13423/09 § 119. ♦ Ni la réalité, ni la nécessité ni le caractère raisonnable des honoraires d'avocat n'ont prêté à contestation et la Cour les reconnaît. • CEDH 27 oct. 1987, *Boden c/ Suède,* n° 10930/84 § 43.

41. S'agissant des frais et dépens, la Cour relève que les requérants n'ont fourni aucune pièce justificative à l'appui de leurs demandes formulées à ce titre. En conséquence, elle ne saurait accueillir celles-ci. • CEDH 23 sept. 1998, *Demir et a. c/ Turquie,* n° 21380/93 § 64. ♦ V. déjà. • CEDH, satisfaction équitable, 3 juill. 1997, *Pressos Compania Naviera S.A. et a. c/ Belgique,* n° 17849/89 § 24 • CEDH 26 mars 2013, *Gyorgypal c/ Roumanie,* n° 29540/08 § 89.

42. La Cour est convaincue, malgré l'absence de pièce justificative fournie par le requérant, que celui-ci a supporté certaines dépenses diverses pour obtenir des organes de la Convention le redressement de la violation. En revanche, le requérant ayant été assisté par un avocat devant la Commission et n'ayant point participé à la procédure devant la Cour, celle-ci ne croit pas pouvoir les considérer comme « nécessaires », aux fins du présent art. • CEDH 27 oct. 1987, *Boden c/ Suède,* n° 10930/84 § 43.

43. Compte tenu des détails communiqués, la Cour estime raisonnable d'allouer « X » au titre des frais et dépens. • CEDH 26 mars 1992, *Beldjoudi c/ France,* n° 12083/86 § 88 : *préc. note 22* • CEDH, gr. ch., 28 avr. 2016, *Winterstein et a. c/ France,* n° 27013/07 § 32. ♦ La Cour tient compte également de sa jurisprudence pour fixer le montant de l'indemnité allouée au titre des frais et dépens. • CEDH 9 avr. 2013, *Turquie,* n° 13423/09 § 119.

44. La Cour rappelle que lorsqu'une requête a été rayée du rôle, s'il ne lui est pas possible d'accorder une somme pour les dommages allégués, les dépens sont quant à eux laissés à son appréciation, conformément aux dispositions de l'art. 43 § 4 du règlement de la Cour. • CEDH, gr. ch., décis., 7 déc. 2007, *Chevanova c/ Lettonie,* n° 58822/00 § 53 • CEDH, décis., 7 juill. 2017, *Hörmann et a.,* n° 31176/13 § 14 • CEDH, décis., 17 oct. 2017, *Manfredi c/ France,* n° 52117.

Art. 42 ***Arrêts des Chambres.*** **Les arrêts des Chambres deviennent définitifs conformément aux dispositions de l'article 44, paragraphe 2.**

Art. 43 ***Renvoi devant la Grande Chambre.*** **1. Dans un délai de trois mois à compter de la date de l'arrêt d'une Chambre, toute Partie à l'affaire peut, dans des cas exceptionnels, demander le renvoi de l'affaire devant la Grande Chambre.**

2. Un collège de cinq juges de la Grande Chambre accepte la demande si l'affaire soulève une question grave relative à l'interprétation ou à l'application de la Convention ou de ses protocoles, ou encore une question grave de caractère général.

3. Si le collège accepte la demande, la Grande Chambre se prononce sur l'affaire par un arrêt.

V. notes ss. Conv. EDH, art. 31.

Art. 44 *Arrêts définitifs.* 1. L'arrêt de la Grande Chambre est définitif.

2. L'arrêt d'une Chambre devient définitif :

a) Lorsque les Parties déclarent qu'elles ne demanderont pas le renvoi de l'affaire devant la Grande Chambre ; ou

b) Trois mois après la date de l'arrêt, si le renvoi de l'affaire devant la Grande Chambre n'a pas été demandé ; ou

c) Lorsque le collège de la Grande Chambre rejette la demande de renvoi formulée en application de l'article 43.

3. L'arrêt définitif est publié.

Art. 45 *Motivation des arrêts et décisions.* 1. Les arrêts, ainsi que les décisions déclarant des requêtes recevables ou irrecevables, sont motivés.

2. Si l'arrêt n'exprime pas en tout ou en partie l'opinion unanime des juges, tout juge a le droit d'y joindre l'exposé de son opinion séparée.

Art. 46 *Force obligatoire et exécution des arrêts.* 1. Les Hautes Parties contractantes s'engagent à se conformer aux arrêts définitifs de la Cour dans les litiges auxquels elles sont parties.

2. L'arrêt définitif de la Cour est transmis au Comité des ministres qui en surveille l'exécution.

3. Lorsque le Comité des ministres estime que la surveillance de l'exécution d'un arrêt définitif est entravée par une difficulté d'interprétation de cet arrêt, il peut saisir la Cour afin qu'elle se prononce sur cette question d'interprétation. La décision de saisir la Cour est prise par un vote à la majorité des deux tiers des représentants ayant le droit de siéger au Comité.

4. Lorsque le Comité des ministres estime qu'une Haute Partie contractante refuse de se conformer à un arrêt définitif dans un litige auquel elle est partie, il peut, après avoir mis en demeure cette Partie et par décision prise par un vote à la majorité des deux tiers des représentants ayant le droit de siéger au Comité, saisir la Cour de la question du respect par cette Partie de son obligation au regard du paragraphe 1.

5. Si la Cour constate une violation du paragraphe 1, elle renvoie l'affaire au Comité des ministres afin qu'il examine les mesures à prendre. Si la Cour constate qu'il n'y a pas eu violation du paragraphe 1, elle renvoie l'affaire au Comité des Ministres, qui décide de clore son examen.

BIBL. ▶ SAURON, L'exécution des arrêts de la CEDH, un processus sous le contrôle du Comité des ministres du Conseil de l'Europe en voie d'échapper aux seuls exécutifs : *JCP Adm. 2016. 2011.*

COMMENTAIRE

V. sur le Code en ligne.

PLAN DES ANNOTATIONS

1. Révision des arrêts définitifs. Mettant en cause le caractère définitif des arrêts, la procédure en révision revêt un caractère exceptionnel : d'où l'exigence d'un examen strict de la recevabilité et du bien-fondé de toute demande en révision d'un arrêt de la Cour dans le cadre d'une telle procédure. • CEDH, gr. ch. révision, 30 juill. 1998, *Gustafsson c/ Suède,* n° 15573/89 § 25.

2. Pour savoir si les faits sur lesquels se fonde

une demande en révision sont « de nature à exercer une influence décisive », il faut les considérer par rapport à la décision de la Cour dont la révision est sollicitée. Il importe de noter à cet égard qu'une demande de production de documents, adressée aux comparants, ne suffit pas à elle seule pour conclure que les pièces dont il s'agit sont « de nature à exercer une influence décisive ». Pareille demande, correspondant à une pratique constante, montre sans plus que la Cour attache aux documents réclamés un intérêt dont elle ne peut apprécier la mesure que lors de ses délibérations à l'issue des débats. • CEDH, révision, 10 juill. 1996, *Pardo c/ France,* n° 13416/87 § 21 : *AJDA 1996. 1005, chron. Flauss ; Justices, 1997. 181, obs. Flauss ; JDI 1997. 227, obs. Decaux* • CEDH, révision, 21 sept. 2004, *Roumanie,* n° 31551/96 § 38.

3. Les lettres en question « auraient [ou non] pu exercer une influence décisive sur l'issue [de l'] affaire », la Cour juge établi que les faits qu'elles constituent « pouvaient raisonnablement être connus » des requérants avant le prononcé de l'arrêt initial. La demande en révision doit donc être rejetée. • CEDH, révision, 28 janv. 2000, *Royaume-Uni,* n° 21825/93 § 38. ♦ A l'époque des faits, les données sur les affaires pendantes n'étaient pas informatisées et il n'était pas possible au Gouvernement défendeur de mener des recherches parmi des dizaines de registres, alors qu'il n'avait aucun indice permettant de supposer que la validité du titre du requérant était remise en cause. • CEDH, révision, 21 sept. 2004, *Roumanie,* n° 31551/96 § 47.

4. L'objet de la requête, introduite à l'origine par le requérant, était l'annulation, par l'arrêt du « X » de la Cour suprême de justice, d'une décision définitive lui reconnaissant la qualité de propriétaire sur le bien litigieux ; le requérant pouvait donc se prétendre victime, au sens de l'art. 34 Conv. EDH. Toutefois la cour d'appel a annulé l'attestation d'héritage dont il se prévalait. En conséquence, la Cour relève que, à compter de cette annulation, la validité du testament fait en faveur de T.C.F. et T.A. ayant été confirmée, le requérant avait perdu la qualité d'héritier de sa tante, ainsi que le droit de se voir transmettre ses biens. Dans ces conditions, la Cour considère que, depuis l'arrêt du 20 mai 1999, le requérant n'a plus qualité pour soutenir la présente requête devant elle et ne peut donc se prétendre victime d'une violation de ses droits. • CEDH, révision, 21 sept. 2004, *Roumanie,* n° 31551/96 § 56 s. ♦ Avant l'adoption de l'arrêt au principal, la société requérante n'avait plus de personnalité juridique en raison de sa liquidation judiciaire et de sa radiation du Registre des sociétés. La liquidation judiciaire de la société requérante, suivie de sa radiation du Registre des sociétés, avant le prononcé de l'arrêt au principal, constitue un fait de « nature à exercer une influence décisive » par rapport à l'arrêt au principal et aucune personne intéressée n'a sollicité la poursuite de la requête au nom de la société requérante. Le Gouvernement a pris connaissance des nouveaux éléments de fait au mois de janv. 2011, à l'occasion des démarches en vue de l'exécution de l'arrêt définitif de la Cour et a demandé sa révision le 15 févr. 2011. Il en ressort que le Gouvernement a respecté le délai de six mois. • CEDH, révision, 21 juin 2011, *Roumanie,* n° 28529/04 § 15, 17 et 22.

5. En cas de décès du requérant avant l'exécution de l'arrêt, la demande de révision permet de transférer aux héritiers les sommes allouées par la Cour au défunt. • CEDH, révision, 26 nov. 2002, *Italie,* n° 52924/99 § 7 • CEDH, révision, 19 avr. 2011, *Turquie,* n° 29459/05 § 7. ♦ Rappr. distinguant entre le dommage et les frais et dépends. • CEDH 23 oct. 2011, *Italie,* n° 40946/98 § 10 s. ♦ V. à l'inverse, révision en supprimant la satisfaction équitable dès lors qu'il n'y a pas d'héritiers connus. • CEDH, révision, 3 mai 2001, *Italie,* n° 31127/96 § 8 et 9 : *D. 2000. 183, obs. Fricero ; JDI 2002. 246, obs. I.S.* ♦ Comp. si le décès intervient avant la saisine de la Cour. • CEDH 8 juill. 2004, *Grèce,* n° 51354/99 § 9.

6. Si cette nouvelle situation ne saurait influencer sur le constat de violation, elle ne manque pas d'avoir un impact décisif sur la question du préjudice matériel accordé au titre de la satisfaction équitable. • CEDH, révision, 30 nov. 2010, *Roumanie,* n° 28607/04 § 16 et 17.

7. Interprétation des arrêts. En examinant une demande en interprétation, la Cour use d'une compétence implicite : elle se trouve amenée, sans plus, à clarifier le sens et la portée qu'elle a entendu attribuer à une décision antérieure issue de ses propres délibérations, en précisant au besoin ce qu'elle y a tranché avec force obligatoire. • CEDH, interprétation, 23 juin 1973, *Autriche,* n° 2614/65 § 13 • CEDH, interprétation, 7 août 1996, *Allenet de Ribemont c/ France,* n° 15175/89 § 18. ♦ Elle n'a pas vocation, dans ce cadre, à interpréter l'art. 41 (anc. art. 50) de manière générale et abstraite, ce qui sort non seulement du cadre fixé par l'art. 79 du règlement (anc. art. 57 A) mais aussi de la compétence contentieuse de la Cour. • CEDH, interprétation, 7 août 1996, *Allenet de Ribemont c/ France,* n° 15175/89 § 19. ♦ Vu la clarté du dispositif de l'arrêt du « X », accueillir la demande en interprétation aboutirait non pas à clarifier « le sens et la portée » de cet arrêt, mais plutôt à le faire modifier sur une question que la Cour a tranchée avec « force obligatoire ». • CEDH, interprétation, 7 août 1996, *Allenet de Ribemont c/ France,* n° 15175/89 § 23 • CEDH, interprétation, 3 juill. 1997, *Hentrich c/ France*, n° 13616/88 § 16.

8. Cadre de mise en œuvre du présent art. : le caractère déclaratoire des arrêts de la Cour (Conv. EDH, art. 41). La Cour n'a pas à se livrer à un examen abstrait des textes législatifs incriminés : elle recherche si leur application aux requérantes cadre ou non avec la Conv. EDH. Sans doute sa décision produira-t-elle fatalement des effets débordant les limites du cas d'espèce, d'autant que les violations relevées ont leur source immédiate dans lesdits textes et non dans des mesures individuelles d'exécution, mais elle ne saurait annuler ou abroger par elle-même les dispositions litigieuses : déclaratoire pour l'essentiel, elle laisse à l'État le choix des moyens à utiliser dans son ordre juridique interne pour s'acquitter de l'obligation qui découle pour lui de l'art. 46 (anc. art. 53). • CEDH 13 juin 1979, *Belgique*, n° 6833/74 § 58.

9. Un constat de violation dans les arrêts de la Cour est essentiellement déclaratoire. • CEDH, gr. ch., 30 juin 2009, *Verein Gegen Tierfabriken Schweiz (VgT) c/ Suisse (n° 2)*, n° 32772/02 § 61 • CEDH, gr. ch., 7 févr. 2013, *Fabris c/ France*, n° 16574/08 § 75 : *D. 2013. 434, obs. Gallmeister ; AJ fam. 2013. 189, obs. Levillain ; AJDA 2013. 1794, chron. Burgogue-Larsen ; RTD civ. 2013. 333, obs. Marguénaud ; ibid. 358, obs. Hauser .*

V. pour d'autres décisions dans le même sens : .

I. FORCE OBLIGATOIRE DES ARRÊTS DE LA COUR (CONV. EDH, ART. 46, § 1)

10. L'un des traits les plus significatifs du système de la Conv. EDH réside dans le fait qu'il est doté d'un mécanisme de contrôle du respect de ses dispositions. Ainsi, la Conv. EDH n'impose pas seulement aux États parties le respect des droits et obligations qui en découlent, mais elle met également sur pied un organe juridictionnel, la Cour, habilité à constater des violations de la Convention dans le cadre d'arrêts définitifs auxquels les États parties se sont engagés à se conformer (art. 19, combiné avec le § 1 du présent art.). De surcroît, elle institue un mécanisme de surveillance de l'exécution des arrêts, sous la responsabilité du Comité des Ministres (art. 46, § 2). Ce mécanisme démontre l'importance que revêt la mise en œuvre effective des arrêts. • CEDH, gr. ch., 30 juin 2009, *Verein Gegen Tierfabriken Schweiz (VgT) c/ Suisse (n° 2)*, n° 32772/02 § 84.

A. ENGAGEMENT DES ÉTATS

11. Principe. Par l'art. 46 Conv. EDH, les États se sont engagés à se conformer aux arrêts de la Cour dans les litiges auxquels ils sont parties, le Comité des Ministres étant chargé d'en surveiller l'exécution. • CEDH, gr. ch., 13 juill. 2000, *Scozzari et Giunta c/ Italie*, n° 39221/98 § 249 : *RTD civ. 2001. 451, obs. Marguénaud* • CEDH, gr. ch., 30 juin 2009, *Verein Gegen Tierfabriken Schweiz (VgT) c/ Suisse (n° 2)*, n° 32772/02 § 61.

12. L'État défendeur reconnu responsable d'une violation de la Conv. EDH ou de ses Protocoles est tenu de se conformer aux décisions de la Cour dans les litiges auxquels il est partie. En d'autres termes, l'inexécution ou l'exécution lacunaire d'un arrêt de la Cour peut entraîner la responsabilité internationale de l'État partie. • CEDH, gr. ch., 30 juin 2009, *Verein Gegen Tierfabriken Schweiz (VgT) c/ Suisse (n° 2)*, n° 32772/02 § 85.

13. Il découle notamment de cet engagement que l'État défendeur, reconnu responsable d'une violation de la Conv. EDH ou de ses Protocoles, est appelé (non seulement à verser aux intéressés les sommes allouées à titre de satisfaction équitable, mais aussi) à prendre (à choisir), sous le contrôle du Comité des ministres, les mesures générales et/ou, le cas échéant, individuelles à adopter dans son ordre juridique interne afin de mettre un terme à la violation constatée par la Cour et d'en effacer autant que possible les conséquences. • CEDH, gr. ch., 13 juill. 2000, *Scozzari et Giunta c/ Italie*, n° 39221/98 § 249 : *préc. note 11* • CEDH, gr. ch., 28 avr. 2016, *Winterstein et a. c/ France*, n° 27013/07 § 15.

V. pour d'autres décisions dans le même sens : .

14. Liberté de choix des moyens. Les arrêts de la Cour laissent à l'État concerné le choix des moyens à utiliser dans son ordre juridique interne pour s'acquitter de l'obligation qui découle pour lui du présent art. • CEDH 26 mai 1988, *Belgique*, n° 10208/82 § 41. ♦ C'est à l'État qu'il appartient de choisir les moyens à utiliser dans son ordre juridique interne pour s'acquitter de l'obligation qui découle pour lui du présent art. • CEDH 25 févr. 1997, *Finlande*, n° 22009/93 § 112. ♦ Il est entendu que l'État défendeur reste libre, sous le contrôle du Comité des ministres, de choisir les moyens de s'acquitter de son obligation juridique au regard de l'art. 46 Conv. EDH pour autant que ces moyens soient compatibles avec les conclusions contenues dans l'arrêt de la Cour. • CEDH, gr. ch., 13 juill. 2000, *Italie*, n° 39221/98 § 249 : *préc. note 11* • CEDH, gr. ch., 12 mai 2005, *Turquie*, n° 46221/99 § 210 • CEDH 22 déc. 2005, *Turquie*, n° 46347/99 § 39 • CEDH, gr. ch., 28 avr. 2016, *Winterstein et a. c/ France*, n° 27013/07 § 16 : *D. 2013. 2678, note Marguénaud et Mouly ; ibid. 2014. 238, obs. Renucci ; ibid. 445, obs. Boskovic, Corneloup, Jault-Seseke, N. Joubert et Parrot ; AJDA 2013. 2061 ; ibid. 2014. 147,* *chron. Burgorgue-Larsen* ; *AJDI 2014. 500, étude Zitouni* ; *AJCT 2014. 165, obs. Péchillon* • CEDH, gr. ch., 29 mai 2019, *Mammadov c/ Azerbaïdjan (manquement),* n° 15172/13 § 148. ♦ L'État conserve en principe le choix des moyens pour effacer les conséquences de la violation. • CEDH, gr. ch., 7 févr. 2013, *Fabris c/ France,* n° 16574/08 § 75 : *préc. note 9* • CEDH, gr. ch., 29 mai 2019, *Mammadov c/ Azerbaïdjan,* n° 15172/13 § 148 (manquement).

15. Pour une mise en œuvre par le Conseil d'État, V. • CE 3 oct. 2018, n° 406222 A : *AJDA 2018. 2249, concl. Bretonneau* ; *JCP Adm. 2018. 781.*

16. Délai d'adaptation de la législation. La liberté de choix reconnue à l'État quant aux moyens de s'acquitter de son obligation au titre du présent art. (anc. art. 53) ne saurait lui permettre de suspendre l'application de la Conv. EDH en attendant l'aboutissement d'une réforme globale de la législation, au point de contraindre la Cour à rejeter en 1991, pour une succession ouverte en 1980, des griefs identiques à ceux qu'elle a accueillis en 1979. • CEDH 29 nov. 1991, *Belgique,* n° 12849/87 § 26.

17. Restitutio in integrum. Un arrêt constatant une violation entraîne pour l'État défendeur l'obligation juridique au regard de la Conv. EDH de mettre un terme à la violation et d'en effacer les conséquences de manière à rétablir autant que faire se peut la situation antérieure à celle-ci. • CEDH 31 oct. 1995, *Grèce,* n° 14556/89 § 34. ♦ L'objectif est de placer le requérant, autant que possible, dans une situation équivalente à celle dans laquelle il se trouverait s'il n'y avait pas eu manquement aux exigences de la Conv. EDH (*restitutio in integrum*). • CEDH 11 oct. 2011, *Suisse,* n° 5056/10 § 69 • CEDH, gr. ch., 28 avr. 2016, *Winterstein et a. c/ France,* n° 27013/07 § 15.

18. Les États contractants parties à une affaire sont en principe libres de choisir les moyens dont ils useront pour se conformer à un arrêt constatant une violation. Ce pouvoir d'appréciation quant aux modalités d'exécution d'un arrêt traduit la liberté de choix dont est assortie l'obligation primordiale imposée par l'art. 1er Conv. EDH aux États contractants : assurer le respect des droits et libertés garantis. Si la nature de la violation permet une *restitutio in integrum*, il incombe à l'État défendeur de la réaliser, la Cour n'ayant ni la compétence ni la possibilité pratique de l'accomplir elle-même. • CEDH 31 oct. 1995, *Grèce,* n° 14556/89 § 34 • CEDH, gr. ch., 23 janv. 2001, *Brumarescu c/ Roumanie,* n° 28342/95 § 20 : *AJDA 2001. 1060, chron. Flauss* ; *JCP 2001. 342, chron. Sudre.*

B. INDICATIONS DE LA COUR

19. La Convention n'habilite pas la Cour à prescrire des mesures accessoires du genre de celles que revendique le requérant à savoir donner des directives sur les conséquences à tirer de son arrêt. • CEDH 7 juill. 1989, *Royaume-Uni,* n° 14038/88 § 127. ♦ Rappr. demandant à la Cour de prescrire à l'État de faire une déclaration. • CEDH, satisfaction équitable, 24 févr. 1983, *Royaume-Uni,* n° 7525/76 § 15. ♦ ... De procéder à l'effacement de sanctions disciplinaires. • CEDH, satisfaction équitable, 18 oct. 1982, *Le Compte, Van Leuven et De Meyere,* n° 6878/75 § 13. ♦ En principe, il n'appartient pas à la Cour de définir quelles mesures de redressement appropriées l'État défendeur pourrait adopter pour s'acquitter de ses obligations découlant du présent art. • CEDH, gr. ch., 22 juin 2004, *Broniowski c/ Pologne,* n° 31443/96 § 193 : *D. 2004. 2542, obs. Bîrsan* ; *AJDA 2004. 1809, chron. Flauss* • CEDH 6 juill. 2006, *Salah c/ Pays-Bas,* n° 8196/02 § 77.

20. Dans certaines situations particulières, il est arrivé que la Cour ait estimé utile d'indiquer à un État défendeur le type de mesures à prendre pour mettre un terme à la situation – souvent structurelle – qui avait donné lieu à un constat de violation. Parfois même, la nature de la violation constatée ne laisse pas de choix quant aux mesures à prendre. • CEDH, gr. ch., 30 juin 2009, *Verein Gegen Tierfabriken Schweiz (VgT) c/ Suisse (n° 2),* n° 32772/02 § 88 • CEDH, gr. ch., 17 janv. 2012, *Stanev c/ Bulgarie,* n° 36760/06 § 255.

1° MESURES GÉNÉRALES

21. L'adoption de mesures générales implique pour l'État l'obligation de prévenir, avec diligence, de nouvelles violations semblables à celles constatées dans les arrêts de la Cour. • CEDH 6 juill. 2006, *Salah c/ Pays-Bas,* n° 8196/02 § 77. ♦ Cela entraîne l'obligation pour le juge national d'assurer, conformément à son ordre constitutionnel et dans le respect du principe de sécurité juridique, le plein effet des normes de la Conv. EDH, telles qu'interprétées par la Cour. • CEDH, gr. ch., 7 févr. 2013, *Fabris c/ France,* n° 16574/08 § 75 : *préc. note 9.*

a. Indication de mesures de portée générale (arrêts « quasi pilotes » ou arrêts « article 46 »)

22. Principe. Il résulte de la Conv. EDH, et notamment de son art. 1er, qu'en ratifiant la Conv. EDH les États contractants s'engagent à faire en sorte que leur droit interne soit compatible avec celle-ci. Par conséquent, il appartient à l'État défendeur d'éliminer, dans son ordre juridique interne, tout obstacle éventuel à un redressement adéquat de la situation du requérant. • CEDH, gr. ch., 17 févr. 2004, *Maestri c/ Italie,* n° 39748/98 § 47 • CEDH, gr. ch., 29 mars 2006, *Scordino c/ Italie (n° 1),* n° 36813/97 § 234.

23. Bien qu'en principe il ne lui appartienne pas de définir quelles peuvent être les mesures de redressement appropriées pour que l'État défendeur s'acquitte de ses obligations au regard du présent art., eu égard à la situation de caractère structurel qu'elle constate, la Cour observe que des mesures générales au niveau national s'imposent sans aucun doute dans le cadre de l'exécution du présent arrêt, mesures qui doivent prendre en considération les nombreuses personnes touchées. • CEDH, gr. ch., 29 mars 2006, *Scordino c/ Italie (n° 1),* n° 36813/97 § 236. ♦ Lorsqu'un dysfonctionnement a été décelé dans le système national de protection des droits de l'homme, la Cour a le souci d'en faciliter la suppression rapide et effective. • CEDH 7 janv. 2014, *Italie,* n° 77/07 § 80 : *D. 2014. 1171, obs. Granet-Lambrechts ; AJ fam. 2014. 126, obs. Doublein* • CEDH 7 janv. 2014, *Fondation Foyers des élèves de l'église réformée et Stanomirescu c/ Roumanie,* n° 2699/03 § 82.

24. Une fois un défaut à caractère structurel identifié, il incombe aux autorités nationales, sous le contrôle du Comité des Ministres, de prendre, rétroactivement s'il le faut, les mesures de redressement nécessaires conformément au principe de subsidiarité de la Conv. EDH de manière que la Cour n'ait pas à réitérer son constat de violation dans une longue série d'affaires comparables. • CEDH 13 nov. 2007, *Albanie,* n° 33771/02 § 123 • CEDH 3 mars 2009, *Géorgie,* n° 23204/07 § 102. ♦ La Cour estime que des mesures générales au niveau national s'imposent sans aucun doute dans le cadre de l'exécution du présent arrêt. • CEDH 3 mars 2009, *Géorgie,* n° 23204/07 § 105.

25. A titre exceptionnel, la Cour, pour aider l'État défendeur à remplir ses obligations au titre du présent art., cherche à indiquer le type de mesures à prendre pour mettre un terme à la situation structurelle qu'elle constate. Dans ce contexte, elle peut formuler plusieurs options dont le choix et l'accomplissement restent à la discrétion de l'État concerné. Il est possible que, dans d'autres cas exceptionnels, la nature même de la violation constatée n'offre pas réellement de choix parmi différentes sortes de mesures susceptibles d'y remédier et que la Cour soit conduite à indiquer exclusivement *l'une de ces mesures.* • CEDH, gr. ch., 12 mai 2005, *Öcalan c/ Turquie,* n° 46221/99 § 210 • CEDH 22 déc. 2008, *Russie,* n° 46468/06 § 239 • CEDH 22 avr. 2010, *Azerbaïdjan,* n° 40984/07 § 174 • CEDH 10 juill. 2012, *Espagne,* n° 42750/09 § 80 s. : *AJ pénal 2012. 494, obs. Herzog-Evans ; RSC 2012. 698, obs. Roets ; RD publ. 2013. 729, chron. Sudre* • CEDH, gr. ch., 21 oct. 2013, *Del Rio Prada c/ Espagne,* n° 42750/09 § 137 s. • CEDH, gr. ch., 28 avr. 2016, *Winterstein et a. c/ France,* n° 27013/07 § 16. ♦ Eu égard à la nature structurelle du problème décrit dans la présente affaire, la Cour souligne que les réformes prévues dans la législation de l'Ukraine et de la pratique administrative devraient être mises en œuvre d'urgence afin de mettre cette législation et la pratique en conformité avec les conclusions de la Cour dans le présent arrêt et afin d'assurer leur conformité avec les dispositions des art. 7 et 11 Conv. EDH. • CEDH 11 avr. 2013, *Ukraine,* n° 20372/11 § 95. ♦ ... Des art. 8 et 14. • CEDH 7 janv. 2014, *Italie,* n° 77/07 § 81 : *préc. note 23.* ♦ L'État défendeur doit avant tout garantir, par des mesures légales et/ou administratives appropriées, que les décisions de justice obligatoires et exécutoires rendues à son encontre soient exécutés d'office et promptement, qu'il s'agisse de condamnations pécuniaires ou de l'obligation de procéder à des actes spécifiques. Ces mesures devraient également tenir compte des éventuelles situations d'impossibilité objective d'exécution qui nécessitent, de la part des autorités, la mise en œuvre de mesures d'exécution par équivalent. • CEDH 7 janv. 2014, *Roumanie,* n° 2699/03 § 83.

26. Indication du « type de mesures ». Pour aider l'État défendeur à remplir ses obligations au titre du présent art., la Cour a cherché à indiquer le type de mesures que l'État défendeur pourrait prendre pour mettre un terme aux violations de cette nature et en éradiquer les causes. • CEDH 13 nov. 2007, *Albanie,* n° 33771/02 § 126 • CEDH, gr. ch., 29 mars 2006, *Scordino c/ Italie (n° 1),* n° 36813/97 § 237.

27. Compte tenu du constat de violation de l'art. 6, § 1, en raison de l'absence, pour une personne partiellement privée de sa capacité juridique, d'un accès direct à un tribunal pour demander le rétablissement de sa capacité, la Cour recommande à l'État défendeur d'envisager les mesures générales nécessaires pour permettre un tel accès de manière efficace. • CEDH, gr. ch., 17 janv. 2012, *Stanev c/ Bulgarie,* n° 36760/06 § 258.

28. Des mesures législatives et administratives nécessaires doivent ainsi être adoptées rapidement afin de prévenir la transmission des maladies contagieuses dans le système pénitentiaire géorgien, d'instaurer un système de dépistage dès l'admission des détenus en prison et de garantir la prise en charge de ces maladies de façon rapide et effective dans des conditions appropriées. • CEDH 3 mars 2009, *Géorgie,* n° 23204/07 § 105. ♦ Rappr. • CEDH 18 déc. 2007, *Albanie,* n° 41153/06 § 64.

29. L'État défendeur devrait avant tout supprimer l'ensemble des obstacles à l'octroi des réparations dues au titre de la loi sur la restitution en prenant les mesures juridiques, administratives et budgétaires qui s'imposent. A cet effet, il devrait notamment établir des plans de situation en vue de l'évaluation des biens des personnes éligibles à une compensation en nature et créer un fonds doté de ressources suffisantes pour celles ayant droit à une indemnisation, afin que tous les demandeurs munis d'un jugement leur accordant un dédommagement sur le fondement des lois sur la restitution puissent se voir attribuer rapidement la parcelle ou l'indemnité qui leur est due. Les mesures en question devraient être prises d'urgence. • CEDH 13 nov. 2007, *Albanie,* n° 33771/02 § 126. ♦ ... Supprimer tout obstacle à l'obtention d'une indemnité en rapport raisonnable avec la valeur du bien exproprié, et garantir ainsi par des mesures légales, administratives et budgétaires appropriées la réalisation effective et rapide du droit en question relativement aux autres demandeurs concernés par des biens expropriés, conformément aux principes de la protection des droits patrimoniaux. • CEDH, gr. ch., 29 mars 2006, *Scordino c/ Italie (n° 1),* n° 36813/97 § 237.

30. L'État défendeur doit mettre en place un recours qui garantisse véritablement une réparation effective des violations de la Conv. EDH constatées en l'espèce dans le chef de la présente requérante, mais aussi dans toutes les affaires similaires pendantes devant elle, suivant les principes de protection des droits énoncés dans les art. 8 Conv. EDH et 1er du Prot. n° 1. Ce recours devra être disponible dans les trois mois à compter de la date du prononcé du présent arrêt et une réparation devra être fournie dans les trois mois suivants. • CEDH 22 déc. 2005, *Turquie,* n° 46347/99 § 40.

31. Pour d'autres indications de « types de mesures ». S'agissant d'un dispositif renforçant les garanties de bonne utilisation des grenades lacrymogènes par les forces de l'ordre lors de manifestations. • CEDH 22 juill. 2014, *Turquie,* n° 50275/08. ♦ S'agissant des conditions de détention en Belgique : • CEDH 25 nov. 2014, *Belgique,* n° 64682/12 : *AJDA 2015. 150, chron. Burgorgue-Larsen* ; *RD publ. 2015. 832, note Sudre.*

32. Indication de mesures précises. Après s'être penchée de près sur les circonstances communément dénoncées dans les 53 affaires ayant fait l'objet de la mission d'enquête et soucieuse d'aider le Gouvernement défendeur à remplir ses obligations au titre du présent art., la Cour estime devoir indiquer maintenant, à titre exceptionnel, les mesures qui lui semblent aptes à pallier certains problèmes relevés quant au mécanisme officiel d'expertise médicolégale tel qu'il est mis en œuvre en Turquie. • CEDH 10 nov. 2005, *Turquie,* n° 22913/04 § 91.

33. Le but recherché pourrait être atteint au moyen d'invitations judiciaires ou de mandats à comparaître. Ces possibilités, du reste prévues par le code pénal, semblent être plus appropriées afin d'éviter qu'une personne atteinte d'une maladie *a priori* incompatible avec la vie carcérale ne soit indûment réincarcérée pour ne passer qu'un contrôle médical. • CEDH 10 nov. 2005, *Turquie,* n° 22913/04 § 93. ♦ Pour décider de la réincarcération d'un condamné, qui jusqu'alors bénéficiait d'un sursis pour motif médical, les autorités devraient se fonder sur un rapport médicolégal devenu ainsi « définitif » après épuisement par l'intéressé du recours à prévoir dans le système judiciaire turc. • CEDH 10 nov. 2005, *Turquie,* n° 22913/04 § 95.

34. La Cour considère qu'il appartient à l'État défendeur de mettre en œuvre en temps utile des mesures appropriées pour satisfaire, conformément au présent arrêt, à ses obligations consistant à s'assurer que la législation soit rendue claire et précise, de telle sorte que l'immunité parlementaire ne puisse plus empêcher dans la pratique la poursuite des délits de droit commun lorsque des parlementaires et leurs proches sont concernés en tant qu'éventuels témoins ou accusés. • CEDH 22 mars 2005, *Turquie,* n° 28290/95 § 111.

35. La demande formulée par le requérant pour dommage matériel sera satisfaite si la loi d'application nécessaire à la prise d'effet des droits des transsexuels énoncés dans le code civil est adoptée dans les trois mois à compter du jour où le présent arrêt sera devenu définitif. • CEDH 11 sept. 2007, *Lituanie,* n° 27527/03 § 74.

36. Le droit français ne permettant toujours pas, en matière civile, de rouvrir une procédure à la suite d'un arrêt constatant une violation de la Conv. EDH, la Cour considère que l'exécution de l'arrêt au principal implique en premier lieu que les autorités s'engagent à ne pas prendre de mesures en vue de l'exécution forcée de l'arrêt du « X ». Elle estime en outre que l'exécution de l'arrêt au principal implique que tous les requérants qui n'ont pas encore été relogés puissent, compte tenu de leur vulnérabilité et de leurs besoins spécifiques, être accompagnés en vue de leur accès à un hébergement, sur un terrain familial ou en logement social selon leurs souhaits, et bénéficient, dans cette attente, d'un hébergement durable sans risque d'expulsion. • CEDH, gr. ch., 28 avr. 2016, *Winterstein et a. c/ France,* n° 27013/07 § 18 et 19.

37. Pour d'autres exemples de préconisations de mesures précises, V. • CEDH 27 févr. 2014, *Belgique,* n° 70055/10 § 153 • CEDH 13 juin 2019, *Italie,* n° 77633/16 § 143.

b. Procédure de l'« arrêt pilote »

1. Mécanisme

38. Principe. Eu égard à la situation à caractère structurel qu'elle constate, la Cour observe que des mesures générales au niveau national s'imposent sans aucun doute dans le cadre de l'exécution du présent arrêt, mesures qui doivent prendre en considération les nombreuses personnes touchées. Les mesures adoptées doivent être de nature à remédier à la défaillance structurelle dont découle le constat de violation formulé par la Cour, de manière que le système instauré par la Conv. EDH ne soit pas surchargé par un grand nombre de requêtes résultant de la même cause. Pareilles mesures doivent donc comprendre un mécanisme offrant aux personnes lésées une réparation pour la violation de la Conv. EDH établie dans le présent arrêt. • CEDH, gr. ch., 22 juin 2004, *Broniowski c/ Pologne,* n° 31443/96 § 193 : *préc. note 19* • CEDH 6 juill. 2006, *Pays-Bas,* n° 8196/02 § 77.

39. A titre exceptionnel, la Cour, pour aider l'État défendeur à remplir ses obligations au titre du présent art., cherche à indiquer le type de mesures à prendre pour mettre un terme à la situation structurelle qu'elle constate. Dans ce contexte, elle peut formuler plusieurs options dont le choix et l'accomplissement restent à la discrétion de l'État concerné. • CEDH, gr. ch., 22 juin 2004, *Broniowski c/ Pologne,* n° 31443/96 § 194 : *préc. note 19* • CEDH, gr. ch., 12 mai 2005, *Öçalan c/ Turquie,* n° 46221/99 § 208. ♦ Elle peut constater, d'une part, sans préjuger de son efficacité, qu'une nouvelle procédure est désormais prévue et d'autre part qu'il convient de régler la question des procédures actuellement pendantes, introduite avant la mise en œuvre de cette nouvelle procédure. • CEDH 20 mars 2012, *Turquie,* n° 24240/07 § 76 et 77.

40. Dispositif. Par ces motifs, la Cour, à l'unanimité, dit qu'il y a eu violation de l'art. 1er du Prot. n° 1 ; que la violation constatée ci-dessus résulte d'un problème structurel, lié au dysfonctionnement de la législation et de la pratique internes, occasionné par l'absence d'un mécanisme effectif visant à mettre en œuvre le « droit à être crédité » des demandeurs concernés par des biens abandonnés au-delà du Boug ; que l'État défendeur doit garantir, par des mesures légales et des pratiques administratives appropriées, la mise en œuvre du droit patrimonial en question pour les autres demandeurs concernés par des biens *abandonnés au-delà du Boug, ou fournir aux* intéressés en lieu et place un redressement équivalent, conformément aux principes de la protection des droits patrimoniaux énoncés à l'art. 1er du Prot. n° 1. • CEDH, gr. ch., 22 juin 2004, *Broniowski c/ Pologne,* n° 31443/96 : *préc. note 19* (dispositif).

41. Ajournement. Considérant que l'examen au fond des requêtes actuelles et futures qui soulèvent les mêmes questions que l'affaire Broniowski c/ Pologne (requête n° 31443/96) – c'est-à-dire qui portent sur des « demandes relatives à des bien situés au-delà du Boug » – était lié à l'exécution de l'arrêt Bonikowski et à la mise en œuvre des mesures indiquées par la Cour au Gouvernement polonais, la quatrième section de la Cour a décidé d'ajourner toutes les requêtes similaires – y compris les requêtes futures – en attendant l'issue de l'affaire pilote et l'adoption des mesures à prendre au niveau national. Elle a également décidé de notifier l'ajournement au Gouvernement polonais et au Comité des Ministres du Conseil de l'Europe et de leur fournir une liste des affaires en cours concernées par cet ajournement. Les requérants ont été informés en conséquence. * Communiqué de presse, CEDH 6 oct. 2008.

42. Radiation. La Cour, dans l'exercice de son pouvoir propre, peut décider si la question au cœur du présent litige et des affaires restantes concernant les biens abandonnés outre-Boug « a été résolue » et s'il convient de rayer l'affaire du rôle au titre de l'art. 37, § 1, *b)* Conv. EDH, considérer que les procédures mises en place par la loi « X » ont fourni aux requérants ainsi qu'aux autres titulaires de créances similaires des possibilités de réparation au niveau interne qui font qu'il ne s'impose plus de poursuivre l'examen de la présente requête et des requêtes analogues. De surcroît, la Cour n'aperçoit aucune circonstance spéciale relative au respect des droits de l'homme garantis par la Conv. EDH et ses Prot. qui exigerait qu'elle poursuive l'examen de la cause au titre de l'art. 37, § 1 *in fine* de la Conv. EDH. • CEDH, décis., 4 déc. 2007, *Pologne,* n° 50003/99. ♦ La Cour a rayé du rôle 40 (176) affaires polonaises ; elle a estimé que la Pologne avait réussi à mettre en œuvre un régime d'indemnisation effectif pour les quelque 80 000 personnes qui ont été contraintes d'abandonner tous leurs biens entre 1944 et 1953 dans les provinces orientales de la Pologne d'avant-guerre (les « affaires concernant les biens situés au-delà du Boug »). * Communiqué de presse, CEDH 12 déc. 2007 *Communiqué de presse, CEDH 6 oct. 2008.

43. Non-épuisement des voies de recours. Il est également possible que, l'État ayant mis désormais en place une procédure adéquate alors qu'elle faisait défaut, les requérants soient invités à mettre en œuvre cette procédure interne et que, par conséquent leurs affaires soient déclarées irrecevables pour non-épuisement de voies des recours internes (Conv. EDH, art. 35, § 1). • CEDH, décis., 26 mars 2013, *Turquie,* n° 4860/09 § 56.

44. Reprise des instances. La Cour observe

que l'Ukraine n'a pas adopté les mesures générales requises pour venir à bout des problèmes de non-exécution au niveau interne. Pour quelque 700 affaires de ce type qui ont été communiquées au Gouvernement, aucun règlement n'a pour l'heure été proposé. La Cour indique également qu'environ 1000 nouvelles requêtes similaires ont été introduites auprès d'elle depuis le 1er janv. 2011. Conformément à l'arrêt pilote (• CEDH 15 oct. 2009, *Ukraine,* n° 40450/04 § 100), la Cour décide de reprendre l'examen des requêtes soulevant des questions similaires. * Communiqué de presse, CEDH 29 févr. 2012.

45. Les questions juridiques que pose la non-exécution prolongée de décisions de justice en Ukraine ont déjà été résolues par la Cour dans l'arrêt pilote *Ivanov*. La Cour s'est ainsi acquittée de sa mission définie à l'art. 19 Conv. En particulier, elle a identifié la défaillance systémique, déclaré que celle-ci emportait violation de la Conv., et donné des orientations quant aux mesures générales à adopter en vertu du présent art. pour une exécution satisfaisante de l'arrêt pilote de manière à assurer une réparation et un redressement à toutes les victimes – passées, actuelles et futures – de la violation systémique relevée. Au regard du principe de subsidiarité, qui sous-tend l'ensemble de la Conv. et non uniquement la procédure de l'arrêt pilote, la question traitée dans l'arrêt pilote *Ivanov*, notamment la mise en place d'un redressement pour les victimes de la violation systémique constatée, est une question d'exécution relevant du présent art. La présente affaire et l'ensemble des 12.143 requêtes similaires qui se trouvent pendantes devant la Cour, ainsi que les requêtes semblables qui pourraient lui être soumises à l'avenir, sont indissociables de la procédure d'exécution de l'arrêt pilote. Leur résolution, y compris les mesures individuelles de redressement, doit nécessairement être englobée dans les mesures générales d'exécution que l'État défendeur doit mettre en œuvre sous la surveillance du Comité des ministres. En conséquence, toutes ces affaires doivent être traitées dans le cadre de la procédure d'exécution et notifiées au Comité des ministres en sa qualité d'organe ayant dans le système de la Conv. la responsabilité de veiller à ce que toutes les personnes touchées par le problème systémique constaté dans un arrêt pilote obtiennent justice et réparation. Compte tenu des compétences respectives de la Cour et du Comité des ministres au regard des art. 19 et 46 Conv., la Cour ne peut que conclure que la poursuite par elle de l'examen de ces affaires selon la pratique adoptée jusqu'ici ne présente aucune utilité du point de vue des buts de la Conv. • CEDH, gr. ch., 12 oct. 2017, *Burmych c/ Ukraine,* n° 46852/13 : *AJDA 2018. 150, chron. Burgorgue-Larsen*.

2. Mise en œuvre

46. La Cour dit, à l'unanimité, que l'État défendeur doit mettre en place un recours qui garantisse la protection effective des droits énoncés par les art. 8 de la Conv. EDH et 1er du Prot. n° 1, tant pour la présente requérante que pour l'ensemble des affaires similaires pendantes devant la Cour. Ce recours devra être disponible dans les trois mois à compter de la date du prononcé du présent arrêt et une réparation devra être fournie trois mois plus tard. • CEDH 22 déc. 2005, *Turquie,* n° 43947/99 (dispositif).

47. Conditions de détention (violation de l'art. 3 Conv. EDH). L'État défendeur devra, d'une part, établir, en coopération avec le Comité des Ministres et dans les six mois à compter de la date à laquelle le présent arrêt sera devenu définitif, un calendrier contraignant instaurant des mesures préventives et compensatoires lui permettant de se conformer aux exigences énoncées par la Cour et, d'autre part, accorder, dans les douze mois, réparation à toutes les victimes de conditions inhumaines ou dégradantes de détention dans les centres de détention provisoire pour les requérants ayant présenté leur requête devant la Cour avant le prononcé de présent arrêt. • CEDH 10 janv. 2012, *Russie,* n° 42525/07 (dispositif). ♦ L'État défendeur devra, dans un délai d'un an à compter de la date à laquelle le présent arrêt sera devenu définitif, mettre en place un recours ou un ensemble de recours internes effectifs aptes à offrir un redressement adéquat et suffisant dans les cas de surpeuplement carcéral, et ce conformément aux principes de la Conv. EDH tels qu'établis dans la jurisprudence de la Cour. • CEDH 8 janv. 2013, *Italie,* n° 43517/09 : *AJDA 2013. 1803, chron. Burgogue-Larsen* (dispositif).

48. Inexécution ou exécution tardive des décisions de justice (Conv. EDH, art. 6 et 13). Les violations ayant pour origine une pratique incompatible avec la Conv. EDH consistant pour l'État défendeur, de manière récurrente, à ne pas honorer les jugements lui ordonnant de verser des sommes d'argent et les justiciables lésés ne disposant à cet égard d'aucun recours effectif sur le plan national, l'État défendeur devra, dans un délai de six mois à compter de la date à laquelle le présent arrêt sera devenu définitif, mettre en place un recours ou un ensemble de recours internes effectifs apte à offrir un redressement adéquat et suffisant dans les cas d'inexécution ou d'exécution tardive de décisions de justice internes, conformément aux principes de la Conv. EDH. Dans ce même délai, l'État défendeur devra offrir pareil redressement à toutes les victimes d'inexécutions ou d'exécutions tardives, par les autorités de l'État, de jugements ordonnant à celui-ci de leur verser des sommes d'argent, qui auront saisi la Cour avant le prononcé du présent arrêt. En attendant l'adoption des mesures ci-dessus, la Cour ajournera, pendant cette même durée, la procédure dans toutes les affaires ayant pour unique objet l'inexécution et/ou l'exécution tardive de jugements internes ordonnant aux autorités de l'État de verser des sommes d'argent, réserve faite de la faculté pour la Cour, à tout moment, de déclarer irrecevable une affaire de ce type ou de la rayer du rôle à la suite d'un accord amiable entre les parties ou d'un règlement du litige par d'autres moyens, au sens respectivement de l'art. 37 et de l'art. 39 de la Conv. EDH. • CEDH 15 janv. 2009, *Russie (nº 2),* nº 33509/04 (dispositif) • CEDH 15 oct. 2009, *Ukraine,* nº 40450/04 (dispositif) (V. l'échec de cette procédure, V. note 23). ♦ Rappr. s'agissant de décisions de justice accordant aux requérants un logement social. • CEDH 28 juill. 2009, *Moldavie,* nº 476/07 (dispositif).

49. Durée excessive de procédure (Conv. EDH, art. 6 et 13). L'État défendeur devra mettre en place au plus tard dans un délai d'un an un recours ou une combinaison de recours internes effectifs permettant d'obtenir réparation pour la durée excessive d'une procédure devant les juridictions. • CEDH 2 sept. 2010, *Allemagne,*nº 46344/06 (dispositif) • CEDH 21 déc. 2010, *Grèce,* nº 50973/08 (dispositif) • CEDH 10 mai 2011, *Bulgarie,* nº 48059/06 (dispositif) • CEDH 20 mars 2012, *Turquie,* nº 24240/07 (dispositif) • CEDH 3 avr. 2012, *Grèce,* nº 54447/10 (dispositif) • CEDH 30 oct. 2012, *Grèce,* nº 40150/09 (dispositif) • CEDH 16 juill. 2015, *Hongrie,* nº 48322/12 : *AJDA 2015. 1734, chron. Burgorgue-Larsen.* ♦ V., pour la constatation d'une telle mise en œuvre : • CEDH, décis., 26 mars 2013, *Turquie,* nº 4860/09 § 42 • CEDH, décis., 1er oct. 2013, *Grèce,* nº 40547/10 § 36 s.

50. Protection de la propriété (Prot. nº 1, art. 1er). V. le premier « arrêt pilote » note 38. ♦ Constat de dysfonctionnement du dispositif législatif de contrôle des loyers imposant des restrictions aux droits des propriétaires et notamment fixant un plafond de loyer si bas qu'ils ne pouvaient même pas couvrir les frais d'entretien de leurs immeubles et encore moins réaliser un profit. La Cour a estimé que près de 100 000 propriétaires pouvaient être concernés. L'État défendeur devra ménager dans l'ordre juridique polonais un mécanisme qui établisse *un juste équilibre entre les intérêts des propriétaires* et l'intérêt général de la collectivité. • CEDH, gr. ch., 19 juin 2006, *Hutten-Czapska c/ Pologne,* nº 35014/97 (dispositif). ♦ V. pour la radiation de cette affaire, les mesures ayant été prises. • CEDH, gr. ch., 28 avr. 2008, *Hutten-Czapska c/ Pologne,* nº 35014/97. ♦ V. pour la radiation des autres affaires. • CEDH, décis., 8 mars 2011, nº 3485/02 * Communiqué de presse, CEDH 31 mars 2011. ♦ Droits à restitution ou à indemnisation pour des biens confisqués ou nationalisés par l'État sous le régime communiste ; l'État doit prendre des mesures qui garantissent la protection effective des droits énoncés par le présent art. et l'art. 6 § 1 Conv. EDH, dans le contexte de l'ensemble des affaires similaires à la présente cause. • CEDH 12 oct. 2010, *Roumanie,* nº 30767/05 : *D. 2011. 193, obs. Renucci* (dispositif).

51. Constat de carence du plan de remboursement des fonds en devises déposés avant la dissolution de la République fédérative socialiste de Yougoslavie (RFSY). L'État défendeur devra veiller, à l'émission d'obligations d'État, au paiement des termes échus et au versement d'intérêts moratoires en cas de retard de paiement. • CEDH 3 nov. 2009, *Suljagic c/ Bosnie-Herzégovine,* nº 27912/02 (dispositif). ♦ Mettant un terme à l'affaire. • Comité des Ministres, 8 juin 2011, *Bosnie-Herzégovine,* nº 27912/02, Résol. CM/ResDH(2011)44. ♦ Rappr. s'agissant de la restitution d'économies placées sur d'« anciens » comptes d'épargne en devises étrangères – ouverts auprès de deux banques sises sur le territoire de l'actuelle Bosnie-Herzégovine – à la suite de la dissolution de la RFSY. • CEDH 6 nov. 2012, *Bosnie-Herzégovine, Croatie, Serbie, Slovénie et « l'Ex-République yougoslave de Macédoine »,* nº 60642/08 (renvoyé en grande chambre).

52. Constat de l'inexécution de décisions administratives indemnisant les propriétaires de biens expropriés sous le régime communiste en Albanie. L'Albanie doit prendre des mesures générales afin de garantir effectivement le droit à réparation des personnes concernées dans les dix-huit mois. La Cour invite instamment les autorités à faire usage en priorité des autres formes de réparation prévues par la législation albanaise adoptée en 2004, au lieu d'avoir recours uniquement à l'indemnisation financière. Il importe de fixer des délais réalistes, légaux et contraignants pour chaque étape du processus de réparation. • CEDH 31 juill. 2012, *Albanie,* nº 604/07.

53. Droit à des élections libres (Prot. nº 1, art. 3). La législation britannique prive de droit de vote de manière générale, automatique et indifférenciée toute personne se trouvant incarcérée à la suite d'une condamnation. La Cour constate que le Royaume-Uni n'a toujours pas modifié sa législation, cinq années après l'arrêt Hirst (nº 2) du 6 oct. 2005 (V. notes ss. Prot. nº 1, art. 3). • CEDH 23 nov. 2010, *Royaume-Uni,* nº 60041/08 (dispositif). ♦ Ajournement des 2354 autres requêtes par deux fois et jusqu'au 30 sept. 2013 au plus tard : le Comité des Ministres surveille le cheminement de l'avant-projet de loi sur le droit de vote des détenus déposé par le Gouvernement. *Communiqué de presse, CEDH 26 mars 2013.

2° *MESURES INDIVIDUELLES*

54. Indications générales. Il incombe à l'État défendeur de mettre en œuvre les moyens propres à effacer les conséquences du préjudice relatif à la carrière de l'intéressé ayant pu ou pouvant résulter de la sanction disciplinaire infligée à celui-ci et considérée par la Cour comme contraire à la Conv. EDH. • CEDH, gr. ch., 17 févr. 2004, *Maestri c/ Italie,* n° 39748/98 § 47.

55. Obligation de restitutio in integrum. La Cour estime que la restitution des terrains litigieux placerait les requérants, le plus possible, dans une situation équivalant à celle où ils se trouveraient s'il n'y avait pas eu dépossession illicite ; l'attribution des bâtiments existants les indemniserait alors intégralement des conséquences de la perte de jouissance alléguée. • CEDH 31 oct. 1995, *Grèce,* n° 14556/89 § 38. ♦ Rappr. Il est néanmoins clair que la meilleure forme de réparation dans cette affaire consisterait en définitive dans l'octroi aux requérants des autorisations bancaires requises et, le cas échéant, d'une indemnité pour le préjudice éventuellement subi du fait de la mainmise opérée sur les biens de Kentbank, abstraction faite de la question du manque à gagner. • CEDH 23 oct. 2012, *Turquie,* n° 6334/05 § 175 : *RD publ. 2013. 730, chron. Sudre.*

56. Absence de choix possible. Dans ces conditions, eu égard aux circonstances particulières de l'affaire et au besoin urgent de mettre fin à la violation des art. 5, § 1 et 6, § 1 Conv. EDH, la Cour estime qu'il incombe à l'État défendeur d'assurer la remise en liberté du requérant dans les plus brefs délais. • CEDH, gr. ch., 8 avr. 2004, *Assanidzé c/ Géorgie,* n° 71503/01 § 203. ♦ *Idem* s'agissant de la violation des art. 7 et 5 § 1. • CEDH 10 juill. 2012, *Espagne,* n° 42750/09 § 80 s. : *préc. note 25* • CEDH, gr. ch., 21 oct. 2013, *Del Rio Prada c/ Espagne,* n° 42750/09 § 137 s. ♦ Eu égard aux circonstances spécifiques de la présente requête, la Cour estime que l'État défendeur devra garantir, dans les meilleurs délais, le placement du requérant dans un établissement capable de lui dispenser un traitement médical adéquat pour son hépatite virale C parallèlement à la tuberculose pulmonaire dont il souffre. • CEDH 3 mars 2009, *Géorgie,* n° 23204/07 § 106. ♦ Rappr. pour la détention préventive d'un malade. • CEDH 22 déc. 2008, *Russie,* n° 46468/06 § 240 (*Nota* : dans ces affaires la Cour reprend les éléments dans le dispositif). ♦ Rappr. pour un requérant emprisonné en violation de l'art. 10. • CEDH 22 avr. 2010, *Azerbaïdjan,* n° 40984/07 § 177. ♦ Dans la présente espèce, l'application rétroactive, au détriment du requérant, des dispositions contestées a violé les droits garantis par les art. 6 et 7 Conv. EDH. En particulier, à l'issue d'un procès jugé inéquitable par la Cour, le requérant s'est vu imposer une peine (la réclusion criminelle à perpétuité) plus forte que la peine maximale qu'il risquait d'encourir au moment où il a demandé et obtenu d'être jugé selon la procédure abrégée (trente ans d'emprisonnement). La Cour estime donc qu'il incombe à l'État défendeur d'assurer que la réclusion criminelle à perpétuité infligée au requérant soit remplacée par une peine conforme aux principes énoncés dans le présent arrêt, à savoir une peine n'excédant pas trente ans d'emprisonnement. • CEDH, gr. ch., 17 sept. 2009, *Scoppola c/ Italie (n° 2),* n° 10249/03, § 153 et 154. ♦ Eu égard au besoin urgent de mettre fin à la violation de l'art. 4 Prot. n° 6, il incombe à l'État défendeur de veiller à ce que les nouvelles poursuites pénales ouvertes contre les requérants en violation de cette disposition et encore pendantes soient clôturées dans les plus brefs délais et sans conséquences préjudiciables pour les requérants. • CEDH 4 mars 2014, *Italie,* n° 18640/10 § 237 : *RSC 2014. 110, obs. Stasiak ; Dr. adm. 2015. 5, chron. Platon.*

57. Il est nécessaire, au regard de son constat de violation de l'art. 5, d'indiquer des mesures individuelles d'exécution du présent arrêt. Pour effacer les conséquences de la violation des droits du requérant, les autorités devraient vérifier si celui-ci souhaite rester dans le foyer en question. Aucun élément du présent arrêt ne doit en effet être vu comme un obstacle au maintien du placement du requérant dans ce foyer ou dans un autre foyer pour personnes atteintes de troubles mentaux s'il s'avère établi que celui-ci est consentant à un tel placement. En revanche, dans le cas où le requérant s'y opposerait, il incomberait aux autorités de réexaminer sa situation, sans tarder, à la lumière des conclusions du présent arrêt. • CEDH, gr. ch., 17 janv. 2012, *Stanev c/ Bulgarie,* n° 36760/06 § 257.

58. Procès inéquitable. En cas de violation de l'art. 6, § 1 de la Conv. EDH, il faut placer le requérant, le plus possible, dans une situation équivalant à celle dans laquelle il se trouverait s'il n'y avait pas eu manquement aux exigences de cette disposition. • CEDH 26 oct. 1984, *Belgique,* n° 8692/79 § 12.

59. La réouverture d'une procédure ayant violé la Conv. EDH n'est pas une fin en soi, elle n'est qu'un moyen – certes privilégié – susceptible d'être mis en œuvre en vue d'un objectif : l'exécution correcte et entière des arrêts de la Cour. • CEDH gr. ch., 30 juin 2009, *Verein*

Gegen Tierfabriken Schweiz (VgT) c/ Suisse (n° 2), n° 32772/02 § 90.

60. ... Volet pénal. Même si un constat de violation de l'art. 6 Conv. EDH par la Cour n'impose pas automatiquement une réouverture de la procédure pénale interne. • CEDH, gr. ch., 11 juill. 2017, *Moreira Ferreira c/ Portugal (n° 2),* n° 19867/12 § 52. ♦ ... Lorsque la Cour conclut que la condamnation d'un requérant a été prononcée par un tribunal qui n'était pas indépendant et impartial au sens de l'art. 6, § 1, elle estime qu'en principe le redressement le plus approprié serait de faire rejuger le requérant en temps utile par un tribunal indépendant et impartial. • CEDH 23 oct. 2003, *Turquie,* n° 53431/99 § 27 • CEDH 29 janv. 2004, *Turquie,* n° 40997/98 § 23 • CEDH, gr. ch., 12 mai 2005, *Ocalan c/ Turquie,* n° 46221/99 § 210 • CEDH, gr. ch., 1er mars 2006, *Italie,* n° 56581/00 § 126 • CEDH 13 juill. 2006, *Russie,* n° 26853/04 § 263. ♦ De même si la condamnation a été prononcée en violation du droit à un tribunal établi par la loi. • CEDH 2 juin 2005, *Belgique,* n° 46825/99 § 53. ♦ ... Malgré l'existence d'une atteinte potentielle à son droit à participer à son procès. • CEDH 18 mai 2004, *Somogyi c/ Italie,* n° 67972/01 § 86. ♦ ... En violation des droits de la défense. • CEDH, gr. ch., 27 nov. 2008, *Salduz c/ Turquie,* n° 36391/02 § 72. ♦ Il en va de même plus généralement lorsqu'un particulier a été condamné à l'issue d'une procédure entachée de manquements aux exigences de l'art. 6 Conv. • CEDH, gr. ch., 11 juill. 2017, *Moreira Ferreira c/ Portugal (n° 2),* n° 19867/12 § 49. ♦ Cependant, il n'appartient pas à la Cour d'indiquer les modalités et la forme d'un nouveau procès éventuel. • CEDH, gr. ch., 1er mars 2006, *Italie,* n° 56581/00 § 127. ♦ V. C. pr. pén., art. 626-1 s.

61. ... Volet civil. Il n'existe aucun droit en vertu de la Conv. EDH à la réouverture de la procédure dans laquelle une décision définitive a été rendue dans une affaire civile. • CEDH, décis., 13 sept. 2001, *Croatie,* n° 45943/99 • CEDH, décis., 1er mars 2005, *Slovaquie,* n° 13677/03.

62. Violation de mesures provisoires. L'expulsion ayant eu lieu en violation des mesures provisoires ordonnées par la Cour (V. ss. Conv. EDH, art. 34), il incombe au gouvernement français d'entreprendre toutes les démarches possibles pour obtenir des autorités algériennes l'assurance concrète et précise que le requérant n'a pas été et ne sera pas soumis à des traitements contraires à l'art. 3 Conv. EDH. • CEDH 1er févr. 2018, *France,* n° 9373/15 § 91 : *AJDA 2018. 250 ; JCP Adm. 2018. 144.*

II. CONTRÔLE DE L'EXÉCUTION DES ARRÊTS DE LA COUR (§ 2)

63. Le contrôle de l'exécution du présent arrêt incombe au Comité des Ministres du Conseil de l'Europe. • CEDH 7 juill. 1989, *Royaume-Uni,* n° 14038/88 § 127.

64. L'État défendeur reste libre, sous le contrôle du Comité des Ministres, de choisir les moyens de s'acquitter de son obligation juridique au regard de l'art. 46 de la Conv. EDH pour autant que ces moyens soient compatibles avec les conclusions contenues dans l'arrêt de la Cour. • CEDH, gr. ch., 13 juill. 2000, *Scozzari et Giunta c/ Italie,* n° 39221/98 § 249 : *préc. note 11.* ♦ Pour sa part, la Cour ne saurait assumer aucun rôle dans ce dialogue. Il en va de même quant à l'exécution de son arrêt. • CEDH, décis., 2 juill. 2013, *Hulki Gunes c/ Turquie,* n° 17210/09 § 52. ♦ Compte tenu de la variété des moyens disponibles pour parvenir à la *restitutio in integrum* et de la nature des questions en jeu, dans l'exercice de sa compétence découlant du § 2 du présent art., le Comité des Ministres est mieux placé que la Cour pour déterminer précisément les mesures à prendre. C'est donc à lui qu'il appartient de vérifier, à partir des informations fournies par l'État défendeur et en tenant dûment compte de l'évolution de la situation du requérant, qu'auront été adoptées en temps utile les mesures réalisables, adéquates et suffisantes pour réparer dans toute la mesure du possible les violations constatées par la Cour. • CEDH, gr. ch., 29 mai 2019, *Mammadov c/ Azerbaïdjan,* n° 15172/13 § 155 (manquement). ♦ La surveillance assurée par le Comité des Ministres ne se limite pas au suivi des indications explicites de la Cour car, dans son office et de par sa nature, le Comité doit disposer d'une certaine souplesse. • CEDH, gr. ch., 29 mai 2019, *Mammadov c/ Azerbaïdjan,* n° 15172/13 § 184.

A. INTERVENTION DU COMITÉ DES MINISTRES

NB. Les résolutions ou décisions mentionnées ici le sont à titre d'exemple de différents cas qu'il est possible de rencontrer.

65. Classification. Les délégués : 1. notent que les arrêts suivants sont devenus définitifs jusqu'au « X » et décident de les examiner dans le cadre de la procédure standard (liste des affaires) ; 2. décident d'examiner les arrêts suivants dans le cadre de la surveillance soutenue : liste des affaires. *Comité des Ministres, 6 mars 2013, 1164e réunion.

66. Changement de classification. Les délégués 1. prennent note avec satisfaction des informations fournies par les autorités turques dans leur plan d'action concernant un nombre important de mesures prises pour résoudre le problème de la durée excessive des procédures ; 2. notent qu'il est escompté que les mesures législatives destinées à alléger la lourde charge de travail des tribunaux, l'augmentation du budget alloué à la justice et du nombre de juges et de procureurs ainsi que les mesures concernant la gestion informatisée des tribunaux auront un impact significatif sur la réduction de la durée excessive des procédures ; 3. invitent les autorités turques à fournir des informations statistiques détaillées en vue de démontrer qu'en vertu des mesures susvisées la durée des procédures a commencé à diminuer, toutes juridictions confondues ; 4. relèvent avec satisfaction qu'en réponse à la demande de la CEDH dans l'arrêt pilote rendu dans l'affaire *Ümmühan Kaplan* d'introduire un recours effectif, un recours compensatoire a été mis en place par la « loi sur le règlement par voie indemnitaire des affaires portées devant la Cour européenne des droits de l'homme » ; 5. invitent les autorités turques à fournir des informations sur le fonctionnement du recours compensatoire, en particulier des exemples de décisions rendues par la nouvelle commission créée dans le cadre de la nouvelle législation, des statistiques sur le montant des indemnités accordées dans des affaires spécifiques et des informations sur le respect par la commission des délais fixés par la nouvelle législation ; 6. vu que les procédures dans certaines affaires du groupe Ormanci sont toujours pendantes au niveau interne, invitent les autorités turques à fournir des informations sur leur achèvement ; 7. à la lumière des développements précités, décident de poursuivre la surveillance de ces affaires selon la procédure standard. *Comité des Ministres, 6 mars 2013, 1164e réunion. ♦ Les délégués 1. rappellent que, dans la présente affaire, la Cour a constaté qu'il y aurait une violation de l'art. 8 Conv. EDH si le requérant, père de deux enfants mineurs, était éloigné du territoire de la Fédération de Russie ; 2. notent que la décision judiciaire qui a ordonné son éloignement a été annulée ; 3. relèvent cependant avec préoccupation qu'il n'est toujours pas clair si des mesures concrètes ont été prises afin de régulariser la situation du requérant, écartant ainsi tout risque de son renvoi du territoire russe en violation des exigences de la Conv. EDH ; 4. en conséquence, invitent instamment les autorités russes à prendre de telles mesures et à en informer sans plus attendre le Comité ; 5. décident, au vu de ce qui précède, de continuer leur surveillance de l'exécution de cet arrêt dans le cadre de la procédure de surveillance soutenue. *Comité des Ministres 6 déc. 2012, 1157e réunion.

67. Surveillance du paiement de la satisfaction équitable. Les délégués 1. relèvent que dans les affaires ci-dessous, aucune information n'a été transmise au Comité des Ministres ou que l'information transmise au sujet du paiement de la satisfaction équitable octroyée par la Cour européenne est incomplète ; 2. invitent les États concernés à fournir sans attendre les informations attestant du paiement desdites sommes. *Comité des Ministres, 6 mars 2013, 1164e réunion.

68. Plan d'action. Les délégués 1. notent que, dans les affaires indiquées ci-après, des plans d'action décrivant les mesures prévues pour se conformer aux arrêts de la Cour ont été présentés ; 2. invitent les autorités des États membres concernés à tenir le Comité des Ministres régulièrement informé des développements dans la mise en œuvre de ces plans d'action. *Comité des Ministres, 6 mars 2013, 1164e réunion.

69. Suivi des affaires. Les délégués 1. rappellent que le Comité a déjà réitéré à maintes reprises son appel aux autorités albanaises pour qu'elles prennent rapidement toutes les mesures identifiées comme nécessaires à la mise en place d'un mécanisme effectif d'indemnisation pour les biens immobiliers nationalisés durant le régime communiste, et à l'exécution sans plus de délai des nombreuses décisions internes définitives rendues en ce domaine (V. notamment la décision adoptée lors de la 1144e réunion) ; 2. soulignent que l'approche du Comité a été entérinée par un arrêt pilote rendu par la Cour européenne, qui fixe aux autorités un délai expirant le 17 juin 2014 pour la mise en place d'un tel mécanisme ; 3. déplorent dans ce contexte que les progrès dans l'exécution de ces affaires restent très limités et qu'aucune information nouvelle n'ait été soumise au Comité depuis le dernier examen de ce groupe d'affaires ; 4. en appellent aux autorités afin qu'elles soumettent au Comité, le plus rapidement possible, un plan d'action assorti d'un calendrier précis et contraignant, permettant de garantir le respect du délai imparti par la Cour européenne dans son arrêt pilote ; 5. invitent instamment les autorités à prendre également toutes les mesures individuelles encore en suspens dans les affaires *Driza, Gjonboçari et Çaush Driza* et à en informer le Comité le plus tôt possible ; 6. décident de reprendre l'examen de ce groupe d'affaires lors de leur 1172e réunion (juin 2013) (DH), si nécessaire sur la base d'un projet de résol. intérimaire. *Comité des Ministres, 6 mars 2013, 1164e réunion.

1° *RÉSOLUTIONS INTÉRIMAIRES*

70. Hypothèse d'une mauvaise volonté évidente de l'État. Le Comité des Ministres, ... déplorant profondément le fait que, à ce jour, la Turquie ne se soit toujours pas conformée à ses obligations découlant de l'arrêt rendu par la CEDH, le 28 juill. 1998, dans l'affaire *Loizidou* contre la Turquie ; ... rappelant sa résol. intérimaire DH (99) 680 du 6 oct. 1999, dans laquelle le Comité des Ministres a, *inter alia*, invité instamment la Turquie à payer la satisfaction équitable accordée dans cette affaire afin que la Turquie remplisse les obligations qui lui incombent en vertu de la Conv. EDH ; ... rappelant que, par la suite, le président du Comité des Ministres a écrit à son homologue turc lui rappelant que, comme pour tous les États, l'obligation de la Turquie de se conformer aux arrêts de la Cour est inconditionnelle ; ... soulignant que la Turquie a disposé de tout le temps nécessaire pour remplir, de bonne foi, ses obligations dans cette affaire : insiste sur le fait que l'inexécution d'un arrêt de la Cour par une Haute Partie contractante est sans précédent ; déclare que le refus de la Turquie d'exécuter l'arrêt de la Cour témoigne d'un mépris manifeste pour ses obligations internationales, à la fois en tant que Haute Partie contractante à la Conv. EDH et en tant qu'État membre du Conseil de l'Europe ; compte tenu de la gravité de la question, insiste fermement pour que la Turquie se conforme pleinement et sans aucun délai supplémentaire à l'arrêt de la Cour du 28 juill. 1998. • Comité des Ministres, 24 juill. 2000, *Louzidou c/ Turquie,* n° 15318/89 : *Résol. DH(2000) 105* . ♦ Le Comité des Ministres, ... ; rappelant sa Résol. intérimaire DH (2000) 105, dans laquelle il a déclaré que le refus de la Turquie d'exécuter l'arrêt de la Cour témoignait d'un mépris manifeste pour ses obligations internationales, à la fois en tant que Haute Partie contractante à la Conv. EDH et en tant qu'État membre du Conseil de l'Europe, et a insisté fermement, compte tenu de la gravité de la question, pour que la Turquie se conforme pleinement et sans aucun retard supplémentaire à cet arrêt ; déplorant très profondément le fait que, à ce jour, la Turquie ne se soit toujours pas conformée à ses obligations découlant de cet arrêt ; soulignant que tout État membre du Conseil de l'Europe reconnaît le principe de la prééminence du droit et le principe en vertu duquel toute personne placée sous sa juridiction doit jouir des droits de l'homme et des libertés fondamentales ; soulignant que l'acceptation de la Conv. EDH, incluant la juridiction obligatoire de la Cour et le caractère obligatoire de ses arrêts, est devenue une condition pour être membre de l'organisation ; soulignant que la Conv. EDH est un système de garantie collective des droits protégés, se déclare résolu à assurer, par tous les moyens à la disposition de l'organisation, le respect des obligations de la Turquie en vertu de cet arrêt, en appelle aux autorités des États membres à prendre les mesures qu'elles estiment appropriées à cette fin. • Comité des Ministres, 26 juin 2001, *Louzidou c/ Turquie,* n° 15318/89 : *Résol. DH (2001) 80.* ♦ V. encore • Comité des Ministres, 12 nov. 2003, *Louzidou c/ Turquie,* n° 15318/89 : *résol. DH (2003) 174* . ♦ Et enfin. Le Comité des Ministres, ... ; prenant note de la déclaration faite aujourd'hui par le Gouvernement de la Turquie sur l'exécution de l'arrêt de la CEDH en date du 28 juill. 1998 ; s'étant assuré que les montants accordés, avec les intérêts moratoires, ont été payés à la requérante le 2 déc. 2003, déclare qu'il a rempli ses fonctions en vertu de l'art. 46, paragraphe 2, de la Conv. EDH, en ce qui concerne l'arrêt du 28 juill. 1998. • Comité des Ministres, 2 déc. 2003, *Louzidou c/ Turquie,* n° 15318/89 : *résol. DH (2003) 190.*

71. Le Comité des Ministres, ... déplorant profondément le fait que, plus d'un an et demi après l'arrêt de la Cour, deux requérants sont toujours incarcérés et soulignant que la prolongation excessive de la détention irrégulière et arbitraire de M. Ivantoc et de M. Petrov-Popa ne satisfait nullement aux exigences de l'arrêt de la Cour et aux obligations qui découlent du présent art. ; notant, toutefois, que les autorités moldaves ont régulièrement informé le Comité des démarches qu'elles ont entreprises pour assurer la libération des requérants ; Notant que les autorités russes se sont récemment déclarées favorables à la recherche d'une solution à la présente affaire, encourage les autorités moldaves à poursuivre leurs efforts visant à mettre fin à la détention arbitraire des requérants encore incarcérés et à assurer leur remise en liberté immédiate ; invite instamment les autorités russes à explorer activement toutes les voies effectives permettant de mettre fin à la détention arbitraire des requérants encore incarcérés et d'assurer leur remise en liberté immédiate ; insiste pour que les résultats exigés par l'arrêt de la Cour soient atteints sans aucun délai supplémentaire. • Comité des Ministres, 1er mars 2006, *Ilascu et a. c/ Moldavie et Russie,* n° 48787/99 : *résol. DH (2006) 11.* ♦ Réaffirmant avec la plus grande fermeté que l'obligation de se conformer aux arrêts de la Cour est inconditionnelle et est une exigence pour être membre du Conseil de l'Europe ; rappelant que la Cour a affirmé que « toute continuation de la détention irrégulière et arbitraire des (...) requérants entraînerait nécessairement (...) un manquement aux obligations qui découlent pour les États défendeurs du présent art. de se conformer à l'arrêt de la Cour » ; déplorant vivement la prolongation de la détention irrégulière et arbitraire des requérants au-delà de l'arrêt de la Cour et soulignant, au vu de cette situation, l'obligation incombant aux États défendeurs d'effacer, dans la mesure du possible, les conséquences des violations en cause dans cette affaire ; relevant, à cet égard, que I. et P. ont déposé auprès de la Cour une nouvelle requête contre la Moldavie et la Fédération de Russie (n° 23687/05) en raison de la prolongation, après le 8 juill. 2004, de leur détention arbitraire ; décide de suspendre son examen de cette affaire et de le reprendre lorsque la Cour européenne des droits de l'homme se sera prononcée définitivement sur la nouvelle requête. • Comité des Ministres,

12 juill. 2007, *Ilascu et a. c/ Moldavie et Russie,* n° 48787/99 : *résol. DH (2007) 106.*

72. Hypothèse d'un retard de l'État dans la mise en œuvre de mesures individuelles. Le Comité des Ministres, ..., vu l'arrêt de la CEDH rendu le 9 déc. 1994 dans l'affaire *Raffineries grecques Stran et Stratis Andreadis* (dans lequel), la Cour, à l'unanimité : ... a condamné l'État défendeur au remboursement, dans les trois mois, ... et au versement de la somme de « X » pour frais et dépens encourus devant les organes de Strasbourg ; constatant que le Gouvernement de la Grèce n'a toujours pas procédé au versement de la satisfaction équitable malgré le délai fixé par la CEDH ; Considérant que le Gouvernement de la Grèce a déclaré que, compte tenu du montant important de la satisfaction équitable octroyée aux requérants et des difficultés économiques de la Grèce, il n'est pas en mesure de procéder de manière immédiate au paiement complet de cette somme ; estimant que les modalités de paiement envisagées par le Gouvernement de la Grèce ne peuvent pas être considérées conformes aux obligations découlant de l'arrêt de la Cour, invite instamment le Gouvernement de la Grèce à procéder dans les plus brefs délais au paiement de la somme correspondant à la valeur de la satisfaction équitable au « X » ; décide, par conséquent, si besoin est, de reprendre l'examen de cette affaire lors de chacune de ses prochaines réunions. • Comité des Ministres, 15 mai 1996, *Raffineries grecques Stran et Stratis Andreadis, c/ Grèce,* n° 13427/87 : *résol. DH (96) 251.* ♦ Le Comité des Ministres, vu l'arrêt de la CEDH rendu le 25 mai 1998 dans l'affaire *Parti Socialiste et a. c/ Turquie*, (par lequel) la Cour, à l'unanimité, a dit notamment ... ; eu égard à l'obligation que la Turquie a de se conformer à cet arrêt ... et, ainsi d'effacer les conséquences de la violation constatée ; ayant été informé que le Gouvernement de la Turquie a procédé, dans le délai imparti, au paiement de la satisfaction équitable octroyée par la Cour ; ayant toutefois été informé que par un arrêt postérieur à l'arrêt de la CEDH, la Cour de cassation de la Turquie a confirmé la condamnation pénale de P. par la Cour de sureté de l'État d'Ankara le 15 oct. 1996, en *vertu de laquelle la sanction* de dissolution du parti entraînait également une responsabilité pénale personnelle ; ... ; notant qu'en vertu de cette condamnation, P. s'est vu imposer une peine de quatorze mois de prison qu'il a commencé à purger, ainsi que, entre autres, une interdiction d'exercer toute activité politique ; Insiste sur l'obligation que la Turquie a d'effacer sans retard, à travers l'action des autorités turques compétentes, toutes les conséquences de cette condamnation pénale ; décide, si nécessaire, de reprendre l'examen de cette affaire lors de chacune de ses réunions. • Comité des Ministres, 4 mars 1999, *Parti socialiste et a. c/ Turquie,* n° 21237/93 : *résol. DH (99) 245.*

73. Prise de « mesures générales » en cours. Le Comité des Ministres, rappelant que l'existence de problèmes structurels ainsi que la nécessité urgente de mesures générales globales ont été soulignés par le Comité et reconnues par les autorités russes depuis l'adoption par la Cour de l'arrêt *Kalashnikov* contre la Fédération de Russie en 2002 ; rappelant en outre que, dans sa résol. intérimaire CM/ResDH(2003)123, adoptée le 4 juin 2003 dans l'affaire *Kalashnikov*, le Comité a noté les progrès accomplis dans l'adoption des mesures générales exigées par les arrêts de la Cour, et en a appelé aux autorités pour qu'elles poursuivent et intensifient les différentes réformes en cours ; ayant examiné les informations fournies par les autorités russes concernant les progrès accomplis dans la mise en œuvre des arrêts précités depuis la première résol. intérimaire ; ... se félicitant de l'engagement sans équivoque, renouvelé au plus haut niveau politique, de changer cette situation inacceptable et d'adopter des mesures législatives et autres mesures urgentes à cette fin ; ... encourage les autorités russes à poursuivre les réformes engagées en vue d'aligner les conditions de détention provisoire dans les maisons d'arrêt sur les exigences de la Conv. EDH, en prenant également en compte les normes et recommandations pertinentes du Comité européen pour la prévention de la torture et des peines ou traitements inhumains ou dégradants ; exprime sa préoccupation de voir qu'en dépit des mesures adoptées, un certain nombre de maisons d'arrêt en Fédération de Russie n'offrent toujours pas l'espace personnel prévu par la législation interne et demeurent surpeuplées ; encourage vivement les autorités russes à donner priorité aux réformes visant à réduire le nombre de personnes en détention provisoire et aux autres mesures de lutte contre le surpeuplement des lieux de détention provisoire : en veillant à ce que les juges, procureurs et enquêteurs considèrent et fassent usage de la détention provisoire comme une mesure de dernier ressort, et fassent davantage appel à des mesures alternatives ; en veillant à ce qu'il existe, au niveau interne, des recours préventifs et compensatoires permettant de redresser de manière adéquate et suffisante toute violation de l'art. 3 résultant des mauvaises conditions de détention provisoire ; invite les autorités à tenir le Comité des Ministres informé des progrès accomplis dans la mise en œuvre des mesures de caractère général adoptées pour remplir leurs obligations en vertu de la Conv. EDH, en fournissant en particulier des statistiques relatives au nombre de prévenus et des informations quant à leurs conditions de détention ; décide de reprendre l'examen de ces affaires au plus tard lors de sa première réunion en 2011. • Comité des Ministres, 4 mars 2010, *Affaires du « Groupe Kalashnikov »*, n° 47095/99 : *résol. DH (2010) 35.*

74. Le Comité des Ministres, eu égard à l'arrêt de grande chambre de la CEDH du 22 déc. 2009 dans l'affaire *Sejdic et Finci c/ Bosnie-Herzégovine* ... ; rappelant que depuis le début de l'examen de cette affaire, le Comité a estimé que l'exécution de l'arrêt nécessiterait de réviser, sur un certain nombre de points, la Constitution et la législation électorale de Bosnie-Herzégovine ; soulignant que ces amendements, en permettant à tous les citoyens de Bosnie-Herzégovine de se porter candidat aux élections, renforceraient le fonctionnement des institutions démocratiques du pays et la confiance des citoyens à leur égard ; soulignant la responsabilité particulière des autorités et dirigeants politiques de la Bosnie-Herzégovine à ce titre, et eu égard également aux conséquences de cette question sur les perspectives d'intégration européenne de la Bosnie-Herzégovine ; notant avec un profond désappointement que, en dépit de leur dernier engagement à amender la Constitution au « X » et à cette fin de présenter des amendements constitutionnels à l'Assemblée parlementaire de Bosnie-Herzégovine au « Y », le pouvoir exécutif et les responsables politiques ont une fois de plus été incapables de parvenir à un accord pour amender la Constitution ; (...) rappelle fermement l'obligation faite à la Bosnie-Herzégovine en vertu du présent art. de se conformer à l'arrêt de la Cour dans l'affaire *Sejdic et Finci* ; exhorte instamment les autorités et les responsables politiques de Bosnie-Herzégovine à réviser la Constitution et la législation électorale et à les mettre en conformité avec les exigences de la Conv. EDH, sans plus de délai ; décide d'examiner la présente affaire à chacune de ses réunions « droits de l'homme » jusqu'à ce que les dirigeants politiques et les autorités de Bosnie-Herzégovine parviennent à un consensus sur les mesures requises pour l'exécution du présent arrêt. • Comité des Ministres, 6 déc. 2012, *Sejdic et Finci c/ Bosnie-Herzégovine,* n° 27996/06 : *resol. DH (2012) 233.*

2° RÉSOLUTION FINALE

75. Clôture après examen du « bilan d'action ». Le Comité des Ministres, (...), rappelant l'obligation de l'État défendeur, en vertu du § 1 du présent art., de se conformer aux arrêts définitifs dans les litiges auxquels il est partie et que cette obligation implique, outre le paiement de la satisfaction équitable octroyée par la Cour, l'adoption par les autorités de l'État défendeur, si nécessaire : – de mesures individuelles pour mettre fin aux violations constatées et en effacer les conséquences, dans la mesure du possible par *restitutio in integrum* ; et – de mesures générales permettant de prévenir des violations semblables ; ... ayant examiné le bilan d'action fourni par le Gouvernement indiquant les mesures adoptées afin d'exécuter l'arrêt, y compris les informations fournies en ce qui concerne le paiement de la satisfaction équitable octroyée par la Cour ; notant que la Cour a communiqué aux autorités françaises deux requêtes soulevant la question de l'efficacité du recours mis en place par la France à la suite de l'arrêt G. et qu'elle pourrait être amenée à se prononcer en la matière ; s'agissant de la présente affaire, s'estime satisfait des mesures exposées dans le bilan d'action des autorités françaises ; déclare qu'il a rempli ses fonctions en vertu du § 2 du présent art. dans cette affaire et décide d'en clore l'examen. • Comité des ministres, 27 mars 2013, *Gebremedhin (Gaberamadhien) c/ France,* n° 25389/05 : *résol. DH (2013) 56.*

3° SAISIE DE LA COUR

76. Le Comité des ministres, rappelant sa Résolution intérimaire CM/ResDH(2017)379 signifiant, aux fins de mise en demeure, à la République d'Azerbaïdjan son intention de saisir la Cour, le 5 déc. 2017, conformément au § 4 du présent art, de la question de savoir si la République d'Azerbaïdjan avait manqué à son obligation, au regard du § 1, de se conformer à l'arrêt de la Cour du 22 mai 2014 dans l'affaire *Ilgar Mammadov*, et invitant la République d'Azerbaïdjan à transmettre de manière concise son opinion sur cette question avant le 29 nov. 2017 au plus tard ; rappelant à nouveau : – que dans son arrêt précité, la Cour a non seulement constaté une violation de l'art. 5 § 1 Conv. EDH, considérant qu'aucun fait ou aucune information n'avaient été produits donnant lieu à des soupçons justifiant les accusations portées contre le requérant ou son arrestation et sa détention provisoire, mais aussi à une violation de l'art. 18 combiné avec l'art. 5, considérant que le but véritable de ces mesures avait été de le réduire au silence ou de le punir pour avoir critiqué le gouvernement ; – que l'obligation de l'État défendeur de se conformer à tous les arrêts définitifs dans les litiges auxquels il est partie implique, outre le paiement de la satisfaction équitable octroyée par la Cour, l'adoption par les autorités de l'État défendeur, si nécessaire, de mesures individuelles pour mettre fin aux violations constatées et en effacer les conséquences, dans la mesure du possible par *restitutio in integrum* ; – que le Comité, lors de son premier examen de l'affaire le 4 déc. 2014, sous l'angle des mesures individuelles requises à la lumière de l'arrêt précité, invitait à assurer la libération du requérant sans retard ; considère que, dans ces circonstances, en n'ayant pas assuré à la libération inconditionnelle du requérant, la République d'Azerbaïdjan refuse de se conformer à l'arrêt définitif de la Cour ; décide de saisir la Cour, conformément au § 4 du présent art., de la question de savoir si la République d'Azerbaïdjan ne s'est pas conformée à son obligation en vertu du § 1 du présent art. Comité des ministres, 5 déc. 2017, *Ilgar Mammadov c/ Azerbaïdjan*, n° 15172/13 : *Résol. DH (2017) 429 ; AJDA 2018. 150, chron. Burgorgue-Larsen.*

77. Retrait d'un recours en manquement. Bien que le présent art. ne mentionne pas la possibilité de retirer un recours en manquement prévu au § 4, la Cour n'exclut pas que le Comité des Ministres dispose d'une telle faculté étant donné le caractère institutionnel de la procédure et la responsabilité collective assumée par l'instance intergouvernementale, seule habilitée à saisir la Cour dans ce cadre. • CEDH, gr. ch., 29 mai 2019, *Mammadov c/ Azerbaïdjan*, n° 15172/13 § 144 (manquement).

B. INTERVENTION DE LA COUR

78. Principe. La Cour n'a pas compétence pour examiner si une Partie contractante s'est conformée aux obligations que lui impose un de ses arrêts. • CEDH 10 avr. 2004, *Mehemi c/ France*, n° 53470/99 § 43. ♦ V. déjà, à propos de la Commission. • Comm. EDH 16 mai 1995, *Oberschlick c/ Autriche*, n° 19255/92. ♦ La Conv. EDH institue un mécanisme de surveillance de l'exécution des arrêts, sous la responsabilité du Comité des Ministres Ce mécanisme démontre l'importance que revêt la mise en œuvre effective des arrêts. • CEDH, gr. ch., 30 juin 2009, *Verein Gegen Tierfabriken Schweiz (VgT) c/ Suisse (n° 2)*, n° 32772/02 § 84. ♦ Il n'est pas de la compétence *ratione materiae* de la Cour de vérifier si une partie contractante s'est conformée aux obligations qui lui sont imposées l'un des arrêts de la Cour. • CEDH, décis., 12 févr. 2008, *Allemagne*, n° 34499/04. ♦ Dès lors, elle ne saurait estimer qu'un État a enfreint la Convention parce qu'il n'a pas pris l'une ou l'autre de ces mesures dans le cadre de l'exécution d'un de ses arrêts. • CEDH, décis., 2 juill. 2013, *Turquie*, n° 17210/09 § 52. ♦ Si elle n'est pas soulevée dans le cadre de la « procédure en manquement » prévue à l'art. 46, § 4 et 5, Conv. EDH, la question du respect par les Hautes Parties contractantes des arrêts de la Cour échappe à la compétence de celle-ci. • CEDH, gr. ch., 5 févr. 2015, *Bochan c/ Ukraine*, n° 22251/08 § 33 : *AJDA 2015. 1735, chron. Burgorgue-Larsen.*

79. Mise en œuvre d'un « arrêt pilote ». A la suite de l'arrêt *Dogan et autres*, les autorités de l'État défendeur ont pris diverses mesures, dont l'adoption de la loi d'indemnisation, en vue de redresser les griefs fondés sur la Conv. EDH de personnes qui se sont vu refuser l'accès à leurs biens situés dans leur village. Dès lors, le Gouvernement peut passer pour avoir satisfait à son obligation de se pencher sur la situation systémique en cause et d'instaurer un recours effectif. Par ailleurs, la Cour prend acte de l'engagement du Gouvernement à modifier la loi d'indemnisation de manière à prolonger d'une année le délai imparti pour saisir une commission d'indemnisation. La Cour estime dès lors que le requérant doit saisir la commission d'indemnisation compétente, en vertu de ladite loi, pour demander réparation du dommage qu'il a subi en raison de l'impossibilité où il s'est trouvé d'accéder à ses biens. • CEDH, décis., 12 janv. 2006, *Turquie*, n° 18888/02 § 85 et 86. ♦ Bien qu'il n'appartienne pas à la Cour, mais au Comité des Ministres, de déterminer si pareilles mesures sont suffisantes au regard du présent art., la Cour estime qu'elles sont de nature à éviter qu'elle ait à traiter de nouvelles requêtes recevables résultant de la même cause. • CEDH 6 juill. 2006, *Pays-Bas*, n° 8196/02 § 79. ♦ Il appartient au Comité des Ministres de surveiller l'exécution de l'arrêt Torreggiani (V. note 47) et d'évaluer les mesures générales choisies par l'État défendeur pour s'acquitter de son obligation au regard de l'art. 46 Conv. EDH. Néanmoins, la Cour ne peut que se féliciter de l'engagement de l'État défendeur. Elle apprécie les résultats significatifs obtenus jusqu'à présent grâce aux efforts considérables déployés par les autorités italiennes à plusieurs niveaux, et constate que le problème du surpeuplement carcéral en Italie, bien que persistant, présente aujourd'hui des proportions moins dramatiques. La Cour ne saurait qu'inciter l'État défendeur à confirmer cette tendance positive en poursuivant les efforts menés jusqu'à présent dans le but de résoudre définitivement le problème litigieux et de garantir à chaque détenu des conditions de vie compatibles avec les principes de la Conv. EDH. • CEDH 16 sept. 2014, n° 49169/09 § 54. – V. également : • Même affaire § 63.

80. A ce jour, le projet de loi présenté au Sénat par le ministre de la justice et visant la modification de la loi applicable afin de se conformer aux arrêts de la Cour dans les affaires *Diana et Domenichini* ne semble pas avoir abouti. Il est vrai que le nouveau règlement des établissements pénitenciers a apparemment prévu l'interdiction de soumettre à un visa de censure la correspondance adressée à la Cour. Il en demeure néanmoins qu'un tel contrôle a été exercé sur toute correspondance reçue du requérant par les organes de la Conv. EDH dès la date d'introduction de sa requête. En outre, cette modification ne concerne pas la base légale de l'ingérence dénoncée. • CEDH 21 déc. 2000, *Italie*, n° 31543/96 § 31.

81. Existence d'un problème nouveau lié à l'exécution d'un arrêt. Rien n'empêche la Cour de connaître d'une requête ultérieure soulevant un problème nouveau, non tranché par l'arrêt. • CEDH 10 avr. 2004, *Mehemi c/ France,* n° 53470/99 § 43. ♦ V. implicitement. • CEDH 22 avr. 1998, *Pailot c/ France,* n° 32217/96 § 57. ♦ V. s'agissant d'une affaire consécutive à la durée de mise en œuvre d'un règlement amiable. • CEDH 29 avr. 1998, *Leterme c/ France,* n° 36317/97 § 70. ♦ ... De la procédure après une violation constatée par le Comité des ministres (ancienne procédure). • CEDH 15 févr. 2000, *Italie,* n° 38498/97 § 17. ♦ ... D'un cas où la juridiction nationale a procédé à sa propre interprétation de l'arrêt de la CEDH jugeant que le motif à l'appui de la demande de révision, fondée une hypothèse mentionnée par la CEDH comme permettant la révision, ne se vérifiait pas. • CEDH, gr. ch., 11 juill. 2017, *Moreira Ferreira c/ Portugal n° 2,* n° 19867/12 § 55. ♦ Il n'y a pas empiètement sur les pouvoirs conférés au Comité des Ministres par le présent art. – surveiller l'exécution des arrêts de la Cour et apprécier la mise en œuvre des mesures prises par les États au titre de cet art. – là où la Cour connaît des faits nouveaux dans le cadre d'une nouvelle requête. • CEDH, gr. ch., 30 juin 2009, *Verein Gegen Tierfabriken Schweiz VgT c/ Suisse n° 2,* n° 32772/02 § 67. ♦ ... Suite, par ex., à la réouverture de l'instance ou à la conduite d'un tout nouveau procès. • CEDH, décis., 18 sept. 2012, *Chypre,* n° 12214/07 § 52 et 56.

82. Le rôle du Comité des Ministres dans ce domaine ne signifie pas pour autant que les mesures prises par un État défendeur en vue de remédier à la violation constatée par la Cour ne puissent pas soulever un problème nouveau, non tranché par l'arrêt et, dès lors, faire l'objet d'une nouvelle requête dont la Cour pourrait avoir à connaître. En d'autres termes, la Cour peut accueillir un grief selon lequel la réouverture d'une procédure au niveau interne, en vue d'exécuter l'un de ses arrêts, a donné lieu à une nouvelle violation de la Conv. EDH. • CEDH, gr. ch., 30 juin 2009, *Verein Gegen Tierfabriken Schweiz (VgT) c/ Suisse (n° 2),* n° 32772/02 § 62 • CEDH, gr. ch., 5 févr. 2015, *Bochan c/ Ukraine,* n° 22251/08 § 33 : *préc. note 78.*

V. pour d'autres décisions dans le même sens : 🏛.

83. Il en va ainsi d'une lecture erronée d'une décision de la CEDH. • CEDH, gr. ch., 5 févr. 2015, *Bochan c/ Ukraine,* n° 22251/08 § 64.

84. La réouverture de la procédure au niveau interne peut constituer un aspect important de l'exécution des arrêts de la Cour. Encore faut-il, toutefois, que cette réouverture permette aux autorités de l'État défendeur de se conformer aux conclusions et à l'esprit de l'arrêt à exécuter, dans le respect des garanties procédurales de la Conv. EDH. Il en va d'autant plus ainsi quand le Comité des Ministres se contente, comme en l'espèce, de constater l'existence d'une procédure de révision sans en attendre l'issue. En d'autres termes, la réouverture d'une procédure ayant violé la Conv. EDH n'est pas une fin en soi, elle n'est qu'un moyen – certes privilégié – susceptible d'être mis en œuvre en vue d'un objectif : l'exécution correcte et entière des arrêts de la Cour. • CEDH, gr. ch., 30 juin 2009, *Verein Gegen Tierfabriken Schweiz (VgT) c/ Suisse (n° 2),* n° 32772/02 § 90. ♦ Il ressort de la recommandation n° R (2000) 2 du Comité des Ministres, que se dégage de la pratique relative au contrôle de l'exécution des arrêts de la Cour qu'il existe des circonstances exceptionnelles dans lesquelles le réexamen d'une affaire ou la réouverture des procédures se révèle être le moyen le plus efficace, voire le seul, de réaliser la *restitutio in integrum,* à savoir le rétablissement de la partie lésée, dans la mesure du possible, dans la situation où elle se trouvait avant la violation de la Conv. EDH. Parmi les affaires concernées par des constats de violation formulés par la Cour, celles qui nécessitent particulièrement le réexamen ou la réouverture concernent, d'après l'exposé des motifs de la recommandation, le domaine du droit pénal. • CEDH, gr. ch., 11 juill. 2017, *Moreira Ferreira c/ Portugal n° 2,* n° 19867/12 § 48. ♦ V. les affaires mentionnées note 59.

85. La Cour estime que l'exécution la plus naturelle de l'arrêt de la Cour, et celle qui correspond le plus à la *restitutio in integrum,* aurait été d'annuler purement et simplement, et avec effet immédiat, l'interdiction de territoire contre le requérant. A supposer même qu'un autre résultat aurait pu être acceptable, la Cour estime que la nature obligatoire des arrêts au sens du § 1 du présent art. et l'importance de leur exécution effective, de bonne foi et compatible avec les « conclusions et l'esprit » de l'arrêt auraient commandé, dans les circonstances concrètes de l'affaire, un examen plus complet des considérations du premier arrêt de la Cour. • CEDH 11 oct. 2011, *Emre c/ Suisse,* n° 5056/10 § 75.

86. Dissociation du principal et de la satisfaction équitable. La Cour n'ignore pas l'importance de l'arrêt du Tribunal constitutionnel en ce qui concerne l'exécution des arrêts de Strasbourg ; les hauts magistrats ont ainsi montré une fois de plus leur attachement à la Conv. EDH et à la jurisprudence de la Cour. Elle ne sous-estime pas non plus les efforts des juridictions espagnoles, notamment l'*Audiencia Nacional,* pour assurer aux requérants, dans la seconde procédure, les garanties nécessaires. Elle constate que l'issue des instances internes postérieures à l'arrêt au principal et surtout le verdict final d'acquittement ont été favorables aux intéressés, en particulier pour leur réputation, et que les condamnés ont été libérés dès 1990, avant même leur acquittement, malgré les lourdes peines d'emprisonnement qui les frappaient encore à l'époque. Ces décisions des juridictions espagnoles postérieures à l'arrêt au principal réparent dans une certaine mesure le dommage moral des requérants même si elles ne peuvent pourtant pas effacer complètement le préjudice subi à cet égard. • CEDH, satisfaction équitable, 13 juin 1994, *Barbera, Messegué et Jabardo c/ Espagne,* n° 10588/83 § 15 et 19. ♦ La Cour prend acte de la procédure de révision qui, à la suite de son arrêt au principal, a abouti à l'octroi à la requérante d'une rente d'incapacité complète. Elle n'ignore pas l'importance de l'arrêt dudit Tribunal en ce qui concerne l'exécution des arrêts de Strasbourg ; les hauts magistrats ont ainsi montré leur attachement à la Conv. EDH et à la jurisprudence de la Cour. Mais si cet arrêt a entendu réparer le préjudice entraîné par le manquement à la Conv. EDH, il n'a pas tenu compte de l'écoulement du temps, soit environ huit ans. Il apparaît donc justifié sur le terrain de la Conv. EDH d'allouer des intérêts pour la période dont il s'agit. • CEDH, satisfaction équitable, 31 janv. 1995, *Schuler-Zgraggen c/ Suisse,* n° 14518/89 § 14 et 15.

87. Recours en manquement. La Cour rappelle que, si elle n'est pas soulevée dans le cadre de la procédure en manquement prévue par les § 4 et 5 du présent art., la question du respect par les États parties de ses arrêts échappe à sa compétence. • CEDH, gr. ch., 29 mai 2019, *Mammadov c/ Azerbaïdjan,* n° 15172/13 § 167 (manquement). ♦ Dans une telle procédure, il appartient en revanche à la Cour de livrer une analyse juridique définitive au sujet du respect de l'arrêt en question, et ce en prenant en considération tous les aspects de la procédure devant le Comité des Ministres, notamment les mesures indiquées par lui. Rien n'indique en effet dans le protocole n° 14 qu'en établissant cette procédure, les rédacteurs aient entendu rompre l'équilibre institutionnel fondamental entre la Cour et l'organe intergouvernemental. • CEDH, gr. ch., 29 mai 2019, *Mammadov c/ Azerbaïdjan,* n° 15172/13 § 166 à 168. ♦ Pour déterminer dans une telle *procédure si l'État a manqué* à ses obligations au titre du § 1 du présent art., la Cour doit établir les obligations juridiques découlant de l'arrêt définitif en question ainsi que les conclusions et l'esprit de cet arrêt. • CEDH, gr. ch., 29 mai 2019, *Mammadov c/ Azerbaïdjan,* n° 15172/13 § 168. ♦ Le fait que l'arrêt à exécuter ne contienne pas d'indication explicite relative à son exécution n'est pas déterminant s'agissant de savoir si l'État défendeur a manqué à ses obligations au titre du § 1 du présent art. • CEDH, gr. ch., 29 mai 2019, *Mammadov c/ Azerbaïdjan,* n° 15172/13 § 186. ♦ Dans une telle procédure, la période à prendre en compte en vue de déterminer si un État a manqué à son obligation de se conformer à un arrêt a pour point de départ le moment où la Cour est saisie sur le fondement du § 4 du présent art. car l'exécution d'un arrêt de la Cour constitue un processus et étant donné que la date de saisine correspond à la date à laquelle le Comité estime que l'État concerné a refusé de se conformer à un arrêt définitif. • CEDH, gr. ch., 29 mai 2019, *Mammadov c/ Azerbaïdjan,* n° 15172/13 § 170 et 171. ♦ Nonobstant la large portée de la question formulée dans le cadre de la saisine par le Comité des Ministres qui reprend les termes généraux du § 4 du présent art., la Cour définit manifestement le périmètre de la procédure en manquement en fonction des préoccupations spécifiques exprimées par le Comité dans le cadre de la procédure de surveillance et des conclusions présentées par lui, ce qui la conduit en l'espèce à n'examiner que les mesures individuelles visant à se conformer à l'arrêt. • CEDH, gr. ch., 29 mai 2019, *Mammadov c/ Azerbaïdjan,* n° 15172/13 § 176 à 180.

88. Dissociation et « arrêt pilote ». Dans l'hypothèse d'un règlement amiable conclu après le prononcé d'un arrêt pilote sur le fond d'une affaire, la notion de « respect des droits de l'homme tels que les reconnaissent la Conv. EDH et ses Protocoles » s'étend nécessairement au-delà des seuls intérêts du requérant dont il s'agit et commande à la Cour d'examiner la cause aussi sous l'angle des « mesures générales pertinentes ». On ne saurait exclure qu'avant même que l'État défendeur n'adopte une mesure générale, ou une mesure générale adéquate, en exécution d'un arrêt pilote sur le fond (art. 46), la Cour soit amenée à rendre un arrêt rayant la requête du rôle sur la base d'un règlement amiable [art. 37, § 1, *b)* et 39] ou à octroyer une satisfaction équitable au requérant (art. 41). Néanmoins, compte tenu du caractère systémique ou structurel de la défaillance qui se trouve à l'origine du constat de violation dans un arrêt pilote, il est évidemment souhaitable pour le bon fonctionnement du mécanisme de la Conv. EDH que redressement individuel et redressement général aillent de pair. Il est du pouvoir de l'État défendeur de prendre parallèlement les mesures à caractère général et les mesures à caractère individuel nécessaires et de procéder à un règlement amiable avec le requérant sur la base d'un accord intégrant ces deux catégories de mesures, ce qui renforce par là même le caractère subsidiaire du mécanisme de protection des droits de l'homme instauré par la Conv. EDH et facilite pour la Cour et le Comité des Ministres l'accomplissement des tâches que leur confient respectivement l'art. 41 et l'art. 46 Conv. EDH. Inversement, tout manquement d'un État défendeur à agir ainsi met nécessairement le système de la Conv. EDH à plus rude épreuve et sape son caractère subsidiaire. • CEDH, gr. ch., 28 sept. 2005, *Broniowski c/ Pologne,* n° 31443/96 § 36 : *préc. note 19.*

89. Recours en manquement. La Cour rappelle que, si elle n'est pas soulevée dans le cadre de la procédure en manquement prévue par les § 4-5 du présent art., la question du respect par les États parties de ses arrêts échappe à sa compétence. • CEDH, gr. ch., 29 mai 2019, *Mammadov c/ Azerbaïdjan (manquement),* n° 15172/13 § 167. ♦ Dans une telle procédure, il appartient en revanche à la Cour de livrer une analyse juridique définitive au sujet du respect de l'arrêt en question, et ce, en prenant en considération tous les aspects de la procédure devant le Comité des Ministres, notamment les mesures indiquées par lui. Rien n'indique en effet dans le protocole n° 14 qu'en établissant cette procédure les rédacteurs aient entendu rompre l'équilibre institutionnel fondamental entre la Cour et l'organe intergouvernemental. • Même arrêt, § 166-168. ♦ Pour déterminer dans une telle procédure si l'État a manqué à ses obligations au titre du § 1 du présent art., la Cour doit établir les obligations juridiques découlant de l'arrêt définitif en question ainsi que les conclusions et l'esprit de cet arrêt. • Même arrêt, § 168. ♦ Le fait que l'arrêt à exécuter ne contienne pas d'indication explicite relative à son exécution n'est pas déterminant s'agissant de savoir si l'État défendeur a manqué à ses obligations au titre du § 1 du présent art. • Même arrêt, § 186. ♦ Dans une telle procédure, la période à prendre en compte en vue déterminer si un État a manqué à son obligation de se conformer à un arrêt a pour point de départ le moment où la Cour est saisie sur le fondement du § 4 du présent art. car l'exécution d'un arrêt de la Cour constitue un processus et que la date de saisine correspond à la date à laquelle le Comité estime que l'État concerné a refusé de se conformer à un arrêt définitif. • Même arrêt, § 170-171. ♦ Nonobstant la large portée de la question formulée dans le cadre de la saisine par le Comité des Ministres qui reprend les termes généraux du § 4 du présent art., la Cour définit manifestement le périmètre de la procédure en manquement en fonction des préoccupations spécifiques exprimées par le Comité dans le cadre de la procédure de surveillance et des conclusions présentées par lui, ce qui la conduit en l'espèce à n'examiner que les mesures individuelles visant à se conformer à l'arrêt • Même arrêt, §176-180.

Art. 47 *Avis consultatifs.* **1. La Cour peut, à la demande du Comité des Ministres, donner des avis consultatifs sur des questions juridiques concernant l'interprétation de la Convention et de ses protocoles.**

2. Ces avis ne peuvent porter ni sur les questions ayant trait au contenu ou à l'étendue des droits et libertés définis au titre Ier de la Convention et dans les protocoles ni sur les autres questions dont la Cour ou le Comité des Ministres pourraient avoir à connaître par suite de l'introduction d'un recours prévu par la Convention.

3. La décision du Comité des Ministres de demander un avis à la Cour est prise par un vote à la majorité des représentants ayant le droit de siéger au Comité.

COMMENTAIRE

V. sur le Code en ligne.

1. La question de savoir si une requête individuelle a déjà été soumise à une autre instance internationale d'enquête ou de règlement a été abordée par la Comm. EDH dans le cadre de requêtes individuelles à de nombreuses occasions par le passé sous l'angle de la disposition similaire au présent art. [ancien art. 27, § 1, b), Conv. EDH]. La Cour elle-même a été appelée à examiner des questions sous l'angle du présent art. dans quelques affaires. La Cour conclut dès lors que la demande d'avis consultatif porte sur une question dont elle pourrait avoir à connaître par suite de l'introduction d'un recours prévu par la Conv. EDH et qu'elle n'est donc pas compétente pour rendre un avis consultatif sur la question dont elle est saisie. • CEDH, gr. ch. avis, 2 juin 2004, § 29, 30 et 35 : *D. 2004. 2532, obs. Renucci.*

2. La question portant sur les droits et obligations de l'Assemblée parlementaire dans la procédure d'élection des juges revêt, quelles que soient ses implications, un caractère juridique qui la fait entrer dans le champ de compétence de la Cour. En outre, il n'apparaît pas que l'avis demandé porterait sur une des matières soustraites à la compétence de la Cour par le § 2 du présent art. • CEDH, gr. ch., avis n° 1, 12 févr. 2008 : *§ 38* • CEDH, gr. ch., avis n° 2, 22 janv. 2010 : *§ 31.*

3. En revanche, la question de savoir si « les conditions énoncées aux paragraphes 1 et 2 de l'annexe à la résolution 1432 (2005) de l'Assemblée parlementaire du Conseil de l'Europe » constituent « un manquement à la responsabilité qui incombe à l'Assemblée en vertu de l'art. 22 Conv. EDH de prendre en considération une liste, ou un nom figurant sur une telle liste, sur le fondement des critères énumérés à l'art. 21 Conv. EDH » portant sur la compatibilité avec la Conv. EDH d'une résolution de l'Assemblée parlementaire, la Cour ne saurait se prononcer. En effet, cette partie de la demande ne vise pas à l'obtention d'un avis consultatif sur des questions juridiques relevant de « l'interprétation de la Convention et de ses protocoles » au sens du présent art., mais à obtenir un avis sur la compatibilité de ces dispositions elles-mêmes avec la Conv. Si la Cour n'exclut pas qu'elle puisse être amenée, dans certaines circonstances, à interpréter une ou plusieurs des dispositions d'un texte comme celui invoqué en l'espèce afin de clarifier les réponses à apporter à des questions dont elle pourrait être saisie par la voie consultative, elle ne saurait toutefois se prononcer sur la compatibilité de ces dispositions elles-mêmes avec la Conv. • CEDH, gr. ch., avis n° 2, 22 janv. 2010 : *§ 32 à 34*.

Art. 48 *Compétence consultative de la cour.* La Cour décide si la demande d'avis consultatif présentée par le Comité des Ministres relève de sa compétence telle que définie par l'article 47.

V. annotations ss. Conv. EDH, art. 47.

Art. 49 *Motivation des avis consultatifs.* 1. L'avis de la Cour est motivé.

2. Si l'avis n'exprime pas en tout ou en partie l'opinion unanime des juges, tout juge a le droit d'y joindre l'exposé de son opinion séparée.

3. L'avis de la cour est transmis au Comité des Ministres.

Art. 50 *Frais de fonctionnement de la cour.* Les frais de fonctionnement de la cour sont à la charge du Conseil de l'Europe.

Art. 51 *Privilèges et immunités des juges.* Les juges jouissent, pendant l'exercice de leurs fonctions, des privilèges et immunités prévus à l'article 40 du Statut du Conseil de l'Europe et dans les accords conclus au titre de cet article.

TITRE III Dispositions diverses

Art. 52 *Enquêtes du Secrétaire général.* Toute Haute Partie contractante fournira sur demande du Secrétaire général du Conseil de l'Europe les explications requises sur la manière dont son droit interne assure l'application effective de toutes les dispositions de cette Convention.

Art. 53 *Sauvegarde des droits de l'homme reconnus.* Aucune des dispositions de la présente Convention ne sera interprétée comme limitant ou portant atteinte aux Droits de l'homme et aux libertés fondamentales qui pourraient être reconnus conformément aux lois de toute Partie contractante ou à toute autre Convention à laquelle cette Partie contractante est partie.

Art. 54 *Pouvoirs du Comité des Ministres.* Aucune disposition de la présente Convention ne porte atteinte aux pouvoirs conférés au Comité des Ministres par le Statut du Conseil de l'Europe.

Art. 55 *Renonciation à d'autres modes de règlement des différends.* Les Hautes Parties contractantes renoncent réciproquement, sauf compromis spécial, à se prévaloir des traités, conventions ou déclarations existant entre elles, en vue de soumettre, par voie de requête, un différend né de l'interprétation ou de l'application de la présente Convention à un mode de règlement autre que ceux prévus par ladite Convention.

Art. 56 *Application territoriale.* 1. Tout État peut, au moment de la ratification ou à tout autre moment par la suite, déclarer, par notification adressée au Secrétaire général du Conseil de l'Europe, que la présente Convention s'appliquera, sous réserve du paragraphe 4 du présent article, à tous les territoires ou à l'un quelconque des territoires dont il assure les relations internationales.

2. La Convention s'appliquera au territoire ou aux territoires désignés dans la notification à partir du trentième jour qui suivra la date à laquelle le Secrétaire général du Conseil de l'Europe aura reçu cette notification.

3. Dans lesdits territoires les dispositions de la présente Convention seront appliquées en tenant compte des nécessités locales.

4. Tout État qui a fait une déclaration conformément au premier paragraphe de cet article, peut, à tout moment par la suite, déclarer relativement à un ou plusieurs des territoires visés dans cette déclaration qu'il accepte la compétence de la cour pour connaître des requêtes de personnes physiques, d'organisations non gouvernementales ou de groupes de particuliers, comme le prévoit l'article 34 de la Convention.

Art. 57 *Réserves.* **1. Tout État peut, au moment de la signature de la présente Convention ou du dépôt de son instrument de ratification, formuler une réserve au sujet d'une disposition particulière de la Convention, dans la mesure où une loi alors en vigueur sur son territoire n'est pas conforme à cette disposition. Les réserves de caractère général ne sont pas autorisées aux termes du présent article.**

2. Toute réserve émise conformément au présent article comporte un bref exposé de la loi en cause.

DÉCLARATIONS ET RÉSERVES

L'instrument de ratification de la France comporte les déclarations et réserves suivantes :

Articles 5 et 6

Le Gouvernement de la République, conformément à l'article 64 *[devenu art. 57]* de la Convention, émet une réserve concernant les articles 5 et 6 de cette Convention en ce sens que ces articles ne sauraient faire obstacle à l'application des dispositions de l'article 27 de la loi n° 72-662 du 13 juillet 1972 portant statut général des militaires, relatives au régime disciplinaire dans les armées *[abrogé, V.* ***C. défense****]*, ainsi qu'à celles de l'article 375 du code de justice militaire *[devenu art. L. 267-2 s. C. just. milit.]*.

Article 10

Le Gouvernement de la République déclare qu'il interprète les dispositions de l'article 10 comme étant compatibles avec le régime institué en France par la loi n° 72-553 du 10 juillet 1972 portant statut de la Radiodiffusion-télévision française *[abrogé]*. *— Déclaration retirée par Note verbale de la Représentation permanente de la France, en date du 24 mars 1988, enregistrée au Secrétariat général le 29 mars 1988.*

Article 15 (paragraphe 1)

Le Gouvernement de la République, conformément à l'article 64 *[devenu art. 57]* de la Convention, émet une réserve concernant le paragraphe 1 de l'article 15 en ce sens, d'une part, que les circonstances énumérées par l'article 16 de la Constitution pour sa mise en œuvre, par l'article 1er de la loi du 3 avril 1878 et par la loi du 9 août 1849 pour la déclaration de l'état de siège *[V. désormais, pour ces deux lois, art. L. 2121-1 s.* ***C. défense****]*, par l'article 1er de la loi n° 55-385 du 3 avril 1955 pour la déclaration de l'état d'urgence, et qui permettent la mise en application des dispositions de ces textes, doivent être comprises comme correspondant à l'objet de l'article 15 de la Convention et, d'autre part, que pour l'interprétation et l'application de l'article 16 de la Constitution de la République, les termes « dans la stricte mesure où la situation l'exige » ne sauraient limiter le pouvoir du Président de la République de prendre « les mesures exigées par les circonstances ».

Article 56

Le Gouvernement de la République déclare en outre que la présente Convention s'appliquera à l'ensemble du territoire de la République, compte tenu, en ce qui concerne les territoires d'outre-mer, des nécessités locales auxquelles l'article 63 *[devenu art. 56]* fait référence.

Protocole n° 2

[devenu sans objet]
Le Gouvernement de la République souligne enfin qu'il n'est pas partie au Protocole n° 2 en date du 6 mai 1963 attribuant à la Cour européenne des Droits de l'homme la compétence de donner des avis consultatifs et qu'en conséquence, pour autant que les articles 1 à 4 de ce Protocole seraient considérés comme intégrés à la Convention, il n'en accepte pas les dispositions.

COMMENTAIRE

V. sur le Code en ligne.

I. POSSIBILITÉS DE RÉSERVE

1. Principe. Il découle du texte du § 1 du présent art., combiné avec l'art. 1er, que la ratification de la Conv. EDH par un État donné suppose que toute loi alors en vigueur sur son territoire soit conciliable avec la Conv. EDH. Si tel n'est pas le cas, l'État concerné a la possibilité de formuler une réserve quant à telle ou telle disposition de la Conv. EDH (ou d'un protocole) qu'il n'est pas en mesure d'observer pleinement en raison du maintien de la loi en question. Les mêmes principes doivent s'appliquer à l'égard de toute disposition d'un traité qu'un État contractant a conclu avant de ratifier la Convention et qui risque de ne pas cadrer avec certaines de ses dispositions. Certains États ont en fait formulé des réserves au sujet d'obligations conventionnelles antérieures. En l'occurrence, la Lettonie avait la possibilité d'émettre une réserve concernant spécifiquement l'accord du 30 avr. 1994 ; étant donné qu'elle n'en a rien fait, la Cour se juge compétente pour examiner toute question pouvant se poser, au regard de la Convention et des Protocoles, en conséquence de l'application des dispositions de l'accord au cas des requérants. • CEDH, gr. ch., 23 janv. 2002, *Slivenko et a. c/ Lettonie,* n° 48321/99 § 60 et 61.

2. Notion de réserve. Si un État formule une déclaration et la présente comme une condition de son consentement à être lié par la Conv. EDH et comme ayant pour but d'exclure ou de modifier l'effet juridique de certaines de ses dispositions, une telle déclaration, quelle que soit sa désignation, doit être assimilée à une réserve au sens de la Conv. EDH. • Comm. EDH, rapport, 5 mars 1983, *Temeltasch c/ Suisse,* n° 9116/80 § 73.

3. La question de savoir s'il faut considérer comme une « réserve » une déclaration qualifiée d'« interprétative » apparaît difficile, notamment, en l'espèce, parce que le Gouvernement helvétique a formulé dans un même instrument de ratification aussi bien des « réserves » que des « déclarations interprétatives ». Plus généralement, la Cour reconnaît la grande importance, soulignée à juste titre par le Gouvernement, du problème du régime juridique applicable aux réserves et déclarations interprétatives des États parties à la Conv. EDH. Celle-ci ne mentionne que les réserves, mais on constate que plusieurs États ont émis aussi ou uniquement des déclarations interprétatives, sans établir toujours entre les unes et les autres une nette distinction. Pour dégager la nature juridique d'une telle « déclaration », il y a lieu de regarder au-delà du seul intitulé et de s'attacher à cerner le contenu matériel. • CEDH 29 avr. 1988, *Belilos c/ Suisse,* n° 10328/83 § 49 • CEDH, décis., 4 juill. 2001, *Ilascu c/ Moldavie et Russie,* n° 48787/99.

4. Mise en œuvre. En l'occurrence, il s'avère que la Suisse entendait soustraire à l'empire de l'art. 6, § 1, certaines catégories de litiges et se prémunir contre une interprétation, à son sens trop large, de ce dernier. Or la Cour doit veiller à éviter que les obligations découlant de la Conv. EDH ne subissent des restrictions qui ne répondraient pas aux exigences du présent art. (anc. art. 64), relatif aux réserves. Partant, elle examinera sous l'angle de cette disposition, comme dans le cas d'une réserve, la validité de la déclaration interprétative dont il s'agit. • CEDH 29 avr. 1988, *Belilos c/ Suisse,* n° 10328/83 § 49.

5. La réserve doit s'appliquer au cas d'espèce. La réserve espagnole avait et a toujours eu pour objet le « régime disciplinaire des forces armées ». Si depuis 1991 la garde civile, « force et corps de sécurité de l'État » et non « force armée », a pour impératif légal, rappelé par la jurisprudence du Tribunal constitutionnel, d'être dotée d'un régime disciplinaire spécifique différent de celui des forces armées et régi par une loi organique propre, la réserve ne peut par conséquent pas s'étendre à une loi qui vise à une ségrégation de l'objet de la réserve. Cette prétention étant contraire à la Convention, la Cour ne peut l'accepter. Cette conclusion, à savoir l'inapplicabilité de la réserve au cas d'espèce, dispense la Cour d'examiner la validité de la réserve à la lumière des autres conditions fixées par le présent art. • CEDH 2 nov. 2006, *Dacosta Silva c/ Espagne,* n° 69966/01 § 37 et 38. ♦ Même si la réserve mentionne le délai maximal de détention pendant la période d'instruction, elle a trait à la procédure prévue pour la prise de mesures d'emprisonnement à titre préventif, alors que le grief du requérant porte sur la durée de la détention provisoire et non sur sa régularité. Dès lors, la réserve en question ne trouve pas à s'appliquer en l'espèce. • CEDH 15 juill. 2002, *Kalachnikov c/ Russie,* n° 47095/99 § 107 et 108.

II. CONTRÔLE DE LA VALIDITÉ DE LA RÉSERVE

6. Principe. La nature particulière de la Convention et surtout le fait qu'elle institue des organes chargés de contrôler l'application de ses dispositions par les parties contractantes (…) confère à la Commission la compétence d'examiner si, dans un cas concret, une réserve ou une déclaration interprétative a ou n'a pas été émise en conformité avec la Convention. • Comm. EDH, rapport, 5 mars 1983, *Temeltasch c/ Suisse,* n° 9116/80 § 62 et 65.

7. La Cour conserve toujours le pouvoir de vérifier si la prétendue réserve est valable et conforme aux exigences du présent art. • CEDH, gr. ch., 23 janv. 2002, *Slivenko et a. c/ Lettonie*, n° 48321/99 § 60. ♦ Il s'agit bien là d'une compétence de la Cour et non des juridictions nationales. • CEDH, décis., 13 sept. 2001, *de Savoie c/ Italie*, n° 53360/99.

8. La compétence de la Cour pour apprécier au regard du présent art. (anc. art. 64) la validité d'une réserve ou, s'il échet, d'une déclaration interprétative n'a pas prêté à contestation en l'occurrence. Elle ressort tant des dispositions conventionnelles que de la jurisprudence de la Cour. • CEDH 29 avr. 1988, *Belilos c/ Suisse*, n° 10328/83 § 50. ♦ V. déjà, implicitement, • CEDH 16 juill. 1971, *Ringeisen c/ Autriche*, n° 2614/65 § 98 • CEDH 23 avr. 1987, *Ettl et a. c/ Autriche*, n° 9273/81 § 42.

9. Il y a lieu de rechercher si la réserve ou la déclaration répond aux exigences du présent art. • CEDH 29 avr. 1988, *Belilos c/ Suisse*, n° 10328/83 § 51 • CEDH 22 mars 1990, *Weber c/ Suisse*, n° 11034/84 § 37.

10. Pour être valable, une réserve doit répondre aux conditions suivantes : 1) elle doit être faite au moment où la Convention ou ses Protocoles sont signés ou ratifiés ; 2) elle doit porter sur des lois déterminées en vigueur à l'époque de la ratification ; 3) elle ne doit pas revêtir un caractère général ; 4) elle doit comporter un bref exposé de la loi visée. • CEDH, décis., 2 nov. 2010, *Lettonie*, n° 37586/06 § 45 • CEDH 4 mars 2014, *Grande Stevens c/ Italie*, n° 18640/10 § 207 : *D. 2015. 1506, obs. Mascala ; RSC 2014. 110, obs. Stasiak ; ibid. 2015. 169, obs. J.-P. Marguénaud ; Rev. sociétés 2014. 675, note. Matsopoulou ; RTD eur. 2015. 235, obs. d'Ambrosio et Vozza ; Dr. adm. 2015. 5, chron. Platon.*

11. Effet de la reconnaissance de validité de la réserve. Si la Cour juge la réserve valable, elle n'est pas habilitée à examiner la conformité des dispositions légales faisant l'objet de la réserve avec les articles de la Conv. EDH sur lesquels porte la réserve en question. • CEDH, gr. ch., 23 janv. 2002, *Slivenko et a. c/ Lettonie*, n° 48321/99 § 60.

12. Dans la présente affaire, la Cour constate que les juridictions nationales fondèrent leurs décisions sur les dispositions pertinentes de la loi relative à la restitution des biens fonciers à leurs propriétaires légitimes. La réserve en question trouve donc à s'appliquer en l'espèce. Il s'ensuit que ce grief est incompatible *ratione materiae* avec les dispositions de la Conv. EDH. • CEDH, décis, 23 oct. 2001, *Kozlova et Smirnova c/ Lettonie*, n° 57381/00 • CEDH 12 avr. 2007, *Laaksonen c/ Finlande*, n° 70216/01 § 25.

13. La réserve se révélant dès lors compatible avec le présent art., la Cour constate l'absence de violation de l'art. 5. • CEDH 25 août 1993, *Chorherr c/ Autriche*, n° 13308/87 § 21. ♦ Il y a donc lieu de conclure que la réserve est valable et que la Conv. EDH ne faisait pas peser sur la Finlande l'obligation de garantir l'organisation de débats devant la Cour administrative suprême. • CEDH 19 déc. 1997, *Helle c/ Finlande*, n° 20772/92 § 44. ♦ Le fait que le requérant n'ait pas été conduit devant un magistrat compétent lorsque son placement en détention provisoire a été ordonné ne pouvait constituer une violation de l'art. 5, § 3, tant que la réserve était en vigueur. • CEDH 31 juill. 2000, *Jecius c/ Lituanie*, n° 34578/97 § 79.

14. Une réserve émise conformément au présent art. serait sans objet si, lors de son expiration, on exigeait de l'État concerné qu'il applique rétroactivement le droit à la période couverte par la réserve. • CEDH 31 juill. 2000, *Lituanie*, n° 34578/97 § 85.

15. Lorsqu'un traité ou un accord a fait l'objet de réserves, visant, pour l'État qui exprime son consentement à être lié par cet engagement, à exclure ou à modifier l'effet juridique de certaines de ses clauses dans leur application à son endroit, il incombe au juge administratif, après s'être assuré qu'elles ont fait l'objet des mêmes mesures de publicité que ce traité ou cet accord, de faire application du texte international en tenant compte de ces réserves. De telles réserves définissant la portée de l'engagement que l'État a entendu souscrire et n'étant pas détachables de la conduite des relations internationales, il n'appartient pas au juge administratif d'en apprécier la validité. • CE, ass., 12 oct. 2018, *Super Coiffeur*, n° 408567 A (concl. Touboul) : *D. 2018. 2023, obs. Pastor ; AJDA 2018. 1991 ; ibid. 2390, chron. Nicolas et Faure ; RFDA 2018. 1161, concl. Touboul ; JCP Adm. 2018. 797.*

16. Effet de la reconnaissance de la non-validité de la réserve. A n'en pas douter, la Suisse est et s'estime liée par la Conv. EDH indépendamment de la validité de la déclaration. Du reste, son Gouvernement reconnaît la compétence de la Cour pour trancher cette dernière question, dont il a traité devant elle. Partant, il y a lieu de rejeter l'exception préliminaire soulevée par lui. • CEDH 29 avr. 1988, *Suisse*, gn° 10328/83 § 60.

A. INTERDICTION DES RÉSERVES À CARACTÈRE GÉNÉRAL

17. Principe. Par « réserve de caractère général », le présent art. entend une réserve ne se rapportant pas à une disposition spécifique de la Conv. EDH, ou bien rédigée en des termes trop vagues ou amples pour que l'on puisse en apprécier le sens et le champ d'application exacts (la portée). • Comm. EDH, rapport, 5 mars 1983, *Temeltasch c/ Suisse*, n° 9116/80 § 84 • CEDH 29 avr. 1988, *Belilos c/ Suisse*, n° 10328/83 § 55 • CEDH 25 août 1993, *Chorherr c/ Autriche,* n° 13308/87 § 18 • CEDH 31 juill. 2000, *Jecius c/ Lituanie,* n° 34578/97 § 79 • CEDH, décis, 23 oct. 2001, *Kozlova et Smirnova c/ Lettonie,* n° 57381/00. ♦ Le libellé de la déclaration doit permettre de mesurer au juste la portée de l'engagement de l'État contractant, en particulier quant aux catégories de litiges visés, et ne doit pas se prêter à différentes interprétations. • CEDH 4 mars 2014, *Grande Stevens c/ Italie,* n° 18640/10 § 209 : *préc. note 10.*

18. La Cour estime mal fondé l'argument selon lequel une réserve formulée en vertu du présent art. ne peut se rapporter qu'à un seul texte législatif. Vu l'existence de nombreuses réserves similaires consignées par différents États et reconnues valides par les organes de la Convention, une telle interprétation se révèle erronée. • CEDH, décis., 23 oct. 2001, *Kozlova et Smirnova c/ Lettonie,* n° 57381/00. ♦ V. implicitement. • Comm. EDH, 1er juill. 1998, *Vesterby c/ Estonie,* n° 34476/97 • CEDH, décis., 15 juin 2000, *Shestjorkin c/ Estonie,* n° 49450/99.

19. Les réserves à caractère général, en particulier celles qui ne précisent pas quelles sont les dispositions pertinentes du droit interne couvertes par elles ou qui omettent d'indiquer les articles de la Conv. EDH risquant d'être affectés par l'application de ces dispositions, ne sont pas autorisées. • CEDH, gr. ch., 23 janv. 2002, *Slivenko et a. c/ Lettonie,* n° 48321/99 § 60.

20. Ne présentent pas un caractère général. La réserve autrichienne englobe un nombre limité de lois qui, réunies, instituent un système bien circonscrit et cohérent de dispositions administratives de fond et de procédure. Elles créent en particulier un régime de répression d'infractions, définissant à la fois les actes punissables, les peines encourues et la procédure à suivre. • CEDH 25 août 1993, *Chorherr c/ Autriche,* n° 13308/87 § 18. ♦ La réserve renvoie à des lois spécifiques et est dès lors suffisamment précise. • Comm. EDH, 1er juill. 1998, *Vesterby c/ Estonie,* n° 34476/97. ♦ La réserve lettonne englobe un nombre strictement déterminé de lois qui, réunies, instituent un système cohérent de dispositions légales régissant la réforme de la propriété. De plus, les objectifs et le contenu des lois énumérées correspondent à la préoccupation du Gouvernement exprimée dans la partie introductive de la réserve, à savoir sa volonté de soustraire à l'emprise de l'art. 1er Prot. n° 1 la législation préexistant en matière de dénationalisation et de privatisation. Par conséquent, le libellé de la réserve lettonne n'atteint pas le degré de généralité prohibé par le présent art. • CEDH, décis., 23 oct. 2001, *Kozlova et Smirnova c/ Lettonie,* n° 57381/00.

21. Présentent un caractère général. Si les travaux préparatoires et les explications fournies par le Gouvernement montrent avec netteté quel était le souci de l'État défendeur à l'époque du dépôt de l'instrument de ratification, ils ne sauraient occulter une réalité objective : le libellé même de la déclaration. Les mots « contrôle judiciaire final des actes ou décisions de l'autorité publique qui touchent à de[s] (...) droits ou obligations [de caractère civil] ou à l'examen du bien-fondé d'une (...) accusation [en matière pénale] » ne permettent pas de mesurer au juste la portée de l'engagement de la Suisse, en particulier quant aux catégories de litiges visées et quant au point de savoir si le « contrôle judiciaire final » s'exerce ou non sur les faits d'une cause. Ils se prêtent donc à différentes interprétations alors que le § 1 du présent art. (anc. art. 64, § 1) exige précision et clarté. Bref, ils tombent sous le coup de la prohibition des réserves de caractère général. • CEDH 29 avr. 1988, *Belilos c/ Suisse,* n° 10328/83 § 55. ♦ Les mots « omissions et actes commis (...) sur le territoire contrôlé effectivement par ses organes, jusqu'à la solution définitive du conflit dans la région » utilisés par le Gouvernement moldave indiquent plutôt que la déclaration en question a une portée générale, illimitée quant aux dispositions de la Conv. EDH, mais limitée dans l'espace et dans le temps, dont l'effet serait de priver totalement et pour une période indéterminée les personnes se trouvant sur ce « territoire » de la protection de la Conv. EDH. • CEDH, décis., 4 juill. 2001, *Ilascu c/ Moldavie et Russie,* n° 48787/99.

B. RENVOI AUX DISPOSITIONS NATIONALES

1° VISA D'UNE LOI OU DES LOIS EN VIGUEUR

22. Loi postérieure à la ratification. L'article contesté est entré en vigueur en 1982, alors que l'Autriche a ratifié la Conv. EDH et formulé la réserve en question en 1958. Or selon le présent art., seules les lois « alors en vigueur » sur le territoire de l'État peuvent faire l'objet d'une réserve. La Cour ne voit pas comment cet article et les dispositions en vigueur au moment de la formulation de la réserve pourraient, comme le soutient le Gouvernement, passer pour des dispositions identiques en substance dès lors qu'est, de fait, considérablement élargi le pouvoir de la Cour administrative de refuser de tenir des débats. • CEDH 26 avr. 1995, *Fischer c/ Autriche,* n° 16922/90 § 41. ♦ La loi organique n'était en vigueur ni en 1979, date de la réserve, ni en 1986, date de l'actualisation de la réserve relative au régime disciplinaire des forces armées. • CEDH 2 nov. 2006, *Dacosta Silva c/ Espagne,* n° 69966/01 § 37.

23. Absence de visa. Ladite déclaration ne

se réfère pas à une loi spécifique en vigueur en Moldavie. • CEDH, décis., 4 juill. 2001, *Ilascu c/ Moldavie et Russie,* n° 48787/99.

24. Visa. Le titre de chaque loi citée dans la réserve est suivi d'un renvoi au *Journal officiel,* permettant à chacun d'identifier avec précision les lois en question et de se renseigner sur elles. • CEDH, décis., 23 oct. 2001, *Kozlova et Smirnova c/ Lettonie,* n° 57381/00 • CEDH 25 août 1993, *Chorherr c/ Autriche,* n° 13308/87 § 20.

2° PRÉSENCE D'UN BREF EXPOSÉ DE LA LOI (DES LOIS) EN CAUSE

25. Principe. Le § 2 du présent art. doit, d'après la Cour, se lire à la lumière du § 1 : les précisions demandées aux États en cause contribuent à éviter l'acceptation de réserves générales. • CEDH 29 avr. 1988, *Belilos c/ Suisse,* n° 10328/83 § 58.

26. L'obligation de joindre à la réserve un bref exposé des lois qu'un État entend préserver permettrait aux autres parties contractantes, ainsi qu'aux organes de la Conv. EDH et à toute personne concernée, de prendre connaissance de cette législation. Un tel élément présente un intérêt non négligeable : l'étendue de la norme dont l'État veut empêcher l'application par une réserve ou une déclaration interprétative entre en ligne de compte, car l'utilité d'inclure un exposé de la loi serait d'autant plus grande que la portée de ladite norme est plus large. • CEDH 29 avr. 1988, *Belilos c/ Suisse,* n° 10328/83 § 58.

27. Le « bref exposé de la loi en cause » constitue à la fois un élément de preuve et un facteur de sécurité juridique. En effet, le § 2 du présent art. vise à offrir, notamment aux autres Parties contractantes et aux organes de la Conv. EDH, la garantie que la réserve ne va pas au-delà des dispositions explicitement écartées par l'État concerné. Il ne contient pas une simple exigence de forme ; il édicte une condition de fond. • CEDH 29 avr. 1988, *Belilos c/ Suisse,* n° 10328/83 § 59 • CEDH 22 mars 1990, *Weber c/ Suisse,* n° 11034/84 § 38. ♦ Le présent art. n'exige pas pour autant une description, même sommaire, de la substance des textes en cause. • CEDH 25 août 1993, *Chorherr c/ Autriche,* n° 13308/87 § 20 • CEDH 4 mars 2014, *Grande Stevens c/ Italie,* n° 18640/10 § 209 : *préc. note 10.*

28. Absence d'exposé. L'omission constatée en l'espèce du « bref exposé de la loi en cause » ne saurait se justifier, même par des difficultés pratiques importantes. • CEDH 29 avr. 1988, *Belilos c/ Suisse,* n° 10328/83 § 59. ♦ Partant, il échet de considérer comme non valide la réserve suisse en question et il ne s'impose pas de déterminer si ladite réserve revêtait un « caractère général ». • CEDH 22 mars 1990, *Weber c/ Suisse,* n° 11034/84 § 38. ♦ V. également • CEDH 4 mars 2014, *Grande Stevens c/ Italie,* n° 18640/10 § 209 : *préc. note 10.*

29. Présence d'un exposé. L'annexe à la réserve mentionne, en des termes succincts, le but principal de chaque loi et son champ d'application. La Cour estime que cela suffit pour constater le respect du § 2 du présent art. • CEDH, décis., 23 oct. 2001, *Kozlova et Smirnova c/ Lettonie,* n° 57381/00. ♦ Le renvoi au *Journal officiel* fédéral – précédé du reste d'une mention de l'objet des textes dont il s'agit – permet à chacun d'identifier avec précision les lois en question et de se renseigner sur elles. Il fournit aussi une sauvegarde contre toute interprétation qui étendrait indûment le champ d'application de la réserve. • CEDH 25 août 1993, *Chorherr c/ Autriche,* n° 13308/87 § 20.

Art. 58 *Dénonciation.* 1. Une Haute Partie contractante ne peut dénoncer la présente Convention qu'après l'expiration d'un délai de cinq ans à partir de la date d'entrée en vigueur de la Convention à son égard et moyennant un préavis de six mois, donné par une notification adressée au Secrétaire général du Conseil de l'Europe, qui en informe les autres Parties contractantes.

2. Cette dénonciation ne peut avoir pour effet de délier la Haute Partie contractante intéressée des obligations contenues dans la présente Convention en ce qui concerne tout fait qui, pouvant constituer une violation de ces obligations, aurait été accompli par elle antérieurement à la date à laquelle la dénonciation produit effet.

3. Sous la même réserve cesserait d'être Partie à la présente Convention toute Partie contractante qui cesserait d'être Membre du Conseil de l'Europe.

4. La Convention peut être dénoncée conformément aux dispositions des paragraphes précédents en ce qui concerne tout territoire auquel elle a été déclarée applicable aux termes de l'article 56.

Art. 59 *Signature et ratification.* 1. La présente Convention est ouverte à la signature des Membres du Conseil de l'Europe. Elle sera ratifiée. Les ratifications seront déposées près le Secrétaire général du Conseil de l'Europe.

2. L'Union européenne peut adhérer à la présente Convention.

3. La présente Convention entrera en vigueur après le dépôt de dix instruments de ratification.

4. Pour tout signataire qui la ratifiera ultérieurement, la Convention entrera en vigueur dès le dépôt de l'instrument de ratification.

5. Le Secrétaire général du Conseil de l'Europe notifiera à tous les Membres du Conseil de l'Europe l'entrée en vigueur de la Convention, les noms des Hautes Parties contractantes qui l'auront ratifiée, ainsi que le dépôt de tout instrument de ratification intervenu ultérieurement.

Protocole additionnel [n° 1] du 20 mars 1952,

A la Convention de sauvegarde des droits de l'homme et des libertés fondamentales (Protocole n° 11 du 11 mai 1994).

Les Gouvernements signataires, Membres du Conseil de l'Europe,

Résolus à prendre des mesures propres à assurer la garantie collective de droits et libertés autres que ceux qui figurent déjà dans le titre I de la Convention de sauvegarde des droits de l'homme et des libertés fondamentales, signée à Rome le 4 novembre 1950 (ci-après dénommée « la Convention »),

sont convenus de ce qui suit :

Art. 1er *Protection de la propriété.* Toute personne physique ou morale a droit au respect de ses biens. Nul ne peut être privé de sa propriété que pour cause d'utilité publique et dans les conditions prévues par la loi et les principes généraux du droit international.

Les dispositions précédentes ne portent pas atteinte au droit que possèdent les États de mettre en vigueur les lois qu'ils jugent nécessaires pour réglementer l'usage des biens conformément à l'intérêt général ou pour assurer le paiement des impôts ou d'autres contributions ou des amendes.

COMMENTAIRE

V. sur le Code en ligne.

Plan des annotations

I. PORTÉE DU DROIT GARANTI

A. NOTION DE BIENS

1° CATÉGORIES DE « BIENS »

a. Sont des biens au sens du présent art.

1. Principe. Le présent art. vise tout autant les biens meubles qu'immeubles. • Comm. EDH 8 févr. 1978, *Wiggins c/ Royaume-Uni*, n° 7456/76. ♦ V. pour des pièces de monnaie. • CEDH 24 oct. 1986, *AGOSI c/ Royaume-Uni*, n° 9118/80.

2. La notion de « biens » (en anglais : possessions) du présent art. a une portée autonome qui ne se limite certainement pas à la propriété de biens corporels : certains autres droits et intérêts constituant des actifs peuvent aussi passer pour des « droits de propriété » et donc pour des « biens » aux fins de cette disposition. • CEDH 23 févr. 1995, *Gasus Dosier und Fördertechnik GmbH c/ Pays-Bas*, n° 15375/89 § 53 • CEDH, gr. ch., 25 mars 1999, *Iatridis c/ Grèce*, n° 31107/96 § 54 : *AJDA 2000. 526, chron. Flauss ; JCP 2000. I. 203, chron. Sudre* • CEDH, gr. ch., 5 janv. 2000, *Beyeler c/ Italie*, n° 33202/96 § 100 : *AJDA 2000. 526, chron. Flauss ; RTDH 2003. 223, obs. Tigroudja* • CEDH, gr. ch., 30 nov. 2004, *Oneryildiz c/ Turquie*, n° 48939/99 § 124 : *D. 2002. 2568, obs. Birsan ; JCP 2002. I. 157, chron. Sudre* • CEDH, gr. ch., 29 mars 2010, *Brosset-Triboulet et a. c/ France*, n° 34078/02 § 65 : *AJDA 2010. 647 ; ibid. 1311, note Canedo-Paris ; ibid. 1515, étude Alhama ; ibid. 2362, chron. Flauss ; D. 2010. 2024, chron. Quézel-Ambrunaz ; ibid. 2183, obs. Mallet-Bricout et Reboul-Maupin ; ibid. 2468, obs. Trébulle ; AJDI 2011. 111, chron. Gilbert ; RDI 2010. 389, obs. Foulquier* • CEDH 18 nov. 2010, *Richet et Le Ber c/ France*, n° 18990/07 § 89 : *Dr. adm. 2011. 18, note Sirinelli.*

3. Si la notion de « biens » contenue à l'art. 1 du Prot. n° 1 recouvre les « biens actuels ». • CEDH 23 nov. 1983, *Van der Mussele c/ Belgique*, n° 8919/80 § 48 • CEDH, décis., 21 oct. 2008, *Alboize-Barthes et Alboize-Montzume*, n° 44421/04 : *RD publ. 2009. 897, note Surrel.* ♦ Elle ne se limite pas non plus aux « biens actuels » et peut également recouvrir des valeurs patrimoniales, y compris des créances, en vertu desquelles le requérant peut prétendre avoir au moins une « espérance légitime » et raisonnable d'obtenir la jouissance effective d'un droit de propriété. • CEDH, gr. ch., 12 juill. 2001, *Prince Hans-Adam II de Liechtenstein c/ Allemagne*, n° 42527/98 § 83 • CEDH, gr. ch., 28 sept. 2004, *Kopecky c/ Slovaquie*, n° 44912/98 § 35 : *D. 2005. 870, obs. Birsan et Renucci ; JCP 2005. I. 103, chron. Sudre* • CEDH, gr. ch., 30 nov. 2004, *Oneryildiz c/ Turquie*, n° 48939/99 § 124 : *préc. note 2* • CEDH 18 nov. 2010, *Richet et Le Ber c/ France*, n° 18990/07 § 89 : *préc. note 2.* ♦ Un revenu futur ne peut ainsi être considéré comme un « bien » que s'il a déjà été gagné ou s'il fait l'objet d'une créance certaine. En outre, un droit de propriété que l'on est dans l'impossibilité d'exercer effectivement ne peut non plus être considéré comme un « bien », même si on a l'espoir de le voir reconnaître, et il en va de même d'une créance conditionnelle s'éteignant du fait de la non-réalisation de la condition • CEDH, gr. ch., 7 juin 2012, *Centro Europa 7 S. R. L. et Di Stefano c/ Italie*, n° 38433/09 § 172. ♦ V. également les références citées note 25.

4. La notion de « biens » est indépendante par rapport aux qualifications formelles du droit interne : ce qui importe c'est de rechercher si les circonstances d'une affaire donnée, considérées dans leur ensemble, peuvent passer pour avoir rendu le requérant titulaire d'un intérêt substantiel protégé par cette disposition. • CEDH, gr. ch., 25 mars 1999, *Iatridis c/ Grèce*, n° 31107/96 § 54 : *préc. note 2* • CEDH, gr. ch., 30 nov. 2004, *Oneryildiz c/ Turquie*, n° 48939/99 § 124 : *préc. note 2* • CEDH, gr. ch., 5 janv. 2000, *Beyeler c/ Italie*, n° 33202/96 § 100 : *préc. note 2*(en l'espèce un tableau) • CEDH, gr. ch., 22 juin 2004, *Broniowski c/ Pologne*, n° 31443/96 § 129 : *D. 2004. 2542, obs. Bîrsan*. ♦ Il ne fait aucun doute que le « droit d'usage » conféré aux requérants était un droit fort et protégé qui représentait un intérêt économique substantiel. Eu égard à la portée autonome du présent art, le « droit d'usage » sur des terres constituait ainsi un « bien » au sens de cette disposition. Cette conclusion vaut aussi pour les droits détenus par des individus sur des bâtiments d'habitation ou des biens meubles. • CEDH, gr. ch., 16 juin 2015, *Chiragov et a. c/ Arménie*, n° 13216/05 § 147.

5. Grille d'analyse. Il est dans l'intérêt de la cohérence globale de la Conv. EDH que la notion autonome de « biens » du présent art. s'interprète de manière à pouvoir se concilier avec celle de « droits patrimoniaux » utilisée dans le contexte de l'art. 6 § 1 Conv. EDH. Il importe de surcroît d'adopter une interprétation du présent art. qui évite les inégalités de traitement fondées sur des distinctions qui, de nos jours, apparaissent illogiques ou injustifiables. • CEDH, gr. ch., 6 juill. 2005, *Stec et a. c/ Royaume-Uni*, n° 65731/01 § 49 : *RD publ. 2006. 813, obs. Surrel ; JCP 2006. I. 109, chron. Sudre.*

1. Biens incorporels

6. Sont des « biens » : des actions. • Comm. EDH 12 oct. 1982, *Bramelid et Malmstrom c/ Suède*, n° 8588/79 • CEDH 25 juill. 2002, *Sovtransavto Holding c/ Ukraine*, n° 48553/99 § 91 : *JCP 2003. I. 109, chron. Sudre.* ♦ … Des obligations. • CEDH 21 juill. 2016, *Mamatas et a. c/ Grèce,* n° 63066/14 (renvoi en Grande Chambre). ♦ ... Des parts sociales. • Comm. EDH 11 déc. 1986, *Sté S. et T. c/ Suède,* n° 11189/84. ♦ ... Une clientèle qui, revêtant à beaucoup d'égards le caractère d'un droit privé, peut s'analyser en une valeur patrimoniale. • CEDH 26 juin 1986, *Van Marle c/ Pays-Bas,* n° 8543/79 § 41 : *CDE 1988. 446, obs. Cohen-Jonathan ; AFDI 1987. 329, obs. Coussirat-Coustère ; JDI 1987. 785, obs. Rolland et Tavernier* • CEDH, gr. ch., 25 mars 1999, *Iatridis c/ Grèce,* n° 31107/96 § 54 : *préc. note 2.* ♦ ... Des brevets. • Comm. EDH 4 oct. 1990, *Smith Kline et French laboratories Ltd c/ Pays-Bas,* n° 12633/87. ♦ ... Une marque commerciale. • CEDH, gr. ch., 11 janv. 2007, *Anheuser-Busch Inc. c/ Portugal,* n° 73049/01 § 78 : *JCP E 2007. 1409, note Zollinger.* ♦ ... Une œuvre de l'esprit protégée par le droit d'auteur. • CEDH 29 janv. 2008, *Balan c/ Moldavie,* n° 19247/03 § 34. ♦ ... La valeur des actifs incorporels (*goodwill*) • CEDH, décis., 25 janv. 2000, *Ian Edgar (Liverpool) Limited c/ Royaume-Uni,* n° 37683/97 • CEDH 13 mars 2012, *Malik c/ Royaume-Uni,* n° 23780/08 § 93.

7. Il en va également ainsi de certains intérêts économiques tels ceux lié à l'exploitation d'un débit de boisson et le maintien de la licence. • CEDH 7 juill. 1989, *Suède,* n° 10873/84 § 53. ♦ ... Le droit de tirer un profit des biens dont on est propriétaire. • CEDH 18 févr. 1991, *Suède (n° 1),* n° 12033/86 § 46 • CEDH, gr. ch., 19 juin 2006, *Pologne,* n° 35014/97 : *ADJA 2006. 1717, chron. Flauss ; RTD civ. 2006. 719, obs. Marguénaud* . ♦ ... De l'exercice d'une activité commerciale. • CEDH 7 juin 2018, *Irlande,* n° 44460/16 § 85 s.

8. Il en va ainsi encore de droits successoraux dès lors que la succession est ouverte. • CEDH 28 oct. 1987, *Inze c/ Autriche,* n° 8695/79 § 38 • CEDH 1er févr. 2000, *Mazurek c/ France,* n° 34406/97 § 42 • CEDH, gr. ch., 7 févr. 2013, *Fabris c/ France,* n° 16574/08 § 55 : *D. 2013. 434, obs. Gallmeister ; AJ fam. 2013. 189, obs. Levillain ; AJDA 2013. 1794, chron. Burgogue-Larsen ; RTD civ. 2013. 333, obs. Marguénaud ; ibid. 358, obs. Hauser .* ♦ ... D'une sûreté. • CEDH 23 févr. 1995, *Gasus Dosier und Fördertechnik GmbH c/ Pays-Bas,* n° 15375/89 § 53.

2. Créances

9. Créances constituées. La notion de « biens » peut recouvrir des valeurs patrimoniales, y compris des créances dès lors qu'elles sont suffisamment établies pour être exigibles. • CEDH 9 déc. 1994, *Raffineries grecques Stran et Stratis Andreadis c/ Grèce,* n° 13427/87 § 59 • CEDH 7 mai 2002, *Bourdov c/ Russie,* n° 59498/00 § 40 • CEDH, gr. ch., 3 avr. 2012, *Kotov c/ Russie,* n° 54522/00 § 90 • CEDH 24 sept. 2013, *Luca c/ Italie,* n° 43870/04 § 50. ♦ ... Et qu'elles ne constituent pas un simple droit éventuel. • CEDH 14 déc. 1999, *Antonakopoulos, Vortsela et Antonakopoulou c/ Grèce,* n° 37098/97 § 31 • CEDH 28 mars 2000, *Dimitrios Georgiadis c/ Grèce,* n° 41209/98 § 32.

10. Si les titulaires de droits de créances pécuniaires peuvent, en général, se prévaloir de droits fermes et intangibles, il n'en est pas de même en matière d'urbanisme ou d'aménagement du territoire, domaines portant sur des droits de nature différente et qui sont essentiellement évolutifs. • CEDH 27 avr. 2004, *Espagne,* n° 62543/00 § 70. ♦ Ainsi, en attendant longtemps avant d'entamer les démarches nécessaires pour la construction, le particulier encourt le risque d'un changement de destination de son bien. • CEDH, décis., 24 janv. 2006, *Italie,* n° 72864/01.

11. L'intérêt patrimonial de la requérante à succéder à son mari étant suffisamment important et reconnu, il constitue un « bien » au sens du présent art. • CEDH 19 déc. 2018, *Grèce,* n° 20452/14 § 131.

12. Autres créances. Sont également des « biens » des créances en vertu desquelles le requérant peut prétendre avoir au moins une « espérance légitime » d'obtenir la jouissance effective d'un droit de propriété c'est-à-dire de les voir concrétisés. • CEDH 29 nov. 1991, *Irlande,* n° 12742/87 § 51 : *AFDI 1991. 581, obs. Coussirat-Coustère* • CEDH 20 nov. 1995, *Belgique,* n° 17849/91 § 31 • CEDH, gr. ch., 6 oct. 2005, *Draon et Maurice c/ France,* n° 11810/03 § 63 s. : *AJDA 2005. 1924 ; JCP 2005. 10061, note Zollinger ; ibid. 2006. I. 109, chron. Sudre ; RD publ. 2006. 814, note Surrel.* ♦ Il en va de même lorsque les requérants sont titulaires d'un droit de construire. • CEDH 18 nov. 2010, *Richet et Le Ber c/ France,* n° 18990/07 § 98 : *préc. note 2.*

13. Sont dès lors des « biens » au sens du présent art. : des droits acquis à restitution de sommes versées à l'administration fiscale sur le fondement de dispositions invalidées. • CEDH 23 oct. 1997, *National & Provincial Building society, The Leeds permanent Building society et The Yorkshire Building society c/ Royaume-Uni,* n° 21319/93 § 70 : *JCP 1998. I. 107, chron. Sudre.* ♦ ... Une créance sur l'État en raison de la TVA indûment versée. • CEDH 12 avr. 2002, *SA Dangeville c/ France,* n° 36677/97 § 48 : *AJDA 2002. 500, chron. Flauss ; RFDA 2003. 953, note Dufourcq* • CEDH 22 juill. 2003, *Cabinet Diot et SA Gras Savoye c/ France,* n° 49217/99 § 28. ♦ ... Un crédit d'impôt. • CEDH 3 juill. 2003, *Buffalo SRL en liquidation c/ Italie,* n° 38746/97 § 31 : *JCP 2004. I. 107, chron. Sudre.* ♦ ... Un remboursement d'un impôt ou taxe reconnus comme indûment versés en vertu d'une décision de justice définitive. • CEDH 9 mars 2006, *Eko-Elda AVEE c/ Grèce*, n° 10162/02 § 27.

14. Notion d'espérance légitime. Il y a une différence entre un simple espoir, si compréhensible soit-il, et une espérance légitime, qui doit être de nature plus concrète et se fonder sur une disposition légale ou un acte juridique. • CEDH, gr. ch., décis., 10 juill. 2002, *Gratzinger et Gratzingerova c/ République tchèque*, n° 39794/98 § 73 • CEDH, gr. ch., 13 déc. 2016, *Belane Nagy c/ Hongrie*, n° 53080/13 § 75 : *AJDA 2017. 157, chron. Burgorgue-Larsen*.

15. Constitue une espérance légitime : l'existence d'une base suffisante en droit interne tel qu'interprété par les juridictions internes pour que l'on puisse qualifier la créance du requérant de « valeur patrimoniale » aux fins du présent art. • CEDH, gr. ch. 28 sept. 2004, *Kopecky c/ Slovaquie*, n° 44912/98 § 54 : *préc. note 3* • CEDH 18 nov. 2010, *Richet et Le Ber c/ France*, n° 18990/07 § 89 : *préc. note 2.* • CEDH, gr. ch., 7 juin 2012, *Centro Europa 7 S. R. L. et Di Stefano c/ Italie*, n° 38433/09 § 173. ♦ ... Des cotisations obligatoires, par exemple à une caisse de retraite ou à un régime d'assurance sociale, qui peuvent créer un droit patrimonial protégé par le présent art. avant même que le cotisant ne remplisse toutes les conditions pour percevoir effectivement la pension ou une autre prestation. • CEDH, gr. ch., 13 déc. 2016, *Belane Nagy c/ Hongrie*, n° 53080/13 § 83 : *préc. note 14.* ♦ L'espérance légitime, compte tenu de la jurisprudence de l'époque, résidait dans le fait que le prêteur serait déchu de son droit aux intérêts. • CEDH 14 févr. 2006, *Lecarpentier et a. c/ France*, n° 67847/01 § 26 s. : *D. 2006. 717, obs. Rondey* ; *RDI 2006. 458, obs. Heugas-Darraspen* ; *RTD civ. 2006. 261, obs. Marguénaud* ; *RTD com. 2006. 462, obs. Legeais* ; *JCP 2006. I. 164, chron. Sudre ; ibid. 10171, note Thioye* • CEDH 3 oct. 2006, *Achache c/ France*, n° 16043/03 § 29. ♦ Rappr. s'agissant de l'intervention d'une loi de validation revenant sur une jurisprudence traditionnelle sur un mode de calcul de rémunération. • CEDH 9 janv. 2007, *Aubert et a. c/ France*, n° 31501/03 § 74 : *RDSS 2007. 315, note Boulmier*. ♦ L'espérance légitime de la requérante, qui se rattachait à des intérêts patrimoniaux tels que l'exploitation d'un réseau de télévision analogique en vertu de la concession, était suffisamment fondée pour constituer un intérêt substantiel, et donc un « bien ». • CEDH, gr. ch., 7 juin 2012, *Centro Europa 7 S.R.L. et Di Stefano c/ Italie*, n° 38433/09 § 179.

16. Il en va de même de la tolérance des autorités pouvant s'analyser en une reconnaissance *de facto* de l'intérêt patrimonial. • CEDH 16 févr. 2006, *Osman c/ Bulgarie*, n° 3233/98 § 96. ♦ ... De l'inaction des autorités pendant une longue période. • CEDH 27 nov. 2007, *Hamer c/ Belgique*, n° 21861/03 § 74 : *D. 2008. 884, note Marguénaud*.

17. En revanche, il ne ressort ni du libellé de la Déclaration commune ni de la teneur de l'arrêt de la Cour constitutionnelle fédérale que les requérants avaient eu une « espérance légitime » allant au-delà du cadre fixé par cette loi, et fondée sur une réclamation pendante et exécutoire dont les requérants pouvaient escompter qu'elle serait admise. • CEDH, gr. ch., 2 mars 2005, *Von Maltzan et a. c/ Allemagne*, n° 71916/01 § 92. ♦ V. déjà. • CEDH 4 mars 2003, *Jantner c/ Slovaquie*, n° 39050/97 § 33. ♦ De même, une perte de revenu futur ne relève pas du champ d'application de l'art. • CEDH, décis., 25 janv. 2000, *Ian Edgar (Liverpool) Limited c/ Royaume-Uni*, n° 37683/97 • CEDH 13 mars 2012, *Malik c/ Royaume-Uni*, n° 23780/08 § 93. ♦ De même, un simple intérêt économique ne peut caractériser une espérance légitime. • CEDH, gr. ch., 11 janv. 2007, *Anheuser-Busch Inc. c/ Portugal*, n° 73049/01 § 78 : *préc. note 6.*

3. Prestations sociales

18. Les principes gouvernant la mise en œuvre du présent art. gardent toute leur pertinence lorsqu'il s'agit de prestations sociales. Dès lors qu'un État contractant met en place une législation prévoyant le versement automatique d'une prestation sociale – que l'octroi de cette prestation dépende ou non du versement préalable de cotisations –, cette législation doit être considérée comme engendrant un intérêt patrimonial relevant du champ d'application du présent art. pour les personnes remplissant ses conditions. • CEDH, gr. ch., décis., 6 juill. 2005, *Stec et a. c/ Royaume-Uni*, n° 65731/01 § 54 : *préc. note 5* • CEDH 15 sept. 2009, *Moskal c/ Pologne*, n° 10373/05 § 38 : *AJDA 2010. 997, obs. Flauss* • CEDH, gr. ch., 16 mars 2010, *Carson et a. c/ Royaume-Uni*, n° 42184/05 § 63 • CEDH, gr. ch., 7 juill. 2011, *Stummer c/ Autriche*, n° 37452/02 § 82 • CEDH 14 févr. 2012, *B. c/ Royaume-Uni*, n° 36571/06 § 36 • CEDH 17 avr. 2012, *Grudic c/ Serbie*, n° 31925/08 § 72 • CEDH 12 oct. 2004, *Kjartan Asmundsson c/ Islande*, n° 60669/00 § 39 : *AJDA 2005. 541, chron. Flauss*.

19. Est encore un droit patrimonial au sens de l'art. une prestation sociale comme par exemple le droit à des prestations de sécurité sociale, à un droit de propriété au sens de cette disposition dans le cas d'une personne qui avait payé des cotisations à un régime de sécurité sociale lui permettant de bénéficier ultérieurement des prestations en question. • Comm. EDH rapport, 1er oct. 1975, *Müller c/ Autriche*, n° 5849/72 • Comm. EDH 14 mai 1984, *G. c/ Autriche*, n° 10094/82. ♦ ... Le droit à l'allocation d'urgence dans la mesure où il est prévu par la législation applicable. • CEDH 16 sept. 1996, *Gaygusuz c/ Autriche,* n° 17371/90 § 41 : *D. 1998. 438, note Marguénaud et Mouly ; AFDI 1996. 740, obs. Coussirat-Coustère ; JCP 1997. I. 4000, chron. Sudre.* ♦ ... Une allocation de veuve. • CEDH 11 juin 2002, *Royaume-Uni,* n° 36042/97 § 32. ♦ ... Une allocation de retraite. • CEDH 26 nov. 2002, *Buchen c/ Rép. tchèque,* n° 36541/97 § 46 • CEDH 15 sept. 2009, *Moskal c/ Pologne,* n° 10373/05 § 38 : *préc. note 18* • CEDH, gr. ch., 5 sept. 2017, *Fabian c/ Hongrie,* n° 78117/13 § 62 : *AJDA 2017. 1638 ; ibid. 2018. 150 Chron. Burgorgue-Larsen.* ♦ ... Une pension de vieillesse. • CEDH 3 mars 2011, *Klein c/ Autriche,* n° 57028/00 § 45 : *RFDA 2012. 455, chron. Labayle et Sudre .* ♦ ... Une allocation pour adulte handicapé. • CEDH 30 sept. 2003, *Koua Poirrez c/ France,* n° 40892/98 § 38 : *JCP 2004. I. 107, chron. Sudre : RD publ. 2004. 845, obs. Sudre.* ♦ Sur les discriminations en matière d'allocation, V. ss. Conv. EDH, art. 14.

20. Le critère pertinent consiste à rechercher si, n'eût été la condition d'octroi litigieuse, les intéressés auraient eu un droit, sanctionnable devant les tribunaux internes, à percevoir la prestation en cause. Si le présent protocole ne comporte pas un droit à percevoir des prestations sociales, de quelque type que ce soit, lorsqu'un État décide de créer un régime de prestations il doit le faire d'une manière compatible avec l'art. 14. • CEDH, gr. ch., 6 juill. 2005, *Stec et a. c/ Royaume-Uni,* n° 65731/01 § 55 : *préc. note 5* • CEDH, gr. ch., 12 avr. 2006, *Stec et a. c/ Royaume-Uni,* n° 65731/01 § 53 : *JCP 2006. I. 164, chron. Sudre.* ♦ A supposer même que le présent art. garantisse des prestations aux personnes qui ont cotisé à un régime de sécurité sociale, il ne saurait s'interpréter comme ouvrant à ces personnes droit à une pension d'un montant déterminé. • CEDH 12 oct. 2004, *Kjartan Asmundsson c/ Islande,* n° 60669/00 § 39 : *préc. note 18.*

4. Versements obligatoires

21. Sont encore des biens au sens du présent art. des sommes à verser dans le cadre de la loi sur l'impôt. • Comm. EDH 11 déc. 1986, *Sté S. et T. c/ Suède,* n° 11189/84. ♦ ... Des cotisations sociales obligatoires. • CEDH 21 févr. 1997, *Van Raalte c/ Pays-Bas,* n° 20060/92 § 45 : *JCP 1998. I. 107, chron. Sudre.*

b. Ne sont pas des biens au sens du présent article

22. Acquisition de propriété. Le présent art. visé ne garantit pas un droit à acquérir des biens. • CEDH 23 nov. 1983, *Van der Mussele c/ Belgique,* n° 8919/80 § 48 • CEDH, gr. ch., 23 janv. 2002, *Slivenko et a. c/ Lettonie,* n° 48321/99 § 121 • CEDH, gr. ch., 28 sept. 2004, *Kopecky c/ Slovaquie,* n° 44912/98 § 35 : *préc. note 3.*

23. La présente disposition ne garantit pas le droit d'acquérir des biens par voie de succession *ab intestat* ou de libéralités. • CEDH 13 juin 1979, *Marckx c/ Belgique,* n° 6833/74 § 50 : *CDE 1980. 473, obs. Cohen-Jonathan ; AFDI 12980. 317, obs. Pelloux ; JDI 1982. 183, obs. Rolland* • CEDH 22 déc. 2004, *Merger et Cros c/ France,* n° 68864/01 § 37 : *RTD civ. 2005. 335, obs. Marguénaud* • CEDH, décis., 21 oct. 2008, *Alboize-Barthes et Alboize-Montzume,* n° 44421/04 : *préc. note 3.*

24. Survivance d'un droit de propriété. La privation d'un droit de propriété ou d'un autre droit réel constitue en principe un acte instantané et ne crée pas une situation continue de « privation d'un droit ». • Comm. EDH 4 mars 1996, *Brezny c/ Rép. slovaque,* n° 23131/93. • Comm. EDH 4 mars 1996, *Mayer et a. c/ Allemagne,* n° 19048/91 • CEDH, gr. ch. décis., 13 déc. 2000, *Malhous c/ Rép. tchèque,* n° 33071/96 • CEDH, gr. ch., 28 sept. 2004, *Kopecky c/ Slovaquie,* n° 44912/98 § 35 : *préc. note 3.*

25. Dès lors, ne sont pas des biens au sens du présent art. : l'espoir de voir reconnaître la survivance d'un ancien droit de propriété qu'il est depuis bien longtemps impossible d'exercer effectivement. • Comm. EDH 4 mars 1996, *Mayer et a. c/ Allemagne,* n° 19048/91 • CEDH, gr. ch., 13 déc. 2000, *Malhous c/ Rép. tchèque,* n° 33071/96 • CEDH, gr. ch., 12 juill. 2001, *Prince Hans-Adam II de Liechtenstein c/ Allemagne,* n° 42527/98 § 83 • CEDH 26 nov. 2002, *Mosteanu et a. c/ Roumanie,* n° 33176/96 § 54 • CEDH, gr. ch., 28 sept. 2004, *Kopecky c/ Slovaquie,* n° 44912/98 § 35 : *préc. note 3.* ♦ Rappr. • Comm. EDH 4 oct. 1977, *X., Y. et Z. c/ Allemagne,* n° 7655/76. ♦ ... Une créance conditionnelle s'éteignant du fait de la non-réalisation de la condition. • Comm. EDH 5 oct. 1978, *Mario de Napoles Pacheco c/ Belgique,* n° 7775/77 • Comm. EDH 4 mars 1996, *Brezny c/ Rép. slovaque,* n° 23131/93 • Comm. EDH 4 mars 1996, *Mayer et a. c/ Allemagne : préc.* • CEDH, gr. ch., décis., 13 déc. 2000, *Malhous c/ Rép. tchèque,* n° 33071/96 • CEDH, gr. ch., 12 juill. 2001, *Prince Hans-Adam II de Liechtenstein c/ Allemagne : préc.* • CEDH, gr. ch., 10 juill. 2002, *Gratzinger et Gratzingerova c/ Rép. tchèque,* n° 39794/98 § 69 • CEDH, gr. ch., 28 sept. 2004, *Kopecky c/ Slovaquie,* n° 44912/98 § 35 : *préc. note 3.*

26. Dans le cadre de la loi sur le droit au logement opposable, le droit à un « bail social » n'est pas un « bien » au sens du présent art. • CEDH 9 avr. 2015, *Tchokontio Happi c/ France,* n° 65829/12 § 60.

c. Cas des restitutions

27. Le présent art. ne peut être interprété comme faisant peser sur les États contractants une obligation générale de restituer les biens leur ayant été transférés avant qu'ils ne ratifient la Conv. De même, il n'impose aux États contractants aucune restriction à leur liberté de déterminer le champ d'application des législations qu'ils peuvent adopter en matière de restitution de biens et de choisir les conditions auxquelles ils acceptent de restituer des droits de propriété aux personnes dépossédées. • CEDH 4 mars 2003, *Jantner c/ Slovaquie,* n° 39050/97 § 34 • CEDH, gr. ch., 28 sept. 2004, *Kopecky c/ Slovaquie,* n° 44912/98 § 35 : *préc. note 3.* ♦ Les États contractants disposent d'une ample marge d'appréciation relativement à l'opportunité d'exclure certaines catégories d'anciens propriétaires de pareil droit à restitution. Là où des catégories de propriétaires sont ainsi exclues, une demande de restitution émanant d'une personne relevant de l'une de ces catégories est inapte à fournir la base d'une « espérance légitime » appelant la protection du présent art. • CEDH, gr. ch., 10 juill. 2002, *Gratzinger et Gratzingerova c/ Rép. tchèque,* n° 39794/98 § 70 à 74 • CEDH, gr. ch., 28 sept. 2004, *Kopecky c/ Slovaquie,* n° 44912/98 § 35 : *préc. note 3.*

28. Cependant, lorsqu'un État contractant, après avoir ratifié la Conv. EDH, y compris le présent Protocole, adopte une législation prévoyant la restitution totale ou partielle de biens confisqués en vertu d'un régime antérieur, semblable législation peut être considérée comme engendrant un nouveau droit de propriété protégé par le présent art. dans le chef des personnes satisfaisant aux conditions de restitution. Le même principe peut s'appliquer à l'égard des dispositifs de restitution ou d'indemnisation établis en vertu d'une législation adoptée avant la ratification de la Conv. EDH si pareille législation demeure en vigueur après la ratification du présent Protocole. • CEDH, gr. ch., 28 sept. 2004, *Kopecky c/ Slovaquie,* n° 44912/98 § 35 : *préc. note 3.* ♦ Rappr. • CEDH, gr. ch., 22 juin 2004, *Broniowski c/ Pologne,* n° 31443/96 § 125 : *préc. note 4* • CEDH 31 mai 2012, *Vasilev et Doycheva c/ Bulgarie,* n° 14966/04 § 40.

2° Droit de propriété et notion de « biens »

29. Principe. En reconnaissant à chacun le droit au respect de ses biens, le présent art. garantit en substance le droit de propriété. • CEDH 13 juin 1979, *Marckx c/ Belgique,* n° 6833/74 § 63 : *préc. note 23* • CEDH 24 oct. 1986, *Agosi c/ Royaume-Uni,* n° 9118/80 § 48 • CEDH 28 oct. 1987, *Inze c/ Autriche,* n° 8695/79 § 38 • CEDH 25 mars 1999, *Iatridis c/ Grèce,* n° 31107/96 § 55 : *préc. note 2.* ♦ Les mots « biens », « propriété », « usage des biens », en anglais « *possessions* » et « *use of property* », le donnent nettement à penser ; de leur côté, les travaux préparatoires le confirment sans équivoque : les rédacteurs n'ont cessé de parler de « droit de propriété » pour désigner la matière des projets successifs d'où est sorti l'actuel art. Or le droit de disposer de ses biens constitue un élément traditionnel fondamental du droit de propriété. • CEDH 13 juin 1979, *Marckx c/ Belgique,* n° 6833/74 § 63 : *préc.*

30. Lien entre « propriété » et « biens ». Le fait pour les lois internes d'un État de ne pas reconnaître un intérêt particulier comme « droit », voire comme « droit de propriété », ne s'oppose pas à ce que l'intérêt en question puisse néanmoins, dans certaines circonstances, passer pour un « bien » au sens du présent art. • CEDH, gr. ch., 29 mars 2010, *Brosset-Triboulet et a. c/ France,* n° 34078/02 § 71 : *préc. note 2* • CEDH 29 mars 2010, *Depalle c/ France,* n° 34044/02 § 68. ♦ V. également les affaires mentionnées note 4.

31. Le droit au respect des biens peut être invoqué en l'absence de tout titre de propriété sur le bien considéré. Ainsi, la question de la propriété du terrain sur lequel se situait le cinéma litigieux faisait depuis 1953 l'objet d'une contestation entre le bailleur du cinéma et l'État et au jour de l'adoption du présent arrêt cette contestation n'avait pas encore été levée. Pour se prononcer en l'espèce, la Cour n'a pas à se substituer aux juridictions nationales et à déterminer si le terrain litigieux appartenait à l'État ou si le contrat passé entre le requérant et les héritiers de K. N. était nul selon le droit grec. Elle se limite à constater que le requérant avait exploité – en vertu d'un contrat signé en bonne et due forme – le cinéma pendant 11 ans avant son expulsion sans avoir été inquiété par les autorités, grâce à quoi il avait constitué une clientèle, qui s'analyse en une valeur patrimoniale. • CEDH, gr. ch., 25 mars 1999, *Iatridis c/ Grèce,* n° 31107/96 § 54 : *préc. note 2.* ♦ Même s'ils ne possèdent pas de titre de propriété officiel sur les biens litigieux, les requérants avaient soit fait bâtir leurs propres demeures sur des terres appartenant à leurs ascendants soit vécu dans les maisons de leurs parents et cultivé la terre dont ceux-ci étaient propriétaires. En outre, les requérants avaient des droits incontestés sur les terrains communaux du village – tels que les terres de pacage, les zones de parcours et les fonds forestiers – et gagnaient leur vie grâce à l'élevage et l'exploitation du bois. • CEDH 24 juin 2004, *Dogan et a. c/ Turquie,* n° 8803/02 § 139 : *JCP 2004. I. 161 chron. Sudre.* ♦ Nul n'a contesté devant la Cour que l'habitation du requérant était érigée en violation de la réglementation turque en matière d'aménagement urbain et contrevenait aux normes techniques en la matière, ni le fait que le terrain ainsi occupé appartenait au Trésor public. • CEDH, gr. ch., 30 nov. 2004, *Oneryildiz c/ Turquie,* n° 48939/99 § 125 : *préc. note 2.* ♦ S'agissant des constructions légères bâties par les requérants, la Cour constate que les intéressés ne pouvaient sans doute pas s'en prétendre propriétaires en droit interne, celles-ci ayant été réalisées sur un terrain qui ne leur appartenait pas. A cet égard, la possibilité qu'ils invoquent de se voir reconnaître un titre sur le terrain sur le fondement de la prescription acquisitive relève du domaine de la spéculation. Il n'en demeure pas moins que le terrain avait été mis à leur disposition par la coopérative d'État, ou que celle-ci avait du moins toléré son occupation, et qu'ils avaient bâti et fait usage des constructions en question pendant plusieurs années, sans être inquiétés par la coopérative, ni par d'autres autorités publiques. • CEDH 16 févr. 2006, *Osman c/ Bulgarie,* n° 3233/98 § 96. ♦ Rappr. • CEDH 27 nov. 2007, *Hamer c/ Belgique,* n° 21861/03 § 85 : *préc. note 16.*

32. Constructions édifiées irrégulièrement. La construction litigieuse a existé pendant 27 ans avant que l'infraction ne soit constatée par les autorités internes. Or, le constat des manquements à la législation urbanistique relève incontestablement de la responsabilité des autorités, de même que l'affectation des moyens qui sont nécessaires pour ce faire. On pourrait même considérer que les autorités avaient connaissance de l'existence de la construction litigieuse puisque la requérante a notamment payé des impôts relatifs à cette construction, comme son père l'avait d'ailleurs fait avant elle. Après l'écoulement d'une telle période, l'intérêt patrimonial de la requérante à jouir de sa maison de vacances était suffisamment important et reconnu pour constituer un intérêt substantiel et donc un « bien » au sens du présent art. • CEDH 27 nov. 2007, *Hamer c/ Belgique,* n° 21861/03 § 76 : *préc. note 16.*

33. L'imprescriptibilité et l'inaliénabilité du domaine public n'ont pas empêché la Cour de conclure à la présence de « biens » au sens de cette disposition. • CEDH 22 juill. 2008, *Koktepe c/ Turquie,* n° 35785/03 • CEDH 8 juill. 2008, *Turgut et a. c/ Turquie,* n° 1411/03 • CEDH 10 mars 2009, *Satir c/ Turquie,* n° 36192/03. ♦ Si par une application stricte des principes régissant la domanialité publique – lesquels n'autorisent que des occupations privatives précaires – les juridictions nationales ont exclu la reconnaissance aux requérantes d'un droit réel sur la maison, la circonstance de la très longue durée de l'occupation n'ayant eu, à leurs yeux, aucune incidence sur l'appartenance des lieux au domaine public maritime, inaliénable et imprescriptible, il faut pourtant admettre que le temps écoulé a fait naître l'existence d'un intérêt patrimonial des requérantes à jouir de la maison, lequel était suffisamment reconnu et important pour constituer un « bien » au sens du présent art. • CEDH, gr. ch., 29 mars 2010, *Brosset-Triboulet et a. c/ France,* n° 34078/02 § 69 et 71 : *préc. note 2* • CEDH 29 mars 2010, *Depalle c/ France,* n° 34044/02 § 68 • CEDH 23 sept. 2014, *Valle pierimpié societa agricola SPA c/ Italie,* n° 46154/11 § 50 s. : *AJDA 2014. 2273, obs. Hostiou ; ibid. 2015. 150, chron. Burgorgue-Larsen .*

B. SENS DU PRÉSENT ARTICLE

34. L'exercice réel et efficace du droit que cette disposition garantit ne saurait en effet dépendre uniquement du devoir de l'État de s'abstenir de toute ingérence et peut exiger des mesures positives de protection, notamment là où il existe un lien direct entre les mesures qu'un requérant pourrait légitimement attendre des autorités et la jouissance effective par ce dernier de ses biens. • CEDH, gr. ch., 22 juin 2004, *Broniowski c/ Pologne,* n° 31443/96 § 143 : *préc. note 4* • CEDH, gr. ch., 30 nov. 2004, *Oneryildiz c/ Turquie,* n° 48939/99 §134 : *préc. note 2* • CEDH 29 janv. 2013, *Zolotas c/ Grèce (n° 2),* n° 66610/09 § 39 : *RTD civ. 2013. 336, obs. Marguénaud .* ♦ En ce qui concerne le présent art., les obligations positives peuvent conduire l'État à devoir prendre les mesures nécessaires à la protection du droit de propriété. • CEDH, gr. ch., 16 juill. 2014, *Alisic et a. c/ Bosnie-Herzégovine, Croatie, Serbie, Slovénie et ex-République yougoslave de Macédoine,* n° 60642/08 § 100.

35. La frontière entre les obligations positives et les obligations négatives de l'État au titre du présent art. ne se prête pas à une définition précise. Les principes applicables sont néanmoins comparables. Que l'on analyse l'affaire sous l'angle d'une obligation positive à la charge de l'État ou sous celui d'une ingérence des pouvoirs publics demandant une justification, les critères à appliquer ne sont pas différents en substance. Dans les deux cas, il faut avoir égard au juste équilibre à ménager entre les intérêts concurrents de l'individu et de la société dans son ensemble. Il est vrai également que les objectifs énumérés au § 2 peuvent jouer un certain rôle dans l'appréciation de la question de savoir si un équilibre entre les exigences de l'intérêt public et le droit de propriété fondamental du requérant a été ménagé. Dans les deux hypothèses, l'État jouit d'une certaine marge d'appréciation pour déterminer les dispositions à prendre afin d'assurer le respect de la Conv. EDH. • CEDH, gr. ch., 16 juill. 2014, *Alisic et a. c/ Bosnie-Herzégovine, Croatie, Serbie, Slovénie et ex-République yougoslave de Macédoine,* n° 60642/08 § 101.

36. Le présent art. contient trois normes distinctes. La première, d'ordre général, énonce le principe du respect de la propriété ; elle s'exprime dans la première phrase du § 1. La deuxième vise la privation de propriété et la soumet à certaines conditions ; elle figure dans la seconde phrase du § 1. Quant à la troisième elle reconnaît aux États le pouvoir, entre autres, de réglementer l'usage des biens conformément à l'intérêt général et en mettant en vigueur les lois qu'ils jugent nécessaires à cette fin ; elle ressort du § 2. • CEDH 23 sept. 1982, ⛫ *Suède,* n° 7151/75 § 61 • CEDH 24 oct. 1986, ⛫ *Royaume-Uni,* n° 9118/80 § 48 • CEDH 23 avr. 1987, ⛫ *Autriche,* n° 9616/81 § 75 • CEDH 12 nov. 2002, ⛫ *Rép. tchèque,* n° 46129/99 § 63 • CEDH, gr. ch., 11 déc. 2018, *Slovénie,* n° 36480/07 § 92. ♦ La deuxième et la troisième, qui ont trait à des exemples particuliers d'atteintes au droit de propriété, doivent s'interpréter à la lumière du principe consacré par la première. • CEDH, gr. ch., 25 mars 1999, ⛫ *Grèce,* n° 31107/96 § 55 : *préc. note 2* • CEDH 12 nov. 2002, ⛫ *Rép. tchèque,* n° 46129/99 § 69 • CEDH, gr. ch., 22 juin 2004, ⛫ *Pologne,* n° 31443/96 § 134 : *préc. note 4* • CEDH, gr. ch., 19 juin 2006, ⛫ *Pologne,* n° 35014/97 § 157 : *préc. note 7* • CEDH, gr. ch., 29 mars 2006, ⛫ *Italie (n° 1),* n° 36813/97 § 78 : *D. 2004. 2540, obs. Fricero* ✎ • CEDH 23 juill. 2009, ⛫ *France,* n° 1946/06 § 35 • CEDH, gr. ch., 25 oct. 2012, *Lettonie,* n° 71243/01 § 93 • CEDH 3 oct. 2013, ⛫ *Grèce,* n° 25816/09 § 36.

37. Base légale. Le présent art. exige, avant tout et surtout, qu'une ingérence de l'autorité publique dans la jouissance du droit au respect des biens soit légale : la seconde phrase du 1er al. de cet art. n'autorise une privation de propriété que « dans les conditions prévues par la loi » ; le second al. reconnaît aux États le droit de réglementer l'usage des biens en mettant en vigueur des « lois ». • CEDH 29 oct. 2013, ⛫ *Varvara c/ Italie,* n° 17475/09 § 84 • CEDH, gr. ch., 11 déc. 2018, *Slovénie,* n° 36480/07 § 94.

38. Dès lors que l'infraction par rapport à laquelle la confiscation a été infligée au requérant n'était pas prévue par la loi au sens de l'art. 7 Conv. EDH et était arbitraire, cette conclusion conduit à dire que l'ingérence dans le droit au respect des biens du requérant était contraire au principe de la légalité et était arbitraire et qu'il y a eu violation du présent art. Cette conclusion dispense de rechercher s'il y a eu rupture du juste équilibre. • CEDH 29 oct. 2013, ⛫ *Italie,* n° 17475/09 § 85.

39. Proportionnalité. La Cour doit rechercher si un juste équilibre a été maintenu entre les exigences de l'intérêt général de la communauté et les impératifs de la sauvegarde des droits fondamentaux de l'individu inhérent à l'ensemble de la Conv. EDH, le souci d'assurer un tel équilibre se reflète aussi dans la structure du présent art. • CEDH 23 sept. 1982, ⛫ *Suède,* n° 7151/75 § 69 • CEDH 22 sept. 1994, ⛫ *Hentrich c/ France,* n° 13616/88 § 49 : *D. 1995. 465, note Fiorina* ✎ ; *RSC 1995. 397, obs. Massias ; AFDI 1994. 658 obs. Coussirat-Coustère ; JDI 1996. 235, obs. Decaux et Tavernier ; JCP 1995. 22374, note Le Gall et Gérard ; ibid. 1996. I. 3910, chron. Sudre* • CEDH 14 févr. 2006, ⛫ *Lecarpentier et a. c/ France,* n° 67847/01 § 52 : *préc. note 14* • CEDH 19 sept. 2006, ⛫ *Maupas et a. c/ France,* n° 13844/02 § 19 : *AJDA 2007. 180, note Hostiou* ✎ • CEDH 9 janv. 2007, *Aubert et a. c/ France,* n° 31501/03 § 88 : *préc. note 14* • CEDH, gr. ch., 11 déc. 2018, *Slovénie,* n° 36480/07 § 109.

40. Indemnisation. Afin d'apprécier si la mesure litigieuse respecte le juste équilibre voulu et, notamment, si elle ne fait pas peser sur le requérant une charge disproportionnée, il y a lieu de prendre en considération les modalités d'indemnisation prévues par la législation interne. • CEDH 21 mai 2002, ⛫ *Jokela c/ Finlande,* n° 28856/95 § 53.

41. Obligation procédurale. Nonobstant le silence du présent art. en matière d'exigences procédurales, les procédures applicables en l'espèce doivent offrir à la personne concernée une occasion adéquate d'exposer sa cause aux autorités compétentes afin de contester effectivement les mesures portant atteinte aux droits garantis par cette disposition ; pour s'assurer du respect de cette condition, il y a lieu de considérer les procédures applicables d'un point de vue général. • CEDH 24 oct. 1986, ⛫ *AGOSI c/ Royaume-Uni,* n° 9118/80 § 55 • CEDH 21 mai 2002, ⛫ *Jokela c/ Finlande,* n° 28856/95 § 45 • CEDH 19 sept. 2006, ⛫ *Maupas et a. c/ France,* n° 13844/02 § 19 : *préc. note 39* • CEDH 4 oct. 2011, ⛫ *Zafranas c/ Grèce,* n° 4056/08 § 32 • CEDH 4 mars 2014, ⛫ *Grande Stevens c/ Italie,* n° 18640/10 § 188 : *RSC 2014. 110, obs. Stasiak* ✎. ♦ Pour apprécier la proportionnalité de l'ingérence, la Cour a égard au degré de protection offert contre l'arbitraire par les procédures mises en œuvre en l'espèce. • CEDH 22 sept. 1994, ⛫ *Hentrich c/ France,* n° 13616/88 § 45 : *préc. note 39.*

42. Victime sélective de l'exercice du droit de préemption, la requérante a « supporté une charge spéciale et exorbitante », que seule aurait pu rendre légitime la possibilité, qui lui fut refusée, de contester utilement la mesure prise à son égard : il y a donc eu rupture du « juste équilibre devant régner entre la sauvegarde du droit de propriété et les exigences de l'intérêt général ». • CEDH 22 sept. 1994, ⛫ *Hentrich c/ France,* n° 13616/88 § 49 : *préc. note 39.*

43. Le système applicable se caractérise par une certaine rigidité : il n'offre aucun moyen de modifier, avant l'entrée en vigueur d'un plan de remembrement, la situation des propriétaires ou de les dédommager du tort qu'ils peuvent avoir subi jusqu'à l'attribution définitive de la compensation légale en biens-fonds. • CEDH 23 avr. 1987, *Erkner et Hofauer c/ Autriche,* n° 9616/81 § 78. ♦ Le caractère irréfragable d'une présomption justifiant une absence d'indemnisation viole les présentes dispositions. • CEDH 15 nov. 1996, *Katikaridis c/ Grèce,* n° 19385/92 § 49.

II. PRIVATION DU DROIT DE PROPRIÉTÉ

***44.* Notion.** La privation du droit de propriété résulte d'une expropriation formelle, c'est-à-dire d'un transfert de propriété. • CEDH 23 sept. 1982, *Sporrong et Lönnroth c/ Suède,* n° 7151/75 § 63. ♦ ... Ou d'une expropriation de fait qui dépouille du droit d'user, de louer ou de vendre le bien. • CEDH 19 déc. 1989, *Mellacher et a. c/ Autriche,* n° 10522/83 § 44 : *RTDH 1990. 387, note Flauss.*

45. La privation peut résulter : d'une vente forcée. • CEDH 21 févr. 1986, *James et a. c/ Royaume-Uni,* n° 8793/79 § 38. ♦ ... Du vote d'une loi rétroactive privant les requérants de la possibilité d'être indemnisés à raison des « charges particulières » en application d'une jurisprudence bien établie entraînant une ingérence dans l'exercice des droits de créance en réparation que l'on pouvait faire valoir en vertu du droit interne en vigueur jusqu'alors. • CEDH, gr. ch., 6 oct. 2005, *Draon et Maurice c/ France,* n° 11810/03 § 79 et 80 : *préc. note 12* • CEDH 14 févr. 2006, *Lecarpentier et a. c/ France,* n° 67847/01 § 40 : *préc. note 14* • CEDH 9 janv. 2007, *Aubert et a. c/ France,* n° 31501/03 § 78 : *préc. note 14.* ♦ ... D'une acquisition après classement dans le domaine public. • CEDH 23 sept. 2014, *Valle pierimpiè societa agricola SPA c/ Italie,* n° 46154/11 § 62 et 63 : *préc. note 33.*

46. Pour déterminer s'il y a eu privation de biens au sens de la deuxième « norme », il faut non seulement examiner s'il y a eu dépossession ou expropriation formelle, mais encore regarder au-delà des apparences et analyser les réalités de la situation litigieuse. La Conv. EDH visant à protéger des droits « concrets et effectifs », il importe de rechercher si ladite situation équivalait à une expropriation de fait. • CEDH 23 sept. 1982, *Sporrong et Lönnroth c/ Suède,* n° 7151/75 § 63 • CEDH 24 juin 1993, *Papamichalopoulos et a. c/ Grèce,* n° 14556/89 § 42 : *JCP 1994. I. 3742, chron. Sudre* • CEDH 28 oct. 1999, *Brumarescu c/ Roumanie,* n° 28342/95 § 76 : *D. 2000. 187, obs. Fricero* • CEDH 1er oct. 2013, *Huseyin Kaplan c/ Turquie,* n° 24508/09 § 37. ♦ ... A une confiscation de fait. • CEDH 22 mai 1998, *Vasilescu c/ Roumanie,* n° 27053/95 § 51.

47. Les mesures incriminées représentaient une atteinte au droit des requérants au respect de leurs biens, sous la forme d'une privation de propriété ; il échet donc de l'examiner au regard de la seconde phrase du § 1 du présent art. • CEDH 21 févr. 1990, *Hakansson et Sturesson c/ Suède,* n° 11855/85 § 43.

48. Pour être compatible avec le présent art., une mesure de privation de propriété doit remplir trois conditions : elle doit être effectuée « dans les conditions prévues par la loi », ce qui exclut une action arbitraire de la part des autorités nationales, « pour cause d'utilité publique » et dans le respect d'un juste équilibre entre les droits du propriétaire et les intérêts de la communauté. • CEDH, gr. ch., 25 oct. 2012, *Vistins et Perepjolkins c/ Lettonie,* n° 71243/01 § 94.

A. EXISTENCE D'UNE « LOI »

***49.* Principe.** Le présent art. exige, avant tout et surtout, qu'une ingérence de l'autorité publique dans la jouissance du droit au respect des biens soit légale : la seconde phrase du premier al. n'autorise une privation de propriété que « dans les conditions prévues par la loi ». De plus, la prééminence du droit, l'un des principes fondamentaux d'une société démocratique, est inhérente à l'ensemble des art. de la Conv. EDH. • CEDH, gr. ch., 23 nov. 2000, *Ex-roi de Grèce et a. c/ Grèce,* n° 25701/94 § 79 : *AJDA 2003. 603, chron. Flauss ; D. 2003. 2279, obs. Bîrsan ; JCP 2001. I. 291, chron. Sudre* • CEDH 25 mars 1999, *Iatridis c/ Grèce,* n° 31107/96 § 58 : *préc. note 2* • CEDH, gr. ch., 22 juin 2004, *Broniowski c/ Pologne,* n° 31443/96 § 147 : *préc. note 4* • CEDH, gr. ch., 25 oct. 2012, *Vistins et Perepjolkins c/ Lettonie,* n° 71243/01 § 95.

50. Le principe de légalité signifie également l'existence de normes de droit interne suffisamment accessibles, précises et prévisibles. • CEDH, gr. ch., 5 janv. 2000, *Beyeler c/ Italie,* n° 33202/96 § 109 : *préc. note 2.* ♦ V. comm. ss. Préamb. Conv. EDH.

51. Le principe de prééminence du droit implique que la Cour vérifie si la manière dont le droit interne est interprété et appliqué, même en cas de respect des exigences légales, produit des effets conformes aux principes de la Conv. EDH. Dans cette optique, l'élément d'incertitude présent dans la loi et l'ample marge de manœuvre que cette dernière confère aux autorités entrent en ligne de compte dans l'examen de la conformité de la mesure litigieuse aux exigences du juste équilibre. • CEDH, gr. ch., 5 janv. 2000, *Beyeler c/ Italie,* n° 33202/96 § 110 : *préc. note 2.* ♦ La décision a été laissée en vigueur pendant 10 mois avant les autorités aient pris conscience de leur erreur. La Cour souligne que les autorités se doivent d'agir avec les plus grandes précautions lorsqu'elles se prononcent sur des questions présentant une importance vitale pour les personnes, comme les prestations sociales. Les autorités doivent certes pouvoir corriger leurs erreurs, mais elles doivent dans ce cas être particulièrement attentives à ce que les individus n'aient pas à en subir des conséquences excessivement dures. • CEDH 15 sept. 2009, *Moskal c/ Pologne,* n° 10373/05 § 73 s. : *préc. note 18.*

52. En règle générale, la prééminence du droit exige qu'une ingérence se fonde sur un texte d'application générale. Toutefois, dans certaines situations exceptionnelles, la Cour s'est accommodée, fût-ce implicitement, de l'existence de lois spéciales établissant des conditions particulières applicables à une ou plusieurs personnes nommément désignées. • CEDH, gr. ch., 25 oct. 2012, *Vistins et Perepjolkins c/ Lettonie,* n° 71243/01 § 99. ♦ V. déjà. • CEDH, gr. ch., 23 nov. 2000, *Ex-roi de Grèce et a. c/ Grèce,* n° 25701/94 § 80 à 82 : *préc. note 49.* ♦ ... Et plus implicitement encore. • CEDH 9 déc. 1994, *Les saints monastères c/ Grèce,* n° 13092/87 : *AJDA 1995. 212, chron. Flauss ; D. 1996. 329, note Fiorina .*

53. S'agissant de réformes entreprises par un État passé d'un régime totalitaire à la démocratie, que, dans le contexte particulier des États de l'Europe centrale et orientale, la Cour doit prendre en compte les conséquences de la transition vers la démocratie ainsi que les circonstances propres à chaque affaire. • CEDH 15 mars 2007, *Velikova et a. c/ Bulgarie,* n° 43278/98 § 166 • CEDH, gr. ch., 25 oct. 2012, *Vistins et Perepjolkins c/ Lettonie,* n° 71243/01 § 99.

54. Le constat des tribunaux internes quant à l'illégalité de la nationalisation a pour effet de reconnaître, avec effet rétroactif, l'existence d'un droit de propriété sur le bien en question. • CEDH 28 oct. 1999, *Brumarescu c/ Roumanie,* n° 28342/95 § 70 : *préc. note 46.*

55. Étendue du contrôle. Pour le contrôle du respect du droit interne, la Cour ne jouit que d'une compétence limitée. C'est au premier chef aux autorités nationales qu'il appartient d'interpréter et d'appliquer leurs lois • CEDH 7 juill. 1989, *Tre Traktörer Aktiebolag c/ Suède,* n° 10873/84 § 58. ♦ Dès lors, en l'espèce, la Cour n'aperçoit aucune raison de douter : que l'ingérence litigieuse fût conforme à la législation nationale, car elle se fondait clairement sur la loi. • CEDH 25 oct. 1989, *Allan Jacobsson c/ Suède (n° 1),* n° 10842/84 § 57. ♦ ... Que les autorités aient détourné la loi. • CEDH 21 févr. 1990, *Hakansson et Sturesson c/ Suède,* n° 11855/85 § 47.

56. Si le système du droit de préemption ne prête pas à critiques en tant qu'attribut de la souveraineté de l'État, il n'en va pas de même lorsque son exercice est discrétionnaire et qu'en même temps la procédure n'est pas équitable. En l'espèce, la mesure de préemption a joué de manière arbitraire, sélective et guère prévisible, et n'a pas offert les garanties procédurales élémentaires : en particulier, telle qu'interprétée jusqu'alors par la Cour de cassation et qu'appliquée à la requérante, la disposition du CGI ne satisfaisait pas suffisamment aux exigences de précision et de prévisibilité qu'implique la notion de loi au sens de la Conv. EDH. Une décision de préemption ne peut avoir de légitimité en l'absence d'un débat contradictoire et respectueux du principe de l'égalité des armes, qui permette de discuter la question de la sous-évaluation du prix et, par voie de conséquence, la position de l'administration ; autant d'éléments qui ont manqué dans la présente affaire. • CEDH 22 sept. 1994, *Hentrich c/ France,* n° 13616/88 § 42 : *préc. note 39.*

57. La Cour relève aussi que, selon le principe consacré par la Cour de cassation, toute expropriation indirecte a lieu de par l'occupation illégale d'un terrain. Cette illégalité peut exister dès le début ou survenir par la suite. La Cour émet des réserves sur la compatibilité avec le principe de légalité d'un mécanisme qui, de manière générale, permet à l'administration de tirer bénéfice d'une situation illégale et par l'effet duquel le particulier se trouve devant le fait accompli. • CEDH 30 mai 2000, *Belvedere Alberghia Srl c/ Italie,* n° 31524/96 § 59. ♦ Rappr. • CEDH 9 févr. 2017, *Messana c/ Italie,* n° 26128/04 § 38 s. : *JCP Adm. 2017. 159.* ♦ La Cour prend note de l'évolution jurisprudentielle qui a conduit à l'élaboration du principe de l'expropriation indirecte. Elle relève également que ce principe a été transposé dans des textes de loi. Ceci étant, la Cour ne perd pas de vue les applications contradictoires qui ont lieu dans l'historique de la jurisprudence, et relève également des contradictions entre la jurisprudence et les textes de loi écrits susmentionnés. • CEDH 17 mai 2005, *Pasculli c/ Italie,* n° 36818/97 § 85. ♦ L'expropriation indirecte méconnaît le principe de légalité au motif qu'elle n'est pas apte à assurer un degré suffisant de sécurité juridique et qu'elle permet en général à l'administration de passer outre les règles fixées en matière d'expropriation. En effet, dans tous les cas, l'expropriation indirecte vise à entériner une situation de fait découlant des illégalités commises par l'administration, à régler les conséquences pour le particulier et pour l'administration, au bénéfice de celle-ci. • CEDH 15 déc. 2005, *Giacobbe et a. c/ Italie,* n° 16041/02 § 96 • CEDH 5 oct. 2006, *Gianazza c/ Italie,* n° 69878/01 § 46. ♦ Un résultat imprévisible ou arbitraire pour les intéressés subsiste. • CEDH 17 mai 2005, *Scordino c/ Italie (n° 3),* n° 43662/98 § 91 et 92. ♦ Dès lors que dans tous les cas, l'expropriation indirecte vise à entériner une situation de fait découlant des illégalités commises par l'administration, à régler les conséquences pour le particulier et pour l'administration, au bénéfice de celle-ci, le principe de légalité n'est pas satisfait. • CEDH 25 janv. 2007, *Morea c/ Italie,* n° 69269/01 § 47. ♦ Rappr. S'agissant de l'expropriation de fait qui permet à l'administration d'occuper un bien immobilier et d'en transformer irréversiblement la destination, de telle sorte qu'il soit finalement considéré comme acquis au patrimoine public sans qu'il y ait eu le moindre acte formel et déclaratoire du transfert de propriété. • CEDH 27 mai 2010, *Sarica et Dilaver c/ Turquie,* n° 11765/05 § 43.

B. RESPECT DES PRINCIPES GÉNÉRAUX DU DROIT INTERNATIONAL

58. Ces principes ne valent pas pour l'expropriation, par un État, de ses ressortissants. En effet, selon le droit international général lui-même, les principes dont il s'agit s'appliquent aux seuls étrangers. Ils ont été spécifiquement conçus pour ces derniers. En tant que tels, ils ne régissaient pas la manière dont chaque État traite ses nationaux. La référence à ces principes offre, au moins, une double utilité. Tout d'abord, elle permet aux non-nationaux d'utiliser directement le mécanisme de la Conv. EDH pour invoquer leurs droits sur la base des principes pertinents du droit international, sans quoi il leur faudrait essayer d'obtenir le recours à la voie diplomatique ou à d'autres modes disponibles de règlement. Deuxièmement, elle préserve leur situation en empêchant de prétendre que l'entrée en vigueur du présent protocole a eu pour effet de restreindre leurs droits. On notera par ailleurs que le présent art. requiert expressément une privation de propriété opérée « pour cause d'utilité publique » ; pareille exigence figurant depuis toujours parmi les principes généraux du droit international, son insertion eût elle-même été superflue si le présent art. avait abouti à les rendre applicables aux nationaux comme aux étrangers. La Cour en conclut que les principes généraux du droit international ne s'appliquent pas à l'expropriation d'un national par son État. • CEDH 8 juill. 1986, *Lithgow et a. c/ Royaume-Uni,* n° 9006/80 § 111.

C. PRÉSENCE D'UNE CAUSE D'UTILITÉ PUBLIQUE (INTÉRÊT GÉNÉRAL)

59. Notion. Aux yeux de la Cour, quand bien même il existerait des différences, à l'art. 1er (Prot. n° 1), entre les notions d'« utilité publique » et d'« intérêt général », sur le point dont il s'agit, on ne saurait établir entre elles aucune distinction fondamentale comme le font les requérants. On peut attribuer à la notion d'« utilité publique » un sens large, de nature à englober des mesures d'expropriation prises dans le cadre d'une politique de justice sociale. Pareille interprétation concilie le mieux les versions française et anglaise, eu égard à l'objet et au but du présent art. : protéger, avant tout, contre les privations arbitraires de propriété. Dès lors, un transfert de propriété opéré dans le cadre d'une politique légitime – d'ordre social, économique ou autre – peut répondre à l'« utilité publique » même si la collectivité dans son ensemble ne se sert ou ne profite pas elle-même du bien dont il s'agit. • CEDH 21 févr. 1986, *James et a. c/ Royaume-Uni,* n° 8793/79 § 42 et 45. ♦ La Cour parle parfois de l'intérêt général au sens de la seconde phrase du § 1 du présent art. • CEDH 8 juill. 2008, *Turgut et a. c/ Turquie,* n° 1411/03 § 90. ♦ En l'absence de justification à la situation dans laquelle les pouvoirs publics ont placé le requérant et dès lors qu'on ne décèle aucune « cause d'utilité publique » sérieuse de nature à justifier une privation de propriété, il y a violation du présent art. • CEDH 19 juin 2001, *Zwierzynski c/ Pologne,* n° 34049/96 § 72.

1° ÉTENDUE DU CONTRÔLE

60. Grâce à une connaissance directe de leur société et de ses besoins, les autorités nationales se trouvent en principe mieux placées que le juge international pour déterminer ce qui est « d'utilité publique ». Dans le système de protection créé par la Convention, il leur échoit par conséquent de se prononcer les premières tant sur l'existence d'un problème d'intérêt public justifiant des privations de propriété que sur les mesures à prendre pour le résoudre. Dès lors, elles jouissent ici d'une certaine marge d'appréciation, comme en d'autres domaines auxquels s'étendent les garanties de la Conv. EDH. La décision d'adopter des lois portant privation de propriété ou prévoyant une indemnisation par des fonds publics pour des biens expropriés implique d'ordinaire l'examen de questions politiques, économiques et sociales. Estimant normal que le législateur dispose d'une grande latitude pour mener une politique économique et sociale, la Cour a déclaré respecter la manière dont il conçoit les impératifs de l'« utilité publique », sauf si son jugement se révèle manifestement dépourvu de base raisonnable. • CEDH 21 févr. 1986, *James et a. c/ Royaume-Uni,* n° 8793/79 § 46 • CEDH, gr. ch., 23 nov. 2000, *Ex-roi de Grèce et a. c/ Grèce,* n° 25701/94 § 87 : *préc. note 49* • CEDH 5 nov. 2002, *Pincova c/ Rép. tchèque,* n° 36548/97 § 47 et 48 • CEDH, gr. ch., 22 juin 2004, *Broniowski c/ Pologne,* n° 31443/96 § 149 : *préc. note 4* • CEDH, gr. ch., 30 juin 2005, *Jahn et a. c/ Allemagne,* n° 46720/99 § 91 : *RD publ. 2006. 815, note*

Surrel. ♦ V. déjà une première approche. • CEDH 7 déc. 1976, *Handyside c/ Royaume-Uni*, n° 5493/72 § 48 et 63 : *CDE 1978. 350, obs. Cohen-Jonathan ; AFDI 1977. 494, obs. Pelloux ; JDI 1978. 706, obs. Rolland.*

61. La nationalisation est une mesure économique de caractère général, pour laquelle l'État doit conserver une large marge d'appréciation ; elle exige le vote d'une législation définissant une formule commune d'indemnisation. En outre, le système mis en œuvre ne se révèle pas, en principe, inacceptable au regard du présent art. A la lumière de ces éléments et de l'ensemble des autres réflexions, il existe aux yeux de la Cour des motifs suffisants de considérer que le Royaume-Uni avait le droit de décider, dans l'exercice normal de son pouvoir d'appréciation, d'introduire des dispositions ne tenant pas compte de l'évolution ultérieure des sociétés en question. • CEDH 8 juill. 1986, *Lithgow et a. c/ Royaume-Uni*, n° 9006/80 § 143. ♦ Si les États disposent d'une large marge d'appréciation afin de déterminer l'intérêt général, il en est d'autant plus ainsi en matière de nationalisation, le législateur national disposant en la matière d'une grande latitude pour mener une politique économique et sociale. • CEDH 11 janv. 2000, *Almeida Garrett, Mascarenhas Falcao et a. c/ Portugal*, n° 29813/96 § 52.

2° MISE EN ŒUVRE

a. But légitime

62. Constitue un but légitime justifiant les mesures prises une réforme de l'emphytéose. • CEDH 21 févr. 1986, *James et a. c/ Royaume-Uni*, n° 8793/79 § 46. ♦ ... La nationalisation de sociétés de construction aéronautique et navale, dans le cadre du programme économique, social et politique du parti ayant gagné les élections, qui tendait à donner à ces entreprises une assise administrative et économique plus saine, afin de permettre un meilleur contrôle par les autorités et une plus grande transparence. • CEDH 8 juill. 1986, *Lithgow et a. c/ Royaume-Uni*, n° 9006/80. ♦ ... Une politique de prévention de la fraude fiscale. • CEDH 22 sept. 1994, *Hentrich c/ France*, n° 13616/88 § 39 : *préc. note 39.* ♦ ... Les changements du système constitutionnel d'un pays aussi radicaux que la transition de la Monarchie à la République. • CEDH, gr. ch., 23 nov. 2000, *Ex-roi de Grèce et a. c/ Grèce*, n° 25701/94 § 87 : *préc. note 49.* ♦ ... La mise en place d'un régime démocratique. • CEDH 12 nov. 2002, *Zvolsky et Zvolska c/ Rép. tchèque*, n° 46129/99 § 68 • CEDH, gr. ch., 22 juin 2004, *Broniowski c/ Pologne*, n° 31443/96 § 182 : *préc. note 4.* ♦ ... Et plus généralement un changement de régime politique et économique. • CEDH, gr. ch., 28 sept. 2004, *Kopecky c/ Slovaquie*, n° 44912/98 : *préc. note 3.* ♦ Rappr. la réunification allemande. • CEDH, gr. ch., 2 mars 2005, *Von Maltzan et a. c/ Allemagne*, n° 71916/01 • CEDH, gr. ch., 30 juin 2005, *Jahn et a. c/ Allemagne*, n° 46720/99 : *préc. note 60.* ♦ ... Ou l'atténuation de certaines atteintes aux droits de propriété causées par le régime communiste. • CEDH 5 nov. 2002, *Pincova c/ Rép. tchèque*, n° 36548/97 § 58.

63. Constitue encore un but légitime justifiant l'expropriation (la privation de propriété) le remembrement qui sert l'intérêt des propriétaires concernés comme de la collectivité dans son ensemble en accroissant la rentabilité des exploitations dans son ensemble et en rationalisant la culture. • CEDH 21 févr. 1990, *Hakansson et Sturesson c/ Suède*, n° 11855/85 § 43 • CEDH 14 nov. 2000, *Piron c/ France*, n° 36436/97 § 40 : *JCP 2001. I. 291, chron. Sudre.* ♦ V. déjà, même en l'absence de transfert de propriété. • CEDH 30 oct. 1991, *Wiesinger c/ Autriche*, n° 11796/85 § 74 • CEDH 15 nov. 1996, *Prötsch c/ Autriche*, n° 15508/89 § 44. ♦ ... La construction d'une route nationale. • CEDH gr. ch., 25 mars 1999, *Papachelas c/ Grèce*, n° 31423/96 § 46 s. ♦ ... La protection de la nature et des forêts. • CEDH 8 juill. 2008, *Turgut et a. c/ Turquie*, n° 1411/03 § 90 • CEDH 10 mars 2009, *Satir c/ Turquie*, n° 36192/03 § 33. ♦ ... La protection du rivage de la mer. • CEDH 29 mars 2010, *Depalle c/ France*, n° 34044/02 § 81 • CEDH 6 oct. 2016, *Malfatto et Mielle c/ Fance*, n° 40886/06 § 63. ♦ ... La protection du patrimoine culturel d'un pays dans le cas d'un immeuble classé « bien culturel » dès lors que la conservation du patrimoine culturel et, le cas échéant, son utilisation durable ont pour but, outre le maintien d'une certaine qualité de vie, la préservation des racines historiques, culturelles et artistiques d'une région et de ses habitants. • CEDH, gr. ch., 19 févr. 2009, *Kozacioglu c/ Turquie*, n° 2334/03 § 53 et 54 • CEDH, décis., 24 oct. 2011, *Helly et a. c/ France*, n° 28216/09 : *JCP Adm. 2011. 722.* ♦ ... La protection du système bancaire et, plus généralement, l'économie des États issus de la succession de l'ancienne Yougoslavie. Eu égard au montant total des « anciens » fonds d'épargne en devises, il est évident qu'aucun des États successeurs n'était en mesure d'autoriser leurs détenteurs à les retirer de manière incontrôlée. • CEDH, gr. ch., 16 juill. 2014, *Alisic et a. c/ Bosnie-Herzégovine, Croatie, Serbie, Slovénie et ex-République yougoslave de Macédoine*, n° 60642/08 § 107. ♦ ... La période de grave crise politique, économique et sociale traversée par la Grèce. • CEDH 21 juill. 2016, *Mamatas et a. c/ Grèce*, n° 63066/14 § 101 s. (renvoi en Grande Chambre).

b. Juste équilibre et caractère raisonnable des impératifs de l'utilité publique retenus par l'État

64. Le choix législatif visant à privilégier l'intérêt de la collectivité dans les cas d'expropriations ou d'occupations illégales de terrains est raisonnable. • CEDH 7 août 1996, *Zubani c/ Italie*, n° 14025/88 § 49 : *D. 1997. 211, obs. Fricero*. ♦ L'objectif général des lois de restitution, à savoir l'atténuation de certaines atteintes aux droits de propriété causées par le régime communiste, représente un but légitime et un moyen de sauvegarder la légalité des transactions juridiques et de protéger le développement socio-économique du pays. Il est toutefois nécessaire de faire en sorte que l'atténuation des anciennes atteintes ne crée pas de nouveaux torts disproportionnés. • CEDH 5 nov. 2002, *Pincova c/ Rép. tchèque*, n° 36548/97 § 58.

65. L'indemnisation proposée (V. notes 68 s.) aide souvent à considérer que l'utilité publique présente un caractère raisonnable. • CEDH 5 nov. 2002, *Pincova c/ Rép. tchèque*, n° 36548/97. ♦ Les requérants ont vu leurs titres annulés et remplacés par des nouveaux titres représentant une perte de capital de 53, 5 %. Cette perte, substantielle à première vue, n'est pas conséquente au point qu'elle puisse être assimilée à une extinction ou à une rétribution insignifiante par voie législative des créances des requérants à l'encontre de l'État. • CEDH 21 juill. 2016, *Mamatas et a. c/ Grèce*, n° 63066/14 § 110 s. (renvoi en Grande Chambre). ♦ Mais peut aussi contribuer à montrer, conjointement avec d'autres éléments, que le projet ne répond pas au juste équilibre entre l'intérêt général et la sauvegarde des droits fondamentaux des individus. • CEDH 28 mars 2017, *Volchkova c/ Russie*, n° 45668/05.

66. La constitution de réserves foncières peut constituer une cause d'expropriation dès lors que les États contractants prémunissent les individus contre le risque d'un usage de la technique des réserves foncières autorisant ce qui pourrait être perçu comme une forme de spéculation foncière à leur détriment. • CEDH 2 juill. 2002, *Motais de Narbonne c/ France*, n° 48161/99 § 21 : *AJDA 2002. 1226, note Hostiou*. ♦ Lorsqu'un laps de temps notable s'écoule entre la prise d'une décision portant expropriation d'un bien et la réalisation concrète du projet d'utilité publique fondant la privation de propriété, l'expropriation peut avoir pour effet de priver l'individu concerné d'une plus-value générée par le bien en cause, conduisant à conclure que l'expropriation ne repose pas sur une quelconque raison tenant de l'utilité publique. • CEDH 2 juill. 2002, *Motais de Narbonne c/ France*, n° 48161/99 § 20 : *préc.* ♦ Si l'on peut en effet aisément accepter que les exigences de l'intérêt public justifièrent l'expropriation, le maintien de la décision de non-restitution des biens n'est pas justifié, eu égard au fait que les terrains litigieux n'ont toujours pas été affectés à la réalisation d'ouvrages d'intérêt public. • CEDH 13 juill. 2004, *Saint-Marin*, n° 40786/98 § 33. ♦ Il en va de même s'agissant de la restitution trop tardive des fonds d'épargne en devises déposés dans les succursales de banques de l'ancienne Yougoslavie. • CEDH, gr. ch., 16 juill. 2014, *Bosnie-Herzégovine, Croatie, Serbie, Slovénie et ex-République yougoslave de Macédoine*, n° 60642/08 § 124. ♦ V. pour un exemple où le juste équilibre entre les nécessités induites par le passage à une économie non planifiée et l'intérêt des personnes dont les biens avaient été nationalisés n'a pas été respecté : • CEDH 28 janv. 2014, *Slovaquie*, n° 30255/09 : *AJDA 2014. 1763, chron. Burgorgue-Larsen*. ♦ Les mesures contestées ont été adoptées pour permettre la protection de l'environnement et à l'État défendeur de se conformer à ses obligations découlant du droit de l'UE, ce qui constitue un objectif légitime d'intérêt général revêtant un poids considérable. • CEDH 7 juin 2018, n° 44460/16 § 115 s.

67. La décision des juges d'imposer la cession forcée de la villa de Valbonne à titre de versement de la prestation compensatoire ne pouvait se fonder sur l'incapacité, pour le requérant, de s'acquitter de sa dette selon d'autres modalités : il ressort des différentes décisions des juges du fond, particulièrement motivées sur ce point, que le requérant disposait d'un patrimoine substantiel, loin de se limiter à ses seules liquidités, ce qui aurait pu lui permettre de s'acquitter de sa dette par le versement d'une somme d'argent. Dès lors, le but légitime poursuivi par la loi pouvait être atteint sans avoir besoin de recourir à la mesure litigieuse en l'espèce. • CEDH 10 juill. 2014, *Milhau c/ France*, n° 4944/11 § 51 : *AJDA 2014. 1763, chron. Burgorgue-Larsen* ; *AJ fam. 2014. 497, obs. Regis*.

D. INDEMNISATION

68. Principe. Dans les systèmes juridiques respectifs des États contractants, une privation de propriété pour cause d'utilité publique ne se justifie pas sans le paiement d'une indemnité, sous réserve de circonstances exceptionnelles étrangères au présent litige. De son côté, en l'absence d'un principe analogue le présent art. n'assurerait qu'une protection largement illusoire et inefficace du droit de propriété. • CEDH 21 févr. 1986, *James et a. c/ Royaume-Uni*, n° 8793/79 § 54.

69. Un manque total d'indemnisation ne saurait se justifier sur le terrain du présent art. que dans des circonstances exceptionnelles. • CEDH 9 déc. 1994, *Les saints monastères c/ Grèce*, n° 13092/87 § 71 : *préc. note 52* • CEDH, gr. ch., 23 nov. 2000, *Ex-roi de Grèce et a. c/ Grèce*, n° 25701/94 § 89 : *préc. note 49* • CEDH 12 nov. 2002, *Zvolsky et Zvolska c/ Rép. tchèque*, n° 46129/99 § 70

• CEDH, gr. ch., 30 juin 2005, *Jahn et a. c/ Allemagne,* n° 46720/99 § 111 : *préc. note 60.* ♦ Le contexte particulier de la réunification allemande peut constituer de telles circonstances. • CEDH, gr. ch., 30 juin 2005, *Jahn et a. c/ Allemagne,* n° 46720/99 § 117 : *préc.* ♦ De même, les politiques d'aménagement du territoire et de protection de l'environnement, où l'intérêt général de la communauté occupe une place prééminente, laissent à l'État une marge d'appréciation plus grande que lorsque sont en jeu des droits exclusivement civils. Dans la mise en œuvre de ces politiques, l'État peut notamment être amené à intervenir dans le domaine public et même à prévoir, dans certaines circonstances, l'absence d'indemnisation dans plusieurs situations relevant de la réglementation de l'usage des biens. • CEDH 26 avr. 2011, *Antunes Rodrigues c/ Portugal,* n° 18070/08 § 32 • CEDH 6 oct. 2016, *Malfatto et Mielle c/ France,* n° 40886/06 § 64.

70. La privation rétroactive, sans indemnisation adéquate, d'une partie substantielle de leurs créances en réparation des requérants emporte violation du présent art. • CEDH, gr. ch., 6 oct. 2005, *Draon et Maurice c/ France,* n° 11810/03 § 93 : *préc. note 12.* ♦ Rappr. • CEDH 14 févr. 2006, *Lecarpentier et a. c/ France,* n° 67847/01 § 52 : *préc. note 14* • CEDH 9 janv. 2007, *Aubert et a. c/ France,* n° 31501/03 § 88 : *préc. note 14.* ♦ L'application rétroactive du délai de prescription de 5 ans au cas d'espèce a eu pour effet de priver les requérants de toute réparation du préjudice subi. • CEDH 15 déc. 2005, *Giacobbe et a. c/ Italie,* n° 16041/02 § 102. ♦ La privation de la requérante de son droit de propriété sur les 5 appartements de l'immeuble en question, combinée avec l'absence totale d'indemnisation, lui a fait subir une charge disproportionnée et excessive. • CEDH 5 oct. 2006, *Penescu c/ Roumanie,* n° 13075/03 § 31. ♦ L'absence de toute indemnisation des requérants rompt, en leur défaveur, le juste équilibre à ménager entre les exigences de l'intérêt général de la communauté et les impératifs de la sauvegarde des droits individuels. • CEDH 8 juill. 2008, *Turgut et a. c/ Turquie,* n° 1411/03 § 92. ♦ Le requérant se trouve privé de la propriété du bien depuis maintenant plus de quatre ans sans avoir perçu d'indemnité reflétant la valeur réelle de celui-ci, et que les efforts déployés par lui pour recouvrer la propriété sont à ce jour demeurés vains. • CEDH 28 oct. 1999, *Brumarescu c/ Roumanie,* n° 28342/95 § 79 : *préc. note 46* • CEDH 19 avr. 2014, *Preda et a. c/ Roumanie,* n° 9584/02 § 148. ♦ V. l'absence de préjudice et donc d'indemnisation admise dans une hypothèse concernant le classement en zone naturelle de terrains pour lesquels une autorisation de lotir avait été obtenue plusieurs années auparavant mais sans que les terrains soient vendus. • CEDH 6 oct. 2016, *Malfatto et Mielle c/ Fance,* n° 40886/06 § 68 s.

71. Il est normal que la législation appréhende globalement les torts patrimoniaux survenus sous le régime communiste, quitte à les distinguer parfois pour les besoins de l'analyse. La Cour ne perd pas de vue le souci du législateur d'atténuer ces torts et admet que les circonstances exceptionnelles dont il s'agit – la manière dont, en général, les biens ont été acquis jadis – justifient l'absence d'indemnité. • CEDH 12 nov. 2002, *Zvolsky et Zvolska c/ Rép. tchèque,* n° 46129/99 § 72. ♦ Toutefois, la législation tchèque ayant exclu la possibilité de réexaminer dans des cas individuels les circonstances particulières ayant entouré le transfert des biens à l'époque, il n'est pas clairement établi que le transfert des terrains en cause se soit effectué contre la volonté de l'ancien propriétaire (violation). • CEDH 12 nov. 2002, *Zvolsky et Zvolska c/ Rép. tchèque,* n° 46129/99 § 72. ♦ L'ingérence litigieuse satisfaisant la condition de légalité et n'étant pas arbitraire, l'absence d'indemnisation ne rend pas *eo ipso* illégitime la mainmise de l'État sur les biens des requérants ; cependant, le Gouvernement n'a pas expliqué de manière convaincante pourquoi les autorités grecques n'ont aucunement indemnisé les requérants pour la mainmise sur leurs biens. Si l'État grec a pu considérer de bonne foi que des circonstances exceptionnelles justifiaient l'absence d'indemnité, cette appréciation ne se trouve pas objectivement fondée. • CEDH, gr. ch., 23 nov. 2000, *Ex-roi de Grèce et a. c/ Grèce,* n° 25701/94 § 90 et 98 : *préc. note 49.*

72. En cas de contestation de l'indemnité d'expropriation devant un juge, les principes de l'art. 6 Conv. EDH doivent être respectés. • CEDH 24 avr. 2003, *Yvon c/ France,* n° 44962/98 § 37 et 40. ♦ De même, la circonstance que la Cour suprême entérine l'existence d'une expropriation de fait, sans toutefois attribuer une indemnisation, et invite la requérante à saisir les juridictions administratives pour obtenir réparation sans qu'un tel recours présente une quelconque garantie d'efficacité viole les dispositions du présent art. • CEDH 16 avr. 2013, *Rolim Comercial SA c/ Portugal,* n° 16153/09 § 61 s.

73. Rôle de la Cour. Il n'appartient pas à la Cour de se substituer aux juridictions internes pour déterminer la base sur laquelle l'indemnisation doit être évaluée. • CEDH 24 mai 2006, *Liakopoulou c/ Grèce,* n° 20627/04 § 31 • CEDH, décis., 24 oct. 2011, *Helly et a. c/ France,* n° 28216/09 : *préc. note 63.*

1° ÉTENDUE DE L'INDEMNISATION

74. L'indemnisation intégrale des préjudices subis par les propriétaires concernés constitue une réparation satisfaisante car, en plus du remboursement des dommages, l'administration est tenue de payer aussi l'équivalent de la dépréciation monétaire à partir du jour de l'acte illégitime. • CEDH 7 août 1996, *Zubani c/ Italie,* n° 14025/88 § 49 : *préc. note 64.*

75. Le présent art. ne garantit pourtant pas dans tous les cas le droit à une compensation intégrale, car des objectifs légitimes « d'utilité publique » (V. note 59) peuvent militer pour un remboursement inférieur à la pleine valeur marchande. • CEDH 21 févr. 1986, *James et a. c/ Royaume-Uni,* n° 8793/79 § 54 • CEDH 9 déc. 1994, *Les saints monastères c/ Grèce,* n° 13092/87 § 71 : *préc. note 52* • CEDH, gr. ch., 29 mars 2006, *Scordino c/ Italie (n° 1),* n° 36813/97 § 97 : *préc. note 36.*

76. L'évaluation de grandes entreprises en vue de nationaliser tout un secteur industriel représente en soi une opération beaucoup plus complexe que, par exemple, l'estimation d'un terrain exproprié ; elle exige normalement une législation spéciale qui puisse s'appliquer en bloc à chacune desdites entreprises. Dès lors, le niveau de l'indemnisation nécessaire peut différer, toujours sous réserve du respect d'un juste équilibre, selon qu'il s'agit d'une nationalisation ou d'autres formes de privation de propriété. • CEDH 8 juill. 1986, *Lithgow et a. c/ Royaume-Uni,* n° 9006/80 § 121.

77. Si la somme accordée aux requérants peut sembler énorme par rapport à la superficie effectivement occupée par les logements, on ne saurait oublier que leur propriété constituait le support de leur activité d'éleveurs et a été également coupée par une nouvelle route, de sorte que les parcelles restituées sont difficilement accessibles aux intéressés. • CEDH 7 août 1996, *Zubani c/ Italie,* n° 14025/88 § 49 : *préc. note 64.*

78. S'il peut légitimement être tenu compte des avantages résultant des travaux pour les propriétaires riverains dans la détermination de l'indemnité due aux propriétaires de biens expropriés en vue de travaux de voirie, l'existence de ces avantages doit pouvoir être discutée. • CEDH 15 nov. 1996, *Katikaridis c/ Grèce,* n° 19385/92 § 49.

79. S'il est vrai que c'est la valeur marchande ou vénale des biens expropriés qui doit en principe servir de base à la détermination de l'indemnisation. • CEDH 8 juill. 1986, *Lithgow et a. c/ Royaume-Uni,* n° 9006/80 § 121 • CEDH 11 avr. 2002, *Lallement c/ France,* n° 46044/99 § 23 : *AJDA 2002. 686, note Hostiou ; ibid. 500, chron. Flauss ; AJDI 2012. 93, chron. Gilbert* • CEDH 2 juill. 2002, *Motais de Narbonne c/ France,* n° 48161/99 § 21 : *préc. note 66.* ♦ ... Des objectifs légitimes « d'utilité publique » peuvent militer pour un remboursement inférieur à la pleine valeur marchande. • CEDH 4 nov. 2010, *Dervaux c/ France,* n° 40975/07 § 49. ♦ Par ex. il faut prendre en compte le fait qu'eu égard à l'impératif de sa protection, inhérente à ses caractéristiques exceptionnelles, ainsi qu'aux contraintes légales dans lesquelles elle se trouve de ce fait insérée, la grotte Chauvet ne se prête pas à une évaluation marchande *stricto sensu.* • CEDH, décis., 24 oct. 2011, *Helly et a. c/ France,* n° 28216/09 : *préc. note 63.*

2° PROPORTIONNALITÉ : INDEMNISATION RAISONNABLE

80. Principe. Sans le versement d'une somme raisonnablement en rapport avec la valeur du bien, une privation de propriété constituerait d'ordinaire une atteinte excessive qui ne saurait se justifier sur le terrain du présent art. Pour apprécier si la législation contestée ménage un juste équilibre entre les divers intérêts en cause et, entre autres, si elle n'impose pas aux requérants une charge démesurée (V. note 64), il faut à l'évidence avoir égard aux conditions de dédommagement. • CEDH 21 févr. 1986, *James et a. c/ Royaume-Uni,* n° 8793/79 § 54 • CEDH, gr. ch., 23 nov. 2000, *Ex-roi de Grèce et a. c/ Grèce,* n° 25701/94 § 89 : *préc. note 49.* ♦ Afin de déterminer si la mesure litigieuse respecte le « juste équilibre » voulu et, notamment, si elle ne fait pas peser sur les requérants une charge disproportionnée, il y a lieu de prendre en considération les modalités d'indemnisation prévues par la législation interne. Sans le versement d'une somme **raisonnablement** en rapport avec la valeur du bien, une privation de propriété constitue normalement une atteinte excessive. • CEDH 9 déc. 1994, *Les saints monastères c/ Grèce,* n° 13092/87 § 71 : *préc. note 52* • CEDH, gr. ch., 23 nov. 2000, *Ex-roi de Grèce et a. c/ Grèce,* n° 25701/94 § 89 : *préc. note 49* • CEDH, gr. ch., 30 juin 2005, *Jahn et a. c/ Allemagne,* n° 46720/99 § 94 : *préc. note 60.* ♦ Sans le versement d'une somme raisonnablement en rapport avec la valeur du bien, une privation de propriété constituerait normalement une atteinte excessive. • CEDH 8 juill. 1986, *Lithgow et a. c/ Royaume-Uni,* n° 9006/80 § 121. ♦ La Cour juge devoir étudier aussi la question de la proportionnalité au regard du risque que court tout acheteur d'être frappé par la mesure de préemption et donc sanctionné par la privation de son bien, dans le seul but de décourager d'éventuelles sous-estimations. Or l'exercice du droit de préemption emporte des conséquences suffisamment sérieuses pour que la mesure atteigne un seuil de gravité certain. Le seul remboursement du prix payé – majoré de 10 % – et des frais et loyaux coûts du contrat ne saurait suffire à compenser la perte d'un bien acquis sans intention frauduleuse. • CEDH 22 sept. 1994, *Hentrich c/ France,* n° 13616/88 § 48 : *préc. note 39.*

81. Caractère raisonnable. Dans le cadre d'une réforme de l'emphytéose, bien que les sommes perçues par les intéressés fussent inférieures à la pleine valeur marchande des biens, il s'agissait d'une réforme économique et sociale dans le cadre de laquelle la charge supportée par les propriétaires n'était pas déraisonnable ; les conditions que devaient remplir les locataires de longue durée pour être habilités à racheter leur logement sauvegardaient le juste équilibre. • CEDH 21 févr. 1986, *James et a. c/ Royaume-Uni*, n° 8793/79 § 56. ♦ Dans une nationalisation la Cour a estimé que les modalités d'indemnisation des actionnaires concernés étaient équitables et n'étaient pas déraisonnables par rapport à la pleine valeur des parts. • CEDH 8 juill. 1986, *Lithgow et a. c/ Royaume-Uni*, n° 9006/80 § 123 s.

82. Une indemnisation inférieure à une réparation totale peut s'imposer également lorsqu'il y a mainmise sur des biens afin d'opérer des changements du système constitutionnel d'un pays aussi radicaux que la transition de la monarchie à la république. • CEDH, gr. ch., 23 nov. 2000, *Ex-roi de Grèce et a. c/ Grèce*, n° 25701/94 § 87 : *préc. note 49.* ♦ Il en va de même plus généralement dans le contexte d'un changement de régime politique et économique. • CEDH, gr. ch., 28 sept. 2004, *Kopecky c/ Slovaquie*, n° 44912/98 § 35 : *préc. note 3* • CEDH 12 nov. 2002, *Zvolsky et Zvolska c/ Rép. tchèque*, n° 46129/99 § 68. ♦ Dans ce cadre, un dispositif visant à réglementer les rapports de propriété dans le pays ayant de lourdes conséquences et prêtant à controverse, dont l'impact économique sur l'ensemble du pays est considérable, pouvait impliquer des décisions restreignant l'indemnisation pour la privation ou la restitution de biens à un niveau inférieur à la valeur marchande. • CEDH, gr. ch., 22 juin 2004, *Broniowski c/ Pologne*, n° 31443/96 § 182 : *préc. note 4.* ♦ De même, jugé dans le cadre de la réunification de l'Allemagne, que dès lors qu'un État choisit de réparer les conséquences de certains actes incompatibles avec les principes caractérisant un régime démocratique, mais dont il n'est pas responsable, il dispose d'une ample marge d'appréciation dans la mise en œuvre de cette politique. • CEDH, gr. ch., 2 mars 2005, *Von Maltzan et a. c/ Allemagne*, n° 71916/01 § 111 • CEDH, gr. ch., 30 juin 2005, *Jahn et a. c/ Allemagne*, n° 46720/99 § 113 : *préc. note 60.* ♦ Dans ce contexte, l'absence de toute indemnisation ne rompt pas le « juste équilibre » à ménager entre la protection de la propriété et les exigences de l'intérêt général. • CEDH, gr. ch., *30 juin 2005*, *Jahn et a. c/ Allemagne*, n° 46720/99 § 117 : *préc.*

83. Le prix unitaire définitif d'indemnisation fut fixé à un montant inférieur seulement de 1 621 drachmes par rapport au prix proposé par les experts du Corps des estimateurs assermentés. Eu égard à la marge d'appréciation que le présent art. laisse aux autorités nationales, la Cour considère le prix perçu par les requérants comme raisonnablement en rapport avec la valeur de la propriété expropriée. • CEDH gr. ch., 25 mars 1999, *Papachelas c/ Grèce*, n° 31423/96 § 49. ♦ En échange de leur propriété, ils touchèrent pour finir une somme nettement inférieure au prix d'achat versé par eux. Elle représentait la valeur vénale de la propriété, estimée par deux experts *ad hoc*, moins les frais de l'évaluation et de la vente forcée. Rien ne prouve la non-conformité de l'évaluation, ni de toute autre décision relative à la vente de 1985, avec la loi. Eu égard à la marge d'appréciation que le présent art. laisse aux autorités nationales, il est possible de considérer le prix perçu par les intéressés comme raisonnablement en rapport avec la valeur de la propriété. • CEDH 21 févr. 1990, *Hakansson et Sturesson c/ Suède*, n° 11855/85 § 54. ♦ Eu égard à la marge d'appréciation dont la France disposait, il ne saurait être soutenu qu'en rejetant la demande du requérant tendant à la réparation du préjudice résultant de la dépréciation de sa propriété suite à la construction de l'autoroute, les juridictions internes ont omis de veiller au maintien d'un juste équilibre entre les exigences de l'intérêt général de la communauté et les impératifs de la sauvegarde des droits fondamentaux du requérant. • CEDH 25 juin 2015, *Couturon c/ France*, n° 24756/10 § 43.

84. Le montant final de l'indemnité d'expropriation allouée aux requérants a été fixé par les juridictions judiciaires, et rien ne permet de considérer qu'il n'est pas raisonnablement en rapport avec la valeur du bien dont ils ont été privés. • CEDH 19 sept. 2006, *Maupas et a. c/ France*, n° 13844/02 § 22 : *préc. note 39.* ♦ Le refus d'accorder l'indemnité d'expropriation a résulté de l'impossibilité dans laquelle les requérants ont été de prouver la propriété des biens en question du fait d'un défaut de fonctionnement des services étatiques. • CEDH 4 oct. 2011, *Zafranas c/ Grèce*, n° 4056/08 § 43. ♦ Le juge de l'expropriation ne s'est pas borné à fixer l'indemnité à l'aune de la valeur vénale des seuls terrains, mais a pris en compte la plus-value générée par la présence de la grotte et, ce faisant, les caractéristiques spécifiques des biens expropriés. • CEDH, décis., 24 oct. 2011, *Helly et a. c/ France*, n° 28216/09 : *préc. note 63.*

85. Absence de caractère raisonnable. Vu la spécificité de la situation du requérant (en particulier le morcellement de son exploitation et le type d'activité agricole qui était la sienne), d'une part, l'indemnité versée n'est pas raisonnablement en rapport avec la valeur du bien exproprié puisqu'elle ne couvre pas spécifiquement la perte de l'« outil de travail » du requérant. • CEDH 11 avr. 2002, *Lallement c/ France,* n° 46044/99 § 24 : *préc. note 79.*

86. La « compensation » allouée aux requérants ne tenait pas compte de leur situation personnelle et sociale et les intéressés ne se sont vus accorder aucune somme au titre du préjudice moral subi à raison de la privation de leur propriété unique. • CEDH 5 nov. 2002, *Pincova c/ Rép. tchèque,* n° 36548/97 § 63.

87. Même si le présent art. n'exige pas en l'espèce le remboursement de la pleine valeur cadastrale ou marchande des biens expropriés, la Cour estime que la disproportion entre leur valeur cadastrale actuelle et les indemnités allouées – qui résulte de surcroît d'une modification législative rétroactive génératrice d'une inégalité au profit de l'État et au détriment des requérants – est trop importante pour que l'on puisse conclure à l'existence d'un « juste équilibre » entre les intérêts de la communauté et les droits fondamentaux des intéressés. • CEDH, gr. ch., 25 oct. 2012, *Vistins et Perepjolkins c/ Lettonie,* n° 71243/01 § 130.

3° DATE DE L'INDEMNISATION

88. Le caractère adéquat d'un dédommagement diminue si le paiement de celui-ci faisait abstraction d'éléments susceptibles d'en réduire la valeur, tel l'écoulement d'un laps de temps que l'on ne saurait qualifier de raisonnable. Un retard anormalement long dans le paiement d'une indemnité dans le domaine de l'expropriation a pour conséquence d'aggraver la perte financière de la personne expropriée et de la placer dans une situation d'incertitude, surtout si l'on tient compte de la dépréciation monétaire de certains États. La Cour note à ce sujet qu'en Turquie, le taux d'intérêt applicable aux créances de l'État – 84% l'an – est de nature à inciter le débiteur à s'acquitter de sa dette dans les meilleurs délais ; en revanche, l'individu créancier de l'État risque, au cas où ce dernier omet de s'exécuter ou tarde à le faire, de se trouver fortement lésé. En l'espèce, l'indemnité complémentaire, majorée de l'intérêt légal de 30% l'an, fut versée à la requérante en févr. 1992, soit 17 mois après l'arrêt de la Cour de cassation et alors que l'inflation en Turquie à cette époque atteignait 70% l'an. Un tel décalage entre la valeur de la créance de l'intéressée lors de sa détermination définitive par la Cour de cassation et la valeur lors du paiement effectif, et qui est imputable à la seule lenteur de l'administration, a fait subir à la requérante un préjudice distinct s'ajoutant à l'expropriation de son terrain. En différant de 17 mois le paiement de l'indemnité litigieuse, les autorités nationales ont altéré le caractère adéquat de celle-ci et, par conséquent, rompu l'équilibre devant régner entre la sauvegarde du droit de propriété et les exigences de l'intérêt général. • CEDH 9 juill. 1997, *Akkus c/ Turquie,* n° 19263/92 § 29 à 31 : *JCP 1998. I. 107, chron. Sudre.*

89. L'importance de la somme qui pourra être octroyée au terme de la procédure ne compense pas l'absence de dédommagement constatée, et ne saurait être déterminante eu égard à la durée de l'ensemble des instances déjà engagées par la requérante. • CEDH 7 août 1996, *Zubani c/ Italie,* n° 14025/88 § 49 : *préc. note 64* • CEDH 21 févr. 1997, *Guillemin c/ France,* n° 19632/92 § 56 : *AJDA 1997. 399, note Hostiou ; ibid. 977, chron. Flauss ; AJDI 1999. 43, obs. Morel ; RDI 1998. 631, obs. Morel et Hubert.* ♦ De même, le système tel qu'il fonctionne actuellement oblige les propriétaires qui s'estiment lésés par les travaux à saisir à nouveau les juridictions civiles afin de prouver que leurs propriétés sont en réalité désavantagées. Et cette procédure risque de se prolonger si l'une des parties décide de faire usage des voies de recours qui s'offrent à elle ; elle s'ajouterait alors à celle qui vise à la détermination du montant unitaire de l'indemnité. Dès lors, en obligeant le propriétaire affecté à multiplier les procédures pour avoir la possibilité de toucher une indemnité ayant un juste rapport avec la valeur du bien exproprié, les autorités ont rompu le juste équilibre devant régner entre la sauvegarde des droits individuels et les exigences de l'intérêt général. • CEDH 9 oct. 2003, *Biozokat A. E. c/ Grèce,* n° 61582/00 § 30 et 32 : *D. 2004. Somm., p. 992, obs. Haumont.*

90. La durée d'une procédure relative à un remembrement entre en ligne de compte, avec d'autres éléments, pour déterminer si le transfert de propriété litigieux se concilie avec la garantie du droit de propriété. • CEDH 14 nov. 2000, *Piron c/ France,* n° 36436/97 § 44 : *préc. note 63.* ♦ Rappr. • CEDH 23 avr. 1987, *Erkner et Hofauer c/ Autriche,* n° 9616/81 § 76. ♦ Les requérants n'ont toujours pas obtenu le remboursement des frais raisonnablement engagés pour l'entretien de l'immeuble, bien qu'une période de 7 ans et demi se soit écoulée depuis le jour où est passé en force de chose jugée l'arrêt du tribunal régional de Prague confirmant le transfert du droit de propriété au fils des anciens propriétaires. • CEDH 5 nov. 2002, *Pincova c/ Rép. tchèque,* n° 36548/97 § 63.

91. Les mêmes principes s'appliquent en matière de nationalisation. • CEDH 11 janv. 2000, *Almeida Garrett, Mascarenhas Falcao et a. c/ Portugal,* n° 29813/96 § 54 • CEDH 19 févr. 2004, *Jorge Nina Jorge et a. c/ Portugal,* n° 52662/99 § 58.

III. RÉGLEMENTATION DE L'USAGE DES BIENS

92. ***Principes.*** Les mesures incriminées ne s'analysent ni en une expropriation formelle ni en une expropriation de fait : il n'y a pas eu transfert de la propriété des requérants, qui n'ont pas davantage été dépouillés du droit d'user de leurs biens, de les louer ou de les vendre. Lesdites mesures, qui les ont privés sans conteste d'une partie de leurs revenus immobiliers, se ramènent en l'occurrence à un contrôle de l'usage de biens. • CEDH 19 déc. 1989, *Mellacher et a. c/ Autriche*, n° 10522/83 § 44 : *préc. note 44*. ♦ V. déjà. • CEDH 23 sept. 1982, *Sporrong et Lönnroth c/ Suède*, n° 7151/75 § 64 et 65.

93. Bien qu'elle comporte une privation de propriété, la confiscation de biens ne relève pas nécessairement de la seconde phrase du § 1 du présent art. mais peut relever du § 2. • CEDH 5 juill. 2001, *Phillips c/ Royaume-Uni*, n° 41087/98 § 51 • CEDH 9 juill. 2009, *Moon c/ France*, n° 39973/03 § 45 : *D. 2009. 2825, obs. Roujou de Boubée, Garé et Mirabail ; RD publ. 2010. 883, obs. Sudre* • CEDH 23 juill. 2009, *Bowler International Unit c/ France*, n° 1946/06 § 39 • CEDH, décis., 4 nov. 2014, *Abouffada c/ France*, n° 28457/10 § 21. ♦ V. d'autres ex. ci dessous.

94. Notion. L'interdiction d'importer des pièces d'or au Royaume-Uni s'analysait à n'en pas douter en une réglementation de l'usage de biens. La saisie et la confiscation des pièces découlaient de cette prohibition. La confiscation des pièces entraînait, il est vrai, une privation de propriété, mais en l'occurrence celle-ci relevait de la réglementation de l'usage, au Royaume-Uni, de pièces d'or. • CEDH 24 oct. 1986, *AGOSI c/ Royaume-Uni*, n° 9118/80 § 51. ♦ La saisie de l'avion a constitué une restriction temporaire à son utilisation et n'a pas entraîné de transfert de propriété ; la remise de l'appareil sous condition du versement d'une somme d'argent constituait en fait une mesure prise en application d'une politique tendant à empêcher les avions d'introduire au Royaume-Uni entre autres des drogues prohibées. • CEDH 5 mai 1995, *Air Canada c/ Royaume-Uni*, n° 18465/91 § 33 et 34 : *D. 1996. 202, obs. Fricero ; RSC 1996. 478, obs. Koering-Joulin*. ♦ Il n'y a eu en l'espèce ni expropriation de fait ni transfert de propriété, car la société requérante n'a jamais été dépouillée du droit de louer ou de vendre son bien, qu'elle a d'ailleurs récupéré. L'application des mesures litigieuses ayant entraîné le maintien du locataire dans l'appartement, elle s'analyse, à n'en pas douter, en une réglementation de l'usage des biens. • CEDH 28 juill. 1999, *Immobiliare Saffi c/ Italie*, n° 22774/93 § 46 : *JCP 2000. I. 203, chron. Sudre*. ♦ *S'il est vrai que* la requérante n'avait pu exercer son droit d'usage sous la forme d'une possession physique puisque la maison était occupée par des locataires, et que son droit de louer les appartements, notamment le droit de percevoir un loyer et de donner congé au locataire, avait été l'objet d'un certain nombre de limitations légales, l'intéressée n'avait jamais perdu le droit de vendre son bien. Les autorités n'avaient pas non plus appliqué de mesures ayant entraîné un transfert de propriété. Les mesures prises, qui visaient à mettre la maison de la requérante en location de manière continue et non à la lui retirer définitivement, ne pouvaient passer pour une expropriation formelle ni même de fait mais avaient constitué pour l'État un moyen de réglementer l'usage des biens de l'intéressée. • CEDH, gr. ch., 19 juin 2006, *Hutten-Czapska c/ Pologne*, n° 35014/97 § 160 : *préc. note 7*. ♦ Les dispositions légales qui ont entraîné pour les sociétés requérantes la perte de la propriété effective du terrain étaient donc censées, non pas priver les propriétaires inscrits de leur propriété, mais plutôt réglementer les questions de droit de propriété dans un système où, historiquement, une possession de fait de 12 ans suffisait à éteindre le droit pour l'ancien propriétaire de reprendre ou de se voir restituer la possession, et le nouveau droit était subordonné au principe qu'une possession non contestée pendant un long laps de temps valait titre de propriété (prescription acquisitive). Les dispositions des lois qui ont été appliquées aux sociétés requérantes faisaient partie intégrante du droit foncier général, et avaient pour vocation de réglementer, entre autres, les délais de prescription en matière d'usage et de propriété de terrains entre les particuliers. Les sociétés requérantes ont donc été touchées, non pas par une « privation de bien », mais par une mesure visant à « réglementer l'usage » du terrain au sens du § 2 du présent art. • CEDH, gr. ch., 30 août 2007, *J.A. Pye (Oxford) Ltd et J.A. Pye (Oxford) Land Ltd c/ Royaume-Uni*, n° 44302/02 § 66 : *AJDA 2007. 1918, chron. Flauss ; D. 2008. 2458, obs. Mallet-Bricout et Reboul-Maupin ; RTD civ. 2007. 727, obs. Marguénaud ; ibid. 2008. 507, obs. Revet ; JCP 2008. I. 110, chron. Sudre ; ibid. I. 127, obs. Périnet-Marquet*.

95. S'analyse en une réglementation de l'usage de biens : une interdiction de construire. • CEDH 23 sept. 1982, *Sporrong et Lönnroth c/ Suède*, n° 7151/75 § 64 • CEDH 18 nov. 2010, *Richet et Le Ber c/ France*, n° 18990/07 § 113 : *préc. note 2*. ♦ ... Le retrait de l'autorisation d'exploitation d'une gravière. • CEDH 18 févr. 1991, *Fredin c/ Suède n° 1*, n° 12033/86 § 42. ♦ ... La restriction à l'exercice du droit de propriété résultant du POS. • CEDH 27 oct. 1994, Katte Klitsche de la *Grange c/ Italie*, n° 12539/86 § 37. ♦ ... La saisie puis la confiscation judiciaire au profit des douanes du moyen de transport appartenant au requérant n'emportaient pas transfert définitif de propriété, mais plutôt une restriction temporaire à son utilisation. • CEDH, décis.,

26 juin 2001, *C. M. c/ France*, n° 28078/95. ♦ ... Le fait que, à la suite du jugement déclarant la faillite, le requérant a été privé non pas de sa propriété mais de l'administration et de la disponibilité de ses biens, dont l'administration a été confiée au syndic. • CEDH 17 juill. 2003, *Luordo c/ Italie*, n° 32190/96 § 67 : *RD publ. 2004. 852, note Surrel ; JCP 2004. I. 107, chron. Sudre.* ♦ ... L'immobilisation litigieuse de l'aéronef et sa saisie de l'aéronef ; en effet, si la société requérante a perdu le bénéfice d'environ 3 ans d'un contrat de location de 4 ans, cette perte relevait de la réglementation susmentionnée. • CEDH, gr. ch., 30 juin 2005, *Bosphorus Hava Yollari Turizm ve Ticaret Anonim Sirketi c/ Irlande*, n° 45036/98 § 142 : *AJDA 2005. 1886, chron. Flauss ; RFDA 2006. 566, note Andriantsimbazovina ; RTD eur. 2005. 749, note Jacqué ; JCP Adm. 2005, n° 1311, note Szymczak.* ♦ ... La construction d'un pont ferroviaire ainsi que la pose de rails à proximité des habitations des requérants, apportant une limitation à la libre disposition de leur droit d'usage. • CEDH 9 févr. 2006, *Athanasiou c/ Grèce*, n° 2531/02 § 22. ♦ ... L'impossibilité pour le premier requérant de récupérer les terres litigieuses à l'échéance du bail s'analyse en une réglementation de l'usage des biens. • CEDH 19 juin 2008, *Gauchin c/ France*, n° 7801/03 § 58 : *JCP 2008. I. 167, chron. Sudre.* ♦ ... Le non-renouvellement des autorisations d'occupation privative du domaine public, dont les requérantes ne pouvaient pas ignorer qu'il pourrait les concerner un jour et l'injonction de détruire la maison en résultant. • CEDH 29 mars 2010, *Brosset-Triboulet et a. c/ France*, n° 34078/02 § 83 : *préc. note 2* ♦ V. cependant lorsque la domanialité publique est moins certaine. • CEDH 23 sept. 2014, *Valle pierimpié societa agricola SPA c/ Italie*, n° 46154/11 § 62 et 63 : *préc. note 33.* ♦ ... L'impossibilité d'exercer l'activité correspondant à la concession de diffusion accordée à une société de télévision. • CEDH, gr. ch., 7 juin 2012, *Centro Europa 7 S. R. L. et Di Stefano c/ Italie*, n° 38433/09 § 186. ♦ ... L'impossibilité d'obtenir un permis de construire ou de procéder à la plantation d'arbres sur son terrain sans que le requérant n'ait perdu ni l'accès à son terrain ni la maîtrise de celui-ci et, en principe, la possibilité de vendre son bien, bien que rendue plus malaisée. • CEDH 1er oct. 2013, *Huseyin Kaplan c/ Turquie*, n° 24508/09 § 38.

96. Les sociétés requérantes n'ont pas perdu leur terrain à cause d'une disposition législative qui autorisait l'État à en transférer la propriété dans des circonstances particulières ou en raison d'une politique sociale de transfert de propriété, mais par le jeu de dispositions d'application générale sur les délais de prescription fixés pour les actions en revendication de terres. En vertu de ces dispositions, à l'expiration du délai de prescription, le droit du propriétaire inscrit d'un terrain non enregistré s'éteignait. Pour les terrains enregistrés, une modification fut apportée pour tenir compte du fait que, tant que le registre n'était pas rectifié l'ancien propriétaire continuait d'apparaître comme le propriétaire inscrit. Ainsi, en l'espèce, la loi énonçait qu'à l'expiration du délai de prescription, le droit de propriété ne s'éteignait pas, mais le propriétaire inscrit était réputé détenir le terrain en fiducie pour l'occupant sans titre. Les dispositions légales qui ont entraîné pour les sociétés requérantes la perte de la propriété effective du terrain étaient donc censées, non pas priver les propriétaires inscrits de leur propriété, mais plutôt réglementer les questions de droit de propriété dans un système où, historiquement, une possession de fait de 12 ans suffisait à éteindre le droit pour l'ancien propriétaire de reprendre ou de se voir restituer la possession, et le nouveau droit était subordonné au principe qu'une possession non contestée pendant un long laps de temps valait titre de propriété. Les dispositions des lois qui ont été appliquées aux sociétés requérantes faisaient partie intégrante du droit foncier général, et avaient pour vocation de réglementer, entre autres, les délais de prescription en matière d'usage et de propriété de terrains entre les particuliers. Les sociétés requérantes ont donc été touchées, non pas par une « privation de bien » au sens de la seconde phrase du § 1 du présent art., mais par une mesure visant à « réglementer l'usage » du terrain au sens du § 2 de cet art. • CEDH, gr. ch., 30 août 2007, *J.A. Pye (Oxford) Ltd et J.A. Pye (Oxford) Land Ltd c/ Royaume-Uni*, n° 44302/02 § 65 et 66 : *préc. note 94.*

97. Si les requérants n'ont pas été dépouillés du droit d'user de leurs biens, de les louer ou de les vendre, l'apport forcé de leur droit de chasse sur leurs terrains à une ACCA les empêche de faire usage de ce droit, directement lié au droit de propriété, comme bon leur semble. En l'occurrence, les requérants ne souhaitent pas chasser chez eux et s'opposent à ce que des tiers puissent pénétrer sur leurs fonds pour pratiquer la chasse. Or, opposants éthiques à la chasse, ils sont obligés de supporter tous les ans sur leurs fonds la présence d'hommes en armes et de chiens de chasse. A n'en pas douter, cette limitation apportée à la libre disposition du droit d'usage constitue une ingérence dans la jouissance des droits que les requérants tirent de leur qualité de propriétaire. • CEDH 29 avr. 1999, *Chassagnou c/ France*, n° 25088/94 § 74 : *AJDA 1999. 922, obs. Priet ; RFDA 1999. 451 obs. Andriantsimbazovina ; RTD civ. 1999. 913, obs. Marguénaud ; ibid. 2000. 360, note Revet ; JCP 1999. 10172, note Malafosse ; ibid. 2000. I. 203, chron. Sudre.* ♦ Rappr. • CEDH 22 sept. 2011,

ASPAS et Lasgrezas c/ France, n° 29953/08 § 35 : *RFDA 2012. 455, chron. Labayle et Sudre ; AJDA 2012. 53, note Cresp* • CEDH, gr. ch., 26 juin 2012, *Herrmann c/ Allemagne,* n° 9300/07 § 93 : *AJDA 2012. 1726, chron. Burgorgue-Larsen ; D. 2012. 2557, obs. Trébulle .*

98. Pour une mise en œuvre par le Conseil d'État, V. • CE, sect., 5 oct. 2018, *Assoc. Saint-Hubert,* n° 407715 A : *AJDA 2018. 1937 ; ibid. 2181, chron. Nicolas et Faure ; RFDA 2018. 1121, concl. Dutheillet de Lamothe .*

A. EXISTENCE D'UNE LOI

99. Le présent art exige, avant tout et surtout, qu'une ingérence de l'autorité publique dans la jouissance du droit au respect des biens soit légale : le second alinéa reconnaît aux États le droit de réglementer l'usage des biens en mettant en vigueur des « lois ». De plus, la prééminence du droit, l'un des principes fondamentaux d'une société démocratique, est inhérente à l'ensemble des art. de la Conv. EDH. • CEDH, gr. ch., 23 nov. 2000, *Ex-roi de Grèce et a. c/ Grèce,* n° 25701/94 § 79 : *préc. note 49* • CEDH 25 mars 1999, *Iatridis c/ Grèce,* n° 31107/96 § 58 : *préc. note 2* • CEDH, gr. ch., 22 juin 2004, *Broniowski c/ Pologne,* n° 31443/96 § 147 : *préc. note 4.*

100. Le principe de légalité signifie également l'existence de normes de droit interne suffisamment accessibles, précises et prévisibles. • CEDH, gr. ch., 5 janv. 2000, *Beyeler c/ Italie,* n° 33202/96 § 109 : *préc. note 4.* ♦ V. comm. ss. Préamb. Conv. EDH. ♦ Il peut également s'agir de l'application de normes internationales. • CEDH 30 juin 2005, *Bosphorus Hava Yollari Turizm ve Ticaret Anonim Sirketi c/ Irlande,* n° 45036/98 § 145 à 148 : *préc. note 95* • CEDH, gr. ch., 7 juin 2012, *Centro Europa 7 S. R. L. et Di Stefano c/ Italie,* n° 38433/09 § 188.

101. L'ingérence dont le requérant a eu à souffrir dans l'exercice de son droit au respect de son bien repose, dans son fondement même, sur une erreur de droit entièrement imputable aux autorités et portant sur la propriété de la plus grande partie des remparts bordant la propriété du requérant. Dès lors, cette ingérence est privée de base légale. • CEDH 27 juin 2006, *Mazelié c/ France,* n° 5356/04 § 30 : *AJDA 2006. 1716, chron. Flauss .*

102. *Le présent art.* érige les États contractants en seuls juges de la « nécessité » d'une ingérence. La Cour doit par conséquent se borner à contrôler la légalité et la finalité de la restriction dont il s'agit. • CEDH 7 déc. 1976, *Handyside c/ Royaume-Uni,* n° 5493/72 § 62 : *préc. note 60.*

B. JUSTIFICATION DE LA MESURE

103. Une ingérence de la puissance publique dans la jouissance du droit au respect des biens ne peut se justifier que si elle sert un intérêt public (ou général) légitime et doit être raisonnablement proportionnée au but qu'elle poursuit. • CEDH, gr. ch., 13 déc. 2016, *Belane Nagy c/ Hongrie,* nos 53080/13 § 112 s. : *préc. note 14.*

1° INTÉRÊT GÉNÉRAL

a. Notion

104. Poursuit un but d'« intérêt général » : l'organisation d'une profession qui importe à l'ensemble du secteur économique, en garantissant au public la compétence de ceux qui l'exercent. • CEDH 26 juin 1986, *Van Marle et a. c/ Pays-Bas,* n° 8543/79 § 43 : *préc. note 6.* ♦ ... L'interdiction d'importer des pièces d'or. • CEDH 24 oct. 1986, *AGOSI c/ Royaume-Uni,* n° 9118/80 § 51. ♦ ... Une politique d'aménagement urbain conduisant à prolonger des interdictions de construire. • CEDH 25 oct. 1989, *Allan Jacobsson c/ Suède (n° 1),* n° 10842/84 § 56. ♦ ... Une politique du logement conduisant à la mise en place d'une législation réduisant les loyers. • CEDH 19 déc. 1989, *Mellacher et a. c/ Autriche,* n° 10522/83 § 47 : *préc. note 44.* ♦ ... Plafonnant les loyers. • CEDH, gr. ch., 19 juin 2006, *Hutten-Czapska c/ Pologne,* n° 35014/97 § 166 : *préc. note 7.* ♦ ... Suspendant les expulsions pour faire face au nombre élevé de baux venus à échéance et permettre aux locataires concernés de se reloger dans des conditions adéquates ou d'obtenir des logements sociaux. • CEDH 28 sept. 1995, *Spadea et Scalabrino c/ Italie,* n° 12868/87 § 31. ♦ ... La législation sur l'aménagement du territoire. • CEDH 21 févr. 2008, *Anonymos Touristiki Etairia Xenodocheia Kritis c/ Grèce,* n° 35332/05 § 45. ♦ ... Qui a pour objectif de protéger l'environnement. • CEDH 29 nov. 1991, *Pine Valley Developments Ltd et a. c/ Irlande,* n° 12742/87 § 57 : *préc. note 12.* ♦ ... Le fait d'éviter une pratique anarchique de la chasse et de favoriser une gestion rationnelle du patrimoine cynégétique. • CEDH 29 avr. 1999, *Chassagnou c/ France,* n° 25088/94 § 74 : *préc. note 97* • CEDH, gr. ch., 26 juin 2012, *Herrmann c/ Allemagne,* n° 9300/07 § 84 : *préc. note 97.* ♦ ... La prorogation des baux en cours dès lors que procéder simultanément à de nombreuses expulsions aurait entraîné d'importantes tensions sociales et mis en danger l'ordre public. • CEDH 28 juill. 1999, *Immobiliare Saffi c/ Italie,* n° 22774/93 § 48 : *préc. note 94.* ♦ ... L'interdiction faite au failli d'administrer ses biens et d'en disposer dans le but d'assurer le payement des créanciers de la faillite. • CEDH 17 juill. 2003, *Luordo c/ Italie,* n° 32190/96 § 68 : *préc. note 95.* ♦ ... Le régime juridique du domaine public, en tant qu'il affecte celui-ci à l'usage du public afin de servir le bien commun. • CEDH 29 mars 2010, *Brosset-Triboulet et a. c/ France,* n° 34078/02 § 83 : *préc. note 2.* ♦ ... L'interdiction du versement simultané à la même personne d'un salaire et d'une pension dans le but de ménager les finances publiques. • CEDH, gr. ch., 5 sept. 2017, *Fabian c/ Hongrie,* n° 78117/13 § 67.

105. L'intérêt général poursuivi par la mesure litigieuse résidait dans l'exécution par l'État irlandais des obligations juridiques découlant de son adhésion à la Communauté européenne. • CEDH, gr. ch., 30 juin 2005, *Bosphorus Hava Yollari Turizm ve Ticaret Anonim sirketi c/ Irlande,* n° 45036/98 § 150 : *préc. note 95.* ♦ ... Dans la lutte contre le blanchiment de capitaux provenant du trafic des stupéfiants. • CEDH 5 mai 1995, *Air Canada c/ Royaume-Uni,* n° 18465/91 § 34 : *préc. note 94* • CEDH 6 nov. 2008, *Ismayilov c/ Russie,* n° 30352/03 § 33 • CEDH 26 févr. 2009, *Grifhorst c/ France,* n° 28336/02 § 92 • CEDH 9 juill. 2009, *Moon c/ France,* n° 39973/03 § 46 : *préc. note 93* • CEDH 23 juill. 2009, *Bowler International Unit c/ France,* n° 1946/06 § 39 • CEDH, décis., 4 nov. 2014, *Abouffada c/ France,* n° 28457/10 § 32 : *préc. note 93.* ♦ ... Dans la volonté d'assurer le paiement des impôts. • CEDH 23 févr. 1993, *Gasus Dosier – und Fördertechnik GmbH c/ Pays-Bas,* n° 15375/89 § 59. ♦ ... D'assurer au locataire exploitant la sécurité du maintien dans les lieux pour rentabiliser ses investissements et de soutenir les exploitations agricoles moyennes comme modèle de développement de l'agriculture française, en en facilitant la transmission familiale. • CEDH 19 juin 2008, *Gauchin c/ France,* n° 7801/03 § 61 : *préc. note 95.*

106. Si aucune disposition de la Convention n'est spécialement destinée à assurer une protection générale de l'environnement en tant que tel (V. Conv. EDH, art. 8), la société d'aujourd'hui se soucie sans cesse davantage de le préserver. L'environnement constitue une valeur dont la défense suscite dans l'opinion publique, et par conséquent auprès des pouvoirs publics, un intérêt constant et soutenu. Des impératifs économiques et même certains droits fondamentaux, comme le droit de propriété, ne devraient pas se voir accorder la primauté face à des considérations relatives à la protection de l'environnement, en particulier lorsque l'État a légiféré en la matière. Les pouvoirs publics assument alors une responsabilité qui devrait se concrétiser par leur intervention au moment opportun afin de ne pas priver de tout effet utile les dispositions protectrices de l'environnement qu'ils ont décidé de mettre en œuvre. • CEDH 27 nov. 2007, *Hamer c/ Belgique,* n° 21861/03 § 79 : *préc. note 16.* ♦ V. déjà. • CEDH 18 févr. 1991, *Fredin c/ Suède (n° 1),* n° 12033/86 § 48 • CEDH 29 nov. 1991, *Pine Valley Developments Ltd et a. c/ Irlande,* n° 12742/87 § 57 : *préc. note 12.* ♦ La Cour n'a donc aucun doute quant à la légitimité du but poursuivi par la mesure litigieuse : protéger une zone forestière non bâtissable. • CEDH 27 nov. 2007, *Hamer c/ Belgique,* n° 21861/03 § 81 : *préc. note 16.* ♦ Rappr. S'agissant d'une privation du droit de propriété. • CEDH 8 juill. 2008, *Turgut et a. c/ Turquie,* n° 1411/03 § 90. ♦ ... Maîtriser l'impact de la chasse sur les équilibres naturels. • CEDH, décis., 6 déc. 2007, *Baudinière et Vauzelle c/ France,* n° 25708/03 • CEDH, gr. ch., 4 oct. 2012, *Chabauty c/ France,* n° 57412/08 § 56 : *D. 2012. 2391 ; Gaz. Pal. 2012, n° 319-320, p. 8, note Lagier ; JCP 2012, n° 50, p. 2266, note Surrel ; RD publ. 2013. 732, chron. Sudre* • CEDH, gr. ch., 26 juin 2012, *Herrmann c/ Allemagne,* n° 9300/07 § 84 : *préc. note 97.* ♦ ... Préserver le littoral et en particulier des plages, « lieu ouvert à tous ». • CEDH 29 mars 2010, *Brosset-Triboulet et a. c/ France,* n° 34078/02 § 84 : *préc. note 2.* ♦ ... Une île. • CEDH 18 nov. 2010, *Richet et Le Ber c/ France,* n° 18990/07 § 116 : *préc. note 2.*

b. Proportionnalité

107. Absence de nécessité de compensation financière. Dans les affaires où la situation a été considérée comme une réglementation de l'usage des biens, même si le requérant avait perdu un bien, nulle mention n'a été faite d'un droit à compensation. • CEDH, gr. ch., 30 août 2007, *J.A. Pye (Oxford) Ltd et J.A. Pye (Oxford) Land Ltd c/ Royaume-Uni,* n° 44302/02 § 79 : *préc. note 94.* ♦ Lorsqu'une mesure de réglementation de l'usage des biens est en cause, l'absence d'indemnisation est l'un des facteurs à prendre en compte pour établir si un juste équilibre a été respecté mais elle ne saurait, à elle seule, être constitutive d'une violation du présent art. • CEDH 29 mars 2010, *Brosset-Triboulet et a. c/ France,* n° 34078/02 § 94 : *préc. note 2.*

108. Absence de juste équilibre. Se révèle une charge démesurée qui ne se justifie pas sous l'angle du § 2 du présent art. et rompt l'équilibre à ménager entre la protection du droit de celle-ci au respect de ses biens et les exigences de l'intérêt général le système de l'apport forcé aboutit à placer les requérants dans une situation qui rompt le juste équilibre devant régner entre la sauvegarde du droit de propriété et les exigences de l'intérêt général : obliger les petits propriétaires à faire apport de leur droit de chasse sur leurs terrains pour que des tiers en fassent un usage totalement contraire à leurs convictions. • CEDH 29 avr. 1999, *Chassagnou c/ France,* n° 25088/94

§ 85 : *préc. note 97* • CEDH, gr. ch., 26 juin 2012, *Herrmann c/ Allemagne*, n° 9300/07 § 84 : *préc. note 97.* ♦ A l'inverse, dès lors que le requérant n'est pas un opposant éthique à la chasse, l'obligation est proportionnée. • CEDH, gr. ch., 4 oct. 2012, *Chabauty c/ France*, n° 57412/08 § 57 : *préc. note 106.* ♦ Le système d'échelonnement de l'exécution des expulsions, s'ajoutant à une attente qui se prolongeait déjà depuis 6 ans en raison de la suspension législative de l'exécution forcée des expulsions. • CEDH 28 juill. 1999, *Immobiliare Saffi c/ Italie*, n° 22774/93 § 59 : *préc. note 94.* ♦ La limitation du droit du requérant au respect de ses biens n'était pas justifiée tout au long de la procédure car, si en principe la privation de l'administration et de la disponibilité des biens est une mesure nécessaire afin d'atteindre le but poursuivi, la nécessité de cette mesure s'amenuise avec le temps. • CEDH 17 juill. 2003, *Luordo c/ Italie*, n° 32190/96 § 70 : *préc. note 95.*

109. Il n'a pas été montré de façon convaincante que cette sanction n'était pas suffisante pour atteindre l'effet dissuasif souhaité. Dans ces circonstances, l'imposition d'une mesure de confiscation comme une sanction supplémentaire est disproportionnée, en ce qu'elle a imposé une « charge spéciale et exorbitante » sur le demandeur. • CEDH 6 nov. 2008, *Ismayilov c/ Russie*, n° 30352/03 § 38. ♦ Ne respecte pas le juste équilibre la sanction imposée au requérant, cumulant la confiscation et l'amende, celui-ci étant disproportionnée au regard du manquement commis. • CEDH 26 févr. 2009, *Grifhorst c/ France*, n° 28336/02 § 105 • CEDH 9 juill. 2009, *Moon c/ France*, n° 39973/03 § 45 : *préc. note 93.* ♦ Il en va de même, bien qu'il ait pour finalité d'économiser les deniers publics en réformant et en rationalisant le régime des prestations d'invalidité, d'un texte d'effet rétroactif et dépourvu de mesures transitoires adaptées à la situation particulière qui prive de l'espérance légitime de recevoir une prestation d'invalidité. • CEDH, gr. ch., 13 déc. 2016, *Belane Nagy c/ Hongrie*, n° 53080/13 § 124 : *préc. note 14.*

110. De même, un juste équilibre n'a pas été ménagé par une législation encadrant les loyers de tel sorte que leur montant est fixé en deçà du coût d'entretien des biens en même temps qu'il est impossible au propriétaire de mettre fin au bail en signifiant simplement le congé. • CEDH, gr. ch., 19 juin 2006, *Hutten-Czapska c/ Pologne*, n° 35014/97 § 224 : *préc. note 7.* ♦ *Il en va de même en raison des dis*positions défectueuses et des lacunes relevées dans la législation d'urgence sur le logement de la situation des propriétaires qui, pendant plusieurs années, n'ont pu obliger les occupants à leur verser un loyer. • CEDH 2 nov. 2006, *Radovici et Stanescu c/ Roumanie*, n° 68479/01 § 88. ♦ ... Du fait que les autorités n'ont pris aucune mesure de nature à honorer leurs engagements, notamment en délivrant les autorisations nécessaires à la réalisation des opérations immobilières contractuellement prévues ou en s'assurant que les nouveaux documents d'urbanisme soient compatibles avec les engagements pris par l'État et expressément stipulés dans les actes de vente. Elles n'ont pas davantage tenté de trouver une solution de compromis permettant de concilier les intérêts en présence, à savoir le respect des droits de construire conférés aux requérants et la protection de l'île. • CEDH 18 nov. 2010, *Richet et Le Ber c/ France*, n° 18990/07 § 121 : *préc. note 2.* ♦ ... Du fait de l'affectation du terrain dans le plan d'urbanisme à l'édification d'un établissement d'enseignement technique et professionnel, depuis plus de 25 ans, le requérant étant resté, depuis, dans une incertitude complète quant au sort de sa propriété. • CEDH 1er oct. 2013, *Huseyin Kaplan c/ Turquie*, n° 24508/09 § 44 s.

111. En l'espèce, il est incontestable qu'un pont ferroviaire portant une ligne à deux voies de chemin de fer et traversant les terrains expropriés a directement contribué à une dépréciation substantielle de la valeur des parties non expropriées. En effet, il est prévu que des trains à grande vitesse circulent sur cette ligne toutes les 20 minutes. Or, la première, la deuxième et la quatrième requérante avaient déjà fait construire des villas sur les parties non expropriées des terrains amputés. Leurs maisons se trouvent à une distance inférieure à 5 mètres des rails avec toutes les nuisances qu'une telle situation entraîne. En particulier, les maisons des premier, deuxième et quatrième requérants se trouvent en contrebas du pont de la ligne ferroviaire à construire. Mis à part le fait que l'horizon de leurs propriétés est définitivement obstrué, celles-ci subiront une pollution sonore ainsi que des vibrations constantes. Quant au troisième requérant, le reste de son terrain se situe sous le pont ferroviaire. Par conséquent, il est indéniable que l'exploitation de cette partie de la parcelle, déjà inconstructible en raison de l'expropriation, se trouve sérieusement compromise tant dans le domaine agricole qu'à d'autres fins. Il en résulte qu'en refusant d'indemniser les requérants pour la dépréciation de la partie non expropriée de leurs terrains, la Cour de cassation a rompu le juste équilibre devant régner entre la sauvegarde des droits individuels et les exigences de l'intérêt général. • CEDH 9 févr. 2006, *Athanasiou c/ Grèce*, n° 2531/02 § 25 et 26.

112. Juste équilibre. Un juste équilibre a été ménagé dès lors que la législation interne limitant les loyers n'avait jamais fixé leur montant en deçà du coût d'entretien des biens et que les propriétaires pouvaient augmenter le loyer pour couvrir les frais nécessaires d'entretien permettant aux propriétaires de conserver leurs biens en bon état. • CEDH 19 déc. 1989, *Mellacher et a. c/ Autriche,* n° 10522/83 § 55 : *préc. note 44.* ♦ La législation suspendant temporairement les expulsions de logements appartenant à des particuliers laissait aux propriétaires le droit de mettre fin au bail en signifiant simplement le congé, sans autre forme de restriction. • CEDH 28 sept. 1995, *Italie,* n° 12868/87 § 39. ♦ La cour d'appel, pour autoriser la cession, s'est tout d'abord assurée que l'opération ne risquait pas de nuire aux intérêts légitimes du bailleur en vérifiant de façon détaillée si les époux C.-G. avaient satisfait à toutes les obligations découlant du bail, notamment le versement des loyers et la bonne exploitation du fonds. Elle a ensuite examiné si le cessionnaire remplissait les conditions de diplôme et d'expérience professionnelle requises et s'il bénéficiait d'une autorisation administrative d'exploiter. Enfin, même si le premier requérant n'a pu reprendre les terres en question au terme du bail, il perçoit pour leur exploitation un loyer dont il n'allègue pas qu'il serait insuffisant. • CEDH 19 juin 2008, *Gauchin c/ France,* n° 7801/03 § 66 et 67 : *préc. note 95.* ♦ La législation ménage un délai pour demander le retrait des terrains des zones de chasse. • CEDH 22 sept. 2011, *ASPAS et Lasgrezas c/ France,* n° 29953/08 § 43 : *préc. note 97.* ♦ Rappr. • CEDH, gr. ch., 4 oct. 2012, *Chabauty c/ France,* n° 57412/08 § 57 : *préc. note 106.* ♦ ... La suspension du versement de la pension du requérant n'a en aucun cas laissé celui-ci sans moyens de subsistance. • CEDH, gr. ch., 5 sept. 2017, *Fabian c/ Hongrie,* n° 78117/13 § 82 : *préc. note 19.*

113. En l'espèce, eu égard aux règles sur le domaine public et considérant que les requérantes ne pouvaient ignorer le principe de non-indemnisation, qui était clairement précisé dans toutes les autorisations d'occupation temporaire du domaine public qui leur ont été consenties, l'absence d'indemnisation ne saurait passer pour une mesure disproportionnée à la réglementation de l'usage des biens des requérantes, opérée dans un but d'intérêt général. • CEDH 29 mars 2010, *Brosset-Triboulet et a. c/ France,* n° 34078/02 § 94 : *préc. note 2.*

2° EXERCICE DU POUVOIR D'IMPOSITION

114. Principe. Pour adopter la législation fiscale, le législateur doit se voir reconnaître une ample marge d'appréciation, spécialement en ce qui concerne la question de savoir si – et, dans l'affirmative, jusqu'où – le fisc doit être placé dans une position meilleure pour recouvrer ses créances que les créanciers ordinaires pour recouvrer leurs créances commerciales. La Cour respecte l'appréciation portée par le législateur en pareilles matières, sauf si elle est dépourvue de base raisonnable. • CEDH 23 févr. 1995, *Gasus Dosier und Fördertechnik GmbH c/ Pays-Bas,* n° 15375/89 § 60.

115. Assurer le paiement des impôts. La mise sous scellés de l'appareil télévisé du requérant poursuit un but légitime : dissuader les individus du non paiement d'un impôt ou, autrement dit, les dissuader de la résiliation de l'abonnement au service de télévision publique. • CEDH, décis., 31 mars 2009, *Faccio c/ Italie,* n° 33/04. ♦ La convention fiscale entre Monaco et la France vise à lutter contre l'évasion fiscale, à savoir l'installation de Français à Monaco dans le seul but d'échapper à l'ISF pour leurs biens situés hors de France. • CEDH 15 janv. 2015, *Arnaud et a. c/ France,* n° 36918/11 § 26.

116. L'ingérence incriminée résulte en fait de l'exercice par le fisc des pouvoirs que lui reconnaît la loi. Celle-ci visait à réglementer la collecte des impôts directs aux Pays-Bas et en particulier le recouvrement des créances fiscales impayées. Comme tous les autres créanciers, le fisc pouvait recouvrer les créances fiscales impayées sur tous les biens saisissables du débiteur ; il était par ailleurs habilité à saisir et faire vendre tous biens meubles se trouvant sur le fonds du débiteur et pouvant être réputés « garnir » ce fonds, qu'ils appartinssent ou non au débiteur. C'est dans l'exercice de ce pouvoir que le fisc a saisi, aux fins de recouvrement partiel des dettes fiscales impayées d'A., la bétonnière sur laquelle G. revendiquait un titre de propriété. Dès lors, la plus naturelle consiste à examiner les griefs de G. sur le terrain de l'expression « pour assurer le paiement des impôts » figurant dans la règle énoncée au § 2 du présent art. • CEDH 23 févr. 1993, *Gasus Dosier und Fördertechnik GmbH c/ Pays-Bas,* n° 15375/89 § 59. ♦ V. déjà. • CEDH 23 oct. 1990, *Darby c/ Suède,* n° 11581/85 § 30 : *RTDH 1992. 181, note Flauss.*

117. Un intérêt général évident commande de veiller à ce que les bénéfices dégagés par une société soient déclarés, afin que leurs destinataires puissent être assujettis à l'impôt. A cet égard, l'État peut ainsi poursuivre judiciairement le recouvrement de taxes éludées et infliger au besoin des amendes fiscales, notamment par le biais de majorations pour absence de bonne foi de la personne redevable, afin de contraindre au paiement des sommes dues et d'éviter la réitération d'agissements frauduleux. En conséquence, la Cour estime qu'en l'espèce, l'ingérence dans le droit au respect des biens du requérant en vue de réprimer des faits de fraude fiscale répondait aux exigences de l'intérêt général. • CEDH 31 janv. 2006, *Dukmedjian c/ France,* n° 60495/00 § 56.

118. Un intérêt général évident et impérieux commande de veiller à ce que les organismes privés ne bénéficient pas d'une manne en cas de changement de régime de collecte de l'impôt et ne privent pas le fisc de recettes pour de simples failles dues à l'inadvertance dans la législation fiscale d'habilitation, surtout lorsque ces organismes ont suivi les débats du Parlement sur la proposition initiale et, tout en la désapprouvant, ont manifestement compris que le législateur avait la ferme intention de l'intégrer à la législation. • CEDH 23 oct. 1997, *National & Provincial Building society, The Leeds permanent Building society et The Yorkshire Building society c/ Royaume-Uni,* n° 21319/93 § 81 : *préc. note 13.*

119. Violation. Les mesures adoptées par l'État doivent néanmoins restées proportionnées. • CEDH 20 sept. 2011, *OAO Neftyanaya Kompaniya Yukos c/ Russia,* n° 14902/04 § 588 s.

120. Exception. S'analyse sous l'angle du principe du respect des biens le retard dans le remboursement de crédits d'impôts. • CEDH 3 juill. 2003, *Buffalo SRL en liquidation c/ Italie,* n° 38746/97 § 31 : *préc. note 13.* ♦ ... Un remboursement d'un impôt ou taxe reconnus comme indûment versés en vertu d'une décision de justice définitive. • CEDH 9 mars 2006, *Eko-Elda AVEE c/ Grèce,* n° 10162/02 § 27.

121. Discrimination fiscale. Un régime fiscal discriminatoire est sanctionné sous l'angle de l'art. 14 Conv. EDH. • CEDH 23 oct. 1990, *Darby c/ Suède,* n° 11581/85 : *préc. note 116.*

IV. ATTEINTE D'ORDRE GÉNÉRAL AU DROIT DE PROPRIÉTÉ

122. Justification. Dès lors qu'il y a eu sans conteste ingérence dans le droit de propriété des requérants sans que celle-ci relève de la privation de propriété ou de la réglementation de l'usage des bien, il y faut l'examiner au regard de la première phrase du § 1 du présent art. en tant qu'atteinte d'ordre général au droit de propriété. • CEDH 23 avr. 1987, *Erkner et Hofauer c/ Autriche,* n° 9616/81 § 72 s. • CEDH 23 avr. 1996, *Phocas c/ France,* n° 17869/91 § 52 • CEDH 15 nov. 1996, *Prötsch c/ Autriche,* n° 15508/89 § 42 • CEDH 18 déc. 1996, *Loizidou c/ Turquie,* n° 15318/89 § 62 et 63 • CEDH 22 mai 1998, *Vasilescu c/ Roumanie,* n° 27053/95 § 50 • CEDH 11 janv. 2000, *Almeida Garrett, Mascarenhas Falcão et a. c/ Portugal,* n° 29813/96 § 48 • CEDH 2 août 2001, *Cooperativa La Laurentina c/ Italie,* n° 23529/94 § 64 • CEDH 11 déc. 2003, *Frascino c/ Italie,* n° 35227/97 § 32 : *D. 2004. 993, obs. Haumont* . • CEDH 29 janv. 2013, *Zolotas c/ Grèce (n° 2),* n° 66610/09 § 47 : *préc. note 34.* ♦ La Cour parle également d'ingérence dans la jouissance du droit au respect des biens (en particulier s'agissant du droit à pension). • CEDH 12 oct. 2004, *Kjartan Asmundsson c/ Islande,* n° 60669/00 § 40 : *préc. note 18* • CEDH, décis., 7 mai 2013, *Koufaki et Adery c/ Grèce,* n° 57665/12 § 34.

123. Le juge se réfugie parfois dans l'atteinte générale au droit de propriété lorsque la situation ne peut être classée dans une catégorie précise. • CEDH, gr. ch., 5 janv. 2000, *Beyeler c/ Italie,* n° 33202/96 § 106 : *préc. note 4.*

124. Notion. Relève ainsi de l'atteinte générale au droit de propriété : le retard dans l'exécution d'une expropriation. • CEDH 23 sept. 1982, *Suède,* n° 7151/75 § 65 • CEDH 23 avr. 1996, *France,* n° 17869/91 § 49. ♦ ... Le refus d'accès aux biens de la requérante qui a, en pratique, perdu toute maîtrise de ceux-ci ainsi que toute possibilité d'usage et de jouissance. • CEDH 18 déc. 1996, *Turquie,* n° 15318/89 § 63 • CEDH 24 juin 2004, *Dogan et a. c/ Turquie,* n° 8803/02 § 143 : *préc. note 31* • CEDH, gr. ch., 16 juin 2015, *Arménie,* n° 13216/05 § 201. ♦ ... Le fait que les requérants ne purent ni user de leurs biens, ni les vendre, les léguer, les donner ou les hypothéquer. • CEDH 24 juin 1993, *Grèce,* n° 14556/89 § 43 : *préc. note 46* • CEDH 16 janv. 2003, *Grèce,* n° 51354/99 § 41. ♦ ... La rétention persistante d'objet. • CEDH 22 mai 1998, *Roumanie,* n° 27053/95 § 50. ♦ ... L'absence de paiement de l'indemnisation définitive suite à une expropriation. • CEDH 11 janv. 2000, *Portugal,* n° 29813/96 § 48. ♦ ... Un retard excessif dans la détermination d'une indemnité d'expropriation. • CEDH 23 avr. 1996, *Phocas c/ France,* n° 17869/91 § 49. ♦ ... Dans l'adoption d'un plan d'urbanisme. • CEDH 2 août 2001, *Italie,* n° 23529/94 § 61. ♦ ... Une procédure de remembrement dans laquelle il est prévu que les intéressés pourront donc récupérer leurs biens-fonds si le plan définitif ne confirme pas la distribution effectuée au stade antérieur de la procédure. • CEDH 23 avr. 1987, *Autriche,* n° 9616/81 § 74 • CEDH 15 nov. 1996, *Autriche,* n° 15508/89 § 42 • CEDH 14 nov. 2000, *Piron c/ France,* n° 36436/97 § 40 *(a contrario) préc. note 63.* ♦ ... L'arrêt du paiement d'une pension de retraite. • CEDH 17 avr. 2012, *Serbie,* n° 31925/08 § 77. ♦ ... Le refus de paiement d'une pension de vieillesse. • CEDH 3 mars 2011, *Klein c/ Autriche :,* n° 57028/00 § 49 : *préc. note 19.* ♦ La modification ou la suppression du droit aux prestations de retraite. • CEDH, décis., 18 oct. 2005, *Royaume-Uni,* n° 6223/04. ♦ ... De retraite complémentaires. • CEDH 2 févr. 2010, *Espagne,* n° 42430/05 § 48. ♦ ... La prescription des prétentions du requérant sur son propre compte dès lors qu'il n'y a eu aucun mouvement sur le compte pendant une période de vingt ans. • CEDH 29 janv. 2013, *Zolotas c/ Grèce (n° 2),* n° 66610/09 § 47 : *préc. note 34.* ♦... Les droits découlant du versement de cotisations à des régimes de sécurité sociale. • CEDH 12 oct. 2004, Kjartan Asmundsson c/ Islande, n° 60669/00 § 39 : *préc. note 18.* ♦ ... La réduction des traitements des personnes travaillant pour l'État et les pensions des retraités de la fonction publique. • CEDH, décis., 7 mai 2013, *Grèce,* n° 57665/12 § 34.

125. Il en va de même du refus des autorités : de se conformer à une décision juridictionnelle imposant de délivrer un permis de construire. • CEDH 11 déc. 2003, *Frascinoc/ Italie,* n° 35227/97 § 33 : *préc. note 122.* ♦ ... De rétablir l'accès à la propriété du requérant. • CEDH 24 juin 1993, *Papamichalopoulos c/ Grèce,* n° 14556/89 § 43 : *préc. note 46.* ♦ ... D'exécuter, avec le concours de la force publique, une décision de justice prescrivant l'expulsion, rendant dès lors impossible la récupération du terrain et, partant, empêchant le requérant de l'utiliser librement. • CEDH 31 mars 2005, *Matheus c/ France,* n° 62740/00 § 64 • CEDH 21 janv. 2010, *R. P. c/ France,* n° 10271/02 § 36 : *JCP Adm. 2010, p. 2260.*

126. Plus généralement s'analysent en une atteinte générale au droit de propriété des durées excessives en matière de procédures de remembrement. • CEDH 23 avr. 1987, *Erkner et Hofauer c/ Autriche,* n° 9616/81 § 74 • CEDH 30 oct. 1991, *Wiesinger c/ Autriche,* n° 11796/85 § 77. ♦ ... De mise en œuvre par l'État de son droit de préemption. • CEDH, gr. ch., 5 janv. 2000, *Beyeler c/ Italie,* n° 33202/96 § 105 : *préc. note 4.* ♦ ... De consignation de l'indemnité d'expropriation. • CEDH 17 janv. 2002, *Tsirikakis c/ Grèce,* n° 46355/99 § 55.

127. Il en va de même du retard dans le remboursement : de crédits d'impôts. • CEDH 3 juill. 2003, *Buffalo SRL en liquidation c/ Italie,* n° 38746/97 § 31 : *préc. note 13.* ♦ ... D'un impôt indûment versés. • CEDH 16 avr. 2002, *SA Dangeville c/ France,* n° 36677/97 § 48 : *préc. note 13* • CEDH 9 mars 2006, *Eko-Elda AVEE c/ Grèce,* n° 10162/02 § 27.

128. La réalisation d'un risque naturel peut également s'analyser en une atteinte générale au droit de propriété. • CEDH 20 mars 2008, *Boudaieva et a. c/ Russie,* n° 15339/02 § 171 s. : *JCP 2008. I. 167, chron. Sudre.*

129. Dans tous les États parties à la Conv. EDH, les lois régissant les rapports de droit privé entre particuliers, y compris les personnes morales, contiennent des dispositions qui déterminent, quant aux biens, les effets de ces rapports juridiques et, dans certains cas, obligent une personne à céder à une autre un bien dont elle était propriétaire. Peuvent être cités, à titre d'exemples, les partages successoraux notamment en matière agricole, les liquidations de certains régimes matrimoniaux et surtout les saisies et ventes de biens dans le cadre d'une procédure d'exécution forcée. Il en va de même de l'obligation faite dans certaines circonstances aux actionnaires minoritaires de céder leurs actions à l'actionnaire majoritaire découle d'une législation sur les sociétés, réglant les rapports des actionnaires entre eux. • Comm. EDH 12 oct. 1982, *Bramelid et Malmstrom c/ Suède,* n° 8588/79.

A. PRÉVUE PAR LA LOI

130. Le refus de la Comptabilité générale de l'État de verser au requérant la somme due après l'arrêt de la Cour des comptes constitue une ingérence dans la jouissance du droit des requérants au respect de leurs biens, car ce refus est manifestement illégal sur le plan du droit interne • CEDH 14 déc. 1999, *Antonakopoulos, Vortsela et Antonakopoulou c/ Grèce,* n° 37098/97 § 31 • CEDH 28 mars 2000, *Dimitrios Georgiadis c/ Grèce,* n° 41209/98 § 32. ♦ Le refus des autorités administratives de se conformer à l'arrêt du Conseil d'État a eu comme conséquence le maintien en l'état de l'immeuble construit irrégulièrement, alors que cet immeuble privait partiellement de vue et de lumière la maison de la requérante en en réduisait ainsi la valeur. • CEDH 20 juill. 2000, *Antonetto c/ Italie,* n° 15918/89 § 34 et 35. ♦ En ne se conformant pas aux jugements rendus par le tribunal de district de Centru, les autorités nationales ont privé la requérante d'une somme d'argent qu'elle pouvait raisonnablement espérer recevoir ainsi que du bénéfice de l'éviction des occupants des appartements. • CEDH 18 mai 2004, *Prodan c/ Moldavie,* n° 49806/99 § 61. ♦ Le plan d'alignement du quartier, qui demeura en vigueur, ne constituait pas une base légale, car il n'avait plus de raison d'être depuis l'arrêt du Conseil d'État. Or, en dépit de la révocation de l'expropriation imposée sur le terrain du requérant et de la décision portant modification du plan d'alignement du quartier, la propriété du requérant demeura bloquée au profit de l'administration qui refusa toute utilisation du terrain de nature à compromettre son affectation à la construction d'une école. • CEDH 6 juin 2002, *Katsaros c/ Grèce,* n° 51473/99 § 44. ♦ Le manque d'exécution de la décision judiciaire n'avait donc aucune base légale. Une telle conclusion dispense la Cour de rechercher si un juste équilibre a été maintenu entre les exigences de l'intérêt général de la communauté et les impératifs de la sauvegarde des droits individuels. • CEDH 11 déc. 2003, *Frascino c/ Italie,* n° 35227/97 § 33 : *préc. note 122.* ♦ Pour prendre ses décisions de suspendre la procédure dans laquelle les requérants demandaient la reprise du versement de leur pension, le Fonds s'est appuyé sur des avis du ministère qui n'ont, semble-t-il, jamais été publiés et dont la Cour constitutionnelle a estimé qu'ils ne revêtaient pas le caractère d'une loi mais étaient simplement censés en faciliter l'application. • CEDH 17 avr. 2012, *Grudic c/ Serbie*, n° 31925/08 § 79.

B. PROPORTIONNALITÉ

131. Indemnisation. La législation ne ménage pas la possibilité d'indemniser les requérants du préjudice qu'il leur aurait causé par l'échange forcé de leurs terres contre d'autres, de moindre qualité. • CEDH 23 avr. 1987, *Erkner et Hofauer c/ Autriche*, n° 9616/81 § 77.

132. La loi suédoise qui, dans certaines circonstances, impose aux actionnaires minoritaires de vendre leurs actions à un prix qui sera fixé par des arbitres, tout en leur reconnaissant le droit de les faire racheter aux mêmes conditions s'ils le désirent, ne crée nullement à leur détriment un déséquilibre excessif au point de constituer une violation du droit au respect des biens. • Comm. EDH 12 oct. 1982, *Bramelid et Malmstrom c/ Suède*, n° 8588/79.

133. L'obligation positive de l'État de protéger la propriété privée contre les risques naturels ne saurait s'interpréter en ce sens qu'elle imposerait à l'État de compenser la pleine valeur marchande d'un bien détruit. En l'espèce, on ne saurait imputer sans ambiguïté l'intégralité du dommage à la faute de l'État, la faute alléguée n'étant rien de plus qu'une circonstance aggravante contribuant à la survenance du préjudice causé par les éléments naturels. Dans un tel cas, les conditions d'indemnisation doivent s'apprécier au regard de l'ensemble des autres mesures mises en œuvre par les autorités, compte tenu de la complexité de la situation, du nombre de propriétaires touchés ainsi que des circonstances économiques, sociales et humanitaires inhérentes aux opérations de secours aux sinistrés. • CEDH 20 mars 2008, *Boudaieva et a. c/ Russie*, n° 15339/02 § 182 : *préc. note 128.*

134. Procédure. A rompu le juste équilibre entre les exigences de l'intérêt général de la communauté et les impératifs de la sauvegarde des droits fondamentaux des individus l'existence, pendant toute cette période, d'interdictions de construire qui a encore accentué les répercussions dommageables de la durée de validité des permis. La pleine jouissance du droit de propriété des requérants a été entravée au total pendant 25 ans pour l'un et 12 ans pour l'autre leur faisant ainsi supporter un charge spéciale et exorbitante. • CEDH *23 sept. 1982, Sporrong et Lönnroth c/ Suède*, n° 7151/75 § 72 et 73. ♦ ... La perte de disponibilité des biens en cause, combinée avec l'échec des tentatives menées jusqu'ici devant les autorités et tribunaux nationaux pour remédier à la situation incriminée, dès lors qu'elle a engendré des conséquences assez graves. • CEDH 22 mai 1998, *Vasilescu c/ Roumanie*, n° 27053/95 § 53. ♦ ... La mise en échec de la créance de la requérante sur l'État et l'absence de procédures internes offrant un remède suffisant pour assurer la protection du droit au respect de ses biens. • CEDH 12 avr. 2002, *SA Dangeville c/ France*, n° 36677/97 § 61 : *préc. note 13.* ♦ ... Une durée excessive s'agissant de la procédure de reconnaissance de la qualité de propriétaires que les requérants ont dû alors engager, a déjà dépassé 13 ans. • CEDH 17 janv. 2002, *Tsirikakis c/ Grèce*, n° 46355/99 § 59 • CEDH, gr. ch., 5 janv. 2000, *Beyeler c/ Italie*, n° 33202/96 § 119 : *préc. note 2.* ♦ ... Une durée excessive d'une procédure de restitution de bien. • CEDH 31 mai 2012, *Vasilev et Doycheva c/ Bulgarie*, n° 14966/04 § 52.

135. Même si l'administration a tardé à répondre aux demandes d'acquisition de l'immeuble de P., l'échec de la procédure de délaissement est imputable à ce dernier : il a d'abord rejeté l'offre d'achat qui lui fut faite, puis saisi hors délai le juge de l'expropriation. En tout état de cause, le requérant a définitivement accepté l'indemnité d'expropriation fixée par la chambre des expropriations. Les procédures prévues par le droit interne offraient donc un remède suffisant pour assurer la protection du droit au respect des biens. • CEDH 23 avr. 1996, *Phocas c/ France*, n° 17869/91 § 60. ♦ Même si l'administration a tardé dans l'adoption du plan détaillé, l'échec des demandes tendant à obtenir un permis de construire est également imputable au comportement de la société requérante, qui ne s'est pas prévalue de la possibilité que lui offrait le plan général d'urbanisme. • CEDH 2 août 2001, *Cooperativa La Laurentina c/ Italie*, n° 23529/94 § 107.

136. Du fait du refus de prêter concours à l'exécution, cette décision a perdu tout effet utile au fil du temps sans que des circonstances exceptionnelles ne viennent expliquer un tel excès de pouvoir. Dès lors, le prolongement excessif de l'inexécution de la décision de justice, et l'incertitude du requérant qui en a résulté quant au sort de sa propriété, a entravé son droit au respect de ses biens. • CEDH 31 mars 2005, *Matheus c/ France*, n° 62740/00 § 72. ♦ Le refus continu des autorités de prêter main-forte au requérant pour mettre fin à l'occupation illégale de ses terrains a porté atteinte à son droit au respect de ses biens. • CEDH 21 janv. 2010, *R. P. c/ France*, n° 10271/02 § 43 : *préc. note 125.*

137. Défaut d'information. L'absence d'obligation pour les banques, compte tenu des conséquences fâcheuses que peut avoir la prescription, d'informer le titulaire d'un compte inactif de l'approche de la fin du délai de prescription et de lui donner ainsi la possibilité d'interrompre la prescription en effectuant par exemple une opération sur le compte rompt le juste équilibre entre les exigences de l'intérêt général de la collectivité et les impératifs de la sauvegarde des droits fondamentaux de l'individu et amène le titulaire du compte à supporter une charge excessive et disproportionnée que ne saurait justifier la nécessité de liquider des rapports juridiques dont l'existence serait incertaine. • CEDH 29 janv. 2013, *Zolotas c/ Grèce (n° 2),* n° 66610/09 § 53 et 54 : *préc. note 34.*

138. Baisse des traitements et des pensions des agents publics. En décidant de réduire les rémunérations et les pensions des fonctionnaires, le législateur servait une cause d'utilité publique, les mesures litigieuses étant justifiées par l'existence d'une crise exceptionnelle et sans précédent dans l'histoire récente de la Grèce. La diminution du salaire de la première requérante n'est pas d'un niveau tel qu'elle risque d'exposer la requérante à des difficultés de subsistance incompatibles avec le présent art. Eu égard au contexte particulier de crise dans lequel elle intervient, l'ingérence litigieuse ne saurait être considérée comme ayant fait peser une charge excessive sur la requérante. Pour les pensions, la suppression du 13e et du 14e mois est compensée, pour les personnes percevant moins de 2500 € par mois, par la création d'une prime unique de 800 € par an. Enfin, si le versement des 13e et 14e mois de salaire est supprimé pour tous les salariés, il est prévu, dans le souci de protéger les couches de population ayant de bas revenus, une prime annuelle de 1000 €, financée par la réduction des allocations jusqu'alors calculées sr les hauts salaires. • CEDH, décis., 7 mai 2013, *Koufaki et Adery c/ Grèce,* n° 57665/12 § 46 et 47.

139. Insolvabilité des créanciers. Le manque de ressources d'une commune ne saurait justifier qu'elle omette d'honorer les obligations découlant d'un jugement définitif rendu en sa défaveur. • CEDH 24 sept. 2013, *Luca c/ Italie,* n° 43870/04 § 54 : *JCP Adm. 2013. Act. 790.* ♦ V. s'agissant des dettes d'un particulier : l'extinction irrévocable d'une dette prononcée judiciairement – par opposition à l'échelonnement des remboursements sur une période plus longue ou à la faillite du particulier concerné – peut, dans certaines circonstances, revenir à imposer une charge excessive à un créancier. Pour savoir si le requérant a eu à supporter pareille charge, il faut aussi se demander si la procédure suivie lui a donné une juste possibilité de défendre ses intérêts en tant qu'un parmi quelque soixante-dix créanciers. • CEDH 20 juill. 2004, *Back c/ Finlande,* n° 37598/97 § 63 : *AJDA 2004. 1809, chron. Flauss.*

140. Délai de prescription. L'application par les juridictions internes des dispositions spéciales qui prévoient un délai de prescription de deux ans pour les prétentions des employés des personnes morales de droit public contre celles-ci n'a pas rompu le juste équilibre à ménager entre la protection de la propriété et les exigences de l'intérêt général compte tenu des explications fournies par le Gouvernement (importance des sommes en jeu) qui ne se contente pas d'invoquer de manière abstraite et générale des intérêts financiers de l'État. • CEDH 3 oct. 2013, *Giavi c/ Grèce,* n° 25816/09 § 53. ♦ Comp. • CEDH 25 juin 2009, *Zouboulidis c/ Grèce,* n° 36963/06 § 35 et 36.

Art. 2 ***Droit à l'instruction.*** **Nul ne peut se voir refuser le droit à l'instruction. L'État, dans l'exercice des fonctions qu'il assumera dans le domaine de l'éducation et de l'enseignement, respectera le droit des parents d'assurer cette éducation et cet enseignement conformément à leurs convictions religieuses et philosophiques.**

COMMENTAIRE

V. sur le Code en ligne.

PLAN DES ANNOTATIONS

1. Généralités. Malgré sa formulation négative, cette disposition utilise le terme « droit » et parle d'un « droit à l'instruction ». De même, le préambule du Protocole précise que l'objet de celui-ci consiste dans la garantie collective de « droits et libertés ». Qu'un droit soit consacré par le présent art. ne fait donc aucun doute. • CEDH 23 juill. 1968, *Affaire « relative à certains aspects du régime linguistique de l'enseignement en Belgique »,* n° 1474/62 § 3 (en droit).

2. Le droit à l'instruction, indispensable à la

réalisation des droits de l'homme, occupe une place si fondamentale qu'une interprétation restrictive de la première phrase de l'art. 2 ne correspondrait pas au but et à l'objet de cette disposition. • CEDH, gr. ch., 10 nov. 2005, *Leyla Sahin c/ Turquie*, n° 44774/98 § 137 : *AJDA 2006. 315, note Gonzalez ; ibid. 474, chron. Flauss ; D. 2006. Pan. 1717, obs. Renucci ; RD publ. 2006. 806, obs. Levinet.*

3. Le présent art. constitue, du moins s'agissant de sa seconde phrase, la *lex specialis* par rapport à l'art. 9 Conv. EDH en matière d'éducation et d'enseignement. • CEDH 10 janv. 2017, *Osmanoglu et Kocabas c/ Suisse*, n° 29086/12 § 90 : *D. 2017. 111 ; JCP Adm. 2017. 53.*

4. Notions d'éducation et d'instruction. L'éducation des enfants est la somme des procédés par lesquels, dans toute société, les adultes tendent d'inculquer aux plus jeunes leurs croyances, coutumes et autres valeurs, tandis que l'enseignement ou l'instruction vise notamment la transmission des connaissances et la formation intellectuelle. Il est dès lors artificiel d'essayer d'isoler les questions d'administration interne comme si elles échappaient toutes à l'empire du présent art. Ainsi, les châtiments corporels ressortissent à l'administration interne d'une école qui les emploie, mais ils constituent en même temps l'un des procédés par lesquels elle s'efforce d'atteindre le but dans lequel on l'a créée, y compris le développement et le façonnement du caractère et de l'esprit de ses élèves. • CEDH 25 févr. 1982, *Campbell et Cosans*, n° 7511/76 § 33 : *CDE 1986. 230, obs. Cohen-Jonathan ; JDI 1985. 191, obs. Rolland et Tavernier.*

A. CONTENU DU DROIT À L'INSTRUCTION

1° ÉTENDUE DU DROIT À L'INSTRUCTION

a. Détermination des obligations de l'État

5. Principe. Tous les États membres du Conseil de l'Europe avaient à l'époque de l'ouverture du Protocole à leur signature, et ont encore à l'heure actuelle, un système d'enseignement général et officiel. Il ne pouvait et il ne peut donc être question d'obliger chaque État à créer un tel système, mais uniquement de garantir aux personnes placées sous la juridiction des Parties Contractantes le droit de se servir, en principe, des moyens d'instruction existant à un moment donné. Quant à l'étendue de ces moyens et à la manière de les organiser ou de les subventionner, la Conv. EDH *n'impose pas d'obligations* déterminées. • CEDH 23 juill. 1968, *Affaire « relative à certains aspects du régime linguistique de l'enseignement en Belgique »*, n° 1474/62 § 3 (en droit). ♦ La formulation négative signifie, et les travaux préparatoires le confirment, que les Parties Contractantes ne reconnaissent pas un droit à l'instruction qui les obligerait à organiser à leurs frais, ou à subventionner, un enseignement d'une forme ou à un échelon déterminés. • CEDH 23 juill. 1968, *Affaire « relative à certains aspects du régime linguistique de l'enseignement en Belgique »*, n° 1474/62 § 3.

6. Droits garantis. La première phrase du présent art. garantit par conséquent, en premier lieu, un droit d'accès aux établissements scolaires existant à un moment donné, mais l'accès à ces derniers ne forme qu'une partie du droit à l'instruction. Pour que le « droit à l'instruction » produise des effets utiles, il faut encore, notamment, que l'individu qui en est titulaire ait la possibilité de tirer un bénéfice de l'enseignement suivi, c'est-à-dire le droit d'obtenir, conformément aux règles en vigueur dans chaque État et sous une forme ou une autre, la reconnaissance officielle des études accomplies. • CEDH 23 juill. 1968, *Affaire « relative à certains aspects du régime linguistique de l'enseignement en Belgique »*, n° 1474/62 § 3 (en droit). ♦ Ainsi que l'indique sa structure même, le présent art. forme un tout que domine sa première phrase. En s'interdisant de « refuser le droit à l'instruction », les États contractants garantissent à quiconque relève de leur juridiction « un droit d'accès aux établissements scolaires existant à un moment donné » et « la possibilité de tirer », par « la reconnaissance officielle des études accomplies », « un bénéfice de l'enseignement suivi ». • CEDH 7 déc. 1976, *Kjeldsen, Busk Madsen et Pedersen*, n° 5095/71 § 52 • CEDH 11 janv. 2011, *Ali c/ Royaume-Uni*, n° 40385/06 § 51.

7. Les États doivent assurer un enseignement primaire accessible permettant l'apprentissage de notions élémentaires de lecture, d'écriture et de calcul. Mais l'enseignement secondaire joue un rôle d'importance croissante pour le développement de l'individu et pour la société dans son ensemble. Dès lors le fait d'imposer des frais de scolarité à certains élèves heurte le présent art. (en liaison avec l'art. 14 Conv. EDH). • CEDH 21 juin 2011, *Anatoliy and Vitaliy Ponomaryov c/ Bulgarie*, n° 5335/05 § 56 et 57.

8. Ce droit appelle de par sa nature même une réglementation par l'État, réglementation qui peut varier, dans le temps et dans l'espace, en fonction des besoins et des ressources de la communauté et des individus dès lors que la substance du droit à l'éducation est préservée. En effet, une telle réglementation ne doit jamais entraîner d'atteinte à la substance de ce droit, ni se heurter à d'autres droits consacrés par la Convention. • CEDH 23 juill. 1968, *Affaire « relative à certains aspects du régime linguistique de l'enseignement en Belgique »*, n° 1474/62 § 5 (en droit). ♦ Pour important qu'il soit, le droit à l'instruction n'est toutefois pas absolu ; il peut donner lieu à des limitations implicitement admises. Les règles régissant les établissements d'enseignement peuvent varier dans le temps en fonction entre autres des besoins et des ressources de la communauté ainsi que des particularités de l'enseignement de différents niveaux. Par conséquent, les autorités nationales jouissent en la matière d'une certaine marge d'appréciation, mais il appartient à la Cour de statuer en dernier ressort sur le respect des exigences de la Conv. EDH. • CEDH, gr. ch., 10 nov. 2005, *Leyla Sahin c/ Turquie,* n° 44774/98 § 154 : *préc. note 2* • CEDH 11 janv. 2011, *Ali c/ Royaume-Uni,* n° 40385/06 § 53. ♦ En particulier, la Cour s'assure qu'il n'y a pas violation de l'art. 14 Conv. EDH combiné avec le présent art. • CEDH 9 juill. 2013, *Altinay c/ Turquie,* n° 37222/04 § 33.

9. Enseignement privé. Dès lors que, dans le pays, les écoles privées coexistent avec des écoles publiques, le droit fondamental de chacun à l'instruction vaut pour les élèves des unes comme des autres, sans aucune distinction. • CEDH 25 mars 1993, *Costello-Roberts c/ Royaume-Uni,* n° 13134/87 § 27. ♦ Si le présent art. garantit le droit d'ouvrir et de gérer une école privée, ce droit ne saurait être un droit inconditionnel. Il appartient à l'État de le réglementer pour assurer l'unité et la qualité du système éducatif. • Comm. EDH 6 mars 1987, *Fondation des écoles chrétiennes Ingrid Jordebo c/ Suède,* n° 11533/85.

10. Place de l'enseignement supérieur. On concevrait mal que les établissements de l'enseignement supérieur existant à un moment donné échappent à l'empire de la première phrase du présent art. même si celui-ci n'astreint pas les États contractants à créer des établissements d'enseignement supérieur. Néanmoins, un État qui a créé de tels établissements a l'obligation de veiller à ce que les personnes jouissent d'un droit d'accès effectif à ceux-ci. • CEDH, gr. ch., 10 nov. 2005, *Leyla Sahin c/ Turquie,* n° 44774/98 § 137 : *préc. note 2* • CEDH 7 févr. 2006, *Mursel Eren c/ Turquie,* n° 60856/00 (sol. impl.) • CEDH 9 juill. 2013, *Altinay c/ Turquie,* n° 37222/04 § 31. ♦ *Ab. jur. sur ce point.* • *CEDH 13 mars 1975, X. c/ Royaume-Uni,* n° 5962/72.

11. Si un État prévoit un système d'enseignement supérieur limité, la limitation du droit d'y accéder aux étudiants ayant acquis le niveau universitaire requis pour tirer le plus grand bénéfice des cours proposés n'est pas en principe contraire au présent art. • Comm. EDH 9 déc. 1980, *X. c/ Royaume-Uni,* n° 8844/80.

12. Les États sont libres de demander des frais de scolarité dans l'enseignement supérieur, qui, au moins à l'époque des faits, demeurait optionnel pour beaucoup de gens. • CEDH 21 juin 2011, *Bulgarie,* n° 5335/05 § 56.

13. Instruction des personnes handicapées. S'il n'appartient pas à la Cour de définir les moyens à mettre en œuvre pour répondre aux besoins éducatifs des handicapés, elle estime néanmoins que l'État doit être particulièrement attentif à ses choix dans ce domaine compte tenu de leur impact sur ces personnes particulièrement vulnérables. Prenant en compte en la matière la consécration par les instruments internationaux des principes d'universalité et de non-discrimination ainsi que de l'éducation inclusive comme moyen le plus approprié pour les garantir, elle juge qu'au titre du présent art. combiné à l'art. 14 de la Conv. EDH, est constitutif d'une discrimination à raison du handicap dans la jouissance du droit à l'instruction le refus de l'État de procéder à des aménagements raisonnables que les handicapés sont en droit d'attendre en vue de se voir assurée la jouissance dudit droit. Entendus comme les modifications et ajustements nécessaires et appropriés n'imposant pas de charge disproportionnée ou indue en fonction des besoins dans une situation donnée, ces aménagements visent en effet à corriger des inégalités factuelles qui, ne pouvant être justifiées, constituent une discrimination. • CEDH 23 févr. 2016, *Turquie,* n° 51500/08 § 64 à 67. ♦ Violation du présent art. combiné à l'art. 14 de la Conv. EDH pour n'avoir envisagé à aucun moment la possibilité d'aménagements raisonnables avant de refuser, en raison de sa cécité, l'inscription au conservatoire de la requérante malgré la réussite du concours d'entrée. • CEDH 23 févr. 2016, *Turquie,* n° 51500/08 § 69. ♦ Violation du présent art. combiné à l'art. 14 de la Conv. EDH pour n'avoir pas réagi avec la diligence requise en vue de permettre à un étudiant, devenu paraplégique en cours de cursus, de continuer à jouir de son droit à l'instruction sur un pied d'égalité avec les autres étudiants, nonobstant la proposition d'aide d'un accompagnant, celle-ci ne répondant pas à une évaluation individualisée des besoins du requérant, y compris de celui de vivre, autant que possible, de façon indépendante et autonome. • CEDH 30 janv. 2018, *Turquie,* n° 23065/12 § 75. ♦ L'accessibilité des locaux universitaires pour le requérant ne peut demeurer suspendue jusqu'à l'obtention de tous les fonds nécessaires à l'achèvement des travaux d'aménagement imposés par la loi. • CEDH 30 janv. 2018, *Turquie,* n° 23065/12 § 65. ♦ Ne contrevient manifestement pas au présent art. le refus d'admettre en milieu scolaire ordinaire un enfant autiste qui, après une mise en balance du niveau de son handicap avec le bénéfice qu'il pourrait tirer de l'accès à l'enseignement inclusif, est scolarisé en milieu spécialisé dans un institut médico-éducatif dans le cadre d'une prise en charge adaptée à ses troubles autistiques • CEDH, décis., 18 déc. 2018, *Dupin c/ France,* n° 2282/17 § 33.

b. Mise en œuvre

14. Lorsqu'une législation subordonne à certaines conditions l'admission à une université, ceux qui y satisfont possèdent un droit d'accès à cette université. • CEDH 7 févr. 2006, *Turquie,* n° 60856/00 § 48.

15. En l'absence de toute preuve de tricherie de la part du requérant – ou même de toute accusation expresse portée contre lui en ce sens – et compte tenu du fait qu'il indique, sans être contredit, qu'il avait préparé les examens de 1997 en suivant un cours privé, la Cour juge intenable la conclusion du conseil universitaire selon laquelle les bons résultats de l'intéressé étaient inexplicables. • CEDH 7 févr. 2006, *Mursel Eren c/ Turquie,* n° 60856/00 § 50.

16. Les enfants du requérant s'étant vu refuser l'accès à l'établissement dans lequel ils étaient scolarisés depuis 2 ans du fait que leur père avait restitué sa carte de migrant et n'était donc plus inscrit comme résident de la ville de Naltchik, il y a violation du présent art. • CEDH 13 déc. 2005, *Timichev c/ Russie,* n° 55762/00 § 65 s.

17. Même si la vulnérabilité des tsiganes, du fait qu'ils constituent une minorité, implique d'accorder une attention spéciale à leurs besoins, il y a violation des présentes dispositions lorsque les enfants Tsiganes sont très majoritairement placés dans des classes spéciales du fait de leur maîtrise insuffisante de la langue d'enseignement. • CEDH, gr. ch., 13 nov. 2007, *D. H. c/ Rép. tchèque,* n° 57325/00 § 198 : *RFDA 2008. 737, obs. Labayle et Sudre ; AJDA 2008. 1929, obs. Flauss ; JCP 2008. I. 110, chron. Sudre ; RTDH 2008. 821, note Debout* • CEDH, gr. ch., 16 mars 2010, *Orsus c/ Croatie,* n° 15766/03 § 165 : *JCP 2009. I. 104, chron. Sudre.*

18. Compte tenu de l'importance de la scolarisation des enfants dans des écoles primaires, non seulement pour l'acquisition des connaissances mais aussi pour l'intégration des enfants dans la société, il est indispensable, dans les systèmes où la scolarisation au sein d'établissements publics ou privés est obligatoire, d'inscrire à l'école de tous les enfants en âge scolaire, d'autant plus lorsque les enfants appartiennent à des minorités. • CEDH 5 juin 2008, *Sampanis et a. c/ Grèce,* n° 32526/05 § 66. ♦ Rappr. • CEDH 11 déc. 2012, *Sampanis c/ Grèce,* n° 59608/09 § 103 : *RD publ. 2012. 731, chron. Sudre.*

19. La fermeture forcée des écoles des requérants et les mesures de harcèlement consécutives ont porté atteinte au droit d'accès des élèves requérants aux établissements scolaires qui préexistaient, ainsi qu'à leur droit de recevoir un enseignement dans leur langue nationale. Aucun élément ne donne à penser que ces mesures poursuivaient un but légitime. Dès lors que la Russie exerçait un contrôle effectif sur la « RMT » pendant la période en question, il n'y a pas lieu de déterminer si cet État exerçait un contrôle précis sur les politiques et les actes de l'administration locale subordonnée. Du fait que la « RMT » n'aurait pu survivre sans le soutien militaire, économique et politique continu de la Russie, celle-ci est en fait responsable de l'atteinte au droit des requérants à l'instruction. • CEDH, gr. ch., 19 oct. 2012, *Catan c/ Moldova et Russie,* n° 43370/04 § 143, 144 et 150.

c. Limites aux obligations de l'État

20. Le présent art. ne garantit pas un droit absolu qui oblige les États à subventionner un enseignement privé d'une forme ou à un échelon déterminés. En principe, il garantit l'accès à des moyens d'éducation publics qui ont été créés à une époque donnée ainsi que la possibilité de tirer profit de l'enseignement suivi. • Comm. EDH 4 déc. 1989, *Simpson c/ Royaume-Uni,* n° 14688/89. ♦ Il en résulte que le présent art. ne saurait imposer le placement d'un enfant dyslexique dans une école spécialisée privée, dont les frais de scolarité seraient payés par l'État, lorsqu'il existe une place disponible dans une école ordinaire publique dotée de moyens d'enseignement spécialisé pour les enfants handicapés. • Comm. EDH 4 déc. 1989, *Simpson c/ Royaume-Uni : préc.*

21. Le fait que la prison soit dépourvue des moyens nécessaires à la poursuite d'études supérieures de technologie n'induit pas que les autorités pénitentiaires aient manqué de se conformer aux obligations. • Comm. EDH 13 mars 1975, *X. c/ Royaume-Uni,* n° 5962/72.

2° COMPÉTENCES DE L'ÉTAT

22. Scolarité obligatoire. Il est clair, d'une part, que le présent art. implique pour l'État le droit d'instaurer une scolarisation obligatoire, qu'elle ait lieu dans les écoles publiques ou grâce à des leçons particulières de qualité et, d'autre part, que la vérification et l'application des normes éducatives font partie intégrante de ce droit. • Comm. EDH 6 mars 1984, *Famille H. c/ Royaume-Uni,* n° 10233/83 • CEDH, décis., 11 sept. 2006, *Konrad c/ Allemagne,* n° 35504/03.

23. Définition et aménagement des programmes. La définition et l'aménagement du programme des études relèvent en principe de la compétence des États contractants. Il s'agit, dans une large mesure, d'un problème d'opportunité sur lequel la Cour n'a pas à se prononcer et dont la solution peut légitimement varier selon les pays et les époques. • CEDH 7 déc. 1976, *Kjeldsen, Busk Madsen et Pedersen,* n° 5095/71 § 53. ♦ On ne saurait interdire aux États d'instaurer des classes séparées ou des types d'écoles différents pour les élèves en difficulté, ou de mettre en œuvre des programmes éducatifs spécialisés pour répondre à des besoins particuliers. • CEDH 17 juill. 2008, *Orsus c/ Croatie,* n° 15766/03 § 68 : *JCP 2009. I. 104, chron. Sudre.*

24. Ces choix de programmes ou de cursus ne doivent pourtant pas être dictés par des considérations qui conduiraient à violer le droit garanti au présent art. ou d'autres droits garantis par la Conv. EDH en créant des discriminations injustifiées. • CEDH, gr. ch., 13 nov. 2007, *D. H. c/ Rép. tchèque,* n° 57325/00 § 196 s. : *préc. note 17* • CEDH, gr. ch., 16 mars 2010, *Orsus c/ Croatie,* n° 15766/03 § 163 s.

25. Mise en place de sanctions disciplinaires. Dès lors que la mesure imposée par l'État est légitime, peuvent être envisagées des sanctions disciplinaires y compris l'exclusion temporaire ou définitive d'élèves d'un établissement d'enseignement, en vue d'assurer l'observation de ses règles internes, sauf à rendre l'obligation vide de sens. • Comm. EDH 6 janv. 1993, *Yanasik c/ Turquie,* n° 14524/89 • Comm. EDH 17 janv. 1996, *Sulak c/ Turquie,* n° 24515/94 • CEDH 18 déc. 1996, *Valsamis c/ Grèce,* n° 21787/93 § 29. ♦ L'application de sanctions disciplinaires constitue l'un des procédés par lesquels l'école s'efforce d'atteindre le but dans lequel on l'a créée, y compris le développement et le façonnement du caractère et de l'esprit des élèves. • CEDH, gr. ch., 10 nov. 2005, *Leyla Sahin c/ Turquie,* n° 44774/98 § 156 : *préc. note 2.*

26. Ces mesures doivent néanmoins être raisonnables et proportionnées, ne jamais atteindre la substance du droit protégé par le présent art. ou d'autres droits consacrés par la Conv. EDH ni se heurter à eux. • Comm. EDH 17 janv. 1996, *Sulak c/ Turquie,* n° 24515/94 • CEDH 3 mars 2009, *Temel c/ Turquie,* n° 36458/02 § 45 et 46.

27. Sont conformes au présent art. : l'interdiction d'accès aux cours et aux examens frappant la requérante portant le voile en méconnaissance d'un règlement qui poursuit un but légitime. • CEDH, gr. ch., 10 nov. 2005, *Leyla Sahin c/ Turquie,* n° 44774/98 § 161 : *préc. note 2.* ♦ … L'exclusion à titre temporaire, jusqu'à la conclusion de l'enquête sur le feu qui s'était déclaré dans une des corbeilles à papier de l'établissement, de l'enfant des requérants qui, invités à participer à une réunion en vue de faciliter sa réintégration, ne s'y sont pas rendus. • CEDH 11 janv. 2011, *Ali c/ Royaume-Uni,* n° 40385/06 § 59 et 60.

28. Contrôle de la qualité. Obliger les parents requérants à coopérer pour qu'un service scolaire puisse apprécier les normes éducatives appliquées aux enfants pour leur garantir un certain niveau d'écriture, de lecture et de calcul, tout en autorisant cependant les parents à instruire leurs enfants à domicile, ne saurait constituer une méconnaissance des droits garantis au présent art. • Comm. EDH 6 mars 1984, *Famille H. c/ Royaume-Uni,* n° 10233/83. ♦ Il appartient à l'État de réglementer le droit à la création d'écoles privées pour assurer l'unité et la qualité du système éducatif. • Comm. EDH 6 mars 1987, *Fondation des écoles chrétiennes Ingrid Jordebo c/ Suède,* n° 11533/85.

B. CONVICTIONS DES PARENTS ET DROIT À L'INSTRUCTION

29. « Respectera » signifie plus que « reconnaîtra » ou « prendra en considération » ; en sus d'un engagement plutôt négatif, ce verbe implique à la charge de l'État une certaine obligation positive. Dès lors, le devoir de respecter les convictions des parents ne saurait s'effacer devant la prétendue nécessité de tenir la balance égale entre les doctrines antagonistes. • CEDH 25 févr. 1982, *Campbell et Cosans,* n° 7511/76 § 37 : *préc. note 4* • CEDH 18 déc. 1996, *Valsamis c/ Grèce,* n° 21787/93 § 27.

30. La seconde phrase garantit un droit aux parents. Partant, l'enfant ne peut se prétendre victime de la violation alléguée de cette disposition du présent art., considéré isolément ou combiné avec l'art. 13 Conv. EDH. • CEDH 22 juin 1989, *Eriksson c/ Suède,* n° 11373/85 § 93.

1° CONVICTIONS PROTÉGÉES

31. Convictions. Considéré isolément et dans son acception ordinaire, le mot « convictions » n'est pas synonyme des termes « opinion » et « idées » tels que les emploie l'art. 10 de la Convention qui garantit la liberté d'expression ; on le retrouve dans la version française de l'art. 9 (en anglais « beliefs »), qui consacre la liberté de pensée, de conscience et de religion. Il s'applique à des vues atteignant un certain degré de force, de sérieux, de cohérence et d'importance. • CEDH 25 févr. 1982, *Campbell et Cosans,* n° 7511/76 § 36 : *préc. note 4* • CEDH 18 déc. 1996, *Valsamis c/ Grèce,* n° 21787/93 § 25 • CEDH 9 oct. 2007, *Hasan et Eylem Zengin c/ Turquie,* n° 1448/04 § 49.

32. Convictions philosophiques. L'adjectif « philosophiques » ne se prête pas à une définition exhaustive et les travaux préparatoires ne fournissent guère d'indications sur son sens précis. La Commission relève que

« philosophie » s'entend de nombreuses manières : ce vocable sert à désigner un système pleinement structuré de pensée tout comme, plutôt vaguement, des idées relatives à des questions plus ou moins futiles. La Cour estime, avec la Commission, que l'on ne saurait se rallier à aucune de ces interprétations extrêmes : la première restreindrait à l'excès la substance d'un droit garanti à tous les parents, la seconde risquerait d'entraîner l'inclusion de questions par trop mineures. • CEDH 25 févr. 1982, *Campbell et Cosans,* n° 7511/76 § 36 : *préc. note 4.*

33. Eu égard à la Convention tout entière, y compris l'art. 17, l'expression « convictions philosophiques » vise en l'occurrence, aux yeux de la Cour, des convictions qui méritent respect dans une « société démocratique », ne sont pas incompatibles avec la dignité de la personne et, de plus, ne vont pas à l'encontre du droit fondamental de l'enfant à l'instruction, la première phrase du présent art. dominant l'ensemble de cette disposition. • CEDH 25 févr. 1982, *Campbell et Cosans,* n° 7511/76 § 36 : *préc. note 4.*

34. Exemples de convictions admises. Les opinions des requérantes ont trait à un aspect grave et important de la vie et de la conduite de l'homme : l'intégrité de la personne, la légitimité ou illégitimité d'infliger des punitions corporelles et l'exclusion de l'angoisse que suscite le risque de pareil traitement. Elles répondent à chacun des divers critères énumérés plus haut ; elles se distinguent en cela des idées que l'on pourrait professer sur d'autres méthodes de discipline ou sur la discipline en général. • CEDH 25 févr. 1982, *Campbell et Cosans,* n° 7511/76 § 36 : *préc. note 4.*

35. Les témoins de Jéhovah bénéficient tant du statut de « religion connue » que des avantages qui en découlent quant à l'accomplissement des rites. Les requérants pouvaient ainsi se prévaloir du droit au respect de leurs convictions religieuses au sens de cette disposition. • CEDH 18 déc. 1996, *Valsamis c/ Grèce,* n° 21787/93 § 26. ♦ La confession des alévis constitue une conviction religieuse profondément enracinée dans la société et l'histoire turques, et présente des particularités qui lui sont propres ; elle se distingue ainsi de la conception sunnite de l'islam, enseignée à l'école. Il ne s'agit certainement ni d'une secte ni d'une « conviction » qui n'atteindrait pas un certain degré de force, de sérieux, de cohérence et d'importance. • CEDH 9 oct. 2007, *Hasan et Eylem Zengin c/ Turquie,* n° 1448/04 § 66.

2° PLURALISME ÉDUCATIF

a. Étendue du principe

36. Principe. La seconde phrase du présent art. vise en somme à sauvegarder la possibilité d'un pluralisme éducatif, essentielle à la préservation de la « société démocratique » telle que la conçoit la Convention. • CEDH 7 déc. 1976, *Kjeldsen, Busk Madsen et Pedersen,* n° 5095/71 § 50. ♦ ... Vise essentiellement à sauvegarder le pluralisme et la tolérance dans l'enseignement public et à interdire l'endoctrinement, le système scolaire de l'État devant respecter, sinon refléter nécessairement, les convictions religieuses et philosophiques des parents. • Comm. EDH 6 mars 1984, *W., D. M. et H. I. c/ Royaume-Uni,* n° 10228/82.

37. Cette disposition implique que l'État, en s'acquittant des fonctions assumées par lui en matière d'éducation et d'enseignement, veille à ce que les informations ou connaissances figurant au programme soient diffusées de manière objective, critique et pluraliste. Elle lui interdit de poursuivre un but d'endoctrinement qui puisse être considéré comme ne respectant pas les convictions religieuses et philosophiques des parents. Là se place la limite à ne pas dépasser. • CEDH 7 déc. 1976, *Kjeldsen, Busk Madsen et Pedersen,* n° 5095/71 § 53 • CEDH, gr. ch., 29 juin 2007, *Folgero et a. c/ Norvège,* n° 15472/02 § 84 • CEDH, décis., 6 oct. 2009, *Appel-Irrgang et a. c/ Allemagne,* n° 45216/07. ♦ Le devoir qui incombe ainsi à l'État est d'application large car il vaut pour le contenu de l'instruction et la manière de la dispenser mais aussi dans l'exercice de l'ensemble des « fonctions » qu'il assume. • CEDH 18 déc. 1996, *Valsamis c/ Grèce,* n° 21787/93 § 27.

38. Champ d'application. En raison du poids de l'État moderne, c'est surtout par l'enseignement public que doit se réaliser ce pluralisme. • CEDH 7 déc. 1976, *Kjeldsen, Busk Madsen et Pedersen,* n° 5095/71 § 50. ♦ La possibilité dont disposent les requérants de faire bénéficier leurs enfants d'une instruction différente en les inscrivant dans des écoles privées, fortement subventionnées par l'État défendeur, lequel finance 85 % de toutes les dépenses liées à la création et au fonctionnement de tels établissements, ne saurait dispenser l'État de son obligation de garantir le pluralisme dans les écoles publiques qui sont ouvertes à tous. • CEDH, gr. ch., 29 juin 2007, *Folgero et a. c/ Norvège,* n° 15472/02 § 101.

39. Limites aux obligations de l'État. Le présent art. ne peut avoir pour conséquence d'imposer à l'État de pourvoir par l'éducation à toutes les convictions philosophiques ou religieuses des parents. • Comm. EDH 3 févr. 1990, *Graeme c/ Royaume-Uni,* n° 13887/88.

40. Il n'impose pas non plus l'admission d'un enfant souffrant d'un grave retard mental dans une école privée pour enfants normaux plutôt que dans une école spécialisée pour enfants handicapés où une place lui est offerte. • Comm. EDH 3 févr. 1990, *Graeme c/ Royaume-Uni,* n° 13887/88.

41. Dès lors que, dans le système d'enseignement public, coexistent des établissements sélectifs pour jeunes d'un même sexe et des établissements polyvalents mixtes, l'État ne viole pas le droit de ces parents au respect de leurs convictions en envoyant leurs enfants dans une école polyvalente parce qu'il n'y a plus de place dans les écoles sélectives, et ce alors même que des parents affirment que les premiers, mais non les seconds, correspondent à leurs convictions philosophiques. • Comm. EDH 6 mars 1984, *W., D. M. et H. I. c/ Royaume-Uni,* n° 10228/82.

42. Limite aux droits des parents. Les parents ne peuvent tirer argument de leurs convictions religieuses pour exiger qu'il leur soit possible d'organiser une scolarité à domicile sans supervision de l'État. • CEDH, décis., 11 sept. 2006, *Konrad c/ Allemagne,* n° 35504/03. ♦ V. déjà, • Comm. EDH 6 mars 1984, *Famille H. c/ Royaume-Uni,* n° 10233/83.

43. Le refus prévu par la loi d'octroyer aux requérants une dispense générale de cours le samedi pour leur fils mineur se justifiait dans son principe pour la protection des droits et libertés d'autrui, et en particulier du droit à l'instruction. • CEDH, décis., 27 avr. 1999, *A. Martins Casimiro et L.-M. Cerveira Ferreira c/ Luxembourg,* n° 44888/98 (sous l'angle de l'art. 9 Conv. EDH). ♦ Rappr. s'agissant du refus d'une dispense de participation à la fête nationale. • CEDH 18 déc. 1996, *Valsamis c/ Grèce,* n° 21787/93 § 31 • CEDH 18 déc. 1996, *Efstratiou c/ Grèce,* n° 24095/94 § 31.

44. Intérêt de l'enfant. Lorsque, au lieu de le conforter, les droits des parents entrent en conflit avec le droit de l'enfant à l'instruction, les intérêts de l'enfant priment. • Comm. EDH 8 sept. 1993, *Bernard et a. c/ Luxembourg,* n° 147187/90. ♦ En conséquence, il convient de protéger uniquement celles des convictions des parents qui ne portent pas atteinte au droit de l'enfant à l'instruction. Les parents ne sauraient, sous couvert de leurs convictions, méconnaître le droit de l'enfant à l'instruction. • CEDH 11 sept. 2006, *Konrad c/ Allemagne,* n° 35504/03.

45. La condition imposant d'être titulaire d'un diplôme d'enseignement primaire pour s'inscrire aux cours coraniques vise l'acquisition d'une certaine « maturité » par les mineurs désireux de poursuivre une formation religieuse dans des cours coraniques, grâce à une éducation élémentaire offerte par les écoles primaires. En tant que telle, elle ne constitue pas une tentative d'endoctrinement visant à empêcher l'instruction religieuse mais au contraire à restreindre l'exercice d'un éventuel endoctrinement des mineurs, se trouvant dans un âge où ils se posent beaucoup de questions tout en étant facilement influençables. Elle ne touche pas non plus au droit des parents d'éclairer et conseiller leurs enfants, d'exercer envers eux leurs fonctions naturelles d'éducateurs, de les orienter vers une direction conforme à leurs propres convictions religieuses ou philosophiques. • CEDH, décis., 17 juin 2004, *Ciftci c/ Turquie,* n° 71860/01.

b. Mise en œuvre

46. Teneur des enseignements. En l'espèce, la législation litigieuse ne blesse point en soi les convictions religieuses et philosophiques des requérants dans la mesure prohibée par la seconde phrase du présent art., interprétée à la lumière de la première et de l'ensemble de la Conv. EDH. • CEDH 7 déc. 1976, *Kjeldsen, Busk Madsen et Pedersen,* n° 5095/71 § 53.

47. En l'espèce, ni la teneur de la loi sur l'école ni celle du plan cadre des études ne permettent de conclure que le cours d'éthique tende à donner la priorité à une croyance précise ou à en écarter ou combattre d'autres, en particulier le christianisme. Le plan cadre des études propose d'aborder une variété de sujets éthiques parmi lesquels figurent aussi « le commandement religieux d'aimer son prochain », « l'amour de l'ennemi », l'enseignement chrétien du péché originel et les religions en général (le monothéisme, le polythéisme, l'Église et l'État, la communauté religieuse). Dès lors, cet enseignement ne va pas à l'encontre de l'obligation de neutralité de l'État qu'exige le présent art. • CEDH, décis., 6 oct. 2009, *Appel-Irrgang et a. c/ Allemagne,* n° 45216/07. ♦ V. déjà, Dès lors que les autorités ont veillé, avec le plus grand soin, à ce que les convictions religieuses et philosophiques des parents d'élèves fréquentant l'enseignement officiel ne soient pas heurtées par le contenu du cours de morale nonconfessionnelle et même si l'on ne saurait exclure de la part des enseignants certaines appréciations pouvant empiéter sur le domaine religieux ou philosophique, il n'y a pas violation du présent art. • Comm. EDH 9 sept. 1992, *Sluijs c/ Belgique,* n° 17568/90.

48. Rien, ni dans le propos ni dans les modalités de la manifestation organisée à l'occasion de la fête nationale et à laquelle la participation des élèves est obligatoire, ne pouvait heurter les convictions pacifistes des requérants dans une mesure prohibée par le présent art. En effet, de telles commémorations d'événements nationaux servent, à leur manière, à la fois des objectifs pacifistes et l'intérêt public. En soi, la présence de militaires, dans certains des défilés qui ont lieu en Grèce le jour concerné, ne change pas leur nature. • CEDH 18 déc. 1996, *Valsamis c/ Grèce,* n° 21787/93 § 31 • CEDH 18 déc. 1996, *Efstratiou c/ Grèce,* n° 24095/94 § 31.

49. Les convictions philosophiques des requérants ne peuvent être méconnues par le choix du législateur d'imposer à leurs enfants l'obligation de participer au cours de formation morale et sociale. • Comm. EDH 8 sept. 1993, *Bernard et a. c/ Luxembourg,* n° 147187/90. ♦ ... Ou à des cours de formation morale et sociale, portant plus particulièrement sur l'étude des droits de l'homme et organisés de façon à garantir le pluralisme d'opinions. • Comm. EDH 8 sept. 1993, *Bernard et a. c/ Luxembourg,* n° 17187/90.

50. Enseignement de la religion. Les présentes dispositions n'empêchent pas les États de répandre par l'enseignement ou l'éducation des informations ou connaissances ayant, directement ou non, un caractère religieux ou philosophique. Elle n'autorise pas même les parents à s'opposer à l'intégration de pareil enseignement ou éducation dans le programme scolaire, sans quoi tout enseignement institutionnalisé courrait le risque de se révéler impraticable. Il paraît en effet très difficile que nombre de disciplines enseignées à l'école n'aient pas, de près ou de loin, une coloration ou une incidence de caractère philosophique. Il en va de même du caractère religieux si l'on tient compte de l'existence de religions formant un ensemble dogmatique et moral très vaste qui a ou peut avoir des réponses à toute question d'ordre philosophique, cosmologique ou éthique. • CEDH 7 déc. 1976, *Kjeldsen, Busk Madsen et Pedersen,* n° 5095/71 § 53 • CEDH, gr. ch., 29 juin 2007, *Folgero et a. c/ Norvège,* n° 15472/02 § 84.

51. Le droit à la liberté de religion tel que l'entend la Convention exclut toute appréciation de la part de l'État sur la légitimité des croyances religieuses ou sur les modalités d'expression de celles-ci. • CEDH 26 sept. 1996, *Manoussakis et a. c/ Grèce,* n° 18748/91 § 47 : *RSC 1997. 466, obs. Koering-Joulin ; AFDI 1996. 749, obs. Coussirat-Coustère ; JDI 1997. 248, obs. Decaux et Tavernier ; JCP 1997. I. 4000, chron. Sudre* • CEDH 9 oct. 2007, *Hasan et Eylem Zengin c/ Turquie,* n° 1448/04 § 54. ♦ V. sur ce point notes ss. art. 9 CEDH.

52. Il est cependant possible qu'un État accorde une plus large part à la connaissance d'une religion particulière au vu de l'histoire et de la tradition du pays, sans que cela soit susceptible de s'analyser en un endoctrinement contraire aux principes de pluralisme et d'objectivité. • CEDH, gr. ch., 29 juin 2007, *Folgero et a. c/ Norvège,* n° 15472/02 § 89 • CEDH 9 oct. 2007, *Hasan et Eylem Zengin c/ Turquie,* n° 1448/04 § 63. ♦ V. déjà : Le fait que *l'instruction religieuse* soit axée sur le christianisme dans le premier cycle scolaire ne signifie pas que la requérante ait fait l'objet d'un endoctrinement religieux. • Comm. EDH 3 déc. 1986, *Angeleni c/ Suède,* n° 10491/83.

53. Nonobstant les nombreux buts législatifs louables affirmés lors de l'introduction du cours portant sur le christianisme, la religion et la philosophie dans les établissements scolaires publics du primaire et du premier cycle du secondaire, il apparaît que l'État défendeur n'a pas suffisamment veillé à ce que les informations et connaissances figurant au programme de ce cours soient diffusées de manière objective, critique et pluraliste pour satisfaire aux exigences de l'article. • CEDH, gr. ch., 29 juin 2007, *Folgero et a. c/ Norvège,* n° 15472/02 § 102.

54. Compte tenu des dispenses obtenues, il n'est pas établi que la requérante ait été obligée de participer à quelque forme de culte religieux ou qu'elle ait été exposée à un quelconque endoctrinement religieux. • Comm. EDH 3 déc. 1986, *Angeleni c/ Suède,* n° 10491/83. ♦ Le mécanisme de dispense ne constitue pas un moyen approprié et n'offre pas une protection suffisante aux parents d'élèves qui pourraient légitimement considérer que la matière dispensée est susceptible d'entraîner chez leurs enfants un conflit d'allégeance entre l'école et leurs propres valeurs. Cela est d'autant plus vrai qu'aucune possibilité de choix appropriée n'a été envisagée pour les enfants des parents ayant une conviction religieuse ou philosophique autre que l'islam sunnite, et que le mécanisme de dispense est susceptible de soumettre ceux-ci à une lourde charge et à la nécessité de dévoiler leurs convictions religieuses ou philosophiques afin que leurs enfants soient dispensés de suivre les cours de religion. • CEDH 9 oct. 2007, *Hasan et Eylem Zengin c/ Turquie,* n° 1448/04 § 76. ♦ Le système éducatif turc offrant une possibilité de dispense très limitée (juifs ou chrétiens), il est susceptible de soumettre les parents d'élèves à la nécessité de dévoiler leur convictions religieuses ou philosophiques afin que leurs enfants soient dispensés de suivre les cours de religion ; par ailleurs, aucune possibilité de choix appropriée n'a été envisagée pour les enfants des parents ayant une conviction religieuse ou philosophique autre que l'islam sunnite. • CEDH 16 sept. 2014, *Mansur Yalcin et a. c/ Turquie,* n° 21163/11 § 77.

55. Les parents ayant choisi de faire suivre à leur enfant le cours d'éthique et non celui de religion, l'indication sur le bulletin scolaire d'une note en face du mot « éthique » ne porte pas atteinte à leur liberté religieuse dès lors que ce bulletin n'étant pas le certificat de fin d'étude, il n'est pas destiné à être présenté par la suite. • Comm. EDH 16 janv. 1996, *Janik c/ Pologne,* n° 23380/94 (sous l'angle de l'art. 9 Conv. EDH).

56. Présence de crucifix dans les écoles. Les effets de la visibilité accrue que la présence de crucifix donne au christianisme dans l'espace scolaire méritent d'être relativisés. D'une part, cette présence n'est pas associée à un enseignement obligatoire du christianisme. D'autre part, selon les indications du Gouvernement, l'Italie ouvre parallèlement l'espace scolaire à d'autres religions. Le Gouvernement indique ainsi notamment que le port par les élèves du voile islamique et d'autres symboles et tenues vestimentaires à connotation religieuse n'est pas prohibé, des aménagements sont prévus pour faciliter la conciliation de la scolarisation et des pratiques religieuses non majoritaires, le début et la fin du ramadan sont « souvent fêtés » dans les écoles et un enseignement religieux facultatif peut être mis en place dans les établissements pour « toutes confessions religieuses reconnues ». Par ailleurs, rien n'indique que les autorités se montrent intolérantes à l'égard des élèves adeptes d'autres religions, non croyants ou tenants de convictions philosophiques qui ne se rattachent pas à une religion. De plus, les requérants ne prétendent pas que la présence du crucifix dans les salles de classe a incité au développement de pratiques d'enseignement présentant une connotation prosélyte, ni ne soutiennent que les deuxième et troisième d'entre eux se sont trouvés confrontés à un enseignant qui, dans l'exercice de ses fonctions, se serait appuyé tendancieusement sur cette présence. La requérante a conservé entier son droit, en sa qualité de parent, d'éclairer et conseiller ses enfants, d'exercer envers eux ses fonctions naturelles d'éducateur, et de les orienter dans une direction conforme à ses propres convictions philosophiques. Dès lors, les autorités ont agi dans les limites de la marge d'appréciation dont dispose l'État défendeur dans le cadre de son obligation de respecter, dans l'exercice des fonctions qu'il assume dans le domaine de l'éducation et de l'enseignement, le droit des parents d'assurer cette éducation et cet enseignement conformément à leurs convictions religieuses et philosophiques • CEDH, gr. ch., 18 mars 2011, *Lautsi et a. c/ Italie*, n° 30814/06 : *AJDA 2011. 594* ; *D. 2011. 949, obs. Bachelet* ; *ibid. 809, édito. Rome* ; *RFDA 2012. 455, chron. Labayle et Sudre* ; *RTD civ. 2011. 303, obs. Marguénaud* ; *JCP Adm. 2011. 2251, note Dieu* ; *Dr. adm. 2011. 60, note Benelbaz.* ♦ *Contra* : • CEDH 3 nov. 2009, *Lautsi c/ Italie*, n° 30814/016 § 57 : *AJDA 2010. 997, chron. Flauss* ; *D. 2009. 2810, obs. Royer* ; *ibid. 2872, obs. Muzny* ; *RD publ. 2010. 877, obs. Sudre.*

Art. 3 ***Droit à des élections libres.*** **Les Hautes Parties contractantes s'engagent à organiser, à des intervalles raisonnables, des élections libres au scrutin secret, dans les conditions qui assurent la libre expression de l'opinion du peuple sur le choix du corps législatif.**

COMMENTAIRE

V. sur le Code en ligne

PLAN DES ANNOTATIONS

1. Principe. Le présent art. consacre un principe fondamental dans un régime politique véritablement démocratique et revêt donc dans le système de la Conv. une importance capitale. • CEDH 2 mars 1987, *Mathieu-Mohin et Clerfayt c/ Belgique*, n° 9267/81 § 47 : *CDE 1988.*

487, obs. Cohen-Jonathan ; JDI 1988. 849, obs. Rolland et Tavernier • CEDH, gr. ch., 8 juill. 2008, *Yumak et Sadak c/ Turquie,* n° 10226/03 § 105 : *RFDC 2009. 423, note Levinet.* ♦ Les droits garantis par cet art. sont cruciaux pour l'établissement et le maintien des fondements d'une véritable démocratie régie par la prééminence du droit. • CEDH, gr. ch., 16 mars 2006, *Zdanoka c/ Lettonie,* n° 58278/00 § 103 : *AJDA 2007. 1923, chron. Flauss ; RD publ. 2012. 814, chron. Sudre* • CEDH 8 juill. 2008, *Yumak et Sadak c/ Turquie,* n° 10226/03 § 105 : *JCP 2009. I. 104, chron. Sudre.*

2. *Applicabilité.* La « coloration interétatique » du libellé du présent art. ne reflète aucune différence de fond avec les autres clauses normatives de la Conv. EDH et des Prot. Elle semble s'expliquer plutôt par la volonté de donner plus de solennité à l'engagement assumé et par la circonstance que dans le domaine considéré se trouve au premier plan non une obligation d'abstention ou de non-ingérence, comme pour la majorité des droits civils et politiques, mais celle, à la charge de l'État, d'adopter des mesures positives pour « organiser » des élections démocratiques. ♦ V. déjà admettant que le présent art. énonce un droit de caractère individuel, ce caractère étant à la base de l'ensemble de la Convention. • CEDH 2 mars 1987, *Mathieu-Mohin et Clerfayt c/ Belgique,* n° 9267/81 § 50 : *préc. note 1* • Comm. EDH 30 mai 1975, *W., X., Y. et Z. c/ Belgique,* n° 6745/74.

3. *Limitation de la portée.* Le présent art. est libellé en des termes collectifs et généraux, bien que cette disposition ait été interprétée par la Cour comme impliquant également des droits individuels spécifiques. Les normes à appliquer pour établir la conformité au présent art. doivent donc être considérées comme moins strictes que celles qui sont appliquées sur le terrain des art. 8 à 11 Conv. EDH. • CEDH, gr. ch., 16 mars 2006, *Zdanoka c/ Lettonie,* n° 58278/00 § 115 : *préc. note 1.*

I. PORTÉE DU DROIT AUX ÉLECTIONS LIBRES

A. CHAMP D'APPLICATION

4. *Principe.* Les obligations assumées par les Hautes Parties contractantes en vertu de cette disposition sont limitées au domaine des élections législatives. • Comm. EDH 3 oct. 1975, *X. c/ Royaume-Uni,* n° 7096/75.

5. Cependant, la Cour n'exclut pas la possibilité d'appliquer le présent art. à des élections présidentielles. Elle rappelle que cette disposition consacre un principe caractéristique d'un « régime politique véritablement démocratique », pour lequel elle doit avoir égard non seulement aux pouvoirs strictement législatifs d'un organe donné, mais également au rôle joué par celui-ci dans l'ensemble du processus législatif. S'il était établi que les fonctions du chef de l'État concerné comprennent l'initiative législative et le pouvoir d'adopter des lois ou incluent de vastes prérogatives en matière de contrôle de l'adoption des lois ou le pouvoir de censurer les principaux organes législatifs, on pourrait alors soutenir que le chef de l'État est un « corps législatif » au sens du présent art. • CEDH, décis., 2 sept. 2004, *Boskoski c/ Ex-République yougoslave de Macédoine,* n° 11676/04 • CEDH, gr. ch., 22 déc. 2009, *Sejdic et Finci c/ Bosnie-Herzégovine,* n° 27996/06 § 54 : *AJDA 2010. 997, obs. Flauss ; RD publ. 2010. 860, obs. Surrel.*

6. *Notion de corps législatif.* Le présent art. ne vaut que pour l'élection du « corps législatif », ou pour le moins de l'une de ses chambres s'il en compte deux ou plusieurs. Les mots « corps législatif » ne s'entendent cependant pas nécessairement du seul Parlement national ; il échet de les interpréter en fonction de la structure constitutionnelle de l'État en cause. • CEDH 2 mars 1987, *Mathieu-Mohin et Clerfayt c/ Belgique,* n° 9267/81 § 53 : *préc. note 1* • CEDH, décis., 2 sept. 2004, *Boskoski c/ Ex-République yougoslave de Macédoine,* n° 11676/04.

1° ÉLECTIONS CONCERNÉES

7. *Élections des parlements fédérés ou locaux.* La réforme constitutionnelle de 1980 a doté le Conseil flamand d'attributions et pouvoirs assez amples pour l'ériger, avec le Conseil de la communauté française et le Conseil régional wallon, en un élément du « corps législatif » belge en sus de la Chambre des représentants et du Sénat. • CEDH 2 mars 1987, *Mathieu-Mohin et Clerfayt c/ Belgique,* n° 9267/81 § 53 : *préc. note 1.* ♦ Dans le cadre de la structure fédérale de l'État allemand, les parlements des *Lander* relèvent de la notion de « corps législatif » au sens du présent art. • Comm. EDH 11 sept. 1995, *Timke c/ Allemagne,* n° 27311/95. ♦ V. déjà pour une application à une diète régionale (*Landtag*) en Autriche. • Comm. EDH 12 juill. 1976, *X. c/ Autriche,* n° 7008/75. ♦ V. implicitement pour les élections des provinces et du congrès de Nouvelle-Calédonie. • CEDH 11 janv. 2005, *Py c/ France,* n° 66289/01 : *RFDA 2006. 139, obs. Roblot-Troizier ; JCP 2005. I. 159, chron. Sudre.*

8. Chaque conseil régional étant compétent pour édicter, sur le territoire de sa région respective, des lois sur un certain nombre de questions cruciales dans une société démocratique, telles que l'organisation des administrations régionales, les politiques locales, la santé publique, l'éducation, l'urbanisme et l'agriculture, il faut considérer que la Constitution les a dotés d'attributions et de pouvoirs suffisamment amples pour les ériger en éléments du corps législatif en sus du Parlement. • CEDH 1er juill. 2004, *Vito Sante Santoro c/ Italie,* n° 36681/97 § 52.

9. Parlement européen. Admettre l'argument du Gouvernement selon lequel le domaine d'activité du Parlement européen échappe au champ d'application du présent art. risquerait de rendre inopérant l'un des outils fondamentaux permettant de préserver un « régime politique véritablement démocratique » ; aucune raison ne justifie que le Parlement européen soit exclu du champ des élections visées au motif qu'il s'agit d'un organe représentatif supranational et non purement interne. • CEDH, gr. ch., 18 févr. 1999, *Matthews c/ Royaume-Uni,* n° 24833/94 § 43 et 44 : *RD publ. 2000. 1090, obs. Burgorgue-Larsen ; RTDH 2000. 865, obs. Potteau ; JCP 2000. I. 203, chron. Sudre* • CEDH 26 mai 2016, *Dupré c/ France,* n° 77032/12 : *AJDA 2016. 1099 ; JCP Adm. 2016. 509.* ♦ Rappr., c'est pour se conformer à l'arrêt *Matthews* de la CEDH, que le Royaume-Uni a adopté la législation mise en cause par le Royaume d'Espagne. Le Royaume d'Espagne ne conteste pas à cet égard que le Royaume-Uni était tenu de respecter cette obligation. • CJCE, gr. ch., 12 sept. 2006, *Espagne c/ Royaume-Uni,* n° C-145/04 : *Rec. CJCE I. 7917 ; AJDA 2006. 2271, chron. Broussy, Donnat et Lambert ; RTD eur. 2007. 25, note Burgorgue-Larsen .*

2° ÉLECTIONS NON CONCERNÉES

10. Référendum. La Convention ne garantit aucun droit à l'autodétermination. • Comm. EDH 10 juill. 1975, *X. c/ Allemagne,* n° 6742/74. ♦ Le référendum britannique sur l'adhésion aux Communautés européennes ne constituait pas une élection relative au choix du corps législatif. Il s'agissait d'une simple consultation dont l'organisation n'était nullement obligatoire en droit interne. Ce référendum ne pouvait dès lors être visé par le présent art. • Comm. EDH 3 oct. 1975, *X. c/ Royaume-Uni,* n° 7096/75.

11. Élection présidentielle. Le présent art. ne concerne pas la désignation d'un chef de l'État. • Comm. EDH 14 déc. 1989, *Habsburg-Lothringen c/ Autriche,* n° 15344/89.

12. Le Président de la République (ERY Macédoine) ne possède, ni dans la loi ni dans la pratique, un droit de veto absolu sur la législation adoptée par l'Assemblée nationale. La Constitution ne lui reconnaît que le pouvoir restreint de suspendre provisoirement la promulgation des lois adoptées par l'Assemblée. En outre, ni le droit ni la pratique ne lui donnent un pouvoir illimité de dissoudre l'Assemblée nationale, qui se dissout de sa propre initiative ou à l'expiration de son mandat. Enfin, ni le droit ni la pratique ne donnent au président un pouvoir illimité en matière d'investiture et de censure du Gouvernement ou de ses membres, puisque c'est l'Assemblée qui a le dernier mot à cet égard. La Cour relève que, mis à part son pouvoir de désigner la personne chargée de former le Gouvernement, le Président n'a aucun pouvoir sur cet organe, principal détenteur de l'initiative législative. Elle note que c'est l'Assemblée qui nomme le Gouvernement ou ses membres et qui met fin à leurs fonctions. Les dispositions du présent art. ne s'appliquent dès lors pas à cette élection. • CEDH, décis., 2 sept. 2004, *Boskoski c/ Ex-République yougoslave de Macédoine,* n° 11676/04.

13. Élections locales. Les conseils municipaux ne participent pas à l'exercice du pouvoir législatif et partant ils ne font pas partie du « corps législatif » au sens du présent art. • CEDH, décis., 12 oct. 2000, *Salleras Llinares c/ Espagne,* n° 52226/99 • CEDH 30 juin 2009, *Etxeberria et a. c/ Espagne,* n° 35579/03 § 62 • CEDH, décis., 4 oct. 2011, *Mendez Perez et a. c/ Espagne,* n° 35473/08.

B. MISE EN ŒUVRE DU SCRUTIN

14. Le présent art. se borne à prescrire des élections « libres » se déroulant « à des intervalles raisonnables », « au scrutin secret » et « dans les conditions qui assurent la libre expression de l'opinion du peuple ». • CEDH 2 mars 1987, *Mathieu-Mohin et Clerfayt c/ Belgique,* n° 9267/81 § 54 : *préc. note 1.* ♦ Le choix du mode de scrutin au travers duquel la libre expression de l'opinion du peuple sur le choix du corps législatif est assurée – représentation proportionnelle, scrutin majoritaire ou autre – est une question pour laquelle chaque État jouit d'une ample marge d'appréciation. • CEDH, gr. ch., 18 févr. 1999, *Matthews c/ Royaume-Uni,* n° 24833/94 § 64 : *préc. note 9* • CEDH, gr. ch., 15 mars 2012, *Sitaropoulos et Giakoumopoulos c/ Grèce,* n° 42202/07 § 65. ♦ V. également les références indiquées note 33.

15. La liberté de suffrage est la pierre angulaire de la protection apportée par le présent art. Les mots « libre expression de l'opinion du peuple » signifient essentiellement que les élections ne sauraient comporter une quelconque pression sur le choix d'un ou plusieurs candidats et que, dans ce choix, l'électeur ne doit pas être indûment incité à voter pour un parti ou un autre. • Comm. EDH 6 oct. 1976, *X. c/ Royaume-Uni,* n° 7140/75. ♦ En d'autres termes, du point de vue de l'électeur, le suffrage libre comporte deux aspects : la libre formation de la volonté de l'électeur et la libre expression de cette volonté. • CEDH 11 janv. 2007, *Parti conservateur russe des entrepreneurs c/ Rus-*

sie, n° 55066/00 § 71 • CEDH 19 juin 2012, *Parti communiste de Russie et a. c/ Russie,* n° 29400/05 § 79.

16. Dans son code de bonne conduite en matière électorale, la Commission de Venise (Commission européenne pour la démocratie par le droit) a souligné l'importance de la stabilité du droit électoral. Elle a notamment estimé que le changement des règles fondamentales du système électoral moins d'un an avant les élections pouvait être perçu, même en l'absence de volonté de manipulation, comme lié à des intérêts partisans conjoncturels. • CEDH 6 nov. 2012, *Ekoglasnost c/ Bulgarie,* n° 30386/05 § 69 : *RFDA 2013. 576, chron. Labaye et Sudre.*

1° MARGE D'APPRÉCIATION DES ÉTATS

a. Principe

17. Aucun de ces critères cependant ne devrait être considéré comme plus valable qu'un autre à condition qu'il garantisse l'expression de la volonté du peuple à travers des élections libres, honnêtes et périodiques. • CEDH 1er juill. 1997, *Gitonas et a. c/ Grèce,* n° 18747/91 § 39 : *AJDA 1997. 977, chron. Flauss ; RFDA 1998. 1007, obs. Levinet ; JDI 1998. 202, obs. Decaux et Tavernier ; JCP 1998. I. 107, obs. Sudre.*

18. Le présent art. n'engendre aucune « obligation d'introduire un système déterminé » tel que la proportionnelle ou le vote majoritaire à ou un à deux tours. • CEDH 2 mars 1987, *Mathieu-Mohin et Clerfayt c/ Belgique,* n° 9267/81 § 54 : *préc. note 1.* ♦ Les États disposent donc d'une grande latitude pour établir les règles régissant les élections législatives, en fonction des facteurs politiques ou historiques qui leur sont propres. • CEDH 22 juin 2004, *Aziz c/ Chypre,* n° 69949/01 § 28 • CEDH 19 juin 2012, *Parti communiste de Russie et a. c/ Russie,* n° 29400/05 § 108. ♦ Sur la large marge d'appréciation des États, V. • CEDH 15 avr. 2014, *Oran c/ Turquie,* n° 28881/07 § 66 et 77.

19. Les systèmes électoraux cherchent à répondre à des objectifs parfois peu compatibles entre eux : d'un côté refléter de manière approximativement fidèle les opinions du peuple, de l'autre canaliser les courants de pensée pour favoriser la formation d'une volonté politique d'une cohérence et d'une clarté suffisantes. Dès lors, le membre de phrase « conditions qui assurent la libre expression de *l'opinion du peuple sur le choix* du corps législatif » implique pour l'essentiel, outre la liberté d'expression déjà protégée, du reste, par l'art. 10 Conv. EDH, le principe de l'égalité de traitement de tous les citoyens dans l'exercice de leur droit de vote et de leur droit de se présenter aux suffrages. Il ne s'ensuit pourtant pas que tous les bulletins doivent avoir un poids égal quant au résultat, ni tout candidat des chances égales de l'emporter. Ainsi, aucun système ne saurait éviter le phénomène des « voix perdues ». • CEDH 2 mars 1987, *Mathieu-Mohin et Clerfayt c/ Belgique,* n° 9267/81 § 54 : *préc. note 1.*

20. La Cour reconnaît aux États contractants une large marge d'appréciation eu égard à la diversité dans l'espace, et à la variabilité dans le temps, de leurs lois en la matière. • CEDH 2 mars 1987, *Mathieu-Mohin et Clerfayt c/ Belgique,* n° 9267/81 § 54 : *préc. note 1.*

b. Mode de scrutin

21. Le choix du mode de scrutin au travers duquel la libre expression de l'opinion du peuple sur le choix du corps législatif est assurée – représentation proportionnelle, scrutin majoritaire ou autre – est une question pour laquelle chaque État jouit d'une ample marge d'appréciation. • CEDH, gr. ch., 18 févr. 1999, *Matthews c/ Royaume-Uni,* n° 24833/94 § 64 : *préc. note 9* • CEDH, décis., 7 juin 2001, *Federación nacionalista canaria c/ Espagne,* n° 56618/00 • CEDH, gr. ch., 15 mars 2012, *Sitaropoulos et Giakoumopoulos c/ Grèce,* n° 42202/07 § 65. ♦ V. déjà : cette disposition n'impose aux États contractants aucune obligation d'introduire un système électoral déterminé pourvu qu'ils assurent l'égalité de traitement de tous les citoyens. • Comm. EDH 15 avr. 1996, *Magnago et Sudtiroler Volkspartei c/ Italie,* n° 25035/94.

22. La règle selon laquelle les listes qui n'ont pas obtenu au moins 5 % des suffrages exprimés ne sont pas admises à la répartition des sièges vise à favoriser la formation de courants de pensée suffisamment représentatifs. • Comm. EDH 9 déc. 1987, *Tête c/ France,* n° 11123/84.

23. Les conditions alternatives, à savoir l'obtention soit de 30 % au moins des suffrages valables émis dans une circonscription insulaire individuelle, soit de 6 % au moins des suffrages valables émis dans la totalité de la communauté autonome, loin de constituer une entrave aux candidatures électorales comme celles présentées par la requérante, accordent une certaine protection aux petites formations politiques. • CEDH, décis., 7 juin 2001, *Federación nacionalista canaria c/ Espagne,* n° 56618/00.

24. D'une manière générale, un seuil électoral de 10 % apparaît excessif. A cet égard, elle souscrit aux considérations des organes du Conseil de l'Europe qui soulignent le caractère exceptionnel et élevé du seuil litigieux et en préconisent l'abaissement. Ce seuil contraint les partis politiques à recourir à des stratagèmes qui ne contribuent pas à la transparence du processus électoral. En l'espèce, toutefois, la

Cour n'est pas convaincue que, considéré dans le contexte politique propre aux élections en question et assorti des correctifs et autres garanties qui en ont circonscrit les effets en pratique, il a eu pour effet d'entraver dans leur substance les droits des requérants garantis par l'art. quand bien même 45,3 % des suffrages (soit environ 14,5 millions de voix exprimées) n'ont pas donné lieu à une représentation parlementaire. • CEDH, gr. ch., 8 juill. 2008, *Yumak et Sadak c/ Turquie,* n° 10226/03 § 140 et 147 : *préc. note 1.* ♦ Opinion dissidente des juges Tulkens, Vajic, Jaeger et Sikut : la Cour reconnaît elle-même que les « correctifs » sont en fait des « stratagèmes » auxquels les partis politiques sont contraints de recourir et qui ne contribuent pas à la transparence du processus électoral. Un stratagème, au sens littéral du terme, c'est une ruse, une ruse de guerre. Peut-on cependant corriger un système démocratique qui ne fonctionne pas correctement par des « stratagèmes » et ainsi le justifier au regard de la Conv. EDH. • CEDH, gr. ch., 8 juill. 2008, *Yumak et Sadak c/ Turquie,* n° 10226/03 : *préc. note 1.*

25. L'obligation d'obtenir au moins 4 % des suffrages exprimés au niveau national, qui s'applique aux 25 % de sièges répartis à la proportionnelle, a pour but légitime de favoriser la formation de courants de pensée suffisamment représentatifs et ne dépasse pas la marge d'appréciation de l'État. En outre, le système s'applique à tous les candidats. et la Conv. EDH n'oblige pas les États contractants à avantager les minorités. • Comm. EDH 15 avr. 1996, *Magnago et Sudtiroler Volkspartei c/ Italie,* n° 25035/94.

26. L'élection de députés européens supplémentaires par le Parlement national et en son sein ne viole pas le présent art. • CEDH 26 mai 2016, *Dupré c/ France,* n° 77032/12 : *préc. note 9.*

c. Découpage électoral

27. L'instauration d'un système en matière de découpage électoral d'un système fondé sur des bases essentiellement démographiques, afin d'assurer une représentation équitable en fonction du poids démographique de chacune des circonscriptions, entoure l'octroi du droit de vote de conditions reflétant les soucis de participation des citoyens mais également de connaissance de la situation particulière des régions concernées, pleinement compatibles avec les dispositions du présent art. • CEDH, décis., 4 avr. 2006, *Bompard c/ France,* n° 44081.

d. Liberté du débat politique

28. Les conditions de présentation des formations politiques aux élections doivent bénéficier de la même stabilité temporelle que les autres éléments fondamentaux du système électoral. • CEDH 6 nov. 2012, *Ekoglasnost c/ Bulgarie,* n° 30386/05 § 69 : *préc. note 16.*

29. Des élections libres et la liberté d'expression, notamment la liberté du débat politique, constituent l'assise de tout régime démocratique. • CEDH 2 mars 1987 *Mathieu-Mohin et Clerfayt c/ Belgique,* n° 9267/81 § 50 : *préc. note 1* • CEDH 8 juill. 1986, *Lingens c/ Autriche,* n° 9815/82 § 42 • CEDH 19 févr. 1998, *Bowman c/ Royaume-Uni,* n° 24839/94 § 42. ♦ Élections libres et liberté d'expression (Conv. EDH, art. 10) sont deux droits interdépendants et se renforcent l'un l'autre : par exemple, la liberté d'expression est l'une des « conditions qui assurent la libre expression de l'opinion du peuple sur le choix du corps législatif ». C'est pourquoi, il est particulièrement important, en période préélectorale, de permettre aux opinions et aux informations de tous ordres de circuler librement. Néanmoins, dans certaines circonstances, ces droits peuvent entrer en conflit, ce qui peut inciter à juger nécessaire, avant ou pendant une élection, de prévoir certaines restrictions à la liberté d'expression, alors qu'elles ne seraient habituellement pas admissibles, afin de garantir « la libre expression de l'opinion du peuple sur le choix du corps législatif ». La Cour reconnaît qu'en ménageant un équilibre entre ces deux droits, les États contractants disposent d'une marge d'appréciation, comme c'est généralement le cas s'agissant de l'organisation de leur système électoral. • CEDH 19 févr. 1998, *Bowman c/ Royaume-Uni,* n° 24839/94 § 42 et 43. ♦ La liberté de la presse fournit aux citoyens l'un des meilleurs moyens de connaître et juger les idées et attitudes de leurs dirigeants. Elle donne en particulier aux hommes politiques l'occasion de refléter et commenter les soucis de l'opinion publique. Elle permet à chacun de participer au libre jeu du débat politique qui se trouve au cœur même de la notion de société démocratique. • CEDH 8 juill. 1986, *Lingens c/ Autriche,* n° 9815/82 § 42 • CEDH 23 avr. 1992, *Castells c/ Espagne,* n° 11798/85 § 43. ♦ De même, la « libre expression de l'opinion du peuple sur le choix du corps législatif » concerne l'art. 11 Conv. EDH, qui garantit la liberté d'association et donc incidemment la liberté des partis politiques, lesquels représentent une forme d'association essentielle au bon fonctionnement de la démocratie. Pareille expression ne saurait se concevoir sans le concours d'une pluralité de partis politiques représentant les courants d'opinion qui traversent la population d'un pays. En répercutant ceux-ci non seulement dans les institutions politiques mais aussi, grâce aux médias, à tous les niveaux de la vie en société, les partis politiques apportent une contribution irremplaçable au débat politique, lequel se trouve au cœur même de la notion de société démocratique. • CEDH, gr. ch., 30 janv. 1998, *Parti communiste unifié de Turquie et a. c/ Turquie,* n° 19392/92 § 44 • CEDH, gr. ch., 8 juill. 2008, *Yumak et Sadak c/ Turquie,* n° 10226/03 § 107 : *préc. note 1.*

30. Campagne électorale et liberté d'expression. Les requérants n'ont soumis aucune preuve directe indiquant que le Gouvernement avait abusé de sa position dominante dans les sociétés de télévision concernées. Les journalistes de télévision eux-mêmes ne se sont plaints d'aucune pression indue de la part du Gouvernement ou de leurs supérieurs durant les élections. En fait, formellement parlant, les journalistes qui ont couvert les élections étaient indépendants et, conformément à l'art. 10 Conv. EDH, ont disposé d'une grande latitude pour commenter les événements politiques. • CEDH 19 juin 2012, *Parti communiste de Russie et a. c/ Russie,* n° 29400/05 § 120. ♦ Le fait que le requérant, en sa qualité de candidat indépendant sans étiquette, n'ait pas pu disposer pour sa propagande électorale de temps de parole à la TRT, contrairement aux partis politiques, lors des élections législatives, peut passer pour une mesure conforme aux exigences du présent art. • CEDH 15 avr. 2014, *Oran c/ Turquie,* n° 28881/07 § 77. ♦ V. notes ss. art. 10 Conv. EDH.

31. Les partis d'opposition ont pu communiquer leur message à la télévision en utilisant le temps d'antenne gratuit et payant fourni sans distinction à l'ensemble des forces politiques. • CEDH 19 juin 2012, *Parti communiste de Russie et a. c/ Russie,* n° 29400/05 § 120.

32. Dépenses de campagne électorale et financements politiques. S'agissant des limites posées aux dépenses de campagne par le droit électoral, en pareil contexte, il faut considérer le droit à la liberté d'expression garanti par l'art. 10 Conv. EDH à la lumière du droit de tenir des élections libres, protégé par le présent art. • CEDH 19 févr. 1998, *Bowman c/ Royaume-Uni,* n° 24839/94 § 41 • CEDH 11 déc. 2008, *Tv Vest As & Rogaland Pensjonistparti c/ Norvège,* n° 21132/05 § 64 : *RD publ. 2009. 918, obs. Sudre.* ♦ Le financement public des partis politiques selon un système d'allocation équitable exigeant un niveau minimal de soutien électoral poursuit le but légitime de conforter le pluralisme démocratique tout en évitant une fragmentation excessive et non fonctionnelle des candidatures, et donc de renforcer l'expression de l'opinion du peuple quant au choix du corps législatif. • CEDH 10 mai 2012, *Ozgurluk ve Dayanisma Partisi (ODP) c/ Turquie,* n° 7819/03 § 42. ♦ V. déjà implicitement • CEDH, décis., 26 janv. 1999, *Cheminade c/ France,* n° 31559/96. ♦ Dans les circonstances de l'espèce, le refus de l'État d'accorder à l'ÖDP une aide financière directe au motif que ce parti n'avait pas atteint le niveau minimal de représentativité de 7 %, seuil le plus élevé d'Europe, requis par la loi reposait sur une justification objective et raisonnable, qu'il n'a pas porté atteinte à la substance même du droit à la libre expression du peuple. • CEDH 10 mai 2012, *Ozgurluk ve Dayanisma Partisi (ODP) c/ Turquie,* n° 7819/03 § 42.

2° OBLIGATIONS DES ÉTATS

33. Principe. Dans le domaine du présent art., se trouve au premier plan non une obligation d'abstention ou de non-ingérence, comme pour la majorité des droits civils et politiques, mais celle, à la charge de l'État, d'adopter des mesures positives pour « organiser » des élections démocratiques • CEDH 2 mars 1987, *Mathieu-Mohin et Clerfayt c/ Belgique,* n° 9267/81 § 50 : *préc. note 1* • CEDH, gr. ch., 15 mars 2012, *Sitaropoulos et Giakoumopoulos c/ Grèce,* n° 42202/07 § 67. ♦ Le système adopté doit répondre à des conditions assurant « la libre expression de l'opinion du peuple sur le choix du corps législatif ». • CEDH 2 mars 1987, *Mathieu-Mohin et Clerfayt c/ Belgique,* n° 9267/81 § 54 : *préc. note 1* • CEDH, gr. ch., 18 févr. 1999, *Matthews c/ Royaume-Uni,* n° 24833/94 § 63 : *préc. note 9* • CEDH, décis., 7 sept. 1999, *Hilbe c/ Liechtenstein,* n° 31981/96 • CEDH 19 oct. 2004, *Melnitchenko c/ Ukraine,* n° 17707/02 § 54.

34. Suffrage universel. Le présent art. implique la reconnaissance du suffrage universel. • Comm. EDH 6 oct. 1967, *X. c/ Allemagne,* n° 2728/66 • Comm. EDH 19 déc. 1974, *X. c/ Pays-Bas,* n° 6573/74.

35. Toute dérogation au principe du suffrage universel risque de saper la validité démocratique du corps législatif ainsi élu et des lois promulguées par lui. • CEDH, gr. ch., 6 oct. 2005, *Hirst c/ Royaume-Uni (n° 2),* n° 74025/01 § 62 : *AJDA 2006. 466, obs. Flauss ; RSC 2006. 662, chron. Massias ; RD publ. 2006. 811, obs. Surrel* • CEDH, gr. ch., 8 juill. 2008, *Yumak et Sadak c/ Turquie,* n° 10226/03 § 109 : *préc. note 1.* ♦ L'exclusion de groupes ou catégories quelconques de la population doit en conséquence se concilier avec les principes sous-tendant le présent art. • CEDH 15 avr. 2014, *Oran c/ Turquie,* n° 28881/07 § 54.

36. Les législations mises en place doivent refléter, ou ne pas contrecarrer, le souci de maintenir l'intégrité et l'effectivité d'une procédure électorale visant à déterminer la volonté du peuple par l'intermédiaire du suffrage universel. • CEDH, gr. ch., 6 oct. 2005, *Hirst c/ Royaume-Uni (n° 2),* n° 74025/01 § 62 : *préc. note 35* • CEDH, gr. ch., 16 mars 2006, *Zdanoka c/ Lettonie,* n° 58278/00 § 104 : *préc. note 1* • CEDH, gr. ch., 8 juill. 2008, *Yumak et Sadak c/ Turquie,* n° 10226/03 § 109 : *préc. no-*

te 1 • CEDH 15 avr. 2014, *Oran c/ Turquie,* n° 28881/07 § 50.

37. Adoption d'une loi électorale claire. Le manque de clarté de la loi sur les élections législatives et les risques potentiels pour la jouissance des droits électoraux inhérents à son interprétation par les autorités internes appelaient une prudence particulière de leur part. • CEDH 7 févr. 2008, *Kovatch c/ Ukraine,* n° 39424/02 § 59. ♦ La loi électorale n'énonce pas clairement les modalités à suivre pour l'attribution du mandat parlementaire correspondant à l'organisation gagnante représentant une minorité nationale. Ainsi, le bureau électoral central, conformément à l'art. 68, al. *g* de la loi en question, doit « déterminer les nom et prénom du premier candidat inscrit sur la liste de l'organisation ayant droit à un siège de député qui a réuni le plus grand nombre de suffrages ». Ce texte ne précise donc pas s'il s'agit du plus grand nombre de voix au niveau national ou au niveau d'une circonscription électorale. Or, une telle précision peut s'avérer être décisive au moment de la détermination du candidat retenu ; le manque de clarté des dispositions pertinentes en la matière imposait aux autorités nationales d'être prudentes dans leur interprétation, compte tenu de l'impact direct que celle-ci aurait sur le résultat des élections. • CEDH 2 mars 2010, *Grosaru c/ Roumanie,* n° 78039/01 § 49 et 52 ♦ Rappr. • CEDH 15 juin 2006, *Lykourezos c/ Grèce,* n° 33554/03 § 54 • CEDH 10 avr. 2008, *Paschalidis, Koutmeridis et Zaharakis c/ Grèce,* n° 27863/05 § 32.

38. Mise en œuvre des élections. Il appartient aux autorités nationales de faire tout ce qui peut raisonnablement être attendu d'elles pour assurer la participation des électeurs de certaines provinces à l'élection parlementaire complémentaire avant le décompte définitif des voix. • CEDH 8 juill. 2008, *Parti travailliste géorgien c/ Géorgie,* n° 9103/04 § 124 : *AJDA 2008. 1929, chron. Flauss*.

39. Droit de recours en matière électorale. Imposant des obligations positives de nature procédurale, le présent art. exige la mise en place d'un système interne permettant l'examen effectif des recours et griefs individuels en matière de droits électoraux par un organe compétent habilité à trancher effectivement la matière. • CEDH, gr. ch., 10 juill. 2020, *Mugemangango c/ Belgique,* n° 310/15 § 69.

40. Contestation des résultats électoraux. La notion d'élections libres au sens du présent art. n'est menacée qu'en présence de violations procédurales propres à dénaturer la libre expression du choix du peuple, et en l'absence d'examen effectif des allégations en ce sens formulées au niveau interne. • CEDH, gr. ch., 10 juill. 2020, *Belgique,* n° 310/15 § 72.

41. Caractère sérieux et défendable des contestations électorales. Conformément au principe de subsidiarité, il n'appartient pas à la Cour, appelée à statuer sur le respect par les États parties de leur obligation d'organiser des élections libres et équitables, de déterminer si les irrégularités alléguées représentent des violations du droit interne pertinent, ont bien eu lieu et étaient de nature à avoir des conséquences sur les résultats des élections. La Cour doit en revanche s'assurer que ces allégations étaient suffisamment sérieuses et défendables, ce qui, par exemple, est le cas lorsque la réclamation du requérant est apparue, selon un organe interne, recevable et fondée. • CEDH, gr. ch., 10 juill. 2020, *Belgique,* n° 310/15, § 71 § 81 et 82.

42. Effectivité des recours en cas de contestation électorale. Nonobstant l'inapplicabilité de l'art. 6 de la Conv. EDH aux litiges de cette nature, la procédure nationale concernant la contestation de résultats électoraux doit être entourée de garanties adéquates et suffisantes permettant d'éviter l'arbitraire, ce qui implique qu'équitable, objective et suffisamment motivée, la décision prise en la matière le soit par un organe présentant des garanties suffisantes d'impartialité et disposant d'un pouvoir d'appréciation circonscrit à un niveau suffisant de précision par des dispositions du droit interne. • CEDH, gr. ch., 10 juill. 2020, *Belgique,* n° 310/15 § 70. ♦ Devant être accessibles et prévisibles, les garanties procédurales afférentes notamment au contradictoire sont insuffisantes lorsqu'en l'absence de procédure prévue par les textes applicables, elles résultent de décisions discrétionnaires *ad hoc* prises par les organes appelés à connaître de la contestation, en l'occurrence une commission parlementaire puis finalement l'assemblée plénière. • CEDH, gr. ch., 10 juill. 2020, *Belgique,* n° 310/15 § 119. ♦ Lorsque, sous l'angle du présent art., la Cour conclut que la procédure de réclamation n'a pas présenté les garanties suffisantes et adéquates pour assurer un examen effectif des doléances du requérant, le recours ne saurait passer pour « effectif » au sens de l'art. 13 Conv. EDH de sorte que ce constat suffit pour conclure à la violation du présent art. combiné audit art. 13. • CEDH, gr. ch., 10 juill. 2020, *Belgique,* n° 310/15 § 135 et 136. ♦ La décision par laquelle la commission électorale centrale a, le 2 avr. 2004, annulé les résultats du scrutin des districts électoraux concernés manquait de transparence et de cohérence. La commission électorale n'a pas justifié sa décision de manière pertinente et suffisante et ne l'a pas entourée de garanties procédurales suffisantes pour parer à tout abus de pouvoir. En outre, sans prendre d'autres mesures propres à permettre la tenue d'un nouveau scrutin dans les districts concernés après le 18 avr. 2004, elle a décidé à la hâte et sans justification valable de clore l'élection au niveau national. L'exclusion de ces deux districts du processus de l'élection parlementaire était contraire à plusieurs des garanties de l'État de droit et elle a eu pour effet de priver une fraction importante de la population de son droit de vote. • CEDH 8 juill. 2008, *Parti travailliste géorgien c/ Géorgie,* n° 9103/04 § 124 : *préc. note 38.* ♦ Lorsqu'il y a eu au niveau interne des plaintes pour irrégularités dans des élections, l'examen doit se borner à vérifier si un élément d'arbitraire peut être décelé dans la procédure et les décisions des juridictions internes. Le comportement des commissions électorales et des tribunaux et leurs décisions respectives témoignent de l'absence d'un véritable souci de protéger le droit du requérant à se porter candidat aux élections. • CEDH 8 avr. 2010, *Namat Aliyev c/ Azerbaïdjan,* n° 18705/06 § 81 : *JCP Adm. 2011. 2089, note Teweleit.*

43. Effectivité des contestations électorales en cas de compétence exclusive du Parlement. Lorsque est en cause le traitement d'un litige postélectoral relatif au résultat de l'élection, les garanties procédurales visent à assurer la légitimité du Parlement et représentent donc un préalable à toute autonomie parlementaire laquelle, relevant de la marge d'appréciation de l'État partie, ne saurait cependant valablement s'exercer que dans le respect de la prééminence du droit. • CEDH, gr. ch., 10 juill. 2020, *Belgique,* n° 310/15 § 87 et 89. ♦ Dans le cas où le Parlement est seul juge de l'élection de ses membres, l'exigence d'impartialité fait défaut lorsque, permettant à la majorité en cours de formation d'imposer son point de vue, la décision sur la réclamation est prise à la majorité simple ainsi que lorsque ne sont pas écartés du vote en plénière en la matière des membres élus, compétiteurs directs du requérant dans la circonscription litigieuse. • CEDH, gr. ch., 10 juill. 2020, *Belgique,* n° 310/15 § 106 et 108.

44. Respect du choix du peuple et de la loi électorale. Une fois le choix du peuple librement et démocratiquement exprimé, aucune modification ultérieure dans l'organisation des élections ne saurait remettre en cause ce choix, sauf en présence de motifs impérieux pour l'ordre démocratique. • CEDH 15 juin 2006, *Lykourezos c/ Grèce,* n° 33554/03 § 52. ♦ La mise à l'écart de plusieurs dispositions de la loi électorale à l'occasion d'une élection déjà tenue est de nature à altérer la volonté exprimée par les électeurs. En particulier, en choisissant le vote blanc, une partie des électeurs de la circonscription majeure de Macédoine centrale souhaitaient exprimer un désaveu, dirigé contre toutes les formations politiques. Or, suite au revirement jurisprudentiel, leurs votes blancs ont été interprétés comme des votes positifs au bénéfice de tous les partis politiques. • CEDH 10 avr. 2008, *Paschalidis, Koutmeridis et Zaharakis c/ Grèce,* n° 27863/05 § 32. ♦ Une telle remise en cause de l'expression démocratique porte atteinte au principe de confiance légitime. • CEDH 15 juin 2006, *Lykourezos c/ Grèce,* n° 33554/03 § 57.

45. Les dispositions du droit interne applicables à l'époque pertinente, contenues dans le code électoral, interdisaient aux autorités d'invalider un scrutin – quel qu'en fût l'échelon – pour des irrégularités commises au profit de candidats battus. Malgré cette interdiction, qui visait à garantir le respect de l'opinion et de la volonté des électeurs ainsi qu'à éviter aux candidats vainqueurs une sanction injuste, les juridictions internes ont purement et simplement repris les constatations de la commission électorale. Ce manque de considération pour l'intégrité du processus électoral ne saurait se concilier avec l'esprit du droit à des élections libres. • CEDH 30 sept. 2010, *Kerimova c/ Azerbaïdjan,* n° 20799/06 § 54.

II. MISE EN ŒUVRE DU DROIT AUX ÉLECTIONS LIBRES

A. DÉTERMINATION DES DROITS CIVIQUES GARANTIS

46. Le présent art. garantit en principe le droit de vote et le droit de se porter candidat lors de l'élection du corps législatif (droits subjectifs de vote et d'éligibilité). • Comm. EDH 30 mai 1975, *W., X., Y. et Z. c/ Belgique,* n° 6745/74 • CEDH 2 mars 1987, *Mathieu-Mohin et Clerfayt c/ Belgique,* n° 9267/81 § 52 : *préc. note 1* • CEDH 1er juill. 1997, *Gitonas et a. c/ Grèce,* n° 18747/91 § 39 : *préc. note 16.* ♦ La Cour parle de l'aspect actif du présent art., qui a trait au droit de vote, et de l'aspect passif, c'est-à-dire le droit de se porter candidat aux élections. • CEDH, gr. ch., 16 mars 2006, *Zdanoka c/ Lettonie,* n° 58278/00 § 105 et 106 : *préc. note 1.*

47. Le présent art. garantit également, une fois élu, le droit d'exercer son mandat. • Comm. EDH 7 mars 1984, *M. c/ Royaume-Uni,* n° 10316/83 • CEDH 11 juin 2002, *Selim Sadak c/ Turquie,* n° 25144/94 § 33.

B. MISE EN ŒUVRE DES DROITS CIVIQUES GARANTIS

1° CONDITIONS DE MISE EN ŒUVRE DES DROITS CIVIQUES GARANTIS

a. Libre choix des États

48. Principe. Ces droits ne sont pas absolus ; reconnus sans être énoncés en termes exprès ni moins encore définis, il y a place pour des limitations implicites. Dans leurs ordres juridiques internes respectifs, les États contractants entourent les droits de vote et d'éligibilité de conditions auxquelles le présent art. ne met en principe pas obstacle. Ils jouissent en la matière d'une large marge d'appréciation. • CEDH 2 mars 1987, *Mathieu-Mohin et Clerfayt c/ Belgique,* n° 9267/81 § 52 : *préc. note 1* • CEDH 1er juill. 1997, *Gitonas et a. c/ Grèce,* n° 18747/91 § 39 : *préc. note 17* • CEDH 9 avr. 2002, *Podkolzina c/ Lettonie,* n° 46726/99 § 33 • CEDH 19 oct. 2004, *Melnitchenko c/ Ukraine,* n° 17707/02 § 54 • CEDH 15 avr. 2014, *Oran c/ Turquie,* n° 28881/07 § 49.

49. Les États sont toujours libres de fonder les limitations sur un but légitime dont on puisse démontrer la compatibilité, dans les circonstances particulières d'une affaire donnée, avec les principes de l'état de droit et les objectifs généraux de la Conv. • CEDH 8 juill. 2008, *Parti travailliste géorgien c/ Géorgie,* n° 9103/04 § 124 : *préc. note 38.*

b. Contrôle de la Cour

50. Respect d'un principe de proportionnalité. Il appartient à la Cour de statuer en dernier ressort sur l'observation des exigences du présent art. ; il lui faut s'assurer que lesdites conditions ne réduisent pas les droits dont il s'agit au point de les atteindre dans leur substance même et de les priver de leur effectivité, qu'elles poursuivent un but légitime et que les moyens employés ne se révèlent pas disproportionnés. • CEDH 2 mars 1987, *Mathieu-Mohin et Clerfayt c/ Belgique,* n° 9267/81 § 52 : *préc. note 1* • CEDH 1er juill. 1997, *Gitonas et a. c/ Grèce,* n° 18747/91 § 39 : *préc. note 17* • CEDH, gr. ch., 18 févr. 1999, *Matthews c/ Royaume-Uni,* n° 24833/94 § 63 : *préc. note 9* • CEDH 6 avr. 2000, *Labita c/ Italie,* n° 26772/95 § 201 • CEDH 9 avr. 2002, *Podkolzina c/ Lettonie,* n° 46726/99 § 33 • CEDH 1er juill. 2004, *Vito Sante Santoro c/ Italie,* n° 36681/97 § 54 • CEDH 19 oct. 2004, *Melnitchenko c/ Ukraine,* n° 17707/02 § 54 • CEDH, gr. ch., 6 oct. 2005, *Hirst c/ Royaume-Uni (n° 2),* n° 74025/01 § 62 : *préc. note 35* • CEDH 15 avr. 2014, *Oran c/ Turquie,* n° 28881/07 § 49.

51. Les restrictions mises au droit des requérants de se porter candidats à des élections doivent être envisagées à la lumière du but poursuivi par le législateur lorsqu'il a adopté le règlement, à savoir garantir l'impartialité politique des intéressés. Ce but doit être jugé légitime et permettre de restreindre l'exercice par les requérants du droit subjectif de se présenter à des élections que leur garantit l'art. • CEDH 2 sept. 1998, *Ahmed et a. c/ Royaume-Uni,* n° 22954/93 § 75.

52. Respect de la libre expression de l'opinion du peuple sur le choix du corps législatif. La marge de manœuvre reconnue à l'État est limitée par l'obligation de respecter le principe fondamental du présent art., à savoir « la libre expression de l'opinion du peuple sur le choix du corps législatif ». • CEDH 2 mars 1987, *Mathieu-Mohin et Clerfayt c/ Belgique,* n° 9267/81 § 52 et 54 : *préc. note 1* • CEDH 1er juill. 1997, *Gitonas et a. c/ Grèce,* n° 18747/91 § 39 : *préc. note 17* • CEDH 9 avr. 2002, *Podkolzina c/ Lettonie,* n° 46726/99 § 33 • CEDH 19 oct. 2004, *Melnitchenko c/ Ukraine,* n° 17707/02 § 55 • CEDH, gr. ch., 28 avr. 2010, *Tanase c/ Moldova,* n° 7/08 § 157.

53. Prise en compte de l'évolution politique du pays. Tout système électoral doit s'apprécier à la lumière de l'évolution politique du pays, de sorte que des détails inacceptables dans le cadre d'un système déterminé peuvent se justifier dans celui d'un autre. • CEDH 2 mars 1987, *Mathieu-Mohin et Clerfayt c/ Belgique,* n° 9267/81 § 54 : *préc. note 1* • CEDH 9 avr. 2002, *Podkolzina c/ Lettonie,* n° 46726/99 § 33 • CEDH 11 janv. 2005, *Py c/ France,* n° 66289/01 § 46 : *préc. note 7* • CEDH 8 juill. 2008, *Parti travailliste géorgien c/ Géorgie,* n° 9103/04 § 103 et 133 : *préc. note 38* • CEDH, gr. ch., 28 avr. 2010, *Tanase c/ Moldova,* n° 7/08 § 157 • CEDH, gr. ch., 6 janv. 2011, *Paksas c/ Lituanie,* n° 34932/04 § 96 : *RFDA 2012. 455, chron. Labayle et Sudre ; RD publ. 2012. 813, chron. Sudre.* ♦ Les critères pertinents en la matière varient en fonction des facteurs historiques et politiques propres à chaque État. • CEDH 22 juin 2004, *Aziz c/ Chypre,* n° 69949/01 § 28.

54. Il en résulte que des caractéristiques inacceptables dans le cadre d'un système peuvent se justifier dans le contexte d'un autre. • CEDH 11 janv. 2005, *Py c/ France,* n° 66289/01 § 46 : *préc. note 7* • CEDH, gr. ch., 16 mars 2006, *Zdanoka c/ Lettonie,* n° 58278/00 § 115 : *préc. note 1* • CEDH 8 juill. 2008, *Parti travailliste géorgien c/ Géorgie,* n° 9103/04 § 89 : *préc. note 38.*

55. Étendue du contrôle. Le critère relatif à l'aspect « actif » du présent art. implique une appréciation large de la proportionnalité des dispositions légales privant une personne ou un groupe de personnes du droit de vote. La démarche adoptée par la Cour quant à l'aspect « passif » de cette disposition se limite pour l'essentiel à vérifier l'absence d'arbitraire dans les procédures internes conduisant à priver un individu de l'éligibilité. • CEDH, gr. ch., 16 mars 2006, *Zdanoka c/ Lettonie,* n° 58278/00 § 115 : *préc. note 1.*

2° APPLICATION IN CONCRETO

a. Droit de vote

56. Principe. Le critère relatif à l'aspect « actif » du présent art. implique une appréciation large de la proportionnalité des dispositions légales privant une personne ou un groupe de personnes du droit de vote. • CEDH, gr. ch., 16 mars 2006, *Zdanoka c/ Lettonie,* n° 58278/00 § 115 : *préc. note 1.*

57. L'exclusion de groupes ou catégories quelconques de la population doit en conséquence se concilier avec les principes sous-tendant le présent art. • CEDH, gr. ch., 6 oct. 2005, *Hirst c/ Royaume-Uni (n° 2),* n° 74025/01 § 62 : *préc. note 35* • CEDH, gr. ch., 15 mars 2012, *Sitaropoulos et Giakoumopoulos c/ Grèce,* n° 42202/07 § 68. ♦ Les règles régissant les élections législatives et la composition des parlements ne peuvent avoir pour effet d'interdire à certaines personnes ou à certains groupes de prendre part à la vie politique du pays, notamment par la désignation des membres du corps législatif. • CEDH 22 juin 2004, *Aziz c/ Chypre,* n° 69949/01 § 28 • CEDH, gr. ch., 18 nov. 2008, *Tanase c/ Moldova,* n° 7/08 § 157. ♦ V. déjà implicitement. • CEDH, gr. ch., 18 févr. 1999, *Matthews c/ Royaume-Uni,* n° 24833/94 : *préc. note 9.*

58. Il y a violation du présent art. dès lors que l'interdiction de voter n'est pas proportionnée au but légitime poursuivi. • CEDH 5 avr. 2007, *Silay c/ Turquie,* n° 8691/02 § 28 et 33.

1. Limitations possibles

59. Généralités. On peut par exemple envisager de fixer un âge minimal en vue de s'assurer que les personnes participant au processus électoral soient suffisamment mûres ou encore, dans certaines circonstances, l'éligibilité peut être soumise à des critères, telle la résidence, afin d'identifier les personnes qui présentent des liens suffisamment étroits ou continus avec le pays en question ou nourrissent un intérêt à son égard • CEDH, décis., 7 sept. 1999, *Hilbe c/ Liechtenstein,* n° 31981/96 • CEDH 19 oct. 2004, *Melnitchenko c/ Ukraine,* n° 17707/02 § 56.

60. Considérations historiques. Des considérations historiques peuvent justifier que l'on restreigne des droits aux fins de protéger l'intégrité du processus démocratique. • CEDH, gr. ch., 16 mars 2006, *Zdanoka c/ Lettonie,* n° 58278/00 (sol. impl.) : *préc. note 1* • CEDH, gr. ch., 18 nov. 2008, *Tanase c/ Moldova,* n° 7/08 § 159.

61. Après une histoire politique et institutionnelle tourmentée, cette condition de 10 ans de résidence fixée, par le statut de 1999 pour *pouvoir voter aux élections pour* les assemblées des provinces et au congrès de Nouvelle-Calédonie a constitué un élément essentiel à l'apaisement du conflit meurtrier. L'histoire et le statut de la Nouvelle-Calédonie sont tels qu'ils peuvent être considérés comme caractérisant des « nécessités locales » de nature à permettre les restrictions apportées au droit de vote du requérant. • CEDH 11 janv. 2005, *Py c/ France,* n° 66289/01 § 62 et 64 : *préc. note 7.*

62. Condition de résidence. L'obligation de résidence, qui a motivé la requête, se justifie pour les raisons suivantes : 1. le fait qu'un citoyen non résident est concerné moins directement ou moins continuellement par les problèmes quotidiens de son pays et qu'il les connaît moins bien ; 2. le fait qu'il peut être difficile (voire impossible) pour les candidats au Parlement d'exposer les différents choix électoraux aux citoyens résidant à l'étranger d'une manière qui respecte la liberté d'expression ; 3. l'absence d'une influence quelconque d'un citoyen résidant à l'étranger sur la sélection des candidats et sur la formulation de leurs programmes électoraux ; 4. la corrélation existant entre le droit de vote lors d'élections parlementaires et le fait d'être directement visé par les actes des organes politiques ainsi élus ; 5. le souci légitime que peut éprouver le législateur de limiter l'influence des citoyens résidant à l'étranger dans des élections sur des questions certes fondamentales, mais qui touchent en premier lieu les personnes résidant dans le pays. • CEDH, décis., 7 sept. 1999, *Hilbe c/ Liechtenstein,* n° 31981/96 • CEDH 19 oct. 2004, *Melnitchenko c/ Ukraine,* n° 17707/02 § 56 • CEDH 6 févr. 2007, *Doyle c/ Royaume-Uni,* n° 30158/06 : *AJDA 2007. 1918, chron. Flauss.* ♦ V. également. • CEDH 11 janv. 2005, *Py c/ France,* n° 66289/01 § 62 et 64 : *préc. note 7.* ♦ Devoir satisfaire à une condition de résidence ou de durée de résidence afin de pouvoir jouir du droit de voter au cours d'une élection ou exercer celui-ci ne constitue pas en principe une restriction arbitraire à ce droit et n'est donc pas incompatible avec le présent art. • CEDH, gr. ch., 15 mars 2012, *Sitaropoulos et Giakoumopoulos c/ Grèce,* n° 42202/07 § 69. ♦ Rappr. *a contrario* : la requérante, en sa qualité de résidente de Gibraltar, s'est vue privée de toute possibilité d'exprimer son opinion sur le choix des membres du Parlement européen. Sa situation n'est pas la même que celle d'une personne qui ne peut participer à des élections au motif qu'elle réside en dehors du ressort concerné : pareille personne peut passer pour avoir affaibli le lien existant entre elle et ledit ressort. En l'espèce, il est porté atteinte au droit de la requérante dès lors que la législation communautaire fait partie du droit de Gibraltar et que la requérante en ressent directement les effets. • CEDH, gr. ch., 18 févr. 1999, *Matthews c/ Royaume-Uni,* n° 24833/94 § 64 : *préc. note 9.*

63. Dans le cadre du Conseil de l'Europe, aucun instrument juridique ne permet de conclure que, en l'état actuel du droit, les États ont l'obligation de rendre possible l'exercice du droit de vote par les citoyens résidant à l'étranger. Quant aux modalités d'exercice de ce droit prévues par les États membres du Conseil de l'Europe qui autorisent le vote à l'étranger, elles présentent actuellement une grande variété. • CEDH, gr. ch., 15 mars 2012, *Sitaropoulos et Giakoumopoulos c/ Grèce,* n° 42202/07 § 75.

64. La condition de résidence réservant aux électeurs qui remplissent certaines conditions, notamment une résidence sur place de plus de dix ans, la possibilité de participer aux élections des membres du congrès et des assemblées de province poursuit, en l'espèce, un but légitime. • CEDH 11 janv. 2005, *Py c/ France,* n° 66289/01 § 62 et 64 : *préc. note 7.* ♦ Le fait que les électeurs non résidents ne puissent voter que pour les partis politiques et non pour les candidats indépendants sans étiquette répond au souci légitime du législateur d'assurer la stabilité politique du pays et du gouvernement qui sera chargé de le diriger à l'issue de ces élections. • CEDH 15 avr. 2014, *Oran c/ Turquie,* n° 28881/07 § 66.

65. Conditions linguistiques. Les électeurs francophones de l'arrondissement de Hal-Vilvorde jouissent des droits de vote et d'éligibilité dans les mêmes conditions légales que les électeurs néerlandophones. Ils ne s'en trouvent point privés par la seule circonstance qu'il leur faut voter soit pour des candidats qui, prêtant leur serment de parlementaire en français, figureront parmi les membres du groupe linguistique français de la Chambre ou du Sénat et siégeront au Conseil de la communauté française, soit pour des candidats qui, optant pour le néerlandais, appartiendront au groupe linguistique néerlandais de la Chambre ou du Sénat et au Conseil flamand. Il ne s'agit pas là d'une limitation disproportionnée, contrecarrant « la libre expression de l'opinion du peuple sur le choix du corps législatif ». • CEDH 2 mars 1987, *Mathieu-Mohin et Clerfayt c/ Belgique,* n° 9267/81 § 57 : *préc. note 1.*

66. Autres considérations. La suspension temporaire du droit de vote d'une personne sur qui pèsent des indices d'appartenance à la mafia poursuit un but légitime. • CEDH 6 avr. 2000, *Labita c/ Italie,* n° 26772/95 § 203.

2. Limitations contestables

67. Interdictions des limitations arbitraires. Il est manifeste qu'aucune mesure législative n'a été prise pour résoudre les difficultés découlant du fait que les dispositions constitutionnelles pertinentes sont devenues inopérantes. C'est ainsi que le requérant, en sa qualité de membre de la communauté chypriote turque vivant dans la zone contrôlée par le Gouvernement, s'est vu privé de toute possibilité d'exprimer son opinion quant au choix des membres du corps législatif du pays dont il est ressortissant et où il a toujours vécu. • CEDH 22 juin 2004, *Aziz c/ Chypre,* n° 69949/01 § 29.

68. Droit de vote des détenus. Les détenus en général continuent de jouir de tous les droits et libertés fondamentaux garantis par la Convention, à l'exception du droit à la liberté lorsqu'une détention régulière entre expressément dans le champ d'application de l'art. 5 Conv. EDH. • CEDH, gr. ch., 6 oct. 2005, *Hirst c/ Royaume-Uni (n° 2),* n° 74025/01 § 69 : *préc. note 35.* ♦ La capacité de l'individu à influer sur la composition du corps législatif n'exclut pas que des restrictions aux droits électoraux soient infligées à un individu qui, par exemple, a commis de graves abus dans l'exercice de fonctions publiques ou dont le comportement a menacé de saper l'État de droit ou les fondements de la démocratie. Il ne faut toutefois pas recourir à la légère à la mesure rigoureuse que constitue la privation du droit de vote. • CEDH, gr. ch., 6 oct. 2005, *Hirst c/ Royaume-Uni (n° 2),* n° 74025/01 § 71 : *préc. note 35* • CEDH 1er juill. 2008, *Calmanovici c/ Roumanie,* n° 42250/02 § 153.

69. Le principe de proportionnalité exige l'existence d'un lien discernable et suffisant entre la sanction et le comportement ainsi que la situation de la personne touchée. La Cour a pris note à cet égard de la recommandation de la Commission de Venise selon laquelle la suppression des droits politiques doit être prononcée par un tribunal dans une décision spécifique, car un tribunal indépendant appliquant une procédure contradictoire offre une solide garantie contre l'arbitraire. • CEDH, gr. ch., 6 oct. 2005, *Hirst c/ Royaume-Uni (n° 2),* n° 74025/01 § 71 : *préc. note 35.*

70. Cependant, les États contractants peuvent, s'ils décident de ne pas confier au juge le soin d'apprécier la proportionnalité d'une mesure restrictive du droit de vote des détenus condamnés, incorporer dans la loi des dispositions définissant les circonstances dans lesquelles une telle mesure trouve à s'appliquer. Dans cette hypothèse, c'est le législateur lui-même qui met en balance les intérêts concurrents afin d'éviter toute interdiction générale, automatique et d'application indifférenciée. Il appartiendra ensuite à la Cour d'évaluer si, dans un cas donné, ce résultat a été atteint et si le libellé de la loi ou la décision du juge a respecté le présent art. • CEDH, gr. ch., 22 mai 2012, *Scoppola c/ Italie,* n° 126/05 § 102.

71. La législation du Royaume-Uni prévoyant la restriction du droit de vote pour tout détenu pendant sa détention est « un instrument sans nuance, qui dépouille du droit de vote », garanti par la Convention, un grand nombre d'individus, et ce de manière indifférenciée. Il en découle une restriction globale du droit de vote de tous les détenus condamnés purgeant leur peine, qui s'applique automatiquement à eux, quelle que soit la durée de leur peine et indépendamment de la nature ou de la gravité de l'infraction qu'ils ont commise et de leur situation personnelle, outrepasse une marge d'appréciation acceptable, aussi large soit-elle, et est incompatible avec le présent art. • CEDH, gr. ch., 6 oct. 2005, *Hirst c/ Royaume-Uni (n° 2),* n° 74025/01 § 82 : *préc. note 35* • CEDH 1er juill. 2008, *Calmanovici c/ Roumanie,* n° 42250/02 § 151 • CEDH 23 nov. 2010, *Greens et M.T. c/ Royaume-Uni,* n° 60041/08 § 73 s. • CEDH 12 août 2014, *Firth et a. c/ Royaume-Uni,* n° 47784/09 : *JCP Adm. 2014. 701.* ♦ A l'inverse, la législation italienne qui ne présente pas un caractère de généralité mais module l'interdiction en fonction des particularités de chaque affaire, compte tenu, en particulier, de la durée de la peine ne viole pas la présente disposition mais participe au renforcement du sens civique, au respect de l'État de droit, au bon fonctionnement et au maintien de la démocratie. • CEDH, gr. ch., 22 mai 2012, *Scoppola c/ Italie,* n° 126/05 § 104 s.

72. Ne viole pas la présente disposition la privation des condamnés pour incivisme de certains droits politiques et plus spécialement du droit de vote pour empêcher des personnes, qui ont gravement abusé, au cours d'une guerre, de leur droit de participer à la vie publique de leur pays, de faire à l'avenir mauvais usage de leurs droits politiques, afin d'éviter des atteintes à la sûreté de l'État ou aux fondements d'une société démocratique. • Comm. EDH 19 déc. 1974, *X. c/ Pays-Bas,* n° 6573/074.

73. Failli. La limitation des droits électoraux du failli poursuit une finalité de caractère essentiellement afflictif, visant à dévaloriser et punir le failli en tant qu'individu indigne et couvert d'infamie pour la seule raison qu'il a fait l'objet d'une procédure de faillite civile. Dès lors, elle ne poursuit donc pas un objectif légitime. Par ailleurs, la Cour souligne que, loin d'être un privilège, voter constitue un droit garanti par la Conv. EDH. • CEDH 23 mars 2006, *Albanese c/ Italie,* n° 77924/01 § 49.

74. Déchéance du mandat parlementaire. La Cour constitutionnelle a considéré que le parti « F » était devenu un centre d'activités contraires au principe de laïcité. Elle se fonde sur les actes et propos de son président et de certains dirigeants et membres du parti, dont le requérant. A titre de sanction accessoire, la Cour constitutionnelle a décidé de déchoir deux *députés de leur mandat parlementaire* et frappé 5 membres, dont le requérant, de restrictions politiques temporaires. La sanction infligée au requérant par la Cour constitutionnelle ne saurait passer pour proportionnée aux buts légitimes poursuivis. • CEDH 5 avr. 2004, *Silay c/ Turquie,* n° 8691/02 § 28 et 33 • CEDH 5 avr. 2007, *Kavakci c/ Turquie,* n° 71907/01 § 42 et 46 : *AJDA 2007. 1918, chron. Flauss.*

75. Adultes sous protection juridique. Si l'exclusion du droit de vote des personnes faisant l'objet d'une mesure de protection juridique vise un but légitime dès lors que, bien qu'elles soient adultes, ces personnes, du fait d'une altération de leur santé mentale ou de leurs facultés mentales ou en raison d'une addiction pathologique, ne sont pas nécessairement en mesure de conduire leurs affaires, ni, pour les mêmes raisons, d'exercer leur droit de voter, l'imposition à toute personne placée sous curatelle d'une interdiction absolue de voter, indépendamment de ses facultés réelles, ne relève pas d'une marge d'appréciation acceptable. Le retrait automatique du droit de vote, en l'absence d'évaluation judiciaire individualisée de la situation des intéressés et sur le seul fondement d'un handicap mental nécessitant un placement sous curatelle, ne peut être considéré comme une mesure de restriction du droit de vote fondée sur des motifs légitimes. • CEDH 20 mai 2010, *Alajos Kiss c/ Hongrie,* n° 38832/06 § 42 et 44.

76. Absence de proportionnalité. En l'espèce, bien que décidée au cours du procès, la mesure de surveillance spéciale de la police à l'encontre du requérant ne fut appliquée qu'à la fin du procès, une fois l'intéressé acquitté « pour ne pas avoir commis les faits » ; la Cour ne peut partager l'opinion du Gouvernement selon laquelle les graves indices de la culpabilité du requérant n'avaient pas été démentis au cours du procès : cette affirmation est en effet totalement en contradiction avec la teneur du jugement du tribunal de Trapani. • CEDH 6 avr. 2000, *Labita c/ Italie,* n° 26772/95 § 203.

77. Le retard dans l'enregistrement de la décision de radiation du requérant soumis à un contrôle spécial de la police l'a empêché de voter tant aux élections législatives qu'aux élections régionales. En réalité, si la privation des droits civiques avait été appliquée en temps voulu et pour la période prévue d'un an, cette mesure serait parvenue à son terme avant la date des élections régionales, et bien avant celle des élections législatives. Quoi qu'il en soit, en ce qui concerne ces dernières élections, la prolongation de la supervision spéciale par la police au-delà du 2 mai 1995 n'était ni prévue par la loi ni nécessaire. Cela vaut également pour une mesure qui, comme la privation des droits civiques, n'était qu'une conséquence accessoire et automatique de la surveillance policière. • CEDH 1er juill. 2004, Vito Sante *Santoro c/ Italie,* n° 36681/97 § 59.

b. Droit de se porter candidat

78. Principe. Dans ce cadre, la Cour vérifie l'absence d'arbitraire dans les procédures internes conduisant à priver un individu de l'éligibilité. • CEDH, gr. ch., 16 mars 2006, *Zdanoka c/ Lettonie,* n° 58278/00 § 115 : *préc. note 1.* ♦ V. déjà : le droit de se porter candidat aux élections, inhérent à la notion de régime véritablement démocratique, ne serait qu'illusoire si l'intéressé pouvait à tout moment en être arbitrairement privé. Par conséquent, s'il est vrai que les États disposent d'une grande marge d'appréciation pour établir des conditions d'éligibilité *in abstracto,* le principe d'effectivité des droits exige que la procédure qui permet de déterminer l'éligibilité s'accompagne de suffisamment de garanties pour éviter l'arbitraire. • CEDH 19 oct. 2004, *Melnitchenko c/ Ukraine,* n° 17707/02 § 59. ♦ ... Et que les décisions pertinentes soient suffisamment motivées. • CEDH 21 févr. 2012, *Abil c/ Azerbaïdjan,* n° 16511/06 § 34.

79. Les procédures internes pertinentes doivent contenir des garanties suffisantes de protection des candidats contre les allégations abusives et non fondées de non-respect du droit électoral ; les décisions d'interdiction doivent être fondées sur des preuves solides, pertinentes et suffisantes. • CEDH 26 juill. 2011, *Orujov c/ Azerbaïdjan,* n° 4508/06 § 46 • CEDH 21 févr. 2012, *Abil c/ Azerbaïdjan,* n° 16511/06 § 35.

1. Dispositions à caractère général

80. Limitations envisageables. Si, en ce qui concerne le droit de vote proprement dit, la Cour a affirmé qu'une telle condition n'était pas en soi déraisonnable ou arbitraire (V. note 62), elle considère que des conditions plus strictes peuvent être fixées pour l'éligibilité au Parlement que pour le droit de voter. • CEDH 19 oct. 2004, *Melnitchenko c/ Ukraine,* n° 17707/02 § 57. ♦ On peut par exemple envisager de fixer un âge minimal en vue d'assurer que les personnes participant au processus électoral soient suffisamment mûres, ou encore, dans certaines circonstances, l'éligibilité peut être soumise à des critères, telle la résidence, afin d'identifier les personnes qui présentent des liens suffisamment étroits ou continus avec le pays en question ou nourrissent un intérêt à son égard. • CEDH, gr. ch., 6 oct. 2005, *Hirst c/ Royaume-Uni,* n° 74025/01 § 62 : *préc. note 35.*

81. Conditions relatives au dépôt de la candidature. Le présent art. ne garantit pas le droit d'employer une langue donnée pour les élections. En conséquence, les requérants ne peuvent pas prétendre que leur droit à se porter candidats à une élection a été limité par la condition que l'enregistrement ne pouvait se faire qu'en néerlandais. • Comm. EDH 12 déc. 1985, *Fryske Nasjonale Partij c/ Pays-Bas,* n° 11100/84.

82. Condition linguistique. Le fait d'exiger qu'un candidat aux élections des membres du parlement national ait une connaissance suffisante de la langue officielle poursuit un but légitime. • CEDH 9 avr. 2002, *Podkolzina c/ Lettonie,* n° 46726/99 § 34. ♦ V. également notes 65 et 81.

83. La requérante a été rayée de la liste des candidats en application de la loi sur les élections législatives, qui prévoit l'inéligibilité des citoyens ne maîtrisant pas le letton à un niveau « supérieur ». Or, la radiation de la requérante de la liste des candidats ne reposait pas sur l'absence de certificat linguistique valide, requis. Au contraire, lors de l'enregistrement de la liste, l'intéressée était en possession d'un tel certificat, attestant que ses connaissances du letton atteignaient le niveau supérieur défini par la réglementation nationale. La validité de ce document n'a jamais été mise en cause par les autorités lettonnes ; ledit certificat a été délivré à la requérante à la suite d'un examen ; le niveau de maîtrise du letton de la requérante a été déterminé au cours d'une délibération suivie d'un vote, et selon des critères objectifs de notation fixés par le règlement relatif à ces questions. La requérante a été soumise à un second examen réalisé par un seul fonctionnaire et au cours duquel la requérante a été interrogée essentiellement sur les raisons de son choix politique, sujet qui de toute évidence était étranger à l'exigence de bonnes connaissances linguistiques. • CEDH 9 avr. 2002, *Podkolzina c/ Lettonie,* n° 46726/99 § 36.

84. Condition de résidence. On ne saurait exclure d'office une condition de résidence de 5 années consécutives applicable aux candidats potentiels à des élections législatives. Les États pourraient faire valoir qu'il est opportun d'imposer cette condition afin que les candidats acquièrent des connaissances suffisantes pour mener à bien les missions confiées aux parlementaires. • CEDH 19 oct. 2004, *Melnitchenko c/ Ukraine,* n° 17707/02 § 57.

85. Ni la législation ni la pratique ne prévoient expressément que, pour être éligible, un candidat devait résider « habituellement » ou « continûment » sur le territoire ukrainien et la loi n'établit pas de distinction entre la résidence « officielle » et la résidence « habituelle ». Dès lors, le fait que le requérant « résida habituellement » en partie hors de l'Ukraine au cours de la période en question, puisqu'il avait été contraint de quitter le pays par peur de persécutions et s'était installé aux États-Unis en tant que réfugié, n'aurait pas dû être pris en compte. En effet, la seule preuve de l'enregistrement officiel du lieu de résidence se trouve dans le passeport intérieur du citoyen ordinaire, et le lieu ainsi indiqué ne correspond pas toujours au lieu de résidence habituel de l'intéressé, or, en l'espèce, ce passeport indiquait la résidence intérieure du requérant.

• CEDH 19 oct. 2004, *Melnitchenko c/ Ukraine,* n° 17707/02 § 56.

86. Condition de nationalité. Il est possible que les personnes ayant une double nationalité ne soient pas autorisées à se porter candidates. • Comm. EDH 25 nov. 1996, *Gantchev c/ Bulgarie,* n° 28858/95.

87. Sincérité des candidatures. Il est essentiel que les candidats à la fonction de député apparaissent comme des personnes intègres et sincères. Leur imposer de se présenter ouvertement et avec franchise au public permet à l'électorat d'apprécier leurs qualifications personnelles et leur aptitude à représenter au mieux ses intérêts au Parlement. De telles conditions répondent manifestement aux intérêts d'une société démocratique et les États jouissent d'une certaine marge d'appréciation dans leur application. • CEDH 19 oct. 2004, *Melnitchenko c/ Ukraine,* n° 17707/02 § 58.

88. Cautionnement électoral. L'obligation incombant aux candidats à une élection de verser un cautionnement existe dans un certain nombre d'États membres dans le but de décourager les candidatures fantaisistes. En outre, la Commission de Venise estime que ce but est légitime et que l'obligation de cautionnement est, en principe, un moyen acceptable de le réaliser. La participation de l'État aux frais de campagne des candidats inscrits, qui vise à assurer que ceux-ci se trouvent sur un pied d'égalité, est un autre élément à prendre en compte. La somme que le requérant était tenu de verser ne saurait être regardée comme excessive ou susceptible de représenter une barrière administrative ou financière infranchissable pour une personne fermement décidée à participer à la course électorale, et encore moins comme un obstacle à la formation de courants de pensée suffisamment représentatifs ou comme une atteinte au principe du pluralisme. • CEDH 28 mars 2006, *Soukhovetski c/ Ukraine,* n° 13716/02 § 54 et 73. ♦ V. déjà la règle qui dispose que le cautionnement que les listes sont tenues de verser n'est remboursé qu'à celles qui ont obtenu au moins 5 % des suffrages exprimés, et la règle, enfin, qui ne prévoit le remboursement des frais de propagande qu'au profit de ces mêmes listes, visent toutes à favoriser la formation de courants de pensée suffisamment représentatifs. • Comm. EDH 9 déc. 1987, *Tête c/ France,* n° 11123/84.

89. Régime d'inéligibilité. Les États disposent d'une grande latitude pour établir, dans leur ordre constitutionnel, des règles relatives au statut de parlementaire, dont les critères d'inéligibilité. Quoique procédant d'un souci commun – assurer l'indépendance des élus mais aussi la liberté des électeurs –, ces critères varient en fonction des facteurs historiques et politiques propres à chaque État ; la multitude de situations prévues dans les constitutions et les législations électorales de nombreux États membres du Conseil de l'Europe démontre la diversité des choix possibles en la matière. • CEDH 1er juill. 1997, *Gitonas et a. c/ Grèce,* n° 18747/91 § 39 : *préc. note 17.*

90. Il est possible de mettre en place un système d'inéligibilité empêchant certaines catégories de titulaires de fonctions publiques – parmi lesquels les fonctionnaires publics rémunérés et les agents des personnes morales de droit public et des entreprises publiques – de se présenter aux suffrages et d'être élus dans toute circonscription où ils ont exercé leurs fonctions pour plus de 3 mois pendant les trois années précédant les élections ; en outre, il est possible de prévoir que cette immunité ne peut être levée par la démission préalable de l'intéressé, comme cela est prévu pour certaines autres catégories d'agents publics. • CEDH 1er juill. 1997, *Gitonas et a. c/ Grèce,* n° 18747/91 § 40 : *préc. note 17.* ♦ V. également s'agissant de juges : • CEDH, décis., 29 juin 2000, *Brike c/ Lettonie,* n° 47135/99.

91. Lois dites « de lustration ». Compte tenu du contexte historique, des dispositions interdisant, dans les pays de l'ancien bloc communiste, à d'anciens membres du KGB ou à des membres actifs du parti communiste d'être candidats poursuivent un but compatible avec la prééminence du droit et les objectifs généraux de la Convention. • CEDH, gr. ch., 16 mars 2006, *Zdanoka c/ Lettonie,* n° 58278/00 § 118 : *préc. note 1.* ♦ ... Sous réserve que ces législations ne se prolongent pas et tiennent compte du passage du temps et de la stabilité renforcée dont jouit à présent cet État du fait de son intégration pleine et entière dans l'ensemble européen. • CEDH 24 juin 2008, *Adamsons c/ Lettonie,* n° 3669/03 § 131.

92. Sur le contrôle interne des conditions d'éligibilité, V. note 48.

93. Régime d'incompatibilité. Il est possible encore d'interdire d'exercer son mandat à celui qui est déjà membre du Parlement d'un autre État. • Comm. EDH 7 mars 1984, *M. c/ Royaume-Uni,* n° 10316/83.

2. Interdictions prises à titre individuel

94. Principe. Le présent art. n'exclut pas que des restrictions aux droits électoraux soient infligées à un individu qui, par exemple, a commis de graves abus dans l'exercice de fonctions publiques ou dont le comportement a menacé de saper l'État de droit ou les fondements de la démocratie (lois dite « de lustration »). • CEDH, gr. ch., 16 mars 2006, *Zdanoka c/ Lettonie,*n° 58278/00 § 110 : *préc. note 1* • CEDH, gr. ch., 6 janv. 2011, *Paksas c/ Lituanie,* n° 34932/04 § 101. ♦ Il en va de même lorsque les requérants ont l'intention de se présenter à ces élections dans un but contraire à la lettre et à l'esprit de la Conv. EDH et inacceptable en vertu de l'art. 17 Conv. EDH. • Comm. EDH 11 oct. 1979, *Glimmerveen et Hagenbeek c/ Pays-Bas,* n° 8348/78.

95. Attitude passée du demandeur. La restriction par laquelle l'ancienne position de la requérante au sein du PCL, combinée au comportement de l'intéressée pendant les événements de 1991, justifie encore aujourd'hui de l'empêcher de se présenter aux élections législatives ne peut guère être admise dans le contexte d'un système politique donné, tel que celui par exemple d'un pays qui est doté d'un cadre établi d'institutions démocratiques depuis des dizaines d'années ou plusieurs siècles. Elle peut être jugée acceptable en Lettonie, compte tenu du contexte historico-politique ayant conduit à son adoption et de la menace que représente, pour le nouvel ordre démocratique, la résurgence d'idées qui risqueraient de conduire à la restauration d'un régime totalitaire si on les laissait gagner du terrain. • CEDH, gr. ch., 16 mars 2006, *Zdanoka c/ Lettonie,* n° 58278/00 § 132 s. : *préc. note 1.* ♦ Dans le cadre de l'évaluation de la proportionnalité d'une telle mesure générale restreignant l'exercice des droits garantis par le présent art., il y a lieu d'accorder un poids décisif à l'existence d'une limite temporelle et d'une possibilité de revoir la mesure en cause. La nécessité d'une telle possibilité est au demeurant liée au fait que, comme l'indique le Gouvernement, il faut tenir compte lorsque l'on procède à cette évaluation du contexte historico-politique de l'État concerné : ce contexte étant indubitablement amené à évoluer, y compris d'ailleurs quant à la perception que les électeurs peuvent avoir des circonstances ayant conduit à sa mise en œuvre, une restriction générale peut, avec le temps, perdre la justification qu'elle y trouvait initialement. Or, en l'espèce, non seulement la restriction litigieuse n'est assortie d'aucune limite temporelle, mais en plus la norme qui la fonde est gravée dans le marbre constitutionnel. L'inéligibilité qui frappe le requérant prend en conséquence une connotation d'immuabilité, difficilement conciliable avec le présent art. • CEDH, gr. ch., 6 janv. 2011, *Paksas c/ Lituanie,* n° 34932/04 § 109 et 110.

96. Inéligibilité. Sanction. L'interdiction litigieuse est la conséquence de la destitution du *requérant, ancien Président* de la République, intervenue à l'issue d'une procédure d'*impeachment* dont le but est de trancher la question de la responsabilité constitutionnelle des plus hauts responsables de l'État à raison d'actions nuisibles à la crédibilité des autorités accomplies pendant leur mandat. Elle s'inscrit ainsi, selon les motifs de la décision de la Cour constitutionnelle du 24 mai 2004, dans un mécanisme d'autoprotection de la démocratie par un « contrôle public et démocratique » des titulaires de mandats officiels, et poursuit le but d'écarter du pouvoir législatif les hauts responsables qui, en particulier, se sont rendus coupables de graves violations de la Constitution ou ont manqué à leur serment constitutionnel. Elle vise de la sorte à la défense de l'ordre démocratique, ce qui constitue un but légitime au regard du présent art. • CEDH, gr. ch., 6 janv. 2011, *Paksas c/ Lituanie,* n° 34932/04 § 100.

c. Droit d'exercer son mandat

97. Privation de liberté d'un parlementaire. Si le présent art. n'interdit pas l'application d'une mesure privative de liberté à un député ou à un candidat aux élections parlementaires, il appréhende cette mesure comme une ingérence dans l'exercice du droit d'exercer le mandat en participant aux activités parlementaires. Dans ce cadre, il appartient aux juridictions nationales, compte tenu de l'importance dans une société démocratique du droit à la liberté et à la sûreté d'un député, de démontrer que, pour ordonner le placement et/ou le maintien en détention provisoire, elles ont mis en balance les intérêts en jeu, et en particulier ceux de l'intéressé qui sont protégés par le présent art. Devant protéger la libre expression des opinions politiques du député en cause, le juge national doit veiller à ce que l'infraction reprochée n'ait pas de lien direct avec l'activité politique du député, lequel doit disposer d'une voie de droit pour contester de manière effective sa privation de liberté et obtenir un examen au fond de ses griefs. Il doit également s'assurer voire justifier les raisons pour lesquelles l'application d'une mesure alternative à la détention aurait été insuffisante dans le cas d'espèce. • CEDH, gr. ch., 22 déc. 2020, *Demirtas c/ Turquie (n° 2),* n° 14305/17 § 389 et 395 à 396. ♦ La privation de la liberté d'un député qui ne peut pas être tenue pour conforme aux exigences de l'art. 10 de la Conv. emporte également violation du présent art., et ce compte tenu de l'interdépendance – renforcée s'agissant de représentants élus démocratiquement et maintenus en détention provisoire pour avoir exprimé leurs opinions politiques – entre la liberté d'expression et le présent art. • CEDH, gr. ch., 22 déc. 2020, *Demirtas c/ Turquie (n° 2),* n° 14305/17, § 389 et 395 à 396.

98. Déchéance du mandat. Absence de violation. Une élection obtenue alors que le candidat était inéligible peut conduire à la déchéance de son mandat parlementaire. • Comm. EDH 25 nov. 1996, *Gantchev c/ Bulgarie,* n° 28858/95.

99. Déchéance du mandat. Violation. Les motifs invoqués par la Cour constitutionnelle décidant la dissolution du DEP touchent aux discours prononcés à l'étranger par l'ancien président du parti ainsi qu'à une déclaration écrite émanant de son comité central. A la suite de cette mesure, en application des dispositions de la loi et de la Constitution, instaurant à l'époque des faits un système de déchéance automatique du mandat parlementaire, les requérants, députés membres du DEP, ont été déchus de leurs fonctions parlementaires, la mesure, d'une sévérité extrême, ne saurait passer pour proportionnée à tout but légitime invoqué par le Gouvernement. • CEDH 11 juin 2002, *Selim Sadak c/ Turquie,* n° 25144/94 § 36 et 40.

100. Le requérant a été élu dans des conditions ne prêtant pas à critique, à savoir selon le système électoral et la Constitution en vigueur à l'époque. Ni l'intéressé, en tant que candidat, ni ses électeurs ne pouvaient imaginer que l'élection du premier pourrait être entachée d'un vice et être jugée défectueuse au cours de la législature pour laquelle il avait été élu, en raison d'une incompatibilité découlant de l'exercice parallèle d'une activité professionnelle nouvellement introduite durant le mandat. • CEDH 15 juin 2006, *Lykourezos c/ Grèce,* n° 33554/03 § 54.

Art. 4 *Application territoriale.* **Toute Haute Partie contractante peut, au moment de la signature ou de la ratification du présent Protocole ou à tout moment par la suite, communiquer au Secrétaire général du Conseil de l'Europe une déclaration indiquant la mesure dans laquelle il s'engage à ce que les dispositions du présent Protocole s'appliquent à tels territoires qui sont désignés dans ladite déclaration et dont il assure les relations internationales.**

Toute Haute Partie contractante qui a communiqué une déclaration en vertu du paragraphe précédent peut, de temps à autre, communiquer une nouvelle déclaration modifiant les termes de toute déclaration antérieure ou mettant fin à l'application des dispositions du présent Protocole sur un territoire quelconque.

Une déclaration faite conformément au présent article sera considérée comme ayant été faite conformément au paragraphe 1 de l'article 56 de la Convention.

Art. 5 *Relations avec la Convention.* **Les Hautes Parties contractantes considéreront les articles 1er, 2, 3 et 4 de ce Protocole comme des articles additionnels à la Convention et toutes les dispositions de la Convention s'appliqueront en conséquence.**

Art. 6 *Signature et ratification.* **Le présent Protocole est ouvert à la signature des Membres du Conseil de l'Europe, signataires de la Convention ; il sera ratifié en même temps que la Convention ou après la ratification de celle-ci. Il entrera en vigueur après le dépôt de dix instruments de ratification. Pour tout signataire qui le ratifiera ultérieurement, le Protocole entrera en vigueur dès le dépôt de l'instrument de ratification.**

Les instruments de ratification seront déposés près le Secrétaire général du Conseil de l'Europe qui notifiera à tous les Membres les noms de ceux qui l'auront ratifié.

DÉCLARATION

L'instrument de ratification de la France comporte la déclaration suivante :

« Le Gouvernement de la République déclare que le présent Protocole s'appliquera à l'ensemble du territoire de la République, compte tenu, en ce qui concerne les territoires d'outre-mer, des nécessités locales auxquelles l'article 63 de la Convention de sauvegarde des droits de l'homme et des libertés fondamentales fait référence. »

Protocole n° 4 du 16 septembre 1963,

A la Convention de sauvegarde des droits de l'homme et des libertés fondamentales reconnaissant certains droits et libertés autres que ceux figurant déjà dans la Convention et dans le premier Protocole additionnel à la Convention (Protocole n° 11 du 11 mai 1994).

Les Gouvernements signataires, Membres du Conseil de l'Europe,

Résolus à prendre des mesures propres à assurer la garantie collective de droits et libertés autres que ceux qui figurent déjà dans le titre I de la Convention de sauvegarde des droits de l'homme et des libertés fondamentales, signée à Rome le 4 novembre 1950 (ci-après dénommée « la Convention ») et dans les articles 1er à 3 du premier Protocole additionnel à la Convention, signé à Paris le 20 mars 1952,

sont convenus de ce qui suit :

Art. 1er *Interdiction de l'emprisonnement pour dette.* **Nul ne peut être privé de sa liberté pour la seule raison qu'il n'est pas en mesure d'exécuter une obligation contractuelle.**

COMMENTAIRE

V. sur le Code en ligne.

1. Le présent art. s'applique s'agissant d'obligation contractuelle et non s'agissant du versement d'une caution décidée par une juridiction pour éviter une incarcération. • Comm. EDH 6 déc. 1991, *R. c/ Italie*, n° 12954/87. ♦ De même, le présent art. ne s'applique pas : lorsque la privation de liberté est le résultat d'une condamnation à une amende douanière assortie de contrainte par corps. • Comm. EDH 12 avr. 1996, *Barajas c/ France*, n° 26241/95. ♦ ... Lorsque la contrainte par corps se fonde sur une décision de condamnation prononcée par une juridiction pénale. • Comm. EDH 15 mai 1996, *Ninin c/ France*, n° 27373/95. ♦ Rappr. • Comm. EDH 26 févr. 1997, *Pietrzyk c/ Pologne*, n° 28346/95. ♦ ... Lorsque le requérant n'a pas été condamné pour ne pas avoir pu exécuter une obligation contractuelle, mais pour avoir violé ses devoirs d'assistance familiale, ayant quitté la demeure conjugale et ayant privé de moyens de subsistance sa femme et ses enfants. • CEDH, décis., 2 déc. 2004, *R.R. c/ Italie*, n° 42191/02.

2. Dès lors que l'incarcération est fondée sur une fraude qu'aurait commise la personne concernée, il s'agit pour la Cour de Strasbourg de s'assurer que la décision juridictionnelle conduisant à l'emprisonnement ne masque pas un emprisonnement pour dette. Il convient alors à la Cour de s'assurer de la bonne appréciation des preuves par les tribunaux. • CEDH, décis., 18 mars 2003, *Krca c/ Rép. tchèque*, n° 49476/99 • CEDH, décis., 30 mars 2006, *Ilie c/ Roumanie*, n° 9369/02.

3. Le présent art. complète l'art. 5, § 1, Conv. EDH. Il fait référence à la notion de « privation de liberté » contenue dans cet art. Dès lors que la mesure n'entraîne pas de privation de liberté au sens de l'art. 5, § 1, il n'est pas possible de se référer au présent art. • CEDH, décis., 23 mai 2002, *Luordo c/ Italie*, n° 32190/96.

4. La contrainte par corps relève du domaine pénal et non du domaine contractuel au sens du présent art. • Comm. EDH 22 févr. 1995, *Hunter c/ France*, n° 22247/93. ♦ V. déjà ss. l'angle de l'art. 7 Conv. EDH. • Comm. EDH 10 mars 1994, *Jamil c/ France*, n° 15917/89 § 42 et 51 : *AJDA 1995. 727, chron. Flauss ; RSC 1996. 471. obs. Koering-Joulin ; JCP 1996. 22677, note Bourdeaux.*

5. Le présent art. interdit l'emprisonnement pour dettes lorsque le requérant n'a subi aucune privation de liberté, mais tout au plus des limitations à la liberté de circuler sur le territoire d'un État qui peuvent éventuellement s'analyser sous l'angle de l'art. 2 du même Protocole. • CEDH, décis., 14 mars 2002, *V. Q. c/ Italie*, n° 44994/98.

Art. 2 ***Liberté de circulation.*** **1. Quiconque se trouve régulièrement sur le territoire d'un État a le droit d'y circuler librement et d'y choisir librement sa résidence.**

2. Toute personne est libre de quitter n'importe quel pays, y compris le sien.

3. L'exercice de ces droits ne peut faire l'objet d'autres restrictions que celles qui, prévues par la loi, constituent des mesures nécessaires, dans une société démocratique, à la sécurité nationale, à la sûreté publique, au maintien de l'ordre public, à la prévention des infractions pénales, à la protection de la santé ou de la morale, ou à la protection des droits et libertés d'autrui.

4. Les droits reconnus au paragraphe 1er peuvent également, dans certaines zones déterminées, faire l'objet de restrictions qui, prévues par la loi, sont justifiées par l'intérêt public dans une société démocratique.

COMMENTAIRE

V. sur le Code en ligne.

1° CHAMP D'APPLICATION

a. Libre circulation intérieure

1. *Principe.* Les restrictions à la liberté de circulation relèvent du présent art. et non de l'art. 5, § 1, Conv. EDH qui, en proclamant le « droit à la liberté », vise la liberté physique de la personne. • CEDH 6 nov. 1980, *Guzzardi c/ Italie*, n° 7367/76 § 92 • CEDH 20 avr. 2010, *Villa c/ Italie*, n° 19675/06 § 41.

2. *Mesures concernées.* Ainsi, les simples restrictions à la liberté de circulation résultant d'une surveillance spéciale relèvent du présent art. • CEDH 22 févr. 1994, *Raimondo c/ Italie*, n° 12954/87 § 39 : *RSC 1995. 388, obs. Massias ; ibid. 1994. 614, obs. Pettiti ; JDI 1995. 748, obs. Decaux et Tavernier ; AFDI 1994. 658, obs. Coussirat-Coustère ; JCP 1995. I. 3823, chron. Sudre* • CEDH, gr. ch., 6 avr. 2000, *Labita c/ Italie*, n° 26772/95 § 193. ♦ Il en va ainsi : de mesures prescrivant à la personne de ne pas s'éloigner de son domicile sans l'avoir annoncé à la police ; de se présenter à celle-ci aux jours indiqués par elle ; de ne pas rentrer chez elle après 21 h, ni sortir avant 7 h, sans justes motifs et sans avoir averti au préalable les autorités. • CEDH 22 févr. 1994, *Raimondo c/ Italie*, n° 12954/87 § 13. ♦ ... De devoir avertir les autorités de certains déplacements (en l'espèce, dans la partie nord de Chypre). • CEDH 23 mai 2001, *Denizci c/ Chypre*, n° 25316/94 § 403. ♦ ... De l'obligation de signaler à la police chaque fois que les personnes souhaitent changer de lieu de résidence. • CEDH 23 mai 2001, *Denizci c/ Chypre*, n° 25316/94 § 346, 347, 403 et 404 • CEDH 5 oct. 2006, *Bolat c/ Russie*, n° 14139/03 § 66. ♦ Rappr. • CJCE 25 janv. 2007, *Fertersen*, n° C-370/05 : *Rec. I-1129 ; Europe 2007. 84, obs. Idot*. ♦ ... De l'obligation de signaler à la police chaque fois que les personnes rendent visite à leur famille ou à leurs amis. • CEDH 23 mai 2001, *Denizci c/ Chypre*, n° 25316/94 § 346, 347, 403 et 404. ♦ ... De l'éloignement du centre-ville durant 14 jours d'un individu détenant de la drogue. • CEDH 4 juin 2002, *Olivieira c/ Pays-Bas*, n° 33129/96 § 38. ♦ ... De l'assignation à résidence dès lors que, à la différence de la jurisprudence *Guzzardi* (• CEDH 6 nov. 1980, *Guzzardi c/ Italie*, n° 7367/76), le requérant dans la présente espèce n'a pas été contraint de vivre dans un endroit exigu et ne s'est pas trouvé dans l'impossibilité de nouer des contacts sociaux. • CEDH, gr. ch., 23 févr. 2017, *Tommaso c/ Italie*, n° 43395/09 § 85.

3. Il en va de même : de la décision par laquelle la police de la circulation a empêché le requérant de passer la frontière administrative entre 2 régions russes. • CEDH 13 déc. 2005, *Timichev c/ Russie*, n° 55762/00 § 44. ♦ ... De l'interdiction faite de s'éloigner de son lieu de résidence. • CEDH 17 juill. 2003, *Luordo c/ Italie*, n° 32190/96 § 97 : *JCP 2004. I. 107, chron. Sudre*.

4. Personnes concernées. La formule « quiconque se trouve régulièrement sur le territoire d'un État » vise autant les étrangers : que les nationaux. • CEDH 13 déc. 2005, *Timichev c/ Russie*, n° 55762/00. ♦ ... Que les binationaux. • CEDH 23 mai 2006, *Riener c/ Bulgarie*, n° 46343/99. ♦ ... Ou les personnes dans une situation particulière qui, en vertu des lois de cet État, s'y trouvent régulièrement à l'époque des faits. Ainsi, la requérante qui n'était ni ressortissante étrangère ni apatride mais « citoyen de l'ex-URSS » ne devait pas, selon la loi russe, disposer d'un visa, à l'époque des faits. • CEDH 22 févr. 2007, *Tatishvchi c/ Russie*, n° 46343/99.

5. Notion de séjour régulier. L'argument de la requérante selon lequel le seul passage du contrôle de la police de l'air régularise la situation d'une personne sur un territoire est trop formaliste. En effet, dans un aéroport tel celui de Nouméa, tant qu'un passager demeure dans son enceinte, il reste sous le coup des opérations de contrôle. En l'occurrence, P. a été interpellée juste après l'oblitération de son passeport et l'arrêté litigieux lui a été notifié alors qu'elle n'avait pas quitté l'aéroport, puisqu'elle se trouvait toujours retenue dans un local sous la garde des forces de police. L'arrêté pris par le Haut Commissaire de la République s'intitule « arrêté ordonnant l'interdiction d'entrée sur le territoire d'un étranger » et son art. 1er prononce ladite interdiction. Dès lors, l'intéressée ne s'est jamais trouvée régulièrement sur le territoire, condition d'application du présent art. • CEDH 27 avr. 1995, *Piermont c/ France*, n° 15773/89 § 49 : *D. 1996. 193, obs. Rideau ; AJDA 1996. 159, chron. Flauss ; RSC 1995. 640, obs. Pettiti ; RTD eur. 1995. 735, obs. Cohen-Jonathan ; AFDI 1995. 485, obs. Coussirat-Coustère ; JDI 14996. 221, obs. Decaux et Tavernier ; JCP 1996. I. 3910, chron. Sudre*.

6. En l'absence d'élément apporté par le requérant permettant de justifier de la régularité de son séjour sur le territoire français au-delà de la période de trois mois prévue par les textes, le droit de circuler librement ne peut être invoqué par lui. • CEDH, décis., 16 janv. 2018, *Balta c/ France*, n° 19462/12 § 26.

b. Droit de quitter le territoire

7. Mesures concernées. Constituent une entrave à la possibilité de quitter le territoire, y compris celui dont le requérant est le ressortissant : la saisie ou la confiscation d'un passeport. • CEDH 22 mai 2001, *Baumann c/ France*, n° 33592/96 § 60 : *RD publ. 2002. 706, obs. Surrel ; JCP 2001. I. 342, chron. Sudre* • CEDH 13 nov. 2003, *Croatie*, n° 66485/01 § 69 • CEDH 31 oct. 2006, *Hongrie*, n° 41463/02 § 30 • CEDH 27 sept. 2011, *Saint-Marin*, n° 32250/08 § 210 • CEDH 2 déc. 2014, *Battista c/ Italie*, n° 43978/09 § 37 : *D. 2014. 2465 ; AJ fam. 2015. 48, obs. A.-R*. ♦ ... Le refus de délivrance d'un passeport. • CEDH 21 déc. 2006, *Russie*, n° 55565/00 § 35 à 37. ♦ ... Les mesures prises par le ministère de l'intérieur pouvant imposer l'interdiction de quitter le territoire à une personne physique qui a des dettes « établies par voie judiciaire ». • CEDH 26 nov. 2009, *Gochev c/ Bulgarie*, n° 34383/03 § 34 : *RD publ. 2010. 884, obs. Sudre*.

c. Droit de choisir librement sa résidence

8. Le droit de choisir librement sa résidence se trouve au cœur du § 1 du présent art. et cette disposition serait vidée de son sens si elle n'exigeait pas en principe des États contractants qu'ils prennent en compte les préférences individuelles en la matière. Partant, toute exception à ce principe doit être dictée par l'intérêt public dans une société démocratique.

• CEDH, gr. ch., 6 nov. 2017, *Garib c/ Pays-Bas,* n° 43494/09 § 141 : *AJDA 2018. 150, chron. Burgorgue-Larsen*.

2° MISE EN ŒUVRE

a. Mesures prévues ou non par la loi

9. Non prévues par la loi. L'ordonnance prescrivant la surveillance spéciale par la police fut certes signifiée au requérant mais ce n'est que plus de 1 an et 2 mois plus tard que la police rédigea un document précisant les obligations imposées à l'intéressé. La Cour discerne mal pourquoi il fallut si longtemps pour rédiger les obligations concrètes découlant d'une décision immédiatement exécutoire et relative à un droit fondamental. • CEDH 1er juill. 2004, *Vito Sante Santoro c/ Italie,* n° 36681/97 § 42 et 43.

10. Mesures prévues par la loi. Est prévue par la loi, car prévisible avec assez de précision pour permettre au citoyen de régler sa conduite, en s'entourant au besoin de conseils éclairés, une mesure prise à l'encontre du requérant, dès lors que celui-ci, dûment prévenu, pouvait prévoir les conséquences de ses actes et régler sa conduite avant qu'un ordre d'éloignement valable 14 j fût émis à son encontre. • CEDH 4 juin 2002, *Olivieira c/ Pays-Bas,* n° 33129/96 § 52 et 58.

11. La restriction litigieuse a été imposée par une instruction orale donnée par le colonel, directeur adjoint de la police de la sûreté publique du ministère de l'intérieur de Kabardino-Balkarie ; elle n'a apparemment pas été émise officiellement dans les formes requises ni consignée d'une autre manière qui aurait permis d'en retracer l'origine et donné à la Cour la possibilité d'en apprécier le contenu, la portée et la base légale et n'était dès lors pas prévue par la loi. • CEDH 13 déc. 2005, *Timichev c/ Russie,* n° 55762/00 § 48 et 49.

12. V. également notes ss. Conv. EDH, Préambule.

b. Caractère proportionné de la mesure

13. Justification dans le temps. Les autorités internes ont l'obligation de veiller à ce que toute atteinte portée au droit d'une personne de quitter son pays soit, dès le départ et tout au long de sa durée, justifiée et proportionnée au regard des circonstances. • CEDH 2 déc. 2014, *Battista c/ Italie,* n° 43978/09 § 42 : *préc. note 7.* ♦ Fût-elle justifiée au départ, une mesure restreignant la liberté de circulation d'une personne peut devenir disproportionnée et violer les droits de cette personne si elle se prolonge automatiquement pendant longtemps. • CEDH 17 juill. 2003, *Luordo c/ Italie,* n° 32190/96 § 96 • CEDH 23 mai 2006, *Riener c/ Bulgarie,* n° 46343/99 § 121 • CEDH 20 avr. 2010, *Villa c/ Italie,* n° 19675/06 § 47. ♦ Les autorités ne peuvent prolonger longtemps des mesures restreignant la liberté de circulation d'une personne sans réexaminer périodiquement si elles sont justifiées. Or aucun réexamen de ce type n'a été effectué dans le cas du premier requérant, qui s'est ainsi trouvé soumis à une mesure de caractère automatique, sans aucune limitation quant à sa portée ni quant à sa durée. • CEDH 31 oct. 2006, *Földes et Földesné Hajlik c/ Hongrie,* n° 41463/02 § 36 • CEDH 21 oct. 2008, *Bessenyei c/ Hongrie,* n° 37509/06 § 23 • CEDH 20 janv. 2011, *Makedonski c/ Bulgarie,* n° 36036/04 § 45.

14. Les mesures ne se justifient qu'aussi longtemps qu'elles tendent effectivement à la réalisation de l'objectif qu'elles sont censées poursuivre. • CEDH 13 nov. 2003, *Napijalo c/ Croatie,* n° 66485/01 § 81 • CEDH 26 nov. 2009, *Gochev c/ Bulgarie,* n° 34383/03 § 49 : *préc. note 7* • CEDH 20 avr. 2010, *Villa c/ Italie,* n° 19675/06 § 47. ♦ Les autorités internes ont l'obligation de veiller à ce que toute atteinte portée au droit d'une personne de quitter son pays soit, dès le départ et tout au long de sa durée, justifiée et proportionnée au regard des circonstances. Elles ne peuvent prolonger longtemps des mesures restreignant la liberté de circulation d'une personne sans réexaminer périodiquement si elles sont justifiées. • CEDH 26 nov. 2009, *Gochev c/ Bulgarie,* n° 34383/03 § 50 : *préc. note 7.*

15. Lorsque sont en cause des mesures dont la justification repose sur une condition propre à l'intéressé qui, comme la dangerosité sociale due à des troubles psychiatriques, est susceptible de se modifier dans le temps, il incombe à l'État de procéder à des contrôles périodiques quant à la persistance des raisons justifiant toute restriction aux droits garantis par le présent art. La fréquence de pareils contrôles, d'ailleurs expressément prévus par la loi italienne, dépend de la nature des restrictions en cause et des circonstances particulières de chaque affaire. • CEDH 20 avr. 2010, *Villa c/ Italie,* n° 19675/06 § 48.

16. Après la sortie du requérant de l'hôpital psychiatrique judiciaire, la liberté surveillée a été prorogée plusieurs fois, Si, cinq contrôles effectués par un juge indépendant et impartial ont donc eu lieu dans un laps de temps d'un peu plus d'1 an et 10 mois, ce qui ne saurait passer pour insuffisant, lors de la prorogation prononcée à cette dernière date, il avait été décidé que le contrôle suivant aurait lieu 9 mois plus tard et, lors de ce contrôle, le juge a attendu 4 mois pour rendre sa décision. Plus de diligence et de rapidité s'imposaient dans le cadre de la prise d'une décision affectant les droits garantis par le présent art., et ce en particulier au terme d'une prorogation, déjà d'une durée de neuf mois. • CEDH 20 avr. 2010, *Villa c/ Italie,* n° 19675/06 § 51 et 52.

17. Si une interdiction de quitter le territoire national peut être imposée, dans l'intérêt de la sécurité nationale et pour la protection des intérêts de l'État, à des personnes ayant accès ou ayant eu accès, par le passé, à des « secrets d'État », celle-ci ne se justifie plus dès lors que le requérant a rendu tous les documents confidentiels en sa possession à son employeur au terme de son contrat de travail et que celui-ci s'est terminé il y a plus de 5 ans. • CEDH 21 déc. 2006, *Russie,* n° 55565/00 § 47 et 51. ♦ Rappr. pour un militaire retraité dans le même cas. • CEDH 10 févr. 2011, *Soltysyak c/ Russie,* n° 4663/05 § 54. ♦ Il en va de même d'une mesure d'interdiction de quitter le territoire restée en vigueur tout au long de la procédure pénale qui a duré plus de 5 ans. • CEDH 20 janv. 2011, *Bulgarie,* n° 36036/04 § 44 • CEDH 24 janv. 2012, *Pologne,* n° 23592/07 § 41.

18. Le système mis en place par la loi sur les mesures spéciales pour les agglomérations urbaines ne prive personne de logement et ne contraint personne à quitter son habitation. De plus, la mesure prévue par cette loi n'a d'incidence que sur les personnes qui se sont installées relativement récemment dans la région métropolitaine de Rotterdam : les habitants qui vivent depuis au moins six années dans la région peuvent prétendre à une autorisation de résidence quelles que soient leurs sources de revenus. Dans ces conditions, ce délai n'apparaît pas excessif. • CEDH, gr. ch., 6 nov. 2017, *Garib c/ Pays-Bas,* n° 43494/09 § 141 : *préc. note 8.*

19. Mesures disproportionnées. Les autorités chypriotes surveillaient étroitement les allées et venues des requérants tant entre la partie nord et la partie sud de l'île qu'au sein de la partie sud. Les intéressés ne pouvaient circuler librement dans le sud et devaient avertir la police chaque fois qu'ils souhaitaient gagner le nord pour rendre visite à leur famille ou à leurs amis, de même que lorsqu'ils arrivaient dans la partie sud. Ces restrictions aux déplacements des requérants s'analysent en une atteinte à la liberté de circulation protégée par cette disposition. • CEDH 23 mai 2001, *Chypre,* n° 25316/94 § 403 et 404.

20. La surveillance spéciale exercée à l'encontre de L. fut décidée quand il existait, effectivement, des indices de son appartenance à la mafia, mais ne fut appliquée qu'après l'acquittement prononcé par le tribunal ; elles ont été maintenues par les juridictions compétentes nonobstant l'acquittement, au motif que, d'après B. F., le requérant était proche du clan mafieux d'A., comme le prouvait le fait que son beau-frère décédé avait été le chef du clan principal et que « le requérant n'avait pas démontré avoir réellement changé de mode de vie ni s'être réellement repenti ». Le simple fait que la femme du requérant soit la sœur d'un chef mafieux, entre-temps décédé, peut difficilement justifier des mesures aussi lourdes à l'encontre du requérant, en l'absence de tout élément concret témoignant d'un risque réel qu'il commette des infractions. • CEDH, gr. ch., 6 avr. 2000, *Labita c/ Italie,* n° 26772/95 § 196.

21. La limitation de la liberté de circulation de l'intéressé n'était pas justifiée tout au long de la procédure car, si en principe l'interdiction pour le failli de s'éloigner de son lieu de résidence est une mesure nécessaire afin d'atteindre le but poursuivi, la nécessité de cette mesure s'amenuise avec le temps. Même s'il ne ressort pas du dossier que le requérant a voulu s'éloigner de son lieu de résidence ou que l'autorisation lui a été refusée, de l'avis de la Cour, la durée de cette procédure a entraîné la rupture de l'équilibre à ménager entre l'intérêt général au payement des créanciers de la faillite et l'intérêt individuel de l'intéressé à circuler librement. L'ingérence dans la liberté du requérant se révèle dès lors disproportionnée à l'objectif poursuivi. • CEDH 17 juill. 2003, *Luordo c/ Italie,* n° 32190/96 § 96.

22. L'interdiction de voyager imposée à la requérante, étant de caractère automatique et d'une durée indéterminée, et ayant été maintenue sur une longue période, était disproportionnée au but poursuivi, à savoir assurer le paiement de l'impôt. • CEDH 23 mai 2006, *Riener c/ Bulgarie,* n° 46343/99 § 128. ♦ Il en va de même d'une mesure prononcée par les juridictions et consistant en des décisions stéréotypées alors que le temps écoulé depuis l'adoption de la mesure d'interdiction, la lenteur déraisonnable de la procédure, la présence du requérant à toutes les audiences, y compris après ses voyages en Allemagne, les perturbations de plus en plus graves touchant sa vie familiale et l'impossibilité pour lui de pourvoir correctement aux besoins de sa famille depuis la Bulgarie n'ont pas été pris en compte et que la dernière interdiction prononcée l'a été sans que la Cour la motive. • CEDH 17 févr. 2011, *Pfeifer c/ Bulgarie,* n° 24733/04 § 56.

23. Les autorités internes ont l'obligation de veiller à ce que toute atteinte portée au droit d'une personne de quitter son pays soit, dès le départ et tout au long de sa durée, justifiée et proportionnée au regard des circonstances. • CEDH 26 nov. 2009, *Gochev c/ Bulgarie,* n° 34383/03 § 50 : *préc. note 7.* ♦ Dans certains cas, des restrictions sur la capacité des délinquants condamnés à voyager à l'étranger peuvent être justifiées par exemple par la nécessité de les empêcher de récidiver dans un comportement criminel. Toutefois, ces restrictions ne sont justifiées que si un véritable intérêt public l'emporte sur le droit de l'individu à la liberté de mouvement. Le simple fait qu'un individu condamné au pénal n'ait pas encore été réhabilité ne peut justifier l'imposition de restrictions à sa liberté de quitter son pays. Une telle restriction générale, presque automatique, ne peut pas être considérée comme justifiée. • CEDH 10 févr. 2011, *Nalbantski c/ Bulgarie,* n° 30943/04 § 65 et 66 • CEDH 14 févr. 2012, *Dimitar Ivanov c/ Bulgarie,* n° 19418/07 § 37.

24. On peut encore indiquer par ex. qu'est disproportionnée une mesure de confiscation des papiers d'identité interdisant la sortie du territoire du fait du non-paiement d'une pension alimentaire sans qu'il soit tenu compte de la situation personnelle de l'intéressé, ni de sa capacité à s'acquitter des sommes dues et sans aucun réexamen de la justification et de la proportionnalité de la mesure au regard des circonstances de l'espèce. • CEDH 2 déc. 2014, *Battista c/ Italie,* n° 43978/09 § 44 et 47 : *préc. note 7.*

25. Mesures proportionnées. Est proportionnée au but poursuivi, car justifiée par l'ordre public, une mesure d'éloignement du centre ville d'Amsterdam des toxicomanes de manière à protéger la population en général contre les nuisances provoquées par eux. • CEDH 4 juin 2002, *Olivieira c/ Pays-Bas,* n° 33129/96 § 63.

26. Même si la Cour ne pense pas que la crainte d'un enlèvement par Mme Diamante de sa fille fût objectivement fondée, elle reconnaît que, Saint-Marin n'étant pas partie à la Convention de La Haye pendant la période considérée, les juridictions internes ont jugé bon d'ordonner des mesures permettant d'offrir une autre solution de protection contre tout risque de ce type. Elle est donc disposée à accepter que la mesure visait au maintien de l'ordre public et à la protection des droits d'autrui. Compte tenu en outre de la brièveté de la restriction, elle estime que la mesure en cause était proportionnée aux buts poursuivis. • CEDH 27 sept. 2011, *Diamante et Pelliccioni c/ Saint-Marin,* n° 32250/08 § 213 et 214.

3° VIOLATION D'AUTRES DROITS OU LIBERTÉS DU FAIT D'ENTRAVE À LA LIBERTÉ DE CIRCULER OU DE QUITTER LE TERRITOIRE

27. On notera qu'une entrave à la liberté de circulation peut se traduire par une entrave à la liberté de réunion garantie par l'art. 11 Conv. EDH. • CEDH 20 févr. 2003, *Djavit An c/ Turquie,* n° 20652/92 § 54 : *AJDA 2003. 611, chron. Flauss* (sol. impl.) • CEDH 20 sept. 2005, *Yesilgoz c/ Turquie,* n° 45454/99 (sol. impl.). ♦ De même, la mesure de confiscation et de non-restitution, pendant des années, du passeport du requérant par les autorités administratives s'analyse en une ingérence dans l'exercice par l'intéressé de son droit au respect de sa vie privée dès lors qu'il y avait des liens personnels suffisamment forts qui risquaient d'être gravement affectés par l'application de cette mesure. • CEDH 6 déc. 2005, *Iletmis c/ Turquie,* n° 29871/96 § 42.

Art. 3 ***Interdiction de l'expulsion des nationaux.*** **1. Nul ne peut être expulsé, par voie de mesure individuelle ou collective, du territoire de l'État dont il est le ressortissant.**

2. Nul ne peut être privé du droit d'entrer sur le territoire de l'État dont il est le ressortissant.

COMMENTAIRE

V. sur le Code en ligne.

1. Un « droit à une nationalité » semblable à celui qui est inscrit à l'art. 15 DUDH n'est garanti ni par la Conv. EDH ni par ses Protocoles, bien qu'un refus arbitraire de nationalité puisse dans certaines conditions constituer une ingérence dans l'exercice des droits découlant de l'art. 8 Conv. EDH • CEDH, gr. ch., décis., 23 janv. 2002, *Slivenko et a. c/ Lettonie,* n° 48321/99 • CEDH, décis., 25 oct. 2005, *Nagula c/ Estonie,* n° 39203/02.

2. Le présent art. offre une protection absolue et inconditionnelle contre l'expulsion des nationaux. Toutefois, aux fins de cette disposition, la « nationalité » des requérantes doit en principe être déterminée d'après le droit interne. • CEDH, gr. ch., décis., 23 janv. 2002, *Slivenko et a. c/ Lettonie,* n° 48321/99.

3. On ne peut parler d'expulsion d'un national que si la personne concernée a l'obligation de quitter le territoire de l'État dont elle est ressortissante, sans avoir la possibilité de le regagner ultérieurement. • Comm. EDH 13 mai 1974, *X. c/ Autriche et Allemagne,* n° 6189/73 • CEDH, décis., 13 mars 2003, *A. B. c/ Pologne,* n° 33878/96. ♦ Il n'y a pas eu d'arrêté d'expulsion de la fille du requérant du territoire polonais. La mesure ordonnée (déchéance de l'autorité parentale du père) entraînerait certainement le retour de la fille polonaise du requérant polonais au Canada auprès de sa mère, mais ne saurait s'apparenter à une expulsion tombant sous le coup du présent art. • CEDH, décis., 13 mars 2003, *A. B. c/ Pologne,* n° 33878/96.

4. Si les requérants soutiennent que la République de Chypre ne peut exercer son autorité et son contrôle que dans la partie sud de l'île, ils n'affirment pas avoir été expulsés vers le territoire d'un autre État. • CEDH 23 mai 2001, *Denizci c/ Chypre,* n° 25316/94 § 410.

Art. 4 ***Interdiction des expulsions collectives d'étrangers.*** **Les expulsions collectives d'étrangers sont interdites.**

COMMENTAIRE

V. sur le Code en ligne.

1. Le terme « expulsion » est à interpréter, dans le sens générique que lui reconnaît le langage courant (« chasser d'un endroit ») et dans le cadre d'une interprétation autonome des notions de la Convention, comme désignant tout éloignement forcé d'un étranger du territoire d'un État, indépendamment de la légalité du séjour de la personne concernée, du temps qu'elle a passé sur ce territoire, du lieu où elle a été appréhendée, de sa qualité de migrant ou de demandeur d'asile ou de son comportement lors du franchissement de frontière. • CEDH, gr. ch., 13 févr. 2020, *N. D. et N. T. c/ Espagne,* n° 8675/15 et 8697/15 § 185 s. ♦ Le présent art. s'applique aux mesures de rapatriement. • Comm. EDH 3 oct. 1975, *Becker c/ Danemark,* n° 7011/75. ♦ ... Aux mesures d'éloignement à la frontière. • CEDH, décis., 1er févr. 2011, *Dritsas et a. c/ Italie,* n° 2344/02.

2. Le libellé du présent art. ne fait pas, en soi, obstacle à son application extraterritoriale. En effet aucune référence à la notion de « territoire » n'y figure, alors qu'au contraire le texte de l'art. 3 du même Prot. évoque expressément la portée territoriale de l'interdiction d'expulser des nationaux. De même, l'art. 1er Prot. n° 7 se réfère de façon explicite à la notion de territoire en matière de garanties procédurales en cas d'expulsion d'étrangers résidant régulièrement sur le territoire de l'État. En l'espèce, le présent art. s'applique à des occupants d'embarcations interceptés puis transférés sur des navires militaires italiens qui les ont reconduits à Tripoli. • CEDH, gr. ch., 23 févr. 2012, *Hirsi Jamaa et a. c/ Italie,* n° 27765/09 § 172 et 173. ♦ De même, le libellé du présent art. ne fait, à l'inverse de l'art. 1er Prot. add. n° 7 Conv. EDH, aucune référence à la situation légale des personnes concernées. • CEDH, gr. ch., 3 juill. 2014, *Géorgie c/ Russie,* n° 13255/07 § 168.

3. Il faut entendre par « expulsion collective d'étrangers » toute mesure de l'autorité compétente contraignant des étrangers, en tant que groupe, à quitter un pays sauf dans les cas où une telle mesure est prise à l'issue et sur la *base d'un examen raisonnable* et objectif de la situation particulière de chacun des étrangers qui forment le groupe. • Comm. EDH 3 oct. 1975, *Becker c/ Danemark,* n° 7011/75 • Comm. EDH 16 déc. 1988, *X. c/ Pays-Bas,* n° 14209/88 • CEDH, décis., 23 févr. 1999, *Andric c/ Suède,* n° 45917/99 • CEDH 5 févr. 2002, *Conka c/ Belgique,* n° 51564/99 § 59 : *JCP 2002. I. 157, chron. Sudre* • CEDH, décis., 1er févr. 2011, *Dritsas et a. c/ Italie,* n° 2344/02. ♦ Cela ne signifie pas pour autant que, là où cette dernière condition est remplie, les circonstances entourant la mise en œuvre de décisions d'expulsion ne jouent plus aucun rôle dans l'appréciation du respect du présent art. • CEDH, décis., 5 févr. 2002, *Conka c/ Belgique,* n° 51564/99 § 59 : *préc.* ♦ Le critère déterminant du caractère « collectif » de l'expulsion réside dans l'absence de cet examen de la situation de chacun des étrangers qui forment le groupe de sorte que le nombre de personnes constituant ce groupe importe peu de même qu'est sans incidence l'appartenance ou non de ces personnes à un groupe donné ou défini par des caractéristiques spécifiques telles que l'origine, la nationalité, les croyances. • CEDH, gr. ch., 13 févr. 2020, *N. D. et N. T. c/ Espagne,* n° 8675/15 et 8697/15 § 194 s.

4. Eu égard à l'objet et au but de l'article 4 du Prot. n° 4 ainsi qu'à la règle de l'effet utile, la Cour doit vérifier l'existence, en l'espèce, de garanties suffisantes attestant une prise en compte réelle et différenciée de la situation individuelle de chacune des personnes concernées par les mesures litigieuses. • CEDH, gr. ch., 23 févr. 2012, *Hirsi Jamaa et a. c/ Italie,* n° 27765/09 § 183 à 185. ♦ Dans son examen, la Cour prend en considération tant les circonstances particulières entourant l'expulsion litigieuse que le contexte général à l'époque des faits. La Cour considère ainsi que le présent art. ne garantit pas en toute circonstance le droit à un entretien individuel, les exigences dudit art. pouvant être satisfaites lorsque chaque étranger a la possibilité réelle et effective d'invoquer les arguments s'opposant à son expulsion et que ceux-ci sont examinés d'une manière adéquate par les autorités nationales. • CEDH, gr. ch., 15 déc. 2016, *Khlaifia c/ Italie,* n° 16483/12 § 248 : *Rev. crit. DIP 2017. 389, note Zölls.*

Au cours de la période litigieuse, il y a eu des milliers de décisions d'expulsion de ressortissants géorgiens rendues par les tribunaux russes. Même si formellement chaque ressortissant géorgien a bénéficié d'une décision de justice, la Cour estime que le déroulement des procédures d'expulsion au cours de cette période de suite à l'émission des circulaires et instructions litigieuses ainsi que le nombre de ressortissants géorgiens expulsés rendait impossible un examen raisonnable et objectif de la situation individuelle de chacun d'entre eux. De plus, la conclusion à laquelle la Cour est parvenue quant à la mise en place en Fédération de Russie d'une politique coordonnée d'arrestation, de détention et d'expulsion de ressortissants géorgiens démontre également le caractère collectif de ces expulsions. • CEDH, gr. ch., 3 juill. 2014, *Géorgie c/ Russie,* n° 13255/07 § 176. ♦ V. pour d'autres ex. où l'absence d'individualisation des procédures conduit à conclure à la violation du présent art. • CEDH 21 oct. 2014, *Sharifi et a. c/ Italie et Grèce,* n° 16643/09 § 214 s.

5. Le fait que plusieurs étrangers reçoivent, en matière d'expulsion, des décisions semblables ne permet pas de conclure à une expulsion collective, lorsque chaque intéressé a pu, individuellement, faire valoir devant les autorités compétentes les arguments qui s'opposaient a son expulsion. • Comm. EDH, 16 déc. 1988 *X c/ Pays-Bas,* n° 14209/88 • CEDH, décis., 16 juin 2005, *Berisha et Haljiti c/ Macédoine,* n° 18670/03 • CEDH 20 sept. 2007, *Sultani c/ France,* n° 45223/05 § 81 : *JCP 2008. I. 110, chron. Sudre* • CEDH, décis., 7 avr. 2009, *Ghulami c/ France,* n° 45302/05. ♦ Le simple fait que les autorités nationales aient rendu une décision unique pour les deux requérants, qui étaient mari et femme, découle de la conduite même de ceux-ci : ils sont entrés ensemble sur le territoire de l'État défendeur ; ils ont déposé une demande d'asile conjointe en invoquant les mêmes motifs ; ils ont produit les mêmes éléments de preuve à l'appui de leurs allégations ; ils ont formé des recours conjoints devant la commission d'appel du Gouvernement et devant la Cour suprême ; enfin, les autorités ont évalué les risques que comportait une expulsion pour les intéressés ensemble. • CEDH, décis., 16 juin 2005, *Berisha et Haljiti c/ Macédoine,* n° 18670/03.

6. Les mesures de détention et d'éloignement litigieuses ont été prises en exécution d'un ordre de quitter le territoire daté, fondé uniquement sur la loi sur les étrangers, sans autre référence à la situation personnelle des intéressés que le fait que leur séjour en Belgique excédait trois mois. En particulier, le document ne faisait aucune référence à la demande d'asile des requérants ni aux décisions juridictionnelles intervenues en la matière. Certes, ces décisions étaient, elles aussi, accompagnées d'un ordre de quitter le territoire, mais, à lui seul, celui-ci n'autorisait pas l'arrestation des requérants. Celle-ci a donc été ordonnée sur un fondement légal étranger à leur demande d'asile, mais suffisant néanmoins pour entraîner la mise en œuvre des mesures critiquées. Dans ces conditions, et au vu du grand nombre de personnes de même origine ayant connu le même sort que les requérants, la Cour estime que le procédé suivi n'est pas de nature à exclure tout doute sur le caractère collectif de l'expulsion critiquée. A aucun stade de la période allant de la convocation des intéressés au commissariat à leur expulsion, la procédure suivie n'offrait des garanties suffisantes attestant d'une prise en compte réelle et différenciée de la situation individuelle de chacune des personnes concernées. • CEDH 5 févr. 2002, *Conka c/ Belgique,* n° 51564/99 § 62 et 63 : *préc. note 3.* ♦ Le transfert des requérants vers la Libye a été exécuté en l'absence de toute forme d'examen de la situation individuelle de chaque requérant. Il est incontesté que les requérants n'ont fait l'objet d'aucune procédure d'identification de la part des autorités italiennes, lesquelles se sont bornées à faire monter l'ensemble des migrants interceptés sur les navires militaires et à les débarquer sur les côtes libyennes. De plus, la Cour relève que le personnel à bord des navires militaires n'était pas formé pour mener des entretiens individuels et n'était pas assisté d'interprètes et de conseils juridiques. • CEDH, gr. ch., 23 févr. 2012, *Hirsi Jamaa et a. c/ Italie,* n° 27765/09 § 185.

7. La propre conduite du requérant constitue un élément pertinent dans l'appréciation de la protection due au titre du présent art. de sorte que la Cour considère qu'il n'y a pas violation si l'absence de décision individuelle d'éloignement est la conséquence du propre comportement du requérant. • CEDH, gr. ch., 13 févr. 2020, *N. D. et N. T. c/ Espagne,* n°s 8675/15 et 8697/15 § 200. ♦ L'absence de toute décision individuelle d'éloignement à l'encontre des requérants ne peut en aucun cas être mise à la charge du Gouvernement défendeur dès lors que les manifestants ont refusé de communiquer les pièces demandées dans l'objectif de rédiger des mesures d'éloignement. • CEDH, décis., 1er févr. 2011, *Dritsas et a. c/ Italie,* n° 2344/02. ♦ L'absence de décision individuelle d'éloignement est la conséquence du propre comportement du requérant lorsque, tirant parti de l'effet de masse et recourant à la force (assaut donné aux clôtures frontalières à Melilla), celui-ci franchit une frontière terrestre de façon irrégulière alors que l'État défendeur offrait un accès réel et effectif à des possibilités d'entrée régulières auxquelles l'intéressé n'était en l'espèce pas empêché de recourir pour une raison impérieuse reposant sur des faits objectifs dont l'État défendeur serait responsable. • CEDH, gr. ch., 13 févr. 2020, *N. D. et N. T. c/ Espagne,* n°s 8675/15 et 8697/15 § 201. ♦ Le présent art. n'imposant pas à un État partie une obligation générale de faire passer sous sa propre juridiction des personnes se trouvant sous la juridiction d'un autre État (en l'espèce non partie), la Cour ne prend pas en considération, dans l'appréciation des raisons impérieuses de s'abstenir de s'adresser au poste-frontière, les difficultés d'approcher physiquement ce dernier dès lors qu'elles ne sont pas imputables à l'État défendeur. • Même arrêt, § 221. ♦ L'État défendeur n'est pas responsable, au titre de l'art. 13 de la Conv. EDH combiné audit art., de l'absence d'une voie de recours permettant au requérant de contester son éloignement dès lors que ce dernier a été décidé dans le cadre d'une procédure non individualisée en raison du comportement même de l'intéressé. • Même arrêt § 242.

Art. 5 *Application territoriale.* 1. Toute Haute Partie contractante peut, au moment de la signature ou de la ratification du présent Protocole ou à tout moment par la suite, communiquer au Secrétaire Général du Conseil de l'Europe une déclaration indiquant la mesure dans laquelle elle s'engage à ce que les dispositions du présent Protocole s'appliquent à tels territoires qui sont désignés dans ladite déclaration et dont elle assure les relations internationales.

2. Toute Haute Partie contractante qui a communiqué une déclaration en vertu du paragraphe précédent peut, de temps à autre, communiquer une nouvelle déclaration modifiant les termes de toute déclaration antérieure ou mettant fin à l'application des dispositions du présent Protocole sur un territoire quelconque.

3. Une déclaration faite conformément au présent article sera considérée comme ayant été faite conformément au paragraphe 1 de l'article 56 de la Convention.

4. Le territoire de tout État auquel le présent Protocole s'applique en vertu de sa ratification ou de son acceptation par ledit État, et chacun des territoires auxquels le Protocole s'applique en vertu d'une déclaration souscrite par ledit État conformément au présent article, seront considérés comme des territoires distincts aux fins des références au territoire d'un État faites par les articles 2 et 3.

5. Tout État qui a fait une déclaration conformément au paragraphe 1 ou 2 du présent article peut, à tout moment par la suite, déclarer relativement à un ou plusieurs des territoires visés dans cette déclaration qu'il accepte la compétence de la Cour pour connaître des requêtes de personnes physiques, d'organisations non gouvernementales ou de groupes de particuliers, comme le prévoit l'article 34 de la Convention, au titre des articles 1 à 4 du présent Protocole ou de certains d'entre eux.

Art. 6 *Relations avec la Convention.* Les Hautes Parties contractantes considéreront les articles 1 à 5 de ce Protocole comme des articles additionnels à la Convention et toutes les dispositions de la Convention s'appliqueront en conséquence.

Art. 7 *Signature et ratification.* 1. Le présent Protocole est ouvert à la signature des membres du Conseil de l'Europe, signataires de la Convention ; il sera ratifié en même temps que la Convention ou après la ratification de celle-ci. Il entrera en vigueur après le dépôt de cinq instruments de ratification. Pour tout signataire qui le ratifiera ultérieurement, le Protocole entrera en vigueur dès le dépôt de l'instrument de ratification.

2. Les instruments de ratification seront déposés près le Secrétaire Général du Conseil de l'Europe qui notifiera à tous les membres les noms de ceux qui l'auront ratifié.

DÉCLARATION

L'instrument de ratification de la France comporte la déclaration suivante :

« Le Gouvernement de la République déclare que le présent Protocole s'appliquera à l'ensemble du territoire de la République, compte tenu, en ce qui concerne les territoires d'outre-mer, des nécessités locales auxquelles l'article 63 *[devenu art. 56]* de la Convention de sauvegarde des Droits de l'homme et des libertés fondamentales fait référence. »

Protocole n° 6 du 28 avril 1983,

A la Convention de sauvegarde des droits de l'homme et des libertés fondamentales concernant l'abolition de la peine de mort (Protocole n° 11 du 11 mai 1994).

Le présent protocole est entré en vigueur le 1er mars 1986.

Les États membres du Conseil de l'Europe, signataires du présent Protocole à la Convention de sauvegarde des droits de l'homme et des libertés fondamentales, signée à Rome le 4 novembre 1950 (ci-après dénommée « la Convention »),

Considérant que les développements intervenus dans plusieurs États membres du Conseil de l'Europe expriment une tendance générale en faveur de l'abolition de la peine de mort ;

sont convenus de ce qui suit :

Art. 1er *Abolition de la peine de mort.* **La peine de mort est abolie. Nul ne peut être condamné à une telle peine ni exécuté.**

COMMENTAIRE

Voir le commentaire sous le Protocole n° 13 Conv. EDH, article 1er.

V. notes ss. Prot. n° 13 Conv. EDH, art. 1er.

Art. 2 *Peine de mort en temps de guerre.* **Un État peut prévoir dans sa législation la peine de mort pour des actes commis en temps de guerre ou de danger imminent de guerre ; une telle peine ne sera appliquée que dans les cas prévus par cette législation et conformément à ses dispositions. Cet État communiquera au Secrétaire Général du Conseil de l'Europe les dispositions afférentes de la législation en cause.**

COMMENTAIRE

Voir le commentaire sous le Protocole n° 13 Conv. EDH, article 1er.

Art. 3 *Interdiction de dérogations.* **Aucune dérogation n'est autorisée aux dispositions du présent Protocole au titre de l'article 15 de la Convention.**

COMMENTAIRE

Voir le commentaire sous le Protocole n° 13 Conv. EDH, article 1er.

Art. 4 *Interdiction de réserves.* **Aucune réserve n'est admise aux dispositions du présent Protocole en vertu de l'article 57 de la Convention.**

COMMENTAIRE

Voir le commentaire sous le Protocole n° 13 Conv. EDH, article 1er.

Art. 5 *Application territoriale.* **1. Tout État peut, au moment de la signature ou au moment du dépôt de son instrument de ratification, d'acceptation ou d'approbation, désigner le ou les territoires auxquels s'appliquera le présent Protocole.**

2. Tout État peut, à tout autre moment par la suite, par une déclaration adressée au Secrétaire Général du Conseil de l'Europe, étendre l'application du présent Protocole à tout autre territoire désigné dans la déclaration. Le Protocole entrera en vigueur à l'égard de ce territoire le premier jour du mois qui suit la date de réception de la déclaration par le Secrétaire Général.

3. Toute déclaration faite en vertu des deux paragraphes précédents pourra être retirée, en ce qui concerne tout territoire désigné dans cette déclaration, par notification adressée au Secrétaire Général. Le retrait prendra effet le premier jour du mois qui suit la date de réception de la notification par le Secrétaire Général.

COMMENTAIRE

Voir le commentaire sous le Protocole n° 13 Conv. EDH, article 1er.

Art. 6 *Relations avec la Convention.* **Les États Parties considèrent les articles 1er à 5 du présent Protocole comme des articles additionnels à la Convention et toutes les dispositions de la Convention s'appliquent en conséquence.**

Art. 7 *Signature et ratification.* **Le présent Protocole est ouvert à la signature des États membres du Conseil de l'Europe, signataires de la Convention. Il sera soumis à ratification, acceptation ou approbation. Un État membre du Conseil de l'Europe ne pourra ratifier, accepter ou approuver le présent Protocole sans avoir simultanément ou anté-**

rieurement ratifié la Convention. Les instruments de ratification, d'acceptation ou d'approbation seront déposés près le Secrétaire Général du Conseil de l'Europe.

Art. 8 *Entrée en vigueur.* 1. Le présent Protocole entrera en vigueur le premier jour du mois qui suit la date à laquelle cinq États membres du Conseil de l'Europe auront exprimé leur consentement à être liés par le Protocole conformément aux dispositions de l'article 7.

2. Pour tout État membre qui exprimera ultérieurement son consentement à être lié par le Protocole, celui-ci entrera en vigueur le premier jour du mois qui suit la date du dépôt de l'instrument de ratification, d'acceptation ou d'approbation.

Art. 9 *Fonctions du dépositaire.* Le Secrétaire Général du Conseil de l'Europe notifiera aux États membres du Conseil :

a. toute signature ;

b. le dépôt de tout instrument de ratification, d'acceptation ou d'approbation ;

c. toute date d'entrée en vigueur du présent Protocole conformément à ses articles 5 et 8 ;

d. tout autre acte, notification ou communication ayant trait au présent Protocole.

Protocole n° 7 du 22 novembre 1984,

A la Convention de sauvegarde des droits de l'homme et des libertés fondamentales (Protocole n° 11 du 11 mai 1994).

Le présent protocole est entré en vigueur le 1er nov. 1988.

Les États membres du Conseil de l'Europe, signataires du présent Protocole,

Résolus à prendre de nouvelles mesures propres à assurer la garantie collective de certains droits et libertés par la Convention de sauvegarde des Droits de l'homme et des libertés fondamentales, signée à Rome le 4 novembre 1950 (ci-après dénommée « la Convention »),

sont convenus de ce qui suit :

Art. 1er *Garanties procédurales en cas d'expulsion d'étrangers.* 1. Un étranger résidant régulièrement sur le territoire d'un État ne peut en être expulsé qu'en exécution d'une décision prise conformément à la loi et doit pouvoir :

a) Faire valoir les raisons qui militent contre son expulsion ;

b) Faire examiner son cas, et

c) Se faire représenter à ces fins devant l'autorité compétente ou une ou plusieurs personnes désignées par cette autorité.

2. Un étranger peut être expulsé avant l'exercice des droits énumérés au paragraphe 1. *a*, *b* et *c* de cet article lorsque cette expulsion est nécessaire dans l'intérêt de l'ordre public ou est basée sur des motifs de sécurité nationale.

COMMENTAIRE

V. sur le Code en ligne.

1. Principe. En cas d'expulsion, outre la protection qui leur est offerte notamment par les art. 3 et 8 Conv. EDH combinés avec l'art. 13, les étrangers bénéficient des garanties spécifiques prévues par le présent art. • CEDH 8 juin 2006, *Lupsa c/ Roumanie*, n° 10337/04 § 51 : *JCP 2006. I. 164, chron. Sudre* • CEDH 12 juill. 2011, *Baltaji c/ Bulgarie*, n° 12919/04 § 54.

2. En adoptant le présent art. contenant des garanties spécifiques aux procédures d'expulsion d'étrangers, les États ont clairement marqué leur volonté de ne pas inclure ces procédures dans le champ d'application de l'art. 6 §1 Conv. EDH. Les décisions relatives à l'entrée, au séjour et à l'éloignement des étrangers n'emportent pas contestation sur des droits ou obligations de caractère civil du requérant ni n'ont trait au bien-fondé d'une accusation en matière pénale dirigée contre lui, au sens de l'art. 6 §1. Conv. EDH. • CEDH, gr. ch., 5 oct. 2000, *Maaouia c/ France*, n° 39652/98 § 36 et 40 : *AJDA 2000. 1006, chron. Flauss ; D. 2001. 2346, obs. de Lamy ; RFDA 2001. 1250, chron.* Labayle et Sudre.

3. Personnes concernées. Le champ d'application du présent art. s'étend aux étrangers « résidant régulièrement » sur le territoire de l'État dont il s'agit, cette appréciation relevant de la législation nationale de l'État dont il s'agit. • Comm. EDH 13 janv. 1993, *Voulfovitch et Oulianova c/ Suède,* n° 19373/92 • CEDH, décis., 14 mars 2002, *Sejdovic et Sulejmanovic c/ Italie,* n° 57575/00 • CEDH 5 oct. 2006, *Bolat c/ Russie,* n° 14139/03 § 76 : *JCP 2007. I. 106, chron. Sudre.* • CEDH 20 sept. 2007, *Sultani c/ France,* n° 45223/05 § 88 : *JCP 2008. I. 110, chron. Sudre.*

4. Un étranger dont le titre de séjour est expiré ne peut, normalement, être considéré comme résidant régulièrement dans l'État d'accueil. • Comm. EDH 13 janv. 1993, *Voulfovitch et Oulianova c/ Suède,* n° 19373/92.

5. Le requérant qui, à l'époque des faits, résidait en Russie avec un visa annuel à entrées multiples valide, vivait en Russie depuis 1994 et son fils y séjournait toujours ; partant, il pouvait légitimement s'attendre à continuer à résider dans ce pays. • CEDH 12 févr. 2009, *Nolan et K. c/ Russie,* n° 2512/04 § 110 à 112 : *RD publ. 2010. 873, obs. Sudre.* ♦ La Cour analyse au besoin le titre dont le requérant dispose. • CEDH 13 juill. 2010, *Ahmed c/ Roumanie,* n° 34621/03 § 46 et 50. ♦ Dès lors que N. avait un permis de séjour en cours de validité à la date de son expulsion, il était un « étranger résidant régulièrement » en Ukraine, au sens du présent art. • CEDH 31 mars 2011, *Nowak c/ Ukraine,* n° 60846/10 § 80.

6. Notion d'expulsion. La notion d'« expulsion » est une notion autonome, indépendante de toute définition dans les législations internes. A l'exception de l'extradition, toute mesure contraignant un étranger à quitter le territoire sur lequel il séjournait régulièrement constitue une « expulsion » aux fins du présent art. Il ne fait aucun doute que, en éloignant le requérant de son domicile et en l'embarquant à bord d'un appareil en partance pour la Turquie, les autorités internes l'ont expulsé de Russie. • CEDH 5 oct. 2006, *Bolat c/ Russie,* n° 14139/03 § 79.

7. Décision prise conformément à la loi. La législation russe exige une décision judiciaire pour qu'un étranger puisse être expulsé ; or, en l'espèce, il n'y a eu aucune décision judiciaire ordonnant l'expulsion du requérant. Le Gouvernement n'a mentionné aucune disposition légale qui permettrait l'expulsion d'une personne *sans décision judiciaire.* Il n'y a donc eu aucune « décision prise conformément à la loi », qui est pourtant la condition *sine qua non* pour que le présent art. soit respecté. De fait, le requérant a été expulsé alors que son recours contre la révocation de son permis de séjour était à l'examen et que la mesure provisoire indiquée par le tribunal pour le laps de temps nécessaire à cette fin était en vigueur. • CEDH 5 oct. 2006, *Bolat c/ Russie,* n° 14139/03 § 79.

8. L'ordonnance d'expulsion du requérant reposait sur une base légale défaillante et, dès lors, l'expulsion de l'intéressé n'a pas été effectuée en exécution d'une décision prise « conformément à la loi ». • CEDH 12 juill. 2011, *Baltaji c/ Bulgarie,* n° 12919/04 § 56. ♦ Dès lors que l'expulsion n'est pas conforme à la loi au sens de l'art. 8 § 2 Conv. EDH, il faut conclure, du fait du sens similaire des termes qu'il convient de retenir, qu'elle n'est pas non plus conforme à la loi au sens du présent art. • CEDH 24 avr. 2008, *C.G. et a. c/ Bulgarie,* n° 1365/07 § 73 • CEDH 2 sept. 2010, *Kaushal et a. c/ Bulgarie,* n° 1537/08 § 48.

9. Respect des conditions procédurales. Bien que l'expulsion du requérant ait eu lieu en exécution d'une décision prise conformément à la loi, l'ordonnance d'urgence, qui a constitué la base légale de l'expulsion du requérant, ne lui a pas offert des garanties minimales contre l'arbitraire des autorités et a donc violé le présent art. En effet, d'une part, les autorités n'ont pas fourni au requérant le moindre indice concernant les faits qui lui étaient reprochés et, d'autre part, le parquet ne lui a communiqué l'ordonnance prise à son encontre que le jour de la seule audience devant la cour d'appel. Par ailleurs, la cour d'appel a rejeté toute demande d'ajournement, empêchant ainsi l'avocate du requérant d'étudier l'ordonnance susmentionnée et de verser au dossier des pièces à l'appui de la contestation dirigée contre elle. • CEDH 8 juin 2006, *Lupsa c/ Roumanie,* n° 10337/04 § 57 et 59 • CEDH 12 oct. 2006, *Kaya c/ Roumanie,* n° 33970/05 § 59.

10. Bien que l'ordonnance lui fût communiquée, celle-ci ne contenait aucune référence aux faits reprochés et avait un caractère purement formel. En l'absence de tout indice concernant les faits reprochés au requérant, la base légale de l'expulsion des requérants n'offrait pas les garanties minimales contre l'arbitraire des autorités. • CEDH 13 juill. 2010, *Ahmed c/ Roumanie,* n° 34621/03 § 53 et 54. ♦ Il en va de même lorsque le requérant est dans l'impossibilité de faire entendre les arguments militant contre son expulsion. • CEDH 24 avr. 2008, *C. G. et a. c/ Bulgarie,* n° 1365/07 § 75 • CEDH 2 sept. 2010, *Kaushal et a. c/ Bulgarie,* n° 1537/08 § 49. ♦ ... D'un arrêté d'expulsion notifié dans une langue que le requérant ne comprend pas et dans des circonstances qui ne lui ont pas permis d'être représenté ou de soumettre des arguments contre son expulsion. • CEDH 31 mars 2011, *Nowak c/ Ukraine,* n° 60846/10 § 82. ♦ Rappr. : • CEDH 17 janv. 2012, *Takush c/ Grèce,* n° 2853/09 § 53.

11. Les tribunaux administratifs ont refusé d'examiner sur le fond le recours introduit par le requérant contre l'ordonnance d'expulsion. Ainsi, malgré le revirement de la jurisprudence des tribunaux en la matière, opéré à la même époque que celle des faits de la présente affaire, l'intéressé a été privé de la possibilité de faire valoir les raisons militant contre son expulsion et de faire examiner son cas devant les tribunaux administratifs. Certes, le requérant a également intenté un recours hiérarchique auprès du ministre de l'Intérieur. Cependant, ce recours hiérarchique ne pouvait pas passer pour une voie de recours interne effective dans le cas du requérant, notamment en raison du fait que l'intéressé n'a à aucun moment de la procédure pu prendre connaissance des raisons factuelles de son expulsion, et que le ministre, qui était le supérieur hiérarchique de l'organe qui avait délivré l'ordonnance litigieuse, ne pouvait pas passer pour un organe indépendant et impartial. • CEDH 12 juill. 2011, *Baltaji c/ Bulgarie,* n° 12919/04 § 57 et 58. ♦ Pour avoir un effet utile, les recours devraient pouvoir être effectivement exercés. Le fait que dans la présente affaire le requérant aurait introduit tardivement son recours en annulation ne saurait servir pour expliquer ou justifier la procédure ultérieure. • CEDH 17 janv. 2012, *Takush c/ Grèce,* n° 2853/09 § 61.

12. Droit d'être informé des raisons et des éléments factuels motivant l'expulsion. Bien qu'il ne le mentionne pas expressément, le présent art. garantit à l'étranger le droit d'être informé des éléments factuels pertinents qui ont motivé la décision d'expulsion ainsi que le droit d'accéder au contenu des documents et des informations sur lesquels s'est fondée l'autorité compétente. En l'absence d'une telle information, l'intéressé ne peut en effet bénéficier effectivement du droit, explicitement mentionné au § 1, de faire valoir les raisons qui militent contre son expulsion. Non absolu, le droit d'être informé et d'accéder au dossier peut néanmoins faire l'objet de restrictions visant à prendre en compte des intérêts concurrents, tels que la préservation de la sécurité nationale, la nécessité de protéger des témoins ou de garder secrètes des méthodes d'enquête policières. Seules sont cependant admissibles les restrictions qui, eu égard aux circonstances de la cause, sont dûment justifiées et suffisamment contrebalancées, ce dont la Cour s'assure dans le cadre d'un examen de l'ensemble de la procédure nationale. Est évaluée, en premier lieu, la mesure dans laquelle la nécessité de la restriction au droit d'information et d'accès a pu être examinée par une autorité nationale indépendante. Est alors prise en considération l'étendue des compétences de ladite autorité (pouvoir de contrôler la nécessité de maintenir la confidentialité des données classifiées, pouvoir de demander la déclassification voire de déclassifier). Reste qu'un examen insuffisamment approfondi de la nécessité de la restriction ne conduit pas en lui-même à une violation du présent art. dès lors que s'appliquent des éléments compensateurs suffisants visant à contrebalancer les effets de la restriction, étant entendu que moins l'examen a été rigoureux, plus le contrôle par la Cour des effets compensateurs sera strict. Toutefois, en l'absence de consensus européen en la matière, les États parties bénéficient d'une marge d'appréciation quant au choix des éléments compensateurs qui peuvent prendre la forme – sans que cette liste ne soit exhaustive et ses éléments cumulatifs – de la communication d'informations pertinentes quant aux motifs de l'expulsion et quant au déroulement de la procédure, de la capacité de l'étranger de se faire représenter par un avocat spécialisé et habilité à connaître de documents classifiés, de l'intervention d'une autorité indépendante apte à exercer un certain contrôle sur les motifs d'expulsion. • CEDH, gr. ch., 15 oct. 2020, *Muhammad c/ Roumanie,* n° 80982/12 § 129 et 157. ♦ En l'absence de contrôle par une autorité indépendante sur la nécessité de la restriction au droit d'être informé et d'accéder au dossier, la Cour constate une violation du présent article, dès lors que les requérants n'ont reçu que des informations générales sur la qualification juridique des faits retenus contre eux sans aucune motivation circonstanciée et n'ont bénéficié d'aucune information quant à la procédure et à la capacité d'être représentés par un avocat spécialisé et habilité. Et si le fait que la décision d'expulsion a été prise par de hautes autorités judiciaires indépendantes constitue une « garantie de grand poids », elle ne peut en l'espèce contrebalancer dans le cas où la nature et l'intensité du contrôle exercé sur les allégations soumises par le parquet ne se sont aucunement manifestées – même de manière sommaire – dans la motivation des décisions prises. • CEDH, gr. ch., 15 oct. 2020, *Muhammad c/ Roumanie,* n° 80982/12 § 203 à 206.

13. Expulsion nécessaire en vertu du § 2. Il appartient aux autorités de justifier les raisons pour lesquelles l'expulsion était nécessaire dans l'intérêt de l'ordre public ou de la sécurité nationale. A défaut de justification, le requérant aurait dû pouvoir bénéficier des garanties procédurales visées au § 1. Or, le Gouvernement n'a pas pu expliquer le défaut de communication, au requérant, de la décision d'expulsion, ni pourquoi le requérant n'a pas eu le droit de faire examiner son cas. • CEDH 12 févr. 2009, *Nolan et K. c/ Russie,* n° 2512/04 § 115 : *préc. note 5.* ♦ La seule mention que le requérant était dangereux pour l'ordre et la sécurité publics, sans faire valoir le moindre argument à l'appui de cette affirmation, ne saurait être justifiée par les dispositions du présent paragraphe. • CEDH 17 janv. 2012, *Takush c/ Grèce,* n° 2853/09 § 63.

14. Dès lors que l'expulsion n'est pas justifiée par des considérations de sécurité nationale au sens de l'art. 8 § 2 Conv. EDH, il faut conclure, du fait du sens similaire des termes qu'il convient de retenir, qu'elle n'est pas non plus justifiée au sens du présent art. • CEDH 24 avr. 2008, *C. G. et a. c/ Bulgarie,* n° 1365/07 § 77.

15. Bien qu'il ait été expulsé en urgence pour des motifs de sécurité nationale, cas autorisé par le § 2 du présent art. 1er, il était en droit de se prévaloir, après son expulsion, des garanties énoncées au § 1. • CEDH 8 juin 2006, *Lupsa c/ Roumanie,* n° 10337/04 § 53.

Art. 2 ***Droit à un double degré de juridiction en matière pénale.*** **1. Toute personne déclarée coupable d'une infraction pénale par un tribunal a le droit de faire examiner par une juridiction supérieure la déclaration de culpabilité ou la condamnation. L'exercice de ce droit, y compris les motifs pour lesquels il peut être exercé, sont régis par la loi.**

2. Ce droit peut faire l'objet d'exceptions pour des infractions mineures telles qu'elles sont définies par la loi ou lorsque l'intéressé a été jugé en première instance par la plus haute juridiction ou a été déclaré coupable et condamné à la suite d'un recours contre son acquittement.

COMMENTAIRE

V. sur le Code en ligne.

1. Principe. Le présent art. ne concerne que les procédures de nature pénale, les droits et obligations en matière civile ne sont donc pas concernés. • Comm. EDH. 11 oct. 2002, *Shykyta c/ Ukraine,* n° 67092/01 • CEDH 22 févr. 2011, *Lalmahomed c/ Pays-Bas,* n° 26036/08 § 34.

2. Notion d'infraction pénale. La notion d'« infraction pénale » au sens du présent art. correspond à celle d'« accusation en matière pénale » de l'art. 6 § 1 Conv. EDH. Pour que l'art. 6 Conv. EDH s'applique, il suffit que l'infraction en cause soit par nature pénale ou ait exposé l'intéressé à une sanction qui, par sa nature et son degré de gravité, ressortit en général à la matière pénale. • CEDH 6 sept. 2005, *Gurepka c/ Ukraine,* n° 61406/00 § 55 • CEDH 31 juill. 2007, *Zaicevs c/ Lettonie,* n° 65022/01 § 53 • CEDH 23 avr. 2009, *Kamburov c/ Bulgarie (II),* n° 31001/02 § 23.

3. Compte tenu de la gravité de la sanction, la présente affaire revêtait un caractère pénal par nature et, en tant que telle, appelait l'application de toutes les garanties du présent art. • CEDH 6 sept. 2005, *Gurepka c/ Ukraine,* n° 61406/00. ♦ Dès lors qu'elle vient de constater l'applicabilité de l'art. 6 Conv. EDH dans la présente affaire, force est à la Cour de conclure que le présent art. est lui aussi applicable. • CEDH 31 juill. 2007, *Zaicevs c/ Lettonie,* n° 65022/01 § 53. ♦ L'infraction de *trouble mineur à l'ordre public* était qualifiée d'administrative par le droit bulgare, mais elle visait l'ensemble des citoyens et elle était passible d'une amende ou d'une peine de détention pouvant allait jusqu'à 15 j Eu égard à la portée générale de l'infraction, ainsi qu'à la nature et au degré de sévérité de la sanction maximum prévue par la législation interne, la Cour considère que le requérant a fait l'objet d'une « accusation en matière pénale » au sens de l'art. 6 de la Conv. EDH. En conséquence, la Cour conclut que le présent art. est applicable au cas de l'espèce et rejette l'exception soulevée par le Gouvernement. • CEDH 23 avr. 2009, *Kamburov c/ Bulgarie (II),* n° 31001/02.

4. L'arrêt rendu a réitéré en fait le constat du parquet selon lequel le requérant s'était rendu coupable de non-déclaration des devises détenues sur son compte à l'étranger, et peut, dès lors, passer pour une déclaration de culpabilité, au sens du présent art., lequel trouve, dès lors, à s'appliquer. • CEDH 30 nov. 2006, *Grecu c/ Roumanie,* n° 75101/01 § 81.

5. Marge des États. Les États contractants disposent en principe d'un large pouvoir d'appréciation pour décider des modalités d'exercice du droit prévu par le présent art. Toutefois, les limitations apportées par les législations internes au droit de recours mentionné par cette disposition doivent, par analogie avec le droit d'accès au tribunal consacré par l'art. 6, § 1, Conv. EDH, poursuivre un but légitime et ne pas porter atteinte à la substance même de ce droit. • CEDH, décis., 27 avr. 2000, *Haser c/ Suisse,* n° 33050/96 • CEDH 13 févr. 2001, *Krombach c/ France,* n° 29731/96 § 96 : *D. 2001. 3302, note Marguénaud ; RSC 2001. 429, obs. Massias ; JCP 2001. I. 342, chron. Sudre* • CEDH 8 janv. 2009, *Panou c/ Grèce,* n° 44058/05 § 32.

6. L'examen d'une déclaration de culpabilité ou d'une condamnation par une juridiction supérieure peut soit porter sur des questions tant de fait que de droit, soit se limiter aux seuls points de droit ; par ailleurs, dans certains pays, le justiciable désireux de saisir l'autorité de recours doit quelquefois solliciter une autorisation à cette fin. • CEDH, décis., 27 avr. 2000, *Haser c/ Suisse,* n° 33050/96 • CEDH 13 févr. 2001, *Krombach c/ France,* n° 29731/96 § 96 à 100 : *préc. note 5* • CEDH 8 janv. 2009, *Panou c/ Grèce,* n° 44058/05 § 32.

7. En droit français, il n'y avait pas, au moment des faits, de possibilité de faire appel d'un arrêt de cour d'assises, seul le pourvoi en cassation étant en principe ouvert. A première vue, la procédure pénale française en matière criminelle était donc néanmoins conforme au présent art. • CEDH 13 févr. 2001, *Krombach c/ France,* n° 29731/96 § 106 : *préc. note 5* • CEDH 25 juill. 2002, *Papon c/ France,* n° 54210/00 § 99 et 100 : *D. 2002. 2572, obs. Renucci*. ♦ Cependant, la loi disposait expressément qu'aucun pourvoi en cassation n'est ouvert au contumax. En conséquence, la condamnation du requérant, prononcée en son absence, après examen par un seul degré de juridiction, n'étant susceptible d'aucun « recours » devant une juridiction, au sens ordinaire de ce terme, il y a violation du présent art. • CEDH 13 févr. 2001, *Krombach c/ France,* n° 29731/96 § 96 à 100 : *préc. note 5* • CEDH 31 mars 2005, *Mariani c/ France,* n° 43640/98 § 45 et 46.

8. La procédure de contrôle extraordinaire prévue par le code des infractions administratives ne pouvait être engagée que par un procureur ou par le président de la juridiction supérieure et n'était pas directement accessible à une partie à la procédure. Il ne s'agissait donc pas d'un recours suffisamment effectif aux fins de la Conv. EDH. • CEDH 6 sept. 2005, *Gurepka c/ Ukraine,* n° 61406/00 § 61. ♦ Dès lors qu'un éventuel recours du requérant contre ledit arrêt semblait immanquablement voué à l'échec, les prescriptions du présent art. ne peuvent être considérées comme remplies. En effet, il ressort de toute évidence des pratiques internes pertinentes que les juridictions nationales de contrôle, plus particulièrement la Cour suprême de justice, déclaraient à l'époque irrecevable tout recours contre la décision par laquelle les premiers juges avaient examiné la légalité ou le bien-fondé des actes du procureur. • CEDH 30 nov. 2006, *Grecu c/ Roumanie,* n° 75101/01 § 84. ♦ En ce qui concerne, par ailleurs, les éventuelles voies de recours en tierce opposition devant le procureur ou en annulation devant le président de la juridiction supérieure, la Cour considère qu'elles ne remplissaient manifestement pas les exigences du présent art. • CEDH 31 juill. 2007, *Zaicevs c/ Lettonie,* n° 65022/01 § 54.

9. Infraction mineure. Pour décider si une infraction est de caractère mineur, un critère important est la question de savoir si l'infraction est passible d'emprisonnement ou non. • CEDH 31 juill. 2007, *Zaicevs c/ Lettonie,* n° 65022/01 § 55 • CEDH 23 avr. 2009, *Kamburov c/ Bulgarie (II),* n° 31001/02 § 25.

10. La Cour est convaincue qu'une infraction pour laquelle la loi prévoit une peine privative de liberté à titre de sanction principale ne peut pas être qualifiée de « mineure » au sens du § 2 du présent art. • CEDH 30 nov. 2006, *Grecu c/ Roumanie,* n° 75101/01 § 82 • CEDH 31 juill. 2007, *Zaicevs c/ Lettonie,* n° 65022/01 § 55 • CEDH 23 avr. 2009, *Kamburov c/ Bulgarie (II),* n° 31001/02 § 26.

Art. 3 *Droit d'indemnisation en cas d'erreur judiciaire.* **Lorsqu'une condamnation pénale définitive est ultérieurement annulée, ou lorsque la grâce est accordée, parce qu'un fait nouveau ou nouvellement révélé prouve qu'il s'est produit une erreur judiciaire, la personne qui a subi une peine en raison de cette condamnation est indemnisée, conformément à la loi ou à l'usage en vigueur dans l'État concerné, à moins qu'il ne soit prouvé que la non-révélation en temps utile du fait inconnu lui est imputable en tout ou en partie.**

COMMENTAIRE

V. sur le Code en ligne.

1. Le présent art., ne concerne que les procédures de nature pénale, les droits et obligations en matière civile ne sont donc pas concernés. • Comm. EDH. 10 oct. 1994, *F. N. c/ France,* n° 18725/91 • Comm. EDH. 11 oct. 2002, *Shykyta c/ Ukraine,* n° 67092/01.

2. Dès lors qu'il ne s'agit pas de l'annulation ultérieure d'une condamnation du requérant qui s'est produite à la suite d'une erreur judiciaire, celui-ci ne peut donc se prétendre « victime » d'une violation de ladite disposition. • Comm. EDH. 29 juin 1994, *Gharib c/ Suisse,* n° 24198/94. ♦ Le présent art. vaut uniquement pour une personne ayant subi une peine en raison d'une condamnation imputable à une erreur judiciaire. • CEDH 25 août 1993, *Sekanina c/ Autriche,* n° 13126/87 § 25. ♦ Tel n'est pas d'un requérant ayant bénéficié d'un arrêt d'acquittement par la cour d'assises. • Comm. EDH. 28 juin 1995, *Y. M. c/ France,* n° 24948/94.

3. Le présent art. ne garantit un droit à indemnisation que lorsque l'intéressé a été condamné au pénal par une décision définitive et que cette condamnation s'est, par la suite, avérée erronée. Or, en l'espèce, aucune « erreur judiciaire » n'a été constatée au regard de la condamnation du requérant pour le vol à main armée commis en avr. 1998. Quant aux autres procédures pénales visées par la présente requête, elles se sont soldées soit par la relaxe du requérant, soit par son acquittement. • CEDH 10 févr. 2009, *Jeronovics c/ Lettonie,* n° 547/02.

4. Le présent art. prévoit un droit à indemnisation des personnes dont la détention a été décidée en violation de l'un des paragraphes de l'art. 5 Conv. EDH et un droit à réparation pour déni de justice, lorsque le demandeur a été reconnu coupable d'une infraction pénale par une décision définitive et a subi la punition consécutive. Il n'a pas pour effet d'interdire aux États de faire dépendre cette indemnisation du dommage résultant de la violation de l'art. 691 et de l'art. 1er du Prot. n° 1 et de l'attitude de la personne concernée. • CEDH 6 oct. 2005, *Chiliaïev c/ Russie,* n° 9647/02 § 20. ♦ Le présent art. ne s'applique pas aux personnes dont la condamnation a, par la suite, été annulée sans qu'il y ait lieu de rechercher quelle procédure le jugement a pu être renversé. C'est tout particulièrement le cas lorsque le juge annulant la condamnation se fonde non sur des faits nouveaux ou nouvellement révélés mais sur un examen des éléments figurant au dossier. • CEDH 3 juill. 2008, *Matveïev c/ Russie,* n° 26601/02.

Art. 4 *Droit à ne pas être jugé ou puni deux fois.* **1. Nul ne peut être poursuivi ou puni pénalement par les juridictions du même État en raison d'une infraction pour laquelle il a déjà été acquitté ou condamné par un jugement définitif conformément à la loi et à la procédure pénale de cet État.**

2. Les dispositions du paragraphe précédent n'empêchent pas la réouverture du procès, conformément à la loi et à la procédure pénale de l'État concerné, si des faits nouveaux ou nouvellement révélés ou un vice fondamental dans la procédure précédente sont de nature à affecter le jugement intervenu.

3. Aucune dérogation n'est autorisée au présent article au titre de l'article 15 de la Convention.

COMMENTAIRE

V. sur le Code en ligne.

BIBL. Milano, Cumul de sanctions et principe « *non bis in idem* », *RD publ. 2016. 1037.*

1. Champ d'application. Le présent art. ne concerne que les procédures de nature pénale. Il n'est donc pas applicable aux droits et obligations en matière civile. • Comm. EDH. 11 oct. 2002, *Ukraine,* n° 67092/01 • CEDH, gr. ch., 6 janv. 2011, *Lituanie,* n° 34932/04 § 68. ♦ Il ne s'applique pas non plus en matière disciplinaire. • CEDH, décis., 31 janv. 2012, *France,* n° 10212/07. ♦ Il ne s'applique qu'aux décisions des juridictions d'un même État. • CEDH, décis., 20 févr. 2018, *Krombach c/ France,* n° 67521/14 : *AJ pénal 2018. 262, obs. Nicaud ; JCP Adm. 2018. 344.*

2. La qualification juridique de la procédure en droit interne ne saurait être le seul critère pertinent pour l'applicabilité du principe *non bis in idem* au regard du présent art. • CEDH, gr. ch., 10 févr. 2009, *Sergueï Zolotoukhine c/ Russie,* n° 14939/03 § 52 : *D. 2009. 2014, note Pradel ; AJDA 2009. 872, chron. Flauss ; RSC 2009. 675, obs. Roets ; RD publ. 2010. 873, note Surrel ; JCP 2009. I. 143, chron. Sudre* • CEDH 31 mai 2011, *Kurdov et Ivanov c/ Bulgarie,* n° 16137/04 § 36.

3. Les termes « procédure pénale » employés dans le texte de l'art. 4 du Prot. n° 7 doivent être interprétés à la lumière des principes généraux applicables aux expressions « accusation en matière pénale » (« *criminal charge* ») et « peine » (« *penalty* ») figurant respectivement aux art. 6 et 7 Conv. EDH ; l'existence ou non d'une « accusation en matière pénale » doit s'apprécier sur la base de 3 critères, que l'on désigne couramment sous le nom de « critères Engel » (V. notes ss. Conv. EDH, art. 6). Le premier est la qualification juridique de l'infraction en droit interne, le second la nature même de l'infraction et le troisième le degré de sévérité de la sanction que risque de subir l'intéressé. Les deuxième et troisième critères sont alternatifs et pas nécessairement cumulatifs. Cela n'empêche pas l'adoption d'une approche cumulative si l'analyse séparée de chaque critère ne permet pas d'aboutir à une conclusion claire quant à l'existence d'une accusation en matière pénale. • CEDH, gr. ch., 10 févr. 2009, *Sergueï Zolotoukhine c/ Russie,* n° 14939/03 § 52 et 53 : *préc. note 2* • CEDH 31 mai 2011, *Kurdov et Ivanov c/ Bulgarie,* n° 16137/04 § 37.

4. S'il est vrai que l'amende est un type de peine qui est également utilisé dans le cadre des poursuites pénales dans nombre de pays, il n'en reste pas moins que la sanction pénale par excellence est la privation de liberté. A l'époque des faits, même le montant maximal de l'amende encourue en vertu de la loi sur la sécurité incendie ne dépassait pas l'équivalent de 3, 07 dollars américains et le défaut de paiement d'une telle amende ne pouvait pas entraîner la transformation de la sanction imposée en privation de liberté. Dès lors, la Cour estime que la sévérité de la sanction encourue n'était pas de nature à conférer à la procédure suivie en l'espèce le caractère pénal exigé pour rendre applicable la règle *non bis in idem.* • CEDH 31 mai 2011, *Kurdov et Ivanov c/ Bulgarie,* n° 16137/04 § 44. ♦ Même solution pour une amende de 798 € prononcée à l'encontre d'une société. • CEDH 29 oct. 2013, *S. C. IMH Suceava S. R. L. c/ Roumanie,* n° 24935/04 § 51.

5. Déchéance de nationalité. Prononcée à la suite d'une condamnation pénale pour acte terroriste, la déchéance de nationalité ne constitue pas une punition pénale au sens du présent art. Au-delà de sa coloration punitive et de sa sévérité relative eu égard tant au comportement sapant la société démocratique auquel elle répond et à l'absence d'effet qu'elle déploie en elle-même sur l'éloignement du territoire, la déchéance de nationalité poursuit un objectif particulier, celui de prendre solennellement acte, à la suite de la commission d'actes particulièrement graves, de la rupture du lien de loyauté entre l'État et une personne ayant bénéficié d'une mesure d'acquisition de la nationalité. • CEDH 25 juin 2020, *Ghoumid c/ France,* n° 52273/16 § 73 : *AJDA 2020. 1323* .

6. S'agissant de procédures pénales dans différents États, le respect du principe *non bis in idem* n'est pas garanti par le présent art. • Comm. EDH 20 mai 1994, *E.G.M. c/ Luxembourg,* n° 24015/94.

7. Date de mise en œuvre. Dès lors que les requérants se plaignent d'avoir été « poursuivis pénalement » pour une infraction pour laquelle ils avaient été déjà condamnés par un jugement définitif, il importe peu que la procédure pénale soit encore pendante en cassation à leur égard ; on ne saurait considérer leur grief tiré du présent art. comme étant prématuré. • CEDH 4 mars 2014, *Grande Stevens et a. c/ Italie,* n° 18640/10 § 85.

8. Compétence rationae temporis. La première procédure pénale contre le requérant a effectivement pris fin avant l'entrée en vigueur de la Convention à l'égard de la Croatie. En revanche, la seconde procédure pénale, à l'issue de laquelle le requérant a été jugé coupable de crimes de guerre contre la population civile, s'est déroulée et conclue après le 5 nov. 1997, date à laquelle la Croatie a ratifié la Conv. EDH. Le droit à ne pas être jugé ou puni deux fois pour les mêmes faits ne saurait être exclu relativement à une procédure menée avant la ratification dès lors que la personne concernée a été condamnée pour la même infraction après la ratification de la Convention. Le simple fait que la première procédure s'est terminée avant cette date ne peut donc faire obstacle à la compétence *ratione temporis* de la Cour en l'espèce. • CEDH, gr. ch., 27 mai 2014, *Margus c/ Croatie,* n° 4455/10 § 93 et 98.

A. MÊME INFRACTION (IDEM)

9. Notion. Le présent art. doit être compris comme interdisant de poursuivre ou de juger une personne pour une seconde « infraction » pour autant que celle-ci a pour origine des faits identiques ou des faits qui sont en substance les mêmes. • CEDH, gr. ch., 10 févr. 2009, *Sergueï Zolotoukhine c/ Russie,* n° 14939/03 § 82 : *préc. note 2* • CEDH 4 mars 2014, *Grande Stevens et a. c/ Italie,* n° 18640/10 § 219.

10. Méthodologie. La garantie ainsi consacrée entre en jeu lorsque de nouvelles poursuites sont engagées et que la décision antérieure d'acquittement ou de condamnation est déjà passée en force de chose jugée. À ce stade, les éléments du dossier comprendront forcément la décision par laquelle la première « procédure pénale » s'est terminée et la liste des accusations portées contre le requérant dans la nouvelle procédure. Normalement, ces pièces renfermeront un exposé des faits concernant l'infraction pour laquelle le requérant a déjà été jugé et un autre se rapportant à la seconde infraction dont il est accusé. Ces exposés constituent un point de départ utile pour l'examen par la Cour de la question de savoir si les faits des 2 procédures sont identiques ou sont en substance les mêmes. Peu importe quelles parties de ces nouvelles accusations sont finalement retenues ou écartées dans la procédure ultérieure puisque le présent art. énonce une garantie contre de nouvelles poursuites ou le risque de nouvelles poursuites, et non l'interdiction d'une seconde condamnation ou d'un second acquittement. La Cour doit donc faire porter son examen sur ces faits qui constituent un ensemble de circonstances factuelles concrètes impliquant le même contrevenant et indissociablement liées entre elles dans le temps et l'espace, l'existence de ces circonstances devant être démontrée pour qu'une condamnation puisse être prononcée ou que des poursuites pénales puissent être engagées. • CEDH, gr. ch., 10 févr. 2009, *Sergueï Zolotoukhine c/ Russie,* n° 14939/03 § 83 et 84 : *préc. note 2* • CEDH 4 mars 2014, *Grande Stevens et a. c/ Italie,* n° 18640/10 § 220 et 221.

11. Étant donné que la même conduite du même contrevenant et dans le même cadre temporel se trouve en jeu, la Cour se doit de vérifier si les faits de l'infraction pour laquelle le requérant a d'abord été condamné et ceux de l'infraction dont il a ensuite été inculpé étaient identiques ou étaient en substance les mêmes. • CEDH, gr. ch., 10 févr. 2009, *Sergueï Zolotoukhine c/ Russie,* n° 14939/03 § 94 : *préc. note 2.*

12. Mise en œuvre. Les faits des deux procédures ne se distinguent donc que par un élément, à savoir la menace de violence, qui n'avait pas été mentionné dans la première procédure. Par conséquent, la Cour estime que l'accusation portée en second englobait dans leur totalité les faits de l'infraction réprimée par ailleurs et que, inversement, l'infraction première d'« actes perturbateurs mineurs » ne renfermait aucun élément qui ne fût englobé dans l'infraction seconde d'« actes perturbateurs ». Les faits des deux infractions doivent donc être considérés comme étant en substance les mêmes. Comme la Cour l'a souligné ci-dessus, les faits des deux infractions représentent le seul point de comparaison. • CEDH, gr. ch., 10 févr. 2009, *Sergueï Zolotoukhine c/ Russie,* n° 14939/03 § 96 : *préc. note 2.* ♦ Rappr. • CEDH 16 juin 2009, *Ruotsalainen c/ Finlande,* n° 13079/03 § 56.

13. La police a demandé l'ouverture de poursuites pénales contre le requérant devant le tribunal des infractions mineures et a soumis un rapport concernant le même incident au parquet, si bien que le requérant a été poursuivi deux fois pour la même infraction. • CEDH 25 juin 2009, *Maresti c/ Croatie,* n° 55759/07 § 63. ♦ L'amende infligée par le maire et les charges portées par le ministère public visaient les mêmes faits – s'introduire dans l'appartement d'autrui et frapper une personne. • CEDH 14 janv. 2010, *Tsonyo Tsonev c/ Bulgarie (n° 2),* n° 2376/03 § 52. ♦ Il en va de même d'une personne reconnue coupable, sur la base du même rapport de police, de possession de 2 quantités différentes d'héroïne, le même jour à la même heure, l'une faible constitutive en mars 2006 d'une contravention, l'autre plus importante, constitutive d'un délit pénal. • CEDH 18 oct. 2011, *Tomasovic c/ Croatie,* n° 53785/09 § 27. ♦ Devant la CONSOB, les requérants étaient accusés, pour l'essentiel, de ne pas avoir mentionné dans les communiqués de presse le projet visant à une renégociation du contrat d'*equity swap* avec Merrill Lynch International Ltd alors que ce projet existait déjà et se trouvait à un stade avancé de réalisation. Ils ont ensuite été condamnés pour cela. Devant les juridictions pénales, les intéressés ont été accusés d'avoir déclaré, dans les mêmes communiqués, qu'Exor n'avait ni entamé ni étudié d'initiatives concernant l'échéance du contrat de financement, alors que l'accord modifiant l'*equity swap* avait déjà été examiné et conclu, information qui aurait été cachée afin d'éviter une probable chute du prix des actions Fiat. Aux yeux de la Cour, il s'agit clairement d'une seule et même conduite de la part des mêmes personnes à la même date. Par ailleurs, la cour d'appel de Turin elle-même a admis que les deux articles utilisés avaient pour objet la même conduite, à savoir la diffusion de fausses informations. Il s'ensuit que les nouvelles poursuites concernaient une seconde « infraction » ayant pour origine des faits identiques à ceux qui avaient fait l'objet de la première condamnation définitive. • CEDH 4 mars 2014, *Grande Stevens et a. c/ Italie,* n° 18640/10 § 225 s. ♦ Rappr. s'agissant de poursuites pénales et de sanctions fiscales. • CEDH 27 nov. 2014, *Lucky Dev. c/ Suède,* n° 7356/10 § 62 s.

B. RÉPÉTITION DES POURSUITES (BIS)

14. Le présent art. a pour objet de prohiber la répétition de procédures pénales définitivement clôturées. • CEDH 23 oct. 1995, *Gradinger c/ Autriche,* n° 15963/90 § 53 : *RSC 1996. 487, obs. Koering-Joulin ; JCP 1996. I. 39120, chron. Sudre* • CEDH 29 mai 2001, *Franz Fischer c/ Autriche,* n° 37950/97 § 22 • CEDH, gr. ch., 10 févr. 2009, *Sergueï Zolotoukhine c/ Russie,* n° 14939/03 § 107 : *préc. note 2.*

1° Premier « jugement » de « condamnation ou d'acquittement » à caractère « définitif »

15. Neutralisation de la notion de « jugement ». A la différence de la version française faisant appel à la notion de « jugement », la version anglaise du présent art. ne mentionne pas la forme que doit prendre la décision portant acquittement ou condamnation, ce qui conduit la Cour, eu égard au but du présent art., à considérer, afin d'éviter une approche restrictive de la notion de personne « acquittée ou condamnée », que la décision en cause doit émaner non pas nécessairement d'une juridiction mais plus largement d'une « autorité appelée à participer à l'administration de la justice dans l'ordre national concerné » et « compétente selon le droit interne pour établir et sanctionner, le cas échéant, le comportement illicite reproché à l'intéressé ». La décision d'acquittement ou de condamnation peut donc ne pas prendre la forme d'un jugement. • CEDH, gr. ch., 8 juill. 2019, *Mihalache c/ Roumanie,* n° 54012/10 § 94 et 95.

16. Décision de « condamnation/acquittement ». L'abandon de poursuites pénales par un procureur n'équivaut ni à une condamnation ni à un acquittement. • CEDH, décis., 3 oct. 2002, *Russie,* n° 46133/99 • CEDH, gr. ch., 27 mai 2014, *Croatie,* n° 4455/10 § 120. ♦ En dressant un nouvel acte d'accusation contre le requérant, après que le tribunal de comté a octroyé au requérant une amnistie pour des actes, à savoir des assassinats de civils et des coups et blessures graves infligés à un enfant, qui s'analysent en des violations graves des droits fondamentaux de l'homme, soulignant dans son raisonnement les mérites de l'intéressé en tant que militaire, et en le condamnant pour crimes de guerre contre la population civile, les autorités croates ont agi dans le respect des obligations découlant des art. 2 et 3 de la Conv. EDH. • CEDH, gr. ch., 27 mai 2014, *Croatie,* n° 4455/10 § 140. ♦ Les notions de « condamnation/ acquittement » impliquent « qu'il y ait eu établissement de la responsabilité pénale de l'accusé à l'issue d'une appréciation des circonstances de l'affaire ». La décision y afférente doit donc avoir été rendue par une autorité « investie par le droit interne d'un pouvoir décisionnel lui permettant d'examiner le fond de l'affaire » et qui, sur la base de l'examen des preuves, a porté « une appréciation sur la participation du requérant [aux] évènements ayant conduit à la saisine des organes d'enquête ». • CEDH, gr. ch., 8 juill. 2019, *Mihalache c/ Roumanie,* n° 54012/10 § 97. ♦ Aux yeux de la Cour, « l'état d'avancement d'une procédure dans une affaire donnée » (l'ouverture d'une instruction pénale, l'interrogatoire de la victime, le recueil et l'examen des preuves conduisant au prononcé d'une décision motivée) offre des éléments permettant de déterminer s'il y a eu appréciation du fond de l'affaire, ce qui est *a priori* le cas dans l'hypothèse où une sanction a été prononcée par l'autorité compétente comme conséquence du comportement imputé à l'intéressé. • Même arrêt, § 98.

17. Caractère « définitif » de la première décision. Afin que les exigences du présent art. demeurent concrètes et effectives, la Cour estime qu'il faut interpréter le terme « définitif » de manière autonome « lorsque cela est justifié par des raisons solides ». • CEDH, gr. ch., 8 juill. 2019, *Mihalache c/ Roumanie,* n° 54012/10 § 114. ♦ La Cour se réfère itérativement au rapport explicatif du présent protocole reprenant lui-même celui afférent à la Convention européenne sur la valeur internationale des jugements répressifs : une décision est définitive si elle est, selon l'expression consacrée, passée en force de chose jugée. Tel est le cas lorsqu'elle est irrévocable, c'est-à-dire lorsqu'elle n'est pas susceptible de voies de recours ordinaires ou que les parties ont épuisé ces voies ou laissé passer les délais sans les exercer. • CEDH 20 juill. 2004, 🏛 *Nikitine c/ Russie,* n° 50178/99 § 37 • CEDH, décis., 15 mars 2005, 🏛 *Horciag c/ Roumanie,* n° 70982/01 • CEDH, gr. ch., 10 févr. 2009, 🏛 *Sergueï Zolotoukhine c/ Russie,* n° 14939/03 § 107 : *préc. note 2.* ♦ A partir de la loi et de la procédure internes, il convient de déterminer si la décision est susceptible d'un « recours ordinaire » qui, aux fins du présent art., doit, conformément à l'exigence de sécurité juridique *inhérente au principe non bis in idem,* « opérer de manière à indiquer clairement quel est le moment où une décision devient définitive ». • CEDH, gr. ch., 8 juill. 2019, *Mihalache c/ Roumanie,* n° 54012/10 § 116. ♦ Ne constitue pas un « recours ordinaire » à prendre en compte, aux fins de déterminer le caractère définitif d'une condamnation, la voie de droit permettant au parquet hiérarchiquement supérieur d'annuler la sanction infligée et de rouvrir les poursuites dès lors qu'enfermé par le droit interne dans aucun délai, ce recours entraînant un déséquilibre entre les parties place le requérant dans une position d'insécurité juridique • Même arrêt, § 124. ♦ Les décisions susceptibles d'un recours ordinaire ne bénéficient pas de la garantie tant que le délai d'appel n'est pas expiré. En revanche, les recours extraordinaires tels qu'une demande de réouverture de la procédure ou une demande de prorogation d'un délai expiré ne sont pas pris en compte lorsqu'il s'agit de déterminer si la procédure a été définitivement clôturée. • CEDH 20 juill. 2004, 🏛 *Nikitine c/ Russie,* n° 50178/99 § 39 • CEDH, gr. ch., 10 févr. 2009, 🏛 *Sergueï Zolotoukhine c/ Russie,* n° 14939/03 § 108 : *préc. note 2.* ♦ Bien que ces voies de recours représentent une continuation de la première procédure, le caractère « définitif » de la décision ne dépend pas de leur exercice. Il importe de souligner que le présent art. n'exclut pas la réouverture de la procédure, comme l'indique clairement son § 2. • CEDH, gr. ch., 10 févr. 2009, 🏛 *Sergueï Zolotoukhine c/ Russie,* n° 14939/03 § 108 : *préc. note 2.*

2° Existence d'une nouvelle procédure

18. Applicabilité aux nouvelles poursuites. Le présent art. ne vise pas seulement le cas d'une double condamnation, mais aussi celui des doubles poursuites. • CEDH 29 mai 2001, 🏛 *Autriche,* n° 37950/97 § 29 • CEDH, gr. ch., 10 févr. 2009, 🏛 *Russie,* n° 14939/03 § 110 : *préc. note 2.* ♦ La condamnation dans la seconde procédure n'est pas un élément requis pour que la garantie du présent art. trouve à s'appliquer ; il suffit en effet que le requérant risquât d'être poursuivi et/ou qu'il ait été réellement jugé pour ces accusations. • CEDH, gr. ch., 10 févr. 2009, 🏛 *Russie,* n° 14939/03 § 97 : *préc. note 2.* ♦ Le présent art. renferme en effet trois garanties distinctes et dispose que nul 1) ne peut être poursuivi, 2) jugé ou 3) puni deux fois pour les mêmes faits • CEDH 20 juill. 2004, 🏛 *Russie,* n° 50178/99 § 36 • CEDH, gr. ch., 10 févr. 2009, 🏛 *Russie,* n° 14939/03 § 110 : *préc. note 2.* ♦ Lorsque les autorités nationales engagent deux procédures mais reconnaissent une violation du principe *non bis in idem* et offrent un redressement approprié par la suite, par exemple en clôturant ou annulant la deuxième procédure et en en effaçant les effets, la Cour peut considérer que le requérant n'a plus la qualité de « victime ». • CEDH, décis., 3 oct. 2002, 🏛 *Italie,* n° 48154/99 • CEDH, gr. ch., 10 févr. 2009, 🏛 *Russie,* n° 14939/03 § 115 : *préc. note 2.*

19. Cas particulier des procédures mixtes. Les conditions à satisfaire pour que des procédures mixtes, administratives et pénales, puissent être regardées comme présentant un lien matériel et temporel suffisant et donc comme compatibles avec le critère de « *bis* » découlant du présent art. sont : – le point de savoir si les différentes procédures visent des buts complémentaires et concernent ainsi, non seulement *in abstracto* mais aussi *in concreto*, des aspects différents de l'acte préjudiciable à la société en cause ; – le point de savoir si la mixité des procédures en question est une conséquence prévisible, aussi bien en droit qu'en pratique, du même comportement réprimé (*idem*) ; – le point de savoir si les procédures en question ont été conduites d'une manière qui évite autant que possible toute répétition dans le recueil et dans l'appréciation des éléments de preuve, notamment grâce à une interaction adéquate entre les diverses autorités compétentes, faisant apparaître que l'établissement des faits effectué dans l'une des procédures a été repris dans l'autre ; – et, surtout, le point de savoir si la sanction imposée à l'issue de la procédure arrivée à son terme en premier a été prise en compte dans la procédure qui a pris fin en dernier, de manière à ne pas faire porter pour finir à l'intéressé un fardeau excessif, ce dernier risque étant moins susceptible de se présenter s'il existe un mécanisme compensatoire conçu pour assurer que le montant global de toutes les peines prononcées est proportionné. • CEDH, gr. ch., 15 nov. 2016, *Norvège*, n° 24130/11 § 132 : *AJDA 2016. 2190*. ♦ Rappr. • CJUE 20 mars 2018, n° C-524/15, C-537/16 et C-596/16 (3 esp.) : *AJDA 2018. 602*. ♦ Contrevient au présent art. la double poursuite et condamnation du requérant par l'Autorité des marchés financiers et par les juridictions pénales dans la mesure où les deux procédures portant sur des faits identiques de manipulation du cours d'une action n'entretenaient pas de lien matériel et temporel suffisamment étroit, en raison notamment de l'identité des buts qu'elles visaient • CEDH, 6 juin 2019, *Nodet c/ France*, n° 47342/14 § 53 : *RSC 2019. 383, obs. Stasiak*.

20. Mise en œuvre. Le requérant avait été condamné par une décision définitive pour actes perturbateurs mineurs et avait purgé la peine infligée. Il fut ensuite inculpé d'actes perturbateurs et placé en détention provisoire. La procédure a duré plus de dix mois, pendant lesquels l'intéressé a dû participer à l'enquête et subir un procès. Dès lors, le fait qu'il ait été finalement relaxé de ce chef ne retire rien à son allégation selon laquelle il a été poursuivi et jugé deux fois pour cette accusation. • CEDH, gr. ch., 10 févr. 2009, *Russie*, n° 14939/03 § 111 : *préc. note 2*.

21. L'amende infligée par le maire et les charges portées par le ministère public visaient les mêmes faits – s'introduire dans l'appartement d'autrui et frapper une personne. Comme elle n'a pas été contestée devant les tribunaux, l'amende est devenue définitive. Les juridictions internes n'ont pas mis un terme à la procédure pénale ultérieure, car la Cour suprême a déclaré de manière constante que des poursuites pénales pouvaient être engagées contre des personnes déjà sanctionnées dans le cadre d'une procédure administrative. En conséquence, la Cour estime que l'individu a été condamné à deux reprises – dans le cadre de deux procédures distinctes, l'une administrative et l'autre pénale – pour le même comportement, les mêmes faits et la même infraction. • CEDH 14 janv. 2010, *Bulgarie (n° 2)*, n° 2376/03 § 54 et 55.

22. Dans son recours contre sa condamnation, le requérant s'est clairement plaint d'une violation du principe *non bis in idem*. La cour d'appel a cependant confirmé la condamnation pour la même infraction que celle pour laquelle une punition avait déjà été infligée par la Cour mineure infractions. • CEDH 25 juin 2009, *Croatie*, n° 55759/07 § 68.

C. LA RÉOUVERTURE EXCEPTIONNELLE DU PROCÈS

23. Le § 2 du présent art. représente une limite à l'application du principe de sécurité juridique en matière pénale, lequel principe n'est pas absolu puisqu'est explicitement autorisée l'institution d'un mécanisme de réouverture du procès en cas de survenance de faits nouveaux ou de découverte d'un vice fondamental de procédure. • CEDH, gr. ch., 8 juill. 2019, *Roumanie*, n° 54012/10 § 129. ♦ Les motifs justifiant la réouverture d'une procédure doivent dans tous les cas être de nature à « affecter le jugement intervenu ». • Même arrêt, § 133. ♦ Les circonstances invoquées au soutien d'une réouverture sont examinées par la Cour au cas par cas • Même arrêt, § 133. ♦ Outre les circonstances propres à l'affaire non portées à la connaissance du juge, les faits nouveaux ou nouvellement révélés comprennent tous les moyens de preuve afférents aux faits préexistants • Même arrêt, § 131. ♦ En ce qui concerne la notion de vice fondamental, la Cour distingue selon que la réouverture est en faveur du condamné ou au détriment d'un accusé acquitté ou sanctionné pour une infraction moins grave. Dans le second cas, la réouverture devra être justifiée par une violation grave d'une règle de procédure portant une atteinte considérable à l'intégrité de la procédure précédente alors que, dans la première hypothèse, la nature du vice s'appréciera prioritairement en fonction du respect ou non des droits de la défense • Même arrêt, § 133. ♦ La nécessité d'uniformiser la pratique relative à l'appréciation de la gravité de certaines infractions ne figure pas parmi les circonstances exceptionnelles susceptibles de justifier la réouverture. • Même arrêt, § 136.

Art. 5 ***Égalité entre époux.*** **Les époux jouissent de l'égalité de droits et de responsabilités de caractère civil entre eux et dans leurs relations avec leurs enfants au regard du mariage, durant le mariage et lors de sa dissolution. Le présent article n'empêche pas les États de prendre les mesures nécessaires dans l'intérêt des enfants.**

COMMENTAIRE

V. sur le Code en ligne.

1. Cette disposition porte sur les droits et les responsabilités des époux en droit civil exclusivement. • Comm. EDH 9 sept. 1998, *Purtonen c/ Finlande,* n° 32700/96. ♦ Pourtant, même si le contentieux de la sécurité sociale porte sur des droits civils au sens de l'art. 6, § 1, Conv. EDH, on ne saurait en tirer la conclusion que les « droits et responsabilités de caractère civil » visés au présent art. touche d'autres domaines du droit tels que le droit administratif, fiscal, social ou le droit du travail. • Comm. EDH 16 janv. 1996, *Klöpper c/ Suisse,* n° 25053/94.

2. L'obligation de l'État sous l'angle du présent art. implique essentiellement une obligation positive d'offrir un cadre juridique satisfaisant dans lequel les époux jouissent de l'égalité de droits et d'obligations dans des domaines tels que leurs relations avec les enfants. • Comm. EDH 9 sept. 1998, *Purtonen c/ Finlande,* n° 32700/96.

3. Le plus souvent, l'examen de l'affaire sous l'angle de l'art. 8 Conv. EDH dispense la Cour d'avoir à l'examiner sous l'angle du présent art. • CEDH 18 janv. 2007, *Kaplan c/ Autriche,* n° 45983/99 § 37. ♦ De même eu égard à l'absence de violation au regard de l'art. 8 Conv. EDH, et rien ne donnant à penser que les tribunaux nationaux aient rendu leurs décisions de manière arbitraire, la Cour estime, à l'unanimité, qu'il n'y a pas non plus eu violation du présent art. • CEDH 26 juill. 2007, *Tchepelev c/ Russie,* n° 58077/00 § 36. ♦ Rappr. s'agissant de griefs examinés conjointement sous l'angle des art. 14 et 8 Conv. EDH. • CEDH, décis., 15 mars 2011, *R. R. c/ Roumaine,* n° 18074/09 § 202.

4. La Cour note l'évolution de la jurisprudence de la Cour de cassation française exposée ci-dessus et notamment les arrêts rendus le 17 févr. 2004 qui sont manifestement d'une grande importance. La Cour souligne que, dans le cadre de ces derniers arrêts, la Cour de cassation a désormais établi que « même si elle résultait d'une procédure loyale et contradictoire, [une] décision constatant une répudiation unilatérale du mari sans donner d'effet juridique à l'opposition éventuelle de la femme (...) est contraire au principe d'égalité des époux lors de la dissolution du mariage reconnu par l'art. 5 du Protocole additionnel n° 7 à la Conv. EDH (...) que la France s'est engagée à garantir à toute personne relevant de sa juridiction, et donc à l'ordre public international (...) ». • CEDH 8 nov. 2005, *D. D. c/ France,* n° 3/02 (radiation du rôle).

5. La protection de la santé et des droits de l'enfant est un but légitime qui permet de justifier des différences de traitement fondées sur des justifications objectives et raisonnables. Même s'il n'est pas invoqué, la Cour se réfère parfois au présent art. pour le justifier. • CEDH 23 juin 1993, *Hoffmann c/ Autriche,* n° 12875/87 § 34 : *RSC 1994. 362, obs. Koering-Joulin ; JDI 1994. 778, obs. Decaux et Tavernier.* ♦ V. déjà. • Comm. EDH 9 sept. 1998, *Purtonen c/ Finlande,* n° 32700/96.

Art. 6 ***Application territoriale.*** **1. Tout État peut, au moment de la signature ou au moment du dépôt de son instrument de ratification, d'acceptation ou d'approbation, désigner le ou les territoires auxquels s'appliquera le présent Protocole, en indiquant la mesure dans laquelle il s'engage à ce que les dispositions du présent Protocole s'appliquent à ce ou ces territoires.**

2. Tout État peut, à tout autre moment par la suite, par une déclaration adressée au Secrétaire général du Conseil de l'Europe, étendre l'application du présent Protocole à tout autre territoire désigné dans la déclaration. Le Protocole entrera en vigueur à l'égard de ce territoire le premier jour du mois qui suit l'expiration d'une période de deux mois après la date de réception de la déclaration par le Secrétaire général.

3. Toute déclaration faite en vertu des deux paragraphes précédents pourra être retirée ou modifiée en ce qui concerne tout territoire désigné dans cette déclaration, par notification adressée au Secrétaire général. Le retrait ou la modification prendra effet le premier jour du mois qui suit l'expiration d'une période de deux mois après la date de réception de la notification par le Secrétaire général.

4. Une déclaration faite conformément au présent article sera considérée comme ayant été faite conformément au paragraphe 1 de l'article 56 de la Convention.

5. Le territoire de tout État auquel le présent Protocole s'applique en vertu de sa ratification, de son acceptation ou de son approbation par ledit État, et chacun des territoires auxquels le Protocole s'applique en vertu d'une déclaration souscrite par ledit État conformément au présent article, peuvent être considérés comme des territoires distincts aux fins de la référence au territoire d'un État faite par l'article 1er.

6. Tout État ayant fait une déclaration conformément au paragraphe 1 ou 2 du présent article peut, à tout moment par la suite, déclarer relativement à un ou plusieurs des territoires visés dans cette déclaration qu'il accepte la compétence de la cour pour connaître des requêtes de personnes physiques, d'organisations non gouvernementales ou de groupes de particuliers, comme le prévoit l'article 34 de la Convention, au titre des articles 1er à 5 du présent Protocole.

Art. 7 *Relations avec la Convention.* 1. Les États Parties considèrent les articles 1 à 6 du présent Protocole comme des articles additionnels à la Convention et toutes les dispositions de la Convention s'appliquent en conséquence.

2. *Abrogé.*

Art. 8 *Signature et ratification.* Le présent Protocole est ouvert à la signature des États membres du Conseil de l'Europe qui ont signé la Convention. Il sera soumis à ratification, acceptation ou approbation. Un État membre du Conseil de l'Europe ne peut ratifier, accepter ou approuver le présent Protocole sans avoir simultanément ou antérieurement ratifié la Convention. Les instruments de ratification, d'acceptation ou d'approbation seront déposés près le Secrétaire Général du Conseil de l'Europe.

Art. 9 *Entrée en vigueur.* 1. Le présent Protocole entrera en vigueur le premier jour du mois qui suit l'expiration d'une période de deux mois après la date à laquelle sept États membres du Conseil de l'Europe auront exprimé leur consentement à être liés par le Protocole conformément aux dispositions de l'article 8.

2. Pour tout État membre qui exprimera ultérieurement son consentement à être lié par le Protocole, celui-ci entrera en vigueur le premier jour du mois qui suit l'expiration d'une période de deux mois après la date du dépôt de l'instrument de ratification, d'acceptation ou d'approbation.

Art. 10 *Fonctions du dépositaire.* Le Secrétaire Général du Conseil de l'Europe notifiera à tous les États membres du Conseil de l'Europe :

a. toute signature ;

b. le dépôt de tout instrument de ratification, d'acceptation ou d'approbation ;

c. toute date d'entrée en vigueur du présent Protocole conformément à ses articles 6 et 9 ;

d. tout autre acte, notification ou déclaration ayant trait au présent Protocole.

Sur les réserves, V. comm. et annotations ss. Conv. EDH, art. 57.

DÉCLARATIONS ET RÉSERVES ACCOMPAGNANT L'INSTRUMENT DE RATIFICATION

Le Gouvernement de la République française déclare qu'au sens de l'article 2, paragraphe 1, l'examen par une juridiction supérieure peut se limiter à un contrôle de l'application de la loi, tel que le recours en cassation.

Le Gouvernement de la République française déclare que seules les infractions relevant en droit français de la compétence des tribunaux statuant en matière pénale doivent être regardées comme des infractions au sens des articles 2 à 4 du présent Protocole.

Le Gouvernement de la République française déclare que l'article 5 ne doit pas faire obstacle à l'application des règles de l'ordre juridique français concernant la transmission du nom « patronymique ».

L'article 5 ne doit pas faire obstacle à l'application de dispositions de droit local dans la collectivité départementale de Mayotte et les territoires de Nouvelle-Calédonie et des îles Wallis-et-Futuna.

Le Protocole n° 7 à la Convention de sauvegarde des droits de l'homme et des libertés fondamentales s'appliquera à l'ensemble du territoire de la République, compte tenu, en ce qui concerne les territoires d'outre-mer et la collectivité départementale de Mayotte, des nécessités locales auxquelles l'article 63 *[devenu art. 56]* de la Convention européenne des droits de l'homme et des libertés fondamentales fait référence.

Protocole n° 11 du 11 mai 1994,

A la Convention de sauvegarde des droits de l'homme et des libertés fondamentales portant restructuration du mécanisme de contrôle établi par la Convention (ensemble une annexe).

Art. 1er et 2 *V. Convention EDH, son Protocole additionnel et ses Protocoles nos 4, 6 et 7.*

Art. 3 1. Le présent Protocole est ouvert à la signature des États membres du Conseil de l'Europe signataires de la Convention, qui peuvent exprimer leur consentement à être liés par :

a) Signature sans réserve de ratification, d'acceptation ou d'approbation ; ou

b) Signature sous réserve de ratification, d'acceptation ou d'approbation, suivie de ratification, d'acceptation ou d'approbation.

2. Les instruments de ratification, d'acceptation ou d'approbation seront déposés près le Secrétaire général du Conseil de l'Europe.

Art. 4 Le présent Protocole entrera en vigueur le premier jour du mois qui suit l'expiration d'une période d'un an après la date à laquelle toutes les parties à la Convention auront exprimé leur consentement à être liées par le Protocole conformément aux dispositions de l'article 3. L'élection des nouveaux juges pourra se faire, et toutes autres mesures nécessaires à l'établissement de la nouvelle cour pourront être prises, conformément aux dispositions du présent Protocole, à partir de la date à laquelle toutes les Parties à la Convention auront exprimé leur consentement à être liées par le Protocole.

Art. 5 1. Sans préjudice des dispositions des paragraphes 3 et 4 ci-dessous, le mandat des juges, membres de la Commission, greffier et greffier adjoint expire à la date d'entrée en vigueur du présent Protocole.

2. Les requêtes pendantes devant la Commission qui n'ont pas encore été déclarées recevables à la date d'entrée en vigueur du présent Protocole sont examinées par la cour conformément aux dispositions du présent Protocole.

3. Les requêtes déclarées recevables à la date d'entrée en vigueur du présent Protocole continuent d'être traitées par les membres de la Commission dans l'année qui suit. Toutes les affaires dont l'examen n'est pas terminé durant cette période sont transmises à la cour qui les examine, en tant que requêtes recevables, conformément aux dispositions du présent Protocole.

4. Pour les requêtes pour lesquelles la Commission, après l'entrée en vigueur du présent Protocole, a adopté un rapport conformément à l'ancien article 31 de la Convention, le rapport est transmis aux parties qui n'ont pas la faculté de le publier. Conformément aux dispositions applicables avant l'entrée en vigueur du présent Protocole, une affaire peut être déférée à la cour. Le collège de la Grande Chambre détermine si l'une des Chambres ou la Grande Chambre doit se prononcer sur l'affaire. Si une Chambre se prononce sur l'affaire, sa décision est définitive. Les affaires non déférées à la cour sont examinées par le Comité des Ministres agissant conformément aux dispositions de l'ancien article 32 de la Convention.

5. Les affaires pendantes devant la cour dont l'examen n'est pas encore achevé à la date d'entrée en vigueur du présent Protocole sont transmises à la Grande Chambre de la cour, qui se prononce sur l'affaire conformément aux dispositions de ce Protocole.

6. Les affaires pendantes devant le Comité des Ministres dont l'examen en vertu de l'ancien article 32 n'est pas encore achevé à la date d'entrée en vigueur du présent Protocole sont réglées par le Comité des Ministres agissant conformément à cet article.

Art. 6 Dès lors qu'une Haute Partie contractante a reconnu la compétence de la *Commission ou la juridiction* de la cour par la déclaration prévue à l'ancien article 25 ou à l'ancien article 46 de la Convention, uniquement pour les affaires postérieures, ou fondées sur des faits postérieurs, à ladite déclaration, cette restriction continuera à s'appliquer à la juridicition de la Cour aux termes du présent Protocole.

....

Le présent protocole est entré en vigueur le 1er nov. 1998.

Protocole n° 12 du 4 novembre 2000,

A la Convention de sauvegarde des droits de l'homme et des libertés fondamentales concernant la discrimination.

Les États membres du Conseil de l'Europe, signataires du présent Protocole,

Prenant en compte le principe fondamental selon lequel toutes les personnes sont égales devant la loi et ont droit à une égale protection de la loi ;

Résolus à prendre de nouvelles mesures pour promouvoir l'égalité de tous par la garantie collective d'une interdiction générale de discrimination par la Convention de sauvegarde des Droits de l'Homme et des Libertés fondamentales, signée à Rome le 4 novembre 1950 (ci-après dénommée « la Convention ») ;

Réaffirmant que le principe de non-discrimination n'empêche pas les États parties de prendre des mesures afin de promouvoir une égalité pleine et effective, à la condition qu'elles répondent à une justification objective et raisonnable,

Sont convenus de ce qui suit :

Art. 1er *Interdiction générale de la discrimination.* 1. La jouissance de tout droit prévu par la loi doit être assurée, sans discrimination aucune, fondée notamment sur le sexe, la race, la couleur, la langue, la religion, les opinions politiques ou toutes autres opinions, l'origine nationale ou sociale, l'appartenance à une minorité nationale, la fortune, la naissance ou toute autre situation.

2. Nul ne peut faire l'objet d'une discrimination de la part d'une autorité publique quelle qu'elle soit fondée notamment sur les motifs mentionnés au paragraphe 1.

COMMENTAIRE

V. sur le Code en ligne.

1. Si l'art. 14 Conv. EDH prohibe la discrimination dans l'assurance de la jouissance des « droits et libertés reconnus dans la (…) Convention », le présent art. étend le champ de la protection à « tout droit prévu par la loi ». Il introduit donc une interdiction générale de la discrimination. • CEDH, gr. ch., 22 déc. 2009, *Sejdic et Finci c/ Bosnie-Herzégovine*, n° 27996/06 § 53 : *AJDA 2010. 997, obs. Flauss ; RD publ. 2010. 860, obs. Surrel* • CEDH 9 déc. 2010, *Savez Crkava Rijec Zivota et a. c/ Croatie*, n° 7798/08 § 103.

2. La notion de discrimination fait l'objet d'une interprétation constante dans la jurisprudence de la Cour concernant l'art. 14 Conv. EDH. Il ressort en particulier de cette jurisprudence que par « discrimination » il y a lieu d'entendre un traitement différencié, sans justification objective et raisonnable, de personnes placées dans des situations analogues. Les *auteurs du présent Protocole* ont utilisé le même terme de discrimination dans le présent art. Nonobstant la différence de portée qu'il y a entre les 2 dispositions, le sens du mot inscrit ici est censé être identique à celui du terme figurant à l'art. 14. Aussi la Cour n'aperçoit-elle aucune raison de s'écarter, dans le contexte du présent art., de l'interprétation bien établie de la notion de « discrimination » retenue jusqu'alors. • CEDH, gr. ch., 22 déc. 2009, *Sejdic et Finci c/ Bosnie-Herzégovine*, n° 27996/06 § 55 : *préc. note 1.* ♦ Il en découle logiquement que, pour les motifs exposés de manière détaillée dans le contexte de l'art. 14, la Cour estime que la condition préalable litigieuse à la candidature aux élections présidentielles s'analyse en une violation du présent art. • CEDH, gr. ch., 22 déc. 2009, *Sejdic et Finci c/ Bosnie-Herzégovine*, n° 27996/06 § 56 : *préc.* • CEDH 9 déc. 2010, *Savez Crkava Rijec Zivota et a. c/ Croatie*, n° 7798/08 § 115.

3. A l'inverse, l'application qui a été faite aux requérantes de la loi électorale ne peut s'analyser en une différence de traitement, dans la mesure où une candidature intégralement composée d'hommes, ne respectant pas le quota légal de 40 % de candidats appartenant à l'autre sexe, aurait été également disqualifiée. La loi en cause établit un système de pourcentages qui s'applique indistinctement aux candidats de l'un et de l'autre sexe, visant à garantir une participation équilibrée des femmes et des hommes aux fonctions électives. • CEDH, décis., 4 oct. 2011, Mendez Perez et *a. c/ Espagne*, n° 35473/08.

4. Rappelée de son poste à l'étranger en raison de sa seconde grossesse, la requérante, diplomate, a subi, de la part d'une autorité publique au sens du § 2 du présent art., une différence de traitement fondée sur le sexe, différence néanmoins justifiée, dans le cadre de l'étroite marge d'appréciation de l'État partie en la matière, par la protection des droits d'autrui, en l'occurrence ceux des ressortissants roumains ayant besoin d'une assistance consulaire. Bien que motivée par la grossesse, la mesure proportionnée n'avait pas pour objet de placer en situation défavorable la requérante qui a continué à être promue en dépit de ses congés maternité et parentaux prolongés. • CEDH 20 oct. 2020, *Roumanie,* n° 33139/13 § 85 et 86.

Art. 2 *Application territoriale.* 1. Tout État peut, au moment de la signature ou au moment du dépôt de son instrument de ratification, d'acceptation ou d'approbation, désigner le ou les territoires auxquels s'appliquera le présent Protocole.

2. Tout État peut, à tout autre moment par la suite, par une déclaration adressée au Secrétaire Général du Conseil de l'Europe, étendre l'application du présent Protocole à tout autre territoire désigné dans la déclaration. Le Protocole entrera en vigueur à l'égard de ce territoire le premier jour du mois qui suit l'expiration d'une période de trois mois après la date de réception de la déclaration par le Secrétaire Général.

3. Toute déclaration faite en vertu des deux paragraphes précédents pourra être retirée ou modifiée, en ce qui concerne tout territoire désigné dans cette déclaration, par notification adressée au Secrétaire Général du Conseil de l'Europe. Le retrait ou la modification prendra effet le premier jour du mois qui suit l'expiration d'une période de trois mois après la date de réception de la notification par le Secrétaire Général.

4. Une déclaration faite conformément au présent article sera considérée comme ayant été faite conformément au paragraphe 1 de l'article 56 de la Convention.

5. Tout État ayant fait une déclaration conformément au paragraphe 1 ou 2 du présent article peut, à tout moment par la suite, déclarer relativement à un ou plusieurs des territoires visés dans cette déclaration qu'il accepte la compétence de la Cour pour connaître des requêtes de personnes physiques, d'organisations non gouvernementales ou de groupes de particuliers, comme le prévoit l'article 34 de la Convention, au titre de l'article 1 du présent Protocole.

Art. 3 *Relations avec la Convention.* Les États parties considèrent les articles 1 et 2 du présent Protocole comme des articles additionnels à la Convention et toutes les dispositions de la Convention s'appliquent en conséquence.

Art. 4 *Signature et ratification.* Le présent Protocole est ouvert à la signature des États membres du Conseil de l'Europe qui ont signé la Convention. Il sera soumis à ratification, acceptation ou approbation. Un État membre du Conseil de l'Europe ne peut ratifier, accepter ou approuver le présent Protocole sans avoir simultanément ou antérieurement ratifié la Convention. Les instruments de ratification, d'acceptation ou d'approbation seront déposés près le Secrétaire Général du Conseil de l'Europe.

Art. 5 *Entrée en vigueur.* 1. Le présent Protocole entrera en vigueur le premier jour du mois qui suit l'expiration d'une période de trois mois après la date à laquelle dix États membres du Conseil de l'Europe auront exprimé leur consentement à être liés par le présent Protocole conformément aux dispositions de son article 4.

2. Pour tout État membre qui exprimera ultérieurement son consentement à être lié par le présent Protocole, celui-ci entrera en vigueur le premier jour du mois qui suit l'expiration d'une période de trois mois après la date du dépôt de l'instrument de ratification, d'acceptation ou d'approbation.

Art. 6 *Fonctions du dépositaire.* Le Secrétaire Général du Conseil de l'Europe notifiera à tous les États membres du Conseil de l'Europe :

a. toute signature ;

b. le dépôt de tout instrument de ratification, d'acceptation ou d'approbation ;

c. toute date d'entrée en vigueur du présent Protocole conformément à ses articles 2 et 5 ;

d. tout autre acte, notification ou communication, ayant trait au présent Protocole.

En foi de quoi, les soussignés, dûment autorisés à cet effet, ont signé le présent Protocole.

Fait à Rome, le 4 novembre 2000, en français et en anglais, les deux textes faisant également foi, en un seul exemplaire qui sera déposé dans les archives du Conseil de l'Europe. Le Secrétaire Général du Conseil de l'Europe en communiquera copie certifiée conforme à chacun des États membres du Conseil de l'Europe.

Protocole n° 13 du 3 mai 2002,

A la Convention de sauvegarde des droits de l'homme et des libertés fondamentales relatif à l'abolition de la peine de mort en toutes circonstances.

Les États membres du Conseil de l'Europe, signataires du présent Protocole,

Convaincus que le droit de toute personne à la vie est une valeur fondamentale dans une société démocratique, et que l'abolition de la peine de mort est essentielle à la protection de ce droit et à la pleine reconnaissance de la dignité inhérente à tous les êtres humains ;

Souhaitant renforcer la protection du droit à la vie garanti par la Convention de sauvegarde des Droits de l'Homme et des libertés fondamentales signée à Rome le 4 novembre 1950 (ci-après dénommée « la Convention ») ;

Notant que le Protocole n° 6 à la Convention concernant l'abolition de la peine de mort, signé à Strasbourg le 28 avril 1983, n'exclut pas la peine de mort pour des actes commis en temps de guerre ou de danger imminent de guerre ;

Résolus à faire le pas ultime afin d'abolir la peine de mort en toutes circonstances, sont convenus de ce qui suit :

Art. 1er ***Abolition de la peine de mort.*** **La peine de mort est abolie. Nul ne peut être condamné à une telle peine ni exécuté.**

COMMENTAIRE

V. sur le Code en ligne.

1. Situation des États. Un État contractant qui n'a pas ratifié le Prot. n° 6 et n'a pas adhéré au Prot. n° 13 est autorisé à appliquer la peine capitale sous certaines conditions, conformément à l'art. 2, § 2 Conv. • CEDH 12 avr. 2005, *Chamaïev et a. c/ Géorgie et Russie,* n° 36378/02 § 333 et 359.

1° PEINE CAPITALE ET TRAITEMENT INHUMAIN OU TORTURE

2. Principe. Les auteurs de la Conv. EDH ne peuvent certainement pas avoir entendu inclure dans l'art. 3 une interdiction générale de la peine de mort, car le libellé clair de l'art. 2, § 1 s'en trouverait réduit à néant. Du reste, en 1983 les Parties contractantes, pour instaurer une obligation d'abolir la peine capitale en temps de paix, ont voulu agir par voie d'amendement, selon la méthode habituelle, et, qui plus est, au moyen d'un instrument facultatif laissant à chaque État le choix du moment où il assumerait pareil engagement. Dans ces conditions et malgré la spécificité de la Conv. *EDH, l'art. 3 ne saurait* s'interpréter comme prohibant en principe la peine de mort. • CEDH 7 juill. 1989, *Soering c/ Royaume-Uni,* n° 14038/88 § 103 et 104 : *Berger 12e éd., n° 15 ; JCP 1990. 3452, note Labayle ; RGDIP 1990. 103, obs. Sudre* • CEDH 12 avr. 2005, *Chamaïev et a. c/ Géorgie et Russie,* n° 36378/02 § 333. ♦ Le fait qu'il y a encore un nombre élevé d'États qui n'ont pas signé ou ratifié le présent Protocole empêche la Cour de constater que les États contractants ont une pratique établie de considérer l'exécution de la peine de mort comme un traitement inhumain et dégradant contraire à l'art. 3 Conv. EDH, compte tenu du fait que cette dernière disposition n'admet aucune dérogation, même en temps de guerre. • CEDH, gr. ch., 12 mai 2005, *Ocalan c/ Turquie,* n° 46221/99 § 165.

3. Il n'en résulte pas que les circonstances entourant une sentence capitale ne puissent jamais soulever un problème sur le terrain de l'art. 3 Conv. EDH. La manière dont elle est prononcée ou appliquée, la personnalité du condamné et une disproportion par rapport à la gravité de l'infraction, ainsi que les conditions (et la durée) de la détention vécue dans l'attente de l'exécution, figurent parmi les éléments de nature à faire tomber sous le coup de l'art. 3 le traitement ou la peine subis par l'intéressé. La jeunesse du requérant à l'époque de l'infraction et sa condition mentale d'alors, illustrées par le dossier psychiatrique existant, figurent donc parmi les données qui tendent, en l'espèce, à faire relever de l'art. 3 le traitement à subir dans le « couloir de la mort ». • CEDH 7 juill. 1989, *Soering c/ Royaume-Uni,* n° 14038/88 § 104 à 108 : *préc. note 2* • CEDH 12 avr. 2005, *Chamaïev et a. c/ Géorgie et Russie,* n° 36378/02 § 333 • CEDH 29 avr. 2009, *Poltoratski c/ Ukraine,* n° 38812/97 § 133 s.

4. L'attitude actuelle des États contractants envers la peine capitale entre en ligne de compte pour apprécier s'il y a dépassement du seuil tolérable de souffrance ou d'avilissement. • CEDH 7 juill. 1989, *Soering c/ Royaume-Uni,* n° 14038/88 § 104 : *préc. note 2* • CEDH 12 avr. 2005, *Chamaïev et a. c/ Géorgie et Russie,* n° 36378/02 § 333.

5. Peine prononcée à l'issue d'un procès inéquitable. Le fait de prononcer la peine de mort à l'encontre du requérant à l'issue d'un procès inéquitable devant un tribunal dont l'indépendance et l'impartialité sont sujettes à caution s'analyse en un traitement inhumain contraire à l'art. 3 Conv. EDH. • CEDH, gr. ch., 12 mai 2005, *Ocalan c/ Turquie,* n° 46221/99 § 175.

6. Durée de la détention. La très longue période à passer dans le « couloir de la mort » dans des conditions aussi extrêmes, avec l'angoisse omniprésente et croissante de l'exécution de la peine capitale, et la situation personnelle du requérant, en particulier son âge et son état mental à l'époque de l'infraction, font qu'une extradition vers les États-Unis exposerait l'intéressé à un risque réel de traitement dépassant le seuil fixé par le présent art. • CEDH 7 juill. 1989, *Soering c/ Royaume-Uni,* n° 14038/88 § 111 : *préc. note 2.* ♦ Le requérant avait été condamné à mort en déc. 1995, soit environ 15 mois avant l'entrée en vigueur du moratoire. La Cour reconnaît que l'intéressé a dû vivre dans un état d'incertitude et éprouver un sentiment de peur et d'angoisse quant à son devenir jusqu'à ce que la peine de mort fût formellement abolie et que sa propre peine fût commuée. Elle considère cependant que le risque d'exécution de la peine ainsi que le sentiment de peur et d'angoisse qu'éprouvent les condamnés à mort ont dû progressivement s'atténuer à mesure que le temps passait et que le moratoire de fait sur les exécutions se prolongeait. • CEDH 29 avr. 2009, *Poltoratski c/ Ukraine,* n° 38812/97 § 135.

7. Conditions de la détention. I. a été détenu pendant 8 ans, jusqu'à sa libération en mai 2001, en régime d'isolement sévère : sans contact avec d'autres détenus, sans aucune nouvelle de l'extérieur, puisqu'il n'avait pas la permission d'envoyer ou de recevoir du courrier, et privé du droit de prendre contact avec son avocat ou de recevoir régulièrement la visite de sa famille ; sa cellule non chauffée, même dans les rudes conditions d'hiver, était dépourvue d'éclairage naturel et d'aération. I. a aussi été privé de nourriture en guise de punition et qu'en tout état de cause, compte tenu des restrictions à la réception de colis, même la nourriture qu'il recevait de l'extérieur était souvent impropre à la consommation. Le requérant ne pouvait prendre une douche que très rarement, parfois à plusieurs mois d'intervalle. Ces conditions de détention ont eu des *effets préjudiciables sur sa santé,* qui s'est détériorée tout au long de ces nombreuses années de détention. Ainsi, le requérant n'a pas été correctement soigné, en l'absence de visites et de traitements médicaux réguliers et de repas diététiques. Par ailleurs, compte tenu des restrictions imposées à la réception de colis, il n'a pas pu recevoir des médicaments et de la nourriture bénéfiques pour sa santé. Dès lors, la condamnation du requérant à la peine capitale, les conditions dans lesquelles il a vécu et les traitements qu'il a subis pendant sa détention après la ratification, pris dans leur ensemble, et compte tenu de l'état dans lequel il se trouvait après plusieurs années passées dans ces conditions, revêtent un caractère particulièrement grave et cruel et doivent dès lors être considérés comme des actes de torture. • CEDH, gr. ch., 8 juill. 2004, *Ilascu et a. c/ Moldavie et Russie,* n° 48787/99 § 438 à 440. ♦ Au moins jusqu'au mois de mai 1998, le requérant, comme les autres détenus condamnés à mort, était enfermé en permanence dans une cellule où l'espace de vie était très restreint et dont les fenêtres occultées le privaient d'accès à la lumière naturelle, rien n'était prévu pour l'exercice en plein air et l'intéressé n'avait guère ou pas de moyens de s'occuper et d'entretenir des contacts humains. Les observations indiquent que les personnes détenues en Ukraine dans le « couloir de la mort » connaissent le même sort, dès lors la détention du requérant dans ces conditions inacceptables, n'ayant pas manqué de lui causer de grandes souffrances mentales et de porter atteinte à sa dignité, s'analyse en un traitement dégradant emportant violation de l'art. 3 Conv. EDH. • CEDH 29 avr. 2009, *Poltoratski c/ Ukraine,* n° 38812/97 § 145 et 146.

2° PEINE DE MORT ET EXTRADITION

8. Une décision d'extradition pouvant soulever un problème au regard de l'art. 3 Conv. EDH et donc engager la responsabilité d'un État contractant au titre de la Conv. EDH, lorsqu'il y a des motifs sérieux et avérés de croire que l'intéressé, si on le livre à l'État requérant, y courra un risque réel d'être soumis à la torture, ou à des peines ou traitements inhumains ou dégradants, ces principes s'appliquent en cas d'extradition d'un requérant vers un pays qui pratique encore la peine de mort dès lors que le requérant risque cette peine. • CEDH 7 juill. 1989, *Soering c/ Royaume-Uni,* n° 14038/88 § 91 : *préc. note 2.* ♦ La question de la violation des art. 2 et 3 est, dans ce cas, souvent étudiée en même temps (V. ss cet art. 3). • CEDH 8 nov. 2005, *Bader et Kanbor, c/ Suède,* n° 13284/04 § 48 • CEDH, gr. ch., 23 mars 2016, *F. G. c/ Suède,* n° 43611/11 § 110. ♦ L'art. 2 Conv. EDH n'interdit pas la peine capitale. Cependant, le présent art. énonce que la peine de mort est abolie et que nul ne peut être condamné a une telle peine ni exécuté. La question de la responsabilité d'un État contractant au regard de cette disposition, comme sous l'angle de l'art. 3 Conv. EDH, se pose donc dans le cas où la personne concernée court un risque réel, à la suite de son extradition, d'être condamnée à la peine capitale dans l'État requérant. Tel n'est pas le cas en l'espèce, l'extradition de la requérante ayant été approuvée sous réserve que la peine capitale ne fût pas appliquée, condition à laquelle les autorités russes n'ont opposé aucune objection. • Comm. EDH 4 sept. 1995, *Raidl c/ Autriche,* n° 25342/94.

9. Des lettres de garanties du procureur général russe par intérim ont formellement assuré aux autorités géorgiennes que les requérants ne seraient pas condamnés à la peine capitale et ont rappelé que, de toute manière, aucune condamnation à mort ne pouvait recevoir exécution en Russie depuis le moratoire de 1996. Une lettre comportait également des garanties expresses contre « la torture [et les] traitements ou peines cruels, inhumains ou attentatoires à la dignité humaine ». • CEDH 12 avr. 2005, *Chamaïev et a. c/ Géorgie et Russie,* n° 36378/02 § 343.

10. V. le droit français applicable sur ce point ss. art. 66-1 Const. 58.

Art. 2 ***Interdiction de dérogations.*** **Aucune dérogation n'est autorisée aux dispositions du présent Protocole au titre de l'article 15 de la Convention.**

COMMENTAIRE

Voir le commentaire sous le Protocole n° 13 Conv. EDH, article 1er.

Art. 3 ***Interdiction de réserves.*** **Aucune réserve n'est admise aux dispositions du présent Protocole au titre de l'article 57 de la Convention.**

COMMENTAIRE

Voir le commentaire sous le Protocole n° 13 Conv. EDH, article 1er.

Art. 4 ***Application territoriale.*** **1. Tout État peut, au moment de la signature ou au moment du dépôt de son instrument de ratification, d'acceptation ou d'approbation, désigner le ou les territoires auxquels s'appliquera le présent Protocole.**

2. Tout État peut, à tout autre moment par la suite, par une déclaration adressée au Secrétaire général du Conseil de l'Europe, étendre l'application du présent Protocole à tout autre territoire désigné dans la déclaration. Le Protocole entrera en vigueur à l'égard de ce territoire le premier jour du mois qui suit l'expiration d'une période de trois mois après la date de réception de la déclaration par le Secrétaire général.

3. Toute déclaration faite en vertu des deux paragraphes précédents pourra être retirée ou modifiée, en ce qui concerne tout territoire désigné dans cette déclaration, par notification adressée au Secrétaire général. Le retrait ou la modification prendra effet le premier jour du mois qui suit l'expiration d'une période de trois mois après la date de réception de la notification par le Secrétaire général.

Art. 5 ***Relations avec la Convention.*** **Les États Parties considèrent les articles 1 à 4 du présent Protocole comme des articles additionnels à la Convention, et toutes les dispositions de la Convention s'appliquent en conséquence.**

Art. 6 ***Signature et ratification.*** **Le présent Protocole est ouvert à la signature des États membres du Conseil de l'Europe qui ont signé la Convention. Il sera soumis à ratification, acceptation ou approbation. Un État membre du Conseil de l'Europe ne peut ratifier, accepter ou approuver le présent Protocole sans avoir simultanément ou antérieurement ratifié la Convention. Les instruments de ratification, d'acceptation ou d'approbation seront déposés près le Secrétaire général du Conseil de l'Europe.**

Art. 7 ***Entrée en vigueur.*** **1. Le présent Protocole entrera en vigueur le premier jour du mois qui suit l'expiration d'une période de trois mois après la date à laquelle dix États membres du Conseil de l'Europe auront exprimé leur consentement à être liés par le présent Protocole conformément aux dispositions de son article 6.** – *Le présent protocole est entré en vigueur le 1er juill. 2003.*

2. Pour tout État membre qui exprimera ultérieurement son consentement à être lié par le présent Protocole, celui-ci entrera en vigueur le premier jour du mois qui suit l'expiration d'une période de trois mois après la date du dépôt de l'instrument de ratification, d'acceptation ou d'approbation. – *La France a ratifié ce protocole le 10 oct. 2007, lequel est ainsi entré en vigueur le 1er févr. 2008. Le Décr. n° 2008-193 du 27 févr. 2008 (JO 29 févr.) a porté publication en France de ce protocole (JO 29 févr.).*

Protocole n° 16 du 2 octobre 2013,

A la Convention de sauvegarde des droits de l'homme et des libertés fondamentales.

Ce protocole est entré en vigueur le 1er août 2018.

BIBL. ▸ BURGORGUE-LARSEN, chron. : *AJDA 2018. 1770* .

Préambule

Les États membres du Conseil de l'Europe et les autres Hautes Parties contractantes à la Convention de sauvegarde des Droits de l'Homme et des Libertés fondamentales, signée à Rome le 4 novembre 1950 (ci-après dénommée « la Convention »), signataires du présent Protocole,

Vu les dispositions de la Convention, notamment l'article 19 établissant la Cour européenne des droits de l'homme (ci-après dénommée « la Cour ») ;

Considérant que l'extension de la compétence de la Cour pour donner des avis consultatifs renforcera l'interaction entre la Cour et les autorités nationales, et consolidera ainsi la mise en œuvre de la Convention, conformément au principe de subsidiarité ;

Vu l'Avis n° 285 (2013) adopté par l'Assemblée parlementaire du Conseil de l'Europe le 28 juin 2013,

Sont convenus de ce qui suit :

Art. 1er 1. Les plus hautes juridictions d'une Haute Partie contractante, telles que désignées conformément à l'article 10, peuvent adresser à la Cour des demandes d'avis consultatifs sur des questions de principe relatives à l'interprétation ou à l'application des droits et libertés définis par la Convention ou ses protocoles.

2. La juridiction qui procède à la demande ne peut solliciter un avis consultatif que dans le cadre d'une affaire pendante devant elle.

3. La juridiction qui procède à la demande motive sa demande d'avis et produit les éléments pertinents du contexte juridique et factuel de l'affaire pendante.

1. Office de la Cour. Se bornant, dans le cadre du protocole n° 16, à prononcer un avis en rapport avec les questions qui lui sont adressées dans le cadre d'un litige pendant qui ne lui a pas été transféré, la Cour n'a pas à procéder à une analyse des faits ni à se prononcer sur l'issue de la procédure. • CEDH, gr. ch., avis, 10 avr. 2019, n° P-16-2018-001 § 25 : *AJDA 2019. 788* ; *D. 2019. 759* .

2. Objet de l'avis. Des § 2 et 3 du présent art., la Cour déduit que les avis à rendre au titre du protocole n° 16 « doivent se limiter aux points qui ont un lien direct avec le litige en instance au plan interne », ce qui conduit en conséquence la Cour à ne pas répondre à certaines interrogations soulevées par la juridiction au principal et/ou à circonscrire l'avis émis à certaines circonstances factuelles expressément mentionnées dans l'acte de saisine • CEDH gr. ch., avis, 10 avr. 2019, n° P-16-2018-001, § 6 à 30 et 36 : *préc. note 1.*

3. Pouvoirs de la Cour à l'égard des questions posées. Confrontée au caractère vague et général d'au moins certaines des questions qui lui sont adressées, la Cour confirme qu'eu égard à son office dans ce contexte procédural, elle dispose du pouvoir non seulement de reformuler les questions posées en tenant compte des circonstances factuelles et juridiques particulières de l'affaire pendante au niveau interne mais aussi de joindre certaines de ces interrogations. • CEDH, gr. ch., avis, 29 mai 2020, n° P16-2019-001 § 45. ♦ La Grande Chambre se reconnaît le pouvoir de décider de s'abstenir de répondre à une ou plusieurs questions posées, et ce nonobstant l'acceptation de la demande d'avis dans son ensemble par le collège de cinq juges qui, contrairement à la Grande Chambre, n'a pu bénéficier des observations écrites et orales des parties. • CEDH, gr. ch., avis, 29 mai 2020, n° P16-2019-001 § 46. ♦ Ne discernant, même en recourant à son pouvoir de reformulation, aucun lien direct entre certaines des questions posées et la procédure interne en cours, la Cour considère qu'y répondre conduirait à émettre un avis théorique et général échappant ce faisant au champ d'application de la procédure définie par le présent protocole. Elle s'abstient donc d'y répondre. • CEDH, gr. ch., avis, 29 mai 2020, n° P16-2019-001 § 55 et 56.

4. V. pour des refus lapidaires voire elliptiques de demande d'avis consultatif formulée auprès du Conseil d'État. • CE, ass., 12 oct. 2018, *Sté Super Coiffeur,* n° 408567 A : *AJDA 2018. 1991* ; *D. 2019. 678, obs. Pastor, note Belliard et Grange* ; *RFDA 2018. 1161, concl.*

Touboul ; *Constitutions 2018. 554, chron. Domingo* ; *RTD eur. 2019. 537, obs. Ritleng* . ♦ .... Ou du Conseil constitutionnel tenant néanmoins implicitement les conclusions pour recevables dans le cadre d'une QPC. • Cons. const. 23 nov. 2018, *M. Thomas T. e. a.*, n° 2018-745 QPC § 5.

Art. 2 1. Un collège de cinq juges de la Grande Chambre se prononce sur l'acceptation de la demande d'avis consultatif au regard de l'article 1. Tout refus du collège d'accepter la demande est motivé.

2. Lorsque le collège accepte la demande, la Grande Chambre rend un avis consultatif.

3. Le collège et la Grande Chambre, visés aux paragraphes précédents, comprennent de plein droit le juge élu au titre de la Haute Partie contractante dont relève la juridiction qui a procédé à la demande. En cas d'absence de ce juge, ou lorsqu'il n'est pas en mesure de siéger, une personne choisie par le Président de la Cour sur une liste soumise au préalable par cette Partie siège en qualité de juge.

Portée de l'acceptation par le collège. A l'instar *mutatis mutandis* de ce qui prévaut en ce qui concerne la demande de renvoi prévue à l'art. 43 de la Conv. EDH, il demeure, indépendamment de l'acceptation par le collège des cinq juges, loisible à la Grande Chambre de vérifier si les questions faisant l'objet de la demande satisfont aux conditions énoncées par le présent Protocole. Si, au vu non seulement de la demande initiale mais aussi de tous les autres éléments à sa disposition, la Grande Chambre parvient à la conclusion que certaines questions ne satisfont pas ces conditions, elle décide de ne pas les examiner et s'exprime en ce sens dans son avis consultatif. • CEDH, gr. ch., avis, 29 mai 2020, n° P16-2019-001 § 47.

Art. 3 Le Commissaire aux droits de l'homme du Conseil de l'Europe et la Haute Partie contractante dont relève la juridiction qui a procédé à la demande ont le droit de présenter des observations écrites et de prendre part aux audiences. Le Président de la Cour peut, dans l'intérêt d'une bonne administration de la justice, inviter toute autre Haute Partie contractante ou personne à présenter également des observations écrites ou à prendre part aux audiences.

Art. 4 1. Les avis consultatifs sont motivés.

2. Si l'avis consultatif n'exprime pas, en tout ou en partie, l'opinion unanime des juges, tout juge a le droit d'y joindre l'exposé de son opinion séparée.

3. Les avis consultatifs sont transmis à la juridiction qui a procédé à la demande et à la Haute Partie contractante dont cette juridiction relève.

4. Les avis consultatifs sont publiés.

N'ayant pas, en application du protocole n° 16, à statuer contradictoirement sur des requêtes contentieuses par un arrêt ayant force obligatoire, la Cour prend certes en compte les observations et pièces produites par les participants à la procédure mais estime que, motivé, l'avis prononcé n'a pas nécessairement à répondre à chacun des arguments soulevés ni à développer en détail les fondements de la réponse. • CEDH, gr. ch., avis, 10 avr. 2019, n° P-16-2018-001 § 34 : *AJDA 2019. 788* ; *D. 2019. 759* .

Art. 5 Les avis consultatifs ne sont pas contraignants.

Portée de l'avis. Au titre du protocole n° 16, l'office de la Cour consiste à fournir une orientation à la juridiction demanderesse en *vue de lui permettre de garantir le* respect des droits de la Convention dans le cadre du litige qu'elle a à trancher. • CEDH, gr. ch., avis, 10 avr. 2019, n° P-16-2018-001 § 34 : *AJDA 2019. 788* ; *D. 2019. 759* . ♦ L'intérêt des avis « est également de fournir aux juridictions nationales des orientations sur des questions de principe relatives à la Convention applicables dans des cas similaires ». • CEDH, gr. ch., avis, 10 avr. 2019, n° P-16-2018-001 § 26 : *préc.* ♦ Nonobstant la définition stricte du périmètre de son avis devant demeurer en lien direct avec le litige pendant (V. notes ss. PA 16, art. 1er), la Cour peut juger important de préciser, dans les motifs de son avis, que les orientations dégagées s'appliquent *a fortiori* à des situations partiellement différentes de celles à propos desquelles elle est saisie. • CEDH, gr. ch., avis, 10 avr. 2019, n° P-16-2018-001 § 47 : *préc.*

Art. 6 Les Hautes Parties contractantes considèrent les articles 1 à 5 du présent Protocole comme des articles additionnels à la Convention, et toutes les dispositions de la Convention s'appliquent en conséquence.

Art. 7 1. Le présent Protocole est ouvert à la signature des Hautes Parties contractantes à la Convention, qui peuvent exprimer leur consentement à être liées par :

a la signature sans réserve de ratification, d'acceptation ou d'approbation ; ou

b la signature sous réserve de ratification, d'acceptation ou d'approbation, suivie de ratification, d'acceptation ou d'approbation.

2. Les instruments de ratification, d'acceptation ou d'approbation seront déposés près le Secrétaire Général du Conseil de l'Europe.

Art. 8 1. Le présent Protocole entrera en vigueur le premier jour du mois qui suit l'expiration d'une période de trois mois après la date à laquelle dix Hautes Parties contractantes à la Convention auront exprimé leur consentement à être liées par le Protocole conformément aux dispositions de l'article 7.

2. Pour toute Haute Partie contractante à la Convention qui exprimera ultérieurement son consentement à être liée par le présent Protocole, celui-ci entrera en vigueur le premier jour du mois qui suit l'expiration d'une période de trois mois après la date de l'expression de son consentement à être liée par le Protocole conformément aux dispositions de l'article 7.

Art. 9 Aucune réserve n'est admise aux dispositions du présent Protocole au titre de l'article 57 de la Convention.

Art. 10 Chaque Haute Partie contractante à la Convention indique, au moment de la signature ou du dépôt de son instrument de ratification, d'acceptation ou d'approbation, au moyen d'une déclaration adressée au Secrétaire Général du Conseil de l'Europe, quelles juridictions elle désigne aux fins de l'article 1, paragraphe 1, du présent Protocole. Cette déclaration peut être modifiée à tout moment de la même manière.

Art. 11 Le Secrétaire Général du Conseil de l'Europe notifiera aux États membres du Conseil de l'Europe et aux autres Hautes Parties contractantes à la Convention :

a toute signature ;

b le dépôt de tout instrument de ratification, d'acceptation ou d'approbation ;

c toute date d'entrée en vigueur du présent Protocole conformément à l'article 8 ;

d toute déclaration faite en vertu de l'article 10 ; et

e tout autre acte, notification ou communication ayant trait au présent Protocole.

Tableau des ratifications de la Convention européenne de sauvegarde des droits de l'homme et des libertés fondamentales, de ses protocoles et de l'accord concernant les personnes participant aux procédures devant la Cour européenne des droits de l'homme

États	Conv. EDH			Protocoles								Accord eur. concernant les personnes participant aux procédures devant la CEDH		
	Signature	Ratification	Entrée en vigueur	1	4	6	7	12	13	15	16	Signature	Ratification	Entrée en vigueur
Albanie	13 juill. 95	2 oct. 96	2 oct. 96	Oui	Oui	Oui	Oui	Oui	Oui	Oui	Oui	21 sept. 2000	26 févr. 2003	1er avr. 2003
Allemagne	4 nov. 50	5 déc. 52	3 sept. 53	Oui	Oui	Oui	Non	Non	Oui	Oui		23 oct. 1996	11 sept. 2001	1er nov. 2001
Andorre	10 nov. 94	22 janv. 96	22 janv. 96	Oui	Oui	Oui	Oui	Oui	Oui	Oui		24 nov. 1998	24 nov. 1998	1er janv. 1999
Arménie	25 janv. 01	26 avr. 02	26 avr. 02	Oui	Oui	Oui	Oui	Oui	Non	Oui	Oui			
Autriche	13 déc. 57	3 sept. 58	3 sept. 58	Oui	Oui	Oui	Oui	Non	Oui			7 mai 1999	10 janv. 2001	1er mars 2001
Azerbaïdjan	25 janv. 01	15 avr. 02	15 avr. 02	Oui	Oui	Oui	Oui	Non	Non	Oui				
Belgique	4 nov. 50	14 juin 55	14 juin 55	Oui	Oui	Oui	Oui	Non	Oui			19 juin 1997	29 juin 2000	1er août 2000
Bosnie-Herzégovine	24 avr. 02	12 juill. 02	12 juill. 02	Oui	Oui	Oui	Oui	Oui	Oui					
Bulgarie	7 mai 92	7 sept. 92	7 sept. 92	Oui	Oui	Oui	Oui	Non	Oui	Oui		3 juill. 2000	31 mai 2001	1er juill. 2001
Chypre	16 déc. 61	6 oct. 62	6 oct. 62	Oui	Oui	Oui	Oui	Oui	Oui	Oui		12 janv. 1999	9 févr. 2000	1er avr. 2000
Croatie	6 nov. 96	5 nov. 97	5 nov. 97	Oui	Oui	Oui	Oui	Oui	Oui			26 janv. 1998	2 déc. 1999	1er févr. 2000
Danemark	4 nov. 50	13 avr. 53	3 sept. 53	Oui	Oui	Oui	Oui	Non	Oui	Oui		5 mars 1996	28 août 1998	1er janv. 1999
Espagne	24 nov. 77	4 oct. 79	4 oct. 79	Oui	Oui	Oui	Oui	Oui	Oui			24 janv. 2000	19 janv. 2001	1er mars 2001
Estonie	14 mai 93	16 avr. 96	16 avr. 96	Oui	Oui	Oui	Oui	Non	Oui	Oui	Oui	19 mai 2000	9 janv. 2012	1er mars 2012
Finlande	5 mai 89	10 mai 90	10 mai 90	Oui	Oui	Oui	Oui	Oui	Oui	Oui	Oui	19 juin 1998	23 déc. 1998	1er févr. 1999
France	4 nov. 50	3 mai 74	3 mai 74	Oui	Oui	Oui	Oui	Non	Oui	Oui	Oui	31 mars 1998	17 nov. 1998	1er janv. 1999
Géorgie	27 avr. 99	20 mai 99	20 mai 99	Oui	Oui	Oui	Oui	Oui	Oui	Oui	Oui	10 mai 2001	10 mai 2001	1er juill. 2001
Grèce	28 nov. 50	28 nov. 74	28 nov. 74	Oui	Non	Oui	Oui	Non	Oui			26 juin 1996	7 févr. 2005	1er avr. 2005
Hongrie	6 nov. 90	5 nov. 92	5 nov. 92	Oui	Oui	Oui	Oui	Non	Oui	Oui		6 mai 1997	1er avr. 1998	1er janv. 1999

Irlande	4 nov. 50	25 févr. 53	3 sept. 53	Oui	Oui	Oui	Oui	Non	Oui	Oui		3 juin 1998	7 mai 1999	1er juill. 1999
Islande	4 nov. 50	29 juin 53	3 sept. 53	Oui	Oui	Oui	Oui	Non	Oui			27 juin 1996	4 nov. 1998	1er janv. 1999
Italie	4 nov. 50	26 oct. 55	26 oct. 55	Oui	Oui	Oui	Oui	Non	Oui			5 mars 1996	6 mars 1998	1er janv. 1999
Lettonie	10 févr. 95	27 juin 97	27 juin 97	Oui	Oui	Oui	Oui	Non	Oui			31 janv. 2006	27 juill. 2006	1er sept. 2006
Ex-République yougoslave de Macédoine	9 nov. 95	10 avr. 97	10 avr. 97	Oui	Oui	Oui	Oui	Oui	Oui	Oui		16 nov. 1998		
Liechtenstein	23 nov. 78	8 sept. 82	8 sept. 82	Oui	Oui	Oui	Oui	Non	Oui	Oui		21 janv. 1999	21 janv. 1999	1er mars 1999
Lituanie	14 mai 93	20 juin 95	20 juin 95	Oui	Oui	Oui	Oui	Non	Oui	Oui	Oui	11 févr. 2000	18 févr. 2003	1er avr. 2003
Luxembourg	4 nov. 50	3 sept. 53	3 sept. 53	Oui	Oui	Oui	Oui	Oui	Oui			5 mars 1996	12 mars 1999	1er mai 1999
Malte	12 déc. 66	23 janv. 67	23 janv. 67	Oui	Oui	Oui	Oui	**Oui**	Oui			3 nov. 1998	5 févr. 2015	1er avr. 2015
Moldavie	13 juill. 95	12 sept. 97	12 sept. 97	Oui	Oui	Oui	Oui	Non	Oui	Oui		4 mai 1998	8 nov. 2001	1er janv. 2002
Monaco	5 oct. 04	30 nov. 05	30 nov. 05	Non	Oui	Oui	Oui	Non	Oui	Oui		19 mars 2007	19 mars 2007	1er mai 2007
Monténégro	3 avr. 03	3 mars 04	6 juin 06	Oui	Oui	Oui	Oui	Oui	Oui	Oui				
Norvège	4 nov. 50	15 janv. 52	3 sept. 53	Oui	Oui	Oui	Oui	Non	Oui	Oui		12 déc. 2001	12 déc. 2001	1er févr. 2002
Pays-Bas	4 nov. 50	31 août 54	31 août 54	Oui	Oui	Oui	Non	Oui	Oui	Oui		2 mai 1996	21 janv. 1997	1er janv. 1999
Pologne	26 nov. 91	19 janv. 93	19 janv. 93	Oui	Oui	Oui	Oui	Non	**Oui**	Oui		2 avr. 2008	6 déc. 2012	1er févr. 2013
Portugal	22 sept. 76	9 nov. 78	9 nov. 78	Oui	Oui	Oui	Oui	Non	Oui			29 avr. 1997		
République tchèque	21 févr. 91	18 mars 92	1er janv. 93	Oui	Oui	Oui	Oui	Non	Oui	Oui		10 oct. 1997	24 juin 1998	1er janv. 1999
Roumanie	7 oct. 93	20 juin 94	20 juin 94	Oui	Oui	Oui	Oui	Oui	Oui	Oui		28 mai 1998	9 avr. 1999	1er juin 1999
Royaume-Uni	4 nov. 50	8 mars 51	3 sept. 53	Oui	Non	Oui	Non	Non	Oui	Oui		27 oct. 1999	9 nov. 2001	1er janv. 2002
Russie	28 févr. 96	5 mai 98	5 mai 98	Oui	Oui	Non	Oui	Non	Non					
Saint-Marin	16 nov. 88	22 mars 89	22 mars 89	Oui	Oui	Oui	Oui	Oui	Oui	Oui	Oui	7 sept. 1998	**28 août 2015**	**1er oct. 2015**
Serbie	3 avr. 03	3 mars 04	3 mars 04	Oui	Oui	Oui	Oui	Oui	Oui	Oui				

Slovaquie	21 févr. 91	18 mars 92	1er janv. 93	Oui	Oui	Oui	Oui	Non	Oui	Oui		4 sept. 2002	21 mai 2003	1er juill. 2003
Slovénie	14 mai 93	28 juin 94	28 juin 94	Oui	Oui	Oui	Oui	Oui	Oui		Oui	7 mai 1999	29 nov. 2003	1er janv. 2002
Suède	28 nov. 50	4 févr. 52	3 sept. 53	Oui	Oui	Oui	Oui	Non	Oui	Oui		30 avr. 1996	30 sept. 1998	1er janv. 1999
Suisse	21 déc. 72	28 nov. 74	28 nov. 74	Non	Non	Oui	Oui	Non	Oui	Oui		27 août 1998	27 août 1998	1er janv. 1999
Turquie	4 nov. 50	18 mai 54	18 mai 54	Oui	Non	Oui	**Oui**	Non	Oui	Oui		3 juill. 2002	6 oct. 2004	1er déc. 2004
Ukraine	9 nov. 95	11 sept. 97	11 sept. 97	Oui	Oui	Oui	Oui	Oui	Oui		Oui	22 mai 2003	4 nov. 2004	1er janv. 2005
Total				45/47	43/47	46/47	**44**/47	**19**/47	**44**/47	32/47	6/47	41/47	39/47	
Date d'entrée en vigueur des protocoles				18 mai 54	2 mai 68	1er mars 85	1er nov. 88	1er avr. 05	1er juill. 03					
Date d'entrée en vigueur des protocoles pour la France				3 mai 74	3 mai 74	1er mars 86	1er nov. 88		1er févr. 08					

Pacte international relatif aux droits économiques, sociaux et culturels du 16 décembre 1966,

Entrée en vigueur : le 3 janvier 1976.

Préambule

Les États parties au présent Pacte,

Considérant que, conformément aux principes énoncés dans la Charte des Nations Unies, la reconnaissance de la dignité inhérente à tous les membres de la famille humaine et de leurs droits égaux et inaliénables constitue le fondement de la liberté, de la justice et de la paix dans le monde,

Reconnaissant que ces droits découlent de la dignité inhérente à la personne humaine,

Reconnaissant que, conformément à la Déclaration universelle des droits de l'homme, l'idéal de l'être humain libre, libéré de la crainte et de la misère, ne peut être réalisé que si des conditions permettant à chacun de jouir de ses droits économiques, sociaux et culturels, aussi bien que de ses droits civils et politiques, sont créées,

Considérant que la Charte des Nations Unies impose aux États l'obligation de promouvoir le respect universel et effectif des droits et des libertés de l'homme,

Prenant en considération le fait que l'individu a des devoirs envers autrui et envers la collectivité à laquelle il appartient et est tenu de s'efforcer de promouvoir et de respecter les droits reconnus dans le présent Pacte,

Sont convenus des articles suivants :

PREMIÈRE PARTIE

Art. 1er 1. Tous les peuples ont le droit de disposer d'eux-mêmes. En vertu de ce droit, ils déterminent librement leur statut politique et assurent librement leur développement économique, social et culturel.

2. Pour atteindre leurs fins, tous les peuples peuvent disposer librement de leurs richesses et de leurs ressources naturelles, sans préjudice des obligations qui découlent de la coopération économique internationale, fondée sur le principe de l'intérêt mutuel, et du droit international. En aucun cas, un peuple ne pourra être privé de ses propres moyens de subsistance.

3. Les États parties au présent Pacte, y compris ceux qui ont la responsabilité d'administrer des territoires non autonomes et des territoires sous tutelle, sont tenus de faciliter la réalisation du droit des peuples à disposer d'eux-mêmes, et de respecter ce droit, conformément aux dispositions de la Charte des Nations Unies.

DEUXIÈME PARTIE

Art. 2 1. Chacun des États parties au présent Pacte s'engage à agir, tant par son effort propre que par l'assistance et la coopération internationales, notamment sur les plans économique et technique, au maximum de ses ressources disponibles, en vue d'assurer progressivement le plein exercice des droits reconnus dans le présent Pacte par tous les moyens appropriés, y compris en particulier l'adoption de mesures législatives.

2. Les États parties au présent Pacte s'engagent à garantir que les droits qui y sont énoncés seront exercés sans discrimination aucune fondée sur la race, la couleur, le sexe, la langue, la religion, l'opinion politique ou toute autre opinion, l'origine nationale ou sociale, la fortune, la naissance ou toute autre situation.

3. Les pays en voie de développement, compte dûment tenu des droits de l'homme et de leur économie nationale, peuvent déterminer dans quelle mesure ils garantiront les droits économiques reconnus dans le présent Pacte à des non-ressortissants.

Art. 3 Les États parties au présent Pacte s'engagent à assurer le droit égal qu'ont l'homme et la femme au bénéfice de tous les droits économiques, sociaux et culturels qui sont énumérés dans le présent Pacte.

Art. 4 Les États parties au présent Pacte reconnaissent que, dans la jouissance des droits assurés par l'État conformément au présent Pacte, l'État ne peut soumettre ces droits qu'aux limitations établies par la loi, dans la seule mesure compatible avec la nature de ces droits et exclusivement en vue de favoriser le bien-être général dans une société démocratique.

Art. 5 1. Aucune disposition du présent Pacte ne peut être interprétée comme impliquant pour un État, un groupement ou un individu un droit quelconque de se livrer à une activité ou d'accomplir un acte visant à la destruction des droits ou libertés reconnus dans le présent Pacte ou à des limitations plus amples que celles prévues dans ledit Pacte.

2. Il ne peut être admis aucune restriction ou dérogation aux droits fondamentaux de l'homme reconnus ou en vigueur dans tout pays en vertu de lois, de conventions, de règlements ou de coutumes, sous prétexte que le présent Pacte ne les reconnaît pas ou les reconnaît à un moindre degré.

TROISIÈME PARTIE

Art. 6 1. Les États parties au présent Pacte reconnaissent le droit au travail, qui comprend le droit qu'a toute personne d'obtenir la possibilité de gagner sa vie par un travail librement choisi ou accepté, et prendront des mesures appropriées pour sauvegarder ce droit.

2. Les mesures que chacun des États parties au présent Pacte prendra en vue d'assurer le plein exercice de ce droit doivent inclure l'orientation et la formation techniques et professionnelles, l'élaboration de programmes, de politiques et de techniques propres à assurer un développement économique, social et culturel constant et un plein emploi productif dans des conditions qui sauvegardent aux individus la jouissance des libertés politiques et économiques fondamentales.

Art. 7 Les États parties au présent Pacte reconnaissent le droit qu'a toute personne de jouir de conditions de travail justes et favorables, qui assurent notamment :

a) La rémunération qui procure, au minimum, à tous les travailleurs :

i) Un salaire équitable et une rémunération égale pour un travail de valeur égale sans distinction aucune ; en particulier, les femmes doivent avoir la garantie que les conditions de travail qui leur sont accordées ne sont pas inférieures à celles dont bénéficient les hommes et recevoir la même rémunération qu'eux pour un même travail ;

ii) Une existence décente pour eux et leur famille conformément aux dispositions du présent Pacte ;

b) La sécurité et l'hygiène du travail ;

c) La même possibilité pour tous d'être promus, dans leur travail, à la catégorie supérieure appropriée, sans autre considération que la durée des services accomplis et les aptitudes ;

d) Le repos, les loisirs, la limitation raisonnable de la durée du travail et les congés payés périodiques, ainsi que la rémunération des jours fériés.

Art. 8 1. Les États parties au présent Pacte s'engagent à assurer :

a) Le droit qu'a toute personne de former avec d'autres des syndicats et de s'affilier au syndicat de son choix, sous la seule réserve des règles fixées par l'organisation intéressée, en vue de favoriser et de protéger ses intérêts économiques et sociaux. L'exercice de ce droit ne peut faire l'objet que des seules restrictions prévues par la loi et qui constituent des mesures nécessaires, dans une société démocratique, dans l'intérêt de la sécurité nationale ou de l'ordre public, ou pour protéger les droits et les libertés d'autrui.

b) Le droit qu'ont les syndicats de former des fédérations ou des confédérations nationales et le droit qu'ont celles-ci de former des organisations syndicales internationales ou de s'y affilier.

c) Le droit qu'ont les syndicats d'exercer librement leur activité, sans limitations autres que celles qui sont prévues par la loi et qui constituent des mesures nécessaires, dans une société démocratique, dans l'intérêt de la sécurité nationale ou de l'ordre public, ou pour protéger les droits et les libertés d'autrui.

d) Le droit de grève, exercé conformément aux lois de chaque pays.

2. Le présent article n'empêche pas de soumettre à des restrictions légales l'exercice de ces droits par les membres des forces armées, de la police ou de la fonction publique.

3. Aucune disposition du présent article ne permet auxÉtats parties à la Convention de 1948 de l'Organisation internationale du Travail concernant la liberté syndicale et la protection du droit syndical de prendre des mesures législatives portant atteinte – ou d'appliquer la loi de façon à porter atteinte – aux garanties prévues dans ladite convention.

Art. 9 Les États parties au présent Pacte reconnaissent le droit de toute personne à la sécurité sociale, y compris les assurances sociales.

Art. 10 Les États parties au présent Pacte reconnaissent que :

1. Une protection et une assistance aussi larges que possible doivent être accordées à la famille, qui est l'élément naturel et fondamental de la société, en particulier pour sa formation et aussi longtemps qu'elle a la responsabilité de l'entretien et de l'éducation d'enfants à charge. Le mariage doit être librement consenti par les futurs époux.

2. Une protection spéciale doit être accordée aux mères pendant une période de temps raisonnable avant et après la naissance des enfants. Les mères salariées doivent bénéficier, pendant cette même période, d'un congé payé ou d'un congé accompagné de prestations de sécurité sociale adéquates.

3. Des mesures spéciales de protection et d'assistance doivent être prises en faveur de tous les enfants et adolescents, sans discrimination aucune pour des raisons de filiation ou autres. Les enfants et adolescents doivent être protégés contre l'exploitation économique et sociale. Le fait de les employer à des travaux de nature à compromettre leur moralité ou leur santé, à mettre leur vie en danger ou à nuire à leur développement normal doit être sanctionné par la loi. Les États doivent aussi fixer des limites d'âge au-dessous desquelles l'emploi salarié de la main-d'œuvre enfantine sera interdit et sanctionné par la loi.

Art. 11 1. Les États parties au présent Pacte reconnaissent le droit de toute personne à un niveau de vie suffisant pour elle-même et sa famille, y compris une nourriture, un vêtement et un logement suffisants, ainsi qu'à une amélioration constante de ses conditions d'existence. Les États parties prendront des mesures appropriées pour assurer la réalisation de ce droit et ils reconnaissent à cet effet l'importance essentielle d'une coopération internationale librement consentie.

2. Les États parties au présent Pacte, reconnaissant le droit fondamental qu'a toute personne d'être à l'abri de la faim, adopteront, individuellement et au moyen de la coopération internationale, les mesures nécessaires, y compris des programmes concrets :

a) Pour améliorer les méthodes de production, de conservation et de distribution des denrées alimentaires par la pleine utilisation des connaissances techniques et scientifiques, par la diffusion de principes d'éducation nutritionnelle et par le développement ou la réforme des régimes agraires, de manière à assurer au mieux la mise en valeur et l'utilisation des ressources naturelles ;

b) Pour assurer une répartition équitable des ressources alimentaires mondiales par rapport aux besoins, compte tenu des problèmes qui se posent tant aux pays importateurs qu'aux pays exportateurs de denrées alimentaires.

Art. 12 1. Les États parties au présent Pacte reconnaissent le droit qu'a toute personne de jouir du meilleur état de santé physique et mentale qu'elle soit capable d'atteindre.

2. Les mesures que les États parties au présent Pacte prendront en vue d'assurer le plein exercice de ce droit devront comprendre les mesures nécessaires pour assurer :

a) La diminution de la mortinatalité et de la mortalité infantile, ainsi que le développement sain de l'enfant ;

b) L'amélioration de tous les aspects de l'hygiène du milieu et de l'hygiène industrielle ;

c) La prophylaxie et le traitement des maladies épidémiques, endémiques, professionnelles et autres, ainsi que la lutte contre ces maladies ;

d) La création de conditions propres à assurer à tous des services médicaux et une aide médicale en cas de maladie.

Art. 13 1. Les États parties au présent Pacte reconnaissent le droit de toute personne à l'éducation. Ils conviennent que l'éducation doit viser au plein épanouissement de la personnalité humaine et du sens de sa dignité et renforcer le respect des droits de l'homme et des libertés fondamentales. Ils conviennent en outre que l'éducation doit mettre toute personne en mesure de jouer un rôle utile dans une société libre, favoriser la compréhension, la tolérance et l'amitié entre toutes les nations et tous les groupes raciaux, ethniques ou religieux et encourager le développement des activités des Nations Unies pour le maintien de la paix.

2. Les États parties au présent Pacte reconnaissent qu'en vue d'assurer le plein exercice de ce droit :

a) L'enseignement primaire doit être obligatoire et accessible gratuitement à tous ;

b) L'enseignement secondaire, sous ses différentes formes, y compris l'enseignement secondaire technique et professionnel, doit être généralisé et rendu accessible à tous par tous les moyens appropriés et notamment par l'instauration progressive de la gratuité ;

c) L'enseignement supérieur doit être rendu accessible à tous en pleine égalité, en fonction des capacités de chacun, par tous les moyens appropriés et notamment par l'instauration progressive de la gratuité ;

d) L'éducation de base doit être encouragée ou intensifiée, dans toute la mesure possible, pour les personnes qui n'ont pas reçu d'instruction primaire ou qui ne l'ont pas reçue jusqu'à son terme ;

e) Il faut poursuivre activement le développement d'un réseau scolaire à tous les échelons, établir un système adéquat de bourses et améliorer de façon continue les conditions matérielles du personnel enseignant.

3. Les États parties au présent Pacte s'engagent à respecter la liberté des parents et, le cas échéant, des tuteurs légaux, de choisir pour leurs enfants des établissements autres que ceux des pouvoirs publics, mais conformes aux normes minimales qui peuvent être prescrites ou approuvées par l'État en matière d'éducation, et de faire assurer l'éducation religieuse et morale de leurs enfants, conformément à leurs propres convictions.

4. Aucune disposition du présent article ne doit être interprétée comme portant atteinte à la liberté des individus et des personnes morales de créer et de diriger des établissements d'enseignement, sous réserve que les principes énoncés au paragraphe 1 du présent article soient observés et que l'éducation donnée dans ces établissements soit conforme aux normes minimales qui peuvent être prescrites par l'État.

Art. 14 Tout État partie au présent Pacte qui, au moment où il devient partie, n'a pas encore pu assurer dans sa métropole ou dans les territoires placés sous sa juridiction le caractère obligatoire et la gratuité de l'enseignement primaire s'engage à établir et à adopter, dans un délai de deux ans, un plan détaillé des mesures nécessaires pour réaliser progressivement, dans un nombre raisonnable d'années fixé par ce plan, la pleine application du principe de l'enseignement primaire obligatoire et gratuit pour tous.

Art. 15 1. Les États parties au présent Pacte reconnaissent à chacun le droit :

a) De participer à la vie culturelle ;

b) De bénéficier du progrès scientifique et de ses applications ;

c) De bénéficier de la protection des intérêts moraux et matériels découlant de toute production scientifique, littéraire ou artistique dont il est l'auteur.

2. Les mesures que les États parties au présent Pacte prendront en vue d'assurer le plein exercice de ce droit devront comprendre celles qui sont nécessaires pour assurer le maintien, le développement et la diffusion de la science et de la culture.

3. Les États parties au présent Pacte s'engagent à respecter la liberté indispensable à la recherche scientifique et aux activités créatrices.

4. Les États parties au présent Pacte reconnaissent les bienfaits qui doivent résulter de l'encouragement et du développement de la coopération et des contacts internationaux dans le domaine de la science et de la culture.

QUATRIÈME PARTIE

Art. 16 1. Les États parties au présent Pacte s'engagent à présenter, conformément aux dispositions de la présente partie du Pacte, des rapports sur les mesures qu'ils auront adoptées et sur les progrès accomplis en vue d'assurer le respect des droits reconnus dans le Pacte.

2.

a) Tous les rapports sont adressés au Secrétaire général de l'Organisation des Nations unies, qui en transmet copie au Conseil économique et social, pour examen, conformément aux dispositions du présent Pacte ;

b) le Secrétaire général de l'Organisation des Nations unies transmet également aux institutions spécialisées copie des rapports, ou de toutes parties pertinentes des rapports, envoyés par les États Parties au présent Pacte qui sont également membres desdites institutions spécialisées, pour autant que ces rapports, ou parties de rapports, ont trait à des questions relevant de la compétence desdites institutions aux termes de leurs actes constitutifs respectifs.

Art. 17 1. Les États parties au présent Pacte présentent leurs rapports par étapes, selon un programme qu'établira le Conseil économique et social dans un délai d'un an à compter de la date d'entrée en vigueur du présent Pacte, après avoir consulté les États parties et les institutions spécialisées intéressées.

2. Les rapports peuvent faire connaître les facteurs et les difficultés empêchant ces États de s'acquitter pleinement des obligations prévues au présent Pacte.

3. Dans le cas où des renseignements à ce sujet ont déjà été adressés à l'Organisation des Nations unies ou à une institution spécialisée par un État partie au Pacte, il ne sera pas nécessaire de reproduire lesdits renseignements et une référence précise à ces renseignements suffira.

Art. 18 En vertu des responsabilités qui lui sont conférées par la Charte des Nations Unies dans le domaine des droits de l'homme et des libertés fondamentales, le Conseil économique et social pourra conclure des arrangements avec les institutions spécialisées, en vue de la présentation par celles-ci de rapports relatifs aux progrès accomplis quant à l'observation des dispositions du présent Pacte qui entrent dans le cadre de leurs activités. Ces rapports pourront comprendre des données sur les décisions et recommandations adoptées par les organes compétents des institutions spécialisées au sujet de cette mise en œuvre.

Art. 19 Le Conseil économique et social peut renvoyer à la Commission des droits de l'homme aux fins d'étude et de recommandations d'ordre général ou pour information, s'il y a lieu, les rapports concernant les droits de l'homme que communiquent les États conformément aux articles 16 et 17 et les rapports concernant les droits de l'homme que communiquent les institutions spécialisées conformément à l'article 18.

Art. 20 Les États parties au présent Pacte et les institutions spécialisées intéressées peuvent présenter au Conseil économique et social des observations sur toute recommandation d'ordre général faite en vertu de l'article 19 ou sur toute mention d'une recommandation d'ordre général figurant dans un rapport de la Commission des droits de l'homme ou dans tout document mentionné dans ledit rapport.

Art. 21 Le Conseil économique et social peut présenter de temps en temps à l'Assemblée générale des rapports contenant des recommandations de caractère général et un résumé des renseignements reçus des États parties au présent Pacte et des institutions spécialisées sur les mesures prises et les progrès accomplis en vue d'assurer le respect général des droits reconnus dans le présent Pacte.

Art. 22 Le Conseil économique et social peut porter à l'attention des autres organes de l'Organisation des Nations Unies, de leurs organes subsidiaires et des institutions spécialisées intéressées qui s'occupent de fournir une assistance technique toute question que soulèvent les rapports mentionnés dans la présente partie du présent Pacte et qui peut aider ces organismes à se prononcer, chacun dans sa propre sphère de compétence, sur l'opportunité de mesures internationales propres à contribuer à la mise en œuvre effective et progressive du présent Pacte.

Art. 23 Les États parties au présent Pacte conviennent que les mesures d'ordre international destinées à assurer la réalisation des droits reconnus dans ledit Pacte comprennent notamment la conclusion de conventions, l'adoption de recommandations, la fourniture d'une assistance technique et l'organisation, en liaison avec les gouvernements intéressés, de réunions régionales et de réunions techniques aux fins de consultations et d'études.

Art. 24 Aucune disposition du présent Pacte ne doit être interprétée comme portant atteinte aux dispositions de la Charte des Nations Unies et des constitutions des institutions spécialisées qui définissent les responsabilités respectives des divers organes de l'Organisation des Nations Unies et des institutions spécialisées en ce qui concerne les questions traitées dans le présent Pacte.

Art. 25 Aucune disposition du présent Pacte ne sera interprétée comme portant atteinte au droit inhérent de tous les peuples à profiter et à user pleinement et librement de leurs richesses et ressources naturelles.

CINQUIÈME PARTIE

Art. 26 1. Le présent Pacte est ouvert à la signature de tout État Membre de l'Organisation des Nations Unies ou membre de l'une quelconque de ses institutions spécialisées, de tout État partie au Statut de la Cour internationale de Justice, ainsi que tout autre État invité par l'Assemblée générale des Nations Unies à devenir partie au présent Pacte.

2. Le présent Pacte est sujet à ratification et les instruments de ratification seront déposés auprès du Secrétaire général de l'Organisation des Nations Unies.

3. Le présent Pacte sera ouvert à l'adhésion de tout État visé au paragraphe 1 du présent article.

4. L'adhésion se fera par le dépôt d'un instrument d'adhésion auprès du Secrétaire général de l'Organisation des Nations Unies.

5. Le Secrétaire général de l'Organisation des Nations Unies informe tous les États qui ont signé le présent Pacte ou qui y ont adhéré du dépôt de chaque instrument de ratification ou d'adhésion.

Art. 27 1. Le présent Pacte entrera en vigueur trois mois après la date du dépôt auprès du Secrétaire général de l'Organisation des Nations Unies du trente-cinquième instrument de ratification ou d'adhésion.

2. Pour chacun des États qui ratifieront le présent Pacte ou y adhéreront après le dépôt du trente-cinquième instrument de ratification ou d'adhésion, ledit Pacte entrera en vigueur trois mois après la date du dépôt par cet État de son instrument de ratification ou d'adhésion.

Art. 28 Les dispositions du présent Pacte s'appliquent, sans limitation ni exception aucune, à toutes les unités constitutives des États fédératifs.

Art. 29 1. Tout État partie au présent Pacte peut proposer un amendement et en déposer le texte auprès du Secrétaire général de l'Organisation des Nations Unies. Le Secrétaire général transmet alors tous projets d'amendements aux États Parties au présent Pacte en leur demandant de lui indiquer s'ils désirent voir convoquer une conférence d'États parties pour examiner ces projets et les mettre aux voix. Si un tiers au moins des États se déclarent en faveur de cette convocation, le Secrétaire général convoque la conférence sous les auspices de l'Organisation des Nations Unies. Tout amendement adopté par la majorité des États présents et votants à la conférence est soumis pour approbation à l'Assemblée générale des Nations Unies.

2. Ces amendements entrent en vigueur lorsqu'ils ont été approuvés par l'Assemblée générale des Nations Unies et acceptés, conformément à leurs règles constitutionnelles respectives, par une majorité des deux tiers des États parties au présent Pacte.

3. Lorsque ces amendements entrent en vigueur, ils sont obligatoires pour les États parties qui les ont acceptés, les autres États parties restant liés par les dispositions du présent Pacte et par tout amendement antérieur qu'ils ont accepté.

Art. 30 Indépendamment des notifications prévues au paragraphe 5 de l'article 26, le Secrétaire général de l'Organisation des Nations Unies informera tous les États visés au paragraphe 1 dudit article :

a) Des signatures apposées au présent Pacte et des instruments de ratification et d'adhésion déposés conformément à l'article 26 ;

b) De la date à laquelle le présent Pacte entrera en vigueur conformément à l'article 27 et de la date à laquelle entreront en vigueur les amendements prévus à l'article 29.

Art. 31 1. Le présent Pacte, dont les textes anglais, chinois, espagnol, français et russe font également foi, sera déposé aux archives de l'Organisation des Nations Unies.

2. Le Secrétaire général de l'Organisation des Nations Unies transmettra une copie certifiée conforme du présent Pacte à tous les États visés à l'article 26.

Protocole facultatif se rapportant au Pacte international relatif aux droits économiques, sociaux et culturels du 18 juin 2008

Ce protocole est entré en vigueur le 5 mai 2013.

PRÉAMBULE

Les États Parties au présent Protocole,

Considérant que, conformément aux principes proclamés dans la Charte des Nations Unies, la reconnaissance de la dignité inhérente à tous les membres de la famille humaine et de leurs droits égaux et inaliénables constitue le fondement de la liberté, de la justice et de la paix dans le monde,

Notant que la Déclaration universelle des droits de l'homme proclame que tous les êtres humains naissent libres et égaux en dignité et en droits et que chacun peut se prévaloir de tous les droits et de toutes les libertés proclamés dans la Déclaration, sans distinction aucune, notamment de race, de couleur, de sexe, de langue, de religion, d'opinion politique ou de toute autre opinion, d'origine nationale ou sociale, de fortune, de naissance ou de toute autre situation,

Rappelant que la Déclaration universelle des droits de l'homme et les Pactes internationaux relatifs aux droits de l'homme reconnaissent que l'idéal de l'être humain libre, libéré de la crainte et de la misère, ne peut être réalisé que si sont créées les conditions permettant à chacun de jouir de ses droits civils, culturels, économiques, politiques et sociaux,

Réaffirmant que tous les droits de l'homme et libertés fondamentales sont universels, indissociables, interdépendants et intimement liés,

Rappelant que chacun des États Parties au Pacte international relatif aux droits économiques, sociaux et culturels (ci-après dénommé le Pacte) s'engage à agir, tant par son effort propre que par l'assistance et la coopération internationales, notamment sur les plans économique et technique, au maximum de ses ressources disponibles, en vue d'assurer progressivement le plein exercice des droits reconnus dans le Pacte par tous les moyens appropriés, y compris en particulier l'adoption de mesures législatives,

Considérant que, pour mieux assurer l'accomplissement des fins du Pacte et l'application de ses dispositions, il conviendrait d'habiliter le Comité des droits économiques, sociaux et culturels (ci-après dénommé le Comité) à s'acquitter des fonctions prévues dans le présent Protocole,

Sont convenus de ce qui suit :

Art. 1er *Compétence du Comité pour recevoir et examiner des communications.* 1. Tout État Partie au Pacte qui devient Partie au présent Protocole reconnaît que le Comité a compétence pour recevoir et examiner les communications prévues par les dispositions du présent Protocole.

2. Le Comité ne reçoit aucune communication intéressant un État Partie au Pacte qui n'est pas Partie au présent Protocole.

Art. 2 *Communications.* Des communications peuvent être présentées par des particuliers ou groupes de particuliers ou au nom de particuliers ou groupes de particuliers relevant de la juridiction d'un État Partie, qui affirment être victimes d'une violation par cet État Partie d'un des droits économiques, sociaux et culturels énoncés dans le Pacte. Une communication ne peut être présentée au nom de particuliers ou groupes de particuliers qu'avec leur consentement à moins que l'auteur ne puisse justifier qu'il agit en leur nom sans un tel consentement.

Art. 3 *Recevabilité.* 1. Le Comité n'examine aucune communication sans avoir vérifié que tous les recours internes ont été épuisés. Cette règle ne s'applique pas dans les cas où la procédure de recours excède des délais raisonnables.

2. Le Comité déclare irrecevable toute communication qui :

a) N'est pas présentée dans les douze mois suivant l'épuisement des recours internes, sauf dans les cas où l'auteur peut démontrer qu'il n'a pas été possible de présenter la communication dans ce délai ;

b) Porte sur des faits antérieurs à la date d'entrée en vigueur du présent Protocole à l'égard de l'État Partie intéressé, à moins que ces faits ne persistent après cette date ;

c) A trait à une question qu'il a déjà examinée ou qui a déjà fait l'objet ou qui fait l'objet d'un examen dans le cadre d'une autre procédure d'enquête ou de règlement au niveau international ;

d) Est incompatible avec les dispositions du Pacte ;

e) Est manifestement mal fondée, insuffisamment étayée ou repose exclusivement sur des informations diffusées par les médias ;

f) Constitue un abus du droit de présenter une communication ;

g) Est anonyme ou n'est pas présentée par écrit.

Art. 4 *Communications dont il ne ressort pas un désavantage notable.* Le Comité peut, si nécessaire, refuser d'examiner une communication dont il ne ressort pas que l'auteur a subi un désavantage notable, à moins que le Comité ne considère que la communication soulève une grave question d'importance générale.

Art. 5 *Mesures provisoires.* 1. Après réception d'une communication et avant de prendre une décision sur le fond, le Comité peut à tout moment soumettre à l'urgente attention de l'État Partie intéressé une demande tendant à ce que l'État Partie prenne les mesures provisoires qui peuvent être nécessaires dans des circonstances exceptionnelles pour éviter qu'un éventuel préjudice irréparable ne soit causé à la victime ou aux victimes de la violation présumée.

2. Le Comité ne préjuge pas de sa décision sur la recevabilité ou le fond de la communication du simple fait qu'il exerce la faculté que lui donne le paragraphe 1 du présent article.

Art. 6 *Transmission de la communication.* 1. Sauf s'il la juge d'office irrecevable sans en référer à l'État Partie intéressé, le Comité porte confidentiellement à l'attention de cet État Partie toute communication qui lui est adressée en vertu du présent Protocole.

2. Dans un délai de six mois, l'État Partie intéressé présente par écrit au Comité des explications ou déclarations apportant des précisions sur l'affaire qui fait l'objet de la communication en indiquant, le cas échéant, les mesures correctives qu'il a prises.

Art. 7 *Règlement amiable.* 1. Le Comité met ses bons offices à la disposition des États Parties intéressés en vue de parvenir à un règlement amiable de la question fondé sur le respect des obligations énoncées dans le Pacte.

2. Tout accord de règlement amiable met un terme à l'examen de la communication présentée en vertu du présent Protocole.

Art. 8 *Examen des communications.* 1. Le Comité examine les communications qui lui sont adressées en vertu de l'article 2 du présent Protocole en tenant compte de toute la documentation qui lui a été soumise, étant entendu que cette documentation doit être communiquée aux parties intéressées.

2. Le Comité examine à huis clos les communications qui lui sont adressées en vertu du présent Protocole.

3. Lorsqu'il examine une communication présentée en vertu du présent Protocole, le Comité peut consulter, selon qu'il conviendra, la documentation pertinente émanant

d'autres organes ou institutions spécialisées, fonds, programmes et mécanismes des Nations Unies et d'autres organisations internationales, y compris des systèmes régionaux des droits de l'homme, et toute observation ou commentaire de l'État Partie concerné.

4. Lorsqu'il examine les communications qu'il reçoit en vertu du présent Protocole, le Comité détermine le caractère approprié des mesures prises par l'État Partie, conformément aux dispositions de la deuxième partie du Pacte. Ce faisant, il garde à l'esprit le fait que l'État Partie peut adopter un éventail de mesures pour mettre en œuvre les droits énoncés dans le Pacte.

Art. 9 *Suivi des constatations du Comité.* 1. Après avoir examiné une communication, le Comité transmet ses constatations sur la communication, accompagnées, le cas échéant, de ses recommandations aux parties intéressées.

2. L'État Partie examine dûment les constatations et les éventuelles recommandations du Comité et soumet dans les six mois au Comité une réponse écrite contenant des informations sur toute action menée à la lumière des constatations et recommandations du Comité.

3. Le Comité peut inviter l'État Partie à lui soumettre un complément d'information sur les mesures prises en réponse à ses constatations ou à ses éventuelles recommandations, y compris, si le Comité le juge approprié, dans les rapports ultérieurs de l'État Partie présentés au titre des articles 16 et 17 du Pacte.

Art. 10 *Communications interétatiques.* 1. Tout État Partie au présent Protocole peut déclarer à tout moment, en vertu du présent article, qu'il reconnaît la compétence du Comité pour recevoir et examiner des communications dans lesquelles un État Partie affirme qu'un autre État Partie ne s'acquitte pas de ses obligations au titre du Pacte. Les communications présentées en vertu du présent article ne peuvent être reçues et examinées que si elles émanent d'un État Partie qui a fait une déclaration reconnaissant, en ce qui le concerne, la compétence du Comité. Le Comité ne reçoit aucune communication visant un État Partie qui n'a pas fait une telle déclaration. La procédure ci-après s'applique à l'égard des communications reçues conformément au présent article :

a) Si un État Partie au présent Protocole estime qu'un autre État Partie ne s'acquitte pas de ses obligations au titre du Pacte, il peut appeler, par communication écrite, l'attention de cet État sur la question. L'État Partie peut aussi informer le Comité de la question. Dans un délai de trois mois à compter de la réception de la communication, l'État destinataire fera tenir à l'État qui a adressé la communication des explications ou toutes autres déclarations écrites élucidant la question, qui devront comprendre, dans toute la mesure possible et utile, des indications sur ses règles de procédure et sur les moyens de recours exercés, pendants ou encore ouverts ;

b) Si la question n'est pas réglée à la satisfaction des deux États Parties intéressés dans un délai de six mois à compter de la date de réception de la communication originale par l'État destinataire, l'un et l'autre auront le droit de la soumettre au Comité, en adressant une notification au Comité ainsi qu'à l'autre État intéressé ;

c) Le Comité ne peut connaître d'une affaire qui lui est soumise qu'après s'être assuré que tous les recours internes disponibles ont été exercés et épuisés. Cette règle ne s'applique pas dans les cas où, de l'avis du Comité, la procédure de recours excède des délais raisonnables ;

d) Sous réserve des dispositions de l'alinéa c) du présent paragraphe, le Comité met ses bons offices à la disposition des États Parties intéressés en vue de parvenir à un règlement amiable de la question fondé sur le respect des obligations énoncées dans le Pacte ;

e) Le Comité tient ses séances à huis clos lorsqu'il examine les communications prévues dans le présent article ;

f) Dans toute affaire qui lui est soumise conformément à l'alinéa b) du présent paragraphe, le Comité peut demander aux États Parties intéressés visés à l'alinéa b) de lui fournir tout renseignement pertinent ;

g) Les États Parties intéressés visés à l'alinéa b) du présent paragraphe ont le droit de se faire représenter lors de l'examen de l'affaire par le Comité et de présenter des observations oralement ou par écrit, ou sous l'une et l'autre forme ;

h) Le Comité doit, avec la célérité voulue à compter du jour où il a reçu la notification visée à l'alinéa b) du présent paragraphe, présenter un rapport comme suit :

i) Si une solution a pu être trouvée conformément aux dispositions de l'alinéa d) du présent paragraphe, le Comité se borne, dans son rapport, à un bref exposé des faits et de la solution intervenue ;

ii) Si une solution n'a pu être trouvée conformément aux dispositions de l'alinéa d) du présent paragraphe, le Comité expose, dans son rapport, les faits pertinents concernant l'objet du différend entre les États Parties intéressés. Le texte des observations écrites et le procès-verbal des observations orales présentées par les États Parties intéressés sont joints au rapport. Le Comité peut également communiquer aux seuls États Parties intéressés toutes vues qu'il peut considérer pertinentes en la matière.

Pour chaque affaire, le rapport est communiqué aux États Parties intéressés.

2. Les États Parties déposent la déclaration qu'ils auront faite conformément au paragraphe 1 du présent article auprès du Secrétaire général de l'Organisation des Nations Unies, qui en communique copie aux autres États Parties. Une déclaration peut être retirée à tout moment au moyen d'une notification adressée au Secrétaire général. Ce retrait est sans préjudice de l'examen de toute question qui fait l'objet d'une communication déjà transmise en vertu du présent article ; aucune autre communication d'un État Partie ne sera reçue en vertu du présent article après que le Secrétaire général aura reçu notification du retrait de la déclaration, à moins que l'État Partie intéressé n'ait fait une nouvelle déclaration.

Art. 11 *Procédure d'enquête.* 1. Un État Partie au présent Protocole peut déclarer à tout moment qu'il reconnaît la compétence du Comité aux fins du présent article.

2. Si le Comité reçoit des renseignements crédibles indiquant qu'un État Partie porte gravement ou systématiquement atteinte à l'un des droits économiques, sociaux et culturels énoncés dans le Pacte, il invite cet État Partie à coopérer avec lui aux fins de l'examen des informations ainsi portées à son attention et à présenter ses observations à leur sujet.

3. Se fondant sur les observations éventuellement formulées par l'État Partie intéressé, ainsi que sur tout autre renseignement crédible dont il dispose, le Comité peut charger un ou plusieurs de ses membres d'effectuer une enquête et de lui rendre compte d'urgence de ses résultats. Cette enquête peut, lorsque cela se justifie et avec l'accord de l'État Partie, comporter une visite sur le territoire de cet État.

4. L'enquête se déroule dans la confidentialité et la coopération de l'État Partie est sollicitée à tous les stades de la procédure.

5. Après avoir étudié les résultats de l'enquête, le Comité les communique à l'État Partie intéressé, accompagnés, le cas échéant, d'observations et de recommandations.

6. Après avoir été informé des résultats de l'enquête et des observations et recommandations du Comité, l'État Partie présente ses observations à celui-ci dans un délai de six mois.

7. Une fois achevée la procédure d'enquête entreprise en vertu du paragraphe 2 du présent article, le Comité peut, après consultations avec l'État Partie intéressé, décider de faire figurer un compte rendu succinct des résultats de la procédure dans son rapport annuel prévu à l'article 15 du présent Protocole.

8. Tout État Partie ayant fait la déclaration prévue au paragraphe 1 du présent article peut, à tout moment, retirer cette déclaration par voie de notification adressée au Secrétaire général.

Art. 12 *Suivi de la procédure d'enquête.* 1. Le Comité peut inviter l'État Partie intéressé à inclure dans le rapport qu'il doit présenter, conformément aux articles 16 et 17 du Pacte, des indications détaillées sur les mesures qu'il a prises à la suite d'une enquête effectuée en vertu de l'article 11 du présent Protocole.

2. Au terme du délai de six mois visé au paragraphe 6 de l'article 11, le Comité peut, au besoin, inviter l'État Partie intéressé à l'informer des mesures prises à la suite d'une telle enquête.

Art. 13 *Mesures de protection.* L'État Partie prend toutes les mesures nécessaires pour veiller à ce que les personnes relevant de sa juridiction ne fassent l'objet d'aucune forme de mauvais traitements ou d'intimidation du fait qu'elles adressent au Comité des communications au titre du présent Protocole.

Art. 14 *Assistance et coopération internationales.* 1. Le Comité transmet, s'il le juge nécessaire, et avec le consentement de l'État Partie intéressé, aux institutions spécialisées, fonds et programmes des Nations Unies et aux autres organismes compétents, ses observations ou recommandations concernant des communications et demandes indiquant un besoin de conseils ou d'assistance techniques, accompagnés, le cas échéant, des commentaires et suggestions de l'État Partie sur ces observations ou recommandations.

2. Le Comité peut aussi porter à l'attention de ces entités, avec le consentement de l'État Partie intéressé, toute question que soulèvent les communications examinées en vertu du présent Protocole qui peut les aider à se prononcer, chacun dans sa propre sphère de compétence, sur l'opportunité de mesures internationales propres à aider l'État Partie à progresser sur la voie de la mise en œuvre des droits reconnus dans le Pacte.

3. Il sera établi, conformément aux procédures pertinentes de l'Assemblée générale, un fonds d'affectation spéciale, qui sera administré conformément au Règlement financier et aux règles de gestion financière de l'Organisation des Nations Unies, destiné à fournir aux États Parties une assistance spécialisée et technique, avec le consentement de l'État Partie intéressé, en vue d'une meilleure application des droits reconnus dans le Pacte, de manière à contribuer au renforcement des capacités nationales dans le domaine des droits économiques, sociaux et culturels dans le contexte du présent Protocole.

4. Les dispositions du présent article ne préjugent pas de l'obligation de chaque État Partie de s'acquitter des engagements contractés en vertu du Pacte.

Art. 15 *Rapport annuel.* Dans son rapport annuel, le Comité inclut un récapitulatif de ses activités au titre du présent Protocole.

Art. 16 *Diffusion et information.* Tout État Partie s'engage à faire largement connaître et à diffuser le Pacte et le présent Protocole, ainsi qu'à faciliter l'accès aux informations sur les constatations et recommandations du Comité, en particulier pour les affaires concernant cet État Partie, et de le faire selon des modalités accessibles aux personnes handicapées.

Art. 17 *Signature, ratification et adhésion.* 1. Le présent Protocole est ouvert à la signature de tous les États qui ont signé ou ratifié le Pacte, ou qui y ont adhéré.

2. Le présent Protocole est soumis à la ratification de tout État qui a ratifié le Pacte ou qui y a adhéré. Les instruments de ratification seront déposés auprès du Secrétaire général de l'Organisation des Nations Unies.

3. Le présent Protocole sera ouvert à l'adhésion de tout État qui a ratifié le Pacte ou qui y a adhéré.

4. L'adhésion se fera par le dépôt d'un instrument d'adhésion auprès du Secrétaire général de l'Organisation des Nations Unies.

Art. 18 *Entrée en vigueur.* 1. Le présent Protocole entrera en vigueur trois mois après la date de dépôt auprès du Secrétaire général de l'Organisation des Nations Unies du dixième instrument de ratification ou d'adhésion.

2. Pour chaque État qui ratifiera le présent Protocole, après le dépôt du dixième instrument de ratification ou d'adhésion, le Protocole entrera en vigueur trois mois après la date du dépôt par cet État de son instrument de ratification ou d'adhésion.

Art. 19 *Amendements.* 1. Tout État Partie peut proposer un amendement au présent Protocole et le soumettre au Secrétaire général de l'Organisation des Nations Unies. Le Secrétaire général communique les propositions d'amendement aux États Parties, en leur demandant de lui faire savoir s'ils sont favorables à la convocation d'une réunion des États Parties en vue d'examiner ces propositions et de se prononcer sur elles. Si, dans les quatre mois qui suivent la date de cette communication, un tiers au moins des États Parties se prononcent en faveur de la convocation d'une telle réunion, le Secrétaire général convoque la réunion sous les auspices de l'Organisation des Nations Unies. Tout amendement adopté par une majorité des deux tiers des États Parties présents et votants est soumis pour approbation à l'Assemblée générale de l'Organisation des Nations Unies, puis pour acceptation à tous les États Parties.

2. Tout amendement adopté et approuvé conformément au paragraphe 1 du présent article entre en vigueur le trentième jour suivant la date à laquelle le nombre d'instruments d'acceptation atteint les deux tiers du nombre des États Parties à la date de son adoption. Par la suite, l'amendement entre en vigueur pour chaque État Partie le trentième jour suivant le dépôt par cet État de son instrument d'acceptation. L'amendement ne lie que les États Parties qui l'ont accepté.

Art. 20 *Dénonciation.* 1. Tout État Partie peut dénoncer le présent Protocole à tout moment en adressant une notification écrite au Secrétaire général de l'Organisation des Nations Unies. La dénonciation prend effet six mois après la date de réception de la notification par le Secrétaire général.

2. Les dispositions du présent Protocole continuent de s'appliquer à toute communication présentée conformément aux articles 2 et 10 ou à toute procédure engagée conformément à l'article 11 avant la date où la dénonciation prend effet.

Art. 21 *Notification par le Secrétaire général.* Le Secrétaire général de l'Organisation des Nations Unies notifiera à tous les États visés au paragraphe 1 de l'article 26 du Pacte :

a) Les signatures, ratifications et adhésions ;

b) La date d'entrée en vigueur du présent Protocole et de tout amendement adopté au titre de l'article 19 ;

c) Toute dénonciation au titre de l'article 20.

Art. 22 *Langues officielles.* 1. Le présent Protocole, dont les textes anglais, arabe, chinois, espagnol, français et russe font également foi, sera déposé aux archives de l'Organisation des Nations Unies.

2. Le Secrétaire général de l'Organisation des Nations Unies transmettra une copie certifiée conforme du présent Protocole à tous les États visés à l'article 26 du Pacte.

BIBL. ▸ Zarka, Pacte international relatif aux droits économiques, sociaux et culturels : entrée en vigueur du Protocole facultatif, *D. 2013. 1211*.

Pacte international de New York du 19 décembre 1966,

Relatif aux droits civils et politiques.

Ce pacte est entré en vigueur à l'égard de la France le 4 févr. 1981.

PRÉAMBULE

Les États parties au présent Pacte,

Considérant que, conformément aux principes énoncés dans la Charte des Nations Unies, la reconnaissance de la dignité inhérente à tous les membres de la famille humaine et de leurs droits égaux et inaliénables constitue le fondement de la liberté, de la justice et de la paix dans le monde,

Reconnaissant que ces droits découlent de la dignité inhérente à la personne humaine,

Reconnaissant que, conformément à la Déclaration universelle des droits de l'homme, l'idéal de l'être humain libre, jouissant des libertés civiles et politiques et libéré de la crainte et de la misère, ne peut être réalisé que si des conditions permettant à chacun de jouir de ses droits civils et politiques, aussi bien que de ses droits économiques, sociaux et culturels, sont créées,

Considérant que la Charte des Nations Unies impose aux États l'obligation de promouvoir le respect universel et effectif des droits et des libertés de l'homme,

Prenant en considération le fait que l'individu a des devoirs envers autrui et envers la collectivité à laquelle il appartient et est tenu de s'efforcer de promouvoir et de respecter les droits reconnus dans le présent Pacte,

sont convenus des articles suivants :

PREMIÈRE PARTIE

Art. 1er 1. Tous les peuples ont le droit de disposer d'eux-mêmes. En vertu de ce droit, ils déterminent librement leur statut politique et assurent librement leur développement économique, social et culturel.

2. Pour atteindre leurs fins, tous les peuples peuvent disposer librement de leurs richesses et de leurs ressources naturelles, sans préjudice des obligations qui découlent de la coopération économique internationale, fondée sur le principe de l'intérêt mutuel, et du droit international. En aucun cas, un peuple ne pourra être privé de ses propres moyens de subsistance.

3. Les États parties au présent Pacte, y compris ceux qui ont la responsabilité d'administrer des territoires non autonomes et des territoires sous tutelle, sont tenus de faciliter la réalisation du droit des peuples à disposer d'eux-mêmes, et de respecter ce droit, conformément aux dispositions de la Charte des Nations Unies.

DEUXIÈME PARTIE

Art. 2 1. Les États parties au présent Pacte s'engagent à respecter et à garantir à tous les individus se trouvant sur leur territoire et relevant de leur compétence les droits reconnus dans le présent Pacte, sans distinction aucune, notamment de race, de couleur, de sexe, de langue, de religion, d'opinion politique ou de toute autre opinion, d'origine nationale ou sociale, de fortune, de naissance ou de toute autre situation.

2. Les États parties au présent Pacte s'engagent à prendre, en accord avec leurs procédures constitutionnelles et avec les dispositions du présent Pacte, les arrangements devant permettre l'adoption de telles mesures d'ordre législatif ou autre, propres à donner effet aux droits reconnus dans le présent Pacte qui ne seraient pas déjà en vigueur.

3. Les États parties au présent Pacte s'engagent à :

a) Garantir que toute personne dont les droits et libertés reconnus dans le présent Pacte auront été violés disposera d'un recours utile, alors même que la violation aurait été commise par des personnes agissant dans l'exercice de leurs fonctions officielles ;

b) Garantir que l'autorité compétente, judiciaire, administrative ou législative, ou toute autre autorité compétente selon la législation de l'État, statuera sur les droits de la personne qui forme le recours et développer les possibilités de recours juridictionnel ;

c) Garantir la bonne suite donnée par les autorités compétentes à tout recours qui aura été reconnu justifié.

Art. 3 Les États parties au présent Pacte s'engagent à assurer le droit égal des hommes et des femmes de jouir de tous les droits civils et politiques énoncés dans le présent Pacte.

Art. 4 1. Dans le cas où un danger public exceptionnel menace l'existence de la nation et est proclamé par un acte officiel, les États parties au présent Pacte peuvent prendre, dans la stricte mesure où la situation l'exige, des mesures dérogeant aux obligations prévues dans le présent Pacte, sous réserve que ces mesures ne soient pas incompatibles avec les autres obligations que leur impose le droit international et qu'elles n'entraînent pas une discrimination fondée uniquement sur la race, la couleur, le sexe, la langue, la religion ou l'origine sociale.

2. La disposition précédente n'autorise aucune dérogation aux articles 6, 7, 8 (par. 1 et 2), 11, 15, 16 et 18.

3. Les États parties au présent Pacte qui usent du droit de dérogation doivent, par l'entremise du Secrétaire général de l'Organisation des Nations Unies, signaler aussitôt aux autres États parties les dispositions auxquelles ils ont dérogé ainsi que les motifs qui ont provoqué cette dérogation. Une nouvelle communication sera faite par la même entremise, à la date à laquelle ils ont mis fin à ces dérogations.

Art. 5 1. Aucune disposition du présent Pacte ne peut être interprétée comme impliquant pour un État, un groupement ou un individu un droit quelconque de se livrer à une activité ou d'accomplir un acte visant à la destruction des droits et des libertés reconnus dans le présent Pacte ou à des limitations plus amples que celles prévues audit pacte.

2. Il ne peut être admis aucune restriction ou dérogation aux droits fondamentaux de l'homme reconnus ou en vigueur dans tout État partie au présent Pacte en application de lois, de conventions, de règlements ou de coutumes, sous prétexte que le présent Pacte ne les reconnaît pas ou les reconnaît à un moindre degré.

TROISIÈME PARTIE

Art. 6 1. Le droit à la vie est inhérent à la personne humaine. Ce droit doit être protégé par la loi. Nul ne peut être arbitrairement privé de la vie.

2. Dans les pays où la peine de mort n'a pas été abolie, une sentence de mort ne peut être prononcée que pour les crimes les plus graves, conformément à la législation en vigueur au moment où le crime a été commis et qui ne doit pas être en contradiction avec les dispositions du présent Pacte ni avec la Convention pour la prévention et la répression du crime de génocide. Cette peine ne peut être appliquée qu'en vertu d'un jugement définitif rendu par un tribunal compétent.

3. Lorsque la privation de la vie constitue le crime de génocide, il est entendu qu'aucune disposition du présent article n'autorise un État partie au présent Pacte à déroger d'aucune manière à une obligation quelconque assumée en vertu des dispositions de la Convention pour la prévention et la répression du crime de génocide.

4. Tout condamné à mort a le droit de solliciter la grâce ou la commutation de la peine. L'amnistie, la grâce ou la commutation de la peine de mort peuvent dans tous les cas être accordées.

5. Une sentence de mort ne peut être imposée pour des crimes commis par des personnes âgées de moins de dix-huit ans et ne peut être exécutée contre des femmes enceintes.

6. Aucune disposition du présent article ne peut être invoquée pour retarder ou empêcher l'abolition de la peine capitale par un État partie au présent Pacte.

V. Deuxième protocole facultatif fait à New York le 15 déc. 1989, visant à abolir la peine de mort, publié par Décr. n° 2008-37 du 10 janv. 2008 (JO 12 janv.).

Art. 7 Nul ne sera soumis à la torture ni à des peines ou traitements cruels, inhumains ou dégradants. En particulier, il est interdit de soumettre une personne sans son libre consentement à une expérience médicale ou scientifique.

Art. 8 1. Nul ne sera tenu en esclavage ; l'esclavage et la traite des esclaves, sous toutes leurs formes, sont interdits.

2. Nul ne sera tenu en servitude.

3. *a)* Nul ne sera astreint à accomplir un travail forcé ou obligatoire ;

b) L'alinéa *a* du présent paragraphe ne saurait être interprété comme interdisant, dans les pays où certains crimes peuvent être punis de détention accompagnée de travaux forcés, l'accomplissement d'une peine de travaux forcés, infligée par un tribunal compétent ;

c) N'est pas considéré comme « travail forcé ou obligatoire » au sens du présent paragraphe :

i) Tout travaux ou service, non visé à l'alinéa *b*, normalement requis d'un individu qui est détenu en vertu d'une décision de justice régulière ou qui, ayant fait l'objet d'une telle décision, est libéré conditionnellement ;

ii) Tout service de caractère militaire et, dans les pays où l'objection de conscience est admise, tout service national exigé des objecteurs de conscience en vertu de la loi ;

iii) Tout service exigé dans les cas de force majeur *[majeure]* ou de sinistres qui menacent la vie ou le bien-être de la communauté ;

iv) Tout travail ou tout service formant partie des obligations civiques normales.

Art. 9 1. Tout individu a droit à la liberté et à la sécurité de sa personne. Nul ne peut faire l'objet d'une arrestation ou d'une détention arbitraires. Nul ne peut être privé de sa liberté, si ce n'est pour des motifs et conformément à la procédure prévus par la loi.

2. Tout individu arrêté sera informé, au moment de son arrestation, des raisons de cette arrestation et recevra notification, dans le plus court délai, de toute accusation portée contre lui.

3. Tout individu arrêté ou détenu du chef d'une infraction pénale sera traduit dans le plus court délai devant un juge ou une autre autorité habilitée par la loi à exercer des fonctions judiciaires, et devra être jugé dans un délai raisonnable ou libéré. La détention de personnes qui attendent de passer en jugement ne doit pas être de règle, mais la mise en liberté peut être subordonnée à des garanties assurant la comparution de l'intéressé à l'audience, à tous les autres actes de la procédure et, le cas échéant, pour l'exécution du jugement.

4. Quiconque se trouve privé de sa liberté par arrestation ou détention a le droit d'introduire un recours devant un tribunal afin que celui-ci statue sans délai sur la légalité de sa détention et ordonne sa libération si la détention est illégale.

5. Tout individu victime d'arrestation ou de détention illégales a droit à réparation.

Art. 10 1. Toute personne privée de sa liberté est traitée avec humanité et avec le respect de la dignité inhérente à la personne humaine.

2. *a)* Les prévenus sont, sauf dans des circonstances exceptionnelles, séparés des condamnés et sont soumis à un régime distinct, approprié à leur condition de personnes non condamnées ;

b) Les jeunes prévenus sont séparés des adultes et il est décidé de leur cas aussi rapidement que possible.

3. Le régime pénitentiaire comporte un traitement des condamnés dont le but essentiel est leur amendement et leur reclassement social. Les jeunes délinquants sont séparés des adultes et soumis à un régime approprié à leur âge et à leur statut légal.

Art. 11 Nul ne peut être emprisonné pour la seule raison qu'il n'est pas en mesure d'exécuter une obligation contractuelle.

Art. 12 1. Quiconque se trouve légalement sur le territoire d'un État a le droit d'y circuler librement et d'y choisir librement sa résidence.

2. Toute personne est libre de quitter n'importe quel pays, y compris le sien.

3. Les droits mentionnés ci-dessus ne peuvent être l'objet de restrictions que si celles-ci sont prévues par la loi, nécessaires pour protéger la sécurité nationale, l'ordre public, la santé ou la moralité publiques, ou les droits et libertés d'autrui, et compatibles avec les autres droits reconnus par le présent Pacte.

4. Nul ne peut être arbitrairement privé du droit d'entrer dans son propre pays.

Art. 13 Un étranger qui se trouve légalement sur le territoire d'un État partie au présent Pacte ne peut en être expulsé qu'en exécution d'une décision prise conformément à la loi et, à moins que des raisons impérieuses de sécurité nationale ne s'y opposent, il doit avoir la possibilité de faire valoir les raisons qui militent contre son expulsion et de faire examiner son cas par l'autorité compétente, ou par une ou plusieurs personnes spécialement désignées par ladite autorité, en se faisant représenter à cette fin.

Art. 14 1. Tous sont égaux devant les tribunaux et les cours de justice. Toute personne a droit à ce que sa cause soit entendue équitablement et publiquement par un tribunal compétent, indépendant et impartial, établi par la loi, qui décidera soit du bien-fondé de toute accusation en matière pénale dirigée contre elle, soit des contestations sur ses droits et obligations de caractère civil. Le huis-clos peut être prononcé pendant la totalité ou une partie du procès soit dans l'intérêt des bonnes mœurs, de l'ordre public ou de la sécurité nationale dans une société démocratique, soit lorsque l'intérêt de la vie privée des parties en cause l'exige, soit encore dans la mesure où le tribunal l'estimera absolument nécessaire, lorsqu'en raison des circonstances particulières de l'affaire la publicité nuirait aux intérêts de la justice ; cependant, tout jugement rendu en matière pénale ou civile sera public, sauf si l'intérêt de mineurs exige qu'il en soit autrement ou si le procès porte sur des différends matrimoniaux ou sur la tutelle des enfants.

2. Toute personne accusée d'une infraction pénale est présumée innocente jusqu'à ce que sa culpabilité ait été légalement établie.

3. Toute personne accusée d'une infraction pénale a droit, en pleine égalité, au moins aux garanties suivantes :

a) A être informée, dans le plus court délai, dans une langue qu'elle comprend et de façon détaillée, de la nature et des motifs de l'accusation portée contre elle ;

b) A disposer du temps et des facilités nécessaires à la préparation de sa défense et à communiquer avec le conseil de son choix ;

c) A être jugée sans retard excessif ;

d) A être présente au procès et à se défendre elle-même ou à avoir l'assistance d'un défenseur de son choix ; si elle n'a pas de défenseur, à être informée de son droit d'en avoir un, et, chaque fois que l'intérêt de la justice l'exige, à se voir attribuer d'office un défenseur, sans frais, si elle n'a pas les moyens de le rémunérer ;

e) A interroger ou faire interroger les témoins à charge et à obtenir la comparution et l'interrogatoire des témoins à décharge dans les mêmes conditions que les témoins à charge ;

f) A se faire assister gratuitement d'un interprète si elle ne comprend pas ou ne parle pas la langue employée à l'audience ;

g) A ne pas être forcée de témoigner contre elle-même ou de s'avouer coupable.

4. La procédure applicable aux jeunes gens qui ne sont pas encore majeurs au regard de la loi pénale tiendra compte de leur âge et de l'intérêt que présente leur rééducation.

5. Toute personne déclarée coupable d'une infraction a le droit de faire examiner par une juridiction supérieure la déclaration de culpabilité et la condamnation, conformément à la loi.

6. Lorsqu'une condamnation pénale définitive est ultérieurement annulée ou lorsque la grâce est accordée parce qu'un fait nouveau ou nouvellement révélé prouve qu'il s'est produit une erreur judiciaire, la personne qui a subi une peine à raison de cette condamnation sera indemnisée, conformément à la loi, à moins qu'il ne soit prouvé que la non-révélation en temps utile du fait inconnu lui est imputable en tout ou partie.

7. Nul ne peut être poursuivi ou puni en raison d'une infraction pour laquelle il a déjà été acquitté ou condamné par un jugement définitif conformément à la loi et à la procédure pénale de chaque pays.

Art. 15 1. Nul ne sera condamné pour des actions ou omissions qui ne constituaient pas un acte délictueux d'après le droit national ou international au moment où elles ont été commises. De même, il ne sera infligé aucune peine plus forte que celle qui était applicable au moment où l'infraction a été commise. Si, postérieurement à cette infraction, la loi prévoit l'application d'une peine plus légère, le délinquant doit en bénéficier.

2. Rien dans le présent article ne s'oppose au jugement ou à la condamnation de tout individu en raison d'actes ou omissions qui, au moment où ils ont été commis, étaient tenus pour criminels, d'après les principes généraux de droit reconnus par l'ensemble des nations.

Art. 16 Chacun a droit à la reconnaissance en tous lieux de sa personnalité juridique.

Art. 17 1. Nul ne sera l'objet d'immixtions arbitraires ou illégales dans sa vie privée, sa famille, son domicile ou sa correspondance, ni d'atteintes illégales à son honneur et à sa réputation.

2. Toute personne a droit à la protection de la loi contre de telles immixtions ou de telles atteintes.

Art. 18 1. Toute personne a droit à la liberté de pensée, de conscience et de religion ; ce droit implique la liberté d'avoir ou d'adopter une religion ou une conviction de son choix, ainsi que la liberté de manifester sa religion ou sa conviction, individuellement ou en commun, tant en public qu'en privé, par le culte et l'accomplissement des rites, les pratiques et l'enseignement.

2. Nul ne subira de contrainte pouvant porter atteinte à sa liberté d'avoir ou d'adopter une religion ou une conviction de son choix.

3. La liberté de manifester sa religion ou ses convictions ne peut faire l'objet que des seules restrictions prévues par la loi et qui sont nécessaires à la protection de la sécu-

rité, de l'ordre et de la santé publique, ou de la morale ou des libertés et droits fondamentaux d'autrui.

4. Les États parties au présent Pacte s'engagent à respecter la liberté des parents et, le cas échéant, des tuteurs légaux de faire assurer l'éducation religieuse et morale de leurs enfants conformément à leurs propres convictions.

Art. 19 1. Nul ne peut être inquiété pour ses opinions.

2. Toute personne a droit à la liberté d'expression ; ce droit comprend la liberté de rechercher, de recevoir et de répandre des informations et des idées de toute espèce, sans considération de frontières, sous une forme orale, écrite, imprimée ou artistique, ou par tout autre moyen de son choix.

3. L'exercice des libertés prévues au paragraphe 2 du présent article comporte des devoirs spéciaux et des responsabilités spéciales. Il peut en conséquence être soumis à certaines restrictions qui doivent toutefois être expressément fixées par la loi et qui sont nécessaires :

a) Au respect des droits ou de la réputation d'autrui ;

b) A la sauvegarde de la sécurité nationale, de l'ordre public, de la santé ou de la moralité publiques.

Art. 20 1. Toute propagande en faveur de la guerre est interdite par la loi.

2. Tout appel à la haine nationale, raciale ou religieuse qui constitue une incitation à la discrimination, à l'hostilité ou à la violence est interdit par la loi.

Art. 21 Le droit de réunion pacifique est reconnu. L'exercice de ce droit ne peut faire l'objet que des seules restrictions imposées conformément à la loi et qui sont nécessaires dans une société démocratique, dans l'intérêt de la sécurité nationale, de la sûreté publique, de l'ordre public ou pour protéger la santé ou la moralité publiques, ou les droits et les libertés d'autrui.

Art. 22 1. Toute personne a le droit de s'associer librement avec d'autres, y compris le droit de constituer des syndicats et d'y adhérer pour la protection de ses intérêts.

2. L'exercice de ce droit ne peut faire l'objet que des seules restrictions prévues par la loi et qui sont nécessaires dans une société démocratique, dans l'intérêt de la sécurité nationale, de la sûreté publique, de l'ordre public, ou pour protéger la santé ou la moralité publiques ou les droits et les libertés d'autrui. Le présent article n'empêche pas de soumettre à des restrictions légales l'exercice de ce droit par les membres des forces armées et de la police.

3. Aucune disposition du présent article ne permet aux États parties à la Convention de 1948 de l'Organisation internationale du travail concernant la liberté syndicale et la protection du droit syndical de prendre des mesures législatives portant atteinte – ou d'appliquer la loi de façon à porter atteinte – aux garanties prévues dans ladite convention.

Art. 23 1. La famille est l'élément naturel et fondamental de la société et a droit à la protection de la société et de l'État.

2. Le droit de se marier et de fonder une famille est reconnu à l'homme et à la femme à partir de l'âge nubile.

3. Nul mariage ne peut être conclu sans le libre et plein consentement des futurs époux.

4. Les États parties au présent Pacte prendront les mesures appropriées pour assurer l'égalité de droits et de responsabilités des époux au regard du mariage, durant le mariage et lors de sa dissolution. En cas de dissolution, des dispositions seront prises afin d'assurer aux enfants la protection nécessaire.

Art. 24 1. Tout enfant, sans discrimination aucune fondée sur la race, la couleur, le sexe, la langue, la religion, l'origine nationale ou sociale, la fortune ou la naissance, a droit, de la part de sa famille, de la société et de l'État, aux mesures de protection qu'exige sa condition de mineur.

2. Tout enfant doit être enregistré immédiatement après sa naissance et avoir un nom.

3. Tout enfant a le droit d'acquérir une nationalité.

Art. 25 Tout citoyen a le droit et la possibilité, sans aucune des discriminations visées à l'article 2 et sans restrictions déraisonnables :

a) De prendre part à la direction des affaires publiques, soit directement, soit par l'intermédiaire de représentants librement choisis ;

b) De voter et d'être élu, au cours d'élections périodiques, honnêtes, au suffrage universel et égal et au scrutin secret, assurant l'expression libre de la volonté des électeurs ;

c) D'accéder, dans des conditions générales d'égalité, aux fonctions publiques de son pays.

Art. 26 Toutes les personnes sont égales devant la loi et ont droit sans discrimination à une égale protection de la loi. À cet égard, la loi doit interdire toute discrimination et garantir à toutes les personnes une protection égale et efficace contre toute discrimination, notamment de race, de couleur, de sexe, de langue, de religion, d'opinion politique et de toute autre opinion, d'origine nationale ou sociale, de fortune, de naissance ou de toute autre situation.

Art. 27 Dans les États où il existe des minorités ethniques, religieuses ou linguistiques, les personnes appartenant à ces minorités ne peuvent être privées du droit d'avoir, en commun avec les autres membres de leur groupe, leur propre vie culturelle, de professer et de pratiquer leur propre religion, ou d'employer leur propre langue.

....

Convention de New York du 26 janvier 1990,

Relative aux droits de l'enfant.

Cette convention est entrée en vigueur le 6 sept. 1990.

Préambule

Les États parties à la présente Convention,

Considérant que, conformément aux principes proclamés dans la Charte des Nations Unies, la reconnaissance de la dignité inhérente à tous les membres de la famille humaine ainsi que l'égalité et le caractère inaliénable de leurs droits sont le fondement de la liberté, de la justice et de la paix dans le monde ;

Ayant présent à l'esprit le fait que les peuples des Nations Unies ont, dans la Charte, proclamé à nouveau leur foi dans les droits fondamentaux de l'homme et dans la dignité et la valeur de la personne humaine, et qu'ils ont résolu de favoriser le progrès social et d'instaurer de meilleures conditions de vie dans une liberté plus grande ;

Reconnaissant que les Nations Unies, dans la Déclaration universelle des droits de l'homme et dans les Pactes internationaux relatifs aux droits de l'homme, ont proclamé et sont convenues que chacun peut se prévaloir de tous les droits et de toutes les libertés qui y sont énoncés, sans distinction aucune, notamment de race, de couleur, de sexe, de langue, de religion, d'opinion politique ou de toute autre opinion, d'origine nationale ou sociale, de fortune, de naissance ou de toute autre situation ;

Rappelant que, dans la Déclaration universelle des droits de l'homme, les Nations Unies ont proclamé que l'enfant a droit à une aide et à une assistance spéciales ;

Convaincus que la famille, unité fondamentale de la société et milieu naturel pour la croissance et le bien-être de tous ses membres, et en particulier des enfants, doit recevoir la protection et l'assistance dont elle a besoin pour pouvoir jouer pleinement son rôle dans la communauté,

Reconnaissant que l'enfant, pour l'épanouissement harmonieux de sa personnalité, doit grandir dans le milieu familial, dans un climat de bonheur, d'amour et de compréhension ;

Considérant qu'il importe de préparer pleinement l'enfant à avoir une vie individuelle dans la société et de l'élever dans l'esprit des idéaux proclamés dans la Charte des Nations Unies, et en particulier dans un esprit de paix, de dignité, de tolérance, de liberté, d'égalité et de solidarité ;

Ayant présent à l'esprit que la nécessité d'accorder une protection spéciale à l'enfant a été énoncée dans la Déclaration de Genève de 1924 sur les droits de l'enfant et dans la Déclaration des droits de l'enfant adoptée par l'Assemblée générale le 20 novembre 1959, et qu'elle a été reconnue dans la Déclaration universelle des droits de l'homme, dans le Pacte international relatif aux droits civils et politiques (en particulier aux articles 23 et 24), dans le Pacte international relatif aux droits économiques, sociaux et culturels (en particulier à l'article 10) et dans les statuts et instruments pertinents des institutions spécialisées et des organisations internationales qui se préoccupent du bien-être de l'enfant ;

Ayant présent à l'esprit que, comme indiqué dans la Déclaration des droits de l'enfant, « l'enfant, en raison de son manque de maturité physique et intellectuelle, a besoin d'une protection spéciale et de soins spéciaux, notamment d'une protection juridique appropriée, avant comme après la naissance » ;

Rappelant les dispositions de la Déclaration sur les principes sociaux et juridiques applicables à la protection et au bien-être des enfants, envisagés surtout sous l'angle des pratiques en matière d'adoption et de placement familial sur les plans national et international, de l'ensemble des règles minima des Nations Unies concernant l'administration de la justice pour mineurs (Règles de Beijing) et de la Déclaration sur la protection des femmes et des enfants en période d'urgence et de conflit armé ;

Reconnaissant qu'il y a dans tous les pays du monde des enfants qui vivent dans des conditions particulièrement difficiles, et qu'il est nécessaire d'accorder à ces enfants une attention particulière ;

Tenant dûment compte de l'importance des traditions et valeurs culturelles de chaque peuple dans la protection et le développement harmonieux de l'enfant ;

Reconnaissant l'importance de la coopération internationale pour l'amélioration des conditions de vie des enfants dans tous les pays, et en particulier dans les pays en développement,

sont convenus de ce qui suit :

PREMIÈRE PARTIE

Art. 1er Au sens de la présente Convention, un enfant s'entend de tout être humain âgé de moins de dix-huit ans, sauf si la majorité est atteinte plus tôt en vertu de la législation qui lui est applicable.

Art. 2 1. Les États parties s'engagent à respecter les droits qui sont énoncés dans la présente Convention et à les garantir à tout enfant relevant de leur juridiction, sans distinction aucune, indépendamment de toute considération de race, de couleur, de sexe, de langue, de religion, d'opinion politique ou autre de l'enfant ou de ses parents ou représentants légaux, de leur origine nationale, ethnique ou sociale, de leur situation de fortune, de leur incapacité, de leur naissance ou de toute autre situation.

2. Les États parties prennent toutes les mesures appropriées pour que l'enfant soit effectivement protégé contre toutes formes de discrimination ou de sanction motivées par la situation juridique, les activités, les opinions déclarées ou les convictions de ses parents, de ses représentants légaux ou des membres de sa famille.

Art. 3 1. Dans toutes les décisions qui concernent les enfants, qu'elles soient le fait des institutions publiques ou privées de protection sociale, des tribunaux, des autorités administratives ou des organes législatifs, l'intérêt supérieur de l'enfant doit être une considération primordiale.

2. Les États parties s'engagent à assurer à l'enfant la protection et les soins nécessaires à son bien-être, compte tenu des droits et des devoirs de ses parents, de ses tuteurs ou des autres personnes légalement responsables de lui, et ils prennent à cette fin toutes les mesures législatives et administratives appropriées.

3. Les États parties veillent à ce que le fonctionnement des institutions, services et établissements qui ont la charge des enfants et assurent leur protection soit conforme aux normes fixées par les autorités compétentes, particulièrement dans le domaine de

la sécurité et de la santé et en ce qui concerne le nombre et la compétence de leur personnel ainsi que l'existence d'un contrôle approprié.

Art. 4 Les États parties s'engagent à prendre toutes les mesures législatives, administratives et autres qui sont nécessaires pour mettre en œuvre les droits reconnus dans la présente Convention. Dans le cas des droits économiques, sociaux et culturels, ils prennent ces mesures dans toutes les limites des ressources dont ils disposent et, s'il y a lieu, dans le cadre de la coopération internationale.

Art. 5 Les États parties respectent la responsabilité, le droit et le devoir qu'ont les parents ou, le cas échéant, les membres de la famille élargie ou de la communauté, comme prévu par la coutume locale, les tuteurs ou autres personnes légalement responsables de l'enfant, de donner à celui-ci, d'une manière qui corresponde au développement de ses capacités, l'orientation et les conseils appropriés à l'exercice des droits que lui reconnaît la présente Convention.

Art. 6 1. Les États parties reconnaissent que tout enfant a un droit inhérent à la vie.

2. Les États parties assurent dans toute la mesure possible la survie et le développement de l'enfant.

Art. 7 1. L'enfant est enregistré aussitôt sa naissance et a dès celle-ci le droit à un nom, le droit d'acquérir une nationalité et, dans la mesure du possible, le droit de connaître ses parents et d'être élevé par eux.

2. Les États parties veillent à mettre ces droits en œuvre conformément à leur législation nationale et aux obligations que leur imposent les instruments internationaux applicables en la matière, en particulier dans les cas où faute de cela l'enfant se trouverait apatride.

Art. 8 1. Les États parties s'engagent à respecter le droit de l'enfant de préserver son identité, y compris sa nationalité, son nom et ses relations familiales, tels qu'ils sont reconnus par la loi, sans ingérence illégale.

2. Si un enfant est illégalement privé des éléments constitutifs de son identité ou de certains d'entre eux, les États parties doivent lui accorder une assistance et une protection appropriées, pour que son identité soit rétablie aussi rapidement que possible.

Art. 9 1. Les États parties veillent à ce que l'enfant ne soit pas séparé de ses parents contre leur gré, à moins que les autorités compétentes ne décident, sous réserve de révision judiciaire et conformément aux lois et procédures applicables, que cette séparation est nécessaire dans l'intérêt supérieur de l'enfant. Une décision en ce sens peut être nécessaire dans certains cas particuliers, par exemple lorsque les parents maltraitent ou négligent l'enfant, ou lorsqu'ils vivent séparément et qu'une décision doit être prise au sujet du lieu de résidence de l'enfant.

2. Dans tous les cas prévus au paragraphe 1 du présent article, toutes les parties intéressées doivent avoir la possibilité de participer aux délibérations et de faire connaître leurs vues.

3. Les États parties respectent le droit de l'enfant séparé de ses deux parents ou de l'un d'eux d'entretenir régulièrement des relations personnelles et des contacts directs avec ses deux parents, sauf si cela est contraire à l'intérêt supérieur de l'enfant.

4. Lorsque la séparation résulte de mesures prises par un État partie, telles que la détention, l'emprisonnement, l'exil, l'expulsion ou la mort (y compris la mort, quelle qu'en soit la cause, survenue en cours de détention) des deux parents ou de l'un d'eux, ou de l'enfant, l'État partie donne sur demande aux parents, à l'enfant ou, s'il y a lieu, à un autre membre de la famille les renseignements essentiels sur le lieu où se trouvent le membre ou les membres de la famille, à moins que la divulgation de ces renseignements ne soit préjudiciable au bien-être de l'enfant. Les États parties veillent en outre à ce que la présentation d'une telle demande n'entraîne pas en elle-même de conséquences fâcheuses pour la personne ou les personnes intéressées.

Art. 10 1. Conformément à l'obligation incombant aux États parties en vertu du paragraphe 1 de l'article 9, toute demande faite par un enfant ou ses parents en vue d'entrer dans un État partie ou de le quitter aux fins de réunification familiale est considérée par les États parties dans un esprit positif, avec humanité et diligence. Les

États parties veillent en outre à ce que la présentation d'une telle demande n'entraîne pas de conséquences fâcheuses pour les auteurs de la demande et les membres de leur famille.

2. Un enfant dont les parents résident dans des États différents a le droit d'entretenir, sauf circonstances exceptionnelles, des relations personnelles et des contacts directs réguliers avec ses deux parents.

A cette fin, et conformément à l'obligation incombant aux États parties en vertu du paragraphe 2 de l'article 9, les États parties respectent le droit qu'ont l'enfant et ses parents de quitter tout pays, y compris le leur, et de revenir dans leur propre pays. Le droit de quitter tout pays ne peut faire l'objet que des restrictions prescrites par la loi qui sont nécessaires pour protéger la sécurité nationale, l'ordre public, la santé ou la moralité publiques, ou les droits et libertés d'autrui, et qui sont compatibles avec les autres droits reconnus dans la présente Convention.

Art. 11 1. Les États parties prennent des mesures pour lutter contre les déplacements et les non-retours illicites d'enfants à l'étranger.

2. A cette fin, les États parties favorisent la conclusion d'accords bilatéraux ou multilatéraux ou l'adhésion aux accords existants.

Art. 12 1. Les États parties garantissent à l'enfant qui est capable de discernement le droit d'exprimer librement son opinion sur toute question l'intéressant, les opinions de l'enfant étant dûment prises en considération eu égard à son âge et à son degré de maturité.

2. A cette fin, on donnera notamment à l'enfant la possibilité d'être entendu dans toute procédure judiciaire ou administrative l'intéressant, soit directement, soit par l'intermédiaire d'un représentant ou d'un organisme approprié, de façon compatible avec les règles de procédure de la législation nationale.

Art. 13 1. L'enfant a droit à la liberté d'expression. Ce droit comprend la liberté de rechercher, de recevoir et de répandre des informations et des idées de toute espèce, sans considération de frontières, sous une forme orale, écrite, imprimée ou artistique, ou par tout autre moyen du choix de l'enfant.

2. L'exercice de ce droit ne peut faire l'objet que des seules restrictions qui sont prescrites par la loi et qui sont nécessaires :

a) Au respect des droits ou de la réputation d'autrui, ou

b) A la sauvegarde de la sécurité nationale, de l'ordre public, de la santé ou de la moralité publiques.

Art. 14 1. Les États parties respectent le droit de l'enfant à la liberté de pensée, de conscience et de religion.

2. Les États parties respectent le droit et le devoir des parents ou, le cas échéant, des représentants légaux de l'enfant, de guider celui-ci dans l'exercice du droit susmentionné d'une manière qui corresponde au développement de ses capacités.

3. La liberté de manifester sa religion ou ses convictions ne peut être soumise qu'aux seules restrictions qui sont prescrites par la loi et qui sont nécessaires pour préserver la sûreté publique, l'ordre public, la santé et la moralité publiques, ou les libertés et droits fondamentaux d'autrui.

Art. 15 1. Les États parties reconnaissent les droits de l'enfant à la liberté d'association et à la liberté de réunion pacifique.

2. L'exercice de ces droits ne peut faire l'objet que des seules restrictions qui sont prescrites par la loi et qui sont nécessaires dans une société démocratique, dans l'intérêt de la sécurité nationale, de la sûreté publique ou de l'ordre public, ou pour protéger la santé ou la moralité publiques, ou les droits et libertés d'autrui.

Art. 16 1. Nul enfant ne fera l'objet d'immixtions arbitraires ou illégales dans sa vie *privée, sa famille, son domicile ou* sa correspondance, ni d'atteintes illégales à son honneur et à sa réputation.

2. L'enfant a droit à la protection de la loi contre de telles immixtions ou de telles atteintes.

Art. 17 Les États parties reconnaissent l'importance de la fonction remplie par les médias et veillent à ce que l'enfant ait accès à une information et à des matériels provenant de sources nationales et internationales diverses, notamment ceux qui visent à promouvoir son bien-être social, spirituel et moral ainsi que sa santé physique et mentale. À cette fin, les États parties :

a) Encouragent les médias à diffuser une information et des matériels qui présentent une utilité sociale et culturelle pour l'enfant et répondent à l'esprit de l'article 29 ;

b) Encouragent la coopération internationale en vue de produire, d'échanger et de diffuser une information et des matériels de ce type provenant de différentes sources culturelles, nationales et internationales ;

c) Encouragent la production et la diffusion de livres pour enfants ;

d) Encouragent les médias à tenir particulièrement compte des besoins linguistiques des enfants autochtones ou appartenant à un groupe minoritaire ;

e) Favorisent l'élaboration de principes directeurs appropriés destinés à protéger l'enfant contre l'information et les matériels qui nuisent à son bien-être, compte tenu des dispositions des articles 13 et 18.

Art. 18 1. Les États parties s'emploient de leur mieux à assurer la reconnaissance du principe selon lequel les deux parents ont une responsabilité commune pour ce qui est d'élever l'enfant et d'assurer son développement. La responsabilité d'élever l'enfant et d'assurer son développement incombe au premier chef aux parents ou, le cas échéant, à ses représentants légaux. Ceux-ci doivent être guidés avant tout par l'intérêt supérieur de l'enfant.

2. Pour garantir et promouvoir les droits énoncés dans la présente Convention, les États parties accordent l'aide appropriée aux parents et aux représentants légaux de l'enfant dans l'exercice de la responsabilité qui leur incombe d'élever l'enfant et assurent la mise en place d'institutions, d'établissements et de services chargés de veiller au bien-être des enfants.

3. Les États parties prennent toutes les mesures appropriées pour assurer aux enfants dont les parents travaillent le droit de bénéficier des services et établissements de garde d'enfants pour lesquels ils remplissent les conditions requises.

Art. 19 1. Les États parties prennent toutes les mesures législatives, administratives, sociales et éducatives appropriées pour protéger l'enfant contre toute forme de violence, d'atteinte ou de brutalités physiques ou mentales, d'abandon ou de négligence, de mauvais traitements ou d'exploitation, y compris la violence sexuelle, pendant qu'il est sous la garde de ses parents ou de l'un d'eux, de son ou ses représentants légaux ou de toute autre personne à qui il est confié.

2. Ces mesures de protection comprendront, selon qu'il conviendra, des procédures efficaces pour l'établissement de programmes sociaux visant à fournir l'appui nécessaire à l'enfant et à ceux à qui il est confié, ainsi que pour d'autres formes de prévention, et aux fins d'identification, de rapport, de renvoi, d'enquête, de traitement et de suivi pour les cas de mauvais traitements de l'enfant décrits ci-dessus, et comprendre également, selon qu'il conviendra, des procédures d'intervention judiciaire.

Art. 20 1. Tout enfant qui est temporairement ou définitivement privé de son milieu familial, ou qui, dans son propre intérêt, ne peut être laissé dans ce milieu, a droit à une protection et une aide spéciales de l'État.

2. Les États parties prévoient pour cet enfant une protection de remplacement conforme à leur législation nationale.

3. *Cette protection* de remplacement peut notamment avoir la forme du placement dans une famille, de la Kafalah de droit islamique, de l'adoption ou, en cas de nécessité, du placement dans un établissement pour enfants approprié. Dans le choix entre ces solutions, il est dûment tenu compte de la nécessité d'une certaine continuité dans l'éducation de l'enfant, ainsi que de son origine ethnique, religieuse, culturelle et linguistique.

Art. 21 Les États parties qui admettent et/ou autorisent l'adoption s'assurent que l'intérêt supérieur de l'enfant est la considération primordiale en la matière, et :

a) Veillent à ce que l'adoption d'un enfant ne soit autorisée que par les autorités compétentes, qui vérifient, conformément à la loi et aux procédures applicables et sur la base de tous les renseignements fiables relatifs au cas considéré, que l'adoption peut avoir lieu eu égard à la situation de l'enfant par rapport à ses père et mère, parents et représentants légaux et que, le cas échéant, les personnes intéressées ont donné leur consentement à l'adoption en connaissance de cause, après s'être entourées des avis nécessaires ;

b) Reconnaissent que l'adoption à l'étranger peut être envisagée comme un autre moyen d'assurer les soins nécessaires à l'enfant, si celui-ci ne peut, dans son pays d'origine, être placé dans une famille nourricière ou adoptive ou être convenablement élevé ;

c) Veillent, en cas d'adoption à l'étranger, à ce que l'enfant ait le bénéfice de garanties et de normes équivalant à celles existant en cas d'adoption nationale ;

d) Prennent toutes les mesures appropriées pour veiller à ce que, en cas d'adoption à l'étranger, le placement de l'enfant ne se traduise pas par un profit matériel indu pour les personnes qui en sont responsables ;

e) Poursuivent les objectifs du présent article en concluant des arrangements ou des accords bilatéraux ou multilatéraux, selon les cas, et s'efforcent dans ce cadre de veiller à ce que les placements d'enfants à l'étranger soient effectués par des autorités ou des organes compétents.

Art. 22 1. Les États parties prennent les mesures appropriées pour qu'un enfant qui cherche à obtenir le statut de réfugié ou qui est considéré comme réfugié en vertu des règles et procédures du droit international ou national applicable, qu'il soit seul ou accompagné de ses père et mère ou de toute personne, bénéficie de la protection et de l'assistance humanitaire voulues pour lui permettre de jouir des droits que lui reconnaissent la présente Convention et les autres instruments internationaux relatifs aux droits de l'homme ou de caractère humanitaire auxquels lesdits États sont parties.

2. A cette fin, les États parties collaborent, selon qu'ils le jugent nécessaire, à tous les efforts faits par l'Organisation des Nations Unies et les autres organisations intergouvernementales ou non gouvernementales compétentes collaborant avec l'Organisation des Nations Unies pour protéger et aider les enfants qui se trouvent en pareille situation et pour rechercher les père et mère ou autres membres de la famille de tout enfant réfugié en vue d'obtenir les renseignements nécessaires pour le réunir à sa famille. Lorsque ni le père, ni la mère, ni aucun autre membre de la famille ne peut être retrouvé, l'enfant se voit accorder, selon les principes énoncés dans la présente Convention, la même protection que tout autre enfant définitivement ou temporairement privé de son milieu familial pour quelque raison que ce soit.

Art. 23 1. Les États parties reconnaissent que les enfants mentalement ou physiquement handicapés doivent mener une vie pleine et décente, dans des conditions qui garantissent leur dignité, favorisent leur autonomie et facilitent leur participation active à la vie de la collectivité.

2. Les États parties reconnaissent le droit des enfants handicapés de bénéficier de soins spéciaux et encouragent et assurent, dans la mesure des ressources disponibles, l'octroi, sur demande, aux enfants handicapés remplissant les conditions requises et à ceux qui en ont la charge, d'une aide adaptée à l'état de l'enfant et à la situation de ses parents ou de ceux à qui il est confié.

3. Eu égard aux besoins particuliers des enfants handicapés, l'aide fournie conformément au paragraphe 2 du présent article est gratuite chaque fois qu'il est possible, compte tenu des ressources financières de leurs parents ou de ceux à qui l'enfant est confié, et elle est conçue de telle sorte que les enfants handicapés aient effectivement accès à l'éducation, à la formation, aux soins de santé, à la rééducation, à la préparation à l'emploi et aux activités récréatives, et bénéficient de ces services de façon propre à assurer une intégration sociale aussi complète que possible et leur épanouissement personnel, y compris dans le domaine culturel et spirituel.

4. Dans un esprit de coopération internationale, les États parties favorisent l'échange d'informations pertinentes dans le domaine des soins de santé préventifs et du traitement médical, psychologique et fonctionnel des enfants handicapés, y compris par la diffusion d'informations concernant les méthodes de rééducation et les services de formation professionnelle, ainsi que l'accès à ces données, en vue de permettre aux États parties d'améliorer leurs capacités et leurs compétences et d'élargir leur expérience dans ces domaines. A cet égard, il est tenu particulièrement compte des besoins des pays en développement.

Art. 24 1. Les États parties reconnaissent le droit de l'enfant de jouir du meilleur état de santé possible et de bénéficier de services médicaux et de rééducation. Ils s'efforcent de garantir qu'aucun enfant ne soit privé du droit d'avoir accès à ces services.

2. Les États parties s'efforcent d'assurer la réalisation intégrale du droit susmentionné et, en particulier, prennent les mesures appropriées pour :

a) Réduire la mortalité parmi les nourrissons et les enfants ;

b) Assurer à tous les enfants l'assistance médicale et les soins de santé nécessaires, l'accent étant mis sur le développement des soins de santé primaires ;

c) Lutter contre la maladie et la malnutrition, y compris dans le cadre des soins de santé primaires, grâce notamment à l'utilisation de techniques aisément disponibles et à la fourniture d'aliments nutritifs et d'eau potable, compte tenu des dangers et des risques de pollution du milieu naturel ;

d) Assurer aux mères des soins prénatals et postnatals appropriés ;

e) Faire en sorte que tous les groupes de la société, en particulier les parents et les enfants, reçoivent une information sur la santé et la nutrition de l'enfant, les avantages de l'allaitement au sein, l'hygiène et la salubrité de l'environnement et la prévention des accidents, et bénéficient d'une aide leur permettant de mettre à profit cette information ;

f) Développer les soins de santé préventifs, les conseils aux parents et l'éducation et les services en matière de planification familiale.

3. Les États parties prennent toutes les mesures efficaces appropriées en vue d'abolir les pratiques traditionnelles préjudiciables à la santé des enfants.

4. Les États parties s'engagent à favoriser et à encourager la coopération internationale en vue d'assurer progressivement la pleine réalisation du droit reconnu dans le présent article. A cet égard, il est tenu particulièrement compte des besoins des pays en développement.

Art. 25 Les États parties reconnaissent à l'enfant qui a été placé par les autorités compétentes pour recevoir des soins, une protection ou un traitement physique ou mental, le droit à un examen périodique dudit traitement et de toute autre circonstance relative à son placement.

Art. 26 1. Les États parties reconnaissent à tout enfant le droit de bénéficier de la sécurité sociale, y compris les assurances sociales, et prennent les mesures nécessaires pour assurer la pleine réalisation de ce droit en conformité avec leur législation nationale.

2. Les prestations doivent, lorsqu'il y a lieu, être accordées compte tenu des ressources et de la situation de l'enfant et des personnes responsables de son entretien, ainsi que de toute autre considération applicable à la demande de prestation faite par l'enfant ou en son nom.

Art. 27 1. Les États parties reconnaissent le droit de tout enfant à un niveau de vie suffisant pour permettre son développement physique, mental, spirituel, moral ou social.

2. C'est aux parents ou autres personnes ayant la charge de l'enfant qu'incombe au premier chef la responsabilité d'assurer, dans les limites de leurs possibilités et de leurs moyens financiers, les conditions de vie nécessaires au développement de l'enfant.

3. Les États parties adoptent les mesures appropriées, compte tenu des conditions nationales et dans la mesure de leurs moyens, pour aider les parents et autres personnes ayant la charge de l'enfant à mettre en œuvre ce droit et offrent, en cas de besoin, une assistance matérielle et des programmes d'appui, notamment en ce qui concerne l'alimentation, le vêtement et le logement.

4. Les États parties prennent toutes les mesures appropriées en vue d'assurer le recouvrement de la pension alimentaire de l'enfant auprès de ses parents ou des autres personnes ayant une responsabilité financière à son égard, que ce soit sur leur territoire ou à l'étranger. En particulier, pour tenir compte des cas où la personne qui a une responsabilité financière à l'égard de l'enfant vit dans un État autre que celui de l'enfant, les États parties favorisent l'adhésion à des accords internationaux ou la conclusion de tels accords ainsi que l'adoption de tous autres arrangements appropriés.

Art. 28 1. Les États parties reconnaissent le droit de l'enfant à l'éducation, et en particulier, en vue d'assurer l'exercice de ce droit progressivement et sur la base de l'égalité des chances :

a) Ils rendent l'enseignement primaire obligatoire et gratuit pour tous ;

b) Ils encouragent l'organisation de différentes formes d'enseignement secondaire, tant général que professionnel, les rendent ouvertes et accessibles à tout enfant, et prennent des mesures appropriées, telles que l'instauration de la gratuité de l'enseignement et l'offre d'une aide financière en cas de besoin ;

c) Ils assurent à tous l'accès à l'enseignement supérieur, en fonction des capacités de chacun, par tous les moyens appropriés ;

d) Ils rendent ouvertes et accessibles à tout enfant l'information et l'orientation scolaires et professionnelles ;

e) Ils prennent des mesures pour encourager la régularité de la fréquentation scolaire et la réduction des taux d'abandon scolaire.

2. Les États parties prennent toutes les mesures appropriées pour veiller à ce que la discipline scolaire soit appliquée d'une manière compatible avec la dignité de l'enfant en tant qu'être humain et conformément à la présente Convention.

3. Les États parties favorisent et encouragent la coopération internationale dans le domaine de l'éducation, en vue notamment de contribuer à éliminer l'ignorance et l'analphabétisme dans le monde et de faciliter l'accès aux connaissances scientifiques et techniques et aux méthodes d'enseignement modernes. A cet égard, il est tenu particulièrement compte des besoins des pays en développement.

Art. 29 1. Les États parties conviennent que l'éducation de l'enfant doit viser à :

a) Favoriser l'épanouissement de la personnalité de l'enfant et le développement de ses dons et de ses aptitudes mentales et physiques, dans toute la mesure de leurs potentialités ;

b) Inculquer à l'enfant le respect des droits de l'homme et des libertés fondamentales, et des principes consacrés dans la Charte des Nations Unies ;

c) Inculquer à l'enfant le respect de ses parents, de son identité, de sa langue et de ses valeurs culturelles, ainsi que le respect des valeurs nationales du pays dans lequel il vit, du pays duquel il peut être originaire et des civilisations différentes de la sienne ;

d) Préparer l'enfant à assumer les responsabilités de la vie dans une société libre, dans un esprit de compréhension, de paix, de tolérance, d'égalité entre les sexes et d'amitié entre tous les peuples et groupes ethniques, nationaux et religieux, et avec les personnes d'origine autochtone ;

e) Inculquer à l'enfant le respect du milieu naturel.

2. Aucune disposition du présent article ou de l'article 28 ne sera interprétée d'une manière qui porte atteinte à la liberté des personnes physiques ou morales de créer et de diriger des établissements d'enseignement, à condition que les principes énoncés au paragraphe 1 du présent article soient respectés et que l'éducation dispensée dans ces établissements soit conforme aux normes minimales que l'État aura prescrites.

Art. 30 Dans les États où il existe des minorités ethniques, religieuses ou linguistiques ou des personnes d'origine autochtone, un enfant autochtone ou appartenant à une de ces minorités ne peut être privé du droit d'avoir sa propre vie culturelle, de professer et de pratiquer sa propre religion ou d'employer sa propre langue en commun avec les autres membres de son groupe.

Art. 31 1. Les États parties reconnaissent à l'enfant le droit au repos et aux loisirs, de se livrer au jeu et à des activités récréatives propres à son âge, et de participer librement à la vie culturelle et artistique.

2. Les États parties respectent et favorisent le droit de l'enfant de participer pleinement à la vie culturelle et artistique, et encouragent l'organisation à son intention de moyens appropriés de loisirs et d'activités récréatives, artistiques et culturelles, dans des conditions d'égalité.

Art. 32 1. Les États parties reconnaissent le droit de l'enfant d'être protégé contre l'exploitation économique et de n'être astreint à aucun travail comportant des risques ou susceptible de compromettre son éducation ou de nuire à sa santé ou à son développement physique, mental, spirituel, moral ou social.

2. Les États parties prennent des mesures législatives, administratives, sociales et éducatives pour assurer l'application du présent article. A cette fin, et compte tenu des dispositions pertinentes des autres instruments internationaux, les États parties, en particulier :

a) Fixent un âge minimum ou des âges minimum d'admission à l'emploi ;

b) Prévoient une réglementation appropriée des horaires de travail et des conditions d'emploi ;

c) Prévoient des peines ou autres sanctions appropriées pour assurer l'application effective du présent article.

Art. 33 Les États parties prennent toutes les mesures appropriées, y compris des mesures législatives, administratives, sociales et éducatives, pour protéger les enfants contre l'usage illicite de stupéfiants et de substances psychotropes, tels que les définissent les conventions internationales pertinentes, et pour empêcher que des enfants ne soient utilisés pour la production et le trafic illicites de ces substances.

Art. 34 Les États parties s'engagent à protéger l'enfant contre toutes les formes d'exploitation sexuelle et de violence sexuelle. À cette fin, les États prennent en particulier toutes les mesures appropriées sur les plans national, bilatéral et multilatéral pour empêcher :

a) Que des enfants ne soient incités ou contraints à se livrer à une activité sexuelle illégale ;

b) Que des enfants ne soient exploités à des fins de prostitution ou autres pratiques sexuelles illégales ;

c) Que des enfants ne soient exploités aux fins de la production de spectacles ou de matériel de caractère pornographique.

Art. 35 Les États parties prennent toutes les mesures appropriées sur les plans national, bilatéral et multilatéral pour empêcher l'enlèvement, la vente ou la traite d'enfants à quelque fin que ce soit et sous quelque forme que ce soit.

Art. 36 Les États parties protègent l'enfant contre toutes autres formes d'exploitation préjudiciables à tout aspect de son bien-être.

Art. 37 Les États parties veillent à ce que :

a) Nul enfant ne soit soumis à la torture ni à des peines ou traitements cruels, inhumains ou dégradants. Ni la peine capitale ni l'emprisonnement à vie sans possibilité de libération ne doivent être prononcés pour les infractions commises par des personnes âgées de moins de dix-huit ans ;

b) Nul enfant ne soit privé de liberté de façon illégale ou arbitraire. L'arrestation, la détention ou l'emprisonnement d'un enfant doit être en conformité avec la loi, n'être qu'une mesure de dernier ressort, et être d'une durée aussi brève que possible ;

c) Tout enfant privé de liberté soit traité avec humanité et avec le respect dû à la dignité de la personne humaine, et d'une manière tenant compte des besoins des personnes de son âge. En particulier, tout enfant privé de liberté sera séparé des adultes, à moins que l'on n'estime préférable de ne pas le faire dans l'intérêt supérieur de l'enfant, et il a le droit de rester en contact avec sa famille par la correspondance et par des visites, sauf circonstances exceptionnelles ;

d) Les enfants privés de liberté aient le droit d'avoir rapidement accès à l'assistance juridique ou à toute autre assistance appropriée, ainsi que le droit de contester la légalité de leur privation de liberté devant un tribunal ou une autre autorité compétente, indépendante et impartiale, et à ce qu'une décision rapide soit prise en la matière.

Art. 38 1. Les États parties s'engagent à respecter et à faire respecter les règles du droit humanitaire international qui leur sont applicables en cas de conflit armé et dont la protection s'étend aux enfants.

2. Les États parties prennent toutes les mesures possibles dans la pratique pour veiller à ce que les personnes n'ayant pas atteint l'âge de quinze ans ne participent pas directement aux hostilités.

3. Les États parties s'abstiennent d'enrôler dans leurs forces armées toute personne n'ayant pas atteint l'âge de quinze ans. Lorsqu'ils incorporent des personnes de plus de

quinze ans mais de moins de dix-huit ans, les États parties s'efforcent d'enrôler en priorité les plus âgées.

4. Conformément à l'obligation qui leur incombe en vertu du droit humanitaire international de protéger la population civile en cas de conflit armé, les États parties prennent toutes les mesures possibles dans la pratique pour que les enfants qui sont touchés par un conflit armé bénéficient d'une protection et de soins.

Art. 39 Les États parties prennent toutes les mesures appropriées pour faciliter la réadaptation physique et psychologique et la réinsertion sociale de tout enfant victime de toute forme de négligence, d'exploitation ou de sévices, de torture ou de toute autre forme de peines ou traitements cruels, inhumains ou dégradants, ou de conflit armé. Cette réadaptation et cette réinsertion se déroulent dans des conditions qui favorisent la santé, le respect de soi et la dignité de l'enfant.

Art. 40 1. Les États parties reconnaissent à tout enfant suspecté, accusé ou convaincu d'infraction à la loi pénale le droit à un traitement qui soit de nature à favoriser son sens de la dignité et de la valeur personnelle, qui renforce son respect pour les droits de l'homme et les libertés fondamentales d'autrui, et qui tienne compte de son âge ainsi que de la nécessité de faciliter sa réintégration dans la société et de lui faire assumer un rôle constructif au sein de celle-ci.

2. A cette fin, et compte tenu des dispositions pertinentes des instruments internationaux, les États parties veillent en particulier :

a) A ce qu'aucun enfant ne soit suspecté, accusé ou convaincu d'infraction à la loi pénale en raison d'actions ou d'omissions qui n'étaient pas interdites par le droit national ou international au moment où elles ont été commises ;

b) A ce que tout enfant suspecté ou accusé d'infraction à la loi pénale ait au moins le droit aux garanties suivantes :

i) Être présumé innocent jusqu'à ce que sa culpabilité ait été légalement établie ;

ii) Être informé dans le plus court délai et directement des accusations portées contre lui, ou, le cas échéant, par l'intermédiaire de ses parents ou représentants légaux, et bénéficier d'une assistance juridique ou de toute autre assistance appropriée pour la préparation et la présentation de sa défense ;

iii) Que sa cause soit entendue sans retard par une autorité ou une instance judiciaire compétentes, indépendantes et impartiales, selon une procédure équitable aux termes de la loi, en présence de son conseil juridique ou autre et, à moins que cela ne soit jugé contraire à l'intérêt supérieur de l'enfant en raison notamment de son âge ou de sa situation, en présence de ses parents ou représentants légaux ;

iv) Ne pas être contraint de témoigner ou de s'avouer coupable ; interroger ou faire interroger les témoins à charge, et obtenir la comparution et l'interrogatoire des témoins à décharge dans des conditions d'égalité ;

v) S'il est reconnu avoir enfreint la loi pénale, faire appel de cette décision et de toute mesure arrêtée en conséquence devant une autorité ou une instance judiciaire supérieure compétentes, indépendantes et impartiales, conformément à la loi ;

vi) Se faire assister gratuitement d'un interprète s'il ne comprend ou ne parle pas la langue utilisée ;

vii) Que sa vie privée soit pleinement respectée à tous les stades de la procédure.

3. Les États parties s'efforcent de promouvoir l'adoption de lois, de procédures, la mise en place d'autorités et d'institutions spécialement conçues pour les enfants suspectés, accusés ou convaincus d'infraction à la loi pénale, et en particulier :

a) D'établir un âge minimum au-dessous duquel les enfants seront présumés n'avoir pas la capacité d'enfreindre la loi pénale ;

b) De prendre des mesures, chaque fois que cela est possible et souhaitable, pour traiter ces enfants sans recourir à la procédure judiciaire, étant cependant entendu que les droits de l'homme et les garanties légales doivent être pleinement respectés.

4. Toute une gamme de dispositions, relatives notamment aux soins, à l'orientation et à la supervision, aux conseils, à la probation, au placement familial, aux programmes d'éducation générale et professionnelle et aux solutions autres qu'institutionnelles seront prévues en vue d'assurer aux enfants un traitement conforme à leur bien-être et proportionné à leur situation et à l'infraction.

Art. 41 Aucune des dispositions de la présente Convention ne porte atteinte aux dispositions plus propices à la réalisation des droits de l'enfant qui peuvent figurer :

a) Dans la législation d'un État partie ; ou

b) Dans le droit international en vigueur pour cet État.

DEUXIÈME PARTIE

Art. 42 Les États parties s'engagent à faire largement connaître les principes et les dispositions de la présente Convention, par des moyens actifs et appropriés, aux adultes comme aux enfants.

Art. 43 1. Aux fins d'examiner les progrès accomplis par les États parties dans l'exécution des obligations contractées par eux en vertu de la présente Convention, il est institué un Comité des droits de l'enfant qui s'acquitte des fonctions définies ci-après.

2. Le comité se compose de dix-huit experts de haute moralité et possédant une compétence reconnue dans le domaine visé par la présente Convention. Ses membres sont élus par les États parties parmi leurs ressortissants et siègent à titre personnel, compte tenu de la nécessité d'assurer une répartition géographique équitable et eu égard aux principaux systèmes juridiques.

3. Les membres du comité sont élus au scrutin secret sur une liste de personnes désignées par les États parties. Chaque État partie peut désigner un candidat parmi ses ressortissants.

4. La première élection aura lieu dans les six mois suivant la date d'entrée en vigueur de la présente Convention. Les élections auront lieu ensuite tous les deux ans. Quatre mois au moins avant la date de chaque élection, le secrétaire général de l'Organisation des Nations Unies invitera par écrit les États parties à proposer leurs candidats dans un délai de deux mois. Le secrétaire général dressera ensuite la liste alphabétique des candidats ainsi désignés, en indiquant les États parties qui les ont désignés, et la communiquera aux États parties à la présente Convention.

5. Les élections ont lieu lors des réunions des États parties, convoquées par le secrétaire général au siège de l'Organisation des Nations Unies. À ces réunions, pour lesquelles le quorum est constitué par les deux tiers des États parties, les candidats élus au comité sont ceux qui obtiennent le plus grand nombre de voix et la majorité absolue des voix des représentants des États parties et votants.

6. Les membres du comité sont élus pour quatre ans. Ils sont rééligibles si leur candidature est présentée à nouveau. Le mandat de cinq des membres élus lors de la première élection prend fin au bout de deux ans. Les noms de ces cinq membres seront tirés au sort par le président de la réunion immédiatement après la première élection.

7. En cas de décès ou de démission d'un membre du comité, ou si, pour toute autre raison, un membre déclare ne plus pouvoir exercer ses fonctions au sein du comité, l'État partie qui avait présenté sa candidature nomme un autre expert parmi ses ressortissants pour pourvoir le poste ainsi vacant jusqu'à l'expiration du mandat correspondant, sous réserve de l'approbation du comité.

8. Le comité adopte son règlement intérieur.

9. Le comité élit son bureau pour une période de deux ans.

10. Les réunions du comité se tiennent normalement au Siège de l'Organisation des Nations Unies, ou en tout autre lieu approprié déterminé par le comité. Le comité se réunit normalement chaque année. La durée de ses sessions est déterminée et modifiée, si nécessaire, par une réunion des États parties à la présente Convention, sous réserve de l'approbation de l'assemblée générale.

11. Le secrétaire général de l'Organisation des Nations Unies met à la disposition du comité le personnel et les installations qui lui sont nécessaires pour s'acquitter efficacement des fonctions qui lui sont confiées en vertu de la présente Convention.

12. Les membres du comité institué en vertu de la présente Convention reçoivent, avec l'approbation de l'assemblée générale, des émoluments prélevés sur les ressources de l'Organisation des Nations Unies dans les conditions et selon les modalités fixées par l'assemblée générale.

Art. 44 1. Les États parties s'engagent à soumettre au comité, par l'entremise du secrétaire général de l'Organisation des Nations Unies, des rapports sur les mesures qu'ils auront adoptées pour donner effet aux droits reconnus dans la présente Convention et sur les progrès réalisés dans la jouissance de ces droits :

a) Dans les deux ans à compter de la date de l'entrée en vigueur de la présente Convention pour les États parties intéressés ;

b) Par la suite, tous les cinq ans.

2. Les rapports établis en application du présent article doivent, le cas échéant, indiquer les facteurs et les difficultés empêchant les États parties de s'acquitter pleinement des obligations prévues dans la présente Convention. Ils doivent également contenir des renseignements suffisants pour donner au Comité une idée précise de l'application de la Convention dans le pays considéré.

3. Les États parties ayant présenté au comité un rapport initial complet n'ont pas, dans les rapports qu'ils lui présentent ensuite conformément à l'alinéa *b* du paragraphe 1 du présent article, à répéter les renseignements de base antérieurement communiqués.

4. Le comité peut demander aux États parties tous renseignements complémentaires relatifs à l'application de la Convention.

5. Le comité soumet tous les deux ans à l'assemblée générale, par l'entremise du conseil économique et social, un rapport sur ses activités.

6. Les États parties assurent à leurs rapports une large diffusion dans leur propre pays.

Art. 45 Pour promouvoir l'application effective de la Convention et encourager la coopération internationale dans le domaine visé par la Convention :

a) Les institutions spécialisées, le Fonds des Nations Unies pour l'enfance et d'autres organes des Nations Unies ont le droit de se faire représenter lors de l'examen de l'application des dispositions de la présente Convention qui relèvent de leur mandat. Le Comité peut inviter les institutions spécialisées, le Fonds des Nations Unies pour l'enfance et tous autres organismes compétents qu'il jugera appropriés à donner des avis spécialisés sur l'application de la Convention dans les domaines qui relèvent de leurs mandats respectifs. Il peut inviter les institutions spécialisées, le Fonds des Nations Unies pour l'enfance et d'autres organes des Nations Unies à lui présenter des rapports sur l'application de la Convention dans les secteurs qui relèvent de leur domaine d'activité ;

b) Le Comité transmet, s'il le juge nécessaire, aux institutions spécialisées, au Fonds des Nations Unies pour l'enfance et aux autres organismes compétents tout rapport des États parties contenant une demande ou indiquant un besoin de conseils ou d'assistance techniques, accompagné, le cas échéant, des observations et suggestions du Comité touchant ladite demande ou indication ;

c) Le Comité peut recommander à l'Assemblée générale de prier le Secrétaire général de procéder pour le Comité à des études sur des questions spécifiques touchant les droits de l'enfant ;

d) Le Comité peut faire des suggestions et des recommandations d'ordre général fondées sur les renseignements reçus en application des articles 44 et 45 de la présente Convention. Ces suggestions et recommandations d'ordre général sont transmises à tout État partie intéressé et portées à l'attention de l'Assemblée générale, accompagnées, le cas échéant, des observations des États parties.

....

Charte des droits fondamentaux de l'Union européenne,

Préambule

Les peuples d'Europe, en établissant entre eux une union sans cesse plus étroite, ont *décidé de partager* un *avenir* pacifique fondé sur des valeurs communes.

Consciente de son patrimoine spirituel et moral, l'Union se fonde sur les valeurs indivisibles et universelles de dignité humaine, de liberté, d'égalité et de solidarité ; elle repose sur le principe de la démocratie et le principe de l'État de droit. Elle place la personne au cœur de son action en instituant la citoyenneté de l'Union et en créant un espace de liberté, de sécurité et de justice.

L'Union contribue à la préservation et au développement de ces valeurs communes dans le respect de la diversité des cultures et des traditions des peuples d'Europe, ainsi que de l'identité nationale des États membres et de l'organisation de leurs pouvoirs publics aux niveaux national, régional et local ; elle cherche à promouvoir un développement équilibré et durable et assure la libre circulation des personnes, des services, des marchandises et des capitaux, ainsi que la liberté d'établissement.

A cette fin, il est nécessaire, en les rendant plus visibles dans une Charte, de renforcer la protection des droits fondamentaux à la lumière de l'évolution de la société, du progrès social et des développements scientifiques et technologiques.

La présente Charte réaffirme, dans le respect des compétences et des tâches de l'Union, ainsi que du principe de subsidiarité, les droits qui résultent notamment des traditions constitutionnelles et des obligations internationales communes aux États membres, de la Convention européenne de sauvegarde des droits de l'Homme et des libertés fondamentales, des Chartes sociales adoptées par l'Union et par le Conseil de l'Europe, ainsi que de la jurisprudence de la Cour de justice de l'Union européenne et de la Cour européenne des droits de l'Homme. Dans ce contexte, la Charte sera interprétée par les juridictions de l'Union et des États membres en prenant dûment en considération les explications établies sous l'autorité du praesidium de la Convention qui a élaboré la Charte et mises à jour sous la responsabilité du praesidium de la Convention européenne *[V. ci-dessous les explications relatives à la Charte des droits fondamentaux]*.

La jouissance de ces droits entraîne des responsabilités et des devoirs tant à l'égard d'autrui qu'à l'égard de la communauté humaine et des générations futures.

En conséquence, l'Union reconnaît les droits, les libertés et les principes énoncés ci-après.

TITRE PREMIER Dignité

Art. 1er *Dignité humaine.* La dignité humaine est inviolable. Elle doit être respectée et protégée.

Art. 2 *Droit à la vie.* 1. Toute personne a droit à la vie.

2. Nul ne peut être condamné à la peine de mort, ni exécuté.

Art. 3 *Droit à l'intégrité de la personne.* 1. Toute personne a droit à son intégrité physique et mentale.

2. Dans le cadre de la médecine et de la biologie, doivent notamment être respectés :

a) le consentement libre et éclairé de la personne concernée, selon les modalités définies par la loi ;

b) l'interdiction des pratiques eugéniques, notamment celles qui ont pour but la sélection des personnes ;

c) l'interdiction de faire du corps humain et de ses parties, en tant que tels, une source de profit ;

d) l'interdiction du clonage reproductif des êtres humains.

Art. 4 *Interdiction de la torture et des peines ou traitements inhumains ou dégradants.* Nul ne peut être soumis à la torture, ni à des peines ou traitements inhumains ou dégradants.

Art. 5 *Interdiction de l'esclavage et du travail forcé.* 1. Nul ne peut être tenu en esclavage ni en servitude.

2. Nul ne peut être astreint à accomplir un travail forcé ou obligatoire.

3. La traite des êtres humains est interdite.

TITRE II Libertés

Art. 6 *Droit à la liberté et à la sûreté.* Toute personne a droit à la liberté et à la sûreté.

Art. 7 *Respect de la vie privée et familiale.* Toute personne a droit au respect de sa vie privée et familiale, de son domicile et de ses communications.

Art. 8 *Protection des données à caractère personnel.* 1. Toute personne a droit à la protection des données à caractère personnel la concernant.

2. Ces données doivent être traitées loyalement, à des fins déterminées et sur la base du consentement de la personne concernée ou en vertu d'un autre fondement légitime prévu par la loi. Toute personne a le droit d'accéder aux données collectées la concernant et d'en obtenir la rectification.

3. Le respect de ces règles est soumis au contrôle d'une autorité indépendante.

Art. 9 *Droit de se marier et droit de fonder une famille.* Le droit de se marier et le droit de fonder une famille sont garantis selon les lois nationales qui en régissent l'exercice.

Art. 10 *Liberté de pensée, de conscience et de religion.* 1. Toute personne a droit à la liberté de pensée, de conscience et de religion. Ce droit implique la liberté de changer de religion ou de conviction, ainsi que la liberté de manifester sa religion ou sa conviction individuellement ou collectivement, en public ou en privé, par le culte, l'enseignement, les pratiques et l'accomplissement des rites.

2. Le droit à l'objection de conscience est reconnu selon les lois nationales qui en régissent l'exercice.

Art. 11 *Liberté d'expression et d'information.* 1. Toute personne a droit à la liberté d'expression. Ce droit comprend la liberté d'opinion et la liberté de recevoir ou de communiquer des informations ou des idées sans qu'il puisse y avoir ingérence d'autorités publiques et sans considération de frontières.

2. La liberté des médias et leur pluralisme sont respectés.

Art. 12 *Liberté de réunion et d'association.* 1. Toute personne a droit à la liberté de réunion pacifique et à la liberté d'association à tous les niveaux, notamment dans les domaines politique, syndical et civique, ce qui implique le droit de toute personne de fonder avec d'autres des syndicats et de s'y affilier pour la défense de ses intérêts.

2. Les partis politiques au niveau de l'Union contribuent à l'expression de la volonté politique des citoyens de l'Union.

Art. 13 *Liberté des arts et des sciences.* Les arts et la recherche scientifique sont libres. La liberté académique est respectée.

Art. 14 *Droit à l'éducation.* 1. Toute personne a droit à l'éducation, ainsi qu'à l'accès à la formation professionnelle et continue.

2. Ce droit comporte la faculté de suivre gratuitement l'enseignement obligatoire.

3. La liberté de créer des établissements d'enseignement dans le respect des principes démocratiques, ainsi que le droit des parents d'assurer l'éducation et l'enseignement de leurs enfants conformément à leurs convictions religieuses, philosophiques et pédagogiques, sont respectés selon les lois nationales qui en régissent l'exercice.

Art. 15 *Liberté professionnelle et droit de travailler.* 1. Toute personne a le droit de travailler et d'exercer une profession librement choisie ou acceptée.

2. Tout citoyen de l'Union a la liberté de chercher un emploi, de travailler, de s'établir ou de fournir des services dans tout État membre.

3. Les ressortissants des pays tiers qui sont autorisés à travailler sur le territoire des États membres ont droit à des conditions de travail équivalentes à celles dont bénéficient les citoyens de l'Union

Art. 16 *Liberté d'entreprise.* La liberté d'entreprise est reconnue conformément au droit de l'Union et aux législations et pratiques nationales.

Art. 17 *Droit de propriété.* 1. Toute personne a le droit de jouir de la propriété des biens qu'elle a acquis légalement, de les utiliser, d'en disposer et de les léguer. Nul ne peut être privé de sa propriété, si ce n'est pour cause d'utilité publique, dans des cas et conditions prévus par une loi et moyennant en temps utile une juste indemnité pour sa perte. L'usage des biens peut être réglementé par la loi dans la mesure nécessaire à l'intérêt général.

2. La propriété intellectuelle est protégée.

Art. 18 *Droit d'asile.* Le droit d'asile est garanti dans le respect des règles de la convention de Genève du 28 juillet 1951 et du protocole du 31 janvier 1967 relatifs au statut des réfugiés et conformément au traité sur l'Union européenne et au traité sur le fonctionnement de l'Union européenne (ci-après dénommés "les traités").

Art. 19 *Protection en cas d'éloignement, d'expulsion et d'extradition.* 1. Les expulsions collectives sont interdites.

2. Nul ne peut être éloigné, expulsé ou extradé vers un État où il existe un risque sérieux qu'il soit soumis à la peine de mort, à la torture ou à d'autres peines ou traitements inhumains ou dégradants.

TITRE III Égalité

Art. 20 *Égalité en droit.* Toutes les personnes sont égales en droit.

Art. 21 *Non-discrimination.* 1. Est interdite toute discrimination fondée notamment sur le sexe, la race, la couleur, les origines ethniques ou sociales, les caractéristiques génétiques, la langue, la religion ou les convictions, les opinions politiques ou toute autre opinion, l'appartenance à une minorité nationale, la fortune, la naissance, un handicap, l'âge ou l'orientation sexuelle.

2. Dans le domaine d'application des traités et sans préjudice de leurs dispositions particulières, toute discrimination exercée en raison de la nationalité est interdite.

Art. 22 *Diversité culturelle, religieuse et linguistique.* L'Union respecte la diversité culturelle, religieuse et linguistique.

Art. 23 *Égalité entre femmes et hommes.* L'égalité entre les femmes et les hommes doit être assurée dans tous les domaines, y compris en matière d'emploi, de travail et de rémunération.

Le principe de l'égalité n'empêche pas le maintien ou l'adoption de mesures prévoyant des avantages spécifiques en faveur du sexe sous-représenté.

Art. 24 *Droits de l'enfant.* 1. Les enfants ont droit à la protection et aux soins nécessaires à leur bien-être. Ils peuvent exprimer leur opinion librement. Celle-ci est prise en considération pour les sujets qui les concernent, en fonction de leur âge et de leur maturité.

2. Dans tous les actes relatifs aux enfants, qu'ils soient accomplis par des autorités publiques ou des institutions privées, l'intérêt supérieur de l'enfant doit être une considération primordiale.

3. Tout enfant a le droit d'entretenir régulièrement des relations personnelles et des contacts directs avec ses deux parents, sauf si cela est contraire à son intérêt.

Art. 25 *Droits des personnes âgées.* L'Union reconnaît et respecte le droit des personnes âgées à mener une vie digne et indépendante et à participer à la vie sociale et culturelle.

Art. 26 *Intégration des personnes handicapées.* L'Union reconnaît et respecte le droit des personnes handicapées à bénéficier de mesures visant à assurer leur autonomie, leur intégration sociale et professionnelle et leur participation à la vie de la communauté.

TITRE IV Solidarité

Art. 27 *Droit à l'information et à la consultation des travailleurs au sein de l'entreprise.* Les travailleurs ou leurs représentants doivent se voir garantir, aux niveaux appropriés, une information et une consultation en temps utile, dans les cas et conditions prévus par le droit de l'Union et les législations et pratiques nationales.

Art. 28 *Droit de négociation et d'actions collectives.* Les travailleurs et les employeurs, ou leurs organisations respectives, ont, conformément au droit de l'Union et aux législations et pratiques nationales, le droit de négocier et de conclure des conventions collectives aux niveaux appropriés et de recourir, en cas de conflits d'intérêts, à des actions collectives pour la défense de leurs intérêts, y compris la grève.

Art. 29 *Droit d'accès aux services de placement.* Toute personne a le droit d'accéder à un service gratuit de placement.

Art. 30 *Protection en cas de licenciement injustifié.* Tout travailleur a droit à une protection contre tout licenciement injustifié, conformément au droit de l'Union et aux législations et pratiques nationales.

Art. 31 *Conditions de travail justes et équitables.* 1. Tout travailleur a droit à des conditions de travail qui respectent sa santé, sa sécurité et sa dignité.

2. Tout travailleur a droit à une limitation de la durée maximale du travail et à des périodes de repos journalier et hebdomadaire, ainsi qu'à une période annuelle de congés payés.

Art. 32 *Interdiction du travail des enfants et protection des jeunes au travail.* Le travail des enfants est interdit. L'âge minimal d'admission au travail ne peut être inférieur à l'âge auquel cesse la période de scolarité obligatoire, sans préjudice des règles plus favorables aux jeunes et sauf dérogations limitées.

Les jeunes admis au travail doivent bénéficier de conditions de travail adaptées à leur âge et être protégés contre l'exploitation économique ou contre tout travail susceptible de nuire à leur sécurité, à leur santé, à leur développement physique, mental, moral ou social ou de compromettre leur éducation.

Art. 33 *Vie familiale et vie professionnelle.* 1. La protection de la famille est assurée sur le plan juridique, économique et social.

2. Afin de pouvoir concilier vie familiale et vie professionnelle, toute personne a le droit d'être protégée contre tout licenciement pour un motif lié à la maternité, ainsi que le droit à un congé de maternité payé et à un congé parental à la suite de la naissance ou de l'adoption d'un enfant.

Art. 34 *Sécurité sociale et aide sociale.* 1. L'Union reconnaît et respecte le droit d'accès aux prestations de sécurité sociale et aux services sociaux assurant une protection dans des cas tels que la maternité, la maladie, les accidents du travail, la dépendance ou la vieillesse, ainsi qu'en cas de perte d'emploi, selon les règles établies par le droit de l'Union et les législations et pratiques nationales.

2. Toute personne qui réside et se déplace légalement à l'intérieur de l'Union a droit aux prestations de sécurité sociale et aux avantages sociaux, conformément au droit de l'Union et aux législations et pratiques nationales.

3. Afin de lutter contre l'exclusion sociale et la pauvreté, l'Union reconnaît et respecte le droit à une aide sociale et à une aide au logement destinées à assurer une existence digne à tous ceux qui ne disposent pas de ressources suffisantes, selon les règles établies par le droit de l'Union et les législations et pratiques nationales.

Art. 35 *Protection de la santé.* Toute personne a le droit d'accéder à la prévention en matière de santé et de bénéficier de soins médicaux dans les conditions établies par les législations et pratiques nationales. Un niveau élevé de protection de la santé humaine est assuré dans la définition et la mise en œuvre de toutes les politiques et actions de l'Union.

Art. 36 *Accès aux services d'intérêt économique général.* L'Union reconnaît et respecte l'accès aux services d'intérêt économique général tel qu'il est prévu par les législations et pratiques nationales, conformément aux traités, afin de promouvoir la cohésion sociale et territoriale de l'Union.

Art. 37 *Protection de l'environnement.* Un niveau élevé de protection de l'environnement et l'amélioration de sa qualité doivent être intégrés dans les politiques de l'Union et assurés conformément au principe du développement durable.

Art. 38 *Protection des consommateurs.* Un niveau élevé de protection des consommateurs est assuré dans les politiques de l'Union.

TITRE V Citoyenneté

Art. 39 *Droit de vote et d'éligibilité aux élections au Parlement européen.* 1. Tout citoyen de l'Union a le droit de vote et d'éligibilité aux élections au Parlement européen dans l'État membre où il réside, dans les mêmes conditions que les ressortissants de cet État.

2. Les membres du Parlement européen sont élus au suffrage universel direct, libre et secret.

Art. 40 *Droit de vote et d'éligibilité aux élections municipales.* Tout citoyen de l'Union a le droit de vote et d'éligibilité aux élections municipales dans l'État membre où il réside, dans les mêmes conditions que les ressortissants de cet État.

Art. 41 *Droit à une bonne administration.* 1. Toute personne a le droit de voir ses affaires traitées impartialement, équitablement et dans un délai raisonnable par les institutions, organes et organismes de l'Union.

2. Ce droit comporte notamment :

a) le droit de toute personne d'être entendue avant qu'une mesure individuelle qui l'affecterait défavorablement ne soit prise à son encontre ;

b) le droit d'accès de toute personne au dossier qui la concerne, dans le respect des intérêts légitimes de la confidentialité et du secret professionnel et des affaires ;

c) l'obligation pour l'administration de motiver ses décisions.

3. Toute personne a droit à la réparation par l'Union des dommages causés par les institutions, ou par ses agents dans l'exercice de leurs fonctions, conformément aux principes généraux communs aux droits des États membres.

4. Toute personne peut s'adresser aux institutions de l'Union dans une des langues des traités et doit recevoir une réponse dans la même langue.

Art. 42 *Droit d'accès aux documents.* Tout citoyen de l'Union ainsi que toute personne physique ou morale résidant ou ayant son siège statutaire dans un État membre a un droit d'accès aux documents des institutions, organes et organismes de l'Union, quel que soit leur support.

Art. 43 *Médiateur européen.* Tout citoyen de l'Union ainsi que toute personne physique ou morale résidant ou ayant son siège statutaire dans un État membre a le droit de saisir le médiateur européen de cas de mauvaise administration dans l'action des institutions, organes ou organismes de l'Union, à l'exclusion de la Cour de justice de l'Union européenne dans l'exercice de ses fonctions juridictionnelles.

Art. 44 *Droit de pétition.* Tout citoyen de l'Union ainsi que toute personne physique ou morale résidant ou ayant son siège statutaire dans un État membre a le droit de pétition devant le Parlement européen.

Art. 45 *Liberté de circulation et de séjour.* 1. Tout citoyen de l'Union a le droit de circuler et de séjourner librement sur le territoire des États membres.

2. La liberté de circulation et de séjour peut être accordée, conformément aux traités, aux ressortissants de pays tiers résidant légalement sur le territoire d'un État membre.

Art. 46 *Protection diplomatique et consulaire.* Tout citoyen de l'Union bénéficie, sur le territoire d'un pays tiers où l'État membre dont il est ressortissant n'est pas représenté, de la protection des autorités diplomatiques et consulaires de tout État membre dans les mêmes conditions que les ressortissants de cet État.

TITRE VI Justice

Art. 47 *Droit à un recours effectif et à accéder à un tribunal impartial.* Toute personne dont les droits et libertés garantis par le droit de l'Union ont été violés a droit à un recours effectif devant un tribunal dans le respect des conditions prévues au présent article.

Toute personne a droit à ce que sa cause soit entendue équitablement, publiquement et dans un délai raisonnable par un tribunal indépendant et impartial, établi préalablement par la loi. Toute personne a la possibilité de se faire conseiller, défendre et représenter.

Une aide juridictionnelle est accordée à ceux qui ne disposent pas de ressources suffisantes, dans la mesure où cette aide serait nécessaire pour assurer l'effectivité de l'accès à la justice.

Art. 48 *Présomption d'innocence et droits de la défense.* 1. Tout accusé est présumé innocent jusqu'à ce que sa culpabilité ait été légalement établie.

2. Le respect des droits de la défense est garanti à tout accusé.

Art. 49 *Principes de légalité et de proportionnalité des délits et des peines.* 1. Nul ne peut être condamné pour une action ou une omission qui, au moment où elle a été commise, ne constituait pas une infraction d'après le droit national ou le droit international. De même, il n'est infligé aucune peine plus forte que celle qui était applicable au moment où l'infraction a été commise. Si, postérieurement à cette infraction, la loi prévoit une peine plus légère, celle-ci doit être appliquée.

2. Le présent article ne porte pas atteinte au jugement et à la punition d'une personne coupable d'une action ou d'une omission qui, au moment où elle a été commise, était criminelle d'après les principes généraux reconnus par l'ensemble des nations.

3. L'intensité des peines ne doit pas être disproportionnée par rapport à l'infraction.

Art. 50 *Droit à ne pas être jugé ou puni pénalement deux fois pour une même infraction.* Nul ne peut être poursuivi ou puni pénalement en raison d'une infraction pour laquelle il a déjà été acquitté ou condamné dans l'Union par un jugement pénal définitif conformément à la loi.

TITRE VII Dispositions générales régissant l'interprétation et l'application de la Charte

Art. 51 *Champ d'application.* 1. Les dispositions de la présente Charte s'adressent aux institutions, organes et organismes de l'Union dans le respect du principe de subsidiarité, ainsi qu'aux États membres uniquement lorsqu'ils mettent en œuvre le droit de l'Union. En conséquence, ils respectent les droits, observent les principes et en promeuvent l'application, conformément à leurs compétences respectives et dans le respect des limites des compétences de l'Union telles qu'elles lui sont conférées dans les traités.

2. La présente Charte n'étend pas le champ d'application du droit de l'Union au-delà des compétences de l'Union, ni ne crée aucune compétence ni aucune tâche nouvelles pour l'Union et ne modifie pas les compétences et tâches définies dans les traités.

Art. 52 *Portée et interprétation des droits et des principes.* 1. Toute limitation de l'exercice des droits et libertés reconnus par la présente Charte doit être prévue par la loi et respecter le contenu essentiel desdits droits et libertés. Dans le respect du principe de proportionnalité, des limitations ne peuvent être apportées que si elles sont nécessaires et répondent effectivement à des objectifs d'intérêt général reconnus par l'Union ou au besoin de protection des droits et libertés d'autrui.

2. Les droits reconnus par la présente Charte qui font l'objet de dispositions dans les traités s'exercent dans les conditions et limites définies par ceux-ci.

3. Dans la mesure où la présente Charte contient des droits correspondant à des droits garantis par la Convention européenne de sauvegarde des droits de l'Homme et des libertés fondamentales, leur sens et leur portée sont les mêmes que ceux que leur confère ladite convention. Cette disposition ne fait pas obstacle à ce que le droit de l'Union accorde une protection plus étendue.

4. Dans la mesure où la présente Charte reconnaît des droits fondamentaux tels qu'ils résultent des traditions constitutionnelles communes aux États membres, ces droits doivent être interprétés en harmonie avec lesdites traditions.

5. Les dispositions de la présente Charte qui contiennent des principes peuvent être mises en œuvre par des actes législatifs et exécutifs pris par les institutions, organes et organismes de l'Union, et par des actes des États membres lorsqu'ils mettent en œuvre le droit de l'Union, dans l'exercice de leurs compétences respectives. Leur invocation devant le juge n'est admise que pour l'interprétation et le contrôle de la légalité de tels actes.

6. Les législations et pratiques nationales doivent être pleinement prises en compte comme précisé dans la présente Charte.

7. Les explications élaborées en vue de guider l'interprétation de la présente Charte sont dûment prises en considération par les juridictions de l'Union et des États membres.

Art. 53 *Niveau de protection.* Aucune disposition de la présente Charte ne doit être interprétée comme limitant ou portant atteinte aux droits de l'homme et libertés fondamentales reconnus, dans leur champ d'application respectif, par le droit de l'Union, le droit international et les conventions internationales auxquelles sont parties l'Union, ou tous les États membres, et notamment la Convention européenne de sauvegarde des droits de l'Homme et des libertés fondamentales, ainsi que par les constitutions des États membres.

Art. 54 *Interdiction de l'abus de droit.* Aucune des dispositions de la présente Charte ne doit être interprétée comme impliquant un droit quelconque de se livrer à une activité ou d'accomplir un acte visant à la destruction des droits ou libertés reconnus dans la présente Charte ou à des limitations plus amples des droits et libertés que celles qui sont prévues par la présente Charte.

Explications relatives à la Charte des droits fondamentaux

(JOUE 14 déc. 2007/C 303/17)

Les explications qui figurent ci-après ont été établies initialement sous la responsabilité du *praesidium* de la Convention qui a élaboré la Charte des droits fondamentaux de l'Union européenne. Elles ont été mises à jour sous la responsabilité du *praesidium* de la Convention européenne, compte tenu des adaptations apportées au texte de la Charte par ladite Convention (notamment aux articles 51 et 52) et de l'évolution du droit de l'Union. Bien que ces explications n'aient pas en soi de valeur juridique, elles constituent un outil d'interprétation précieux destiné à éclairer les dispositions de la Charte.

TITRE Ier DIGNITÉ

Explication *ad* article 1 – Dignité humaine

La dignité de la personne humaine n'est pas seulement un droit fondamental en soi, mais constitue la base même des droits fondamentaux. La Déclaration universelle des droits de l'homme de 1948 a inscrit la dignité humaine dans son préambule : "... considérant que la reconnaissance de la dignité inhérente à tous les membres de la famille humaine et de leurs droits égaux et inaliénables constitue le fondement de la liberté, de la justice et de la paix dans le monde". Dans son arrêt du 9 octobre 2001 dans l'affaire C-377/98 *Pays-Bas contre Parlement européen et Conseil*, rec. 2001, p. I-7079, points 70 à 77, la Cour de justice a confirmé que le droit fondamental à la dignité humaine faisait partie du droit de l'Union.

Il en résulte, notamment, qu'aucun des droits inscrits dans cette Charte ne peut être utilisé pour porter atteinte à la dignité d'autrui et que la dignité de la personne humaine fait partie de la substance des droits inscrits dans cette Charte. Il ne peut donc y être porté atteinte, même en cas de limitation d'un droit.

Explication *ad* article 2 – Droit à la vie

1. Le paragraphe 1 de cet article est fondé sur l'article 2, paragraphe 1, première phrase, de la Conv. EDH, dont le texte est le suivant :

« 1. Le droit de toute personne à la vie est protégé par la loi... ».

2. La deuxième phrase de cette disposition, qui concerne la peine de mort, a été rendue caduque par l'entrée en vigueur du protocole n° 6 annexé à la Conv. EDH, dont l'article 1er est libellé comme suit :

« *La peine de mort est abolie. Nul ne peut être condamné à une telle peine ni exécuté* ».

C'est sur la base de cette disposition qu'est rédigé le paragraphe 2 de l'article 2 de la Charte.

3. Les dispositions de l'article 2 de la Charte correspondent à celles des articles précités de la Conv. EDH et du protocole additionnel. Elles en ont le même sens et la même portée, conformément à l'article 52, paragraphe 3, de la Charte. Ainsi, les définitions "négatives" qui figurent dans la Conv. EDH doivent être considérées comme figurant également dans la Charte :

a) l'article 2, paragraphe 2, de la Conv. EDH :

« La mort n'est pas considérée comme infligée en violation de cet article dans les cas où elle résulterait d'un recours à la force rendu absolument nécessaire :

« a) pour assurer la défense de toute personne contre la violence illégale ;

« b) pour effectuer une arrestation régulière ou pour empêcher l'évasion d'une personne régulièrement détenue ;

« c) pour réprimer, conformément à la loi, une émeute ou une insurrection. »

b) l'article 2 du protocole n° 6 annexé à la Conv. EDH :

« Un État peut prévoir dans sa législation la peine de mort pour des actes commis en temps de guerre ou de danger imminent de guerre ; une telle peine ne sera appliquée que dans les cas prévus par cette législation et conformément à ses dispositions... ».

Explication *ad* article 3 – Droit à l'intégrité de la personne

1. Dans son arrêt du 9 octobre 2001 dans l'affaire C-377/98, *Pays-Bas contre Parlement européen et Conseil*, rec. 2001, p. I-7079, points 70, 78, 79 et 80, la Cour de justice a confirmé que le droit fondamental à l'intégrité de la personne fait partie du droit de l'Union et comprend, dans le cadre de la médecine et de la biologie, le consentement libre et éclairé du donneur et du receveur.

2. Les principes contenus dans l'article 3 de la Charte figurent déjà dans la convention sur les droits de l'homme et la biomédecine, adoptée dans le cadre du Conseil de l'Europe (STE 164 et protocole additionnel STE 168). La présente Charte ne vise pas à déroger à ces dispositions et ne prohibe en conséquence que le seul clonage reproductif. Elle n'autorise ni ne prohibe les autres formes de clonage. Elle n'empêche donc aucunement le législateur d'interdire les autres formes de clonages.

3. La référence aux pratiques eugéniques, notamment celles ayant pour but la sélection des personnes, vise les hypothèses dans lesquelles des programmes de sélection sont organisés et mis en œuvre, comportant par exemple des campagnes de stérilisation, de grossesses forcées, de mariages ethniques obligatoires... tous actes qui sont considérés comme des crimes internationaux par le statut de la Cour pénale internationale adopté à Rome le 17 juillet 1998 (voir article 7, paragraphe 1, point g).

Explication *ad* article 4 – Interdiction de la torture et des peines ou traitements inhumains ou dégradants

Le droit figurant à l'article 4 correspond à celui qui est garanti par l'article 3 de la Conv. EDH, dont le libellé est identique : « Nul ne peut être soumis à la torture ni à des peines ou traitements inhumains ou dégradants ». En application de l'article 52, paragraphe 3, de la Charte, il a donc le même sens et la même portée que ce dernier article.

Explication *ad* article 5 – Interdiction de l'esclavage et du travail forcé

1. Le droit inscrit à l'article 5, paragraphes 1 et 2, correspond à l'article 4, paragraphes 1 et 2, au libellé analogue, de la Conv. EDH. Il a donc le même sens et la même portée que ce dernier article, conformément à l'article 52, paragraphe 3, de la Charte. Il en résulte que :

— aucune limitation ne peut affecter de manière légitime le droit prévu au paragraphe 1 ;

— au paragraphe 2, les notions de "travail forcé ou obligatoire" doivent être comprises en tenant compte des définitions "négatives" contenues à l'article 4, paragraphe 3, de la Conv. EDH : "N'est pas considéré comme "travail forcé ou obligatoire" au sens du présent article :

a) tout travail requis normalement d'une personne soumise à la détention dans les conditions prévues par l'article 5 de la présente Convention, ou durant sa mise en liberté conditionnelle ;

b) tout service de caractère militaire ou, dans le cas d'objecteurs de conscience dans les pays où l'objection de conscience est reconnue comme légitime, à un autre service à la place du service militaire obligatoire ;

c) tout service requis dans le cas de crises ou de calamités qui menacent la vie ou le bien-être de la communauté ;

d) tout travail ou service formant partie des obligations civiques normales".

2. Le paragraphe 3 résulte directement de la dignité de la personne humaine et tient compte des données récentes en matière de criminalité organisée, telles que l'organisation de filières lucratives d'immigration illégale ou d'exploitation sexuelle. La convention Europol contient en annexe la définition suivante, qui vise la traite à des fins d'exploita-

tion sexuelle : "Traite des êtres humains : le fait de soumettre une personne au pouvoir réel et illégal d'autres personnes en usant de violence et de menaces ou en abusant d'un rapport d'autorité ou de manœuvres en vue notamment de se livrer à l'exploitation de la prostitution d'autrui, à des formes d'exploitation et de violences sexuelles à l'égard des mineurs ou au commerce lié à l'abandon d'enfants". Le chapitre VI de la convention d'application de l'accord de Schengen, qui a été intégré dans l'acquis de l'Union et auquel le Royaume-Uni et l'Irlande participent, contient, à l'article 27, paragraphe 1, la formule suivante, qui vise les filières d'immigration illégale : "Les Parties contractantes s'engagent à instaurer des sanctions appropriées à l'encontre de quiconque aide ou tente d'aider, à des fins lucratives, un étranger à pénétrer ou à séjourner sur le territoire d'une Partie contractante en violation de la législation de cette Partie contractante relative à l'entrée et au séjour des étrangers". Le 19 juillet 2002, le Conseil a adopté une décision-cadre relative à la lutte contre la traite des êtres humains (*JO CE* L 203 du 1.8.2002, p. 1) dont l'article 1er définit précisément les infractions liées à la traite des êtres humains à des fins d'exploitation de leur travail ou d'exploitation sexuelle que les États membres doivent rendre punissables en application de ladite décision-cadre.

TITRE II LIBERTÉS

Explication *ad* article 6 – Droit à la liberté et à la sûreté

Les droits prévus à l'article 6 correspondent à ceux qui sont garantis par l'article 5 de la Conv. EDH et ont, conformément à l'article 52, paragraphe 3, de la Charte, le même sens et la même portée. Il en résulte que les limitations qui peuvent légitimement leur être apportées ne peuvent excéder les limites permises par la Cconv. EDH dans le libellé même de l'article 5 :

« 1. Toute personne a droit à la liberté et à la sûreté. Nul ne peut être privé de sa liberté, sauf dans les cas suivants et selon les voies légales :

« a) s'il est détenu régulièrement après condamnation par un tribunal compétent ;

« b) s'il a fait l'objet d'une arrestation ou d'une détention régulières pour insoumission à une ordonnance rendue, conformément à la loi, par un tribunal ou en vue de garantir l'exécution d'une obligation prescrite par la loi ;

« c) s'il a été arrêté et détenu en vue d'être conduit devant l'autorité judiciaire compétente, lorsqu'il y a des raisons plausibles de soupçonner qu'il a commis une infraction ou qu'il y a des motifs raisonnables de croire à la nécessité de l'empêcher de commettre une infraction ou de s'enfuir après l'accomplissement de celle-ci ;

« d) s'il s'agit de la détention régulière d'un mineur, décidée pour son éducation surveillée ou de sa détention régulière, afin de le traduire devant l'autorité compétente ;

« e) s'il s'agit de la détention régulière d'une personne susceptible de propager une maladie contagieuse, d'un aliéné, d'un alcoolique, d'un toxicomane ou d'un vagabond ;

« f) s'il s'agit de l'arrestation ou de la détention régulières d'une personne pour l'empêcher de pénétrer irrégulièrement dans le territoire, ou contre laquelle une procédure d'expulsion ou d'extradition est en cours.

« 2. Toute personne arrêtée doit être informée, dans le plus court délai et dans une langue qu'elle comprend, des raisons de son arrestation et de toute accusation portée contre elle.

« 3. Toute personne arrêtée ou détenue, dans les conditions prévues au paragraphe 1.c du présent article, doit être aussitôt traduite devant un juge ou un autre magistrat habilité par la loi à exercer des fonctions judiciaires et a le droit d'être jugée dans un délai raisonnable, ou libérée pendant la procédure. La mise en liberté peut être subordonnée à une garantie assurant la comparution de l'intéressé à l'audience.

« 4. Toute personne privée de sa liberté par arrestation ou détention a le droit d'introduire un recours devant un tribunal, afin qu'il statue à bref délai sur la légalité de sa détention et ordonne sa libération si la détention est illégale.

« 5. Toute personne victime d'une arrestation ou d'une détention dans des conditions contraires aux dispositions de cet article a droit à réparation. »

Les droits inscrits à l'article 6 doivent être respectés tout particulièrement lorsque le Parlement européen et le Conseil adoptent des actes législatifs dans le domaine de la coopération judiciaire en matière pénale, sur la base des articles 82, 83 et 85 du traité sur le fonctionnement de l'Union européenne, notamment pour la définition de dispositions communes minimales en ce qui concerne la qualification des infractions et les peines et certains aspects du droit de la procédure.

Explication *ad* article 7 — Respect de la vie privée et familiale

Les droits garantis à l'article 7 correspondent à ceux qui sont garantis par l'article 8 de la Conv. EDH. Pour tenir compte de l'évolution technique le mot "communications" a été substitué à celui de correspondance.

Conformément à l'article 52, paragraphe 3, ce droit a le même sens et la même portée que ceux de l'article correspondant de la Conv. EDH. Il en résulte que les limitations susceptibles de leur être légitimement apportées sont les mêmes que celles tolérées dans le cadre de l'article 8 en question :

« 1. Toute personne a droit au respect de sa vie privée et familiale, de son domicile et de sa correspondance.

« 2. Il ne peut y avoir ingérence d'une autorité publique dans l'exercice de ce droit que pour autant que cette ingérence est prévue par la loi et qu'elle constitue une mesure qui, dans une société démocratique, est nécessaire à la sécurité nationale, à la sûreté publique, au bien-être économique du pays, à la défense de l'ordre et à la prévention des infractions pénales, à la protection de la santé ou de la morale, ou à la protection des droits et libertés d'autrui ».

Explication *ad* article 8 — Protection des données à caractère personnel

Cet article a été fondé sur l'article 286 du traité instituant la Communauté européenne et sur la directive 95/46/CE du Parlement européen et du Conseil relative à la protection des personnes physiques à l'égard du traitement des données à caractère personnel et à la libre circulation de ces données (*JO* L 281 du 23.11.1995, p. 31), ainsi que sur l'article 8 de la Conv. EDH et sur la Convention du Conseil de l'Europe pour la protection des personnes à l'égard du traitement automatisé des données à caractère personnel du 28 janvier 1981, ratifiée par tous les États membres. L'article 286 du traité CE est désormais remplacé par l'article 16 du traité sur le fonctionnement de l'Union européenne et l'article 39 du traité sur l'Union européenne. Il convient de noter également le règlement (CE) n° 45/2001 du Parlement européen et du Conseil relatif à la protection des personnes physiques à l'égard du traitement des données à caractère personnel par les institutions et organes communautaires et à la libre circulation de ces données (*JO* L 8 du 12.1.2001, p. 1). La directive et le règlement précités contiennent des conditions et limitations applicables à l'exercice du droit à la protection des données à caractère personnel.

Explication *ad* article 9 — Droit de se marier et droit de fonder une famille

Cet article se fonde sur l'article 12 de la Conv. EDH qui se lit ainsi : "A partir de l'âge nubile, l'homme et la femme ont le droit de se marier et de fonder une famille selon les lois nationales régissant l'exercice de ce droit". La rédaction de ce droit a été modernisée afin de couvrir les cas dans lesquels les législations nationales reconnaissent d'autres voies que le mariage pour fonder une famille. Cet article n'interdit ni n'impose l'octroi du statut de mariage à des unions entre personnes du même sexe. Ce droit est donc semblable à celui prévu par la Conv. EDH, mais sa portée peut être plus étendue lorsque la législation nationale le prévoit.

Explication *ad* article 10 — Liberté de pensée, de conscience et de religion

Le droit garanti au paragraphe 1 correspond au droit garanti à l'article 9 de la Conv. EDH et, conformément à l'article 52, paragraphe 3 de la Charte, il a le même sens et la même portée que celui-ci. Les limitations doivent de ce fait respecter le paragraphe 2 de cet article 9 qui se lit ainsi : "La liberté de manifester sa religion ou ses convictions ne *peut faire l'objet d'autres restrictions* que celles qui, prévues par la loi, constituent des mesures nécessaires, dans une société démocratique, à la sécurité publique, à la protection de l'ordre, de la santé ou de la morale publiques, ou à la protection des droits et libertés d'autrui".

Le droit garanti au paragraphe 2 correspond aux traditions constitutionnelles nationales et à l'évolution des législations nationales sur ce point.

Explication *ad* article 11 – Liberté d'expression et d'information

1. L'article 11 correspond à l'article 10 de la Conv. EDH, qui se lit ainsi :

"1. Toute personne a droit à la liberté d'expression. Ce droit comprend la liberté d'opinion et la liberté de recevoir ou de communiquer des informations ou des idées sans qu'il puisse y avoir ingérence d'autorités publiques et sans considération de frontière. Le présent article n'empêche pas les États de soumettre les entreprises de radiodiffusion, de cinéma ou de télévision à un régime d'autorisations.

2. L'exercice de ces libertés comportant des devoirs et des responsabilités peut être soumis à certaines formalités, conditions, restrictions ou sanctions prévues par la loi, qui constituent des mesures nécessaires, dans une société démocratique, à la sécurité nationale, à l'intégrité territoriale ou à la sûreté publique, à la défense de l'ordre et à la prévention du crime, à la protection de la santé ou de la morale, à la protection de la réputation ou des droits d'autrui, pour empêcher la divulgation d'informations confidentielles ou pour garantir l'autorité et l'impartialité du pouvoir judiciaire".

En application de l'article 52, paragraphe 3, de la Charte ce droit a le même sens et la même portée que celui garanti par la Conv. EDH. Les limitations qui peuvent être apportées à ce droit ne peuvent donc excéder celles prévues dans le paragraphe 2 de l'article 10, sans préjudice des restrictions que le droit de la concurrence de l'Union peut apporter à la faculté des États membres d'instaurer les régimes d'autorisation visés à l'article 10, paragraphe 1, troisième phrase, de la Conv. EDH.

2. Le paragraphe 2 de cet article explicite les conséquences du paragraphe 1 en ce qui concerne la liberté des médias. Il est notamment fondé sur la jurisprudence de la Cour relative à la télévision, notamment dans l'affaire C-288/89 (arrêt du 25 juillet 1991, *Stichting Collectieve Antennevoorziening Gouda e.a.*, rec. p. I-4007), et sur le protocole sur le système de radiodiffusion publique dans les États membres, annexé au traité CE et désormais aux traités, ainsi que sur la directive 89/552/CEE du Conseil (voir notamment son 17e considérant).

Explication *ad* article 12 – Liberté de réunion et d'association

1. Les dispositions du paragraphe 1 de cet article correspondent aux dispositions de l'article 11 de la Conv. EDH, qui se lit ainsi :

« 1. Toute personne a droit à la liberté de réunion pacifique et à la liberté d'association, y compris le droit de fonder avec d'autres des syndicats et de s'affilier à des syndicats pour la défense de ses intérêts.

« 2. L'exercice de ces droits ne peut faire l'objet d'autres restrictions que celles qui, prévues par la loi, constituent des mesures nécessaires, dans une société démocratique, à la sécurité nationale, à la sûreté publique, à la défense de l'ordre et à la prévention du crime, à la protection de la santé ou de la morale ou à la protection des droits et libertés d'autrui. Le présent article n'interdit pas que des restrictions légitimes soient imposées à l'exercice de ces droits par les membres des forces armées, de la police ou de l'administration de l'État ».

Les dispositions du paragraphe 1 du présent article 12 ont le même sens que celles de la Conv. EDH, mais leur portée est plus étendue étant donné qu'elles peuvent s'appliquer à tous les niveaux, ce qui inclut le niveau européen.

Conformément à l'article 52, paragraphe 3, de la Charte, les limitations à ce droit ne peuvent excéder celles considérées comme pouvant être légitimes en vertu du paragraphe 2 de l'article 11 de la Conv. EDH.

2. Ce droit se fonde également sur l'article 11 de la Charte communautaire des droits sociaux fondamentaux des travailleurs.

3. Le paragraphe 2 de cet article correspond à l'article 10, paragraphe 4, du traité sur l'Union européenne.

Explication *ad* article 13 – Liberté des arts et des sciences

Ce droit est déduit en premier lieu des libertés de pensée et d'expression. Il s'exerce dans le respect de l'article 1er et peut être soumis aux limitations autorisées par l'article 10 de la Conv. EDH.

Explication *ad* article 14 — Droit à l'éducation

1. Cet article est inspiré tant des traditions constitutionnelles communes aux États membres que de l'article 2 du protocole additionnel à la Conv. EDH qui se lit ainsi :

« Nul ne peut se voir refuser le droit à l'instruction. L'État, dans l'exercice des fonctions qu'il assumera dans le domaine de l'éducation et de l'enseignement, respectera le droit des parents d'assurer cette éducation et cet enseignement conformément à leurs convictions religieuses et philosophiques ».

Il a été jugé utile d'étendre cet article à l'accès à la formation professionnelle et continue (voir le point 15 de la Charte communautaire des droits sociaux fondamentaux des travailleurs et l'article 10 de la Charte sociale) ainsi que d'ajouter le principe de gratuité de l'enseignement obligatoire. Tel qu'il est formulé, ce dernier principe implique seulement que pour l'enseignement obligatoire, chaque enfant ait la possibilité d'accéder à un établissement qui pratique la gratuité. Il n'impose pas que tous les établissements, notamment privés, qui dispensent cet enseignement ou une formation professionnelle et continue soient gratuits. Il n'interdit pas non plus que certaines formes spécifiques d'enseignement puissent être payantes, dès lors que l'État prend des mesures destinées à octroyer une compensation financière. Dans la mesure où la Charte s'applique à l'Union, cela signifie que, dans le cadre de ses politiques de formation, l'Union doit respecter la gratuité de l'enseignement obligatoire, mais cela ne crée bien entendu pas de nouvelles compétences. En ce qui concerne le droit des parents, il doit être interprété en relation avec les dispositions de l'article 24.

2. La liberté de création d'établissements, publics ou privés, d'enseignement est garantie comme un des aspects de la liberté d'entreprendre, mais elle est limitée par le respect des principes démocratiques et s'exerce selon les modalités définies par les législations nationales.

Explication *ad* article 15 — Liberté professionnelle et droit de travailler

La liberté professionnelle, consacrée au paragraphe 1 de l'article 15, est reconnue dans la jurisprudence de la Cour de justice (voir, entre autres, les arrêts du 14 mai 1974, aff. 4/73, *Nold*, rec. 1974, p. 491, points 12 à 14 ; du 13 décembre 1979, aff. 44/79, *Hauer*, rec. 1979 p. 3727 ; du 8 octobre 1986, aff. 234/85, *Keller*, rec. 1986, 2897, point 8).

Ce paragraphe s'inspire également de l'article 1er, paragraphe 2, de la Charte sociale européenne signée le 18 octobre 1961 et ratifiée par tous les États membres, et du point 4 de la Charte communautaire des droits sociaux fondamentaux des travailleurs du 9 décembre 1989. L'expression "conditions de travail" doit être entendue au sens de l'article 156 du traité sur le fonctionnement de l'Union européenne.

Le paragraphe 2 reprend les trois libertés garanties par les articles 26 et 45, 49 et 56 du traité sur le fonctionnement de l'Union européenne, à savoir la libre circulation des travailleurs, la liberté d'établissement et la libre prestation des services.

Le paragraphe 3 a été fondé sur l'article 153, paragraphe 1, point g), du traité sur le fonctionnement de l'Union européenne, ainsi que sur l'article 19, point 4, de la Charte sociale européenne, signée le 18 octobre 1961 et ratifiée par tous les États membres. L'article 52, paragraphe 2, de la Charte est donc applicable. La question du recrutement de marins ayant la nationalité d'États tiers dans les équipages de navires battant pavillon d'un État membre de l'Union est réglée par le droit de l'Union et les législations et pratiques nationales.

Explication *ad* article 16 — Liberté d'entreprise

Cet article se fonde sur la jurisprudence de la Cour de justice, qui a reconnu la liberté d'exercer une activité économique ou commerciale (voir les arrêts du 14 mai 1974, aff. 4/73, *Nold*, rec. 1974, p. 491, point 14 ; et du 27 septembre 1979, aff. 230/78, *SpA Eridania et autres*, rec. 1979, p. 2749, points 20 et 31) et la liberté contractuelle (voir, entre autres, les arrêts *Sukkerfabriken Nykoebing*, aff. 151/78, rec. 1979, p. 1, point 19 ; 5 octobre 1999, *Espagne c/ Commission*, C-240/97, rec. 1999, p. I-6571, point 99 des motifs), ainsi que sur l'article 119, paragraphes 1 et 3 du traité sur le fonctionnement de l'Union européenne, qui reconnaît la concurrence libre. Ce droit s'exerce bien entendu dans le respect du droit de l'Union et des législations nationales. Il peut être soumis aux limitations prévues à l'article 52, paragraphe 1, de la Charte.

Explication *ad* article 17 – Droit de propriété

Cet article correspond à l'article 1er du protocole additionnel à la Conv. EDH :
"Toute personne physique ou morale a droit au respect de ses biens. Nul ne peut être privé de sa propriété que pour cause d'utilité publique et dans les conditions prévues par la loi et les principes généraux du droit international.
Les dispositions précédentes ne portent pas atteinte au droit que possèdent les États de mettre en vigueur les lois qu'ils jugent nécessaires pour réglementer l'usage des biens conformément à l'intérêt général ou pour assurer le paiement des impôts ou d'autres contributions ou des amendes".

Il s'agit d'un droit fondamental commun à toutes les constitutions nationales. Il a été consacré à maintes reprises par la jurisprudence de la Cour de justice et en premier lieu dans l'arrêt *Hauer* (13 décembre 1979, rec. 1979, p. 3727). La rédaction a été modernisée, mais, conformément à l'article 52, paragraphe 3, ce droit a le même sens et la même portée que celui garanti par la Conv. EDH et les limitations prévues par celle-ci ne peuvent être excédées.

La protection de la propriété intellectuelle, qui est un des aspects du droit de propriété, fait l'objet d'une mention explicite au paragraphe 2 en raison de son importance croissante et du droit communautaire dérivé. La propriété intellectuelle couvre, outre la propriété littéraire et artistique, notamment le droit des brevets et des marques ainsi que les droits voisins. Les garanties prévues au paragraphe 1 s'appliquent de façon appropriée à la propriété intellectuelle.

Explication *ad* article 18 – Droit d'asile

Le texte de l'article a été fondé sur l'article 63 du traité CE, désormais remplacé par l'article 78 du traité sur le fonctionnement de l'Union européenne, qui impose à l'Union de respecter la convention de Genève sur les réfugiés. Il convient de se référer aux dispositions des protocoles relatifs au Royaume-Uni et à l'Irlande, annexés aux traités, ainsi qu'au Danemark, afin de déterminer dans quelle mesure ces États membres mettent en œuvre le droit de l'Union en la matière et dans quelle mesure cet article leur est applicable. Cet article respecte le protocole relatif à l'asile annexé aux traités.

Explication *ad* article 19 – Protection en cas d'éloignement, d'expulsion et d'extradition

Le paragraphe 1 de cet article a le même sens et la même portée que l'article 4 du protocole additionnel n° 4 à la Conv. EDH en ce qui concerne les expulsions collectives. Il vise à garantir que chaque décision fait l'objet d'un examen spécifique et que l'on ne pourra décider par une mesure unique d'expulser toutes les personnes ayant la nationalité d'un État déterminé (voir aussi l'article 13 du Pacte sur les droits civils et politiques).

Le paragraphe 2 incorpore la jurisprudence pertinente de la Cour européenne des droits de l'homme relative à l'article 3 de la Conv. EDH (voir *Ahmed c/ Autriche*, arrêt du 17 décembre 1996, rec. 1996-VI, p. 2206 et *Soering*, arrêt du 7 Juillet 1989).

TITRE III ÉGALITÉ

Explication *ad* article 20 – Égalité en droit

Cet article correspond au principe général de droit qui est inscrit dans toutes les constitutions européennes et que la Cour a jugé être un principe fondamental du droit communautaire (arrêt du 13 novembre 1984, *Racke*, aff. 283/83, rec. 1984, p. 3791, arrêt du 17 avril 1997, aff. 15/95, *EARL*, rec. 1997, p. I-1961 et arrêt du 13 avril 2000, aff. 292/97, *Karlsson*, rec. 2000, p. 2737).

Explication *ad* article 21 – Non-discrimination

Le paragraphe 1 s'inspire de l'article 13 du traité CE, désormais remplacé par l'article 19 du traité sur le fonctionnement de l'Union européenne, et de l'article 14 de la Conv. EDH ainsi que de l'article 11 de la convention sur les droits de l'homme et la biomédecine en ce qui concerne le patrimoine génétique. Pour autant qu'il coïncide avec l'article 14 de la Conv. EDH, il s'applique conformément à celui-ci.

Il n'y a ni contradiction ni incompatibilité entre le paragraphe 1 et l'article 19 du traité sur le fonctionnement de l'Union européenne, dont le champ d'application et l'objet sont différents : l'article 19 confère à l'Union compétence pour adopter des actes législatifs, y compris l'harmonisation des dispositions législatives et réglementaires des États membres, afin de combattre certaines formes de discrimination qui sont citées d'une manière exhaustive dans cet article. Cette législation peut s'étendre à l'action des autorités d'un État membre (ainsi qu'aux relations entre les particuliers) dans tout domaine entrant dans les compétences de l'Union. En revanche, le paragraphe 1 de l'article 21 ci-dessus ne confère aucune compétence pour adopter des lois anti-discrimination dans ces domaines de l'action des États membres ou des particuliers, pas plus qu'il n'énonce une large interdiction de la discrimination dans lesdits domaines. En fait, il ne concerne que les discriminations qui sont le fait des institutions et organes de l'Union, dans l'exercice des compétences que leur confèrent les traités, et des États membres, uniquement lorsqu'ils mettent en œuvre le droit de l'Union. Le paragraphe 1 ne modifie dès lors pas l'étendue des compétences conférées par l'article 19 ni l'interprétation de cet article.

Le paragraphe 2 correspond à l'article 18, premier alinéa, du traité sur le fonctionnement de l'Union européenne et doit s'appliquer conformément à celui-ci.

Explication *ad* article 22 – Diversité culturelle, religieuse et linguistique

Cet article a été fondé sur l'article 6 du traité sur l'Union européenne et sur l'article 151, paragraphes 1 et 4, du traité CE, désormais remplacé par l'article 167, paragraphes 1 et 4, du traité sur le fonctionnement de l'Union européenne, relatif à la culture. Par ailleurs, le respect de la diversité culturelle et linguistique est désormais aussi énoncé à l'article 3, paragraphe 3, du traité sur l'Union européenne. Le présent article s'inspire également de la déclaration n° 11 à l'acte final du traité d'Amsterdam sur le statut des Églises et des organisations non confessionnelles, qui est désormais reprise à l'article 17 du traité sur le fonctionnement de l'Union européenne.

Explication *ad* article 23 – Égalité entre femmes et hommes

Le premier alinéa de cet article a été fondé sur les articles 2 et 3, paragraphe 2, du traité CE, désormais remplacés par l'article 3 du traité sur l'Union européenne et l'article 8 du traité sur le fonctionnement de l'Union européenne, qui imposent comme objectif à l'Union de promouvoir l'égalité entre les hommes et les femmes, et sur l'article 157, paragraphe 1 du traité sur le fonctionnement de l'Union européenne. Il s'inspire de l'article 20 de la Charte sociale européenne révisée, du 3 mai 1996, et du point 16 de la Charte communautaire des droits des travailleurs.

Il a été fondé également sur l'article 157, paragraphe 3, du traité sur le fonctionnement de l'Union européenne et sur l'article 2, paragraphe 4, de la directive 76/207/CEE du Conseil relative à la mise en œuvre du principe de l'égalité de traitement entre hommes et femmes en ce qui concerne l'accès à l'emploi, à la formation et à la promotion professionnelles, et les conditions de travail.

Le second alinéa reprend, dans une formule plus courte, l'article 157, paragraphe 4, du traité sur le fonctionnement de l'Union européenne, selon lequel le principe d'égalité de traitement n'empêche pas le maintien ou l'adoption de mesures prévoyant des avantages spécifiques destinés à faciliter l'exercice d'une activité professionnelle par le sexe sous-représenté ou à prévenir ou compenser des désavantages dans la carrière professionnelle. Conformément à l'article 52, paragraphe 2, le second alinéa ne modifie pas l'article 157, paragraphe 4.

Explication *ad* article 24 – Droits de l'enfant

Cet article se fonde sur la Convention de New York sur les Droits de l'enfant, signée le 20 novembre 1989 et ratifiée par tous les États membres, et notamment sur ses articles 3, 9, 12 et 13.

Le paragraphe 3 tient compte du fait que, dans le cadre de la création d'un espace de liberté, de sécurité et de justice, la législation de l'Union dans les matières civiles ayant une incidence transfrontalière, pour laquelle l'article 81 du traité sur le fonctionnement de l'Union européenne confère les pouvoirs nécessaires, peut couvrir notamment des droits de visite permettant à l'enfant d'entretenir régulièrement des contacts personnels et directs avec ses deux parents.

Explication *ad* article 25 — Droits des personnes âgées

Cet article est inspiré de l'article 23 de la Charte sociale européenne révisée et des articles 24 et 25 de la Charte communautaire des droits sociaux fondamentaux des travailleurs. La participation à la vie sociale et culturelle recouvre bien entendu la participation à la vie politique.

Explication *ad* article 26 — Intégration des personnes handicapées

Le principe contenu dans cet article se fonde sur l'article 15 de la Charte sociale européenne et s'inspire également du point 26 de la Charte communautaire des droits sociaux fondamentaux des travailleurs.

TITRE IV SOLIDARITÉ

Explication *ad* article 27 — Droit à l'information et à la consultation des travailleurs au sein de l'entreprise

Cet article figure dans la Charte sociale européenne révisée (article 21) et la Charte communautaire des droits des travailleurs (points 17 et 18). Il s'applique dans les conditions prévues par le droit de l'Union et les droits nationaux. La référence aux niveaux appropriés renvoie aux niveaux prévus par le droit de l'Union ou par les droits nationaux et les pratiques nationales, ce qui peut inclure le niveau européen lorsque la législation de l'Union le prévoit. L'acquis de l'Union dans ce domaine est important : articles 154 et 155 du traité sur le fonctionnement de l'Union européenne, directives 2002/14/CE (cadre général relatif à l'information et la consultation des travailleurs dans la Communauté européenne), 98/59/CE (licenciements collectifs), 2001/23/CE (transferts d'entreprises) et 94/45/CE (comités d'entreprise européens).

Explication *ad* article 28 — Droit de négociation et d'actions collectives

Cet article se fonde sur l'article 6 de la Charte sociale européenne, ainsi que sur la Charte communautaire des droits sociaux fondamentaux des travailleurs (points 12 à 14). Le droit à l'action collective a été reconnu par la Cour européenne des droits de l'homme comme l'un des éléments du droit syndical posé par l'article 11 de la Conv. EDH. En ce qui concerne les niveaux appropriés auxquels peut avoir lieu la négociation collective, voir les explications données pour l'article précédent. Les modalités et limites de l'exercice des actions collectives, parmi lesquelles la grève, relèvent des législations et des pratiques nationales, y compris la question de savoir si elles peuvent être menées de façon parallèle dans plusieurs États membres.

Explication *ad* article 29 — Droit d'accès aux services de placement

Cet article se fonde sur l'article 1er, paragraphe 3, de la Charte sociale européenne, ainsi que sur le point 13 de la Charte communautaire des droits sociaux fondamentaux des travailleurs.

Explication *ad* article 30 — Protection en cas de licenciement injustifié

Cet article s'inspire de l'article 24 de la Charte sociale révisée. Voir aussi les directives 2001/23/CE sur la protection des droits des travailleurs en cas de transferts d'entreprises, 80/987/CEE sur la protection des travailleurs en cas d'insolvabilité, telle que modifiée par la directive 2002/74/CE.

Explication *ad* article 31 — Conditions de travail justes et équitables

1. Le paragraphe 1 de cet article se fonde sur la directive 89/391/CEE concernant la mise en œuvre de mesures visant à promouvoir l'amélioration de la sécurité et de la santé des travailleurs au travail. Il s'inspire également de l'article 3 de la Charte sociale et du point 19 de la Charte communautaire des droits des travailleurs ainsi que, pour ce qui concerne le droit à la dignité dans le travail, de l'article 26 de la Charte sociale révisée. L'expression "conditions de travail" doit être entendue au sens de l'article 156 du traité sur le fonctionnement de l'Union européenne.

2. Le paragraphe 2 se fonde sur la directive 93/104/CE concernant certains aspects de l'aménagement du temps de travail, ainsi que sur l'article 2 de la Charte sociale européenne et sur le point 8 de la Charte communautaire des droits des travailleurs.

Explication *ad* article 32 — Interdiction du travail des enfants et protection des jeunes au travail

Cet article se fonde sur la directive 94/33/CE relative à la protection des jeunes au travail, ainsi que sur l'article 7 de la Charte sociale européenne et sur les points 20 à 23 de la Charte communautaire des droits sociaux fondamentaux des travailleurs.

Explication *ad* article 33 — Vie familiale et vie professionnelle

Le paragraphe 1 de l'article 33 est fondé sur l'article 16 de la Charte sociale européenne.

Le paragraphe 2 est inspiré de la directive 92/85/CEE du Conseil concernant la mise en œuvre de mesures visant à promouvoir l'amélioration de la sécurité et de la santé des travailleuses enceintes, accouchées ou allaitantes au travail et de la directive 96/34/CE concernant l'accord-cadre sur le congé parental conclu par l'UNICE, le CEEP et la CES. Il se fonde également sur l'article 8 (protection de la maternité) de la Charte sociale européenne et s'inspire de l'article 27 (droit des travailleurs ayant des responsabilités familiales à l'égalité des chances et de traitement) de la Charte sociale révisée. Le terme de maternité recouvre la période allant de la conception à l'allaitement.

Explication *ad* article 34 — Sécurité sociale et aide sociale

Le principe énoncé au paragraphe 1 de l'article 34 est fondé sur les articles 153 et 156 du traité sur le fonctionnement de l'Union européenne, ainsi que sur l'article 12 de la Charte sociale européenne et sur le point 10 de la Charte communautaire des droits des travailleurs. Il doit être respecté par l'Union lorsqu'elle met en œuvre les compétences que lui confèrent les articles 153 et 156 du traité sur le fonctionnement de l'Union européenne. La référence à des services sociaux vise les cas dans lesquels de tels services ont été instaurés pour assurer certaines prestations, mais n'implique aucunement que de tels services doivent être créés quand il n'en existe pas. L'expression "maternité" doit être entendue dans le même sens que dans l'article précédent.

Le paragraphe 2 se fonde sur les articles 12, paragraphes 4, et 13, paragraphe 4, de la Charte sociale européenne, ainsi que sur le point 2 de la Charte communautaire des droit sociaux fondamentaux des travailleurs et reflète les règles qui découlent du règlement (CEE) n° 1408/71 et du règlement (CEE) n° 1612/68.

Le paragraphe 3 s'inspire de l'article 13 de la Charte sociale européenne et des articles 30 et 31 de la Charte sociale révisée, ainsi que du point 10 de la Charte communautaire. Il doit être respecté par l'Union dans le cadre des politiques fondées sur l'article 153 du traité sur le fonctionnement de l'Union européenne.

Explication *ad* article 35 — Protection de la santé

Les principes contenus dans cet article sont fondés sur l'article 152 du traité CE, remplacé désormais par l'article 168 du traité sur le fonctionnement de l'Union européenne, ainsi que sur les articles 11 et 13 de la Charte sociale européenne. La seconde phrase de l'article reproduit l'article 168, paragraphe 1.

Explication *ad* article 36 — Accès aux services d'intérêt économique général

Cet article est pleinement conforme à l'article 14 du traité sur le fonctionnement de l'Union européenne et ne crée pas de droit nouveau. Il pose seulement le principe du respect par l'Union de l'accès aux services d'intérêt économique général tel qu'il est prévu par les dispositions nationales, dès lors que ces dispositions sont compatibles avec le droit de l'Union.

Explication *ad* article 37 — Protection de l'environnement

Le principe contenu dans cet article a été fondé sur les articles 2, 6 et 174 du traité CE, qui sont désormais remplacés par l'article 3, paragraphe 3, du traité sur l'Union européenne et les articles 11 et 191, du traité sur le fonctionnement de l'Union européenne. Il s'inspire également des dispositions de certaines constitutions nationales.

Explication *ad* article 38 — Protection des consommateurs

Le principe contenu dans cet article a été fondé sur l'article 169 du traité sur le fonctionnement de l'Union européenne.

TITRE V CITOYENNETÉ

Explication *ad* article 39 – Droit de vote et d'éligibilité aux élections au Parlement européen

L'article 39 s'applique dans les conditions prévues dans les traités, conformément à l'article 52, paragraphe 2, de la Charte. En effet, le paragraphe 1 de l'article 39 correspond au droit garanti à l'article 20 paragraphe 2, du traité sur le fonctionnement de l'Union européenne (cf. également la base juridique à l'article 22 du traité sur le fonctionnement de l'Union européenne pour l'adoption des modalités d'exercice de ce droit), et le paragraphe 2 de cet article à l'article 14, paragraphe 3, du traité sur l'Union européenne. Le paragraphe 2 de l'article 39 reprend les principes de base du régime électoral dans un système démocratique.

Explication *ad* article 40 – Droit de vote et d'éligibilité aux élections municipales

Cet article correspond au droit garanti à l'article 20, paragraphe 2, du traité sur le fonctionnement de l'Union européenne (cf. également la base juridique à l'article 22 du traité sur le fonctionnement de l'Union européenne pour l'adoption des modalités d'exercice de ce droit). Conformément à l'article 52, paragraphe 2, il s'applique dans les conditions prévues dans ces articles des traités.

Explication *ad* article 41 – Droit à une bonne administration

L'article 41 est fondé sur l'existence de l'Union en tant que communauté de droit dont les caractéristiques ont été développées par la jurisprudence, qui a consacré notamment la bonne administration comme principe général de droit (voir, entre autres, l'arrêt de la Cour du 31 mars 1992, C-255/90 P, *Burban*, rec. 1992, p. I-2253, ainsi que les arrêts du Tribunal de première instance du 18 septembre 1995, T-167/94, *Nölle*, rec. 1995, p. II-2589 ; du 9 juillet 1999, T-231/97, *New Europe Consulting e.a.*, rec. 1999, p. II-2403). Les expressions de ce droit énoncées dans les deux premiers paragraphes résultent de la jurisprudence (arrêts de la Cour du 15 octobre 1987, aff. 222/86, *Heylens*, rec. 1987, p. 4097, point 15 ; du 18 octobre 1989, aff. 374/87, *Orkem*, rec. 1989, p. 3283 ; du 21 novembre 1991, C-269/90, *TU München*, rec. 1991, p. I-5469) ainsi que les arrêts du Tribunal de première instance du 6 décembre 1994, T-450/93, *Lisrestal*, rec. 1994, II-1177 ; du 18 septembre 1995, T-167/94, *Nölle*, rec. 1995, p. II-2589) et, en ce qui concerne l'obligation de motivation, de l'article 296 du traité sur le fonctionnement de l'Union européenne (voir aussi la base juridique à l'article 298 du traité sur le fonctionnement de l'Union européenne pour l'adoption d'actes législatifs en vue d'une administration européenne ouverte, efficace et indépendante).

Le paragraphe 3 reproduit le droit désormais garanti à l'article 340 du traité sur le fonctionnement de l'Union européenne.

Le paragraphe 4 reproduit le droit désormais garanti à l'article 20, paragraphe 2, point d), et à l'article 25 du traité sur le fonctionnement de l'Union européenne. Conformément à l'article 52, paragraphe 2, ces droits s'appliquent dans les conditions et limites définies dans les traités.

Le droit à un recours effectif, qui constitue un aspect important de cette question, est garanti à l'article 47 de la présente Charte.

Explication *ad* article 42 – Droit d'accès aux documents

Le droit garanti à cet article a été repris de l'article 255 du traité CE, sur la base duquel le règlement (CE) n° 1049/2001 a ensuite été adopté. La Convention européenne a étendu ce droit aux documents des institutions, organes et agences en général, quelle que soit leur forme (voir l'article 15, paragraphe 3, du traité sur le fonctionnement de l'Union européenne).

Conformément à l'article 52, paragraphe 2, de la Charte, le droit d'accès aux documents est exercé dans les conditions et limites prévues à l'article 15, paragraphe 3 du traité sur le fonctionnement de l'Union européenne.

Explication *ad* article 43 – Médiateur européen

Le droit garanti à cet article est le droit garanti aux articles 20 et 228 du traité sur le fonctionnement de l'Union européenne.

Conformément à l'article 52, paragraphe 2, il s'applique dans les conditions prévues à ces deux articles.

Explication *ad* article 44 — Droit de pétition

Le droit garanti à cet article est le droit garanti par les articles 20 et 227 du traité sur le fonctionnement de l'Union européenne. Conformément à l'article 52, paragraphe 2, il s'applique dans les conditions prévues à ces deux articles.

Explication *ad* article 45 — Liberté de circulation et de séjour

Le droit garanti par le paragraphe 1 est le droit garanti par l'article 20, paragraphe 2, point a), du traité sur le fonctionnement de l'Union européenne (voir aussi la base juridique à l'article 21 et l'arrêt de la Cour de justice du 17 septembre 2002 dans l'affaire C-413/99, *Baumbast*, rec. 2002, p. 709). Conformément à l'article 52, paragraphe 2, il s'applique dans les conditions et limites prévues dans les traités.

Le paragraphe 2 rappelle la compétence conférée à l'Union par les articles 77, 78 et 79 du traité sur le fonctionnement de l'Union européenne. Il en résulte que l'octroi de ce droit dépend de l'exercice de cette compétence par les institutions.

Explication *ad* article 46 — Protection diplomatique et consulaire

Le droit garanti par cet article est le droit garanti par l'article 20 du traité sur le fonctionnement de l'Union européenne ; voir aussi la base juridique à l'article 23. Conformément à l'article 52, paragraphe 2, il s'applique dans les conditions prévues à ces articles.

TITRE VI JUSTICE

Explication *ad* article 47 — Droit à un recours effectif et à accéder à un tribunal impartial

Le premier alinéa se fonde sur l'article 13 de la Conv. EDH :

« Toute personne dont les droits et libertés reconnus dans la présente Convention ont été violés a droit à l'octroi d'un recours effectif devant une instance nationale, alors même que la violation aurait été commise par des personnes agissant dans l'exercice de leurs fonctions officielles ».

Cependant, dans le droit de l'Union, la protection est plus étendue puisqu'elle garantit un droit à un recours effectif devant un juge. La Cour de justice a consacré ce droit dans son arrêt du 15 mai 1986 en tant que principe général du droit de l'Union (aff. 222/84, *Johnston*, rec. 1986, p. 1651 ; voir aussi les arrêts du 15 octobre 1987, aff. 222/86, *Heylens*, rec. 1987, p. 4097, et du 3 décembre 1992, C-97/91, *Borelli*, rec. 1992, p. I-6313). Selon la Cour, ce principe général du droit de l'Union s'applique également aux États membres lorsqu'ils appliquent le droit de l'Union. L'inscription de cette jurisprudence dans la Charte n'avait pas pour objet de modifier le système de contrôle juridictionnel prévu par les traités, et notamment les règles relatives à la recevabilité des recours formés directement devant la Cour de justice de l'Union européenne. La Convention européenne a examiné le système de contrôle juridictionnel de l'Union, y compris les règles relatives à l'admissibilité, et l'a confirmé tout en en modifiant certains aspects, comme le reflètent les articles 251 à 281 du traité sur le fonctionnement de l'Union européenne, et notamment l'article 263, quatrième alinéa. L'article 47 s'applique à l'égard des institutions de l'Union et des États membres lorsqu'ils mettent en œuvre le droit de l'Union, et ce, pour tous les droits garantis par le droit de l'Union.

Le deuxième alinéa correspond à l'article 6, paragraphe 1 de la Conv. EDH, qui se lit ainsi :

« Toute personne a droit à ce que sa cause soit entendue équitablement, publiquement et dans un délai raisonnable, par un tribunal indépendant et impartial, établi par la loi, qui décidera, soit des contestations sur ses droits et obligations de caractère civil, soit du bien-fondé de toute accusation en matière pénale dirigée contre elle. Le jugement doit être rendu publiquement, mais l'accès de la salle d'audience peut être interdit à la presse et au public pendant la totalité ou une partie du procès dans l'intérêt de la moralité, de l'ordre public ou de la sécurité nationale dans une société démocratique, lorsque les intérêts des mineurs ou la protection de la vie privée des parties au procès l'exigent, ou dans la mesure jugée strictement nécessaire par le tribunal, lorsque dans des circonstances spéciales la publicité serait de nature à porter atteinte aux intérêts de la justice ».

Dans le droit de l'Union, le droit à un tribunal ne s'applique pas seulement à des contestations relatives à des droits et obligations de caractère civil. C'est l'une des conséquences du fait que l'Union est une communauté de droit, comme la Cour l'a constaté dans l'affaire 294/83, *« Les Verts » contre Parlement européen* (arrêt du 23 avril 1986, rec. 1986, p. 1339). Cependant, à l'exception de leur champ d'application, les garanties offertes par la Conv. EDH s'appliquent de manière similaire dans l'Union.

En ce qui concerne le troisième alinéa, il convient de noter que, d'après la jurisprudence de la Cour européenne des droits de l'homme, une aide juridictionnelle doit être accordée lorsque l'absence d'une telle aide rendrait inefficace la garantie d'un recours effectif (arrêt Conv. EDH du 9.10.1979, *Airey*, Série A, Volume 32, p. 11). Il existe également un système d'assistance judiciaire devant la Cour de justice de l'Union européenne.

Explication *ad* article 48 – Présomption d'innocence et droits de la défense

L'article 48 est le même que l'article 6, paragraphes 2 et 3, de la Conv. EDH qui se lit ainsi :

« 2. Toute personne accusée d'une infraction est présumée innocente jusqu'à ce que sa culpabilité ait été légalement établie.

« 3. Tout accusé a droit notamment à :

« a) être informé, dans le plus court délai, dans une langue qu'il comprend et d'une manière détaillée, de la nature et de la cause de l'accusation portée contre lui ;

« b) disposer du temps et des facilités nécessaires à la préparation de sa défense ;

« c) se défendre lui-même ou avoir l'assistance d'un défenseur de son choix et, s'il n'a pas les moyens de rémunérer un défenseur, pouvoir être assisté gratuitement par un avocat d'office, lorsque les intérêts de la justice l'exigent ;

« d) interroger ou faire interroger les témoins à charge et obtenir la convocation et l'interrogation des témoins à décharge dans les mêmes conditions que les témoins à charge ;

« e) se faire assister gratuitement d'un interprète, s'il ne comprend pas ou ne parle pas la langue employée à l'audience ».

Conformément à l'article 52, paragraphe 3, ce droit a le même sens et la même portée que le droit garanti par la Conv. EDH.

Explication *ad* article 49 – Principes de légalité et de proportionnalité des délits et des peines

Cet article reprend la règle classique de la non-rétroactivité des lois et des peines. Il a été ajouté la règle de la rétroactivité de la loi pénale plus douce, qui existe dans de nombreux États membres et qui figure à l'article 15 du Pacte sur les droits civils et politiques.

L'article 7 de la Conv. EDH est rédigé comme suit :

« 1. Nul ne peut être condamné pour une action ou une omission qui, au moment où elle a été commise, ne constituait pas une infraction d'après le droit national ou international. De même, il n'est infligé aucune peine plus forte que celle qui était applicable *au moment* où l'infraction a été commise.

« 2. Le présent article ne portera pas atteinte au jugement et à la punition d'une personne coupable d'une action ou d'une omission qui, au moment où elle a été commise, était criminelle d'après les principes généraux de droit reconnus par les nations civilisées ».

On a simplement supprimé au paragraphe 2 le terme "civilisées", ce qui n'implique aucun changement dans le sens de ce paragraphe, qui vise notamment les crimes contre l'humanité. Conformément à l'article 52, paragraphe 3, le droit garanti a donc le même sens et la même portée que le droit garanti par la Conv. EDH.

Le paragraphe 3 reprend le principe général de proportionnalité des délits et des peines, consacré par les traditions constitutionnelles communes aux États membres et la jurisprudence de la Cour de justice des Communautés.

Explication *ad* article 50 — Droit à ne pas être jugé ou puni pénalement deux fois pour une même infraction

L'article 4 du protocole n° 7 à la Conv. EDH se lit ainsi :

« 1. Nul ne peut être poursuivi ou puni pénalement par les juridictions du même État en raison d'une infraction pour laquelle il a déjà été acquitté ou condamné par un jugement définitif conformément à la loi et à la procédure pénale de cet État.

« 2. Les dispositions du paragraphe précédent n'empêchent pas la réouverture du procès, conformément à la loi et à la procédure pénale de l'État concerné, si des faits nouveaux ou nouvellement révélés ou un vice fondamental dans la procédure précédente sont de nature à affecter le jugement intervenu.

« 3. Aucune dérogation n'est autorisée au présent article au titre de l'article 15 de la Convention ».

La règle *"non bis in idem"* s'applique dans le droit de l'Union (voir, parmi une importante jurisprudence, l'arrêt du 5 mai 1966, *Gutmann c/ Commission*, aff. 18/65 et 35/65, rec. 1966, p. 150 et, pour une affaire récente, arrêt du Tribunal du 20 avril 1999, aff. jointes T-305/94 et autres, *Limburgse Vinyl Maatschappij NV c/ Commission*, rec. 1999, p. II-931). Il est précisé que la règle du non-cumul vise le cumul de deux sanctions de même nature, en l'espèce pénales.

Conformément à l'article 50, la règle *"non bis in idem"* ne s'applique pas seulement à l'intérieur de la juridiction d'un même État, mais aussi entre les juridictions de plusieurs États membres. Cela correspond à l'acquis du droit de l'Union ; voir les articles 54 à 58 de la Convention d'application de l'accord de Schengen et l'arrêt de la Cour de justice du 11 février 2003 dans l'affaire C-187/01 *Gözütok* (rec. 2003, p. I-1345), l'article 7 de la Convention relative à la protection des intérêts financiers de la Communauté et l'article 10 de la Convention relative à la lutte contre la corruption. Les exceptions très limitées par lesquelles ces conventions permettent aux États membres de déroger à la règle *"non bis in idem"* sont couvertes par la clause horizontale de l'article 52, paragraphe 1, sur les limitations. En ce qui concerne les situations visées par l'article 4 du protocole n° 7, à savoir l'application du principe à l'intérieur d'un même État membre, le droit garanti a le même sens et la même portée que le droit correspondant de la Conv. EDH.

TITRE VII DISPOSITIONS GÉNÉRALES RÉGISSANT L'INTERPRÉTATION ET L'APPLICATION DE LA CHARTE

Explication *ad* article 51 — Champ d'application

L'objet de l'article 51 est de déterminer le champ d'application de la Charte. Il vise à établir clairement que la Charte s'applique d'abord aux institutions et organes de l'Union, dans le respect du principe de subsidiarité. Cette disposition a été rédigée dans le respect de l'article 6, paragraphe 2, du traité sur l'Union européenne, qui imposait à l'Union de respecter les droits fondamentaux, ainsi que du mandat donné par le Conseil européen de Cologne. Le terme "institutions" est consacré dans les traités. L'expression "organes et organismes" est couramment employée dans les traités pour viser toutes les instances établies par les traités ou par des actes de droit dérivé (voir par exemple l'article 15 ou 16 du traité sur le fonctionnement de l'Union européenne.

En ce qui concerne, les États membres, il résulte sans ambiguïté de la jurisprudence de la Cour que l'obligation de respecter les droits fondamentaux définis dans le cadre de l'Union ne s'impose aux États membres que lorsqu'ils agissent dans le champ d'application du droit de l'Union (arrêt du 13 juillet 1989, *Wachauf*, aff. 5/88, rec. 1989, p. 2609 ; arrêt du 18 juin 1991, ERT, rec. 1991, p. I-2925 ; arrêt du 18 décembre 1997, aff. C-309/96 *Annibaldi*, rec. 1997, p. I-7493). Tout récemment, la Cour de justice a confirmé cette jurisprudence dans les termes suivants : "De plus, il y a lieu de rappeler que les exigences découlant de la protection des droits fondamentaux dans l'ordre juridique communautaire lient également les États membres lorsqu'ils mettent en œuvre des réglementations com*munautaires...*" *(arrêt du 13 avril 2000*, aff. C-292/97, rec. 2000, p. I-2737, point 37). Bien entendu, cette règle, telle que consacrée dans la présente Charte, s'applique aussi bien aux autorités centrales qu'aux instances régionales ou locales ainsi qu'aux organismes publics lorsqu'ils mettent en œuvre le droit de l'Union.

Le paragraphe 2, en liaison avec la seconde phrase du paragraphe 1, confirme que la Charte ne peut avoir pour effet d'étendre les compétences et tâches conférées à l'Union par les traités. Il s'agit de mentionner de façon explicite ce qui découle logiquement du principe de subsidiarité et du fait que l'Union ne dispose que de compétences d'attribution. Les droits fondamentaux tels qu'ils sont garantis dans l'Union ne produisent d'effets que dans le cadre de ces compétences déterminées par les traités. Par conséquent, une obligation pour les institutions de l'Union, en vertu de la seconde phrase du paragraphe 1, de promouvoir les principes énoncés dans la Charte ne peut exister que dans les limites desdites compétences.

Le paragraphe 2 confirme en outre que la Charte ne peut avoir pour effet d'étendre le champ d'application du droit de l'Union au-delà des compétences de l'Union établies dans les traités. La Cour de justice a d'ores et déjà établi cette règle en ce qui concerne les droits fondamentaux reconnus comme faisant partie du droit de l'Union (arrêt du 17 février 1998 dans l'affaire C-249/96 *Grant*, rec. 1998, p. I-621, point 45). Conformément à cette règle, il va sans dire que le renvoi à la Charte dans l'article 6 du traité sur l'Union européenne ne peut être interprété comme étendant en soi l'éventail des actions des États membres considérées comme "mettant en œuvre le droit de l'Union" (au sens du paragraphe 1 et de la jurisprudence susmentionnée).

Explication *ad* article 52 – Portée et interprétation des droits et des principes

L'objet de l'article 52 est de fixer la portée des droits et des principes de la Charte et d'arrêter des règles pour leur interprétation. Le paragraphe 1 traite du régime de limitations. La formule utilisée s'inspire de la jurisprudence de la Cour de justice : "... selon une jurisprudence bien établie, des restrictions peuvent être apportées à l'exercice des droits fondamentaux, notamment dans le cadre d'une organisation commune de marché, à condition que ces restrictions répondent effectivement à des objectifs d'intérêt général poursuivis par la Communauté et ne constituent pas, par rapport au but poursuivi, une intervention démesurée et intolérable, qui porterait atteinte à la substance même de ces droits" (arrêt du 13 avril 2000, aff. C-292/97, point 45). La mention des intérêts généraux reconnus par l'Union couvre aussi bien les objectifs mentionnés à l'article 3 du traité sur l'Union européenne que d'autres intérêts protégés par des dispositions spécifiques des traités comme l'article 4, paragraphe 1, du traité sur l'Union européenne, à l'article 35, paragraphe 3, du traité sur le fonctionnement de l'Union européenne et les articles 36 et 346 de ce traité.

Le paragraphe 2 fait référence à des droits qui sont déjà expressément garantis par le traité instituant la Communauté européenne et reconnus dans la Charte et qui se trouvent désormais dans les traités (notamment ceux qui découlent de la citoyenneté de l'Union). Il précise que ces droits restent soumis aux conditions et limites applicables au droit de l'Union sur lequel ils sont fondés et qui sont prévues dans les traités. La Charte ne modifie pas le régime des droits conférés par le traité CE et repris dans les traités.

Le paragraphe 3 vise à assurer la cohérence nécessaire entre la Charte et la Conv. EDH en posant la règle que, dans la mesure où les droits de la présente Charte correspondent également à des droits garantis par la Conv. EDH, leur sens et leur portée, y compris les limitations admises, sont les mêmes que ceux que prévoit la Conv. EDH. Il en résulte en particulier que le législateur, en fixant des limitations à ces droits, doit respecter les mêmes normes que celles fixées par le régime détaillé des limitations prévu dans la Conv. EDH, qui sont donc rendues applicables aux droits couverts par ce paragraphe, sans que cela porte atteinte à l'autonomie du droit de l'Union et de la Cour de justice de l'Union européenne.

La référence à la Conv. EDH vise à la fois la Convention et ses protocoles. Le sens et la portée des droits garantis sont déterminés non seulement par le texte de ces instruments, mais aussi par la jurisprudence de la Cour européenne des droits de l'homme et par la Cour de justice de l'Union européenne. La dernière phrase du paragraphe vise à permettre à l'Union d'assurer une protection plus étendue. En tout état de cause, le niveau de protection offert par la Charte ne peut jamais être inférieur à celui qui est garanti par la Conv. EDH.

La Charte n'empêche pas les États membres de se prévaloir de l'article 15 de la Conv. EDH, qui autorise des dérogations aux droits prévus par cette dernière en cas de guerre ou d'autre danger public menaçant la vie de la nation, lorsqu'ils prennent des mesures dans les domaines de la défense nationale en cas de guerre et du maintien de l'ordre, conformément à leurs responsabilités reconnues dans l'article 4, paragraphe 1, du traité sur l'Union européenne et dans les articles 72 et 347 du traité sur le fonctionnement de l'Union européenne.

La liste des droits qui peuvent, au stade actuel, et sans que cela exclue l'évolution du droit, de la législation et des traités, être considérés comme correspondant à des droits de la Conv. EDH au sens du présent paragraphe, est reproduite ci-dessous. Ne sont pas reproduits les droits qui s'ajoutent à ceux de la Conv. EDH.

1. Articles de la Charte dont le sens et la portée sont les mêmes que les articles correspondants de la Conv. EDH :

— l'article 2 correspond à l'article 2 de la Conv. EDH ;

— l'article 4 correspond à l'article 3 de la Conv. EDH ;

— l'article 5, paragraphes 1 et 2, correspond à l'article 4 de la Conv. EDH ;

— l'article 6 correspond à l'article 5 de la Conv. EDH ;

— l'article 7 correspond à l'article 8 de la Conv. EDH ;

— l'article 10, paragraphe 1, correspond à l'article 9 de la Conv. EDH ;

— l'article 11 correspond à l'article 10 de la Conv. EDH, sans préjudice des restrictions que le droit de l'Union peut apporter à la faculté des États membres d'instaurer les régimes d'autorisation visés à l'article 10, paragraphe 1,troisième phrase, de la Conv. EDH ;

— l'article 17 correspond à l'article 1 du protocole additionnel à la Conv. EDH ;

— l'article 19, paragraphe 1, correspond à l'article 4 du protocole additionnel n° 4 ;

— l'article 19, paragraphe 2, correspond à l'article 3 de la Conv. EDH, tel qu'interprété par la Cour européenne des droits de l'homme ;

— l'article 48 correspond à l'article 6, paragraphes 2 et 3, de la Conv. EDH ;

— l'article 49, paragraphes 1 (à l'exception de la dernière phrase) et 2, correspond à l'article 7 de la Conv. EDH.

2. Articles dont le sens est le même que les articles correspondant de la Conv. EDH, mais dont la portée est plus étendue :

— l'article 9 couvre le champ de l'article 12 de la Conv. EDH, mais son champ d'application peut être étendu à d'autres formes de mariages dès lors que la législation nationale les institue ;

— l'article 12, paragraphe 1, correspond à l'article 11 de la Conv. EDH, mais son champ d'application est étendu au niveau de l'Union européenne ;

— l'article 14, paragraphe 1, correspond à l'article 2 du protocole additionnel à la Conv. EDH, mais son champ d'application est étendu à l'accès à la formation professionnelle et continue ;

— l'article 14, paragraphe 3, correspond à l'article 2 du protocole additionnel à la Conv. EDH, en ce qui concerne les droits des parents ;

— l'article 47, paragraphes 2 et 3, correspond à l'article 6, paragraphe 1, de la Conv. EDH, mais la limitation aux contestations sur des droits et obligations de caractère civil ou sur des accusations en matière pénale ne joue pas en ce qui concerne le droit de l'Union et sa mise en œuvre ;

— l'article 50 correspond à l'article 4 du protocole n° 7 de la Conv. EDH, mais sa portée est étendue au niveau de l'Union européenne entre les juridictions des États membres ;

— enfin, les citoyens de l'Union européenne ne peuvent, dans le champ d'application du droit de l'Union, être considérés comme des étrangers en raison de l'interdiction de toute discrimination sur la base de la nationalité. Les limitations prévues par l'article 16 de la Conv. EDH en ce qui concerne les droits des étrangers ne leur sont donc pas applicables dans ce cadre.

La règle d'interprétation figurant au paragraphe 4 est fondée sur le libellé de l'article 6, paragraphe 3, du traité sur l'Union européenne et tient dûment compte de l'approche suivie par la Cour de justice à l'égard des traditions constitutionnelles communes (par exemple, l'arrêt rendu le 13 décembre 1979 dans l'affaire 44/79, *Hauer*, rec. 1979, p. 3727 ; l'arrêt rendu le 18 mai 1982 dans l'affaire 155/79, *AM&S*, rec.1982, *p. 1575). Selon cette règle*, plutôt que de suivre une approche rigide du "plus petit dénominateur commun", il convient d'interpréter les droits en cause de la Charte d'une manière qui offre un niveau élevé de protection, adapté au droit de l'Union et en harmonie avec les traditions constitutionnelles communes.

Le paragraphe 5 clarifie la distinction entre "droits" et "principes" faite dans la Charte. En vertu de cette distinction, les droits subjectifs doivent être respectés, tandis que les principes doivent être observés (article 51, paragraphe 1). Les principes peuvent être mis en œuvre par le biais d'actes législatifs ou exécutifs (adoptés par l'Union dans le cadre de ses compétences et par les États membres uniquement lorsqu'ils mettent en œuvre le droit de l'Union) ; ils acquièrent donc une importance particulière pour les tribunaux seulement lorsque ces actes sont interprétés ou contrôlés. Ils ne donnent toutefois pas lieu à des droits immédiats à une action positive de la part des institutions de l'Union ou des autorités des États membres, ce qui correspond tant à la jurisprudence de la Cour de justice (voir notamment la jurisprudence sur le "principe de précaution" figurant à l'article 191, paragraphe 2, du traité sur le fonctionnement de l'Union européenne : arrêt rendu par le TPI le 11 septembre 2002 dans l'affaire T-13/99, *Pfizer contre Conseil*, avec de nombreuses citations de la jurisprudence antérieure, et une série d'arrêts sur l'article 33 (ex-39) concernant les principes du droit agricole : par exemple, l'arrêt rendu par la Cour de justice dans l'affaire 265/85, *Van den Berg*, rec. 1987, p. 1155 : examen du principe de l'assainissement du marché et de la confiance légitime) qu'à l'approche suivie par les systèmes constitutionnels des États membres à l'égard des "principes", en particulier dans le domaine du droit social. A titre d'illustration, citons, parmi les exemples de principes reconnus dans la Charte, les articles 25, 26 et 37. Dans certains cas, un article de la Charte peut contenir des éléments relevant d'un droit et d'un principe : par exemple, les articles 23, 33 et 34.

Le paragraphe 6 fait référence aux divers articles de la Charte qui, dans l'esprit de la subsidiarité, font référence aux législations et aux pratiques nationales.

Explication *ad* article 53 — Niveau de protection

Cette disposition vise à préserver le niveau de protection offert actuellement, dans leurs champs d'application respectifs, par le droit de l'Union, le droit des États membres et le droit international. En raison de son importance, mention est faite de la Conv. EDH.

Explication *ad* article 54 — Interdiction de l'abus de droit

Cet article correspond à l'article 17 de la Conv. EDH :

« Aucune des dispositions de la présente Convention ne peut être interprétée comme impliquant pour un État, un groupement ou un individu, un droit quelconque de se livrer à une activité ou d'accomplir un acte visant à la destruction des droits ou libertés reconnus dans la présente Convention ou à des limitations plus amples de ces droits et libertés que celles prévues à ladite Convention. »

GOUVERNANCE FINANCIÈRE

Traité du 2 février 2012,

Instituant le mécanisme européen de stabilité entre le Royaume de Belgique, la République fédérale d'Allemagne, la République d'Estonie, l'Irlande, la République hellénique, le Royaume d'Espagne, la République française, la République italienne, la République de Chypre, le Grand-Duché de Luxembourg, Malte, le Royaume des Pays-Bas, la République d'Autriche, la République portugaise, la République de Slovénie, la République slovaque et la République de Finlande (ensemble deux annexes) 🏛.

Le présent traité est entré en vigueur le 27 sept. 2012 et a été publié par le Décr. n° 2014-91 du 31 janv. 2014 (JO 2 févr.).

Traité du 2 mars 2012,

Sur la stabilité, la coordination et la gouvernance au sein de l'Union économique et monétaire entre le Royaume de Belgique, la République de Bulgarie, le Royaume de Danemark, la République fédérale d'Allemagne, la République d'Estonie, l'Irlande, la République hellénique, le Royaume d'Espagne, la République française, la République italienne, la République de Chypre, la République de Lettonie, la République de Lituanie, le Grand-Duché de Luxembourg, la Hongrie, Malte, le Royaume des Pays-Bas, la République d'Autriche, la République de Pologne, la République portu-

gaise, la Roumanie, la République de Slovénie, la République slovaque, la République de Finlande et le Royaume de Suède.

Le présent traité est entré en vigueur le 1er janv. 2013 et a été publié par le Décr. n° 2013-29 du 8 janv. 2013 (JO 11 janv.).

....

ci-après dénommés les "parties contractantes" *[c.-à-d. les 27 États membres de l'Union européenne exception faite du Royaume-Uni et de la République tchèque]*,

CONSCIENTES de leur obligation, en tant qu'États membres de l'Union européenne, de considérer leurs politiques économiques comme une question d'intérêt commun ;

DÉSIREUSES de favoriser les conditions d'une croissance économique plus forte dans l'Union européenne et, à cette fin, de développer une coordination sans cesse plus étroite des politiques économiques au sein de la zone euro ;

TENANT COMPTE DU FAIT que la nécessité pour les gouvernements de maintenir des finances publiques saines et soutenables et de prévenir tout déficit public excessif est d'une importance essentielle pour préserver la stabilité de la zone euro dans son ensemble, et requiert dès lors l'introduction de règles spécifiques, dont une règle d'équilibre budgétaire et un mécanisme automatique pour l'adoption de mesures correctives ;

CONSCIENTES de la nécessité de faire en sorte que leur déficit public ne dépasse pas 3 % de leur produit intérieur brut aux prix du marché et que leur dette publique ne dépasse pas 60 % de leur produit intérieur brut aux prix du marché ou diminue à un rythme satisfaisant pour se rapprocher de cette valeur de référence ;

RAPPELANT que les parties contractantes, en tant qu'États membres de l'Union européenne, doivent s'abstenir de toute mesure susceptible de mettre en péril la réalisation des objectifs de l'Union dans le cadre de l'union économique, et notamment d'accumuler une dette en dehors des comptes des administrations publiques ;

TENANT COMPTE DU FAIT que les chefs d'État ou de gouvernement des États membres de la zone euro se sont accordés le 9 décembre 2011 sur une architecture renforcée pour l'Union économique et monétaire, prenant pour base les traités sur lesquels l'Union européenne est fondée et visant à faciliter la mise en œuvre des mesures adoptées sur la base des articles 121, 126 et 136 du traité sur le fonctionnement de l'Union européenne ;

TENANT COMPTE DU FAIT que l'objectif des chefs d'État ou de gouvernement des États membres de la zone euro et d'autres États membres de l'Union européenne est d'intégrer le plus rapidement possible les dispositions du présent traité dans les traités sur lesquels l'Union européenne est fondée ;

SE FÉLICITANT des propositions législatives formulées, le 23 novembre 2011, par la Commission européenne pour la zone euro dans le cadre des traités sur lesquels l'Union européenne est fondée, sur le renforcement de la surveillance économique et budgétaire des États membres connaissant ou risquant de connaître de sérieuses difficultés du point de vue de leur stabilité financière et sur des dispositions communes pour le suivi et l'évaluation des projets de plans budgétaires et pour la correction des déficits excessifs des États membres, et PRENANT NOTE de l'intention de la Commission européenne de soumettre de nouvelles propositions législatives pour la zone euro concernant, en particulier, l'information préalable sur les plans d'émissions de dette, des programmes de partenariat économique détaillant les réformes structurelles des États membres faisant l'objet d'une procédure concernant les déficits excessifs ainsi que la coordination des grandes réformes de politique économique des États membres ;

EXPRIMANT le fait qu'elles sont disposées à soutenir les propositions que pourrait présenter la Commission européenne afin de renforcer plus encore le pacte de stabilité et de croissance en introduisant, pour les États membres dont la monnaie est l'euro, une nouvelle marge pour l'établissement d'objectifs à moyen terme, conformément aux limites établies dans le présent traité ;

PRENANT NOTE du fait que, pour l'examen et le suivi des engagements budgétaires au titre du présent traité, la Commission européenne agira dans le cadre des pouvoirs

qui lui sont conférés par le traité sur le fonctionnement de l'Union européenne, et en particulier ses articles 121, 126 et 136 ;

NOTANT en particulier que, en ce qui concerne l'application de la "règle d'équilibre budgétaire" énoncée à l'article 3 du présent traité, ce suivi passera par l'établissement, pour chaque partie contractante, d'objectifs à moyen terme spécifiques à chaque pays et de calendriers de convergence, le cas échéant ;

NOTANT que les objectifs à moyen terme devraient être actualisés périodiquement sur la base d'une méthode qui soit convenue d'un commun accord, dont les principaux paramètres doivent également être révisés régulièrement en tenant compte de manière adéquate des risques que font peser les passifs explicites et implicites sur les finances publiques, ainsi qu'il est prévu dans les objectifs du pacte de stabilité et de croissance ;

NOTANT que, pour déterminer si des progrès suffisants ont été accomplis pour réaliser les objectifs à moyen terme, il y a lieu de procéder à une évaluation globale prenant pour référence le solde structurel et comprenant une analyse des dépenses, déduction faite des mesures discrétionnaires en matière de recettes, conformément aux dispositions du droit de l'Union européenne et, en particulier, au règlement (CE) n° 1466/97 du Conseil du 7 juillet 1997 relatif au renforcement de la surveillance des positions budgétaires ainsi que de la surveillance et de la coordination des politiques économiques, modifié par le règlement (UE) n° 1175/2011 du Parlement européen et du Conseil du 16 novembre 2011 (ci-après dénommé le "pacte de stabilité et de croissance révisé") ;

NOTANT que le mécanisme de correction à instaurer par les parties contractantes devrait viser à corriger les écarts par rapport à l'objectif à moyen terme ou à la trajectoire d'ajustement, y compris leurs effets cumulés sur la dynamique de la dette publique ;

NOTANT que le respect de l'obligation des parties contractantes de transposer la "règle d'équilibre budgétaire" dans leurs systèmes juridiques nationaux au moyen de dispositions contraignantes, permanentes et de préférence constitutionnelles, devrait relever de la compétence de la Cour de justice de l'Union européenne, conformément à l'article 273 du traité sur le fonctionnement de l'Union européenne ;

RAPPELANT que l'article 260 du traité sur le fonctionnement de l'Union européenne habilite la Cour de justice de l'Union européenne à infliger à un État membre de l'Union européenne qui ne s'est pas conformé à l'un de ses arrêts le paiement d'une somme forfaitaire ou d'une astreinte et RAPPELANT que la Commission européenne a fixé des critères pour déterminer le paiement de la somme forfaitaire ou de l'astreinte devant être infligé dans le cadre dudit article ;

RAPPELANT la nécessité de faciliter l'adoption de mesures dans le cadre de la procédure de l'Union européenne concernant les déficits excessifs à l'égard des États membres dont la monnaie est l'euro et dont le rapport entre le déficit public prévu ou effectif et le produit intérieur brut dépasse 3 %, tout en renforçant considérablement l'objectif de cette procédure, qui est d'inciter et, au besoin, de contraindre l'État membre concerné à réduire le déficit éventuellement constaté ;

RAPPELANT l'obligation, pour les parties contractantes dont la dette publique dépasse la valeur de référence de 60 %, de la réduire à un rythme moyen d'un vingtième par an, à titre de référence ;

TENANT COMPTE de la nécessité de respecter, dans la mise en œuvre du présent traité, le rôle spécifique des partenaires sociaux, tel qu'il est reconnu dans le droit ou les systèmes nationaux de chacune des parties contractantes ;

SOULIGNANT qu'aucune disposition du présent traité ne doit être interprétée comme modifiant de quelque manière que ce soit les conditions de politique économique auxquelles une aide financière a été accordée à une partie contractante dans le cadre d'un programme de stabilisation auquel participe *[participent]* l'Union européenne, ses États membres ou le Fonds monétaire international ;

NOTANT que le bon fonctionnement de l'Union économique et monétaire exige que les parties contractantes œuvrent de concert à une politique économique par laquelle, tout en se fondant sur les mécanismes de coordination des politiques économiques définis dans les traités sur lesquels l'Union européenne est fondée, elles entreprennent les actions et adoptent les mesures nécessaires dans tous les domaines essentiels au bon fonctionnement de la zone euro ;

NOTANT, en particulier, la volonté des parties contractantes de recourir plus activement à la coopération renforcée, telle que prévue à l'article 20 du traité sur l'Union européenne et aux articles 326 à 334 du traité sur le fonctionnement de l'Union européenne, sans porter atteinte au marché intérieur, et leur volonté de recourir pleinement aux mesures concernant les États membres dont la monnaie est l'euro, conformément à l'article 136 du traité sur le fonctionnement de l'Union européenne, ainsi qu'à une procédure de discussion et de coordination préalables, entre les parties contractantes dont la monnaie est l'euro, de toutes les grandes réformes des politiques économiques que celles-ci prévoient, en vue de prendre comme référence les meilleures pratiques ;

RAPPELANT l'accord des chefs d'État ou de gouvernement des États membres de la zone euro, du 26 octobre 2011, visant à améliorer la gouvernance de la zone euro, notamment par la tenue d'au moins deux sommets de la zone euro par an, lesquels doivent être convoqués, sauf circonstances exceptionnelles, immédiatement après les réunions du Conseil européen ou les réunions des parties contractantes qui ont ratifié le présent traité ;

RAPPELANT également l'adoption par les chefs d'État ou de gouvernement des États membres de la zone euro et d'autres États membres de l'Union européenne, le 25 mars 2011, du pacte pour l'euro plus, qui recense les questions essentielles à la promotion de la compétitivité dans la zone euro ;

SOULIGNANT l'importance du traité instituant le mécanisme européen de stabilité en tant qu'élément d'une stratégie globale visant à renforcer l'Union économique et monétaire, et FAISANT REMARQUER que l'octroi d'une assistance financière dans le cadre des nouveaux programmes en vertu du mécanisme européen de stabilité sera conditionné, à partir du 1er mars 2013, à la ratification du présent traité par la partie contractante concernée et, dès l'expiration du délai de transposition visé à l'article 3, paragraphe 2, du présent traité, au respect des exigences dudit article ;

NOTANT que le Royaume de Belgique, la République fédérale d'Allemagne, la République d'Estonie, l'Irlande, la République hellénique, le Royaume d'Espagne, la République française, la République italienne, la République de Chypre, le Grand-Duché de Luxembourg, Malte, le Royaume des Pays-Bas, la République d'Autriche, la République portugaise, la République de Slovénie, la République slovaque et la République de Finlande sont des parties contractantes dont la monnaie est l'euro et que, à ce titre, ils seront liés par le présent traité à compter du premier jour du mois suivant le dépôt de leur instrument de ratification si le traité est en vigueur à cette date ;

NOTANT ÉGALEMENT que la République de Bulgarie, le Royaume de Danemark, la République de Lettonie, la République de Lituanie, la Hongrie, la République de Pologne, la Roumanie et le Royaume de Suède sont des parties contractantes qui, en tant qu'États membres de l'Union européenne, font l'objet d'une dérogation à la participation à la monnaie unique à la date de signature du présent traité, et qu'ils peuvent uniquement être liés, tant qu'il n'est pas mis fin à cette dérogation, par les dispositions des titres III et IV du présent traité pour lesquelles ils déclarent, lors du dépôt de leur instrument de ratification ou à une date ultérieure, qu'ils ont l'intention d'être liés,

SONT CONVENUES DES DISPOSITIONS SUIVANTES :

TITRE PREMIER ***Objet et champ d'application***

Art. 1er 1. Par le présent traité, les parties contractantes conviennent, en tant qu'États membres de l'Union européenne, de renforcer le pilier économique de l'Union économique et monétaire en adoptant un ensemble de règles destinées à favoriser la discipline budgétaire au moyen d'un pacte budgétaire, à renforcer la coordination de leurs politiques économiques et à améliorer la gouvernance de la zone euro, en soutenant ainsi la réalisation des objectifs de l'Union européenne en matière de croissance durable, d'emploi, de compétitivité et de cohésion sociale.

2. Le présent traité s'applique intégralement aux parties contractantes dont la monnaie est l'euro. Il s'applique également aux autres parties contractantes, dans la mesure et selon les conditions prévues à l'article 14.

TITRE II Cohérence et relation avec le droit de l'Union

Art. 2 1. Le présent traité est appliqué et interprété par les parties contractantes conformément aux traités sur lesquels l'Union européenne est fondée, et en particulier l'article 4, paragraphe 3, du traité sur l'Union européenne, ainsi qu'au droit de l'Union européenne, y compris le droit procédural lorsqu'il y a lieu d'adopter des actes de droit dérivé.

2. Le présent traité s'applique dans la mesure où il est compatible avec les traités sur lesquels l'Union européenne est fondée et avec le droit de l'Union européenne. Il ne porte pas atteinte aux compétences conférées à l'Union pour agir dans le domaine de l'union économique.

TITRE III Pacte budgétaire

Art. 3 1. Outre leurs obligations au titre du droit de l'Union européenne et sans préjudice de celles-ci, les parties contractantes appliquent les règles énoncées au présent paragraphe :

a) la situation budgétaire des administrations publiques d'une partie contractante est en équilibre ou en excédent ;

b) la règle énoncée au point a) est considérée comme respectée si le solde structurel annuel des administrations publiques correspond à l'objectif à moyen terme spécifique à chaque pays, tel que défini dans le pacte de stabilité et de croissance révisé, avec une limite inférieure de déficit structurel de 0,5 % du produit intérieur brut aux prix du marché. Les parties contractantes veillent à assurer une convergence rapide vers leur objectif à moyen terme respectif. Le calendrier de cette convergence sera proposé par la Commission européenne, compte tenu des risques qui pèsent sur la soutenabilité des finances publiques de chaque pays. Les progrès réalisés en direction de l'objectif à moyen terme et le respect de cet objectif font l'objet d'une évaluation globale prenant pour référence le solde structurel et comprenant une analyse des dépenses, déduction faite des mesures discrétionnaires en matière de recettes, conformément au pacte de stabilité et de croissance révisé ;

c) les parties contractantes ne peuvent s'écarter temporairement de leur objectif respectif à moyen terme ou de la trajectoire d'ajustement propre à permettre sa réalisation qu'en cas de circonstances exceptionnelles, telles que définies au paragraphe 3, point b) ;

d) lorsque le rapport entre la dette publique et le produit intérieur brut aux prix du marché est sensiblement inférieur à 60 % et lorsque les risques pour la soutenabilité à long terme des finances publiques sont faibles, la limite inférieure de l'objectif à moyen terme telle que définie au point b) peut être relevée pour atteindre un déficit structurel d'au maximum 1,0 % du produit intérieur brut aux prix du marché ;

e) un mécanisme de correction est déclenché automatiquement si des écarts importants sont constatés par rapport à l'objectif à moyen terme ou à la trajectoire d'ajustement propre à permettre sa réalisation. Ce mécanisme comporte l'obligation pour la partie contractante concernée de mettre en œuvre des mesures visant à corriger ces écarts sur une période déterminée.

2. Les règles énoncées au paragraphe 1 prennent effet dans le droit national des parties contractantes au plus tard un an après l'entrée en vigueur du présent traité, au moyen de dispositions contraignantes et permanentes, de préférence constitutionnelles, ou dont le plein respect et la stricte observance tout au long des processus budgétaires nationaux sont garantis de quelque autre façon. Les parties contractantes mettent en place, au niveau national, le mécanisme de correction visé au paragraphe 1, point e), sur la base de principes communs proposés par la Commission européenne et concer-

nant en particulier la nature, l'ampleur et le calendrier des mesures correctives à mettre en œuvre, y compris en cas de circonstances exceptionnelles, ainsi que le rôle et l'indépendance des institutions chargées, au niveau national, de vérifier le respect des règles énoncées au paragraphe 1. Ce mécanisme de correction respecte pleinement les prérogatives des parlements nationaux.

3. Aux fins du présent article, les définitions énoncées à l'article 2 du protocole (n° 12) sur la procédure concernant les déficits excessifs, annexé aux traités de l'Union européenne, sont applicables.

Par ailleurs, les définitions suivantes sont également applicables aux fins du présent article :

a) le "solde structurel annuel des administrations publiques" signifie le solde annuel corrigé des variations conjoncturelles, déduction faite des mesures ponctuelles et temporaires ;

b) les "circonstances exceptionnelles" font référence à des faits inhabituels indépendants de la volonté de la partie contractante concernée et ayant des effets sensibles sur la situation financière des administrations publiques ou à des périodes de grave récession économique telles que visées dans le pacte de stabilité et de croissance révisé, pour autant que l'écart temporaire de la partie contractante concernée ne mette pas en péril sa soutenabililité budgétaire à moyen terme.

Art. 4 Lorsque le rapport entre la dette publique et le produit intérieur brut d'une partie contractante est supérieur à la valeur de référence de 60 % visée à l'article 1er du protocole (n° 12) sur la procédure concernant les déficits excessifs, annexé aux traités de l'Union européenne, ladite partie contractante le réduit à un rythme moyen d'un vingtième par an, à titre de référence, ainsi que le prévoit l'article 2 du règlement (CE) n° 1467/97 du Conseil du 7 juillet 1997 visant à accélérer et à clarifier la mise en œuvre de la procédure concernant les déficits excessifs, modifié par le règlement (UE) n° 1177/2011 du Conseil du 8 novembre 2011. L'existence d'un déficit excessif dû au non-respect du critère de la dette sera décidée conformément à la procédure prévue à l'article 126 du traité sur le fonctionnement de l'Union européenne.

Art. 5 1. Une partie contractante*[,]* qui fait l'objet d'une procédure concernant les déficits excessifs en vertu des traités sur lesquels l'Union européenne est fondée, met en place un programme de partenariat budgétaire et économique comportant une description détaillée des réformes structurelles à établir et à mettre en œuvre pour assurer une correction effective et durable de son déficit excessif. Le contenu et la forme de ces programmes sont définis dans le droit de l'Union européenne. Leur présentation pour approbation au Conseil de l'Union européenne et à la Commission européenne ainsi que leur suivi auront lieu dans le cadre des procédures de surveillance existantes en vertu du pacte de stabilité et de croissance.

2. La mise en œuvre du programme de partenariat budgétaire et économique et des plans budgétaires annuels qui s'y rattachent fera l'objet d'un suivi par le Conseil de l'Union européenne et par la Commission européenne.

Art. 6 En vue de mieux coordonner la planification de leurs émissions de dette nationale, les parties contractantes donnent à l'avance au Conseil de l'Union européenne et à la Commission européenne des indications sur leurs plans d'émissions de dette publique.

Art. 7 Dans le respect total des exigences procédurales établies par les traités sur lesquels l'Union européenne est fondée, les parties contractantes dont la monnaie est l'euro s'engagent à appuyer les propositions ou recommandations soumises par la Commission européenne lorsque celle-ci estime qu'un État membre de l'Union européenne dont la monnaie est l'euro ne respecte pas le critère du déficit dans le cadre d'une procédure concernant les déficits excessifs. Cette obligation ne s'applique pas *lorsqu'il est établi que, parmi les parties* contractantes dont la monnaie est l'euro, une majorité qualifiée, calculée par analogie avec les dispositions pertinentes des traités sur lesquels l'Union européenne est fondée sans tenir compte de la position de la partie contractante concernée, est opposée à la décision proposée ou recommandée.

Art. 8 1. La Commission européenne est invitée à présenter en temps utile aux parties contractantes un rapport concernant les dispositions adoptées par chacune d'entre elles conformément à l'article 3, paragraphe 2. Si, après avoir donné à la partie contractante concernée la possibilité de présenter ses observations, la Commission européenne conclut dans son rapport que ladite partie contractante n'a pas respecté l'article 3, paragraphe 2, la Cour de justice de l'Union européenne sera saisie de la question par une ou plusieurs parties contractantes. Lorsqu'une partie contractante estime, indépendamment du rapport de la Commission, qu'une autre partie contractante n'a pas respecté l'article 3, paragraphe 2, elle peut également saisir la Cour de justice de cette question. Dans les deux cas, l'arrêt de la Cour de justice est contraignant à l'égard des parties à la procédure, lesquelles prennent les mesures nécessaires pour se conformer audit arrêt dans un délai à déterminer par la Cour de justice.

2. Lorsque, sur la base de sa propre évaluation ou de celle de la Commission européenne, une partie contractante considère qu'une autre partie contractante n'a pas pris les mesures nécessaires pour se conformer à l'arrêt de la Cour de justice visé au paragraphe 1, elle peut saisir la Cour de justice de l'affaire et demander que des sanctions financières soient infligées selon les critères établis par la Commission européenne dans le cadre de l'article 260 du traité sur le fonctionnement de l'Union européenne. Si la Cour de justice conclut que la partie contractante concernée ne s'est pas conformée à son arrêt, elle peut lui infliger le paiement d'une somme forfaitaire ou d'une astreinte adaptée aux circonstances et ne dépassant pas 0,1 % de son produit intérieur brut. Les montants dont le paiement est infligé à une partie contractante dont la monnaie est l'euro sont à verser au mécanisme européen de stabilité. Dans les autres cas, les paiements sont versés au budget général de l'Union européenne.

3. Le présent article constitue un compromis entre les parties contractantes au sens de l'article 273 du traité sur le fonctionnement de l'Union européenne.

TITRE IV Coordination des politiques économiques et convergence

Art. 9 Sur la base de la coordination des politiques économiques définie dans le traité sur le fonctionnement de l'Union européenne, les parties contractantes s'engagent à œuvrer conjointement à une politique économique qui favorise le bon fonctionnement de l'Union économique et monétaire et qui promeut la croissance économique grâce au renforcement de la convergence et de la compétitivité. A cette fin, les parties contractantes entreprennent les actions et adoptent les mesures nécessaires dans tous les domaines essentiels au bon fonctionnement de la zone euro, en vue de réaliser les objectifs que constituent le renforcement de la compétitivité, la promotion de l'emploi, une meilleure contribution à la soutenabilité des finances publiques et un renforcement de la stabilité financière.

Art. 10 Conformément aux exigences établies par les traités sur lesquels l'Union européenne est fondée, les parties contractantes sont prêtes à recourir activement, chaque fois que cela est indiqué et nécessaire, à des mesures concernant les États membres dont la monnaie est l'euro, telles que prévues à l'article 136 du traité sur le fonctionnement de l'Union européenne, ainsi qu'à la coopération renforcée, telle que prévue à l'article 20 du traité sur l'Union européenne et aux articles 326 à 334 du traité sur le fonctionnement de l'Union européenne, pour les questions essentielles au bon fonctionnement de la zone euro, sans porter atteinte au marché intérieur.

Art. 11 En vue d'évaluer quelles sont les meilleures pratiques et d'œuvrer à une politique économique fondée sur une coordination plus étroite, les parties contractantes veillent à ce que toutes les grandes réformes de politique économique qu'elles envisagent d'entreprendre soient débattues au préalable et, au besoin, coordonnées entre elles. Cette coordination fait intervenir les institutions de l'Union européenne dès lors que le droit de l'Union européenne le requiert.

TITRE V Gouvernance de la zone euro

Art. 12 1. Les chefs d'État ou de gouvernement des parties contractantes dont la monnaie est l'euro se réunissent de manière informelle lors de sommets de la zone euro auxquels participe également le président de la Commission européenne.

Le président de la Banque centrale européenne est invité à participer à ces réunions. Le président du sommet de la zone euro est désigné à la majorité simple par les chefs d'État ou de gouvernement des parties contractantes dont la monnaie est l'euro lors de l'élection du président du Conseil européen et pour un mandat de durée identique.

2. Des sommets de la zone euro sont organisés, lorsque cela est nécessaire et au moins deux fois par an, afin de discuter des questions ayant trait aux responsabilités spécifiques que partagent les parties contractantes dont la monnaie est l'euro à l'égard de la monnaie unique, des autres questions relatives à la gouvernance de la zone euro et aux règles qui s'appliquent à celle-ci et des orientations stratégiques relatives à la conduite des politiques économiques pour renforcer la convergence au sein de la zone euro.

3. Les chefs d'État ou de gouvernement des parties contractantes autres que celles dont la monnaie est l'euro, qui ont ratifié le présent traité, participent aux discussions des sommets de la zone euro concernant la compétitivité pour les parties contractantes, la modification de l'architecture globale de la zone euro et les règles fondamentales qui s'appliqueront à celle-ci dans l'avenir, ainsi que, le cas échéant et au moins une fois par an, à des discussions ayant trait à des questions spécifiques touchant à la mise en œuvre du présent traité sur la stabilité, la coordination et la gouvernance au sein de l'Union économique et monétaire.

4. Le président du sommet de la zone euro assure la préparation et la continuité des sommets de la zone euro, en étroite collaboration avec le président de la Commission européenne. L'organe chargé des préparatifs et du suivi des sommets de la zone euro est l'Eurogroupe. Son président peut y être invité à ce titre.

5. Le président du Parlement européen peut être invité à être entendu. Le président du sommet de la zone euro présente un rapport au Parlement européen après chaque sommet de la zone euro.

6. Le président du sommet de la zone euro tient les parties contractantes autres que celles dont la monnaie est l'euro et les autres États membres de l'Union européenne étroitement informés de la préparation de ces sommets ainsi que de leurs résultats.

Art. 13 Comme le prévoit le titre II du protocole (n° 1) sur le rôle des parlements nationaux dans l'Union européenne, annexé aux traités de l'Union européenne, le Parlement européen et les parlements nationaux des parties contractantes définissent ensemble l'organisation et la promotion d'une conférence réunissant les représentants des commissions concernées du Parlement européen et les représentants des commissions concernées des parlements nationaux afin de débattre des politiques budgétaires et d'autres questions régies par le présent traité.

TITRE VI **Dispositions générales et finales**

Art. 14 1. Le présent traité est ratifié par les parties contractantes conformément à leurs règles constitutionnelles respectives. Les instruments de ratification sont déposés auprès du secrétariat général du Conseil de l'Union européenne (ci-après dénommé "dépositaire").

2. Le présent traité entre en vigueur le 1er janvier 2013, pour autant que douze parties contractantes dont la monnaie est l'euro aient déposé leur instrument de ratification, ou le premier jour du mois suivant le dépôt du douzième instrument de ratification par une partie contractante dont la monnaie est l'euro, la date la plus proche étant retenue.

3. Le présent traité est applicable à compter de la date de son entrée en vigueur dans les parties contractantes dont la monnaie est l'euro qui l'ont ratifié. Il s'applique aux autres parties contractantes dont la monnaie est l'euro à compter du premier jour du mois suivant la date de dépôt de leur instrument de ratification respectif.

4. Par dérogation aux paragraphes 3 et 5, le titre V est applicable à toutes les parties contractantes concernées à compter de la date d'entrée en vigueur du présent traité.

5. Le présent traité s'applique aux parties contractantes faisant l'objet d'une dérogation au sens de l'article 139, paragraphe 1, du traité sur le fonctionnement de l'Union européenne, ou d'une dérogation visée dans le protocole (n° 16) sur certaines dispositions relatives au Danemark, annexé aux traités de l'Union européenne, qui ont rati-

fié le présent traité, à compter de la date où la décision portant abrogation de ladite dérogation prend effet, sauf si la partie contractante concernée déclare son intention d'être liée à une date antérieure par tout ou partie des dispositions des titres III et IV du présent traité.

Art. 15 Les États membres de l'Union européenne autres que les parties contractantes peuvent adhérer au présent traité. L'adhésion prend effet au moment du dépôt de l'instrument d'adhésion auprès du dépositaire, qui notifie ce dépôt aux autres parties contractantes. Après l'authentification par les parties contractantes, le texte du présent traité dans la langue officielle de l'État membre adhérent, qui est aussi une langue officielle et une langue de travail des institutions de l'Union, est déposé dans les archives du dépositaire en tant que texte authentique du présent traité.

Art. 16 Dans un délai de cinq ans maximum à compter de la date d'entrée en vigueur du présent traité, sur la base d'une évaluation de l'expérience acquise lors de sa mise en œuvre, les mesures nécessaires sont prises conformément au traité sur l'Union européenne et au traité sur le fonctionnement de l'Union européenne, afin d'intégrer le contenu du présent traité dans le cadre juridique de l'Union européenne.

[V. références des décisions du Conseil constitutionnel dans le tableau DC]

1. Le TSCG, « prenant pour base » les traités sur lesquels l'Union européenne est fondée, n'est pas au nombre de ces traités. • Cons. const. 9 août 2012, n° 2012-653 DC § 11.

2. S'applique au TSCG le principe selon lequel, lorsque les engagements contiennent une clause contraire à la Constitution, mettent en cause les droits et libertés constitutionnellement garantis ou portent atteinte aux conditions essentielles d'exercice de la souveraineté nationale, l'autorisation de les ratifier appelle une révision constitutionnelle. • Cons. const. 9 août 2012, n° 2012-653 DC § 10. ♦ Toutefois, sont soustraites au contrôle de conformité à la Constitution celles des stipulations du traité qui reprennent des engagements antérieurement souscrits par la France. • Cons. const. 9 août 2012, n° 2012-653 DC § 11.

3. Ainsi, les stipulations du titre IV du présent traité, sur la coordination des politiques économiques et à la convergence, comportant des engagements relatifs à des mesures d'application des traités sur lesquels l'Union européenne est fondée et celles du titre V, sur la gouvernance de la zone euro, comportant de la même manière des engagements concernant cette gouvernance ne contiennent pas de clause nouvelle contraignante qui s'ajouterait aux *clauses contenues dans les* traités relatifs à l'Union européenne. • Cons. const. 9 août 2012, n° 2012-653 DC § 35.

A. RÈGLES D'ÉQUILIBRE DES FINANCES PUBLIQUES

4. La France est d'ores et déjà tenue de respecter les exigences résultant de l'art. 126 TFUE, relatif à la lutte contre les déficits excessifs des États, ainsi que du protocole n° 12, annexé aux traités sur l'Union européenne, sur la procédure concernant les déficits excessifs et ces exigences incluent une valeur de référence fixée à 3 % pour le rapport entre le déficit public prévu ou effectif et le PIB aux prix du marché. Par ailleurs, le règlement du 7 juill. 1997 modifié par les règlements du 27 juin 2005 et du 16 nov. 2011 susvisés fixe à 1 % du PIB l'objectif de moyen terme de solde structurel. Les stipulations du § 1 de l'art. 3 du présent traité reprennent les dispositions prévues par ces règlements et abaissent, en outre, de 1 % à 0, 5 % du produit intérieur brut cet objectif de moyen terme. Ainsi, ces stipulations reprennent en les renforçant les dispositions mettant en œuvre l'engagement des États membres de l'Union européenne de coordonner leurs politiques économiques en application des art. 120 à 126 TFUE mais ne procèdent pas à des transferts de compétences en matière de politique économique ou budgétaire et n'autorisent pas de tels transferts. Pas plus que les engagements antérieurs de discipline budgétaire, celui de respecter ces nouvelles règles ne porte atteinte aux conditions essentielles d'exercice de la souveraineté nationale. • Cons. const. 9 août 2012, n° 2012-653 DC § 15 et 16.

B. PRISE D'EFFET EN DROIT NATIONAL DES RÈGLES D'ÉQUILIBRE DES FINANCES PUBLIQUES

5. Dès lors que la France aura ratifié le traité et que celui-ci sera entré en vigueur, les règles figurant au paragraphe 1 de l'art. 3 s'imposeront à elle ; elle sera, en application de la règle « *Pacta sunt servanda* », liée par ces stipulations qu'elle devra appliquer de bonne foi. Dès lors, la situation budgétaire des administrations publiques devra être en équilibre ou en excédent dans les conditions prévues par le traité. • Cons. const. 9 août 2012, n° 2012-653 DC §18. ♦ V. ss. Préamb. Const. 1946, al. 14.

6. Le présent traité ayant, en application de l'art. 55 Const. 58, une autorité supérieure à celle des lois, il appartiendra aux divers organes de l'État de veiller dans le cadre de leurs compétences respectives à son application ; le législateur sera notamment tenu d'en respecter les stipulations lors de l'adoption des LF et des LFSS. • Cons. const. 9 août 2012, n° 2012-653 DC § 18.

7. Si le § 2 de l'art. 3 du présent traité impose que soient adoptées des dispositions dans le droit national pour que les règles énoncées au § 1 du même art. prennent effet, il comporte une alternative selon laquelle les États contractants s'engagent à ce que ces règles prennent effet dans leur droit national, soit « au moyen de dispositions contraignantes et permanentes, de préférence constitutionnelles », soit au moyen de dispositions « dont le plein respect et la stricte observance tout au long des processus budgétaires nationaux sont garantis de quelque autre façon ». • Cons. const. 9 août 2012, n° 2012-653 DC § 19.

1° BRANCHES DE L'ALTERNATIVE

8. Dès lors que, dans la première branche de cette alternative, les règles relatives à l'équilibre des finances publiques doivent prendre effet au moyen de « dispositions contraignantes et permanentes », cette option impose d'introduire directement ces règles dans l'ordre juridique interne afin qu'elles s'imposent par là même aux lois de finances et aux lois de financement de la sécurité sociale ; introduire ainsi directement des dispositions contraignantes et permanentes imposant le respect des règles relatives à l'équilibre des finances publiques exigerait la modification des dispositions constitutionnelles qui fixent les prérogatives du Gouvernement et du Parlement dans l'élaboration et l'adoption des LF et des LFSS ainsi que celles, découlant des art. 34 et 47 Const. 58, dont découle le principe de l'annualité des LF dans le cadre de l'année civile. En conséquence, si la France fait le choix de faire prendre effet aux règles énoncées au § 1 de l'art. 3 au moyen de dispositions contraignantes et permanentes, l'autorisation de ratifier le traité devra être précédée d'une révision de la Const. • Cons. const. 9 août 2012, n° 2012-653 DC § 20 et 21.

9. En revanche, dans la seconde branche de l'alternative, les stipulations donnent aux États la liberté de déterminer les dispositions dont le plein respect et la stricte observance garantissent « de quelque autre façon » que les règles relatives à l'équilibre des finances publiques prennent effet dans le droit national. *Dans ce cas, le respect des règles figurant* au § 1 de l'art. 3 n'est pas garanti par des dispositions « contraignantes » dès lors que, d'une part, il revient aux États de déterminer, aux fins de respecter leur engagement, les dispositions ayant l'effet imposé par le § 2 et que, d'autre part, le traité prévoit que le respect des règles figurant au § 1 de l'art. 3 n'est alors pas garanti dans le droit national au moyen d'une norme d'une autorité supérieure à celle des lois. • Cons. const. 9 août 2012, n° 2012-653 DC § 22. ♦ Dès lors qu'est fait le choix de prendre, sur le fondement de la seconde branche de l'alternative, des dispositions organiques ayant l'effet imposé par le § 2 de l'art. 3, l'autorisation de ratifier le traité ne devra pas être précédée d'une révision de la Const. • Cons. const. 9 août 2012, n° 2012-653 DC § 28. ♦ De même, le § 2 de l'art. 3 n'imposant pas qu'il soit procédé à une révision de la Constitution, les stipulations de l'art. 8 du présent traité qui définissent les cas et conditions dans lesquels, à la suite d'un rapport de la Commission européenne qui conclut qu'une partie n'a pas respecté le § 2 de l'art. 3, la CJUE peut être saisie par une ou plusieurs parties au traité et statuer par un arrêt contraignant à l'égard des parties à la procédure, lesquelles prennent les mesures nécessaires pour s'y conformer dans un délai à déterminer par la Cour et qui prévoit qu'en cas de méconnaissance des prescriptions de la Cour, celle-ci peut encore être saisie par une partie au traité afin de prononcer des sanctions financières contre cet État n'ont pas pour effet d'habiliter la CJUE à apprécier, dans ce cadre, la conformité de dispositions de la Constitution aux stipulations du présent traité. Dès lors l'art. 8 ne porte pas atteinte aux conditions essentielles d'exercice de la souveraineté nationale. • Cons. const. 9 août 2012, n° 2012-653 DC § 30.

2° MODALITÉS DE MISE EN ŒUVRE

10. Le 22e alinéa de l'art. 34 Const. permet que des dispositions de nature organique soient prises pour fixer le cadre des lois de programmation relatives aux orientations pluriannuelles des finances publiques. Sur ce fondement et sur celui des 18e et 19e al. de l'art. 34 Const. en ce qui concerne les LF et les LSFF, le législateur organique peut, pour que les règles énoncées au § 1 de l'art. 3 du présent traité prennent effet dans les conditions prévues par la seconde branche de l'alternative, adopter des dispositions encadrant ces lois relatives, notamment, à l'objectif de moyen terme ainsi qu'à la trajectoire d'ajustement de la situation budgétaire des administrations publiques, au mécanisme de correction de cette dernière et aux institutions indépendantes intervenant tout au long du processus budgétaire. • Cons. const. 9 août 2012, n° 2012-653 DC § 24 • Cons. const. 13 déc. 2012, ♧ n° 2012-658 DC § 8.

11. En reconnaissant au législateur organique la faculté de mettre en œuvre les stipulations du TSCG, le Conseil n'a dégagé aucune exigence constitutionnelle quant au respect de ces stipulations. Par ailleurs, le Conseil constitutionnel ne procède pas au contrôle de la conventionnalité des lois et, d'ailleurs, le traité dont la L. org. déférée poursuit la mise en œuvre n'était pas entré en vigueur à la date d'adoption de la L. org. • Cons. const. 13 déc. 2012, n° 2012-658 DC § 2 (sol. impl.).

12. Sur ces dispositions, V. L. org. n° 2012-403 du 17 déc. 2012, App., v° *Gouvernance financière*.

a. Mécanisme de correction

13. Si le « mécanisme de correction » prévu par le *e)* du § 1 de l'art. 3 du présent traité que les États s'engagent à mettre en place doit être « déclenché automatiquement si des écarts importants sont constatés par rapport à l'objectif de moyen terme ou à la trajectoire d'ajustement propre à permettre sa réalisation » et doit comporter « l'obligation pour la partie contractante concernée de mettre en œuvre des mesures visant à corriger ces écarts sur une période déterminée », et si ces stipulations impliquent que la mise en œuvre de ce mécanisme de correction conduise à des mesures concernant l'ensemble des administrations publiques, notamment l'État, les collectivités territoriales et la sécurité sociale, ces stipulations ne définissent ni les modalités selon lesquelles ce mécanisme doit être déclenché ni les mesures à la mise en œuvre desquelles il doit conduire et laissent par suite aux États la liberté de définir ces modalités et ces mesures dans le respect de leurs règles constitutionnelles. Par ailleurs, il ressort de la dernière phrase du § 2 de ce même art. 3 que ce mécanisme de correction ne peut porter atteinte aux prérogatives des parlements nationaux. Cette stipulation n'est dès lors contraire ni à la libre administration des collectivités territoriales ni aux exigences constitutionnelles. • Cons. const. 9 août 2012, n° 2012-653 DC § 25.

14. Sur ce mécanisme, V. L. org. n° 2012-403 du 17 déc. 2012, App., v° *Gouvernance financière*.

15. Lorsque le Conseil décide, conformément à l'art. 126, § 6, TFUE, qu'il existe un déficit excessif dans un État membre, l'État membre concerné présente à la Commission et au Conseil un programme de partenariat économique décrivant les mesures et les réformes structurelles nécessaires pour assurer une correction effective et durable du déficit excessif et constituant un prolongement de son programme national de réformes et de son programme de stabilité, tout en tenant pleinement compte des recommandations du Conseil sur la mise en œuvre des orientations intégrées pour les politiques économiques et en matière d'emploi de l'État membre concerné. * Règl. (UE) n° 473/2013 du 21 mai 2013, art. 9. ♦ Lorsque le Conseil décide, conformément à l'art. 126, § 6, TFUE, qu'il existe un déficit excessif dans un État membre, à la demande de la Commission, l'État membre concerné est soumis aux obligations de rapport conformément aux § 2 à 5 de l'art. 10 du Règl. (UE) n° 473/2013 du 21 mai 2013 jusqu'à la clôture de la procédure de déficit excessif dont il fait l'objet. * Règl. (UE) n° 473/2013 du 21 mai 2013, art. 10.

16. Sur les circonstances exceptionnelles. V. L. org. n° 2012-1403 du 17 déc. 2012 : V. App. Gouvernance financière.

b. Institutions indépendantes

17. Aucune exigence constitutionnelle ne faisant obstacle à ce qu'une ou plusieurs institutions indépendantes soient chargées, au niveau national, de vérifier le respect des règles énoncées au § 1 de l'art. 3 du traité, celui-ci peut prévoir que des institutions indépendantes vérifient le respect de l'ensemble de ces règles et que leur avis portera sur le respect des règles d'équilibre budgétaire et, le cas échéant, sur le mécanisme de correction « déclenché automatiquement ». • Cons. const. 9 août 2012, n° 2012-653 DC § 26.

18. Le Conseil constitutionnel, chargé de contrôler la conformité à la Const. des lois de programmation relatives aux orientations pluriannuelles des finances publiques, des LF et des LFSS, doit notamment, lorsqu'il est saisi dans le cadre de l'art. 61 Const., s'assurer de la sincérité de ces lois et exercera ce contrôle en prenant en compte l'avis des institutions indépendantes préalablement mises en place. • Cons. const. 9 août 2012, n° 2012-653 DC § 26.

19. On entend par « organismes indépendants » des organismes structurellement indépendants ou jouissant d'une autonomie fonctionnelle par rapport aux autorités budgétaires de l'État membre, et qui sont fondés sur des dispositions juridiques nationales garantissant un niveau élevé d'autonomie fonctionnelle et de responsabilité, notamment : 1) un régime statutaire ancré dans les droits nationaux, les réglementations ou des dispositions administratives contraignantes ; 2) l'interdiction de prendre des instructions des autorités budgétaires de l'État membre concerné ou de tout autre organisme public ou privé ; 3) la capacité de communiquer publiquement en temps utile ; 4) des procédures de nomination des membres fondées sur leur expérience et leur compétence ; 5) des ressources suffisantes et un accès approprié à l'information afin de mener à bien leur mission. * Règl. (UE) n° 473/2013 du 21 mai 2013, art. 2.

20. Ces organismes indépendants sont chargés de surveiller le respect : a) des règles budgétaires chiffrées, qui incorporent dans les processus budgétaires nationaux l'objectif budgétaire à moyen terme institué à l'art. 2 *bis* du Règl. (CE) n° 1466/97 ; b) des règles budgétaires chiffrées visées à l'art. 5 de la Dir. 2011/85/UE. Ils produisent, s'il y a lieu, des évaluations publiques par rapport aux règles budgétaires nationales relatives, notamment, à : a) la survenance de circonstances ayant entraîné l'activation du mécanisme de correction, en cas d'observation d'écarts significatifs par rapport à l'objectif à moyen terme ou à la trajectoire d'ajustement qui doit conduire à la réalisation de cet objectif, conformément à l'art. 6, § 2, du Règl. (CE) n° 1466/97 ; b) la conformité de la manière dont la correction budgétaire est effectuée avec les règles et plans nationaux ; c) toute survenance ou cessation des circonstances visées à l'art. 5, § 1er, al. 10 du Règl. (CE) n° 1466/97, qui peuvent permettre de s'écarter temporairement de l'objectif budgétaire à moyen terme ou de la trajectoire d'ajustement en vue de la réalisation de celui-ci, pour autant qu'une telle déviation ne mette pas en danger la soutenabilité budgétaire à moyen terme. * Règl. (UE) n° 473/2013 du 21 mai 2013, art. 5.

Règlement (UE) n° 473/2013 du Parlement européen et du Conseil du 21 mai 2013,

Établissant des dispositions communes pour le suivi et l'évaluation des projets de plans budgétaires et pour la correction des déficits excessifs dans les États membres de la zone euro 🏛.

Loi organique n° 2012-1403 du 17 décembre 2012,

Relative à la programmation et à la gouvernance des finances publiques.

CHAPITRE PREMIER *Dispositions relatives à la programmation des finances publiques*

BIBL. ▸ LASCOMBE, La nouvelle gouvernance financière, *AJDA 2013. 228*. – COLLET, Le décret du 7 novembre 2012 relatif à la gestion budgétaire et comptable publique : « dépenser mieux » ou « dépenser moins » ?, *RFDA 2013. 433*. – OLIVA, La loi organique du 17 décembre 2012 relative à la programmation et à la gouvernance des finances publiques : l'inclusion dans l'ordre juridique national de la règle d'équilibre des administrations publiques ou la montagne qui accoucha d'une souris, *RFDA 2013. 440*. – LAMBERT, Déficits publics, la démocratie en danger, *Colin, 2013*. – GOUIFFES, L'âge d'or des déficits publics, 40 ans de politique budgétaire française, *Doc. française, coll. « Études » 2013*. – BARBIER-GAUCHARD, Le déficit structurel : un indicateur riche d'enseignements, *Gestion et fin. publ. 2014, n° 1/2, p. 43*. – ABATE B., La nouvelle gestion publique, *LGDJ, coll. « Systèmes », 2e éd. 2014*. – BAUDU, Propos introductif sur les lois de programmation des finances publiques en France, *Gestion fin. publ. 2019, p. 7*. – PERUYERO, Les lois de programmation des finances publiques. Un instrument de pilotage souple façonné par les parlementaires, *Gestion fin. publ. 2019, p. 11*. – POTTEAU, La contribution des lois de programmation des finances publiques aux respect de la discipline budgétaire européenne, *Gestion fin. publ. 2019, p. 16*. – DOUAT, Les lois de programmation des finances publiques. Un instrument de pilotage des finances publiques locales, *Gestion fin. publ. 2019, p. 23*.

Art. 1er **Dans le respect de l'objectif d'équilibre des comptes des administrations publiques prévu à l'article 34 de la Constitution, la loi de programmation des finances publiques fixe l'objectif à moyen terme des administrations publiques mentionné à l'article 3 du traité sur la stabilité, la coordination et la gouvernance au sein de l'Union économique et monétaire, signé le 2 mars 2012, à Bruxelles** *[V. cet art. ci-dessus]*.

Elle détermine, en vue de la réalisation de cet objectif à moyen terme et conformément aux stipulations du traité précité, les trajectoires des soldes structurels et effectifs annuels successifs des comptes des administrations publiques au sens de la comptabilité nationale, avec l'indication des calculs permettant le passage des uns aux autres, ainsi que l'évolution de la dette publique. Le solde structurel est le solde corrigé des variations conjoncturelles, déduction faite des mesures ponctuelles et temporaires.

La loi de programmation des finances publiques détermine l'effort structurel au titre de chacun des exercices de la période de programmation. L'effort structurel est défini *comme l'incidence des mesures nouvelles* **sur les recettes et la contribution des dépenses à l'évolution du solde structurel.**

La loi de programmation des finances publiques présente la décomposition des soldes effectifs annuels par sous-secteur des administrations publiques.

BIBL. ▸ GAUBERT, Loi d'orientation des finances publiques et intégration budgétaire, *RFFP avr. 2013. 143*. – LAPIN, L'équilibre des finances publiques : une exigence externe mettant en cause la souveraineté de l'État, *RD publ. 2014. 733.* – Erstein, La loi de programmation des finances publiques pour les années 2018 à 2022, *JCP Adm. 2018. 2059.* – Klopfer, Le projet de circulaire sur la contractualisation de la loi de programmation des finances publiques, *JCP Adm. 2018. 235.*

[V. références des décisions du Conseil constitutionnel dans le tableau DC]

1. Généralités sur la L. org. dans son ensemble. Le 22e al. de l'art. 34 Const. permet que des dispositions de nature organique soient prises pour fixer le cadre des lois de programmation relatives aux orientations pluriannuelles des finances publiques. Sur ce fondement et sur celui des 18e et 19e al. de l'art. 34 Const. en ce qui concerne les LF et les LSFF, le législateur organique peut, pour que les règles énoncées au § 1 de l'art. 3 du TSCG prennent effet dans les conditions prévues par la seconde branche de l'alternative, adopter des dispositions encadrant ces lois relatives, notamment, à l'objectif de moyen terme ainsi qu'à la trajectoire d'ajustement de la situation budgétaire des administrations publiques, au mécanisme de correction de cette dernière et aux institutions indépendantes intervenant tout au long du processus budgétaire. • Cons. const. 9 août 2012, n° 2012-653 DC § 24 • Cons. const. 13 déc. 2012, n° 2012-658 DC § 8. ♦ A la suite de la décision du Conseil constitutionnel du 9 août 2012 (n° 2012-653 DC) et compte tenu du choix ouvert par l'art. 3 du TSCG, la présente L. org. a principalement pour objet de déterminer les dispositions « dont le plein respect et la stricte observance » tout au long du processus budgétaire permettent que prennent effet les règles d'équilibre des finances publiques prévues par le § 1 de l'art. 3 du TSCG. • Cons. const. 13 déc. 2012, n° 2012-658 DC § 2.

2. Sur les fondements des art. 34 (18e et 19e al.), 47 et 47-1 de la Const. qui sont relatifs aux lois de finances et aux lois de financement de la sécurité sociale, la présente L. org. peut, sous réserve de respecter les principes et les règles de valeur constitutionnelle, modifier la LOLF et la LOLFSS. • Cons. const. 13 déc. 2012, n° 2012-658 DC § 3.

3. Les lois de programmation des finances publiques ont un objectif d'équilibre des comptes des administrations publiques tant par les orientations pluriannuelles des finances publiques qu'elles définissent qu'au moyen de dispositions normatives. • Cons. const. 18 janv. 2018, n° 2017-760 DC § 12 (sol. impl.).

4. Lien avec le TSCG. En reconnaissant au législateur organique la faculté de mettre en œuvre les stipulations du TSCG, le Conseil n'a dégagé aucune exigence constitutionnelle quant au respect de ces stipulations. Par ailleurs, le Conseil ne procède pas au contrôle de la conventionnalité des lois et, d'ailleurs, le traité, dont la L. org. déférée poursuit la mise en œuvre, n'était pas entré en vigueur à la date d'adoption de la L. org. • Cons. const. 13 déc. 2012, n° 2012-658 DC § 2 (sol. impl.).

5. Notion de LPFP. Les LPFP définissent les orientations pluriannuelles de finances publiques. Dans le respect de l'objectif d'équilibre des comptes des administrations publiques, elles fixent l'objectif à moyen terme (OMT) et déterminent une trajectoire de solde structurel pour y parvenir. * HCFP 26 sept. 2014, *Avis relatif aux PLPFP pour les années 2014 à 2019 : avis n° 2014-04, introduction.*

6. Portée des LPFP. Les orientations pluriannuelles ainsi définies par la LPFP n'ont pas pour effet de porter atteinte à la liberté d'appréciation et d'adaptation que le Gouvernement tient de l'art. 20 Const. dans la détermination et la conduite de la politique de la Nation. Elles n'ont pas davantage pour effet de porter atteinte aux prérogatives du Parlement lors de l'examen et du vote des projets de LF, de LFSS ou de tout autre projet ou proposition de loi. Il en résulte que la présente L. org. ne peut mettre en place des dispositions faisant prendre effet de façon contraignante aux orientations budgétaires chiffrées qui figureront dans la LPFP. • Cons. const. 13 déc. 2012, n° 2012-658 DC § 12. ♦ Rappr. • Cons. const. 13 déc. 2012, n° 2012-658 DC § 63. ♦ La trajectoire de solde structurel prévue par la LPFP servira de référence au HCFP, d'une part, pour apprécier la cohérence des PLF et PLFSS au regard des orientations pluriannuelles de finances publiques et, d'autre part, pour examiner les résultats de l'exécution dans le cadre du mécanisme de correction. * HCFP 26 sept. 2014, *Avis relatif aux PLPFP pour les années 2014 à 2019 : avis n° 2014-04, introduction.*

7. Notion de PIB potentiel. Le PIB potentiel est usuellement défini comme la production « soutenable », c'est-à-dire celle qui peut être réalisée sans entraîner de tensions sur les prix. C'est essentiellement un concept d'offre. Le PIB potentiel dépend du stock de capital en place, de la main d'œuvre disponible et de l'efficacité avec laquelle ces deux facteurs sont utilisés. * HCFP 26 sept. 2014, *Avis relatif aux PLPFP pour les années 2014 à 2019 : avis n° 2014-04, point I* * HCFP 24 sept. 2017, *Avis relatif aux PLPFP pour les années 2018 à 2022 : avis n° 2017-03, point I.*

8. Notion d'écart de production. L'écart de production est la différence entre la production effective, mesurée par le PIB, et le PIB potentiel. Il est généralement exprimé en pourcentage du PIB potentiel. Il constitue un indicateur de déséquilibre entre l'offre et la demande et s'annule en principe sur la durée d'un cycle économique. Il renseigne donc sur la capacité de rebond du pays quand il est négatif ou sur le risque de ralentissement quand il est positif. Il permet également d'identifier la composante conjoncturelle du déficit effectif, et de mesurer, par différence, le solde structurel. * HCFP 26 sept. 2014, *Avis relatif aux PLPFP pour les années 2014 à 2019 : avis n° 2014-04, point I* * HCFP 24 sept. 2017, *Avis relatif aux PLPFP pour les années 2018 à 2022 : avis n° 2017-03, point I.* ♦ Défini ainsi, l'écart de production mesure essentiellement les déséquilibres entre l'offre et la demande sur les différents marchés à travers les tensions sur les prix. Il ne prend cependant pas en compte les déséquilibres financiers et extérieurs. Or la crise financière a montré qu'une période prolongée d'inflation modérée peut s'accompagner d'une accumulation de ces déséquilibres. L'écart de production doit en principe se résorber rapidement. Par conséquent, la période actuelle de stagnation et de faible inflation et la durée inhabituellement longue du cycle économique invitent à considérer l'écart de production avec une certaine prudence. L'écart de production et la croissance potentielle ne sont pas des données statistiques ou comptables mais le résultat d'un modèle économique. Leur estimation est donc entourée d'incertitudes. Les incertitudes sur l'écart de production se transmettent, par construction, à la mesure du solde structurel, qui dépend également de la sensibilité des recettes à la croissance. * HCFP 26 sept. 2014, *Avis relatif aux PLPFP pour les années 2014 à 2019 : avis n° 2014-04, point I.*

9. Notion de solde structurel. Le solde structurel retrace ce que serait le solde des administrations publiques indépendamment des effets liés au cycle économique et des mesures ponctuelles et temporaires. Ce solde structurel n'est pas directement observable. * HCFP 23 mai 2013, *Solde structurel des administrations publiques présenté dans le projet de loi de règlement de 2012 : avis n° 2013-02, point II.*

10. Calcul du solde structurel. Le solde structurel fait l'objet d'une estimation qui comporte plusieurs étapes. La première étape consiste à évaluer l'incidence des fluctuations de la conjoncture sur les déficits publics. La position de l'économie dans le cycle est estimée via l'écart de production, soit encore la différence entre le PIB effectif et le PIB potentiel, c'est-à-dire le niveau de production que l'é*conomie peut soutenir durablement, sans* tension sur les facteurs de production (capital et travail). Compte tenu du poids et de l'élasticité par rapport au PIB des prélèvements obligatoires et des dépenses d'indemnisation du chômage, la composante conjoncturelle du déficit est proche de la moitié de l'écart de production. La seconde étape vise à isoler l'impact des mesures ponctuelles et temporaires en recettes ou en dépenses qui, du fait de leur caractère exceptionnel, ne contribuent pas au solde structurel. * HCFP 23 mai 2013, *Solde structurel des administrations publiques présenté dans le projet de loi de règlement de 2012 : avis n° 2013-02, point II.* ♦ La trajectoire du solde structurel dépend des estimations d'écart de production. Plus l'écart de production est creusé, plus la part du déficit effectif imputable à la conjoncture est grande. Un écart de production négatif indique en effet une capacité de rebond de la production et donc des recettes fiscales, et la perspective d'une baisse des dépenses d'indemnisation chômage. * HCFP 26 sept. 2014, *Avis relatif aux PLPFP pour les années 2014 à 2019 : avis n° 2014-04, annexe 1.*

11. Les soldes structurels sont susceptibles d'être modifiés par plusieurs facteurs : des révisions du déficit public effectif ; des révisions de la part du déficit attribuée à la conjoncture du fait de révisions des chiffres du PIB ; des révisions du montant des mesures ponctuelles et temporaires. * HCFP 23 mai 2013, *Solde structurel des administrations publiques présenté dans le projet de loi de règlement de 2012 : avis n° 2013-02, point II.* ♦ Bien qu'incertaine, la mesure du solde structurel n'en est pas moins indispensable pour apprécier la situation des finances publiques et l'orientation de la politique budgétaire. Dans la situation actuelle, elle permet d'appréhender les efforts à accomplir pour redresser durablement les soldes publics. * HCFP 26 sept. 2014, *Avis relatif aux PLPFP pour les années 2014 à 2019 : avis n° 2014-04, point I.*

12. Notion de mesure ponctuelle et temporaire. Le HCFP observe que les mesures ponctuelles et temporaires, improprement qualifiées de mesures exceptionnelles dans l'article liminaire du PLR de 2012, susceptibles d'être exclues du calcul du solde structurel, ne répondent pas à une définition explicite. Il recommande de définir de façon claire et précise leur périmètre et se prononcera le moment venu sur la pertinence des règles qui auront été définies. * HCFP 23 mai 2013, *Solde structurel des administrations publiques présenté dans le projet de loi de règlement de 2012 : avis n° 2013-02, points II et III.* ♦ Le HCFP demeure en attente d'une définition explicite par le Gouvernement des mesures ponctuelles et temporaires susceptibles d'être exclues du calcul du solde structurel. A titre d'exemple, se pose la question des mesures de lutte contre la fraude et l'optimisation fiscales dont le rendement attendu s'élève à 1,8 Md€ en 2014. Une partie de leurs effets, notamment ceux liés à la régularisation fiscale exceptionnelle d'un certain nombre de contribuables, n'est pas amenée à se reproduire. * HCFP 20 sept. 2013, *Avis relatif* *aux PLF et PLFSS pour 2014, point III-1 : n° 2013-03.* ♦ A ce jour, le Gouvernement n'a pas fait connaître sa définition des mesures ponctuelles et temporaires. * HCFP 23 mai 2014, *Solde structurel des administrations publiques présenté dans le projet de loi de règlement de 2013 : avis n° 2014-02, point II.* ♦ A ce jour, le Gouvernement n'a pas fait connaître sa définition des mesures ponctuelles et temporaires. * HCFP 23 mai 2014, *Solde structurel des administrations publiques présenté dans le projet de loi de règlement de 2013 : avis n° 2014-02, point II.*

13. La vente des licences de fréquences hertziennes (4G), dont le produit s'est élevé à 2,6 Md€ en 2012, aurait dû être traitée comme une mesure ponctuelle et temporaire. * HCFP 23 mai 2013, *Solde structurel des administrations publiques présenté dans le projet de loi de règlement de 2012 : avis n° 2013-02, point II.*

14. Mise en garde. L'écart de production et la croissance potentielle ne sont pas des données statistiques ou comptables mais procèdent d'estimations. Celles-ci sont entourées d'incertitudes. Le Gouvernement et la plupart des organisations internationales utilisent une approche fondée sur une fonction de production qui calcule la croissance potentielle à partir des évolutions des facteurs travail et capital et de la productivité globale des facteurs. Les estimations de croissance potentielle supposent de faire des choix sur la manière de mesurer ces facteurs de production et sur la manière d'estimer et de prolonger leur tendance. Ces estimations se révèlent très sensibles aux méthodes statistiques et aux données utilisées. Dans les faits, les écarts de production font l'objet d'importantes révisions *ex post.* * HCFP 24 sept. 2017, *Avis relatif aux PLPFP pour les années 2018 à 2022 : avis n° 2017-03, point I.*

Art. 2 **Outre celles mentionnées à l'article 1er, les orientations pluriannuelles des finances publiques définies par la loi de programmation des finances publiques comprennent, pour chacun des exercices auxquels elles se rapportent :**

1° Un montant maximal pour les crédits du budget général de l'État, pour les prélèvements sur les recettes de l'État ainsi que pour les créations, suppressions ou modifications d'impositions de toutes natures affectées à des personnes publiques ou privées autres que les collectivités territoriales et les organismes de sécurité sociale ;

2° L'objectif de dépenses des régimes obligatoires de base de sécurité sociale ainsi que l'objectif national des dépenses d'assurance maladie de l'ensemble de ces régimes ;

3° L'incidence minimale des dispositions nouvelles, législatives ou prises par le Gouvernement par voie réglementaire, relatives aux impositions de toutes natures et aux cotisations sociales ;

4° Les plafonds de crédits alloués aux missions du budget général de l'État ;

5° L'indication de l'ampleur et du calendrier des mesures de correction pouvant être mises en œuvre en cas d'écarts importants au regard des orientations pluriannuelles de solde structurel, au sens du II de l'article 23 de la présente loi organique, ainsi que les conditions de prise en compte, le cas échéant, des circonstances exceptionnelles définies à l'article 3 du traité, signé le 2 mars 2012, précité.

La loi de programmation des finances publiques peut comporter des orientations pluriannuelles relatives à l'encadrement des dépenses, des recettes et du solde ou au recours à l'endettement de tout ou partie des administrations publiques.

La loi de programmation des finances publiques précise le champ des crédits, prélèvements et impositions mentionnés au 1°. Les montants et objectifs mentionnés aux 1° et 2° s'entendent à périmètre constant.

BIBL. ▶ Savonitto, Les lois de programmation du vingtième alinéa de l'article 34 de la Constitution : une nouveauté à abandonner, *RD publ. 2012. 113.* – Houser, L'adoption des lois de programmation des finances publiques par le Parlement, *RD publ. 2013. 911.*

Sur la portée de ces dispositions V. notes ss. LOPGFP, art. 1er.

Art. 3 **La loi de programmation des finances publiques précise, pour chacune des orientations pluriannuelles qu'elle définit, la période de programmation couverte. Cette période représente une durée minimale de trois années civiles.**

BIBL. ▶ V. L. org. n° 2012-1403 du 17 déc. 2012, art. 2.

[V. références des décisions du Conseil constitutionnel dans le tableau DC]

Le présent art. ne fait pas obstacle à ce que le législateur modifie, au cours de la période de programmation, une LPFP ou en adopte une nouvelle qui s'y substitue. • Cons. const. 13 déc. 2012, n° 2012-658 DC § 14.

Art. 4 La loi de programmation des finances publiques peut comporter des règles relatives à la gestion des finances publiques ne relevant pas du domaine exclusif des lois de finances et des lois de financement de la sécurité sociale ainsi qu'à l'information et au contrôle du Parlement sur cette gestion. Ces règles peuvent en particulier avoir pour objet d'encadrer les dépenses, les recettes et le solde ou le recours à l'endettement de tout ou partie des administrations publiques.

Les dispositions mentionnées au premier alinéa sont présentées de manière distincte des orientations pluriannuelles des finances publiques.

[V. références des décisions du Conseil constitutionnel dans le tableau DC]

1. Si le contenu facultatif prévu au présent art. n'est pas relatif aux « orientations pluriannuelles des finances publiques » et, par suite, ne correspond pas au domaine des LPFP tel que défini par l'al. 21 de l'art. 34 Const., l'al. 22 de cet art. habilite, toutefois, le législateur à préciser et compléter les dispositions de l'al. 21. Le législateur organique pouvait définir des catégories de dispositions susceptibles de figurer tant dans la LPFP que dans une LF, une LFSS ou une autre loi. • Cons. const. 13 déc. 2012, n° 2012-658 DC § 16.

2. Toutefois, seul un domaine facultatif se bornant à des dispositions relatives à la gestion des finances publiques ainsi qu'à des dispositions relatives à l'information et au contrôle du Parlement sur cette gestion peut figurer dans les LPFP ; une disposition ne se rattachant pas à l'un de ces deux champs ne pourra y trouver sa place. • Cons. const. 13 déc. 2012, n° 2012-658 DC § 17.

Art. 5 Un rapport annexé au projet de loi de programmation des finances publiques et donnant lieu à approbation du Parlement présente :

1° Les hypothèses et les méthodes retenues pour établir la programmation ;

2° Pour chacun des exercices de la période de la programmation, les perspectives de recettes, de dépenses, de solde et d'endettement des administrations publiques et de chacun de leurs sous-secteurs, exprimées selon les conventions de la comptabilité nationale ;

3° Pour chacun des exercices de la période de la programmation, l'estimation des dépenses d'assurance vieillesse et l'estimation des dépenses d'allocations familiales ;

4° Pour chacun des exercices de la période de la programmation, les perspectives de recettes, de dépenses et de solde des régimes complémentaires de retraite et de l'assurance chômage, exprimées selon les conventions de la comptabilité nationale ;

5° Les mesures de nature à garantir le respect de la programmation ;

6° Toute autre information utile au contrôle du respect des plafonds et objectifs mentionnés aux 1° et 2° de l'article 2, notamment les principes permettant de comparer les montants que la loi de programmation des finances publiques prévoit avec les montants figurant dans les lois de finances de l'année et les lois de financement de la sécurité sociale de l'année ;

7° Les projections de finances publiques à politiques inchangées, au sens de la directive 2011/85/UE du Conseil, du 8 novembre 2011, sur les exigences applicables aux cadres budgétaires des États membres, et la description des politiques envisagées pour réaliser l'objectif à moyen terme au regard de ces projections ;

8° Le montant et la date d'échéance des engagements financiers significatifs de l'État en cours n'ayant pas d'implication immédiate sur le solde structurel ;

9° Les modalités de calcul de l'effort structurel mentionné à l'article 1er, la répartition de cet effort entre chacun des sous-secteurs des administrations publiques et les éléments permettant d'établir la correspondance entre la notion d'effort structurel et celle de solde structurel ;

10° Les hypothèses de produit intérieur brut potentiel retenues pour la programmation des finances publiques. Le rapport présente et justifie les différences éventuelles par rapport aux estimations de la Commission européenne ;

11° Les hypothèses ayant permis l'estimation des effets de la conjoncture sur les dépenses et les recettes publiques, et notamment les hypothèses d'élasticité à la conjoncture des différentes catégories de prélèvements obligatoires et des dépenses d'indemnisation du chômage. Le rapport présente et justifie les différences éventuelles par rapport aux estimations de la Commission européenne ;

12° Les modalités de calcul du solde structurel annuel mentionné à l'article 1er.

Ce rapport présente également la situation de la France au regard des objectifs stratégiques européens.

Art. 6 La loi de programmation des finances publiques présente de façon sincère les perspectives de dépenses, de recettes, de solde et d'endettement des administrations publiques. Sa sincérité s'apprécie compte tenu des informations disponibles et des prévisions qui peuvent raisonnablement en découler.

[V. références des décisions du Conseil constitutionnel dans le tableau DC]

La sincérité de la LPFP devra être appréciée notamment en prenant en compte l'avis du Haut Conseil des finances publiques rendu sur les prévisions macroéconomiques sur lesquelles repose le projet. • Cons. const. 13 déc. 2012, n° 2012-658 DC § 19 et 52.

Art. 7 La loi de finances de l'année, les lois de finances rectificatives et les lois de financement rectificatives de la sécurité sociale comprennent un article liminaire présentant un tableau de synthèse retraçant, pour l'année sur laquelle elles portent, l'état des prévisions de solde structurel et de solde effectif de l'ensemble des administrations publiques, avec l'indication des calculs permettant d'établir le passage de l'un à l'autre.

Le tableau de synthèse de la loi de finances de l'année indique également les soldes structurels et effectifs de l'ensemble des administrations publiques résultant de l'exécution de la dernière année écoulée et des prévisions d'exécution de l'année en cours.

Il est indiqué, dans l'exposé des motifs du projet de loi de finances de l'année, du projet de loi de finances rectificative ou du projet de loi de financement rectificative de la sécurité sociale, si les hypothèses ayant permis le calcul du solde structurel sont les mêmes que celles ayant permis de le calculer pour cette même année dans le cadre de la loi de programmation des finances publiques.

[V. références des décisions du Conseil constitutionnel dans le tableau DC]

1. Les dispositions du présent art. et de l'art. 8 introduisent dans les LF et certaines LFSS un article liminaire qui ne s'insère dans aucune des parties définies, pour les LF, par l'art. 34 LOFL et, pour les LFSS, par l'art. L.O. 111-3 CSS. Ces art. et l'art. préliminaire ainsi prévu, qui comprennent des dispositions permettant d'assurer une présentation des prévisions et des soldes notamment pour l'État ainsi que pour les régimes obligatoires de base de sécurité sociale, trouvent leur fondement dans l'habilitation conférée à la L. org. par les 18e et 19e al. de l'art. 34 Const. Par ailleurs, elles prévoient également que les dispositions figurant dans cet article liminaire portent sur l'ensemble des administrations publiques. L'ensemble de ces dispositions a pour objet d'assurer l'information du Parlement. • Cons. const. 13 déc. 2012, n° 2012-658 DC § 22.

2. Les dispositions du dernier al. du présent art., qui ont pour objet d'améliorer l'information du Parlement, ne peuvent faire obstacle à l'examen des projets de LFI, des projets de LFR et des LFSSR dans les conditions fixées par les art. 47 et 47-1 Const. Par suite, leur méconnaissance ne saurait donner lieu à l'application de la procédure prévue par le 4e al. de l'art. 39 Const. • Cons. const. 13 déc. 2012, n° 2012-658 DC § 25.

3. Les modifications apportées à l'art. liminaire lors de la première lecture à l'Assemblée nationale n'ont pas eu pour effet d'empêcher les sénateurs de connaître et d'apprécier les hypothèses macroéconomiques sur lesquelles est fondée la loi déférée. • Cons. const. 6 août 2014, n° 2014-699 DC § 5.

Art. 8 La loi de règlement comprend un article liminaire présentant un tableau de synthèse retraçant le solde structurel et le solde effectif de l'ensemble des administrations publiques résultant de l'exécution de l'année à laquelle elle se rapporte. Le cas échéant, l'écart aux soldes prévus par la loi de finances de l'année et par la loi de programmation des finances publiques est indiqué. Il est également indiqué, dans l'exposé des motifs du projet de loi de règlement, si les hypothèses ayant permis le calcul du solde structurel sont les mêmes que celles ayant permis de le calculer pour cette même année dans le cadre de la loi de finances de l'année et dans le cadre de la loi de programmation des finances publiques.

V. notes ss. LOPGFP, art. 7.

Art. 9 I. – Le rapport annexé au projet de loi de finances de l'année mentionné à l'article 50 de la loi organique n° 2001-692 du 1er août 2001 relative aux lois de finances *[V. cet art. ci-dessous]* présente, pour l'année à laquelle il se rapporte et pour l'ensemble des administrations publiques, l'évaluation prévisionnelle de l'effort structurel défini à l'article 1er et du solde effectif, détaillés par sous-secteur des administrations publiques, ainsi que les éléments permettant d'établir la correspondance entre la notion d'effort structurel et celle de solde structurel.

II. — Le rapport annexé au projet de loi de financement de la sécurité sociale mentionné au I de l'article L.O. 111-4 du code de la sécurité sociale *[V. cet art. ci-dessous]* présente, pour l'année à laquelle il se rapporte, l'évaluation prévisionnelle de l'effort structurel, défini à l'article 1er, des régimes obligatoires de base de la sécurité sociale.

CHAPITRE II *Dispositions relatives au dialogue économique et budgétaire avec les institutions européennes*

Art. 10 Lorsque le droit de l'Union européenne institue des procédures de coordination des politiques économiques et budgétaires qui comprennent l'échange et l'examen, à échéances périodiques, de documents produits par le Gouvernement et par les institutions européennes, des débats peuvent être organisés à l'Assemblée nationale et au Sénat aux dates qui permettent la meilleure information du Parlement.

Des débats peuvent être organisés à l'Assemblée nationale et au Sénat sur toutes décisions du Conseil de l'Union européenne adressées à la France dans le cadre des procédures concernant les déficits excessifs sur le fondement de l'article 126 du traité sur le fonctionnement de l'Union européenne.

Les présentes dispositions, relatives au fonctionnement des assemblées, n'ont pas un caractère organique. • Cons. const. 13 déc. 2012, n° 2012-658 DC § 62.

CHAPITRE III *Dispositions relatives au Haut Conseil des finances publiques*

Art. 11 Le Haut Conseil des finances publiques, organisme indépendant, est placé auprès de la Cour des comptes. Il est présidé par le premier président de la Cour des comptes.

Outre son président, le Haut Conseil des finances publiques comprend dix membres :

1° Quatre magistrats de la Cour des comptes en activité à la Cour, désignés par son premier président ; *[Dispositions déclarées non conformes à la Constitution par la décision du Conseil constitutionnel n° 2012-658 DC du 13 décembre 2012.]*

2° Quatre membres nommés, respectivement, par le président de l'Assemblée nationale, le président du Sénat, les présidents des commissions des finances de l'Assemblée nationale et du Sénat en raison de leurs compétences dans le domaine des prévisions macroéconomiques et des finances publiques ; ces membres sont nommés après audition publique conjointe de la commission des finances et de la commission des affaires sociales de l'assemblée concernée. Ils ne peuvent exercer de fonctions publiques électives ;

3° Un membre nommé par le président du Conseil économique, social et environnemental en raison de ses compétences dans le domaine des prévisions macroéconomiques et des finances publiques ; *[Dispositions déclarées non conformes à la Constitution par la décision du Conseil constitutionnel n° 2012-658 DC du 13 décembre 2012.]*

Il ne peut exercer de fonctions publiques électives ;

4° Le directeur général de l'Institut national de la statistique et des études économiques.

L'ensemble des membres nommés au titre du 1° et l'ensemble des membres nommés au titre du 2° comprennent autant de femmes que d'hommes. Un tirage au sort, dont les modalités sont fixées par décret en Conseil d'État, indique si, pour la constitution initiale du Haut Conseil des finances publiques, le membre devant être nommé par chacune des cinq autorités mentionnées aux 2° et 3° est un homme ou une femme. Lors de chaque renouvellement des membres nommés au titre des mêmes 2° et 3°, le membre succédant à une femme est un homme et celui succédant à un homme, une femme. Le remplaçant d'un membre nommé au titre des 1°, 2° ou 3° est de même sexe.

Les membres du Haut Conseil des finances publiques ne sont pas rémunérés.

Les membres du Haut Conseil des finances publiques mentionnés aux 1° à 3° sont nommés pour cinq ans ; le mandat des membres mentionnés au 1° est renouvelable une fois ; le mandat des membres mentionnés aux 2° et 3° n'est pas renouvelable. Lors de leur nomination, les membres mentionnés aux 1° à 4° remettent au premier président de la Cour des comptes une déclaration d'intérêts.

Les membres du Haut Conseil des finances publiques mentionnés aux 1° à 3° sont renouvelés par moitié tous les trente mois.

Par dérogation à la durée de cinq ans prévue au présent article, lors de son installation, le Haut Conseil des finances publiques comprend deux membres mentionnés au 1° dont le mandat est de trente mois renouvelable une fois et deux membres mentionnés aux 2° et 3° dont le mandat est de trente mois non renouvelable. Ces membres sont tirés au sort par le Haut Conseil des finances publiques, selon des modalités fixées par décret en Conseil d'État.

Dans l'exercice de leurs missions, les membres du Haut Conseil des finances publiques ne peuvent solliciter ou recevoir aucune instruction du Gouvernement ou de toute autre personne publique ou privée.

En cas de décès ou de démission d'un membre mentionné aux 1°, 2° ou 3°, de cessation des fonctions d'un membre dans les conditions prévues au dernier alinéa ou, s'agissant d'un magistrat de la Cour des comptes, de cessation de son activité à la Cour, il est pourvu à son remplacement pour la durée du mandat restant à courir. Si cette durée est inférieure à un an, le mandat du nouveau membre est renouvelable une fois.

Il ne peut être mis fin aux fonctions d'un membre du Haut Conseil des finances publiques mentionné aux 1°, 2° ou 3° que par l'autorité l'ayant désigné et après avis conforme émis à la majorité des deux tiers des autres membres constatant qu'une incapacité physique permanente ou qu'un manquement grave à ses obligations empêche la poursuite de son mandat.

Sur les modalités d'organisation des tirages au sort, V. ci-dessous Décr. n° 2013-144 du 18 févr. 2013.

BIBL. ▶ FROMAGE, Le HCFP : quelles conséquences deux ans après sa création ?, *RD publ. 2015. 1107.*

[V. références des décisions du Conseil constitutionnel dans le tableau DC]

1. Le principe de la séparation des pouvoirs fait obstacle à ce que, en l'absence de disposition constitutionnelle le permettant, le pouvoir de nomination par une autorité administrative ou juridictionnelle soit subordonné à l'audition par les assemblées parlementaires des personnes dont la nomination est envisagée. Dès lors, en imposant l'audition, par les commissions des finances et des affaires sociales de l'Assemblée nationale et du Sénat, des magistrats de la Cour des comptes désignés par le Premier président de cette cour ainsi que du membre désigné par le président du Conseil économique, social et environnemental, les dispositions déférées ont méconnu les exigences qui résultent de la séparation des pouvoirs. • *Cons. const.* 13 déc. 2012, n° 2012-658 DC § 39.

2. En prévoyant que les membres du Haut Conseil des finances publiques (HCFP) nommés par le président de l'Assemblée nationale, le président du Sénat ainsi que les présidents des commissions des finances de l'Assemblée nationale et du Sénat « sont nommés après audition publique conjointe de la commission des finances et de la commission des affaires sociales de l'assemblée concernée », le législateur a adopté des dispositions relatives au fonctionnement des assemblées qui n'ont pas un caractère organique. • Cons. const. 13 déc. 2012, n° 2012-658 DC § 40.

3. Les dispositions des al. 2 à 6 du présent art., qui prévoient que sont nommés au HCFP des magistrats de la Cour des comptes en activité à la cour ainsi que des personnes distinguées pour leurs compétences dans le domaine des prévisions macroéconomiques et des finances publiques, et qui interdisent à ces derniers l'exercice de fonctions publiques électives, ont adopté des garanties de compétence et d'indépendance des membres du HCFP. • Cons. const. 13 déc. 2012, n° 2012-658 DC § 41.

4. Sur le fondement de l'art. 1er Const., il était loisible au législateur d'adopter des dispositions ayant pour objet de favoriser la parité au sein du HCFP ; il appartient au pouvoir réglementaire, sous le contrôle du Conseil d'État, de fixer les modalités du tirage au sort de nature à assurer en permanence le respect de cet objectif. Toutefois, ces dispositions n'ont pas un caractère organique dès lors qu'elles ne sont relatives ni à l'indépendance ni à la compétence du HCFP. • Cons. const. 13 déc. 2012, n° 2012-658 DC § 43.

5. Les al. 8 à 14 contiennent des dispositions relatives aux garanties d'indépendance des membres du HCFP qui ont un caractère organique et sont conformes à la Const. • Cons. const. 13 déc. 2012, n° 2012-658 DC § 43.

6. Sur les conditions d'indépendance et le rôle de ces « organismes » tels qu'ils sont définis par le Règl. (UE) n° 473/2013 du 21 mai 2013, V. notes ss. TSCG.

Art. 12 **Lorsqu'il exprime un avis sur l'estimation du produit intérieur brut potentiel sur laquelle repose le projet de loi de programmation des finances publiques, le Haut Conseil des finances publiques le motive, notamment au regard des estimations du Gouvernement et de la Commission européenne.**

Lorsqu'il exprime un avis sur une prévision de croissance, il tient compte des prévisions d'un ensemble d'organismes dont il a établi et rendu publique la liste.

Art. 13 **Le Haut Conseil des finances publiques est saisi par le Gouvernement des prévisions macroéconomiques et de l'estimation du produit intérieur brut potentiel sur lesquelles repose le projet de loi de programmation des finances publiques. Au plus tard une semaine avant que le Conseil d'État soit saisi du projet de loi de programmation des finances publiques, le Gouvernement transmet au Haut Conseil ce projet, ainsi que tout autre élément permettant au Haut Conseil d'apprécier la cohérence de la programmation envisagée au regard de l'objectif à moyen terme retenu et des engagements européens de la France.**

Le Haut Conseil rend un avis sur l'ensemble des éléments mentionnés au premier alinéa. Cet avis est joint au projet de loi de programmation des finances publiques lors de sa transmission au Conseil d'État. Il est joint au projet de loi de programmation des finances publiques déposé au Parlement et rendu public par le Haut Conseil lors de ce dépôt.

1. V. également notes ss. LOPGFP, art. 15.

2. Le HCFP n'a pas été amené (n'étant pas encore créé à cette date) à formuler un avis sur les prévisions de croissance potentielle inscrites dans la loi de programmation et sur lesquelles repose l'estimation du solde conjoncturel et par suite du solde structurel. Il s'interroge néanmoins sur l'ampleur de l'écart de production qui, reposant sur ces prévisions de croissance potentielle, se creuserait jusqu'à 3,5 points de PIB dans le scénario proposé. Dans un contexte de crise financière majeure, la persistance d'un déficit d'activité s'accompagne d'une réduction de l'offre productive à travers, par exemple, des faillites d'entreprises ou des pertes en capital humain. En présence de telles pertes définitives, la chute de la demande entraîne celle de l'offre, si bien que l'écart de production reste faible. Aussi, une grande prudence est requise dans l'évaluation de la composante conjoncturelle du déficit public afin de ne pas sous-estimer le déficit structurel. En cas de surestimation de la composante conjoncturelle, les efforts d'ajustement budgétaire nécessaires pour atteindre l'objectif de moyen terme – soit l'équilibre structurel – s'en trouveraient accrus. * HCFP 20 sept. 2013, *Avis relatif aux PLF et PLFSS pour 2014, point III-1 : n° 2013-03.*

3. ***Méthodologie.*** Le HCFP n'a pas pu bénéficier, comme il était convenu avec les administrations compétentes, de premiers échanges approfondis, dès le mois de juillet. Il n'a été destinataire de premiers éléments d'information sur l'estimation de la croissance potentielle que le 10 sept. 2014 et sur les mesures de gouvernance le 18 sept. La saisine a appelé des précisions complémentaires, en particulier sur la nature des engagements européens de la France. Ces éléments ont été adressés par le Gouvernement les 24 et 25 sept. Alors même qu'il est appelé à se prononcer sur trois textes financiers, le HCFP regrette de n'avoir disposé d'aucune possibilité d'échange substantiel avec les administrations concernées en amont de la saisine et d'avoir dû concentrer son analyse et ses travaux dans le délai minimal d'une semaine prévu par la présente L. org. * HCFP 26 sept. 2014, *Avis relatif aux PLPFP pour les années 2014 à 2019 : avis n° 2014-04, introduction.*

4. ***Scénario de PIB potentiel.*** Le HCFP relève que le Gouvernement a fait, pour le projet de loi de programmation 2014-2019, le choix d'aligner les estimations de PIB potentiel sur celles de la Commission européenne. Il observe que les hypothèses de croissance potentielle sont révisées à la baisse par rapport à celles retenues dans la loi de programmation précédente. Le Haut Conseil souligne la fragilité des évaluations d'écart de production, notamment en raison des incertitudes concernant l'amplitude des pertes définitives de production occasionnées par la crise. Il considère que si l'estimation d'un écart de production de -2,7 % en 2013 se situe au centre de la large fourchette des estimations disponibles, l'hypothèse d'un écart plus faible et donc d'une moindre capacité de rebond de l'économie française ne peut pas être exclue. La prise en compte d'une telle hypothèse se traduirait par un déficit structurel plus dégradé tout au long de la période de programmation et pourrait conduire à des prévisions de croissance plus faibles sur la période 2016-2019. Un tel scénario alternatif gagnerait à être étudié. S'agissant de la croissance potentielle, le Haut Conseil considère que l'estimation de 1,0 % en 2014-2015 et de l'ordre de 1,2 % en moyenne pour les années 2016-2019 constitue une hypothèse acceptable. * HCFP 26 sept. 2014, *Avis relatif aux PLPFP pour les années 2014 à 2019 : avis n° 2014-04, point II.* ♦ Le HCFP relève la forte baisse de l'estimation de l'écart de production (écart entre la production effective et le PIB potentiel) par rapport aux textes financiers des dernières années. La nouvelle estimation se situe dans la partie basse des évaluations des organisations internationales. Le Haut Conseil la juge plus réaliste. Cette révision conduit à rehausser sensiblement les estimations du déficit structurel (- 2,5 points de PIB contre - 1,5 pour 2016). Elle va dans le sens des observations passées du Haut Conseil et révèle la nécessité d'un effort accru pour redresser les finances publiques. Le scénario de croissance potentielle retenu par le Gouvernement se situe dans la moyenne des estimations disponibles. Le Haut Conseil considère qu'il constitue une base raisonnable pour asseoir la programmation des finances publiques à moyen terme. * HCFP 24 sept. 2017, *Avis relatif aux PLPFP pour les années 2018 à 2022 : avis n° 2017-03, point II.*

5. *Scénario macroéconomique.* Le HCFP note qu'avec un calendrier de reprise décalé et des taux de croissance moins élevés, le scénario macroéconomique du Gouvernement pour les années 2016-2017 est plus réaliste que celui présenté en avril dans le programme de stabilité. Le HCFP considère néanmoins que ce scénario continue de reposer sur des hypothèses trop favorables sur l'environnement international et sur l'investissement. * HCFP 26 sept. 2014, *Avis relatif aux PLPFP pour les années 2014 à 2019 : avis n° 2014-04, point III.* ♦ Le scénario macroéconomique du Gouvernement conduit à une fermeture de l'écart de production négatif à l'horizon 2020 puis à un écart de production positif et croissant. Le Haut Conseil estime que sa fermeture totale au cours de la période de projection est vraisemblable en l'absence de nouvelle crise majeure. En revanche, il considère que l'hypothèse d'un écart de production positif en fin de période est plutôt optimiste. Il relève qu'elle conduit à réduire le déficit effectif affiché en fin de période et à présenter une trajectoire de dette publique plus favorable. * HCFP 24 sept. 2017, *Avis relatif aux PLPFP pour les années 2018 à 2022 : avis n° 2017-03, point III.*

6. *Scénario de finances publiques.* Le HCFP constate que la trajectoire de finances publiques du projet de loi de programmation n'est pas cohérente avec les engagements pris par la France, actuellement sous procédure pour déficit public excessif, dans son programme de stabilité d'avr. 2014 : 1. L'ajustement structurel pour chacune des années 2014, 2015 et 2016 est nettement inférieur à ces engagements. 2. En conséquence de ce moindre ajustement et d'une conjoncture moins favorable, le déficit effectif reste supérieur à 4 % du PIB en 2015 et le retour au-deçà de 3 % du PIB est reporté à 2017. 3. L'OMT, qui est revu à la baisse à - 0,4 % du PIB, est de nouveau reporté en fin de période de programmation (2019). De plus, même si cette nouvelle trajectoire est moins ambitieuse que les précédentes, son respect n'est pas acquis. Il suppose d'infléchir fortement et sur toute la période de programmation la croissance de la dépense publique. En l'état des mesures annoncées, le HCFP relève un risque de déviation par rapport à la trajectoire vers l'OMT. * HCFP 26 sept. 2014, *Avis relatif aux PLPFP pour les années 2014 à 2019 : avis n° 2014-04, point IV.* ♦ La trajectoire présentée par le Gouvernement respecte la recommandation faite à la France de ramener son déficit effectif au-dessous de 3 points de PIB en 2017. La France pourrait alors sortir de la procédure de déficit excessif en 2018 et entrer dans le volet préventif du Pacte de stabilité et de croissance. Dans ce cadre, le déficit structurel doit être réduit jusqu'à atteindre l'objectif de moyen terme (fixé à - 0,4 point de PIB par le projet de loi de programmation). A cet égard, le Haut Conseil souligne que la trajectoire envisagée s'écarte des engagements européens de la France en retenant un ajustement structurel annuel inférieur à celui qui est prévu par l'article 5 du règlement européen n° 1466/97. Cela a pour conséquence de repousser l'atteinte de l'objectif de moyen terme (OMT) de solde structurel au-delà de l'horizon de la programmation. Étant donné les réductions de prélèvements obligatoires déjà décidées ou envisagées, la programmation implique le respect d'une trajectoire de dépenses exigeante. Compte tenu du niveau élevé du déficit structurel, le Haut Conseil souligne la nécessité de respecter les objectifs en dépenses, même si les recettes venaient à être meilleures que prévu. * HCFP 24 sept. 2017, *Avis relatif aux PLPFP pour les années 2018 à 2022 : avis n° 2017-03, point IV.*

Art. 14 Le Haut Conseil des finances publiques est saisi par le Gouvernement des prévisions macroéconomiques sur lesquelles reposent le projet de loi de finances de l'année et le projet de loi de financement de la sécurité sociale de l'année. Au plus tard une semaine avant que le Conseil d'État soit saisi du projet de loi de finances de l'année, le Gouvernement transmet au Haut Conseil les éléments du projet de loi de finances de l'année et du projet de loi de financement de la sécurité sociale de l'année

permettant à ce dernier d'apprécier la cohérence de l'article liminaire du projet de loi de finances de l'année au regard des orientations pluriannuelles de solde structurel définies dans la loi de programmation des finances publiques.

Le Haut Conseil rend un avis sur l'ensemble des éléments mentionnés au premier alinéa. Cet avis est joint au projet de loi de finances de l'année lors de sa transmission au Conseil d'État. Il est joint au projet de loi de finances de l'année déposé à l'Assemblée nationale et rendu public par le Haut Conseil lors de ce dépôt.

[V. références des décisions du Conseil constitutionnel dans le tableau DC]

1. V. également notes ss. LOPGFP, art. 15.

2. Méthodologie. Le HCFP a porté une appréciation sur les hypothèses macroéconomiques du Gouvernement pour les années 2013 et 2014. Il s'est fondé sur les dernières statistiques disponibles et sur les informations qui lui ont été communiquées à propos des mesures de politique économique décidées par le Gouvernement à la date de la saisine du Premier ministre. Il a également procédé à une analyse des aléas qui affectent les prévisions. Le Haut Conseil a pris connaissance pour le présent avis des prévisions et des analyses issues d'un ensemble d'organismes : l'INSEE, la Banque de France, la Banque centrale européenne, le FMI et l'OCDE. Il a par ailleurs procédé à l'audition de responsables des banques centrales précitées et d'organismes d'études extérieurs à l'administration (Coe-Rexecode et OFCE). Pour apprécier la cohérence de l'article liminaire avec les orientations pluriannuelles de solde structurel, le Haut Conseil a analysé les prévisions de solde des administrations publiques compte tenu des prévisions économiques du Gouvernement et des éléments qui lui ont été communiqués sur les dispositions des PLF/PLFSS, et les a comparées aux objectifs fixés dans la loi de programmation. * HCFP 20 sept. 2013, *Avis relatif aux PLF et PLFSS pour 2014, point I-2 : n° 2013-03.* ♦ Le HCFP a pris connaissance pour le présent avis des prévisions et des analyses issues d'un ensemble d'institutions et d'organismes : l'INSEE, la Banque de France, l'OCDE, l'OFCE, Coe-Rexecode, l'Organisation mondiale du commerce, la Commission européenne, le FMI. Il a procédé aux auditions des représentants de la Banque de France, de la Commission européenne, de l'OCDE, de l'OFCE et de Coe-Rexecode. Le HCFP n'a pas pu bénéficier, contrairement à l'an passé, de premiers échanges, dès le mois de juill., avec les administrations compétentes. Aucun élément ne lui a été adressé préalablement à la saisine, intervenue le 19 sept. Cette saisine a appelé des questions complémentaires auxquelles le Gouvernement a répondu le 24 sept. Le HCFP n'a pas eu connaissance des articles des PLF et PLFSS pour 2015 ainsi que des évaluations préalables. * HCFP 26 sept. 2014, *Avis relatif aux PLF et PLFSS pour 2015 : avis n° 2014-05, introduction.* ♦ Pour apprécier le réalisme des prévisions macroéconomiques et des éléments de finances publiques associés au PLF et au PLFSS pour 2018, le HCFP a examiné les hypothèses retenues ainsi que les enchaînements économiques attendus jusqu'à l'horizon de la prévision. Il s'est fondé sur les dernières statistiques disponibles et sur les informations qui lui ont été communiquées concernant les mesures de politique économiques décidées par le Gouvernement. * HCFP 24 sept. 2017, *Avis relatif aux PLF et PLFSS pour 2018 : avis n° 2017-04, observations liminaires* * HCFP 19 sept. 2018, *Avis relatif aux PLF et PLFSS pour 2019 : avis n° 2018-03, observations liminaires* * HCFP 23 sept. 2019, *Avis relatif aux PLF et PLFSS pour 2020 : avis n° 2019-03, observations liminaires.*

3. Le HCFP exprime le souhait que la saisine du Premier ministre, qui intervient au plus tard une semaine avant que le Conseil d'État ne soit destinataire du PLF, soit d'emblée accompagnée de l'ensemble des éléments lui permettant d'apprécier de façon complète, non seulement les prévisions macroéconomiques, mais également la cohérence de l'article liminaire avec les orientations pluriannuelles de solde structurel. Il estime nécessaire qu'à l'avenir soit mis au point entre le Haut Conseil et le Gouvernement un protocole qui régisse les échanges d'informations et les modalités de travail. * HCFP 20 sept. 2013, *Avis relatif aux PLF et PLFSS pour 2014, point I-3 : n° 2013-03.*

4. Observations relatives aux prévisions économiques. Le HCFP a pu considérer les prévisions de croissance : « plausibles » même si le scénario macroéconomique présente des éléments de fragilité. * HCFP 20 sept. 2013, *Avis relatif aux PLF et PLFSS pour 2014 : avis n° 2013-03, point II-2.* ♦ ... « Optimistes », le scénario du Gouvernement présentant plusieurs fragilités touchant au dynamisme de l'environnement international et de la demande intérieure. * HCFP 26 sept. 2014, *Avis relatif aux PLF et PLFSS pour 2015 : avis n° 2014-05, point I-2.* ♦ ... « Plausibles » compte tenu des facteurs baissiers qui se sont matérialisés ces derniers mois (atonie persistante du commerce mondial, incertitudes liées au Brexit et au climat politique dans l'Union européenne et dans le monde, conséquences des attentats notamment sur l'activité touristique...). * HCFP 25 sept. 2016, *Avis relatif aux PLF et PLFSS pour 2017 : avis n° 2016-03, point I-3.* ♦ ... « Raisonnables ». * HCFP 24 sept. 2017, *Avis* *relatif aux PLF et PLFSS pour 2018 : avis n° 2017-04, point II-2.*

5. Il utilise parfois une formulation négative estimant que compte tenu de l'accroissement des incertitudes depuis l'été, l'hypothèse d'une croissance de 1,5 % en 2016 ne peut plus être qualifiée de « prudente » même si elle demeure atteignable. * HCFP 25 sept. 2015, *Avis relatif aux PLF et PLFSS pour 2016 : avis n° 2015-03, point I-3.* ♦ Le HCFP estime que cette hypothèse de croissance pour 2017 est optimiste.

6. Il détaille désormais les différents éléments de ces prévisions. Ainsi une croissance de l'ordre de 1,6 % - 1,7 % en 2018 est vraisemblable et la prévision du Gouvernement à 1,7 % est donc crédible, les prévisions d'emploi et de masse salariale pour 2018 sont cohérentes avec les informations disponibles jusqu'à l'été et sont donc plausibles pour 2019 et les prévisions d'inflation retenues pour 2018 et 2019 sont raisonnables. * HCFP 19 sept. 2018, *Avis relatif aux PLF et PLFSS pour 2019 : avis n° 2018-03, point II-2.* ♦ La prévision de croissance du Gouvernement est atteignable pour 2019 et plausible pour 2020. Il souligne que cette prévision ne prend pas en compte l'éventualité d'un Brexit sans accord et ses conséquences sur la croissance française. Il considère que les prévisions d'inflation retenues par le Gouvernement pour 2019 et 2020 sont raisonnables et les prévisions d'emploi et de masse salariale pour 2019 sont cohérentes avec les informations disponibles. Elles sont raisonnables pour 2020. *HCFP 23 sept. 2019, *Avis relatif aux PLF et PLFSS pour 2020 : avis n° 2019-03, point II-2.*

7. Rôle du HCFP compte tenu de la notion de « cohérence ». Aux termes du présent art., le HCFP doit se prononcer sur la cohérence de la trajectoire de solde structurel retenue dans le PLF avec celle de la loi de programmation en vigueur. * HCFP 23 sept. 2019, *Avis relatif aux PLF et PLFSS pour 2020 : avis n° 2019-03, point III-2.*

8. La notion de « cohérence » est difficile à appréhender. La mission du HCFP ne peut se limiter à une simple vérification de la concordance des chiffres entre le tableau présenté à l'article liminaire et celui arrêté dans la LPFP. Il *ne peut s'agir non plus d'un examen* « ligne à ligne », en recettes et en dépenses, du PLF et du PLFSS. Il doit analyser les prévisions de solde des administrations publiques au vu des prévisions macroéconomiques du Gouvernement et des éléments qui lui ont été communiqués sur les principales dispositions des PLF/PLFSS, et les comparer aux objectifs fixés dans la LPFP. Audelà du respect formel de la trajectoire, il lui revient donc d'apprécier le degré de robustesse et les éventuels éléments de fragilité du scénario de finances publiques et en particulier de la trajectoire du solde structurel, compte tenu des informations dont il dispose. Ensuite, la trajectoire de référence utilisée pour examiner la cohérence de l'article liminaire doit être remise en perspective. Les dispositions de la LOPGFP invitent à identifier les écarts avec les orientations pluriannuelles de solde structurel arrêtées dans la dernière LPFP promulguée. Or, depuis l'adoption de cette dernière, le contexte a pu toutefois évoluer. Il faut en tenir compte et donc ne pas se livrer à une analyse statique des données fournies. * Audition du 9 oct. 2013 devant la Commission des finances du Sénat de M. Migaud.

9. Observations relatives à la cohérence avec les orientations pluriannuelles de solde structurel. S'agissant de la cohérence avec les orientations pluriannuelles de solde structurel, le HCFP a pu souligner : que le solde structurel prévu par le PLF s'écarte sensiblement des orientations pluriannuelles définies dans la LPFP. * HCFP 20 sept. 2013, *Avis relatif aux PLF et PLFSS pour 2014 : avis n° 2013-03, point III-2.* ♦ ... Que la réduction du déficit structurel pourrait être moins rapide que prévu en raison des risques de surestimation des recettes et de la fragilité des hypothèses en matière de dépenses. L'estimation de solde structurel pour 2014 apparaît donc optimiste. * HCFP 20 sept. 2013, *Avis relatif aux PLF et PLFSS pour 2014 : avis n° 2013-03, point III-3.* ♦ ... Que, sur la base des informations dont il dispose, il considère comme incertain le retour en 2017 du déficit nominal sous le seuil de 3 points du PIB. * HCFP 24 sept. 2015, *Avis relatif aux PLF et PLFSS pour 2017 : avis n° 2016-03, point II.* ♦ ... Que les prévisions de solde structurel associées au PLF pour 2019 ne font pas apparaître d'écart important par rapport à la trajectoire de la loi de programmation pour les années 2018 à 2022. * HCFP 19 sept. 2018, *Avis relatif aux PLF et PLFSS pour 2019 : avis n° 2018-03, point III-2.* ♦ En 2020, le déficit structurel serait encore de 2,2 points de PIB, contre 1,6 point dans la LPFP. Le Haut Conseil relève en conséquence que le Gouvernement présente un article liminaire du projet de loi de finances qui s'écarte fortement de la trajectoire de la LPFP en vigueur. Un tel choix pose un problème de cohérence entre le PLF 2020 et la LPFP et affaiblit la portée de l'exercice de programmation pluriannuelle en matière de finances publiques. * HCFP 23 sept. 2019, *Avis relatif aux PLF et PLFSS pour 2020 : avis n° 2019-03, point III-2.*

10. Le HCFP peut également indiquer les conséquences de son analyse. Par rapport à la trajectoire définie dans la LPFP de janvier 2018, l'écart de solde structurel prévu s'enlèverait respectivement à - 0,1 point en 2018 et - 0,3 point en 2019. Le HCFP signale qu'un tel écart est très proche du seuil de déclenchement du mécanisme de correction prévu à l'art. 23 de la présente LO (- 0,25 point en moyenne sur deux ans). * HCFP 23 sept. 2019, *Avis relatif aux PLF et PLFSS pour 2020 : avis n° 2019-03, point III-2.*

11. Évidemment, en raison du dépôt simultané du PLF et d'un nouveau PLPFP pour les années qui modifie la trajectoire pluriannuelle, les prévisions de solde structurel retracées dans l'article liminaire du PLF sont, par construction, identiques aux nouvelles orientations pluriannuelles. * HCFP 26 sept. 2014, *Avis relatif aux PLF et PLFSS pour 2015 : avis n° 2014-05, point II-2.* * HCFP 24 sept. 2017, *Avis relatif aux PLF et PLFSS pour 2018 : avis n° 2017-04, point III-2 b.* ♦ ... Alors que, par rapport à la LPFP antérieure l'écart à la trajectoire continuerait de se creuser. * HCFP 26 sept. 2014, *Avis relatif aux PLF et PLFSS pour 2015 : avis n° 2014-05, point II-2.*

12. Il en va de même lorsque le Gouvernement révise à la hausse son estimation de la croissance potentielle. Même si la L. org. ouvre cette possibilité, le HCFP réitère sa réserve de principe, déjà formulée en avril, sur cette révision des hypothèses de croissance potentielle de la loi de programmation. Une révision en dehors de ce cadre ne permet pas de suivre convenablement l'évolution de la composante structurelle du déficit et nuit à la lisibilité de la politique budgétaire. * HCFP 25 sept. 2015, *Avis relatif aux PLF et PLFSS pour 2016 : avis n° 2015-03, point II-1.* ♦ Cependant, pour le Cons. const., même si le HCFP a relevé dans son avis qu'une révision des hypothèses de croissance potentielle en dehors du cadre de la loi de programmation des finances publiques « ne permet pas de suivre convenablement l'évolution de la composante structurelle du déficit et nuit à la lisibilité de la politique budgétaire », une telle révision ne méconnaît aucune exigence constitutionnelle. • Cons. const. 29 déc. 2015, n° 2015-725 DC § 6.

13. Observations relatives à la conformité des ajustements avec les règles du pacte de stabilité. La cohérence par rapport à la trajectoire de programmation peut néanmoins faire apparaitre des distorsions par rapport aux engagement européens dès lors que la loi de programmation s'écarte elle-même de ces engagements. Ainsi, les ajustements structurels prévus pour 2018 (0,1 point de PIB) et 2019 (0,3 point de PIB), qui seront soumis à l'appréciation de la Commission, ne sont pas conformes aux règles du « bras préventif » du Pacte de stabilité. Dans son avis relatif à la loi de programmation de janvier 2018, le HCFP avait déjà relevé que la trajectoire de finances publiques définie par cette loi s'écartait des engagements européens de la France. * HCFP 19 sept. 2018, *Avis relatif aux PLF et PLFSS pour 2019 : avis n° 2018-03, point III-2.*

14. Contrôle de la sincérité. Sur la jurisprudence du Cons. const., V. ss. LOLF, art. 32.

15. Si le HCFP a estimé que le choix de définir une nouvelle trajectoire de solde structurel fait peser un risque « sur la trajectoire de la dette publique qui continuera à augmenter », il ne ressort ni de cet avis du HCFP ni des autres éléments soumis au Cons. const. que les prévisions relatives à la charge de la dette de l'État pour l'année 2015 soient entachées d'une intention de fausser les grandes lignes de l'équilibre de la loi déférée. • Cons. const. 29 déc. 2014, n° 2014-707 DC § 7.

16. Il en va de même lorsque le HCFP considère que les hypothèses retenues peuvent être regardées comme optimistes, particulièrement en ce qui concerne le déficit pour N + 1 ; en effet, le Conseil constitutionnel se fonde également sur d'autres éléments et notamment des prévisions de croissance du produit intérieur brut établies par différentes institutions telles que la Commission européenne, la Banque de France, le FMI et l'OCDE. • Cons. const. 29 déc. 2016, n° 2016-743 DC § 3 et 6.

Art. 15 Lorsque le Gouvernement prévoit de déposer à l'Assemblée nationale un projet de loi de finances rectificative ou un projet de loi de financement rectificative de la sécurité sociale, il informe sans délai le Haut Conseil des finances publiques des prévisions macroéconomiques qu'il retient pour l'élaboration de ce projet. Le Gouvernement transmet au Haut Conseil les éléments permettant à ce dernier d'apprécier la cohérence du projet de loi de finances rectificative ou du projet de loi de financement rectificative de la sécurité sociale, notamment de son article liminaire, au regard des orientations pluriannuelles de solde structurel définies dans la loi de programmation des finances publiques. *[Dispositions déclarées non conformes à la Constitution par la décision du Conseil constitutionnel n° 2012-658 DC du 13 décembre 2012.]*

[V. références des décisions du Conseil constitutionnel dans le tableau DC]

1. Généralités (tous projets de LF, LFR et LFSS). Si, par application de l'art. 39 Const., le Conseil des ministres délibère sur les projets de loi et s'il lui est possible d'en modifier le contenu, c'est, comme l'a voulu le constituant, à la condition d'être éclairé par l'avis du Conseil d'État ; par suite, l'ensemble des questions posées par le texte adopté par le Conseil des ministres doit avoir été soumis au Conseil d'État lors de sa consultation. • Cons. const. 13 déc. 2012, n° 2012-658 DC § 51. ♦ V. déjà. • Cons. const. 3 avr. 2003, n° 2003-468 DC § 7.

2. Dès lors, doivent ainsi obligatoirement être

joints au projet et donc intervenir avant la saisine du Conseil d'État les avis du HCFP portant sur les LPFP, LF, LFSS et lois de règlement. • Cons. const. 13 déc. 2012, n° 2012-658 DC § 52.

3. La sincérité de la loi de programmation des finances publiques devra s'apprécier notamment en prenant en compte l'avis du HCFP ; il en ira de même de l'appréciation de la sincérité des LF et des LFSS. • Cons. const. 13 déc. 2012, n° 2012-658 DC § 52 • Cons. const. 19 déc. 2013, n° 2013-682 DC § 4 et 5. ♦ Par suite, l'art. 39 Const. impose que cet avis sur le LPFP, le projet de LFI et le projet de LFSSI soit rendu avant que le Conseil d'État ne rende son avis ; en prévoyant que l'avis sera joint au projet de loi lors de la saisine du Conseil d'État, les dispositions des art. 13 et 14 de la présente L. org. n'ont pas méconnu ces exigences. • Cons. const. 13 déc. 2012, n° 2012-658 DC § 52. ♦ En revanche, en permettant que l'avis du HCFP ne soit rendu qu'avant l'adoption en première lecture par l'Assemblée nationale du projet de LFR ou du projet de LFSSR, le législateur organique a méconnu ces exigences. • Cons. const. 13 déc. 2012, n° 2012-658 DC § 53.

4. Toutefois, s'agissant des avis du HCFP, si, par suite des circonstances, ils venaient à être rendus postérieurement à l'avis du Conseil d'État, le Conseil apprécierait, le cas échéant, le respect des dispositions de la présente L. org. au regard des exigences de la continuité de la vie de la Nation. • Cons. const. 13 déc. 2012, n° 2012-658 DC § 54.

5. Méthodologie... Hypothèse générale. Le HCFP a procédé à l'audition des responsables des administrations compétentes. Il s'est appuyé sur les dernières informations conjoncturelles et statistiques disponibles depuis le précédent avis ainsi que sur les prévisions du FMI et de l'INSEE rendues publiques récemment et a pris connaissance des prévisions les plus récentes de la Commission européenne. * HCFP 5 nov. 2013, *Avis relatif au PLFR pour 2013 : n° 2013-04*.

6. Le HCFP exprime le souhait que, comme pour le PLF (V. LOPGFP, art. 14, note 3), la saisine du Premier ministre concernant le PLFR *soit d'emblée accompagnée* de l'ensemble des éléments lui permettant d'apprécier de façon complète, non seulement les prévisions macroéconomiques, mais également la cohérence du PLFR avec les orientations pluriannuelles de solde structurel (notamment la situation mensuelle du budget de l'État la plus récente et les principaux articles du PLFR). * HCFP 5 nov. 2013, *Avis relatif au PLFR pour 2013 : n° 2013-04* * HCFP 5 juin 2014, *Avis relatif aux PLFR et PLFSSR pour 2014 : n° 2014-03*. ♦ Les éléments figurant dans la saisine et les compléments apportés lors de l'audition ayant été jugés incomplets par le HCFP sur les ouvertures et les annulations de crédits du PLFR, le président du HCFP a adressé une lettre au ministre des finances et des comptes publics pour demander que ces compléments d'information soient fournis au HCFP avant que celui-ci ne délibère. * HCFP 6 nov. 2015, *Avis relatif aux PLFR pour 2015*, n° 2015-04.

7. ... Circonstances exceptionnelles. La lettre de saisine sollicitait une remise de l'avis le jour même. Le Haut Conseil a considéré que, compte tenu de la situation exceptionnelle dans laquelle se trouve le pays du fait de l'épidémie de coronavirus covid-19, il se devait de répondre dans le délai demandé. Ce délai inhabituel ne lui a pas permis de procéder aux auditions des administrations et d'organismes extérieurs. Au-delà même de ces circonstances, l'exercice est rendu exceptionnellement difficile par le degré d'incertitude sans précédent qui caractérise la situation sanitaire, son évolution et ses impacts sociaux et économiques et par l'absence de toute référence historique pertinente pour guider l'analyse et de prévision émanant d'organismes privés ou publics incorporant les décisions, notamment de confinement, prises en France et dans la plupart de ses partenaires. Le présent avis ne peut dans ces conditions que faire état de premiers éléments d'analyse portant sur la prévision de croissance et le cadrage économique et financier du PLFR. C'est dans ses prochains avis que le HCFP sera amené à préciser son diagnostic sur le scénario macroéconomique et les prévisions de finances publiques incorporant l'impact de l'épidémie de coronavirus et les mesures de politique publique prises pour en atténuer l'impact économique. * HCFP 17 mars 2020, *Avis relatif au premier PLFR pour 2020*, avis n° 2020-1, obs. liminaires.

8. Le HCFP peut être saisi conjointement sur le PLFR et sur le programme de stabilité. * HCFP 17 mars 2020, *Avis relatif aux prévisions macroéconomiques associées au programme de stabilité pour l'année 2020 et au deuxième PLFR pour 2020*, avis n° 2020-2, obs. liminaires.

9. Le HCFP a été saisi par le Gouvernement le 9 avr. 2020, en application du présent art., de l'article liminaire du deuxième PLFR pour 2020 (...). Le Gouvernement a adressé au HCFP une première saisine rectificative le 10 avr., pour tenir compte de l'ajout au PLFR de plusieurs mesures nouvelles et de leurs conséquences sur les trajectoires de dépenses, de déficit et de dette publics. Suite aux décisions annoncées par le président de la République dans la soirée du 13 avr., le Gouvernement a adressé au HCFP une seconde saisine rectificative le 14 avr. pour tenir notamment compte du prolongement du confinement jusqu'au 11 mai et de son impact sur la prévision macroéconomique et de finances publiques. Les travaux du HCFP ont été affectés par les contraintes inhérentes à la période : brièveté des délais, importance des saisines rectificatives en cours d'examen liées au caractère évolutif des informations disponibles. * HCFP 17 mars 2020, *Avis relatif aux prévisions macroéconomiques associées au programme de stabilité pour l'année 2020 et au deuxième PLFR pour 2020*, avis n° 2020-2, obs. liminaires.

10. Comme le HCFP l'avait relevé dans son avis sur le premier PLFR pour 2020, la crise sanitaire actuelle se traduit par des incertitudes d'ampleur inédite qui rendent difficile tout exercice de prévision économique et par des chocs qui appellent des réponses budgétaires d'une portée inhabituelle. * HCFP17 mars 2020, *Avis relatif aux prévisions macroéconomiques associées au programme de stabilité pour l'année 2020 et au deuxième PLFR pour 2020*, avis n° 2020-2, obs. liminaires * HCFP 8 juin 2020, *Avis relatif au troisième PLFR pour 2020*, avis n° 2020-4, obs. liminaires.

11. Ainsi, le Gouvernement a été conduit, dans le cadre du deuxième projet de loi de finances rectificative soumis à l'avis du HCFP moins d'un mois après le précédent, à réviser substantiellement le scénario macroéconomique (avec une baisse du PIB pour 2020 passée de 1 % à 8 %) et à nettement relever sa prévision de déficit public (de 3,9 à 9 points de PIB). Le HCFP relève par ailleurs que ce 2e PLFR pour 2020 n'a pas entendu procéder à une reprogrammation d'ensemble des recettes et des dépenses des administrations publiques suite à la crise sanitaire. Le deuxième projet de loi de finances rectificative ne marque donc pas la fin du processus d'ajustement progressif des lois financières. * HCFP 17 mars 2020, *Avis relatif aux prévisions macroéconomiques associées au programme de stabilité pour l'année 2020 et au deuxième PLFR pour 2020*, avis n° 2020-2, obs. liminaires. ♦ Le troisième PLFR ne procède pas à un réexamen intégral des dépenses et des recettes des administrations publiques et il ne marque vraisemblablement pas la fin du processus d'ajustement aux conséquences économiques de la crise sanitaire. Le Haut Conseil note que le Gouvernement n'a, par ailleurs, pas présenté de projet de loi de financement rectificative de la sécurité sociale, malgré le surcroît prévu de dépenses de santé et la dégradation considérable de la situation financière de la sécurité sociale. * HCFP 8 juin 2020, *Avis relatif au troisième PLFR pour 2020*, avis n° 2020-4, obs. liminaires.

12. Observations relatives aux prévisions économiques. Le HCFP a pu considérer les prévisions de croissance du Gouvernement comme plausibles, les informations conjoncturelles et statistiques rendues disponibles confortant le caractère réaliste de la prévision. * HCFP 5 nov. 2013, *Avis relatif au PLFR pour 2013 : n° 2013-04, point I.* ♦ ... L'atteinte de l'objectif de croissance comme moins probable du fait d'une croissance nulle au 1er trimestre. * HCFP 5 juin 2014, *Avis relatif aux PLFR et PLFSSR pour 2014 : n° 2014-03, point I.* ♦ ... Les prévisions du PLFR comme prudentes et réalistes. * HCFP 6 nov. 2015, *Avis relatif aux PLFR pour 2015*, n° 2015-04, point I. ♦ ... La prévision de croissance du Gouvernement se situe encore dans le haut de la fourchette des prévisions disponibles. Toutefois, il considère qu'elle est atteignable. * HCFP 14 nov. 2016, *Avis relatif au PLFR pour 2015 : avis n° 2016-04, pt I-A.* ♦ ... Même si cela suppose toutefois, compte tenu de l'estimation de croissance du 3e trimestre (+ 0,3 %) publiée par l'Insee le 30 oct., une accélération de l'activité au 4e trimestre (croissance d'au moins 0,5 %) * HCFP 30 oct. 2019, *Avis relatif au PLFR et PLFSSR pour 2019*, avis n° 2019-04, point 1. ♦ ... Les nouvelles informations disponibles depuis son avis de septembre sur le PLF 2018 confirment le caractère prudent des prévisions de croissance. * HCFP 10 nov. 2017, *Avis relatif au second PLFR pour 2017 : avis n° 2017-06 point I-3.*

13. S'agissant du premier PLFR pour 2017 destiné à tirer les conséquences financières de l'invalidation par le Conseil constitutionnel, le 6 oct. dernier, de la contribution additionnelle à l'impôt sur les sociétés de 3 % sur les dividendes distribués, le HCFP relève que le chiffrage du dispositif proposé présente quelques incertitudes et que l'appréciation qu'il lui est demandé de porter dans le cadre de ce PLFR a, de ce fait, un caractère très formel. Certaines informations devenues disponibles depuis la présentation du PLF 2018 sont susceptibles de conduire à des révisions significatives des prévisions de finances publiques pour 2017. Cette absence d'actualisation ne met pas le HCFP en situation de porter une appréciation d'ensemble sur le cadre macroéconomique et la prévision de finances publiques associées à ce PLFR. Elle ne permet pas, en outre, de situer le dispositif proposé dans un cadre économique et financier actualisé afin d'en apprécier pleinement les conséquences. * HCFP 30 oct. 2017, *Avis relatif au premier PLFR pour 2017 : avis n° 2017-05.*

14. Le HCFP souligne que le contexte d'incertitude exceptionnellement élevée résultant de la crise sanitaire affecte toute prévision macroéconomique d'une grande fragilité. Il note que le scénario du Gouvernement présenté dans ce PLFR repose sur deux hypothèses fortes, celle d'un confinement limité à un mois et celle d'un retour rapide à la normale de la demande française comme étrangère, qui ne sont pas acquis, si bien que la dégradation du cadre macroéconomique pourrait être plus marquée que prévu par le PLFR pour 2020. * HCFP

17 mars 2020, *Avis relatif au premier PLFR pour 2020, avis n° 2020-1, point I.* ♦ L'incertitude exceptionnellement élevée résultant de la crise sanitaire entraînée par l'épidémie de covid-19 affecte toutes les prévisions macroéconomiques et oblige à les réviser fréquemment. Le HCFP note que l'hypothèse de l'impact sur le PIB des mesures de restriction des déplacements et de l'activité (– 3 points de PIB par mois) retenue par le Gouvernement est cohérente avec les estimations récentes portant sur le premier mois de confinement et que le scénario présenté est construit sur une durée de confinement de huit semaines. Le HCFP constate que ce scénario économique repose sur l'hypothèse forte d'un retour assez rapide à la normale de l'activité, au-delà du 11 mai. Il suppose en particulier que les mesures de politique économique prises pour faire face à la crise permettront de préserver l'appareil productif et que la demande, tant intérieure qu'estrangère, ne portera pas de séquelles durables de la crise. Au total, le HCFP relève que, si cette hypothèse forte ne se réalisait pas, la chute d'activité pourrait se révéler supérieure encore à celle de - 8 % en 2020 prévue par le Gouvernement. * HCFP 17 mars 2020, *Avis relatif aux prévisions macroéconomiques associées au programme de stabilité pour l'année 2020 et au deuxième PLFR pour 2020*, avis n° 2020-2, point I. ♦ Le HCFP note que le scenario du Gouvernement ne suppose plus, contrairement à celui présenté dans le précédent PLFR, un retour rapide à la normale de l'activité, mais prévoit que l'activité restera au second semestre nettement en dessous de son niveau de la fin 2019. En conséquence, il considère prudente la prévision du Gouvernement d'un recul de l'activité de 11 % en 2020. Une poursuite de l'évolution favorable du contexte sanitaire et une utilisation plus forte au second semestre que retenu dans les hypothèses du Gouvernement de l'épargne contrainte accumulée par les ménages pourraient conduire à une récession moins marquée. Le HCFP estime que l'emploi pourrait être un peu plus élevé que prévu par le Gouvernement, mais l'inflation, à l'inverse, un peu plus basse. * HCFP 8 juin 2020, *Avis relatif au troisième PLFR pour 2020*, avis n° 2020-4, point I.

15. Observations relatives aux finances publiques. Sur la base des éléments dont il dispose à ce jour, le HCFP considère que les prévisions de dépenses, de recettes et de solde des administrations publiques sont plausibles, tout en restant affectées des incertitudes qui caractérisent la prévision à ce stade de l'année. Il constate que l'écart entre le solde structurel prévu et celui de la LPFP atteindrait en 2013 1 point de PIB. Si cette prévision se réalise, il sera amené à constater au printemps 2014 un « écart important » par rapport aux orientations pluriannuelles de la LPFP, conduisant à la mise en œuvre du mécanisme de correction. * HCFP 5 nov. 2013, *Avis relatif au PLFR pour 2013 : n° 2013-04, point III.* ♦ ... Que les aléas baissiers qui affectent la prévision de croissance se sont accrus depuis la présentation du programme de stabilité au mois d'avril. Il relève enfin que, tout en reposant désormais sur des hypothèses de finances publiques plus réalistes qu'au stade du projet de loi de finances, le déficit structurel pour 2014 risque néanmoins d'être supérieur à la prévision de 2,3 % du PIB. * HCFP 5 juin 2014, *Avis relatif aux PLFR et PLFSSR pour 2014 : n° 2014-03, point III.* ♦ Compte tenu des informations dont il dispose, le HCFP considère que la prévision de déficit public, soit une réduction modeste par rapport à celui de 2014, est vraisemblable mais que le respect de l'objectif d'équilibre structurel est encore lointain. * HCFP 6 nov. 2015, *Avis relatif aux PLFR pour 2015*, n° 2015-04, pt II. ♦ ... Que l'hypothèse de croissance inchangée retenue par le Gouvernement pour 2017 (1,5 %) reste au-dessus des prévisions du « Consensus Forecasts » et de celles des organisations internationales. * HCFP 14 nov. 2016, *Avis relatif au PLFR pour 2016*, avis n° 2016-04, pt II. ♦ ... Que la prévision de déficit public est plausible mais qu'une réduction significative du déficit est donc encore nécessaire pour engager une diminution durable du ratio de la dette publique au PIB. * HCFP 10 nov. 2017, *Avis relatif au second PLFR pour 2017*, avis n° 2017-06 point II-3. ♦ ... Que les recettes fiscales pourraient être un peu plus élevées que prévu par le Gouvernement. Le HCFP note à l'inverse l'existence d'un risque de dépassement portant sur les dépenses des collectivités locales, principalement d'investissement. Il estime au total que les prévisions de recettes, de dépenses et de solde pour 2019 de l'ensemble des administrations publiques sont plausibles au regard des informations portées à sa connaissance. * HCFP 30 oct. 2019, *Avis relatif au PLFR et PLFSSR pour 2019*, avis n° 2019-04, point 2.

16. Le HCFP souligne que les fortes incertitudes qui portent sur les prévisions macroéconomiques affectent le scénario de finances publiques présenté dans le 2e PLFR, notamment s'agissant des recettes fiscales et sociales. Des risques significatifs pèsent également sur le montant des dépenses, résultant en particulier des dispositifs nouveaux mis en place ou de ceux qui pourraient être prochainement décidés pour faire face à la crise. Dès lors, le déficit public pourrait être plus dégradé que prévu par le 2e PLFR (- 9 points de PIB). Le HCFP note que le déficit structurel pour 2020, tel qu'estimé par le Gouvernement, serait identique à celui de 2019. La signification qui s'attache à cette évaluation dans le contexte actuel est néanmoins très limitée. L'évaluation du déficit structurel pourrait être remise en cause par la suite si certaines des dépenses liées à la crise sanitaire entaient pérennisées et si l'évaluation du PIB potentiel devait être revue à la baisse. Le HCFP relève qu'après une hausse quasi ininterrompue entre 2008 et 2019, le ratio de dette, qui atteignait 98 points de PIB en 2019, augmenterait fortement en 2020 pour atteindre 115 points de PIB. * HCFP 17 mars 2020, *Avis relatif aux prévisions macroéconomiques associées au programme de stabilité pour l'année 2020 et au deuxième PLFR pour 2020*, avis n° 2020-2, point II.

17. Rôle du HCFP compte tenu de la notion de « cohérence ». Comme il le fait pour le PLF, le HCFP se prononce sur la cohérence de la trajectoire de solde structurel retenue dans le PLFR avec celle de la loi de programmation en vigueur et constater que la trajectoire de solde structurel s'éloigne de façon croissante de celle de la LPFP. Il observe que l'écart moyen de solde structurel par rapport à la LPFP prévu sur les années 2018 et 2019 (- 0,2 point de PIB) est proche du seuil de déclenchement du mécanisme de correction prévu à l'article 23 de la loi organique de 2012 (- 0,25 point en moyenne sur deux ans). * HCFP 30 oct. 2019, *Avis relatif au PLFR et PLFSSR pour 2019*, avis n° 2019-04, point 3. ♦ Le HCFP avait constaté dans son avis sur le PLF pour 2020 que la trajectoire de finances publiques présentée s'écartait nettement de celle présentée dans la LPFP de janvier 2018. Le PLFR pour 2020 fait l'hypothèse que toutes les mesures en recettes et en dépenses n'ont qu'un impact temporaire et n'affectent donc pas le solde structurel. Le HCFP estime que cette hypothèse devra être réexaminée lors des prochains avis qu'il sera amené à formuler. * HCFP 17 mars 2020, *Avis relatif au premier PLFR pour 2020*, avis n° 2020-1, point III.

18. Contrôle de la sincérité. Sur la jurisprudence du Cons. const., V. ss. LOLF, art. 32.

Art. 16 **Lorsque, au cours de l'examen par le Parlement d'un projet de loi de programmation des finances publiques, d'un projet de loi de finances ou d'un projet de loi de financement de la sécurité sociale, le Gouvernement entend réviser les prévisions macroéconomiques sur lesquelles reposait initialement son projet, il informe sans délai le Haut Conseil des finances publiques du nouvel état de ses prévisions. Avant l'adoption définitive de la loi de programmation des finances publiques, de la loi de finances ou de la loi de financement de la sécurité sociale, le Haut Conseil rend un avis public sur ces prévisions.**

Art. 17 **Le Haut Conseil des finances publiques est saisi par le Gouvernement des prévisions macroéconomiques sur lesquelles repose le projet de programme de stabilité établi au titre de la coordination des politiques économiques des États membres de l'Union européenne. Il rend public son avis au moins deux semaines avant la date limite de transmission du programme de stabilité au Conseil de l'Union européenne et à la Commission européenne. Il est joint au programme de stabilité lors de cette transmission.**

[V. références des décisions du Conseil constitutionnel dans le tableau DC]

1. Les présentes dispositions, qui ne sont pas relatives aux LPFP, aux LF ou aux LFSS n'ont pas un caractère organique. • Cons. const. 13 déc. 2012, n° 2012-658 DC § 56.

2. Méthodologie. Saisi, dans le cadre du présent art., des seules prévisions macroéconomiques sur lesquelles repose le projet de programme de stabilité, l'avis du HCFP ne porte donc pas sur le scénario de finances publiques lui-même. Toutefois, pour apprécier le réalisme du scénario macroéconomique présenté, le HCFP doit tenir compte des éléments relatifs à la trajectoire de finances publiques (évolution prévisible des différentes catégories de dépenses et de recettes publiques). * HCFP 15 avr. 2013, *Prévisions macroéconomiques associées au projet de programme de stabilité pour les années 2013 à 2017 : avis n° 2013-01, point I-1.* ♦ Cet avertissement est répété, dans des termes voisins chaque année. V. par ex. * HCFP 13 avr. 2015, *Prévisions macroéconomiques associées au projet de programme de stabilité pour les années 2015 à 2018*, avis n° 2015-01, Introduction, point 1.

3. Pour apprécier le réalisme des prévisions macroéconomiques associées au projet de programme de stabilité, le HCFP a examiné les hypothèses sous-jacentes ainsi que les enchaînements statistiques disponibles et les informations qui lui ont été communiquées concernant les mesures de politique économique décidées par le gouvernement à la date de publication du présent avis. Il a également effectué une analyse des risques qui entourent les prévisions. Le HCFP s'est appuyé pour le présent avis sur les prévisions produites par un ensemble d'organismes dont il a établi la liste. Celle-ci comprend la Commission européenne, l'OCDE, l'INSEE et la Banque de France. Il a par ailleurs procédé, comme le permet l'art. 18 de la présente L.O., à des auditions d'organismes extérieurs à l'administration (Banque de France, OCDE et OFCE). * HCFP 15 avr. 2013, *Prévisions macroéconomiques associées au projet de pro-*

gramme de stabilité pour les années 2013 à 2017 : avis n° 2013-01, point I-4. ♦ Cet avertissement est répété, dans des termes voisins, chaque année. V. par ex. * HCFP 13 avr. 2015, *Prévisions macroéconomiques associées au projet de programme de stabilité pour les années 2015 à 2018*, avis n° 2015-01, Introduction, point 3.

4. Le HCFP peut être saisi conjointement sur le programme de stabilité et sur le PLFR.* HCFP 17 mars 2020, *Avis relatif aux prévisions macroéconomiques associées au programme de stabilité pour l'année 2020 et au deuxième PLFR pour 2020*, avis n° 2020-2, obs. liminaires. ♦ V. notes ss. l'art. 15.

5. Observations sur l'articulation d'ensemble du scénario du Gouvernement. Dans le cadre du programme de stabilité pour les années 2014 à 2017, le scénario du Gouvernement suppose un enchaînement favorable où l'effet de la confiance restaurée permettrait de traduire rapidement les baisses des prélèvements en emplois, en revenus pour les ménages et en investissements des entreprises et, en conséquence, de limiter les effets sur l'activité d'une maîtrise renforcée des dépenses publiques. Il existe un risque que les effets positifs sur l'emploi et les salaires de la politique d'offre n'atténuent pas les effets négatifs sur l'activité de la consolidation budgétaire à la hauteur et au rythme de ce qui est prévu par le Gouvernement. * HCFP 22 avr. 2014, *Prévisions macroéconomiques associées au projet de programme de stabilité pour les années 2014 à 2017 : avis n° 2014-01, point II.*

6. Le Gouvernement a maintenu sa prévision alors que les organisations internationales ont généralement révisé les leurs à la baisse depuis l'automne. De ce fait, elle se situe désormais dans le haut de la fourchette par rapport aux consensus des économistes et aux organisations internationales. Pour leur part, les prévisions des organismes nationaux consultés sont plus contrastées. Toutefois, la prévision du Gouvernement est compatible avec les derniers comptes trimestriels et avec les prévisions à court terme présentées par l'Insee dans sa note de conjoncture publiée fin mars. Les enquêtes de conjoncture restent bien orientées, même si elles sont en léger recul sur les derniers mois. Au total, le HCFP considère que la prévision de croissance du Gouvernement, tout en se situant en haut de la fourchette des prévisions économiques, est encore atteignable. * HCFP 12 avr. 2016, *Prévisions macroéconomiques associées au projet de programme de stabilité pour les années 2016 à 2019*, avis n° 2016-01, point II.

7. Le HCFP note la révision à la baisse des hypothèses de croissance du PIB et d'inflation dans la prévision du Gouvernement pour les années 2018 à 2020. Cette révision va dans le sens des observations formulées dans son avis sur le programme de stabilité d'avril 2016. Il estime que ce scénario, plus prudent, peut constituer une base raisonnable pour la construction de trajectoires de finances publiques. * HCFP 11 avr. 2017, n° 2017-1, *Prévisions macroéconomiques associées au projet de programme de stabilité pour les années 2017 à 2020*, avis n° 2016-01, point II.

8. Observations relatives aux prévisions. Le HCFP considère que le scénario pour ces années est entouré d'un certain nombre d'aléas qui, dans leur ensemble, font peser un risque à la baisse sur les prévisions. * HCFP 15 avr. 2013, *Prévisions macroéconomiques associées au projet de programme de stabilité pour les années 2013 à 2017 : avis n° 2013-01, points III et V.* ♦ ... Que la prévision de croissance du Gouvernement est réaliste et que le scénario sur lequel elle repose n'est affecté d'aucun risque baissier majeur. * HCFP 22 avr. 2014, *Prévisions macroéconomiques associées au projet de programme de stabilité pour les années 2014 à 2017 : avis n° 2013-01, point III-2* * HCFP 13 avr. 2015, *Prévisions macroéconomiques associées au projet de programme de stabilité pour les années 2015 à 2018 : avis n° 2015-01, point II-2.* ♦ ... Est plausible, même si l'hypothèse d'accélération de l'activité en fin de période est fragile. * HCFP 12 avr. 2016, *Prévisions macroéconomiques associées au projet de programme de stabilité pour les années 2016 à 2019*, avis n° 2016-01, point III. ♦ ... Est plausible, même si certaines données d'activité de l'économie française sont décevantes en début d'année. * HCFP 11 avr. 2017, n° 2017-1 *Prévisions macroéconomiques associées au projet de programme de stabilité pour les années 2017 à 2020 : avis n° 2016-01, point II.* ♦ ... Est plausible. * HCFP 13 avr. 2018, *Prévisions macroéconomiques associées au projet de programme de stabilité pour les années 2018 à 2022 : avis n° 2018-1, point II.*

9. Observations relatives aux projections. Le HCFP a pu estimer que le scénario de moyen terme présente un certain nombre de fragilités, notamment en ce qui concerne le retour de la croissance potentielle à un rythme proche de celui d'avant-crise et la capacité de l'économie française à dépasser aussi rapidement son potentiel. * HCFP 15 avr. 2013, *Prévisions macroéconomiques associées au projet de programme de stabilité pour les années 2013 à 2017 : avis n° 2013-01, point IV.* ♦ ... Qu'il est optimiste car il repose sur des hypothèses favorables tant pour le soutien apporté par l'environnement international que pour le dynamisme de la demande intérieure. * HCFP 22 avr. 2014, *Prévisions macroéconomiques associées au projet de programme de stabilité pour les années 2014 à 2017 : avis n° 2014-01, point IV.* ♦ ... Qu'il est prudent. * HCFP 13 avr. 2015, *Prévisions macroéconomiques associées au* *projet de programme de stabilité pour les années 2015 à 2018*, avis n° 2015-01, point III-2. ♦ ... Qu'il peut constituer une base raisonnable pour la construction de trajectoires de finances publiques. * HCFP 11 avr. 2017, n° 2017-1 *Prévisions macroéconomiques associées au projet de programme de stabilité pour les années 2017 à 2020*, avis n° 2016-01, point II. ♦ ... Que le scénario de croissance du Gouvernement conduit à un solde des administrations publiques positif en fin de période et à une trajectoire de dette publique favorable. Il souligne que ce scenario de finances publiques repose sur une trajectoire de croissance optimiste. * HCFP 13 avr. 2018, *Prévisions macroéconomiques associées au projet de programme de stabilité pour les années 2018 à 2022, avis n° 2018-1, point III.*

10. Interrogation sur l'écart de production et la croissance potentielle. Le HCFP s'interroge sur la pertinence d'un écart de production (écart entre la production effective et la production potentielle) très creusé pendant près d'une décennie et qui ne se réduirait pratiquement pas à l'horizon 2018, ce qui ne s'accorde pas avec l'accélération de l'investissement, de l'inflation et des salaires retenue par ailleurs dans le scénario du Gouvernement. Il estime qu'une hypothèse de croissance potentielle moins élevée aurait permis un début de résorption de l'écart de production. Pur la même trajectoire de déficit nominal, elle aurait conduit à un ajustement structurel moins important. Le HCFP regrette enfin que la croissance potentielle, dont l'estimation est entourée de fortes incertitudes, ait été revue quelques mois seulement après l'adoption de la loi de programmation de décembre 2014. Cette révision rend peu lisible le partage entre les composants conjoncturels et structurels du solde public, et plus difficile l'analyse de la politique budgétaire. * HCFP 13 avr. 2015, *Prévisions macroéconomiques associées au projet de programme de stabilité pour les années 2015 à 2018*, avis n° 2015-01, point III-2. ♦ Le Haut Conseil observe que la croissance potentielle présentée par le Gouvernement (1,5 % pour les deux années 2016 et 2017) est désormais nettement supérieure aux estimations des organisations internationales (situées entre 1,1 % et 1,2 % pour les années 2016-2017). Au-delà de cet écart, le HCFP s'interroge sur le profil de cette croissance potentielle, qui connaîtrait un point haut en 2016-2017 pour ralentir ensuite en 2018 et 2019. Ce profil paraît peu cohérent avec la montée en régime d'une reprise comportant une accélération progressive de l'investissement. Au total, le HCFP considère que la croissance potentielle présentée par le Gouvernement est vraisemblablement surévaluée, en particulier en 2016-2017. * HCFP 12 avr. 2016, *Prévisions macroéconomiques associées au projet de programme de stabilité pour les années 2016 à 2019*, avis n° 2016-01, point III. ♦ Le HCFP insiste une nouvelle fois sur le caractère peu vraisemblable des estimations d'écart de production et de croissance potentielle présentées par le Gouvernement. L'évaluation d'un écart de production très important conduit à réduire artificiellement le déficit structurel et donc à minorer l'effort à réaliser pour rééquilibrer les finances publiques. Il estime indispensable que la prochaine loi de programmation corrige ces estimations et fixe sur des bases réalistes les hypothèses d'écart de production et de croissance potentielle. Les estimations initiales de la loi de programmation doivent assurer la cohérence interne du scénario macroéconomique et tenir compte des estimations réalisées par les institutions et organismes extérieurs. Ces hypothèses doivent pouvoir être adaptées en cours de loi de programmation si nécessaire. Enfin, compte tenu de l'instabilité de la mesure de l'écart de production, et donc de l'estimation du solde structurel, il suggère que l'appréciation de la situation des finances publiques prenne également en compte d'autres indicateurs reflétant mieux l'orientation de la politique budgétaire, comme l'effort structurel. * HCFP 11 avr. 2017, n° 2017-1 *Prévisions macroéconomiques associées au projet de programme de stabilité pour les années 2017 à 2020 : avis n° 2016-01, point III.* ♦ Le HCFP juge que les estimations de l'écart de production retenues par le Gouvernement pour 2017 et 2018 sont acceptables. Il souligne cependant que l'incertitude entourant les estimations des écarts de production est importante et que celle-ci n'est pas levée par l'analyse des indicateurs de conjoncture et de prix qui sont en relation avec le cycle économique. En effet, si les taux d'utilisation des capacités de production et les difficultés de recrutement s'établissent début 2018 nettement au-dessus de leur moyenne de long terme, l'inflation sous-jacente reste encore très basse et ne témoigne pas de signes de tensions. * HCFP 13 avr. 2018, *Prévisions macroéconomiques associées au projet de programme de stabilité pour les années 2018 à 2022, n° 2018-1, point III.*

Art. 18 Le Haut Conseil des finances publiques peut procéder à l'audition des représentants de l'ensemble des administrations compétentes dans le domaine des finances publiques, de la statistique et de la prévision économique.

Il peut faire appel à des organismes ou des personnalités extérieurs à l'administration, notamment pour apprécier les perspectives de recettes, de dépenses, de solde et d'endettement des administrations publiques et de chacun de leurs sous-secteurs.

Le Gouvernement répond aux demandes d'information que lui adresse le Haut Conseil dans le cadre de la préparation de ses avis.

Le HCFP indique parfois qu'il a procédé à des auditions et lesquelles. * HCFP 19 sept. 2018, *Avis relatif aux PLF et PLFSS pour 2019 : avis nº 2018-03, observations liminaires* * HCFP 23 sept. 2019, *Avis relatif aux PLF et PLFSS pour 2020 : avis nº 2019-03, observations liminaires* * HCFP 17 mars 2020, *Avis relatif aux prévisions macroéconomiques associées au programme de stabilité pour l'année 2020 et au deuxième PLFR pour 2020, avis nº 2020-2, obs. liminaires.*

Art. 19 Le Haut Conseil des finances publiques et le Parlement sont informés par le Gouvernement, à chaque examen d'un projet de loi de finances de l'année, des engagements financiers de l'État significatifs nouvellement autorisés n'ayant pas d'implication immédiate sur le solde structurel.

Art. 20 Le président du Haut Conseil des finances publiques est entendu à tout moment à la demande des commissions de l'Assemblée nationale et du Sénat.

Les présentes dispositions, relatives au fonctionnement des assemblées, n'ont pas un caractère organique. • Cons. const. 13 déc. 2012, nº 2012-658 DC § 59.

Art. 21 Le Haut Conseil des finances publiques se réunit sur convocation de son président. Il délibère valablement s'il réunit, outre son président, cinq de ses membres, dont deux ont été désignés dans les conditions prévues aux 2º et 3º de l'article 11. Il se prononce à la majorité des voix. En cas de partage égal des voix, celle de son président est prépondérante.

Ses membres sont tenus au secret sur ses délibérations. Il ne peut publier d'opinion dissidente.

Il ne peut délibérer ni publier d'avis dans d'autres cas ou sur d'autres sujets que ceux prévus par la présente loi organique.

Il établit et rend public son règlement intérieur, qui précise les conditions dans lesquelles son président peut déléguer ses attributions.

Les dispositions du dernier alinéa du présent art. n'ont pas un caractère organique. • Cons. const. 13 déc. 2012, nº 2012-658 DC § 60. ♦ Rappr. • Cons. const. 29 mars 2011, nº 2011-626 DC § 18.

Art. 22 Le président du Haut Conseil des finances publiques gère les crédits nécessaires à l'accomplissement de ses missions. Ces crédits sont regroupés au sein d'un programme spécifique de la mission "Conseil et contrôle de l'État".

[V. références des décisions du Conseil constitutionnel dans le tableau DC]

Les présentes dispositions, qui dérogent au 2e al. du § I de l'art. 7 LOLF, ne sont pas contraires à la Const. • Cons. const. 13 déc. 2012, nº 2012-658 DC § 61.

CHAPITRE IV *Dispositions relatives au mécanisme de correction*

Art. 23 I. — En vue du dépôt du projet de loi de règlement, le Haut Conseil des finances publiques rend un avis identifiant, le cas échéant, les écarts importants, au sens du II, que fait apparaître la comparaison des résultats de l'exécution de l'année écoulée avec les orientations pluriannuelles de solde structurel définies dans la loi de programmation des finances publiques. Cette comparaison est effectuée en retenant la trajectoire de produit intérieur brut potentiel figurant dans le rapport annexé à cette même loi.

Cet avis est rendu public par le Haut Conseil des finances publiques et joint au projet de loi de règlement. Il tient compte, le cas échéant, des circonstances exceptionnelles définies à l'article 3 du traité, signé le 2 mars 2012, précité, de nature à justifier les écarts constatés.

Lorsque l'avis du Haut Conseil identifie de tels écarts, le Gouvernement expose les raisons de ces écarts lors de l'examen du projet de loi de règlement par chaque assemblée. Il présente les mesures de correction envisagées dans le rapport mentionné à l'article 48 de la loi organique nº 2001-692 du 1er août 2001 précitée *[V. cet art. ci-dessus]*.

II. — Un écart est considéré comme important au regard des orientations pluriannuelles de solde structurel de l'ensemble des administrations publiques définies par la loi de programmation des finances publiques lorsqu'il représente au moins 0,5 % du produit intérieur brut sur une année donnée ou au moins 0,25 % du produit intérieur brut par an en moyenne sur deux années consécutives.

III. — Le Gouvernement tient compte d'un écart important au plus tard dans le prochain projet de loi de finances de l'année ou de loi de financement de la sécurité sociale de l'année.

Un rapport annexé au prochain projet de loi de finances de l'année et au prochain projet de loi de financement de la sécurité sociale de l'année analyse les mesures de correction envisagées, qui peuvent porter sur l'ensemble des administrations publiques ou sur certains sous-secteurs seulement, en vue de retourner aux orientations pluriannuelles de solde structurel définies par la loi de programmation des finances publiques. Le cas échéant, ce rapport justifie les différences apparaissant, dans l'ampleur et le calendrier de ces mesures de correction, par rapport aux indications figurant dans la loi de programmation des finances publiques en application du 5° de l'article 2.

L'avis du Haut Conseil des finances publiques mentionné à l'article 14 comporte une appréciation de ces mesures de correction et, le cas échéant, de ces différences.

IV. — A. — Le Gouvernement peut demander au Haut Conseil des finances publiques de constater si les conditions mentionnées à l'article 3 du traité, signé le 2 mars 2012, précité, pour la définition des circonstances exceptionnelles sont réunies ou ont cessé de l'être.

Le Haut Conseil répond sans délai, par un avis motivé et rendu public.

B. — L'article liminaire du premier projet de loi de finances, autre que la loi de règlement, suivant la publication de cet avis peut déclarer une situation de circonstances exceptionnelles ou constater que de telles circonstances n'existent plus.

[V. références des décisions du Conseil constitutionnel dans le tableau DC]

1. Les dispositions des rapports annexés prévues par le dernier al. du § I et le 2e al. du § III du présent art. n'ont pas pour effet de porter atteinte à la liberté d'appréciation et d'adaptation que le Gouvernement tient de l'art. 20 Const. dans la détermination et la conduite de la politique de la Nation. • Cons. const. 13 déc. 2012, n° 2012-658 DC § 30. ♦ Rappr. • Cons. const. 1er août 2011, n° 2001-448 DC § 90. ♦ Il en résulte qu'une révision des hypothèses de croissance potentielle en dehors du cadre de la LPFP ne méconnaît aucune exigence constitutionnelle. • Cons. const. 29 déc. 2015, n° 2015-725 DC § 6.

2. Le B du § IV du présent art. n'appelle pas de remarque de constitutionnalité. • Cons. const. 13 déc. 2012, n° 2012-658 DC § 23.

3. Méthode utilisée par le HCFP. Le HCFP a analysé les données du compte provisoire de la Nation pour l'année concernée par le PLR, publiées par l'INSEE ; les révisions apportées aux comptes des années antérieures, également publiées ; l'art. liminaire du PLR présentant un tableau de synthèse qui retrace le solde effectif et le solde structurel de l'ensemble des administrations publiques pour l'année concernée par le PLR. Il a comparé les résultats présentés par le Gouvernement avec les orientations pluriannuelles de solde structurel contenues dans la LPFP applicable au moment de l'adoption de l'avis. * HCFP 23 mai 2013, *Solde structurel des administrations publiques présenté dans le projet de loi de règlement de 2012 : avis n° 2013-02, point I.* ♦ Dès lors que des modifications du système européen de comptabilité nationale (SEC) ont notamment pour effet de relever le niveau du PIB [dans les comptes nationaux publiés le 15 mai 2014 par l'INSEE en nouveau système « SEC 2010 », le déficit en part de PIB est de 4,8 % en 2012 et 4,2 % en 2013 (contre 4,9 % et 4,3 % dans le projet de loi de règlement)], pour être comparables aux prévisions de la loi de programmation, les résultats sont présentés selon les règles du SEC de 1995. * HCFP 23 mai 2014, *Solde structurel des administrations publiques présenté dans le projet de loi de règlement de 2013 : avis n° 2014-02, point I.* ♦ Sur le calcul du solde structurel, V. notes ss. L. org. n° 2012-1403 du 17 déc. 2013, art. 1er.

4. Qualification de l'écart à la programmation. Au terme de l'examen de l'art. liminaire, le HCFP a pu constater que le solde structurel des administrations publiques est supérieur de 0,3 point au niveau prévu dans la loi de programmation. Cet écart ne peut être qualifié d'important dans le sens du présent art. puisqu'il est inférieur à 0,5 point ; cependant, l'écart de 0,3 point constaté sur l'année 2012 présente un risque s'agissant du respect futur de la trajectoire dès lors que l'écart sur les années 2012 et 2013 ne doit pas dépasser 0,25 point en moyenne chaque année. * HCFP 23 mai 2013, *Solde structurel des administrations publiques présenté dans le projet de loi de règlement de 2012 : avis n° 2013-02, conclusion.* ♦ ... Que le solde structurel des administrations publiques est dégradé de 1,5 point au niveau prévu. Cet écart, qui est « important » au sens du présent art., puisque supérieur à 0,5 point de PIB, déclenche le mécanisme de correction. Le Haut Conseil appréciera les mesures de correction présentées par le Gouvernement dans son avis portant sur les prochains PLF et PLFSS. * HCFP 23 mai 2013, *Solde structurel des administrations publiques présenté dans le projet de loi de règlement de 2012 : avis n° 2013-02, conclusion.* ♦ ... Que le déficit structurel estimé est en ligne avec la prévision retenue dans la LPFP. * HCFP 12 juin 2017, *Solde structurel des administrations publiques présenté dans le projet de loi de règlement de 2016* : avis n° 2017-02, pt II-1. ♦ ... Que le déficit structurel ne s'écarte pas de manière importante de celui prévu par la LPFP. * HCFP 24 avr. 2020, *Solde structurel des administrations publiques présenté dans le projet de loi de règlement de 2019*, avis n° 2020-03, pt II-2.

5. Aux termes de la présente loi org., le HCFP est tenu de prendre pour référence la LPFP ; toutefois, compte tenu des évolutions postérieures au vote de cette loi, la comparaison de la trajectoire effective de finances publiques à la seule référence définie en LPFP ne saurait suffire. Elle doit être complétée par une appréciation au regard de la trajectoire définie par les programmes de stabilité postérieurs à la LPFP. Le déficit structurel étant plus creusé que dans le dernier programme de stabilité, l'effort à réaliser pour revenir à l'objectif d'équilibre structurel de moyen terme sera plus élevé.* HCFP 20 mai 2016, *Solde structurel des administrations publiques présenté dans le projet de loi de règlement de 2015*, avis n° 2013-02.

6. Parfois le HCFP considère que l'écart est proche de celui défini au présent art. Le HCFP relève en conséquence que le Gouvernement présente un article liminaire du PLF qui s'écarte fortement de la trajectoire de la loi de programmation en vigueur. Un tel choix pose un problème de cohérence entre le PLF 2020 et la LPFP et affaiblit la portée de l'exercice de programmation pluriannuelle en matière de finances publiques. * HCFP 23 sept. 2019, *Avis relatif aux PLF et PLFSS pour 2020 : avis n° 2019-03, point III-2* * HCFP 30 oct. 2019, *Avis relatif au PLFR et PLFSSR pour 2019 : avis n° 2019-04, point 3.*

7. Anticipation de mise en œuvre du mécanisme de correction. La réalisation des prévisions du Gouvernement pour 2013 (1 point d'écart au solde structurel de la LPFP) conduira le HCFP à constater au printemps 2014 un « écart important » par rapport aux orientations pluriannuelles, déclenchant ainsi le mécanisme de correction. Sauf à reporter la date de retour à l'équilibre structurel au-delà de 2016 et à modifier à cette fin la loi de programmation, le Haut Conseil note que la mise en œuvre du mécanisme de correction nécessitera de réaliser en 2015 et en 2016 des efforts plus importants que ceux prévus dans cette loi. * HCFP 20 sept. 2013, *Avis relatif aux PLF et PLFSS pour 2014 : n° 2013-03, point III-4.* ♦ V. également * HCFP 5 nov. 2013, *Avis relatif au PLFR pour 2013 : n° 2013-04, point III.*

8. Appréciation sur les mesures de corrections envisagées par le Gouvernement. Le HCFP ayant constaté pour 2013 un écart « important » de 1,5 point de PIB à la trajectoire de solde structurel définie dans la LPFP du 31 déc. 2012, le Gouvernement doit tenir compte de cet écart dans le PLF pour 2015 en présentant les mesures de correction envisagées dans un rapport annexé. Ce rapport n'a pas été transmis au HCFP. Une correction de trajectoire pour se rapprocher des cibles de solde structurel fixées antérieurement implique en pratique d'augmenter l'ajustement prévu dans les prochaines années, pour compenser au moins en partie l'ajustement insuffisant constaté en exécution les années précédentes. L'ajustement structurel prévu en 2014 et en 2015 devrait ainsi être supérieur à celui programmé en déc. 2012. Le HCFP n'a pas été saisi par le Gouvernement et constate que le Gouvernement ne corrige pas l'écart à la trajectoire de solde structurel de la LPFP mais a fait le choix de définir une nouvelle trajectoire. Dans un contexte de faiblesse combinée de la croissance et de l'inflation, le HCFP souligne le risque que fait peser ce nouveau report de l'ajustement sur la trajectoire de la dette publique qui continuera à augmenter. * HCFP 26 sept. 2014, *Avis relatif aux PLF et PLFSS pour 2015*, avis n° 2014-05, point II-2.

9. Circonstances exceptionnelles. Le HCFP estime que la crise sanitaire et ses répercussions économiques et financières constituent des faits inhabituels indépendants de la volonté du Gouvernement et relèvent donc des « circonstances exceptionnelles » telles que mentionnées à l'art. 3 TSCG. * HCFP 17 mars 2020, *Avis relatif au premier PLFR pour 2020 : avis n° 2020-1, point III.*

CHAPITRE V *Dispositions diverses et finales*

....

Art. 28 **La présente loi organique s'applique à compter du 1er mars 2013 ou, si l'entrée en vigueur du traité, signé le 2 mars 2012, précité est plus tardive, un mois après son entrée en vigueur.**

Jusqu'à la publication de la première loi de programmation des finances publiques adoptée postérieurement à la date d'entrée en vigueur de la présente loi, pour l'appli-

cation des articles 7, 9, 14 et 23, les orientations pluriannuelles des finances publiques sont celles définies dans la loi de programmation des finances publiques applicable à cette date.

[V. références des décisions du Conseil constitutionnel dans le tableau DC]

Le présent art., qui fixe l'entrée en vigueur des dispositions de la loi organique et aménage une période transitoire pendant laquelle, « pour l'application des art. 7, 9, 14 et 23, les orientations pluriannuelles des finances publiques sont celles définies dans la LPFP applicable » à la date d'entrée en vigueur de la loi organique, n'est pas contraire à la Const. dès lors que, « pour cette application », les orientations pluriannuelles auxquelles il est fait référence n'ont pour effet de ne porter atteinte ni à la liberté d'appréciation et d'adaptation que le Gouvernement tient de l'art. 20 Const. dans la détermination et la conduite de la politique de la Nation, ni aux prérogatives du Parlement lors de l'examen et du vote des projets de LF et des projets de LFSS ou de tout autre projet ou proposition de loi. • Cons. const. 13 déc. 2012, n° 2012-658 DC § 63.

Loi n° 2012-1558 du 31 décembre 2012,

De programmation des finances publiques pour les années 2012 à 2017.

....

TITRE II Dispositions permanentes

Art. 17 Les projets d'investissements civils financés par l'État, ses établissements publics, les établissements publics de santé ou les structures de coopération sanitaire font l'objet d'une évaluation socio-économique préalable. Lorsque le montant total du projet et la part de financement apportée par ces personnes excèdent des seuils fixés par décret, cette évaluation est soumise à une contre-expertise indépendante préalable.

Le Gouvernement transmet au Parlement les évaluations et les contre-expertises mentionnées au premier alinéa.

Les conditions d'application du présent article sont prévues par décret.

....

Art. 20 I. – Le Gouvernement présente chaque année au Parlement :

1° Avant le 1er juin, le montant de dépenses fiscales constaté pour le dernier exercice clos ;

2° Avant le premier mardi d'octobre, la prévision annuelle de coût retenue pour les dépenses fiscales de l'exercice à venir et de l'exercice en cours ;

3° Avant le 15 octobre, la prévision annuelle de coût retenue pour l'exercice à venir et l'exercice en cours des réductions, exonérations ou abattements d'assiette s'appliquant aux cotisations et contributions de sécurité sociale affectées aux régimes obligatoires de base de sécurité sociale ou aux organismes concourant à leur financement ainsi que le montant du coût constaté, pour le dernier exercice clos, de ces réductions, exonérations ou abattements.

II. – Quand il présente les prévisions prévues aux 2° et 3° du I, le Gouvernement transmet au Parlement un bilan des créations, modifications et suppressions de mesures mentionnées au même I :

1° Adoptées dans les douze mois qui précèdent ;

2° Prévues par le projet de loi de finances et le projet de loi de financement de la sécurité sociale afférents à l'année suivante.

Loi n° 2014-1653 du 29 décembre 2014,

De programmation des finances publiques pour les années 2014 à 2019.

Art. 12 *[...]*

II. – A compter du 1er janvier 2015, une fraction représentant au moins 0,3 % du montant de l'objectif national de dépenses d'assurance maladie de l'ensemble des régimes obligatoires de base de sécurité sociale mentionnés à l'article L.O. 111-3 du code de la sécurité sociale est mise en réserve au début de chaque exercice.

....

Art. 26 Les entités autres que les collectivités territoriales et les organismes de sécurité sociale bénéficiant d'une imposition de toutes natures et recouvrant directement son produit transmettent chaque année à leurs administrations de tutelle ou, à défaut, au ministre chargé des finances, l'assiette et le produit de ces impositions de toutes natures :

1° Avant le 31 mars, pour les données relatives au dernier exercice clos ;

2° Avant le 30 juin, pour les données prévisionnelles relatives à l'exercice en cours et à l'exercice suivant.

Doivent également être transmises les hypothèses et les modalités de calcul sous-jacentes à ces données.

....

Art. 28 I. — Une annexe au projet de loi de finances détaille, pour chacun des sous-secteurs des administrations publiques, les prévisions pour l'année à venir de solde structurel, de solde conjoncturel et de solde effectif, accompagnées des prévisions de recettes et de dépenses dont elles résultent.

II. — L'annexe mentionnée au I précise, pour chacun des organismes relevant de la catégorie des administrations de sécurité sociale autres que les régimes obligatoires de base, les perspectives de recettes, de dépenses, de solde et d'endettement.

....

Art. 30 *[...]*

II. — Une annexe générale est jointe au projet de loi de finances de l'année détaillant les attributions individuelles versées aux collectivités territoriales ou, le cas échéant, les prélèvements dont elles font l'objet, au titre de l'année précédente. Elle porte sur les dotations financées par des prélèvements sur les recettes de l'État ou par des crédits inscrits sur la mission "Relations avec les collectivités territoriales", les fonds de péréquation entre collectivités et la fiscalité transférée à divers titres. Elle présente de façon distincte chaque dispositif compris dans ce périmètre *(L. n° 2016-1917 du 29 déc. 2016, art. 138-V)* « ainsi que les critères individuels retenus pour déterminer leur montant pour chaque collectivité territoriale ou groupement de collectivités territoriales ».

Ces données individuelles sont mises à la disposition du public sur internet, dans un document unique, sous une forme susceptible d'être exploitée grâce à des logiciels de traitement de base de données.

....

Art. 32 Le Gouvernement transmet chaque année au Parlement, avant le 15 avril, l'estimation du niveau de dette publique pour l'année écoulée notifiée à la Commission européenne en application du règlement (CE) n° 479/2009 du Conseil, du 25 mai 2009, relatif à l'application du protocole sur la procédure concernant les déficits excessifs annexé au traité instituant la Communauté européenne. Cette estimation est exprimée en valeur nominale ainsi qu'en pourcentage du produit intérieur brut de cette même année.

....

Art. 34 *(L. n° 2018-32 du 22 janv. 2018, art. 23, applicable aux contrats dont l'avis d'appel public à la concurrence est publié à compter du 1er janv. 2018)* L'État et les organismes relevant de la catégorie des administrations publiques centrales dont la liste est ***établie par l'arrêté mentionné*** au I de l'article 12 de la loi n° 2010-1645 du 28 décembre 2010 de programmation des finances publiques pour les années 2011 à 2014 ne peuvent conclure, en qualité de crédit-preneur, des contrats de crédit-bail, au sens des articles L. 313-7 à L. 313-11 du code monétaire et financier, qui ont pour objet la réalisation, la modification ou la rénovation d'ouvrages, d'équipements ou de biens immatériels répondant à un besoin précisé par la collectivité publique et destinés à être mis à sa disposition ou à devenir sa propriété.

Ancien art. 34 *(Ord. n° 2015-899 du 23 juill. 2015, art. 101-VI) I. — Nonobstant toute disposition contraire des textes qui leur sont applicables, les organismes, autres que l'État, relevant de la catégorie des administrations publiques centrales et dont la liste est établie par l'arrêté mentionné au I de l'article 12 de la loi n° 2010-1645 du 28 décembre 2010 de programmation des finances publiques pour les années 2011 à 2014, ne peuvent conclure des contrats de crédit-bail,* *au sens des articles L. 313-7 à L. 313-11 du code monétaire et financier, qui ont pour objet la réalisation, la modification ou la rénovation d'ouvrages, d'équipements ou de biens immatériels répondant à un besoin précisé par la collectivité publique et destinés à être mis à sa disposition ou à devenir sa propriété.*

Cette interdiction ne s'applique pas aux projets dont l'avis d'appel public à la concurrence a été publié avant le 1er janvier 2015.

II. — L'État peut conclure, pour le compte d'une personne publique mentionnée au I, un tel contrat, sous réserve que :

1° Le ministère de tutelle ait procédé à l'instruction du projet ;

2° L'opération soit soutenable au regard de ses conséquences sur les finances publiques et sur la situation financière de la personne publique.

Loi n° 2018-32 du 22 janvier 2018,

De programmation des finances publiques pour les années 2018 à 2022.

TITRE PREMIER Orientations pluriannuelles des finances publiques

Art. 1er Est approuvé le rapport annexé à la présente loi, prévu à l'article 5 de la loi organique n° 2012-1403 du 17 décembre 2012 relative à la programmation et à la gouvernance des finances publiques.

CHAPITRE PREMIER *Les objectifs généraux des finances publiques*

Art. 2 L'objectif à moyen terme des administrations publiques mentionné au *b* du 1 de l'article 3 du traité sur la stabilité, la coordination et la gouvernance au sein de l'Union économique et monétaire, signé à Bruxelles le 2 mars 2012, est fixé à – 0,4 % du produit intérieur brut potentiel.

Dans le contexte macroéconomique et selon les hypothèses et les méthodes retenues pour établir la programmation, décrits dans le rapport mentionné à l'article 1er de la présente loi, l'objectif d'évolution du solde structurel des administrations publiques, défini au rapport annexé à la présente loi, s'établit, conformément aux engagements européens de la France, comme suit :

(En %)

	2017	2018	2019	2020	2021	2022
Solde structurel	- 2,2	- 2,1	- 1,9	- 1,6	- 1,2	- 0,8
Ajustement structurel	0,3	0,1	0,3	0,3	0,4	0,4

Art. 3 Dans le contexte macroéconomique et selon les hypothèses et les méthodes retenues pour établir la programmation mentionnée à l'article 2 :

1° L'évolution du solde public effectif, du solde conjoncturel, des mesures ponctuelles et temporaires, du solde structurel et de la dette publique s'établit comme suit :

(En points de produit intérieur brut)

	2017	2018	2019	2020	2021	2022
Solde public effectif (1 + 2 + 3)	- 2,9	- 2,8	- 2,9	- 1,5	- 0,9	- 0,3
Solde conjoncturel (1)	- 0,6	- 0,4	- 0,1	0,1	0,3	0,6
Mesures ponctuelles et temporaires (2)	- 0,1	- 0,2	- 0,9	0,0	0,0	0,0
Solde structurel (en points de PIB potentiel) (3)	- 2,2	- 2,1	- 1,9	- 1,6	- 1,2	- 0,8
Dette des administrations publiques	96,7	96,9	97,1	96,1	94,2	91,4

2° L'évolution du solde public effectif, décliné par sous-secteur des administrations publiques, s'établit comme suit :

(En points de produit intérieur brut)

	2017	2018	2019	2020	2021	2022
Solde public effectif	- 2,9	- 2,8	- 2,9	- 1,5	- 0,9	- 0,3
Dont :						
- administrations publiques centrales	- 3,2	- 3,4	- 3,9	- 2,6	- 2,3	- 1,8
- administrations publiques locales	0,1	0,1	0,1	0,3	0,5	0,7
- administrations de sécurité sociale	0,2	0,5	0,8	0,8	0,8	0,8

Art. 4 L'objectif d'effort structurel des administrations publiques s'établit comme suit :

(En points de produit intérieur brut potentiel)

	2017	2018	2019	2020	2021	2022
Effort structurel	0,0	0,2	0,3	0,4	0,5	0,5
Dont :						
- mesures nouvelles sur les prélèvements obligatoires (hors crédits d'impôts)	- 0,1	- 0,3	- 0,1	- 0,5	0,0	0,1
- effort en dépense (hors crédits d'impôts)	0,0	0,4	0,4	0,5	0,5	0,6
- clé de crédits d'impôts	0,1	0,0	0,0	0,4	0,0	- 0,2

Art. 5 Dans le contexte macroéconomique et selon les hypothèses et les méthodes retenues pour établir la programmation mentionnée à l'article 2, les objectifs d'évolution de la dépense publique et du taux de prélèvements obligatoires s'établissent comme suit :

(En points de produit intérieur brut)

	2017	2018	2019	2020	2021	2022
Dépense publique, hors crédits d'impôts	54,7	54,0	53,4	52,6	51,9	51,1
Taux de prélèvements obligatoires	44,7	44,3	43,4	43,7	43,7	43,7
Dépenses publiques, y compris crédits d'impôts	56,1	55,7	54,9	53,3	52,5	51,6

Art. 6 I. – Lorsque des écarts importants, au sens de l'article 23 de la loi organique *n° 2012-1403 du 17 décembre 2012* relative à la programmation et à la gouvernance des finances publiques, sont constatés entre l'exécution de l'année écoulée et la trajectoire de solde structurel décrite à l'article 2 de la présente loi, le Gouvernement, conformément à ses engagements tels qu'ils résultent du traité mentionné au même article 2 :

1° Explique les raisons de ces écarts lors de l'examen du projet de loi de règlement par chaque assemblée. Ces écarts sont appréciés dans le cadre d'une évaluation prenant pour référence le solde structurel et comprenant une analyse de l'effort structurel sous-jacent défini dans le rapport mentionné à l'article 1er ;

2° Propose des mesures de correction dans le rapport sur l'évolution de l'économie nationale et sur les orientations des finances publiques mentionné à l'article 48 de la loi organique n° 2001-692 du 1er août 2001 relative aux lois de finances dont il est tenu compte dans le prochain projet de loi de finances de l'année ou projet de loi de financement de la sécurité sociale de l'année. Ces mesures de correction permettent de retourner à la trajectoire de solde structurel décrite à l'article 2 de la présente loi dans un délai maximal de deux ans à compter de la fin de l'année au cours de laquelle les écarts ont été constatés. Elles portent sur l'ensemble des administrations publiques.

II. — Les obligations prévues au 2° du I du présent article ne s'appliquent pas en cas de circonstances exceptionnelles de nature à justifier les écarts constatés, définies au *b* du 3 de l'article 3 du traité mentionné à l'article 2.

III. — Lorsque les circonstances exceptionnelles ont disparu, le Gouvernement présente un projet de loi de programmation des finances publiques en cohérence avec les obligations européennes de la France, au plus tard lors de l'examen du prochain projet de loi de finances de l'année.

Art. 7 Lorsque le solde conjoncturel des administrations publiques est constaté à un niveau plus favorable que la prévision mentionnée à l'article 3, l'intégralité de l'écart est affectée à la réduction du déficit.

Lorsque le déficit structurel des administrations publiques est constaté à un niveau plus favorable que la programmation mentionnée à l'article 2, au moins la moitié de l'écart constaté est durablement affectée à la réduction du déficit. La part qui n'est pas affectée à la réduction du déficit est allouée à des baisses de prélèvements obligatoires ou à des dépenses d'investissement.

Le présent article s'applique tant que l'objectif à moyen terme, fixé au même article 2, n'est pas atteint.

CHAPITRE II *L'évolution des dépenses publiques sur la période 2017-2022*

Art. 8 Dans le contexte macroéconomique mentionné à l'article 2, les objectifs d'évolution de la dépense publique des sous-secteurs des administrations publiques s'établissent comme suit :

Taux de croissance des dépenses publiques en volume, hors crédits d'impôts et transferts, corrigées des changements de périmètre

(En %)

	2017	2018	2019	2020	2021	2022
Administrations publiques, hors crédits d'impôt	0,9	0,6	0,7	0,3	0,2	0,1
Dont :						
- administrations publiques centrales	1,0	0,3	0,8	1,2	0,7	0,2
- administrations publiques locales	1,7	0,2	0,9	- 0,4	- 1,6	- 0,6
- administrations de sécurité sociale	0,6	0,9	0,4	0,1	0,6	0,4
Administrations publiques, y compris crédits d'impôt	1,0	1,0	0,5	- 1,2	0,1	0,1
Dont administrations publiques centrales	1,0	1,4	0,3	- 3,2	0,3	0,2

Art. 9 I. — L'agrégat composé des dépenses du budget général et des budgets annexes, hors mission "Remboursements et dégrèvements" et "Investissements d'avenir", hors charge de la dette et hors contributions "Pensions", des plafonds des impositions de toutes natures mentionnées au I de l'article 46 de la loi n° 2011-1977 du 28 décembre 2011 de finances pour 2012 dans sa rédaction résultant de la loi n° 2018-32 du 22 janvier 2018 de finances pour 2018, des dépenses des comptes d'affectation spéciale (hors comptes d'affectation spéciale "Pensions", "Participations financières de

l'État", et hors programmes de désendettement, ou portant à titre principal sur des contributions aux collectivités territoriales ou des engagements financiers) et du compte de concours financier "Avances à l'audiovisuel public" est dénommé norme de dépenses pilotables de l'État et ne peut dépasser, en euros courants, 257,9 milliards d'euros en 2018, 259,5 milliards d'euros en 2019, 260,5 milliards d'euros en 2020, 262,5 milliards d'euros en 2021 et 264,5 milliards d'euros en 2022, correspondant à une cible de diminution de 1 % en volume à compter de 2020.

II. – L'agrégat mentionné au I du présent article, augmenté des dépenses d'investissements d'avenir, de charge de la dette, des prélèvements sur recettes à destination de l'Union européenne et des collectivités territoriales, ainsi que de la fraction de taxe sur la valeur ajoutée affectée aux régions, au département de Mayotte et aux collectivités territoriales de Corse, de Martinique et de Guyane telle que définie à l'article 149 de la loi n° 2016-1917 du 29 décembre 2016 de finances pour 2017, du compte d'affectation spéciale pensions et des programmes des comptes spéciaux portant à titre principal des contributions aux collectivités territoriales ou des engagements financiers, est dénommé objectif de dépenses totales de l'État et est fixé, en euros courants, à 425,4 milliards d'euros en 2018, 432,7 milliards d'euros en 2019, 438,7 milliards d'euros en 2020, 442,8 milliards d'euros en 2021 et 450,9 milliards d'euros en 2022.

Art. 10 L'incidence, en 2022, des schémas d'emplois exécutés de 2018 à 2022 pour l'État et ses opérateurs est inférieure ou égale à -50 000 emplois exprimés en équivalents temps plein travaillé.

Art. 11 A compter de l'exercice 2019, le plafond des autorisations d'emplois prévu en loi de finances initiale, spécialisé par ministère, conformément à l'article 7 de la loi organique n° 2001-692 du 1er août 2001 relative aux lois de finances, ne peut excéder de plus de 1 % la consommation d'emplois constatée dans la dernière loi de règlement, corrigée de l'incidence des schémas d'emplois, des mesures de transfert et des mesures de périmètre intervenus ou prévus.

Art. 12 I. – L'objectif de dépenses des régimes obligatoires de base de sécurité sociale ne peut, à périmètre constant, excéder les montants suivants, exprimés en pourcentage du produit intérieur brut et en milliards d'euros courants :

	2018	2019	2020
En % du PIB	21,2	21,0	20,8
En milliards d'euros courants	497,7	508,1	519,1

II. – L'objectif national de dépenses d'assurance maladie de l'ensemble des régimes obligatoires de base de sécurité sociale ne peut, à périmètre constant, conformément à la méthodologie décrite dans le rapport annexé à la présente loi, excéder les montants suivants, exprimés en milliards d'euros courants :

2018	2019	2020
195,2	199,7	204,3

Art. 13 I. – Les collectivités territoriales contribuent à l'effort de réduction du déficit public et de maîtrise de la dépense publique, selon des modalités à l'élaboration desquelles elles sont associées.

II. – A l'occasion du débat sur les orientations budgétaires, chaque collectivité territoriale ou groupement de collectivités territoriales présente ses objectifs concernant :

1° L'évolution des dépenses réelles de fonctionnement, exprimées en valeur, en comptabilité générale de la section de fonctionnement ;

2° L'évolution du besoin de financement annuel calculé comme les emprunts minorés des remboursements de dette.

Ces éléments prennent en compte les budgets principaux et l'ensemble des budgets annexes.

III. – L'objectif national d'évolution des dépenses réelles de fonctionnement des collectivités territoriales et de leurs groupements à fiscalité propre correspond à un taux de croissance annuel de 1,2 % appliqué à une base de dépenses réelles de fonctionnement en 2017, en valeur et à périmètre constant. Pour une base 100 en 2017, cette évolution s'établit selon l'indice suivant :

Collectivités territoriales et groupements à fiscalité propre	2018	2019	2020	2021	2022
Dépenses de fonctionnement	101,2	102,4	103,6	104,9	106,2

IV. – L'objectif national d'évolution du besoin annuel de financement des collectivités territoriales et de leurs groupements à fiscalité propre, s'établit comme suit, en milliards d'euros courants :

(En milliards d'euros)

Collectivités territoriales et groupements à fiscalité propre	2018	2019	2020	2021	2022
Réduction annuelle du besoin de financement	- 2,6	- 2,6	- 2,6	- 2,6	- 2,6
Réduction cumulée du besoin de financement	- 2,6	- 5,2	- 7,8	- 10,4	- 13

Art. 14 Les dépenses de gestion administrative exécutées dans le cadre des conventions d'objectifs et de gestion signées à compter du 1er janvier 2018 entre l'État et les régimes obligatoires de sécurité sociale doivent diminuer globalement d'au moins 1,5 % en moyenne annuelle sur la période 2018-2022, à périmètre constant. Les dépenses de gestion administrative exécutées par l'établissement de retraite additionnelle de la fonction publique sont également soumises à cette contrainte.

CHAPITRE III *L'évolution des dépenses de l'État*

Art. 15 En 2018, 2019 et 2020, les plafonds de crédits alloués aux missions du budget général de l'État, hors contribution du budget général au compte d'affectation spéciale "Pensions", hors charge de la dette et hors remboursements et dégrèvements, ne peuvent, à périmètre constant, excéder les montants suivants, exprimés en milliards d'euros courants :

Crédits de paiement	Loi de finances pour 2017	Loi de finances pour 2017 (format 2018)	2018	2019	2020
Action et transformation publiques	0,00	0,00	0,02	0,28	0,55
Action extérieure de l'État	2,86	2,86	2,86	2,75	2,69
Administration générale et territoriale de l'État	2,49	2,49	2,15	2,14	2,30
Agriculture, alimentation, forêt et affaires rurales	3,15	2,79	3,18	2,88	2,84

Crédits de paiement	Loi de finances pour 2017	Loi de finances pour 2017 (format 2018)	2018	2019	2020
Aide publique au développement	2,58	2,59	2,68	2,81	3,10
Anciens combattants, mémoire et liens avec la Nation	2,54	2,54	2,46	2,34	2,25
Cohésion des territoires	18,26	18,26	17,22	15,65	15,14
Conseil et contrôle de l'État	0,51	0,51	0,52	0,53	0,53
Crédits non répartis	0,02	0,02	0,12	0,12	0,85
Culture	2,70	2,70	2,72	2,74	2,78
Défense	32,44	32,44	34,20	35,90	37,60
Direction de l'action du Gouvernement	1,37	1,38	1,38	1,39	1,40
Écologie, développement et mobilité durables	9,44	9,91	10,39	10,55	10,57
Économie	1,64	1,65	1,62	1,79	2,15
Engagements financiers de l'État (hors dette)	0,55	0,55	0,58	0,43	0,43
Enseignement scolaire	50,01	50,01	51,49	52,09	52,95
Gestion des finances publiques et des ressources humaines	8,12	8,11	8,15	8,10	8,04
Immigration, asile et intégration	1,10	1,10	1,38	1,36	1,36
Investissements d'avenir	0,00	0,00	1,08	1,05	1,88
Justice	6,85	6,72	6,98	7,29	7,65
Médias, livre et industries culturelles	0,57	0,57	0,55	0,54	0,54
Outre-mer	2,02	2,02	2,02	2,02	2,03
Pouvoirs publics	0,99	0,99	0,99	0,99	0,99
Recherche et enseignement supérieur	26,69	26,69	27,40	27,87	28,02
Régimes sociaux et de retraite	6,31	6,31	6,33	6,27	6,30
Relations avec les collectivités territoriales	3,44	3,35	3,66	3,51	3,54

Crédits de paiement	Loi de finances pour 2017	Loi de finances pour 2017 (format 2018)	2018	2019	2020
Santé	1,27	1,24	1,38	1,48	1,54
Sécurités	13,10	13,09	13,32	13,48	13,66
Solidarité, insertion et égalité des chances	17,64	17,67	19,44	21,31	21,94
Sport, jeunesse et vie associative	0,73	0,80	0,96	1,05	1,07
Travail et emploi	15,27	16,68	15,17	12,96	12,68

Art. 16 I. – L'ensemble des concours financiers de l'État aux collectivités territoriales, exprimés en milliards d'euros courants, est évalué comme suit, à périmètre constant :

	2018	2019	2020	2021	2022
Total des concours financiers de l'État aux collectivités territoriales	48,11	48,09	48,43	48,49	48,49
Fonds de compensation pour la taxe sur la valeur ajoutée	5,61	5,71	5,95	5,88	5,74
Taxe sur la valeur ajoutée affectée aux régions	4,12	4,23	4,36	4,50	4,66
Autres concours	38,37	38,14	38,12	38,10	38,10

II. – Cet ensemble est constitué par :

1° Les prélèvements sur recettes de l'État établis au profit des collectivités territoriales ;

2° Les crédits du budget général relevant de la mission "Relations avec les collectivités territoriales" ;

3° Le produit de l'affectation de la taxe sur la valeur ajoutée aux régions, au département de Mayotte et aux collectivités territoriales de Corse, de Martinique et de Guyane prévue à l'article 149 de la loi n° 2016-1917 du 29 décembre 2016 de finances pour 2017.

III. – Pour la durée de la programmation, l'ensemble des concours financiers autres que le Fonds de compensation pour la taxe sur la valeur ajoutée prévu à l'article L. 1615-1 du code général des collectivités territoriales et que le produit de l'affectation de la taxe sur la valeur ajoutée aux régions, au département de Mayotte et aux collectivités territoriales de Corse, de Martinique et de Guyane prévue à l'article 149 de la loi n° 2016-1917 du 29 décembre 2016 précitée est plafonné, à périmètre constant, aux montants du tableau du I du présent article.

Art. 17 Le montant de restes à payer, tel que retracé annuellement dans le compte général de l'état annexé au projet de loi de règlement, hors impact des changements *de règles de comptabilisation* des engagements, ne peut excéder, pour chacune des années 2018 à 2022, le niveau atteint fin 2017.

Art. 18 I. – A compter du 1er janvier 2018, l'affectation d'une imposition de toutes natures à des tiers autres que les collectivités territoriales, les établissements publics de coopération intercommunale et les organismes de sécurité sociale ne peut être instituée ou maintenue que si elle répond à l'un des critères suivants :

1° La ressource résulte d'un service rendu par l'affectataire à un usager et son montant doit pouvoir s'apprécier sur des bases objectives ;

2° La ressource finance, au sein d'un secteur d'activité ou d'une profession, des actions d'intérêt commun ;

3° La ressource finance des fonds nécessitant la constitution régulière de réserves financières.

La doctrine de recours aux affectations d'impositions de toutes natures est détaillée dans le rapport annexé à la présente loi.

II. — Les impositions de toutes natures affectées à des tiers autres que les collectivités territoriales, les établissements publics de coopération intercommunale et les organismes de sécurité sociale font l'objet d'un plafonnement conformément au mécanisme prévu à l'article 46 de la loi n° 2011-1977 du 28 décembre 2011 de finances pour 2012. Les affectations dérogeant à cette disposition sont justifiées à l'annexe mentionnée au IV du même article 46.

III. — Le niveau du plafond, résultant de la loi de finances initiale de l'année, d'une imposition de toutes natures affectée à des tiers autres que les collectivités territoriales, les établissements publics de coopération intercommunale et les organismes de sécurité sociale, fixé conformément au mécanisme prévu à l'article 46 de la loi n° 2011-1977 du 28 décembre 2011 de finances pour 2012, ne peut excéder de plus de 5 % le rendement de l'imposition prévu à l'annexe mentionnée au 4° de l'article 51 de la loi organique n° 2001-692 du 1er août 2001 relative aux lois de finances pour l'année considérée.

CHAPITRE IV *Les recettes publiques et le pilotage des niches fiscales et sociales*

Art. 19 L'incidence des mesures afférentes aux prélèvements obligatoires adoptées par le Parlement ou prises par le Gouvernement par voie réglementaire à compter du 1er juillet 2017 ne peut être inférieure aux montants suivants, exprimés en milliards d'euros courants :

2018	2019	2020
- 5	- 9	- 7

L'incidence mentionnée au premier alinéa est appréciée, une année, donnée, au regard de la situation de l'année précédente.

Art. 20 I. — Le rapport entre, d'une part, le montant annuel des dépenses fiscales et, d'autre part, la somme des recettes fiscales du budget général, nettes des remboursements et dégrèvements, et des dépenses fiscales ne peut excéder 28 % pour les années 2018 et 2019, 27 % pour l'année 2020, 26 % pour l'année 2021 et 25 % pour l'année 2022.

II. — Les créations ou extensions de dépenses fiscales instaurées par un texte promulgué à compter du 1er janvier 2018 ne sont applicables que pour une durée maximale de quatre ans, précisée par le texte qui les institue.

Art. 21 I. — Chaque année, le rapport entre, d'une part, le montant annuel des exonérations ou abattements d'assiette et réductions de taux s'appliquant aux cotisations et contributions de sécurité sociale affectées aux régimes obligatoires de base ou aux organismes concourant à leur financement et, d'autre part, la somme des recettes des régimes obligatoires de base de sécurité sociale et des organismes concourant à leur financement et des exonérations de cotisations sociales non compensées par crédit budgétaire ne peut excéder 14 %.

II. — Les créations ou extensions d'exonérations ou abattements d'assiette et de réductions de taux s'appliquant aux cotisations et contributions de sécurité sociale affectées aux régimes obligatoires de base ou aux organismes concourant à leur financement, instaurées par un texte promulgué à compter du 1er janvier 2018 ne sont applicables que pour une durée maximale de trois ans, précisée par le texte qui les institue.

TITRE II Dispositions relatives à la gestion des finances publiques et à l'information et au contrôle du Parlement

CHAPITRE PREMIER *Rapport sur la conformité des projets de loi de programmation à la loi de programmation des finances publiques*

Art. 22 Lors du dépôt au Parlement d'un projet de loi de programmation autre qu'un projet de loi de programmation des finances publiques, le Gouvernement remet au Parlement un rapport permettant de s'assurer de la cohérence du projet de loi avec la trajectoire de finances publiques figurant dans la loi de programmation des finances publiques en vigueur.

CHAPITRE II *État et opérateurs de l'État*

....

Art. 24 Le Gouvernement transmet chaque année au Parlement, avant le 1er juin, un rapport sur l'exécution des autorisations de garanties accordées en loi de finances, en application du 5° du II de l'article 34 de la loi organique n° 2001-692 du 1er août 2001 relative aux lois de finances, qui recense les garanties octroyées au cours de l'année précédente dans ce cadre.

....

CHAPITRE III *Administrations de sécurité sociale*

Art. 26 Le Gouvernement remet chaque année au Parlement, au plus tard le 15 octobre, un rapport sur la situation financière des établissements publics de santé pour le dernier exercice clos. Ce rapport fait état de l'évolution des charges et des produits par titre, de l'endettement et des dépenses d'investissement.

Art. 27 Avant la fin du premier trimestre 2018, le Gouvernement présente au Parlement un rapport sur la rénovation des relations financières entre l'État et la sécurité sociale. Ce rapport détaille l'ensemble des compensations par type de mesure, en précisant s'il s'agit de compensation totale ou partielle.

Art. 28 Le Gouvernement transmet chaque année au Parlement, avant le 15 octobre, une décomposition du solde du sous-secteur des administrations de sécurité sociale entre les régimes obligatoires de base et les organismes concourant à leur financement, les organismes concourant à l'amortissement de leur dette ou à la mise en réserve de recettes à leur profit, les autres régimes d'assurance sociale et les organismes divers de sécurité sociale.

CHAPITRE IV *Administrations publiques locales*

Art. 29 I. — Des contrats conclus à l'issue d'un dialogue entre le représentant de l'État et les régions, la collectivité de Corse, les collectivités territoriales de Martinique et de Guyane, les départements et la métropole de Lyon ont pour objet de consolider leur capacité d'autofinancement et d'organiser leur contribution à la réduction des dépenses publiques et du déficit public.

Des contrats de même nature sont conclus entre le représentant de l'État, les communes et les établissements publics de coopération intercommunale à fiscalité propre dont les dépenses réelles de fonctionnement constatées dans le compte de gestion du budget principal au titre de l'année 2016 sont supérieures à 60 millions d'euros.

Les autres collectivités territoriales et établissements publics de coopération intercommunale à fiscalité propre peuvent demander au représentant de l'État la conclusion d'un contrat.

A cette fin, les contrats déterminent sur le périmètre du budget principal de la collectivité ou de l'établissement :

1° Un objectif d'évolution des dépenses réelles de fonctionnement ;

2° Un objectif d'amélioration du besoin de financement ;

3° Et, pour les collectivités et les établissements dont la capacité de désendettement dépasse en 2016 le plafond national de référence défini au présent article, une trajectoire d'amélioration de la capacité de désendettement.

Pour les départements et la métropole de Lyon, l'évolution des dépenses réelles de fonctionnement est appréciée en déduisant du montant des dépenses constatées la part supérieure à 2 % liée à la hausse des dépenses exposées au titre du revenu de solidarité active, de l'allocation personnalisée d'autonomie et de la prestation de compensation du handicap, définies respectivement aux articles L. 262-24, L. 232-1 et L. 245-1 du code de l'action sociale et des familles.

La capacité de désendettement d'une collectivité territoriale ou d'un groupement de collectivités territoriales est définie comme le rapport entre l'encours de dette à la date de clôture des comptes et l'épargne brute de l'exercice écoulé ou en fonction de la moyenne des trois derniers exercices écoulés. Ce ratio prend en compte le budget principal. Il est défini en nombre d'années.

L'épargne brute est égale à la différence entre les recettes réelles de fonctionnement et les dépenses réelles de fonctionnement. Lorsque l'épargne brute d'une collectivité territoriale ou d'un groupement de collectivités territoriales est négative ou nulle, son montant est considéré comme égal à un euro pour le calcul de la capacité de désendettement mentionnée au neuvième alinéa du présent I.

Pour chaque type de collectivité territoriale ou de groupements, le plafond national de référence est de :

a) Douze années pour les communes et pour les établissements publics de coopération intercommunale à fiscalité propre ;

b) Dix années pour les départements et la métropole de Lyon ;

c) Neuf années pour les régions, la collectivité de Corse, les collectivités territoriales de Guyane et de Martinique.

Pour le calcul de la capacité de désendettement de la commune de Paris et du département de Paris, ces deux collectivités territoriales sont considérées comme une seule entité. Le plafond national de référence est celui des communes.

II. – Le contrat prévu au I est conclu pour une durée de trois ans, au plus tard à la fin du premier semestre 2018, pour les exercices 2018, 2019 et 2020. Il est signé par le représentant de l'État et par le maire ou le président de l'exécutif local, après approbation de l'organe délibérant de la collectivité territoriale ou de l'établissement public de coopération intercommunale à fiscalité propre.

Il peut donner lieu à un avenant modificatif sur demande de l'une des parties.

III. – Les dépenses réelles de fonctionnement s'entendent comme le total des charges nettes de l'exercice entraînant des mouvements réels au sein de la section de fonctionnement des collectivités ou établissements concernés. Elles correspondent aux opérations budgétaires comptabilisées dans les comptes de classe 6, à l'exception des opérations d'ordre budgétaire, et excluent en totalité les valeurs comptables des immobilisations cédées, les différences sur réalisations (positives) transférées en investissement et les dotations aux amortissements et provisions.

Pour l'application du deuxième alinéa du I aux communes membres de la métropole du Grand Paris, les dépenses décrites au premier alinéa du présent III sont minorées des contributions au fonds de compensation des charges territoriales.

Pour les collectivités territoriales ou établissements publics de coopération intercommunale à fiscalité propre ayant fait l'objet d'une création, d'une fusion, d'une extension ou de toute autre modification de périmètre, les comparaisons sont effectuées sur le périmètre ou la structure en vigueur au 1er janvier de l'année concernée.

IV. – Sur la base du taux national fixé au III de l'article 13, le contrat fixe le niveau maximal annuel des dépenses réelles de fonctionnement auquel la collectivité territoriale ou l'établissement public de coopération intercommunale à fiscalité propre s'engage chaque année.

A. – Le taux de croissance annuel peut être modulé à la baisse en tenant compte des trois critères suivants, dans la limite maximale de 0,15 point pour chacun des 1° à 3° du présent A, appliqué à la base 2017 :

1° La population de la collectivité territoriale ou de l'établissement public de coopération intercommunale à fiscalité propre a connu entre le 1er janvier 2013 et le

1er janvier 2018 une évolution annuelle inférieure d'au moins 0,75 point à la moyenne nationale ;

2° Le revenu moyen par habitant de la collectivité territoriale ou de l'établissement public de coopération intercommunale à fiscalité propre est supérieur de plus de 15 % au revenu moyen par habitant de l'ensemble des collectivités ;

3° Les dépenses réelles de fonctionnement de la collectivité territoriale ou de l'établissement public de coopération intercommunale à fiscalité propre ont connu une évolution supérieure d'au moins 1,5 point à l'évolution moyenne constatée pour les collectivités de la même catégorie ou les établissements publics de coopération intercommunale à fiscalité propre entre 2014 et 2016.

B. — Le taux de croissance annuel peut être modulé à la hausse en tenant compte des trois critères suivants, dans la limite maximale de 0,15 point pour chacun des 1° à 3° du présent B, appliqué à la base 2017 :

1° La population de la collectivité territoriale ou de l'établissement public de coopération intercommunale à fiscalité propre a connu entre le 1er janvier 2013 et le 1er janvier 2018 une évolution annuelle supérieure d'au moins 0,75 point à la moyenne nationale ou la moyenne annuelle de logements autorisés ayant fait l'objet d'un permis de construire ou d'une déclaration préalable en application du chapitre Ier du titre II du livre IV du code de l'urbanisme, entre 2014 et 2016, dépasse 2,5 % du nombre total de logements au 1er janvier 2014. Le nombre total de logements est celui défini par le décret pris pour l'application de l'article L. 2334-17 du code général des collectivités territoriales ;

2° Le revenu moyen par habitant de la collectivité territoriale ou de l'établissement public de coopération intercommunale à fiscalité propre est inférieur de plus de 20 % au revenu moyen par habitant de l'ensemble des collectivités ou, pour les communes et les établissements publics de coopération intercommunale à fiscalité propre, la proportion de population résidant dans les quartiers prioritaires de la politique de la ville est supérieure à 25 % ;

3° Les dépenses réelles de fonctionnement de la collectivité territoriale ou de l'établissement public de coopération intercommunale à fiscalité propre ont connu une évolution inférieure d'au moins 1,5 point à l'évolution moyenne constatée pour les collectivités de la même catégorie ou les établissements publics de coopération intercommunale à fiscalité propre entre 2014 et 2016.

C. — Le cas échéant, le contrat mentionne les critères utilisés dans la définition de l'objectif d'évolution des dépenses réelles de fonctionnement de la collectivité territoriale ou de l'établissement public de coopération intercommunale à fiscalité propre, ainsi que leur impact sur la valeur de cet objectif.

V. — A compter de 2018, il est constaté chaque année la différence entre le niveau des dépenses réelles de fonctionnement exécuté par la collectivité territoriale ou l'établissement et l'objectif annuel de dépenses fixé dans le contrat. Cette différence est appréciée sur la base des derniers comptes de gestion disponibles.

Dans le cas où cette différence est supérieure à 0, il est appliqué une reprise financière dont le montant est égal à 75 % de l'écart constaté. Le montant de cette reprise ne peut excéder 2 % des recettes réelles de fonctionnement du budget principal de l'année considérée.

Le niveau des dépenses réelles de fonctionnement considéré pour l'application du deuxième alinéa du présent V prend en compte les éléments susceptibles d'affecter leur comparaison sur plusieurs exercices, et notamment les changements de périmètre et les transferts de charges entre collectivité et établissement à fiscalité propre ou la survenance d'éléments exceptionnels affectant significativement le résultat. Le représentant de l'État propose, s'il y a lieu, le montant de la reprise financière.

La collectivité territoriale ou l'établissement public de coopération intercommunale à fiscalité propre dispose d'un mois pour adresser au représentant de l'État ses observations. Si la collectivité territoriale ou l'établissement public de coopération intercommunale à fiscalité propre présente des observations, le représentant de l'État, s'il y a lieu, arrête le montant de la reprise financière. Il en informe la collectivité ou l'établissement en assortissant cette décision d'une motivation explicite.

Si la collectivité territoriale ou l'établissement public de coopération intercommunale à fiscalité propre ne s'est pas prononcée dans le délai prescrit, le représentant de l'État arrête le montant de la reprise financière.

Le montant de la reprise est prélevé, pour les collectivités territoriales n'entrant pas dans le champ de l'article 149 de la loi n° 2016-1917 du 29 décembre 2016 de finances pour 2017, sur les douzièmes prévus aux articles L. 2332-2 et L. 3332-1-1 du code général des collectivités territoriales.

Pour les collectivités entrant dans le champ de l'article 149 de la loi n° 2016-1917 du 29 décembre 2016 précitée, le montant de la reprise est prélevé sur le montant prévu au IV du même article 149 ou sur les douzièmes prévus à l'article L. 4331-2-1 du code général des collectivités territoriales.

VI. — Pour les collectivités territoriales et établissements de coopération intercommunale à fiscalité propre entrant dans le champ des deux premiers alinéas du I du présent article et n'ayant pas signé de contrat dans les conditions prévues au même I, le représentant de l'État leur notifie un niveau maximal annuel des dépenses réelles de fonctionnement qui évolue comme l'indice mentionné au III de l'article 13, après application des conditions prévues au IV du présent article.

Ces collectivités et établissements se voient appliquer une reprise financière si l'évolution de leurs dépenses réelles de fonctionnement dépasse le niveau arrêté en application du premier alinéa du présent VI. Le montant de cette reprise est égal à 100 % du dépassement constaté.

Le montant de cette reprise ne peut excéder 2 % des recettes réelles de fonctionnement du budget principal.

Les troisième à dernier alinéas du V s'appliquent.

VII. — En cas de respect des objectifs fixés au I, le représentant de l'État peut accorder aux communes et aux établissements publics de coopération intercommunale signataires d'un contrat une majoration du taux de subvention pour les opérations bénéficiant de la dotation de soutien à l'investissement local.

VIII. — Le Gouvernement dresse un bilan de l'application des dispositions de l'article 13 et du présent article avant le débat d'orientation des finances publiques du projet de loi de finances pour 2020. Ce bilan tient compte du rapport public annuel du Conseil national d'évaluation des normes prévu à l'article L. 1212-2 du code général des collectivités territoriales.

IX. — Le dispositif prévu à l'article 13 et au présent article entre en vigueur à compter de la publication de la présente loi.

X. — Les modalités d'application du présent article sont précisées, en tant que de besoin, par un décret en Conseil d'État.

Art. 30 Le Gouvernement présente chaque année au comité des finances locales, avant la présentation du rapport prévu à l'article 48 de la loi organique n° 2001-692 du 1er août 2001 relative aux lois de finances, un bilan de l'exécution lors de l'année précédente de l'objectif d'évolution de la dépense locale fixé à l'article 13 de la présente loi. Il évalue l'impact des évolutions législatives sur l'objectif d'évolution de la dépense locale. Ce rapport est transmis aux commissions chargées des finances de l'Assemblée nationale et du Sénat.

En outre, le Gouvernement présente chaque année à ce comité une décomposition des objectifs mentionnés au III du même article 13 pour les établissements publics de *coopération intercommunale* à fiscalité propre et pour chacune des trois catégories de collectivités suivantes : régions, départements et communes. Il recueille à cette occasion l'avis du comité.

CHAPITRE V *Autres dispositions*

Art. 31 *Abrogé par L. n° 2019-1479 du 28 déc. 2019, art. 179.*

Art. 32 Le Gouvernement transmet chaque année au Parlement un bilan de la mise en œuvre de la présente loi et des articles en vigueur des précédentes lois de programmation des finances publiques. Ce bilan, décliné par sous-secteurs des administrations publiques, indique en particulier les données d'exécution, le cas échéant à périmètre constant, des objectifs et orientations prévus aux articles 2 à 5 et 8 à 21 de la présente loi. Il présente également une justification des éventuels écarts constatés entre les engagements pris dans le dernier programme de stabilité transmis à la Commission européenne et les prévisions de la présente loi.

Ce bilan est rendu public en même temps que le rapport prévu à l'article 48 de la loi organique n° 2001-692 du 1er août 2001 relative aux lois de finances.

Art. 33 Le Gouvernement transmet chaque année au Parlement une présentation précise et détaillée des deux agrégats de dépenses de l'État, prévus à l'article 9 de la présente loi. Cette présentation décompose, à périmètre constant, les différents éléments de ces deux agrégats, pour l'exercice antérieur, l'exercice en cours et l'exercice à venir.

Elle précise le montant :

1° Des crédits du budget général hors charge de la dette, pensions, investissements d'avenir et remboursements et dégrèvements ;

2° Des impositions de toutes natures plafonnées en application de l'article 46 de la loi n° 2011-1977 du 28 décembre 2011 de finances pour 2012 ;

3° Des dépenses des comptes d'affectation spéciale prises en compte dans la norme de dépenses pilotables ;

4° Des dépenses du compte de concours financier "Avances à l'audiovisuel public" ;

5° Du prélèvement sur recettes au profit de l'Union européenne ;

6° Du prélèvement sur recettes au profit des collectivités territoriales ;

7° Des dépenses des comptes d'affectation spéciale prises en compte dans le seul objectif de dépenses totales de l'État ;

8° Des dépenses d'investissements d'avenir ;

9° De la charge de la dette ;

10° De la fraction de taxe sur la valeur ajoutée affectée aux régions, au département de Mayotte et aux collectivités territoriales de Corse, de Martinique et de Guyane telle que définie à l'article 149 de la loi n° 2016-1917 du 29 décembre 2016 de finances pour 2017 ;

11° Des retraitements de flux internes au budget de l'État.

Cette présentation est rendue publique en même temps que le rapport prévu à l'article 50 de la loi organique n° 2001-692 du 1er août 2001 relative aux lois de finances.

La liste des retraitements de flux internes au budget de l'État ainsi que l'inventaire des programmes des comptes spéciaux intégrés à la norme de dépenses pilotables, d'une part, et à l'objectif de dépenses totales de l'État, d'autre part, sont indiqués chaque année en annexe au projet de loi de finances de l'année et en annexe au projet de loi de règlement des comptes et d'approbation du budget.

En cas d'exclusion de certaines dépenses du périmètre de la norme en raison de leur caractère exceptionnel, les critères ayant conduit le Gouvernement à retenir le caractère exceptionnel des dépenses considérées sont précisés en annexe au projet de loi de finances de l'année.

Art. 34 Chaque année, le Gouvernement transmet au Parlement, avant le dépôt du projet de loi de finances de l'année, la liste des huit dépenses fiscales les plus coûteuses parmi celles relatives à l'impôt sur le revenu et qui ne sont pas communes avec celles relatives à l'impôt sur les sociétés. Cette liste précise, pour chacune de ces dépenses, la distribution par décile de revenu du nombre de contribuables concernés pour les trois années précédentes.

Cette liste est rendue publique dans un format permettant sa réutilisation.

....

Art. 36 A l'exception du II de l'article 12, des articles 26 et 28, du II de l'article 30 et des articles 32 et 34, la loi n° 2014-1653 du 29 décembre 2014 de programmation des finances publiques pour les années 2014 à 2019 est abrogée.

Loi organique n° 2001-692 du 1er août 2001,

Relative aux lois de finances [LOLF] (JO 2 août 2001 ; Rect., JO 7 et 29 nov.).

BIBL. GÉN. ▶ MUZELLEC et CONAN, Finances publiques, *Sirey, coll. « Manuel intégral concours », 16e éd., 2013*. – LASCOMBE et VANDENDRIESSCHE, Finances publiques, *Dalloz, coll. « Connaissance du droit,*

8e éd., 2013. – ALBERT, Finances publiques, *Dalloz, coll. « Cours », 9e éd., 2015.* – BAUDU, Finances publiques, *Dalloz, coll. « HyperCours », 2015.* – OLIVA, Finances publiques, *Sirey, coll. « Aide-mémoire », 3e éd., 2015.* – BOUVIER, ESCLASSAN et LASSALE, Finances publiques, *LGDJ, coll. « Manuels », 15e éd., 2016.* – COLLET, Finances publiques 2016-2017, *LGDJ, coll. « Précis Domat », 2016.* – DAMAREY, Finances publiques 2016-2017, *Gualino, coll. « Mementos », 4e éd., 2016.*

Sous l'empire de l'ordonnance du 2 janvier 1959. AMSELEK, Le budget de l'État sous la Ve République, *LGDJ, 1967.* – La loi organique de 1959, trente ans après, *RFFP 1989, n° 26 (n^o^ spécial).* – DUSSART et ESPUGLAS, L'ordonnance du 2 janvier 1959 : 40 ans après, *Presses de l'Université des sciences sociales de Toulouse, 2000.* – ESPLUGAS, La place de l'ordonnance du 2 janvier 1959 dans la hiérarchie des normes, *Rev. Trésor 2000, p. 88.* – CHABERT, La réforme de l'ordonnance de 1959 sur la procédure budgétaire, *Regards sur l'actualité nov. 2001.* – PELLET, LF et LFSS : deux propositions supplémentaires de réforme de l'ordonnance organique du 2 janvier 1959, *RFFP 2001, n° 73.* – TALLINEAU, Quarante ans de propositions de réforme de l'ordonnance du 2 janvier 1959, *RFFP 2001, n° 73, p. 19.*

Naissance de la LOLF (2001-2005). HOCHEDEZ, Vers une revivification du débat budgétaire à l'Assemblée nationale ?, *RFFP 2000, n° 72, p. 203.* – ABATE, Faut-il changer la gestion de l'État ?, *RFFP 2001, n° 73.* – BOUVIER, La loi organique du 1er août 2001 relative aux lois de finances, *AJDA 2001. 876* . – HERTZOG, Une grande première : la réforme du droit budgétaire de l'État par le Parlement, *RFFP 2001, n° 73, p. 7.* – HOCHEDEZ, La genèse de la loi organique du 1er août 2001 relative aux lois de finances : un processus parlementaire exemplaire, *RFFP 2001, n° 76, p. 51.* – LASCOMBE et VANDENDRIESSCHE, Le contrôle parlementaire et la proposition de loi organique du 12 juillet 2000, *RFFP 2001, n° 73.* – LAUZE, La loi organique devant le Conseil constitutionnel : une conformité sous réserves, *RFFP 2001, n° 76.* – LAYER, Vers un dépassement des pratiques gouvernementales de révision des services votés, ou le retour du Parlement dans l'évaluation des crédits de la loi de finances, *RFFP 2001, n° 75, p. 157.* – LEVOYER, La contribution du droit de l'UEM à la rénovation des finances publiques nationales, *Rev. Trésor 2001, p. 3.* – LUCHAIRE, La loi organique relative aux lois de finances devant le Conseil constitutionnel, *RD publ. 2001, p. 1455.* – MAHIEUX, La LOLF, *RFFP 2001, n° 76* ; Mettre en œuvre la réforme, *RFFP 2001, n° 76.* – MIGAUD, Moderniser la gestion publique et renforcer le pouvoir budgétaire du Parlement, *RFFP 2001, n° 73* ; Un double objectif : modernisation de l'État, approfondissement de la démocratie, *RFFP 2001, n° 76.* – PARLY, La loi organique du 1er août 2001 : un levier essentiel de la réforme de l'État, *RFFP 2001, n° 76.* – PHILIP, Moderniser la dépense et la gestion publiques, *RFFP 2001, n° 73.* – PRADA, La loi organique relative aux lois de finances : point de départ d'une réforme de l'État, *RFFP 2001, n° 76.* – SCHOETTL, La nouvelle constitution financière de la France, *LPA 13 sept. 2001.* – TALLINEAU, La loi organique du 1er août 2001 relative aux lois de finances, *RFDA 2001. 1205* ; La loi organique relative aux lois de finances, *RFFP 2001, n° 76 (n^o^ spécial).* – ABATE, La réforme budgétaire et les attentes de la nouvelle gestion publique, *RFFP 2002, n° 77.* – BOUVIER, Mutations des finances publiques et crise du pouvoir politique ?, *RFFP 2002, n° 79.* – HERTZOG, Les pouvoirs financiers du Parlement, *RD publ. 2002, p. 298.* – JAN, Le Conseil constitutionnel et la nouvelle loi organique du 1er août 2001 relative aux lois de finances, *AJDA 2002. 59* . – LEVOYER, Le paradoxe communautaire de la loi organique du 1er août 2001 relative aux lois de finances, *Rev. Trésor 2002, p. 103* ; L'influence du droit communautaire sur le pouvoir financier du parlement français, *LGDJ, 2002.* – MAHIEUX, La maîtrise des dépenses publiques, *RFFP 2002, n° 77.* – MIGAUD, Pour un suivi de l'application de la LOLF, *RFFP 2002, n° 80.* – MORDACQ, La moderfie en marche, *RFFP 2003, n° 82.* – RUIS, La loi organique relative aux lois de finances : vers une nouvelle gestion publique, *Rev. Trésor 2002, p. 170.* – TALLINEAU, La loi organique du 1er août 2001 et le droit constitutionnel des finances publiques, *RFFP 2002, n° 79, p. 13.* – ABATE, La réforme budgétaire ; un modèle de rechange pour la gestion de l'État ?, *RFFP 2003, n° 82.* – BOUVIER, La nouvelle gestion publique comme condition de la nouvelle gouvernance, *RFFP 2003, n° 82.* – CANNAC, La LOLF : une chance et un défi, *RFFP 2003, n° 82.* – DAMAREY, L'administration confrontée à la mise en œuvre de la LOLF, *AJDA 2003. 1964* . – LAMBERT (A.), La mise en œuvre de la LOLF : un chantier de conduite de changements, *RFFP 2003, n° 82.* – LEVOYER, La loi organique du 1er août 2001 et le pouvoir de contrôle budgétaire du Parlement, *RFDA 2003. 579* . – MAHIEUX, La nouvelle constitution budgétaire et les méthodes de contrôle, *RFFP 2003, n° 82.* – MIGAUD, Mise en œuvre de la LOLF : les évolutions dans les relations entre l'exécutif et le législatif, *RFFP 2003, n° 82.* – POLI, Les indicateurs de performance de la dépense publique, *RFFP 2003, n° 82.* – SEGUIN, La LOLF et la modernisation de la gestion publique, *RFFP 2003, n° 82.* – SUET, Après la réforme de la LOLF. Un nouveau partage des responsabilités ?, *RFFP 2003, n° 82.* – ARTHUIS, Réflexions à propos de la mise en œuvre de la LOLF, *RFFP 2004, n° 82.* – AVRIL, L'intégration des pratiques budgétaires dans la LOLF, *RFFP 2004, n° 86.* – BARILARI, La mise en œuvre de la LOLF : une occasion pour repenser en profondeur l'action administrative, *Rev. Trésor 2004, p. 259.* – BOUVIER, Nouvelle gouvernance et philosophie de la LOLF : aux frontières du réel et de l'utopie, *RFFP 2004, n° 86* ; Pour une nouvelle gouvernance financière, *RFFP 2004, n° 87* ; Réforme des finances publiques, démocratie et bonne gouvernance, *LGDJ, 2004*. - Cannac, La LOLF et le débat budgétaire, *RFFP 2004, n° 88*. - Conan, La prise en compte des rapports de la Cour des comptes dans l'élaboration de la LOLF, *RFFP 2004, n° 86*. - Desmoulin, La loi organique relative aux lois de finances ou le renouveau de la règle des quatre temps alternés, *Rev. Trésor 2004, p. 503*. - Duhamel, La préparation de la loi de finances et les arbitrages budgétaires, *RFFP 2004, n° 88*. - Hochedez, La formation de la LOLF, *RFFP 2004, n° 86*. - Lascombe et Vandendriessche, La LOLF et la nécessaire refonte de la responsabilité des ordonnateurs et des comptables, *RFDA 2004. 398*. - Levoyer, L'influence du droit communautaire sur la loi organique du 1er août 2001, *RFFP 2004, n° 86*. - Migaud, Réflexions sur l'avenir de la loi organique, *RFFP 2004, n° 87*. - Oliva, La prise en considération de la jurisprudence du Conseil constitutionnel au cours de l'élaboration de la LOLF, *RFFP 2004, n° 86*. - Robert, La procédure budgétaire au Parlement : perspectives ouvertes par la LOLF, *RFFP 2004, n° 87*. - Sinnassamy, Vers une culture de responsabilité au service de la réforme de l'État : la LOLF trois ans après, *Rev. Trésor 2004, p. 602*. - Trosa, La LOLF et la réforme du management public, *RFFP 2004, n° 88*. - Bedague-Hamilius et Raude, Historique de la LOLF, *Regards sur l'actualité 2005, n° 316, p. 5*. - Barilari, La nouvelle gouvernance financière de l'État et l'évolution des dispositifs de contrôle, *Rev. Trésor 2005, p. 275*. - Baslé, L'économie de la loi organique du 1er août 2001 et l'évaluation. La théorie, les premières pratiques, l'approfondissement nécessaire du lien entre évaluation et procédure budgétaire, in *Constitution et finances publiques, Études en l'honneur de Loïc Philip, Economica 2005, p. 265*. - Bouvier, Réhabiliter et refonder la science des finances publiques, *in Mél. Paul Amselek, Bruylant 2005, p. 131*. - Colly, Les emprunts de l'État et la LOLF, in *Constitution et finances publiques, Études en l'honneur de Loïc Philip, Economica 2005, p. 365*. - Klein, La LOLF, nouveau budget, nouvelle gestion publique, *Regards sur l'actualité 2005, n° 316, p. 15*. - Maucour-Isabelle, La loi organique du 1er août 2001 et la rénovation des pouvoirs budgétaires du Parlement, *Dalloz, Nouvelle bibliothèque de thèses 2005*. - Mordacq, La mise en œuvre de la LOLF ; état des lieux avant le 1er janvier 2006, *Rev. Trésor 2005, p. 571*. - Oliva, Essai de définition normative du domaine des finances publiques, in *Constitution et finances publiques, Études en l'honneur de Loïc Philip, Économica 2005, p. 493*. - Reisman et Faure, Les acteurs de l'État déconcentré et la préparation de la LOLF à la veille de son entrée en vigueur, *Rev. Trésor 2005. 582*.

La LOLF et la nouvelle gestion publique (depuis 2006). Barilari, Réflexions sur la gouvernance des programmes (méthodes, outils, procédures) à la disposition des responsables de programme afin de mobiliser les réseaux déconcentrés, *Rev. Trésor 2006. 91*. - Catteau, La LOLF et la modernisation de la gestion publique, *Dalloz, 2007, Nouvelle Bibliothèque des thèses*. - Caumeil, Contrôle comptable et contrôle interne comptable dans le cadre de la loi organique sur les lois de finances, *Rev. Trésor 2006. 99 et 177*. - Chevalier, La réforme budgétaire et la gestion des ressources humaines : quelles conséquences pour la fonction publique ?, *AJDA 2006. 523*. - Hertzog, Quelques aspects de la loi organique relative aux lois de finances dans ses rapports avec le système administratif, *AJDA 2006. 531*. - Lascombe et Vandendriessche, Le droit dérivé de la LOLF, *AJDA 2006. 538*. - La LOLF et les institutions politiques, *RFFP 2006, n° 94 (n° spécial)*. - Crucis, La gestion publique en mode LOLF : quel genre ?, *AJDA 2008. 1017*. - Barilari et Bouvier, La nouvelle gouvernance financière de l'État, *LGDJ, coll. « Systèmes », 3e éd., 2010*. - Camby (dir.), La réforme du budget de l'État. La loi organique relative aux lois de finances, *LGDJ, coll. « Systèmes », 3e éd., 2011*. - Mordacq, Premier bilan de la LOLF, cinq ans après sa mise en œuvre, *RFFP 2011, n° 116, p. 83*. - Chaffardon et Joye, La LOLF a dix ans : un rendez-vous (déjà) manqué ?, *RD publ. 2012, p. 287*. - Delon-Desmoulin, La mise en œuvre de la LOLF : un bilan pour de nouvelles perspectives, *Gestion et fin. publ. 2012, n° 5, p. 10*. - Mordacq, Six ans de pratique de la LOLF : une maturité progressive, *Gestion et fin. publ. 2012, n° 4, p. 32*. - Abate, La nouvelle gestion publique, *LGDJ, coll. « Systèmes », 2e éd., 2014*. - Catteau, Droit budgétaire - Comptabilité publique : LOLF et GBCP, *Hachette, 2013*. - Delon-Desmoulin et Desmoulin, La décision financière publique, *LGDJ, coll. « Systèmes », 2013*. - Jan, Parlement et Cour des comptes, *Pouvoirs, 2013, n° 146, p. 107*. - Trosa, Réforme de l'État, LOLF et management : lassitude ou espoir ?, *Gestion et fin. publ. 2016, n° 5, p. 78*.

Les principes budgétaires. Camby, Le Conseil constitutionnel et les principes du droit budgétaire, *RFFP 1995, n° 51*. - Lauze, Les grands principes du droit budgétaire d'une loi organique à l'autre, *RD publ. 2001, p. 1691*. - Saidj, Pour un principe (au moins provisoire...) de globalité budgétaire, *in Constitution et finances publiques, Études en l'honneur de Loïc Philip, Economica 2005, p. 563*.

Performance et pratique de la LOLF. Barilari, Réflexions sur la gouvernance des programmes (méthodes, outils, procédures à la disposition des responsables de programme afin de mobiliser les réseaux déconcentrés), *Rev. Trésor 2005. 91*. - Montay et Simmony, La démarche des budgets opérationnels de dépense (BOP) : une gestion publique en prise directe avec les réalités des services et des territoires, *Rev. Trésor 2005, p. 95*. - Lamarque, Le contrôle de la performance, *Rev. Trésor 2005, p. 158*. - Roy, Le dialogue de gestion dans la sphère publique vu par un responsable de BOP, *Gestion et fin. publ., déc. 2012, p. 14*. - Mordacq et Verdier, Les 10 ans de la réingénierie des processus financiers de l'État, *Gestion et fin. publ. 2015, n° 7/8, p. 18.* – Zahed, La démarche de performance dans la gestion publique, *Gestion et fin. publ. 2016, n° 5, p. 97.*

TITRE PREMIER Des lois de finances

Art. 1er Dans les conditions et sous les réserves prévues par la présente loi organique, les lois de finances déterminent, pour un exercice, la nature, le montant et l'affectation des ressources et des charges de l'État, ainsi que l'équilibre budgétaire et financier qui en résulte. Elles tiennent compte d'un équilibre économique défini, ainsi que des objectifs et des résultats des programmes qu'elles déterminent.

L'exercice s'étend sur une année civile.

Ont le caractère de lois de finances :

1° La loi de finances de l'année et les lois de finances rectificatives ;

2° La loi de règlement ;

3° Les lois prévues à l'article 45.

[V. références des décisions du Conseil constitutionnel dans le tableau DC]

I. PORTÉE DE LA LOI ORGANIQUE

1. Dès lors qu'une LF est contraire aux prescriptions de la présente loi organique, elle est, par suite, contraire à la Constitution. • Cons. const. 29 déc. 2005, n° 2005-530 DC. ♦ Principe fixé sous l'empire de l'Ord. du 2 janv. 1959 portant loi organique sur les lois de finances. • Cons. const. 11 août 1960, n° 60-8 DC § 5. ♦ V. commentaires et annotations ss. Const. 58, art. 61.

2. Domaine de la loi organique. En imposant à la loi de finances d'inscrire chaque année, en ressources du compte d'affectation spéciale intitulé « compte d'emploi de la redevance audiovisuelle », une somme égale au montant des exonérations de redevance audiovisuelle, la disposition incriminée fixe une règle relative au contenu obligatoire des lois de finances ; il n'appartient qu'à la loi organique d'imposer une prescription au législateur financier. • Cons. const. 27 juill. 2000, n° 2000-433 DC. ♦ La disposition d'une loi ordinaire prévoyant que « le montant et les conditions de recouvrement des redevances cynégétiques sont fixés annuellement par la loi de finances » a trait à la définition du contenu obligatoire des lois de finances et appartient dès lors au domaine d'intervention de la loi organique *dont elle ne se borne pas à tirer* les conséquences. • Cons. const. 20 juill. 2000, n° 2000-434 DC. ♦ Une disposition prévoyant que la mise en œuvre des opérations sur instruments financiers que le ministre de la défense est autorisé à effectuer en vue de couvrir les risques relatifs aux variations de prix des approvisionnements en produits pétroliers nécessaires aux besoins des armées est retracée, à compter de l'exercice 2006, par le « rapport annuel de performances » empiète sur le domaine réservé par la Constitution à la loi organique. • Cons. const. 29 déc. 2003, n° 2003-488 DC § 24 et 25 • Cons. const. 29 déc. 2003, n° 2003-489 DC § 44.

3. La nouvelle loi organique du 1er août 2001 a été soumise au contrôle obligatoire du Conseil constitutionnel qui en a indiqué les modalités d'interprétation et a émis plusieurs réserves. • Cons. const. 25 juill. 2001, n° 2001-448 DC.

4. Moyen soulevé d'office. Au besoin, le juge soulève même d'office les violations de la loi organique • Cons. const. 29 déc. 1994, n° 94-351 DC § 27 • Cons. const. 16 déc. 1993, n° 93-328 DC § 15 • Cons. const. 27 déc. 1973, n° 73-51 DC § 5.

5. Portée du contrôle. La portée du contrôle ainsi opéré peut être variée. Le Conseil constitutionnel peut déclarer contraire à la Constitution toute la LF. • Cons. const. 24 déc. 1979, n° 79-110 DC. ♦ ... Un ou plusieurs des art. qui la composent. • Cons. const. 11 août 1960, n° 60-8 DC § 5 et 6.

6. Si, jusqu'en 1974, le contrôle de constitutionnalité des LF était essentiellement destiné à garantir le gouvernement contre les dispositions introduites par les parlementaires dans la LF contre sa volonté, le Conseil constitutionnel sanctionne désormais toutes les violations de la loi organique qu'elles soient commises par les parlementaires ou par le gouvernement. • Cons. const. 30 déc. 1974, n° 74-53 DC. ♦ V. déjà à propos d'un amendement parlementaire mais reprenant une ancienne disposition d'origine gouvernementale non adoptée, • Cons. const. 27 déc. 1973, n° 73-51 DC § 5.

II. NATURE DES LOIS DE FINANCES

7. Nature juridique des LF. Le juge administratif refuse de voir dans les dispositions financières des LF une matière pouvant servir de base à une annulation contentieuse. Ainsi par exemple, le Gouvernement peut légalement accorder par décret à des fonctionnaires une indemnité inférieure au crédit prévu à cet effet par la LF. • CE 28 mars 1924, *Jaurou : D. 1924. III. 29.* ♦ Dans le même ordred'idées, un fonctionnaire ne peut se prévaloir de l'inscription de son emploi au budget pour soutenir qu'il ne pouvait être supprimé. • CE 26 juill. 1946, *Valent-Falandry : Lebon 221.* ♦ De même encore, une activité contraire à une loi ordinaire ne devient pas pour autant licite dès lors qu'une LF lui ouvre un crédit. • CE 13 nov. 1953, *Chambre syndicale du commerce des armes : D. 1954. 550.* ♦ L'inscription d'une mesure nouvelle dans un fascicule annexé à la LF a un caractère purement budgétaire et ne saurait fournir une base légale à une circulaire. • CE 20 mars 2002, *M. Masquelet*, n° 223623 A. ♦ De même, un ministre ne peut légalement s'exonérer du remboursement de frais de déplacement dus en se prévalant de l'insuffisance des crédits budgétaires pour ce faire. • CE 18 déc. 2002, *Assoc. permanente des chambres des métiers*, n° 243684 B.

8. Actes d'autorisation et de prévision. Les LF constituent des actes d'autorisation et de prévision des ressources et des charges de l'État. • Cons. const. 30 déc. 1979, n° 79-111 DC § 3 et 4. ♦ Le principe d'unité budgétaire répond au double impératif d'assurer la clarté des comptes de l'État et de permettre un contrôle efficace par le Parlement. • Cons. const. 25 juill. 2001, n° 2001-448 DC.

9. La sous-évaluation systématique des crédits de certains ministères porte atteinte à ce caractère d'acte de prévision et d'autorisation, dès lors qu'elle ne se justifie pas par le caractère imprévisible des dépenses en cause. • C. comptes, 17 juin 1997 : *Rapport public particulier « la gestion budgétaire et la programmation au ministère de la défense »*, occ. 2-6.

III. ÉQUILIBRE BUDGÉTAIRE ET FINANCIER

10. Nature de l'équilibre. Le Conseil constitutionnel avait érigé en « principe fondamental » « l'équilibre économique et financier ». • Cons. const. 24 déc. 1979, n° 79-110 DC. ♦ La notion d'équilibre ne suppose pas d'atteindre une égalité comptable du montant des ressources et des charges, mais exige que le déséquilibre éventuel soit compatible avec les intérêts économiques du pays. • Cons. const. 24 juill. 1991, n° 91-298 DC § 9.

11. C'est précisément l'objet de la première partie de la LF que de définir les conditions générales de l'équilibre économique et financier pour une année ; l'article d'équilibre, c'est-à-dire celui qui évalue les recettes et fixe les plafonds de charges, permet d'arrêter ainsi les conditions générales de l'équilibre financier pour une année, constituant dès lors la raison d'être de la première partie indispensable pour qu'elle puisse remplir son objet. • Cons. const. 24 déc. 1979, n° 79-110 DC • Cons. const. 9 juin 1992, n° 92-309 DC § 8 et 10.

12. Des mesures prises par voie d'ordonnance de l'art. 38 Const. ne peuvent empiéter sur le domaine exclusif des LF, en l'occurrence la détermination de l'équilibre économique et financier. • Cons. const. 30 déc. 1995, n° 95-370 DC § 29 et 30.

13. Évolution de l'équilibre. La censure par le juge constitutionnel d'une disposition fiscale ne remet pas nécessairement en cause les données générales de l'équilibre, même si ces dispositions figurent en première partie de la LF. • Cons. const. 30 déc. 1996, n° 96-385 DC § 8 • Cons. const. 30 déc. 1997, n° 97-395 DC § 24.

14. Les modifications apportées à un projet de LFR, même si elles comportent une augmentation substantielle des ressources et des charges initialement prévues, n'entraînent pas nécessairement un bouleversement des conditions générales de l'équilibre économique et financier, compte tenu notamment de l'objet et de la portée des ajustements réalisés. • Cons. const. 21 juin 1993, n° 93-320 DC § 8.

15. Le fait qu'une majoration d'impôt ait été supprimée de la LFI pour être transférée dans la LFR portant sur l'exercice précédent, ne porte pas atteinte à l'équilibre de la LF puisque les impôts précédemment perçus continuent de l'être en vertu des dispositions de l'art. 1er de la LF. • Cons. const. 29 déc. 1989, n° 89-268 DC § 16.

16. V. aussi notes ss. LOLF, art. 33.

TITRE II Des ressources et des charges de l'État

Art. 2 Les ressources et les charges de l'État comprennent les ressources et les charges budgétaires ainsi que les ressources et les charges de trésorerie.

Les impositions de toute nature ne peuvent être directement affectées à un tiers qu'à *raison des missions de service public* confiées à lui et sous les réserves prévues par les articles 34, 36 et 51.

[V. références des décisions du Conseil constitutionnel dans le tableau DC]

Sur le périmètre et la nature des opérations de trésorerie, V. notes ss. LOLF, art. 26 et 34.

1. Définir les périmètres respectifs du budget de l'État et de ses comptes de trésorerie, c'est à la fois contribuer à fixer les conditions dans lesquelles sont déterminées les ressources et les charges de l'État et préciser le champ et la portée des autorisations demandées au Parlement. • CE 21 déc. 2000, *Avis sur la proposition de LO relative aux lois de finances : AN n° 2908 p. 611.*

2. Affectation. La loi ne peut affecter directement à un tiers des impositions de toutes natures « qu'à raison des missions de service public confiées à lui », sous la triple condition que la perception de ces impositions soit autorisée par la loi de finances de l'année, que, lorsque l'imposition concernée a été établie au profit de l'État, ce soit une loi de finances qui procède à cette affectation et qu'enfin le projet de loi de finances de l'année soit accompagné d'une annexe explicative concernant la liste et l'évaluation de ces impositions ; ces dispositions respectent à la fois les art. 13 et 14 de la Déclaration de 1789 et le premier al. de l'art. 47 Const., lequel habilite la loi organique à prévoir de telles conditions. • Cons. const. 25 juill. 2001, n° 2001-448 DC.

3. L'Agence centrale des organismes de sécurité sociale, établissement public national à caractère administratif, les caisses nationales de sécurité sociale, établissements publics nationaux à caractère administratif, ainsi que des régimes particuliers de sécurité sociale, lesquels assurent essentiellement la gestion d'un service public, peuvent se voir affecter certaines impositions jusque-là établies au profit de l'État. • Cons. const. 29 déc. 2005, n° 2005-530 DC § 58. ♦ La Caisse de garantie du logement locatif social, qui gère un fonds contribuant au développement et à l'amélioration du parc de logements locatifs sociaux appartenant aux organismes d'habitations à loyer modéré et aux sociétés d'économie mixte, ainsi qu'à la rénovation urbaine, peut se voir affecter un prélèvement sur le potentiel financier des organismes d'habitations à loyer modéré et les sociétés d'économie mixte qui disposent d'un patrimoine locatif conventionné. • Cons. const. 28 déc. 2010, n° 2010-622 DC § 42.

4. En principe, les prélèvements perçus par voie d'autorité au profit des personnes publiques ou des personnes privées chargées d'une mission de service public et qui n'ont pas le caractère d'une redevance pour services rendus, constituent des impositions dont il appartient *au législateur de fixer les règles concernant* l'assiette, le taux et les modalités de recouvrement. • CE 23 juin 2000, *Ch. synd. du transport aérien et Féd. nat. de l'aviation marchande,* n° 189168 A.

5. Même si elle a été créée pour compenser la disparition de la publicité à la télévision publique, la taxe mise à la charge des opérateurs de communications électroniques constitue une recette du budget général de l'État concourant aux conditions générales de l'équilibre budgétaire. Dès lors, le report de la date de cessation totale de la publicité sur les chaînes du groupe France Télévisions ne saurait caractériser un changement des circonstances de droit permettant de justifier une QPC alors que le Cons. const. a, par une décision n° 2009-577 DC du 3 mars 2009, dans ses motifs et son dispositif, déclaré cette disposition conforme à la Const. • CE 10 oct. 2011, *SFR,* n° 350872 : *AJDA 2012. 119* .

6. Le législateur ne peut, sans méconnaître l'étendue de sa compétence, renvoyer au pouvoir réglementaire le soin de fixer les critères d'affectation d'une partie des recettes provenant d'une imposition ; en ne prévoyant aucun encadrement de la détermination par le pouvoir réglementaire de la fraction du produit de la taxe d'apprentissage affectée aux centres de formation d'apprentis et aux sections d'apprentissage, le législateur a méconnu l'étendue de sa compétence. • Cons. const. 29 nov. 2013, n° 2013-684 DC § 26.

7. Impositions affectées à la sécurité sociale. Présentent les caractéristiques d'un prélèvement de nature fiscale et ont par conséquent leur place dans une LF alors même qu'ils sont destinés au financement d'organismes de sécurité sociale : la contribution sociale généralisée. • Cons. const. 28 déc. 1990, n° 90-285. ♦ Toutefois, aucun principe, non plus qu'aucune règle de valeur constitutionnelle ou organique, ne fait obstacle à ce qu'une fraction du produit de la « contribution sociale généralisée », qui relève de la catégorie des « impositions de toute nature » au sens de l'art. 34 Const., soit employée à d'autres fins que le financement des régimes de sécurité sociale. • Cons. const. 18 juill. 2001, n° 2001-447 DC. ♦ ... La contribution sociale de solidarité mise à la charge des sociétés. • Cons. const. 30 déc. 1991, n° 91-302 DC § 12. ♦ ... La « cotisation de solidarité » instituée par l'art. 1126 C. rur., qui est soumise à des règles voisines de celles applicables à la contribution sociale de solidarité ; par conséquent une disposition procédant à son abrogation est au nombre de celles pouvant être comprises dans une LF. • Cons. const. 30 déc. 1991, n° 91-302 DC § 13. ♦ ... La contribution au remboursement de la dette sociale. • CE 4 nov. 1996, *Assoc. de défense des Sté de course des hippodromes de province et a. : Lebon 427* ; *RJS 1997, n° 197.* ♦ L'art. qui en modifie l'assiette a sa place en loi de finances alors même que cette imposition est affectée à un établissement public, la Caisse d'amortissement de la dette sociale. • Cons. const. 28 déc. 2000, n° 2000-442 DC.

8. Collectivités locales. La plénitude de compétence fiscale du parlement s'étend aux impositions locales. Le législateur peut ainsi : supprimer la part régionale de la taxe d'habitation. • Cons. const. 12 juill. 2000, n° 2000-432 DC. ♦ ... Supprimer, pour l'essentiel, la vignette automobile. • Cons. const. 28 déc. 2000, n° 2000-442 DC. ♦ V. déjà • Cons. const. 29 déc. 1998, n° 98-405 DC. ♦ Ces modifications ne doivent pas avoir pour effet de restreindre les ressources fiscales des collectivités territoriales au point d'entraver leur libre administration. • Cons. const. 25 juill. 1990, n° 90-277 DC • Cons. const. 6 mai 1991, n° 91-291 DC • Cons. const. 24 juill. 1991, n° 91-298 DC. ♦ La Cour des comptes note que les frais d'assiette et de recouvrement des impositions locales constituent en fait un complément d'imposition dont la charge est supportée par le contribuable ; s'ils sont classés en recettes non fiscales du budget de l'État, leur nature fiscale ne doit pas être perdue de vue et ils sont d'ailleurs, en comptabilité nationale, traités comme des prélèvements obligatoires. • C. comptes, 18 juin 2002 : *Rapport sur l'exécution des LF pour 2001. 43.*

9. Établissements publics. Les taxes perçues au profit d'EPA n'ayant pas la qualification de rémunération de services rendus sont des impositions de toute nature qui relèvent de la compétence du législateur. • Cons. const. 23 juin 1982, n° 82-124 L § 2 • CE, ass., 20 déc. 1985, *Synd. nat. des industriels de l'alimentation animale : Lebon 381* • CE 26 oct. 1990, *Union féd. des consommateurs : Lebon 291 ; CJEG 1991. 57, concl. Fouquet.* ♦ Les redevances perçues par les agences de bassin destinées à assurer le financement des dépenses de toute nature qui leur incombent constituent des recettes fiscales ayant leur place en LF. • Cons. const. 23 juin 1982, n° 82-124 L § 2.

CHAPITRE PREMIER *Des ressources et des charges budgétaires*

Art. 3 Les ressources budgétaires de l'État comprennent :

1° Des impositions de toute nature ;

2° Les revenus courants de ses activités industrielles et commerciales, de son domaine, de ses participations financières ainsi que de ses autres actifs et droits, les rémunérations des services rendus par lui, les retenues et cotisations sociales établies à son profit, le produit des amendes, les versements d'organismes publics et privés autres que ceux relevant des opérations de trésorerie, et les produits résultant des opérations de trésorerie autres que les primes à l'émission d'emprunts de l'État ;

3° Les fonds de concours, ainsi que les dons et legs consentis à son profit ;

4° Les revenus courants divers ;

5° Les remboursements des prêts et avances ;

6° Les produits de ses participations financières ainsi que de ses autres actifs et droits de cession de son domaine ;

7° Les produits exceptionnels divers.

Sur les rémunérations des services rendus, V. notes ss. art. 4.

Sur les fonds de concours, V. notes ss. art. 17.

[V. références des décisions du Conseil constitutionnel dans le tableau DC]

1. Bien que constituant des ressources budgétaires de l'État, les recettes non fiscales ne doivent pas nécessairement être créées par une LF. • Cons. const. 24 juill. 1991, n° 91-298 DC § 17.

2. Le produit des contributions sociales devant être versées à la caisse nationale des allocations familiales et non à l'État, ces contributions sociales sont par elles-mêmes sans effet sur les ressources de l'État pour le nouvel exercice. • Cons. const. 28 déc. 1990, n° 90-285 DC § 19.

I. IMPOSITIONS DE TOUTE NATURE

3. *Sur le principe d'égalité en matière fiscale,* V. notes 198 s. ss. art. 34 Const.

A. COMPÉTENCE EN MATIÈRE FISCALE

4. Les dispositions fiscales ne font pas partie du domaine exclusif des LF ; elles peuvent dès lors être contenues dans : une loi ordinaire. • Cons. const. 30 juill. 1982, n° 82-143 DC § 1 • Cons. const. 27 juill. 1995, n° 95-365 DC § 3. ♦ ... Dans une LFSS. • Cons. const. 18 déc. 1997, n° 97-393 DC § 7 (sol. impl.). ♦ ... Dans une ordonnance. • Cons. const. 30 déc. 1995, n° 95-370 DC § 21.

5. Il n'y a pas lieu à cet égard de distinguer selon que les dispositions en cause affectent ou non l'exécution du budget de l'exercice en cours. • Cons. const. 24 juill. 1991, n° 91-298 DC § 5.

6. Respect de l'initiative parlementaire. Cette compétence partagée permet d'éviter que les parlementaires ne disposent, en matière fiscale, que de l'exercice du droit d'amendement, dès lors que l'initiative des LF appartient exclusivement au Premier ministre. • Cons. const. 24 juill. 1991, n° 91-298 DC § 6. ♦ Par suite, la circonstance qu'une proposition de loi ait contenu une disposition similaire à celle d'un projet de LF antérieurement déposé ne saurait faire obstacle au droit d'initiative des lois reconnu aux parlementaires dès lors que la disposition en cause n'appartient pas au domaine exclusivement réservé aux LF. • Cons. const. 24 juill. 1991, n° 91-298 DC § 5. ♦ Les parlementaires peuvent proposer l'entrée en vigueur anticipée d'une disposition fiscale contenue dans un projet de LF sous la forme d'une proposition de loi et non exclusivement sous la forme d'un amendement audit projet de loi. • Cons. const. 24 juill. 1991, n° 91-298 DC § 2.

7. ***Incompétence négative.*** Le Conseil constitutionnel sanctionne l'incompétence négative du législateur qui est tenu d'exercer effectivement lui-même la plénitude de sa compétence en matière fiscale ; il ne peut, sous peine de non-conformité à la Constitution, en déléguer une partie au pouvoir réglementaire en lui laissant par exemple le soin de déterminer la date d'entrée en vigueur d'une disposition fiscale. • Cons. const. 30 déc. 1982, n° 82-155 DC § 7 • Cons. const. 29 déc. 1986, n° 86-223 DC § 14.

B. NOTION D'IMPOSITION DE TOUTE NATURE

1° ONT UNE NATURE FISCALE

8. Présentent les caractéristiques d'un prélèvement de nature fiscale et ont par conséquent leur place dans une LF : la contribution pour l'assurance de la construction. • Cons. const. 28 juin 1982, n° 82-140 DC § 5. ♦ ... La taxe sur les allumettes et les briquets et la taxe de sûreté due par les entreprises de transport aérien. • Cons. const. 29 déc. 1986, n° 86-221 DC § 7 et 8. ♦ ... La contribution fixe établie en pourcentage du montant annuel du plafond de la sécurité sociale en vigueur au 1er janv. de l'année d'imposition qui est substituée à la majoration variable du droit fixe de la taxe pour frais de la chambre des métiers destinée à financer la formation continue des artisans prévues à l'art. 1601 CGI. • Cons. const. 30 déc. 1996, n° 96-385 DC § 38. ♦ ... Les redevances cynégétiques versées par les chasseurs lors de la validation de leur permis de chasser en application de l'art. L. 223-16 C. rur. [C. envir., art. L. 423-19] • Cons. const. 20 juill. *2000, n° 2000-434 DC.* ♦ ... La redevance d'archéologie préventive due par certaines personnes publiques ou privées souhaitant exécuter, sur un terrain d'une superficie égale ou supérieure à 3 000 mètres carrés, des travaux affectant le sous-sol. • Cons. const. 31 juill. 2003, n° 2003-480 DC. ♦ ... La CSG. • Cons. const. 28 déc. 1990, n° 90-285 DC § 9 et 24 • Cons. const. 16 août 2007, n° 2007-555 DC § 25. ♦ ... La CRDS. • Cons. const. 28 déc. 2000, n° 2000-442 DC § 27 • Cons. const. 16 août 2007, n° 2007-555 DC § 25. ♦ ... Le prélèvement social de 2 % et la contribution additionnelle affectée à la Caisse nationale de solidarité pour l'autonomie. • Cons. const. 16 août 2007, n° 2007-555 DC § 25. ♦ ... Les frais d'assiette et de recouvrement des impôts locaux, prélevés par l'État en vertu de l'art. 1641 CGI, présentent le caractère d'une « imposition de toute nature » perçue au profit de l'État. • Cons. const. 25 juill. 1990, n° 90-277 DC § 16 et s. • Cons. const. 29 déc. 1993, n° 93-330 DC § 2 • Cons. const. 28 déc. 1995, n° 95-369 DC § 13 • Cons. const. 6 août 2009, n° 2009-585 DC § 5.

9. ***Contrôle et recouvrement.*** Ont une nature fiscale et entrent dès lors dans le champ des LF les dispositions qui, sans définir un impôt, étendent aux comptables chargés du recouvrement des impôts le droit à communication reconnu aux fonctionnaires des impôts chargés d'assurer l'assiette et le contrôle des impôts, qui autorisent la communication de renseignements entre les administrations financières et les administrations des États membres de la CEE pour l'établissement et le recouvrement des impôts sur le revenu et sur la fortune ainsi que la TVA ou qui fixent les modalités et les garanties applicables au recouvrement des frais d'aide judiciaire. • Cons. const. 31 déc. 1981, n° 81-136 DC. ♦ ... Ont pour but de faire échec, en matière douanière, à la fraude, les droits de douane ayant un caractère fiscal. • Cons. const. 28 déc. 1990, n° 90-286 DC § 21. ♦ ... Améliorent la sincérité des déclarations fiscales en prévoyant qu'une liste des personnes assujetties à l'impôt sur le revenu, à l'impôt sur les sociétés ou à l'impôt sur les grandes fortunes, serait dressée de manière à distinguer les trois impôts. • Cons. const. 29 déc. 1983, n° 83-164 DC § 44.

10. ***Aménagements de la règle fiscale.*** Ont leur place en LF des dispositions qui tendent, d'une part à instituer un régime de droit d'option pour la prise en compte de l'indemnité pour congés payés et d'autre part à étendre le champ d'application des règles d'aide à l'investissement pour les implantations commerciales à l'étranger, aménagent des aspects particuliers de la fiscalité applicable dans le domaine des activités agricoles. • Cons. const. 29 déc. 1986, n° 86-221 DC § 7 et 8. ♦ ... Modifient des dispositions de la législation fiscale existante dans des domaines divers, aménageant les règles qui régissent le droit de visite et de saisie des agents des administrations fiscales et douanières et instituent deux impositions nouvelles au profit des départements. • Cons. const. 29 déc. 1989, n° 89-268 DC § 23 et 24.

11. ***Assiette.*** Relèvent de la matière fiscale les dispositions qui définissent le cadre juridique dans lequel les redevables de la TVA peuvent utiliser des factures transmises par voie télématique. • Cons. const. 28 déc. 1990, n° 90-286 DC.

12. Affectation de l'impôt. Ont également une nature fiscale les dispositions qui, sans avoir un objet fiscal, prévoient l'affectation partielle à des emplois d'intérêt général de certaines sommes en contrepartie du bénéfice d'un régime fiscal particulier. • Cons. const. 30 déc. 1982, n° 82-155 DC § 17. ♦ ... Aménagent la répartition d'une ressource fiscale qui, avec celles qui concernent son assiette et son taux, constituent des éléments indivisibles d'un dispositif d'ensemble. • Cons. const. 30 déc. 1996, n° 96-385 DC § 40.

13. Même solution pour des dispositions ayant pour objet non exclusif mais essentiel la consécration des attributions fiscales d'une collectivité territoriale. • Cons. const. 30 déc. 1982, n° 82-155 DC § 14.

2° N'ONT PAS UNE NATURE FISCALE

14. Contrôle. N'ont pas une nature fiscale et n'entrent dès lors pas dans le champ des LF les dispositions qui prévoient que la Cour des comptes peut exercer un contrôle sur les œuvres et les organismes qui font appel à la générosité publique pour soutenir des causes scientifiques, humanitaires ou sociales. • Cons. const. 28 déc. 1990, n° 90-285 DC § 59 et 60.

15. Collectivités locales. Il en va de même s'agissant d'une disposition destinée, à titre principal, à rendre applicable au recouvrement de créances non fiscales des communes, des régions et des établissements publics locaux une procédure simplifiée de recouvrement d'amendes ou de condamnations pécuniaires prononcées en matière de contravention qui s'inspire elle-même de dispositions applicables au recouvrement de créances de nature fiscale ou douanière ; tout en concernant le recouvrement de certaines créances fiscales, elle s'applique dans une large part à celui de créances non fiscales. • Cons. const. 29 déc. 1988, n° 88-250 DC § 8 à 10. ♦ ... Qui étendent le droit de communication dont disposent les comptables publics, sur le fondement de l'art. L. 81 LPF, au recouvrement des produits des départements, des régions et des établissements publics locaux qui ne sont pas assis et liquidés par les services fiscaux de l'État. • Cons. const. 29 déc. 1988, n° 88-250 DC § 11 à 13.

16. Il en va de même enfin de l'introduction, sous la forme d'un article additionnel, d'une *disposition permettant au contribuable* taxé d'office à l'impôt sur le revenu, d'obtenir décharge de la cotisation qui lui est assignée à ce titre s'il établit, sous le contrôle du juge de l'impôt, que les circonstances ne peuvent laisser présumer l'existence de ressources illégales ou occultes ou de comportements tendant à éluder le paiement normal de l'impôt. • Cons. const. 27 déc. 1973, n° 73-51 DC § 5.

17. Dispositions diverses. N'a pas sa place en LF : une disposition modifiant l'art. 953 CGI pour porter de six mois à un an la durée de validité des passeports délivrés à titre exceptionnel et pour un motif d'urgence dûment justifié ou par une autorité qui n'est pas celle du lieu de résidence ou de domicile du demandeur. • Cons. const. 29 déc. 2003, n° 2003-488 DC § 26. ♦ ... Une disposition relative au contrôle économique et financier de l'État sur les organismes bénéficiaires de taxes fiscales affectées ou de taxes parafiscales. • Cons. const. 29 déc. 2003, n° 2003-488 DC § 27.

C. TAUX ET RENDEMENT DE L'IMPÔT

18. Les dispositions du présent art., qui reprennent les termes de l'art. 34 de la Const., confèrent une plénitude de compétence fiscale au législateur. Il peut ainsi : modifier les taux de la taxe sur la publicité et prévoir que les tarifs en seront relevés chaque année dans la même proportion que la limite inférieure de la septième tranche du barème de l'impôt sur le revenu ou celles qui déterminent le taux de la taxe sur les emplacements publicitaires. • Cons. const. 30 déc. 1982, n° 82-155 DC § 4 et 5. ♦ ... Fixer le taux d'un impôt par référence à des éléments qu'il détermine. En particulier aucune règle ou aucun principe de valeur constitutionnelle ne fait obstacle à ce que la loi fixe le tarif d'une taxe indirecte en liant sa progression aux variations d'un élément du taux d'un impôt direct. • Cons. const. 30 déc. 1981, n° 81-133 DC § 14. ♦ ... Élargir le champ des opérations statutairement permises aux sociétés agréées pour le financement des économies d'énergie étendant les avantages fiscaux dont elles bénéficiaient. • Cons. const. 30 déc. 1982, n° 82-155 DC § 19. ♦ ... Ouvrir, dans certaines conditions, droit à une demi-part supplémentaire pour le calcul de l'impôt sur le revenu. • Cons. const. 30 déc. 1996, n° 96-386 DC § 8, 10 et 11. ♦ ... Augmenter le produit d'une taxe en élargissant son assiette et en modifiant son taux. • Cons. const. 30 déc. 1996, n° 96-385 DC § 28.

19. Si l'art. 34 de la Const. n'impose pas que la loi ou, en cas d'application de l'art. 38, le gouvernement intervenant par voie d'ordonnance, doive fixer le taux de chaque impôt, il appartient cependant à l'autorité compétente en vertu de la Constitution de déterminer les limites à l'intérieur desquelles le taux d'une imposition peut être modulé. • CE 3 juill. 1998, *Synd. des médecins Aix et région : Lebon 266*. ♦ Il ne résulte pas du présent art. que le législateur doive fixer lui-même le taux de chaque impôt ; il lui appartient seulement de déterminer les limites à l'intérieur desquelles le pouvoir réglementaire est habilité à arrêter le taux d'une imposition. • Cons. const. 28 déc. 2000, n° 2000-442 DC.

20. S'agissant d'un impôt de répartition, le législateur épuise sa compétence en déterminant le montant annuel plafonné du produit de l'impôt. • Cons. const. 27 déc. 2001, n° 2001-457 DC.

D. ANNUALITÉ DE L'IMPÔT

21. L'autorisation de percevoir l'impôt n'est donnée que pour un an par l'art. 1er de la LF de l'année. • Cons. const. 18 juill. 2001, n° 2001-447 DC. ♦ Cependant, il est possible que cette autorisation soit donnée par une LF particulière. • Cons. const. 30 déc. 1979, n° 79-111 DC § 3 et 4.

22. Le législateur peut fixer le taux d'un impôt par référence à des éléments qu'il détermine. Ainsi n'est pas contraire au principe de l'autorisation de perception annelle de l'impôt : la loi fixant le tarif d'une taxe indirecte en liant, pour les années futures, sa progression aux variations d'un élément du taux d'un impôt direct dès lors que la perception dudit impôt sera autorisée et son rendement évalué chaque année lors de l'adoption de la LF. • Cons. const. 30 déc. 1981, n° 81-133 DC § 14. ♦ ... Une disposition prévoyant que le relèvement du taux des taxes en cause s'opère automatiquement à la date d'entrée en vigueur du texte législatif relevant la limite inférieure de la septième tranche du barème de l'impôt sur le revenu. • Cons. const. 30 déc. 1982, n° 82-155 DC § 7.

23. L'autorisation annuelle de percevoir l'impôt donnée par le parlement n'implique pas que les règles fiscales soient figées durant un an. Il est loisible au législateur de les modifier : soit dans une loi ordinaire. • Cons. const. 24 juill. 1991, n° 91-298 DC § 6. ♦ ... Dans une LFR. • Cons. const. 29 déc. 1986, n° 86-223 DC § 5. ♦ ... Dans la LF pour l'année suivante en donnant à cette modification un caractère rétroactif. • Cons. const. 29 déc. 1984, n° 84-184 DC § 33. ♦ Le principe du consentement à l'impôt n'implique pas qu'une imposition prélevée initialement pour couvrir un besoin déterminé ne puisse être affectée à la couverture d'un autre besoin. • Cons. const. 18 déc. 2001, n° 2001-453 DC.

24. En application de l'art. 1639 A CGI, les collectivités locales doivent communiquer chaque année aux services fiscaux, avant le 31 mars, les décisions relatives aux impositions directes perçues à leur profit, faute de quoi les impositions continuent d'être recouvrées selon les décisions de l'année précédente. • CAA Lyon, 5 avr. 1993 : *RJF 1993, n° 837* • CE 26 juin 1996, n° 148711 : *DF 1996. 1253.* ♦ Il faut cependant que le taux de l'année précédente soit légal. • CAA Bordeaux, 9 janv. 1997, n° 94. 385 : *DF 1997. 1118.*

E. RÉTROACTIVITÉ ET DISPOSITIONS FISCALES

BIBL. La rétroactivité de la loi fiscale face aux principes de la sécurité juridique, *DF, n° hors-série nov. 1996.* – Bertrand, La rétroactivité en droit fiscal, *Thèse Paris II, 1999.* – Buisson, Non-rétroactivité et droit fiscal, *RFDA 2002. 786*. – Lamarque, Validation et Convention européenne des droits de l'homme : la bonne aubaine, *RFDA 2002. 791*. – Mathieu, Rétroactivité des lois fiscales et sécurité juridique, *RFDA 1999. 89*.

1° LE PRINCIPE

25. Aucun principe ou règle de valeur constitutionnelle n'interdit à la loi de prendre des mesures rétroactives en matière fiscale. • Cons. const. 29 déc. 1984, n° 84-184 DC § 33 • Cons. const. 29 déc. 1984, n° 84-186 DC § 4. – V. aussi. • Cons. const. 29 déc. 1983, n° 83-164 DC § 37 à 39 • Cons. const. 29 déc. 1986, n° 86-223 DC § 5 • Cons. const. 29 déc. 1988, n° 88-250 DC § 5 • Cons. const. 29 déc. 1989, n° 89-268 DC § 39.

26. V. par exemple s'agissant de la suppression rétroactive de la vignette automobile. • Cons. const. 28 déc. 2000, n° 2000-442 DC.

27. Sanctions fiscales. Le principe de non-rétroactivité des lois n'ayant valeur constitutionnelle qu'en matière répressive, il est loisible au législateur d'adopter des dispositions fiscales rétroactives dès lors qu'il ne prive pas de garanties légales des exigences constitutionnelles. En revanche, la prohibition de la rétroactivité s'étend nécessairement à toute sanction ayant le caractère d'une punition, et particulièrement aux sanctions fiscales, même si le législateur a laissé le soin de prononcer ces sanctions à une autorité de nature non judiciaire. • Cons. const. 30 déc. 1982, n° 82-155 DC § 33.

2° CONDITIONS DE LA RÉTROACTIVITÉ DES MESURES FISCALES

28. Des dispositions fiscales peuvent avoir un caractère rétroactif dès lors qu'elles ne portent pas atteinte : au droit de propriété. • Cons. const. 24 juill. 1991, n° 91-298 DC § 25. ♦ ... A l'autorité de la chose jugée. • Cons. const. 29 déc. 1984, n° 84-186 DC § 3 • Cons. const. 29 déc. 1986, n° 86-223 DC § 7 • Cons. const. 24 juill. 1991, n° 91-298 DC § 24. ♦ La Cour de cassation a pourtant refusé d'appliquer une loi de validation en matière fiscale comme étant contraire à l'art. 6 Conv. EDH dès lors que la loi était intervenue postérieurement à l'introduction de l'instance.

• Com. 20 nov. 2001, *SARL Civa : RFDA 2002. 797*.

29. Motivation. Les dispositions fiscales rétroactives doivent être motivées par des exigences constitutionnelles, comme l'équilibre financier de la sécurité sociale. • Cons. const. 18 déc. 1997, n° 97-393 DC § 24. ♦ ... Par des raisons d'intérêt général. • Cons. const. 29 déc. 1986, n° 86-223 DC § 5. ♦ Rappr. : • Cons. const. 29 déc. 1988, n° 88-250 DC § 6. ♦ La seule considération d'un intérêt financier lié à l'absence de remise en cause des titres de perception concernés ne constitue pas un motif d'intérêt général de nature à justifier le caractère rétroactif de la mesure. • Cons. const. 28 déc. 1995, n° 95-369 DC § 35 (jugé en matière de redevance pour service rendu, étendu par analogie aux dispositions fiscales). ♦ Le Conseil constitutionnel vérifie qu'il n'existe pas une disproportion entre l'intensité de la rétroactivité et le but d'intérêt général poursuivi ; il a ainsi censuré le dispositif prévoyant une modification rétroactive de la définition de l'assiette d'un impôt déjà acquitté pour prévenir les conséquences d'une probable annulation contentieuse. • Cons. const. 18 déc. 1998, n° 98-404 DC.

3° MODALITÉS DE MISE EN ŒUVRE DE LA RÉTROACTIVITÉ DES MESURES FISCALES

30. En application de ces principes, le législateur peut : supprimer une exonération fiscale. • Cons. const. 29 déc. 1989, n° 89-268 DC § 39. ♦ ... Préciser, avec effet rétroactif, la portée de certaines dispositions de la loi fiscale, dans le but d'éviter le développement de contestations dont l'aboutissement aurait pu entraîner pour l'État des conséquences dommageables. • Cons. const. 29 déc. 1986, n° 86-223 DC § 7 • Cons. const. 24 juill. 1991, n° 91-298 DC § 24. ♦ ... Modifier un avantage fiscal antérieurement accordé dont aucune règle constitutionnelle n'imposait le maintien. • Cons. const. 30 déc. 1997, n° 97-395 DC § 17.

31. Alors même qu'une disposition fiscale rétroactive entraîne des conséquences sur l'exécution du budget en cours, elle peut résulter : d'une ordonnance. • Cons. const. 4 juin 1984, n° 84-170 DC § 3. ♦ ... D'une LF. • Cons. const. 29 déc. 1984, n° 84-184 DC § 33. ♦ ... D'une loi ordinaire à caractère fiscal sans qu'il y ait lieu de distinguer selon que ces dispositions affectent ou non l'exécution du budget de l'exercice en cours. • Cons. const. 4 juin 1984, n° 84-170 DC § 3 • Cons. const. 24 juill. 1991, n° 91-298 DC § 22. ♦ Par suite, une disposition fiscale rétroactive n'a pas obligatoirement à être prévue dans une LFR. • Cons. const. 29 déc. 1983, n° 83-164 DC § 38.

32. Toutefois, le législateur ne pourra pas procéder, dans le cadre d'une LF, à la validation rétroactive de dispositions fiscales prises en application d'une délibération prise par les autorités d'un TOM ; il convient que cette validation soit réalisée par voie de loi organique conformément aux dispositions de l'art. 74 Const. • Cons. const. 30 déc. 1996, n° 96-386 DC § 17 • Cons. const. 7 févr. 2002, n° 2002-458 DC.

33. Les dispositions fiscales contenues dans des lois ordinaires ou des ordonnances prennent effet avant le dépôt de la LF qui en traduira les incidences sur l'équilibre budgétaire. • Cons. const. 4 juin 1984, n° 84-170 DC § 4.

II. RECETTES NON FISCALES

34. La mise en œuvre du présent art., qui définit le champ des ressources budgétaires de l'État, pourrait être l'occasion d'un reclassement des recettes pour en améliorer la lisibilité ; la Cour suggère à cet égard un rapprochement avec la structure du plan comptable de l'État, fondée sur les distinctions entre produits courants et exceptionnels, produits d'exploitation et produits financiers, produits fiscaux ou régaliens et autres produits d'exploitation. • C. comptes, 10 juin 2004 : *Rapport sur les résultats et la gestion budgétaire 2003, p. 26.*

III. REVENUS DU DOMAINE

35. Les règles de fixation du montant des redevances domaniales ne ressortissent pas à la compétence du législateur. • Cons. const. 27 déc. 2001, n° 2001-456 DC. ♦ Toutefois, le mode de gestion des immeubles dépendant du domaine de l'État étant susceptible d'affecter les recettes domaniales qui sont rangées par le présent art. parmi les ressources budgétaires de l'État, il en résulte que les dispositions qui organisent cette gestion sont bien de celles qui relèvent d'une LF. • Cons. const. 31 déc. 1981, n° 81-135 DC § 7.

36. De même, des dispositions relatives au fonctionnement du monopole des tabacs ont une incidence sur le montant d'une ressource de l'État et à ce titre peuvent figurer dans une LF. • Cons. const. 29 déc. 1982, n° 82-154 DC § 27.

37. L'utilisation des fréquences radioélectriques sur le territoire de la République constitue un mode d'occupation privatif du domaine public de l'État ; ainsi, la redevance due par le titulaire d'une autorisation d'établissement et d'exploitation de réseau mobile de troisième génération est un revenu du domaine qui trouve sa place dans les ressources de l'État prévues au deuxième al. du présent art. • Cons. const. 28 déc. 2000, n° 2000-442 DC • Cons. const.

27 déc. 2001, n° 2001-456 DC.

38. Aucune règle ni aucun principe de valeur constitutionnelle ne s'oppose à ce qu'une redevance domaniale soit fonction du chiffre d'affaires réalisé par l'occupant du domaine. • Cons. const. 28 déc. 2000, n° 2000-442 DC. ♦ La redevance imposée à un occupant du domaine public doit être calculée, non seulement en fonction de la valeur locative d'une propriété privée comparable à la dépendance du domaine public pour laquelle la permission est délivrée, mais aussi en fonction de l'avantage spécifique procuré par cette jouissance privative du domaine public ; à défaut, la redevance est illégalement déterminée. • CE 21 mars 2003, *Synd. intercom. de la périphérie de Paris pour l'électricité et les réseaux (SIPPEREC)*, n° 189191 : *RFDA 2003. 623*.

Art. 4 **La rémunération de services rendus par l'État peut être établie et perçue sur la base de décrets en Conseil d'État pris sur le rapport du ministre chargé des finances et du ministre intéressé. Ces décrets deviennent caducs en l'absence d'une ratification dans la plus prochaine loi de finances afférente à l'année concernée.** – *V. Décr. n° 2006-1725 du 23 déc. 2006 (JO 30 déc.).*

BIBL. ▸ Sur les rémunérations de services rendus : HERTZOG, Recherches sur la gratuité ou la non-gratuité des services publics, *Thèse Strasbourg, 1972.* – RIVERO, Les deux finalités du service public industriel et commercial, *CJEG 1994. 375.* – UNTERMAIER, Que reste-t-il de la distinction des redevances pour service rendu et des redevances pour occupation du domaine public ?, *AJDA 2010. 1062.*

[V. références des décisions du Conseil constitutionnel dans le tableau DC]

A. NOTION DE RÉMUNÉRATIONS DE SERVICES RENDUS

1° DÉFINITION

1. Il s'agit de redevances demandées à des usagers en vue de couvrir les charges d'un service public déterminé ou les frais d'établissement ou d'entretien d'un ouvrage public qui trouvent leur contrepartie directe dans des prestations fournies par le service ou dans l'utilisation de l'ouvrage. • Cons. const. 6 oct. 1976, n° 76-92 L § 1. ♦ Le Conseil d'État les définit comme des redevances payées par les usagers d'un service public déterminé qui trouvent leur contrepartie directe et proportionnelle dans les prestations fournies par ce service. • CE 21 nov. 1958, *Synd. nat. des transporteurs aériens : Lebon 572 ; D. 1959. 475, concl. Chardeau, note Trotabas ; AJDA 1958. 471, note Drago* • CE 21 oct. 1988, *Synd. nat. des transporteurs aériens : Lebon 375 ; RD publ. 1989. 1464, note Gaudemet ; Dr. adm. 1988, n° 606 ; D. 1988. IR 268.*

2. Les fonds de concours ne constituent pas des rémunérations de services rendus. • Cons. const. 29 déc. 1984, n° 84-184 DC § 23.

3. Le juge n'est pas tenu par la dénomination retenue (taxe ou surtaxe) par le texte instituant le prélèvement mais peut le requalifier de rémunération de services rendus. • CE 15 mars 1961, *Sieurs Vanuini : Lebon 184* • CE 6 mars 1970, *Sté du port de pêche de Lorient : Lebon 166.*

4. Le juge constitutionnel assimile la suppression de la rémunération des dépôts d'un budget annexe sur le compte du Trésor à la suppression d'une contribution versée par le budget général au budget annexe pour tenir compte d'un service rendu. • Cons. const. 29 déc. 1984, n° 84-184 DC § 2.

5. L'existence des rémunérations de services rendus n'est pas contraire aux principes généraux de la déclaration des droits de l'homme et du citoyen relatifs notamment aux financements des dépenses de l'administration par une contribution commune répartie sur tous (V. DDH, art. 13). • CE 21 oct. 1988, *Synd. nat. des transporteurs aériens : préc. note 1.* ♦ Un litige relatif à l'institution d'une redevance correspondant au prix payé par l'usager d'un service public a pour objet une contestation portant sur les droits et obligations de caractère civil au sens des stipulations de l'art. 6 Conv. EDH. • CE, avis, 16 févr. 2001, *Synd. des cies aériennes autonomes : AJDA 2002. 341, note Sabourault.*

2° INVENTAIRE

a. Existence d'un service rendu

6. Il convient tout d'abord qu'il y ait effectivement « service rendu ». C'est le cas : des droits et taxes perçus à l'occasion de la visite des musées, collections et monuments appartenant à l'État et de l'autorisation qui peut être donnée aux visiteurs d'y peindre, dessiner, photographier et cinématographier. • Cons. const. 10 mars 1966, n° 66-38 L § 3. ♦ ... Des ressources de la radio-télévision française rémunérant « toute activité à laquelle l'établissement est susceptible de se livrer » et « des services rendus sous quelque forme que ce soit ». • Cons. const. 30 janv. 1968, n° 68-50 L § 2. ♦ ... Des frais de scolarité (droits d'écolage) des établissements français d'enseignement à l'étranger. • CE 21 juin 1972, *Conseil des parents d'élève des écoles publiques de la mission universitaire et culturelle française au Maroc et* *sieur Schutz : Lebon 459.* ♦ ... Des « surtaxes » communales ou syndicales instituées dans le cas où le service de l'eau est exploité en affermage et qui sont perçues par la société fermière et reversées à la collectivité affermante qui finance les investissements. • Cons. const. 29 déc. 1983, n° 83-166 DC § 6 • T. confl., 12 janv. 1987, *Cie des Eaux et de l'Ozone : Lebon 442 ; RFDA 1987. 284, concl. Massot.* ♦ ... Des redevances perçues sur les usagers du téléphone. • Cons. const. 29 déc. 1984, n° 84-184 DC § 4 • CE 3 oct. 1986, *François-Poncet : Lebon 224 ; RFDA 1986. 964.* ♦ ... Des redevances perçues sur les exploitants d'aéronefs pour le contrôle d'approche des aérodromes. • CE 21 oct. 1988, *Synd. nat. des transporteurs aériens : préc. note 1* • CE 10 avr. 1992, *CCI de Bastia-Corte-Balagne*, n° 78186. ♦ ... De la redevance payée par des particuliers ou par des organismes privés ou publics autres que l'État pour la fourniture par l'INSEE de certaines prestations (en l'espèce, le « Sirène »). • CE, ass., 10 juill. 1996, *Sté Direct Mail Promotion : Lebon 277 ; RFDA 1997. 115, concl. Denis-Linton ; AJDA 1997. 189, note Maisl ; Dr. adm. 1996, n° 512, note Jorion.*

7. La question a été davantage controversée s'agissant des péages autoroutiers. Ils furent qualifiés de taxe fiscale par le tribunal des conflits. • T. confl., 28 juin 1965, *Dlle Ruban c/ Sté de l'autoroute Estérel-Côte d'Azur : Lebon 816 ; D. 1966. 381, note Colin ; CJEG 1966, note Virole.* ♦ ... Tandis que le Conseil d'État n'y voyait pas des impositions. • CE, ass., 14 févr. 1975, *Épx Merlin : Lebon 110 ; D. 1976. 144, note Boivin ; RD publ. 1975. 1705, note Waline.* ♦ Le Conseil d'État les a enfin explicitement qualifiés de rémunérations pour services rendus. • CE 13 mai 1977, *Sté « Cie financière et industrielle des autoroutes » : Lebon 219 ; D. 1978. 130, note Delvolvé ; CJEG 1977. 137, note Virolle.*

8. S'agissant des universités, la perception auprès des étudiants de droits complémentaires n'est conforme à la réglementation que si ces droits sont versés en contrepartie d'une prestation précise n'entrant pas dans les missions de service public de l'enseignement supérieur. • C. comptes, 7 sept. 1992, Lettre du Président n° 1500/1 : *Rec. C. comptes 237.*

9. Exclusion des redevances perçues dans l'intérêt général. L'exigence d'un service rendu exclut les redevances perçues dans un intérêt général. Il en va ainsi des redevances : mises à la charge des organismes d'HLM et destinées à couvrir notamment les dépenses de contrôle exercé par l'administration sur ces organismes. • Cons. const. 16 nov. 1977, n° 77-100 L § 1. ♦ ... Mises à la charge des viticulteurs pour s'assurer de la qualité des vins dans un but de protection du consommateur. • CE, sect., 22 déc. 1978, *Synd. viticole des Hautes-Graves de Bordeaux : Lebon 526 ; D. 1979. 125, note Delvolvé ; RJF 1979. 370, concl. Genevois.* ♦ ... Rémunérant les services rendus par les vétérinaires du ministère de l'agriculture dans le cadre de leur mission de contrôle des produits commercialisés. • CE 10 déc. 1982, *Ch. synd. des centres agréés d'abattage et de conditionnement des produits de basse-cour : Lebon 414 .* ♦ ... Mises à la charge de propriétaires non raccordés au réseau d'assainissement et destinées à assurer le fonctionnement de celui-ci. • Cons. const. 29 déc. 1983, n° 83-166 DC § 7 • T. confl., 12 janv. 1987, *Cie des Eaux et de l'Ozone : préc. note 6.* ♦ ... Mises à la charge des propriétaires sylviculteurs pour organiser la lutte contre les incendies de forêts. • CE 18 janv. 1985, *d'Antin de Vaillac : Lebon 12 ; RD publ. 1985. 804, note Auby.* ♦ ... Mises à la charge des exploitants d'aéronefs pour financer l'atténuation des nuisances. • CE 13 nov. 1987, *Synd. nat. des transporteurs aériens : Lebon 355 .*

10. Il est pourtant possible qu'un même service soit organisé dans un intérêt général et, avec des exigences spéciales, dans l'intérêt de certains usagers ; les frais supplémentaires ainsi occasionnés peuvent donner lieu à rémunération de services rendus. • CE 10 août 1918, *Sté Cinéma national : Lebon 853.* ♦ Il convient pour pouvoir dans ce cas faire financer le service par une rémunération que le service soit exercé principalement et directement au profit des redevables. • CE 21 oct. 1988, *Synd. nat. des transporteurs aériens : préc. note 1* • CE, sect., 10 févr. 1995, *Chambre synd. du transport aérien : Lebon 70 ; AJDA 1995. 403, note Broussolle ; CJEG 1995. 146, concl. Arrighi de Casanova.*

11. Il résulte de ce qui précède que les textes réglementaires qui fixent le taux d'une taxe qui n'est pas la contrepartie d'un service rendu ne peuvent être qu'annulés. • CE, sect., 10 févr. 1995, *Chambre synd. du transport aérien : préc. note 10.* ♦ La validation réalisée par une LF dans ces conditions sera déclarée contraire à la Constitution. • Cons. const. 28 déc. 1995, n° 95-369 DC § 35.

b. Contrepartie directe et proportionnée du service rendu

12. La redevance doit aussi être la contrepartie directe du service. Ainsi en est-il du remboursement des frais de scolarité exigé des anciens élèves des grandes écoles de l'État qui trouve sa contrepartie directe dans des prestations fournies par le service. • Cons. const. 24 oct. 1969, n° 69-57 L § 3 • CE 10 févr. 1995, *Maixandeau : Lebon 65 .* ♦ Il en va de même des droits de port. • Cons. const. 6 oct. 1976, n° 76-92 L. ♦ Lorsque les sommes perçues ne sont pas uniquement la contrepartie d'un service, elles ne constituent pas une rémunération de service rendu mais une taxe que l'art. 34 Const. réserve à la loi. • Cons. const. 16 nov. 1977, n° 77-100 L § 1.

13. Le juge administratif s'attache à vérifier que les taux retenus ne sont pas fixés à un montant tel que le produit des redevances serait disproportionné par rapport à la valeur économique de la prestation pour son bénéficiaire. • CE, ass., 16 juill. 2007, *Synd. Nat. Défense de l'exercice libéral de la médecine à l'hôpital,* n° 293229 : *RFDA 2007. 1269, concl. Devys et note Terneyre ; AJDA 2007. 1807 chron. Boucher et Bourgeois-Machureau ; RDSS 2007. 1050, note Christol ; RFDA 2007. 1269, concl. Devys et note Terneyre ; AJDA 2008. 297, note Lemoyne de Forges .* ♦ Encore faut-il que la différenciation tarifaire soit justifiée de façon objective et pertinente pour ne pas apparaître comme arbitraire. • CE 26 déc. 2008, *Sté Air France,* n° 312426 : *Dr. adm. 2009. 45, note Bazex et Blazy.*

14. La redevance peut parfois être forfaitaire lorsque le coût du service est sensiblement identique pour tous les usagers. C'est le cas de la location des compteurs électriques. • CE 23 déc. 1959, *Jacquier et Camidessus : Lebon 705 ; CJEG 1960. 111, concl. Henry, note Duffau* • CE 16 nov. 1962, *Synd. intercom. d'électricité de la Nièvre : Lebon 612 ; CJEG 1963. 18, concl. Henry.* ♦ C'est le cas encore de la redevance d'approche des aéroports qui peut être unitaire pour l'approche de tous les aéroports du territoire national dès lors que les services centraux prennent une large part du contrôle de l'approche de chaque aéroport et que les moyens mis en œuvre sont largement interchangeables. • CE 21 oct. 1988, *Synd. nat. des transporteurs aériens : préc. note 1.*

15. Un arrêté qui fixerait les conditions d'établissement de la rémunération en incluant dans la base de calcul des frais forfaitaires de fonctionnement qui ne correspondent pas au service rendu aux usagers serait illégal. • CE, sect., 10 févr. 1995, *Chambre synd. du transport aérien : préc. note 10.*

16. Le péage ne peut être perçu que pour assurer la rémunération du service rendu à l'usager par le concessionnaire (ce qui inclut la construction, l'exploitation et l'éventuelle *extension de l'autoroute, et la rémunération* du concessionnaire). La prise en charge par la société concessionnaire de dépenses afférentes à des routes nationales tendrait à faire payer à l'usager de l'autoroute un supplément par rapport au service qui lui est rendu. Dès lors le péage se rapprocherait d'une taxe parafiscale perçue sur les utilisateurs d'autoroutes pour l'entretien et le développement des autoroutes et de certaines routes nationales. On pourrait alors se poser légitimement la question de la compatibilité de son mode de fixation et de perception avec l'ord. qui pourrait exiger un vote du parlement. • C. comptes, 15 févr. 1990, Rapport particulier « Entreprise publique » : *Rec. C. comptes 156.*

c. Couverture des dépenses afférentes au service

17. La redevance doit couvrir les dépenses afférentes au service. Ainsi en est-il : d'un prélèvement pour frais d'administration, de vente et de perception sur le montant des sommes et produits de toute nature recouvrés par le service des domaines pour le compte des services des établissements dotés de la personnalité civile ou de l'autonomie ou pour le compte de tiers ayant pour objet de couvrir les dépenses afférentes aux prestations fournies par le service des domaines. • Cons. const. 2 déc. 1980, n° 80-118 L § 2. ♦ ... De la redevance d'assainissement dont l'assiette est directement liée au volume d'eau prélevé par l'usager et affectée aux charges de fonctionnement et d'investissement du service. • Cons. const. 29 déc. 1983, n° 83-166 DC § 8. ♦ ... Des droits affectés au financement de dépenses portuaires et perçus à l'occasion du séjour des navires dans les ports et des opérations qui y sont effectuées. • Cons. const. 6 oct. 1976, n° 76-92 L § 2 • C. comptes, 5 juin 1991, Rapport public : *Rec. C. comptes 207.*

18. Ainsi, encourent l'annulation les rémunérations pour services rendus aux compagnies aériennes à l'occasion de l'atterrissage des avions, de l'usage des installations aménagées pour accueillir les passagers et des marchandises ou encore de l'occupation de terrains ou d'immeubles dès lors qu'elles n'ont pas été établies en considération du coût des services rendus aux compagnies aériennes et autres prestataires. • CE 19 mars 2001, *Sté Air Liberté et a.,* n° 211243, 211248 : *RFDA 2002, n° 3, chron. droit public financier Lascombe et Vandendriessche .*

19. L'équilibre n'a pourtant pas à être parfait. • CE 21 oct. 1988, *Synd. nat. des transporteurs aériens : préc. note 1.*

20. Il appartient au gestionnaire d'un service public de procéder, au moyen des recettes du service, à l'entretien, à l'extension et à l'amélioration des équipements rendus nécessaires par l'évolution des circonstances de droit et de fait, et notamment par l'accroissement du nombre de ses usagers ; par suite, la prise en compte, dans la détermination du montant des redevances, de la rémunération des capitaux investis, ainsi que des dépenses, y compris futures, liées à la construction d'infrastructures ou d'installations nouvelles avant leur mise en service, ne retire pas à ces contributions leur caractère de redevances pour service rendu. • Cons. const. 14 avr. 2005, n° 2005-513 DC § 15.

21. Ne retire pas le caractère de rémunération pour services rendus la fixation de tarifs différents applicables, pour un même service rendu, aux usagers d'un service ou d'un ouvrage public, lorsqu'il existe entre ces usagers, eu égard à la nature du service ou de l'ouvrage, des différences de situation objectives justifiant une modulation, ou lorsque cette modulation est commandée par une considération d'intérêt général en rapport avec les conditions d'exploitation du service ou de l'ouvrage. • Cons. const. 14 avr. 2005, n° 2005-513 DC § 16.

22. Une compensation limitée peut être organisée entre différentes redevances sans que celles-ci perdent leur caractère de redevances pour service rendu, dès lors que les prestations qu'elles rémunèrent concourent à la fourniture du même service global et que leur produit total n'excède pas le coût des prestations servies. • Cons. const. 14 avr. 2005, n° 2005-513 DC § 17.

23. En revanche, doivent être rangées parmi les impositions de toute nature et sont quant à leur assiette, taux et modalités de recouvrement de la compétence du législateur. Les redevances destinées à assurer le financement des dépenses de toute nature qui incombent au service. • Cons. const. 23 juin 1982, n° 82-124 L § 2 • CE, ass., 20 déc. 1985, *SA Ets. Outers : Lebon 382 ; RFDA 1986. 513, concl. Martin ; D. 1986. 283, note Favoreu ; JCP 1986. II. 20688, note Gazzaniga et Ourliac ; RJF 1986. 73, obs. Crouzet.*

24. La redevance pourra toutefois inclure, en plus du coût strict du service, des droits privatifs fixés par contrat et relevant de la propriété intellectuelle, si le service rendu peut être regardé comme une « œuvre de l'esprit ». • CE, ass., 10 juill. 1996, *Sté Direct Mail Promotion : préc. note 6.*

B. RÉGIME JURIDIQUE

1° COMPÉTENCE POUR L'ÉTABLISSEMENT ET LA FIXATION DU RÉGIME JURIDIQUE

25. L'institution et l'aménagement de redevances de services rendus ne sauraient être regardés comme réservés à la loi. • Cons. const. 6 oct. 1976, n° 76-92 L § 1 • Cons. const. 14 avr. 2005, n° 2005-513 DC § 14. – V. déjà • Cons. const. 24 oct. 1969, n° 69-57 L. ♦ Dans le même sens. • CE 3 oct. 1986, *François-Poncet : préc. note 6.* ♦ V. déjà • CE 23 déc. 1959, *Jacquier et Camidessus : préc. note 14.* ♦ Dès lors, le législateur peut permettre que le *taux d'une rémunération* soit fixé par décret ou par des accords conclus notamment entre le gouvernement et les professionnels. • Cons. const. 29 déc. 1983, n° 83-166 DC § 6. ♦ Dès lors encore, il n'appartient pas au Conseil constitutionnel de se prononcer sur la légalité des décrets fixant le taux des redevances. • Cons. const. 29 déc. 1984, n° 84-184 DC § 4.

26. Les rémunérations perçues à l'occasion d'un service rendu, ne peuvent être soustraites au budget de l'État et affectées à un établissement public qu'en vertu d'une LF. • Cons. const. 10 mars 1966, n° 66-38 L § 3. ♦ Les rémunérations de services rendus figurent au nombre des ressources de l'État ; des dispositions ayant pour but de soustraire au budget de l'État les droits et taxes perçus dans les musées nationaux ont ainsi un caractère législatif. • Cons. const. 10 mars 1966, n° 66-38 L § 3.

27. La disposition par laquelle un ministre a été habilité à modifier par arrêté le montant de la redevance pour services terminaux de la circulation aérienne a pour objet l'adoption de mesures propres à assurer certaines recettes du budget annexe de l'aviation civile. Elle a dès lors une incidence directe sur le montant des ressources de l'État et n'est donc pas étranger à l'objet des LF. • Cons. const. 28 déc. 1995, n° 95-369 DC § 28 et 30.

28. Lorsqu'un décret subordonne un service à la rémunération équitable du concessionnaire, il n'institue par lui-même aucune rémunération de services rendus par l'État ; le moyen tiré d'une prétendue méconnaissance du présent art. est, par suite, inopérant. • CE 17 déc. 1997, *Ordre des avocats à la Cour de Paris,* n° 181611. ♦ Il en va de même des rémunérations versées par des usagers à un concessionnaire chargé de la réalisation et de l'exploitation d'un ouvrage public. • CE 4 janv. 1995, *Dupont,* n° 99837.

29. Forme du décret. Seul un décret en Conseil d'État peut instituer une rémunération de service rendu. • CE 21 juin 1972, *Conseil des parents d'élève des écoles publiques de la mission universitaire et culturelle française au Maroc et Sieur Schutz : préc. note 6* • C. comptes, 21 mai 1991, réf. n° 5632 : *Rec. C. comptes 204* • CE 6 janv. 1995, *Sté Direct Mail Promotion : Lebon T. 620* • CE 24 mai 1995, *Sté « CEGEDIM »,* n° 158616. ♦ La consultation du Conseil d'État doit être effectuée auprès de la section matériellement compétente (solution impl.). • CE 21 oct. 1988, *Synd. nat. des transporteurs aériens : préc. note 1.* ♦ Le juge vérifie que le décret a bien été rendu sur le rapport du ministre des finances et du ministre intéressé. • CE 3 oct. 1986, *François-Poncet : préc. note 6.*

30. Ce texte de création peut renvoyer à un arrêté le soin de fixer le tarif de ces redevances. • CE, ass., 10 juill. 1996, *Sté Direct Mail Promotion : préc. note 6.* ♦ Si tel est le cas, l'absence d'un arrêté fixant les taux interdit la perception. • CE 16 nov. 1994, *Ansidei : Lebon 412* . ♦ Le juge annulera un arrêté fixant les conditions d'établissement et de perception des redevances qui ne serait pas conforme à l'acte réglementaire l'instituant. • CE, sect., 10 févr. 1995, *Chambre synd. du transport aérien : préc. note 10.*

31. Le législateur conserve la compétence dans l'hypothèse où il faudrait valider rétroactivement des redevances annulées par le juge. Cependant, il ne peut le faire que dans la mesure où il n'est pas porté atteinte à l'autorité de la chose jugée et si l'intérêt général le justifie. En l'espèce, eu égard aux sommes concernées, la seule considération d'un intérêt financier ne constitue pas un motif d'intérêt général. • Cons. const. 28 déc. 1995, n° 95-369 DC § 35.

32. La procédure de ratification ne vise que les décrets en Conseil d'État instituant la rémunération d'un service rendu par l'État, à l'exclusion des actes pris sur la base de ces décrets ; elle n'a pour objet que d'autoriser, au-delà de la date d'entrée en vigueur de la prochaine loi de finances, la perception de ces rémunérations, lesquelles sont des ressources budgétaires de l'État distinctes des revenus courants de ses activités industrielles et commerciales ainsi que de ceux de son domaine. • Cons. const. 25 juill. 2001, n° 2001-448 DC.

2° COMPÉTENCE JURIDICTIONNELLE

33. Si dans la plupart des hypothèses, il appartient au juge administratif de se prononcer sur les litiges relatifs aux redevances de services rendus, le juge judiciaire peut être appelé à intervenir si la redevance est liée à un contrat de droit privé. • T. confl., 28 juin 1976, *Burlat : Lebon 701 ; AJDA 1976. 570, note Moderne.* ♦ ... Si la question ne met en cause que des droits nés de rapports entre deux personnes privées. • T. confl., 12 janv. 1987, *Cie des Eaux et de l'Ozone : préc. note 6.* ♦ ... Si elle est liée à l'exécution d'un SPIC. • T. confl., 8 nov. 1982, *Sté Maine Viandes et Sté Geismann Frères : Lebon 460 ; D. 1983. 69, concl. Picca* • CE 13 janv. 1992, *Sté « Rousselot » : Lebon T. 899*. ♦ *A contrario,* compétence du juge administratif s'il s'agit d'un SPA, • CE 28 juin 1996, *SARL d'exploitation des éts. Bailly : Lebon T. 834* (solution impl.).

Art. 5 I. – Les charges budgétaires de l'État sont regroupées sous les titres suivants :

1° Les dotations des pouvoirs publics ;
2° Les dépenses de personnel ;
3° Les dépenses de fonctionnement ;
4° Les charges de la dette de l'État ;
5° Les dépenses d'investissement ;
6° Les dépenses d'intervention ;
7° Les dépenses d'opérations financières.

II. – Les dépenses de personnel comprennent :
– les rémunérations d'activité ;
– les cotisations et contributions sociales ;
– les prestations sociales et allocations diverses.

Les dépenses de fonctionnement comprennent :
– les dépenses de fonctionnement autres que celles de personnel ;
– les subventions pour charges de service public.

Les charges de la dette de l'État comprennent :
– les intérêts de la dette financière négociable ;
– les intérêts de la dette financière non négociable ;
– les charges financières diverses.

Les dépenses d'investissement comprennent :
– les dépenses pour immobilisations corporelles de l'État ;
– les dépenses pour immobilisations incorporelles de l'État.

Les dépenses d'intervention comprennent :
– les transferts aux ménages ;
– les transferts aux entreprises ;
– les transferts aux collectivités territoriales ;
– les transferts aux autres collectivités ;
– les appels en garantie.

Les dépenses d'opérations financières comprennent :
– les prêts et avances ;
– les dotations en fonds propres ;
– les dépenses de participations financières.

[V. références des décisions du Conseil constitutionnel dans le tableau DC]

a. Relèvent de la compétence financière

1. Création ou aggravation de charges

1. Ont une incidence directe sur les charges de l'État : des dispositions qui permettent à des sociétés de bénéficier pour leurs emprunts sous forme d'obligations convertibles d'une bonification d'intérêts plus élevée que celle qui serait possible en vertu des dispositions législatives en vigueur. • Cons. const. 30 déc. 1982, n° 82-155 DC § 18. ♦ ... L'ouverture de crédits par la LF suite à la mise à la charge de l'État d'un régime d'indemnisation. • Cons. const. 30 déc. 1987, n° 87-237 DC § 20. ♦ ... La mise en place d'un régime de retraite pour anciens combattants. • Cons. const. 30 déc. 1996, n° 96-386 DC § 8, 10 et 11. ♦ ... La suppression d'une aide forfaitaire antérieurement accordée par l'État se traduisant par une économie pour le budget et l'ouverture d'un droit nouveau à la charge de l'État entraînant l'ouverture de crédits supplémentaires. • Cons. const. 30 déc. 1996, n° 96-385 DC § 41 et 42. ♦ ... La prorogation d'un an du dispositif de congé de fin d'activité, l'État devant assumer le coût du départ des fonctionnaires et agents non titulaires concernés par sa prorogation. • Cons. const. 30 déc. 1997, n° 97-395 DC § 43 et 44. ♦ ... La réforme de la dotation globale de fonctionnement qui ne se borne pas à modifier les règles de répartition de chaque dotation mais qui, en modifiant substantiellement leur structure, instaure divers mécanismes destinés à compenser les effets préjudiciables que son application aurait causés à certaines collectivités ; ces mécanismes compensateurs se traduisent en particulier par des garanties de recettes incombant à l'État ayant donc une incidence sur la détermination des ressources et des charges de l'État. • Cons. const. 29 déc. 2004, n° 2004-511 DC § 28.

2. On s'étonnera que le Conseil constitutionnel ait considéré que la création d'un fonds spécifique pour les journalistes, bien que non doté de crédit, soit destinée, selon ce qui résulte des travaux préparatoires, à avoir des effets financiers sur le budget de l'État, et relève ainsi du domaine de la LF. • Cons. const. 30 déc. 1996, n° 96-385 DC § 34.

3. Budgets annexes. Les principes ci-dessus concernent également les budgets annexes. • Cons. const. 30 déc. 1996, n° 96-385 DC § 36 • Cons. const. 29 déc. 1982, n° 82-154 DC § 28.

2. Allégements de charges

4. Des mesures qui sont les éléments indivisibles d'un dispositif financier qui ont pour objet d'alléger les charges de l'État en réduisant la subvention que celui-ci verse au Fonds national d'aide au logement sont au nombre de celles qui, en vertu du présent art., peuvent figurer dans une LF. • Cons. const. 28 déc. 1985, n° 85-201 DC.

5. Limitation du champ d'une dépense. Un art. ayant pour effet de réserver aux demandeurs d'emploi de longue durée et aux bénéficiaires de l'allocation du RMI ou de l'allocation spécifique de solidarité, le bénéfice de stages individuels ou collectifs d'insertion et de formation à l'emploi et un art. réservant aux employeurs embauchant des personnes rencontrant les difficultés d'accès à l'emploi les plus graves le versement de la prime liée au contrat initiative emploi, se traduisent par une économie pour le budget de l'État retracée sur des chapitres budgétaires du titre IV du ministère du travail et des affaires sociales et ont une incidence directe sur les charges de l'État ; ils ont donc leur place dans une LF. • Cons. const. 30 déc. 1996, n° 96-385 DC § 43 et 44. ♦ Même solution s'agissant d'un art. qui a pour objet de restreindre le champ d'intervention du fonds de gestion de l'espace rural en le limitant aux projets d'intérêt collectif concourant à la réhabilitation de l'espace rural dont les agriculteurs ou leurs groupements sont parties prenantes. • Cons. const. 30 déc. 1996, n° 96-385 DC § 35.

6. Transfert d'une charge. L'art. contesté prévoit que l'indemnisation des commissaires enquêteurs et des membres des commissions d'enquête qui effectuent des enquêtes publiques jusqu'alors assurée par l'État, est désormais prise en charge par le maître d'ouvrage ; cette disposition ayant une incidence directe sur les charges de l'État, elle entre dans les prévisions du présent art. • Cons. const. 21 juin 1993, n° 93-320 DC § 22 et 24.

7. La création d'un fonds de compensation de la fiscalité transférée dont l'objet est de traduire financièrement le mécanisme d'écrêtement applicable aux départements dont la fiscalité transférée, en application des art. L. 1614-1 et L. 1614-3 CGCT, engendre des ressources supérieures au montant des charges transférées a permis la suppression d'une provision de un milliard de francs inscrite antérieurement en LFI au titre de la dotation globale de décentralisation des départements bénéficiaires de la péréquation et trouve donc sa place dans une LF. • Cons. const. 30 déc. 1996, n° 96-385 DC § 33.

b. Constituent des cavaliers budgétaires

8. V. notes ss. LOLF, art. 34.

Art. 6 Les ressources et les charges budgétaires de l'État sont retracées dans le budget sous forme de recettes et de dépenses.

Le budget décrit, pour une année, l'ensemble des recettes et des dépenses budgétaires de l'État. Il est fait recette du montant intégral des produits, sans contraction entre les recettes et les dépenses.

L'ensemble des recettes assurant l'exécution de l'ensemble des dépenses, toutes les recettes et toutes les dépenses sont retracées sur un compte unique, intitulé budget général.

Un montant déterminé de recettes de l'État peut être rétrocédé directement au profit des collectivités territoriales ou des Communautés européennes en vue de couvrir des charges incombant à ces bénéficiaires ou de compenser des exonérations, des réductions ou des plafonnements d'impôts établis au profit des collectivités territoriales. Ces prélèvements sur les recettes de l'État sont, dans leur destination et leur montant, définis et évalués de façon précise et distincte.

[V. références des décisions du Conseil constitutionnel dans le tableau DC]

I. LE PRINCIPE D'UNIVERSALITÉ

A. CHAMP D'APPLICATION DU PRINCIPE D'UNIVERSALITÉ

1. Le principe d'universalité budgétaire s'impose au législateur et constitue une « règle fondamentale ». • Cons. const. 29 déc. 1994, n° 94-351 DC § 6. ♦ Ce principe répond au double souci d'assurer la clarté des comptes de l'État et de permettre, par là même, un contrôle efficace du parlement. • Cons. const. 29 déc. 1982, n° 82-154 DC § 20 • Cons. const. 16 déc. 1993, n° 93-328 DC § 15 • Cons. const. 25 juill. 2001, n° 2001-448 DC.

2. Le principe d'universalité budgétaire fait obstacle à ce que des dépenses qui, s'agissant des agents de l'État, présentent pour lui par nature un caractère permanent, ne soient pas prises en charge par le budget ou soient financées par des ressources que celui-ci ne détermine pas ; il en va ainsi notamment des majorations de pensions, lesquelles constituent des prestations sociales légales dues par l'État à ses agents retraités. • Cons. const. 29 déc. 1994, n° 94-351 DC § 3 et 6. ♦ Le droit de consommation sur les alcools a été affecté par l'art. 43 de la loi de finances pour 1994 au fonds solidarité vieillesse prévu à l'art. L. 135-1 CSS ; constituant une ressource d'un établissement public, il n'est pas soumis aux prescriptions du présent art., lesquelles s'appliquent aux seules recettes de l'État. • Cons. const. 21 déc. 1999, n° 99-422 DC.

3. Budgets annexes. Les règles d'unité et d'universalité s'appliquent aux budgets annexes. • Cons. const. 30 déc. 1997, n° 97-395 DC § 28.

4. Comptes spéciaux. Si le principe d'universalité connaît des aménagements importants s'agissant des CST, il leur est néanmoins applicable. • C. comptes, 21 nov. 1988, Notes du Parquet n°s 8583 et 8584 : *Rec. C. comptes 231* • C. comptes, 2 déc. 1988, réf. n° 5258 : *Rec. C. comptes 233* • C. comptes, 28 juin 1995, Réponse au Parlement : *Rec. C. comptes 233.*

B. LA RÈGLE DE LA NON-CONTRACTION

5. La nécessité d'un contrôle efficace du parlement exige que les recettes et les dépenses figurent au budget pour leur montant brut sans être contractées. • Cons. const. 29 déc. 1982, n° 82-154 DC § 20 • Cons. const. 16 déc. 1993, n° 93-328 DC § 15.

6. Un marché conclu pour l'achat d'un matériel avec reprise d'un matériel existant ne respecte pas les dispositions du présent art. dès lors que le prix du marché résulte de la contraction entre la valeur du nouveau matériel, frais de transport compris, et la valeur de reprise de l'ancien matériel. • C. comptes, 25 sept. 1990, réf. n° 5537 : *Rec. C. comptes 232.*

7. L'impossibilité de percevoir des recettes en contrepartie de certains services ou prestations, dans laquelle les rectorats se trouvaient jusqu'à une date récente, les a parfois conduits à charger des établissements publics locaux d'enseignement de les encaisser pour leur compte. En contrepartie, les établissements étaient invités à régler les dépenses courantes du rectorat. En faisant échapper au budget de l'État les recettes que celui-ci aurait dû percevoir et les dépenses qui lui incombaient, un tel dispositif transgressait la règle de l'universalité budgétaire selon laquelle toutes les recettes et toutes les dépenses sont imputées à un compte unique. • C. comptes, 27 nov. 1997 : Rapport public *1997, p. 50.*

8. En vertu du principe d'universalité qui régit les finances publiques, les recettes publiques ne peuvent servir à compenser une somme due par l'administration et doivent être intégralement reversées au comptable public. • CE sect., 6 nov. 2009, *Sté Prest'action,* n° 297877 : *AJDA 2009. 2401, note Lascombe et Vandendriessche ; Gestion et fin. publ. 2010. 132, note Lascombe et Vandendriessche ; JCP Adm. 2010. 2040, note Terraux ; Dr. adm. 2010. 5, note Melleray* • CE 10 févr. 2010, *Sté*

Prest'action, n° 301116 : *Lebon T. 850* ; *Gestion et fin. publ. 2010. 598*, note Lascombe et Vandendriessche ; *Dr. adm. 2010. 52*, note Brenet.

9. Si la règle de la non-affectation est largement aménagée pour les comptes spéciaux du Trésor puisque le parlement vote simplement des autorisations de découverts, la Cour des comptes insiste néanmoins pour que les recettes et dépenses de ces comptes respectent la règle du produit brut. • C. comptes, 21 nov. 1988, Notes du Parquet n°s 8583 et 8584 : *Rec. C. comptes 231* • C. comptes, 2 déc. 1988, réf. n° 5258 : *Rec. C. comptes 233.* ♦ Le principe de l'affectation de droit à un compte spécial du Trésor des opérations de prêts et avances, posé par le présent art. ne déroge pas à la nécessité de ne pas en contracter les recettes et les dépenses. En effet, l'art. 3 de la présente ord. classe bien en ressources permanentes de l'État les remboursements de prêts et avances. • C. comptes, 28 juin 1995, réponse au Parlement : *JOAN Doc. 1995, n° 2118, p. 189.*

10. Certaines formes de débudgétisation bénéficiant de crédits extrabudgétaires aboutissent à contracter recettes et dépenses ce qui nuit à la transparence de l'exécution budgétaire. • C. comptes, 7 mai 2009, Lettre du président n° 55028, *Secrétariat général des aff. européennes : Rec. C. compte 133.*

C. LA RÈGLE DE LA NON-AFFECTATION

1° LE PRINCIPE

11. Est interdite l'affectation d'une recette déterminée à une dépense déterminée, sous réserve des exceptions prévues au présent art. • Cons. const. 29 déc. 1982, n° 82-154 DC § 20 • Cons. const. 16 déc. 1993, n° 93-328 DC § 15 • Cons. const. 29 déc. 1993, n° 93-330 DC § 3.

12. Cette règle ne vaut que dans le cadre du budget de l'État. En effet, seules doivent figurer dans les LF les ressources et les dépenses de l'État. Les ressources des autres personnes morales de droit public et en particulier des établissements publics, fussent-ils établissements publics de l'État, n'ont pas à y figurer. • Cons. const. 16 janv. 1982, n° 81-132 DC § 9 • Cons. const. 29 déc. 2014, n° 2014-707 DC § 32. ♦ Une contribution qui n'est pas affectée à l'État n'est pas soumise au principe de non affectation. • Cons. const. 28 juin 1982, n° 82-140 DC § 6. ♦ Aucun principe constitutionnel n'interdit l'affectation d'impositions à certaines personnes morales autres que l'État ; toutefois, l'art. 34 Const. 58 n'habilite pas la LOLF à imposer que les dispositions législatives relatives à l'affectation des impositions de toute nature soient contenues dans les LF. • CE 21 déc. 2000, *Avis sur la proposition de L. org. relative aux lois de finances : AN n° 2908, p. 609.*

13. Dès lors qu'une imposition est affectée à un établissement public, son produit n'a pas à être évalué par une LF comme le prescrit pour les seuls impôts affectés à l'État, l'al. 1er de l'art. 4 de la présente ordonnance. • Cons. const. 28 juin 1982, n° 82-140 DC § 7. ♦ Aucune règle ni aucun principe de valeur constitutionnelle n'interdit d'affecter le produit d'une imposition à un établissement public industriel et commercial. • Cons. const. 28 juin 1982, n° 82-140 DC § 6. ♦ Dans le même sens, • Cons. const. 14 janv. 1983, n° 82-152 DC § 4. ♦ Dans cette dernière hypothèse, aucune adéquation de la nature de la recette et de la dépense n'est exigée ; en l'espèce, la taxe générale sur les activités polluantes peut être affectée au fonds de financement de la réforme des cotisations patronales de sécurité sociale (FOREC). • Cons. const. 21 déc. 1999, n° 99-422 DC.

14. Débudgétisation. La débudgétisation constitue un moyen commode de contourner le principe de non-affectation. Ainsi, lorsqu'il est constant que certaines tâches d'intérêt général sont exécutées avec des moyens fournis par l'État, il n'est pas admissible que les opérations financières correspondantes soient attribuées à des organismes démembrés de l'État, qu'ils soient érigés en établissements publics ou en sociétés nationales, aux fins de soustraire ces opérations au vote du parlement et de faire varier les masses et les soldes du budget suivant les convenances du moment. • C. comptes, 6 juin 1990, Rapport public : *Rec. C. comptes 198.*

2° NE SONT PAS DES RECETTES AFFECTÉES

15. Les justifications à caractère technique ou politique des majorations fiscales ne constituent pas une affectation de recettes dès lors qu'elles ne sont pas inscrites en LF. • Cons. const. 29 déc. 1993, n° 93-330 DC § 2 à 4 • Cons. const. 28 déc. 1995, n° 95-369 DC.

16. Le versement par l'entreprise France Télécom d'une contribution forfaitaire exceptionnelle de 37,5 milliards de francs à un établissement public chargé de gérer cette contribution trouve effectivement sa justification, sans toutefois en constituer la contrepartie, dans la prise en charge par l'État des retraites des agents fonctionnaires de l'entreprise France Télécom ; les versements annuels au budget de l'État effectués par cet établissement public ne seront directement affectés à aucune dépense en particulier et viendront concourir aux conditions générales de l'équilibre du budget conformément aux dispositions du présent art. • Cons. const. 30 déc. 1996, n° 97-385 DC § 22.

17. L'institution de la taxe de sécurité et de

sûreté sur les aéroports a pour vocation de financer l'accomplissement de missions générales de sécurité et de sûreté mais n'a pas pour autant donné lieu à une affectation ; dès lors, à supposer que le produit de cette taxe soit supérieur aux dépenses de sécurité et de sûreté comprises dans le budget annexe de l'aviation civile, elle constitue une recette de ce budget annexe qui concourt aux conditions de son équilibre général et dans ces conditions, son augmentation n'a pas méconnu les règles fixées par le présent art. • Cons. const. 30 déc. 1997, n° 97-395 DC § 28.

II. PRÉLÈVEMENTS SUR RECETTES

18. Bien que dérogeant à la règle générale rappelée par le 1er al. du présent art., la LOLF a pu prévoir que ces prélèvements ne soient pas retracés sous forme de recettes. Ainsi, un montant déterminé de recettes de l'État peut être rétrocédé directement au profit des collectivités territoriales ou des Communautés européennes en vue de couvrir des charges incombant à ces bénéficiaires ou de compenser des exonérations, des réductions ou des plafonnements d'impôts établis au profit des collectivités territoriales dès lors d'une part que sont précisément et limitativement définis les bénéficiaires et l'objet de ces prélèvements, et que sont satisfaits les objectifs de clarté des comptes et d'efficacité du contrôle parlementaire et d'autre part sous réserve que des documents joints au projet de loi de finances de l'année en application de l'art. 51 de la LOLF comportent des justifications aussi précises qu'en matière de recettes et de dépenses et que l'analyse des prévisions de chaque prélèvement sur les recettes de l'État figure dans une annexe explicative. • Cons. const. 25 juill. 2001, n° 2001-448 DC § 18 et 19.

19. La pratique des prélèvements sur recettes déroge au principe d'universalité budgétaire, et notamment au principe de non-affectation et le Conseil d'État avait souhaité que la nouvelle LO ne comporte aucune disposition relative aux prélèvements sur recettes. • CE 21 déc. 2000, *Avis sur la proposition de L. org. relative aux lois de finances : AN n° 2908 p. 613.*

A. NOTION

20. Les prélèvements sur recettes ne sont pas prévus à l'ordonnance. Ils ont été institués en 1969 afin de fournir aux collectivités locales des ressources destinées à remplacer des impôts locaux supprimés, sans pour autant ouvrir au budget général les crédits nécessaires au versement d'une allocation compensatrice ou octroyer une ressource fiscale de substitution. Une nouvelle catégorie de bénéficiaires des prélèvements est apparue en 1971 : ce sont les Communautés européennes. Lorsque les droits d'importation, les prélèvements agricoles et la cotisation à la production sur les sucres devinrent des impôts communautaires, leur produit continua de figurer dans les « voies et moyens » du budget français, mais des prélèvements d'égal montant furent opérés au profit du budget des communautés. * C. comptes, Annexe III du rapport sur l'exécution des LF pour 1987, *p. 274 à 282.* • C. comptes, 28 nov. 1989, Rapport sur l'exécution des LF pour 1988 : *Rec. C. comptes 277.*

21. Comme l'avait souhaité le Conseil constitutionnel, les prélèvements sur recettes sont, dans leur montant et leur destination, définis de façon distincte et précise dans la LF, assortis de justifications appropriées et ne sont pas destinés à la couverture de charges permanentes de l'État. • Cons. const. 29 déc. 1982, n° 82-154 DC § 23 • Cons. const. 29 déc. 1998, n° 98-405 DC.

22. Absence d'affectation. Les prélèvements sur recettes opérés au profit des collectivités locales ou des Communautés européennes ne sont pas constitutifs d'une affectation de recettes au sens du présent art. ; en effet, le mécanisme de ces prélèvements ne comporte pas, comme l'impliquerait un système d'affectation, l'établissement d'une corrélation entre une recette de l'État et une dépense incombant à celui-ci. Ces prélèvements sur recettes s'analysent en une rétrocession directe d'un montant déterminé de recettes de l'État au profit des collectivités locales ou des Communautés européennes en vue de couvrir des charges qui incombent à ces bénéficiaires et non à l'État ; ils ne sauraient, dans ces conditions, donner lieu à une ouverture de crédits dans les comptes des dépenses de l'État. • Cons. const. 29 déc. 1982, n° 82-154 DC § 22.

23. Malgré cette position du Conseil constitutionnel, la Cour des comptes estime que le mécanisme du prélèvement sur recettes n'en est pas moins incompatible logiquement avec le principe d'universalité. • C. comptes, 6 juin 1990, *Rapport public : Rec. C. comptes 198.* – V. déjà : * C. comptes, Rapport sur le projet de loi de règlement du Budget 1979, *p. 245 à 252.* • C. comptes, 15 sept. 1994, Rapport sur l'exécution des LF pour 1993 : *Rec. C. comptes 248.*

24. Si l'institution d'un prélèvement sur les recettes de l'État ne relève pas de la compétence exclusive des LF et si la fixation du montant exact d'un tel prélèvement peut être renvoyée à une LF, il résulte des présentes dispositions que les dispositions créant un tel prélèvement doivent définir sa destination de façon précise. En se bornant à prévoir qu'un tel prélèvement est destiné « à couvrir les charges liées, pour cette collectivité d'outre-mer, aux déséquilibres d'ordre économique provoqués par l'arrêt des activités du centre d'expérimentation du Pacifique », sans indications suffisantes quant aux critères de détermination de ces charges, le législateur a méconnu le présent art. • Cons. const. 27 juin 2019, n° 2019-784 DC § 4 et 5.

B. PRÉLÈVEMENTS SUR RECETTES EN FAVEUR DE LA COMMUNAUTÉ

25. Les prélèvements obligatoires établis par le Conseil des Communautés européennes ayant le caractère d'une ressource propre communautaire échappent aux règles applicables en matière d'impositions nationales dès lors que le Conseil en a déterminé l'assiette et le taux ne laissant aux États membres que le soin d'en fixer les modalités de recouvrement. • Cons. const. 30 déc. 1977, n° 77-90 DC § 1 et 2. ♦ Par suite, ces prélèvements n'ont pas à être inscrits en recettes ou en dépenses dans la LF. • Cons. const. 30 déc. 1977, n° 77-89 DC § 6.

26. Se fondant sur la réserve dégagée par le Conseil constitutionnel, la Cour des comptes estime que les prélèvements au titre de la contribution TVA et de la contribution assise sur le produit intérieur brut devraient faire l'objet d'une dotation budgétaire car ils constituent une charge permanente de l'État au sens de l'art. 6 de la présente ord. • C. comptes, 15 sept. 1993, Rapport sur l'exécution des LF pour 1992 : *Rec. C. comptes 221.* ♦ Cette interprétation est confirmée par le Conseil d'État. • CE 21 déc. 2000, *Avis sur la proposition de L. org. relative aux lois de finances : AN n° 2908, p. 614.*

CHAPITRE II *De la nature et de la portée des autorisations budgétaires*

Art. 7 **I. — Les crédits ouverts par les lois de finances pour couvrir chacune des charges budgétaires de l'État sont regroupés par mission relevant d'un ou plusieurs services d'un ou plusieurs ministères.**

Une mission comprend un ensemble de programmes concourant à une politique publique définie. Seule une disposition de loi de finances d'initiative gouvernementale peut créer une mission.

Toutefois, une mission spécifique regroupe les crédits des pouvoirs publics, chacun d'entre eux faisant l'objet d'une ou de plusieurs dotations. De même, une mission regroupe les crédits des deux dotations suivantes :

1° Une dotation pour dépenses accidentelles, destinée à faire face à des calamités, et pour dépenses imprévisibles ;

2° Une dotation pour mesures générales en matière de rémunérations dont la répartition par programme ne peut être déterminée avec précision au moment du vote des crédits.

Un programme regroupe les crédits destinés à mettre en œuvre une action ou un ensemble cohérent d'actions relevant d'un même ministère et auquel sont associés des objectifs précis, définis en fonction de finalités d'intérêt général, ainsi que des résultats attendus et faisant l'objet d'une évaluation.

II. — Les crédits sont spécialisés par programme ou par dotation.

Les crédits d'un programme ou d'une dotation sont présentés selon les titres mentionnés à l'article 5.

La présentation des crédits par titre est indicative. Toutefois, les crédits ouverts sur le titre des dépenses de personnel de chaque programme constituent le plafond des dépenses de cette nature.

III. — A l'exception des crédits de la dotation prévue au 2° du I, les crédits ouverts sur le titre des dépenses de personnel sont assortis de plafonds d'autorisation des emplois rémunérés par l'État. Ces plafonds sont spécialisés par ministère.

IV. — Les crédits ouverts sont mis à la disposition des ministres.

Les crédits ne peuvent être modifiés que par une loi de finances ou, à titre exceptionnel, en application des dispositions prévues aux articles 11 à 15, 17, 18 et 21.

La répartition des emplois autorisés entre les ministères ne peut être modifiée que par une loi de finances ou, à titre exceptionnel, en application du II de l'article 12.

BIBL. ► *MONIOLLE, Les apports essentiels de* la loi organique du 1er août 2001 relative aux lois de finances en matière de dépenses de personnel, *AJDA 2006. 2040*.

[V. références des décisions du Conseil constitutionnel dans le tableau DC]

1. Dès lors qu'une « mission » spécifique regroupera les crédits des pouvoirs publics, chacun d'entre eux faisant l'objet d'une ou plusieurs dotations, le principe d'autonomie financière des pouvoirs publics concernés, lequel relève du respect de la séparation des pouvoirs, est sauvegardé. • Cons. const. 25 juill. 2001, n° 2001-448 DC. – V. aussi • Cons. const. 27 déc. 2001, n° 2001-456 DC.

2. ***Missions.*** Le caractère interministériel éventuellement conféré par le gouvernement à certaines missions est sans effet sur la conformité du présent art. aux règles de détermination des attributions des ministres. • Cons. const. 25 juill. 2001, n° 2001-448 DC § 24. ♦ Il appartient au Gouvernement de définir le périmètre des différentes missions en fonction des politiques publiques mises en œuvre ; il est également de sa compétence de choisir de constituer ces missions à partir des crédits d'un seul ou de plusieurs ministères. • Cons. const. 29 déc. 2005, n° 2005-530 DC § 14.

3. Il résulte des présentes dispositions, combinées avec celles de l'art. 47 Const., qu'une mission ne saurait comporter un programme unique. Cependant, afin de laisser aux autorités compétentes le temps de procéder aux adaptations nécessaires et de surmonter les difficultés inhérentes à l'application d'une telle réforme, la mise en conformité des missions « mono-programme » et des nouvelles règles organiques pourra n'être effective qu'à compter de l'année 2007. • Cons. const. 29 déc. 2005, n° 2005-530 DC § 24 et 26.

4. Une mission peut, nonobstant les dispositions du présent art., être créée par le législateur organique. • Cons. const. 13 déc. 2012, n° 2012-658 DC § 61.

5. ***Programmes.*** La Cour relève l'effort fait pour reconnaître la dimension interministérielle des politiques publiques, avec la création de huit missions interministérielles, représentant 28 % des crédits et 56% des personnels, et des « documents de politique transversale », qui ne devront pas constituer une simple amélioration des « jaunes budgétaires » mais permettre une meilleure coordination des acteurs des politiques publiques interministérielles non érigées en missions. • C. comptes, 10 juin 2004 : *Rapport sur les résultats et la gestion budgétaire 2003, p. 184.* ♦ La Cour des comptes n'hésite pas à formuler des observations sur l'opportunité du rattachement à tel ou tel programme, en l'occurrence s'agissant de la Commission de recours des réfugiés, devenue Cour Nationale *du droit d'asile.* • C. comptes, 15 juin 2007, Lettre du Président n° 48803, OFPRA : *Rec. C. comptes 171.* ♦ Elle a également pu appeler de ses vœux la création d'un programme dédié à la régulation financière dans lequel pourraient prendre place les crédits de l'Autorité des marchés financiers ; en effet, en tant qu'autorité administrative indépendante, l'AMF n'est considérée ni comme un opérateur de l'État ni comme une autorité dotée de crédits budgétaires, ceci interdisant de vérifier la justification des crédits au premier euro et d'apprécier la performance de l'AMF. • C. comptes, 29 déc. 2008, réf. n° 53159, *Min. de l'économie, de l'industrie et de l'emploi : Rec. C. comptes 163.*

6. Une même personne ne peut en principe cumuler la fonction de responsable de programme et d'opérateur du même programme. • C. comptes, 29 mars 2007, réf. n° 47811, *Min. de la jeunesse, des sports et de la vie associative : Rec. C. comptes 156.*

7. Dans la maquette présentée par le gouvernement en 2004, les programmes se caractérisent par une certaine hétérogénéité : alors que 31 n'atteignent pas 200 M€, 19 dépassent 3 M€. La maquette budgétaire associe ainsi, à côté de programmes de taille très modeste, des programmes de très grande taille ou « méga programmes », regroupant l'essentiel des crédits et des personnels d'un ministère. Tel est notamment le cas à l'éducation nationale (programme « *Enseignement scolaire public du second degré* » avec 30 M€), à la défense (« *Préparation et emploi des forces* » pour 20,5 M€ et « *Politique d'armement* » avec 8,7 M€), à l'intérieur (« *Police nationale* » avec 7,5 M€) ou aux affaires sociales (« *Handicap et dépendance* » avec 7,1 M€). • C. comptes, 10 juin 2004 : *Rapport sur les résultats et la gestion budgétaire 2003, p. 189.* ♦ L'existence de ces « méga programmes » pose de nombreuses difficultés : risque de cristallisation des structures administratives, pilotage incertain du programme, faible lisibilité de l'action publique, difficultés à trouver des indicateurs de performances représentatifs. En outre, les « méga-programmes » entrent en opposition avec les souhaits déjà exprimés par le Parlement d'éviter des « *programmes surdimensionnés* » et de ventiler le plus possible les crédits de personnel. • Même décision.

8. ***Plafonds d'autorisation des emplois.*** Le critère proposé par la Direction de la réforme budgétaire pour calculer le plafond d'autorisation des emplois (PAE) est double : sont pris en compte dans le plafond les agents dont la rémunération s'impute au futur titre II (dépenses de personnel) et dont l'État rémunère directement l'activité (critère du lien juridique). Dans ses notes d'orientation, la DRB propose ainsi qu'au sein du titre II, toutes les dépenses correspondant à la rémunération d'un volume d'activités soient prises en compte dans le PAE, celui-ci étant alors égal au montant de ces dépenses converties en équivalent temps plein. *A contrario*, les personnels dont la rémunération est financée par des subventions versées par l'État sont exclus du calcul du plafond. • C. comptes, 10 juin 2004 : *Rapport sur les résultats et la gestion budgétaire 2003, p. 204 ; Rec. C. comptes 2003. 382.*

9. Il faudra arbitrer entre le respect du PAE ministériel et la liberté de gestion des responsables de programme, sinon, hypothèse d'école, la conversion en cours d'année, par un ou plusieurs responsables de programme relevant d'un même ministère, d'emplois de catégorie A en emplois – plus nombreux – de catégorie C, pourrait entraîner un dépassement du plafond d'autorisation d'emplois ministériel. Le respect du PAE ministériel suppose donc l'émergence d'une fonction de régulation de la gestion des emplois entre programmes d'un même ministère. • C. comptes, 10 juin 2004 : *Rapport sur les résultats et la gestion budgétaire 2003, p. 206.*

10. La transformation en détachements des mises à disposition de personnels de l'État n'est contraire à aucune règle constitutionnelle ou organique d'autant qu'il est prévu d'accorder aux organismes concernés une subvention correspondant aux montants des rémunérations des personnels détachés qu'ils prendront en charge ; cette mesure, destinée à mieux identifier les employeurs véritables et la réalité de l'aide que leur apporte l'État, ne méconnaît pas le principe de sincérité budgétaire. • Cons. const. 29 déc. 2005, n° 2005-530 DC § 9.

11. Si la LOLF ne change pas le régime statutaire des personnels titulaires des établissements publics à caractère scientifique et technologique, les opérations de gestion des carrières par corps et grades relèvent désormais de la politique de l'emploi de chaque établissement. Désormais le volume des emplois, exprimé en équivalent temps plein travaillé (ETPT) annuel, sera déterminé par le conseil d'administration de chaque établissement dans le cadre du vote du budget primitif. • C. comptes, 15 févr. 2006, *Lettre du président n° 44429 : Rec. C. comptes 157.*

12. Si on ne doit pas chercher à corréler parfaitement une réduction d'effectif des services centraux avec le transfert d'une compétence aux collectivités territoriales, la Cour s'étonne néanmoins qu'un transfert ne se traduise par aucune baisse significative des effectifs avec le temps. * C. comptes, 29 mai 2009, *Lettre du président n° 54882 : Rec. C. comptes 136.*

13. Les effectifs de la fonction publique, civile et militaire sont fixés par le Parlement par rapport à un plafond d'emplois qui doit s'apprécier globalement. Le ministère contrevient aux obligations de la LOLF en comptabilisant les emplois de réservistes opérationnels à part de son total d'effectifs, soumis au plafond ministériel des emplois autorisés. * C. comptes, 8 avr. 2010, référé n° 56935 : *Rec. C. comptes 159.*

Art. 8 Les crédits ouverts sont constitués d'autorisations d'engagement et de crédits de paiement.

Les autorisations d'engagement constituent la limite supérieure des dépenses pouvant être engagées. Pour une opération d'investissement, l'autorisation d'engagement couvre un ensemble cohérent et de nature à être mis en service ou exécuté sans adjonction. *(L. org. n° 2005-779 du 12 juill. 2005, art. 7)* **« L'autorisation d'engagement afférente aux opérations menées en partenariat pour lesquelles l'État confie à un tiers une mission globale relative au financement d'investissements ainsi qu'à leur réalisation, leur maintenance, leur exploitation ou leur gestion couvre, dès l'année où le contrat est conclu, la totalité de l'engagement juridique. »**

Les crédits de paiement constituent la limite supérieure des dépenses pouvant être ordonnancées ou payées pendant l'année pour la couverture des engagements contractés dans le cadre des autorisations d'engagement.

Pour les dépenses de personnel, le montant des autorisations d'engagement ouvertes est égal au montant des crédits de paiement ouverts.

[V. références des décisions du Conseil constitutionnel dans le tableau DC]

1° NOTION D'AUTORISATION DE PROGRAMME

1. Crédits d'engagement, crédits de paiement. Les autorisations de programme remplissent une double fonction de prévision des coûts relatifs à la réalisation d'une opération donnée et d'autorisation des engagements juridiques qui s'y rapportent. Elles constituent non seulement un instrument de prévision des besoins financiers liés à la réalisation d'une tranche individualisée d'investissement, mais aussi une limite à l'engagement juridique de dépenses nouvelles. • C. comptes, 17 juin 1997 : *Rapport public particulier « la gestion budgétaire et la programmation au ministère de la défense », occ. 4-1.*

2. Lorsque le vote du parlement en LF porte sur les autorisations de programme correspondant aux engagements pluriannuels et sur les crédits de paiement relatifs à chaque tranche annuelle, le dispositif est conforme aux principes posés par le présent art. • C. comptes, 16 avr. 1994, réponse au Parlement : *JO Doc. AN, 1993-1994, n° 1070, p. 233 à 243.*

3. En raison du caractère futur et incertain des réalisations auxquelles sont destinées les dotations du Fonds d'action conjoncturel, la circonstance que les crédits de paiement correspondant à ces autorisations de programme n'aient pas été votés est sans influence sur la conformité de la disposition à la Constitution dès lors que ces crédits de paiement devront, en temps voulu, faire l'objet d'un projet de LFR. • Cons. const. 28 déc. 1976, n° 76-73 DC § 4. ♦ Cependant la Cour note que l'institution d'un fonds doté d'autorisations de programme non assorties de crédits de paiement contient en germe un facteur de déséquilibre budgétaire, dans la mesure où le déblocage de tout ou partie de ces autorisations implique l'ouverture de ces crédits. *C. comptes, Rapport sur l'exécution des lois de finances pour 1977, *p. 145.*

4. Montant des autorisations de programme et des crédits de paiement. Quel que soit le mode de réalisation d'un investissement, le montant de l'autorisation de programme affectée à l'opération doit, dès l'origine, en couvrir la totalité du coût. • C. comptes, 30 mai 1988, réf. n° 5173 : *Rec. C. comptes 214.* ♦ Or, la Cour des comptes constate que, souvent, les autorisations de programme ne couvrent pas la totalité des coûts prévisibles des opérations programmées dont le principe est arrêté. • C. comptes, 17 juin 1997 : *Rapport public particulier « la gestion budgétaire et la programmation au ministère de la défense », occ. 4-2.*

5. Le solde en fin d'année des crédits de paiement doit être suffisant pour couvrir les engagements déjà pris sur les autorisations de programme. • C. comptes, 15 oct. 1991, Réponse au Parlement : *Rec. C. comptes 244.*

6. Tranches. La notion d'autorisations de programme, qui devrait être la base de toute gestion pluriannuelle des crédits, ne remplissait pas le rôle pour lequel elle avait été conçue : couvrir par des autorisations de programme correspondant à des tranches vraiment fonctionnelles, la totalité d'une opération, si longue et complexe soit-elle à exécuter. Les autorités budgétaires de l'État ont une grande part de responsabilité dans cet échec. • C. comptes, 17 juin 1997, *Rapport public particulier « la gestion budgétaire et la programmation au ministère de la défense », p. 133-197.*

7. *Contrairement* au principe selon lequel une même opération ne doit pas faire l'objet de plusieurs affectations d'autorisations de programme successives, la réglementation sur les investissements routiers méconnaît, pour les ouvrages d'art, le principe du caractère fonctionnel des tranches d'autorisation de programme, posé par la loi organique de 1959. En effet, elle permet la réalisation d'un ouvrage d'art sans qu'aient été nécessairement construites les sections de voie permettant d'y accéder. • C. comptes, 30 juin 1984 : *Rapport public 1984, p. 19-29.*

2° EXÉCUTION DES AUTORISATIONS DE PROGRAMME

8. Inversion de la relation logique autorisations de programme. – Crédits de paiement. La Cour des comptes avait constaté que, souvent, les crédits de paiement ne sont pas déduits des autorisations de programme ouvertes au cours des années antérieures. Au contraire, le calcul des autorisations de programme était effectué à rebours des crédits de paiements ouverts par le passé ou dont la nouvelle LF prévoit l'ouverture. Le montant total des autorisations de programme en LFI, qui servent en principe à effectuer les engagements juridiques pluriannuels, s'établissait à un niveau identique à celui des crédits de paiement. • C. comptes, 17 juin 1997 : *Rapport public particulier « la gestion budgétaire et la programmation au ministère de la défense », occ. 4-2.* ♦ V. aussi • C. comptes, 18 juin 2002 : *Rapport sur l'exécution des LF pour 2001. 117.* ♦ La Cour note que la détermination des dotations en CP, dès la LFI, paraît parfois assez arbitraire, et davantage commandée par le souci de limiter les crédits que de couvrir les AP déjà engagées, ou présentées comme devant l'être au cours de l'exercice. • C. comptes, 12 juin 2003 : *Rapport sur l'exécution des LF pour 2002. 66.*

9. La régulation budgétaire se caractérisait de plus en plus par un mécanisme, mis en place par le contrôleur financier, de « calage » des autorisations de programme sur les crédits de paiement. Ainsi, à l'occasion de l'affectation ou des délégations d'autorisations de programme, il est procédé à la mise en relation des autorisations de programme et des crédits de paiement afin que les autorisations de programme affectées – donc susceptibles de générer des besoins de crédits de paiement – demeurent en concordance avec les crédits de paiement effectivement disponibles sur l'exercice. Cette technique, il est vrai encouragée par le suivi lacunaire des autorisations de programmes déléguées aux ordonnateurs secondaires, conduit à vider de sa substance le mécanisme. • C. comptes, 15 sept. 1995, Rapport sur l'exécution des LF pour 1994 : *Rec. C. comptes 279.* ♦ La Cour note que la distinction entre les AP et les CP tend à perdre de sa rigueur, notamment sous l'effet de la régulation des crédits d'investissement qui privilégie les paiements annuels par rapport aux engagements pluriannuels. • C. comptes, 18 juin 2002 : *Rapport sur l'exécution des LF pour 2001. 82.*

10. Autorisations de programme « dormantes ». De nombreuses affectations d'autorisations de programme anciennes, correspondant à des opérations d'investissement achevées ou interrompues ne sont jamais annulées alors qu'elles sont devenues sans objet. Cette insuffisante diligence à clôturer les opérations entache non seulement la sincérité de la comptabilité du ministère mais également la qualité de sa gestion, par le gel du montant, appréciable, d'autorisations de programme qu'elle implique. • C. comptes, 7 déc. 1989, réf. n° 5433 : *Rec. C. comptes 284.* ♦ La Cour des comptes les qualifie d'autorisations d'engagement dormantes. • C. comptes, 5 juin 1991, *réponse au Parlement : JO Doc. Sénat, 1991-1992, n° 1, p. 146.*

11. La Cour souligne l'importance des autorisations de programme inutilisées, qu'il s'agisse des opérations terminées mais non soldées ou, plus conséquentes encore, des autorisations « dormantes » depuis plusieurs années. • C. comptes, 16 juin 1993, Réponse au Parlement : *JO Doc. AN, 1992-1993, n° 349, p. 277.*

12. La notion de « consommation » des CP souffre d'imprécisions, dès qu'il y a délégation (notamment déconcentration). Ainsi, le recours à un maître d'ouvrage délégué, destinataire des CP, conduit à considérer ceux-ci comme dépensés, qu'ils aient ou non été utilisés. De la sorte, une section budgétaire comme le Conseil économique, social et environnemental, peut afficher un taux de 100 % des CP « consommés » (en réalité, « délégués »). • C. comptes, 12 juin 2003 : *Rapport sur l'exécution des LF pour 2002. 69.*

13. Sur les difficultés d'application des autorisations de programme aux collectivités locales, V. • C. comptes, 6 janv. 2000, *Rapport public : Rec. C. comptes 1999. 236.*

14. La Cour des comptes note que, dans le cadre de la mise en œuvre de la LOLF, qui généralise à toutes les catégories de crédits la notion d'autorisation d'engagement, il devient absolument nécessaire de mettre en place des instruments d'information, de suivi et de pilotage des autorisations et engagements pluriannuels et des dépenses en capital. • C. comptes, 18 juin 2002 : *Rapport sur l'exécution des LF pour 2001. 83.*

15. Une méconnaissance de la procédure relative aux autorisations d'engagement afférentes aux opérations menées en partenariat ne saurait faire obstacle à la mise en discussion d'un projet de loi de finances. La conformité de la loi de finances à la Constitution serait alors appréciée au regard tant des exigences de la continuité de la vie nationale que de l'impératif de sincérité qui s'attache à l'examen des lois de finances pendant toute la durée de celui-ci • Cons. const. 7 juill. 2005, n° 2005-517 DC § 1.

Art. 9 Les crédits sont limitatifs, sous réserve des dispositions prévues aux articles 10 et 24. Les dépenses ne peuvent être engagées et ordonnancées que dans la limite des crédits ouverts.

Les conditions dans lesquelles des dépenses peuvent être engagées par anticipation sur les crédits de l'année suivante sont définies par une disposition de loi de finances.

Les plafonds des autorisations d'emplois sont limitatifs.

[V. références des décisions du Conseil constitutionnel dans le tableau DC]

1. Dès lors que le crédit constitue une simple autorisation de dépense, l'ouverture des crédits en LF ne constitue pas une obligation de dépenses. • C. comptes, 6 juin 1995, réf. n° 7028 : *Rec. C. comptes 229.*

1° NOTION DE CRÉDIT LIMITATIF

2. Les crédits limitatifs sont ceux qui ne correspondent pas à la définition des crédits évaluatifs. • Cons. const. 29 déc. 1984, n° 84-184 DC § 46 • CE 12 avr. 1991, *Synd. nat. de l'enseignement chrétien CFTC,* n° 68521. ♦ Ainsi, un crédit destiné à subventionner les organismes auprès desquels sont détachés des personnels anciennement mis à disposition n'entrant dans aucune des catégories définies aux art. 10 et 24 de la présente loi organique a un caractère limitatif sans que puisse y faire obstacle la circonstance qu'il pourrait ne pas être intégralement consommé. • Cons. const. 29 déc. 1986, n° 86-221 DC § 15.

3. Le montant des crédits limitatifs peut être modifié en cours d'année par une LFR en particulier en cas d'évolution des données qui servent de base de calcul de ces crédits. • Cons. const. 29 déc. 1984, n° 84-184 DC § 47. ♦ L'usage de procédures irrégulières d'abondement de crédits en cours d'année par un ministère, en violation du principe du caractère limitatif des crédits, est dénoncé par la Cour des comptes. • C. comptes, 25 juin 2007, réf. n° 48849, *Min. de l'agriculture et de la pêche : Rec. C. comptes 172.*

4. Une disposition qui prévoit qu'un contrat ne peut être conclu entre l'État et un établissement d'enseignement privé que dans la limite des crédits affectés à la rémunération des personnels enseignants des classes sous contrat figurant annuellement dans la LF, a pour objet de confirmer le caractère limitatif qu'il convient de reconnaître à ces crédits. • Cons. const. 29 déc. 1984, n° 84-184 DC § 45.

5. Une circulaire prévoyant que les crédits limitatifs feront l'objet d'une répartition par académies, chacune se voyant attribuer une enveloppe elle-même limitative interdisant qu'un contrat ne soit signé s'il devait conduire à un dépassement de cette enveloppe, n'a pas interdit de manière absolue la signature de contrats en cas d'épuisement de l'enveloppe mais a eu seulement pour objet, dans le but de respecter les dispositions du présent art. de prescrire aux autorités compétentes de s'abstenir de signer des contrats sans s'être préalablement assurées auprès de l'administration centrale de la possibilité d'en obtenir le financement. • CE 12 avr. 1991, ⚐ *Synd. nat. de l'enseignement chrétien CFTC*, n° 68521 : *préc. note 2.*

6. Sous-dotation. Bien que soient connus au moment du vote de la LF les engagements que l'État doit honorer, les ouvertures de certains crédits limitatifs ont pu être jugées notoirement insuffisantes. Cette insuffisance conduisait l'État à ne pas s'acquitter de sa dette en temps et en heure. Il attendait en effet dans ce cas d'être contraint par des décisions juridictionnelles. La conséquence en était généralement un surcoût de la dépense. • C. comptes, 26 févr. 1996, réf. n° 8099 : *Rec. C. comptes 212.*

2° ENGAGEMENTS PAR ANTICIPATION

7. La cour a eu l'occasion de préciser la notion d'engagement par anticipation. Le principe de l'annualité budgétaire posé par l'ordonnance interdit notamment que soient pris des engagements qui obéreraient les crédits à ouvrir sur les exercices suivants. Mais, à s'y conformer strictement, l'administration risquerait de voir son action subir une interruption de la continuité, risque aggravé par l'interdiction d'engager des dépenses ordinaires autres que de personnel après le 30 nov. sauf urgence, surtout dans les services extérieurs, qui doivent attendre de nombreuses semaines la mise en place de leurs crédits annuels. Aussi la même ord. admet-elle des dérogations à ce principe. Les « dispositions spéciales » que prévoit ce texte sont contenues chaque année dans la LFI et récapitulées à l'état D y annexé. • C. comptes, 6 juin 1991, réponse au Parlement : *JO Doc. AN, 1990-1991, n° 2120, p. 189.*

Art. 10 **Les crédits relatifs aux charges de la dette de l'État, aux remboursements, restitutions et dégrèvements et à la mise en jeu des garanties accordées par l'État ont un caractère évaluatif. Ils sont ouverts sur des programmes distincts des programmes dotés de crédits limitatifs.**

Les dépenses auxquelles s'appliquent les crédits évaluatifs s'imputent, si nécessaire, au-delà des crédits ouverts. Dans cette hypothèse, le ministre chargé des finances informe les commissions de l'Assemblée nationale et du Sénat chargées des finances des motifs du dépassement et des perspectives d'exécution jusqu'à la fin de l'année.

Les dépassements de crédits évaluatifs font l'objet de propositions d'ouverture de crédits dans le plus prochain projet de loi de finances afférent à l'année concernée.

Les crédits prévus au premier alinéa ne peuvent faire l'objet ni des annulations liées aux mouvements prévus aux articles 12 et 13 ni des mouvements de crédits prévus à l'article 15.

Le caractère évaluatif des crédits destinés à couvrir les dépenses relatives aux intérêts de la dette publique constitue une exception traditionnelle et nécessaire à la compétence du Parlement pour fixer de manière limitative les charges de l'État ; cette exception peut être assortie de l'obligation d'informer immédiatement les commissions compétentes du Parlement lorsque le montant initial est dépassé. • CE 21 déc. 2000, *Avis sur la proposition de L. org. relative aux lois de finances : AN n° 2908, p. 608.*

Art. 11 **En tant que de besoin, les crédits ouverts sur la dotation pour dépenses accidentelles et imprévisibles sont répartis par programme, par décret pris sur le rapport du ministre chargé des finances.**

Les crédits ouverts sur la dotation pour mesures générales en matière de rémunérations sont, par arrêté du ministre chargé des finances, répartis par programme. Cet arrêté ne peut majorer que des crédits ouverts sur le titre des dépenses de personnel.

1. Objet. Les crédits globaux permettent de faire face à des dépenses éventuelles ou accidentelles ou à des dépenses dont la répartition par chapitre ne peut être déterminée au moment où ils sont votés. La Cour des comptes observe qu'il est irrégulier d'utiliser cette procédure pour des dépenses ayant un caractère répétitif et prévisible. • C. comptes, 15 sept. 1995, Rapport sur l'exécution des LF pour 1994 : *Rec. C. comptes 273.* ♦ Par ailleurs, la Cour dénonce le fait que cette procédure entretient « l'obscurité budgétaire » empêchant le parlement de connaître la destination réelle des crédits. • C. comptes, 16 avr. 1994, réponse au Parlement : *Rec. C. comptes 205.*

2. Le recours à des crédits globaux pourrait souvent être évité dans les cas où la répartition par chapitre peut être déterminée dès le vote du budget. Dans la pratique, la Cour a constaté que ces règles ne sont pas toujours respectées. Les répartitions s'avèrent superfétatoires lorsqu'elles affectent des chapitres qui dégagent des disponibilités importantes de crédits en fin d'exercice. Elles contribuent dans ce cas à accroître le montant des reports de crédits qui permettent aux ministères de se constituer des « réserves ». • C. comptes, 6 juin 1990, réponse au Parlement : *JO Doc. Sénat, 1989-1990, n° 413, p. 165.*

Art. 12 I. – Des virements peuvent modifier la répartition des crédits entre programmes d'un même ministère. Le montant cumulé, au cours d'une même année, des crédits ayant fait l'objet de virements, ne peut excéder 2 % des crédits ouverts par la loi de finances de l'année pour chacun des programmes concernés. Ce plafond s'applique également aux crédits ouverts sur le titre des dépenses de personnel pour chacun des programmes concernés.

II. – Des transferts peuvent modifier la répartition des crédits entre programmes de ministères distincts, dans la mesure où l'emploi des crédits ainsi transférés, pour un objet déterminé, correspond à des actions du programme d'origine. Ces transferts peuvent être assortis de modifications de la répartition des emplois autorisés entre les ministères concernés.

III. – Les virements et transferts sont effectués par décret pris sur le rapport du ministre chargé des finances, après information des commissions de l'Assemblée nationale et du Sénat chargées des finances et des autres commissions concernées. L'utilisation des crédits virés ou transférés donne lieu à l'établissement d'un compte rendu spécial, inséré au rapport établi en application du 4° de l'article 54.

IV. – Aucun virement ni transfert ne peut être effectué au profit de programmes non prévus par une loi de finances.

Aucun virement ni transfert ne peut être effectué au profit du titre des dépenses de personnel à partir d'un autre titre.

[V. références des décisions du Conseil constitutionnel dans le tableau DC]

1° RÈGLES COMMUNES

1. Les transferts ou virements de crédits en cours d'année nécessitent l'existence préalable des chapitres [programmes] entre lesquels ils sont opérés, à condition que les règles fixées par le présent art. soient respectées. • Cons. const. 29 déc. 1983, n° 83-164 DC § 19.

2. Dès lors, une disposition d'une LF créant des chapitres [programmes] qui ne pourraient être dotés par transfert ou virement qu'en violation des règles applicables à ces procédures fixées au présent art. est contraire à la Constitution. • Cons. const. 29 déc. 1983, n° 83-164 DC § 19.

3. Le Conseil constitutionnel a considéré que la règle selon laquelle aucun virement ou transfert ne peut être effectué au profit de programmes non prévus par une loi de finances se borne à reconnaître la compétence exclusive de cette dernière pour la détermination des programmes. • Cons. const. 25 juill. 2001, n° 2001-448 DC § 38.

4. Plafonds. Au-delà des limites définies au présent art., seules des lois de finances peuvent modifier les crédits ; ces seuils, dont l'objet est d'assurer une exécution budgétaire conforme aux autorisations votées en loi de finances, sont au nombre des conditions et réserves que peut prévoir la loi organique en vertu de l'art. 34 de la Const. • Cons. const. 25 juill. 2001, n° 2001-448 DC § 36 et 37.

2° VIREMENTS

5. Comme pour les transferts, la Cour des comptes avait pu constater que certains virements se répètent d'année en année et pour des montants équivalents. • C. comptes, 6 juin 1990, Rapport sur l'exécution des LF 1988 : *JO Doc. Sénat, 1989-1990, n° 413, p. 143.*

6. Dans le même esprit, la Cour des comptes stigmatisait le caractère tardif de certains virements. • C. comptes, 6 juin 1989 : *Rapport sur l'exécution des LF 1987, p. 9-16.*

7. La Cour des comptes considère qu'un trop grand nombre de virements dénote des erreurs de prévision initiale ; d'autres révèlent des incohérences de gestion dès lors que les crédits reçus par virement sont supérieurs aux reliquats de fin d'année ; les mouvements ordonnés ne se justifiaient donc pas. • C. comptes, 30 juin 1988 : *Rapport sur l'exécution des LF 1986, p. 7-13.*

8. Le législateur ne peut faire obstacle aux prérogatives du gouvernement en matière d'exécution de la loi de finances, pour modifier par virement la répartition des dotations entre les chapitres budgétaires [programmes] dans les conditions et limites prévues au présent art. • Cons. const. 30 mai 2000, n° 2000-429 DC.

3° TRANSFERTS

9. Procédure. Un transfert de crédits s'effectue sans porter atteinte à la nature de la dépense, telle qu'elle est décrite dans l'intitulé des chapitres [programmes] d'origine et de destination. • C. comptes, 15 oct. 1991, Réponse au Parlement : *Rec. C. comptes 242* • C. comptes, 1er juin 1994 : *Rapport particulier, enquêtes sur le logement 1994, p. 5.*

10. Les transferts qui modifieraient la nature de la dépense sont interdits. • Cons. const. 29 déc. 1983, n° 83-164 DC § 19.

11. Le fait qu'un transfert de crédits intervienne en violation des règles du présent art. doit normalement être sanctionné par les autorités ou juridictions compétentes ; en tout cas, il n'appartient pas au Conseil constitutionnel de sanctionner cette violation dans le cadre du contrôle de constitutionnalité de la LR. • Cons. const. 16 janv. 1986, n° 85-202 DC § 4 s.

12. Pratique des transferts antérieure à la LOLF. Les transferts répétitifs pourraient disparaître en ouvrant directement les crédits sur les destinations supportant la dépense ; d'autres transferts donnent lieu à des mouvements dont la complexité nuit à la clarté de l'utilisation des crédits. Certains, enfin, interviennent trop tardivement pour permettre une utilisation complète des crédits. • C. comptes, 16 avr. 1994, Réponse au Parlement : *JO Doc. AN, 1993-1994, n° 1070, p. 289 à 290.*

13. Par exemple, certaines des aides à la pierre inscrites sur le budget du ministre chargé du logement sont en réalité imputées au budget des charges communes géré par le ministère des finances, à un chapitre qui comporte des articles figurant en prévision sur le budget logement. Si la procédure est formellement régulière puisque les deux intitulés de chapitre font référence à l'aide au logement, elle n'en est pas moins abusive puisqu'elle permet en fait d'utiliser une partie des crédits ouverts en faveur du logement social à des mesures d'aide au logement ne présentant pas ce caractère. • C. comptes, 15 sept. 1995, Rapport sur l'exécution des LF pour 1994 : *Rec. C. comptes 279.*

14. La gestion efficace des dotations budgétaires est entravée par une pratique de transferts fractionnés et tardifs entre budgets. D'importants décalages des opérations administratives vers la fin de l'exercice engendrent des cumuls excessifs de dotations. Il serait expédient que le ministre allocataire des crédits déléguât ses pouvoirs d'ordonnateur aux fonctionnaires du ministère gestionnaire. • C. comptes, 9 sept. 1992, réf. nos 5806, 5807, 5808 : *Rec. C. comptes 239.*

Art. 13 En cas d'urgence, des décrets d'avance pris sur avis du Conseil d'État et après avis des commissions de l'Assemblée nationale et du Sénat chargées des finances peuvent ouvrir des crédits supplémentaires sans affecter l'équilibre budgétaire défini par la dernière loi de finances. A cette fin, les décrets d'avance procèdent à l'annulation de crédits ou constatent des recettes supplémentaires. Le montant cumulé des crédits ainsi ouverts ne peut excéder 1 % des crédits ouverts par la loi de finances de l'année.

La commission chargée des finances de chaque assemblée fait connaître son avis au Premier ministre dans un délai de sept jours à compter de la notification qui lui a été faite du projet de décret. La signature du décret ne peut intervenir qu'après réception des avis de ces commissions ou, à défaut, après l'expiration du délai susmentionné.

La ratification des modifications apportées, sur le fondement des deux alinéas précédents, aux crédits ouverts par la dernière loi de finances est demandée au Parlement dans le plus prochain projet de loi de finances afférent à l'année concernée.

En cas d'urgence et de nécessité impérieuse d'intérêt national, des crédits supplémentaires peuvent être ouverts, après information des commissions de l'Assemblée nationale et du Sénat chargées des finances, par décret d'avance pris en Conseil des ministres sur avis du Conseil d'État. Un projet de loi de finances portant ratification de ces crédits est déposé immédiatement ou à l'ouverture de la plus prochaine session du Parlement.

BIBL. ▸ FOURMONT, Un retour en grâce des décrets d'avances ?, *Gestion et fin. publ. 2019, n° 2, p. 15.*

[V. références des décisions du Conseil constitutionnel dans le tableau DC]

1. Urgence. La condition relative à l'urgence est parfois démentie par l'utilisation tardive ou même l'inutilisation des crédits ainsi ouverts. • C. comptes, 20 janv. 1991, Rapport sur l'exécution de la LF pour 1990 : *Rec. C. comptes 173* • C. comptes, 6 juin 1995, réf. n° 7028 : *Rec. C. comptes 229.* ♦ Dès lors que des ouvertures de crédits ne sont pas urgentes, la procédure appropriée est celle de la LFR et non celle des décrets d'avances. • C. comptes, 28 nov. 1989, Rapport sur l'exécution des LF pour 1988 : *Rec. C. comptes 279.* ♦ De même les décrets d'avances ne peuvent être utilisés à des fins de « régulation budgétaire », justification qui est sans rapport avec l'urgence prévue au présent art. • C. comptes, 15 sept. 1994, Rapport sur l'exécution des LF pour 1993 : *Rec. C. comptes 254.*

2. L'absence de caractère urgent d'une dépense rend impossible l'utilisation de la procédure des décrets d'avance. Une LFR est la seule voie possible dans ce cas. • C. comptes, 10 juill. 1996, Rapport sur l'exécution des LF pour 1995 : *Rec. C. comptes 249.*

3. La sous-évaluation de certains crédits limitatifs dans la LFI alors même que la réalité des dépenses à la charge de l'État est connue au moment de la préparation de la LF puisqu'elle résulte d'engagements contractuels préalables, conduit à la nécessité d'abondement en cours d'année par des décrets d'avances qui ne présentent dès lors nécessairement pas le caractère d'urgence qu'impose le présent art. • C. comptes, 26 févr. 1996, réf. n° 8099 : *Rec. C. comptes 212.*

4. Des membres de la commission des finances peuvent contester devant le juge le respect des dispositions du présent art. • CE 16 déc. 2016, n° 400910 : *AJDA 2017. 380.* ♦ La condition d'urgence posée par le 1er al. du présent art. est une condition objective qui doit être regardée comme remplie dès lors que, à la date de publication du décret portant ouverture de crédits à titre d'avances, les crédits disponibles ne permettent pas de faire face à des dépenses indispensables. • CE 16 déc. 2016, n° 400910 : *préc.*

5. Maintien de l'équilibre. Le maintien de l'équilibre est souvent assuré par une réévaluation des recettes qui n'est pas toujours fondée ou par une annulation de crédits prétendument sans emploi. • C. comptes, 6 juin 1990 : *Rapport public 1990, t. I, p. 11-19* • C. comptes, 20 janv. 1991, Rapport sur l'exécution de la LF pour 1990 : *Rec. C. comptes 172.* ♦ Il est parfois artificiellement garanti par l'annulation de crédits évaluatifs. • C. comptes, 10 déc. 1990, Rapport sur l'exécution des LF pour 1989 : *Rec. C. comptes 258.*

6. Ratification. Il résulte du 4e al. du présent art. que le gouvernement est tenu de soumettre aux assemblées un projet de LFR lorsqu'il y a intervention, en cours d'exercice de décrets d'avances pris sur le fondement du présent al. • Cons. const. 24 juill. 1991, n° 91-298 DC § 9.

7. La légalité des décrets d'avances ne peut plus être discutée devant le juge dès lors qu'il ont été ratifiés par le législateur. • CE 4 nov. 1959, *Sieur Garnier : Lebon 573.*

8. Information des commissions. Dès lors que l'ouverture de crédits à titre d'avance ne constitue pas une compétence propre du pouvoir réglementaire, la LO peut prévoir qu'il exerce cette compétence déléguée en recueillant l'avis des commissions parlementaires compétentes dans la mesure où cette procédure de consultation serait compatible avec l'urgence qui justifie l'octroi de ces compétences au gouvernement. • CE 21 déc. 2000, *Avis sur la proposition de L. org. relative aux lois de finances : AN n° 2908 p. 607.*

9. Création de programmes nouveaux. Le Conseil constitutionnel a considéré que la règle selon laquelle aucun virement ou transfert ne peut être effectué au profit de programmes non prévus par une loi de finances se borne à reconnaître la compétence exclusive de cette dernière pour la détermination des programmes ; on en déduit, contrairement à l'intention du législateur organique, qu'un décret d'avances ne peut créer un programme nouveau. • Cons. const. 25 juill. 2001, n° 2001-448 DC § 38.

Art. 14 **I. — Afin de prévenir une détérioration de l'équilibre budgétaire défini par la dernière loi de finances afférente à l'année concernée, un crédit peut être annulé par décret pris sur le rapport du ministre chargé des finances. Un crédit devenu sans objet peut être annulé par un décret pris dans les mêmes conditions.**

Avant sa publication, tout décret d'annulation est transmis pour information aux commissions de l'Assemblée nationale et du Sénat chargées des finances et aux autres commissions concernées.

Le montant cumulé des crédits annulés par décret en vertu du présent article et de l'article 13 ne peut dépasser 1,5 % des crédits ouverts par les lois de finances afférentes à l'année en cours.

II. — Les crédits dont l'annulation est proposée par un projet de loi de finances rectificative sont indisponibles pour engager ou ordonnancer des dépenses à compter de son dépôt jusqu'à l'entrée en vigueur de ladite loi ou, le cas échéant, jusqu'à la décision du Conseil constitutionnel interdisant la mise en application de ces annulations en vertu du premier alinéa de l'article 62 de la Constitution.

III. — Tout acte, quelle qu'en soit la nature, ayant pour objet ou pour effet de rendre des crédits indisponibles, est communiqué aux commissions de l'Assemblée nationale et du Sénat chargées des finances.

[V. références des décisions du Conseil constitutionnel dans le tableau DC]

1. Les mesures par lesquelles le Gouvernement assure en cours d'année la maîtrise des dépenses publiques et limite, en particulier, le déficit budgétaire ne contreviennent pas aux règles budgétaires dès lors notamment que l'autorisation budgétaire issue du vote parlementaire constitue, en matière de dépenses, un plafond que le Gouvernement ne peut outrepasser mais qu'il lui est loisible, si les circonstances le justifient, de ne pas atteindre. • C.

comptes, 12 juin 2003 : *Rapport sur l'exécution de la LF 2002, p. 108 ; Rec. C. comptes 2002. 324.* ♦ La situation qui justifie ces mesures doit être suffisamment imprévisible pour que les dotations de crédits n'aient pas pu être établies de manière réaliste dès la LFI, ce qui n'est qu'exceptionnellement le cas comme le prouve le recours systématique à la mise en œuvre de telles mesures de régulation. • C. comptes, 10 juin. 2004 : *Rapport sur l'exécution de la LF 2003, p. 75 ; Rec. C. comptes 2003. 383.*

1° ANNULATION DE CRÉDITS

2. Procédure. Les annulations de crédits sont décidées par le Premier ministre, souvent en préparation à une LFR. • C. comptes, 17 juin 1997 : *Rapport public particulier « la gestion budgétaire et la programmation au ministère de la défense », occ. 2-7.*

3. Le fait qu'une annulation de crédit intervienne en violation des règles de la loi organique doit normalement être sanctionné par les autorités ou juridictions compétentes ; en tout cas, il n'appartient pas au Conseil constitutionnel de sanctionner cette violation dans le cadre du contrôle de constitutionnalité de la LR. • Cons. const. 28 déc. 1985, n° 85-203 DC § 6 • Cons. const. 16 janv. 1986, n° 85-202 DC § 4 s.

4. La Cour des comptes estime que lorsque les annulations de crédits sont d'une grande ampleur, celles-ci devraient faire l'objet d'une LFR et non de simples actes réglementaires. • C. comptes, 6 juin 1989, *Rapport sur l'exécution des LF 1987 : Rec. C. comptes 227.*

5. Notion de crédit sans objet. La Cour des comptes considérait que les annulations de crédits ne pouvaient porter que sur des crédits sans emploi. • C. comptes, 30 juin 1988, *Rapport public sur l'exécution des LF de 1986 : Rec. C. comptes 217.* ♦ Elle estimait qu'il s'agissait des crédits qu'il est impossible de consommer intégralement par excès dans les prévisions ou par survenance d'événements imprévus lors du vote de la LFI. La réouverture ultérieure des crédits annulés montrait, selon la Cour, qu'ils n'étaient pas sans objet. La constatation d'un dépassement à la clôture de l'exercice suffisait à prouver que les crédits annulés n'étaient pas sans emploi. Or, dans l'interprétation habituellement suivie par le gouvernement, doivent être considérés comme devenus sans objet et, partant, annulables par arrêtés, tous crédits estimés, même par seule opportunité, ne pas devoir être utilisés ; c'est cette interprétation qui est reprise au I. du présent art. • C. comptes, 6 juin 1990, *Rapport public : Rec. C. comptes 199* • C. comptes, 31 déc. 1990, *Rapport sur l'exécution des LF pour 1989 : Rec. C. comptes 257.* ♦ Dans les faits, les annulations de crédit étaient décidées en fonction de considérations d'opportunité et non d'une inadéquation des crédits à leur objet ou d'un montant excessif. Selon la Cour des comptes, le lien de causalité était inverse de celui énoncé par le texte organique : c'est l'excès de ressources sur les besoins à satisfaire tels qu'énoncés par la LF qui seul peut justifier l'annulation de crédits dépourvus d'emploi. Dans la pratique antérieure à la LOLF relevée par la Cour, ce sont au contraire les besoins qui sont forcés de s'adapter à la contraction des ressources provoquée par les annulations. • C. comptes, 17 juin 1997 : *Rapport public particulier « la gestion budgétaire et la programmation au ministère de la Défense », occ. 2-7.*

6. Aucun principe ou disposition de valeur constitutionnelle ne fait obstacle à ce qu'une LFR procède à l'annulation de crédits ouverts par la LF. • Cons. const. 28 déc. 1985, n° 85-203 DC § 6.

7. Le législateur ne peut faire obstacle aux prérogatives du gouvernement en matière d'exécution de la loi de finances, pour procéder à l'annulation de tout crédit devenant sans objet en cours d'année. • Cons. const. 30 mai 2000, n° 2000-429 DC.

2° GEL DE CRÉDITS (CRÉDITS INDISPONIBLES)

8. Les crédits étant de simples autorisations de dépenses, dont le gouvernement est libre, sauf engagements antérieurs, de ne pas faire emploi, leur blocage provisoire entre dans cette marge de discrétion. • C. comptes, 31 déc. 1990, *Rapport sur l'exécution des LF pour 1989 : Rec. C. comptes 257.* ♦ De même, le gouvernement peut réduire, dans des proportions parfois importantes, le montant initial des crédits ouverts en LF. • C. comptes, 20 oct. 1988, réf. n° 5246 : *Rec. C. comptes 228.*

9. Procédure. La régulation budgétaire fait l'objet de lettres du Premier ministre ou du ministre du budget bloquant un pourcentage de crédits de dépenses ordinaires ou d'autorisations de programme et de crédits de paiement en capital, à l'exclusion des dotations réputées non régulables composées, pour l'essentiel, des crédits de rémunérations et de pensions et de ceux relatifs aux charges de la dette publique. Le plus souvent ces gels de crédit, opérés dans les écritures des contrôleurs financiers, sont eux-mêmes suivis en cours d'année par des annulations de crédits. * C. comptes, Rapport sur le projet de loi portant règlement définitif du budget de 1993, *JOAN Doc. parl., n° 2118, p. 209, occ. 15-1.*

10. L'application de mesures forfaitaires de gel, le plus souvent suivies d'annulations de crédits, répétitives mais imprévisibles, conduit les services à se prémunir contre leurs conséquences et peut entraîner des consommations accélérées de crédits disponibles ou favoriser la constitution de chapitres-réservoirs utilisés pour compenser les annulations opérées sur d'autres chapitres et servir de gage aux ouvertures de crédits en LFR.* C. comptes, Rapport sur le projet de loi portant règlement définitif du budget de 1993, *JOAN Doc. parl., n° 2118, p. 209.*

11. La Cour des comptes avait estimé contestable la pratique des gels de crédits qui surviennent peu de temps après le vote de la LFI, mettant évidemment en cause le caractère réaliste des prévisions, en contredisant en particulier une large partie des mesures nouvelles votées. • C. comptes, 15 sept. 1994, *Rapport sur l'exécution des LF pour 1993 : Rec. C. comptes 253.*

12. En application du présent art., il est loisible au Gouvernement de prévoir la mise en réserve, en début d'exercice, d'une faible fraction des crédits ouverts afin de prévenir une détérioration éventuelle de l'équilibre du budget ; en informant le Parlement de cette intention, le gouvernement a respecté le principe de sincérité. • Cons. const. 27 déc. 2002, n° 2002-464 DC • Cons. const. 29 déc. 2004, n° 2004-511 DC § 6. ♦ L'annonce d'une telle mise en réserve ne révèle ni que certaines dépenses auraient été sous-évaluées à due concurrence, ni que les crédits correspondants seront annulés dans des conditions irrégulières ; les mesures de gestion susceptibles d'être mises en œuvre en cours d'exercice devront respecter les prescriptions de présente la loi organique. • Cons. const. 29 déc. 2004, n° 2004-511 DC § 7.

13. Le Conseil constitutionnel a souligné que l'information du Parlement, conformément aux dispositions du I et du III du présent art., quant aux mesures de « régulation budgétaire » mises en œuvre par le gouvernement, était un gage de sincérité de la LF. • Cons. const. 27 déc. 2002, n° 2002-464 DC.

3° INFORMATION DES COMMISSIONS PARLEMENTAIRES

14. Le Conseil d'État avait estimé que, dans la mesure où les annulations de crédits entrent dans les compétences propres du pouvoir réglementaire, le principe de la séparation des pouvoirs ne permet pas que la LO prévoie que, dans l'exercice de cette compétence, le gouvernement doive consulter les commissions des finances du Parlement. • CE 21 déc. 2000, *Avis sur la proposition de LO relative aux lois de finances : AN n° 2908 p. 608.*

15. Cette position n'a pas été suivie par le législateur organique, le Conseil constitutionnel ayant considéré qu'il était loisible au législateur organique, dans le respect de l'habilitation qu'il tient du dix-huitième al. de l'art. 34, de prévoir ces formalités ; en effet, eu égard aux conditions dont elles sont assorties, celles-ci ne portent pas atteinte aux prérogatives constitutionnelles du pouvoir exécutif, mais se bornent à assurer le respect des exigences de consentement à l'impôt et de suivi de l'emploi des fonds publics inscrites à l'art. 14 de la Déclaration de 1789. • Cons. const. 25 juill. 2001, n° 2001-448 DC § 34.

Art. 15 **I. — Sous réserve des dispositions concernant les autorisations d'engagement, les crédits ouverts et les plafonds des autorisations d'emplois fixés au titre d'une année ne créent aucun droit au titre des années suivantes.**

II. — Les autorisations d'engagement disponibles sur un programme à la fin de l'année peuvent être reportées sur le même programme ou, à défaut, sur un programme poursuivant les mêmes objectifs, par arrêté conjoint du ministre chargé des finances et du ministre intéressé, majorant à due concurrence les crédits de l'année suivante. Ces reports ne peuvent majorer les crédits inscrits sur le titre des dépenses de personnel.

Sous réserve des dispositions prévues à l'article 21, les crédits de paiement disponibles sur un programme à la fin de l'année peuvent être reportés sur le même programme ou, à défaut, sur un programme poursuivant les mêmes objectifs, par arrêté conjoint du ministre chargé des finances et du ministre intéressé, dans les conditions suivantes :

1° Les crédits inscrits sur le titre des dépenses de personnel du programme bénéficiant du report peuvent être majorés dans la limite de 3 % des crédits initiaux inscrits sur le même titre du programme à partir duquel les crédits sont reportés ;

2° Les crédits inscrits sur les autres titres du programme bénéficiant du report peuvent être majorés dans la limite globale de 3 % de l'ensemble des crédits initiaux inscrits sur les mêmes titres du programme à partir duquel les crédits sont reportés. Ce plafond peut être majoré par une disposition de loi de finances.

III. — Les crédits ouverts sur un programme en application des dispositions du II de l'article 17 et disponibles à la fin de l'année sont reportés sur le même programme ou, à défaut, sur un programme poursuivant les mêmes objectifs, par arrêté conjoint du ministre chargé des finances et du ministre intéressé.

Le montant des crédits ainsi reportés ne peut excéder la différence entre les recettes et les dépenses constatées sur le fondement des dispositions précitées.

Les reports de crédits de paiement effectués en application du présent paragraphe ne sont pas pris en compte pour apprécier les limites fixées aux 1° et 2° du II.

IV. — Les arrêtés de report sont publiés au plus tard le 31 mars de l'année suivant celle à la fin de laquelle la disponibilité des autorisations d'engagement ou des crédits de paiement a été constatée.

[V. références des décisions du Conseil constitutionnel dans le tableau DC]

A. PRINCIPE D'ANNUALITÉ

1. Annualité de l'impôt. V. LOLF, art. 3, notes 21 s.

2. Rétroactivité des dispositions fiscales. V. LOLF, art. 3, notes 25 s.

3. Le principe d'annualité budgétaire répond au double impératif d'assurer la clarté des comptes de l'État et de permettre un contrôle efficace par le parlement. • Cons. const. 25 juill. 2001, n° 2001-448 DC.

4. Selon la Cour des comptes, le recours par l'État aux formules de location financière ou de crédit-bail est contraire au principe de l'annualité budgétaire. • C. comptes, 19 janv. 1989, Note du parquet n° 9027 : *Rec. C. comptes 181.* ♦ Il en va de même d'un montage visant à permettre à un établissement public d'assurer le portage budgétaire et comptable d'opérations décidées par une direction régionale d'administration centrale puisque certains crédits de fonctionnement de l'État sont retenus durablement dans le budget de l'établissement public avant d'être réaffectés. • CRC Nord-Pas-de-Calais, 7 sept. 2007, *Communication du Procureur général n° 49579, Direction générale de la comptabilité publique : Rec. C. comptes 188.*

5. Le principe d'annualité n'est pas au nombre des droits et libertés garantis par la Const. et n'est, dès lors, pas invocable par la procédure de la QPC. • CE, QPC, 25 juin 2010, *Région Lorraine,* n° 339842 : *Lebon T. 939 ; AJDA 2010. 1296.*

B. REPORTS

6. Les reports de crédits n'affectent pas l'équilibre s'ils demeurent constants d'une année sur l'autre ; or, cette situation se produit rarement. • C. comptes, 28 juin 1995, Réponse au Parlement : *Rec. C. comptes 235.*

7. Reports imposés. Une technique fréquemment dénoncée par la Cour des comptes consistait pour le ministère du budget à « geler » des crédits d'investissement qui étaient dès lors reportés de plein droit mais ne pouvaient être utilisés durant leur année d'imputation. • C. comptes, 17 juin 1997 : *Rapport public particulier « la gestion budgétaire et la programmation au ministère de la défense », occ. 2-8.*

8. Reports tardifs. La Cour des comptes a mis en doute à plusieurs reprises l'utilité de l'ouverture de certains crédits en LFR, au motif que ces crédits, mis à la disposition des services gestionnaires après la date limite des engagements, ne pouvaient être que reportés et ainsi, accroître les crédits à ouvrir par la LFI pour l'exercice suivant. Dès lors, il n'y a plus correspondance entre les lois de finances et les dépenses qu'elles autorisent, ce qui obscurcit la portée de l'autorisation et aboutit en pratique à ne rendre ces crédits disponibles que pour le deuxième exercice suivant leur ouverture. • C. comptes, 6 juin 1990, Réponse au Parlement : *JO Doc. Sénat, 1989-1990, n° 413, p. 168* • C. comptes, 10 déc. 1990, Rapport sur l'exécution des LF pour 1989 : *Rec. C. comptes 255* • C. comptes, 20 janv. 1991, Rapport sur l'exécution des LF pour 1990 : *Rec. C. comptes 173* • C. comptes, 28 juin 1995, Réponse au Parlement : *Rec. C. comptes 235.*

9. La publication tardive, volontaire ou non, des arrêtés de report des crédits inutilisés de l'exercice précédent conduit mécaniquement à retarder, voire à interdire, leur consommation. Il en est de même des fonds de concours : leur rattachement tardif empêche la consommation des crédits au titre de l'exercice auquel ils sont rattachés, entraînant des reports de crédits eux-mêmes tardifs. • C. comptes, 6 juin 1990, Réponse au Parlement : *JO Doc. Sénat, 1989-1990, n° 413, p. 165* • C. comptes, 28 juin 1995, Réponse au Parlement : *JO Doc. AN 1995, n° 2118, p. 209.* ♦ Cette technique peut s'assimiler à un « outil accessoire de régulation budgétaire ». • C. comptes, 28 juin 1995, Réponse au Parlement : *Rec. C. comptes 235* • C. comptes, 15 sept. 1995, Rapport sur l'exécution des LF pour 1994 : *Rec. C. comptes 277.*

10. La Cour des comptes critique l'utilisation des crédits reportés du budget précédent pour financer des opérations nouvelles. Pour la bonne information du parlement, celles-ci devraient faire l'objet d'une demande d'ouverture de crédits en LF, compensée par l'annulation des crédits reportables dès lors qu'ils n'auraient plus d'emploi. • C. comptes, 24 août 1995, réf. n°s 7064 et 7065 : *Rec. C. comptes 262.*

11. En prévoyant, au IV de l'art. 15, que « les arrêtés de reports sont publiés au plus tard le 31 mars de l'année suivant celle à la fin de laquelle la disponibilité des autorisations d'engagement ou des crédits de paiement a été constatée », le législateur organique a prévu une condition de délai contribuant à l'élaboration en temps utile du projet de loi de règlement afférent à l'année concernée ; que cette condition, qui ne méconnaît pas les prérogatives confiées au pouvoir exécutif, s'inscrit dans le cadre de l'habilitation conférée par le dix-huitième al. de l'art. 34 Const. • Cons. const. 25 juill. 2001, n° 2001-448 DC § 39.

CHAPITRE III *Des affectations de recettes*

Art. 16 Certaines recettes peuvent être directement affectées à certaines dépenses. Ces affectations prennent la forme de budgets annexes, de comptes spéciaux ou de procédures comptables particulières au sein du budget général, d'un budget annexe ou d'un compte spécial.

[V. références des décisions du Conseil constitutionnel dans le tableau DC]

1. Sur la technique d'affectation dans le cadre des comptes d'affectation spéciale, V. notes ss. LOLF, art. 18.

2. Sur la technique d'affectation dans le cadre des comptes d'affectation spéciale, V. notes ss. LOLF, art. 21.

3. Constitue une recette affectée, dès lors contraire aux dispositions du présent art., une disposition législative remplaçant un impôt local par une taxe perçue au profit de l'État reversée aux collectivités locales sous forme d'une indemnité compensatrice. • Cons. const. 16 déc. 1993, n° 93-328 DC § 16.

Art. 17 I. — Les procédures particulières permettant d'assurer une affectation au sein du budget général, d'un budget annexe ou d'un compte spécial sont la procédure de fonds de concours, la procédure d'attribution de produits et la procédure de rétablissement de crédits.

II. — Les fonds de concours sont constitués, d'une part, par des fonds à caractère non fiscal versés par des personnes morales ou physiques pour concourir à des dépenses d'intérêt public et, d'autre part, par les produits de legs et donations attribués à l'État.

Les fonds de concours sont directement portés en recettes au budget général, au budget annexe ou au compte spécial considéré. Un crédit supplémentaire de même montant est ouvert par arrêté du ministre chargé des finances sur le programme ou la dotation concernée.

Les recettes des fonds de concours sont prévues et évaluées par la loi de finances. Les plafonds de dépenses et de charges prévus au 6° du I de l'article 34 incluent le montant des crédits susceptibles d'être ouverts par voie de fonds de concours.

L'emploi des fonds doit être conforme à l'intention de la partie versante. A cette fin, un décret en Conseil d'État définit les règles d'utilisation des crédits ouverts par voie de fonds de concours.

III. — Les recettes tirées de la rémunération de prestations régulièrement fournies par un service de l'État peuvent, par décret pris sur le rapport du ministre chargé des finances, faire l'objet d'une procédure d'attribution de produits. Les règles relatives aux fonds de concours leur sont applicables. Les crédits ouverts dans le cadre de cette procédure sont affectés au service concerné.

IV. — Peuvent donner lieu à rétablissement de crédits dans des conditions fixées par arrêté du ministre chargé des finances :

1° Les recettes provenant de la restitution au Trésor de sommes payées indûment ou à titre provisoire sur crédits budgétaires ;

2° Les recettes provenant de cessions entre services de l'État ayant donné lieu à paiement sur crédits budgétaires.

[V. références des décisions du Conseil constitutionnel dans le tableau DC]

1. Fonds de concours. En dépit d'un document d'information très synthétique produit au parlement (annexe « jaune » sur les fonds de concours), les fonds de concours n'étaient pas évalués dans la LFI ; les prévisions de rattachements inscrits aux verts budgétaires, ne sont pas exhaustives et l'écart entre les prévisions de rattachement et les rattachements en exécution était ainsi significatif. La rédaction du II du présent art. devrait mettre un terme à ces errements. • C. comptes, 18 juin 2002 : *Rapport sur l'exécution des LF pour 2001. 45.*

2. La Cour constatait également que le respect de la volonté de la partie versante est difficilement assuré ; cette exigence est néanmoins réaffirmée par le présent art. • C. comptes, 18 juin 2002 : *Rapport sur l'exécution des LF pour 2001. 45.* ♦ Elle relève ainsi que le respect de l'intention de la partie versante ne peut être assuré s'agissant d'un fonds de concours alimenté par le produit des ventes de biens confisqués à des trafiquants de stupéfiants. • C. comptes, 15 janv. 2008, *Communication du Procureur général n° 50201, Mission interministérielle de lutte contre la drogue et la toxicomanie : Rec. C. comptes 115.*

3. La Cour recommande que l'effort de réduction du nombre de fonds de concours inutilisés ou non justifiés au regard des textes soit poursuivi et que que tout produit reçu par voie de fonds de concours donne lieu à l'ouverture d'un crédit de même montant. • C. comptes, 10 juin 2004 : *Rapport sur les résultats et la gestion budgétaire 2003, p. 28.*

4. Dès lors que, selon le 1er al., § II de l'art. 17 LOLF, les fonds de concours sont constitués notamment par « des fonds à caractère non fiscal versés par des personnes morales ou physiques pour concourir à des dépenses d'intérêt public » et que le dernier al. de ce même paragraphe dispose que l'utilisation des crédits ouverts par voie de fonds de concours « doit être conforme à l'intention de la partie versante », il en résulte, que la création d'un fonds de soutien à la police technique et scientifique, chargé de contribuer au financement, dans la limite de ses ressources, de l'ensemble des opérations liées à l'alimentation et à l'utilisation du fichier automatisé des empreintes digitales et du fichier automatisé des empreintes génétiques, créé sous cette forme, contrevient au disposition du présent art., les modalités de l'exercice des missions de police judiciaire ne pouvant être soumises à la volonté de personnes privées. • Cons. const. 10 mars 2011, n° 2011-625 DC § 66.

5. Attributions de produits. Les rémunérations doivent correspondre à des prestations régulièrement fournies et ne sont conciliables avec le service public que si elles ne concernent qu'une activité rigoureusement annexe à celui-ci, ce qui n'est assurément pas le cas des contrôles assortis d'une obligation de service public, qui constituent l'essence même de l'action administrative et non une simple prestation de services. • C. comptes, 9 juin 2000 : *Rapport sur l'exécution des LF pour 1999. 65.*

Art. 18 **I. – Des budgets annexes peuvent retracer, dans les conditions prévues par une loi de finances, les seules opérations des services de l'État non dotés de la personnalité morale résultant de leur activité de production de biens ou de prestation de services donnant lieu au paiement de redevances, lorsqu'elles sont effectuées à titre principal par lesdits services.**

La création d'un budget annexe et l'affectation d'une recette à un budget annexe ne peuvent résulter que d'une disposition de loi de finances.

II. – Un budget annexe constitue une mission, au sens des articles 7 et 47. Sous réserve des règles particulières définies au présent article, les opérations des budgets annexes sont prévues, autorisées et exécutées dans les mêmes conditions que celles du budget général.

Par dérogation aux dispositions du II de l'article 7 et de l'article 29, les budgets annexes sont présentés selon les normes du plan comptable général, en deux sections. La section des opérations courantes retrace les recettes et les dépenses de gestion courante. La section des opérations en capital retrace les recettes et les dépenses afférentes aux opérations d'investissement et aux variations de l'endettement.

Par dérogation aux dispositions du III de l'article 7, les plafonds des autorisations d'emplois dont sont assortis les crédits ouverts sur le titre des dépenses de personnel sont spécialisés par budget annexe.

Si, en cours d'année, les recettes effectives sont supérieures aux prévisions des lois de finances, les crédits pour amortissement de la dette peuvent être majorés à due concurrence, par arrêté conjoint du ministre chargé des finances et du ministre intéressé.

Aucun des mouvements de crédits prévus aux articles 11 et 12 ne peut être effectué entre le budget général et un budget annexe.

[V. références des décisions du Conseil constitutionnel dans le tableau DC]

1. Il ressort des dispositions du II de cet art. qu'un budget annexe ne peut pas être constitué d'un seul programme. Cependant, afin de laisser aux autorités compétentes le temps de procéder aux adaptations nécessaires et de surmonter les difficultés inhérentes à l'application d'une telle réforme, la mise en conformité des budgets annexes « mono-programme » et des nouvelles règles organiques pourra n'être effective qu'à compter de l'année 2007. • Cons. const. 29 déc. 2005, n° 2005-530 DC § 36 et 37.

2. Le législateur organique a entendu exclure l'inscription, sur des budgets annexes, d'autres opérations que celles définies au présent art. ; ce faisant, il a prévu des conditions conformes à l'habilitation qu'il tient de l'art. 34 Const. ; à compter de la date prévue à l'art. 67 pour l'entrée en vigueur de la loi organique soumise au Conseil constitutionnel, il appartiendra aux lois de finances de respecter le champ d'application des budgets annexes défini au premier al. du présent art. • Cons. const. 25 juill. 2001, n° 2001-448 DC § 49.

3. Aviation civile. Le budget annexe de l'aviation civile (BAAC) mérite une attention particulière. Créé à compter du 1er janv. 1992, il a pris la suite du budget annexe de la navigation aérienne en ajoutant aux missions de ce dernier des tâches de nature régalienne antérieurement prises en compte dans le budget général de l'État. La formule du budget annexe de l'aviation civile est conforme au présent art., comme l'avis rendu par la section des finances du Conseil d'État lors de sa séance du 17 juill. 1990 l'a confirmé, mais seulement dans la mesure où les tâches assumées dans le cadre de cette structure budgétaire et qui ne correspondent pas à des services rendus constituent une part très faible de l'ensemble des activités de la direction générale de l'aviation civile, d'une part, et d'autre part à condition de respecter strictement l'obligation de n'affecter le produit des redevances perçues qu'au seul financement des services rendus. Or, au contraire des attentes et des annonces faites, notamment en réponse aux observations de la Cour des comptes dans le rapport public 1991, la mise en œuvre du budget annexe de l'aviation civile n'a débouché ni sur un renforcement de l'unité administrative de la direction générale de l'aviation civile complétée par une réorganisation rationnelle de ses services et de ses missions, ni sur la nécessaire clarification financière. Dans ces conditions la Cour des comptes est conduite à penser que la formule institutionnelle et financière actuellement retenue n'est pas la meilleure qui soit et qu'il conviendrait de la remettre en cause si les conditions de transparence financière et comptable n'étaient pas rapidement assurées. • C. comptes, 16 avr. 1994, *Réponse au Parlement : JOAN, 1993-1994, n° 1070, p. 221 à 227.* ♦ Le régime des budgets annexes apporte une réponse budgétaire à une contrainte institutionnelle de la DGAC. Il permet d'isoler du budget général des activités de prestations de services qui, sans être concurrentielles, doivent être économiquement performantes, sans remettre en cause le statut de service intégré de l'État de la DGAC, exceptionnel dans l'ensemble européen. Cette *réponse est inadaptée car le présent art.* et l'absence de personnalité morale suscitent de nombreuses difficultés. Le régime des budgets annexes introduit une grande confusion dans l'articulation des référentiels budgétaire et comptables applicables à la DGAC, ce qui nuit sérieusement à la qualité des informations financières fournies à la représentation nationale et encore à la qualité de son pilotage financier. * C. comptes, 8 juin 2010, référé n° 58445 : *Rec. C. comptes 162.*

4. La Cour rappelle que les budgets annexes, s'ils jouissent d'une certaine autonomie financière, ne disposent pas de la personnalité juridique ; elle demande que les dettes financières des budgets annexes soient enregistrées parmi les dettes financières de l'État. • C. comptes, 10 juin 2004 : *Rapport sur les comptes de l'État 2003. 64.*

1° APPLICATION DES PRINCIPES BUDGÉTAIRES

5. Les budgets annexes doivent respecter le principe de l'annualité budgétaire. • C. comptes, 12 juill. 1984, *M. Noé et M. Poli, agents comptables : Rec. C. comptes 77* • C. comptes, 14 juin 1994, Lettre du Procureur général nos 4274 et 4563 : *Rec. C. comptes 233.*

6. Les règles d'unité et d'universalité s'appliquent aux budgets annexes. • Cons. const. 30 déc. 1997, n° 97-395 DC § 28.

7. Un budget annexe peut être présenté et exécuté en deux branches, en l'espèce, Poste d'une part et Télécommunications d'autre part, sans porter atteinte au principe d'unité du budget annexe dès lors que cette séparation n'a qu'une portée fonctionnelle. • Cons. const. 29 déc. 1984, n° 84-184 DC § 8.

8. Le principe d'universalité s'applique aux budgets annexes dont les dépenses d'exploitation suivent les mêmes règles que les dépenses ordinaires du budget. Dès lors, en prévoyant que sont prises en charge par le fonds de solidarité vieillesse, au titre des dépenses permanentes, les sommes correspondant au service des majorations de pensions accordées en fonction du nombre d'enfants ou pour conjoint à charge alors qu'il s'agit d'une dépense incombant au budget annexe des prestations sociales agricoles, l'art. déféré a méconnu le principe d'universalité. • Cons. const. 29 déc. 1994, n° 94-351 DC § 2, 7 et 9.

2° RECETTES

9. Pour l'essentiel, les recettes des budgets annexes doivent être constituées de rémunérations pour services rendus et que la part des ressources fiscales qui leur sont affectées doit demeurer réduite. Tel est le cas en l'espèce de la taxe de sécurité et de sûreté sur les aéroports malgré l'augmentation de 39,3 % qu'entraînent les dispositions de l'art. contesté. • Cons. const. 30 déc. 1997, n° 97-395 DC § 27.

10. Ont leur place en LF des dispositions permettant l'adoption de mesures destinées à assurer certaines recettes du budget annexe de l'aviation civile. • Cons. const. 28 déc. 1995, n° 95-369 DC § 16.

11. La mise en œuvre d'un budget annexe élargi ne saurait en faire échapper les responsables à l'obligation d'affecter rigoureusement le montant des redevances au seul financement des biens et services fournis aux usagers. • C. comptes, 5 juin 1991, Rapport public : *Rec. C. comptes 207.*

3° DÉPENSES ÉTRANGÈRES AU BUDGET ANNEXE

12. Un budget annexe peut rendre des services au budget général sans que celui-ci reverse une contribution en rémunération de ce service. • Cons. const. 29 déc. 1984, n° 84-184 DC § 2.

13. Il n'est pas contraire aux principes de fonctionnement des budgets annexes que soit prévue une participation financière à des programmes civils d'investissement dans des domaines en rapport avec leur activité, alors même que ces dépenses étaient préalablement inscrites au budget général. • Cons. const. 29 déc. 1984, n° 84-184 DC § 7.

14. Les charges des services dotés d'un budget annexe doivent normalement être couvertes par les recettes affectées à cette fin. Cette règle fait obstacle à ce qu'une part du produit des recettes d'un budget annexe soit affectée indifféremment à des dépenses du budget annexe et à des dépenses étrangères à ce dernier et alors même que les premières ne pourraient pas être entièrement couvertes par les recettes qui leurs sont organiquement affectées. Ainsi ne serait pas conforme à la Constitution l'inscription à un budget annexe d'un crédit correspondant à un versement obligatoire au budget général déterminé dans son montant de façon définitive et inconditionnelle, indépendamment du résultat de l'exécution du budget annexe tel qu'il sera constaté en fin d'exercice. • Cons. const. 29 déc. 1984, n° 84-184 DC § 10 et 11.

15. Une imputation intitulée « fonds de réserve sur résultats affectés aux recettes du budget général » est conforme à la Constitution dans la mesure où l'inscription de cette somme sous ce chapitre est seulement une évaluation prévisionnelle destinée à l'information du parlement et non la mise à la charge du budget annexe comme une contribution au budget général évalué à titre définitif ; le montant éventuel du versement qui devra être opéré au profit du budget général ne sera fixé définitivement qu'au vu du solde créditeur du budget annexe qui pourra apparaître en fin d'exercice. • Cons. const. 29 déc. 1984, n° 84-184 DC § 13. ♦ V. aussi, • Cons. const. 30 déc. 1991, n° 91-302 DC § 29 et 30.

16. La Cour des comptes constatait que, malgré cette réserve d'interprétation fixée par le Conseil constitutionnel, des versements au budget général sont effectués en toute illégalité sous forme de prélèvement sur les réserves avant même que le résultat soit définitivement fixé, et n'apparaissent ni au compte de résultat, ni au bilan. • C. comptes, 9 juin 1992 : *Rapport public 1992, p. 87 à 106.*

17. Dans l'hypothèse où l'exécution du budget annexe ferait apparaître, en fin d'exercice, un solde créditeur à la section de fonctionnement – solde créditeur qui n'est en lui-même contraire à aucune disposition de la présente LO – et où, par conséquent, toutes les charges de fonctionnement du service auraient été couvertes par les recettes qui leur sont affectées, ni le présent art. de l'ordonnance ni les autres, ne s'opposent à ce que l'excédent d'exploitation non affecté par la LF à la couverture des dépenses d'investissement de ce budget annexe soit versé au budget général. • Cons. const. 29 déc. 1984, n° 84-184 DC § 12.

Art. 19 **Les comptes spéciaux ne peuvent être ouverts que par une loi de finances. Les catégories de comptes spéciaux sont les suivantes :**

1° Les comptes d'affectation spéciale ;

2° Les comptes de commerce ;

3° Les comptes d'opérations monétaires ;

4° Les comptes de concours financiers.

L'affectation d'une recette à un compte spécial ne peut résulter que d'une disposition de loi de finances.

1. En 2002, on dénombrait 36 comptes spéciaux du Trésor qui constituent, en exécution, un volume financier (y compris FMI) de 83 575 M€ en dépenses et 84 873 M€ en recettes. Les trois catégories principales étaient les comptes d'affectation spéciale (31 % en nombre, 12 % en montant), les comptes de commerce (31 % en nombre, 7 % en montant) et les comptes d'avances (14 % en nombre, 74 % en valeur). Le volume des comptes d'avances tenait à l'impact du compte d'avances aux collectivités locales (compte n° 903-54) qui représentait à lui seul 56 221 M €, soit 67 % des dépenses de l'ensemble des comptes. Le ministère de l'économie, des finances et de l'industrie gérait 22 comptes sur les 36, soit plus de 60 % de l'ensemble en nombre et 94 % en valeur, soit 78 620 M€ (y compris FMI). • C. comptes, 12 juin 2003 : *Rapport sur l'exécution des LF pour 2002. 75.*

2. Les principes budgétaires sont normalement applicables aux comptes spéciaux du Trésor. Si la règle de la non-affectation est largement aménagée en ce qui les concerne, puisque le parlement vote simplement des autorisations de découverts, la Cour des comptes insiste néanmoins pour que les recettes et dépenses respectent la règle du produit brut visée par l'art. 26 de l'Ord. • C. comptes, 21 nov. 1988, notes du Parquet n°s 8583 et 8584 : *Rec. C. comptes 231* • C. comptes, 2 déc. 1988, réf. n° 5258 : *Rec. C. comptes 233.* ♦ De même, le principe de l'affectation de droit à un compte spécial du Trésor des opérations de prêts et avances, posé par l'art. 18 de la présente ordonnance, ne déroge pas à la nécessité de ne pas en contracter les recettes et les dépenses. • C. comptes, 28 juin 1995, Réponse au Parlement : *Rec. C. comptes 233.*

Art. 20 I. — Il est interdit d'imputer directement à un compte spécial des dépenses résultant du paiement de traitements, salaires, indemnités et allocations de toute nature.

Sous réserve des règles particulières prévues aux articles 21 à 24, les opérations des comptes spéciaux sont prévues, autorisées et exécutées dans les mêmes conditions que celles du budget général. Sauf dispositions contraires prévues par une loi de finances, le solde de chaque compte spécial est reporté sur l'année suivante.

II. — Chacun des comptes spéciaux dotés de crédits constitue une mission au sens des articles 7 et 47. Leurs crédits sont spécialisés par programme.

Aucun des mouvements de crédits prévus aux articles 11 et 12 ne peut être effectué entre le budget général et un compte spécial doté de crédits.

[V. références des décisions du Conseil constitutionnel dans le tableau DC]

Il ressort des dispositions du II de cet art. qu'un compte spécial ne peut pas être constitué d'un seul programme. Cependant, afin de laisser aux autorités compétentes le temps de procéder aux adaptations nécessaires et de surmonter les difficultés inhérentes à l'application d'une telle réforme, la mise en conformité des comptes spéciaux « mono-programme » et des nouvelles règles organiques pourra n'être effective qu'à compter de l'année 2007. • Cons. const. 29 déc. 2005, n° 2005-530 DC § 24 à 26.

Art. 21 I. — Les comptes d'affectation spéciale retracent, dans les conditions prévues par une loi de finances, des opérations budgétaires financées au moyen de recettes particulières qui sont, par nature, en relation directe avec les dépenses concernées. Ces recettes peuvent être complétées par des versements du budget général, dans la limite de 10 % des crédits initiaux de chaque compte.

Les opérations de nature patrimoniale liées à la gestion des participations financières de l'État, à l'exclusion de toute opération de gestion courante, sont, de droit, retracées sur un unique compte d'affectation spéciale. Les versements du budget général au profit de ce compte ne sont pas soumis à la limite prévue au premier alinéa.

Il en est de même pour les opérations relatives aux pensions et avantages accessoires. Les versements du budget général au profit de ce compte ne sont pas soumis à la limite prévue au premier alinéa.

II. — Sauf dérogation expresse prévue par une loi de finances, aucun versement au profit du budget général, d'un budget annexe ou d'un compte spécial ne peut être effectué à partir d'un compte d'affectation spéciale.

En cours d'année, le total des dépenses engagées ou ordonnancées au titre d'un compte d'affectation spéciale ne peut excéder le total des recettes constatées, sauf pendant les trois mois suivant sa création. Durant cette dernière période, le découvert ne peut être supérieur à un montant fixé par la loi de finances créant le compte.

Si, en cours d'année, les recettes effectives sont supérieures aux évaluations des lois de finances, des crédits supplémentaires peuvent être ouverts, par arrêté du ministre chargé des finances, dans la limite de cet excédent. Au préalable, le ministre chargé des finances informe les commissions de l'Assemblée nationale et du Sénat chargées des finances des raisons de cet excédent, de l'emploi prévu pour les crédits ainsi ouverts et des perspectives d'exécution du compte jusqu'à la fin de l'année.

Les autorisations d'engagement et les crédits de paiement disponibles en fin d'année sont reportés sur l'année suivante, dans les conditions prévues aux II et IV de l'article 15, pour un montant qui ne peut excéder le solde du compte.

[V. références des décisions du Conseil constitutionnel dans le tableau DC]

1° NOTION DE COMPTES D'AFFECTATION SPÉCIALE

1. Affectation de ressources particulières. Aux termes du présent art. les comptes d'affectation spéciale retracent des opérations qui sont financées au moyen de ressources particulières. Une subvention inscrite au budget général de l'État ne peut compléter les ressources d'un compte spécial que si elle est au plus égale à 10 % du total des prévisions de dépenses. La Cour des comptes relève que l'infraction à la règle fixée par la loi organique est parfois manifeste et pose le problème de l'existence même du compte d'affectation spéciale. * C. comptes, Rapport sur l'exécution des lois de finances pour 1986, *p. 87*. * C. comptes, Rapport sur l'exécution des LF pour 1988, *p. 71* • C. comptes, 10 déc. 1990, *Rapport sur l'exécution des LF pour 1989 : Rec. C. comptes 260.*

2. Les comptes d'affectation spéciale constituent une procédure d'affectation de certaines recettes à certaines dépenses, conformément aux dispositions des art. 18, 23 et 25 de la présente ord. et n'ont ni pour objet ni pour effet de faire échapper des recettes et des dépenses de l'État à l'approbation du parlement dans le cadre de la LF. • Cons. const. 30 déc. 1997, n° 97-395 DC § 11.

3. Les comptes spéciaux du Trésor regroupent sous une dénomination commune quatre catégories hétérogènes, dont la première, celle des comptes d'affectation spéciale, est, comme l'a fait remarquer la Cour dès 1960, l'une des formes les plus discutables de démembrement budgétaire, qui peut aller jusqu'à l'irrégularité lorsque ces comptes sont, contrairement à la prohibition portée par la L. org., alimentés principalement, voire presque exclusivement, par des subventions du budget général. • C. comptes, 6 juin 1990, Rapport public : *Rec. C. comptes 197.*

4. Corrélation recettes-dépenses. Il doit obligatoirement exister une corrélation entre la recette affectée et la dépense prise en charge par le compte. Ainsi par exemple, une taxe annuelle sur les locaux à usage de bureaux est affectée au « Fonds pour l'aménagement de l'Île-de-France », permettant principalement le financement de certaines dépenses d'équipements dans la région parisienne. • Cons. const. 29 déc. 1989, n° 89-270 DC § 2. ♦ V. aussi, s'agissant du Fonds d'investissement des transports terrestres et des voies navigables, • Cons. const. 30 déc. 1997, n° 97-395 DC § 12. ♦ Il ressort des travaux parlementaires qu'en imposant cette condition le législateur a entendu limiter les possibilités de dérogation à la règle de non-affectation des recettes au sein du budget de l'État, sans pour autant faire obstacle aux exigences de bonne gestion des ressources publiques. • Cons. const. 25 juill. 2001, n° 2001-448 DC § 51. ♦ Nonobstant, les dispositions du présent art. en parlant de « relation directe » sont plus restrictives que celles contenues dans l'Ord. du 2 janv. 1959 précédemment en vigueur. • Cons. const. 29 déc. 2005, n° 2005-530 DC § 32. ♦ Ainsi, la compensation financière versée aux établissements de crédit au titre des prêts souscrits par les personnes âgées de seize à vingt-cinq ans en vue du financement de leur formation à la conduite et à la sécurité routière n'est pas en relation directe avec le compte « Contrôle et sanction automatisés des infractions au code de la route ». • Cons. const. 29 déc. 2005, n° 2005-530 DC § 35.

5. Une même recette peut être affectée à un compte d'affectation spéciale et, au-delà d'un certain plafond, au budget général. • Cons. const. 29 déc. 1994, n° 94-351 DC 15. ♦ La Cour des comptes constate toutefois que l'imputation du produit des privatisations au budget général ou dans les comptes spéciaux du Trésor est opérée de façon imprécise et changeante, ce qui affecte la sincérité du solde du budget général. Ainsi les 18 premiers milliards de la privatisation de la BNP ont été affectés, par dérogation, au budget général alors que le reste a été inscrit au compte d'affectation spéciale prévu pour accueillir le produit de la privatisation. Les dispositions de l'al. 2 du présent art. devraient mettre fin à ces pratiques. • C. comptes, 15 sept. 1994, Rapport sur l'exécution des LF pour 1993 : *Rec. C. comptes 251.*

2° RÉGIME JURIDIQUE

6. Limite aux engagements de dépenses. Le solde en fin d'année des crédits de paiement d'un compte d'affectation spéciale doit être suffisant pour couvrir les engagements déjà pris sur autorisations de programme. En effet, les dispositions du 5e al. du présent art. ont pour effet de différer l'emploi effectif d'une partie des recettes en réduisant au montant de celles-ci les possibilités d'engagement qui, lorsqu'il s'agit du budget général, n'ont d'autre limite que le montant des autorisations de programme votées par le parlement sans considération des recettes, lesquelles en vertu de l'art. 18 de la présente ordonnance servent indirectement à couvrir l'ensemble des dépenses. • C. comptes, 15 oct. 1991, Réponse au Parlement : *Rec. C. comptes 245.*

7. Respect des règles de droit commun. Le recours à un compte d'affectation spéciale, autorisé par l'art. 25 de l'ordonnance organique pour l'affectation de ressources particulières à des opérations déterminées par la LF, n'est acceptable que si ces opérations sont définies avec précision pour se conformer au principe de spécialité budgétaire. • C. comptes, 16 sept. 1994, réf. n° 6044 : *Rec. C. comptes 255.*

8. Institués par le présent art. comme une dérogation à la règle de non-affectation des recettes, les comptes d'affectation spéciale doivent respecter les affectations de ressources à des dépenses particulières décidées par des dispositions des LF. C'est donc irrégulièrement qu'un fonds doté d'un tel compte a été utilisé au financement de dépenses non prévues en LF. • C. comptes, 16 sept. 1994, réf. n° 6044 : *Rec. C. comptes 256.*

9. Le transfert de charges du budget général à un compte d'affectation spéciale peut être dénoncé lorsque des opérations qui avaient commencé à être réalisées à partir du budget général sont poursuivies par des dépenses imputées sur un compte. Il aboutit en fait à modifier l'équilibre de la LFI dans la mesure où seul le solde des comptes d'affectation spéciale y figure, ce qui a pour conséquence de minorer globalement les dépenses. • C. comptes, 10 juill. 1996, Rapport sur l'exécution des LF pour 1995 : *Rec. C. comptes 249.*

10. Règles spécifiques. La Cour souhaite que le compte d'affectation spéciale pour les pensions retrace non seulement les charges de pensions elles-mêmes mais également les charges afférentes à la gestion des pensions (préliquidation, concession, paiement, contrôle) actuellement dispersées entre les ministères et souvent mal identifiées. Néanmoins, ce souhait apparaît en contradiction avec les dispositions de l'art. 20 I 1° ci-dessus auquel il conviendrait donc de déroger pour ce compte particulier. • C. comptes, 8 avr. 2003, *Rapport public particulier sur les pensions des fonctionnaires civils de l'État : Rec. C. comptes 265.*

Art. 22 I. — Les comptes de commerce retracent des opérations de caractère industriel et commercial effectuées à titre accessoire par des services de l'État non dotés de la personnalité morale. Les évaluations de recettes et les prévisions de dépenses de ces comptes ont un caractère indicatif. Seul le découvert fixé pour chacun d'entre eux a un caractère limitatif. Sauf dérogation expresse prévue par une loi de finances, il est interdit d'exécuter, au titre de ces comptes, des opérations d'investissement financier, de prêts ou d'avances, ainsi que des opérations d'emprunt.

II. — Les opérations budgétaires relatives à la dette et à la trésorerie de l'État, à l'exclusion de toute opération de gestion courante, sont retracées dans un compte de commerce déterminé. Ce compte est divisé en sections distinguant les opérations selon leur nature.

Chaque section est dotée d'une autorisation de découvert.

Sont déterminés par une disposition de loi de finances :

— la nature des opérations autorisées, chaque année, sur chaque section ;

— le caractère limitatif ou évaluatif de chaque autorisation de découvert ;

— les modalités générales d'information du Parlement sur l'activité du compte et les modalités particulières selon lesquelles le ministre chargé des finances informe les commissions de l'Assemblée nationale et du Sénat chargées des finances de tout dépassement d'une autorisation de découvert ;

— les conditions générales de fonctionnement du compte.

[V. références des décisions du Conseil constitutionnel dans le tableau DC]

1. L'objet essentiel d'un compte de commerce est de permettre la gestion d'une activité selon les normes d'une entreprise. Deux conséquences en découlent : d'une part, il est impératif que l'activité ait bien le caractère industriel et commercial, d'autre part, le plan comptable général doit être appliqué. Or bien des comptes de commerce répondaient, avant la mise en œuvre de la LOLF, davantage au souci d'assouplir l'application des règles de la comptabilité publique. • C. comptes, 17 oct. 1990, réf. n° 5541 : *Rec. C. comptes 241.*

2. Seules l'évaluation des dépenses et la fixation du découvert autorisé d'un compte de commerce créé par une loi de finances rectificative doivent figurer dans la loi de finances. • Cons. const. 28 déc. 2000, n° 2000-441 DC.

Art. 23 Les comptes d'opérations monétaires retracent les recettes et les dépenses de caractère monétaire. Pour cette catégorie de comptes, les évaluations de recettes et les prévisions de dépenses ont un caractère indicatif. Seul le découvert fixé pour chacun *d'entre eux a un caractère limitatif.*

[V. références des décisions du Conseil constitutionnel dans le tableau DC]

Comptes d'opérations monétaires. Le compte « pertes et bénéfices de changes » constitue un compte spécial de la catégorie compte d'opérations monétaires qui est une simple procédure de rattachement budgétaire ayant pour objet de retracer, notamment, les opérations de recettes et de dépenses auxquelles donne lieu la prise en charge par le

Trésor du solde net des opérations du Fonds de stabilisation des changes ; les résultats qui sont retracés dans ce compte présentent un caractère imprévisible et aléatoire justifiant que le compte demeure doté pour mémoire. • Cons. const. 29 déc. 1978, n° 78-99 DC § 5.

Art. 24 Les comptes de concours financiers retracent les prêts et avances consentis par l'État. Un compte distinct doit être ouvert pour chaque débiteur ou catégorie de débiteurs.

Les comptes de concours financiers sont dotés de crédits limitatifs, à l'exception des comptes ouverts au profit des États étrangers et des banques centrales liées à la France par un accord monétaire international, qui sont dotés de crédits évaluatifs.

Les prêts et avances sont accordés pour une durée déterminée. Ils sont assortis d'un taux d'intérêt qui ne peut être inférieur à celui des obligations ou bons du Trésor de même échéance ou, à défaut, d'échéance la plus proche. Il ne peut être dérogé à cette disposition que par décret en Conseil d'État.

Le montant de l'amortissement en capital des prêts et avances est pris en recettes au compte intéressé.

Toute échéance qui n'est pas honorée à la date prévue doit faire l'objet, selon la situation du débiteur :

– soit d'une décision de recouvrement immédiat, ou, à défaut de recouvrement, de poursuites effectives engagées dans un délai de six mois ;

– soit d'une décision de rééchelonnement faisant l'objet d'une publication au *Journal officiel* ;

– soit de la constatation d'une perte probable faisant l'objet d'une disposition particulière de loi de finances et imputée au résultat de l'exercice dans les conditions prévues à l'article 37. Les remboursements ultérieurement constatés sont portés en recettes au budget général.

[V. références des décisions du Conseil constitutionnel dans le tableau DC]

1. Les opérations d'avances et de prêts retracent des ressources et des charges temporaires mais classées par l'ordonnance organique comme permanentes, qui doivent être exprimées en montant brut et donc sans aucun droit à déroger au principe de l'universalité par contraction ou non-inscription de recettes et de dépenses au budget. • C. comptes, 28 juin 1995, Réponse au Parlement : *Rec. C. comptes 233.*

2. Certains comptes d'avances échappent à l'obligation de rémunération des avances puisque leurs dépenses sont constituées de versements gratuits qui n'ont pas à être remboursés. Surtout, les avances sont consenties notamment aux collectivités locales alors que les recettes sont perçues sous forme de recouvrements auprès des contribuables locaux. Le compte a donc des créanciers et des débiteurs différents. *Cela est d'autant plus* surprenant que la jurisprudence considère que l'impôt local constitue une dette du contribuable envers la collectivité locale et non envers l'État. • CE 6 janv. 1965, *Sieur B. : Lebon 1* • CE 5 nov. 1991 : *Rapport public particulier sur la gestion de la trésorerie et de la dette des collectivités territoriales, p. 114-137.*

3. Le recours à un compte de concours financiers aux collectivités locales pour retracer des opérations qui ne répondent pas à la définition du présent art. altère les résultats d'exécution des LF. Les recettes et les dépenses de l'État se trouvent anormalement majorées d'opérations qui, pour l'essentiel, s'analysent comme l'attribution aux collectivités de produits encaissés pour leur compte. Quant au solde débiteur en fin d'année, il ne représente pas de véritables avances et correspond, pour partie, à une charge que l'État supporte à titre définitif. • C. comptes, 5 nov. 1991 : *Rapport public particulier sur la gestion de la trésorerie et de la dette des collectivités territoriales, p. 114-137.*

4. S'il incombe au gouvernement de donner au parlement des indications substantielles sur l'orientation générale et la politique qu'il entend suivre en ce qui concerne l'utilisation du fonds de développement économique et social, la nature même des opérations mises en œuvre et le fait qu'elles ne peuvent pas avec une précision suffisante être connues et décrites individuellement au moment du vote, habilite le Gouvernement à y procéder à condition d'en faire un compte rendu complet de nature à permettre au parlement d'exercer son contrôle au moment où il vote les crédits de l'année suivante ou lors de l'examen de la LR. • Cons. const. 28 déc. 1976, n° 76-73 DC § 6.

5. Les prêts du Trésor aux États étrangers font l'objet de conventions passées avec des établissements bancaires qui se chargent des opérations financières correspondantes. Lorsque les dotations budgétaires sont insuffisantes pour faire face aux obligations résultant des prêts déjà accordés, l'établissement bancaire accorde une avance qui lui est remboursée en début d'exercice suivant. Cette procédure coûteuse présente la particularité de transformer le compte de prêt en compte d'emprunt. Elle contrevient aux dispositions du présent art. • C. comptes, 15 sept. 1993, Rapport sur l'exécution des LF pour 1992 : *Rec. C. comptes 222.*

CHAPITRE IV *Des ressources et des charges de trésorerie*

Art. 25 **Les ressources et les charges de trésorerie de l'État résultent des opérations suivantes :**

1° Le mouvement des disponibilités de l'État ;

2° L'escompte et l'encaissement des effets de toute nature émis au profit de l'État ;

3° La gestion des fonds déposés par des correspondants ;

4° L'émission, la conversion, la gestion et le remboursement des emprunts et autres dettes de l'État. Les ressources et les charges de trésorerie afférentes à ces opérations incluent les primes et décotes à l'émission.

[V. références des décisions du Conseil constitutionnel dans le tableau DC]

Les annotations jurisprudentielles ci-dessous sont afférentes à l'application de l'Ord. du 2 janv. 1959.

NOTION D'OPÉRATION DE TRÉSORERIE

1. Les émissions d'emprunt sont des opérations de trésorerie qui sont retracées dans des comptes de trésorerie distincts faisant apparaître les engagements de l'État. • Cons. const. 21 juin 1993, n° 93-320 DC § 15 • C. comptes, 6 juin 1991, *Réponse au Parlement : JO Doc. Sénat, 1991-1992, n° 1, p. 134.* ♦ Il en va ainsi notamment de la disposition qui tend à supprimer la règle du décalage d'un mois, en matière de remboursement aux entreprises de la TVA. • Cons. const. 21 juin 1993, n° 93-320 DC § 12 et 15. ♦ La Cour des comptes recommande que l'effet de la suppression du décalage d'un mois de la TVA et les annulations de dettes qui augmentent en loi de règlement les montants à transporter aux découverts du Trésor soient reclassés en opérations budgétaires. • C. comptes, 18 juin 2002 : *Rapport sur l'exécution des LF pour 2001. 17.* ♦ Elle note toutefois qu'en 2006, le transport aux découverts du Trésor disparaîtra en tant que tel et, avec lui, le résultat en loi de règlement. Le Parlement constatera l'exécution définitive du budget de l'année et approuvera le compte général de l'État qui sera établi en comptabilité d'exercice. • C. comptes, 10 juin 2004 : *Rapport sur les résultats et la gestion budgétaire 2003, p. 7.*

2. L'article d'équilibre ne doit pas comporter l'évaluation du montant des ressources d'emprunt et de trésorerie dès lors que le parlement a disposé, lors de l'examen du projet de loi de finances, des informations auxquelles il a droit sur le montant des ressources d'emprunt et de trésorerie destinées au financement du solde général. • Cons. const. 28 déc. 2000, n° 2000-442 DC.

3. L'opération de reprise de la dette de l'ACOSS envers la Caisse des dépôts et consignations ne s'analyse ni comme une consolidation des avances faites à l'ACOSS par l'État, ni comme un remboursement de prêt ou d'avance ni comme un prêt consenti au fonds de solidarité vieillesse pour un montant égal à celui de la dette reprise, la LF n'établissant aucun lien juridique entre le règlement par l'État de la dette de l'ACOSS et le prélèvement mis à la charge de l'établissement public Fonds de solidarité vieillesse. Elle doit s'analyser comme une opération de trésorerie de l'État et non comme une avance. • Cons. const. 29 déc. 1993, n° 93-330 DC § 19 et 20.

4. Charge de la dette. Les intérêts de la dette doivent, en tant que charges permanentes, de l'État, figurer dans le titre consacré aux charges de la dette publique. • Cons. const. 3 juill. 1986, n° 86-209 DC § 41.

5. Remboursement du capital. En revanche les remboursements en capital des emprunts contractés par l'État, qui sont des opérations de trésorerie, peuvent être pris en charge par un organisme autonome, dès lors du moins que les opérations effectuées par cet organisme sont soumises au contrôle du parlement à l'occasion de l'examen du projet de LF de l'année. • Cons. const. 3 juill. 1986, n° 86-209 DC § 41. ♦ Ces opérations peuvent être retracées dans des comptes de trésorerie distincts faisant apparaître les engagements de l'État. • Cons. const. 21 juin 1993, n° 93-320 DC § 15.

6. La prise en charge de l'amortissement du capital des emprunts et non le paiement des intérêts s'analyse comme d'une opération de trésorerie et ne doit pas nécessairement figurer dans les charges permanentes de l'État. • Cons. const. 3 juill. 1986, n° 86-209 DC § 42.

7. La Cour des comptes relève que l'information sur les opérations de trésorerie reste lacunaire ; en effet, elles n'ont jamais fait l'objet d'un suivi distinct et cette carence récurrente empêche d'établir commodément et avec précision la corrélation entre les résultats d'exécution des LF et l'évolution du volume de la dette. • C. comptes, 18 juin 2002 : *Rapport sur l'exécution des LF pour 2001. 109.*

8. Selon le Conseil d'État, les dépôts des

disponibilités des personnes publiques autres que l'État doivent être rangés parmi les ressources de trésorerie de l'État ; mais, la détermination des personnes publiques qui ont l'obligation de procéder à de tels dépôts, qui ne concerne pas le budget de l'État mais le fonctionnement de sa trésorerie, n'entre pas dans le champ de l'habilitation prévue à l'art. 34 Const. • CE 21 déc. 2000, *Avis n° 365546 sur la proposition de L. org. relative aux lois de finances : AN n° 2908 p. 611.*

9. Le Conseil constitutionnel a indiqué que les ressources et les charges de trésorerie mentionnées à l'art. 2 constituent, des ressources et des charges de l'État au sens du dix-huitième al. de l'art. 34 Const. ; la détermination de leurs principales règles de gestion est inséparable de la définition de leur contenu ; ces règles ont des incidences, directes et indirectes, sur les ressources et les charges budgétaires de l'État. • Cons. const. 25 juill. 2001, n° 2001-448 DC § 55.

10. La Cour demande que, conformément au présent art., les pertes et profits sur rachats soient traités comme des dépenses et des recettes budgétaires. • C. comptes, 10 juin 2004 : *Rapport sur les comptes de l'État 2003. 65.*

11. V. aussi Décr. n° 62-1587 du 29 déc. 1962 portant règlement général sur la comptabilité publique (RGCP), art. 40, 113 et 124, V. désormais Décr. n° 2012-1246 du 7 nov. 2012, *in* **CJA**.

Art. 26 Les opérations prévues à l'article 25 sont effectuées conformément aux dispositions suivantes :

1° Le placement des disponibilités de l'État est effectué conformément aux autorisations annuelles générales ou particulières données par la loi de finances de l'année ;

2° Aucun découvert ne peut être consenti aux correspondants prévus au 3° de l'article 25 ;

3° Sauf disposition expresse d'une loi de finances, les collectivités territoriales et leurs établissements publics sont tenus de déposer toutes leurs disponibilités auprès de l'État ;

4° L'émission, la conversion et la gestion des emprunts sont effectuées conformément aux autorisations annuelles générales ou particulières données par la loi de finances de l'année. Sauf disposition expresse d'une loi de finances, les emprunts émis par l'État sont libellés en euros. Ils ne peuvent prévoir d'exonération fiscale. Les emprunts émis par l'État ou toute autre personne morale de droit public ne peuvent être utilisés comme moyen de paiement d'une dépense publique. Les remboursements d'emprunts sont exécutés conformément au contrat d'émission.

[V. références des décisions du Conseil constitutionnel dans le tableau DC]

Les annotations jurisprudentielles ci-dessous sont afférentes à l'application de l'art. 15 de l'Ord. du 2 janv. 1959.

1° COMPÉTENCE EN MATIÈRE D'EMPRUNT

1. Seul le ministre des finances est habilité à exécuter des opérations d'emprunt. Dès lors, un ambassadeur qui, pour financer la construction d'un centre culturel et d'un établissement scolaire à l'étranger, avait signé au nom de l'État deux contrats de prêt, de 17 millions de francs environ, viole les règles d'exécution des recettes de l'État. Toutefois, l'ambassadeur avait dû faire face à une situation d'urgence due à la nécessité d'ouvrir l'établissement pour la rentrée scolaire suivante ; en outre, l'administration centrale avait réagi avec lenteur et sans coordination aux informations qui lui avaient été données sur les projets de financement de l'opération. En conséquence, la Cour a considéré que l'ensemble de ces circonstances étaient de nature à exonérer l'intéressé d'une condamnation à l'amende. • CDBF 12 avr. 1995, *Centre culturel d'Abou Dhabi : Lebon 595 ; Rec. C. comptes 121 ; Rev. Trésor 1996. 731.*

2. Une disposition ayant pour but d'autoriser le ministre de l'économie à émettre un emprunt d'État relève du domaine des LF ; les dispositions qui se bornent à déterminer les caractéristiques de l'emprunt en question ne sont pas non plus étrangères au contenu des LF. • Cons. const. 21 juin 1993, n° 93-320 DC § 4 et 5.

2° OBLIGATION DE DÉPÔT DES FONDS DES COLLECTIVITÉS TERRITORIALES ET DES EP

3. Le principe. Les normes instituant le dépôt obligatoire et gratuit des fonds libres des collectivités locales au Trésor ne bénéficient pas toutes de la même protection juridique. En effet, celles qui concernent l'obligation de dépôt inscrite dans la LOLF ont, de ce fait, valeur de loi organique. En revanche, le caractère gratuit de ces dépôts résulte d'une loi ordinaire. • C. comptes, 5 nov. 1991 : *Rapport public particulier sur la gestion de la trésorerie et de la dette des collectivités territoriales, p. 91-114.*

4. Les chambres régionales des comptes ne manquent pas de rappeler aux collectivités territoriales et aux établissements publics l'obligation de déposer leurs fonds au Trésor. Ne pas observer cette règle constitue, bien évidemment pour une collectivité territoriale, le moyen d'accroître ses ressources, puisque, alors qu'elle perçoit de l'État des fonds abondant sa trésorerie sous forme d'avances, elle profite simultanément d'une rémunération servie par un établissement bancaire. On ne saurait oublier, toutefois, que cette pratique s'exerce au détriment de l'État, et donc de la collectivité nationale. • CRC Champagne-Ardenne, 24 oct. 1995, *Lettre d'observation au président du Conseil général de la Marne : inédit.*

5. Les dérogations. En l'absence d'une dérogation, les collectivités locales et leurs établissements publics n'ont pas la possibilité de déroger à l'obligation résultant du présent art. • CE, ass., 30 juin 1995, *Unions des synd. CGT de la Caisse des dépôts et consignations : Lebon 276.*

6. Ainsi seuls peuvent faire l'objet d'un placement les fonds provenant soit de libéralités ou de legs, soit de l'aliénation d'éléments du patrimoine soit encore d'un excédent définitif non susceptible d'être employé à réduire la charge des administrés par l'allégement des impositions ou par l'amortissement de la dette. • CRC Lorraine, 16 juin 1997, *Lettre d'observation au président du Synd. des eaux de Florange et Sérémange-Erzange (Moselle) : inédit.* ♦ La preuve de l'origine des éléments aliénés et plus généralement de l'origine des fonds doit être apportée. • CRC Lorraine, 10 avr. 1997, *Lettre d'observation au maire de Longeville-les-Metz (Moselle) : inédit.*

7. Peuvent être placés également les fonds d'emprunts destinés à financer l'exécution de travaux dès lors que leur emploi vient à être différé de plus de trois mois pour des raisons indépendantes de la volonté du maître d'ouvrage. • CRC Lorraine, 23 oct. 1997, *Lettre d'observation au maire de Marville (Meuse) : inédit.* ♦ Le fait de simplement faire état d'un retard dans la réalisation d'un équipement ne satisfait pas à ces obligations mais laisse supposer une mobilisation prématurée des moyens de financement et notamment d'emprunt. • CRC Lorraine, 20 avr. 1997, *Lettre d'observation au maire de Plappeville (Moselle) : inédit.*

8. Une disposition ayant pour objet, grâce à une meilleure anticipation des opérations importantes affectant le compte du Trésor, d'améliorer la gestion de la trésorerie de l'État en utilisant de façon plus active les fonds déposés auprès de lui par les collectivités territoriales et leurs établissements publics participe *au bon usage des deniers publics* qui est une exigence de valeur constitutionnelle ; elle doit également permettre d'éviter que le solde du compte du Trésor puisse être débiteur, et respecter ainsi l'art. 101 du Traité instituant la Communauté européenne qui interdit à la Banque de France d'accorder des avances à des organismes publics. • Cons. const. 29 déc. 2003, n° 2003-489 DC § 33.

9. Violations du principe. En revanche, ne peuvent être placés : les excédents « reportés » qui ne constituent pas des excédents définitifs. • CRC Lorraine, 10 avr. 1997, *Lettre d'observation au maire de Longeville-les-Metz (Moselle) : inédit.* ♦ ... Des sommes qu'une commune n'utilise pas compte tenu que certains travaux ne peuvent être mis en chantier rapidement et qui ne proviennent pas d'emprunts. • CRC Lorraine, 23 oct. 1997, *Lettre d'observation au maire de Marville (Meuse) : inédit.*

10. Les collectivités territoriales ne pouvant réaliser des placements financiers par quelque intermédiaire que ce soit, puisqu'elles sont astreintes au dépôt de leurs fonds libres au Trésor public, les chambres régionales des comptes leur recommandent de faire figurer dans les conventions passées avec les délégataires, des stipulations précises quant au taux de rémunération qui devrait être servi à la collectivité en cas de placement des avances versées, cette pratique n'étant légalement admise qu'en cas de retard imprévu lors du versement de l'avance. • CRC Haute-Normandie, 23 mai 1996, *Lettre d'observation au maire de Saint-Marcel (Seine-Maritime) : inédit.* ♦ Ainsi est illégal le contrat liant un syndicat intercommunal et un fermier et créant dans les écritures de celui-ci un compte rémunéré sur lequel sont déposés les taxes et impôts qu'il encaisse avant leur versement effectif. L'encaissement par le syndicat de ces sommes est volontairement différé, retardant le dépôt de celles-ci au Trésor pour qu'elles portent intérêt. • CRC Aquitaine, 29 oct. 1996, *Lettre d'observation au président du synd. intercom. SIAEP « Pays de la Soule » (Pyrénées-Atlantiques) : inédit* • CRC Aquitaine, 1er juill. 1996, *Lettre d'observation au maire de Garlin (Pyrénées-Atlantiques) : inédit.* ♦ Il en va de même lorsque les placements sont réalisés par une association subventionnée par la municipalité. • CRC Île-de-France, 14 févr. 1995, *Lettre d'observation au maire de Noisiel (Seine-et-Marne) : inédit.*

11. Bien que cela ne soit pas prévu dans les conventions de mandat, le mandataire a utilisé l'excédent des avances mises à sa disposition pour effectuer des placements et réaliser les produits financiers. Si le département est périodiquement informé des résultats financiers, la destination de ces produits réalisés de manière irrégulière n'était pas indiquée. Tout en observant qu'un contrôle plus rigoureux des avances devrait conduire à la diminution de ces produits financiers, la CRC rappelle que le versement des avances à une société d'économie mixte mandataire a pour seul but d'assurer le règlement des tiers au fur et à mesure de l'avancement des travaux et que les excédents constitués dans la perspective de placements financiers sont contraires à la règle de dépôt obligatoire des fonds publics au Trésor définie par le présent art. • CRC Île-de-France, 20 nov. 1997, *Lettre d'observation au président du Conseil général de l'Essonne : inédit.*

12. Un établissement public d'enseignement ne peut obtenir d'un autre établissement public d'enseignement (qui dès lors ne dépose pas les fonds au Trésor) un prêt qualifié de simple avance de trésorerie. Un tel prêt est illégal puisqu'il viole les dispositions du présent art. • CRC Aquitaine, 29 mai 1996, *Lettre d'observation au proviseur du lycée « J.-B. de Baudre » à Agen (Lot-et-Garonne) : inédit.*

13. En accordant à une agence départementale des concours financiers très largement supérieurs au besoin de trésorerie de cette agence, le département lui permet de générer des produits financiers importants. Ces concours s'assimilent, via les placements financiers qu'ils permettent, à un financement complémentaire indirect et non délibéré par le Conseil général et conduisant à une débudgétisation partielle du financement de l'agence par le département, dans la mesure où les produits financiers dispensent le conseil général de se prononcer sur le montant réel de la subvention accordée à l'agence. Par ailleurs les sommes ainsi accordées en excès devraient être normalement déposées auprès du Trésor ; cette pratique viole donc également les présentes dispositions. • CRC Picardie, 22 mars 1996, *Lettre d'observation au président du Conseil général de l'Aisne : inédit.* ♦ Rappr. : • CRC Aquitaine, 4 nov. 1994, *Lettre d'observation au président de la SEM « Talence gestion équipement » (Talence, Gironde) : inédit.*

14. L'al. 2 du présent art. dispose que « aucun découvert ne peut être consenti aux correspondants prévus au 3° de l'article 25 ». Cette disposition se substitue à l'art. 15 de l'Ord. du 2 janv. 1959, qui était moins restrictif, l'interdiction de découvert s'appliquant « sous réserve des dispositions particulières concernant les comptes courants des États étrangers et des banques d'émission de la zone franc ». Sur cette base, le découvert du compte de la Banque du Mali (comptes 444-221 à 223) est désormais irrégulier. • C. comptes, 12 juin 2003 : *Rapport sur l'exécution des LF pour 2002. 100.*

CHAPITRE V *Des comptes de l'État*

Art. 27 L'État tient une comptabilité des recettes et des dépenses budgétaires et une comptabilité générale de l'ensemble de ses opérations.

En outre, il met en œuvre une comptabilité destinée à analyser les coûts des différentes actions engagées dans le cadre des programmes.

Les comptes de l'État doivent être réguliers, sincères et donner une image fidèle de son patrimoine et de sa situation financière.

[V. références des décisions du Conseil constitutionnel dans le tableau DC]

1. Si les art. 27 à 31 contiennent certaines dispositions qui, par elles-mêmes, ne seraient pas de nature organique, ils constituent les éléments indivisibles d'un dispositif d'ensemble ayant pour objet d'assurer la sincérité et la clarté des comptes de l'État ; un tel dispositif, étroitement lié à la sincérité de la loi de règlement, est au nombre des règles qui relèvent de la loi organique en vertu de l'art. 34 Const. • Cons. const. 25 juill. 2001, n° 2001-448 DC § 57.

2. Le Conseil d'État avait déjà précisé qu'il incombait au législateur organique de définir les principes selon lesquels l'exécution du budget est retracée en comptabilité. • CE 21 déc. 2000, *Avis sur la proposition de LO relative aux lois de finances : AN n° 2908 p. 611.*

3. V. aussi Décr. n° 62-1587 du 29 déc. 1962 portant règlement général sur la comptabilité publique (**RGCP**), art. 132 s., V. désormais Décr. n° 2012-1246 du 7 nov. 2012, *in* **CJA**.

4. La LOLF distingue trois comptabilités : la comptabilité budgétaire, la comptabilité générale et la comptabilité d'analyse des coûts. La comptabilité générale, tenue en droits constatés, doit permettre d'évaluer les charges à payer et les produits à encaisser qui, par définition, ne sont pas retracés au travers du suivi de l'exécution budgétaire d'un exercice alors qu'ils ont une incidence sur les exercices budgétaires suivants. Leur mise en évidence ne sera possible que si l'ensemble des règles comptables applicables aux charges et aux produits abandonne le principe de la comptabilité de caisse. • C. comptes, 9 juin 2005, *Rapport sur l'exécution des lois de finances. – Les comptes de l'État pour 2004, p. 63 : Rec. C. comptes 2004. 342.*

5. Un dispositif prévoyant à la fois des subventions et des avances mais qui ne permet pas de distinguer entre ces deux formes d'aide traduit une forme d'indifférence aux intérêts patrimoniaux de l'État et à la perspective d'une comptabilité patrimoniale qui distinguerait évidemment subventions à fonds perdus et avances créatrices d'une créance au profit de l'État. • C. comptes, 15 janv. 2003, *Lettre du Président n° 34604 : Rec. C. comptes 210.*

6. En vertu du présent article, l'État tient deux comptabilités, l'une budgétaire, retraçant, conformément à l'art. 8 LOLF, la gestion et la consommation des autorisations d'engagement et des crédits de paiement ainsi que l'exécution des recettes et des dépenses budgétaires, et l'autre générale, comprenant l'ensemble de ses opérations, y compris celles touchant à son patrimoine, notamment ses immobilisations corporelles et incorporelles, ses stocks, ses immobilisations financières, ses dettes financières et non financières, ses provisions, ses créances et ses engagements hors bilan. Ces deux comptabilités sont étroitement articulées entre elles afin d'assurer la cohérence de l'ensemble des comptes de l'État. Seule la comptabilité générale fait actuellement l'objet d'un cadre normatif formalisé et complet, constitué notamment des « normes comptables de l'État » arrêtées par un comité de personnalités qualifiées publiques et privées. La certification délivrée par la Cour des comptes porte sur les états financiers issus de cette comptabilité générale, rassemblés dans le compte général de l'État joint au projet de loi de règlement (LOLF, art. 54-7°). • C. comptes, juin 2007 : *Certification des comptes de l'État 2006. 2.*

Art. 28 **La comptabilisation des recettes et des dépenses budgétaires obéit aux principes suivants :**

1° Les recettes sont prises en compte au titre du budget de l'année au cours de laquelle elles sont encaissées par un comptable public ;

2° Les dépenses sont prises en compte au titre du budget de l'année au cours de laquelle elles sont payées par les comptables assignataires. Toutes les dépenses doivent être imputées sur les crédits de l'année considérée, quelle que soit la date de la créance.

Dans des conditions fixées par décret en Conseil d'État, des recettes et des dépenses budgétaires peuvent être comptabilisées au cours d'une période complémentaire à l'année civile, dont la durée ne peut excéder vingt jours. En outre, lorsqu'une loi de finances rectificative est promulguée au cours du dernier mois de l'année civile, les opérations de recettes et de dépenses qu'elle prévoit peuvent être exécutées au cours de cette période complémentaire.

Les recettes et les dépenses portées aux comptes d'imputation provisoire sont enregistrées aux comptes définitifs au plus tard à la date d'expiration de la période complémentaire. Le détail des opérations de recettes qui, à titre exceptionnel, n'auraient pu être imputées à un compte définitif à cette date figure dans l'annexe prévue par le 7° de l'article 54.

Sur la période complémentaire, V. ci-dessous Décr. n° 2007-687 du 4 mai 2007.

[V. références des décisions du Conseil constitutionnel dans le tableau DC]

1. Prise en compte des recettes. Les ressources de l'État figurant dans les LF de l'année et dans les LFR ont un caractère prévisionnel et sont prises en compte sous forme d'évaluations ; ces évaluations doivent tenir compte des effets économiques et financiers de la politique que le gouvernement entend mener. Eu égard au programme de privatisations présenté au titre de l'année 1993, l'inscription en recettes prévisionnelles dans la LFR adoptée en juin, c'est-à-dire six mois avant la fin de l'exercice, d'une somme de 18 milliards de francs n'a pas méconnu la règle fixée au présent art. • Cons. const. 21 juin 1993, n° 93-320 DC § 23. – V. aussi • Cons. const. 29 déc. 1994, n° 94-351 DC § 15.

2. Période complémentaire. Le droit budgétaire français a retenu la formule de l'exercice *avec une limitation dans le temps :* le régime dit de l'exercice limité, dans lequel les recettes et les dépenses prévues et autorisées dans un budget doivent être exécutées dans l'année ou au cours d'une période complémentaire. A la fin de cette période complémentaire, l'exercice est clos. Il résulte du système en vigueur, confirmé par la loi organique du 2 janv. 1959, que les opérations budgétaires exécutées au début d'une année civile se rattachent soit au budget de l'année précédente par le jeu de la période complémentaire, soit au budget de l'année en cours. • C. comptes, 28 nov. 1989, Rapport sur l'exécution des LF pour 1988 : *Rec. C. comptes 282.*

3. Pendant la période complémentaire, deux budgets sont simultanément en cours d'exécution. Cependant, cela ne doit pas permettre d'imputer des opérations indifféremment sur l'un ou l'autre budget. Pour que le résultat budgétaire soit la représentation fidèle de la situation financière de l'État et que soit rendue possible une analyse pluriannuelle sans retraitement, il convient de respecter le principe de la permanence des méthodes comptables. En vertu de ce principe, les règles de rattachement à l'une ou l'autre des gestions interdisent l'utilisation des crédits ouverts au titre de l'année civile pour régler des dépenses de l'exercice précédent ou suivant. • C. comptes, 10 juill. 1996, Rapport sur l'exécution des LF pour 1995 : *Rec. C. comptes 254.*

4. La prise en compte, dès la discussion budgétaire de l'année n + 1, à la fois des résultats de l'exécution du budget de l'année n – 1 et des réalisations de l'année en cours devrait permettre le vote d'une LFR au début de la session ordinaire. Il serait ainsi possible d'alléger les opérations de clôture des comptes. Cette évolution pourrait en outre conduire à réexaminer l'opportunité de maintenir une période complémentaire. • C. comptes, 15 sept. 1993, *Rapport sur l'exécution des LF pour 1992 : Rec. C. comptes 214.*

5. La Cour note que le montant total des opérations comptabilisées en période complémentaire ne cesse d'augmenter : les opérations de fin de gestion sont de 13,2 M € en 2004, alors qu'elles étaient de 11,7 M € en 2003 (et 4,8 M € en 1999). • C. comptes, 9 juin 2005, *Résultats de l'exécution des LF pour 2004 : Rapport préliminaire, p. 16.* ♦ V. déjà, • C. comptes, 22 oct. 2003, *Réponse à la question n° 1 posée par le Sénat (LR 2002) : Rec. C. comptes 332.*

Décret n° 2007-687 du 4 mai 2007,

Pris en application de l'article 28 de la loi organique n° 2001-692 modifiée du 1er août 2001 relative aux lois de finances et en ce qui concerne la période complémentaire à l'année civile.

Art. 1er Les mandats et ordonnances émis entre le 1er octobre et le 31 décembre de l'année, qui n'auraient pu être pris en compte à cette dernière date par les comptables, sont pris en compte au titre du budget de l'année écoulée, au cours de la période complémentaire à l'année civile mentionnée à l'article 28 de la loi organique du 1er août 2001 susvisée.

Art. 2 Les recettes, autres que les recettes fiscales, dont le titre de recouvrement a été émis entre le 1er octobre et le 31 décembre, qui n'auraient pu être prises en compte à cette dernière date par les comptables, sont prises en compte au titre du budget de l'année écoulée au cours de la période complémentaire à l'année civile.

Art. 3 Les comptables publics de l'État peuvent procéder, au cours de la période complémentaire à l'année civile, à des opérations de régularisation relatives à des recettes et des dépenses budgétaires comptabilisées au titre du budget de l'année précédente.

Ces opérations de régularisation concernent :

1° La modification d'une écriture erronée ;

2° L'imputation définitive de recettes, affectées ou non, ou de dépenses afin de prendre en compte :

a) Des opérations en recettes ou en dépenses constatées en écritures sur des comptes d'attente ou des comptes tenus, pour le compte de l'État, par la Caisse des dépôts et consignations ;

b) Le règlement par la procédure de rétablissement de crédits des cessions consenties à un service de l'État par un autre service relevant du budget général, d'un budget annexe en dehors de son activité essentielle ou d'un compte spécial ;

c) L'emploi des reversements de fonds consécutifs à la restitution au Trésor de sommes payées indûment ou à titre provisoire lorsque cet emploi a pour objet de rétablir les crédits correspondants ;

d) Le rattachement des fonds de concours et des attributions de produits, encaissés jusqu'au 31 décembre de l'année écoulée ;

3° La comptabilisation des prélèvements sur recettes au profit de l'Union européenne et des frais d'assiette et de perception des impôts et taxes perçus au profit de son budget se rapportant à des recettes comptabilisées au titre de la gestion précédente, pour leur part correspondant aux droits du tarif douanier commun et autres droits sur les échanges avec les pays non membres et aux droits de douane sur les produits relevant du traité instituant la Communauté européenne du charbon et de l'acier.

Art. 4 La durée de la période complémentaire à l'année civile, qui ne peut excéder vingt jours, est fixée par le ministre chargé du budget.

Sans préjudice des dispositions applicables aux opérations prévues dans une loi de finances rectificative promulguée au cours du dernier mois de l'année civile, les mandats et ordonnances ne peuvent, sauf exceptions décidées par le ministre chargé du budget, être valablement émis, au titre de l'exercice en cours, au-delà d'une date fixée par ce même ministre, qui ne peut être antérieure au 10 décembre de la même année.

Art. 5 Les articles 2 à 13 du décret n° 86-451 du 14 mars 1986 pris en application de l'article 16 de l'ordonnance n° 59-2 du 2 janvier 1959 portant loi organique relative aux lois de finances en ce qui concerne la comptabilisation des recettes et dépenses de l'État sont abrogés.

Art. 29 **Les ressources et les charges de trésorerie sont imputées à des comptes de trésorerie par opération. Les recettes et les dépenses de nature budgétaire résultant de l'exécution d'opérations de trésorerie sont imputées dans les conditions prévues à l'article 28.**

Art. 30 **La comptabilité générale de l'État est fondée sur le principe de la constatation des droits et obligations. Les opérations sont prises en compte au titre de l'exercice auquel elles se rattachent, indépendamment de leur date de paiement ou d'encaissement.**

Les règles applicables à la comptabilité générale de l'État ne se distinguent de celles applicables aux entreprises qu'en raison des spécificités de son action.

Elles sont arrêtées après avis d'un comité de personnalités qualifiées publiques et privées dans les conditions prévues par la loi de finances. Cet avis est communiqué aux commissions de l'Assemblée nationale et du Sénat chargées des finances et publié.

[V. références des décisions du Conseil constitutionnel dans le tableau DC]

1. Conformément, d'une part, à l'art. 1er du décret n° 86-451 du 14 mars 1986, pris en application de l'ordonnance organique n° 59-2 du 2 janv. 1959, qui prévoit la tenue, dans chaque département ministériel d'une comptabilité des créances à terme et une comptabilité des titres de perception et, d'autre part, à l'art. 30 al. 1er de la présente loi organique qui dispose que « la comptabilité générale de l'État est fondée sur le principe de la constatation des droits et obligations », les recettes non fiscales doivent pouvoir faire systématiquement l'objet d'une comptabilisation sincère dès lors que la créance de l'État est certaine et connue dans son montant, sans attendre le versement par le débiteur. • C. comptes, 12 juin 2003 : *Rapport sur l'exécution des LF pour 2002, p. 33.*

2. La mise en place d'un référentiel comptable cohérent fondé sur la constatation des droits et obligations devrait permettre de donner une image fidèle du patrimoine de l'État et du résultat des opérations de l'année ; il constitue ainsi l'une des bases indispensables d'un système de mesure de la performance des services publics. • C. comptes, 10 juin 2004 : *Rapport sur les comptes de l'État 2003, p. 22.*

3. S'agissant de l'ensemble des résultats présentés en comptabilité des opérations budgétaires, en comptabilité nationale et en comptabilité générale, la Cour demande que, alors que s'engage au niveau international un rapprochement entre les systèmes comptables (IFAC, ONU, FMI), un effort soit consenti pour résorber les conflits de normes entre la comptabilité générale de l'État et la comptabilité nationale ; elle souhaite également que les tableaux de passage entre les différents résultats de l'État soient publiés et documentés. • C. comptes, 10 juin 2004 : *Rapport sur les résultats et la gestion budgétaire 2003, p. 14.*

4. La Cour ayant constaté, sous l'empire de l'ordonnance du 2 janv. 1959, que l'année d'imputation budgétaire des recettes et des dépenses de l'État variait en fonction des options prises par les ordonnateurs en matière de gestion budgétaire, la DGCP considère qu'avec l'entrée en vigueur de la LOLF une révision des textes d'application de la réglementation comptable relative à la comptabilisation des recettes et des dépenses s'imposera pour la mise en œuvre par les comptables publics des principes définis au présent art., assurant par là même la stabilité et la permanence des règles d'imputation, garantie de sincérité des comptes. • C. comptes, 20 mars 2003, *Communication du procureur général n° 34959 : Rec. C. comptes 243.*

5. Selon les principes de la comptabilité en droits constatés, tant qu'il y a des possibilités de recouvrement, même partielles et étalées sur une longue période, une créance douteuse doit faire l'objet d'un provisionnement. La DGI est donc invitée à rapporter les textes contraires à ce principe. • C. comptes, 21 mars 2006, Lettre du président n° 44750 : *Rec. C. comptes 160.* ♦ V. sur les conséquences qu'impose la tenue d'une comptabilité en droits constatés. • C. comptes, 2 févr. 2006, Lettre du président n° 44231 : *Rec. C. comptes 151.*

6. La LR arrête le montant définitif des recettes et des dépenses du budget de l'année 2008 ainsi que le résultat budgétaire de l'État ; elle se borne à retracer, à partir des comptes, les encaissements de recettes et les paiements de dépenses au cours de l'année 2008, quelle que soit la régularité de ces opérations ; dès lors, le grief tiré de ce que des « charges« de l'État exigibles en 2008, afférentes en particulier aux primes versées dans le cadre des plans d'épargne-logement, à des dettes de l'État à l'égard des organismes de sécurité sociale et à des « impayés du ministère de la défense, auraient été « reportées » sur l'exercice suivant doit être rejeté ; au demeurant ces charges à payer correspondant aux « reports de charges » ont été intégrées dans le compte de résultat de l'exercice 2008, établi sur le fondement des droits et obligations constatés, comme le prescrit l'al. 1er du présent art. • Cons. const. 6 août 2009, n° 2009-585 DC § 4.

Art. 31 **Les comptables publics chargés de la tenue et de l'établissement des comptes de l'État veillent au respect des principes et règles mentionnés aux articles 27 à 30. Ils s'assurent notamment de la sincérité des enregistrements comptables et du respect des procédures.**

TITRE III Du contenu et de la présentation des lois de finances

CHAPITRE PREMIER *Du principe de sincérité*

Art. 32 **Les lois de finances présentent de façon sincère l'ensemble des ressources et des charges de l'État. Leur sincérité s'apprécie compte tenu des informations disponibles et des prévisions qui peuvent raisonnablement en découler.**

BIBL. ▸ Crucis, La sincérité des lois de finances, nouveau principe du droit budgétaire, *JCP (SJEG) 12 juill. 2000, p. 1359*. – Vachia, Le Conseil constitutionnel, la Cour des comptes et la sincérité budgétaire, *LPA 10 mai 2000*. – Arbousset, La violation de la sincérité budgétaire : un grief plein d'avenir ?, *RFFP 2001, n° 74, p. 183*. – Landbeck, La notion de sincérité en finances publiques, *RFDA 2002. 798*. – Barque, Le Conseil constitutionnel et la sincérité de la loi de règlement, *JCP Adm. 2009. 2254* ; Un nouveau départ pour le principe de sincérité des lois de finances ?, *JCP Adm. 2013. 66*. – Doreau-Tranquard, La sincérité du budget ou les pérégrinations spécieuses d'une vertu au pays des finances publiques, *in* « Les voyages du droit, Mél. Breillat », *LGDJ 2011*.

[V. références des décisions du Conseil constitutionnel dans le tableau DC]

Les annotations jurisprudentielles ci-dessous sont afférentes à l'application de l'Ord. du 2 janv. 1959.

1. Domaine d'application. Dès lors que la loi déférée n'est ni une LF, ni une LFSS et que ses dispositions n'ont ni pour objet, ni pour effet de déroger aux exigences qui résultent de la première phrase du 2e al. de l'art. 47-2 Const. 58, le grief tiré de la méconnaissance du principe de sincérité doit être écarté. • Cons. const. 16 janv. 2014, n° 2013-683 DC § 8.

2. Portée. Le principe de sincérité n'a pas la même portée s'agissant des lois de règlement et des autres LF. Dans le cas de la LF de l'année, des LFR et des LF spéciales, la sincérité se caractérise par l'absence d'intention de fausser les grandes lignes de l'équilibre déterminé par la LF. • Cons. const. 25 juill. 2001, n° 2001-448 § 60 • Cons. const. 29 déc. 2015, n° 2015-725 DC § 4 • Cons. const. 28 déc. 2018, n° 2018-777 DC § 14. ♦ V. notes 17 s.

3. La sincérité de la LR s'entend en outre comme imposant l'exactitude des comptes. • Cons. const. 25 juill. 2001, n° 2001-448 DC § 61 • Cons. const. 13 juill. 2006, n° 2006-538 DC § 3 • Cons. const. 6 août 2009, n° 2009-585 DC § 2.

4. Une simple erreur d'imputation de recettes (recettes fiscales inscrites au titre des recettes non fiscales) est inopérante au regard de l'exigence d'exactitude des comptes qui ne porte que sur le montant des encaissements et des décaissements opérés au cours de l'exercice budgétaire. • Cons. const. 6 août 2009, n° 2009-585 DC § 5. ♦ De même, le mécanisme dit « des loyers budgétaires », qui consiste à inscrire au budget d'une année déterminée, tant en recettes qu'en dépenses et pour un montant identique, des sommes correspondantes à l'estimation de la valeur locative des immeubles domaniaux occupés par les administrations de l'État, puis à retracer dans les comptes de la même année ces recettes et ces dépenses au sein de la caisse de l'État, n'a pas d'incidence sur le résultat budgétaire arrêté par la loi de règlement. • Cons. const. 6 août 2009, n° 2009-585 DC § 4.

5. L'impératif de sincérité s'attache à l'examen de la loi de finances pendant toute la durée de celui-ci. • Cons. const. 13 juill. 2001, n° 2001-448 DC § 75 • Cons. const. 7 juill. 2005, n° 2005-517 DC § 6. ♦ Rappr. • Cons. const. 29 juill. 2005, n° 2005-519 DC § 18. ♦ La conformité d'une loi de finances à la Const. doit alors être appréciée au regard tant des exigences de la continuité de la vie nationale que de l'impératif de sincérité qui s'attache à l'examen d'une loi de finances pendant toute la durée de celui-ci. • Cons. const. 28 juill. 2011, n° 2011-638 DC § 8.

6. La loi de finances de l'année n'est pas tenue d'intégrer à ses prévisions de déficit des mesures non encore acquises à la date de son adoption. • Cons. const. 28 déc. 2018, n° 2018-777 DC § 15.

A. VALEUR JURIDIQUE

7. Dès 1983, le juge constitutionnel évoque la sincérité budgétaire en considérant que l'inclusion dans l'état annexé « A » de l'évaluation du produit attendu pour 1984 de la taxe intérieure sur les produits pétroliers, telle qu'elle résulte d'une ordonnance non encore validée, n'est qu'un élément de la sincérité budgétaire. • Cons. const. 29 déc. 1983, n° 83-164 DC § 12.

8. Si le principe de sincérité n'a pas, jusqu'à présent, donné lieu à une censure par le Conseil constitutionnel, ce nouveau principe a néanmoins été consacré en 1996 avant d'être repris par la LOLF. Ainsi, l'insincérité des évaluations de recettes ou de dépenses serait susceptible de porter atteinte à l'équilibre tel qu'il est présenté dans les documents soumis aux parlementaires pour leur information avant le vote des LF. • Cons. const. 30 déc. 1996, n° 96-385 DC § 28. ♦ V. déjà implicitement. • Cons. const. 21 juin 1993, n° 93-320 DC § 22 et 23. ♦ V. également dans le cadre des LFSS. • Cons. const. 21 déc. 1999, n° 99-422 DC § 22 à 31.

9. Depuis lors, le juge a indiqué qu'une atteinte portée à la sincérité pourrait conduire à déclarer la LF contraire à la Constitution. • Cons. const. 30 déc. 1997, n° 97-395 DC § 14.

10. Avant même sa consécration par la LOLF, les parlementaires invoquaient souvent la sincérité à titre de principe. Par exemple : • Cons. const. 28 déc. 1995, n° 95-369 DC § 29 • Cons. const. 29 déc. 1995, n° 95-371 DC § 4 s.

11. Le principe de sincérité des lois de finances n'est pas au nombre des droits et libertés garantis par la Const. et n'est, dès lors, pas invocable par la procédure de la QPC. • CE, QPC, 15 juill. 2010, *Région Lorraine*, n° 340492 : *AJDA 2010. 2258, note Verpeaux*.

12. Le Cons. const. semble parfois rattacher le principe de sincérité aux art. 14 et 15 DDH combinés. • Cons. const. 13 juill. 2006, n° 2006-538 DC § 2 • Cons. const. 6 août 2009, n° 2009-585 DC § 2.

B. CONTENU

13. V. aussi notes ss. LOLF, art. 7.

14. La sincérité des LF (des LPFP et des LFSS) devra s'apprécier notamment en prenant en compte l'avis du HCFP. • Cons. const. 9 août 2012, n° 2012-653 DC § 27. ♦ Par suite, l'art. 39 Const. impose que cet avis sur le LPFP, le projet de LFI et le projet de LFSSI soit rendu avant que le Conseil d'État ne rende son avis ; en prévoyant que l'avis sera joint au projet de loi lors de la saisine du Conseil d'État, les dispositions des art. 13 et 14 de la présente L. org. n'ont pas méconnu ces exigences. • Cons. *const. 13 déc. 2012, n°* 2012-658 DC § 52. ♦ En permettant que l'avis du HCFP ne soit rendu qu'avant l'adoption en première lecture par l'Assemblée nationale du projet de LFR (ou du projet de LFSSR), le législateur organique a méconnu ces exigences. • Cons. const. 13 déc. 2012, n° 2012-658 DC § 53.

15. Toutefois, s'agissant des avis du HCFP, si, par suite des circonstances, ils venaient à être rendus postérieurement à l'avis du Conseil d'État, le Conseil apprécierait, le cas échéant, le respect des dispositions de la présente L. org. au regard des exigences de la continuité de la vie de la Nation. • Cons. const. 13 déc. 2012, n° 2012-658 DC § 54.

16. Usage des avis du HCFP. Sur l'impact des avis du HCFP sur l'appréciation de la sincérité des LF et LFSS, V. notes ss. LOPGFP, art. 14 pour les LFI (et LFSSI) et art. 15 pour les LFR.

1° INSINCÉRITÉ INTERNE DE LA LF

17. Avant la création du HCFP. La nécessité de permettre au Parlement d'exercer l'ensemble de ses prérogatives constitutionnelles oblige à garantir la sincérité des évaluations contenues dans le projet de LF et la mise à sa disposition d'une information complète sur cette évaluation. • Cons. const. 29 déc. 1994, n° 94-351 DC § 26.

18. S'agissant de la loi de finances de l'année, la sincérité se caractérise par l'absence d'intention de fausser les grandes lignes de l'équilibre. • Cons. const. 28 déc. 2011, n° 2011-644 DC § 3 • Cons. const. 29 déc. 2012, n° 2012-662 DC § 9. ♦ V. déjà sous l'empire de l'Ord. de 1958. • Cons. const. 27 déc. 2002, n° 2002-464 DC.

19. Depuis la création du HCFP. Dès lors qu'il ne ressort ni de l'avis du HCFP ni des autres éléments soumis au Cons. const. que les hypothèses économiques et les prévisions de recettes et de charges sur lesquelles est fondée la LF sont entachées d'une intention de fausser les grandes lignes de l'équilibre qu'elle détermine, le principe de sincérité est respecté. • Cons. const. 6 août 2014, n° 2014-699 DC § 3 • Cons. const. 29 déc. 2014, n° 2014-707 DC § 6 • Cons. const. 29 déc. 2015, n° 2015-725 DC § 5 • Cons. const. 28 déc. 2017, n° 2017-758 DC § 5. ♦ ... Même dans le cas où le HCFP indique que les hypothèses retenues peuvent être regardées comme optimistes, particulièrement en ce qui concerne le déficit pour N + 1. • Cons. const. 29 déc. 2016, n° 2016-743 DC § 3 et 6.

20. Lors de la nouvelle lecture à l'Assemblée, des amendements du Gouvernement à l'article liminaire et à l'article d'équilibre ont tiré les conséquences, sur les évaluations de recettes, de la révision à 1, 4 % de la prévision de croissance pour 2016, associée au PLFR pour 2016 alors en discussion. Ces modifications contribuent à mettre en œuvre l'impératif de sincérité qui s'attache à l'examen des LF pendant toute la durée de celui-ci. • Cons. const. 29 déc. 2016, n° 2016-743 DC § 5.

21. V. s'agissant d'un CAS. • Cons. const. 29 déc. 2015, n° 2015-725 DC § 8.

a. Hypothèses macroéconomiques

22. V. notes ss. LOPGFP, art. 14.

b. Présentation budgétaire

23. La Cour des comptes estime qu'il lui appartient, dans le cadre de la mission d'assistance au parlement que lui attribue l'art. 47 Const., de dénoncer les pratiques qui ne permettent pas de fournir à celui-ci des informations aussi complètes que possible pour lui permettre de donner une approbation sincère lors du vote des LF. La Cour des comptes ne distingue pas selon que ces pratiques sont ou non constitutives de violations de la loi organique ou de la Constitution. • C. comptes, 22 juin 1994, réf. n° 6014 : *Rec. C. comptes 235.*

24. La Cour des comptes dénonce : l'absence d'effort d'information concernant des opérations de trésorerie. • C. comptes, 6 juin 1990, *réponse au Parlement : JO Doc. Sénat, 1989-1990, n° 413, p. 168.* ♦ ... La répartition dans le cadre de certains ministères, des crédits qui ne donne pas une image fidèle de la nature ou de la destination des dépenses. • C. comptes, 17 juin 1997 : *Rapport public particulier « la gestion budgétaire et la programmation au ministère de la défense ».* ♦ ... La pratique consistant à recourir indifféremment, pour procéder à l'ouverture de crédits au titre de dépenses permanentes de l'État, à la loi de finances initiale ou aux collectifs budgétaires, qui aboutit à fractionner l'autorisation budgétaire et la communication de l'information s'y rapportant ; elle réduit, ce faisant, la capacité du législateur de décider et de contrôler, en toute connaissance de cause, les moyens mis à la disposition du Gouvernement. Mise en œuvre dans une perspective d'affichage propre à contrarier le principe organique de sincérité budgétaire, cette technique, qui vise à alléger artificiellement les ouvertures en loi de finances initiale (sur le fondement de laquelle sont le plus souvent établies les comparaisons pluriannuelles), se traduit soit par des abondements en loi de finances rectificative qui donnent lieu à ordonnancement ou bien qui sont reportés à l'exercice suivant. • C. comptes, 12 juin 2003 : *Rapport sur l'exécution des LF pour 2002. 107.*

c. Équilibre budgétaire

25. Il ressort des travaux parlementaires que, après le vote par l'Assemblée nationale de la première partie de la LFI, le Gouvernement a été amené à modifier les prévisions économiques initiales associées à ce projet ; pour assurer la sincérité de la LFI et préserver l'équilibre que cette dernière détermine, il a, d'une part, présenté des amendements sur la seconde partie du PLF et, d'autre part, tiré les conséquences des nouvelles mesures fiscales insérées dans le PLFR alors en discussion. Il ne ressort pas des éléments soumis au Cons. const. que, compte tenu des incertitudes particulières relatives à l'évolution de l'économie en 2012, les hypothèses économiques de croissance finalement retenues soient entachées d'une intention de fausser les grandes lignes de l'équilibre de la loi déférée. • Cons. const. 28 déc. 2011, n° 2011-644 DC § 3 et 4. ♦ V. déjà s'agissant des hypothèses de croissance retenues et donc de l'évaluation des recettes. • Cons. const. 29 déc. 2009, n° 2009-599 DC § 5.

26. Si l'évolution des charges ou des ressources était telle qu'elle modifierait les grandes lignes de l'équilibre budgétaire, il appartiendrait au Gouvernement de soumettre au Parlement un projet de loi de finances rectificative. • Cons. const. 29 déc. 2012, n° 2012-662 DC § 10 • Cons. const. 29 déc. 2016, n° 2016-743 DC § 9 • Cons. const. 28 déc. 2018, n° 2018-777 DC § 15.

d. Recettes

27. Les recettes figurant dans les LF sous forme de simple évaluation et présentant un caractère prévisionnel, doivent tenir compte des effets économiques et financiers de la politique que le gouvernement entend mener. Un programme de privatisation ayant été annoncé pour l'année considérée, l'inscription au titre du budget de l'année en cours en recette dans le cadre d'une LFR adoptée en milieu d'année, d'un montant de 18 milliards de francs, ne méconnaît pas la règle selon laquelle les recettes sont prises en compte au titre de l'année au cours de laquelle elles sont encaissées et ne porte dès lors pas atteinte à la sincérité de la LFR. • Cons. const. 21 juin 1993, n° 93-320 DC § 22 et 23. ♦ Pour les mêmes raisons, l'inscription dans la LFI pour 1995 d'un montant de recettes prévisionnelles de 55 milliards de francs n'est pas « irréaliste » et ne fausse ni le total des recettes ni l'équilibre général de la LFI qui, dès lors, n'est pas insincère. • Cons. const. 29 déc. 1994, n° 94-351 DC § 13 s. ♦ La non-inscription des recettes tirées d'une privatisation éventuelle n'est pas de nature à entacher la LF d'insincérité. • Cons. const. 29 déc. 1998, n° 98-405 DC. ♦ L'inscription, au sein des recettes non fiscales de l'État, des prélèvements pour frais de collecte des impôts locaux est sans incidence sur l'évaluation du déficit en LFI et sur la sincérité budgétaire. • Même décision.

28. Il ressort des travaux parlementaires que le Gouvernement a communiqué au Parlement les informations nécessaires en cours d'examen de la LFR et que ces éléments, qui n'ont pas été contestés au cours des débats parlementaires, montrent que les conséquences des modifications apportées par les art. contestés n'étaient, en termes budgétaires, pas significatives. • Cons. const. 28 juill. 2011, n° 2011-638 DC § 9.

29. Erreur manifeste d'appréciation. Aucun principe de valeur constitutionnelle n'impose d'apprécier la sincérité des évaluations de recettes au seul vu du projet de LF déposé au Parlement. • Cons. const. 29 déc. 1999, n° 99-425 DC. ♦ Le Conseil constitutionnel se limite très logiquement au contrôle de l'erreur manifeste d'appréciation s'agissant de l'évaluation des recettes fiscales de l'État ; si, en cours d'exercice, les recouvrements dépassent sensiblement les prévisions, il incombe au gouvernement de soumettre aux assemblées au projet de LFR. • Cons. const. 29 déc. 1999, n° 99-424 DC • Cons. const. 27 déc. 2001, n° 2001-456 DC. ♦ Les ressources de l'État retracées dans les lois de finances présentent un caractère prévisionnel et sont prises en compte sous forme d'évaluations ; il ne ressort pas des éléments fournis au Conseil constitutionnel que les évaluations prises en compte dans l'article d'équilibre soient, eu égard au montant de la sous-estimation alléguée rapporté aux masses budgétaires, entachées d'une erreur manifeste. • Cons. const. 28 déc. 2000, n° 2000-441 DC.

30. Comme dans le cadre de l'Ord. de 1959, le Conseil constitutionnel n'exerce qu'un contrôle minimum du respect du principe de sincérité, tiré de l'erreur manifeste d'appréciation ; tel n'est pas le cas d'une erreur dans le choix des hypothèses économiques qui ne conduirait qu'à une surestimation des recettes fiscales de faible ampleur au regard des masses budgétaires. La prévision du montant des recettes doit tenir compte des aléas inhérents à leur évaluation et des incertitudes relatives à l'évolution de l'économie. • Cons. const. 27 déc. 2002, n° 2002-464 DC.

31. Le Conseil rappelle également que le vote par le Parlement, dans la loi de finances, des plafonds afférents aux grandes catégories de dépenses et des crédits mis à la disposition des ministres n'emporte pas, pour ces derniers, obligation de dépenser la totalité des crédits ouverts ; les autorisations de dépense accordées ne font pas obstacle aux prérogatives que le Gouvernement tient de l'art. 20 Const. en matière d'exécution de la loi de finances. Il est ainsi loisible au Gouvernement de prévoir la mise en réserve, en début d'exercice, d'une faible fraction des crédits ouverts afin de prévenir une détérioration éventuelle de l'équilibre du budget ; en informant le Parlement de cette intention, le gouvernement a respecté le principe de sincérité. • Même décision • Cons. const. 29 déc. 2003, n° 2003-489 DC § 6.

32. Le Conseil a également repris sa jurisprudence antérieure en considérant que si, au cours de l'exercice, les grandes lignes de l'équilibre de la loi de finances s'écartaient sensiblement des prévisions, il appartiendrait au Gouvernement de soumettre au Parlement un projet de loi de finances rectificative. • Cons. const. 27 déc. 2002, n° 2002-464 DC • Cons. const. 28 juill. 2011, n° 2011-638 DC § 9 • Cons. const. 28 juill. 2011, n° 2011-638 DC § 9. ♦ L'absence de dépôt d'un projet de loi de finances rectificative en temps utile, si critiquable soit-elle, est sans effet sur la constitutionnalité de la LFR déférée. • Cons. const. 29 déc. 2003, n° 2003-488 DC § 5.

33. Les prévisions de recettes doivent être initialement établies par le Gouvernement au regard des informations disponibles à la date du dépôt du projet de loi de finances ; il lui appartient d'informer le Parlement, au cours de l'examen de ce projet de loi, lorsque surviennent des circonstances de droit ou de fait de nature à les remettre en cause et, en pareille hypothèse, de procéder aux corrections nécessaires ; il incombe au législateur, lorsqu'il arrête les prévisions de recettes, de prendre en compte l'ensemble des données dont il a connaissance et qui ont une incidence sur l'article d'équilibre ; les prévisions de recettes sont inévitablement affectées des aléas inhérents à de telles estimations et des incertitudes relatives à l'évolution de l'économie. • Cons. const. 29 déc. 2004, n° 2004-511 DC § 4.

34. Estimation dolosive. Dès lors qu'il ne ressort pas des éléments soumis au Conseil constitutionnel que les évaluations de recettes soient entachées d'une volonté délibérée de les sous-estimer, compte tenu des aléas inhérents à leur évaluation et des incertitudes particulières relatives à l'évolution de l'économie, il n'y a pas violation du principe de sincérité. • Cons. const. 29 déc. 2009, n° 2009-599 DC § 5.

35. Analyse de la Cour des comptes. Même si certaines explications peuvent être données *a posteriori*, l'écart à la prévision est significatif et montre que cette dernière manquait de prudence, ce qui soulève une interrogation au regard de la sincérité des prévisions de recettes de la loi de finances. Le constat réalisé sur l'exercice 2013 renforce la critique de la Cour sur la qualité des prévisions et invite à une plus grande transparence de la part de l'administration, tant sur les prévisions que sur l'analyse de l'exécution. • C. comptes 28 mai 2014 : *Budget de l'État en 2013, p. 89.* ♦ V. déjà : Les erreurs d'estimation en LFI sont nombreuses et supérieures à 5 %, y compris pour certains remboursements et dégrèvements d'impôts (comme ceux portant sur l'impôt sur les sociétés, surestimés de près de 20 %). • C. comptes 9 juin 2005, *Résultats de l'exécution des LF pour 2004 : Rapport préliminaire, p. 42.* ♦ Elle a constaté que, sur les 15 dernières années, l'écart entre les prévisions de recettes et les réalisations a varié entre + 5 % et − 8 %. • C. comptes 18 juin 2002 : *Rapport sur l'exécution des LF pour 2001. 34.*

36. La Cour formule deux recommandations en ce sens : établir et rendre public un document de référence précisant les méthodes et le processus de prévision des recettes pour les principaux impôts ; réaliser et publier, dans l'annexe « Voies et moyens » du PLF, des analyses approfondies des écarts entre prévision et exécution de recettes fiscales, et les comparer aux performances des autres organismes français et étranger qui établissent de telles prévisions. • C. comptes 28 mai 2014 : *Budget de l'État en 2013, p. 89 s.* ♦ V. déjà : Jusqu'à présent, le Minéfi s'est refusé à communiquer à la Cour les hypothèses ayant servi de bases à la prévision des recettes fiscales. La Cour rappelle qu'elle considère qu'aucun obstacle technique ne s'oppose à ce que les travaux des directions lui soient communiqués, qu'une telle information présenterait un intérêt certain pour garantir la pertinence des données ayant fondé les arbitrages relatifs aux recettes, et qu'il est regrettable que la mission d'assistance au Parlement dévolue à la Cour par l'art. 58 de la LOLF ne s'accompagne pas d'une transparence accrue de la part des services de l'État au plan budgétaire. • C. comptes 9 juin 2005, *Résultats de l'exécution des LF pour 2004 : Rapport préliminaire, p. 43.* ♦ Après avoir sollicité du ministère délégué au budget communication des principaux éléments techniques relatifs au processus de prévision des recettes fiscales de l'État, il lui fut répondu que « les prévisions de recettes fiscales donnent lieu à des travaux itératifs entre les directions du ministère dans des conditions peu formalisées, et sont discutées de façon collégiale en liaison avec mon cabinet. Dans ces conditions, je ne peux que confirmer la difficulté qu'il y aurait à rendre compte de ces échanges ». La Cour s'étonne de cette absence de formalisation du processus et de ses résultats, s'agissant de l'un des enjeux principaux de l'élaboration du budget de l'État. Elle regrette que cette déficience fasse obstacle à tout contrôle et à toute évaluation externe du mécanisme d'établissement des prévisions. • C. comptes 12 juin 2003 : *Rapport sur l'exécution des LF pour 2002. 30.*

37. Le calendrier prévisionnel de la procédure de mise aux enchères est établi afin que cette procédure puisse être achevée avant la fin de l'année considérée et rend donc encore possible l'engagement des crédits correspondant aux produits provenant de cette mise aux enchères avant la fin de l'année budgétaire. • Cons. const. 29 déc. 2014, ♖ n° 2014-707 DC § 12.

e. Charges

38. Il n'appartient pas au Cons. const., qui ne dispose pas d'un pouvoir général d'appréciation et de décision de même nature que celui du Parlement (V. ss art. 61 Const.), d'apprécier le montant des crédits de paiement et des autorisations d'engagement ouverts en LF. • Cons. const. 29 déc. 2014, ♖ n° 2014-707 DC § 12.

39. Certes encore de manière implicite, le Cons. const. a estimé que l'absence d'inscription d'une dépense au budget ou la sous-évaluation manifeste d'une dépense inscrite pourrait conduire à une censure sur le fondement de la sincérité budgétaire. • Cons. const. 29 déc. 1994, n° 94-351 DC § 19 s. ♦ Cependant, il n'appartient pas au Conseil, qui ne dispose pas d'un pouvoir général d'appréciation et de décision de même nature que celui du Parlement, d'apprécier le montant des autorisations d'engagement et des crédits de paiement votés. Dès lors, à les supposer établies, les insuffisances dénoncées n'étant pas manifestement incompatibles avec les besoins prévisibles, il n'y a pas violation du principe de sincérité. • Cons. const. 29 déc. 2009, n° 2009-599 DC § 7. ♦ ... A les supposer établies, les insuffisances dénoncées ne sont pas d'une ampleur telle que, rapportées aux masses budgétaires, les évaluations soient entachées d'une erreur manifeste d'appréciation de nature à fausser les grandes lignes de l'équilibre déterminé par la loi de finances. • Cons. const. 28 juill. 2011, n° 2011-638 DC § 6.

40. Les informations données par le Gouvernement en cours d'examen de la LF sur les mesures envisagées d'un recours supplémentaire à l'emprunt, qui devront donner lieu à un projet de LFR en application de l'art. 35 L. org. du 1er août 2001, n'affectent pas la sincérité de la LFI. • Cons. const. 29 déc. 2009, n° 2009-599 DC § 9.

41. Débudgétisation. La sincérité budgétaire s'oppose à ce que des « débudgétisations » puissent intervenir dans les matières qui constituent des charges permanentes de l'État. • Cons. const. 29 déc. 1994, n° 94-351 DC § 5 s. Le Conseil constitutionnel a par ailleurs déploré les inconvénients inhérents à toute débudgétisation du point de vue du contrôle des finances publiques. • Cons. const. 29 déc. 1999, n° 99-424 DC • Cons. const. 27 déc. 2001, n° 2001-456 DC.

f. Effets de la « régulation budgétaire »

42. Les modifications réglementaires du montant ou de l'affectation des crédits (blocages et annulations de crédits, reports tardifs, virements et transferts, décrets d'avances, etc.) mettent en cause l'objectif de prévision des dépenses et des recettes assigné aux lois de finances et sont susceptibles d'avoir une incidence sensible sur le solde budgétaire. Elles peuvent, dès lors que les parlementaires sont mal informés de l'importance des sommes en jeu, porter atteinte à la sincérité du vote parlementaire. • C. comptes, 15 sept. 1995, *rapport sur l'exécution des LF pour 1994 : Rec. C. comptes 277.*

43. Même si le gouvernement justifie l'usage de ces procédures par la volonté de mieux respecter l'objectif en matière de solde d'exécution, celles-ci ne facilitent ni l'appréciation des ressources et des charges réelles de l'État, ni une information claire sur l'exécution du budget. Les discordances introduites par la régulation budgétaire entre la prévision et l'exécution rendent en effet plus difficile l'exercice du contrôle parlementaire lors de la discussion sur le projet de LR. • C. comptes, 6 juin 1995, réf. n° 7028 : *Rec. C. comptes 229* • C. comptes, 28 juin 1995, *réponse au Parlement : JOAN Doc. 1995, n° 2118, p. 209.*

44. Selon la Cour des comptes, ces procédures de régulation budgétaire conduisent même à modifier les rôles respectifs du parlement et du gouvernement et perturbent la gestion budgétaire. • C. comptes, 15 sept. 1995, *rapport sur l'exécution des LF pour 1994 : Rec. C. comptes 275.* ♦ De même les techniques de régulation budgétaire affectent les prérogatives du parlement en particulier par l'effacement partiel ou total des mesures nouvelles de la LFI. Ainsi, il n'est pas rare que les annulations représentent de 80 à plus de 100 % des mesures nouvelles. • C. comptes, 10 juill. 1996, *rapport sur l'exécution des LF pour 1995 : Rec. C. comptes 250.*

45. En principe, dans le cadre des LFR, les crédits sont ajustés au vu des données de l'exécution budgétaire. Cependant, quand ils ne servent pas à couvrir des dépassements de crédits, ils ne peuvent qu'être reportés à l'année suivante. Or, l'ouverture de crédits destinés à être reportés affecte la sincérité de l'équilibre de la LFR et surtout de la LFI suivante qui fait apparaître des ouvertures des crédits inférieurs à ceux qui sont réellement disponibles. • C. comptes, 16 juin 1993, *réponse au Parlement : Rec. C. comptes 1992. 259.* ♦ Le Conseil constitutionnel estime toutefois que, lorsque le montant des sommes en cause reste limité (en l'occurrence, 2 milliards de francs), il n'y a pas d'atteinte à l'exigence de sincérité budgétaire. • Cons. const. 29 déc. 1998, n° 98-406 DC.

46. Acceptable en soi, pour des raisons de réalisme, et expressément prévue par la LOLF, la régulation, telle qu'elle est pratiquée, renvoie à l'année suivante les difficultés budgétaires et les nécessaires ajustements structurels, en reportant les charges et les crédits. Elle est supportée par un petit nombre de ministères, les plus dépensiers d'entre eux étant largement épargnés. Elle pose, une nouvelle fois, le *problème de la sincérité de la LFI en raison* des mises en réserve de crédits effectuées de manière systématique dès le début de la gestion. Le vote par le Parlement d'une réserve de précaution destinée à mieux faire face aux aléas de la gestion ou aux besoins nouveaux devrait permettre de trancher ce débat récurrent. • C. comptes, 9 juin 2005, *Résultats de l'exécution des LF pour 2004 : Rapport préliminaire, p. 16.*

47. La situation qui justifie ces mesures de régulation doit être suffisamment imprévisible pour que les dotations de crédits n'aient pas pu être établies de manière réaliste dès la LFI. Or ce n'est qu'exceptionnellement le cas, et les conditions dans lesquelles sont désormais mises en œuvre les mesures de régulation, auxquelles il est systématiquement recouru comme de simples outils de gestion, sont contestables au regard de l'autorisation budgétaire, dont la signification s'en trouve singulièrement réduite. • C. comptes, 10 juin 2004 : *Rapport sur les résultats et la gestion budgétaire 2003, p. 75.*

48. La Cour a pu constater que la pratique de la régulation – du fait notamment de l'incertitude dans laquelle sont maintenus les services ministériels – les amène à adopter un mode de gestion dégradé, voire irrégulier : priorité donnée aux actions nouvelles au détriment des dépenses obligatoires ou récurrentes ; allongement des délais de règlement des factures ; entorses aux procédures d'engagement des crédits et de passation des marchés publics ; réalisation de dépenses hors de toute programmation cohérente ou dans l'urgence. • C. comptes, 10 juin 2004 : *Rapport sur les résultats et la gestion budgétaire 2003, p. 76.*

49. Les dotations des caisses de retraite sont des charges comme les autres et doivent donc être évaluées lors de la conception du budget sur la base de prévisions aussi réalistes que possible. Il n'est donc pas possible d'utiliser ces caisses comme des variables d'ajustement budgétaire comme cela a été le cas au Conseil économique, social et environnemental. • C. comptes, 11 mai 2009, Lettre du président n° 55042, *Secrétariat gén. du Gouvernement : Rec. C. comptes. 134.*

2° INSINCÉRITÉ EXTERNE À LA LF

50. Des dispositions qui constituent les éléments indivisibles d'un dispositif financier ayant pour but de satisfaire un besoin financier de l'État sont de celles qui ne portent pas atteinte à la sincérité lors même qu'elles consistent simplement à substituer un organisme dans les attributions, les droits et obligations d'un autre ne disposant pas de trésorerie nécessaire pour permettre l'opération. • Cons. const. 29 déc. 1995, n° 95-371 DC § 4 s.

51. Considérant les informations données par le Gouvernement en cours d'examen de la loi de finances sur les mesures envisagées d'un recours supplémentaire à l'emprunt, qui devront donner lieu à un projet de LFR en application de l'art. 35 LOLF, la sincérité de la loi de finances initiale n'est pas affectée. • Cons. const. 29 déc. 2009, n° 2009-599 DC § 9.

52. LF et LFSS. Il n'incombe pas nécessairement à la LF de l'année de prendre en compte des dispositions provenant de textes de loi dont l'adoption n'est pas définitive. • Cons. const. 29 déc. 1994, n° 94-351 DC § 25. ♦ Toutefois, dès lors qu'il résulte des termes mêmes des art. L.O. 111-6 et L.O. 111-7 CSS, qui ont fixé les dates et délais d'examen de la LFSS, que le législateur organique a entendu mettre le parlement en mesure de tenir compte, au cours de l'examen du projet de LF, des incidences économiques et fiscales des mesures figurant dans la LFSS, les documents annexés au projet de LF, et notamment le rapport économique et financier, doivent permettre aux parlementaires de discuter et de voter la LF en disposant des informations nécessaires. • Cons. const. 30 déc. 1997, n° 97-395 DC § 7. ♦ Cette prise en compte des mesures de la LFSS peut être réalisée soit dans la préparation du projet de LF, soit au cours de son examen par la voie d'amendements. • Cons. const. 30 déc. 1997, n° 97-395 DC § 9.

53. Prélèvements sur recettes au profit des Communautés européennes. La Cour des comptes rappelle que le budget doit comprendre toutes les recettes et dépenses de l'État, mais ne comprendre qu'elles. Dès lors, les prélèvements sur recettes résultant du reversement à la Communauté par le budget général, d'impôts communautaires, assis et recouvrés par l'administration française, correspondant à des recettes propres des Communautés européennes, n'ont pas leur place dans le budget de l'État, sauf à en altérer la sincérité. Dès lors qu'il s'agit de ressources propres échappant à la compétence nationale et déterminées selon des règles particulières, elles n'ont pas à figurer dans une LF et leur maniement relève des opérations de trésorerie, non des opérations budgétaires. • C. comptes, 15 sept. 1993, *rapport sur l'exécution de la LF pour 1992 : Rec. C. comptes 220.* ♦ Le Conseil constitutionnel considère toutefois que cette inscription concourt à l'information des parlementaires et trouve ainsi sa place en LF, position qui a été confirmée par l'art. 6 de la LOLF. • Cons. const. 30 déc. 1977, n° 77-89 DC § 8.

Art. 33 *[Dispositions déclarées non conformes à la Constitution par décision du Conseil constitutionnel n° 2001-448 DC du 25 juillet 2001, V. JO 2 août.]*

Sous réserve des dispositions de l'article 13 de la présente loi organique, lorsque des dispositions d'ordre législatif ou réglementaire sont susceptibles d'affecter les ressources ou les charges de l'État dans le courant de l'année, les conséquences de chacune d'entre elles sur les composantes de l'équilibre financier doivent être évaluées et autorisées dans la plus prochaine loi de finances afférente à cette année.

Cet art. est applicable depuis le 1er janv. 2002.

[V. références des décisions du Conseil constitutionnel dans le tableau DC]

Les annotations jurisprudentielles ci-dessous sont afférentes à l'application de l'Ord. du 2 janv. 1959.

1. Les dispositions du présent art. sont à rapprocher des dispositions constitutionnelles qui organisent l'exercice du pouvoir législatif et ne sauraient être entendues comme interdisant à l'État de disposer d'une créance avant l'arrivée de l'année budgétaire prévue pour son remboursement alors qu'il pourrait le faire, en vertu de dispositions du même art. par convention avec son débiteur ; la disposition contestée a pour objet de confier la gestion des créances qu'elle vise à un organisme spécialisé qui devra lui-même rembourser l'État lorsque le dénouement de l'opération sera possible et a donc pour objet la recherche de meilleures conditions pour le futur équilibre des exercices ultérieurs. • Cons. const. 30 déc. 1982, n° 82-155 DC § 24.

1° INCIDENCE SUR L'ÉQUILIBRE BUDGÉTAIRE ET FINANCIER

2. Une LFR (ou à tout le moins la loi de règlement) intervenant à la suite d'une modification fiscale contenue dans une loi ordinaire ou une ordonnance, doit obligatoirement prendre en compte l'incidence budgétaire de cette modification sur l'équilibre économique et financier de l'année. • Cons. const. 4 juin 1984, n° 84-170 DC § 4. ♦ Ainsi est-il possible qu'une loi ordinaire avance la date d'entrée en vigueur d'une disposition fiscale augmentant le taux de la TVA, augmentation figurant dans un projet de LFR. • Cons. const. 27 juill. 1995, n° 95-365 DC § 2.

3. Le présent art. a notamment pour objet de faire obstacle à ce qu'une loi permette des dépenses nouvelles, alors que ses incidences sur l'équilibre financier de l'année, ou sur celui d'exercices ultérieurs, n'auraient pas été appréciées et prises en compte, antérieurement, par des lois de finances ; tel n'est pas le cas d'une loi dès lors qu'elle ne permet pas qu'il soit fait face aux charges qu'elle implique sans qu'au préalable les crédits qui s'avéreraient nécessaires aient été prévus, évalués et autorisés par la loi de finances de l'année, modifiée, le cas échéant, par une loi de finances rectificative. • Cons. const. 16 janv. 2001, n° 2000-439 DC.

4. Des dispositions d'une LFR pour 2012 qui n'entreront en vigueur qu'au 1er janv. suivant ne peuvent avoir pour effet d'affecter l'équilibre budgétaire de l'année ; si l'évolution des charges ou des ressources était telle qu'elle modifierait les grandes lignes de l'équilibre budgétaire, il appartiendrait au Gouvernement de soumettre au Parlement un nouveau projet de loi de finances rectificative. • Cons. const. 29 déc. 2012, n° 2012-661 DC § 36. ♦ Rappr. s'agissant d'une LFRSS. • Cons. const. 6 août 2014, n° 2014-698 DC § 5.

5. Pour autant, le législateur organique ne peut, sans méconnaître la Constitution et notamment son art. 10, prévoir qu'aucune loi ayant une incidence financière pour l'État ne peut être publiée sans une annexe financière précisant ses conséquences au titre de l'année d'entrée en vigueur et de l'année suivante ; ce faisant, le législateur instituerait une formalité préalable à la publication des lois. • Cons. const. 25 juill. 2001, n° 2001-448 DC.

6. Les dispositions contestées qui, d'une part, prévoient que : « La taxe est exigible le premier jour du mois suivant celui au cours duquel s'est produite l'acquisition du titre » ; ..., d'autre part, qu'elles entrent en vigueur le 31 déc. 2016 et n'ont donc pas d'effet sur les recettes de l'année 2016. Ces dispositions ont été placées à tort dans la première partie de la LF et adoptées selon une procédure contraire à la Const. • Cons. const. 29 déc. 2015, n° 2015-725 DC § 14.

2° BOULEVERSEMENT DES GRANDES LIGNES DE L'ÉQUILIBRE

7. Un bouleversement des « grandes lignes » de l'équilibre économique et financier défini par la LFI doit nécessairement se traduire par l'adoption d'une LFR. • Cons. const. 24 juill. 1991, n° 91-298 DC § 9.

8. Dès lors que le Rapport sur l'évolution de l'économie nationale et des finances publiques (V. art. 48) énonce, sous la rubrique « maîtrise de l'exécution budgétaire », les mesures prises ou envisagées à cet effet et qu'il ne ressort pas de ces éléments d'information que les choix de politique budgétaire effectués par le gouvernement aient pour conséquence de bouleverser les conditions de l'équilibre économique et financier, le gouvernement n'est pas tenu de déposer sur le bureau de l'assemblée nationale un projet de LFR. • Cons. const. 24 juill. 1991, n° 91-298 DC § 11. ♦ Une LFR n'est pas davantage nécessaire en raison de l'absence d'atteinte à l'équilibre dès lors que les dispositions législatives ou réglementaires en cause ne s'appliquent pas durant l'année considérée. • Cons. const. 27 juill. 1978, n° 78-95 DC § 6. ♦ En revanche, une LFR peut parfaitement comprendre des dispositions ayant pour objet la recherche de meilleures conditions pour l'équilibre futur des exercices ultérieurs. • Cons. const. 30 déc. 1982, n° 82-155 DC § 24 et 26.

9. L'évaluation d'une recette non fiscale ne saurait être discutée au plan constitutionnel dès lors qu'il n'est pas établi qu'elle aurait pour conséquence d'altérer les grandes lignes de l'équilibre. • Cons. const. 29 déc. 1982, n° 82-154 DC § 12 et 15.

10. Un amendement qui, par sa portée, conduirait à un bouleversement de l'équilibre économique et financier dépasserait les limites inhérentes au droit d'amendement. En l'espèce, tel n'est pas le cas, alors même que les amendements en cause emportaient une augmentation substantielle des ressources et des charges initialement prévues. • Cons. const. 21 juin 1993, n° 93-320 DC § 6 s.

3° CHARGES NOUVELLES

11. Les dispositions du présent art., ont pour objet de faire obstacle à ce que l'équilibre économique et financier défini par la LF de l'année en cours et par des LFR éventuelles, ne soit modifié par des charges nouvelles résultant de l'application de textes législatifs ou réglementaires dont les incidences sur cet équilibre, dans le cadre de l'année n'auraient pu, au préalable être appréciées et prises en compte par une LF. • Cons. const. 27 juill. 1978, n° 78-95 DC § 4 • Cons. const. 25 juin 1986, 26 juin 1986, n° 86-207 DC § 37.

12. Elles poursuivent l'une et l'autre le même but lorsque les dépenses nouvelles ont une incidence sur l'équilibre de l'exercice en cours et/ou sur les exercices futurs. • Cons. const. 16 janv. 1982, n° 81-132 DC § 5 • Cons. const. 28 juill. 1989, n° 89-260 DC § 12. – V. aussi • Cons. const. 5 janv. 1982, n° 81-134 DC § 9.

13. Une loi n'entraîne pas de charges nouvelles dès lors qu'elle ne permet pas qu'il soit fait face aux charges qu'elle implique sans qu'au préalable les crédits nécessaires pour chacun des exercices en cause aient été prévus, évalués et autorisés par une ou plusieurs LF. Pour la loi de nationalisation de 1982, V. • Cons. const. 16 janv. 1982, n° 81-132 DC § 6. ♦ Pour une loi ordinaire, • Cons. const. 28 juill. 1989, n° 89-260 DC § 13.

14. Il en va de même d'une loi qui précise qu'il appartient au parlement, à l'occasion de l'examen du projet de LF relatif à chacune des années au cours desquelles les dépenses seront exécutées, de statuer sur l'ouverture de crédits destinés à faire face aux charges afférentes à l'application de la loi en question. • Cons. const. 27 juill. 1978, n° 78-95 DC § 6. ♦ ... D'une loi d'habilitation prise au titre de l'art. 38 Const. qui autorise le gouvernement à prendre des mesures susceptibles d'entraîner des charges nouvelles sans que celles-ci soient dès maintenant prévues, évaluées et autorisées. • Cons. const. 25 juin 1986, 26 juin 1986, n° 86-207 DC § 38.

15. Le pouvoir réglementaire a compétence pour édicter des mesures pouvant comporter une aggravation des charges publiques à la condition que lesdites charges aient été au préalable évaluées et autorisées dans les conditions fixées par le présent art. • Cons. const. 8 sept. 1961, n° 61-3 FNR § 4.

16. Une mesure dont l'entrée en vigueur est reportée au-delà du 31 déc. n'entraîne aucune charge nouvelle pour l'année considérée. • Cons. const. 27 juill. 1978, n° 78-95 DC § 6. ♦ Dans le même sens. • Cons. const. 5 janv. 1982, n° 81-134 DC § 9 • Cons. const. 25 juin 1986, 26 juin 1986, n° 86-207 DC § 38. ♦ Les dispositions du présent art. n'imposent pas de prévoir, dans la LFI, les conséquences budgétaires des décisions à venir dont le coût, la date et les modalités de mise en œuvre, restent à déterminer. • Cons. const. 27 déc. 2001, n° 2001-456 DC.

CHAPITRE II *Des dispositions des lois de finances*

Art. 34 *(L. org. n° 2012-1403 du 17 déc. 2012, art. 24-I-1°)* **« Outre l'article liminaire mentionné à l'article 7 de la loi organique n° 2012-1403 du 17 décembre 2012 relative à la programmation et à la gouvernance des finances publiques** *[V. cet art. ci-dessus]*, **la loi de finances de l'année comprend deux parties distinctes. »**

I. – Dans la première partie, la loi de finances de l'année :

1° Autorise, pour l'année, la perception des ressources de l'État et des impositions de toute nature affectées à des personnes morales autres que l'État ;

2° Comporte les dispositions relatives aux ressources de l'État qui affectent l'équilibre budgétaire ;

3° Comporte toutes dispositions relatives aux affectations de recettes au sein du budget de l'État ;

4° Évalue chacun des prélèvements mentionnés à l'article 6 ;

5° Comporte l'évaluation de chacune des recettes budgétaires ;

6° Fixe les plafonds des dépenses du budget général et de chaque budget annexe, les plafonds des charges de chaque catégorie de comptes spéciaux ainsi que le plafond d'autorisation des emplois rémunérés par l'État ;

7° Arrête les données générales de l'équilibre budgétaire, présentées dans un tableau d'équilibre ;

8° Comporte les autorisations relatives aux emprunts et à la trésorerie de l'État prévues à l'article 26 et évalue les ressources et les charges de trésorerie qui concourent à la réalisation de l'équilibre financier, présentées dans un tableau de financement ;

9° Fixe le plafond de la variation nette, appréciée en fin d'année, de la dette négociable de l'État d'une durée supérieure à un an ;

(L. org. n° 2005-779 du 12 juill. 2005, art. 1er) **« 10° Arrête les modalités selon lesquelles sont utilisés les éventuels surplus, par rapport aux évaluations de la loi de finances de l'année, du produit des impositions de toute nature établies au profit de l'État. »**

II. – Dans la seconde partie, la loi de finances de l'année :

1° Fixe, pour le budget général, par mission, le montant des autorisations d'engagement et des crédits de paiement ;

2° Fixe, par ministère et par budget annexe, le plafond des autorisations d'emplois ;

3° Fixe, par budget annexe et par compte spécial, le montant des autorisations d'engagement et des crédits de paiement ouverts ou des découverts autorisés ;

4° Fixe, pour le budget général, les budgets annexes et les comptes spéciaux, par programme, le montant du plafond des reports prévu au 2° du II de l'article 15 ;

5° Autorise l'octroi des garanties de l'État et fixe leur régime ;

6° Autorise l'État à prendre en charge les dettes de tiers, à constituer tout autre engagement correspondant à une reconnaissance unilatérale de dette, et fixe le régime de cette prise en charge ou de cet engagement ;

7° Peut :

a) **Comporter des dispositions relatives à l'assiette, au taux et aux modalités de recouvrement des impositions de toute nature qui n'affectent pas l'équilibre budgétaire ;**

b) Comporter des dispositions affectant directement les dépenses budgétaires de l'année ;

c) Définir les modalités de répartition des concours de l'État aux collectivités territoriales ;

d) Approuver des conventions financières ;

e) Comporter toutes dispositions relatives à l'information et au contrôle du Parlement sur la gestion des finances publiques ;

f) Comporter toutes dispositions relatives à la comptabilité de l'État et au régime de la responsabilité pécuniaire des agents des services publics.

III. – La loi de finances de l'année doit comporter les dispositions prévues aux 1°, 5°, 6°, 7° et 8° du I et aux 1°, 2° et 3° du II.

[V. références des décisions du Conseil constitutionnel dans le tableau DC]

1. Contenu du présent article. L'élargissement du domaine obligatoire de la loi de finances de l'année et des lois de finances rectificatives par une L. org., autre que la LOLF, est conforme à la Const. • Cons. const. 28 juill. 2011, n° 2011-637 DC § 20.

2. Contenu des deux parties. Le présent art. prévoit que la première partie du projet de LF de l'année a pour objet d'autoriser et évaluer les recettes, de fixer les plafonds des grandes catégories de dépenses et d'arrêter les données générales de l'équilibre financier pour l'exercice ; ainsi pour la détermination de cet équilibre, doivent notamment figurer dans la première partie du projet de LF, outre l'autorisation de percevoir les impôts existants affectés aux collectivités et aux établissements publics, les dispositions instituant un impôt si celui-ci est destiné à produire des ressources à l'État dès le nouvel exercice budgétaire. Il en résulte que figurent en deuxième partie, tous les nouveaux impôts des personnes morales autres que l'État et les impôts étatiques qui ne procurent pas de ressources dès le nouvel exercice budgétaire, solution confirmée par le II-7°-*a)* ci-dessus. • Cons. const. 28 déc. 1990, n° 90-285 DC § 18.

3. La définition de l'équilibre économique et financier constitue un élément essentiel de la LF ; en conséquence, la LF doit comporter deux parties distinctes : une première partie faisant apparaître un montant prévisionnel global de recettes, des plafonds de charges et un équilibre économique et financier et une seconde partie présentant notamment le détail des ouvertures de crédits. Le Parlement ne saurait se prononcer sur le détail des ouvertures de crédits si un équilibre n'a pas d'abord été approuvé. • CE 21 déc. 2000, *Avis sur la proposition de LOLF : AN n° 2908, p. 615.*

4. Eu égard à l'augmentation des ressources qu'il opère au profit de l'État pour une année, un article trouve sa place en première partie de la loi de finances. • Cons. const. 28 déc. 2010, n° 2010-622 DC § 5.

5. Pour regrettable que soit le fait que des articles aient été placés à tort en première partie de la LF, cette insertion n'ayant pas eu pour effet, dans les circonstances de l'espèce, de porter une atteinte inconstitutionnelle à la clarté et à la sincérité des débats relatifs à l'adoption de ces art. et n'ayant pas davantage altéré les conditions d'adoption des données générales de l'équilibre budgétaire, le grief tiré de l'irrégularité de la procédure d'adoption de ces art. doit être rejeté. • Cons. const. 28 déc. 2010, n° 2010-622 DC § 5.

6. Les dispositions contestées qui d'une part prévoient que : « La taxe est exigible le premier jour du mois suivant celui au cours duquel s'est produite l'acquisition du titre » ; que, d'autre part, qu'elles entrent en vigueur le 31 déc. 2016 et n'ont donc pas d'effet sur les recettes de l'année 2016. Ces dispositions ont été placées à tort dans la première partie de la LF et adoptées selon une procédure contraire à la Const. • Cons. const. 29 déc. 2015, n° 2015-725 DC § 14.

A. RESSOURCES ET CHARGES DE TRÉSORERIE (I-8°)

7. S'agissant des opérations de trésorerie, et spécialement des mouvements intéressant la dette publique, le compte général de l'administration des finances ne donne en préliminaire et dans des tableaux décrivant les éléments de l'actif financier et l'endettement de l'État que des indications sommaires, concernant principalement la charge d'amortissement et les pertes et profits sur emprunts. Dès lors que la charge de trésorerie supportée par le Trésor public représente environ la moitié du déficit d'exécution des lois de finances, auquel il doit être ajouté pour apprécier le besoin de financement global de l'État, la Cour estimait qu'il serait souhaitable que l'effort d'information concernant les résultats budgétaires s'étende aux opérations de trésorerie. Le 8° du I du présent art. semble répondre à cette attente. • C. comptes, 6 juin 1990, *Réponse au Parlement : JO Doc. Sénat, 1989-1990, n° 413, p. 168.* ♦ V. aussi • C. comptes, 18 juin 2002 : *Rapport sur l'exécution des LF pour 2001. 105.*

8. La Cour des comptes considère que l'intégration dans la première partie de la LF, d'une part de l'évaluation des ressources et des charges de trésorerie et, d'autre part, d'un tableau de financement présentant les ressources et les charges de trésorerie qui concourent à la réalisation de l'équilibre financier sont les clés de la clarification des interactions entre le budget et son financement. • C. comptes, 18 juin 2002 : *Rapport sur l'exécution des LF pour 2001. 107.* ♦ Pour la première fois, un tableau prévisionnel des flux de trésorerie a été inclus, à titre d'information, dans le bleu budgétaire des charges communes du projet de loi de finances pour 2002. Il a été enrichi par une projection jusqu'en 2006 dans l'annexe du projet de loi de finances pour 2003. La Cour constate ainsi que l'application du 8° du I du présent art. contribue utilement à l'information du Parlement. • C. comptes, 12 juin 2003 : *Rapport sur l'exécution des LF pour 2002. 99.*

B. FIXATION POUR LE BUDGET GÉNÉRAL, PAR MISSION, DU MONTANT DES AUTORISATIONS D'ENGAGEMENT ET DES CRÉDITS DE PAIEMENT (II-1°)

9. Un article qui dispose que les crédits de la commission nationale de contrôle des techniques de renseignement sont inscrits au programme « Protection des droits et libertés » de la mission « Direction de l'action du Gouvernement » empiète sur le domaine exclusif d'intervention des lois de finances. • Cons. const. 23 juill. 2015, n° 2015-713 DC § 47.

10. Une incompétence négative ne peut résulter du montant des crédits ouverts en lois de finances ou du niveau des plafonds des autorisations d'emplois fixé par une loi de finances. Si les requérants soutiennent que la loi est entachée d'incompétence négative, ils fondent cette critique sur l'insuffisance des crédits de certains programmes et des emplois de certains ministères et ne contestent, pour le reste, aucune autre disposition figurant dans la loi déférée. Leurs griefs ne peuvent dès lors qu'être écartés. • Cons. const. 28 déc. 2018, n° 2018-777 DC § 73 et 74.

C. GARANTIE DE L'ÉTAT ET REMISES DE DETTES (II-5° ET 6°)

11. Les dispositions du présent al. n'instituent pas un droit ou une liberté que la Constitution garantit ; leur méconnaissance ne peut donc être invoquée à l'appui d'une QPC. • Cons. const. 27 sept. 2013, *Sté Scor SE,* n° 2013-344 QPC § 9.

12. Garanties. Une garantie de l'État est, pour celui-ci, une charge éventuelle ; la LOLF peut prévoir que ce type de charge ne peut résulter que d'une LF. • CE 21 déc. 2000, *Avis sur la proposition de LOLF : AN n° 2908, p. 609.*

13. Remises de dettes. La LOLF peut prévoir les conditions dans lesquelles des remises de dettes peuvent être consenties. • CE 21 déc. 2000, *Avis sur la proposition de LOLF : préc. note 12.*

D. DISPOSITIONS AFFECTANT DIRECTEMENT LES DÉPENSES BUDGÉTAIRES DE L'ANNÉE (II, 7°, b)

14. Affecte directement les dépenses budgétaires de l'année à venir, a donc sa place dans une loi de finances une disposition qui pose le principe d'une réduction du tarif d'achat de l'électricité produite par certaines installations qui utilisent l'énergie radiative du soleil pour les contrats encore en cours d'exécution diminuera le montant de la compensation due par l'État au titre des charges de service public de l'énergie et peut intervenir dès 2021. Sont indifférents à cet égard le fait que la Commission de régulation de l'énergie a fixé, avant le 15 juill. 2020, le montant des charges imputables aux missions de service public de l'énergie pour l'année 2021, lequel n'est que prévisionnel, et le fait que le niveau et la date de cette réduction doivent être déterminés par un arrêté des ministres chargés de l'énergie et du budget. • Cons. const. 28 déc. 2020, n° 2020-813 DC § 36.

E. INFORMATION ET CONTRÔLE DU PARLEMENT (II-7° e)

1° COMPÉTENCE EN MATIÈRE DE DISPOSITIONS RELATIVES À L'INFORMATION ET AU CONTRÔLE DU PARLEMENT

15. La L. org. peut prévoir que les LF peuvent contenir les dispositions destinées à organiser l'information et le contrôle du Parlement sur la gestion des finances publiques mais, compte tenu de l'urgence qui s'attache au vote des LF, elle ne saurait réserver de telles dispositions à cette catégorie de loi et restreindre ainsi le domaine des lois ordinaires. • CE 21 déc. 2000, *Avis sur la proposition de LOLF : AN n° 2908, p. 608.*

16. Le Parlement dispose d'une grande liberté pour organiser son contrôle puisqu'il lui appartient de prescrire dans les LF pour sa propre information, les mesures de contrôle sur la gestion des finances publiques et sur les comptes des établissements et entreprises fonctionnant avec des « fonds publics ». • Cons. const. 18 déc. 1964, n° 64-27 DC § 7.

17. Ces mesures sont destinées à organiser, soit pour un exercice déterminé, soit à titre permanent, l'information et le contrôle des assemblées sur la gestion des finances publiques. • Cons. const. 24 juill. 1991, n° 91-298 DC § 13.

18. En revanche, la fixation des modalités du contrôle relève du domaine réglementaire et n'ont donc pas à être prévues par les LF. • Cons. const. 18 déc. 1964, 🏛 n° 64-27 DC § 7.

19. Des dispositions par lequel le législateur entend assurer l'information du Parlement sur des mesures qui intéressent la gestion des finances publiques sont au nombre de celles dont la présente L. org. permet l'inclusion dans une loi de finances. Par suite, elles ont un caractère législatif. • Cons. const. 2 juill. 2020, 🏛 n° 2020-286 L. ♦ Tel le cas des dispositions qui, suite à l'instauration d'un comité placé auprès du Premier ministre chargé de veiller au suivi de la mise en œuvre et à l'évaluation des mesures de soutien financier aux entreprises confrontées à l'épidémie de covid-19, fixent sa mission sur des sujets concernant la gestion des finances publiques, déterminent les documents que le gouvernement transmet au Comité au fin de transmission, pour information, aux commissions des finances de l'Assemblée nationale et du Sénat et prévoient que le comité établit un rapport public un an après la promulgation de la loi le créant. • Cons. const. 2 juill. 2020, 🏛 n° 2020-286 L.

2° NATURE DES DISPOSITIONS RELATIVES À L'INFORMATION ET AU CONTRÔLE DU PARLEMENT

20. La Cour des comptes s'autorise à vérifier que le contenu des rapports annexés aux lois de finances constitue pour le parlement un instrument satisfaisant d'information et de contrôle. • C. comptes, 6 févr. 1989, réf. n°s 5278, 5279 : *Rec. C. comptes 188* • C. comptes, 6 oct. 1989, réf. n° 5384 : *Rec. C. comptes 263.*

21. Information. Sont des « dispositions législatives destinées à organiser l'information et le contrôle du parlement sur la gestion des finances publiques » et doivent donc à ce titre figurer obligatoirement dans une LF : des dispositions qui font obligation au gouvernement de rendre compte au parlement d'opérations portant sur la gestion d'un fonds financé par une ressource publique. • Cons. const. 8 janv. 1991, 🏛 n° 90-283 DC § 46. ♦ ... Des dispositions prévoyant qu'un document publié chaque année en annexe au projet de LF, retrace l'évolution du montant des ressources spécifiques attribuées à la collectivité territoriale de Corse et en particulier précise le montant prévu de la dotation générale de décentralisation pour la compensation de chacune des charges transférées. • Cons. const. 9 mai 1991, 🏛 n° 91-290 DC § 56 s. ♦ ... Des dispositions imposant *d'une part qu'un document récapitulatif* des dépenses de l'État pour l'ensemble des titres des ministères effectuées dans chaque région ainsi que des dépenses et des prélèvements sur recette de l'État qui constituent des affectations aux collectivités territoriales, d'autre part qu'un état des crédits affectés à l'effort public d'aménagement et un état des actions conduites en France depuis 1989 avec le financement des fonds structurels communautaires soient annexés au projet de LF. • Cons. const. 26 janv. 1995, 🏛 n° 94-358 DC § 54 et 55. ♦ ... Des dispositions qui prévoient le dépôt d'un rapport du gouvernement sur le programme de maîtrise des pollutions d'origine agricole et son incidence sur le budget de l'État. • Cons. const. 30 déc. 1996, 🏛 n° 96-385 DC § 36. ♦ ... Des dispositions qui prévoient que le bureau de chaque assemblée détermine les modalités selon lesquelles l'organe chargé de la déontologie parlementaire contrôle les dépenses qui ont été engagées au titre de l'indemnité représentative de frais de mandat (supprimée par la L. du 15 sept. 2017), dans les quatre années suivant l'engagement de ces dépenses. • Cons. const. 28 déc. 2020, 🏛 n° 2020-813 DC § 50. ♦ ... Des dispositions qui prévoient la remise d'un rapport au Parlement sur l'emploi associatif, les conséquences de la réduction du nombre d'emplois aidés sur le développement des associations et l'accessibilité des parcours emplois compétences pour les associations. • Cons. const. 28 déc. 2020, 🏛 n° 2020-813 DC § 51. ♦ V. également note 19.

22. Répond au même souci la volonté de mettre le parlement à même de disposer d'une vue d'ensemble des versements au budget des Communautés européennes par l'inscription du produit des ressources propres de celles-ci « Recettes » et « Prélèvements sur les recettes de l'État ». • Cons. const. 30 déc. 1977, 🏛 n° 77-89 DC § 8. ♦ *Contra* : • C. comptes, 15 sept. 1993, rapport sur l'exécution de la LF pour 1992 : *Rec. C. comptes 214.*

23. En revanche, un rapport relatif au mode de fixation des taux bancaires dans les départements d'outre-mer n'a pas pour but d'organiser l'information et le contrôle du parlement sur la gestion des finances publiques et constitue un document étranger à l'objet des lois de finances. • Cons. const. 7 déc. 2000, 🏛 n° 2000-435 DC.

24. Contrôle. N'est pas relative à l'information ou au contrôle du parlement une disposition prévoyant que la Cour des comptes peut exercer un contrôle sur les œuvres et les organismes qui font appel à la générosité publique pour soutenir des causes scientifiques, humanitaires ou sociales. • Cons. const. 28 déc. 1990, 🏛 n° 90-285 DC § 59 et 60 : ♦ Il en va de même s'agissant d'un art. n'ayant d'autre objet que d'autoriser la passation de conventions de coopération avec des établissements d'enseignement supérieur privés à but non lucratif sans qu'il soit établi que cette disposition ait pour objet d'assurer le contrôle des dépenses publiques. • Cons. const. 28 déc. 1976, 🏛 n° 76-73 DC § 9 et 10. ♦ Même solution encore s'agissant de la substitution, auprès de la Cour des comptes, d'un « Conseil des prélèvements obligatoires » au « Conseil des impôts ». • Cons. const. 29 déc. 2004, n° 2004-511 DC § 43.

F. RESPONSABILITÉS PÉCUNIAIRES DES AGENTS DES SERVICES PUBLICS (II-7° f)

25. Les dispositions qui imposent aux agents des services publics des responsabilités pécuniaires relèvent du domaine de la loi puisqu'en vertu de l'art. C. 34, il lui revient de fixer les règles concernant les garanties fondamentales accordées aux fonctionnaires civils et militaires de l'État et les principes fondamentaux du régime de la propriété et des obligations civiles et commerciales, mais elles ne relèvent pas, selon le Conseil d'État, de la loi de finances dont le domaine est limité aux ressources et aux charges de l'État. • CE 21 déc. 2000, *Avis sur la proposition de LOLF : préc. note 12.*

26. V. LF n° 63-156 du 23 févr. 1963, art. 60, *in* **CJA**.

27. Une disposition qui interdit à un comptable public principal nommé membre de la Cour des comptes d'exercer, s'il est constitué en débet, une activité juridictionnelle jusqu'à ce qu'il ait reçu quitus, se borne à définir la situation de l'intéressé au sein de la Cour des comptes sans lui « imposer (...) des responsabilités pécuniaires ». • Cons. const. 29 déc. 1989, n° 89-268 DC § 28.

G. CAVALIERS BUDGÉTAIRES

1° DEPUIS LA LOLF

28. Principe. Une disposition qui ne concerne ni les ressources, ni les charges, ni la trésorerie, ni les emprunts, ni la dette, ni les garanties ou la comptabilité de l'État, qui n'a pas trait à des impositions de toute nature affectées à des personnes morales autres que l'État, qui n'a pas pour objet de répartir des dotations aux collectivités territoriales ou d'approuver des conventions financières, qui n'est pas relative au régime de la responsabilité pécuniaire des agents des services publics ou à l'information et au contrôle du Parlement sur la *gestion des finances publiques*, est étrangère au domaine des lois de finances tel qu'il résulte du présent art. et a donc été adoptée selon une procédure contraire à la Constitution. • Cons. const. 29 déc. 2005, n° 2005-530 DC § 103 • Cons. const. 29 déc. 2009, n° 2009-600 DC § 11 • Cons. const. 29 déc. 2012, n° 2012-662 DC § 142 • Cons. const. 28 déc. 2017, n° 2017-758 DC § 145. ♦ Ces principes s'appliquent également dans le cadre des LFR. • Cons. const. 29 déc. 2008, n° 2008-574 DC § 14 • Cons. const. 28 déc. 2010, n° 2010-623 § 6 • Cons. const. 28 déc. 2011, n° 2011-645 DC • Cons. const. 9 août 2012, n° 2012-654 DC § 84 à 86.

29. Ces questions peuvent être soulevées d'office. • Cons. const. 28 déc. 2011, n° 2011-644 DC § 18 s. • Cons. const. 28 déc. 2011, n° 2011-645 DC § 11 s. • Cons. const. 29 déc. 2012, n° 2012-662 DC §140 s.

30. N'a pas sa place en LF. Une disposition : précisant les conditions de consultation du comité des finances locales et de la commission consultative d'évaluation des normes mentionnée à l'art. L. 1211-4-2 CGCT. • Cons. const. 29 déc. 2009, n° 2009-599 DC § 108. ♦ ... Ouvrant une possibilité de dévolution du patrimoine monumental de l'État et de ses établissements publics aux collectivités territoriales volontaires ou réformant le régime d'indexation de certains loyers. • Cons. const. 29 déc. 2009, n° 2009-599 DC § 109 et 110. ♦ ... Instituant de nouvelles possibilités d'octroi de dérogations aux règles de l'accessibilité des bâtiments et des logements aux personnes handicapées ; fixant la date d'adhésion de Pôle emploi au régime d'assurance chômage ; prévoyant les subventions que certains syndicats mixtes peuvent recevoir de la part d'une collectivité territoriale. • Cons. const. 29 déc. 2009, n° 2009-600 DC § 9 et 10. ♦ ... Permettant aux sociétés d'HLM d'effectuer des avances en compte courant au profit de sociétés ou d'entreprises dans lesquelles elles possèdent des parts et qui procèdent à l'acquisition ou à la construction de logements sociaux dans les départements d'outre-mer ou à Saint-Martin ; prévoyant la remise de différents rapports comme par ex. sur les possibilités de réforme tendant à réduire le délai moyen de jugement de la juridiction administrative. • Cons. const. 28 déc. 2011, n° 2011-644 DC § 18 s. ♦ ... Ouvrant aux sociétés dont les actions ne sont pas cotées des possibilités nouvelles de procéder au rachat de leurs propres actions. • Cons. const. 28 déc. 2011, n° 2011-645 DC § 2 s. ♦ ... Aménageant les règles de calcul de la contribution annuelle versée par les associations de gestion et de comptabilité à l'ordre des experts-comptables ; confiant à la société de gestion du contrat de transition professionnelle la mise en œuvre des mesures d'accompagnement des salariés licenciés pour motif économique ayant adhéré au contrat de sécurisation professionnelle. • Cons. const. 28 déc. 2011, n° 2011-645 DC § 11 s. ♦ ... Modifiant les règles de financement des partis politiques par les personnes physiques. • Cons. const. 29 déc. 2012, n° 2012-662 DC § 33. ♦ ... Fixant les conditions dans lesquelles, dans les zones pour lesquelles un plan de prévention des risques technologiques est approuvé, les exploitants des installations à l'origine du risque et les collectivités territoriales ou leurs groupements participent au financement des travaux prescrits aux personnes physiques propriétaires d'habitations. • Cons. const. 29 déc. 2012, n° 2012-662 DC § 126. ♦ ... Modifiant les missions confiées à l'Agence de gestion et de recouvrement des avoirs saisis et confisqués. • Cons. const. 29 déc. 2012, n° 2012-662 DC § 140. ♦ ... Relative au transfert des compétences de production et de multiplication de plants forestiers à la collectivité territoriale de Corse. • Cons. const. 29 déc. 2012, n° 2012-662 DC § 141. ♦ ... Se bornant à déterminer les modalités de calcul de la réserve spéciale de participation. • Cons. const. 29 déc. 2013, n° 2013-684 DC § 17. ♦ ... Modifiant la sanction applicable lorsque le taux effectif global mentionné dans le contrat de prêt est inférieur au taux effectif global déterminé conformément à l'art. L. 313-1 C. consom. • Cons. const. 29 déc. 2013, n° 2013-685 DC § 80. ♦ ... Prévoyant la remise d'un rapport au Parlement présentant les réformes envisageables pour améliorer l'efficacité sociale des régimes de l'aide personnalisée au logement, de l'allocation de logement familiale et de l'allocation de logement sociale à enveloppe budgétaire constante. • Cons. const. 29 déc. 2013, n° 2013-685 DC § 152. ♦ ... Autorisant les administrations fiscales à rendre publiques des informations relatives aux bénéficiaires d'aides d'État à caractère fiscal ou traitant de l'accessibilité des données de l'administration fiscale relatives aux valeurs foncières déclarées à l'occasion de mutations. • Cons. const. 28 déc. 2017, n° 2017-759 DC § 19 et 20.

31. V. également ss. Const. 58, art. 47, s'agissant de dispositions imposant au Gouvernement la remise de rapports au Parlement.

32. Il en va de même de dispositions relatives à la transmission d'informations entre services ministériels en vue de l'élaboration d'études ou de rapports, encadrant les commissions interbancaires perçues au titre d'une opération de paiement par carte, prévoyant la possibilité de conclure un nouveau contrat entre l'État et les sociétés et établissements de l'audiovisuel public lorsqu'un nouveau président est nommé dans ces sociétés ou établissements, prorogeant le délai dans lequel les mandataires judiciaires à la protection des majeurs doivent se conformer aux nouvelles dispositions relatives à leur habilitation ou prévoyant un rapport au Parlement sur l'état des lieux de l'offre et des besoins d'accompagnement et d'hébergement assurés dans les établissements et services médico-sociaux accueillant les personnes handicapées de plus de quarante ans. • Cons. const. 28 déc. 2010, n° 2010-622 DC § 49 à 54.

33. Ne relèvent pas du domaine exclusif de la LF et n'ont donc pas à figurer dans une telle loi des dispositions ayant une incidence sur les dépenses du compte d'affectation spéciale relatif aux pensions. • Cons. const. 17 mai 2013, n° 2013-669 DC § 12.

34. A sa place en LF. A l'inverse, le 7° du II du présent art., prévoyant que la loi de finances de l'année peut « comporter des dispositions affectant directement les dépenses budgétaires de l'année », elle peut contenir des dispositions relatives à l'extension du RSA aux personnes de moins de 25 ans dès lors que la totalité des sommes payées à ce titre est financée, pour l'année 2010, par le Fonds national des solidarités actives dont l'État assure l'équilibre en dépenses et en recettes. • Cons. const. 29 déc. 2009, n° 2009-599 DC § 99.

35. De même, a sa place en loi de finances : une disposition qui prévoit que, pour les fonctionnaires et les agents non titulaires, les périodes de congé pour raison de santé n'ouvrent pas droit à des temps de repos liés au dépassement de la durée annuelle du travail car elle a une incidence directe sur les dépenses du budget de l'État. • Cons. const. 28 déc. 2010, n° 2010-622 DC § 6. ♦ ... Une disposition qui assouplit le régime d'aliénation des biens immobiliers bâtis de l'État situés dans une forêt domaniale. • Cons. const. 29 déc. 2012, n° 2012-662 DC § 115. ♦ ... Une disposition qui modifie la liste des documents que certaines personnes morales doivent tenir à la disposition de l'administration dans le cadre du droit de contrôle de l'administration pour le recouvrement de l'impôt. • Cons. const. 29 déc. 2013, n° 2013-685 DC § 101. ♦ ... Une disposition visant, afin de lutter contre la fraude fiscale, à doter les administrations fiscale et douanière d'un nouveau dispositif de contrôle pour le recouvrement de l'impôt. • Cons. const. 27 déc. 2019, n° 2019-796 DC § 78.

2° AVANT LA LOLF (ORD. 2 JANV. 1959)

a. Dispositions sans portée financière

36. Une disposition n'ayant aucune portée juridique ou financière sans l'intervention d'une nouvelle LF, étant inopérante et se bornant à énoncer une intention d'action future, ne saurait trouver sa place dans une LF. • Cons. const. 29 déc. 1983, n° 83-164 DC § 20.

37. Une disposition, élargissant les missions du fonds de gestion de l'espace rural en supprimant l'exigence d'une participation des agriculteurs ou de leurs groupements aux projets d'intérêt collectif au financement desquels ce fonds contribue, n'étant accompagnée d'aucun accroissement des crédits budgétaires correspondants, est étrangère à l'objet des LF. • Cons. const. 30 déc. 1997, n° 97-395 DC § 47. ♦ Même solution s'agissant d'une disposition, qui complète l'art. L. 3332-14 CSP, ayant pour objet de déroger aux règles de transfert de licences de débit de boissons. • Cons. const. 27 déc. 2002, n° 2002-464 DC.

38. Une disposition dont il résulte de son texte même et des débats qui ont précédé son adoption qu'elle a pour objet d'autoriser le gouvernement à faire une application progressive du barème de l'aide personnalisée au logement qui sera défini par voie réglementaire, n'a pas un caractère financier et n'est donc pas au nombre de celles qui peuvent figurer dans une LF. • Cons. const. 29 déc. 1986, n° 86-221 DC § 18.

39. L'art. contesté, qui a pour objet de créer un groupement d'intérêt public chargé de l'informatisation du livre foncier des départements du Bas-Rhin, du Haut-Rhin et de la Moselle, est étranger à l'objet des LF. • Cons. const. 21 juin 1993, n° 93-320 DC § 2 et 3. ♦ Même solution s'agissant de la modification de l'art. L. 722-20 C. rur. visant à étendre aux personnels non titulaires de l'établissement public « Domaine de Pompadour » dont les contrats ont été transférés à l'établissement public « Les Haras nationaux » le régime de protection sociale des salariés des professions agricoles. • Cons. const. 28 déc. 2000, n° 2000-442 DC.

40. Ne relèvent pas du domaine de la LF et constituent ainsi des cavaliers budgétaires : des dispositions ayant pour objet de prolonger des délais prévus pour la réforme de certaines professions judiciaires, d'autoriser l'autorité administrative à rendre obligatoires des mesures de prophylaxie des animaux, d'apporter une modification au code de la sécurité sociale ou aux art. qui concernent les statuts particuliers de certains corps de fonctionnaires, le statut général et les statuts particuliers des militaires ou modifient le régime des rémunérations supérieures à un certain montant. • Cons. const. 28 déc. 1976, n° 76-74 DC § 2. ♦ ... Relatives à la composition de la commission de la concurrence instituée par la loi du 18 juill. 1977. • Cons. const. 31 déc. 1981, n° 81-136 DC § 3. ♦ ... Concernant la rémunération des porteurs de parts de sociétés coopératives et mutualistes. • Cons. const. 31 déc. 1981, n° 81-136 DC § 3. ♦ ... N'ayant d'autre objet que de permettre le prélèvement sur une redevance d'une participation aux frais de fonctionnement d'une fédération de sociétés. • Cons. const. 30 déc. 1982, n° 82-155 DC § 20 et 21. ♦ ... N'ayant pas pour objet de créer un fonds de la Caisse nationale d'épargne destiné à garantir l'épargne déposée sur les livrets dits « A ». • Cons. const. 29 déc. 1995, n° 95-371 DC. ♦ ... Prévoyant que les conséquences de la création d'une taxe pour les concessionnaires d'autoroutes sont prises en compte par un décret en Conseil d'État. • Cons. const. 29 déc. 1994, n° 94-351 DC § 27. ♦ ... Portant de six mois à un an la durée de validité des passeports délivrés à titre exceptionnel et pour un motif d'urgence dûment justifié et une disposition qui est relative au contrôle économique et financier de l'État sur les organismes bénéficiaires de taxes fiscales affectées ou de taxes parafiscales. • Cons. const. 29 déc. 2003, n° 2003-488 DC § 26 et 27. ♦ ... Définissant les règles de représentation des caisses d'épargne et de prévoyance régionales au conseil de surveillance de la Caisse nationale des caisses d'épargne et de prévoyance. • Cons. const. 29 déc. 2003, n° 2003-488 DC § 28. ♦ ... Prévoyant que la présentation des dépenses fiscales mentionnée à un art. de la LF figurera dans le fascicule « Voies et moyens » annexé au projet de loi de finances, et qui précise le contenu dudit fascicule. • Cons. const. 29 déc. 2003, n° 2003-489 DC § 44. ♦ ... Prévoyant que les biens affectés au logement des étudiants et appartenant à un établissement public pourront être transférés aux communes ou aux établissements publics de coopération intercommunale. • Cons. const. 29 déc. 2005, n° 2005-350 DC § 102. ♦ ... Autorisant les agents du ministère de l'environnement chargés de la mise en œuvre de la stratégie nationale de lutte contre la déforestation importée et ceux de la DGDDI à échanger les renseignements, données et documents utiles à l'amélioration de la transparence et de la traçabilité des chaînes d'approvisionnement agricoles des matières premières ciblées par cette stratégie dès lors que ces dispositions ne sont pas relatives aux modalités de recouvrement des impositions de toutes natures, mais à l'exploitation à d'autres fins de certaines données, le cas échéant collectées à l'occasion de ce recouvrement. • Cons. const. 28 déc. 2020, n° 2020-813 DC § 53.

b. Dispositions applicables aux collectivités locales

41. Constituent des cavaliers budgétaires : des dispositions prévoyant que l'État peut créer exceptionnellement des établissements d'enseignement public dont il transfère la propriété à la collectivité territoriale compétente. • Cons. const. 29 déc. 1984, n° 84-184 DC § 51. ♦ ... Prévoyant que les communes et les départements pourront attribuer des subventions de fonctionnement respectivement aux structures communales ou intercommunales des organisations syndicales représentatives et aux structures départementales des mêmes organisations. • Cons. const. 28 déc. 2000, n° 2000-442 DC. ♦ ... Permettant de différer la date d'effet de l'arrêté préfectoral étendant le périmètre d'une communauté urbaine et des communautés d'agglomération ou modifiant les modalités de calcul de l'attribution de compensation versée à leurs communes membres par les établissements publics de coopération intercommunale dotés d'une fiscalité propre. • Cons. const. 27 déc. 2001, n° 2001-457 DC. ♦ ... Modifiant les modalités de calcul de l'attribution de la compensation versée à leurs communes membres par les EPCI dotés d'une fiscalité propre. • Même décision. ♦ ... Permettant aux conseils municipaux de Paris, Marseille et Lyon, de donner délégation aux conseils d'arrondissement pour la passation et l'exécution de certains marchés. • Même décision. ♦ ... Modifiant les conditions de répartition entre les communes intéressées de la dotation supplémentaire instituée par l'art. L. 234-14 C. communes (art. L. 1613-5 CGCT), lesquelles ne modifient en rien le montant global de ladite dotation qui a le caractère d'un prélèvement, et non d'une dépense de l'État. • Cons. const. 30 déc. 1982, n° 82-155 DC § 15. ♦ ... Rendant, à titre principal, applicable aux recouvrements de créances non fiscales des communes, des régions et des établissements publics locaux une procédure simplifiée de recouvrement d'amendes ou de condamnations pécuniaires prononcées en matière de contravention qui s'inspire elle-même de dispositions applicables au recouvrement de créances de nature fiscale ou douanière. • Cons. const. 29 déc. 1988, n° 88-250 DC § 8 à 10. ♦ ... Fixant les conditions de répartition entre les communes intéressées de la dotation globale de fonctionnement ; elles ne modifient pas le montant global de ladite dotation qui a le caractère d'un prélèvement sur recettes, et non d'une dépense de l'État. • Cons. const. 29 déc. 1989, n° 89-268 DC § 27. ♦ ... Se bornant à préciser l'affectation du produit de la taxe de séjour perçue par les communes. • Cons. const. 27 déc. 2001, n° 2001-456 DC. ♦ ... Répartissant entre collectivités territoriales de la dotation globale de fonctionnement et d'une partie des produits du fonds national de péréquation. • Cons. const. 27 déc. 2002, n° 2002-464 DC. ♦ ... Permettant aux conseils régionaux de déléguer à des établissements publics autres que « locaux » la gestion des avances qu'ils octroient à certaines entreprises. • Cons. const. 29 déc. 2005, n° 2005-350 DC § 101. ♦ ... Ne constituant pas une imposition de toutes natures, mais portant sur une ressource fiscale des collectivités territoriales et bénéficiant à un établissement public distinct de l'État. • Cons. const. 27 déc. 2019, n° 2019-796 DC § 122.

42. Concours de l'État aux collectivités territoriales. Les concours apportés par l'État aux collectivités territoriales en compensation d'exonérations, de réductions ou de plafonnements d'impôts locaux, constituent, pour le budget de l'État, des charges permanentes. • CE 21 déc. 2000 : *Avis sur la proposition de L. org. relative aux lois de finances : AN n° 2908, p. 613.*

3° AUTRES PERSONNES PUBLIQUES

43. Ne relève pas davantage du domaine des LF : un art. relatif à des crédits gérés par les bureaux des assemblées de collectivités territoriales. • Cons. const. 3 juill. 1986, n° 86-209 DC § 35 et 37. ♦ ... Un art. créant un groupement d'intérêt public chargé de l'informatisation du livre foncier dans certains départements. • Cons. const. 21 juin 1993, n° 93-320 DC § 2 et 3. ♦ ... Un art. qui étend les compétences d'une personne morale autre que l'État. • Cons. const. 30 déc. 1997, n° 97-395 DC § 45 et 46. ♦ ... Une disposition qui se borne à fixer des conditions au versement de prestations relevant des régimes d'assurance vieillesse des professions artisanales, industrielles et commerciales. • Cons. const. 29 déc. 1994, n° 94-351 DC § 27.

H. SURPLUS DE RECETTES

BIBL. Benetti et Sutter, La règle d'affectation des surplus de recettes fiscales de l'État suite à la modification de la LOLF par la L. org. du 12 juill. 2005, *RFAP 2008. 487.*

44. Les nouvelles règles d'affectation des surplus conjoncturels de recettes sont destinées à améliorer la gestion des finances de l'État et tendent à renforcer l'information du Parlement. • Cons. const. 7 juill. 2005, n° 2005-517 DC § 2 • Cons. const. 16 août 2007, n° 2007-555 DC § 37

45. Ces surplus sont ceux qui sont susceptibles d'être constatés en fin d'exercice en retranchant au produit de l'ensemble des impositions de toutes natures établies au profit de l'État le total prévu par la loi de finances initiale. • Cons. const. 29 déc. 2005, n° 2005-530 DC § 40 • Cons. const. 16 août 2007, n° 2007-555 DC § 37 • Cons. const. 30 déc. 2010, n° 2010-623, DC § 3.

46. Ces dispositions n'ont pas entendu : permettre que des règles spécifiques soient prévues pour l'utilisation du surplus constaté à partir d'une catégorie particulière de recettes. • Cons. const. 29 déc. 2005, n° 2005-530 DC § 40 • Cons. const. 16 août 2007, n° 2007-555 DC § 40. ♦ ... Modifier la capacité du législateur à décider, en cours d'exercice, de nouvelles mesures fiscales. • Cons. const. 16 août 2007, n° 2007-555 DC § 37. ♦ ... Porter atteinte à la compétence du législateur de décider, en cours d'exercice, de nouvelles mesures fiscales ou d'ouvrir, en cours d'année, dans une loi de finances rectificative, des crédits supplémentaires. • Cons. const. 30 déc. 2010, n° 2010-623 DC § 3.

Art. 35 Sous réserve des exceptions prévues par la présente loi organique, seules les lois de finances rectificatives peuvent, en cours d'année, modifier les dispositions de la loi de finances de l'année prévues aux 1° et 3° à *(L. org. n° 2005-779 du 12 juill. 2005,* *art. 2)* « 10° » du I et au 1° à 6° du II de l'article 34. Le cas échéant, elles ratifient les modifications apportées par décret d'avance aux crédits ouverts par la dernière loi de finances.

Les lois de finances rectificatives doivent comporter les dispositions prévues aux 6° et 7° du I de l'article 34.

Les lois de finances rectificatives sont présentées en partie ou en totalité dans les mêmes formes que la loi de finances de l'année. Les dispositions de l'article 55 leur sont applicables.

BIBL. ▸ **Sur les lois de finances rectificatives :** CATHELINEAU, Études de droit public, *Cujas 1964*. – MUZELLEC, *in* Études de finances publiques, *Mél. Paul-Marie Gaudemet, Economica 1984, p. 173.*

[V. références des décisions du Conseil constitutionnel dans le tableau DC]

1° CONTENU DES LFR

1. Le fait de réserver aux seules LFR la faculté de modifier en cours d'année les modalités d'utilisation des surplus conjoncturels de recettes améliore la gestion des finances de l'État et tend à renforcer l'information du Parlement, n'appelant aucune remarque de constitutionnalité. • Cons. const. 7 juill. 2005, n° 2005-517 DC § 2.

2. En revanche, une LFR intervenant à la suite d'une modification fiscale rétroactive contenue dans une loi ordinaire ou une ordonnance doit obligatoirement prendre en compte l'incidence budgétaire de cette modification sur l'équilibre économique et financier de l'année. • Cons. const. 4 juin 1984, n° 84-170 DC § 4.

3. En revanche, encore, les LFR ne doivent pas obligatoirement contenir les modifications fiscales rétroactives ou non applicables à l'année en cours. Celles-ci peuvent être contenues dans des lois ordinaires ou dans la LFI pour l'année suivante. • Cons. const. 29 déc. 1983, n° 83-164 DC § 38 • Cons. const. 4 juin 1984, n° 87-170 DC § 2 et 3. ♦ Les opérations, qui si elles se réalisent, concernent l'exercice suivant. • Cons. const. 31 déc. 1981, n° 81-135 DC § 4. ♦ ... La création de ressources nouvelles de nature non fiscale pour l'exercice en cours. • Cons. const. 24 juill. 1991, n° 91-298 DC § 17.

4. Une LFR dont l'objet est de modifier le budget de l'année en cours n'a pas à retenir des opérations qui, si elles se réalisent, concernent l'exercice suivant. • Cons. const. 31 déc. 1981, n° 81-135 DC § 4.

5. Dans le cadre d'une LFR, le législateur peut opérer un prélèvement exceptionnel au profit du budget de l'État sur des excédents du produit d'une taxe, accumulés au cours des années précédentes. • Cons. const. 30 déc. 1996, n° 96-385 DC § 28.

6. En cours d'exercice, il incombe au Gouvernement de soumettre au Parlement un projet de loi de finances rectificative lorsque les grandes lignes de l'équilibre de la loi de finances initiale s'écartent sensiblement des prévisions. • Cons. const. 27 déc. 2002, n° 2002-464 DC § 7 • Cons. const. 16 août 2007, n° 2007-555 DC § 38. ♦ Sous cette réserve, ne nécessite pas le recours obligatoire à une LFR, une disposition fiscale qui affecte l'exécution du budget en cours, laquelle peut être contenue dans une loi ordinaire. • Cons. const. 27 juill. 1995, n° 95-365 DC § 2 • Cons. const. 16 août 2007, n° 2007-555 DC § 37.

7. Ne nécessitent pas non plus le recours obligatoire à une LFR : la modification des dispositions de nature fiscale qui ne sont pas au nombre des matières réservées à la compétence exclusive des LF. • Cons. const. 4 juin 1984, n° 84-170 DC § 2 et 3. ♦ ... La mise en place des dispositions fiscales à caractère rétroactif qui peuvent trouver leur place dans la LF de l'année suivante. • Cons. const. 29 déc. 1983, n° 83-164 DC § 37 à 39. ♦ ... La création de ressources nouvelles de nature non fiscale pour l'exercice en cours. • Cons. const. 24 juill. 1991, n° 91-298 DC § 17.

2° PRÉSENTATION DES LFR ET PROCÉDURE D'ADOPTION

8. Les LFR étant présentées dans les mêmes formes que les LFI peuvent comporter un article d'équilibre ; dans ce cas, la deuxième partie des LFR ne peut être mise en discussion devant une assemblée avant le vote de la première. • Cons. const. 9 juin 1992, n° 92-309 DC § 10 et 8.

9. Les règles de procédures posées par l'art. 47 Const. sont applicables aux LFR. • Cons. const. 3 juill. 1986, n° 86-209 DC § 3.

3° RÉGULATION BUDGÉTAIRE

10. La Cour des comptes admet le principe de la régulation budgétaire dont elle estime qu'elle répond à des exigences reconnues. • C. comptes, 15 sept. 1995, Rapport sur l'exécution des LF pour 1994 : *Rec. C. comptes 275.* ♦ Elle est bien consciente qu'actuellement, un budget ne peut s'exécuter sans modification que très exceptionnellement. Si les ajustements nécessaires font normalement l'objet de LFR, il apparaît néanmoins que, dans l'intervalle de temps séparant deux LF, un gouvernement peut légitimement considérer que des ajustements sont nécessaires, notamment pour garantir le respect des objectifs annoncés, spécialement pour le solde d'exécution. • C. comptes, 15 sept. 1994, Rapport sur l'exécution des LF pour 1993 : *Rec. C. comptes 252.*

11. Les procédures à la disposition du gouvernement pour organiser et régler l'exécution du budget participent de la régulation budgétaire. Entendue au sens large, cette notion peut recouvrir l'ensemble des décisions de nature budgétaire permettant d'accompagner ou de corriger les évolutions de la conjoncture économique. Tels étaient les objectifs de procédures comme le fonds d'action conjoncturelle utilisées dans les années soixante et soixante-dix. L'acception actuelle de la régulation, plus étroite, recouvre les différentes techniques de maîtrise de la dépense consistant à rendre certaines catégories de crédits temporairement ou définitivement indisponibles. Elle ne s'attache pas uniquement aux crédits, mais aussi aux emplois, permettant ainsi de limiter, pour les exercices successifs, les dépenses de personnel. • C. comptes, 2 juin 1995, Réponse au Parlement : *JO Doc. AN, 1995, n° 2118, p. 209.*

12. La Cour des comptes constate que, depuis plusieurs années les différentes techniques de régulation budgétaire ont eu l'ambition de garantir les objectifs annoncés, en particulier en ce qui concerne le solde d'exécution, malgré les insuffisances de recettes constatées ou les suppléments de dépenses jugées urgentes. Elles s'inscrivent dans un contexte de rigueur budgétaire réaffirmé en 1994, par l'obligation de satisfaire aux critères de convergence établis par le traité de Maastricht et par la loi d'orientation quinquennale du 24 janv. 1994 relative à la maîtrise des finances publiques. • C. comptes, 2 juin 1995, Réponse au Parlement : *préc. note 11.*

13. Si elle admet le principe de la régulation budgétaire, la Cour des comptes indique cependant que la répétition des mesures de régulation budgétaire (gel et annulation de crédits ; retards dans les décisions de reports de crédits ou de rattachement de fonds de concours) met en cause la portée des LFI et conduit en outre à constituer des chapitres réservoirs surévalués. • C. comptes, 20 nov. 1992, Rapport sur l'exécution des LF pour 1991 : *Rec. C. comptes 255.* ♦ Ceci la conduit à appeler de ses vœux une rénovation de l'autorisation parlementaire. • C. comptes, 15 sept. 1995, Rapport sur l'exécution des LF pour 1994 : *Rec. C. comptes 275.* ♦ La technique des « contrats de gestion » inaugurée en 1999, qui a pour objet de parvenir à une maîtrise accrue de la progression des dépenses de l'État, est légitime en soi, de même que la méthode employée qui se propose d'arrêter, de manière conjointe avec les ministères dépensiers, les principes et les modalités pratiques d'exécution des crédits ; la Cour relève toutefois que la formalisation de ces contrats de gestion reste souvent mal connue des gestionnaires, le seul document disponible étant souvent le courrier adressé par le ministère des finances au contrôleur financier. • C. comptes, 18 juin 2002 : *Rapport sur l'exécution des LF pour 2001. 115.*

14. Sont exclues de la régulation les dépenses réputées inéluctables, telles que celles de rémunération et de pensions, résultant d'obligations statutaires ou d'engagements pris par le gouvernement (accords salariaux). La régulation pèse en revanche lourdement sur les dépenses d'intervention, avec des disparités fortes selon les ministères concernés. * C. comptes, Réponse à la question n° 5 posée par l'Assemblée nationale, les modifications du montant des crédits intervenues en cours d'exercice, Rapport sur le projet de loi portant règlement définitif du budget de 1993, *JOAN Doc. parl., n° 2118, p. 209.*

4° LFR TARDIVES

15. La Cour des comptes a mis en doute à plusieurs reprises l'utilité de l'ouverture de certains crédits en LFR, au motif que ces crédits, mis à la disposition des services gestionnaires après la date limite des engagements, ne pouvaient être que reportés et ainsi, accroître les crédits à ouvrir par la LFI pour l'exercice suivant. Dès lors, il n'y a plus correspondance entre les LF et les dépenses qu'elles autorisent, ce qui obscurcit la portée de l'autorisation. • C. comptes, 6 juin 1990, Réponse au Parlement : *JO Doc. Sénat, 1989-1990, n° 413, p. 168* • C. comptes, 10 déc. 1990, Rapport sur l'exécution des LF pour 1989 : *Rec. C. comptes 255.*

16. Caractère ratificatif. Le vote d'une LFR dans les tous derniers jours de l'année met en cause la nature de l'autorisation budgétaire demandée au parlement. En effet, une telle loi porte en grande partie sur des mesures de régularisation ou consiste à demander en fin d'année des ouvertures de crédits, au lieu de demander leur inscription dans la LFI de l'exercice suivant. Mais la décision de leur réouverture revient à l'administration du budget, qui dispose ainsi d'une marge de manœuvre. Les pratiques de régulation présentent pour double inconvénient de mettre en cause l'objectif de prévision assigné aux LF par L. org. et de conserver, lors du débat au parlement, la référence fictive aux LF antérieures pour fixer les dotations du budget en préparation. • C. comptes, 6 juill. 1995, Réponse au Parlement : *Rec. C. comptes 248.*

17. Le vote tardif de la LFR en fin d'année, après la date limite d'engagement des crédits par les services gestionnaires, ne permet pas de corriger en temps utile les prévisions initiales. En effet, le document est mis au point dans la deuxième quinzaine d'octobre mais les contraintes du calendrier parlementaire conduisent généralement à repousser sa discussion en déc.. Dès lors, cette LF n'a plus véritablement de portée prévisionnelle ; il s'agit en réalité d'une loi de régularisation, anticipant le projet de loi de règlement. • C. comptes, 16 juin 1993, *réponse au Parlement : JO Doc. AN 1992-1993, n° 349, p. 214.* ♦ La Cour des comptes estime que cette pratique altère la sincérité de la présentation budgétaire et enfreint le principe de l'annualité budgétaire. • C. comptes, 4 mai 2000, *réponse à l'Assemblée nationale : Rec. C. comptes 253.*

18. La prise en compte, dès la discussion budgétaire de l'année n + 1, à la fois des résultats de l'exécution du budget de l'année n – 1 et des réalisations de l'année en cours devrait permettre le vote d'une LFR au début de la session ordinaire. Il serait ainsi possible, tout en respectant les dispositions de l'Ord., d'alléger les opérations de clôture des comptes. • C. comptes, 15 sept. 1993, Rapport sur l'exécution des LF pour 1992 : *Rec. C. comptes 214.*

Art. 36 **L'affectation, totale ou partielle, à une autre personne morale d'une ressource établie au profit de l'État ne peut résulter que d'une disposition de loi de finances.**

Art. 37 *(L. org. n° 2012-1403 du 17 déc. 2012, art. 24-I-2°)* **« I A. — La loi de règlement comprend l'article liminaire mentionné à l'article 8 de la loi organique n° 2012-1403 du 17 décembre 2012 précitée** *[V. cet art. ci-dessus]*. **»**

I. — La loi de règlement arrête le montant définitif des recettes et des dépenses du budget auquel elle se rapporte, ainsi que le résultat budgétaire qui en découle.

II. — La loi de règlement arrête le montant définitif des ressources et des charges de trésorerie ayant concouru à la réalisation de l'équilibre financier de l'année correspondante, présenté dans un tableau de financement.

III. — La loi de règlement approuve le compte de résultat de l'exercice, établi à partir des ressources et des charges constatées dans les conditions prévues à l'article 30. Elle affecte au bilan le résultat comptable de l'exercice et approuve le bilan après affectation ainsi que ses annexes.

IV. — Le cas échéant, la loi de règlement :

1° Ratifie les modifications apportées par décret d'avance aux crédits ouverts par la dernière loi de finances afférente à cette année ;

2° Ouvre, pour chaque programme ou dotation concerné, les crédits nécessaires pour régulariser les dépassements constatés résultant de circonstances de force majeure dûment justifiées et procède à l'annulation des crédits n'ayant été ni consommés ni reportés ;

3° Majore, pour chaque compte spécial concerné, le montant du découvert autorisé au niveau du découvert constaté ;

4° Arrête les soldes des comptes spéciaux non reportés sur l'exercice suivant ;

5° Apure les profits et pertes survenus sur chaque compte spécial.

V. — La loi de règlement peut également comporter toutes dispositions relatives à l'information et au contrôle du Parlement sur la gestion des finances publiques, ainsi qu'à la comptabilité de l'État et au régime de la responsabilité pécuniaire des agents des services publics.

BIBL. ► Lois de règlement : BATTISTON, *Rev. Trésor. 1986. 548.*

[V. références des décisions du Conseil constitutionnel dans le tableau DC]

1. Sur la sincérité des lois de règlement, V. LOLF, art. 27, note 1.

2. Nature juridique. Bien que le présent art. range les LR parmi les LF, il ne s'ensuit pas que soit applicable à celles-ci l'ensemble des règles relatives à l'élaboration des LF. Ainsi les délais prévus à l'art. 47 Const. et à l'art. 39 de la présente Ord., délais qui, par leur durée et leur agencement aussi bien que par les sanctions attachées à leur inobservation, ont pour objet de permettre qu'interviennent, en temps utile, et plus spécialement avant le début d'un exercice, les mesures d'ordre financier nécessaires pour assurer la continuité de la vie nationale, n'ont pas de raison de s'appliquer aux LR qui ne répondent pas à ces objectifs. • Cons. const. 19 juill. 1983, n° 83-161 DC. ♦ De même, et pour les mêmes raisons, les projets de LR n'ont pas à être examinés selon la procédure d'urgence lors même que celle-ci est applicable de plein droit aux projets de LF. • Cons. const. 24 juill. 1985, n° 85-190 DC.

3. Même si les LR présentent un caractère particulier et que, par suite, toutes les dispositions organiques relatives aux LF ne leur sont pas nécessairement applicables, elles permettent au Parlement, non seulement de ratifier les conditions dans lesquelles le budget de l'année écoulée a été exécuté, mais aussi de disposer d'éléments d'appréciation de nature à éclairer son vote sur le budget de l'année à venir ; elles sont donc valablement rangées par la LOLF dans la catégorie des LF. • CE 21 déc. 2000, *Avis sur la proposition de LO relative aux lois de finances : AN n° 2908, p. 611.* ♦ Toutes les dispositions qui ont pour objet de définir la nature et le contenu des documents, notamment comptables, qui accompagnent le projet de LR, doivent figurer dans la LOLF, étant spécifiquement liées aux conditions dans lesquelles sont votées les LF. • Même décision.

4. Pour permettre au parlement d'exercer sur l'exécution du budget le contrôle politique qui lui appartient, la LR comporte deux catégories de dispositions ayant une portée différente : celles, d'une part, qui constatent les résultats des opérations de toute nature intervenues pour l'exécution du budget et établissent le compte de résultat de l'année ; celles, d'autre part, qui opèrent, le cas échéant, des ajustements de crédits par rapport aux prévisions de la LF et autorisent le transfert du résultat de l'année au compte permanent des découverts du Trésor. • Cons. const. 16 janv. 1986, n° 85-202 DC § 5.

5. Constatations. En tant qu'elle procède à des constatations, la LR ne peut que retracer, à partir des comptes, les ordonnancements de dépenses et les encaissements de recettes quelle que soit la régularité des opérations effectuées ; s'agissant d'opérations qui présentent le caractère d'actes administratifs ou comptables, le contrôle de leur régularité appartient aux autorités et juridictions compétentes pour en connaître et ne relève pas du Conseil constitutionnel, la constitutionnalité de la LR, en celles de ses dispositions qui procèdent à des constatations, s'apprécie uniquement au regard des règles de valeur constitutionnelles qui définissent son contenu. • Cons. const. 16 janv. 1986, n° 85-202 DC § 6 • Cons. const. 20 nov. 1991, n° 91-300 DC § 8 • Cons. const. 13 juill. 2006, n° 2006-538 DC § 7.

6. La LR arrête le montant définitif des recettes et des dépenses du budget de l'année 2008 ainsi que le résultat budgétaire de l'État ; elle se borne à retracer, à partir des comptes, les encaissements de recettes et les paiements de dépenses au cours de l'année 2008, quelle que soit la régularité de ces opérations. • Cons. const. 6 août 2009, n° 2009-585 DC § 2.

7. Ajustements et transferts. En tant qu'elle comporte des mesures relatives à des ajustements de crédits et au transfert du résultat de l'année au compte permanent du Trésor, la LR correspond à l'exercice du pouvoir général de décision qui appartient au parlement en matière financière. Des irrégularités pouvant affecter les opérations d'exécution du budget au vu desquelles s'exerce ce pouvoir de décision sont sans influence sur la conformité à la Constitution des dispositions de la LR qui prennent en compte lesdites opérations. • Cons. const. 16 janv. 1986, n° 85-202 DC § 7 • Cons. const. 20 nov. 1991, n° 91-300 DC § 9. ♦ Il en va de même si ces irrégularités ont été commises par les comptables du Trésor qui, à la suite de l'intervention d'un décret, ont traité certaines opérations selon des modalités erronées. Le projet de LR en a tiré les conséquences tant dans sa présentation que dans son contenu et dès lors le moyen tiré de ce que ce traitement comptable serait irrégulier est, eu égard à la portée des dispositions d'une LR, inopérant. • Cons. const. 20 nov. 1991, n° 91-300 DC § 10.

8. Les LR annulent les crédits non employés qui ne sont pas reportés sur l'exercice suivant. Cette annulation n'est pas expressément exigée par l'ordonnance, mais elle se fonde sur son art. 2, dern. al., selon lequel la loi « approuve les différences entre les résultats et les prévisions. » Selon la Cour des comptes, cette formalité est dénuée de portée pratique, puisque les crédits non utilisés n'ouvrent aucun droit pour l'année suivante. Les annulations ainsi prononcées ne dénotent aucune irrégularité : les ouvertures de crédits sont en effet de simples autorisations et n'entraînent aucune obligation de dépense. Elles ne sont critiquables que lorsque leur importance amène à s'interroger sur la qualité des informations présentées au parlement. Par ailleurs, il y a lieu de remarquer que l'existence de crédits disponibles en fin d'exercice peut résulter d'efforts d'économie. • C. comptes, 6 juin 1991, Réponse au Parlement : *JO Doc. AN 1990-1991, n° 2120, p. 194.*

9. La LR intervenant à la suite d'une modification fiscale contenue dans une loi ordinaire ou une ordonnance doit obligatoirement prendre en compte l'incidence budgétaire de cette modification sur l'équilibre économique et financier de l'année. • Cons. const. 4 juin 1984, n° 84-170 DC § 4 : *Rec. Cons. const. 45 ; RJC I-183 ; JO 4 juin, p. 1744.*

10. La LR ne saurait être considérée comme ouvrant une ordonnance de délégation de crédits complémentaires à un ordonnateur secondaire qui n'en disposait pas à l'époque du paiement et n'implique pas que le juge des comptes soit tenu d'allouer une dépense irrégulière qui empêcherait la mise en jeu de la responsabilité du comptable. • C. comptes,

13 mai 1980, *Trésorier-payeur général des Bouches-du-Rhône : Rec. C. comptes 22.*

11. Constitutionnalité de la LR. Il résulte de la portée des dispositions de la LR sous le double aspect qui vient d'être rappelé que les moyens tirés d'irrégularités, même d'ordre constitutionnel, qui entacheraient les opérations relatives à l'exécution du budget sont inopérants. • Cons. const. 16 janv. 1986, n° 85-202 DC § 8. • Cons. const. 20 nov. 1991, n° 91-300 DC § 10. ♦ Rappr. : • C. comptes, 10 déc. 1990, Rapport sur l'exécution des LF pour 1989 : *Rec. C. comptes 259.*

12. Effets de la LR. La légalité des actes modifiant la répartition des crédits ne peut être discutée une fois la LR intervenue, celle-ci devant s'interpréter comme une ratification desdits actes par le législateur. • CE 3 juill. 1985, *Méhaignerie,* n° 47382.

13. Seule la LR peut décider des transports aux découverts du Trésor. • C. comptes, 20 janv. 1991, Rapport sur l'exécution de la LF pour 1990 : *Rec. C. comptes 174.*

14. La certification délivrée par la Cour des comptes porte donc sur les états financiers issus de cette comptabilité générale, rassemblés dans le compte général de l'État joint au projet de loi de règlement (LOLF, art. 54-7°). Il comprend la balance générale des comptes, le compte de résultat, le bilan et ses annexes, ainsi qu'une évaluation des engagements hors bilan. En conséquence, des trois résultats que la loi de règlement arrête ou approuve en application du présent art., la certification ne couvre que le résultat patrimonial visé au III de l'art., mais ni le résultat budgétaire visé au I, ni le résultat de trésorerie, visé au II. *C. comptes, juin 2007, *Certification des comptes de l'État 2006. 2 et 3.*

TITRE IV De l'examen et du vote des projets de loi de finances

Art. 38 **Sous l'autorité du Premier ministre, le ministre chargé des finances prépare les projets de loi de finances, qui sont délibérés en conseil des ministres.**

[V. références des décisions du Conseil constitutionnel dans le tableau DC]

1. Cette disposition tire les conséquences du fait que seul le premier ministre dispose de l'initiative des lois en matière de LF. Le Conseil constitutionnel en tire les conséquences en estimant que les LF ne peuvent être présentées que par le gouvernement, les parlementaires ne pouvant agir dans cette matière que par voie d'amendement dans les limites fixées par la Constitution et l'art. 42 de la présente ordonnance. • Cons. const. 4 juin 1984, n° 84-170 DC § 3.

2. La disposition législative selon laquelle les crédits issus de la diminution de l'aide publique aux partis politiques n'ayant pas respecté le principe de parité (écart entre le nombre de candidats de chaque sexe dépassant 2 % du nombre total desdits candidats), reçoivent une nouvelle affectation dans la loi de finances, constitue une injonction adressée soit au Gouvernement, soit au Parlement, de procéder à l'affectation et à l'utilisation des crédits correspondants ; une loi ordinaire ne peut contenir une telle injonction sans méconnaître le droit d'initiative réservé au Gouvernement, en matière de lois de finances. • Cons. const. 30 mai 2000, n° 2000-429 DC.

3. La possibilité pour le Premier ministre d'exercer la plénitude de ses compétences, qui est l'un des éléments essentiels de la séparation des pouvoirs, interdit de le contraindre à associer les commissions des finances du Parlement à l'élaboration des projets de LF. • CE 21 déc. 2000, *Avis sur la proposition de LO relative aux lois de finances : AN n° 2908, p. 607.*

CHAPITRE PREMIER *Du projet de loi de finances de l'année et des projets de loi de finances rectificative*

Art. 39 **Le projet de loi de finances de l'année, y compris les documents prévus aux** ***articles*** **50 et 51, est déposé et distribué au plus tard le premier mardi d'octobre de l'année qui précède celle de l'exécution du budget. Il est immédiatement renvoyé à l'examen de la commission chargée des finances.**

Toutefois, chaque annexe générale destinée à l'information et au contrôle du Parlement est déposée sur le bureau des assemblées et distribuée au moins cinq jours francs avant l'examen, par l'Assemblée nationale en première lecture, des recettes ou des crédits auxquels elle se rapporte.

[V. références des décisions du Conseil constitutionnel dans le tableau DC]

1. Date limite de dépôt. Ces dispositions comportent un double objet : en premier lieu, elles précisent le point de départ des délais fixés par les 2e et 3e al. de l'art. 47 Const., afin de permettre l'intervention des mesures d'ordre financier en temps utile pour assurer la continuité de la vie nationale ; en second lieu, elles ont pour objet d'assurer, dans le respect de ces délais, que l'information nécessaire sera fournie aux membres du Parlement pour se prononcer en connaissance de cause sur le projet de loi de finances. • Cons. const. 25 juill. 2001, n° 2001-448 DC § 74 et 75. ♦ Si, par suite des circonstances, tout ou partie d'un document soumis à l'obligation de distribution susmentionnée venait à être mis à la disposition des parlementaires après la date prévue, les dispositions de l'art. 39 ne sauraient être comprises comme faisant obstacle à l'examen du projet de loi de finances; la conformité de la loi de finances à la Constitution serait alors appréciée au regard tant des exigences de la continuité de la vie nationale que de l'impératif de sincérité qui s'attache à l'examen de la loi de finances pendant toute la durée de celui-ci. • Même décision. ♦ En prévoyant que les documents annexés au projet de LF doivent être mis à la disposition des membres du parlement au plus tard le premier mardi d'octobre, le présent art. a pour objet d'assurer leur information en temps utile pour leur permettre de se prononcer sur le projet de LF dans les délais prévus par l'art. 47 Const.; le retard de quatre jours dans le dépôt des pièces jointes au projet de LF n'a pu avoir pour effet de priver le parlement de l'information à laquelle il a droit pendant toute la durée du délai dont il dispose pour l'examen de la LF et il n'est dès lors pas contraire aux dispositions du présent art. • Cons. const. 29 déc. 1982, n° 82-154 DC § 1 à 3. ♦ Le projet de LF a été déposé sur le bureau de l'Assemblée nationale le 24 sept. 1997; certes le dépôt officiel des annexes explicatives est intervenu le 11 oct. 1997, soit quatre jours après le délai fixé au présent art. mais il est constant que l'ensemble des documents mentionnés au premier al. de ce même art. était à la disposition des parlementaires avant le premier mardi d'octobre. Le retard invoqué n'a pas pu avoir pour effet de priver le parlement de l'information à laquelle il a droit pendant toute la durée du délai dont il dispose pour l'examen de la LF. • Cons. const. 30 déc. 1997, n° 97-395 DC § 4.

2. Le dépôt le jeudi 4 oct. et non le mardi 2 oct. de la lettre rectificative au projet de LF n'a pas eu pour conséquence de réduire le délai dont dispose chaque assemblée pour statuer, en première lecture, sur l'ensemble des dispositions constituant le projet de LF; ainsi, le retard n'a pas été de nature à affecter la régularité de la procédure législative. • Cons. const. 28 déc. 1990, n° 90-285 DC § 13.

3. Le présent art. prévoit, en son premier al., le renvoi immédiat du projet de loi de finances de l'année à la commission chargée des finances dans chaque assemblée; il déroge ainsi à l'art. 43 Const., selon lequel un texte n'est renvoyé à une commission permanente qu'à défaut de demande de désignation d'une commission spéciale; cette dérogation limitée trouve sa justification dans les particularités des lois de finances et constitue une règle de procédure que la loi organique est habilitée à fixer en vertu de l'art. 47 Const. • Cons. const. 25 juill. 2001, n° 2001-448 DC § 92 • Cons. const. 18 mai 2004, n° 2004-495 DC § 5 • Cons. const. 13 oct. 2005, n° 2005-526 DC § 1.

Art. 40 **L'Assemblée nationale doit se prononcer, en première lecture, dans le délai de quarante jours après le dépôt d'un projet de loi de finances.**

Le Sénat doit se prononcer en première lecture dans un délai de vingt jours après avoir été saisi.

Si l'Assemblée nationale n'a pas émis un vote en première lecture sur l'ensemble du projet dans le délai prévu au premier alinéa, le Gouvernement saisit le Sénat du texte qu'il a initialement présenté, modifié le cas échéant par les amendements votés par l'Assemblée nationale et acceptés par lui. Le Sénat doit alors se prononcer dans un délai de quinze jours après avoir été saisi.

Si le Sénat n'a pas émis un vote en première lecture sur l'ensemble du projet de loi de finances dans le délai imparti, le Gouvernement saisit à nouveau l'Assemblée du texte soumis au Sénat, modifié, le cas échéant, par les amendements votés par le Sénat et acceptés par lui.

Le projet de loi de finances est ensuite examiné selon la procédure d'urgence dans les conditions prévues à l'article 45 de la Constitution.

Si le Parlement ne s'est pas prononcé dans le délai de soixante-dix jours après le dépôt du projet, les dispositions de ce dernier peuvent être mises en vigueur par ordonnance.

[V. références des décisions du Conseil constitutionnel dans le tableau DC]

1. Le point de départ et le mode de computation des délais fixés par les al. 2 et 3 de l'art. 47 Const. qui sont précisés par le présent art., par leur durée et leur agencement aussi bien que par les sanctions attachées à leur inobservation ont pour objet de permettre qu'interviennent en temps utile et plus spécialement avant le début d'un exercice les mesures d'ordre financier nécessaires pour assurer la continuité de la vie nationale. • Cons. const. 3 juill. 1986, n° 86-209 DC § 4.

1° LA PRIORITÉ À L'ASSEMBLÉE NATIONALE

a. Principe de la priorité

2. Mesures financières entièrement nouvelles. Le principe de priorité de l'Assemblée nationale en matière de dépôt du projet de LF a été appliqué aux amendements. Ainsi, pour les LF, les amendements introduisant des mesures financières entièrement nouvelles doivent en premier lieu être soumis à l'Assemblée nationale. • Cons. const. 28 déc. 1976, n° 76-73 DC § 2 • Cons. const. 29 déc. 1989, n° 89-268 DC § 22 • Cons. const. 21 juin 1993, n° 93-320 DC § 10. ♦ La formulation pour les LFSS (V. CSS, art. L.O. 111-7) désormais plus large interdisant l'introduction devant le Sénat de « mesures nouvelles » doit être étendue aux LF. • Cons. const. 14 déc. 2006, n° 2006-544 DC § 2 s. (pour des amendements du Gouvernement).

3. Amendements sénatoriaux. Le Conseil constitutionnel a tout d'abord jugé que cette disposition interdisait aux sénateurs de proposer des amendements autres que ceux constituant un ajout à un régime fiscal déjà existant. • Cons. const. 28 déc. 1976, n° 76-74 DC § 2 (sol. impl.). ♦ Il a depuis lors purement et simplement estimé que les dispositions de l'art. 39 Const. ne s'appliquaient pas aux amendements déposés par les sénateurs. Il faut donc en déduire que seuls les amendements déposés par le gouvernement sont concernés. • Cons. const. 28 déc. 1995, n° 95-369 DC § 27 • Cons. const. 27 déc. 2002, n° 2002-464 DC.

4. Amendements du gouvernement. Cette disposition n'interdit toutefois pas au gouvernement de proposer pour la première fois devant le Sénat une disposition visant à modifier les modalités de paiement d'un impôt existant en substituant un paiement annuel à un paiement fractionné. • Cons. const. 21 juin 1993, n° 93-320 DC § 11 • Cons. const. 28 déc. 1995, n° 95-369 DC § 24. ♦ Le Conseil a même admis un amendement gouvernemental dès lors qu'il avait été présenté par coordination avec une mesure soumise en premier lieu à l'Assemblée nationale dans le cadre de la discussion du projet de loi de finances *rectificative* ; cet amendement s'était borné à une rectification de faible ampleur des évaluations de recettes de deux impôts et ne pouvait être considéré comme ayant introduit une mesure financière entièrement nouvelle. • Cons. const. 27 déc. 2002, n° 2002-464 DC.

5. Combinaison avec l'art. 45 Const. Si le principe de priorité de l'Assemblée nationale est respecté, l'adoption d'un texte commun sur les dispositions restant en discussion n'empêche pas le gouvernement de pouvoir faire usage de son droit d'amendement sur des dispositions qui ont déjà été adoptées en termes identiques par les deux assemblées, même lorsque l'Assemblée nationale est saisie après réunion de la commission mixte paritaire. • Cons. const. 30 déc. 1982, n° 82-155 DC § 2 • Cons. const. 29 déc. 1986, n° 86-221 DC § 8.

b. Perte de priorité

6. L'expiration du délai de 40 jours imparti à l'Assemblée nationale pour se prononcer en première lecture sur un projet de LFR (ou de LF) doit conduire le gouvernement, comme le prévoit l'al. 3 du présent art. à saisir le Sénat du projet qu'il a initialement présenté, modifié, le cas échéant, par les amendements votés par l'Assemblée nationale et acceptés par lui. Cependant, le fait pour le gouvernement de ne pas en déférer immédiatement à ces prescriptions et de laisser ainsi l'Assemblée nationale statuer sur un projet dont elle n'a pas été dessaisie, ne constitue une irrégularité de nature à vicier la procédure que s'il a pour conséquence de réduire le délai dont dispose le Sénat en vertu de l'al. 2 de l'art. 47 Const., pour statuer en première lecture. • Cons. const. 3 juill. 1986, n° 86-209 DC § 5.

2° DÉLAI LAISSÉ AU SÉNAT

7. Le juge constitutionnel, normalement saisi en vertu des dispositions de l'art. 46 Const. d'une des rares modifications dont avait l'objet l'ordonnance (avant l'intervention de la LOLF), a interprété de manière relativement souple les dispositions de l'art. 47 Const. que le présent art. reprend pour l'essentiel. Il a admis, en faisant une analyse littérale du texte constitutionnel, que le délai de 15 jours laissé au Sénat n'était de rigueur que dans la mesure où l'Assemblée nationale ne s'était pas prononcée sur la LF dans le délai de 40 jours qui lui est imparti. En revanche, si l'Assemblée respecte le délai de quarante jours, le Sénat dispose d'un délai de 20 jours pour se prononcer, ce qui ne porte, selon le Conseil constitutionnel, atteinte ni à la possibilité pour le gouvernement de mettre les dispositions du projet de LF en vigueur par ordonnance si le parlement ne s'est pas prononcé en soixante-dix jours ni à l'obligation d'inclure, dans ce délai global de soixante-dix jours, le temps nécessaire à l'examen du projet de loi par les deux assemblées et, le cas échéant, à la procédure de recherche d'un accord entre elles. • Cons. const. 17 juin 1971, n° 71-43 DC.

3° LE CAS PARTICULIER DES LR

8. L'art. 47 Const. et le présent art. fixent les délais d'examen par l'Assemblée nationale et par le Sénat des projets de LF et prévoient que ceux-ci peuvent être mis en vigueur par ordonnance si le parlement ne s'est pas prononcé dans un délai de 70 jours. Ces délais, par leur durée et leur agencement aussi bien que par les sanctions attachées à leur inobservation, ont pour objet de permettre qu'interviennent, en temps utile, et plus spécialement avant le début d'un exercice, les mesures d'ordre financier nécessaires pour assurer la continuité de la vie nationale. Or, la nécessité à laquelle ces règles répondent ne saurait être invoquée quand il s'agit des LR qui dès lors n'entrent pas dans l'application des prescriptions du présent art. • Cons. const. 19 juill. 1983, n° 83-161 DC.

9. De même, et pour les mêmes raisons, la procédure d'urgence prévue à l'art. 47 Const. et au présent art., bien qu'elle soit applicable de plein droit pour les projets de LF n'est pas applicable aux LR. • Cons. const. 24 juill. 1985, n° 85-190 DC.

Art. 41 **Le projet de loi de finances de l'année ne peut être mis en discussion devant une assemblée avant le vote par celle-ci, en première lecture, sur le projet de loi de règlement afférent à l'année qui précède celle de la discussion dudit projet de loi de finances.**

Art. 42 **La seconde partie du projet de loi de finances de l'année et, s'il y a lieu, des projets de loi de finances rectificative, ne peut être mise en discussion devant une assemblée avant l'adoption de la première partie.**

[V. références des décisions du Conseil constitutionnel dans le tableau DC]

Les annotations jurisprudentielles ci-dessous sont afférentes à l'application de l'Ord. du 2 janv. 1959.

1. Pour le juge constitutionnel l'art. 40 ne fait que tirer les conséquences, au plan de la procédure, du principe fondamental affirmé à l'art. 1er c'est-à-dire de l'équilibre économique et financier. • Cons. const. 24 déc. 1979, n° 79-110 DC § 3 • Cons. const. 9 juin 1992, n° 92-309 DC § 8.

1° LE VOTE PRÉALABLE DE LA PREMIÈRE PARTIE

2. La première partie, en l'absence d'un vote d'ensemble, doit avoir été adoptée dans celles de ses dispositions qui constituent sa raison d'être et sont indispensables pour qu'elle puisse remplir son objet. C'est en particulier le cas de la disposition qui arrête en recettes et en dépenses les données générales de l'équilibre. • Cons. const. 24 déc. 1979, n° 79-110 DC § 4 et 5 • Cons. const. 9 juin 1992, n° 92-309 DC § 8. ♦ S'il n'en était pas ainsi, et notamment en cas de rejet de l'article d'équilibre, les éléments de la deuxième partie relatifs aux dépenses n'auraient pas été précédés de la définition de l'équilibre, contrairement à ce qu'exige, dans sa lettre comme dans son esprit, le présent art. • Cons. const. 24 déc. 1979, n° 79-110 DC § 4 • Cons. const. 9 juin 1992, n° 92-309 DC § 9.

3. L'art. 118-4° du règlement de l'Assemblée nationale et l'art. 47 *bis*, 1°, du règlement du sénat prévoient que le vote de la 1re partie intervient dans les mêmes conditions que le vote de l'ensemble d'un projet de loi. • Cons. const. 10 mars 1994, n° 94-338 DC • Cons. *const. 31 mai 1994, n° 94-339 DC.*

4. L'utilisation de l'art. 49, al. 3, Const. doit se faire de manière distincte sur chacune des deux parties. • Cons. const. 24 déc. 1979, n° 79-110 DC § 8.

5. Ces règles de procédure doivent recevoir application non seulement pour la LF de l'année mais également pour les LFR. • Cons. const. 9 juin 1992, n° 92-309 DC § 10.

2° LA MODIFICATION DES DISPOSITIONS DE LA PREMIÈRE PARTIE LORS DE LA DISCUSSION DE LA SECONDE

6. L'obligation d'adopter la première partie avant la seconde ne fait pas obstacle à d'éventuelles modifications par les assemblées des dispositions de la première partie lors de la discussion de la seconde. • Cons. const. 24 déc. 1979, n° 79-110 DC § 4 • Cons. const. 9 juin 1992, n° 92-309 DC § 9.

7. Le Conseil constitutionnel limite cependant cette possibilité en estimant que de telles modifications ne doivent pas porter atteinte aux grandes lignes de l'équilibre définies et arrêtées par le vote de la première partie en concordance avec les dispositions de l'art. 44, al. 4, de l'ordonnance. • Cons. const. 29 déc. 1982, n° 82-154 DC § 11. ♦ Cette solution reste vraie même si la modification de la seconde partie a une incidence sur le montant des recettes sans remettre en cause les grandes lignes de l'équilibre. • Cons. const. 29 déc. 1982, n° 82-154 DC § 13 et 15.

8. Si, en application des dispositions de l'art. 101 du règlement de l'Assemblée nationale ou de l'art. 43 du règlement du Sénat, il est procédé à une seconde délibération sur tout ou partie du projet de LF, il ne peut être apporté d'autres modifications aux dispositions de la 1re partie que celles nécessitées, pour coordination, par les votes intervenus sur les art. de la 2e partie (RAN, art. 118-5°, et RS, 47 *bis*-3°).

3° REMISE EN CAUSE DES DISPOSITIONS DE LA PREMIÈRE PARTIE PAR L'INTERVENTION DU CONSEIL CONSTITUTIONNEL

9. La censure d'une disposition de la première partie, y compris en matière fiscale, ne remet pas nécessairement en cause les données générales de l'équilibre budgétaire. • Cons. const. 29 déc. 1994, ♁ n° 94-351 DC § 12 • Cons. const. 30 déc. 1996, ♁ n° 96-385 DC § 8.

Art. 43 Les évaluations de recettes font l'objet d'un vote d'ensemble pour le budget général, les budgets annexes et les comptes spéciaux.

Les évaluations de ressources et de charges de trésorerie font l'objet d'un vote unique.

La discussion des crédits du budget général donne lieu à un vote par mission. Les votes portent à la fois sur les autorisations d'engagement et sur les crédits de paiement.

Les plafonds des autorisations d'emplois font l'objet d'un vote unique.

Les crédits des budgets annexes et les crédits ou les découverts des comptes spéciaux sont votés par budget annexe et par compte spécial.

Art. 44 Dès la promulgation de la loi de finances de l'année ou d'une loi de finances rectificative, ou dès la publication de l'ordonnance prévue à l'article 47 de la Constitution, le Gouvernement prend des décrets portant :

1° Répartition par programme ou par dotation des crédits ouverts sur chaque mission, budget annexe ou compte spécial ;

2° Fixation, par programme, du montant des crédits ouverts sur le titre des dépenses de personnel.

Ces décrets répartissent et fixent les crédits conformément aux annexes explicatives prévues aux 5° et 6° de l'article 51 et au 2° de l'article 53, modifiées, le cas échéant, par les votes du Parlement.

Les crédits fixés par les décrets de répartition ne peuvent être modifiés que dans les conditions prévues par la présente loi organique.

Art. 45 Dans le cas prévu au quatrième alinéa de l'article 47 de la Constitution, le Gouvernement dispose des deux procédures prévues ci-dessous :

1° Il peut demander à l'Assemblée nationale, avant le 11 décembre de l'année qui précède le début de l'exercice, d'émettre un vote séparé sur l'ensemble de la première partie de la loi de finances de l'année. Ce projet de loi partiel est soumis au Sénat selon la procédure d'urgence ;

2° Si la procédure prévue au 1° n'a pas été suivie ou n'a pas abouti, le Gouvernement dépose, avant le 19 décembre de l'année qui précède le début de l'exercice, devant l'Assemblée nationale, un projet de loi spéciale l'autorisant à continuer à percevoir les impôts existants jusqu'au vote de la loi de finances de l'année. Ce projet est discuté selon la procédure d'urgence.

Si la loi de finances de l'année ne peut être promulguée ni mise en application en vertu du premier alinéa de l'article 62 de la Constitution, le Gouvernement dépose immédiatement devant l'Assemblée nationale un projet de loi spéciale l'autorisant à continuer à percevoir les impôts existants jusqu'au vote de la loi de finances de l'année. Ce projet est discuté selon la procédure d'urgence.

Après avoir reçu l'autorisation de continuer à percevoir les impôts soit par la promulgation de la première partie de la loi de finances de l'année, soit par la promulgation d'une loi spéciale, le Gouvernement prend des décrets ouvrant les crédits applicables aux seuls services votés.

La publication de ces décrets n'interrompt pas la procédure de discussion du projet de loi de finances de l'année, qui se poursuit dans les conditions prévues par les articles 45 et 47 de la Constitution et par les articles 40, 42, 43 et 47 de la présente loi organique.

Les services votés, au sens du quatrième alinéa de l'article 47 de la Constitution, représentent le minimum de crédits que le Gouvernement juge indispensable pour poursuivre l'exécution des services publics dans les conditions qui ont été approuvées l'année précédente par le Parlement. Ils ne peuvent excéder le montant des crédits ouverts par la dernière loi de finances de l'année.

[V. références des décisions du Conseil constitutionnel dans le tableau DC]

1. Les services votés constituent la référence à partir de laquelle la discussion budgétaire se déroule. Ils sont la reconduction des crédits qui ont été accordés dans la LF initiale précédente. Les crédits supplémentaires accordés par des LFR, ne pourront pas, s'ils sont renouvelables, constituer des services votés dans le cadre du projet de LF suivant puisqu'ils sont accordés au cours de l'exercice budgétaire et non « l'année précédente ». • Cons. const. 30 déc. 1974, ♁ n° 74-53 DC § 2 (solution impl.).

2. Le juge constitutionnel interprète de manière très stricte la notion de « services votés ». La procédure des services votés ne peut trouver place qu'en cas de poursuite de l'exécution des services publics dans les conditions qui ont été approuvées par le Parlement l'année précédente. • Cons. const. 30 déc. 1974, n° 74-53 DC § 2.

3. Le juge a pourtant considéré qu'entrent dans la catégorie des services votés les crédits de l'Agence française pour la maîtrise de l'énergie, établissement public créé l'année précédente, par le fait qu'elle reprend les missions et les modalités d'intervention des organismes auxquels elle a été substituée. • Cons. const. 29 déc. 1982, n° 82-154 DC § 7.

4. Alors même que la LF prévoit la suppression en cours d'année d'un service, à la date de l'entrée en vigueur de la LF, le service en cause continuera à fonctionner selon les règles antérieures, c'est-à-dire dans les conditions approuvées l'année précédente par le parlement ; dès lors, les crédits afférents à son financement entrent dans la catégorie des services votés, tels que définis par le présent art. • Cons. const. 29 déc. 1982, n° 82-154 DC § 5. ♦ Il en va de même lorsque des organismes destinés à remplacer ceux existants ne seront pas créés à la date d'entrée en vigueur de la LF. • Cons. const. 29 déc. 1982, n° 82-154 DC § 6.

5. Les dispositions contenues dans une LFR portant annulation de crédits ouverts par la LFI au titre des services votés et des mesures nouvelles ne constituent pas une mesure nouvelle. • Cons. const. 3 juill. 1986, n° 86-209 DC § 21.

6. Les lois prévues aux 1° et 2° du présent art. doivent être considérées comme des LF au sens de l'art. 47 Const. puisque les dispositions qu'elles comportent sont de celles qui figurent normalement dans une LF. • Cons. const. 30 déc. 1979, n° 79-111 DC § 4.

7. Constitue également une LF la loi rendue nécessaire par une décision du Conseil constitutionnel déclarant non conforme à la Constitution la LF. • Cons. const. 30 déc. 1979, n° 79-111 DC § 1 et 5. ♦ En effet, ni la Constitution ni la présente loi organique n'ayant explicitement prévu la procédure à suivre dans ce cas, il appartient au parlement et au gouvernement, dans la sphère de leurs compétences respectives, de prendre toutes les mesures d'ordre financier nécessaires pour assurer la continuité de la vie nationale en s'inspirant de dispositions prévues par ces deux textes pour le dépôt tardif du projet de LF. • Cons. const. 30 déc. 1979, n° 79-111 DC § 2. ♦ Ainsi, bien que non prévue au nombre des lois mentionnées à l'art. 2, une loi qui, dans l'attente de la LF pour l'année, autorise la perception des impôts, produits et redevances affectés à l'État, aux collectivités locales, aux établissements publics et aux organismes divers habilités à les percevoir, ainsi que celles des taxes parafiscales, doit être considérée comme une LF au sens de l'art. 47 Const. • Cons. const. 30 déc. 1979, n° 79-111 DC § 3 et 4. ♦ La loi ainsi adoptée constitue un élément détaché, préalable et temporaire de la LF pour l'année considérée. • Cons. const. 30 déc. 1979, n° 79-11 DC § 4.

CHAPITRE II *Du projet de loi de règlement*

Art. 46 **Le projet de loi de règlement, y compris les documents prévus à l'article 54 et aux 4° et 5° de l'article 58, est déposé et distribué avant le 1er juin de l'année suivant celle de l'exécution du budget auquel il se rapporte.**

CHAPITRE III *Dispositions communes*

Art. 47 **Au sens des articles 34 et 40 de la Constitution, la charge s'entend, s'agissant des amendements s'appliquant aux crédits, de la mission.**

Tout amendement doit être motivé et accompagné des développements des moyens qui le justifient.

Les amendements non conformes aux dispositions de la présente loi organique sont irrecevables.

[V. références des décisions du Conseil constitutionnel dans le tableau DC]

1. La notion de charge publique visée à l'art. 40 Const. doit s'entendre des missions dont la création ne peut résulter que d'une loi de finances d'initiative gouvernementale ; s'agissant des budgets annexes, des comptes d'affectation spéciale et des comptes de concours financiers, ils constituent chacun une mission ; les amendements parlementaires ne pourront être regardés comme recevables que s'ils n'ont ni pour objet ni pour effet de créer une mission ou d'accroître le montant global des crédits de la mission. • Cons. const. 25 juill. 2001, n° 2001-448 DC.

2. Combinées avec celles figurant à l'art. 7, les dispositions du présent art. offrent aux membres du Parlement la faculté nouvelle de présenter des amendements majorant les crédits d'un ou plusieurs programmes ou dotations inclus dans une mission, à la condition de ne pas augmenter les crédits de celle-ci. • Cons. const. 25 juill. 2001, n° 2001-448 DC § 96.

1° RESTRICTIONS GÉNÉRALES AU DROIT D'AMENDEMENT

3. Les limites générales au droit d'amendement s'appliquent dans le cadre des lois de finances. • Cons. const. 29 déc. 1986, n° 86-221 DC § 5 (pour une LF) • Cons. const. 21 juin 1993, n° 93-320 DC § 7 et 8 (pour une LFR). ♦ V. notes ss. Const. 58, art. 41, 44 et 45. ♦ N'est pas contraire à la Constitution la disposition du règlement de l'AN prévoyant que, dans le cadre de l'examen de la seconde partie du PLF de l'année, les amendements des députés aux missions et aux articles qui leur sont rattachés, d'une part, et aux articles non rattachés, d'autre part, peuvent être présentés, « sauf décision de la conférence des présidents », jusqu'à 17 h l'avant-veille de la discussion de ces missions ou la veille de la discussion de ces articles. En effet, ces dispositions n'interdisent pas le dépôt ultérieur de sous-amendements et trouvent leur justification dans la nécessité d'assurer la clarté et la sincérité du débat parlementaire dès lors qu'elles sont conciliées avec le respect du droit d'amendement conféré aux parlementaires par l'art. 44 Const. • Cons. const. 13 oct. 2005, n° 2005-526 DC § 5.

4. Pour les LF, il importe que les amendements présentés soient au nombre de ceux qui peuvent figurer dans un texte de cette nature en vertu des dispositions de l'art. 1er de la présente ordonnance. • Cons. const. 29 déc. 1986, n° 86-221 DC § 6. ♦ V. aussi notes ss. LOLF, art. 1er.

5. De plus, s'ils introduisent des mesures financières entièrement nouvelles, ils doivent en premier lieu être soumis à l'Assemblée nationale. • Cons. const. 29 déc. 1989, n° 89-268 DC § 22. ♦ V. aussi notes ss. LOLF, art. 39.

6. Les amendements peuvent avoir pour effet d'affecter des dispositions qui ont déjà été votées dans des termes identiques par les deux assemblées. • Cons. const. 29 déc. 1989, n° 89-268 DC § 16.

2° RESTRICTIONS FINANCIÈRES

a. Contrôle des dépenses publiques

7. L'expression « charges publiques » doit être entendue comme englobant, outre les charges de l'État, celles antérieurement visées par l'art. 10 du décret du 19 juin 1956 sur le mode de présentation du budget de l'État, à savoir les charges de l'État, des collectivités territoriales et des régimes d'assistance et de sécurité sociale. • Cons. const. 20 janv. 1961, n° 60-11 DC.

8. Le contrôle des dépenses publiques visé à cet art. doit s'entendre du contrôle des seules charges de l'État et non de celles d'organismes tels que les entreprises publiques, les sociétés nationalisées ou leurs filiales, voire un établissement public distinct de l'État. • Cons. const. 18 déc. 1964, n° 64-27 DC § 6.

9. S'il appartient au parlement de prescrire, pour sa propre information, dans le cadre des LF, des mesures de contrôle sur la gestion des finances publiques et sur les comptes des établissements publics et entreprises fonctionnant avec des fonds publics, les modalités de ce contrôle relèvent du domaine du règlement. • Cons. const. 18 déc. 1964, n° 64-27 DC § 7.

10. Une augmentation de charges est possible s'agissant de simples « tâches de gestion ». • Cons. const. 9 nov. 1999, n° 99-419 DC.

b. Accroissement des recettes publiques

11. Un amendement gouvernemental déposé en première lecture à l'Assemblée nationale ayant pour objet essentiel de renforcer les moyens de contrôle de l'administration fiscale sur la consistance des valeurs mobilières du contribuable tend à accroître les recettes et est dès lors recevable au titre du présent art. • Cons. const. 30 déc. 1981, n° 81-133 DC § 19.

c. Amendements compensés

12. Le fait qu'un amendement réponde au souci d'assurer le contrôle des dépenses publiques n'a pas pour effet de le rendre recevable s'il viole par ailleurs les dispositions de l'art. 40 Const. et du présent art. • Cons. const. 28 déc. 1985, n° 85-203 DC § 4.

13. La rédaction de l'art. 40 Const. comme celle du présent art. s'oppose à toute initiative se traduisant par l'aggravation d'une charge, fût-elle compensée par la diminution d'une autre charge ou par une augmentation des ressources publiques. • Cons. const. 28 déc. 1985, n° 85-203 DC § 3.

14. En définitive, en application de l'art. 40 Const., la compensation n'est possible qu'entre ressources publiques, à condition que la ressource destinée à compenser la diminution d'une ressource publique soit réelle, qu'elle bénéficie aux mêmes collectivités ou organismes que ceux au profit desquels est perçue la ressource qui fait l'objet d'une diminution et que la compensation soit immédiate. • Cons. const. 2 juin 1976, n° 76-64 DC § 1.

15. Le deuxième al. du présent art. aux termes duquel : « Tout amendement doit être motivé et accompagné des développements des moyens qui le justifient », permettra, dans le cadre des procédures d'examen de la recevabilité financière, de vérifier la réalité de la compensation. • Cons. const. 25 juill. 2001, n° 2001-448 DC § 98.

d. Amendements du Gouvernement

16. Les dispositions de l'art. 39 Const. 58 et la LOFL n'imposent la présentation d'une évaluation préalable, la consultation du Conseil d'État et la délibération en Conseil des ministres que pour les projets de loi avant leur dépôt sur le bureau de la première assemblée saisie et non pour les amendements. • Cons. const. 28 déc. 2017, n° 2017-759 DC § 5. ♦ En dehors des LF, V. ss. Const. 58, art. 44.

e. La question des lettres rectificatives

17. Une lettre rectificative signée du Premier ministre constitue non un amendement apporté par le gouvernement à un projet de loi sur le fondement de l'art. 44, al. 1er, Const., mais la mise en œuvre du pouvoir d'initiative des lois que le Premier ministre tient du premier al. de l'art. 39 Const. • Cons. const. 28 déc. 1990, n° 90-285 DC § 5. ♦ Il en résulte qu'une lettre rectificative ne tombe pas sous le coup des dispositions du présent art. • Cons. const. 29 déc. 1978, n° 78-100 DC § 2 à 8, 11 et 12. ♦ En conséquence encore, elle doit être précédée de la consultation du Conseil d'État ce qui a bien été le cas en l'espèce. • Cons. const. 28 déc. 1990, n° 90-285 DC § 6. ♦ En revanche, il n'est pas nécessaire que la lettre rectificative comporte les mêmes signatures que le projet de LF qu'elle rectifie. • Cons. const. 28 déc. 1990, n° 90-285 DC § 5.

3° PROCÉDURE DE CONTRÔLE

18. L'irrecevabilité des amendements ne peut être invoquée directement devant le Conseil constitutionnel. Il est nécessaire que les parlementaires aient, au préalable, fait usage de la faculté que leur offre les règlements de leur chambre respective (RAN, art. 92, 98 et 121, et RS, art. 45) de faire contrôler la recevabilité des amendements au regard de l'art. 42 de l'Ord., par des instances propres à chacune des assemblées selon les règles mêmes qui valent pour les demandes d'irrecevabilité présentées au titre de l'art. 40 Const. avant que le Conseil constitutionnel puisse être saisi. • Cons. const. 30 déc. 1980, n° 80-126 DC § 19 et 20. ♦ Dans le même sens : • Cons. const. 29 déc. 1983, n° 83-164 DC § 42 • Cons. const. 24 juill. 2003, n° 2003-476 DC. ♦ Rappr. : • Cons. const. 20 juill. 1977, n° 77-82 DC § 4 • Cons. const. 13 janv. 1994, n° 93-329 DC. ♦ Peu importe, à cet égard, que la procédure d'examen de la recevabilité des amendements soit différente à l'Assemblée nationale et au Sénat ; dès lors que la question de la recevabilité de l'amendement n'a pas été soulevée, en l'espèce devant le Sénat, elle ne peut être directement invoquée devant le Conseil constitutionnel. • Cons. const. 27 déc. 2002, n° 2002-464 DC. ♦ Et ce alors même que le Conseil constitutionnel remarque que l'amendement en cause a une incidence directe sur les charges de l'État. • Cons. const. 24 juill. 2003, n° 2003-476 DC.

19. Lorsqu'un amendement n'a pas été adopté, il n'est pas possible de contester la décision prise par les autorités parlementaires compétentes sur sa recevabilité. • Cons. const. 29 déc. 1982, n° 82-154 DC § 25.

TITRE V **De l'information et du contrôle sur les lois de finances publiques**

CHAPITRE PREMIER *De l'information*

Art. 48 **En vue de l'examen et du vote du projet de loi de finances de l'année suivante par le Parlement, le Gouvernement présente, au cours du dernier trimestre de la session ordinaire, un rapport sur l'évolution de l'économie nationale et sur les orientations des finances publiques comportant :**

1° Une analyse des évolutions économiques constatées depuis l'établissement du rapport mentionné à l'article 50 ;

2° Une description des grandes orientations de sa politique économique et budgétaire au regard des engagements européens de la France ;

3° Une évaluation à moyen terme des ressources de l'État ainsi que de ses charges ventilées par grandes fonctions ;

4° La liste des missions, des programmes et des indicateurs de performances associés à chacun de ces programmes, envisagés pour le projet de loi de finances de l'année suivante.

Ce rapport peut donner lieu **à un débat à l'Assemblée nationale et au Sénat.**

Le Conseil d'État a considéré que le rapport sur l'évolution de l'économie nationale et sur les orientations des finances publiques pouvait faire l'objet d'un débat dès lors qu'il serait précisé que ce rapport est destiné à préparer l'adoption du projet de loi de finances de l'année suivante et bien que le champ des finances publiques soit plus large que celui des lois de finances. • CE 21 déc. 2000, *Avis sur la proposition de LOLF : AN n° 2908 p. 607.*

Art. 49 En vue de l'examen et du vote du projet de loi de finances de l'année, et sans préjudice de toute autre disposition relative à l'information et au contrôle du Parlement sur la gestion des finances publiques, les commissions de l'Assemblée nationale et du Sénat chargées des finances et les autres commissions concernées adressent des questionnaires au Gouvernement avant le 10 juillet de chaque année. *(L. org. n° 2005-779 du 12 juill. 2005, art. 3)* « Celui-ci y répond par écrit au plus tard le 10 octobre. »

[V. références des décisions du Conseil constitutionnel dans le tableau DC]

Si le délai prévu au présent art. n'était pas respecté, cette circonstance ne saurait être comprise comme faisant obstacle à l'examen du projet de loi de finances ; la conformité de la loi de finances à la Constitution serait alors appréciée au regard tant des exigences de la continuité de la vie nationale que de l'impératif de sincérité qui s'attache à l'examen de la loi de finances pendant toute la durée de celui-ci. • Cons. const. 25 juill. 2001, n° 2001-448 DC • Cons. const. 7 juill. 2005, n° 2005-517 DC § 6.

Art. 50 Est joint au projet de loi de finances de l'année un rapport sur la situation et les perspectives économiques, sociales et financières de la nation. Il comprend notamment la présentation des hypothèses, des méthodes et des résultats des projections sur la base desquelles est établi le projet de loi de finances de l'année. *(L. org. n° 2005-779 du 12 juill. 2005, art. 8)* « Il explicite le passage, pour l'année considérée et celle qui précède, du solde budgétaire à la capacité ou au besoin de financement de l'État tel qu'il est mesuré pour permettre la vérification du respect des engagements européens de la France, en indiquant notamment l'impact des opérations mentionnées au deuxième alinéa de l'article 8. » Il présente et explicite les perspectives d'évolution, pour au moins les quatre années suivant celle du dépôt du projet de loi de finances, des recettes, des dépenses et du solde de l'ensemble des administrations publiques détaillées par sous-secteurs et exprimées selon les conventions de la comptabilité nationale, au regard des engagements européens de la France, ainsi que, le cas échéant, des recommandations adressées à elle sur le fondement du traité instituant la Communauté européenne. *(L. org. n° 2012-1403 du 17 déc. 2012, art. 24-I-3°)* « Ce rapport comporte, en outre, les éléments mentionnés au I de l'article 9 de la loi organique n° 2012-1403 du 17 décembre 2012 précitée *[V. ci-dessus]*. »

(L. org. n° 2012-1403 du 17 déc. 2012, art. 25-1°) « Ce rapport retrace l'ensemble des prélèvements obligatoires et des dépenses publiques ainsi que leur évolution. Il comporte l'évaluation financière, pour l'année en cours et les deux années suivantes, de chacune des dispositions, de nature législative ou réglementaire, relatives aux prélèvements obligatoires et envisagées par le Gouvernement.

« Ce rapport analyse les relations financières de l'État avec les autres organismes relevant de la catégorie des administrations publiques centrales définies par le règlement (CE) n° 2223/96 du Conseil, du 25 juin 1996, relatif au système européen des comptes nationaux et régionaux dans la Communauté, et détaille les dépenses, les recettes, les soldes, l'endettement et les autres engagements financiers de ces organismes.

« Ce rapport présente les dépenses, les recettes, les soldes et l'endettement du régime général et des autres organismes relevant de la catégorie des administrations publiques de sécurité sociale définies par le même règlement.

« Ce rapport présente les dépenses, les recettes, les soldes et l'endettement des collectivités territoriales et des autres organismes relevant de la catégorie des administrations publiques locales définies par ledit règlement.

« Sont joints à cette annexe les rapports sur les comptes de la Nation, qui comportent une présentation des comptes des années précédentes.

« Ce rapport peut faire l'objet d'un débat à l'Assemblée nationale et au Sénat. »

[V. références des décisions du Conseil constitutionnel dans le tableau DC]

1. Les documents annexés au projet de LF, et notamment le rapport économique et financier, doivent permettre aux parlementaires de discuter et de voter la LF en disposant des informations nécessaires. • Cons. const. 30 déc. 1997, n° 97-395 DC § 7.

2. En faisant référence à l'équilibre prévu par le « cadrage financier pluriannuel des dépenses d'assurance maladie », pour lequel les caisses d'assurance maladie devront proposer chaque année les mesures à mettre en œuvre, le législateur a entendu se référer aux « perspectives d'évolution » qui doivent être jointes au projet de loi de finances, en application du présent art., dans le cadre du « rapport sur la situation et les perspectives économiques, sociales et financières ». • Cons. const. 12 août 2004, n° 2004-504 DC § 32.

3. Un éventuel retard dans la mise en distribution de tout ou partie des documents exigés ne saurait faire obstacle à la mise en discussion d'un projet de loi de finances. La conformité de la loi de finances à la Constitution serait alors appréciée au regard tant des exigences de la continuité de la vie nationale que de l'impératif de sincérité qui s'attache à l'examen des lois de finances pendant toute la durée de celui-ci. • Cons. const. 7 juill. 2005, n° 2005-517 DC § 6.

4. L'art. 50 de la LOLF voit le contenu du rapport annexé au projet de LFI complété par l'art. 25 LOPGFP (qui abroge par ailleurs l'art. 52 LOLF). Ainsi, « l'évaluation financière pour l'année en cours et les deux années suivantes, de chacune des dispositions, de nature législative ou réglementaire, relatives aux prélèvements obligatoires et envisagées par le Gouvernement » figurera dans le rapport annexé au projet de LFI et n'a pas pour effet de porter atteinte à la liberté d'appréciation et d'adaptation que le Gouvernement tient de l'art. 20 Const. dans la détermination et la conduite de la politique de la Nation. • Cons. const. 13 déc. 2012, n° 2012-658 DC § 32. ♦ Rappr. • Cons. const. 1er août 2001, n° 2001-448 DC § 90.

Art. 51 Sont joints au projet de loi de finances de l'année :

1° Une annexe explicative comportant la liste et l'évaluation, par bénéficiaire ou catégorie de bénéficiaires, des impositions de toute nature affectées à des personnes morales autres que l'État ;

2° Une analyse des changements de la présentation budgétaire faisant connaître leurs effets sur les recettes, les dépenses et le solde budgétaire de l'année concernée ;

3° Une présentation des recettes et des dépenses budgétaires et une section de fonctionnement et une section d'investissement ;

4° Une annexe explicative analysant les prévisions de chaque recette budgétaire et présentant les dépenses fiscales ;

(L. org. n° 2005-779 du 12 juill. 2005, art. 9) « 4° *bis* Une présentation des mesures envisagées pour assurer en exécution le respect du plafond global des dépenses du budget général voté par le Parlement, indiquant en particulier, pour les programmes dotés de crédits limitatifs, le taux de mise en réserve prévu pour les crédits ouverts sur le titre des dépenses de personnel et celui prévu pour les crédits ouverts sur les autres titres ; »

(L. org. n° 2012-1403 du 17 déc. 2012, art. 24-I-4°) « 4° *ter* Le cas échéant, le rapport mentionné au III de l'article 23 de la loi organique n° 2012-1403 du 17 décembre 2012 précitée ; »

5° Des annexes explicatives développant conformément aux dispositions de l'article 5, pour l'année en cours et l'année considérée, par programme ou par dotation, le montant des crédits présentés par titre et présentant, dans les mêmes conditions, une estimation des crédits susceptibles d'être ouverts par voie de fonds de concours. Ces annexes sont accompagnées du projet annuel de performances de chaque programme précisant :

a) La présentation des actions, des coûts associés, des objectifs poursuivis, des résultats obtenus et attendus pour les années à venir mesurés au moyen d'indicateurs précis dont le choix est justifié ;

b) L'évaluation des dépenses fiscales ;

c) La justification de l'évolution des crédits par rapport aux dépenses effectives de l'année antérieure, aux crédits ouverts par la loi de finances de l'année en cours et à ces mêmes crédits éventuellement majorés des crédits reportés de l'année précédente, en indiquant leurs perspectives d'évolution ultérieure ;

d) L'échéancier des crédits de paiement associés aux autorisations d'engagement ;

e) Par catégorie, présentée par corps ou par métier, ou par type de contrat, la répartition prévisionnelle des emplois rémunérés par l'État et la justification des variations par rapport à la situation existante ;

(L. org. n° 2005-779 du 12 juill. 2005, art. 4) « *f)* Une présentation indicative des emplois rémunérés par les organismes bénéficiaires d'une subvention pour charges de service public prévue au II de l'article 5 et la justification des variations par rapport à la situation existante ; »

6° Des annexes explicatives développant, pour chaque budget annexe et chaque compte spécial, le montant du découvert ou des recettes et des crédits proposés par

programme ou par dotation. Ces annexes sont accompagnées du projet annuel de performances de chacun d'entre eux, dans les conditions prévues au 5° en justifiant les prévisions de recettes et, le cas échéant, son découvert ;

7° Des annexes générales prévues par les lois et règlements destinées à l'information et au contrôle du Parlement ;

(L. org. n° 2009-403 du 15 avr. 2009, art. 12-I) **« 8° Pour les dispositions relevant du 2° du I et du 7° du II de l'article 34, une évaluation préalable comportant les documents visés aux dix derniers alinéas de l'article 8 de la loi organique n° 2009-403 du 15 avril 2009 relative à l'application des articles 34-1, 39 et 44 de la Constitution** *[V. cet art. ss. Const. 58, art. 39]* **».**

[V. références des décisions du Conseil constitutionnel dans le tableau DC]

1. V. C. comptes, 18 juin 2002 : *Rapport sur l'exécution des LF pour 2001. 120 s.*

2. Viole le domaine des lois organiques, la loi ordinaire qui prévoit que, dans le cadre de la présentation du projet de loi de finances initiale et jusqu'à l'entrée en vigueur du présent art., le Gouvernement présentera au Parlement les objectifs de performances assignés à la police nationale et à la gendarmerie nationale ; en effet, le législateur ordinaire avait entendu faire une application anticipée de règles de présentation prévues par le présent art. Or, de telles dispositions, qui ont pour effet de modifier une loi organique, ne peuvent trouver place dans une loi ordinaire. • Cons. const. 22 août 2002, n° 2002-460 DC.

1° MOYEN DE L'INFORMATION ET DU CONTRÔLE PARLEMENTAIRE

3. La Cour des comptes s'autorise à vérifier que le contenu des rapports annexés aux lois de finances constitue pour le parlement un instrument satisfaisant d'information et de contrôle. • C. comptes, 6 févr. 1989, réf. n°s 5278, 5279 : *Rec. C. comptes 188* • C. comptes, 6 oct. 1989, réf. n° 5384 : *Rec. C. comptes 263.* ♦ Ainsi elle est amenée à constater que des négligences dans l'élaboration des documents présentés au parlement, outre qu'elles contreviennent aux lois en vigueur, privent les assemblées d'une information complète sur les interventions gouvernementales. • C. comptes, 8 juill. 1993, réf. n°s 5906 et 5907 : *Rec. C. comptes 211.*

4. La mise à la disposition des membres du *parlement des documents* annexés au projet de LF a pour objet d'assurer leur information en temps utile pour leur permettre de se prononcer sur le projet de LF dans les détails prévus à l'art. 47 Const. • Cons. const. 28 déc. 1990, n° 90-285 DC § 15.

5. L'information du parlement est assurée par les documents annexés, en vertu de dispositions contenues dans des LF, au projet de LF lui-même ou au projet de LR ou encore par les réponses données, comme chaque année, aux questionnaires de la commission des finances. Dès lors, lorsque le parlement est en possession de ces éléments, il peut remplir sa mission de contrôle. • Cons. const. 30 déc. 1980, n° 80-126 DC § 11.

6. Il est loisible au Gouvernement d'envisager, dès le début de l'exercice, la mise en réserve d'une faible fraction des crédits ouverts afin de prévenir une détérioration éventuelle de l'équilibre budgétaire • Cons. const. 27 déc. 2002, n° 2002-464 DC § 5 • Cons. const. 29 déc. 2003, n° 2003-489 DC § 6. ♦ Il peut également le prévoir dès le dépôt du projet de loi de finances de l'année. Cependant les dispositions du 4° *bis* du présent art. ne sauraient ni être entendues comme imposant au Gouvernement de mettre des crédits en réserve ni porter atteinte aux prérogatives qu'il tient des art. 20 et 21 de la Constitution en matière d'exécution des lois de finances. • Cons. const. 7 juill. 2005, n° 2005-517 DC § 7.

7. Le grief tiré de la méconnaissance de l'objectif de valeur constitutionnelle d'accessibilité et d'intelligibilité de la loi est en tout état de cause inopérant à l'égard des documents budgétaires joints au projet de loi de finances initial. • Cons. const. 28 déc. 2018, n° 2018-777 DC § 20.

2° LES ANNEXES EXPLICATIVES

8. Le projet de LF de l'année est accompagné d'annexes explicatives faisant connaître, notamment, l'échelonnement sur les années futures des paiements résultant des autorisations de programme. • Cons. const. 28 déc. 1976, n° 76-73 DC § 4.

9. Le juge constitutionnel s'assure de la présence des annexes explicatives. • Cons. const. 30 déc. 1975, n° 75-60 DC § 4 • Cons. const. 28 déc. 1976, n° 76-73 DC § 4. ♦ Il vérifie le respect de la date de dépôt (V. LOLF, art. 38). • Cons. const. 29 déc. 1982, n° 82-154 DC § 3. ♦ Il vérifie le contenu. • Cons. const. 30 déc. 1974, n° 74-53 DC • Cons. const. 29 déc. 1982, n° 82-154 DC § 4 s.

10. Projets annuels de performance. Si quelques retards ou déficiences ont pu être constatés dans les informations contenues dans les PAP accompagnant le PLF 2006 (indicateurs absents, objectifs imprécis) et devront être corrigés à l'avenir, ils ne sont, ni par leur nombre, ni par leur ampleur, de nature à remettre en cause la régularité d'ensemble de la procédure législative. • Cons. const. 29 déc. 2005, n° 2005-530 DC § 5.

11. Évaluation des voies et moyens. La LF est accompagnée d'états législatifs et en particulier d'une annexe des voies et moyens qui se borne, pour évaluer les ressources de l'État, à traduire l'incidence des dispositions, notamment d'ordre fiscal, actuellement en vigueur ; les éléments contenus dans cette annexe n'ont pas pour objet d'édicter ou de modifier des règles relatives aux impositions. • Cons. const. 29 déc. 1983, n° 83-164 DC § 12.

12. La constitutionnalité de l'annexe « voies et moyens » est susceptible d'être contestée devant le Conseil constitutionnel. • Cons. const. 30 déc. 1991, n° 91-302 DC § 25 s. (solution impl.).

13. La constitutionnalité de l'annexe prévoyant la répartition des crédits par programme est susceptible d'être contestée devant le Conseil constitutionnel. • Cons. const. 29 déc. 1986, n° 86-221 DC § 10 (solution impl.). ♦ L'annexe qui détaille les crédits autorisés par la LF peut être déclarée contraire à la Constitution. • Cons. const. 29 déc. 1983, n° 83-164 DC § 20.

14. Il importe peu que l'organisme à qui sont destinés les crédits change de régime juridique entre le dépôt du projet de LF et le vote de celle-ci, du moment qu'il dépend toujours du même ministère et que les informations données au parlement, en dépit de l'inexacte dénomination attribuée à l'organisme en cause, aient été de nature à lui permettre de se prononcer en connaissance de cause. En l'espèce, les crédits relatifs à Mayotte figuraient dans les documents budgétaires soumis au parlement sous la rubrique « Département d'outre-mer » alors que Mayotte avait acquis un statut spécial de collectivité territoriale. • Cons. const. 28 déc. 1976, n° 76-73 DC § 3.

15. La Cour recommande que les informations les plus précises disponibles sur les effectifs employés par les établissements publics, qui se trouvent jusqu'ici seulement dans les « verts » budgétaires, figurent à l'avenir dans les documents budgétaires soumis à l'approbation du Parlement. • C. comptes, 10 juin 2004 : *Rapport sur les résultats et la gestion budgétaire 2003, p. 37.*

16. Un éventuel retard dans la mise en distribution de tout ou partie des documents exigés ne saurait faire obstacle à la mise en discussion d'un projet de loi de finances. La conformité de la loi de finances à la Constitution serait alors appréciée au regard tant des exigences de la continuité de la vie nationale que de l'impératif de sincérité qui s'attache à l'examen des lois de finances pendant toute la durée de celui-ci. • Cons. const. 25 juill. 2001, n° 2001-448 DC § 79 • Cons. const. 7 juill. 2005, n° 2005-517 DC § 6.

17. La Cour des comptes ne manque pas de donner son avis sur les indicateurs choisis. La Cour s'interroge sur la notion de performance que doivent césurer les indicateurs : s'agit-il de la performance de la politique ou de la mise en œuvre de la politique publique considérée ? De la réponse à cette question dépend à la fois les types d'indicateurs à retenir et le niveau des responsabilités à mettre en jeu. • C. comptes, 9 juin 2005 : *Rapport sur les résultats et la gestion budgétaire 2004, p. 130.* ♦ De même elle a indiqué, par exemple, que ceux associés à l'action « recherche industrielle stratégique » étaient par trop imprécis. La Cour invitait la Direction générale des entreprises à ne pas s'en contenter mais à affiner ses objectifs, à définir des cibles chiffrées et compléter ses indicateurs par des éléments d'efficience, de qualité de service, mais aussi d'impact quantitatif, technologique mais surtout économique. • C. comptes, 17 mai 2006, Lettre du président n° 45219 : *Rec. C. comptes 166.* ♦ Dès lors, il est normal que la Cour s'inquiète de l'impossibilité à déterminer précisément la mission d'un service public, ce qui constitue le préalable indispensable à la détermination des objectifs et des indicateurs permettant de vérifier la pertinence des choix. • C. comptes, 9 févr. 2006, réf. n° 44282 : *Rec. C. comptes 153.*

18. Les organismes bénéficiaires de subventions pour charges de service public doivent présenter à titre indicatif dans les projets annuels de performance les emplois qu'ils rémunèrent, en justifier les variations (art. 51-5°-f) et rendre compte des emplois effectivement rémunérés dans les rapports annuels de performance (art. 54-4°-d). • C. comptes, 19 févr. 2004, Lettre du président n° 38308 – Directeur général du CEMAGREF : *Rec. C. comptes 199.*

Art. 52 *Abrogé par L. org. n° 2012-1403 du 17 déc. 2012, art. 25.*

Art. 53 **Sont joints à tout projet de loi de finances rectificative :**

1° Un rapport présentant les évolutions de la situation économique et budgétaire justifiant les dispositions qu'il comporte ;

2° Une annexe explicative détaillant les modifications de crédits proposées ;

3° Des tableaux récapitulant les mouvements intervenus par voie réglementaire et relatifs aux crédits de l'année en cours ;

(L. org. n° 2009-403 du 15 avr. 2009, art. 12-II) **« 4° Pour les dispositions relevant du 2° du I et du 7° du II de l'article 34, une évaluation préalable comportant les docu-**

ments visés aux dix derniers alinéas de l'article 8 de la loi organique n° 2009-403 du 15 avril 2009 relative à l'application des articles 34-1, 39 et 44 de la Constitution *[V. cet art. ss. Const. 58, art. 39]*. »

[V. références des décisions du Conseil constitutionnel dans le tableau DC]

1. Le PLFR comportant, avant son exposé des motifs, un rapport sur l'évolution de la situation économique et budgétaire qui indique que le « scénario macroéconomique sous-jacent » est inchangé par rapport à celui retenu dans le cadre du projet de loi de finances pour 2019 et fournit des informations sur les dernières évolutions de la conjoncture économique, les présent art. est respecté. • Cons. const. 10 déc. 2018, n° 2018-775 DC § 13.

2. Pour déterminer les éléments qui doivent être annexés au PLFR, il convient de tenir compte de la date de dépôt de celui-ci. • Cons. const. 10 déc. 2018, n° 2018-775 DC § 14.

Art. 54 Sont joints au projet de loi de règlement :

1° Le développement des recettes du budget général *(L. org. n° 2012-1403 du 17 déc. 2012, art. 26-1°)* « et le montant des dépenses fiscales » ;

2° Des annexes explicatives, développant, par programme ou par dotation, le montant définitif des crédits ouverts et des dépenses constatées, en indiquant les écarts avec la présentation par titre des crédits ouverts, et les modifications de crédits demandées. Elles présentent également l'écart entre les estimations et les réalisations au titre des fonds de concours ;

3° Une annexe explicative présentant les recettes et les dépenses effectives du budget de l'État selon les conventions prévues au 3° de l'article 51 et comportant pour chaque programme, les justifications des circonstances ayant conduit à ne pas engager les dépenses correspondant aux crédits destinés à financer les dépenses visées au 5° du I de l'article 5 ;

4° Les rapports annuels de performances, faisant connaître, par programme, en mettant en évidence les écarts avec les prévisions des lois de finances de l'année considérée, ainsi qu'avec les réalisations constatées dans la dernière loi de règlement :

a) Les objectifs, les résultats attendus et obtenus, les indicateurs et les coûts associés ;

b) La justification, pour chaque titre, des mouvements de crédits et des dépenses constatées, en précisant, le cas échéant, l'origine des dépassements de crédits exceptionnellement constatés pour cause de force majeure ;

c) La gestion des autorisations d'emplois, en précisant, d'une part, la répartition des emplois effectifs selon les modalités prévues au *e* du 5° de l'article 51, ainsi que les coûts correspondants et, d'autre part, les mesures justifiant la variation du nombre des emplois présentés selon les mêmes modalités ainsi que les coûts associés à ces mesures ;

(L. org. n° 2005-779 du 12 juill. 2005, art. 5) « *d)* La présentation des emplois effectivement rémunérés par les organismes bénéficiaires d'une subvention pour charges de service public prévue au II de l'article 5 ; »

(L. org. n° 2012-1403 du 17 déc. 2012, art. 26-2°) « *e)* Le montant des dépenses fiscales ; »

5° Des annexes explicatives développant, par programme ou par dotation, pour chaque budget annexe et chaque compte spécial, le montant définitif des recettes et des dépenses constatées, des crédits ouverts ou du découvert autorisé, ainsi que les modifications de crédits ou de découvert demandées. Ces annexes sont accompagnées du rapport annuel de performances de chacun d'entre eux, dans les conditions prévues au 4° ;

6° Des annexes explicatives présentant les résultats de la comptabilité selon les dispositions prévues au deuxième alinéa de l'article 27 ;

7° *(L. org. n° 2005-779 du 12 juill. 2005, art. 10)* « Le compte général de l'État, qui comprend la balance générale des comptes, le compte de résultat, le bilan et ses annexes parmi lesquelles la présentation du traitement comptable des opérations mentionnées au deuxième alinéa de l'article 8, » *(L. org. n° 2012-1403 du 17 déc. 2012, art. 24-I-5°-a)* « une évaluation des engagements hors bilan de l'État, ainsi que la liste des contrats de partenariat et des baux emphytéotiques avec leurs montants et leurs dates d'échéances » ;

(L. org. n° 2012-1403 du 17 déc. 2012, art. 24-I-5°-b) « 8° L'avis du Haut Conseil des finances publiques mentionné au I de l'article 23 de la loi organique n° 2012-1403 du 17 décembre 2012 précitée *[V. ci-dessus]* » ;

(Abrogé par L. org. n° 2017-1338 du 15 sept. 2017, art. 14-II, à compter du 1er janv. 2024) (L. org. n° 2013-906 du 11 oct. 2013, art. 11) **« 9° *La liste des subventions versées sur proposition du Parlement au moyen de crédits ouverts dans les lois de finances afférentes à l'année concernée. Cette liste présente, pour chaque département, collectivité d'outre-mer et pour la Nouvelle-Calédonie :***

« a) L'ensemble des subventions pour travaux divers d'intérêt local versées à partir de programmes relevant du ministère de l'intérieur ;

« b) L'ensemble des subventions versées à des associations.

« Elle indique, pour chaque subvention, le nom du bénéficiaire, le montant versé, la nature du projet financé, le programme concerné et le nom du membre du Parlement, du groupe politique ou de la présidence de l'assemblée qui a proposé la subvention. »

[V. références des décisions du Conseil constitutionnel dans le tableau DC]

1. Un éventuel retard dans la mise en distribution de tout ou partie des documents exigés ou dans la mise en œuvre des procédures prévues au présent art. ne saurait faire obstacle à la mise en discussion d'un projet de loi de finances. La conformité de la loi de finances à la Constitution serait alors appréciée au regard tant des exigences de la continuité de la vie nationale que de l'impératif de sincérité qui s'attache à l'examen des lois de finances pendant toute la durée de celui-ci. • Cons. const. 25 juill. 2001, n° 2001-448 DC § 89 • Cons. const. 7 juill. 2005, n° 2005-517 DC § 6.

2. L'absence ou l'imprécision de certaines informations dans les PAP accompagnant le PLF 2006, ne remet pas en cause la possibilité de contrôle que le parlement exercera lorsque les RAP seront disponibles. • Cons. const. 29 déc. 2005, n° 2005-530 DC § 3 à 5 (sol. impl.).

3. Des dispositions ajoutant à la présente liste que doit être jointe également « la liste des subventions versées sur proposition du Parlement au moyen de crédits ouverts dans les lois de finances afférentes à l'année concernée » ont pour objet d'assurer la publicité de l'utilisation des crédits introduits par voie d'amendements du Gouvernement au titre de la « réserve parlementaire » après concertation avec chacune des assemblées ; elles n'ont pas pour effet de permettre qu'il soit dérogé aux règles de recevabilité financière des initiatives parlementaires prévues par l'art. 40 Const. 58. • Cons. const. 9 oct. 2013, n° 2013-675 DC § 63.

Art. 55 **Chacune des dispositions d'un projet de loi de finances affectant les ressources ou les charges de l'État fait l'objet d'une évaluation chiffrée de son incidence au titre de l'année considérée et, le cas échéant, des années suivantes.**

Art. 56 **Les décrets et arrêtés prévus par la présente loi organique sont publiés au *Journal officiel*. Il en est de même des rapports qui en présentent les motivations, sauf en ce qui concerne les sujets à caractère secret touchant à la défense nationale, à la sécurité intérieure ou extérieure de l'État ou aux affaires étrangères.**

BIBL. ▶ Nicq-Devos, Contrôle des actes réglementaires en matière budgétaire, *RFFP n° 70, juin 2000. 67.*

[V. références des décisions du Conseil constitutionnel dans le tableau DC]

1. Une éventuelle méconnaissance de ces procédures ne saurait faire obstacle à la mise en discussion d'un projet de loi de finances ; la conformité de la loi de finances à la Constitution serait alors appréciée au regard tant des exigences de la continuité de la vie nationale que de l'impératif de sincérité qui s'attache à l'examen des lois de finances pendant toute la durée de celui-ci. • Cons. const. 25 juill. 2001, n° 2001-448 DC § 89.

2. La Cour a indiqué que les rapports au Premier ministre du ministère des finances n'énonçaient aucune explication propre à mettre le Parlement en état d'apprécier la conformité des décrets aux prescriptions organiques. V. C. comptes, rapport au Parlement sur les annulations et ouvertures de crédits opérées par les décrets d'avances, *PLFR pour 2003.*

CHAPITRE II *Du contrôle*

Art. 57 **Les commissions de l'Assemblée nationale et du Sénat chargées des finances suivent et contrôlent l'exécution des lois de finances et procèdent à l'évaluation de toute question relative aux finances publiques. Cette mission est confiée à leur président, à leur rapporteur général ainsi que, dans leurs domaines d'attributions, à leurs rapporteurs spéciaux** *(L. org. n° 2005-779 du 12 juill. 2005, art. 6)* **« et chaque année,**

pour un objet et une durée déterminés, à un ou plusieurs membres d'une de ces commissions obligatoirement désignés par elle à cet effet ». A cet effet, ils procèdent à toutes investigations sur pièces et sur place, et à toutes auditions qu'ils jugent utiles.

Tous les renseignements et documents d'ordre financier et administratif qu'ils demandent, y compris tout rapport établi par les organismes et services chargés du contrôle de l'administration, réserve faite des sujets à caractère secret concernant la défense nationale et la sécurité intérieure ou extérieure de l'État et du respect du secret de l'instruction et du secret médical, doivent leur être fournis.

Les personnes dont l'audition est jugée nécessaire par le président et le rapporteur général de la commission chargée des finances de chaque assemblée ont l'obligation de s'y soumettre. Elles sont déliées du secret professionnel sous les réserves prévues à l'alinéa précédent.

BIBL. ▸ Camby, La commission des finances : du contrôle à l'évaluation, *RFFP 2011, n° 113, p. 45*. – Waline, Une commission des finances à l'heure de la LOLF et de la crise financière, *RFFP 2011, n° 133, p. 81.*

[V. références des décisions du Conseil constitutionnel dans le tableau DC]

Les pouvoirs ainsi conférés aux commissions des finances des deux assemblées ne portent pas atteinte aux prérogatives constitutionnelles du pouvoir exécutif mais se bornent à assurer le respect des exigences de consentement à l'impôt et de suivi de l'emploi des fonds publics inscrites à l'art. 14 de la DDH. • Cons. const. 25 juill. 2001, n° 2001-448 DC.

Art. 58 *[Dispositions déclarées non conformes à la Constitution par décision du Conseil constitutionnel n° 2001-448 DC du 25 juill. 2001, V. JO 2 août.]*

La mission d'assistance du Parlement confiée à la Cour des comptes par le dernier alinéa de l'article 47 de la Constitution comporte notamment :

1° L'obligation de répondre aux demandes d'assistance formulées par le président et le rapporteur général de la commission chargée des finances de chaque assemblée dans le cadre des missions de contrôle et d'évaluation prévues à l'article 57 ;

2° La réalisation de toute enquête demandée par les commissions de l'Assemblée nationale et du Sénat chargées des finances sur la gestion des services ou organismes qu'elle contrôle. Les conclusions de ces enquêtes sont obligatoirement communiquées dans un délai de huit mois après la formulation de la demande à la commission dont elle émane, qui statue sur leur publication ;

3° Le dépôt d'un rapport préliminaire conjoint au dépôt du rapport mentionné à l'article 48 relatif aux résultats de l'exécution de l'exercice antérieur ;

4° Le dépôt d'un rapport conjoint au dépôt du projet de loi de règlement, relatif aux résultats de l'exécution de l'exercice antérieur et aux comptes associés, qui, en particulier, analyse par mission et par programme l'exécution des crédits ;

5° La certification de la régularité, de la sincérité et de la fidélité des comptes de l'État. Cette certification est annexée au projet de loi de règlement et accompagnée du compte rendu des vérifications opérées ;

6° Le dépôt d'un rapport conjoint au dépôt de tout projet de loi de finances sur les mouvements de crédits opérés par voie administrative dont la ratification est demandée dans ledit projet de loi de finances.

Les rapports visés aux 3°, 4° et 6° sont, le cas échéant, accompagnés des réponses des ministres concernés.

(L. org. n° 2005-779 du 12 juill. 2005, art. 11) « Le rapport annuel de la Cour des comptes peut faire l'objet d'un débat à l'Assemblée nationale et au Sénat. »

[V. références des décisions du Conseil constitutionnel dans le tableau DC]

1. Sur la mission d'assistance de la Cour des comptes au parlement, V. notes ss. CJF, art. L. 111-2, *in* **CJA**.

1° MISSION D'ASSISTANCE AU PARLEMENT

2. Dans le cadre de sa mission d'assistance du Parlement prévue par l'art. 47 Const., la Cour des comptes entend assurer d'ici à 2006 un contrôle précis de la mise en œuvre de la loi organique relative aux lois de finances (LOLF) du 1er août 2001. Ce contrôle concerne le pilotage et le respect du calendrier de la réforme, la nouvelle structuration du budget de l'État, la mesure de la performance et les nouveaux modes de gestion publique. • C. comptes, 12 juin 2003 : *Rapport sur l'exécution des LF pour 2002. 113.*

3. L'obligation qui était faite à la Cour des comptes par le premier al. de l'art. 58 de la loi organique de communiquer le projet de son programme de contrôles aux présidents et aux rapporteurs généraux des commissions de l'Assemblée nationale et du Sénat chargées des finances ainsi que la possibilité qui est offerte à ces derniers de présenter leurs avis sur ce projet sont de nature à porter atteinte à son indépendance ; il s'ensuit que le premier al. de l'art. 58 n'est pas conforme à la Constitution. • Cons. const. 25 juill. 2001, n° 2001-448 DC § 106.

4. Les al. du présent art. mettent à la charge de la Cour des comptes, dans sa mission d'assistance au Parlement, diverses obligations tenant notamment à la réalisation d'enquêtes et au dépôt de rapports ; ces obligations doivent être interprétées au regard du dern. al. de l'art. 47 Const., aux termes duquel : « La Cour des comptes assiste le Parlement et le Gouvernement dans le contrôle de l'exécution des lois de finances » ; par suite, il appartiendra aux autorités compétentes de la Cour des comptes de faire en sorte que l'équilibre voulu par le constituant ne soit pas faussé au détriment de l'un de ces deux pouvoirs ; il en sera ainsi, en particulier, du délai mentionné au 2° de l'art. 58. • Cons. const. 25 juill. 2001, n° 2001-448 DC § 107.

2° RAPPORT PRÉLIMINAIRE AU DÉBAT D'ORIENTATION BUDGÉTAIRE (art. 58, 3°)

5. Conjointement au dépôt du rapport du Gouvernement prévu par l'art. 48 ci-dessus, sur l'évolution de l'économie nationale et sur les orientations des finances publiques, la Cour dépose un rapport préliminaire, relatif aux résultats de l'exécution de l'exercice antérieur. Ce rapport constitue une contribution de la Cour au débat d'orientation budgétaire. C. comptes, 9 juin 2005, Résultats de l'exécution des LF pour 2004 : *Rapport préliminaire, p. 4.*

6. Ce rapport replace les résultats de l'exécution de l'exercice antérieur dans le cadre d'une analyse rétrospective de moyen terme et présente ses premières analyses et observations sur la dernière loi de finances initiale votée (les déficits, les grandes masses de crédits et de recettes) et sur le début de l'exécution en cours. Il participe ainsi à l'amélioration de l'information des assemblées en vue de l'examen et du vote du projet de loi de finances de l'année suivante. Il s'inscrit, enfin, dans un cadre pluriannuel d'examen qui concerne l'ensemble des finances publiques. • C. comptes, 9 juin 2005, *Résultats de l'exécution des LF pour 2004 : préc. note 5.*

3° RAPPORT ANNEXE AU PLR (art. 58, 4°)

7. En vertu des dispositions combinées des art. 34 et 47 de la Constitution, les dispositions de l'art. L.O. 132-1 CJF relatives aux documents établis par la Cour des comptes et annexées au PLR ont un caractère organique. • Cons. const. 20 déc. 1994, n° 94-349 DC § 3.

8. Depuis son rapport sur l'exécution des LF pour 2000, la Cour des comptes a anticipé la mise en application des dispositions du présent art. en introduisant dans son rapport de nouveaux développements concernant les différents résultats financiers de l'État, des approches spécifiques et synthétiques sur la gestion budgétaire des ministères et les méthodes et outils du contrôle de gestion utilisés par les services pour diriger leur action. • C. comptes, 18 juin 2002 : *Rapport sur l'exécution des LF pour 2001. 5.* ♦ La Cour recommande ainsi, par exemple, que le déficit public notifié appréhende de manière plus précise les dépenses et recettes de l'État en droits constatés, ce qui suppose que, lors des rapprochements faits entre les comptes de l'État, des établissements publics et des administrations de sécurité sociale, les comptables nationaux disposent de données comptables fiables et vérifiables en droits constatés. • C. comptes, 18 juin 2002 : *Rapport sur l'exécution des LF pour 2001. 21.*

9. Pour la première fois dans le rapport sur l'exécution des LF pour 2001, la Cour a soumis ses observations à la contradiction, non seulement du ministère de l'économie, des finances et de l'industrie, mais également, s'agissant des synthèses ministérielles, à celle de chacune des administrations concernées. • C. comptes, 18 juin 2002 : *Rapport sur l'exécution des LF pour 2001. 5.*

10. Le deuxième fascicule du rapport de la Cour sur l'exécution des LF pour 2002 prépare le futur rapport de l'art. 58-5° de la LOLF. Il comporte la traditionnelle déclaration générale de conformité, mais également une analyse du bilan de l'État, que la Cour devra certifier avec les autres états financiers, au plus tard en 2007. A ce titre, la Cour rend compte des vérifications opérées, notamment sur la dette et les comptes des correspondants du Trésor et les comptes financiers. Il s'agit ici de s'assurer, à terme, que les comptes de l'État sont réguliers, sincères et donnent une image fidèle de la situation du patrimoine de l'État, au regard des normes comptables en vigueur. • C. comptes, 12 juin 2003 : *Rapport sur l'exécution des LF pour 2002. 5.*

4° CERTIFICATION DES COMPTES DE L'ÉTAT (art. 58, 5°)

11. La formulation retenue par le législateur organique montre que celui-ci a entendu faire expressément référence au processus de certification des comptes des sociétés commerciales, tel que le prévoit en France l'art. L. 225-235 C. com. La Cour retient cette référence comme cadre général de sa mission, étant entendu que les particularités significatives des comptes de l'État devront bien sûr être prises en compte. • C. comptes, 12 juin 2003 : *Rapport sur l'exécution des LF pour 2002. 287.* ♦ La mission de la Cour dans ce cadre peut donc être rapprochée de celle qu'exercent les commissaires aux comptes. Elle s'en distingue sur deux points importants. D'une part, l'indépendance de la Cour est garantie par l'art. 47 Const., cette indépendance se trouve pleinement assurée depuis que le programme budgétaire des juridictions financières est au Premier ministre dans une mission « Conseil et contrôle de l'État ». D'autre part, la responsabilité civile ou pénale de la Cour ne pourrait pas être recherchée de la même manière ; il n'existe dans la LOLF ni l'équivalent du délit de fausse information prévu par l'art. L. 465-1 C. mon. fin. ni du délit relatif à l'établissement et à la présentation de comptes annuels ne donnant pas une image fidèle en vue de dissimuler la véritable situation de l'entreprise en application des art. L. 242-6, L. 244-1, L. 241-3 et L. 243-1 C. com. : * C. comptes juin 2006, *Rapport sur les comptes de l'État 2005. 45 s.*

12. La certification des comptes se définit comme l'opinion écrite et motivée que formule un organisme indépendant sur la conformité des états financiers d'une entité, dans tous ses aspects significatifs, à un ensemble donné de règles comptables : *C. comptes, juin 2007, *Certification des comptes de l'État 2006. 2.* ♦ Elle porte sur les états financiers issus de la comptabilité générale, rassemblés dans le compte général de l'État, lui-même joint au projet de loi de règlement (LOLF, art. 54-7°) et comprenant la balance générale des comptes, le compte de résultat, le bilan et ses annexes, ainsi qu'une évaluation des engagements hors bilan. En conséquence, des trois résultats que la loi de règlement arrête ou approuve en application de l'art. 37 LOLF, la certification ne couvre que le résultat patrimonial visé au III, mais ni le résultat budgétaire visé au I, ni le résultat de trésorerie, visé au II, entendu comme le montant définitif des ressources et des charges de trésorerie présenté dans le tableau de financement : C. comptes, juin 2007, *Certification des comptes de l'État 2006. 2 et 3.* ♦ V. déjà :* C. comptes, *Rapport sur l'exécution de la loi de finances 2002. 288.* ♦ La certification délivrée par la Cour ne porte, au stade actuel, que sur les comptes annuels de l'État en tant que personnalité juridique et pas encore sur des comptes consolidés qui auront pour objet d'intégrer aux comptes de l'État ceux de l'ensemble des entités placées sous son contrôle : *C. comptes, juin 2008, *Certification des comptes de l'État 2007. 2.*

13. La Cour est amenée à formuler chaque année une opinion sur la régularité, la sincérité et la fidélité des comptes de l'État. Cette opinion pourra prendre quatre formes (normes IFAC) : certification sans réserves, accompagné, le cas échéant, d'observations mettant en lumière un élément affectant les états financiers, sans constituer une réserve ; certification assortie d'une ou plusieurs réserves. Une réserve peut notamment être formulée si des erreurs, anomalies ou des irrégularités dans l'application des règles et principes comptables ont une incidence significative ; opinion défavorable, si les erreurs, anomalies ou irrégularités constatées sont suffisamment significatives pour affecter la validité d'ensemble des comptes ; impossibilité pour la Cour d'exprimer une opinion, notamment en raison de restrictions à l'étendue de ses travaux d'audit. A cette occasion, la Cour pourra également formuler des recommandations sur les méthodes et les procédures comptables. • C. comptes, 12 juin 2003 : *préc. note 11.*

Réserves de la Cour des comptes dans les différentes certifications														
N°	2006	2007	2008	2009	2010	2011	2012	2013	2014	2015	2016	2017	2018	2019
1	Système d'information financière	Système d'information financière et comptable	Système d'information financière et comptable	Système d'information financière et comptable	Système d'information financière et comptable	Système d'information financière et comptable	Système d'information financière	Système d'information financière	Système d'information financière	Système d'information financière	Limites générales dans l'étendue des vérifications	Limites générales dans l'étendue des vérifications	Limites générales dans l'étendue des vérifications	
2	Dispositifs de contrôle interne et d'audit interne	Dispositifs de contrôle interne et d'audit interne	Dispositifs ministériels de contrôle interne et d'audit interne	Dispositifs ministériels de contrôle interne et d'audit interne	Dispositifs ministériels de contrôle interne et d'audit interne	Dispositifs ministériels de contrôle interne et d'audit interne	Dispositifs ministériels de contrôle interne et d'audit interne	Contrôle interne et audit interne	Contrôle interne et audit interne	Contrôle interne et audit interne				
3	Comptes des pouvoirs publics	Produits régaliens	Produits régaliens	Produits régaliens	Produits régaliens	Produits régaliens	Produits régaliens	Produits régaliens	Produits régaliens	Produits régaliens	Produits régaliens	Produits régaliens	Produits régaliens	
4	Immobilisations corporelles et incorporelles spécifiques	Immobilisations spécifiques	Autres inventaires d'actifs et de passifs	**Autres immobilisations et stocks des ministères civils**	Opérateurs et autres immobilisations financières de l'État	Passifs d'intervention et autres passifs non financiers	**Passifs non financiers**							
5	Actifs du min. défense	Actifs du min. défense	Actifs du min. défense	Actifs du min. défense	Actifs du min. défense	Actifs et passifs du min. défense	Actifs et passifs du min. défense	Actifs et passifs du min. défense	Actifs et passifs du min. défense	Anomalies relatives aux stocks militaires et aux immobilisations corporelles	Anomalies relatives aux stocks militaires et aux immobilisations corporelles	Anomalies relatives aux stocks militaires et aux immobilisations corporelles	Anomalies relatives aux stocks militaires et aux immobilisations corporelles	
6	Passifs d'intervention	Passifs d'intervention	Passifs d'intervention	Charges et passifs d'intervention	Charges et passifs d'intervention	Participations et autres immobilisations financières	Participations et autres immobilisations financières	Immobilisations financières	Immobilisations financières	Immobilisations financières	Immobilisations financières	Immobilisations financières	Immobilisations financières	

Réserves de la Cour des comptes dans les différentes certifications														
N°	2006	2007	2008	2009	2010	2011	2012	2013	2014	2015	2016	2017	2018	2019
7	Parc immobilier	Parc immobilier	Patrimoine immobilier	Patrimoine immobilier de l'État	Patrimoine immobilier de l'État	Patrimoine immobilier	**Patrimoine immobilier**							
8	Comptes des opérateurs	Opérateurs	Opérateurs	Recensement et valorisation des opérateurs										
9	Contrats d'échanges de taux pour la gestion de la dette	Compte des procédures gérées par la Coface et Compte des opérations de la Coface effectuées avec la garantie de l'État	CADES	CADES										
10	Compte des opérations de la Coface effectuées avec la garantie de l'État	**Comptes de trésorerie**	**Comptes de trésorerie**											
11	Sections des fonds d'épargne centralisée à la CDC	**Provisions pour risque**	**Autres immobilisations financières de l'État**											
12	Réseau routier	**Autres inventaires d'actifs et de passifs**	**Concessions de services publics**											
13	Obligations fiscales													

Les cases en gras correspondent aux réserves non substantielles.

Année	Situation nette de l'État*
2006	593
2007	656
2008	557
2009	680
2010	773
2011	806
2012	891
2013	941
2014	1021
2015	1123
2016	1210
2017	1261
2018	1295

* En Md€ au 31 décembre ; sauf pour la dernière année, il s'agit des chiffres retraités.

Art. 59 Lorsque, dans le cadre d'une mission de contrôle et d'évaluation, la communication des renseignements demandés en application de l'article 57 ne peut être obtenue au terme d'un délai raisonnable, apprécié au regard de la difficulté de les réunir, les présidents des commissions de l'Assemblée nationale et du Sénat chargées des finances peuvent demander à la juridiction compétente, statuant en référé, de faire cesser cette entrave sous astreinte.

[V. références des décisions du Conseil constitutionnel dans le tableau DC]

Conformément à la conception française de la séparation des pouvoirs, les dispositions du présent art. ne peuvent être comprises que comme permettant au juge administratif d'ordonner en référé à une personne morale investie de prérogatives de puissance publique la communication sous astreinte des documents ou renseignements susmentionnés. • Cons. const. 25 juill. 2001, n° 2001-448 DC § 103.

Art. 60 Lorsqu'une mission de contrôle et d'évaluation donne lieu à des observations notifiées au Gouvernement, celui-ci y répond, par écrit, dans un délai de deux mois.

TITRE VI Entrée en vigueur et application de la loi organique

Art. 61 Dans un délai de trois ans à compter de la publication de la présente loi organique, toute garantie de l'État qui n'a pas été expressément autorisée par une disposition de loi de finances doit faire l'objet d'une telle autorisation.

Une annexe récapitulant les garanties de l'État qui, au 31 décembre 2004, n'ont pas été expressément autorisées par une loi de finances est jointe au projet de loi de règlement du budget de l'année 2004.

[V. références des décisions du Conseil constitutionnel dans le tableau DC]

1. Si le présent art. a pu, sur le fondement de l'art. 34 Const., prévoir l'obligation d'autoriser en loi de finances, dans un délai de trois ans, toute garantie accordée par l'État, afin d'assurer la clarté sur ses engagements financiers, la sanction d'un éventuel défaut d'autorisation ne saurait être la caducité des garanties concernées ; en effet, une telle conséquence serait de nature à porter atteinte à l'égalité devant les charges publiques et, en cas de lésion d'une particulière gravité, au droit de propriété ; il ressort au demeurant des travaux parlementaires que l'art. 61 a pour objet d'assurer l'information du Parlement sur les garanties accordées par l'État et non de frapper de caducité celles qui, accordées dans le passé, n'auraient pas été autorisées dans les délais prévus. • Cons. const. 25 juill. 2001, n° 2001-448 DC § 110.

2. Une disposition législative prévoyant qu'une annexe récapitulant certaines informations relatives à chaque dispositif de garantie de l'État est jointe au rapport de présentation du « compte général de l'État » empiète sur le domaine réservé à la loi organique par la Constitution. • Cons. const. 29 déc. 2003, n° 2003-488 DC § 23.

Art. 62 I. – Les dispositions du II de l'article 15 sont applicables aux crédits de dépenses ordinaires et aux crédits de paiement de l'exercice 2005, pour ceux d'entre eux qui sont susceptibles de faire l'objet de reports.

II. – Les dispositions du III de l'article 15 sont applicables aux crédits ouverts dans les conditions prévues au deuxième alinéa de l'article 19 de l'ordonnance n° 59-2 du 2 janvier 1959 portant loi organique relative aux lois de finances et disponibles à la fin de l'exercice 2005.

Art. 63 A défaut de dispositions législatives particulières, les taxes régulièrement perçues au cours de la deuxième année suivant celle de la publication de la présente loi organique en application de l'article 4 de l'ordonnance n° 59-2 du 2 janvier 1959 précitée peuvent être perçues, jusqu'au 31 décembre de cette année, selon l'assiette, le taux et les modalités de recouvrement en vigueur à la date de leur établissement.

Art. 64 L'échéance de l'article 46 et les dispositions du 7° de l'article 54 sont applicables pour la première fois au projet de loi de règlement relatif à l'exécution du budget afférent à la quatrième année suivant celle de la publication de la présente loi organique.

Les projets de loi de règlement afférents aux années antérieures sont déposées et distribuées au plus tard le 30 juin de l'année suivant celle de l'exécution du budget auquel ils se rapportent.

Art. 65 Les dispositions des articles 14, 25, 26, à l'exception du 3°, 32, 33, 36, du deuxième alinéa de l'article 39, des articles 41, 42, 49, 50, 52, 53, 55, 57, 58, à l'exception du 4° et du 5°, 59, 60 et 68 sont applicables à compter du 1er janvier 2002.

Les dispositions de l'article 48, à l'exception du 4°, sont applicables à compter du 1er janvier 2003.

Les dispositions du 3° de l'article 26 sont applicables à compter du 1er janvier 2004.

Art. 66 I. – Est joint au projet de loi de finances pour 2005 un document présentant, à titre indicatif, les crédits du budget général selon les principes retenus par la présente loi organique.

II. – Au cours de la préparation du projet de loi de finances pour 2006, les commissions de l'Assemblée nationale et du Sénat chargées des finances sont informées par le Gouvernement de la nomenclature qu'il envisage pour les missions et les programmes prévus à l'article 7.

Art. 67 Sous réserve des dispositions prévues aux articles 61 à 66, l'ordonnance n° 59-2 du 2 janvier 1959 précitée est abrogée le 1er janvier 2005. Toutefois, ses dispositions demeurent applicables aux lois de finances afférentes à l'année 2005 et aux années antérieures.

Sous réserve des articles 61 à 66 et de la dernière phrase de l'alinéa précédent, la présente loi organique entre en vigueur le 1er janvier 2005.

Art. 68 Des décrets en Conseil d'État pourvoient, en tant que de besoin, à l'exécution de la présente loi organique.

Loi organique de financement de la sécurité sociale (LOFSS)

(codifiée aux art. L.O. 111-3 s. CSS, V. ces art. ci-dessous).

BIBL. ▶ Aglaé, Les cavaliers sociaux, *RD publ. 2000. 1165* – Arathoon et Corley, Les LFSS, l'inévitable référence aux lois de finances, *RFFP 1998 n° 64, p. 62.* – Baghestani-Perrey, Chronique de jurisprudence constitutionnelle (1re partie), *LPA, 8-9 mai 2006*. - Belorgey, A quoi servent les LFSS ?, *Dr. soc. 1998. 812*. - Camby, Le contrôle des finances sociales, la portée de la révision constitutionnelle de février 1996, *in L'exercice du pouvoir financier du Parlement (dir. L. Philip), p. 111, Économica, 1996* ; Les relations entre le Parlement et la Cour à propos des LFSS, *RFFP 1997. 73*. - Chamussy, Le règlement de l'Assemblée nationale devant le Conseil constitutionnel, *Les LPA, 27 avr. 2006*. - Chamussy, Fraisse, Il existe encore des cavaliers sociaux !, *LPA, 20 janv. 2006*. - Driol, L'apport de la révision constitutionnelle de 1996, *RFFP 1997. 81*. - Duprat, Le Conseil constitutionnel et les LFSS, *in Constitution et finances publiques, Études en l'honneur de Loïc Philip, Économica 2005, p. 59*. - Lascombe et Vandendriessche, Le Parlement et les finances sociales : l'échec relatif des lois de financement de la sécurité sociale, *RDSS n° 2004. 638*. - Mathieu, Valeur et portée des validations législatives. I. Devant le juge constitutionnel : un nouvel équilibre entre les considérations liées à l'intérêt général et celles relatives à la garantie des droits ? II. Un essai non transformé, *RFDA 1998. 155*. - Matt, La sécurité sociale, organisation et financement, *LGDJ 2001*. - Pellet, La Cour des comptes et les LFSS, *Dr. soc. 1996. 774* ; Le Conseil constitutionnel et l'équilibre financier de la sécurité sociale, *Dr. soc. 1999. 23* ; Les finances sociales, économie, droit et politique, *LGDJ, coll. Systèmes, 2001* ; LF et LFSS, deux propositions supplémentaires de réforme de l'ordonnance organique du 2 janv. 1959, *RFFP 2001, n° 73*. - Philip, La révision constitutionnelle du 22 févr. 1996, *RFDC 1996. 451* ; La protection sociale et les nouvelles frontières entre finances publiques et finances privées, *RFFP n° 79, 2002. 33*. - Pissaloux, Le Conseil constitutionnel et les finances sociales : commentaire de la décision n° 99-422 DC du 21 déc. 1999 relative à la LFSS pour 2000, *Rev. Trésor 2000. 341* ; Le Conseil constitutionnel et les finances sociales : commentaire de la décision n° 2000-437 DC du 19 déc. 2000 relative à la LFSS pour 2001, *Rev. Trésor 2001. 174* ; Le Conseil constitutionnel et les finances sociales : commentaire de la décision n° 2001-453 DC du 18 déc. 2001 relative à la LFSS pour 2002, *Rev. Trésor 2002. 174* ; Le Conseil constitutionnel et les finances sociales : commentaire de la décision n° 2002-463 DC du 12 déc. 2002 relative à la LFSS pour 2003, *Rev. Trésor 2003. 91* ; Le Conseil constitutionnel et les finances sociales : commentaire de la décision n° 2003-486 DC du 11 déc. 2003 relative à la LFSS pour 2004, *Rev. Trésor 2004. 87* ; Le Conseil constitutionnel et les finances sociales : commentaire de la décision n° 2004-508 DC du 16 déc. 2004 relative à la LFSS pour 2005, *Rev. Trésor 2005. 85* ; Le Conseil constitutionnel et les finances sociales : commentaire de la décision n° 2005-528 DC du 15 déc. 2005 relative à la LFSS pour 2006, *Rev. Trésor 2006. 191*. - Prétot, La portée de la LFSS, *RFFP 1997. 85* ; La sécurité sociale et les finances publiques, *RFFP 1995. 133* ; Le Parlement et le financement de la sécurité sociale. A propos des LFSS, *Dr. soc. 1996. 762* ; Les validations législatives. De la Constitution à la Convention européenne des droits de l'homme, *RD publ. 1998. 11* ; Le Conseil constitutionnel, les finances publiques et les finances sociales, *RFFP n° 81, 2003. 373*. - Roques, Le Parlement et le contrôle des finances de la sécurité sociale, *Dr. soc. 1996. 290* ; La procédure d'examen par le Parlement des LFSS selon la loi organique, *Dr. soc. 1996. 769*. - Schoettl, La réforme des lois de financement de la sécurité sociale devant le Conseil constitutionnel, *RFDA 2005. 1030* ; La LFSS pour 2006 devant le Conseil constitutionnel, *RFDA 2006. 126*. - Valembois, Chronique de jurisprudence constitutionnelle (1re partie), *LPA, 8-9 mai 2006*. Techniques contentieuses. Censure virtuelle, *LPA, 10 mai 2006*.

Code de la sécurité sociale

Lois de financement de la sécurité sociale. Contenu et présentation des lois de financement

Art. L.O. 111-3 **I. – La loi de financement de la sécurité sociale de l'année comprend quatre parties :**

– une partie comprenant les dispositions relatives au dernier exercice clos ;

– une partie comprenant les dispositions relatives à l'année en cours ;

– une partie comprenant les dispositions relatives aux recettes et à l'équilibre général pour l'année à venir ;

– une partie comprenant les dispositions relatives aux dépenses pour l'année à venir.

A. – Dans sa partie comprenant les dispositions relatives au dernier exercice clos, la loi de financement de la sécurité sociale :

1° Approuve les tableaux d'équilibre par branche du dernier exercice clos des régimes obligatoires de base de sécurité sociale, du régime général et des organismes concourant au financement de ces régimes, ainsi que les dépenses relevant du champ de l'objectif national de dépenses d'assurance maladie constatées lors de cet exercice ;

2° Approuve, pour ce même exercice, les montants correspondant aux recettes affectées aux organismes chargés de la mise en réserve de recettes au profit des régimes obligatoires de base de sécurité sociale et ceux correspondant à l'amortissement de leur dette ;

3° Approuve le rapport mentionné au II de l'article L.O. 111-4 *[V. cet art. ci-dessous]* et, le cas échéant, détermine, dans le respect de l'équilibre financier de chaque branche de la sécurité sociale, les mesures législatives relatives aux modalités d'emploi des excédents ou de couverture des déficits du dernier exercice clos, tels que ces excédents ou ces déficits éventuels sont constatés dans les tableaux d'équilibre prévus au 1°.

B. – Dans sa partie comprenant les dispositions relatives à l'année en cours, la loi de financement de la sécurité sociale :

1° Rectifie les prévisions de recettes et les tableaux d'équilibre des régimes obligatoires de base et du régime général par branche, ainsi que des organismes concourant au financement de ces régimes ;

2° Rectifie les objectifs de dépenses par branche de ces régimes, l'objectif national de dépenses d'assurance maladie de l'ensemble des régimes obligatoires de base, ainsi que leurs sous-objectifs ayant été approuvés dans la précédente loi de financement de la sécurité sociale ;

3° Rectifie l'objectif assigné aux organismes chargés de l'amortissement de la dette des régimes obligatoires de base et les prévisions de recettes affectées aux fins de mise en réserve à leur profit.

C. – Dans sa partie comprenant les dispositions relatives aux recettes et à l'équilibre général pour l'année à venir, la loi de financement de la sécurité sociale :

1° Approuve le rapport prévu au I de l'article L.O. 111-4 *[V. cet art. ci-dessous]* ;

2° Détermine, pour l'année à venir, de manière sincère, les conditions générales de l'équilibre financier de la sécurité sociale compte tenu notamment des conditions économiques générales et de leur évolution prévisible. Cet équilibre est défini au regard des données économiques, sociales et financières décrites dans le rapport prévu à l'article 50 de la loi organique n° 2001-692 du 1er août 2001 relative aux lois de finances. A cette fin :

a) Elle prévoit, par branche, les recettes de l'ensemble des régimes obligatoires de base et, de manière spécifique, celles du régime général, ainsi que les recettes des organismes concourant au financement de ces régimes. L'évaluation de ces recettes, par catégorie, figure dans un état annexé ;

b) Elle détermine l'objectif d'amortissement au titre de l'année à venir des organismes chargés de l'amortissement de la dette des régimes obligatoires de base et elle prévoit, par catégorie, les recettes affectées aux organismes chargés de la mise en réserve de recettes à leur profit ;

c) Elle approuve le montant de la compensation mentionnée à l'annexe prévue au 5° du III de l'article L.O. 111-4 *[V. cet art. ci-dessous]* ;

d) Elle retrace l'équilibre financier de la sécurité sociale dans des tableaux d'équilibre présentés par branche et établis pour l'ensemble des régimes obligatoires de base et, de manière spécifique, pour le régime général ainsi que pour les organismes concourant au financement de ces régimes ;

e) Elle arrête la liste des régimes obligatoires de base et des organismes concourant à leur financement habilités à recourir à des ressources non permanentes, ainsi que les limites dans lesquelles leurs besoins de trésorerie peuvent être couverts par de telles ressources.

D. – Dans sa partie comprenant les dispositions relatives aux dépenses pour l'année à venir, la loi de financement de la sécurité sociale :

1° Fixe les charges prévisionnelles des organismes concourant au financement des régimes obligatoires de base ;

2° Fixe, par branche, les objectifs de dépenses de l'ensemble des régimes obligatoires de base et, de manière spécifique, ceux du régime général, ainsi que, le cas échéant, leurs sous-objectifs. La liste des éventuels sous-objectifs et la détermination du périmètre de chacun d'entre eux sont fixées par le Gouvernement après consultation des commissions parlementaires saisies au fond des projets de loi de financement de la sécurité sociale ;

3° Fixe l'objectif national de dépenses d'assurance maladie de l'ensemble des régimes obligatoires de base ainsi que ses sous-objectifs. La définition des composantes des sous-objectifs est d'initiative gouvernementale. Les commissions parlementaires saisies au fond des projets de loi de financement de la sécurité sociale sont consultées sur la liste des sous-objectifs et la définition des composantes de ces sous-objectifs. Le nombre de sous-objectifs ne peut être inférieur à *(L. org. n° 2020-991 du 7 août 2020, art. 2)* « trois ».

II. — La loi de financement de l'année et les lois de financement rectificatives ont le caractère de lois de financement de la sécurité sociale.

(L. org. n° 2012-1403 du 17 déc. 2012, art. 24) « Outre l'article liminaire mentionné à l'article 7 de la loi organique n° 2012-1403 du 17 décembre 2012 relative à la programmation et à la gouvernance des finances publiques *[V. cette L. org., App., v° Gouvernance financière]*, la loi de financement rectificative comprend deux parties distinctes. » Sa première partie correspond à la partie de la loi de financement de l'année comprenant les dispositions relatives aux recettes et à l'équilibre général. Sa deuxième partie correspond à la partie de la loi de financement de l'année comprenant les dispositions relatives aux dépenses.

Seules des lois de financement peuvent modifier les dispositions prises en vertu du I.

III. — L'affectation, totale ou partielle, d'une recette exclusive des régimes obligatoires de base de sécurité sociale, des organismes concourant à leur financement, à l'amortissement de leur dette ou à la mise en réserve de recettes à leur profit ou des organismes finançant et gérant des dépenses relevant de l'objectif national de dépenses d'assurance maladie, à toute autre personne morale ne peut résulter que d'une disposition de loi de financement. Ces dispositions sont également applicables, sous réserve des dispositions de l'article 36 de la loi organique n° 2001-692 du 1er août 2001 relative aux lois de finances, à l'affectation d'une ressource établie au profit de ces mêmes régimes et organismes à toute autre personne morale que l'État.

IV. — Seules des lois de financement peuvent créer ou modifier des mesures de réduction ou d'exonération de cotisations de sécurité sociale non compensées aux régimes obligatoires de base.

Cette disposition s'applique également :

1° A toute mesure de réduction ou d'exonération de contributions affectées aux régimes obligatoires de base de sécurité sociale, ou aux organismes concourant à leur financement ou à l'amortissement de leur dette ou à la mise en réserve de recettes à leur profit, ou aux organismes finançant et gérant des dépenses relevant de l'objectif national de dépenses d'assurance maladie ;

2° A toute mesure de réduction ou d'abattement de l'assiette de ces cotisations et contributions ;

3° A toute modification des mesures non compensées à la date de l'entrée en vigueur de la loi organique n° 2005-881 du 2 août 2005 relative aux lois de financement de la sécurité sociale.

V. — A. — Peuvent figurer dans la partie de la loi de financement de la sécurité sociale de l'année comprenant les dispositions relatives à l'année en cours, outre celles prévues au B du I, les dispositions ayant un effet sur les recettes des régimes obligatoires de base ou des organismes concourant à leur financement, à l'amortissement de leur dette ou à la mise en réserve de recettes à leur profit, relatives à l'affectation de ces recettes, sous réserve des dispositions de l'article 36 de la loi organique n° 2001-692 du 1er août 2001 précitée, ou ayant un effet sur les dépenses de ces régimes ou organismes.

B. — Peuvent figurer dans la partie de la loi de financement de l'année comprenant les dispositions relatives aux recettes et à l'équilibre général pour l'année à venir, outre celles prévues au C du I, les dispositions :

1° Ayant un effet sur les recettes de l'année des régimes obligatoires de base ou des organismes concourant à leur financement *(L. org. n° 2010-1380 du 13 nov. 2010, art. 2)* « , à l'amortissement de leur dette ou à la mise en réserve de recettes à leur profit », ou relatives, sous réserve des dispositions de l'article 36 de la loi organique n° 2001-692 du 1er août 2001 précitée, à l'affectation de ces recettes ;

2° Ayant un effet sur les recettes de l'année ou des années ultérieures des régimes obligatoires de base ou des organismes concourant à leur financement *(L. org. n° 2010-*

1380 du 13 nov. 2010, art. 2) « , à l'amortissement de leur dette ou à la mise en réserve de recettes à leur profit », ou relatives, sous réserve des dispositions de l'article 36 de la loi organique n° 2001-692 du 1er août 2001 précitée, à l'affectation de ces recettes, à la condition qu'elles présentent un caractère permanent ;

(L. org. n° 2010-1380 du 13 nov. 2010, art. 2, applicable à compter de la LFSS pour 2011) « 3° Relatives à l'assiette, au taux et aux modalités de recouvrement des cotisations » et contributions affectées aux régimes obligatoires de base ou aux organismes concourant à leur financement *(L. org. n° 2010-1380 du 13 nov. 2010, art. 2)* « , à l'amortissement de leur dette ou à la mise en réserve de recettes à leur profit » ;

4° Relatives à la trésorerie et à la comptabilité des régimes obligatoires de base ou des organismes concourant à leur financement, à l'amortissement de leur dette ou à la mise en réserve de recettes à leur profit ;

(L. org. n° 2020-991 du 7 août 2020, art. 2) « 5° Ayant un effet sur la dette des régimes obligatoires de base, l'amortissement et les conditions de financement de cette dernière, ainsi que les mesures relatives à la mise en réserve de recettes au profit des régimes obligatoires de base et à l'utilisation de ces réserves, à la condition que ces dernières opérations aient une incidence sur les recettes de l'année ou, si elles ont également une incidence sur les recettes des années ultérieures, que ces opérations présentent un caractère permanent. »

C. — Peuvent figurer dans la partie de la loi de financement de la sécurité sociale de l'année comprenant les dispositions relatives aux dépenses pour l'année à venir, outre celles prévues au D du I, les dispositions :

1° Ayant un effet sur les dépenses de l'année des régimes obligatoires de base ou sur les dépenses de l'année des organismes concourant à leur financement qui affectent directement l'équilibre financier de ces régimes ;

2° Ayant un effet sur les dépenses de l'année ou des années ultérieures des régimes obligatoires de base ou sur les dépenses des organismes concourant à leur financement qui affectent directement l'équilibre financier de ces régimes, à la condition qu'elles présentent un caractère permanent ;

3° Modifiant les règles relatives à la gestion des risques par les régimes obligatoires de base ainsi que les règles d'organisation ou de gestion interne de ces régimes et des organismes concourant à leur financement, si elles ont pour objet ou pour effet de modifier les conditions générales de l'équilibre financier de la sécurité sociale ;

4° Améliorant l'information et le contrôle du Parlement sur l'application des lois de financement de la sécurité sociale.

D. — Peuvent également figurer dans la loi de financement, dans les conditions et sous les réserves prévues au A et aux 1°, 2° et 3° du B et du C du présent V, les dispositions relatives aux organismes qui financent et gèrent des dépenses relevant de l'objectif national de dépenses d'assurance maladie.

VI. — Lorsque des dispositions législatives ou réglementaires sont susceptibles d'avoir un effet sur les recettes ou les dépenses des régimes obligatoires de base de sécurité sociale, des organismes concourant à leur financement ou des organismes chargés de l'amortissement de leur dette, les conséquences de chacune d'entre elles doivent être prises en compte dans les prévisions de recettes et les objectifs de dépenses de la plus prochaine loi de financement. — *[Les dispositions du VI ont été déclarées non conformes à la Constitution par la décision du Conseil constitutionnel n° 2005-519 DC du 29 juillet 2005.]*

VII. — Les comptes des régimes et organismes de sécurité sociale doivent être réguliers, sincères et donner une image fidèle de leur patrimoine et de leur situation financière.

VIII. — La mission d'assistance du Parlement et du Gouvernement, confiée à la Cour des comptes par le dernier alinéa de l'article 47-1 de la Constitution, comporte notamment :

1° La production du rapport sur l'application des lois de financement de la sécurité sociale, prévu à l'article L.O. 132-3 du code des juridictions financières ;

2° La production d'un avis sur la cohérence des tableaux d'équilibre par branche du dernier exercice clos, mentionnés au I du présent article *(L. org. n° 2010-1380 du 13 nov. 2010, art. 2)* « , ainsi que sur la cohérence du tableau patrimonial du dernier exercice clos, mentionné au II de l'article L.O. 111-4 » ;

3° La production du rapport, mentionné à l'article L.O. 132-2-1 du code des juridictions financières, de certification de la régularité, de la sincérité et de la fidélité des comptes des organismes nationaux du régime général et des comptes combinés de chaque branche et de l'activité de recouvrement du régime général, relatifs au dernier exercice clos, établis conformément aux dispositions du présent livre. Ce rapport présente le compte rendu des vérifications opérées aux fins de certification.

PLAN DES ANNOTATIONS

[V. références des décisions du Conseil constitutionnel dans le tableau DC]

1. La loi de financement retient, pour fixer les objectifs de dépenses, la notion de branche qui correspond à chacun des quatre grands « risques » : maladie, accidents du travail, famille et retraite ; pour définir les recettes et apprécier l'équilibre financier, le régime général, l'ensemble des régimes obligatoires de base ainsi que les organismes concourant à l'équilibre financier de ces régimes. • C. comptes, 6 sept. 2005 : *Rapport Sécurité sociale 2004. 274.* ♦ La Cour note également que quelle que soit leur utilité, les notions de branche, de régime général et de régime obligatoire de base sont des constructions juridiques et économiques qui ne correspondent à aucune personne morale. La notion de « comptes » qui leur est associée, bien que couramment utilisée, est donc impropre. En effet, ils ne sont pas établis par une personne morale autonome correspondant au périmètre des comptes, mais par un service de l'État. Toutefois leur construction devra respecter les principes et normes comptables. • Même décision.

2. Régimes. Au nombre de ces principes fondamentaux de la sécurité sociale relevant de la compétence du législateur figurent notamment ceux relatifs à la création d'un nouveau régime de sécurité sociale, à son organisation et à son *champ d'application ; il appartient en par*ticulier au législateur de déterminer les éléments de l'assiette des cotisations sociales, les catégories de personnes assujetties à l'obligation de cotiser, ainsi que les catégories de prestations que comporte le régime en cause. • Cons. const. 27 nov. 2001, n° 2001-451 DC.

3. La disposition selon laquelle les organisations les plus représentatives des organismes d'assurance maladie complémentaire pourront signer la convention définissant les modalités de mise en œuvre par les assureurs des recours des organismes de sécurité sociale contre les tiers responsables sont étrangères au champ des lois de financement de la sécurité sociale dans la mesure où les organismes en cause ne sont pas des régimes obligatoires de base de la sécurité sociale et ne relèvent pas non plus des autres organismes mentionnés par le présent article. • Cons. const. 15 déc. 2005, n° 2005-528 DC § 27.

4. Branches. Le principe de « l'autonomie organique et financière » des branches de la sécurité sociale ne constitue pas un « principe fondamental reconnu par la législation républicaine ». • Cons. const. 19 déc. 2000, n° 2000-437 DC. ♦ Pour autant, le législateur ne saurait décider des transferts de ressources et de charges entre branches tels qu'ils compromettraient manifestement la réalisation de leurs objectifs et remettraient ainsi en cause tant l'existence des branches que les exigences constitutionnelles qui s'attachent à l'exercice de leurs missions. • Cons. const. 18 déc. 2001, n° 2001-453 DC.

5. La Cour des comptes estime qu'il serait souhaitable de définir la notion de branche en l'introduisant dans le dispositif juridique propre à chacun des régimes de base visés par la LFSS. • C. comptes, 13 sept. 1999, *Rapport au Parlement sur la sécurité sociale 1998 : Rec. C. comptes 202.*

6. Tableaux d'équilibre. Pour bien marquer

la différence avec les comptes combinés établis par les caisses nationales, la loi organique a introduit pour le régime général tout entier et pour les branches de l'ensemble des régimes obligatoires la notion de « tableau d'équilibre ». La principale différence avec des comptes réside dans la nature des documents comptables produits. Les agents comptables qui établissent les comptes combinés des branches et régimes produisent des états financiers complets : bilan, compte de résultat et annexe. En l'absence d'une personne morale susceptible d'assumer la responsabilité de l'établissement de comptes, il ne peut exister à ce stade, dans le périmètre des tableaux d'équilibre, ni bilan ni annexe financière. • C. comptes, 6 sept. 2005 : *Rapport Sécurité sociale 2004. 274.*

I. DOMAINE OBLIGATOIRE DES LFSS

7. L'approbation parlementaire du montant total des compensations aux organismes de sécurité sociale au titre des exonérations et réductions de cotisations et de recettes affectées [c) du 2° du C du I du présent art.] présente, selon l'expression de J.-Y. Schoettl (*RFDA 2006. 1030*) un caractère « recognitif ». • Cons. const. 29 juill. 2005, n° 2005-519 DC.

A. RECETTES ET CONDITIONS GÉNÉRALES DE L'ÉQUILIBRE FINANCIER

1° DISPOSITIONS RELATIVES AUX RECETTES

8. Il appartient au législateur, pour arrêter le montant des prévisions de recettes, de prendre en compte l'ensemble des données, notamment d'ordre fiscal, ayant une incidence sur le montant des recettes des régimes obligatoires de base et des organismes créés pour concourir à leur financement. • Cons. const. 19 déc. 2000, n° 2000-437 DC. ♦ Les prévisions de recettes doivent être initialement établies par le Gouvernement au regard des informations disponibles à la date du dépôt du projet de loi de financement de la sécurité sociale ; il lui appartient d'informer le Parlement, au cours de l'examen de ce projet de loi, lorsque surviennent des circonstances de droit ou de fait de nature à remettre en cause les conditions *générales* de l'équilibre financier des régimes obligatoires de base de la sécurité sociale et, en pareille hypothèse, de corriger les prévisions initiales ; il appartient au législateur, lorsqu'il arrête ces prévisions, de prendre en compte l'ensemble des données dont il a connaissance et qui ont une incidence sur le montant des recettes des régimes obligatoires de base et des organismes créés pour concourir à leur financement. • Cons. const. 16 déc. 2004, n° 2004-508 DC § 4 et 5.

9. Classification des recettes. A défaut de définition des « catégories de recettes » de l'ensemble des régimes, les LFSS ont retenu la liste suivante : cotisations effectives, cotisations fictives, contributions publiques, impôts et taxes affectés, transferts reçus, revenus de capitaux et autres ressources. La cour a critiqué cette présentation car elle estime que la participation de l'État au financement de la sécurité sociale devrait être mieux éclatée selon que l'État est considéré comme employeur (cotisations effectives) ou comme puissance publique (contributions publiques) ou en tant que gestionnaire de la retraite de ses agents. • C. comptes, 13 sept. 1999, *Rapport au Parlement sur la sécurité sociale 1998 : Rec. C. comptes 201.*

10. Dispositions fiscales. La LFSS peut contenir des dispositions fiscales, par exemple la contribution mise à la charge des entreprises exploitant des spécialités pharmaceutiques. • Cons. const. 18 déc. 1998, n° 98-404 DC.

11. CSG. La contribution sociale généralisée entre dans la catégorie des « impositions de toutes natures » prévue à l'art. 34 Const. dont il appartient au législateur de fixer les règles concernant l'assiette, le taux et les modalités de recouvrement ; le produit de cette contribution est appelé à concourir de façon significative à l'équilibre financier des régimes obligatoires de base ; la détermination de son assiette a une incidence directe sur le volume de ses recettes ; les règles relatives aux conditions de son recouvrement garantissent l'application effective des règles d'assiette et en sont par là même le complément nécessaire. • Cons. const. 19 déc. 1996, n° 96-384 DC. ♦ V. aussi, s'agissant de la majoration du taux de la CSG, sans incidence, en elle-même, sur le taux des cotisations d'assurance maladie, • Cons. const. 18 déc. 1997, n° 97-393 DC.

12. S'il est loisible au législateur de modifier l'assiette de la contribution sociale généralisée afin d'alléger la charge pesant sur les contribuables les plus modestes, c'est à la condition de ne pas provoquer de rupture caractérisée de l'égalité entre ces contribuables ; la disposition contestée ne tient compte ni des revenus du contribuable autres que ceux tirés d'une activité, ni des revenus des autres membres du foyer, ni des personnes à charge au sein de celui-ci et crée ainsi, entre les contribuables concernés, une disparité manifeste contraire à l'art. 13 de la Déclaration de 1789. • Cons. const. 19 déc. 2000, n° 2000-437 DC.

13. Besoins de trésorerie. Le législateur fixe le plafond d'avances qui a pour objet de couvrir les besoins journaliers en trésorerie de l'ACOSS. Mais les relèvements successifs de ce plafond, passé de 4,2 M€ pour 2002 à 12,5 M€, puis porté à 15 M€, pour 2003 et à 33 M€ pour 2004, ont conduit à utiliser la procédure des avances comme un mode de financement permanent. Le niveau sans précédent de ce plafond a contraint l'ACOSS à compléter les concours de trésorerie mis à sa disposition par la caisse des dépôts et consignations (CDC) en faisant appel au marché bancaire. • C. comptes, 6 sept. 2005 : *Rapport Sécurité sociale 2004. 122.*

2° CONDITIONS GÉNÉRALES DE L'ÉQUILIBRE FINANCIER

a. Exigence constitutionnelle

14. L'exigence constitutionnelle qui s'attache à l'équilibre financier de la sécurité sociale n'impose pas que cet équilibre soit strictement réalisé pour chaque branche et pour chaque régime au cours de chaque exercice. • Cons. const. 18 déc. 2001, n° 2001-453 DC • Cons. const. 29 déc. 2003, n° 2003-489 DC § 39 • Cons. const. 20 déc. 2019, n° 2019-795 DC § 19.

15. Il résulte de la combinaison des présentes dispositions avec celles de l'art. 4 *bis* de l'Ord. du 24 janv. 1996 que les lois de financement de la sécurité sociale ne peuvent pas conduire, par un transfert sans compensation au profit de ladite caisse d'amortissement de recettes affectées aux régimes de sécurité sociale et aux organismes concourant à leur financement, à une dégradation des conditions générales de l'équilibre financier de la sécurité sociale de l'année à venir. • Cons. const. 16 déc. 2010, n° 2010-620 DC § 6. ♦ Dès lors, les lois de financement de la sécurité sociale ne sauraient conduire à un transfert, au profit de la Caisse d'amortissement de la dette sociale, de recettes affectées aux régimes de sécurité sociale et aux organismes concourant à leur financement sans compensation de nature à éviter une dégradation des conditions générales de l'équilibre financier de la sécurité sociale de l'année à venir. • Cons. const. 7 août 2020, n° 2020-804 DC § 4. ♦ Sur la question de l'équilibre des LFSS, V. également note 45.

16. L'équilibre financier de la sécurité sociale : constitue une exigence à valeur constitutionnelle qui autorise le législateur à procéder à une validation rétroactive ayant pour effet de revaloriser la base mensuelle de calcul des allocations familiales : à défaut de cette disposition, le montant global des allocations familiales versées se serait accru dans des proportions sensibles entraînant une dépense supplémentaire de plus de trois milliards de francs venant aggraver à due concurrence le déficit de la branche famille du régime général. • Cons. const. 18 déc. 1997, n° 97-393 DC. ♦ ... *Autorise le législateur à suspendre* le versement des allocations familiales aux familles dont le niveau de ressources est le plus élevé ; il lui appartient en effet d'apprécier les conditions dans lesquelles les droits de la famille doivent être conciliés avec d'autres impératifs d'intérêt général. • Cons. const. 18 déc. 1997, n° 97-393 DC. ♦ ... Justifie l'obligation faite aux médecins, prescrivant un arrêt de travail ou un transport en vue de remboursement, de communiquer à la caisse les éléments d'ordre médical expliquant ces prescriptions. • Cons. const. 21 déc. 1999, n° 99-422 DC. ♦ ... Autorise le législateur à faire supporter aux assurés sociaux une participation forfaitaire pour les actes ou consultations pris en charge par l'assurance maladie. • Cons. const. 12 août 2004, n° 2004-504 DC § 18.

17. En revanche, si, eu égard au montant des recouvrements concernés, les conditions générales de l'équilibre financier de la sécurité sociale ne pouvaient être affectées de façon significative en l'absence de validation et à défaut d'autre motif d'intérêt général, une validation législative est contraire à la Constitution. • Cons. const. 15 déc. 2003, n° 2003-486 DC § 24.

18. Le dispositif ayant notamment pour finalité d'inciter les entreprises pharmaceutiques à conclure avec le comité économique des produits de santé des conventions relatives à un ou plusieurs médicaments, visant à la modération de l'évolution du prix de ces médicaments et à la maîtrise du coût de leur promotion, est inspirée par des motifs d'intérêt général et n'apporte pas à la liberté contractuelle qui découle de l'art. 4 de la DDH une atteinte contraire à la Constitution. • Cons. const. 19 déc. 2000, n° 2000-437 DC.

19. Il appartient au juge constitutionnel de vérifier si le montant des pertes de recettes pour la sécurité sociale induites par les mesures en cause impose ou non une compensation. • Cons. const. 20 déc. 2019, n° 2019-795 DC § 19 (sol. impl.).

20. Dans la ligne de la jurisprudence constitutionnelle, le juge administratif considère qu'une validation législative consécutive à l'annulation contentieuse d'un arrêté ministériel relatif à la facturation par des établissements de santé privés aux organismes d'assurance maladie, dès lors qu'elle a pour objectif l'équilibre des comptes des organismes de sécurité sociale et la maîtrise des dépenses de santé, poursuit des objectifs d'intérêt général et ne saurait engager la responsabilité de l'État. • TA Versailles, 18 juin 1998, *CH privé de Conflans : Lebon T. 725.*

21. Des mesures tendant à accroître les recettes du fonds de financement de la réforme des cotisations patronales de sécurité sociale en lui transférant la totalité de la contribution sur les contrats d'assurance en matière de circulation de véhicules terrestres à moteur et du droit de consommation sur les alcools ne portent pas atteinte à l'exigence constitutionnelle d'équilibre, alors même que les parlementaires saisissants alléguaient que, du fait de ces transferts de recettes, le déficit de la Caisse nationale d'assurance maladie des travailleurs salariés serait aggravé de 5,9 milliards de francs en 2001 et de 11,8 milliards de francs en 2002. En effet, ces transferts sont définis avec une précision suffisante et n'entravent pas, eu égard à leur montant, le fonctionnement des régimes et organismes concernés au point de les empêcher d'exercer leurs missions ou de mettre en œuvre les politiques nécessaires au respect des exigences découlant des dixième et onzième al. du Préambule de la Constitution de 1946. • Cons. const. 18 déc. 2001, n° 2001-453 DC.

22. Le « cadrage financier pluriannuel des dépenses d'assurance maladie », pour lequel les caisses d'assurance maladie devront transmettre avant le 30 juin de chaque année au ministre chargé de la sécurité sociale et au Parlement des propositions relatives à l'évolution de leurs charges et de leurs produits au titre de l'année suivante et aux mesures nécessaires pour atteindre l'équilibre, ne peut être fixé que par une LFSS. • Cons. const. 12 août 2004, n° 2004-504 DC § 29.

b. Incidence sur l'équilibre financier

23. L'affectation directe de l'équilibre financier des régimes obligatoires de base implique que les dispositions en cause concernent, selon les termes de la Constitution, « les conditions générales de l'équilibre financier » de la sécurité sociale. • Cons. const. 16 juill. 1996, n° 96-379 DC § 12.

24. L'affectation de l'équilibre général des régimes obligatoires de base doit s'entendre comme impliquant une affectation des conditions générales de l'équilibre financier, ce qui exclut des dispositions n'ayant qu'une incidence financière marginale. • Cons. const. 16 juill. 1996, n° 96-379 DC § 12.

1. Appréciation quantitative

25. Absence d'incidence financière. Sont étrangères au domaine des lois de financement de la sécurité sociale les mesures qui n'affectent directement ni l'équilibre financier des régimes obligatoires de base pour l'année à venir, ni celui de l'année en cours. • Cons. const. 18 déc. 2001, n° 2001-453 DC • Cons. *const. 14 déc. 2006, n° 2006-544 DC § 2 s.* ♦ Par exemple : les dispositions prévoyant que les membres de la commission des accidents du travail et maladies professionnelles, choisis jusqu'alors par les membres du conseil d'administration de la Caisse nationale d'assurance maladie des travailleurs salariés, seront désormais directement désignés par les organisations professionnelles et syndicales représentatives, n'ont pour effet ni d'affecter directement l'équilibre financier du régime général, ni d'améliorer le contrôle du Parlement sur l'application des lois de financement de la sécurité sociale. • Cons. const. 12 déc. 2002, n° 2002-463 DC. ♦ ... La disposition créant « auprès du ministre chargé de la santé un comité ayant pour mission principale d'évaluer l'application de la tarification à l'activité ». • Cons. const. 15 déc. 2003, n° 2003-486 DC § 19. ♦ ... L'article qui dispose que « le Gouvernement déposera devant le Parlement, un rapport sur le financement de la télémédecine » • Cons. const. 16 déc. 2004, n° 2004-508 DC § 20. ♦ ... La disposition qui précise les compétences des conciliateurs exerçant dans les caisses locales d'assurance maladie. • Cons. const. 15 déc. 2005, n° 2005-528 DC § 29. ♦ ... La disposition qui complète les compétences de la Haute Autorité de santé en matière de certification des logiciels d'aide à la prescription médicale. • Même décision. ♦ ... Qui élargit le champ du régime dérogatoire des recherches biomédicales visant à évaluer les soins courants. • Même décision. ♦ ... Qui complète les statuts généraux des fonctions publiques de l'État, des collectivités territoriales et de la fonction publique hospitalière en vue d'augmenter, dans certains cas, la durée du congé de maternité avec traitement. • Même décision. ♦ ... Qui fixe les règles de cumul d'emplois applicables aux directeurs et directeurs adjoints de laboratoires d'analyses de biologie médicale. • Cons. const. 14 déc. 2006, n° 2006-544 DC § 2 s. ♦ ... Relatives à l'entrée en fonction des nouvelles chambres disciplinaires de l'ordre des pharmaciens à la date de désignation de leurs présidents. • Même décision. ♦ ... Qui tend à informer les assurés sociaux sur l'accès des médecins aux données afférentes aux procédures de remboursement. • Même décision. ♦ ... Qui modifie les conditions de vente des médicaments non consommés en France et susceptibles d'être vendus en dehors du territoire national. • Cons. const. 22 déc. 2009, n° 2009-596 DC § 4. ♦ ... Qui limite les droits du titulaire d'un droit de propriété intellectuelle protégeant l'apparence et la texture des formes orales d'une spécialité pharmaceutique. • Même décision. ♦ ... Qui supprime l'attribution systématique au médecin traitant de la surveillance et du suivi biologique de la contraception locale ou hormonale prescrite par une sage-femme. • Même décision. ♦ ... Qui autorise la diffusion, sur les sites informatiques des établissements de santé, d'informations relatives aux tarifs et honoraires des professionnels de santé qui y exercent. • Même décision. ♦ ... Qui valide les reclassements intervenus en application de la rénovation de la convention collective nationale. • Même décision. ♦ ... Qui précise le régime d'autorisation des établissements et services gérés par une personne physique ou morale de droit privé accueillant des enfants de moins de six ans ainsi que les conditions d'agrément des assistants maternels et assistants familiaux. • Même décision. ♦ ... Qui prévoit la possibilité de délivrer, pour ces établissements, des agréments fixant des capacités d'accueil variables dans le temps. • Même décision. ♦ ... Qui élargit les missions des « relais assistants maternels ». • Même décision. ♦ ... Qui d'une part, fixe à deux le nombre d'enfants susceptibles d'être accueillis par un assistant maternel lors de son premier agrément et, d'autre part, modifie les conditions de formation initiale et continue des assistants maternels. • Même décision.

26. Incidence financière non significative. Ne concourent pas de façon significative aux conditions générales de l'équilibre financier de l'assurance maladie et sont, dès lors, étrangères au domaine des lois de financement de la sécurité sociale : une disposition ayant pour objet de donner la faculté à l'autorité compétente, lorsqu'elle est saisie de demandes d'autorisation de changement du lieu d'implantation d'un établissement de santé existant ne conduisant pas à un regroupement d'établissements, de subordonner cette autorisation à des engagements de modération des dépenses remboursables par l'assurance maladie. • Cons. const. 18 déc. 1998, n° 98-404 DC. ♦ ... Des dispositions précisant des modalités de fonctionnement de l'agence technique de l'information sur l'hospitalisation, modifiant le statut et les règles de financement des appartements de coordination thérapeutique et des centres de cure ambulatoire en alcoologie ou autorisant la publicité des médicaments par anticipation sur leur radiation de la liste des spécialités remboursables. • Cons. const. 19 déc. 2000, n° 2000-437 DC. ♦ ... Une disposition, prévue en loi de finances rectificative, majorant de 350 millions de francs le prélèvement opéré sur le produit de la contribution sociale des sociétés au profit du budget annexe des prestations sociales agricoles et diminuant du même montant les ressources affectées au fonds de solidarité vieillesse. • Cons. const. 28 déc. 2000, n° 2000-441 DC. ♦ ... Le rétablissement des frais d'assiette et de recouvrement pour la perception des impositions affectées aux organismes de sécurité sociale, d'un montant de 52 millions d'€. • Cons. const. 27 déc. 2001, n° 2001-457 DC. ♦ ... Des dispositions permettant aux praticiens hospitaliers exerçant une activité libérale à l'hôpital de percevoir leurs honoraires « directement » et non plus seulement « par l'intermédiaire de l'administration de l'hôpital », substituant l'appellation « contrats de pratique professionnelle » à celle de « contrats de bonne pratique », changeant la dénomination du service du contrôle médical de l'assurance maladie et redéfinissant ses missions sans en modifier la substance. • Cons. const. 12 déc. 2002, n° 2002-463 DC. ♦ La modification apportée par l'art. 39 de la loi déférée à l'art. L. 321-1 CSS qui ne ferait que confirmer l'absence de prise en charge par l'assurance maladie des actes effectués ou prescrits non en raison de l'état du patient, mais pour répondre à des exigences résultant d'une réglementation extérieure ou souscrites dans le cadre d'une démarche contractuelle ; ces dispositions, par leur portée limitée, n'affecteraient pas de façon significative l'équilibre financier des régimes obligatoires de base de la sécurité sociale. • Cons. const. 15 déc. 2003, n° 2003-486 DC § 13. ♦ ... La disposition qui reconduit la prise en charge par l'État de la moitié des arriérés de cotisations sociales dus par certains employeurs de main-d'œuvre agricole exerçant leur activité en Corse. • Cons. const. 15 déc. 2003, n° 2003-486 DC § 20. ♦ ... La disposition qui interdit « la vente, la distribution ou l'offre à titre gratuit de paquets de moins de vingt cigarettes », au lieu de dix-neuf auparavant. • Cons. const. 16 déc. 2004, n° 2004-508 DC § 19. ♦ ... Un article qui prévoit qu'un arrêté du ministre chargé de la sécurité sociale revalorisera chaque année les frais de procédure que le responsable d'un accident doit verser à la caisse d'assurance maladie en sus du remboursement des prestations perçues par la victime. • Même décision. ♦ ... Un article qui complète le code du travail en vue de suspendre le contrat de travail lorsque « l'accouchement intervient plus de six semaines avant la date prévue pour l'accouchement et exige l'hospitalisation postnatale de l'enfant ». • Même décision. ♦ ... Un article qui majore la prime prévue par l'art. L. 531-2 CSS en cas d'adoption. • Même décision. ♦ ... Un article qui permet à des personnes ayant exercé des activités de chef d'exploitation ou d'entreprise agricole avant leur majorité, sans avoir cotisé à l'assurance vieillesse, de racheter certaines périodes d'activité. • Même décision. ♦ ... Des dispositions relatives aux conditions de vente des médicaments non consommés en France et susceptibles d'être vendus en dehors du territoire national. • Cons. const. 22 déc. 2009, n° 2009-596 DC § 4. ♦ ... Une disposition fixant à deux le nombre d'enfants susceptibles d'être accueillis par un assistant maternel lors de son premier agrément et modifiant les conditions de formation initiale et continue des assistants maternels. • Même décision. ♦ ... Une disposition prévoyant l'absence de compensation à la sécurité sociale du coût de plusieurs mesures, telles que l'exonération de cotisations sociales sur les indemnités de rupture conventionnelle dans la fonction publique et celles, déjà mentionnées, relatives au taux intermédiaire de contribution sociale généralisée et au forfait social au titre de l'intéressement et de la participation. • Cons. const. 20 déc. 2019, n° 2019-795 DC § 19.

27. Incidence financière significative. Dès lors qu'une disposition est de nature à dégager des économies ayant une incidence significative sur les conditions générales de l'équilibre financier des comptes de l'assurance maladie, elle est au nombre de celles qui peuvent figurer dans une loi de financement de la sécurité sociale. • Cons. const. 21 déc. 1999, n° 99-422 DC.

28. C'est le cas : du transfert de la dette de l'Agence centrale des organismes de sécurité sociale à la Caisse d'amortissement de la dette sociale qui, par son ampleur, permettra d'alléger les frais financiers du régime général de la sécurité sociale et de réduire ses besoins de financement externes dans une proportion contribuant de façon significative à son équilibre financier. • Cons. const. 18 déc. 1997, n° 97-393 DC. ♦ ... D'une disposition qui prévoit que les conventions nationales conclues entre les organismes d'assurance maladie et les organisations syndicales représentatives des médecins pourront notamment déterminer de nouvelles conditions d'exercice de la médecine libérale, les parties à ces conventions pouvant déterminer les modes de paiement, autres que le paiement à l'acte. • Cons. const. 18 déc. 1998, n° 98-404 DC. ♦ V. aussi, s'agissant des nouveaux pouvoirs conférés aux Caisses en matière de régulation des dépenses de soins de ville, • Cons. const. 21 déc. 1999, n° 99-422 DC. ♦ ... D'une disposition qui prévoit, pour les professionnels de santé, médecins et auxiliaires médicaux, exerçant à titre libéral, la mise en œuvre, dans les établissements d'hébergement pour personnes âgées dépendantes, de conditions particulières d'exercice destinées notamment à assurer la coordination des soins et pouvant porter « sur des modes de rémunération particuliers autres que le paiement à l'acte et sur le paiement direct des professionnels par établissement ». • Cons. const. 18 déc. 1998, n° 98-404 DC. ♦ ... De mesures qui étendent à de nouvelles catégories de salariés le bénéfice des allégements de cotisations patronales de sécurité sociale. • Cons. const. 19 déc. 2000, n° 2000-437 DC. ♦ ... De dispositions qui permettent aux professionnels de santé, aux établissements de santé, ainsi qu'aux centres de santé ne disposant pas d'un laboratoire d'analyses de biologie médicale, de transmettre des prélèvements aux fins d'analyse. • *Même décision.* ♦ ... D'une disposition ayant pour but d'améliorer la procédure d'agrément des conventions collectives du secteur privé sanitaire et médico-social à but non lucratif en faisant par avance connaître aux parties les paramètres d'évolution de la masse salariale qui seront retenus lors de cette procédure ; compte tenu de l'importance des rémunérations dans le coût de fonctionnement de ce secteur et de la part de ce coût couverte par les régimes obligatoires de base de sécurité sociale, la disposition affectera leur équilibre financier. • Cons. const. 15 déc. 2003, n° 2003-486 DC § 16.

29. Affecte de façon significative l'équilibre général des régimes obligatoires de base la création d'un fonds ayant pour objet de compenser la baisse des cotisations patronales aux régimes de sécurité sociale résultant à la fois des allègements de cotisations réservés aux entreprises ayant conclu un accord collectif de réduction du temps de travail et des diminutions de charges sur les bas salaires ; les produits de la contribution sociale sur les bénéfices des sociétés et de la taxe générale sur les activités polluantes ont vocation à abonder de façon substantielle ce fonds ; ainsi, les dispositions de ces art. relatives à l'assiette et aux modalités de calcul et de recouvrement de ces impositions sont inséparables de l'article qui institue le fonds, le tout constituant les éléments indivisibles d'un dispositif d'ensemble visant à répondre à un besoin de financement des régimes de base de sécurité sociale. • Cons. const. 21 déc. 1999, n° 99-422 DC.

30. A été considérée comme influant de façon significative sur l'équilibre général de l'assurance maladie la disposition de la LFSS complétant les missions du Fonds pour la modernisation des établissements de santé en le chargeant de financer des audits de la gestion et de l'organisation de l'ensemble des activités des établissements de santé ; en effet, ce texte prévoit que des recommandations de gestion hospitalière seront élaborées à partir des résultats des audits et diffusées auprès de ces établissements, le législateur ayant ainsi entendu améliorer la gestion et l'organisation des hôpitaux. • Cons. const. 12 déc. 2002, n° 2002-463 DC. ♦ Même solution s'agissant d'une disposition ayant pour objet de reporter du 31 déc. 2003 au 31 déc. 2006 l'échéance avant laquelle doivent être conclues les « conventions tripartites » prévues à l'art. L. 313-12 CASF et dont seulement un dixième environ a été signé à ce jour ; cette disposition aura pour effet d'étaler sur trois années supplémentaires la progression des charges incombant à l'assurance maladie en raison de la médicalisation des établissements hébergeant des personnes âgées dépendantes. • Même décision. ♦ Même solution encore s'agissant de dispositions qui tendent à doter la branche « accidents du travail » d'une « convention d'objectifs et de gestion » ; par leur objet et leurs effets attendus, ces dispositions sont de nature à affecter de façon significative l'équilibre financier du régime général. • Même décision.

31. Est contraire à l'exigence d'équilibre financier une disposition qui aurait pour effet de faire disparaître une créance sur l'État garantie par la loi et constituée à l'actif des bilans des régimes de sécurité sociale, eu égard au montant de cette créance, à la situation financière de ces régimes. • Cons. const. 18 déc. 2001, n° 2001-453 DC.

2. Appréciation chronologique

32. Incidence financière future. Quand il est saisi d'une loi ordinaire ou d'une LFSS, le Conseil constitutionnel apprécie si les dispositions qui lui sont soumises ont une incidence directe sur l'équilibre financier, entrant ainsi dans le domaine exclusif des LFSS. Tel n'est pas le cas lorsque l'incidence financière est simplement future. Ainsi, si la loi sur les plans d'épargne retraite rend les abondements des employeurs aux plans d'épargne retraite déductibles de l'assiette des cotisations de sécurité sociale, cette disposition n'affecte pas les prévisions de recettes résultant de la loi de financement de la sécurité sociale en raison des délais nécessaires à sa mise en œuvre effective. • Cons. const. 20 mars 1997, n° 97-388 DC. ♦ Même solution s'agissant de la loi sur les 35 heures prévoyant un système d'aide aux entreprises pour la mise en œuvre de ce dispositif compte tenu des délais nécessaires à la mise en œuvre effective des aides en question. • Cons. const. 10 juin 1998, n° 98-401 DC • Cons. const. 13 janv. 2000, n° 99-423 DC. ♦ Le Conseil constitutionnel a ainsi transposé aux finances sociales sa jurisprudence concernant les lois de finances. • Cons. const. 27 juill. 1978, n° 78-95 DC § 6. ♦ L'institution, au profit de la Caisse nationale des allocations familiales, d'une garantie de ressources pour la période courant du 1er janv. 1998 au 31 déc. 2002 par un versement éventuel de l'État, ne pourrait affecter les conditions générales de l'équilibre financier de la branche famille qu'en 2003 et seulement dans la mesure où les lois de finances et de financement de la sécurité sociale pour cette année le prévoiraient ; cette disposition ne ressortit pas au domaine de compétence des LFSS. • Cons. const. 21 déc. 1999, n° 99-422 DC.

33. LFSS antérieures. Une LFSS peut affecter l'équilibre général des régimes obligatoires de base fixé par une LFSS antérieure dès lors qu'elle rend applicable au 1er janv. de l'année antérieure, une disposition financière ayant des conséquences sur ledit équilibre. • Cons. const. 19 déc. 2000, n° 2000-437 DC.

34. Une disposition n'ayant d'incidence financière ni sur l'exercice à venir ni sur l'exercice en cours (mais sur l'exercice précédent à celui-ci) n'a pas sa place en loi de financement de la sécurité sociale. • Cons. const. 18 déc. 2001, n° 2001-453 DC.

3. Caractère direct ou indirect de l'incidence *financière*

35. La disposition qui pose le principe de la réduction du temps de travail dans la fonction publique hospitalière implique la création de nombreux emplois, dont le financement est pris en compte dans l'ONDAM, correspondant à la part prise en charge par l'assurance maladie, a une incidence financière directe sur l'équilibre financier des régimes obligatoires de base de la branche maladie. • Cons. const. 18 déc. 2001, n° 2001-453 DC. ♦ Même solution s'agissant d'une disposition autorisant notamment la transmission des déclarations sociales et le paiement des cotisations par voie électronique, en raison des investissements nécessaires à la mise en place de ce dispositif et de l'amélioration attendue du recouvrement des cotisations sociales. • Cons. const. 18 déc. 2001, n° 2001-453 DC. ♦ Même solution encore s'agissant des missions et modalités de fonctionnement de l'Union des caisses nationales de sécurité sociale ; en effet, le nouveau dispositif doit permettre à l'UCANSS de fonctionner à nouveau normalement et de reprendre le processus de négociation collective dans le régime général de la sécurité sociale, négociations qui devraient conduire à une revalorisation des rémunérations ayant ainsi une incidence significative sur les dépenses de la sécurité sociale. • Même décision. ♦ Cette jurisprudence se trouve confirmée par la nouvelle rédaction du présent art. qui autorise les LFSS à comporter toute disposition relative à l'organisation et à la gestion des régimes, à condition qu'elle intéresse les conditions générales de l'équilibre financier de la sécurité sociale. • Cons. const. 29 juill. 2005, n° 2005-519 DC.

36. Incidence financière indirecte. Est dépourvue d'effets financiers directs sur l'équilibre des régimes obligatoires de base : la disposition qui se borne à préciser que les études relatives aux spécialités génériques doivent être considérées comme des actes accomplis à titre expérimental au sens de l'art. L. 613-5 CPI. • Cons. const. 21 déc. 1999, n° 99-422 DC. ♦ ... La disposition modifiant l'assiette de la contribution pour le remboursement de la dette sociale pour en exonérer certains retraités et pensionnés dès lors que le produit de cette contribution est intégralement affecté à la caisse d'amortissement de la dette sociale, qui n'est pas un organisme créé pour concourir au financement des régimes obligatoires de base. • Cons. const. 19 déc. 2000, n° 2000-437 DC. ♦ ... La disposition qui met à la charge du fonds de solidarité vieillesse visé à l'art. L. 135-1 CSS la validation, par des organismes de retraite complémentaire, de périodes de chômage et de préretraite indemnisées par l'État dès lors que les organismes bénéficiaires des versements résultant de cette disposition ne sont pas des régimes obligatoires de base de la sécurité sociale. • Même décision. ♦ Même solution pour la disposition accroissant les obligations de contrôle des donneurs d'ordre sur les entreprises sous-traitantes, en matière de lutte contre l'emploi d'étrangers ne disposant pas d'un titre les autorisant à exercer une activité salariée en France et soumettant les particuliers aux mêmes obligations ; ces mesures ont un effet trop indirect sur les recettes des régimes obligatoires de base pour pouvoir se rattacher aux dispositions qui, aux termes des 1° et 2° du B du V du présent art., ont un effet sur les recettes des régimes obligatoires de base ou des organismes concourant à leur financement. • Cons. const. 15 déc. 2005, n° 2005-528 DC § 28.

37. Alors même qu'une disposition législative est sans incidence financière directe sur l'équilibre financier de la sécurité sociale, elle ne sera pas censurée par le Conseil constitutionnel dès lors que cette censure aurait pour effet de laisser subsister dans la législation en vigueur une erreur matérielle conduisant à une disparité de traitement contraire au principe d'égalité. • Cons. const. 18 déc. 2001, n° 2001-453 DC.

B. OBJECTIFS DE DÉPENSES

38. En faisant référence aux organismes créés pour concourir au financement des régimes obligatoires de base, le législateur organique n'a pas exclu que de tels organismes puissent également concourir au financement des régimes complémentaires. • Cons. const. 12 janv. 2002, n° 2001-455 DC.

39. Le D du I du présent art. définit le contenu de la partie de la loi de financement consacrée aux dépenses pour l'année à venir ; dans cette partie, la loi de financement fixe les objectifs de dépenses des régimes obligatoires de base par branche et du régime général ainsi que, le cas échéant, leurs sous-objectifs, et l'objectif national de dépenses d'assurance maladie de l'ensemble des régimes obligatoires de base et ses sous-objectifs ; la liste et les composantes des sous-objectifs seront déterminées par le Gouvernement, le nombre des sous-objectifs de l'objectif national de dépenses d'assurance maladie ne pouvant toutefois être inférieur à cinq ; les commissions parlementaires saisies au fond des projets de loi de financement de la sécurité sociale seront consultées sur les initiatives gouvernementales prises en la matière ; ces dispositions sont de celles que le législateur organique pouvait définir sur le fondement de l'habilitation qu'il tient de la Constitution. • Cons. const. 29 juill. 2005, n° 2005-519 DC.

40. La Cour des comptes déplore que, depuis la mise en œuvre des LFSS, l'ONDAM ait toujours été dépassé, révélant une contradiction de plus en plus marquée entre le volontarisme dans la fixation des objectifs et l'incapacité à mettre en œuvre des dispositifs de régulation. *C. comptes : *Rapport Sécurité sociale sept. 2003.* ♦ En effet, alors que la logique du dispositif de l'ONDAM reposait au départ sur l'existence de mécanismes de sanction des dérapages éventuels de dépenses et sur la responsabilité centrale des prescripteurs, ces deux éléments n'ont pas fonctionné. • Même décision.

41. La Cour se félicite toutefois que, désormais, l'ONDAM « prévisionnel » soit établi sur la base de l'objectif réalisé de l'année précédente et non plus de l'objectif prévisionnel de l'année précédente. * C. comptes, *Rapport Sécurité sociale 2000. 185.*

42. Dès lors que l'objectif de dépenses est fixé par rapport à l'objectif révisé pour l'année précédente, qu'il a été déterminé en tenant compte de l'évolution spontanée des dépenses de santé, ainsi que des mesures de rétablissement financier et de réorganisation prévues et au regard des aléas qui lui sont inhérents, l'évaluation n'est entachée d'aucune erreur manifeste. • Cons. const. 16 déc. 2004, n° 2004-508 DC § 13 • Cons. const. 15 déc. 2005, n° 2005-528 DC.

43. Le taux de croissance d'un ONDAM à l'autre est calculé entre l'ONDAM « révisé » de l'année N-1 et l'ONDAM fixé pour l'année N et non d'un ONDAM initial à l'autre. Ce rebasage fausse la perception de l'évolution réelle des dépenses en minorant le taux de croissance de l'objectif des dépenses. La Cour estime nécessaire de fonder le calcul de l'ONDAM sur des bases réalistes tenant compte du niveau des dépenses atteint en fin d'année précédente. Mais la révision de l'objectif lui-même n'a de sens que si elle intervient dans une LFSS rectificative à un moment de l'année où des mesures peuvent encore être prises pour éviter ou limiter les dépassements. La pratique actuelle a pour effet de ne pas faire apparaître la réalité de l'évolution des dépenses. • C. comptes, 7 sept. 2004 : *Rapport Sécurité sociale 2003. 16.* ♦ La Cour constate que les dépenses des branches ont toujours excédé l'objectif fixé chaque année. Ce dépassement qui était constamment supérieur à 2 M€ jusqu'en 2003 (2,1 M€ en 2003, 4,9 M€ en 2002 et 2,9 M€ en 2001) s'abaisse à 1,2 M€ en 2004. Au total, les dépassements cumulés depuis 2001 représentent 11,1 M€. Sur ces 11,1 M€ de dépassement, 9,9 M€ sont dus aux dépenses d'assurance maladie. • C. comptes, 6 sept. 2005 : *Rapport Sécurité sociale 2004. 9.*

44. Le dispositif d'encadrement des dépenses hospitalières mis au point par le ministère de la santé est d'une excessive complexité qui rend difficile l'articulation avec l'ONDAM. Cette complexité altère aussi l'information dont disposent les parlementaires et nuit à la compréhension des règles du jeu pour les établissements auxquels l'encadrement s'applique. • C. comptes, 7 sept. 2004 : *Rapport Sécurité sociale 2003. 47.*

C. SINCÉRITÉ DES LFSS

45. Principe. Le Conseil constitutionnel a accueilli un grief fondé sur le défaut de sincérité de la LFSS ; il a toutefois considéré que la décroissance à terme de certaines recettes ne met pas en cause la sincérité des prévisions de recettes pour l'année. • Cons. const. 21 déc. 1999, n° 99-422 DC.

46. Absence d'intention de fausser les grandes lignes de l'équilibre. S'agissant des conditions générales de l'équilibre financier de la sécurité sociale pour l'année en cours et l'année à venir, la sincérité se caractérise par l'absence d'intention de fausser les grandes lignes de cet équilibre. • Cons. const. 15 déc. 2011, n° 2011-642 DC § 4 • Cons. const. 13 déc. 2012, n° 2012-659 DC § 5 • Cons. const. 19 déc. 2013, n° 2013-682 DC § 3. ♦ Il en va de même pour les LFRSS. • Cons. const. 6 août 2014, n° 2014-698 DC § 3 • Cons. const. 22 déc. 2016, n° 2016-742 DC § 3. ♦ S'agissant de la partie de la loi de financement de l'année relative au dernier exercice clos, la sincérité s'entend comme imposant l'exactitude des comptes. • Cons. const. 29 juill. 2005, n° 2005-519 DC § 6.

47. Comme en matière de lois de finances, le Conseil constitutionnel se limite au contrôle de l'erreur manifeste d'appréciation, prenant en compte les aléas inhérents à l'évaluation des prévisions de recettes et des objectifs de dépenses, spécialement en présence d'incertitudes particulières relatives à l'évolution de l'économie. • Cons. const. 18 déc. 2001, n° 2001-453 DC § 6. ♦ Les prévisions figurant en LFSS doivent être appréciées au regard des informations disponibles à la date du dépôt et de l'adoption du texte dont est issue la loi déférée et compte tenu des aléas inhérents à leur évaluation. • Cons. const. 15 déc. 2003, n° 2003-486 DC § 4 • Cons. const. 19 déc. 2013, n° 2013-682 DC § 3. ♦ ... Et des dispositions contenues dans ce projet de loi. • Cons. const. 17 déc. 2015, n° 2015-723 DC § 3.

48. Il est tenu compte par ex. des prévisions établies par différentes institutions telles que la Commission européenne, la Banque de France, le FMI et l'OCDE. • Cons. const. 22 déc. 2016, n° 2016-742 DC § 6.

49. Dès que les conséquences d'une disposition particulière ont été évaluées et prises en compte dans la détermination des conditions générales de l'équilibre financier de la sécurité sociale, il n'y a pas d'insincérité de la LFSS. • Cons. const. 18 déc. 2014, n° 2014-706 DC § 21.

50. Avis du HCFP. La sincérité des LFSS (des LPFP et des LF) devra s'apprécier notamment en prenant en compte l'avis du HCFP. Par suite, l'art. 39 Const. impose que cet avis sur le LPFP, le projet de LFI et le projet de LFSSI soit rendu avant que le Conseil d'État ne rende son avis ; en prévoyant que l'avis sera joint au projet de loi lors de la saisine du Conseil d'État, les dispositions des art. 13 et 14 de la présente L. org. n'ont pas méconnu ces exigences. • Cons. const. 13 déc. 2012, n° 2012-658 DC § 52. ♦ En permettant que l'avis du HCFP ne soit rendu qu'avant l'adoption en première lecture par l'Assemblée nationale du projet de LFSSR (ou du projet de LFR), le législateur organique a méconnu ces exigences. • Cons. const. 13 déc. 2012, n° 2012-658 DC § 53.

51. Dès que les conséquences d'une disposition particulière ont été évaluées et prise en compte dans la détermination des conditions générales de l'équilibre financier de la sécurité sociale, il n'y a pas d'insincérité de la LFSS. • Cons. const. 18 déc. 2014, n° 2014-706 DC § 21.

52. Toutefois, s'agissant des avis du HCFP, si, par suite des circonstances, ils venaient à être rendus postérieurement à l'avis du Conseil d'État, le Conseil apprécierait, le cas échéant, le respect des dispositions de la présente L. org. au regard des exigences de la continuité de la vie de la Nation. • Cons. const. 13 déc. 2012, n° 2012-658 DC § 54. ♦ Ce nouveau contrôle ne peut cependant pas être anticipé. • Cons. const. 13 déc. 2012, n° 2012-659 DC § 3.

53. Usage des avis du HCFP. Sur l'impact des avis du HCFP sur l'appréciation de la sincérité des LF et LFSS, V. notes ss. LOPGFP, art. 14 pour les LFSSI (et LFI) et art. 15 pour les LFRSS.

54. Pour autant, ces avis, même s'ils estiment que les hypothèses retenues peuvent être regardées comme optimistes, ne permettent pas de retenir l'insincérité des LFSS dès lors qu'aucune intention de fausser les grandes lignes de l'équilibre n'est avérée. • Cons. const. 22 déc. 2016, n° 2016-742 DC § 6.

55. Modification des conditions générales de l'équilibre financier. S'il apparaît en cours d'année que les conditions générales de l'équilibre financier des régimes obligatoires de base de la sécurité sociale sont remises en cause, il appartient au Gouvernement de soumettre au Parlement les ajustements nécessaires dans une loi de financement de la sécurité sociale rectificative ou, à défaut, s'il en était encore temps, dans la loi de financement de la sécurité sociale pour l'année suivante. • Cons. const. 18 déc. 2001, n° 2001-453 DC § 6.

56. Il appartient au Gouvernement au regard des informations disponibles à la date du dépôt du projet de loi de financement de la sécurité sociale d'informer le Parlement, au cours de l'examen de ce projet de loi, lorsque surviennent des circonstances de droit ou de fait de nature à remettre en cause les conditions générales de l'équilibre financier des régimes obligatoires de base de la sécurité sociale et, dans ce cas, de corriger les prévisions initiales. • Cons. const. 15 déc. 2005, n° 2005-528

DC • Cons. const. 15 déc. 2011, n° 2011-642 DC § 4 • Cons. const. 19 déc. 2013, n° 2013-682 DC § 3. • Cons. const.17 déc. 2015, n° 2015-723 DC § 3.

57. Compte tenu des modifications, présentées par le Gouvernement au cours du débat parlementaire, des prévisions économiques initiales associées au projet de loi de financement, les dispositions de l'art. contesté ont pour objet d'assurer, par le surcroît de ressources qu'elles prévoient, la sincérité des conditions générales de l'équilibre financier des régimes obligatoires de base de la sécurité sociale tel que déterminé dans le projet de loi de financement initial et sont donc destinées à assurer le respect de la Constitution. • Cons. const. 15 déc. 2011, n° 2011-642 DC § 5. ♦ Si les modifications introduites lors de la nouvelle lecture à l'Assemblée nationale ont eu pour effet de diminuer les recettes attendues pour 2014, le Gouvernement, après avoir présenté, par voie de conséquence, lors de cette même nouvelle lecture, un amendement prenant en compte la correction de l'exécution de l'ONDAM pour l'année 2013, a également présenté des amendements afin de prendre en compte l'impact négatif sur les prévisions de recettes résultant des modifications introduites. • Cons. const. 19 déc. 2013, n° 2013-682 DC § 6.

58. Encore faut-il que les dispositions contestées remettent en cause l'équilibre financier de ces régimes, ce qui n'est pas le cas des dispositions d'une LFRSS dont il est prévu qu'elle s'appliqueront lors de l'exercice suivant. Il appartiendra au Gouvernement de tenir compte, à l'occasion de la LFSS pour cet exercice, des dispositions de la loi déférée ayant un effet sur les recettes des régimes de sécurité sociale des années ultérieures et de les assortir, le cas échéant, d'autres dispositions relatives aux recettes pour assurer la sincérité des conditions générales de l'équilibre financier des régimes obligatoires de base de la sécurité sociale pour l'année à venir. • Cons. const. 6 août 2014, n° 2014-698 DC § 5. ♦ ... De dispositions qui ont été prises en compte dans la détermination générale de l'équilibre financier. • Cons. const.17 déc. 2015, n° 2015-723 DC § 4. ♦ Rappr. s'agissant d'une LFR. • Cons. const. 29 déc. 2012, n° 2012-661 DC § 36.

59. ONDAM. L'ONDAM doit être initialement établi par le Gouvernement au regard des informations disponibles à la date du dépôt du projet de LFSS. • Cons. const. 15 déc. 2005, n° 2005-528 DC § 4 • Cons. const. 15 déc. 2011, n° 2011-642 DC § 4.

60. Le Conseil constitutionnel a accepté de statuer sur un grief fondé sur l'insincérité de l'ONDAM, tout en le rejetant au fond, estimant que le législateur s'était fondé, pour le fixer, sur les dépenses réelles observées l'année précédente et sur la progression de ces dépenses pour l'année à venir. • Cons. const. 19 déc. 2000, n° 2000-437 DC § 46. ♦ La Cour des comptes a pu considérer que l'ONDAM pour 1999 était en fait irréaliste car, compte tenu du niveau des dépenses d'assurance maladie atteint fin 1998, la réalisation de l'objectif 1999 aurait supposé que les soins de ville diminuent d'environ un demi-point. * C. comptes : Rapport Sécurité sociale 2000. 99.

61. L'ONDAM n'est pas entaché d'insincérité dès lors qu'il est conforme aux conclusions de la commission des comptes de la sécurité sociale réunie avant la délibération du conseil des ministres et se fonde sur les dernières informations conjoncturelles disponibles pour l'ensemble des régimes, sachant que ces estimations indiquaient, en particulier, que les dépenses de soins de ville seraient sensiblement inférieures à l'objectif initial, permettant ainsi de compenser un dépassement prévisionnel du même ordre pour les établissements de santé. • Cons. const. 15 déc. 2005, n° 2005-528 DC.

62. LFSS et LF. La circonstance que la LF en cours d'examen n'aurait pas tiré les conséquences de certaines dispositions de la LFSS est sans effet sur la sincérité des prévisions de cette dernière ; un tel grief ne pourrait être utilement présenté qu'à l'encontre de la loi de finances. • Cons. const. 21 déc. 1999, n° 99-422 DC. ♦ N'affecte pas la sincérité d'une LFSS le fait qu'elle prenne en compte les dispositions d'un projet de loi de finances rectificative en cours d'examen au Parlement. • Cons. const. 18 déc. 2001, n° 2001-453 DC.

63. Sincérité et complexité. Alors même qu'une LFSS met en place un certain nombre de circuits financiers de transferts de dépenses et de recettes au sein même des branches de la sécurité sociale et des fonds concourant à son financement, mais également entre ces branches et fonds d'une part, et le budget général d'autre part, elle énonce de façon précise les nouvelles règles de financement qu'elle instaure ; en particulier, elle détermine les nouvelles recettes de chaque organisme et fixe les clés de répartition du produit des impositions affectées ; en outre, les transferts entre les différents fonds spécialisés et les régimes obligatoires de base de la sécurité sociale sont précisément définis ; par suite, le surcroît de complexité introduit par la loi déférée n'est pas à lui seul de nature à la rendre contraire à la Constitution pour violation de l'objectif de valeur constitutionnelle d'intelligibilité de la loi. • Cons. const. 19 déc. 2000, n° 2000-437 DC.

64. La complexité des relations financières entre l'État et la sécurité sociale est le signe le plus net à la fois du désordre où l'on est parvenu et de la nécessité de réformes : les flux de financement croisés, les dettes et restes à recouvrer qui en résultent, les règles hétérogènes de facturation des services rendus par l'État à la sécurité sociale, et par la sécurité sociale à l'État, l'existence de fonds à vocations très disparates, multiples, financés de façon diverse et variable d'une année sur l'autre, l'existence de structures « à part », qui ne sont ni dans l'État ni dans la sécurité sociale, mais qui jouent un grand rôle comme la caisse d'amortissement de la dette sociale (CADES), tout tend à rendre la situation incompréhensible. * C. comptes : *Rapport Sécurité sociale 2001. 197.*

65. La Cour dénonce également la prolifération des « fonds » qui viennent encore obscurcir le financement de la sécurité sociale et les relations financières qu'elle entretient avec l'État. En effet, la création de fonds isolant soit des dépenses soit des recettes peut contribuer à la transparence, mais à condition que leur champ soit bien défini et que leur financement soit adapté à leur mission, stable dans le temps, et assure leur équilibre. Les fonds actuels ne remplissent pas, pour la plupart, ces conditions et sont donc, au contraire, un élément supplémentaire de complexité. D'ailleurs, ils sont trop nombreux et disparates : il faudrait réserver le nom et la technique aux seules entités dotées de la personnalité morale et de l'autonomie financière. * C. comptes : *Rapport Sécurité sociale 2001. 467.*

D. CAVALIERS SOCIAUX

66. Le Conseil constitutionnel censure régulièrement, y compris d'office, les dispositions contenues dans les LFSS qui n'y ont pas leur place dès lors qu'elles n'ont pas d'effet ou ont un effet trop indirect sur les dépenses des régimes obligatoires de base ou des organismes concourant à leur financement. Ainsi a-t-il déclaré non conformes à la Const., comme étrangers au domaine des LFSS : dans la LFSS pour 2009, 16 art. entiers et 3 art. partiellement. • Cons. const. 11 déc. 2008, n° 2008-571 DC. ♦ ... Dans la LFSS pour 2020, 4 art. • Cons. const. 20 déc. 2019, n° 2019-795 DC § 70 s. ♦ Dans ces cas, le Conseil constitutionnel ne préjuge pas de la conformité du contenu de ces dispositions aux autres exigences constitutionnelles. • Cons. const. 20 déc. 2019, n° 2019-795 DC § 70 • 21 déc. 2017, n° 2017-756 DC § 79 s. ♦ Il en va de même de dispositions qui n'ont pas pour objet d'améliorer l'information et le contrôle du Parlement sur l'application des LFSS. • Cons. const. 16 déc. 2010, n° 2010-620 DC § 20.

V. pour d'autres décisions dans le même sens :.

67. Absence d'effet ou effet trop indirect. Ainsi, n'a pas d'effet ou a un effet trop indirect sur les dépenses des régimes obligatoires de base ou des organismes concourant à leur financement, pour 2012 une disposition : limitant les droits du titulaire d'un droit de propriété intellectuelle protégeant l'apparence et la texture d'un médicament. • Cons. const. 22 déc. 2009, n° 2009-596 DC § 5. ♦ ... Organisant la collaboration entre médecins conseils et médecins du travail pour toute interruption de travail dépassant 3 mois ; mettant en place un dépistage des troubles de l'audition chez le nouveau-né ; prolongeant le dispositif transitoire d'autorisation d'exercice pour les médecins étrangers non ressortissants communautaires ; autorisant la vaccination par les centres d'examen de santé ; fixant les conditions d'intervention des professionnels libéraux dans les services médico-sociaux afin d'éviter toute requalification en salariat ; prévoyant l'approbation par le ministre chargé de la sécurité sociale de la rémunération et des accessoires de rémunération des directeurs des organismes nationaux de sécurité sociale ; organisant la fusion de la caisse régionale d'assurance maladie et de la caisse régionale d'assurance vieillesse d'Alsace-Moselle. • Cons. const. 15 déc. 2011, n° 2011-642 DC § 10. ♦ ... Interdisant la publicité ou dérogeant à l'interdiction de publicité de certains médicaments ou dispositifs médicaux. • Cons. const. 13 déc. 2012, n° 2012-659 DC § 42. ♦ ... Encadrant la promotion par les laboratoires des médicaments dans les établissements de santé. • Cons. const. 13 déc. 2012, n° 2012-659 DC § 64. ♦ ... Neutralisant, dans le calcul des allègements généraux de cotisations et contributions sociales dues par les employeurs, l'effet du dispositif de « bonus-malus » conduisant à moduler le taux de leurs contributions à l'assurance chômage en fonction, notamment, du nombre de contrats de travail de courte durée. • Cons. const. 20 déc. 2019, n° 2019-795 DC § 24.

68. Présence d'effet ou effet trop indirect. Ont un effet sur le produit des cotisations et contributions affectées aux régimes obligatoires de base de sécurité sociale, même si cet effet est limité, des dispositions qui modifient le régime de la taxe de solidarité additionnelle, dont le produit est affecté au financement des régimes obligatoires de base d'assurance maladie. • Cons. const. 17 déc. 2015, n° 2015-723 DC § 12.

69. Ont une incidence sur l'équilibre financier des régimes obligatoires de base de sécurité sociale, des dispositions relatives à la délégation de la gestion de la prise en charge des frais de santé des assurés sociaux à des mutuelles, groupements de mutuelles, assureurs ou groupements d'assureurs. • Cons. const.17 déc. 2015, n° 2015-723 DC § 36.

70. Si les dispositions relatives aux contributions salariales d'assurance chômage sont étrangères au domaine de la LFSS, le législateur a entendu procéder à une réforme d'ensemble consistant à diminuer les cotisations sociales des actifs et, à cette fin, à faire prendre en charge par l'Agence centrale des organismes de sécurité sociale le financement, en 2018, de la réduction des contributions salariales d'assurance chômage. Dès lors, dans les circonstances particulières de l'espèce, les paragraphes VI et VII de l'art. 8 trouvent leur place dans la loi de financement de la sécurité sociale. • Cons. const. 21 déc. 2017, n° 2017-756 DC § 8. ♦ Dès lors que le législateur a entendu conférer un rôle au conseil de la protection sociale des travailleurs indépendants dans la définition et la détermination de l'étendue des prestations servies à ces derniers ainsi que dans la conclusion des conventions d'objectifs et de gestion passées entre l'État et les organismes de sécurité sociale et que les frais de fonctionnement de ce conseil sont, pour partie, à la charge des régimes obligatoires de sécurité sociale, les dispositions contestées ont une incidence sur les dépenses des régimes obligatoires de base de la sécurité sociale et trouvent leur place dans une LFSS. • Cons. const. 21 déc. 2017, n° 2017-756 DC § 29.

71. Information et contrôle du Parlement. Ainsi, n'a pas pour objet d'améliorer l'information et le contrôle du Parlement sur l'application des lois de financement de la sécurité sociale une disposition prévoyant que le rapport au Parlement sur les missions d'intérêt général et l'aide à la contractualisation des établissements de santé précise les montants d'aide à cette contractualisation attribués à ces établissements au titre des obligations légales et réglementaires spécifiques qui leur incombent ; prévoyant la remise au Parlement de 2 rapports, l'un sur les écarts de charges financières résultant d'obligations légales et réglementaires particulières en matière sociale et fiscale entre les différentes catégories d'établissements et services sociaux et médico-sociaux concernés par la mise en œuvre de tarifs plafonds ou de mécanismes de convergence tarifaire, l'autre sur la procédure d'agrément des conventions collectives dans le secteur social et médico-social prévue en application de l'art. L. 314-6 CASF. • Cons. const. 16 déc. 2010, n° 2010-620 DC § 19. ♦ Il en est de même pour : la remise annuelle d'un rapport du Gouvernement au Parlement sur la situation des zones médicalement sous-dotées en France. • Cons. const. 19 déc. 2013, n° 2013-682 DC § 84 et 85. ♦ … Une modification prévoyant, au titre des données examinées au moins une fois par an au niveau de la branche lors de la négociation sur les salaires, « l'impact sur l'emploi et les salaires des allègements de cotisations sociales et des réductions et crédits d'impôts dont bénéficient les entreprises de la branche ». • Cons. const. 6 août 2014, n° 2014-698 DC § 19 et 20.

72. Si les dispositions relatives aux organismes qui gèrent des dépenses relevant de l'objectif national de dépenses d'assurance maladie peuvent figurer en loi de financement, des dispositions relatives à la trésorerie et à la comptabilité de ces organismes n'y ont pas leur place. • Cons. const. 13 déc. 2012, n° 2012-659 DC § 73.

II. LFSS ET LFSS RECTIFICATIVES (ART. L.O. 111-3-II)

73. Le II de l'art. L.O. 111-3 confère à la loi de financement de l'année et aux lois de financement rectificatives le caractère de lois de financement de la sécurité sociale et réserve à ces lois la possibilité de modifier les dispositions prises en vertu des 1° à 5° du I. • Cons. const. 16 juill. 1996, n° 96-379 DC § 11. ♦ Le II de l'art. L.O. 111-3 ne fait toutefois pas obstacle à la révision, par la loi de financement pour l'exercice suivant, des prévisions de recettes, des objectifs de dépenses des branches et de l'objectif national de dépenses d'assurance maladie pour l'exercice en cours. • Cons. const. 18 déc. 2001, n° 2001-453 DC.

III. DOMAINE EXCLUSIF DES LFSS (ART. L.O. 111-3-III ET IV)

74. Figure dans le domaine exclusif des LFSS toute mesure de réduction ou d'abattement de l'assiette des contributions affectées aux organismes inclus dans le périmètre des lois de financement ; ainsi, une disposition réduisant l'assiette de la CSG sans prévoir de compensation ne pourrait être votée qu'en LFSS. • Cons. const. 29 juill. 2005, n° 2005-519 DC.

75. Les III et IV du présent art. complètent la liste des dispositions qui ne peuvent être approuvées que dans le cadre des lois de financement ; le IV leur réserve la possibilité de créer ou modifier, sans compensation, des mesures de réduction, d'abattement ou d'exonération relatives à des cotisations ou à des contributions affectées à la sécurité sociale ; l'habilitation qu'il tient de la Constitution autorise le législateur organique à placer ces mesures dans le domaine exclusif des lois de financement. • Cons. const. 29 juill. 2005, n° 2005-519 DC.

76. Seule une LFSS peut décider de ne pas compenser aux régimes obligatoires de base de la sécurité sociale le coût d'une des mesures de réduction, d'exonération ou d'abattement mentionnées au IV. En revanche, de telles mesures peuvent figurer dans d'autres textes qu'une LFSS. • Cons. const. 20 déc. 2019, n° 2019-795 DC § 18.

77. Ne relèvent pas du domaine exclusif de la LFSS et n'ont donc pas à figurer dans une telle loi des dispositions ayant une incidence sur les dépenses des régimes de sécurité sociale. • Cons. const. 17 mai 2013, n° 2013-669 DC § 12.

IV. DOMAINE PARTAGÉ DES LFSS (ART. L.O. 111-3-V)

78. Dispositions relatives à l'année en cours. Les dispositions contestées prévoient l'application de la dérogation pour l'année 2020, laquelle ne relève pas de la loi de finances. Dès lors, et malgré la circonstance qu'elles auraient un effet sur la base de revalorisation des prestations sociales dues au titre des années ultérieures, ces dispositions ne présentent pas un caractère permanent au sens du 2° du C du § V du présent art. • Cons. const. 21 déc. 2018, n° 2018-776 DC § 42.

79. Contrôle du Parlement sur l'application des lois de financement de la sécurité sociale. C'est en 2001 que pour la première fois, le Conseil constitutionnel a censuré une disposition d'une LFSS au motif qu'elle ne contribuait pas au contrôle du parlement sur l'application des LFSS ; il s'agissait en l'espèce d'un art. de la LFSS pour 2002 qui faisait obligation au gouvernement de déposer un rapport exposant les conditions dans lesquelles les techniciens des laboratoires hospitaliers pourraient être classés en « catégorie B active » de la fonction publique hospitalière. • Cons. const. 18 déc. 2001, n° 2001-453 DC. ♦ Le Conseil constitutionnel a adopté la même position s'agissant de la transmission obligatoire au conseil de surveillance de la Caisse nationale de l'assurance maladie des travailleurs salariés d'un rapport analysant l'évolution, au regard des besoins de santé, des soins financés au titre de l'objectif national de dépenses d'assurance maladie. • Cons. const. 12 déc. 2002, n° 2002-463 DC. ♦ La disposition créant « auprès du ministre chargé de la santé un comité ayant pour mission principale d'évaluer l'application de la tarification à l'activité ». • Cons. const. 15 déc. 2003, n° 2003-486 DC § 19. ♦ ... L'article qui dispose que « le Gouvernement déposera devant le Parlement, un rapport sur le financement de la télémédecine ». • Cons. const. 16 déc. 2004, n° 2004-508 DC § 20.

80. La création d'une délégation parlementaire dénommée « Office parlementaire d'évaluation des politiques de santé » ayant pour mission d'informer le Parlement des conséquences des choix de santé publique « afin de contribuer au suivi des lois de financement de la sécurité sociale » relève du domaine des LFSS. • Cons. const. 12 déc. 2002, n° 2002-463 DC. ♦ Même solution s'agissant de la création, pour la branche « accidents du travail et maladies professionnelles », d'un conseil de surveillance dont le Président et plusieurs membres sont des parlementaires ; ce conseil concourt à améliorer le contrôle du Parlement sur l'application des lois de financement de la sécurité sociale. • Même décision.

81. Relève encore du domaine des LFSS l'obligation faite au Gouvernement de transmettre chaque année au Parlement, au plus tard le 15 oct., un rapport analysant l'évolution, au regard des besoins de santé, des soins financés au titre de l'objectif national de dépenses d'assurance maladie ; il en va de même des rapports transmis aux commissions compétentes du Parlement sur la cohérence des accords, conventions, annexes et avenants mentionnés aux art. L. 162-1-13, L. 162-14-1 et L. 162-14-2 CSS avec l'ONDAM. • Cons. const. 12 déc. 2002, n° 2002-463 DC. ♦ En revanche, ne peuvent être regardés comme ayant pour objet, au sens du 4° du C du V du présent art., d'améliorer l'information et le contrôle du Parlement sur l'application des lois de financement de la sécurité sociale l'article qui prévoit que le Gouvernement remettra au Parlement un rapport sur les « différents instruments fiscaux permettant de diminuer le prix relatif des fruits et des légumes et sur leur efficacité comparée » ainsi que l'article qui impose également au Gouvernement de remettre au Parlement un rapport « sur l'influence des laits maternels de substitution dans le développement de l'obésité infantile ». • Cons. const. 15 déc. 2005, n° 2005-528 DC § 30.

82. Autres dispositions. Ont un effet sur les dépenses de l'année des régimes obligatoires de base au sens du V des dispositions ayant pour objet d'amener les professionnels à respecter les critères d'utilité et de qualité des soins ainsi que de modération des coûts. • Cons. const. 14 déc. 2006, n° 2006-544 DC § 25 s. ♦ Ont leur place en LFSS : des dispositions qui modifient les règles relatives à des contributions affectées au régime obligatoire de base d'assurance maladie. • Cons. const. 19 déc. 2013, n° 2013-682 DC § 40. ♦ ... Des dispositions portant sur la facturation, au titre d'une prestation d'hospitalisation, d'un service de réorientation des patients. • Cons. const. 21 déc. 2018, n° 2018-776 DC § 30. ♦ ... Des dispositions instituant une classe de produits de santé ayant vocation à faire l'objet, avec une adaptation des tarifs de responsabilité, d'une prise en charge renforcée par l'assurance maladie. • Cons. const. 21 déc. 2018, n° 2018-776 DC § 35.

83. Il en va de même de dispositions qui, compte tenu de leur incidence attendue sur les dépenses d'assurance maladie, mettentt en place des expérimentations de nouveaux modes d'organisation des soins. • Cons. const. 19 déc. 2013, n° 2013-682 DC § 59. ♦ ... Favorisant la prescription et la délivrance de médicaments biologiquement similaires dont le prix est inférieur aux médicaments biologiques de référence. • Cons. const. 19 déc. 2013, n° 2013-682 DC § 66.

V. PRISE EN COMPTE DES DISPOSITIONS LÉGISLATIVES OU RÉGLEMENTAIRES (ART. L.O. 111-3-VI)

84. L'art. L.O. 111-3 a pour objet de faire obstacle à ce que les conditions générales de l'équilibre financier, telles qu'elles résultent de la loi de financement de la sécurité sociale de l'année, modifiée, le cas échéant, par des lois de financement rectificatives, ne soient compromises par l'application de textes législatifs ou réglementaires dont les incidences sur les conditions de cet équilibre, dans le cadre de l'année, n'auraient pu, au préalable, être appréciées et prises en compte par une loi de financement. • Cons. const. 20 mars 1997, n° 97-388 DC.

85. Le transfert du reliquat du produit du droit de consommation sur les tabacs du budget de l'État vers le fonds de financement de la réforme des cotisations patronales de sécurité sociale prévu par une loi de finances rectificative, est évalué à trois milliards de francs ; il affecterait ainsi les conditions générales de l'équilibre financier de la sécurité sociale, alors qu'aucune loi de financement de la sécurité sociale n'a pris en compte cette incidence et qu'aucune ne pourra plus le faire d'ici à la fin de l'exercice, ce qui constitue une violation du présent art. • Cons. const. 28 déc. 2000, n° 2000-441 DC.

86. Le législateur peut légitimement fixer le montant des prévisions de recettes du fonds de financement de la réforme des cotisations patronales de sécurité sociale à 7 milliards de francs, compte tenu de la modification de l'assiette de la taxe générale sur les activités polluantes prévue par le projet de loi de finances rectificative pour 2000 en cours de discussion au Parlement ; toutefois, dans l'hypothèse où la promulgation de cette loi conduirait à une baisse significative du rendement attendu de la taxe et aurait pour effet de diminuer corrélativement les recettes du fonds prévues lors de l'adoption de la loi de financement de la sécurité sociale pour 2001, il appartiendrait à une loi de financement de la sécurité sociale ultérieure de prendre en compte les incidences sur les conditions générales de l'équilibre financier de la sécurité sociale des mesures en définitive arrêtées par la loi de finances rectificative pour 2000. • Cons. const. 19 déc. 2000, n° 2000-437 DC.

87. Le Conseil constitutionnel a censuré la disposition de la LO selon laquelle c'est une loi ordinaire qui devait définir les conditions de mise en œuvre de l'information des commissions parlementaires prévue au VI du présent art. ; en effet, le législateur organique était resté en-deçà de sa compétence. • Cons. const. 29 juill. 2005, n° 2005-519 DC.

VI. ENTRÉE EN VIGUEUR

88. Les dispositions contenues dans les LOLFSS entrent en vigueur, en principe, comme toute loi, lorsque le législateur n'a pas entendu en disposer autrement, dans les conditions prévues par le 1er al. de l'art. 1er C. civ. Il ne résulte pas de la seule circonstance qu'elles figurent dans la quatrième partie de cette loi, comprenant les « dispositions relatives aux dépenses pour l'année 2011 », que le législateur ait entendu reporter leur entrée en vigueur au 1er janv. de cette année. Il suit de là qu'en jugeant que ces dispositions étaient, dès lors que leur application n'était pas manifestement impossible en l'absence de mesure réglementaire d'application, entrées en vigueur le lendemain de leur publication au *Journal officiel*, la CAA de Nancy n'a pas commis d'erreur de droit. • CE 23 mai 2018, n° 409607 B : *AJDA 2018. 1526*.

Art. L.O. 111-4 **I. – Le projet de loi de financement de la sécurité sociale de l'année est accompagné d'un rapport décrivant les prévisions de recettes et les objectifs de dépenses par branche des régimes obligatoires de base et du régime général, les prévisions de recettes et de dépenses des organismes concourant au financement de ces régimes ainsi que l'objectif national de dépenses d'assurance maladie pour les quatre** ***années à venir.*** **Ces prévisions sont établies de manière cohérente avec les perspectives d'évolution des recettes, des dépenses et du solde de l'ensemble des administrations publiques présentées dans le rapport joint au projet de loi de finances de l'année en application de l'article 50 de la loi organique n° 2001-692 du 1er août 2001 relative aux lois de finances.** *(L. org. n° 2010-1380 du 13 nov. 2010, art. 2)* **« Le rapport précise les hypothèses sur lesquelles repose la prévision de l'objectif national de dépenses d'assurance maladie pour les quatre années à venir. Ces hypothèses prennent en compte les perspectives d'évolution des dépenses et les mesures nouvelles envisagées. »**

(L. org. n° 2012-1403 du 17 déc. 2012, art. 24) **« Ce rapport comporte, en outre, les éléments mentionnés au II de l'article 9 de la loi organique n° 2012-1403 du 17 décembre 2012 relative à la programmation et à la gouvernance des finances publiques** *[V. ci-dessus]*. **»**

II. – Le projet de loi de financement de la sécurité sociale de l'année est accompagné d'un rapport décrivant les mesures prévues pour l'affectation des excédents ou la couverture des déficits constatés à l'occasion de l'approbation des tableaux d'équilibre relatifs au dernier exercice clos dans la partie de la loi de financement de l'année comprenant les dispositions relatives au dernier exercice clos. *(L. org. nº 2010-1380 du 13 nov. 2010, art. 2)* « Ce rapport présente également un tableau, établi au 31 décembre du dernier exercice clos, retraçant la situation patrimoniale des régimes obligatoires de base et des organismes concourant à leur financement, à l'amortissement de leur dette ou à la mise en réserve de recettes à leur profit. »

III. – Sont jointes au projet de loi de financement de la sécurité sociale de l'année des annexes :

1° Présentant, pour les années à venir, les programmes de qualité et d'efficience relatifs aux dépenses et aux recettes de chaque branche de la sécurité sociale ; ces programmes comportent un diagnostic de situation appuyé notamment sur les données sanitaires et sociales de la population, des objectifs retracés au moyen d'indicateurs précis dont le choix est justifié, une présentation des moyens mis en œuvre pour réaliser ces objectifs et l'exposé des résultats atteints lors des deux derniers exercices clos et, le cas échéant, lors de l'année en cours. Cette annexe comprend également un programme de qualité et d'efficience relatif aux dépenses et aux recettes des organismes qui financent et gèrent des dépenses relevant de l'objectif national de dépenses d'assurance maladie ;

2° Présentant, pour les années à venir, les objectifs pluriannuels de gestion et les moyens de fonctionnement dont les organismes des régimes obligatoires de base disposent pour les atteindre, tels qu'ils sont déterminés conjointement entre l'État et les organismes nationaux des régimes obligatoires de base et indiquant, pour le dernier exercice clos, les résultats atteints au regard des moyens de fonctionnement effectivement utilisés ;

3° Rendant compte de la mise en œuvre des dispositions de la loi de financement de la sécurité sociale de l'année en cours et des mesures de simplification en matière de recouvrement des recettes et de gestion des prestations de la sécurité sociale mises en œuvre au cours de cette même année ;

4° Détaillant, par catégorie et par branche, la liste et l'évaluation des recettes de l'ensemble des régimes obligatoires de base et, de manière spécifique, du régime général, du régime des salariés agricoles, du régime des non-salariés agricoles et des régimes des non-salariés non agricoles, ainsi que de chaque organisme concourant au financement de ces régimes, à l'amortissement de leur dette, à la mise en réserve de recettes à leur profit ou gérant des dépenses relevant de l'objectif national de dépenses d'assurance maladie de l'ensemble de ces régimes ;

5° Énumérant l'ensemble des mesures de réduction ou d'exonération de cotisations ou de contributions de sécurité sociale affectées aux régimes obligatoires de base ou aux organismes concourant à leur financement et de réduction de l'assiette ou d'abattement sur l'assiette de ces cotisations et contributions, présentant les mesures nouvelles introduites au cours de l'année précédente et de l'année en cours ainsi que celles envisagées pour l'année à venir et évaluant l'impact financier de l'ensemble de ces mesures, en précisant les modalités et le montant de la compensation financière à laquelle elles donnent lieu, les moyens permettant d'assurer la neutralité de cette compensation pour la trésorerie desdits régimes et organismes ainsi que l'état des créances. Ces mesures sont ventilées par nature, par branche et par régime ou organisme ;

6° Détaillant les mesures ayant affecté les champs respectifs d'intervention de la sécurité sociale, de l'État et des autres collectivités publiques, ainsi que l'effet de ces mesures sur les recettes, les dépenses et les tableaux d'équilibre de l'année des régimes obligatoires de base de sécurité sociale, du régime général et des organismes concourant au financement de ces régimes, et présentant les mesures destinées à assurer la ***neutralité des opérations pour compte*** de tiers effectuées par les régimes obligatoires de base de sécurité sociale et les organismes concourant à leur financement pour la trésorerie desdits régimes et organismes ;

7° Précisant le périmètre de l'objectif national de dépenses d'assurance maladie et sa décomposition en sous-objectifs, et analysant l'évolution, au regard des besoins de santé publique, des soins financés au titre de cet objectif. Cette annexe présente les modifications éventuelles du périmètre de l'objectif national de dépenses d'assurance maladie ou de la composition des sous-objectifs, en indiquant l'évolution à structure constante de l'objectif ou des sous-objectifs concernés par les modifications de périmètre. Elle précise les modalités de passage des objectifs de dépenses des différentes branches à l'objectif national de dépenses d'assurance maladie. *(L. org. n° 2010-1380 du 13 nov. 2010, art. 2)* « Elle fournit des éléments précis sur l'exécution de l'objectif national au cours de l'exercice clos et de l'exercice en cours ainsi que sur les modalités de construction de l'objectif pour l'année à venir en détaillant, le cas échéant, les mesures correctrices envisagées. » Cette annexe indique également l'évolution de la dépense nationale de santé ainsi que les modes de prise en charge de cette dépense. Elle rappelle, le cas échéant, l'alerte émise par une autorité indépendante désignée par la loi. *(Abrogé par L. org. n° 2020-991 du 7 août 2020, art. 2)* ***« Elle fournit également le montant des objectifs d'engagement inscrits pour l'année à venir pour les établissements et services médico-sociaux relevant de l'objectif de dépenses. »*** *(L. org. n° 2010-1380 du 13 nov. 2010, art. 2)* « Elle présente en outre le taux prévisionnel de consommation pluriannuel se rattachant aux objectifs d'engagement inscrits pour l'année à venir, ainsi que le bilan des taux de consommation des objectifs d'engagement arrivés à échéance au cours des deux derniers exercices clos et de l'exercice en cours ; »

(L. org. n° 2020-991 du 7 août 2020, art. 2) « 7° *bis* Présentant, pour le dernier exercice clos, l'exercice en cours et l'exercice à venir, les dépenses et les prévisions de dépenses de sécurité sociale relatives au soutien à l'autonomie des personnes âgées et des personnes en situation de handicap, en analysant l'évolution des prestations financées ainsi que celles consacrées à la prévention, à l'apprentissage de l'autonomie et à la recherche. Cette annexe indique également l'évolution de la dépense nationale en faveur du soutien à l'autonomie ainsi que les modes de prise en charge de cette dépense ; »

8° Présentant, pour le dernier exercice clos, le compte définitif et, pour l'année en cours et *(L. org. n° 2010-1380 du 13 nov. 2010, art. 2)* « les trois années suivantes », les comptes prévisionnels, justifiant l'évolution des recettes et des dépenses et détaillant l'impact, au titre de l'année à venir et, le cas échéant, des années ultérieures, des mesures contenues dans le projet de loi de financement de l'année sur les comptes :

a) Des organismes concourant au financement des régimes obligatoires de base, à l'amortissement de leur dette et à la mise en réserve de recettes à leur profit ;

b) Des organismes financés par des régimes obligatoires de base ;

c) Des fonds comptables retraçant le financement de dépenses spécifiques relevant d'un régime obligatoire de base ;

d) Des organismes qui financent et gèrent des dépenses relevant de l'objectif national de dépenses d'assurance maladie ;

(L. org. n° 2010-1380 du 13 nov. 2010, art. 2) « Lorsqu'un projet de loi de financement de la sécurité sociale prévoit le transfert d'actifs à la Caisse d'amortissement de la dette sociale ou l'augmentation de ses ressources par la réalisation d'actifs publics, cette annexe fournit les éléments permettant d'apprécier l'intérêt financier de cette opération. Elle indique notamment la rentabilité passée et la rentabilité prévisionnelle des actifs concernés et le coût de la dette amortie par la Caisse d'amortissement de la dette sociale ; »

9° Justifiant, d'une part, les besoins de trésorerie des régimes et organismes habilités par le projet de loi de financement de l'année à recourir à des ressources non permanentes et détaillant, d'autre part, l'effet des mesures du projet de loi de financement ainsi que des mesures réglementaires ou conventionnelles prises en compte par ce projet sur les comptes des régimes de base et de manière spécifique sur ceux du régime général, ainsi que sur l'objectif national de dépenses d'assurance maladie, au titre de l'année à venir et, le cas échéant, des années ultérieures ;

(L. org. n° 2009-403 du 15 avr. 2009, art. 12) « 10° Comportant, pour les dispositions relevant du V de l'article L.O. 111-3 *[V. cet art. ci-dessus]*, les documents visés aux dix derniers alinéas de l'article 8 de la loi organique n° 2009-403 du 15 avril 2009 relative à l'application des articles 34-1, 39 et 44 de la Constitution ; »

(L. org. n° 2012-1403 du 17 déc. 2012, art. 24) « 11° Présentant le rapport mentionné au III de l'article 23 de la loi organique n° 2012-1403 du 17 décembre 2012 précitée *[V. ce texte, App., v° Gouvernance financière]*. »

IV. – Tous les trois ans, le Gouvernement adresse au Parlement, en même temps que le projet de loi de financement de l'année, un document présentant la liste des régimes obligatoires de base de sécurité sociale et précisant le nombre de leurs cotisants actifs et retraités titulaires de droits propres.

V. – Sont également transmis au Parlement :

1° Le rapport de la Cour des comptes prévu à l'article L.O. 132-3 du code des juridictions financières ;

2° Un rapport présentant les comptes, au titre de l'année en cours et de l'année à venir, des régimes obligatoires de base et, de manière spécifique, ceux du régime général, ainsi que les comptes des organismes concourant à leur financement, à l'amortissement de leur dette, à la mise en réserve de recettes à leur profit et des organismes qui financent et gèrent des dépenses relevant de l'objectif national de dépenses d'assurance maladie ;

3° Un rapport présentant le compte rendu des vérifications opérées notamment en application du 3° du VIII de l'article L.O. 111-3 du présent code *[V. cet art. ci-dessus]*.

[V. références des décisions du Conseil constitutionnel dans le tableau DC]

DOCUMENTS JOINTS EN ANNEXE AUX LFSS

1. Seule la loi organique peut déterminer les rapports qui doivent être annexés aux projets de loi de financement de la sécurité sociale ; la LFSS elle-même ne peut prévoir l'adjonction d'un autre document, en l'occurrence un « rapport sur l'état de la santé bucco-dentaire de la population » • Cons. const. 18 déc. 1998, n° 98-404 DC. ♦ En prévoyant qu'avant la première lecture du projet de loi de financement de la sécurité sociale par l'Assemblée nationale, le Parlement est informé de la répartition prévisionnelle de l'objectif national de dépenses d'assurance maladie, l'art. 43 de la loi déférée a empiété sur le domaine réservé par la Constitution à la loi organique. • Même décision.

2. Les annexes jointes au projet de LFSS constituent des documents mis à la disposition des parlementaires pour assurer leur information et leur permettre de se prononcer en connaissance de cause sur ce projet ; ces annexes sont dépourvues de la portée normative qui s'attache aux dispositions de la LFSS. • Cons. const. 12 janv. 2002, n° 2001-455 DC. ♦ Un éventuel retard dans la distribution de tout ou partie de ces documents ne saurait faire obstacle à la mise en discussion du projet de LFSS. • Cons. const. 29 juill. 2005, n° 2005-519 DC. ♦ Dans une telle hypothèse, la conformité de la LFSS à la Constitution serait appréciée au regard tant des exigences de la continuité de la vie nationale que de l'impératif de sincérité. • Cons. const. 29 juill. 2005, n° 2005-519 DC.

3. Concernant le rapport décrivant notamment l'ONDAM pour les quatre années à venir, la Cour note que ces prévisions doivent être établies de manière cohérente avec les perspectives d'évolution des dépenses présentées dans le rapport joint au projet de loi de finances de l'année. Ainsi, le cadrage pluriannuel de l'ONDAM devra être cohérent avec les programmes pluriannuels de finances publiques. • C. comptes, 6 sept. 2005 : *Rapport Sécurité sociale 2004. 42.*

4. S'agissant de l'annexe présentant les modifications éventuelles du périmètre de l'ONDAM, la Cour relève que, compte tenu de la formulation générale de cet article, il restera à préciser à quelle présentation de l'ONDAM cette comparaison à périmètre constant doit s'appliquer. La Cour, pour sa part, recommande de le faire par rapport à l'ONDAM initial de l'année précédente. • C. comptes, 6 sept. 2005 : *Rapport Sécurité sociale 2004. 27.*

5. Plus généralement, et malgré l'intervention de la nouvelle loi organique, la Cour relève que les méthodes de prévision et de suivi des dépenses de l'ONDAM et celles utilisées pour sa préparation méritent encore des améliorations substantielles. La définition des différents agrégats de dépenses manque encore de clarté et de cohérence et le périmètre de l'ONDAM demeure à ce jour incomplet : certaines dépenses ne sont pas toujours imputées sur les lignes pertinentes de l'ONDAM et ces dernières ne correspondent pas toujours à des dépenses homogènes. Des progrès importants demeurent donc à accomplir dans les méthodes et dans la transparence des informations publiées, pour donner une base plus claire et mieux assurée à la régulation des dépenses d'assurance maladie. • C. comptes, 6 sept. 2005 : *Rapport Sécurité sociale 2004. 67.*

Préparation des projets de lois de financement. Lois de financement de la sécurité sociale

Art. L.O. 111-5 Sous l'autorité du Premier ministre, le ministre chargé de la sécurité sociale prépare les projets de loi de financement de la sécurité sociale, qui sont délibérés en conseil des ministres.

Art. L.O. 111-5-1 Pour la préparation du projet de loi de financement, les organismes gestionnaires d'un régime obligatoire de protection sociale doivent transmettre au ministre chargé de la sécurité sociale les données dont ils disposent concernant les recettes et dépenses relatives au dernier exercice clos et à l'année en cours, ainsi que leurs perspectives d'évolution au titre des quatre années à venir.

Art. L.O. 111-5-2 En vue de l'examen et du vote du projet de loi de financement de la sécurité sociale de l'année suivante par le Parlement, le Gouvernement présente, au cours du dernier trimestre de la session ordinaire, un rapport sur les orientations des finances sociales comportant :

1° Une description des grandes orientations de sa politique de sécurité sociale au regard des engagements européens de la France ;

2° Une évaluation pluriannuelle de l'évolution des recettes et des dépenses des administrations de sécurité sociale ainsi que de l'objectif national de dépenses d'assurance maladie.

Ce rapport peut donner lieu à un débat à l'Assemblée nationale et au Sénat. Ce débat peut être concomitant du débat prévu à l'article 48 de la loi organique n° 2001-692 du 1er août 2001 relative aux lois de finances.

[V. références des décisions du Conseil constitutionnel dans le tableau DC]

1. Les objectifs et les orientations présentés par le rapport accompagnant la LFSS ne sont pas revêtus de la portée normative qui s'attache aux dispositions de celle-ci. • CE 5 mars 1999, *Rouquette et a. : Lebon 37*. ♦ Le non-respect de ses engagements par le gouvernement ne peut être juridiquement sanctionné, ce qui diminue la contrainte pour le gouvernement et l'intérêt du dispositif pour les parlementaires. * C. comptes, sept. 2001 : *Rapport Sécurité sociale 2001. 239.*

2. La Cour des comptes déplorait le constant mélange, dans le corps du texte, d'annonces très générales, de rappels de mesures prises et d'engagements précis ; elle regrettait également le nombre limité de ces engagements précis et l'absence d'un bilan synthétique de la mise en œuvre des priorités du rapport annexé à la loi de financement de l'année précédente.* C. comptes, sept. 2001 : *Rapport Sécurité sociale 2001. 240.*

3. L'objet de cette disposition est de contribuer à l'information des membres du Parlement sur les orientations des finances sociales avant l'examen des projets de loi de financement ; elle trouve son fondement dans l'habilitation conférée à la loi organique par le premier alinéa de l'art. 47-1 de la Constitution. • Cons. const. 29 juill. 2005, n° 2005-519 DC.

Préparation des projets de lois de financement. Examen et vote des lois de financement

Art. L.O. 111-6 *(L. n° 96-646 du 22 juill. 1996, art. 1er)* **Le projet de loi de financement de la sécurité sociale de l'année, y compris** *(L. org. n° 2005-881 du 2 août 2005, art. 2)* **« les rapports et les annexes mentionnés aux I, II et III » de l'article L.O. 111-4** *[V. cet art. ci-dessus]*, **est déposé sur le bureau de l'Assemblée nationale au plus tard le 15 octobre ou, si cette date est un** *(L. org. n° 2010-1380 du 13 nov. 2010, art. 2-3°)* **« dimanche », le premier jour ouvrable qui suit.**

[V. références des décisions du Conseil constitutionnel dans le tableau DC]

En prévoyant que les annexes doivent être *mises à la disposition* des membres du Parlement au plus tard à cette date, le présent art. a pour objet d'assurer leur information en temps utile pour leur permettre de se prononcer en connaissance de cause sur le projet de loi de financement de la sécurité sociale dans les délais prévus par l'art. 47-1 Const. ; si le projet de loi et le rapport ont été déposés le 8 oct. 1997 et mis en distribution le 15 oct. 1997, à l'Assemblée nationale, et si, conformément aux termes du présent art., les annexes ont été également déposées à cette dernière date sur le bureau de l'Assemblée nationale, elles ne l'ont été qu'en quelques exemplaires, et n'ont été effectivement distribuées que le 21 oct. 1997 ; toutefois, ce retard, eu égard à sa durée, n'a pu avoir pour effet de priver l'Assemblée nationale de l'information à laquelle elle a droit pendant l'examen de la loi de financement de la sécurité sociale. • Cons. const. 18 déc. 1997, n° 97-393 DC § 16.

Art. L.O. 111-7 *(L. n° 96-646 du 22 juill. 1996, art. 1er)* **L'Assemblée nationale doit se prononcer, en première lecture, dans le délai de vingt jours après le dépôt d'un projet de loi de financement de la sécurité sociale.**

Le Sénat doit se prononcer, en première lecture, dans un délai de quinze jours après avoir été saisi.

Si l'Assemblée nationale n'a pas émis un vote en première lecture sur l'ensemble du projet de loi de financement de la sécurité sociale dans le délai prévu à l'article 47-1 de la Constitution, le Gouvernement saisit le Sénat du texte qu'il a initialement présenté, modifié le cas échéant, par les amendements votés par l'Assemblée nationale et acceptés par lui. Le Sénat doit alors se prononcer dans un délai de quinze jours après avoir été saisi.

Si le Sénat n'a pas émis un vote en première lecture sur l'ensemble du projet dans le délai imparti, le Gouvernement saisit à nouveau l'Assemblée nationale du texte soumis au Sénat, modifié, le cas échéant, par les amendements votés par le Sénat et acceptés par lui.

Le projet de loi de financement de la sécurité sociale est ensuite examiné selon la procédure *(L. org. n° 2010-1380 du 13 nov. 2010, art. 2-4°)* « accélérée » dans les conditions prévues à l'article 45 de la Constitution.

[V. références des décisions du Conseil constitutionnel dans le tableau DC]

1. Il ressort des dispositions de l'art. 39 de la Constitution et du premier al. de l'art. 47-1 de la Constitution que l'Assemblée nationale dispose d'un droit de priorité en matière de LFSS. Ce principe de priorité est, comme en matière de LF, (V. notes ss. LOLF, art. 40, App., v° GOUVERNANCE FINANCIÈRE) appliqué aux amendements déposés sur le projet de LFSS. Ainsi, pour les LFSS, les amendements introduisant des mesures financières entièrement nouvelles doivent en premier lieu être soumis à l'Assemblée nationale. • Cons. const. 14 déc. 2006, n° 2006-544 DC § 2 s. (pour des amendements du Gouvernement).

2. Il ressort du deuxième al. de l'art. 47-1 de la Constitution que la carence d'une assemblée entraîne la saisine de l'autre assemblée sans qu'il soit précisé de quel texte elle se trouve saisie ; la faculté accordée au Gouvernement de présenter un texte modifié, le cas échéant, par des amendements votés par une assemblée et acceptés par lui n'est contraire à aucun principe constitutionnel dès lors qu'elle est limitée au cas où une assemblée ne s'est pas prononcée dans les délais fixés par la Constitution. • Cons. const. 16 juill. 1996, n° 96-379 DC.

3. La circonstance que le Sénat a disposé d'un jour de plus pour l'examen, en première lecture, du projet de loi de financement de la sécurité sociale ne constitue pas une irrégularité de nature à vicier la procédure législative, dès lors que les délais d'examen du texte en deuxième lecture par les deux assemblées n'ont pas été affectés par le jour d'examen supplémentaire dont a bénéficié le Sénat. • Cons. const. 21 déc. 1999, n° 99-422 DC.

Art. L.O. 111-7-1 *(L. org. n° 2005-881 du 2 août 2005, art. 7)* I. – La partie du projet de loi de financement de la sécurité sociale de l'année comprenant les dispositions rectificatives pour l'année en cours ne peut être mise en discussion devant une assemblée avant le vote par cette assemblée de la partie du même projet comprenant les dispositions relatives au dernier exercice clos.

La partie du projet de loi de financement de la sécurité sociale de l'année relative aux recettes et à l'équilibre général pour l'année à venir ne peut être mise en discussion devant une assemblée avant le vote par cette assemblée de la partie du même projet comprenant les dispositions rectificatives pour l'année en cours.

La partie du projet de loi de financement de l'année comprenant les dispositions relatives aux dépenses pour l'année à venir ne peut être mise en discussion devant une assemblée avant l'adoption par la même assemblée de la partie du même projet comprenant les dispositions relatives aux recettes et à l'équilibre général pour la même année.

II. – La partie du projet de loi de financement rectificative comprenant les dispositions relatives aux dépenses ne peut être mise en discussion devant une assemblée avant l'adoption par la même assemblée de la partie du même projet comprenant les dispositions relatives aux recettes et à l'équilibre général.

III. – Dans la partie comprenant les dispositions relatives au dernier exercice clos, l'approbation des tableaux d'équilibre des régimes obligatoires de base, du régime général, des organismes concourant au financement de ces régimes, celle des dépenses relevant de l'objectif national de dépenses d'assurance maladie constatées au titre de cet exercice, celle des montants correspondant aux recettes affectées aux organismes chargés de la mise en réserve de recettes au profit des régimes obligatoires de base de sécurité sociale ainsi que celle des montants correspondant à l'amortissement de leur dette font l'objet d'un vote unique.

Dans la partie comprenant les dispositions relatives à l'année en cours, la rectification des prévisions de recettes et des tableaux d'équilibre des régimes obligatoires de base de sécurité sociale, du régime général ou des organismes concourant au financement de ces régimes fait l'objet d'un vote unique. La rectification de l'objectif d'amortissement des organismes chargés de l'amortissement de la dette des régimes obligatoires de base de sécurité sociale et celle des prévisions de recettes affectées aux organismes chargés de la mise en réserve de recettes au profit de ces régimes font l'objet d'un vote unique. La rectification des objectifs de dépenses par branche, décomposés le cas échéant en sous-objectifs, est assurée par un vote unique portant tant sur l'ensemble des régimes obligatoires de base de sécurité sociale que sur le régime général. La rectification de l'objectif national de dépenses d'assurance maladie décomposé en sous-objectifs fait l'objet d'un vote distinct.

Dans la partie comprenant les dispositions relatives aux recettes et à l'équilibre général pour l'année à venir, les prévisions de recettes de l'ensemble des régimes obligatoires de base, du régime général ou des organismes concourant au financement de ces régimes font l'objet d'un vote unique. Les tableaux d'équilibre font l'objet de votes distincts selon qu'il s'agit de l'ensemble des régimes obligatoires de base, du régime général ou des organismes concourant au financement de ces régimes. La détermination de l'objectif d'amortissement des organismes chargés de l'amortissement de la dette des régimes obligatoires de base de sécurité sociale et celle des prévisions de recettes affectées aux organismes chargés de la mise en réserve de recettes au profit de ces régimes font l'objet d'un vote unique. La liste des régimes obligatoires de base de sécurité sociale et des organismes concourant à leur financement habilités à recourir à des ressources non permanentes ainsi que les limites dans lesquelles leurs besoins de trésorerie peuvent être couverts par de telles ressources font l'objet d'un vote unique.

Dans la partie comprenant les dispositions relatives aux dépenses pour l'année à venir, les charges prévisionnelles des organismes concourant au financement des régimes obligatoires de base de sécurité sociale font l'objet d'un vote unique. Chaque objectif de dépenses par branche, décomposé le cas échéant en sous-objectifs, fait l'objet d'un vote unique portant tant sur l'ensemble des régimes obligatoires de base de sécurité sociale que sur le régime général. L'objectif national de dépenses d'assurance maladie de l'ensemble des régimes obligatoires de base, décomposé en sous-objectifs, fait l'objet d'un vote unique.

IV. — Au sens de l'article 40 de la Constitution, la charge s'entend, s'agissant des amendements aux projets de loi de financement de la sécurité sociale s'appliquant aux objectifs de dépenses, de chaque objectif de dépenses par branche ou de l'objectif national de dépenses d'assurance maladie.

Tout amendement doit être motivé et accompagné des justifications qui en permettent la mise en œuvre.

Les amendements non conformes aux dispositions du présent chapitre sont irrecevables.

[V. références des décisions du Conseil constitutionnel dans le tableau DC]

1. Ordre des votes. Par analogie avec les règles applicables aux lois de finances, l'ordre des votes prévu au présent art. s'impose au Parlement lors de l'examen des projets de LFSS. • Cons. const. 30 déc. 1979, n° 79-111 DC • Cons. const. 29 juill. 2005, n° 2005-519 DC.

2. Exercice du droit d'amendement. Le Conseil constitutionnel a jugé que le législateur organique est habilité à déterminer des conditions et réserves particulières concernant la procédure de vote des lois de financement de la sécurité sociale ; dès lors ces restrictions au droit d'amendement ne sont pas contraires à la Constitution. • Cons. const. 16 juill. 1996, n° 96-379 DC § 13.

3. Les conditions dans lesquelles est constatée l'irrecevabilité des amendements aux projets de LFSS au regard du domaine de ces lois sont identiques à celles qui sont prévues par les alinéas 1 et 12 de l'art. 45 du règlement du Sénat pour l'application de l'art. 40 de la Constitution, la commission des affaires sociales au Sénat exerçant les responsabilités qui sont dévolues à la commission des finances en application de ces dernières dispositions. Le Conseil constitutionnel a jugé cette procédure conforme à la Constitution. • Cons. const. 14 oct. 1996, n° 96-381 DC • Cons. const. 14 oct. 1996, n° 96-382 DC. ♦ La même procédure est applicable aux propositions de loi déposées par les sénateurs. • Même décision.

4. Les amendements parlementaires entraînant l'augmentation d'une charge doivent être déclarés irrecevables dès leur dépôt. • Cons. const. 14 déc. 2006, n° 2006-544 DC § 12.

5. Le Conseil constitutionnel ne peut ainsi être directement saisi de la conformité d'une disposition d'une LFSS à l'art. L.O. 111-3 lorsque cette disposition est issue d'un amendement dont la question de la recevabilité n'a pas été soulevée selon la procédure prévue par le règlement de celle des assemblées [art. 121-2 RAN et art. 45 RS] du Parlement devant laquelle cet amendement a été déposé, dès lors que les parlementaires qui soulèvent un tel grief appartiennent à cette assemblée. • Cons. const. 19 déc. 1996, n° 96-384 DC • Cons. const. 18 déc. 1997 : *97-393 DC* • Cons. const. 18 déc. 1998, n° 98-404 DC. ♦ La mise en œuvre de cette condition est subordonnée, pour chaque assemblée, à la mise en œuvre d'un contrôle de recevabilité effectif et systématique au moment du dépôt de tels amendements. Or une telle procédure n'a pas encore été instaurée au Sénat ; le Conseil peut donc se saisir d'office. • Cons. const. 14 déc. 2006, n° 2006-544 DC § 13 et 14.

6. Le droit d'amendement des parlementaires peut, depuis la L. org. du 2 août 2005 (IV. du présent art.), conduire à majorer le montant d'un ou plusieurs sous-objectifs dès lors que le montant global de l'objectif n'est pas affecté. • Cons. const. 29 juill. 2005, n° 2005-519 DC. ♦ Une compensation entre sous-objectifs devra faire l'objet d'une motivation approfondie. • Même décision.

7. L'art. 121-3 du règlement de l'Assemblée nationale permet, après l'examen de la dernière partie du projet de LFSS, d'organiser une seconde délibération avant le commencement des explications de vote sur l'ensemble ; dans la mesure où les dispositions des autres parties ne peuvent être modifiées que pour coordination, les prescriptions du présent art. sont respectées. • Cons. const. 13 oct. 2005, n° 2005-526 DC.

Préparation des projets de lois de financement. Information et contrôle sur le financement de la sécurité sociale

Art. L.O. 111-8 *(L. org. n° 2005-881 du 2 août 2005, art. 8)* **En vue de l'examen et du vote du projet de loi de financement de la sécurité sociale de l'année, et sans préjudice de toute autre disposition relative à l'information et au contrôle du Parlement, les commissions de l'Assemblée nationale et du Sénat saisies au fond de ce projet et les autres commissions concernées adressent au Gouvernement, avant le 10 juillet de chaque année, des questionnaires relatifs à l'application des lois de financement de la sécurité sociale. Celui-ci y répond par écrit au plus tard le 8 octobre.**

Art. L.O. 111-9 *(L. org. n° 2005-881 du 2 août 2005, art. 9)* **Les commissions de l'Assemblée nationale et du Sénat saisies au fond du projet de loi de financement de la sécurité sociale suivent et contrôlent l'application de ces lois et procèdent à l'évaluation de toute question relative aux finances de la sécurité sociale. Cette mission est confiée à leur Président, au Président de la mission mentionnée à l'article L.O. 111-10** *[V. cet art. ci-dessous]*, **ainsi que, dans leurs domaines d'attributions, à leurs rapporteurs et, pour un objet et une durée déterminés, à des membres d'une de ces commissions désignés par elle à cet effet. A cet effet, ils procèdent à toutes auditions qu'ils jugent utiles et à toutes investigations sur pièces et sur place auprès des administrations de l'État, des organismes de sécurité sociale, de tout autre organisme privé gérant un régime de base de sécurité sociale légalement obligatoire et des établissements publics compétents. Tous les renseignements et documents d'ordre financier et administratif qu'ils demandent, y compris tout rapport établi par les organismes et services chargés du contrôle de l'administration, réserve faite des sujets à caractère secret concernant la défense nationale et la sécurité intérieure ou extérieure de l'État et du respect du secret de l'instruction et du secret médical, doivent leur être fournis.**

Les personnes dont l'audition est jugée nécessaire par le Président et le ou les rapporteurs de la commission, dans leur domaine d'attribution, ont l'obligation de s'y soumettre. Elles sont déliées du secret professionnel sous les réserves prévues au premier alinéa.

Art. L.O. 111-9-1 *(L. org. n° 2005-881 du 2 août 2005, art. 10 et 22)* **Lorsque, dans le** *cadre d'une mission* **d'évaluation et de contrôle, la communication des renseignements demandés au titre de l'article L.O. 111-9** *[V. cet art. ci-dessus]* **ne peut être obtenue au terme d'un délai raisonnable, apprécié au regard de la difficulté de les réunir, le Président des commissions de l'Assemblée nationale et du Sénat saisies au fond des projets de loi de financement de la sécurité sociale peut demander à la juridiction compétente, statuant en référé, de faire cesser l'entrave sous astreinte.**

[V. références des décisions du Conseil constitutionnel dans le tableau DC]

Conformément à la conception française de la séparation des pouvoirs, ces dispositions ne peuvent être comprises que comme permettant au juge administratif d'ordonner en référé à une personne morale investie de prérogatives de puissance publique la communication sous astreinte des documents ou renseignements susmentionnés ; sous cette réserve, le présent art. n'est pas contraire à la Constitution. • Cons. const. 29 juill. 2005, n° 2005-519 DC.

Art. L.O. 111-9-2 *(L. n° 96-646 du 22 juill. 1996, art. 1er ; L. org. n° 2005-881 du 2 août 2005, art. 3 et 22)* **En cas d'urgence, les limites prévues au *e* du 2° du C du I de l'article L.O. 111-3** *[V. cet art. ci-dessus]* **peuvent être relevées par décret pris en conseil des ministres après avis du Conseil d'État et information des commissions parlementaires saisies au fond des projets de loi de financement de la sécurité sociale. La ratification de ces décrets est demandée au Parlement dans le plus prochain projet de loi de financement de la sécurité sociale.**

Art. L.O. 111-9-3 *(L. org. n° 2005-881 du 2 août 2005, art. 19 et 22)* **Lorsqu'une mission d'évaluation et de contrôle donne lieu à des observations notifiées au Gouvernement ou à un organisme de sécurité sociale, ceux-ci disposent d'un délai de deux mois pour y répondre.**

Art. L.O. 111-10 *(L. n° 2004-810 du 13 août 2004, art. 38 ; L. org. n° 2005-881 du 2 août 2005, art. 22)* **Il peut être créé au sein de la commission de chaque assemblée saisie au fond des projets de loi de financement de la sécurité sociale une mission d'évaluation et de contrôle chargée de l'évaluation permanente de ces lois.**

Art. L.O. 111-10-1 *(L. org. n° 2005-881 du 2 août 2005, art. 17)* **Avant la fin des mois de janvier et de juillet de chaque année, le Gouvernement transmet au Parlement un état semestriel des sommes restant dues par l'État aux régimes obligatoires de base.**

Art. L.O. 111-10-2 *(L. org. n° 2005-881 du 2 août 2005, art. 21)* **Les avis formulés par les commissions saisies au fond des projets de loi de financement de la sécurité sociale dans le cadre de leurs consultations sur la liste des sous-objectifs de dépenses de l'objectif national d'assurance maladie et celle des éventuels sous-objectifs de dépenses par branche prévues aux 2° et 3° du D du I de l'article L.O. 111-3** *[V. cet art. ci-dessus]* **sont rendus dans un délai de quinze jours francs à compter de leur réception. A défaut de notification au ministre chargé de la sécurité sociale dans ce délai, l'avis est réputé rendu.**

[V. références des décisions du Conseil constitutionnel dans le tableau DC]

Le Conseil constitutionnel a considéré que cette procédure ne portait pas atteinte à la liberté d'appréciation que le gouvernement tient de l'art. 20 de la Constitution dans la détermination et la conduite de la politique de la Nation. • Cons. const. 29 juill. 2005, n° 2005-519 DC.

Circulaire du 14 janvier 2013,

Relative aux règles pour une gestion responsable des dépenses publiques.

Le pacte national pour la croissance, la compétitivité et l'emploi adopté le 6 novembre 2012 prévoit « une discipline nouvelle dans le pilotage de l'action publique : toute nouvelle dépense devra être financée par des économies en dépense ; le financement par une recette nouvelle ne sera plus possible, car l'effort fiscal ne doit pas servir à favoriser des dépenses supplémentaires ; toute réforme conduite à l'initiative du Gouvernement devra comprendre un volet d'optimisation de la dépense publique ».

La loi n° 2012-1558 du 31 décembre 2012 de programmation des finances publiques pour les années 2012 à 2017 *[V. ce texte ci-dessus, App., v° Gouvernance financière]* **décrit la trajectoire du retour à l'équilibre de nos finances publiques.**

Notre trajectoire de désendettement repose sur un partage équilibré de l'effort entre recettes et dépenses. L'effort qui est demandé aux Français par les augmentations d'impôt doit s'accompagner d'une parfaite maîtrise des dépenses publiques : l'impôt doit être dépensé au plus juste.

Au cours de l'actuelle législature, l'évolution de l'ensemble de la dépense publique sera ainsi limitée à 0,5 % en volume par an en moyenne, ce qui permettra de ramener

la part des dépenses publiques dans la richesse nationale de 56,3 % en 2012 à 53,1 % en 2017. Dans le pilotage de l'action publique, une discipline nouvelle, c'est-à-dire un ensemble de règles garantissant le respect de nos engagements en matière de maîtrise de la dépense publique, est indispensable.

L'objet de la présente circulaire est de fixer ces règles.

Premier principe : « l'auto-assurance »

Au sein des programmes placés sous votre responsabilité, certains postes de dépenses seront plus dynamiques que prévu, d'autres le seront moins ; des mesures nouvelles pourront également être mises en œuvre. Je vous demande de vous assurer que les plafonds pluriannuels des programmes seront respectés globalement, en compensant par de moindres dépenses sur certains postes les dépenses imprévues sur d'autres. Ce n'est qu'à titre exceptionnel qu'une ouverture nette de crédits pourra être envisagée. Je vous demande en conséquence de programmer l'emploi de vos crédits en considérant que les moyens d'engagement et de paiement mis en réserve ne seront pas disponibles.

Ce principe dit d'« auto-assurance » peut être apprécié sur le périmètre global des programmes dont vous êtes responsables.

Le respect de ce principe passe :

– par une gestion responsable de chaque programme, sous l'autorité du responsable de programme qui identifiera le plus tôt possible les risques pesant sur la gestion et mettra en œuvre les mesures permettant de les couvrir, notamment en ce qui concerne la masse salariale et les crédits d'intervention ;

– par une mise en réserve initiale dont l'éventuelle mise à disposition sera limitée à la couverture des aléas de gestion qui ne pouvaient être anticipés par le responsable de programme et qui ne peuvent être couverts par redéploiement. La règle générale doit être de prévoir une annulation au moins partielle de ces crédits en fin de gestion ;

– s'agissant des opérateurs de l'État, par une notification des subventions pour charges de service public nettes de la mise en réserve afin de pouvoir plus efficacement mobiliser cette dernière.

Afin de mieux couvrir les risques spécifiques à chaque programme, des mises en réserve supplémentaires pourront être décidées en début de gestion sur proposition du ministre chargé du budget, notamment pour les programmes qui auraient dépassé en exécution le montant de l'autorisation initiale au cours de l'exercice précédent.

Deuxième principe : le financement de toute nouvelle dépense par une économie en dépense

Cette approche est indispensable : trop souvent, une dépense est ajoutée aux précédentes, sans que la pertinence ou le degré de priorité de ces dernières ne soit réexaminé. Les nouveaux projets ou les nouvelles dépenses que vous me proposerez, qu'il s'agisse d'une dépense de l'État, de ses agences ou de la sécurité sociale, devront être gagés par une économie sur d'autres postes que vous pilotez, de façon que vos dépenses totales n'augmentent pas. Une économie signifie une diminution de la dépense publique totale, sans report de charges sur d'autres entités publiques, sur des fournisseurs ou sur d'autres années.

J'ai demandé au ministre chargé du budget de vérifier que les propositions d'économies que vous me soumettrez sont conformes à ces principes. Je vous demande de lui transmettre les éléments nécessaires à cette vérification avant toute proposition de dépense nouvelle.

Aucune nouvelle dépense ne pourra être financée par une augmentation de recettes, quel que soit leur affectataire, qu'il s'agisse de l'augmentation de taxes existantes ou de la création de nouvelles taxes. Cette règle s'applique à tous : dépenses de l'État, de ses agences et de la sécurité sociale. Elle est indispensable, compte tenu du niveau *élevé de nos prélèvements obliga*toires et de l'engagement de stabilité fiscale que nous avons pris. De même, la création d'une nouvelle taxe ou l'augmentation d'une taxe existante ne pourra en aucun cas justifier une augmentation de dépense.

S'agissant des agences de l'État, cette règle est cohérente avec la programmation des finances publiques qui repose sur une réduction en valeur absolue des taxes affectées en 2014 et 2015. Par ailleurs, une revue exhaustive de la pertinence de ces affectations sera présentée au Parlement avant le 30 juin 2013, afin de permettre d'en tirer les conclutions dans les lois financières pour 2014.

Troisième principe : le recours aux dépenses fiscales ne doit pas venir en substitution d'une dépense budgétaire et doit être compensé par la diminution d'une autre dépense fiscale

L'utilisation de l'outil fiscal doit répondre à une logique d'efficience et non de contournement. Sur la durée de la législature, l'ensemble des dépenses fiscales fera en outre l'objet d'une évaluation transmise au Parlement, à raison d'un cinquième des dépenses fiscales chaque année. Dans le cadre de la préparation de chaque loi de finances, il vous sera demandé de tenir compte des évaluations disponibles pour identifier les dépenses fiscales réellement indispensables à la mise en œuvre des priorités de vos missions afin de réduire le coût global des dépenses fiscales dont le pilotage vous incombe.

Enfin, je vous rappelle que les mesures fiscales ou relatives aux recettes sociales décidées à l'initiative du Gouvernement ne pourront trouver leur place que dans une loi de finances ou de financement de la sécurité sociale.

Cette maîtrise de la dépense publique est indispensable pour le redressement de nos comptes publics et la mise en œuvre du pacte national pour la croissance, la compétitivité et l'emploi. Il en va de notre souveraineté, il en va du respect de la parole donnée devant les Français et devant nos partenaires.

Nous n'y parviendrons qu'avec une grande détermination, dans le cadre d'une évaluation systématique des dépenses publiques, que la démarche de modernisation de l'action publique doit permettre, tout en assurant la qualité des services publics.

Décret n° 2013-144 du 18 février 2013,

Relatif à la constitution initiale du Haut Conseil des finances publiques.

Art. 1er I. – Le tirage au sort prévu au huitième alinéa de l'article 11 de la loi organique du 17 décembre 2012 susvisée *[n° 2012-1403 relative à la programmation et à la gouvernance des finances publiques, V. ci-dessus]* est effectué par le premier président de la Cour des comptes, assisté de deux personnes qu'il choisit au sein de ses services, en présence de représentants des présidents de l'Assemblée nationale, du Sénat, des commissions des finances de ces assemblées et du Conseil économique, social et environnemental, désignés par ces derniers.

II. – Il est procédé à un premier tirage au sort pour déterminer le sexe des personnes désignées par le président de l'Assemblée nationale et le président de la commission des finances de la même assemblée.

Sont établis deux bulletins portant respectivement les mentions "femme" et "homme".

Le bulletin tiré au sort indique le sexe de la personne à nommer par le président de l'Assemblée nationale.

Le président de la commission des finances nomme une personne du sexe opposé.

III. – Il est procédé à un deuxième tirage au sort pour déterminer le sexe des personnes désignées par le président du Sénat et le président de la commission des finances de la même assemblée.

Sont établis deux bulletins portant respectivement les mentions "femme" et "homme".

Le bulletin tiré au sort indique le sexe de la personne à nommer par le président du Sénat.

Le président de la commission des finances nomme une personne du sexe opposé.

IV. – Il est procédé à un troisième tirage au sort pour déterminer le sexe de la personne désignée par le président du Conseil économique, social et environnemental.

Sont établis deux bulletins portant respectivement les mentions "femme" et "homme".

Le bulletin tiré au sort indique le sexe de la personne à nommer par le président du Conseil économique, social et environnemental.

V. – Les opérations de tirage au sort font l'objet d'un procès-verbal signé par le premier président de la Cour des comptes et les deux personnes l'ayant assisté.

Le procès-verbal est transmis au président de l'Assemblée nationale, au président du Sénat, aux présidents des commissions des finances de l'Assemblée nationale et du Sénat et au président du Conseil économique, social et environnemental.

Art. 2 Lors de la première réunion du Haut Conseil des finances publiques, il est procédé, par le président du Haut Conseil, au tirage au sort des membres dont le mandat est de trente mois, en application des dispositions du douzième alinéa de l'article 11 de la loi organique du 17 décembre 2012 susvisée.

Les membres du Haut Conseil mentionnés au 1° de l'article 11 de la loi organique du 17 décembre 2012 susvisée sont répartis, selon leur sexe, en deux groupes. Dans chacun des groupes est tiré au sort un membre dont le mandat est limité à trente mois.

Les membres du Haut Conseil mentionnés aux 2° et 3° de l'article 11 de la loi organique du 17 décembre 2012 susvisée sont répartis, selon leur sexe, en deux groupes. Dans chacun des groupes est tiré au sort un membre dont le mandat est limité à trente mois. Si dans le groupe comprenant trois membres le tirage au sort ne permet pas de garantir, à l'issue du premier renouvellement, une représentation égale d'hommes et de femmes au sein des membres mentionnés au 2° de l'article 11 mentionné ci-dessus conformément aux dispositions du huitième alinéa du même article, un nouveau tirage au sort est organisé parmi les deux membres restant *[restants]* pour désigner le second membre dont le mandat est limité à trente mois.

Ces opérations font l'objet d'un procès-verbal, signé par chacun des membres du Haut Conseil des finances publiques, qui est transmis au président de l'Assemblée nationale, au président du Sénat, aux présidents des commissions des finances de l'Assemblée nationale et du Sénat et au président du Conseil économique, social et environnemental.

POUVOIRS PUBLICS

Loi des 16-24 août 1790,

Sur l'organisation judiciaire.

TITRE II

Art. 10 Les tribunaux ne pourront prendre directement ou indirectement aucune part à l'exercice du pouvoir législatif, ni empêcher ou suspendre l'exécution des décrets du Corps législatif, sanctionnés par le Roi, à peine de forfaiture.

....

Art. 12 Ils ne pourront point faire de règlements, mais ils s'adresseront au corps législatif toutes les fois qu'ils croiront nécessaire, soit d'interpréter une loi, soit d'en faire une nouvelle.

Art. 13 Les fonctions judiciaires sont distinctes et demeureront toujours séparées des fonctions administratives. Les juges ne pourront, à peine de forfaiture, troubler, de quelque manière que ce soit, les opérations des corps administratifs, ni citer devant eux les administrateurs pour raison de leurs fonctions.

Décret du 16 fructidor an III,

Qui défend aux tribunaux de connaître des actes d'administration et annule toute procédure et jugement intervenus à cet égard.

Art. unique Défenses itératives sont faites aux tribunaux de connaître des actes d'administration, de quelque espèce qu'ils soient, aux peines de droit.

Loi du 15 février 1872,

Relative au rôle éventuel des conseils départementaux dans des circonstances exceptionnelles (DP 72. 4. 39).

Art. 1er Si l'Assemblée nationale ou celles qui lui succéderont viennent à être illégalement dissoutes ou empêchées de se réunir, les conseils départementaux s'assemblent immédiatement, de plein droit, et sans qu'il soit besoin de convocation spéciale, au chef-lieu de chaque département.

Ils peuvent s'assembler partout ailleurs dans le département, si le lieu habituel de leurs séances ne leur paraît pas offrir de garanties suffisantes pour la liberté de leurs délibérations.

Les conseils ne sont valablement constitués que par la présence de la majorité de leurs membres.

Art. 2 Jusqu'au jour où l'assemblée dont il sera parlé à l'article 3 aura fait connaître qu'elle est régulièrement constituée, le conseil départemental pourvoira d'urgence au maintien de la tranquillité publique et de l'ordre légal.

Art. 3 Une assemblée composée de deux délégués élus par chaque conseil départemental, en comité secret, se réunit dans le lieu où se seront rendus les membres du gouvernement légal et les députés qui auront pu se soustraire à la violence.

L'assemblée des délégués n'est valablement constituée qu'autant que la moitié des départements, au moins, s'y trouve représentée.

Art. 4 Cette assemblée est chargée de prendre, pour toute la France, les mesures urgentes que nécessite le maintien de l'ordre et spécialement celles qui ont pour objet de rendre à l'Assemblée nationale la plénitude de son indépendance et l'exercice de ses droits.

Elle pourvoit provisoirement à l'administration générale du pays.

Art. 5 Elle doit se dissoudre aussitôt que l'Assemblée nationale se sera reconstituée par la réunion de la majorité de ses membres sur un point quelconque du territoire.

Si cette reconstitution ne peut se réaliser dans le mois qui suit les événements, l'assemblée des délégués doit décréter un appel à la nation pour des élections générales.

Ses pouvoirs cessent du jour où la nouvelle Assemblée nationale est constituée.

Art. 6 Les décisions de l'assemblée des délégués doivent être exécutées, à peine de forfaiture, par tous les fonctionnaires, agents de l'autorité et commandants de la force publique.

Décret n° 48-1233 du 28 juillet 1948,

Portant règlement d'administration publique en ce qui concerne les cabinets ministériels (D. 1948. 269 ; BLD 1948. 710).

Art. 1er Le cabinet d'un ministre *(Abrogé par Décr. n° 51-1030 du 21 août 1951, art. 1er)* *« ou d'un secrétaire d'État »* ne peut comporter d'autres emplois que les emplois suivants :

Un emploi de directeur du cabinet ;

Un emploi de chef du cabinet ;

Deux emplois de chef adjoint du cabinet ;

Trois emplois d'attaché de cabinet ;

Un emploi de chef du secrétariat particulier ;

Deux emplois de chargé de mission ou de conseiller technique.

Toutefois, le nombre des emplois de chargé de mission ou de conseiller technique peut être porté à trois quand il y a un seul chef adjoint du cabinet.

Le présent article n'est pas applicable au cabinet du premier ministre.

Art. 2 Les cabinets du ministre des affaires étrangères, du ministre de l'économie et des finances et du ministre de l'intérieur pourront comprendre un directeur adjoint du cabinet.

(Décr. n° 54-485 du 11 mai 1954, art. 1er) « Par ailleurs, au cabinet du ministre de l'intérieur, l'emploi de directeur adjoint du cabinet est remplacé par un emploi de préfet hors cadres. »

Art. 2 *bis* *(Décr. n° 51-1030 du 21 août 1951, art. 1er)* Sous réserve des dispositions des articles 4 et 5 ci-après, le cabinet d'un secrétaire d'État ne peut comporter d'autres emplois que les emplois suivants :

Un emploi de directeur de cabinet ;

Un emploi de chef du cabinet ;
Un emploi de chef adjoint de cabinet ;
Un emploi de chargé de mission ou de conseiller technique ;
Deux emplois d'attaché de cabinet ;
Un emploi de chef du secrétariat particulier.

Art. 3 Le cabinet d'un sous-secrétaire d'État ne peut comprendre d'autres emplois que les emplois suivants :
Un emploi de chef du cabinet ;
Un emploi de chef adjoint du cabinet ;
Deux emplois d'attaché de cabinet ;
Un emploi de chef du secrétariat particulier ;
Un emploi de chargé de mission ou de conseiller technique.

Art. 4 Outre le cabinet visé à l'article premier ci-dessus, le ministre placé à la tête des administrations militaires et les secrétaires d'État soumis à son autorité peuvent chacun constituer un état-major particulier comprenant au plus huit officiers, et le ministre chargé des départements et territoire d'outre-mer un état-major particulier comprenant quatre officiers au plus. Ces officiers ne peuvent recevoir, à ce titre, aucune indemnité.

Art. 5 Au cas où plusieurs administrations qui ont été constituées en ministères distincts se trouvent groupées sous l'autorité d'un même ministre ou secrétaire d'État, mais conservent des services du personnel distincts, le ministre ou secrétaire d'État peut compléter son cabinet par la désignation d'un chef ou d'un chef adjoint du cabinet et de deux attachés de cabinet, par ministère supplémentaire dont il a la charge.

Art. 6 Les nominations des membres des cabinets ministériels sont faites par arrêté ministériel publié au *Journal officiel*. Cet arrêté précise les titres des personnes nommées et l'emploi auquel elles sont appelées au sein du cabinet.

Art. 7 Nul ne peut être nommé membre d'un cabinet ministériel s'il ne jouit de ses droits civils et politiques et s'il ne se trouve en position régulière au regard des lois sur le recrutement de l'armée.

Art. 8 Le décret du 13 février 1912 est abrogé.

Loi n° 2007-292 du 5 mars 2007,

Relative à la Commission nationale consultative des droits de l'homme.

Art. 1er La Commission nationale consultative des droits de l'homme assure, auprès du Gouvernement, un rôle de conseil et de proposition dans le domaine des droits de l'homme, du droit international humanitaire et de l'action humanitaire. Elle assiste le Premier ministre et les ministres intéressés par ses avis sur toutes les questions de portée générale relevant de son champ de compétence tant sur le plan national qu'international. Elle peut, de sa propre initiative, appeler publiquement l'attention du Parlement et du Gouvernement sur les mesures qui lui paraissent de nature à favoriser la protection et la promotion des droits de l'homme.

La commission exerce sa mission en toute indépendance. *(L. n° 2017-55 du 20 janv. 2017, art. 24-III)* « Elle ne reçoit ni ne sollicite d'instruction d'aucune autorité administrative ou gouvernementale. »

Elle est composée de représentants des organisations non gouvernementales spécialisées dans le domaine des droits de l'homme, du droit international humanitaire ou ***de l'action humanitaire, d'experts*** siégeant dans les organisations internationales compétentes dans ce même domaine, de personnalités qualifiées, de représentants des principales confédérations syndicales, du *(L. n° 2011-334 du 29 mars 2011, art. 17-I-3°)* « Défenseur des droits », ainsi que d'un député, d'un sénateur et d'un membre du *(L. n° 2010-704 du 28 juin 2010, art. 21)* « Conseil économique, social et environnemental » désignés par leurs assemblées respectives.

Le mandat de membre de la commission n'est pas révocable pour autant que son titulaire conserve la qualité en vertu de laquelle il a été désigné et qu'il se conforme à l'obligation d'assiduité qui lui incombe.

Des représentants du Premier ministre et des ministres intéressés peuvent participer sans voix délibérative aux travaux de la commission.

Art. 2 Un décret en Conseil d'État précise la composition et fixe les modalités d'organisation et de fonctionnement de la commission instituée à l'article 1er.

Les membres de la Commission nationale consultative des droits de l'homme en exercice au moment de la publication de la présente loi demeurent en fonction jusqu'au terme de leur mandat.

Sur les modalités d'organisation et de fonctionnement de la CNCDH, V., ci-dessous, Décr. nº 2007-1137 du 26 juill. 2007.

Décret nº 2007-1137 du 26 juillet 2007,

Relatif à la composition et au fonctionnement de la Commission nationale consultative des droits de l'homme.

CHAPITRE PREMIER *Dispositions générales*

Art. 1er Pour l'exercice des missions qui lui sont confiées par l'article 1er de la loi du 5 mars 2007 susvisée *[nº 2007-292, V. ci-dessus]*, la Commission nationale consultative des droits de l'homme favorise la concertation entre les administrations, les représentants des différents courants de pensée de la société civile et des différentes organisations et institutions non gouvernementales intéressées.

Elle contribue à la préparation des rapports que la France présente devant les organisations internationales, en application de ses obligations conventionnelles dans le domaine des droits de l'homme.

Elle contribue à l'éducation aux droits de l'homme.

Elle est chargée d'élaborer le rapport annuel public sur la lutte contre le racisme mentionné à l'article 2 de la loi du 13 juillet 1990 susvisée *[nº 90-615 tendant à réprimer tout acte raciste, antisémite ou xénophobe]*.

Art. 2 La commission peut être saisie de demandes d'avis ou d'études émanant du Premier ministre ou des membres du Gouvernement.

Elle coopère, dans les limites de sa compétence, avec les organisations internationales chargées des droits de l'homme et du droit international humanitaire.

La commission peut, de sa propre initiative, appeler l'attention des pouvoirs publics sur les mesures qui lui paraissent de nature à favoriser la protection et la promotion des droits de l'homme, notamment en ce qui concerne :

– les enjeux des négociations internationales en cours relatives aux droits de l'homme ;

– la ratification des instruments internationaux relatifs aux droits de l'homme et au droit international humanitaire et, le cas échéant, la mise en conformité de la loi nationale avec ces instruments ;

– l'exécution de programmes d'action, notamment en ce qui concerne l'enseignement et la recherche sur les droits de l'homme, la participation à leur mise en œuvre dans les milieux scolaires, universitaires et professionnels et, plus généralement, la lutte contre le racisme et la xénophobie.

La commission peut également :

– évoquer toutes questions ayant trait à une situation humanitaire d'urgence et susciter des échanges d'informations sur les dispositifs permettant de faire face à ces situations ;

– formuler des avis sur les différentes formes d'assistance humanitaire mises en œuvre dans les situations de crise ;

– étudier les mesures propres à assurer l'application du droit international humanitaire.

La commission rend publics les avis et rapports qu'elle adopte.

Art. 3 La commission décerne annuellement le "Prix des droits de l'homme de la République française – Liberté – Égalité – Fraternité", distinguant des actions de terrain, des études et des projets portant sur la protection et la promotion des droits de l'homme dans l'esprit de la Déclaration universelle des droits de l'homme. Ce prix est attribué, sous forme de bourses, à titre individuel ou collectif, sans considération de nationalité ou de frontière, conformément au règlement adopté par la commission.

Art. 4 Dans le souci d'assurer le pluralisme des convictions et opinions, la commission est composée, avec voix délibérative :

a) De trente personnes nommément désignées parmi les membres des principales organisations non gouvernementales œuvrant dans le domaine des droits de l'homme, du droit international humanitaire ou de l'action humanitaire et des principales confédérations syndicales, sur proposition de celles-ci ;

b) De trente personnes choisies, en raison de leur compétence reconnue dans le domaine des droits de l'homme, y compris des personnes siégeant en qualité d'experts indépendants dans les instances internationales des droits de l'homme ;

c) D'un député et d'un sénateur ;

(Décr. nº 2012-1388 du 11 déc. 2012, art. 1er) « *d)* Du Défenseur des droits ; »

e) D'un membre du *(Décr. nº 2010-886 du 29 juill. 2010, art. 6)* « Conseil économique, social et environnemental ».

Art. 5 *(Décr. nº 2008-925 du 11 sept. 2008, art. 1er)* « Les membres de la commission mentionnés au *a* de l'article 4 et leurs suppléants sont nommés par arrêté du Premier ministre, après avis d'un comité composé du vice-président du Conseil d'État et des premiers présidents de la Cour de cassation et de la Cour des comptes sur les organismes susceptibles d'émettre des propositions de nomination.

« Les membres de la commission mentionnés au *b* de l'article 4 sont nommés après avis du même comité.

« Les avis du comité sont rendus publics. »

Le député, le sénateur et le membre du *(Décr. nº 2010-886 du 29 juill. 2010, art. 6)* « Conseil économique, social et environnemental » sont nommés par le Premier ministre.

Art. 6 Les membres désignés au titre des *a* et *b* de l'article 4 sont nommés pour une durée de trois ans.

Les membres mentionnés aux paragraphes *c*, *d* et *e* du même article sont nommés pour la durée de leur mandat.

Art. 7 En cas d'empêchement, les membres titulaires désignés au titre du *a* de l'article 4 ne peuvent être représentés que par leur suppléant. Lorsqu'ils sont empêchés, les membres désignés au titre du *b* de l'article 4 peuvent être représentés par un autre membre de la commission muni d'une procuration, à concurrence de deux par membre.

Les membres de la commission nommés en remplacement de ceux dont les fonctions ont pris fin avant leur terme normal achèvent le mandat de ceux qu'ils remplacent.

Sauf démission, il ne peut être mis fin aux mandats des membres de la commission qu'en cas d'empêchement ou de défaillance constatés par le bureau de la commission, après audition de l'intéressé. Peut être considéré comme défaillant tout membre qui n'a pas participé, sans motif valable, à trois séances consécutives de l'assemblée plénière.

Art. 8 *(Décr. nº 2012-1388 du 11 déc. 2012, art. 2)* La participation des représentants du Premier ministre et des ministres intéressés prévue par l'article 1er de la loi du 5 mars 2007 susvisée *[nº 2007-292, V. cette L. ci-dessus]* s'applique à l'ensemble des formations de la commission.

Art. 9 Les membres de la commission et les personnes invitées à participer à ses travaux sont tenus à un devoir de confidentialité qui couvre les débats, votes et documents internes de travail.

Art. 10 L'assemblée plénière, organe décisionnel de la commission, adopte tous les documents émis par la commission dans le cadre de ses missions.

Elle adopte notamment le règlement intérieur de la commission.

L'assemblée plénière est réunie en tant que de besoin, et au minimum six fois par an, sur convocation de son président ou à la demande d'au moins un tiers de ses membres ayant voix délibérative.

Les textes sont adoptés à la majorité des membres présents et représentés.

Les documents publiés font mention du résultat des votes ayant présidé à leur adoption. Y sont également exposées de droit les opinions minoritaires, dès lors qu'elles ont été soutenues par au moins quinze pour cent des membres de la commission.

En cas de partage égal des voix, celle du président est prépondérante.

Art. 11 La commission crée, en son sein, des sous-commissions chargées d'étudier des projets d'avis et de conduire des études soumis à la décision de l'assemblée plénière dans les différents domaines des droits de l'homme, du droit international humanitaire ou de l'action humanitaire, dans les conditions fixées par le règlement intérieur.

Art. 12 L'assemblée plénière ou les sous-commissions peuvent entendre ou consulter toutes personnes ayant une compétence particulière en matière de droits de l'homme, de droit international humanitaire ou d'action humanitaire. Ces personnes ne participent pas aux délibérations.

Les séances de l'assemblée plénière et des sous-commissions ne sont pas publiques.

Art. 13 Le président de la commission est désigné par arrêté du Premier ministre, parmi les membres de la commission mentionnés aux paragraphes *a* et *b* de l'article 4, pour une durée de trois ans renouvelable une fois.

Deux vice-présidents sont élus par l'assemblée plénière, l'un parmi les membres titulaires de la commission mentionnés au paragraphe *a* de l'article 4 et l'autre parmi les membres titulaires mentionnés au paragraphe *b* du même article. Leur mandat est de trois ans renouvelable une fois.

Art. 14 Le président assure la représentation de la commission tant sur le plan national que sur le plan international.

En cas d'urgence, il est habilité à formuler des recommandations ou observations, de sa propre initiative ou sur demande d'un ou des présidents des sous-commissions. Il soumet ces recommandations ou observations à la plus prochaine assemblée plénière.

Art. 15 Le bureau de la commission est composé du président et des deux vice-présidents assistés, avec voix consultative, du secrétaire général. Il fixe, notamment, les ordres du jour des assemblées plénières et tient à jour les présences à cette assemblée. Il constate le cas de défaillance ou d'empêchement des membres. Il examine les comptes de l'année ainsi que les demandes budgétaires pour l'exercice suivant, présentés par le secrétaire général.

Art. 16 Le secrétariat de la commission est assuré par un secrétaire général nommé, sur proposition du président, par arrêté du Premier ministre pour une durée de trois ans.

Placé sous l'autorité du président, il est chargé des questions administratives et financières.

Il est assisté, en tant que de besoin, de chargés de mission mis à disposition en accord avec le président.

Art. 17 La commission gère librement les crédits nécessaires à l'accomplissement de sa mission qui sont inscrits au budget des services du Premier ministre.

CHAPITRE II *Dispositions transitoires*

Art. 18 Les dispositions des articles 4, 5, 6, 7 et 13 entrent en vigueur lors du prochain renouvellement de la commission.

Art. 19 Le décret n° 84-72 du 30 janvier 1984 relatif à la Commission consultative des droits de l'homme est abrogé.

RÈGLEMENTS DES ASSEMBLÉES

Règlement de l'Assemblée nationale

Version à jour au 1er septembre 2019.

TITRE PREMIER **Organisation et fonctionnement de l'Assemblée**

CHAPITRE PREMIER ***Bureau d'âge***

Art. 1er **1** Le doyen d'âge de l'Assemblée nationale préside la première séance de la législature, jusqu'à l'élection du Président.

2 Les six plus jeunes députés présents remplissent les fonctions de secrétaires jusqu'à l'élection du Bureau.

3 Aucun débat ne peut avoir lieu sous la présidence du doyen d'âge.

CHAPITRE II ***Admission des députés. — Invalidations. — Vacances***

Art. 2 A l'ouverture de la première séance de la législature, le doyen d'âge annonce à l'Assemblée la communication du nom des personnes élues qui lui a été faite par le Gouvernement. Il en ordonne l'affichage immédiat et la publication à la suite du compte rendu *(Abrogé par Résol. 27 mai 2009, art. 1er)* « ***intégral*** » de la séance.

[Résol. 27 mai 2009.]

Art. 3 La communication des requêtes en contestation d'élection et des décisions de rejet de ces contestations rendues par le Conseil constitutionnel est faite par le doyen d'âge ou par le Président, dans les conditions fixées à l'article 2, à l'ouverture de la première séance suivant leur réception.

Art. 4 **1** La communication des décisions du Conseil constitutionnel emportant soit réformation de la proclamation faite par la commission de recensement et proclamation du candidat qui a été régulièrement élu, soit annulation d'une élection contestée, est faite à l'ouverture de la première séance qui suit la réception de leur notification et comporte l'indication des circonscriptions intéressées et des noms des élus invalidés.

2 Dans le cas de réformation, le nom du candidat proclamé élu est annoncé immédiatement après la communication de la décision.

3 Si une décision d'annulation rendue par le Conseil constitutionnel est notifiée au Président lorsque l'Assemblée ne tient pas séance, celui-ci en prend acte par un avis inséré au *Journal officiel* et en informe l'Assemblée à la première séance qui suit.

4 Les mêmes dispositions sont applicables en cas de déchéance ou de démission d'office constatée par le Conseil constitutionnel.

[Résol. 10 oct. 1995.]

Art. 5 En cas d'invalidation, toute initiative émanant du député invalidé est considérée comme caduque, à moins d'être reprise en l'état par un membre de l'Assemblée nationale dans un délai de huit jours francs à dater de la communication de l'invalidation à l'Assemblée ou de l'insertion de l'avis prévue par l'article 4, alinéa 3.

Art. 6 **1** Tout député peut se démettre de ses fonctions *(Abrogé par Résol. 27 mai 2009, art. 2)* « ***, soit, si son élection n'a pas été contestée, à l'expiration du délai de dix jours prévu pour le dépôt des requêtes en contestation, soit, si son élection a été contestée, après la notification de la décision de rejet rendue par le Conseil constitutionnel*** ».

2 Les démissions sont adressées par écrit au Président, qui en donne connaissance à l'Assemblée dans la plus prochaine séance et les notifie au Gouvernement.

3 Lorsque l'Assemblée ne tient pas séance, le Président prend acte des démissions par un avis inséré au *Journal officiel*.

[Résol. 26 janv. 1994 ; 10 oct. 1995 et 27 mai 2009.]

Art. 7 *(Résol. 27 mai 2009, art. 3)* **1** Le Président informe l'Assemblée, dès qu'il en a connaissance, des vacances survenues pour l'une des causes énumérées au premier alinéa de l'article L.O. 176 du code électoral. Il notifie au Gouvernement le nom des députés dont le siège est devenu vacant et lui demande communication du nom des personnes élues pour les remplacer.

2 Le nom des nouveaux députés proclamés élus par application de l'article L.O. 176 du code électoral est annoncé à l'Assemblée à l'ouverture de la première séance suivant la communication qui en est faite par le Gouvernement. Il en est de même pour le nom des députés élus à la suite d'élections partielles.

3 Lorsqu'un député a accepté des fonctions gouvernementales, le Président demande au Gouvernement communication du nom de la personne élue pour le remplacer. Lorsque l'incompatibilité entre le mandat de ce député et ses fonctions de membre du Gouvernement prend effet, le Président informe l'Assemblée de son remplacement, conformément aux dispositions du second alinéa de l'article L.O. 176 du code électoral, dans la plus prochaine séance.

4 Le Président informe l'Assemblée, dans la plus prochaine séance, de la reprise de l'exercice de son mandat par le député ayant accepté des fonctions gouvernementales, à l'expiration d'un délai d'un mois suivant la cessation desdites fonctions. *(Abrogé par Résol. 28 nov. 2014, art. 1er)* *« Lorsque le Président est informé, par écrit, avant l'expiration de ce délai, que le député renonce à reprendre son mandat, il donne connaissance de cette renonciation à l'Assemblée dans la plus prochaine séance et la notifie au Gouvernement. »*

5 Lorsque l'Assemblée ne tient pas séance, le Président prend acte des communications faites au titre du présent article dans les conditions prévues à l'article 4, alinéa 3.

[Résol. 27 mai 2009 et 28 nov. 2014.]

CHAPITRE III *Bureau de l'Assemblée : composition, mode d'élection*

Art. 8 **1** Le Bureau de l'Assemblée nationale se compose de :

2 – 1 président,

3 – 6 vice-présidents,

4 – 3 questeurs,

5 – 12 secrétaires.

(Résol. 4 juin 2019, art. 1er) « Les présidents des groupes peuvent participer, sans droit de vote, aux réunions du Bureau. Ils ne peuvent être suppléés. »

[Résol. 4 juin 2019]

Art. 9 **1** Au cours de la première séance de la législature et aussitôt après les communications prévues aux articles 2 et 3, le doyen d'âge invite l'Assemblée nationale à procéder à l'élection de son Président.

2 Le Président de l'Assemblée nationale est élu au scrutin secret à la tribune. Si la majorité absolue des suffrages exprimés n'a pas été acquise aux deux premiers tours de scrutin, au troisième tour la majorité relative suffit et, en cas d'égalité de suffrages, le plus âgé est élu.

3 Des scrutateurs, tirés au sort, dépouillent le scrutin dont le doyen d'âge proclame le résultat.

4 Le doyen d'âge invite le Président à prendre place immédiatement au fauteuil.

Art. 10 **1** Les autres membres du Bureau sont élus, au début de chaque législature, au cours de la séance qui suit l'élection du Président et renouvelés chaque année suivante, à l'exception de celle précédant le renouvellement de l'Assemblée, à la séance d'ouverture de la session ordinaire. Le Président est assisté des six plus jeunes membres de l'Assemblée, qui remplissent les fonctions de secrétaires.

2 L'élection des vice-présidents, des questeurs et des secrétaires a lieu en s'efforçant de reproduire au sein du Bureau la configuration politique de l'Assemblée *(Résol. 28 nov. 2014, art. 2)* « et de respecter la parité entre les femmes et les hommes ».

3 Le Président de l'Assemblée réunit les présidents des groupes en vue d'établir la répartition entre les groupes de l'ensemble des fonctions du Bureau et la liste de leurs candidats à ces fonctions.

La répartition se fait selon la procédure décrite aux alinéas 5 à 16.

Il est attribué à chaque poste du Bureau une valeur exprimée en points : 4 points pour la fonction de Président, 2 points pour celle de vice-président, 2,5 points pour celle de questeur, 1 point pour celle de secrétaire.

L'ensemble des postes représente un total de 35,5 points, qui est réparti entre les groupes à la représentation proportionnelle sur la base de leurs effectifs respectifs.

Les présidents des groupes choisissent, en fonction du nombre de points dont ils disposent, les postes qu'ils souhaitent réserver à leur groupe. Cette répartition s'effectue par choix prioritaire en fonction des effectifs respectifs des groupes et, en cas d'égalité de ces effectifs, par voie de tirage au sort. L'un des postes de questeur est réservé à un député appartenant à un groupe s'étant déclaré d'opposition.

Lorsque le Président de l'Assemblée constate que la répartition des postes fait l'objet d'un accord, les présidents des groupes établissent, conformément à cette répartition et dans l'ordre de présentation qu'ils déterminent, la liste de leurs candidats à ces diverses fonctions et la déposent au Secrétariat général de l'Assemblée. Il est alors procédé conformément à l'article 26, alinéa 3.

4 Si le Président constate qu'il n'y a pas d'accord, les candidatures aux diverses fonctions du Bureau doivent être déposées au Secrétariat général de l'Assemblée, au plus tard une demi-heure avant l'heure fixée pour la nomination ou pour l'ouverture de chaque tour de scrutin.

5 Lorsque, pour chacune des fonctions du Bureau, le nombre des candidats n'est pas supérieur au nombre des sièges à pourvoir, il est procédé conformément à l'article 26, alinéa 3.

6 Dans le cas contraire, pour les fonctions pour lesquelles le nombre des candidats est supérieur au nombre de sièges à pourvoir, la nomination a lieu au scrutin plurinominal majoritaire.

7 Les bulletins mis à la disposition des députés ne peuvent comporter plus de noms qu'il n'y a, pour chaque tour de scrutin, de postes à pourvoir.

8 Sont valables les suffrages exprimés dans les enveloppes ne contenant pas plus de noms qu'il n'y a de postes à pourvoir.

9 Au premier et au deuxième tours de scrutin sont élus, dans l'ordre des suffrages, les candidats ayant obtenu la majorité absolue.

10 Toutefois, si, pour un ou plusieurs sièges, des candidats en nombre supérieur au nombre des sièges à pourvoir ont obtenu la majorité absolue et le même nombre de suffrages, il y a lieu à un nouveau scrutin pour lesdits sièges. Au troisième tour, la majorité relative suffit. En cas d'égalité des suffrages, le plus âgé est élu.

11 Des scrutateurs tirés au sort dépouillent le scrutin et le Président en proclame le résultat.

12 En cas de vacance, il est pourvu au remplacement selon la même procédure.

[Résol. 4 mai 1961 ; 23 oct. 1969 ; 26 janv. 1994 ; 10 oct. 1995 ; 28 nov. 2014 et 11 oct. 2017.]

Art. 11 **1** Les vice-présidents suppléent le Président en cas d'absence.

2 Lorsque l'élection des vice-présidents et des questeurs a lieu par scrutin, leur ordre de préséance est déterminé par la date et le tour de scrutin auquel ils ont été élus et, s'ils ont été élus au même tour de scrutin, par le nombre de suffrages qu'ils ont obtenus. En cas d'égalité de suffrages au même tour de scrutin, la préséance appartient au plus âgé. *(Résol. 4 juin 2019, art. 2)* « Le premier des vice-présidents dans l'ordre de préséance est le député appartenant à un groupe s'étant déclaré d'opposition qui est le mieux classé en application des critères définis aux deux premières phrases du présent alinéa. »

3 Lorsque leur élection a lieu selon la procédure fixée à l'article 26, alinéa 3, la préséance des vice-présidents et des questeurs découle de leur ordre de présentation par les présidents des groupes. *(Résol. 4 juin 2019, art. 2)* « Ne peut être premier des vice-présidents dans l'ordre de préséance qu'un député appartenant à un groupe s'étant déclaré d'opposition. »

[Résol. 23 oct. 1969, 26 janv. 1994 et 4 juin 2019.]

Art. 12 Après l'élection du Bureau, le Président de l'Assemblée en notifie la composition au Président de la République, au Premier ministre et au Président du Sénat.

CHAPITRE IV *Présidence et Bureau de l'Assemblée : pouvoirs*

Art. 13 **1** Le Président de l'Assemblée convoque et préside les réunions de l'Assemblée en séance publique ainsi que les réunions du Bureau et de la Conférence des présidents.

2 Il est chargé de veiller à la sûreté intérieure et extérieure de l'Assemblée. A cet effet, il fixe l'importance des forces militaires qu'il juge nécessaires ; elles sont placées sous ses ordres. — *[V. Ord. n° 58-1100 du 17 nov. 1958, art. 3, ss. Const. 58, art. 24.]*

3 Les communications de l'Assemblée nationale sont faites par le Président.

[Résol. 26 janv. 1994.]

Art. 14 **1** Le Bureau a tous pouvoirs pour régler les délibérations de l'Assemblée et pour organiser et diriger tous les services dans les conditions déterminées par le présent Règlement.

2 Le Bureau détermine les conditions dans lesquelles des personnalités peuvent être admises à s'adresser à l'Assemblée dans le cadre de ses séances.

3 *Abrogé par Résol. 28 nov. 2014, art. 3.*

4 L'Assemblée jouit de l'autonomie financière en application de l'article 7 de l'ordonnance n° **58-1100** du **17** novembre **1958** relative au fonctionnement des assemblées parlementaires. — *V. cet art. ss. Const. 58, art. 24.*

[Résol. 26 avr. 1967 ; 26 janv. 1994 ; 26 mars 2003 et 28 nov. 2014.]

Art. 15 **1** Les questeurs, sous la haute direction du Bureau, sont chargés des services financiers et administratifs. Aucune dépense nouvelle ne peut être engagée sans leur avis préalable.

2 Des appartements officiels sont mis à la disposition du Président et des questeurs au Palais-Bourbon.

[Résol. 26 janv. 1994.]

Art. 16 *(Résol. 27 mai 2009, art. 5)* « **1** Les dépenses de l'Assemblée sont réglées par exercice budgétaire.

« **2** Au début de la législature et, chaque année suivante, à l'exception de celle précédant le renouvellement de l'Assemblée, au début de la session ordinaire, l'Assemblée nomme, à la représentation proportionnelle des groupes selon la procédure prévue par l'article 25, une commission spéciale de quinze membres chargée de vérifier et d'apurer les comptes. Son bureau comprend un président, trois vice-présidents et trois secrétaires. Ne peut être élu à la présidence qu'un député appartenant à un groupe s'étant déclaré d'opposition. Les nominations au bureau ont lieu en s'efforçant de reproduire la configuration politique de l'Assemblée et d'assurer la représentation de toutes ses composantes. Les membres du bureau sont désignés dans les conditions prévues à l'article 39.

« **3** La commission donne quitus aux questeurs de leur gestion ou rend compte à l'Assemblée. A l'issue de chaque exercice, elle établit un rapport public. »

4 Les membres du Bureau de l'Assemblée ne peuvent faire partie de cette commission.

5 Le Bureau détermine par un règlement intérieur les règles applicables à la comptabilité.

[Résol. 26 janv. 1994 ; 10 oct. 1995 et 27 mai 2009.]

Art. 17 Le Bureau détermine par des règlements intérieurs l'organisation et le fonctionnement des services de l'Assemblée, les modalités d'application, d'interprétation et d'exécution, par les différents services, des dispositions du présent Règlement, ainsi que le statut du personnel et les rapports entre l'administration de l'Assemblée et les organisations professionnelles du personnel.

[Résol. 26 janv. 1994.]

Art. 18 Les services de l'Assemblée nationale sont assurés exclusivement par un personnel nommé dans les conditions déterminées par le Bureau. Est interdite, en conséquence, la collaboration de caractère permanent de tout fonctionnaire relevant d'une administration extérieure à l'Assemblée, à l'exception des personnels civils et militaires mis par le Gouvernement à la disposition de la Commission de la défense nationale et des forces armées et de la Commission des finances, de l'économie générale et du *(Résol. 27 mai 2009, art. 6)* « contrôle budgétaire ».

(Résol. 28 nov. 2014, art. 5) « Les députés peuvent employer sous contrat de droit privé des collaborateurs parlementaires, qui les assistent dans l'exercice de leurs fonctions et dont ils sont les seuls employeurs. Ils bénéficient à cet effet d'un crédit affecté à la rémunération de leurs collaborateurs. » *[Dispositions déclarées contraires à la Constitution par décision du Conseil constitutionnel n° 2014-705 DC du 11 déc. 2014]*

[Résol. 26 janv. 1994, 27 mai 2009 et 28 nov. 2014.]

CHAPITRE V *Groupes*

Art. 19 **1** Les députés peuvent se grouper par affinités politiques ; aucun groupe ne peut comprendre moins de *(Résol. 27 mai 2009, art. 7-1°)* « quinze » membres, non compris les députés apparentés dans les conditions prévues à l'alinéa 7 ci-dessous.

2 Les groupes se constituent en remettant à la Présidence une déclaration politique signée de leurs membres, accompagnée de la liste de ces membres et des députés apparentés et du nom du président du groupe. *(Résol. 27 mai 2009, art. 7-2°)* « La déclaration peut mentionner l'appartenance du groupe à l'opposition. » Ces documents sont publiés au *Journal officiel.*

(Résol. 27 mai 2009, art. 7) « **3** La déclaration d'appartenance d'un groupe à l'opposition peut également être faite ou, au contraire, retirée, à tout moment. Cette déclaration est publiée au *Journal officiel* ; son retrait y est annoncé.

« **4** Sont considérés comme groupes minoritaires ceux qui ne se sont pas déclarés d'opposition, à l'exception de celui d'entre eux qui compte l'effectif le plus élevé.

« **5** Les droits spécifiques reconnus par le présent Règlement aux groupes d'opposition ainsi qu'aux groupes minoritaires sont attribués sur le fondement de la situation des groupes au début de la législature, puis chaque année au début de la session ordinaire.

« **6** Un député ne peut faire partie que d'un seul groupe.

« **7** » Les députés qui n'appartiennent à aucun groupe peuvent s'apparenter à un groupe de leur choix, avec l'agrément du bureau de ce groupe. Ils comptent pour le calcul des sièges accordés aux groupes dans les commissions par les articles 33 et 37.

[Résol. 1er juill. 1988 et 27 mai 2009.]

Art. 20 *(Résol. 17 sept. 2014)* « Les groupes créés conformément à l'article précédent sont constitués sous forme d'association, présidée par le président du groupe et composée des membres du groupe et apparentés. Ils peuvent assurer leur service intérieur » par un secrétariat administratif dont ils règlent eux-mêmes le recrutement et le mode de rétribution ; le statut, les conditions d'installation matérielle de ces secrétariats et les droits d'accès et de circulation de leur personnel dans le Palais de l'Assemblée sont fixés par le Bureau de l'Assemblée sur proposition des questeurs et des présidents des groupes.

[Résol. 23 oct. 1969 ; 17 sept. 2014.]

Art. 21 Les modifications à la composition d'un groupe sont portées à la connaissance du Président de l'Assemblée sous la signature du député intéressé s'il s'agit d'une démission, sous la signature du président du groupe s'il s'agit d'une radiation et sous la double signature du député et du président du groupe s'il s'agit d'une adhésion ou d'un apparentement. Elles sont publiées au *Journal officiel.*

Art. 22 Après constitution des groupes, le Président de l'Assemblée réunit leurs représentants en vue de procéder à la division de la salle des séances en autant de secteurs qu'il y a de groupes, et de déterminer la place des députés non-inscrits, par rapport aux groupes.

Art. 23 **1** Est interdite la constitution, au sein de l'Assemblée nationale, dans les formes prévues à l'article 19 ou sous quelque autre forme ou dénomination que ce soit, de groupes de défense d'intérêts particuliers, locaux ou professionnels et entraînant pour leurs membres l'acceptation d'un mandat impératif.

2 Est également interdite la réunion dans l'enceinte du Palais de groupements permanents, quelle que soit leur dénomination, tendant à la défense des mêmes intérêts.

[Résol. 26 janv. 1994.]

CHAPITRE VI *Nominations personnelles* (*Résol. 27 mai 2009, art. 8*).

Art. 24 Lorsqu'en vertu de dispositions constitutionnelles, légales ou réglementaires, l'Assemblée doit fonctionner comme un corps électoral d'une autre assemblée, d'une commission, d'un organisme ou de membres d'un organisme quelconque, il est procédé à ces nominations personnelles, sauf dispositions contraires du texte constitutif et sous réserve des modalités particulières prévues par celui-ci, dans les conditions prévues au présent chapitre.

Art. 25 **1** Lorsque le texte constitutif impose la nomination à la représentation proportionnelle des groupes, le Président de l'Assemblée fixe le délai dans lequel les présidents des groupes doivent lui faire connaître les noms des candidats qu'ils proposent.

2 A l'expiration de ce délai, les candidatures transmises au Président de l'Assemblée sont affichées et publiées au *Journal officiel*. La nomination prend immédiatement effet dès cette dernière publication.

3 Lorsqu'il y a lieu, pour quelque cause que ce soit, en session ou hors session, à remplacement de membres de l'Assemblée siégeant au sein d'un organisme visé au précédent article, les noms des remplaçants sont affichés et publiés au *Journal officiel*. Le remplacement prend immédiatement effet dès cette dernière publication.

[Résol. 3 juill. 1962 ; 26 avr. 1967 ; 23 oct. 1969 ; 26 janv. 1994 et 3 oct. 1996.]

Art. 26 **1** Dans les cas autres que ceux prévus à l'article 25, le Président de l'Assemblée informe celle-ci des nominations auxquelles il doit être procédé et fixe un délai pour le dépôt des candidatures. Lorsque l'Assemblée ne tient pas séance, il est procédé par publication au *Journal officiel*.

2 Si le texte constitutif ne précise pas les modalités de nomination par l'Assemblée ou de présentation des candidats par des commissions nommément désignées, le Président de l'Assemblée confie à une ou plusieurs commissions permanentes, le cas échéant après consultation des présidents de celles-ci, le soin de présenter ces candidatures.

3 Si, à l'expiration du délai visé à l'alinéa 1, le nombre des candidats n'est pas supérieur au nombre des sièges à pourvoir et si le texte constitutif ne dispose pas qu'il y a lieu à scrutin, il est fait application de l'article 25, alinéas 2 et 3.

4 Si le nombre des candidats est supérieur au nombre des sièges à pourvoir ou si le texte constitutif dispose qu'il y a lieu à scrutin, l'Assemblée procède, à la date fixée par la Conférence des présidents, à la nomination par un vote, suivant le cas, au scrutin uninominal ou plurinominal, soit à la tribune, soit dans les salles voisines de la *salle des séances*.

5 Des bulletins portant les noms ou les listes des candidats sont distribués par les soins de la Présidence.

6 Sont valables les suffrages exprimés dans les enveloppes ne contenant pas plus de noms qu'il n'y a de membres à nommer.

7 La majorité absolue est requise aux deux premiers tours de scrutin ; au troisième tour, la majorité relative suffit et, en cas d'égalité de suffrages, le plus âgé est nommé.

8 Lorsqu'il y a lieu à un deuxième ou troisième tour de scrutin, seuls sont distribués des bulletins au nom des candidats qui ont maintenu ou déposé leur candidature dans le délai fixé par le Président.

[Résol. 3 juill. 1962 ; 23 oct. 1969 ; 26 janv. 1994 et 10 oct. 1995.]

Art. 27 **1** Lorsque le texte constitutif prévoit la nomination par une commission de l'Assemblée, le Président de l'Assemblée, saisi par l'autorité intéressée, transmet la demande de désignation à la commission compétente.

2 Les noms des députés désignés sont portés à la connaissance de l'autorité intéressée par l'intermédiaire du Président de l'Assemblée.

Art. 28 *(Résol. 27 mai 2009, art. 9)* Les nominations effectuées sur le fondement des dispositions du présent chapitre ont lieu en s'efforçant de reproduire la configuration politique de l'Assemblée.

[Résol. 23 oct. 1969 et 27 mai 2009.]

Art. 29 **1** Les représentants de l'Assemblée nationale aux assemblées internationales ou européennes sont désignés suivant la procédure prévue à l'article 26.

2 Les représentants de l'Assemblée nationale *(Résol. 27 mai 2009, art. 11)* « présentent au moins une fois par an » un rapport écrit sur l'activité de l'assemblée dont ils font partie. Ce rapport d'information est imprimé et distribué.

[Résol. 23 oct. 1969 ; 26 janv. 1994 et 27 mai 2009.]

CHAPITRE VII *Avis des commissions permanentes sur certaines nominations*

(Résol. 27 mai 2009, art. 12).

Art. 29-1 **1** Lorsqu'en vertu de dispositions constitutionnelles ou législatives une commission permanente de l'Assemblée est appelée à rendre un avis préalablement à une nomination par le Président de la République, le nom de la personnalité dont la nomination est envisagée est transmis au Président de l'Assemblée, lequel saisit la commission compétente.

2 La commission est convoquée dans les conditions prévues à l'article 40. Elle *(Résol. 4 juin 2019, art. 3)* « nomme » *(Résol. 28 nov. 2014, art. 6)* « , parmi ses membres appartenant à un groupe d'opposition ou à un groupe minoritaire, » un rapporteur sur la proposition de nomination.

3 La personnalité dont la nomination est envisagée est auditionnée par la commission. Sous réserve de la préservation du secret professionnel ou du secret de la défense nationale constatée par le bureau, l'audition est publique.

4 Le scrutin, qui peut avoir lieu à l'issue de l'audition prévue à l'alinéa qui précède mais hors la présence de la personnalité concernée, est secret. Les membres de la commission sont invités à mentionner le sens de leur avis sur des bulletins qui doivent comporter le nom de cette personnalité.

5 Des scrutateurs tirés au sort dépouillent le scrutin. Le président de la commission se concerte avec le président de la commission permanente compétente du Sénat afin que le dépouillement du scrutin intervienne au même moment dans les deux commissions permanentes. Il proclame le sens de l'avis en précisant le nombre des suffrages exprimés ainsi que celui des votes positifs et négatifs. L'avis est notifié au Président de la République et au Premier ministre. Il est publié au *Journal officiel*.

6 Lorsqu'en vertu de dispositions constitutionnelles ou législatives une nomination par le Président de l'Assemblée doit faire l'objet d'un avis d'une commission permanente, le Président saisit la commission compétente. La procédure prévue aux alinéas 2 à 5 est applicable.

[Résol. 27 mai 2009, 28 nov. 2014 et 4 juin 2019.]

CHAPITRE VIII *Commissions spéciales : composition et mode d'élection*

Art. 30 **1** *Les commissions spéciales* sont constituées, en application de l'article 43 de la Constitution et sous réserve de la loi organique relative aux lois de finances, à l'initiative soit du Gouvernement, soit de l'Assemblée, pour l'examen des projets et propositions.

2 La constitution d'une commission spéciale est de droit lorsqu'elle est demandée par le Gouvernement. Cette demande doit être formulée pour les projets de loi au moment de leur transmission à l'Assemblée nationale et pour les propositions dans le délai de deux jours francs suivant leur distribution.

[Résol. 23 oct. 1969 et 6 oct. 2005.]

Art. 31 **1** La constitution d'une commission spéciale peut être décidée par l'Assemblée sur la demande, soit du président d'une commission permanente, soit du président d'un groupe, soit de *(Résol. 27 mai 2009, art. 13)* « quinze » députés au moins dont la liste *ne varietur* est publiée au *Journal officiel* à la suite du compte rendu *(Résol. 27 mai 2009, art. 13)* « de la séance ». Cette demande doit être présentée dans le délai de deux jours francs suivant la distribution du projet ou de la proposition de loi. En cas *(Résol. 27 mai 2009, art. 13)* « d'engagement de la procédure accélérée » par le Gouvernement avant la distribution, ce délai est réduit à un jour franc.

2 La demande est aussitôt affichée et notifiée au Gouvernement et aux présidents des groupes et des commissions permanentes.

3 Elle est considérée comme adoptée si, avant la deuxième séance qui suit cet affichage, le Président de l'Assemblée n'a été saisi d'aucune opposition par le Gouvernement, le président d'une commission permanente ou le président d'un groupe.

4 Si une opposition à la demande de constitution d'une commission spéciale a été formulée dans les conditions prévues au précédent alinéa, un débat sur la demande est inscrit d'office à la fin de la première séance tenue en application de l'article 50, alinéa 1, suivant l'annonce faite à l'Assemblée de l'opposition. Au cours de ce débat, peuvent seuls prendre la parole le Gouvernement et, pour une durée n'excédant pas cinq minutes, l'auteur de l'opposition, l'auteur ou le premier signataire de la demande et les présidents des commissions permanentes intéressées.

[Résol. 3 juill. 1962 ; 23 oct. 1969 ; 17 déc. 1969 ; 26 janv. 1994 et 27 mai 2009.]

Art. 32 *(Résol. 27 mai 2009, art. 14)* « Sauf lorsque l'Assemblée a déjà refusé la constitution d'une commission spéciale, cette constitution, à l'initiative » de l'Assemblée, est de droit, lorsqu'elle est demandée, dans les délais prévus à l'article 31, alinéa 1, par un ou plusieurs présidents de groupe dont l'effectif global représente la majorité absolue des membres composant l'Assemblée.

[Résol. 5 déc. 1960 ; 23 oct. 1969 ; 17 déc. 1969 ; 16 avr. 1980 ; 6 oct. 2005 et 27 mai 2009.]

Art. 33 *(Résol. 27 mai 2009, art. 15)* « **1** L'effectif des commissions spéciales est égal à soixante-dix membres désignés à la représentation proportionnelle des groupes suivant la procédure prévue à l'article 34. Les commissions spéciales ne peuvent comprendre plus de trente-quatre membres appartenant, lors de leur constitution, à une même commission permanente. »

2 Les commissions spéciales *(Résol. 4 juin 2019, art. 4)* « comprennent en outre un membre choisi » parmi les députés n'appartenant à aucun groupe.

[Résol. 23 oct. 1969 ; 16 mai 1989 ; 27 mai 2009 et 4 juin 2019.]

Art. 34 **1** Lorsque, aux termes des articles 30 à 32, il y a lieu de constituer une commission spéciale, le Président de l'Assemblée fait afficher et notifier aux présidents des groupes la demande du Gouvernement ou la décision de l'Assemblée tendant à la constitution de cette commission, en indiquant le titre du projet ou de la proposition dont elle est saisie.

2 Il fixe aux présidents des groupes le délai dans lequel ils doivent faire connaître les noms des candidats proposés par eux. Ce délai ne peut être supérieur à deux jours francs en session, à cinq jours francs en dehors des sessions.

3 Les noms des commissaires proposés par les présidents des groupes sont affichés et publiés au *Journal officiel*. La nomination prend immédiatement effet dès cette dernière publication.

4 Le député qui cesse d'appartenir au groupe dont il faisait partie lors de sa nomination comme membre d'une commission spéciale cesse de plein droit d'appartenir à celle-ci.

5 Lorsqu'il y a lieu, pour quelque cause que ce soit, en session ou hors session, à remplacement de représentants d'un groupe au sein d'une commission spéciale, les noms des remplaçants du groupe intéressé sont affichés et publiés au *Journal officiel*. Le remplacement prend immédiatement effet dès cette dernière publication.

[Résol. 3 juill. 1962 ; 23 oct. 1969 et 17 déc. 1969.]

Art. 34-1 *(Résol. 27 mai 2009, art. 16)* Dès leur constitution, les commissions spéciales sont convoquées par le Président de l'Assemblée en vue de procéder à la nomination de leur bureau et à la désignation de leur rapporteur. Les dispositions de l'article 39 relatives à la composition et à la nomination du bureau des commissions permanentes sont applicables aux commissions spéciales.

[Résol. 27 mai 2009.]

Art. 35 Chaque commission spéciale demeure compétente jusqu'à ce que le projet ou la proposition ayant provoqué sa création ait fait l'objet d'une décision définitive.

CHAPITRE IX *Commissions permanentes : composition et mode d'élection*

Art. 36 *(Résol. 27 mai 2009, art. 17)* **1** L'Assemblée nomme en séance publique huit commissions permanentes.

2 Leur dénomination et leur compétence sont fixées comme suit :

3 1° *Commission des affaires culturelles et de l'éducation :*

4 Enseignement scolaire ; enseignement supérieur ; recherche ; jeunesse ; sports ; activités artistiques et culturelles ; communication ; propriété intellectuelle ;

5 2° *Commission des affaires économiques :*

6 Agriculture et pêche ; énergie et industries ; recherche appliquée et innovation ; consommation, commerce intérieur et extérieur ; postes et communications électroniques ; tourisme ; urbanisme et logement ;

7 3° *Commission des affaires étrangères :*

8 Politique étrangère et européenne ; traités et accords internationaux ; organisations internationales ; coopération et développement ; francophonie ; relations culturelles internationales ;

9 4° *Commission des affaires sociales :*

10 Emploi et relations du travail ; formation professionnelle ; santé et solidarité ; personnes âgées ; personnes handicapées ; famille ; protection sociale ; lois de financement de la sécurité sociale et contrôle de leur application ; insertion et égalité des chances ;

11 5° *Commission de la défense nationale et des forces armées :*

12 Organisation générale de la défense ; liens entre l'armée et la Nation ; politique de coopération et d'assistance dans le domaine militaire ; questions stratégiques ; industries de défense ; personnels civils et militaires des armées ; gendarmerie ; justice militaire ; anciens combattants ;

13 6° *Commission du développement durable et de l'aménagement du territoire :*

14 Aménagement du territoire ; construction ; transports ; équipement, infrastructures, travaux publics ; environnement ; chasse ;

15 7° *Commission des finances, de l'économie générale et du contrôle budgétaire :*

16 Finances publiques ; lois de finances ; lois de programmation des orientations pluriannuelles des finances publiques ; contrôle de l'exécution du budget ; fiscalité locale ; conjoncture économique ; politique monétaire ; banques ; assurances ; domaine et participations de l'État ;

17 8° *Commission des lois constitutionnelles, de la législation et de l'administration générale de la République :*

18 Lois constitutionnelles ; lois organiques ; Règlement ; droit électoral ; *(Résol. 28 nov. 2014, art. 7)* « droits fondamentaux ; » libertés publiques ; sécurité ; sécurité civile ; droit administratif ; fonction publique ; organisation judiciaire ; droit civil, commercial et pénal ; *(Abrogé par Résol. 4 juin 2019, art. 5)* « *pétitions ;* » administration générale et territoriale de l'État ; collectivités territoriales.

19 L'effectif maximum de chaque commission est égal à un huitième de l'effectif des membres composant l'Assemblée, arrondi au nombre immédiatement supérieur.

[Résol. 27 mai 2009 ; 28 nov. 2014 et 4 juin 2019.]

Art. 37 **1** Les membres des commissions permanentes sont nommés au début de la législature et chaque année suivante, à l'exception de celle précédant le renouvellement de l'Assemblée, au début de la session ordinaire, suivant la procédure fixée à l'article 25.

2 Les groupes régulièrement constitués dans les conditions fixées à l'article 19 disposent d'un nombre de sièges proportionnel à leur importance numérique par rapport à l'effectif des membres composant l'Assemblée.

3 Les sièges restés vacants après cette répartition sont attribués aux députés n'appartenant à aucun groupe. Les candidatures pour ces sièges font, à défaut d'accord, l'objet d'un choix effectué au bénéfice de l'âge.

[Résol. 4 mai 1961 ; 26 avr. 1967 ; 23 oct. 1969 et 10 oct. 1995.]

Art. 38 **1** Un député ne peut être membre que d'une seule commission permanente. Il peut toutefois assister aux réunions de celles dont il n'est pas membre.

2 Les députés appartenant aux assemblées internationales ou européennes, ainsi que les députés membres d'une commission spéciale, peuvent, sur leur demande, et pour la durée des travaux desdites assemblées, de leurs commissions ou de la commission spéciale, être dispensés de la présence à la commission permanente à laquelle ils appartiennent. Ils se font, en ce cas, suppléer par un autre membre de la commission.

3 Le député qui cesse d'appartenir au groupe dont il faisait partie lors de sa nomination comme membre d'une commission permanente cesse de plein droit d'appartenir à celle-ci.

4 Le remplacement des sièges attribués aux groupes dans les commissions permanentes et devenus vacants a lieu dans les conditions prévues à l'article 34, alinéa 5.

[Résol. 26 avr. 1967 ; 23 oct. 1969 et 26 janv. 1994.]

Art. 39 *(Résol. 27 mai 2009, art. 19-1°)* « **1** Dès leur nomination, les commissions permanentes sont convoquées par le Président de l'Assemblée en vue de procéder à la nomination de leur bureau.

« **2** Les bureaux des commissions comprennent, outre le président, quatre vice-présidents et quatre secrétaires. La *(Résol. 28 nov. 2014, art. 8)* « Commission des affaires sociales et la Commission des finances, de l'économie générale et du contrôle budgétaire nomment chacune » un rapporteur général. La composition du bureau de chaque commission s'efforce de reproduire la configuration politique de l'Assemblée *(Résol. 4 juin 2019, art. 6 et 7)* « , d'assurer la représentation de toutes ses composantes et de respecter la parité entre les femmes et les hommes. Les groupes qui ne disposent pas de représentant au bureau d'une commission permanente peuvent désigner un de leurs membres appartenant à cette commission pour participer, sans droit de vote, à ses réunions. »

« **3** Ne peut être élu à la présidence de la Commission des finances, de l'économie générale et du contrôle budgétaire qu'un député appartenant à un groupe s'étant déclaré d'opposition. »

4 Les bureaux des commissions sont élus au scrutin secret par catégorie de fonction. Lorsque, pour chaque catégorie de fonction, le nombre des candidats n'est pas supérieur au nombre de sièges à pourvoir, il n'est pas procédé au scrutin.

5 Si la majorité absolue n'a pas été acquise aux deux premiers tours de scrutin, la majorité relative suffit au troisième tour et, en cas d'égalité de suffrages, le plus âgé est nommé.

6 Il n'existe aucune préséance entre les vice-présidents.

[Résol. 19 déc. 1963 ; 23 oct. 1969 ; 28 mai 1980 ; 26 janv. 1994 ; 27 mai 2009 ; 28 nov. 2014 et 4 juin 2019.]

CHAPITRE X ***Travaux des commissions*** *(Résol. 27 mai 2009, art. 20).*

Art. 40 **1** Les commissions sont convoquées à la diligence du Président de l'Assemblée nationale lorsque le Gouvernement le demande.

2 En cours de session, elles sont également convoquées par leur président.

3 En dehors des sessions, les commissions peuvent être convoquées, soit par le Président de l'Assemblée, soit par leur président après accord du bureau de la commission. Toutefois, la réunion est annulée ou reportée si plus de la moitié des membres d'une commission le demande, au moins quarante-huit heures avant le jour fixé par la convocation.

4 En cours de session, les commissions doivent être convoquées quarante-huit heures au moins avant leur réunion ; elles peuvent être exceptionnellement réunies dans un délai plus bref si l'ordre du jour de l'Assemblée l'exige. Le délai de quarante-huit heures est porté à une semaine hors session. Les convocations doivent préciser l'ordre du jour.

5 Sous réserve des règles fixées par la Constitution, les lois organiques et le présent Règlement, chaque commission est maîtresse de ses travaux.

[Résol. 23 oct. 1969.]

Art. 41 **1.** *Abrogé par Résol. 28 nov. 2014, art. 9.*

2 Le président de chaque commission organise les travaux de celle-ci. Son bureau a tous pouvoirs pour régler les délibérations.

[Résol. 27 mai 2009 et 28 nov. 2014.]

Art. 42 **1** La présence des commissaires aux réunions des commissions est obligatoire.

2 Les noms des commissaires présents, ainsi que les noms de ceux qui se sont excusés, soit pour l'un des motifs prévus par l'ordonnance n° 58-1066 du 7 novembre 1958 portant loi organique autorisant exceptionnellement les parlementaires à déléguer leur droit de vote, soit en raison d'un empêchement insurmontable, ou de ceux qui ont été valablement suppléés, sont publiés au *Journal officiel* le lendemain de chaque réunion de commission *(Résol. 27 mai 2009, art. 22)* « ainsi que par voie électronique ».

3 *(Résol. 27 mai 2009, art. 23)* « Au-delà de deux absences mensuelles et réserve faite des réunions de commission se tenant alors que l'Assemblée tient séance ou de la présence au même moment du député dans une autre commission permanente, chaque absence d'un commissaire à une commission convoquée, en session ordinaire, lors de la matinée réservée aux travaux des commissions en application de l'article 50, alinéa 3, donne lieu à une retenue de 25 % sur le montant mensuel de son indemnité de fonction. Les questeurs sont informés des absences par les présidents des commissions permanentes. Le présent alinéa ne s'applique pas aux membres du Bureau de l'Assemblée, à l'exception des secrétaires, aux présidents des groupes, aux députés élus dans une circonscription située hors de métropole, à l'exception de ceux qui sont élus dans une circonscription située en Europe, et lorsque l'absence est justifiée par l'un des motifs mentionnés à l'article 38, alinéa 2. »

(Résol. 4 juin 2019, art. 8) « Le député inscrit sur le registre public mentionné à l'article 80-1-1, alinéa 3, est considéré comme étant présent en commission, dans les conditions définies par le Bureau. »

[Résol. 26 janv. 1994 ; 27 mai 2009 et 4 juin 2019.]

Art. 43 **1** Dans tous les cas, le quorum est nécessaire à la validité des votes si le tiers des membres présents le demande.

2 Lorsqu'un vote ne peut avoir lieu faute de *quorum*, il a lieu valablement, quel que soit le nombre des membres présents, dans la séance suivante, laquelle ne peut être tenue *(Résol. 27 mai 2009, art. 24)* « moins de quinze minutes après ».

[Résol. 23 oct. 1969 ; 7 mai 1991 et 27 mai 2009.]

Art. 44 **1** Les votes en commission ont lieu à main levée ou par scrutin.

2 Le vote par scrutin est de droit lorsqu'il est demandé soit par le dixième au moins des membres d'une commission, soit par un membre de la commission s'il s'agit d'une *désignation personnelle*.

3 Sous réserve des dispositions de l'article 38, les commissaires ne peuvent déléguer leur droit de vote dans les scrutins qu'à un autre membre de la même commission et seulement dans les cas et les conditions prévus par l'ordonnance n° 58-1066 du 7 novembre 1958 précitée *[portant loi organique autorisant exceptionnellement les parlementaires à déléguer leur droit de vote, V. ce texte ss. Const. 58, art. 27]*. Les délégations doivent alors être notifiées au président de la commission. Les dispositions de l'article 62 leur sont applicables.

4 Les présidents des commissions n'ont pas voix prépondérante. En cas de partage égal des voix, la disposition mise aux voix n'est pas adoptée.

[Résol. 7 mai 1991.]

Art. 45 **1** Les ministres ont accès dans les commissions ; ils doivent être entendus quand ils le demandent.

2 Le *(Résol. 27 mai 2009, art. 25)* « bureau » de chaque commission peut demander l'audition d'un membre du Gouvernement.

3 Chaque commission peut demander, par l'entremise du Président de l'Assemblée, l'audition d'un rapporteur du Conseil économique *(Résol. 27 mai 2009, art. 25)* « , social et environnemental » sur les textes sur lesquels il a été appelé à donner un avis.

[Résol. 26 janv. 1994 et 27 mai 2009.]

Art. 46 *(Résol. 27 mai 2009, art. 26) (Résol. 28 nov. 2014, art. 10)* « **1.** Les travaux des commissions sont publics.

« **2.** Le bureau de chaque commission peut déroger à l'alinéa précédent par une décision motivée et rendue publique. Pour les travaux prévus aux articles 86, 87, 117-1 et 117-2, cette dérogation ne peut être décidée qu'à titre exceptionnel. »

3 A l'issue de chaque réunion, un compte rendu est publié, faisant état des travaux et des votes de la commission, ainsi que des interventions prononcées devant elle. Lorsqu'ils portent sur des réunions consacrées à l'examen d'un texte, ces comptes rendus peuvent être intégrés au rapport.

(Résol. 28 nov. 2014, art. 10) « **4.** Les auditions des rapporteurs sur les projets ou propositions de loi sont ouvertes à l'ensemble des commissaires. »

[Résol. 27 mai 2009 et 28 nov. 2014.]

Les dispositions de cet art. résultant de la Résol. du 27 mai 2009 ont été déclarées conformes à la Const. par la Décis. Cons. const. du 25 juin 2009 (JO 28 juin), sous réserve des observations suivantes : « Les exigences de clarté et de sincérité du débat parlementaire, qui s'appliquent aux travaux des commissions, imposent qu'il soit précisément rendu compte des interventions faites devant celles-ci, des motifs des modifications proposées aux textes dont elles sont saisies et des votes émis en leur sein ; (...) il en va notamment ainsi pour les projets et propositions de loi dont la discussion porte, en séance, sur le texte adopté par la commission saisie en application de l'article 43 ou, à défaut, sur le texte dont l'assemblée a été saisie » (Cons. const. n° 2009-581 DC § 12).

CHAPITRE XI *Conférence des présidents. – Ordre du jour de l'Assemblée. – Organisation des débats* (Résol. 27 mai 2009, art. 27).

Art. 47 **1** *(Résol. 27 mai 2009, art. 28)* La Conférence des présidents se compose, outre le Président, des vice-présidents de l'Assemblée, des présidents des commissions permanentes, *(Résol. 28 nov. 2014, art. 8)* « des rapporteurs généraux de la Commission des affaires sociales et » du rapporteur général de la Commission des finances, de l'économie générale et du contrôle budgétaire, du président de la Commission des affaires européennes et des présidents des groupes.

2 La conférence est convoquée chaque semaine, s'il y a lieu, par le Président au jour et à l'heure fixés par lui. Elle est également convoquée par le Président à la demande d'un président de groupe pour qu'elle puisse exercer, le cas échéant, les prérogatives qui lui sont reconnues par les articles 39, alinéa 4, et 45, alinéa 2, de la Constitution.

3 Dans les votes émis au sein de la conférence sur les propositions qui lui sont soumises par ses membres, il est attribué aux présidents des groupes un nombre de voix égal au nombre des membres de leur groupe après défalcation des voix des autres membres de la conférence.

4 Les présidents des commissions spéciales et le président de la commission instituée à l'article 80 peuvent être convoqués à la Conférence des présidents sur leur demande.

5 Le Gouvernement est avisé par le Président du jour et de l'heure de la conférence. Il peut y déléguer un représentant.

[Résol. 27 mai 2009 et 28 nov. 2014.]

Art. 47-1 *(Résol. 27 mai 2009, art. 29)* **1** La Conférence des présidents est compétente pour constater, s'agissant des projets de loi déposés sur le bureau de l'Assemblée, une éventuelle méconnaissance des conditions de présentation fixées par la loi organique relative à l'application de l'article 39 de la Constitution. Elle dispose d'un délai de dix jours à compter du dépôt du projet pour se prononcer. Ce délai est suspendu entre les sessions jusqu'au dixième jour qui précède le début de la session suivante.

2 En cas de désaccord entre la Conférence des présidents et le Gouvernement, le Président de l'Assemblée peut saisir le Conseil constitutionnel dans les conditions prévues par l'article 39 de la Constitution. L'inscription du projet de loi à l'ordre du jour est suspendue jusqu'à la décision du Conseil constitutionnel.

[Résol. 27 mai 2009.]

Art. 47-2 *(Résol. 28 nov. 2014, art. 11)* A l'invitation de la Conférence des présidents, les commissions permanentes et les autres organes de l'Assemblée qui réalisent des travaux de contrôle ou d'évaluation lui communiquent leur programme de travail prévisionnel, en vue de leur coordination.

[Résol. 28 nov. 2014.]

Art. 48 *(Résol. 27 mai 2009, art. 30)* **1** Sous réserve des dispositions de l'article 29, alinéa 1 et de l'article 48, alinéas 2 et 3, de la Constitution, l'Assemblée fixe son ordre du jour sur proposition de la Conférence des présidents.

2 Avant l'ouverture de la session ou après la formation du Gouvernement, celui-ci informe la Conférence des présidents, à titre indicatif, des semaines qu'il prévoit de réserver, au cours de la session, pour l'examen des textes et pour les débats dont il demandera l'inscription à l'ordre du jour.

3 *(Résol. 4 juin 2019, art. 9)* « A l'ouverture de la session, puis, au plus tard, le 1er mars suivant, ou après la formation du Gouvernement, celui-ci informe la Conférence des présidents des affaires dont il prévoit de demander l'inscription à l'ordre du jour de l'Assemblée et de la période envisagée pour leur discussion. »

4 Les demandes d'inscription prioritaire à l'ordre du jour de l'Assemblée sont adressées, au plus tard la veille de la réunion de la Conférence des présidents, par le Premier ministre au Président de l'Assemblée qui en informe les membres de la conférence.

5 Sous réserve des dispositions de l'article 136, alinéa 3, les présidents des groupes et les présidents des commissions adressent leurs propositions d'inscription à l'ordre du jour au Président de l'Assemblée au plus tard quatre jours avant la réunion de la Conférence des présidents.

6 Sur le fondement de ces demandes ou propositions, la Conférence des présidents établit, à l'occasion de sa réunion hebdomadaire, dans le respect des priorités définies par l'article 48 de la Constitution, un ordre du jour pour la semaine en cours et les trois suivantes.

7 La conférence fixe également la ou les séances consacrées aux questions des députés et aux réponses du Gouvernement ainsi que, le cas échéant, les séances consacrées à des questions orales sans débat dans les conditions prévues aux articles 133 et 134.

8 Chaque président de groupe d'opposition ou de groupe minoritaire obtient de droit l'inscription *(Résol. 28 nov. 2014, art. 12)* « à l'ordre du jour de la semaine prévue à l'article 48, alinéa 4, de la Constitution *[Dispositions déclarées contraires à la Constitution par décision du Conseil constitutionnel nº 2014-705 DC du 11 déc. 2014]* d'un débat sans vote ou d'une séance de questions portant *(Résol. 4 juin 2019, art. 9)* « prioritairement » sur les conclusions du rapport d'une commission d'enquête ou d'une mission d'information créée en application des chapitres IV ou V de la première partie du titre III du présent Règlement, sur les conclusions d'un rapport d'information ou d'évaluation prévu aux articles 145-7, 145-8 ou 146, alinéa 3, ou sur celles d'un rapport d'évaluation ou de suivi établi en application de l'article 146-3. » Dans le cadre de cette semaine, une séance est réservée par priorité aux questions européennes. *(Résol. 4 juin 2019, art. 9)* « Lors de cette séance, les réunions du Conseil européen, ordinaires ou extraordinaires, au sens du 3 de l'article 15 du traité sur l'Union européenne, peuvent faire l'objet d'un débat préalable devant l'Assemblée nationale, selon des modalités fixées par la Conférence des présidents. » *(Résol. 28 nov. 2014, art. 12)* « Les sujets d'évaluation ou de contrôle sont adressés au Président de l'Assemblée au plus tard sept jours avant la réunion de la Conférence des présidents qui précède la semaine au cours de laquelle ils seront discutés. »

9 La conférence arrête, une fois par mois, l'ordre du jour de la journée de séance prévue par l'article 48, alinéa 5, de la Constitution. Les groupes d'opposition et les groupes minoritaires font connaître les affaires qu'ils veulent voir inscrire à l'ordre du jour de cette journée au plus tard lors de la Conférence des présidents qui suit la précédente journée réservée sur le fondement de l'article 48, alinéa 5, de la Constitution. Les séances sont réparties, au début de chaque session ordinaire, entre les groupes d'opposition et les groupes minoritaires, en proportion de leur importance numérique. Chacun de ces groupes dispose de trois séances au moins par session ordinaire *(Résol. 28 nov. 2014, art. 12)* « , lesquelles peuvent, à la demande du groupe concerné, être réparties sur plusieurs jours du même mois ».

10 L'ordre du jour ainsi établi est immédiatement affiché et notifié au Gouvernement, aux présidents des groupes et aux présidents des commissions. Au cours de la séance suivant la réunion de la conférence, le Président soumet les propositions de celle-ci, autres que celles résultant des inscriptions prioritaires du Gouvernement, à l'Assemblée. Aucun amendement n'est recevable. L'Assemblée ne se prononce que sur leur ensemble. Seuls peuvent intervenir le Gouvernement et, pour une explication de vote de deux minutes au plus, les présidents des commissions ou leur délégué ayant assisté à la conférence, ainsi qu'un orateur par groupe.

11 Si, à titre exceptionnel, le Gouvernement, en vertu des pouvoirs qu'il tient de l'article 48 de la Constitution, demande une modification de l'ordre du jour, le Président en donne immédiatement connaissance à l'Assemblée. La Conférence des présidents peut être réunie.

[Résol. 27 mai 2009 ; 28 nov. 2014 et 4 juin 2019.]

Les dispositions de l'al. 10 de cet art. résultant de la Résol. du 27 mai 2009 ont été déclarées conformes à la Constitution par Décis. Cons. const. du 25 juin 2009 (JO 28 juin), sous réserve des observations suivantes :« il appartiendra (...) au président de séance d'appliquer cette limitation du temps de parole en veillant au respect des exigences de clarté et de sincérité du débat parlementaire » (Cons. const. nº 2009-581 DC § 20).

Art. 49 *(Résol. 27 mai 2009, art. 31)* **1** L'organisation de la discussion des textes soumis à l'Assemblée peut être décidée par la Conférence des présidents.

2 *(Résol. 4 juin 2019, art. 10)* « La Conférence des présidents organise la discussion générale des textes inscrits à l'ordre du jour. Elle attribue à chaque groupe un temps de parole de cinq ou de dix minutes en fonction des textes. Lorsque ce temps est de dix minutes, les groupes peuvent désigner deux orateurs. Un député n'appartenant à aucun groupe intervient pour une durée de cinq minutes. » *(Résol. 28 nov. 2014, art. 13)* « A titre exceptionnel, pour un texte déterminé, la conférence peut retenir une durée » *(Résol. 4 juin 2019, art. 10)* « et un nombre d'orateurs dérogatoires.

« Lors de la discussion générale des textes inscrits à l'ordre du jour de la journée de séance prévue par l'article 48, alinéa 5, de la Constitution, l'orateur du groupe d'opposition ou minoritaire qui en est à l'initiative dispose d'une durée de dix minutes. »

3 Les inscriptions *(Résol. 4 juin 2019, art. 10)* « des orateurs » dans la discussion générale sont faites par les présidents des groupes *(Abrogé par Résol. 4 juin 2019, art. 10)* ***« , qui indiquent au Président de l'Assemblée l'ordre dans lequel ils souhaitent que les orateurs soient appelés ainsi que la durée de leurs interventions, qui ne peut être inférieure à cinq minutes »***.

4 Au vu de ces indications, le Président de l'Assemblée détermine l'ordre des interventions.

5 La conférence peut également fixer la durée maximale de l'examen de l'ensemble d'un texte. Dans ce cas, est applicable la procédure prévue aux alinéas suivants.

6 Un temps minimum est attribué à chaque groupe, ce temps étant supérieur pour les groupes d'opposition. Le temps supplémentaire est attribué à 60 % aux groupes d'opposition et réparti entre eux en proportion de leur importance numérique. Le reste du temps supplémentaire est réparti entre les autres groupes en proportion de leur importance numérique. La conférence fixe également le temps de parole réservé aux députés non-inscrits, lesquels doivent disposer d'un temps global au moins proportionnel à leur nombre.

7 La présentation des motions et les interventions sur les articles et les amendements ne sont pas soumises aux limitations de durée fixées par les articles 91, 95, 100, 108 et 122.

8 Toutes les interventions des députés, à l'exception de celles *(Abrogé par Résol. 4 juin 2019, art. 10)* ***« des présidents des groupes, dans la limite d'une heure par président de groupe ou, lorsque le temps réparti en application de l'alinéa 6 du présent article est supérieur à quarante heures, dans la limite de deux heures par président de groupe, »*** du président et du rapporteur de la commission saisie au fond *(Abrogé par Résol. 4 juin 2019, art. 10)* ***« et, le cas échéant, des rapporteurs des commissions saisies pour avis, »*** sont décomptées du temps réparti en application de l'alinéa 6. Est également décompté le temps consacré à des interventions fondées sur l'article 58, alinéa 1, dès lors que le Président considère qu'elles n'ont manifestement aucun rapport avec le Règlement *(Abrogé par Résol. 4 juin 2019, art. 10)* ***« ou le déroulement de la séance »***. Est également décompté le temps consacré aux suspensions de séance demandées par le président d'un groupe ou son délégué sur le fondement de l'article 58, alinéa *(Résol. 4 juin 2019, art. 10)* « 5 », sans que le temps décompté puisse excéder la durée demandée. *(Résol. 4 juin 2019, art. 10)* « Les présidents des groupes disposent d'un temps personnel non décompté du temps réparti en application de l'alinéa 7. Ce temps est d'une heure par président de groupe. Un président de groupe peut transférer la moitié de ce temps personnel à un membre de ce groupe, désigné pour la durée de la lecture d'un texte. »

9 Selon des modalités définies par la Conférence des présidents, un président de groupe peut obtenir, de droit, que le temps programmé soit égal à une durée minimale fixée par la Conférence des présidents.

10 Une fois *(Résol. 4 juin 2019, art. 10)* « au cours des douze mois suivant le début de la session ordinaire », un président de groupe peut obtenir, de droit, un allongement exceptionnel de cette durée dans une limite maximale fixée par la Conférence des présidents.

(Résol. 4 juin 2019, art. 10) « Une fois au cours des douze mois suivant le début de la session ordinaire, un président de groupe peut obtenir, de droit, un allongement exceptionnel du temps attribué à son groupe dans une limite maximale fixée par la Conférence des présidents.

« Les allongements exceptionnels prévus aux alinéas 11 et 12 ne peuvent pas s'appliquer à un même texte. »

11 Si un président de groupe s'y oppose, la conférence ne peut fixer la durée maximale de l'examen de l'ensemble d'un texte lorsque la discussion en première lecture intervient moins de six semaines après son dépôt ou moins de quatre semaines après sa transmission.

12 Si la Conférence des présidents constate que la durée maximale fixée pour l'examen d'un texte est insuffisante, elle peut décider de l'augmenter.

13 Chaque député peut prendre la parole, à l'issue du vote du dernier article du texte en discussion, pour une explication de vote personnelle de *(Résol. 4 juin 2019, art. 10)* « deux » minutes. Le temps consacré à ces explications de vote n'est pas décompté du temps global réparti entre les groupes, par dérogation à la règle énoncée à l'alinéa *(Résol. 4 juin 2019, art. 10)* « 9 ».

[Résol. 27 mai 2009 ; 28 nov. 2014 et 4 juin 2019.]

Les dispositions de cet art. résultant de la Résol. du 27 mai 2009 ont été déclarées conformes à la Const. par Décis. Cons. const. du 25 juin 2009 (JO 28 juin), sous réserve des observations suivantes : « en premier lieu, que, lorsqu'une durée maximale est décidée pour l'examen de l'ensemble d'un texte, cette durée ne saurait être fixée de telle manière qu'elle prive d'effet les exigences de clarté et de sincérité du débat parlementaire ; qu'il en va de même dans la fixation du temps de discussion supplémentaire accordé à la demande d'un président de groupe, aux députés lorsqu'un amendement est déposé par le Gouvernement ou la commission après l'expiration des délais de forclusion ; (...) en second lieu, que, si la fixation de délais pour l'examen d'un texte en séance permet de décompter le temps consacré notamment aux demandes de suspension de séance et aux rappels au règlement, les députés ne peuvent être privés de toute possibilité d'invoquer les dispositions du règlement afin de demander l'application de dispositions constitutionnelles » (Cons. const. n° 2009-581 DC § 25 et 26).

Les dispositions de cet art. résultant de la Résol. du 4 juin 2019 ont été déclarées conformes à la Const. par Décis. Cons. const. du 4 juill. 2019 (JO 6 juill.), sous réserve des observations suivantes : « La durée des temps de parole et le nombre des orateurs ne sauraient être fixés de telle manière que soient privées d'effet les exigences de clarté et de sincérité du débat parlementaire » et qu'« il appartiendra au président de séance d'appliquer cette limitation du temps de parole en veillant au respect des exigences de clarté et de sincérité du débat parlementaire » (Cons. const. nº 2019-785 DC § 9 et 11).

CHAPITRE XII *Tenue des séances plénières*

Art. 49-1 **1** Les jours de séance au sens de l'article 28 de la Constitution sont ceux au cours desquels une séance a été ouverte. Ils ne peuvent se prolonger, le lendemain, au-delà de l'heure d'ouverture de la séance du matin fixée à l'article 50.

2 La décision du Premier ministre de tenir des jours de séance supplémentaires, en application de l'article 28, alinéa 3, de la Constitution, est publiée au *Journal officiel*.

3 Lorsque la demande émane des membres de l'Assemblée, elle est constituée par un document remis au Président de l'Assemblée comportant la liste des signatures de la moitié plus un de ses membres. S'il constate que cette condition est remplie, le Président convoque l'Assemblée.

[Résol. 10 oct. 1995.]

Art. 49-1 A *(Résol. 4 juin 2019, art. 11)* Les députés peuvent déposer des contributions écrites sur les textes inscrits à l'ordre du jour. Ces contributions peuvent porter sur l'ensemble du texte, sur l'un de ses articles ou sur un amendement. Elles sont annexées au compte rendu des débats.

La Conférence des présidents fixe, avant le début de chaque session ordinaire, le nombre maximal de contributions écrites pouvant être déposées par chaque député jusqu'au début de la session ordinaire suivante, le nombre maximal de caractères par contribution ainsi que les conditions de dépôt de ces contributions.

[Résol. 4 juin 2019.]

Art. 50 **1** L'Assemblée se réunit chaque semaine en séance publique le matin, l'après-midi et la soirée du mardi, *(Résol. 27 mai 2009, art. 32)* « l'après-midi et la soirée du mercredi ainsi que le matin, l'après-midi et la soirée du jeudi ».

2 Sur proposition de la Conférence des présidents, l'Assemblée peut décider de tenir d'autres séances dans les limites prévues par l'article 28, alinéa 2, de la Constitution. Dans les mêmes limites, la tenue de ces séances est de droit à la demande du Gouvernement formulée en Conférence des présidents *(Résol. 28 nov. 2014, art. 14)* « , pour l'examen des textes et des demandes visés à l'article 48, alinéa 3, de la Constitution ».

3 La matinée du mercredi est réservée aux travaux des commissions. Sous réserve des dispositions de l'article 48, *(Résol. 27 mai 2009, art. 32)* « alinéas 2 et 3 », de la Constitution, au cours de cette matinée, aucune séance ne peut être tenue en application de l'alinéa précédent.

4 *(Résol. 4 juin 2019, art. 12)* « L'Assemblée se réunit le matin de 9 heures à 13 heures, l'après-midi de 15 heures à 20 heures et en soirée de 21 heures 30 à minuit. »

5 L'Assemblée peut toutefois décider de prolonger ses séances soit sur proposition de la Conférence des présidents pour un ordre du jour déterminé, soit sur proposition de la commission saisie au fond *(Résol. 28 nov. 2014, art. 14)* « , d'un président de groupe » ou du Gouvernement pour continuer le débat en cours ; dans ce dernier cas, elle est consultée sans débat par *(Résol. 27 mai 2009, art. 32)* « le Président ». *(Résol. 28 nov. 2014, art. 14)* « La prolongation de la séance du soir au-delà de l'horaire mentionné à l'alinéa 4 n'est admise que pour achever une discussion en cours. »

6 L'Assemblée peut à tout moment décider des semaines au cours desquelles elle ne tient pas séance, conformément à l'article 28, alinéa 2, de la Constitution.

[Résol. 19 déc. 1963 ; 6 oct. 1964 ; 23 oct. 1969 ; 17 déc. 1969 ; 26 janv. 1994 ; 10 oct. 1995 ; 25 mars 1998 ; 29 juin 1999 ; 26 mars 2003 ; 27 mai 2009 ; 28 nov. 2014 et 4 juin 2019.]

Les dispositions de cet art. résultant de l'art. 14 de la Résol. du 28 nov. 2014 ont été déclarées conformes à la Const. par Décis. Cons. const. du 11 déc. 2014 (JO 13 déc.), sous réserve des observations suivantes : « considérant qu'il résulte des dispositions du deuxième alinéa de l'article 48 de la Constitution, éclairées par les travaux préparatoires de la loi constitutionnelle du 23 juillet 2008, que le Constituant a entendu permettre au Gouvernement de faire inscrire de droit des textes et des débats à l'ordre du jour de deux semaines de séance sur quatre et assurer ainsi au Gouvernement qu'il dispose effectivement de la moitié de l'ordre du jour de la session ordinaire ; que, s'il ressort du dernier alinéa de l'article 28 de la Constitution que les jours et horaires de séance sont déterminés par le règlement de chaque assemblée, le règlement d'une assemblée ne saurait faire obstacle au pouvoir que le Gouvernement tient du deuxième alinéa de l'article 48 de la Constitution de disposer de l'ordre du jour de la moitié des semaines de séance fixées par chaque assemblée en vertu des dispositions du deuxième alinéa de l'article 28 de la Constitution », et que « toutefois, que ces dispositions ne sauraient, sans méconnaître les exigences qui résultent du deuxième alinéa de l'article 48 de la Constitution, avoir pour objet ou pour effet de priver le Gouvernement d'obtenir de droit que se tiennent des jours de séance autres que ceux prévus par le premier alinéa de l'article 50 du règlement pour l'examen des textes et des débats dont il demande l'inscription à l'ordre du jour des deux semaines de séance sur quatre qui lui sont réservées par priorité » (Cons. const. nº 2014-705 DC § 19 et 21).

Art. 51 1 L'Assemblée peut décider de siéger en comité secret par un vote exprès et sans débat émis à la demande soit du Premier ministre, soit d'un dixième de ses membres. Le dixième des membres est calculé sur le nombre des sièges effectivement pourvus. En cas de fraction, le nombre est arrondi au chiffre immédiatement supérieur. Les signatures doivent figurer sur une liste unique. À partir du dépôt de cette liste, aucune signature ne peut être retirée ni ajoutée et la procédure doit suivre son cours jusqu'à la décision de l'Assemblée. La liste *ne varietur* des signataires est publiée au *Journal officiel* à la suite du compte rendu *(Résol. 27 mai 2009, art. 33)* **« de la séance ».**

2 Lorsque le motif qui a donné lieu au comité secret a cessé, le Président consulte l'Assemblée sur la reprise de la séance publique.

3 L'Assemblée décide ultérieurement de la publication éventuelle du compte rendu *(Abrogé par Résol. 27 mai 2009, art. 33)* **« *intégral* » des débats en comité secret. A la demande du Gouvernement, cette décision est prise en comité secret.**

[Résol. 3 juill. 1962 et 27 mai 2009.]

Art. 52 1 Le Président ouvre la séance, dirige les délibérations, fait observer le Règlement et maintient l'ordre ; il peut, à tout moment, suspendre ou lever la séance.

2 La police de l'Assemblée est exercée, en son nom, par le Président.

3. *Abrogé par Résol. 27 mai 2009, art. 34.*

[Résol. 27 mai 2009.]

Art. 53 Avant de passer à l'ordre du jour, le Président donne connaissance à l'Assemblée des communications qui la concernent.

[Résol. 26 janv. 1994.]

Art. 54 1 Aucun membre de l'Assemblée ne peut parler qu'après avoir demandé la parole au Président et l'avoir obtenue, même s'il est autorisé exceptionnellement par un orateur à l'interrompre. En ce dernier cas, l'interruption ne peut dépasser *(Résol. 27 mai 2009, art. 35)* **« deux » minutes.**

2 Les députés qui désirent intervenir s'inscrivent auprès du Président qui détermine l'ordre dans lequel ils sont appelés à prendre la parole *(Résol. 4 juin 2019, art. 13)* **« , sous réserve des dispositions de l'article 49 et de l'article 95, alinéa 2 ».**

3 *Abrogé par Résol. 4 juin 2019, art. 13.*

4 L'orateur parle à la tribune ou de sa place ; le Président peut l'inviter à monter à la tribune.

5 Quand le Président juge l'Assemblée suffisamment informée, il peut inviter l'orateur à conclure. Il peut également, dans l'intérêt du débat, l'autoriser à poursuivre son intervention au-delà du temps qui lui est attribué.

(Résol. 4 juin 2019, art. 13) **« Dans l'intérêt du débat, le Président peut autoriser à s'exprimer un nombre d'orateurs supérieur à celui fixé par le présent Règlement. »**

6 L'orateur ne doit pas s'écarter de la question, sinon le Président l'y rappelle. S'il ne défère pas à ce rappel, de même que si un orateur parle sans en avoir obtenu

l'autorisation ou prétend poursuivre son intervention après avoir été invité à conclure *(Abrogé par Résol. 27 mai 2009, art. 35)* *« ou lit un discours »*, le Président peut lui retirer la parole. Dans ce cas, le Président ordonne que ses paroles ne figureront plus au procès-verbal, et ce, sans préjudice de l'application des peines disciplinaires prévues au chapitre XIV du présent titre.

(Résol. 4 juin 2019, art. 13) « Le Président peut autoriser des explications de vote sur l'ensemble d'un projet ou d'une proposition, de cinq minutes chacune, à raison d'un orateur par groupe. »

[Résol. 23 oct. 1969 ; 27 mai 2009 et 4 juin 2019.]

Art. 55 **1** Dans tous les débats pour lesquels le temps de parole est limité, les orateurs ne doivent, en aucun cas, excéder le temps de parole attribué à leur groupe.

2 Si le temps de parole est dépassé, le Président fait application de l'article 54, alinéas *(Résol. 4 juin 2019, art. 14)* « 4 » et 6.

3 Lorsqu'un groupe a épuisé *(Résol. 27 mai 2009, art. 36)* « le temps qui lui a été attribué, la parole est » refusée à ses membres.

(Résol. 27 mai 2009, art. 36) « **4** Un amendement déposé par un député appartenant à un groupe dont le temps de parole est épuisé est mis aux voix sans débat. Il en est de même pour les amendements déposés par un député non inscrit, lorsque le temps alloué aux députés non-inscrits est épuisé.

« **5** Le président d'un groupe dont le temps de parole est épuisé ne peut plus demander de scrutin public, excepté sur l'ensemble d'un texte.

« **6** Lorsque le Gouvernement ou la commission saisie au fond font usage de la faculté qui leur est reconnue par l'article 99, alinéa 2, de déposer un ou plusieurs amendements après l'expiration du délai opposable aux députés, dans le cadre d'un débat organisé selon la procédure prévue par l'article 49, alinéa *(Résol. 4 juin 2019, art. 14)* « 6 », un temps supplémentaire est attribué à chaque groupe et aux députés non-inscrits en plus de celui fixé en application de l'article 49, alinéa *(Résol. 4 juin 2019, art. 14)* « 7 », à la demande d'un président de groupe, pour la discussion de l'article sur lequel l'amendement a été déposé ou, le cas échéant, de l'article additionnel. »

[Résol. 26 janv. 1994 ; 27 mai 2009 et 4 juin 2019.]

Art. 56 **1** Les ministres, les présidents et les rapporteurs des commissions saisies au fond obtiennent la parole quand ils la demandent.

2 *Abrogé par Résol. 4 juin 2019, art. 15.*

3 Les présidents et les rapporteurs des commissions peuvent se faire assister, lors des discussions en séance publique, de fonctionnaires de l'Assemblée choisis par eux.

[Résol. 23 oct. 1969 ; 26 janv. 1994 ; 27 mai 2009 et 4 juin 2019.]

Art. 57 **1** En dehors des débats organisés conformément à l'article 49, et lorsque au moins deux orateurs d'avis contraire sont intervenus dans la discussion générale, dans la discussion d'un article ou dans les explications de vote, la clôture immédiate de cette phase de la discussion peut être soit décidée par le Président, soit proposée par un membre de l'Assemblée. Toutefois, la clôture ne s'applique pas aux explications de vote sur l'ensemble.

2 *Si la clôture de la discussion générale* est proposée par un membre de l'Assemblée, la parole ne peut être accordée que contre la clôture et à un seul orateur, pour une durée n'excédant pas *(Résol. 27 mai 2009, art. 38)* « deux » minutes. Le premier des orateurs demeurant inscrits dans la discussion ou, à son défaut, l'un des inscrits dans l'ordre d'inscription, s'il demande la parole contre la clôture, a la priorité ; à défaut d'orateurs inscrits, la parole contre la clôture est donnée au député qui l'a demandée le premier.

3 Lorsque la clôture est demandée en dehors de la discussion générale, l'Assemblée est appelée à se prononcer sans débat.

4 Le vote au scrutin public ne peut être demandé dans les questions de clôture. Le Président consulte l'Assemblée à main levée. S'il y a doute sur le vote de l'Assemblée, elle est consultée par assis et levé. Si le doute persiste, la discussion continue.

5. *Dispositions déclarées contraires à la Constitution par Décis. Cons. const. n° 2009-581 DC du 25 juin 2009.*

[Résol. 26 janv. 1994 et 27 mai 2009.]

Art. 58 1 Les rappels au Règlement *(Résol. 4 juin 2019, art. 16)* **« et »** *(Résol. 28 nov. 2014, art. 15)* **« , les demandes de parole pour fait personnel** *(Abrogé par Résol. 4 juin 2019, art. 16)* ***« et celles qui touchent » au déroulement de la séance »*** **ont toujours priorité sur la question principale ; ils en suspendent la discussion. La parole est accordée à tout député qui la demande à cet effet soit sur-le-champ, soit, si un orateur a la parole, à la fin de son intervention.**

(Résol. 4 juin 2019, art. 16) **2 « Tout rappel au Règlement doit se fonder sur un article du Règlement autre que le présent article. »**

3 *(Résol. 4 juin 2019, art. 16)* **« Lorsque », manifestement, son intervention n'a aucun rapport avec le Règlement** *(Résol. 4 juin 2019, art. 16)* **« ou »** *(Résol. 28 nov. 2014, art. 15)* **« un fait personnel »** *(Abrogé par Résol. 4 juin 2019, art. 16)* ***« ou le déroulement de la séance »*****, ou si elle tend à remettre en question l'ordre du jour fixé,** *(Résol. 4 juin 2019, art. 16)* **« ou si un précédent rappel au Règlement avait le même objet, » le Président lui retire la parole.**

4 *(Résol. 4 juin 2019, art. 16)* **« Lorsque plusieurs rappels au Règlement émanent de députés d'un même groupe et ont manifestement pour objet de remettre en question l'ordre du jour, le Président peut refuser les prises de parole à ce titre. »**

5 Les demandes de suspension de séance sont soumises à la décision de l'Assemblée sauf quand elles sont formulées par le Gouvernement, par le président ou le rapporteur de la commission saisie au fond ou *(Abrogé par Résol. 4 juin 2019, art. 16)* **« ,** ***personnellement et pour une réunion de groupe,*** **» par le président d'un groupe ou son délégué dont il a préalablement notifié le nom au Président. Toute nouvelle délégation annule la précédente.** *(Résol. 4 juin 2019, art. 16)* **« Le président d'un groupe ou son délégué peut obtenir au plus deux suspensions par séance au cours de l'examen d'un même texte, sauf décision contraire du président de séance. »**

Abrogé par Résol. 28 nov. 2014, art. 15.

6 Dans les cas prévus au présent article, la parole ne peut être conservée plus de *(Résol. 27 mai 2009, art. 39)* **« deux » minutes.**

[Résol. 23 oct. 1969 ; 26 janv. 1994 ; 27 mai 2009 ; 28 nov. 2014 et 4 juin 2019.]

Les dispositions de cet art. résultant de l'art. 16 de la Résol. du 4 juin 2019 (art. 16, 2°, 3°, d et 4°) ont été déclarées conformes à la Const. par Décis. Cons. const. du 4 juill. 2019 (JO 6 juill.), sous réserve des observations suivantes : « La mise en œuvre de ces dispositions ne saurait priver les députés de toute possibilité d'invoquer les dispositions du règlement afin de demander l'application de dispositions constitutionnelles » (Cons. const. n° 2019-785 DC § 13).

Art. 59 1 Avant de lever la séance, le Président fait part à l'Assemblée de la date et de l'ordre du jour de la séance suivante.

2 Il est établi, pour chaque séance publique, *(Abrogé par Résol. 27 mai 2009, art. 40)* ***« un compte rendu analytique officiel, affiché et distribué et »*** **un compte rendu intégral, publié au *Journal officiel*.**

3 Le compte rendu intégral est le procès-verbal de la séance. Il devient définitif si le Président de l'Assemblée n'a été saisi par écrit d'aucune opposition ou d'aucune demande de rectification vingt-quatre heures après sa publication au *Journal officiel*. Les contestations sont soumises au Bureau de l'Assemblée, qui statue sur leur prise en considération après que l'auteur a été entendu par l'Assemblée pour une durée qui ne dépasse pas *(Résol. 27 mai 2009, art. 40)* **« deux » minutes.**

4 Si la contestation est prise en considération par le Bureau, la rectification du procès-verbal est soumise par le Président au début de la première séance suivant la décision du Bureau, à l'Assemblée qui statue sans débat.

5 *(Résol. 27 mai 2009, art. 40)* **« Un compte rendu audiovisuel des débats en séance publique est produit et diffusé dans les conditions » déterminées par le Bureau.**

[Résol. 26 janv. 1994 et 27 mai 2009.]

Art. 60 **1** Le Président constate la clôture de la session ordinaire à la fin de la dernière séance tenue le dernier jour ouvrable de juin, qui ne peut être prolongée au-delà de minuit. Si l'Assemblée ne tient pas séance, le Président constate la clôture par avis publié au *Journal officiel* du lendemain.

2 Après la lecture du décret de clôture d'une session extraordinaire intervenue dans les conditions prévues aux articles 29, alinéa 2, et 30 de la Constitution, le Président ne peut donner la parole à aucun orateur et lève sur-le-champ la séance.

[Résol. 6 oct. 1964 et 10 oct. 1995.]

CHAPITRE XIII *Modes de votation*

Art. 61 *(Résol. 27 mai 2009, art. 41)* **1** L'Assemblée est toujours en nombre pour délibérer et pour régler son ordre du jour.

2 Les votes émis par l'Assemblée sont valables quel que soit le nombre des présents si, avant le début de l'épreuve, le Président n'a pas été appelé, sur demande personnelle du président d'un groupe, à vérifier le quorum en constatant la présence, dans l'enceinte du Palais, de la majorité absolue du nombre des députés calculée sur le nombre de sièges effectivement pourvus.

3 La demande personnelle du président d'un groupe n'est recevable que si la majorité des députés qui constituent ce groupe est effectivement présente dans l'hémicycle.

4 Lorsqu'un vote ne peut avoir lieu faute de quorum, la séance est suspendue après l'annonce par le Président du report du scrutin qui ne peut avoir lieu moins de quinze minutes après ; le vote est alors valable, quel que soit le nombre des présents.

[Résol. 23 oct. 1969 ; 26 janv. 1994 ; 10 oct. 1995 et 27 mai 2009.]

Art. 62 **1** Le vote des députés est personnel.

2 Toutefois, leur droit de vote dans les scrutins publics peut être délégué par eux dans les conditions fixées par l'ordonnance n° 58-1066 du 7 novembre 1958 précitée *[portant loi organique autorisant exceptionnellement les parlementaires à déléguer leur droit de vote ; V. ce texte ss. Const. 58, art. 27]*.

3 La délégation de vote est toujours personnelle, rédigée au nom d'un seul député nommément désigné. Elle peut être transférée avec l'accord préalable du délégant à un autre délégué également désigné. Elle doit être notifiée au Président avant l'ouverture du scrutin ou du premier des scrutins auxquels elle s'applique.

4 Lorsque la durée de la délégation n'est pas précisée, elle expire de plein droit à l'issue d'un délai de huit jours francs à compter de sa réception.

5 *Abrogé par Résol. 27 mai 2009, art. 42.*

[Résol. 27 mai 2009.]

Art. 63 **1** Les votes s'expriment, soit à main levée, soit par assis et levé, soit au scrutin public ordinaire, soit au scrutin public à la tribune.

2 Toutefois, lorsque l'Assemblée doit procéder, par scrutin, à des nominations personnelles, le scrutin est secret.

3 Dans les questions complexes et sauf dans les cas prévus aux articles 44 et 49 de la Constitution, le vote d'un texte par division peut toujours être demandé. L'auteur de la demande doit préciser les parties du texte sur lesquelles il demande des votes séparés.

4 Le vote d'un texte par division est de droit lorsqu'il est demandé par le Gouvernement ou la commission saisie au fond. Dans les autres cas, *(Résol. 27 mai 2009, art. 43)* « le Président », après consultation éventuelle du Gouvernement ou de la commission, décide s'il y a lieu ou non de voter par division.

[Résol. 27 mai 2009.]

Art. 64 **1** L'Assemblée vote normalement à main levée en toutes matières, sauf pour les nominations personnelles.

2 En cas de doute sur le résultat du vote à main levée, il est procédé au vote par assis et levé ; si le doute persiste, le vote par scrutin public ordinaire est de droit.

3 Toutefois, lorsque la première épreuve à main levée est déclarée douteuse, le Président peut décider qu'il sera procédé par scrutin public ordinaire.

4 Nul ne peut obtenir la parole entre les différentes épreuves du vote.

Art. 65 **1** Le vote par scrutin public est de droit :

2 1° Sur décision du Président ou sur demande du Gouvernement ou de la commission saisie au fond ;

3 2° Sur demande écrite émanant personnellement soit du président d'un groupe, soit de son délégué dont il a préalablement notifié le nom au Président. Toute nouvelle délégation annule la précédente ;

4 3° Lorsque la Constitution exige une majorité qualifiée ou *(Résol. 27 mai 2009, art. 44)* « lorsqu'il est fait application des articles 49 et 50-1 de la Constitution ».

5 Il est procédé au scrutin public en la forme ordinaire lorsqu'il a lieu en application des 1° et 2° ci-dessus et de l'article 65-1. Il est procédé au scrutin public à la tribune ou dans les salles voisines de la salle des séances, sur décision de la Conférence des présidents, lorsqu'il a lieu en application du 3° ci-dessus.

[Résol. 3 juill. 1962 ; 26 janv. 1994 ; 26 mars 2003 et 27 mai 2009.]

Art. 65-1 *(Résol. 4 juin 2019, art. 17)* La Conférence des présidents peut décider que les explications de vote et le vote par scrutin public sur l'ensemble d'un texte donnent lieu à un vote solennel. Sous réserve des dispositions de l'article 48 de la Constitution, elle en fixe la date.

La Conférence des présidents peut également décider que seul le vote par scrutin public sur l'ensemble d'un texte a lieu à la date fixée par elle, sous réserve des dispositions de l'article 48 de la Constitution.

[Résol. 4 juin 2019.]

Art. 66 **1** Lorsqu'il y a lieu à scrutin public, l'annonce en est faite dans l'ensemble des locaux du Palais. Cinq minutes au moins après cette annonce, le Président invite éventuellement les députés à regagner leurs places. Il déclare ensuite le scrutin ouvert.

2 I. – Pour un scrutin public ordinaire, le vote a lieu par procédé électronique.

3 Dans le cas où l'appareillage électronique ne fonctionne pas, le vote a lieu par bulletins. *(Résol. 27 mai 2009, art. 45)* « Chaque député dépose personnellement dans l'urne qui est placée sous la surveillance de secrétaires du Bureau un bulletin de vote à son nom, bleu s'il est pour l'adoption, rouge s'il est contre, blanc s'il entend s'abstenir. » Il est interdit de déposer plus d'un bulletin dans l'urne pour quelque cause que ce soit.

4 Lorsque personne ne demande plus à voter, le Président prononce la clôture du scrutin. Les urnes sont éventuellement apportées à la tribune. Le Président proclame le résultat du scrutin constaté par les secrétaires.

5 II. – Pour un scrutin public à la tribune, tous les députés sont appelés nominalement par les huissiers. Sont appelés les premiers ceux dont le nom commence par une lettre préalablement tirée au sort. Il est procédé à l'émargement des noms des votants.

6 *(Résol. 27 mai 2009, art. 45)* « Le vote a lieu par bulletins. » Chaque député remet son bulletin à l'un des secrétaires, qui le dépose dans une urne placée sur la tribune.

7 Le scrutin reste ouvert pendant une heure *(Abrogé par Résol. 27 mai 2009, art. 45)* *« , cette durée étant ramenée à quarante-cinq minutes pour les votes sur les motions de censure »*. Le résultat est constaté par les secrétaires et proclamé par le Président.

8 *(Résol. 27 mai 2009, art. 45)* « Lorsque le scrutin public a lieu dans les salles voisines de la salle des séances, la Conférence des présidents en fixe la durée.

« 9 III. – Les modalités du vote électronique et de l'exercice des délégations de vote sont réglées par une instruction du Bureau. »

[Résol. 5 déc. 1960 ; 23 oct. 1969 ; 26 janv. 1994 ; 26 mars 2003 et 27 mai 2009.]

Art. 67 **1** Le Président peut décider *(Abrogé par Résol. 27 mai 2009, art. 46) « après les consultations des secrétaires »* qu'il y a lieu à pointage d'un scrutin public.

2 Lorsqu'il y a pointage d'un scrutin portant sur une demande de suspension de séance ou sur un texte dont l'adoption ou le rejet ne peut pas influer sur la suite de la discussion, la séance continue.

[Résol. 26 janv. 1994 et 27 mai 2009.]

Art. 68 **1** Sous réserve de l'application de l'article 49 de la Constitution, les questions mises aux voix ne sont déclarées adoptées que si elles ont obtenu la majorité des suffrages exprimés. Toutefois, lorsque la Constitution exige pour une adoption la majorité absolue des membres composant l'Assemblée, cette majorité est calculée sur le nombre de sièges effectivement pourvus.

2 En cas d'égalité de suffrages, la question mise aux voix n'est pas adoptée.

3 Le résultat des délibérations de l'Assemblée est proclamé par le Président en ces termes : "L'Assemblée a adopté" ou "L'Assemblée n'a pas adopté".

4 Aucune rectification de vote n'est admise après la clôture du scrutin.

Art. 69 **1** Les scrutins secrets auxquels procède l'Assemblée pour les nominations personnelles ont lieu soit à la tribune, dans les conditions prévues à l'article 66, paragraphe II, soit dans les salles voisines de la salle des séances.

2 Dans ce dernier cas, le Président en indique en séance l'heure d'ouverture et l'heure de clôture. Des scrutateurs tirés au sort procèdent à l'émargement des listes de votants. Pendant le cours de la séance, qui n'est pas suspendue du fait du vote, chaque député dépose son bulletin dans une urne placée sous la surveillance de l'un des secrétaires du Bureau. Les secrétaires dépouillent le scrutin et le Président en proclame le résultat en séance.

3 Sauf décision contraire de la Conférence des présidents, la durée de tous les scrutins prévus au présent article est fixée à une heure.

[Résol. 26 janv. 1994.]

CHAPITRE XIV *Discipline, immunité et déontologie* (*Résol. 28 nov. 2014, art. 18-1°*).

Art. 70 (*Résol. 28 nov. 2014, art. 16*) Peut faire l'objet de peines disciplinaires tout membre de l'Assemblée :

1° Qui se livre à des manifestations troublant l'ordre ou qui provoque une scène tumultueuse ;

2° Qui se livre à une mise en cause personnelle, qui interpelle un autre député ou qui adresse à un ou plusieurs de ses collègues des injures, provocations ou menaces ;

3° Qui a fait appel à la violence en séance publique ;

4° Qui s'est rendu coupable d'outrages ou de provocations envers l'Assemblée ou son Président ;

5° Qui s'est rendu coupable d'injures, de provocations ou de menaces envers le Président de la République, le Premier ministre, les membres du Gouvernement et les assemblées prévues par la Constitution ;

6° Qui s'est rendu coupable d'une voie de fait dans l'enceinte de l'Assemblée ;

7° A l'encontre duquel le Bureau a conclu, en application de l'article 80-4, à un manquement aux règles définies dans le code de déontologie.

[Résol. 28 nov. 2014.]

Art. 71 (*Résol. 28 nov. 2014, art. 16*) Les peines disciplinaires applicables aux membres de l'Assemblée sont :

1° Le rappel à l'ordre ;

2° Le rappel à l'ordre avec inscription au procès-verbal ;

3° La censure ;

4° La censure avec exclusion temporaire.

[Résol. 28 nov. 2014.]

Art. 72 *(Résol. 28 nov. 2014, art. 16)* **1. Le rappel à l'ordre simple est prononcé par le Président.**

2. Le rappel à l'ordre avec inscription au procès-verbal est prononcé par le Bureau ou par le Président seul. Dans ce dernier cas, à la demande du député concerné, la procédure prévue à l'alinéa 4 est applicable.

3. Les peines prononcées par le Bureau le sont sur proposition du Président ou, par écrit, d'un député qui s'estime victime d'un agissement mentionné à l'article 70.

4. Lorsqu'est proposée une peine autre qu'un rappel à l'ordre simple, le Bureau entend le député concerné ou, à la demande de ce dernier, l'un de ses collègues en son nom.

5. La censure simple et la censure avec exclusion temporaire sont prononcées par l'Assemblée, par assis et levé et sans débat, sur proposition du Bureau.

6. Par dérogation aux alinéas 1 et 2 du présent article, le Président ne peut prononcer de peine dans le cas prévu au 7° de l'article 70.

[Résol. 28 nov. 2014.]

Art. 73 *(Résol. 28 nov. 2014, art. 16)* **1. Le rappel à l'ordre avec inscription au procès-verbal emporte de droit la privation, pendant un mois, du quart de l'indemnité parlementaire allouée au député.**

2. La censure simple emporte de droit la privation, pendant un mois, de la moitié de l'indemnité parlementaire allouée au député.

3. La censure avec exclusion temporaire emporte de droit la privation, pendant deux mois, de la moitié de l'indemnité parlementaire allouée au député. Elle entraîne l'interdiction de prendre part aux travaux de l'Assemblée et de reparaître dans le Palais de l'Assemblée jusqu'à l'expiration du quinzième jour de séance qui suit celui où la peine a été prononcée. Dans le cas où la censure avec exclusion temporaire est appliquée pour la deuxième fois à un député, l'exclusion s'étend à trente jours de séance.

[Résol. 28 nov. 2014.]

Art. 74 à 76 *Abrogés par Résol. 28 nov. 2014, art. 16.*

Art. 77 *(Résol. 28 nov. 2014, art. 16)* **« 1. Lorsqu'un député entreprend de paralyser la liberté des délibérations et des votes de l'Assemblée et, après s'être livré à des agressions contre un ou plusieurs de ses collègues, refuse d'obtempérer aux rappels à l'ordre du Président, celui-ci lève la séance. Le Bureau est immédiatement convoqué.**

« 2. Si le Bureau propose à l'Assemblée de prononcer la censure avec exclusion temporaire, la durée de la privation de la moitié de l'indemnité parlementaire prévue à l'article 73, alinéa 3, s'étend à six mois. »

3. Si, au cours des séances qui ont motivé cette sanction, des voies de fait graves ont été commises, le Président saisit sur l'heure le procureur général.

[Résol. 26 janv. 1994 et 28 nov. 2014.]

Art. 77-1 **1 La fraude dans les scrutins, notamment en ce qui concerne le caractère personnel du vote, entraîne la privation, pendant un mois, du quart de l'indemnité visée à l'article** *(Résol. 28 nov. 2014, art. 16)* **« 73 ». En cas de récidive pendant la même session, cette durée est portée à six mois.**

2 Le Bureau décide de l'application de l'alinéa précédent sur proposition des secrétaires.

[Résol. 26 janv. 1994 et 28 nov. 2014.]

Art. 78 **1 Si un fait délictueux est commis par un député dans l'enceinte du Palais pendant que l'Assemblée est en séance, la délibération en cours est suspendue.**

2 Séance tenante, le Président porte le fait à la connaissance de l'Assemblée.

3 Si le fait visé à l'alinéa premier est commis pendant une suspension ou après la levée de la séance, le Président porte le fait à la connaissance de l'Assemblée à la reprise de la séance ou au début de la séance suivante.

4 Le député est admis à s'expliquer, s'il le demande. Sur l'ordre du Président, il est tenu de quitter la salle des séances et retenu dans le Palais.

5 En cas de résistance du député ou de tumulte dans l'Assemblée, le Président lève à l'instant la séance.

6 Le Bureau informe, sur-le-champ, le procureur général qu'un délit vient d'être commis dans le Palais de l'Assemblée.

Art. 79 **1** Indépendamment des cas prévus par l'article L.O. 150 et sanctionnés par l'article L.O. 151 du code électoral, il est interdit à tout député, sous les peines disciplinaires prévues aux articles *(Résol. 28 nov. 2014, art. 16)* « 71 à 73 », d'exciper ou de laisser user de sa qualité dans des entreprises financières, industrielles ou commerciales ou dans l'exercice des professions libérales ou autres et, d'une façon générale, d'user de son titre pour d'autres motifs que pour l'exercice de son mandat.

2 Il lui est également interdit, sous les mêmes peines, d'adhérer à une association ou à un groupement de défense d'intérêts particuliers, locaux ou professionnels ou de souscrire à l'égard de ceux-ci des engagements concernant sa propre activité parlementaire, lorsque cette adhésion ou ces engagements impliquent l'acceptation d'un mandat impératif.

[Résol. 26 janv. 1994 et 28 nov. 2014.]

Art. 80 **1** Il est constitué, au début de la législature et, chaque année suivante, à l'exception de celle précédant le renouvellement de l'Assemblée, au début de la session ordinaire, une commission de quinze membres titulaires et de quinze membres suppléants, chargée de l'examen des demandes de suspension de la détention, des mesures privatives ou restrictives de liberté ou de la poursuite d'un député. Les nominations ont lieu en s'efforçant de reproduire la configuration politique de l'Assemblée nationale et, à défaut d'accord entre les présidents des groupes sur une liste de candidats, à la représentation proportionnelle des groupes, selon la procédure prévue à l'article 25. Un suppléant est associé à chaque titulaire. Il ne peut le remplacer que pour l'ensemble de l'examen d'une demande. *(Résol. 28 nov. 2014, art. 17)* « Hormis ce cas, il ne participe pas aux travaux de la commission. »

2 *(Résol. 27 mai 2009, art. 48)* « Le bureau de la commission comprend un président, trois vice-présidents et trois secrétaires. Les nominations ont lieu en s'efforçant de reproduire la configuration politique de l'Assemblée et d'assurer la représentation de toutes ses composantes. Les membres du bureau sont désignés dans les conditions prévues à l'article 39. Le chapitre X *(Résol. 28 nov. 2014, art. 17)* « , à l'exception de l'article 46, » est applicable à la commission constituée en application du présent article. »

3 La commission doit entendre l'auteur ou le premier signataire de la demande et le député intéressé ou le collègue qu'il a chargé de le représenter. Si le député intéressé est détenu, elle peut le faire entendre personnellement par un ou plusieurs de ses membres délégués à cet effet.

4 Sous réserve des dispositions de l'alinéa suivant, les demandes sont inscrites d'office par la Conférence des présidents, dès la distribution du rapport de la commission, à la plus prochaine séance réservée par priorité par *(Résol. 27 mai 2009, art. 48)* « l'article 48, alinéa 6 » de la Constitution aux questions des membres du Parlement et aux réponses du Gouvernement, à la suite desdites questions et réponses. Si le rapport n'a pas été distribué dans un délai de vingt jours de session à compter du dépôt de la demande, l'affaire peut être inscrite d'office par la Conférence des présidents à la plus prochaine séance réservée par priorité par *(Résol. 27 mai 2009, art. 48)* « l'article 48, alinéa 6 », de la Constitution aux questions des membres du Parlement et aux réponses du Gouvernement, à la suite desdites questions et réponses.

5 Conformément au dernier alinéa de l'article 26 de la Constitution, l'Assemblée se réunit de plein droit pour une séance supplémentaire pour examiner une demande de suspension de détention, de mesures privatives ou restrictives de liberté ou de poursuite ; cette séance ne peut se tenir plus d'une semaine après la distribution du rapport ou, si la commission n'a pas distribué son rapport, plus de quatre semaines après le dépôt de la demande.

6 La discussion en séance publique porte sur les conclusions de la commission formulées en une proposition de résolution. Si la commission ne présente pas de conclusions, la discussion porte sur la demande dont l'Assemblée est saisie. Une motion de renvoi à la commission peut être présentée et discutée dans les conditions prévues à l'article 91. En cas de rejet des conclusions de la commission tendant à rejeter la demande, celle-ci est considérée comme adoptée.

7 L'Assemblée statue sur le fond après un débat auquel peuvent seuls prendre part le rapporteur de la commission, le Gouvernement, le député intéressé ou un membre de l'Assemblée le représentant, un orateur pour et un orateur contre. La demande de renvoi en commission, prévue à l'alinéa précédent, est mise aux voix après l'audition du rapporteur. En cas de rejet, l'Assemblée entend ensuite les orateurs prévus au présent alinéa.

8 Saisie d'une demande de suspension de la poursuite d'un député détenu ou faisant l'objet de mesures privatives ou restrictives de liberté, l'Assemblée peut ne décider que la suspension de la détention ou de tout ou partie des mesures en cause. Seuls sont recevables les amendements présentés à cette fin. L'article 100 est applicable à leur discussion.

9 En cas de rejet d'une demande, aucune demande nouvelle, concernant les mêmes faits, ne peut être présentée pendant le cours de la session.

[Résol. 3 juill. 1962 ; 26 janv. 1994 ; 10 oct. 1995 ; 27 mai 2009 et 28 nov. 2014.]

Art. 80-1 *(Résol. 4 juin 2019, art. 18)* **Les députés exercent leur mandat au profit du seul intérêt général et en toute indépendance. Le Bureau établit un code de déontologie définissant les principes qui doivent guider leurs actions dans l'exercice de leur mandat. Il assure le respect de ce code de déontologie et en contrôle la mise en œuvre. Il nomme à cet effet un déontologue.**

Les députés veillent à prévenir ou à faire cesser immédiatement toute situation de conflits d'intérêts dans laquelle ils se trouvent ou pourraient se trouver, après consultation, le cas échéant, du déontologue.

Un conflit d'intérêts est entendu comme toute situation d'interférence entre un intérêt public et des intérêts privés de nature à influencer ou paraître influencer l'exercice indépendant, impartial et objectif du mandat. Il n'y a pas de conflit d'intérêts lorsque le député tire un avantage du seul fait d'appartenir à la population dans son ensemble ou à une large catégorie de personnes.

[Résol. 4 juin 2019.]

Art. 80-1-1 *(Résol. 4 juin 2019, art. 19)* **Afin de prévenir tout risque de conflit d'intérêts, un député qui estime devoir faire connaître un intérêt privé effectue une déclaration écrite ou orale de cet intérêt. Cette déclaration est mentionnée au compte rendu et, si elle est orale, n'est pas décomptée du temps de l'intervention.**

Lorsqu'un député estime devoir ne pas participer à certains travaux de l'Assemblée en raison d'une situation de conflit d'intérêts telle que définie à l'article 80-1, alinéa 3, il en informe le Bureau.

Un registre public, tenu sous la responsabilité du Bureau, recense les cas dans lesquels un député a estimé devoir se prévaloir des dispositions mentionnées à l'alinéa 2 du présent article.

Lorsqu'un député estime que l'exercice d'une fonction au sein de l'Assemblée nationale est susceptible de le placer en situation de conflit d'intérêts, il s'abstient de la solliciter ou de l'accepter.

[Résol. 4 juin 2019.]

Art. 80-1-2 *(Résol. 4 juin 2019, art. 20)* **Les députés déclarent au déontologue :**

1° Dans un délai d'un mois à compter de sa réception, tout don, invitation à un événement sportif ou culturel ou avantage d'une valeur excédant un montant déterminé par le Bureau dont ils ont bénéficié à raison de leur mandat ;

2° Toute acceptation d'une invitation à un voyage émanant d'une personne morale ou physique dont ils ont bénéficié à raison de leur mandat. La déclaration, effectuée préalablement au voyage, doit être accompagnée d'éléments précisant le programme du voyage et ses modalités.

Le Bureau définit les conditions dans lesquelles ces déclarations sont rendues publiques.

Les députés qui le souhaitent peuvent déposer les dons reçus auprès du déontologue. Le Bureau détermine leur affectation.

[Résol. 4 juin 2019.]

Art. 80-2 **1.** Le déontologue de l'Assemblée nationale est une personnalité indépendante nommée par le Bureau, à la majorité des trois cinquièmes de ses membres, sur proposition du Président et avec l'accord d'au moins un président du groupe d'opposition.

2. *(Résol. 28 nov. 2014, art. 18) (Résol. 4 juin 2019, art. 21)* « Il prend ses fonctions six mois après le premier jour de la législature et les exerce jusqu'à la fin du sixième mois qui suit le premier jour de la législature suivante. Son mandat n'est pas renouvelable. » Il ne peut en être démis qu'en cas d'incapacité ou de manquement à ses obligations, sur décision du Bureau prise à la majorité des trois cinquièmes de ses membres, sur proposition du Président et avec l'accord d'au moins un président d'un groupe d'opposition.

(Résol. 4 juin 2019, art. 21) « Le déontologue et les personnes qui l'assistent dans sa mission sont tenus au secret professionnel et ne peuvent faire état d'aucune information recueillie dans l'exercice de leurs fonctions.

« Le déontologue adresse au président de la Haute Autorité pour la transparence de la vie publique une déclaration de situation patrimoniale et une déclaration d'intérêts, dans les conditions prévues à l'article 11 de la loi n° 2013-907 du 11 octobre 2013 relative à la transparence de la vie publique. »

[Résol. 28 nov. 2014 et 4 juin 2019.]

Les fonctions de l'actuel déontologue sont prolongées jusqu'à la fin du 6e mois qui suit le 1er jour de la législature suivante (Résol. 4 juin 2019, art. 21).

Art. 80-3 *(Résol. 28 nov. 2014, art. 18) (Résol. 4 juin 2019, art. 22)* « **1.** Le déontologue est consulté sur les règles destinées à prévenir et à faire cesser les conflits d'intérêts ainsi que sur le code de déontologie des députés et le code de conduite applicable aux représentants d'intérêts.

« **2.** Il donne également un avis sur le régime de prise en charge des frais de mandat ainsi que sur la liste des frais éligibles. Dans les conditions déterminées par le Bureau, il contrôle que les dépenses ayant fait l'objet de cette prise en charge correspondent à des frais de mandat.

« **3.** Le Bureau définit les conditions dans lesquelles les avis rendus en application du premier alinéa et de la première phrase du deuxième alinéa du présent article sont rendus publics. »

4. Le déontologue remet au Président et au Bureau un rapport annuel dans lequel il présente des propositions aux fins d'améliorer le respect des règles définies *(Résol. 4 juin 2019, art. 22)* « aux articles 80-1 à 80-5 et » dans le code de déontologie et rend compte des conditions générales d'application de ces règles sans faire état d'éléments relatifs à un cas personnel. Ce rapport est rendu public.

[Résol. 28 nov. 2014 et 4 juin 2019.]

Art. 80-3-1 *(Résol. 4 juin 2019, art. 23)* Le Bureau définit les conditions dans lesquelles le déontologue peut demander communication à tout député d'un document nécessaire à l'exercice de sa mission.

Le déontologue peut être saisi par tout député qui souhaite, pour son cas personnel, le consulter sur le respect des règles relatives au traitement et à la prévention des conflits d'intérêts ainsi que de celles définies dans le code de déontologie. Il peut également être consulté, dans les mêmes conditions, sur l'éligibilité des dépenses au titre des frais de mandat.

Les demandes de consultation et les avis donnés sont confidentiels et ne peuvent être rendus publics que par le député concerné et dans leur intégralité.

Le déontologue est informé, sans délai, par tout député du fait que ce dernier emploie comme collaborateur parlementaire un membre de sa famille au sens du II de l'article 8 *quater* de l'ordonnance n° 58-1100 du 17 novembre 1958 relative au fonctionnement des assemblées parlementaires.

Il est informé sans délai par tout collaborateur parlementaire de son lien de famille avec un autre député que celui qui l'emploie ou un sénateur.

Le déontologue reçoit copie des attestations adressées par l'administration fiscale aux députés conformément à l'article L.O. 136-4 du code électoral.

[*Résol. 4 juin 2019.*]

Art. 80-4 (*Résol. 28 nov. 2014, art. 18-2°*) **1.** Lorsqu'il constate (*Résol. 4 juin 2019, art. 24*) « , à la suite d'un signalement ou de sa propre initiative, » un manquement aux règles définies (*Résol. 4 juin 2019, art. 24*) « aux articles 80-1 à 80-5 et » dans le code de déontologie, le déontologue en informe le député concerné ainsi que le Président. Il fait au député toutes les recommandations nécessaires pour lui permettre de se conformer à ses obligations. Si le député conteste avoir manqué à ses obligations ou estime ne pas devoir suivre les recommandations du déontologue, (*Résol. 4 juin 2019, art. 24*) « ce dernier » saisit le Président, qui saisit le Bureau afin que celui-ci statue, dans les deux mois, sur ce manquement.

2. Le Bureau peut entendre le député concerné. Cette audition est de droit à la demande du député.

3. Le Bureau, lorsqu'il conclut à l'existence d'un manquement, peut rendre publiques ses conclusions, formuler toute recommandation destinée à faire cesser ce manquement et proposer ou prononcer une peine disciplinaire dans les conditions prévues aux articles 70 à 73.

(*Résol. 4 juin 2019, art. 24*) « Lorsque le déontologue constate, de sa propre initiative ou à la suite d'un signalement, qu'un député emploie comme collaborateur une personne mentionnée à l'article 80-3-1, alinéas 4 et 5, d'une manière qui serait susceptible de constituer un manquement aux règles des articles 80-1 à 80-5 du code de déontologie des députés, il peut enjoindre au député de faire cesser cette situation et [*Dispositions déclarées contraires à la Constitution par Décis. Cons. const. n° 2019-785 DC du 4 juill. 2019*] rendre publique cette injonction. »

[*Résol. 28 nov. 2014 et 4 juin 2019.*]

Art. 80-5 (*Résol. 4 juin 2019, art. 25*) Le déontologue s'assure du respect du code de conduite applicable aux représentants d'intérêts, établi par le Bureau. Il peut, à cet effet, être saisi par un député, un collaborateur du Président, un collaborateur d'un député ou d'un groupe parlementaire ainsi que par un agent fonctionnaire ou contractuel des services de l'Assemblée nationale. Il peut se faire communiquer toute information ou tout document nécessaire à l'exercice de cette mission.

Lorsque le déontologue constate un manquement au code de conduite applicable aux représentants d'intérêts, il saisit le Président. Ce dernier peut adresser au représentant d'intérêts concerné une mise en demeure, qui peut être rendue publique, tendant au respect des obligations auxquelles il est assujetti, après l'avoir mis en état de présenter ses observations.

Lorsque le déontologue constate qu'une personne mentionnée à l'alinéa 1 a répondu favorablement à une sollicitation effectuée par un représentant d'intérêts en méconnaissance des dispositions du code de conduite applicable aux représentants d'intérêts, il en avise la personne concernée et, sans les rendre publiques, lui adresse ses observations.

[*Résol. 4 juin 2019.*]

Art. 80-6 (*Résol. 4 juin 2019, art. 26*) Le Bureau définit les conditions de mise en place d'un dispositif de prévention et d'accompagnement en matière de lutte contre toutes les formes de harcèlement.

TITRE II Procédure législative

PREMIÈRE PARTIE *Procédure législative ordinaire*

CHAPITRE PREMIER *Dépôt des projets et propositions*

Art. 81 **1** Les projets de loi, les propositions de loi transmises par le Sénat et les propositions de loi présentées par les députés sont enregistrés à la Présidence.

2 *(Résol. 27 mai 2009, art. 49)* « Le dépôt des propositions de loi présentées par les députés est subordonné à leur recevabilité, laquelle est préalablement appréciée dans les conditions prévues par le chapitre III de la présente partie. »

3 *(Abrogé par Résol. 27 mai 2009, art. 49) « Lorsque l'Assemblée ne tient pas séance, »* Le dépôt fait l'objet d'une annonce au *Journal officiel*.

[Résol. 7 mai 1991 ; 10 oct. 1995 et 27 mai 2009.]

Art. 82 **1** Hormis les cas prévus expressément par les textes constitutionnels ou organiques, les propositions de résolution ne sont recevables que si elles formulent des mesures et décisions d'ordre intérieur qui, ayant trait au fonctionnement et à la discipline de l'Assemblée, relèvent de sa compétence exclusive.

2 *(Résol. 27 mai 2009, art. 50)* « Ces propositions de résolution sont déposées, » examinées et discutées suivant la procédure applicable en première lecture aux propositions de loi, à l'exception des dispositions faisant application à ces dernières des articles 34, 40 et 41 de la Constitution.

(Résol. 27 mai 2009, art. 50) « **3** Lorsque la commission saisie d'une proposition de résolution conclut au rejet de la proposition ou ne présente pas de conclusions, le Président, immédiatement après la clôture de la discussion générale, appelle l'Assemblée à se prononcer. Dans le premier cas, l'Assemblée vote sur les conclusions de rejet. Si ces conclusions ne sont pas adoptées, la discussion s'engage sur les articles de la proposition de résolution ou, en cas de pluralité, de la première proposition de résolution déposée. Dans le second cas, l'Assemblée statue sur le passage à la discussion des articles du texte initial de la proposition de résolution ou, en cas de pluralité, de la première proposition de résolution déposée. Si l'Assemblée décide de ne pas passer à la discussion des articles, le Président déclare que la proposition de résolution n'est pas adoptée. »

[Résol. 27 mai 2009.]

Art. 83 **1** *(Résol. 27 mai 2009, art. 51)* Tout texte déposé est imprimé, distribué et renvoyé à l'examen de la commission permanente compétente de l'Assemblée, sauf constitution d'une commission spéciale.

2 Les documents qui rendent compte de l'étude d'impact réalisée sur un projet de loi soumis en premier lieu à l'Assemblée sont imprimés et distribués en même temps que ce projet. Ils sont mis à disposition par voie électronique, afin de recueillir toutes les observations qui peuvent être formulées.

[Résol. 7 mai 1991 et 27 mai 2009.]

Art. 84 **1** Les projets de loi peuvent être retirés par le Gouvernement à tout moment jusqu'à leur adoption définitive par le Parlement.

2 L'auteur ou le premier signataire d'une proposition peut la retirer à tout moment avant son adoption en première lecture. Si le retrait a lieu en cours de discussion en séance publique et si un autre député la reprend, la discussion continue.

3 Les propositions repoussées par l'Assemblée ne peuvent être reproduites avant un délai d'un an.

Art. 85 **1** Le Président de l'Assemblée saisit *(Résol. 27 mai 2009, art. 53)* « la commission permanente compétente, ou la commission spéciale désignée à cet effet », de tout projet ou proposition déposé sur le bureau de l'Assemblée.

2 Dans le cas où une commission permanente se déclare incompétente ou en cas de conflit de compétence entre deux ou plusieurs de ces commissions, le Président, après un débat où sont seuls entendus le Gouvernement ou l'auteur de la proposition et les présidents des commissions intéressées, propose par priorité à l'Assemblée la création d'une commission spéciale. Si cette proposition est rejetée, le Président soumet à l'Assemblée la question de compétence.

[Résol. 27 mai 2009.]

CHAPITRE II *Travaux législatifs des commissions* (*Résol. 27 mai 2009, art. 54*).

Art. 86 (*Résol. 27 mai 2009, art. 55*) **1** La désignation des rapporteurs ainsi que le dépôt, l'impression et la mise à disposition de leurs rapports et des textes adoptés par les commissions doivent intervenir dans un délai tel que l'Assemblée nationale soit en mesure de procéder à la discussion des projets et propositions conformément à la Constitution.

2 Lorsque le délai entre le dépôt d'un projet ou d'une proposition de loi et son examen en séance est au moins égal à six semaines, le rapporteur de la commission saisie au fond met à disposition des commissaires, au cours de la semaine qui précède l'examen du projet ou de la proposition en commission, un document qui fait état de l'avancement de ses travaux.

3 Les rapports concluent à l'adoption, au rejet ou à la modification du texte dont la commission avait été initialement saisie. Ils comportent un tableau comparatif qui fait état de ces éventuelles modifications. (*Abrogé par Résol. 28 nov. 2014, art. 19-1°*) *« En annexe des rapports doivent être insérés les amendements soumis à la commission. »*

4 Le texte d'ensemble adopté par la commission est publié séparément du rapport. Sauf lorsque la procédure accélérée prévue par l'article 45, alinéa 2, de la Constitution a été engagée ou lorsque le projet est relatif aux états de crise, en première lecture, le délai qui sépare la mise à disposition par voie électronique du texte adopté par la commission et le début de son examen en séance ne peut être inférieur à (*Résol. 4 juin 2019, art. 27*) « dix » jours. En cas d'engagement de la procédure accélérée ainsi que lors de la deuxième lecture et des lectures ultérieures, le texte est mis à disposition par voie électronique dans les meilleurs délais.

5 Tout député peut présenter un amendement en commission, qu'il soit ou non membre de celle-ci. Les amendements autres que ceux du Gouvernement, du président et du rapporteur de la commission et, le cas échéant, des commissions saisies pour avis doivent être transmis par leurs auteurs au secrétariat de la commission au plus tard le troisième jour ouvrable précédant la date de début de l'examen du texte à 17 heures, sauf décision contraire du président de la commission. La recevabilité des amendements des députés est appréciée dans les conditions prévues par le chapitre III de la présente partie.

6 Peuvent participer aux débats de la commission, outre les membres de celle-ci, l'auteur, selon les cas, d'une proposition ou d'un amendement ainsi que, le cas échéant, les rapporteurs des commissions saisies pour avis. La participation du Gouvernement est de droit.

(*Résol. 28 nov. 2014, art. 19*) « **7.** Les rapports faits, en première lecture, sur un projet ou une proposition de loi comportent en annexe, (*Résol. 4 juin 2019, art. 27*) « le cas échéant, l'avis des commissions saisies pour avis et, » à leur demande, une contribution écrite de chacun des groupes d'opposition et minoritaires ainsi que, le cas échéant, une contribution écrite du député désigné en application de l'article 145-7, alinéa 2. Cette dernière contribution porte, s'il y a lieu, sur l'étude d'impact jointe au projet de loi. »

8 Les rapports faits sur un projet ou une proposition de loi portant sur les domaines couverts par l'activité de l'Union européenne comportent en annexe des éléments d'information sur le droit européen applicable ou en cours d'élaboration. Le cas échéant, sont également rappelées les positions prises par l'Assemblée par voie de résolution européenne.

9 Les rapports faits sur un projet de loi déposé sur le bureau de l'Assemblée comportent en annexe un document présentant les observations qui ont été recueillies sur les documents qui rendent compte de l'étude d'impact joints au projet de loi.

10 Les rapports faits sur un projet ou une proposition de loi comportent en annexe une liste des textes susceptibles d'être abrogés ou modifiés à l'occasion de l'examen de ce projet ou de cette proposition.

11 La discussion des textes soumis à la commission peut être organisée par son bureau.

12 Les motions mentionnées aux articles 91 et 122 ne sont pas examinées en commission.

[*Résol. 27 mai 2009 ; 28 nov. 2014 et 4 juin 2019.*]

Les dispositions de l'al. 5 de cet art. résultant de la Résol. du 27 mai 2009 ont été déclarées conformes à la Const. par Décis. Cons. const. du 25 juin 2009 (JO 28 juin), sous réserve des observations suivantes : « la faculté reconnue au président de la commission saisie au fond de fixer un autre délai pour le dépôt des amendements doit permettre de garantir le caractère effectif de l'exercice du droit d'amendement conféré aux parlementaires par l'article 44 de la Constitution ; (...) il appartiendra au président de la commission de concilier cette exigence avec les exigences de clarté et de sincérité du débat parlementaire ; (...) ces dispositions n'interdisent, en aucun cas, la possibilité de déposer ultérieurement des sous-amendements » (Cons. const. n° 2009-581 DC § 35).

Art. 87 1 Toute commission permanente qui décide de se saisir pour avis de tout ou partie d'un projet ou d'une proposition renvoyé à une autre commission permanente en informe le Président de l'Assemblée. Cette décision est publiée au *Journal officiel* *(Abrogé par Résol. 27 mai 2009, art. 56) « et annoncée à l'ouverture de la plus prochaine séance ».*

(Résol. 4 juin 2019, art. 28) **« Une commission permanente peut également solliciter l'avis d'une autre commission permanente sur une partie d'un projet ou d'une proposition de loi qui lui a été renvoyé. Elle en informe le Président de l'Assemblée. Cette décision est publiée au *Journal officiel*. »**

2 *(Résol. 27 mai 2009, art. 56)* **« Lorsqu'un projet ou une proposition a été l'objet d'un renvoi pour avis, la commission saisie désigne un rapporteur. »** *(Résol. 4 juin 2019, art. 28)* **« Celui-ci participe avec voix consultative aux travaux de la commission saisie au fond. Il peut y présenter oralement l'avis de sa commission. » Réciproquement, le rapporteur de la commission saisie au fond a le droit de participer, avec voix consultative, aux travaux de la commission saisie pour avis.**

3 *(Résol. 27 mai 2009, art. 56)* **« Les commissions saisies pour avis se réunissent dans des délais permettant à leurs rapporteurs de défendre les amendements qu'elles ont adoptés devant la commission saisie au fond lors de la réunion prévue par l'article 86. »**

4 *Abrogé par Résol. 4 juin 2019, art. 28.*

[Résol. 5 déc. 1960 ; 3 juill. 1962 ; 23 oct. 1969 ; 16 avr. 1980 ; 28 mai 1980 ; 7 mai 1991 ; 26 janv. 1994 ; 6 oct. 2005 ; 27 mai 2009 et 4 juin 2019.]

Art. 88 1 *(Résol. 27 mai 2009, art. 57)* **« Postérieurement à la réunion tenue en application de l'article 86, la commission saisie au fond d'un projet ou d'une proposition de loi peut tenir, jusqu'au début de la séance à laquelle la discussion du texte est inscrite, une ou plusieurs réunions pour examiner les amendements déposés dans l'intervalle. En tout état de cause, elle en tient une après l'expiration du délai prévu à l'article 99 si de nouveaux amendements ont été déposés. L'article 86, alinéa 6, est applicable. »**

2 La commission délibère au fond sur les amendements déposés avant l'expiration *(Résol. 27 mai 2009, art. 57)* **« du délai prévu » à l'article 99 et les repousse ou les accepte sans les incorporer à ses propositions, ni présenter de rapport supplémentaire.**

3 *Abrogé par Résol. 27 mai 2009, art. 57.*

[Résol. 27 mai 2009.]

CHAPITRE III *Recevabilité financière*

(Résol. 27 mai 2009, art. 58)

Art. 89 1 Les propositions de loi présentées par les députés sont transmises au Bureau de l'Assemblée ou à certains de ses membres délégués par lui à cet effet. Lorsqu'il apparaît que leur adoption aurait les conséquences prévues par l'article 40 de la Constitution, le dépôt en est refusé.

2 Les amendements présentés en commission sont irrecevables lorsque leur adoption aurait les conséquences prévues par l'article 40 de la Constitution. L'irrecevabilité est appréciée par le président de la commission et, en cas de doute, par son bureau. Le président de la commission peut, le cas échéant, consulter le président ou le rapporteur général de la Commission des finances, de l'économie générale et du contrôle budgétaire ou un membre de son bureau désigné à cet effet.

3 La recevabilité des amendements déposés sur le bureau de l'Assemblée est appréciée par le Président. Leur dépôt est refusé s'il apparaît que leur adoption aurait les

conséquences prévues par l'article 40 de la Constitution. En cas de doute, le Président décide après avoir consulté le président ou le rapporteur général de la Commission des finances, de l'économie générale et du contrôle budgétaire ou un membre de son bureau désigné à cet effet ; à défaut d'avis, le Président peut saisir le Bureau de l'Assemblée.

4 Les dispositions de l'article 40 de la Constitution peuvent être opposées à tout moment aux propositions de loi et aux amendements, ainsi qu'aux modifications apportées par les commissions aux textes dont elles sont saisies, par le Gouvernement ou par tout député. L'irrecevabilité est appréciée par le président ou le rapporteur général de la Commission des finances, de l'économie générale et du contrôle budgétaire ou un membre de son bureau désigné à cet effet.

5 Sont opposables, dans les mêmes conditions, les dispositions des lois organiques relatives aux lois de finances ou aux lois de financement de la sécurité sociale.

(Résol. 28 nov. 2014, art. 20) « **6** En cas d'irrecevabilité d'une proposition de loi ou d'un amendement, le député qui en est l'auteur peut demander une explication écrite de cette irrecevabilité. »

[Résol. 27 mai 2009 et 28 nov. 2014.]

CHAPITRE IV *Discussion des projets et propositions en première lecture*

Art. 90 *(Résol. 27 mai 2009, art. 59)* Sous réserve des dispositions prévues à la deuxième partie du présent titre pour les projets visés à l'article 42, alinéa 2, de la Constitution, la discussion des projets et propositions de loi porte sur le texte adopté par la commission compétente. Toutefois, à défaut de texte adopté par la commission, la discussion porte sur le texte dont l'Assemblée a été saisie.

[Résol. 27 mai 2009.]

Art. 91 **1** *(Résol. 27 mai 2009, art. 60)* « La discussion en séance, en première lecture, d'un projet ou d'une proposition de loi ne peut intervenir avant l'expiration d'un délai de six semaines à compter de son dépôt ou de quatre semaines à compter de sa transmission. Ces délais ne s'appliquent pas aux projets relatifs aux états de crise ou si la procédure accélérée a été engagée. »

2 La discussion des projets et propositions s'engage par l'audition éventuelle du Gouvernement, par la présentation du rapport de la commission saisie au fond et, s'il y a lieu, par l'audition du rapporteur de la ou des commissions saisies pour avis *(Résol. 4 juin 2019, art. 29)* « dans les conditions prévues à l'article 87, alinéa 2, » *(Résol. 28 nov. 2014, art. 21)* « et par celle du député désigné en application de l'article 145-7, alinéa 2 ».

3 *(Résol. 4 juin 2019, art. 29)* « L'intervention du rapporteur ne peut excéder une durée de dix minutes, sauf décision contraire de la Conférence des présidents. »

4 Un membre du Conseil économique *(Résol. 27 mai 2009, art. 60)* « , social et environnemental » peut également être entendu dans les conditions fixées à l'article 97.

5 Il ne peut ensuite être mis en discussion et aux voix qu'une seule *(Résol. 27 mai 2009, art. 60)* « motion de rejet préalable, dont l'objet est de faire reconnaître que le texte proposé est contraire à une ou plusieurs dispositions constitutionnelles ou de faire décider qu'il n'y a pas lieu à délibérer ». L'adoption *(Résol. 27 mai 2009, art. 60)* « de la motion de rejet préalable » entraîne le rejet du texte à l'encontre duquel elle a été soulevée. Dans la discussion, peuvent seuls intervenir l'un des signataires pour une durée qui ne peut excéder *(Résol. 4 juin 2019, art. 29)* « quinze » minutes sauf décision contraire de la Conférence des présidents, le Gouvernement et le président ou le rapporteur de la commission saisie au fond. Avant le vote, la parole est accordée, pour *(Résol. 27 mai 2009, art. 60)* « deux » minutes, à un orateur de chaque groupe.

6 et **7** *Abrogés par Résol. 4 juin 2019, art. 29.*

8 Si la motion est rejetée ou s'il n'en est pas présenté, le passage à la discussion des articles du projet ou *(Résol. 27 mai 2009, art. 60)* « de la proposition ou du texte de la commission » est de droit.

9 La parole est ensuite donnée aux orateurs qui se sont fait inscrire dans la discussion générale. L'auteur ou le premier signataire d'une proposition a priorité.

(Résol. 27 mai 2009, art. 60) « **10** A l'encontre d'un texte discuté dans le cadre d'une séance tenue en application de l'article 48, alinéa 5, de la Constitution, il ne peut être mis en discussion et aux voix qu'une seule motion de rejet préalable, dont l'objet est de faire reconnaître que le texte proposé est contraire à une ou plusieurs dispositions constitutionnelles ou de faire décider qu'il n'y a pas lieu à délibérer. L'adoption de cette motion entraîne le rejet du texte à l'encontre duquel elle a été soulevée. *(Abrogé par Résol. 4 juin 2019, art. 29)* « ***Il ne peut ensuite être mis en discussion et aux voix qu'une seule motion tendant au renvoi à la commission saisie au fond de l'ensemble du texte en discussion, dont l'effet, en cas d'adoption, est de suspendre le débat jusqu'à la présentation par la commission d'un nouveau rapport.*** » *(Résol. 4 juin 2019, art. 29)* « Cette motion est mise » en discussion et aux voix après la clôture de la discussion générale. Dans la discussion de *(Résol. 4 juin 2019, art. 29)* « cette motion », peuvent seuls intervenir l'un des signataires pour une durée qui ne peut excéder quinze minutes sauf décision contraire de la Conférence des présidents, le Gouvernement et le président ou le rapporteur de la commission saisie au fond. Avant le vote, la parole est accordée, pour deux minutes, à un orateur de chaque groupe. »

11 Avant l'ouverture de la discussion des articles, le président et le rapporteur de la commission sont consultés sur la tenue d'une réunion de celle-ci pour l'examen immédiat des amendements qui ne lui ont pas été soumis lors de la dernière réunion qu'elle a tenue en application de l'article 88, alinéa 1. S'ils concluent conjointement qu'il n'y a pas lieu de tenir cette réunion, le débat se poursuit. Dans le cas contraire, il est suspendu et repris après la réunion de la commission. Pour cette réunion, les dispositions *(Résol. 27 mai 2009, art. 60)* « de l'article 86, alinéa 6 » sont applicables.

[Résol. 23 oct. 1969 ; 7 mai 1991 ; 26 janv. 1994 ; 26 juin 1999 ; 26 mars 2003 ; 7 juin 2006 ; 27 mai 2009 ; 28 nov. 2014 et 4 juin 2019.]

Art. 92 *Abrogé par Résol. 27 mai 2009, art. 61.*

[Résol. 27 mai 2009.]

Art. 93 **1** *(Résol. 27 mai 2009, art. 62)* L'irrecevabilité tirée de l'article 41, alinéa 1, de la Constitution peut être opposée à tout moment par le Gouvernement ou par le Président de l'Assemblée à l'encontre d'une proposition ou d'un amendement ou des modifications apportées par amendement au texte dont la commission avait été initialement saisie.

(Résol. 4 juin 2019, art. 30) « Le président de la commission saisie au fond adresse au Président de l'Assemblée une liste des propositions ou des amendements dont il estime qu'ils ne relèvent pas du domaine de la loi ou qu'ils sont contraires à une délégation accordée en vertu de l'article 38 de la Constitution. »

2 Lorsque l'irrecevabilité est opposée par le Gouvernement, le Président de l'Assemblée peut, le cas échéant après consultation du président de la Commission des lois constitutionnelles, de la législation et de l'administration générale de la République ou d'un membre du bureau désigné à cet effet, admettre l'irrecevabilité. Si l'irrecevabilité est opposée par le Gouvernement alors que la discussion est en cours, l'examen de l'amendement, de l'article ou du texte peut être suspendu ou réservé jusqu'à ce que le Président de l'Assemblée ait, dans les mêmes conditions, statué.

3 Lorsque l'irrecevabilité est opposée par le Président de l'Assemblée, le cas échéant après consultation du président de la Commission des lois constitutionnelles, de la législation et de l'administration générale de la République ou d'un membre du bureau désigné à cet effet, il consulte le Gouvernement. L'examen de l'amendement, de l'article ou du texte peut être suspendu ou réservé jusqu'à ce que le Gouvernement se soit prononcé.

4 En cas de désaccord entre le Gouvernement et le Président de l'Assemblée, la discussion est suspendue et le Président de l'Assemblée saisit le Conseil constitutionnel.

[Résol. 27 mai 2009 et 4 juin 2019.]

Art. 94 *Abrogé par Résol. 27 mai 2009, art. 63.*

[Résol. 27 mai 2009.]

Art. 95 **1** La discussion des articles porte successivement sur chacun d'eux.
2 Les interventions des commissions et des députés sur les articles du texte en discussion *(Résol. 4 juin 2019, art. 31)* « ne peuvent excéder deux minutes, dans la limite d'un orateur par groupe et d'un député n'appartenant à aucun groupe, sous réserve des dispositions de l'article 54, alinéa 4. Les orateurs des groupes sont désignés par leur président ou son délégué. »
3 Sur chaque article, les amendements sont mis successivement en discussion et aux voix dans les conditions fixées par l'article 100. Chaque article est ensuite mis aux voix séparément.
4 La réserve *(Résol. 28 nov. 2014, art. 22)* « ou la priorité » d'un article ou d'un amendement, dont l'objet est de modifier l'ordre de la discussion, peut toujours être demandée.
5 *(Résol. 28 nov. 2014, art. 22)* « Elles sont » de droit à la demande du Gouvernement ou de la commission saisie au fond. Dans les autres cas, le Président décide.
6 Après le vote *(Résol. 27 mai 2009, art. 64)* « sur le dernier article ou sur le » dernier article additionnel proposé par voie d'amendement, il est procédé au vote sur l'ensemble du projet ou de la proposition, sauf si la Conférence des présidents a décidé que le vote aurait lieu par scrutin, à une autre date, dans les conditions prévues à l'article 65-1.
7 Lorsque, avant le vote sur l'article unique d'un projet ou d'une proposition, il n'a pas été présenté d'article additionnel, ce vote équivaut à un vote sur l'ensemble ; aucun article additionnel n'est recevable après que ce vote est intervenu.

[Résol. 18 déc. 1959 ; 23 oct. 1969 ; 26 janv. 1994 ; 27 mai 2009 ; 28 nov. 2014 et 4 juin 2019.]

Les dispositions de cet art. résultant de la Résol. du 28 nov. 2014 ont été déclarées conformes à la Const. par Décis. Cons. const. du 11 déc. 2014 (JO 13 déc.), sous réserve des observations suivantes : « il ne saurait être recouru à la priorité de discussion de telle manière que cette priorité prive d'effet les exigences de clarté et de sincérité du débat parlementaire » (Cons. const. n° 2014-705 DC § 42).

Les dispositions de cet art. résultant de la Résol. du 4 juin 2019 ont été déclarées conformes à la Const. par Décis. Cons. const. du 4 juill. 2019 (JO 6 juill.), sous réserve des observations suivantes : « Il appartiendra au président de séance d'appliquer cette limitation du temps de parole en veillant au respect des exigences de clarté et de sincérité du débat parlementaire, le cas échéant, en autorisant, comme le lui permettent les quatrième et cinquième alinéas de l'article 54 du règlement, un orateur à poursuivre son intervention au-delà du temps qui lui est attribué ou d'autres orateurs à intervenir » (Cons. const. n° 2019-785 DC § 29).

Art. 96 L'application de l'article 44, alinéa 3, de la Constitution n'est dérogatoire aux dispositions des chapitres IV et VI du titre II du présent Règlement qu'en ce qui concerne les modalités de mise aux voix des textes. Leur discussion a lieu selon la procédure prévue aux chapitres sus-énoncés.

[Résol. 18 déc. 1959.]

Art. 97 **1** Lorsque, en application de l'article 69 de la Constitution, le Conseil économique *(Résol. 27 mai 2009, art. 65)* « , social et environnemental » désigne un de ses membres pour exposer devant l'Assemblée nationale l'avis du conseil sur un projet ou une proposition qui lui a été soumis, *(Résol. 27 mai 2009, art. 65)* « son Président en avertit celui de l'Assemblée ».
2 Dans tous les cas, le membre du Conseil économique, social et environnemental est entendu après les rapporteurs des commissions compétentes de l'Assemblée nationale.
3 A l'heure fixée pour son audition, il est introduit dans l'hémicycle par le chef des huissiers, sur l'ordre du Président qui lui donne aussitôt la parole. Son exposé terminé, il est reconduit hors de l'hémicycle avec le même cérémonial.

[Résol. 26 janv. 1994 et 27 mai 2009.]

Art. 98 **1** Le Gouvernement, les commissions saisies au fond *(Abrogé par Résol. 27 mai 2009, art. 66)* ***« des projets de loi »*** *(Abrogé par Résol. 4 juin 2019, art. 32)* ***« , les com-***

missions saisies pour avis » et les députés ont le droit de présenter des amendements aux textes déposés sur le bureau de l'Assemblée *(Résol. 27 mai 2009, art. 66)* « ainsi qu'aux textes adoptés par les commissions ».

(Résol. 4 juin 2019, art. 32) « Les commissions saisies pour avis peuvent présenter des amendements aux textes déposés sur le Bureau de l'Assemblée lors de leur examen par les commissions saisies au fond en application de l'article 86. »

2 Il n'est d'amendements que ceux formulés par écrit, signés par l'un au moins des auteurs et déposés sur le bureau de l'Assemblée ou présentés en commission.

3 Les amendements doivent être sommairement motivés ; ils sont communiqués par la Présidence à la commission saisie au fond, imprimés et distribués ; toutefois, le défaut d'impression et de distribution d'un amendement ne peut faire obstacle à sa discussion en séance publique.

4 Les amendements *(Résol. 27 mai 2009, art. 66)* « ne peuvent porter que » sur un seul article. Les contre-projets sont présentés sous forme d'amendements, article par article, au texte en discussion. *(Résol. 27 mai 2009, art. 66)* « Les sous-amendements ne peuvent contredire le sens de l'amendement ; ils ne peuvent être amendés. La recevabilité des amendements, contre-projets et sous-amendements, au sens du présent alinéa, est appréciée par le Président de l'Assemblée ».

5 *(Résol. 27 mai 2009, art. 66)* « Sans préjudice de l'application des articles 40 et 41 de la Constitution, tout amendement est recevable en première lecture dès lors qu'il présente un lien, même indirect, avec le texte déposé ou transmis. » *(Résol. 4 juin 2019, art. 32)* « En commission, la recevabilité est appréciée lors du dépôt de l'amendement par le président de la commission saisie au fond. En séance publique, la recevabilité est appréciée lors du dépôt par le Président, après consultation éventuelle du président de la commission saisie au fond. »

[Résol. 27 mai 2009 et 4 juin 2019.]

Art. 98-1 *(Résol. 27 mai 2009, art. 67)* **1** Un amendement fait l'objet d'une évaluation préalable :

2 1° A la demande du président ou du rapporteur de la commission saisie au fond, s'agissant d'un amendement de la commission ;

3 2° A la demande de l'auteur de l'amendement et avec l'accord du président de la commission saisie au fond, s'agissant d'un amendement déposé par un député.

4 Le défaut de réalisation, d'impression ou de distribution d'une évaluation préalable sur un amendement ne peut faire obstacle à sa discussion en séance publique.

[Résol. 27 mai 2009.]

Art. 99 *(Résol. 27 mai 2009, art. 68)* **1** Sauf décision contraire de la Conférence des présidents, les amendements des députés doivent être présentés au plus tard le troisième jour ouvrable précédant la date de début de la discussion du texte à 17 heures.

2 Après l'expiration du délai de dépôt prévu à l'alinéa précédent, sont seuls recevables les amendements déposés par le Gouvernement ou la commission saisie au fond. Lorsque le Gouvernement ou la commission saisie au fond fait usage de cette faculté, ce délai n'est plus opposable aux amendements des députés portant sur l'article qu'il est proposé d'amender ou venant en concurrence avec l'amendement déposé lorsque celui-ci porte article additionnel.

3 Le délai prévu au présent article n'est pas applicable aux sous-amendements.

[Résol. 27 mai 2009.]

Les dispositions de l'al. 1er de cet art. ont été déclarées conformes à la Const. par Décis. Cons. const. du 25 juin 2009 (JO 28 juin), sous réserve des observations suivantes : « la faculté reconnue à la Conférence des présidents de fixer un autre délai pour le dépôt des amendements (...) doit permettre de garantir le caractère effectif de l'exercice du droit d'amendement conféré aux parlementaires par l'article 44 de la Constitution ; (...) il appartiendra à la conférence de concilier cette exigence avec les exigences de clarté et de sincérité du débat parlementaire ; (...) ces dispositions n'interdisent, en aucun cas, la possibilité de déposer ultérieurement des sous-amendements » (Cons. const. no 2009-581 DC § 44).

Art. 100 **1** Les amendements sont mis en discussion après la discussion du texte auquel ils se rapportent et aux voix avant le vote sur ce texte et, d'une manière générale, avant la question principale.

2 Le Président ne met en discussion que les amendements déposés sur le bureau de l'Assemblée.

3 L'Assemblée ne délibère pas sur les amendements qui ne sont pas soutenus en séance. Elle ne délibère pas non plus, lorsque le Gouvernement en fait la demande en application de l'article 44, alinéa 2, de la Constitution, sur les amendements qui n'ont pas été soumis à la commission ; cette demande est présentée au moment où l'amendement est appelé en séance.

4 Lorsqu'ils viennent en concurrence, les amendements sont mis en discussion dans l'ordre ci-après : amendements de suppression et ensuite les autres amendements en commençant par ceux qui s'écartent le plus du texte proposé et dans l'ordre où ils s'y opposent, s'y intercalent ou s'y ajoutent.

5 Les amendements présentés par le Gouvernement ou par la commission saisie au fond ont priorité de discussion sur les amendements des députés ayant un objet identique. *(Résol. 4 juin 2019, art. 33)* « Lorsque plusieurs membres d'un même groupe présentent des amendements identiques, la parole est donnée à un seul orateur de ce groupe désigné par son président ou son délégué. Il est procédé à un seul vote sur l'ensemble des amendements identiques. »

6 Lorsque plusieurs amendements, exclusifs l'un de l'autre, sont en concurrence, le Président peut les soumettre à une discussion commune dans laquelle les auteurs obtiennent successivement la parole avant la mise aux voix, également successive, de leurs amendements.

7 *(Résol. 4 juin 2019, art. 33)* « Sous réserve des dispositions de l'alinéa 5, sont entendus, sur chaque amendement, outre l'un des auteurs, le Gouvernement, le président, le rapporteur de la commission saisie au fond ou le rapporteur de la commission saisie pour avis dans les conditions prévues à l'article 87, alinéa 2, et deux orateurs, dont un au moins d'opinion contraire. » Sous réserve des dispositions de l'article 54, alinéa *(Résol. 4 juin 2019, art. 33)* « 4 », les interventions sur les amendements, autres que celles du Gouvernement, ne peuvent excéder *(Résol. 27 mai 2009, art. 69)* « deux » minutes.

[Résol. 23 oct. 1969 ; 26 janv. 1994 ; 27 mai 2009 ; 28 nov. 2014 et 4 juin 2019.]

Les dispositions de cet art. résultant de la Résol. du 4 juin 2019 (art. 33, 1°) ont été déclarées conformes à la Const. par Décis. Cons. const. du 4 juill. 2019 (JO 6 juill.), sous réserve des observations suivantes : « le président de séance, qui doit veiller au respect des exigences de clarté et de sincérité du débat parlementaire, ne saurait recourir à cette limitation que pour prévenir les usages abusifs, par les députés d'un même groupe, des prises de parole sur les amendements identiques dont ils sont les auteurs » (Cons. const. n° 2019-785 DC § 33).

Art. 101 **1** Avant le commencement des explications de vote sur l'ensemble des projets et propositions, l'Assemblée peut décider, sur la demande du Gouvernement ou d'un député, qu'il sera procédé à une seconde délibération de tout ou partie du texte.

2 La seconde délibération est de droit à la demande du Gouvernement ou de la commission saisie au fond, ou si celle-ci l'accepte.

3 Les textes qui font l'objet de la seconde délibération sont renvoyés à la commission, qui doit présenter, par écrit ou verbalement, un nouveau rapport.

4 Le rejet par l'Assemblée des amendements présentés en seconde délibération vaut confirmation de la décision prise par l'Assemblée en première délibération.

[Résol. 5 déc. 1960 ; 23 oct. 1969 et 26 janv. 1994.]

Art. 102 *(Résol. 27 mai 2009, art. 70) (Résol. 28 nov. 2014, art. 24)* « **1** Lorsque le Gouvernement engage la procédure accélérée prévue à l'article 45 de la Constitution, il en informe le Président de l'Assemblée nationale, en principe, lors du dépôt du projet de loi. Dans le cas d'une proposition de loi, le Gouvernement fait part de sa décision d'engager la procédure accélérée au plus tard lors de l'inscription de la proposition à l'ordre du jour. »

2 En cas d'opposition de la Conférence des présidents de l'Assemblée, le Président en avise immédiatement le Gouvernement et le Président du Sénat.

3 Lorsque le Président de l'Assemblée est informé d'une opposition émanant de la Conférence des présidents du Sénat, il réunit sans délai la Conférence des présidents de l'Assemblée. Celle-ci peut décider de s'opposer également à l'engagement de la procédure accélérée jusqu'à la clôture de la discussion générale en première lecture devant la première assemblée saisie.

4 En cas d'opposition conjointe des Conférences des présidents des deux assemblées avant la clôture de la discussion générale, la procédure accélérée n'est pas engagée.

[Résol. 27 mai 2009 et 28 nov. 2014.]

CHAPITRE V *Procédure d'examen simplifiée*

Art. 103 **1** *(Résol. 27 mai 2009, art. 71)* « La Conférence des présidents peut décider, à la demande du Président de l'Assemblée, du Gouvernement, du président de la commission saisie au fond ou du président d'un groupe, qu'un projet ou une proposition de loi sera examiné selon la procédure d'examen simplifiée. »

2 *(Résol. 27 mai 2009, art. 71)* « La demande doit être présentée avant son examen en commission ou, si elle est présentée par le président de la commission saisie au fond, après consultation de celle-ci. » Dans ce dernier cas, la discussion intervient après un délai d'au moins un jour franc.

[Résol. 23 oct. 1969 ; 7 mai 1991 ; 25 mars 1998 et 27 mai 2009.]

Art. 104 **1** *(Résol. 27 mai 2009, art. 72)* « La décision de la Conférence des présidents d'engager la procédure d'examen simplifiée est affichée et notifiée au Gouvernement. »

2 Les projets et propositions pour lesquels la procédure d'examen simplifiée est demandée ne peuvent faire l'objet des initiatives visées à l'article 91, *(Résol. 27 mai 2009, art. 72)* « alinéas 5 et » *(Résol. 4 juin 2019, art. 34)* « 8 ».

3 Au plus tard la veille de la discussion à *(Résol. 27 mai 2009, art. 72)* « 13 » heures, le Gouvernement, le président de la commission saisie au fond ou le président d'un groupe peuvent faire opposition à la procédure d'examen simplifiée.

4 L'opposition est adressée au Président de l'Assemblée qui la notifie au Gouvernement, à la commission saisie au fond ainsi qu'aux présidents des groupes, la fait afficher et l'annonce à l'Assemblée.

5 En cas d'opposition, le texte est examiné conformément aux dispositions du chapitre IV du présent titre.

[Résol. 23 oct. 1969 ; 7 mai 1991 ; 26 janv. 1994 ; 25 mars 1998 ; 26 mars 2003 ; 7 juin 2006 ; 27 mai 2009 et 4 juin 2019.]

Art. 105 **1** Les amendements des députés et des commissions intéressées sont recevables jusqu'à l'expiration du délai d'opposition.

2 Si, postérieurement à l'expiration du délai d'opposition, le Gouvernement dépose un amendement, le texte est retiré de l'ordre du jour.

3 Il peut être inscrit, au plus tôt, à l'ordre du jour de la séance suivante. La discussion a alors lieu conformément aux dispositions du chapitre IV du présent titre.

Art. 106 Lorsqu'un texte soumis à la procédure d'examen simplifiée ne fait l'objet d'aucun amendement, le Président *(Résol. 27 mai 2009, art. 73-2°)* « met directement aux voix l'ensemble du texte, sauf décision contraire de la Conférence des présidents. »

[Résol. 25 mars 1998 et 27 mai 2009.]

Art. 107 *(Résol. 27 mai 2009, art. 74)* **1** Lorsqu'un texte soumis à la procédure d'examen simplifiée fait l'objet d'amendements, le Président appelle uniquement les articles auxquels ces amendements se rapportent. Sur chaque amendement, outre le Gouvernement, peuvent seuls intervenir l'un des auteurs, le président ou le rapporteur de la commission saisie au fond et un orateur contre. Il ne peut être fait application de l'article 95, alinéa 2.

2 Sous réserve des dispositions de l'article 44, alinéa 3, de la Constitution, le Président ne met aux voix que les amendements, les articles auxquels ils se rapportent et l'ensemble du texte.

[Résol. 27 mai 2009.]

CHAPITRE V *BIS* ***Procédure de législation en commission***

(Résol. 4 juin 2019, art. 35)

Art. 107-1 A la demande du Président de l'Assemblée, du président de la commission saisie au fond, du président d'un groupe ou du Gouvernement, la Conférence des présidents peut décider que le droit d'amendement des députés et du Gouvernement sur un projet de loi ou une proposition de loi ou de résolution s'exerce uniquement en commission.

La procédure de législation en commission peut ne porter que sur une partie des articles du texte en discussion.

Les projets et propositions de loi constitutionnelle, les projets de loi de finances et les projets de loi de financement de la sécurité sociale ne peuvent faire l'objet de cette procédure.

Le Gouvernement, le président de la commission saisie au fond ou un président de groupe peut faire opposition à la procédure de législation en commission au plus tard quarante-huit heures après la Conférence des présidents ayant décidé d'appliquer cette procédure.

En cas d'opposition, le texte est examiné conformément aux dispositions des chapitres II et IV du présent titre.

A l'issue de l'examen du texte par la commission, le Gouvernement, le président de la commission saisie au fond ou un président de groupe peut obtenir, de droit, le retour à la procédure ordinaire, le cas échéant sur certains articles du texte seulement, au plus tard quarante-huit heures après la mise à disposition du texte adopté par la commission.

[Résol. 4 juin 2019.]

Art. 107-2 Tous les députés peuvent participer à la réunion de la commission. La participation du Gouvernement est de droit.

Par dérogation à l'article 86, alinéa 12, une motion de rejet préalable peut être examinée en commission selon les modalités fixées par l'article 91, alinéa 5. Son adoption entraîne le rejet du texte, qui est alors examiné en séance conformément à la procédure ordinaire.

[Résol. 4 juin 2019.]

Art. 107-3 La discussion en séance du texte de la commission s'engage par l'intervention du Gouvernement et du rapporteur de la commission saisie au fond ainsi que, le cas échéant, de son président.

Les articles faisant l'objet de la procédure de législation en commission ne peuvent être amendés en séance qu'en vue d'assurer le respect de la Constitution, d'opérer une coordination avec une autre disposition du texte en discussion, d'autres textes en cours d'examen ou les textes en vigueur ou de corriger une erreur matérielle. La recevabilité de ces amendements est appréciée par le Président, après consultation éventuelle du président de la commission saisie au fond.

Lorsque la procédure de législation en commission s'applique à l'ensemble d'un projet ou d'une proposition de loi ou de résolution, sous réserve de l'alinéa 2 du présent article, le Président met aux voix l'ensemble du texte adopté en commission.

Lorsque la procédure de législation en commission ne s'applique qu'à certains articles, la discussion des autres articles est soumise à la procédure ordinaire. Les amendements des députés portant sur ces derniers articles doivent être déposés dans les délais fixés à l'article 99. Le Président met ensuite aux voix, sous réserve des alinéas 2 et 3 du présent article, l'ensemble des articles adoptés selon la procédure de législation en commission, puis l'ensemble du texte.

Sont autorisées des explications de vote dans les conditions prévues à l'article 54, alinéa 3, sauf décision contraire de la Conférence des Présidents.

[Résol. 4 juin 2019.]

CHAPITRE VI *Rapports de l'Assemblée nationale avec le Sénat*

Art. 108 **1** Au cours des deuxièmes lectures et des lectures ultérieures par l'Assemblée nationale des projets et des propositions de loi, la discussion a lieu conformément aux dispositions des chapitres IV ou V du présent titre, sous les réserves suivantes.

2 La durée de l'intervention prononcée à l'appui de *(Résol. 4 juin 2019, art. 36)* « la motion mentionnée » à l'article 91 ne peut excéder *(Résol. 4 juin 2019, art. 36)* « dix » *(Résol. 27 mai 2009, art. 75)* « minutes à partir de la deuxième lecture », sauf décision contraire de la Conférence des présidents. *(Résol. 4 juin 2019, art. 36)* « Dans le cas où l'Assemblée statue définitivement sur un texte, cette durée est de cinq minutes. »

3 La discussion des articles est limitée à ceux pour lesquels les deux assemblées du Parlement n'ont pu parvenir à un texte identique.

4 En conséquence, les articles votés par l'une et l'autre assemblée dans un texte identique ne peuvent faire l'objet d'amendements qui remettraient en cause, soit directement, soit par des additions incompatibles, les dispositions adoptées.

5 Il ne peut être fait exception aux règles ci-dessus édictées qu'en vue d'assurer *(Résol. 27 mai 2009, art. 75)* « le respect de la Constitution, d'opérer une coordination avec des textes en cours d'examen ou de corriger une erreur matérielle. »

[Résol. 7 mai 1991 ; 29 juin 1999 ; 27 mai 2009 et 4 juin 2019.]

Les dispositions de cet art. résultant de la Résol. du 4 juin 2019 (art. 36-2°) ont été déclarées conformes à la Const. par Décis. Cons. const. du 4 juill. 2019 (JO 6 juill.), sous réserve des observations suivantes : « Ces dispositions ne portent que sur la durée des interventions et préservent la possibilité effective, pour les députés, de contester la conformité à la Constitution des dispositions d'un texte. Toutefois, la limitation à cinq minutes lors de la lecture définitive prévue par le 2° de l'article 36 ne saurait être mise en œuvre de telle manière qu'elle prive d'effet les exigences de clarté et de sincérité du débat parlementaire » (Cons. const. n° 2019-785 DC § 22).

Art. 109 **1** Le rejet de l'ensemble d'un texte au cours de ses examens successifs devant les deux assemblées du Parlement n'interrompt pas les procédures fixées par l'article 45 de la Constitution.

2 Dans le cas de rejet de l'ensemble d'un texte par le Sénat, l'Assemblée nationale, dans sa lecture suivante, délibère sur le texte qu'elle avait précédemment adopté et qui lui est transmis par le Gouvernement après la décision de rejet du Sénat.

[Résol. 5 déc. 1960.]

Art. 110 *(Résol. 27 mai 2009, art. 76)* **1** La réunion d'une commission mixte paritaire peut être provoquée, dans les conditions prévues par l'article 45 de la Constitution, à partir de la fin de la première lecture par chaque assemblée si la procédure accélérée a été engagée et, à défaut de cet engagement, à partir de la fin de la deuxième lecture.

2 Lorsque cette décision est prise par le Premier ministre, elle est communiquée au Président de l'Assemblée, qui la notifie immédiatement à l'Assemblée.

3 Lorsque la décision est prise, pour une proposition de loi, de façon conjointe par *les présidents des deux assemblées*, cette décision conjointe est communiquée au Gouvernement. Elle est notifiée immédiatement à l'Assemblée par son Président.

4 Si la discussion du texte est en cours devant l'Assemblée lorsque la décision de provoquer la réunion d'une commission mixte paritaire est prise, elle est immédiatement interrompue.

[Résol. 27 mai 2009.]

Art. 111 **1** En accord entre l'Assemblée nationale et le Sénat, le nombre des représentants de chaque assemblée dans les commissions mixtes paritaires est fixé à sept.

2 Dans les mêmes conditions, sont désignés sept suppléants. Ceux-ci ne sont appelés à voter que dans la mesure nécessaire au maintien de la parité entre les deux assemblées. L'ordre d'appel est celui de leur élection.

(Résol. 27 mai 2009, art. 77) « **3** La désignation des représentants de l'Assemblée dans les commissions mixtes paritaires s'efforce de reproduire la configuration politique de celle-ci et *(Résol. 4 juin 2019, art. 37)* « assure, sous réserve que le groupe qui dispose du plus grand nombre de sièges de titulaires conserve au moins un siège de suppléant, que chaque groupe dispose d'au moins un siège de titulaire ou de suppléant ».

« **4** Chaque président de groupe fait parvenir à la Présidence la liste de ses candidats par catégorie dans le délai fixé par le Président de l'Assemblée. »

5 Les candidatures sont affichées à l'expiration du délai imparti. Si le nombre de candidats n'est pas supérieur au nombre de sièges à pourvoir, la nomination prend effet dès cet affichage. Dans le cas contraire, il est procédé à la désignation par scrutin conformément à l'article 26, soit immédiatement, soit au début de la première séance suivant l'expiration du délai précité.

[Résol. 23 oct. 1969 ; 26 janv. 1994 ; 27 mai 2009 et 4 juin 2019.]

Les dispositions de cet art. résultant de la Résol. du 4 juin 2019 ont été déclarées conformes à la Const. par Décis. Cons. const. du 4 juill. 2019 (JO 6 juill.), sous réserve des observations suivantes : « La mise en œuvre des dispositions introduites au troisième alinéa de l'article 111 ne saurait, sans méconnaître les dispositions de l'article 45 de la Constitution, avoir pour effet de priver le groupe majoritaire, au sens du quatrième alinéa de l'article 19 du règlement, du droit de revendiquer un nombre de titulaires dans la commission mixte paritaire représentatif de l'effectif de ce groupe au sein de l'Assemblée nationale » (Cons. const. n° 2019-785 DC § 44).

Art. 112 **1** Les commissions mixtes paritaires se réunissent, sur convocation de leur doyen d'âge, alternativement par affaire dans les locaux de l'Assemblée nationale et du Sénat.

2 Elles élisent leur bureau, dont elles fixent la composition.

3 Elles examinent les textes dont elles sont saisies suivant la procédure ordinaire des commissions prévue par le règlement de l'assemblée dans les locaux de laquelle elles siègent. *(Résol. 28 nov. 2014, art. 25)* « Seul l'alinéa 3 de l'article 46 est applicable aux commissions mixtes paritaires réunies dans les locaux de l'Assemblée nationale. »

4 Les conclusions des travaux des commissions mixtes paritaires font l'objet de rapports imprimés, distribués dans chacune des deux assemblées et communiqués officiellement, par les soins de leurs Présidents, au Premier ministre.

[Résol. 28 nov. 2014.]

Art. 113 **1** Si le Gouvernement n'a pas soumis le texte élaboré par la commission mixte paritaire à l'approbation du Parlement dans les quinze jours du dépôt du rapport de la commission mixte, l'assemblée qui, avant la réunion de la commission, était saisie en dernier lieu du texte en discussion peut en reprendre l'examen conformément à l'article 45, alinéa 1, de la Constitution.

2 Lorsque l'Assemblée est saisie du texte élaboré par la commission mixte paritaire, les amendements déposés sont soumis au Gouvernement avant leur distribution et ne sont distribués que s'ils ont recueilli son accord. *(Abrogé par Résol. 28 nov. 2014, art. 26)* ***« Dans cette hypothèse, l'article 88, alinéa 1, est applicable auxdits amendements. »***

3 L'Assemblée statue d'abord sur les amendements. Après leur adoption ou leur rejet, ou s'il n'en a pas été déposé, elle statue par un vote unique sur l'ensemble du texte.

[Résol. 5 déc. 1969 et 28 nov. 2014.]

Art. 114 **1** L'Assemblée nationale n'est valablement saisie suivant la procédure prévue à l'article 45, alinéa 4, de la Constitution que si elle a préalablement examiné le texte de la commission mixte paritaire et si celui-ci n'a pas été adopté dans les conditions prévues à l'article 45, alinéa 3, de la Constitution, ou si la commission mixte paritaire *n'est pas parvenue à l'adoption* d'un texte commun.

2 Lorsque l'Assemblée nationale procède, dans les conditions prévues à l'article 45, alinéa 4, de la Constitution à une nouvelle lecture, celle-ci a lieu sur le dernier texte dont l'Assemblée était saisie avant la création de la commission mixte.

3 Lorsque, après cette nouvelle lecture, l'Assemblée nationale est saisie par le Gouvernement d'une demande tendant à ce qu'elle statue définitivement, la commission saisie au fond détermine dans quel ordre sont appelés respectivement le texte de la commission mixte et le dernier texte voté par l'Assemblée nationale, modifié, le cas échéant, par un ou plusieurs des amendements votés par le Sénat. En cas de rejet de l'un de ces deux textes, l'autre est immédiatement mis aux voix. Au *[En]* cas de rejet des deux textes, le projet ou la proposition est définitivement repoussé.

4 Si le Gouvernement n'a pas demandé à l'Assemblée de statuer définitivement dans les quinze jours de la transmission du texte adopté en nouvelle lecture par le Sénat, l'Assemblée peut reprendre l'examen du texte suivant la procédure de l'article 45, alinéa 1, de la Constitution. La procédure prévue par l'alinéa 4 dudit article ne peut plus recevoir d'application après la reprise de cet examen.

Art. 115 **1** Tout projet de loi voté par l'Assemblée nationale et non devenu définitif est transmis sans délai par le Président de l'Assemblée nationale au Gouvernement. En cas de rejet d'un projet de loi, le Président en avise le Gouvernement.

2 Toute proposition de loi votée par l'Assemblée nationale et non devenue définitive est transmise sans délai par le Président de l'Assemblée nationale au Président du Sénat. Le Gouvernement est avisé de cet envoi. En cas de rejet d'une proposition de loi transmise par le Sénat, le Président en avise le Président du Sénat et le Gouvernement.

3 Lorsque l'Assemblée nationale adopte sans modification un projet ou une proposition de loi votés par le Sénat, le Président de l'Assemblée nationale en transmet le texte définitif au Président de la République, aux fins de promulgation, par l'intermédiaire du Secrétariat général du Gouvernement. Le Président du Sénat est avisé de cette transmission.

CHAPITRE VII *Nouvelle délibération de la loi demandée par le Président de la République*

Art. 116 **1** Lorsque, suivant les termes de l'article 10, alinéa 2, de la Constitution, le Président de la République demande une nouvelle délibération de la loi ou de certains de ses articles, le Président de l'Assemblée nationale en informe l'Assemblée.

2 Il la consulte pour savoir si elle désire renvoyer le texte de la loi devant une commission autre que celle qui en a été précédemment saisie ; dans la négative, le texte est renvoyé à la commission qui avait eu à en connaître.

3 La commission compétente doit statuer dans le délai imparti par l'Assemblée, qui ne peut, en aucun cas, excéder quinze jours. L'inscription de l'affaire à l'ordre du jour de l'Assemblée a lieu conformément *(Résol. 27 mai 2009, art. 78)* « à l'article 48 ».

[Résol. 27 mai 2009.]

DEUXIÈME PARTIE *Procédure législative applicable aux révisions constitutionnelles, aux projets de loi de finances et aux projets de loi de financement de la sécurité sociale* *(Résol. 27 mai 2009, art. 79).*

CHAPITRE VIII *Dispositions communes aux projets régis par les règles de la deuxième partie* *(Résol. 27 mai 2009, art. 79).*

Art. 117 *(Résol. 27 mai 2009, art. 80)* Conformément à l'article 42, alinéa 2, de la Constitution, la discussion en séance des projets de révision constitutionnelle, de loi de finances et de loi de financement de la sécurité sociale porte, en première lecture devant la première assemblée saisie, sur le texte présenté par le Gouvernement et, pour les autres lectures, sur le texte transmis par l'autre assemblée.

[Résol. 27 mai 2009.]

Art. 117-1 *(Résol. 27 mai 2009, art. 81)* **1** Les rapporteurs des commissions doivent être désignés et leurs rapports doivent être déposés, imprimés et mis à disposition dans un délai tel que l'Assemblée soit en mesure de procéder à la discussion des projets conformément à la Constitution.

2 Les rapports concluent à l'adoption, au rejet ou à des amendements.

3 *Abrogé par Résol. 28 nov. 2014, art. 27.*

4 Les membres du Gouvernement n'assistent pas aux votes en commission.

[Résol. 27 mai 2009 et 28 nov. 2014.]

Art. 117-2 **1** *(Résol. 27 mai 2009, art. 81)* Toute commission permanente qui décide de se saisir pour avis de tout ou partie d'un projet renvoyé à une autre commission permanente en informe le Président de l'Assemblée. Cette décision est publiée au *Journal officiel.*

2 Lorsqu'un projet a été l'objet d'un renvoi pour avis, la commission saisie désigne un rapporteur qui a le droit de participer, avec voix consultative, aux travaux de la commission saisie au fond. Réciproquement, le rapporteur de la commission saisie au fond a le droit de participer, avec voix consultative, aux travaux de la commission saisie pour avis.

3 Les commissions saisies pour avis peuvent se réunir avant ou après les commissions saisies au fond. Le cas échéant, les rapporteurs des commissions saisies pour avis défendent devant la commission saisie au fond les amendements adoptés par leur commission.

4 *Abrogé par Résol. 4 juin 2019, art. 38.*

[Résol. 27 mai 2009 et 4 juin 2019.]

Art. 117-3 *(Résol. 27 mai 2009, art. 81)* Les projets de révision constitutionnelle, les projets de loi de finances et les projets de loi de financement de la sécurité sociale ne peuvent faire l'objet de la procédure d'examen simplifiée prévue au chapitre V de la première partie du présent titre.

[Résol. 27 mai 2009.]

CHAPITRE IX ***Discussion des révisions de la Constitution*** *(Résol. 27 mai 2009, art. 82).*

Art. 118 *(Résol. 27 mai 2009, art. 82)* **1** Les révisions constitutionnelles sont examinées, discutées et votées selon la procédure législative prévue par la première partie du présent titre sous les réserves figurant à l'article 89, alinéas 2 à 5, de la Constitution et, s'agissant des projets, au chapitre VIII de la présente partie. La procédure prévue par l'article 49, alinéa *(Résol. 4 juin 2019, art. 39)* « 6 », du présent Règlement n'est pas applicable à l'examen des révisions constitutionnelles.

2 Lorsque l'Assemblée a adopté en des termes identiques le texte d'une révision constitutionnelle votée par le Sénat, ce texte est transmis au Président de la République.

[Résol. 27 mai 2009 et 4 juin 2019.]

CHAPITRE X ***Discussion des lois de finances*** *(Résol. 27 mai 2009, art. 83).*

Art. 119 *(Résol. 27 mai 2009, art. 84)* **1** Les projets de loi de finances sont examinés, discutés et votés selon la procédure législative prévue par la première partie du présent titre sous réserve des dispositions particulières de la Constitution, des dispositions de caractère organique prises pour leur application et de celles de la présente partie qui leur sont applicables. La procédure prévue par l'article 49, alinéa *(Résol. 4 juin 2019, art. 39)* « 6 », du présent Règlement n'est pas applicable à l'examen des projets de loi de finances.

2 et **3** *Abrogés par Résol. 28 nov. 2014, art. 119.*

4 A l'issue de l'examen des articles de la première partie du projet de loi de finances de l'année et des projets de loi de finances rectificative, et avant de passer à l'examen *de la seconde partie, il peut* être procédé, dans les conditions prévues à l'article 101, à une seconde délibération *(Résol. 28 nov. 2014, art. 28)* « de l'article liminaire et » de tout ou partie de la première partie.

5 Il est procédé à un vote sur l'ensemble de la première partie du projet de loi de finances de l'année ou d'un projet de loi de finances rectificative dans les mêmes conditions que sur l'ensemble d'un projet de loi. Lorsque l'Assemblée n'adopte pas la

première partie du projet de loi de finances de l'année ou d'un projet de loi de finances rectificative, l'ensemble du projet de loi est considéré comme rejeté.

6 Si, conformément à l'article 101, il est procédé avant le commencement des explications de vote sur l'ensemble à une seconde délibération de tout ou partie du projet de loi de finances de l'année ou d'un projet de loi de finances rectificative, il ne peut être apporté d'autres modifications aux dispositions *(Résol. 28 nov. 2014, art. 28-3°)* **« de l'article liminaire et » de la première partie que celles nécessitées, pour coordination, par les votes intervenus sur les articles de la seconde partie.**

[Résol. 27 mai 2009 ; 28 nov. 2014 et 4 juin 2019.]

Les dispositions de cet art. résultant de l'art. 28 de la Résol. du 28 nov. 2014 ont été déclarées conformes à la Const. par Décis. Cons. const. du 11 déc. 2014 (JO 13 déc.), sous la double réserve « qu'à défaut de règles particulières, les règles de droit commun prévues par l'article 99 du règlement seront applicables à ces amendements ; qu'en vertu de cet article, les amendements des députés doivent être présentés au plus tard à 17 heures le troisième jour ouvrable précédant la date du début de la discussion en séance publique du texte ; que ces dispositions ne sont applicables ni aux sous-amendements ni aux amendements du Gouvernement ou de la commission saisie au fond ; qu'elles ne sont pas davantage applicables, lorsque ces derniers ont déposé des amendements au-delà du délai de dépôt, aux amendements des députés déposés sur les mêmes articles ; que la faculté reconnue à la Conférence des présidents de fixer un autre délai pour le dépôt des amendements que celui susmentionné doit permettre de garantir le caractère effectif de l'exercice du droit d'amendement conféré aux membres du Parlement par l'article 44 de la Constitution ; qu'il appartiendra à la Conférence des présidents de concilier cette exigence avec les exigences de clarté et de sincérité du débat parlementaire ; que ces dispositions n'interdisent, en aucun cas, la possibilité de déposer ultérieurement des sous-amendements » (Cons. const. n° 2014-705 DC § 45).

Art. 120 *(Résol. 27 mai 2009, art. 85)* **1 Outre celles prévues par la loi organique relative aux lois de finances, les modalités de la discussion de la seconde partie du projet de loi de finances de l'année sont arrêtées par la Conférence des présidents. Celle-ci fixe notamment la répartition des temps de parole attribués aux groupes et aux députés n'appartenant à aucun groupe ainsi que ceux attribués aux commissions et leur répartition entre les discussions.**

2 La Conférence des présidents peut décider que l'examen de certaines missions de la seconde partie du projet de loi de finances de l'année aura lieu, à titre principal et à l'exclusion des votes, au cours d'une réunion commune de la Commission des finances, de l'économie générale et du contrôle budgétaire et de la ou des commissions saisies pour avis. La réunion est coprésidée par les présidents des commissions concernées et son compte rendu est publié au *Journal officiel* à la suite du compte rendu de la séance au cours de laquelle la mission est discutée.

3 La Conférence des présidents arrête la liste de ces commissions élargies et fixe les dates de leurs réunions, qui peuvent se tenir en même temps qu'une séance publique.

[Résol. 27 mai 2009.]

Art. 121 Les *(Abrogé par Résol. 27 mai 2009, art. 86) « articles additionnels et »* **amendements contraires aux dispositions de la loi organique relative aux lois de finances sont déclarés irrecevables dans les conditions prévues au chapitre III de la première partie du présent titre.**

[Résol. 6 oct. 2005 et 27 mai 2009.]

V. L. org. n° 2001-692 du 1er août 2001, art. 39 s., v° Gouvernance financière.

CHAPITRE XI ***Discussion des lois de financement de la sécurité sociale*** *(Résol. 27 mai 2009, art. 87).*

Art. 121-1 *(Résol. 27 mai 2009, art. 88)* **Les projets de loi de financement de la sécurité sociale sont examinés, discutés et votés selon la procédure législative prévue par la première partie du présent titre sous réserve des dispositions particulières de la Constitution, des dispositions de caractère organique prises pour leur application et de celles de la présente partie qui leur sont applicables. La procédure prévue par l'article 49,**

alinéa *(Résol. 4 juin 2019, art. 39)* « 6 », du présent Règlement n'est pas applicable à l'examen des projets de loi de financement de la sécurité sociale.

[Résol. 27 mai 2009 et 4 juin 2019.]

Art. 121-2 Les amendements contraires aux dispositions du chapitre Ier *bis* du titre Ier du livre Ier du code de la sécurité sociale sont déclarés irrecevables dans les conditions prévues *(Résol. 27 mai 2009, art. 89)* « au chapitre III de la première partie du présent titre ».

[Résol. 3 oct. 1969 ; 6 oct. 2005 et 27 mai 2009.]

Art. 121-3 **1** A l'issue de l'examen des articles d'une partie du projet de loi de financement de la sécurité sociale, et avant de passer à l'examen de la suivante, il peut être procédé, dans les conditions prévues à l'article 101, à une seconde délibération.

2 Si, conformément à l'article 101, il est procédé avant le commencement des explications de vote sur l'ensemble à une seconde délibération de tout ou partie du projet de loi de financement de la sécurité sociale, il ne peut être apporté *(Résol. 27 mai 2009, art. 90)* « de » modifications aux dispositions *(Résol. 27 mai 2009, art. 90)* « des autres parties » que celles nécessitées, pour coordination, par les votes intervenus sur la *(Résol. 27 mai 2009, art. 90)* « dernière » partie.

(Résol. 28 nov. 2014, art. 29) « **3** Dans le cas d'un projet de loi de financement rectificative de la sécurité sociale, la seconde délibération mentionnée aux alinéas 1 et 2 peut également porter sur l'article liminaire. »

[Résol. 6 oct. 2005 ; 27 mai 2009 et 28 nov. 2014.]

TROISIÈME PARTIE ***Procédures spéciales*** *(Résol. 27 mai 2009, art. 91).*

CHAPITRE XII ***Propositions de référendum*** *(Résol. 27 mai 2009, art. 91).*

Art. 122 **1** *(Résol. 27 mai 2009, art. 92)* « Lors de la discussion d'un projet de loi portant sur un objet mentionné à l'article 11, alinéa 1, de la Constitution, il ne peut être présenté qu'une seule motion tendant à proposer de soumettre ce projet au référendum. »

2 Ladite motion doit être signée par un dixième au moins des membres de l'Assemblée. Elle ne peut être assortie d'aucune condition ou réserve, ni comporter d'amendement au texte déposé par le Gouvernement. *(Abrogé par Résol. 27 mai 2009, art. 92)* *« La procédure fixée par l'article 51, alinéa premier, est applicable. »*

3 Cette motion est discutée immédiatement avant la discussion générale du projet ou, si la discussion générale est commencée, dès son dépôt. Elle n'est appelée que si la présence effective en séance des signataires est constatée au moment de l'appel. *(Abrogé par Résol. 28 nov. 2014, art. 30)* *« Elle a priorité, le cas échéant, sur la question préalable. »*

4 Dans la discussion, peuvent seuls intervenir l'un des signataires pour une durée qui ne peut excéder *(Résol. 4 juin 2019, art. 40)* « quinze » minutes, le Gouvernement et le président ou le rapporteur de la commission saisie au fond. Avant le vote, la parole est accordée, pour *(Résol. 27 mai 2009, art. 92)* « deux » minutes, à un orateur de chaque groupe.

5 L'adoption de la motion suspend la discussion du projet de loi. La motion adoptée par l'Assemblée est immédiatement transmise au Sénat, accompagnée du texte auquel elle se rapporte.

6 Si le Sénat n'adopte pas la motion dans le délai de trente jours à compter de cette transmission, la discussion du projet reprend devant l'Assemblée au point où elle avait été interrompue. Aucune nouvelle motion tendant à proposer un référendum n'est alors recevable.

7 Le délai mentionné à l'alinéa précédent est suspendu entre les sessions ordinaires ou lorsque l'inscription de la discussion de la motion à l'ordre du jour du Sénat a été empêchée par la mise en œuvre des priorités prévues à l'article 48, alinéas 2 et 3, de la Constitution.

[Résol. 3 juill. 1969 ; 7 juin 2006 ; 27 mai 2009 ; 28 nov. 2014 et 4 juin 2019.]

Art. 123 *(Résol. 27 mai 2009, art. 93)* **1** Lorsque l'Assemblée est saisie par le Sénat d'une motion tendant à proposer de soumettre au référendum un projet de loi en discussion devant ladite assemblée, cette motion est immédiatement renvoyée en commission. Elle est inscrite à l'ouverture de la plus prochaine séance sous réserve, le cas échéant, des priorités prévues à l'article 48, alinéas 2 et 3, de la Constitution.

2 L'Assemblée doit statuer dans un délai de trente jours à compter de la transmission qui lui est faite par le Sénat. Ce délai est suspendu entre les sessions ordinaires ou lorsque l'inscription de la discussion de la motion à l'ordre du jour de l'Assemblée a été empêchée par la mise en œuvre des priorités prévues à l'article 48, alinéas 2 et 3, de la Constitution.

3 En cas d'adoption de la motion, le Président de l'Assemblée en informe le Président du Sénat. Il notifie au Président de la République le texte de la motion conjointement adoptée par les deux assemblées. Ce texte est publié au *Journal officiel*.

4 En cas de rejet de la motion, le Président de l'Assemblée en informe le Président du Sénat. L'Assemblée passe à la suite de l'ordre du jour. Aucune motion tendant à soumettre le projet au référendum n'est plus recevable devant l'Assemblée.

[Résol. 27 mai 2009.]

Art. 124 *(Résol. 27 mai 2009, art. 94)* Lorsque le Président de la République, sur proposition du Gouvernement, décide de soumettre au référendum un projet de loi dont l'Assemblée est saisie, la discussion du texte est immédiatement interrompue.

[Résol. 27 mai 2009.]

CHAPITRE XII *BIS* ***Propositions de loi présentées en application de l'article 11 de la Constitution***

(Résol. 28 nov. 2014, art. 31)

Art. 124-1 Les propositions de loi présentées par des membres du Parlement en application de l'article 11 de la Constitution sont examinées, discutées et votées selon la procédure législative prévue à la première partie du présent titre, sous réserve des dispositions particulières de la Constitution, des dispositions législatives prises pour leur application et de celles du présent chapitre.

(Résol. 4 juin 2019, art. 41) « En première lecture, outre la présentation de la motion de rejet préalable prévue à l'article 91, alinéa 5, il peut ensuite être mis en discussion et aux voix une seule motion tendant au renvoi à la commission saisie au fond de l'ensemble de la proposition de loi en discussion, et dont l'effet, en cas d'adoption, est de suspendre le débat jusqu'à la présentation par la commission d'un nouveau rapport. La discussion de cette motion a lieu dans les conditions prévues à l'article 91, alinéa 5.

« Si la motion de renvoi est adoptée, le Gouvernement, lorsqu'il s'agit d'un texte inscrit à l'ordre du jour par priorité en vertu de l'article 48, alinéas 2 et 3, de la Constitution, ou l'Assemblée, lorsqu'il s'agit d'un autre texte, fixe la date et l'heure auxquelles la commission doit présenter son nouveau rapport. »

[Résol. 28 nov. 2014 et 4 juin 2019.]

Art. 124-2 Les propositions de loi présentées en application de l'article 11 de la Constitution enregistrées à la Présidence sont déposées dans les conditions prévues à l'article 81.

[Résol. 28 nov. 2014.]

Art. 124-3 **1** Dès le dépôt d'une proposition de loi, le Président la transmet au Conseil constitutionnel en vue du contrôle prévu aux articles 11, alinéa 4, et 61, alinéa 1, de la Constitution.

2 Cette transmission a pour effet de suspendre la procédure d'examen de la proposition de loi jusqu'à la publication au *Journal officiel* de la décision du Conseil constitutionnel déclarant si la proposition de loi a obtenu le soutien d'au moins un dixième des électeurs inscrits sur les listes électorales.

3 Cette transmission a pour effet d'interdire le retrait de la proposition de loi, dans les conditions prévues à l'article 84, alinéa 2, jusqu'à la publication au *Journal officiel* de la décision du Conseil constitutionnel déclarant que la proposition de loi n'a pas obtenu le soutien d'au moins un dixième des électeurs inscrits sur les listes électorales.

[Résol. 28 nov. 2014.]

Art. 124-4 *Dispositions déclarées contraires à la Constitution par Décis. Cons. const. n° 2014-705 DC du 11 déc. 2014.*

Art. 124-5 En cas de rejet par l'Assemblée nationale, en première lecture, d'une proposition de loi mentionnée à l'article 124-2, le Président en avise le Président du Sénat et lui transmet le texte initial de la proposition de loi.

[Résol. 28 nov. 2014.]

CHAPITRE XIII *Procédures relatives à la consultation des électeurs d'une collectivité territoriale située outre-mer* (*Résol. 27 mai 2009, art. 95*).

Art. 125 (*Résol. 27 mai 2009, art. 96*) **1** Les motions tendant, en application du dernier alinéa des articles 72-4 ou 73 de la Constitution, à proposer au Président de la République de consulter les électeurs d'une collectivité territoriale située outre-mer sont déposées, examinées et discutées suivant la procédure applicable en première lecture aux propositions de loi, à l'exception des dispositions faisant application à ces dernières des articles 34, 40 et 41 de la Constitution.

2 Lorsque l'Assemblée adopte une motion déposée par un ou plusieurs députés ou modifie une motion transmise par le Sénat, le Président de l'Assemblée la transmet sans délai au Président du Sénat.

3 Lorsque l'Assemblée adopte sans modification une motion transmise par le Sénat, le Président de l'Assemblée en informe celui du Sénat. Il notifie au Président de la République le texte de la motion conjointement adoptée par les deux assemblées. Ce texte est publié au *Journal officiel*.

4 Lorsque le Gouvernement fait devant l'Assemblée une déclaration sur le fondement des articles 72-4 ou 73 de la Constitution, préalablement à l'organisation outremer, sur sa proposition, d'une consultation portant sur un changement prévu à l'article 72-4, alinéa 1, ou à l'article 73, alinéa 7, de la Constitution, la Conférence des présidents organise le débat dans les conditions prévues à l'article 132, alinéas 2 à 4, du présent Règlement. Aucun vote, de quelque nature qu'il soit, ne peut avoir lieu.

[Résol. 27 mai 2009.]

CHAPITRE XIV *Motions relatives aux traités d'adhésion à l'Union européenne* (*Résol. 27 mai 2009, art. 97*).

Art. 126 (*Résol. 27 mai 2009, art. 97*) **1** Les projets de loi autorisant la ratification d'un traité relatif à l'adhésion d'un État à l'Union européenne, délibérés en Conseil des ministres en vue d'être soumis au référendum, sont transmis à l'Assemblée par le Gouvernement, imprimés et distribués.

2 Il ne peut être présenté, à l'Assemblée, sur le fondement de l'article 88-5, alinéa 2, de la Constitution, qu'une seule motion tendant à autoriser l'adoption du projet de loi selon la procédure prévue à son article 89, alinéa 3. Ladite motion doit être présentée dans un délai de quinze jours à compter de la transmission du projet de loi à l'Assemblée. Elle doit être signée par un dixième au moins des membres de l'Assemblée. Elle ne peut être assortie d'aucune condition ou réserve, ni comporter d'amendement au texte transmis par le Gouvernement.

3 Cette motion est renvoyée à la Commission des affaires étrangères, laquelle rend son rapport dans un délai de quinze jours. Le rapport conclut à son adoption ou à son rejet. La motion est inscrite à l'ouverture de la plus prochaine séance, sous réserve des *priorités définies à l'article 48*, alinéas 2 et 3, de la Constitution. La discussion est organisée par la Conférence des présidents dans les conditions prévues à l'article 49, alinéas 1 à (*Résol. 4 juin 2019, art. 42*) « 5 », du présent Règlement. Avant le vote, la parole est accordée, pour cinq minutes, à un orateur de chaque groupe.

4 Lorsque la motion est adoptée par l'Assemblée à la majorité des trois cinquièmes, elle est immédiatement transmise au Sénat.

5 Lorsque l'Assemblée est saisie par le Sénat d'une motion, adoptée à la majorité des trois cinquièmes, tendant à autoriser l'adoption, selon la procédure prévue à l'article 89, alinéa 3, de la Constitution, d'un projet de loi autorisant la ratification d'un traité relatif à l'adhésion d'un État à l'Union européenne, la motion est immédiatement renvoyée à la Commission des affaires étrangères. Les dispositions prévues aux alinéas précédents pour l'examen d'une telle motion sont applicables.

6 En cas d'adoption par l'Assemblée, à la majorité des trois cinquièmes, d'une motion transmise par le Sénat dans les conditions ci-dessus définies, le Président de l'Assemblée en informe le Président du Sénat. Il notifie au Président de la République le texte de la motion. Ce texte est publié au *Journal officiel*.

7 En cas de rejet de la motion transmise par le Sénat ou d'adoption à une majorité inférieure à celle des trois cinquièmes, le Président de l'Assemblée en informe le Président du Sénat. Aucune motion tendant à autoriser l'adoption du projet de loi selon la procédure prévue à l'article 89, alinéa 3, de la Constitution n'est plus recevable devant l'Assemblée.

8 Les délais mentionnés au présent article sont suspendus entre les sessions ordinaires ou lorsque l'inscription de la discussion de la motion à l'ordre du jour a été empêchée par la mise en œuvre des priorités prévues à l'article 48, alinéas 2 et 3, de la Constitution.

[Résol. 27 mai 2009 et 4 juin 2019.]

CHAPITRE XV ***Procédure de discussion des lois organiques*** *(Résol. 27 mai 2009, art. 98).*

Art. 127 **1** Les projets et propositions de loi tendant à modifier une loi organique ou portant sur une matière à laquelle la Constitution confère un caractère organique doivent comporter dans leur intitulé la mention expresse de ce caractère. Elles ne peuvent contenir de dispositions d'une autre nature.

2 *(Résol. 27 mai 2009, art. 98)* « La discussion en séance, en première lecture, d'un projet ou d'une proposition de loi organique ne peut intervenir avant l'expiration d'un délai de six semaines suivant son dépôt ou de quatre semaines à compter de sa transmission. Si la procédure accélérée a été engagée, seul le premier délai, ramené à quinze jours, est applicable. »

3 Il ne peut être présenté aucun amendement ou article additionnel tendant à introduire dans le projet ou la proposition des dispositions ne revêtant pas le caractère organique.

4 Aucune disposition législative de caractère organique ne peut être introduite dans un projet ou une proposition de loi qui n'a pas été présenté sous la forme prévue à l'alinéa 1 ci-dessus.

5 Les projets et propositions de lois organiques sont examinés, discutés et votés selon la procédure législative *(Résol. 27 mai 2009, art. 98)* « prévue par la première partie du présent titre, sous réserve des dispositions de l'article 46, alinéas 3 et 4, de la Constitution et du présent article. Ils ne peuvent faire l'objet de la procédure d'examen simplifiée prévue au chapitre V de la première partie du présent titre. »

[Résol. 7 mai 1991 ; 25 mars 1998 et 27 mai 2009.]

CHAPITRE XVI ***Traités et accords internationaux*** *(Résol. 27 mai 2009, art. 99).*

Art. 128 **1** Lorsque l'Assemblée est saisie d'un projet de loi autorisant la ratification d'un traité ou l'approbation d'un accord international non soumis à ratification, il n'est pas voté sur les articles contenus dans ces actes.

2 L'Assemblée conclut à l'adoption *(Résol. 4 juin 2019, art. 43)* « ou au rejet ». Les dispositions de l'article 91, *(Résol. 27 mai 2009, art. 99 ; Résol. 4 juin 2019, art. 43)* « alinéas 5 ou 8 », sont applicables. *(Abrogé par Résol. 4 juin 2019, art. 43) « **La motion d'ajournement, qui peut être motivée, est appelée après la clôture de la discussion générale ; son adoption, qui est notifiée au Premier ministre, entraîne les effets prévus à l'article 91,** (Résol. 27 mai 2009, art. 99) « **alinéa 7** ». »*

[Résol. 26 janv. 1994 ; 26 mars 2003 ; 27 mai 2009 et 4 juin 2019.]

Art. 129 **1** Lorsque le Conseil constitutionnel a été saisi, dans les conditions prévues à l'article 54 de la Constitution, du point de savoir si un engagement international comporte une clause contraire à la Constitution, le projet de loi autorisant sa ratification ou son approbation ne peut être mis en discussion.

2 La saisine du Conseil constitutionnel intervenue au cours de la procédure législative suspend cette procédure.

3 La discussion ne peut être commencée ou reprise hors des formes prévues pour une révision de la Constitution qu'après publication au *Journal officiel* de la déclaration du Conseil constitutionnel portant que l'engagement ne contient aucune clause contraire à la Constitution.

Art. 130 *Abrogé par Résol. 10 oct. 1995.*

CHAPITRE XVII *Déclaration de guerre, interventions militaires extérieures et état de siège* (*Résol. 27 mai 2009, art. 100*).

Art. 131 (*Résol. 27 mai 2009, art. 100*) **1** Les autorisations prévues aux articles 35, alinéas 1 et 3, et 36, alinéa 2, de la Constitution ne peuvent résulter, en ce qui concerne l'Assemblée, que d'un vote sur un texte exprès d'initiative gouvernementale ou sur une déclaration du Gouvernement se référant auxdits articles.

2 Dans les débats organisés pour l'application des articles 35 et 36 de la Constitution, chaque groupe dispose, après l'intervention du Gouvernement, sauf décision contraire de la Conférence des présidents, d'un temps de parole d'une heure si le débat est organisé pour l'application des articles 35, alinéa 1, ou 36, alinéa 2, de la Constitution, et de trente minutes s'il est organisé pour l'application de l'article 35, alinéas 2 ou 3, de la Constitution. Un temps de parole de dix minutes est attribué au député n'appartenant à aucun groupe qui s'est fait inscrire le premier dans le débat. Les inscriptions de parole sont faites par les présidents des groupes, qui indiquent au Président de l'Assemblée l'ordre dans lequel ils souhaitent que les orateurs soient appelés ainsi que la durée de leurs interventions, qui ne peut être inférieure à cinq minutes. Au vu de ces indications, le Président détermine l'ordre des interventions.

3 L'information prévue à l'article 35, alinéa 2, de la Constitution peut prendre la forme d'une déclaration suivie ou non d'un débat organisé dans les conditions définies ci-dessus.

4 Aucun vote, de quelque nature qu'il soit, ne peut avoir lieu à l'occasion du débat décidé en application de l'alinéa précédent. Dans les autres cas, après la clôture du débat, la parole peut être accordée, sauf décision contraire de la Conférence des présidents, pour une explication de vote d'une durée de cinq minutes à l'orateur désigné par chaque groupe et aux autres orateurs. Les dispositions relatives à la clôture sont applicables à ces derniers.

5 Aucun amendement ne peut être déposé au titre des procédures prévues par le présent article.

[*Résol. 27 mai 2009.*]

Les dispositions de cet art. résultant de la Résol. du 25 mai 2009 ont été déclarées conformes à la Const. par Décis. Cons. const. du 25 juin 2009 (JO 28 juin), sous réserve des observations suivantes : « en prévoyant, aux termes du deuxième alinéa de l'article 35 de la Constitution, que » le Gouvernement informe le Parlement de sa décision de faire intervenir les forces armées à l'étranger, au plus tard trois jours après le début de l'intervention, le constituant a entendu permettre qu'à tout le moins l'ensemble des groupes de l'Assemblée nationale soient informés de ces interventions » (Cons. const. nº 2009-581 DC § 47).

TITRE III Contrôle parlementaire

PREMIÈRE PARTIE *Information, évaluation et contrôle* (*Résol. 27 mai 2009, art. 101*).

CHAPITRE PREMIER *Déclarations du Gouvernement* (*Résol. 27 mai 2009, art. 101*).

Art. 132 (*Résol. 27 mai 2009, art. 102*) **1** Le Gouvernement peut faire une déclaration devant l'Assemblée sur le fondement de l'article 50-1 de la Constitution, le cas échéant à la demande d'un groupe. Une telle déclaration donne lieu à un débat et peut faire l'objet d'un vote si le Gouvernement le décide, sans que ce vote engage sa responsabilité.

2 Pour le débat auquel donne lieu la déclaration du Gouvernement mentionnée à l'alinéa précédent, la Conférence des présidents fixe le temps global attribué aux groupes et aux députés n'appartenant à aucun groupe. Le temps imparti aux groupes est attribué pour moitié aux groupes d'opposition. Il est ensuite réparti entre les groupes d'opposition, d'une part, et les autres groupes, d'autre part, en proportion de leur importance numérique. Chaque groupe dispose d'un temps minimum de dix minutes. *(Résol. 4 juin 2019, art. 44)* « Un temps minimum de cinq minutes est attribué à un député n'appartenant à aucun groupe. »

3 Les inscriptions *(Résol. 4 juin 2019, art. 44)* « des orateurs » et l'ordre des interventions ont lieu dans les conditions prévues par l'article 49, alinéas *(Résol. 4 juin 2019, art. 44)* « 4 et 5 », du présent Règlement.

4 Le Gouvernement prend la parole le dernier pour répondre aux orateurs qui sont intervenus.

5 Lorsque le Gouvernement a décidé que sa déclaration donnerait lieu à un vote, la Conférence des présidents peut autoriser des explications de vote. Dans ce cas, la parole est accordée, pour cinq minutes, après la clôture du débat, à un orateur de chaque groupe.

6 Le Président met aux voix la déclaration du Gouvernement. Le scrutin a lieu conformément au II de l'article 66.

7 Le Gouvernement peut également demander à faire devant l'Assemblée une déclaration sans débat. Dans ce cas, après la déclaration du Gouvernement, le Président peut autoriser un seul orateur par groupe à lui répondre. Aucun vote, de quelque nature qu'il soit, ne peut avoir lieu.

[Résol. 27 mai 2009 et 4 juin 2019.]

CHAPITRE II **Questions** *(Résol. 27 mai 2009, art. 103).*

Art. 133 **1** *(Résol. 27 mai 2009, art. 104)* La Conférence des présidents fixe la ou les séances hebdomadaires consacrées, conformément à l'article 48, alinéa 6, de la Constitution, aux questions des députés et aux réponses du Gouvernement, y compris pendant les sessions extraordinaires.

2 Chaque semaine, la moitié *(Résol. 4 juin 2019, art. 45)* « au moins » des questions prévues dans le cadre de la ou des séances fixées en application de l'alinéa précédent est posée par des députés membres d'un groupe d'opposition.

3 Au cours de chacune de ces séances, chaque groupe pose au moins une question.

4 La première question posée est de droit attribuée à un groupe d'opposition ou minoritaire ou à un député n'appartenant à aucun groupe.

5 La Conférence des présidents fixe les conditions dans lesquelles les députés n'appartenant à aucun groupe peuvent poser des questions.

[Résol. 27 mai 2009 et 4 juin 2019.]

Art. 134 *(Résol. 27 mai 2009, art. 105)* **1** Dans le respect des priorités définies par l'article 48 de la Constitution, la Conférence des présidents peut organiser, selon des modalités qu'elle détermine, des séances de questions orales sans débat et proposer de *réserver, à cet effet,* une ou plusieurs séances de la semaine prévue par l'alinéa 4 de ce même article.

2 Les alinéas 2, 3 et 5 de l'article 133 du présent Règlement sont applicables aux séances fixées en application de l'alinéa précédent.

[Résol. 27 mai 2009.]

Art. 135 *(Résol. 27 mai 2009, art. 106)* **1** Les députés peuvent poser des questions écrites à un ministre. Les questions qui portent sur la politique générale du Gouvernement sont posées au Premier ministre.

(Résol. 28 nov. 2014, art. 32) « **2** La Conférence des présidents fixe, avant le début de chaque session ordinaire, le nombre maximal de questions écrites pouvant être posées par chaque député jusqu'au début de la session ordinaire suivante. »

3 Les questions écrites doivent être sommairement rédigées et se limiter aux éléments strictement indispensables à la compréhension de la question. Elles ne doivent contenir aucune imputation d'ordre personnel à l'égard de tiers nommément désignés.

4 Tout député qui désire poser une question écrite en remet le texte au Président de l'Assemblée qui le notifie au Gouvernement.

5 Les questions écrites sont publiées, durant les sessions et hors session, au *Journal officiel*.

6 Les réponses des ministres doivent être publiées dans *(Résol. 28 nov. 2014, art. 32-2°)* « les deux mois » suivant la publication des questions. Ce délai ne comporte aucune interruption.

7 *Abrogé par Résol. 28 nov. 2014, art. 32.*

8 Au terme *(Résol. 28 nov. 2014, art. 32-4°)* « du délai mentionné à l'alinéa 6 », les présidents des groupes ont la faculté de signaler certaines des questions restées sans réponse. Le signalement est mentionné au *Journal officiel*. Les ministres sont alors tenus de répondre dans un délai de dix jours.

[Résol. 27 mai 2009 et 28 nov. 2014.]

CHAPITRE III *Résolutions au titre de l'article 34-1 de la Constitution*

(Résol. 27 mai 2009, art. 107).

Art. 136 *(Résol. 27 mai 2009, art. 108)* **1** Les propositions de résolution présentées par les députés, ou au nom d'un groupe par son président, au titre de l'article 34-1 de la Constitution, sont déposées sur le bureau de l'Assemblée, enregistrées à la Présidence, imprimées et distribuées.

2 Dès leur dépôt, les propositions de résolution visées au précédent alinéa sont transmises par le Président au Premier ministre. Ce dépôt fait l'objet d'une annonce au *Journal officiel*.

3 Les propositions de résolution ne sont pas renvoyées en commission. Leur inscription à l'ordre du jour est décidée dans les conditions fixées par l'article 48 du présent Règlement. Toutefois, le Président de l'Assemblée doit avoir été informé des demandes d'inscription à l'ordre du jour émanant des présidents des groupes au plus tard quarante-huit heures avant la réunion de la Conférence des présidents. Lorsqu'une telle information lui est communiquée, le Président en informe sans délai le Premier ministre.

4 Ne peuvent être inscrites à l'ordre du jour :

5 1° Les propositions de résolution déposées depuis moins de six jours francs ;

6 2° Les propositions de résolution dont le Président constate qu'elles ont le même objet qu'une proposition antérieure inscrite à l'ordre du jour de la même session ordinaire ;

7 3° Les propositions de résolution à l'encontre desquelles le Gouvernement a fait savoir au Président de l'Assemblée, avant cette inscription à l'ordre du jour, qu'il opposait l'irrecevabilité prévue par l'article 34-1, alinéa 2, de la Constitution.

8 Les irrecevabilités opposées par le Gouvernement sur le fondement de l'article 34-1, alinéa 2, de la Constitution font l'objet d'une annonce au *Journal officiel*.

9 Les propositions de résolution ne peuvent faire l'objet d'aucun amendement.

10 Les résolutions adoptées par l'Assemblée sont transmises au Gouvernement. Elles sont publiées au *Journal officiel*.

[Résol. 27 mai 2009.]

CHAPITRE IV *Commissions d'enquête* *(Résol. 27 mai 2009, art. 109).*

Art. 137 *(Résol. 27 mai 2009, art. 110)* Les propositions de résolution tendant à la création d'une commission d'enquête sont déposées sur le bureau de l'Assemblée. Elles doivent déterminer avec précision soit les faits qui donnent lieu à enquête, soit les services ou entreprises publics dont la commission doit examiner la gestion. Elles sont examinées et discutées dans les conditions fixées par le présent Règlement.

[Résol. 27 mai 2009.]

Art. 138 *(Résol. 27 mai 2009, art. 111)* **1** Est irrecevable toute proposition de résolution tendant à la création d'une commission d'enquête ayant le même objet qu'une mission effectuée dans les conditions prévues à l'article 145-1 ou qu'une commission d'enquête antérieure, avant l'expiration d'un délai de douze mois à compter du terme des travaux de l'une ou de l'autre.

2 L'irrecevabilité est déclarée par le Président de l'Assemblée. En cas de doute, le Président statue après avis du Bureau de l'Assemblée.

[Résol. 27 mai 2009.]

Art. 139 *(Résol. 27 mai 2009, art. 113)* **1** Le dépôt d'une proposition de résolution tendant à la création d'une commission d'enquête est notifié par le Président de l'Assemblée au garde des sceaux, ministre de la justice.

2 Si le garde des sceaux fait connaître que des poursuites judiciaires sont en cours sur les faits ayant motivé le dépôt de la proposition, celle-ci ne peut être mise en discussion. Si la discussion est déjà commencée, elle est immédiatement interrompue.

3 Lorsqu'une information judiciaire est ouverte après la création de la commission, le Président de l'Assemblée, saisi par le garde des sceaux, en informe le président de la commission. Celle-ci met immédiatement fin à ses travaux.

[Résol. 27 mai 2009.]

Art. 140 *(Résol. 27 mai 2009, art. 115)* Les propositions de résolution tendant à la création d'une commission d'enquête sont renvoyées à la commission permanente compétente. Celle-ci vérifie si les conditions requises pour la création de la commission d'enquête sont réunies et se prononce sur son opportunité.

(Résol. 28 nov. 2014, art. 33) « En cas de mise en œuvre de l'article 141, alinéa 2, la commission vérifie si les conditions requises pour la création de la commission d'enquête sont réunies, sans se prononcer sur son opportunité. Aucun amendement n'est recevable. »

[Résol. 27 mai 2009 et 28 nov. 2014.]

Art. 140-1 *Abrogé par Résol. 27 mai 2009, art. 116.*

[Résol. 27 mai 2009.]

Art. 141 *(Résol. 27 mai 2009, art. 117)* **1** La création d'une commission d'enquête résulte du vote par l'Assemblée de la proposition de résolution déposée dans ce sens.

(Résol. 28 nov. 2014, art. 34) « **2** S'il n'a pas déjà fait usage, au cours de la même session, des dispositions de l'article 145, alinéa 5, chaque président de groupe d'opposition ou de groupe minoritaire obtient, de droit, une fois par session ordinaire, à l'exception de celle précédant le renouvellement de l'Assemblée, la création d'une commission d'enquête satisfaisant aux conditions fixées par les articles 137 à 139. Par dérogation à l'alinéa 1 du présent article, la Conférence des présidents prend acte de la création de la commission d'enquête si les conditions requises pour cette création sont réunies. »

3 *Abrogé par Résol. 28 nov. 2014, art. 34.*

(Résol. 28 nov. 2014, art. 34) « Un groupe ne peut demander la création d'une commission d'enquête en application de l'alinéa 2 tant qu'une commission d'enquête ou une mission d'information constituée à son initiative en application du même alinéa ou de l'article 145, alinéa 5, n'a pas achevé ses travaux. »

[Résol. 27 mai 2009 et 28 nov. 2014.]

Art. 142 *(Résol. 27 mai 2009, art. 118)* **1** Les commissions d'enquête ne peuvent comprendre plus de trente députés *(Résol. 4 juin 2019, art. 46)* « , désignés à la représentation proportionnelle des groupes en application de l'article 25. Elles comprennent également un député n'appartenant à aucun groupe. »

2 Ne peuvent être désignés comme membres d'une commission d'enquête les députés ayant été l'objet d'une sanction pénale ou disciplinaire pour manquement à l'obligation du secret à l'occasion des travaux non publics d'une commission constituée au cours de la même législature.

[Résol. 27 mai 2009 et 4 juin 2019.]

Art. 142-1 *Abrogé par Résol. 27 mai 2009, art. 119.*

[Résol. 27 mai 2009.]

Art. 143 *(Résol. 27 mai 2009, art. 120)* **1** Le bureau des commissions d'enquête comprend un président, quatre vice-présidents et quatre secrétaires. Les nominations ont lieu en s'efforçant de reproduire la configuration politique de l'Assemblée et d'assurer la représentation de toutes ses composantes.

2 La fonction de président ou de rapporteur revient de droit à un député appartenant à un groupe d'opposition.

3 Par dérogation à la règle énoncée à l'alinéa précédent, lorsque la commission d'enquête a été créée sur le fondement de l'article 141, alinéa 2, *(Résol. 4 juin 2019, art. 47)* « le » groupe qui en est à l'origine *(Résol. 4 juin 2019, art. 47)* « indique s'il entend qu'un de ses membres exerce la fonction de président ou celle de rapporteur ».

4 Les membres du bureau d'une commission d'enquête et, le cas échéant, son rapporteur sont désignés dans les conditions prévues à l'article 39.

[Résol. 27 mai 2009 et 4 juin 2019.]

Art. 144 *Dispositions déclarées contraires à la Constitution par Décis. Cons. const. nº 2009-581 DC du 25 juin 2009.*

Art. 144-1 *(Résol. 27 mai 2009, art. 122)* Sauf lorsqu'une commission d'enquête a décidé, conformément au premier alinéa du IV de l'article 6 de l'ordonnance nº 58-1100 du 17 novembre 1958 relative au fonctionnement des assemblées parlementaires *[V. cet art. ss. Const. 58, art. 24]*, l'application du secret, ses auditions peuvent donner lieu à retransmission télévisée.

[Résol. 27 mai 2009.]

Art. 144-2 *(Résol. 27 mai 2009, art. 122)* **1** A l'expiration du délai de six mois prévu par le dernier alinéa du I de l'article 6 de l'ordonnance nº 58-1100 du 17 novembre 1958 précitée *[relative au fonctionnement des assemblées parlementaires, V. cet art. ss. Const. 58, art. 24]*, et si la commission n'a pas déposé son rapport, son président remet au Président de l'Assemblée les documents en sa possession. Ceux-ci ne peuvent donner lieu à aucune publication ni à aucun débat.

2 Le rapport adopté par une commission d'enquête est remis au Président de l'Assemblée. Le dépôt de ce rapport est publié au *Journal officiel*. Sauf décision contraire de l'Assemblée constituée en comité secret dans les conditions prévues à l'article 51, le rapport est imprimé et distribué. Il peut donner lieu à un débat sans vote en séance publique.

3 La demande de constitution de l'Assemblée en comité secret à l'effet de décider, par un vote spécial, de ne pas autoriser la publication de tout ou partie du rapport, doit être présentée dans un délai de cinq jours francs à compter de la publication du dépôt au *Journal officiel*.

[Résol. 27 mai 2009.]

CHAPITRE V *Rôle d'information des commissions permanentes ou spéciales*

Art. 145 **1** Sans préjudice des dispositions les concernant contenues au titre II, les commissions permanentes assurent l'information de l'Assemblée pour lui permettre d'exercer son contrôle sur la politique du Gouvernement.

2 A *cette fin, elles peuvent confier* à *(Abrogé par Résol. 27 mai 2009, art. 123)* « *un ou* » plusieurs de leurs membres une mission d'information temporaire portant, notamment, sur les conditions d'application d'une législation. Ces missions d'information peuvent être communes à plusieurs commissions.

3 *(Résol. 27 mai 2009, art. 123)* « Une mission composée de deux membres doit comprendre un député appartenant à un groupe d'opposition. Une mission composée de plus de deux membres doit s'efforcer de reproduire la configuration politique de l'Assemblée. »

4 Des missions d'information peuvent également être créées par la Conférence des présidents sur proposition du Président de l'Assemblée. *(Résol. 27 mai 2009, art. 123)* « Le bureau de ces missions est constitué dans les conditions prévues à l'article 143, alinéas 1 et 4. La fonction de président ou de rapporteur revient de droit à un député appartenant à un groupe d'opposition, si ces fonctions ne sont pas exercées par la même personne. » *(Résol. 4 juin 2019, art. 48)* « Ces missions d'information comprennent un député n'appartenant à aucun groupe. »

(Résol. 28 nov. 2014, art. 36) « **5** S'il n'a pas déjà fait usage, au cours de la même session, des dispositions de l'article 141, alinéa 2, chaque président de groupe d'opposition ou de groupe minoritaire obtient de droit, une fois par session ordinaire, la création d'une mission d'information. *(Résol. 4 juin 2019, art. 48)* « Le groupe indique s'il entend qu'un de ses membres exerce la fonction de président ou celle de rapporteur. »

« **6** Un groupe ne peut demander la création d'une mission d'information en application de l'alinéa 5 du présent article tant qu'une mission d'information ou une commission d'enquête constituée à son initiative en application du même alinéa ou de l'article 141, alinéa 2, n'a pas achevé ses travaux. »

(Résol. 27 mai 2009, art. 123) « **7** Le bureau de la commission est compétent pour organiser la publicité des travaux des missions d'information créées par celle-ci. *(Résol. 28 nov. 2014, art. 36)* « La publication des rapports établis par ces missions d'information est autorisée par la commission. »

« **8** Un rapport de mission d'information peut donner lieu, en séance publique, à un débat sans vote ou à une séance de questions. »

[Résol. 18 mai 1990 ; 26 janv. 1994 ; 26 mars 2003 ; 27 mai 2009 ; 28 nov. 2014 et 4 juin 2019.]

Art. 145-1 **1** La demande présentée par une commission permanente ou spéciale en application de l'article 5 *ter* de l'ordonnance n° 58-1100 du 17 novembre 1958 précitée *[relative au fonctionnement des assemblées parlementaires, V. cet art. ss. Const. 58, art. 24]* est adressée par son président au Président de l'Assemblée.

2 Elle doit déterminer avec précision l'objet de la mission pour l'exercice de laquelle le bénéfice des prérogatives attribuées aux commissions d'enquête est demandé.

[Résol. 3 oct. 1996.]

Art. 145-2 **1** Cette demande est aussitôt notifiée par le Président de l'Assemblée au garde des sceaux, ministre de la justice.

2 Si le garde des sceaux fait connaître que des poursuites judiciaires sont en cours sur des faits ayant motivé la présentation de la demande, le Président de l'Assemblée en informe le président de la commission qui l'a présentée.

Art. 145-3 **1** La demande est affichée et notifiée au Gouvernement et aux présidents des groupes et des commissions.

2 Elle est considérée comme adoptée si, avant la deuxième séance qui suit cet affichage, le Président de l'Assemblée n'a été saisi d'aucune opposition par le Gouvernement, le président d'une commission ou le président d'un groupe.

3 Si une opposition a été formulée dans les conditions prévues au précédent alinéa, un débat sur la demande est inscrit d'office à la fin de la première séance tenue en application de l'article 50, alinéa 1, suivant l'annonce faite à l'Assemblée de l'opposition. Au cours de ce débat peuvent seuls prendre la parole le Gouvernement et, pour une durée n'excédant pas cinq minutes, l'auteur de l'opposition et le président de la commission qui a présenté la demande.

Art. 145-4 Lorsque le garde des sceaux fait connaître après l'adoption d'une demande qu'une information judiciaire est ouverte sur des faits l'ayant motivée, le Président de l'Assemblée en informe le président de la commission concernée. Celle-ci met immé-

diatement fin à sa mission si elle ne porte que sur les faits ayant entraîné l'ouverture de l'information.

[Résol. 3 oct. 1996.]

Art. 145-5 **Les dispositions des articles** *(Résol. 27 mai 2009, art. 124)* **« 144, 144-1 et 144-2 » sont applicables aux travaux des commissions lorsqu'elles exercent les prérogatives attribuées aux commissions d'enquête.**

[Résol. 3 oct. 1996 et 27 mai 2009.]

Art. 145-6 **Les dispositions de l'article** *(Résol. 27 mai 2009, art. 125)* **« 138 » sont applicables aux missions effectuées dans les conditions prévues à l'article 145-1.**

[Résol. 27 mai 2009.]

Art. 145-7 *(Résol. 27 mai 2009, art. 126)* **1 Sans préjudice de la faculté ouverte par l'article 145, alinéa 2, à l'issue d'un délai de six mois suivant l'entrée en vigueur d'une loi dont la mise en œuvre nécessite la publication de textes de nature réglementaire, deux députés, dont l'un appartient à un groupe d'opposition et parmi lesquels figure de droit le député qui en a été le rapporteur, présentent à la commission compétente un rapport sur la mise en application de cette loi. Ce rapport fait état des textes réglementaires publiés et des circulaires édictées pour la mise en œuvre de ladite loi, ainsi que de ses dispositions qui n'auraient pas fait l'objet des textes d'application nécessaires. Dans ce cas, la commission entend ses rapporteurs à l'issue d'un nouveau délai de six mois.**

(Résol. 28 nov. 2014, art. 37) **« 2 Le député, autre que le rapporteur, mentionné à l'alinéa 1** *(Résol. 4 juin 2019, art. 49)* **« est » désigné par la commission dès qu'un projet ou une proposition de loi est renvoyé à son examen.**

« 3 Sans préjudice de la faculté ouverte par l'article 145, alinéa 2, à l'issue d'un délai de trois ans suivant l'entrée en vigueur d'une loi, deux députés, dont l'un appartient à un groupe d'opposition, présentent à la commission compétente un rapport d'évaluation sur l'impact de cette loi. Ce rapport fait notamment état des conséquences juridiques, économiques, financières, sociales et environnementales de la loi, le cas échéant au regard des critères d'évaluation définis dans l'étude d'impact préalable, ainsi que des éventuelles difficultés rencontrées lors de la mise en œuvre de ladite loi. La liste des lois faisant l'objet des rapports d'évaluation mentionnés au présent alinéa est arrêtée chaque année par le bureau de la commission compétente. »

(Résol. 4 juin 2019, art. 49) **« Lorsqu'une loi a été examinée par une commission spéciale, le rapport d'application ou d'évaluation mentionné aux alinéas 1er et 3 est présenté aux commissions permanentes compétentes par deux de leurs membres, dont l'un appartient à un groupe d'opposition. »**

4 *(Résol. 28 nov. 2014, art. 37)* **« Les rapports mentionnés au présent article peuvent » donner lieu, en séance publique, à un débat sans vote ou à une séance de questions.**

[Résol. 27 mai 2009 ; 28 nov. 2014 et 4 juin 2019.]

Les dispositions de cet art. résultant de la Résol. du 27 mai 2009 ont été déclarées conformes à la Const. par Décis. Cons. const. du 25 juin 2009 (JO 28 juin), sous réserve des observations suivantes : « Les missions de suivi (…) revêtent un caractère temporaire et se limitent à un simple rôle d'information contribuant à permettre à l'Assemblée nationale d'exercer son contrôle sur l'action du Gouvernement dans les conditions prévues par la Constitution ; (…) s'agissant des commissions d'enquête, dont les conclusions sont dépourvues de tout caractère obligatoire, le rapport présenté ne saurait en aucun cas adresser une injonction au Gouvernement » (Cons. const. n° 2009-581 DC § 55).

Art. 145-8 *(Résol. 27 mai 2009, art. 126)* **1 A l'issue d'un délai de six mois suivant la publication du rapport d'une commission d'enquête ou d'une mission d'information, le membre de la commission permanente compétente désigné par celle-ci à cet effet lui présente un rapport sur la mise en œuvre des conclusions de ladite commission d'enquête ou mission d'information.**

2 Un rapport sur la mise en œuvre des conclusions d'une commission d'enquête ou d'une mission d'information peut donner lieu, en séance publique, à un débat sans vote ou à une séance de questions.

[Résol. 27 mai 2009.]

CHAPITRE VI *Contrôle budgétaire*

Art. 146 **1** Les documents et les renseignements destinés à permettre l'exercice du contrôle du budget des départements ministériels ou la vérification des comptes des entreprises nationales et des sociétés d'économie mixte sont communiqués par les autorités compétentes au rapporteur spécial de la Commission des finances, de l'économie générale et du *(Résol. 27 mai 2009, art. 127)* « contrôle budgétaire », chargé du budget du département ministériel dont il s'agit ou auquel se rattachent les entreprises nationales et les sociétés d'économie mixte intéressées.

2 Le rapporteur spécial peut demander à la Commission des finances, de l'économie générale et du *(Résol. 27 mai 2009, art. 127)* « contrôle budgétaire » de lui adjoindre un de ses membres pour l'exercice de ce contrôle. Il communique les documents dont il est saisi aux rapporteurs pour avis du même budget désignés par les autres commissions permanentes.

3 Les travaux des rapporteurs peuvent être utilisés pour les rapports faits par les commissions sur la loi de finances et la loi de règlement. Ils peuvent, en outre, faire l'objet de rapports d'information établis par les rapporteurs spéciaux de la Commission des finances, de l'économie générale et *(Résol. 27 mai 2009, art. 127)* « du contrôle budgétaire ». *(Résol. 27 mai 2009, art. 127)* « Un rapport d'information établi par un rapporteur spécial peut donner lieu, en séance publique, à un débat sans vote ou à une séance de questions. »

(Résol. 27 mai 2009, art. 127) « **4** La désignation des rapporteurs spéciaux et des rapporteurs pour avis doit s'efforcer de reproduire la configuration politique de l'Assemblée. »

[Résol. 7 mai 1991 et 27 mai 2009.]

Art. 146-1 *(Résol. 27 mai 2009, art. 128)* **1** Le rapport annuel de la Cour des comptes est présenté par le premier président de la cour devant l'Assemblée.

2 Un débat organisé par la Conférence des présidents peut suivre la présentation du rapport annuel de la Cour des comptes.

[Résol. 27 mai 2009.]

Art. 146-1-1 *(Résol. 4 juin 2019, art. 50)* La Conférence des présidents peut décider qu'une semaine prévue à l'article 48, alinéa 4, de la Constitution est consacrée prioritairement au contrôle de l'exécution des lois de finances et des lois de financement de la sécurité sociale.

Elle peut inscrire à l'ordre du jour de cette semaine des propositions de résolution déposées en application de l'article 34-1 de la Constitution et portant sur l'exécution des lois de finances et des lois de financement de la sécurité sociale.

[Résol. 4 juin 2019.]

CHAPITRE VII *Comité d'évaluation et de contrôle des politiques publiques* *(Résol. 27 mai 2009, art. 129)*.

Les dispositions de ce Chap. résultant de la Résol. du 27 mai 2009 ont été déclarées conformes à la Const. par Décis. Cons. const. du 25 juin 2009 (JO 28 juin 2009) sous réserve des observations suivantes : « sont exclus du champ de compétence du comité le suivi et le contrôle de l'exécution des lois de finances et des lois de financement de la sécurité sociale, ainsi que l'évaluation de toute question relative aux finances publiques et aux finances de la sécurité sociale ; (...) en outre, la séparation des pouvoirs interdit que, pour conduire les évaluations, les rapporteurs du comité puissent bénéficier du concours d'experts placés sous la responsabilité du Gouvernement ; (...) les recommandations du comité transmises au Gouvernement comme le rapport de suivi de leur mise en œuvre ne sauraient, en aucun cas, adresser une injonction au Gouvernement » (Cons. const. n° 2009-581 DC § 59, 61 et 62).

Art. 146-2 *(Résol. 27 mai 2009, art. 129)* **1** Il est institué un comité d'évaluation et de contrôle des politiques publiques.

(Résol. 28 nov. 2014, art. 38) « **2** Le comité est présidé par le Président de l'Assemblée. Il comprend également trente-six membres désignés, suivant la procédure fixée à l'article 25, de manière à assurer une représentation proportionnelle des groupes politiques et une représentation équilibrée des commissions permanentes.

« **3** Les membres du comité sont nommés au début de la législature et pour la durée de celle-ci. »

4 Le bureau du comité comprend, outre le Président de l'Assemblée *(Abrogé par Résol. 28 nov. 2014, art. 38)* ***« et les présidents des groupes »***, quatre vice-présidents *(Abrogé par Résol. 4 juin 2019, art. 51)* ***« , dont l'un*** *(Résol. 28 nov. 2014, art. 38-I-2°)* ***« au moins » appartient à un groupe d'opposition, »*** et quatre secrétaires désignés parmi ses membres. *(Résol. 4 juin 2019, art. 51)* « La composition du bureau du comité s'efforce de reproduire la configuration politique de l'Assemblée nationale. Ne peut être désigné premier des vice-présidents dans l'ordre de préséance qu'un député appartenant à un groupe s'étant déclaré d'opposition. »

5 Les votes au sein du comité ont lieu dans les conditions définies par l'article 44.

6 Le bureau est chargé d'assurer la publicité des travaux du comité. Chaque réunion fait l'objet d'un compte rendu qui est rendu public.

7 Le comité définit son règlement intérieur.

[Résol. 27 mai 2009 ; 28 nov. 2014 et 4 juin 2019.]

Art. 146-3 *(Résol. 27 mai 2009, art. 129)* **1** De sa propre initiative ou à la demande d'une commission permanente, le comité d'évaluation et de contrôle des politiques publiques réalise des travaux d'évaluation portant sur des politiques publiques dont le champ dépasse le domaine de compétence d'une seule commission permanente.

2 Le comité arrête, chaque année, le programme de ses travaux. Ce programme fixe, notamment, le nombre prévisionnel d'évaluations à réaliser. Chaque groupe peut obtenir de droit, une fois par session ordinaire, qu'un rapport d'évaluation, entrant dans le champ de compétence du comité tel qu'il est défini à l'alinéa précédent, soit réalisé.

3 Chaque commission concernée par l'objet d'une étude d'évaluation désigne un ou plusieurs de ses membres pour participer à celle-ci. Le comité désigne parmi eux, ou parmi ses propres membres, deux rapporteurs, dont l'un appartient à un groupe d'opposition.

4 *[Dispositions déclarées contraires à la Constitution par Décis. Cons. const. n° 2009-581 DC du 25 juin 2009]* Pour conduire les évaluations, les rapporteurs peuvent également bénéficier du concours d'experts extérieurs à l'Assemblée.

5 La mission des rapporteurs a un caractère temporaire et prend fin à l'issue d'un délai de douze mois à compter de leur désignation.

6 Le rapport est présenté au comité par les rapporteurs *[Dispositions déclarées contraires à la Constitution par Décis. Cons. const. n° 2009-581 DC du 25 juin 2009]*.

7 Les recommandations du comité sont transmises au Gouvernement. Les réponses des ministres sont attendues dans les trois mois et discutées pendant la semaine prévue à l'article 48, alinéa 4, de la Constitution.

8 A l'issue d'un délai de six mois suivant la publication du rapport, les rapporteurs présentent au comité un rapport de suivi sur la mise en œuvre de ses conclusions.

[Résol. 27 mai 2009.]

Art. 146-4 *(Résol. 27 mai 2009, art. 129)* Les conclusions des rapports des missions d'information créées en application du chapitre V de la présente partie ou des rapports d'information prévus par l'article 146, alinéa 3, sont communiquées au comité d'évaluation et de contrôle des politiques publiques dès que la publication du rapport a été décidée. Elles peuvent lui être présentées par le ou les rapporteurs.

[Résol. 27 mai 2009.]

Art. 146-5 *(Résol. 27 mai 2009, art. 129)* Le comité d'évaluation et de contrôle des politiques publiques peut être saisi pour donner son avis sur les documents qui rendent compte de l'étude d'impact joints à un projet de loi déposé par le Gouvernement. La demande doit émaner du président de la commission à laquelle le projet a été renvoyé au fond ou du Président de l'Assemblée. L'avis du comité est communiqué dans les plus brefs délais à la commission concernée et à la Conférence des présidents.

[Résol. 27 mai 2009.]

Art. 146-6 *(Résol. 27 mai 2009, art. 129)* Le comité d'évaluation et de contrôle des politiques publiques est saisi pour réaliser l'évaluation préalable d'un amendement d'un député ou d'un amendement de la commission saisie au fond qui a été demandée conformément à l'article 98-1.

[Résol. 27 mai 2009.]

Art. 146-7 *(Résol. 27 mai 2009, art. 129)* Le comité d'évaluation et de contrôle des politiques publiques peut faire des propositions à la Conférence des présidents concernant l'ordre du jour de la semaine prévue par l'article 48, alinéa 4, de la Constitution. Il peut, en particulier, proposer l'organisation, en séance publique, de débats sans vote ou de séances de questions portant sur les conclusions de ses rapports ou sur celles des rapports des missions d'information créées en application du chapitre V de la présente partie ou des rapports d'information prévus par l'article 146, alinéa 3.

[Résol. 27 mai 2009.]

CHAPITRE VIII *Pétitions* *(Résol. 27 mai 2009, art. 130).*

Art. 147 **1** Les pétitions *(Résol. 4 juin 2019, art. 52)* « sont » adressées au Président de l'Assemblée *(Résol. 4 juin 2019, art. 52)* « par voie électronique. Elles doivent être signées par leurs pétitionnaires et comporter les adresses électroniques et postales de ceux-ci. »

2 Une pétition apportée ou transmise par un rassemblement formé sur la voie publique ne peut être reçue par le Président, ni déposée sur le bureau.

3 *(Résol. 4 juin 2019, art. 52)* « Les conditions dans lesquelles les signatures sont recueillies, authentifiées et susceptibles d'être ajoutées ou retirées après leur enregistrement ainsi que les conditions de collecte et de conservation des informations communiquées à l'Assemblée par les pétitionnaires sont précisées par une décision du Bureau de l'Assemblée nationale. »

[Résol. 4 juin 2019.]

Art. 148 **1** Les pétitions sont *(Résol. 4 juin 2019, art. 53)* « enregistrées. Les pétitions sont mises en ligne lorsqu'elles sont signées par plus de 100 000 pétitionnaires. »

2 Le Président de l'Assemblée nationale renvoie les pétitions à la commission compétente *(Résol. 4 juin 2019, art. 53)* « , qui désigne un rapporteur.

« **3** Sur proposition du rapporteur, la commission décide, suivant les cas, soit de classer la pétition, soit de l'examiner.

« **4** Dans ce dernier cas, la commission publie un rapport reproduisant le texte de la pétition ainsi que le compte rendu de ses débats.

« **5** La commission compétente peut décider d'associer à ses débats les premiers signataires de la pétition *[Dispositions déclarées contraires à la Constitution par Décis. Cons. const. n° 2019-785 DC du 4 juill. 2019]*.

« **6** Sur proposition du président de la commission compétente ou d'un président de groupe, un débat sur un rapport relatif à une pétition signée par plus de 500 000 pétitionnaires domiciliés dans trente départements ou collectivités d'outre-mer au moins peut être inscrit par la Conférence des présidents à l'ordre du jour. La condition de domiciliation prévue au présent alinéa est précisée par une décision du Bureau. »

[Résol. 17 déc. 1969 et 4 juin 2019.]

Art. 149 **1** Un feuilleton portant l'indication sommaire des pétitions et des décisions les concernant est distribué périodiquement aux membres de l'Assemblée.

2 Dans les huit jours suivant la distribution du feuilleton publiant la décision de la commission tendant au classement d'une pétition *(Abrogé par Résol. 4 juin 2019, art. 54)* *« ou à son renvoi à un ministre ou à une autre commission »*, tout député peut demander au Président de l'Assemblée que cette pétition soit soumise à l'Assemblée ; sa demande est transmise à la Conférence des présidents qui statue.

3 Passé ce délai, ou lorsque la Conférence des présidents ne fait pas droit à la demande, les décisions de la commission deviennent définitives et sont publiées au *Journal officiel*.

4 Lorsque la Conférence des présidents fait droit à la demande, le rapport sur la pétition qui a été publié au feuilleton est déposé, imprimé et distribué ; ce rapport reproduit le texte intégral de la pétition.

[Résol. 23 oct. 1969 et 4 juin 2019.]

Art. 150 Les rapports déposés en application des articles **148**, alinéa *(Résol. 4 juin 2019, art. 55)* « 4 », et **149**, alinéa 4, peuvent être inscrits à l'ordre du jour de l'Assemblée *(Résol. 27 mai 2009, art. 131)* « dans les conditions et sous les réserves prévues à l'article 48 ».

[Résol. 23 oct. 1969 ; 27 mai 2009 et 4 juin 2019.]

Art. 151 **1** Le débat en séance publique sur les rapports faits en application des articles **148**, alinéa *(Résol. 4 juin 2019, art. 56)* « 4 », et **149**, alinéa 4, s'engage par l'audition du rapporteur de la commission.

2 La parole est ensuite donnée *(Abrogé par Résol. 4 juin 2019, art. 56)* « *, s'il y a lieu, au député ayant déposé la pétition, en application de l'article 147, alinéa 1, puis* » au député ayant demandé qu'elle soit soumise à l'Assemblée.

3 Au vu de la liste des orateurs inscrits dans la discussion, le Président fixe le temps de parole de chacun d'eux.

4 Le Gouvernement a la parole quand il la demande.

5 Après l'audition du dernier orateur, le Président passe à la suite de l'ordre du jour.

[Résol. 23 oct. 1969 et 4 juin 2019.]

CHAPITRE IX *Affaires européennes* *(Résol. 27 mai 2009, art. 132)*.

Art. 151-1 *(Résol. 27 mai 2009, art. 133)* **1** Il est institué, conformément à l'article 88-4 de la Constitution, une commission chargée des affaires européennes. Cette commission suit, dans les conditions définies au présent chapitre, les travaux conduits par les institutions européennes. Elle est dénommée Commission des affaires européennes.

2 La Commission des affaires européennes est composée de quarante-huit membres désignés, suivant la procédure fixée à l'article 25, de manière à assurer une représentation proportionnelle des groupes politiques et une représentation équilibrée des commissions permanentes.

3 Les membres de la Commission des affaires européennes sont nommés au début de la législature et pour la durée de celle-ci.

4 Au début de la législature, la Commission des affaires européennes est convoquée par le Président de l'Assemblée en vue de procéder à la nomination de son bureau, qui comprend, outre le président, quatre vice-présidents et quatre secrétaires. Le bureau est élu selon la procédure fixée à l'article 39, alinéas 4 et 5. La présidence de la commission ne peut être cumulée avec la présidence d'une commission permanente.

5 Les convocations, les votes, les auditions des membres du Gouvernement et la publicité des travaux sont organisés dans les conditions prévues au chapitre X du titre Ier.

6 La Commission des affaires européennes peut inviter à participer à ses travaux, avec voix consultative, les membres français du Parlement européen.

[Résol. 27 mai 2009.]

Art. 151-1-1 *(Résol. 27 mai 2009, art. 134)* La Commission des affaires européennes peut, de sa propre initiative ou à la demande d'une commission permanente ou spéciale saisie au fond d'un projet ou d'une proposition de loi portant sur un domaine couvert par l'activité de l'Union européenne, formuler des observations sur toute disposition de ce projet ou de cette proposition. Ces observations peuvent être présentées devant la commission permanente ou spéciale saisie au fond du projet ou de la proposition de loi. La Conférence des présidents peut autoriser la Commission des affaires européennes à présenter ses observations en séance publique.

[Résol. 27 mai 2009.]

Art. 151-2 *(Résol. 27 mai 2009, art. 135)* **1** La transmission des projets ou propositions d'actes des Communautés européennes et de l'Union européenne soumis par le Gouvernement à l'Assemblée, en application de l'article 88-4 de la Constitution, fait l'objet d'une insertion au *Journal officiel*.

2 Les projets et propositions mentionnés à l'alinéa 1 sont imprimés et distribués. Ils sont examinés par la Commission des affaires européennes qui peut transmettre aux commissions permanentes, de sa propre initiative ou à leur demande, ses analyses assorties ou non de conclusions. Elle peut déposer un rapport d'information concluant éventuellement au dépôt d'une proposition de résolution.

3 La Commission des affaires européennes peut déposer un rapport d'information sur tout document émanant d'une institution de l'Union européenne, concluant éventuellement au dépôt d'une proposition de résolution.

[Résol. 27 mai 2009.]

Art. 151-3 *(Résol. 27 mai 2009, art. 136)* La transmission des projets d'actes législatifs européens par les institutions de l'Union européenne en application de l'article 4 du protocole sur l'application des principes de subsidiarité et de proportionnalité annexé au traité sur l'Union européenne et au traité sur le fonctionnement de l'Union européenne fait l'objet d'une insertion au *Journal officiel*.

[Résol. 27 mai 2009.]

Art. 151-4 *(Résol. 27 mai 2009, art. 137)* **1** Les propositions de résolution déposées sur le fondement de l'article 88-4 de la Constitution sont présentées, examinées et discutées, sous réserve des dispositions du présent chapitre, suivant la procédure applicable en première lecture aux propositions de loi, à l'exception des dispositions faisant application à ces dernières des articles 34, 40 et 41 et de l'article 42, alinéa 3, de la Constitution.

2 Les propositions de résolution contiennent le visa des documents émanant des institutions de l'Union européenne sur lesquels elles s'appuient.

[Résol. 27 mai 2009.]

Art. 151-5 *(Résol. 27 mai 2009, art. 138)* Les propositions de résolution européenne autres que celles qui sont présentées sur le fondement de l'article 151-2, alinéas 2 ou 3, sont renvoyées à l'examen préalable de la Commission des affaires européennes. Lorsque le Gouvernement, le président d'une commission permanente ou le président d'un groupe le demande, la commission doit déposer son rapport dans le délai d'un mois suivant cette demande. Son rapport conclut soit au rejet, soit à l'adoption de la proposition de résolution, éventuellement amendée. Le texte adopté par la Commission des affaires européennes ou, à défaut, la proposition de résolution initiale est renvoyé à la commission permanente compétente.

[Résol. 27 mai 2009.]

Art. 151-6 *(Résol. 27 mai 2009, art. 138)* **1** Les propositions de résolution sont examinées par la commission permanente saisie au fond. Celle-ci se prononce sur la base du texte adopté par la Commission des affaires européennes ou, à défaut, du texte de la proposition de résolution.

2 Si, dans un délai d'un mois suivant le dépôt d'une proposition de résolution sur le fondement de l'article 151-2, alinéas 2 ou 3, ou du rapport prévu à l'article 151-5, la commission permanente saisie au fond n'a pas déposé son rapport, le texte de la Commission des affaires européennes est considéré comme adopté par la commission permanente saisie au fond.

3 Le rapporteur de la Commission des affaires européennes participe aux travaux de la commission saisie au fond.

[Résol. 27 mai 2009.]

Art. 151-7 *(Résol. 27 mai 2009, art. 138)* **1** Dans les quinze jours francs suivant la mise à disposition par voie électronique du texte adopté ou considéré comme adopté par la commission saisie au fond, la Conférence des présidents, saisie par le Gouvernement, le président d'un groupe, le président d'une commission permanente ou le président de la Commission des affaires européennes peut proposer à l'Assemblée d'inscrire une proposition de résolution à l'ordre du jour. Si aucune demande n'est soumise à la conférence ou si celle-ci rejette la demande ou ne statue pas sur cette dernière avant l'expiration du délai de quinze jours francs précité, le texte adopté ou considéré comme adopté par la commission permanente saisie au fond est considéré comme définitif.

2 Lorsque la commission permanente saisie au fond a conclu au rejet de la proposition dont elle était saisie et si l'inscription à l'ordre du jour est décidée, l'Assemblée vote sur les conclusions de rejet. Si ces conclusions ne sont pas adoptées, la discussion s'engage sur les articles de la proposition ou, en cas de pluralité, de la première proposition déposée.

3 Si l'Assemblée décide l'inscription à l'ordre du jour, des amendements peuvent être présentés dans les conditions prévues à l'article 99.

4 Les résolutions adoptées par l'Assemblée ou considérées comme définitives sont transmises au Gouvernement. Elles sont publiées au *Journal officiel*.

[Résol. 27 mai 2009.]

Art. 151-8 *(Résol. 27 mai 2009, art. 138)* Les informations communiquées par le Gouvernement sur les suites données aux résolutions adoptées par l'Assemblée sont transmises aux commissions compétentes et à la Commission des affaires européennes.

[Résol. 27 mai 2009.]

Art. 151-9 *(Résol. 27 mai 2009, art. 138)* **1** Les propositions de résolution déposées sur le fondement de l'article 88-6 de la Constitution sont présentées, examinées et discutées, sous réserve des dispositions du présent article et de l'article 151-10 du présent Règlement, suivant la procédure applicable aux propositions de résolution déposées sur le fondement de l'article 88-4 de la Constitution.

2 Les propositions de résolution portant avis motivé sur la conformité d'un projet d'acte législatif européen au principe de subsidiarité et celles tendant à former un recours devant la Cour de justice de l'Union européenne pour violation du principe de subsidiarité, déposées sur le fondement de l'article 88-6 de la Constitution, sont recevables dans le délai de huit semaines à compter, respectivement, de la transmission dans les langues officielles de l'Union du projet d'acte législatif européen ou de la publication de l'acte législatif européen sur lequel elles s'appuient. La procédure d'examen est interrompue à l'expiration de ce délai.

3 Pour l'examen de ces propositions de résolution, les délais mentionnés à l'article 151-5 et à l'article 151-6, alinéa 2, du présent Règlement sont ramenés à quinze jours francs.

[Résol. 27 mai 2009.]

Art. 151-10 *(Résol. 27 mai 2009, art. 138)* Le Président de l'Assemblée transmet aux Présidents du Parlement européen, du Conseil de l'Union européenne et de la Commission européenne les résolutions portant avis motivé sur la conformité d'un projet d'acte législatif européen au principe de subsidiarité adoptées par l'Assemblée ou considérées comme définitives. Il en informe le Gouvernement.

[Résol. 27 mai 2009.]

Art. 151-11 *(Résol. 27 mai 2009, art. 138)* Le Président de l'Assemblée transmet au Gouvernement, aux fins de saisine de la Cour de justice de l'Union européenne, tout recours contre un acte législatif européen pour violation du principe de subsidiarité formé, dans les deux mois qui suivent la publication de l'acte, par au moins soixante députés. Le cas échéant, l'examen des propositions de résolution portant sur le même acte législatif est interrompu.

[Résol. 27 mai 2009.]

Art. 151-12 *(Résol. 27 mai 2009, art. 138)* **1** La transmission des initiatives visées à l'avant-dernier alinéa du 7 de l'article 48 du traité sur l'Union européenne ou des propositions de décision visées au deuxième alinéa du 3 de l'article 81 du traité sur le fonctionnement de l'Union européenne, tels qu'ils résultent du traité de Lisbonne modifiant le traité sur l'Union européenne et le traité instituant la Communauté européenne, signé le 13 décembre 2007, fait l'objet d'une insertion au *Journal officiel*.

2 Les documents mentionnés à l'alinéa 1 sont imprimés et distribués. Ils sont examinés par la Commission des affaires européennes qui peut transmettre aux commissions permanentes ses analyses, assorties ou non de conclusions, ou déposer un rapport d'information.

3 Il ne peut être présenté à l'Assemblée, sur le fondement de l'article 88-7 de la Constitution, qu'une seule motion tendant à s'opposer à la modification des règles d'adoption d'actes de l'Union européenne envisagée. Cette motion doit contenir le visa de l'initiative ou de la proposition de décision à laquelle elle s'oppose et ne peut être assortie d'aucune condition ou réserve. Elle ne peut faire l'objet d'aucun amendement. Elle doit être signée par un dixième au moins des membres de l'Assemblée et être présentée dans un délai de six mois à compter de la transmission visée à l'alinéa 1 du présent article. La procédure d'examen est interrompue à l'expiration de ce délai.

4 Cette motion est renvoyée à la commission permanente compétente, qui rend son rapport dans un délai d'un mois. Le rapport conclut à l'adoption ou au rejet de la motion.

5 La motion est inscrite à l'ouverture de la plus prochaine séance, sous réserve des priorités définies à l'article 48, alinéas 2 et 3, de la Constitution. La discussion est organisée par la Conférence des présidents dans les conditions prévues à l'article 49, alinéas 1 à *(Résol. 4 juin 2019, art. 57)* « 5 », du présent Règlement. Avant le vote, la parole est accordée, pour cinq minutes, à un orateur de chaque groupe.

6 Lorsque la motion est adoptée par l'Assemblée, elle est immédiatement transmise au Sénat.

7 Lorsque l'Assemblée est saisie par le Sénat d'une motion tendant à s'opposer à la modification des règles d'adoption d'actes de l'Union européenne, la motion est immédiatement renvoyée à la commission permanente compétente. Les dispositions prévues aux alinéas précédents pour l'examen d'une telle motion sont applicables.

8 En cas d'adoption par l'Assemblée d'une motion transmise par le Sénat, le Président de l'Assemblée en informe le Président du Sénat. Il notifie le texte d'une motion s'opposant à une initiative visée à l'avant-dernier alinéa du 7 de l'article 48 du traité sur l'Union européenne au Président du Conseil européen et le texte d'une motion s'opposant à une proposition de décision visée au deuxième alinéa du 3 de l'article 81 du traité sur le fonctionnement de l'Union européenne au Président du Conseil de l'Union européenne et en informe le Gouvernement. Ce texte est publié au *Journal officiel*.

9 En cas de rejet de la motion transmise par le Sénat, le Président de l'Assemblée en informe le Président du Sénat. Aucune motion tendant à s'opposer à la même initiative ou proposition de décision n'est plus recevable devant l'Assemblée.

10 Le délai mentionné à l'alinéa 4 est suspendu entre les sessions ordinaires ou lorsque l'inscription de la discussion de la motion à l'ordre du jour a été empêchée par la mise en œuvre des priorités prévues à l'article 48, alinéas 2 et 3, de la Constitution.

[Résol. 27 mai 2009 et 4 juin 2019.]

DEUXIÈME PARTIE *Mise en jeu de la responsabilité gouvernementale*

CHAPITRE X *Débat sur le programme ou sur une déclaration de politique générale du Gouvernement* (*Résol. 27 mai 2009, art. 139*).

Art. 152 1 Lorsque, par application de l'article 49, alinéa 1, de la Constitution, le Premier ministre engage la responsabilité du Gouvernement sur son programme ou sur une déclaration de politique générale, la Conférence des présidents organise le débat dans les conditions prévues à l'article 132 (*Résol. 27 mai 2009, art. 139*) « , alinéas 2 à 4 ».

2 Après la clôture du débat, la parole peut être accordée pour une explication de vote d'une durée de quinze minutes à l'orateur désigné par chaque groupe et d'une durée de cinq minutes aux autres orateurs. Les dispositions relatives à la clôture sont applicables à ces derniers.

3 Le Président met aux voix l'approbation du programme ou de la déclaration du Gouvernement. (*Résol. 27 mai 2009, art. 139*) « Le scrutin a lieu conformément à l'article 66, paragraphe II. »

4 Le vote est émis à la majorité absolue des suffrages exprimés.

[Résol. 23 oct. 1969 ; 29 janv. 1994 et 27 mai 2009.]

CHAPITRE XI *Motions de censure et interpellations* (*Résol. 27 mai 2009, art. 140*).

Art. 153 1 Le dépôt des motions de censure est constaté par la remise au Président de l'Assemblée d'un document portant l'intitulé "Motion de censure" suivi de la liste des signatures du dixième au moins des membres de l'Assemblée. Ce dixième est calculé sur le nombre des sièges effectivement pourvus avec, en cas de fraction, arrondissement au chiffre immédiatement supérieur.

2 Le même député ne peut signer plusieurs motions de censure à la fois.

3 Les motions de censure peuvent être motivées.

4 A partir du dépôt, aucune signature ne peut être retirée ni ajoutée. Le Président notifie la motion de censure au Gouvernement, la fait afficher et en donne connaissance à l'Assemblée lors de sa plus prochaine séance. La liste *ne varietur* des signataires est publiée au compte rendu (*Résol. 27 mai 2009, art. 141*) « de la séance ».

[Résol. 10 oct. 1995 et 27 mai 2009.]

Art. 154 1 La Conférence des présidents fixe la date de discussion des motions de censure, qui doit avoir lieu au plus tard le troisième jour de séance suivant l'expiration du délai constitutionnel de quarante-huit heures consécutif au dépôt.

2 Le débat est organisé dans les conditions prévues à l'article 132 (*Résol. 27 mai 2009, art. 142*) « , alinéas 2 à 4 ». S'il y a plusieurs motions, la conférence peut décider qu'elles seront discutées en commun sous réserve qu'il soit procédé pour chacune à un vote séparé.

3 Aucun retrait d'une motion de censure n'est possible après sa mise en discussion. Lorsque la discussion est engagée, elle doit être poursuivie jusqu'au vote.

4 Après la discussion générale, la parole peut être accordée pour une explication de vote d'une durée de quinze minutes à l'orateur désigné par chaque groupe et d'une durée de cinq minutes aux autres orateurs. Les dispositions relatives à la clôture sont applicables à ces derniers.

5 Il ne peut être présenté d'amendement à une motion de censure.

6 Seuls les députés favorables à la motion de censure participent au scrutin, qui a lieu conformément aux dispositions de l'article 66, paragraphe II.

[Résol. 23 oct. 1969 ; 26 janv. 1994 et 27 mai 2009.]

Art. 155 1 Lorsqu'en application de l'article 49, alinéa 3, de la Constitution, le Premier ministre engage la responsabilité du Gouvernement sur le vote d'un texte, le débat est immédiatement suspendu durant vingt-quatre heures.

2 Dans ce délai, une motion de censure répondant aux conditions prévues par l'article 153 peut être remise au Président de l'Assemblée. Le libellé de la motion doit viser l'article 49, alinéa 3, de la Constitution. La motion est immédiatement affichée.

3 S'il y a lieu, le Président de l'Assemblée prend acte du dépôt d'une motion de censure dans le délai précité. Il le notifie au Gouvernement. Dans le cas contraire, le Président prend acte de l'adoption du texte concerné à l'expiration du même délai. Il en informe le Gouvernement.

4 Le Président informe l'Assemblée, immédiatement ou à l'ouverture de la plus prochaine séance.

5 L'inscription à l'ordre du jour, la discussion et le vote de la motion visée à l'alinéa 2 ont lieu dans les conditions prévues au présent chapitre.

[Résol. 26 janv. 1995 et 10 oct. 1995.]

Art. 156 **1** Le député qui désire interpeller le Gouvernement en informe le Président de l'Assemblée au cours d'une séance publique en joignant à sa demande une motion de censure répondant aux conditions fixées par l'article 153.

2 La notification, l'affichage, l'inscription à l'ordre du jour, la discussion et le vote sur la motion de censure ont lieu dans les conditions prévues aux articles 153 et 154. Dans la discussion, l'auteur de l'interpellation a la parole par priorité.

TROISIÈME PARTIE *Haute Cour et Cour de justice de la République* *(Résol. 27 mai 2009, art. 143).*

CHAPITRE XII *Haute Cour* *(Résol. 27 mai 2009, art. 143).*

Art. 157 *(Résol. 27 mai 2009, art. 144)* Le Parlement constitué en Haute Cour prononce la destitution du Président de la République dans les conditions prévues par l'article 68 de la Constitution et la loi organique à laquelle il fait référence.

[Résol. 27 mai 2009.]

Art. 157-1 *Abrogé par Résol. 27 mai 2009, art. 145.*

CHAPITRE XIII *Cour de justice de la République* *(Résol. 27 mai 2009, art. 146-I).*

Art. 158 *(Résol. 27 mai 2009, art. 146)* **1** Au début de la législature, l'Assemblée élit six juges titulaires et six juges suppléants de la Cour de justice de la République.

2 Il est procédé à l'élection par un seul scrutin secret, plurinominal.

3 Le nom d'un candidat suppléant est associé à celui de chaque candidat titulaire.

4 Les dispositions de l'article 26, concernant le dépôt des candidatures, la distribution des bulletins et la validité des votes, sont applicables à cette élection.

5 Sont élus, à chaque tour de scrutin, dans l'ordre des suffrages, les candidats ayant obtenu un nombre de voix au moins égal à la majorité absolue des suffrages exprimés. Il est procédé à autant de tours de scrutin qu'il est nécessaire, jusqu'à ce que tous les sièges soient pourvus. Ne sont comptabilisés ensemble que les suffrages portant sur le même titulaire et le même suppléant.

6 En cas d'égalité des suffrages pour les derniers sièges à pourvoir, les candidats sont proclamés élus dans l'ordre d'âge des candidats titulaires, en commençant par le plus âgé, jusqu'à ce que tous les sièges soient pourvus.

[Résol. 27 mai 2009.]

TITRE IV **Dispositions diverses** *(Résol. 27 mai 2009, art. 147).*

Art. 159 *(Résol. 27 mai 2009, art. 148)* **1** L'indemnité de fonction instituée par l'article 2 de l'ordonnance n° 58-1210 du 13 décembre 1958 portant loi organique relative à l'indemnité des membres du Parlement est payable mensuellement, sur sa base annuelle, compte non tenu de la durée des sessions, à tous les députés qui prennent part régulièrement aux travaux de l'Assemblée.

2 Les députés peuvent s'excuser de ne pouvoir assister à une séance déterminée. Les demandes doivent faire l'objet d'une déclaration écrite, motivée et adressée au Président.

(Résol. 4 juin 2019, art. 58) « Le député inscrit sur le registre public mentionné à l'article 80-1-1, alinéa 3, est considéré comme étant présent en séance publique, dans les conditions définies par le Bureau. »

3 Compte tenu des cas où la délégation de vote a été donnée, conformément à l'ordonnance n° 58-1066 du 7 novembre 1958 précitée *[portant loi organique autorisant exceptionnellement les parlementaires à déléguer leur droit de vote, V. ce texte ss. Const. 58, art. 27]*, des votes sur les motions de censure et des excuses présentées en application de l'alinéa précédent, le fait d'avoir pris part, pendant une session, à moins des deux tiers des scrutins publics auxquels il a été procédé en application du 3° de l'article 65, ou de l'article 65-1, entraîne une retenue du tiers de l'indemnité de fonction pour une durée égale à celle de la session ; si le même député a pris part à moins de la moitié des scrutins, cette retenue est doublée.

[Résol. 27 mai 2009 et 4 juin 2019.]

Art. 160 *(Résol. 27 mai 2009, art. 149)* **1** Des insignes peuvent être portés par les députés, lorsqu'ils sont en mission, dans les cérémonies publiques et en toutes circonstances où ils ont à faire connaître leur qualité.

2 La nature de ces insignes est déterminée par le Bureau de l'Assemblée.

[Résol. 27 mai 2009.]

Art. 161 à 163 *Abrogés par Résol. 27 mai 2009, art. 150 à 152.*

Art. 164 *(Résol. 28 nov. 2014, art. 39)* Il est établi, au début de chaque législature, par les soins du Secrétariat général de l'Assemblée nationale, un recueil des textes authentiques des programmes et engagements électoraux des députés proclamés élus à la suite des élections générales. Ce recueil est consultable sur le site internet de l'Assemblée nationale.

[Résol. 28 nov. 2014.]

Règlement du Sénat

Version à jour au 13 juill. 2019 (date de publication au JO de la Décis. n° 2019-786 DC du 11 juill. 2019, résolution clarifiant et actualisant le règlement du Sénat).

CHAPITRE PREMIER *Renouvellement des instances du Sénat* (*Résol. 18 juin 2019, art. 1er*).

Art. 1er 1. — A l'ouverture de la première séance qui suit chaque renouvellement du Sénat, le plus âgé des membres présents occupe le fauteuil jusqu'à la proclamation de l'élection du Président.

2. — Les six plus jeunes sénateurs présents remplissent les fonctions de secrétaire jusqu'à l'élection du Bureau définitif.

3. — Aucun débat ne peut avoir lieu sous la présidence du Président d'âge.

Art. 2 1. — Immédiatement après l'installation du Président d'âge, il est procédé, en séance publique, à l'élection du Président.

(*Résol. 18 juin 2019, art. 1er*) « 2. — L'élection du Président a lieu au scrutin secret à la tribune.

« 3. — Les secrétaires d'âge dépouillent le scrutin. Le Président d'âge en proclame le résultat.

« 4. — Si la majorité absolue des suffrages exprimés n'a pas été acquise au premier ou au deuxième tour de scrutin, au troisième tour la majorité relative suffit ; en cas d'égalité des suffrages, le plus âgé est proclamé élu.

« 5. — En cas de vacance, il est pourvu au remplacement du Président du Sénat selon la procédure prévue aux alinéas 2 à 4. »

[Résol. 16 janv. 1959 ; 22 avr. 1971 et 18 juin 2019.]

Art. 2 *bis* (*Résol. 18 juin 2019, art. 1er*) 1. — Les autres membres du Bureau définitif sont désignés lors de la séance qui suit l'élection du Président.

2. — Le Bureau définitif du Sénat se compose d'un Président, de huit vice-présidents, de trois questeurs et de quatorze secrétaires, respectivement désignés pour trois ans.

3. — Après l'élection du Président, les présidents des groupes se réunissent pour établir les listes des candidats aux fonctions de vice-président, de questeur et de secrétaire.

4. — Ces listes sont établies selon la représentation proportionnelle des groupes au plus fort reste : d'abord pour les postes de vice-président et de questeur, compte tenu de l'élection du Président ; puis pour l'ensemble du Bureau, le délégué de la réunion administrative des sénateurs n'appartenant à aucun groupe possédant les mêmes droits qu'un président de groupe en ce qui concerne la nomination des secrétaires du Sénat. Ces listes sont remises au Président qui fait connaître en séance qu'il a été procédé à leur affichage.

5. — Pendant un délai d'une heure, il peut être fait opposition à ces listes pour non-respect de la représentation proportionnelle. L'opposition, pour être recevable, doit être rédigée par écrit, signée par trente sénateurs ou le président d'un groupe, et remise au Président.

6. — A l'expiration du délai d'opposition, s'il n'en a pas été formulé, les listes des candidats sont ratifiées par le Sénat et le Président procède à la proclamation des vice-présidents, des questeurs et des secrétaires.

7. — Si le Président a été saisi d'une opposition, il la porte à la connaissance du Sénat qui statue sur sa prise en considération, après un débat où peuvent seuls être entendus un orateur pour et un orateur contre.

8. — Le rejet de la prise en considération équivaut à la ratification de la liste présentée, dont les candidats sont sur le champ proclamés élus par le Président. La prise en considération entraîne l'annulation de la liste litigieuse. Dans ce cas, les présidents des groupes se réunissent immédiatement pour établir une nouvelle liste sur laquelle il est statué dans les mêmes conditions que pour la première.

9. — En cas de vacance d'un poste de vice-président, de questeur ou de secrétaire, le groupe intéressé fait connaître au Président du Sénat le nom du candidat qu'il propose et il est pourvu au remplacement selon la même procédure.

10. – Lorsque le Sénat ne tient pas séance, le Président du Sénat peut décider de remplacer l'annonce en séance de cette candidature par une insertion au *Journal officiel*, le délai d'opposition expirant alors à minuit le lendemain de cette publication. Le Président en informe le Sénat lors de la plus prochaine séance.

[Résol. 18 juin 2019.]

Art. 3 *(Résol. 18 juin 2019, art. 1er)* « 1. – Le Bureau définitif a tous pouvoirs pour présider aux délibérations du Sénat et pour organiser et diriger tous ses services dans les conditions déterminées par le présent Règlement. »

2. – Les vice-présidents suppléent et représentent le Président en cas d'absence.

3. – Lorsque le Président du Sénat est appelé à exercer les fonctions de Président de la République, *(Résol. 18 juin 2019, art. 1er)* « en » application de l'article 7 de la Constitution, le Bureau désigne un des vice-présidents pour le remplacer provisoirement.

[Résol. 16 janv. 1959 ; 22 avr. 1971 ; 18 déc. 1991 ; 2 juin 2009 ; 13 mai 2015 et 18 juin 2019.]

Art. 4 Après *(Résol. 18 juin 2019, art. 1er)* « la désignation » du Bureau définitif, le Président du Sénat fait connaître au Président de la République et à l'Assemblée nationale que le Sénat est constitué.

[Résol. 18 juin 2019.]

Art. 4 *bis* *(Résol. 18 juin 2019, art. 1er)* 1. – A l'ouverture de la première séance qui suit chaque renouvellement du Sénat, il est procédé à une attribution provisoire des places dans la salle des séances.

2. – Dès que les listes de membres des groupes ont été publiées, conformément à l'article 5, le Président convoque les représentants des groupes en vue de procéder à l'attribution définitive des places.

3. – Vingt-quatre heures avant cette réunion, les membres du Sénat n'appartenant à aucun groupe font connaître au Président à côté de quel groupe ils désirent siéger.

[Résol. 18 juin 2019.]

CHAPITRE II ***Groupes politiques : constitution, déclaration comme groupe d'opposition ou minoritaire, exercice du droit de tirage*** *(Résol. 18 juin 2019, art. 2).*

Art. 5 1. – Les sénateurs peuvent s'organiser en groupes par affinités politiques. Nul ne peut faire partie de plusieurs groupes ni être contraint de faire partie d'un groupe.

(Résol. 18 juin 2019, art. 2) « 2. – La constitution, au sein du Sénat, de groupes tendant à défendre des intérêts particuliers, locaux ou professionnels, est interdite.

« 3. » – Les groupes sont constitués par la remise à la Présidence du Sénat de la liste des sénateurs qui ont déclaré y adhérer. *(Résol. 18 juin 2019, art. 2)* « Au moment de leur création et après chaque renouvellement du Sénat, les groupes remettent à la Présidence du Sénat, pour publication au *Journal officiel*, la liste des sénateurs qui en sont membres, une déclaration politique formulant les objectifs et les moyens de la politique qu'ils préconisent et une déclaration par laquelle ils se définissent comme groupe d'opposition ou comme groupe minoritaire au sens de l'article 51-1 de la Constitution. Ils peuvent retirer ou modifier cette dernière à tout moment.

« 4. – » Les groupes constituent librement *(Résol. 18 juin 2019, art. 2)* « leur bureau.

« 5. – » Chaque groupe compte au moins *(Résol. 19 déc. 2011, art. 1er)* « dix » membres. *(Résol. 13 mai 2015, art. 2)* « Il est constitué en vue de sa gestion sous forme d'association, présidée par le président du groupe et composée des sénateurs qui y ont adhéré et de ceux qui y sont apparentés ou rattachés administrativement. »

(Résol. 18 juin 2019, art. 2) « 6. – Sous réserve de la décision de la Conférence des Présidents, les droits spécifiques reconnus aux groupes d'opposition et aux groupes minoritaires sont attribués sur le fondement de la situation des groupes après la constitution du Bureau définitif puis chaque année au début de la session ordinaire.

« 7. – Chaque groupe peut assurer son service intérieur par un secrétariat administratif dont il règle lui-même le statut, le recrutement et le mode de rétribution. » Les conditions d'installation matérielle des secrétariats des groupes et les droits d'accès et de circulation de leur personnel dans le Palais sont fixés par le Bureau du Sénat sur proposition des questeurs.

[Résol. 16 janv. 1959 ; 22 avr. 1971 ; 19 déc. 2011 ; 13 mai 2015 et 18 juin 2019.]

Art. 5 *bis* *Abrogé par Résol. 18 juin 2019, art. 2.*

Art. 6 1. – Les formations dont l'effectif est inférieur à *(Résol. 18 juin 2019, art. 2)* « celui requis pour la constitution d'un groupe et les sénateurs ne figurant sur la liste d'aucun groupe ou d'aucune formation » peuvent soit s'apparenter, soit se rattacher administrativement à un groupe de leur choix, avec *(Résol. 18 juin 2019, art. 2)* « l'accord » de ce groupe.

(Résol. 18 juin 2019, art. 2) « 2. – » L'indication des formations ou des sénateurs qui ont déclaré, en vertu du présent article, s'apparenter ou se rattacher administrativement à un groupe, figure à la suite de la liste des membres dudit groupe *(Résol. 18 juin 2019, art. 2)* « remise à la Présidence du Sénat en application de l'article 5, alinéa 3.

« 3. – » Les sénateurs qui ne sont ni inscrits, ni apparentés, ni rattachés administrativement à un groupe forment une réunion administrative représentée par un délégué élu *(Résol. 18 juin 2019, art. 2)* « en son sein ». *(Résol. 13 mai 2015, art. 2)* « La réunion administrative est constituée en vue de sa gestion sous forme d'association, présidée par son délégué et composé des sénateurs qui la forment. »

(Résol. 18 juin 2019, art. 2) « 4. – Lorsqu'il y a lieu de répartir des temps de parole ou de procéder à des désignations selon la règle de représentation proportionnelle des groupes, l'effectif à prendre en compte inclut les sénateurs rattachés ou apparentés. »

[Résol. 16 janv. 1959 ; 22 avr. 1971 ; 2 juin 2009 ; 19 déc. 2011 ; 13 mai 2015 et 18 juin 2019.]

Art. 6 *bis* 1. *(Résol. 2 juin 2009, art. 2)* – Chaque groupe a droit à la création d'une commission d'enquête ou d'une mission d'information par année parlementaire. *(Résol. 18 juin 2019, art. 2)* « La demande de création d'une commission d'enquête ou d'une mission d'information est formulée au plus tard une semaine avant la réunion de la Conférence des Présidents qui doit en prendre acte.

« 2. – La fonction de président ou de rapporteur est attribuée au membre d'un groupe minoritaire ou d'opposition, le groupe à l'origine de la demande de création obtenant de droit, s'il le demande, que la fonction de président ou de rapporteur revienne à l'un de ses membres. »

[Résol. 2 juin 2009 ; 13 mai 2015 et 18 juin 2019.]

Art. 6 *ter* *(Résol. 18 juin 2019, art. 2)* 1. – La demande de création d'une commission d'enquête en application de l'article 6 *bis* prend la forme d'une proposition de résolution qui détermine avec précision, soit les faits qui donnent lieu à enquête, soit les services publics ou les entreprises nationales dont la commission d'enquête se propose d'examiner la gestion.

2. – Les alinéas 3 à 5 de l'article 8 *ter* relatifs au contrôle de la recevabilité de la proposition de résolution, à la détermination de la composition et à la désignation des membres de la commission d'enquête sont applicables.

[Résol. 2 juin 2009 ; 13 mai 2015 et 18 juin 2019.]

CHAPITRE III ***Désignation des membres des commissions permanentes*** *(Résol. 18 juin 2019, art. 3).*

Art. 7 *(Résol. 13 mai 2015, art. 4)* « 1. – Après chaque renouvellement partiel, le Sénat nomme, en séance publique, les sept commissions permanentes suivantes :

« 1° La commission des affaires économiques, qui comprend 51 membres ;

« 2° La commission des affaires étrangères, de la défense et des forces armées, qui comprend 49 membres ;

« 3° La commission des affaires sociales, qui comprend 51 membres ; »
(Résol. 18 juin 2019, art. 3) « 4° La commission de l'aménagement du territoire et du développement durable, qui comprend 49 membres ;
« 5° La commission de la culture, de l'éducation et de la communication, qui comprend 49 membres ; »
(Résol. 13 mai 2015, art. 4) « 6° La commission des finances, qui comprend 49 membres ;
« 7° La commission des lois constitutionnelles, de législation, du suffrage universel, du Règlement et d'administration générale, qui comprend 49 membres. »
(Résol. 18 juin 2019, art. 3) « 2. Un sénateur ne peut être membre que d'une commission permanente. Le Président du Sénat n'est membre d'aucune commission permanente. »

[Résol. 2 juin 2009 ; 19 déc. 2011 ; 13 mai 2015 et 18 juin 2019.]

Art. 8 1. – Le Sénat, après l'élection de son Président, fixe la date de la séance au cours de laquelle seront nommées les commissions permanentes.
2. – Avant cette séance, les *(Résol. 18 juin 2019, art. 3)* « présidents » des groupes et le délégué des sénateurs ne figurant sur la liste d'aucun groupe, après s'être concertés, remettent au Président du Sénat la liste des candidats qu'ils ont établie conformément à la règle de la proportionnalité.
(Résol. 18 juin 2019, art. 3) « 3. – Le Président du Sénat fait connaître en séance qu'il a été procédé à l'affichage de cette liste.
« 4. – Pendant un délai d'une heure, il peut être fait opposition à cette liste. L'opposition, pour être recevable, doit être rédigée par écrit, signée par trente sénateurs ou un président de groupe, et remise au Président.
« 5. – Sauf opposition, la liste des candidats est considérée comme ratifiée par le Sénat à l'expiration de ce délai.
« 6. – Si le Président a été saisi d'une opposition, il la porte à la connaissance du Sénat qui statue sur sa prise en considération après un débat où peuvent seuls être entendus un orateur pour et un orateur contre.
« 7. – Le rejet de la prise en considération équivaut à la ratification de la liste présentée. La prise en considération entraîne l'annulation de la liste litigieuse. Dans ce cas, les présidents des groupes et le délégué des sénateurs ne figurant sur la liste d'aucun groupe se réunissent sans délai pour établir une nouvelle liste sur laquelle il est statué dans les mêmes conditions que pour la première.
« 8. – En cas de vacance dans une commission permanente, le président du groupe intéressé ou, le cas échéant, le délégué des sénateurs ne figurant sur la liste d'aucun groupe, fait connaitre au Président du Sénat le nom du sénateur qu'il propose pour occuper le siège vacant et il est procédé à sa désignation selon la même procédure.
« 9. – Lorsque le Sénat ne tient pas séance, le Président du Sénat peut décider de remplacer l'annonce en séance de cette candidature par une insertion au *Journal officiel*, le délai d'opposition expirant alors à minuit le lendemain de cette publication. Le Président en informe le Sénat lors de la plus prochaine séance.
« 10. – » La liste des membres des commissions est publiée au *Journal officiel*.

[Résol. 16 janv. 1959 ; 22 avr. 1971 ; 12 juin 1989 et 18 juin 2019.]

CHAPITRE IV ***Désignation des membres des commissions spéciales, des commissions d'enquête et des commissions mixtes paritaires***

(Résol. 18 juin 2019, art. 5)

Art. 8 *bis* *(Résol. 18 juin 2019, art. 5)* 1. – Une commission spéciale comprend trente-sept membres. Elle peut être créée dans les conditions prévues à l'article 16 *bis*. *Elle est reconstituée par le Sénat après chaque renouvellement partiel et prend fin à la promulgation ou au rejet définitif du texte pour l'examen duquel elle a été constituée.*
2. – Pour la désignation des membres des commissions spéciales, une liste de candidats est établie par les présidents de groupe et, le cas échéant, le délégué des sénateurs ne figurant sur la liste d'aucun groupe, conformément à la règle de la proportionnalité, après consultation préalable des présidents de commission permanente.

3. – Il est ensuite procédé selon les modalités de constitution des commissions permanentes prévues aux alinéas 3 à 10 de l'article 8.

[Résol. 18 juin 2019.]

Art. 8 *ter* *(Résol. 18 juin 2019, art. 5)* 1. – Sous réserve de la procédure prévue à l'article 6 *bis*, la création d'une commission d'enquête par le Sénat résulte du vote d'une proposition de résolution, déposée, renvoyée à la commission permanente compétente, examinée et discutée dans les conditions fixées par le présent Règlement.

2. – Cette proposition détermine avec précision, soit les faits qui donnent lieu à enquête, soit les services publics ou les entreprises nationales dont la commission d'enquête se propose d'examiner la gestion.

3. – Lorsqu'elle n'est pas saisie au fond d'une proposition tendant à la création d'une commission d'enquête, la commission des lois constitutionnelles, de législation, du suffrage universel, du Règlement et d'administration générale émet un avis sur la conformité de cette proposition avec les dispositions de l'article 6 de l'ordonnance n° 58-1100 du 17 novembre 1958 relative au fonctionnement des assemblées parlementaires.

4. – La proposition de résolution fixe le nombre des membres de la commission d'enquête, qui ne peut excéder vingt et un.

5. – Pour la désignation des membres des commissions d'enquête dont la création est décidée par le Sénat, une liste des candidats est établie par les présidents de groupe et le délégué des sénateurs ne figurant sur la liste d'aucun groupe, conformément à la règle de la proportionnalité. Il est ensuite procédé selon les modalités de constitution des commissions permanentes prévues aux alinéas 3 à 10 de l'article 8.

6. – Tout membre d'une commission d'enquête ne respectant pas les dispositions du IV de l'article 6 de l'ordonnance n° 58-1100 du 17 novembre 1958 précitée relatives aux travaux non publics d'une commission d'enquête peut être exclu de cette commission par décision du Sénat prise sans débat sur le rapport de la commission après que l'intéressé a été entendu.

7. – En cas d'exclusion, celle-ci entraîne l'incapacité de faire partie, pour la durée du mandat, de toute commission d'enquête.

[Résol. 18 juin 2019.]

Art. 8 *quater* *(Résol. 18 juin 2019, art. 5)* 1. – En accord entre le Sénat et l'Assemblée nationale, le nombre des représentants de chaque assemblée dans les commissions mixtes paritaires prévues au deuxième alinéa de l'article 45 de la Constitution est fixé à sept.

2. – Une liste de candidats des représentants du Sénat est établie par la commission compétente après consultation des présidents de groupe et transmise au Président du Sénat par le président de la commission. Le Président du Sénat fait connaître en séance qu'il a été procédé à l'affichage de cette liste.

3. – A l'expiration d'un délai d'une heure, la liste des candidats est considérée comme ratifiée par le Sénat, sauf opposition.

4. – Pendant le délai d'une heure, il peut être fait opposition aux propositions de la commission ; cette opposition doit être rédigée par écrit et signée par trente sénateurs au moins ou par un président de groupe.

5. – Si une opposition est formulée, le Président consulte le Sénat sur sa prise en considération. Le Sénat statue après débat au cours duquel peuvent seuls être entendus l'un des signataires de l'opposition et un orateur d'opinion contraire.

6. – Si le Sénat ne prend pas l'opposition en considération, la liste des candidats est ratifiée. Si le Sénat prend l'opposition en considération, il est procédé à la désignation des candidats par un vote au scrutin plurinominal en assemblée plénière. Les candidatures font alors l'objet d'une déclaration à la Présidence une heure au moins avant le scrutin.

7. – Dans les mêmes conditions, sont désignés sept suppléants qui ne sont appelés à voter que dans la mesure nécessaire au maintien de la parité entre les deux assemblées.

[Résol. 18 juin 2019.]

CHAPITRE V *Désignation dans les organismes extérieurs au Parlement* (*Résol. 18 juin 2019, art. 4*).

Art. 9 (*Résol. 18 juin 2019, art. 4*) « 1. – Les nominations, en cette qualité, de sénateurs dans un organisme extérieur au Parlement sont effectuées par le Président du Sénat, sauf lorsque la loi prévoit qu'elles sont effectuées par l'une des commissions permanentes ou par l'Office parlementaire d'évaluation des choix scientifiques et technologiques. »

(*Résol. 18 juin 2019, art. 4*) « 2. – » (*Résol. 2 juin 2009, art. 5*) « Pour les désignations effectuées en application du présent article, il est tenu compte du principe de la représentation proportionnelle des groupes (*Résol. 18 juin 2019, art. 4*) « et du respect de la parité entre les femmes et les hommes ». »

(*Abrogé par Résol. 18 juin 2019, art. 4, à compter du prochain renouvellement du Sénat*) « *1. – Lorsque le texte constitutif d'un organisme extraparlementaire prévoit que les membres d'une ou plusieurs commissions permanentes siégeront dans son sein, la ou les commissions intéressées désignent ces membres et les font connaître au ministre intéressé par l'intermédiaire du Président du Sénat.* »

(*Résol. 18 juin 2019, art. 4, en vigueur à compter du prochain renouvellement du Sénat*) « 3. – Lorsque le texte constitutif d'un organisme prévoit la désignation d'un nombre pair de sénateurs, le Sénat désigne des femmes et des hommes en nombre égal.

« Lorsque le texte constitutif prévoit la désignation d'un seul membre, le Sénat désigne alternativement une femme et un homme.

« Lorsque le texte constitutif prévoit la désignation d'un nombre impair de sénateurs, le Sénat désigne alternativement des femmes en nombre supérieur aux hommes et des hommes en nombre supérieur aux femmes.

« En cas de cessation anticipée du mandat au sein d'un organisme, le sénateur désigné est du même sexe que le sénateur qu'il remplace. »

(*Résol. 18 juin 2019, art. 4*) « 4. – Lorsque le texte constitutif d'un organisme prévoit la nomination de certains de ses membres par une commission permanente ou par l'Office parlementaire d'évaluation des choix scientifiques et technologiques, le Président du Sénat saisit la commission intéressée ou l'office aux fins de désignation de ces membres.

« 5. – Les noms des sénateurs désignés sont portés à la connaissance du Gouvernement par l'intermédiaire du Président du Sénat. »

[*Résol. 16 janv. 1959 ; 9 juin 1959 ; 27 oct. 1960 ; 14 mai 1968 ; 21 juin 1972 ; 29 avr. 1976 ; 3 oct. 1996 ; 2 juin 2009 et 18 juin 2019.*]

Art. 9 *bis* 1. – Les sénateurs désignés pour siéger dans les organismes extérieurs au Parlement présentent, avant chaque renouvellement du Sénat, à la commission compétente, une communication sur leur activité au sein de ces organismes.

2. – Les sénateurs élus représentants de la France à l'Assemblée parlementaire du Conseil de l'Europe établissent, au moins chaque année, un rapport écrit présentant leurs travaux au sein de ladite assemblée.

Art. 10 *à* 12 *Abrogés par Résol. 18 juin 2019, art. 5.*

CHAPITRE VI *Organisation des travaux des commissions* (*Résol. 18 juin 2019, art. 6*)

Art. 13 1. – Dès leur nomination, après chaque renouvellement triennal, les commissions convoquées par le Président du Sénat nomment leur bureau, au sein duquel tous les groupes politiques (*Résol. 18 juin 2019, art. 6*) « sont » représentés.

(*Résol. 2 juin 2009, art. 6*) « 2. – Le bureau des commissions permanentes comprend, outre le président et huit vice-présidents, un secrétaire par fraction de dix membres de leur effectif. »

(*Résol. 18 juin 2019, art. 6*) « 3. – » Les vice-présidents peuvent suppléer et représenter le président de la commission permanente.

(*Résol. 18 juin 2019, art. 6*) « 4. – » L'élection du président a lieu au scrutin secret sous la présidence du président d'âge qui proclame les résultats du scrutin dont le dépouillement est effectué par les deux plus jeunes commissaires présents. *(Résol. 18 juin 2019, art. 6)* « Si la majorité absolue des suffrages n'a pas été acquise au premier ou au deuxième tour de scrutin, au troisième tour la majorité relative suffit ; en cas d'égalité des suffrages, le plus âgé est proclamé élu.

« 5. Les commissions des finances et des affaires sociales élisent ensuite chacune dans les mêmes conditions un rapporteur général qui fait, de droit, partie du bureau de la commission.

« 6. – » *(Résol. 2 juin 2009, art. 6)* « Pour la désignation des vice-présidents, les groupes établissent une liste de candidats selon le principe de la représentation proportionnelle, en tenant compte de la représentation déjà acquise à un groupe pour *(Résol. 18 juin 2019, art. 6)* « les postes de président et de rapporteur général ». Le nombre des vice-présidents est, le cas échéant, augmenté pour assurer l'attribution d'au moins un poste de président ou de vice-président à chaque groupe.

(Résol. 18 juin 2019, art. 6) « 7. – » « Après *(Résol. 18 juin 2019, art. 6)* « ces désignations », les groupes établissent la liste des candidats aux fonctions de secrétaire selon le principe de la représentation proportionnelle et compte tenu de leur représentation déjà acquise pour les autres postes du bureau. »

(Résol. 18 juin 2019, art. 6) « 8. – Le présent article est applicable au bureau d'une commission spéciale, dont le rapporteur ou les rapporteurs sont membres de droit.

« 9. – En cas de vacance, il est pourvu au remplacement du président ou du rapporteur général selon la procédure prévue, respectivement, aux alinéas 4 et 5 du présent article. En cas de vacance d'un poste de vice-président ou de secrétaire, le groupe intéressé fait connaître au président de la commission le nom du candidat qu'il propose et il est pourvu au remplacement selon la procédure prévue, respectivement, aux alinéas 6 et 7 du présent article. »

[Résol. 16 janv. 1959 ; 9 juin 1959 ; 22 avr. 1971 ; 25 oct. 1979 ; 21 nov. 1995 ; 11 mai 2004 ; 2 juin 2009 et 18 juin 2019.]

Art. 13 *bis* *(Résol. 18 juin 2019, art. 6)* Les commissions sont convoquées par leur président, en principe le vendredi précédant leur réunion ou, en dehors des sessions, dans la semaine qui précède leur réunion, sauf urgence. La lettre de convocation précise l'ordre du jour. Elle est communiquée au secrétariat de chaque groupe et de la réunion administrative des sénateurs ne figurant sur la liste d'aucun groupe.

[Résol. 18 juin 2019.]

Art. 13 *ter* *(Résol. 18 juin 2019, art. 6)* 1. – Dans chaque commission, la présence de la majorité absolue des membres en exercice, compte tenu des délégations notifiées en application de l'alinéa 1 de l'article 15, est nécessaire pour la validité des votes si le tiers des membres présents le demande.

2. – Lorsqu'un vote n'a pu avoir lieu faute de quorum, le scrutin a lieu valablement, quel que soit le nombre de présents, lors de la réunion suivante qui ne peut être tenue moins d'une heure après. Le report d'un vote faute de quorum figure au *Journal officiel*.

3. – Le vote nominal est de droit en toute matière lorsqu'il est demandé par cinq membres présents. Le résultat des votes et le nom des votants sont publiés au compte rendu détaillé des réunions de commissions.

4. – Le président d'une commission n'a pas voix prépondérante ; en cas de partage égal des voix, la disposition mise aux voix n'est pas adoptée.

[Résol. 18 juin 2019.]

Art. 14 *Abrogé par Résol. 13 mai 2015, art. 1er.*

Art. 15 *(Résol. 18 juin 2019, art. 7)* 1. – Un commissaire, lorsqu'il se trouve dans l'un des cas énumérés à l'article 1er de l'ordonnance n° 58-1066 du 7 novembre 1958 portant loi organique autorisant exceptionnellement les parlementaires à déléguer leur droit de vote, peut déléguer son droit de vote à un autre membre de la commission. La délégation est notifiée au président de la commission. Un même commissaire ne peut exercer plus d'une délégation.

2. – Le lendemain de chaque séance de commission, les noms des membres présents, des membres excusés et de ceux ayant délégué leur vote sont insérés au *Journal officiel*.

[Résol. 16 janv. 1959 ; 21 nov. 1995 ; 11 mai 2004 ; 13 mai 2015 et 18 juin 2019.]

Art. 15 *bis* *(Résol. 18 juin 2019, art. 9)* 1. – Les membres du Gouvernement ont accès dans les commissions. Ils sont entendus quand ils le demandent. Ils peuvent assister aux votes destinés à établir le texte des projets et propositions de loi sur lequel portera la discussion en séance.

2. – Lorsqu'en application de l'article 69 de la Constitution, le Conseil économique, social et environnemental désigne un de ses membres pour exposer devant le Sénat l'avis du conseil sur un projet ou une proposition de loi, celui-ci est entendu par la commission compétente et se retire au moment du vote.

3. – Les auteurs des propositions de loi, de résolution ou d'amendements, non membres de la commission, sont entendus sur décision de celle-ci.

4. – Chacune des commissions permanentes peut désigner un ou plusieurs de ses membres qui participent de droit, avec voix consultative, aux travaux de la commission des finances portant sur des crédits qui ressortissent à sa compétence.

5 – Les rapporteurs spéciaux de la commission des finances participent de droit, avec voix consultative, aux travaux des commissions permanentes dont la compétence correspond aux crédits dont ils ont le rapport.

[Résol. 18 juin 2019.]

Art. 15 *ter* *(Résol. 18 juin 2019, art. 8)* 1. – Un compte rendu détaillé des réunions des commissions est publié chaque semaine.

2. – Les réunions de commission font l'objet d'un enregistrement. Cet enregistrement a un caractère confidentiel. Les sénateurs peuvent en prendre connaissance à leur demande. Ces enregistrements sont déposés aux archives du Sénat.

3. – Les commissions peuvent décider la publicité, par les moyens de leur choix, de tout ou partie de leurs travaux. Sur décision de son président, les travaux d'une commission peuvent faire l'objet d'une communication à la presse.

4. – Chaque commission peut décider de siéger en comité secret à la demande du Premier ministre, de son président ou d'un dixième de ses membres. Elle peut ensuite décider de la publication du compte rendu de ses débats au *Journal officiel*.

[Résol. 18 juin 2019.]

CHAPITRE VII ***Travaux législatifs des commissions*** *(Résol. 18 juin 2019, art. 8).*

Art. 16 1. – Les commissions permanentes sont saisies par *(Résol. 18 juin 2019, art. 8)* « le » Président du Sénat de tous les projets ou propositions entrant dans leur compétence, ainsi que des pièces et documents qui s'y rapportent, sauf dans les cas où *(Résol. 18 juin 2019, art. 8)* « une commission spéciale est constituée en application de l'article 16 *bis* ou de l'alinéa 2 de l'article 17 ».

(Résol. 18 juin 2019, art. 8) « 2. – Les commissions permanentes renouvelées restent saisies de plein droit, après leur renouvellement, des projets et propositions qui leur avaient été renvoyés.

« 3. – Les projets de loi de finances sont envoyés de droit à la commission des finances.

« 4. – Les projets de loi de financement de la sécurité sociale sont envoyés de droit à la commission des affaires sociales.

« 5. – Les commissions désignent un ou plusieurs rapporteurs pour l'examen de chaque projet ou proposition.

« Le Bureau du Sénat détermine les catégories de collaborateurs dont chaque président peut autoriser la présence en commission et lors des auditions des rapporteurs, *ainsi que les obligations qui leur sont applicables*. »

[Résol. 16 janv. 1959 ; 21 juin 1972 ; 30 juin 1984 ; 4 oct. 1990 ; 18 déc. 1991 ; 11 mai 2004 ; 2 juin 2009 ; 13 mai 2015 et 18 juin 2019.]

Art. 16 *bis* *(Résol. 18 juin 2019, art. 8)* 1. – La constitution d'une commission spéciale est de droit lorsqu'elle est demandée par le Gouvernement.

2. – Elle peut également être décidée par le Sénat, sur proposition de son Président ou de la Conférence des Présidents en application de l'article 17, alinéa 2.

3. – La constitution d'une commission spéciale peut également être décidée par le Sénat sur la demande soit d'un président de commission permanente, soit d'un président de groupe. Cette demande est présentée dans le délai de deux jours francs suivant la publication du projet ou de la proposition ou d'un jour franc en cas d'engagement de la procédure accélérée par le Gouvernement avant cette publication. La demande est aussitôt affichée et notifiée au Gouvernement et aux présidents des groupes et des commissions permanentes. Elle est considérée comme adoptée si, avant la deuxième séance qui suit cet affichage, le Président du Sénat n'a été saisi d'aucune opposition par le Gouvernement ou un président de groupe.

4. – Si une opposition à la demande de constitution d'une commission spéciale a été formulée dans les conditions prévues à l'alinéa 3 du présent article, un débat sur la demande est inscrit d'office à la suite de l'ordre du jour du premier jour de séance suivant l'annonce faite au Sénat de l'opposition. Au cours de ce débat, peuvent seuls prendre la parole le Gouvernement, l'auteur de l'opposition, l'auteur ou le premier signataire de la demande et les présidents des commissions permanentes.

5. – Dans le cas où une commission permanente se déclare incompétente ou en cas de conflit de compétence entre plusieurs commissions permanentes, il est procédé à la constitution d'une commission spéciale.

[Résol. 18 juin 2019.]

Art. 17 1. – Toute commission permanente qui s'estime compétente pour donner un avis sur un projet, une proposition, un article de loi ou un crédit budgétaire, renvoyé à une autre commission permanente, informe le Président du Sénat qu'elle désire donner son avis.

(Résol. 18 juin 2019, art. 8) « 2. – S'il n'est saisi que d'une seule demande d'avis, le Président renvoie le texte pour avis à la commission permanente qui l'a formulée et en informe le Sénat. S'il est saisi de plusieurs demandes d'avis, le Président saisit la Conférence des Présidents, qui peut soit ordonner le renvoi pour avis aux commissions qui en ont formulé la demande, soit proposer au Sénat la création d'une commission spéciale. »

3. – Lorsqu'un projet ou une proposition a été l'objet d'un renvoi pour avis, la commission saisie désigne un *(Résol. 18 juin 2019, art. 8)* « ou plusieurs rapporteurs qui participent de droit », avec voix consultative, aux travaux de la commission saisie au fond. Réciproquement, le rapporteur de la commission saisie au fond *(Résol. 18 juin 2019, art. 8)* « participe de droit », avec voix consultative, aux travaux de la commission saisie pour avis.

(Résol. 18 juin 2019, art. 8) « 4. – L'avis est publié, sauf si la commission décide de le donner verbalement. »

[Résol. 16 janv. 1959 ; 9 juin 1959 ; 22 avr. 1971 ; 18 déc. 1991 ; 2 juin 2009 et 18 juin 2019.]

Art. 17 *bis* *(Résol. 18 juin 2019, art. 8)* 1. – Deux semaines au moins avant la discussion par le Sénat d'un projet ou d'une proposition de loi, sauf dérogation accordée par la Conférence des Présidents, la commission saisie au fond se réunit pour examiner les amendements déposés en vue de l'établissement de son texte, au plus tard l'avant-veille de cette réunion, et établir son texte. Ce délai n'est applicable ni aux amendements du Gouvernement, ni aux sous amendements. Il peut être ouvert de nouveau sur décision du président de la commission.

2. – Le président de la commission contrôle la recevabilité des amendements et sous amendements au regard de l'article 40 de la Constitution et des dispositions organiques relatives aux lois de finances et aux lois de financement de la sécurité sociale. Les amendements peuvent être communiqués au président de la commission des finances, qui rend un avis écrit sur leur recevabilité financière. Les amendements déclarés irrecevables ne sont pas mis en distribution. La commission est compétente pour se prononcer sur les autres irrecevabilités, à l'exception de celle fondée sur l'article 41 de la Constitution.

3. – Le rapport de la commission présente le texte qu'elle propose au Sénat et les opinions des groupes. Le texte adopté par la commission fait l'objet d'une publication séparée.

4. – La commission détermine son avis sur les amendements déposés sur le texte qu'elle a proposé avant le début de leur discussion par le Sénat. La commission saisie au fond est compétente pour se prononcer sur leur recevabilité, sans préjudice de l'application des articles 40 et 41 de la Constitution, des dispositions organiques relatives aux lois de finances et aux lois de financement de la sécurité sociale, ainsi que de l'article 45 du présent Règlement.

5. – Le présent article ne s'applique pas aux projets de révision constitutionnelle, aux projets de loi de finances et aux projets de loi de financement de la sécurité sociale.

[Résol. 18 juin 2019.]

Art. 18 et 19 *Abrogés par Résol. 18 juin 2019, art. 9.*

CHAPITRE VIII ***Rôle d'évaluation et de contrôle des commissions*** *(Résol. 18 juin 2019, art. 10).*

Art. 19 *bis* A *(Résol. 18 juin 2019, art. 10)* 1. – Les commissions permanentes assurent l'information du Sénat et mettent en œuvre, dans leur domaine de compétence, le contrôle de l'action du Gouvernement, l'évaluation des politiques publiques et le suivi de l'application des lois. Elles contribuent à l'élaboration du bilan annuel de l'application des lois.

2. – La commission des finances suit et contrôle l'exécution des lois de finances et procède à l'évaluation de toute question relative aux finances publiques.

3. – La commission des affaires sociales suit et contrôle l'application des lois de financement de la sécurité sociale et procède à l'évaluation de toute question relative aux finances de la sécurité sociale.

[Résol. 18 juin 2019.]

Art. 19 *bis* B *(Résol. 18 juin 2019, art. 10)* 1. – Sans préjudice des articles 20, 21 et 22 *ter*, le rapporteur est chargé de suivre l'application de la loi après sa promulgation et jusqu'au renouvellement du Sénat ; il peut être confirmé dans ces fonctions à l'issue du renouvellement. Les commissions permanentes peuvent désigner, dans les mêmes conditions, un autre rapporteur à cette fin.

2. – Lorsque le projet ou la proposition de loi a été examiné par une commission spéciale, les commissions permanentes peuvent désigner, dans les mêmes conditions, un ou plusieurs rapporteurs pour assurer le suivi de l'application des dispositions relevant de leur domaine de compétence.

[Résol. 18 juin 2019.]

Art. 19 *bis* *(Résol. 2 juin 2009, art. 11)* 1. – Lorsque la Constitution ou la loi prévoit la consultation d'une commission sur un projet de nomination, la commission compétente est saisie par le Président du Sénat aux fins de donner un avis sur ce projet de nomination.

(Résol. 18 juin 2019, art. 10) « 2. – La personnalité dont la nomination est envisagée est auditionnée par la commission.

« 3. – A l'issue de cette audition, la commission se prononce par scrutin secret. Lorsqu'il est procédé à un vote selon la procédure prévue au dernier alinéa de l'article 13 de la Constitution, le président de la commission se concerte avec le président de la commission permanente compétente de l'Assemblée nationale afin que le dépouillement intervienne au même moment dans les deux commissions. Le président de la commission communique au Président du Sénat l'avis de la commission et le résultat du vote.

« 4. – » Pour les projets de nomination par le Président de la République, le Président du Sénat transmet au Président de la République et au Premier ministre l'avis de la commission et le résultat du vote.

[Résol. 2 juin 2009 et 18 juin 2019.]

Art. 20 *(Résol. 18 juin 2019, art. 10)* Les commissions permanentes peuvent constituer en leur sein des missions d'information, qui revêtent un caractère temporaire.

[Résol. 16 janv. 1959 ; 30 juin 1984 ; 21 nov. 1995 ; 11 mai 2004 ; 2 juin 2009 et 18 juin 2019.]

Art. 21 *(Résol. 18 juin 2019, art. 10)* 1. – Sans préjudice de l'article 6 *bis*, la Conférence des Présidents peut créer une mission d'information commune à plusieurs commissions permanentes, à titre temporaire et à la demande d'un président de groupe ou des présidents des commissions permanentes intéressées.

2. – La demande précise l'objet de la mission, sa durée et le nombre de membres envisagé.

3. – Pour la nomination des membres des missions d'information communes à plusieurs commissions permanentes, une liste de candidats est établie par les présidents de groupe et le délégué des sénateurs ne figurant sur la liste d'aucun groupe, de manière à assurer une représentation proportionnelle des groupes et de la réunion administrative des sénateurs ne figurant sur la liste d'aucun groupe et une représentation équilibrée des commissions intéressées. Il est ensuite procédé selon les modalités prévues aux alinéas 3 à 10 de l'article 8.

4. – Les missions d'information communes à plusieurs commissions permanentes disposent des mêmes pouvoirs d'information, de contrôle et d'évaluation que les commissions permanentes.

[Résol. 16 janv. 1959 ; 22 avr. 1971 ; 29 avr. 1976 ; 21 nov. 1995 et 18 juin 2019.]

Art. 22 et 22 *bis* *Abrogés par Résol. 18 juin 2019, art. 10.*

Art. 22 *ter* 1. – Une commission permanente ou spéciale peut, en application de l'article 5 *ter* de l'ordonnance n° 58-1100 du 17 novembre 1958 relative au fonctionnement des assemblées parlementaires *[V. cet art. ss. Const. 58, art. 24]*, demander au Sénat de lui conférer les prérogatives attribuées aux commissions d'enquête ; la demande *(Résol. 18 juin 2019, art. 10)* « précise » l'objet et la durée de la mission, qui ne peut excéder six mois.

2. – Cette demande est transmise au Président du Sénat qui en donne connaissance au Sénat lors de la plus prochaine séance publique. Sur la proposition de la Conférence des présidents, la demande est inscrite à l'ordre du jour du Sénat.

3. – Lorsque la demande n'émane pas d'elle, la commission des lois constitutionnelles, de législation, du suffrage universel, du Règlement et d'administration générale est appelée à émettre son avis sur la conformité de cette demande avec les dispositions de l'article 6 de l'ordonnance précitée *[n° 58-1100]*.

[Résol. 3 oct. 1996 et 18 juin 2019.]

Art. 23 *Abrogé par Résol. 18 juin 2019, art. 8.*

CHAPITRE IX *Participation des sénateurs aux travaux du Sénat* *(Résol. 18 juin 2019, art. 11).*

Art. 23 *bis* A *(Résol. 18 juin 2019, art. 11)* 1. – Les sénateurs s'obligent à participer de façon effective aux travaux du Sénat.

2. – Les groupes se réunissent, en principe, le mardi matin à partir de 10 heures 30.

3. – Le Sénat consacre, en principe, aux travaux des commissions permanentes ou spéciales le mercredi matin, éventuellement le mardi matin avant les réunions des groupes et, le cas échéant, une autre demijournée fixée en fonction de l'ordre du jour des travaux en séance publique.

4. – La commission des affaires européennes et les délégations se réunissent, en principe, le jeudi, de 8 heures 30 à 10 heures 30 en dehors des semaines mentionnées au quatrième alinéa de l'article 48 de la Constitution, toute la matinée durant lesdites semaines, et de 13 heures 30 à 15 heures.

5. – Les autres réunions des différentes instances du Sénat se tiennent, en principe, en dehors des heures où le Sénat tient séance et des horaires mentionnés aux alinéas 2, 3 et 4.

6. – Toute instance souhaitant inviter l'ensemble des sénateurs à l'une de ses réunions soumet pour accord une demande à cette fin à la Conférence des Présidents ou, à défaut, au Président du Sénat.

[Résol. 18 juin 2019.]

Art. 23 *bis* *(Résol. 18 juin 2019, art. 11)* 1. – Une retenue égale à la moitié du montant trimestriel de l'indemnité de fonction est effectuée en cas d'absence, au cours d'un même trimestre de la session ordinaire :

1° Soit à plus de la moitié des votes ou, pour les sénateurs élus outre-mer, à plus des deux tiers des votes, y compris les explications de vote, sur les projets de loi et propositions de loi ou de résolution déterminés par la Conférence des Présidents ;

2° Soit à plus de la moitié ou, pour les sénateurs élus outre-mer, à plus des deux tiers de l'ensemble des réunions des commissions permanentes ou spéciales convoquées le mercredi matin et consacrées à l'examen de projets de loi ou de propositions de loi ou de résolution ;

3° Soit à plus de la moitié ou, pour les sénateurs élus outre-mer, à plus des deux tiers des séances de questions d'actualité au Gouvernement.

2. – En cas d'absence, au cours d'un même trimestre de la session ordinaire, à plus de la moitié de ces votes, plus de la moitié de ces réunions et plus de la moitié de ces séances, la retenue mentionnée à l'alinéa 1 est égale à la totalité du montant trimestriel de l'indemnité de fonction. Le seuil de la moitié est porté aux deux tiers pour les sénateurs élus outre-mer.

3. – Pour l'application des alinéas 1 et 2, la participation d'un sénateur aux travaux d'une assemblée internationale en vertu d'une désignation faite par le Sénat, à une mission outre-mer ou à l'étranger au nom de la commission permanente dont il est membre, de la commission des affaires européennes ou de la délégation aux outre-mer, est prise en compte comme une présence en séance ou en commission. Un sénateur dont le déport est inscrit sur le registre public mentionné à l'article 91 *ter* est également considéré comme présent en séance ou en commission au cours des travaux entrant dans le champ de ce déport.

4. – La retenue mentionnée aux alinéas 1 et 2 du présent article est pratiquée, sur décision des questeurs, sur les montants mensuels des indemnités versées au sénateur au cours du trimestre suivant celui au cours duquel les absences ont été constatées. Cette retenue n'est pas appliquée lorsque l'absence d'un sénateur résulte d'une maternité ou d'une longue maladie.

5. – La retenue mentionnée aux alinéas 1 et 2 s'applique sans préjudice de la possibilité pour le Bureau du Sénat de prononcer les peines disciplinaires prévues à l'article 99 *ter*. En cas d'absences d'un sénateur donnant lieu à l'application de la retenue mentionnée à l'alinéa 1 du présent article au cours de deux trimestres de la session ordinaire, le Bureau examine, sur la proposition du Président, s'il y a lieu de prononcer à son encontre une des peines disciplinaires de censure prévues à l'article 99 *ter*.

[Résol. 13 mai 2015 ; 6 juin 2018 et 18 juin 2019.]

CHAPITRE X ***Dépôt des projets et propositions*** *(Résol. 18 juin 2019, art. 12).*

Art. 24 *(Résol. 2 juin 2009, art. 13)* « 1. – Le dépôt des projets de loi, des propositions de loi transmises par l'Assemblée nationale ainsi que des propositions de loi ou de résolution présentées par les sénateurs est enregistré à la Présidence. Il fait l'objet d'une insertion au *Journal officiel*. Les projets et propositions sont envoyés à la commission compétente sous réserve de la constitution d'une commission spéciale. Ils sont publiés. Leur *(Résol. 18 juin 2019, art. 12)* « mise en ligne sur le site internet du *Sénat » fait l'objet d'une insertion au Journal officiel*. »

2. – Les propositions de loi ont trait aux matières déterminées par la Constitution et les lois organiques. Si elles sont présentées par les sénateurs, elles ne sont pas recevables lorsque leur adoption aurait pour conséquence, soit la diminution d'une ressource publique non compensée par une autre ressource, soit la création ou l'aggravation d'une charge publique.

3. – Les propositions de résolution ont trait aux décisions relevant de la compétence exclusive du Sénat. Elles sont irrecevables dans tous les autres cas, hormis ceux prévus par les textes constitutionnels et organiques.

4. – Le Bureau du Sénat ou certains de ses membres désignés par lui à cet effet sont juges de la recevabilité des propositions de loi ou de résolution.

[Résol. 16 janv. 1959 ; 27 oct. 1960 ; 29 avr. 1976 ; 4 oct. 1990 ; 18 déc. 1991 ; 21 nov. 1995 ; 2 juin 2009 et 18 juin 2019.]

Art. 24 *bis* *(Résol. 2 juin 2009, art. 14) (Résol. 18 juin 2019, art. 12)* « 1. – » Lorsque le Gouvernement engage la procédure accélérée prévue au deuxième alinéa de l'article 45 de la Constitution, il en informe le Président du Sénat, en principe, lors du dépôt du projet de loi. Dans le cas d'une proposition de loi, le Gouvernement fait part de sa décision d'engager la procédure accélérée au plus tard lors de l'inscription de la proposition à l'ordre du jour.

(Résol. 18 juin 2019, art. 12) « 2. – En cas d'opposition de la Conférence des Présidents, le Président en informe immédiatement le Gouvernement et le Président de l'Assemblée nationale.

« 3. – Quand le Président du Sénat est informé d'une opposition émanant de la Conférence des Présidents de l'Assemblée nationale, il réunit sans délai la Conférence des Présidents du Sénat, qui peut décider de s'opposer également à l'engagement de la procédure accélérée jusqu'à la clôture de la discussion générale en première lecture devant la première assemblée saisie.

« 4. – En cas d'opposition conjointe des Conférences des Présidents des deux assemblées, la procédure accélérée n'est pas engagée. »

[Résol. 2 juin 2009 et 18 juin 2019.]

Art. 25 Les projets de loi déposés par le Gouvernement peuvent être retirés par celui-ci à tous les stades de la procédure antérieurs à leur adoption définitive.

Art. 26 L'auteur d'une proposition de loi ou de résolution peut toujours la retirer, même quand la discussion est ouverte.

[Résol. 18 juin 2019.]

Art. 27 1. – Lorsque le Président de la République a demandé une nouvelle délibération *(Résol. 18 juin 2019, art. 12)* « en application de l'article 10, alinéa 2, de la Constitution », le Président du Sénat en informe le Sénat en annonçant la transmission de la loi qui a fait l'objet d'une nouvelle délibération de l'Assemblée nationale ou qui est transmise au Sénat en premier lieu pour une nouvelle délibération.

2. – Le texte de cette loi est renvoyé à l'examen de la commission qui l'avait examinée antérieurement.

3. – La demande de nouvelle délibération est imprimée avec le texte de la loi à laquelle elle s'applique.

[Résol. 18 juin 2019.]

Art. 28 1. – Les propositions de loi et les propositions de résolution déposées par les sénateurs et *(Résol. 18 juin 2019, art. 12)* « rejetées » par le Sénat ne peuvent être reproduites *(Résol. 18 juin 2019, art. 12)* « avant l'expiration d'un délai » de trois mois.

2. – Celles sur lesquelles le Sénat n'a pas statué deviennent caduques de plein droit à l'ouverture de la troisième session ordinaire suivant celle au cours de laquelle elles ont été déposées. Les propositions de loi ou de résolution déposées dans l'intervalle des sessions ordinaires sont rattachées, pour le calcul des règles de caducité, au premier jour de la session ordinaire suivant la date de leur dépôt.

[Résol. 16 janv. 1959 ; 21 nov. 1995 et 18 juin 2019.]

CHAPITRE XI *Inscription à l'ordre du jour du Sénat – Discussion immédiate* *(Résol. 18 juin 2019, art. 13).*

Art. 29 *(Résol. 2 juin 2009, art. 16)* 1. – Présidée par le Président du Sénat, la Conférence des présidents comprend les vice-présidents, les présidents des groupes, les présidents des commissions permanentes, les présidents des commissions spéciales intéressées, le président de la commission des affaires européennes ainsi que les rapporteurs généraux de la commission des finances et de la commission des affaires sociales.

2. – La Conférence des présidents est convoquée *(Résol. 18 juin 2019, art. 13)* « par le » Président du Sénat. La réunion de la Conférence des présidents peut être également demandée par deux groupes au moins pour un ordre du jour déterminé.

3. – Le Gouvernement, qui est avisé par le Président du Sénat du jour et de l'heure de la réunion de la Conférence des présidents, peut participer aux travaux de la Conférence des présidents.

4. – La Conférence des présidents règle l'ordre du jour du Sénat et délibère sur les questions concernant la procédure législative ou les travaux d'information, de contrôle et d'évaluation des politiques publiques.

(Résol. 18 juin 2019, art. 13) « 5. – Une » *(Résol. 13 mai 2015, art. 8)* « fois par session ordinaire, la Conférence des présidents se réunit pour examiner *(Résol. 18 juin 2019, art. 13)* « et assurer la coordination du programme » prévisionnel des travaux de contrôle ou d'évaluation des commissions et des délégations. Les présidents des délégations sont invités à ces réunions.

(Résol. 18 juin 2019, art. 13) « 6. – » La Conférence des présidents peut, dans un délai de dix jours suivant le dépôt d'un projet de loi, constater que les règles fixées par la loi organique pour la présentation de ce projet de loi sont méconnues ; dans ce cas, le projet de loi ne peut être inscrit à l'ordre du jour du Sénat. En cas de désaccord entre la Conférence des présidents et le Gouvernement, le Président du Sénat ou le Premier ministre peut saisir le Conseil constitutionnel qui statue dans un délai de huit jours.

(Résol. 18 juin 2019, art. 13) « 7. – » Lorsque le Gouvernement a décidé d'engager la procédure accélérée, *(Résol. 18 juin 2019, art. 13)* « mentionnée » au deuxième alinéa de l'article 45 de la Constitution, la Conférence des présidents peut s'y opposer *(Résol. 18 juin 2019, art. 13)* « dans les conditions prévues à l'article 24 *bis* du présent Règlement.

« 8. – » Dans les votes émis au sein de la Conférence des présidents, il est attribué à chaque président de groupe un nombre de voix égal au nombre des membres de son groupe, déduction faite de ceux qui sont membres de la Conférence des présidents *(Résol. 18 juin 2019, art. 13)* « , présents ou représentés ».

[Résol. 2 juin 2009 ; 13 mai 2015 et 18 juin 2019.]

Art. 29 *bis* *(Résol. 2 juin 2009, art. 17)* 1. – Dans le cadre des semaines et des jours de séance, l'ordre du jour est fixé par le Sénat, sur la base des conclusions de la Conférence des présidents.

2. – Au début de chaque session ordinaire, la Conférence des présidents détermine les semaines de séance et répartit ces semaines entre le Sénat et le Gouvernement avec l'accord de celui-ci.

3. – La Conférence fixe les semaines de séance réservées par priorité au contrôle de l'action du Gouvernement et à l'évaluation des politiques publiques.

4. – Au début de chaque session ordinaire, puis au plus tard le 1er mars suivant, ou après la formation du Gouvernement, celui-ci informe la Conférence des présidents des sujets dont il prévoit de demander l'inscription à l'ordre du jour du Sénat et de la période envisagée pour leur discussion.

5. – La Conférence des présidents programme les jours réservés à l'ordre du jour proposé par les groupes d'opposition et les groupes minoritaires et en détermine les modalités.

6. – La Conférence prend acte des demandes d'inscription par priorité présentées par le Gouvernement et propose au Sénat l'ordre du jour qui lui est réservé par priorité ou en complément des demandes du Gouvernement ou de l'ordre du jour réservé par priorité au contrôle de l'action du Gouvernement et à l'évaluation des politiques publiques. *(Résol. 18 juin 2019, art. 13)* « Les demandes d'inscription prioritaire sont adressées au plus tard la veille de la réunion de la Conférence des Présidents par le Premier ministre au Président du Sénat.

« 7. – A la demande d'un groupe politique, d'une commission, de la commission des affaires européennes ou d'une délégation, la Conférence des Présidents peut proposer au Sénat d'inscrire à l'ordre du jour un débat d'initiative sénatoriale. Le sujet du débat est adressé au Président du Sénat au plus tard quinze jours avant la réunion de la Conférence des Présidents.

« 8. – » L'ordre du jour peut être modifié à la demande du Gouvernement, *(Résol. 18 juin 2019, art. 13)* « du Président du Sénat, » d'un groupe ou de la commission compétente.

(Résol. 18 juin 2019, art. 13) « 9. – » Les conclusions de la Conférence des présidents et les modifications de l'ordre du jour sont immédiatement portées à la connaissance des sénateurs.

[Résol. 2 juin 2009 et 18 juin 2019.]

Art. 29 *ter* *(Résol. 2 juin 2009, art. 18)* 1. – L'organisation de la discussion générale des textes soumis au Sénat et des débats inscrits à l'ordre du jour peut être décidée par la Conférence des présidents qui fixe la durée globale du temps dont disposeront les orateurs des divers groupes ou ne figurant sur la liste d'aucun groupe.

2. – Ce temps est réparti par le Président du Sénat de manière à garantir à chaque groupe un temps *(Résol. 18 juin 2019, art. 13)* « minimal » identique qui varie en fonction de la durée du débat et un temps pour les sénateurs ne figurant sur la liste d'aucun groupe. Le temps demeurant disponible est ensuite réparti entre les groupes en proportion de leur importance numérique.

(Résol. 18 juin 2019, art. 13) « 3. – » *(Résol. 13 mai 2015, art. 9)* « La Conférence des présidents peut décider l'intervention dans la discussion générale, pour des temps qu'elle détermine, d'un seul orateur par groupe et d'un seul sénateur ne figurant sur la liste d'aucun groupe. »

(Résol. 18 juin 2019, art. 13) « 4. – Le débat d'initiative sénatoriale inscrit en application de l'alinéa 7 de l'article 29 *bis* est ouvert par le représentant de l'auteur de la demande.

« 5. » *(Résol. 13 mai 2015, art. 9)* « – A défaut de décision de la Conférence des présidents, et sous réserve de dispositions spécifiques du Règlement, il est attribué pour la discussion générale des textes soumis au Sénat et pour tout débat inscrit à l'ordre du jour un temps d'une heure réparti à la proportionnelle avec un temps minimum identique de cinq minutes pour chaque groupe et un temps de trois minutes pour les sénateurs ne figurant sur la liste d'aucun groupe. »

(Résol. 18 juin 2019, art. 13) « 6. – » Les inscriptions de parole sont faites, au plus tard la veille du jour de l'ouverture du débat, par les présidents des groupes ou le délégué des sénateurs ne figurant sur la liste d'aucun groupe, qui indiquent au Président du Sénat l'ordre dans lequel ils souhaitent que les orateurs qu'ils inscrivent soient appelés ainsi que la durée de leur intervention.

(Résol. 18 juin 2019, art. 13) « 7. – » Les groupes, autres que ceux auxquels appartiennent les représentants des commissions, désignent chacun un premier orateur : les orateurs ainsi désignés interviennent à la suite des commissions selon l'ordre du tirage au sort.

(Résol. 18 juin 2019, art. 13) « 8. – » La parole est donnée à tous les orateurs inscrits en appelant successivement un orateur de chaque groupe ou ne figurant sur la liste d'aucun groupe dans un ordre fixé *(Résol. 18 juin 2019, art. 13)* « ci-après » :

(Résol. 18 juin 2019, art. 13) « 9. – » Au début de chaque session ordinaire, les présidents des groupes et le délégué des sénateurs ne figurant sur la liste d'aucun groupe déterminent, par voie de tirage au sort, l'ordre dans lequel seront classés leurs orateurs au sein de chaque série, pour la première discussion générale faisant l'objet d'une organisation. Lors de chaque discussion générale organisée ultérieurement, cet ordre est décalé d'un rang, de telle sorte que chaque groupe soit classé au rang immédiatement supérieur, le groupe placé antérieurement en tête prenant la dernière place.

[Résol. 2 juin 2009 ; 13 mai 2015 et 18 juin 2019.]

Les dispositions de cet art. résultant de la Résol. du 13 mai 2015, art. 9-1°, ont été déclarées conformes à la Const. par Décis. Cons. const. du 11 juin 2015 (JO 14 juin), sous réserve des observations suivantes : « Considérant que les temps de parole de chacun des orateurs déterminés par la Conférence des présidents à l'occasion de la mise en œuvre de l'alinéa 2 bis de l'article 29 ter du règlement ne sauraient être fixés de telle manière qu'ils privent d'effet les exigences de clarté et de sin-

cérité du débat parlementaire ; que sous cette réserve, les dispositions du 1° de l'article 9 de la résolution ne sont pas contraires à la Constitution » (Cons. const. n° 2015-712 DC § 21).

Les dispositions de cet art. résultant de la Résol. du 13 mai 2015 ont été déclarées conformes à la Const. par Décis. Cons. const. du 11 juin 2015 (JO 14 juin), sous réserve des observations suivantes : « Considérant qu'il appartiendra au président de séance d'appliquer ces différentes limitations du temps de parole en veillant au respect des exigences de clarté et de sincérité du débat parlementaire » (Cons. const. n° 2015-712 DC § 26).

Art. 30 **1. – La discussion immédiate d'un projet ou d'une proposition peut être demandée à tout moment par la commission compétente ou, s'il s'agit d'un texte d'initiative sénatoriale, par son auteur** *(Résol. 18 juin 2019, art. 13)* **« , sous réserve du respect des délais fixés par l'article 42 de la Constitution et, pour les propositions de résolution déposées en application de l'article 34-1 de la Constitution, du respect des délais mentionnés à l'article 50 *ter* du présent Règlement ».**

2. – La demande est communiquée au Sénat et affichée. Le Gouvernement en est informé. Il ne peut être statué sur cette demande qu'après expiration d'un délai d'une heure. Toutefois, à partir de la deuxième lecture, sont dispensées de ce délai les *(Résol. 18 juin 2019, art. 13)* **« projets ou propositions » faisant l'objet d'une demande de discussion immédiate présentée par la commission.**

3. – Une commission peut demander la discussion immédiate, sans délai d'une heure, *(Résol. 18 juin 2019, art. 13)* **« d'un texte relevant » de sa compétence, sous la double condition que la demande ait été formulée vingt-quatre heures au moins avant que le Sénat ne soit appelé à statuer sur cette demande et que celle-ci ait pu être publiée au *Journal officiel* à la suite de l'ordre du jour primitivement établi.**

4. – Lorsque la discussion immédiate est demandée par l'auteur d'une proposition sans accord préalable avec la commission compétente, cette demande n'est communiquée au Sénat que si elle est signée par trente membres, dont la présence *(Résol. 18 juin 2019, art. 13)* **« est » constatée par appel nominal.**

5. – *(Résol. 18 juin 2019, art. 13)* **« Au cours des semaines mentionnées au deuxième alinéa de l'article 48 de la Constitution, » il ne peut être statué sur la demande de discussion immédiate qu'après la fin de l'examen en séance publique des projets ou propositions inscrits à l'ordre du jour.**

6. – Le débat engagé sur une demande de discussion immédiate concernant un projet ou une proposition de loi ou une proposition de résolution ne peut jamais porter sur le fond ; l'auteur de la demande, un orateur « contre », le président ou le rapporteur de la commission et le Gouvernement sont seuls entendus ; aucune explication de vote n'est admise.

(Résol. 18 juin 2019, art. 13) **« 7. – Lorsque la discussion immédiate est décidée, le texte est inscrit à l'ordre du jour, pour ce qui concerne les semaines mentionnées au deuxième alinéa de l'article 48 de la Constitution, après la fin de l'examen des projets ou propositions inscrits à l'ordre du jour. La discussion porte sur le texte adopté par la commission ou, pour ce qui concerne les propositions de résolution déposées en application de l'article 34-1 de la Constitution, les projets de loi mentionnés au deuxième alinéa de l'article 42 de la Constitution et les projets et propositions pour lesquels la commission n'a pas établi de texte, sur le texte déposé ou transmis. »**

8. – Les dispositions concernant la coordination sont applicables à la discussion immédiate.

[Résol. 16 janv. 1959 ; 21 juin 1972 et 18 juin 2019.]

Art. 31 **1. – Sauf dans le cas de nouvelle délibération, dans le cas de discussion immédiate et lorsque la discussion a été inscrite à l'ordre du jour par priorité sur décision du Gouvernement, l'inscription à l'ordre du jour d'un projet ou d'une proposition ne peut être faite que pour une date postérieure à la distribution ou à la publication du rapport.**

2. – Toutefois, lorsque le Sénat est saisi d'une loi de finances dans les conditions prévues par le deuxième alinéa de l'article 47 de la Constitution, l'inscription de sa discussion à l'ordre du jour est de droit lorsqu'elle est demandée par un sénateur à compter du dixième jour du dépôt du projet sur le Bureau du Sénat.

CHAPITRE XII *Tenue des séances* (*Résol. 18 juin 2019, art. 14*).

Art. 32 1. – Les séances du Sénat sont publiques.

2. – Le Sénat se réunit en séance publique en principe les mardi, mercredi et jeudi de chaque semaine. *(Résol. 18 juin 2019, art. 14)* « En outre, sous réserve du plafond prévu au deuxième alinéa de l'article 28 de la Constitution et lors des semaines au cours desquelles chaque assemblée a décidé de siéger, le Sénat peut décider de tenir d'autres jours de séance, à la demande de la Conférence des Présidents, du Gouvernement ou de la commission saisie au fond. Dans les mêmes limites, la tenue d'autres jours de séance est de droit à la demande du Gouvernement pour l'examen des textes et des débats dont il demande l'inscription à l'ordre du jour au cours des semaines qui lui sont réservées par priorité en application du deuxième alinéa de l'article 48 de la Constitution. »

(Résol. 2 juin 2009, art. 19) « 3. – Le Sénat tient séance le mardi matin, sous réserve des réunions de groupe, et après-midi, le mercredi après-midi et le jeudi matin et après-midi. Il peut décider de siéger le soir sur proposition de la Conférence des présidents, du Gouvernement ou de la commission saisie au fond. »

(Résol. 18 juin 2019, art. 14) « 4. Le Sénat peut décider de se réunir en comité secret par un vote exprès et sans débat émis à la demande du Premier ministre ou d'un dixième de ses membres en exercice. Le dixième des membres est calculé sur le nombre des sièges effectivement pourvus. En cas de fraction, le nombre est arrondi au chiffre immédiatement supérieur.

« 5. Lorsque le motif qui a donné lieu au comité secret a cessé, le Président consulte le Sénat sur la reprise de la séance publique.

« 6. Le Sénat décide ultérieurement si le compte rendu intégral des débats en comité secret doit être publié. »

[Résol. 16 janv. 1959 ; 22 avr. 1971 ; 29 avr. 1976 ; 20 mai 1986 ; 21 nov. 1995 ; 2 juin 2009 et 18 juin 2019.]

Art. 32 *bis* 1. – Au début de chaque session ordinaire, le Sénat fixe les semaines de séance de la session, sur proposition de la Conférence des présidents. Le Sénat peut ultérieurement décider de les modifier sur proposition de la Conférence des présidents.

2. – Les jours de séance, au sens de l'article 28 de la Constitution, sont ceux au cours desquels une séance a été ouverte.

(Résol. 18 juin 2019, art. 14) « 3. Toute attaque personnelle, toute manifestation ou interruption troublant l'ordre sont interdites.

« 4. Si les circonstances l'exigent, le Président peut annoncer qu'il va suspendre la séance. Si le calme ne se rétablit pas, il suspend la séance ; lorsque la séance est reprise et si les circonstances l'exigent à nouveau, le Président lève la séance.

« 5 ». – Dans les conditions prévues au troisième alinéa de l'article 28 de la Constitution, le Sénat peut tenir des jours supplémentaires de séance, au-delà de la limite fixée par le deuxième alinéa du même article ou en dehors des semaines de séance qu'il a fixées, soit sur décision du Premier ministre après consultation du Président du Sénat, soit sur décision de la majorité des membres du Sénat.

4. – Lorsque la décision émane du Premier ministre, le Président du Sénat la communique au *Sénat*, si le Sénat tient séance. Dans tous les cas, les présidents des groupes et les présidents des commissions sont informés des jours supplémentaires de séance qui sont également portés par écrit à la connaissance de chaque sénateur.

5. – La majorité des membres composant le Sénat peut également décider de tenir des jours supplémentaires de séance. La demande accompagnée de la liste des signataires et de la signature de ceux-ci est communiquée au Président du Sénat. Le Président informe le Gouvernement, les présidents des groupes et les présidents des commissions des jours supplémentaires de séance. Il porte également par écrit à la connaissance de chaque sénateur les jours supplémentaires de séance.

6. – En outre, sur proposition du Président du Sénat, de la Conférence des présidents, d'un président de groupe ou d'un président de commission permanente ou spéciale, le Sénat peut, à la majorité des membres le composant, décider par scrutin

public de tenir des jours supplémentaires de séance. Cette décision fait l'objet des mesures d'information prévues à l'alinéa 5.

[Résol. 21 nov. 1995.]

Art. 33 **1. – Le Sénat est toujours en nombre pour délibérer et pour régler son ordre du jour.**

2. – Le Président ouvre la séance, dirige les délibérations, fait observer le Règlement et maintient l'ordre. Il peut, à tout moment, suspendre ou lever la séance.

(Résol. 18 juin 2019, art. 14) **« 3. Toute attaque personnelle, toute manifestation ou interruption troublant l'ordre sont interdites.**

« 4. Si les circonstances l'exigent, le Président peut annoncer qu'il va suspendre la séance. Si le calme ne se rétablit pas, il suspend la séance ; lorsque la séance est reprise et si les circonstances l'exigent à nouveau, le Président lève la séance.

« 5. – » Les secrétaires surveillent la rédaction du procès-verbal, contrôlent les appels nominaux et dépouillent les scrutins. La présence d'au moins deux d'entre eux au Bureau est nécessaire. A leur défaut, le Président peut faire appel à des secrétaires d'âge.

[Résol. 16 janv. 1959 ; 27 oct. 1960 ; 29 avr. 1976 ; 2 juin 2009 ; 13 mai 2015 et 18 juin 2019.]

Art. 34 *Abrogé par Résol. 18 juin 2019, art. 14.*

Art. 35 *(Résol. 18 juin 2019, art. 14)* **Avant de passer à l'ordre du jour, le Président donne connaissance au Sénat des communications qui le concernent ; le Sénat peut en ordonner l'impression, s'il le juge utile.**

[Résol. 18 juin 2019.]

Art. 35 *bis* *(Résol. 18 juin 2019, art. 14)* **Sous réserve de dispositions spécifiques du Règlement et à l'exclusion des interventions dans les débats organisés par la Conférence des Présidents, la durée d'intervention d'un sénateur en séance ne peut excéder deux minutes et demie.**

[Résol. 18 juin 2019.]

Les dispositions de cet art. résultant de la Résol. du 18 juin 2019 ont été déclarées conformes à la Const. par Décis. Cons. const. du 11 juill. 2019 (JO 13 juill.), sous réserve des observations suivantes : « il appartiendra au président de séance d'appliquer cette limitation du temps de parole en veillant au respect des exigences de clarté et de sincérité du débat parlementaire » (Cons. const. n° 2019-786 DC).

Art. 36 **1. – Aucun sénateur ne peut prendre la parole s'il ne l'a demandée au Président, puis obtenue, même s'il est autorisé exceptionnellement par un orateur à l'interrompre. En ce dernier cas, l'interruption ne peut excéder deux minutes.**

2. Abrogé par Résol. 13 mai 2015, art. 10.

3. – La parole est accordée sur-le-champ à tout sénateur qui la demande pour un rappel au Règlement. Toutefois, l'auteur de la demande doit faire référence à une disposition précise du Règlement autre que celles du présent alinéa, faute de quoi la parole lui est retirée. Elle est accordée, mais seulement en fin de séance, au sénateur qui la demande pour un fait personnel.

4. – Les sénateurs qui demandent la parole ne peuvent s'exprimer au nom de l'un de leurs collègues. Ils sont inscrits suivant l'ordre de leur demande, sauf *(Résol. 2 juin 2009, art. 18)* **« application des dispositions de l'article 29 *ter* ».**

5. – L'orateur parle à la tribune ou de sa place. Le Président peut l'inviter à monter à la tribune.

6. – S'il l'estime nécessaire pour l'information du Sénat, le Président peut autoriser *exceptionnellement* un orateur à poursuivre son intervention au-delà du temps *(Résol. 18 juin 2019, art. 14)* **« maximal » prévu par le Règlement.**

7. – Si l'orateur parle sans avoir obtenu la parole ou s'il prétend la conserver après que le Président la lui a retirée, le Président peut déclarer que ses paroles ne figureront pas au procès-verbal.

8. – L'orateur ne doit pas s'écarter de la question, sinon le Président l'y rappelle.

9. – Si l'orateur rappelé deux fois à la question dans le même discours continue à s'en écarter, le Président *(Résol. 18 juin 2019, art. 14)* « consulte » le Sénat pour savoir si la parole ne sera pas interdite à l'orateur sur le même sujet pendant le reste de la séance. Le Sénat se prononce sans débat, à main levée ; en cas de doute, la parole n'est pas interdite à l'orateur.

10. – Les interpellations de collègue à collègue sont interdites.

[Résol. 16 janv. 1959 ; 22 avr. 1971 ; 25 avr. 1973 ; 29 avr. 1976 ; 4 mai 1994 ; 2 juin 2009 ; 13 mai 2015 et 18 juin 2019.]

Art. 37 1. – La parole est accordée aux ministres, aux présidents et aux rapporteurs des commissions intéressées quand ils la demandent.

(Résol. 18 juin 2019, art. 14) « 2. – » Un sénateur peut toujours obtenir la parole immédiatement après un membre du Gouvernement ou le représentant d'une commission, lorsqu'aucun orateur n'est inscrit antérieurement dans le débat ou qu'aucune intervention n'est prévue expressément par le Règlement. Toutefois, la parole ne peut être donnée à un sénateur pour répondre au Gouvernement ou à la commission dans un débat d'amendement ou sur une motion mentionnée à l'article 44.

(Résol. 18 juin 2019, art. 14) « 3. – » Les présidents et les rapporteurs des commissions peuvent se faire assister, lors des discussions en séance publique, de fonctionnaires du Sénat choisis par eux.

[Résol. 16 janv. 1959 ; 25 avr. 1973 ; 29 avr. 1976 ; 4 mai 1994 ; 13 mai 2015 et 18 juin 2019.]

Art. 38 *(Résol. 13 mai 2015, art. 11)* « 1. – Lorsqu'au moins deux orateurs d'avis contraire sont intervenus dans la discussion générale d'un texte, sauf application de l'article 29 *ter*, sur l'ensemble d'un article ou dans les explications de vote portant sur un amendement, un article ou l'ensemble du texte en discussion, le président, un président de groupe ou le président de la commission saisie au fond peut proposer la clôture de ladite discussion.

2. – La parole est donnée sur cette proposition, à sa demande à un orateur par groupe et un sénateur ne figurant sur la liste d'aucun groupe.

3. – Le président consulte le Sénat à main levée. S'il y a doute sur le vote du Sénat, il est consulté par assis et levé. Si le doute persiste, la discussion continue. Si la proposition est adoptée, la clôture prend effet immédiatement.

[Résol. 13 mai 2015 et 18 juin 2019.]

Art. 38 *bis* *(Résol. 18 juin 2019, art. 14)* 1. – Avant de lever la séance, le Président fait part au Sénat de la date de la séance suivante.

2. – Il est établi pour chaque séance publique un compte rendu analytique officiel et un compte rendu intégral, lequel est publié au *Journal officiel*.

3. – Le compte rendu intégral est le procès verbal de la séance.

4. – Au début de chaque séance, le Président soumet à l'adoption du Sénat le procès-verbal de la séance précédente.

5. – La parole est donnée à tout sénateur qui la demande pour une observation sur le procès-verbal.

6. – Si le procès-verbal donne lieu à contestation, la séance est suspendue pour permettre au Bureau d'examiner les propositions de modification du procès-verbal. A la reprise de la séance, le Président fait connaître la décision du Bureau et il est procédé alors, pour l'adoption du procès verbal, à un vote sans débat et par scrutin public ordinaire.

7. – Après son adoption, le procès-verbal est revêtu de la signature du Président ou du vice-président qui a présidé la séance et de celle de deux secrétaires.

8. – En cas de rejet du procès-verbal, sa discussion est inscrite à l'ordre du jour de la séance suivante, à la suite de l'examen des sujets inscrits par priorité en vertu de l'article 48 de la Constitution.

9. – Dans ce cas, le compte rendu intégral, signé du Président et contresigné par deux secrétaires, fait foi pour la validité des textes adoptés au cours de la séance.

[Résol. 18 juin 2019.]

CHAPITRE XIII *Déclarations du Gouvernement* (*Résol. 18 juin 2019, art. 14*).

Art. 39 1. – La lecture à la tribune du Sénat, par un membre du Gouvernement, du programme du Gouvernement et, éventuellement, de la déclaration de politique générale sur lesquels le Gouvernement engage sa responsabilité devant l'Assemblée nationale, en application de l'alinéa premier de l'article 49 de la Constitution et dont il ne demande pas au Sénat l'approbation, ne peut faire l'objet d'aucun débat et n'ouvre pas le droit de réponse prévu à l'article 37, alinéa 3, du Règlement.

2. – Lorsque le Gouvernement, usant de la faculté prévue par le dernier alinéa de l'article 49 de la Constitution, demande au Sénat l'approbation d'une déclaration de politique générale, cette déclaration fait l'objet d'un débat, à l'issue duquel, s'il n'est saisi d'aucune autre proposition, le Président consulte le Sénat sur cette approbation par scrutin public. Toutefois, ce débat ne peut avoir lieu en même temps que le débat éventuellement ouvert à l'Assemblée nationale sur cette même déclaration.

(*Résol. 18 juin 2019, art. 14*) « 3. – » Lorsque le Président de la République, sur proposition du Gouvernement, a décidé de soumettre au référendum un projet de loi, la déclaration du Gouvernement prévue au deuxième alinéa de l'article 11 de la Constitution fait l'objet d'un débat. Si elle a commencé, la discussion dudit projet de loi est immédiatement suspendue.

(*Résol. 18 juin 2019, art. 14*) « 4. – » Lorsque le Président de la République, sur proposition du Gouvernement, a décidé de consulter les électeurs d'une collectivité territoriale située outre-mer sur un changement de régime institutionnel prévu au premier alinéa de l'article 72-4 ou au dernier alinéa de l'article 73 de la Constitution, la déclaration du Gouvernement fait l'objet d'un débat.

(*Résol. 18 juin 2019, art. 14*) « 5. – » Dans les cas autres que ceux prévus aux alinéas 2, (*Résol. 18 juin 2019, art. 14*) « 3 et 4 », où le Gouvernement fait au Sénat une déclaration, celle-ci peut faire l'objet d'un débat sur décision de la Conférence des présidents. Si la déclaration ne fait pas l'objet d'un débat, elle ouvre, mais pour un seul sénateur de chaque groupe, le droit de réponse prévu à l'article 37, alinéa 3, du Règlement, l'ordre d'appel étant celui résultant du tirage au sort prévu à l'article (*Résol. 2 juin 2009, art. 18*) « 29 *ter* ».

(*Résol. 18 juin 2019, art. 14*) « 6. – » (*Résol. 2 juin 2009, art. 21*) « Lorsque le Gouvernement, usant de la faculté prévue par l'article 50-1 de la Constitution, fait au Sénat une déclaration sur un sujet déterminé, celle-ci fait l'objet d'un débat. Si cette déclaration est faite à la demande d'un groupe parlementaire, le président du groupe, auteur de la demande, ou son représentant intervient après le Gouvernement. Si le Gouvernement demande un vote, le Président consulte le Sénat sur l'approbation de cette déclaration par scrutin public ordinaire. Aucune explication de vote n'est admise. »

(*Résol. 18 juin 2019, art. 14*) « 7. – » Les débats ouverts en application du présent article (*Résol. 2 juin 2009, art. 18*) « sont organisés conformément aux dispositions de l'article 29 *ter* », un temps spécifique étant en outre fixé, s'il y a lieu, pour les présidents de la commission spéciale ou des commissions permanentes intéressées. Sauf dans (*Résol. 2 juin 2009, art. 21*) « les cas visés à l'alinéa 2 et aux deux dernières phrases de l'alinéa » (*Résol. 18 juin 2019, art. 14*) « 6 » du présent article, ils sont clos après l'audition des orateurs inscrits et la réponse éventuelle du Gouvernement.

[Résol. 16 janv. 1959 ; 27 oct. 1960 ; 29 avr. 1976 ; 9 mai 1978 ; 30 juin 1984 ; 21 nov. 1995 ; 11 mai 2004 ; 2 juin 2009 et 18 juin 2019.]

Art. 40 et 41 *Abrogés par Résol. 18 juin 2019, art. 14.*

CHAPITRE XIV *Discussion des projets et des propositions* (*Résol. 18 juin 2019, art. 15*).

Art. 42 1. – Les projets de loi déposés sur le Bureau du Sénat, les projets et propositions de loi transmis par l'Assemblée nationale, les propositions de loi ou de résolution présentées par les sénateurs sont délibérés en séance publique dans les formes (*Résol. 18 juin 2019, art. 15*) « énumérées ci-après » :

2. — Les projets de loi *(Résol. 18 juin 2019, art. 15)* « et » les propositions de loi transmises par l'Assemblée nationale font l'objet d'une discussion ouverte par le Gouvernement et poursuivie par la présentation du rapport de la commission compétente. *(Résol. 2 juin 2009, art. 15)* « Pour la première lecture d'une proposition déposée au Sénat, la discussion est ouverte par l'auteur dans la limite de *(Résol. 13 mai 2015, art. 10)* « dix minutes » et se poursuit, le cas échéant, par la présentation du rapport de la commission. »

3. — Lorsque le rapport a été publié, le rapporteur se borne à le compléter et à le commenter sans en donner lecture. Sauf décision contraire de la Conférence des présidents, la durée de *(Résol. 18 juin 2019, art. 15)* « la présentation du rapport » ne peut excéder *(Résol. 13 mai 2015, art. 10)* « dix minutes ».

4. — Lorsqu'en application de l'article 69 de la Constitution le *(Résol. 2 juin 2009, art. 10)* « Conseil économique, social et environnemental » a choisi un de ses membres pour exposer devant le Sénat l'avis du Conseil sur un projet ou une proposition de loi qui lui a été soumis, la désignation est portée à la connaissance du Président du Sénat par le Président du *(Résol. 2 juin 2009, art. 10)* « Conseil économique, social et environnemental ». Le représentant du *(Résol. 2 juin 2009, art. 10)* « Conseil économique, social et environnemental » a accès dans l'hémicycle pendant toute la durée de la discussion en séance publique. Le Président lui donne la parole avant la présentation du rapport de la commission saisie au fond. *(Résol. 18 juin 2019, art. 15)* « L'avis rend compte » des positions prises en séance du Conseil par les groupes, et particulièrement par les minorités, tant sur l'ensemble du texte que sur ses dispositions principales. A la demande du président de la commission saisie au fond et dans la suite du débat, la parole est accordée au représentant du *(Résol. 2 juin 2009, art. 10)* « Conseil économique, social et environnemental » pour donner le point de vue du Conseil.

5. — Après la clôture de la discussion générale, le Sénat passe à la discussion des articles.

(Résol. 2 juin 2009, art. 15) « 6. — La discussion des articles des projets ou propositions porte sur le texte adopté par la commission *(Résol. 18 juin 2019, art. 15)* « , sauf pour les textes mentionnés à l'article 42, alinéa 2, de la Constitution ». »

(Résol. 18 juin 2019, art. 15) « 7. — » *(Résol. 2 juin 2009, art. 15)* « Si la commission ne présente aucun texte ou si elle oppose *(Résol. 18 juin 2019, art. 15)* « une exception d'irrecevabilité, une question préalable » ou une motion de renvoi en commission et que le Sénat la rejette, la discussion porte sur le texte du projet ou de la proposition, tel qu'il a été déposé ou transmis, ou, en cas de rejet par l'Assemblée nationale après transmission du Sénat, sur le texte précédemment adopté par le Sénat. Il en est de même des projets de révision constitutionnelle, des projets de loi de finances et des projets de loi de financement de la sécurité sociale. »

(Résol. 18 juin 2019, art. 15) « 8. — » *(Résol. 2 juin 2009, art. 15)* « Si le Sénat est saisi des conclusions d'une commission mixte paritaire, la discussion porte sur le texte élaboré par la commission mixte paritaire. »

(Résol. 18 juin 2019, art. 15) « 9. — » La discussion porte successivement sur chaque article et sur les amendements qui s'y rattachent. Toutefois, en application de l'article 44 de la Constitution, si le Gouvernement le demande, le Sénat se prononce par un seul vote sur tout ou partie du texte en discussion, en ne retenant que les amendements proposés ou acceptés par le Gouvernement. En conséquence, la parole n'est accordée sur chaque amendement qu'à un orateur pour, à la commission et au Gouvernement.

(Résol. 18 juin 2019, art. 15) « 10. — » La parole n'est accordée, sur l'ensemble d'un article, qu'une seule fois à chaque orateur, sauf exercice du droit de réponse aux ministres et aux rapporteurs et sous réserve des explications de vote. *(Résol. 13 mai 2015, art. 10)* « Pour les prises de parole et les explications de vote sur chaque article, la Conférence des présidents peut attribuer aux groupes et aux sénateurs ne figurant sur la liste d'aucun groupe soit un temps forfaitaire soit un temps minimal et un temps à la proportionnelle. Elle peut également prévoir l'intervention, pour des temps qu'elle détermine, d'un seul orateur par groupe et d'un seul sénateur ne figurant sur la liste d'aucun groupe. »

(Résol. 18 juin 2019, art. 15) « 11. – Le vote par division peut être demandé dans les questions complexes. Il est décidé par le Président. Il est de droit lorsqu'il est demandé par la commission. »

12. – Aucun amendement n'est recevable, sauf accord du Gouvernement, à l'occasion de l'examen par le Sénat d'un texte élaboré par une commission mixte paritaire. Lorsque le Sénat est appelé à se prononcer avant l'Assemblée nationale, il statue d'abord sur les amendements puis, par un seul vote, sur l'ensemble du texte. Dans le cas contraire, il procède à un vote unique sur l'ensemble du texte en ne retenant que les amendements ayant reçu l'accord du Gouvernement.

13. – Après le vote de tous les articles, il est procédé au vote sur l'ensemble.

14. – Lorsque, avant le vote sur l'article unique d'un projet ou d'une proposition, il n'a pas été présenté d'article additionnel, ce vote équivaut à un vote sur l'ensemble. Aucun article additionnel n'est recevable après que ce vote est intervenu.

(Résol. 18 juin 2019, art. 15) « 15. – Avant le vote sur l'ensemble, sont seules admises des explications de vote. »

(Résol. 13 mai 2015, art. 10) « 16. – Pour les explications de vote sur l'ensemble, la Conférence des présidents peut attribuer aux groupes et aux sénateurs ne figurant sur la liste d'aucun groupe soit un temps forfaitaire soit un temps minimal et un temps à la proportionnelle. Elle peut également prévoir l'intervention, pour des temps qu'elle détermine, d'un seul orateur par groupe et d'un seul sénateur ne figurant sur la liste d'aucun groupe. »

[Résol. 16 janv. 1959 ; 16 juin 1966 ; 22 avr. 1971 ; 25 avr. 1973 ; 29 avr. 1976 ; 9 mai 1978 ; 30 juin 1984 ; 20 mai 1986 ; 4 mai 1994 ; 2 juin 2009 ; 13 mai 2015 et 18 juin 2019.]

Art. 43 1. – Avant le vote sur l'ensemble d'un projet ou d'une proposition, le Sénat peut décider, sur la demande d'un de ses membres, que le texte sera renvoyé à la commission pour coordination. Dans le débat ouvert sur cette demande, ont seuls droit à la parole l'auteur de la demande ou son représentant, un orateur d'opinion contraire, le président ou le rapporteur de la commission saisie au fond et le Gouvernement. Aucune explication de vote n'est admise.

2. – Le renvoi pour coordination est de droit si la commission le demande.

3. – Lorsqu'il y a lieu à renvoi pour coordination, la séance est suspendue si la commission le demande ; le travail de la commission est soumis au Sénat dans le plus bref délai possible et la discussion ne peut porter que sur la rédaction.

4. – Avant le vote sur l'ensemble d'un texte, tout ou partie de celui-ci peut être renvoyé, sur décision du Sénat, à la commission, pour une seconde délibération à condition que la demande de renvoi ait été formulée ou acceptée *(Résol. 18 juin 2019, art. 15)* « soit par le Gouvernement, soit par la commission ». Dans le débat ouvert sur cette demande, ont seuls droit à la parole l'auteur de la demande ou son représentant, un orateur d'opinion contraire, le président ou le rapporteur de la commission saisie au fond et le Gouvernement. Aucune explication de vote n'est admise.

5. – Lorsqu'il y a lieu à seconde délibération, les textes adoptés lors de la première délibération sont renvoyés à la commission, qui *(Résol. 18 juin 2019, art. 15)* « présente » un nouveau rapport.

6. – Dans sa seconde délibération, le Sénat statue seulement sur les nouvelles propositions du Gouvernement ou de la commission, présentées sous forme d'amendements et sur les sous-amendements s'appliquant à ces amendements.

7. – Avant *(Résol. 18 juin 2019, art. 15)* « le vote sur l'ensemble », aucun vote acquis ne peut être remis en question sans renvoi préalable à la commission soit pour coordination, soit pour seconde délibération.

[Résol. 16 janv. 1959 ; 27 oct. 1960 ; 23 oct. 1980 ; 30 juin 1984 ; 20 mai 1986 ; 13 mai 2015 et 18 juin 2019.]

Art. 44 1. – En cours de discussion, il est proposé ou discuté des exceptions, questions, motions ou demandes de priorité dans l'ordre ci-après *(Résol. 18 juin 2019, art. 15)* « . »

2. – L'exception d'irrecevabilité dont l'objet est de faire reconnaître que le texte en discussion, s'il n'est pas visé à l'article 45 ci-après, est contraire à une disposition constitutionnelle et dont l'effet, en cas d'adoption, est d'entraîner le rejet du texte à

l'encontre duquel elle a été soulevée. *(Résol. 13 mai 2015, art. 12)* « Elle ne peut être opposée *(Résol. 18 juin 2019, art. 15)* « à un texte qu'une fois par lecture, sauf adoption d'une motion de renvoi en commission, » après l'intervention du Gouvernement et des rapporteurs ou, lorsqu'elle émane du Gouvernement ou de la commission saisie au fond, soit après l'intervention du Gouvernement et des rapporteurs, soit avant la discussion des articles. » Le vote sur l'exception d'irrecevabilité a lieu immédiatement après le débat limité prévu à l'alinéa *(Résol. 18 juin 2019, art. 15)* « 7 » ;

3. — La question préalable, dont l'objet est de faire décider soit que le Sénat s'oppose à l'ensemble du texte, soit qu'il n'y a pas lieu de poursuivre la délibération. *(Résol. 13 mai 2015, art. 12)* « Elle ne peut être posée *(Résol. 18 juin 2019, art. 15)* « sur un texte qu'une fois par lecture, sauf adoption d'une motion de renvoi en commission » après l'intervention du Gouvernement et des rapporteurs ou, lorsqu'elle émane du Gouvernement ou de la commission saisie au fond, soit après l'intervention du Gouvernement et des rapporteurs, soit avant la discussion des articles, et, en tout état de cause, après la discussion d'une éventuelle exception d'irrecevabilité portant sur l'ensemble du texte. » Le vote sur la question préalable a lieu immédiatement après le débat limité prévu à l'alinéa *(Résol. 18 juin 2019, art. 15)* « 7 ». Son adoption entraîne le rejet du texte auquel elle s'applique ;

4. — Les motions préjudicielles ou incidentes dont l'objet est de subordonner un débat à une ou plusieurs conditions en rapport avec le texte en discussion et dont l'effet, en cas d'adoption, est de faire renvoyer le débat jusqu'à réalisation de la ou desdites conditions. *(Résol. 18 juin 2019, art. 15)* « Elles ne peuvent être présentées au cours de la discussion des projets de loi ou des propositions de loi qui ont été inscrits par priorité à l'ordre du jour sur décision du Gouvernement ; »

5. — Les motions tendant au renvoi à la commission de tout ou partie du texte en discussion dont l'effet, en cas d'adoption, est de suspendre le débat jusqu'à présentation d'un nouveau rapport par cette commission. Lorsqu'il s'agit d'un texte inscrit par priorité à l'ordre du jour sur décision du Gouvernement, la commission doit présenter *(Résol. 18 juin 2019, art. 15)* « celui-ci » au cours de la même séance, sauf accord du Gouvernement. *(Résol. 18 juin 2019, art. 15)* « Elle ne peut être opposée à un texte qu'une fois par lecture après l'intervention du Gouvernement et des rapporteurs ou, lorsqu'elle émane du Gouvernement ou de la commission saisie au fond, soit après l'intervention des rapporteurs, soit avant la discussion des articles. Le vote sur la motion tendant au renvoi en commission a lieu immédiatement après le débat limité prévu à l'alinéa 7. » Une demande de renvoi en commission n'émanant ni du Gouvernement ni de la commission saisie au fond est irrecevable lorsqu'un vote est déjà intervenu sur une demande de renvoi portant sur l'ensemble du texte ;

6. — Les demandes de priorité ou de réserve dont l'effet, en cas d'adoption, est de modifier l'ordre de discussion des articles d'un texte ou des amendements. Lorsqu'elle est demandée par la commission saisie au fond, la priorité ou la réserve est de droit, sauf opposition du Gouvernement. Dans ce dernier cas, la demande est soumise au Sénat qui statue sans débat.

7. — Les motions visées à l'alinéa 4 ne peuvent être présentées au cours de la discussion des projets de loi et des propositions de loi qui ont été inscrits par priorité à l'ordre du jour sur décision du Gouvernement.

(Résol. 18 juin 2019, art. 15) « 7[8] ». — Dans les débats ouverts par application du présent article, ont seuls droit à la parole l'auteur de l'initiative ou son représentant, un orateur d'opinion contraire, le président ou le rapporteur de la commission saisie au fond et le Gouvernement. Les interventions faites par l'auteur de l'initiative ou son représentant et l'orateur d'opinion contraire ne peuvent excéder chacune *(Résol. 13 mai 2015, art. 10)* « deux minutes et demie » pour les demandes de priorité ou de réserve, *(Résol. 13 mai 2015, art. 10)* « dix minutes » pour les débats portant sur l'ensemble du projet ou de la proposition de loi en discussion et *(Résol. 13 mai 2015, art. 10)* « deux minutes et demie » pour les autres débats. *(Résol. 13 mai 2015, art. 10)* « Le rapporteur dispose d'un temps de deux minutes et demie pour exprimer l'avis de la commission. » Avant le vote des motions *(Résol. 18 juin 2019, art. 15)* « mentionnées » aux alinéas 2 à *(Résol. 18 juin 2019, art. 15)* « 5 », la parole peut être accordée pour explication de vote à un représentant de chaque groupe.

[Résol. 16 janv. 1959 ; 16 mai 1963 ; 9 mai 1978 ; 30 juin 1984 ; 20 mai 1986 ; 18 déc. 1991 ; 13 mai 2015 et 18 juin 2019.]

Art. 44 *bis* *(Résol. 18 juin 2019, art. 17)* 1. – Le Gouvernement et les sénateurs ont le droit de présenter des amendements et des sous-amendements aux textes soumis à discussion devant le Sénat ou faisant l'objet d'une procédure de vote sans débat.

2. – Il n'est d'amendements ou de sous-amendements que ceux rédigés par écrit, signés par l'un des auteurs et déposés sur le Bureau du Sénat ; un sénateur ne peut être signataire de plusieurs amendements ou sous-amendements identiques ; un sénateur ne peut être signataire d'un sous-amendement à un amendement dont il est signataire ; les amendements ou sous-amendements doivent être sommairement motivés ; ils sont communiqués par la Présidence à la commission compétente et publiés. Le défaut d'impression et de distribution d'un amendement ou sous-amendement ne peut toutefois faire obstacle à sa discussion en séance publique.

3. – Les amendements sont recevables s'ils s'appliquent effectivement au texte qu'ils visent et, en première lecture, s'ils présentent un lien, même indirect, avec le texte en discussion.

4. – Sauf dispositions spécifiques les concernant, les sous-amendements sont soumis aux mêmes règles de recevabilité et de discussion que les amendements. En outre, ils ne sont recevables que s'ils n'ont pas pour effet de contredire le sens des amendements auxquels ils s'appliquent.

5. – Après la première lecture, la discussion des articles ou des crédits budgétaires est limitée à ceux pour lesquels les deux assemblées n'ont pas encore adopté un texte ou un montant identique.

6. – En conséquence, il n'est reçu, après la première lecture, aucun amendement ni article additionnel qui remettrait en cause, soit directement, soit par des additions qui seraient incompatibles, des articles ou des crédits budgétaires votés par l'une et l'autre assemblée dans un texte ou avec un montant identique. De même est irrecevable toute modification ou adjonction sans relation directe avec une disposition restant en discussion.

7. – Il ne peut être fait exception aux règles édictées ci-dessus que pour :

– assurer le respect de la Constitution *[Dispositions déclarées contraires à la Constitution par décision du Conseil constitutionnel n° 2019-786 DC du 11 juill. 2019]* ;

– effectuer une coordination avec d'autres textes en cours d'examen ou avec un texte promulgué depuis le début de l'examen du texte en discussion ;

– ou procéder à la correction d'une erreur matérielle dans le texte en discussion *[Dispositions déclarées contraires à la Constitution par décision du Conseil constitutionnel n° 2019-786 DC du 11 juill. 2019]*.

8. – La commission saisie au fond est compétente pour se prononcer sur la recevabilité des amendements et des sous-amendements dans les cas prévus au présent article.

9. – La commission saisie au fond, tout sénateur ou le Gouvernement peut soulever à tout moment de la discussion en séance publique, à l'encontre d'un ou plusieurs amendements, une exception d'irrecevabilité fondée sur le présent article. L'irrecevabilité est admise de droit et sans débat lorsqu'elle est affirmée par la commission au fond.

10. – Dans les cas autres que ceux mentionnés au présent article et à l'article 45, la question de la recevabilité des amendements ou sous amendements est soumise, avant leur discussion, à la décision du Sénat. Seul l'auteur de la demande d'irrecevabilité, un orateur d'opinion contraire, la commission et le Gouvernement peuvent intervenir. Aucune explication de vote n'est admise.

[Résol. 18 juin 2019.]

Art. 44 *ter* *(Résol. 18 juin 2019, art. 17)* A la demande de la commission intéressée, la Conférence des Présidents peut décider de fixer un délai limite pour le dépôt des amendements. La décision de la Conférence des Présidents figure à l'ordre du jour. Ce délai limite n'est pas applicable aux amendements de la commission saisie au fond ou du Gouvernement, ni aux sous-amendements. Il est reporté au début de la discussion générale lorsque le rapport de la commission saisie au fond n'a pas été publié la veille du début de la discussion en séance publique.

[Résol. 18 juin 2019.]

Art. 45 *(Résol. 2 juin 2009, art. 22-I)* 1. – *(Résol. 18 juin 2019, art. 15)* « Le président de » la commission des finances contrôle la recevabilité *(Résol. 18 juin 2019, art. 15)* « au regard de l'article 40 de la Constitution et de la loi organique relative aux lois de finances des amendements déposés en vue de la séance publique ». Les amendements déclarés irrecevables ne sont pas mis en distribution.

(Résol. 18 juin 2019, art. 15) « 2. – Après l'adoption du texte de la commission mentionnée à l'article 17 *bis*, la commission des finances est compétente pour contrôler la recevabilité au regard de l'article 40 de la Constitution et de la loi organique relative aux lois de finances des modifications apportées par les commissions aux textes dont elles ont été saisies.

« 3. – Le président de la commission des affaires sociales est compétent pour examiner la recevabilité des amendements déposés en vue de la séance publique au regard des dispositions organiques relatives aux lois de financement de la sécurité sociale. »

4. – Tout sénateur ou le Gouvernement peut soulever en séance une exception d'irrecevabilité fondée sur l'article 40 de la Constitution, sur la loi organique relative aux lois de finances ou sur l'article L.O. 111-3 du code de la sécurité sociale. L'irrecevabilité est admise de droit et sans débat si elle est affirmée *(Résol. 18 juin 2019, art. 15)* « selon le cas » par la commission des finances ou la commission des affaires sociales.

5. – Lorsque la commission n'est pas en état de faire connaître immédiatement ses conclusions sur l'irrecevabilité *(Résol. 18 juin 2019, art. 15)* « d'un » amendement, l'article en discussion est réservé. Quand la commission estime qu'il y a doute, son représentant peut demander à entendre les explications du Gouvernement et de l'auteur de l'amendement. Si le représentant de la commission estime que le doute subsiste, l'amendement et l'article correspondant sont réservés et renvoyés à la commission. Dans les cas prévus au présent alinéa, si la commission ne fait pas connaître ses conclusions sur la recevabilité avant la fin du débat, l'irrecevabilité sera admise tacitement.

(Résol. 18 juin 2019, art. 15) « 6. Le président de la commission saisie au fond adresse au Président du Sénat, avant leur examen en séance publique, la liste des propositions ou des amendements dont la commission estime qu'ils ne relèvent manifestement pas du domaine de la loi ou qu'ils sont contraires à une délégation accordée en vertu de l'article 38 de la Constitution. »

7. – L'irrecevabilité tirée *(Résol. 18 juin 2019, art. 15)* « du premier alinéa de l'article 41 » de la Constitution peut être opposée par le Gouvernement ou par le Président du Sénat à une proposition ou à un amendement avant le *(Résol. 18 juin 2019, art. 15)* « début » de sa discussion en séance publique. Lorsqu'elle est opposée *(Résol. 18 juin 2019, art. 15)* « à une proposition » par le Gouvernement ou par le Président du Sénat en séance publique, la séance est suspendue jusqu'à ce que le Président du Sénat ou, selon le cas, le Gouvernement ait statué *(Résol. 18 juin 2019, art. 15)* « . Lorsqu' » elle est opposée à un amendement, la discussion de celui-ci et, le cas échéant, celle de l'article sur lequel il porte est réservée jusqu'à ce que le Président du Sénat ou, selon le cas, le Gouvernement ait statué.

8. – Dans les cas prévus à l'alinéa précédent, il n'y a pas lieu à débat. L'irrecevabilité est admise de droit lorsqu'elle est confirmée par le Président du Sénat ou, selon le cas, par le Gouvernement. S'il y a désaccord entre le Président du Sénat et le Gouvernement, le Conseil constitutionnel est saisi à la demande de l'un ou de l'autre et la discussion est suspendue jusqu'à la notification de la décision du Conseil constitutionnel, laquelle est communiquée sans délai au Sénat par le Président.

[Résol. 2 juin 2009 ; 13 mai 2015 et 18 juin 2019.]

Art. 46 1. – Les amendements relatifs aux états de dépenses ne peuvent porter que sur les crédits budgétaires qui font l'objet d'un vote en vertu de l'article 43 de la loi organique relative aux lois de finances *[L. org. n° 2001-692 du 1er août 2001 (LOLF)]*.

2. – Les amendements tendant à *(Résol. 18 juin 2019, art. 15)* « majorer » les crédits d'une mission au-delà du montant *(Résol. 18 juin 2019, art. 15)* « proposé » par le Gouvernement sont irrecevables et ne peuvent être mis aux voix par le Président.

[Résol. 16 janv. 1959 ; 25 avr. 1973 ; 10 mai 2005 et 18 juin 2019.]

Art. 46 *bis* *(Résol. 18 juin 2019, art. 17)* 1. – Les amendements sont mis en discussion après la discussion du texte qu'ils tendent à modifier, et aux voix avant le vote sur ce texte.

2. – Les amendements sont mis aux voix dans l'ordre ci-après : les amendements de suppression et ensuite les autres amendements en commençant par ceux qui s'écartent le plus du texte proposé et dans l'ordre où ils s'y opposent, s'y intercalent ou s'y ajoutent. Toutefois, lorsque le Sénat a adopté une priorité ou une réserve dans les conditions fixées à l'alinéa 6 de l'article 44, l'ordre de mise aux voix est modifié en conséquence. Lorsqu'ils viennent en concurrence, et sauf décision contraire de la Conférence des Présidents ou décision du Sénat sur proposition de la commission saisie au fond, les amendements font l'objet d'une discussion commune, à l'exception des amendements de suppression et de rédaction globale de l'article.

3. – Le Président ne soumet à la discussion en séance publique que les amendements et sous-amendements déposés sur le Bureau du Sénat.

4. – Le Sénat ne délibère sur aucun amendement s'il n'est soutenu lors de la discussion. Après l'ouverture du débat, le Gouvernement peut s'opposer à l'examen de tout amendement qui n'a pas été antérieurement soumis à la commission.

5. – Sur chaque amendement, sous réserve des explications de vote, ne peuvent être entendus que l'un des signataires, le Gouvernement et le président ou le rapporteur de la commission. Le signataire de l'amendement dispose d'un temps de parole de deux minutes et demie pour en exposer les motifs. Le rapporteur dispose d'un temps de deux minutes et demie par amendement pour exprimer l'avis de la commission. Les explications de vote sont admises pour une durée n'excédant pas deux minutes et demie.

6. – Un amendement retiré par son auteur, après que sa discussion a commencé, peut être immédiatement repris par un sénateur qui n'en était pas signataire. La discussion se poursuit à partir du point où elle était parvenue.

[Résol. 18 juin 2019.]

Art. 47 Lorsque le Sénat est saisi d'un projet de loi tendant à autoriser la ratification *(Résol. 18 juin 2019, art. 15)* « ou l'approbation d'une convention internationale », il n'est pas voté sur les articles de *(Résol. 18 juin 2019, art. 15)* « cette dernière », mais seulement sur le projet de loi tendant à autoriser la ratification *(Résol. 18 juin 2019, art. 15)* « ou l'approbation ».

[Résol. 16 janv. 1959 ; 21 nov. 1995 et 18 juin 2019.]

Art. 47 *bis* 1. – Pour l'application de l'article 42 de la loi organique relative aux lois de finances *[L. org. nº 2001-692 du 1er août 2001 (LOLF)]*, il est procédé à un vote sur l'ensemble de la première partie du projet de loi de finances de l'année *(Résol. 18 juin 2019, art. 15)* « ou d'un projet de loi de finances rectificative » dans les mêmes conditions que sur l'ensemble d'un projet de loi. La seconde délibération *(Résol. 18 juin 2019, art. 15)* « de l'article liminaire ou de tout ou partie de la première partie » est de droit lorsqu'elle est demandée par le Gouvernement ou la commission des finances.

2. – Lorsque le Sénat n'adopte pas la première partie du projet de loi de finances *(Résol. 18 juin 2019, art. 15)* « de l'année ou d'un projet de loi de finances rectificative », l'ensemble du projet de loi est considéré comme rejeté.

3. – Avant le vote sur l'ensemble du projet de loi de finances *(Résol. 18 juin 2019, art. 15)* « de l'année ou d'un projet de loi de finances rectificative », les alinéas 4 à 6 de l'article 43 ne peuvent pas être appliquées *(Résol. 18 juin 2019, art. 15)* « à l'article liminaire et à » la première partie du projet. Toutefois, sur demande du Gouvernement ou de la commission des finances, il peut être procédé à une coordination.

[Résol. 16 janv. 1959 ; 25 avr. 1973 ; 30 juin 1984 ; 10 mai 2005 et 18 juin 2019.]

Art. 47 *bis*-1 A *(Résol. 2 juin 2009, art. 23) (Résol. 18 juin 2019, art. 15)* « 1. – Pour l'application de l'article L.O. 111-7-1 du code de la sécurité sociale, il est procédé à un vote sur chacune des parties du projet de loi de financement de la sécurité sociale. Avant chacun de ces votes, la seconde délibération est de droit, sur les seuls articles de la partie concernée, lorsqu'elle est demandée par le Gouvernement ou la commission des affaires sociales.

« 2. – Lorsque le Sénat n'adopte pas la partie du projet de loi de financement de la sécurité sociale relative aux recettes et à l'équilibre général, la partie comprenant les dispositions relatives aux dépenses est considérée comme rejetée.

« 3. – Lorsque le Sénat n'adopte pas la première partie d'un projet de loi de financement rectificative de la sécurité sociale, l'ensemble du projet de loi est considéré comme rejeté.

« 4. – » Avant le vote sur l'ensemble du projet de loi de financement de la sécurité sociale, il peut être procédé à une coordination dans les conditions prévues à l'article 43.

(Résol. 18 juin 2019, art. 15) « 5. – Dans le cas d'un projet de loi de financement rectificative de la sécurité sociale, la seconde délibération mentionnée à l'alinéa 1 peut porter sur l'article liminaire ou la première partie et la coordination mentionnée à l'alinéa 4 peut porter sur l'article liminaire. »

[Résol. 2 juin 2009 et 18 juin 2019.]

Art. 47 *bis*-1 Pour l'application de la loi organique relative aux lois de finances, la Conférence des présidents fixe, sur la proposition de la commission des finances, les modalités particulières d'organisation de la discussion de la loi de finances de l'année.

[Résol. 10 mai 2005 et 18 juin 2019.]

Art. 47 *bis*-2 *(Résol. 2 juin 2009, art. 24)* Pour l'application de la loi organique relative aux lois de financement de la sécurité sociale, la Conférence des présidents fixe, sur proposition de la commission des affaires sociales, les modalités particulières d'organisation de la discussion de la loi de financement de la sécurité sociale de l'année.

[Résol. 2 juin 2009 et 18 juin 2019.]

CHAPITRE XIV *BIS* ***Législation en commission*** *(Résol. 18 juin 2019, art. 16).*

Art. 47 *ter* *(Résol. 14 déc. 2017)* 1. – A la demande du Président du Sénat, du président de la commission saisie au fond, du président d'un groupe ou du Gouvernement, la Conférence des Présidents peut décider que le droit d'amendement des sénateurs et du Gouvernement sur un projet de loi ou une proposition de loi ou de résolution s'exerce uniquement en commission, dans les conditions mentionnées aux alinéas 1 et 2 de l'article 28 *ter*.

2. – La procédure de législation en commission n'est pas applicable aux projets de révision constitutionnelle, aux projets de loi de finances et aux projets de loi de financement de la sécurité sociale.

3. – La procédure de législation en commission ne peut être décidée en cas d'opposition du Gouvernement, du président de la commission saisie au fond ou d'un président de groupe.

4. – La procédure de législation en commission peut être décidée sur certains articles seulement d'un projet de loi ou d'une proposition de loi ou de résolution.

5. – Sur la proposition du président de la commission saisie au fond, la Conférence des Présidents fixe la date de la réunion consacrée à l'examen des amendements en commission et à l'établissement du texte de la commission ainsi que le délai limite pour le dépôt des amendements en commission. Elle fixe également le délai limite pour le dépôt des amendements au texte de la commission en application de l'alinéa 1 de l'article 47 *quater* et, lorsque la procédure de législation en commission s'applique sur certains articles seulement du texte, pour le dépôt des amendements aux autres articles du texte de la commission.

6. – Les sénateurs et le Gouvernement sont immédiatement informés de la date de la réunion et des délais limite.

7. – Le Gouvernement et l'ensemble des sénateurs peuvent participer à la réunion.

8. – Les règles de publicité et de débat en séance sont applicables en commission, sauf dispositions contraires du présent article.

9. – Seules les motions tendant à opposer l'exception d'irrecevabilité et la question préalable peuvent être présentées en commission. Leur adoption entraîne le rejet du texte et le retour à la procédure normale pour sa discussion en séance.

10. – Sans préjudice de l'alinéa 9, à la fin de la réunion, la commission statue sur l'ensemble du texte. Le rejet du texte entraîne le retour à la procédure normale pour sa discussion en séance.

11. – Le rapport de la commission comprend un compte rendu détaillé des débats en commission.

12. – Le retour à la procédure normale peut être demandé, le cas échéant sur certains articles seulement du texte, par le Gouvernement, le président de la commission saisie au fond ou un président de groupe, au plus tard le vendredi précédant la semaine au cours de laquelle est examiné le texte en séance, sauf décision contraire de la Conférence des Présidents.

13. – En cas de retour à la procédure normale, le délai limite pour le dépôt des amendements en séance est celui fixé en application de l'alinéa 5, sauf décision contraire de la Conférence des Présidents.

[Résol. 14 déc. 2017.]

Art. 47 *quater* *(Résol. 14 déc. 2017)* 1. – Sur les dispositions faisant l'objet de la procédure de législation en commission, sont seuls recevables en séance, dans les conditions fixées à l'article *(Résol. 18 juin 2019, art. 17)* « 44 *ter* », les amendements visant à assurer le respect de la Constitution, opérer une coordination avec une autre disposition du texte en discussion, avec d'autres textes en cours d'examen ou avec les textes en vigueur ou procéder à la correction d'une erreur matérielle.

2. – Lorsque la procédure de législation en commission s'applique sur certains articles seulement du texte, il ne peut être reçu en séance aucun amendement qui remettrait en cause les dispositions faisant l'objet de cette procédure.

3. – La commission saisie au fond est compétente pour se prononcer sur la recevabilité des amendements et des sous-amendements dans les cas prévus au présent article.

[Résol. 14 déc. 2017 et 18 juin 2019.]

Art. 47 *quinquies* *(Résol. 14 déc. 2017)* 1. – Lorsque la procédure de législation en commission s'applique sur l'ensemble du texte, aucune des motions mentionnées à l'article 44 ne peut être présentée en séance, sauf l'exception d'irrecevabilité. Lors de la séance, le Président met aux voix l'ensemble du texte adopté par la commission. Seuls peuvent intervenir le Gouvernement, les représentants des commissions pour une durée ne pouvant excéder sept minutes et, pour explication de vote, un représentant par groupe pour une durée ne pouvant excéder cinq minutes chacun, ainsi qu'un sénateur ne figurant sur la liste d'aucun groupe pour une durée ne pouvant excéder trois minutes, sauf décision contraire de la Conférence des Présidents.

2. – Lorsque la procédure de législation en commission s'applique sur certains articles seulement, lors de la séance, le Président met aux voix l'ensemble des articles adoptés selon cette procédure avant le vote sur l'ensemble du texte. Seuls peuvent intervenir le Gouvernement, les représentants des commissions pour une durée ne pouvant excéder cinq minutes et, pour explication de vote, un représentant par groupe et un sénateur ne figurant sur la liste d'aucun groupe pour une durée ne pouvant excéder deux minutes et demie chacun, sauf décision contraire de la Conférence des Présidents.

[Résol. 14 déc. 2017.]

Les dispositions de cet art. résultant de la Résol. du 14 déc. 2017 ont été déclarées conformes à la Const. par Décis. Cons. const. du 16 janv. 2018 (JO 20 janv.), sous réserve de l'observation suivante : « en vertu de l'alinéa 1 [de l'art. 47 quinquies], lors de la séance publique au cours de laquelle le texte adopté en commission est mis aux voix, seuls peuvent intervenir le Gouvernement, les représentants des commissions pour une durée ne pouvant excéder sept minutes et, pour explication de vote, un représentant par groupe pendant au plus cinq minutes chacun, ainsi qu'un sénateur ne figurant sur la liste d'aucun groupe pour au plus trois minutes, sauf décision contraire de la Conférence des présidents. Il en va de même, en vertu de l'alinéa 2, lorsque la procédure d'examen en commission n'a porté que sur une partie du texte, cette dernière étant alors adoptée avant le vote sur l'ensemble du texte. Les durées maximales d'intervention sont alors réduites à cinq minutes pour les représentants des commissions et deux minutes et demie pour chacune des explications de vote. D'une part, il appartient au président de séance d'appliquer ces différentes limitations du temps de parole et à la Conférence des présidents d'organiser, le cas échéant, les interventions des sénateurs en veillant au respect des exigences de clarté et de sincérité du débat parlementaire. D'autre part, ces alinéas ne confèrent pas à la Conférence des présidents la faculté de limiter le temps de parole du Gouvernement. » (Cons. const. 2017-257 DC).

CHAPITRE XV ***Procédure d'examen simplifié des textes relatifs à des conventions internationales*** *(Résol. 18 juin 2019, art. 16).*

Art. 47 *decies* 1. — A la demande du Président du Sénat, du président de la commission saisie au fond, d'un président de groupe ou du Gouvernement, à moins que l'une de ces autorités ne s'y oppose, la Conférence des présidents peut décider le vote sans débat d'un projet de loi tendant à autoriser la ratification ou l'approbation d'une convention internationale. En cas d'urgence, le Sénat peut prendre la même décision.

2. — Un président de groupe *(Résol. 18 juin 2019, art. 16)* « , le président de la commission saisie au fond et le Gouvernement peuvent » demander le retour à la procédure normale, dans un délai fixé par la Conférence des présidents ou, selon le cas, par le Sénat.

3. — Lors de la séance plénière, le président met directement aux voix l'ensemble du projet de loi.

[Résol. 2 juin 2009 et 18 juin 2019.]

Art. 48 à 50 *Abrogés par Résol. 18 juin 2019, art. 17.*

CHAPITRE XVI ***Résolutions prévues par l'article 34-1 de la Constitution*** *(Résol. 18 juin 2019, art. 18).*

Art. 50 *bis* 1. — Sous réserve des dispositions du présent chapitre, les propositions de résolution déposées dans le cadre de l'article 34-1 de la Constitution sont soumises aux mêmes règles que celles prévues par le présent Règlement pour les autres propositions de résolution.

2. — Les propositions de résolution peuvent être déposées au nom d'un groupe politique par son président.

3. — Les propositions de résolution ne peuvent pas être envoyées à une commission permanente, ni à une commission spéciale.

4. — Dès leur dépôt, les propositions de résolution sont transmises au Premier ministre. Le Gouvernement fait connaître au Président du Sénat s'il estime qu'une proposition de résolution, avant son inscription à l'ordre du jour, est irrecevable au motif que son adoption ou son rejet serait de nature à mettre en cause sa responsabilité ou qu'elle contient des injonctions à son égard. Aucune irrecevabilité ne peut être opposée ultérieurement, sauf dans le cas prévu à l'alinéa suivant.

5. — Jusqu'à leur inscription à l'ordre du jour, les propositions de résolution peuvent être rectifiées par leur auteur. Les propositions de résolution rectifiées sont portées sans délai à la connaissance du Gouvernement, qui fait connaître au Président du Sénat s'il estime que la rectification est irrecevable.

[Résol. 2 juin 2009.]

Art. 50 *ter* 1. — Une proposition de résolution ne peut être inscrite à l'ordre du jour moins de six jours francs après son dépôt.

2. — Toute demande d'inscription à l'ordre du jour d'une proposition de résolution *(Résol. 18 juin 2019, art. 18)* « est » adressée au Président du Sénat au plus tard quarante-huit heures avant que son inscription à l'ordre du jour ne soit décidée. Le Premier ministre est tenu informé sans délai de cette demande. Cette demande est

communiquée au Sénat. *(Résol. 18 juin 2019, art. 18)* « L'alinéa 1 de l'article 31 n'est pas applicable. »

3. – Une proposition de résolution *(Résol. 18 juin 2019, art. 18)* « dont la Conférence des Présidents constate qu'elle a » le même objet qu'une proposition de résolution déjà discutée par le Sénat ne peut être inscrite à l'ordre du jour par la Conférence des présidents ou le Sénat au cours de la même session ordinaire.

[Résol. 2 juin 2009 et 18 juin 2019.]

Art. 50 *quater* 1. – Le Sénat délibère et vote en séance sur le texte de la proposition de résolution déposée initialement ou, le cas échéant, rectifiée.

2. – Aucun amendement n'est recevable sur les propositions de résolution.

[Résol. 2 juin 2009.]

CHAPITRE XVII ***Modes de votation*** *(Résol. 18 juin 2019, art. 19).*

Art. 51 1. – La présence, dans l'enceinte du Palais, de la majorité absolue *(Résol. 18 juin 2019, art. 19)* « des sénateurs » est nécessaire pour la validité des votes, sauf en matière de fixation de l'ordre du jour.

2. – Le vote est valable, quel que soit le nombre des votants, si, avant l'ouverture du scrutin, le *(Résol. 18 juin 2019, art. 19)* « Président, assisté de deux secrétaires » n'a pas été appelé à constater le nombre des présents ou si, ayant été appelé à faire ou ayant fait cette constatation, il a déclaré que le Sénat était en nombre pour voter.

(Résol. 18 juin 2019, art. 19) « 3. – » Le *(Résol. 18 juin 2019, art. 19)* « Président » ne peut être appelé à faire la constatation du nombre des présents que sur la demande écrite de trente sénateurs dont la présence *(Résol. 18 juin 2019, art. 18)* « est » constatée par appel nominal.

(Résol. 18 juin 2019, art. 19) « 4. – » Lorsqu'un vote ne peut avoir lieu faute de quorum, il est reporté à l'ordre du jour du même jour de séance ou de la séance suivante et ne peut avoir lieu moins d'une heure après. Le vote est alors valable, quel que soit le nombre des votants.

[Résol. 16 janv. 1959 ; 20 mai 1986 ; 21 nov. 1995 et 18 juin 2019.]

Art. 52 1. – Les votes du Sénat sont émis à la majorité absolue des suffrages exprimés.

2. – Toutefois, lorsque le Sénat procède par scrutin à des nominations personnelles en séance plénière, si la majorité absolue des suffrages exprimés n'a pas été acquise au premier ou au deuxième tour de scrutin, au troisième tour la majorité relative suffit ; en cas d'égalité des suffrages, le plus âgé est nommé.

3. – *(Résol. 18 juin 2019, art. 19)* « L'alinéa 2 s'applique aux nominations » personnelles auxquelles il est procédé en commission.

[Résol. 16 janv. 1959 ; 27 oct. 1960 et 18 juin 2019.]

Art. 53 Le Sénat vote à main levée, par assis et levé, au scrutin public ordinaire ou au scrutin public à la tribune.

[Résol. 16 janv. 1959 ; 21 juin 1972 ; 26 avr. 1976 et 18 juin 2019.]

Art. 54 1. – Le vote à main levée est de droit en toutes matières, sauf pour les désignations personnelles et dans les matières où le scrutin public est de droit.

2. – Il est constaté et proclamé par le Président.

(Résol. 18 juin 2019, art. 19) « 3. – En cas de doute, l'épreuve est renouvelée par assis et levé. Si le doute persiste, il est procédé à un scrutin public ordinaire. »

[Résol. 16 janv. 1959 ; 16 juin 1966 ; 21 juin 1972 ; 26 avr. 1976 et 18 juin 2019.]

Art. 55 ***Nul ne peut obtenir la parole** entre les différentes épreuves de vote.*

[Résol. 21 juin 1972.]

Art. 56 *(Résol. 18 juin 2019, art. 19)* 1. – Le scrutin public ordinaire a lieu par procédé électronique. Sur décision du Président, le scrutin a lieu par bulletins, dans des conditions fixées par le Bureau.

2. – Le Président annonce l'ouverture du scrutin puis sa clôture, lorsqu'il constate que tous les sénateurs ayant manifesté leur intention d'y participer ont pu le faire.
3. – Le résultat est constaté par les secrétaires et proclamé par le Président.

[Résol. 18 juin 2019.]

Art. 56 *bis* 1. – Pour un scrutin public à la tribune tous les sénateurs sont appelés nominalement par les huissiers. Sont appelés les premiers ceux dont le nom commence par une lettre préalablement tirée au sort par le Président.
2. – A la suite de ce premier appel nominal, il est procédé à un nouvel appel des sénateurs qui n'ont pas répondu à l'appel de leur nom.
3. – Les sénateurs remettent leur bulletin au secrétaire qui se tient à la tribune et qui le dépose dans *(Résol. 18 juin 2019, art. 19)* « une urne prévue à cet effet ».
4. – Des secrétaires procèdent à l'émargement des noms des votants.

[Résol. 29 avr. 1976 ; 20 mai 1986 et 18 juin 2019.]

Art. 57 Les sénateurs auxquels a été délégué le vote de l'un de leurs collègues *(Résol. 18 juin 2019, art. 19)* « présentent » l'accusé de réception de la notification par lequel le Président du Sénat fait connaître l'accord du Bureau sur les motifs de l'empêchement.

[Résol. 18 juin 2019.]

Art. 58 *Abrogé par Résol. 18 juin 2019, art. 19.*

Art. 59 Il est procédé de droit au scrutin public ordinaire lors des votes sur l'ensemble :
1° De la première partie de la loi de finances de l'année ;
2° Des lois de finances, sous réserve de l'article 60 *bis*, alinéa 3 ;
(Résol. 18 juin 2019, art. 19) « 3° » *(Résol. 2 juin 2009, art. 29)* « Des dispositions relatives aux recettes et à l'équilibre général pour l'année à venir (troisième partie) de la loi de financement de la sécurité sociale ;
(Résol. 18 juin 2019, art. 19) « 4° » Des lois de financement de la sécurité sociale ; »
(Résol. 18 juin 2019, art. 19) « 5° » Des lois organiques ;
(Résol. 18 juin 2019, art. 19) « 6° » Des projets ou propositions de révision de la Constitution ;
(Résol. 18 juin 2019, art. 19) « 7° » Des propositions mentionnées à l'article 11 de la Constitution.
(Résol. 18 juin 2019, art. 19) « Il est également procédé de droit au scrutin public ordinaire lors du vote sur :
« *a)* L'ensemble d'un projet de loi ou d'une proposition de loi ou de résolution, sur décision de la Conférence des Présidents et dans les conditions qu'elle détermine ;
« *b)* Une déclaration du Gouvernement, en application de l'article 50-1 de la Constitution ;
« *c)* Une demande d'autorisation, en application du troisième alinéa de l'article 35 de la Constitution. »

[Résol. 16 janv. 1959 ; 22 avr. 1971 ; 29 avr. 1976 ; 23 oct. 1980 ; 2 juin 2009 et 18 juin 2019.]

Art. 60 Le scrutin public ordinaire, lorsqu'il n'est pas de droit ou lorsqu'il ne résulte pas de l'article 54, ne peut être demandé que par le Gouvernement, le Président, un *(Résol. 18 juin 2019, art. 19)* « président de groupe », la commission saisie au fond, ou par trente sénateurs dont la présence *(Résol. 18 juin 2019, art. 19)* « est » constatée par appel nominal.

[Résol. 16 janv. 1959 ; 16 juin 1966 ; 29 avr. 1976 et 18 juin 2019.]

Art. 60 *bis* 1. – Il est procédé au scrutin public à la tribune lorsque la Conférence des présidents a décidé que ce mode de scrutin serait applicable lors du vote sur l'ensemble d'un projet ou d'une proposition de loi.
2. – La décision de la Conférence des présidents *(Résol. 18 juin 2019, art. 19)* « est » annoncée en séance publique, communiquée à chaque sénateur et *(Résol. 18 juin 2019, art. 19)* « figure » à l'ordre du jour.

3. – En outre, le scrutin public à la tribune est de droit lors du vote en première lecture sur l'ensemble du projet de loi de finances de l'année ainsi que sur l'approbation d'une déclaration de politique générale demandée par le Gouvernement en application *(Résol. 18 juin 2019, art. 19)* « du dernier alinéa de l'article 49 de la Constitution ».

[Résol. 29 avr. 1976 ; 9 mai 1978 et 18 juin 2019.]

Art. 61 *(Résol. 18 juin 2019, art. 19)* « 1. Sous réserve de l'article 3, les désignations en assemblée plénière ou dans les commissions ont lieu au scrutin secret. »

2. – Pour les *(Résol. 18 juin 2019, art. 19)* « désignations » en assemblée plénière, le Sénat peut décider que le vote aura lieu de la manière *(Résol. 18 juin 2019, art. 19)* « décrite ci-après » :

3. – Après avoir consulté le Sénat, le Président indique l'heure d'ouverture et la durée du scrutin.

4. – Une urne est placée dans l'une des salles voisines de la salle des séances, sous la surveillance de l'un des secrétaires assisté de deux scrutateurs.

5. – Pendant le cours de la séance, qui n'est pas suspendue du fait du vote, chaque sénateur dépose son bulletin dans l'urne. Les scrutateurs émargent les noms des votants.

6. – Les secrétaires *(Résol. 18 juin 2019, art. 19)* « supervisent » le dépouillement du scrutin et le Président proclame le résultat.

[Résol. 18 juin 2019.]

Art. 62 1. – Les propositions mises aux voix ne sont déclarées adoptées que si elles ont recueilli la majorité absolue des suffrages exprimés. En cas d'égalité de suffrages, la proposition mise aux voix n'est pas adoptée.

2. – Le résultat des délibérations du Sénat est proclamé par le Président en ces termes : "Le Sénat a adopté" ou "Le Sénat n'a pas adopté".

CHAPITRE XVIII *Délégation de vote* *(Résol. 18 juin 2019, art. 20)*.

Art. 63 Les sénateurs ne sont autorisés à déléguer leur droit de vote que dans les cas suivants :

1° Maladie, accident ou événement familial grave empêchant le parlementaire de se déplacer ;

2° Mission temporaire confiée par le Gouvernement ;

3° Service militaire accompli en temps de paix ou en temps de guerre ;

4° Participation aux travaux d'une assemblée internationale en vertu d'une désignation faite par le Sénat ;

5° En cas de session extraordinaire, absence de la métropole ;

6° En cas de force majeure, par décision du Bureau du Sénat.

[Résol. 16 janv. 1959 et 20 juill. 1962.]

Art. 64 1. – La délégation doit être écrite, signée et adressée par le délégant au délégué. Elle vaut pour les scrutins en séance publique et pour les votes en commission.

2. – Pour être valable, la délégation *(Résol. 18 juin 2019, art. 20)* « est » notifiée au Président du Sénat avant l'ouverture du scrutin ou du premier des scrutins auxquels l'intéressé ne peut prendre part. La notification *(Résol. 18 juin 2019, art. 20)* « indique » le nom du sénateur appelé à voter au lieu et place du délégant, ainsi que le motif de l'empêchement, dont l'appréciation appartient au Bureau. La délégation ainsi que sa notification *(Résol. 18 juin 2019, art. 20)* « indiquent, en outre, » la durée de l'empêchement. A défaut, la délégation est considérée comme faite pour une durée de huit *jours. Sauf renouvellement dans ce délai, elle devient alors caduque à l'expiration* de celui-ci.

3. – Le délégué est avisé, par le Président, de la réception de la notification et de l'accord donné par le Bureau.

4. – La délégation peut être retirée, dans les mêmes formes, au cours de sa période d'application.

5. – La délégation ne peut être transférée par le délégué à un autre sénateur.

[Résol. 16 janv. 1959 ; 25 avr. 1973 ; 29 avr. 1976 et 18 juin 2019.]

CHAPITRE XIX *Rapports du Sénat avec le Gouvernement et avec l'Assemblée nationale* (*Résol. 18 juin 2019, art. 21*).

SECTION I *Déroulement de la navette* (*Résol. 18 juin 2019, art. 21*).

Art. 65 1. – Tout projet de loi voté par le Sénat et non devenu définitif est transmis sans délai par le Président du Sénat au Gouvernement. En cas de rejet d'un projet de loi, le Président en avise le Gouvernement.

2. – Toute proposition de loi votée par le Sénat et non devenue définitive est transmise sans délai par le Président du Sénat au Président de l'Assemblée nationale. Le Gouvernement est avisé de cet envoi. En cas de rejet d'une proposition de loi transmise par l'Assemblée nationale, le Président en avise le Président de l'Assemblée nationale et le Gouvernement.

3. – Lorsque le Sénat adopte sans modification un projet ou une proposition de loi votés par l'Assemblée nationale, le Président du Sénat en transmet le texte définitif au Président de la République, aux fins de promulgation, par l'intermédiaire du secrétariat général du Gouvernement. Le Président de l'Assemblée nationale est avisé de cette transmission.

Art. 66 Les communications du Sénat au Gouvernement sont faites par le Président au Premier ministre.

SECTION II *Motion de renvoi au référendum d'un projet de loi* (*Résol. 18 juin 2019, art. 21*).

Art. 67 1. – Toute motion tendant à soumettre au référendum un projet de loi portant sur les matières définies à l'article 11 de la Constitution doit être (*Résol. 18 juin 2019, art. 21*) « déposée au plus tard avant la clôture de la discussion générale » signée par au moins trente sénateurs dont la présence est constatée par appel nominal. Elle ne peut être assortie d'aucune condition, ni comporter d'amendement au texte du projet de loi. (*Résol. 18 juin 2019, art. 21*) « Il ne peut être présenté qu'une seule motion tendant à proposer de soumettre un projet au référendum ».

2. – Par dérogation aux (*Résol. 18 juin 2019, art. 21*) « règles d'inscription à l'ordre du jour résultant de l'article 29 du Règlement », cette motion est discutée dès la première séance publique suivant son dépôt.

3. – La clôture de la discussion peut être prononcée dans les conditions prévues par l'article 38.

[Résol. 9 juin 1959 ; 27 oct. 1960 et 18 juin 2019.]

Art. 68 1. – L'adoption par le Sénat d'une motion concluant au référendum suspend, si elle est commencée, la discussion du projet de loi.

2. – La motion adoptée est transmise sans délai au Président de l'Assemblée nationale accompagnée du texte auquel elle se rapporte.

3. – Le délai pour l'adoption de la motion est, par accord des deux assemblées, fixé à *trente jours.* Si l'Assemblée nationale n'adopte pas la motion dans ce délai, la discussion reprend devant le Sénat au point où elle avait été interrompue. Aucune nouvelle motion portant sur le même projet de loi n'est alors recevable.

4. – Le délai de trente jours est suspendu en dehors des sessions ordinaires. Il cesse également de courir si l'inscription à l'ordre du jour de la discussion de la motion à l'Assemblée nationale est empêchée par la mise en œuvre de la procédure prévue à l'article 48 de la Constitution.

[Résol. 9 juin 1959.]

Art. 69 1. – Lorsque le Sénat est saisi par l'Assemblée nationale d'une motion concluant au référendum, cette motion est immédiatement renvoyée à la commission saisie du projet visé.

2. – La discussion de cette motion est inscrite à la première séance utile. Le Sénat doit statuer dans les conditions de délai prévues à l'article 68.

SECTION III ***Motion tendant à consulter par référendum les électeurs d'une collectivité ultramarine*** *(Résol. 18 juin 2019, art. 21).*

Art. 69 *bis* 1. – Sous réserve du présent article, toute motion tendant, en application de l'article 72-4 de la Constitution, à proposer au Président de la République de consulter les électeurs d'une collectivité territoriale située outre-mer, est soumise aux mêmes règles que celles prévues par le présent Règlement pour les propositions de résolution.

2. – Lorsque le Sénat adopte une motion déposée par un ou plusieurs sénateurs, ou modifie une motion transmise par l'Assemblée nationale, le Président du Sénat en transmet le texte au Président de l'Assemblée nationale.

3. – Lorsque le Sénat adopte sans modification une motion transmise par l'Assemblée nationale, le Président du Sénat en transmet le texte définitif au Président de la République par l'intermédiaire du Secrétariat général du Gouvernement. Le Président de l'Assemblée nationale est avisé de cette transmission.

[Résol. 11 mai 2004 et 18 juin 2019.]

SECTION IV ***Travaux des commissions mixtes paritaires*** *(Résol. 18 juin 2019, art. 21).*

Art. 69 *ter* *(Résol. 2 juin 2009, art. 30)* La décision conjointe des Présidents des deux assemblées de provoquer la réunion d'une commission mixte paritaire est portée à la connaissance des sénateurs et du Gouvernement.

[Résol. 2 juin 2009.]

Art. 70 1. – Les commissions mixtes paritaires se réunissent, sur convocation de leur doyen, alternativement par affaire, dans les locaux de l'Assemblée nationale et du Sénat.

2. – Elles fixent elles-mêmes la composition de leur bureau.

3. – Elles suivent dans leurs travaux les règles ordinaires applicables aux commissions. En cas de divergence entre les Règlements des deux assemblées, celui de l'assemblée où siège la commission prévaut.

4. – Les conclusions des travaux des commissions mixtes paritaires font l'objet de rapports publiés dans chacune des deux assemblées et communiqués officiellement, par les soins de leurs Présidents, au Premier ministre.

[Résol. 9 juin 1959 et 2 juin 2009.]

Art. 71 *(Résol. 2 juin 2009, art. 30)* L'examen d'un texte dont le Sénat est saisi est immédiatement suspendu lorsque le Gouvernement ou les Présidents des deux assemblées agissant conjointement font part de leur intention de provoquer la réunion d'une commission mixte paritaire à son sujet.

[Résol. 2 juin 2009.]

Art. 72 1. – Lorsque le texte établi par la commission mixte est soumis au Sénat par le Gouvernement, le Sénat procède à l'examen de ce texte dans les formes ordinaires, réserve faite de l'article 45, alinéa 3, de la Constitution et de l'article 42, alinéa 12, du présent Règlement.

2. – La commission saisie au fond du projet ou de la proposition de loi est compétente pour donner son avis sur les amendements recevables en vertu des articles visés à l'alinéa 1 du présent article, ou pour demander un scrutin public ordinaire en application de l'article 60.

[Résol. 9 juin 1959 ; 22 avr. 1971 ; 25 avr. 1973 ; 29 avr. 1976 et 18 juin 2019.]

SECTION V ***Déclaration de guerre, interventions militaires extérieures et état de siège*** *(Résol. 18 juin 2019, art. 21).*

Art. 73 *(Résol. 2 juin 2009, art. 31)* Le Sénat donne l'autorisation *(Résol. 18 juin 2019, art. 21)* « mentionnée » au premier alinéa de l'article 35 de la Constitution par un scrutin public à la tribune et celle *(Résol. 18 juin 2019, art. 21)* « mentionnée » à l'article 36 de la Constitution par un scrutin public ordinaire.

[Résol. 2 juin 2009 et 18 juin 2019.]

Art. 73-1 *(Résol. 2 juin 2009, art. 31)* 1. – L'information du Sénat prévue *(Résol. 18 juin 2019, art. 21)* « au deuxième alinéa de l'article 35 » de la Constitution prend la forme d'une communication du Gouvernement portée à la connaissance des sénateurs. Cette information peut donner lieu à un débat sans vote.

2. – Lorsqu'il est appelé à statuer sur une demande d'autorisation de prolongation de l'intervention des forces armées au-delà de quatre mois, en vertu du troisième alinéa de l'article 35 de la Constitution, le Sénat, après en avoir débattu, statue par scrutin public ordinaire. Aucune explication de vote n'est admise.

[Résol. 2 juin 2009 et 18 juin 2019.]

CHAPITRE XX ***Affaires européennes*** *(Résol. 18 juin 2019, art. 22).*

Art. 73 *bis* *(Résol. 13 mai 2015, art. 4)* « 1. – La commission des affaires européennes comprend 41 membres. » *(Résol. 18 juin 2019, art. 22)* « Sa composition assure une représentation proportionnelle des groupes politiques et une représentation équilibrée des commissions permanentes.

« 2. – Ses membres sont désignés après chaque renouvellement partiel en séance publique, à l'issue de la désignation des membres des commissions permanentes, et selon les modalités prévues pour celles-ci aux alinéas 3 à 10 de l'article 8.

« 3. – Les dispositions de l'article 13 fixant la procédure de désignation des membres du bureau des commissions permanentes sont applicables à la commission des affaires européennes. »

[Résol. 2 juin 2009 ; 13 mai 2015 et 18 juin 2019.]

Art. 73 *ter* *Abrogé par Résol. 13 mai 2015, art. 1er.*

Art. 73 *quater* 1. – La commission des affaires européennes assure, dès leur transmission par le Gouvernement, la publication et la diffusion à destination de l'ensemble des sénateurs, des groupes et des commissions, des projets ou propositions d'acte soumis au Sénat en application de l'article 88-4 de la Constitution. Elle instruit ces textes et assure l'information du Sénat sur les autres documents émanant des institutions de l'Union européenne. Elle peut conclure au dépôt d'une proposition de résolution *(Résol. 18 juin 2019, art. 22)* « européenne ».

2. – Le président de la commission compétente peut désigner un représentant pour participer à l'examen par la commission des affaires européennes d'un projet ou d'une proposition d'acte, ou d'un document émanant d'une institution de l'Union européenne.

3. – Les travaux de la commission des affaires européennes font l'objet d'une publication *spécifique*.

[Résol. 2 juin 2009 et 18 juin 2019.]

Art. 73 *quinquies* *(Résol. 18 juin 2019, art. 22)* Les résolutions européennes sont adoptées dans les conditions prévues au présent article.

1. – Dans les quinze jours suivant la diffusion par la commission des affaires européennes d'un projet ou d'une proposition d'acte soumis au Sénat en application de l'article 88-4 de la Constitution, la commission permanente compétente peut décider de se saisir de ce texte. Elle informe le Sénat du dépôt d'une proposition de résolution par le rapporteur qu'elle a désigné.

La commission fixe un délai limite, qui ne peut excéder quinze jours, pour le dépôt des amendements qui peuvent être présentés par tout sénateur. Le rapport de la commission comporte la proposition de résolution qu'elle a adoptée, ou, en cas de rejet, le résultat de ses travaux et doit être publié dans un délai d'un mois après sa saisine.

2. – La commission des affaires européennes et tout sénateur peuvent déposer une proposition de résolution européenne.

Si la proposition de résolution émane de la commission des affaires européennes, ou si une commission permanente s'est déjà saisie du texte européen sur lequel porte cette proposition de résolution, cette dernière est envoyée à la commission permanente. Dans les autres cas, la proposition de résolution est envoyée à l'examen préalable de la commission des affaires européennes qui statue dans le délai d'un mois en concluant soit au rejet, soit à l'adoption de la proposition, éventuellement amendée.

La proposition de résolution est ensuite examinée par la commission permanente qui se prononce sur la base du texte adopté par la commission des affaires européennes ou, à défaut, du texte initial de la proposition de résolution.

Après l'expiration du délai limite qu'elle a fixé pour le dépôt des amendements, la commission permanente examine la proposition de résolution ainsi que les amendements, qui peuvent être présentés par tout sénateur. Le rapport de la commission comporte la proposition de résolution qu'elle a adoptée ou, en cas de rejet, le résultat de ses travaux et est publié.

Si, dans un délai d'un mois suivant la transmission d'une proposition de résolution adoptée par la commission des affaires européennes, la commission permanente n'a pas déposé son rapport et si ni le Gouvernement ni un groupe minoritaire ou d'opposition n'a demandé que le Sénat se prononce sur cette proposition en séance dans le cadre de l'ordre du jour qui lui est réservé, le texte adopté par la commission des affaires européennes est considéré comme adopté par la commission permanente.

3. – La proposition de résolution adoptée ou considérée comme adoptée par la commission permanente devient résolution du Sénat au terme d'un délai de trois jours francs suivant, selon le cas, soit la date de la publication du rapport de la commission permanente, soit l'expiration du délai au terme duquel le texte adopté par la commission des affaires européennes est considéré comme adopté par la commission permanente.

Pendant ce délai de trois jours, le Président du Sénat, le président d'un groupe, le président d'une commission permanente, le président de la commission des affaires européennes ou le Gouvernement peuvent demander qu'elle soit examinée par le Sénat.

Si, dans les sept jours francs qui suivent cette demande, la Conférence des Présidents ne propose pas ou le Sénat ne décide pas son inscription à l'ordre du jour, la proposition de résolution de la commission devient résolution du Sénat. Si l'inscription à l'ordre du jour est décidée, le texte de la proposition de résolution adoptée ou considérée comme adoptée par la commission permanente est discuté en séance publique et la commission des affaires européennes peut exercer les compétences attribuées aux commissions saisies pour avis.

4. – Les résolutions européennes sont transmises au Gouvernement et à l'Assemblée nationale.

[Résol. 18 juin 2019.]

Art. 73 *sexies* *(Résol. 18 juin 2019, art. 22)* Saisie par le Président du Sénat, le président de la commission saisie au fond, le président de la commission des affaires européennes ou un président de groupe, la Conférence des Présidents peut décider de consulter la commission des affaires européennes sur un projet ou une proposition de loi ayant pour objet de transposer un texte européen en droit national. Les observations de la commission des affaires européennes peuvent être présentées sous la forme d'un rapport d'information.

[Résol. 18 juin 2019.]

Art. 73 *septies* 1. – Toute motion tendant à autoriser l'adoption, selon la procédure prévue au troisième alinéa de l'article 89 de la Constitution, d'un projet de loi relatif à l'adhésion d'un État aux Communautés européennes et à l'Union européenne doit être déposée dans les quinze jours suivant la délibération du projet de loi en

Conseil des ministres. Elle ne peut être assortie d'aucune condition, ni comporter d'amendement au texte du projet de loi ou du traité.

2. — La motion est envoyée à la commission des affaires étrangères, de la défense et des forces armées. La commission des affaires européennes peut se saisir pour avis. La motion est discutée dans un délai de trois mois suivant son dépôt.

3. — La motion adoptée dans les conditions prévues au second alinéa de l'article 88-5 de la Constitution est transmise sans délai au Président de l'Assemblée nationale.

4. — Lorsque le Sénat est saisi par l'Assemblée nationale d'une motion ayant l'objet visé à l'alinéa 1, cette motion est discutée dans un délai de trois mois suivant sa transmission. Si elle est adoptée dans les conditions prévues au second alinéa de l'article 88-5 de la Constitution, le Président du Sénat en transmet le texte au Président de la République. Le Président de l'Assemblée nationale est avisé de cette transmission.

5. — Les délais prévus au présent article sont suspendus en dehors des sessions ordinaires.

[Résol. 2 juin 2009.]

Art. 73 *octies* *(Résol. 20 déc. 2010)* 1. — Les propositions de résolution portant avis motivé sur la conformité d'un projet d'acte législatif européen au principe de subsidiarité et celles tendant à former un recours devant la Cour de justice de l'Union européenne contre un acte législatif européen pour violation du principe de subsidiarité, déposées sur le fondement de l'article 88-6 de la Constitution, sont adoptées dans les conditions prévues au présent article.

2. — Tout sénateur peut déposer une proposition de résolution *(Résol. 18 juin 2019, art. 22)* « qui est envoyée à la commission des affaires européennes ». Celle-ci peut adopter une proposition de résolution de sa propre initiative.

3. — Une proposition de résolution adoptée par la commission des affaires européennes est transmise à la commission compétente au fond qui statue en concluant soit au rejet, soit à l'adoption de la proposition *(Résol. 18 juin 2019, art. 22)* « éventuellement amendée ». Si la commission compétente au fond n'a pas statué, le texte adopté par la commission des affaires européennes est considéré comme adopté par la commission compétente au fond.

4. — Le texte adopté dans les conditions prévues à l'alinéa 3 constitue une résolution du Sénat.

5. — A tout moment de la procédure, le président d'un groupe peut procéder à la demande d'examen en séance publique selon la procédure prévue *(Résol. 18 juin 2019, art. 22)* « au 3 » de l'article 73 *quinquies*.

6. — Le Président du Sénat transmet au Président du Parlement européen, au Président du Conseil de l'Union européenne et au Président de la Commission européenne les résolutions du Sénat portant avis motivé sur la conformité d'un projet d'acte législatif européen au principe de subsidiarité. Il en informe le Gouvernement.

7. — Le Président du Sénat transmet au Gouvernement aux fins de saisine de la Cour de justice de l'Union européenne les résolutions du Sénat visant à former un recours contre un acte législatif européen pour violation du principe de subsidiarité.

8. — A l'expiration d'un délai de huit semaines à compter respectivement de la transmission du projet d'acte législatif dans les langues officielles de l'Union ou de la publication de l'acte législatif, la procédure d'examen d'une proposition de résolution est interrompue.

[Résol. 20 déc. 2010 et 18 juin 2019.]

Art. 73 *nonies* *(Résol. 20 déc. 2010)* 1. — Le Président du Sénat transmet au Gouvernement, aux fins de saisine de la Cour de justice de l'Union européenne, tout recours contre un acte législatif européen pour violation du principe de subsidiarité formé, dans un délai de huit semaines suivant la publication de cet acte législatif, par au moins soixante sénateurs.

2. — Ce recours interrompt, le cas échéant, l'examen des propositions de résolution visées à l'article 73 *octies* portant sur le même acte législatif.

[Résol. 20 déc. 2010]

Art. 73 *decies* *(Résol. 20 déc. 2010)* 1. – Tout sénateur peut présenter une motion tendant à s'opposer à une modification des règles d'adoption d'actes de l'Union européenne dans les cas visés à l'article 88-7 de la Constitution.

2. – Une motion s'opposant à une initiative *(Résol. 18 juin 2019, art. 22)* « mentionnée » à l'avant-dernier alinéa du 7 de l'article 48 du traité sur l'Union européenne ou à une proposition de décision *(Résol. 18 juin 2019, art. 22)* « mentionnée » au deuxième alinéa du 3 de l'article 81 du traité sur le fonctionnement de l'Union européenne doit être présentée dans un délai de quatre mois à compter de la transmission de l'initiative ou de la proposition de décision à laquelle elle s'oppose et viser cette initiative ou cette proposition de décision. Elle ne peut faire l'objet d'aucun amendement.

3. – La motion est envoyée à la commission des affaires étrangères, de la défense et des forces armées, qui rend son rapport dans un délai d'un mois. Le rapport conclut à l'adoption ou au rejet de la motion.

4. – La motion est discutée dès la première séance suivant la publication du rapport, sous réserve des priorités définies à l'article 48 de la Constitution. En cas de rejet, aucune autre motion portant sur une même initiative ou proposition de décision n'est recevable.

5. – La motion adoptée est transmise sans délai au Président de l'Assemblée nationale.

6. – Lorsque le Sénat est saisi par l'Assemblée nationale d'une motion tendant à s'opposer à une modification des règles d'adoption d'actes de l'Union européenne, la motion est envoyée à la commission des affaires étrangères, de la défense et des forces armées. Elle est discutée avant l'expiration d'un délai de six mois suivant la transmission de l'initiative ou de la proposition de décision à laquelle elle s'oppose.

7. – En cas d'adoption par le Sénat d'une motion transmise par l'Assemblée nationale, le Président du Sénat en informe le Président de l'Assemblée nationale. Il notifie au Président du Conseil européen le texte d'une motion s'opposant à une initiative et au Président du Conseil de l'Union européenne le texte d'une motion s'opposant à une proposition de décision. Il en informe le Gouvernement.

8. – En cas de rejet d'une motion transmise par l'Assemblée nationale, le Président du Sénat en informe le Président de l'Assemblée nationale. Aucune motion tendant à s'opposer à la même initiative ou proposition de décision n'est plus recevable.

9. – Toute motion présentée en application du présent article et qui n'a pas été adoptée dans un délai de six mois suivant la transmission de l'initiative ou de la proposition de décision devient caduque.

[Résol. 20 déc. 2010 et 18 juin 2019.]

CHAPITRE XXI *Questions écrites et orales* *(Résol. 18 juin 2019, art. 23).*

A. *Questions écrites*

Art. 74 1. – Tout sénateur qui désire poser une question écrite au Gouvernement en remet le texte au Président du Sénat, qui le communique au Gouvernement.

2. – Les questions écrites *(Résol. 18 juin 2019, art. 23)* « sont » sommairement rédigées et ne *(Résol. 18 juin 2019, art. 23)* « peuvent » contenir aucune imputation d'ordre personnel à l'égard de tiers nommément désignés ; elles ne peuvent être posées que par un seul sénateur et à un seul ministre. La recevabilité de ces questions est appréciée dans les conditions prévues à l'article 24, alinéa 4.

[Résol. 16 janv. 1959 ; 30 juin 1984 et 18 juin 2019.]

Art. 75 *(Résol. 18 juin 2019, art. 23)* « 1. – Les questions écrites sont publiées au *Journal officiel*.

« 2. – Les réponses des ministres sont publiées dans les deux mois suivant la publication des questions. Ce délai ne comporte aucune interruption. »

3. – Toute question écrite à laquelle il n'a pas été répondu dans les délais prévus ci-dessus est convertie en question orale si son auteur le demande. Elle prend rang au rôle des questions orales à la date de cette demande de conversion.

[Résol. 16 janv. 1959 ; 9 juin 1959 et 18 juin 2019.]

A *BIS*. ***Questions d'actualité au Gouvernement*** *(Résol. 13 mai 2015, art. 15-III).*

Art. 75 *bis* *(Résol. 13 mai 2015, art. 15)* **« L'ordre du jour du Sénat comporte, une fois par semaine, des questions au Gouvernement en liaison avec l'actualité. Chaque sénateur intervenant dispose d'un temps de parole** *(Résol. 18 juin 2019, art. 23)* **« fixé par la Conférence des Présidents, comprenant sa réponse éventuelle » au Gouvernement. » La Conférence des présidents arrête la répartition du nombre de ces questions entre les groupes et la réunion administrative des sénateurs ne figurant sur la liste d'aucun groupe en tenant compte de leur importance numérique et fixe les modalités de leur dépôt et de la procédure suivie en séance.**

[Résol. 13 mai 2015 et 18 juin 2019.]

B. ***Questions orales***

Art. 76 1. – Tout sénateur qui désire poser une question orale à un ministre en remet le texte au Président du Sénat, qui le communique au Gouvernement.

2. – Les questions orales *(Résol. 18 juin 2019, art. 23)* **« sont » sommairement rédigées et ne** *(Résol. 18 juin 2019, art. 23)* **« peuvent » contenir aucune imputation d'ordre personnel à l'égard de tiers nommément désignés ; elles ne peuvent être posées que par un seul sénateur et à un seul ministre. La recevabilité de ces questions est appréciée dans les conditions prévues à l'article 24, alinéa 4.**

3. – Les questions orales sont inscrites sur un rôle spécial au fur et à mesure de leur dépôt et sont publiées dans les conditions fixées à l'article 75.

[Résol. 16 janv. 1959 ; 9 juin 1959 ; 30 juin 1984 ; 20 mai 1986 et 18 juin 2019.]

Art. 77 1. – La matinée de la séance du mardi est réservée par priorité aux questions orales. La Conférence des présidents peut reporter à un autre jour de séance l'application des dispositions prioritaires *(Résol. 18 juin 2019, art. 23)* **« du dernier alinéa de l'article 48 » de la Constitution.**

2. – L'inscription des questions orales à l'ordre du jour de cette séance est décidée par la Conférence des présidents sur le vu du rôle prévu à l'alinéa 3 de l'article 76.

3. – Ne peuvent être inscrites à l'ordre du jour d'une séance que les questions déposées huit jours au moins avant cette séance.

[Résol. 16 janv. 1959 ; 29 avr. 1976 ; 21 nov. 1995 ; 2 juin 2009 et 18 juin 2019.]

Art. 78 1. – Le Président appelle les questions *(Résol. 18 juin 2019, art. 23)* **« orales » dans l'ordre fixé par la Conférence des présidents. Il énonce le numéro du dépôt de la question, le nom de son auteur, son titre sommaire et précise à quel membre du Gouvernement elle a été adressée.**

(Résol. 18 juin 2019, art. 23) **« 2. – L'auteur de la question ou l'un de ses collègues désigné par lui pour le suppléer dispose d'un temps fixé par la Conférence des Présidents pour développer sa question et, le cas échéant, répondre au Gouvernement. »**

3. – Si l'auteur de la question ou son suppléant est absent lorsqu'elle est appelée en séance publique, la question est reportée d'office à la suite du rôle.

4. – Si le ministre intéressé est absent, la question est reportée à l'ordre du jour de la plus prochaine séance au cours de laquelle doivent être appelées des questions orales.

(Résol. 18 juin 2019, art. 23) **« 4** *[5]***. A la demande de trente sénateurs dont la présence est constatée par appel nominal, une question orale à laquelle il vient d'être répondu peut être transformée, sur décision du Sénat, en débat d'initiative sénatoriale ; celui-ci est inscrit d'office en tête de l'ordre du jour de la plus prochaine séance utile du Sénat, hors semaines réservées à l'ordre du jour du Gouvernement. »**

[Résol. 16 janv. 1959 ; 25 avr. 1973 ; 30 juin 1984 ; 21 nov. 1995 ; 13 mai 2015 et 18 juin 2019.]

Art. 79 et 80 *Abrogés par Résol. 18 juin 2019, art. 23.*

Art. 81 *Abrogé par Résol. 21 nov. 1995.*

Art. 82 et 83 *Abrogés par Résol. 18 juin 2019, art. 23.*

Art. 84 *Abrogé par Résol. 22 avr. 1971.*

CHAPITRE XXII *Cour de justice de la République* (*Résol. 18 juin 2019, art. 24*).

Art. 85 et 86 *Abrogés par Résol. 2 juin 2009, art. 35.*

Art. 86 *bis* 1. – Après chaque renouvellement partiel, le Sénat élit six juges titulaires et six juges suppléants de la Cour de justice de la République. La Conférence des présidents fixe la date du scrutin.

2. – Les candidatures (*Résol. 18 juin 2019, art. 24*) « font » l'objet d'une déclaration à la Présidence dans un délai fixé par la Conférence des présidents.

3. – Il est procédé à l'élection par un seul scrutin secret, plurinominal. Le nom d'un candidat suppléant est associé à celui de chaque candidat titulaire.

4. – A chaque tour de scrutin, sont élus, dans l'ordre des suffrages, les candidats ayant obtenu un nombre de voix au moins égal à la majorité absolue des suffrages exprimés. Il est procédé à autant de tours de scrutin qu'il est nécessaire pour pourvoir à tous les sièges. Ne sont comptabilisés ensemble que les suffrages portant sur le même titulaire et le même suppléant.

5. – En cas d'égalité des suffrages, les candidats sont proclamés élus par rang d'âge en commençant par le plus âgé jusqu'à ce que tous les sièges soient pourvus.

[Résol. 21 nov. 1995 et 18 juin 2019.]

CHAPITRE XXIII *Pétitions* (*Résol. 18 juin 2019, art. 25*).

Art. 87 1. – Les pétitions (*Résol. 18 juin 2019, art. 25*) « sont » adressées au Président du Sénat. Elles peuvent également être déposées par un sénateur qui fait, en marge, mention du dépôt et signe cette mention.

2. – Une pétition apportée ou transmise par un rassemblement formé sur la voie publique ne peut être reçue par le Président ni déposée sur le Bureau.

(*Résol. 18 juin 2019, art. 25*) « 3. – Toute pétition indique l'adresse du pétitionnaire et est revêtue de sa signature. »

[Résol. 18 juin 2019.]

Art. 88 1. – Les pétitions sont inscrites sur un rôle général dans l'ordre de leur arrivée. (*Résol. 18 juin 2019, art. 25*) « Ce rôle est rendu public. »

2. – Le Président les renvoie à la commission (*Résol. 18 juin 2019, art. 25*) « compétente ».

3. – La commission décide, suivant le cas, soit de les renvoyer à un ministre ou à une autre commission du Sénat, soit de les soumettre au Sénat, soit de demander au Président du Sénat de les transmettre au (*Résol. 18 juin 2019, art. 25*) « Défenseur des droits, soit de les classer ».

4. – Les pétitions sur lesquelles la commission n'a pas statué deviennent caduques de plein droit à l'ouverture de la session ordinaire qui suit celle au cours de laquelle elles ont été déposées. Les pétitions déposées dans l'intervalle des sessions ordinaires sont rattachées, pour le calcul des règles de caducité, au premier jour de la session ordinaire suivant la date de leur dépôt.

5. – Avis est donné au pétitionnaire du numéro d'ordre donné à sa pétition et, le cas échéant, de la décision la concernant.

[Résol. 16 janv. 1959 ; 29 avr. 1976 ; 20 mai 1986 ; 21 nov. 1995 et 18 juin 2019.]

Art. 89 1. *Abrogé par Résol. 18 juin 2019, art. 25.*

2. – Dans les quinze jours (*Résol. 18 juin 2019, art. 25*) « suivant la date à laquelle l'inscription de la pétition au rôle général ou la décision de la commission compétente a été rendue publique », tout sénateur peut demander le rapport en séance publique d'une pétition.

3. – Passé ce délai, les décisions de la commission sont définitives et elles sont publiées au *Journal officiel*.

4. – Les réponses des ministres aux pétitions qui leur ont été renvoyées conformément *(Résol. 18 juin 2019, art. 25)* « au troisième alinéa de l'article 88 sont publiées au *Journal officiel* ».

[Résol. 16 janv. 1959 ; 27 oct. 1960 ; 23 oct. 1980 et 18 juin 2019.]

Art. 89 *bis* 1. – Lorsque la commission décide de soumettre une pétition au Sénat en application de l'article 88, alinéa 3, ou lorsque la Conférence des présidents a fait droit à une demande présentée en application de l'article 89, alinéa 2, la commission établit un rapport qui reproduit le texte intégral de la pétition et expose les motifs des conclusions prises à son sujet. Ce rapport est *(Résol. 2 juin 2009, art. 13)* « publié ».

2. – La discussion du rapport de la commission est inscrite à l'ordre du jour conformément *(Résol. 18 juin 2019, art. 25)* « à » l'article 29.

3. – Le débat est ouvert par l'exposé du rapporteur et poursuivi par l'audition des orateurs inscrits.

[Résol. 29 avr. 1976 ; 20 mai 1986 ; 2 juin 2009 ; 13 mai 2015 et 18 juin 2019.]

CHAPITRE XXIV ***Police intérieure et extérieure du Sénat*** *(Résol. 18 juin 2019, art. 26).*

Art. 90 1. – Le Président est chargé de veiller à la sûreté intérieure et extérieure du Sénat. A cet effet, il fixe l'importance des forces militaires qu'il juge nécessaires ; elles sont placées sous ses ordres.

2. – La police du Sénat est exercée, en son nom, par le Président.

Art. 91 1. – A l'exception des porteurs de cartes régulièrement délivrées à cet effet par le Président et du personnel qui est appelé à y faire son service, nul ne peut, sous aucun prétexte, pénétrer dans la salle des séances.

2. – Le public admis dans les tribunes se tient assis, découvert et en silence.

3. – Toute personne donnant des marques d'approbation ou d'improbation est exclue sur-le-champ par les huissiers *(Résol. 18 juin 2019, art. 26)* « et les agents » chargés de maintenir l'ordre.

4. – Toute personne troublant les débats est traduite sur-le-champ, s'il y a lieu, devant l'autorité compétente.

[Résol. 18 juin 2019.]

CHAPITRE XXV ***Obligations déontologiques*** *(Résol. 18 juin 2019, art. 26).*

Art. 91 *bis* *(Résol. 6 juin 2018, art. 3)* 1. – Dans l'exercice de leur mandat, les sénateurs font prévaloir, en toutes circonstances, l'intérêt général sur tout intérêt privé. Ils veillent à rester libres de tout lien de dépendance à l'égard d'intérêts privés ou de puissances étrangères.

2. – Ils exercent leur mandat dans le respect du principe de laïcité et avec assiduité, dignité, probité et intégrité.

[Résol. 6 juin 2018, art. 3.]

Les dispositions résultant de la Résol. du 6 juin 2018 ont été déclarées conformes à la Const. par Décis. Cons. const. du 5 juill. 2018 (JO 7 juill.), sous réserve de l'observation suivante : « L'alinéa 2 de l'article 91 bis impose aux sénateurs d'exercer leur mandat "dans le respect du principe de laïcité". Toutefois, le règlement du Sénat ne saurait avoir pour objet ou pour effet de porter atteinte à la liberté d'opinion et de vote des sénateurs. » (Cons. const. nº 2018-767 DC du 5 juill. 2018, § 8).

Art. 91 *ter* *(Résol. 6 juin 2018, art. 4)* 1. – Les sénateurs veillent à prévenir ou à faire cesser immédiatement toute situation de conflit d'intérêts entre un intérêt public et des intérêts privés dans laquelle ils se trouvent ou pourraient se trouver.

2. – Lorsqu'un sénateur estime devoir ne pas participer aux délibérations ou aux votes lors de certains travaux du Sénat en raison d'une situation de conflit d'intérêts, il en informe le Bureau du Sénat.

3. – Un registre public des déports, tenu sous la responsabilité du Bureau, recense les sénateurs ayant informé ce dernier de leur décision de ne pas prendre part à certains travaux du Sénat, avec la mention des travaux concernés par cette décision.

4. – Tout sénateur s'abstient également de solliciter ou d'accepter dans le cadre des travaux du Sénat des fonctions susceptibles de le placer en situation de conflit d'intérêts.

[Résol. 6 juin 2018, art. 4.]

Art. 91 *quater* *(Résol. 6 juin 2018, art. 5)* **Lorsqu'un sénateur estime, lors de travaux du Sénat, qu'il détient un intérêt ayant un lien avec ces travaux sans toutefois le placer dans une situation de conflit d'intérêts, il peut faire une déclaration orale de cet intérêt qui est mentionnée au compte rendu.**

[Résol. 6 juin 2018, art. 5.]

Art. 91 *quinquies* *(Résol. 6 juin 2018, art. 6)* 1. – Les sénateurs déclarent au Bureau du Sénat les invitations à des déplacements financés par des organismes extérieurs au Sénat qu'ils ont acceptées, ainsi que les cadeaux, dons et avantages en nature qu'ils ont reçus, dès lors que la valeur de ces invitations, cadeaux, dons et avantages excède un montant fixé par le Bureau.

2. – Ne sont pas soumis à cette obligation déclarative les cadeaux d'usage et les déplacements effectués à l'invitation des autorités étatiques françaises ou dans le cadre d'un autre mandat électif, ou les invitations à des manifestations culturelles ou sportives sur le territoire national.

3. – La liste de ces invitations, cadeaux, dons et avantages en nature est rendue publique.

[Résol. 6 juin 2018, art. 6.]

Art. 91 *sexies* *(Résol. 6 juin 2018, art. 7)* 1. – Le comité de déontologie parlementaire assiste le Bureau et le Président du Sénat dans la prévention et le traitement des conflits d'intérêts des sénateurs ainsi que sur toute question déontologique concernant l'exercice du mandat des sénateurs et le fonctionnement du Sénat.

2. – Le comité est présidé par un sénateur du groupe ayant l'effectif le plus important en dehors de ceux qui se sont déclarés comme groupe d'opposition ou groupe minoritaire. Il comprend en outre un sénateur par groupe politique. Le président et les autres membres du comité sont désignés par le Président du Sénat. Le sénateur du groupe d'opposition ayant l'effectif le plus important exerce les fonctions de vice-président.

3. – Le comité est reconstitué après chaque renouvellement du Sénat. Aucun de ses membres ne peut accomplir plus de deux mandats, sauf si l'un de ces mandats a été exercé pour une durée inférieure à trois ans.

4. – Les membres du Bureau du Sénat ne peuvent faire partie du comité.

5. – Lorsqu'il est procédé à un vote, les décisions du comité sont prises à la majorité des présents.

[Résol. 6 juin 2018, art. 7.]

Art. 91 *septies* *(Résol. 6 juin 2018, art. 8)* 1. – Le Bureau ou le Président du Sénat peut saisir le comité de déontologie parlementaire d'une demande d'avis sur une question générale entrant dans sa compétence.

2. – Le Bureau ou le Président du Sénat peut également saisir le comité de toute situation susceptible de constituer un conflit d'intérêts concernant un sénateur ou de toute question déontologique liée à l'exercice de son mandat. Le Bureau peut transmettre au comité la déclaration d'intérêts et d'activités du sénateur concerné et les déclarations prévues à l'article 91 *quinquies*.

3. – Lorsqu'il est saisi de la situation d'un sénateur dans les conditions définies à l'alinéa 2 du présent article, le comité en informe l'intéressé et lui donne la possibilité d'être entendu ou de formuler des observations écrites. Si le sénateur concerné le *demande, son audition par le comité* est de droit. Le comité adresse au Bureau un avis, éventuellement assorti de recommandations.

4. – Si le Bureau, après avoir entendu le sénateur ou un de ses collègues en son nom, conclut à une situation de conflit d'intérêts ou à un manquement déontologique, il demande à l'intéressé de faire cesser sans délai cette situation ou ce manquement et, s'il y a lieu, de prendre les mesures recommandées par le comité.

5. – Tout sénateur peut saisir le comité d'une demande de conseil sur toute situation personnelle dont ce sénateur estime qu'elle pourrait constituer un conflit d'intérêts ou sur toute question déontologique liée à l'exercice de son mandat. Le conseil peut être rendu public par le sénateur concerné.

6. – Sauf décision contraire du Bureau, le comité assure la publication des avis rendus en application du présent article, selon des modalités excluant le risque d'identification des personnes qui y sont mentionnées. Le comité peut faire état des conseils rendus en application de l'alinéa 5, selon les mêmes modalités.

[Résol. 6 juin 2018, art. 8.]

CHAPITRE XXVI **Discipline** *(Résol. 18 juin 2019, art. 26).*

Art. 92 Les peines disciplinaires applicables aux membres du Sénat sont :
– le rappel à l'ordre ;
– le rappel à l'ordre avec inscription au procès-verbal ;
– la censure ;
– la censure avec exclusion temporaire.

Art. 93 1. – Le Président seul rappelle à l'ordre.

2. – Est rappelé à l'ordre tout orateur qui s'en écarte et tout membre qui trouble l'ordre, soit par une des infractions au Règlement prévues *(Résol. 18 juin 2019, art. 26)* « aux alinéas 3 et 4 de l'article 33 », soit de toute autre manière.

3. – Tout sénateur qui, n'étant pas autorisé à parler, s'est fait rappeler à l'ordre, n'obtient la parole pour se justifier qu'à la fin de la séance, à moins que le Président n'en décide autrement.

4. – Est rappelé à l'ordre avec inscription au procès-verbal tout sénateur qui, dans la même séance, a encouru un premier rappel à l'ordre.

[Résol. 18 juin 2019.]

Art. 94 La censure est prononcée contre tout sénateur :

1° Qui, après un rappel à l'ordre avec inscription au procès-verbal, n'a pas déféré aux injonctions du Président ;

2° Qui, dans le Sénat, a provoqué une scène tumultueuse ;

3° Qui a adressé à un ou plusieurs de ses collègues des injures, provocations ou menaces.

[Résol. 6 juin 2018, art. 9.]

Art. 95 1. – La censure avec exclusion temporaire du Palais du Sénat est prononcée contre tout sénateur :

1° Qui a résisté à la censure simple ou qui a subi deux fois cette sanction ;

2° Qui, en séance publique, a fait appel à la violence ;

3° Qui s'est rendu coupable d'outrages envers le Sénat ou envers son Président ;

4° Qui s'est rendu coupable d'injures, provocations ou menaces envers le Président de la République, le Premier ministre, les membres du Gouvernement et les assemblées prévues par la Constitution.

2. – La censure avec exclusion temporaire entraîne l'interdiction de prendre part aux travaux du Sénat et de reparaître dans le Palais du Sénat jusqu'à l'expiration du quinzième jour de séance qui suit celui où la mesure a été prononcée.

3. – En cas de refus du sénateur de se conformer à l'injonction qui lui est faite par le Président de sortir du Sénat, la séance est suspendue. Dans ce cas, et aussi dans le cas où la censure avec exclusion temporaire est appliquée pour la deuxième fois à un sénateur, l'exclusion s'étend à trente jours de séance.

[Résol. 6 juin 2018, art. 9.]

Art. 96 1. – La censure simple et la censure avec exclusion temporaire sont prononcées par le Sénat, par assis et levé, et sans débat, sur la proposition du Président.

2. – Le sénateur contre qui l'une ou l'autre de ces peines disciplinaires est demandée a toujours le droit d'être entendu ou de faire entendre en son nom un de ses collègues.

Art. 97 1. – La censure simple emporte, de droit, la privation, pendant un mois, du tiers de l'indemnité parlementaire et de la totalité de l'indemnité de fonction.

2. – La censure avec exclusion temporaire emporte, de droit, la privation, pendant deux mois, du tiers de l'indemnité parlementaire et de la totalité de l'indemnité de fonction.

Art. 98 1. – Si un fait délictueux est commis par un sénateur dans l'enceinte du Palais pendant que le Sénat est en séance, la délibération en cours est suspendue. Séance tenante, le Président porte le fait à la connaissance du Sénat.

2. – Si le fait visé à l'alinéa premier est commis pendant une suspension ou après la levée de la séance, le Président porte le fait à la connaissance du Sénat à la reprise de la séance ou au début de la séance suivante.

3. – Le sénateur est admis à s'expliquer s'il le demande. Sur l'ordre du Président, il est tenu de quitter la salle des séances et retenu dans le Palais.

4. – En cas de résistance du sénateur ou de tumulte dans le Sénat, le Président lève à l'instant la séance.

5. – Le Bureau informe, sur-le-champ, le procureur général qu'un délit vient d'être commis dans le Palais du Sénat.

Art. 99 *et* 99 *bis* *Abrogés par Résol. 6 juin 2018, art. 9.*

Art. 99 *ter* *(Résol. 13 mai 2015, art. 16) (Résol. 6 juin 2018, art. 9)* « 1. – Les peines disciplinaires mentionnées à l'article 92 sont applicables à tout membre du Sénat :

« 1° Qui a manqué gravement aux principes déontologiques définis à l'article 91 *bis* ;

« 2° Qui a usé de son titre de sénateur pour d'autres motifs que pour l'exercice de son mandat, indépendamment des cas prévus à l'article L.O. 150 du code électoral et sanctionnés par l'article L.O. 151-3 du même code ;

« 3° Qui a sciemment omis une déclaration requise à l'article 91 *quinquies* du présent Règlement ;

« 4° Qui n'a pas respecté une décision du Bureau lui demandant soit de faire cesser sans délai une situation de conflit d'intérêts ou un manquement déontologique, soit de prendre les mesures recommandées par le comité de déontologie parlementaire en application de l'article 91 *septies* ;

« 5° Qui a perçu une rémunération publique, une gratification ou une indemnité en méconnaissance des règles prévues à l'article 4 de l'ordonnance n° 58-1210 du 13 décembre 1958 portant loi organique relative à l'indemnité des membres du Parlement et à l'article L.O. 145 du code électoral.

« 2. – Par dérogation à l'article 97, la censure simple peut emporter la privation pendant trois mois d'un tiers de l'indemnité parlementaire et de la totalité de l'indemnité de fonction et la censure avec exclusion temporaire peut emporter la privation pendant six mois des deux tiers de l'indemnité parlementaire et de la totalité de l'indemnité de fonction. »

3. – Par dérogation *(Résol. 6 juin 2018, art. 9)* « aux articles 93 et » 96, ces peines disciplinaires sont prononcées et motivées par le Bureau, sur la proposition du Président, en fonction de la gravité du manquement, après avoir entendu le sénateur ou un de ses collègues en son nom. Elles sont rendues publiques.

[Résol. 13 mai 2015 et Résol. 6 juin 2018, art. 9.]

Art. 99 *quater* *(Résol. 13 mai 2015, art. 16-2°)* Tout membre du Bureau ou du comité de déontologie parlementaire qui ne respecte pas la confidentialité des débats au sein du Bureau ou du comité de déontologie est passible des sanctions figurant aux articles 94 et 95, dans les conditions prévues à l'article 99 *ter*.

[Résol. 13 mai 2015.]

Art. 100 *Abrogé par Résol. 18 juin 2019, art. 5.*

CHAPITRE XXVII ***Services du Sénat*** *(Résol. 18 juin 2019, art. 26).*

Art. 101 1. – Le Président a, du point de vue législatif, la haute direction et le contrôle de tous les services du Sénat.

2. – Au point de vue administratif, l'autorité sur les services appartient au Bureau ; la direction est assurée par les questeurs sous le contrôle du Bureau.

Art. 102 Le Bureau déterminera, par un règlement intérieur, l'organisation et le fonctionnement des services du Sénat, les modalités d'exécution par les différents services des formalités prescrites par le présent Règlement ainsi que le statut du personnel et les rapports entre l'administration du Sénat et les organisations professionnelles du personnel.

CHAPITRE XXVIII *Collaborateurs des sénateurs* *(Résol. 18 juin 2019, art. 26).*

Art. 102 *bis* *(Résol. 13 mai 2015, art. 17)* Les sénateurs peuvent employer sous contrat de droit privé des collaborateurs qui les assistent dans l'exercice de leurs fonctions et dont ils sont les employeurs directs. Ils bénéficient à cet effet d'un crédit affecté à la rémunération de leurs collaborateurs.

[Résol. 13 mai 2015.]

Art. 102 *ter* *(Résol. 18 juin 2019, art. 26)* Le Bureau s'assure de la mise en place d'un dispositif de prévention, d'information, d'accueil et d'écoute des collaborateurs en matière de lutte contre toutes les formes de harcèlement.

[Résol. 18 juin 2019.]

CHAPITRE XXIX *Budget et comptes du Sénat* *(Résol.18 juin 2019, art. 26).*

Art. 103 1. – Le Sénat jouit de l'autonomie financière en application du principe de la séparation des pouvoirs mis en œuvre par l'article 7 de l'ordonnance n° 58-1100 du 17 novembre 1958 relative au fonctionnement des assemblées parlementaires *[V. cet art. ss. Const. 58, art. 24]*.

2. – Les dépenses du Sénat sont réglées par exercice budgétaire.

3. – Le Bureau détermine, par un règlement budgétaire et comptable, les procédures budgétaires et comptables applicables au Sénat. Ce règlement précise notamment les modalités d'examen des comptes du Sénat par l'entité tierce désignée pour donner à la Cour des comptes une assurance raisonnable de leur régularité, de leur sincérité et de leur fidélité dans le cadre de sa mission de certification des comptes de l'État, telle que définie au 5° de l'article 58 de la loi organique n° 2001-692 du 1er août 2001 relative aux lois de finances.

[Résol. 2 juin 2009.]

Art. 103 *bis* 1. – Une commission spéciale *(Résol.18 juin 2019, art. 26)* « , composée de dix membres, » est chargée du contrôle des comptes et de l'évaluation interne. Elle examine les comptes du Sénat dans les conditions prévues par le règlement budgétaire et comptable et procède aux investigations qu'elle estime nécessaires. *(Résol. 18 juin 2019, art. 26)* « Elle donne aux Questeurs *quitus* de leur gestion et évalue l'action des services dont ils assurent la direction. » Elle transmet ses observations au Président et aux Questeurs. *(Résol. 18 juin 2019, art. 26)* « Son activité » fait l'objet une fois par an d'une communication au Bureau par son président et son rapporteur. *(Résol. 18 juin 2019, art. 26)* « Elle établit chaque année un rapport public relatif aux comptes du Sénat. »

2. – Le Sénat nomme *(Résol.18 juin 2019, art. 26)* « les membres de la commission spéciale après chaque renouvellement » conformément à la règle de la proportionnalité entre les groupes politiques. Le nombre de ses membres est éventuellement augmenté pour que tous les groupes politiques y soient représentés. Avant la séance du Sénat au cours de laquelle *(Résol. 18 juin 2019, art. 26)* « ses membres sont nommés, les » groupes politiques, après s'être concertés, remettent au Président du Sénat la liste des candidats qu'ils ont établie. Cette liste est adoptée selon la procédure définie à l'article 8.

3. – Les membres du Bureau du Sénat ne peuvent *(Résol. 18 juin 2019, art. 26)* « en faire partie ».

[Résol. 2 juin 2009 et 18 juin 2019.]

CHAPITRE XXX *Dispositions diverses* (*Résol. 18 juin 2019, art. 26*).

Art. 104 *Abrogé par Résol. 18 juin 2019, art. 1er.*

Art. 105 1. – Une commission de trente membres est nommée chaque fois qu'il y a lieu pour le Sénat d'examiner une proposition de résolution déposée en vue de requérir la suspension de la détention, des mesures privatives ou restrictives de liberté ou de la poursuite d'un sénateur.

(*Résol. 18 juin 2019, art. 26*) « 2. – » Pour la nomination de cette commission, le Président du Sénat fixe le délai dans lequel les candidatures (*Résol. 18 juin 2019, art. 26*) « sont » présentées selon la représentation proportionnelle. A l'expiration de ce délai, le Président du Sénat, les présidents (*Résol. 18 juin 2019, art. 26*) « de groupe » et le délégué de la réunion administrative des sénateurs ne figurant sur la liste d'aucun groupe se réunissent pour établir la liste des membres de la commission. Cette liste est publiée au *Journal officiel*. La nomination prend effet dès cette publication.

(*Résol. 18 juin 2019, art. 26*) « 3. – » La commission élit un bureau comprenant un président, un vice-président et un secrétaire et (*Résol. 18 juin 2019, art. 26*) « désigne » un rapporteur.

(*Résol. 18 juin 2019, art. 26*) « 4. – La commission entend l'auteur de la demande et le sénateur intéressé.

« 5. – » Les conclusions de la commission (*Résol. 18 juin 2019, art. 26*) « sont » déposées dans un délai de trois semaines à compter de la désignation des membres de la commission ; elles sont inscrites à l'ordre du jour du Sénat par la Conférence des présidents dès la distribution du rapport de la commission.

(*Résol. 18 juin 2019, art. 26*) « 6. – » Saisi d'une demande de suspension de la poursuite d'un sénateur détenu ou faisant l'objet de mesures privatives ou restrictives de liberté, le Sénat peut ne décider que la suspension de la détention ou de tout ou partie des mesures en cause.

(*Résol. 18 juin 2019, art. 26*) « 7. – En cas de rejet d'une demande, aucune demande nouvelle concernant les mêmes faits ne peut être déposée pendant la même session. »

[*Résol. 16 janv. 1959 ; 21 nov. 1995 et 18 juin 2019.*]

Art. 106 Les députations du Sénat sont désignées par (*Résol. 18 juin 2019, art. 26*) « tirage au » sort ; le nombre des membres qui les composent est déterminé par le Sénat.

[*Résol. 18 juin 2019.*]

Art. 107 (*Résol. 18 juin 2019, art. 26*) Des insignes, dont la nature est déterminée par le Bureau du Sénat, sont portés par les sénateurs lorsqu'ils sont en mission, dans les cérémonies publiques et en toutes circonstances où ils ont à faire connaître leur qualité.

[*Résol. 18 juin 2019.*]

Art. 108 à 110 *Abrogés par Résol. 18 juin 2019, art. 4.*

TABLE CHRONOLOGIQUE

NOTA. *Avant la table chronologique proprement dite, on trouvera ci-dessous la liste des différents codes reproduits en extraits dans le présent ouvrage.*

1789	26 août	Déclaration des droits de l'homme et du citoyen, **p. 3.**
1790	16-24 août	Loi. Organisation judiciaire. – Art. 10, 12, 13. – V. App., v° *Pouvoirs publics*, **p. 2732.**
1791	3 et 4 sept.	Constitution. – V. App., v° *Anciennes Constitutions françaises* 🏛.
1792	21 sept.	Décret. – V. App., v° *Anciennes Constitutions françaises* 🏛.
1792	21-22 sept.	Décret. – V. App., v° *Anciennes Constitutions françaises* 🏛.
1792	25 sept.	Déclaration. – V. App., v° *Anciennes Constitutions françaises* 🏛.
1793	24 juin	Constitution. – V. App., v° *Anciennes Constitutions françaises* 🏛.
1795	22 août	Constitution. – V. App., v° *Anciennes Constitutions françaises* 🏛.
1795	2 sept.	Décret du 16 *fructidor* an III. Tribunaux. Actes d'administration. – V. App., v° *Pouvoirs publics*, **p. 2732.**
1799	13 déc.	Constitution. – V. App., v° *Anciennes Constitutions françaises* 🏛.
1802	10 mai	Arrêté des Consuls. – V. App., v° *Anciennes Constitutions françaises* 🏛.
1802	2 août	Sénatus-consulte. Proclamation de Napoléon Bonaparte, Premier consul à vie. – V. App., v° *Anciennes Constitutions françaises* 🏛.
1802	4 août	Constitution. – V. App., v° *Anciennes Constitutions françaises* 🏛.
1804	18 mai	Constitution. – V. App., v° *Anciennes Constitutions françaises* 🏛.
1814	4 juin	Charte constitutionnelle. – V. App., v° *Anciennes Constitutions françaises* 🏛.
1815	22 avr.	Acte additionnel aux constitutions de l'Empire. – V. App., v° *Anciennes Constitutions françaises* 🏛.
1830	14 août	Charte constitutionnelle. – V. App., v° *Anciennes Constitutions françaises* 🏛.
1848	4 nov.	Constitution. – V. App., v° *Anciennes Constitutions françaises* 🏛.
1852	14 janv.	Proclamation. – V. App., v° *Anciennes Constitutions françaises* 🏛.
1852	14 janv.	Constitution. – V. App., v° *Anciennes Constitutions françaises* 🏛.
1852	7 nov.	Sénatus-consulte. Modification de la Const. 1852. – V. App., v° *Anciennes Constitutions françaises* 🏛.
1852	2 déc.	Décret impérial. Promulgation et déclaration par la Loi de l'État du Sénatus-consulte du 7 nov. 1852. – V. App., v° *Anciennes Constitutions françaises* 🏛.
1852	12 déc.	Sénatus-consulte. Liste civile et dotation de la couronne. – V. App., v° *Anciennes Constitutions françaises* 🏛.
1852	25 déc.	Sénatus-consulte. Interprétation et modification de la Const. 1852. – V. App., v° *Anciennes Constitutions françaises* 🏛.
1856	23 avr.	Sénatus-consulte. Liste civile et dotation de la couronne. – V. App., v° *Anciennes Constitutions françaises* 🏛.

1856	17 juill.	Sénatus-consulte. Régence de l'Empire. – V. App., v° *Anciennes Constitutions françaises* 🏛.
1861	2 févr.	Sénatus-consulte. Modification de l'art. 42 Const. 1852. – V. App., v° *Anciennes Constitutions françaises* 🏛.
1866	18 juill.	Sénatus-consulte. Modification de la Const. 1852. – V. App., v° *Anciennes Constitutions françaises* 🏛.
1867	14 mars	Sénatus-consulte. Modification de l'art. 26 Const. 1852. – V. App., v° *Anciennes Constitutions françaises* 🏛.
1869	8 sept.	Sénatus-consulte. Modification de la Const. 1852. – V. App., v° *Anciennes Constitutions françaises* 🏛.
1870	21 mai	Sénatus-consulte. Constitution de l'Empire. – V. App., v° *Anciennes Constitutions françaises* 🏛.
1872	15 févr.	Loi. Conseils généraux. Circonstances exceptionnelles. – V. App., v° *Pouvoirs publics*, **p. 2732.**
1875		Constitution. – V. App., v° *Anciennes Constitutions françaises* 🏛.
1875	24 févr.	Loi. Organisation du Sénat. – V. App., v° *Anciennes Constitutions françaises* 🏛.
1875	25 févr.	Loi. Organisation des pouvoirs publics. – V. App., v° *Anciennes Constitutions françaises* 🏛.
1875	16 juill.	Loi constitutionnelle. Rapport des pouvoirs publics. – V. App., v° *Anciennes Constitutions françaises* 🏛.
1879	21 juin	Loi. Abrogation de l'art. 9 de la L. du 25 févr. 1875. – V. App., v° *Anciennes Constitutions françaises* 🏛.
1884	14 août	Loi. Révision partielle des lois constitutionnelles. – V. App., v° *Anciennes Constitutions françaises* 🏛.
1926	10 août	Loi constitutionnelle. Complément de la L. du 25 févr. 1875. – V. App., v° *Anciennes Constitutions françaises* 🏛.
1945	2 nov.	Loi constitutionnelle. – V. App., v° *Anciennes Constitutions françaises* 🏛.
1946	27 oct.	Préambule de la Constitution de 1946, **p. 405.**
1946	27 oct.	Constitution. – V. App., v° *Anciennes Constitutions françaises* 🏛.
1948	10 déc.	Déclaration universelle des droits de l'homme. – V. App., v° *Droit européen et international*, **p. 1816.**
1948	28 juill.	Décret n° 48-1233. Cabinets ministériels. – V. App., v° *Pouvoirs publics*, **p. 2733.**
1950	4 nov.	Convention européenne de sauvegarde des droits de l'homme et des libertés fondamentales. – V. App., v° *Droit européen et international*, **p. 1820.**
1952	20 mars	Protocole additionnel [n° 1]. – V. App., v° *Droit européen et international*, **p. 2435.**

1954	7 déc.	Loi constitutionnelle. – V. App., v° *Anciennes Constitutions françaises* 🏛.
1955	3 avr.	Loi de finances n° 55-366. – Art. 19. – V. ss. Const. 58, art. 6, **p. 571.**
1958	3 juin	Loi constitutionnelle. – V. App., v° *Anciennes Constitutions françaises*, **p. 1816.**
1958	4 oct.	Constitution, **p. 527.**
1958	7 nov.	Ordonnance n° 58-1066. Délégation exceptionnelle du droit de vote des parlementaires. – V. ss. Const. 58, art. 27.
1958	7 nov.	Ordonnance n° 58-1067. Conseil constitutionnel : – Art. 1er à 12. – V. ss. Const. 58, art. 57, **p. 899.** – Art. 23-1 à 23-12. – V. ss. Const. 58, art. 61-1, **p. 972.** – Art. 13 à 23, 24 à 56, 58. – V. ss. Const. 58, art. 63, **p. 1051.**
1958	17 nov.	Ordonnance n° 58-1099. Application de l'article 23 de la Constitution. – V. ss. Const. 58, art. 23, **p. 671.**
1958	17 nov.	Ordonnance n° 58-1100. Fonctionnement des assemblées parlementaires. – V. ss. Const. 58, art. 24.
1958	29 déc.	Ordonnance n° 58-1360. CESE. – V. ss. Const. 58, art. 71.
1959	22 janv.	Décret n° 59-178. Attributions des ministres. – V. ss. Const. 58, art. 23, **p. 672.**
1959	31 mai	Règlement applicable à la procédure suivie devant le Conseil constitutionnel pour le contentieux de l'élection des députés et des sénateurs. – Art. 16-1. – V. ss. Const. 58, art. 61-1, **p. 986.**
1959	13 nov.	Décret n° 59-1292. Obligations des membres du Conseil constitutionnel. – V. ss. Const. 58, art. 57, **p. 900.**
1962	6 nov.	Loi n° 62-1292. Élection du Président de la République au suffrage universel. – Art. 1er et 2. – V. Const. 58, art. 6, 7.
1963	16 sept.	Protocole n° 4. – V. App., v° *Droit européen et international*, **p. 2484.**
1963	20 déc.	Règlement du Congrès. – V. ss. Const. 58, art. 89.
1966	16 déc.	Pacte international. Droits économiques, sociaux et culturels. – V. App., v° *Droit européen et international*, **p. 2518.**
1966	19 déc.	Pacte international de New York. Droits civils et politiques. – V. App., v° *Droit européen et international*, **p. 2529.**
1974	29 oct.	Loi constitutionnelle n° 74-904. – V. Const. 58, art. 61.
1976	18 juin	Loi constitutionnelle n° 76-527. – V. Const. 58, art. 7.
1983	28 avr.	*Protocole n° 6*. – V. App., v° *Droit européen et international*, **p. 2492.**
1984	22 nov.	Protocole n° 7. – V. App., v° *Droit européen et international*, **p. 2494.**
1990	26 janv.	Convention de New York. Droits de l'enfant. – V. App., v° *Droit européen et international*, **p. 2535.**

1992	3 févr.	Loi n° 92-108. Conditions d'exercice des mandats locaux. – V. ss. Const. 58, art. 23, **p. 673.**
1992	25 juin	Loi constitutionnelle n° 92-554. Ajout d'un titre « des Communautés européenne et de l'Union européenne ». – Art. 1er et 2. – V. Const. 58, art. 1er, 54.
1993	27 juill.	Loi constitutionnelle n° 93-952. – Art. 3. – V. Const. 58, Titre X.
1993	23 nov.	Loi organique n° 93-1252. Cour de justice de la République, ss. Const. 58, art. 68-2.
1993	25 nov.	Loi constitutionnelle n° 93-1256. Accord internationaux en matière de droit d'asile. – V. Const. 58, art. 53-1.
1993	31 déc.	Décret n° 93-1425. Aide juridictionnelle. QPC. Nouvelle-Calédonie. Wallis-et-Futuna. – Art. 22-1, 39-1, ss. Const. 58, art. 61-1, **p. 983.**
1994	11 mai	Protocole n° 11. – V. App., v° *Droit européen et international*, **p. 2506.**
1995	4 août	Loi constitutionnelle n° 95-880. Extension du champ d'application du référendum, session parlementaire ordinaire unique, modification du régime de l'inviolabilité parlementaire et abrogation des dispositions relatives à la Communauté. – Art. 1er à 3, 5 à 10, 13, 14. – V. Const. 58, art. 1er, 5, 11, 12, 26, 28, 49, 51, 68-3, 88, titre XVII.
1996	22 févr.	Loi constitutionnelle n° 96-138. Instituant les lois de financement de la sécurité sociale. – Art. 1er à 3. – V. Const. 58, art. 34, 39, 47-1.
1996	5 mars	Accord européen concernant les personnes participant aux procédures devant la Cour européenne des droits de l'homme. – V. App., v° *Droit européen et international*, **p. 2336.**
1997	30 mai	Circulaire. Élaboration et conclusion des accords internationaux. – V. ss. Const. 58, art. 52.
1998	20 juill.	Loi constitutionnelle n° 98-610. Nouvelle-Calédonie. – Art. 1er. – V. Const. 58, titre XIII, art. 76, 77.
1999	8 juill.	Loi constitutionnelle n° 99-568. Cour pénale internationale. – V. Const. 58, art. 53-2.
1999	8 juill.	Loi constitutionnelle n° 99-569. Égalité entre les hommes et les femmes. – Art. 1er et 2. – V. Const. 58, art. 3, 4.
2000	2 oct.	Loi constitutionnelle n° 2000-964. Durée du mandat du Président de la République. – V. Const. 58, art. 6.
2000	4 oct.	Protocole n° 12. – V. App., v° *Droit européen et international*, **p. 2507.**
2001	1er août	Loi organique n° 2001-692. Lois de finances (LOLF). – V. App., v° *Gouvernance financière*, **p. 2569.**
2002	3 mai	Protocole n° 13. – V. App., v° *Droit européen et international*, **p. 2509.**
2002	6 août	Loi n° 2002-1050. De finances rectificative pour 2002. – Art. 14. – V. ss. Const. 58, art. 6, **p. 577.**

2003	28 mars	Loi constitutionnelle n° 2003-276. Organisation décentralisée de la République. – Art. 1er à 12. – V. Const. 58, art. 1er, 7, 13, 34, 37-1, 39, 60, 72 à 74-1.
2004	9 déc.	Loi n° 2004-1343. Simplification du droit. – Art. 67. – V. ss. Const. 58, art. 34.
2005	1er mars	Loi constitutionnelle n° 2005-204. – Art. 2. – V. Const. 58, art. 60.
2005	1er mars	Loi constitutionnelle n° 2005-205. Charte de l'environnement : – Art. 1er et 3. – V. Const. 58, Préambule, al. 1er, Const. 58, art. 34. – Art. 2. – V. Charte de l'environnement de 2004, **p. 503.**
2005	27 juill.	Décret n° 2005-850. Délégation de signature des membres du Gouvernement. – V. ss. Const. 58, art. 21, **p. 663.**
2007	23 févr.	Loi constitutionnelle n° 2007-238. Modification du Titre IX de la Constitution. – V. Const. 58, art. 67, 68.
2007	23 févr.	Loi constitutionnelle n° 2007-239. Interdiction de la peine de mort. – V. Const. 58, art. 66-1.
2007	5 mars	Loi n° 2007-292. Commission nationale consultative des droits de l'homme. – V. App., v° *Pouvoirs publics*, **p. 2734.**
2007	4 mai	Décret n° 2007-687. Application de l'art. 28 de la L. org. n° 2001-692 du 1er août 2001. – V. App., v° *Gouvernance financière*, **p. 2661.**
2007	26 juill.	Décret n° 2007-1137. Composition et fonctionnement de la Commission nationale consultative des droits de l'homme. – V. App., v° *Pouvoirs publics*, **p. 2735.**
2007	14 déc.	Explications relatives à la Charte des droits fondamentaux. – V. App., v° *Droit européen et international*, **p. 2553.**
2008	4 févr.	Loi constitutionnelle n° 2008-103. Modification du Titre XV de la Constitution. – Art. 2, 3. – V. Const. 58, titre XV, art. 88-1, 88-2, 88-4 à 88-7.
2008	18 juin	Protocole facultatif se rapportant au Pacte international relatif aux droits économiques, sociaux et culturels. – V. App., v° *Droit européen et international*, **p. 2524.**
2008	23 juill.	Loi constitutionnelle n° 2008-724. Modernisation des institutions de la Ve République. – Art. 1er à 45, 47. – V. Const. 58, art. 1er, 3, 4, 6, 11, 13, 16 à 18, 24, 25, 34 à 35, 38, 39, 41, 42 à 49, 50-1, 51-1, 51-2, 56, 61 à 62, 65, titre XI, 69 à 71, 71-1, 72-3, 73, 74-1, 75-1, 87, titre XIV, 88-4 à 88-6, 89.
2009	15 avr.	Loi organique n° 2009-403. Application des articles 34-1, 39 et 44 de la Constitution : – Art. 1er à 6. – V. ss. Const. 58, art. 34-1. – Art. 7 à 12. – V. ss. Const. 58, art. 39. – Art. 13 à 20. – V. ss. Const. 58, art. 44.
2009	15 avr.	Circulaire. Mise en œuvre de la révision constitutionnelle, ss. Const. 58, art. 23, **p. 673.**

2009	1er déc.	Charte des droits fondamentaux de l'Union européenne. – V. App., v° *Droit européen et international*, **p. 2546.**
2010	4 févr.	Décision du Conseil constitutionnel. Règlement intérieur sur la procédure devant le Cons. const. pour les QPC. – V. ss. Const. 58, art. 61-1, **p. 984.**
2010	24 févr.	Circulaire. Présentation QPC. – V. ss. Const. 58, art. 61-1, **p. 987.**
2010	1er mars	Circulaire. Présentation du principe de continuité de l'aide juridictionnelle en cas d'examen de la QPC par le Conseil d'État, la Cour de cassation et le Conseil constitutionnel, V. ss. Const. 58, art. 61-1, **p. 1018.**
2010	21 juin	Circulaire. Participation du Parlement national au processus décisionnel européen. – V. ss. Const. 58, art. 88-4.
2010	23 juill.	Loi organique n° 2010-837. Application du cinquième alinéa de l'article 13 de la Constitution. – Art. 1er, Annexe. – V. ss. Const. 58, art. 13, **p. 602.**
2010	23 juill.	Loi n° 2010-838. Application du cinquième alinéa de l'article 13 de la Constitution : – Art. 1er, Annexe. – V. ss. Const. 58, art. 13, **p. 604.** – Art. 3. – V. ss. Const. 58, art. 56, **p. 898.** – Art. 4. – V. ss. Const. 58, art. 71-1, **p. 1096.** – Art. 5. – V. ss. Const. 58, art. 65, **p. 1057.**
2011	29 mars	Loi organique n° 2011-333. Défenseur des droits. – V. ss. Const. 58, art. 71-1, **p. 1096.**
2011	29 mars	Loi n° 2011-334. Défenseur des droits. – Art. 9 à 14. – V. ss. Const. 58, art. 71-1, **p. 1098.**
2011	21 juin	Décision n° 2011-120 ORGA. Modification du règlement intérieur sur la procédure suivie devant le Conseil constitutionnel pour les questions prioritaires de constitutionnalité. – Art. 1er, 2. – V. Règl. du 4 févr. 2010, art. 6, 10, ss. Const. 58, art. 61-1, **p. 985.**
2011	27 juill.	Loi organique n° 2011-883. Collectivités régies par l'art. 73 Const. 58. – Art. 9. – V. Ord. n° 58-1360 du 29 déc. 1958, art. 7, ss. Const. 58, art. 71.
2011	29 juill.	Décret n° 2011-904. Procédure applicable devant le Défenseur des droits. – V. ss. Const. 58, art. 71-1, **p. 1093.**
2011	29 juill.	Décret n° 2011-905. Organisation et fonctionnement des services du Défenseur des droits. – V. ss. Const. 58, art. 71-1, **p. 1109.**
2011	17 nov.	Décret n° 2011-1555. Organisation et fonctionnement des services du Défenseur des droits. – Art. 1er à 3. – V. Décr. n° 2011-905 du 29 juill. 2011, art. 21, 24-1, ss. Const. 58, art. 71-1, **p. 1111.**
2011	19 déc.	Résolution du Sénat. Renforcement du pluralisme et de l'action du Sénat en matière de développement durable. – V. RS, art. 5 à 7, App., v° *Règlements des assemblées*, **p. 2802.**

2012	2 févr.	Traité. Mécanisme européen de stabilité. – V. App., v° *Gouvernance financière*, **p. 2569.**
2012	15 févr.	Décret n° 2012-213. Organisation et fonctionnement des services du Défenseur des droits. – Art. 1er. – V. Décr. n° 2011-905 du 29 juill. 2011, art. 21, ss. Const. 58, art. 71-1, **p. 1111.**
2012	2 mars	Traité. Stabilité, coordination et gouvernance au sein de l'Union économique et monétaire. – V. App., v° *Gouvernance financière*, **p. 2569.**
2012	23 août	Décret n° 2012-983. Traitement du Président de la République et des membres du Gouvernement. – V. ss. Const. 58, art. 6, **p. 577.**
2012	11 déc.	Décret n° 2012-1388. Composition et fonctionnement de la Commission nationale consultative des droits de l'homme. – Art. 1er, 2. – V. Décr. n° 2007-1137 du 26 juill. 2007, art. 4, 8, App., v° *Pouvoirs publics*, **p. 2735.**
2012	17 déc.	Loi organique n° 2012-1403. Programmation et gouvernance des finances publiques : – Art. 1er à 23, 28. – V. App., v° *Gouvernance financière*, **p. 2703.** – Art. 24-I, 25, 26. – V. LOLF, art. 34, 37, 50, 51, 52, 54, App., v° *Gouvernance financière*, **p. 2671.** – Art. 24-II, 27. – V. CSS, art. L.O. 111-3, App., v° *Gouvernance financière*, **p. 2704.** – Art. 24-III. – V. CSS, art. L.O. 111-4, App., v° *Gouvernance financière*, **p. 2704.**
2012	31 déc.	Loi organique n° 2012-1557. Nomination du directeur général de la société anonyme BPI-Groupe. – Art. unique. – V. L. org. n° 2010-837 du 23 juill. 2010, Annexe, ss. Const. 58, art. 13, **p. 602.**
2012	31 déc.	Loi n° 2012-1558. De programmation des finances publiques pour les années 2012 à 2017. – Art. 17, 20. – V. App., v° *Gouvernance financière*, **p. 2602.**
2012	31 déc.	Loi n° 2012-1559. Création de la Banque publique d'investissement. – Art. 11. – V. L. n° 2010-838 du 23 juill. 2010, Annexe, ss. Const. 58, art. 13, **p. 604.**
2013	14 janv.	Circulaire. Règles pour une gestion responsable des dépenses publiques. – V. App., v° *Gouvernance financière*, **p. 2729.**
2013	18 févr.	Décret n° 2013-144. Constitution initiale du Haut Conseil des finances publiques. – V. App., v° *Gouvernance financière*, **p. 2731.**
2013	22 févr.	Décision n° 2013-126 ORGA. Modification du règlement applicable à la procédure suivie devant le Conseil constitutionnel pour le contentieux et l'élection des députés et des sénateurs. – V. Règl. 31 mai 1959, art. 16-1, ss. Const. 58, art. 61-1, **p. 986.**
2013	21 mai	Règlement (UE) n° 473/2013 du Parlement européen et du Conseil. Dispositions communes. Suivi et évaluation des projets de plans budgétaires. Correction des déficits excessifs dans les États membres de la zone euro. – V. App., v° *Gouvernance financière*, **p. 2580.**
2013	1er juill.	Règlement de la CEDH. – V. App., v° *Droit européen et international*, **p. 2265.**

2013	9 sept.	Décret n° 2013-810. Délégation de signature des hauts fonctionnaires de défense et de sécurité et des hauts fonctionnaires adjoints. – Art. 1er, 2. – V. Décr. n° 2005-850 du 27 juill. 2005, art. 1er, 3, ss. Const. 58, art. 21, **p. 663.**
2013	2 oct.	Protocole n° 16. – V. App., v° *Droit européen et international*, **p. 2512.**
2013	11 oct.	Loi organique n° 2013-906. Transparence de la vie publique : – Art. 3 et 6. – V. Ord. n° 58-1067 du 7 nov. 1958, art. 4, 6, ss. Const. 58, art. 57, **p. 899.** – Art. 7. – V. Ord. n° 58-1099 du 17 nov. 1958, art. 1er, 4 à 6, ss. Const. 58, art. 23, **p. 671.** – Art. 8. – V. L. org. n° 2010-837 du 23 juill. 2010, Annexe, ss. Const. 58, art. 13, **p. 602.** – Art. 11. – V. L. org. n° 2001-692 du 1er août 2001, art. 54, V. App., v° *Gouvernance financière*, **p. 2695.**
2013	11 oct.	Loi n° 2013-907. Transparence de la vie publique : – Art. 1er, 2, 4 à 12, 18 à 20, 22, 23, 25, 26. – V. ss. Const. 58, art. 23, **p. 674.** – Art. 3. – V. Ord. n° 58-1100 du 17 nov. 1958, art. 4 *ter*, ss. Const. 58, art. 24. – Art. 29. – V. L. n° 2010-838 du 23 juill. 2010, Annexe, ss. Const. 58, art. 13, **p. 604.**
2013	22 nov.	Décision n° 2013-128 ORGA. Modification du règlement intérieur sur la procédure suivie devant le Conseil constitutionnel pour les questions prioritaires de constitutionnalité. – Art. 1er, 2. – V. Règl. du 4 févr. 2010, art. 6, ss. Const. 58, art. 61-1, **p. 985.**
2013	6 déc.	Loi organique n° 2013-1114. Application de l'art. 11 Const. 58 : – Art. 1er, 3 à 9. – V. ss. Const. 58, art. 11, **p. 592.** – Art. 2-1°. – V. Ord. n° 58-1067 du 7 nov. 1958, art. 45-1 à 45-6, ss. Const. 58, art. 11, **p. 591.** – Art. 2-2°. – V. Ord. n° 58-1067 du 7 nov. 1958, art. 56, ss. Const. 58, art. 63.
2013	6 déc.	Loi n° 2013-1116. Application de l'art. 11 Const. 58 : – Art. 3. – V. ss. Const. 58, art. 11, **p. 593.** – Art. 4. – V. Ord. n° 58-1100 du 17 nov. 1958, art. 4 *bis*, ss. Const. 58, art. 24.
2013	18 déc.	Loi n° 2013-1168. Programmation militaire pour les années 2014 à 2019 et diverses dispositions concernant la défense et la sécurité nationale. – Art. 12. – V. Ord. n° 58-1100 du 17 nov. 1958, art. 6 *nonies*, ss. Const. 58, art. 24.
2013	23 déc.	Décret n° 2013-1204. Organisation et fonctionnement de la Haute Autorité pour la transparence de la vie publique. – V. ss. Const. 58, art. 23.
2013	23 déc.	Décret n° 2013-1212. Déclarations de situation patrimoniale et déclarations d'intérêts adressées à la Haute Autorité pour la transparence de la vie publique. – V. ss. Const. 58, art. 23.

2014	16 janv.	Décret n° 2014-34. Prévention des conflits d'intérêts dans l'exercice des fonctions ministérielles. – Art. 1er. – V. Décr. n° 59-178 du 22 janv. 1959, art. 2 à 2-2, ss. Const. 58, art. 23, **p. 672.**
2014	31 janv.	Décret n° 2014-90. Application de l'art. 2 de la L. n° 2013-907 du 11 oct. 2013 relative à la transparence de la vie publique. – V. ss. Const. 58, art. 23, **p. 695.**
2014	20 févr.	Ordonnance n° 2014-158. Diverses dispositions d'adaptation de la législation au droit de l'Union européenne en matière financière. – Art. 9-II. – V. Ord. n° 58-1100 du 17 nov. 1958, art. 6, ss. Const., art. 24.
2014	29 mars	Décret n° 2014-386. Procédure de vérification de la situation fiscale des membres du Gouvernement. – V. ss. Const. 58, art. 23, **p. 697.**
2014	22 juill.	Décret n° 2014-828. Délégation de signature des membres du Gouvernement. – Art. 1er. – V. Décr. n° 2005-850 du 27 juill. 2005, art. 2, ss. Const. 58, art. 21, **p. 663.**
2014	4 août	Loi organique n° 2014-871. Nomination des dirigeants de la SNCF. – Art. 1er. – V. L. org. n° 2010-837 du 23 juill. 2010, Annexe, ss. Const. 58, art. 13, **p. 602.**
2014	4 août	Loi n° 2014-872. Réforme ferroviaire. – Art. 28. – V. L. n° 2010-838 du 23 juill. 2010, Annexe, ss. Const. 58, art. 13, **p. 604.**
2014	24 nov.	Loi organique n° 2014-1392. Application de l'article 68 de la Constitution, ss. Const. 58, art. 68.
2014	28 nov.	Résolution de l'Assemblée nationale. Modification du RAN. – Art. 1er à 39 – V. RAN, art. 7, 10, 14, 18, 29-1, 36, 39, 41, 46, 47, 47-2, 48 à 50, 58, 70 à 77-1, 79, 80 à 80-5, 86, 89, 91, 95, 100, 102, 112, 113, 117-1, 119, 121-3, 122, 124-1 à 124-5, 135, 140, 141, 145, 145-7, 146-2, 164, App., v° *Règlements des assemblées*, **p. 2738.**
2014	29 déc.	Loi n° 2014-1653. Programmation des finances publiques pour les années 2014 à 2019. – Art. 12-II, 26, 28, 30-II, 32, 34 anc. – V. App., v° *Gouvernance financière*, **p. 2602.**
2015	3 mars	Décret n° 2015-246. Transmission des déclarations par voie électronique à la Haute Autorité pour la transparence de la vie publique. – Art. 1er. – V. Décr. n° 2013-1212 du 23 déc. 2013, art. 4, ss. Const. 58, art. 23, **p. 691.**
2015	13 mai	Résolution du Sénat. Réforme des méthodes de travail du Sénat dans le respect du pluralisme, du droit d'amendement et de la spécificité sénatoriale, pour un Sénat plus présent, plus moderne et plus efficace. – V. RS, art. 3, 5, 6 à 7, 14 à 16, 23 *bis*, 29, 29 *ter*, 33, 36 à 38, 42 à 45, 47 *ter* à 47 *nonies*, 48, 49, 73 *bis*, 73 *ter*, 73 *sexies*, 75 *bis*, 78, 80, 82, 89 *bis*, 99 *ter* à 99 *quater*, 102 *bis*, 108, App., v° *Règlements des assemblées*, **p. 2801.**
2015	24 juill.	Loi organique n° 2015-911. Nomination du président de la Commission nationale de contrôle des techniques de renseignement. – V. L. org. n° 2010-837 du 23 juill. 2010, Annexe, ss. Const. 58, art. 13, **p. 602.**

2015	24 juill.	L. n° 2015-912. Renseignement : – Art. 3. – V. L. n° 2010-838 du 23 juill. 2010, Annexe, ss. Const. 58, art. 13, **p. 604.** – Art. 21-I. – V. Ord. n° 58-1100 du 17 nov. 1958, art. 6 *nonies*, ss. Const. 58, art. 24.
2015	6 août	Loi n° 2015-990. Croissance, activité et égalité des chances économiques. – Art. 197. – V. L. n° 2010-838 du 23 juill. 2010, Annexe. – V. ss. Const. 58, art. 13, **p. 594.**
2016	14 avr.	Décret n° 2016-463. Application de l'article 61-1 de la Constitution à la Cour nationale du droit d'asile. – Art. 1er, 2. – V. CJA, art. R.* 771-20, ss. Const. 58, art. 61-1.
2016	20 avr.	Loi n° 2016-483. Déontologie, droits et obligations des fonctionnaires. – Art. 11-VI. – V. L. n° 2013-907 du 11 oct. 2013, art. 11, 20, 22, 23, ss. Const. 58, art. 23, **p. 679.**
2016	11 mai	Décret n° 2016-570. Transmission à la Haute Autorité pour la transparence de la vie publique des déclarations de situation patrimoniale et déclarations d'intérêts par l'intermédiaire d'un téléservice. – Art. 2 à 8, Annexes. – V. Décr. n° 2013-1212 du 23 oct. 2013, art. 1er à 5, 6, 7, ss. Const. 58, art. 23, **p. 690.**
2016	30 mai	Décret n° 2016-714. Organisation et fonctionnement des services du Défenseur des droits. – Art. 1er à 4. – V. Décr. n° 2011-905 du 29 juill. 2011, art. 1er, 13, 14, ss. Const. 58, art. 71-1.
2016	8 août	Loi organique n° 2016-1086. Nomination à la présidence du conseil d'administration de l'Agence française pour la biodiversité. – Art. unique. – V. L. org. n° 2010-837 du 23 juill. 2010, tableau, ss. Const. 58, art. 13, **p. 602.**
2016	8 août	Loi n° 2016-1087. Reconquête de la biodiversité, de la nature et des paysages. – Art. 33. – V. L. org. n° 2010-838 du 23 juill. 2010, tableau, ss. Const. 58, art. 13, **p. 604.**
2016	4 oct.	Décret n° 2016-1302. Soutien matériel et en personnel apporté aux anciens Présidents de la République, ss. Const. 58, art. 6, **p. 578.**
2016	13 oct.	Ordonnance n° 2016-1360. Partie législative du CJF. – Art. 1er, 8, 11, 13. – V. CJF, art. L. 111-13, L. 111-14, L. 132-0-1, L. 132-2, L. 132-2-2, L. 132-4, L. 132-6, L. 132-7, L. 143-8, L. 143-9, ss. Const. 58, art. 47-2.
2016	9 déc.	Loi organique n° 2016-1690. Compétence du Défenseur des droits pour l'orientation et la protection des lanceurs d'alerte. – Art. unique. – V. L. org. n° 2011-333 du 29 mars 2011, art. 4, 10, 11, 20, 22, ss. Const. 58, art. 71-1.
2016	9 déc.	Loi n° 2016-1691. Transparence, lutte contre la corruption et modernisation de la vie économique : – Art. 15, 25-I et III, 26, 27, 29, 33. – V. L. n° 2013-907 du 11 oct. 2013, art. 1er, 2, 8, 9, 11, 18-1 à 18-10, 23, 25, ss. Const. 58, art. 23. – Art. 25-II. – V. L. n° 58-1100 du 17 nov. 1958, art. 4 *quinquies*, ss. Const. 58, art. 24.

2016	29 déc.	Loi n° 2016-1917. De finances pour 2017. – Art. 64. – V. CGI, art. 80 *undecies* A, ss. Const. 58, art. 6, **p. 570.**
2017	20 janv.	Loi organique n° 2017-54. Autorités administratives indépendantes et autorités publiques indépendantes : – Art. 1er, ss. Const. 58, art. 34, **p. 789.** – Art. 3-III. – V. Ord. n° 58-1360 du 29 déc. 1958, art. 7-1, ss. Const. 58, art. 71. – Art. 4. – V. L. org. n° 2010-837 du 23 juill. 2010, annexe, ss. Const. 58, art. 13, **p. 602.** – Art. 5. – V. L. org. n° 2011-333 du 29 mars 2011, art. 2, 36, ss. Const. 58, art. 71-1, **p. 1096.**
2017	20 janv.	Loi n° 2017-55. Statut général des autorités administratives indépendantes et autorités publiques indépendantes : – Art. 24. – V. L. n° 2007-292 du 5 mars 2007, art. 1er, App, v° *Pouvoirs publics*, **p. 2734.** – Art. 36. – V. Ord. n° 58-1100 du 17 nov. 1958, art. 6 *nonies*, ss. Const. 58, art. 24, **p. 710.** – Art. 48, 50. – V. L. n° 2013-907 du 11 oct. 2013, art. 11, 19, 20, 23, ss. Const. 58, art. 23, **p. 679.** – Art. 49. – V. L. n° 2011-334 du 29 mars 2011, art. 10 ; L. org. n° 2011-333 du 29 mars 2011, art. 37, ss. Const. 58, art. 71-1, **p. 1104.** – Art. 51, 54. – V. L. n° 2010-838 du 23 juill. 2010, annexe, **p. 604.**
2017	28 févr.	Loi n° 2017-256. Programmation relative à l'égalité réelle outre-mer et autres dispositions en matière sociale et économique. – Art. 99. – V. Ord. n° 58-1100 du 17 nov. 1958, art. 6 *decies*, ss. Const. 58, art. 24, **p. 712.**
2017	3 mai	Décret n° 2017-728. Modification du décret n° 2007-687 du 4 mai 2007 pris en application de l'article 28 de la loi organique n° 2001-692 modifiée du 1er août 2001 relative aux lois de finances et en ce qui concerne la période complémentaire à l'année civile. – Art. 1er. – V. Décr. préc., art. 2, App., v° *Gouvernance financière*, **p. 2661.**
2017	18 mai	Circulaire. Cabinets ministériels, ss. Const. 58, art. 21, **p. 664.**
2017	24 mai	Circulaire. Méthode de travail gouvernementale exemplaire, collégiale et efficace, ss. Const. 58, art. 21, **p. 665.**
2017	14 juin	Décret n° 2017-1098. Collaborateurs du Président de la République et des membres du Gouvernement, ss. Const. 58, art. 6, **p. 578.**
2017	26 juill.	Circulaire. Maîtrise des textes réglementaires et impact, ss. Const. 58, art. 21, **p. 667.**
2017	8 août	Loi n° 2017-1241. Ratification de la partie législative du CJF. – Art. 6. – V. Ord. n° 58-1100 du 17 nov. 1958, art. 6, ss. Const. 58, art. 24, **p. 707.**
2017	15 sept.	Loi organique n° 2017-1338. Confiance dans la vie politique : – Art. 1er. – V. L. n° 62-1292 du 6 nov. 1962, art. 3, ss. Const. 58, art. 6, **p. 571.**

		– Art. 3, 4, 12-I, 13, 14, 20-II. – V. Ord. n° 58-1100 du 17 nov. 1958, art. 4 *quater*, 4 *sexies*, 4 *septies*, 8 *bis* à 8 *quater*, ss. Const. 58, art. 24, **p. 705.** – Art. 14-II. – V. L. org. n° 2001-692 du 1er août 2001, art. 54, App., v° *Gouvernance financière*, **p. 2695.** – Art. 18. – V. L. org. n° 2010-837 du 23 juill. 2010, annexe, **p. 602.**
2017	15 sept.	Loi n° 2017-1339. Confiance dans la vie politique : – Art. 5, 6, 8-I, 10, 22, 24, 31-I, 32. – V. L. n° 2013-907 du 11 oct. 2013, art. 2, 4, 8-1, 9, 11, 12, 18-5, 22, ss. Const. 58, art. 23, **p. 674.** – Art. 11, V. ss. Const. 58, art. 23, **p. 697.** – Art. 19, V. ss. Const. 58, art. 24, **p. 715.** – Art. 29. – V. L. n° 2010-838 du 23 juill. 2010, annexe, **p. 604.**
2017	15 nov.	Décret n° 2017-1574. Déclarations de situation patrimoniale et déclarations d'intérêts adressées à la Haute Autorité pour la transparence de la vie publique. – Art. 1er. – V. Décr. n° 2013-1212 du 23 déc. 2013, art. 1er, 2, ss. Const. 58, art. 23, **p. 690.**
2017	13 déc.	Décret n° 2017-1679. Déclarations d'intérêts et d'activités établies par les députés, les sénateurs et les représentants français au Parlement européen. – Art. 1er. – V. Décr. n° 2013-1212 du 23 déc. 2013, annexe 3, ss. Const. 58, art. 23, **p. 694.**
2017	30 déc.	Loi n° 2017-1837. Finances pour 2018. – Art. 31-VII. – V. L. n° 2013-907 du 11 oct. 2013, art. 5, 6, ss. Const. 58, art. 23, **p. 676.**
2018	22 janv.	Loi n° 2018-32. Programmation des finances publiques pour les années 2018 à 2022. – V. App., v° *Gouvernance financière*, **p. 2604.**
2018	1er févr.	Décret n° 2018-61. Application de l'art. 28 de la L. org. n° 2001-692 modifiée du 1er août 2001 relative aux lois de finances et en ce qui concerne la période complémentaire à l'année civile. – Art. 1er. – V. Décr. n° 2007-687 du 4 mai 2007, art. 2, App., v° *Gouvernance financière*, **p. 2661.**
2018	26 mars	Loi n° 2018-202. Organisation des jeux Olympiques et Paralympiques de 2024. – Art. 27. – V. L. n° 2013-907 du 11 oct. 2013, art. 11, ss. Const. 58, art. 23, **p. 679.**
2018	6 juin	Résolution du Sénat. Obligations déontologiques et prévention des conflits d'intérêts des sénateurs. – V. RS, art. 23 *bis*, 91 *bis* à 91 *septies*, 94, 95, 99 à 99 *ter*, App., v° *Règlements des assemblées*, **p. 2812.**
2018	25 juin	Loi n° 2018-509. Élection des représentants au Parlement européen. – Art. 8. – V. L. n° 2013-907 du 11 oct. 2013, art. 11, ss. Const. 58, art. 23, **p. 679.**
2018	10 août	Loi n° 2018-727. Pour un État au service d'une société de confiance. – Art. 65, 66. – V. L. n° 2013-907 du 11 oct. 2013, art. 11, 18-2, ss. Const. 58, art. 23, **p. 679.**
2018	29 oct.	Décret n° 2018-928. Contentieux de la sécurité sociale et de l'aide sociale. – Art. 1er. – V. C. pr. civ., art. 126-3, ss. Const. 58, art. 61-1.

2018	22 déc.	Loi organique n° 2018-1201. Lutte contre la manipulation de l'information. – Art. 1er. – V. L. n° 62-1292 du 6 nov. 1962, art. 3, ss. Const. 58, art. 6, **p. 571.**
2019	23 mars	Loi organique n° 2019-221. Renforcement de l'organisation des juridictions. – Art. 10, 15. – V. L. org. n° 2011-333 du 29 mars 2011, art. 22, ss. Const. 58, art. 71-1 ; L. n° 62-1292 du 6 nov. 1962, art. 3, ss. Const. 58, art. 6, **p. 571.**
2019	7 mai	Résolution du Sénat. Renforcement des capacités de contrôle de l'application des lois. – Art. 1er, 2. – V. RS, art. 19, 22, App., v° *Règlements des assemblées*, **p. 2810.**
2019	4 juin	Résolution de l'Assemblée nationale. Modification du règlement. – Art. 1er à 58. – V. RAN, art. 8, 11, 29-1, 33, 36, 39, 42, 48, 49, 49-1-A, 50, 54, 55, 56, 58, 65-1, 80-1, 80-1-1, 80-1-2, 80-2, 80-3, 80-4, 80-5, 80-6, 86, 87, 91, 93, 95, 98, 100, 104, 107-1, 108, 111, 117-2, 118, 119, 121-1, 122, 124-1, 126, 128, 132, 133, 142, 143, 145, 145-7, 146-1-1, 146-2, 147, 148, 149, 150, 151, 151-12, 159, App., v° *Règlements des assemblées*, **p. 2739.**
2019	18 juin	Résolution du Sénat. Clarification et actualisation du règlement du Sénat. – Art. 1er à 26. – V. RS, art. 2 à 24 *bis*, 26 à 30, 32 à 47 *bis*, 47 *quater*, 47 *decies* à 50, 50 *ter*, 51, 52, 54, 56 à 61, 64, 67, 69 *bis*, 71, 73 à 73 *octies*, 74 à 80, 82, 83, 86 *bis* à 89 *bis*, 91, 93, 100, 102 *ter*, 103 *bis* à 107, App., v° *Règlements des assemblées*, **p. 2801.**
2019	22 juill.	Loi n° 2019-753. Création d'une Agence nationale de la cohésion des territoires. – Art. 13. – V. L. n° 2010-838 du 23 juill. 2010, Annexe, ss. Const. 58, art. 13.
2019	24 juill.	Loi n° 2019-773. Création de l'Office français de la biodiversité et de la chasse. – Art. 21. – V. L. n° 2010-838 du 23 juill. 2010, Annexe, ss. Const. 58, art. 13.
2019	26 juill.	Loi organique n° 2019-789. Application du cinquième alinéa de l'article 13 de la Constitution. – V. L. org. n° 2010-837 du 23 juill. 2010, Annexe, ss. Const. 58, art. 13, **p. 602.**
2019	26 juill.	Loi organique n° 2019-790. Nomination du directeur général de l'Agence nationale de la cohésion des territoires. – V. L. org. n° 2010-837 du 23 juill. 2010, Annexe, ss. Const. 58, art. 13, **p. 602.**
2019	1er août	Loi n° 2019-812. Création de l'Agence nationale du sport et dispositions relatives à l'organisation des jeux Olympiques et Paralympiques de 2024. – Art. 3. – V. L. n° 2013-907 du 11 oct. 2013, art. 11, ss. Const. 58, art. 23.
2019	6 août	Loi n° 2019-828. Transformation de la fonction publique. – Art. 35. – V. L. n° 2013-907 du 11 oct. 2013, art. 19, 20, 23, ss. Const. 58, art. 23.
2019	18 oct.	Loi n° 2019-1063. Modernisation de la distribution de la presse. – Art. 8 et 9. – V. L. n° 2010-838 du 23 juill. 2010, annexe, ss. Const. 58, art. 13 ; L. n° 2013-907 du 11 oct. 2013, art. 11, ss. Const. 58, art. 23.

2019	2 déc.	Loi organique n° 2019-1268. Clarification de diverses dispositions du droit électoral. – Art. 4. – V. L. n° 62-1292 du 6 nov. 1962, art. 3, ss. Const. 58, art. 6.
2019	11 déc.	Loi n° 2019-1332. Amélioration de la lisibilité du droit par l'abrogation de lois obsolètes. – Art. 3. – V. Ord. n° 58-1100 du 17 nov. 1958, art. 7 *ter*, ss. Const. 58, art. 24.
2020	27 févr.	Décret n° 2020-173. Modalités de rémunération des membres des autorités administratives indépendantes et des autorités publiques indépendantes : – Art. 16. – V. Décr. n° 2011-905 du 29 juill. 2011, art. 21 à 23, ss. Const. 58, art. 71-1. – Art. 17. – V. Décr. n° 2013-1204 du 23 déc. 2013, art. 7, 8, 12, ss. Const. 58, art. 23.
2020	30 mars	Loi organique n° 2020-364. Application du 5e al. de l'art. 13 Const. 58. – V. L. org. n° 2010-837 du 23 juill. 2010, annexe, ss. Const. 58, art. 13.
2020	30 mars	L. n° 2020-366. Application du 5e al. de l'art. 13 Const. 58. – Art. 1er, 2. – V. L. n° 2010-838 du 23 juill. 2010, annexe, ss. Const. 58, art. 13 ; L. n° 2013-907 du 11 oct. 2013, art. 11, ss. Const. 58, art. 23.
2020	11 juill.	Décret n° 2020-862. Cabinets ministériels. – Art. 1er. – V. Décr. n° 2017-1063 du 18 mai 2017, art. 1er, ss. Const. 58, art. 21.
2020	7 août	Loi organique n° 2020-991. Dette sociale et autonomie. – Art. 2. – V. CSS, art. L.O. 111-3, L.O. 111-4, App., v° *Gouvernance financière*, **p. 2704.**
2020	4 sept.	Décret n° 2020-1113. Cabinets ministériels. – Art. 1er. – V. Décr. n° 2017-1063 du 18 mai 2017, art. 1er, ss. Const. 58, art. 21.
2020	13 nov.	Décret n° 2020-1380. Cabinets ministériels. – Art. 1er. – V. Décr. n° 2017-1063 du 18 mai 2017, art. 1er, ss. Const. 58, art. 21.
2020	7 déc.	Loi n° 2020-1525. Accélération et simplification de l'action publique. – Art. 14. – V. Ord. n° 58-1100 du 17 nov. 1958, art. 6 *decies*, ss. Const. 58, art. 24.
2020	24 déc.	Loi n° 2020-1674. Programmation de la recherche pour les années 2021 à 2030 et diverses dispositions relatives à la recherche et à l'enseignement supérieur. – Art. 30. – V. Ord. n° 58-1100 du 17 nov. 1958, art. 6 *ter*, ss. Const. 58, art. 24.
2020	28 déc.	Décret n° 2020-1717. Application de la loi n° 91-647 du 10 juillet 1991 relative à l'aide juridique et relatif à l'aide juridictionnelle et à l'aide à l'intervention de l'avocat dans les procédures non juridictionnelles. – Art. 10, 91, ss. Const. 58, art. 61-1, **p. 924.**
2020	29 déc.	Loi n° 2020-1721. De finances pour 2021. – Art. 190. – V. Ord. n° 58-1100 du 17 nov. 1958, art. 4 *sexies*, ss. Const. 58, art. 24.
2021	15 janv.	Loi organique n° 2021-27. Conseil économique, social et environnemental. – Art. 1er à 14. – V. Ord. n° 58-1360 du 29 déc. 1958, art. 1er, 2, 4-1, 4-2, 4-3, 6, 6-1, 7, 9, 10-1, 11, 12, 13, 14, 15-1, 18 à 20, 22, ss. Const. 58, art. 71.

2021	29 mars	Loi organique n° 2021-335. Élection du Président de la République. – Art. 1er à 4. – V. L. n° 62-1292 du 6 nov. 1962, art 1er *bis*, 3, ss. Const. 58, art. 6.
2021	30 avr.	Décret n° 2021-538. Déclarations d'intérêts adressées par les membres du CESE à la HATVP. – Art. 1er. – V. Décr. n° 2013-1212 du 23 déc. 2013, art. 2, 4, Annexe 3, ss. Const. 58, art. 23.

TABLE ALPHABÉTIQUE

NOTA. L'abréviation « Comm. » indique que l'on renvoie aux commentaires de l'auteur. Exemple : Préamb. Const. 1946, al. 12 (Comm.) correspond aux commentaires figurant sous l'alinéa 12 du Préambule de la Constitution de 1946.
Il est rappelé qu'un tableau explicatif des abréviations utilisées figure au début de l'ouvrage.
Les décisions QPC citées dans la table alphabétique renvoient au tableau QPC du code.

A

D

F

H

I

L

M

P

S

Photocomposé, traité sur ordinateur par :
JOUVE, 1 rue du Docteur Sauvé - 53100 MAYENNE

Achevé d'imprimer en juillet 2021 sur les presses de
LEGO S.p.A.
Italie
Dépôt légal : août 2021
720502 – OSB – Px31g – JOU – (EDO)
Imprimé en Italie